Beck'sches Formularbuch
Mergers & Acquisitions

Beck'sches Formularbuch Mergers & Acquisitions

Herausgegeben von

Prof. Dr. Christoph H. Seibt, LL.M. (Yale)
Rechtsanwalt und Fachanwalt für Steuerrecht in Hamburg,
Attorney-at-Law (NY)
Honorarprofessor an der Bucerius Law School –
Hochschule für Rechtswissenschaft, Hamburg

Bearbeitet von:

Dr. Burkhard Bastuck, LL.M., Rechtsanwalt in Köln; *Dr. Marius B. Berenbrok*, Rechtsanwalt in Hamburg; *Dr. Hans-Michael Giesen*, LL.M., Rechtsanwalt und Notar in Berlin; *Dr. Wessel Heukamp*, LL.M., Rechtsanwalt in München; *Dr. Till Kleinstück*, LL.M., Notar in Hamburg; *Dr. Tobias Klose*, Rechtsanwalt in Düsseldorf; *Dr. Matthias-Gabriel Kremer*, Rechtsanwalt in Frankfurt am Main; *Prof. Dr. Norbert Nolte*, Rechtsanwalt in Köln; *Dr. Ulrich Reese*, Rechtsanwalt in Düsseldorf; *Dr. Marc Reysen*, LL.M, Rechtsanwalt in Brüssel; *Dr. Michael Schäfer*, Rechtsanwalt in Hamburg; *Dr. Ulrich Scholz*, LL.M., Rechtsanwalt in Köln; *Dr. Nikolaus Schrader*, Rechtsanwalt in Hamburg; *Prof. Dr. Christoph H. Seibt*, LL.M., Rechtsanwalt und Fachanwalt für Steuerrecht in Hamburg; *Dr. Eberhard Seydel*, Rechtsanwalt in Düsseldorf und München; *Dr. Christoph Sieberg*, Rechtsanwalt in Köln; *Dr. Till Steinvorth*, Rechtsanwalt in Düsseldorf

2., überarbeitete und erweiterte Auflage

Verlag C. H. Beck München 2011

Zitiervorschläge:
Seibt/*Autor* Beck'sches Formularbuch Mergers & Acquisitions A. I. 1 (Formularzitat)
Seibt/*Autor* Beck'sches Formularbuch Mergers & Acquisitions Form A. I. 1 Anm. 1 (Anmerkungszitat)

Verlag C. H. Beck im Internet:
beck.de

ISBN 978 3 406 60345 7

© 2011 Verlag C. H. Beck oHG
Wilhelmstraße 9, 80801 München
Satz, Druck und Bindung: Druckerei C. H. Beck, Nördlingen
(Adresse wie Verlag)

Gedruckt auf säurefreiem, alterungsbeständigem Papier
(hergestellt aus chlorfrei gebleichtem Zellstoff)

Vorwort zur 2. Auflage

Seit der Erstauflage dieses Buches vor drei Jahren hat der Markt für Mergers & Aqusitions (M&A) bei bestimmten Marktteilnehmern (vorübergehend) an Bedeutung verloren, in bestimmten Sektoren und Regionen aber auch an Gewicht gewonnen und er hat Besonderheiten bei der Prozessstrukturierung und den inhaltlichen Regelungen entwickelt. Das M&A-Transaktionsvolumen war allerdings auch in den Jahren der Finanz- und Wirtschaftskrise immer bedeutend und erreichte in 2010 nach den Daten des Finanzdienstes mergermarket in Deutschland wieder etwa EUR 46 Mrd. und in Europa etwa EUR 525 Mrd. (Steigerung gegenüber 2009 um 45%), im ersten Halbjahr 2011 sogar etwa EUR 25 Mrd. (Deutschland) und EUR 286 Mrd. (Europa; Steigerung gegenüber H1/2010 um 58%). Die Prognose der Erstauflage bleibt bestehen: M&A ist ein Megatrend der strategischen Unternehmensentwicklung! Dabei haben sich die Marktpraktiken weiter verfeinert, die sektorspezifischen Besonderheiten und die Verschränkungen mit dem Wirtschaftsverwaltungsrecht, aber auch mit Fragen der Rechnungslegung haben zugenommen.

Auf der Basis der in der Praxis, aber auch in der wissenschaftlichen Diskussion ausgesprochen positiv aufgenommenen Erstauflage nimmt diese Auflage diese Neuentwicklungen auf und hat die Zahl der Einzeldokumente um 20 (auf jetzt 255) erhöht, z.B. um umfangreiche Muster einer Investorenvereinbarung (E. II), einer grenzüberschreitenden Verschmelzung (L. II.33) und eines Clearing- und Cash-Pooling Vertrags (M. II). Darüber hinaus und wie bereits im Vorwort der Erstauflage angekündigt, haben wir für Kerndokumente zweisprachige Musterformulare aufgenommen. Selbstverständlich sind die einschlägigen Gesetzesänderungen (Stand: 30. 6. 2011) ebenso eingearbeitet wie die neue Rechtsprechung und ausgewählte Literatur. Das Autorenteam ist gegenüber der Erstauflage im Wesentlichen unverändert geblieben. Allerdings konnten wir für die neuen Sektor-Abschnitte Energiewirtschaft *Dr. Ulrich Scholz* und *Dr. Christoph Sieberg*, für Medien und Telekommunikation *Prof. Dr. Norbert Nolte* sowie für die Kartellrechtsfragen in Drittstaaten *Dr. Tobias Klose* und *Dr. Till Steinvorth* gewinnen; den Bereich Versicherungen verantwortet nun *Dr. Wessel Heukamp*. Diese personelle Kontinuität hat es auch erlaubt, die bereits hohe Konsistenz der Einzeldokumente noch einmal im Detail zu erhöhen. Die mit dem Werk verbundenen Zielsetzungen sind im Vorwort der Erstauflage beschrieben und gelten unverändert fort.

Für Anregungen, Hinweise und Kritik bin ich auch weiterhin sehr dankbar; bitte richten Sie diese an die Adresse Freshfields Bruckhaus Deringer LLP, Hohe Bleichen 7, 20354 Hamburg oder an m+a_handbuch@freshfields.com.

Die Autoren schulden auch diesmal großen Dank an Herrn *Dr. Burkhard Schröder*, den verantwortlichen Projektmanager beim Beck-Verlag, der diese Auflage erneut mit Engagement begleitet und in jeder Phase unterstützt hat. Der Dank der Autoren gilt in besonderer Weise Herrn *Moritz Maier*, LL.B. (Doktorand an der Bucerius Law School) sowie daneben Herrn *Marek Wede*, LL.B. Beide haben als wissenschaftliche Mitarbeiter der Anwaltssozietät Freshfields Bruckhaus Deringer LLP über das letzte Jahr vielfältige Recherchen unternommen und diese Auflage auch technisch hervorragend betreut.

Schließlich gebührt unser Dank wiederum vielen Partnern und Associates der Sozietät der Freshfields Bruckhaus Deringer LLP, die zahlreiche Hinweise zu einzelnen Dokumenten gegeben haben und stets für Diskussionen zur Verfügung standen; dies gilt bei dieser Auflage insbesondere für *Dr. Christoph von Bülow, Dr. Boris Dzida, Dr. Viviane Fröhling, Dr. Alexander Mentz, Simon Schwarz* und *Dr. Niko Schultz-Süchting*.

Hamburg, September 2011   Christoph H. Seibt

Vorwort zur 1. Auflage

Mergers & Acquisitions (M&A) gehören heute zum gewöhnlichen Instrumentarium der Unternehmensleitung und Geschäftsentwicklung. Ihre Bedeutung hat in den letzten Jahrzehnten stark zugenommen (das Volumen bedeutender M&A-Transaktionen in 2007 betrug nach dem Finanzdienst Mergermarket in Deutschland etwa EUR 200 Milliarden und in Europa etwa EUR 1,4 Billionen), und perspektivisch wird die Relevanz anorganischen Wachstums und strukturierter Desinvestments weiter zunehmen. M&A ist ein Megatrend der strategischen Unternehmensentwicklung!

Mit dem Bedeutungszuwachs von M&A-Transaktionen hat sich auch ein eigenständiges Rechtsfeld zu ihrer Bewältigung gebildet, das im besonderen Maße von der Beratungspraxis weiterentwickelt wird und internationale Standards aufnimmt. Während noch vor 20 Jahren nur eine kleine Gruppe von Anwälten auf die Beratung von M&A-Transaktionen spezialisiert war, gibt es heute in Deutschland Tausende von Rechtsanwälten, die vornehmlich M&A-Transaktionen beraten, es gibt eine breite wissenschaftliche Diskussion in den Universitäten, in Spezial-Veranstaltungen und Fachzeitschriften. Dementsprechend gibt es auch eine Vielzahl von Handbüchern, die einen Überblick über gängige Transaktionsverfahren und sich bei M&A-Transaktionen stellende Rechtsfragen bieten, sowie Spezialliteratur zu Einzelfragen. Ein umfassendes Handbuch mit Dokumentvorlagen und Checklisten (traditionell „Formularbuch" genannt) fehlte allerdings bislang im Markt, was deshalb überraschend ist, da gerade die Vorlage als Destillat der Beratungspraxis auf der Grundlage des geltenden Rechts in einem Dokument für die M&A-Beratungspraxis von besonderem Wert ist.

Mit diesem Buch wird das Ziel verfolgt, für ein breites Feld von Unternehmens- und Beteiligungskäufen, Joint Venture-Vorhaben, Privatisierungen und Public Private Partnerships, Übernahmen von börsennotierten Aktiengesellschaften, Umwandlungen und Umstrukturierungen sowie weiterer Transaktionsarten, eine Sammlung von Checklisten und Vorlagen für den anwaltlichen Berater, den Unternehmensjuristen und andere M&A-Prozessbeteiligte bereit zu stellen, und zwar als Anregung und Hilfestellung für den eigenen Dokumentenentwurf, der dann selbstverständlich auf die konkrete Situation anzupassen ist, ebenso wie für die Beurteilung fremder Entwürfe auf ihre Übereinstimmung mit geltenden Marktstandards. Trotz der zunehmenden Professionalisierung der M&A-Beratung und einer Verfestigung (internationaler) Marktstandards erschöpft sich nämlich eine verständige M&A-Beratung nicht in der Vervollständigung von Mustern, sondern besteht in der Formulierung und Verhandlung von Vertragsbestimmungen, die im konkreten Fall der wirtschaftlichen Situation und der Interessenlage der Beteiligten angepasst sind.

Die in diesem Werk veröffentlichten Dokumentvorlagen und Checklisten sind in der Praxis der Anwaltssozietät *Freshfields Bruckhaus Deringer* als einer führenden internationalen Anwaltssozietät entwickelt und in der Beratungspraxis erprobt worden. Sie berücksichtigen typisierte Käufer- und Verkäufersichten, weisen auf Branchenspezifika oder Besonderheiten bei selteneren Transaktionsarten wie Public Private Partnerships oder Zusammenführungen von börsennotierten Unternehmen hin und nehmen schließlich auch jüngste Rechtsentwicklungen wie die Umwandlung einer Aktiengesellschaft in die Europäische Aktiengesellschaft, die grenzüberschreitende Verschmelzung mit Errichtung einer Europäischen Aktiengesellschaft oder den übernahmerechtlichen Squeeze out (§§ 39a, 39b WpÜG) in Bezug. Die für die Dokumente verantwortlich zeichnenden Rechtsanwälte sind ausnahmslos erfahrene und weithin anerkannte M&A-Praktiker, die jeder für sich über eine langjährige Beratungserfahrung bei teilweise komplexen M&A-Transaktionen verfügen. Herausgeber und Autoren wünschen sich sehr, dass dieses Werk zur weiteren Professionalisierung und zu einem Bedeutungszuwachs der auf deutschem Recht beruhenden M&A-Vertragspraxis führen wird. Für eine nachfolgende Auflage ist vorgesehen, die deutschsprachigen Dokumente mit englischsprachigen Vorlagen zu

Vorwort

ergänzen. Für weitere Anregungen, Hinweise und Kritik bin ich sehr dankbar; bitte richten Sie diese an die Adresse Freshfields Bruckhaus Deringer, Alsterarkaden 27, 20354 Hamburg oder an m+a_handbuch@freshfields.com.

Die Autoren schulden großen Dank an Herrn *Dr. Burkhard Schröder*, den verantwortlichen Projektmanager beim Beck-Verlag, der dieses Vorhaben mit viel Rat und Tat begleitet hat, sowie an Herrn *Dr. Thomas Schäfer* vom Beck-Verlag, mit dem ich dieses Vorhaben gemeinsam entwickelt hatte und der es in vielfältiger Weise gefördert hat.

Der Dank der Autoren gilt im besonders großen Maße auch den Herren *Michael Höltmann*, LL.B. (Doktorand an der Bucerius Law School) und *Jörg-Peter Kraack*, LL.B. (Doktorand am Institut für Unternehmens- und Kapitalmarktrecht, Bucerius Law School). Beide haben als wissenschaftliche Mitarbeiter der Anwaltssozietät *Freshfields Bruckhaus Deringer* über die letzten beiden Jahre vorzügliche inhaltliche Vorarbeit an diesem Werk geleistet und dieses auch technisch hervorragend betreut.

Schließlich gebührt unser Dank vielen Partnern und Associates der Sozietät Freshfields Bruckhaus Deringer, die vielfältige Hinweise zu einzelnen Dokumenten gegeben haben und stets für Diskussionen zur Verfügung standen; dies gilt insbesondere für *Dr. Christoph von Bülow, Dr. Felix Blobel, Dr. Annette von Ekesparre, Dr. Viviane Fröhling, Dr. Wessel Heukamp* und *Dr. Oliver Wunsch*.

Hamburg, März 2008　　　　　　　　　　　　　　　　　　　　　　Christoph H. Seibt

Inhaltsübersicht

Vorwort	V
Inhaltsübersicht	IX
Inhaltsverzeichnis	XI
Verzeichnis der Bearbeiter	XXI
Abkürzungs- und Literaturverzeichnis	XXIII

Teil A. Einleitung: Checklisten für die Wahl der richtigen Transaktionsstruktur	1
Teil B. Vorbereitende Begleitdokumente von M&A-Transaktionen	19
Teil C. Unternehmensverkauf durch Übertragung von Gesellschaftsanteilen (Share Deal)	139
Teil D. Unternehmensverkauf durch Übertragung von Einzelwirtschaftsgütern (Asset Deal) Asset Sale and Purchase Agreement	687
Teil E. Übernahme von Aktiengesellschaften	831
Teil F. Beteiligungs- und Unternehmenserwerb im Wege der Kapitalerhöhung	995
Teil G. Gemeinschaftsunternehmen (Joint Venture)	1121
Teil H. Privatisierungsverfahren	1211
Teil J. Sektorenspezifische Vorgaben	1295
Teil K. Kartellrecht	1393
Teil L. Umwandlungen von Unternehmen	1519
Teil M. Post-akquisitorische Maßnahmen (neben Umwandlungen)	1911
Sachverzeichnis	2031

Inhaltsverzeichnis

Teil A. Einleitung: Checklisten für die Wahl der richtigen Transaktionsstruktur

I. M&A-Transaktionsplanung	1
1. Checkliste: M&A-Transaktionsplanung von Verkaufs- und Erwerbsseite	1
2. Checkliste: Strategische Transaktionsziele von Verkaufs- und Erwerberseite (Auswahl)	3
3. Checkliste: Motivlagen und Vorgehen von Strategischen Investoren vs. Finanzinvestoren auf Erwerbsseite	4
II. Auswahl der M&A-Transaktionsstruktur	5
1. Übersicht: Parameter für Auswahl der M&A-Transaktionsstruktur	6
2. Checkliste: Auswahlparameter „Arbeitsrecht"	7
3. Checkliste: Auswahlparameter „öffentliches Recht"	11
III. Einbeziehung von Partnern zur Umsetzung der Transaktionsstruktur	14
IV. Auswahl des M&A-Transaktionsverfahrens	16
1. Zeitstrahle: M&A-Transaktionsverfahren: Exklusivverhandlungen vs. kontrolliertes Bieterverfahren	17
2. Checkliste: Parameter für Auswahl des M&A-Transaktionsverfahrens (Exklusivverhandlungen vs. kontrolliertes Bieterverfahren)	17

Teil B. Vorbereitende Begleitdokumente von M&A-Transaktionen

I. Vertraulichkeitsvereinbarungen	19
1. Vertraulichkeitsvereinbarung zwischen einer börsennotierten Aktiengesellschaft und einem Erwerbsinteressenten (zielgesellschaftsfreundlich)	19
2. Vertraulichkeitsvereinbarung zwischen Verkäufer und Käufer (ausgewogen) – Confidentiality Agreement between Seller and Purchaser (favoring neither party)	31
II. Mandatsvereinbarung mit Finanz- oder M&A-Beratern	36
III. Informationsmemorandum	41
IV. Verfahrensvereinbarung – Agreement on Bidding Process	44
V. Gegenüberstellung und Vergleich der verschiedenen Angebote/Vertragsentwürfe	53
1. Gegenüberstellung und Bewertung eines überarbeiteten Vertragsentwurfs gegenüber dem Ausgangsentwurf	53
2. Vergleich der verschiedenen Bieter-Angebote in einem Auktionsverfahren	54
VI. Due Diligence	56
1. Benutzungsregeln für einen physischen Datenraum – Physical Data Room Rules	56
2. Benutzungsregeln für einen Online-Datenraum – Online Data Room Rules ..	61
3. Due Diligence-Anforderungsliste, Standard	70
4. Financial Due Diligence-Anforderungsliste	88
5. Tax Due Diligence-Anforderungsliste	94
6. Environmental Due Diligence-Anforderungsliste	96
7. Arbeitsrechtliche Due Diligence-Anforderungsliste	102
8. Due Diligence Kurz-Berichterstattung/Debriefing	108
VII. Letter of Intent	109
VIII. Vorstands- und Aufsichtsratsbeschlüsse	121
1. Vorstandsbeschluss (lang) zum Abschluss eines M&A-Memorandum of Understanding	121

Inhalt

 2. Vorstandsbeschluss (kurz) zum Abschluss eines Business Combination Agreement 127
 3. Aufsichtsratsbeschluss zum Abschluss eines M&A-Memorandum of Understanding 131
IX. Antrag auf verbindliche Auskunft 136

Teil C. Unternehmensverkauf durch Übertragung von Gesellschaftsanteilen (Share Deal)

I. Übersicht: Typische Interessenlagen und Argumentationslinien von Käuferin und Verkäuferin sowie Kompromisslösungen 139
II. Gesellschaft mit beschränkter Haftung (GmbH) 151
 1. GmbH-Anteilskaufvertrag – ausführlich, verkäuferfreundlich 151
 2. GmbH-Anteilskaufvertrag – ausführlich, käuferfreundlich 236
 3. GmbH-Anteilskaufvertrag – knapp, verkäuferfreundlich 382
 4. Gesellschafterliste gemäß § 40 GmbHG 445
 5. Mitteilung des Erwerbs an die Gesellschaft gem. § 40 Abs. 1 S. 2 GmbHG 447
 6. Genehmigung der Gesellschaft gemäß § 15 Abs. 5 GmbHG 449
III. Aktiengesellschaft (AG) 452
 1. Wesentliche Unterschiede zwischen dem GmbH-Anteilskaufvertrag und dem Aktienkaufvertrag 452
 2. Aktienkaufvertrag – knapp, verkäuferfreundlich 453
 3. Gesellschafts- und kapitalmarktrechtliche Begleitdokumente bei einer AG als Zielunternehmen 524
 4. Gesellschafts- und kapitalmarktrechtliche Begleitdokumente bei einer AG als Verkäuferin bzw. Käuferin 540
IV. Kommanditgesellschaft (KG) 544
 1. Vertrag über den Erwerb aller Anteile an einer GmbH & Co. KG und deren Komplementärin – ausführlich, käuferfreundlich 544
 2. Vertrag über den Erwerb aller Anteile an einer GmbH & Co. KG und deren Komplementärin – ausführlich, verkäuferfreundlich 602
 3. Vertrag über die Abtretung der Geschäftsanteile an der Komplementär-GmbH bei separatem Vollzug 654
 4. Vertrag über die Abtretung der Kommanditanteile bei separatem Vollzug 656
 5. Handelsregisteranmeldung über den Eintritt und Austritt der Kommanditisten im Wege der Sonderrechtsnachfolge 658
 6. Anmeldung des Erwerbs bei der Komplementär-GmbH gemäß § 40 Abs. 1 S. 2 GmbHG 660
 7. Einreichung einer aktualisierten Gesellschafterliste zum Handelsregister der Komplementär GmbH gemäß § 40 GmbHG 660
V. Offene Handelsgesellschaft (OHG) 661
 1. Vertrag über den Erwerb aller Anteile an einer OHG durch einen Käufer – ausgewogen 661
 2. Handelsregisteranmeldung über den Erwerb aller Anteile durch einen Käufer und das Erlöschen der oHG 674
VI. Gesellschaft bürgerlichen Rechts (GbR): Vertrag über den Erwerb aller Anteile an einer Grundbesitz-GbR – ausgewogen, mit besonderen Gewährleistungen für den Grundbesitz 676

Teil D. Unternehmensverkauf durch Übertragung von Einzelwirtschaftsgütern (Asset Deal) Asset Sale and Purchase Agreement

I. Asset Deal (einschl. Verkauf von Anteilen an Tochtergesellschaften) 687

Inhalt

II. Übertragungs- und Übernahmevertrag (Vollzugsvertrag)1 Asset Transfer Agreement	810
III. Unterrichtungsschreiben bei Betriebsübergang nach § 613 a Abs. 5 BGB	822

Teil E. Übernahme von Aktiengesellschaften

I. Unwiderrufliche Verpflichtung zur Annahme eines Übernahmeangebots (Irrevocable Undertaking)	831
II. Investorenvereinbarung – Investment Agreement	848
III. Angebotsunterlagen	878
1. Checkliste zum Mindestinhalt einer Angebotsunterlage nach dem WpÜG	878
2. Maßnahmen- und Zeitplan für ein Bar-Übernahmeangebot	880
3. Veröffentlichung der Entscheidung zur Abgabe eines Übernahmeangebotes gemäß § 10 Abs. 1 i. V. m. §§ 29 Abs. 1, 34 WpÜG	891
4. Angebotsunterlage – Freiwilliges Kaufangebot	893
5. Angebotsunterlage – Pflichtangebot	944
IV. Stellungnahme von Vorstand und Aufsichtsrat der Zielgesellschaft	966
V. Befreiungsanträge	980
1. Checkliste: Befreiungsantrag gemäß § 36 WpÜG	980
2. Checkliste: Befreiungsantrag gemäß § 37 WpÜG	982
3. Checkliste: Antrag auf Sanierungsbefreiung gemäß § 37 WpÜG i. V. m. § 9 S. 1 Nr. 3 WpÜG-AngebVO	985
VI. Bekanntmachungen nach WpÜG	989
1. Veröffentlichung der Kontrollerlangung über die Zielgesellschaft nach § 35 Abs. 1 i. V. m. 10 Abs. 3 WpÜG	989
2. Bekanntmachung gemäß § 23 WpÜG	990

Teil F. Beteiligungs- und Unternehmenserwerb im Wege der Kapitalerhöhung

I. Sachkapitalerhöhung GmbH	995
1. Gesellschafterbeschluss einer GmbH, Kapitalerhöhung gegen gemischte Sacheinlage (Zielunternehmen hier: GmbH & Co. KG)1	995
2. Übernahmeerklärung	1000
3. Übernehmerliste	1003
4. Einbringungsvertrag	1004
5. Handelsregisteranmeldung der Kapitalerhöhung bei der erwerbenden GmbH	1007
6. Gesellschafterliste der erwerbenden GmbH nach Wirksamwerden der Kapitalerhöhung	1009
7. Handelregisteranmeldung bei der erworbenen GmbH & Co. KG	1011
8. Sachkapitalerhöhung GmbH aus genehmigtem Kapital (Hinweise)	1013
II. Sachkapitalerhöhung AG	1014
1. Hauptversammlungsprotokoll einer nicht börsennotierten AG, Kapitalerhöhung gegen Sacheinlagen mit Bezugsrechtsausschluss (Zielunternehmen hier: GmbH)1	1014
2. Gerichtliche Bestellung des externen Sacherhöhungsprüfers, Prüfungsbericht	1020
3. Zeichnungsschein	1020
4. Zeichnerverzeichnis	1022
5. Aufstellung der Kosten der Kapitalerhöhung	1023
6. Handelsregisteranmeldung der Kapitalerhöhung (Beschluss und Durchführung) bei der erwerbenden AG	1024
III. Sachkapitalerhöhung AG aus genehmigtem Kapital	1027
1. Hauptversammlungsprotokoll einer börsennotierten AG zur Schaffung eines genehmigten Kapitals mit Bezugsrechtsausschluss	1027

Inhalt

2. Beschluss des Vorstands einer AG zur Kapitalerhöhung gegen Sacheinlagen	1036
3. Vorstandsbericht zum Bezugsrechtsausschluss gem. §§ 203 Abs. 1 S. 1, 186 Abs. 3 und 4 S. 2 AktG	1039
4. Vorstandsbericht zum Bezugsrechtsausschluss gem. §§ 203 Abs. 2, 186 Abs. 4 S. 2 AktG	1041
5. Zustimmungsbeschluss des Aufsichtsrats zur Kapitalerhöhung aus genehmigtem Kapital	1043
6. Zeichnungsschein	1044
7. Gerichtliche Bestellung des externen Sacherhöhungsprüfers, Prüfungsbericht	1046
8. Zeichnerverzeichnis, Aufstellung der Kosten der Kapitalerhöhung aus genehmigtem Kapital	1057
9. Handelsregisteranmeldung der Kapitalerhöhung aus genehmigtem Kapital (Durchführung) bei der erwerbenden AG	1057
10. Einbringungsvertrag (Hinweise)	1060
IV. Kapitalerhöhung bei einer erwerbenden GmbH & Co. KG – Handelsregisteranmeldung	1062
V. Beteiligungsvertrag, Gesellschaftervereinbarung – Investment Agreement, Shareholder Agreement	1063
1. Beteiligungsvertrag (Beitritt eines Finanzinvestors, Venture Capital-typische Klauseln)	1063
2. Gesellschaftervereinbarung (Beitritt eines Finanzinvestors, Venture Capital-typische Klauseln)	1100

Teil G. Gemeinschaftsunternehmen (Joint Venture)

I. Einleitung	1121
II. Joint Venture-Vereinbarung – Joint Venture Agreement	1123
III. Gesellschaftsvertrag des Joint Venture (GmbH) – Articles of Association of the Joint Venture (GmbH)	1192

Teil H. Privatisierungsverfahren

I. Überblick über Organisation und Ablauf eines Privatisierungsverfahrens	1211
II. Typische Privatisierungsklauseln in Anteilskaufverträgen	1221
1. Allgemeine Zielklausel	1221
2. Standort- und Bestandsgarantie, kurze Form	1223
3. Bestands- und Standortgarantie, ausführlich	1224
4. Investitionen zur Erhaltung der Versorgungs- und Servicestandards	1228
5. Verpflichtung zur Erhaltung bestehender und Schaffung neuer Arbeitsplätze mit Sanktionen (harte Arbeitsplatzklausel)1	1231
6. Absichtserklärung zur Erhaltung von Arbeitsplätzen (weiche Arbeitsplatzklausel)1	1233
7. Sozialcharta	1235
8. Haltefrist für die erworbenen Geschäftsanteile, mit Sanktionen	1236
9. Mehrerlösabführungsklausel	1238
10. Vertragsstrafeversprechen, verkäuferfreundlich, ausführlich	1241
III. Typische Privatisierungsklauseln in Konsortialverträgen	1243
1. Grundsätze der Zusammenarbeit	1243
2. Organe	1245
3. Konfliktauflösung und Mediation	1256
4. Grundsätze der Unternehmensführung und Investitionsprojekte	1260
5. Finanzierungs- und Ausschüttungspolitik	1261
6. Finanzierungs- und Ausschüttungspolitik mit Kapitalnachschusspflicht	1262

7. Veräußerungsbeschränkungen und -bedingungen	1264
8. Vertraulichkeit, Pressemitteilungen	1268
IV. Public Private Partnerships (Überblick, typische Vertragsklauseln)	1269
1. Einleitung: Begriff und Struktur von Public Private Partnerships	1269
2. Gliederung des Projektvertrages	1273
3. Projektbeschreibung und Zielsetzungen	1274
4. Vergütung	1276
5. Fortschreibung und Neuvereinbarung	1278
6. Nachunternehmerverträge	1281
7. Eintritt des Auftraggebers in Nachunternehmerverträge	1283
8. Finanzierung	1285
9. Städtischer Vertragsbeauftragter, Informationsrechte, Weisungs- und Kontrollrechte	1286
10. Vertragsbeirat, Schlichtung und Schiedsgerichtsklausel	1289
11. Folgen einer vorzeitigen Vertragsbeendigung	1291

Teil J. Sektorenspezifische Vorgaben

I. Banken und Versicherungen	1295
1. Einleitung	1295
2. Absicht zum Erwerb einer bedeutenden Beteiligung	1296
3. Zuverlässigkeits- und Eignungsanforderungen im Kontext einer Akquisition	1298
4. Mitteilungspflichten im Kontext einer Akquisition	1300
5. Ausgewählte Besonderheiten bei der rechtlichen Due Diligence	1303
6. Besonderheiten bei der Formulierung eines Unternehmenskaufvertrages	1307
7. Bestandsübertragung bei Versicherungsunternehmen	1313
8. Muster: Anmeldung des Erwerbs oder der Erhöhung einer Beteiligung an einem Finanzdienstleister oder Versicherungsunternehmen	1316
II. Arzneimittel, Medizinprodukte, Lebensmittel	1328
1. Einleitung	1328
2. Prüfungsschwerpunkte im Rahmen der Due Diligence: Gewerbliche Schutzrechte	1328
3. Prüfungsschwerpunkte im Rahmen der Due Diligence: Regulatorische Aspekte	1329
4. Share Deal: Fortbestand von Zulassungen/Genehmigungen	1336
5. Asset Deal: Übertragung von Zulassungen/Genehmigungen	1337
6. Abverkauf von Warenbeständen	1339
7. Transitional Service Level Agreements	1340
8. Vertragsübernahme	1340
9. Fortführung des Geschäftsbetriebs zwischen Signing und Closing ...	1341
10. Versicherungsschutz	1341
11. Garantie- und Haftungsregelungen	1341
III. Energiewirtschaft	1343
1. Strukturelle Organisation des Energiewirtschaftssektors	1343
2. Funktionen im Energiewirtschaftssektor	1346
IV. Medien und Telekommunikation	1377
1. Einführung	1377
2. Telekommunikation	1377
3. Medien	1385

Teil K. Kartellrecht

I. Das Fusionskontrollverfahren in Deutschland	1393
1. Anmeldung an das BKartA (ausführlich)	1393
2. Anmeldung an das BKartA (Gemeinschaftsunternehmen)	1409

Inhalt

      3. Anmeldung an das BKartA (knapp) 1419
      4. Anmeldung an das BKartA (potenzieller Bagatellmarkt) 1425
      5. Angebot untersagungsabwendender Veräußerungszusagen 1431
      6. Antrag auf Beiladung zum Verfahren 1440
      7. Antrag auf Akteneinsicht 1445
      8. Vollzugsanzeige 1448
      9. Beschwerde zum OLG 1450
    10. Verhaltensrichtlinien bis zum Vollzug der Transaktion 1452
  II. Die Fusionskontrolle in der Europäischen Union 1457
      1. Informal Guidance Memorandum 1457
      2. Anmeldung gemäß Formblatt CO 1461
III. Fusionskontrollverfahren in Drittstaaten 1494
      1. Einleitung 1494
      2. Festlegung der Verantwortlichkeiten 1494
      3. Ermittlung der Anmeldepflichten 1495
      4. Instruktion der lokalen Anwälte 1505
      5. Vorbereitung der Anmeldungen 1509
      6. Durchführung der behördlichen Verfahren 1511
IV. Außenwirtschaftsrecht – Antrag auf Unbedenklichkeitsbescheinigung nach § 53 Abs. 3 AWV 1514

Teil L. Umwandlungen von Unternehmen

  I. Einleitung 1519

Verschmelzung einer AG auf eine AG zur Aufnahme (mit Kapitalerhöhung)

 II. Verschmelzung 1521
      1. Checkliste 1521
      2. Grundsatzvereinbarung über den Zusammenschluss zweier AG – Memorandum of Understanding on Merger of Two German Stock Corporations (AG) (Business Combination Agreement) 1525
      3. Verschmelzungsvertrag nach § 5 UmwG 1560
      4. Verschmelzungsbericht nach § 8 UmwG 1575
      5. Verschmelzungsprüfung nach §§ 9, 60 UmwG 1578
      6. Zustimmung der Hauptversammlung der übertragenden AG zur Verschmelzung nach §§ 13, 65 UmwG 1580
      7. Zustimmung der Hauptversammlung der übernehmenden AG zur Verschmelzung nach §§ 13, 65 UmwG 1586
      8. Anmeldung der Verschmelzung nach §§ 16, 17 UmwG und der Kapitalerhöhung nach § 69 Abs. 2 UmwG zum Handelsregister der übernehmenden AG 1590

Verschmelzung einer AG mit einer AG zur Neugründung

      9. Anmeldung der Verschmelzung nach §§ 16, 17 UmwG zum Handelsregister der übertragenden AG 1593
    10. Verschmelzungsvertrag nach § 5 UmwG 1595
    11. Anmeldung der Verschmelzung zum Handelsregister bei jeder übertragenden AG 1603
    12. Anmeldung der neuen AG zum Handelsregister nach § 38 UmwG ... 1605

Verschmelzung einer 100%igen Tochter-GmbH auf eine AG zur Aufnahme

    13. Verschmelzungsvertrag und Verschmelzungsbeschluss 1608
    14. Anmeldung der Verschmelzung zum Handelsregister der übernehmenden AG 1614

Inhalt

15. Anmeldung der Verschmelzung zum Handelsregister der übertragenden GmbH	1616

Verschmelzung einer GmbH auf eine GmbH zur Aufnahme

16. Verschmelzungsvertrag nach § 5 UmwG	1618
17. Zustimmungsbeschluss der übernehmenden GmbH	1624
18. Anmeldung der Verschmelzung zum Handelsregister der übernehmenden GmbH	1627
19. Anmeldung der Verschmelzung zum Handelsregister der übertragenden GmbH	1629

Verschmelzung einer AG auf eine GmbH zur Aufnahme

20. Verschmelzungsvertrag nach § 5 UmwG	1630
21. Zustimmung der Hauptversammlung der übertragenden AG zur Verschmelzung nach §§ 13, 65 UmwG	1638
22. Zustimmungsbeschluss der Gesellschafterversammlung der übernehmenden GmbH	1642
23. Anmeldung der Verschmelzung zum Handelsregister der übernehmenden GmbH	1645
24. Anmeldung der Verschmelzung zum Handelsregister der übertragenden AG	1647

Verschmelzung einer ausländischen AG auf eine deutsche AG zur Entstehung einer Societas Europae (SE)

25. Übersicht: Strukturierungsvarianten zur grenzüberschreitenden Verschmelzung	1648
26. Checkliste zur Verschmelzung einer ausländischen AG auf eine deutsche AG zur Entstehung einer SE	1652
27. Verschmelzungsplan einer ausländischen AG auf eine deutsche AG zur Entstehung einer Societas Europaea (SE) – Verschmelzungsplan nach Art. 20 Abs. 1 SE-VO – Merger Plan in accordance with Art. 20 para. 1 of the SE Regulation	1654
28. Mitbestimmungsvereinbarung über die Beteiligung der Arbeitnehmer in der Societas Europaea (SE)	1668
29. Einreichung des Verschmelzungsplans zum Handelsregister	1686
30. Zustimmungsbeschluss der Hauptversammlung der übernehmenden AG zur Verschmelzung nach Art. 23 Abs. 1 SE-VO	1688
31. Antrag auf Bescheinigung nach Art. 25 Abs. 2 SE-VO	1695
32. Anmeldung der Verschmelzung zum Handelsregister nach Art. 26 SE-VO	1698

Grenzüberschreitende Verschmelzung einer ausländischen AG auf eine deutsche GmbH

33. Gemeinsamer Verschmelzungsplan – Joint Merger Proposal	1702
III. Spaltung	1715
1. Checkliste	1715

Aufspaltung einer GmbH zur Aufnahme durch zwei bestehende GmbH

2. Spaltungs- und Übernahmevertrag	1717
3. Spaltungsbericht	1738
4. Beschluss der Anteilsinhaber der übertragenden GmbH über die Zustimmung zum Spaltungs- und Übernahmevertrag	1742
5. Beschlüsse der Anteilsinhaber der übernehmenden GmbH über die Zustimmung zum Spaltungs- und Übernahmevertrag und die Erhöhung des Stammkapitals	1747
6. Anmeldung der Kapitalerhöhung und Spaltung zum Handelsregister der übernehmenden GmbH	1749
7. Anmeldung der Spaltung zum Handelsregister der übertragenden GmbH	1754

Inhalt

Aufspaltung einer GmbH zur Neugründung zweier GmbH
8. Spaltungsplan 1757
9. Beschluss der Gesellschafter der übertragenden GmbH über die Zustimmung zum Spaltungsplan und die Gründung der neuen GmbH 1767
10. Anmeldung der Gründung der übernehmenden GmbH zum Handelsregister 1770
11. Anmeldung der Spaltung zum Handelsregister der übertragenden GmbH 1773

Aufspaltung einer AG zur Aufnahme durch eine bestehende AG und zur Neugründung einer AG bzw. einer GmbH & Co. KG
12. Spaltungs- und Übernahmevertrag – Spaltungsplan 1774
13. Beschluss der Hauptversammlung der übertragenden AG 1782
14. Beschluss der Hauptversammlung der übernehmenden AG 1785
15. Anmeldung der Kapitalerhöhung und Spaltung zum Handelsregister der übernehmenden AG 1787
16. Anmeldung der Gründung der übernehmenden AG zum Handelsregister 1789
17. Anmeldung der Gründung der übernehmenden GmbH & Co. KG zum Handelsregister 1793
18. Anmeldung der Spaltung zum Handelsregister der übertragenden AG 1795

Abspaltung von einer AG zur Aufnahme durch eine bestehende AG und zur Neugründung einer GmbH
19. Spaltungs- und Übernahmevertrag – Spaltungsplan 1797

Ausgliederung aus einer AG zur Aufnahme durch eine bestehende GmbH und zur Neugründung einer AG
20. Ausgliederungs- und Übernahmevertrag – Ausgliederungsplan 1803

IV. Formwechsel 1811

Formwechsel einer GmbH in eine GmbH & Co. KG
1. Umwandlungsbeschluss gemäß §§ 190 ff. UmwG 1811
2. Umwandlungsbericht gemäß § 192 UmwG 1822
3. Abfindungsangebot gemäß § 207 UmwG 1825
4. Anmeldung des Formwechsels zum Handelsregister 1827

Formwechsel einer GmbH in eine Limited & Co. KG
5. Umwandlungsbeschluss gemäß den §§ 190 ff. UmwG 1829
6. Anmeldung des Formwechsels einer GmbH in eine Limited & Co. KG zum Handelsregister 1834

Formwechsel einer GmbH in eine Limited & Co. KG
7. Umwandlungsbeschluss gemäß §§ 190 ff. UmwG 1835
8. Umwandlungsbericht gemäß § 192 UmwG 1842
9. Abfindungsangebot gemäß § 207 UmwG 1842
10. Gründungsbericht gemäß § 197 UmwG i. V. m. § 32 AktG 1842
11. Gründungsbericht des Vorstands und des Aufsichtsrats gemäß § 197 UmwG i. V. m. §§ 33, 34 AktG 1845
12. Bericht des Gründungsprüfers über die Prüfung des Formwechsels gemäß § 197 UmwG i. V. m. §§ 33, 34 AktG 1847
13. Anmeldung des Formwechsels einer GmbH in eine AG zum Handelsregister 1849

Formwechsel einer GmbH in eine Limited & Co. KG
14. Umwandlungsbeschluss gemäß §§ 190 ff. UmwG 1852
15. Umwandlungsbericht gemäß § 192 UmwG 1856
16. Abfindungsangebot gemäß § 207 UmwG 1856

Inhalt

17. Gründungsbericht gemäß § 197 UmwG i. V. m. § 32 AktG	1856
18. Gründungsbericht des persönlich haftenden Gesellschafters und des Aufsichtsrats gemäß § 197 UmwG i. V. m. §§ 33, 34 AktG	1856
19. Bericht des Gründungsprüfers über die Prüfung des Formwechsels gemäß § 197 UmwG i. V. m. §§ 33, 34 AktG	1856
20. Anmeldung des Formwechsels einer GmbH in KGaA zum Handelsregister ..	1856

Formwechsel einer GmbH in eine Limited & Co. KG

21. Umwandlungsbeschluss gemäß §§ 190 ff. UmwG	1858
22. Umwandlungsbericht gemäß § 192 UmwG	1865
23. Abfindungsangebot gemäß § 207 UmwG	1865
24. Anmeldung des Formwechsels einer AG in eine GmbH zum Handelsregister	1865

Formwechsel einer GmbH in eine Limited & Co. KG

25. Umwandlungsbeschluss gemäß §§ 190 ff. UmwG	1867

Formwechsel einer GmbH in eine Limited & Co. KG

26. Umwandlungsbeschluss gemäß §§ 190 ff. UmwG	1870

Formwechsel einer GmbH in eine Limited & Co. KG

27. Umwandlungsbeschluss gemäß §§ 190 ff. UmwG	1873

Formwechsel einer GmbH in eine Limited & Co. KG

28. Umwandlungsbeschluss gemäß §§ 190 ff. UmwG	1878

Formwechsel einer GmbH in eine Limited & Co. KG

29. Umwandlungsbeschluss gemäß Art. 2 Abs. 4, Art. 37 SE-VO	1882
30. Umwandlungsplan für die Umwandlung einer deutschen Aktiengesellschaft in eine Societas Europaea (SE)	1889
31. Einreichung des Umwandlungsplans zum Handelsregister gemäß Art. 37 Abs. 5 SE-VO	1894
32. Anmeldung der Umwandlung zum Handelsregister gemäß Art. 15 Abs. 1 SE-VO i. V. m. § 198 UmwG	1895
V. Anwachsung	1898

Umwandlung einer GmbH & Co. KG in eine GmbH
(erweitertes Anwachsungsmodell)

1. Gesellschafterbeschluss über Kapitalerhöhung bei der Komplementär-GmbH und Einbringung sämtlicher Kommanditgesellschaftsanteile an der umzuwandelnden GmbH & Co. KG	1898
2. Übernahmeerklärung gemäß § 55 Abs. 1 GmbHG	1903
3. Handelsregisteranmeldung der Kapitalerhöhung bei der Komplementär-GmbH mit Einbringung sämtlicher Kommanditgesellschaftsanteile an der GmbH & Co. KG	1904
4. Vertrag über die Abtretung der Kommanditgesellschaftsanteile an der GmbH & Co. KG an die Komplementär-GmbH	1906
5. Handelsregisteranmeldung der Abtretung der Kommanditgesellschaftsanteile an der GmbH & Co. KG an die Komplementär-GmbH und Auflösung der GmbH & Co. KG	1908

Teil M. Post-akquisitorische Maßnahmen (neben Umwandlungen)

I. Beherrschungs- und Gewinnabführungsvertrag	1911
1. Beherrschungs- und Gewinnabführungsvertrag mit einer AG	1911
2. Anmeldung des Beherrschungs- und Gewinnabführungsvertrages nach § 294 AktG	1932

Inhalt

    II. Clearing- und Cash-Pooling-Vertrag – Clearing and Cash Pooling Agreement 1934
   III. Verbandsrechtlicher Ausschluss von Minderheitsgesellschaftern (Squeeze out) 1994
       1. Einleitung 1994
       2. Maßnahmen- und Zeitplan eines Squeeze out 1999
       3. Verlangen des Hauptaktionärs nach Beschlussfassung zum Squeeze out 2001
       4. Ad-hoc-Meldung nach § 15 Abs. 1 WpHG 2005
       5. Antrag auf gerichtliche Bestellung eines Angemessenheitsprüfers 2007
       6. Gewährleistungserklärung eines Kreditinstituts für die Barabfindungsverpflichtung des Hauptaktionärs 2010
       7. Übertragungsbericht des Hauptaktionärs (Gliederung) 2012
       8. Bekanntmachung der Einladung zur Hauptversammlung und der Tagesordnung 2015
       9. Anmeldung des Übertragungsbeschlusses zum Handelsregister 2022
      10. Bekanntmachung bezüglich des Ausschlusses der Minderheitsaktionäre im Gesellschaftsblatt 2024
   IV. Übernahmerechtlicher Ausschluss von Minderheitsgesellschaftern 2026

Sachverzeichnis 2031

Verzeichnis der Bearbeiter

Im Einzelnen haben bearbeitet:

Dr. Burkhard Bastuck, LL. M. (University of Pennsylvania) FRESHFIELDS BRUCKHAUS DERINGER LLP Köln	D. I., II.
Dr. Marius B. Berenbrok FRESHFIELDS BRUCKHAUS DERINGER LLP Hamburg	H. I.–III.
Dr. Hans-Michael Giesen, LL. M. (University of Michigan) GÖRG PARTNERSCHAFT VON RECHTSANWÄLTEN Berlin	G.
Dr. Wessel Heukamp, LL.M (Columbia University) FRESHFIELDS BRUCKHAUS DERINGER LLP München	J. I.
Dr. Till Kleinstück, LL. M. (Georgetown University) NOTARIAT DR. KLEINSTÜCK/DR. RESKI Hamburg	F. I.–IV.
Dr. Tobias Klose FRESHFIELDS BRUCKHAUS DERINGER LLP Düsseldorf	K. III.
Dr. Matthias-Gabriel Kremer FRESHFIELDS BRUCKHAUS DERINGER LLP Frankfurt am Main	J. I.
Prof. Dr. Norbert Nolte FRESHFIELDS BRUCKHAUS DERINGER LLP Köln	J. IV.
Dr. Ulrich Reese CLIFFORD CHANCE Düsseldorf	J. II.
Dr. Marc Reysen, LL. M. (University of Edinburgh) O´Melveny & Myers LLP Brüssel	K. I., II.
Dr. Michael Schäfer FRESHFIELDS BRUCKHAUS DERINGER LLP Hamburg	H. IV.
Dr. Ulrich Scholz, LL. M. (Tulane) FRESHFIELDS BRUCKHAUS DERINGER LLP Köln	J. III.

Verzeichnis der Bearbeiter

Dr. Nikolaus Schrader FRESHFIELDS BRUCKHAUS DERINGER LLP Hamburg	C. I., II., III.
Prof. Dr. Christoph H. Seibt, LL. M. (Yale) FRESHFIELDS BRUCKHAUS DERINGER LLP Hamburg	A.; B.; C. I., IV, V., VI.; D. III; E.; F. V.; K. IV.; L.; M. II., III
Dr. Eberhard Seydel FRESHFIELDS BRUCKHAUS DERINGER LLP Düsseldorf/München	M. I.
Dr. Christoph Sieberg FRESHFIELDS BRUCKHAUS DERINGER LLP Köln	J. III.
Dr. Till Steinvorth FRESHFIELDS BRUCKHAUS DERINGER LLP Düsseldorf	K. III.

Abkürzungs- und Literaturverzeichnis

Hinweis: Literatur, die nur Bezug zu speziellen Kapiteln oder Formularen hat, wird dort aufgeführt (insbesondere Zeitschriftenaufsätze).

a. A.	andere(r) Ansicht
a. a. O.	am angegebenen Ort
Abs.	Absatz
AcP	Archiv für civilistische Praxis
a. E.	am Ende
AfA	Absetzung für Abnutzung
AFG	Arbeitsförderungsgesetz
AG	Aktiengesellschaft, Die Aktiengesellschaft (Zeitschrift)
AGB	Allgemeine Geschäftsbedingungen
AGBGB	Ausführungsgesetz zum Bürgerlichen Gesetzbuch
AktG	Aktiengesetz
AktR	Aktienrecht
a. M.	anderer Meinung
AnfG	Gesetz betreffend die Anfechtung von Rechtshandlungen eines Schuldners außerhalb des Konkursverfahrens (Gläubigeranfechtungsgesetz)
Anm.	Anmerkung
AO	Abgabenordnung
AP	Arbeitsrechtliche Praxis, Nachschlagewerk des Bundesarbeitsgerichts
ArbG	Arbeitsgericht
ArbErfG	Gesetz über Arbeitnehmererfindungen
ArbSchG	Arbeitsschutzgesetz
ArbStättV	Arbeitsstättenverordnung
Art.	Artikel
AStG	Außensteuergesetz
Assmann/Pötzsch/Schneider/*Bearbeiter*	Wertpapiererwerbs- und Übernahmegesetz, Kommentar, 2005
Assmann/Schneider/*Bearbeiter*	Wertpapierhandelsgesetz, Kommentar, 4. Aufl. 2009
AtG	Atomgesetz
AüG	Arbeitnehmerüberlassungsgesetz
Aufl.	Auflage
AVV	Abfallverzeichnis-Verordnung
BaFin	Bundesanstalt für Finanzdienstleistungsaufsicht
BAG	Bundesarbeitsgericht
BAGE	Sammlung der Entscheidungen des Bundesarbeitsgerichts
Balz/Arlinghaus	Das Praxishandbuch Mergers & Acquisitions, 2003
BAnz.	Bundesanzeiger
BauGB	Baugesetzbuch
Baumbach/Hopt	Kommentar zum Handelsgesetzbuch, 34. Aufl. 2010
Baumbach/Hueck/*Bearbeiter*	Kommentar zum GmbHG, 19. Aufl. 2010
Baumbach/Lauterbach/Albers/Hartmann	Zivilprozessordnung, 69. Aufl. 2011
Baums/Thoma/*Bearbeiter*	Kommentar zum Wertpapiererwerbs- und Übernahmegesetz, Loseblattausgabe
BauNVO	Baunutzungsverordnung
BauO	Bauordnung
BayGO	Bayerische Gemeindeordnung

Abkürzungs- und Literaturverzeichnis

BayObLG	Bayerisches Oberstes Landesgericht
BayObLGZ	Entscheidungen des Bayerischen Obersten Landesgerichts in Zivilsachen, Neue Folge
BayPAG	Bayerisches Polizeiaufgabengesetz
BB	Betriebs-Berater
BBergG	Bundesberggesetz
BBiG	Berufsausbildungsgesetz
BBodSchG	Bundesbodenschutzgesetz
Bd.	Band
BdF	Bundesminister der Finanzen
Bechtold	Kartellgesetz, Gesetz gegen Wettbewerbsbeschränkungen, 6. Aufl. 2010
BeckBilKomm/*Bearbeiter*	Beck'scher Bilanzkommentar, 7. Aufl. 2010
BeckHdbAG/*Bearbeiter*	Beck'sches Handbuch der AG, 2. Aufl. 2009
BeckHdbGmbH/*Bearbeiter*	Beck'sches Handbuch der GmbH, 4. Aufl. 2009
Beck'sches Formularbuch/*Bearbeiter*	Hoffmann-Beckling/*Rawert* (Hrsg.), Beck'sches Formularbuch Handels- und Wirtschaftsrecht, 10. Aufl. 2010
BeckMandatsHdb Unternehmenskauf/*Bearbeiter*	Hettler/Stratz/Hörtnagl (Hrsg.), Beck'sches Mandatshandbuch Unternehmenskauf, 2004 (auch zitiert als: Hettler/Shatz/Hörtnagl/*Bearbeiter*, s. u.)
BeckMandatsHdb Due Diligence/*Bearbeiter*	*Beisel/Andreas* (Hrsg.), Beck'sches Mandatshandbuch Due Diligence, 2. Aufl. 2010 (auch zitiert als: Beisel/Andreas/*Bearbeiter*, s. u.)
Beisel/Andreas/Bearbeiter	Beck'sches Mandatshandbuch Due Diligence, 2. Aufl. 2010 (auch zitiert als: BeckMandatsHdb Due Diligence/*Bearbeiter*, s. o.)
Beisel/Klumpp	Der Unternehmenskauf, 5. Aufl. 2006
Berens/Brauner/Strauch	Due Diligence bei Unternehmensakquisitionen, 6. Aufl., 2009
BetrAVG	Gesetz zur Verbesserung der betrieblichen Altersversorgung
BetrVG	Betriebsverfassungsgesetz
BFH	Bundesfinanzhof
BFHE	Sammlung der Entscheidungen des Bundesfinanzhofes
BFStrG	Bundesfernstraßengesetz
BFuP	Betriebswirtschaftliche Forschung und Praxis (Zeitschrift)
BGB	Bürgerliches Gesetzbuch
BGBl	Bundesgesetzblatt
BGH	Bundesgerichtshof
BGHZ	Entscheidungen des Bundesgerichtshofs in Zivilsachen
BImSchG	Bundesimmissionsschutzgesetz
BImSchV	Bundesimmissionsschutzverordnung
Binz/Sorg	Binz/Sorg, Die GmbH & Co. KG, 10. Aufl. 2005
BiRiLiG	Bilanzrichtliniengesetz
BKartA	Bundeskartellamt
Blümich	EStG, KStG und GewStG, Kommentar, Stand März 2002
BMF	Bundesministerium der Finanzen
BNatSchG	Bundesnaturschutzgesetz
BO	Bauordnung
BStBl	Bundessteuerblatt
BVerfG	Bundesverfassungsgericht
BVerfGE	Entscheidungen des Bundesverfassungsgerichts
BVerwG	Bundesverwaltungsgericht
BWaStrG	Bundeswasserstraßengesetz
bzw.	beziehungsweise
CFB	Corporate Finance biz
CFL	Corporate Finance law
CISG	Übereinkommen der Vereinten Nationen über Verträge über den internationalen Warenkauf
Collenberg/Wolz	Zertifizierung und Auditierung von IT- und IV-Sicherheit, Praxisleitfaden zur Technical Due Diligence, 2005

Abkürzungs- und Literaturverzeichnis

DB	Der Betrieb
DBA	Doppelbesteuerungsabkommen
DD	Due Diligence
Dehmer	Die Betriebsaufspaltung, 2. Aufl. 1987
DepG	Depotgesetz
d. h.	das heißt
DNotZ	Deutsche Notar-Zeitschrift
DSchG	Denkmalschutzgesetz
DStR	Deutsches Steuerrecht
DStZ	Deutsche Steuerzeitung
DV/DVO	Durchführungsverordnung
EAG	Europarechtsanpassungsgesetz
Ebenroth/Boujong/Joost/Strohn/*Bearbeiter*	Kommentar zum HGB, 2. Aufl. 2009
EFG	Entscheidungen der Finanzgerichte
EG	Europäische Gemeinschaft
EGBGB	Einführungsgesetz zum Bürgerlichen Gesetzbuch
EGHGB	Einführungsgesetz zum Handelsgesetzbuch
EGInsO	Einführungsgesetz zur Insolvenzordnung
Ehricke/Ekkenga/Oechsler/*Bearbeiter*	Wertpapierwerbes- und Übernahmegesetz, Kommentar, 2003
ElektroG	Elektro- und Elektronikgerätegesetz
Emmerich/*Habersack*	Konzernrecht, 9. Aufl. 2008
EnWG	Energiewirtschaftsgesetz
ErbbauVO	Erbbauverordnung
ErfK/*Bearbeiter*	Erfurter Kommentar zum Arbeitsrecht, 11. Aufl. 2011
EStDV	Einkommensteuer-Durchführungsverordnung
EStG	Einkommensteuergesetz
EStR	Einkommensteuerrichtlinien
EWGV	Vertrag zur Gründung einer Europäischen Wirtschaftsgemeinschaft
EWIV	Europäische Wirtschaftliche Interessenvereinigung
FA	Finanzamt
FAZ	Frankfurter Allgemeine Zeitung
FDD	Financial Due Diligence
f./ff.	folgende (Seite)
FFH	Flora-Fauna-Habitat-Richtlinie
FG	Finanzgericht
FinMin.	Finanzministerium
FlurbG	Flurbereinigungsgesetz
Form.	Formular
FS	Festschrift
FStrG	Bundesfernstraßengesetz
FTD	Financial Times Deutschland
GBGA	Geschäftsanweisung für die Behandlung von Grundbuchsachen
GBO	Grundbuchordnung
GbR	Gesellschaft bürgerlichen Rechts
GBV	Grundbuchverfügung
Geibel/Süßmann/*Bearbeiter*	Wertpapiererwerbs- und Übernahmegesetz, Kommentar, 2. Aufl. 2008
GewO	Gewerbeordnung
GewStDV	Gewerbesteuer-Durchführungsverordnung
GewStG	Gewerbesteuergesetz
GG	Grundgesetz
GmbH	Gesellschaft mit beschränkter Haftung
GmbHG	Gesetz betreffend die Gesellschaften mit beschränkter Haftung
GmbHR	GmbH-Rundschau
GrstVG	Grundstückverkehrsgesetz
GrEStG	Grunderwerbsteuergesetz
GroßKommAktG	Großkommentar zum Aktiengesetz, 4. Aufl. 1992 ff.

XXV

Abkürzungs- und Literaturverzeichnis

GroßKommHGB/
Bearbeiter .... Großkommentar zum Handelsgesetzbuch, 5. Aufl. 2009 ff.
GRUR .... Gewerblicher Rechtsschutz und Urheberrecht (Zeitschrift)
Gummert .... Münchener Anwaltshandbuch Personengesellschaftsrecht, 2005
GVO .... Grundstückverkehrsordnung
GWB .... Gesetz gegen Wettbewerbsbeschränkungen

Haarmann/Schüppen/
Bearbeiter .... Frankfurter Kommentar zum Wertpapiererwerbs- und Übernahmegesetz, 3. Aufl. 2008
Hachenburg/*Bearbeiter* ... GmbH-Gesetz, Großkommentar, 8. Aufl., 1992 ff.
HAltlastG .... Hessisches Altlastengesetz
Hamann/Sigle/
Bearbeiter .... Vertragsbuch Gesellschaftsrecht, 2008
Happ/*Bearbeiter* .... Aktienrecht, 3. Aufl. 2007
Hasselblatt/*Bearbeiter* .... Münchener Anwaltshandbuch Gewerblicher Rechtsschutz, 3. Aufl. 2008
HBO .... Hessische Bauordnung
Heidel/*Bearbeiter* .... Aktien- und Kapitalmarktrecht, 2. Aufl. 2007
Hettler/Stratz/Hörtnagl/
Bearbeiter .... Beck'sches Mandatshandbuch Unternehmenskauf, 2004 (auch zitiert als: Beck-MandatsHdb/*Bearbeiter*, s. o.)
HFA .... Hauptfachausschuss des Instituts der Wirtschaftsprüfer in Deutschland e.V.
HFR .... Höchstrichterliche Finanzrechtsprechung
HGB .... Handelsgesetzbuch
HGO .... Hessische Gemeindeordnung
Hölters .... Handbuch des Unternehmens- und Beteiligungskaufs, 7. Aufl. 2010
Holzapfel/Pöllath .... Unternehmenskauf in Recht und Praxis, 14. Aufl. 2010
Hopt/*Bearbeiter* .... Vertrags- und Formularbuch zum Handels, Gesellschafts- und Bankrecht, 3. Aufl. 2008
h. M. .... herrschende Meinung
Hrsg. .... Herausgeber
HSOG .... Hessisches Gesetz über die öffentliche Sicherheit und Ordnung
Hüffer .... Aktiengesetz, 7. Aufl. 2010
HVG .... Hessisches Vermessungsgesetz
HWG .... Heilmittelwerbegesetz
HWK/*Bearbeiter* .... *Henssler/Willemsen/Kalb* (Hrsg.), Arbeitsrecht, Kommentar, 4. Aufl. 2010

i. d. F. .... in der Fassung
IdW .... Institut der Wirtschaftsprüfer in Deutschland eV
InsO .... Insolvenzordnung
IntGesR .... Internationales Gesellschaftsrecht

JbFStR .... Jahrbuch der Fachanwälte für Steuerrecht
Jung .... Praxis des Unternehmenskaufs, 2. Aufl. 1993
Jungblut .... Due Diligence, 2003
JW .... Juristische Wochenschrift
JZ .... Juristenzeitung

Kallmeyer/*Bearbeiter* ..... Umwandlungsgesetz, Kommentar, 4. Aufl. 2009
Kap .... Kapitel
KapErhG .... Gesetz über die Kapitalerhöhung aus Gesellschaftsmitteln
KG .... Kommanditgesellschaft
KGaA .... Kommanditgesellschaft auf Aktien
Kneip/Jänisch .... Tax Due Diligence, 2. Aufl. 2010
Knott/Mielke .... Unternehmenskauf, 3. Aufl. 2008
KO .... Konkursordnung
Koch .... Due Diligence und Beteiligungserwerb aus Sicht des Insiderrechts, 2006
Koch/Wegmann .... Praktiker-Handbuch Due Diligence, 2. Aufl. 2002
Korintenberg/*Bearbeiter* .. Kostenordnung, Kommentar, 18. Aufl. 2010
KölnKommAktG/
Bearbeiter .... Kölner Kommentar zum Aktiengesetz, 3. Aufl. 2004 ff.

Abkürzungs- und Literaturverzeichnis

KölnKommWpÜG/*Bearbeiter*	Kölner Kommentar zum Wertpapierwerbs- und Übernahmegesetz, 2. Aufl. 2010
Komm.	Kommentar
Kranebitter	Unternehmensbewertung für Praktiker, 2. Aufl. 2007
Krw-/AbfG	Kreislaufwirtschafts- und Abfallgesetz
KSchG	Kündigungsschutzgesetz
KStDV	Körperschaftsteuer-Durchführungsverordnung
KStG	Körperschaftsteuergesetz
KStR	Körperschaftsteuerrecht/Körperschaftsteuerrichtlinien
KTS	Konkurs-, Treuhand- und Schiedsgerichtswesen, Fortsetzung der Zeitschrift Konkurs- und Treuhandwesen
LAG	Landesarbeitsgericht
LFGG	Landesgesetz über die freiwillige Gerichtsbarkeit
Limmer/*Bearbeiter*	Handbuch der Unternehmensumwandlung, 3. Aufl. 2007
LM	Nachschlagewerk des Bundesgerichtshofs in Zivilsachen, begründet von Lindenmaier und Möhring, fortgeführt und herausgegeben von Nirk und Odersky
Lüdicke/Rieger/*Bearbeiter*	Münchener Anwaltshandbuch Unternehmenssteuerrecht, 2004
Lücke/Schaub/*Bearbeiter*	Beck'sches Mandatshandbuch Vorstand der AG, 2. Aufl. 2010
LuftVG	Luftverkehrsgesetz
Lutter/Winter/*Bearbeiter*	Umwandlungsgesetz, 4. Aufl. 2009
Lutter/Hommelhoff/*Bearbeiter*	GmbH-Gesetz, 17. Aufl. 2009
MDR	Monatsschrift des Deutschen Rechts
Merkt/Göthel/*Bearbeiter*	Internationaler Unternehmenskauf, 3. Aufl. 2011
MitbestG	Gesetz über die Mitbestimmung der Arbeitnehmer (Mitbestimmungsgesetz)
Moll/*Bearbeiter*	Münchener Anwaltshandbuch Arbeitsrecht, 2. Aufl. 2008
MünchHdbGesR (I–VI)/*Bearbeiter*	Münchener Handbuch des Gesellschaftsrechts (Band), 3. Aufl. 2007 ff.
MünchKommAktG/*Bearbeiter*	Münchener Kommentar zum Aktiengesetz, 2. Aufl. 2000 ff.
MünchKommBGB/*Bearbeiter*	Münchener Kommentar zum BGB, 2. Aufl. 1984 ff. 3. Aufl. 1994 ff., 4. Aufl. 2000 ff., 5. Aufl. 2006 ff.
MünchKommGmbHG/*Bearbeiter*	Münchener Kommentar zum GmbHG, 2010 ff.
MünchKommHGB/*Bearbeiter*	Münchener Kommentar zum HGB, 2. Aufl. 2004 ff., 3. Aufl. 2010 ff.
MünchVertragsHdB (I–VI)/*Bearbeiter*	Münchener Vertragshandbuch (Band), 6. Aufl. 2007 ff., 7. Aufl. 2010 ff.
m. w. N.	mit weiteren Nachweisen
MwSt	Mehrwertsteuer
NachhBG	Nachhaftungsbegrenzungsgesetz
Nachw.	Nachweise
NatSchG	Naturschutzgesetz
NJW	Neue Juristische Wochenschrift
NJW-RR	NJW Rechtsprechungs-Report Zivilrecht
Nr.	Nummer
NZA	Neue Zeitschrift für Arbeits- und Sozialrecht
NZG	Neue Zeitschrift für Gesellschaftsrecht
OHG	Offene Handelsgesellschaft
OLG	Oberlandesgericht
OLGZ	Entscheidungen der Oberlandesgerichte in Zivilsachen

Abkürzungs- und Literaturverzeichnis

Palandt/*Bearbeiter*	Bürgerliches Gesetzbuch, 70. Aufl. 2011
PBefG	Personenbeförderungsgesetz
Picot/*Bearbeiter* M&A	Handbuch Mergers & Acquisitions, 3. Aufl. 2005
Picot/*Bearbeiter* Unternehmenskauf	Unternehmenskauf und Restrukturierung, 3. Aufl. 2004
Picot/Mentz/Seydel/*Bearbeiter*	Die Aktiengesellschaft bei Unternehmenskauf und Restrukturierung, 2003
Picot/Schnitker	Arbeitsrecht bei Unternehmenskauf und Restrukturierung, 2001
PlanZVO	Planzeichenverordnung
PolG	Polizeigesetz
PSV	Pensionssicherungsverein
RA	Rechtsanwalt
Raiser/Veil	Recht der Kapitalgesellschaften, 5. Aufl. 2010
RdA	Recht der Arbeit
Rdsch	Rundschau
RFH	Reichsfinanzhof
RG	Reichsgericht
RGRK	Kommentar, herausgegeben von Reichsgerichtsräten und Bundesrichtern
RGZ	Amtliche Sammlung von Entscheidungen des Reichsgerichts in Zivilsachen
RIW	Recht der Internationalen Wirtschaft (Zeitschrift)
Rödder/Hötzel/Müller-Thuns	Unternehmenskauf, Unternehmensverkauf, 2003
Römermann/*Bearbeiter*	Münchener Anwaltshandbuch GmbH-Recht, 2. Aufl. 2009
Roth/Altmeppen/*Bearbeiter*	GmbHG, Kommentar, 6. Aufl. 2009
Rowedder/Schmidt-Leithoff/*Bearbeiter*	GmbHG, Kommentar, 4. Aufl. 2002
Rdnr.	Randnummer
RPfleger	Der Rechtspfleger (Zeitschrift)
RPflG	Rechtspflegergesetz
RStBl	Reichssteuerblatt
Rz.	Randziffer
s.	siehe
S.	Seite
Sagasser/Bula/Brünger/*Bearbeiter*	Umwandlungen, 3. Aufl. 2002
Schäfer/Hamann/*Bearbeiter*	Kapitalmarktgesetze, Kommentar, 2. Aufl. 2006
Schanz	Börseneinführung, 3. Aufl. 2007
Schmidt, Karsten	Handelsrecht, 6. Aufl., 2006
Schmidt/Lutter/*Bearbeiter*	Aktiengesetz, Kommentar, 2008
Scholz/*Bearbeiter*	Kommentar zum GmbH-Gesetz, 10. Aufl. 2006 ff.
Schüppen/Schaub/*Bearbeiter*	Münchener Anwaltshandbuch Aktienrecht, 2. Aufl. 2010
Schwedhelm	Die Unternehmensumwandlung, 6. Aufl. 2008
Scott	Due Diligence in der Praxis, 2001
Semler/Stengel/*Bearbeiter*	Umwandlungsgesetz, Kommentar, 2003
Semler/Volhard/*Bearbeiter*	Arbeitshandbuch für Unternehmensübernahmen, Bd. 1 2001/ Bd. 2 2003
SGB	Sozialgesetzbuch
Soergel/*Bearbeiter*	Kommentar zum Bürgerlichen Gesetzbuch, 13. Aufl. 1999 ff.
Staudinger/*Bearbeiter*	Kommentar zum Bürgerlichen Gesetzbuch, 12. Aufl., 1978 ff.; 13. Bearb., 1993 ff.
StatTeil	Statistischer Teil
StB	Steuerberater
StbJb	Steuerberater-Jahrbuch

Abkürzungs- und Literaturverzeichnis

Steinmeyer/Häger/*Bearbeiter*	Wertpapiererwerbs- und Übernahmegesetz, Kommentar, 2. Aufl. 2007
StGB	Strafgesetzbuch
StMBG	Gesetz zur Bekämpfung des Mißbrauchs und zur Bereinigung des Steuerrechts
StPO	Strafprozessordnung
str.	streitig
StRK	Steuerrechtsprechung in Karteiform, Morzek-Kartei
StuW	Steuer und Wirtschaft (Zeitschrift)
StVO	Straßenverkehrsordnung
TB	Tätigkeitsbericht des Bundeskartellamts
Terbille/*Bearbeiter*	Münchener Anwaltshandbuch Versicherungsrecht, 2. Aufl. 2008
Thaeter/Brandi	Öffentliche Übernahmen, 2003
TRGS	Technische Regeln für Gefahrstoffe
TVG	Tarifvertragsgesetz
Tz	Textziffer
UIG	Umweltinformationsgesetz
UmwG	Umwandlungsgesetz
UmwRG	Umweltrechtsbehelfsgesetz
UmwStG	Umwandlungssteuergesetz
UrhG	Urheberrechtsgesetz
Urt.	Urteil
USchG	Umweltschadensgesetz
UStG	Umsatzsteuergesetz
UVPG	Gesetz über die Umweltverträglichkeitsprüfung
VerbrKrG	Verbraucherkreditgesetz
VerlG	Gesetz über das Verlagsrecht
VerglO	Vergleichsordnung
VerkPBG	Gesetz zur Beschleunigung der Planungen für Verkehrswege
VersR	Versicherungsrecht
vGA	verdeckte Gewinnausschüttung
vgl.	vergleiche
VO	Verordnung
Vorb./Vorbem.	Vorbemerkung
VRG	Vorruhestandsgesetz
VwGO	Verwaltungsgerichtsordnung
VwVfG	Verwaltungsverfahrensgesetz
WaStrG	Bundeswasserstraßengesetz
WEG	Wohnungseigentumsgesetz
WG	Wassergesetz
WHG	Wasserhaushaltsgesetz
WiB	Wirtschaftsrechtliche Beratung (Zeitschrift)
Widmann/Mayer/*Bearbeiter*	Umwandlungsgesetz, Kommentar, Loseblattausgabe
Willemsen/Hohenstatt/Schweibert/Seibt/*Bearbeiter*	Umstrukturierung und Übertragung von Unternehmen, 3. Aufl. 2008, 4. Aufl. 2011
WM	Zeitschrift für Wirtschaft und Bankrecht (Wertpapier-Mitteilungen Teil IV)
WP	Wirtschaftsprüfer
WPg	Die Wirtschaftsprüfung (Zeitschrift)
WP Handbuch	Wirtschaftsprüferhandbuch 1998/2000, 2 Bände
WuW	Wirtschaft und Wettbewerb (Zeitschrift)
WuW/E	Wirtschaft und Wettbewerb/Entscheidungssammlung
z. B.	zum Beispiel
ZEV	Zeitschrift für Erbrecht und Vermögensnachfolge

Abkürzungs- und Literaturverzeichnis

ZGB	Zivilgesetzbuch
ZGR	Zeitschrift für Unternehmens- und Gesellschaftsrecht
ZHR	Zeitschrift für das gesamte Handels- und Wirtschaftsrecht
ZIP	Zeitschrift für Wirtschaftsrecht
ZPO	Zivilprozessordnung
z. T.	zum Teil
ZVG	Gesetz über die Zwangsversteigerung und Zwangsverwaltung
ZVglRWis	Zeitschrift für Vergleichende Rechtswissenschaft
z. Zt.	zur Zeit

Teil A. Einleitung: Checklisten für die Wahl der richtigen Transaktionsstruktur

I. M&A-Transaktionsplanung

Im Idealfall steht sowohl auf der Verkaufseite *(Sell Side)* als auch auf der Erwerbsseite *(Buy Side)* vor der Durchführung einer M&A-Transaktion deren akribische Planung. Diese Planung kann intern auf der Geschäftsleiterebene unter Zuhilfenahme einer etwa bestehenden M&A-Abteilung oder unter Beiziehung einer externen Vertrauensperson bzw. eines M&A- oder Finanzberaters erfolgen. Diese Planung sollte in jedem Fall dokumentiert werden, zum einen und zuvörderst um die beabsichtigte M&A-Transaktion zu strukturieren und in jedem Verfahrensabschnitt gegenüber dem Gesamtteam an die Oberziele auszurichten und zum anderen um die Einhaltung der die Geschäftsleiter rechtsformübergreifend betreffenden Sorgfaltspflichten (vgl. § 43 Abs. 1 GmbHG, § 93 Abs. 1 AktG) nachweisen zu können. Die im Regelfall bei dieser Vorplanung von beiden Seiten zu berücksichtigenden Aspekte sind in der nachfolgenden Checkliste aufgeführt:

1. Checkliste: M&A-Transaktionsplanung von Verkaufs- und Erwerbsseite

Oberthema	Einzelaspekte (Beispiele)
Bestimmung der Transaktionsziele	• Strategische Ziele (Meta-Ebene) • Transaktionsobjekt • Kaufpreis (Struktur und Grad der Verbindlichkeit [z. B. Tranchen, Earn Out], Art und Höhe [Geld, Anteile], Sicherheit) und Liquidität [Fälligkeit, Zinsen] • Garantien und Haftung • Weiterlaufende Beschäftigung des Verkäufers bzw. derzeitige Geschäftsleiter • Notwendigkeit einer (Vorab-)Umstrukturierung • Wettbewerbsverbot • Grad der Verbindlichkeit der Transaktion (z. B. Rücktritt bzw. Vertragsanpassung bei *Material Adverse Change* oder Garantiefall) • Verfahren und Zeitplan • Bilanzierung; Rating • weitere Ziele (z. B. Reputationssicherung)
Transaktionsstruktur (mit Vorbereitungs- und nachlaufenden Integrationsmaßnahmen)	• Unternehmensorganisation • Zivil- und Gesellschaftsrecht • Steuerrecht • Arbeitsrecht • Öffentliches Recht • (Binnen- und Außen-)Finanzierung • IT-Systeme

A. Einleitung: Checklisten für die Wahl der richtigen Transaktionsstruktur

Oberthema	Einzelaspekte (Beispiele)
Identifikation von potentiellen Erwerbern und deren jeweilige Ziele und Verhandlungsstrategien (mit Prioritätenliste)	
Analyse der Transaktionsdurchführbarkeit unter Berücksichtigung der Wettbewerbsvorteile/Allein-Stellungsmerkmale des Zielunternehmens, des Markt- und Wettbewerbsumfeldes sowie früherer Transaktionen („Feasibility Study"); Identifikation von Deal-Breakern, Mindestpositionen („Schmerzgrenze") und einer Alternativstrategie („Plan B") Überprüfung der Transaktionsziele und der Transaktionsstruktur anhand der Feasibility Study und ggf. Vornahme von Vorbereitungsmaßnahmen (z. B. rechtliche Heilung von fehlgeschlagenen Projekten, Ergänzung von Schlüsselmitarbeitern)	• ggf. Erstellung/Plausibilisierung der Feasibility Study durch Dritte (Übernahme von Erkenntnissen in Verkaufsdokumentation)
Identifikation von notwendigen bzw. nützlichen Partnern zur Umsetzung der Transaktionsstruktur (mit konkreten Ansprechpartnern) sowie deren jeweilige Ziele und Verhandlungsstrategien	• Mit-Anteilseigner • Schlüsselmitarbeiter • Arbeitnehmer und ihre Vertretungen • Finanzierungspartner • wichtige Vertragspartner des Zielunternehmens (Kunden, Lieferanten, R&D-Partner) • Behörden und ähnliche öffentliche Stellen • Finanzanalysten; Rating-Agenturen
Verhandlungstaktik, Verfahren und Zeitplan	• Wahl der Verfahrensart (z. B. kontrolliertes Bieterverfahren, Exklusivverhandlungen, öffentliches Kaufangebot) • Verfahrensstrukturierung mit konkretem Verfahrensplan • Verfahren zum kontinuierlichen Informationsaustausch und zur Willensbildung • Dokumentationserstellung durch Verkäufer ggf. mit externer Plausibilisierung (z. B. Business Plan, Informations-Memorandum, Vendor Due Diligence- oder Vendor Assistance-Bericht) • Schulung/Coaching von Führungskräften des Verkäufers/des Zielunternehmens für Management Präsentation und Q&A-Sitzungen sowie zur Minimierung der Belastungen aus dem Transaktionsverfahren

(internes und externes) Team, Verantwortlichkeiten und Festlegung des jeweiligen Rollenverständnisses	• Externe Berater (Beispiele)
	  ⇨ Investmentbank, M&A-Berater, Finanzberater
	  ⇨ Rechtsanwälte und Steuerberater
	  ⇨ Abschlussprüfer
	  ⇨ Due Diligence-Teams
	  ⇨ Strategieberater
	  ⇨ Kommunikationsberater
	  ⇨ Ökonomen (für Fusionskartellverfahren)
	• Internes Team
	• Steering Committee und Verfahren zur Informationssammlung und -analyse sowie zur Willensbildung
	• Festlegung des Verhandlungsteams und der Verhandlungsführer (Good Guy – Bad Guy)

I. M&A-Transaktionsplanung A. I

Die Bestimmung der Transaktionsziele und ihre Überprüfung anhand einer *Feasibility Study* ist von überragender Bedeutung, da sich hieraus Folgerungen für die Identifikation der Transaktionsstruktur sowie der potentiellen Partner und die Inhalte der Vertragsdokumentation ergeben. Es ist wichtig, dass Verkäufer und Erwerber während des Transaktionsverfahrens dauernd einen Abgleich zwischen den von ihnen jeweils zuvor definierten Transaktionszielen und dem Verhandlungsstand vornehmen. Eine prozesstaktische Frage ist es, ob es der Erreichung der Transaktionsziele zuträglich ist, wenn die Verhandlungspartner ihre Ziele der jeweils anderen Partei – jedenfalls partiell – offen legen; in der Regel wird dies aber zielfördernd sein. Eine Auswahl typischer Verhandlungsziele ist in der nachfolgenden **Übersicht** enthalten:

2. Checkliste: Strategische Transaktionsziele von Verkaufs- und Erwerberseite (Auswahl)

Verkaufsseite	Erwerbsseite
Konzentration auf Kerngeschäft (Konzerninteresse) • Verkauf von renditeschwachen Unternehmensbereichen und solchen, die eine geringe strategische Bedeutung aufweisen • Zukünftige Finanzierung erfolgt aus dem Verkaufserlös	**Wachstum** • Umsatzwachstum durch Akquisitionen • Renditesteigerung • Erwerb zusätzlicher Produktionskapazitäten
Unternehmensnachfolge • Sicherung der Unternehmensnachfolge bei inhabergeführten Unternehmen (sofern keine Familienangehörigen das Unternehmen weiterführen) • Schrittweiser Rückzug von Gesellschaftern aus dem Unternehmen (Verkauf einer Minderheitsbeteiligung) • Stärkung der privaten Vermögensbasis von Gesellschaftern	**Synergieeffekte und Financial Engineering** • Cross Selling Potenziale • Kosteneinsparpotenziale (Vertrieb, Einkauf, Produktion, Administration) • Maßnahmen zur Verbesserung finanzieller Kennzahlen (Wertsteigerung)
Verbesserung der Bilanzstruktur • Stärkung der Eigenkapitalbasis durch Liquiditätszufluss • Mögliche Erweiterung der Fremdkapitalkapazitäten durch verbesserte Eigenkapitalquote	**Erweiterung der geografischen Präsenz** • Erweiterter Kunden- und/oder Lieferantenzugang • Erschließung neuer Märkte und Regionen (Produktion/Vertrieb) • Erwerb weiterer Marktanteile
Sicherung des langfristigen Unternehmenserfolges • Aufnahme eines neuen Gesellschafters, der Know-how, Ressourcen und/oder weitere finanzielle Mittel einbringt • Verkauf von Beteiligungen, um Liquiditätsprobleme zu bewältigen oder Expansion zu finanzieren	**Diversifikation und Erweiterung des Produktprogramms** • Verringerung von Abhängigkeiten (z. B. Branche, Rohstoffe, Saisonalität) • Verlagerung von zyklischen zu antizyklischen (stabileren) Produkten bzw. Industrien • Horizontale oder vertikale Produkterweiterung • Produktdifferenzierung (z. B. über zusätzliche Serviceleistungen)
	Zugang zu neuen Technologien/ Know-how und Managementressourcen • Erwerb neuer Technologien oder Patente

Seibt

Verkaufsseite	Erwerbsseite
	• Zugang zu Forschungsergebnissen • Einkauf von langjährigen Erfahrungen und technischem Know-how • Übernahme von Schlüsselmitarbeitern

Für die an einem M&A-Transaktionsprozess beteiligten Parteien ist ein angemessenes „Erwartungsmanagement" erforderlich, damit es nicht zu an sich vermeidbaren Prozessverzögerungen oder gar -abbrüchen oder zu suboptimalen Verhandlungsergebnissen kommt. Auf Seiten der Verkäufer und Zielunternehmen ist es hilfreich, sich die typischerweise zu erwartenden Unterschiede zwischen strategischen Investoren und Finanzinvestoren bei deren Motivlagen und Vorgehen zu vergegenwärtigen. Diese Unterschiede sind in der nachfolgenden schematischen – und daher im Einzelfall anzupassenden – **Übersicht** aufgeführt:

3. Checkliste: Motivlagen und Vorgehen von Strategischen Investoren vs. Finanzinvestoren auf Erwerbsseite

Strategischer Investor	Finanzinvestor
Hintergrund für den Erwerb	
• Erwerb aufgrund strategischer Position des Unternehmens • Stärkung der eigenen Marktposition • Realisierung von Synergien	• Wertsteigerung und Renditemaximierung als Primärziel (auch über Financial Engineering einschl. Nutzung des Leverage-Prinzips) • Ggf. Ergänzung für ein bestehendes Portfoliounternehmen
Zukünftige Unternehmensstrategie	
• Integration des Unternehmens in vorhandene Gruppe • Ggf. keine Fortführung als selbständiges Unternehmen • Nutzung von Skaleneffekten und Kosteneinsparungspotenzialen	• Grundsatz: Unabhängigkeit und Wachstum, ggf. erworbenes Unternehmen als Plattform für Buy & Build-Strategie • Bereitstellung von Eigen- und Fremdkapital für weiteres Wachstum • Konzentration auf Kernkompetenzen (Verkauf von Randaktivitäten)
Management und Mitarbeiter	
• Integration in bestehende Strukturen des Erwerbers • Ggf. Beteiligung an Options- und Bonusprogrammen	• Erwartung, dass Management eine Beteiligung erwirbt und investiert (mind. etwa ein Jahresgehalt) • Möglichkeit eines Mitarbeiterbeteiligungsprogrammes für erweiterten Führungskreis
Investmenthorizont	
• I. d. R. langfristiges Engagement	• I. d. R. zwischen drei und sieben Jahren
Strategische Ziele und Kosten	
• Langfristiger Investitionshorizont • Transaktionskosten, auch sog. „Broken Deal Costs" sind strategische Investitionen in erworbene Informationen	• Zeitlich begrenzte Planung und frühzeitige Prüfung möglicher Exits (Identifikation von Exit-Routen bereits während des Transaktionsverfahrens) • Erkennen von potenziellen Buy & Build Szenarien in Kombination mit bestehenden Portfolio-Unternehmen • Hohe Transaktionskosten sollen vermieden werden; Ersatz von „Broken Deal Costs" in letzter Verhandlungsphase angestrebt

Strategischer Investor	Finanzinvestor
Vorgehensweise bei Transaktionsprozess	
• Unternehmenseigene Teams betreuen die Transaktion, bei größeren Transaktionen sind meist externe M&A-Berater involviert • Besitzt meist umfassende Markt- und Branchenkenntnisse	• Vorwiegend Einsatz von externen Beratern
Ziel der Due Diligence	
• Transparenz über Vergangenheit und Gegenwart schaffen sowie Synergie-potenziale erkennen und kalkulieren • Möglichkeit einer strategischen Prämie identifizieren • Schaffung einer geeigneten Basis für Konzernintergrationsmaßnahmen und einheitliches Vertragscontrolling	• Transparenz und Darlegung der Unternehmensplanung (auf Stand-alone-Basis), zukünftiger Cash Flows sowie Optimierung des neuen Managements • Keine Entrichtung einer strategischen Prämie (Kaufpreis wird bestimmt durch Höhe des Leverage, Stabilität der Cash Flows, Wachstumspotenzial sowie möglichem Exit-Szenario)

II. Auswahl der M&A-Transaktionsstruktur

Ein wesentlicher Aspekt der Vorplanung ist die Durchmusterung der zur Verfügung stehenden Transaktionsstrukturen zur Erreichung der zuvor definierten Transaktionsziele. In schematischer Betrachtung kommen drei Strukturmuster in Betracht: (1) Beim *Share Deal* wird das gesamte Zielunternehmen dadurch veräußert, dass die Anteilseigner sämtliche Anteile an dem Zielunternehmen an den Erwerber veräußern. Verkaufsgegenstand sind demnach sämtliche Anteile an dem Zielunternehmen, nicht das Zielunternehmen selbst oder unmittelbar dessen Vermögensgegenstände. Das Zielunternehmen bleibt in seiner rechtlichen Substanz im Grundsatz unberührt von der M&A-Transaktion. Der Wechsel auf der Anteilseignerseite berührt die Rechtsverhältnisse des Zielunternehmens nur ausnahmsweise, nämlich bei Bestehen sog. Change of Control-Klauseln (das sind Vertragsbestimmungen, die eine bestimmte Rechtsfolge – wie z.B. Anpassung von Vertragskonditionen oder Begründung eines Kündigungsgrundes – von der mehrheitlichen Änderung der Beteiligungs- oder Stimmenverhältnisse beim Unternehmen abhängig macht) oder beim Erlöschen öffentlich-rechtlicher Erlaubnisse und Genehmigungen (insbesondere bei Personalkonzessionen) sowie durch Auslösung bestimmter Informationsrechte insbesondere im Arbeitsrecht (vgl. §§ 10 Abs. 5, 11 Abs. 2, 14 Abs. 4 WpÜG). (2) Beim *Asset Deal* wird das Zielunternehmen dadurch veräußert, dass dieses selbst seine sämtlichen Vermögensgegenstände auf den Erwerber überträgt. Hier sind demnach die Aktiva und Passiva, Rechte und Pflichten sowie alle weiteren Vermögensbestandteile des Zielunternehmens selbst Transaktionsgegenstand. Das Zielunternehmen selbst bleibt als „Hülle" bei den ursprünglichen Anteilseignern, also auf der Veräußererseite. Die Gegenleistung fließt in das Zielunternehmen selbst. (3) Schließlich können zum Übergang des wirtschaftlichen Substrats des Zielunternehmens der Veräußerer- auf die Erwerberseite auch *gesellschaftsrechtliche Strukturen* genutzt werden. Hierzu gehört zunächst der Beitritt des Erwerbers in das Zielunternehmen im Wege einer Kapitalerhöhung oder aber die Übertragung des Zielunternehmens auf ein Unternehmen der Erwerbergruppe durch Verschmelzung oder Spaltung; im Personengesellschaftsrecht kann das Anwachsungsprinzip (vgl. § 738 Abs. 1 S. 1 BGB) zum Übergang des Gesellschaftsvermögens des Zielunternehmens auf den Erwerber genutzt werden, beispielsweise durch den Eintritt des Erwerbers in die Personengesellschaft und den nachfolgenden Austritt der sämtlichen weiteren Gesellschafter (hierzu *Seibt*, Festschrift Röhricht, 2005, S. 603 ff.). Die Fälle der Verschmelzung, Spaltung und der Anwachsung zeichnen sich dadurch aus, dass das Gesellschaftsvermögen im Wege der Gesamtrechtsnachfolge und damit im Grundsatz unabhängig von vertraglichen Zustimmungspflichten bei Übertragung von Anteilen am Zielunternehmen oder von Vermögensgegenständen des Zielunternehmens auf den Erwerber übergeht; die umwandlungsrechtlichen bzw. personengesellschaftsrechtlichen Sonderregelungen gehen insoweit den allgemeinen Gläubigerschutzvorschriften vor.

1. Übersicht: Parameter für Auswahl der M&A-Transaktionsstruktur

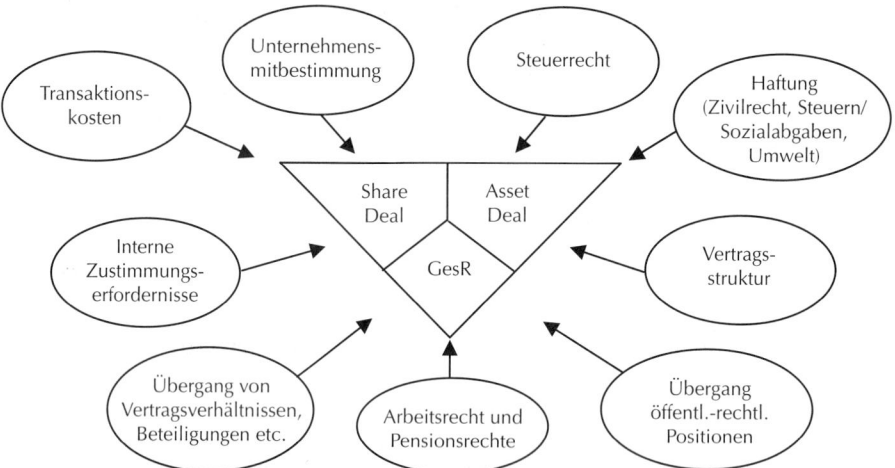

Bei der Auswahl der geeigneten Transaktionsstruktur sind insbesondere die vorstehenden Parameter zu berücksichtigen.

- **Steuerrecht:** Die Wahl der Transaktionsstruktur hat im Regelfall deutliche Steuerbelastungsunterschiede sowohl auf der Verkäufer- als auch auf der Erwerberseite zur Folge. Im Regelfall wird der Veräußerer von Anteilen an Kapitalgesellschaften wegen der privilegierten Veräußerungsgewinnbesteuerung eine Share Deal-Struktur bevorzugen, während der Erwerber bei Kaufpreisen über den Buchwerten der einzelnen bilanzierten Vermögensgegenstände einen Asset Deal (dies schließt steuerlich die Veräußerung von Anteilen an Personengesellschaften ein) präferieren wird, um den Kaufpreis auf die Vermögensgegenstände (und den Firmenwert) verteilen und über die Zukunft steuermindernd abschreiben zu können. Zu Einzelheiten Lüdicke/Sistermann/*Blaas/Naujohs/Oepen* Unternehmenssteuerrecht, 2008, § 14.
- **Haftung (Zivilrecht, Steuern/Sozialabgaben, Umwelt):** Die ein Zielunternehmen belastenden Verbindlichkeiten und Haftungsrisiken gehen beim Share Deal nicht verloren, sondern bleiben dort unverändert bestehen und belasten wirtschaftlich die neuen Anteilseigner des Zielunternehmens. Demgegenüber werden beim Asset Deal im Grundsatz nur dann Verbindlichkeiten und Haftungsrisiken auf den Erwerber übertragen, wenn dies vertraglich so vereinbart ist oder im Ausnahmefall eine gesetzliche Haftungsvorschrift für einen solchen Verbindlichkeiten- oder Haftungsübergang besteht. Haftungsübergangsvorschriften finden sich vor allem im Arbeitsrecht mit § 613a BGB, im Steuerrecht mit § 75 AO, im Handelsrecht bei Firmenübernahme mit § 25 HGB und im Umweltrecht mit § 4 Abs. 2 BBodSchG (Zustandsstörerhaftung). Bei gesellschaftsrechtlichen Transaktionsstrukturen erfolgt die Verbindlichkeiten- und Haftungsübernahme im Wege der Gesamtrechtsnachfolge bei Verschmelzung oder Spaltung (§§ 20 Abs. 1, 131 Abs. 1 UmwG), ebenso bei den im Personengesellschaftsrecht geltenden Anwachsungen im Wege der Gesamtrechtsnachfolge (§ 738 Abs. 1 S. 1 BGB analog). Bei Zielgesellschaften, die Dokumentationslücken in den Bereichen Verbindlichkeiten und Haftungsrisiken aufweisen oder sich in einer Phase der Unternehmenskrise befinden, wird deshalb zur Haftungsbegrenzung nicht selten eine Asset Deal-Transaktionsstruktur gewählt.

II. Auswahl der M&A-Transaktionsstruktur

- **Vertragsstruktur:** Da beim Share Deal der Kaufgegenstand lediglich die Anteile am Zielunternehmen sind, ist insoweit die Vertragsstruktur einfacher als beim Asset Deal, bei dem der sachenrechtliche Bestimmtheitsgrundsatz dazu zwingt, dass alle zu übertragenden Vermögensgegenstände bestimmt oder jedenfalls bestimmbar bezeichnet sein müssen. Bei der umwandlungsrechtlichen Spaltung mit partieller Gesamtrechtsnachfolge sind wie beim Asset Deal im Spaltungs- und Übernahmevertrag die zu übertragenden Gegenstände des Aktiv- und Passivvermögens genau zu bezeichnen (vgl. § 126 Abs. 1 Nr. 9 UmwG).
- **Übergang öffentlich-rechtliche Positionen:** Siehe Ziffern 1 bis 3 der nachfolgenden Checkliste „öffentliches Recht".
- **Arbeitsrecht und Pensionsrechte:** Siehe nachfolgende Checkliste „Arbeitsrecht".
- **Übergang von Vertragsverhältnissen, Beteiligungen etc.:** Während beim Share Deal im Grundsatz die Vertragspositionen des Zielunternehmens sowie die Beteiligungen an dritten Unternehmen durch den Anteilseignerwechsel inhaltlich unverändert bestehen bleiben (es sei denn, es bestehen sog. Change of Control-Klauseln in den entsprechenden Verträgen oder Gesellschaftsverträgen), sind bei Asset Deal-Strukturen die allgemeinen Vorschriften bei der Übertragung von Rechtsverhältnissen, Vertragspositionen oder Beteiligungen zu beachten, also insbesondere die §§ 414 f. BGB oder gesellschaftsvertragliche Vinkulierungsklauseln. Nach überwiegender Meinung finden weder diese allgemeinen Übertragungsbeschränkungen noch (gesellschafts-)vertragliche Change of Control-Klauseln auf Eigentumsübergänge im Wege der Gesamtrechtsnachfolge durch Verschmelzung oder Spaltung Anwendung, so dass diese Modelle gerade bei Bestehen von Übertragungsbeschränkungen in Betracht kommen.
- **Interne Zustimmungserfordernisse:** Beim Share Deal bedarf es auf der Ebene des Zielunternehmens im Grundsatz nur bei Aktiengesellschaften mit vinkulierten Namensaktien bzw. GmbH mit statutarischen Vinkulierungsklauseln i. S. v. § 15 Abs. 5 GmbHG sowie bei Personengesellschaften eines internen Zustimmungsbeschlusses oder Zustimmungserklärungen. Demgegenüber ist bei Asset Deal-Strukturen unabhängig von der Rechtsform (Rechtsgedanke des § 179 a AktG) ein Anteilseignerbeschluss erforderlich, wenn das Zielunternehmen im Wesentlichen sein gesamtes Gesellschaftsvermögen veräußern will. Siehe ferner auch nachfolgende Checkliste „Zustimmungserfordernisse".
- **Transaktionskosten:** Im Bereich der Transaktionskosten sind die durch die jeweilige Transaktionsstruktur unterschiedlich ausgelösten Kostenfaktoren (i) Verkehrssteuern wie Umsatzsteuer und Grunderwerbsteuer, (ii) Beurkundungskosten (vgl. § 311 b BGB, § 15 Abs. 3 und 4 GmbHG, §§ 6, 125 S. 1 UmwG) und (iii) Vertragsstrukturkosten zu berücksichtigen.
- **Unternehmensmitbestimmung:** Siehe Ziff. 13 und 14 der Checkliste „Arbeitsrecht".

Im arbeitsrechtlichen Feld wirkt sich die Wahl der Transaktionsstruktur insbesondere im Hinblick auf ein Widerspruchsrecht der Arbeitnehmer (Ziff. 9), den Ansprüchen aus betrieblicher Altersversorgung für ausgeschiedene Arbeitnehmer (Ziff. 11) und bei der Kontinuität der Organe (Ziff. 12 und 13) aus. Die nachfolgende Checkliste „Arbeitsrecht" verdeutlicht dies und gibt einen Gesamtüberblick:

2. Checkliste: Auswahlparameter „Arbeitsrecht"

		Share Deal	Asset Deal	Umwandlung (Verschmelzung, Spaltung, Anwachsung)
1	Informationspflichten gegenüber Wirtschaftsausschuss des Zielunternehmens (übertragender Rechtsträger)	ggf. Informationspflicht nach § 106 Abs. 2 Satz 2 und Abs. 3 Nrn. 9a, 10 BetrVG betr. (potentiellen) Erwerber, Absichten im Hinblick auf künftige	ggf. Informationspflicht nach § 106 Abs. 3 Nr. 10 BetrVG [BAG v. 22. 1. 1991, AP Nr. 9 zu § 106 BetrVG 1972]	ggf. Informationspflicht nach § 106 Abs. 3 Nrn. 8, 9a und 10 BetrVG

		Share Deal	Asset Deal	Umwandlung (Verschmelzung, Spaltung, Anwachsung)
2	Informationspflichten gegenüber Wirtschaftsausschuss des Erwerbers (aufnehmender Rechtsträger)	Geschäftstätigkeit und Folgen für die Arbeitnehmer; keine Vertragsvorlage [BAG v. 22. 1. 1991, AP Nr. 9 zu § 106 BetrVG 1972] ggf. Informationspflicht nach § 106 Abs. 3 Nr. 10 BetrVG	ggf. Informationspflicht nach § 106 Abs. 3 Nr. 10 BetrVG	ggf. Informationspflicht nach § 106 Abs. 3 Nrn. 8 und 10 BetrVG
3	Informationspflichten gegenüber Wirtschaftsausschuss des Veräußerers	ggf. Informationspflicht nach § 106 Abs. 3 Nr. 10 BetrVG	ggf. Informationspflicht nach § 106 Abs. 3 Nr. 10 BetrVG	bei Verschmelzung/ Spaltung (betr. Mehrheitsanteilseigner des übertragenden Rechtsträgers) und bei Anwachsung (betr. ausscheidender/kündigender Rechtsträger): ggf. Informationspflicht nach § 106 Abs. 3 Nrn. 8 und 10 BetrVG
4	Informationspflichten gegenüber zuständigem Betriebsrat des Zielunternehmens	keine Ausnahme: öffentliche Kaufangebote betreffend börsennotierte Unternehmen (§ 10 Abs. 5 S. 2, § 11, § 14 Abs. 4 S. 2, § 27 Abs. 2 und 3 WpÜG) sowie subsidiär bei Nichtbestehen: Wirtschaftsausschuss (§ 109a BetrVG)	keine	bei Verschmelzung/ Spaltung: Informationspflicht nach § 5 Abs. 1 Nr. 9, Abs. 3, § 126 Abs. 1 Nr. 11, Abs. 3 UmwG bei Anwachsung: keine
5	Informationspflichten gegenüber zuständigem Betriebsrat des Erwerbers	keine Ausnahme: öffentliche Kaufangebote betreffend börsennotierte Unternehmen (§ 10 Abs. 5 S. 3, § 11, § 14 Abs. 4 S. 3 WpÜG)	keine	bei Verschmelzung/ Spaltung: Informationspflicht nach § 5 Abs. 1 Nr. 9, Abs. 3, § 126 Abs. 1 Nr. 11, Abs. 3 UmwG bei Anwachsung: keine
6	Informationspflicht gegenüber Arbeitnehmern des Zielunternehmens	keine	Informationspflicht nach § 613a Abs. 5 BGB	Informationspflicht nach § 324 UmwG i. V. m. § 613a Abs. 5 BGB
7	Bestehen von Organen der Betriebsverfassung beim Zielunternehmen	• Kontinuität • ggf. Bildung/ Erweiterung eines Konzernbetriebsrats	• Kontinuität bei Betriebsidentität; ggf. Verpflichtung zur Errichtung eines	• Kontinuität; ggf. Verpflichtung zur Errichtung eines Gesamtbetriebsrates beim

II. Auswahl der M&A-Transaktionsstruktur

		Share Deal	Asset Deal	Umwandlung (Verschmelzung, Spaltung, Anwachsung)
		beim Erwerber (-konzern) • ggf. Auswirkungen im Veräußerer-Konzern (z. B. Wegfall/Neubesetzung des Konzernbetriebsrats)	Gesamtbetriebsrates beim Erwerber (§ 47 Abs. 1 BetrVG) • ggf. Auswirkungen im Veräußerer-Konzern (z. B. Wegfall/Neubesetzung des Gesamt- und/oder Konzernbetriebsrats)	aufnehmenden Rechtsträger (§ 47 Abs. 1 BetrVG) • ggf. Auswirkungen im Veräußerer-Konzern (z. B. Wegfall/Neubesetzung des Gesamt- und/oder Konzernbetriebsrats)
8	Tarifverträge und Betriebsvereinbarungen	• Kontinuität • ggf. Änderungen bei Konzern-Betriebsvereinbarungen	• Kontinuität (bei kollektivrechtlicher Weitergeltung), ansonsten Fortgeltung nach § 613a Abs. 1 S. 2–4 BGB • ggf. Änderungen bei Konzern-Betriebsvereinbarungen	wie Asset Deal
9	Arbeitsrechtliche Individualrechtsverhältnisse beim Zielunternehmen (übertragener Rechtsträger)	• Kontinuität; Ausnahmen: (i) Change of Control-Sonderkündigungsrechte (insbesondere bei Schlüsselmitarbeitern), (ii) Anpassungsbedarf insbesondere bei konzernbezogenen Vereinbarungen (z. B. Stock Option-Programme) • kein Widerspruchsrecht der Arbeitnehmer	• Übergang nach § 613 a BGB; Ausnahmen wie Share Deal • Widerspruchsrecht der Arbeitnehmer	bei Verschmelzung/Spaltung: Übergang nach § 324 UmwG i. V. m. § 613a BGB; Ausnahmen wie Share Deal; kein Widerspruchsrecht i. e. S., aber außerordentliches Lösungsrecht der Arbeitnehmer bei Verschmelzung und Aufspaltung bei Anwachsung: Übergang nach § 613 a BGB (a. M. nach § 324 UmwG analog); Ausnahmen wie Share Deal; kein Widerspruchsrecht i. e. S., aber außerordentliches Lösungsrecht der Arbeitnehmer Bei Spaltung besonderer Schutz vor Veränderungen hins. der kündigungsrechtlichen Stellung (§ 323 Abs. 1 UmwG)
10	Ansprüche aus betrieblicher Altersversorgung (im Anstellungsverhältnis)	Kontinuität (ggf. Anpassungsbedarf)	Übergang nach § 613 a BGB (ggf. Anpassungsbedarf)	Übergang wegen Gesamtrechtsnachfolge (ggf. Anpassungsbedarf)

		Share Deal	Asset Deal	Umwandlung (Verschmelzung, Spaltung, Anwachsung)
11	Ansprüche aus betrieblicher Altersversorgung (ausgeschiedene Arbeitnehmer)	Kontinuität	kein Übergang nach § 613 a BGB [BAG v. 22. 2. 2005 – 3 AZR 499/03, ZIP 2005, 957]; keine Übertragung von Altverbindlichkeiten wegen § 4 BetrAVG	Übergang wegen Gesamtrechtsnachfolge; bei Spaltung sperrt § 4 BetrAVG nicht
12	Organverhältnis	• Kontinuität der Organverhältnisse • Kontinuität der Dienstverträge; Change of Control-Klauseln zulässig	• kein Übergang der Organverhältnisse • kein Übergang der Dienstverträge	• Wegfall der Organverhältnisse beim übertragenden Rechtsträger; keine Anwendung von § 203 UmwG (analog) für Aufsichtsräte • Übergang der Dienstverträge (vgl. § 20 Abs. 1 Nr. 1, § 131 Abs. 1 Nr. 1 UmwG); Kopplungs-Klauseln/Change of Control-Klauseln zulässig
13	Unternehmensmitbestimmung beim Zielunternehmen (übertragender Rechtsträger)	• Kontinuität im Zielunternehmen • Auswirkungen im Veräußerer-Konzern (Arbeitnehmervertreter im Konzern-Aufsichtsrat; Wegfall aktives und passives Wahlrecht im Veräußerer-Konzern; Arbeitnehmerschwellen)	• Wegfall der Unternehmensmitbestimmung nach Statusverfahren • Auswirkungen im Veräußerer-Konzern (Arbeitnehmervertreter im Konzern-Aufsichtsrat; Wegfall aktives und passives Wahlrecht im Veräußerer-Konzern; Arbeitnehmerschwellen)	wie Asset Deal
14	Unternehmensmitbestimmung beim Erwerber	• bei < 2000 Arbeitnehmern im Erwerber-Konzern nach Share Deal: keine Änderung des Status • ggf. Nachverhandlungspflicht/ Änderung einer Mitbestimmungsvereinbarung	• Auswirkungen im Erwerber-Konzern (Erweiterung aktives und passives Wahlrecht im Erwerber-Konzern; Arbeitnehmerschwellen; Unternehmensgegenstand *(Geprägetheorie)* • ggf. Nachverhandlungspflicht/Änderung einer Mitbestimmungsvereinbarung	wie Asset Deal

Im Feld des öffentlichen Rechts wirkt sich die Wahl der Transaktionsstruktur ausweislich der nachfolgenden Checkliste „öffentliches Recht" insbesondere im Hinblick auf die Haftung für Umweltbelastungen (Ziff. 1), den Fortbestand von Genehmigungen (Ziff. 2 und 3), Genehmigungspflichten und Vorkaufsrechte bei Grundstücksveräußerungen (Ziff. 6 und 9) aus:

II. Auswahl der M&A-Transaktionsstruktur   A. II

3. Checkliste: Auswahlparameter „öffentliches Recht"

		Share Deal	Asset Deal	Umwandlung (Verschmelzung, Spaltung, Anwachsung)
1	Haftung für Umweltbelastungen	• Fortgesetzte Haftung der veräußerten Gesellschaft, etwa nach den Grundsätzen des BBodSchG: • als Verhaltensstörer (§ 4 Abs. 3 BBodSchG) • als Zustandsstörer (Eigentümer oder Mieter; § 4 Abs. 3 BBodSchG) • als ehemaliger Eigentümer (falls Erwerb des Grundstücks nach dem 1. 1. 1999 erfolgte und dieser die schädliche Bodenveränderung kannte oder kennen musste, § 4 Abs. 6 BBodSchG) • Haftung des Gesellschafters (= Erwerber beim Share Deal) nur ausnahmsweise nach § 4 Abs. 3 S. 4 BBodSchG (piercing the corporate veil, z.B. im Falle von Unterkapitalisierung oder qualifizierter Konzernabhängigkeit) • Vertragliche Haftungsübernahme des Veräußerers kann Inanspruchnahme nach öffentlich-rechtlichen Vorschriften (z.B. BBodSchG, Landeswasserrecht) grundsätzlich nicht entgegen gehalten werden	• Übernahme der öffentlich-rechtlichen Haftung durch den Erwerber, der nunmehr als Zustandsstörer (etwa gemäß § 4 Abs. 3 BBodSchG) auch für in der Vergangenheit verursachte Umweltschäden in Anspruch genommen werden kann • Im Falle einer Weiterveräußerung bleibt Haftungsrisiko bestehen (§ 4 Abs. 6 BBodSchG; „Ewigkeitshaftung") • Vertragliche Haftungsübernahme des Veräußerers kann Inanspruchnahme nach öffentlich-rechtlichen Vorschriften (z.B. BBodSchG, Landeswasserrecht) grundsätzlich nicht entgegen gehalten werden	• Im Falle einer Gesamtrechtsnachfolge (Verschmelzung, Anwachsung) Übernahme der öffentlich-rechtlichen Haftung durch den Rechtsnachfolger, der als Zustandsstörer (etwa gemäß § 4 Abs. 3 BBodSchG) auch für in der Vergangenheit verursachte Umweltschäden in Anspruch genommen werden kann; bei Spaltung partielle Gesamtrechtsnachfolge bezüglich der abgespaltenen Vermögensgegenstände • Vertragliche Haftungsübernahme des Veräußerers kann Inanspruchnahme nach öffentlich-rechtlichen Vorschriften (z.B. BBodSchG, Landeswasserrecht) grundsätzlich nicht entgegen gehalten werden
2	Rein anlagenbezogene öffentlich-rechtliche Genehmigungen (z.B. Genehmigungen nach § 4	Grundsätzlich Fortbestand der anlagenbezogenen Genehmigungen, da Transaktion keinen Einfluss auf Ge-	• Grundsätzlich Fortbestand der anlagenbezogenen Genehmigungen, da Transaktion keinen	• wie Asset Deal

Seibt   11

	Share Deal	Asset Deal	Umwandlung (Verschmelzung, Spaltung, Anwachsung)
BImSchG und §§ 7, 8 WHG, Baugenehmigungen)	nehmigungsfähigkeit und Genehmigungsbedürftigkeit der Anlage hat	Einfluss auf Genehmigungsfähigkeit und Genehmigungsbedürftigkeit der Anlage hat • Aber: Möglichkeit der Untersagung des Betriebs aufgrund Unzuverlässigkeit des (neuen) Betreibers (z. B. gemäß § 20 Abs. 3 BImSchG)	
3 (Auch) Personenbezogene öffentlich-rechtliche Genehmigungen (Personalkonzessionen, z. B. nach § 7 AtG, §§ 9, 13, 18, 22 StrlSchVO, § 49 KrW-/AbfG)	Grundsätzlich Fortbestand der personenbezogenen Genehmigungen, da kein Wechsel des Genehmigungsinhabers	Fortbestand der personenbezogenen Genehmigungen nur, soweit mit der Transaktion kein Wechsel von Personen einher geht, von deren Eigenschaften (z. B. Zuverlässigkeit) die Genehmigungsfähigkeit abhängt; ansonsten ggf. Neubeantragung erforderlich	wie Asset Deal
4 Informationspflichten des Erwerbers gegenüber Behörden über Wechsel der Betriebsorganisation	Pflicht zur Mitteilung von mit der Transaktion verbundenen Änderungen umweltrechtlicher Verantwortlichkeit (z. B. nach § 52 BImSchG und § 53 KrW-/AbfG: Mitteilung, wer von mehreren Mitgliedern des vertretungsberechtigten Organs der erworbenen Kapitalgesellschaft bzw. welcher der vertretungsberechtigten Gesellschafter der erworbenen Personengesellschaft die nach dem BImSchG bzw. KrW-/AbfG zu erfüllenden Betreiberpflichten wahrnimmt)	wie Share Deal	wie Share Deal
5 Öffentliche Förderungen und Zuschüsse	Mögliche Anzeige-, Genehmigungs- oder unmittelbare Rückzahlungspflicht betr. öffentliche Förderungen und Zuschüsse (abhängig von Nebenbestimmungen des Förderbescheids bzw.	wie Share Deal	wie Share Deal

II. Auswahl der M&A-Transaktionsstruktur

		Share Deal	Asset Deal	Umwandlung (Verschmelzung, Spaltung, Anwachsung)
		Bestimmungen des Fördervertrages)		
6	Genehmigungspflicht von Grundstücksveräußerungen nach dem besonderen Städtebaurecht (z. B. § 144 Abs. 2 BauGB)	Keine Genehmigungspflicht, da keine rechtsgeschäftliche Veräußerung des Grundstücks stattfindet	Ggf. Genehmigungspflicht von Grundstücksveräußerungen in Gebieten, die den Vorschriften des besonderen Städtebaurechts unterliegen (z. B. nach § 144 Abs. 2 BauGB). Erteilung der Genehmigung kann u. U. von dem Ergebnis einer behördlichen Kaufpreisprüfung abhängen (bei Portfolio-Deals ist hierfür Angabe von Einzelpreisen für betroffene Grundstücke erforderlich).	Keine Genehmigungspflicht, da keine rechtsgeschäftliche Veräußerung des Grundstücks stattfindet, sondern Gesamtrechtsnachfolge kraft Gesetz (§ 20 UmwG)
7	Genehmigungspflicht von Grundstücksbelastungen nach dem besonderen Städtebaurecht (z. B. § 144 Abs. 2 BauGB)	Ggf. Genehmigungspflicht der Bestellung von das Grundstück belastenden Rechten, z. B. Grunddienstbarkeiten, beschränkt persönlichen Dienstbarkeiten, Reallasten, Hypotheken und Grundschulden (keiner Genehmigung bedürfen Veräußerung und Aufhebung der Belastungen)	wie Share Deal	wie Share Deal
8	Anzeige- oder Genehmigungspflicht von Grundstücksveräußerungen nach Landesdenkmalschutzgesetzen	Keine Anzeige- oder Genehmigungspflicht, da keine Grundstücksveräußerung	Anzeigepflicht nach den landesrechtlichen Bestimmungen zum Denkmalschutz	Keine Genehmigungspflicht, da keine rechtsgeschäftliche Grundstücksveräußerung stattfindet; aber ggf. Anzeigepflicht nach landesrechtlichen Bestimmungen zum Denkmalschutz
9	Gesetzliche Vorkaufsrechte bei Grundstücksveräußerungen	Kein Vorkaufsrecht, da keine rechtsgeschäftliche Veräußerung des Grundstücks stattfindet	Ggf. Vorkaufsrecht der Gemeinden (z. B. nach §§ 24 ff. BauGB), der Länder (z. B. nach landesrechtlichen Bestimmungen zum Naturschutz in Sachsen-Anhalt, Mecklenburg-Vorpommern, Saarland, Rheinland-Pfalz, Sachsen) oder betroffener Vorhabenträger (z. B. § 19 Abs. 3 AEG, § 28 a Abs. 3 PBefG)	Kein Vorkaufsrecht, da bei Verschmelzung keine rechtsgeschäftliche Veräußerung stattfindet, sondern Gesamtrechtsnachfolge kraft Gesetzes vorliegt

III. Einbeziehung von Partnern zur Umsetzung der Transaktionsstruktur

Ein wesentlicher Teil der Vorplanung der beabsichtigten M&A-Transaktion ist die Identifikation von notwendigen bzw. nützlichen Partnern zur Projektumsetzung. Dazu gehören in erster Linie die Beteiligten, die aufgrund gesetzlicher, gesellschaftsvertraglicher oder schuldrechtlicher Basis Zustimmungs- oder Informationsrechte bei der Durchführung der Transaktion haben. Hinzu kommen in zweiter Hinsicht neben dem internen Team und den eigenen externen Beratern auch die Institutionen und Personen, die bei der Durchsetzung der eigenen Transaktionsziele unterstützend tätig sein können (z. B. diplomatische und konsularische Vertretungen bei grenzüberschreitenden Transaktionen, Industrie- und Handelskammern, Wirtschaftsverbände, Arbeitgeberverbände und Gewerkschaften, Medien). Es ist hilfreich und jedenfalls bei komplexen M&A-Transaktionen geboten, die insoweit identifizierten Beteiligten in einer Dokumentation festzuhalten, und zwar jeweils mit den Kontaktdaten der jeweiligen konkreten Ansprechpartner und ggf. mit weiteren transaktionsbezogenen Informationen zu den Institutionen bzw. Personen.

Eine Checkliste für gesetzliche, gesellschaftsvertragliche und schuldvertragliche Zustimmungserfordernisse ist nachfolgend abgedruckt:

Checkliste: Zustimmungserfordernisse bei M&A-Transaktionen

1. Gesellschaftsrechtliche Beschränkungen

1.1 AG, KGaA
- Übertragung des gesamten Gesellschaftsvermögens (§ 179 a AktG)
- Außergewöhnliche Geschäfte („Holzmüller/Gelatine-Doktrin")
- Aufsichtsratsvorbehalt (§ 111 Abs. 4 S. 2 AktG i. V. m. Geschäftsordnung bzw. Satzung)
- Übertragung vinkulierter Namensaktien (§ 68 Abs. 2 AktG)
- Nachgründung (§ 52 AktG)

1.2 GmbH
- Übertragung des gesamten Gesellschaftsvermögens (§ 179 a AktG analog)
- Außergewöhnliche Geschäfte (§ 49 Abs. 2 GmbHG)
- Statuarische Abtretungsbeschränkungen (§ 15 Abs. 5 GmbHG i. V. m. Satzung) oder Beschränkungen nach Gesellschaftervereinbarung
- Organ- und Gremienvorbehalt nach Gesetz (§ 111 Abs. 4 S. 2 AktG i. V. m. § 52 Abs. 1 GmbHG bzw. § 1 Abs. 1 Nr. 3 DrittelbG oder § 25 Abs. 1 Nr. 2 MitbestG) oder Satzung

1.3 Personengesellschaft
- Übertragung des gesamten Gesellschaftsvermögens (§ 179 a AktG analog)
- Übertragung von Geschäftsanteilen (§ 719 Abs. 1 BGB i. V. m. §§ 105 Abs. 3, 161 Abs. 2 HGB)
- Außergewöhnliche Geschäfte (§§ 116 Abs. 1, 164 HGB)
- Veräußerung der Firma (§§ 17 Abs. 1, 22 Abs. 1 HGB)
- Organ- und Gremienvorbehalt gem. Gesellschaftsvertrag

2. Öffentlich-rechtliche Beschränkungen

2.1 Personenbezogene Genehmigungserfordernisse, z. B.
- Apotheke (§ 2 ApoG)
- Bewachungsgewerbe (§ 34 a GewO)
- Bodenschätze (§§ 6, 11, 22 BBergG)
- Gaststätten (§§ 2, 3 GastG)
- Gentechnische Anlagen (§§ 8, 11 GenTG)
- Güterkraftverkehr (§ 3 GüKG)
- Handwerk (§ 7 HwO)

III. Einbeziehung von Partnern zur Umsetzung der Transaktionsstruktur   A. III

- Kernbrennstoffe (§ 7 AtG)
- Kreditinstitut (§ 32 KWG)
- Luftfahrt (§ 20 LuftVG)
- Makler, Bauträger, Baubetreuer (§ 34c GewO)
- Personenbeförderung (§§ 2, 9, 13 PBefG)
- Privatkrankenanstalt (§ 30 GewO)
- Spielhalle (§ 33i GewO)
- Versteigerungsgewerbe (§ 34b GewO)
- Versicherung (§§ 5, 7 VAG)

2.2 Sachbezogene Genehmigungserfordernisse, z. B.
- Atomanlagen (§ 7 AtG)
- BImSchG-Anlagen (§ 4 BImschG)
- Bodenschätze (§§ 6, 11, 22 BundesbergG)
- Gaststätten, §§ 2, 3 GastG)
- Gentechnische Anlagen (§§ 8, 11 GenTG)
- Gewerbliche Überlassung von Arbeitnehmern (§§ 1, 2 AÜG)
- Luftfahrt (§ 20 LVG)
- Personenbeförderung (§§ 2, 9, 13 PbefG)
- Privatkrankenanstalt (§ 30 GewO)

2.3 Sonstige Genehmigungserfordernisse
- Zustimmung von Aufsichtsbehörden
- Zustimmung von Behörden bei gewährten (oder zu gewährenden) Subventionen, Förderbeiträgen, Beihilfen, Transferzahlungen etc.

3. Familien- und vormundschaftsrechtliche Beschränkungen

3.1 Ehegatte
- Gesamtes Vermögen bei Zugewinngemeinschaft (§ 1365 Abs. 1 BGB)
- Gesamtes Vermögen bei Gütergemeinschaft (§ 1423 BGB)
- Gegenstände des Gesamthandsvermögens bei Gütergemeinschaft (§§ 1419, 1422 ff., 1450 ff. BGB)

3.2 Vormundschaftsgericht (bei Minderjährigkeit oder Betreuerbestellung)
- Gesamtes Vermögen (§ 1822 Nr. 1 BGB)
- Grundstück (§ 1821 BGB)
- Erwerbsgeschäft, Gesellschaftsvertrag zum Erwerbsgeschäft (§ 1822 Nr. 3 BGB)
- Auflösung eines Erwerbsgeschäfts (§ 1823 BGB)
- Übernahme fremder Verbindlichkeiten (§ 1822 Nr. 10 BGB)
- Schiedsvertrag (§ 1822 Nr. 12 BGB)

4. Erbrechtliche Beschränkungen
- Zustimmung der Erben bei Erbengemeinschaft (§ 2040 Abs. 1 BGB)
- Zustimmung des Nacherben bei nicht befreitem Vorerben (§ 2113 Abs. 2 BGB)
- Zustimmung des Testamentsvollstreckers (§ 2211 BGB)
- Zustimmung des/der Erben bei Testamtensvollstreckung, wenn unentgeltliche Verfügung (§ 2205 S. 2 BGB), Insichgeschäft (§ 181 BGB), Anordnungen des Erblassers, höchstpersönliches Stimmrecht
- Genehmigung des Nachlassgerichts bei Nachlassverwaltung, wenn Nachlasspfleger bestimmte Geschäfte oder Handlungen vornimmt (§§ 1812, 1821 f. BGB) bzw. bei Insichgeschäft (§ 181 BGB)
- Verfügungsbefugnis bei Nachlassinsolvenz (§§ 1984, 1975 BGB i. V. m. §§ 315 ff. InsO)

5. Sachenrechtliche Beschränkungen
- Eigentumsvorbehalt (§ 449 Abs. 1 BGB)
- Sicherungsübereignung (§ 930 BGB)
- Vormerkung (§ 883 BGB)
- Grundbuchwiderspruch (§ 899 BGB)
- Dingliches Vorkaufsrecht (§§ 1094 ff. BGB)

6. Sonstige Verfügungs- und Veräußerungsverbote
- Grundstücksverkehrsgenehmigung (§ 2 Abs. 1 GrdstVG)
- Verwaltungs- und Verfügungsbefugnis bei Insolvenz (§§ 21 Abs. 2, 22 Abs. 1 Nr. 2, 24 Abs. 1; 80 Abs. 1, 81 Abs. 1 InsO)
- Zwangsvollstreckungsmaßnahmen
- Vollzugsverbote nach Kartellrecht (§ 41 Abs. 1 GWB; Art. 7 Abs. 1 FKVO)
- Insiderhandelsverbote (§§ 14, 38 WpHG)
- Gewerbliche Schutzrechte, Lizenzen, Urheberrecht

> 7. **Schuldrechtliche Beschränkungen und arbeitsrechtliche Informationspflichten**
>   - Vorvertrag
>   - Change of Control-Klauseln
>   - Andienungspflichten, Vorerwerbs- und Vorkaufsrechte
>   - Arbeitsrechtliche Informationspflichten (z. B. § 613 a Abs. 5 BGB, §§ 2 f. NachwG, §§ 106, 111 ff. BetrVG, §§ 10 Abs. 5, 11 Abs. 2, 14 Abs. 4 WpÜG)

IV. Auswahl des M&A-Transaktionsverfahrens

Für M&A-Transaktionen gibt es selbstverständlich keine festen Regeln oder ein für alle Umstände passendes Verfahren. In der Praxis haben sich allerdings für den Regelfall zwei Verfahrensarten herausgebildet, nämlich das (klassische) Verfahren der Exklusivverhandlung *(„One-on-One")* und das kontrollierte oder beschränkte Bieterverfahren *(„Limited Auction")*. In seltenen Fällen wird auch das sog. offene Bieterverfahren gewählt, insbesondere bei Privatisierungsverfahren mit einer öffentlichen Ausschreibung.

Das (klassische) Verfahren der Exklusivverhandlungen ist dadurch geprägt, dass der Verkaufsinteressent lediglich mit einem einzigen Erwerbsinteressenten verhandelt. Es wird im Wesentlichen in den folgenden Schritten vollzogen: Nach einer Vorbereitungsphase spricht im Regelfall der Verkaufsinteressent den ausgewählten Partner an und übermittelt diesem häufig ein erstes Informationspaket zum Zielunternehmen. Im Rahmen danach anschließender Vorgespräche werden die Eckpunkte der möglichen Transaktion besprochen; die Ergebnisse dieser Verhandlung werden in einem Letter of Intent mit Vertraulichkeitsverpflichtung, Abwerbeverbot etc. niedergelegt. Danach wird der Kaufinteressent zur Due Diligence zugelassen und häufig parallel hierzu über den Kaufvertrag verhandelt.

Beim kontrollierten oder begrenzten Bieterverfahren wird eine Wettbewerbssituation zwischen mehreren Kaufinteressenten hergestellt. Es wird in der Regel in den folgenden wesentlichen Schritten durchgeführt: Nach einer Vorbereitungsphase, häufig mit Durchführung einer Vendor Due Diligence und der Erstellung einer anonymisierten Kurzinformation *(Teaser)* sowie eines Informationsmemorandums, beginnt die Kontaktaufnahme mit dem Kaufinteressenten durch Versendung der anonymisierten Kurzinformation sowie einer Vertraulichkeitsvereinbarung an eine Gruppe von Kaufinteressenten (häufig bei Einbeziehung von Finanzinvestoren bis zu maximal 50 Interessenten). Bei entsprechendem Interesse und Unterzeichnung der Vertraulichkeitsvereinbarung werden die betreffenden Kaufinteressenten zur nächsten Verfahrensphase zugelassen, die durch den Versand des ausführlicheren Information Memorandum (hierzu Form. B.V) sowie durch die Bitte nach Abgabe eines indikativen Angebots *(Indicative/Non Binding Offer)* gekennzeichnet ist. Die eingegangenen indikativen Angebote werden von dem Verkaufsinteressenten bzw. seinen Beratern vergleichend analysiert (hierzu Form B. III) und auf dieser Grundlage entschieden, welche Interessenten (im Regelfall bis zu zehn Interessenten) in die nächste Verfahrensphase zugelassen werden, die durch die Due Diligence sowie die Bitte um Kommentierung eines Kaufvertragsentwurfs und die Abgabe eines finalen Angebots *(Final Bid/Binding Offer)* gekennzeichnet ist. Auf der Grundlage der eingegangenen finalen Angebote entscheidet dann der Verkaufsinteressent, mit welchen Beteiligten die abschließenden Verhandlungen über den Kaufvertrag parallel geführt werden oder ob einem Erwerbsinteressenten für einen beschränkten Zeitraum Exklusivität für die Verhandlung und den Abschluss der Transaktion eingeräumt werden soll.

Die beiden Verfahrensstränge sind nachstehend in Form von Zeitstrahlen gegenübergestellt:

IV. Auswahl des M&A-Transaktionsverfahrens

1. Zeitstrahle: M&A-Transaktionsverfahren: Exklusivverhandlungen vs. kontrolliertes Bieterverfahren

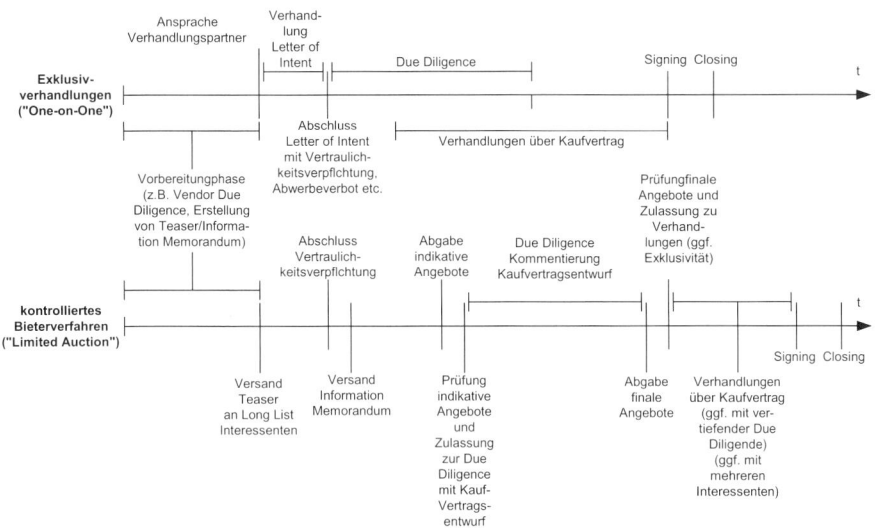

Die jeweiligen Vor- und Nachteile der Verfahren sowie deren häufigste Anwendungsfelder sind in der nachfolgenden Tabelle schematisch aufgeführt:

2. Checkliste: Parameter für Auswahl des M&A-Transaktionsverfahrens (Exklusivverhandlungen vs. kontrolliertes Bieterverfahren)

Exklusivverhandlungen		Kontrolliertes Bieterverfahren	
Vorteile	Nachteile	Vorteile	Nachteile
• geringere Verfahrensdauer und Verfahrenskosten • maßgeschneidertes Verfahren für konkreten Kaufinteressenten • hohe Vertraulichkeit; geringeres Risiko der zweckwidrigen Verwendung von Betriebsgeheimnissen und Abwerbungen von Schlüsselmitarbeitern des Zielunternehmens • späterer Übergang zum kontrollierten Bieterverfahren möglich	• fehlende Alternativität des Kaufinteressenten • Prozessverlängerung bei Scheitern der Exklusivverhandlungen	• Preis- und Konditionenoptimierung durch Wettbewerb • geringere Abhängigkeit von bestimmten Kaufinteressenten	• längere Verfahrensdauer und Belastung von Managementressourcen • erhöhtes Risiko der zweckwidrigen Verwendung von Betriebsgeheimnissen und Abwerbung von Schlüsselmitarbeitern des Zielunternehmens • Zurückhaltung mancher Kaufinteressenten vor Bieterverfahren wegen Risikos frustrierter Aufwendungen • je nach Marktsituation: ggf. Kostenabwälzung unterlegener Bieter auf den Verkäufer (*broken deal cost compensation*)

Typische Fallgruppen	Typische Fallgruppen
⇨ identifizierter Kaufinteressent mit überragendem strategischem Interesse („natural buyer") ⇨ große Verwundbarkeit des Zielunternehmens bei Missverwendung von Betriebsgeheimnissen oder Abwerben von Schlüsselmitarbeitern ⇨ Zeitdruck („quick sale"), z. B. Investitionsbedarf beim Verkäufer, Sanierungssituation beim Zielunternehmen	⇨ Multiplizität der Kaufinteressenten, z. B. erhebliches Interesse von Finanzinvestoren am Zielunternehmen

Zu den verfahrensleitenden Schreiben beim kontrollierten Bieterverfahren siehe Form. B. II sowie zu einer Analyse-Checkliste der jeweiligen indikativen/finalen Angebote siehe Form. B. III.

Teil B. Vorbereitende Begleitdokumente von M&A-Transaktionen

I. Vertraulichkeitsvereinbarungen

1. Vertraulichkeitsvereinbarung zwischen einer börsennotierten Aktiengesellschaft und einem Erwerbsinteressenten (zielgesellschaftsfreundlich)[1, 2]

Vertraulichkeitsvereinbarung

Zwischen[3]

1. Zielgesellschaft [börsennotierte Aktiengesellschaft]
   – nachfolgend als „Gesellschaft" bezeichnet –

und

2. Erwerbsinteressent
   – nachfolgend als „Bieter" bezeichnet –

wird folgende Vertraulichkeitsvereinbarung geschlossen:

Vorbemerkung

Der Bieter und die Gesellschaft beabsichtigen, Gespräche über den Erwerb der Zielgesellschaft durch den Bieter (nachfolgend als „Transaktion" bezeichnet) aufzunehmen. Im Zusammenhang mit der Transaktion ist beabsichtigt, dass die Gesellschaft dem Bieter bestimmte vertrauliche Informationen zur Verfügung stellen wird, die der Bieter benötigt, um eine Entscheidung über die Durchführung der Transaktion herbeizuführen. Bevor die Gesellschaft dem Bieter solche Informationen zur Verfügung stellen wird, ist beabsichtigt, mittels dieser Vertraulichkeitsvereinbarung den vertraulichen Umgang mit den betreffenden Informationen wie folgt zu regeln:

§ 1 Vertrauliche Informationen[4]

1.1 „Vertrauliche Informationen" im Sinne dieser Vereinbarung sind
   a) alle Informationen, Angaben, Aktenvermerke, Analysen, Zusammenstellungen, Studien, Dokumente, Know-how oder andere Unterlagen gleich welcher Art (ob mündlich, schriftlich, elektronisch oder in sonstiger Weise übermittelt),
   b) die sich auf die Gesellschaft oder mit ihr verbundene Unternehmen im Sinne von § 15 AktG beziehen,
   c) die dem Bieter, seinen Mitarbeitern, Beratern, Vertretern und/oder sonstigen von ihm beauftragen Mittelspersonen von der Gesellschaft, ihren Beratern oder einem ihrer jeweiligen Vertreter im Hinblick auf oder im Zusammenhang mit der Transaktion mitgeteilt, zugänglich gemacht oder anderweitig bekannt gemacht worden sind oder noch werden,
   d) sowie alle (schriftlichen oder sonstigen) Aktennotizen, Analysen, Zusammenstellungen, Studien, Dokumente oder andere Unterlagen, die vom Bieter erstellt wurden oder noch werden und derartige Informationen beinhalten.

Zu den vertraulichen Informationen zählen insbesondere sämtliche Informationen, die sich auf die Transaktion beziehen und eine Insidertatsache im Sinne von § 13 Abs. 1 des Wertpapierhandelsgesetzes (WpHG) darstellen.

1.2 Keine vertraulichen Informationen in diesem Sinne sind Informationen, von denen der Bieter nachweisen kann[5], dass

a) sie zum Zeitpunkt ihrer Offenlegung bereits öffentlich bekannt sind oder danach bekannt werden, ohne dass das Bekanntsein oder Bekanntwerden auf einer Verletzung einer gesetzlichen Bestimmung, dieser Vereinbarung oder einer sonstigen zwischen den Parteien geschlossenen Vereinbarung beruht; oder

b) sie dem Bieter zum Zeitpunkt des Abschlusses dieser Vereinbarung bereits bekannt waren, ohne dass das Bekanntsein oder Bekanntwerden auf einer Verletzung einer gesetzlichen Bestimmung oder einer zwischen den Parteien geschlossenen Vereinbarung beruht; oder

c) sie dem Bieter von dritter Seite nach Abschluss dieser Vereinbarung mitgeteilt oder sonst bekannt gemacht werden, ohne dass die Mitteilung oder das Bekanntmachen durch den Dritten unter Verletzung einer gesetzlichen Bestimmung, dieser Vereinbarung oder einer sonstigen zwischen den Parteien geschlossenen Vereinbarung erfolgt.

§ 2 Vertraulichkeitsverpflichtung

2.1 Der Bieter verpflichtet sich, alle vertraulichen Informationen, einschließlich der Transaktion, der geplanten Bedingungen der Transaktion, der Verhandlungspartner, der Tatsache, dass Verhandlungen stattfinden, in welchem Stadium sich diese Verhandlungen befinden und dass der Bieter vertrauliche Informationen erhalten oder angefordert hat, gegenüber Dritten, einschließlich Behörden, vertraulich zu behandeln und geheimzuhalten und sie ohne die vorhergehende schriftliche Zustimmung der Gesellschaft nicht an Dritte ganz oder teilweise weiterzugeben oder diesen offenzulegen.

2.2 Der Bieter verpflichtet sich weiterhin, die vertraulichen Informationen ausschließlich im Zusammenhang mit der Transaktion zu nutzen. Die vertraulichen Informationen dürfen nicht zu einem anderen als dem vorgenannten Zweck, insbesondere nicht zu Wettbewerbszwecken, genutzt werden.[6]

2.3 Wenn und soweit der Bieter gesetzlich, aufgrund einer für ihn verbindlichen behördlichen oder gerichtlichen Anordnung oder aufgrund der verbindlichen Regeln einer Wertpapierbörse verpflichtet ist, vertrauliche Informationen weiterzugeben oder zu veröffentlichen, findet die Vertraulichkeitsverpflichtung gemäß § 2.1 keine Anwendung. Der Bieter ist jedoch verpflichtet, vor der Weitergabe oder Offenlegung von vertraulichen Informationen die Gesellschaft so rechtzeitig hierüber zu informieren, dass die Form und der Umfang der Weitergabe bzw. der Offenlegung mit der Gesellschaft besprochen und abgestimmt werden können und die Parteien in der Lage sind, geeignete Maßnahmen zur Verminderung eines etwa hierdurch entstehenden Schadens zu ergreifen.

§ 3 Insiderhandelsverbot[7]

Der Bieter erkennt hiermit an, dass ihm im Rahmen der Transaktion Insiderinformationen im Sinne von § 13 Abs. 1 WpHG bekannt werden können. Unbeschadet der Vertraulichkeitsverpflichtung aus dieser Vereinbarung erkennt der Bieter diesbezüglich an, dass er einem Verbot von Insidergeschäften gemäß § 14 WpHG unterliegt, und verpflichtet sich gegenüber der Gesellschaft, die Beschränkungen aus § 14 WpHG zu beachten. Danach ist es einem Insider verboten,

a) unter Verwendung einer Insiderinformation Insiderpapiere für eigene oder fremde Rechnung oder für einen anderen zu erwerben oder zu veräußern;

1. Vertraulichkeitsvereinbarung (zielgesellschaftsfreundlich)   B. I. 1

b) einem anderen eine Insiderinformation unbefugt mitzuteilen oder zugänglich zu machen;

c) einem anderen auf der Grundlage einer Insiderinformation den Erwerb oder die Veräußerung von Insiderpapieren zu empfehlen oder einen anderen auf sonstige Weise dazu zu verleiten.

§ 4 Weitergabe von vertraulichen Informationen[8]

[Variante 1: „harte Weitergabeklausel"]

4.1 Unbeschadet des gesetzlichen Insiderhandelsverbots gemäß § 14 WpHG dürfen vertrauliche Informationen vom Bieter nur den in Anlage 1 zu dieser Vereinbarung benannten Personen zugänglich gemacht werden. Eine darüber hinausgehende Weitergabe von vertraulichen Informationen, auch an Mitarbeiter oder Berater des Bieters oder eines mit ihm verbundenen Unternehmens im Sinne von § 15 AktG, ist unzulässig.

4.2 Auf Verlangen der Gesellschaft wird der Bieter dafür Sorge tragen, dass sämtliche Personen, denen vertrauliche Informationen mitgeteilt oder zugänglich gemacht werden, mit der Gesellschaft eine gesonderte Vertraulichkeitsvereinbarung abschließen, die mit dieser Vertraulichkeitsvereinbarung inhaltlich identisch ist.

[Variante 2: „weiche Weitergabeklausel"]

4.1 Unbeschadet des gesetzlichen Insiderhandelsverbots gemäß § 14 WpHG dürfen vertrauliche Informationen vom Bieter nur solchen Mitarbeitern und externen Beratern, wie zum Beispiel Wirtschaftsprüfern, Steuerberatern und Rechtsanwälten, die beruflich zur Verschwiegenheit verpflichtet sind, zugänglich gemacht werden, und zwar nur, wenn und soweit dies zur Vorbereitung der Verhandlungen über die Transaktion auf Seiten des Bieters notwendig ist.

4.2 Der Bieter wird alle notwendigen Maßnahmen ergreifen um sicherzustellen, dass alle Personen, denen vertrauliche Informationen mitgeteilt oder zugänglich gemacht werden, mit diesen in gleicher Weise verfahren, wie der Bieter dies gemäß dieser Vereinbarung zu tun verpflichtet ist.

§ 5 Erstellung von Kopien, Abschriften und Aufzeichnungen[9]

5.1 Kopien, Abschriften, Aufzeichnungen auf elektronischen oder sonstigen Datenträgern oder sonstige Vervielfältigungen von vertraulichen Informationen dürfen nur mit schriftlicher Zustimmung der Gesellschaft gefertigt werden. Die Gesellschaft ist zur Erteilung der Zustimmung nicht verpflichtet.

5.2 Alle Kopien, Abschriften, Aufzeichnungen auf elektronischen oder sonstigen Datenträger und sonstigen Vervielfältigungen von vertraulichen Informationen sind mit dem Hinweis „vertraulich" zu kennzeichnen.

§ 6 Herausgabe, Vernichtung und Löschung von vertraulichen Informationen

6.1 Der Bieter erhält keine Rechte an den oder Ansprüche auf die vertraulichen Informationen. Der Bieter verpflichtet sich, auf Anforderung der Gesellschaft alle ihm zugänglich gemachten schriftlichen oder auf einem Datenträger enthaltenen vertraulichen Informationen (einschließlich sämtlicher davon gefertigten Kopien, Abschriften, Aufzeichnungen auf Datenträgern und sonstigen Vervielfältigungen) an die Gesellschaft unverzüglich herauszugeben bzw. deren Herausgabe sicherzustellen.

6.2 Der Bieter verpflichtet sich ferner, auf Anforderung der Gesellschaft alle von ihm, seinen Mitarbeitern oder Beratern sowie von Mitarbeitern oder Beratern von mit ihm verbundenen Unternehmen im Sinne von § 15 AktG gefertigten Auswertungen von und Aufzeichnungen über vertrauliche Informationen zu vernichten und/oder von Datenträgern zu löschen bzw. sicherzustellen, dass diese vernichtet bzw. gelöscht werden.

6.3 Soweit anwaltliche Berater des Bieters im Besitz von vertraulichen Informationen oder von Auswertungen oder Aufzeichnungen im Sinne des § 6.2 sind, verpflichtet sich der Bieter weiterhin sicherzustellen, dass ihm die anwaltlichen Berater sämtliche diesbezüglichen Handakten im Sinne des § 50 BRAO (einschließlich der in § 50 Abs. 4 2. HS BRAO genannten Dokumente) aushändigen. Die Handakten sind dann vom Bieter zu vernichten oder an die Gesellschaft herauszugeben; die Vernichtung ist durch eine diesbezügliche schriftliche Bestätigung der Geschäftsführung des Bieters nachzuweisen. Soweit erforderlich, ist der Bieter verpflichtet, mit den anwaltlichen Beratern eine entsprechende vertragliche Vereinbarung zu treffen, die insbesondere die Ausübung des Zurückbehaltungsrechts nach § 50 Abs. 3 BRAO ausschließt.[10]

6.4 Sämtliche im Zusammenhang mit den Verpflichtungen des Bieters nach diesem § 6 anfallenden Aufwendungen und Kosten der Parteien sind vom Bieter zu tragen.

6.5 Sofern die Gesellschaft von ihrem Recht nach den §§ 6.1 und 6.2 Gebrauch macht und/oder die weiteren Verhandlungen über die Transaktion abbricht, stehen dem Bieter in diesem Zusammenhang keine Schadenersatz- oder sonstigen Ansprüche, insbesondere keine Ansprüche aus den Grundsätzen der culpa in contrahendo bzw. aus den §§ 311 Abs. 2, 241 Abs. 2, 280 ff. BGB, zu.

§ 7 Veröffentlichungen, Pressemitteilungen[11]

7.1 Keine der Parteien wird die Tatsache, dass gegenwärtig Verhandlungen im Zusammenhang mit der Transaktion geführt werden, in welchem Stadium sich diese Verhandlungen befinden und dass der Bieter vertrauliche Informationen erhalten oder angefordert hat, ohne die ausdrückliche vorherige schriftliche Zustimmung der anderen Partei öffentlich bekannt machen oder Dritten mitteilen und insbesondere insoweit weder eine Pressemitteilung veröffentlichen noch Gespräche mit Journalisten führen. Sollte eine der Parteien von Dritten, insbesondere von Journalisten, auf die Transaktion angesprochen werden, so ist hierauf nur mit „kein Kommentar" zu antworten.

7.2 Die in § 2.3 enthaltene Regelung findet entsprechende Anwendung.

§ 8 Keine Gewähr für die Richtigkeit und Vollständigkeit der vertraulichen Informationen

8.1 Dem Bieter ist bekannt und er ist damit einverstanden, dass die Gesellschaft die vertraulichen Informationen nicht auf Richtigkeit und Vollständigkeit überprüft hat und dies auch in Zukunft nicht tun wird.

8.2 Schadenersatz- oder sonstige Ansprüche des Bieters im Zusammenhang mit möglichen Unrichtigkeiten oder Unvollständigkeiten der vertraulichen Informationen werden hiermit ausdrücklich ausgeschlossen.

§ 9 Abwerben von Arbeitnehmern[12]

9.1 Der Bieter verpflichtet sich, innerhalb eines Zeitraumes von ...... Jahren/Monaten ab dem Abschluss dieser Vertraulichkeitsvereinbarung keine Maßnahmen zur Abwerbung von Arbeitnehmern und freien Mitarbeitern der Gesellschaft oder eines mit ihr verbundenen Unternehmens im Sinne von § 15 AktG vorzunehmen, und zwar insbesondere Personen, die an einem beliebigen Tag innerhalb des vorgenannten Zeitraumes in einem Dienst- oder Arbeitsverhältnis zu der Gesellschaft oder einem mit ihr verbundenen Unternehmen im Sinne von § 15 AktG stehen, weder direkt noch indirekt zu beschäftigen noch ihnen eine Beschäftigung (gleich welcher Art) anzubieten oder zu vermitteln.

9.2 Der Bieter verpflichtet sich weiterhin sicherzustellen, dass die Verpflichtung nach § 9.1 auch von sämtlichen mit ihm verbundenen Unternehmen im Sinne von § 15 AktG eingehalten wird.

§ 10 Kundenschutz

10.1 Der Bieter verpflichtet sich, innerhalb eines Zeitraumes von ...... Jahren/Monaten ab dem Abschluss dieser Vertraulichkeitsvereinbarung nicht um solche Unternehmen oder Personen zu werben, die in den letzten ...... Jahren/Monaten vor Abschluss dieser Vertraulichkeitsvereinbarung Kunden der Gesellschaft oder eines mit ihr verbundenen Unternehmens im Sinne von § 15 AktG waren oder während des eingangs genannten Zeitraumes Kunden der Gesellschaft oder eines mit ihr verbundenen Unternehmens im Sinne von § 15 AktG werden.[13]

10.2 Der Bieter verpflichtet sich weiterhin sicherzustellen, dass die Verpflichtung nach § 10.1 auch von sämtlichen mit ihm verbundenen Unternehmen im Sinne von § 15 AktG eingehalten wird.

10.3 Sollte der Bieter oder ein mit ihm verbundenes Unternehmen im Sinne von § 15 AktG innerhalb eines Zeitraumes von ...... Jahren/Monaten ab dem Abschluss dieser Vertraulichkeitsvereinbarung Kunden der Gesellschaft oder eines mit ihr verbundenen Unternehmens im Sinne von § 15 AktG beliefern, ist der Bieter verpflichtet, an die Gesellschaft für einen Zeitraum von ...... Jahren/Monaten ab dem Zeitpunkt der Erstbelieferung des betreffenden Kunden durch den Bieter oder ein mit ihm verbundenes Unternehmen im Sinne von § 15 AktG eine Provision in Höhe von ...... Prozent des mit dem betreffenden Kunden erzielten Umsatzes zu zahlen. Sollte ein solcher Kunde in dem vorgenannten Zeitraum ganz oder zum weit überwiegenden Teil zum Bieter wechseln, so ist dieser verpflichtet, der Gesellschaft zusätzlich zu der vorgenannten Provision eine einmalige Abstandszahlung in Höhe von ...... Prozent der Summe des mit dem betreffenden Kunden in den letzten drei abgelaufenen Geschäftsjahren der Gesellschaft erzielten Umsatzes zu zahlen.

§ 11 Stillhaltevereinbarung, „No-Teaming" Klausel[14]

Unbeschadet etwaiger Verpflichtungen des Bieters aus Gesetz, dieser Vereinbarung oder sonstigen Rechtsgründen verpflichtet sich der Bieter und wird dafür Sorge tragen, dass auch die mit ihm verbundenen Unternehmen im Sinne von § 15 AktG, seine Mitarbeiter, Vertreter und Berater diese Verpflichtung beachten, für einen Zeitraum von ...... Jahren/Monaten ab dem Abschluss dieser Vertraulichkeitsvereinbarung weder direkt noch indirekt ohne vorherige Zustimmung der Gesellschaft folgende Maßnahmen vorzunehmen:

a) Unmittelbarer oder mittelbarer Erwerb oder Veräußerung von Anteilen an der Gesellschaft, einschließlich einzelner Gesellschafterrechte und Rechte auf den Erwerb von Anteilen an der Gesellschaft, sowie Abschluss von entsprechenden schuldrechtlichen Geschäften und Vornahme von hiermit wirtschaftlich vergleichbaren Maßnahmen; oder

b) Abgabe eines auf den Kauf und/oder den Erwerb von Anteilen an der Gesellschaft gerichteten (öffentlichen oder nicht öffentlichen) Angebots; oder

c) Vornahme von Handlungen oder sonstigen Maßnahmen, die zur Abgabe eines Angebots auf den Kauf und/oder den Erwerb von Anteilen an der Gesellschaft, zu Strukturmaßnahmen bei der Gesellschaft oder zu einem Anteilstausch bezogen auf Anteile an der Gesellschaft führen können; oder

d) Abschluss von Vereinbarungen mit sonstigen Personen oder Erteilung von Empfehlungen an sonstige Personen oder Verleitung von sonstigen Personen zur Vornahme der vorstehenden Maßnahmen.

§ 12 Vertragsstrafe[15]

Für jeden Fall eines Verstoßes gegen die aus dieser Vertraulichkeitsvereinbarung folgenden Pflichten durch den Bieter, seine Mitarbeiter, Vertreter, Berater oder verbundenen Unternehmen im Sinne von § 15 AktG ist der Bieter verpflichtet, der Gesellschaft eine Vertragsstrafe in Höhe von ...... EUR zu zahlen. Bei einer andauernden Vertragsverletzung ist der Bieter verpflichtet, je angefangenen Monat der Zuwiderhandlung zusätzlich einen Betrag in Höhe von ...... EUR an die Gesellschaft zu zahlen. Die Zahlung der Vertragsstrafe lässt die Geltendmachung eines weiteren Schadens durch die Gesellschaft unberührt.[16]

§ 13 Beweislastregelung[17]

Sofern vertrauliche Informationen öffentlich bekannt oder an einen Dritten weitergegeben werden, ohne dass dies unter Mitwirkung der Gesellschaft erfolgt, nach diesem Vertrag zulässig oder durch die Gesellschaft ausdrücklich schriftlich genehmigt worden ist, und sofern ernsthafte Anhaltspunkte dafür bestehen, dass ein solcher Verstoß gegen die Vertraulichkeitsverpflichtung vom Bieter oder von einer Person, für die der Bieter nach den anwendbaren rechtlichen Vorschriften oder nach dieser Vereinbarung einzustehen hat, zu verantworten ist, wird die Verantwortlichkeit des Bieters für den Verstoß gegen die Vertraulichkeitsverpflichtung vermutet, sofern und soweit der Bieter nicht das Gegenteil beweist. Ernsthafte Anhaltspunkte im Sinne des vorstehenden Satzes liegen bereits dann vor, wenn Dritte schriftlich einen Sachverhalt behaupten, der, wenn er zutreffend wäre, einen Verstoß gegen die Vertraulichkeitsverpflichtung darstellen würde.

§ 14 Geltungsdauer

Diese Vertraulichkeitsvereinbarung tritt mit ihrer Unterzeichnung durch alle Parteien in Kraft und gilt für einen Zeitraum von ...... Jahren/Monaten. Sofern die Transaktion vor Ablauf der vorgenannten Geltungsdauer vollzogen wird, endet diese Vertraulichkeitsvereinbarung mit dem Vollzug der Transaktion. Von dieser Bestimmung unberührt bleiben die in §§ 9, 10, 11, 12 enthaltenen Bestimmungen.

§ 15 Schlussbestimmungen

15.1 Änderungen und Ergänzungen dieser Vertraulichkeitsvereinbarung bedürfen der Schriftform. Das gilt insbesondere auch für eine Vereinbarung, durch die das vorliegend vereinbarte Schriftformerfordernis aufgehoben werden soll.

15.2 Sollte die Gesellschaft die weiteren Verhandlungen über die Transaktion abbrechen, was ihr ohne Angabe von Gründen ausdrücklich gestattet ist, so stehen dem Bieter aus oder im Zusammenhang mit dem Abbruch der Verhandlungen bzw. der Transaktion keine Ansprüche auf Schaden- und/oder Kostenersatz, gleich aus welchem Rechtsgrund, zu.

15.3 Sollten einzelne Bestimmungen dieser Vertraulichkeitsvereinbarung ganz oder teilweise nichtig, nicht durchsetzbar oder nicht durchführbar sein oder werden, so soll die Wirksamkeit der übrigen Bestimmungen dieser Vertraulichkeitsvereinbarung davon nicht berührt werden. In einem solchen Fall soll anstelle der nichtigen, nicht durchsetzbaren oder undurchführbaren Bestimmung eine solche wirksame, durchsetzbare und durchführbare Bestimmung zur Anwendung kommen, die dem Sinn und Zweck der betreffenden Bestimmung möglichst nahe kommt. Das Gleiche gilt, sofern diese Vertraulichkeitsvereinbarung eine unbeabsichtigte Regelungslücke enthält.

15.4 Diese Vertraulichkeitsvereinbarung unterliegt dem Recht der Bundesrepublik Deutschland.

15.5 Ausschließlicher Gerichtsstand für alle sich aus oder im Zusammenhang mit dieser Vertraulichkeitsvereinbarung ergebenen Streitigkeiten ist ...... [18]

Anmerkungen

1. Zweck. Das Formular bezieht sich auf eine im Zusammenhang mit einem Unternehmenskauf abzuschließende Vertraulichkeitsvereinbarung zwischen einer börsennotierten Aktiengesellschaft als Zielgesellschaft und einem Erwerbsinteressenten. Es berücksichtigt vornehmlich die Interessen der Zielgesellschaft (vgl. für ein ausgewogenes Muster nachfolgend Form. B. I. 2).

1. Vertraulichkeitsvereinbarung (zielgesellschaftsfreundlich)   B. I. 1

In der Anfangsphase von Unternehmenskäufen (sowie bei einer Reihe anderer Transaktionstypen, wie z. B. der Begründung eines Joint Venture) wird der Erwerbsinteressent regelmäßig verlangen, dass ihm bestimmte Informationen, die nicht öffentlich bekannt bzw. zugänglich sind (sich z. B. nicht aus dem öffentlich zugänglichen Jahresabschluss oder bei börsennotierten Gesellschaften aus dem öffentlich zugänglichen Geschäftsbericht oder sonstigen veröffentlichten Kapitalmarktinformationen ergeben), zur Verfügung gestellt werden. Dies kann durch das Zurverfügungstellen von Dokumenten in schriftlicher oder in elektronischer Form (E-Mail, Disketten, CD, Intranetzugang, etc.), aber auch durch mündliche Informationen, wie z. B. im Rahmen einer Management-Präsentation, erfolgen. In der Praxis werden die zunächst mündlich erteilten Informationen zu Beweiszwecken häufig jedoch in schriftlicher Form, z. B. durch Übergabe der gezeigten Präsentationen, nachgereicht.

Für diejenige Partei, die die Informationen zur Verfügung stellt, kann dies, insbesondere wenn es sich bei dem Erwerbsinteressenten um einen Wettbewerber handelt, ein erhebliches Risiko bedeuten. Daher sollte die Geschäftsführung bzw. der Vorstand, die sowohl einer dienstvertraglichen als auch einer organschaftlichen Verschwiegenheitspflicht (vgl. §§ 93 Abs. 1 S. 2, 404 AktG, § 85 GmbHG) unterliegen, sich zur Haftungsrisikominimierung im Einzelfall durch einen Gesellschafterbeschluss bzw. bei einer Aktiengesellschaft durch einen Aufsichtsratsbeschluss ausdrücklich hiervon befreien und zur Weitergabe von vertraulichen Informationen an einen Erwerbsinteressenten ermächtigen lassen (dies gilt insbesondere in Management Buy-Out Fällen, vgl. Weitnauer/*Weitnauer,* Management Buy-Out, 2003, E. III. Rdnr. 51 ff.). Sofern es sich bei der Zielgesellschaft um eine börsennotierte Gesellschaft handelt, ist die Weitergabe vertraulicher Informationen dem Vorstand ohnehin nur eingeschränkt gestattet (siehe hierzu ausführlich Anm. 4 zu Form. B. VI. 2). Die die Informationen gewährende Partei hat daher regelmäßig ein gesteigertes Interesse daran, dass die überlassenen Informationen (i) vom Erwerbsinteressenten nicht an Dritte weitergegeben oder gar veröffentlicht werden, (ii) vom Erwerbsinteressenten, insbesondere wenn es sich um einen Wettbewerber handelt, nicht zu anderen Zwecken als zur Prüfung und Vorbereitung des potentiellen Erwerbs der Zielgesellschaft genutzt werden, und (iii) im Fall des Abbruchs der Verhandlungen vom Erwerbsinteressenten vollständig zurückgegeben und nicht weiter verwendet werden. Diesem Interesse wird regelmäßig durch den Abschluss einer Vertraulichkeitsvereinbarung Rechnung getragen. Zwar folgt die Verpflichtung des Erwerbsinteressenten, die ihm zur Verfügung gestellten Informationen vertraulich zu behandeln, regelmäßig aus dem durch die Aufnahme von Vertragsverhandlungen bzw. die Anbahnung eines Vertrags resultierenden vorvertraglichen Schuldverhältnis gemäß § 311 BGB (vgl. Soergel/*Wiedemann* Vor § 275 Rdnr. 175; Hölters/*Semler* Teil VII Rdnr. 14 f., 62 f.; Picot/*Picot* Unternehmenskauf S. 56), dennoch empfiehlt sich der Abschluss einer Vertraulichkeitsvereinbarung. Hierdurch wird zum einen den Parteien die durch die Zurverfügungstellung von vertraulichen Informationen entstehende prekäre Situation durch die Konkretisierung ihrer Rechte und Pflichten vergegenwärtigt, und zum anderen enthält die Vertraulichkeitsvereinbarung (abhängig von ihrer konkreten Ausgestaltung) üblicherweise über die gesetzlichen hinausgehende Rechte und Pflichten der Parteien und gewährleistet besonders für den Fall des Abbruchs der Verhandlungen für die Gesellschaft bzw. den Verkäufer einen Minimalschutz (vgl. Picot/*Picot* Unternehmenskauf S. 56; Hölters/*Semler* Teil VII Rdnr. 16 ff.; Hopt/*Fabritius* Form. I. K. 2 Anm. 2).

Darüber hinaus ist bei Transaktionen, an denen eine börsennotierte Gesellschaft beteiligt ist, der Abschluss einer Vertraulichkeitsvereinbarung auch vor dem Hintergrund ihrer aus § 15 Abs. 1 WpHG folgenden Pflicht, sie unmittelbar betreffende Insiderinformationen im Sinne von § 13 WpHG unverzüglich zu veröffentlichen, von zentraler Bedeutung. Sofern sich nämlich die Verhandlungen im Zusammenhang mit der Transaktion derart konkretisieren, dass hierdurch eine Insiderinformation vorliegt, kann die Gesellschaft entweder diese nach § 15 Abs. 1 WpHG veröffentlichen oder sich bei Vorliegen der Voraussetzungen nach § 15 Abs. 3 WpHG zunächst hiervon befreien. Voraussetzung einer solchen Befreiung ist u. a. allerdings, dass die Vertraulichkeit der Insiderinformation durch die Gesellschaft gewährleistet werden kann. Um dies gewährleisten und ggf. gegenüber der BaFin nachweisen zu können, wird die Gesellschaft regelmäßig eine Vertraulichkeitsvereinbarung abschließen. Da in der Praxis nicht immer mit Sicherheit zu bestimmen ist, ab wann eine Information eine Insiderinformation im Sinne von § 13 WpHG darstellt, wird der Vorstand in seinem Beschluss über die Fortsetzung der Transaktion, den Abschluss einer Vertraulichkeitsvereinbarung mit dem Erwerbsinteressenten und die Zulassung einer zeitlich und sachlich eingeschränkten Due Diligence auch vorsorglich eine Befreiung nach § 15 Abs. 3 WpHG beschließen und sich folglich so verhalten, als ob ab diesem Zeitpunkt eine Ad-hoc-Relevanz der Transaktion gegeben wäre (vgl. zur Definition von Insiderinformationen auch den Emittentenleitfaden der BaFin mit Stand vom 28. 4. 2009, S. 53, 63 f. und zur Befreiungsregelung, S. 65 ff.). Die Vertraulichkeitsvereinbarung sollte daher (wie bei allen anderen Transaktionen, an denen keine börsennotierte Gesellschaft beteiligt ist, auch) in einem frühen Stadium der Transaktion geschlossen werden, möglichst bereits nach der ersten Kontaktaufnahme mit dem Erwerbsinteressenten, jedenfalls vor der Zurverfügungstellung von konkreten Informationen (vgl. BeckMandatsHdb Unternehmenskauf/*Stratz/Klug* § 2 Rdnr. 39). In einem Bieterverfahren (auch begrenztes Auktionsverfahren oder „limited auction process" genannt) wird sie regelmäßig vom Erwerbsinteressenten zu unterzeichnen sein, bevor er das Informationsmemorandum über die Zielgesellschaft erhält.

Das Formular enthält eine einseitige Vertraulichkeitsvereinbarung, d. h. nur eine Partei – vorliegend die Zielgesellschaft – stellt der anderen Partei vertrauliche Informationen zur Verfügung. Es lässt sich allerdings mit geringfügigen Anpassungen auch als zwei- oder mehrseitige Vertraulichkeitsvereinbarung verwenden. Eine zweiseitige Vertraulichkeitsvereinbarung wird regelmäßig notwendig sein, wenn sich alle beteiligten Parteien gegenseitig vertrauliche Informationen zur Verfügung stellen. Dies ist häufig bei anderen Transaktionstypen wie z. B. der Begründung eines Joint Venture oder einer Business Combination der Fall, kommt aber auch bei Unternehmenskäufen in Betracht, z. B. wenn der Erwerber dem Verkäufer als Gegenleistung (auch) eine Beteiligung an sich selbst oder einer seiner Tochtergesellschaften gewährt.

2. Form der Vereinbarung. Das Formular ist in Vertragsform ausgestaltet. In der Praxis wird besonders bei internationalen Bieterverfahren die Vertraulichkeitsvereinbarung häufig nicht in Vertragsform, sondern mittels Briefwechsel geschlossen (vgl. hierzu das nachfolgende Form. B. I. 2). Diese Briefform ist dem englischen und anglo-amerikanischen Rechtsraum entnommen. Eine in Vertragsform formulierte Vertraulichkeitsvereinbarung erleichtert jedoch die interne Kommunikation und Abstimmung, beispielsweise mit dem Aufsichtsrat, und hat zudem den psychologischen Vorteil, dass sie gegenüber einer bloßen Annahme eines einseitig formulierten Schreibens eine Gleichordnung der Parteien unterstreicht.

3. Parteien der Vereinbarung. Parteien der Vereinbarung sind die börsennotierte Aktiengesellschaft als Zielgesellschaft und der Erwerbsinteressent. Häufig wird der Erwerbsinteressent im Falle einer beabsichtigten Übernahme einer börsennotierten Gesellschaft mit deren Verwaltung Gespräche aufnehmen, um nicht öffentlich bekannte oder öffentlich zugängliche Informationen über die Zielgesellschaft (wie z. B. Business Pläne) oder die Möglichkeit zu Gesprächen mit dem Management zu erhalten, und sich die Unterstützung des erwogenen Angebots durch die Verwaltung der Zielgesellschaft, vor allem durch eine positiv formulierte Stellungnahme gemäß § 27 WpÜG und ggf. weiterer Pressemitteilungen, zu sichern. Das Formular lässt sich aber mit geringfügigen Anpassungen auch für andere Konstellationen verwenden, wenn beispielsweise ein Aktienpaket von einem Großaktionär oder ein nicht börsennotiertes Unternehmen veräußert werden soll.

4. Definitionen. Die in die Vertraulichkeitsvereinbarung einbezogenen Informationen werden regelmäßig weit definiert, wobei ihre Reichweite durch die Ausnahme von bestimmten öffentlich zugänglichen Informationen wieder eingeschränkt wird. Insbesondere in Vertraulichkeitsvereinbarungen mit ausländischen Parteien kann es sich zur Klarstellung und zu Auslegungszwecken darüber hinaus anbieten, noch weitere Begriffe zu definieren.

5. Beweislast. Die Einschränkung der Reichweite der in die Vertraulichkeitsvereinbarung einbezogenen Informationen dient vornehmlich dem Interesse des Erwerbsinteressenten und bezieht sich teilweise auf seine Sphäre, d. h. auf Fälle, in denen ihm die Informationen bereits bekannt sind. Durch diese Beweislastregelung soll dem Erwerbsinteressenten im Zweifel der Nachweis auferlegt werden, dass es sich bei bestimmten Informationen nicht um vertrauliche

1. Vertraulichkeitsvereinbarung (zielgesellschaftsfreundlich)   B. I. 1

Informationen im Sinne der Vertraulichkeitsvereinbarung handelt, da diese bereits öffentlich oder ihm bekannt waren, sofern er sich auf diese Einschränkung berufen sollte.

6. Nutzungseinschränkung. Durch diese Regelung soll der missbräuchlichen Verwendung der erhaltenen Informationen vorgebeugt werden.

7. Insiderhandelsverbot. Diese Regelung soll den Erwerbsinteressenten das Bestehen des gesetzlichen Verbots von Insidergeschäften gemäß § 14 WpHG verdeutlichen. Sie ist nicht notwendig, wenn keine börsennotierte Gesellschaft in die Transaktion einbezogen ist. Darüber hinaus begründet diese Regelung die Verpflichtung des Erwerbsinteressenten gegenüber der Gesellschaft, die betreffenden gesetzlichen Bestimmungen einzuhalten. Nach überwiegender Ansicht schützt die Insiderregelung des WpHG in Übereinstimmung mit dem europäischen Recht allein das überindividuelle Rechtsgut der Funktionsfähigkeit des organisierten Marktes, so dass ein Verstoß gegen die Insiderhandelsverbote aus § 14 WpHG grundsätzlich keine unmittelbaren zivilrechtlichen Verantwortlichkeiten nach sich zieht (vgl. Assmann/Uwe H. Schneider/*Assmann* § 14 Rdnr. 9, 205 ff.). Ohne die Aufnahme einer entsprechenden Regelung hätte die Gesellschaft mithin keine rechtliche Möglichkeit, einen Verstoß des Erwerbsinteressenten gegen das Insiderhandelsverbot durchzusetzen bzw. sich im Vorfeld eines etwaigen Verstoßes hiervor zu schützen. Eine noch weitergehende Verpflichtung des Erwerbsinteressenten kann durch eine Stillhaltevereinbarung (wie sie in § 11 des Formulars enthalten ist) erreicht werden, die dem Erwerbsinteressenten bestimmte Maßnahmen, insbesondere Erwerbe und Veräußerungen von Aktien der Gesellschaft, unabhängig vom Vorliegen von Insiderinformationen verbietet (vgl. hierzu nachfolgend Anm. 14).

8. Weitergabe von Informationen. Das Formular sieht hinsichtlich der Weitergabe von vertraulichen Informationen zwei Varianten vor, zum einen eine „harte Weitergabeklausel" und zum anderen eine „weiche Weitergabeklausel". Durch die erste Variante wird die zulässige Weitergabe der betreffenden Informationen auf einen in der Anlage aufgelisteten und zwischen den Parteien vorab abgestimmten Personenkreis beschränkt. Dieser Personenkreis kann dann nach Abschluss der Vertraulichkeitsvereinbarung nur mit vorheriger Zustimmung der Gesellschaft erweitert werden. Ferner sieht diese Regelung vor, dass auf Verlangen der Gesellschaft sämtliche Personen, denen vertrauliche Informationen zur Verfügung gestellt werden sollen, zuvor mit der Gesellschaft eine inhaltsidentische Vertraulichkeitsvereinbarung abschließen müssen. Hierdurch wird zur Erleichterung der Durchsetzung etwaiger Ansprüche aus der Nichteinhaltung der Vertraulichkeitspflicht sichergestellt, dass der Gesellschaft die betreffenden Personen bekannt sind.

Eine harte Weitergabeklausel bietet sich bei besonders diskret zu behandelnden Transaktionen, z. B. zwischen Wettbewerbern, oder bei Übernahmen von börsennotierten Gesellschaften an. Insbesondere bei letzteren ist die aus § 15 Abs. 1 WpHG folgende Pflicht der Gesellschaft zu berücksichtigen, sie unmittelbar betreffende Insiderinformationen unverzüglich zu veröffentlichen. Sofern sich die Transaktion zu einer Insiderinformation konkretisiert, kann die Gesellschaft entweder diese nach § 15 Abs. 1 WpHG veröffentlichen oder sich bei Vorliegen der Voraussetzungen nach § 15 Abs. 3 WpHG zunächst hiervon befreien. Voraussetzung einer solchen Befreiung ist u. a. allerdings, dass die Gesellschaft die Vertraulichkeit der Insiderinformation gewährleisten kann. Dies ist nach § 7 Wertpapierhandelsanzeige- und Insiderverzeichnisverordnung (WpAIV) der Fall, wenn die Gesellschaft während der Befreiung nach § 15 Abs. 3 WpHG den Zugang zu Insiderinformationen kontrolliert, u. a., indem sie wirksame Vorkehrungen dafür trifft, dass andere Personen als solche, deren Zugang zu Insiderinformationen für die Wahrnehmung ihrer Aufgaben „unerlässlich" ist, keinen Zugang zu dieser Information erlangen. In diesem Zusammenhang kann eine harte Weitergabeklausel durch die hiermit vereinbarte Auflistung der betreffenden Personen der Gesellschaft einen etwaig gegenüber der BaFin zu führenden Beweis über die Einhaltung dieser Voraussetzungen erleichtern.

Bei der überwiegenden Anzahl gerade größerer Transaktionen wird eine derart strenge Weitergabeklausel indes kaum praktikabel sein. In diesen Fällen sollte die im Formular vorgeschlagene zweite Variante Verwendung finden.

9. Einschränkung von Vervielfältigungen. Durch die Möglichkeit des Empfängers, von vertraulichen Informationen Kopien oder sonstige Vervielfältigungen anzufertigen, kann die Vertraulichkeitsvereinbarung (teilweise) unterlaufen werden. Insbesondere ist es beim Abbruch der Verhandlungen und der darauf folgenden Erfüllung des Herausgabeverlangens der Gesellschaft durch den Erwerbsinteressenten kaum zu kontrollieren, ob tatsächlich sämtliche Kopien oder sonstige Vervielfältigungen der betreffenden Informationen zurückgegeben wurden. Die hiermit verbundenen Risiken (auch der Weiterverbreitung an Dritte) lassen sich nur einschränken, wenn diejenige Partei, die die vertraulichen Informationen zur Verfügung stellt, sämtliche Kopien und Vervielfältigungen selbst anfertigt und somit zumindest über die Anzahl der ordnungsgemäß existierenden Kopien und Vervielfältigungen informiert ist.

10. Herausgabepflicht von Beratern. Diese Regelung dient dazu, ein Verbleiben von vertraulichen Informationen in den Handakten der den Erwerbsinteressenten beratenden Rechtsanwälte und damit eine zumindest faktisch fortbestehende Zugriffsmöglichkeit des Erwerbsinteressenten auf diese Informationen zu vermeiden. Diese Vorschrift kann noch dadurch verschärft werden, dass die Vernichtung nicht durch eine diesbezügliche schriftliche Bestätigung der Geschäftsführung des Erwerbsinteressenten nachgewiesen wird, sondern in die Regelung aufgenommen wird, dass die Gesellschaft berechtigt ist, einen Mitarbeiter als Beobachter zur Vernichtung der Unterlagen zu entsenden. Häufig werden Berater eine solche Klausel jedoch nicht akzeptieren. Vermittelnd könnte dann aufgenommen werden, dass Berater, die einer berufsständischen Verschwiegenheitspflicht unterliegen, ihnen zur Verfügung gestellte vertrauliche Informationen und etwaige Kopien hiervon herauszugeben haben, Korrespondenz, eigene Zusammenfassungen oder Stellungnahmen allerdings aufbewahren dürfen, soweit dies zur Erfüllung gesetzlicher oder berufsständischer Verpflichtungen erforderlich ist.

11. Pressemitteilungen. Bei vielen Transaktionen, insbesondere an denen eine börsennotierte Gesellschaft beteiligt ist, ist es empfehlenswert, bereits frühzeitig eine sogenannte Leakage-Strategie, d. h. eine Verhaltensstrategie, wie auf das Auftreten allgemeiner Marktgerüchte und Spekulationen reagiert werden soll, zu besprechen und festzulegen. Bei einer börsennotierten Gesellschaft ist allerdings beim Auftreten entsprechender Gerüchte oder Spekulationen jeweils im Einzelfall zu prüfen, ob hinsichtlich der Transaktion bereits eine Insiderinformation gegeben und ob die Einhaltung der Voraussetzungen einer ggf. nach § 15 Abs. 3 WpHG in Anspruch genommenen Befreiung von der Veröffentlichungspflicht nach § 15 Abs. 1 WpHG (keine Irreführung der Öffentlichkeit und Gewährleistung der Vertraulichkeit der Insiderinformation) noch gewährleistet ist. Soweit eine Insiderinformation vorliegt und die Befreiungsvoraussetzungen nicht mehr erfüllt sind, ist die Gesellschaft verpflichtet, die betreffende Insiderinformation zu veröffentlichen und kann nicht mehr an der im Formular vorgesehenen „kein Kommentar" („No comment")-Strategie festhalten. Dies berücksichtigt Absatz 2 der Regelung.

12. Abwerbungsverbot. Ein Abwerbungs- und Einstellungsverbot geht über den eigentlichen Gegenstand der Vertraulichkeitsverpflichtung hinaus und erweitert insbesondere die aus dem vorvertraglichen Schuldverhältnis resultierenden Pflichten des Erwerbsinteressenten. Ein Abwerbungs- und Einstellungsverbot ist insbesondere in Transaktionen zwischen Wettbewerbern von besonderer Bedeutung. Soweit es sich beim Erwerbsinteressenten um einen Finanzinvestor handelt, der zumindest bisher auf dem Tätigkeitsgebiet der Gesellschaft weder unmittelbar noch mittelbar tätig ist, ist jeweils im Einzelfall zu prüfen, ob auf ein Abwerbungs- und/oder Einstellungsverbot verzichtet werden kann.

Hinsichtlich des Einstellungsverbots ist zu beachten, dass es gemäß § 75f S. 2 HGB zwar nicht nichtig, aber nicht durchsetzbar ist, soweit Handlungsgehilfen betroffen sind. Insoweit können beide Vertragsparteien gemäß § 75f S. 1 HGB jederzeit von dieser Abrede zurücktreten (vgl. Willemsen/Hohenstatt/Schweibert/Seibt/*Seibt/Hohenstatt* K Rdnr. 9; Baumbach/Hopt/*Hopt* § 75f Rdnr. 2; Ebenroth/Boujong/Joost/*Boecken* § 75f Rdnr. 19f.). Die Klausel setzt insoweit mehr auf die „psychologische" Wirkung. Die Abweisung eines von dieser Regelung betroffenen anstellungssuchenden Arbeitnehmers kann Schadensersatzansprüche aus § 826 BGB auslösen, wenn sich die Ablehnung der Begründung eines Arbeitsverhältnisses im Einzelfall als sittenwidrig erweist (vgl. Willemsen/Hohenstatt/Schweibert/Seibt/*Seibt/Hohenstatt* K Rdnr. 19; Baumbach/Hopt/*Hopt* § 75f Rdnr. 2; Ebenroth/Boujong/Joost/*Boecken* § 75f Rdnr. 14). Die Einhaltung der im Formular enthaltenen Klausel erfüllt jedoch als solche noch nicht den Tatbestand des sittenwidrigen Verhaltens (vgl. Ebenroth/Boujong/Joost/

Boecken § 75f Rdnr. 14). Streitig ist, ob § 75f HGB nur für ein Einstellungsverbot oder auch für ein Abwerbungsverbot, wie es in der im Formular vorgeschlagenen Regelung enthalten ist, gilt (offen gelassen von BGH Urt. v. 13. 10. 1972 – I ZR 88/71 – WM 1972, 1403); dies wird zu Recht von der herrschenden Ansicht abgelehnt (vgl. Willemsen/Hohenstatt/Schweibert/Seibt/*Seibt/Hohenstatt* K Rdnr. 10; ErfK/*Oetker* § 75f HGB Rdnr. 1; Ebenroth/Boujong/Joost/*Boecken* § 75f Rdnr. 1; für eine Einbeziehung *Weiland* BB 1976, 1179, 1180).

Soweit sich die Vertragsstrafenregelung des § 12 auf das Abwerbungs- und Einstellungsverbot bezieht, ist sie ebenso wie das Anstellungsverbot nicht durchsetzbar (vgl. BGH Urt. v. 30. 4. 1974 – VI ZR 153/72 – NJW 1974, 1282, 1283).

Eine vermittelnde Formulierung könnte eine Ausnahme vom Anstellungsverbot für allgemeine Stellenausschreibungen des Erwerbsinteressenten beinhalten, so dass es dem Erwerbsinteressenten ermöglicht wird, einen (ehemaligen) Beschäftigten der Gesellschaft einzustellen, wenn dieser sich auf eine allgemeine Stellenausschreibung des Erwerbsinteressenten bewirbt.

13. Kundenschutz. Hinsichtlich einer Kundenschutzregelung ist jeweils im Einzelfall zu bestimmen, ob ihre Ausdehnung auch auf mit der Gesellschaft verbundene Unternehmen im Sinne von § 15 AktG sachgerecht ist. Sofern die Gesellschaft Teil eines großen Konzerns ist, wird dies häufig nicht der Fall sein. Im Übrigen gelten die Ausführungen zu Anm. 12.

14. Stillhaltevereinbarung, „No-Teaming" Klausel. Eine Stillhaltevereinbarung soll sicherstellen, dass die Gesellschaft rechtlich gegen den Erwerbsinteressenten vorgehen kann, wenn dieser nach Abschluss der Vertraulichkeitsvereinbarung ohne vorherige Abstimmung mit der Gesellschaft Anteile an ihr erwirbt oder veräußert (z. B. durch Erhebung einer vorbeugenden Unterlassungsklage oder durch Beantragung einer einstweiligen Verfügung). Allerdings ist zu beachten, dass die Verfügungsmacht des Erwerbsinteressenten über Gesellschaftsanteile auch nach Abschluss dieser Vereinbarung prinzipiell bestehen bleibt (§ 137 BGB). Ein Erwerb von Anteilen an der Gesellschaft ist ohnehin nur möglich, sofern die Anteile an der Gesellschaft fungibel sind. Bei Personengesellschaften sind gemäß §§ 717 S. 1, 719 Abs. 1 BGB, §§ 105 Abs. 2, 161 Abs. 2 HGB grundsätzlich weder der Gesellschaftsanteil noch Ansprüche aus dem Gesellschaftsverhältnis übertragbar. Der Gesellschaftsanteil kann allerdings übertragen werden, wenn der Gesellschaftsvertrag dies ausdrücklich zulässt oder alle Gesellschafter dem zustimmen (vgl. MünchHdbGesR II/*Weipert* § 12 Rdnr. 60). Geschäftsanteile an einer GmbH sind gemäß § 15 Abs. 1, 3, 4 GmbHG grundsätzlich durch notariellen Kauf- und Übertragungsvertrag veräußerlich, jedoch sehen die Gesellschaftsverträge üblicherweise eine Vinkulierungsklausel gemäß § 15 Abs. 5 GmbHG vor, so dass eine Übertragung von Geschäftsanteilen oder Teilen hiervon grundsätzlich abhängig von der betreffenden Regelung im Gesellschaftsvertrag nur mit Zustimmung der Gesellschaft und/oder der Gesellschafterversammlung wirksam erfolgen kann. In diesen Fällen ist die Aufnahme einer Stillhaltevereinbarung in die Vertraulichkeitsvereinbarung notwendig, wenn ein Erwerb von Anteilen an der Gesellschaft auch ohne ihre oder die Zustimmung des veräußerungswilligen Gesellschafters erfolgen kann.

Aktien hingegen sind, soweit es sich nicht ausnahmsweise um vinkulierte Namensaktien handelt, die gemäß § 68 Abs. 2 AktG nur mit Zustimmung der Gesellschaft übertragen werden können, grundsätzlich frei handel- und damit übertragbar. Die Gesellschaft oder ein veräußerungswilliger Aktionär kann daher ohne eine Stillhaltevereinbarung grundsätzlich nicht verhindern, dass ein Erwerbsinteressent Aktien an der Gesellschaft erwirbt (zur Unmöglichkeit, die Verfügungsmacht durch Vertrag wirksam auszuschließen, siehe bereits oben). Insbesondere wäre der Erwerbsinteressent ohne eine Stillhaltevereinbarung auch ohne Mitwirkung der Gesellschaft grundsätzlich nicht gehindert, jederzeit und somit auch nach Abbruch der Verhandlungen ein Übernahmeangebot nach § 29 Abs. 1 WpÜG abzugeben.

Schließlich hat sich insbesondere im anglo-amerikanischen Rechtsraum die Praxis ausgebildet, in Vertraulichkeitsvereinbarungen das Zusammenwirken des Bieters mit anderen potentiellen Käufern oder Banken auszuschließen (§ 11 lit. d. des Form., sog. „No-Teaming" Klausel). Diese Vorgabe soll ein Zusammenwirken der Bieter zulasten des Verkäufers ausschließen und insbesondere den Konkurrenzdruck zwischen den potentiellen Käufern aufrechterhalten. Verschärfend kann in die Vereinbarung eine Erklärung des Bieters aufgenommen werden, dass dieser auch bisher keine entsprechende Absprache mit dritten Personen vorgenommen hat (vgl. für die zentrale Bedeutung einer solchen Klausel die Übernahme von Del Monte Corp. durch den Finanzinvestor KKR (2010)).

15. Vertragsstrafe. Das Hauptproblem von Vertraulichkeitsvereinbarungen ist ihre praktische, d.h. notfalls auch gerichtliche Durchsetzbarkeit. Derjenige, der sich auf einen Verstoß gegen die Vertraulichkeit beruft, hat nach der gesetzlichen Beweislastverteilung regelmäßig erhebliche Schwierigkeiten, (i) die Verantwortlichkeit der anderen Seite nachzuweisen und (ii) den ihm dadurch entstandenen Schaden zu quantifizieren (vgl. Hölters/*Semler* Teil VII Rdnr. 64 ff.; Picot/*Picot* Unternehmenskauf S. 56). Diese Schwierigkeiten können durch die in § 13 enthaltene Beweislastregelung und durch die Vereinbarung einer Vertragsstrafe (teilweise) gelöst werden.

§ 12 des Formulars enthält eine solche Vertragsstrafenvereinbarung. Ohne eine Vertragsstrafenregelung haftet der Erwerbsinteressent bei Pflichtverletzungen nach der gesetzlichen Regelung der §§ 280 Abs. 1, 241 Abs. 2 BGB nur für den der Gesellschaft entstandenen Schaden, der von ihr nur schwer oder häufig gar nicht quantifizierbar ist (vgl. Picot/*Picot* S. 56; Hopt/*Fabritius,* Form I.K. 2 Anm. 2 m.w.N.). Eine Vertragsstrafenregelung reduziert die Beweislast der Gesellschaft auf die Verantwortlichkeit der anderen Seite, d.h. auf den Nachweis der Verletzung der Vertraulichkeitsvereinbarung durch den Erwerbsinteressenten. Da der Gesellschaft hierdurch im Falle einer Vertragsverletzung der Schadensnachweis entbehrlich gemacht und ihr die Erfüllung der Hauptverbindlichkeiten des Erwerbsinteressenten gesichert werden sollen, handelt es sich bei dieser Regelung auch nicht um eine bloße Schadenspauschalierung (vgl. Palandt/*Grüneberg* § 276 Rdnr. 26).

Die nach dem Formular vom Erwerbsinteressenten geschuldeten Leistungen, an die das Vertragsstrafeversprechen anknüpft, sind zum Teil Handlungs- und zum Teil Unterlassungspflichten. Zwar genügt nach dem Wortlaut des § 339 S. 2 BGB für eine Verwirkung der Vertragsstrafe durch Unterlassen scheinbar eine objektive Zuwiderhandlung, doch gilt auch hier der Verschuldensgrundsatz (Palandt/*Grüneberg* § 339 Rdnr. 15). Eine Vertragsstrafe kann in beiden Fällen aber durch Individualvereinbarung auch unabhängig von einem Verschulden versprochen werden (vgl. BGH Urt. v. 28.1.1997 – XI ZR 42/96 – NJW-RR 1997, 686, 688; Palandt/*Grüneberg* § 339 Rdnr. 15). Das Formular sieht eine Regelung für den Fall andauernder Vertragsverletzung vor. Möglich ist stattdessen auch eine Regelung für den Fall mehrmaliger Pflichtverletzungen vorzusehen, insbesondere einen Verzicht auf die Einrede des Fortsetzungszusammenhangs aufzunehmen (in AGB ist dies jedoch nur ausnahmsweise zulässig, vgl. hierzu Palandt/*Grüneberg* § 339 Rdnr. 18).

Zu beachten ist, dass unverhältnismäßig hohe Vertragsstrafen nach § 343 Abs. 1 BGB durch Urteil auf einen angemessenen Betrag herabgesetzt werden können. Dies gilt nach § 348 HGB allerdings nicht im Verhältnis zu Kaufleuten (einschließlich Handelsgesellschaften wie GmbH, AG, OHG, KG). Darüber hinaus können sich Besonderheiten ergeben, wenn die Vertraulichkeitsvereinbarung ausnahmsweise als eine Allgemeine Geschäftsbedingung im Sinne der §§ 307 ff. BGB qualifiziert werden sollte. Zwar findet die spezielle Bestimmung des § 309 Nr. 6 BGB im Verkehr zwischen Unternehmen keine Anwendung (vgl. § 307 Abs. 1 Satz 1 BGB), doch können Vertragsstraferegelungen auch hier gemäß § 307 BGB unwirksam sein, wenn sie den Schuldner unangemessen benachteiligen; § 309 Nr. 6 BGB entfaltet insoweit Indizwirkung (vgl. MünchKommBGB/*Basedow* § 310 Rdnr. 7 ff.).

Da die Vertraulichkeitsvereinbarung regelmäßig in einem sehr frühen Stadium der Transaktion geschlossen wird, wird eine Vertragsstrafevereinbarung häufig allerdings verhandlungstaktisch nur schwer durchsetzbar sein.

16. Anspruchsinhaber. Ein Verstoß des Erwerbsinteressenten gegen seine aus der Vertraulichkeitsvereinbarung folgenden Pflichten wird häufig die Gesellschaft schädigen. Da im Formular die Gesellschaft selbst Partei der Vereinbarung ist, ist dies unproblematisch. Soweit das Formular aber dahingehend abgeändert wird, dass ein Gesellschafter als Verkäufer seiner Anteile Partei der Vertraulichkeitsvereinbarung wird, sollte in die Vereinbarung aufgenommen werden, dass neben dem Verkäufer auch die Gesellschaft selbst aus der Vertraulichkeitsvereinbarung berechtigt ist und ihr hieraus in vollem Umfang eigene Ansprüche zustehen. Hierdurch wird zugunsten der Gesellschaft ein echter Vertrag zugunsten Dritter im Sinne von

§ 328 Abs. 1 BGB begründet, was zur Folge hat, dass der Gesellschaft eigene Erfüllungsansprüche und grundsätzlich aus einer Vertragsverletzung folgende Sekundäransprüche zustehen (vgl. Palandt/*Grüneberg* § 328 Rdnr. 5).

17. Beweislastregelung. Die Beweislastregelung dient zusammen mit der Vertragsstrafenregelung der (teilweisen) Überwindung der Schwierigkeiten, eine Entschädigung von Vertragsverletzungen durchzusetzen (vgl. vorstehende Anm. 15). Die im Formular enthaltene Beweislastregelung schränkt die Beweislast der Gesellschaft für die Verantwortlichkeit der anderen Seite erheblich ein und hat zur Folge, dass der Erwerbsinteressent bei Vorliegen ernsthafter Anhaltspunkte nachzuweisen hat, dass er keine schuldhafte Pflichtverletzung begangen hat. Ähnlich wie eine Vertragsstrafenregelung wird auch eine Beweislastregelung häufig verhandlungstaktisch jedoch nur schwer durchsetzbar sein.

Sollte die Vertraulichkeitsvereinbarung ausnahmsweise als Allgemeine Geschäftsbedingung im Sinne der §§ 307 ff. BGB zu qualifizieren sein, könnte die im Formular enthaltene Beweislastregelung gemäß § 309 Nr. 12 BGB unwirksam sein. Diese Restriktion von Beweislastregeln findet gemäß §§ 307 Abs. 2 Nr. 1, 310 Abs. 1 BGB grundsätzlich auch im Verkehr zwischen Unternehmen Anwendung (vgl. Palandt/*Grüneberg* § 309 Rdnr. 110).

18. Gerichtsstand. Eine Gerichtsstandsvereinbarung ist nur zulässig, wenn die Parteien inländische Kaufleute (im Sinne von §§ 1 ff. HGB), juristische Personen des öffentlichen Rechts oder öffentlich-rechtliche Sondervermögen sind (§ 38 Abs. 1 ZPO) oder wenn mindestens eine der Parteien keinen allgemeinen Gerichtsstand im Inland hat (§ 38 Abs. 2 ZPO). Im Normalfall sollte ein ausschließlicher Gerichtsstand vereinbart werden. Erfolgt dies nicht, können beide Parteien irgendein zuständiges Gericht anrufen. In einem Bieterverfahren kann sich allerdings anbieten, einen nicht-ausschließlichen Gerichtsstand zu vereinbaren, da die Wahrscheinlichkeit, dass der Verkäufer gegen einen gegen die Vertraulichkeitsvereinbarung verstoßenden Erwerbsinteressenten gerichtlich vorgeht, höher ist als umgekehrt. In diesem Fall hätte der Verkäufer das Wahlrecht, vor welchem zuständigen Gericht er gegen den betreffenden Erwerbsinteressenten vorgeht.

2. Vertraulichkeitsvereinbarung zwischen Verkäufer und Käufer (ausgewogen)[1] – Confidentiality Agreement between Seller and Purchaser (favoring neither party)

Briefkopf des Verkäufers	Letterhead of Seller
An	To ......
[Anschrift des potentiellen Käufers]	[address of prospective purchaser]
Vertraulichkeitsvereinbarung	Confidentiality Agreement
Sehr geehrte Damen und Herren,	Dear Ladies and Gentlemen,
Sie haben Ihr Interesse bekundet, mit uns in Gespräche über den Erwerb der Zielgesellschaft (nachfolgend als „Gesellschaft" bezeichnet) durch Ihr Unternehmen oder ein mit Ihnen verbundenes Unternehmen im Sinne von § 15 AktG (nachfolgend als „Transaktion" bezeichnet) aufzunehmen. Für uns ist Voraussetzung für die Aufnahme solcher Gespräche, dass diese vertraulichen Charakter haben. Wir bitten Sie	You have expressed interest in discussing a purchase of the target company (hereinafter the „Company") by your company or one of your affiliates within the meaning of section 15 of the German Stock Corporation Act (*Aktiengesetz*) (hereinafter the „Transaction"). We are willing to enter into such discussions only if their confidential nature is guaranteed. We therefore ask that you agree to the following:

deshalb um Ihr Einverständnis mit Folgendem:

1. Sie verpflichten sich, über die Tatsache, dass wir mit Ihnen Gespräche über die Transaktion führen sowie den Stand dieser Gespräche, die Bedingungen eines etwaigen Verkaufs und dass Sie vertrauliche Informationen (wie nachfolgend in Ziffer 2 definiert) erhalten haben, strengstes Stillschweigen gegenüber Dritten wie auch gegenüber Behörden zu wahren. Falls Sie gesetzlich verpflichtet sind, diese Gespräche und/oder die erhaltenen vertraulichen Informationen gegenüber Dritten oder Behörden zu offenbaren, werden Sie uns dies unverzüglich nachdem Sie selbst Kenntnis von dieser Verpflichtung erlangt haben, schriftlich anzeigen und nur jenen Teil der vertraulichen Informationen an Dritte weitergeben oder veröffentlichen, den Sie nach den einschlägigen rechtlichen Vorschriften weiterzugeben oder zu veröffentlichen verpflichtet sind.

2. In dieser Vereinbarung bedeuten „vertrauliche Informationen" alle Informationen, Aktenvermerke, Analysen, Zusammenstellungen, Studien, Dokumente, Know-how oder andere Unterlagen (ob mündlich, schriftlich, elektronisch oder in sonstiger Weise übermittelt), die Sie von uns, der Gesellschaft, unseren Beratern oder einem unserer jeweiligen Vertreter im Hinblick auf oder im Zusammenhang mit der Transaktion erhalten, sowie alle (schriftlichen oder sonstigen) Aktennotizen, Analysen, Zusammenstellungen, Studien, Dokumente oder andere Unterlagen, die von Ihnen erstellt wurden und derartige Informationen beinhalten. Zu den vertraulichen Informationen gehören nicht solche Informationen,

   a) die bereits öffentlich bekannt sind oder während unserer Gespräche und Verhandlungen öffentlich bekannt werden, ohne dass Sie, Ihre verbundenen Unternehmen, Mitarbeiter oder Berater dies zu vertreten hätten; und

1. You agree to keep strictly confidential and not to disclose to any third parties or government agencies the fact that we are discussing the Transaction with you, the status of our negotiations, the terms and conditions of any sale, as well as the fact that you have received confidential information (as defined in section 2 below). If you are required by law to disclose to any third parties or government agencies our negotiations and/or any confidential information received by you, you shall provide us with written notice thereof promptly after you discover that you are required to do so, and you shall disclose to third parties or make public only that part of any confidential information which you are required to disclose or make public under provisions of applicable law.

2. As used in this Agreement, „confidential information" shall mean any information, file memoranda, analyses, compilations, studies, documents, know-how or other records (whether transmitted by oral, written, electronic or any other communication) which you receive from us, the Company, our advisors, or one of our authorized representatives with respect to or in connection with the Transaction, as well as any (written or other) file memoranda, analyses, compilations, studies, documents or other records which are created by you and contain such information. Confidential information shall not include any of the following:

   a) any information which is already in the public domain or becomes part of the public domain in the course of our discussions and negotiations without any fault on the part of you or your affiliates, employees or advisors;

2. Vertraulichkeitsvereinbarung (ausgewogen)

b) von denen Sie nachweisen können, dass sie zum Zeitpunkt der Offenlegung Ihnen bereits bekannt bzw. in Ihrem Besitz waren und Ihnen nicht direkt oder indirekt mit der Verpflichtung, insoweit Verschwiegenheit zu bewahren, bekannt oder bekannt gemacht wurden oder Ihnen während unserer Gespräche ohne Verletzung einer Vertraulichkeitsvereinbarung, gesetzlicher Vorschriften oder behördlicher Anordnungen bekannt werden.

Falls Ihnen von uns zur Verfügung gestellte vertrauliche Informationen bereits bekannt sind oder Ihnen diese bekannt werden, werden Sie uns hierüber unverzüglich schriftlich benachrichtigen.

3. Sie werden die Ihnen zur Verfügung gestellten vertraulichen Informationen ausschließlich für die Prüfung der Transaktion nutzen und innerhalb Ihres eigenen Unternehmens oder den mit Ihnen verbundenen Unternehmen nur der Geschäftsleitung und solchen Mitarbeitern bzw. solchen Beratern, die beruflich zur Verschwiegenheit verpflichtet sind, offenbaren, die in diesen Prüfungsprozess eingebunden sind. Sie werden die Ihnen überlassenen vertraulichen Informationen nicht zu anderen Zwecken, insbesondere nicht zu Wettbewerbszwecken, verwerten und auch nicht an Dritte weitergeben oder öffentlich bekannt machen. Sie gewährleisten, dass diese Verpflichtung auch von den von Ihnen und Ihren verbundenen Unternehmen eingeschalteten Mitarbeitern und Beratern beachtet wird.

4. Für den Fall, dass unsere Gespräche nicht zum Vollzug der Transaktion führen, verpflichten Sie sich, alle Ihnen zur Verfügung gestellten vertraulichen Informationen und jegliche davon angefertigten Kopien unverzüglich an uns zurückzugeben sowie Ihre auf Grundlage der Ihnen überlassenen vertraulichen Informationen gemachten Aufzeichnungen bzw. erarbeiteten Unterlagen zu vernichten; auf unser Verlangen oder das Verlangen der Gesellschaft haben

b) any information which you can prove was already known to you or in your possession at the time of disclosure and which did not become known and was not made available to you, directly or indirectly, subject to any duty of confidentiality, and any information which becomes known to you in the course of our discussions without any breach of a confidentiality agreement and without violation of any applicable laws or regulations.

You shall provide us with prompt written notice if any confidential information made available to you is already known to you or becomes known to you.

3. You shall use confidential information made available to you exclusively for purposes of reviewing the Transaction, and you shall disclose such information within your own company and those of your affiliates only to management, and to employees and/or advisors who are subject to a professional duty of confidentiality and who are involved in the review process. Confidential information made available to you shall not be used for any other purposes, including, without limitation, for purposes of competition, and shall not be disclosed to any third parties or otherwise made public. You hereby warrant that all employees and advisors assigned by you to review the Transaction likewise shall comply with the foregoing duty of confidentiality.

4. You hereby agree that if our discussions should not result in closing of the Transaction, you shall promptly return to us all confidential information made available to you, including any copies thereof, and that you shall destroy all documents and records created by you on the basis of confidential information made available to you; upon our demand or the demand of the Company, you shall furnish written proof to us or the Company, as applicable, that all

Sie uns bzw. der Gesellschaft die Vernichtung schriftlich nachzuweisen. Ihnen steht insbesondere kein Recht an den oder Ansprüche auf die vertraulichen Informationen zu. Ihre Verpflichtung, die Ihnen überlassenen vertraulichen Informationen vertraulich zu behandeln, wird durch die ergebnislose Beendigung unserer Gespräche und die Rückgabe bzw. Vernichtung der vertraulichen Informationen nicht berührt.

5. Sie oder mit Ihnen verbundene Unternehmen werden hinsichtlich der Transaktion nur diejenigen Mitarbeiter und Berater der Gesellschaft ansprechen, deren Namen Ihnen von uns für diesen Zweck genannt werden. Unabhängig vom Ausgang unserer Gespräche und Verhandlungen über die Transaktion werden Sie alles unterlassen, was das Ausscheiden eines unserer Mitarbeiter und Berater bzw. Mitarbeiter und Berater der Gesellschaft zur Folge haben könnte, insbesondere jegliche Abwerbungsversuche.

6. Sie gewährleisten, dass diese Vertraulichkeitsvereinbarung auch von Ihren verbundenen Unternehmen und auch von den Mitarbeitern und Beratern, die von Ihnen oder von Ihren verbundenen Unternehmen eingeschaltet werden, beachtet wird.

[7. Für den Fall, dass Sie oder einer Ihrer Mitarbeiter oder Berater gegen die aus dieser Vertraulichkeitsvereinbarung folgenden Pflichten verstoßen, verpflichten Sie sich, uns eine Vertragsstrafe in Höhe von ...... EUR zu zahlen. Für den Fall einer andauernden Vertragsverletzung verpflichten Sie sich, je angefangenen Monat der Zuwiderhandlung zusätzlich einen Betrag in Höhe von ...... EUR an uns zu zahlen. Die Zahlung der Vertragsstrafe lässt die Geltendmachung eines weiteren Schadens durch uns oder durch die Gesellschaft unberührt.]

8. Aus dieser Vertraulichkeitsvereinbarung ist neben uns auch die Gesellschaft berechtigt, der hieraus in vollem Umfang eigene Ansprüche zustehen (Vertrag zugunsten Dritter, § 328 Abs. 1 BGB).

such documents and records have been destroyed. In particular, you shall have no rights or claims to any confidential information. Your obligation to maintain confidentiality with respect to confidential information made available to you shall remain unaffected by any unsuccessful conclusion of our discussions and by return or destruction of confidential information.

5. You or your affiliates shall contact only those employees and advisors of the Company with respect to the Transaction who have been expressly named to you for this purpose. Irrespective of the outcome of our discussions and negotiations with respect to the Transaction, you shall refrain from any actions, including any solicitation attempts, which may cause any of our employees or advisors, or any employees or advisors of the Company, to terminate their employment with us or the Company.

6. You hereby warrant that your affiliates, as well as employees and advisors assigned by you or your affiliates to review the Transaction, shall likewise abide by the terms of this Confidentiality Agreement.

8. This Confidentiality Agreement shall inure not only to our own benefit, but also to the benefit of the Company, which shall have the right to prosecute claims arising from this Agreement in

2. Vertraulichkeitsvereinbarung (ausgewogen) — B. I. 2

9. Sollte eine Bestimmung dieser Vereinbarung ganz oder teilweise ungültig sein oder werden, so bleiben die übrigen Bestimmungen dieser Vereinbarung in Kraft. Die ungültige Bestimmung ist in Übereinstimmung mit der Absicht und dem Zweck dieser Vereinbarung durch eine gültige Bestimmung zu ersetzen, die im Rahmen des gesetzlich Zulässigen in ihrer wirtschaftlichen Auswirkung der ungültigen Bestimmung so nahe wie möglich kommt. Entsprechendes gilt für etwaige unbeabsichtigte Regelungslücken.

10. Diese Vertraulichkeitsvereinbarung unterliegt dem Recht der Bundesrepublik Deutschland. Nicht-ausschließlicher Gerichtsstand ist ......

Bitte reichen Sie uns zum Zeichen Ihres Einverständnisses mit dieser Vertraulichkeitsvereinbarung die beigefügte Zweitschrift dieses Schreibens rechtsverbindlich unterzeichnet zurück.

Mit freundlichem Gruß

......

[Verkäufer]

dependently and to the full extent (third-party beneficiary agreement within the meaning of sec. 328 para. 1 of the German Civil Code (*Bürgerliches Gesetzbuch – BGB*).

9. If any provision of this Agreement is or becomes invalid in whole or in part, the validity of the remaining provisions shall remain unaffected thereby. Any invalid provision shall be replaced by such valid provision as most closely reflects, considering the intent and purpose of this Agreement as a whole, the economic effect of the original provision. The foregoing shall apply, *mutatis mutandis*, if any provision has been inadvertently omitted from this Agreement.

10. This Confidentiality Agreement shall be subject to the laws of the Federal Republic of Germany. The parties hereby consent to the non-exclusive jurisdiction of the courts of ...... for the determination of any disputes arising from or in connection with this Confidentiality Agreement.

To indicate your agreement to the terms of the above Confidentiality Agreement, please duly sign and return the enclosed copy of this letter to us.

Sincerely,

......

[Seller]

Anmerkungen

1. Zweck. Dieses Formular enthält eine ausgewogene Vertraulichkeitsvereinbarung zwischen dem Verkäufer und einem potentiellen Käufer einer nicht börsennotierten Gesellschaft in Briefform. Es kann insbesondere zu Beginn von Bieterverfahren Verwendung finden und zudem dann, wenn der Verkäufer keine allzu starke Verhandlungsposition hat.

2. Jeweils im Einzelfall zu beurteilen ist, ob dieses Formular noch um weitere Regelungen, wie z. B. eine Vertragsstrafenregelung oder Laufzeitregelung, ergänzt werden sollte. In diesem Fall kann auf die in Formular B. I. 1 enthaltenen Regelungen zurückgegriffen werden.

3. Im Übrigen gelten die Anm. zu Formular B. I. 1.

II. Mandatsvereinbarung mit Finanz- oder M&A-Beratern[1]

An die
Geschäftsleitung der
...... [Firma, Adresse]

Unsere Zusammenarbeit mit Ihnen

Sehr geehrte Frau ......, sehr geehrter Herr ......,

mit diesem Schreiben kommen wir auf unser [Telefon-]Gespräch am ...... zurück und möchten uns zunächst für das entgegengebrachte Vertrauen bedanken. Darüber hinaus möchten wir mit diesem Schreiben die Bedingungen unserer Beauftragung als ...... von ...... [Auftraggeber] (die „Gesellschaft") bei der Veräußerung von ...... [Name des Unternehmens] schriftlich festhalten.

1. Die Transaktion

Die Gesellschaft ist daran interessiert, ihre Beteiligung an der ...... [Name des Unternehmens] (die „Tochtergesellschaft") zu veräußern. Während die Gesellschaft dabei in erster Linie eine Veräußerung der von ihr an der Tochtergesellschaft gehaltenen Geschäftsanteile beabsichtigt, kommt ggf. auch eine Veräußerung des Geschäftsbetriebs des Unternehmens bzw. von wesentlichen Teilen davon für die Gesellschaft in Betracht. (Ggf. weitere Ausführungen erforderlich.)[2]

2. Unsere Leistungen[3]

Unsere Leistungen umfassen:
a) Erstellung eines Bewertungsgutachtens für die Tochtergesellschaft;
b) Erarbeitung und Erstellung einer Liste von potentiellen Erwerbsinteressenten in Abstimmung mit der Gesellschaft sowie Kontaktaufnahme zu den Entscheidungsträgern dieser Interessenten;
c) finanzielle Analyse und Bewertung der einzelnen möglichen Erwerber im Hinblick auf die Veräußerung;
d) Unterstützung der Gesellschaft bei der Erstellung einer Informationsbroschüre über die Tochtergesellschaft („Information Memorandum") für potentielle Erwerber;
e) Beratung der Gesellschaft bei der Strukturierung und Durchführung der Veräußerung;
f) Beratung der Gesellschaft hinsichtlich der Strategie und Taktik bei der Aufnahme und Führung von Verhandlungen mit potentiellen Erwerbern, und, sofern von der Gesellschaft gewünscht, Teilnahme an den Verhandlungen;
g) Beratung der Gesellschaft bei dem Abschluss von Absichtserklärungen und Exklusivitätsvereinbarungen;
h) Beratung der Gesellschaft bei der Verhandlung und dem Abschluss einer verbindlichen Vereinbarung über die Veräußerung der Tochtergesellschaft;
i) auf Wunsch der Gesellschaft: eine schriftliche Stellungnahme, ob der von dem oder den Erwerbsinteressenten für die Tochtergesellschaft angebotene Kaufpreis aus finanzieller Sicht angemessen ist („Fairness Opinion").

3. Zusammenarbeit und Informationsaustausch

Die Gesellschaft wird uns bei der Durchführung des Auftrags nach besten Kräften unterstützen und insbesondere alle Voraussetzungen schaffen, die zur ordnungsgemäßen Durchführung unseres Auftrags erforderlich sind. Zu diesem Zweck wird die Gesellschaft uns alle ihr verfügbaren Informationen und Unterlagen, die wir im Rahmen unserer Bera-

II. Mandatsvereinbarung mit Finanz- oder M&A-Beratern

tungstätigkeit für erforderlich halten, zur Verfügung stellen, und sich dafür einsetzen, dass auch mit ihr verbundene Unternehmen sowie potentielle Erwerber uns entsprechend informieren. Wir sind nicht verpflichtet, die Richtigkeit dieser Informationen zu überprüfen. Die Gesellschaft wird sicherstellen, dass Informationen, die sie selbst bzw. auf ihre Veranlassung Dritte uns im Rahmen dieser Vereinbarung zur Verfügung stellen, richtig, vollständig und nicht irreführend sind. Die Gesellschaft wird unverzüglich auf ihr bekannt werdende Unrichtigkeiten in den Informationen sowie insbesondere auf wesentliche Änderungen der wirtschaftlichen Lage der Tochtergesellschaft hinweisen.

Wir werden die uns zur Verfügung gestellten Informationen und Unterlagen ausschließlich im Rahmen dieses Auftrags nutzen und sie lediglich denjenigen Mitarbeitern und Beratern zugänglich machen, die die Informationen und Unterlagen im Rahmen ihrer Tätigkeit für die Gesellschaft benötigen. Diese Mitarbeiter und Berater werden dazu verpflichtet, die Vertraulichkeit der Informationen und Unterlagen zu wahren und sie lediglich zur Durchführung dieser Transaktion zu verwenden. Von der Gesellschaft als Betriebs- und Geschäftsgeheimnisse gekennzeichnete Informationen werden wir auch an Erwerbsinteressenten erst nach ausdrücklicher Zustimmung durch die Gesellschaft weitergeben. Wir sind nicht befugt, rechtsverbindliche Erklärungen gegenüber Dritten mit Wirkung für Sie abzugeben.

4. Vergütung[4]

Für unsere Leistungen fallen folgende Vergütungen an:
a) ein Honorar in Höhe von ...... EUR, fällig bei Unterzeichnung dieser Vereinbarung;
b) ein festes Beratungshonorar in Höhe von ...... EUR für jeden Monat der Laufzeit dieser Vereinbarung, gerechnet ab dem ...... und fällig jeweils zu Beginn eines jeden Monats, das für anteilige Monate pro rata gezahlt wird; [ggf: das Beratungshonorar wird auf ein ggf. zu zahlendes Erfolgshonorar angerechnet;][ggf: das für die Laufzeit dieser Vereinbarung zu zahlende Beratungshonorar beträgt unbeschadet eines ggf. zusätzlich zu zahlenden Erfolgshonorars maximal ...... EUR.]
c) ein [zusätzliches] Erfolgshonorar in Höhe von ...... EUR, falls während der Laufzeit dieser Vereinbarung oder innerhalb eines Zeitraums von ...... Monaten nach ihrer Beendigung eine verbindliche Vereinbarung über eine Veräußerung der Tochtergesellschaft abgeschlossen oder ein öffentliches Kauf- oder Umtauschangebot verbindlich wird, fällig bei Abschluss der entsprechenden Vereinbarung bzw. der Verbindlichkeit des Angebots.
d) ein [zusätzliches] Erfolgshonorar in Höhe von ...... % der vereinbarten Gegenleistung (wie im Folgenden definiert), [mindestens aber ...... EUR,] falls während der Laufzeit dieser Vereinbarung oder innerhalb eines Zeitraums von ...... Monaten nach ihrer Beendigung eine verbindliche Vereinbarung über eine Veräußerung der Tochtergesellschaft abgeschlossen oder ein öffentliches Kauf- oder Umtauschangebot verbindlich wird, fällig bei Abschluss der entsprechenden Vereinbarung bzw. der Verbindlichkeit des Angebots.

Alle Vergütungen verstehen sich zuzüglich Mehrwertsteuer in der gesetzlichen Höhe.
Das nach Ziffer a) und b) dieses Absatzes geschuldete Honorar ist nicht rückzahlbar, auch wenn es nicht zu einer Veräußerung des Unternehmens kommt, wird aber mit einem nach Ziffer c) und d) geschuldeten Honorar verrechnet.
Als das Erfolgshonorar auslösende Veräußerung im Sinne dieser Vereinbarung gilt jedes Geschäft, das einen der folgenden Tatbestände zum Gegenstand hat:
- die Veräußerung der Geschäftsanteile an der Tochtergesellschaft oder eines Teils davon;
- die Veräußerung des gesamten oder eines wesentlichen Teils des Betriebsvermögens der Tochtergesellschaft;
- die Einbringung der Tochtergesellschaft in ein Gemeinschaftsunternehmen mit Dritten sowie jede Umwandlung, Reorganisation, Kooperation, Joint-Venture oder sonstige

Form der Unternehmenszusammenführung, mittels derer der Geschäftsbetrieb der Tochtergesellschaft ganz oder teilweise mittelbar oder unmittelbar mit dem Unternehmen eines oder mehrerer Erwerber verbunden wird;
- jedes andere Geschäft, das einer Veräußerung der Tochtergesellschaft durch die bisherigen Gesellschafter gleichkommt.

Werden Tatbestände, die als Veräußerung im Sinne dieser Vereinbarung gelten, zum Gegenstand einer Option – zu Ihren Gunsten wie zu Gunsten des oder der Erwerber – gemacht, so gilt auch die Gewährung dieser Option als Veräußerung im Sinne dieser Vereinbarung.

Bei der Ermittlung der Gegenleistung für eine Veräußerung der Tochtergesellschaft werden einbezogen:
- der Kaufpreis für die übertragenen Geschäftsanteile oder den übertragenen Geschäftsbetrieb bzw. Teil davon;
- der Barwert zusätzlich übernommener Verpflichtungen;
- die im Falle einer Ausübung von Optionen zu gewährende Leistung, unabhängig davon, ob die Optionen tatsächlich ausgeübt werden;
- alle anderen einmaligen oder wiederkehrenden Leistungen, die wirtschaftlich mit der Veräußerung der Tochtergesellschaft in Zusammenhang stehen, und die Gegenleistung zu Ihrer Leistung darstellen.

Bedingte Gegenleistungspflichten werden für die Zwecke der Ermittlung der Gegenleistung als unbedingt angesehen. Alle nicht baren Vermögenswerte der Tochtergesellschaft werden mit ihrem Verkehrswert zum Zeitpunkt des Vertragsschlusses angesetzt.

Zusätzlich zu den vorstehend genannten Honoraren wird die Gesellschaft uns auf Aufforderung und gegen entsprechende Belege die bei unserer Tätigkeit entstandenen angemessenen Kosten (einschließlich der Honorare von anderen externen Beratern wie z.B. Rechtsanwälte, Wirtschaftsprüfer etc, deren Beauftragung wir vorher mit Ihnen abgestimmt haben), Auslagen und Spesen zzgl. der jeweiligen Mehrwertsteuer ersetzen.

5. Haftung und Freistellung[5]

Wir haften bei der Erfüllung unserer Verpflichtungen aus dieser Vereinbarung nur für Vorsatz und grobe Fahrlässigkeit, soweit nicht vertragswesentliche Verpflichtungen betroffen sind, für deren Verletzung wir auch bei einfacher Fahrlässigkeit, allerdings nur in Höhe des typischen und vorhersehbaren Schadens, haften. Wir haften in keinem Fall für einen etwaigen entgangenen Gewinn. Die Gesellschaft stellt uns von jeglicher Haftung frei, die auf der Unrichtigkeit, Unvollständigkeit oder Irreführung von Informationen beruht, die wir von der Gesellschaft oder auf deren Veranlassung erhalten haben. Die Gesellschaft stellt uns darüber hinaus von allen Ersatzansprüchen Dritter frei und ersetzt uns alle Schäden, die uns im Zusammenhang mit unserer Tätigkeit entstehen. Ausgenommen sind Ersatzansprüche und Schäden, die auf einer Pflichtverletzung unsererseits beruhen. Wir übernehmen der Gesellschaft gegenüber keine über das im Beratungsgeschäft übliche Maß hinausgehenden Aufklärungs-, Nachprüfungs- und Mitteilungspflichten.

6. Kündigung[6]

Diese Vereinbarung kann von jeder Vertragspartei durch schriftliche Erklärung an die jeweils andere Partei jederzeit und ohne Einhaltung einer Frist [, jedoch nicht vor dem ......] gekündigt werden. Die unter Ziff. 4 dieser Vereinbarung aufgeführte Vergütungsregelung bleibt von der Kündigung unberührt.

7. Sonstiges

Durch diese Vereinbarung werden Rechte und Pflichten ausschließlich zwischen der Gesellschaft, ... [Name des Beratungsunternehmens] und etwaigen freigestellten Personen begründet. Ansprüche Dritter, insbesondere von Gesellschaftern oder Gläubigern der Gesellschaft, bestehen nicht.

II. Mandatsvereinbarung mit Finanz- oder M&A-Beratern

Wir sind berechtigt, nach Abschluss der Transaktion auf eigene Kosten branchenübliche Anzeigen in Wirtschaftspublikationen Ihrer Wahl zu veröffentlichen, die unsere Mitwirkung als (Finanz-)Berater an der Veräußerung zum Gegenstand haben.[7]

Die Gesellschaft und wir verzichten beiderseits auf die Anwendung der jeweiligen Allgemeinen Auftrags- oder Geschäftsbedingungen.

Änderungen dieser Vereinbarung bedürfen der Schriftform. Dies gilt auch für eine Abbedingung des Schriftformerfordernisses. Sollte eine Bestimmung dieser Vereinbarung ganz oder teilweise unwirksam oder undurchsetzbar sein oder werden, so wird die Wirksamkeit und Durchsetzbarkeit aller übrigen Bestimmungen dieser Vereinbarung davon nicht berührt. Die unwirksame oder undurchsetzbare Bestimmung ist durch diejenige wirksame oder durchsetzbare Bestimmung als ersetzt anzusehen, die dem von den Parteien dieser Vereinbarung mit der unwirksamen und undurchsetzbaren Bestimmung verfolgten wirtschaftlichen Zweck am nächsten kommt.

Diese Vereinbarung unterliegt deutschem Recht. Nicht-ausschließlicher Gerichtsstand für alle Streitigkeiten aus oder im Zusammenhang mit dieser Vereinbarung ist ....

Wir möchten Sie bitten, Ihr Einverständnis mit dieser Vereinbarung durch Gegenzeichnung und Rücküberse ndung der beigefügten Kopie dieses Schreibens zu erklären.

Mit freundlichen Grüßen

......

Anmerkungen

1. Überblick/Wahl des Formulars. Zu den vorbereitenden Überlegungen zu einem Unternehmenskauf gehört selbstverständlich auch die Frage, welche externen Berater hinzugezogen werden sollen, um gemeinsame Strategien und Finanzierungen zu entwickeln und geeignete Transaktionspartner zu suchen. Seit etwa 15 Jahren werden neben den „klassischen" Beratern (Rechtsanwalt, Steuerberater, Wirtschaftsprüfer) zunehmend auch spezielle Finanz- und M&A-Berater eingeschaltet. In der Regel sind dies Investmentbanken oder spezielle Corporate Finance Abteilungen der Banken oder von Beratungsunternehmen, teilweise auch spezielle M&A Beratungsfirmen. Das Tätigkeitsspektrum reicht von der reinen Vermittlungstätigkeit bis zur Marktstruktur- und Akquisitionsstrategie-Beratung. Die vorliegende Mandatsvereinbarung regelt das Verhältnis zwischen Veräußerer und Finanz-/M&A-Berater. Diese sollen umfassend zur Vorbereitung und Durchführung des Unternehmenskaufs – im vorliegenden Fall zur Veräußerung einer Tochtergesellschaft – eingeschaltet werden.

2. Zum Zeitpunkt des Abschlusses der Mandatsvereinbarung ist in der Regel noch unklar, ob die Vermögenswerte des Unternehmens im Rahmen eines Asset Deals (vgl. Teil D.) oder ob die Gesellschaftsanteile im Rahmen eines Share Deals (vgl. Teil C.) veräußert werden sollen. Eine optimale Transaktionsstruktur sowohl für den Veräußerer als auch für den Erwerber lässt sich regelmäßig erst dann festlegen, wenn auch der bzw. die Erwerber bekannt sind. Im Rahmen eines Asset Deals wird regelmäßig die Gesellschaft die Mandatsvereinbarung abschließen. Sollte sich später herausstellen, dass eine Anteilsübertragung im Wege des Share Deal sinnvoller ist, sollte die Mandatsvereinbarung auf die Gesellschafter umgeschrieben bzw. neu geschlossen werden. In jedem Fall empfiehlt es sich aus Sicht des Beratungsunternehmens, die Mandatsvereinbarung so zu gestalten, dass sie alle möglichen Gestaltungsvarianten erfasst.

3. Gegenstand der Mandatsvereinbarung. Der Gegenstand der Mandatsvereinbarung sollte zwischen den Parteien gründlich besprochen und anschließend umfassend und exakt formuliert werden. Wichtig ist, zu klären, ob der „führende" Berater seinerseits externe Berater (Rechtsanwälte, Wirtschaftsprüfer etc.) einschalten soll bzw. einschalten darf, ob er dabei auf eigene oder auf fremde Rechnung handelt und ob er solche Hilfspersonen nur überwachen oder – unter Nennung des konkreten Umfangs der Tätigkeit – deren Tätigkeit, Dokumente etc.

auch auf inhaltliche Richtigkeit und Vollständigkeit überprüfen soll/muss (vgl. BeckMandatsHdb Unternehmenskauf/*Böx* § 1 Rdnr. 60). Soll der Berater hingegen nur partiell mandatiert werden, ist der Beratungsgegenstand genau zu begrenzen.

4. Vergütung. Ein weiterer zentraler Bestandteil einer Mandatsvereinbarung ist die Vergütungsregelung. In der Regel besteht diese aus einem festen – nicht selten relativ geringen – monatlichen Beratungshonorar (sog. *Retainer*) sowie einem Erfolgshonorar für den Fall der Veräußerung des Unternehmens(-teils). Hierbei ist zu einem die das Erfolgshonorar auslösende Veräußerung genau zu definieren, zum anderen bedarf die Festlegung der Berechnungsbasis für das Erfolgshonorar großer Sorgfalt. Auch hier bestehen die Schwierigkeiten vor allem darin, dass die genaue Transaktionsstruktur zu diesem Zeitpunkt noch nicht feststeht. Zu regeln ist auch, ob übernommene Verpflichtungen seitens des Käufers die Berechnungsbasis erhöhen sollen (vgl. hierzu BGH BB 1995, 1053). Das Formular geht davon aus, dass bei der Vermögensübertragung im Rahmen des Asset Deals die zusammen mit den Aktiva übernommenen Passiva für die Berechnungsbasis außer Betracht bleiben. Andernfalls würde bei der Vermögensübertragung im Rahmen des Asset Deals eine andere Berechnungsbasis zugrunde gelegt als bei der Veräußerung der Gesellschaftsanteile im Rahmen eines Share Deals. Nur der Barwert zusätzlich übernommener Verpflichtungen erhöht die Berechnungsbasis. – Im Ausnahmefall kann selbst beim Unternehmensverkauf im Wege des *Share Deal* (ein Teil) der Vergütung von der Gesellschaft (an Stelle der veräußernden Anteilseigner) getragen werden, wenn (i) Leistungen des Beraters auch der Gesellschaft zugute kamen (z.B. Ermittlung strategischer Optionen, Erstellung von Finanzplanungen) oder (ii) die Transaktion im Unternehmensinteresse ist (z.B. Eröffnung strategischer Optionen oder Zugang zu finanziellen Mitteln).

5. Haftung und Freistellung. Ausführlich zur Beraterhaftung *Holzapfel/Pöllath* Rdnr. 734 ff; BeckMandatsHdb Unternehmenskauf/*Böx*, § 1 Rdnr. 76 ff. Der Finanz- und M&A-Berater haftet im Rahmen der Verletzung vertraglicher Pflichten grundsätzlich für jede Fahrlässigkeit (BGH NJW 1985, 1151). Berater werden jedoch häufig versuchen, ihre Haftung für Fälle leichter Fahrlässigkeit vertraglich auszuschließen. Hierbei ist zu beachten, dass eine Schädigung des Mandanten insbesondere bei Verstößen gegen wesentliche Vertragspflichten wahrscheinlich ist und jedenfalls eine formularmäßige Freizeichnung von diesen in AGB auch in Fällen leichter Fahrlässigkeit unwirksam ist (BGH NJW 1993, 335). Insofern ist darauf zu achten, ggf. durch einen ausdrücklichen Hinweis wie im Formular (vgl. Ziff. 7 des Formulars), dass die Mandatsvereinbarung nicht als AGB zu qualifizieren ist. Grundsätzlich haften Berater nur ihrem Auftraggeber. Eine Haftung gegenüber Dritten kann sich jedoch aus einem Vertrag mit Schutzwirkung zu Gunsten Dritter ergeben (vgl. § 311 Abs. 3 BGB), insbesondere bei der Erstellung von Gutachten oder Bilanzen, die erkennbar für Dritte bestimmt sind (vgl. hierzu BGH WM 1986, 711; BGH NJW 1998, 1948). Das Entstehen eines Vertrages mit Schutzwirkung zu Gunsten Dritter kann jedoch durch eine entsprechende Gestaltung der Mandatsvereinbarung vermieden werden. So könnte die Mandatsvereinbarung z.B. vorsehen, dass die Weitergabe von Erklärungen des Beraters an Dritte ausgeschlossen oder nur mit dessen ausdrücklicher Zustimmung zulässig ist.

6. Kündigung. Finanz- und M&A-Berater leisten Dienste höherer Art, die auf Grund besonderen Vertrauens übertragen werden. Daher hat der Mandant grundsätzlich das Recht, auch ohne wichtigen Grund zu kündigen (vgl. § 627 Abs. 1 BGB). § 627 BGB ist jedoch dispositives Recht und kann durch Parteivereinbarung abbedungen werden (MünchKommBGB/*Henssler* § 627 Rdnr. 36); ein Ausschluss von § 627 BGB durch Allgemeine Geschäftsbedingungen verstößt allerdings gegen § 307 Abs. 2 Nr. 1 BGB und ist damit auch zwischen Unternehmen unzulässig; vgl. BGH DStRE 2010, 641, 642 f. Bei einer Kündigung muss der Berater der Gesellschaft im Übrigen genügend Zeit lassen, dass diese für die Besorgung der Transaktion anderweitig Fürsorge treffen kann. Sofern für die fristlose Kündigung kein wichtiger Grund vorliegt, ist der Berater der Gesellschaft nämlich ansonsten zum Ersatz der Schäden verpflichtet, die ihr durch die Kündigung entstanden sind (§ 627 Abs. 2 BGB).

7. Es wird regelmäßig im Interesse des Finanz- oder M&A-Beraters liegen, seine Mitwirkung an der Transaktion in der Wirtschaftspresse bekannt zu geben. In der Regel erfolgt diese Bekanntmachung in der Form eines sog. „Tombstone".

III. Informationsmemorandum

Zur Kontaktaufnahme und Vorbereitung von Verhandlungen mit einem größeren potenziellen Käuferkreis wird in der Praxis regelmäßig ein sog. Informationsmemorandum erstellt und an die in Frage kommenden Interessenten versandt. Der Inhalt eines solchen Informationsmemorandums hängt zum einen davon ab, wie viele Informationen potentiellen Käufern zur Verfügung gestellt werden sollen, zum anderen, ob vorweg mit interessierten Käufern eine Vertraulichkeitsvereinbarung (vgl. Form. B.I. 1 und 2) abgeschlossen wurde. Entscheidend ist auch, ob die Daten an Finanzinvestoren oder an strategische Käufer (häufig Wettbewerber!) adressiert sind. Bei Bestehen einer Vertraulichkeitsvereinbarung wird ein Informationsmemorandum in der Regel auch Angaben über die finanziellen Ergebnisse des Unternehmens in der Vergangenheit, die Planwerte, die Marktstellung und die Lieferanten- sowie Kundenstruktur, besondere Stärken etc. enthalten. Vor Abschluss einer Vertraulichkeitsvereinbarung oder in Fällen weiter Interessentenkreise ansprechender Auktionsverfahren, insbesondere bei der Versendung an Makler, ist das Informationsmemorandum zu anonymisieren. Weiterhin sind Angaben zu den Kaufpreisvorstellungen bzw. dem Kaufpreis selbst in der Regel nicht zu empfehlen. Die folgende Übersicht dient als **Checkliste** für die Erstellung eines Informationsmemorandums und ist abhängig vom Einzelfall zu ergänzen:

Checkliste für den Inhalt des Informationsmemorandums

1	Zusammenfassung (Schlüsselzahlen, besondere Investitionsgründe)
2	Angaben zum Verkaufsgrund
3	Angaben zur Transaktionsstruktur (Asset Deal oder Share Deal)
4	Angaben zur Unternehmensstruktur
5	Beschreibung der Produktionsverfahren oder der Produkte bzw. Dienstleistungen des Unternehmens
6	Schwerpunkt der Unternehmenstätigkeit (ggf. anhand von Umsatzanteilen)
7	Marktposition, Wettbewerbslage
8	Lieferanten- und Kundenstruktur, Grad der Abhängigkeiten/Substituierbarkeit
9	Angaben zum Management und Personal (ggf. anhand eines Organigramms und mit Kurz-Lebensläufen)
10	Kennziffern/Unternehmenszahlen aus der Vergangenheit
11	Aussichten für die Zukunft/Entwicklungspotential
12	Rechtsstreitigkeiten, Haftungsrisiken und ähnliche Umstände

Je nach Einzelfall können die Angaben über das Zielunternehmen in einem Informationsmemorandum als öffentliche Äußerungen des Verkäufers i.S.d. § 434 Abs. 1 Satz 3 BGB anzusehen und damit gewährleistungsbegründend sein (vgl. *Seibt/Reiche* DStR 2002, 1135, 1139 m.w.N.). Entscheidend dabei ist, ob die Äußerung öffentlich, also auch für am Kaufvertrag unbeteiligte Dritte wahrnehmbar erfolgt, zur Erwartung bestimmter konkreter Beschaffenheiten auf Seiten des Käufers führt und der Verkaufsförderung dient (vgl. Palandt/

Weidenkaff § 434 Rdnr. 34 und 37). Äußerungen eines vom Verkäufer eingeschalteten Beraters werden ersterem über § 166 Abs. 1 BGB nach den Grundsätzen des sog. „Wissensvertreters" zugerechnet (vgl. *Seibt/Reiche* DStR 2002, 1135, 1139 m. w. N.). Weiterhin stellt sich die Frage, ob durch einen entsprechenden Disclaimer sowohl die Verkäuferhaftung als auch eine eventuelle Eigenhaftung des Erstellers des Informationsmemorandums (im Regelfall der Investmentbank) aus Verschulden bei Vertragsschluss gemäß § 311 Abs. 3 S. 2 BGB ausgeschlossen werden kann. Hinsichtlich der Verkäuferhaftung wird man konstatieren müssen, dass der gewährleistungsbegründende Tatbestand des § 434 Abs. 1 S. 3 BGB als solcher nicht zur Disposition der Parteien steht, da diese Vorschrift gerade unabhängig vom Einstandswillen des Verkäufers für werbende Aussagen die Gewährleistungshaftung anordnet. Durch eine sorgfältige und einzelfallbezogene Ausgestaltung des Disclaimer kann jedoch die Eignung der öffentlichen Äußerung zur Beeinflussung der Kaufentscheidung ausgeschlossen werden (*Seibt/Reiche* DStR 2002, 1135, 1139; zweifelnd *Triebel/Hölzle* BB 2002, 521, 534; nach Palandt/*Weidenkaff* § 434 Rdnr. 39 muss die Eignung einer Werbeaussage zur Beeinflussung der Kaufentscheidung abstrakt ausgeschlossen sein, was schwieriger zu beweisen sei als fehlende Kausalität). Ein entsprechender **Disclaimer** könnte wie folgt lauten:

„Die mit diesem Informationsmemorandum dem Kaufinteressenten und seinen Beratern übergebenen Daten, Dokumente und sonstigen Informationen einschließlich Geschäftspläne, Prognosen, Berechnungen und Annahmen, stellen keine Garantieerklärung, Beschaffenheitsvereinbarung oder sonstige rechtliche Versprechen des Verkäufers, in welcher rechtlichen Form auch immer, dar. Der Kaufinteressent bestätigt dem Verkäufer gegenüber ausdrücklich, dass keine ihm zur Verfügung gestellten Daten, Dokumente und sonstigen Informationen eine Beschaffenheitsgarantie i. S. d. §§ 443, 444 BGB oder eine Beschaffenheitsvereinbarung i. S. d. § 434 Abs. 1 S. 1 BGB begründet haben. Der Kaufinteressent erklärt schließlich dem Verkäufer gegenüber ausdrücklich, dass er keine Ansprüche geltend macht, die nicht auf einer Verletzung der selbständigen Garantieerklärung nach § ..... beruhen, mit Ausnahme von Ansprüchen auf Grund arglistiger Täuschung oder sonstiger vorsätzlicher Vertragsverletzungen."

Eine etwaige Eigenhaftung des Erstellers des Informationsmemorandums aus § 311 Abs. 3 S. 2 BGB wegen Verschuldens bei Vertragsschluss setzt einen Tatbestand besonderen Vertrauens voraus, dessen Entstehung ebenfalls durch einen entsprechend ausgestalteten Disclaimer wirksam verhindert werden kann (*Seibt/Reiche* DStR 2002, 1135, 1139; a. A. *Triebel/Hölzle* BB 2002, 521, 534 unter Hinweis auf die Nähe der Vertrauenshaftung der Investmentbank zu den Grundsätzen der bürgerlichrechtlichen Prospekthaftung für typisiertes Vertrauen).

„Die ...... [Finanzberater] hat dieses vertrauliche Informationsmemorandum auf Basis von bis ...... [Datum] vorliegenden Informationen und Angaben der Verkäufer und Gesellschafter erstellt. Der ausschließliche Zweck dieses Informationsmemorandums besteht darin, Ihren Meinungsbildungsprozess in Bezug auf den Erwerb von ...... [Zielgesellschaft] durch die zusammengestellten Informationen zu unterstützen und Ihnen die Entscheidung darüber zu erleichtern, ob Sie dieses Projekt weiterverfolgen wollen. Dieses Informationsmemorandum stellt kein Angebot dar. Es kann jederzeit inhaltlich geändert oder zurückgezogen werden, es besteht keine Verpflichtung zur Aktualisierung. Das Informationsmemorandum erhebt nicht den Anspruch, alle Informationen zu enthalten, die für Sie von Interesse sein könnten. Sie werden vielmehr gebeten, Ihre eigene Informationssammlung und -auswertung im Hinblick auf ...... [Zielgesellschaft] durchzuführen. Ausgewählte Bieter werden im Rahmen des weiteren Transaktionsprozesses die Möglichkeit erhalten, Einblick in Unterlagen von ...... [Zielgesellschaft] zu nehmen und Fragen an das Management von ...... [Zielgesellschaft] zu richten. Die ...... [Finanzberater] hat keine Verifikation der Informationen vorgenommen, und die ...... [Finanzberater] und die Verkäufer sowie ...... [Zielgesellschaft] übernehmen keinerlei Haftung für die Vollständigkeit und Richtigkeit der im Memorandum enthaltenen Informationen. Verbindliche Informationen werden ausschließlich durch die betreffenden Vertragsparteien in einem späteren Vertrag gegeben."

Bei börsennotierten Unternehmen sollte mit Hinblick auf die Insiderhandelsverbote (§ 14 WpHG) noch folgender Hinweis in das Informationsmemorandum aufgenommen werden:

„Die Ihnen mit diesem Informationsmemorandum oder anderweitig zur Verfügung gestellten Informationen betreffend die ...... [Zielgesellschaft], oder die mit der ...... [Zielgesellschaft] verbundenen Unternehmen unterliegen der Vertraulichkeit und können als Insiderinformation im Sinne des § 13 Abs. 1 Wertpapierhandelsgesetz (WpHG) zu qualifizieren sein. Das Wertpapierhandelsgesetz verbietet insbesondere die unbefugte Weitergabe von Insiderinformationen an Dritte. Wir machen Sie darauf aufmerksam, dass ein Verstoß gegen die Insidervorschriften des Wertpapierhandelsgesetzes als Straftat verfolgt werden kann. Ein etwaiger Verstoß kann mit einer Freiheitsstrafe bis zu fünf Jahren oder mit Geldstrafe bestraft werden."

IV. Verfahrensvereinbarung – Agreement on Bidding Process

Briefkopf Verkäufer AG
Persönlich/Vertraulich
Vorab Per Telefax:
Herrn ......

Verkaufsverfahren ...... [Bezeichnung]

Sehr geehrter Herr ...... [Name],
vielen Dank für die Übersendung Ihres indikativen Angebotes für den Erwerb sämtlicher von der Verkäufer AG (die „Verkäuferin") gehaltenen Aktien (die „Aktien") an der Y AG („Y"). Wir freuen uns, Ihnen mitteilen zu können, dass Sie auf Basis Ihres indikativen Angebotes in die engere Auswahl der Bieter (die „Bieter der Shortlist") aufgenommen werden und die Möglichkeit erhalten, ein verbindliches und voll finanziertes Angebot (das „verbindliche Angebot") für die Aktien abzugeben.

Im Folgenden informieren wir Sie über die Organisation und Verfahrensweise der Due Diligence (I.), die Anforderungen an die Abgabe des verbindlichen Angebotes (II.), die vorgesehenen Schritte im weiteren Verkaufsverfahren (III.) sowie allgemeine Hinweise zum Verkaufsverfahren (IV.).

I. Due Diligence

Den Bietern der Shortlist wird im Rahmen des nachfolgend beschriebenen Procedere die Möglichkeit einer Due Diligence-Prüfung eingeräumt.

1. Management-Präsentation

Die Bieter der Shortlist werden jeweils einzeln zu einer Management-Präsentation eingeladen.
Für Ihr Unternehmen ist hierfür im Verwaltungsgebäude der Verkäuferin, ... [Adresse]
Auswahl eines Termins und übrige streichen:
Mittwoch, ... [Datum], 9:00–14:00 Uhr

Letterhead of Seller AG
Personal/Confidential
Sent in advance by telefax:
Mr. ......

Subject: bidding process ...... [*description*]

Dear Mr. ...... [*name*],
We thank you for submitting an indicative bid for the acquisition of all shares (hereinafter the „Shares") of Y AG (hereinafter „Y") held by Seller AG (hereinafter „Seller"). We are delighted to inform you that on the basis of your indicative bid, you have been included among the bidders on the shortlist (hereinafter the „Bidders on the Shortlist") and will have the opportunity to submit a binding, fully financed bid (hereinafter the „Binding Bid") for the Shares.

Below you will find information about the organization and procedures of the due diligence review (Section I), the requirements for submission of the Binding Bid (Section II), additional steps of the bidding process (Section III), and general information about the bidding process (Section IV).

I. Due Diligence Review

Each Bidder on the Shortlist will have an opportunity to perform a due diligence review in accordance with the procedures described below.

1. Management Presentation

Bidders on the Shortlist will each be invited to attend a separate management presentation.
For your company, a presentation has been scheduled on

[*select date and delete other dates*]

Wednesday, ... [*date*], 9:00 p.m.-2:00 p.m.

IV. Verfahrensvereinbarung   B. IV

Donnerstag, ... [Datum], 9:00–14:00 Uhr
Freitag, ... [Datum], 9:00–14:00 Uhr
als Termin festgesetzt.

Dabei ist folgende Agenda im Rahmen einer dreistündigen Veranstaltung vorgesehen:

- Begrüßung und Vorstellung der Teilnehmer auf beiden Seiten (ca. 15 Min.)
- Präsentation durch den Bieter inklusive Vorstellung des Bieters und Konzeption für Erwerb und Weiterentwicklung von Y (max. 30 Min.)
- Präsentation durch das Management (ca. 90 Min.)
- interaktive Diskussion aller Teilnehmer inklusive Leiter der 2. Führungsebene von Y (165 Min.)

Das Management von Y wird im Rahmen seiner Präsentation insbesondere auf die aktuelle wirtschaftliche Situation, die Unternehmensstrategie und den neuen Business Plan eingehen.

Für die Seite des Bieters sind bis zu 8 Teilnehmer vorgesehen. Wir bitten Sie, uns die Namen und Funktionen der von Ihnen festgelegten Teilnehmer bis spätestens ...... [Datum], vorab mitzuteilen. Die Management-Präsentation wird insgesamt in deutscher Sprache stattfinden. Falls Sie deshalb einen Dolmetscher mitbringen möchten, bitten wir Sie um Nachricht bis zum obengenannten Termin.

2. Datenraum

Ausführliche Informationen zu den relevanten Gesellschaften werden zur Einsichtnahme in einem Datenraum bereitgestellt. Neben dem Datenraum wird Ihnen ein Besprechungsraum für Ihre internen Besprechungen zur Verfügung gestellt. Der Zugang zum Datenraum wird Ihnen im Zeitraum von ...... [Datum] bis ...... [Datum], täglich von 9:00 bis 18:00 Uhr gewährt.

Die Datenraumregeln sind diesem Schreiben als Anlage 1 sowie der vorläufige Datenraumindex als Anlage 2 beigefügt.

Thursday, ... [date], 9:00 a.m.-2:00 p.m.
Friday, ... [date], 9:00 a.m.-2:00 p.m.
at the offices of Seller located at ...... [address].

The agenda of the three-hour event is as follows:

- Welcome and introduction of the parties' respective representatives (approximately 15 minutes)
- Presentation by the bidder, including the bidder's ideas for the acquisition and continued development of Y (max. 30 minutes)
- Presentation by the management (approx. 90 minutes)
- Interactive discussion among all attendees, including managers at the second management level of Y (165 minutes)

The presentation by the management of Y will, in particular, address the current financial situation, corporate strategy, and new business plan of Y.

The presentation may be attended by up to eight representatives of the bidder. We ask that you provide us with the name and title of each person who will attend by ...... [date]. The management presentation will be entirely in the German language. If you wish to bring an interpreter, please advise us accordingly by the above date.

2. Data Room

Detailed information about the relevant companies will be made available for inspection in a data room. In addition to the data room, a conference room will be made available to you for confidential discussions among your representatives. You will have access to the data room in the time period from ...... [date] to ...... [date], from 9:00 a.m. to 18:00 p.m. daily.

The Data Room Rules are attached to this letter as Attachment 1, and the Preliminary Data Room Index is attached as Attachment 2.

Im Datenraum finden Sie auch den für die Bieter der Shortlist maßgeblichen Kaufvertragsentwurf in elektronischer Form vor, der Ihrem Angebot zugrundegelegt werden soll.

Eine Kopie der unterschriebenen Datenraumregeln und eine vollständige Liste der Teilnehmer des Datenraums aus Ihrem Haus und eine vollständige Liste der Teilnehmer des Datenraums von externen Beratern sind von Ihnen vorab per Telefax spätestens bis ...... [Datum], ... [Uhrzeit], unterzeichnet an ...... [Vorstand], Fax: ......, zurückzusenden.

Der Datenraum und der Besprechungsraum befinden sich in
...... [Adresse].

Bei Ankunft sollten Sie sich an der Rezeption melden und nach dem Datenraum für Projekt ...... [Bezeichnung] fragen. Wir möchten Sie bitten, für eine etwa erforderliche Hotelunterkunft und Wegbeschreibungen selbst Sorge zu tragen.

3. Weitere Informationen und Fragen

Die Bieter der Shortlist können im Rahmen des Datenraumbesuchs schriftliche Fragen zu den ausgelegten Dokumenten und zu Informationen, die nicht im Datenraum verfügbar sind, stellen. Hierfür sind vorbereitete Formulare, Anlage 3, vom Bieter auszufüllen, die an jedem Tag um 19:00 Uhr der Datenraumaufsicht zu überreichen sind.

Soweit im Datenraum die elektronische Übermittlung von Daten vorgesehen ist, sind Fragen zu den ausgelegten Dokumenten und zu Informationen, die nicht im Datenraum verfügbar sind, ausschließlich in elektronischer Form (auf Diskette) an die Datenraumaufsicht oder per E-Mail an ...... zu richten. Die Bieter haben insoweit sicherzustellen, dass sie über die für die elektronische Weiterleitung ihrer Fragen notwendige technische Ausrüstung verfügen.

Die Fragen werden, soweit möglich und opportun, beantwortet und die Antworten durch die Verkäuferin dem anfragenden Bieter schnellstmöglich – jedoch voraussichtlich erst nach dem Datenraumzugang – zugeleitet. Die Verkäuferin behält sich vor, solche Unterlagen, in welche sie keine

The data room will also include an electronic copy of the draft purchase agreement that must be used by each Bidder on the Shortlist to prepare the bid.

A copy of the signed Data Room Rules, a signed list of all of your representatives who will visit the data room, and a signed list all of your external advisors who will visit the data room must be returned to us in advance by telefax by ...... [date], ... [time], addressed to...... [management board], fax: ....

The data room and conference room are located at
...... [address].

Upon arrival you should register with the reception desk and ask for the data room for project ...... [name]. We kindly ask that you make your own arrangements for any necessary hotel accommodations and driving directions.

3. Additional Information and Questions

Bidders on the Shortlist visiting the data room may submit written questions regarding documents made available in the data room and information not made available in the data room. For this purpose a preprinted form, Attachment 3, must be completed by the bidder and must be handed to the data room supervisor by 7:00 p.m. of each day.

To the extent that the data room provides for electronic transmission of data, questions about documents made available in the data room or information not made available in the data room must be submitted to the data room supervisor exclusively in electronic form (on diskette) or must be sent by e-mail to .... Bidders are responsible for making sure that they have the technical equipment necessary for submitting questions electronically.

Questions will be answered to the extent reasonably possible, and answers will be provided by Seller to the inquiring bidder as soon as possible – which is however expected to occur only after access of the data room. Seller reserves the right to allow selected bidders to inspect during a

IV. Verfahrensvereinbarung

Einsicht im Datenraum gewährt, ausgewählten Bietern im Rahmen einer Confirmatory Due Diligence zur Verfügung zu stellen. Die Verkäuferin behält sich nach eigenem Ermessen vor, zu bestimmten Fragen keine Antworten zu erteilen.

II. Verbindliches Angebot

Das verbindliche Angebot ist für den Erwerb der Aktien der Verkäuferin an Y gegen vollständige Zahlung eines Barbetrages in Euro zum Erfüllungszeitpunkt zu formulieren. Sie sollten dabei davon ausgehen, dass Erfüllungszeitpunkt der ...... [Datum] ist.

Auf folgende Bestandteile und Parameter ist im verbindlichen Angebot detailliert einzugehen:

a) Transaktionsstruktur und Preis: Erläuterungen der Erwerbsstruktur mit steuerlichen Hinweisen, soweit sie für die Verkäuferin relevant sind.

Angaben des Barbetrages, welchen der Bieter für sämtliche von der Verkäuferin gehaltenen Aktien in Höhe von ...... [Betrag] % an Y zu zahlen bereit ist. Das verbindliche Angebot muss eine genaue und eindeutige Preisangabe beinhalten. Der Bieter sollte dabei davon ausgehen, dass die Transaktion mit wirtschaftlicher Wirkung zum ...... [Datum], ... [Uhrzeit] abgeschlossen wird. Das verbindliche Angebot soll auch darauf eingehen, welche wesentlichen Annahmen und Bewertungsmethoden der Bewertung zugrunde liegen.

Der vom Bieter angebotene Kaufpreis sollte als Festpreis formuliert werden, welcher allenfalls um Verbindlichkeiten und Barvermögen der Y (jeweils in Höhe von ...... [Betrag] %) zum Übernahmestichtag bereinigt werden kann. Im letzteren Falle ist eine Musterrechnung des Kaufpreises anhand des Jahresabschlusses zum 31. Dezember ...... [Jahr] beizufügen, um Missverständnisse bei der Berechnung zu vermeiden.

b) Transaktionslogik: Ausführliche und detaillierte Beschreibung der Ziele des Bieters, die er mit dem Erwerb verfolgt und die strategischen Vorstellungen für

confirmatory due diligence review documents not made available for inspection in the data room. Seller reserves the right not to answer particular questions at its sole discretion.

II. Binding Bid

The Binding Bid for acquisition of Seller's Y shares shall provide for full payment of a cash euro amount on the closing date. The bid should take as a pricing basis a closing date of...... [date].

The Binding Bid should address the following terms and parameters in detail:

a) Transaction structure and price: Description of the acquisition structure, including any tax aspects to the extent relevant for Seller.

Cash amount which the bidder agrees to pay for all of seller's Y shares in the amount of ...... [percentage] %. The Binding Bid must include a precise and clear price. The bidder should assume that the transaction will take economic effect on ...... [date], at...... a.m./p.m. [time]. The Binding Bid should also specify the basic assumptions made and valuation methods used to value the Shares.

The purchase price bid by the bidder should be a fixed price, which, at most, may be adjusted to reflect liabilities and cash assets of Y (in each case in the amount of ...... [percentage] %) as of the transfer effective date. In the latter case, a hypothetical calculation of the purchase price based upon the year-end financial statements dated December 31, ... [year] should be enclosed to avoid any misunderstandings about how the purchase price is calculated.

b) Objectives of the transaction: A detailed description of the objectives pursued by the bidder with the purchase of the Shares, and of the strategic plans

die zukünftige Entwicklung der angestrebten Beteiligung.
c) Kaufvertragsentwurf: Abgabe einer Stellungnahme in deutscher Sprache im Rahmen eines elektronischen „markup" des Kaufvertragsentwurfes.
d) Finanzierung: Nennung und Nachweis der Finanzierungsstruktur und -quellen des Kaufpreises. Soweit der Kaufpreis fremdfinanziert wird, sind dem verbindlichen Angebot Kopien der schriftlichen Kreditzusagen beizufügen.
e) Vorbehalte und Zustimmungen: Finanzierungserfordernisse, Vorbehalte auf erforderliche Zustimmungen und/oder weitere Due Diligence (außer ausdrücklich im Kaufvertrag genannt) werden als Vorbedingung für die Rechtsgültigkeit des verbindlichen Vertragsangebotes und der Verpflichtung, das Kaufgeschäft gemäß des verbindlichen Vertragesangebotes abzuschließen, nicht akzeptiert. Vor Abgabe des verbindlichen Angebotes sind alle notwendigen gesellschaftsrechtlichen Zustimmungen zur Abgabe eines solchen Angebotes, zum Abschluss des Aktienkaufvertrages und zur Erfüllung der Transaktion einzuholen. Der Bieter ist lediglich berechtigt, sein Angebot unter die aufschiebende Bedingung des Abschlusses des endgültig verhandelten Kaufvertrages zu stellen.

Der Bieter hat die Notwendigkeit, den Zeitplan und die Erfolgsaussichten fusionskontrollrechtlicher Verfahren vor Abgabe des verbindlichen Angebots zu prüfen und zu bewerten. Vom Bieter dabei festgestellte fusionskontrollrechtliche Risiken für die Durchführung der Transaktion sind – soweit gesetzlich oder tatsächlich möglich – vorab mit den zuständigen Fusionskontrollbehörden zu erörtern. Hierfür hat der Bieter den für die fusionskontrollrechtliche Prüfung relevanten und von der Vertraulichkeitserklärung erfassten Y-Datensatz zu verwenden, der ihm in schriftlicher Form voraussichtlich im Rahmen der Management-Präsentation ausgehändigt wird. In dem verbindli-

for the future development of the contemplated investment.
c) Draft purchase agreement: Submission of an electronic „markup" of the draft purchase agreement, in the German language.
d) Financing: Identification and documentation of the structure and sources of financing for the purchase price. To the extent that the purchase price will be financed with debt capital, copies of written facility letters should be enclosed with the Binding Bid.
e) Reservation of rights and consents: The validity of the binding contract bid and the obligation to execute the purchase transaction in accordance with the terms of the binding contract bid may not be made conditional upon any financing requirements, necessary consents and/or additional due diligence reviews (unless expressly provided for in the purchase agreement). Prior to submission of a Binding Bid, the bidder must obtain all consents necessary under corporate law for submission of such a bid, execution of the share purchase agreement, and performance of the transaction. The bidder merely has the right to make the bid subject to the condition precedent that the purchase agreement as finally negotiated is signed by the parties.

The bidder must review and assess the necessity, timetable, and chances of success of any merger control proceedings prior to submission of the Binding Bid. If the bidder becomes aware of any merger control risks associated with execution of the transaction, such risks must – to the extent permitted by law and practicable – be discussed with the responsible merger control authorities. For this purpose the bidder must use the Y dataset relevant for merger control review, which is protected by the confidentiality agreement and which is expected to be made available to the bidder in written form at the management presentation. The Binding Bid shall describe and document the results

IV. Verfahrensvereinbarung

chen Angebot sind die fusionskontrollrechtlichen Prüfungs-, Bewertungs- und Erörterungsergebnisse zu schildern und zu belegen. Dies schließt die Schilderung eventueller Abhilfemaßnahmen ein, die im gegebenen Fall der Bieter den Fusionskontrollbehörden zur Beseitigung von von diesen erhobenen Bedenken angeboten hat, und den Nachweis, dass die Behörden diese Maßnahmen akzeptieren. Das verbindliche Angebot muss die Garantie enthalten, dass zum Stichtag ...... [Datum] einem Vollzug der Transaktion keinerlei fusionskontrollrechtliche Genehmigungen mehr im Wege stehen werden.

f) Bieterangaben: Nennung der Struktur und Identität der Konzerneinheit des Bieters, die das verbindliche Vertragsangebot zum Erwerb der Aktien an Y abgibt. Dabei ist eine Abbildung der Konzernstruktur als Kopie beizufügen.

g) Zeitplan: Darlegung der Bereitschaft und Fähigkeit, die Transaktion zügig in der angebotenen Art und Weise bis spätestens zum ...... [Datum] (Übergang der Aktien in das Vermögen des Bieters) zu vollziehen. Im verbindlichen Angebot ist dies zu erläutern.

h) Gültigkeit: Das verbindliche Angebot muss den Hinweis enthalten, dass das Angebot für einen Zeitraum von 60 Tagen ab Eingang bei der Verkäuferin unwiderruflich gültig bleibt.

i) Kontaktperson: Die Verkäuferin behält sich vor, jederzeit und kurzfristig Gespräche mit den Bietern der Shortlist zur Klärung von Inhalten des verbindlichen Vertragsangebotes zu führen. Hierfür ist von Seiten der Bieter der Shortlist jeweils eine Kontaktperson zu benennen.

j) Berater: Die Verkäuferin bittet um Bestätigung der mit dem indikativen Angebot übermittelten Übersicht über die voraussichtlich vom Bieter eingeschalteten Berater, z.B. Finanz-, Rechts-, Strategie- oder Steuerberater sowie Berater bei der Due Diligence, oder Mitteilung etwaiger Änderungen/Ergänzungen. [Hinweis: ggf. Recht der Verkäuferin auf Ablehnung einzelner Berater,

of the bidder's merger control review, assessment, and discussions, including a description of any remedial measures offered by the bidder to the merger control authorities to allay concerns raised by the authorities, and furnish documentation showing that the authorities have accepted these measures. The Binding Bid must include a guarantee that on the effective date, ... [date], merger approvals will no longer present an obstacle to closing of the transaction.

f) Information on bidder: Structure and name of the bidder's corporate unit submitting the binding contract bid for acquisition of the Y shares. A copy of an organigram for the bidder's group should be enclosed.

g) Timetable: A statement that the bidder is willing and able to close the transaction expeditiously as set out in the bid, at the latest by ...... [date] (transfer of Shares to the assets of the bidder). This should be explained in the Binding Bid.

h) Validity: The Binding Bid must expressly state that the bid is irrevocable and valid for a time period of 60 days from receipt by Seller.

i) Contact person: Seller reserves the right, at any time and at short notice, to contact any Bidders on the Shortlist to clarify terms and conditions of binding contract bids. For this purpose each Bidder on the Shortlist must designate a contact person.

j) Advisors: Seller asks that the bidder confirm the tentative list of the bidder's advisors for the contemplated transaction as submitted to Seller along with the indicative bid, e.g., financial, legal, strategic or tax advisors, as well as advisors assisting with the due diligence review, or that the bidder provide Seller with notice of any changes/amendments to the list. [Note: If appropriate, include right of Seller to

z. B. wegen befürchteter Interessenkonflikte]
Nach Durchführung der Due Diligence-Phase muss das verbindliche Angebot rechtsverbindlich unterzeichnet (in Papierform oder per Fax mit unverzüglicher Nachsendung des Originals per Kurier) sowie der elektronische „mark-up" des Vertragsentwurfs per E-Mail bis spätestens ...... [Datum], 12:00 Uhr MESZ, bei
...... [Verkäufer-AG]
eingereicht werden.

reject certain advisors, e. g., due to concerns about conflicts of interest]
After completion of the due diligence phase, the Binding Bid must be duly signed (and transmitted as a hardcopy or by telefax followed by prompt courier delivery of the original) and an electronic markup of the draft agreement must be submitted by e-mail not later than ...... [*date*], 12:00 p. m. CEST, to
...... [Seller AG].

III. Weitere Verfahrensschritte

Nach Eingang der verbindlichen Angebote wird die Verkäuferin im Rahmen ihres eigenen Ermessensspielraums die Angebote der Bieter der Shortlist bewerten. Die Auswahl der Bieter der Shortlist für die Vertragsverhandlungen erfolgt insbesondere anhand der nachstehend aufgeführten Kriterien:
- Modalitäten zur Bestimmung der im verbindlichen Angebot genannten Kaufpreishöhe,
- Annehmbarkeit des mark-up des Kaufvertragsentwurfes,
- Bedingungen, an die das verbindliche Angebot geknüpft ist,
- Konzept zur Weiterentwicklung von Y,
- Fähigkeit, die Transaktion bis zum ...... [Datum] zu vollziehen, und
- Grad möglicher fusionskontrollrechtlicher Problemstellungen.

Mit ausgewählten Bietern der Shortlist werden voraussichtlich mündliche Verhandlungsrunden ab der ...... [Zahl]. Kalenderwoche dieses Jahres stattfinden. Diese für Sie vorgesehenen Termine werden Ihnen frühestmöglichst mitgeteilt, wir möchten Sie jedoch bereits jetzt bitten, sich möglichst ab dem obengenannten Termin zu unserer Verfügung zu halten.
Der Ort der Verhandlungen wird noch bekannt gegeben.
Ziel dieser Verhandlungen wird sein, den Aktienkaufvertrag endzuverhandeln, um eine verbindliche Basis für dessen rechtswirksame Unterzeichnung zu schaffen.

III. Additional Steps of the Bidding Process

After receipt of the Binding Bids Seller will evaluate the bids from Bidders on the Shortlist at its sole discretion. Seller's selection of Bidders on the Shortlist for contract negotiations will be based, in particular, on the following criteria:
- Modalities for determining the amount of the purchase price specified in the Binding Bid,
- Acceptability of the markup of the draft purchase agreement,
- Any conditions to which the Binding Bid is subject,
- Concept for the continued development of Y,
- Ability to close the transaction by ...... [date], and
- Level of potential merger control problems.

Seller expects to enter into oral negotiations with selected Bidders on the Shortlist starting in the ...... [*number*] calendar week of this year. We will inform you of the negotiation dates that have been scheduled for your company at the earliest possible date. However, we kindly ask that you reserve availability for negotiations starting in the aforementioned week, if possible.
The place of the negotiations will be announced later.
The goal of the negotiations will be to negotiate a final share purchase agreement that can be signed with binding and legal effect for both parties.

IV. Allgemeine Hinweise zum Verfahren

a) Die Verkäuferin behält sich vor, mit einem, mehreren oder allen Bietern der Shortlist Gespräche hinsichtlich der Weiterentwicklung der verbindlichen Angebote zu führen.

b) Die Verkäuferin geht keinerlei Verpflichtung ein, ein verbindliches Angebot anzunehmen, unabhängig davon, ob der darin enthaltene Kaufpreis der höchste ist.
Die Verkäuferin behält sich ausdrücklich das Recht vor, nach eigenem Ermessen verbindliche Angebote zurückzuweisen und ohne Angabe von Gründen Gespräche mit einem oder mehreren Bietern der Shortlist abzubrechen, oder mit bereits abgelehnten Bietern wieder aufzunehmen.

c) Die Verkäuferin bemüht sich, bei der Zusammenstellung aller Unterlagen und Informationen, die im Rahmen der Transaktion den Bietern der Shortlist zugänglich gemacht werden, Sorgfalt walten zu lassen. Die Verkäuferin übernimmt jedoch keine Gewähr für die Richtigkeit und/oder Vollständigkeit der zur Verfügung gestellten Unterlagen und Informationen.

d) Die Verkäuferin behält sich vor, jederzeit und ohne Vorankündigung den Zeitablauf oder sonstige Verfahrensaspekte der Transaktion zu verändern.

e) Die Angaben und Bedingungen der Vertraulichkeitserklärung und des Informationsmemorandums („Erklärung zum Informationsmemorandum") sind weiterhin gültig. Jegliche mittelbare/unmittelbare Kontaktaufnahme mit Vertretern von Y ist den Bietern der Shortlist ausdrücklich untersagt (außer im Rahmen der Management-Präsentation). Ausnahmen hiervon bedürfen der vorherigen Zustimmung der Verkäuferin.

f) Die Bieter der Shortlist tragen ihre Kosten des Verfahrens, insbesondere für die Durchführung der Due Diligence und die Erstellung des verbindlichen Angebotes sowie der Vertragsverhandlungen selbst.

IV. General Information about the Bidding Process

a) Seller reserves the right to discuss and negotiate the Binding Bids of/with one, several, or all Bidders on the Shortlist.

b) Seller has no obligation to accept any Binding Bid, whether or not the purchase price quoted in a bid is the highest.

Seller expressly reserves the right to reject any Binding Bids at its sole discretion, as well as the right to discontinue negotiations with one or several Bidders on the Shortlist with or without reason, or to resume negotiations with bidders whose binding bids were previously rejected.

c) Seller will make reasonable efforts to exercise care in compiling all documents and information made available to Bidders on the Shortlist for purposes of the transaction. Seller however makes no warranty for the accuracy and/or completeness of any documents or information made available to bidders.

d) Seller reserves the right to modify the timetable or any other procedural aspects of the transaction at any time without prior notice.

e) The terms and conditions of the Confidentiality Agreement and the Information Memorandum („Declaration regarding Information Memorandum") have continued validity. Bidders on the Shortlist are hereby expressly prohibited to contact, directly or indirectly, any representatives of Y (except during the management presentation). Any exceptions are subject to the prior consent of Seller.

f) Bidders on the Shortlist are responsible for their own costs incurred in connection with the bidding process, including, without limitation, costs of the due diligence review, drafting the Binding Bid, and the negotiations.

B. IV

Wir möchten Sie bitten, Ihr Einverständnis mit dieser Vereinbarung durch Gegenzeichnung und Rückübersendung der beigefügten Kopie dieses Schreibens zu erklären.

To indicate your agreement with the above terms, please countersign and return the enclosed copy of this letter.

Mit freundlichen Grüßen

Sincerely,

......
Verkäufer AG

......
Seller AG

Anlagen:
Anlage 1 Datenraumregeln (vgl. Form. B. VI.1)
Anlage 2: Vorläufiger Datenraumindex
Anlage 3: Frageformular

Attachments:
Attachment 1: Data Room Rules (see form B. VI.1)
Attachment 2: Preliminary Data Room Index
Attachment 3: Form for Submission of Questions

Anmerkungen

Das vorliegende Formular enthält die Vorlage eines sog. „Procedure Letter" oder „Process Letter" des Verkäufers in einem Auktionsverfahren an einen Bieter nach Empfang eines indikativen Angebots des Bieters. Der Procedure/Process Letter informiert den Bieter über Organisation und Verfahren der Due Diligence (I.), die Anforderungen an die Abgabe des verbindlichen Angebots (II.), die vorgesehenen Schritte im weiteren Verkaufsverfahren (III.) sowie allgemeine Hinweise zum Verkaufsverfahren (IV.).

V. Gegenüberstellung und Vergleich der verschiedenen Angebote/Vertragsentwürfe

1. Gegenüberstellung und Bewertung eines überarbeiteten Vertragsentwurfs gegenüber dem Ausgangsentwurf

Projekt ......

Gegenüberstellung und Bewertung des überarbeiteten Vertragsentwurfs von ...... vom ...... gegenüber dem Ausgangsentwurf des ...... [Kaufvertrages] vom ...... von ......

Grad der Wichtigkeit des Gegenstandes der Abweichung:

● ◕ ◐ ◔ ○

sehr wichtig   unwichtig

Ziffer	Regelungsgegenstand	Mark-up Kaufinteressent	Ausgangsentwurf Verkäufer	Anmerkung	Wichtigkeit
Präambel					
					◐
§ 1	Beteiligungsverhältnisse				
					◕
§ 2	Transaktionsstruktur				
					○
§ 3	Kauf und Verkauf der Beteiligung				
					◕
§ 4	Kaufpreis, Zahlung des Kaufpreises				
					◐
§ 5	Vollzug/Closing				
					◔
§ 6	Selbständige Garantieversprechen der Verkäuferin				
					◐
§ 7	Rechtsfolgen				
					◕
§ 8	Umweltfreistellungen				
					◔
§ 9	Steuern				
					◔
§ 10	Haftung der Verkäuferin/Ausschluss und Beschränkungen				
					◐
§ 11	Käufergarantien und weitere Verpflichtungen der Käuferin				
					◕
§ 12	Wettbewerbsverbot				
					○
§ 13	......				

Anmerkungen

Die synoptische Darstellung der Änderungsvorschläge des Kaufinteressenten mit dem M&A-Vertragsentwurf des Verkäufers dient zur Bewertung des Kaufgebots (bei begrenzten Auktionsverfahren: im Verhältnis zu anderen Kaufangeboten und zur Vorbereitung von Vertragsverhandlungen). Die in der Gegenüberstellung beispielhaft (!) aufgeführten Überschriften entsprechen denjenigen in Form. C. II. 1. und C. II. 2.

2. Vergleich der verschiedenen Bieter-Angebote in einem Auktionsverfahren

Projekt ......: Bewertung der [Indikativen/Finalen] Angebote

+ = positiv zu bewerten/0 = neutral zu bewerten/– = negativ zu bewerten

Auswertung der Angebote	Bieter 1	Bieter 2	Bieter 3	Bieter 4	Bieter 5	Bieter 6
I. Zusammenfassendes Ergebnis	Moderate Änderungswünsche	Sehr umfassende Änderungswünsche	Umfassende Änderungswünsche Strategiekonzept nicht im Vertrag, sondern nur allgemein gefasst in Angebotsschreiben	Umfassende Änderungswünsche häufig Änderungswünsche nicht ausformuliert, sondern nur Hinweise, dass über bestimmte Regelungen noch gesprochen werden müsste bzw. dass eine Änderung gewünscht werde Hinweis, dass Kaufpreis von Investitionsmodell und weiterer Due Diligence abhängt	Fast keine Änderungen, jedoch sehr weitgehendes Wettbewerbsverbot	Moderate Änderungswünsche
	RANKING:	RANKING:	RANKING:	RANKING:	RANKING:	RANKING:
II. Strategische Aspekte						
	RANKING:	RANKING:	RANKING:	RANKING:	RANKING:	RANKING:
III. Kaufpreis						
1. Höhe des Kaufpreises						
2. Sicherung der Kaufpreisleistung (z. B. Vorliegen Bankbestätigung)						
3. Art und Umfang der verlangten Gewährleistungen (z. B. Garantien, Rechtsfolgen, Freistellungen)						

2. Vergleich der verschiedenen Angebote der Bieter
B. V. 2

Auswertung der Angebote	Bieter 1	Bieter 2	Bieter 3	Bieter 4	Bieter 5	Bieter 6
4. weitere kaufpreisrelevante Aspekte (z. B. Nachschusspflichten, Wettbewerbsverbote)	RANKING:	RANKING:	RANKING:	RANKING:	RANKING:	RANKING:
IV. Akzeptanz der von der ...... vorgegebenen vertraglichen Regelungen zu						
1. Corporate Governance, Geschäftsführung	RANKING:	RANKING:	RANKING:	RANKING:	RANKING:	RANKING:
2. Regelungen zu Arbeitnehmerfragen, Standorten, Wachstum und Finanzierung	RANKING:	RANKING:	RANKING:	RANKING:	RANKING:	RANKING:
V. Sonstige Aspekte 1. kartellrechtliche Umsetzbarkeit 2. Zeitplan 3. Umfang bisheriger Due Diligence	RANKING:	RANKING:	RANKING:	RANKING:	RANKING:	RANKING:

Anmerkungen

Die synoptische Darstellung der Kaufangebote, systematisch nach bestimmten Kategorien und mit einer „Günstigkeits-Einschätzung" *(Ranking)*, dient zur Bewertung der einzelnen Kaufangebote und zur Vorbereitung weiterer Verhandlungen, häufig aber auch zur internen Präsentation des Verfahrensstandes gegenüber Entscheidungsträgern auf der Verkäuferseite. Die Angaben zu I. sind beispielhaft.

VI. Due Diligence

1. Benutzungsregeln für einen physischen Datenraum[1] – Physical Data Room Rules

Projekt ......-Datenraum	Project ......-Data Room
1. Ort, Öffnungszeiten und Datenraumbeauftragter	**1. Location, Operating Hours, and Data Room Representative**
Der Datenraum befindet sich bei ...... in ......[2] Die Anschrift lautet:	The data room is located at ...... in .... The address is: ......
Der Datenraum wird jeweils von ...... Uhr bis ...... Uhr geöffnet sein. Der Datenraum steht Ihnen in der Zeit von ...... [Tag], dem ...... [Datum] bis zum ...... [Tag], dem ...... [Datum] zur Verfügung.[3]	The data room is open each day from ...... a.m./p.m. until ...... a.m./p.m. The data room is available to you in the time period from ...... [day],...... [date], until ...... [day],...... [date].
Herr/Frau ...... ist für die Organisation des Datenraums verantwortlich („Datenraumbeauftragter").[4] Die Kontaktdaten des Datenraumbeauftragten sind wie folgt:	Mr./Mrs. ...... is responsible for managing the data room (hereinafter the „Data Room Representative"). The contact information for the Data Room Representative is as follows: ......
2. Teilnehmer und Teilnehmerzahl	**2. Visitors and Number of Visitors**
Aus praktischen Gründen bitten wir Sie, dem Datenraumbeauftragten kurzfristig die Namen, Firmenzugehörigkeit und Position aller Personen mitzuteilen, die für Sie den Datenraum besuchen sollen. Die Zahl der jeweils im Datenraum anwesenden Teilnehmer ist auf ...... begrenzt.[5]	For practical reasons we ask that you provide the Data Room Representative shortly with the name, employer, and title of each person intending to visit the data room. The number of visitors who may be in the data room at any given time is limited to ....
Bei Betreten des Datenraums wird jede Person gebeten werden, ihren Namen, ihre Firmenzugehörigkeit und ihre Position bei der Aufsichtsperson in einer Liste schriftlich anzugeben und die Geltung dieser Datenraumregeln durch Leistung einer Unterschrift zu akzeptieren. Jede Person wird täglich gebeten werden, bei erstmaligem Betreten und endgültigem Verlassen des Datenraums auf der bei der Aufsichtsperson befindlichen Präsenzliste zu unterschreiben.	When entering the data room, each person will be asked to enter his/her name, employer, and title in a register maintained by the data room supervisor, and to accept and agree to abide by these Data Room Rules by signing a written statement to that effect. Each person will be asked daily to sign in with the data room supervisor when for the first time entering the data room and to sign out when leaving for the day.
3. Inhalt des Datenraums	**3. Data Room Contents**
Kopien des Inhaltsverzeichnisses des Datenraums werden Sie im Datenraum vorfin-	You will find copies of the data room index in the data room. Discrepancies

1. Benutzungsregeln für einen physischen Datenraum

den.[6] Festgestellte Abweichungen des Verzeichnisses vom tatsächlichen Dokumentenbestand sind der Aufsichtsperson unverzüglich mitzuteilen. Die im Datenraum befindlichen Dokumente befinden sich in Aktenordnern. In jedem einzelnen Ordner finden Sie vorne ein Inhaltsverzeichnis für den jeweiligen Ordner. Es ist nicht gestattet, Materialien aus einzelnen Ordnern und dem Datenraum zu entfernen. Die im Datenraum befindlichen Dokumente dürfen nicht gekennzeichnet, verändert oder auf sonstige Weise beschädigt werden.

4. Zusätzliche Dokumente

Bitten um zusätzliche Dokumente sind unter Benutzung des im Datenraum befindlichen Formulars zu stellen. Bitte geben Sie dieses Formular nach Ausfüllung bei der Aufsichtsperson des Datenraums ab. Der Verkäufer wird nach freiem Ermessen über die Zurverfügungstellung weiterer Dokumente entscheiden.[7]

5. Fotokopien

Über die Ihnen bei Beginn der Due Diligence-Prüfung überreichten Dokumente hinaus können keine Kopien der Dokumente zur Verfügung gestellt werden.[8]

6. Technische Geräte

Besuchern des Datenraums ist es nicht gestattet, eigene Fotokopiergeräte, Scanner oder Kameras mitzubringen. Es ist erlaubt, Laptops, Diktiergeräte, Rechner und Mobiltelefone mitzubringen und zu verwenden. Der Datenraum ist mit einem Telefon ausgestattet. Die Mitnahme oder der Gebrauch anderer technischer Geräte im Datenraum ist untersagt.

7. Fragen zu einzelnen Dokumenten

Fragen zu in dem Datenraum befindlichen Dokumenten sind schriftlich unter genauer Angabe des fraglichen Dokuments zu stellen.[9] Hierfür werden Ihnen im Datenraum Formblätter zur Verfügung gestellt. Bitte beachten Sie, dass der Verkäufer nach freiem Ermessen über die Beantwortung der Fragen entscheiden wird, dabei wird auch berücksichtigt werden, wie viele Fragen Sie gestellt haben. Die Fragen werden entweder schriftlich oder mündlich beantwortet.

between the data room index and the documents contained in the data room are to be communicated to the data room supervisor. The documents in the data room have been placed into binders. Each binder includes a table of contents at the front. You are not permitted to remove any materials from binders or the data room. Documents in the data room may not be marked, modified or damaged in any way.

4. Additional Documents

You may request additional documents by using the form made available in the data room. Please complete the form and then hand it to the data room supervisor. Seller will decide at its sole discretion whether to make available any additional documents.

5. Photocopies

Beyond the documents made available to you at the beginning of the due diligence review, no copies of the documents will be available.

6. Technical Equipment

Data room visitors are prohibited from taking their own photocopiers, scanners or cameras to the data room. Laptops, dictation devices, calculators, and mobile phones may be brought to and used in the data room. The data room is equipped with a telephone. No other technical equipment may be taken to or used in the data room.

7. Questions regarding Specific Documents

Questions related to documents in the data room must be submitted in writing, accurately identifying the specific documents. Appropriate forms are available in the data room. Please note that Seller will decide at its sole discretion whether to answer questions, taking into consideration, among other things, how many questions you have submitted. Answers to questions may be written or oral.

8. Aufsicht

Während der Öffnungszeiten des Datenraums wird eine Aufsichtsperson anwesend sein.[10] Die Aufsichtsperson wird dafür Sorge tragen, dass keine der Dokumente aus dem Datenraum entfernt werden.

Falls Sie Kopierwünsche haben, die sich nicht auf Dokumente aus dem Datenraum beziehen, oder ein Telefax versenden möchten, wenden Sie sich bitte an die Aufsichtsperson.

9. Vertraulichkeit

Die Dokumente und Materialien, die im Datenraum enthalten sind oder sonst den Benutzern im Rahmen der Due Diligence zugänglich gemacht werden, sind ebenso wie die Aufzeichnungen der Benutzer streng vertraulich und unterfallen der Vertraulichkeitsvereinbarung zwischen Ihnen und dem Verkäufer vom ...... („Vertraulichkeitsvereinbarung").[11]

Als Zeichen Ihres Einverständnisses mit diesen Regeln bitten wir Sie, die beiliegende Zweitschrift dieser Datenraumregeln rechtsverbindlich unterschrieben an uns zurückzureichen.[12]

Mit den vorstehenden Datenraumregeln sind wir einverstanden:

...... [Erwerbsinteressent]

Von jedem Besucher des Datenraumes zu unterzeichnen:

Ich bestätige hiermit, dass ich die Vertraulichkeitsvereinbarung gelesen und verstanden habe und ich mich hieran halten werde. Ich verpflichte mich, die Datenraumregeln einzuhalten. Eine Kopie der Datenraumregeln habe ich erhalten.

......
[Unterschrift des Besuchers]

8. Supervision

A data room supervisor will be present in the data room during operating hours. The data room supervisor will ensure that no documents are removed from the data room. If you wish to copy documents other than documents located in the data room, or wish to send a telefax, please ask the data room supervisor.

9. Confidentiality

The documents and materials located in the data room or otherwise made accessible to users in the course of the due diligence review, as well as all records created by users on the basis thereof, are strictly confidential and subject to the confidentiality agreement between you and Seller dated ...... (hereinafter the „Confidentiality Agreement").

To indicate your agreement with the above rules, please duly sign and return the enclosed copy of these Data Room Rules to us.

We hereby agree to accept the foregoing Data Room Rules:

...... [prospective purchaser]

To be signed by each data room visitor:

I hereby confirm that I have read and understood the Confidentiality Agreement, and that I will abide by the terms of the Confidentiality Agreement. I hereby agree to comply with the Data Room Rules. I have received a copy of the Data Room Rules.

......
[signature of visitors]

Anmerkungen

1. Zweck. Das Formular enthält ausgewogene Datenraumregeln, die im Zusammenhang mit einem im Rahmen einer Unternehmenstransaktion eingerichteten physischen Datenraum Verwendung finden können. Die Datenraumregeln sollten dem Erwerbsinteressenten so frühzeitig übermittelt werden, dass er vor Beginn seiner Due Diligence-Prüfung ausreichend Zeit hat, die geforderte Teilnehmerliste zu erstellen (vgl. hierzu nachfolgend Anm. 5), und seine an der Due Diligence teilnehmenden Mitarbeiter und Berater Gelegenheit haben, sich mit den Datenraumregeln vertraut zu machen.

1. Benutzungsregeln für einen physischen Datenraum

2. Ort. Der Datenraum sollte nicht in den Geschäftsräumen des Zielunternehmens eingerichtet werden. Nur so kann verhindert werden, dass die Belegschaft des Zielunternehmens von der Anwesenheit der Besucher des Datenraums Kenntnis erlangt und ggf. Gerüchte über die erwogene Transaktion entstehen. Sofern die Einrichtung des Datenraums außerhalb der Geschäftsräume des Zielunternehmens, z. B. aus Kostengesichtspunkten, nicht möglich ist, sind die Datenraumregeln dahingehend zu ergänzen, dass den Datenraumbesuchern nicht gestattet ist, mit der Belegschaft des Zielunternehmens Kontakt aufzunehmen sowie andere als die von der Aufsichtsperson zugewiesenen Räumlichkeiten zu betreten.

Überwiegend wird der Datenraum in den Räumen der Berater des Verkäufers oder in den Räumlichkeiten eines Konferenzzentrums oder eines Hotels eingerichtet. In diesem Fall kann es sich empfehlen, in die Datenraumregeln aufzunehmen, dass sich die Besucher des Datenraums am Empfang mit einem zugewiesenen Kennwort anzumelden haben.

3. Öffnungszeiten. Bei der Festlegung der Öffnungszeiten des Datenraums ist aus organisatorischer Sicht zu berücksichtigen, dass für die gesamte Öffnungszeit eine Datenraumaufsicht anwesend sein sollte (vgl. nachfolgende Anm. 10). Insbesondere bei Öffnungszeiten bis in die späten Abend-/Nachtstunden ist frühzeitig sicher zu stellen, dass ausreichend Personal zur Beaufsichtigung des Datenraums zur Verfügung steht. Zudem sind, sofern sich der Datenraum in externen Räumlichkeiten befindet, die Öffnungszeiten rechtzeitig mit dem betreffenden Inhaber der Räumlichkeiten abzustimmen.

Für einen physischen Datenraum übliche Öffnungszeiten sind werktags von 8:00 Uhr bis 20:00 Uhr. Zunehmend werden jedoch auch physische Datenräume an Wochenenden und abends bis 24:00 Uhr geöffnet.

4. Datenraumbeauftragter. Es empfiehlt sich, eine Person für die Organisation des Datenraums zu benennen. Vorzugswürdig sollte dies die oder eine der Personen sein, die auch im Vorfeld mit der Organisation des Datenraums, d. h. mit dem Zusammenstellen der betreffenden Dokumente, befasst war. Der Datenraumbeauftragte dient als Ansprechpartner für alle Besucher des Datenraums und zugleich – insbesondere hinsichtlich ergänzender Fragen und Kopierwünsche – als Mittelsperson zum Verkäufer.

Die in den Datenraumregeln anzugebenden Kontaktdaten des Datenraumbeauftragten sollten eine (Mobil-)Telefonnummer und/oder eine E-Mail-Adresse beinhalten, damit der Datenraumbeauftragte ggf. auch kurzfristig kontaktiert werden kann. Nicht selten wird es sich beim Datenraumbeauftragten um einen Berater des Verkäufers (z. B. einen Mitarbeiter der die Transaktion begleitenden Investmentbank oder einen Rechtsanwalt) handeln, der regelmäßig nicht vor Ort ist.

5. Teilnehmer. Die Begrenzung der Teilnehmerzahl hält die erforderlichen Kapazitäten und Kosten für die Räumlichkeiten überschaubar und dient der Wahrung der Vertraulichkeit. Je höher die Zahl der Teilnehmer und damit der in die erwogene Transaktion und in vertrauliche Informationen eingeweihten Personen ist, desto größer ist die Gefahr, dass die Vertraulichkeit nicht gewahrt bleibt. Die Teilnehmerliste hat die Namen, die Firmenzugehörigkeit und die Position jedes Datenraumbesuchers zu enthalten, damit überprüft werden kann, ob die betreffenden Personen dem nach der Vertraulichkeitsvereinbarung für die Weitergabe von vertraulichen Informationen zulässigen Personenkreis angehören und ob sie ggf. einer arbeitsrechtlichen bzw. berufsrechtlichen Verschwiegenheitsverpflichtung unterliegen (vgl. weitergehend Anm. 8 zu Form. B. I. 1).

Bei einer hohen Zahl von Teilnehmern empfiehlt sich in die Datenraumregeln aufzunehmen, dass jedes Due Diligence-Team einen Teamleiter zu benennen hat, der für die Zusammenarbeit mit dem Datenraumbeauftragten zuständig ist. Darüber hinaus kann verschärfend in das Formular aufgenommen werden, dass die Teilnehmerliste als Teilnahmevoraussetzung vor Beginn der Due Diligence-Prüfung zu einem bestimmten Zeitpunkt beim Datenraumbeauftragten einzugehen hat.

6. Datenraumindex. Der Datenraumindex ist häufig nicht nur als Übersicht für die im Datenraum befindlichen Dokumente von besonderer Bedeutung, sondern auch für den nachfolgend abzuschließenden Unternehmenskaufvertrag. Der Verkäufer wird regelmäßig versuchen, hierin zu regeln, dass dem Käufer die im Datenraum zur Verfügung gestellten Unterlagen als bekannt gelten und den betreffenden Dokumentenumfang durch Verweis auf den Datenraumindex spezifizieren. Aufgrund dessen ist auf die Erstellung des Inhaltsverzeichnisses größte Sorgfalt zu verwenden.

7. Zusätzliche Dokumente. Ob nach Eröffnung des Datenraums noch weitere Dokumente hierin eingestellt werden (müssen), hängt vorwiegend vom Umfang der Due Diligence und von der Zeit ab, die zur Erstellung des Datenraums zur Verfügung stand. In der Regel werden auch nach Eröffnung des Datenraums noch weitere Dokumente nachgereicht. Auch die zusätzlichen Dokumente sollten in den Datenraumindex aufgenommen werden (vgl. Anm. 6).

8. Fotokopien. Das Formular geht davon aus, dass dem Erwerbsinteressenten nicht gestattet ist, Kopien der im Datenraum enthaltenen Dokumente zu fertigen. Alternativ könnte in die Datenraumregeln aufgenommen werden, dass die im Datenraum vorhandenen Dokumente durch die Aufsichtsperson auf Anfrage kopiert werden können. In diesem Fall sollte jedoch darauf hingewiesen werden, dass die Erfüllung von Kopierwünschen im freien Ermessen des Verkäufers steht. Die Erfüllung von Kopierwünschen wird regelmäßig davon abhängen, in welchem Umfang der Erwerbsinteressent von diesem Recht Gebrauch macht, und ob bzw. inwieweit die Aufsichtsperson aus praktischen Gründen in der Lage ist, entsprechende Kopierwünsche zu erfüllen.

Sofern dem Erwerbsinteressenten weitere Fotokopien zur Verfügung gestellt werden, sollte durch den Verkäufer in einer gesonderten Liste festgehalten werden, welche Dokumente in welcher Zahl der Erwerbsinteressent erhalten hat. Hierdurch wird dem Verkäufer im Falle eines Abbruchs der Verhandlungen ermöglicht zu prüfen, ob der Erwerbsinteressent seiner etwaigen Verpflichtung aus der Vertraulichkeitsvereinbarung zur Herausgabe sämtlicher Kopien oder sonstigen Vervielfältigungen nachgekommen ist (vgl. weitergehend Anm. 9 zu Form. B.I.1).

9. Fragen. Nach dem Formular wird dem Erwerbsinteressenten Gelegenheit gegeben, zu den im Datenraum befindlichen Dokumenten ergänzende Fragen zu stellen. Alternativ oder ergänzend kann dem Erwerbsinteressenten Gelegenheit gegeben werden, bestimmte aus der Due Diligence folgende Themen mit einer sachverständigen Person aus dem Zielunternehmen zu erörtern. Andererseits kann das Fragerecht des Erwerbsinteressenten auch vollständig ausgeschlossen werden, was häufig erfolgt, wenn es sich um eine sachlich und zeitlich begrenzte Due Diligence begleitend zu parallel stattfindenden Managementpräsentationen handelt.

10. Aufsicht. Während der gesamten Öffnungszeit des Datenraums hat eine Aufsichtsperson vor Ort zu sein und zu überwachen, dass die Besucher des Datenraums die Datenraumregeln befolgen. Das Aufsichtspersonal sollte frühzeitig organisiert und instruiert werden. Häufig bieten Konferenzzentren neben Räumlichkeiten auch geschultes Personal für die Datenraumaufsicht an.

11. Vertraulichkeit. Das Formular enthält keine eigenständige Vertraulichkeitsvereinbarung, sondern nimmt auf eine bereits zwischen dem Verkäufer und dem Erwerbsinteressenten geschlossene Vertraulichkeitsvereinbarung Bezug. Hierbei ist sicher zu stellen, dass die bestehende Vertraulichkeitsvereinbarung auch sämtliche Mitarbeiter und Berater des Erwerbsinteressenten umfasst, die an der Due Diligence teilnehmen. Sofern dies nicht der Fall ist, sollte den betreffenden Personen nur Zutritt zum Datenraum gewährt werden, nachdem mit ihnen eine gesonderte Vertraulichkeitsvereinbarung geschlossen wurde.

Sofern ausnahmsweise vor Beginn der Due Diligence-Prüfung zwischen dem Verkäufer und dem Erwerbsinteressenten keine gesonderte Vertraulichkeitsvereinbarung geschlossen wurde bzw. wird, sollte in die Datenraumregeln eine entsprechende Vertraulichkeitsvereinbarung aufgenommen werden.

12. Gegenzeichnungen. Die Datenraumregeln sind zum Zeichen seines Einverständnisses vom Erwerbsinteressenten gegenzuzeichnen. Ferner sind sie von jedem Besucher des Datenraums zu unterzeichnen. Jeder Besucher hat insoweit zu bestätigen, dass er die Vertraulichkeitsvereinbarung zwischen dem Verkäufer und dem Erwerbsinteressenten kennt und er sich an die darin festgelegten Regelungen halten wird.

2. Benutzungsregeln für einen Online-Datenraum[1] – Online Data Room Rules

Projekt ...... – Online-Datenraum

Das vorliegende Dokument legt die Benutzungsregeln und Verfahrensweisen (die „Benutzungsregeln für einen Online-Datenraum") fest, die die Nutzung eines Website-Datenraums (der „Online-Datenraum") regeln, der den potentiellen Käufern (jeder von ihnen ein „Kaufinteressent") im Hinblick auf den von ...... (der „Verkäufer") beabsichtigten Verkauf seiner unmittelbaren und mittelbaren Eigenkapitalbeteiligung an ...... (die „Zielgesellschaft") (die „beabsichtigte Transaktion") zur Verfügung gestellt wird.

Sämtliche im Online-Datenraum enthaltenen Informationen, einschließlich der Informationen, die vor dem Schließen des Online-Datenraums hinzugefügt oder auf Anfrage bereitgestellt werden (die „Informationen"), werden – nach Maßgabe der darin enthaltenen Einschränkungen und Restriktionen – gegen diejenigen Zusicherungen und Gewährleistungen offen gelegt, die in der schriftlichen Vereinbarung enthalten sind, die zum Vollzug der beabsichtigten Transaktion abgeschlossen wird (die „Vereinbarung").[2]

Project ...... – Online Data Room

This document sets out the rules and procedures (the „Online Data Room Rules") governing the use of a website data room (the „Online Data Room") made available to potential purchasers (each a „Bidder") in relation to the proposed disposal by ...... (the „Seller") of their direct and indirect equity interest in ...... (the Target Company) (the „Proposed Transaction").

All information contained in the Online Data Room, including information added before the closing of the Online Data Room and information provided in response to questions, (the „Information") will be disclosed (subject to such limitations and restrictions as will stipulated therein) against any representations and warranties contained in the written agreement concluded to consummate the Proposed Transaction (the „Agreement").

1 Inhalt des Online-Datenraums

1.1 Informationen, bei denen es sich um „vertrauliche Informationen" im Sinne der zwischen der Zielgesellschaft und jedem Kaufinteressenten im Hinblick auf die beabsichtigte Transaktion getroffenen Vertraulichkeitsvereinbarung (die „Vertraulichkeitsvereinbarung") handelt, werden vom Verkäufer zu den Bedingungen der folgenden Unterlagen zugänglich gemacht:

1.1.1 der vorliegenden Benutzungsregeln für einen Online-Datenraum und

1.1.2 der Vertraulichkeitsvereinbarung. In Fällen, in denen die Bedingungen der Vertraulichkeitsvereinbarung mit

1 Online Data Room Contents

1.1 The Information, which is „Confidential Information" for the purposes of the confidentiality letter between the Target Company and each Bidder in relation to the Proposed Transaction (the „Confidentiality Letter") is being made available by the Seller subject to and on the terms of:

1.1.1 these Online Data Room Rules; and

1.1.2 the Confidentiality Letter. Where the terms of the Confidentiality Letter and these Online Data

diesen Benutzungsregeln für einen Online-Datenraum im Widerspruch stehen, hat die Vertraulichkeitsvereinbarung Vorrang.³	Room Rules conflict, the Confidentiality Letter prevails.

1.2 Die Zielgesellschaft, der Verkäufer, die mit ihm verbundenen Unternehmen, [Rechtsberater] („Anwaltssozietät") oder sonstige Berater oder Vertreter des Verkäufers geben im Hinblick auf Genauigkeit oder Vollständigkeit der Informationen oder in sonstiger Weise in Bezug auf sie keinerlei ausdrückliche oder stillschweigende Zusicherungen oder Gewährleistungen ab und übenehmen keinerlei Verantwortung oder Haftung.

1.2 No representation or warranty (whether express or implied) is given and no responsibility or liability is accepted by the Target Company, the Seller, its affiliates, [legal adviser] („lawfirm"), or any other adviser to or representative of the Seller as to the accuracy or completeness of the Information or otherwise.

1.3 Durch die in diesen Benutzungsregeln für einen Online-Datenraum enthaltenen Bestimmungen oder die Weitergabe von Informationen an die Kaufinteressenten (i) wird keine Verpflichtung des Verkäufers zum Abschluss einer Transaktion begründet und (ii) entsteht zu keinem Zeitpunkt irgendeine sonstige Verpflichtung für den Verkäufer oder für die Zielgesellschaft gegenüber einem Kaufinteressenten; außerdem (iii) sind sie nicht als Zustimmung des Verkäufers oder der Zielgesellschaft zu irgendwelchen Bestimmungen in der zu verhandelnden Vereinbarung auszulegen.²

1.3 Nothing in these Online Data Room Rules nor the release of any Information to the Bidders (i) constitutes an undertaking by the Seller to enter into a transaction, (ii) shall give rise to any other obligation on the part of the Seller or the Target Company to any Bidder at any time, nor (iii) shall be construed as the Seller's or the the Target Company's acceptance of any specific provision in the Agreement to be negotiated, if any.

1.4 Von Zeit zu Zeit können dem Online-Datenraum zusätzliche Dokumente hinzugefügt werden. Beim ersten Zugriff auf den Online-Datenraum können Kaufinteressenten und ihre Berater eine „Alert"-Option auswählen, durch die sie jedes Mal einen Hinweis per Email erhalten, sobald neue Dokumente hinzugefügt wurden und der Verkäufer diese Option für die betreffenden hochgeladenen Dokumente aktiviert hat. Außerdem sollten Kaufinteressenten und ihre Berater den Online-Datenraum täglich aufsuchen, da das Einfügen neuer Dokumente [auch] dadurch offensichtlich wird. Jedoch übernehmen

1.4 Additional documents may be added to the Online Data Room from time to time. When accessing the Online Data Room for the first time, Bidders and their advisers will be able to choose the option of receiving „Alert" e-mail warnings whenever new documents are added and this option has been enabled by the Seller for the particular documents uploaded. Bidders and their advisers should also check the Online Data Room daily as the inclusion of new documents will [also] be apparent from doing so. However, no obligation is undertaken or accepted by the Target Company or the Seller or

oder akzeptieren die Zielgesellschaft oder der Verkäufer keine Verpflichtung zur Bereitstellung zusätzlicher oder aktualisierter Informationen oder zur Korrektur von Ungenauigkeiten oder Unstimmigkeiten der Informationen.

1.5 Jegliche Unstimmigkeiten im Inhaltsverzeichnis des Datenraums sind schnellstmöglich zu melden an: ...... (Telefon: ......; Email: ......), damit diese Unstimmigkeit sobald wie möglich beseitigt werden kann.

1.6 Auf keinen Fall dürfen Kaufinteressenten oder ihre Berater im Hinblick auf die Informationen Kontakt zu Management oder Mitarbeitern der Zielgesellschaft oder ihrer Konzerngruppe aufnehmen.

2 **Zugang zum Online-Datenraum**[4]

2.1 Der Zugang zum Online-Datenraum für einen Kaufinteressenten oder seine Berater ist davon abhängig, dass:

2.1.1 die Einwilligung des Verkäufers vorliegt;

2.1.2 ein Vertreter des Kaufinteressenten (der „Vertreter") eine Kopie der vorliegenden Benutzungsregeln für einen Online-Datenraum unterzeichnet und sie gemeinsam mit einer vollständigen Auflistung aller derjenigen Personen, die Zugang zum Online-Datenraum benötigen, per Telefax und per Post an ...... in ...... (Fax: ......; Anschrift: ......) und an ...... in ...... (Fax: ......: Anschrift: ......) zurück gesandt hat; dabei muss die genannte Auflistung der Form entsprechen, die sich im Anhang zu diesen Benutzungsregeln für einen Online-Datenraum befindet. Spätere Anträge auf Zugang zum Online-Datenraum für zusätzliche Personen sind von einer Person, die bereits über den Zugang zum Online-Datenraum verfügt und im Namen des Kaufinteressenten handelt, per Email zu richten an: ...... und ...... Die Unterzeichnung der vorliegenden Benutzungsregeln für einen Online-Datenraum durch den Vertreter

its advisers to provide any additional or updated Information or to correct any inaccuracies or discrepancies in the Information.

1.5 Any discrepancy in the Data Room Index should be notified to ...... (telephone: ......; e-mail: ......) as soon as possible so that the discrepancy can be resolved at the earliest possible time.

1.6 Under no circumstances should any contact be made by Bidders or their advisers with the management or employees of the Target Company or its group in relation to the Information.

2 **Access to the Online Data Room**

2.1 Access to the Online Data Room by any Bidder or its advisers is subject to:

2.1.1 the consent of the Seller;

2.1.2 a representative of the Bidder (the „Representative") having signed a copy of these Online Data Room Rules and returned it by fax and by post to ...... at ...... (fax: ......; address: ......) and ...... at ...... (fax: ......: address: ......) together with a complete list of those persons requiring access to the Online Data Room in the form of the Appendix to these Online Data Room Rules. Subsequent requests for additional persons requiring access to the Online Data Room should be made to ...... and ...... by email by a person with access to the Online Data Room already and that is acting on behalf of the Bidder.
The signing of these Online Data Room Rules by the Representative shall be deemed to be on behalf of all parties from or representing that Bidder who are subsequently given access to the Online Data Room.

gilt als im Namen aller Parteien erfolgt, die zu dem betreffenden Kaufinteressenten gehören oder ihn vertreten und denen anschließend der Zugang zum Online-Datenraum gewährt wird.

2.2 Jede Person, die zum Zugriff auf den Online-Datenraum befugt ist, wird bei jedem Ersuchen um Zugang zum Online-Datenraum zur Eingabe ihrer Email-Adresse und ihres Passwortes aufgefordert. An erstmalige Nutzer der Online-Plattform wird ein vorläufiges Passwort ausgegeben, das beim ersten Einloggen geändert werden muss.

2.3 Nach der Eingabe des korrekten Nutzernamens und Passwortes wird die einzelne Person aufgefordert, unter anderem Folgendes zu bestätigen:

2.3.1 dass sie die Bedingungen der vorliegenden Benutzungsregeln für einen Online-Datenraum und der Vertraulichkeitsvereinbarung versteht und sich separat zu deren Befolgung bereit erklärt hat;

2.3.2 dass es sich bei ihr um den berechtigten Nutzer des Online-Datenraums handelt, an den das Passwort herausgegeben wurde und sie das Passwort nicht auf unberechtigtem Wege erhalten hat; und

2.3.3 dass sie anerkennt und akzeptiert, dass weder die Zielgesellschaft, noch der Verkäufer, noch ein mit ihm verbundenes Unternehmen, noch einer seiner Berater oder Vertreter oder einer ihrer jeweiligen leitenden Angestellten, Mitarbeiter oder Beauftragten im Hinblick auf die Genauigkeit oder Vollständigkeit der im Online-Datenraum zur Verfügung gestellten Informationen eine Verantwortung übernehmen oder ausdrückliche oder stillschweigende Zusicherungen machen oder irgendeine Gewährleistung geben.

Jede Person kann erst dann auf den Online-Datenraum zugreifen, sofern und sobald sie die vorgenannten Punkte bestätigt hat.

2.2 Each individual who is authorised to access the Online Data Room will be prompted to use their e-mail address and password each time that they seek access to the Online Data Room. A temporary password will be issued to first-time users of the online platform and this must be changed upon first logging in.

2.3 Having entered a correct user name and password, individuals will be requested to confirm, amongst other things, that:

2.3.1 they understand and have agreed separately to comply with the terms of these Online Data Room Rules and the Confidentiality Letter;

2.3.2 they are the authorised user of the Online Data Room to whom the password was issued and have not received the password by unauthorised means; and

2.3.3 they acknowledge and accept that neither the Target Company nor the Seller nor any of its affiliates, representatives or advisers nor any of its respective officers, employees or agents accepts responsibility for or makes any representation, express or implied, or gives any warranty with respect to the accuracy or completeness of the information provided in the Online Data Room.

Individuals will not be able to access the Online Data Room unless and until they have confirmed the above.

2. Benutzungsregeln für einen Online-Datenraum

2.4 Der Verkäufer behält sich das Recht vor, einer Person den Zugang zum Online-Datenraum zu verweigern oder den Zugang zum Online-Datenraum jederzeit ohne Angabe von Gründen oder Einhaltung einer Frist zu beenden. Der Zugang zum Online-Datenraum wird insbesondere dann sofort widerrufen, wenn ein Kaufinteressent sich aus dem Auktionsprozess zurückzieht.	2.4 The Seller reserves the right to refuse access to the Online Data Room by any individual or to terminate access to the Online Data Room at any time without giving any reason or notice. In particular, if a Bidder withdraws from the auction process, access to the Online Data Room will be withdrawn immediately.
3 Verfügbarkeit des Online-Datenraums	**3 Availability of the Online Data Room**
Mit Ausnahme von planmäßigen Stillstandzeiten ist der Online-Datenraum, sofern nicht anderweitig angekündigt, während des Zeitraums, für den dem Kaufinteressenten der Zugang gewährt wird, 24 Stunden täglich an sieben Tagen der Woche geöffnet.	With the exception of scheduled down time and unless otherwise advised, the Online Data Room will be open 24 hours per day, seven days per week during the period that a Bidder is granted access to it.
4 Nutzung der Informationen[5]	**4 Use of the Information**
4.1 Der Verkäufer kann nach eigenem Ermessen das Herunterladen oder Ausdrucken bestimmter Informationen gestatten. Heruntergeladene Informationen dürfen nicht weitergeleitet werden.	4.1 The Seller may at its discretion permit certain information to be downloaded or printed. Any Information downloaded may not be forwarded.
4.2 Werden Informationen ausgedruckt oder heruntergeladen, so gelten sie als zu den Bedingungen der vorliegenden Benutzungsregeln für einen Online-Datenraum und der Vertraulichkeitsvereinbarung gedruckt oder heruntergeladen und unterstehen weiterhin diesen Bestimmungen.	4.2 If any Information is printed or downloaded, it shall be deemed to have been printed or downloaded on, and shall remain subject to, the terms of these Online Data Room Rules and the Confidentiality Letter.
4.3 Diese Informationen dürfen nicht entstellt, gekennzeichnet, abgeändert, modifiziert, variiert, verschoben, beschädigt oder zerstört werden und ihre Reihenfolge darf nicht verändert werden.	4.3 The Information may not be defaced, marked, altered, modified, varied, moved, damaged or destroyed and the sequence of the Information may not be altered.
4.4 Jeder Versuch zur Umgehung der Sicherheitsmassnahmen des Online-Datenraums muss unterbleiben.	4.4 No attempt may be made to circumvent any of the security features of the Online Data Room.
5 Sicherheit	**5 Security**
5.1 Personen, denen Nutzernamen und Passwörter zugeteilt und zugesandt wurden, dürfen ihre Nutzernamen	5.1 Individuals who have been allocated and sent user names and passwords must not reveal their user name and

und Passwörter aus keinem Anlass irgendeiner anderen Person offen legen. Sollten weitere Personen Nutzernamen und Passwörter benötigen, wenden Sie sich bitte an ...... (Telefon: ......; Email: ......) und ...... (Telefon: ......; Email: ......).

5.2 Beim Zugriff auf den Online-Datenraum hat jede Person:

5.2.1 alle erforderlichen Schritte zu unternehmen, um sicher zu stellen, dass die darin enthaltenen Informationen nicht für andere Personen sichtbar sind oder von ihnen eingesehen werden können;

5.2.2 ihren Computer (oder ihre sonstigen Kommunikationseinrichtungen, mit denen sie sich im Online-Datenraum eingeloggt hat) nicht unbeaufsichtigt zu lassen, während sie im Online-Datenraum eingeloggt ist; und

5.2.3 sicher zu stellen, dass sie sich nach Beendigung der Nutzung durch das Schließen ihres Internet Browser-Programms aus dem Online-Datenraum ausloggt.

Das System führt Aufzeichnungen darüber, welcher Nutzername zu welchen Zeiten zum Zugriff auf bestimmte Dokumente verwendet wurde.

6 **Technischer Support**

Nutzer, die beim Zugang zum Online-Datenraum oder bei seiner Nutzung technische Schwierigkeiten feststellen, sollten sich an ...... wenden:
International: ......
Vereinigtes Königreich: ......
Deutschland: ......
Email: ......

7 **Haftungsausschluss**[6]

Die Zielgesellschaft, der Verkäufer, die mit ihm verbundenen Unternehmen, die Anwaltssozietät oder sonstige Berater oder Vertreter des Verkäufers oder der Zielgesellschaft oder ihrer Konzerngruppe übernehmen keine Haftung für Schäden jeglicher Art, die an Computern, Computersystemen oder sonstigen Kommunika-

password to anyone for any reason whatsoever. Should further individuals require user names and passwords, please contact ...... (telephone: ......; e-mail: ......) and ...... (telephone: ......; e-mail: ......).

5.2 When accessing the Online Data Room, individuals must:

5.2.1 take all necessary steps to ensure that none of the information contained therein is visible to, or capable of being overlooked by, other persons;

5.2.2 not leave their computer (or other communications device through which they have logged-on to the Online Data Room) unattended whilst they are logged-on to the Online Data Room; and

5.2.3 ensure that they log-out of the Online Data Room when they have finished using it, by closing down their Internet browser programme.

The system keeps a record of which user names have been used, and at what time, to access particular documents.

6 **Technical Support**

Users who experience technical difficulties in accessing or using the Online Data Room should contact ......:
International: ......
UK: ......
Germany: ......
Email: ......

7 **Disclaimer**

No liability is accepted by the Target Company, the Seller, its affiliates, [legal adviser] or any other adviser to or representative of the Seller or the Target Company or its group for any damage of any sort which may be caused to any computer, computer system or other communications device through which the

tionseinrichtungen, durch die auf den Online-Datenraum zugegriffen wurde, in irgendeiner Weise als Folge der Nutzung des Online-Datenraums oder des Herunterladens von Informationen aus ihm auftreten; dasselbe gilt für Schäden an Informationen, die auf diesen Computern, Computersystemen oder sonstigen Kommunikationseinrichtungen gespeichert sind. Alle Personen nutzen den Online-Datenraum ausschließlich auf eigene Gefahr.

Online Data Room has been accessed, or any information stored on any such computer, computer system or other communications device, in any way resulting from the use of or the downloading of any information from the Online Data Room. Individuals use the Online Data Room entirely at their own risk.

8 Schlussbestimmungen

8.1 Sollte eine Bestimmung dieser Benutzungsregeln für einen Online-Datenraum vollständig oder teilweise ungültig sein oder werden, werden die Benutzungsregeln für einen Online-Datenraum als Ganzes davon nicht berührt. In diesem Fall wird die betreffende ungültige Bestimmung durch eine gültige Bestimmung ersetzt, die dem Zweck der ursprünglichen Bestimmung so nahe wie möglich kommt. Dasselbe gilt bei eventuellen Lücken in den Benutzungsregeln für einen Online-Datenraum.

8.2 Die vorliegenden Benutzungsregeln für einen Online-Datenraum unterliegen dem deutschen Recht.

8.3 Ausschließlicher Gerichtsstand für alle sich aus oder in Zusammenhang mit diesen Benutzungsregeln für einen Online-Datenraum ergebenden Streitigkeiten ist Frankfurt am Main.

9 Annahmeerklärung

In Anbetracht der Tatsache, dass der Verkäufer sich bereit erklärt, uns den Zugang zum Online-Datenraum zu gewähren, verpflichten wir uns hiermit zur Befolgung der vorliegenden Benutzungsregeln für einen Online-Datenraum.

[NAME DES KAUFINTERESSENTEN]
durch: ...... Datum: ......
Name (in Druckbuchstaben): ......
Position: ......

8 Miscellaneous

8.1 Should any of the provisions of this Online Data Room Rules be or become completely or partially invalid, the Online Data Room Rules as a whole will not be affected. In such a case, the invalid provision in question shall be replaced by a valid provision which is similar to the original in spirit and purpose as much as possible. The same applies to potential omissions in the Online Data Room Rules.

8.2 These Online Data Room Rules shall be governed by Germany law.

8.3 The courts of Frankfurt am Main shall have exclusive jurisdiction with regard to all disputes arising out of or in relation to this Online Data Room Rules.

9 Acceptance

In consideration of the Seller agreeing to grant us access to the Online Data Room, we hereby agree to comply with these Online Data Room Rules.

[NAME OF BIDDER]
By: ...... Date: ......
Name (in capitals): ......
Position: ......

Schrifttum: Angersbach, Due Diligence beim Unternehmenskauf, 2002; *Backhaus,* Aktuelle Entwicklungen im Wirtschaftsrecht, NZG 2011, 416; *Barthel,* Unternehmenswert-Ermittlung vs. Due-Diligence-Untersuchung, Teil I DStZ 1999, 73, Teil II DStZ 1999, 136; *Beisel/Andreas,* Beck'sches Mandatshandbuch Due Diligence, 2. Aufl. 2010; *Beisel/Klumpp,* Der Unternehmenskauf, 6. Aufl. 2009; *Berens/Brauner/Strauch,* Due Diligence bei Unternehmensakquisitionen, 5. Aufl. 2008; *Böttcher,* Die Due Diligence beim Unternehmenskauf als Verkehrssitte, ZGS 2007, 20; *ders.,* Verpflichtung des Vorstands einer Aktiengesellschaft zur Durchführung einer Due Diligence beim Beteiligungserwerb: Due Diligence als Verkehrssitte, 2005; *Fleischer/Körber,* Due diligence und Gewährleistung beim Unternehmenskauf, BB 2001, 841; *Gaul,* Schuldrechtsmodernisierung und Unternehmenskauf, ZHR 2002 (166), 35; *Hasselbach,* Die Weitergabe von Insiderinformationen bei M&A-Transaktionen mit börsennotierten Aktiengesellschaften – Unter Berücksichtigung des Gesetzes zur Verbesserung des Anlegerschutzes vom 28. 10. 2004, NZG 2004, 1087; *Hemeling,* Gesellschaftsrechtliche Fragen der Due Diligence beim Unternehmenskauf, ZHR 2005, 274; *Kocher/Widder,* Ad-hoc-Publizität bei M&A-Transaktionen, CFL 2011, 88; *Kiem,* Vertraulichkeitsgeschützte Dokumente in M&A Prozessen, CFL 2010, 405; *Klein-Blenkers,* Die Entwicklung des Unternehmenskaufrechts, NZG 2006, 246; *Kneip/Jänisch,* Tax Due Diligence. Steuerrisiken und Steuergestaltung beim Unternehmenskauf, 2. Aufl. 2010; *Koch,* Due Diligence und Beteiligungserwerb aus Sicht des Insiderrechts, 2006; *Koch/Wegmann,* Praktiker-Handbuch Due Diligence, 2. Aufl. 2002; *Liekefett,* Due Diligence bei M&A-Transaktionen, 2005; *Loges,* Der Einfluss der „Due Diligence" auf die Rechtsstellung eines Käufers eines Unternehmens, DB 1997, 965; *Müller,* Einflüsse der due diligence auf die Gewährleistungsrechte des Käufers beim Unternehmenskauf, NJW 2004, 2196; *Picot,* Handbuch Mergers & Acquisitions, 4. Aufl. 2008; *ders.,* Unternehmenskauf, 3. Aufl. 2004; *Seibt/Wollenschläger,* Haftungsrisiken für Manager wegen fehlgeschlagener Post Merger Integration, DB 2009, 1579; *Spill,* Due Diligence – Praxishinweise zur Planung, Durchführung und Berichterstattung, DStR 1999, 1786; *Westermann,* Due Diligence beim Unternehmenskauf, ZHR 2005, 248; *Zumbansen/Lachner,* Die Geheimhaltungspflicht des Vorstands bei der Due Diligence: Neubewertung im globalisierten Geschäftsverkehr, BB 2006, 613.

Anmerkungen

1. Praxis, Vor- und Nachteile eines Online-Datenraums. In der letzten Dekade hat die Bedeutung von Online-Datenräumen (auch *Virtual Data Rooms* genannt) deutlich zugenommen, was zum einen an den deutlich verbesserten technischen Möglichkeiten, den gesunkenen Vergütungshöhen der entsprechenden Dienstleistungsgesellschaften und zum anderen am Bedeutungszuwachs begrenzter Auktionsverfahren bei M&A-Transaktionen liegt. Derzeit sind in Deutschland führende Anbieter (i) Bowne Smart Room/RR Donelly, (ii) Imprima iRooms, (iii) IntraLinks, und (iv) Merril Data Site. Die jeweiligen Kostenstrukturen sind bei diesen Anbietern deutlich unterschieden und kommen insbesondere auch bei verschiedenen Seiten-/Dokumentenumfängen zu unterschiedlichen Kostenhöhen. Es sollte eine Analyse der Kosten z. B. nach folgenden Kriterien erfolgen: (i) Maximalzahl der Benutzer, (ii) *Base Fee,* (iii) Kosten für Scannen, (iv) Kosten für Upload, (v) Kosten für Closing CD/DVD, (vi) *Service Fee,* (vii) Umfang und Qualitätslevel der technischen Unterstützung. Im Einzelfall werden auch separate Dienstleister zur elektronischen Erfassung der einzustellenden Dokumente („Scannen") eingeschaltet. – Die Vorteile der Nutzung eines Online-Datenraums gegenüber der Zurverfügungstellung eines physischen Datenraums sind insbesondere: (1) Mit der Zurverfügungstellung eines Online-Datenraums ist es möglich, mehrere Erwerbsinteressenten zur gleichen Zeit die Durchführung einer Due Diligence zu ermöglichen, ohne hierbei aufwändige Paralleldatenräume an – aus Diskretionsgründen – verschiedenen Orten einzurichten. (2) Die Nutzung eines Online-Datenraums ermöglicht es, ohne Aufwand festzustellen, ob und ggf. welcher Nutzer wann welches Dokument aufgerufen und damit mit großer Wahrscheinlichkeit durchgesehen hat. Diese Möglichkeit hoher Transparenz kann auch dazu genutzt werden, um den (ggf. vermeintlichen) Due Diligence Aufwand verschiedener Erwerbsinteressenten bewerten zu können. (3) Schließlich kann das Datenmaterial zum Klick-Verhalten auch für den Streitfall genutzt werden, in dem die Kenntnis(nahmemöglichkeit) des Erwerbers von bestimmten Due Diligence-Informationen im Streit steht. Bei kleinvolumigen Transaktionen oder Transaktionsverfahren mit nur einem oder zwei Erwerbsinteressenten werden diese Vorteile häufig nicht die Nutzung eines Online-Datenraums rechtfertigen. – Die Online-Datenraum-Dienstleister stellen den Unternehmen zwar in der Regel ihre Standarddienstverträge, der Einzelverhandlung aus Sicht der Unternehmer aber empfehlenswert ist (z.B. Anzahl von Lizenzen für den Zugang zum Hostingsystem; Regelungen zur Datensicherheit; Regelung zur maximalen „*Downtime*"; Garantien; hierzu auch *Koffka*, in Eilers/Koffka/Mackensen, Private Equity, 2009, Kap. I Rn. 29).

2. Vorrangigkeit der Gewährleistungen und Garantien aus dem Transaktionsvertrag; kein Zwang zum Transaktionsabschluss. Es ist im Interesse des Verkäufers, Risiken im Zusammenhang mit Haftungsansprüchen der Erwerbsinteressenten und insbesondere des späteren Erwerbers im Zusammenhang mit der Zurverfügungstellung von Informationen im Online-Datenraum zu vermeiden und die Regelungen zu einer etwaigen Haftung für fehlerhafte oder missverständliche Informationen im Rahmen der Due Diligence ausschließlich durch den endgültigen Transaktionsvertrag zu regeln. Immerhin ist es nicht ausgeschlossen, dass auf der Grundlage vorvertraglicher Aufklärungspflichten (*culpa in contrahendo*) eine Haftungsgrundlage für fehlerhafte oder missverständliche Informationen in Betracht kommt, die vorbehaltlich ausdrücklicher Regelung im endgültigen Transaktionsvertrag auch neben einer vertraglichen Haftung eingreifen kann. Darüber hinaus sollte klargestellt werden, dass sich aus der Zulassung zur Nutzung des Online-Datenraums keine Verpflichtung zum Transaktionsabschluss ergibt (was sich ansonsten in extremen Einzelfällen ebenfalls aus dem Gesichtspunkt der *culpa in contrahendo* ergeben könnte).

3. Vertraulichkeit. Das Formular enthält keine eigenständige Vertraulichkeitsvereinbarung, sondern nimmt – wie bei den Benutzungsregeln für einen physischen Datenraum (vgl. Form. B.VI.1 Anm. 11) – auf eine bereits zwischen dem Verkäufer und dem Erwerbsinteressenten geschlossene Vertraulichkeitsvereinbarung Bezug. Hierbei ist sicherzustellen, dass die bestehende Vertraulichkeitsvereinbarung sämtliche Mitarbeiter und Berater des Erwerbsinteressenten umfasst, die an der Due Diligence teilnehmen. Sofern dies nicht der Fall ist, sollte den betreffenden Personen nur Zugriff auf den Online-Datenraum gewährt werden, nachdem mit ihnen eine gesonderte Vertraulichkeitsvereinbarung geschlossen wurde. Sofern ausnahmsweise vor Beginn der Due Diligence-Prüfung zwischen dem Verkäufer und dem Erwerbsinteressenten keine gesonderte Vertraulichkeitsvereinbarung geschlossen wurde bzw. wird, sollte in den Datenraumregeln eine entsprechende Vertraulichkeitsvereinbarung aufgenommen werden.

4. Zugang zum Online-Datenraum. Der Zugang zum Online-Datenraum muss einerseits technisch und unter Beachtung bestimmter Sicherheitsregeln erläutert werden, andererseits dient er auch regelmäßig dazu, dass die Benutzungsregeln für den Online-Datenraum für jeden Nutzer Verbindlichkeit erlangen. Für dieses zweite Ziel ist eine doppelte Regelung vorgesehen, nämlich zum einen die Vereinbarung, dass ein Vertreter des Erwerbsinteressenten für alle Nutzer die Annahme der Benutzungsregeln für den Online-Datenraum erklärt (Ziffer 2.1.2) und zum anderen die Regelung, dass mit Passwort-Eingabe auch die Annahme der Benutzungsregeln für den Online-Datenraum bestätigt wird (Ziffer 2.2).

5. Druckbeschränkung. Das Formular geht davon aus, dass dem Erwerbsinteressenten nicht gestattet ist, Ausdrucke der im Online-Datenraum enthaltenen Dokumente zu fertigen. Dies dient der Absicherung der Vertraulichkeit der im Online-Datenraum verfügbaren Informationen.

6. Haftungsausschluss. Im Interesse des Verkäufers ist ein Haftungsausschluss für Schäden jeglicher Art, die an Computern, Computersystemen oder sonstigen Kommunikationseinrichtungen entstehen, vorgesehen. Werden die Benutzungsregeln nicht zur Verhandlung gestellt und qualifizieren sie deshalb als Allgemeine Geschäftsbedingungen, so wird der Haftungsausschluss unwirksam sein.

3. Due Diligence-Anforderungsliste, Standard

Due Diligence-Anforderungsliste[1–5]

Zur rechtlichen Untersuchung der Gesellschaft erbitten wir die Übermittlung der nachfolgend genannten Unterlagen und Angaben (ggf. wird um ausdrückliche Fehlanzeige gebeten). Soweit die Gesellschaft unmittelbare oder mittelbare Tochtergesellschaften oder Beteiligungen mit einer Beteiligungsquote von mehr als 10% hat, werden die folgenden Unterlagen und Angaben auch für diese Unternehmen erbeten. Sofern auf Vereinbarungen Bezug genommen wird, so sind darunter sowohl schriftliche als auch mündliche Vereinbarungen zu verstehen. In allen Fällen sollten auch die zu dem jeweils erbetenen Dokument gehörenden Unterlagen wie Vollmachten, Zustimmungserklärungen etc. übermittelt werden. Es können sich im Rahmen der Prüfung der aufgrund dieser Liste zusammengestellten Unterlagen bzw. gemachten Angaben weiterführende Fragen stellen, die die Vorlage weiterer Unterlagen bzw. weitere Angaben erforderlich machen.

I. Verfassung der Gesellschaft, Beteiligungsstruktur

1. Organigramm oder Liste der unmittelbaren und mittelbaren Tochtergesellschaften sowie Beteiligungen der Gesellschaft unter Angabe des Nominalbetrages der Beteiligung und der Beteiligungsquote;
2. aktueller Handelsregisterausdruck (aller Register, bei denen die Gesellschaft seit ihrer Gründung registriert war) unter Beifügung noch nicht eingetragener Anmeldungen zum (elektronischen) Handelsregister;
3. Satzung in der derzeitig gültigen Fassung;
4. Geschäftsordnung für den Vorstand;
5. Nachweis sowie korrespondierende Unterlagen in Bezug auf die Einführung des Aufsichtsrats, weiterer Beiräte, Verwaltungsräte bzw. Gesellschafterausschüsse oder ähnlicher Gremien (z.B. Nachweis der mitbestimmungsrechtlichen Erforderlichkeit, besonderer Gesellschafterbeschluss etc.), unter Beifügung der Geschäftsordnung für dieses Gremium, einer Liste der derzeitigen Mitglieder und einer Darstellung der gewährten Vergütungen;
6. soweit möglich, Erstellung einer Liste sämtlicher Aktionäre seit der Gründung der Gesellschaft unter Angabe des Nennbetrages der von ihnen gehaltenen Beteiligung sowie detaillierte Angaben zur derzeitigen Aktionärsstruktur;
7. Angabe, ob seit Gründung der Gesellschaft direkt oder indirekt
   - mehr als 3%, 5%, 10%, 15%, 20%, 25%, 30%, 50% oder 75% der Stimmrechte von ein- und demselben Aktionär gehalten werden und ob der Gesellschaft und/oder der Bundesanstalt für Finanzdienstleistungsaufsicht Mitteilungen nach § 21 WpHG zugegangen sind (falls es sich bei der Gesellschaft um einen Emittenten i.S.d. § 21 WpHG handelt);
   - Finanzinstrumente gehalten werden, die ihrem Inhaber das Recht verleihen, einseitig im Rahmen einer rechtlich verbindlichen Vereinbarung bereits ausgegebene, mit Stimmrechten verbundene Aktien zu erwerben, und ob der Gesellschaft und/oder der Bundesanstalt für Finanzdienstleistungsaufsicht Mitteilungen nach § 25 WpHG zugegangen sind (falls es sich bei der Gesellschaft um einen Emittenten i.S.d. § 25 WpHG handelt);
   - mehr als der vierte Teil der Anteile durch oder für Rechnung ein- und desselben Unternehmens gehalten wurden bzw. werden und ob der Gesellschaft Mitteilungen gemäß § 20 AktG zugegangen sind (falls es sich bei der Gesellschaft um eine Aktiengesellschaft handelt);

3. Due Diligence-Anforderungsliste, Standard

- mehr als der vierte Teil der Anteile durch oder für Rechnung einer deutschen Aktiengesellschaft gehalten wurden bzw. werden und ob der Gesellschaft Mitteilungen gemäß § 21 AktG zugegangen sind (falls es sich bei der Gesellschaft um eine sonstige Kapitalgesellschaft handelt);
8. Gründungsvertrag und Urkunden über die seit Gesellschaftsgründung gefassten satzungsändernden Hauptversammlungsbeschlüsse (einschließlich noch nicht zum Handelsregister angemeldeter Beschlüsse). Hinsichtlich des Gründungsvertrages sowie solcher satzungsändernden Hauptversammlungsbeschlüsse, mit denen das Grundkapital erhöht worden ist, wird um Beifügung der entsprechenden Zeichnungsscheine sowie von Nachweisen über den Betrag, die Form und den Zeitpunkt der Leistung der Einlage (einschließlich eines evtl. Aufgeldes), im Fall von Sacheinlagen darüber hinaus um Übermittlung des Einbringungsvertrages, des Sachgründungsberichts sowie der beim Handelsregister eingereichten Nachweise über die Werthaltigkeit der Sacheinlage gebeten. Im Fall von Bareinlagen bitten wir um Dokumentierung aller Rechtsgeschäfte zwischen der Gesellschaft und dem zur Einlage verpflichteten Gesellschafter, die als Umgehung der Sachgründungsvorschriften (sog. verdeckte Sacheinlagen) angesehen werden könnten, insbesondere aller Geldzahlungen oder sonstigen Leistungen der Gesellschaft an den zur Einlage verpflichteten Gesellschafter oder mit ihm verbundene Unternehmen im Zeitraum von einem Jahr vor oder nach der Gründung bzw. der Kapitalerhöhung;
9. Unterlagen über seit Gründung der Gesellschaft erfolgte Umwandlungsmaßnahmen nach dem UmwG sowie sonstige Umstrukturierungen, an denen die Gesellschaft als übertragender oder übernehmender Rechtsträger, als zustimmender Gesellschafter oder in sonstiger Weise beteiligt war;
10. Protokolle sämtlicher Hauptversammlungen seit Gründung der Gesellschaft sowie sämtlicher Vorstands-, Aufsichtsrats-, Beirats-, Verwaltungsrats- und Gesellschafterausschusssitzungen der letzen ...... Jahre und sämtlicher von diesen Organen im vorgenannten Zeitraum gefassten Beschlüsse;
11. Unterlagen über die Einziehung oder Zusammenlegung von Aktien und den Ausschluss von Gesellschaftern;
12. Beherrschungs-, Gewinnabführungs-, Gewinngemeinschafts-, Betriebspacht- und Betriebsüberlassungsverträge, an denen die Gesellschaft beteiligt war oder ist und damit zusammenhängende Unterlagen (Handelsregisteranmeldungen, Hauptversammlungsbeschlüsse etc.);
13. geschlossene Kette der Urkunden über die Veräußerung und Abtretung von Aktien vom Zeitpunkt der Gesellschaftsgründung bis hin zum heutigen Tage unter Beifügung sämtlicher der Gesellschaft in diesem Zusammenhang (z.B. nach § 16 GmbHG, §§ 20, 21 AktG, §§ 21, 25 WpHG) zugegangener Mitteilungen;
14. Vereinbarungen über jegliche Belastungen von Aktien, insbesondere Verpfändungen sowie Übertragungen von Rechten an Gesellschaftsanteilen;
15. Angaben zu Options-, Andienungs-, Vorkaufs-, Bezugsrechten oder sonstigen Rechten, Aktien an der Gesellschaft zu erwerben oder zu veräußern, unter Beifügung der Dokumente, die derartige Rechte begründen (soweit sie sich nicht aus der Satzung ergeben);
16. Informationen zu Aktienurkunden sowie Zwischenscheinen unter Angabe, in wessen Besitz sie sich befinden;
17. Vereinbarungen über die Begründung stiller Gesellschaften sowie die Gewährung von Genussrechten;
18. Vereinbarungen über die Gewährung von Darlehen an die Gesellschaft durch Aktionäre, diesen nahestehende Personen oder verbundene Unternehmen der Aktionäre unter Angabe des Zinssatzes, des Betrages und Zeitpunktes der Leistung und der Rückzahlung sowie der Bestellung von Sicherheiten;

19. Vereinbarungen über die Bestellung von Sicherheiten durch Aktionäre bzw. deren verbundenen Unternehmen für Verbindlichkeiten der Gesellschaft gegenüber Dritten;
20. Vereinbarungen über die Gewährung von Darlehen durch die Gesellschaft an Aktionäre, diesen nahestehende Personen bzw. deren verbundene Unternehmen unter Angabe des Zinssatzes, des Betrages und Zeitpunktes der Leistung und der Rückzahlung sowie der Bestellung von Sicherheiten;
21. Vereinbarungen über die Bestellung von Sicherheiten durch die Gesellschaft für Verbindlichkeiten der Aktionäre, diesen nahestehende Personen bzw. deren verbundene Unternehmen gegenüber Dritten;
22. Vereinbarungen der Gesellschaft mit Aktionären (z.B. Austauschverträge, Konzernumlagen, Dienstleistungsverträge, Cash Pool-Vereinbarungen, Begründung oder Befreiung von Wettbewerbsverboten etc.);
23. Gesellschaftervereinbarungen und andere die Gesellschaft oder das Gesellschaftsverhältnis betreffende Vereinbarungen der Aktionäre untereinander bzw. mit Dritten (einschließlich Vereinbarungen von Unterbeteiligungen, Stimmbindungsvereinbarungen, Poolvereinbarungen sowie Vereinbarungen, die Aktien treuhänderisch für einen Dritten oder andere Aktien zu halten);
24. Anträge auf Eröffnung von Insolvenz- oder vergleichbaren Verfahren über das Vermögen der Gesellschaft seit deren Gründung sowie Angaben zu deren Schicksal;
25. Verträge, mit denen Unternehmen, Unternehmensteile, Beteiligungen oder wichtige Gegenstände des Anlagevermögens (vollständig oder teilweise) seit Gründung der Gesellschaft erworben oder veräußert wurden sowie im Zusammenhang damit erstellte Berichte und Prüfungen.
26. Übermittlung sämtlicher binnen der letzten ...... Jahre vorgenommener anlassabhängiger sowie regelmäßig wiederkehrender Publikationen aufgrund wertpapierhandelsrechtlicher, börsenrechtlicher bzw. mit der Börsennotierung der Gesellschaft im Zusammenhang stehenden Vorschriften; ferner Auflistung aller beantragten und gewährten Befreiungen diesbezüglich, einschließlich der Korrespondenz mit der jeweils zuständigen Stelle. Auflistung aller aufsichtsrechtlichen (insbes. straf- und ordnungswidrigkeitsrechtlichen) und zivilrechtlichen Verfahren/Streitigkeiten mit Bezug zu o.g. Publizitätspflichten sowie Angaben zum Stand des Verfahrens.

II. Finanzangelegenheiten

1. Jahresabschlüsse der Gesellschaft (einschließlich Bilanz, Gewinn- und Verlustrechnung und Anhang) nebst Lagebericht der Geschäftsführung und Prüfungsbericht der Abschlussprüfer für die letzten ...... abgeschlossenen Geschäftsjahre der Gesellschaft;
2. Erläuterung der Eventualverbindlichkeiten;
3. Vereinbarungen über die Inanspruchnahme oder Gewährung von Krediten (einschließlich der Einräumung oder bloßen Duldung der Inanspruchnahme von Kreditlinien) und deren Besicherung (u.a. durch Anteilsverpfändungen, Globalzessionen, Sicherungsübereignungen etc.), ausgenommen handelsübliche Stundung von Forderungen oder Verbindlichkeiten;
4. vollständige Dokumentation über sonstige (bilanzwirksame und nicht bilanzwirksame; insbesondere auch Mezzanine) Finanzierungen (u.a. Anleihen jeder Art, Commercial Paper, Asset Backed Securities etc.) sowie Derivate;
5. maximale Zahlungsziele bei Kundenforderungen;
6. Bürgschaften, Garantieverpflichtungen oder Sicherheitsleistungen jeglicher Art (einschließlich Patronatserklärungen) der Gesellschaft zugunsten Dritter sowie Verpflichtungen gegenüber Dritten, die wiederum für die Gesellschaft Bürgschaften, Garantien oder sonstige Sicherheiten gestellt haben, ausgenommen branchenübliche Erfüllungsbürgschaften, Akkreditive und Garantieverpflichtungen im Zusammen-

hang mit der Abwicklung von Lieferungen und Leistungen im gewöhnlichen Geschäftsbetrieb;
7. Factoring-Verträge;
8. Auflistung der Bankkonten der Gesellschaften, Angabe der jeweils Zeichnungsberechtigten sowie der aktuellen Salden.

III. Steuern

1. Angabe, bis zu welchem Jahr und für welche Steuern Steuererklärungen abgegeben und Steuerbescheide ergangen sind unter Beifügung der jeweils drei letzten Steuererklärungen und Steuerbescheide;
2. letzter Betriebsprüfungsbericht.

IV. Einkauf, Absatz und Wettbewerb

1. Aufstellung der zehn größten Lieferanten der Gesellschaft sowie der Lieferanten, die die einzige Bezugsquelle darstellen;
2. Vereinbarungen mit wichtigen Lieferanten (als wichtig gelten Lieferanten, mit denen im letzten abgeschlossenen Geschäftsjahr ein Umsatz von mehr als ...... EUR netto getätigt worden ist oder mit denen eine Vereinbarung getroffen wurde, die eine Kündigungsfrist von mehr als drei Monaten hat);
3. Standard-Einkaufsbedingungen; Standard-Verkaufsbedingungen; Allgemeine Geschäftsbedingungen;
4. Aufstellung der 20 größten Abnehmer sowie derjenigen Abnehmer, die für ein bestimmtes Produkt die einzigen Abnehmer sind;
5. Vereinbarungen mit wichtigen Abnehmern (als wichtig gelten Abnehmer, mit denen im letzten abgeschlossenen Geschäftsjahr ein Umsatz von mehr als ...... EUR netto getätigt wurde oder mit denen eine Vereinbarung geschlossen wurde, die eine Kündigungsfrist von mehr als drei Monaten hat);
6. während der letzten ...... Jahre geltend gemachte oder angedrohte Gewährleistungs- und/oder Produkthaftpflichtansprüche, die sich auf die von der Gesellschaft hergestellten oder vertriebenen Waren oder Dienstleistungen beziehen und welche im Einzelfall ...... EUR oder in der Summe ...... EUR übersteigen;
7. Aufstellung aller Vereinbarungen mit Handelsvertretern, Eigenhändlern und sonstiger Vertriebsvereinbarungen unter Beifügung derjenigen Verträge, die im Falle ihrer Beendigung zu Ausgleichsansprüchen führen können und/oder die längere Kündigungsfristen als drei Monate haben;
8. Aufschlüsselung des Umsatzes der Gesellschaft in den letzten ...... abgeschlossenen Geschäftsjahren auf Hauptproduktgruppen unter Angabe des jeweils im Inland sowie in der Europäischen Gemeinschaft erzielten Marktanteiles;
9. Nennung der wichtigsten Wettbewerber unter Angabe deren geschätzten Marktanteile in den o. a. Hauptproduktgruppen im letzten abgeschlossenen Geschäftsjahr der Gesellschaft;
10. alle Joint-Venture-, Kooperations-, Gesellschafts- und ähnlichen Verträge;
11. alle wettbewerbsbeschränkenden Vereinbarungen und Absprachen einschließlich Vereinbarungen über Wettbewerbsverbote und Vereinbarungen, die Exklusivrechte zu Gunsten oder zu Lasten der Gesellschaft vorsehen;
12. Angaben zu Untersuchungen über die Gesellschaft durch Kartellbehörden sowie Vorlage der Korrespondenz mit den besagten Behörden, einschließlich Kopien aller kartellrechtlichen Anmeldungen, Anzeigen und Anträge aus den vergangenen ...... Jahren;
13. Aufstellung aller gegen die Gesellschaft in den letzten ...... Jahren geltend gemachten (angeblichen) Verletzungen von wettbewerbsrechtlichen Bestimmungen.

V. Versicherungen

1. Aufstellung der von der Gesellschaft abgeschlossenen Versicherungen einschließlich Haftpflichtversicherung gegen Umwelt- und Gewässerschäden (ausgenommen Versicherungen der betrieblich genutzten Personenkraftfahrzeuge) unter Angabe des Versicherers, der gedeckten Risiken und der Versicherungssummen sowie der Prämien (einschließlich der fälligen und nicht gezahlten Prämien); Angabe, ob die Gesellschaft die Bestimmungen der Verträge beachtet und ob der Versicherungsschutz gefährdet ist;
2. Aufstellung der in den letzten ...... Jahren geltend gemachten Versicherungsansprüche;
3. Darstellung der Anträge auf den Abschluss von Versicherungen, die in den letzten ...... Jahren zurückgewiesen worden sind;
4. Aufstellung der nicht durch Versicherungen gedeckten Risiken; Risikobewertung durch Versicherungsmakler (soweit verfügbar).

VI. Betriebsstätten und Grundstücke

1. Liste aller Betriebsstätten der Gesellschaft unter Einschluss sämtlicher Repräsentanzen, Büros und Zweigniederlassungen (Grundstücke und Räumlichkeiten) mit genauer Adresse und unter Angabe der wesentlichen Nutzungen;
2. Liste aller nicht als Betriebsstätten der Gesellschaft genutzten Grundstücke, die im Eigentum der Gesellschaft stehen oder an denen ihr ein Erbbaurecht zusteht;
3. Katasterpläne (Flurkarten) in der derzeit gültigen Fassung für alle Betriebsstätten und Grundstücke der Gesellschaft, außerdem auch Lagepläne sowie Grenzinnehaltungsbescheinigungen;
4. Nachweis der für die Betriebsstätten und Grundstücke der Gesellschaft sowie ihre angrenzende Umgebung geltenden bauplanungsrechtlichen Situation, insbesondere Darstellung im Flächennutzungsplan und Festsetzung im Bebauungsplan sowie zu erwartende wesentliche Änderungen; Erläuterungen zu benachbarten störungsempfindlichen Nutzungen (in Bezug auf Lärm und Luftschadstoffe, Explosionsgefahr, etc.); Angaben, ob die Grundstücke im Geltungsbereich von Umlegungs-, Erhaltungs- oder Sanierungssatzungen liegen; Angabe, ob die Grundstücke in oder in der Nachbarschaft von Landschafts- oder Naturschutzgebieten liegen; Angabe, ob die Grundstücke in Wasserschutz-, Heilquellenschutz- oder Überschwemmungsschutzgebieten liegen, Angaben, ob die Ausweisung der in dieser Nummer genannten Gebiete oder die Verabschiedung der genannten Satzungen beabsichtigt ist;
5. Aufstellung über Baugenehmigungen und Befreiungen sowie Angabe von Ausnahmen, ferner Aufstellung behördlicher Abnahmen für die auf den Betriebsstätten und Grundstücken der Gesellschaft befindlichen baulichen Anlagen unter Angabe eventueller Abweichungen; Nachweis früherer, laufender oder zu erwartender baurechtlicher Auseinandersetzungen mit den Behörden oder mit Nachbarn, insbesondere aufgrund überhöhter Lärmpegel; ferner Vorlage der Baugenehmigungen und Schlussabnahmescheine sowie Nachweis der unter Denkmalschutz stehenden Objekte;
6. Aktuelle Grundbuch-, Teileigentumsgrundbuch- bzw. Erbbaurechtsgrundbuchauszüge für die Betriebsstätten und Grundstücke, die im Eigentum der Gesellschaft stehen bzw. an denen ihr ein Erbbaurecht zusteht;
7. Dienstbarkeiten und sonstige Berechtigungen/Belastungen (einschließlich schuldrechtlicher Vereinbarungen) zugunsten/zu Lasten der Gesellschaft oder der ihr gehörenden oder von ihr genutzten Grundstücke; insbesondere Bewilligungen zu Belastungen in Abteilung II des Grundbuchs mit Plananlagen;
8. Nachbarrechtliche und sonstige nicht im Grundbuch eingetragene Beschränkungen des Grundbesitzes (bei Baulasten Vorlage eines Auszugs aus dem Baulastenverzeichnis); ggf. Anträge an das Grundbuchamt oder Baulastenverzeichnis; Nachbarrechts-

vereinbarungen (insbesondere Überbauverträge und Verträge über Mitnutzung benachbarter Grundstücke, der eigenen Grundstücke);
9. Angaben zu Teilungen (nach Wohnungseigentumsgesetz/WEG): Teilungserklärungen, auch noch nicht vollzogene, ggf. Antragsstand beim Grundbuchamt mit Anlagen, Teilungspläne, Abgeschlossenheitserklärungen, aktuelle Gemeinschaftsordnungen sowie relevante Beschlüsse der Eigentümergemeinschaft; Vertrag mit WEG-Verwalter;
10. Aufstellung der am Bau beteiligten Firmen, soweit noch Gewährleistungsansprüche bestehen; Angaben zu Gewährleistungsforderungen und -sicherheiten sowie zu etwaigen Architektenurheberrechten;
11. Miet-, Pacht- und Leasingverträge über Betriebsstätten, Grundstücke oder Gebäude in fremdem Eigentum nebst Nachträgen und Angaben zu mündlichen Nebenabsprachen;
12. Miet-, Pacht- und Leasingverträge über Grundstücke oder Gebäude, die im Eigentum der Gesellschaft stehen oder an denen ihr ein Erbbaurecht zusteht oder bei denen die Gesellschaft Vermieterin ist; Aufstellung der Mietsicherheiten; Angaben zu mieterseitigen Einwendungen und geltend gemachten Minderungen sowie zu sonstigen Streitfällen mit den Mietern; Genehmigungen von Indexklauseln; Angaben zu vorgenommenen Messungen der Mietfläche; Genehmigungen der Mietverträge in Bereichen von Zweckentfremdungsverordnungen und Sanierungsgebieten; Angaben zur Optionsausübung gemäß § 9 UStG;
13. Versorgungs-, Liefer- und Wartungsverträge, die für die Bewirtschaftung der Betriebsstätten abgeschlossen wurden;
14. noch nicht oder nicht vollständig erfüllte Verträge über den Erwerb, die Belastung oder die Veräußerung von Grundstücken oder grundstücksgleichen Rechten sowie Informationen über die voraussichtliche Eingehung bzw. Beendigung von Miet-, Pacht- oder Leasingverhältnissen bezüglich der Betriebsstätten, Grundstücke oder Gebäude;
15. Überblick über die bisherige Nutzung aller aktuellen oder ehemaligen Betriebsstätten und Grundstücke der Gesellschaft (frühere Eigentümer oder Nutzer, Art der Produktion etc.);
16. Angaben über bestehende oder drohende behördliche Auflagen, die den Betrieb des Grundstückes oder darauf befindlicher Gebäude oder Anlagen beeinträchtigen oder benachteiligen könnten;
17. bestehende oder drohende rechtliche Auseinandersetzungen mit Dritten auf dem Gebiet der Betriebsstätten;
18. Angaben über noch ausstehende auf dem Grundstück ruhende öffentlich-rechtliche Lasten wie Erschließungsbeiträge, Kanalanschlussbeiträge etc., einschließlich schon begründeter aber noch nicht erhobener Abgaben;
19. für Unternehmen auf dem Gebiet der ehemaligen DDR bzw. von Berlin-Ost: Angaben über Restitutionsansprüche oder sonstige offene Vermögensfragen (einschließlich Verfahren nach dem VZOG, KVG, InVorG; Sachenrechts- und Schuldbereinigungsgesetz) hinsichtlich der von der Gesellschaft genutzten Grundstücke (Angabe des jeweiligen Anspruchsstellers mit kurzer Beschreibung des Verfahrensstandes und Einschätzung des Verfahrensgangs sowie des betroffenen Grundstücks oder Gebäudes).

VII. Betriebsanlagen

1. Anlagenspiegel unter Angabe derjenigen Anlagen im Eigentum der Gesellschaft, an denen Sicherheiten für Dritte bestellt sind (unter Einschluss von Anlagen, an denen Eigentumsvorbehaltsrechte der jeweiligen Lieferanten bestehen, soweit die noch offenstehende Kaufpreisverbindlichkeit im letzten geprüften Jahresabschluss ausgewiesen ist), und der nur gemieteten, gepachteten, geleasten oder sonstwie genutzten Anlagen;

2. Aufstellung der Miet- und Leasingverträge über Anlagen, Maschinen und Gegenstände der Betriebs- und Geschäftseinrichtung unter Angabe der jeweiligen Laufzeit (Beginn und Ende) und der jährlichen Netto-Zahllast;
3. noch nicht erfüllte Verträge über Anschaffungen von Gegenständen des Anlagevermögens, die Verpflichtungen der Gesellschaft von mehr als ...... EUR (netto) im Einzelfall begründen.

VIII. Geschäftsbetrieb, Umweltschutz

1. Beschreibung des Geschäftsbetriebes der Gesellschaft (Branche, Art der Produktion, Art der erbrachten Dienstleistungen etc.); soweit vorhanden auch Unterlagen zur Umweltpolitik der Gesellschaft, z.B. Vermerke, Berichte oder Gutachten über umweltbezogene Gesamtziele und Handlungsgrundsätze der Gesellschaft, über die Einhaltung aller einschlägigen Vorschriften;
2. Gewerbeanmeldung und ggf. Gewerbeerlaubnis; weitere behördliche Erlaubnisse und Auflagen für die Ausübung des Geschäftsbetriebes der Gesellschaft (soweit nicht nachfolgend gesondert angefordert); Auszug aus dem Gewerbezentralregister;
3. Verzeichnis der immissionsschutzrechtlich genehmigungspflichtigen Anlagen unter Vorlage aller Genehmigungsbescheide und Befreiungen bzw. Angabe von Ausnahmen einschließlich der Änderungsbescheide, Teilgenehmigungsbescheide, Bescheide über den vorzeitigen Beginn und Vorbescheide; Vorlage der Anzeigen gemäß §§ 67, 67a BImSchG; Angaben darüber, ob sämtliche genehmigungspflichtigen Anlagen einschließlich etwaiger Änderungen tatsächlich genehmigt worden sind oder werden, und ob diese in Übereinstimmung mit Genehmigungsbescheiden und den darin enthaltenen Bedingungen und Auflagen betrieben werden; Angaben darüber, ob diese Bescheide durch das Unternehmen oder Dritte angefochten sind bzw. eine solche Anfechtung zu erwarten ist; Aufstellung anzeigepflichtiger Änderungen an Anlagen, Vorlage der Anzeigen;
4. Aufstellung aller im Geschäftsbetrieb jemals verwendeten umweltgefährdenden Stoffe mit Mengenangabe, Lagerungsort und Schutzvorkehrungen, insbesondere: Nachweis des Umgangs mit Gefahrstoffen i.S.d. GefStoffVO, wassergefährdenden Stoffen i.S.v. § 62 Abs. 3 WHG (bzw. den landesrechtlichen Wassergesetzen) und dem Anhang 2 zur VwVwS;
5. Aufstellung aller unterirdischen und oberirdischen Lagerungsstätten umweltgefährdender Stoffe, insbesondere Tankanlagen und Fasslager sowie von Rohrleitungen und Umschlagplätzen für wassergefährdende Stoffe unabhängig davon, ob gegenwärtig genutzt oder nicht einschließlich Angaben über die Art und die Häufigkeit des Abfüllens oder Umschlags; Vorlage von Prüfberichten und Eigenkontrollen und etwaigen Beanstandungen sowie sämtlicher Behördenkorrespondenz im Zusammenhang damit; Aufstellungen über Art, Menge und Ort der gelagerten wassergefährdenden Stoffe; Vorlage der Genehmigungsbescheide für die Errichtung und den Betrieb von Rohrleitungsanlagen zum Befördern wassergefährdender Stoffe nach § 2 Abs. 1 S. 2 RohrFlVO;
6. Angabe, ob es durch den Geschäftsbetrieb der Gesellschaft zu nicht genehmigten oder nicht zulässigen Belastungen der Umwelt (Erdreich, Wasser einschließlich Grundwasser, Luft, Lärm) kommt bzw. in der Vergangenheit gekommen ist (einschließlich der Freisetzung gefährlicher Stoffe); Aufstellung aller behördlicherseits oder betriebsintern festgestellten Umweltschädigungen (z.B. bei Boden- und Grundwassermessungen) und Vorlage der diesbezüglichen Korrespondenz oder interner Dokumente, Vorlage entsprechender Gutachten, sowie Angaben zur Beseitigung (z.B. Gutachten, Dekontaminationsrechnungen); Angaben darüber, ob auf den Grundstücken Brunnen und Grundwassermessstellen bestehen;

3. Due Diligence-Anforderungsliste, Standard   B. VI. 3

7. Angabe, ob es auf den der Gesellschaft gehörenden oder von ihr aktuell oder früher genutzten Grundstücken einschließlich der seit dem 1. 3. 1999 veräußerten Grundstücke schädliche Bodenveränderungen, Altlasten oder Verunreinigungen des Grundwassers gibt oder von ihnen ausgehen oder ob Hinweise hierauf vorliegen. Angaben über solche Verunreinigungen auf anderen, zum Beispiel benachbarten, Grundstücken, die die Gesellschaft verursacht haben könnte. Angaben über die Aufnahme von Betriebsgrundstücken in Altlasten Verdachtsflächenkataster oder ähnliche Verzeichnisse (auch wenn sie zwischenzeitlich wieder gestrichen worden sind, in diesem Falle Vorlage der einschlägigen Korrespondenz/Bescheide der Behörden); Vorlage sämtlicher Behördenkorrespondenz, insbesondere von Bescheiden oder Anhörungen im Zusammenhang mit derartigen Verunreinigungen oder Altlasten; Vorlage etwaiger Umweltgutachten oder Untersuchungsberichte im Zusammenhang mit bekannten, vermuteten oder bereits sanierten schädlichen Bodenveränderungen, Altlasten oder Verunreinigungen des Grundwassers; für Unternehmen oder Betriebsstätten im Beitrittsgebiet: Angaben und Vorlage zu einer eventuellen Freistellung nach dem Umweltrahmengesetz oder sonstigen landesrechtlichen Regelungen;
8. Zusammenstellung aller während der letzten ...... Jahre ergangenen gewerbe- oder umweltrechtlichen Verfügungen oder Beanstandungen von Behörden oder Dritten sowie Nachweise zu deren Erledigung; letzter Überprüfungsbericht der Gewerbeaufsicht sowie in den letzten ...... Jahren ergangene Beanstandungen, Anordnungen, Anregungen und Anfragen der Gewerbeaufsicht;
9. Vorlage eines Umweltorganigramms der Gesellschaft; mindestens jedoch Angabe, wer auf der Führungsebene des Unternehmens für Umweltfragen (technisch und rechtlich) zuständig ist und welches Mitglied des vertretungsberechtigten Organs gem. § 52a Abs. 1 BImSchG die Pflichten des Betreibers der genehmigungsbedürftigen Anlagen oder die abfallrechtlichen Pflichten gemäß § 53 KrW-/AbfG wahrnimmt, einschließlich der jeweiligen Anzeigen an die zuständige Behörde; Namensliste der Betriebsbeauftragten für Immissionsschutz, Abfall, Gewässerschutz, Strahlenschutz, Brandschutz, Störfallbeauftragter, Gefahrgutbeauftragter (jeweils soweit einschlägig, sonst Fehlanzeige), sowie Angaben über deren aufgabenspezifische Qualifikation unter Vorlage der einschlägigen Zeugnisse und Angaben über deren Zuverlässigkeit, Vorlage der jeweiligen Bestellungsschreiben an die Behörde, sowie Angaben über etwaige Beanstandungen der umweltrechtlichen Unternehmensorganisation; Vorlage der Berichte der Betriebsbeauftragten, des Gefahrgutbeauftragten und des Störfallbeauftragten für die ...... letzten verfügbaren Jahre;
10. Überblick über die Versorgung der Betriebsstätten mit Frischwasser; Nachweis wasserrechtlicher Erlaubnisse und Bewilligungen in Bezug auf die Entnahme oder sonstige Benutzungen von Oberflächen- und Grundwasser, den Betrieb betriebseigener Abwasseranlagen; ggf. Beschreibung „alter Rechte" i. S. d. § 20 WHG; Angabe, ob die tatsächliche Gewässerbenutzung den gesetzlichen und behördlichen Anforderungen entspricht und ob es in der Vergangenheit oder Gegenwart zu behördlichen Beanstandungen gekommen ist;
11. Übersicht über die Handhabung der Abfallentsorgung; Vorlage des betrieblichen Abfallkonzepts und der betrieblichen Abfallbilanzen für die letzten ...... Jahre, Nachweis über die Zertifizierung als Entsorgungsfachbetrieb der beauftragten Entsorgungsunternehmen; Vorlage der Entsorgungsnachweise; Auskunft und ggf. Nachweis über behördliche Beanstandungen der Abfallentsorgungspraxis, Auseinandersetzung mit Dritten, Bußgeld- oder Strafverfahren im Zusammenhang mit der Abfallentsorgung; Nachweis der Einhaltung der gesetzlichen Anforderungen an die Nachweisführung über die Zulässigkeit der vorgesehenen Entsorgung bzw. über entsorgte Abfälle; Angaben über das Anfallen von Altölen, CKW-haltigen Stoffen, PCB-haltige

Transformatoren; Vorlage interner Prüfberichte über die Abfallentsorgung; Vorlage der Entsorgungsverträge.

IX. Gewerbliche Schutzrechte, Urheberrechte und Nutzungsrechte an solchen Rechten; Datenschutz

1. Aufstellung der der Gesellschaft oder, soweit von der Gesellschaft genutzt, den Gesellschaftern erteilten Patente und der vorgenommenen Patentanmeldungen (Patentanmeldungen und -erteilungen in mehreren Ländern sind separat aufzuführen; bei deutschen Patenten ist kenntlich zu machen, ob ein Patent in den neuen Bundesländern beantragt oder erteilt worden ist); in der Aufstellung sind für jedes Patent und jede Patentanmeldung anzugeben: (a) das Land bzw. die Länder, in denen das Patent Geltung hat, (b) die Anmelde-/Eintragungsnummer, (c) der Erfinder, (d) der Inhaber, (e) eine kurze Beschreibung der Erfindung, (f) der Zeitpunkt der Anmeldung und (g) ggf. der Zeitpunkt der Erteilung; bei einer Vielzahl von Patenten sind diejenigen Patente zu kennzeichnen, die für den Geschäftsbetrieb der Gesellschaft von besonderer Bedeutung sind; im Fall von Arbeitnehmererfindungen sind Nachweise über die Inanspruchnahme, die Vergütungsabrede und die Zahlung der geschuldeten Vergütung beizufügen;
2. Registrierungsurkunden der eingetragenen Patente; für Patentanmeldungen: Unterlagen zum Stand des Anmeldeverfahrens, insbesondere etwaige schriftliche Stellungnahmen des Patentamts;
3. zusätzlich bei von Dritten an die Gesellschaft übertragenen Patenten: Unterlagen über den Erwerb und die Übertragung sowie Nachweis der Eintragung der Übertragung in den zuständigen Registern;
4. Aufstellung der Einspruchs- bzw. Nichtigkeitsverfahren hinsichtlich der Patente;
5. Beschreibung des Stands anhängiger, angedrohter oder nach Meinung der Gesellschaft möglicher Verletzungsverfahren wegen der Verletzung fremder Patente durch die Gesellschaft bzw. der Verletzung eigener Patente der Gesellschaft durch Dritte;
6. Verträge über die Lizenzierung von Patenten der Gesellschaft an Dritte;
7. Verträge über die Lizenzierung von Patenten Dritter an die Gesellschaft;
8. Angabe zu Belastungen der Patente (z.B. durch Pfandrecht);
9. Beschreibung der Handhabung der Patentpflege (Bezahlung der Jahresgebühr, Fälligkeitsüberwachung etc.);
10. Angaben wie zu 1.–9. für Gebrauchsmuster (soweit anwendbar);
11. Zusammenstellung der für die Gesellschaft eingetragenen bzw. von ihr angemeldeten Marken (Markeneintragungen und -anmeldungen in mehreren Ländern sind separat aufzuführen; deutsche Eintragungen und Anmeldungen in den neuen Bundesländern sind gesondert aufzuführen); in der Aufstellung sind für jede Marke und für jede Markenanmeldung anzugeben: (a) das Land bzw. die Länder, in denen die Marke Geltung hat, (b) die Anmelde-/Eintragungsnummer, (c) der Markeninhaber, (d) der Anmeldetag, (e) ggf. der Zeitpunkt der Eintragung sowie (f) die geschützten Klassen und das Waren- und Dienstleistungsverzeichnis; bei einer Vielzahl von Marken sind diejenigen Marken zu kennzeichnen, die für den Geschäftsbetrieb der Gesellschaft von besonderer Bedeutung sind;
12. Eintragungsurkunden aller eingetragenen Marken; für Markenanmeldungen: Darstellung des Standes des Anmeldeverfahrens sowie etwaige schriftliche Stellungnahmen des zuständigen Amtes;
13. bei von Dritten erworbenen Marken: Unterlagen über den Kauf und die Übertragung sowie die Umtragung in den zuständigen Registern;
14. Aufstellung anhängiger, angedrohter, nach Meinung der Gesellschaft möglicher oder bereits abgeschlossener Angriffe auf die Rechtsbeständigkeit eingetragener Marken der Gesellschaft (einschließlich Widersprüchen, Löschungsklagen, Einschränkungen in der Nutzung der Marke, z.B. Abgrenzungsvereinbarungen, und Verzichten);

3. Due Diligence-Anforderungsliste, Standard **B. VI. 3**

15. Beschreibung des Stands anhängiger, angedrohter oder nach Meinung der Gesellschaft möglicher Verletzungsverfahren in Bezug auf die Verletzung fremder Marken durch die Gesellschaft bzw. die Verletzung eigener Marken durch Dritte (z. B. Prozesse, Abmahnungen, Kenntnis von Verletzungshandlungen, Duldungen);
16. Verträge über die Lizenzierung von Marken der Gesellschaft an Dritte;
17. Verträge über die Lizenzierung von Marken Dritter an die Gesellschaft;
18. Angabe zu Belastungen der Marken (z. B. durch Pfandrecht);
19. Beschreibung der Handhabung der Markenpflege (Markenüberwachung, Kontrolle der Verlängerungszeitpunkte, Zahlung der Verlängerungsgebühr);
20. Zusammenstellung der von der Gesellschaft genutzten und nicht als Marken eingetragenen Produkt- und Geschäftskennzeichen; Beschreibung des Stands anhängiger, angedrohter oder nach Meinung der Gesellschaft möglicher rechtlicher Auseinandersetzungen;
21. Angaben über relevante Geschmacksmuster, Topographien oder Sortenschutzrechte;
22. Beschreibung des Know-hows der Gesellschaft (insbesondere geheime technische Informationen, Zeichnungen, Verfahren, Daten, Formeln, Rezepte) unter Beifügung der Geheimhaltungsvereinbarungen mit den Personen, denen das Know-how zugänglich gemacht wird;
23. Verträge über die Lizenzierung von Know-how der Gesellschaft an Dritte;
24. Verträge über die Lizenzierung von Know-how Dritter an die Gesellschaft;
25. bestehende oder drohende rechtliche Auseinandersetzungen mit Dritten im Zusammenhang mit Know-how;
26. Beschreibung der Urheberrechte (außer Software), zu deren Nutzung die Gesellschaft berechtigt ist; erfolgt die Nutzung durch die Gesellschaft aufgrund von schriftlichen Lizenzverträgen mit Dritten, sind diese Verträge vorzulegen;
27. Verträge über die Lizenzierung von Urheberrechten an Dritte;
28. bestehende oder drohende rechtliche Auseinandersetzungen mit Dritten im Zusammenhang mit Urheberrechten;
29. Liste der von der Gesellschaft genutzten Software (einschließlich der Website) sowie Verträge über den Kauf, die Entwicklung, die Nutzung und/oder die Pflege der von der Gesellschaft genutzten Software;
30. bei eigener Software-Erstellung durch die Gesellschaft: Anstellungsverträge der Software-Entwickler oder anderer Arbeitnehmer der Gesellschaft, die an der Erstellung der Software und/oder der Website der Gesellschaft beteiligt waren;
31. bei eigener Software-Erstellung oder Unterlizenzierung von Software durch die Gesellschaft an Dritte: Liste der Verträge, mit denen Software an Dritte lizenziert wurde sowie Vorlage der Verträge;
32. bestehende oder drohende rechtliche Auseinandersetzungen mit Dritten im Zusammenhang mit Software;
33. Liste der von der Gesellschaft genutzten Domains (Internetadressen) mit Angabe desjenigen, für den die jeweilige Domain registriert ist („AdminC");
34. Liste aller anhängigen oder möglichen Streitigkeiten im Zusammenhang mit den Domains;
35. Zusammenarbeitsvereinbarungen, Entwicklungsverträge, Kooperationsverträge und sonstige Vereinbarungen auf dem Gebiet der gewerblichen Schutzrechte;
36. Beschreibung der von der Gesellschaft genutzten Computer-Hardware;
37. bestehende oder drohende rechtliche Auseinandersetzungen mit Dritten auf dem Gebiet der gewerblichen Schutzrechte, soweit nicht bereits von vorstehenden Ziffern erfasst;
38. Angaben zum betrieblichen Datenschutz; ggf. Nennung des betrieblichen Datenschutzbeauftragten, einschließlich Angaben zur aufgabenspezifischen Qualifikation;

Seibt

Angaben zum Umfang der im Betrieb oder in dessen Auftrag (§ 11 BDSG) vorgenommenen Erhebung, Verarbeitung und Nutzung personenbezogener Daten, insbesondere der Übermittlung solcher Daten in Staaten außerhalb der EU; Angaben zu personellen, organisatorischen und technischen Vorkehrungen zur Einhaltung des gesetzlichen Datenschutzes; ggf. Schriftverkehr mit Aufsichtsbehörden.

X. Personalangelegenheiten

1. Anzahl aller Arbeitnehmer (einschließlich der leitenden Angestellten), geordnet nach Arbeitern und Angestellten; bei mehreren Betrieben: Anzahl der Arbeitnehmer eines jeden Betriebes;
2. Liste aller Arbeitnehmer (einschließlich leitender Angestellter) unter Angabe folgender Informationen:
   - Geburtsdatum;
   - Eintrittsdatum, gegebenenfalls unter Hinweis auf angerechnete Vordienstzeiten (gemäß § 613a Abs. 1 Satz 1 BGB oder aufgrund einzelvertraglicher Zusage);
   - ausgeübte Funktion;
   - Zuordnung zum Kreis der Arbeiter bzw. gewerblichen Arbeitnehmer einerseits und der Angestellten andererseits;
   - Bruttogehalt im letzten abgeschlossenen Kalenderjahr unter Nennung aller Vergütungselemente (z.B. Festgehalt, Boni, vermögenswirksame Leistungen);
   - Mitteilung einer etwaigen Befristung des Arbeitsverhältnisses (unter Nennung des Beendigungsdatums);
   - Kennzeichnung der in Teilzeit tätigen Arbeitnehmer;
   - Kennzeichnung der Arbeitnehmer mit besonderem Kündigungsschutz unter Nennung der rechtlichen Grundlage hierfür (z.B. aufgrund Gesetzes wegen Mutterschutz, Elternzeit etc.; Tarifvertrag, Individualvereinbarung etc.);
   - Kennzeichnung der Arbeitnehmer, mit denen Altersteilzeitvereinbarungen geschlossen wurden (unter Mitteilung des Arbeits- und des Freistellungszeitraums);
   - Kennzeichnung der Arbeitnehmer, die schwerbehindert oder den Schwerbehinderten gleichgestellt sind;
   - Kennzeichnung der Arbeitnehmer, deren Arbeitsverhältnis wegen Erziehungsurlaubs oder aus anderen Gründen ruht oder die freigestellt sind (unter Mitteilung des Freistellungszeitraums);
3. Vorlage aller relevanten bzw. aktuellen Musterarbeitsverträge aller derzeit tätigen Arbeitnehmer (für jede Kategorie, z.B. für Arbeiter, Angestellte, Teilzeitarbeitnehmer etc.);
4. Vorlage der Anstellungsverträge sämtlicher Vorstandsmitglieder sowie der Angestellten, deren jährliches Bruttoeinkommen ...... EUR überschreitet oder deren Kündigungsfrist sechs Monate überschreitet (nebst Vertragsveränderungen und -ergänzungen);
5. Gewährung von Zusatzvergütungen und Sozialleistungen (wie z.B. Boni, Stock Options, andere Leistungsanreize, betriebliche Altersversorgung, Zusagen für den Fall, dass der Aktionärskreis des Unternehmens sich ändert oder das Unternehmen, der Betrieb oder Betriebsteil veräußert wird, Firmenwagen, D&O Versicherungen etc.; gegebenenfalls kann auf Betriebsvereinbarungen oder Tarifverträge verwiesen werden);
6. Pensionszusagen
   - Pensionsregelungen (Versorgungspläne, Leistungsordnungen etc.);
   - individuelle Pensionszusagen;
   - Beschreibung der Finanzierung der betrieblichen Altersversorgung (z.B. Direktversicherung, Rückstellungen);
   - Vorlage zugehöriger versicherungsmathematischer Gutachten;

7. Vorlage aller Interessenausgleiche und Sozialpläne der vergangenen ...... Jahre; Beschreibung der zugrundeliegenden Betriebsänderung;
8. Auflistung sämtlicher betriebsverfassungsrechtlicher Gremien (z.B. Betriebsrat, Gesamtbetriebsrat, Wirtschaftsausschuss etc.) nebst namentlicher Aufstellung der Mitglieder unter Kennzeichnung der freigestellten Betriebsratsmitglieder; Angaben zu den im Zusammenhang mit der betrieblichen Mitbestimmung aufgewandten Kosten im letzten abgeschlossenen Kalenderjahr;
9. Vorlage sämtlicher Betriebsvereinbarungen und aller anderen mit den Gremien der Arbeitnehmervertretung abgeschlossenen Vereinbarungen, die derzeit anwendbar sind;
10. Vorlage sämtlicher anwendbarer Tarifverträge unter Angabe der Grundlage für ihre Anwendung (z.B. Mitgliedschaft im Arbeitgeberverband, Firmentarifvertrag, allgemeinverbindlicher Tarifvertrag, betriebliche Übung, Bezugnahmeklausel in den Einzelarbeitsverträgen);
11. Darstellung aller arbeitsrechtlichen Auseinandersetzungen in den vergangenen ...... Jahren einschließlich Rechtsstreitigkeiten vor dem Arbeitsgericht, Arbeitskampfmaßnahmen, Einigungsstellenverfahren; mit Angaben über den Ausgang der Auseinandersetzungen und die für die Gesellschaft aus dem jeweiligen Verfahren entstandenen Kosten;
12. Darstellung aller von den Sozialversicherungsträgern oder dem Finanzamt in den vergangenen ...... Jahren durchgeführten Prüfungen und Vorlage der erlassenen Bescheide;
13. Angaben über Entlassung von Arbeitnehmern, die zum Zeitpunkt des Ausscheidens das 56. Lebensjahr erreicht hatten und über derzeitige oder erwartete Erstattungsverfahren gemäß § 147a SGB III;
14. Liste aller freien Mitarbeiter, Berater, Freelancer etc., die in den vergangenen ...... Jahren beschäftigt waren unter Angabe des Namens, des Beginns der Beauftragung, der ausgeübten Tätigkeit, des Honorarvolumens pro Kalenderjahr und sozialversicherungsrechtliche Einordnung;
15. Vorlage der Musterverträge mit freien Mitarbeitern, Beratern, Freelancern etc. sowie sämtliche diesbezüglicher Verträge, soweit das jährliche Honorarvolumen ...... EUR überschreitet;
16. Auflistung der in den vergangenen ...... Jahren zum Einsatz gekommenen Leiharbeitnehmer nebst Mitteilung der Einsatzzeiträume und des Einsatzbereichs; Vorlage der mit Verleihunternehmen abgeschlossenen (Rahmen-)Verträge;
17. Vorlage aller sonstigen arbeitsrechtlich relevanten Dokumente und Darstellung solcher Praktiken, die Verpflichtungen der Gesellschaft begründen (z.B. Aufhebungsverträge; Vergleiche; betriebliche Übung; Gesamtzusagen etc.);
18. Informationen über den Aufsichtsrat:
    - Name und Funktion der Mitglieder des Aufsichtsrats;
    - Angaben, ob das jeweilige Aufsichtsratsmitglied von den Anteilsinhabern oder den Arbeitnehmern gewählt wurde;
    - Vorlage jedes von einem Aufsichtsratsmitglied oder einer Gesellschaft, zu der das Aufsichtsratsmitglied in einem besonderen Verhältnis steht, mit der Gesellschaft geschlossenen sog. Beratervertrages sowie die Niederschrift über den die Zustimmung enthaltenden Beschluss des Aufsichtsrates nach § 114 Abs. 1 AktG;
    - gesetzliche Grundlage für die Errichtung des Aufsichtsrats.

XI. Rechtsstreitigkeiten etc.

1. Aufstellung aller schwebenden oder drohenden Prozesse (gleich ob vor ordentlichen, Verwaltungs-, Arbeits-, Sozial-, Finanz- oder sonstigen Gerichten) und Schiedsverfahren, jeweils aktiv und passiv, sowie über behördliche (auch finanzbehördliche)

Untersuchungen und Verfahren, die einen Streitwert im Einzelfall von mehr als ...... EUR oder in der Summe zusammenhängender Verfahren von mehr als ...... EUR aufweisen oder von grundsätzlicher Bedeutung sind. Aufstellung aller Straf- und Ordnungswidrigkeitenverfahren (gegen das Unternehmen, Organe oder Arbeitnehmer, sofern sie mit dem Geschäftsbetrieb zusammenhängen);
2. Aufstellung aller drohenden Streitigkeiten und Vorkommnisse, die möglicherweise zu einer Rechtsstreitigkeit führen könnte unter Angabe des möglichen Gegners, Streitgegenstandes und Streitwertes. Beschreibung aller bekannten Umstände, aus denen Schadensersatzansprüche oder ähnliche Ansprüche gegen die Gesellschaft erwachsen können oder die zur Anfechtung oder außerordentlichen Beendigung von Verträgen der Gesellschaft berechtigen;
3. Aufstellung aller Prozesse, Schiedsverfahren und Verwaltungsverfahren mit einem Streitwert von mehr als ...... EUR, die in den letzten ...... Jahren erledigt wurden oder angedroht wurden und noch unerledigt sind.

XII. Öffentliche Förderungen und Zuschüsse

1. Zusammenstellung aller in den letzten ...... Jahren erhaltenen oder beantragten öffentlichen Förderungen und Zuschüsse gleich welcher Art unter Angabe der jeweiligen Förderungsgrundlage (z.B. EFRE, GA-Mittel, Investitionszulagengesetz, Rettungs- oder Umstrukturierungsbeihilfen etc.) und Vorlage der Zuwendungsbescheide oder Verträge, der Höhe der Förderung, Datum des Förderbescheids und Hinweis auf etwaige Auflagen, Rückzahlungspflichten, Dauer und Umfang etwaiger Arbeitsplatz- und Investitionsgarantien sowie Widerrufs- und Rücknahmemöglichkeiten;
2. Angabe über Einhaltung der übernommenen Verpflichtungen, Erbringung der Verwendungsnachweise und Zeitpunkt des Abschlusses der geförderten Investition sowie Angaben zu den jeweiligen Bindungsfristen und Erfüllungszeiträumen;
3. Vorlage eventueller Korrespondenz mit den Förderstellen über einen Widerruf der gewährten Förderungen und Zuschüsse sowie über eine drohende Änderung oder Rücknahme der Förderbescheide bzw. Angaben über laufende Untersuchungen der EU-Kommission (einschließlich Vorprüfungsverfahren);
4. Angaben über Veräußerungsbeschränkungen und Change of control-Klauseln in den Förderbescheiden;
5. sämtliche Angaben zu 1.–4. für der Gesellschaft gewährte staatlich geförderte Kredite oder Sicherheiten (wie z.B. Darlehen der KfW oder ERP-Darlehen, Landes- oder Bundesbürgschaften);
6. Zusammenstellung über den Ankauf von Grundstücken von der öffentlichen Hand unter Angabe der Erwerbskonditionen.

XIII. Verschiedenes

1. Verträge, aus denen sich Verpflichtungen der Gesellschaft von mehr als ...... EUR (netto) im Einzelfall ergeben oder die außerhalb des gewöhnlichen Geschäftsbetriebs der Gesellschaft liegen, soweit diese nicht bereits in einer der vorbezeichneten anderen Kategorien angegeben sind;
2. Verträge, Rechte, behördliche oder gerichtliche Entscheidungen und sonstige Rechtsinstrumente, die an den Erwerb der Gesellschaft durch einen neuen Aktionär bzw. den Erwerb einer Beteiligung an der Gesellschaft eine Rechtsfolge knüpfen (sog. Change of control-Klauseln);
3. Verträge, Rechte, behördliche oder gerichtliche Entscheidungen und sonstige Rechtsinstrumente der Gesellschaft, die der Gesellschaft bestimmte Beschränkungen (einschließlich Zustimmungsvorbehalte) hinsichtlich bestimmter Arten von Geschäftsführungsmaßnahmen (u.a. Finanzierungen, Besicherungen, Investitionen, Veräußerungen, Personalmaßnahmen etc.) auferlegen;

4. Aufstellung aller von der Gesellschaft erteilten Vollmachten, die derzeit bestehen oder erst während des letzten Jahres aufgehoben worden sind (jeweils mit Ausnahme aus dem Handelsregister ersichtlicher Vertretungsbefugnisse);
5. alle sonstigen Dokumente und Informationen, die für den Geschäftsbetrieb oder die Verhältnisse bei der Gesellschaft von Bedeutung sind oder die bei der Überprüfung der Lage und Aussichten der Gesellschaft durch einen interessierten Investor bei vernünftiger Betrachtung relevant sein können.

Schrifttum: Angersbach, Due Diligence beim Unternehmenskauf, 2002; *Backhaus*, Aktuelle Entwicklungen im Wirtschaftsrecht, NZG 2011, 416; *Barthel*, Unternehmenswert-Ermittlung vs. Due-Diligence-Untersuchung, Teil I DStZ 1999, 73, Teil II DStZ 1999, 136; *Beisel/Andreas*, Beck'sches Mandatshandbuch Due Diligence, 2. Aufl. 2010; *Beisel/Klumpp*, Der Unternehmenskauf, 6. Aufl. 2009; *Berens/Brauner/Strauch*, Due Diligence bei Unternehmensakquisitionen, 5. Aufl. 2008; *Böttcher*, Die Due Diligence beim Unternehmenskauf als Verkehrssitte, ZGS 2007, 20; *ders.*, Verpflichtung des Vorstands einer Aktiengesellschaft zur Durchführung einer Due Diligence beim Beteiligungserwerb: Due Diligence als Verkehrssitte, 2005; *Fleischer/Körber*, Due diligence und Gewährleistung beim Unternehmenskauf, BB 2001, 841; *Gaul*, Schuldrechtsmodernisierung und Unternehmenskauf, ZHR 2002 (166), 35; *Hasselbach*, Die Weitergabe von Insiderinformationen bei M&A-Transaktionen mit börsennotierten Aktiengesellschaften – Unter Berücksichtigung des Gesetzes zur Verbesserung des Anlegerschutzes vom 28. 10. 2004, NZG 2004, 1087; *Hemeler*, Gesellschaftsrechtliche Fragen der Due Diligence beim Unternehmenskauf, ZHR 2005, 274; *Kocher/Widder*, Ad-hoc-Publizität bei M&A-Transaktionen, CFL 2011, 88; *Kiem*, Vertraulichkeitsgeschützte Dokumente in M&A Prozessen, CFL 2010, 405; *Klein-Blenkers*, Die Entwicklung des Unternehmenskaufrechts, NZG 2006, 246; *Kneip/Jänisch*, Tax Due Diligence. Steuerrisiken und Steuergestaltung beim Unternehmenskauf, 2. Aufl. 2010; *Koch*, Due Diligence und Beteiligungserwerb aus Sicht des Insiderrechts, 2006; *Koch/Wegmann*, Praktiker-Handbuch Due Diligence, 2. Aufl. 2002; *Liekefett*, Due Diligence bei M&A-Transaktionen, 2005; *Loges*, Der Einfluss der „Due Diligence" auf die Rechtsstellung eines Käufers eines Unternehmens, DB 1997, 965; *Müller*, Einflüsse der due diligence auf die Gewährleistungsrechte des Käufers beim Unternehmenskauf, NJW 2004, 2196; *Picot*, Handbuch Mergers & Acquisitions, 4. Aufl. 2008; *ders.*, Unternehmenskauf, 3. Aufl. 2004; *Schmitz*, Mängelhaftung beim Unternehmenskauf nach der Schuldrechtsreform, RNotZ 2006, 561; *Seibt/Wollenschläger*, Haftungsrisiken für Manager wegen fehlgeschlagener Post Merger Integration, DB 2009, 1579; *Sieja*, Due Diligence und ihre Auswirkung auf Gewährleistungsansprüche, NWB 2009, 2974; *Spill*, Due Diligence – Praxishinweise zur Planung, Durchführung und Berichterstattung, DStR 1999, 1786; *Westermann*, Due Diligence beim Unternehmenskauf, ZHR 2005, 248; *Zumbansen/Lachner*, Die Geheimhaltungspflicht des Vorstands bei der Due Diligence: Neubewertung im globalisierten Geschäftsverkehr, BB 2006, 613.

Anmerkungen

1. **Überblick; Sinn und Zweck einer Due Diligence.** Der Begriff der Due Diligence, wörtlich aus dem Englischen übersetzt: gebotene Sorgfalt, umschreibt den üblicherweise einer Unternehmensakquisition vorgeschalteten Prozess einer hinreichend sorgfältigen Untersuchung der Verhältnisse des Zielunternehmens. Bei dieser transaktionsbezogenen Unternehmensprüfung vor der Abgabe eines bindenden Angebotes werden Informationen über das Unternehmen beschafft und aufbereitet, um sie in den Planungs- und Entscheidungsprozess eines Kaufinteressenten/Bieters etc. einzubinden und somit durch Chancen- und Risikoerkennung die Qualität der letztlich getroffenen Entscheidung zu erhöhen (vgl. zur Begriffsbestimmung Berens/Brauner/Strauch/*Berens/Strauch* S. 12 f.). Allerdings dient die Due Diligence nicht lediglich der Information über das Kaufobjekt, sondern vor allem auch der Evaluation bzw. Bestimmung einer angemessenen Gegenleistung und der geeigneten Transaktionsstruktur sowie des Haftungssystems der Transaktion (Gewährleistung, Garantien, Freistellungen, s. unter Anm. 5). Zwar weist die Due Diligence mit Blick auf die Preisgestaltung der Transaktion Ähnlichkeit zu einer Unternehmensbewertung auf (Kneip/Jänisch/*Hogh* S. 5), freilich ohne dass der Unterschied zwischen Wertermittlung und – im Gesamtkontext der Due Diligence als Verhandlungsvehikel – Preisgestaltung entfiele (vgl. *Barthel* DStZ 1999, 73). Ferner ist eine Due Diligence zu Beweiszwecken dienlich, um etwa zu dokumentieren, welche Gegebenheiten und

Risiken dem Erwerber bekannt waren oder hätten bekannt sein müssen (vgl. insgesamt zu den Zwecken auch Picot/*Picot* Unternehmenskauf S. 70).

Eine Due Diligence kann im Einzelnen verschiedene Facetten des zu erwerbenden Unternehmens betreffen: Neben den rechtlichen (Legal Due Diligence) und wirtschaftlichen (Commercial Due Diligence) sowie den steuerlichen (Tax Due Diligence, vgl. Form. B.VI.4) und finanziellen sowie bilanziellen (Financial Due Diligence, vgl. Form. B.VI.3) Umständen können auch etwa kulturelle (Cultural Due Diligence), technische (Technical Due Diligence), IT-bezogene (IT Due Diligence) oder umweltbezogene (Environmental Due Diligence, vgl. Form B.VI.5) Aspekte von Bedeutung sein. In diesem Formular soll die Legal Due Diligence im Fokus stehen.

Als Anlass für die Durchführung einer Legal Due Diligence kommen neben den verschiedenen Formen eines Unternehmenskaufs insbesondere auch die Eingehung von Joint Ventures oder die Durchführung von Börsengängen in Betracht. Sie dient allerdings auch zur Vorbereitung von Kapitalerhöhungen gegen Sacheinlagen oder von Beteiligungsverträgen mit Private Equity-Investoren (*Liekefett* S. 32 ff.; zu weiteren Anlässen Kneip/Jänisch/*Hogh* S. 5 f.).

Aufgrund der im Vorfeld von Transaktionen bestehenden Informationsasymmetrie bezüglich des Zielunternehmens wird regelmäßig der Kaufinteressent eine Due Diligence verlangen bzw. durchführen. Denn angesichts der unkalkulierbaren Risiken des Unternehmenskaufs unterliegen die Geschäftsleiter einer kaufinteressierten Gesellschaft regelmäßig einer organschaftlichen Pflicht, sich möglichst eingehend über die Verhältnisse der Zielgesellschaft zu informieren (§ 93 AktG bzw. § 43 GmbHG; vgl. Picot/*Picot* M&A S. 165; zu den organschaftlichen Pflichten vor dem Hintergrund der Post Merger Integration vgl. Seibt/*Wollenschläger* DB 2009, 1579). Allerdings kann sie auch verkäuferseits initiiert werden (Vendor Due Diligence; ausführlich Berens/Brauner/Strauch/*Nawe*/Nagel S. 753 ff.). Dies geschieht insbesondere, um das zu veräußernde Unternehmen besser beurteilen zu können, ggf. hieraufhin einzelne „Heilungsmaßnahmen" durchzuführen, den Datenraum vorzubereiten und Informationen darüber zu erhalten, wie das Haftungssystem vertraglich geregelt werden kann (Hopt/*Fabritius* I.K.1 Anm. 1).

2. Ziele der Legal Due Diligence. Mit der Legal Due Diligence werden regelmäßig drei Ziele verfolgt: (1) Zunächst ist zu prüfen, ob die Unternehmenstätigkeit der Zielgesellschaft im Rahmen der internen und externen rechtlichen Strukturen einwandfrei begründet und ausgeübt wird. (2) Des Weiteren werden die Bestands- und Haftungsrisiken der Gesellschaft sowie deren vertrags- und wettbewerbsrechtliche Situation analysiert. (3) Schließlich sind die rechtlichen Parameter zu identifizieren, die die Fragen nach der optimalen Transaktionsstruktur und der Integration in die Erwerbergruppe beantworten.

Die abgedruckte Anforderungsliste hebt (freilich ohne Anspruch auf Vollständigkeit) diejenigen Bereiche hervor, denen bei Unternehmenskäufen regelmäßig besondere Bedeutung zukommt. Welche Komplexe vorrangig relevant sind, hängt insbesondere von der jeweiligen Transaktionsstruktur (Share Deal oder Asset Deal) sowie der Rechtsform des zu akquirierenden Unternehmens ab. So wird bei einem Share Deal regelmäßig besonderes Gewicht auf Informationen über die Verfassung der Gesellschaft und Beteiligungsstruktur gelegt werden, während diese beim Asset Deal i.d.R. nicht den Schwerpunkt bilden (da die Gesellschaft ja selbst bei deren bisherigen Anteilseignern verbleibt), sondern die rechtliche Analyse der Wirtschaftsgüter im Vordergrund stehen wird (vgl. Merkt/*Göthel* S. 38 f.; Hettler/Stratz/Hörtnagl/Stratz/*Klug* § 2 Rdnr. 31 ff., 80 ff.). Beim Share Deal ist besonderes Augenmerk auf sogenannte Change of Control-Klauseln in Verträgen des Zielunternehmens mit Dritten zu richten, welche diesen im Falle eines Eigentümerwechsels bestimmte (Kündigungs-)Rechte gewähren (Picot/*Picot* Unternehmenskauf S. 71), beim Asset Deal hingegen auf einzelwirtschaftsgutbezogene Übertragungshindernisse (vgl. Hettler/Stratz/Hörtnagl/Stratz/*Klug* § 2 Rdnr. 84).

Für den Kaufinteressenten/Bieter stellt sich nach Durchführung einer Due Diligence bei einer börsennotierten Gesellschaft das weitere Problem, ob die Abgabe seines Angebots möglicherweise unter „Verwendung einer Insiderinformation" erfolgt und somit gegen § 14 Abs. 1 Nr. 1 WpHG verstößt. Nach Rechtsauffassung der BaFin ist die Abgabe eines öffentlichen Übernahmeangebots in diesen Fällen erst zulässig, nachdem die Zielgesellschaft die Information in einer Ad-hoc-Mitteilung gem. § 15 WpHG veröffentlicht hat (*BaFin* Emittentenleitfaden 2009 S. 38). Nach dem *Spector*-Urteil des EuGH (EuGH NZG 2010, 107) ist allerdings zweifelhaft, ob an dieser Restriktion weiter festgehalten werden kann; vgl. *Backhaus* NZG 2011, 416, 419. Zur ad Hoc-Publizität bei Unternehmensübernahmen und zur Möglichkeit Selbstbefreiung gem. § 15 Abs. 3 WpHG vgl. auch *Kocher/Widder* CFL 2011, 88 und Form. B. VIII.1 Anm. 6. Zum spiegelbildlichen Problem, ob die Zielgesellschaft durch die Weitergabe von internen Informationen § 14 Abs. 1 Nr. 2 WpHG verletzt, vgl. Anm. 4.

3. Vorbereitung einer Due Diligence samt entsprechender Anforderungsliste. Bei Vorbereitung der Legal Due Diligence ist zu klären, welche Informationen in Anbetracht der wirtschaftlichen Zielsetzung des Interessenten/Käufers offen gelegt werden sollen. Zudem wird der Interessent/Käufer zusammen mit den Beratern, die die Legal Due Diligence für ihn durchführen, festlegen, in welcher Breite und Tiefe eine Prüfung erfolgen soll und in welcher Art (und Sprache) die Ergebnisse zu präsentieren sind. Dies kann einerseits eine fokussierte Problemübersicht (Red Flag-Liste) oder auch eine umfängliche Darstellung im Rahmen eines ausführlichen Berichts sein (Hopt/*Fabritius* I.K.1 Anm. 5).

Welche Informationen und Dokumente der Interessent zu erhalten wünscht, welchen Inhalt der (virtuelle) Datenraum also haben soll, wird er dem Zielunternehmen regelmäßig in einer solchen Anforderungsliste mitteilen (zu Offenlegungsrechten und Pflichten sogleich Anm. 4). In Anbetracht der oftmals begrenzten Zeit zur Prüfung nicht selten äußerst komplexer Unternehmensstrukturen bedarf es sorgfältiger Überlegung, eine Vorlage welcher Dokumente/Informationen zu verlangen ist. Häufig werden den Informationskreis begrenzende Bedingungen bzw. Beschränkungen in die Anforderungsliste aufgenommen (vgl. etwa Ziff. II. 3 „handelsüblich" als qualitative Beschränkung; Ziff. IV. 2 als quantitative Beschränkung). Es ist auch ein mehrstufiger Prozess denkbar, in dem in Abhängigkeit von der Ausgestaltung des Erwerbsverfahrens bei Konkretisierung des Kaufinteresses ggf. in weiteren Durchgängen der Umfang der zur Verfügung gestellten Informationen erweitert werden kann (vgl. Merkt/*Göthel* S. 20 f.). Das vorliegende Dokument exemplifiziert mit Blick auf eine AG als Zielunternehmen in einer ausführlichen Liste die Themen und den Informationsumfang für eine Due Diligence beim Unternehmenskauf, kann aber weitestgehend auch für Zielgesellschaften anderer Rechtsform als Grundlage dienen. Sie ist natürlich nicht unbesehen zu übernehmen, sondern konzeptionell dem Einzelfall anzupassen (zur Gestaltung der Liste mit Blick auf Haftungsfragen Anm. 5). Es kann sich auch anbieten, sie für bestimmte Bereiche zu akzentuieren bzw. diese Bereiche (auszugsweise) zu kombinieren (vgl. die folgenden Form.).

Ferner sind die organisatorischen Details der Due Diligence durch den Verkäufer/das Zielunternehmen festzulegen. Hierzu gehört die Aufstellung der Regeln für Benutzung des Datenraumes (vgl. Form B.VI.1).

4. Erlaubnis zur Due Diligence. Die Geschäftsleitung der Zielgesellschaft ist dem Erwerber gegenüber nicht zur Zulassung einer – über die ggf. dem Erwerber zustehenden mitgliedschaftlichen Auskunftsrechte hinausgehenden – Due Diligence verpflichtet (Berens/Brauner/Strauch/*Fleischer/Körber* S. 276). Insbesondere hat ein Bieter auch dann keinen Anspruch auf Einsichtnahme in die unternehmensinternen Unterlagen, wenn einem konkurrierenden Bieter die Durchführung einer Due Diligence gestattet wurde. Anders als etwa der frühere Übernahmekodex (Art. 4 Abs. 2) oder der *City Code on Takeovers and Mergers* (Rule 20.2), kennt das geltende deutsche Recht auch in öffentlichen Übernahmesituationen kein Gleichbehandlungsgebot gegenüber den verschiedenen Bietern (vgl. Schwark/Zimmer/*Noack/Holzborn* § 3 Rdnr. 4; für einen Gleichbehandlungsgrundsatz aus § 3 WpÜG Geibel/Süßmann/*Schwennicke* § 3 Rdnr. 14). Die Geschäftsleitung kann aber im Verhältnis zum Zielunternehmen zur Mitwirkung an einer Due Diligence verpflichtet sein, wenn die Transaktion oder die Beteiligung mehrerer wettstreitender Bieter eindeutig im Unternehmensinteresse ist; bei einer öffentlichen Übernahme kann sich die Pflicht im Einzelfall zusätzlich aus § 33 Abs. 1 WpÜG ergeben (vgl. Schwark/Zimmer/*Noack/Zetzsche* § 33 Rdnr. 12 m. w. N.).

Dem Interesse eines Erwerbers an hinreichend aussagekräftigen Informationen über die Zielgesellschaft und dem beidseitigen Interesse an der Transaktionsdurchführung steht aber insbesondere das Anliegen der Zielgesellschaft an Vertraulichkeit und Geheimhaltung sensibler Unternehmensdaten gegenüber. Dies gilt insbesondere bei einem unternehmensfremden Dritten als Erwerbsinteressenten, zumal bei einem Wettbewerber. Die Entscheidung darüber, ob und in welchem Umfang die verantwortlichen Organe der Zielgesellschaft nicht-öffentlich bekannte Unternehmensdaten herausgeben dürfen oder gar müssen, hängt – was die gesellschaftsrechtliche Perspektive anbelangt – zunächst von der Rechtsform der Zielgesellschaft ab. Im Rahmen des jeweiligen Regelungssystems wird es letztlich auf eine Abwägung der evtl. Informationsrechte (insbes. § 131 AktG bzw. § 51a GmbHG) und der freilich nicht mit denjenigen des Erwerbers identischen Informationsinteressen der Zielgesellschaft einerseits und den mit der organschaftlichen Geheimhaltungspflicht (§ 93 AktG und § 43 GmbHG) einhergehenden Zwecken andererseits ankommen. Die Zuständigkeit für diese Entscheidung fällt bei der AG dem Vorstand im Rahmen seiner Geschäftsführung (bei Geltung der Business Judgment Rule) zu, wohingegen bei der GmbH letztlich (und mit Ausnahme nur in seltenen Fällen des handgreiflichen Risikos des Rechtsmissbrauchs) die Gesellschafterversammlung den Geschäftsführern gegenüber auch in diesen Fragen weisungsbefugt ist (Berens/Brauner/Strauch/*Fleischer*/*Körber* S. 281, 290 f.). Die Strafbewehrung unbefugter Offenbarung von sensiblen Daten nach § 404 AktG bzw. § 85 GmbHG macht eine genaue Prüfung hierbei unabdingbar. Für börsennotierte Gesellschaften müssen aus kapitalmarktrechtlicher Perspektive zudem die (ebenso strafbewehrten) insiderrechtlichen Regelungen der §§ 13, 14 WpHG beachtet werden (umfassend *Hasselbach* NZG 2004, 1087; zur insiderrechtlichen Zulässigkeit auch *BaFin* Emittentenleitfaden 2009 S. 37, 40). Daneben stellt sich das praktisch höchst relevante Problem der Offenlegung von Informationen, die einer vertraglichen Vertraulichkeitsklausel unterliegen. Derartige Klauseln finden sich auch in üblichen, operativen Vereinbarungen des „Tagesgeschäfts", sodass ihre konsequente Befolgung den Erfolg jeder Due Diligence untergraben könnte. Indes wird man diese Klauseln im Wege der ergänzenden Vertragsauslegung dahin gehend verstehen müssen, dass sie bei Wahrung der Vertraulichkeit durch den Kaufinteressenten/Bieter (vgl. Form. B.I, siehe auch sogleich unten) und bei Einhaltung des üblichen Procedere einer Due Diligence einer Offenlegung im Datenraum nicht entgegenstehen (vgl. hierzu eingehend *Kiem* CFL 2010, 405; zu weiteren Geheimhaltungspflichten aus Sondergesetzen oder Vertrag ausführlich *Liekefett* S. 185 ff.). Zusammenfassend lässt sich festhalten, dass sich eine gesellschaftsrechtlich und kapitalmarktrechtlich zulässige Informationsweitergabe letztlich am Unternehmensinteresse zu orientieren hat und sich die Entscheidung hierüber an der Business Judgment Rule messen lassen muss, wobei die Details des Ob und Wie einer Informationsgewährung einzelfallabhängig sind (vgl. im Überblick Berens/Brauner/Strauch/*Fritzsche*/*Stalmann* S. 450 f.; Picot/*Picot* Unternehmenskauf S. 73 ff.; zur AG ausführlich *Liekefett* S. 88 ff.).

Für die Beantwortung der Frage nach einer Informationspflicht des Veräußerers im Vorfeld einer Transaktion sind darüber hinaus die Regelungen der allgemeinen zivilrechtlichen vorvertraglichen Aufklärungspflichten der §§ 311, 241 Abs. 2 BGB zu beachten (zu Aufklärungspflichten beim internationalen Unternehmenskauf Merkt/*Göthel* S. 304 ff.). Es ist bisher gerade für den Fall, dass der Interessent/Käufer mittels einer Anforderungsliste die gewünschten Informationen und Dokumente konkretisiert, ungeklärt, inwieweit der Verkäufer über diesen Rahmen hinaus zur Aufklärung verpflichtet ist (vgl. insbes. BGH GmbHR 2001, 516; BGH ZIP 2002, 440; zu einer Übersicht über die jüngste Rechtsprechung zu Aufklärungspflichten s. auch Hopt/*Fabritius* I.K.1 Anm. 3). In jedem Fall empfiehlt sich eine Klausel in der Anforderungsliste, welche darauf hinweist, dass die Liste nicht abschließend ist, sondern auch darüber hinausgehende Informationen und Dokumente von Relevanz sein können (vgl. Ziff. XIII. 5. d.); s. hierzu ausführlich Berens/Brauner/Strauch/*Picot* S. 302 ff., 339 f.; Picot/*Picot* Unternehmenskauf S. 75).

Von größter Wichtigkeit ist schließlich, die Vertraulichkeit und zweckentsprechende Verwendung der Daten und Informationen sicherzustellen (vgl. Hölters/*Semler* Teil VII. Rdnr. 64 ff.). Neben gesetzlichen Schutzmechanismen kann über eine Vertraulichkeitsvereinbarung (Confidentiality Agreement) auch für einen individualvertraglich ausgestalteten Schutz gesorgt werden (ausführlich *Angersbach* S. 175 ff., 230 ff.). Hierbei kann insbesondere einer Pönalisierung der unbefugten Weitergabe bzw. Nutzung der Daten durch eine Vertragsstrafe oder einen pauschalierten (verschuldensunabhängigen) Schadensersatz abschreckende Wirkung vor einer zweckwidrigen Informationsverwendung zukommen.

5. Korrelation von Due Diligence und Haftungssystem. Es besteht ein enger Zweckzusammenhang zwischen der Due Diligence und dem Haftungssystem eines Unternehmenskaufs (Anm. 1). Zu berücksichtigen ist hier insbesondere Folgendes:

Zunächst kann die im Wege der Due Diligence erlangte Kenntnis oder grob fahrlässig nicht erlangte Kenntnis des Interessenten/Käufers von Informationen die spätere Geltendmachung gesetzlicher Mängelrechte ausschließen; vgl. § 442 BGB. Hierbei ergeben sich nicht nur Zurechnungsprobleme aufgrund der Vielzahl der an einer Transaktion beteiligten Berater (Picot/*Picot* Unternehmenskauf S. 141 ff.). Problematisch ist auch die Feststellung im Einzelfall, ob bzw. wann eine nicht hinreichend sorgfältige oder umfängliche Due Diligence zu einer grobfahrlässigen Unkenntnis führt (vgl. *Gaul* ZHR 2002 (166), 35, 63 f.; Picot/*Picot* Unternehmenskauf S. 143 f.). Auch die Frage, ob die Nichtdurchführung einer Due Diligence grob fahrlässig ist, wird – obwohl eine vorvertragliche Untersuchungspflicht des Käufers dem deutschen Recht fremd ist – nach wie vor kontrovers diskutiert (vgl. *Rödder/Hötzel/Mueller-Thuns* S. 57 ff.; *Holzapfel/Pöllath* Rdnr. 42; *Sieja*, NWB 2009, 2974, 2977 ff.; *Klein-Blenkers* NZG 2006, 245, 252). Teilweise wird argumentiert, es sei bereits Verkehrssitte, eine Due Diligence vorzunehmen und ihre Nichtdurchführung damit grob fahrlässig (Hölters/*Semler* Teil VII Rdnr. 41; *Böttcher* ZGS 2007, 20, 24 f. bejaht zwar eine Verkehrssitte, sieht jedoch bei deren Nichtbeachtung den Gewährleistungsausschluss wegen grober Fahrlässigkeit nach § 442 Abs. 1 S. 2 BGB nicht stets gegeben; gegen eine Verkehrssitte Beisel/Klumpp/*Beisel* Kap. 2 Rdnr. 10; *Kiem* CFL 2010, 405, 407 f.; *Schmitz*, RNotZ 2006, 561, 582 f.; *Fleischer/Körber* BB 2001, 841, 846; *Loges* DB 1997, 965, 967). Eine Verkehrssitte wird man indes nicht annehmen können, wenn man bedenkt, dass ein einheitlicher Standard „der" Due Diligence nicht festgelegt werden kann, diese vielmehr in Art und Umfang von den Umständen des Einzelfalls abhängt. Dies hindert aber nicht daran, aufgrund besonderer Umstände des Einzelfalls die Nichtdurchführung dennoch als grob fahrlässig einzustufen (so jüngst das OLG Oldenburg NZI 2007, 305 zum Falle einer Geschäftsführerhaftung wegen unterlassener Due Diligence-Prüfung bei einem Unternehmenserwerb aus der Insolvenz; vgl. Picot/*Picot* Unternehmenskauf S. 144 ff.; *Müller* NJW 2004, 2196, 2197). Darüber hinaus ist ferner unklar, ob mit Kenntnis/fahrlässiger Unkenntnis „bei Vertragsschluss" i. S. d. § 442 Abs. 1 BGB bereits die Vertragsunterzeichnung/Beurkundung (Signing) oder erst die dingliche Anteilsübertragung (Closing) gemeint ist (s. auch Hopt/*Fabritius* I. K.1 Anm. 3).

Aufgrund dieser vielfältigen mit der gesetzlichen Rechtslage verbundenen Unklarheiten wählt die Praxis zumeist den Weg einer vertraglichen Ausgestaltung des Haftungssystems der Transaktion unter Ausschluss des kaufrechtlichen Gewährleistungssystems. Diese hängt aber von dem Umfang der im Rahmen der Due Diligence erlangten Informationen ab. Denn in der Regel wird der Vertragspartner eine umso geringere Gewährleistung/Garantie zu übernehmen bereit sein bzw. beim Interessenten ein umso geringeres Bedürfnis nach vertraglichem Schutz bestehen, je ausführlicher die Due Diligence durchgeführt wurde. Es bietet sich daher für den Erwerber/Interessenten an abzuwägen, welche Informationen einerseits für die Entscheidung unabdingbar sind und welche andererseits lediglich interessant sein können und bezüglich derer man sich auf Gewährleistungsansprüche/Garantien verlassen kann (Berens/Brauner/Strauch/*Picot* S. 328 f.). Es kann sich jedoch im Einzelfall empfehlen, auch Fragen/Anforderungen nach Dokumenten in die Anforderungsliste aufzunehmen bzw. zu belassen, welche zunächst nicht unmittelbar notwendig oder entscheidungserheblich scheinen, denn mit Blick auf eine etwaige spätere Haftung und zu Beweiszwecken kann auch eine negative Erklärung des Zielunternehmens zur Verfügbarkeit von Informationen/Dokumenten nützlich sein. In jedem Fall sollte die Beantwortung der Due Diligence-Anforderungsliste beweiskräftig dokumentiert werden. Zur vertraglichen Gestaltung eines Haftungssystems s. *Seibt/Reiche* DStR 2002, 1138 ff.; Picot/*Picot* Unternehmenskauf S. 154 ff.

Schließlich beeinflusst die Durchführung einer Due Diligence unter Zuhilfenahme einer Anforderungsliste auch das vorvertragliche (gesetzliche) Haftungssystem, hierbei insbesondere die Frage des Umfangs vorvertraglicher Aufklärungspflichten des Verkäufers/Zielunternehmens (vgl. bereits Anm. 4).

4. Financial Due Diligence-Anforderungsliste

Financial Due Diligence-Anforderungsliste[1-5]

Zur wirtschaftlich-finanziellen Untersuchung der Gesellschaft erbitten wir die Übermittlung der nachfolgend genannten Unterlagen und Angaben (ggf. wird um ausdrückliche Fehlanzeige gebeten). Soweit die Gesellschaft unmittelbare oder mittelbare Tochtergesellschaften oder Beteiligungen mit einer Beteiligungsquote von mehr als 10% hat, werden die folgenden Unterlagen und Angaben auch für diese Unternehmen erbeten. Sofern auf Vereinbarungen Bezug genommen wird, so sind darunter sowohl schriftliche als auch mündliche Vereinbarungen zu verstehen. In allen Fällen sollten auch die zu dem jeweils erbetenen Dokument gehörenden Unterlagen wie Vollmachten, Zustimmungserklärungen etc. übermittelt werden. Es können sich im Rahmen der Prüfung der aufgrund dieser Liste zusammengestellten Unterlagen bzw. gemachten Angaben weiterführende Fragen stellen, die die Vorlage weiterer Unterlagen bzw. weitere Angaben erforderlich machen.

I. Jahresabschlüsse

1. Geprüfte Jahres- und (ggf.) Konzernabschlüsse für die letzten ...... Geschäftsjahre (HGB und/oder IAS/IFRS und/oder US-GAAP);
2. Prüfberichte für unter 1. genannte Abschlüsse;
3. Schreiben bzw. Berichte von Wirtschaftsprüfern über Feststellungen zum internen Kontrollsystem und durchgeführte Systemprüfungen für die oben aufgeführten Geschäftsjahre (Management Letter).

II. Finanzdaten

1. Interne Bilanzen sowie Gewinn- und Verlust- und Kapitalflussrechnungen für die letzten ...... Geschäftsjahre, ferner zum letzten Monatsstichtag vor der Überprüfung;
2. monatliche (oder per Quartal) Zwischenabschlüsse für das letzte Geschäftsjahr;
3. Informationen zum Auftragsbestand und Auftragseingang;
4. Analyse des Working Capital (Nettoumlaufvermögen) sowie des Cash Flow für die letzten drei Geschäftsjahre, jeweils nach Gesellschaft und konsolidiert;
5. Planbilanzen, Planergebnisrechnungen und Plan-Cash Flows – jeweils nach Geschäftsbereichen bzw. nach Gesellschaft und konsolidiert – für die letzten drei Geschäftsjahre jeweils unter Gegenüberstellung zu den Ist-Zahlen (Analyse der Planungstreue);
6. unter 5. genannte Unterlagen für die nächsten drei Geschäftsjahre. Darüber hinaus detaillierte Unterlagen zur Aufwands-, Umsatz- und Ergebnisplanung (für Gesellschaften/Geschäftsbereich/Regionen/Produktgruppen etc.). Entsprechend strukturierte Unterlagen zur Investitions- und Finanzplanung, Personalplanung sowie eine Beschreibung der Planungsprämissen.

III. Prinzipien der Bilanzierung

Darlegung wesentlicher Prinzipien der Bilanzierung sowie Veränderungen in den letzten ...... Geschäftsjahren, insbesondere hinsichtlich folgender Punkte:
1. Abweichungen zwischen HGB und/oder IAS/IFRS und/oder US-GAAP;
2. Bewertung von Forderungen, Einzel- und Pauschalwertberichtigungen;
3. Bewertungs- und Bilanzierungsprinzipien bei Rückstellungen;
4. Ermittlung der Anschaffungs- und Herstellungskosten des Vorratsvermögens und Angabe der angewandten Methoden. Ermittlungsschema für Gängigkeits- und andere Abwertungen;

5. Aktivierungs- und Abschreibungsmethoden des Anlagevermögens, Aktivierung von eigenerstellten Leistungen, Demogeräten;
6. hinsichtlich der Umsatzerlöse Angabe der Umsatzrealisierungsprinzipien für die einzelnen Umsatzarten;
7. Beschreibung von Ermittlungs- und Berechnungsmethodiken für interne Leistungsverrechnungen;
8. Fremdwährungsumrechnung.

IV. Bilanz

1. Wertgutachten für die wesentlichen Gegenstände des Sachanlagevermögens;
2. Darstellung der wesentlichen Investitionen in Anlagevermögensgegenstände für die letzten ...... Geschäftsjahre, ferner bis zum letzten Monatsstichtag vor Überprüfung;
3. sofern einschlägig Angabe außerplanmäßiger Abschreibungen in den letzten ...... Geschäftsjahren, sowie Angabe der Beträge und Gründe;
4. Übersicht aller geleasten Anlagengegenstände;
5. Kontenanalyse der Reparatur- und Instandhaltungsaufwendungen und aktivierte Eigenleistungen;
6. Investitionspläne für die letzten ......, sowie die Planung für die nächsten ...... Geschäftsjahre;
7. Beschreibung der Arbeitsabläufe für Warenein- und -ausgang und Lagerbuchhaltung;
8. Übersicht aller wesentlichen Einkaufskontrakte;
9. Darstellung der Einzelpositionen aller Vorräte (nach Menge, jew. Anschaffungs- bzw. Herstellungskosten und danach bilanzierten Werten pro Einzelposition, jeweils für die letzten ...... Geschäftsjahre sowie zum letzten Monatsstichtag vor Überprüfung), ferner Darstellung etwaiger Abwertungen zu diesen Zeitpunkten;
10. Übersicht über effektiv erzielbare Verkaufserlöse für die einzelnen Gegenstände des Vorratsvermögens, ferner Produktergebnisrechnungen, die Marge pro Produkt bzw. Auftrag;
11. Unterlagen zur Inventur, Analyse und Buchung der eventuell aufgetretenen Inventurdifferenzen;
12. Aufstellung des Auftragsbestandes und voraussichtlicher Margen, jeweils getrennt nach einzelnen Geschäftsbereichen für die letzten ...... Geschäftsjahre sowie zum letzten Monatsstichtag vor Überprüfung;
13. Übersicht aller Beteiligungen und Beteiligungsverhältnisse sowie die Gesellschaftsverträge dieser Beteiligungsgesellschaften;
14. Unternehmenskaufverträge und die weiteren Akquisitionsunterlagen bei Gesellschaften, die in den letzten drei Jahren erworben wurden;
15. geprüfte Jahresabschlüsse aller Beteiligungen für die letzten ...... Geschäftsjahre;
16. Unterlagen wie etwa Depotauszüge zu den weiteren Finanzanlagen;
17. für Forderungen aus Lieferungen und Leistungen eine offene Posten- und Saldenliste für die letzten ...... Geschäftsjahre sowie zum letzten Monatsstichtag vor Überprüfung;
18. Altersaufbau der unter 17. genannten Forderungen zu diesen Zeitpunkten sowie gebildete Einzelwertberichtigungen und Pauschalwertberichtigungen mit Erläuterungen;
19. Übersicht aller Forderungsausfälle und erteilter Gutschriften binnen der letzten ...... Jahre;
20. Aufstellung der Umsatzerlöse und Leistungsverrechnungen mit den Konzernunternehmen für die letzten drei Geschäftsjahre sowie zum letzten Monatsstichtag vor Überprüfung, jeweils getrennt nach den einzelnen Geschäftsbereichen;
21. Übersicht über Lieferbeziehungen und deren Konditionen zu verbundenen Unternehmen und Gesellschaftern;

22. Auflistung des Auftragsbestandes mit verbundenen Unternehmen getrennt nach den Geschäftsbereichen für die letzten ...... Geschäftsjahre sowie zum letzten Monatsstichtag vor Überprüfung;
23. Übersicht über alle Darlehen und ähnliche Vereinbarungen mit verbundenen Unternehmen und Gesellschaftern;
24. Darstellung der Beziehung zwischen Unternehmen und Gesellschaftern für die letzten drei Geschäftsjahre sowie zum letzten Monatsstichtag vor Überprüfung;
25. aktuelle Aufstellung der Bankkonten mit Bankauszügen sowie die Namen der zeichnungsberechtigten Personen zum letzten Bilanzstichtag sowie zum letzten Monatsstichtag vor Überprüfung;
26. Aufstellung der Tages-, Festgelder und Kredite unter Angabe von Laufzeit, Zinssätzen und Zinsabgrenzungsbeträgen zum letzten Bilanzstichtag sowie zum letzten Monatsstichtag vor Überprüfung;
27. sämtliche Vereinbarungen über Kreditlinien zum letzten Bilanzstichtag sowie zum letzten Monatsstichtag vor Überprüfung;
28. Auflistung aller Gegenstände des Anlage- oder Umlaufvermögens, die als Kreditsicherheiten oder für ähnliche Zwecke abgetreten/verpfändet oder anderweitig mit Sicherungsrechten belastet sind, zum letzten Bilanzstichtag sowie zum letzten Monatsstichtag vor Überprüfung;
29. Übersicht aller Kurssicherungsgeschäfte zum letzten Bilanzstichtag sowie zum letzten Monatsstichtag vor Überprüfung;
30. Aufgliederung der sonstigen Vermögensgegenstände und Verbindlichkeiten für die letzten drei Geschäftsjahre sowie zum letzten Monatsstichtag vor Überprüfung, soweit nicht aus dem Prüfungsbericht erkennbar;
31. Dokumentationen für die wesentlichsten Einzelpositionen von sonstigen Vermögensgegenständen und Verbindlichkeiten (z.B. Aufgliederungen von Darlehen und Reisevorschüssen an Mitarbeiten, Umsatzsteuererklärungen und Verprobungen etc.);
32. für Verbindlichkeiten aus Lieferungen und Leistungen offene Postenliste und Saldenliste für die letzten ...... Geschäftsjahre sowie zum letzten Monatsstichtag vor Überprüfung;
33. Auflistung der wesentlichen bestehenden Einkaufsverträge;
34. Auflistung der wichtigsten ...... Lieferanten mit jeweiligem Einkaufsvolumen für die letzten ...... Geschäftsjahre sowie zum letzten Monatsstichtag vor Überprüfung, ferner Beschreibung der Einkäufe bzw. erhaltenen Leistungen;
35. Rückstellungsspiegel für Rückstellungen für die letzten ...... Geschäftsjahre sowie zum letzten Monatsstichtag vor Überprüfung;
36. Bilanzierungsprinzipien und Berechnungsmethoden für die betragsmäßig größten Rückstellungen (> ...... EUR) für die letzten ...... Geschäftsjahre sowie zum letzten Monatsstichtag vor Überprüfung;
37. Rechtsanwaltsbestätigung für Rückstellungen zum letzten Bilanzstichtag.

V. Gewinn- und Verlustrechnung

1. Übersicht/Gliederung des Personalaufwandes nach Aufwands- und Lohnarten;
2. Übersicht/Gliederung des Aufwands für Altersversorgung;
3. Aufstellung des Wareneinsatzes nach Produktgruppen für die letzten ...... Geschäftsjahre sowie zum letzten Monatsstichtag vor Überprüfung;
4. Analyse/Aufstellung der Gemeinkosten (Overheads) für Wareneinsatz;
5. Aufstellung der Umsatzerlöse mit den ...... größten Kunden für die letzten ...... Geschäftsjahre sowie zum letzten Monatsstichtag vor Überprüfung;
6. Überleitung der Brutto- zu den Nettoumsatzerlösen unter Angabe der Erlösschmälerungen aufgegliedert nach Skonti, Rabatten, Boni und Warenrücksendungen (Gutschriften) für die letzten drei Geschäftsjahre;

4. Financial Due Diligence-Anforderungsliste

7. Analyse der Umsatzerlöse nach Produktgruppen unter entsprechender Angabe der jeweils verkauften Einheiten, des durchschnittlichen Verkaufspreises, des Wareneinsatzes (Cost of Sales) sowie der Marge;
8. Analyse der Umsatzerlöse und der Marge der wesentlichen Kunden/Produkte;
9. Auflistung des aktuellen Auftragsbestandes für die wesentlichen Produktgruppen unter Angabe der zu erwartenden Umsatzerlöse, der Marge sowie des geplanten Auslieferungstermins;
10. Darstellung der internen Verfahren zur ordnungsgemäßen Abgrenzung zwischen bzw. Ermittlung von Umsatzerlösen mit Dritten und verbundenen Unternehmen;
11. Aufstellung der langfristigen Verkaufskontrakte;
12. Auflistung der Kosten/des Aufwandes für:
    - Forschungs- und Entwicklungskosten;
    - Verwaltungs- und Vertriebskosten sowie Dokumentation der Verteilung des Personalaufwandes;
13. Auflistung der betriebsneutralen/periodenfremden Aufwendungen und Erträge;
14. Auflistung der Zinsen und ähnlicher Aufwendungen sowie Zinsen und ähnlicher Erträge.

VI. Weitere Unterlagen

1. Auflistung der einzelnen, sonstigen finanziellen Verbindlichkeiten, Eventualverbindlichkeiten und Haftungsverhältnisse zum letzten Bilanzstichtag sowie zum letzten Monatsstichtag vor Überprüfung;
2. Aufstellung aller Leasingverträge einschließlich Leasinggeber, Laufzeiten und jährlichen Leasingraten zum letzten Bilanzstichtag sowie zum letzten Monatsstichtag vor Überprüfung;
3. wesentliche Einkaufsverträge und ähnliche Verpflichtungen (z.B. aus Investitionsverträgen) zum letzten Bilanzstichtag sowie zum letzten Monatsstichtag vor Überprüfung;
4. Liste aller gegenwärtigen Prozessstreitigkeiten zum letzten Bilanzstichtag sowie zum letzten Monatsstichtag vor Überprüfung oder potentielle Rechtsstreitigkeiten;
5. Beschreibung der betrieblichen Kostenrechnung;
6. Kostenermittlung und -verteilung insbesondere auch hinsichtlich der unterschiedlichen Geschäftsbereiche/Produkte;
7. Preisgestaltung bzw. Ermittlung der Verkaufspreise und Verrechnungspreise für alle Leistungsbeziehungen mit Dritten sowie verbundenen Unternehmen wiederum einzeln für die oben aufgeführten Geschäftsbereiche.

Schrifttum: Vgl. auch bereits das Schrifttum zu Form. B.VI.2; *Baethge/Klönne/Schumacher,* Herausforderungen bei der Financial Due Diligence – Untersuchungen aufgrund des BilMoG, DB 2011, 829; *Barthel,* Unternehmenswert- und Kaufpreisfundierung mittels Schwerpunktanalysen im Rahmen einer Due Diligence, DStZ 1999, 365; *Bruski,* Kaufpreisbemessung und Kaufpreisanpassung im Unternehmenskaufvertrag, BB 2005 Special Nr.7, 19; *Gehlen/Peemöller,* Financial Due Diligence bei Carve-Out-Transaktionen, BB 2010, 1139; *IDW,* WP Handbuch 2008 Band II, 13. Aufl. 2007; *Krüger/Kalbfleisch,* Due Diligence beim Kauf und Verkauf von Unternehmen – Rechtliche und steuerliche Aspekte der Vorprüfung beim Unternehmenskauf, DStR 1999, 174; *Nieland,* Financial Due Diligence bei Unternehmenstransaktionen, in: Scott, Due Diligence in der Praxis, 2001, S. 54; *Spill,* Due Diligence – Praxishinweise zur Planung, Durchführung und Berichterstattung, DStR 1999, 1786.

Anmerkungen

1. Überblick. Mit der Financial Due Diligence wird der Fokus der Untersuchung einer Zielgesellschaft auf die wirtschaftliche, finanzielle und bilanzielle Situation gelegt und folglich deren Vermögens-, Finanz- und Ertragslage analysiert. Da im Regelfall betriebswirtschaftliche und strategische Gründe die Triebfeder von Unternehmenstransaktionen sind, stellt die Financial Due Diligence eine Kernkomponente des vorvertraglichen Transaktionsstadiums dar. Ein wirtschaftliches Abbild des Unternehmens kann indes nur gelingen, wenn die Prüfung eng mit der Legal Due Diligence (vgl. Form. B. VI. 2) verzahnt wird; die Financial Due Diligence ist aber auch mit der marktbezogenen (Commercial) Due Diligence vielschichtig zu verweben. Die Financial Due Diligence des zu akquirierenden Unternehmens bezieht sich im Regelfall sowohl auf die Vergangenheit (i.d. R. die letzten drei bis fünf Geschäftsjahre) als auch und vor allem auf die Analyse der Planungsrechnungen. Sie dient also einmal der Erfassung möglicher Risiken im Rechenwerk (Leistungsfähigkeiten und Aussagekraft der Buchführung und Bilanzierung) und bilanzieller Besonderheiten (z. B. Bestand und Bewertung von Anlage- und Umlaufvermögen, Abschreibungsmethoden, gruppeninternem Verrechnungsverkehr, Geschäftsbeziehungen mit Gesellschaftern und nahestehenden Personen usw.). Darüber hinaus soll sie die verfügbaren finanziellen Daten durch Eliminierung bestehender ertragsrelevanter Sondereinflüsse und Berücksichtigung künftiger ertragsrelevanter Auswirkungen („Synergieeffekte") zu normalisieren helfen und vorgelegte Planzahlen im Verhältnis zu den Vergangenheitswerten auf Plausibilität hin überprüfen (*Krüger/Kalbfleisch* DStR 1999, 174, 175). Die Ergebnisse stellen wesentliche Grundlagen für die vertragliche Gestaltung der gesamten Transaktion (einschließlich der Integration in die Erwerbergruppe) sowie zur Ermittlung der vertraglichen Gegenleistung dar.

2. Abgrenzung. Aus diesem Sinn und Zweck ergibt sich denn auch die Abgrenzung zu einer Jahresabschlussprüfung. Neben dem Umstand, dass eine Financial Due Diligence im Gegensatz zur Jahresabschlussprüfung nicht die Einhaltung bestimmter Normen überprüfen soll und ihr Umfang auch nicht gesetzlich vorgeschrieben ist (vgl. §§ 242 ff. HGB, § 317 HGB), sondern der Parteiautonomie obliegt, wird bei dieser das Augenmerk mit Blick auf die Transaktion zudem stärker auf Planungsrechnungen liegen und nicht primär vergangenheitsorientiert sein. Gerade mit den Planungsrechnungen und Analysen für zukünftige Erträge und Cashflows erhebt die Financial Due Diligence wichtige Daten, die Grundlage für eine Unternehmensbewertung sein können; wobei sie sich von dieser wiederum dadurch unterscheidet, dass in ihrem Rahmen keine objektivierten Unternehmenswerte ermittelt werden (vgl. zur Abgrenzung Berens/Brauner/Strauch/*Bredy/Strack* S. 362 f. sowie IDW/*Wagner/Russ* O Rdnr. 104 ff.).

3. Informationsgrundlagen, Ausrichtung. Als Informationsquellen für die Financial Due Diligence kommen im Wesentlichen die Daten des externen und internen Rechnungswesens in Betracht. Zum externen Rechnungswesen gehören die Bilanz, die Gewinn- und Verlustrechnung sowie ggf. Lageberichte samt Anhängen, ferner Branchen- und Marktforschungsberichte. Ein hinreichend realitätsnahes finanzielles Abbild lässt sich aber oft erst unter Hinzunahme der Quellen des internen (und daher subjektiv geprägten) Rechnungswesens gewinnen: So geben etwa Kosten-Budgets, Produktergebnisse, Deckungsbeitragsrechnungen und interne Managementberichterstattungen sowie Plan-Ist-Vergleiche einen genaueren Einblick in die finanziellen Strukturen der einzelnen Unternehmensteile. Es ist daher empfehlenswert, sich im Vorfeld der Untersuchung mit der Funktionsweise und Zuverlässigkeit der Management-Informationssysteme und Steuerungssysteme auseinanderzusetzen. Darüber hinaus ist es hilfreich, sich – wie etwa bei testierten Abschlüssen – auch die Kommentare und Bemerkungen der befassten Wirtschaftsprüfer (sog. *Working Paper*) als Informationsquelle zu erschließen (Picot/*Picot* M&A S. 176). Nicht selten verweigern Abschlussprüfer – trotz Bereitschaft der Informationsempfänger zur Unterzeichnung von Reliance-Erklärungen und Haftungsfreistellungen – ihre Zustimmung zur Herausgabe von *Working Papers*.

Auch die Financial Due Diligence orientiert sich zuvörderst an den Zielen ihres Auftraggebers. So werden etwa von Finanzinvestoren einerseits und strategischen Investoren andererseits unterschiedliche Schwerpunkte gesetzt. Während Finanzinvestoren besonderes Augenmerk auf finanzielle Chancen und Risiken der Investition und sich daraus ergebende Möglichkeiten einer Fremdfinanzierung legen und sich maßgeblich für Cashflow und Net Working Capital interessieren, legen strategische Investoren (als Wettbewerber) ihre Prüfungsschwerpunkte häufig auf die Analyse der Geschäftstätigkeit und des Geschäftsumfelds sowie der Chancen und Risiken einer Integration des Zielunternehmens in ihr bestehendes Unternehmen (vgl. Berens/Brauner/Strauch/ *Bredy/Strack* S. 364; siehe auch Teil A. I).

4. Financial Due Diligence-Anforderungsliste

4. Schwerpunkte. Ungeachtet individueller Ausrichtung der Financial Due Diligence sind nachfolgend genannte Fragestellungen oft Schwerpunkte der Untersuchung; auf diese ist auch die vorstehende Anforderungsliste (angelehnt an IDW/*Wagner*/*Russ* O Rdnr. 356) ausgerichtet: Zur Analyse der Vermögenslage ist es unabdingbar, sich über bilanzielle Risiken zu informieren sowie sich mit der jeweiligen Bilanzpolitik vertraut zu machen. Hierzu sind die vergangenen (drei bis fünf) Jahresabschlüsse mit Blick auf die angewandten Bilanzierungs- und Bewertungsgrundsätze genauer zu untersuchen und insbesondere hinsichtlich ggf. jährlich wechselnder Ausübung gesetzlicher Wahlrechte und Ermessensspielräume zu vergleichen (IDW/*Wagner*/*Russ* O Rdnr. 118 ff.). Für die Finanzlage bildet die Cashflow-Analyse ausgehend von der gegebenen Finanzstruktur und den Finanzierungsspielräumen einen weiteren wichtigen Schwerpunkt, denn von den zu erwartenden Cashflows wird die Möglichkeit der Fremdfinanzierung insgesamt sowie der aus dem Unternehmen heraus finanzierbare Kaufpreis abhängen (ausführlich Berens/Brauner/Strauch/*Brauner*/*Lescher* S. 383 ff.). In diesem Zusammenhang spielt auch die Analyse des Working Capital eine maßgebliche Rolle; dies gilt einerseits mit Blick auf weiteres Finanzierungspotential, andererseits aber auch insofern, als dass der Kaufpreis häufig „cash and debt free" verhandelt und ein bestimmtes (Mindest-)Working Capital vereinbart wird (Berens/Brauner/Strauch/ *Bredy*/*Strack* S. 378; *Bruski* BB 2005 Special Nr. 7, 19, 24 ff.). Mit der Begutachtung der Ertragslage des Zielunternehmens, welche ausgehend von den vorliegenden Jahresabschlüssen das nachhaltige operative Ergebnis hervorbringt, soll die Grundlage für eine plausible Planungsrechnung geschaffen werden. Wichtig ist hierbei, die Ergebnisse um die außergewöhnlichen bzw. nicht wiederkehrenden Erträge und Aufwendungen der einzelnen Jahre zu bereinigen (*Spill* DStR 1999, 1786, 1788), sowie die maßgeblichen Erfolgsfaktoren des Zielunternehmens auszumachen (z. B. Umsatzerlöse einzelnen Produkt(gruppen), Umsatzanalyse nach Kunden(gruppen), Personalaufwand (hierzu *Barthel* DStZ 1999, 365, 367)). Schließlich wird sich die Financial Due Diligence schwerpunktmäßig mit der Analyse der Planungsrechnungen für das laufende und die ca. nächsten drei (Plan-)Geschäftsjahre befassen, da die zukünftig zu erwartenden Erträge und der operativen geplanten Cashflows unternehmenswert- und somit auch kaufpreisbestimmend sind. Diese Analyse bezieht sich einmal darauf, ob das Zielunternehmen über eine professionellen Ansprüchen genügende Planungsmethodik und ein entsprechendes Planungsverfahren verfügt (*Spill* DStR 1999, 1786, 1789). Zum Anderen werden die Planungsrechnungen hinsichtlich ihrer wesentlichen Grundannahmen auf Plausibilität untersucht. Erhellend ist hierbei insbesondere ein Soll-Ist-Vergleich der letzten beiden Jahre zur Überprüfung gewisser Planungstreue, also ob und weshalb Abweichungen von ursprünglichen Plänen nicht eingehalten wurden und welche Steuerungs- und Reaktionsmöglichkeiten ergriffen wurden (IDW/*Wagner*/ *Russ* O Rdnr. 149).

5. Einzelne Risiken, Chancen. Spezielle Risiken und Probleme einer Financial Due Diligence ergeben sich regelmäßig etwa in Fällen, in denen nichtselbständige Geschäftsbereiche ausgegliedert werden sollen (hierzu ausf. *Gehlen*/*Peemöller* BB 2010, 1139). Im Rahmen der Prüfungen ist dann insbesondere zu ermitteln, ob der Geschäftsbereich auch bei einer stand alone-Betrachtung lebensfähig ist oder sich lediglich aufgrund von aus dem bisherigen Verbund resultierenden positiven Effekten rentiert (vgl. Berens/Brauner/Strauch/ *Bredy*/*Strack* S. 372 ff.). Weitere bilanzielle Risiken ergeben sich beispielsweise aus nicht bilanzierten Verpflichtungen sowie in Fällen, in denen gewisser Investitionsbedarf bzw. -stau ausgemacht und quantifiziert werden kann. Chancen bilanzieller Art resultieren i. d. R. aus nichtbetriebsnotwendigen Vermögensteilen (z. B. auch Gesellschaftsbeteiligungen), welche dann veräußert werden und zur Kaufpreisfinanzierung beitragen können. Besondere Probleme zeitigen insbesondere solche Auswirkungen für das jeweilige Bilanzbild und die Ertragslage, die sich aus den Unterschieden zwischen der handelsrechtlichen Bilanzierung und weiteren Grundsätzen der Rechnungslegung (IAS/IFRS, US-GAAP) ergeben; der Identifikation und Darstellung von derlei Abweichungen wird dann erhöhte Aufmerksamkeit gelten müssen (vgl. zu diesen und weiteren Chancen und Risiken IDW/*Wagner*/*Russ* O Rdnr. 153 ff.).

5. Tax Due Diligence-Anforderungsliste

Unterlagen für eine Tax Due Diligence für Jahre, die steuerlich noch nicht bestandskräftig beschieden sind[1-2]

Zur steuerrechtlichen Untersuchung der Gesellschaft erbitten wir die Übermittlung der nachfolgend genannten Unterlagen und Angaben (ggf. wird um ausdrückliche Fehlanzeige gebeten). Soweit die Gesellschaft unmittelbare oder mittelbare Tochtergesellschaften oder Beteiligungen mit einer Beteiligungsquote von mehr als 10% hat, werden die folgenden Unterlagen und Angaben auch für diese Unternehmen erbeten. Sofern auf Vereinbarungen Bezug genommen wird, so sind darunter sowohl schriftliche als auch mündliche Vereinbarungen zu verstehen. In allen Fällen sollten auch die zu dem jeweils erbetenen Dokument gehörenden Unterlagen wie Vollmachten, Zustimmungserklärungen etc. übermittelt werden. Es können sich im Rahmen der Prüfung der aufgrund dieser Liste zusammengestellten Unterlagen bzw. gemachten Angaben weiterführende Fragen stellen, die die Vorlage weiterer Unterlagen bzw. weitere Angaben erforderlich machen.

1. Bezüglich Körperschaftsteuer, Gewerbesteuer, Umsatzsteuer, Vermögensteuer, Einheitswert Betriebsvermögen und sonstiger laufend veranlagter Steuern:
   - sämtliche Steuererklärungen nebst Anlagen und Erläuterungen, insbesondere von Abweichungen zwischen Handels- und Steuerbilanz;
   - sämtliche Steuerbescheide;
2. sämtliche Steuererklärungen und Steuerbescheide bezüglich Quellensteuern (insbesondere Kapitalertragsteuern), Grunderwerbsteuer, Lohnsteuer, Kapitalsteuern und anderer Steuern, die während der relevanten Jahre fällig wurden und nicht schon unter 1. erfasst sind;
3. sämtliche Freistellungsbescheinigungen in Bezug auf die Einbehaltung von Quellensteuern;
4. jeweils letzter Betriebsprüfungsbericht für die jeweilige Steuerart und für die Sozialversicherung;
5. Lohnunterlagen und Übersicht über Aushilfen bzw. freie Mitarbeiter (einschließlich der mit diesen Personen geschlossenen Verträge);
6. Verträge mit Gesellschaftern oder sonstigen verbundenen Unternehmen und Personen und Überblick über Beziehungen/Zahlungen zwischen den Gesellschaften und Gesellschaftern/verbundenen Parteien, die nicht in schriftlichen Verträgen festgehalten sind;
7. Dokumentation, wie Belastungen zwischen verbundenen Unternehmen/Personen berechnet wurden;
8. sämtliche Gesellschaftsverträge einschließlich Änderungen seit Gründung der Gesellschaften, dazugehörige Handelsregisterauszüge und sämtliche Gesellschafterbeschlüsse;
9. sämtliche Dokumente bezüglich Umstrukturierungen seit Gründung der Gesellschaften (insbesondere Anteilsübertragungen, Verschmelzungen, Kapitalerhöhungen usw.);
10. sämtliche Jahresabschlüsse;
11. Unterlagen über sämtliche Einsprüche/Widersprüche und Klageverfahren in Steuersachen und Sozialversicherungssachen, die noch offen sind oder verloren wurden;
12. sämtliche Gerichtsentscheidungen in Steuersachen und in Sozialversicherungssachen gegenüber den Gesellschaften;
13. sämtliche verbindliche Auskünfte der Finanzverwaltung einschließlich dazugehöriger Anträge;

14. zumindest beispielhafte Dokumentation, wie die Umsatzsteuerfreiheit von Leistungen nachgewiesen wird, falls es solche Umsätze gibt;
15. Auflistung ausländischer Tochtergesellschaften und Betriebsstätten und allgemeiner Überblick der Mitarbeiter, die im Ausland arbeiten;
16. Kopien sämtlicher Rechnungen von Rechtsanwälten, Steuerberatern, Wirtschaftprüfern oder anderen Beratern, die in den jeweiligen Jahren eingegangen sind oder die jeweiligen Jahre betreffen;
17. sämtliche Unterlagen über öffentliche Zuschüsse und Zulagen.

Schrifttum: Vgl. auch bereits das Schrifttum zu Form. B. VI. 2; *Bahns,* Tax Due Diligence, M&A Review 2002, 501; *Grote,* Tax Due Diligence beim Unternehmenskauf. Checklisten zur steuerlichen Risiko- und Chancenanalyse, BBV 2006, 256; *Löffler,* Tax Due Diligence beim Unternehmenskauf: Analyse und Berücksichtigung steuerlicher Risiken und Chancen, 2002; *Lüdicke/Sistermann,* Unternehmenssteuerrecht, 2008; *Schiffers,* Tax Due Diligence beim Unternehmenskauf – Teil I: Analyse der Risiken aus offen Veranlagungszeiträumen, GmbH-StB 2004, 239; *ders.,* Tax Due Diligence beim Unternehmenskauf – Teil II: Analyse der Chancen und Risiken des Akquisitionsvorgangs und des Steuerpotentials im Zielunternehmen, GmbH-StB 2004, 277.

Anmerkungen

1. Überblick. Im Rahmen von Unternehmensakquisitionen ist die Tax Due Diligence von großer Bedeutung und ihre wesentliche Funktion ist es, alle notwendigen Informationen zu erheben, welche sowohl die Chancen einer steueroptimalen Strukturierung des Prozesses und Ergebnisses der Akquisition als auch die vorhandenen steuerlichen Risiken – vornehmlich aus noch offenen Veranlagungszeiträumen – erkennen lassen (vgl. *Schiffers* GmbH-StB 2004, 239 ff.). Dies erfolgt im Rahmen einer Prüfung, welche idealtypisch einer gründlichen Betriebsprüfung der Finanzverwaltung gleicht (BeckMandatsHdb Unternehmenskauf/*Stratz/Klug* § 2 Rdnr. 62). Hierzu gehört nicht nur, die vergangenen Wirtschaftsjahre hinsichtlich (noch nicht bilanzierter) finanzieller Verpflichtungen gegenüber den Steuerbehörden zu untersuchen und eine umfassende Risikoanalyse vorzunehmen, sondern darauf aufbauend schließlich entsprechende Regelungen im vertraglichen Haftungs- und Gewährleistungssystem zu erarbeiten. In praxi wird durch sogenannte Steuerklauseln bzw. Garantieklauseln sichergestellt, dass der Käufer den Verkäufer für Steuerlasten in Anspruch nehmen kann, wenn sich diese etwa aufgrund von Betriebsprüfungen realisieren (vgl. zu den Zwecken Berens/Brauner/Strauch/*Welbers* S. 423 f.; zu Steuergarantien ausf. *Seibt* MünchAnwHdb Unternehmenssteuerrecht, § 8 Rdnr. 43 f., 62 ff., 91 ff.).

2. Informationsgrundlagen, Prüfungsumfang. Die im Formular angesprochenen Informationen/Dokumente stellen die wichtigsten Quellen zur Auffindung steuerlicher Risiken dar (vgl. auch die ausführliche Liste (inkl. Financial Due Diligence) bei BeckMandatsHdb Unternehmenskauf/*Stratz/Klug* § 2 Rdnr. 63 ff. sowie die Checkliste bei *Kneip/Jänisch* S. 826 ff.). Neben allgemeinen Informationen über die Zielgesellschaft (Rechtsform, Beteiligungsverhältnisse, weitere gesellschaftsrechtliche Regelungen) können sich gerade aus Unterlagen der Kommunikation mit Steuerbehörden wichtige Informationen ergeben und Rückschlüsse ziehen lassen; hierzu gehören insbesondere Berichte über steuerliche Außenprüfungen, Lohnsteuerprüfungsberichte, Steuerbescheide und -erklärungen sowie der Schriftwechsel mit der Finanzverwaltung insgesamt (vgl. *Schiffers* GmbH-StB 2004, 239, 241 f.). Eine einzelfallbezogenen Anpassung ist freilich auch hier unabdingbar (vgl. Form. B. V. 2 Anm. 3). Zu bedenken ist ferner, dass sich die Fragestellungen der Legal und der Tax Due Diligence regelmäßig überschneiden werden. Es ist ratsam, sich bezüglich der zu verlangenden Unterlagen und zur Vornahme der Risikoprüfung an der letzten steuerlichen Betriebsprüfung und den aufgrund dieser ergangenen Bescheide bzw. des Betriebsprüfungsberichts zu orientieren, welche jedenfalls Anhaltspunkte für steuerliche Risiken geben können (vgl. Berens/Brauner/Strauch/*Welbers* S. 428 f.). Zu in der Praxis häufigen, typischen steuerlichen Risikofeldern s. *Kneip/Jänisch* S. 108 ff.

Eine Konturierung der Mindestanforderungen an den Ablauf und den Inhalt einer Tax Due Diligence ist durch die Rechtsprechung und Literatur bisher noch nicht erfolgt (s. auch Berens/Brauner/Strauch/*Welbers* S. 423).

6. Environmental Due Diligence-Anforderungsliste

Environmental Due Diligence-Anforderungsliste[1–4]

Zur umweltbezogenen Untersuchung der von der beabsichtigten Transaktion betroffenen Betriebe und Standorte erbitten wir die Übermittlung der nachfolgend genannten Unterlagen und Angaben (ggf. wird um ausdrückliche Fehlanzeige gebeten). Sofern auf Vereinbarungen Bezug genommen wird, so sind darunter sowohl schriftliche als auch mündliche Vereinbarungen zu verstehen. In allen Fällen sollten auch die zu dem jeweils erbetenen Dokument gehörenden Unterlagen wie Vollmachten, Zustimmungserklärungen etc. übermittelt werden. Es können sich im Rahmen der Prüfung der aufgrund dieser Liste zusammengestellten Unterlagen bzw. gemachten Angaben weiterführende Fragen stellen, die die Vorlage weiterer Unterlagen bzw. weitere Angaben erforderlich machen.

Die Begriffe „Einhaltung von Umweltvorschriften", „Umweltrechtsvorschriften" und ähnliche in dieser Anforderungsliste angegebene Begriffe beinhalten die für die betroffenen Betriebe/Standorte geltenden Anforderungen

(a) aller Bundes- oder Landesgesetze oder Rechtsakte der Gemeinde oder sonstiger Rechtsvorschriften über Gesundheit, Sicherheit oder Angelegenheiten in Bezug auf Umweltverschmutzung oder Umweltschutz, sowie aller Regeln, Verordnungen, Verfügungen, Bescheiden und Richtlinien, die zu diesem Thema von der Europäischen Union, dem Bund, den Ländern und den Körperschaften, die ihre Befugnisse daraus ableiten, oder von sonstigen internationalen Organisationen erlassen werden;

(b) aufgrund der Auslegung oben angeführter Rechtsvorschriften und sonstigen Regelungen durch Gerichte und Verwaltungsbehörden.

I. Organisatorisches

1. Vorlage eines Umweltorganigramms der Gesellschaft; mindestens jedoch Angabe, wer auf der Führungsebene des Unternehmens für Umweltfragen (technisch und rechtlich) zuständig ist und welches Mitglied der Geschäftsführung gem. § 52a Abs. 1 BImSchG die Pflichten des Betreibers der genehmigungsbedürftigen Anlagen oder die abfallrechtlichen Pflichten gemäß § 53 KrW-/AbfG wahrnimmt, einschließlich der jeweiligen Anzeigen an die zuständige Behörde; Namensliste der Betriebsbeauftragten für Immissionsschutz, Abfall, Gewässerschutz, Strahlenschutz, Brandschutz, Störfallbeauftragter, Gefahrgutbeauftragter (jeweils soweit einschlägig, sonst Fehlanzeige), sowie Angaben über deren aufgabenspezifische Qualifikation unter Vorlage der einschlägigen Zeugnisse und Angaben über deren Zuverlässigkeit, Vorlage der jeweiligen Bestellungsschreiben an die Behörde, sowie Angaben über etwaige Beanstandungen der umweltrechtlichen Unternehmensorganisation; Vorlage der Berichte der Betriebsbeauftragten, des Gefahrgutbeauftragten und des Störfallbeauftragten für die ...... letzten verfügbaren Jahre;
2. Angabe einer Hauptkontaktperson, die während der Due Diligence-Überprüfung zur Verfügung steht;
3. Namen der Behörden, die mit der/den Anlage(n) der betroffenen Betriebe/Standorte am besten vertraut sind oder mit denen die betroffenen Betriebe/Standorte die meisten Behördenkontakte gehabt haben;
4. Vornahme einer zeitlich unbeschränkten Diskussion mit demjenigen, der für die Einhaltung der Umweltvorschriften durch die betroffenen Betriebe/Standorte hauptverantwortlich ist, um Auskunft über die Perspektiven des Betreibers über Hauptthemen und Prioritäten zu erhalten;
5. soweit vorhanden Vorlage der Unterlagen zur Umweltpolitik der Gesellschaft, z.B. Vermerke, Berichte oder Gutachten über umweltbezogene Gesamtziele und Hand-

lungsgrundsätze der Gesellschaft, über die Einhaltung aller einschlägigen Vorschriften.

II. Lage der Anlage/des Betriebs und Anlagenbetriebs

1. Beschreibung der Umweltgegebenheiten, einschließlich Angabe hydrogeologischer Bedingungen in der Umgebung und existierender sensibler Umwelt;
2. Beschreibung der Eigentümer von umliegenden Immobilien, einschließlich Angabe der Art der in nahegelegenen Anlagen durchgeführten Arbeiten;
3. detaillierte Angaben über potentielle Immissionspunkte und -wege, einschließlich Angabe der nächstgelegenen Immissionspunkte, der Bevölkerungsdichte des umgebenden Bereichs, der Grundwassercharakteristika und der Luftemissionswege und -immissionspunkte.
4. detaillierte Angaben über den historischen Hintergrund; Beschreibung ehemaliger Nutzungen und Betreiber des Standorts (einschließlich Produktionsabläufen und Fertigungsablaufdiagrammen, falls verfügbar), Alter der Anlage;
5. detaillierte Angaben über gegenwärtige Nutzung des Standortes sowie Beschreibung des Geschäftsbetriebes der Gesellschaft (Branche, Art der Produktion, Art der erbrachten Dienstleistungen etc.; Produktionsabläufe und Fertigungsablaufdiagramme, falls verfügbar);
6. detaillierte Angaben über seit 1994 vorgenommene und zukünftig geplante Änderungen zur Anlage und ob diese Änderungen dem Umweltverträglichkeitsprüfungsgesetz unterliegen;
7. detaillierte Angaben über Rohstoff-Lagerbestand und Art der Lagerung/Disposition;
8. Arbeitsschutz – Angaben zu Überwachung durch Gewerbeaufsicht und Berufsgenossenschaft, ggf. Vorlage von Überprüfungsberichten; Angaben über Verpflichtungen zu Arbeitsschutzmaßnahmen, behördlichen Auflagen zum Arbeitsschutz, arbeitsmedizinischen Vorsorgeuntersuchungen, über schwere Unfälle und das Vorkommen von Asbest, sowie Vorlage der relevanten Unterlagen;
9. Brandschutz – Angaben über Betriebsfeuerwehr bzw. Zusammenarbeit mit örtlicher Feuerwehr, Sprinkleranlagen, Brandschauen, behördliche Beanstandungen sowie Vorlage der relevanten Unterlagen;
10. Angabe, ob in den Gebäuden schädliche Baustoffe einschließlich Asbest verwendet wurden, die geeignet sind, Gefahren für Leib oder Leben oder die Gesundheit von Menschen hervorzurufen. Das gilt auch für Stoffe, die nachträglich in die Bausubstanz eingetragen worden sind;
11. Angabe, ob das Unternehmen mit radioaktiven Stoffen umgeht; Vorlage der erforderlichen Genehmigungen; (bei der Produktion oft im Zusammenhang mit Messinstrumenten der Fall);
12. Aufstellung aller im Geschäftsbetrieb jemals verwendeten umweltgefährdenden Stoffe mit Mengenangabe, Lagerungsort und Schutzvorkehrungen, insbesondere: Nachweis des Umgangs mit Gefahrstoffen i. S. d. GefStoffVO, wassergefährdenden Stoffen i. S. v. § 62 Abs. 3 WHG und dem Anhang 2 zur VwVwS;
13. Aufstellung aller unterirdischen und oberirdischen Lagerungsstätten umweltgefährdender Stoffe, insbesondere Tankanlagen und Fasslager sowie von Rohrleitungen und Umschlagplätzen für wassergefährdende Stoffe unabhängig davon, ob gegenwärtig genutzt oder nicht, einschließlich Angaben über die Art und die Häufigkeit des Abfüllens oder Umschlags; Vorlage von Prüfberichten und Eigenkontrollen und etwaigen Beanstandungen sowie sämtlicher Behördenkorrespondenz im Zusammenhang damit; Aufstellungen über Art, Menge und Ort der gelagerten wassergefährdenden Stoffe; Vorlage der Genehmigungsbescheide für die Errichtung und den Betrieb von Rohrleitungsanlagen zum Befördern wassergefährdender Stoffe nach § 2 Abs. 1 S. 2 RohrFlVO.

III. Allgemeines zur Einhaltung von Umweltvorschriften

1. Detaillierte Angaben über sämtliche umweltrechtliche Genehmigungen, Bewilligungen etc. sowie Anzeigen; ferner Angaben über die Feststellung des Status hinsichtlich der Einhaltung von Vorschriften, einschließlich Angaben darüber, ob nach Genehmigung oder Anzeige der Anlage sämtliche Änderungen an der Anlage genehmigt bzw. bewilligt oder angezeigt wurden und ob zusätzliche oder andere Auflagen nach umweltrechtlichen Vorschriften vorgeschrieben wurden;
2. detaillierte Angaben darüber, ob Nachbarn/andere Dritte während eines Anlagengenehmigungsverfahrens Parteistellung erlangt haben;
3. Zusammenstellung aller während der letzten ...... Jahre aufgetretenen Verletzungen von Umweltvorschriften; ferner Zusammenstellung aller während der letzten ...... Jahre aufgrund von umweltrechtlichen Vorschriften ergangenen Verfügungen oder Beanstandungen von Behörden sowie Nachweise zu deren Erledigung sowie Angaben zum Status quo des jeweiligen Vorgangs;
4. detaillierte Angaben von umweltbezogenen Beschwerden/Beanstandungen (z. B. Geruch, Rauch, Geschmack im Wasser etc.), die von Seiten einzelner Nachbarn, Gruppen oder Gemeinden eingegangen sind sowie Nachweise zu deren Erledigung sowie Angaben zum Status quo des jeweiligen Vorgangs;
5. detaillierte Angaben über und Übermittlung sämtlicher Unterlagen und Korrespondenzen in Bezug auf verwaltungsverfahrensrechtliche oder gerichtliche Verfahren bzw. Streitigkeiten in Belangen mit umweltrechtlichem Bezug, die die Gesellschaft mit Behörden oder mit bzw. unter Beteiligung von Dritten während der letzten ...... Jahre hatte bzw. hat;
6. detaillierte Angaben von Meldungen von Verletzungen, Bitten um Auskünfte oder anderer Korrespondenz (inkl. Gespräche und Verhandlungen) an bzw. mit Aufsichtsbehörden bezüglich eines Umweltproblems, einen Fall der Nichteinhaltung von Umweltvorschriften oder eine Beschwerde;
7. detaillierte Angaben über Ersuchen um Auskunft gemäß dem Umweltinformationsgesetz;
8. detaillierte Angaben aller Vereinbarungen mit einer Aufsichtsbehörde;
9. detaillierte Angaben darüber, ob die Anlage über ein formelles Verfahren verfügt, um Anforderungen in Bezug auf die Einhaltung von Vorschriften, Bewilligungsanträge oder neue Vorschriften zu erfüllen;
10. detaillierte Angaben sämtlicher Beurteilungen, Berichte über oder Untersuchungen von Umweltfragen durch betroffene Betriebe/Standorte, Berater oder eine Behörde oder von hausinterner Korrespondenz oder hausinternen Memos;
11. Angaben über die Durchführung von Umwelt-Audits nach EMAS oder ISO 14.001 unter Vorlage der Zertifikate sowie der Auditberichte;
12. detaillierte Angaben kürzlich vorgenommener oder voraussichtlicher Änderungen an Umweltschutzmaßnahmen, einschließlich aller Pläne zum Bau, zur Abänderung oder Hinzufügung eines Umweltschutzsystems oder einer Umweltschutzanlage.

IV. Verunreinigungen, insbes. des Bodens

1. Detaillierte Angaben über Standortverunreinigungen oder nahegelegenen Verunreinigungen außerhalb des Standortes, einschließlich:
   - Angaben darüber, ob das Betriebsgrundstück und die Nachbargrundstücke nach BBodSchG und BBodSchV schädliche Bodenveränderungen oder Altlasten aufweisen oder ob Anzeichen bestehen, die darauf hindeuten könnten, dass diese Flächen jedenfalls als Verdachtsflächen oder als altlastenverdächtig eingestuft werden könnten;
   - detaillierte Angaben darüber, ob durch die Anlagenbetreiber (oder allfällige Vorgänger) auf dem Standort Abfall oder giftige Chemikalien entstanden sind, oder von diesen gelagert oder entsorgt wurden;

6. Environmental Due Diligence-Anforderungsliste

2. detaillierte Angaben darüber, ob Meldungen an Behörden in Bezug auf Verunreinigungen am Standort oder außerhalb dessen getätigt wurden;
3. detaillierte Angaben darüber, ob es durch den Geschäftsbetrieb der Gesellschaft zu nicht genehmigten oder nicht zulässigen Belastungen der Umwelt (z. B. Erdreich, Wasser inkl. Grundwasser, Luft, Lärm) kommt bzw. in der Vergangenheit gekommen ist (inkl. Freisetzung gefährlicher Stoffe und Altlasten); Aufstellung aller behördlicherseits oder betriebsintern festgestellten (inkl. ggf. bereits sanierter) oder vermuteten Umweltschädigungen und Vorlage der diesbezüglichen Korrespondenz oder interner Dokumente, Vorlage entsprechender Gutachten und Untersuchungsberichte sowie Angaben zur Beseitigung;
4. Angabe, ob die Gesellschaft jemals Grundstücke veräußert hat, die die unter 1. im ersten Absatz aufgeführten Voraussetzungen erfüllen, oder auf denen Abfall oder giftige Chemikalien entstanden sind oder gelagert oder entsorgt wurden.

V. Emissionen und Immissionen

1. Verzeichnis der immissionsschutzrechtlich genehmigungspflichtigen Anlagen unter Vorlage aller Genehmigungsbescheide und Befreiungen bzw. Angabe von Ausnahmen einschließlich der Änderungsbescheide, Teilgenehmigungsbescheide, Bescheide über den vorzeitigen Beginn und Vorbescheide; Vorlage der Anzeigen gemäß §§ 67, 67a BImSchG; Angaben darüber, ob sämtliche genehmigungspflichtigen Anlagen einschließlich etwaiger Änderungen tatsächlich genehmigt worden sind oder werden, und ob diese in Übereinstimmung mit Genehmigungsbescheiden und den darin enthaltenen Bedingungen und Auflagen betrieben werden; Angaben darüber, ob diese Bescheide durch das Unternehmen oder Dritte angefochten sind bzw. eine solche Anfechtung zu erwarten ist; Aufstellung anzeigepflichtiger Änderungen an Anlagen, Vorlage der Anzeigen;
2. für immissionsschutzrechtlich genehmigungspflichtige Anlagen: Angaben über etwaige betriebsbedingte Lärm- und Luftbelastungen, auch in der Vergangenheit; Vorlage der letzten Emissionserklärungen gem. § 27 BImSchG i. V. m. der 11. BImSchV oder darüber, dass der Betrieb gem. § 1 11. BImSchV von der Emissionserklärungspflicht befreit ist;
3. Angabe, ob Betrieb unter die Störfallverordnung (12. BImschV) fällt und wenn ja, ob die Pflichten nach der StörfallVO erfüllt werden (Grundpflichten gem. §§ 3 ff. StörfallVO – insbes. Störfallkonzept; erweiterte Pflichten gem. §§ 9 ff. StörfallVO – insbes. Sicherheitsberichte, Alarmpläne; „Seveso II – Betrieb"?);
4. detaillierte Angaben über bestehende Emissionsquellen, einschließlich der Art allfälliger Schutzmaßnahmen und des Status hinsichtlich der Einhaltung von Vorschriften; ferner detaillierte Angaben über jede geplante Baumaßnahme oder Abänderung des Anlagenbetriebs und Feststellung, ob dadurch Emissionen betroffen werden, die gesetzlicher Kontrolle unterliegen;
5. detaillierte Angaben aller größeren Quellen „flüchtiger" Emissionen sowie darüber, ob Aufsichtsbehörden über irgendwelche gegenwärtigen Überwachungsmaßnahmen verfügen oder Pläne zur Kontrolle flüchtiger Emissionen haben;
6. detaillierte Angaben über Fälle versehentlicher Freisetzungen, welche die Öffentlichkeit oder die Umgebung außerhalb des Standortes betroffen haben können;
7. fällt die Anlage unter das Treibhausgas-Emissionshandelsgesetz? Wenn ja, sind die Zertifikate ausreichend oder müssen welche zugekauft werden? Wie viele?

VI. Gewässerreinhaltung

1. Überblick über die Versorgung der Betriebsstätten mit Frischwasser;
2. Nachweis wasserrechtlicher Erlaubnisse und Bewilligungen in Bezug auf die Entnahme oder sonstige Benutzungen von Oberflächen- und Grundwasser, den Betrieb betriebseigener Abwasseranlagen; ggf. Beschreibung „alter Rechte" i. S. d. § 20

WHG; Angabe, ob die tatsächliche Gewässerbenutzung den gesetzlichen und behördlichen Anforderungen entspricht und ob es in der Vergangenheit oder Gegenwart zu behördlichen Beanstandungen gekommen ist;
3. detaillierte Angaben über Abwasseraustrittsstellen, einschließlich Informationen über die Ausflussmenge und Bestandteile;
4. Überblick über die Behandlung von Abwasser (Direkteinleitung oder Indirekteinleitung); sofern Direkteinleitung: Nachweis der Einrichtungen zur Abwasserbehandlung sowie zugehöriger Genehmigungen und deren Einhaltung; Vorlage der Abwasserabgabenbescheide für die letzten drei Jahre; sofern Indirekteinleitung: Nachweis der Genehmigungen nach Indirekteinleiter-VO, sofern Genehmigungspflicht besteht, sowie Nachweis der Einhaltung einschlägiger Anforderungen und Grenzwerte;
5. Vorlage etwaiger Verträge für die Gestattung der Einleitung von Abwässern in die (öffentliche oder private) Kanalisation (meist Abwasserverband); Einschätzung, ob die Mengen reichen werden;
6. detaillierte Angaben über Erlaubnisse, Bewilligungen und weitere Bescheide gemäß Wasserhaushaltsgesetz sowie über die mit diesen im Zusammenhang stehenden Dokumente; ferner Feststellung des Status hinsichtlich der Einhaltung dieser Vorschriften;
7. detaillierte Angaben der Informationen, die in dem gemäß Wasserhaushaltsgesetz unterhaltenen Wasserbuch enthalten sind;
8. detaillierte Angaben darüber, ob die Anlage in einer Grundwassersanierungszone oder einer Wasserschutzzone liegt;
9. detaillierte Angaben über die Einhaltung der pflanzenschutzrechtlichen Vorschriften (insbes. die einschlägigen Verordnungen);
10. detaillierte Angaben über die Anwendbarkeit und die Einhaltung des Chemikaliengesetz; gibt es einen Giftbeauftragten? Giftbezugsbewilligungen?

VII. Abfall

1. Detaillierte Angaben über typische, ebenso wie gefährliche und ungefährliche Abfälle, einschließlich Art und Volumen, sowie Angaben darüber, wie diese Abfälle entstanden sind, gelagert, transportiert oder entsorgt werden;
2. Vorlage des geltenden Abfallwirtschaftsplanes;
3. Übersicht über die Handhabung der Abfallentsorgung, insbesondere schriftliche oder mündliche Richtlinien der Gesellschaft, welche die Behandlung von Abfällen betreffen; Vorlage des betrieblichen Abfallkonzepts und der betrieblichen Abfallbilanzen für die letzten drei Jahre, Nachweis über die Zertifizierung als Entsorgungsfachbetrieb der beauftragten Entsorgungsunternehmen; Vorlage der Entsorgungsnachweise;
4. Auskunft und ggf. Nachweis über behördliche Beanstandungen der Abfallentsorgungspraxis, Auseinandersetzung mit Dritten, Bußgeld- oder Strafverfahren im Zusammenhang mit der Abfallentsorgung; Nachweis der Einhaltung der gesetzlichen Anforderungen an die Nachweisführung über die Zulässigkeit der vorgesehenen Entsorgung bzw. über entsorgte Abfälle; Vorlage interner Prüfberichte über die Abfallentsorgung; Vorlage der Entsorgungsverträge;
5. detaillierte Angaben der Einhaltung der Verpackungsverordnung.

VIII. Finanzielle Informationen/Versicherungsinformationen

1. Angabe, ob und gegebenenfalls in welchem Umfang eine Versicherungsdeckung für Umwelthaftungsfälle besteht;
2. Feststellung, ob die Anlage über ein Umweltbudget verfügt;
3. detaillierte Angaben darüber, ob Rückstellungen für Umweltbelange gebildet wurden samt entsprechender Angabe der Gründe hierfür.

Schrifttum: Vgl. auch bereits das Schrifttum zu Form. B. VI. 2; *Engelhardt,* Environmental Due Diligence, WiB 1996, 299; *Ewer,* Environmental due diligence als anwaltliches Betätigungsfeld, AnwBl. 2002, 309; *Hilf/Roth,* Umweltrechtliche Informationspflichten bei Unternehmenstransaktionen, DB 2005, 1951;

6. Environmental Due Diligence-Anforderungsliste — B. VI. 6

Müggenborg, Der Kauf von Altlastengrundstücken nach der Schuldrechtsmodernisierung, NJW 2005, 2810; *Pföhler/Hermann,* Grundsätze zur Durchführung von Umwelt-Due-Diligence, WPg 1997, 628; *Tillmann,* Unternehmensbewertung und Grundstückskontamination, 1998; *Turiaux/Knigge,* Umweltrisiken bei M&A-Transaktionen, BB 1999, 913.

Anmerkungen

1. Überblick. Die vorstehende Anforderungsliste soll eine ausführliche, profunde Environmental Due Diligence ermöglichen (eine kürzere, generelle Anforderungsliste enthält auch bereits Form. B. VI.2). Durch eine umweltrechtlich akzentuierte Due Diligence sollen im Rahmen von Unternehmenstransaktionen beim Zielunternehmen bestehende Umweltrisiken offen gelegt und gleichzeitig das Optimierungspotential eruiert werden. Beide Aspekte sind mit Blick auf die Gestaltung des vertraglichen Systems der Gewährleistung, Garantie und Freistellung sowie für die Kaufpreisgestaltung von erheblicher Bedeutung. Es ist zu bedenken, dass versteckte umweltrelevante Mängel die Transaktion und den Bestand des Unternehmens gefährden können; darüber hinaus ist der Blick dafür zu schärfen, dass ein Erwerber eines Unternehmens gerade (umwelt)straf- und ordnungsrechtlich in die Verantwortung genommen werden kann (vgl. etwa Picot/*Picot* Unternehmenskauf S. 877, 902 ff., 1090). Allerdings kann eine Environmental Due Diligence über transaktionsbezogene Vorteile hinausgehende positive Aspekte bergen. Dazu gehört nicht nur die Vermeidung zivilrechtlicher Rechtsstreitigkeiten, sondern insbesondere die Sicherung der Wertschöpfung insgesamt, eine ökonomisch sinnvolle, zukunftsorientierte Optimierung der Anlagentechnik und letztlich auch die Imagepflege des Unternehmens (Berens/Brauner/Strauch/*Betko/Reiml/Schubert* S. 559).

2. Verfahren. In praxi hat sich ein zweistufiges Verfahren für eine Environmental Due Diligence bewährt: In einer ersten Phase bietet es sich zur Gewinnung und Auswertung der Informationen der i. d. R. komplexen Prüfung an, an die im Zielunternehmen bestehenden Umweltinformationssysteme und -strukturen anzuknüpfen; hierauf aufbauend werden dann Einzelprüfungen (Stichproben) vorgenommen. An das Umweltbetriebsgutachten als Ergebnis von Phase eins schließt sich Phase zwei an: Detailliertere Untersuchungen/weiterführende Gutachten sollen weiterer Risikoanalyse dienen und zugleich wertmindernde Tatbestände zu quantifizieren helfen (*Pföhler/Hermann* WPg 1997, 628, 630 ff.; vgl. Berens/Brauner/Strauch/ *Betko/Reiml/Schubert* S. 560 ff.). Regelmäßig wird gerade aufgrund des engen Zusammenhanges mit vertraglicher Gewährleistung – im Ausgangspunkt – ein Interesse an umfassender Aufklärung aller Risiken bestehen. Zu beachten ist jedoch, dass erst mit der Aufdeckung derlei Risiken gewisse Informationspflichten gegenüber Behörden ausgelöst werden, aufgrund derer kosten- und zeitaufwendige Untersuchungs- und Sanierungsanordnungen ergehen können. Ratsam kann es daher im konkreten Einzelfall sein, eine Aufklärung (soweit rechtlich zulässig) absichtsvoll zu beschränken, um gewissen Anzeigepflichten zu entgehen (vgl. zu derlei Informationspflichten *Hilf/Roth* DB 2005, 1951).

Da für die Beurteilung von Umweltrisiken sowie deren finanzielle Einschätzung erhebliches (technisches) Fachwissen vonnöten ist, wird die Prüfung von Consulting-Unternehmen durchgeführt, welche sich an umwelttechnische Richtlinien halten. Des Weiteren wird es von grundlegender Bedeutung sein, die entsprechenden Standorte persönlich unter Begleitung von Fachkundigen in Augenschein zu nehmen und Gespräche mit den für die einzelnen umweltrelevanten Bereiche Verantwortlichen im Unternehmen zu führen (vgl. *Ewer* AnwBl. 2002, 309, 313; Berens/Brauner/Strauch/*Betko/Reiml/Schubert* S. 552 f.).

3. Standortabhängigkeit, Informationsquellen. Bei Aufstellung einer Liste zur Erhebung von Umweltrisiken im Vorfeld der Due Diligence ist besonders zu beachten, dass die Umweltrisiken standortabhängig sind und nicht etwa pauschal für ein gesamtes Unternehmen angegeben werden können. Selbstverständlich hängt es auch maßgeblich von der Zugehörigkeit eines Betriebes zu einer bestimmten Branche ab, welche Fragestellungen hierbei besonderes relevant sind und welche Informationen zu verlangen sind. Um im konkreten Fall Analyseschwerpunkte eingrenzen zu können, sind daher eingangs überblicksartige Informationen über umweltrechtlich und -technisch problemträchtige Bereiche des jeweiligen Betriebes/Standortes einzuholen. Dies betrifft etwa Produktionsprozesse, Betriebsmittel sowie weitere tatsächliche Standortgegebenheiten. Hilfreiche Quelle für diese Vorbereitung der Anforderungsliste kann neben öffentlich zugänglichen Informationen über das Zielunternehmen (Web-Site, veröffentlichter Umweltbericht) auch der Antrag auf Zugang zu Umweltinformationen bezüglich umweltrelevanter Tätigkeiten und Auswirkungen des Zielunternehmens bei der jeweils zuständigen Behörde nach §§ 3 ff. UIG sein. Für dieses Jedermannsrecht muss ein rechtliches Interesse zwar nicht dargelegt werden; im Einzelfall kann sich dennoch dessen Ausübung durch einen Strohmann empfehlen (*Ewer* AnwBl. 2002, 309, 311). Der Aspekt der Abhängigkeit aller Risiken vom jeweiligen Standort erhält dadurch zusätzliche Relevanz, dass für verschiedene Standorte unterschiedliche Vorschriften maßgeblich sein können (ausländische/europäische Rechtsvorschriften, anderes Landes- bzw. Kommunalrecht). Die Anforderungsliste sollte daher klarstellen, welche von ggf. mehreren Standorten/Betrieben adressiert werden.

4. Einzelne Problembereiche. Vorstehende ausführliche, keineswegs aber abschließende Liste versteht sich daher als Hinweis auf in der Praxis relevante Prüfungspunkte. Während mit den Punkten I. und II. generelle betriebs- und standortspezifische Informationen erhoben werden sollen, adressiert III. gleichsam vor die Klammer gezogen allgemein die umweltrechtlichen Fragestellungen (z. B. sämtliche Rechtsverletzungen und Verfahren), bevor dann mit den Punkten IV. bis VII. beispielhaft einige umweltrechtliche Bereiche genauer angesprochen werden. Die Prüfungskomplexe lassen sich allgemein nach äußerer und innerer Umweltrelevanz systematisieren. Erstere umfasst die Rechtsbeziehungen der Unternehmung zu Dritte und Sachen, welche sich aus der Anwendung umweltrechtlicher Normen ergibt, wohingegen letztere die vielgestaltige Beachtlichkeit des Umweltrechtsverhältnisses nach innen darstellt (s. *Engelhardt* WiB 1996, 299, 300). Eine gründliche standortspezifisch ausgerichtete Prüfung geht heutzutage i. d. R. weit über die Problematik der Altlasten (vgl. hierzu *Müggenborg* NJW 2005, 2810) hinaus; ein Überblick über mögliche Begutachtungsfelder und Fallbeispiele findet sich auch bei Berens/Brauner/Strauch/*Betko/Reiml/Schubert* S. 552, 562 ff.; vgl. zudem die ausführliche Checkliste bei Picot/*Picot* Unternehmenskauf S. 881 ff. Hervorzuheben ist, dass die umweltrechtliche Prüfung in der Regeln auch baurechtliche Fragen wird mit einbeziehen müssen, vgl. hierzu schon Form. B.VI.2 Ziff. VI. Da der *Legal Compliance* mit umwelt- und baurechtlichen Vorschriften regelmäßig grundlegende Bedeutung zukommt, ist besonders darauf zu achten, nicht lediglich zu prüfen, ob Errichtung und Betrieb bestimmter Anlagen genehmigt bzw. erlaubt sind, sondern darüber hinaus zu ergründen, inwieweit deren Zulässigkeit zeitlich und sachlich reicht, um nicht in Zukunft Einstellungs-, Stilllegungs- oder Abrissanordnungen riskieren zu müssen (*Ewer* AnwBl. 2002, 309, 312). Des Weiteren ist die Environmental Due Diligence aufgrund jüngster Entwicklungen auch mit Blick auf die Einführung von Emissionszertifikaten sowie den Handel mit diesen von Bedeutung, da diese u. U. stark wertbeeinflussend sind (ausführlich Berens/Brauner/Strauch/*Betko/Reiml/Schubert* S. 554 f.).

7. Arbeitsrechtliche Due Diligence-Anforderungsliste

Arbeitsrechtliche Due Diligence-Anforderungsliste

Zur arbeitsrechtlichen Untersuchung der Gesellschaft erbitten wir die Übermittlung der nachfolgend genannten Unterlagen und Angaben (ggf. wird um ausdrückliche Fehlanzeige gebeten). Soweit die Gesellschaft unmittelbare oder mittelbare Tochtergesellschaften oder Beteiligungen mit einer Beteiligungsquote von mehr als 10% hat, werden die folgenden Unterlagen und Angaben auch für diese Unternehmen erbeten. Sofern auf Vereinbarungen Bezug genommen wird, so sind darunter sowohl schriftliche als auch mündliche Vereinbarungen zu verstehen. In allen Fällen sollten auch die zu dem jeweils erbetenen Dokument gehörenden Unterlagen wie Vollmachten, Zustimmungserklärungen etc. übermittelt werden. Es können sich im Rahmen der Prüfung der aufgrund dieser Liste zusammengestellten Unterlagen bzw. gemachten Angaben weiterführende Fragen stellen, die die Vorlage weiterer Unterlagen bzw. weitere Angaben erforderlich machen.

7. Arbeitsrechtliche Due Diligence-Anforderungsliste   B. VI. 7

1. Liste aller Arbeitnehmer (inklusive der leitenden Angestellten) in zwei Versionen: a) durchgehend alphabetisch, b) geordnet nach Betrieben sowie nach den dort jeweils bestehenden Betriebsteilen (Abteilungen). Die Listen sollen folgende Angaben enthalten:
   - Vor- und Zuname, Geburtsdatum;
   - ausgeübte Funktion;
   - Zuordnung: Arbeiter bzw. gewerbliche Arbeitnehmer/Angestellte;
   - Eintrittsdatum, ggf. unter Hinweis auf angerechnete Vordienstzeiten (gem. § 613a Abs. 1 S. 1 BGB oder aufgrund einzelvertraglicher Zusage);
   - Bruttogehalt des letzten abgeschlossenen Kalenderjahres, Eingruppierung gem. Tarifvertrag/anderweitiger Gehalts- und Lohnsystematik, Ausweisung übertariflicher Zulagen;
   - Mitteilung einer etwaigen Befristung des Arbeitsverhältnisses und des jeweiligen Befristungsgrundes;
   - Kennzeichnung von Arbeitnehmern mit besonderem Kündigungsschutz (Beschränkung/Ausschluss des Rechts zur ordentlichen Kündigung) z.B. aufgrund Tarif-/Individualarbeitsvertrag etc.;
   - Kennzeichnung der Arbeitnehmer, die schwerbehindert oder Schwerbehinderten gleichgestellt sind;
   - Kennzeichnung der Arbeitnehmer, deren Arbeitsverhältnis ruht (wg. Erziehungsurlaub etc.) oder die freigestellt sind, inklusive derer, mit denen Altersteilzeitvereinbarungen abgeschlossen wurden (unter Mitteilung des Freistellungszeitraums);
2. Vorlage aktueller und in der Vergangenheit eingesetzter (soweit noch relevant) Musterarbeitsverträge für Arbeiter (gewerbliche Arbeitnehmer) und Angestellte; chronologisch geordnete Vorlage verschiedener Versionen, sofern unterschiedliche Musterverträge verwandt wurden. Mitteilung wesentlicher Abweichungen von den vorgelegten Mustern im Einzelfall. Angabe der Anzahl der Mitarbeiter, mit denen die jeweiligen Musterverträge abgeschlossen wurden;
3. Liste aller Berater, freien Mitarbeiter, Freelancer, kontinuierlich beschäftigter Werkunternehmer etc. unter Angabe des Namens, des Beginns der Beauftragung, der ausgeübten Tätigkeit, sowie des Honorarvolumens im letzten abgeschlossenen Kalenderjahr;
4. Vorlage der Musterverträge der unter 3. Genannten sowie sämtlicher diesbezüglicher Verträge, soweit das jährliche Honorarvolumen ...... EUR oder die Kündigungsfrist drei Monate überschreitet;
5. Liste aller Handelsvertreter unter Angabe des Namens, des Beginns der Beauftragung, der ausgeübten Tätigkeit, sowie des Honorarvolumens im letzten abgeschlossenen Kalenderjahr;
6. Vorlage der Musterverträge mit Handelsvertretern. Angabe der Anzahl der Handelsvertreter, mit denen die jeweiligen Musterverträge abgeschlossen wurden;
7. Liste der im Unternehmen während der vergangenen ...... Monaten/Jahren zum Einsatz gekommenen Leiharbeitnehmer nebst Mitteilung des Einsatzbereichs und der Einsatzzeiträume. Vorlage aller mit Verleihunternehmen geschlossenen (Rahmen-)Verträge; Mitteilung der auf die Leiharbeitnehmer anwendbaren Tarifverträge bzw. der im Sinne des *Equal Pay*-Grundsatzes vergleichbaren Arbeitnehmer/Arbeitsplätze.
8. Vorlage der (geltenden und vorangegangenen) Anstellungsverträge sämtlicher Vorstandsmitglieder/Geschäftsführer des Unternehmens sowie der Angestellten, deren jährliches Bruttoeinkommen ...... EUR überschreitet (nebst Vertragsveränderungen und -ergänzungen) einschließlich etwaiger Sondervereinbarungen wie Geheimhaltungsvereinbarungen, Erklärungen über Interessenkonflikte und Nebentätigkeiten, Wettbewerbsverbote, Erfindungen etc.; Geburtsdatum und gegebenenfalls Hinweis auf besonderen Kündigungsschutz dieses Personenkreises; Angaben über die jeweilige Vergütung unter Darstellung der einzelnen Vergütungselemente;

Seibt

9. Vorlage sämtlicher Vereinbarungen mit Vorstandsmitgliedern/Geschäftsführern und Arbeitnehmern, die Rechtsfolgen an Veränderungen des Gesellschafterkreises des Unternehmens oder die Veräußerung des Unternehmens, eines Betriebes oder von Betriebsteilen knüpfen (Change of control-Agreements);
10. Vereinbarungen über die Gewährung von Zusatzvergütungen an Vorstandsmitglieder/Geschäftsführer und Arbeitnehmer, die an den Unternehmenserfolg (insbesondere Bonus- und Tantiemenregelungen, stock options), an bestimmte Umsatzgrößen oder persönliche Leistungen bzw. diejenigen einer Gruppe oder einer Abteilung/eines Betriebes anknüpfen, einschließlich seitens Dritter (etwa Konzernunternehmen) zugesagter Leistungen (ggf. unter Verweis auf die Vereinbarungen/Regelungen gem. Ziff. 2, 4, 6, 11, 16, 17);
11. Muster von eventuellen Standardvereinbarungen, die die unter Ziff. 1, 3, 5, 7 und 8 genannten Personen zu unterschreiben haben:
    - Geheimhaltungsvereinbarungen;
    - Erklärung über Interessenkonflikte;
    - Wettbewerbsverbote;
    - Erfindungsübertragungsvereinbarungen;
12. Darstellung vorhandener Aufsichtsratsstrukturen unter Nennung der Mitbestimmungsart (DrittelbG/MitbestG 1976/MontanMitbestG/anderes Mitbestimmungsstatut), insbesondere:
    - Name und Funktion der Mitglieder des Aufsichtsrats;
    - Angaben, ob das jeweilige Aufsichtsratsmitglied von den Anteilsinhabern oder den Arbeitnehmern gewählt wurde;
    - Vorlage jedes von einem Aufsichtsratsmitglied oder einer Gesellschaft, zu der das Aufsichtsratsmitglied in einem besonderen Verhältnis steht, mit der Gesellschaft geschlossenen sog. Beratervertrages sowie die Niederschrift über den die Zustimmung enthaltenden Beschluss des Aufsichtsrates nach § 114 Abs. 1 AktG;
13. Liste sämtlicher betriebsverfassungsrechtlicher Gremien im Unternehmen bzw. Konzern (Betriebsräte, Gesamtbetriebsrat, Konzernbetriebsrat, Wirtschaftsausschuss, Sprecherausschuss, Jugendvertretung, Schwerbehindertenvertretung etc.) nebst Aufstellung der Mitglieder dieser Gremien unter Kennzeichnung der freigestellten Betriebsratsmitglieder;
14. Protokolle aller Betriebsversammlungen und Wirtschaftsausschussversammlungen der letzten ...... Jahre;
15. Liste der Kosten, die im Zusammenhang mit der betrieblichen Mitbestimmung im letzten abgeschlossenen Kalenderjahr aufgewandt wurden (Sachmittel der Betriebsräte, Kosten für Schulungen und ähnliche Maßnahmen, Honorare für vom Betriebsrat eingeschaltete Sachverständige und Rechtsanwälte, Kosten durchgeführter Einigungsstellenverfahren etc.);
16. Vorlage sämtlicher noch anwendbarer (auch nachwirkender) Betriebsvereinbarungen und Regelungsabreden (einschließlich der mit dem Gesamt- und/oder Konzernbetriebsrat abgeschlossenen), ggf. unter Mitteilung einer von den vorgelegten Vereinbarungen abweichenden Praxis; Vorlage bzw. Mitteilung einzelvertraglich fortgeltender (§ 613a Abs. 1 S. 2 BGB) Betriebsvereinbarungen und Regelungsabreden;
17. Vorlage sämtlicher bislang abgeschlossener Interessenausgleichsvereinbarungen und Sozialpläne seit ...... nebst Darstellung der durchgeführten Betriebsänderungen sowie der darüber geführten Verhandlungen mit dem jeweiligen Betriebsrat (Dauer der Verhandlungen, Einigungsstellenverfahren, Vermittlung durch den Präsidenten des Landesarbeitsamtes, gerichtliche Beschlussverfahren in diesem Zusammenhang, einstweilige Verfügungsverfahren, Verfahren um Nachteilsausgleich gem. § 113 BetrVG, weitere Besonderheiten);

18. Mitteilung aller (auch örtlichen) Mitgliedschaften in Arbeitgeberverbänden; Mitteilung auch früherer Mitgliedschaften nebst Zeitpunkt des Austritts/Auflösung des Verbandes;
19. Vorlage sämtlicher (aufgrund Mitgliedschaft im Arbeitgeberverband, Abschluss Firmentarifvertrag, Allgemeinverbindlichkeit, Nachwirkung, vertraglicher Inbezugnahme, betrieblicher Übung, einzelvertraglicher Fortgeltung gem. § 613a Abs. 1 S. 2 BGB etc. – Zutreffendes ist anzugeben –) anwendbarer Tarifverträge;
20. Darstellung der Betroffenheit des Unternehmens von Arbeitskämpfen (Streik, Aussperrung etc.) innerhalb der letzten fünf Jahre; Darstellung der hierdurch entstandenen Schäden;
21. Darstellung der den Arbeitnehmern bzw. bestimmten Arbeitnehmern vom Unternehmen oder seitens Dritter (z. B. Konzernunternehmen) gewährten Sozialleistungen (ausgenommen Altersversorgung, siehe Ziff. 23 ff.), soweit nicht bereits Gegenstand der (Muster-)Anstellungsverträge (Ziff. 2, 4, 6, und 8), der Betriebsvereinbarungen (Ziff. 16) und der Tarifverträge (Ziff 19), z. B. Jubiläums- bzw. Treueprämien, Zahlungen zusätzlicher Zuschläge, Gratifikationen, Gewinnbeteiligungen, Aktienoptionen u. ä., besondere Spesenregelungen, Versicherungen, Regelungen über Firmenkreditkarten, Darlehensbedingungen, Personaleinkauf, etc. unter Mitteilung der jeweiligen Rechtsgrundlage (z. B. Firmenfibel, Mitarbeiterhandbuch o. ä. – jeweils bitte vorlegen –, betriebliche Übung, Gesamtzusage);
22. Darstellung sämtlicher wesentlicher Änderungen auf dem Gebiet des Arbeitsrechts innerhalb der letzten sechs Monate, insbes. Darstellung in diesem Zeitraum erfolgter Gehalts- bzw. Lohnanpassungen, Gewährung neuer oder in ihrem Umfang erhöhter Sozialleistungen, Durchführung wesentlicher Vertragsänderungen, Vornahme von Höhergruppierungen, wesentliche Versetzungsmaßnahmen etc.;
23. Vorlage aller schriftlichen Pensionsregelungen (Pensionszusagen, Versorgungspläne, Leistungsordnungen etc. sowie Angabe, ob Rückstellungen in der Bilanz gebildet/eine Rückversicherung abgeschlossen wurde) soweit nicht Gegenstand einer Betriebsvereinbarung oder eines Tarifvertrages (Ziff. 16, 19), die entweder derzeit gelten oder früher galten, jedoch zwischenzeitlich „abgelöst" bzw. „geschlossen" wurden sowie Darstellung aller nicht schriftlich erfolgten Zusagen und Abreden zur betrieblichen Alters-, Invaliditäts- und Hinterbliebenenversorgung (einschließlich Darstellung einer etwaigen betrieblichen Übung und Angabe etwaiger Ermessenpraktiken bei Abweichungen von den Regelungen der Pensionspläne). Bei Fremdfinanzierung der Pensionsregelungen Angabe über getätigte Investitionen, einschließlich Auflistung der Vermögenswerte oder Kopien der zugrunde liegenden Versicherungspolicen;
24. Liste aller Einzelpensionsvereinbarungen mit Vorstandsmitgliedern bzw. Mitgliedern der Geschäftsführung und leitenden Angestellten (spezielle Pläne für leitende Angestellte sowie Aufstockungspläne, unabhängig davon, ob Zuzahlungen freiwillig oder vertragsgemäß sind. Angaben über Höhe der Pension und der jeweiligen Arbeitnehmer- und Arbeitgeberbeiträge) sowie Angaben über Abweichungen oder Erhöhungen für Einzelpersonen gegenüber den normalen Leistungen nach unter Ziff. ...... genannter Pensionspläne;
25. Vorlage aller mit Pensionsregelungen (i. S. v. Ziff. 23, 24) im Zusammenhang stehender Unterlagen, insbesondere Vereinbarungen mit Versorgungsberechtigten und deren Angehörigen (z. B. Sicherungsvereinbarungen) und Vereinbarungen mit Versicherern und anderen externen Versorgungsträgern (z. B. Versicherungsverträge, Satzungen und Leistungspläne von Unterstützungs- und Pensionskassen, Unterlagen zu einem etwaigen Contractual Trust Agreement – CTA), und Vorlage von Informationen bzw. Unterlagen, aus denen sich Inhalt und Umfang einer etwaigen Beleihung, Abtretung, Sicherungsübertragung von Rechten aus Vereinbarungen mit Versorgungsträgern herleiten lassen;

26. Vorlage aller versicherungsmathematischen Bewertungen bzw. Gutachten der Deckungsmittel und zum Umfang der Pensions- und Jubiläumsverpflichtungen der beiden letzten abgeschlossenen Wirtschaftsjahre nach deutschem Steuer- und Handelsrecht sowie ggf. nach internationalem Bewertungsstandard (US-GAAP, FAS, IAS/IFRS, SSAP etc.), jeweils mit Beschreibung der Bewertungsmethoden und -prämissen;
27. Aufstellung der Kosten der betrieblichen Altersversorgung (Leistungen, Versicherungsprämien, Zuwendungen an Unterstützungs- und Pensionskassen, Beiträge an den Pensionssicherungsverein) für die beiden letzten abgeschlossenen Wirtschaftsjahre;
28. Darstellung der in der Vergangenheit durchgeführten Anpassungen bzw. Anpassungsüberprüfungen im Hinblick auf laufende Leistungen der betrieblichen Altersversorgung, insbes. die Erhöhungen pro Jahr (Angaben über (durchgeführte/abgelehnte) Anpassungen betrieblicher Renten, § 16 BetrAVG, binnen der letzten 20 Jahre);
29. Darstellung aller (auch mit Betriebsräten oder Gewerkschaften) arbeitsgerichtlicher Streitigkeiten im Urteilsverfahren sowie im arbeitsgerichtlichen Beschlussverfahren in den letzten fünf Jahren mit Beschreibung des Verfahrensgegenstandes und des Verfahrensausgangs einschließlich Darstellung drohender Streitigkeiten;
30. Darstellung sämtlicher betriebsverfassungsrechtlicher Einigungsstellenverfahren der letzten fünf Jahre unter Angabe des Verfahrensgegenstandes, der Person des Einigungsstellenvorsitzenden sowie des Ausgangs des Verfahrens;
31. Darstellung der von den Trägern der Sozialversicherung (Krankenkassen, LVA, Deutsche Rentenversicherung) durchgeführten Prüfung innerhalb der letzten fünf Jahre sowie Vorlage der erlassenen Bescheide;
32. Mitteilung über in den vergangenen fünf Jahren durchgeführten Entlassungen von Mitarbeitern, die zum Zeitpunkt ihres Ausscheidens mindestens das 56. Lebensjahr vollendet hatten sowie über laufende bzw. noch zu erwartende Erstattungsverfahren gem. § 147a SGB III in diesem Zusammenhang;
33. Darstellung der von den Finanzämtern durchgeführten Lohnsteuerprüfungen innerhalb der letzten fünf Jahre sowie Vorlage der erlassenen Bescheide.

Schrifttum: Vgl. auch bereits das Schrifttum zu Form. B.VI.2; *Diller/Deutsch,* Arbeitnehmer-Datenschutz contra Due Diligence, K&R 1998, 16; *Grimm/Böker,* Die arbeits- und sozialversicherungsrechtliche Due Diligence, NZA 2002, 193; *Höfer/Küpper,* Due Diligence für Verpflichtungen aus der betrieblichen Altersversorgung, DB 1997, 1317; *Kittner,* „Human Resources" in der Unternehmensbewertung, DB 1997, 2285; *Picot/Schnitker,* Arbeitsrecht bei Unternehmenskauf und Restrukturierung, 2001; *Seibt/ Hohenstatt,* in: Willemsen/Hohenstatt/Schweibert/Seibt, Umstrukturierung und Übertragung von Unternehmen: Arbeitsrechtliches Handbuch, 4. Aufl. 2011, Kap. K.

Anmerkungen

Überblick. Die vorstehende arbeitsrechtlich akzentuierte Anforderungsliste (angelehnt an Willemsen/Hohenstatt/Schweibert/Seibt/*Seibt/Hohenstatt,* K Rdnr. 37) für eine Due Diligence gibt einen ausführlichen Überblick über die Komplexe, die bei größeren Unternehmenstransaktionen einer rechtlichen Prüfung zu unterziehen sein können. Von der sog. Human Resources Due Diligence unterscheidet sich die arbeitsrechtliche Due Diligence insofern, als dass erstere zwar die rechtlichen Prüfungspunkte letzterer mit enthalten kann, jedoch darüber hinaus (und meist schwerpunktmäßig) Informationen für eine personalwirtschaftliche Chancen- und Risikoanalyse erheben soll, wobei Leistungsvermögen und -bereitschaft sowie die diesbezüglichen Umstände/Prozesse im Unternehmen eruiert werden (Ressource Mensch als Wertschöpfungsfaktor) und im Lichte der bevorstehenden Umstrukturierung analysiert werden (ausführlich Berens/Brauner/Strauch/*Aldering/Högemann* S. 497ff.). Der arbeitsrechtlichen Due Diligence geht es um die Ermittlung aller individual- und kollektivvertraglichen Verpflichtungen im

Zielunternehmen. Entsprechend dem Grundansatz (vgl. Form. B. VI.2 Anm. 1) einer Due Diligence ist auch die arbeitsrechtliche sowohl vergangenheitsbezogen (Ermittlung von (Haftungs-)Risiken) als auch zukunftsbezogen (entsprechende Gestaltung der Transaktionsstruktur). Zu Einzelheiten: Willemsen/Hohenstatt/Schweibert/Seibt/*Seibt/Hohenstatt* K Rdnr. 23 ff. – zu datenschutzrechtlichen Beschränkungen K Rdnr. 26 ff.

8. Due Diligence Kurz-Berichterstattung/Debriefing[1]

Woche: ......
Team: ......

1. Transaktionsstruktur/Themen für das Transaktionsdokument
   Transaction Structure/Purchase Agreement Issues
1.1 Rot (Mögliche Transaktionsblockaden; Themen wesentlicher Kaufpreisreduktion/Freistellung)
   Red (Potential Road Blocks; Material Purchase Price Adjustment/Indemnities)
   ⇒
   ⇒
   ⇒
1.2 Gelb (Gewährleistung und Garantien; besondere Vertragsverpflichtungen)
   Yellow (Representation and Warranties/Guarantees; Covenants)
   ⇒
   ⇒
   ⇒
2. Themen für Dienstleistungsverträge der Übergangszeit nach Vertragsunterzeichnung
   Interim Period Service Agreement Issues
   ⇒
   ⇒
   ⇒
3. Themen der Post-Merger Integration
   Post-Merger Integration Issues
   ⇒
   ⇒
   ⇒
4. Notwendigkeit für weitere wesentliche Informationen („Big Issues")
   Need for Further Material Information („Big Issues")
   ⇒
   ⇒
   ⇒
5. Notwendigkeit für Standortbesichtigung (und Themen)
   Need for Site Visit (and Issues)
   ⇒
   ⇒
   ⇒
6. Notwendigkeit für die Koordination mit einem anderen Projekt-Team
   Need for Coordination with other Project Team
   ⇒
   ⇒
   ⇒

Anmerkungen

1. Allgemeines. Zur Strukturierung von Due Diligence-Prozessen insbesondere bei inhaltlich umfangreichen und/oder internationalen Untersuchungsteams hat es sich bewährt, jedenfalls wöchentliche Telefonkonferenzen oder Zusammenkünfte zum Status-Bericht zu veranstalten (auch sog. *Debriefing*). In Vorbereitung dieser Status-Sitzungen/*Debriefings* ist es sinnvoll, dass die Leiter der jeweiligen Teams, die z. B. für eine Jurisdiktion oder für ein Sachgebiet (z. B. Markt und Wettbewerb; Finanzen; Gesellschaftsrecht und Joint Ventures; Vertragsverhältnisse Kunden und Lieferanten; Personal, Arbeitsrecht und Pensionen; Versicherungen; Steuern; Umwelt; behördliche Genehmigungen) verantwortlich sind, jeweils einen einseitigen, stichworthaften Status-Bericht erstellen, der jedenfalls zwölf Stunden vor der Status-Sitzung an die jeweils anderen Teamleiter verschickt werden sollte. Auf der Grundlage dieser Status-Berichte kann dann die Koordination der einzelnen Teams, die Zusammenarbeit bei spezifischen Fragen und vor allem die Transaktionsplanung erfolgen, und zwar nicht nur im Hinblick auf den M&A-Transaktionsvertrag und seine Inhalte, sondern auch im Hinblick auf notwendige Nebenverträge oder Post-Merger Integrationsthemen (zur Bedeutung der Post-Merger Integration ausführlich *Seibt/Wollenschläger* DB 2009, 1579 ff.).

VII. Letter of Intent

Letter of Intent[1, 7]	Letter of Intent
B-AG	B-AG
......	......
<u>Persönlich/Vertraulich</u>	<u>Personal/Confidential</u>
<u>Vorab per Telefax</u>	<u>Sent in advance by telefax:</u>
Absichtserklärung	Subject: Letter of Intent
Sehr geehrte Damen/sehr geehrte Herren,	Dear Ladies and Gentlemen,

nachstehend halten wir das – vorbehaltlich der Einigung über einen endgültigen Geschäftsanteilskauf- und Übertragungsvertrag – erzielte Einverständnis[2–4] hinsichtlich der Eckpunkte eines Erwerbs von 100% der Geschäftsanteile an der A-GmbH, ... (im Folgenden als die „Gesellschaft" bezeichnet), Geschäftsadresse: ......, durch uns wie folgt fest:	This Letter of Intent documents that we have agreed – subject to agreement on a final and binding Share Purchase and Assignment Agreement – to purchase 100% of the shares of A-GmbH, ... (hereinafter the „Company"), having its business address at ......, subject to the following principal terms and conditions:

1. Kauf- und Verkaufsabsicht, Transaktionsform	1. Intent to Purchase and Sell, Form of Transaction
Die B-AG (im Folgenden als die „Käuferin" bezeichnet) ist daran interessiert, von den Verkäufern (Ziff. 3) im Weg eines Share Deals 100% der Geschäftsanteile der A-GmbH, ..., käuflich zu erwerben und zu übernehmen. Die Verkäufer sind daran interessiert, 100% der Geschäftsanteile der Gesellschaft an die B-AG zu verkaufen und abzutreten. Der Kaufpreis soll dabei teilweise in bar, teilweise in Form der Ausgabe von Stückaktien der Käuferin entrichtet werden.	B-AG (hereinafter „Purchaser") is interested in purchasing and acquiring from Sellers (as defined in Section 3) 100% of the shares of A-GmbH, ..., by share deal. Sellers are interested in selling and assigning to B-AG 100% of the shares of the Company. The purchase price shall, in part, be payable in cash, and, in part, in the form of no par value shares to be issued by Purchaser.
Alternativ hierzu ist die Käuferin bereit, mit den Verkäufern eine Gestaltung zu diskutieren, die steuerliche Aspekte berücksichtigt, wie z.B. eine Einbringung gegen Gewährung von Gesellschaftsrechten im Sinne von § 20 UmwStG.	In the alternative, Purchaser hereby agrees to discuss a different transaction structure with Sellers that takes into consideration tax aspects, e.g., a transfer of shares by contribution in kind in consideration of shareholder rights within the meaning of sec. 20 of the German Reorganization Tax Act (*UmwStG*).

2. Kaufobjekt	2. Sold Shares
Die Gesellschaft ist eingetragen im Handelsregister des Amtsgerichts ...... unter der Nr. HRB .... Geschäftsführer sind die	The Company is recorded in the Commercial Register at the Local Court of ...... under number HRB .... The managing

Gesellschafter ......, ... Das eingezahlte Stammkapital beträgt ...... EUR.

3. Verkäufer

Die Verkäufer halten 100% der Geschäftsanteile an der Gesellschaft, und zwar im Einzelnen wie folgt:

(i) Herr ...... Geschäftsanteile (lfd. Nrn. ...... im Nennbetrag von ...... EUR [......%]

(ii) Herr ...... Geschäftsanteile (lfd. Nrn. ...... im Nennbetrag von ...... EUR [......%]

(iii) Herr ...... Geschäftsanteile (lfd. Nrn. ...... im Nennbetrag von ...... EUR [......%]

(iv) Herr ...... Geschäftsanteile (lfd. Nrn. ...... im Nennbetrag von ...... EUR [......%]

4. Kaufpreis, Zahlungsmodalitäten

4.1 Die Käuferin hat die Absicht, von den Verkäufern insgesamt 100% der Geschäftsanteile an der Gesellschaft zu erwerben. Der Kaufpreisermittlung liegt die Annahme zugrunde, dass die Gesellschaft im Jahr ...... wenigstens ...... EUR Umsatzerlöse erzielt, und der Kaufpreis sich unter Anwendung eines Multiplikators von 1,5 hierauf ergibt. Der endgültige Kaufpreis wird nach Ablauf des Geschäftsjahres ...... nach Maßgabe des tatsächlich erzielten Umsatzlöses der Gesellschaft im Jahr ...... und eines hierauf anzuwendenden Multiplikators von 1,5 ermittelt, beträgt jedoch in jedem Falle höchstens ...... EUR für 100% der Geschäftsanteile.

4.2 Der sich hiernach ergebende vorläufige Kaufpreis in Höhe von ...... EUR wird zu einem Anteil von 10%, d.h. in Höhe von ...... EUR, in bar geleistet, fällig zur Zahlung am Tage der gemeinsamen notariellen Beurkundung des Geschäftsanteilskauf- und Übertragungsvertrages und zu einem Anteil von 90%, d.h. in Höhe von ...... EUR, in Form der Ausgabe von neuen, im Wege der Kapitalerhöhung zu schaffenden Stückaktien mit ei-

directors of the Company are the shareholders ......, ... The paid-in registered share capital of the Company totals € ......

3. Sellers

Sellers hold 100% of the shares of the Company as follows:

(i) Mr . ...: shares (consecutive no. ......) with a par value of EUR ...... [...... %]

(ii) Mr . ...: shares (consecutive no. ......) with a par value of EUR ...... [...... %]

(iii) Mr . ...: shares(consecutive no. ......) with a par value of EUR ...... [...... %]

(iv) Mr . ...: shares (consecutive no. ......) with a par value of EUR ...... [...... %]

4. Purchase Price, Payment Terms

4.1 Purchaser intends to purchase from Sellers a total of 100% of the Company's shares. The purchase price shall be calculated based on the assumption that in the year ...... the Company will generate revenues in the amount of EUR ...... or more, and that the purchase price will correspond to the amount of revenues multiplied by a factor of 1.5. The final purchase price shall be determined after the end of fiscal year ...... based upon the revenues actually generated by the Company in the year ......, multiplied by 1.5, provided however that in any event the final purchase price for 100% of the shares shall not exceed EUR ....

4.2 The preliminary purchase price in the amount of EUR ...... as determined in accordance with the above shall in the amount of EUR ......, representing 10% of the total purchase price, be paid in cash, which shall be due for payment on the date the Share Purchase and Assignment Agreement is notarially recorded for the Parties, and in the amount of EUR ......, representing 90% of the total purchase price, in the form of new no par value

nem rechnerischen Nennbetrag von ...... EUR je Aktie. Die Parteien gehen dabei für Bewertungszwecke des abzuschließenden Geschäftsanteilskauf- und Übertragungsvertrages davon aus, dass den Verkäufern soviel Stückaktien zugeteilt werden, dass ihre Beteiligung am zum Zeitpunkt nach Durchführung der Kapitalerhöhung bei der Käuferin bestehenden Grundkapital zusammengenommen ...... % entspricht. Die Parteien werden im Rahmen des endgültigen Geschäftsanteilskauf- und Übertragungsvertrages festlegen, ob und welche Anpassungsregelungen es hierzu geben soll. Die Ausgabe der Aktien ist fällig am ...... Die Käuferin wird das Bezugsrecht der bestehenden Aktionäre entsprechend ausschließen. Auf § 187 AktG wird hingewiesen.

shares from a capital increase by Purchaser, each share representing EUR ...... of the registered share capital. For valuation purposes of the Share Purchase and Assignment Agreement to be signed by the Parties, the Parties assume that Sellers shall receive so many no par value shares that Sellers' collective shareholdings in the registered share capital after implementation of the capital increase shall total ...... %. The Parties shall stipulate in the final Share Purchase and Assignment Agreement whether the purchase price shall be subject to adjustment and, if so, what the terms and conditions of adjustment are. Issuance of the shares shall be due on .... Purchaser shall exclude the subscription rights of current shareholders for the newly issued shares. The Parties hereby note the provisions of sec. 187 of the German Stock Corporation Act (*AktG*).

5. Wirksamkeitsvoraussetzungen des Geschäftsanteilskauf- und Übertragungsvertrages

5.1 Die Wirksamkeit des kombinierten Geschäftsanteilskauf- und Übertragungsvertrages wird unter dem Vorbehalt der Zustimmung des Aufsichtsrates der Käuferin stehen.

5.2 Der Übergang des Eigentums an den Geschäftsanteilen erfolgt mit notarieller Beurkundung des Geschäftsanteils- und Übertragungsvertrages, nicht jedoch bevor der Aufsichtsrat der Käuferin dem Vertrag zugestimmt hat.

[Ggf. 5.3 Der Vollzug des kombinierten Geschäftsanteilskauf- und Übertragungsvertrages steht unter der aufschiebenden Bedingung der Nichtuntersagung durch das Bundeskartellamt. Verzögert sich der Eintritt dieser Bedingung über den Übertragungsstichtag hinaus, so ist der Kaufpreis ab dem Übertragungsstichtag mit ...... % p.a. zu verzinsen.]

5. Conditions to Validity of Share Purchase and Assignment Agreement

5.1 The combined Share Purchase and Assignment Agreement shall be valid only if approved by the Supervisory Board of Purchaser.

5.2 Title to the shares shall transfer on the date the Share Purchase and Assignment Agreement is notarially recorded, however not before the agreement has been approved by Purchaser's Supervisory Board.

[If applicable: 5.3 Consummation of the combined Share Purchase and Assignment Agreement shall be subject to the condition precedent (*aufschiebende Bedingung*) that the purchase is not barred by the Federal Cartel Office. If this condition has not occurred by the transfer effective date, the purchase price shall carry interest at the rate of ...... p.a. from the transfer effective date.]

6. Due Diligence

6.1 Der Abschluss eines Geschäftsanteilskauf- und Übertragungsvertrages über die Geschäftsanteile steht unter dem Vorbehalt der vorherigen Durchführung einer die Käuferin zufriedenstellenden wirtschaftlichen, finanziellen, technischen und rechtlichen Überprüfung der Gesellschaft und ihres Geschäftsbetriebes unter Einschluss der Unternehmensplanung (Business Plan) bis zum ...... („Due Diligence").

6.2 Der Umfang sowie das Verfahren hinsichtlich der Durchführung der Due Diligence werden von den Parteien einvernehmlich festgelegt. Die Parteien kommen bereits zum jetzigen Zeitpunkt über folgende Grundsätze der Due Diligence überein:

6.2.1 Die Due Diligence soll ab dem ...... beginnen und nicht länger als ...... andauern.

6.2.2 Im Zuge der Durchführung der Due Diligence sind die Verkäufer bereit, gewisse vertrauliche Informationen über die Gesellschaft zur Verfügung zu stellen.

6.2.3 Die Käuferin hat den Verkäufern eine konkrete Beschreibung der Unterlagen, in die sie gerne Einsicht nehmen würde, zu übermitteln. Die Verkäufer werden daraufhin der Käuferin mitteilen, welche Unterlagen zur Verfügung gestellt werden.

6.2.4 Nach Festlegung der zusammenzustellenden Unterlagen werden diese am Sitz der Gesellschaft in ...... in einem Datenraum über den o. g. Zeitrahmen ausgewählten, von den Verkäufern und der Käuferin im vorhinein zu bestimmenden, Mitarbeitern, Vertretern oder Beratern der Käuferin zur Einsicht zur Verfügung gestellt.

6.2.5 Die Mitnahme von Kopien aus dem Datenraum ist grundsätzlich unzulässig, kann jedoch im Einzelfall von der Verkäuferin zugelassen werden.

6. Due Diligence Review

6.1 Signing of the Share Purchase and Assignment Agreement shall be subject to performance of a prior due diligence review of the Company and its business operations, including the business plan, by Purchaser, which shall be completed by ...... and the results of which shall be satisfactory to Purchaser in terms of the economic, financial, technical and legal aspects (hereinafter the „Due Diligence Review").

6.2 The scope and procedures of the Due Diligence Review shall be determined by mutual agreement of the Parties. The Parties hereby agree that the Due Diligence Review shall be subject to the following general principles:

6.2.1 The Due Diligence Review shall commence on ...... and last for a maximum time period of ....

6.2.2 Sellers agree to make available certain confidential information in the course of the Due Diligence Review.

6.2.3 Purchaser shall transmit to Sellers a detailed description of the documents which Purchaser would like to review. Sellers shall then inform Purchaser which documents will be made available.

6.2.4 After the documents to be compiled by Sellers have been identified, they shall for the aforementioned time period be made available for review by selected staff or representatives of Purchaser as agreed in advance by the Parties, in a room located at the registered office of the Company at ....

6.2.5 The removal of copies from the data room is generally prohibited, but may be permitted by Sellers on a case-by-case basis. Additional pro-

VII. Letter of Intent

Weitere Verfahrensregeln für die Due Diligence werden von der Verkäuferin festgelegt.

7. Vertraulichkeit[5]

7.1 Die Käuferin verpflichtet sich, vor der Fortsetzung der Verhandlungen und der Durchführung einer Due Diligence eine mit einer Vertragsstrafeklausel bewehrten Geheimhaltungsvereinbarung abzuschließen, für die nachfolgende Grundsätze bereits jetzt festgehalten werden.

7.2 Die Käuferin wird sämtliche von den Verkäufern oder der Gesellschaft oder von deren jeweiligen Vertretern, Mitarbeitern oder Beratern erhaltene mündliche und schriftliche Informationen, Daten, Bücher und Unterlagen („vertrauliche Informationen") ausschließlich für die Zwecke des beabsichtigten Anteilserwerbes verwenden und im übrigen geheim halten.

7.3 Die Verkäufer verpflichten sich, die Tatsache, dass sie mit der Käuferin in Gesprächen über die Veräußerung der Gesellschaft bzw. von Geschäftsanteilen an der Gesellschaft stehen, sowie den Stand dieser Gespräche vertraulich zu behandeln. Sie gewährleisten, dass auch ihre Mitarbeiter und Berater diese Vertraulichkeit wahren.

7.4 Die Käuferin ist berechtigt, vertrauliche Informationen, sowie die Tatsache im Gange befindlicher Verhandlungen insoweit offenzulegen, als sie nach anwendbaren Rechtsvorschriften und Verordnungen sowie Gerichts- oder behördlichen Entscheidungen dazu verpflichtet ist. Jedenfalls hat die Käuferin den Verkäufern über allfällige beabsichtigte Offenlegungen vor Offenlegung schriftlich zu berichten.

7.5 Die Geheimhaltungsverpflichtung gilt, falls es nicht zu einem Anteilserwerb kommt, ... Monate fort.

cedural rules for the Due Diligence Review shall be determined by Sellers.

7. Confidentiality

7.1 Prior to continuing the negotiations and performing a Due Diligence Review, Purchaser shall sign a confidentiality agreement providing for payment of contractual penalties for any violations. The Parties hereby agree that the basic terms and conditions of this confidentiality agreement shall be as set forth below.

7.2 Purchaser shall use exclusively for purposes of the contemplated share purchase and otherwise keep confidential all oral or written information, data, books and records (hereinafter „Confidential Information") received from Sellers or the Company or their respective representatives, staff or advisors.

7.3 Sellers shall keep confidential the fact that they are in the process of negotiating a sale of the Company or shares of the Company with Purchaser, as well as the status of the Parties' negotiations. Sellers also warrant compliance with the duties of confidentiality by their staff and advisors.

7.4 Purchaser shall have the right to disclose Confidential Information as well as the fact that negotiations are ongoing between the Parties, if and to the extent that disclosure is required under applicable laws or regulations or by court rulings or administrative decisions. Purchaser shall in all cases provide Sellers with written notice of any contemplated disclosure of Confidential Information prior to disclosure.

7.5 In the event that the share deal should not go forward, the duties of confidentiality shall continue in effect for a time period of ...... months.

8. Abwerbeverbot[6]

Vgl. hierzu Form. B.I.1 § 9.

9. Besondere Verkäuferpflichten

9.1 Die Verkäufer werden die in einem Geschäftsanteilskauf- und Übertragungsvertrag dieser Art üblichen Gewährleistungen, Freistellungen (insbesondere von Steuerrisiken) und Sicherheiten gewähren.

9.2 Die Verkäufer ......, ... und ...... verpflichten sich, der Gesellschaft für einen Zeitraum von mindestens ...... Jahren weiterhin als Geschäftsführer oder in vergleichbarer Position zur Verfügung zu stehen. Entsprechende Geschäftsführerverträge bzw. Anstellungsverträge mit üblichen Wettbewerbsverbotsregelungen werden mit Abschluss des Geschäftsanteilskauf- und Übertragungsvertrages geschlossen. Entsprechendes gilt für den Verkäufer ...... in Bezug auf dessen Tätigkeit als ....

9.3 Die Verkäufer sind damit einverstanden, dass die Firma der Gesellschaft geändert wird in „...... GmbH" oder „...... GmbH" oder in ähnlicher Weise.

10. Exklusivität

10.1 Angesichts der uns im Anschluss an die Unterzeichnung dieser Absichtserklärung im Rahmen des dann von uns betriebenen Prüfungs- und Analyseprozesses entstehenden Kosten und Aufwendungen werden die Verkäufer für einen Zeitraum von ...... Kalendertagen ab Unterzeichnung dieser Absichtserklärung keinerlei Gespräche oder Verhandlungen über die Veräußerung der Gesellschaft oder der Geschäftsanteile an der Gesellschaft mit Dritten führen. Soweit Sie solche Gespräche oder Verhandlungen zurzeit führen, werden Sie diese unverzüglich beenden.

10.2 Der vorgenannte Exklusivitätszeitraum verlängert sich automatisch

8. Non-Solicitation

See form B.I.1. Sec. 9

9. Special Obligations of Sellers

9.1 Sellers shall provide such warranties, indemnities (including, without limitation, indemnities for tax risks) and guarantees as are customary for a share purchase and assignment agreement of the type contemplated by the Parties.

9.2 Sellers ......, ... and ...... hereby agree to make themselves available to the Company for a time period of at least ...... years as managing directors or in a similar capacity. Appropriate managing director agreements or employment agreements, which shall include standard covenants not to compete, shall be signed on the date the Share Purchase and Assignment Agreement is executed. The foregoing shall apply, *mutatis mutandis*, to Seller ...... with respect to services rendered by him/her to the Company as ....

9.3 Sellers hereby agree that the name of the Company shall be changed to „ ...... GmbH" or „ ...... GmbH" or to a similar name.

10. Exclusivity

10.1 In consideration of the costs and expenses that will after the signing of this Letter of Intent be incurred by us in connection with the review and analysis process, Sellers shall for a time period of ...... calendar days from the Signing Date of this Letter of Intent refrain from discussing or negotiating any sale of the Company or the Company's shares to any third parties. If you are engaged in such discussions or negotiations at the present time, you agree to discontinue such discussions or negotiations promptly.

10.2 The aforementioned exclusivity period shall be automatically extended

VII. Letter of Intent

um weitere vier Wochen, wenn die Käuferin den Verkäufern vor Ablauf der ...... Kalendertage mitteilt, dass die in Ziff. 6 bezeichnete Due Diligence-Prüfung zu ihrer Zufriedenheit abgeschlossen worden ist.

10.3 Die Parteien werden sich ggf. über eine weitere Verlängerung des o. a. Exklusivitätszeitraumes verständigen, wenn dies für den Abschluss der Due Diligence und der Vertragsverhandlungen erforderlich werden sollte.

11. Vertragsstrafe

Für den Fall eines Verstoßes gegen die Exklusivitätsverpflichtung in Ziff. 10 durch Sie, die Gesellschaft oder einen der von Ihnen oder der Gesellschaft eingeschalteten Mitarbeiter oder Berater verpflichten Sie sich, an uns eine Vertragsstrafe in Höhe von ...... EUR zu zahlen. Handelt es sich bei dem Verstoß um einen andauernden, werden Sie für jede Woche, die dieser Verstoß andauert, eine weitere Zahlung in Höhe von ...... EUR leisten. Die Zahlung der Vertragsstrafe lässt die Möglichkeit der Geltendmachung eines weiteren Schadens unberührt. Die Verpflichtung zur Zahlung der Vertragsstrafe entfällt, wenn es zu dem Erwerb der Gesellschaft durch uns kommt.

12. Scheitern der Verhandlungen

12.1 Die Parteien können die Verhandlungen jederzeit unter Angabe ihrer Gründe abbrechen. Eine Pflicht zum Abschluss des Kaufvertrages besteht nicht. Die Abstandnahme seitens einer Partei bedarf der Schriftform und der ordnungsgemäßen Zustellung an alle anderen Parteien.

12.2 Werden die Verhandlungen aus Gründen beendet, welche eine der Parteien zu vertreten hat und die nicht in der fehlenden Erfüllung beiderseits vereinbarter Bedingungen liegen, so hat diese Partei die der anderen Partei im Zusammenhang mit den Vertragsverhandlungen und

by an additional four weeks, if Purchaser notifies Sellers prior to expiration of the aforementioned ...... calendar days that the Due Diligence Review referenced in Section 6 has been concluded to Purchaser's satisfaction.

10.3 The Parties shall discuss and agree on any additional renewal of the aforementioned exclusivity period, if this should be necessary to conclude the Due Diligence Review and contract negotiations.

11. Contractual Penalty

You agree that if the exclusivity obligation provided for in Section 10 is breached by you, the Company, or any staff or advisors of you or the Company, you shall pay to us a contractual penalty in the amount of EUR .... If such breach continues, you agree to pay an additional amount of EUR ...... for each week the breach continues. Our right to claim additional damages shall remain unaffected by any payment of a contractual penalty. There shall be no obligation to pay a contractual penalty if the Company is purchased by us.

12. Failure of Negotiations

12.1 The Parties may discontinue the negotiations at any time, stating the reasons for discontinuation. Neither Party shall have an obligation to enter into a final purchase agreement. If either Party decides not to move forward with the transaction, the other Parties shall be provided and duly served with written notice.

12.2 If the negotiations are discontinued for reasons within the control of one of the Parties rather than for non-occurrence of any conditions agreed upon by the Parties, such Party shall indemnify the other Party for the expenses incurred in connection with the contract nego-

der Due Diligence entstandenen Aufwendungen zu tragen, höchstens jedoch bis zu einer Summe von ...... EUR. Die Geltendmachung eines weitergehenden Schadens bzw. weitergehender Kosten bleibt unberührt.

13. Zeitplan

13.1 Der Geschäftsanteilskauf- und Übertragungsvertrag soll spätestens am ...... („Signing-Tag") unterfertigt werden. Sollte ein separates Closing erforderlich sein, so soll dies spätestens am ...... („Closing-Tag") stattfinden und hängt vom Vorliegen einer eventuell erforderlichen zusammenschlussrechtlichen oder anderweitiger Genehmigungen und dem Vorliegen der Zustimmung der Gremien der Verkäufer bzw. der Käuferin und dem Eintritt sonstiger zwischen den Parteien noch einvernehmlich festzulegender Bedingungen ab. Sollte zum Closing-Tag eine zusammenschlussrechtliche Genehmigung noch nicht vorliegen, obwohl eine solche erforderlich ist, so hat das Closing eine Woche nach Vorliegen einer endgültigen zusammenschlussrechtlichen Genehmigung, allerspätestens aber bis zum ...... zu erfolgen. Im Falle eines separaten Closings tritt, soweit für bestimmte Regelungen dieser Vereinbarung der Signing-Tag maßgeblich ist, der Closing-Tag an dessen Stelle.

13.2 Der wirtschaftliche Stichtag für den Anteilserwerb ist der ...... auf der Basis des geprüften Jahresabschlusses per ...... Ab diesem Stichtag steht der Käuferin insbesondere das Recht auf Bezug etwaiger Dividenden zu. Das Eigenkapital der Gesellschaft zum ...... beträgt ...... EUR. Seit dem ...... sind durch die Verkäuferin keine Entnahmen getätigt worden.

14. Schlussbestimmungen

14.1 Mit Ausnahme der Regelungen in den Ziffern 10, 11 und 12 ist diese

tiations and Due Diligence Review, up to a total amount of EUR .... The right to claim additional damages of costs shall remain unaffected thereby.

13. Timetable

13.1 The Share Purchase and Assignment Agreement shall be signed on or before ...... (hereinafter the „Signing Date"). Should a separate closing be necessary, the closing shall occur on or before ...... (hereinafter the „Closing Date") and shall be conditional on receipt of any necessary merger or other official approvals, on receipt of approvals from the governing bodies of Sellers and/or Purchaser, and on occurrence of any other conditions upon which the Parties may agree. If any necessary merger approval should not have been received by the Closing Date, the closing shall occur one week after receipt of final merger approval, in any event not later than .... In the event of a separate closing, the Closing Date shall take the place of the Signing Date in this Agreement, to the extent that the Signing Date is controlling for certain provisions of this Agreement.

13.2 The economic effective date of the share purchase shall be ...... on the basis of the audited year-end financial statements dated .... From this effective date, Purchaser shall hold all rights to the shares, including, without limitation, any dividend rights. The shareholders' equity of the Company on ...... totaled € .... Seller has made no withdrawals since ....

14. Miscellaneous

14.1 Except for the provisions of Section 10, 11 and 12, this Letter of Intent

Absichtserklärung rechtlich unverbindlich[3, 4].

14.2 Mit Ausnahme der Verpflichtungen gemäß den Punkten ...... endet die Gültigkeit der Bestimmungen dieser Absichtserklärung mit dem ...... oder mit dem Datum des einvernehmlichen Abbruches der Verhandlungen.

14.3 Änderungen und Ergänzungen dieser Vereinbarung bedürfen zu ihrer Gültigkeit der Schriftform. Die Vertragssprache ist Deutsch.

14.4 Die Kosten der rechtlichen oder steuerlichen Beratung trägt vorbehaltlich des Eingreifens der Regelungen in Ziff. 12 jede Seite selbst.

14.5 Auf diese Absichtserklärung findet das Recht der Bundesrepublik Deutschland Anwendung. Nicht ausschließlicher Gerichtsstand ist ....

Wenn diese Absichtserklärung den Stand unserer Gespräche zutreffend wiedergibt, bitten wir Sie, Ihr Einverständnis mit dieser Absichtserklärung durch Unterzeichnung der beigefügten Kopie dieser Absichtserklärung und deren Rückgabe an uns zu bestätigen.

Mit freundlichem Gruß

....

B-AG

shall not be legally binding for the Parties.

14.2 Except for the obligations set forth in Section ......, the provisions of this Letter of Intent shall cease to be valid on ...... or on the date the Parties discontinue negotiations by mutual agreement.

14.3 Any amendments or modifications to this Agreement shall be invalid they are unless in written form. The contract language shall be German.

14.4 Subject to applicability of the provisions of Section 12, each Party shall be responsible for the costs of its own legal or tax advisors.

14.5 This Letter of Intent shall be subject to the laws of the Federal Republic of Germany. The Parties agree to submit to the non exclusive jurisdiction of ....

Provided that this Letter of Intent accurately reflects the status of our negotiations, please confirm your agreement with the provisions of this Letter of Intent by signing and returning the enclosed copy.

Sincerely,

....

B-AG

Schrifttum: Bergjan, Die Haftung aus culpa in contrahendo beim Letter of Intent, ZIP 2004, 395; *Geyrhalter/Zirngibl/Strehle,* Haftungsrisiken aus dem Scheitern von Vertragsverhandlungen bei M&A-Transaktionen, DStR 2006, 1559; *Guinomet,* Break fee-Vereinbarungen, 2003; *Hertel,* Rechtsgeschäfte im Vorfeld eines Projekts, BB 1983, 1824; *Houck,* Funktion und Durchsetzbarkeit eines „Letter of Intent", M&A-Review 2006, 65; *Kapp,* Der geplatzte Unternehmenskauf: Schadensersatz aus culpa in contrahendo bei formbedürftigen Verträgen (§ 15 Abs. 4 GmbHG), DB 1989, 1224; *Lutter,* Der Letter of Intent, 3. Aufl. 1998; *Ziegler/Stancke,* Kostenersatz beim Abbruch von Vertragsverhandlungen in M&A-Transaktionen?, M&A Review 2008, 28.

Anmerkungen

1. Überblick. Der Letter of Intent (LoI, deutsch: Absichtserklärung) stellt eine aus dem anglo-amerikanischen Rechtskreis stammende, auf ein bestimmtes Rechtsgeschäft bezogene einseitige Erklärung oder zweiseitige Vereinbarung dar, mit welcher die ernsthafte Absicht zur Durchführung einer Transaktion auf Grundlage erster Verhandlungseckpunkte dokumentiert, weitere klärungsbedürftige Punkte festgehalten sowie die Strukturierung des folgenden Transaktionsprozesses vorgenommen werden soll. Der LoI markiert demnach bei traditionellen Exklusivitätsverhandlungen das Ende einer ersten Verhandlungsphase und regelmäßig den

Beginn der Due Diligence- und Vertragsverhandlungsphase (vgl. *Merkt* S. 282 f.; siehe auch Teil A.IV). In praxi rührt ein Bedürfnis nach einem solchen Verfahrensschritt daher, dass die Parteien sich im Rahmen komplexer Transaktionen selten zu einem frühen Stadium schon verbindlich auf Detailregelungen festlegen wollen bzw. können (BeckMandatsHdb Unternehmenskauf/*Böx* § 1 Rdnr. 160). Gleichzeitig soll durch ihn aber ein gewisses Vertrauen gebildet bzw. dokumentiert und ernsthaftes Interesse an weitergehenden Verhandlungen bekundet werden. Die verhandlungspsychologische Wirkung eines LoI sollte daher nicht unterschätzt werden. Der LoI kann entweder in Form eines Briefes an die Gegenseite (bei verbindlichen Regelungen mit Rücksendung eines unterschriebenen Duplikats) oder auch als Vertrag ausgestaltet werden (MünchVertragsHdb IV/*Thümmel* I. 1. Anm. 3). Bisweilen werden für rechtlich verbindliche Teile sogar separate Dokumente erstellt (*Houck* M&A-Review 2006, 65, 69). Die Beschreibung eines Dokuments als „Letter of Intent" ist in Anbetracht der parteiautonomen Ausgestaltung jedenfalls nur indiziell; die Grenzen zu weiteren Vorfelddokumenten wie der Punktation, einem Memorandum of Understanding bzw. Letter of Understanding sowie Heads of Agreement, Gentlemen Agreement oder Instructions to Proceed sind fließend, ist doch allen gemein, dass sie ein letztlich angestrebtes Rechtsgeschäft lediglich vorbereiten und der Umfang ihrer Rechtsverbindlichkeit weitgehend parteiautonom festgelegt wird (zu einer Übersicht s. *Hertel* BB 1983, 1824, 1825; ferner BeckMandatsHdb Unternehmenskauf/*Böx* § 1 Rdnr. 171 ff.).

2. Rechtliche Wirkung. Der LoI kann eine lediglich einseitige Absichtserklärung oder aber auch eine zweiseitige Vereinbarung sein; jedenfalls ist seine Rechtsverbindlichkeit in das Ermessen der Parteien gestellt. Wird sich ein LoI auch zu großen Teilen mit der Manifestation der ernsthaften Absicht zu einer Transaktion befassen, so finden sich regelmäßig aber bestimmte Punkte, deren Verbindlichkeit für die Parteien schon in einem frühen Verhandlungsstadium relevant ist (Anm. 4). Eine Rechtspflicht zum Abschluss eines Hauptvertrages wird durch den LoI im Regelfall gerade nicht statuiert. Dies unterscheidet ihn von einem Vorvertrag, der bereits hinreichend bestimmte Vereinbarungen und eine Einigung über Hauptleistungspflichten enthält, sodass auf den Abschluss des Hauptvertrages geklagt werden kann (BeckMandatsHdb Unternehmenskauf/*Böx* § 1 Rdnr. 185). Um Auslegungsschwierigkeiten zu vermeiden, sollte sich diese Abgrenzung unmittelbar aus einem LoI ergeben (vgl. Ziff. 13.1).

Jedenfalls können („spätestens", so zutreffend Hopt/*Fabritius* I.K. 5. Anm. 1) mit einem LoI gesteigerte vorvertragliche Verhaltenspflichten begründet werden und ein qualifizierter Vertrauenstatbestand i. S. d. § 311 Abs. 2 BGB bezogen auf das Zustandekommen des Hauptvertrages gegeben sein, der eine Haftung aus c. i. c. auslösen kann (vgl. Merkt/*Göthel* S. 26 f.; sowie umfassend *Lutter* S. 65 ff.; zur Haftung aus c. i. c. bei formbedürftigen Geschäften s. aber Anm. 7). Dies wird insbesondere angenommen, wenn die Partei die Verhandlungsposition derart konkretisiert, dass der Vertragsabschluss nur noch aus bestimmten Gründen verweigert werden darf (hierzu *Bergjan* ZIP 2004, 395, 398). Anhaltspunkte für eine derartige Konkretisierung können etwa Zusicherungen über die grundsätzliche Kauf- bzw. Verkaufsbereitschaft oder darüber, keine Parallelverhandlungen mit Dritten zu führen, darstellen. Der Schadensersatz bemisst sich dann grundsätzlich nach dem negativen Interesse, nicht nach dem Erfüllungsinteresse (*Bergjan* ZIP 2004, 395, 400). Es bedarf also einer sorgsamen Überprüfung der aufzunehmenden Punkte dahingehend, wesbezüglich eine rechtliche Bindung angestrebt ist (vgl. ausführlich Picot/*Picot* M&A S. 159 ff.); in der Regel wird auch der Schadensbzw. Aufwendungsersatz eine individuelle, verbindliche Regelung erfahren (s. Anm. 4). Besonderer Aufmerksamkeit sollte dem Spannungsfeld aus rechtsverbindlichen Abreden und unverbindlichen Absichtserklärungen in Fällen mit Auslandsbezug beigemessen werden, kennt doch etwa das US-amerikanische Recht kein Äquivalent zur deutschen culpa in contrahendo und besteht daher u. U. ein anderer Auslegungsmaßstab hinsichtlich der Frage der Rechtsverbindlichkeit von Klauseln (vgl. *Houck* M&A-Review 2006, 65, 67; Merkt/*Göthel* S. 29 f.).

Unabhängig von Fragen der Rechtsverbindlichkeit ist jedoch auch die rein faktischpsychologische und verhandlungstaktische Wirkung eines LoI nicht zu unterschätzen. In der Regel dürfte es einer Partei schwer fallen bzw. teuer zu stehen kommen, Umständen zur Durchsetzung verhelfen zu wollen, die in einem LoI nicht schon in irgendeiner Weise angelegt waren (Merkt/*Göthel* S. 28; *Holzapfel/Pöllath* Rdnr. 13). Insgesamt kommt dem LoI damit inhaltliche Präjudizwirkung für den Hauptvertrag zu.

3. Rechtlich unverbindliche Regelungen. Der LoI wird zum großen Teil rechtlich unverbindliche Regelungen enthalten. Neben einer genaueren Beschreibung der avisierten Transaktion, welche deren Objekt und die beabsichtigte Ausgestaltung derselben (Übertragungs- und Zahlungsmodalitäten, wesentliche Bedingungen des Vertragsschluss, Zustimmungserfordernisse; vgl. *Houck* M&A-Review 2006, 65, 66) umfassen sollte, kann ein LoI auch bereits bestimmte, noch näher zu vereinbarende Pflichten für den angestrebten Vertrag darlegen (vgl. Ziff. 9), wobei stets darauf Acht zu geben ist, dass eine detaillierte Regelung den Rahmen einer Absichtserklärung i. d. R. sprengt und einem (rechtsverbindlichen) Vorvertrag vorbehalten bleibt (vgl. BeckMandatsHdb Unternehmenskauf/*Böx* § 1 Rdnr. 166). Der LoI wird auch sich anschließende Verfahrensschritte adressieren und bereits bestimmte Grundsätze für diese zu formulieren versuchen: Dies gilt sowohl hinsichtlich der Grundlagen einer Due Diligence und Vertraulichkeitsvereinbarung, welche i. d. R. nachfolgend noch en détail ausgestaltet werden (vgl. ausführlich die Form. B.I., B.VI.). Darüber hinaus ist empfehlenswert, einen Zeitplan bzw. -rahmen für die Transaktion aufzunehmen. Zu weiteren typischen Regelungsgegenständen vgl. BeckMandatsHdb Unternehmenskauf/*Böx* § 1 Rdnr. 169.

4. Rechtlich verbindliche Regelungen. Der Abschluss eines LoI stellt im Transaktionsprozess insofern eine bedeutende Zäsur dar, als dass mit dessen Abschluss konkrete Vorbereitungen zur Durchführung einer Due Diligence beim Käufer beginnen und der Verkäufer sukzessive sensible Informationen preisgibt, also für die Vertragsparteien die finanziellen und geschäftlichen Risiken erheblich steigen (Hopt/*Fabritius* I. K. 5. Anm. 1). Deshalb werden es die Parteien nicht für alle Punkte bei rechtlich unverbindlichen Vereinbarungen bewenden lassen, sondern – so ist zu empfehlen – bestimmte Vereinbarungen explizit als verbindlich kennzeichnen.

Eine Exklusivitätsabrede trägt dem Umstand Rechnung, dass der personelle, zeitliche und finanzielle Aufwand einer Due Diligence für den Erwerber nur dann zu verantworten ist, wenn ihm ein Zeitraum gewährt wird, in dem er sich sicher sein kann, dass der prospektive Vertragspartner nicht auch mit Dritten verhandelt (Hopt/*Fabritius* I. K. 5. Anm. 3). Diese wird der Verkäufer im Gegenzug nur zu gewähren bereit sein, wenn er durch eine – entweder bereits rechtsverbindlich im LoI inkorporierte oder aber nachfolgend separat geschlossene (vgl. Ziff. 7.1 sowie Form. B.I.) – Vertraulichkeitsvereinbarung seine Geheimhaltungsinteressen schützen kann.

Aufgrund dieser mit Abschluss eines LoI steigenden Risiken ist zu erwägen, die Verletzung von Exklusivitätsabreden und Vertraulichkeitsvereinbarungen mit Vertragsstrafen zu pönalisieren. Da keine Pflicht zu einem Vertragsabschluss besteht, empfehlen sich ferner Vorgaben für den Fall, dass die Verhandlungen (schuldhaft) scheitern. Die Parteien können (pauschalierte) Aufwendungs- bzw. Schadensersatzansprüche vereinbaren und bestimmte, diese Rechtsfolgen auslösende Umstände aufnehmen (s. MünchVertragsHdb IV/*Thümmel* I. 1. Anm. 12c); zur rechtlichen Qualifikation und Zulässigkeit dieser und vergleichbarer Klauseln/Break fee-Vereinbarungen vgl. *Guinomet* S. 154 ff. sowie Form. L.II.2 Anm. 18).

Zu rechtsverbindlichen Vorgaben ist ebenfalls hinsichtlich der Rechtswahl und des Gerichtsstandes zu raten. Es können sich in einem LoI auch bereits Schiedsvereinbarungen finden (Merkt/*Göthel* S. 28).

5. Vertraulichkeit. Vgl. ausführlich Form. B.I.1.

6. Abwerbeverbot. Vgl. Form. B.I.1 Anm. 12.

7. Form. Ein LoI kann unabhängig davon, ob er rechtsverbindliche Regelungen enthält, grundsätzlich formfrei geschlossen werden. Für den Fall, dass die Veräußerung von GmbH-Geschäftsanteilen angestrebt wird, kann jedoch nach § 15 Abs. 4 GmbHG eine notarielle Beurkundung erforderlich sein. Dies ist dann der Fall, wenn bereits der LoI eine Verpflichtung zur Abtretung der Geschäftsanteile zum Gegenstand der vereinbarten Leistung hat. Regelmäßig werden die Parteien dies nicht bereits im LoI festschreiben wollen (vgl. Scholz/H. *Winter/Seibt* § 15 Rdnr. 50, 53); hierin unterscheidet sich dieser gerade vom Vorvertrag, welcher, selbst wenn er zum Abschluss des schuldrechtlichen Vertrages über die Abtretung verpflichtet, aus Umgehungsschutzgründen der Form des 15 Abs. 4 GmbHG unterliegt (MünchHdbGesR

III/*Jasper* § 24 Rdnr. 93). Ist allerdings eine Beurkundung erfolgt, so kann dies im Rahmen der Auslegung für einen Rechtsbindungswillen der Parteien sprechen.

Die Frage der Formbedürftigkeit des in Aussicht genommenen Geschäfts hat auch Auswirkungen auf eine eventuelle Haftung aus c.i.c (zur c.i.c vgl. bereits Anm. 2). Die Rechtsprechung verneint eine Haftung aus c.i.c bei späterem Abbruch der Verhandlungen, wenn ein angestrebtes Geschäft der Form des § 15 Abs. 3 oder 4 GmbHG bedarf. Solange die Formvorschrift jedenfalls auch die Parteien vor übereiltem Handeln schützen will, darf dies nicht dadurch konterkariert werden, dass durch die Annahme einer Haftung aus c.i.c ein indirekter Zwang zum Vertragsabschluss erzeugt würde. Der grundlose Abbruch von Vertragsverhandlungen bleibt also haftungsfrei möglich (vgl. OLG Stuttgart WM 2007, 1743 (zu § 2 Abs. 1 S. 1 GmbHG); hierzu *Ziegler/Stancke* M&A Review 2008, 28 ff.; OLG Stuttgart DB 1989, 1817; LG Heilbronn DB 1989, 1227; grundlegend BGH WM 1982, 1436 (zu § 313 BGB a.F.); BGHZ 116, 251 (zu § 311b BGB)); anderes gilt aber dann, wenn die die Verhandlungen abbrechende Partei schuldhaft das Vertrauen in das Zustandekommen des Vertrages geweckt hat, d.h. wenn sie sich einer weitergehenden – und nicht im Abbruch der Verhandlungen bestehenden – Pflichtverletzung schuldig gemacht hat (z.B. Verletzung von Aufklärungspflichten, vgl. BGHZ 71, 386, 396). Auch nach Abschluss eines formfreien LoI besteht daher bei Formbedürftigkeit des in Aussicht genommenen Geschäfts aus Gründen des Übereilungsschutzes grundsätzlich keine Haftung aus c.i.c (teilweise a.A. *Lutter* S. 91 ff.).

In praxi bietet sich daher aus Sicht des Erwerbsinteressenten an, einen Katalog der Gründe aufzunehmen, die den Veräußerer nicht berechtigen, den endgültigen Vertragsschluss zu verweigern und verschiedene Verhaltenspflichten zu vereinbaren, deren Missachtung gerade bei formbedürftigen Geschäften eine Schadensersatzpflicht begründen (vgl. auch *Kapp* DB 1989, 1226). Der Veräußerer wird regelmäßig an einem – bei Formbedürftigkeit lediglich klarstellenden – rechtsverbindlichen Haftungsausschluss auch für Ansprüche aus c.i.c. interessiert sein.

Auf den Fall der Verhandlungen über nicht formbedürftige Aktienkaufverträge ist der soeben erläuterte Gedanke des Übereilungsschutzes bei der Frage einer Haftung aus c.i.c. nicht zu übertragen.

VIII. Vorstands- und Aufsichtsratsbeschlüsse

1. Vorstandsbeschluss (lang) zum Abschluss eines M&A-Memorandum of Understanding

Beschluss[1, 2] des Vorstands der
...... [Firma] AG, ... [Sitz],
vom ...... [Datum]

Grundsatzbeschluss Projekt ......
Ermächtigung zum Abschluss eines Memorandum of Understanding
Vorsorgliche Selbstbefreiung nach § 15 Abs. 3 WpHG

Unter Verzicht auf alle Form- und Fristerfordernisse für die Einberufung und Abhaltung einer Vorstandssitzung sowie die Fassung von Vorstandsbeschlüssen[2] haben sämtliche Mitglieder[2] des Vorstands der ...... [Firma] AG mit Sitz in ...... [Sitz] („Gesellschaft"), nämlich die Damen und Herren ......, ..., ..., ... und ...... das Folgende festgestellt bzw. einstimmig[2, 3] beschlossen:

1. Der Vorstandsvorsitzende ...... hat dem Vorstand noch einmal und unter Bezugnahme auf vorherige Vorstandssitzungen ausführlich über das Projekt ...... und dessen gegenwärtigen Stand berichtet. Hierbei erläuterte Herr ......, dass die Gespräche mit den Vertretern von ...... über die mögliche Übernahme von ...... [Zielgesellschaft] durch die Gesellschaft und ein späterer Zusammenschluss beider Unternehmen (die „Transaktion" oder das „Projekt ......") in den letzten Wochen weit fortgeschritten seien und dort – nach seinem Eindruck – ein ernsthaftes Interesse an der Transaktion bestehe. Die wesentlichen Eckpunkte und Bedingungen der Transaktion sind in einem sogenannten Memorandum of Understanding (Absichtserklärung) niedergelegt. Der Vorstandsvorsitzende erläuterte, dass dieses Memorandum of Understanding von den Verhandlungsführern der Gesellschaft zusammen mit dem Rechtsberater der Gesellschaft ...... verhandelt wurde und nun eine von den Verhandlungsführern beider Seiten akzeptierte Fassung vorliege. Sämtlichen Mitgliedern des Vorstands lag eine Kopie des finalen Entwurfs des Memorandum of Understanding nebst dazugehöriger Anlagen während der gesamten Vorstandssitzung vor. Eine Kopie dieses Entwurfs ist diesem Vorstandsbeschluss als Anlage beigefügt.

Weiter berichtete der Vorstandsvorsitzende, dass in den letzten Wochen auch Gespräche zwischen den Vertretern der Gesellschaft und ausgewählten Kreditinstituten über die Finanzierung der Transaktion stattfanden. Die Finanzierungs-Term Sheets sind weitgehend endverhandelt und sollen in dieser Woche den Gremien der betreffenden Finanzierungspartner zur endgültigen Entscheidung über den Abschluss der Finanzierungsverträge zugeleitet werden.

Herr ...... stellte weiter fest, dass der Aufsichtsratsvorsitzende der Gesellschaft in das Projekt ...... und in die bisherige Entscheidungsfindung, einschließlich der Verhandlungen des Memorandum of Understanding, im Vorlauf zu dieser Vorstandssitzung laufend eingebunden war und insbesondere die strategischen, finanziellen und organisatorischen Auswirkungen der Transaktion mit dem Vorstand bzw. dem Vorstandsvorsitzenden über die letzten Wochen ausführlich diskutiert hat.[7]

Insbesondere vor dem Hintergrund der Ausführungen unter dieser Ziffer 1 wurde der Entwurf des Memorandum of Understanding und die hierin beschriebene Transaktion sowie deren voraussichtliche strategischen, finanziellen und organisatorischen Aus-

wirkungen auf die Gesellschaft (einschließlich der Unternehmensgruppe), auf ihre Vermögens-, Finanz- und Ertragslage und auf ihre Stakeholder ausführlich erörtert.
2. Nach eingehender Besprechung des Memorandum of Understanding, des Projektes ...... und dessen gegenwärtigem Stand und eingehender Abwägung aller gegenwärtig erhältlichen Informationen und absehbaren Folgen, insbesondere der Vor- und Nachteile sowie der Auswirkungen für die Gesellschaft, ihre Vermögens-, Finanz- und Ertragslage sowie für ihre Stakeholder, ist der Vorstand zu der Überzeugung gelangt, dass eine mögliche Übernahme, insbesondere eine vom Management von ...... [Zielgesellschaft] unterstütze Übernahme von ...... [Zielgesellschaft] durch die Gesellschaft und ein späterer Zusammenschluss beider Unternehmen die mittel- und langfristige Unternehmensentwicklung der Gesellschaft zu fördern geeignet ist und daher im wohlverstandenen Interesse der Gesellschaft und ihrer Aktionäre liegt.[3]
Der Vorstand beschließt daher, das Projekt ...... weiter zu verfolgen.
3. Im Rahmen der bisher geführten Gespräche mit den Vertretern von ...... [Zielgesellschaft] hat sich herausgestellt, dass sowohl für die Gesellschaft als auch für ...... [Zielgesellschaft] für eine Entscheidung über die Transaktion und zur Vorbereitung der Transaktion ein Bedürfnis besteht, im Rahmen einer zeitlich und sachlich begrenzten Due Diligence-Prüfung[4] Informationen über die jeweils andere Gesellschaft zu erhalten. Insoweit hat ...... [Zielgesellschaft] indiziert, dass sie den Erhalt von Informationen über die Gesellschaft erwartet, die jedenfalls zum Teil über öffentlich bekannte Informationen hinausgehen.
Auf Grundlage des Emittentenleitfadens der Bundesanstalt für Finanzdienstleistungsaufsicht vom 14. Mai 2009 und der Rechtsauskunft der Rechtsberater der Gesellschaft ...... ist der Vorstand der Auffassung, dass der Vorstand der Gesellschaft grundsätzlich berechtigt ist, ... [Zielgesellschaft] den Zugang zu nicht-öffentlichen Informationen über die Gesellschaft im Rahmen einer zeitlich und sachlich begrenzten Due Diligence zu eröffnen, wenn gewisse Voraussetzungen geschaffen und Vorkehrungen eingehalten werden. Im Hinblick darauf wird der Vorstand unter strikter Beachtung des Unternehmensinteresses an einer Wahrung der Geschäfts- und Betriebsgeheimnisse der Gesellschaft Offenlegungen nicht-öffentlicher Informationen im Rahmen der Due Diligence nur unter sehr eingeschränkten Voraussetzungen zustimmen.[4] Vor diesem Hintergrund wurde zwischen den Vertretern der Gesellschaft und den Vertretern von ...... [Zielgesellschaft] sowie den jeweiligen Rechtsberatern eine Liste über gegenseitig auszutauschende Informationen über die jeweils andere Gesellschaft abgestimmt. Diese Liste ist dem Entwurf des Memorandum of Understanding als Annex 1 beigefügt und war Gegenstand der ausführlichen Erörterungen des Vertragsentwurfs.
Aus heutiger Sicht erscheint dem Vorstand die Einhaltung der folgenden Verfahrensschritte[4] geboten:
a) Die Gesellschaft und ...... [Zielgesellschaft] schließen vor der Offenlegung sensibler Informationen das Memorandum of Understanding, welches eine geeignete Vertraulichkeitsvereinbarung enthält, ab.
b) Die Informationsverschaffung steht unter dem Vorbehalt, dass der Vorstand der Gesellschaft die Gespräche mit ...... [Zielgesellschaft] führt und auf diese Weise das Unternehmensinteresse hinsichtlich einer Entscheidung für eine etwaige Übernahme von ...... [Zielgesellschaft] durch die Gesellschaft, der Transaktionsstruktur und sonstiger wesentlicher Aspekte wahren kann.
c) In einem ersten Schritt werden der ...... [Zielgesellschaft] lediglich öffentlich bekannte Informationen über die Gesellschaft und solche nichtöffentlichen Informationen zur Verfügung gestellt, deren Offenlegung rechtlich zulässig und den Interessen der Gesellschaft an der Geheimhaltung von Geschäftsgeheimnissen nicht abträglich ist.
d) Der Vorstand der Gesellschaft wird gegebenenfalls in einem weiteren Vorstandsbeschluss darüber entscheiden, ob, und wenn ja, inwieweit der ...... [Zielgesellschaft]

im Rahmen der zweiten Phase der Due Diligence weitere Informationen über die Gesellschaft zur Verfügung gestellt werden sollen. Auch bei dieser Entscheidung werden die an solche Offenlegungen anzulegenden strikten Anforderungen des Aktienrechts, Insiderrechts und der Ad-hoc-Publizität berücksichtigt.
4. Unter Berücksichtigung des beigefügten Entwurfs des Memorandum of Understanding und den unter Ziffern 1 bis 3 genannten Diskussionen beschließt der Vorstand nach umfassender, intensiver Diskussion und unter Prüfung und Abwägung aller gegenwärtig erhältlichen Informationen und absehbaren Folgen für die Gesellschaft einstimmig, den Vorstandsvorsitzenden ...... zu ermächtigen, mit ...... [Zielgesellschaft] das diesem Vorstandsbeschluss im Entwurf als Anlage beigefügte Memorandum of Understanding abzuschließen.[5]
5. Der Vorstand beschließt und bestätigt, dass die Gesellschaft bei der geplanten Transaktion auch weiterhin von der ...... Bank als Finanzberater und von ...... als Rechtsberater beraten werden soll. Mit beiden Beratern bestehen Beratungsverträge.
6. Auf Grundlage des Emittentenleitfadens der Bundesanstalt für Finanzdienstleistungsaufsicht vom 14. Mai 2009 und der Rechtsauskunft der Rechtsberater der Gesellschaft ...... ist der Vorstand der Auffassung, dass weder der gegenwärtige Stand der Transaktion, noch die Fassung des heutigen Vorstandsbeschlusses, noch der Abschluss des im Entwurf als Anlage beigefügten Memorandum of Understanding mit ...... [Zielgesellschaft], noch die etwaig bevorstehende zeitlich und sachlich begrenzte Due Diligence seitens der Gesellschaft und ...... [Zielgesellschaft] Insiderinformationen im Sinne von § 13 Abs. 1 WpHG darstellen, da das Projekt ......, mithin der Vollzug der Transaktion, noch nicht hinreichend konkretisiert ist und noch keine überwiegende Wahrscheinlichkeit ihrer Verwirklichung besteht.[6] Insbesondere sind noch viele Fragen ungeklärt, so ist beispielsweise die Finanzierung der Transaktion noch nicht gesichert, steht der konkrete Angebotspreis für die Aktien der ...... [Zielgesellschaft] noch nicht fest und liegt ferner noch keine Bestätigung der Angemessenheit des Angebotspreises, z. B. durch eine Fairness Opinion, vor.
Da aber infolge des Abschlusses des Memorandum of Understanding und der fortgeschrittenen Gespräche mit den Finanzierungspartnern der Gesellschaft sich die Transaktion zunehmend konkretisiert, beschließt der Vorstand, auch wenn seiner Ansicht nach hinsichtlich der Transaktion noch keine Insiderinformation und somit auch keine Notwendigkeit einer Ad hoc-Mitteilung gemäß § 15 Abs. 1 WpHG gegeben ist, gleichwohl – auch aus Gründen rechtlicher Vorsicht – sich in jedem Fall so zu verhalten, als ob ab diesem Zeitpunkt eine Ad hoc-Relevanz des Projekts ...... gemäß § 15 Abs. 1 WpHG gegeben wäre. Auf dieser Basis hält der Vorstand eine vorübergehende Befreiung von der Ad hoc Pflicht aus folgenden Gründen für notwendig und rechtlich zulässig:[6]
   a) Berechtigte Interessen
      Ein berechtigtes Unternehmensinteresse an der Befreiung ergibt sich schon daraus, ... [Begründung].
   b) Keine Irreführung der Öffentlichkeit
      Eine Irreführung der Öffentlichkeit ist vorliegend nicht zu befürchten. Dies ist schon damit zu begründen, dass ...... [Begründung].
   c) Gewährleistung der Vertraulichkeit
      Die Vertraulichkeit der Transaktion ist nach wie vor gewährleistet ...... [Begründung].
7. Der Vorstand wird diesen Beschluss unverzüglich dem Aufsichtsratsvorsitzenden zur Kenntnis bringen. Der Vorstand beauftragt ferner Herrn ......, mit dem Aufsichtsratsvorsitzenden der Gesellschaft in ständigen Kontakt über das Projekt ...... und dessen Fortgang zu verbleiben.[7]

...... den ......

......

[Unterschriften der Vorstandsmitglieder]

Schrifttum: Fleischer, Handbuch des Vorstandsrechts, 2006; *Kock/Dinkel,* Die zivilrechtliche Haftung von Vorständen für unternehmerische Entscheidungen. Die geplante Modifizierung der Business Judgment Rule im Gesetz zur Unternehmensintegrität und Modernisierung des Anfechtungsrechts, NZG 2004, 441; *Mennicke,* Ad-hoc-Publizität bei gestreckten Entscheidungsprozessen und die Notwendigkeit einer Befreiungsentscheidung des Emittenten, NZG 2009, 1059; *Seibt,* Informationsfluss zwischen Vorstand und Aufsichtsrat bzw. innerhalb des Boards, in: Hommelhoff/Hopt/v. Werder (Hrsg.), Handbuch Corporate Governance, 2. Aufl. 2009, S. 391; *Semler/Peltzer,* Arbeitshandbuch für Vorstandsmitglieder, 2005; *van Kann,* Vorstand der AG: Führungsaufgaben, Rechtspflichten und Corporate Governance, 2005.

Anmerkungen

1. Allgemeines. Das vorstehende Formular enthält einen idealtypischen Grundlagenbeschluss des AG-Vorstands über die Durchführung einer avisierten Übernahme einer anderen Börsen-Gesellschaft, sowie flankierende Beschlüsse über den Abschluss eines Memorandum of Understanding, die Durchführung einer Due Diligence und die vorsorgliche Befreiung von der Ad-hoc-Publizitätspflicht. Die Vertragsverhandlungen mit der Zielgesellschaft – es wird eine freundliche Übernahme angestrebt – befinden sich noch in einem frühen Stadium.

2. Formelle Voraussetzungen. Die Willensbildung im mehrköpfigen Vorstand der AG folgt grundsätzlich dem gesetzlichen Leitbild, dass alle Vorstandsmitglieder über Geschäftsführungsmaßnahmen einvernehmlich entscheiden; einer Maßnahme müssen daher sämtliche (nicht nur die an der Willensbildung teilnehmenden) Mitglieder zustimmen (Semler/Peltzer/ *Richter* § 4 Rdnr. 118). Von der in § 77 Abs. 1 S. 2 Halbsatz 1 AktG statuierten Möglichkeit, qua Satzung oder Geschäftsordnung abweichende Vorschriften für Zustimmungsquoren vorzusehen, wird in praxi überwiegend Gebrauch gemacht. Nicht zulässig ist es hingegen, für Führungsentscheidungen, wie sie hier mit der Beschlussfassung über die Abgabe des Übernahmeangebots vorliegt, das Mehrheitsprinzip zu statuieren (vgl. Anm. 3).

Auch die formalen Anforderungen an die Beschlussfassung des Vorstands sind der Regelungsfreiheit durch Satzung oder Geschäftsordnung anheim gestellt. Jedenfalls erforderlich ist allerdings, dass alle Vorstandsmitglieder ordnungsgemäß zur Beschlussfassung geladen wurden, ist doch ein Beschluss andernfalls nichtig (MünchKommAktG/*Spindler* § 77 Rdnr. 25). Nicht erforderlich ist hingegen, dass sich der Vorstand zu einer Sitzung treffen muss; auch eine fernmündliche Fassung von Beschlüssen ist zulässig (vgl. Form. B.VIII.2). Wie im Formular aufgezeigt ist es auch möglich, auf die Einhaltung sämtlicher Form- und Fristvorgaben hinsichtlich der Einberufung und Beschlussfassung zu verzichten, wenn alle Vorstandsmitglieder an der Beschlussfassung teilnehmen und hierauf verzichten (vgl. Semler/Peltzer/*Richter* § 4 Rdnr. 127).

Das Ergebnis eines Beschlusses muss zwar festgestellt werden, jedoch bedarf es beim Vorstand – im Gegensatz zum Aufsichtsrat nach § 107 Abs. 2 AktG – keiner in jedem Fall zwingenden Niederschrift oder Protokollierung. Allerdings wird es regelmäßig gegen die Sorgfaltspflicht des Vorstandes verstoßen, wenn keine Niederschrift angefertigt wird. Ohnehin hat der Vorstand mit Blick auf die Organhaftung schon aus Dokumentations- und Beweisgründen ein eigenes Interesse daran, ein Protokoll anzufertigen. Diesem sollten die zugrunde liegenden Unterlagen (Entscheidungsvorlagen, im Formular z.B. der Entwurf des Memorandum of Understanding) beigefügt werden. Die vorteilhafte Business Judgment Rule wird dem Vorstand nämlich nur dann zuteil, wenn er deren Voraussetzungen, insbesondere die Fundierung der Entscheidung mit einer angemessenen Informationsgrundlage, nachweisen kann (Semler/ Peltzer/*Richter* § 4 Rdnr. 134; *Kock/Dinkel* NZG 2004, 441, 448).

3. Grundsatzbeschluss: Übernahme. Der Grundsatzbeschluss darüber, ein Übernahmeangebot vorzubereiten und zu unterbreiten, fällt wegen dessen erheblicher Bedeutung für die Vermögens-, Finanz- und/oder Ertragslage als Führungsentscheidung zwingend in die Kollegialverantwortung des Gesamtvorstands (vgl. Semler/Peltzer/*Semler* § 1 Rdnr. 218) und ist – in Ermangelung abweichender interner Regelungen – einstimmig durch alle Vorstandsmitglieder zu fassen (vgl. GroßKommAktG/*Kort* § 77 Rdnr. 31).

Die Übernahme einer börsennotierten Gesellschaft bedarf profunder Vorbereitung (vgl. nur Haarmann/Riehmer/Schüppen/*Walz* WpÜG § 10 Rdnr. 20 ff.). Gerade für diese grundlegenden unternehmerischen Entscheidungen über die Verfolgung eines Akquisitionsprojekts ist es mit Blick auf die haftungsbefreiende Wirkung der Business Judgment Rule nach § 93 Abs. 1 S. 2 AktG unabdingbar, per feststellendem Beschluss schriftlich zu dokumentieren, dass die Entscheidung auf der Grundlage umfangreicher Informationen, eingeholter Beratungsleistungen etc. sowie nach ausführlicher Analyse und Diskussion gefasst wurde (vgl. Anm. 2 a. E.). Aus demselben Grunde ist zu verdeutlichen, weshalb der Vorstand zur Überzeugung gelangt ist, dass das Projekt im wohlverstandenen Interesse der Gesellschaft und ihrer Aktionäre liegt.

4. Weitergabe von sensiblen Unternehmensinformationen, Due Diligence. Im Vorfeld eines Übernahmeangebots wird der Vorstand der erwerbenden AG regelmäßig schon aufgrund seiner Sorgfaltspflicht nach § 93 Abs. 1 S. 1 AktG zur Einholung von weiteren, nicht öffentlich verfügbaren Informationen verpflichtet sein, um die Chancen und Risiken der Transaktion für das Gesellschaftsinteresse zu evaluieren (vgl. hierzu für die GmbH OLG Oldenburg NZI 2007, 305; Picot/Mentz/Seydel/*Becker* Teil II Rdnr. 14 ff.; insges. zur Korrelation von Due Diligence und Haftung Form. B.VI.2 Anm. 5). Andererseits kann auch die Zielgesellschaft ein Interesse an weitergehenden Informationen über den Bieter haben; dies insbesondere dann, wenn es darum geht, ob sie das Erwerbsangebot unterstützen soll, vgl. § 27 Abs. 1 S. 1 WpÜG. In diesem Falle hat der Vorstand des Erwerbers darüber zu befinden, inwieweit interne, sensible Daten herausgegeben werden dürfen und sollen. Bei der Entscheidung über die Weitergabe solcher Informationen hat der Vorstand insbesondere die aktien- und kapitalmarktrechtlichen Schranken, namentlich § 93 Abs. 1 S. 3 AktG sowie §§ 13 ff. WpHG, zu beachten. Letztlich hat sich die Zulässigkeit am Unternehmensinteresse zu orientieren und die Entscheidung hierüber muss sich an der Business Judgment Rule messen lassen (vgl. ausführlich zur Zulässigkeit bereits Form. B.VI.2 Anm. 4; zur insiderrechtlichen Zulässigkeit auch *BaFin* Emittentenleitfaden 2009 S. 37, 40). Der Vorstand wird daher per Beschluss feststellen und schriftlich fixieren, welche Verfahrensschritte er für den Ablauf der Due Diligence als notwendig erachtet, um das Unternehmensinteresse mit Blick auf die Weitergabe sensibler Informationen zu wahren. Hierzu gehört insbesondere der Abschluss von Vertraulichkeitsvereinbarungen. In der Regel wird, wie im Formular vorgesehen, ein gestaffeltes Verfahren zur Informationsweitergabe beschlossen, wobei in einem ersten Schritt zunächst öffentlich bekannte Informationen, in den Folgeschritten sodann Informationen mit höherem Vertraulichkeitsgrad herausgegeben werden. Handelt es sich bei der Zielgesellschaft um einen Wettbewerber, ist zu empfehlen, sensible Unternehmensdaten, wenn überhaupt, nur an einen neutralen Dritten (z. B. Gutachter) herauszugeben (vgl. zum Ganzen auch Form. B.VI.2 Anm. 4).

5. Ermächtigung zum Abschluss eines MoU. Mit weiterem Fortschritt der Verhandlungen werden regelmäßig erste das Hauptvertragswerk vorbereitende Vereinbarungen getroffen. Hierzu gehört insbesondere ein Memorandum of Understanding bzw. Letter of Intent (vgl. ausführlich bereits Form. B.VII.). Der Grundsatz der Gesamtvertretung durch den Vorstand nach § 78 Abs. 2 S. 1 AktG erfordert es aus Praktikabilitätsgründen regelmäßig, dass – sofern nicht bereits in der Satzung oder Geschäftsordnung anderweitig geregelt – einzelne Vorstandsmitglieder zum Abschluss dieser Vereinbarungen ermächtigt werden. Da ein Memorandum of Understanding oder Letter of Intent als Absichtserklärung jedenfalls für gewisse Eckpunkte bereits rechtsverbindliche Vereinbarungen vorsieht, bedarf der Abschluss einer solchen Ermächtigung (vgl. zur Ausgestaltung und rechtlichen Wirkung eines LoI ausführlich die Anm. zu Form B.VII.). Die Ermächtigung richtet sich nach § 78 Abs. 4 S. 1 AktG und stellt eine Erweiterung der Gesamtvertretungsmacht zur Einzelvertretungsmacht und keine Vollmacht dar (h. M., vgl. *Hüffer* § 78 Rdnr. 20 m. w. N.; MünchKommAktG/*Spindler* § 78 Rdnr. 64). Sie darf sich umfänglich nur auf die Vornahme bestimmter Geschäfte oder bestimmter Arten von Geschäften beziehen. Der entsprechende Beschluss ist daher schon aus Gründen der Rechtssicherheit entsprechend zu präzisieren (vgl. GroßKommAktG/*Habersack* § 78 Rdnr. 53).

6. Ad hoc-Mitteilung und vorsorgliche Befreiung nach § 15 Abs. 3 WpHG. Bei der Entscheidung über und Vorbereitung von größeren Transaktionen, so auch bei geplanten Übernahmeangeboten, ist für börsennotierte Gesellschaften stets zu beachten, ob das Vorhaben schon so weit gediehen ist, dass es eine ad hoc zu veröffentlichende Insiderinformation darstellt (für eine Ad hoc-Meldung vgl. Form. C.III.4.3). Bei solchen mehrstufigen Entscheidungsprozessen ist dies dann der Fall, wenn die Realisierung des Vorhabens hinreichend wahrscheinlich ist, § 13 Abs. 1 S. 3 WpHG. Der Vorstand, der für die Erfüllung der Ad-hoc-Mitteilungspflicht nach § 15 Abs. 1 WpHG im Rahmen seiner Geschäftsführungsbefugnis Sorge zu tragen hat, sollte das Ergebnis der Prüfung und die Argumente, weshalb in einem bestimmten Stadium des Transaktionsprozesses das Vorhaben als Insiderinformation (nicht) ad hoc zu publizieren ist, durch einen feststellenden Beschluss schriftlich dokumentieren. Die Dokumentation ist schon mit Blick auf die Beweislastverteilung bei einer Inanspruchnahme aus § 37 b WpHG (Exkulpation nach Abs. 2) wegen Verletzung der Ad hoc-Mitteilungspflicht unabdingbar.

Der Vorstand hat ebenso eigenverantwortlich zu prüfen, ob die Voraussetzungen einer für den Emittenten vorteilhaften Befreiung von der Ad-hoc-Mitteilungspflicht vorliegen (Assmann/Uwe H. Schneider/*Assmann* § 15 Rdnr. 129 ff.). Dies ist nach § 15 Abs. 3 WpHG der Fall, wenn dies der Schutz der berechtigten Emittenteninteressen erfordert, keine Irreführung der Öffentlichkeit zu befürchten ist und er die Vertraulichkeit der Informationen gewährleisten kann. § 6 WpAIV gibt hierbei wichtige, konkretisierende Hinweise dafür, wann erstgenannte Voraussetzung vorliegen kann; namentlich für den Fall laufender Vertragsverhandlungen, wie er auch dem Formularsachverhalt zugrunde liegt, kann § 6 S. 2 Nr. 1 WpAIV dem Emittenten zum Vorteil gereichen. Für Fälle, in denen der Aufsichtsrat dem Vorhaben zustimmen muss (vgl. Form. B.VIII.3), enthält Nr. 2 entsprechende Konkretisierungen der Befreiungsvoraussetzungen (zum Veröffentlichungszeitpunkt in diesen Fällen vgl. Form. C.III.4.3 Anm. 3 m. w. N.). Ein berechtigtes Interesse des Emittenten an einer Nichtveröffentlichung ist gerade bei geplanten Wertpapiererwerbs- und Übernahmeangeboten nach dem WpÜG regelmäßig gegeben, würde eine Meldung des Vorhabens vor Veröffentlichung der Entscheidung nach § 10 Abs. 1 S. 1 WpÜG den Erfolg doch nachhaltig gefährden, jedenfalls aber die Kosten erheblich steigern (Assmann/Uwe H. Schneider/*Assmann* § 15 Rdnr. 153). Die geforderte Vertraulichkeit sollte über entsprechende Vereinbarungen mit Mitarbeitern, Beratern und sonstigen Beteiligten sichergestellt werden, sofern diese nicht schon von Berufs wegen zur Vertraulichkeit verpflichtet sind. Überprüft werden sollte ferner unbedingt, ob die Zielgesellschaft und die auf ihrer Seite Beteiligten ebenfalls (dem deutschen Recht vergleichbaren) Insiderregeln unterliegen.

Selbst wenn der Vorstand zur Überzeugung gelangen sollte, eine ad hoc zu veröffentlichende Insiderinformation liege nicht vor, so empfiehlt sich gerade bei mehrstufigen und daher kontinuierlich fortschreitenden Entscheidungsprozessen, rein vorsorglich über die Voraussetzungen einer Befreiung zu befinden und deren Vorliegen per Beschluss festzustellen. Sollte nämlich wider Erwarten doch eine publizitätspflichtige Information vorgelegen haben, so wird dem Emittenten der Vorteil eines Befreiungstatbestandes nach der hier vertretenen Ansicht nur dann zuteil, wenn er positiv eine Entscheidung hierüber getroffen hat. Obwohl der Gesetzeswortlaut bei Vorliegen der Voraussetzungen von einer Befreiung ex lege auszugehen scheint („ist [...] befreit"), so auch OLG Stuttgart ZIP 2009, 962, 969, 973; Schwark/Zimmer/*Zimmer/Kruse* § 15 WpHG Rdnr. 53 f.; Assmann/Uwe H. Schneider/*Assmann* § 15 WpHG Rdnr. 165c ff. m. w. N.), bedarf es schon deshalb eines Beschlusses des Vorstands über die Befreiung, weil das Tatbestandsmerkmal des berechtigten Interesses des Emittenten nur dann vorliegt, wenn der Vorstand dieses im Rahmen seiner eigenverantwortlichen Leitungsfunktion für die jeweilige Situation bestimmt bzw. konkretisiert und positiv festgestellt hat. Von dem Erfordernis einer expliziten Entscheidung über die Befreiung scheint auch die Gesetzesbegründung auszugehen (vgl. BT-Drucks. 15/3174 S. 35; so auch BaFin Emittentenleitfaden 2009, Ziff. IV.3, 65; *Mennicke* NZG 2009, 1059, 1061; ähnlich *Schneider/Gilfrich* BB 2007, 53, 47 ff.). Darüber hinaus ließe sich ohne eine entsprechende Entscheidung der Mitteilungspflicht über die Gründe nach § 15 Abs. 3 S. 4 WpHG schwerlich nachkommen, weshalb eine Dokumentation der Umstände der Selbstbefreiung selbst dann anzuraten ist, wenn man von einer Befreiung ex lege ausgeht.

7. Bericht an den Aufsichtsrat. Da es sich bei einem geplanten Übernahmeangebot in aller Regel um ein sich auf die Rentabilität und Liquidität auswirkendes Unterfangen handelt, ist der Aufsichtsrat schon im Rahmen der periodischen Berichtspflicht nach § 90 Abs. 1 S. 1 Nr. 4 i. V. m. Abs. 2 Nr. 4 AktG hierüber in Textform (Abs. 4 S. 2) zu unterrichten (vgl. Fleischer/*Pentz* § 16 Rdnr. 72 f.). Die in § 90 Abs. 1 S. 1 Nr. 1–4 angesprochenen Umstände können auch – wie es im Formular der Fall ist – Gegenstand eines Sonderberichts nach Abs. 1 S. 3 sein, wenn eine möglichst schnelle Unterrichtung geboten ist (vgl. MünchKommAktG/ *Spindler* § 90 Rdnr. 30 f.; Fleischer/*Pentz* § 16 Rdnr. 72). Wichtig ist, dass in diesen Fällen der Aufsichtsratsvorsitzende, nicht der Aufsichtsrat als Gesamtorgan unmittelbarer Adressat ist (hierzu ausführlich *Seibt*, Handbuch Corporate Governance, S. 391, 404). Ferner sind diese Berichte nicht nur möglichst rechtzeitig (Abs. 4 S. 2), sondern unverzüglich zu erstatten (*Hüffer* § 90 Rdnr. 8). Sämtliche Berichtspflichten bestehen unabhängig davon, ob für den Aufsichtsrat ein Zustimmungsvorbehalt nach § 111 Abs. 4 S. 2 AktG vorgesehen ist (van Kann/ Hirschmann Rdnr. 158 Fn. 235; zur Zustimmung des Aufsichtsrates s. Form. B.VII.3 Anm. 9). Darüber hinaus wird der Aufsichtsratsvorsitzende die Vorstandstätigkeit gerade bei wichtigen Entscheidungen ohnehin in formloser Kooperation begleiten (vgl. *K. Schmidt* Gesellschaftsrecht § 28 V. 1. c)). Ein Beschluss über die Berichterstattung an den Aufsichtsrat(svorsitzenden) dokumentiert den gesetzmäßigen Umgang des Vorstands mit berichtspflichtigen Umständen im Verhältnis zum Aufsichtsrat der AG.

2. Vorstandsbeschluss (kurz) zum Abschluss eines Business Combination Agreement

Niederschrift über den Beschluss des Vorstands der
...... [Firma] AG, ... [Ort],
vom ...... [Datum]

Abschluss der Due Diligence
Ermächtigung zum Abschluss des Business Combination Agreement
1. *Var.:* Bestätigung der Ad-hoc Mitteilung
2. *Var.:* Bestätigung der Veröffentlichung der Entscheidung nach § 10 Abs. 1 Satz 1 WpÜG
Ermächtigung zur förmlichen Einreichung der Angebotsunterlage bei der ...... [Name der ggf. ausländischen Finanzaufsichtsbehörde][1]

An der am ...... durch den Vorsitzenden des Vorstandes ...... auf den ...... um ...... Uhr angesetzten Telefonkonferenz[2] nahmen sämtliche Mitglieder des Vorstands der ...... AG mit Sitz in ...... („Gesellschaft"), nämlich Herr ......, Frau ......, Herr ......, Frau ...... und Herr ......, teil.

Unter Verzicht auf alle Form- und Fristbestimmungen für die Abhaltung einer Vorstandssitzung und die Fassung von Vorstandsbeschlüssen haben sämtliche Mitglieder des Vorstands über Folgendes einstimmig Beschluss gefasst:
1. Unter Bezugnahme auf vorherige Vorstandssitzungen berichtete der Vorstandsvorsitzende Herr ...... noch einmal ausführlich über das Projekt ...... und dessen gegenwärtigen Stand. Hierbei erläuterte Herr ......, dass die Confirmatory Due Diligence Prüfung am ...... um ...... Uhr abgeschlossen worden ist. Herr ...... berichtete ausführlich über die Ergebnisse und Feststellungen der Due Diligence Prüfung.
Nach eingehender Erörterung ist der Vorstand zu dem Ergebnis gelangt, dass die Ergebnisse und Feststellungen der Confirmatory Due Diligence Prüfung zufriedenstellend sind und der Vorstand nach seinem Eindruck insbesondere keine Informationen

erhalten hat, die in wesentlichen Punkten von seinen zuvor getroffenen Annahmen abweichen [Einzelausführungen zu den Ergebnissen der Due Diligence; ihrer monetären Bewertung sowie den Maßnahmen zur Risikominimierung]. Der Vorstand hat daher einstimmig beschlossen, dass Projekt ...... weiter zu verfolgen.

2. Der Vorstandsvorsitzende Herr ...... berichtete weiter, dass die Gespräche mit den Vertretern von ...... [Zielgesellschaft] zu einer endverhandelten Fassung des sogenannten Business Combination Agreement (das „BCA") geführt haben, in dem die wesentlichen Eckpunkte und Bedingungen der Transaktion niedergelegt sind. Die zwischen den Verhandlungsführern der Gesellschaft zusammen mit dem Rechtsberater der Gesellschaft ...... endverhandelte Fassung des BCA wurde sämtlichen Vorstandsmitgliedern mit angemessener Frist vor dieser Telefonkonferenz zugeleitet und lag ihnen während der Telefonkonferenz vor. Eine Kopie des finalen Entwurfs des BCA ist dieser Niederschrift als Anlage 1 beigefügt.[3]

1. Var.: Des Weiteren berichtete Herr ......, dass eine finale Fassung der Ad hoc-Mitteilung gemäß § 15 Abs. 1 WpHG hinsichtlich des Projektes ...... (die „Pressemitteilung") und der Angebotsunterlage vorliegt[4]. Die finale Fassung der Pressemitteilung und der Angebotsunterlage wurde ebenfalls sämtlichen Vorstandsmitgliedern mit angemessener Frist vor dieser Telefonkonferenz zugeleitet und lag ihnen während der Telefonkonferenz vor. Eine Kopie der finalen Pressemitteilung ist dieser Niederschrift als Anlage 2 und eine finale Fassung der Angebotsunterlage ist dieser Niederschrift als Anlage 3 beigefügt.

2. Var.: Des Weiteren berichtete Herr ......, dass eine finale Fassung der Veröffentlichung der Entscheidung nach § 10 Abs. 1 Satz 1 WpÜG hinsichtlich des Projektes ...... vorliegt.[5] Die finale Fassung der Veröffentlichung der Entscheidung nach § 10 Abs. 1 Satz 1 WpÜG wurde ebenfalls sämtlichen Vorstandsmitgliedern mit angemessener Frist vor dieser Telefonkonferenz zugeleitet und lag ihnen während der Telefonkonferenz vor. Eine Kopie der finalen Fassung der Entscheidung nach § 10 Abs. 1 Satz 1 WpÜG ist dieser Niederschrift als Anlage 2 beigefügt.

Nach eingehender Erörterung des finalen Entwurfs des BCA, [*1. Var.:* der finalen Fassung der Pressemitteilung und des finalen Entwurfs der Angebotsunterlage] [*2. Var.:* der finalen Fassung der Veröffentlichung der Entscheidung nach § 10 Abs. 1 Satz 1 WpÜG], des Projektes ...... und dessen gegenwärtigem Stand und nach eingehender Abwägung aller gegenwärtig erhältlichen Informationen und absehbaren Folgen, insbesondere der Vor- und Nachteile sowie der Auswirkungen für die Gesellschaft, ihre Vermögens-, Finanz- und Ertragslage sowie für ihre Stakeholder, ist der Vorstand zu dem Ergebnis gelangt, dass der Abschluss des BCA [*1. Var.:* sowie die Veröffentlichung der Pressemitteilung] [*2. Var.:*, die Abgabe eines Übernahmeangebots sowie die Veröffentlichung dieser Entscheidung nach § 10 Abs. 1 Satz 1 WpÜG] und die Durchführung der in diesen Dokumenten beschriebenen Transaktion im Interesse der Gesellschaft ist. Bei der Diskussion wurden vor allem die folgenden Aspekte behandelt: ......

3. Unter Berücksichtigung der beigefügten Entwürfe des BCA, [*1. Var.:* der Pressemitteilung] [*2. Var.:* der Veröffentlichung der Entscheidung nach § 10 Abs. 1 Satz 1 WpÜG sowie des Entwurfs der Angebotsunterlage] und den unter Ziffern 1 und 2 genannten Diskussionen hat der Vorstand nach umfassender, intensiver Diskussion und unter Prüfung und Abwägung aller gegenwärtig erhältlichen Informationen und absehbaren Folgen für die Gesellschaft einstimmig beschlossen,

  (i) den Vorstandsvorsitzenden Herrn ...... zusammen mit dem Vorstandsmitglied Herrn ...... zu bevollmächtigen und zu ermächtigen, mit ...... [Zielgesellschaft] das BCA abzuschließen;[3]

  (ii) [*1. Var.:* die Pressemitteilung in Deutschland als Ad hoc Mitteilung gemäß § 15 WpHG zu veröffentlichen, nachdem das BCA abgeschlossen wurde;]

[2. *Var.:* ein Übernahmeangebot für die Zielgesellschaft abzugeben und die Entscheidung nach § 10 Abs. 1 Satz 1 WpÜG unverzüglich, spätestens jedoch mit Abschluss des BCA, zu veröffentlichen;][5]

Die Telefonkonferenz wurde um ...... Uhr beendet.

......, den ......

Für die Richtigkeit des einstimmig gefassten Beschlusses:

......

– Vorstandsvorsitzender –

Anmerkungen

1. Überblick. Der vorliegende Vorstandsbeschluss dient der Konkretisierung des Grundlagenbeschlusses (vgl. Form. B.VIII.1) und der Umsetzung des hiermit grundsätzlich beschlossenen Projektes. Der Beschluss erfolgt zeitlich gesehen nach der außerordentlichen Aufsichtsratssitzung (vgl. Form. B.VIII.3).

2. Form. S. zunächst Form. B.VIII.1 Anm. 2. Vorliegender Beschluss wird im Rahmen einer Telefonkonferenz fernmündlich gefasst. Solange alle Vorstandsmitglieder ordnungsgemäß zur Beschlussfassung eingeladen wurden, ist dies sogar unabhängig von den Vorschriften der Geschäftsordnung über Vorstandssitzungen möglich (vgl. Fleischer/*Kort* § 2 Rdnr. 88 m.w.N.). Häufig sehen Satzungs- oder Geschäftsordnungsregelungen die Zulässigkeit der Durchführung per Telefonkonferenz unter der Voraussetzung vor, dass kein Organmitglied widerspricht.

3. Business Combination Agreement. Im Rahmen von (insbesondere freundlichen) Übernahmen wird häufig nach anglo-amerikanischem Vorbild zwischen Bieterin und Zielgesellschaft ein sogenanntes Business Combination Agreement abgeschlossen (hierzu ausführlich Form. L.II.2). In diesem werden die Eckpunkte des Übernahmeangebots geregelt, insbesondere Gegenleistung und Bedingungen, Absichten der Bieterin im Hinblick auf die Zielgesellschaft, etwaige Folgen der Übernahme für die Arbeitnehmer und ihre Vertretungen, die Vertretung der Bieterin im Aufsichtsrat der Zielgesellschaft sowie die Verpflichtung der Zielgesellschaft, das Übernahmeangebot zu unterstützen und Maßnahmen zu unterlassen, die den Erfolg des Angebots gefährden könnten. Weiterhin werden in diesem in der Regel das Transaktionskonzept, die Schritte zu seiner Verwirklichung vereinbart. Ein solches Business Combination Agreement hat überwiegend keinen rechtsverbindlichen Charakter, sondern vielmehr den eines Fahrplans der Transaktion (vgl. *Decher,* FS Lutter, S. 1222). Nichtsdestotrotz ist in jedem Fall zu empfehlen, über den Abschluss eines solchen Business Combination Agreements in Form eines Vorstandsbeschlusses zu entscheiden, zumal für den Fall, dass die Geschäftsführungsorgane der beteiligten Unternehmen ein umfassendes Business Combination Agreement abschließen, das Erfordernis eines Hauptversammlungsbeschlusses nach den Grundsätzen der „Holzmüller"-Entscheidung des BGH (NJW 1982, 1703) diskutiert wird (vgl. z.B. (zu Recht ablehnend) *Decher,* FS Lutter, S. 1221 f.; bejahend *Horn* ZIP 2000, 479). Aus Beweisgründen ist ferner eine Dokumentation des Vorstandsbeschlusses zu empfehlen. Zur Ermächtigung einzelner Vorstandsmitglieder vgl. Form. B.VIII.1 Anm. 5.

4. Ad hoc-Mitteilung nach § 15 Abs. 1 WpHG. Vgl. zunächst Form. B.VIII.1 Anm. 6. Im Rahmen von Transaktionen unter Beteiligung von börsennotierten Gesellschaften hat der Vorstand der börsennotierten Gesellschaft stets zu prüfen, ob das Vorhaben schon so weit gediehen ist, dass es eine ad hoc zu veröffentlichende Insiderinformation darstellt (für eine Ad hoc-Meldung vgl. Form. C.III.4.3). Bei mehrstufigen Entscheidungsprozessen ist dies dann der Fall, wenn die Realisierung des Vorhabens hinreichend wahrscheinlich ist (§ 13 Abs. 1 S. 3 WpHG). Lagen zum Zeitpunkt des Grundlagenbeschlusses noch die Voraussetzungen für eine Befreiung von der Ad hoc-Publizitätspflicht nach § 15 Abs. 1 WpHG (vgl. § 15 Abs. 3 WpHG) vor, so ist das Vorhaben mit dem Abschluss der Verhandlungen über das Business Combination Agreement als Fahrplan der Transaktion sowie dessen bevorstehender Unterzeichung in ein neues Stadium gelangt, welches eine neue Prüfung durch den Vorstand erforderlich macht. Mit dem zufriedenstellenden Abschluss der Due Diligence-Prüfung lässt sich in der Regel auch der Angebotspreis festlegen sowie ein finaler Entwurf der Angebotsunterlage erstellen. Schließlich sind in diesem Stadium der Transaktion auch die Fragen der Finanzierung des Projektes weitgehend geklärt, so dass in einer Gesamtschau die Realisierung des Vorhabens jedenfalls wahrscheinlicher erscheint (§ 13 Abs. 1 S. 3 WpHG). Wie bereits in Form. B.VIII.1 Anm. 6 erläutert, sollte der Vorstand das Ergebnis der Prüfung durch einen Vorstandsbeschluss festhalten, um einen etwaigen drohenden Vorwurf der Pflichtverletzung zu vermeiden.

5. Veröffentlichung der Entscheidung nach § 10 Abs. 1 S. 1 WpÜG. Nach § 10 Abs. 1 WpÜG hat der Bieter seine Entscheidung zur Abgabe eines Angebots unverzüglich – d. h. ohne schuldhaftes Zögern – gemäß § 10 Abs. 3 S. 1 WpÜG zu veröffentlichen (siehe hierzu auch Form. E.II.3 Anm. 1). Liegen die Voraussetzungen des § 10 Abs. 1 WpÜG vor, hat die Veröffentlichung in drei Stufen zu erfolgen: Vor der Veröffentlichung ist die Entscheidung den Geschäftsführungen der relevanten Börsen und der BaFin mitzuteilen (§ 10 Abs. 2 WpÜG). Anschließend erfolgt die eigentliche Veröffentlichung durch Bekanntgabe im Internet sowie über ein elektronisch betriebenes Informationsverbreitungssystem (§ 10 Abs. 3 WpÜG), und schließlich hat der Bieter die Veröffentlichung unverzüglich den Geschäftsführungen der relevanten Börsen und der BaFin zu übersenden (§ 10 Abs. 4 WpÜG). Grundsätzlich ist die Entscheidung zur Abgabe eines Angebots vom Vorstand zu treffen (§ 76 Abs. 1 AktG). Da es sich in der Regel um Geschäfte von signifikanter Größenordnung handelt, ist regelmäßig auch die Zustimmung des Aufsichtsrats erforderlich (vgl. § 111 Abs. 4 S. 2 AktG; zur Frage der Einbeziehung der Hauptversammlung vgl. Anm. 3). In der Regel enthalten die Satzung bzw. Zustimmungskataloge in der Geschäftsordnung ein dahingehendes Zustimmungserfordernis des Aufsichtsrats. Bezüglich der Ermittlung des Zeitpunkts der Veröffentlichungspflicht der „Entscheidung" im Rahmen von mehrstufigen Entscheidungsprozessen kann auf die entsprechenden Ausführungen zu § 15 WpHG verwiesen werden (vgl. Form. B.VIII.1 Anm. 6). Ähnlich wie bei § 15 WpHG hängt die Beantwortung der Frage, ab welchem Zeitpunkt eine veröffentlichungspflichtige Entscheidung zur Abgabe eines Übernahmeangebots vorliegt, grundsätzlich vom Grad der Entscheidungsdichte ab. Aufgrund der weitreichenden Folgen einer Veröffentlichung nach § 10 Abs. 1 S. 1 WpÜG (vgl. dazu z.B. Haarmann/Schüppen/*Walz* § 10 Rdnr. 1 f. und 22) sollte diese Entscheidung nur dann veröffentlicht werden, wenn der Bieter das Angebot nach eingehender Prüfung abgeben kann und auch will. Mithin wird die Entscheidung zur Abgabe eines Angebots frühestens nach Abschluss der Due Diligence Prüfung vorliegen. Ist der Bieter selbst eine börsennotierte Aktiengesellschaft und unterliegt er den Vorschriften des WpHG, stellt sich die Frage, inwieweit er neben den Pflichten aus § 10 WpÜG auch denjenigen aus § 15 WpHG Rechnung zu tragen hat. In dem Umfang, wie der Bieter seine Pflichten aus § 10 Abs. 1 WpÜG erfüllt hat, bildet § 10 WpÜG eine ausschließliche Sonderregelung *(lex specialis)* gegenüber § 15 WpHG (vgl. BT-Drucks. 14/7034 S. 39; bereits zu § 10 RefE-ÜG *Liebscher* ZIP 2001, 853, 859). Allerdings soll nach der Begründung § 15 WpHG anwendbar bleiben, wenn im Rahmen der Mitteilung nach § 10 WpÜG allein die Absicht zur Abgabe des Übernahmeangebots mitgeteilt wird und nach der Veröffentlichung weitere Eckdaten des beabsichtigten Übernahmeangebots vorliegen (BT-Drucks. 14/7034 S. 39). Eine solche Veröffentlichungspflicht ist jedoch nur dann anzunehmen, wenn bestimmte Konditionen des beabsichtigten Übernahmeangebots geeignet sind, den Kurs des Bieters zu beeinflussen (Münch-KommWpÜG/*Wackerbarth* § 10 Rdnr. 81; *Steinmeyer/Häger* § 10 Rdnr. 52). Hat der Bieter hingegen eine Entscheidung gegen die Abgabe eines Übernahmeangebots getroffen, so kann und ggf. muss er diese Tatsache unter den Voraussetzungen des § 15 WpHG veröffentlichen, wenn sie geeignet ist, den Kurs des Bieters zu beeinflussen und er dafür mindestens eine Mitverantwortung trägt (z.B. entsprechende Gerüchte auf dem Kapitalmarkt, die der Sphäre des Emittenten zuzurechnen sind). Um die mit der Anwendung des § 15 WpHG verbundenen Rechtsunsicherheiten weitgehend zu vermeiden, ist dem Bieter zu empfehlen, nach Veröffentlichung der Entscheidung nach § 10 Abs. 1 S. 1 WpÜG für eine zügige Veröffentlichung des Übernahmeangebots zu sorgen.

3. Aufsichtsratsbeschluss zum Abschluss eines M&A-Memorandum of Understanding

Niederschrift über die außerordentliche Aufsichtsratssitzung der
...... [Firma] AG, ... [Ort],
vom ...... [Datum], ... [Uhrzeit] Uhr
am Sitz der Gesellschaft[1, 2]

Grundsatzbeschluss Projekt ......
Zustimmung zum Abschluss eines Memorandum of Understanding und von Finanzierungsverträgen
Zustimmung zur Übernahme von ...... [Zielgesellschaft] durch die Gesellschaft und dafür notwendiger Maßnahmen
Kenntnisnahme der vorsorglichen Selbstbefreiung nach § 15 Abs. 3 WpHG

Zu dieser Aufsichtsratssitzung der ...... AG mit Sitz in ...... („Gesellschaft") wurde durch den Aufsichtsratsvorsitzenden Herrn ...... mit ordnungsgemäßer Ladung und Tagesordnung vom ...... geladen. Gleichwohl verzichteten[3] sämtliche Aufsichtsratsmitglieder, nämlich Herr ...... (Aufsichtsratsvorsitzender), Herr ...... (stellvertretender Aufsichtsratsvorsitzender), Herr ......, Herr ......, Frau ...... [ggf. weitere Namen einfügen], auf alle Form- und Fristerfordernisse für die Einberufung und Abhaltung einer Aufsichtsratssitzung sowie die Fassung von Aufsichtsratsbeschlüssen. Unter Anwesenheit sämtlicher Mitglieder des Vorstandes der Gesellschaft, nämlich Herrn ...... (Vorstandsvorsitzender), Frau ......, Herrn ......, Frau ...... und Herrn ......, haben sämtliche Mitglieder des Aufsichtsrates der Gesellschaft das Folgende festgestellt bzw. einstimmig beschlossen:

1. Der Vorstandsvorsitzende[4] Herr ...... berichtete zunächst kurz über das laufende Geschäft der Gesellschaft sowie die Ertragslage des Konzerns[5]. Im Übrigen verwies der Vorstandsvorsitzende auf eine ausführliche Berichterstattung im Rahmen der für den ...... geplanten ordentlichen Aufsichtsratssitzung.

2. Der Vorstandsvorsitzende Herr ...... berichtete dem Aufsichtsrat noch einmal unter Bezugnahme auf vorherige Aufsichtsratssitzungen ausführlich über das Projekt ...... und dessen gegenwärtigen Stand[6]. Hierbei erläuterte Herr ......, dass die Gespräche mit den Vertretern von ...... [Zielgesellschaft] über die mögliche Übernahme von ...... [Zielgesellschaft] durch die Gesellschaft und ein späterer Zusammenschluss beider Unternehmen (die „Transaktion" oder das „Projekt ......") in den letzten Wochen weit fortgeschritten seien und dort – nach seinem Eindruck – ein ernsthaftes Interesse an der Transaktion bestehe. Die wesentlichen Eckpunkte und Bedingungen der Transaktion sind in einem sogenannten Memorandum of Understanding (Absichtserklärung) niedergelegt. Der Vorstandsvorsitzende erläuterte, dass dieses Memorandum of Understanding von den Verhandlungsführern der Gesellschaft zusammen mit dem Rechtsberater der Gesellschaft ...... verhandelt wurde und nun eine von den Verhandlungsführern beider Seiten akzeptierte Fassung vorliege.

Weiter berichtete der Vorstandsvorsitzende, dass in den letzten Wochen auch Gespräche zwischen den Vertretern der Gesellschaft und ausgewählten Kreditinstituten über die Finanzierung der Transaktion stattfanden. Die Finanzierungs-Term Sheets sind weitgehend endverhandelt und sollen in dieser Woche den Gremien der betreffenden Finanzierungspartner zur endgültigen Entscheidung über den Abschluss der Finanzierungsverträge zugeleitet werden. Es sei beabsichtigt, die Finanzierungsverträge am ...... bzw. ...... abzuschließen.

Der Aufsichtsrat wurde ferner über den weiteren Verlauf der Transaktion informiert. In diesem Zusammenhang wurde der Aufsichtsrat insbesondere über den für den ......

in ...... geplanten, gegenseitigen Austausch von Informationen durch das Management beider Unternehmen, sowie darüber informiert, dass für den ...... eine Sitzung des [Vorstands/Boards of Directors] von ...... [Zielgesellschaft] geplant ist, in der über das Projekt ...... beschlossen werden soll, und dass geplant ist, am ...... die Angebotsunterlage bei der zuständigen Behörde in ...... [Land], der ...... [Name der ggf. ausländischen Finanzaufsichtsbehörde], förmlich einzureichen. Ferner wurde der Aufsichtsrat ausführlich über den erwogenen Übernahmepreisrahmen je Aktie an ...... [Zielgesellschaft] und dessen Ermittlung informiert.

Der Aufsichtsrat befasste sich des Weiteren eingehend mit dem in Anlage beigefügten Vorstandsbeschluss vom .... Hiermit hat der Vorstand Grundsatzbeschlüsse zum Projekt ...... gefasst, insbesondere hat der Vorstand die Fortsetzung des Projekts ...... beschlossen, dem Abschluss des Memorandum of Understanding sowie der Durchführung einer zeitlich und sachlich begrenzten Due Diligence Prüfung zugestimmt und ferner aus Gründen rechtlicher Vorsicht eine Selbstbefreiung von der Verpflichtung zur Ad hoc-Publizität nach § 15 Abs. 3 WpHG[7] beschlossen.

Insbesondere vor dem Hintergrund der Ausführungen unter dieser Ziff. 3 und dem als Anlage beigefügten Vorstandsbeschluss vom ...... wurden die Eckpunkte des Entwurfs des Memorandum of Understanding und der für das Projekt ...... erforderlichen Finanzierungsvereinbarung sowie das Projekt ...... und dessen voraussichtliche strategischen, finanziellen und organisatorischen Auswirkungen auf die Gesellschaft (einschließlich der Unternehmensgruppe), auf ihre Vermögens-, Finanz- und Ertragslage und auf ihre Stakeholder ausführlich erörtert.

4. Nach eingehender Besprechung der Eckpunkte des Memorandum of Understanding und der Finanzierungsvereinbarung (auch unter Befragung des Rechtsberaters der Gesellschaft Herrn ......), des Projekts ...... und dessen gegenwärtigen Stand sowie der weiteren erforderlichen Maßnahmen und nach eingehender Abwägung aller gegenwärtig erhältlichen Informationen und absehbaren Folgen, insbesondere der Vor- und Nachteile sowie der Auswirkungen für die Gesellschaft, ihre Vermögens-, Finanz- und Ertragslage sowie für ihre Stakeholder, ist der Aufsichtsrat zu der Überzeugung gelangt, dass eine mögliche Übernahme, insbesondere eine vom Management von ...... [Zielgesellschaft] unterstützte Übernahme von ...... [Zielgesellschaft] durch die Gesellschaft und ein späterer Zusammenschluss beider Unternehmen die mittel- und langfristige Unternehmensentwicklung der Gesellschaft zu fördern geeignet ist, und daher im wohlverstandenen Interesse der Gesellschaft und ihrer Aktionäre liegt.

Der Aufsichtsrat hat daher einstimmig[8] die nachfolgenden Beschlüsse gefasst:

(i) Das Projekt ...... soll weiter verfolgt werden.

(ii) Dem Vorstandsbeschluss vom ...... (Grundsatzbeschluss Projekt ......, Ermächtigung zum Abschluss eines Memorandum of Understanding, vorsorgliche Selbstbefreiung nach § 15 Abs. 3 WpHG) und insbesondere dem Abschluss des Memorandum of Understanding und einem hierauf beruhenden und inhaltlich im Wesentlichen entsprechenden Business Combination Agreement sowie der Zulassung einer zeitlich und sachlich begrenzten Due Diligence betreffend die Gesellschaft wird zugestimmt.[9]

(iii) Die vom Vorstand aus Gründen rechtlicher Vorsicht beschlossene Selbstbefreiung nach § 15 Abs. 3 WpHG wird zustimmend zur Kenntnis genommen.

(iv) Der Vorstand wird ermächtigt, mit den Finanzierungspartnern der Gesellschaft (......) einen oder mehrere Kreditverträge zur Finanzierung des Projekts ...... bis zu einer Höhe von maximal insgesamt ...... EUR abzuschließen.[10]

(v) Der Abgabe eines Übernahmeangebotes für sämtliche Aktien an ...... [Zielgesellschaft] durch die Gesellschaft wird zugestimmt. Der Vorstand wird ermächtigt, ein entsprechendes öffentliches Angebot an sämtliche Aktionäre von ...... [Zielgesellschaft] abzugeben.[11]

3. Aufsichtsratsbeschluss B. VIII. 3

Die im Rahmen des Übernahmeangebots den Aktionären von ...... [Zielgesellschaft] anzubietende Gegenleistung soll maximal insgesamt ...... EUR, entsprechend ...... EUR je Aktien an ...... [Zielgesellschaft] (gerundet und bezogen auf sämtliche Aktien an ...... [Zielgesellschaft]), zzgl. Gebühren betragen.

......, den ......

Für die Richtigkeit:

......

– Aufsichtsratsvorsitzender –

Schrifttum: Vgl. auch bereits das Schrifttum zu Form. B.VIII.1; *Baums*, Bericht der Regierungskommission Corporate Governance: Unternehmensführung, Unternehmenskontrollem, Modernisierung des Aktienrechts, 2001; *Boujong*, Rechtliche Mindestanforderungen an eine ordnungsgemäße Vorstandskontrolle und -beratung. Konsequenzen aus den Entscheidungen des Bundesgerichtshofs BGHZ 114, 127 und BGHZ 124, 111, AG 1995, 2003; *Götz*, Zustimmungsvorbehalte des Aufsichtsrates der Aktiengesellschaft, ZGR 1990, 633.

Anmerkungen

1. Beschlüsse des Aufsichtsrats. Der Aufsichtsrat entscheidet durch ausdrücklichen Beschluss (§ 108 Abs. 2 AktG). Dieser wird grundsätzlich in Sitzungen gefasst. Nach der Neufassung des § 108 Abs. 4 AktG durch NaStraG kann der Beschluss aber auch schriftlich, telegraphisch, per Fax oder E-Mail vorbehaltlich einer näheren Regelung durch die Satzung oder Geschäftsordnung des Aufsichtsrats erfolgen. Zudem ist Voraussetzung, dass kein Aufsichtsratsmitglied dem entsprechenden Verfahren widerspricht. Das vorliegende Formular enthält den entsprechenden Grundsatzbeschluss des Aufsichtsrats zu Form. B.VIII.1 und 2.

2. Niederschrift. Der Aufsichtsrat ist verpflichtet, über jede Sitzung eine Niederschrift anzufertigen, die vom Aufsichtsratsvorsitzenden zu unterzeichnen ist (§ 107 Abs. 2 AktG). Einfache Schriftform genügt. Zum vom Gesetz geforderten Mindestinhalt der Niederschrift vgl. § 107 Abs. 2 S. 2 AktG. Die Satzung bzw. die Geschäftsordnung für den Aufsichtsrat können über den von § 107 Abs. 2 AktG vorgesehenen Mindestinhalt noch weitere Angaben vorschreiben. Wichtig ist in jedem Fall die genaue, d.h. wortgetreue Wiedergabe der gefassten Beschlüsse. Die unterschriebene Niederschrift hat Beweisfunktion und trägt die Vermutung der Richtigkeit in sich, ist aber keine Wirksamkeitsvoraussetzung für die in der Niederschrift festgehaltenen Aufsichtsratsbeschlüsse (vgl. § 107 Abs. 2 S. 3 AktG; *Hüffer* § 107 Rdnr. 13). Jedes Mitglied des Aufsichtsrats hat einen Anspruch auf eine Sitzungsniederschrift (§ 107 Abs. 2 S. 4 AktG).

3. Einladung zur Aufsichtsratssitzung. In der Regel stellt der Aufsichtsratsvorsitzende zunächst die Ordnungsmäßigkeit der Einberufung und Beschlussfähigkeit fest. Gerade bei außerordentlichen Sitzungen ist die Einhaltung der zumeist satzungsmäßig vorgeschriebenen Einladungsfrist wegen der Dringlichkeit der zu behandelnden Fragen häufig nicht möglich. In diesem Fall kommt als Ausweg nur der Verzicht aller Aufsichtsratsmitglieder auf die Einhaltung der Ladungsfrist in Betracht. Ähnliche Überlegungen gelten bezüglich der zumeist in der Satzung und/oder in der Geschäftsordnung des Aufsichtsrats vorgeschriebenen Form der Einladung. Die Nichteinhaltung der Satzung oder Geschäftsordnung kann zur Nichtigkeit des Beschlusses führen. Aus Gründen der rechtlichen Vorsicht sieht das vorliegende Formular daher trotz ordnungsgemäßer Einladung einen umfassenden Verzicht auf alle Form- und Fristerfordernisse für die Einberufung und Abhaltung einer Aufsichtsratssitzung sowie für die Beschlussfassung vor.

4. Teilnahme des Vorstandsvorsitzenden. Das Teilnahmeverbot des § 109 Abs. 1 AktG gilt nicht für Organmitglieder. Vorstandsmitglieder sind aber auch nicht kraft Gesetzes berechtigt, an Sitzungen des Aufsichtsrats teilzunehmen. Die Satzung kann eine Teilnahmebefugnis mit der Maßgabe begründen, dass der Aufsichtsrat im Einzelfall anders entscheiden kann (vgl. MünchKommAktG/*Habersack* § 109 Rdnr. 11 ff.). Verlangt der Aufsichtsrat die Teilnahme, ist das betroffene Vorstandsmitglied zur Teilnahme verpflichtet (MünchKommAktG/*Habersack* § 109 Rdnr. 12; MünchHdbAG/*Hoffmann-Becking* § 31 Rdnr. 49; *Hüffer* § 109 Rdnr. 3).

5. Bericht des Vorstandsvorsitzenden über das laufende Geschäft sowie die Ertragslage des Konzerns. Siehe hierzu § 90 Abs. 1 Nr. 3 AktG.

6. Bericht des Vorstandsvorsitzenden zur Transaktion. Vgl. Form. B.VIII.1 Anm. 7.

7. Vgl. hierzu Form. B.VII.1 Anm. 6.

8. Beschlussfassung. Für die Beschlussfähigkeit ist erforderlich, dass mindestens die Hälfte der Aufsichtsratsmitglieder anwesend ist (§ 108 Abs. 2 S. 2 AktG). Anderweitige Satzungsregelung ist zulässig. Zwingend müssen aber mindestens drei Mitglieder anwesend sein (§ 108 Abs. 2 S. 3 AktG). Sofern Satzung oder Gesetz nicht eine qualifizierte Mehrheit vorsehen, genügt die einfache Stimmenmehrheit der gültig abgegebenen Stimmen (*Hüffer* § 108 Rdnr. 6). Stimmenthaltungen werden nicht mitgezählt. Abwesende Aufsichtsratsmitglieder können an der Beschlussfassung dadurch teilnehmen, dass sie schriftliche Stimmabgaben überreichen lassen (§ 108 Abs. 3 S. 1 AktG).

9. Zustimmung zum Memorandum of Understanding. Gemäß § 111 Abs. 4 S. 2 AktG haben die Satzung oder auch der Aufsichtsrat selbst zu bestimmen, dass bestimmte Arten von Geschäften nur mit Zustimmung des Aufsichtsrats vorgenommen werden dürfen. Nach herrschender Ansicht kann der Zustimmungsvorbehalt auch ad hoc für ein einzelnes wichtiges Geschäft beschlossen werden (BGHZ 124, 111, 127; KölnKommAktG/*Mertens* § 111 Rdnr. 65; MünchHdb.AG/*Hoffmann-Becking* § 29 Rdnr. 43; *Götz* ZGR 1990, 633, 642; *Boujong* AG 1995, 203). Das Gesetz überlässt es insoweit den jeweiligen Gesellschaften, einen entsprechenden Katalog zustimmungspflichtiger Maßnahmen zu bestimmen. Die Zustimmungsvorbehalte dürfen dabei aber nicht so weit reichen, dass die Geschäftsführung und eigenverantwortliche Unternehmensleitung des Vorstands in Frage gestellt würde. Mithin muss es sich um Geschäfte von grundlegender Bedeutung handeln. Üblich sind u. a. Zustimmungsvorbehalte für den Erwerb und die Veräußerung von wesentlichen Beteiligungen, so dass der Grundlagenbeschluss der Transaktion der Zustimmung des Aufsichtsrats bedarf. So bedarf regelmäßig auch der Abschluss eines Memorandum of Understanding, in dem die Grundlagen und die Struktur der geplanten (wesentlichen) Transaktion vereinbart werden, der Zustimmung des Aufsichtsrats. Grundsätzlich gilt insoweit, dass für jede Maßnahme, die sich auf die Struktur und/oder die Ertragslage des Unternehmens wesentlich auswirken kann (sog. Grundlagenmaßnahmen), die Zustimmung des Aufsichtsrates eingeholt werden sollte (vgl. hierzu ausführlich *Baums*, Bericht der Regierungskommission Corporate Governance, S. 75 ff.). Im Falle eines Zustimmungsvorbehalts hat der Aufsichtsrat nicht nur die Rechtmäßigkeit der Maßnahme, sondern auch deren Zweckmäßigkeit und Wirtschaftlichkeit zu prüfen und insoweit nach eigenem unternehmerischen Ermessen zu entscheiden. Verweigert der Aufsichtsrat die Zustimmung, so kann der Vorstand die Hauptversammlung anrufen, die durch einen mit Dreiviertelmehrheit gefassten Beschluss die Zustimmung des Aufsichtsrats ersetzt (§ 111 Abs. 4 S. 3 AktG). Führt der Vorstand eine Maßnahme gegen den Widerspruch des Aufsichtsrats durch, so bleibt deren Wirksamkeit im Außenverhältnis unberührt, er macht sich aber schadensersatzpflichtig (§§ 82, 93 AktG). Ferner wird regelmäßig auch hinsichtlich der Durchführung einer Due Diligence aufgrund der bestehenden Sensibilität der offenzulegenden Informationen ein Zustimmungsvorbehalt bestehen.

10. Vgl. hierzu die entsprechenden Anm. zu 9.

11. Zustimmung und Ermächtigung zur Abgabe eines Übernahmeangebots. Entsprechend den in Anm. 9 zu § 111 Abs. 4 S. 2 AktG erläuterten Grundsätzen wird auch die Entscheidung zur Abgabe eines Übernahmeangebots regelmäßig der Zustimmung des Aufsichtsrats unterliegen bzw. einer Ermächtigung durch diesen bedürfen (vgl. *Semler/Peltzer* § 4 Rdnr. 317; Fleischer/*Fuchs* § 22 Rdnr. 41). Zum einen kann die Satzung oder Geschäftsordnung des Vorstands (ggf. auch ein vorhandener Zustimmungskatalog) entsprechende Zustimmungspflichten bei Beteiligungserwerben vorsehen. Zum anderen kann sich die Zustimmungspflichtigkeit jedoch auch aus dem Gesetz ergeben, etwa wenn der Vorstand wie im vorliegenden Fall die Übernahme u.a. mit genehmigtem Kapital finanzieren will (§ 202 Abs. 3 S. 2 AktG). Auswirkungen hat dies vor allem auf den maßgeblichen Zeitpunkt für die Publizitätspflicht nach § 10 Abs. 1 S. 1 WpÜG. Bei einer Aktiengesellschaft kann zur Beantwortung der Frage, ob diese eine Entscheidung zur Abgabe eines Übernahmeangebots getroffen hat, nach Ansicht des Gesetzgebers in Anlehnung an die hM zu § 15 WpHG a.F. bei mehrstufigen Entscheidungsprozessen als relevantes Kriterium die Zustimmung des Aufsichtsrats herangezogen werden (Begr. RegE BT-Drucks. 14/7034 S. 39; Steinmeyer/Häger/*Santelmann/Steinhardt* § 10 Rdnr. 16; Assmann/Pötzsch/Uwe H. Schneider/*Assmann* § 10 Rdnr. 15; a.A. wohl *BaFin* Emittentenleitfaden v. 14. 5. 2009, S. 58, die im Umkehrschluss zu § 6 Abs. 2 WpAIV bereits mit Entscheidung des Vorstands die Publizitätspflicht bejaht, dann aber das Vorliegen der Befreiungsvoraussetzungen nach § 15 Abs. 3 WpHG annimmt).

IX. Antrag auf verbindliche Auskunft[1]

Finanzamt[2]
...... [Bezeichnung des Finanzamts]
Herrn/Frau ......
...... Anschrift

...... [Ort], ... [Datum]

...... [Name des Antragstellers], Steuer-Nr.: ......[3]

Antrag auf Erteilung einer verbindlichen Auskunft (§ 89 Abs. 2 AO, Steuer-Auskunftsverordnung) bezüglich ......

Sehr geehrte Damen und Herren,

namens und im Auftrag der unter HRB ...... im Handelsregister des Amtsgerichts ...... eingetragenen X-GmbH stellen wir hiermit gemäß § 89 Abs. 2 AO den nachfolgenden Antrag auf Erteilung einer

verbindlichen[4] Auskunft.

Gegenstand des Antrags ist ...... [Kurzbeschreibung des Antragsinhalts]

I. Zuständigkeit[2]

Die Zuständigkeit des Finanzamts ...... [Ort] ergibt sich aus ......

II. Sachverhalt[5]

......

III. Rechtliche Würdigung[6]

......

IV. Besonderes steuerliches Interesse[7]

Die geplante Transaktion würde sowohl bei ...... als auch bei ...... zu erheblichen Steuerbelastungen bei der X-GmbH führen. [Weitere Ausführungen einfügen]

V. Formulierung konkreter Rechtsfragen[8]

Auf Grundlage der Sachverhaltsdarstellung unter (II.) und der dargelegten Rechtsauffassung (III.) bitten wir um die Beantwortung der folgenden Rechtsfragen:

......

VI. Erklärungen, Versicherungen[9, 10]

Hiermit versichern wir, dass alle für die Erteilung der Auskunft und die Beurteilung des Sachverhalts erforderlichen Angaben gemacht wurden und der Wahrheit entsprechen. Hiermit erklären wir ferner, dass über den zur Beurteilung gestellten Sachverhalt für die X-GmbH bei keiner anderen Finanzbehörde eine verbindliche Auskunft beantragt wurde.

Mit freundlichen Grüßen

......

Schrifttum: Kienemund, Zusagen der Finanzverwaltung, DB 1984, 1433; *Klein*, Abgabenordnung, 10. Aufl. 2009; *Tipke/Kruse*, Abgabenordnung – Finanzgerichtsordnung, Loseblatt, Stand: September 2007.

IX. Antrag auf verbindliche Auskunft

Anmerkungen

1. Überblick. Im Zusammenhang mit M&A Transaktionen besteht nicht selten das Bedürfnis seitens der steuerpflichtigen Beteiligten, verbindlich zu erfahren, wie die Finanzverwaltung bestimmte rechtliche oder tatsächliche Gestaltungen künftig beurteilen wird. Durch das Föderalismus-Begleitgesetz v. 5. 9. 2006 (BGBl. I 2006, 2098) wurde das bislang nur durch Verwaltungsanweisungen geregelte Rechtsinstitut der „verbindlichen" Auskunft in § 89 Abs. 2 AO mit Wirkung zum 12. 9. 2006 gesetzlich verankert. Die zuständige Finanzbehörde sowie das Bundeszentralamt für Steuern können danach auf Antrag verbindliche Auskunft über die steuerliche Beurteilung von in der Zukunft liegenden Sachverhalten erteilen. Einzelheiten zum Verfahren werden in der Steuer-Auskunftsverordnung geregelt (vgl. § 89 Abs. 2 S. 4 AO). Die Voraussetzungen einer bindenden Auskunft/Zusage, die grundsätzlich im Ermessen der Finanzbehörde steht, ergeben sich aus Art. 89 Abs. 2 AO. Danach muss der Steuerpflichtige dem Finanzamt in seiner eigenen Steuerangelegenheit einen bestimmten Sachverhalt vollständig und richtig darlegen sowie einen entsprechenden Antrag auf verbindliche Auskunft stellen. In dem Antrag sind konkrete Rechtsfragen zu formulieren. Die Auskunft kann nur für in der Zukunft liegende Sachverhalte beantragt werden. Seitens des Antragstellers muss ein besonderes Interesse an der Auskunft bestehen (siehe hierzu Anm. 7), d. h. eine wirtschaftliche Entscheidung des Antragstellers muss von der Auskunft abhängen und die Auskunft muss vor der beabsichtigten Maßnahme beantragt werden und ursächlich für diese Maßnahme sein. Die Auskunft ist von der zuständigen Finanzbehörde zu erteilen (siehe hierzu Anm. 2) und schließlich entfaltet die Zusage nur dann Bindungswirkung, wenn sie ohne Einschränkung oder Vorbehalte erteilt wurde. Die Finanzbehörden erteilen keine verbindlichen Auskünfte in Angelegenheiten, bei denen die Erzielung eines Steuervorteils im Vordergrund steht (z. B. Prüfung von Steuersparmodellen, Feststellung der Grenzpunkte für einen Gestaltungsmissbrauch bzw. für das Handeln eines ordentlichen Geschäftsleiters). Die Rechtsnatur einer solchen verbindlichen Aussage war zunächst umstritten, da der BFH die Qualifizierung der Auskunft als Verwaltungsakt verneinte (z. B. BFH v. 13. 12. 1989 – X R 208/87 – BStBl. II 1990, 274). Mit Schreiben vom 11. 12. 2007 (DStR 2008, 99; vgl. Tz. 3.5.5) legte das BMF dagegen ausdrücklich fest, dass die verbindliche Auskunft ein Verwaltungsakt ist. Eine rechtswidrige verbindliche Auskunft kann daher mit Einspruch und Anfechtungsklage angefochten werden. Bleibt die Finanzbehörde auf den Antrag hin untätig, kann der Antragsteller sein Begehren im Wege einer Verpflichtungsklage verfolgen. Der Antrag bedarf der Schriftform.

2. Zuständigkeit. Gemäß § 89 Abs. 2 S. 2 AO ist für die Erteilung der verbindlichen Auskunft die Finanzbehörde zuständig, die bei Verwirklichung des dem Antrag zugrunde liegenden Sachverhalts örtlich zuständig sein würde, mithin das für die Steuerfestsetzung zuständige Finanzamt (vgl. §§ 17 ff. AO). Die Zuständigkeit des Bundeszentralamts für Steuern bestimmt sich nach § 89 Abs. 2 S. 3 AO. Für die Bindungswirkung der Auskunft ist weiterhin erforderlich, dass sie von dem für die spätere Entscheidung im Verwaltungsverfahren zuständigen Beamten oder Vorsteher der Finanzbehörde erteilt wurde (BFH Urt. v. 13. 12. 1989 – X R 208/87 – BStBl. II 1990, 274). Zuständiger Beamter in diesem Sinne ist nur der zur abschließenden Zeichnung berechtigte Mitarbeiter der jeweiligen Finanzbehörde (BFH Urt. v. 26. 11. 1997 – III R 109/93 – BFH/NV 1998, 808). Dies ist in der Regel der Sachgebietsleiter und nicht der Sachbearbeiter (BFH Urt. v. 25. 11. 1997 – IX R 47/94 – BFH/NV 1998, 580). Dies gilt selbst dann, wenn der Steuerpflichtige berechtigterweise davon ausgehen durfte, dass der auskunftserteilende Beamte zuständig ist (BFH Urt. v. 14. 7. 1992 – IX R 116/88 – BFH/NV 1993, 99). Der gutgläubige Antragsteller kann sich daher nicht auf die Auskunft eines intern unzuständigen Beamten berufen.

3. Bezeichnung des Antragstellers. Der Antrag muss die genaue Bezeichnung des Antragstellers (Name, Wohnort bzw. Handelsregistereintrag, ggf. Steuernummer) enthalten (§ 1 Steuer-Auskunftsverordnung).

4. Bindungswirkung. Die Bindungswirkung setzt voraus, dass die Auskunft ohne Einschränkung oder Vorbehalt erteilt worden ist (BFH Urt. v. 17. 9. 1992 – IV R 39/90 – BStBl. II

1993, 218). Auch eine rechtswidrige verbindliche Auskunft entfaltet Bindungswirkung für die Finanzbehörde, es sei denn, der Antragsteller hat die Rechtswidrigkeit erkannt bzw. hätte sie erkennen können (BFH Urt. v. 5. 12. 1995 – VIII R 10/91 – BStBl. II 1996, 281). Werden die der Auskunft zugrunde liegenden Rechtsvorschriften später geändert, entfällt die Bindungswirkung ipso iure, so dass es keines Widerrufs gegenüber dem Antragsteller bedarf (§ 207 Abs. 1 AO; BFH Urt. v. 21. 3. 1996 – XI R 82/94 – BStBl. II 1996, 518). Eine Rechtsprechungsänderung hingegen lässt die Bindungswirkung nicht entfallen (*Tipke/Kruse* vor § 204 AO Rdnr. 42; Pahlke/Koenig/*Intemann* § 207 Rdnr. 7; a. A. FG Saarl Urt. v. 18. 12. 1996 – 1 K 32/95 – EFG 1997, 491 – DStRE 1997, 460, 465; FG Bremen Urt. v. 11. 9. 1990 – II 205/88 K – EFG 1991, 231).

5. Sachverhalt. Der Antragsteller muss den steuerlich zu beurteilenden Sachverhalt vollständig und richtig darstellen. Unklarheiten gehen zu seinen Lasten (BFH Urt. v. 13. 12. 1989 – X R 208/87 – BStBl. II 1990, 274). Eine Pflicht der Finanzbehörde, von Amts wegen den fraglichen Sachverhalt zu ermitteln bzw. näher aufzuklären, besteht nicht (BFH Beschl. v. 3. 8. 2001 – VIII B 121/00 – BFH/NV 2002, 181; BFH Urt. v. 16. 3. 1994 – I R 12/93 – BFH/NV 1994, 838).

6. Rechtliche Würdigung. Der Antrag hat eine ausführliche Darlegung des Rechtsproblems mit eingehender Begründung des eigenen Rechtsstandpunkts zu enthalten (§ 1 Abs. 1 Nr. 4 Steuer-Auskunftsverordnung).

7. Besonderes steuerliches Interesse. Wie bereits einleitend erwähnt, kann der Antragsteller die Erteilung einer verbindlichen Auskunft nur begehren, wenn eine wirtschaftliche Entscheidung von der Auskunft abhängt (BFH Urt. v. 16. 12. 1998 – II R 50/96 – BFH/NV 1999, 900). Ein besonderes Auskunftsinteresse besteht nur insoweit, als die Auskunft die wirtschaftliche Entscheidung des Antragstellers noch beeinflussen kann (vgl. § 1 Abs. 1 Nr. 3 Steuer-Auskunftsverordnung). Dies bedingt, dass der Antrag auf verbindliche Auskunft vor der beabsichtigten Maßnahme gestellt werden und ursächlich für diese Maßnahme sein muss. Darüber hinaus verlangt der BFH für die Verbindlichkeit der Auskunft, dass der Antragsteller im Vertrauen auf die Zusage auch tatsächlich wirtschaftlich disponiert hat (BFH v. 7. 7. 1999 – X R 52/96 – BFH/NV 2000, 174; zustimmend *Kienemund* DB 1984, 1433). Da mit Erteilung der Auskunft deren Bindungswirkung eintritt (siehe hierzu Anm. 4), kann es aber entgegen der Auffassung des BFH für deren Wirksamkeit nicht auf eine konkrete wirtschaftliche Disposition des Antragstellers ankommen (so auch *Tipke/Kruse* vor § 204 AO Rdnr. 35).

8. Formulierung konkreter Rechtsfragen. Der Antragsteller hat konkrete Rechtsfragen zu formulieren (§ 1 Abs. 1 Nr. 5 Steuer-Auskunftsverordnung). Die Finanzbehörde gibt keine allgemeinen Rechtsauskünfte.

9. Erklärungen/Versicherungen. Der Antragsteller hat zu erklären, dass bei keiner anderen Finanzbehörde eine vergleichbare Auskunft beantragt wurde. Ferner muss er versichern, dass alle für die Erteilung der Auskunft erforderlichen Angaben gemacht worden sind und der Wahrheit entsprechen (§ 1 Abs. 1 Nr. 6, 7 Steuer-Auskunftsverordnung).

10. Kosten. Die Gebühren richten sich entsprechend § 34 Gerichtskostengesetz nach dem Gegenstandswert (§ 89 Abs. 4 AO). Maßgebend für die Bestimmung des Gegenstandswerts ist die steuerliche Auswirkung des vom Antragsteller dargelegten Sachverhalts. Bei Dauersachverhalten ist auf die steuerliche Auswirkung im Jahresabschnitt abzustellen. Der Mindestbetrag des Gegenstandswerts beträgt jedoch nach § 89 Abs. 5 AO EUR 5.000,–, so dass sich eine Mindestgebühr von 121,– EUR ergibt. Nach oben ist der Gegenstandswert auf 30 Millionen EUR begrenzt (vgl. BMF-Schreiben v. 8. 12. 2006 – IV A 4-S 0224–12/2006), so dass die Höchstgebühr EUR 91.456,– beträgt. Lässt sich der Gegenstandswert selbst durch Schätzung nicht ermitteln, ist eine Zeitgebühr in Höhe von EUR 50,– je angefangener halber Stunde, mindestens jedoch EUR 100,– zu entrichten (§ 89 Abs. 4 S. 3 AO). Ein Wahlrecht zwischen Gebühr nach Gegenstandswert und Zeitgebühr besteht nicht.

Teil C. Unternehmensverkauf durch Übertragung von Gesellschaftsanteilen (Share Deal)

I. Übersicht: Typische Interessenlagen und Argumentationslinien von Käuferin und Verkäuferin sowie Kompromisslösungen

Darstellung der typischen Diskussionsthemen im Rahmen von Vertragsverhandlungen beim Unternehmenskauf in Tabellenform unter besonderer Berücksichtigung der „klassischen" Argumentationslinien von Verkäuferin und Käuferin sowie möglicher Kompromisslösungen

Thema	Position/Argumentation Verkäuferin	Position/Argumentation Käuferin	Typische Kompromisslösungen
Kaufpreisanpassung I: Definition der „Finanzverbindlichkeiten" (bei Net Debt-Kaufpreisanpassung)	• Begrenzung der „Finanzverbindlichkeiten" auf die zinstragenden Verbindlichkeiten (einschließlich Verbindlichkeiten aus Finanzierungsleasing: sog. *finance leasing* im Gegensatz zum *operating leasing*) • Je weniger Bilanzpositionen; in die Definition der „Finanzverbindlichkeiten" aufgenommen werden, desto geringer wird die Kaufpreisreduzierung zum Closing	• Möglichst umfassende Definition der „Finanzverbindlichkeiten", insbesondere unter Einschluss von • Verbindlichkeiten aus Finanzierungsleasing • (nicht gedeckten) Pensionsrückstellungen • Steuerrückstellungen • beschlossenen, aber nicht ausgezahlten Dividenden • offenen Verbindlichkeiten aus Anlageinvestitionen (Capex) • gestundeten Zahlungsverpflichtungen für den Erwerb von Vermögensgegenständen • nicht-bilanzwirksamen Verpflichtungen, wie beispielsweise Bürgschaften und Garantien *(off balance sheet financing)* • Je mehr Bilanzpositionen in die Definition der „Finanzverbindlichkeiten" einfließen, desto höher wird die Kaufpreisreduzierung zum Closing	• Maßgebend sollte sein, welche Bilanzpositionen bei der – von beiden Parteien akzeptierten – Bewertung der Zielgesellschaft Berücksichtigung gefunden haben; nur diese Positionen sind bei der Definition der „Finanzverbindlichkeiten" aufzunehmen • In der Praxis ist es heute weitgehend üblich, jedenfalls die Verbindlichkeiten aus Finanzierungsleasing (wegen ihres Finanzierungscharakters) sowie die Steuerrückstellungen bei den „Finanzverbindlichkeiten" zu berücksichtigen
Kaufpreisanpassung II: Definition der „Barmittel" (bei Net Debt-Kaufpreisanpassung)	• Möglichst umfangreiche Definition der „Barmittel" • In die Definition der „Barmittel" sollten insbesondere aufgenommen werden • ausstehende Einlageforderungen gegen die Verkäuferin oder Ausleihungen an die Verkäuferin • Erstattungsansprüche gegenüber Finanzbehörden (insbesondere Mehrwertsteuer-Erstattungsansprüche) • zugesagte, aber noch nicht ausgezahlte Beihilfen • ggf. Verlustvorträge der Zielgesellschaft • Jede Erhöhung der Barmittel zum Closing führt zu einer entsprechenden Erhöhung bzw. geringeren Verminderung des Kaufpreises	• Möglichst enge Definition der „Barmittel" • Insbesondere sollten Erstattungsansprüche gegenüber Finanzbehörden (vor allem Mehrwertsteuer-Erstattungsansprüche) und Verlustvorträge der Zielgesellschaft ausgeklammert werden • Desto weniger Bilanzpositionen in die Definition der „Barmittel" einfließen, desto geringer fällt eine entsprechende Erhöhung bzw. desto höher fällt eine entsprechende Verminderung des Kaufpreises zum Closing aus	• Maßgebend sollte sein, welche Bilanzpositionen bei der – von beiden Parteien akzeptierten – Bewertung der Zielgesellschaft Berücksichtigung gefunden haben; nur diese Positionen sind bei der Definition der „Barmittel" aufzunehmen • Nicht unüblich ist die Aufnahme von Erstattungsansprüchen gegenüber Finanzbehörden (insbesondere Mehrwertsteuer-Erstattungsansprüchen) als Teil der „Barmittel", sofern sie zeitnah erfüllt werden; Verlustvorträge werden demgegenüber grundsätzlich nicht als „Barmittel" angesehen; inwieweit Verlustvorträge von der

Thema	Position/Argumentation Verkäuferin	Position/Argumentation Käuferin	Typische Kompromisslösungen
			Käuferin vergütet werden, ist eine Frage des Einzelfalls
Kaufpreisanpassung III: Höhe der Pensionsrückstellungen	• Die Verkäuferin wird die in der Bilanz der Zielgesellschaft ausgewiesene Höhe der Pensionsrückstellungen typischerweise für angemessen halten • Die Verkäuferin wird darüber hinaus bestrebt sein, eine Berücksichtigung der Pensionsrückstellungen als Teil der „Finanzverbindlichkeiten" ganz zu vermeiden (vgl. oben unter Kaufpreisanpassung I)	• Die Käuferin wird die in der Bilanz der Zielgesellschaft ausgewiesene Höhe der Pensionsrückstellungen regelmäßig für zu niedrig halten • Bei der Definition der „Finanzverbindlichkeiten" wird die Käuferin daher versuchen, nicht nur die Pensionsrückstellungen selbst, sondern eine höhere Summe als Pensionsrückstellungen zu berücksichtigen, als sie in der Bilanz der Zielgesellschaft ausgewiesen ist	Maßgebend sollte auch hier sein, ob und ggf. in welcher Höhe die Pensionsrückstellungen der Zielgesellschaft bei der Bewertung Berücksichtigung gefunden haben
Kaufpreisanpassung IV: Zielbetrag beim Nettoumlaufvermögen (bei Working Capital-Kaufpreisanpassung)	• Die Verkäuferin wird regelmäßig damit einverstanden sein, den Zielbetrag bei der Bestimmung des Nettoumlaufvermögens auf der Basis historischer Werte festzulegen • Damit kleinere Schwankungen beim Working Capital nicht kaufpreisrelevant werden, wird die Verkäuferin bei der Bestimmung der Zielgröße für das Working Capital zum Closing auf einen Korridor Wert legen, innerhalb dessen es zu keiner Kaufpreisanpassung kommt	• Auch die Käuferin wird die Zielgröße beim Nettoumlaufvermögen regelmäßig auf der Basis historischer Werte festlegen wollen • Bei starken saisonalen Schwankungen des Working Capital muss die Käuferin besonderes Augenmerk auf die Bestimmung der richtigen Zielgröße legen (s. rechte Spalte) • Die Käuferin wird häufig bei jeder Abweichung des tatsächlichen Working Capital von der Zielgröße eine Kaufpreisanpassung wünschen; mit einem – moderaten – Korridor wird sie aber in der Regel leben können	• Bei geringen Schwankungen des Working Capital können beide Seiten häufig mit einem Jahresdurchschnittswert als Zielgröße leben • Bei saisonal stark schwankendem Nettoumlaufvermögen hat es sich in der Praxis bewährt, für jeden möglichen Closing-Tag (Monatsende) eine individuelle Zielgröße für das Working Capital festzulegen • Mit einem – moderaten – Korridor bei der Bestimmung der Zielgröße werden beide Parteien regelmäßig einverstanden sein
Kaufpreiseinbehalt zur Sicherung von Kaufpreisanpassungs- und Gewährleistungsansprüchen	Kein oder nur geringer Kaufpreiseinbehalt	Möglichst hoher Kaufpreiseinbehalt	• Das Ob und Wie eines etwaigen Kaufpreiseinbehalts hängt maßgeblich vom Sicherungsbedürfnis der Käuferin ab: Handelt es sich bei der Verkäuferin um eine Holding- bzw. Zweckgesellschaft mit wenig Eigenkapital, wird die Verkäuferin einen Kaufpreiseinbehalt regelmäßig akzeptieren • Private Equity-Unternehmen als Verkäuferin akzeptieren häufig eher einen Kaufpreiseinbehalt mit entsprechender Haftungshöchstgrenze, da sie den vereinnahmten Kaufpreis regelmäßig sofort an die hinter dem Private Equity-Unternehmen stehenden Investoren ausschütten (müssen). • Ggf. andere Sicherungsmittel wie (i) Garantie, Schuldbeitritt oder Patronatserklärung der Konzernobergesellschaft der Verkäuferin oder – nach wie vor sehr selten – (ii) Versicherungsschutz durch sog. *Warranty Insurance*

I. Übersicht

Thema	Position/Argumentation Verkäuferin	Position/Argumentation Käuferin	Typische Kompromisslösungen

Lösungsmöglichkeiten vom Vertrag bei wesentlichen nachteiligen Änderungen bei der Zielgesellschaft (Material Adverse Change/MAC-Klauseln)	• Möglichst unbedingte Sicherstellung der Vertragsdurchführung und daher Ablehnung von Material Adverse Change (MAC)- bzw. Force Majeure-Klauseln
	• Wenn eine MAC-Klausel akzeptiert werden muss, ist aus Sicht der Verkäuferin auf folgende Aspekte zu achten:
	  • Enge, möglichst präzise MAC-Klausel
	  • Begrenzung der MAC-Klausel auf Veränderungen bei der Zielgesellschaft selbst, die regelmäßig von der Verkäuferin kontrolliert und vorhergesehen werden können
	  • Ausnahme für Ereignisse, die nicht von der Verkäuferin kontrolliert werden können (etwa Änderungen der rechtlichen Rahmenbedingungen, die Auswirkungen der in Rede stehenden Transaktion auf die Zielgesellschaft sowie Veränderungen auf den Kapitalmärkten)
	  • Hohe Wesentlichkeitsschwellen, insbesondere durch Bezugnahme auf das EBIT bzw. EBITDA der Zielgesellschaft, das um einen im Vertrag festzulegenden Mindestwert im Vergleich zu den letzten vorliegenden EBIT- bzw. EBITDA-Werten gefallen sein muss, damit sich die Käuferin auf die MAC-Klausel berufen kann
	  • Möglichst kurzer relevanter Zeitraum für das Eingreifen der MAC-Klausel (regelmäßig nur der Zeitraum zwischen Signing und Closing)
		• Die Käuferin wird regelmäßig eine MAC-Klausel durchsetzen wollen und dabei insbesondere auf folgende Punkte Wert legen:
		  • Möglichst weite, allgemein gehaltene MAC-Klausel, die sämtliche Ereignisse erfasst, die von der Käuferin nicht vorhergesehen (und in Folge dessen nicht spezifisch geregelt) werden können; eine derart weite MAC-Klausel begünstigt die Käuferin insbesondere auch deshalb, weil die Verkäuferin die Käuferin auf Durchführung des Closing verklagen muss, wenn sich die Käuferin auf die MAC-Klausel beruft; ein solches Berufen auf die MAC-Klausel ist aber regelmäßig erfolgversprechender, wenn die MAC-Klausel entsprechend weit und unbestimmt gefasst ist
		  • Möglichst extensive MAC-Klausel, die sämtliche Veränderungen in den relevanten Märkten der Zielgesellschaft sowie auch allgemein-wirtschaftliche und konjunkturelle Veränderungen erfasst
		  • Möglichst langer relevanter Zeitraum für die MAC-Klausel, etwa für die gesamte Periode seit dem letzten Bilanzstichtag der Zielgesellschaft bis zum Closing
		  • Wichtig aus Sicht der Käuferin ist eine MAC-Klausel im Unternehmenskaufvertrag immer dann, wenn die Käuferin den Erwerb fremdfinanziert; sehen die Finanzierungsverträge in diesen Fällen MAC-Klauseln vor, muss die Käuferin darauf achten, dass der Wortlaut der MAC-Klausel im Finanzierungsvertrag mit dem Wortlaut der MAC-Klausel im Unternehmenskaufvertrag korrespondiert; ansonsten läuft die Käuferin Gefahr, dass sich die Banken auf die MAC-Klausel berufen und die Käuferin zugleich unter dem Unternehmenskaufvertrag verpflichtet bleibt, den Kaufpreis zu zahlen
			• Ob – und ggf. mit welchem Wortlaut – MAC-Klauseln vereinbart werden, hängt ganz maßgeblich von der Verhandlungsmacht beider Seiten und damit häufig davon ab, ob die Transaktion in einem verkäufer- oder käuferfreundlichen Zyklus des Marktes stattfindet; im verkäuferfreundlichen Umfeld der letzten Jahre (bis Sommer 2011) waren MAC-Klauseln in der Praxis weiterhin selten, zumal es auch den Käuferin bei fremdfinanzierten Unternehmenskäufen während dieser Zeit trotz schwieriger gewordener Finanzierungsbedingungen gelungen ist, Finanzierungsverträge ohne MAC-Klauseln abzuschließen
			• Wenn sich die Parteien auf eine MAC-Klausel einigen, ist es üblich, konkrete Auswirkungen auf das EBIT bzw. EBITDA der Zielgesellschaft als Voraussetzung dafür zu vereinbaren, dass die MAC-Klausel eingreift

Rücktrittsrecht bei Nichtvorliegen der Vollzugsvoraussetzungen	• Die Verkäuferin wird regelmäßig ein (einseitiges) Rücktrittsrecht wünschen, wenn die Vollzugsvoraussetzungen (insbesondere die Kartellfreigabe) nicht bis zu einem zeitnahen Stichtag („Long Stop Date") eingetreten sind • Darüber hinaus wird die Verkäuferin bestrebt sein, im Falle eines Rücktritts wegen Nichterfüllung der Vollzugsvoraussetzungen von der Käuferin pauschalierten Schadensersatz („Break Fee") zu erhalten	• Die Käuferin wird ein beidseitiges Rücktrittsrecht bei Nichtvorliegen der Vollzugsvoraussetzungen am „Long Stop Date" wünschen • Sie wird darüber hinaus bestrebt sein, hinreichend Zeit bis zu einem etwaigen Rücktritt zu haben, mithin ein möglichst spätes „Long Stop Date" vereinbaren wollen • Eine „Break Fee" wird die Käuferin regelmäßig ablehnen	• In der Praxis ist ein beidseitiges Rücktrittsrecht bei Nichtvorliegen der Vollzugsvoraussetzungen am „Long Stop Date" üblich • Der Zeitraum zwischen Signing und dem „Long Stop Date" schwankt und hängt maßgeblich von der kartellrechtlichen Risikoeinschätzung ab; nicht unüblich sind sechs Monate

Thema	Position/Argumentation Verkäuferin	Position/Argumentation Käuferin	Typische Kompromisslösungen
			• Eine „Break Fee" wird die Verkäuferin regelmäßig nur dann durchsetzen können, wenn sie eine besonders starke Verhandlungsposition hat
Gewährleistungen I: Zeitpunkt	• Die Verkäuferin ist regelmäßig nur bereit, Gewährleistungen (nur) auf den Zeitpunkt des Signing und nicht auch auf den Zeitpunkt des Closing abzugeben • Ist der maßgebende Zeitpunkt für die Gewährleistungen das Closing, riskiert die Verkäuferin, dass zwischen Signing und Closing zusätzliche Tatbestände hinzukommen, welche die Verkäuferin zum Zeitpunkt des Signing nicht übersehen kann	• Die Käuferin wird regelmäßig fordern, dass die Gewährleistungen sowohl auf den Zeitpunkt des Signing als auch auf den Zeitpunkt des Closing abgegeben werden • Argument: Die Verkäuferin kontrolliert die Zielgesellschaft bis zum Closing	• Argumentativ unzulässig ist es an sich, darauf abzustellen, ob die Verkäuferin oder die Käuferin den Eintritt eines Gewährleistungsfalls besser einschätzen bzw. kennen kann; die Vereinbarung von Gewährleistungen im Unternehmenskaufvertrag dient nämlich primär der Risikoallokation zwischen Verkäuferin und Käuferin; auf subjektive Elemente kommt es deshalb allenfalls sekundär an • Bei bestimmten Gewährleistungen ist es üblich, dass sie sowohl zum Signing als auch zum Closing gegeben werden; dies gilt insbesondere für die gesellschaftsrechtlichen Verhältnisse der Zielgesellschaft, und hier vor allem für das (unbelastete) Eigentum der Verkäuferin an den Anteilen der Zielgesellschaft (Share Deal) • In Bezug auf die übrigen Gewährleistungen stellt es einen in der Praxis nicht seltenen Kompromiss dar, der Verkäuferin zu gestatten, die Ausnahmen von den Gewährleistungen in den Vertragsanhängen zum Closing zu aktualisieren und auf diese Weise neue Tatbestände, die zwischen Signing und Closing eingetreten sind, quasi „nachzuschieben" („true up"); dabei ist aus Sicht der Käuferin sorgfältig darauf zu achten, dass ein solches „Nachschieben" wirklich nur solche Tatbestände umfasst, die erst nach Signing entstanden sind; der Wert der Gewährleistungen für die Käuferin darf durch das „true up" nicht ausgehöhlt werden
Gewährleistungen II: Umfang des Gewährleistungskataloges	• Möglichst knapper Gewährleistungskatalog • Einschränkung des Gewährleistungsumfangs durch Wissensklauseln (s. unter „Gewährleistungen VIII: Kenntnis der Verkäuferin") und Wesentlichkeitsschwellen	Möglichst umfangreicher uneingeschränkter Gewährleistungskatalog	• Wissensklauseln sind in der Praxis jedenfalls bei bestimmten Gewährleistungen üblich und angemessen • Gleiches gilt für Einschränkungen durch die „Wesentlichkeit" bestimmter Eigenschaften der Zielgesellschaft

I. Übersicht

Thema	Position/Argumentation Verkäuferin	Position/Argumentation Käuferin	Typische Kompromisslösungen
Gewährleistungen III: Jahresabschlüsse	Soweit überhaupt eine Gewährleistung für Jahresabschlüsse abgegeben wird, wird die Verkäuferin bestrebt sein, die Gewährleistung zu den Jahresabschlüssen der Zielgesellschaft auf die Übereinstimmung mit den Grundsätzen ordnungsmäßiger Buchführung (GoB) sowie den zugrundeliegenden gesetzlichen Bestimmungen bzw. IAS-Regeln zu begrenzen (sog. weiche Bilanzgarantie)	• Die Käuferin wird – über die Position der Verkäuferin hinaus – versuchen, sich zusichern zu lassen, dass es außerhalb der in den Jahresabschlüssen niedergelegten Verbindlichkeiten keine weiteren Verpflichtungen bzw. Verbindlichkeiten der Zielgesellschaft zum Closing gibt (sog. harte Bilanzgarantie) • Gelingt es der Käuferin, eine harte Bilanzgarantie durchzusetzen, benötigt sie theoretisch nur noch eine Gewährleistung der Verkäuferin zu den Rechtsstreitigkeiten; die übrigen unternehmensbezogenen Gewährleistungen sind dann verzichtbar, weil sich ein Verstoß gegen die übrigen unternehmensbezogenen Gewährleistungen regelmäßig in einer Verpflichtung bzw. Verbindlichkeit der Zielgesellschaft niederschlägt, die dann ihrerseits zu einem Verstoß gegen die (harte) Bilanzgarantie führen würde	Eine harte Bilanzgarantie wird die Verkäuferin kaum jemals akzeptieren können, da sie das Konzept der einzelfallbezogenen Gewährleistungen faktisch umkehrt; sie ist auch in der Praxis unüblich
Gewährleistungen IV: Ausgestaltung öffentlich-/umweltrechtlicher Gewährleistungen	• Grundposition: Grundsätzlich genereller Haftungsausschluss in gesetzlich zulässigem Umfang (Ausschluss für Arglist ist z. B. unzulässig, § 444 Abs. 1 BGB) • Soweit Garantien gewährt werden, wird die Verkäuferin bestrebt sein, diese regelmäßig auf maximal vier Garantien zu beschränken: • Vorliegen sämtlicher für den Geschäftsbetrieb erforderlicher Genehmigungen (Permits) • Übereinstimmung des Geschäftsbetriebes mit den (wesentlichen) öffentlich-rechtlichen Vorgaben (Compliance with Laws) • Keine Verpflichtung zur Rückzahlung von öffentlichen Zuschüssen/Subventionen (Public Grants and Subsidies) • Keine Umweltbelastung (ggf. mit Ausnahme von dem Erwerber zur Kenntnis übermittelten Umweltbelastungen) • Inhaltliche Beschränkung der Garantien durch möglichst enge Definitionen, etwa der Begriffe „Genehmigungen" oder „Umweltbelastungen", Kenntnisbezug (Knowledge-/Best Knowledge-Klauseln), Beschränkung des Kreises der relevanten Personen, Erheblichkeitsbezug (Material Adverse Effect) mit möglichst hoher Erheblichkeitsschwelle, möglichst umfassender Ausnahmekatalog (disclosure schedule) bei Ausschluss dem Erwerber bekannter Themen, Beschränkung der Umweltga-	• Grundposition: Umfassende und unbeschränkte Garantien • Die Käuferin wird jedenfalls die Gewährung der folgenden vier Garantien betr. öffentliches Recht/Umweltrecht fordern: • Vorliegen sämtlicher Genehmigungen (Permits) • Übereinstimmung des Geschäftsbetriebes mit den öffentlich-rechtlichen und technischen Vorgaben (Compliance with Laws) • Keine Anhaltspunkte für Verpflichtungen zur Rückzahlung von öffentlichen Zuschüssen/Subventionen (Public Grants and Subsidies) • Keine Umweltbelastung (ggf. mit Ausnahme von dem Erwerber zur Kenntnis übermittelten Umweltbelastungen) • Möglichst weite inhaltliche Ausgestaltung der Garantien durch möglichst umfassende Definitionen, etwa der Begriffe „Genehmigungen" oder „Umweltbelastungen", keine Beschränkung auf Kenntnis, keine Beschränkung durch Erheblichkeitsbezug (Material Adverse Effect), Umweltgarantie auch für Nichtvorhandensein von Verdachtsmomenten, umfassende Umweltgarantie für sämtliche (aktuelle und ehemalige) im Eigentum stehenden und gemieteten Grundstücke sowie umfassende Umweltgarantie für das Nichtvorhandensein von Umweltbelastungen (unabhängig von einer Verursachung durch den Veräußerer)	• Im Falle einer Kenntnisklausel Relevanz der Kenntnis eines umfassenden Kreises an Personen (unter Einschluss des jeweiligen Standortmanagements) • Im Falle einer Beschränkung der Garantien durch Erheblichkeitsbezug (Material Adverse Effect) Anpassung der Erheblichkeitsschwelle • Bei Ausschluss dem Erwerber bekannter Themen (fehlende Genehmigungen, Rechtsverstöße, Umweltbelastungen) ggf. Beschränkung des Ausnahmekatalogs (disclosure schedule)

Thema	Position/Argumentation Verkäuferin	Position/Argumentation Käuferin	Typische Kompromisslösungen
	rantien auf das Nichtvorliegen von (bestandskräftigen) Sanierungsverfügungen und (rechtskräftigen) Zivilurteilen aufgrund von Umweltbelastungen, Beschränkung der Garantien auf bestimmte Grundstücke und/oder Ereignisse sowie Beschränkung der Garantie auf vom Veräußerer verursachte Umweltbelastungen • Bei Stichtagregelung: Beweiserleichterung durch Vermutung, dass Umweltbelastungen erst nach Stichtag aufgetreten sind	• Bei Stichtagregelung: Beweiserleichterung durch Vermutung, dass Umweltbelastungen bereits am Stichtag vorhanden waren • Ggf. Abschluss bereits begonnener oder behördlich/gerichtlich angeordneter Sanierungsmaßnahmen durch den Veräußerer	
Gewährleistungen V: Ausgestaltung arbeitsrechtlicher Gewährleistungen	• Bei Asset Deal: Keine Inanspruchnahme nach § 613 a Abs. 2 BGB (aber etwaiger Ausschluss von Ansprüchen des Erwerbers wirkt nicht zu Lasten der Arbeitnehmer) • Beschränkung der Garantien durch Kenntnisbezug (Knowledge/Best Knowledge-Klauseln) • Bei Asset Deal: Bei Ausübung des Widerspruchsrechts durch Arbeitnehmer (§ 613 a Abs. 6 BGB) bzw. Nichtübergang, Erklärung, dass Erwerber sämtliche Kosten zur Beendigung der Arbeitsverhältnisse trägt • Bei Asset Deal: Versicherung, dass Erwerber übernommenen Betrieb(steil) i. S. v. § 613 a BGB tatsächlich fortführt • Bei Asset Deal: Versicherung, dass die Angaben im Unterrichtungsschreiben (§ 613 a Abs. 5 BGB) aus der Sphäre des Erwerbers zutreffend sind • Sofern Transaktion mit Betriebsänderung i. S. v. § 111 BetrVG verbunden ist, Erklärung, dass Erwerber Kosten im Zusammenhang mit Interessenausgleichs- und Sozialplanverfahren trägt • Ggf. Bemühensklausel für die Übertragung der Anstellungsverhältnisse von Organmitgliedern	• Angaben über die Gesamtzahl der Mitarbeiter, ihre Auflistung nach Betrieben mit wesentlichen Vertragsbedingungen (jährliche Brutto-Gesamtbezüge, Sonderleistungen wie z. B. Firmenwagen, Kündigungsfristen, besonderer Kündigungsschutz, Geburts- und Eintrittsdatum, Elternzeit, (Alters-)Teilzeit, Befristung etc.) Angaben zu Arbeitszeitkonten, Urlaubskonten und Bezugszeiträumen bei Jahressondervergütungen (Rückstellungen) • Kopien sämtlicher Standardarbeitsverträge • Auflistung sämtlicher Organmitglieder und Kopien sämtlicher Anstellungsverträge und Zusatzvereinbarungen • Offenlegung aller Change of Control-Vereinbarungen und nachvertraglichen Wettbewerbsverbote mit Organmitgliedern und leitenden/ wesentlichen Arbeitnehmern • Ggf. Bemühensklausel für die Übertragung der Anstellungsverhältnisse von Organmitgliedern • Versicherung über die Erfüllung der wesentlichen (gesetzlichen, tarif- und arbeitsvertraglichen etc.) Zahlungs- und sonstiger Verpflichtungen gegenüber Arbeitnehmern und Organmitgliedern sowie aller wesentlichen Bestimmungen aus Gesetz, Tarifverträgen, Betriebsvereinbarungen und sonstigen arbeitsrechtlichen Vorschriften • Auflistung sämtlicher arbeitsrechtlicher Streitigkeiten, aller Streiks und sonstiger (auch angedrohter) Arbeitskampfmaßnahmen (in den letzten fünf Jahren) • Auflistung sämtlicher (seitens des Unternehmens/des Mitarbeiters) gekündigten Arbeitsverhältnisse • Versicherung über das Nichtvorliegen der Absicht sämtlicher Organmitglieder sowie leitender/wesentlicher Angestellter,	

I. Übersicht

Thema	Position/Argumentation Verkäuferin	Position/Argumentation Käuferin	Typische Kompromisslösungen
		ihr Anstellungsverhältnis beenden zu wollen • Auflistung sämtlicher Betriebsvereinbarungen, Tarifverträge, betrieblicher (Gesamt-)Zusagen und betrieblichen Übungen und Auswirkung der Transaktion auf Gesamt-/Konzernbetriebsvereinbarungen • Grund der Anwendung von Tarifverträgen (Mitgliedschaft im Arbeitgeberverband, Allgemeinverbindlichkeit, Bezugnahmeklauseln im Anstellungsvertrag, Firmentarifvertrag) • Angaben zu Vereinbarungen über einen Interessenausgleich und Sozialpläne • Auflistung sämtlicher (arbeitsvertraglichen, tarifvertraglichen, auf Betriebsvereinbarungen beruhenden, gesetzlichen etc.) Versorgungszusagen, Versorgungseinrichtungen, Erfolgsbeteiligungen, Gratifikationen, gewährter Arbeitnehmerdarlehen, Werkswohnungen und sonstige Sozialleistungen • Auflistung sämtlicher für das Unternehmen zuständigen Arbeitnehmervertretungen • Auflistung sämtlicher bestehender und noch zu erwartender Erstattungsverpflichtungen nach § 147 a SGB III (sofern noch relevant, vgl. § 434 I SGB III) • Auflistung sämtlicher freien Mitarbeiter, Berater, Handelsvertreter, Mitarbeiter von Drittunternemen/Leiharbeitsverhältnisse und etwaiger Risiken insbes. mit Blick auf den sozialversicherungsrechtlichen Status sowie nach § 7 IV SGB IV (Angaben zu etwaigen Beanstandungen bei Betriebsprüfungen in der Vergangenheit) • Einhaltung jeweiliger Formerfordernisse für Befristungen; Wirksamkeit vereinbarter Befristungen	
		Besonderheiten beim Asset Deal: • ggf. Erklärung, dass der übergehende Unternehmensbereich keinen Betrieb(steil) i. S. v. § 613 a BGB darstellt und mit der Transaktionsdurchführung keine Betriebsänderung verbunden ist (vgl. § 111 BetrVG) (aber wirkt nicht gegenüber Betriebsräten und Arbeitnehmern) • abschließende (deklaratorische) Auflistung sämtlicher nach § 613 a BGB übergehenden Arbeitnehmer (ggf. mit Freistellungsverpflichtung des Veräußerers für Trennungskosten)	

Thema	Position/Argumentation Verkäuferin	Position/Argumentation Käuferin	Typische Kompromisslösungen
		• Versicherung, dass die Angaben im Unterrichtungsschreiben (§ 613 a Abs. 5 BGB) aus der Sphäre des Veräußerers zutreffend sind • Offenlegung sämtlicher (Verzichts-)Vereinbarungen, einem Betriebsübergang (ggf. unter zusätzlichen Zahlungen) nicht zu widersprechen (sog. *Retention Agreements*) • Nichtvorliegen unbekannter Kündigungsfristen und (vertraglicher, tariflicher) Unkündbarkeitstatbestände	
Gewährleistungen VI: Ausgestaltung von IP/IT-Gewährleistungen	Beschränkung der Garantien auf Kenntnisbezug (Knowledge/Best Knowledge-Klauseln)	• Auflistung sämtlicher eingetragener und angemeldeter gewerblicher Schutzrechte • Inhaberschaft bzw. langfristiges Nutzungsrecht an sämtlichen gewerblichen Schutzrechten, die zur Aufrechterhaltung des Geschäftsbetriebs erforderlich sind • Auflistung sämtlicher Lizenzverträge und Gewährleistung zur Wirksamkeit dieser Verträge sowie zum Nichtvorliegen von Kündigungsgründen • Kein Verlust von Lizenzen durch Change of Control • Keine Verletzung von gewerblichen Schutzrechten Dritter durch die Zielgesellschaft • Keine Verletzung von gewerblichen Schutzrechten der Zielgesellschaft durch Dritte • Weitergabe von vertraulichen Informationen und Know-how nur nach Abschluss angemessener Vertraulichkeitsvereinbarungen • Keine Nutzungsbeschränkungen hinsichtlich der gewerblichen Schutzrechte der Zielgesellschaft • Wirksame Übertragung sämtlicher Erfindungen und sonstiger schutzfähiger Arbeitsergebnisse von Mitarbeitern der Zielgesellschaft auf die Zielgesellschaft; keine ausstehenden Arbeitnehmererfindervergütungen • Inhaberschaft bzw. langfristige Nutzungsrecht an sämtlichen IT-Systemen, die zur Aufrechterhaltung des Geschäftsbetriebs erforderlich sind • Keine wesentlichen Ausfälle der IT-Systeme in der Vergangenheit	
Gewährleistungen VII: Ausgestaltung einer Steuergarantieklausel	• Enger sachgegenständlicher Umfang (Steuern i. S. v. § 3 Abs. 1 AO) • Abgabe von bis zum Übertragungsstichtag fälligen Steuererklärungen • Zahlung von bis zum Übertragungsstichtag fälligen Steuern	• weiter Abgabenbegriff, einschließlich Steuern i. S. v. § 3 Abs. 1 AO, steuerlichen Nebenleistungen i. S. v. § 3 Abs. 3 AO, Beiträgen und Gebühren aller Art sowie Verbandslasten • weiter Verpflichtungsbegriff • Abgabe von bis zum Übertragungsstichtag/Vollzugstag fälligen Steuererklärungen (Vollständigkeit, Richtigkeit) • Anerkennung der in der Steuererklärung etc. zugrun-	

I. Übersicht

Thema	Position/Argumentation Verkäuferin	Position/Argumentation Käuferin	Typische Kompromisslösungen

	• Bestimmung des Schadens: Verrechnung mit den in der Übertragungsbilanz ausgewiesenen Steuerverbindlichkeit und Steuererstattung; Verrechnung mit Steuererstattungen und sonstigen Vorteilen
	• Kein Schaden bei Periodenverschiebungen („Umkehreffekt")
		delegelten Sachverhalte durch Finanzverwaltung
		• Zahlung von bis zum Übertragungsstichtag/Vollzugstag fälligen Steuern sowie solchen Steuern, die durch ein vor dem Übertragungsstichtag/Vollzugstag liegendes Ereignis ausgelöst werden
		• Richtigkeit von bestimmten garantierten Steuerumständen, z. B.
		  • Steuerliches Kapital
		  • Keine verdeckten Gewinnausschüttungen
		  • Vorliegen von Organschaften
		  • Verlustvorträge
		  • Anteilsqualifikationen
		  • Keine Teilwertabschreibungen
		  • Keine Umwandlungsvorgänge
		  • Ort der Geschäftsleitung
		  • Hinzurechnungsbesteuerung /Auslandsinvestitionsgesetz
		  • Freistellungsanspruch
		• Bestimmung des Schadens: Verrechnung nur mit solchen in der Übertragungsbilanz ausgewiesenen Steuerverbindlichkeiten oder Steuerrückstellungen, die sich auf konkrete Garantieverletzungen beziehen; keine Verrechnung mit Steuererstattungen
		• Fiktion des sofortigen und kumulierten Schadenseintritts (z. B. keine Diskontierung; Festlegung Steuersatz)	

	• Zusammenwirken bei Außenprüfung: Verhandlungsführung bei Veräußerer, Mitwirkungsrechte zugunsten Erwerber, Weisungsrecht des Veräußerers bzgl. Vergleichen, Einlegen von Rechtsmitteln und Rechtsbehelfen	• Zusammenwirken bei Außenprüfung: Verhandlungsführung bei Erwerber, Mitwirkungsrechte zugunsten Veräußerer, Anhörungspflicht des Veräußerers bei Vergleichen etc. mit Finanzverwaltung	
Gewährleistungen VIII: Kenntnis der Verkäuferin	• Relevant ist nur die tatsächliche Kenntnis bestimmter in der Anlage zum Unternehmenskaufvertrag aufgeführter Personen am Tag des Signing • Die Liste der relevanten Personen sollte knapp sein und sich auf diejenigen Personen beschränken, die wesentlich in die Transaktion eingebunden sind (zuständiger Geschäftsführer der Verkäuferin sowie ggf. Geschäftsführer der Zielgesellschaft)	• Relevant ist neben der tatsächlichen Kenntnis auch die grob fahrlässige Unkenntnis (Kennenmüssen) der relevanten Personen • Die Liste der relevanten Personen sollte möglichst umfangreich sein und neben dem zuständigen Geschäftsführer der Verkäuferin insbesondere die Geschäftsführung der Zielgesellschaft sowie den Verhandlungsführer auf Seiten der Verkäuferin einschließen	• In der Praxis wird häufig nur auf die tatsächliche Kenntnis und nicht auch auf das Kennenmüssen der relevanten Personen abgestellt • In die Liste der relevanten Personen wird die Geschäftsführung der Zielgesellschaft häufig einbezogen
Haftungsumfang I: Rechtsfolgen der Garantieverletzung	• Ausschluss (i) entgangener Gewinne und (ii) von Folgeschäden vom Schadensersatz • Bestimmung des Schadens bei Steuerfehlbeträgen: (i) Verrechnung mit den in der Übertragungsbilanz ausgewiesenen Steuerverbindlichkeiten und Steuererstattungen, (ii) Verrechnung mit Steuererstattungen oder sonstigen Vorteilen, (iii) kein Schaden bei Perio-	• Geltung der §§ 249 ff. BGB • Bestimmung des Schadens bei Steuerfehlbeträgen: (i) Verrechnung nur mit solchen in der Übertragungsbilanz ausgewiesenen Steuerverbindlichkeiten oder Steuerrückstellungen, die sich auf konkrete Garantieverletzung beziehen, (ii) keine Verrechnung mit Steuererstattungen, (iii) Fiktion des sofortigen und	Der entgangene Gewinn wird typischerweise vom Schadensersatz ausgeschlossen

Thema	Position/Argumentation Verkäuferin	Position/Argumentation Käuferin	Typische Kompromisslösungen
	denverschiebungen („Umkehreffekt") • Bestimmung des Schadensausgleichs bei Umweltbeeinträchtigungen: (i) Umfassende Freistellung von sämtlichen Kosten im Zusammenhang mit Umweltbelastungen durch den Erwerber (beim Asset Deal zur Kompensation einer möglichen öffentlich-rechtlichen Nachhaftung für Umweltlasten als ehemaliger Grundstückseigentümer gemäß § 4 Abs. 6 BBodSchG) (ii) Ausschluss etwaiger vertraglicher/gesetzlicher Rückgriffansprüche, insbesondere nach § 24 Abs. 2 BBodSchG, und Verpflichtung des Erwerbers zur Weitergabe dieses Ausschlusses an Rechtsnachfolger des Erwerbers als echter Vertrag zugunsten Dritter (iii) Hinsichtlich vom Veräußerer gewährter Garantien/Freistellungen: Begrenzung der zu ersetzenden Schäden (insbesondere kein Ersatz eines entgangenen Gewinns oder sonstiger mittelbarer Schäden) (iv) Hinsichtlich vom Erwerber gewährter Freistellung: Keine Begrenzung der zu ersetzenden Schäden (insbesondere auch Ersatz eines entgangenen Gewinns oder sonstiger mittelbarer Schäden)	kumulierten Schadenseintritts (z. B. keine Diskontierungen; Festlegung Steuersatz) • Bestimmung des Schadensausgleichs bei Umweltbeeinträchtigungen: (i) Umfassende Freistellung von sämtlichen Kosten im Zusammenhang mit Umweltbelastungen durch den Veräußerer (beim Asset Deal insbesondere aufgrund einer öffentlich-rechtlichen Inanspruchnahme als Zustandsstörer gemäß § 4 Abs. 3 BBodSchG) (ii) Erhalt sonstiger vertraglicher/gesetzlicher Rückgriffansprüche gegen den Veräußerer, insbesondere aus § 24 Abs. 2 BBodSchG (iii) Hinsichtlich vom Veräußerer gewährter Garantien/Freistellungen: Keine Begrenzung der zu ersetzenden Schäden (insbesondere auch Ersatz eines entgangenen Gewinns oder sonstiger mittelbarer Schäden) (iv) Hinsichtlich vom Erwerber gewährter Freistellung: Begrenzung der zu ersetzenden Schäden (insbesondere kein Ersatz eines entgangenen Gewinns oder sonstiger mittelbarer Schäden)	
Haftungsumfang II: Kenntnis der Käuferin	• Geltung des Rechtsgedankens des § 442 BGB, also Ausschluss der Haftung der Verkäuferin, wenn die Käuferin die gewährleistungsrelevanten Tatsachen kannte oder kennen musste • Die der Käuferin vor Vertragsabschluss offen gelegten Unterlagen, insbesondere im Rahmen des Datenraums, gelten als der Käuferin bekannt (Beweiserleichterung für die Verkäuferin)	• Ausschluss des Rechtsgedankens des § 442 BGB, also kein Ausschluss der Haftung der Verkäuferin, wenn die Käuferin die gewährleistungsrelevanten Tatsachen kannte oder kennen musste • Keine vertragliche Fiktion der Kenntnis der Käuferin von den vor Vertragsabschluss offen gelegten Unterlagen, insbesondere im Datenraum • Wenn die Käuferin akzeptiert, dass ihr die offen gelegten Dokumente als bekannt zugerechnet werden, sollte sie eine Gewährleistung in den Vertrag aufnehmen, dass der Inhalt des Datenraums richtig, vollständig und für die Beurteilung der Zielgesellschaft angemessen bzw. nicht irreführend ist; diese Gewährleistung wird allerdings umgekehrt die Verkäuferin regelmäßig nicht geben wollen	• Häufig wird vereinbart, dass der Käuferin nur positive Kenntnis von den gewährleistungsrelevanten Tatsachen schadet • Eine Vereinbarung, wonach der Käuferin die offen gelegten Dokumente, insbesondere im Datenraum, als bekannt gelten, ist in der Praxis schon deshalb unüblich, weil die Verkäuferin ihrerseits regelmäßig nicht bereit sein wird zu gewährleisten, dass die offen gelegten Dokumente richtig, vollständig und für die Beurteilung der Zielgesellschaft angemessen bzw. nicht irreführend sind

I. Übersicht

Thema	Position/Argumentation Verkäuferin	Position/Argumentation Käuferin	Typische Kompromisslösungen
Haftungsumfang III: Freibetrag *(de minimis)* und Gesamtfreibetrag *(basket)*	• Möglichst hoher Freibetrag bzw. Gesamtfreibetrag • Vereinbarung eines echten Freibetrages, d. h. die Verkäuferin haftet stets nur für den den Gesamtfreibetrag übersteigenden Betrag	• Möglichst niedriger Freibetrag bzw. Gesamtfreibetrag • Vereinbarung einer Freigrenze, d. h. die Verkäuferin haftet vom ersten Euro an, wenn die Freigrenze überschritten ist	• Zweck der Vereinbarung von Freibeträgen ist es, im Verhältnis zum Wert der Gesamttransaktion unbedeutende Gewährleistungsfälle auszuschließen; die Höhe des Freibetrages bzw. Gesamtfreibetrages muss daher primär in einem vernünftigen Verhältnis zum Wert der Gesamttransaktion stehen • Von Bedeutung ist darüber hinaus, wie hoch die Ansprüche sind, die typischerweise von Dritten gegen die Zielgesellschaft geltend gemacht werden (zahlreiche betragsmäßig geringe Ansprüche oder wenige betragsmäßig hohe Ansprüche)
Haftungsumfang IV: Haftungshöchstbetrag *(cap)*	• Möglichst weitgehende Haftungsbeschränkung durch möglichst niedrigen Haftungshöchstbetrag • Keine oder nur wenige Ausnahmen vom Haftungshöchstbetrag • Begrenzung der Gesamthaftung der Verkäuferin (also auch für jene Gewährleistungen, die vom Haftungshöchstbetrag ausgenommen sind) auf die Höhe des Kaufpreises	• Möglichst unbeschränkter Haftungsumfang durch möglichst hohen Haftungshöchstbetrag • Möglichst zahlreiche Ausnahmen vom Haftungshöchstbetrag • Keine Begrenzung der Gesamthaftung der Verkäuferin (insbesondere beim Erwerb von sanierungsbedürftigen Unternehmen für einen symbolischen Kaufpreis)	• Haftungshöchstbeträge schwanken im deutschen M&A-Umfeld nach wie vor zwischen 10% und 25% (selten bis 50%) des Gesamtkaufpreises (2008–2011) • Es ist üblich, jedenfalls die Gewährleistung zu den gesellschaftsrechtlichen Verhältnissen der Zielgesellschaft sowie die Steuergarantie vom Haftungshöchstbetrag auszunehmen • Begrenzung der Gesamthaftung der Verkäuferin auf den Kaufpreis in der Praxis üblich (Ausnahmen beim Erwerb von sanierungsbedürftigen Unternehmen für einen symbolischen Kaufpreis)
Haftungsumfang V: Verjährung	• Grundposition: Regelverjährung für sämtliche vertraglichen Ansprüche 12 Monate ab Closing • Ausnahmen für Garantien zu den gesellschaftsrechtlichen Verhältnissen der Zielgesellschaft (fünf Jahre), zu Umweltlasten (zwei Jahre), zu Steuern (drei Monate nach endgültiger und bestandskräftiger Festsetzung der betreffenden Steuern) sowie für Vorsatz (gesetzliche Regelung gem. §§ 194 ff. BGB) • Ausschluss der Hemmungsvorschrift bei „Verhandlungen" (§ 203 BGB); Argument: Rechtssicherheit	• Grundposition: Regelverjährung (nur) für die Gewährleistungshaftung der Verkäuferin drei Jahre ab Closing • Ausnahmen für Garantien zu den gesellschaftsrechtlichen Verhältnissen der Zielgesellschaft (zehn Jahre), zu Umweltlasten (fünf Jahre), zu Steuern (Minimum von drei Jahren, nicht jedoch vor Ablauf von zwölf Monaten nach endgültiger und bestandskräftiger Festsetzung der betreffenden Steuern) sowie für Vorsatz (gesetzliche Regelung gem. §§ 194 ff. BGB) • Anwendung der Hemmungsvorschrift bei „Verhandlungen" (§ 203 BGB); Argument: Vermeidung ggf. unnötiger und kostspieliger (schieds-)gerichtlicher Auseinandersetzungen	• In der Praxis finden sich sämtliche Spielarten zwischen den hier dargestellten Positionen von Verkäuferin und Käuferin • Nicht selten einigen sich die Parteien auf eine Regelverjährung (nur) für die Gewährleistungshaftung der Verkäuferin von 18 Monaten, da es der Käuferin dann möglich ist, jedenfalls einen Jahresabschluss der Zielgesellschaft unter eigener Ägide aufzustellen (mit ausreichender Reaktionszeit) • Begrenzung der Hemmungszeit bei „Verhandlungen" auf maximal 3 Monate (Abweichung von § 203 BGB)

Thema	Position/Argumentation Verkäuferin	Position/Argumentation Käuferin	Typische Kompromisslösungen
Beispiele zukunftsgerichteter Verpflichtungen (Covenants)	• Bereich gewerblicher Rechtsschutz: (i) Beim Asset Deal: keine Übernahme der Umschreibungskosten; (ii) ggf. Erhalt von zeitlich unbefristeten, sachlich unbeschränkten und mit dem Recht zur Unterlizenzierung verbundener Lizenzrechten betreffend an Erwerber übertragene IP-Rechte • Bereich Arbeitsrecht: (i) rechtzeitige und ordnungsgemäße Unterrichtung der Arbeitnehmer nach § 613 a Abs. 5 BGB; (ii) ordnungsgemäße Durchführung von Interessenausgleichs- und Sozialplanverfahren bei Betriebsänderungen • Keine Informations- und Mitwirkungspflicht (jdf. ohne Kostenerstattung) bei späteren Behörden- oder Gerichtsverfahren	• Bereich gewerblicher Rechtsschutz: (i) Beim Asset Deal: Mitwirkung bei der Umschreibung der gewerblichen Schutzrechte in den jeweiligen Registern und Übernahme der Umschreibungskosten; (ii) Allgemeine Informations- bzw. Unterstützungspflicht (z. B. bei laufenden Rechtsstreitigkeiten) • Bereich Arbeitsrecht: (i) rechtzeitige und ordnungsgemäße Unterrichtung der Arbeitnehmer nach § 613 a Abs. 5 BGB; (ii) ordnungsgemäße Durchführung von Interessenausgleichs- und Sozialplanverfahren bei Betriebsänderungen; (iii) allgemeine Informations- und Unterstützungspflicht (z. B. bei laufenden Rechtsstreitigkeiten) • Informations- und Mitwirkungspflicht bei späteren Behörden- oder Gerichtsverfahren	
Kosten und Verkehrsteuern	Sämtliche anfallenden Kosten (insb. Notarkosten und Gebühren für das Kartellverfahren) und Verkehrsteuern (insb. Grunderwerbsteuer) trägt die Käuferin	Hälftige Teilung sämtlicher anfallender Kosten (insb. Notarkosten und Gebühren für das Kartellverfahren) und Verkehrsteuern (insb. Grunderwerbsteuer)	• In der Regel werden sämtliche anfallenden Kosten (insb. Notarkosten und Gebühren für das Kartellverfahren) und Verkehrsteuern (insb. Grunderwerbsteuer) von der Käuferin getragen • Die eigenen Kosten und Auslagen (insb. Beraterkosten) tragen die Parteien jeweils stets selbst

II. Gesellschaft mit beschränkter Haftung (GmbH)

1. GmbH-Anteilskaufvertrag – ausführlich, verkäuferfreundlich

Geschäftsanteilsverkaufvertrag

zwischen

......

(Verkäuferin),

......

(Käuferin)

(Verkäuferin und Käuferin werden zusammen auch *Parteien* und einzeln auch *Partei* genannt)

[*und*

......

(Garantiegeberin[3]*),*]

vom ......

Inhaltsverzeichnis

Verzeichnis der Definitionen
Verzeichnis der Anlagen
Präambel
  § 1 Gesellschaftsrechtlicher Status
      1.1 X-GmbH
      1.2 Tochtergesellschaften
      1.3 Mehrheitsgesellschaften
      1.4 Minderheitsbeteiligungen
  § 2 Verkauf der X-Geschäftsanteile; Gewinnberechtigung; Stichtag
      2.1 Verkauf der X-Geschäftsanteile
      2.2 Gewinnbezugsrecht
      2.3 Stichtag
      2.4 Gesonderte Abtretung
  § 3 Unternehmensverträge
      3.1 Bestehende Verträge
      3.2 Beendigung des EAV
      3.3 Verlustausgleich/Gewinnabführung bei Beendigung des EAV
  § 4 Ablösung der Finanzierung
      4.1 X-Finanzierungsvereinbarungen
      4.2 Behandlung der Forderungen und Verbindlichkeiten aus X-Finanzierungsvereinbarungen im Rahmen der Kaufpreisermittlung
      4.3 Ablösung der Finanzierung zum Vollzugstag
  § 5 Kaufpreis; Zahlung des Kaufpreises
      5.1 Kaufpreis
      5.2 Berechnung des Kaufpreises
      5.3 Geschätzter Kaufpreis; Zahlung des Geschätzten Kaufpreises

5.4 Kaufpreisanpassung
5.5 Verzinsung
5.6 Zahlungsmodalitäten
5.7 Aufrechnungsverbot; kein Zurückbehaltungsrecht
5.8 Umsatzsteuer
5.9 Bankbürgschaft

§ 6 Vollzug
6.1 Vollzugstag; Geplanter Vollzugstag
6.2 Vollzugsvoraussetzungen
6.3 Vollzugshindernisse
6.4 Rücktrittsrecht
6.5 Vollzug

§ 7 Stichtagsabschlüsse
7.1 Vorläufige Stichtagsabschlüsse; Vorläufige Berechnungen
7.2 Bilanzierungsgrundsätze
7.3 Prüfung der Vorläufigen Stichtagsabschlüsse und Berechnungen
7.4 Überprüfung der Vorläufigen Stichtagsabschlüsse und Berechnungen durch die Parteien
7.5 Einwände; Verbindlichwerden der Vorläufigen Stichtagsabschlüsse und Berechnungen
7.6 Schiedsgutachterverfahren
7.7 Zugang zu Informationen

§ 8 Selbstständige Garantieversprechen der Verkäuferin
8.1 Form und Umfang des Garantieversprechen der Verkäuferin
8.2 Gesellschaftsrechtliche Verhältnisse und Berechtigung der Verkäuferin
8.3 Jahresabschlüsse
8.4 Grundbesitz
8.5 Sonstige Vermögensgegenstände
8.6 Gewerbliche Schutzrechte
8.7 Wesentliche Verträge
8.8 Arbeitsrechtliche Angelegenheiten
8.9 Versicherungen
8.10 Rechtsstreitigkeiten
8.11 Erlaubnisse und Genehmigungen
8.12 Fortführung der Geschäfte
8.13 Keine weiteren Garantieversprechen der Verkäuferin
8.14 Kenntnis der Verkäuferin

§ 9 Rechtsfolgen bei Verletzung von Verkäufergarantien; Verfahren
9.1 Naturalrestitution; Schadensersatz
9.2 Vorrang spezieller Verkäufergarantien und Freistellungsvereinbarungen
9.3 Anzeige eines Garantieanspruches; Schadensminderung
9.4 Verfahren bei Ansprüchen Dritter
9.5 Verfahren bei Ansprüchen gegen Dritte
9.6 Anspruchsverlust der Käuferin bei Pflichtverletzung
9.7 Behandlung von Zahlungen

§ 10 Freistellung von umweltrechtlichen Verbindlichkeiten
10.1 Definitionen
10.2 Freistellung
10.3 Ausschluss und Beschränkungen
10.4 Abwehr umweltrechtlicher Ansprüche und Führung umweltrechtlicher Verfahren
10.5 Verjährung

§ 11 Steuern
    11.1 Definition von Steuern
    11.2 Steuererklärungen und Steuerzahlungen bis zum Vollzugstag
    11.3 Steuerrechtliche Freistellung
    11.4 Steuerliche Organschaft
    11.5 Erstattung und Freistellung der Verkäuferin
    11.6 Freistellungsverfahren
    11.7 Sonstiges; Verjährung
§ 12 Ausschluss und Beschränkung der Haftung der Verkäuferin
    12.1 Keine doppelte Berücksichtigung
    12.2 Keine Haftung bei Kenntnis oder Kennenmüssen
    12.3 Keine Haftung bei Veranlassung durch die Käuferin
    12.4 Freibetrag; Gesamtfreibetrag
    12.5 Haftungshöchstbetrag
    12.6 Verjährung
    12.7 Ausschluss weiterer Rechtsfolgen
    12.8 Vorteilsausgleich; keine doppelte Entlastung
    12.9 Mitverschulden
    12.10 Keine Haftung von Vertretern etc.; keine Haftung für Erfüllungsgehilfen
    12.11 Haftung für Vorsatz
§ 13 Weitere Verpflichtungen der Verkäuferin
    13.1 Keine Abweichung vom gewöhnlichen Geschäftsbetrieb
    13.2 Wettbewerbsverbot
§ 14 Käufergarantien und weitere Verpflichtungen der Käuferin
    14.1 Käufergarantien und Freistellung
    14.2 Entlassung der Verkäufergesellschaften aus Garantien und anderen Einstandsverpflichtungen
    14.3 Freistellung von Verpflichtungen aus der Beteiligung an den und der Geschäftstätigkeiten der X-Gesellschaften
    14.4 Nutzung von Namen, Marken und geschäftlichen Bezeichnungen
    14.5 Abwerbeverbot
    14.6 Versicherungsschutz nach dem Vollzugstag
    14.7 Zugang zu Finanzformationen; Aufbewahrung von Dokumenten
§ 15 Fusionskontrollverfahren
    15.1 Anmeldung des Zusammenschlussvorhabens
    15.2 Freigabe mit Bedingungen und Auflagen
    15.3 Untersagung des Zusammenschlussvorhabens
    15.4 Vollzug trotz fehlender behördlicher Freigabe
    15.5 Veräußerung von Tochtergesellschaften, Mehrheitsgesellschaften oder Minderheitsbeteiligungen zur Ermöglichung des Vollzugs
§ 16 Außenwirtschaftsrechtliche Prüfung
    16.1 Antrag auf Erteilung einer Unbedenklichkeitsbescheinigung
    16.2 Freigabe unter Bedingungen und Auflagen; Untersagung des Erwerbs
§ 17 Vertraulichkeit und Pressemitteilungen
    17.1 Vertraulichkeit; Offenlegung; Rückgabe von Unterlagen
    17.2 Weitergabe von Informationen
    17.3 Pressemitteilungen
§ 18 Verkehrsteuern und Kosten
    18.1 Verkehrsteuern und Kosten
    18.2 Beraterkosten
§ 19 Abtretung und Übertragung von Rechten und Pflichten

§ 20 Garantiegeberin der Käuferin und Freistellung
    20.1 Garantiegeberin
    20.2 Freistellung
    20.3 Selbstständiges Garantieversprechen der Garantiegeberin
§ 21 Aufschiebende Bedingungen
§ 22 Mitteilungen
    22.1 Form der Mitteilungen
    22.2 Mitteilungen an die Verkäuferin
    22.3 Mitteilungen an die Käuferin
    22.4 Mitteilungen an die Garantiegeberin
    22.5 Adressänderungen
    22.6 Mitteilungen an Berater
§ 23 Verschiedenes; Schlussbestimmungen
    23.1 Anwendbares Recht
    23.2 Gerichtsstand
    [23.2 Schiedsverfahren]
    23.3 Bankarbeitstag
    23.4 Zinsen
    23.5 Vertragsänderungen
    23.6 Überschriften; Verweise auf deutsche Rechtsbegriffe; Verweise auf Paragraphen
    23.7 Anlagen
    23.8 Gesamte Vereinbarung
    23.9 Salvatorische Klausel

Verzeichnis der Definitionen

Begriff	definiert in
Bankarbeitstag	§ 23.3
Bankbürgschaft	§ 5.9
Barmittel	§ 5.2.3
Berater	§ 11.6.1 (b)
Bilanzierungsgrundsätze	§ 7.2.3
Disclosure Letter	§ 12.2.2
Drittansprüche	§ 9.4.1
Drittverfahren	§ 9.4.1
EAV	§ 3.1 (a)
Einzelabschlüsse	§ 7.1.1 (a)
EURIBOR	§ 23.4
Finanzierungssaldo	§ 4.3.2
Finanzierungssaldo-Forderung	§ 4.3.3
Finanzierungssaldo-Verbindlichkeit	§ 4.3.3
Finanzverbindlichkeiten	§ 5.2.2
Freibetrag	§ 12.4
Garantiegeberin	Rubrum
Geplanter Vollzugstag	§ 6.1.1
Gesamtfreibetrag	§ 12.4
Geschätzter Finanzierungssaldo	§ 4.3.4
Geschätzter Kaufpreis	§ 5.3.1
Gewerbliche Schutzrechte	§ 8.6.1
Gewinnabführungsforderung	§ 3.3.1
Grundbesitz	§ 10.1.2
Haftungshöchstbetrag	§ 12.5

1. GmbH-Anteilskaufvertrag – ausführlich, verkäuferfreundlich C. II. 1

Begriff	definiert in
Kartellfreigabe	§ 6.2.2
Käufergarantie(n)	§ 14.1.1
Käuferin	Rubrum
Käuferkonto	§ 5.6.2
Kaufpreis	§ 5.1
Kaufpreisanpassung	§ 5.4.1
Kenntnis der Verkäuferin	§ 8.14
Konsolidierter Stichtagsabschluss	§ 7.1.1 (a)
Konsolidierter X-Jahresabschluss	§ 8.3
Mehrheitsgesellschaften	§ 1.3
Minderheitsbeteiligung(en)	§ 1.4
Mitteilung(en)	§ 22.1
Nettoumlaufvermögen	§ 5.2.4
Offengelegte Informationen	§ 12.2.2
Partei(en)	Rubrum
Pro-Rata-Reduzierung	§ 11.3.1 (c)
Rechtsbegriff(e)	§ 23.6.2
Sanierungsaufwendungen	§ 10.1.1
Schlüsselpersonal	§ 8.8.1
Steuerauseinandersetzung	§ 11.6.3 (a)
Steuerbehörde(n)	§ 11.1
Steuerfreistellung	§ 11.3.1
Steuern	§ 11.1
Steuerverfahren	§ 11.6.2
Steuervorteil	§ 11.3.2 (b)
Stichtag	§ 2.3
Stichtagsabschlüsse	§ 7.1.1 (a)
Stichtags-Abschlussprüfer	§ 7.1.2
Stichtags-Einzelabschlüsse	§ 7.1.1 (a)
Tochtergesellschaft(en)	§ 1.2
Transaktion	Präambel (B)
Umweltangelegenheit	§ 10.1.4
Umweltbelastungen	§ 10.1.2
Umweltrechtliche Vorschriften	§ 10.1.3
Unterzeichnungstag	§ 8.1
Verkäufer-Finanzierungsforderungen	§ 4.2
Verkäufer-Finanzierungsverbindlichkeiten	§ 4.2
Verkäufergarantie(n)	§ 8.1
Verkäufer-Gesellschaft(en)	§ 4.1.1
Verkäufer-Gruppe	§ 4.1.1
Verkäuferin	Rubrum
Verkäuferkonto	§ 5.6.1
Verlustausgleichsverbindlichkeit	§ 3.3.1
Vollzug	§ 6.1.1
Vollzugshindernis	§ 6.3.2
Vollzugstag	§ 6.1.1
Vollzugsvoraussetzung(en)	§ 6.2.1
Vorläufige Berechnungen	§ 7.1.1
Vorläufige Kaufpreisberechnung	§ 7.1.1 (d)
Vorläufige Stichtagsabschlüsse	§ 7.1.1 (a)
Vorläufige Stichtagsaufstellungen	§ 7.1.1 (b)

C. II. 1   II. Gesellschaft mit beschränkter Haftung (GmbH)

Begriff	definiert in
Vorläufige Stichtags-Einzelabschlüsse	§ 7.1.1 (a)
Vorläufige Vollzugstagsaufstellungen	§ 7.1.1 (c)
Vorläufiger Konsolidierter Stichtagsabschluss	§ 7.1.1 (a)
Vorteilsausgleich	§ 12.8.1
Wesentliche Verträge	§ 8.7.1
X-Finanzierungsvereinbarungen	§ 4.1.1
X-Garantie(n)	§ 14.2.1
X-Geschäftsanteile	§ 1.1.2
X-Gesellschaft(en)	§ 1.3
X-GmbH	§ 1.1
X-Gruppe	§ 1.3
X-Jahresabschluss	§ 8.3
X-Kennzeichen	§ 14.4.1

Verzeichnis der Anlagen

......

Präambel[4]

(A) Die Verkäuferin ist eine ...... mit Sitz in ...... Sie ist auf dem Gebiet ...... tätig. Bei der Käuferin handelt es sich um eine ...... Sie ist tätig im Bereich der ...... [Die Garantiegeberin ist ......].

(B) Die Verkäuferin beabsichtigt, sämtliche Geschäftsanteile an der X-GmbH an die Käuferin zu verkaufen. Die Käuferin beabsichtigt, diese Geschäftsanteile zu erwerben (die *Transaktion*).

[(C) Ggf. Struktur der Transaktion sowie weitere Absichten genau beschreiben.]

[(D) Ein Schaubild, in dem die Struktur der Transaktion dargestellt wird, findet sich in Anlage P.]

Dies vorausgeschickt, vereinbaren die Parteien [und die Garantiegeberin], was folgt:

§ 1 Gesellschaftsrechtlicher Status[5]

1.1   X-GmbH

1.1.1   Die X-GmbH *(X-GmbH)* ist eine nach deutschem Recht errichtete Gesellschaft mit beschränkter Haftung mit Sitz in ...... und eingetragen im Handelsregister des Amtsgerichts ...... unter HRB ......

1.1.2   Das Stammkapital der X-GmbH beträgt ...... EUR (in Worten: ...... Euro) und ist in folgende Geschäftsanteile eingeteilt, die sämtlich von der Verkäuferin gehalten werden:

     (a) ein Geschäftsanteil im Nennbetrag von ...... EUR (in Worten: ...... Euro), (lfd. Nr. [●] der im Handelsregister der Gesellschaft aufgenommenen Gesellschafterliste vom [●][6],

     (b) ein Geschäftsanteil im Nennbetrag von ...... EUR (in Worten: ...... Euro), (lfd. Nr. [●] der im Handelsregister der Gesellschaft aufgenommenen Gesellschafterliste vom [●],

     (c) ......

Ohne Rücksicht darauf, ob Anzahl, Nennbeträge und laufende Nummerierung der Geschäftsanteile oder das Stammkapital der X-GmbH mit den vorstehenden Angaben übereinstimmen, werden sämtliche Geschäftsanteile, die die Verkäuferin an der X-GmbH hält, in diesem Vertrag zusammen die *X-Geschäftsanteile* genannt.

1.2   Tochtergesellschaften[7]

Die X-GmbH hält direkt oder indirekt sämtliche Anteile an den in Anlage 1.2 bezeichneten Gesellschaften (die *Tochtergesellschaften*).

1.3 Mehrheitsgesellschaften

Die X-GmbH hält bei den in Anlage 1.3 bezeichneten Gesellschaften (die *Mehrheitsgesellschaften*) direkt oder indirekt die Mehrheit der Stimmrechte oder übt in diesen Gesellschaften eine anderweitige Kontrolle im Sinne von § 290 Abs. 2 Ziff. 2 oder Abs. 3 HGB aus.

Die Tochtergesellschaften und die Mehrheitsgesellschaften werden zusammen mit der X-GmbH auch *X-Gesellschaft(en)* oder *X-Gruppe* genannt.

1.4 Minderheitsbeteiligungen

Die X-GmbH ist außerdem mittelbar oder unmittelbar an den in Anlage 1.4 bezeichneten Gesellschaften (die *Minderheitsbeteiligungen*) beteiligt, ohne dass es sich um Tochtergesellschaften oder Mehrheitsgesellschaften handelt.

§ 2 Verkauf der X-Geschäftsanteile; Gewinnberechtigung; Stichtag

2.1 Verkauf der X-Geschäftsanteile

Die Verkäuferin verkauft hiermit nach Maßgabe der Bestimmungen dieses Vertrages die X-Geschäftsanteile an die Käuferin[8]. Die Käuferin nimmt den Verkauf hiermit an.

2.2 Gewinnbezugsrecht

Der Verkauf erstreckt sich auf alle mit den X-Geschäftsanteilen verbundenen Ansprüche und sonstigen Rechte einschließlich des Bezugsrechts auf alle Gewinne der X-GmbH, die auf den Zeitraum ab dem Stichtag entfallen. Gewinne der X-GmbH, die auf den Zeitraum bis zum Stichtag entfallen, stehen der Verkäuferin zu.[9] Alle Gewinne der X-GmbH für vorhergehende Geschäftsjahre stehen der Verkäuferin ohne Rücksicht darauf zu, ob diese Gewinne vor oder am Vollzugstag an die Verkäuferin ausgeschüttet oder auf diese übertragen worden sind.

2.3 Stichtag

Stichtag für die Abgrenzung des Gewinnbezugsrechts und die Ermittlung des Kaufpreises ist der Ablauf des letzten Tages des Monats, in dem die letzte der in § 6.2 genannten Vollzugsvoraussetzungen eintritt *(Stichtag)*.[10]

2.4 Gesonderte Abtretung[11]

Die Parteien sind sich einig, dass die verkauften Geschäftsanteile nicht kraft dieses Vertrages dinglich übergehen, sondern gemäß § 6.5.1(h) am Vollzugstag durch eine gesonderte, notariell zu beurkundende Abtretungsvereinbarung abgetreten werden.

§ 3 Unternehmensverträge[12]

3.1 Bestehende Verträge

Die Verkäuferin, die X-GmbH, die Tochtergesellschaften und die Mehrheitsgesellschaften haben die folgenden Unternehmensverträge geschlossen:
(a) Beherrschungs- und Ergebnisabführungsvertrag[13] zwischen der Verkäuferin und der X-GmbH vom ...... (*der EAV*);
(b) Beherrschungs- und Ergebnisabführungsvertrag zwischen der X-GmbH und der ...... vom ......

3.2 Beendigung des EAV[14]

Nach § ...... des EAV kann dieser von jeder Vertragspartei aus wichtigem Grund gekündigt werden, wenn die Verkäuferin nicht mehr über die Kontrolle über die X-GmbH verfügt. Die Verkäuferin wird den EAV unter Berufung auf diese Klausel unmittelbar nach Übergang der X-Geschäftsanteile auf die Käuferin mit sofortiger Wirkung am Vollzugstag kündigen (§ 6.5.1(i)).[15] Die Parteien werden alles Erforderliche dafür tun, dass die Beendigung des EAV unverzüglich nach dem Vollzugstag in das zuständige Handelsregister eingetragen wird.

3.3 Verlustausgleich/Gewinnabführung bei Beendigung des EAV

3.3.1 Für die Ermittlung des Kaufpreises (§ 5.1) ist eine etwaige künftige Forderung der Verkäuferin gegen die X-GmbH aus dem EAV auf Gewinnabführung *(Gewinnabführungsforderung)* mit ihrem fiktiven Wert zum Stichtag (d.h. Gewinne der X-GmbH, die auf den Zeitraum bis zum Stichtag entfallen) als Finanzverbindlichkeit (§ 5.2.2) und eine etwaige künftige Verbindlichkeit der Verkäuferin gegenüber der X-GmbH zum Verlustausgleich *(Verlustausgleichsverbindlichkeit)* mit ihrem fiktiven Wert zum Stichtag (d.h. Verluste der X-GmbH, die auf den Zeitraum bis zum Stichtag entfallen) als Barmittel (§ 5.2.3) zu behandeln.[16, 17]

3.3.2 Die Verkäuferin verkauft hiermit eine etwaige künftige Gewinnabführungsforderung gegen die X-GmbH gegen Zahlung ihres Nennwerts im Zeitpunkt der Beendigung des EAV an die Käuferin. Die Abtretung erfolgt mit separater Abtretungsvereinbarung nach Maßgabe von § 6.5.1(f). Die Käuferin übernimmt eine etwaige künftige Verlustausgleichsverbindlichkeit der Verkäuferin gegenüber der X-GmbH schuldbefreiend anstelle der Verkäuferin gegen Zahlung ihres Nennwerts im Zeitpunkt der Beendigung des EAV durch die Verkäuferin. Die befreiende Schuldübernahme erfolgt mit separater Übernahmevereinbarung nach Maßgabe von § 6.5.1(f). Die Höhe des Nennwerts einer solchen Gewinnabführungsforderung oder Verlustausgleichsverbindlichkeit ist auf der Grundlage des insoweit bis zum Zeitpunkt der Beendigung des EAV fortzuschreibenden Stichtags-Einzelabschlusses für die X-GmbH (§ 7.1.1(a)) zu bestimmen. Die Abwicklung der aus diesem § 3.3.2 folgenden Zahlungsverpflichtung erfolgt gemäß §§ 5.1(e), 5.2.5.[18, 19]

3.3.3 Die Käuferin wird die Verkäuferin von etwaigen Ansprüchen der X-GmbH aus dem EAV freistellen, soweit sie auf einer nachträglichen Infragestellung von Jahresabschlüssen der X-GmbH beruhen.[20] Die Käuferin stellt die Verkäuferin weiterhin von der Verpflichtung zur Leistung von Sicherheiten gemäß § 303 Abs. 1 AktG frei, soweit die Verpflichtung sich auf eine Verbindlichkeit bezieht, die nach dem Übergang der X-Geschäftsanteile auf die Käuferin begründet wurde oder fällig wird.[21] Die Käuferin hat dafür zu sorgen, dass die X-GmbH unter den Voraussetzungen des § 302 Abs. 3 AktG zum frühest möglichen Zeitpunkt auf den Anspruch auf Ausgleich gem. § 302 Abs. 1 AktG verzichtet.

§ 4 Ablösung der Finanzierung[22]

4.1 X-Finanzierungsvereinbarungen

4.1.1 Am Unterzeichnungstag bestehen zwischen (i) der X-Treasury GmbH [Alternative: der Verkäuferin] einerseits und der X-GmbH andererseits sowie (ii) zwischen der der X-Treasury GmbH [Alternative: der Verkäuferin] einerseits und der X-Tochtergesellschaft andererseits die Cash-Pool-Vereinbarungen gemäß Anlage 4.1.1(a) sowie die in Anlage 4.1.1(b) aufgelisteten Gesellschafterdarlehen (zusammen die *X-Finanzierungsvereinbarungen*).[23] Verbindlichkeiten aus Lieferungen und Leistungen zwischen (i) der Verkäuferin oder anderen Gesellschaften (mit Ausnahme der X-Gesellschaften), die verbundene Unternehmen der Verkäuferin i.S.v. § 15 AktG sind (die Verkäuferin und die mit der Verkäuferin i.S.v. § 15 AktG verbundenen Unternehmen mit Ausnahme der X-Gruppe werden in diesem Vertrag zusammen auch als die *Verkäufer-Gruppe,* einzeln als *Verkäufer-Gesellschaft(en)* bezeichnet) einerseits und (ii) einer oder mehreren X-Gesellschaften andererseits sind in keinem Fall, d.h. selbst wenn sie verzinslich sind, als Forderungen oder Verbindlichkeiten aus X-Finanzierungsver-

einbarungen anzusehen, sondern sollen ausschließlich im ordentlichen Geschäftsgang abgelöst werden.
4.1.2 Die Verkäuferin wird dafür sorgen, dass die X-Finanzierungsvereinbarungen mit Wirkung zum Vollzugstag beendet werden.
4.2 Behandlung der Forderungen und Verbindlichkeiten aus X-Finanzierungsvereinbarungen im Rahmen der Kaufpreisermittlung

Für die Ermittlung des Kaufpreises (§ 5.1) sind die Verbindlichkeiten der X-Gesellschaften aus den X-Finanzierungsvereinbarungen (einschließlich aufgelaufener Zinsen) (die *Verkäufer-Finanzierungsforderungen*) mit ihrem Wert zum Stichtag als Finanzverbindlichkeiten (§ 5.2.2) und die Forderungen der X-Gesellschaften aus den X-Finanzierungsvereinbarungen (einschließlich aufgelaufener Zinsen) (die *Verkäufer-Finanzierungsverbindlichkeiten*) mit ihrem Wert zum Stichtag als Barmittel (§ 5.2.3) zu behandeln.[24]

4.3 Ablösung der Finanzierung zum Vollzugstag[25]
4.3.1 Zur Vorbereitung der Ablösung der Finanzierung zum Vollzugstag wird die Verkäuferin dafür sorgen, dass

(a) sämtliche am Vollzugstag bestehenden Verkäufer-Finanzierungsforderungen, sofern und soweit nicht die Verkäuferin bereits Gläubigerin ist, spätestens mit Wirkung zum Vollzugstag an die Verkäuferin abgetreten werden,

(b) sämtliche am Vollzugstag bestehenden Verkäufer-Finanzierungsverbindlichkeiten, sofern und soweit nicht die Verkäuferin bereits Schuldnerin ist, spätestens mit Wirkung zum Vollzugstag mit Zustimmung der betroffenen X-Gesellschaft schuldbefreiend von der Verkäuferin übernommen werden, und

(c) [sämtliche am Vollzugstag bestehenden Verbindlichkeiten bzw. Forderungen der X-Tochtergesellschaft aus X-Finanzierungsvereinbarungen spätestens mit Wirkung zum Vollzugstag schuldbefreiend von der X-GmbH übernommen bzw. an die X-GmbH abgetreten werden.]

Die Abtretung und Schuldübernahme gemäß (a) bis (c) hat jeweils gegen Zahlung des Nennwerts der abgetretenen Forderung durch den Abtretungsempfänger an die abtretende Gesellschaft bzw. gegen Zahlung des Nennwerts der übernommenen Verbindlichkeit durch die übertragene Schuldnerin an die übernehmende Gesellschaft zu erfolgen.

4.3.2 Nach den Abtretungen und Schuldübernahmen gemäß § 4.3.1 sind die bei der Verkäuferin einerseits und der X-GmbH andererseits konzentrierten Verkäufer-Finanzierungsforderungen mit den Verkäufer-Finanzierungsverbindlichkeiten in ihrer am Vollzugstag bestehenden Höhe mit Wirkung zum Vollzugstag zu verrechnen. Zuvor sind alle nicht in Euro ausgedrückten Verkäufer-Finanzierungsforderungen und/oder Verkäufer-Finanzierungsverbindlichkeiten unter Berücksichtigung des offiziell von der Europäischen Zentralbank für die betreffende Währung festgesetzten und auf ihrer Webseite unter www.ecb.int/stats/exchange/eurofxref/html/index.en.html zum Umrechnungszeitpunkt am Vollzugstag veröffentlichten Wechselkurses in Euro umzurechnen. Der durch die Verrechnung entstehende Saldo wird *Finanzierungssaldo* genannt.

4.3.3 Die Verkäuferin verkauft hiermit eine durch die Verrechnung gemäß § 4.3.2 etwa entstehende Saldoforderung der Verkäuferin gegen die X-GmbH *(Finanzierungssaldo-Forderung)* gegen Zahlung des Nennwerts zum Vollzugstag an die Käuferin. Die Abtretung erfolgt mit separater Abtretungsvereinbarung nach Maßgabe von § 6.5.1 (e). Die Käuferin übernimmt eine durch die Verrechnung gemäß § 4.3.2 etwa entstehende Saldoverbindlichkeit der Verkäuferin gegenüber der X-GmbH *(Finanzierungssaldo-Verbindlichkeit)* schuldbefreiend anstelle der Verkäuferin gegen Zahlung des Nennwerts zum Vollzugstag durch die Verkäuferin. Die befreiende Schuldübernahme erfolgt mit separater Übernahmevereinbarung nach Maßgabe von § 6.5.1 (e). Die Abwicklung der aus diesem § 4.3.3 folgenden Zahlungsverpflichtung erfolgt gemäß §§ 5.1 (f), 5.2.6.

4.3.4 Die Verkäuferin wird der Käuferin rechtzeitig [spätestens drei (3) Bankarbeitstage] vor dem Geplanten Vollzugstag eine Aufstellung der geschätzten Verkäufer-Finanzierungsforderungen und Verkäufer-Finanzierungsverbindlichkeiten sowie des geschätzten Finanzierungssaldos *(Geschätzter Finanzierungssaldo)* zum Geplanten Vollzugstag (einschließlich) übermitteln.

§ 5 Kaufpreis; Zahlung des Kaufpreises

5.1 Kaufpreis[26, 27]

Der Kaufpreis für (i) die X-Geschäftsanteile, (ii) die gemäß § 3.3.2 von der Käuferin zu übernehmende Gewinnabführungsforderung bzw. Verlustausgleichsverbindlichkeit sowie (iii) den gemäß § 4.3.3 von der Käuferin zu übernehmenden Finanzierungssaldo ist gleich

(a) dem Betrag des Brutto-Unternehmenswerts (§ 5.2.1),
(b) abzüglich der Summe der Finanzverbindlichkeiten (§ 5.2.2),
(c) zuzüglich der Summe der Barmittel (§ 5.2.3),
(d) abzüglich eines eventuellen Fehlbetrages bzw. zuzüglich eines eventuellen Überschusses beim Nettoumlaufvermögen (§ 5.2.4),
(e) zuzüglich des Entgelts für den Verkauf einer eventuellen Gewinnabführungsforderung an die Käuferin bzw. abzüglich des Entgelts für die Übernahme einer eventuellen Verlustausgleichsverbindlichkeit durch die Käuferin (3.3.2)[28],
(f) zuzüglich des Entgelts für den Verkauf einer eventuellen Finanzierungssaldo-Forderung an die Käuferin bzw. abzüglich des Entgelts für die Übernahme einer eventuellen Finanzierungssaldo-Verbindlichkeit durch die Käuferin zum Vollzugstag (§ 4.3.3)[29].

5.2 Berechnung des Kaufpreises

5.2.1 Der Brutto-Unternehmenswert beträgt ...... EUR (in Worten: ...... Euro).[30]

5.2.2 *Finanzverbindlichkeiten* sind[31, 32]

(a) Anleihen i. S. d. §§ 298 Abs. 1 i. V. m. 266 Abs. 3 lit. C Nr. 1 HGB und Verbindlichkeiten aus Gewinn-, Wandel-, Options- und sonstigen Schuldverschreibungen sowie Genussscheine jeder Art;
(b) Verbindlichkeiten gegenüber Kreditinstituten i. S. d. §§ 298 Abs. 1 i. V. m. 266 Abs. 3 lit. C Nr. 2 HGB;
(c) Wechselverbindlichkeiten i. S. d. §§ 298 Abs. 1 i. V. m. 266 Abs. 3 lit. C Nr. 5 HGB mit Ausnahme von Verbindlichkeiten aus Lieferungen und Leistungen;
(d) Verbindlichkeiten gegenüber verbundenen Unternehmen i. S. d. §§ 298 i. V. m. 266 Abs. 3 lit. C Nr. 6 HGB, die keine X-Gesellschaften sind, mit Ausnahme von Verbindlichkeiten aus Lieferungen und Leistungen;[33]
(e) Verbindlichkeiten gegenüber Unternehmen, mit denen ein Beteiligungsverhältnis besteht i. S. d. §§ 298 Abs. 1 i. V. m. 266 Abs. 3 lit. C Nr. 7 HGB, mit Ausnahme von Verbindlichkeiten aus Lieferungen und Leistungen;[34]
(f) sonstige Verbindlichkeiten i. S. d. §§ 298 Abs. 1 i. V. m. 266 Abs. 3 lit. C Nr. 8 HGB[35];
(g) [Leasingverbindlichkeiten, die nach den gemäß § 7.2 anzuwendenden Bilanzierungsgrundsätzen bei den in den Konsolidierten Stichtagsabschluss einbezogenen Gesellschaften zu passivieren sind, in Höhe ihres Barwertes zum Stichtag, soweit sie nicht bereits in den vorstehenden Positionen (a) bis (f) erfasst sind;][36]

(h) [Anschaffungs- oder Herstellungskosten aller Vermögensgegenstände des Anlagevermögens der in den Konsolidierten Stichtagsabschluss einbezogenen Gesellschaften, soweit diese Kosten von diesen Gesellschaften nach dem Stichtag noch zu zahlen und nicht bereits in den vorstehenden Positionen (a) bis [(g)] erfasst sind;]

(i) [alle zum Stichtag aufgelaufenen, aber noch nicht bezahlten Zinsen und Gebühren sowie alle Verbindlichkeiten aus Vorfälligkeitsentschädigungen oder sonstigen Schadensersatzansprüchen oder Vertragsstrafen im Zusammenhang mit den in (a) bis [(h)] genannten Positionen, soweit sie dort noch nicht erfasst sind;]

(j) eine etwaige künftige Gewinnabführungsforderung (§ 3.3.1), soweit sie nicht bereits unter einer der (a) bis [(i)] genannten Positionen erfasst ist;[37]

(k) alle Verkäufer-Finanzierungsforderungen (§ 4.2), soweit sie nicht bereits unter einer der (a) bis [(j)] genannten Positionen erfasst sind;[38]

(l) [Positionen – über die in (a) bis (i) genannten Positionen hinaus –, die wirtschaftlich einer Verbindlichkeit aus einer Darlehensaufnahme oder einer sonstigen Finanzierungsform gleichkommen.][39]

5.2.3 *Barmittel* sind:[40]
(a) Kassenbestand, Bundesbankguthaben, Guthaben bei Kreditinstituten und Schecks i. S. d. §§ 298 i. V. m. 266 Abs. 2 lit. B IV HGB, einschließlich Festgelder;

(b) [Wertpapiere des Anlagevermögens i. S. d. §§ 298 Abs. 1 HGB i. V. m. 266 Abs. 2 lit. A III Nr. 5 HGB;]

(c) sonstige Wertpapiere i. S. d. §§ 298 i. V. m. 266 Abs. 2 lit. B III Nr. 3 HGB;

(d) Forderungen gegen verbundene Unternehmen i. S. d. §§ 298 i. V. m. 266 Abs. 2 lit. B II Nr. 2 HGB, die keine X-Gesellschaften sind, mit Ausnahme von Forderungen aus Lieferungen und Leistungen;[41]

(e) Forderungen gegen Unternehmen, mit denen ein Beteiligungsverhältnis besteht, i. S. d. §§ 298 i. V. m. 266 Abs. 2 lit. B II Nr. 3 HGB, mit Ausnahme von Forderungen aus Lieferungen und Leistungen;[41]

(f) Erstattungsansprüche gegenüber Finanzbehörden;

(g) eine etwaige künftige Verlustausgleichsverbindlichkeit (§ 3.3.1);[42]

(h) alle Verkäufer-Finanzierungsverbindlichkeiten (§ 4.2), soweit sie nicht bereits unter einer der (a) bis (g) genannten Positionen erfasst sind;[43]

(i) Positionen – über die in (a) bis (h) genannten Positionen hinaus –, die wirtschaftlich einer Forderung aus einer Kreditvergabe oder einer sonstigen Finanzierungsform gleichkommen.[44]

5.2.4 Der gemäß § 5.1 (d) abzuziehende Fehlbetrag ist der Differenzbetrag, um den das Nettoumlaufvermögen den Betrag von ...... EUR (in Worten: ...... Euro) unterschreitet. Der gemäß § 5.1 (d) hinzuzurechnende Überschussbetrag ist der Differenzbetrag, um den das Nettoumlaufvermögen den Betrag von ...... EUR (in Worten: ...... Euro) überschreitet.[45] *Nettoumlaufvermögen* bedeutet:
(a) die Summe aus
  (i) Vorräten i. S. d. §§ 298 i. V. m. 266 Abs. 2 lit. B I HGB und Forderungen aus Lieferungen und Leistungen i. S. d. §§ 298 i. V. m. 266 Abs. 2 lit. B II Nr. 1 HGB,
  (ii) Forderungen aus Lieferungen und Leistungen gegen verbundene Unternehmen i. S. d. §§ 298 i. V. m. 266 Abs. 2 lit. B II Nr. 2 HGB, die keine X-Gesellschaften sind, und[46]
  (iii) Forderungen aus Lieferungen und Leistungen gegen Unternehmen, mit denen ein Beteiligungsverhältnis besteht, i. S. d. §§ 298 i. V. m. 266 Abs. 2 lit. B II Nr. 3 HGB,

abzüglich

(b) der Summe von

    (i) erhaltenen Anzahlungen auf Bestellungen i. S. d. §§ 298 i. V. m. 266 Abs. 3 lit. C Nr. 3 HGB,

    (ii) Verbindlichkeiten aus Lieferungen und Leistungen i. S. d. §§ 298 i. V. m. 266 Abs. 3 lit. C Nr. 4 HGB,

    (iii) Verbindlichkeiten aus Lieferungen und Leistungen gegenüber verbundenen Unternehmen i. S. d. §§ 298 i. V. m. 266 Abs. 3 lit. C Nr. 6 HGB, die keine X-Gesellschaften sind,[47] und

    (iv) Verbindlichkeiten aus Lieferungen und Leistungen gegenüber Unternehmen, mit denen ein Beteiligungsverhältnis besteht i. S. d. §§ 298 i. V. m. 266 Abs. 3 lit. C Nr. 7 HGB.[48]

5.2.5 Das gemäß § 5.1 (e) hinzuzurechnende Entgelt ist gleich dem Nennwert einer etwa bei Beendigung des EAV zum Vollzugstag entstehenden Gewinnabführungsforderung (§ 3.3). Das gemäß § 5.1 (e) abzuziehende Entgelt ist gleich dem Nennwert einer etwa bei Beendigung des EAV zum Vollzugstag entstehenden Verlustausgleichsverbindlichkeit (§ 3.3).[49]

5.2.6 Das gemäß § 5.1 (f) hinzuzurechnende Entgelt ist gleich dem Nennwert einer eventuellen Finanzierungssaldo-Forderung (§ 4.3.3) zum Vollzugstag. Das gemäß § 5.1 (f) abzuziehende Entgelt ist gleich dem Nennwert einer eventuellen Finanzierungssaldo-Verbindlichkeit (§ 4.3.3) zum Vollzugstag.[50]

5.2.7 Die in §§ 5.2.2 bis 5.2.4 bezeichneten Positionen sind jeweils mit den Beträgen anzusetzen, mit denen sie im Konsolidierten Stichtagsabschluss ausgewiesen sind; jedoch sind für die Berechnung des Kaufpreises (einschließlich der Berechnung des Nettoumlaufvermögens) die Finanzverbindlichkeiten, Barmittel und Positionen gemäß § 5.2.4, soweit sie die Mehrheitsgesellschaften betreffen, nur anteilig entsprechend der [unmittelbaren] Beteiligung der X-GmbH an der betreffenden Gesellschaft zu berücksichtigen.[51]

5.3 Geschätzter Kaufpreis; Zahlung des Geschätzten Kaufpreises

5.3.1 Die Parteien schätzen die Finanzverbindlichkeiten, die Barmittel, das Nettoumlaufvermögen, die Gewinnabführungsforderung bzw. Verlustausgleichsverbindlichkeit sowie den Finanzierungssaldo per Stichtag übereinstimmend jeweils auf die in Anlage 5.3.1 bezeichneten Werte und darauf basierend den Kaufpreis auf ...... EUR (in Worten: ...... Euro). [Die Verkäuferin wird der Käuferin spätestens zehn (10) Bankarbeitstage vor dem Geplanten Vollzugstag oder, wenn der Geplante Vollzugstag kurzfristiger feststeht, unverzüglich nach Festlegung des Geplanten Vollzugstages, eine aktualisierte Schätzung des Kaufpreises unter Benennung der geschätzten Finanzverbindlichkeiten und Barmittel, des geschätzten Nettoumlaufvermögens, der geschätzten Gewinnabführungsforderung bzw. Verlustausgleichsverbindlichkeit sowie des Geschätzten Finanzierungssaldos zum Stichtag übermitteln.][52] Der gemäß Satz 1 [und gegebenenfalls Satz 2] dieses § 5.3.1 geschätzte Kaufpreis wird *Geschätzter Kaufpreis* genannt.

5.3.2 Der Geschätzte Kaufpreis ist am Geplanten Vollzugstag nach Maßgabe von § 6.5.1 (g) auf das Verkäuferkonto zu zahlen.

5.4 Kaufpreisanpassung

5.4.1 Für den Fall, dass der endgültige, gemäß § 7 ermittelte Kaufpreis den Geschätzten Kaufpreis (i) übersteigt oder (ii) unterschreitet, ist der Differenzbetrag (die *Kaufpreisanpassung*) binnen zehn (10) Bankarbeitstagen, nachdem die Vorläufigen Berechnungen verbindlich geworden sind, im Fall (i) von der Käuferin und im Fall (ii) von der Verkäuferin an die jeweils andere Vertragspartei zu zahlen.

1. GmbH-Anteilskaufvertrag – ausführlich, verkäuferfreundlich C. II. 1

5.4.2 Vor Verbindlichwerden der Vorläufigen Berechnungen sind die Parteien zur Zahlung von Abschlägen auf die Kaufpreisanpassung innerhalb von zehn (10) Bankarbeitstagen verpflichtet, sobald und soweit ihre Verpflichtung zur Zahlung einer Kaufpreisanpassung auch in Ansehung etwaiger Einwände gemäß § 7.5 unstreitig ist.

5.5 Verzinsung

Der Geschätzte Kaufpreis und eine etwaige Kaufpreisanpassung sind jeweils ab dem Stichtag bis einschließlich zum Tag ihrer Zahlung mit dem in § 22.4 genannten Zinssatz zu verzinsen.

5.6 Zahlungsmodalitäten[53]

5.6.1 Zahlungen der Käuferin an die Verkäuferin aufgrund dieses Vertrages hat die Käuferin, soweit dieser Vertrag nichts Abweichendes bestimmt, in Euro per Überweisung mit gleichtägiger Gutschrift frei von Kosten und Gebühren auf das folgende Konto der Verkäuferin *(Verkäuferkonto)* zu leisten:
Konto Nr. ...... bei ......
IBAN: ......
BLZ: ......
SWIFT-ID: ......

5.6.2 Zahlungen der Verkäuferin an die Käuferin aufgrund dieses Vertrages hat die Verkäuferin, soweit dieser Vertrag nichts Abweichendes bestimmt, in Euro per Überweisung mit gleichtägiger Gutschrift frei von Kosten und Gebühren auf das folgende Konto der Käuferin *(Käuferkonto)* zu leisten:
Konto Nr. ...... bei ......
IBAN: ......
BLZ: ......
SWIFT-ID: ......

5.7 Aufrechnungsverbot; kein Zurückbehaltungsrecht

Das Recht der Käuferin zur Aufrechnung gegenüber den Zahlungsansprüchen der Verkäuferin und/oder zur Ausübung eines Zurückbehaltungsrechts ist ausdrücklich ausgeschlossen, es sei denn, der betreffende Gegenanspruch der Käuferin ist unstreitig oder über ihn ist rechtskräftig zugunsten der Käuferin entschieden worden.

5.8 Umsatzsteuer[54]

[Die Parteien gehen übereinstimmend davon aus, dass für die in diesem Vertrag vorgesehene Transaktion keine Umsatzsteuer (oder vergleichbare ausländische Steuer) anfällt. Für den Fall, dass die zuständige Finanzbehörde anderer Auffassung sein sollte, versteht der Kaufpreis sich zuzüglich der gesetzlichen Umsatzsteuer sowie zuzüglich eventueller diesbezüglicher Zinsen (sofern und soweit diese nach dem auf diese Steuer anwendbaren Recht anfallen). Die Käuferin ist verpflichtet, die betreffenden zusätzlichen Beträge (d.h. Umsatzsteuer nebst eventueller Zinsen) binnen einer (1) Woche nach Erhalt einer Kopie des Steuerbescheides, der die betreffende Steuerpflicht festsetzt, gemäß § 5.6.1 an die Verkäuferin zu zahlen. Die Verkäuferin wird der Käuferin unverzüglich eine diesbezügliche Rechnung in Übereinstimmung mit den Anforderungen des Umsatzsteuergesetzes (bzw. des anwendbaren entsprechenden ausländischen Gesetzes) ausstellen.]

5.9 [Bankbürgschaft][55]

[Die Parteien halten fest, dass die Käuferin der Verkäuferin bei Beurkundung dieses Vertrages eine Bankbürgschaftsurkunde übergeben hat, wonach die Bank der Käuferin zur Sicherung aller Zahlungsverpflichtungen der Käuferin gegenüber der Verkäuferin aus oder im Zusammenhang mit diesem Vertrag unter Verzicht auf die Einreden der Anfechtbarkeit und Aufrechenbarkeit eine selbstschuldnerische Bürgschaft, zahlbar auf erstes schriftliches Anfordern der Verkäuferin, über den Gesamtbetrag von ...... EUR (in Worten: ...... Euro) (die *Bankbürgschaft*) erteilt. Eine Kopie der Bankbürgschaft ist diesem Vertrag als Anlage 5.9 beigefügt. Die Verkäuferin ist berechtigt, aber nicht verpflichtet, die Bankbürgschaft in Anspruch zu nehmen, sobald und soweit die Käuferin eine fällige Zahlungsverpflichtung aus oder im Zusammenhang mit diesem Vertrag nicht erfüllt hat. Nach Erfüllung sämtlicher Zahlungsverpflichtungen durch die Käuferin ist die Verkäuferin verpflichtet, die Urkunde über die Bankbürgschaft an die Käuferin zurückzugeben.]

§ 6 Vollzug

6.1 Vollzugstag; Geplanter Vollzugstag

6.1.1 Die Parteien verpflichten sich, die in diesem Vertrag vereinbarten Rechtsgeschäfte am ersten Tag des Monats, der auf den Monat folgt, in dem die letzte der in § 6.2 genannten Vollzugsvoraussetzungen eintritt, bzw., wenn dieser Tag kein Bankarbeitstag ist, am ersten darauf folgenden Bankarbeitstag, dinglich zu vollziehen und die in § 6.5 vorgesehenen Vollzugshandlungen vorzunehmen (zusammen der *Vollzug*).[56] Der Tag, an dem der Vollzug stattfinden soll, wird als *Geplanter Vollzugstag* bezeichnet. Der Tag, an dem der Vollzug tatsächlich stattfindet, wird als *Vollzugstag* bezeichnet.

6.1.2 Der Vollzug wird in den Räumen von ...... in ...... um ...... (......) Uhr MEZ stattfinden, soweit sich die Parteien nicht auf einen anderen Ort und/oder eine abweichende Zeit einigen.

6.2 Vollzugsvoraussetzungen

6.2.1 Die Parteien sind zum Vollzug erst verpflichtet, wenn sämtliche der in den § 6.2.2 bis § ...... genannten Vollzugsvoraussetzungen (die *Vollzugsvoraussetzungen*)[57] eingetreten sind und die Parteien hiervon Kenntnis erlangt haben.

6.2.2 Die fusionskontrollrechtliche Freigabe *(Kartellfreigabe)* der Transaktion ist erfolgt.[58]

Variante bei Zuständigkeit der Europäischen Kommission:[59]

(a) Soweit das Zusammenschlussvorhaben gemeinschaftsweite Bedeutung im Sinne der Verordnung (EG) Nr. 139/2004 über die Kontrolle von Unternehmenszusammenschlüssen vom 20. 1. 2004 (EG-Fusionskontrollverordnung – FKVO) hat, gilt die Freigabe für Zwecke dieses Vertrages nur als erfolgt,[60] [Alternative: Die Europäische Kommission hat den Erwerb der X-Geschäftsanteile durch die Käuferin freigegeben. Diese Bedingung gilt als eingetreten,][61] wenn

(i) die Europäische Kommission erklärt hat, dass das Zusammenschlussvorhaben mit dem Gemeinsamen Markt gemäß Art. 6 Abs. 1 lit. b oder Art. 8 Abs. 1 oder 2 FKVO vereinbar ist; oder

(ii) das Zusammenschlussvorhaben gemäß Art. 10 Abs. 6 FKVO als mit dem Gemeinsamen Markt vereinbar gilt, weil die Europäische Kommission (x) innerhalb der Frist des Art. 10 Abs. 1 keine Entscheidung nach Art. 6 Abs. 1 FKVO oder (y) innerhalb der Frist des Art. 10 Abs. 3 FKVO keine Entscheidung nach Art. 8 Abs. 1, Abs. 2 oder Abs. 3 FKVO erlassen hat; oder

(iii) (x) die Europäische Kommission die Entscheidung nach Art. 9 Abs. 3 FKVO oder Art. 4 Abs. 4 FKVO an die Behörden eines Mitgliedstaates ganz oder teilweise verwiesen hat oder die Entscheidung nach Art. 9 Abs. 5 FKVO oder Art. 4 Abs. 4 UAbs. 4 FKVO als ganz oder teilweise verwiesen gilt und (y) die Europäische Kommission in Bezug auf den nicht verwiesenen Teil eine der unter lit. (i) oder (ii) dieses § 6.2.2 (a) aufgeführten Entscheidungen getroffen hat und (z) in Bezug auf den verwiesenen Teil die zuständige Behörde des Mitgliedstaates den Zusammenschluss nach den nationalen Fusionskontrollvorschriften freigegeben hat oder der Zusammenschluss nach den nationalen Fusionskontrollvorschriften als freigegeben gelten kann.

Variante bei Zuständigkeit des Bundeskartellamts bzw. der Möglichkeit einer Verweisung an das Bundeskartellamt durch die Europäische Kommission:[62]

    (b) Soweit (i) das Zusammenschlussvorhaben keine gemeinschaftsweite Bedeutung im Sinne von Art. 1 FKVO hat oder (ii) die Europäische Kommission die Entscheidung nach Art. 9 Abs. 3 FKVO oder Art. 4 Abs. 4 FKVO an das Bundeskartellamt verwiesen hat oder die Entscheidung nach Art. 9 Abs. 5 FKVO oder Art. 4 Abs. 4 UAbs. 4 FKVO als an das Bundeskartellamt verwiesen gilt, gilt die Freigabe für Zwecke dieses Vertrages nur als erfolgt,[63] [Alternative: Das Bundeskartellamt hat den Erwerb der X-Geschäftsanteile durch die Käuferin freigegeben. Diese Bedingung gilt als eingetreten,][64] wenn

     (i) das Bundeskartellamt den beabsichtigten Erwerb gemäß § 40 Absatz 2 Satz 1 GWB freigegeben hat; oder

     (ii) das Bundeskartellamt den Zusammenschlussbeteiligten schriftlich mitgeteilt hat, dass die Voraussetzungen für eine Untersagung nach § 36 GWB nicht vorliegen; oder

     (iii) die Einmonatsfrist gemäß § 40 Absatz 1 GWB verstrichen ist, ohne dass das Bundeskartellamt den Zusammenschlussbeteiligten den Eintritt in das Hauptprüfverfahren nach § 40 Absatz 1 Satz 1 GWB mitgeteilt hat; oder

     (iv) die viermonatige Untersagungsfrist des § 40 Absatz 2 Satz 1 GWB (bzw. eine im Einverständnis mit den anmeldenden Unternehmen verlängerte Prüfungsfrist) verstrichen ist, ohne dass das Bundeskartellamt (x) das Zusammenschlussvorhaben untersagt hat oder (y) mit den Zusammenschlussbeteiligten gem. § 40 Absatz 2 Satz 3 Ziff. 1 GWB eine Fristverlängerung vereinbart hat; oder

     (v) eine vereinbarte Fristverlängerung abläuft, ohne dass eines der in Ziff. (iv)(x) oder (y) dieses § 6.2.2(b) genannten Ereignisse eingetreten ist, oder

     (vi) (x) das Bundeskartellamt das Zusammenschlussvorhaben nach Art. 22 Abs. 1 FKVO an die Europäische Kommission verwiesen hat und dieser Antrag angenommen worden ist oder (y) die Parteien einen begründeten Antrag bei der Europäischen Kommission gemäß Art. 4 Abs. 5 FKVO gestellt haben und kein Mitgliedstaat die Verweisung gemäß Art. 4 Abs. 5 UAbs. 3 abgelehnt hat, und daraufhin die Freigabe des Zusammenschlussvorhabens durch die Europäische Kommission erfolgt oder die der Europäischen Kommission offen stehende Prüfungsfrist ereignislos abgelaufen ist.

[Variante bei Zuständigkeit der Kartellbehörden mehrerer EU-Mitgliedstaaten (neutral):][65]

    (c) [Soweit das Zusammenschlussvorhaben (i) keine gemeinschaftsweite Bedeutung im Sinne von Art. 1 FKVO hat oder (ii) die Europäische Kommission die Entscheidung nach Art. 9 Abs. 3 FKVO oder Art. 4 Abs. 4 FKVO an die Kartellbehörde eines Mitgliedstaates verwiesen hat oder die Entscheidung nach Art. 9 Abs. 5 FKVO oder Art. 4 Abs. 4 UAbs. 4 FKVO als an eine solche Behörde verwiesen gilt], gilt die Freigabe für die Zwecke dieses Vertrages nur als erfolgt, wenn jede der zuständigen Behörden der EU-Mitgliedstaaten, [in denen eine Anmeldepflicht besteht] [oder] [für die eine Anmeldung vereinbart wird/die in Anlage 6.2.2 (c) genannt sind][66] [oder an die eine Verweisung im oben genannten Sinne erfolgt ist]][67] [Alternative: Jede der zuständigen Behörden [der EU-Mitgliedstaaten, in denen eine Anmeldepflicht besteht oder in denen eine Anmeldung vereinbart wird]][der in Anlage 6.2.2 (c) genannten Mitgliedstaaten] hat den Erwerb der X-Geschäftsanteile durch die Käuferin freigegeben. Diese Bedingung gilt als eingetreten, wenn jede von ihnen][68] entweder

   (i) sich unzuständig für die Prüfung des Zusammenschlussvorhabens erklärt hat; oder

   (ii) die Freigabe erteilt hat; oder

   (iii) (x) das Zusammenschlussvorhaben nach Art. 22 Abs. 1 FKVO an die Europäische Kommission verwiesen hat und dieser Antrag angenommen worden ist oder (y) die Parteien einen begründeten Antrag bei der Europäischen Kommission gemäß Art. 4 Abs. 5 FKVO gestellt haben und kein Mitgliedstaat die Verweisung abgelehnt hat, und daraufhin die Freigabe des Zusammenschlussvorhabens durch die Europäische Kommission erfolgt oder die der Europäischen Kommission offen stehende Prüfungsfrist ereignislos abgelaufen ist.]

[Variante bei Zuständigkeit von Kartellbehörden in Drittstaaten/weltweit (neutral):][69]

  (d) [Soweit das Zusammenschlussvorhaben in einem oder mehreren Ländern außerhalb der Europäischen Union der Zusammenschlusskontrolle unterliegt und ein Vollzugsverbot bis zur Genehmigung des Zusammenschlusses durch die zuständige nationale Kartellbehörde oder bis zum ergebnislosen Ablauf einer durch die Anmeldung in Lauf gesetzten Frist besteht[70] [sowie in den zwischen den Parteien vereinbarten Ländern gemäß Anlage 6.2.2 (d)[71]], gilt die Freigabe für die Zwecke dieses Vertrages nur als erfolgt, wenn jede der betreffenden Kartellbehörden[72] [Alternative: Jede der zuständigen Kartellbehörden der in Anlage 6.2.2 (d) genannten Länder] außerhalb der Europäischen Union den Erwerb der X-Geschäftsanteile durch die Käuferin freigegeben hat. Diese Bedingung gilt als eingetreten, wenn jede von ihnen[73] entweder

   (i) sich unzuständig für die Prüfung des Zusammenschlussvorhabens erklärt hat, oder

   (ii) die Freigabe erteilt hat, oder

   (iii) das Vorhaben infolge Fristablaufs nicht mehr untersagen kann.

  (e) [Soweit nach nationalem Recht ein Vollzugsverbot bis zur Einreichung einer [vollständigen] Fusionskontrollanmeldung bei der jeweils zuständigen Kartellbehörde besteht, gilt die Freigabe für die Zwecke dieses Vertrages nur als erfolgt, wenn eine entsprechende Notifizierung durch die betreffende Behörde erfolgt ist.]]

6.2.3 [Der [Aufsichtsrat der Verkäuferin] hat diesem Vertrag und den darin vereinbarten Rechtsgeschäften zugestimmt. Diese Vollzugsvoraussetzung gilt als eingetreten, sobald die Verkäuferin der Käuferin entweder schriftlich mitgeteilt hat, dass der [Aufsichtsrat] seine Zustimmung erteilt hat oder dass sie auf das Vorliegen dieser Voraussetzung verzichtet.][74]

6.2.4 Der Erwerb der Geschäftsanteile wird nicht gemäß § 7 Abs. 1 und 2 Nr. 6 AWG i.V.m. § 53 Abs. 2 S. 4 AWV untersagt[75]. Diese Bedingung gilt als eingetreten, wenn

1. GmbH-Anteilskaufvertrag – ausführlich, verkäuferfreundlich   C. II. 1

    (a) das Bundesministerium für Wirtschaft und Technologie eine Bescheinigung über die Unbedenklichkeit des Erwerbs gemäß § 53 Abs. 3 S. 1 AWV erteilt hat; oder

    (b) eine Unbedenklichkeitsbescheinigung gemäß § 53 Abs. 3 S. 2 AWV als erteilt gilt, weil das Bundesministerium für Wirtschaft und Technologie nicht innerhalb eines Monats nach Eingang des Antrags gem. § 53 Abs. 3 AWV ein Prüfverfahren nach § 53 Abs. 1 S. 1 AWV eröffnet hat; oder

    (c) die dreimonatige Aufgreiffrist gemäß § 53 Abs. 1 S. 1 AWV verstreicht, ohne dass das Bundesministerium für Wirtschaft und Technologie der Käuferin mitgeteilt hat, eine Prüfung nach § 53 Abs. 1 S. 1 AWV durchzuführen; oder

    (d) die zweimonatige Prüfungsfrist des § 53 Abs. 2 S. 4 AWV nach Eingang der vollständigen Unterlagen[76] verstreicht, ohne dass das Bundesministerium für Wirtschaft und Technologie den Erwerb der Geschäftsanteile untersagt oder Anordnungen in Bezug auf den Erwerb erlassen hat; oder

    (e) das Bundesministerium für Wirtschaft und Technologie vor Ablauf der zweimonatigen Prüfungsfrist des § 53 Abs. 2 S. 4 AWV Anordnungen in Bezug auf den Erwerb erlässt, ohne diesen zu untersagen[, *und die Parteien sich einig sind, dass sie die Anordnungen akzeptieren und diesen Vertrag dennoch vollziehen möchten*].

6.2.5 (*ggf. weitere Vollzugsvoraussetzungen*)[77]

6.2.6 Die Parteien werden sich nach besten Kräften bemühen, dafür zu sorgen, dass die Vollzugsvoraussetzungen so bald wie möglich eintreten. Die Einzelheiten betreffend das Verfahren zur Erfüllung der Vollzugsvoraussetzungen sind in § 15 (Fusionskontrollrechtliche Freigabe) und § 16 (Außenwirtschaftsrechtliche Prüfung) näher geregelt. Sobald eine Partei vom Eintritt einer Vollzugsvoraussetzung Kenntnis erlangt, hat sie die andere Partei davon unverzüglich schriftlich zu unterrichten.

6.3 Vollzugshindernisse[78]

6.3.1 Käuferin und Verkäuferin können den Vollzug verweigern, wenn vor Beginn des Vollzugs mindestens eine Verkäufergarantie gem. § 8 in der Weise verletzt ist, dass der Gesamtbetrag der daraus folgenden Garantieansprüche der Käuferin ...... EUR (in Worten: ...... Euro) übersteigen würde. Die Käuferin kann im Falle des Satzes 1 den Vollzug jedoch erst verweigern, wenn sie der Verkäuferin eine angemessene Frist zur Beseitigung der Verletzung der Verkäufergarantie(n) gesetzt hat und die Verkäuferin sie nicht binnen dieser Frist – nach ihrer Wahl ganz oder teilweise durch Naturalrestitution oder durch Schadensersatz in Geld – so gestellt hat, als sei(en) die Verkäufergarantie(n) nicht verletzt.

6.3.2 Die Parteien haben einander unverzüglich zu unterrichten, wenn sie von einem Umstand Kenntnis erhalten, der ein Vollzugshindernis i. S. d. § 6.3.1 (ein *Vollzugshindernis*) begründen könnte.

6.3.3 Beabsichtigt eine Partei, den Vollzug gemäß § 6.3.1 zu verweigern, so hat sie die andere Partei hiervon durch schriftliche Erklärung in Kenntnis zu setzen. Die Beweislast für das Vorliegen eines Vollzugshindernisses trägt die Partei, die den Vollzug verweigert.

6.4 Rücktrittsrecht

6.4.1 Die Verkäuferin hat das Recht, von diesem Vertrag zurückzutreten, wenn nicht sowohl die Vollzugsvoraussetzung gemäß § 6.2.2 (a) (Fusionskontrollrechtliche Freigabe) als auch die Vollzugsvoraussetzung gemäß § 6.2.4 (Außenwirtschaftsrechtliche Unbedenklichkeit) bis zum ...... [*Datum*] eingetreten sind. Der

Eintritt dieser Vollzugsvoraussetzungen nach Abgabe der Rücktrittserklärung durch die Verkäuferin ist unbeachtlich. [Im Falle eines Rücktritts gemäß Satz 1 dieses § 6.4.1 ist die Käuferin zur Zahlung eines Betrages in Höhe von [zehn (10)] Prozent des Geschätzten Kaufpreises, zahlbar binnen [fünfzehn (15)] Bankarbeitstagen nach Zugang der Rücktrittserklärung der Verkäuferin gemäß § 5.6.1, an die Verkäuferin verpflichtet.]

6.4.2 Für den Fall, dass eine andere als die in § 6.4.1 benannte Vollzugsvoraussetzung nicht spätestens bis zum ...... eingetreten ist, ist jede Partei berechtigt, von diesem Vertrag zurückzutreten.

6.4.3 Verkäuferin und Käuferin können von diesem Vertrag zurücktreten, wenn (i) ein Vollzugshindernis (§ 6.3.1) vorliegt, das die betreffende Partei zur Verweigerung des Vollzugs berechtigt, oder (ii) die jeweils andere Partei unter Bezugnahme auf das Vorliegen eines Vollzugshindernisses den Vollzug verweigert.

6.4.4 Der Rücktritt hat durch schriftliche Erklärung gegenüber der jeweils anderen Partei, mit Nachricht an den beurkundenden Notar, zu erfolgen. Die Beweislast für das Vorliegen eines Rücktrittsgrundes trägt die zurücktretende Partei. Ein Rücktritt vom Vertrag nach §§ 6.4.1 und 6.4.2 ist nur dann wirksam, wenn die andere empfangsbereite Partei die schriftliche Rücktrittserklärung vor dem Tag empfangen hat, an dem die letzte Vollzugsvoraussetzung erfüllt ist.

6.4.5 Ein Recht zum Rücktritt nach diesem § 6.4 besteht nicht, wenn die Partei, die den Rücktritt erklärt, die Erfüllung der Vollzugsvoraussetzung wider Treu und Glauben verhindert oder das Vollzugshindernis wider Treu und Glauben herbeigeführt hat.

6.4.6 Im Falle eines Rücktritts gemäß diesem § 6.4 entfallen alle Verpflichtungen zwischen den Parteien mit Ausnahme der Verpflichtungen aus § 17 (Vertraulichkeit und Pressemitteilungen), § 18 (Kosten und Verkehrsteuern, vorbehaltlich § 6.4.6 Satz 2), [§ 20 (Garantiegeberin der Käuferin und Freistellung)], § 22 (Mitteilungen) und § 23 (Verschiedenes; Schlussbestimmungen). Für den Fall, dass der Rücktritt erfolgt, weil die Vollzugsvoraussetzung[en] gemäß § 6.2.2 oder § 6.2.4[79] nicht eingetreten [ist] [sind], ist die Käuferin verpflichtet, der Verkäuferin alle Kosten und Auslagen zu ersetzen, die ihr im Zusammenhang mit der Vorbereitung und Verhandlung dieses Vertrags entstanden sind.

6.5 Vollzug

6.5.1 Am Vollzugstag haben die Parteien die folgenden Handlungen in der dargestellten Reihenfolge vorzunehmen:

(a) Die Verkäuferin übergibt der Käuferin schriftliche Erklärungen der in Anlage 6.5.1(a) genannten Personen, woraus sich die Niederlegung ihrer in Anlage 6.5.1(a) genannten Ämter spätestens mit Wirkung zum Vollzugstag ergibt.

(b) Die Verkäuferin übergibt der Käuferin Kopie eines schriftlichen Gesellschafterbeschlusses der [X-GmbH] (*Gesellschaft*)] über die Entlastung der in § 6.5.1(a) genannten Amtsträger für das Geschäftsjahr ...... sowie für den Zeitraum vom ...... bis zum Wirksamwerden ihrer Amtsniederlegung.[80]

(c) Die Käuferin übergibt der Verkäuferin die Bankgarantie zur Sicherung der Übernahme der X-Garantien gemäß § 14.2.2.

(d) Die Verkäuferin übergibt der Käuferin eine schriftliche Bestätigung, in der sie versichert, dass die X-Finanzierungsvereinbarungen gemäß § 4.1.2 beendet worden sind.[81]

(e) Die Verkäuferin tritt mit Vertrag gemäß Anlage 6.5.1(e)(i) eine etwaige Finanzierungssaldo-Forderung (§ 4.3.3) an die Käuferin ab oder die Käuferin übernimmt mit Zustimmung der X-GmbH durch Übernahmevertrag gemäß Anlage 6.5.1(e)(ii) eine etwaige Finanzierungssaldo-Verbindlichkeit (§ 4.3.3), wobei die Wirksamkeit der Abtretung bzw. der Übernahme unter der aufschiebenden Bedingung der Zahlung des Geschätzten Kaufpreises durch die Käuferin steht.[82]

(f) Die Verkäuferin tritt mit Vertrag gemäß Anlage 6.5.1(f)(i) eine etwaige künftige Gewinnabführungsforderung (§ 3.3.2) an die Käuferin ab oder die Käuferin übernimmt mit Zustimmung der X-GmbH durch Übernahmevertrag gemäß Anlage 6.5.1(f)(ii) eine etwaige künftige Verlustausgleichsverbindlichkeit (§ 3.3.2), wobei die Wirksamkeit der Abtretung bzw. der Übernahme unter der aufschiebenden Bedingung der Zahlung des Geschätzten Kaufpreises durch die Käuferin steht.[83]

(g) Die Käuferin zahlt den Geschätzten Kaufpreis gem. §§ 5.3 und 5.6.1 auf das Verkäuferkonto.

(h) Die Verkäuferin tritt die X-Geschäftsanteile durch eine gesonderte, notariell zu beurkundende Abtretungsvereinbarung gemäß Anlage 6.5.1(h) an die Käuferin ab.[84]

(i) Die Verkäuferin übergibt der Käuferin die Erklärung über die sofortige Kündigung des EAV (§ 3.2). Die Käuferin verpflichtet sich, dafür zu sorgen, dass diese Erklärung der X-GmbH unverzüglich zugeht.[85]

6.5.2 Verletzt eine der Parteien eine der in § 6.5.1 genannten Pflichten, kann die andere Partei ihr zunächst schriftlich unter Angabe der Pflichtverletzung eine Frist von zehn (10) Tagen setzen; nach fruchtlosem Ablauf der Zehn-Tages-Frist kann die Partei, die die Frist gesetzt hat, gemäß §§ 6.4.4 bis 6.4.6 von diesem Vertrag zurücktreten.

§ 7 Stichtagsabschlüsse

7.1 Vorläufige Stichtagsabschlüsse; Vorläufige Berechnungen

7.1.1 Die Verkäuferin[86] wird unverzüglich, aber nicht später als dreißig (30) Tage nach dem Vollzugstag

(a) einen konsolidierten Zwischenabschluss (Konzernbilanz, Konzern-Gewinn- und Verlustrechnung, Konzernanhang) und einen konsolidierten Lagebericht der X-GmbH (der *Konsolidierte Stichtagsabschluss*) sowie Zwischen-Einzelabschlüsse (Bilanz, Gewinn- und Verlustrechnung, Anhang) (die *Stichtags-Einzelabschlüsse;* zusammen mit dem Konsolidierten Stichtagsabschluss die *Stichtagsabschlüsse*) für die in den Konsolidierten Stichtagsabschluss einbezogenen Gesellschaften, jeweils für den Zeitraum vom ...... [Beginn des laufenden Geschäftsjahres] bis zum Stichtag, aufstellen. Dabei ist eine etwaige Gewinnabführungsverbindlichkeit bzw. Verlustausgleichsforderung der X-GmbH in der Höhe auszuweisen, in der sie entstanden wäre, wenn der EAV mit Wirkung zum Stichtag beendet worden wäre. In der vor Verbindlichwerden gemäß § 7.5.1, § 7.5.2 oder § 7.6.2 bestehenden Fassung werden diese Abschlüsse als *Vorläufiger Konsolidierter Stichtagsabschluss*, *Vorläufige Stichtags-Einzelabschlüsse* und *Vorläufige Stichtagsabschlüsse* bezeichnet;

(b) unter Berücksichtigung von § 5.2.7 Aufstellungen der Finanzverbindlichkeiten, der Barmittel und des Nettoumlaufvermögens anfertigen (die *Vorläufigen Stichtagsaufstellungen*);

(c) auf der Grundlage der im Konsolidierten Stichtagsabschluss ausgewiesenen, bis zum Vollzugstag fortgeschriebenen Beträge die Höhe der bei Beendigung des EAV zum Vollzugstag entstanden Gewinnabführungsforderung bzw. Verlustausgleichsverbindlichkeit (§ 3.3.2) und des Finanzierungssaldos (§ 4.3.2) ermitteln (die *Vorläufigen Vollzugstagsaufstellungen*);

(d) auf der Grundlage der gemäß 7.1.1 (a) bis (c) angefertigten Dokumentation nach Maßgabe von § 5.2 den Kaufpreis berechnen (die *Vorläufige Kaufpreisberechnung*).

Die Vorläufigen Stichtagsaufstellungen, die Vorläufigen Vollzugstagsaufstellungen und die Vorläufige Kaufpreisberechnung werden nachfolgend zusammen *Vorläufige Berechnungen* genannt.

7.1.2 Die Verkäuferin wird die Vorläufigen Stichtagsabschlüsse und die Vorläufigen Berechnungen unverzüglich nach Fertigstellung an die Käuferin und die ......-Wirtschaftsprüfungsgesellschaft, ... (der *Stichtags-Abschlussprüfer*) übersenden.

7.2 Bilanzierungsgrundsätze

7.2.1 Die Stichtagsabschlüsse sind unter Wahrung formeller und materieller Bilanzkontinuität, Beibehaltung aller Bewertungsmethoden und unveränderter Ausübung aller Aktivierungs- und Passivierungswahlrechte nach Maßgabe (i) der in Anlage 7.2.1 (a) zu diesem Vertrag aufgestellten Richtlinien oder, (ii) soweit diese keine Regelungen enthalten, der Bilanzierungsrichtlinien der X-Gruppe, die als Anlage 7.2.1 (b) beigefügt sind, oder, (iii) soweit auch die Bilanzierungsrichtlinien der X-Gruppe keine Regelung enthalten, der einschlägigen Bestimmungen des deutschen Rechts (Grundsätze ordnungsmäßiger Buchführung nach HGB) aufzustellen.[87]

7.2.2 Im Falle von Widersprüchen gelten die folgenden Prioritäten in der dargestellten Reihenfolge:
(a) vertragliche Bilanzierungsrichtlinien gemäß Anlage 7.2.1 (a);
(b) Bilanzierungsrichtlinien der X-Gruppe gemäß Anlage 7.2.1 (b);
(c) Bilanzkontinuität;
(d) Grundsätze ordnungsgemäßer Buchführung gemäß HGB.[88]

7.3 Prüfung der Vorläufigen Stichtagsabschlüsse und Berechnungen

Der Stichtags-Abschlussprüfer hat binnen zwanzig (20) Bankarbeitstagen ab Erhalt von der Verkäuferin unter Berücksichtigung der in §§ 7.1 und 7.2 genannten Ableitungen und Grundsätze die Vorläufigen Stichtagsabschlüsse zu prüfen und die Vorläufigen Berechnungen einer prüferischen Durchsicht zu unterziehen. Weiterhin hat er den Parteien binnen derselben Frist den Prüfungsbericht über die Prüfung der Vorläufigen Stichtagsabschlüsse und einen Bericht über die prüferische Durchsicht der Vorläufigen Berechnungen zur Verfügung zu stellen. Die Parteien werden vor dem Geplanten Vollzugstag mit dem Stichtags-Abschlussprüfer eine Vereinbarung nach Maßgabe von Anlage 7.3 über seine Tätigkeit als Stichtags-Abschlussprüfer treffen. Die Kosten der Beauftragung des Stichtags-Abschlussprüfers tragen die Parteien je zur Hälfte.

7.4 Überprüfung der Vorläufigen Stichtagsabschlüsse und Berechnungen durch die Parteien

Jede Partei hat das Recht, die vom Stichtags-Abschlussprüfer geprüften Vorläufigen Stichtagsabschlüsse und die von ihm einer prüferischen Durchsicht unterzogenen Vorläufigen Berechnungen zu überprüfen und durch einen Wirtschaftsprüfer ihrer Wahl überprüfen zu lassen, wobei die Prüfung jeweils darauf beschränkt ist, ob die in §§ 7.1 und 7.2 genannten Ableitungen und Grundsätze eingehalten sind. Die Frist für die Überprüfung beträgt längstens zehn (10) Bankarbeitstage, gerechnet ab dem Tag, an dem die Vorläufigen Stichtagsabschlüsse mit dem Prüfungsbericht und die Vorläufigen Berechnungen mit dem Bericht über die prüferische Durchsicht der betreffenden Partei zugegangen sind. Alle im Zusammenhang mit einer Überprüfung gemäß diesem § 7.4 anfallenden Kosten sind von der dies veranlassenden Partei zu tragen.

7.5 Einwände; Verbindlichwerden der Vorläufigen Stichtagsabschlüsse und Berechnungen

7.5.1 Einwände gegen die Vorläufigen Stichtagsabschlüsse und die Vorläufigen Berechnungen haben die Parteien innerhalb der [Zehn]-Tages-Frist gemäß § 7.4 schriftlich unter Angabe der wesentlichen Gründe gegenüber der jeweils anderen Partei geltend zu machen. Lassen die Parteien diese Frist ohne Geltendmachung von Einwänden verstreichen, sind die Vorläufigen Stichtagsabschlüsse und die Vorläufigen Berechnungen für sie verbindlich.

7.5.2 Zeigen Käuferin oder Verkäuferin der jeweils anderen Partei innerhalb der Zehn-Tages-Frist gemäß § 7.4 Einwände gegen die Vorläufigen Stichtagsabschlüsse und/oder die Vorläufigen Berechnungen an, werden die Parteien sich bemühen, innerhalb von zwanzig (20) Bankarbeitstagen ab Zugang der Anzeige eine Einigung über die Behandlung der Einwände zu erzielen. Sofern und soweit eine solche Einigung zustande kommt, wird deren Ergebnis in die Vorläufigen Stichtagsabschlüsse und/oder die Vorläufigen Berechnungen übernommen, die insoweit für die Parteien verbindlich werden.

7.6 Schiedsgutachterverfahren

7.6.1 Soweit die Parteien innerhalb der Zwanzig-Tages-Frist des § 7.5.2 zu keiner Einigung über die Behandlung der Einwände gelangen, haben sie innerhalb von drei (3) Bankarbeitstagen nach Ablauf dieser Frist gemeinsam einen Schiedsgutachter zu benennen.

7.6.2 Der Schiedsgutachter prüft hinsichtlich der zwischen den Parteien streitigen Punkte, ob die in § 7.1 und 7.2 genannten Grundsätze und Ableitungen für die Erstellung der Vorläufigen Stichtagsabschlüsse und Vorläufigen Berechnungen eingehalten wurden. Der Schiedsgutachter soll jeder Partei angemessene Gelegenheit geben, ihre Ansichten schriftlich sowie im Rahmen einer oder mehrerer Anhörungen vorzutragen, die in Anwesenheit der Parteien und ihrer Berater abzuhalten sind. Er hat hierzu innerhalb von dreißig (30) Bankarbeitstagen nach seiner Ernennung ein schriftliches Gutachten nach billigem Ermessen zu erstellen, das für die Parteien verbindlich ist.[89] Der Schiedsgutachter wird die Gründe für seine Entscheidung im Hinblick auf sämtliche Punkte, die zwischen der Verkäuferin und der Käuferin umstritten sind, angeben. Der Stichtags-Abschlussprüfer hat das Ergebnis des Gutachtens in die Vorläufigen Stichtagsabschlüsse und/oder die Vorläufigen Berechnungen zu übernehmen, die in der so geänderten Fassung für die Parteien verbindlich werden.

7.6.3 Einigen die Parteien sich nicht innerhalb von drei (3) Bankarbeitstagen nach Ablauf der Zwanzig-Tages-Frist des § 7.5.2 auf die Ernennung eines Schiedsgutachters, wird der Schiedsgutachter auf Antrag der Verkäuferin und/oder der Käuferin durch den Sprecher des Vorstands des Instituts der Wirtschaftsprüfer e. V. in Düsseldorf benannt.[90]

7.6.4 Die Parteien haben darauf hinzuwirken, dass mit dem Schiedsgutachter eine Vereinbarung gemäß Anlage 7.6.4 getroffen wird. Die Vereinbarung ist von beiden Parteien zu unterzeichnen. Lehnt der gem. § 7.6.1 oder § 7.6.3 bestellte Schiedsgutachter die Unterzeichnung einer solchen Vereinbarung ab, oder weicht der Schiedsgutachter bei seiner Tätigkeit von den in der Vereinbarung beschriebenen Inhalten oder Verfahren ab, hat jede Partei daran mitzuwirken, dass die Vereinbarung mit dem Schiedsgutachter gekündigt und unverzüglich gemeinsam ein neuer Schiedsgutachter ernannt wird. § 7.6.3 gilt entsprechend.

7.6.5 Die Kosten und Auslagen für den Schiedsgutachter und das Schiedsgutachterverfahren werden zunächst von jeder Partei zur Hälfte verauslagt und getragen. Beide tragen ihre eigenen Kosten und die Kosten ihrer Berater selbst, es sei denn, der Schiedsgutachter trifft gemäß § 7.6.6 eine abweichende Entscheidung über die Verteilung der Kosten.

7.6.6 Der Schiedsgutachter entscheidet nach billigem Ermessen unter Berücksichtigung seiner Entscheidung und der ursprünglichen Standpunkte und Anträge der Parteien entsprechend § 91 ZPO abschließend über die Verteilung seiner Kosten und Auslagen und der Kosten für das Schiedsgutachterverfahren, einschließlich angemessener Gebühren und Auslagen der Parteien für ihre Berater.

7.7 Zugang zu Informationen

7.7.1 Die Käuferin hat dafür zu sorgen, dass der Stichtags-Abschlussprüfer, die Verkäuferin, die gemäß § 7.4 beteiligten Wirtschaftsprüfer sowie etwaige Schiedsgutachter nach dem Vollzugstag jederzeit (i) alle Informationen und Unterlagen erhalten, die nach Einschätzung der genannten Personen für die Zwecke dieses § 7 erforderlich sind und (ii) für die Zwecke dieses § 7 uneingeschränkten Zugang zu allen Informationsquellen einschließlich Geschäftsführung und Arbeitnehmern der für die Stichtagsabschlüsse und die Berechnungen gemäß § 7.1.1 maßgeblichen Gesellschaften haben. Sie hat darüber hinaus zu gewährleisten, dass die Verkäuferin der Geschäftsführung der genannten Gesellschaften im Hinblick auf die Erstellung der Stichtagsabschlüsse und Berechnungen nach § 7.1.1 Weisungen erteilen kann.

7.7.2 Die Käuferin hat den Stichtags-Abschlussprüfer zu Gunsten der Verkäuferin, der gemäß § 7.4 beteiligten Wirtschaftsprüfer und eines etwaigen Schiedsgutachters von seiner Verschwiegenheitsverpflichtung zu befreien und anzuweisen, den genannten Personen uneingeschränkten Zugang zu seinen Arbeitsunterlagen und Aufzeichnungen zu gewähren.

7.7.3 Die Käuferin hat weiterhin dafür zu sorgen, dass der Stichtags-Abschlussprüfer, die Verkäuferin, die gemäß § 7.4 beteiligten Wirtschaftsprüfer sowie ein etwaiger Schiedsgutachter uneingeschränkten Zugang zu den Jahresabschlüssen vergangener Jahre der X-GmbH und der in den Konsolidierten Stichtagsabschluss einbezogenen Gesellschaften und den zugehörigen Arbeitsunterlagen und Aufzeichnungen erhalten. Die Parteien werden zu diesem Zweck die Bedingungen akzeptieren, die der Stichtags-Abschlussprüfer sowie die gemäß § 7.4 beteiligten Wirtschaftsprüfer für den Zugang zu ihren Unterlagen stellen, soweit es sich um übliche Bedingungen handelt.

§ 8 Selbstständige Garantieversprechen der Verkäuferin[91, 92]

8.1 Form und Umfang der Garantieversprechen der Verkäuferin

Die Verkäuferin erklärt gegenüber der Käuferin in Form selbständiger Garantieversprechen gemäß § 311 Abs. 1 BGB[93] und nach Maßgabe von §§ 9 und 12 sowie der übrigen Bestimmungen dieses Vertrages, dass die Aussagen gemäß § 8.2 bis § 8.12 (zusammen die *Verkäufergarantien*, einzeln eine *Verkäufergarantie*) am Tag der Beurkundung dieses Vertrages (*Unterzeichnungstag*) [*soweit nicht nachstehend ein anderer Bezugszeitpunkt bestimmt ist*][94] vollständig und zutreffend sind. [Die Parteien sind sich darüber einig, dass die Verkäufergarantien weder Beschaffenheitsvereinbarungen i. S. d. § 434 Abs. 1 BGB noch Garantien für die Beschaffenheit der Sache i. S. d. § 443, 444 BGB darstellen.]

8.2 Gesellschaftsrechtliche Verhältnisse und Berechtigung der Verkäuferin[95, 96]

8.2.1 Die in § 1 getroffenen Aussagen über die X-Gesellschaften, und die Minderheitsbeteiligungen sind vollständig und richtig. Die X-Gesellschaften sind nach

1. GmbH-Anteilskaufvertrag – ausführlich, verkäuferfreundlich

dem jeweiligen Recht ihres Gründungsstaates ordnungsgemäß gegründet worden. Anlage 8.2.1 enthält eine vollständige und richtige Aufstellung der Gesellschaftsverträge (oder vergleichbarer Dokumente) der X-Gesellschaften.

8.2.2 Die X-Geschäftsanteile und die von der X-GmbH gehaltenen Anteile an den Tochter- und Mehrheitsgesellschaften sind wirksam ausgegeben und die diesbezüglichen Einlagen auf das Stammkapital sind vollständig erbracht und nicht zurückgezahlt worden. Die in Satz 1 genannten Anteile sind, [mit Ausnahme der in Anlage 8.2.2(a) genannten Belastungen,] frei von Belastungen und sonstigen Rechten Dritter. [Abgesehen von den in Anlage 8.2.2 (b) genannten Rechten] bestehen keine Vorerwerbsrechte, Optionen, Stimmrechtsvereinbarungen oder andere Rechte Dritter im Hinblick auf den Erwerb von X-Geschäftsanteilen oder von der X-GmbH gehaltener Anteile an den Tochter- und Mehrheitsgesellschaften, es sei denn, solche Rechte ergeben sich aus gesetzlichen Vorschriften oder aus den in Anlage 8.2.1 aufgeführten Satzungen oder vergleichbaren Dokumenten.

8.2.3 Die Verkäuferin ist berechtigt, frei über die X-Geschäftsanteile zu verfügen, ohne hierdurch Rechte Dritter zu verletzen. § 6.2.1 [und § 21 (a)] bleib[t][en] hiervon unberührt];

8.2.4 Bis zum Unterzeichnungstag sind keine Insolvenz- (oder vergleichbaren) Verfahren gegen die X-GmbH, eine Tochtergesellschaft oder eine Mehrheitsgesellschaft beantragt oder eröffnet worden. Nach Kenntnis der Verkäuferin bestehen keine Umstände, die den Antrag auf Eröffnung eines Insolvenz- oder vergleichbaren Verfahrens durch die X-GmbH, eine Tochtergesellschaft oder eine Mehrheitsgesellschaft erforderlich machen.

8.3 Jahresabschlüsse

Die Verkäuferin hat der Käuferin den geprüften und mit einem uneingeschränkten Bestätigungsvermerk versehenen Jahresabschluss der X-GmbH für das Geschäftsjahr ...... (der *X-Jahresabschluss*) und den konsolidierten Jahresabschluss der X-GmbH für das Geschäftsjahr ...... (der *Konsolidierte X-Jahresabschluss*)[97] übergeben. Der Jahresabschluss wurde in Übereinstimmung mit den Grundsätzen ordnungsmäßiger Buchführung (GoB) aufgestellt und vermittelt zu dem Bilanzstichtag ein nach allen wesentlichen Gesichtspunkten den tatsächlichen Verhältnissen entsprechendes Bild der Vermögens-, Finanz- und Ertragslage der X-GmbH i. S. v. § 264 Abs. 2 HGB. Der Konsolidierte Jahresabschluss wurde in Übereinstimmung mit ...... aufgestellt und vermittelt zu den Bilanzstichtagen ein nach allen wesentlichen Gesichtspunkten den tatsächlichen Verhältnissen entsprechendes Bild der Vermögens-, Finanz- und Ertragslage der Gruppe der in den Konsolidierten Jahresabschluss einbezogenen Gesellschaften.

8.4 Grundbesitz

8.4.1 Anlage 8.4.1 enthält eine Aufstellung von Grundstücken und grundstücksgleichen Rechten, die im Eigentum einer X-Gesellschaft stehen.

8.4.2 Anlage 8.4.2(a) enthält eine Aufstellung der von den X-Gesellschaften gemieteten oder gepachteten, Anlage 8.4.2(b) eine Aufstellung der durch die X-Gesellschaften vermieteten oder verpachteten Grundstücke, jeweils soweit die Zahlungsverpflichtung des jeweiligen Mieters oder Pächters ...... EUR (in Worten: ...... Euro) p. a. im Einzelfall überschreitet.

8.4.3 Weiterer, von den X-Gesellschaften genutzter Grundbesitz, der weder in Anlage 8.4.1 noch in Anlage 8.4.2(a) oder (b) genannt ist, ist für den Geschäftsbetrieb der X-Gruppe, in Art und Umfang wie er am Unterzeichnungstag besteht, nicht wesentlich.

Schrader

8.5 Sonstige Vermögensgegenstände

8.5.1 Nach Kenntnis der Verkäuferin sind die X-Gesellschaften rechtmäßige Eigentümer bzw. Nutzer der im Konsolidieren Jahresabschluss aufgeführten wesentlichen Gegenstände des Anlagevermögens, es sei denn, dass diese nach dem ..... [Ablauf des letzten Bilanzstichtages] im ordentlichen Geschäftsgang veräußert worden sind. Nach Kenntnis der Verkäuferin sind die am Unterzeichnungstag im Eigentum der X-Gesellschaften stehenden oder von ihnen genutzten Gegenstände des Anlage- und Umlaufvermögens ausreichend und in einem solchen gebrauchsfähigen Zustand, dass die Geschäftstätigkeit der X-Gruppe im Wesentlichen in der gleichen Art und Weise wie am Unterzeichnungstag fortgeführt werden kann.

8.5.2 Nach Kenntnis der Verkäuferin sind die am Unterzeichnungstag im Eigentum der X-Gesellschaften stehenden oder von ihnen rechtmäßig genutzten Gegenstände des Anlage- und Umlaufvermögens frei von Belastungen und sonstigen Rechten Dritter, mit Ausnahme von

(a) Eigentumsvorbehalten, vertraglichen oder gesetzlichen Pfandrechten und anderen Sicherungsrechten, die im Rahmen des gewöhnlichen Geschäftsgangs begründet worden sind;

(b) Sicherungsrechten, die Banken oder anderen Darlehensgebern zur Absicherung von Finanzverbindlichkeiten gewährt worden sind, die im Konsolidierten Jahresabschluss ausgewiesen sind oder dort nicht ausgewiesen werden müssen oder im Rahmen des gewöhnlichen Geschäftsgangs eingegangen worden sind;

(c) Sicherungsrechten zugunsten von Steuer- oder anderen Behörden;

(d) Belastungen, die eine Fortführung des gegenwärtigen Geschäftsbetriebs der X-Gruppe nicht wesentlich beeinträchtigen;

(e) gesetzlichen Pfand- und Sicherungsrechten;

(f) den in Anlage 8.5.2 aufgeführten Belastungen und Rechten.

8.6 Gewerbliche Schutzrechte

8.6.1 Anlage 8.6.1 enthält eine Aufstellung der für den Geschäftsbetrieb der X-Gruppe wesentlichen Patente, Marken und anderen eingetragenen Schutzrechte (zusammen die *Gewerblichen Schutzrechte*), die im Eigentum der X-Gesellschaften stehen oder an diese lizenziert sind.

8.6.2 Nach Kenntnis der Verkäuferin sind die Gewerblichen Schutzrechte, soweit nicht in Anlage 8.6.2 abweichend dargestellt, weder Gegenstand gerichtlicher oder behördlicher Verfahren, in denen die Wirksamkeit der Gewerblichen Schutzrechte bestritten wird und die die Geschäftstätigkeit der X-Gruppe beeinträchtigen könnten, noch werden die Gewerblichen Schutzrechte von dritter Seite in wesentlichem Umfang verletzt.

8.6.3 Soweit sich aus Anlage 8.6.3(a) nichts anderes ergibt, sind nach Kenntnis der Verkäuferin alle für die Aufrechterhaltung, die Pflege, den Schutz und die Durchsetzung der Gewerblichen Schutzrechte erforderlichen Zahlungen geleistet, alle notwendigen Verlängerungsanträge gestellt sowie alle anderen für ihre Erhaltung erforderlichen Maßnahmen getroffen worden. Mit Ausnahme der in Anlage 8.6.3(b) genannten Fälle verletzen die X-Gesellschaften gewerbliche Schutzrechte Dritter nach Kenntnis der Verkäuferin nicht in wesentlichem Umfang.

8.7 Wesentliche Verträge

8.7.1 Anlage 8.7.1 enthält eine Aufstellung derjenigen Verträge zwischen mindestens einer X-Gesellschaft und mindestens einem Dritten (andere X-Gesellschaften ausgenommen), die unter mindestens eines der nachfolgenden Kriterien fallen

1. GmbH-Anteilskaufvertrag – ausführlich, verkäuferfreundlich   C. II. 1

und deren Hauptleistungspflichten noch nicht vollständig erfüllt sind (die *Wesentlichen Verträge*):

(a) Verträge über den Erwerb oder die Veräußerung von Beteiligungen an anderen Gesellschaften zu einem Kaufpreis von mindestens ...... EUR (in Worten: ...... Euro) im Einzelfall;

(b) Verträge über den Erwerb, die Veräußerung oder die Belastung von Grundstücken oder grundstücksgleichen Rechten mit einem Gegenstandswert von jeweils mindestens ...... EUR (in Worten: ...... Euro);

(c) Verträge über den Erwerb, die Veräußerung oder die Belastung von Gegenständen des Anlagevermögens mit einem Wert von jeweils mindestens ...... EUR (in Worten: ...... Euro);

(d) Kredit- und sonstige Darlehensverträge, Anleihen, Schuldverschreibungen und jede sonstige Art der Fremdfinanzierung, die die jeweilige X-Gesellschaft im Einzelfall zu einer Zahlung von mindestens ...... EUR (in Worten: ...... Euro) verpflichten;

(e) Garantien, Bürgschaften, Schuldübernahmen, Schuldbeitritte, Patronatserklärungen und sonstige Verpflichtungen, die für Verbindlichkeiten Dritter (ausgenommen Mitglieder der X-Gruppe) übernommen wurden und die jeweilige X-Gesellschaft in Höhe von mindestens ...... EUR (in Worten: ...... Euro) verpflichten;

(f) andere als von (a) bis (e) dieses § 8.7.1 erfasste Dauerschuldverhältnisse, soweit sie den betroffenen X-Gesellschaften jährliche Zahlungsverpflichtungen von mehr als ...... EUR (in Worten: ...... Euro) auferlegen und nicht spätestens mit Wirkung zum ...... beendet werden können.

8.7.2 Sofern nicht abweichend in Anlage 8.7.2 aufgeführt, sind nach Kenntnis der Verkäuferin alle Wesentlichen Verträge wirksam und bindend. Nach Kenntnis der Verkäuferin ist keiner der X-Gesellschaften die Kündigung eines Wesentlichen Vertrages zugegangen. Nach Kenntnis der Verkäuferin verletzt keine der X-Gesellschaften in einer Weise eine Pflicht aus einem Wesentlichen Vertrag oder ist in einer Weise mit der Erfüllung einer solchen in Verzug, die der anderen Vertragspartei das Recht zur Kündigung des betreffenden Vertrags aus wichtigem Grund gibt, es sei denn, aus Anlage 8.7.2 ergibt sich etwas anderes.

8.8 Arbeitsrechtliche Angelegenheiten

8.8.1 Anlage 8.8.1(a) enthält eine Aufstellung derjenigen Beschäftigten der X-Gesellschaften, die Anspruch auf ein festes Grundgehalt (ohne zusätzliche Vergütungsbestandteile wie Boni, Mitarbeiterbeteiligungen, Aktienoptionen, Firmenwagen oder andere Vergünstigungen) für das Kalenderjahr ...... von mehr als brutto ...... EUR (in Worten: ...... Euro) haben (das *Schlüsselpersonal*). Abgesehen von den in Anlage 8.8.1(b) genannten Personen hat kein Angehöriger des Schlüsselpersonals die Kündigung seines Arbeitsverhältnisses erklärt.

8.8.2 Anlage 8.8.2 enthält eine Aufstellung von Tarifverträgen und anderen wesentlichen Vereinbarungen mit Gewerkschaften, Betriebsräten und ähnlichen Gremien, an die die X-Gesellschaften nach Kenntnis der Verkäuferin gebunden sind.

8.9 Versicherungen

Anlage 8.9 enthält eine Aufstellung der wesentlichen, zugunsten der X-Gesellschaften abgeschlossenen Sach- und Haftpflichtversicherungen. Alle bis zum Unterzeichnungstag fälligen Versicherungsprämien sind ordnungsgemäß gezahlt worden. [Nach Kenntnis der Verkäuferin bestehen keine Umstände, nach denen die genannten Versicherungen unwirksam sein könnten.]

8.10 Rechtsstreitigkeiten

Mit Ausnahme der in Anlage 8.10 aufgeführten Verfahren ist nach Kenntnis der Verkäuferin kein Gerichtsverfahren, Schiedsverfahren oder Verwaltungsverfahren anhängig, an dem eine X-Gesellschaft beteiligt ist und das im Einzelfall einen Streit- oder Gegenstandswert von ...... EUR (in Worten: ...... Euro) überschreitet. Nach Kenntnis der Verkäuferin ist auch keiner der X-Gesellschaften die Einleitung eines solchen Verfahrens schriftlich angedroht worden.

8.11 Erlaubnisse und Genehmigungen

Nach Kenntnis der Verkäuferin (i) verfügen die X-Gesellschaften über alle Genehmigungen und Erlaubnisse nach anwendbarem öffentlichen Recht, die von wesentlicher Bedeutung für ihren jeweiligen Geschäftsbetrieb und erforderlich sind, um ihre Geschäftstätigkeit im Wesentlichen in Art und Umfang wie am Unterzeichnungstag fortzuführen; (ii) bestehen keine offenen Anträge für oder im Hinblick auf solche Genehmigungen oder Erlaubnisse; (iii) bestehen und drohen weder Aufhebung, noch Beschränkungen oder nachträgliche Anordnungen in Bezug auf diese Genehmigungen und Erlaubnisse, die die Geschäftstätigkeit der X-Gesellschaften als Ganzes ab dem Stichtag wesentlich beeinträchtigen würden; (iv) führen die X-Gesellschaften ihren jeweiligen Geschäftsbetrieb im Wesentlichen im Einklang mit allen wesentlichen Vorschriften derjenigen Genehmigungen und Erlaubnisse, deren Nichtbeachtung die Zulässigkeit der Geschäftstätigkeit der X-Gesellschaften im Ganzen wesentlich beeinträchtigen würde.

8.12 Fortführung der Geschäfte

Soweit sich aus Anlage 8.12 nichts anderes ergibt, ist der Geschäftsbetrieb der X-Gesellschaften vom ...... [Beginn des laufenden Geschäftsjahres] bis zum Unterzeichnungstag im Rahmen des gewöhnlichen Geschäftsgangs und im Wesentlichen in der gleichen Weise wie zuvor geführt worden. Insbesondere haben die X-Gesellschaften vom ...... [Beginn des laufenden Geschäftsjahres] bis zum Unterzeichnungstag

(a) keine Gewinne außerhalb des EAV ausgeschüttet oder sonstige Gewinnverteilungen vorgenommen;

(b) an Dritte (ausgenommen die X-Gesellschaften) keine Geschäftsanteile ausgegeben oder ihnen sonstige Beteiligungen gewährt;

(c) außerhalb des gewöhnlichen Geschäftsgangs keine Investitionen getätigt oder vertragliche Verpflichtungen begründet;

(d) keine Gegenstände des Anlagevermögens außerhalb des gewöhnlichen Geschäftsgangs und außer zu Marktbedingungen erworben oder veräußert;

(e) keine Verbindlichkeiten gegenüber Dritten (ausgenommen andere X-Gesellschaften) außerhalb des gewöhnlichen Geschäftsgangs begründet;

(f) Dritten (ausgenommen andere X-Gesellschaften) keine Darlehen außerhalb des gewöhnlichen Geschäftsgangs gewährt oder prolongiert;

(g) keine wesentlichen Veränderungen in den Vertragsbedingungen (einschließlich der Vergütung) des Schlüsselpersonals außerhalb des gewöhnlichen Geschäftsgangs vorgenommen.

8.13 Keine weiteren Garantieversprechen der Verkäuferin

8.13.1 Die Käuferin erkennt ausdrücklich an, die X-Geschäftsanteile und damit die X-Gruppe und ihre Geschäftstätigkeit in dem Zustand zu erwerben, wie sie sich am Unterzeichnungstag nach ihrer eigenen Untersuchung und Beurteilung sämtlicher Umstände befinden, und den Kauf aufgrund ihrer eigenen Entscheidung, Untersuchung und Beurteilung zu tätigen, ohne hierbei auf ausdrückliche

	oder konkludente Zusicherungen, Gewährleistungen oder Garantien der Verkäuferin abzustellen, die über die von der Verkäuferin ausdrücklich in diesem § 8 abgegebenen Verkäufergarantien hinausgehen oder von diesen abweichen.
8.13.2	Unbeschadet des vorangegangenen Absatzes akzeptiert die Käuferin insbesondere, dass die Verkäuferin keine ausdrücklichen oder stillschweigenden Garantieversprechen, Gewährleistungen, Zusicherungen sonstige Einstandserklärungen abgibt zu

  (a) der Käuferin zugänglich gemachten Prognosen, Schätzungen oder Budgets über künftige Einnahmen, Gewinne, Cash Flows, die künftige Finanzlage oder den künftigen Geschäftsbetrieb der X-Gesellschaften oder Minderheitsbeteiligungen;

  (b) anderen Informationen oder Dokumenten, die der Käuferin, ihren Anwälten, Wirtschaftsprüfern oder sonstigen Beratern in Bezug auf die X-Gesellschaften und Minderheitsbeteiligungen und/oder deren Geschäftstätigkeit zugänglich gemacht worden sind, einschließlich der Geschäftspläne, Schätzungen, Berechnungen und sonstigen Annahmen im Information Memorandum und der während der Management-Präsentation am ...... mitgeteilten Informationen, es sei denn, aus diesem Vertrag ergibt sich ausdrücklich etwas anderes;

  (c) Umweltangelegenheiten, mit Ausnahme der Regelungen in § 10 (Freistellung von umweltrechtlichen Verbindlichkeiten);

  (d) Steuerangelegenheiten, mit Ausnahme der Regelungen in § 11 (Steuern).

8.14 Kenntnis der Verkäuferin

„Kenntnis der Verkäuferin" im Sinne dieses Vertrages (zuvor und nachfolgend als *Kenntnis der Verkäuferin* bezeichnet) umfasst nur die tatsächliche Kenntnis der in Anlage 8.14 aufgeführten Personen am Unterzeichnungstag.[98]

§ 9 Rechtsfolgen bei Verletzung von Verkäufergarantien; Verfahren

9.1 Naturalrestitution; Schadensersatz

9.1.1 Im Falle der Verletzung einer Verkäufergarantie durch die Verkäuferin hat die Verkäuferin die Käuferin, oder, nach deren Wahl die betreffende X-Gesellschaft, so zu stellen, wie sie stehen würde, wenn die Verkäufergarantie nicht verletzt worden wäre (Naturalrestitution).

9.1.2 Bewirkt die Verkäuferin die Naturalrestitution nicht innerhalb von drei (3) Monaten nach Zugang der Anzeige gemäß § 9.3, kann die Käuferin Schadensersatz in Geld verlangen. Die Verpflichtung zum Schadensersatz ist beschränkt auf den Ersatz tatsächlich bei der Käuferin entstandener, unmittelbarer Schäden. Nicht ausgleichspflichtig sind insbesondere mittelbare oder Folgeschäden (einschließlich infolge von Schadensersatzzahlungen anfallender oder zu erwartender zusätzlicher Steuerbelastungen), entgangener Gewinn, interne Verwaltungs- oder Fixkosten, eventuell infolge geleisteter Schadensersatzzahlungen anfallende oder erwartete zusätzliche Steuerbelastungen sowie ein geminderter Unternehmenswert. Der Einwand, dass der Kaufpreis aufgrund unrichtiger Annahmen berechnet worden sei, ist ausgeschlossen.

9.1.3 Soweit ein Garantieversprechen verletzt wird, das sich auf eine Mehrheitsgesellschaft oder Minderheitsbeteiligung bezieht, haftet die Verkäuferin nur pro rata in Höhe ihrer Beteiligung an der betreffenden Gesellschaft am Unterzeichnungstag.

9.2 Vorrang spezieller Verkäufergarantien und Freistellungsvereinbarungen

Ansprüche der Käuferin gemäß § 9.1 i. V. m. § 8.3 (Jahresabschlüsse) sind ausgeschlossen, wenn und soweit dieser Vertrag eine speziellere Verkäufergarantie oder Freistellungsvereinbarung in Bezug auf das betreffende Sachgebiet enthält.[99] In diesem Fall regelt die jeweilige spezielle Verkäufergarantie die Haftung der Verkäuferin in Bezug auf das von der speziellen Verkäufergarantie oder Freistellungsvereinbarung umfasste Sachgebiet abschließend.

9.3 Anzeige eines Garantieanspruches; Schadensminderung
Im Fall einer tatsächlichen oder möglichen Verletzung einer Verkäufergarantie ist die Käuferin verpflichtet, der Verkäuferin unverzüglich nach Kenntniserlangung schriftlich die tatsächliche oder mögliche Verletzung unter genauer Beschreibung der zugrunde liegenden Umstände mitzuteilen, und, soweit möglich, die geschätzte Höhe des Anspruchs anzugeben. [Dies gilt auch dann, wenn der aus der Garantieverletzung möglicherweise resultierende Anspruch den Freibetrag oder den Gesamtfreibetrag (§ 12.4) unterschreitet.] Der Verkäuferin ist ferner Gelegenheit zu geben, die Verletzung innerhalb des in § 9.1.1 genannten Zeitraums zu beheben.

9.4 Verfahren bei Ansprüchen Dritter

9.4.1 Sollten nach dem Vollzugstag von dritter Seite Ansprüche oder Forderungen gegenüber der Käuferin oder einer X-Gesellschaft geltend gemacht werden, die einen Garantieanspruch auslösen könnten (nachfolgend als *Drittansprüche* bezeichnet), ist die Käuferin verpflichtet, die Verkäuferin hiervon unverzüglich schriftlich in Kenntnis zu setzen und ihr Kopien der diesbezüglichen Korrespondenz mit dem Dritten sowie aller fristbezogenen Dokumente zukommen zu lassen. [Dies gilt auch dann, wenn der aus der Garantieverletzung möglicherweise resultierende Anspruch den Freibetrag oder den Gesamtfreibetrag (§ 12.4) unterschreitet.] Darüber hinaus hat sie der Verkäuferin Gelegenheit zu geben, solche Drittansprüche nach Maßgabe von § 9.4.2 für die Käuferin oder die betreffende(n) X-Gesellschaft(en) abzuwehren. Das Verhältnis zwischen dem Dritten einerseits und der Käuferin und/oder Zielgesellschaft andererseits wird nachfolgend als *Drittverfahren* bezeichnet.

9.4.2 Für das Drittverfahren gelten folgende Regeln:
(a) Die Verkäuferin ist berechtigt, an allen Verhandlungen und dem Schriftverkehr mit der dritten Partei federführend teilzunehmen und einen Anwalt zu beauftragen, der im Namen der Käuferin oder der betreffenden X-Gesellschaft tätig wird.
(b) Die Verkäuferin hat jederzeit das Recht, das Drittverfahren ganz oder teilweise selbst im Namen der Käuferin oder der betreffenden X-Gesellschaft zu führen oder diesen in Bezug auf die Führung des Drittverfahrens bindende Anweisungen zu erteilen. Soweit die Verkäuferin das Drittverfahren führt, ist sie berechtigt, die Drittansprüche im Namen der Käuferin oder der betreffenden X-Gesellschaft mit sämtlichen zur Verfügung stehenden Angriffs- und Verteidigungsmitteln abzuwehren oder einen Vergleich zu schließen. Sie ist verpflichtet, das Drittverfahren nach Treu und Glauben zu führen und hat dabei angemessene Rücksicht auf die Interessen der Käuferin zu nehmen.
(c) Soweit die Käuferin das Drittverfahren führt, ist sie verpflichtet, die Drittansprüche mit sämtlichen zur Verfügung stehenden Angriffs- und Verteidigungsmitteln abzuwehren und jede dieser Maßnahmen zuvor mit der Verkäuferin abzustimmen. Die Käuferin und X-Gesellschaften sind unter keinen Umständen berechtigt, ohne vorherige schriftliche Zustimmung der Verkäuferin Ansprüche anzuerkennen, sich zu vergleichen oder eine Anerkennung oder einen Vergleich zu genehmigen, soweit diese Ansprüche zu einer Haftung der Verkäuferin nach diesem Vertrag führen können.

1. GmbH-Anteilskaufvertrag – ausführlich, verkäuferfreundlich　　　　　　　　**C. II. 1**

(d) Die Käuferin und die X-Gesellschaften sind verpflichtet, auf eigene Kosten bei der Abwehr von Drittansprüchen mit der Verkäuferin uneingeschränkt zusammenzuwirken, der Verkäuferin und deren Vertretern (einschließlich Beratern) Zugang zu allen geschäftlichen Unterlagen und Dokumenten zu gewähren sowie der Verkäuferin und ihren Vertretern zu gestatten, die Geschäftsführung, Mitarbeiter und Vertreter der Käuferin und der X-Gesellschaften zu Beratungen hinzuzuziehen.

(e) In dem Umfang, wie die Verkäuferin eine Verkäufergarantie verletzt hat, ist sie auch verpflichtet, daraus entstandene Kosten und Auslagen der Abwehr von Drittansprüchen zu tragen. Stellt sich nachträglich heraus, dass der Verkäuferin keine Verletzung angelastet werden kann, ist die Käuferin verpflichtet, alle angemessenen Kosten und Auslagen (einschließlich Beratungshonorare) zu tragen, die der Verkäuferin im Zusammenhang mit der Abwehr von Drittansprüchen entstanden sind.

9.4.3　Die Käuferin hat durch geeignete Maßnahmen sicherzustellen, dass die X-Gesellschaften die in diesem § 9.4 getroffenen Vereinbarungen einhalten.

9.5　Verfahren bei Ansprüchen gegen Dritte

Für den Fall, dass die Käuferin von einem Umstand Kenntnis erlangt, der in einer Angelegenheit einen Anspruch gegen einen Dritten begründen könnte, die zuvor Gegenstand einer Zahlung der Verkäuferin an die Käuferin im Zusammenhang mit diesem Vertrag war, wird die Käuferin die Verkäuferin hiervon unverzüglich schriftlich in Kenntnis setzen. Hinsichtlich der Geltendmachung eines solchen möglichen Anspruchs gegen einen Dritten findet § 9.4 entsprechende Anwendung. Bei einer erfolgreichen Durchsetzung des Anspruchs steht der Verkäuferin der von dem Dritten erlangte Betrag zu, jedoch nur soweit, als er den zuvor von ihr an die Käuferin gezahlten Betrag nicht übersteigt.

9.6　Anspruchsverlust der Käuferin bei Pflichtverletzung

Verletzt die Käuferin eine ihrer Pflichten gemäß § 9.3 bis § 9.5, wird die Verkäuferin von ihren Verpflichtungen gemäß § 9.1 i. V. m. § 8 frei.

9.7　Behandlung von Zahlungen[100]

Zahlungen der Verkäuferin gemäß § 8 bis § 11 sind im Verhältnis zwischen Käuferin und Verkäuferin als Herabsetzung des Kaufpreises anzusehen; Zahlungen der Verkäuferin an eine X-Gesellschaft gelten als Einlage der Käuferin in das Vermögen der jeweiligen Zahlungsempfängerin.

§ 10 Freistellung von umweltrechtlichen Verbindlichkeiten[101]

10.1　Definitionen

In diesem Vertrag sind die Begriffe Sanierungsaufwendungen, Umweltbelastungen, Umweltrechtliche Vorschriften und Umweltangelegenheit wie folgt definiert:

10.1.1　*Sanierungsaufwendungen* umfasst jede Aufwendung der X-GmbH oder einer Tochtergesellschaft, die verursacht wird durch

(a) eine Sanierung im Sinne von § 2 Abs. 7 BBodSchG oder einer anderen Umweltrechtlichen Vorschrift im Zusammenhang mit einer Umweltbelastung;

(b) Schutz- oder Beschränkungsmaßnahmen im Sinne von § 2 Abs. 8 BBodSchG oder einer anderen Umweltrechtlichen Vorschrift im Zusammenhang mit einer Umweltbelastung;

(c) Maßnahmen zur Abwehr einer unmittelbaren Gefahr für Leib oder Leben, die von einer Umweltbelastung ausgeht.

10.1.2　*Umweltbelastungen* sind vor dem Stichtag vorhandene (i) schädliche Bodenveränderungen im Sinne von § 2 Abs. 3 BBodSchG oder vergleichbaren aus-

Schrader

ländischen Rechtsvorschriften auf dem der X-GmbH oder einer Tochtergesellschaft gehörenden oder von ihr genutzten Grundbesitz (im Rahmen dieses § 10 als *Grundbesitz* bezeichnet) und (ii) schädliche Veränderungen des Grundwassers, die vom Grundbesitz ausgehen.

10.1.3 *Umweltrechtliche Vorschriften* sind Gesetze, Verordnungen, Satzungen, Verwaltungsakte und sonstige rechtlich bindende Regelungen einschließlich europarechtlicher Vorschriften, die sich auf Umweltangelegenheiten beziehen und am Unterzeichnungstag gültig und durchsetzbar sind.

10.1.4 *Umweltangelegenheit* ist jede Angelegenheit im Zusammenhang mit der schädlichen Verunreinigung des Erdbodens, des Grundwassers, eines Oberflächengewässers oder der Erdoberfläche.

10.2 Freistellung

Vorbehaltlich der Haftungsbeschränkungen gem. §§ 10.3, 10.4.4 und § 12 verpflichtet sich die Verkäuferin, die Käuferin von Sanierungsaufwendungen freizustellen, wenn und soweit

(a) sie auf einer bestandskräftigen und vollziehbaren Verfügung einer Behörde beruhen; oder

(b) auf einem rechtskräftigen Urteil beruhen; oder

(c) auf einem öffentlich-rechtlichen Vertrag beruhen, der vor dem Stichtag unterzeichnet wurde; oder

(d) erforderlich sind, um eine unmittelbare Gefahr für Leib oder Leben abzuwenden.

10.3 Ausschluss und Beschränkungen

10.3.1 Die Verpflichtung zur Freistellung gemäß § 10.2 ist ausgeschlossen, wenn und soweit

(a) die Sanierungsaufwendungen durch Untersuchungen, vorbereitende oder erforschende Maßnahmen oder Anzeigen nach dem Vollzugstag ausgelöst werden, zu denen die Verkäuferin im Zeitpunkt des Entstehens der Sanierungsaufwendung rechtlich nicht verpflichtet war; oder

(b) die Sanierungsaufwendungen erforderlich sind, weil die X-GmbH oder eine Tochtergesellschaft (i) nach dem Vollzugstag grob fahrlässig gesetzlich vorgeschriebene Abwehrmaßnahmen unterlassen haben, (ii) nach dem Vollzugstag außerhalb ihres bis zum Vollzugstag bestehenden gewöhnlichen Geschäftsbetriebs tätig geworden ist, insbesondere durch eine wesentliche Änderung der Nutzung, die Beendigung geschäftlicher Aktivitäten auf oder Außerbetriebnahme von Grundbesitz oder hierauf befindlichen Gebäuden und Anlagen oder (iii) ihre Geschäftstätigkeit nach dem Stichtag wesentlich ausgeweitet oder Baumaßnahmen auf dem Grundbesitz ergriffen haben; oder (iv) die Sanierungsaufwendungen infolge grob fahrlässiger Handlungen oder Unterlassungen eines Angestellten, Dienstverpflichteten oder sonstigen Erfüllungsgehilfen oder Vertragspartners der X-GmbH oder einer Tochtergesellschaft erforderlich werden; oder

(c) die Sanierungsaufwendungen infolge des Unterlassens von dem jeweiligen Stand der Technik entsprechenden Maßnahmen zur Gefahrenabwehr oder des Nichteinhaltens von dem jeweiligen Stand der Technik entsprechenden Umwelt- und Sicherheitsstandards erforderlich werden, die ein ordentlicher Kaufmann nach dem Vollzugstag vorgenommen und eingehalten hätte; oder

(d) die Sanierungsaufwendungen infolge des Inkrafttretens oder einer Änderung Umweltrechtlicher Vorschriften nach dem Vollzugstag erforderlich werden.

10.3.2 Für die Freistellung durch die Verkäuferin gelten folgende Freibeträge:
(a) Sanierungsaufwendungen bis zu einer Höhe von ...... EUR (in Worten: ...... Euro) im Einzelfall und ...... EUR (in Worten: ...... Euro) insgesamt werden nicht ersetzt.
(b) Darüber hinausgehende Sanierungsaufwendungen werden
   (i) von der Verkäuferin zu [75]% ersetzt, soweit sie im ersten Jahr nach dem Vollzugstag entstehen;
   (ii) von der Verkäuferin zu [50]% ersetzt, soweit sie im zweiten Jahr nach dem Vollzugstag entstehen;
   (iii) von der Verkäuferin zu [25]% ersetzt, soweit sie im dritten Jahr nach dem Vollzugstag entstehen;
   (iv) nicht ersetzt, soweit sie später entstehen.
Sanierungsaufwendungen gelten als entstanden, sobald die Käuferin die Verkäuferin gem. § 10.4.1 von einem anspruchsbegründenden Umstand unterrichtet hat, vorausgesetzt, dass die entsprechenden Sanierungsaufwendungen binnen zwölf (12) Monaten ab Zugang der Unterrichtung bei der Verkäuferin tatsächlich anfallen. Fallen die Sanierungsaufwendungen später an, ist der spätere Zeitpunkt maßgeblich.

10.3.3 Weitergehende Beschränkungen gemäß § 12 bleiben unberührt.

10.4 Abwehr umweltrechtlicher Ansprüche und Führung umweltrechtlicher Verfahren

10.4.1 Nach dem Vollzugstag ist die Käuferin verpflichtet, die Verkäuferin unverzüglich von jedem Umstand zu unterrichten, der einen Anspruch der Käuferin auf Freistellung gem. § 10.2 begründen könnte. Die Mitteilung hat schriftlich zu erfolgen und muss die wesentlichen Umstände, die ursächlich für den behaupteten Freistellungsanspruch sein könnten, genau bezeichnen. Der Mitteilung sind Kopien sämtlicher Aufzeichnungen und Unterlagen bzw. Korrespondenz beizufügen, die die Käuferin von Dritten einschließlich Behörden oder anderen Hoheitsträgern erhalten bzw. mit diesen geführt hat.

10.4.2 Die Käuferin verpflichtet sich, Sanierungsaufwendungen nur nach vorheriger Zustimmung der Verkäuferin zu tätigen. Die Käuferin hat der Verkäuferin Zugang zum Grundbesitz, den Geschäftsbüchern und sonstigen Aufzeichnungen der Käuferin, der X-GmbH und der Tochtergesellschaften zu gewähren, soweit dies erforderlich ist, um etwaige Sanierungsaufwendungen beurteilen und abschätzen zu können. Soweit und solange die Verkäuferin nach § 10 haftet, hat die Käuferin dafür zu sorgen, dass der Verkäuferin auf deren Verlangen hin Kopien sämtlicher sich ab dem Vollzugstag im Besitz der X-GmbH oder einer Tochtergesellschaft befindlicher Unterlagen und Aufzeichnungen zur Einsicht auf dem Betriebsgelände der jeweiligen Gesellschaft bereit gehalten werden, die sich auf den Grundbesitz beziehen.

10.4.3 Machen nach dem Vollzugstag gegenüber der Käuferin oder einer der Tochtergesellschaften Dritte oder Behörden ein Recht geltend oder leiten ein gerichtliches oder behördliches Verfahren ein, das einen Anspruch der Käuferin gemäß diesem § 10 begründen könnte, ist die Käuferin verpflichtet, die Verkäuferin hiervon unverzüglich schriftlich in Kenntnis zu setzen. Die Regelungen der § 9.4 (Verfahren bei Ansprüchen Dritter) und § 9.5 (Verfahren bei Ansprüchen gegen Dritte) gelten entsprechend.

10.4.4 Verletzt die Käuferin eine ihrer Pflichten gemäß § 10.4, wird die Verkäuferin von ihren Verpflichtungen gemäß § 10 frei, es sei denn, die Käuferin weist nach, dass der die Umweltfreistellung begründende Umstand auch bei pflichtgemäßer Erfüllung ihrer Pflichten eingetreten wäre.

10.4.5 Die Käuferin verpflichtet sich, die Verkäuferin von allen Ansprüchen, Schäden, Aufwendungen freizustellen, die der Verkäuferin in Zusammenhang mit Umweltbelastungen entstehen.

10.5 Verjährung

Ansprüche der Käuferin gemäß § 10 (Umweltfreistellung) verjähren mit Ablauf von ...... Jahren ab dem Vollzugstag.

§ 11 Steuern

11.1 Definition von Steuern[102]

Steuern im Sinne dieses Vertrages sind alle von einer zuständigen inländischen Bundes-, Landes- oder Kommunalbehörde oder einer entsprechenden ausländischen Behörde (nachfolgend als *Steuerbehörde(n)*) bezeichnet) erhobenen Steuern i.S.d. § 3 Abs. 1 und 3 AO oder entsprechender Regelungen eines ausländischen Rechts, zuzüglich steuerlicher Nebenleistungen (wie z.B. Zinsen, Kosten, Steuerzuschläge) i.S.v. § 3 Abs. 4 AO oder entsprechender Regelungen eines ausländischen Rechts sowie Haftungsverbindlichkeiten für vorstehend genannte Steuern.

11.2 Steuererklärungen und Steuerzahlungen bis zum Vollzugstag[103]

Die Verkäuferin garantiert im Wege eines selbstständigen Garantieversprechens, unter entsprechender Anwendung des § 8.1 und im Umfang und mit den Beschränkungen von § 9 und § 12, dass

(a) die X-Gesellschaften alle wesentlichen Steuerklärungen bis zum Vollzugstag rechtzeitig abgegeben haben oder (unter Berücksichtigung aller von einer Steuerbehörde gewährten Fristverlängerungen) rechtzeitig abgeben werden, und,

(b) alle fälligen Steuern der X-Gesellschaften bis zum Vollzugstag im Wesentlichen entrichtet worden sind oder entrichtet werden.

11.3 Steuerrechtliche Freistellung[104]

11.3.1 Die Verkäuferin verpflichtet sich, die Käuferin von allen bestandskräftig für die X-Gesellschaften festgesetzten Steuern[105] freizustellen, die auf Zeiträume bis einschließlich zum Stichtag entfallen (nachfolgend als *Steuerfreistellung* bezeichnet).

(a) In Bezug auf die Steuern der X-Gesellschaften, die für Veranlagungs- oder Erhebungszeiträume veranlagt bzw. erhoben werden, die vor dem oder am Stichtag beginnen, jedoch erst nach dem Stichtag enden, und deren Bemessungsgrundlage Einkünfte, Gewinne oder Umsätze darstellen, wird der Anteil der Steuern, der auf Zeiträume bis einschließlich zum Stichtag entfällt, so ermittelt, als hätte der jeweilige Veranlagungs- oder Erhebungszeitraum zum Stichtag geendet. Soweit dabei Einkünfte, Gewinne oder Umsätze aus Geschäftsvorfällen vor oder am Stichtag resultieren, werden diese Einkünfte, Gewinne oder Umsätze den Zeiträumen bis zum Stichtag zugerechnet; soweit sie aus Geschäftsvorfällen nach dem Stichtag resultieren, werden diese Einkünfte, Gewinne oder Umsätze den Zeiträumen nach dem Stichtag zugerechnet.[106]

(b) In Bezug auf alle übrigen Steuern der X-Gesellschaften wird der Anteil der Steuern, der auf Zeiträume bis einschließlich zum Stichtag entfällt, pro rata temporis ermittelt; die dafür maßgebliche Aufteilungsquote ergibt sich aus der Summe der Tage bis einschließlich zum Stichtag, die durch die Anzahl der Tage des gesamten Veranlagungs- oder Erhebungszeitraums zu teilen ist, wobei für einen kalenderjahrgleichen Veranlagungs- oder Erhebungszeitraum 360 Tage zu Grunde gelegt werden.[107]

1. GmbH-Anteilskaufvertrag – ausführlich, verkäuferfreundlich C. II. 1

(c) Wenn und soweit sich die Steuerfreistellung auf Steuern von Mehrheitsgesellschaften bezieht, reduziert sich die Steuerfreistellung auf den direkt oder indirekt auf die X-GmbH entfallenden anteiligen Prozentsatz an der jeweiligen Mehrheitsgesellschaft (nachfolgend als *Pro Rata-Reduzierung* bezeichnet).[108]

11.3.2 Die Verkäuferin gewährt die Steuerfreistellung nach folgenden Grundsätzen:

(a) Die Verpflichtung zur Steuerfreistellung besteht nur, falls und soweit die freizustellenden Steuern die im Konsolidierten Jahresabschluss für Steuern ausgewiesenen Rückstellungen und Verbindlichkeiten übersteigen, unabhängig davon, ob die Rückstellungen oder Verbindlichkeiten für diejenige Steuer gebildet wurden, die den Anspruch auf die Steuerfreistellung begründet, und die Steuern bis einschließlich zum Stichtag noch nicht getilgt oder auf andere Weise zum Erlöschen gebracht wurden.[109]

(b) Die Steuerfreistellung ist um alle steuerlichen Vorteile zu reduzieren, die die Käuferin, X-Gesellschaften, ein mit der Käuferin verbundenes Unternehmen im Sinne von § 15 AktG oder die jeweilige Rechtsnachfolgerin nach dem Stichtag erlangen, soweit diese Vorteile insbesondere resultieren aus, verbunden sind mit oder hervorgerufen bzw. (rückwirkend) ausgelöst werden durch[110]

  (i) eine(r) Aufstockung der steuerbilanziellen Ansätze von der regelmäßigen Absetzung für Abnutzung unterliegenden Wirtschaftsgütern (einschließlich der Nichtanerkennung außerordentlicher Abschreibungen) in Zeiträumen bis einschließlich zum Stichtag, und/oder

  (ii) der/die steuerliche(n) Nichtanerkennung von Aufwand im Zusammenhang mit der Verbuchung von Verpflichtungen, Rücklagen, Rückstellungen, latenten Steuerverpflichtungen oder sonstigen Arten von Kosten oder Auslagen für Zeiträume bis einschließlich zum Stichtag, und/oder

  (iii) der/die Verrechnung steuerlicher Gewinne der X-Gesellschaften, die in Zeiträumen nach dem steuerlichen Stichtag entstehen, mit zum Stichtag bestehenden Verlustvorträgen der X-Gesellschaften,

  (iv) jegliche(n) sonstige(n) Auswirkung(en) (einschließlich – aber nicht abschließend – solcher, die zu miteinander korrespondierenden Mehr- und Mindersteuern auf Ebene verschiedener X-Gesellschaften führen und/oder die sich aus der Verteilung des Einkommens von der Periode nach dem Stichtag auf die Periode vor dem Stichtag ergeben)

(nachfolgend als *Steuervorteil* bezeichnet), wenn das Ereignis, das zur Erlangung des Steuervorteils führt, zugleich zu einem Anstieg des zu versteuernden Einkommens bei der jeweiligen X-Gesellschaft für den Zeitraum bis einschließlich des Stichtages führt und aufgrund dessen die Verpflichtung zur Steuerfreistellung besteht.[111] Die Minderung der Steuerfreistellung erfolgt in Höhe des Barwertes des Steuervorteils, der ermittelt wird durch Abzinsung des Steuervorteils mit einem Zinssatz, der hundert (100) Basispunkte über EURIBOR beträgt, auf der Grundlage einer kalkulierten Gesamtsteuerbelastung von vierzig (40) Prozent; entsteht der Steuervorteil auf Ebene einer Mehrheitsgesellschaft, gilt bei Ermittlung des Steuervorteils die Pro Rata-Reduzierung entsprechend.

(c) Die Verkäuferin haftet nicht für Steuern, wenn und soweit diese die Folge sind

  (i) von nach dem Stichtag eingeführten Änderungen der Buchführungs- oder Besteuerungspraxis auf Ebene von X-Gesellschaften (einschließlich der Praxis zur Abgabe der Steuererklärungen), sofern diese nicht aufgrund zwingenden Rechts geboten sind, oder

(ii) von Handlungen, Erklärungen, Unterlassungen oder sonstigen Maßnahmen der Käuferin, der X-Gesellschaften bzw. eines Rechtsnachfolgers nach dem Stichtag (insbesondere Änderungen eines steuerlichen Ansatzwahlrechts, Beendigung einer steuerlichen Organschaft, Zustimmung zu oder Umsetzung von Umwandlungsmaßnahmen oder Verkauf von Wirtschaftsgütern),[112]

(d) Die Verkäuferin haftet nicht für Steuern, wenn und soweit diese durch Inanspruchnahme gesetzlicher oder vertraglicher Regressmöglichkeiten gegenüber Dritten ausgeglichen werden oder ausgeglichen werden können.[113]

(e) Wenn die Käuferin ihre Pflichten nach diesem § 11 nicht erfüllt, sind sämtliche Ansprüche auf Steuerfreistellung ausdrücklich ausgeschlossen, es sei denn, die Käuferin weist nach, dass der die Steuerfreistellung begründende Umstand auch bei pflichtgemäßer Erfüllung ihrer Pflichten eingetreten wäre.[114]

11.3.3 Von der Verkäuferin geschuldete Zahlungen nach § 11 sind innerhalb von zwanzig (20) Bankarbeitstagen nach schriftlicher Mitteilung durch die Käuferin an diese zu leisten, vorausgesetzt, dass Zahlungen an die Steuerbehörden in diesem Umfang fällig sind. Die Verkäuferin ist in keinem Fall verpflichtet, früher als zwei (2) Bankarbeitstage vor Fälligkeit der Zahlung an die Steuerbehörden zu zahlen. Für den Fall, dass eine Steuerverbindlichkeit nach Maßgabe des § 11.6.3 bestritten wird, ist die Zahlung dieser Steuerverbindlichkeit erst dann als fällig anzusehen, wenn eine endgültige, bestandskräftige Festsetzung entweder durch die Steuerbehörde oder durch die zuständigen Finanzgerichte erfolgt ist, falls die Steuerbehörde bis zur endgültigen und bestandskräftigen Festsetzung eine Zahlungsfreistellung gewährt hat. Ist dies nicht der Fall, ist die Verkäuferin verpflichtet, entsprechende Vorauszahlungen auf die steuerrechtlichen Freistellungsansprüche an die Käuferin zu leisten, falls die Käuferin Sicherheit durch Bürgschaft einer angesehenen Bank für etwaige nachträgliche Erstattungsansprüche der Verkäuferin entsprechend der nachfolgenden Bestimmung stellt. Ist die endgültige Höhe des steuerrechtlichen Freistellungsanspruches niedriger als die Vorauszahlungen der Verkäuferin, hat die Käuferin die Differenz nebst allen angefallenen Zinsen zu erstatten.[115]

11.4 Steuerliche Organschaft[116]

Wird nach dem Stichtag der steuerliche Gewinn der X-Gesellschaften für Zeiträume bis einschließlich zum Stichtag erhöht, ohne dass damit eine Erhöhung der Steuern bei den X-Gesellschaften verbunden ist, weil der steuerliche Mehrgewinn der jeweiligen X-Gesellschaft aufgrund einer steuerlichen Organschaft der Verkäuferin zugerechnet wird, ist die Käuferin verpflichtet, der Verkäuferin den Vorteil der Käuferin, X-Gesellschaften oder Rechtsnachfolgern durch Zahlung auszugleichen, der sich aufgrund einer entsprechenden Verminderung des steuerlichen Gewinns der X-Gesellschaften für Zeiträume nach dem Stichtag ergibt; § 11.3.2 (b)(i) bis (iv) gilt entsprechend. Zur Ermittlung des Vorteils und damit des an die Verkäuferin zu zahlenden Betrages ist § 11.3.2 (b) letzter Satz entsprechend anzuwenden.

11.5 Erstattung und Freistellung der Verkäuferin

11.5.1 Die Käuferin verpflichtet sich, an die Verkäuferin die nachfolgend genannten Steuererstattungen, Steuervorteile und Beträge als zusätzliche Barzahlung zu zahlen:

(a) Sämtliche Steuererstattungen durch die Steuerbehörden zu Gunsten der X-Gesellschaften für Zeiträume bis einschließlich zum Stichtag und unabhängig davon, ob die Steuererstattungen in bar, durch Verrechnung mit

1. GmbH-Anteilskaufvertrag – ausführlich, verkäuferfreundlich

Steuerschulden, von denen die Verkäuferin die Käuferin nicht freistellen muss, oder in sonstiger Weise erfolgen,[117]

(b) den (verbleibenden) Steuervorteil im Sinne des § 11.3.2 (b)(iii), der im jeweiligen Veranlagungs- bzw. Erhebungszeitraum nicht mit Steuerfreistellungen verrechnet werden kann,[118] und

(c) den Betrag, um den die im Konsolidierten Jahresabschluss gebildeten Verbindlichkeiten und Rückstellungen für Steuern die für Zeiträume bis einschließlich zum Stichtag insgesamt unter Berücksichtigung der Regelung unter § 11.3.2 (a) noch zu zahlenden Steuern übersteigen.[119]

In Bezug auf Mehrheitsgesellschaften gilt die Pro Rata-Reduzierung entsprechend.

11.5.2 Wenn und soweit die Käuferin ihre Pflichten nach § 11 nicht erfüllt, ist die Käuferin verpflichtet, die Verkäuferin von allen (unmittelbaren oder mittelbaren) steuerlichen und finanziellen Nachteilen der Verkäuferin (z. B. aus der Verminderung laufender Verluste oder Verlustvorträge der Verkäuferin) freizustellen, die aufgrund der Ergebnisse steuerlicher Außenprüfungen entstehen, insbesondere aufgrund der Zurechnung zusätzlichen steuerlichen Gewinns bzw. der Erhöhung des Gesamtbetrages der Einkünfte bei der Verkäuferin; die Verpflichtung der Käuferin zur Freistellung der Verkäuferin gilt auch für alle (unmittelbaren und mittelbaren) Steuern und finanziellen Nachteilen der Verkäuferin aufgrund der in § 11.3.2 (c)(i) und (b) dargestellten Tatbestände.[120]

11.5.3 In Bezug auf Steuererstattungen der Käuferin an die Verkäuferin gelten die Zurechnungsregelungen nach § 11.3.1 entsprechend.[121]

11.6 Freistellungsverfahren[122]

11.6.1 Die Parteien werden im Zusammenhang mit Steuern, die sich auf Zeiträume bis einschließlich zum Stichtag beziehen, in allen Belangen zusammenarbeiten; dies gilt insbesondere, soweit es um die Erstellung und Einreichung von Steuererklärungen und Steueranmeldungen für Zeiträume bis einschließlich zum Stichtag geht. Die Käuferin ist verpflichtet, dafür Sorge zu tragen, dass

(a) der Verkäuferin unaufgefordert Kopien aller Steuerfestsetzungen und Steuerbescheide der X-Gesellschaften, die sich auf Zeiträume bis einschließlich zum Stichtag beziehen, unverzüglich und vollständig nach Erhalt dieser Steuerfestsetzungen und Steuerbescheide zugeleitet werden,

(b) die Verkäuferin oder Berater ihrer Wahl, die zur Berufsverschwiegenheit verpflichtet sind (im Rahmen dieses § 11 als *Berater* bezeichnet), vollumfänglichen Zugang zu allen Informationen, Büchern, Unterlagen und Dokumenten erhalten, die für die steuerliche Behandlung der X-Gesellschaften von Relevanz sind und sich (auch) auf Zeiträume bis einschließlich zum Stichtag beziehen, und

(c) diese Bücher, Unterlagen und Dokumente jedenfalls solange aufgehoben und archiviert werden, bis sämtliche Ansprüche aus diesem § 11 verjährt sind.

Steuererklärungen und Steueranmeldungen der X-Gesellschaften, die sich (auch) auf Zeiträume bis einschließlich zum Stichtag beziehen, dürfen durch die Käuferin oder die X-Gesellschaften ohne eine vorher erteilte schriftliche Zustimmung durch die Verkäuferin weder abgegeben, ergänzt oder geändert werden.

11.6.2 Die Käuferin hat die Verkäuferin unaufgefordert, unverzüglich und schriftlich über alle angekündigten oder laufenden steuerlichen Außenprüfungen und sonstigen Verwaltungs- und Gerichtsverfahren, die eine Steuerfreistellung oder Steuererstattung zugunsten der Verkäuferin auslösen könnten (nachfolgend als

Steuerverfahren bezeichnet), unter Angabe des Gegenstands der Prüfung oder einer behaupteten Steuerverbindlichkeit zu unterrichten. Der Unterrichtung sind sämtliche Unterlagen der Steuerbehörde bzw. des Gerichts über das Steuerverfahren oder die behauptete Steuerverbindlichkeit in Kopie beizufügen. Die Käuferin ist verpflichtet, dafür Sorge zu tragen, dass sämtliche während des Steuerverfahrens mit den Steuerbehörden bzw. dem Gericht oder anderen am Steuerverfahren beteiligten Behörden geführte Korrespondenz, insbesondere Anfragen der Prüfer im Rahmen einer steuerlichen Außenprüfung, unaufgefordert und unverzüglich in Kopie an die Verkäuferin weitergeleitet werden. Die Weitergabe von Informationen betreffend die X-Gesellschaften an die Steuerbehörden bzw. Gerichte im Rahmen eines Steuerverfahrens bedarf der vorherigen Zustimmung durch die Verkäuferin.

11.6.3 Die Käuferin steht dafür ein, dass die X-Gesellschaften der Verkäuferin die Teilnahme an den Steuerverfahren nach den folgenden Regelungen ermöglichen:

(a) Die Verkäuferin ist berechtigt, entweder selbst oder durch Berater, in eigenem Namen aufgrund Bevollmächtigung und auf ihre Kosten Prüfungen, Verwaltungs- oder Gerichtsverfahren durchzuführen und Rückerstattungsansprüche geltend zu machen, die im Zusammenhang mit allen behaupteten Steuern stehen und die zu einer Steuerfreistellung führen können (diese Prüfungen, Rückerstattungsansprüche oder Verfahren im Zusammenhang mit einer behaupteten Steuerverbindlichkeit werden nachfolgend zusammen als *Steuerauseinandersetzung* bezeichnet).

(b) Wenn die Verkäuferin beabsichtigt, eine Steuerauseinandersetzung (selbst oder mittels Berater) durchzuführen, wird die Verkäuferin dies der Käuferin innerhalb von fünfundzwanzig (25) Bankarbeitstagen nach Zugang der schriftlichen Mitteilung der Käuferin gemäß § 11.6.2 mitteilen

(c) Entscheidet sich die Verkäuferin für die Durchführung einer Steuerauseinandersetzung, hat die Käuferin unverzüglich dem von der Verkäuferin bezeichneten Vertreter und/oder Berater eine Vollmacht zu erteilen und von den X-Gesellschaften wirksam erteilen zu lassen, aufgrund der die Käuferin, die entsprechende X-Gesellschaft oder ihre Rechtsnachfolger bei der Steuerauseinandersetzung von der Verkäuferin oder ihren Beratern vertreten werden können.

(d) Die Käuferin ist verpflichtet, mit der Verkäuferin zusammenzuwirken und die X-Gesellschaften oder ihre Rechtsnachfolger zur Zusammenwirkung in allen Verfahrensstadien der Steuerauseinandersetzung auf Kosten der Verkäuferin zu veranlassen.

(e) Wird von der Verkäuferin keine Steuerauseinandersetzung durchgeführt oder wird der Käuferin keine Mitteilung über diese Entscheidung gemacht, können die Käuferin oder die X-Gesellschaften die behaupteten Steuerverbindlichkeiten begleichen, hierüber einen Vergleich abschließen oder diese anfechten (wobei weder die Käuferin noch eine der X-Gesellschaften eine behauptete Steuerverbindlichkeit begleichen oder hierüber einen Vergleich schließen darf, wenn die Verkäuferin hiergegen Einwände erhoben hat). Ungeachtet dessen kann die Verkäuferin oder ihre Berater auf Kosten der Verkäuferin an jeder Steuerauseinandersetzung teilnehmen.

11.7 Sonstiges; Verjährung[123]

11.7.1 Zusätzliche Gewinn- und Verlustzuweisungen, die sich durch steuerliche Außenprüfungen ergeben, die sich (auch) auf Zeiträume bis einschließlich zum Stichtag beziehen, führen nicht zu einer Erhöhung oder Minderung des Kaufpreises und berechtigen weder die Verkäuferin zu zusätzlichen Gewinnausschüttungen noch die Käuferin oder die Verkäuferin zu einer Kaufpreisanpassung.

11.7.2 Ansprüche der Käuferin nach § 11 verjähren mit Ablauf von drei (3) Monaten nach endgültiger und bestandskräftiger Festsetzung der betreffenden Steuern, spätestens jedoch mit Ablauf von fünf (5) Jahren ab dem Vollzugstag.

§ 12 Ausschluss und Beschränkung der Haftung der Verkäuferin

12.1 Keine doppelte Berücksichtigung

Ein Anspruch der Käuferin aus oder im Zusammenhang mit diesem Vertrag ist ausgeschlossen, wenn und soweit

(a) der anspruchsbegründende Sachverhalt im Jahresabschluss, im Konsolidierten Jahresabschluss oder in den Stichtagsabschlüssen berücksichtigt ist; oder

(b) der anspruchsbegründende Sachverhalt bereits anderweitig im Rahmen der Ermittlung des Kaufpreises berücksichtigt worden ist; oder

(c) der anspruchsbegründende Sachverhalt einen Anspruch der Käuferin oder einer X-Gesellschaft gegen einen Dritten, einschließlich Versicherungen, begründet; oder

(d) Rückstellungen im Jahresabschluss oder im Konsolidierten Jahresabschluss aufgelöst werden können, eine Wertaufholung abgeschriebener Vermögensgegenstände erfolgen kann oder bereits ganz oder teilweise wertberichtigte Forderungen von Schuldnern nach dem Vollzugstag erfüllt werden; oder

(e) der Anspruch auf einer nach dem Stichtag stattfindenden (i) Änderung eines Gesetzes, einer Rechtsverordnung, Satzung, einer Verwaltungsvorschrift, eines Urteils, Beschlusses, einer Entscheidung, Genehmigung, Verfügung oder eines sonstigen (Verwaltungs-)Akts oder sonstigen Rechtsvorschrift oder (ii) Erhöhung einer Steuer beruht.

12.2 Keine Haftung bei Kenntnis oder Kennenmüssen

12.2.1 Die Käuferin ist nicht berechtigt, Ansprüche aus oder im Zusammenhang mit diesem Vertrag geltend zu machen,

(a) soweit sie die dem Anspruch zugrunde liegenden Tatsachen oder Umstände kannte oder kennen musste (fahrlässige Unkenntnis);

(b) soweit sie am Vollzugstag Tatsachen oder andere Umstände kennt, auf die sie den geltend gemachten Anspruch stützt, und sich die Geltendmachung dieses Anspruches bei Vollzug dieses Vertrages nicht vorbehält.

12.2.2 Die Käuferin hatte vor dem Unterzeichungstag Gelegenheit, die X-Gesellschaften und Minderheitsbeteiligungen sowie deren jeweilige geschäftliche Aktivitäten unter kaufmännischen, finanziellen und rechtlichen Gesichtspunkten eingehend zu untersuchen. Sie hatte dabei insbesondere die Möglichkeit, die in Anlage 12.2.2(a) aufgeführten und im Datenraum offen gelegten Unterlagen und das Information Memorandum zu prüfen sowie die Management Präsentation vom ...... zu besuchen (zusammen die *Offengelegten Informationen*). Tatsachen und Umstände, die sich aus den Offengelegten Informationen ergeben oder in diesem Vertrag oder seinen Anlagen (einschließlich Anlage 12.2.2(b) *(Disclosure Letter)*) bezeichnet sind oder der Käuferin auf andere Weise während der Due Diligence oder im Verlaufe der Verhandlung dieses Vertrages [nachweislich] [schriftlich] offen gelegt wurden, gelten als der Käuferin bekannt.

12.2.3 Die Kenntnis der Geschäftsführer der Käuferin, ihrer Berater und derjenigen Mitarbeiter, die mit der Due Diligence im Vorfeld dieses Vertrages oder mit der

Verhandlung und dem Abschluss dieses Vertrages betraut waren, wird der Käuferin zugerechnet.

12.3 Keine Haftung bei Veranlassung durch die Käuferin

Die Verkäuferin haftet nicht für Tatsachen oder Umstände, sofern und soweit diese ohne eine willkürliche Handlung oder Unterlassung der Käuferin, eines mit ihr verbundenen Unternehmens oder eines Mitglieds der Geschäftsführung, Mitarbeiters oder Vertreters der Käuferin oder eines mit ihr verbundenen Unternehmens nicht eingetreten wären. Dies gilt insbesondere, aber nicht ausschließlich, für durch die genannten Personen veranlasste wesentliche Änderungen der Geschäftstätigkeit einer oder mehrerer X-Gesellschaften oder Minderheitsbeteiligungen, umweltrechtliche Untersuchungen und/oder Änderungen in der Bilanzierungs- oder Steuerpraxis der Käuferin oder der mit ihr verbundenen Unternehmen, die nach dem Vollzugstag eingeführt oder wirksam werden.

12.4 Freibetrag; Gesamtfreibetrag[124]

Die Käuferin ist nur berechtigt, Ansprüche aus diesem Vertrag geltend zu machen, sofern im Einzelfall der Anspruch ...... EUR (in Worten: ...... Euro) (der *Freibetrag*) und die Summe aller solcher Einzelansprüche – Ansprüche unterhalb des Freibetrags bleiben insoweit außer Betracht – ...... EUR (in Worten: ...... Euro) (der *Gesamtfreibetrag*) übersteigt. Ist der Gesamtfreibetrag überschritten, haftet die Verkäuferin nur für den den Gesamtfreibetrag übersteigenden Betrag.

12.5 Haftungshöchstbetrag[125]

Die Haftung der Verkäuferin für Ansprüche aus oder im Zusammenhang mit diesem Vertrag einschließlich aller Ansprüche wegen Verletzung der Verkäufergarantien ist insgesamt auf einen Betrag in Höhe von [[zehn (10)] Prozent des Kaufpreises] [Alternative: ...... EUR (in Worten: ...... Euro)] (der *Haftungshöchstbetrag*) begrenzt. Der Haftungshöchstbetrag gilt nicht für die Haftung wegen Verletzung der Verkäufergarantien gemäß §§ 8.2.1 bis 8.2.3 [sowie für die Haftung der Verkäuferin aus § 11.] Die Haftung der Verkäuferin gemäß Satz 1 und Satz 2 ist jedoch insgesamt auf einen Betrag in Höhe des Kaufpreises begrenzt.

12.6 Verjährung[126]

12.6.1 Ansprüche der Käuferin aus diesem Vertrag verjähren mit Ablauf von zwölf (12) Monaten ab dem Vollzugstag. Abweichend von Satz 1 verjähren
(a) Ansprüche der Käuferin aus der Verletzung der Verkäufergarantien gemäß §§ 8.2.1 bis 8.2.3 mit Ablauf von fünf (5) Jahren ab dem Vollzugstag;
(b) Ansprüche der Käuferin gemäß § 10 (Umweltfreistellung) gemäß § 10.5;
(c) Ansprüche der Käuferin gemäß § 11 (Steuern) gemäß § 11.7.2;
(d) Ansprüche wegen vorsätzlichen Verhaltens der Verkäuferin gem. §§ 194ff. BGB.

12.6.2 § 203 BGB findet keine Anwendung.

12.7 Ausschluss weiterer Rechtsfolgen

12.7.1 Die Parteien sind sich darin einig, dass dieser Vertrag die Rechtsfolgen der Verletzung einer Verkäufergarantie sowie die Behandlung umwelt- und steuerrechtlicher Verbindlichkeiten abschließend regelt und der Käuferin wegen der Verletzung einer Verkäufergarantie und in Bezug auf etwaige umwelt- oder steuerrechtliche Verbindlichkeiten nur die in diesem Vertrag geregelten Ansprüche mit den in diesem Vertrag geregelten Rechtsfolgen zustehen.

12.7.2 Soweit gesetzlich zulässig, sind alle über die in diesem Vertrag geregelten Ansprüche und Rechte der Käuferin hinausgehenden Ansprüche und Rechte unabhängig von ihrer Entstehung, ihrem Umfang und ihrer rechtlichen Grundlage ausdrücklich ausgeschlossen. Dies gilt insbesondere für Ansprüche wegen vorvertraglicher Pflichtverletzung (§§ 311 Abs. 2 und 3, 241 Abs. 2 BGB) *(culpa in contrahendo)*, Verletzung einer Pflicht aus dem Schuldverhältnis (insbesondere gemäß §§ 280, 282, 241 BGB), Störung oder Wegfall der Geschäftsgrundlage (§ 313 BGB), aufgrund gesetzlicher Gewährleistungsvorschriften (insbesondere gemäß §§ 437 bis 441, 453 BGB) und Delikt sowie für alle sonstigen Ansprüche, die als Folge einen Rücktritt, eine Anfechtung oder Minderung oder aus anderen Gründen eine Beendigung, Unwirksamkeit oder Rückabwicklung dieses Vertrags, eine Änderung seines Inhalts oder eine Rückzahlung oder Reduzierung des Kaufpreises zur Folge haben können, es sei denn, der Anspruch beruht auf einer vorsätzlichen Handlung der Verkäuferin oder arglistigen Täuschung durch diese.

12.8 Vorteilsausgleich; keine doppelte Entlastung

12.8.1 Soweit ein Umstand, der einen Anspruch der Käuferin nach diesem Vertrag begründet, einen steuerlichen oder sonstigen Vorteil – einschließlich einer Verringerung des zu versteuernden Einkommens aufgrund zusätzlicher Verbindlichkeiten und Kosten – einer der X-Gesellschaften, der Käuferin oder eines mit ihr verbundenen Unternehmens begründet, ist dieser Vorteil auf den Anspruch anzurechnen *(Vorteilsausgleich)*. Zu steuerlichen Vorteilen im Sinne des vorigen Satzes gehören Entlastungen im Bereich der Körperschaftsteuer, Gewerbesteuer, des Solidarzuschlags und sonstiger Steuern auf Einkünfte nach dem jeweils anwendbaren Recht.

12.8.2 Hat die Verkäuferin wegen eines Umstandes Naturalrestitution oder Schadensersatz geleistet, ist die Geltendmachung weiterer vertraglicher oder gesetzlicher Ansprüche wegen desselben Umstandes ausgeschlossen.

12.9 Mitverschulden

§ 254 BGB bleibt unberührt. Die Käuferin ist insbesondere verpflichtet, die Entstehung von Schäden abzuwenden und den Umfang entstandener Schäden zu mindern.

12.10 Keine Haftung von Vertretern etc.; keine Haftung für Erfüllungsgehilfen

12.10.1 Die Parteien vereinbaren im Wege eines echten Vertrages zugunsten Dritter i.S.d. § 328 BGB, dass kein Vorstand, Geschäftsführer, Angestellter, Vertreter oder Berater der Verkäuferin, einer anderen Verkäufergesellschaft, einer X-Gesellschaft oder Minderheitsbeteiligung der Käuferin, den X-Gesellschaften oder Minderheitsbeteiligungen und den mit der Käuferin verbundenen Unternehmen aus diesem Vertrag oder im Zusammenhang mit dem Abschluss oder der Durchführung dieses Vertrages haftet.

12.10.2 Die Haftung der Verkäuferin für ihre Erfüllungs- und oder Verhandlungsgehilfen ist ausgeschlossen.

12.11 Haftung für Vorsatz

Die Haftung der Verkäuferin für eigenes vorsätzliches Verhalten und arglistige Täuschung bleibt unberührt.

§ 13 Weitere Verpflichtungen der Verkäuferin

13.1 Keine Abweichung vom gewöhnlichen Geschäftsbetrieb

Die Verkäuferin ist verpflichtet, zwischen dem Unterzeichnungstag und dem Vollzugstag, soweit dies rechtlich zulässig ist, dafür zu sorgen, dass die X-GmbH und die Tochtergesellschaften ihren jeweiligen Geschäftsbetrieb im gewöhnlichen Geschäftsgang und im wesentlichen in der gleichen Art und Weise wie zuvor fortführen. [§ 8.12 Satz 2 gilt entsprechend.][127]

13.2 Wettbewerbsverbot[128]

13.2.1 Die Verkäuferin verpflichtet sich, für die Dauer von [2 (zwei)] Jahren ab dem Vollzugstag
- (a) keine Gesellschaft zu gründen, die zu dem am Unterzeichnungstag bestehenden Geschäftsbetrieb der X-GmbH oder einer Tochtergesellschaft direkt in Wettbewerb treten würde, und
- (b) keine Beteiligung in Höhe von mehr als fünfzig (50) Prozent der Anteile oder Stimmrechte an einer Gesellschaft zu erwerben, die mit dem am Unterzeichnungstag bestehenden Geschäftsbetrieb der X-GmbH oder einer Tochtergesellschaft in direktem Wettbewerb steht.

13.2.2 Der Erwerb (einschließlich im Wege des Zusammenschlusses) von
- (a) Beteiligungen ohne Kontrollerlangung an Gesellschaften oder Unternehmensgruppen, die sich in den gleichen Geschäftsfeldern wie am Unterzeichnungstag die X-Gesellschaften betätigen, oder
- (b) Beteiligungen mit Kontrollerlangung an Gesellschaften oder Unternehmensgruppen, sofern entweder
  - (i) die jährlichen Umsätze der konkurrierenden Geschäftssparte dreiunddreißig (33) Prozent des Gesamtumsatzes in dieser Gesellschaft oder Unternehmensgruppe nicht überschreiten oder
  - (ii) der Umsatz der konkurrierenden Geschäftssparte im letzten vollen Geschäftsjahr vor dem Erwerb der Anteile ...... EUR (in Worten: ...... Euro) nicht überstiegen hat oder
  - (iii) die konkurrierende Geschäftssparte innerhalb von [18 (achtzehn)] Monaten nach Erwerb der Kontrollmehrheit wieder veräußert oder geschlossen wird,

ist vom Wettbewerbsverbot ausgenommen.

§ 14 Käufergarantien und weitere Verpflichtungen der Käuferin

14.1 Käufergarantien und Freistellung

14.1.1 Die Käuferin garantiert in Form selbstständiger Garantieversprechen gemäß § 311 Abs. 1 BGB, dass die nachfolgenden Aussagen (die *Käufergarantien*, eine *Käufergarantie*) am Unterzeichnungstag und am Vollzugstag vollständig und richtig sind:
- (a) Die Käuferin ist nach den auf sie anwendbaren gesetzlichen Bestimmungen ordnungsgemäß errichtet worden und besteht wirksam. Sie verfügt über die notwendige gesellschaftsrechtliche Verfügungsmacht, um Eigentümerin ihrer Vermögensgegenstände zu sein und ihren Geschäftsbetrieb zu führen.
- (b) Die Käuferin ist uneingeschränkt berechtigt, diesen Vertrag und die hiernach vorgesehenen Rechtsgeschäfte abzuschließen und durchzuführen. Sie verfügt über alle für den Abschluss und die Durchführung dieses Vertrages und der hiernach vorgesehenen Rechtsgeschäfte erforderlichen Zustimmungen.
- (c) Der Abschluss und die Durchführung dieses Vertrages verletzen weder die Satzung oder Geschäftsordnungen der Käuferin noch die Käuferin bindende Rechtsvorschriften, gerichtliche oder behördliche Entscheidungen, Verfügungen, Anordnungen oder sonstige bindende Regelungen. Es sind keine Klagen, Untersuchungen, Verfahren oder sonstigen Maßnahmen vor oder von einem Gericht, anderen Hoheitsträgern oder einem Schiedsgericht gegen die Käuferin angedroht oder anhängig, die geeignet oder darauf gerich-

tet sind, die Durchführung dieses Vertrages zu verhindern, zu verzögern oder zu verändern.

(d) [Keiner der [Gesellschafter][Aktionäre] der Käuferin, der [– *auch bei Zurechnung der Anteile anderer Unternehmen an der Käuferin, an denen der betreffende [Gesellschafter][Aktionär] 25 Prozent oder mehr der Stimmrechte hält oder mit denen der betreffende [Gesellschafter][Aktionär] eine Vereinbarung über die Ausübung von Stimmrechten an der Käuferin geschlossen hat* –] über 25 Prozent oder mehr der Stimmrechte an der Käuferin verfügt, hat sowohl seinen Sitz als auch seine Hauptverwaltung außerhalb der Europäischen Gemeinschaft und der Europäischen Freihandelsassoziation.][129]

(e) Auf Grundlage der durchgeführten Due Diligence ist sich die Käuferin keiner Tatsachen oder Umstände bewusst, die Anlass für die Entstehung von Ansprüchen gegen die Verkäuferin nach Maßgabe der § 8 bis § 11 geben könnten.

(f) Die Käuferin verfügt über ausreichende, sofort verfügbare Finanzmittel oder verbindliche Finanzierungszusagen, um bei Fälligkeit alle sich aus oder im Zusammenhang mit diesem Vertrag ergebenden Zahlungsverpflichtungen zu erfüllen.

14.1.2 Verletzt die Käuferin eine Käufergarantie, ist sie verpflichtet, die Verkäuferin von allen daraus entstehenden Schäden freizustellen. Diesbezügliche Ansprüche der Verkäuferin verjähren fünf (5) Jahre nach dem Vollzugstag.

14.2 Entlassung der Verkäufergesellschaften aus Garantien und anderen Einstandsverpflichtungen

14.2.1 Die Käuferin übernimmt hiermit im Wege eines echten Vertrages zugunsten Dritter gemäß § 328 BGB mit Wirkung zum Vollzugstag alle am Vollzugstag bestehenden Verpflichtungen und Verbindlichkeiten aus sämtlichen Garantien, Schuldversprechen, Bürgschaften, Patronatserklärungen und sonstigen Einstandsverpflichtungen, die eine Verkäufer-Gesellschaft im Namen von oder zugunsten einer X-Gesellschaft oder Minderheitsbeteiligung gegenüber Dritten übernommen hat (die *X-Garantien*). Eine Liste der am Unterzeichnungstag bestehenden X-Garantien ist als Anlage 14.2.1 beigefügt. Die Verkäuferin wird diese Liste spätestens drei (3) Bankarbeitstage vor dem Geplanten Vollzugstag aktualisieren.

14.2.2 Die Käuferin ist verpflichtet, alles zu unternehmen, um die X-Garantien binnen dreißig (30) Tagen nach dem Vollzugstag abzulösen oder sonst dafür zu sorgen, dass die Verkäufer-Gesellschaften endgültig aus allen X-Garantien entlassen werden. Sofern und soweit eine solche Ablösung zum Vollzugstag noch nicht erfolgt ist, ist die Käuferin verpflichtet, am Vollzugstag für jede nicht abgelöste X-Garantie eine unwiderrufliche, von einer durch die Verkäuferin akzeptierten deutschen Bank ausgestellte Garantie auf erstes Anfordern gemäß dem als Anlage 14.2.2 beigefügten Muster zu stellen, deren jeweiliger Betrag dem noch ausstehenden Gesamtbetrag der durch die betreffende X-Garantie besicherten Verbindlichkeit in der durch die Verkäuferin [spätestens drei (3) Bankarbeitstage] vor dem Geplanten Vollzugstag mitgeteilten Höhe entspricht. Während des ersten Jahres der Laufzeit einer solchen Bankgarantie wird die Verkäuferin die Bankgarantie(n) jeweils zum Ende eines Kalendermonats und danach zum Ende eines Kalendervierteljahres freigeben, sofern und soweit die durch die betreffende(n) Bankgarantie(n) besicherte(n) X-Garantie(n) entweder durch die Käuferin abgelöst worden oder anderweitig während des betreffenden Kalendermonats bzw. Kalendervierteljahres erloschen ist, ohne eine Zahlungspflicht des jeweiligen Garantiegebers auszulösen.

14.3 **Freistellung von Verpflichtungen aus der Beteiligung an den und der Geschäftstätigkeiten der X-Gesellschaften**[130]

Soweit ein Dritter die Verkäuferin nach dem Vollzugstag wegen der Geschäftstätigkeit der X-Gesellschaften oder Minderheitsbeteiligungen oder ihrer vormaligen direkten oder indirekten Beteiligung an einer oder mehreren X-Gesellschaften oder Minderheitsbeteiligungen neben oder anstelle einer der genannten Gesellschaften in Anspruch nimmt, hat die Käuferin die Verkäuferin von derartigen Ansprüchen freizuhalten und von damit zusammenhängenden Kosten, Aufwendungen und Schäden freizustellen. Die Parteien vereinbaren im Wege eines echten Vertrages zu Gunsten Dritter i. S. d. § 328 BGB, dass Satz 1 entsprechend im Falle der Inanspruchnahme einer anderen Verkäufergesellschaft oder eines Organmitglieds, Angestellten oder Gesellschafters einer Verkäufergesellschaft gilt.

14.4 **Nutzung von Namen, Marken und geschäftlichen Bezeichnungen**

14.4.1 Die Käuferin hat dafür zu sorgen, dass die X-Gesellschaften und Minderheitsbeteiligungen[131] unverzüglich nach dem Vollzugstag, spätestens jedoch nach Ablauf einer Frist von drei (3) Monaten ab dem Vollzugstag, die in Anlage 14.4.1 bezeichneten Handelsnamen, Marken, Logos und geschäftlichen Bezeichnungen einschließlich aller Ableitungen hiervon (zusammen die *X-Kennzeichen*) nicht mehr verwenden. Die Käuferin hat die X-Gesellschaften und Minderheitsbeteiligungen zu veranlassen, die X-Kennzeichen unverzüglich nach dem Vollzugstag, spätestens jedoch bis zum Ablauf der Drei-Monats-Frist von allen Schildern, Vordrucken, Verpackungen und anderen Materialien des Geschäftsbetriebs sowie von Gebäuden und Fahrzeugen des Geschäftsbetriebs zu entfernen. Die Käuferin ist des Weiteren verpflichtet, dafür Sorge zu tragen, dass keine der vorgenannten Materialien in Verkehr gebracht werden, die Ähnlichkeiten mit den X-Kennzeichen aufweisen.

14.4.2 Die Käuferin erkennt an, dass die Verkäuferin gegenüber Dritten im Rahmen des § 14.4.1 nach dem Vollzugstag keine Haftung für die Nutzung der X-Kennzeichen durch die Käuferin, die X-Gesellschaften oder ein verbundenes Unternehmen i. S. d. § 15 AktG trifft. Die Käuferin ist verpflichtet, die Verkäuferin von entsprechenden Ansprüchen Dritter freizuhalten und von allen damit zusammenhängenden Kosten, Aufwendungen und Schäden freizustellen.

14.5 [**Abwerbeverbot**][132]

[Die Käuferin ist verpflichtet, für einen Zeitraum von [zwei (2)] Jahren jede Abwerbung von Angestellten der Verkäufer-Gesellschaften zu unterlassen. Sie steht des Weiteren dafür ein, dass kein mit ihr i. S. d. §§ 15 ff. AktG verbundenes Unternehmen gegen das Abwerbeverbot in Satz 1 verstößt.]

14.6 **Versicherungsschutz nach dem Vollzugstag**[133]

14.6.1 Die Käuferin stellt in eigener Verantwortung sicher, dass die X-Gesellschaften und Minderheitsbeteiligungen ab dem Vollzugstag den Versicherungsschutz genießen, den die Käuferin für notwendig erachtet.

14.6.2 Die Käuferin wird dafür Sorge tragen, dass die D&O-Versicherung der Käuferin den Organmitgliedern der X-Gesellschaften für ab dem Vollzug begangene Pflichtverletzungen im Wesentlichen in gleichem Umfang Versicherungsschutz gewährt wie unter der am Tag der Beurkundung dieses Vertrages bestehenden D&O-Versicherung der Verkäuferin. Sie wird weiterhin dafür Sorge tragen, dass die D&O-Versicherung der Käuferin den Organmitgliedern der X-Gesellschaften für Pflichtverletzungen, die vor dem Vollzug begangen wurden, eine Rückwärtsversicherung mit dem unter Satz 1 beschriebenen Schutzumfang gewährt, sofern nicht die betroffene X-Gesellschaft oder das betroffene Organmitglied zum Zeitpunkt des Vollzugs Kenntnis von der Pflichtverletzung hatten.

14.7 Zugang zu Finanzformationen; Aufbewahrung von Dokumenten

14.7.1 Die Käuferin steht dafür ein, dass der Verkäuferin und ihren Vertretern nach dem Vollzugsdatum Zugang gewährt wird zu
(a) den Geschäftsbüchern der X-Gesellschaften für den Zeitraum vom [...... (z. B. Beginn des aktuellen Geschäftsjahres)] bis zum Vollzugstag,
(b) allen Finanzinformationen, die erforderlich sind, um eine Aufhebung der Konsolidierung zum Vollzugstag oder, sofern der Vollzug nicht am letzten Tag eines Monats stattfindet, zum Ende des auf das Vollzugsdatum folgenden Monats zu erreichen,
(c) allen für die Vorbereitung von durch die Verkäuferin abzugebenden Steuererklärungen und zur Durchführung von angekündigten oder laufenden Steuerprüfungen oder sonstigen Verwaltungs- und Gerichtsverfahren erforderlichen Informationen,
(d) allen Informationen, die die Verkäuferin benötigt, um das Bestehen eventueller Ansprüche zu überprüfen, die die Käuferin, eine X-Gesellschaft oder Minderheitsbeteiligung oder ein mit der Käuferin verbundenes Unternehmen aus oder im Zusammenhang mit diesem Vertrag geltend macht, sowie
(e) allen anderen Finanz- oder Geschäftsinformationen, den die Verkäuferin verlangen kann, um Informationsverlangen von Verwaltungsbehörden und öffentlichen Vertretungen (einschließlich der Bundesanstalt für Finanzdienstleistungsaufsicht, der amerikanischen Börsenaufsichtsbehörde oder vergleichbaren Institutionen) zu entsprechen, die Sachverhalte bis einschließlich zum Vollzugsdatum betreffen.

14.7.2 Die Käuferin ist verpflichtet sicherzustellen, dass die Geschäftsbücher der X-Gesellschaften und alle sonstigen in § 14.7.1 genannten Informationen für einen Zeitraum von zehn (10) Jahren ab dem Vollzugstag aufbewahrt werden und dass der Verkäuferin während dieses Zeitraums auf Anfrage in angemessenem Umfang Zugang zu und/oder Kopien von den genannten Unterlagen gewährt werden.

§ 15 Fusionskontrollverfahren

15.1 Anmeldung des Zusammenschlussvorhabens

15.1.1 Soweit nicht bereits vor Abschluss dieses Vertrages erfolgt, hat die Käuferin innerhalb von fünf (5) Bankarbeitstagen nach dem Unterzeichnungstag die Anmeldung des in diesem Vertrag vereinbarten Zusammenschlusses bei den zuständigen Kartell- und/oder anderen Verwaltungsbehörden vorzunehmen, es sei denn, dass eine frühere Anmeldung rechtlich geboten ist. Die Anmeldung ist von der Käuferin im Namen aller Parteien vorzunehmen. Die Parteien werden bei der Vorbereitung der Anmeldung zusammenwirken.

15.1.2 Die Käuferin ist verpflichtet, der Verkäuferin zeitgleich mit der Anmeldung bei den zuständigen Kartellbehörden und/oder anderen Verwaltungsbehörden vollständige und zutreffende Kopien der Anmeldungsunterlagen zur Verfügung zu stellen. Desgleichen haben die Parteien einander jeweils unverzüglich vollständige und zutreffende Kopien des gesamten Schriftverkehrs mit den Kartell- oder anderen Verwaltungsbehörden und Kopien etwaiger schriftlicher Stellungnahmen, Anordnungen oder Entscheidungen dieser Behörden einschließlich der Mitteilung über die Freigabe des Zusammenschlussvorhabens zukommen zu lassen. Die Parteien sind verpflichtet, bei allen Verhandlungen mit den zuständigen Kartellbehörden eng zusammenzuwirken, um die Freigabe der nach diesem Vertrag vorgesehenen Rechtsgeschäfte in kürzestmöglicher Zeit zu erreichen.

15.1.3 Die Käuferin ist nur berechtigt, die Anmeldung zurückzunehmen oder sich mit den zuständigen Kartellbehörden auf eine Verlängerung der Prüfungsdauer zu einigen, wenn die Verkäuferin ausdrücklich ihre vorherige schriftliche Zustimmung hierzu erteilt.

15.2 Freigabe mit Bedingungen und Auflagen

Sofern und soweit die zuständigen Kartellbehörden die Erteilung der Freigabe des in diesem Vertrag vereinbarten Zusammenschlusses von Bedingungen oder Auflagen (einschließlich der Forderung, Teile anderer Geschäftsbereiche der Käuferin abzustoßen) abhängig machen, die von der Käuferin oder mit ihr verbundenen Unternehmen zu erfüllen sind, ist die Käuferin verpflichtet, diese Bedingungen oder Auflagen unverzüglich auf eigene Kosten und ihr Risiko zu erfüllen und die mit ihr verbundenen Unternehmen zur Erfüllung solcher Bedingungen oder Auflagen anzuweisen[, es sei denn, dies ist für die Käuferin wirtschaftlich unzumutbar.]

15.3 [Untersagung des Zusammenschlussvorhabens

Sofern und soweit die zuständigen Kartellbehörden den in diesem Vertrag vereinbarten Zusammenschluss untersagen, ist die Käuferin auf schriftliches Verlangen der Verkäuferin verpflichtet, unverzüglich die ablehnende Entscheidung der Kartellbehörde durch geeignete rechtliche Schritte vor dem zuständigen Gericht anzugreifen und des weiteren alles Erforderliche und wirtschaftlich Zumutbare zu unternehmen, um eine Freigabe des Zusammenschlusses herbeizuführen.]

15.4 [Vollzug trotz fehlender behördlicher Freigabe

Ist im Zeitpunkt des Vollzugs eine kartellrechtliche Freigabe [außer der in § 6.2.1 genannten] oder eine andere behördliche Genehmigung oder Befreiung, die nach anwendbarem Recht (außerhalb Deutschlands, der Europäischen Union [oder der Vereinigten Staaten von Amerika]) für die Durchführung des Vollzugs erforderlich ist (dies gilt insbesondere für die fusionskontrollrechtliche Freigabe nach ...... Recht), nicht erteilt worden, sind die Verkäuferin und die Käuferin dennoch verpflichtet, den Vertrag zu vollziehen, wobei keine Verpflichtung zur Übertragung von Anteilen besteht, die einen Verstoß gegen anwendbares Recht oder eine hierüber getroffene gerichtliche oder behördliche Entscheidung darstellen würde. Im letztgenannten Fall sind die Verkäuferin und die Käuferin verpflichtet, alle notwendigen Maßnahmen zu treffen, einschließlich Einzelvereinbarungen über alle betroffenen Beteiligungen, um die jeweils betroffenen Anteile so lange vom Vollzug auszunehmen, bis die notwendigen Genehmigungen oder Befreiungen erteilt werden.][134]

15.5 Veräußerung von Tochtergesellschaften, Mehrheitsgesellschaften oder Minderheitsbeteiligungen zur Ermöglichung des Vollzugs

Die Parteien sind verpflichtet, nach besten Kräften zusammenzuwirken, um alle für den Vollzug erforderlichen behördlichen Genehmigungen und Freigaben zu erlangen und jede Entscheidung anzufechten, die den Vollzug infolge des indirekten Erwerbs einer Tochtergesellschaft, Mehrheitsgesellschaft oder Minderheitsbeteiligung durch die Käuferin verhindert. Für den Fall, dass eine solche Genehmigung oder Freigabe nicht bis zum ...... erlangt worden ist, ist die Verkäuferin berechtigt, dafür zu sorgen, dass die Anteile an der betreffenden Tochtergesellschaft, Mehrheitsgesellschaft oder Minderheitsbeteiligung für den bestmöglichen Kaufpreis zu den bestmöglichen Konditionen, die in Anbetracht der Umstände vernünftigerweise erzielt werden können, an einen Dritten veräußert werden. Der durch diese Veräußerung erzielte Kaufpreis ist, wenn es anschließend im Übrigen zum Vollzug dieses Vertrages kommt, nach Abzug von Steuern, angemessenen Kosten und Auslagen an die Käuferin zu überweisen.[135]

§ 16 Außenwirtschaftsrechtliche Prüfung[136]

16.1 Antrag auf Erteilung einer Unbedenklichkeitsbescheinigung

16.1.1 Die Käuferin [hat am ...... (*Datum*)][wird [unverzüglich nach Beurkundung dieses Vertrages][spätestens bis zum ...... (*Datum*)]] einen schriftlichen Antrag auf Erteilung einer Unbedenklichkeitsbescheinigung gemäß § 53 Abs. 3 S. 1 AWV [gestellt][stellen]. Sie wird der Verkäuferin eine vollständige Kopie der Antragsunterlagen übermitteln. Die Parteien sind verpflichtet, [bei der Vorbereitung des Antrags] bei etwaigen Rückfragen des Bundesministeriums für Wirtschaft und Technologie zusammenzuwirken, um die Erteilung der Unbedenklichkeitsbescheinigung in kürzestmöglicher Zeit zu erwirken.

16.1.2 Sofern das Bundesministerium für Wirtschaft und Technologie die Käuferin über seine Entscheidung unterrichtet, eine Prüfung nach § 53 Abs. 1 S. 1 AWV durchzuführen, wird die Käuferin dem Bundesministerium die vollständigen Unterlagen über den Erwerb gemäß § 53 Abs. 2 S. 1 und 2 AWV unverzüglich übermitteln. Die Verkäuferin wird die Käuferin bei der Zusammenstellung dieser Unterlagen nach besten Kräften unterstützen.

16.1.3 Die Parteien werden bei allen etwaigen Verhandlungen mit dem Bundesministerium für Wirtschaft und Technologie eng zusammenwirken, um eine Untersagung oder Beschränkung des Erwerbs der Geschäftsanteile i. S. v. § 7 Abs. 2 Nr. 6 AWG i. V. m. § 53 AWV zu verhindern. Die Parteien sind verpflichtet, der jeweils anderen Partei unverzüglich Abschriften des Schriftverkehrs mit dem Bundesministerium für Wirtschaft und Technologie und etwaiger schriftlicher Stellungnahmen, Anordnungen oder Entscheidungen desselben zukommen zu lassen.

16.2 Freigabe unter Bedingungen und Auflagen; Untersagung des Erwerbs

16.2.1 Wird die Erteilung einer Unbedenklichkeitsbescheinigung gemäß § 53 Abs. 3 S. 1 AWV oder das Absehen von einer Untersagung des Erwerbs oder dem Erlass diesbezüglicher Anordnungen von Bedingungen oder Auflagen abhängig gemacht, die von der Käuferin oder mit ihr verbundenen Unternehmen zu erfüllen sind, ist die Käuferin verpflichtet, diese Bedingungen oder Auflagen unverzüglich auf eigene Kosten und auf eigenes Risiko zu erfüllen oder deren Erfüllung sicherzustellen[, es sei denn, dies ist für die Käuferin wirtschaftlich unzumutbar].

16.2.2 Sofern und soweit das Bundesministerium für Wirtschaft und Technologie den Erwerb der Geschäftsanteile durch die Käuferin untersagt oder diesbezügliche Anordnungen erlässt, ist die Käuferin auf schriftliches Verlangen der Verkäuferin verpflichtet, unverzüglich geeignete Rechtsmittel einzulegen und des weiteren alles Erforderliche [und wirtschaftlich Zumutbare] zu unternehmen, um eine Freigabe des Erwerbs durch das Bundesministerium für Wirtschaft und Technologie zu der Käuferin wirtschaftlich zumutbaren Bedingungen zu erreichen. Die Verkäuferin ist berechtigt, aber nicht verpflichtet, selbst Rechtsmittel einzulegen oder sich an dem von der Käuferin eingeleiteten Rechtsmittelverfahren zu beteiligen.

16.2.3 Das Rücktrittsrecht nach § 6.4 und die Verpflichtungen der Parteien nach § 17 (Vertraulichkeit und Pressemitteilungen), § 18 (Verkehrsteuern und Kosten), § 22 (Mitteilungen) und § 23 (Verschiedenes; Schlussbestimmungen) [*ggf. weitere Vertragsbestimmungen einfügen*] bleiben auch dann bestehen, wenn die Rechtswirkungen des Rechtsgeschäfts über den schuldrechtlichen Erwerb der Geschäftsanteile nach diesem Vertrag gemäß § 31 AWG aufgrund des Eintritts der auflösenden Bedingung der Untersagung des Erwerbs durch das Bundesministerium für Wirtschaft und Technologie entfallen.[137]

§ 17 Vertraulichkeit und Pressemitteilungen

17.1 Vertraulichkeit; Offenlegung; Rückgabe von Unterlagen

17.1.1 Die Parteien und die Garantiegeberin verpflichten sich, den Inhalt dieses Vertrages, die Umstände seiner Verhandlung, seines Abschlusses und seiner Durchführung sowie alle in diesem Zusammenhang über die jeweils andere Partei und mit ihr verbundene Unternehmen (mit Ausnahme der X-Gruppe) erlangten Informationen streng vertraulich zu behandeln sowie vor dem Zugriff Dritter wirksam zu schützen. Von der vorstehenden Verpflichtung nicht umfasst sind Tatsachen, die öffentlich bekannt sind oder ohne eine Verletzung dieser Verpflichtung öffentlich bekannt werden oder deren Offenlegung durch Gesetz oder kapitalmarktbezogene Regularien vorgeschrieben ist. In einem solchen Fall sind die Parteien jedoch verpflichtet, die jeweils andere Partei vor der Offenlegung zu informieren und die Offenlegung auf das nach dem Gesetz oder der behördlichen Anordnung erforderliche Mindestmaß zu beschränken.[138]

17.1.2 Werden die nach diesem Vertrag vorgesehenen Rechtsgeschäfte nicht vollzogen, verpflichte[t][en] die Käuferin [und die Garantiegeberin] sich ferner, alle im Zusammenhang mit dieser Transaktion erlangten Informationen über die X-Gesellschaften und Minderheitsbeteiligungen und deren jeweiligen Geschäftsbetrieb geheim zu halten, vor dem Zugriff Dritter wirksam zu schützen und nicht für eigene oder fremde Zwecke zu nutzen. Ferner sind sie verpflichtet, sämtliche von der Verkäuferin, einer X-Gesellschaft oder Minderheitsbeteiligung erlangten Unterlagen und in anderer Form verkörperten Informationen einschließlich aller Kopien an die Verkäuferin zurückzugeben, sowie alle Unterlagen und in anderer Form verkörperten Informationen zu vernichten, die auf Grundlage von Informationen der Verkäuferin erstellt wurden, es sei denn, diese Informationen sind ohne Verletzung der Vertraulichkeit gegenüber der Verkäuferin öffentlich bekannt. Die Käuferin [und die Garantiegeberin] hat [haben] kein Zurückbehaltungsrecht an den genannten Unterlagen und sonstigen Informationen.

17.2 Weitergabe von Informationen

Die Parteien sind berechtigt, den mit ihnen zum jeweiligen Zeitpunkt i.S.v. § 15 AktG verbundenen Unternehmen sowie Dritten gemäß § 17.1 geschützte Informationen zugänglich zu machen, soweit dies zur Durchführung dieses Vertrages und der hierin vereinbarten Rechtsgeschäfte oder sonst zur Wahrnehmung ihrer berechtigten Interessen[139] erforderlich ist. Vor einer solchen Weitergabe von Informationen sind die Parteien verpflichtet, die Empfänger der Informationen schriftlich zur Vertraulichkeit gemäß § 17.1 zu verpflichten.

17.3 Pressemitteilungen

Die Parteien werden sich über Form und Inhalt jeder Pressemitteilung oder ähnlicher freiwilliger Verlautbarungen zu diesem Vertrag, seinem Zustandekommen und seiner Durchführung vor deren Veröffentlichung abstimmen. Sofern Veröffentlichungen durch Gesetz oder kapitalmarktbezogene Regularien vorgeschrieben sind, werden sich die Parteien um eine vorherige Abstimmung bemühen.

§ 18 Verkehrsteuern und Kosten

18.1 Verkehrsteuern und Kosten[140]

Alle Verkehrsteuern, einschließlich Grunderwerbsteuer und sonstiger, aufgrund des Abschlusses und der Durchführung dieses Vertrages anfallender Steuern, die Kosten der notariellen Beurkundung dieses Vertrages sowie alle sonstigen

Gebühren und Abgaben, die aufgrund von Abschluss oder Durchführung dieses Vertrages anfallen, trägt die Käuferin. Dies gilt auch für alle Gebühren und sonstigen Kosten im Zusammenhang mit kartellrechtlichen Verfahren und der Befolgung anderer regulatorischer Bestimmungen.

18.2 Beraterkosten

Im Übrigen trägt jede Partei ihre eigenen Kosten und Auslagen im Zusammenhang mit der Vorbereitung, Verhandlung und Durchführung dieses Vertrages, einschließlich der Honorare, Kosten und Auslagen ihrer jeweiligen Berater.

§ 19 Abtretung und Übertragung von Rechten und Pflichten

Rechte und Pflichten aus diesem Vertrag können ohne vorherige schriftliche Zustimmung der jeweils anderen Partei weder ganz noch teilweise abgetreten oder übertragen werden. [Die Käuferin ist allerdings berechtigt, bestimmte Rechte aus § 8 bis § 11 zum Zwecke der Gewährung von Sicherheiten an die Bank[en] abzutreten, die die Zahlungsverpflichtungen der Käuferin nach diesem Vertrag finanziert[en]. Dieses Recht der Käuferin steht unter der Voraussetzung, dass (i) allein die Käuferin berechtigt ist, Ansprüche gegen die Verkäuferin einzuziehen, (ii) die Käuferin die Verkäuferin schriftlich vor der Abtretung solcher Ansprüche informiert, (iii) das Recht der Verkäuferin, gegenüber der Käuferin Zahlungsverpflichtungen nach diesem Vertrag aufzurechnen und/oder zu verweigern, unberührt bleibt; § 406 BGB findet insoweit keine Anwendung. Die Verpflichtungen der Käuferin nach diesem Vertrag, insbesondere die Pflicht zur Zahlung des Gesamtkaufpreises in Übereinstimmung mit § 5, bleiben von einer derartigen Abtretung unberührt.][141]

[§ 20 Garantiegeberin der Käuferin und Freistellung[142]

20.1 Garantiegeberin

Die Garantiegeberin garantiert in der Form eines selbstständigen Garantieversprechens gemäß § 311 Abs. 1 BGB die Erfüllung sämtlicher Verpflichtungen der Käuferin aus diesem Vertrag, insbesondere die Zahlung des Geschätzten Kaufpreises am Vollzugstag und einer etwaigen Kaufpreisanpassung.

20.2 Freistellung

Die Garantiegeberin hat die Verkäuferin auf erstes Anfordern von allen von der Käuferin gegen die Verkäuferin geltend gemachten Ansprüchen freizustellen, soweit diese die Haftungsbeschränkung der Verkäuferin gemäß § 8 bis § 12 dieses Vertrages übersteigen.

20.3 Selbstständiges Garantieversprechen der Garantiegeberin

Die Garantiegeberin erklärt gegenüber der Verkäuferin in Form selbstständiger Garantieversprechen gemäß § 311 Abs. 1 BGB, dass die nachfolgenden Aussagen bei Beurkundung dieses Vertrages und am Vollzugstag zutreffend und vollständig sind:

(a) Die Garantiegeberin ist nach den auf sie anzuwendenden gesetzlichen Bestimmungen ordnungsgemäß errichtet worden und besteht wirksam. Sie ist uneingeschränkt berechtigt, diesen Vertrag abzuschließen und durchzuführen und verfügt über alle für den Abschluss und die Durchführung dieses Vertrages erforderlichen Zustimmungen.

(b) Der Abschluss und die Durchführung dieses Vertrages verletzen weder die Satzung der Garantiegeberin noch die Garantiegeberin bindende Rechtsvorschriften, gerichtliche oder behördliche Entscheidungen, Verfügungen oder Anordnungen. Es sind keine Klagen, Untersuchungen, Verfahren oder sonstigen Maßnahmen vor oder von einem Gericht, anderen Hoheitsträgern oder einem Schiedsgericht gegen die Garantiegeberin angedroht oder anhängig, die geeignet oder darauf gerichtet sind, die Durchführung dieses Vertrages zu verhindern, zu verzögern oder zu verändern.

(c) Die Garantiegeberin verfügt über hinreichend sofort verfügbare Mittel oder Finanzierungszusagen, um ihre sich aus dem Garantieversprechen gemäß diesem § 20 ergebenden Zahlungsverpflichtungen zu erfüllen.]

§ 21 Aufschiebende Bedingungen[143]

Die Wirksamkeit dieses Vertrages ist aufschiebend bedingt auf den Eintritt der nachfolgenden Ereignisse:

(a) Der [Aufsichtsrat] der Verkäuferin hat diesem Vertrag zugestimmt. Diese aufschiebende Bedingung gilt als eingetreten, sobald der Käuferin eine schriftliche Erklärung der Verkäuferin zugegangen ist, aus der sich ergibt, dass der [Aufsichtsrat] der Verkäuferin den Abschluss diesen Vertrag genehmigt. Gleiches gilt für den Fall des Erhalts einer schriftlichen Erklärung, in der die Verkäuferin ihren Verzicht auf diese Bedingungen erklärt.[144]

(b) (ggf. weitere aufschiebende Bedingungen, z.B. Abschluss weiterer Transaktionen)

§ 22 Mitteilungen

22.1 Form der Mitteilungen

Alle rechtsgeschäftlichen Erklärungen und Mitteilungen (zusammen *Mitteilungen*, eine *Mitteilung*) im Zusammenhang mit diesem Vertrag bedürfen der Schriftform, soweit nicht notarielle Beurkundung oder eine andere Form durch zwingendes Recht vorgeschrieben ist. Der Schriftform genügt eine Übermittlung per Telefax oder ein Briefwechsel, nicht aber eine sonstige telekommunikative Übermittlung. Die elektronische Form (z.B. Email) ersetzt die Schriftform nicht.[145]

22.2 Mitteilungen an die Verkäuferin

Alle Mitteilungen an die Verkäuferin im Zusammenhang mit diesem Vertrag sind zu richten an:

......

sowie nachrichtlich an ihre Berater:

......

22.3 Mitteilungen an die Käuferin

Alle Mitteilungen an die Käuferin im Zusammenhang mit diesem Vertrag sind zu richten an:

......

sowie nachrichtlich an ihre Berater:

......

[22.4 Mitteilungen an die Garantiegeberin

Alle Mitteilungen an die Garantiegeberin im Zusammenhang mit diesem Vertrag sind zu richten an:

......]

22.5 Adressänderungen

Die Parteien [und die Garantiegeberin] haben Änderungen ihrer in §§ 22.2 bis [22.4] genannten Anschriften der jeweils anderen Partei und ihren Beratern [sowie der Garantiegeberin] unverzüglich schriftlich mitzuteilen. Bis Zugang dieser Mitteilung gilt die bisherige Anschrift als wirksam.

22.6 Mitteilungen an Berater

22.6.1 Der Empfang von Mitteilungen im Zusammenhang mit diesem Vertrag durch die Berater der Parteien begründet oder ersetzt nicht den Zugang der Mitteilungen an die Parteien selbst.

1. GmbH-Anteilskaufvertrag – ausführlich, verkäuferfreundlich

22.6.2 Für den Zugang einer Mitteilung bei einer Partei ist es unerheblich, ob die Mitteilung auch dem Berater dieser Partei oder dem beurkundenden Notar (nachrichtlich) zugegangen ist, und zwar unabhängig davon, ob dieser Vertrag im Einzelfall eine nachrichtliche Mitteilung an den jeweiligen Berater oder den beurkundenden Notar vorsieht.

§ 23 Verschiedenes; Schlussbestimmungen

23.1 Anwendbares Recht

Dieser Vertrag unterliegt deutschem Recht. Das Wiener UN-Übereinkommen über Verträge über den internationalen Warenkauf (CISG) findet keine Anwendung.

1. Alt.: Gerichtsstandsvereinbarung:[146]

23.2 Gerichtsstand

Ausschließlicher Gerichtsstand für alle Streitigkeiten zwischen den Parteien aus und im Zusammenhang mit diesem Vertrag und seiner Durchführung, einschließlich seiner Anlagen, ist ......

[*2. Alt.*: Schiedsklausel

23.3 Schiedsverfahren

23.3.1 Alle Streitigkeiten, die sich im Zusammenhang mit diesem Vertrag oder über seine Gültigkeit ergeben, werden nach der jeweiligen Schiedsgerichtsordnung der Deutschen Institution für Schiedsgerichtsbarkeit e.V. (DIS) unter Ausschluss des ordentlichen Rechtsweges endgültig entschieden.[147] Das Schiedsgericht entscheidet mit drei (3) Schiedsrichtern. Ort des schiedsrichterlichen Verfahrens ist ...... Das schiedsrichterliche Verfahren wird in deutscher Sprache durchgeführt[, wobei Beweismittel auch in [englischer] Sprache vorgelegt werden dürfen.]

23.3.2 Verlangt zwingendes Recht die Entscheidung einer Angelegenheit aus oder im Zusammenhang mit diesem Vertrag oder seiner Durchführung durch ein ordentliches Gericht, ist der Gerichtsstand ......]

23.4 Bankarbeitstag

Bankarbeitstag im Sinne dieses Vertrages ist ein Tag (mit Ausnahme von Samstagen und Sonntagen), an dem die Banken in Frankfurt am Main für den Geschäftsverkehr geöffnet sind.

23.5 Zinsen

Soweit nicht anderweitig in diesem Vertrag bestimmt, hat jede Partei Zinsen auf Zahlungen an eine andere Partei vom Beginn des Tages nach dem Tag der Fälligkeit (oder dem ansonsten in diesem Vertrag als Zinsbeginn genannten Tag) bis zum Tag der Zahlung einschließlich zu leisten. Der Zinssatz beträgt ...... (......) Basispunkte über dem europäischen Interbankenzins für Euroguthaben mit Zinsperioden von einem (1) Monat, der auf den Reuters-Seiten 248, 249 um 11:00 MEZ am ersten Bankarbeitstag des Monats, in dem die Verzinsung gemäß Satz 1 beginnt, angegeben wird *(EURIBOR)*. Die aufgelaufenen Zinsen sind auf der Grundlage der verstrichenen Tage und eines 365-Tage-Jahres zu berechnen. Die Geltendmachung von Verzugszinsen und eines weiteren Verzugsschadens ist nicht ausgeschlossen.

23.6 Vertragsänderungen

Änderungen, Ergänzungen oder die Aufhebung dieses Vertrages einschließlich der Abänderung dieser Bestimmung selbst bedürfen der Schriftform, soweit nicht nach zwingendem Recht eine strengere Form (z.B. notarielle Beurkundung) erforderlich ist. § 21.1 Satz 2 gilt entsprechend.

23.7 Überschriften; Verweise auf deutsche Rechtsbegriffe; Verweise auf Paragraphen

23.7.1 Die Überschriften der Paragraphen, Absätze und Anlagen in diesem Vertrag dienen allein der Übersichtlichkeit. Für die Auslegung des Vertrags sind sie nicht zu berücksichtigen.

23.7.2 Verweise in diesem Vertrag auf Gesellschafts- oder Beteiligungsformen, Verfahren, Behörden oder sonstige Institute, Rechte, Einrichtungen, Rechtsvorschriften oder Rechtsverhältnisse (nachfolgend zusammenfassend als *Rechtsbegriff(e)* bezeichnet) des deutschen Rechts erstrecken sich auch auf den funktionsgleichen Rechtsbegriff eines ausländischen Rechts, soweit ein Sachverhalt nach dem Recht dieses Staates zu beurteilen ist. Existiert ein funktionsgleicher Rechtsbegriff nicht, ist derjenige Rechtsbegriff einbezogen, der dem deutschen Rechtsbegriff funktional am nächsten kommt.

23.7.3 Verweise in diesem Vertrag auf Paragraphen ohne Angabe eines Gesetzes oder Vertrages meinen Paragraphen dieses Vertrages.

23.8 Anlagen

Sämtliche Anlagen sind Bestandteil dieses Vertrages.

23.9 Gesamte Vereinbarung[148]

Dieser Vertrag enthält sämtliche Vereinbarungen der Parteien [in Bezug auf den Vertragsgegenstand] und ersetzt alle mündlichen oder schriftlichen Verhandlungen, Vereinbarungen und Abreden, die zuvor zwischen den Parteien im Hinblick auf den Vertragsgegenstand geschlossen wurden. Nebenabreden zu diesem Vertrag bestehen nicht.

23.10 Salvatorische Klausel

Sollte eine Bestimmung dieses Vertrages ganz oder teilweise nichtig, unwirksam oder undurchsetzbar sein oder werden, wird die Wirksamkeit und Durchsetzbarkeit aller übrigen verbleibenden Bestimmungen davon nicht berührt. Die nichtige, unwirksame oder undurchsetzbare Bestimmung ist, soweit gesetzlich zulässig, als durch diejenige wirksame und durchsetzbare Bestimmung ersetzt anzusehen, die dem mit der nichtigen, unwirksamen oder nicht durchsetzbaren Bestimmung verfolgten wirtschaftlichen Zweck nach Gegenstand, Maß, Zeit, Ort und Geltungsbereich am nächsten kommt. Entsprechendes gilt für die Füllung etwaiger Lücken in diesem Vertrag.

Schrifttum: Altmeppen, Cash Pooling und Kapitalerhaltung bei bestehendem Beherrschungs- oder Gewinnabführungsvertrag, NZG 2010, 361; *Bastuck/Stelmaszczyk*, Gestattung des D&O-Versicherungsschutzes in M&A-Transaktionen, NZG 2011, 241; *Gromstedt/Jörgens*, Die Gewährleistungshaftung bei Unternehmensverkäufen nach dem neuen Schuldrecht, ZIP 2002, 52; *Hahn*, Bezugnahme auf § 302 AktG im Gewinnabführungsvertrag mit einer GmbH wirklich erforderlich? DStR 2009, 1834; *Koller/Goedhart/ Wessels*, Valuation, 5th edition, 2010; *Liebscher*, Die Erfüllung des Verlustausgleichsanspruchs nach § 302 AktG. Zugleich Anmerkung zu OLG Jena v. 21. 9. 2004 – 8 U 1187/03 –, ZIP 2005, 531; *Mayer*, Der Erwerb einer GmbH nach den Änderungen durch das MoMiG, DNotZ 2008, 403; *Philippi/Neveling*, Unterjährige Beendigung von Gewinnabführungsverträgen im GmbH-Konzern – Beendigungsgründe und Rechtsfolgen, BB 2003, 1685; *Priester*, Liquiditätsausstattung der abhängigen Gesellschaft und unterjährige Verlustdeckung bei Unternehmensverträgen, ZIP 1989, 1307; *Reuter*, Keine Erfüllung des Verlustausgleichsanspruchs aus § 302 AktG durch Aufrechnung? (Zugleich Anmerkung zu OLG Thüringen, U. v. 21. 9. 2004 – 8 U 1187/03 –), DB 2005, 2344; *Schlitt/Schäfer*, Quick to Market – Aktuelle Rechtsfragen im Zusammenhang mit Block-Trade-Transaktionen, AG 2004, 346; *Seibt*, Rechtssicherheit beim Unternehmens-, Beteiligungs- und Anlagenverkauf: Analyse der Änderungen bei §§ 444, 639 BGB, NZG 2004, 801; *Seibt/Reiche*, Unternehmens- und Beteiligungskauf nach der Schuldrechtsreform (2), DStR 2002, 1138; *Simon/Leuering*, M&A: Veräußerung von abhängigen Unternehmen, NJW-Spezial 2006, 123; *Ulrich*, Gewinnabführungsverträge im GmbH-Konzern. Abschluß und Beendigung, insbesondere im Veräußerungsfall, GmbHR 2004, 1000; *Wagenseil/Mühl*, Der Gewinnabführungsvertrag – Gesellschafts- und steuerrechtliche Aspekte, NZG 2009, 1253; *Winnefeld*, Bilanzhandbuch, 4. Aufl. 2006.

Anmerkungen

1. Überblick. Bei dem vorstehenden Muster handelt es sich um die ausführliche Form eines GmbH-Anteilskaufvertrages („long form") in einer verkäuferfreundlichen Fassung. Das Muster sieht – wie es heute bei internationalen Transaktionen üblich ist – ein separates Closing vor. Es enthält ausführliche Kaufpreisanpassungsregeln (net debt, working capital), wie sie nach wie vor bei vielen Transaktionen verwendet werden. Anders ist dies inzwischen jedoch regelmäßig dann, wenn ein Private Equity-Unternehmen ein Portfolio-Unternehmen weiterveräußert. In diesen Fällen kommt häufig eine sog. „locked box"-Struktur zur Anwendung, die keine Kaufpreisanpassung mehr vorsieht. Ein Muster für eine solche „locked box"-Struktur findet sich in Form. C. II. 3. Entsprechend seiner Natur als verkäuferfreundliches Muster ist der Gewährleistungskatalog begrenzt. Auch die übliche Freistellung für Steuerrisiken hat verkäuferfreundlichen Charakter.

2. Beurkundung. Sowohl das schuldrechtliche Geschäft, mit dem die Verpflichtung zur Abtretung eines Geschäftsanteils begründet wird, als auch die dingliche Abtretung des Geschäftsanteils bedürfen zu ihrer Wirksamkeit der notariellen Beurkundung (§ 15 Abs. 3 und 4 GmbHG). Für den Fall, dass ein Vertrag über den Erwerb von Geschäftsanteilen einer deutschen GmbH im Ausland abgeschlossen werden soll, stellt sich hinsichtlich der einzuhaltenden Form zunächst die Frage, ob Art. 11 Abs. 1 EGBGB Anwendung findet und somit ggf. die Einhaltung des Ortsrechts genügt. Wird demgegenüber die Einhaltung des deutschen Geschäftsrechts für erforderlich gehalten (wovon aus Gründen der Vorsicht auszugehen ist), muss die Beurkundung durch den ausländischen Notar gegenüber der Beurkundung durch einen deutschen Notar gleichwertig sein (zusammenfassend dazu Palandt/*Thorn* Art. 11 EGBGB Rdnr. 8 m. w. N.; siehe auch Form. L. III. 2 Anm. 5). Nach Ansicht des BGH (BGHZ 80, 76, 78) ist Gleichwertigkeit anzunehmen, wenn die ausländische Urkundsperson nach Vorbild und Stellung im Rechtsleben eine der Tätigkeit des deutschen Notars entsprechende Funktion ausübt und für die Errichtung der Urkunde ein Verfahrensrecht zu beachten hat, das den tragenden Grundsätzen des deutschen Beurkundungsrechts entspricht. In Anwendung dieses Maßstabes hatte der BGH (ZIP 1989, 1052, 1054 f.) vor Inkrafttreten des MoMiG bei der Beurkundung einer Geschäftsanteilsabtretung durch einen Schweizer Notar die deutschen Formerfordernisse ausdrücklich als erfüllt angesehen. Seit dem Inkrafttreten der durch das MoMiG begründeten GmbH-Reform wird die Wirksamkeit der bis dahin weit verbreiteten Beurkundungen von Geschäftsanteilsabtretungen durch Schweizer Notare in Frage gestellt (zusammenfassend *Olk/Nikoleyczik* DStR 2010, 1576; *Hermanns* RNotZ 2010, 38; die Wirksamkeit der vor einem Schweizer Notar in Basel beurkundeten Abtretung bejahend jüngst OLG Düsseldorf ZIP 2011, 564). Hintergrund ist das in § 40 Abs. 2 GmbHG stipulierte Erfordernis, dass der beurkundende Notar bei der Beurkundung von Geschäftsanteilsabtretungen die entsprechende Änderung in der aufgewerteten Gesellschafterliste dem Handelsregister anzuzeigen hat. Bis zur höchstrichterlichen Klärung dieser Frage sollten daher auch einfache GmbH-Anteilsabtretungen nur noch durch inländische Notare beurkundet werden. Abgesehen davon ist in vielen Fällen ohnehin zweifelhaft, ob der durch eine Beurkundung in der Schweiz zu erzielende Kostenvorteil den Mehraufwand rechtfertigt. In diesem Zusammenhang ist nämlich zu berücksichtigen, dass die Kostenordnung eine Werthöchstgrenze von EUR 60 Mio vorsieht (§ 18 Abs. 1 Satz 2 KostO), was zu einer maximalen Gebühr für eine Beurkundung in Deutschland von EUR 52.000 führt. Sofern mit der Geschäftsanteilsabtretung statusrelevante Vorgänge verbunden sind (insbesondere Kapitalerhöhungsmaßnahmen, aber auch Maßnahmen nach dem Umwandlungsgesetz), sollte in jedem Fall ein deutscher Notar mit der Beurkundung befasst werden.

3. Garantiegeberin. Siehe zu Stellung und Funktion der Garantiegeberin Anm. 55 und 142.

4. Präambel. Sinnvoll ist eine Präambel nur dann, wenn sie mehr enthält als die Beschreibung der Absicht der Verkäuferin, die Zielgesellschaft zu verkaufen, sowie die Absicht der Käuferin, diese zu erwerben; dies ist dem Vertrag ohnehin zu entnehmen. In einem komplizierten Kontext und/oder bei einer komplizierten Transaktionsstruktur ermöglicht die Präambel dem Leser einen schnellen Überblick über den wirtschaftlichen Zweck des Vertrages und die wesentlichen Vertragsgegenstände. Eine solche „Einführung" erweist sich insbesondere dann als nützlich, wenn eine erneute Befassung mit dem Vertrag einige Zeit nach seinem Abschluss (insbesondere durch nicht mit der Materie vertraute Dritte) erforderlich wird.

Die Präambel enthält keine Regelungen im Sinne gegenseitiger Rechte und Pflichten, sondern beschreibt lediglich die Absichten der Parteien. Der letzte Satz „... vereinbaren die Parteien, was folgt:" macht deutlich, dass die Vereinbarungen der Parteien erst nach der Präambel folgen. Die Präambel kann allerdings eine wichtige Auslegungshilfe sein, wenn es bei der Interpretation einer Klausel auf den wirtschaftlichen Zweck des Vertrages ankommt und dieser in der Präambel dargestellt wird. Erfahrungsgemäß macht es nämlich bei Vertragsschluss keine großen Schwierigkeiten, den gemeinsamen wirtschaftlichen Willen der Parteien in der Präambel einvernehmlich abzubilden. Dies sieht dagegen häufig anders aus, wenn die Dinge erst einmal streitig geworden sind. In dieser Situation kann sich die Präambel als wichtige Auslegungshilfe erweisen. Ein (Schieds-) Gericht wird den Ausführungen in der Präambel zu den wirtschaftlichen Motiven der Parteien nämlich regelmäßig besonderes Gewicht beimessen.

5. Gesellschaftsrechtlicher Status. Das Muster unterstellt, dass alle deutschen sowie etwaige ausländische Aktivitäten der X-Gruppe in Gesellschaften gebündelt sind, die unter der deutschen X-GmbH (Zielgesellschaft) hängen. Die ausländischen Aktivitäten sind daher nicht Gegenstand gesonderter Übertragungsvereinbarungen. Bisweilen wird es hingegen so sein, dass die Anteile an den ausländischen Gesellschaften nicht der deutschen Zielgesellschaft gehören, sondern unmittelbar von der Verkäuferin oder einer ausländischen Holdinggesellschaft gehalten werden. In diesem Fall müssen grundsätzlich alle betroffenen Anteilsinhaber zu Parteien des Vertrages gemacht werden, sofern nicht zuvor eine – vorzugswürdige – konzerninterne Umstrukturierung bei der Verkäuferin erfolgt.

6. Nummerierung der Geschäftsanteile. Gemäß § 40 Abs. 1 S. 1 GmbHG n. F. sind die Geschäftsanteile in der Gesellschafterliste fortlaufend zu nummerieren. Aus Gründen der Bestimmbarkeit sollten diese Angaben in den Vertragstext aufgenommen werden.

7. Tochtergesellschaften, Mehrheitsgesellschaften und Minderheitsbeteiligungen. Die im Muster vorgeschlagene Zusammenfassung der indirekt mitverkauften Gesellschaften bzw. Anteile in „Tochtergesellschaften" und „Mehrheitsgesellschaften" einerseits sowie „Minderheitsbeteiligungen" andererseits ist bei Bedarf auf den Einzelfall anzupassen. Möglicherweise möchte die Verkäuferin einzelne, unter die Begriffe der „Tochtergesellschaften" bzw. „Mehrheitsgesellschaften" – auf die viele der Verkäufergarantien Bezug nehmen – fallende Beteiligungen ausnehmen. Dabei ist in jedem Fall darauf zu achten, dass die jeweils gewählte Abgrenzung Auswirkungen auf die Reichweite einer Vielzahl von Vertragsbestimmungen (insbesondere, aber nicht ausschließlich, im Rahmen der Verkäufergarantien und Freistellungsvereinbarungen) hat. Bei Erstellung eines konkreten Vertragsentwurfs ist daher sorgfältig darauf zu achten, an welcher Stelle von „Tochtergesellschaften", von „Mehrheitsgesellschaften" und von „X-Gesellschaften" bzw. der „X-Gruppe" (d. h. X-GmbH, Tochtergesellschaften und Mehrheitsgesellschaften) die Rede ist.

Vernünftigerweise kann von der Verkäuferin im Regelfall nur erwartet werden, dass sie Garantien in Bezug auf die Tochtergesellschaften sowie regelmäßig auch in Bezug auf die Mehrheitsgesellschaften abgibt und auf diese einwirkt, wenn es darum geht, ein bestimmtes Verhalten zu erreichen. Im Hinblick auf die Minderheitsbeteiligungen dürfte die Verkäuferin dagegen in der Regel nicht über die erforderlichen Informationen bzw. die entsprechenden Einflussmöglichkeiten verfügen. Dies gilt spiegelbildlich für Verpflichtungen der Käuferin im Hinblick auf die erworbenen Gesellschaften/Anteile nach dem Vollzug.

8. Verzicht auf die Formulierung „Verkauf mit wirtschaftlicher Wirkung zum Stichtag". An dieser Stelle ist in vielen M&A-Verträgen die Formulierung zu lesen „Die Verkäuferin verkauft hiermit an die Käuferin nach Maßgabe der Bestimmungen dieses Vertrages mit wirtschaftlicher Wirkung zum Stichtag die X-Geschäftsanteile." Der Zusatz „mit wirtschaftlicher Wirkung zum Stichtag" ist eine Formel, die für sich genommen keinerlei Regelungsgehalt hat. Die Konsequenzen der Stichtagsregelung ergeben sich vielmehr erst aus den Vereinbarungen zur Abgrenzung der Gewinnbezugsrechte, zur Ermittlung des Kaufpreises, zur Abwicklung der

1. GmbH-Anteilskaufvertrag – ausführlich, verkäuferfreundlich C. II. 1

Konzernfinanzierung und zur Beendigung eines eventuellen Ergebnisabführungsvertrages. Da diese Detailvereinbarungen wiederum für sich stehen können, ist die beschriebene Formel entbehrlich.

9. Gewinnberechtigung. Mit der Abtretung des Geschäftsanteils geht das Gewinnbezugsrecht als mitgliedschaftliches Vermögensrecht automatisch auf die Käuferin über. Fasst die Käuferin nach der Abtretung einen Gewinnverteilungsbeschluss, steht der Anspruch auf Gewinnausschüttung mithin automatisch der Käuferin als Inhaberin der Geschäftsanteile zu. Wird ein Geschäftsanteil während eines Geschäftsjahres übertragen, sorgt § 101 Ziff. 2 BGB für einen schuldrechtlichen Ausgleich in dem Sinne, dass die regelmäßig wiederkehrenden Erträge, hier also die Gewinnanteile, pro rata temporis zwischen der Käuferin und der Verkäuferin aufgeteilt werden.

Das Muster geht von einem bestehenden Ergebnisabführungsvertrag zwischen der X-GmbH und der Verkäuferin aus. Für diesen Fall ist vertraglich vorzusehen, dass alle Gewinne der X-GmbH, die während der Laufzeit des EAV bis zum Stichtag entstanden sind, zunächst der Verkäuferin als – zu diesem Zeitpunkt noch fiktiver – Anspruch auf Gewinnabführung zustehen. Diese Gewinnansprüche sind bei der Kaufpreisberechnung entsprechend zu berücksichtigen (vgl. hierzu ausführlich Anm. 18). Dass die Verkäuferin dann in einem zweiten Schritt gemäß § 3.3.2 des Musters ihren etwaigen künftigen Anspruch auf Gewinnabführung an die Käuferin veräußert und bei Vollzug an diese abtritt, steht dem nicht entgegen, da die Käuferin der Verkäuferin diesen Verkauf gesondert vergütet (dazu Anm. 18).

In Fallkonstellationen ohne Ergebnisabführungsvertrag mit der Zielgesellschaft ist regelmäßig vorzugswürdig, eine Regelung zu treffen, der zufolge alle Gewinne des laufenden Geschäftsjahres der Zielgesellschaft sowie etwaige noch nicht ausgeschüttete Gewinne der Vorjahre der Käuferin zustehen sollen. In einem solchen Fall könnte § 2.2 Satz 1 wie folgt lauten:

„Der Verkauf der X-Geschäftsanteile erfolgt mit allen damit verbundenen Ansprüchen und sonstigen Rechten einschließlich des Bezugsrechts auf alle Gewinne des laufenden Geschäftsjahres sowie auf sämtliche noch nicht ausgeschüttete Gewinne früherer Geschäftsjahre.";

§ 2.2 Sätze 2 und 3 entfielen ersatzlos. Eine solche Regelung hat nicht nur den Vorteil der einfacheren Handhabbarkeit für sich; sie entspricht regelmäßig auch den wirtschaftlichen Interessen beider Seiten. Bei einer Kaufpreisanpassung um Net Debt und Working Capital zum Stichtag, wie sie das Muster vorsieht, wird nämlich regelmäßig ein Grossteil des bis zum Stichtag angefallenen Gewinns durch eine entsprechende Erhöhung der Barmittel/Reduzierung der Verbindlichkeiten bzw. ein höheres Working Capital über den Kaufpreisanpassungsmechanismus der Verkäuferin zugewiesen. Dann aber entspricht es dem Interesse beider Parteien, gesellschaftsrechtlich der Käuferin die Gewinne der Zielgesellschaft zuzuweisen. Hinzu kommt, dass insbesondere Private Equity-Unternehmen nur insoweit Wert auf den Gewinn legen, als sich dieser in einem erhöhten Cash Flow niederschlägt. Ein derart erhöhter Cash Flow wird aber über den vorgesehenen Kaufpreisanpassungsmechanismus zugunsten der Verkäuferin erfasst.

10. Stichtag. Aus Verkäufersicht ist es günstiger, wenn der Stichtag vor dem Zeitpunkt liegt, in dem die verkauften Geschäftsanteile auf die Käuferin übergehen (oder zumindest mit diesem zusammen fällt). Der Tag, an dem die Geschäftsanteile auf die Käuferin übergehen, wird im Muster als „Vollzugstag" bezeichnet. Läge der Stichtag erst nach dem Vollzugstag, bestünde die Gefahr, dass die Käuferin nach Anteilsübergang Manipulationen vornimmt, die sich aus Verkäufersicht negativ auf die Stichtagsbilanz (und somit kaufpreisreduzierend) auswirken können. Unabhängig von dieser Überlegung sollte der Stichtag stets auf den letzten Tag eines Monats festgesetzt werden, da dies die Erstellung der erforderlichen Stichtagsbilanz erleichtert. Die meisten Unternehmen erstellen nämlich ohnehin zum Monatsende Management Accounts oder ähnliche Zahlenwerke, die als Grundlage für die Stichtagsbilanz dienen können. Dadurch wird ein sonst erforderlicher erheblicher Mehraufwand für die Erstellung der Stichtagsbilanz vermieden.

Alternativ zu der hier gewählten Variante (Stichtag = letzter Tag des Monats, in dem die letzte Vollzugsvoraussetzung eingetreten ist) wäre auch denkbar, den Stichtag auf den Ablauf des Vollzugstages (der dann aus den oben dargestellten Gründen seinerseits mit dem letzten Tag eines Monats zusammen fallen sollte) zu legen. Zu beachten ist dabei, dass ein etwa bestehender Ergebnisabführungsvertrag mit entsprechender Kündigungsklausel erst nach Übergang der Anteile – und somit erst (unmittelbar) nach Ablauf des Vollzugstags – gekündigt werden kann (vgl. dazu im Einzelnen Anm. 15). Für den – aus Verkäufersicht ungünstigen – Fall, dass der Stichtag erst nach dem Vollzug (d. h. Anteilsübergang) liegt, sollte die Verkäuferin unbedingt darauf achten, dass der Vertrag entweder (i) genaue Bestimmungen darüber enthält, welche Maßnahmen die Käuferin zwischen Vollzug und Stichtag in Bezug auf die Zielgesellschaft vornehmen darf (gegenüber der Käuferin allerdings regelmäßig allenfalls dann durchsetzbar, wenn dieser Zeitraum sehr kurz ist) oder (ii) genau festlegt, welche Maßnahmen der Käuferin nach dem Anteilsübergang keine Auswirkungen auf die Stichtagsbilanz haben sollen.

11. Gesonderte Abtretung (Two Step-Modell Signing/Closing). Wie bei komplexeren Transaktionen üblich, folgt das Muster dem „Two Step-Modell", wonach die Parteien zunächst nur die (schuldrechtliche) Vereinbarung über den Kauf der Anteile und die Abwicklung der Transaktion treffen („Signing") und der (dingliche) Vollzug des Vertrages, insbesondere die Abtretung der Anteile („Closing" [US-amerikanisch] oder „Completion" [englisch]), zu einem späteren Zeitpunkt stattfindet. Dieses Modell entstammt dem angloamerikanischen Rechtsraum. Erforderlich ist die Aufteilung in Signing und Closing deshalb, weil regelmäßig bestimmte Voraussetzungen gegeben sein müssen, bevor der Vertrag vollzogen werden kann. Im internationalen Sprachgebrauch spricht man hier von „Closing Conditions", im Deutschen von „Vollzugsvoraussetzungen". Zu diesen Bedingungen gehört üblicherweise die fusionskontrollrechtliche Genehmigung; zu den Vollzugsvoraussetzungen können darüber hinaus das Vorliegen von Gremienzustimmungen, ggf. die Herauslösung („Carve-Out") des Zielunternehmens aus dem Konzern der Verkäuferin sowie der Nachweis der Finanzierung durch die Käuferin zählen. Aus Sicht der Verkäuferin sind diese Vollzugsvoraussetzungen – soweit nicht zwingend rechtlich erforderlich – nicht ungefährlich, weil sie regelmäßig eines der vorrangigen Ziele der Verkäuferin, nämlich die Transaktionssicherheit, beeinträchtigen können. Dies gilt insbesondere für Gremienvorbehalte auf Seiten der Käuferin und das Beibringen eines Finanzierungsnachweises durch die Käuferin. Die Verkäuferin sollte daher regelmäßig nur die Kartellfreigabe als Vollzugsvoraussetzung akzeptieren. Nach Vorliegen aller Vollzugsvoraussetzungen findet der dingliche Vollzug des Vertrages, also das Closing, statt. Bevor der Kaufpreis gezahlt wird und die Anteile auf die Käuferin übergehen, sind hierfür in der Regel eine Reihe von Vollzugshandlungen in einer von den Parteien festgelegten Reihenfolge vorzunehmen (vgl. § 6.5.1). Hervorzuheben ist die Unterzeichnung der Dokumentation über die Finanzierung („Financial Closing"), die regelmäßig zusammen mit dem Closing der Transaktion erfolgt. Der Übergang der Anteile bildet regelmäßig den Schlusspunkt des Vollzugs.

Das früher in Deutschland verbreitete Modell, wonach im Kaufvertrag die Abtretung der Anteile unter bestimmten aufschiebenden Bedingungen (fusionskontrollrechtliche Genehmigung, Kaufpreiszahlung u.a.) vereinbart wurde, verliert demgegenüber an Bedeutung. Dies ist zum einen damit zu erklären, dass Transaktionsteilnehmer aus dem anglo-amerikanischen Raum das ihnen bekannte Modell favorisieren, auch wenn sie eine Transaktion in Deutschland durchführen. Zudem führt eine aufschiebend bedingte Anteilsübertragung bei komplexen und zahlreichen Vollzugshandlungen zu erheblichen Unsicherheiten darüber, ob und wann die Bedingungen für den Anteilsübergang eingetreten sind. Bei dem „Two Step-Modell" ist demgegenüber durch die separate dingliche Übertragung der Anteile stets einwandfrei festzustellen, ob die Anteilsübertragung stattgefunden hat. Falls erforderlich, kann der Nachweis des Übergangs der Anteile durch Vorlage der gesonderten Abtretungsurkunde erbracht werden. Bei einer Abtretung unter aufschiebender Bedingung müsste der Kaufvertrag mit allen darin enthaltenen Informationen vorgelegt werden, was regelmäßig nicht den Parteiinteressen entspricht (Vertraulichkeit!). Einen gewissen Nachteil hat das „Two Step-Modell" bei den Notarkosten, da sowohl der Kaufvertrag beim Signing als auch die Abtretungsvereinbarung beim Closing beurkundet werden müssen. Hier sind aber in der Praxis Gestaltungen möglich, die eine volle doppelte Kostenbelastung vermeiden. Zu den Notarkosten eingehend Anm. 140.

1. GmbH-Anteilskaufvertrag – ausführlich, verkäuferfreundlich   C. II. 1

12. Ergebnisabführungsvertrag (EAV) zwischen Target und Verkäuferin; andere Unternehmensverträge. Das Muster enthält im weiteren Text nur Bestimmungen über den – unterstellten – Unternehmensvertrag zwischen der Verkäuferin und der X-GmbH, da dieser im Zuge der Transaktion beendet werden muss („Abschneiden des Verkaufsobjekts"). Eine solche Beendigung ist aus Sicht der Verkäuferin schon deshalb erforderlich, weil sie verpflichtet ist, jeden während der Vertragsdauer entstehenden Jahresfehlbetrag auszugleichen (§ 302 AktG). Bestehen andere Unternehmensverträge zwischen einem Unternehmen der X-Gruppe und einem Unternehmen der Verkäufergruppe, müssen diese ebenfalls beendet werden. Unternehmensverträge innerhalb der X-Gruppe können dagegen bestehen bleiben. Zur Beendigung des EAV vgl. Anm. 14.

13. Bezeichnung des Unternehmensvertrages. An dieser Stelle sollte die richtige Bezeichnung des Vertrages zitiert werden. Gegebenenfalls kann auch die Abkürzung des Unternehmensvertrages anders gefasst werden, um sich stärker an der tatsächlichen Bezeichnung des Vertrages zu orientieren.

14. Beendigung des EAV. Das Muster unterstellt, dass der EAV zwischen der Verkäuferin und der Zielgesellschaft eine Kündigungsklausel enthält, die eine unterjährige Kündigung des EAV bei Veräußerung der Zielgesellschaft erlaubt. Viele Verträge, vor allem älteren Datums, enthalten eine solche Klausel nicht. Die Veräußerung der Geschäftsanteile der abhängigen GmbH durch das herrschende Unternehmen stellt ohne das Vorhandensein einer entsprechenden Vertragsklausel grds. keinen wichtigen Grund für die Kündigung eines Unternehmensvertrags dar (vgl. *Lutter/Hommelhoff* Anh. § 13 Rdnr. 83). Sieht der EAV kein besonderes Kündigungsrecht für den Veräußerungsfall vor, kann dieses durch Änderung des EAV ergänzt werden (vgl. Ulrich GmbHR 2004, 1000). An die Änderung des Vertrags sind dieselben formellen Anforderungen zu stellen wie an den ursprünglichen Vertragsschluss (siehe hierzu *Lutter/Hommelhoff* Anh. § 13 Rdnr. 47 ff.). In diesem Fall ist darauf zu achten, dass die Eintragung in das Handelsregister als Wirksamkeitsvoraussetzung der Änderung noch rechtzeitig vor der Kündigung erreicht werden kann.

Mangels entsprechender Kündigungsklausel kann der EAV (außer durch Zeitablauf) im Veräußerungsfall nur zum Ende eines Geschäftsjahres durch Aufhebungsvertrag beendet werden. Darüber hinaus kann eine solche Konstruktion aus steuerlichen Gründen geboten sein, nämlich dann, wenn der Verkäufer vermeiden möchte, dass die Vorteile der Organschaft für den gesamten Zeitraum seit Beginn des laufenden Geschäftsjahres verloren gehen. Bei unterjähriger Beendigung eines Unternehmensvertrages gehen diese Vorteile verloren, da dann sowohl hinsichtlich der Organschaft des Verkäufers als auch derjenigen des Käufers jeweils für Teile des Geschäftsjahres keine finanzielle Eingliederung besteht (vgl. § 14 Nr. 3 S. 2 i.V.m. § 17 KStG). Sofern der Vollzug nicht auf oder in die Nähe des Geschäftsjahresendes bei der Zielgesellschaft fällt, ist bei der Zielgesellschaft ein Rumpfgeschäftsjahr zu bilden und der Unternehmensvertrag (im Wege eines Aufhebungsvertrages) auf das Ende des Rumpfgeschäftsjahres zu beenden. Im Idealfall sollte das Rumpfgeschäftsjahr am Stichtag enden. Aus Gründen der Rechnungslegung (Jahresabschluss!) ist das Ende des Rumpfgeschäftsjahres zudem in jedem Fall auf den letzten Tag eines Kalendermonats zu legen. Bei der zeitlichen Planung der Transaktion ist zu beachten, dass die Bildung eines Rumpfgeschäftsjahres neben einer entsprechenden Änderung der Satzung der Zielgesellschaft insbesondere die Zustimmung der zuständigen Finanzbehörde (welche im Falle einer Unternehmensveräußerung in der Regel gewährt wird) erfordert und erst mit Eintragung im Handelsregister wirksam wird (vgl. zum Ganzen instruktiv *Ulrich* GmbHR 2004, 1000 ff.).

Die Frage der Beendigung eines bestehenden EAV ist in jedem Fall steuerrechtlich zu prüfen, damit sichergestellt wird, dass eine Konstruktion gewählt wird, bei der eine durch den Abschluss des EAV bezweckte steuerliche Organschaft für die Zeit des Bestehens des EAV erhalten bleibt und von den Finanzbehörden auch anerkannt wird.

15. Kündigung des EAV. Sieht ein EAV eine Kündigungsmöglichkeit vor, so ist die Kündigungsklausel in den meisten Fällen so formuliert, dass die Kündigung gestattet ist, wenn der Organträger die Organgesellschaft nicht mehr kontrolliert. In diesem Fall entsteht der Kündigungsgrund erst mit dem Übergang der Anteile auf die Käuferin. Die Kündigung kann daher vorher nicht wirksam erklärt werden, zumal sie als Gestaltungserklärung bedingungsfeindlich ist (vgl. Palandt/*Ellenberger* Einf. v. § 158 Rdnr. 13). Die Verkäuferin kann daher nicht die Kündigung des EAV unter der Bedingung des Vollzugs erklären. Auch eine Kündigung mit Wirkung „auf das Wirksamwerden der Abtretung der Anteile an der Zielgesellschaft auf die Käuferin" muss als bedingte Erklärung ausgelegt werden und ist daher unwirksam. Da der Kündigungsgrund mithin erst mit Abtretung der Anteile entsteht und die Kündigung nicht bedingt erklärt werden kann, müssen die beteiligten Parteien dafür sorgen, dass die Kündigung erst nach der Abtretung wirksam wird. Praktisch kann dies so umgesetzt werden, dass die Verkäuferin der Käuferin die Kündigungserklärung am Vollzugstag aushändigt und die Käuferin der X-GmbH die Erklärung erst (aber dann unverzüglich) übermittelt, wenn die Anteile auf die Käuferin übergegangen sind. Das Muster sieht dies in § 6.5.1 (i) vor. Die Kündigung wird erst wirksam mit Zugang bei der X-GmbH (§ 130 BGB). Es ist in jedem Fall darauf zu achten, dass die Kündigung nicht bereits vor Übergang der Anteile der X-GmbH zugeht, denn dann geht sie mangels Kündigungsgrund ins Leere.

16. Behandlung der gegenseitigen Ansprüche aus dem EAV. Die Behandlung der gegenseitigen Ansprüche der Verkäuferin und der Zielgesellschaft aus dem zu beendenden EAV im Kaufvertrag wird von zwei Faktoren bestimmt: Zum einen liegt der Stichtag bei diesem verkäuferfreundlichen Muster vor dem Vollzugstag (zu den Gründen vgl. Anm. 10). Dies hat insoweit Auswirkungen auf die Behandlung der gegenseitigen EAV-Forderungen im Kaufvertrag, als die Saldierung dieser Ansprüche für die Zwecke des Kaufvertrages (Kaufpreisanpassung!) bereits zum Stichtag erfolgt, während die gegenseitigen Forderungen und Verbindlichkeiten aus dem EAV noch bis zur Beendigung des EAV, also bis zum Ende des Vollzugstages (zu den Gründen hierfür vgl. Anm. 15), weiterlaufen. Diese gegenseitigen weiterlaufenden EAV-Ansprüche müssen aber rechtlich beseitigt werden. Die Behandlung der EAV-Ansprüche wird zum anderen dadurch determiniert, dass angestrebt wird, sämtliche Zahlungsströme möglichst zu saldieren und mit dem Kaufpreis zu verrechnen. Dies tut das Muster durch das Zusammenspiel der Regelungen in den §§ 3.3.1, 3.3.2, 5.1 (e), 5.2.2 (j), 5.2.3 (g), 5.2.5 sowie 6.5.1 (f).

Liegt der Stichtag (wie hier) vor dem Vollzugstag und ist (wie hier) eine Abgrenzung des Gewinnbezugsrechts zum Stichtag vereinbart (vgl. § 2.2), sind die künftigen Forderungen und Verbindlichkeiten aus dem EAV mit ihrem fiktiven Wert zum Stichtag in den Stichtagsabschluss (und somit in den Kaufpreis) aufzunehmen. Dadurch wird zugleich erreicht, dass die Zahlungsströme zu einer Zahlung am Vollzugstag verdichtet werden. Da ein etwaiger Gewinnabführungsanspruch der Verkäuferin oder eine etwaige Verlustausgleichsforderung der X-GmbH erst mit Beendigung des EAV und damit erst zum Vollzugstag entsteht, handelt es sich dabei um einen bloß fiktiven Wert.

Die – ggf. auf den ersten Blick unlogisch erscheinende – Bezeichnung einer eventuellen Gewinnabführungsverbindlichkeit der X-GmbH aus dem EAV als Gewinnabführungsforderung sowie einer eventuellen Verlustausgleichsforderung als Verlustausgleichsverbindlichkeit hat ihren Grund darin, dass der Ablösung dieser Ansprüche gemäß § 3.3.2 die Perspektive der Verkäuferin und nicht der X-GmbH maßgeblich ist, wohingegen es bei der Kaufpreisberechnung (§§ 3.3.1, 5.1) auf die Perspektive der X-GmbH ankommt.

17. Berücksichtigung künftiger Ausgleichsansprüche aus dem EAV bei der Kaufpreisanpassung. Das Muster sieht vor, dass die künftigen Ansprüche der Verkäuferin bzw. der X-GmbH aus dem EAV mit ihrem fiktiven Wert zum Stichtag in die Berechnung der Kaufpreisanpassung einfließen (vgl. die korrespondierenden §§ 5.2.2 [j] sowie 5.2.3 [g]). Damit wird erreicht, dass die verschiedenen Zahlungsströme zu einer Zahlung am Vollzugstag verdichtet werden. Ein etwaiger zukünftiger Anspruch der Verkäuferin gegen die X-GmbH aus dem EAV auf Gewinnabführung (aus der Perspektive der X-GmbH also eine Verbindlichkeit) wirkt kaufpreisreduzierend, während eine etwaige zukünftige Verpflichtung der Verkäuferin zum Verlustausgleich (aus der Perspektive der X-GmbH also eine Forderung, die Cash-Charakter hat) den Kaufpreis erhöht.

18. Ablösung künftiger Forderungen/Verbindlichkeiten aus dem EAV durch Abtretung/ befreiende Schuldübernahme sowie Behandlung bei der Kaufpreisanpassung. Um die bei Vollzug noch bestehenden Forderungen bzw. Verbindlichkeiten zwischen Verkäuferin und der X-

GmbH aus dem EAV zu beseitigen, sieht das Muster vor, dass die Käuferin eine eventuelle Verlustausgleichsverbindlichkeit der Verkäuferin aus dem EAV gegen Zahlung des Nennwerts der Verbindlichkeit durch die Verkäuferin schuldbefreiend übernimmt; eine eventuelle Forderung der Verkäuferin gegen die X-GmbH auf Gewinnabführung wird gegen Zahlung des Nennwerts der Forderung an die Käuferin abgetreten. Dabei ist zu beachten, dass die entsprechende Verbindlichkeit bzw. Forderung in ihrer gesamten Höhe – also nicht nur in Höhe der seit dem Stichtag aufgelaufenen Differenz – gegen Zahlung des Nennwerts zum Vollzugstag übernommen bzw. abgetreten wird. Um die Zahl (und, soweit möglich, auch den Betrag) der tatsächlichen Zahlungsströme auf der Ebene Verkäuferin-Käuferin zu minimieren, wird der zu zahlende Betrag anschließend vom Kaufpreis abgezogen (bei Übernahme einer Verlustausgleichsverbindlichkeit durch die Käuferin) bzw. hinzugerechnet (bei Übernahme eines Gewinnabführungsanspruchs) (vgl. § 5.1 [e]). Dabei handelt es sich jedoch nicht um einen Bestandteil des für den Erwerb der X-Geschäftsanteile zu zahlenden (und zum Stichtag zu berechnenden) Kaufpreises, sondern um einen davon unabhängigen, für die Saldierung der Ansprüche aus dem EAV (zum Vollzugstag) zu zahlenden Kaufpreis, der nur aus Gründen der Vereinfachung mit ersterem saldiert wird.

Beispiel: Eine fiktive Stichtagsberechnung weist eine Verpflichtung der Verkäuferin aus dem EAV zum Verlustausgleich und eine korrespondierende Forderung der X-GmbH aus. Diese (noch fiktive) Forderung wirkt kaufpreiserhöhend, da sie für die Zwecke der Kaufpreisanpassung als Barmittel behandelt wird. Die Höhe der Verlustausgleichsverpflichtung zum Vollzugstag (d.h. bei Beendigung des EAV) hat sich demgegenüber zu Lasten der Verkäuferin noch erhöht. Da die Käuferin am Vollzugstag die gesamte Verlustausgleichsverpflichtung übernimmt, muss sie von der Verkäuferin einen Betrag in Höhe der gesamten Verbindlichkeit erhalten, also des fiktiven Werts zum Stichtag zuzüglich der zwischenzeitlichen Erhöhung. Da zugleich der Kaufpreis um den fiktiven Wert zum Stichtag erhöht ist (vgl. § 7.1.1 [a]), trägt die Käuferin im Ergebnis nur die Differenz für den Zeitraum zwischen Stichtag und Vollzugstag. Wirtschaftlich trägt die Käuferin somit die Gewinne bzw. Verluste der Gesellschaft seit dem Stichtag (im Beispiel den Verlust der X-GmbH seit dem Stichtag). Das ist auch das wirtschaftlich gewollte Ergebnis.

Ablösung der EAV-Ansprüche, wenn Stichtag und Vollzugstag zusammen fallen: Fallen Stichtag und Vollzugstag – anders als hier – zusammen, erfolgt die Ablösung der Verbindlichkeiten aus dem EAV auf der Basis der Stichtagswerte, die dann betragsmäßig mit dem bei Beendigung des EAV am Vollzugstag tatsächlich entstehenden Ausgleichsanspruch übereinstimmen.

19. Keine Verrechnung mit anderen Ansprüchen. Eine Verrechnung der Ansprüche aus dem EAV mit sonstigen, zwischen der Verkäuferin und der X-GmbH bestehenden Ansprüchen (z.B. im Rahmen des in § 4.3.2 vorgesehenen „Netting" zur Ablösung der Finanzierung; vgl. dazu Anm. 25) ist nicht möglich, da es sich dabei rechtstechnisch um eine Aufrechnung handelt. Der Anspruch auf Gewinnabführung bzw. Verlustausgleich entsteht aber erst mit Beendigung des EAV (vgl. *Philippi/Neveling* BB 2003, 1685, 1691 mwN), also erst nach Übergang der Geschäftsanteile an der Zielgesellschaft auf die Käuferin und somit nach Ablösung der übrigen zwischen der Verkäuferin und der Zielgesellschaft bestehenden Verbindlichkeiten. Eine Aufrechnung mit einer künftigen Forderung bzw. gegen eine künftige Forderung ist nicht zulässig (vgl. Palandt/*Grüneberg* § 387 Rdnr. 11, 12).

Die im Muster vorgeschlagene Lösung einer befreienden Schuldübernahme einer etwaigen Verlustausgleichsverbindlichkeit durch die Käuferin setzt voraus, dass der neue Schuldner der X-GmbH (also die Käuferin) mindestens ebenso zahlungskräftig ist wie der alte (also die Verkäuferin). Andernfalls käme die für die befreiende Schuldübernahme nach § 415 Abs. 1 BGB erforderliche Zustimmung der X-GmbH zu dem mit der Schuldübernahme verbundenen Schuldnerwechsel einem unzulässigen Verzicht (vgl. § 302 Abs. 3 S. 1 AktG) auf die Ausgleichsforderung mit der Folge der Nichtigkeit gleich (so *Stephan*, in Schmidt/Lutter, Aktiengesetz § 302 Rdnr. 69 sowie – allerdings in Bezug auf die Abtretung des Verlustausgleichsanspruches – Hüffer, § 302 Rdnr. 17. a. A. aber MünchKomm AktG/*Altmeppen*, § 302 Rdnr. 92 und *Emmerich*, in Emmerich/Habersack, § 302 Rdnr. 50, denen zufolge die Zustimmung der

Gesellschaft zu einer befreienden Schuldübernahme stets einen unzulässigen Verzicht der Schuldnerin auf ihren Anspruch gegen die Vertragspartnerin aus § 302 AktG darstellt). Zur Vermeidung eines späteren Rückgriffs der X-GmbH hat die Verkäuferin ein Interesse daran, dass es zu einer wirksamen Schuldübernahme kommt. **Alternative: Barerfüllung einer eventuellen Verlustausgleichsverbindlichkeit durch Abschlagszahlung.** Für den Fall, dass Zweifel an einer ausreichenden Liquidität der Käuferin und somit auch an der Wirksamkeit einer befreienden Schuldübernahme einer eventuellen Verlustausgleichsverbindlichkeit gegenüber der X-GmbH bestehen (unklar ist bspw., ob diese Voraussetzung erfüllt ist, wenn es sich bei der Käuferin um ein eigens für die Akquisition gegründetes, vermögensloses Akquisitionsvehikel (SPV) handelt), oder dass mit *Altmeppen* (a.a.O., § 302 Rdnr. 86) und *Emmerich* (a.a.O. § 302 Rdnr. 50) von einer **generellen Unwirksamkeit einer befreienden Schuldübernahme** ausgegangen wird, sollte die Verkäuferin in Betracht ziehen, eine eventuelle Verlustausgleichsforderung der X-GmbH bei Vollzug durch Barzahlung auszugleichen. Da die eigentliche Verlustausgleichsforderung erst mit Beendigung des EAV und somit erst nach dem Vollzug entsteht (s. dazu Anm. 15), würde es sich dabei um eine Abschlagszahlung handeln. Nach der Rechtsprechung des BGH bestehen unter dem Gesichtspunkt des Schutzzwecks von § 302 AktG keine durchgreifenden Bedenken dagegen, dass die Muttergesellschaft ihrer Tochtergesellschaft Geldmittel oder entsprechend werthaltige Sachleistungen unter vorher vereinbarter Anrechnung auf eine bestehende oder künftige Verlustausgleichsverpflichtung zur Verfügung stellt (BGH DStR 2006, 1564, 1566). Diese Ansicht wird auch von der Literatur geteilt. Wenn die Obergesellschaft unterjährig Abschlagszahlungen auf ihre zukünftige Verpflichtung nach § 302 AktG leistet, so leistet sie mehr, als sie muss. Da die GmbH mit den Abschlagszahlungen gerade erhält, was sie erhalten soll, nämlich Geld, und zwar sogar früher, nämlich zum Zeitpunkt des Bedarfs, entfalten diese Zahlungen im Hinblick auf den Schutzzweck des § 302 AktG Tilgungswirkung (*Liebscher* ZIP 2006 1221, 1227; *Reuter* DB 2005, 2339, 2344; *Priester* ZIP 1989, 1301, 1307). Um die gewünschte Ausgleichswirkung zu erzielen, ist eine Klarstellung dahingehend notwendig, dass die Leistung auf den künftigen Verlustausgleichsanspruch erbracht werden soll (BGH DStR 2006, 1564, 1566). Entspricht die Abschlagszahlung dann dem vollen Gegenwert des Verlustausgleichsanspruchs, so kann die GmbH den Anspruch gegenüber der Konzernobergesellschaft nach Beendigung des EAV nicht mehr geltend machen.

20. Freistellung von Ausgleichsansprüchen aus vergangenen Geschäftsjahren. Sowohl der Anspruch auf Gewinnabführung als auch die Verpflichtung zum Verlustausgleich entstehen zum jeweiligen Bilanzstichtag, d.h. zum Ende des Geschäftsjahres. Für die Bemessung dieser Ansprüche ist der festgestellte und ggf. testierte Jahresabschluss zwar von indizieller Bedeutung. Materiell-rechtlich entstehen die gegenseitigen Ansprüche zwischen herrschendem und beherrschtem Unternehmen aber entsprechend dem Jahresfehlbetrag bzw. Jahresüberschuss bei objektiv ordnungsgemäßer Bilanzierung zum Bilanzstichtag (BGH NJW 2000, 210). Aus Sicht der Verkäuferin besteht daher das Risiko, dass die Zielgesellschaft nach der Veräußerung geltend macht, sie habe für zurückliegende Geschäftsjahre vom ehemals herrschenden Unternehmen (also der Verkäuferin) einen zu geringen Verlustausgleich erhalten oder die von ihr erbrachten Gewinnabführungen seien zu hoch ausgefallen. Zur Geltendmachung eines solchen nachträglichen Anspruchs auf erhöhten Verlustausgleich bzw. geminderte Gewinnabführung bedarf es keiner Änderung des Jahresabschlusses und auch keiner Nachtragsprüfung. Der Verkäuferin können daher bereits aus einer nachträglichen bloßen Infragestellung der Jahresabschlüsse vergangener Geschäftsjahre durch die Zielgesellschaft (oder die Käuferin als deren neuer Gesellschafterin!) ganz erhebliche wirtschaftliche Belastungen entstehen, insbesondere weil die Ansprüche aus Verlustausgleich erst zehn Jahre nach Bekanntmachung der Beendigung des Unternehmensvertrages verjähren (§ 302 Abs. 4 AktG; vgl. zum Ganzen *Simon/Leuering* NJW Spezial 2006, 123). Dem begegnet das Muster, indem es eine entsprechende Freistellung der Verkäuferin durch die Käuferin vorsieht.

21. Freistellung von Sicherheitsleistung. Gem. § 303 AktG ist den Gläubigern einer beherrschten Gesellschaft Sicherheit zu leisten, wenn der Beherrschungsvertrag endet. Sicherheit können die Gläubiger für jede Verbindlichkeit verlangen, die vor dem Zeitpunkt begründet

1. GmbH-Anteilskaufvertrag – ausführlich, verkäuferfreundlich C. II. 1

worden ist, zu dem die Eintragung der Beendigung des entsprechenden Unternehmensvertrages im Handelsregister als bekannt gemacht gilt. „Begründet" ist weit zu verstehen und umfasst jede Verbindlichkeit, deren Entstehungsgrund vor dem genannten Zeitpunkt gelegt worden ist. Dies betrifft insbesondere Verbindlichkeiten aus Dauerschuldverhältnissen, aber auch Verbindlichkeiten etwa aus einem Darlehensvertrag, der während der Laufzeit des Unternehmensvertrages abgeschlossen wurde, bei dem die Rückzahlungsforderung aber erst nach der Bekanntmachung der Beendigung des Unternehmensvertrages fällig wird.

22. Ablösung der Finanzierung. Neben der Verrechnung und Beseitigung von Ansprüchen aus Unternehmensverträgen (dazu §§ 3.3.1 und 3.3.2 des Musters sowie die dortigen Anmerkungen) sind auch sämtliche sonstigen wechselseitigen Ansprüche der Verkäuferin und ihrer Gruppengesellschaften (ohne die X-Gesellschaften) einerseits und der X-Gesellschaften andererseits auszugleichen und zu beseitigen. In der Praxis geht es hier in erster Linie um Ansprüche aus Cash Pool-Vereinbarungen sowie Gesellschafterdarlehen. Da in beiden Fällen Darlehensansprüche vorliegen, behandelt das Muster diese beiden Bereiche zusammenfassend als „Finanzierungsvereinbarungen". Die Technik der Ablösung der Finanzierungsvereinbarungen folgt im Wesentlichen derjenigen für die Ablösung von Ansprüchen aus einem EAV (vgl. § 3.3.des Musters).

23. Beschreibung der Finanzierungsströme. In internationalen Konzernen gibt es üblicherweise Treasury-Gesellschaften, die im Verhältnis zu den operativen Konzernunternehmen wie eine Bank agieren. Die Liquidität aus den operativen Tochtergesellschaften wird im Wege des Cash Pooling bei diesen Treasury-Gesellschaften gebündelt. Die Treasury-Gesellschaften steuern die Ausstattung der Tochtergesellschaften mit der erforderlichen Liquidität und werden am Geldmarkt tätig. Im Muster wird vereinfachend unterstellt, dass auf Verkäuferseite eine einzige Treasury-Gesellschaft tätig wird und die gesamte Finanzierung der X-Gruppe zwischen dieser Treasury-Gesellschaft und den X-Gesellschaften abgewickelt wird. Besteht eine komplexere Finanzierungsstruktur, ist diese abzubilden.

24. Behandlung der Ansprüche aus den Finanzierungsvereinbarungen bei der Kaufpreisanpassung. Im Rahmen der im Muster vorgesehenen Kaufpreisanpassung um das Net Debt sind sämtliche zum Stichtag bestehenden Verbindlichkeiten bzw. Forderungen der X-Gesellschaften gegen die Verkäuferin und ihre Unternehmensgruppe (ohne die X-Gesellschaften) aus den Finanzierungsvereinbarungen zu berücksichtigen. Dadurch wird eine Konzentration der Zahlungsströme zu einer Zahlung im Verhältnis zwischen Verkäuferin und Käuferin am Vollzugstag erreicht. Die entsprechende Regelung im Vertragsmuster entspricht rechtstechnisch derjenigen für Ansprüche aus dem EAV in § 3.3.1.

Die – auf den ersten Blick unlogisch anmutende – Bezeichnung der Verbindlichkeiten der X-GmbH aus den X-Finanzierungsvereinbarungen als Verkäufer-Finanzierungsforderungen und umgekehrt hat ihren Grund darin, dass bei der Ablösung der Finanzierung in § 4.3 die Perspektive der Verkäuferin und nicht der X-GmbH maßgeblich ist, wohingegen es bei der Kaufpreisberechnung (§ 5.1) auf die Perspektive der X-GmbH ankommt.

25. Ablösung der Finanzierung bei Vollzug/„Netting". Bei Vollzug soll an die Stelle der Finanzierung durch die Treasury-Gesellschaft bzw. die Verkäufer-Gruppe die neue Finanzierung durch die Käuferin bzw. die von der Käuferin eingeschalteten Banken treten. Zu diesem Zweck müssen die zwischen der Verkäufer-Gruppe und den X-Gesellschaften bestehenden Forderungen und Verbindlichkeiten von der Verkäufer-Gruppe auf die Käuferseite übertragen werden. Dies wird durch das im Muster beschriebene „Netting" mit anschließender Abtretung bzw. Schuldübernahme erreicht: Zunächst werden die am Vollzugstag bestehenden Forderungen und Verbindlichkeiten der X-Gesellschaften gegenüber der Treasury-Gesellschaft bei der X-GmbH konzentriert. Entsprechend werden die Forderungen und Verbindlichkeiten der Treasury-Gesellschaft bei der Verkäuferin zusammen gefasst. So wird erreicht, dass die Finanzierungsbeziehungen bei Verkäuferin und Zielgesellschaft gebündelt werden. Nach der Konzentration bei Zielgesellschaft und Verkäuferin werden die Forderungen und Verbindlichkeiten verrechnet. Verbleibt eine Forderung zugunsten der Verkäuferin, wird diese zum Nennwert an die Käuferin verkauft; verbleibt eine Verbindlichkeit, wird diese zum Nennwert von der Käuferin übernommen. Um die Zahl (und – soweit möglich – auch den Betrag) der tatsächlichen Zahlungsströme auf der Ebene Verkäuferin-Käuferin zu minimieren, wird der von der einen oder anderen Partei zu zahlende Nennwert anschließend vom Kaufpreis abgezogen (bei Übernahme einer Verkäufer-Finanzierungsverbindlichkeit durch die Käuferin) bzw. hinzugerechnet (bei Abtretung einer Verkäufer-Finanzierungsforderung an die Käuferin) (vgl. § 5.1 [f]). Bei dem betreffenden Betrag handelt es sich jedoch nicht um einen Bestandteil des für den Erwerb der X-Geschäftsanteile zu zahlenden (und auf den Stichtag zu berechnenden) Kaufpreises, sondern um einen davon unabhängigen, für die Ablösung der zwischen der Verkäufer-Gruppe und der X-Gruppe bestehenden Finanzierungsforderungen bzw. -verbindlichkeiten zum Vollzugstag zu zahlenden Kaufpreis, der nur aus Gründen der Vereinfachung mit ersterem saldiert wird.

Netting bei komplexeren Finanzierungsströmen. Wenn in die Finanzierung mehrere Gesellschaften auf Verkäuferseite (etwa Treasury-Gesellschaften in verschiedenen Ländern, mehrere Darlehensgeber) involviert sind und diese Gesellschaften Rechtsbeziehungen zu verschiedenen X-Gesellschaften unterhalten, sind die Bestimmungen über die Ablösung der Finanzierung naturgemäß komplexer. In diesem Fall bietet sich das „Konzentrationsmodell" an. Die Forderungen und Verbindlichkeiten der X-Gesellschaften aus den Finanzierungsvereinbarungen werden in die X-GmbH hochtransferiert. Die Forderungen und Verbindlichkeiten der Verkäufer-Gesellschaften aus den Finanzierungsvereinbarungen werden auf die Verkäuferin übertragen. Anschließend werden die Forderungen und Verbindlichkeiten verrechnet, so dass eine einzige Saldoforderung – entweder zugunsten der X-GmbH oder zugunsten der Verkäuferin – übrigbleibt. Mit dieser Forderung oder Verbindlichkeit wird dann so verfahren, wie in § 4.3.3 des Musters vorgesehen. Die Regelung für dieses Verfahren lautet wie folgt:

4.2 Für die Ermittlung des Kaufpreises (§ 5.1) sind die Verbindlichkeiten von X-Gesellschaften aus den X-Finanzierungsvereinbarungen (einschließlich aufgelaufener Zinsen) (nachfolgend *Verkäufer-Finanzierungsforderungen* genannt) als Finanzverbindlichkeiten (§ 5.2.2) und die Forderungen der X-Gruppengesellschaften aus den X-Finanzierungsvereinbarungen (einschließlich aufgelaufener Zinsen) (nachfolgend *Verkäufer-Finanzierungsverbindlichkeiten* genannt) als Barmittel (§ 5.2.3) zu behandeln.

4.3 Für die Ablösung der Finanzierung zum Vollzugstag vereinbaren die Parteien:

4.3.1 Die Verkäuferin hat dafür zu sorgen, dass

(a) sämtliche am Vollzugstag bestehenden Verkäufer-Finanzierungsforderungen, soweit sie nicht der Verkäuferin zustehen, mit Wirkung zum Vollzugstag an die Verkäuferin abgetreten werden;

(b) die bis einschließlich zum Vollzugstag aufgelaufenen und am Vollzugstag bestehenden Verkäufer-Finanzierungsverbindlichkeiten, soweit Schuldnerin nicht die Verkäuferin ist, von der Verkäuferin im Wege der befreienden Schuldübernahme unter Zustimmung der betroffenen X-Gesellschaft übernommen werden;

(c) die bis einschließlich zum Vollzugstag aufgelaufenen und am Vollzugstag bestehenden Forderungen von X-Gesellschaften aus Verkäufer-Finanzierungsverbindlichkeiten, soweit sie nicht der X-GmbH zustehen, an die X-GmbH abgetreten werden;

(d) die bis einschließlich zum Vollzugstag aufgelaufenen und am Vollzugstag bestehenden Verbindlichkeiten von X-Gesellschaften aus Verkäufer-Finanzierungsforderungen, soweit Schuldnerin nicht die X-GmbH ist, von der X-GmbH im Wege der befreienden Schuldübernahme unter Zustimmung der jeweils betroffenen Verkäufergesellschaft übernommen werden.

Die Abtretung und Schuldübernahme gemäß (a) bis (d) hat jeweils gegen Zahlung des Nennwerts der abgetretenen Forderung durch den Abtretungsempfänger an die abtretende Gesellschaft bzw. gegen Zahlung des Nennwerts der übernommenen Verbindlichkeit durch die übertragene Schuldnerin an die übernehmende Gesellschaft zu erfolgen.

4.3.2 Nach der Abtretung und Schuldübernahme gemäß vorstehend 4.3.1 sind die bei der X-GmbH einerseits und der Verkäuferin andererseits konzentrierten Verkäufer-Finanzierungsforderungen und Verkäufer-Finanzierungsverbindlichkeiten (einschließlich aufgelaufener Zinsen) mit Wirkung zum Vollzugstag zu verrechnen. Der nach der Verrechnung entstandene Saldo wird *Finanzierungssaldo* genannt.

1. GmbH-Anteilskaufvertrag – ausführlich, verkäuferfreundlich C. II. 1

Ablösung der Finanzierung bei Stichtag vor Vollzugstag. Liegt der Stichtag (wie hier) vor dem Vollzugstag (zu den Gründen für diese aus Verkäufersicht vozugswürdige Regelung vgl. Anm. 10), sind die Forderungen und Verbindlichkeiten aus Finanzierungsvereinbarungen mit dem am Stichtag bestehenden Wert in den Stichtagsabschluss (und somit in die Berechnung der Kaufpreisanpassung) aufzunehmen. Dies tut das Muster in den §§ 5.2.2 (k) sowie 5.2.3 (h). Für die Ablösung der Finanzierung am Vollzugstag sind diese Forderungen und Verbindlichkeiten sodann in ihrer gesamten am Vollzugstag bestehenden Höhe – also nicht nur in Höhe der seit dem Stichtag aufgelaufenen Differenz – in den Finanzierungssaldo einzustellen. Der Saldo wird von der Käuferin übernommen. Besteht der Saldo zugunsten der Verkäuferin, hat die Käuferin die Saldoforderung zu kaufen. Besteht der Saldo zugunsten der Zielgesellschaft, hat die Käuferin die Verbindlichkeit zu übernehmen, und zwar gegen eine Zahlung der Verkäuferin in entsprechender Höhe. In beiden Fällen ist die Zahlung des Entgelts durch die Käuferin oder Verkäuferin gleichzeitig mit der Zahlung des Kaufpreises für die Geschäftsanteile abzuwickeln, indem der Betrag auf den Anteilskaufpreis aufgeschlagen oder von diesem abgezogen wird. Dies leistet das Muster in § 5.1 (f).

Beispiel: Der Saldo zum Stichtag weist eine Verpflichtung der Verkäuferin und eine korrespondierende Forderung der X-GmbH aus. Diese Forderung wirkt kaufpreiserhöhend, da sie für die Zwecke der Kaufpreisanpassung als Barmittel behandelt wird. Der Saldo zum Vollzugstag hat sich demgegenüber zu Lasten der Verkäuferin noch erhöht. Da die Käuferin am Vollzugstag die gesamte Verpflichtung übernimmt, erhält sie von der Verkäuferin einen Betrag in Höhe der gesamten Saldoverbindlichkeit, also des Saldos zum Stichtag zuzüglich der zwischenzeitlichen Erhöhung. Da zugleich der Kaufpreis um den Saldo zum Stichtag erhöht ist, trägt die Käuferin im Ergebnis nur die Differenz, die sich aus dem Saldo per Stichtag und dem Saldo per Vollzugstag ergibt. Wirtschaftlich trägt die Käuferin somit die Finanzierung der Gesellschaft seit dem Stichtag. Das ist auch das wirtschaftlich gewollte Ergebnis.

Ablösung der Finanzierung bei Stichtag = Vollzugstag. Fallen Stichtag und Vollzugstag – anders als hier – zusammen, erfolgt die Ablösung der Finanzierung auf der Basis der Stichtagswerte; eine Überbrückungsfinanzierung zwischen Stichtag und Vollzugstag erübrigt sich.

26. Kaufpreis, Kaufpreisanpassung (Net Debt, Working Capital). Das Muster sieht die in der Transaktionspraxis nach wie vor häufig verwandte Anpassung des Kaufpreises um die Netto-Finanzverbindlichkeiten (Net Debt) sowie das Nettoumlaufvermögen (Working Capital) der Zielgesellschaft vor. Während sich die Kaufpreisanpassung um Net Debt und Working Capital in den letzten Jahren zunächst immer mehr durchgesetzt hatte, ist in der transaktionsrechtlichen Praxis in jüngster Zeit eine gewisse Abkehr von Kaufpreisanpassungsmodellen zu konstatieren. Insbesondere Private Equity-Unternehmen bevorzugen zusehends einen festen Kaufpreis, verbunden mit entsprechend engmaschigen Regeln für die Führung der Zielgesellschaft seit dem letzten Bilanzstichtag (sogenanntes „Locked Box"-Konzept). Das Vertragsmuster in C. II. 3 bildet ein solches Locked Box-Konzept ab.

Der Grund für die **Anpassung des Kaufpreises um die Netto-Finanzverbindlichkeiten (Net Debt)** liegt regelmäßig in der Bewertungsmethode der Zielgesellschaft. Bei der im Rahmen von Unternehmensbewertungen für M&A-Transaktionen nach wie vor marktüblichen Discounted Cash Flow-Methode (DCF-Methode; aus der umfangreichen Literatur besonders instruktiv Koller/Goedhart/Wessels S. 102 ff.; Semler/Volhard/*Müller* § 10 Rdnr. 179 ff.) wird ein Unternehmen auf Basis seiner abgezinsten erwarteten zukünftigen Cash Flows bewertet. Dabei wird das Unternehmen regelmäßig finanzierungsneutral betrachtet, d. h. die DCF-Methode interessiert sich nicht dafür, ob das zu bewertende Unternehmen mit Eigen- oder Fremdkapital finanziert wird. Die Höhe des Fremdkapitals sowie die Höhe der Barmittel werden bei dieser Unternehmensbewertungsmethode ausgeblendet. Daher rührt die gängige Bezeichnung dieser Unternehmensbewertungsmethode als „cash free debt free". Bei der DCF-Methode werden der Unternehmensbewertung mithin diejenigen Zahlungsströme zugrunde gelegt, die sowohl Fremdkapitalgebern (insbesondere Banken und Anleihegläubigern) als auch Eigenkapitalgebern (Gesellschaftern) zustehen. Dies sind jene Zahlungsströme, die vor Zahlung von Zinsen auf das Fremdkapital verbleiben. Gleiches gilt für die Unternehmensbewertung auf Basis von Multiplikatorverfahren, wenn die zugrundegelegte Bezugsgröße die Zahlung von Fremdkapitalzinsen noch nicht berücksichtigt, also „vor Zinsen" (before interest) ermittelt wird. Dies ist insbesondere bei den beiden gängigen Bezugsgrößen EBIT und EBITDA der Fall. Eine Bewertung auf der Grundlage sowohl der DCF-Methode als auch jener Multiplikatorverfahren, deren Bezugsgröße EBIT bzw. EBITDA ist, führt zum sogenannten Enterprise Value (auch Entity Value oder Unternehmenswert) der Zielgesellschaft. Das ist derjenige Wert, den das Unternehmen sowohl für die Fremdkapitalgeber als auch für die Eigenkapitalgeber hat. Mit dem theoretischen Ansatz, die Fremdverbindlichkeiten sowie die Barmittel eines Unternehmens zu ignorieren, stellt der Enterprise Value eine für die internationale Vergleichbarkeit von Unternehmen unverzichtbare Größe dar. Im Gegensatz dazu steht der Equity Value (Eigenkapitalwert), also derjenige Betrag, der den Wert des Unternehmens für die Eigenkapitalgeber repräsentiert. Der Equity Value entspricht dem Wert der Geschäftsanteile.

Der Enterprise Value ignoriert – wie dargestellt – die konkrete Finanzierungssituation eines Unternehmens, interessiert sich also nicht dafür, in welchem Verhältnis das zu bewertende Unternehmen mit Fremdkapital oder mit Eigenkapital finanziert wird. Um den Wert der Geschäftsanteile (Equity Value) zu errechnen, ist nun aber dem Umstand Rechnung zu tragen, dass die Zielgesellschaft in aller Regel sowohl über Finanzverbindlichkeiten als auch über Barmittel verfügt. Der Enterprise Value muss mithin um diese beiden Positionen korrigiert werden, um zum Equity Value, also dem Wert der Geschäftsanteile, zu gelangen. Dies tut das Muster, indem Ausgangspunkt für die Kaufpreisanpassung der Enterprise Value (im Muster als Brutto-Unternehmenswert bezeichnet) ist (vgl. § 5.1 [a]). Von diesem Wert wird sodann die Summe der Finanzverbindlichkeiten abgezogen (§ 5.1 [b]); die Summe der Barmittel wird addiert (§ 5.1 [c]). Im Ergebnis wird der Enterprise Value mithin um den Saldo aus Finanzverbindlichkeiten und Barmittel (die sog. Netto-Finanzverbindlichkeiten) gekürzt.

Die **früher gebräuchliche Anpassung des Kaufpreises um den Wert des Eigenkapitals** zum Stichtag wird heute ausserhalb des Finanzsektors kaum noch verwendet. Ausschlaggebend hierfür ist zum einen der Umstand, dass das Eigenkapital der Zielgesellschaft für viele Käufer, insbesondere Private Equity-Unternehmen, keine nennenswerte Bedeutung hat. Gerade bei stark finanzierungsgetriebenen Unternehmenskäufen von Private Equity-Unternehmen stehen die konkreten Mittelzuflüsse der Zielgesellschaft (Cash Flows) im Mittelpunkt des Interesses der Käuferin. Dem entspricht es, dass Unternehmen heute regelmäßig auf der Grundlage der DCF-Methode bewertet werden. Bei dieser Bewertungsmethode wäre eine Kaufpreisanpassung um die Entwicklung des Eigenkapitals systemwidrig. Hinzu kommt, dass bei einer Kaufpreisanpassung um das Eigenkapital der Zielgesellschaft zum Stichtag naturgemäß eine volle Bilanz der Zielgesellschaft zu erstellen ist. In diesem Rahmen kann dann aber theoretisch jede Bilanzposition zum Gegenstand von unerwünschten Meinungsverschiedenheiten zwischen Verkäuferin und Käuferin werden.

Die vorstehend geschilderte Kaufpreisanpassung um das Net Debt wird häufig begleitet von einer **Anpassung des Kaufpreises um Veränderungen im Nettoumlaufvermögen (Working Capital)** der Zielgesellschaft. Beim Working Capital handelt es sich in der Regel um den Saldo aus Vorräten und kurzfristigen Forderungen (gegenüber Kunden) einerseits sowie kurzfristigen Verbindlichkeiten (gegenüber Lieferanten) andererseits. Die Working Capital-Anpassung ist für die Erwerberin vor allem deshalb von Bedeutung, weil sie sicherstellen möchte, dass ihre Erwartungen an die Höhe des Nettoumlaufvermögens zum Stichtag zutreffen. Wie so viele Entwicklungen der jüngsten Zeit bei der Gestaltung von M&A-Verträgen ist auch die Kaufpreisanpassung um das Working Capital von den Finanzinvestoren in den Markt eingeführt worden. Bei der Finanzierungsplanung unterstellen nämlich insbesondere Finanzinvestoren, dass die Zielgesellschaft zum Zeitpunkt des Vollzuges der Transaktion über eine bestimmte Höhe liquider Mittel oder jedenfalls kurzfristig in Liquidität umzusetzender Vermögensgegenstände verfügt, die erforderlich sind, um das von der Zielgesellschaft betriebene Geschäft wie in der Vergangenheit fortzuführen. Die Höhe dieser Mittel, nämlich das Working Capital, schwankt nun in der Regel im Laufe des Geschäftsjahres. Ist bei Vollzug der Transaktion ein niedrigeres als das von der Käuferin bei ihrer Finanzplanung unterstellte Working Capital vorhanden, müsste die Käuferin den Differenzbetrag nachschießen. Bei der üblichen Fremdfinanzierung bei Private Equity-Erwerbern bedeutet das, dass der Finanzinvestor einen höheren Finanzierungsrahmen benötigt als ursprünglich vorgesehen. Genau das möchten die Finanzinvestoren aber typischerweise vermeiden. Durch die im Muster vorgesehene Reduzierung des Kaufpreises für den Fall, dass das Working Capital die von den Parteien gemeinsam zu vereinbarende Höhe zum Stichtag nicht erreicht, stellt die Käuferin sicher, dass sie nachträglich keine zusätzlichen Finanzierungsmittel aufnehmen muss, um die Transaktion abzuwickeln. Dies ist auch regelmäßig für die Verkäuferin akzeptabel, da die Verkäuferin es in der Hand hat, das Working Capital zu steuern. Aus Verkäufersicht wichtig ist dann allerdings, dass für den Fall, dass die Zielgesellschaft der Käuferin mit einem höheren Working Capital als vereinbart überlassen wird, der Kaufpreis entsprechend erhöht wird. Dies wird wiederum die Käuferin – jedenfalls innerhalb eines bestimmten Rahmens – in aller Regel akzeptieren, da sie ja in diesem Fall mehr erhält als von ihr selbst geplant. Technisch setzt die Kaufpreisanpassung um das Working Capital voraus, dass sich die Parteien auf eine Zielgröße für das Working Capital zum Stichtag verständigen, deren Unter- bzw. Überschreitung zu einer entsprechenden Reduzierung bzw. Erhöhung des Kaufpreises führt. Besondere Schwierigkeiten wirft in der Praxis erfahrungsgemäß die genaue Bestimmung dieser im Vertrag festzulegenden Zielgröße auf (vgl. dazu ausführlich Anm. 45).

Ein nicht zu unterschätzender Nebeneffekt der Anpassung des Kaufpreises um das Working Capital liegt zudem darin, dass eine solche Kaufpreisanpassung möglichen Manipulationen der Verkäuferin im Hinblick auf die Netto-Finanzverbindlichkeiten (Net Debt) bis zum Stichtag entgegenwirkt. Ohne eine Working Capital-Kaufpreisanpassung könnte die Verkäuferin nämlich versucht sein, durch entsprechende Maßnahmen, wie beispielsweise die gezielte Veräußerung von Vorräten, die beschleunigte Einziehung von Kundenforderungen oder die verzögerte Begleichung von Verbindlichkeiten gegenüber Lieferanten, Bankverbindlichkeiten abzubauen bzw. die liquiden Mittel zum Stichtag zu erhöhen mit der Folge, dass die Käuferin einen höheren Kaufpreis zu zahlen hätte. Bei einer Anpassung des Kaufpreises um das Working Capital werden diese Effekte neutralisiert.

Bei der hier vorgesehenen Kaufpreisanpassung auf cash free/debt free-Basis spielt die Entwicklung des Eigenkapitals (Net Assets) der Zielgesellschaft keine Rolle, da sie systemwidrig wäre. Eine **Kaufpreisanpassung auf der Grundlage des Eigenkapitals** kann allenfalls in Betracht kommen, wenn die Zielgesellschaft bei Anwendung des Multiplikatorverfahrens auf der Grundlage von Kennziffern bewertet worden ist, die sich nach Berücksichtigung von Fremdkapitalaufwendungen (insbesondere Zinsen) ergeben. Hierher gehören vor allem die Bezugsgrößen EBT (earnings before tax) bzw. PBT (profits before tax).

Legt man das cash free / debt free-Modell zugrunde, passt auch die Absicherung einzelner Bilanzpositionen zugunsten der Käuferin prinzipiell nicht in das System. Beim cash free/debt free-Modell kommt es nicht auf einzelne Bilanzpositionen an sich an, sondern lediglich auf die zukünftig erzielbaren Cash Flows der Zielgesellschaft. Einzelne Bilanzpositionen sind bei dieser Betrachtungsweise nur insoweit von Bedeutung, als sie erforderlich sind, um die unterstellten zukünftigen Cash Flows zu generieren. Deshalb wird die Käuferin regelmäßig versuchen, sich bezüglich einzelner Bilanzpositionen wie etwa bestimmter Gegenstände des Anlagevermögens oder der Rückstellungen abzusichern. Dies geschieht typischerweise über entsprechende Garantien der Verkäuferin. Sofern es sich dabei jedoch um Positionen handelt, die bereits an anderer Stelle berücksichtigt wurden (beispielsweise im Rahmen der cash/debt-Positionen), dürfen sie naturgemäß bei solchen weiteren Garantien der Verkäuferin nicht noch einmal berücksichtigt werden. Als verkäuferfreundlich ausgestaltetes Muster sieht der Vertragstext solche Verkäufergarantien nicht vor.

27. Negativer Kaufpreis. Wendet man die im Muster vorgesehene Kaufpreisberechnungsformel an, kann als Summe am Ende theoretisch ein „negativer Kaufpreis" entstehen, d.h. ein Betrag, den die Verkäuferin an die Käuferin zu zahlen hätte. Diese Konstellation tritt typischerweise auf, wenn die Parteien einen symbolischen Kaufpreis vereinbart haben, was regelmäßig bei dem Erwerb von Unternehmen in der Krise der Fall sein wird. Für eine derartige Konstellation ist das vorliegende Muster typischerweise ungeeignet. Vielmehr sollten hier deutlich schlankere Vorlagen zum Thema „Kauf in der Krise/Kauf aus der Insolvenz" zugrunde gelegt werden.

28. Vgl. hierzu Anm. 17 und 18.

29. Vgl. hierzu Anm. 24. Das Entgelt für den Verkauf einer eventuellen Gewinnabführungsforderung an die Käuferin bzw. für die Übernahme einer eventuellen Verlustausgleichsverbindlichkeit durch die Käuferin (§ 3.3.2) sowie für die Übernahme des Finanzierungssaldos durch die Käuferin (§ 4.3.3) ist nicht Bestandteil des Entgeltes für die gekauften Anteile. Die entsprechenden Beträge stellen vielmehr Rechnungsposten im Rahmen der Ermittlung des Betrags dar, der am Vollzugstag zu zahlen ist. Es erleichtert den Zahlungsvollzug technisch, wenn eine einzige Summe ermittelt wird, die von der Käuferin an die Verkäuferin fließt.

30. Enterprise Value (Unternehmenswert). Hier ist der Enterprise Value (Unternehmenswert) der X-Gruppe einzusetzen. Über die Durchführung der in § 5.1 des Musters abgebildeten Rechenoperationen gelangt man vom Enterprise Value zu dem Wert der Geschäftsanteile, also dem Equity Value.

31. Bilanzierungsgrundsätze. Das Muster geht bei der Definition der „Finanzverbindlichkeiten" (§ 5.2.2) und „Barmittel" (§ 5.2.3) davon aus, dass die Zielgesellschaft nach HGB bilanziert. Da die Bedeutung der Begriffe „Finanzverbindlichkeiten" und „Barmittel" nicht oder bestenfalls sehr eingeschränkt mit den vergleichbaren Begriffen des HGB übereinstimmt, sollte jede einzelne Position der „Finanzverbindlichkeiten" und der „Barmittel" so genau wie möglich und unter Bezugnahme auf die entsprechende Vorschrift des HGB (sofern möglich) im Vertrag definiert werden. Zur Identifizierung der Einzelpositionen sollte idealerweise nicht nur auf die Gliederung des HGB, sondern zusätzlich auf die bei der Zielgesellschaft gebräuchlichen (Unter-) Konten der entsprechenden Buchungssysteme und die dortigen Bezeichnungen Bezug genommen werden. Bilanziert die Zielgesellschaft nach anderen Bilanzierungsgrundsätzen als nach HGB (also insbesondere nach IAS/IFRS, US GAAP oder UK GAAP), so sollten die entsprechenden Bestimmungen dieser Rechnungswerke in den Vertrag aufgenommen werden. Insbesondere bei IAS/IFRS ist eine Bezugnahme auf die konkreten Unterkonten der Buchungssysteme unerlässlich, bestehen doch nach diesen Vorschriften viel mehr Spielräume als bei den HGB-Bestimmungen (vgl. für IAS/IFRS zusammenfassend *Winnefeld* Bilanzhandbuch S. 84, 87 ff.).

32. Einzelheiten zu den Finanzverbindlichkeiten. In der Praxis kommt es immer wieder zu Diskussionen zwischen den Parteien, welche Positionen im Einzelnen zu den Finanzverbindlichkeiten gehören. Maßgebend ist dabei stets, ob die jeweils zugrunde gelegte Unternehmensbewertungsmethode die entsprechende Berücksichtigung der jeweiligen Einzelpositionen in den Finanzverbindlichkeiten verlangt oder nicht. So blendet etwa die gängige DCF-Methode die Zinsbelastung der Zielgesellschaft bei der Bewertung aus. Dementsprechend sind bei den Finanzverbindlichkeiten bei Anwendung der DCF-Methode grundsätzlich nur die zinstragenden Verbindlichkeiten zu berücksichtigen. Welche das sind, ist im Einzelfall genau zu prüfen. Besonders streitig diskutiert wird typischerweise die Behandlung von Leasingverbindlichkeiten sowie Rückstellungen, insbesondere Pensionsrückstellungen (vgl. die Übersicht in C. I). Da der Verkäufer naturgemäß daran interessiert ist, den Umfang der Finanzverbindlichkeiten so klein wie möglich zu halten, erfasst das Muster nur diejenigen Finanzverbindlichkeiten, die aus Verkäufersicht Berücksichtigung finden sollten.

33. Verbundene Unternehmen. Der Begriff Verbundene Unternehmen im Kontext der Aufstellung des Jahresabschlusses wird in § 271 HGB definiert. Demnach sind verbundene Unternehmen solche Unternehmen, die in den Konzernabschluss des Mutterunternehmens nach den Grundsätzen über die Vollkonsolidierung einzubeziehen sind; erfasst sind auch solche Unternehmen, deren Einbeziehung nach § 296 HGB unterbleibt (§ 271 Abs. 2 HS. 2 HGB). In die Vollkonsolidierung sind nach § 294 Abs. 1 HGB alle Tochterunternehmen einzubeziehen; die Einbeziehung kann nach § 296 HGB unter bestimmten Voraussetzungen unterbleiben. Tochterunternehmen sind nach § 290 Abs. 2 HGB solche Unternehmen, an denen eine Stimmenmehrheit besteht, bei denen Einfluss auf die Zusammensetzung des Leitungsorgans genommen werden kann oder auf die ein beherrschender Einfluss ausgeübt werden kann. Die in der Klausel erwähnten verbundenen Unternehmen sind diejenigen verbundenen Unternehmen, die in die Konsolidierung des verkauften Teilkonzerns (X-Gruppe) nicht einbezogen sind, die also außerhalb des Konsolidierungskreises für den Stichtagsabschluss stehen. Hingegen brauchen solche Unternehmen nicht erfasst zu werden, die zwar in den konsolidierten Stichtagsabschluss gem.

§ 296 HGB nicht einbezogen werden, aber zur verkauften X-Gruppe gehören, weil aus Sicht der Käuferin die Forderungen und Verbindlichkeiten dieser Unternehmen gegenüber konsolidierten Unternehmen keinen Finanzierungsbedarf auslösen. Hingegen sind die Forderungen und Verbindlichkeiten dieser Unternehmen gegenüber verbundenen Unternehmen außerhalb des Konsolidierungskreises für den Stichtagsabschluss aufzunehmen.

Unter dem Begriff „Verbindlichkeiten gegenüber verbundenen Unternehmen" i. S. d. §§ 298 i. V. m. 266 Abs. 3 lit. C Nr. 6 HGB werden in der Bilanz auch Verbindlichkeiten aus Lieferungen und Leistungen gegenüber verbundenen Unternehmen erfasst (MünchKommHGB/*Reiner/Haußer* § 266 Rdnr. 102, 114). Kurzfristige Verbindlichkeiten werden aber typischerweise nicht den Finanzverbindlichkeiten, sondern dem Nettoumlaufvermögen (Working Capital) zugeordnet und sind daher nicht im Rahmen der Finanzverbindlichkeiten, sondern bei der Berechnung des Working Capital zu berücksichtigen (vgl. § 5.2.4 (b) (ii) des Musters).

34. Unter dem Begriff „Verbindlichkeiten gegenüber Unternehmen, mit denen ein Beteiligungsverhältnis besteht" i. S. d. §§ 298 i. V. m. 266 Abs. 3 lit. C Nr. 7 HGB werden in der Bilanz auch Verbindlichkeiten aus Lieferungen und Leistungen gegenüber solchen Unternehmen erfasst (MünchKommHGB/*Reiner/Haußer* § 266 Rdnr. 102, 115). Als kurzfristige Verbindlichkeiten sind diese nicht bei den Finanzverbindlichkeiten, sondern bei der Berechnung des Nettoumlaufvermögens zu berücksichtigen (§ 5.2.4 (b) (iii) des Musters).

35. Definition „Sonstige Verbindlichkeiten". § 266 Abs. 3 lit. C Nr. 8 HGB lautet: „sonstige Verbindlichkeiten, davon aus Steuern, davon im Rahmen der sozialen Sicherheit." Von den Steuerverbindlichkeiten sind Steuerschulden der Gesellschaft (KSt, USt, GewSt) ebenso erfasst wie einbehaltene und noch abzuführende Steuern (z. B. LSt, KapESt; vgl. Beck'scher Bilanzkommentar/*Kozikowski/Schubert* § 266 Rdnr. 246).

36. Zahlungspflichten aus Leasinggeschäften als Finanzverbindlichkeiten. Aus Sicht der Verkäuferin sollten Verbindlichkeiten aus Leasinggeschäften nur dann als Teil der Finanzverbindlichkeiten aufgenommen werden, wenn im Gegenzug auch die Vorteile, welche die Käuferin aus den Leasinggeschäften zieht (insbesondere die Abbildung des Investitionsflusses in der Cash Flow-Betrachtung), in die Berechnung des Enterprise Value eingeflossen sind. Die vorgeschlagene Klausel differenziert danach, ob die Verbindlichkeiten aus Leasinggeschäften der Zielgesellschaft in der Stichtagsbilanz zu bilanzieren sind. Dabei wird die Bilanzierung nach HGB zugrundegelegt. Demnach sind Leasinggeschäfte in Form des Finance Leasing erfasst, bei dem das wirtschaftliche Eigentum am Leasinggut regelmäßig beim Leasingnehmer liegt (anders als beim Operating Leasing, bei dem das wirtschaftliche Eigentum dem Leasinggeber zugerechnet wird). Die Kriterien für die Zurechnung des Leasinggutes zum Leasingnehmer beim Finance Leasing sind den diversen vom Bundesministerium für Finanzen veröffentlichten Leasingerlassen zu entnehmen. Wird der Stichtagsabschluss nach IAS/IFRS oder US GAAP aufgestellt, gelten für die Bilanzierung der Leasinggeschäfte durch die Zielgesellschaften (als Finance Lease bzw. Capital Lease) andere Prüfkriterien.

37. Vgl. hierzu Anm. 16 und 17.

38. Vgl. hierzu Anm. 24.

39. Weitere Finanzverbindlichkeiten. Aus Sicht der Verkäuferin sollten hier grundsätzlich keine weiteren Finanzverbindlichkeiten aufgenommen werden. Nur im Ausnahmefall wird es Positionen geben, die unter die explizit aufgeführten Bilanzpositionen nicht subsumierbar sind und die wirtschaftlich einer Verbindlichkeit aus einer Darlehensaufnahme oder einer sonstigen Finanzierungsform gleichkommen. Zu denken ist hier insbesondere an etwaige bereits beschlossene, aber noch nicht ausgeschüttete Dividendenzahlungen der Zielgesellschaft.

40. Barmittel. Die Verkäuferin hat naturgemäß ein Interesse daran, die Definition der Barmittel möglichst weit zu fassen, da höhere Barmittel bei der im Muster vorgesehen Kaufpreisanpassung um das Net Debt den Kaufpreis erhöhen. Aus Verkäufersicht wäre daher beispielsweise daran zu denken, auch kurz laufende Kredite oder kurzfristig fällige Teilbeträge langfristiger Kredite in die Barmittel-Definition aufzunehmen.

41. Vgl. hierzu bereits Anm. 34.

42. Vgl. bereits Anm. 16 und 17.

43. Vgl. bereits Anm. 24.

44. Vgl. hierzu bereits Anm. 39.

45. Festlegung der Working Capital-Zielgröße (Standardized Working Capital). Zum Zweck der Kaufpreisanpassung um das Working Capital vgl. zunächst Anm. 26. Der hier einzusetzende Zielbetrag für das Working Capital ist regelmäßig Gegenstand intensiver Diskussionen zwischen den Parteien. Grund dafür ist, dass das Working Capital bei vielen Unternehmen im Laufe des Geschäftsjahres zum Teil beträchtlich schwankt. Technisch sind drei Gestaltungen denkbar: Zum einen kann als Zielgröße für das Working Capital ein fester Betrag vereinbart werden. Dann sollte es sich um den Durchschnittswert des Working Capital der Zielgesellschaft im Verlauf eines Geschäftsjahrs handeln. Dies würde aber gerade bei solchen Unternehmen, bei denen das Working Capital saisonal bedingt stark schwankt, zu Ungerechtigkeiten führen, da bei Unterzeichnung des Unternehmenskaufvertrages häufig noch nicht sicher ist, wann genau das Closing stattfinden wird und welcher Tag mithin der Stichtag ist. Es hat sich daher bewährt, die von den Parteien erwarteten Working Capital-Zielgrößen für verschiedene in Betracht kommende Stichtage festzulegen. Dies geschieht durch Beifügung einer Anlage zum Vertrag, in der für jeden möglichen Stichtag die jeweils von den Parteien erwartete Zielgröße für das Working Capital festgelegt wird. Eine derartige Festlegung der Working Capital-Zielgröße sollte idealerweise auf der Basis der Planung des Managements der Zielgesellschaft erfolgen. Schließlich ist daran zu denken, einen Korridor für die Working Capital-Zielgröße zu vereinbaren. In diesem Fall wäre in Satz 1 von § 5.2.4 die Untergrenze und in Satz 2 die Obergrenze einzufügen.

Bei der Festlegung der Zielgröße für das Working Capital zum Stichtag ist darauf zu achten, dass die Parteien sich über die Positionen einig sind, aus denen sich das Working Capital zusammensetzt. Insbesondere wenn eine Partei aus der Welt der US- oder UK-Rechnungslegung und die andere Partei aus der Welt der HGB-Rechnungslegung kommt, werden die Parteien mit dem Begriff Working Capital unterschiedliche Inhalte verbinden. In der Diskussion kann das uneinheitliche Vorverständnis von der Bedeutung des Begriffes Working Capital dazu führen, dass man sich scheinbar auf eine Zahl für die Zielgröße geeinigt hat, dieser Zahl aber vollkommen unterschiedliche Berechnungen zugrunde liegen. Derartige Missverständnisse gilt es von vornherein auszuräumen, indem beide Seiten klarstellen, welche Positionen sie mit dem Begriff Working Capital verbinden.

46. Berücksichtigung von Forderungen bzw. Verbindlichkeiten aus Lieferungen und Leistungen gegenüber verbundenen Unternehmen bei der Berechnung des Working Capital. Bei der Berechnung des Nettoumlaufvermögens erfasst werden müssen auch kurzfristige Forderungen gegen und Verbindlichkeiten gegenüber verbundenen Unternehmen (§ 271 Abs. 2 HGB), die nicht Teil der verkauften Gruppe sind; nicht zu berücksichtigen sind hingegen kurzfristige Forderungen und Verbindlichkeiten gegen(über) verbundene(n) Unternehmen, die Teil der verkauften Gruppe sind, da insoweit kein Finanzierungsbedarf besteht. Bilanziell erfolgt der Ausweis von Forderungen und Verbindlichkeiten aus Lieferungen und Leistungen gegenüber verbundenen Unternehmen als „Forderung bzw. Verbindlichkeit gegen verbundene Unternehmen" i. S. d. § 266 Abs. 2 B II Nr. 2 bzw. Abs. 3 C Nr. 6 HGB und nicht etwa als „Forderung bzw. Verbindlichkeit aus Lieferungen und Leistungen" i. S. d. § 266 Abs. 2 B II. Nr. 1 bzw. Abs. 3 C. Nr. 4 HGB (MünchKommHGB/*Reiner/Haußer*, § 266 Rdnr. 63). Aus diesem Grund müssen Forderungen bzw. Verbindlichkeiten aus Lieferungen und Leistungen gegenüber verbundenen Unternehmen hier zusätzlich separat genannt werden. Vgl. zum Ganzen auch Anm. 33.

47. Vgl. hierzu die vorherige Anm. sowie Anm. 33.

48. Vgl. hierzu Anm. 34.

49. Beseitigung fortbestehender Ansprüche aus einem EAV. Die aufgrund dieser Klausel zum Kaufpreis hinzuzurechnenden bzw. von ihm abzuziehenden Beträge entsprechen den ausstehenden Ansprüchen aus einem etwaigen bestehenden EAV zwischen der Verkäufer-Gruppe und der Unternehmensgruppe der Zielgesellschaft. Derartige Ansprüche müssen rechtlich beseitigt werden. Das Muster sieht vor, dass dies durch eine entsprechende Saldierung mit dem Kaufpreis erfolgt. Vgl. zum Ganzen bereits ausführlich Anm. 18.

50. Beseitigung von Ansprüchen aus Finanzierungsvereinbarungen. Das Muster sieht vor, dass bestehende Ansprüche aus Finanzierungsvereinbarungen zwischen der Verkäufer-Gruppe und der Unternehmensgruppe der Zielgesellschaft zum Vollzugstag mit dem Kaufpreis verrechnet werden. Dazu wird der Saldo aus den Finanzierungsvereinbarungen zum Kaufpreis hinzuaddiert bzw. von diesem abgezogen. Damit werden die verschiedenen Zahlungsströme derart konzentriert, dass im Ergebnis nur eine Zahlung auf der Ebene Verkäuferin-Käuferin erfolgt. Vgl. zum Ganzen bereits Anm. 24.

51. Berücksichtigung von Finanzverbindlichkeiten und Barmitteln bei Mehrheitsgesellschaften und Minderheitsbeteiligungen. Bei der Ermittlung des Enterprise Value der Zielgesellschaft aufgrund der DCF-Methode (vgl. dazu Anm. 26) wird der Cash Flow aus Mehrheitsgesellschaften in der Regel nur anteilig berücksichtigt. Dann sind korrespondierend hierzu auch die Finanzverbindlichkeiten und Barmittel aus Mehrheitsgesellschaften bei der Kaufpreisanpassung nur anteilig zu berücksichtigen. Denn diese Positionen stehen der Käuferin nur anteilig zu bzw. sind nur anteilig von ihr zu tragen. Im Ergebnis wird damit für Mehrheitsgesellschaften im Hinblick auf die Kaufpreisberechnung das Prinzip der Quotenkonsolidierung angewandt.

Im Hinblick auf die Minderheitsbeteiligungen wird es in der Regel an einer hinreichenden Informationsgrundlage fehlen, um Finanzverbindlichkeiten und Barmittel ebenso differenziert zu berücksichtigen. Denn die Verkäuferin ihrerseits erfasst diese Gesellschaften als assoziierte Unternehmen in ihrem Konzernabschluss nur im Wege der at equity-Konsolidierung gemäß § 312 HGB, es sei denn, sie übt in solchen Gesellschaften einen maßgeblichen Einfluss aus (§ 311 Abs. 1 HGB). Für die at equity-Konsolidierung ist wiederum der Jahres- bzw. Konzernabschluss des assoziierten Unternehmens zugrunde zu legen (§ 312 Abs. 6 HGB). Die Informationen, die die Verkäuferin über das assoziierte Unternehmen erhält und ihrem Konzernabschluss zugrunde legt, sind also wesentlich weniger differenziert als die Informationen über Mehrheitsgesellschaften. Aus diesem Grund erscheint es gerechtfertigt, der Verkäuferin auch für die Kaufpreisberechnung nicht die Last der Differenzierung aufzuerlegen, sondern die Minderheitsbeteiligungen aus der Kaufpreisberechnung herauszunehmen und stattdessen mit einem pauschalen Ansatz im Brutto-Unternehmenswert (Enterprise Value) zu berücksichtigen.

52. Aktualisierung der Kaufpreisschätzung. Diese Aktualisierung der Kaufpreisschätzung ist aus Sicht der Verkäuferin nicht zwingend erforderlich, kann jedoch auch in ihrem Sinne sein, wenn starke Veränderungen der für die Kaufpreisberechnung maßgebenden Kennziffern zwischen Signing und und Closing zu erwarten sind. Auch die Verkäuferin wird nämlich regelmäßig an einer weitgehenden Übereinstimmung des am Vollzugstag zu zahlenden Betrages mit dem endgültigen Kaufpreis interessiert sein.

53. Konten, Zahlung. Sofern eine der Parteien das Konto, auf dem die Zahlung eingehen soll, bei Abschluss des Vertrages noch nicht eröffnet hat, muss ein Passus ergänzt werden, wonach die betroffene Partei die zahlende Partei mit angemessenem Vorlauf vor der Zahlung über die Kontendaten zu informieren hat. Die Abwicklung der Kaufpreiszahlung am Vollzugstag wird erfahrungsgemäß erleichtert, wenn die Konten von Käuferin und Verkäuferin bei derselben Bank bestehen. Anderenfalls kann die Abwicklung der Zahlung am Vollzugstag erhebliche Zeit in Anspruch nehmen. Die Details der Zahlungsabwicklung am Vollzugstag sollten vorab mit einem Vertreter der betreffenden Bank erörtert werden.

54. Umsatzsteuer. Die umsatzsteuerliche Behandlung der Veräußerung von GmbH-Anteilen hängt von einer Reihe von Faktoren ab, u. a. ob der Veräußerer überhaupt umsatzsteuerlicher Unternehmer ist und/oder die Anteile zu seinem Unternehmen gehören und, bejahendenfalls, wo der Ort der Leistung liegt. Ist die Veräußerung in Deutschland steuerbar, greift grundsätzlich eine Steuerbefreiung ein (§ 4 Nr. 8 f UStG), auf die jedoch u. U. durch sog. Option (§ 9 Abs. 1 UStG) wieder verzichtet werden kann. Letzteres bietet sich aus Verkäufersicht dann an, wenn der Verkäufer selbst umsatzsteuerbelastete Leistungen in Zusammenhang mit der Anteilsveräußerung bezogen hat (z. B. Kosten der Rechtsanwälte), denn nach einer Option kann der Verkäufer diese vom Finanzamt erstattet erhalten. Für den Käufer kann die Umsatzsteuerpflicht kraft Option jedoch wieder nachteilig sein, wenn er selber keinen Vorsteuerabzug hat. Wegen der Vielzahl von Fragen sollte in jedem Fall eine sorgfältige steuerliche Analyse des Einzelfalls vorgenommen werden.

55. Bankbürgschaft vs. Garantiegeberin. Idealerweise sollte die Verkäuferin eine Sicherheit für die Kaufpreiszahlung verlangen, wenn es sich bei der Käuferin um ein für die Zwecke der Transaktion gegründetes Akquisitionsvehikel oder eine andere Gesellschaft aus dem Käuferkonzern ohne eigenes Vermögen und eigene Liquidität handelt. Aus Sicht der Verkäuferin bietet zwar eine Bankgarantie die größte Sicherheit. Für die Käuferin verursacht die Bankgarantie wegen der Avalprovision aber nicht unerhebliche Kosten. Außerdem wird die Bank sich häufig Rückgriffsrechte an den Geschäftsanteilen einräumen lassen. In der Praxis häufiger wird daher der Weg gewählt, dass die Konzern-Obergesellschaft der Käuferin oder eine andere Gesellschaft aus dem Käuferkonzern die Zahlungsverpflichtung der Käuferin garantiert. Die für eine solche Käufergarantie erforderlichen Klauseln sind in § 20 des Musters wiedergegeben.

56. Vollzugstag. Aus Verkäufersicht sollte der Vollzugstag zeitlich nach – jedenfalls nicht vor – dem Stichtag liegen. Zu den Gründen hierfür vgl. bereits Anm. 10.

57. Vgl. zu den Vollzugsvoraussetzungen bereits Anm. 11.

58. „Baukastenprinzip" bei der Kartellklausel. Der Klauselvorschlag zur fusionskontrollrechtlichen Freigabe ist nach dem Baukastenprinzip konzipiert. Hier ist im Einzelfall unter Hinzuziehung von kartellrechtlicher Expertise zu entscheiden, ob entweder die EU-Klausel (in (a)) oder die GWB-Klausel (in (b)) und/oder die EU-Mitgliedstaatenklausel (in (c)) (bei der Zuständigkeit der Kartellbehörden mehrerer EU-Mitgliedstaaten) oder eine Kombination zu verwenden ist. Gleiches gilt für die Frage, ob eine Kartellklausel für Nicht-EU-Staaten (vgl. (d) und ggf. (e)) erforderlich ist.

59. Variante bei Zuständigkeit der Europäischen Kommission. Diese Variante macht den Vollzug der Transaktion von der fusionskontrollrechtlichen Freigabe durch die Europäische Kommission abhängig. Sie ist immer dann erforderlich, wenn eine fusionskontrollrechtliche Anmeldung bei der EU-Kommission in Frage kommt, erforderlich oder vereinbart worden ist.

60. Dieser Einleitungssatz sollte gewählt werden, wenn noch nicht feststeht, ob eine fusionskontrollrechtliche Anmeldung bei der Europäischen Kommission erfolgen wird.

61. Dieser Einleitungssatz sollte gewählt werden, wenn eine Anmeldung bei der Europäischen Kommission erfolgen muss/wird. In diesem Fall können die beiden nachfolgenden Alternativen (d.h. (b) und (c)) bzgl. nationaler Anmeldungen gestrichen werden.

62. Variante bei Zuständigkeit des Bundeskartellamts. Diese Variante schiebt den Vollzug der Transaktion entsprechend dem Verfahrensablauf beim Bundeskartellamt bis zum Wegfall des Vollzugsverbots auf. Sie ist immer dann erforderlich, wenn eine Anmeldung beim Bundeskartellamt in Frage kommt, erforderlich oder vereinbart ist oder eine Verweisung der EU-Kommission an das Bundeskartellamt möglich ist.

63. Dieser Einleitungssatz sollte gewählt werden, wenn bei Signing noch nicht feststeht, ob eine fusionskontrollrechtliche Anmeldung beim Bundeskartellamt oder bei der Europäischen Kommission erforderlich ist bzw. wenn eine Verweisung durch die Europäische Kommission an das Bundeskartellamt in Frage kommt. In diesem Fall ist die nachfolgende Vollzugsbedingung zusammen mit der unter (a) genannten Vollzugsbedingung aufzunehmen.

64. Dieser Einleitungssatz sollte gewählt werden, wenn eine Anmeldung beim Bundeskartellamt und nicht bei der EU-Kommission erfolgen muss/wird. In diesem Fall kann die unter (a) genannte Vollzugsbedingung (EU-Kommission) gestrichen werden.

65. Variante bei Zuständigkeit der Fusionskontrollbehörden mehrerer EU-Mitgliedstaaten. Diese Variante macht den Vollzug der Transaktion abhängig von der fusionskontrollrechtlichen Freigabe durch die EU-Mitgliedstaaten. Sie ist immer dann erforderlich, wenn eine Anmeldung bei den zuständigen Behörden in mehreren EU-Mitgliedstaaten in Frage kommt, erforderlich oder vereinbart worden ist und nicht für jeden betroffenen Mitgliedstaat eine spezielle Klausel (entsprechend der GWB-Klausel für Deutschland in (b)) aufgenommen werden soll.

66. Der Klammerzusatz ist hinzuzufügen, falls eine Anmeldung in einem EU-Mitgliedstaat erfolgen soll, in dem die Anmeldung freiwillig ist (z. B. Großbritannien) oder wenn die Parteien ausdrücklich vereinbaren möchten, in welchen EU-Mitgliedstaaten eine Anmeldung vorgenommen werden soll. Die Klausel muss entsprechend angepasst werden, wenn auch die Mitgliedstaaten erfasst werden sollen, in denen (wie z. B. in Italien) nur ein Vollzugsverbot bis zum Eingang einer vollständigen Anmeldung besteht.

67. Dieser Einleitungssatz sollte gewählt werden, wenn noch nicht feststeht, ob eine fusionskontrollrechtliche Anmeldung bei der Europäischen Kommission oder in einem oder mehreren EU-Mitgliedstaaten erforderlich ist bzw. wenn eine Verweisung durch die Europäische Kommission an die Kartellbehörde eines Mitgliedstaats in Betracht kommt. In diesem Fall ist die nachfolgende Vollzugsbedingung zusammen mit der unter (a) genannten Vollzugsbedingung aufzunehmen.

68. Dieser Einleitungssatz sollte gewählt werden, wenn eine Anmeldung in einem oder mehreren EU-Mitgliedstaaten, nicht aber bei der EU-Kommission, erfolgen muss/wird. In diesem Fall kann die unter (a) genannte Vollzugsbedingung (EU-Kommission) gestrichen werden. Bei einer nur geringen Anzahl betroffener EU-Mitgliedstaaten empfiehlt sich alternativ die Aufnahme speziell auf das Verfahren in den betreffenden Mitgliedstaaten zugeschnittener Klauseln (entsprechend Klausel (b) für Deutschland).

69. Variante bei Zuständigkeit von Kartellbehörden außerhalb der EU. Diese Variante macht den Vollzug der Transaktion abhängig von der fusionskontrollrechtlichen Freigabe durch die Behörden von Nicht-EU-Ländern. Die Klausel ist nur erforderlich, wenn eine fusionskontrollrechtliche Anmeldung der Transaktion in Nicht-EU-Ländern in Frage kommt, erforderlich oder vereinbart ist und insoweit ein Vollzugsverbot besteht. Die neutral gehaltene Klausel kann auch dann verwendet werden, wenn noch nicht feststeht, ob – und wenn ja, in welchen Ländern (EU/Nicht-EU) – eine Anmeldung erforderlich ist.

70. Es kann sinnvoll sein, eine Anlage zu erstellen, in der die Länder benannt sind, in denen eine Freigabe durch eine nationale Wettbewerbsbehörde erforderlich ist, um die Verpflichtungen der Käuferin zu präzisieren und zugleich klar zu definieren, unter welchen Umständen die Vollzugsbedingung eingetreten ist.

71. Der Klammerzusatz ist nur für den Fall erforderlich, dass die Parteien vereinbaren, die Transaktion in einem Land anzumelden, in dem die Anmeldung freiwillig ist bzw. vorab genau festlegen möchten, in welchen Ländern eine Anmeldung erfolgen soll. Dieser Absatz muss darüber hinaus ggf. angepasst werden, wenn Länder einbezogen werden sollen, in denen nur ein Vollzugsverbot bis zum Eingang einer vollständigen Anmeldung besteht.

72. Dieser Einleitungssatz sollte gewählt werden, wenn noch nicht feststeht, ob eine fusionskontrollrechtliche Anmeldung in einem oder mehreren Nicht-EU-Staaten erforderlich ist.

73. Dieser Einleitungssatz sollte gewählt werden, wenn eine Anmeldung in einem oder mehreren Nicht-EU-Mitgliedstaaten erfolgen muss oder soll. Bei einer nur geringen Anzahl betroffener Staaten empfiehlt sich alternativ die Aufnahme von speziell auf das Verfahren in den betreffenden Ländern zugeschnittener Klauseln (vgl. Klausel (b) für Deutschland).

74. Gremienvorbehalt. Die Verkäuferin muss prüfen, ob erst der Vollzug (dann genügt eine Bedingung im Sinne einer Vollzugsvoraussetzung gemäß § 6.2.3) oder bereits der Abschluss des Kaufvertrages (dann ist die Form einer aufschiebenden Bedingung i. S. d. § 21 (a)) zu wählen) der Zustimmung des Aufsichtsrats oder eines anderen Gremiums bedarf. Die entsprechenden Geschäftsordnungen sind oftmals nicht eindeutig formuliert. Im letzteren Fall kann die Verkäuferin den Vertrag zwar wirksam abschließen; die handelnden Organe verstoßen aber möglicherweise gegen ihre Organpflichten und ihre Pflichten aus dem Anstellungsvertrag. Ein Zustimmungsvorbehalt wird insbesondere dann erforderlich sein, wenn die Transaktion unter Zeitdruck geschlossen wurde und die Zustimmung des Organs nicht mehr eingeholt werden konnte.

Ein entsprechender Gremienvorbehalt auf Seiten der Käuferin sollte aus Sicht der Verkäuferin nicht akzeptiert werden, weil ein solcher Vorbehalt der Käuferin einen Ausstieg aus der Transaktion ermöglicht. Damit gefährdet ein Gremienvorbehalt zugunsten der Käuferin ein zentrales Anliegen der Verkäuferin, nämlich Gewährleistung von Transaktionssicherheit. Wenn die Verkäuferin einen Gremienvorbehalt vorsehen will, wird es ihr allerdings nur ausnahmsweise gelingen, der Käuferin einen entsprechenden Vorbehalt zu verweigern. Die Verkäuferin sollte daher grundsätzlich bestrebt sein, die erforderlichen Gremienzustimmungen bereits vor Abschluss des Unternehmenskaufvertrages einzuholen, um auf einen Gremienvorbehalt verzichten zu können.

75. Außenwirtschaftsrechtliche Unbedenklichkeit als Vollzugsbedingung. § 6.2.4 trägt der Regelung in §§ 7 Abs. 1 und 2 Nr. 6 AWG i. V. m. § 53 AWV i. d. F. des Dreizehnten Gesetzes zur Änderung des Außenwirtschaftsgesetzes und der Außenwirtschaftsverordnung vom 24. 4. 2009 Rechnung. Danach kann das Bundesministerium für Wirtschaft und Technologie (BMWi) (mit Zustimmung der Bundesregierung) unter bestimmten Voraussetzungen den Erwerb einer Beteiligung an in Deutschland ansässigen Unternehmen verbieten oder diesbezügliche Anordnungen erlassen. Dies gilt nicht nur für den Anteilskauf, sondern auch für andere Erwerbsformen wie Asset Deals (soweit sie sich als Erwerb eines Unternehmens bzw. einer Beteiligung an einem solchen und nicht als bloßer Erwerb von Einzelgegenständen qualifizieren lassen) sowie bestimmte Umwandlungsvorgänge. Bis zum Ablauf des Prüfverfahrens bzw. bestimmter diesbezüglicher Fristen stehen die Rechtswirkungen des schuldrechtlichen Geschäfts über den Erwerb der Beteiligung unter einer auflösenden Bedingung. Der Vollzug sollte daher erst erfolgen, wenn das BMWi eine entsprechende Unbedenklichkeitsbescheinigung erteilt hat bzw. die entsprechenden Wartefristen abgelaufen sind (zum Ganzen instruktiv *von Rosenberg/ Hilf/Kleppe* DB 2009, 831, 834 ff.). Der Erwerber kann beim BMWi eine Unbedenklichkeitsbescheinigung beantragen und damit den Schwebezustand auf einen Monat verkürzen. Ein Vollzugsverbot besteht nicht.

Der Anwendungsbereich des § 7 Abs. 1 und 2 Nr. 6 AWG ist eröffnet, wenn ein Käufer, der weder Sitz noch Hauptverwaltung innerhalb der EU/EFTA hat, direkt oder indirekt mindestens 25% der Stimmrechte an einem in Deutschland ansässigen Unternehmen erwirbt. Bei der Bestimmung des Stimmrechtsanteils werden Anteile anderer Unternehmen an dem zu erwerbenden Unternehmen zugerechnet, wenn der Erwerber 25% oder mehr der Stimmrechte an dem anderen Unternehmen hält sowie Stimmrechte Dritter, mit denen der gebietsfremde Erwerber eine Vereinbarung über die gemeinsame Ausübung von Stimmrechten abgeschlossen hat. In diesem Fall sollte die Übertragung der Anteile unter eine aufschiebende Bedingung gestellt werden bzw. – wie hier vorgeschlagen – erst erfolgen, wenn eine Untersagung durch das BMWi nicht mehr erfolgen kann. Eine Prüfung des Erwerbs durch das BMWi kommt auch dann in Betracht, wenn der Käufer Sitz oder Hauptverwaltung in einem EU/EFTA-Staat hat, seine Stimmrechte aber zu mindestens 25% in der Hand eines Unternehmens aus einem Drittstaat liegen, sofern es Anzeichen dafür gibt, dass eine missbräuchliche Gestaltung oder ein Umgehungsgeschäft bei der Berechnung des Stimmrechtsanteils zur Anwendung gekommen ist, um eine Prüfung zu unterlaufen. Aus Gründen der Rechtssicherheit empfiehlt es sich daher auch dann, die Übertragung der Anteile unter eine entsprechende Vollzugsbedingung zu stellen, wenn der Käufer seinen Sitz innerhalb der EU/EFTA hat, aber (i) ein hinter ihm stehender (ggf. indirekter) Gesellschafter mit mindestens 25% Stimmrechtsanteil weder Sitz noch Hauptverwaltung innerhalb der EU/EFTA hat und (ii) Anzeichen für eine missbräuchliche Gestaltung oder ein Umgehungsgeschäft nicht ausgeschlossen werden können. Alternativ kommt eine Garantie der Käuferin dahingehend in Betracht, dass die AWG-Kontrolle nicht anwendbar ist (vgl. § 14.1.1 (d) des Musters).

Zusätzlich zu der Vollzugsbedingung sollten Regelungen zur Beantragung der Unbedenklichkeitsbescheinigung durch den Erwerber, zu Mitwirkungspflichten der Vertragsparteien am Prüfverfahren sowie ggf. zu Verhaltenspflichten und Risikoverteilung im Untersagensfall getroffen werden. Zudem sollten Regelungen über aufrechtzuerhaltende vertragliche Bestimmungen für den Fall, dass das BMWi den Erwerb untersagt, aufgenommen werden (siehe dazu § 16 des Musters).

76. Vollständige Unterlagen. Der Runderlass Außenwirtschaft 5/2009 vom 21. 4. 2009, BAnz A 2009, S. 1514 konkretisiert den Umfang der Meldepflicht gem. § 53 Abs. 2 AWV.

77. Zuordnung eines Widerspruchs zugunsten der Käuferin zu der im Handelsregister der Gesellschaft aufgenommenen Gesellschafterliste als Vollzugsvoraussetzung? Zu der Zuordnung eines Widerspruchs zugunsten der Käuferin zur Gesellschafterliste als weitere Vollzugsvoraussetzung vgl. das käuferfreundliche Form. C.II.2 Anm. 71.

78. Zuordnung eines (Dritt-)Widerspruchs zu der im Handelsregister der Gesellschaft aufgenommenen Gesellschafterliste als Vollzugshindernis? Gemäß § 16 Abs. 3 S. 3 GmbHG ist ein gutgläubiger Erwerb von GmbH-Geschäftsanteilen u. a. dann ausgeschlossen, wenn der im Handelsregister der Gesellschaft aufgenommenen Liste der Gesellschafter ein Widerspruch zugeordnet ist. Die Käuferin wird sich möglicherweise das Recht vorbehalten wollen, für den Fall, dass der Gesellschafterliste nach Abschluss des Kaufvertrags hinsichtlich der zu erwerbenden Geschäftsanteile ein Widerspruch zugeordnet wird, den Vollzug zu verweigern bzw. von dem Kaufvertrag zurückzutreten (ein vertragliches Rücktrittsrecht zugunsten der Käuferin empfehlen z.B. *Gottschalk*, DZWiR 2009, 45, 52 und *Götze/Bressler*, NZG 2007, 894, 899). Die Verkäuferin selbst dürfte in der Regel kein Interesse daran haben, eine solche Regelung von sich aus vorzuschlagen. Im Ergebnis dürfte aber aus Verkäufersicht eine Ausgestaltung als Vollzugshindernis gegenüber einem Rücktrittsrecht vorzugwürdig sein, da eine Ausgestaltung als Vollzugshindernis die Möglichkeit einer Reparatur und somit einen späteren Vollzug nicht von vornherein ausschließt.

79. Rücktrittsgrund. Der endgültige Wortlaut hängt von dem abschließenden Katalog der Vollzugsbedingungen ab.

80. Niederlegungserklärungen/Entlastung. Die Verkäuferin sollte im Interesse der ihr Amt niederlegenden Organmitglieder der Zielgesellschaft(en) darauf drängen, dass die Niederlegungserklärungen mit einer Erklärung der betreffenden Gesellschafterversammlung quittiert werden, wonach ihnen Entlastung erteilt wird. Da es sich um ein übliches Verfahren handelt, wird die Käuferin in der Regel hierzu ihre Zustimmung erteilen können, wenn auch mit der Entlastung bei der GmbH – anders als bei der AG – ein Verzicht auf die Geltendmachung von Ersatzansprüchen verbunden sein kann. Dieser Verzicht umfasst allerdings nur solche Ansprüche, die für das entlastende Organ aufgrund der Rechenschaftslegung samt aller zugänglich gemachten Unterlagen erkennbar waren (Baumbach/Hueck/*Zöllner* § 46 Rdnr. 41).

81. Beendigung der Finanzierungsvereinbarungen. Die Käuferin wird zumindest auf eine solche Bestätigung, wenn nicht gar auf den Nachweis der Beendigung der X-Finanzierungsvereinbarungen bestehen. Dieser Punkt ist daher aus Verkäufersicht ein Merkposten, der nicht bereits im ersten Verkäuferentwurf auftauchen muss.

82. Bestimmbarkeit des Finanzierungssaldos. Vgl. zunächst Anm. 24. Im Zeitpunkt der Abtretung bzw. der befreienden Schuldübernahme des Finanzierungssaldos an bzw. durch die Käuferin steht die Höhe der übernommenen Forderung bzw. Verbindlichkeit noch nicht endgültig fest, da der Stichtagsabschluss noch nicht verbindlich geworden ist. Für die Wirksamkeit der Abtretung/Schuldübernahme ist dies unschädlich, da Forderung und Verbindlichkeit bei Vollzug hinreichend bestimmbar sind, und zwar durch die Parteien, die Qualifizierung des Rechtsgrundes und das Datum ihres Bestehens (vgl. zur Bestimmbarkeit MünchKomm-BGB/*Roth* § 398 Rdnr. 67 ff.).

83. Übernahme einer künftigen Forderung bzw. Verbindlichkeit. Der Umstand, dass ein sich aus dem EAV ergebender Ausgleichsanspruch im Zeitpunkt der Übernahme durch die Käuferin noch nicht entstanden ist (siehe hierzu im Einzelnen die Anm. 14, 17 und 18), steht einer Abtretung (Gewinnabführungsforderung) bzw. befreienden Schuldübernahme (Verlustausgleichsverbindlichkeit) an bzw. durch die Käuferin nicht entgegen: Sowohl die Abtretung einer erst künftig entstehenden Forderung als auch die Übernahme einer künftigen Verbindlichkeit sind möglich (Palandt/*Grüneberg* § 398 Rdnr. 11 und Überbl v § 414 Rdnr. 1). Zur Bestimmbarkeit siehe Anm. 82.

84. Bedingte oder unbedingte Abtretung der X-Geschäftsanteile. Zur Frage einer bedingten oder unbedingten Abtretung der X-Geschäftsanteile vgl. bereits Anm. 11.

85. Kündigung des EAV. Zum Zeitpunkt der Kündigung des EAV siehe Anm. 15.

86. Aufstellung der Stichtagsabschlüsse. Da die Aufstellung der Stichtagabschlüsse erst nach dem Vollzugstag erfolgt, erstellt – anders als hier vorgeschlagen – üblicherweise die Käuferin die Stichtagsabschlüsse. Es ist daher damit zu rechnen, dass die Käuferin dieses Recht für sich reklamieren wird, es spricht jedoch nichts dagegen, die hier gewählte Variante in einem ersten Verkäuferentwurf vorzuschlagen. Für eine Verantwortlichkeit der Verkäuferseite für die Aufstellung der Stichtagsabschlüsse spricht die diesbezügliche Erfahrung der Verkäuferin sowie der Umstand, dass die Stichtagsabschlüsse sich auf einen Zeitraum beziehen, der in den Verantwortungsbereich der Verkäuferin fällt.

87. Bilanzierungsvorschriften für die Stichtagsabschlüsse. Die Bilanzierungsregeln für die Stichtagsabschlüsse müssen zum Bestandteil des Vertrages gemacht werden, damit sie für die Aufstellung der Stichtagsabschlüsse verbindlich festgelegt und in einem eventuellen Schiedsgutachterverfahren justitiabel sind. In der Regel wird man die Anwendung der Bilanzierungsrichtlinien des verkaufenden Konzerns zugrundelegen und diese gegebenenfalls in einzelnen Punkten anpassen. Dies ist praktikabel und sinnvoll, da das gesamte Rechnungswesen des Verkäuferkonzerns, das die Buchungen für den Abschluss vorbereitet, auf diese Bilanzierungsrichtlinien ausgerichtet ist und nur bei Anwendung vergleichbarer Bilanzierungsregeln eine Vergleichbarkeit mit vorhergehenden Abschlüssen gewährleistet ist.

88. Hierarchie der Bilanzierungsgrundsätze. Eine Festlegung der Hierarchie der Bilanzierungsgrundsätze ist erforderlich, um Streit darüber zu vermeiden, welchem Grundsatz bei Widersprüchen der Vorrang gebührt. Die spezielleren Grundsätze sollten dabei vorrangig sein. Darüber hinaus sollte zwischen den Parteien diskutiert werden, ob der Bilanzkontinuität tatsächlich Vorrang vor der Beachtung der Grundsätze ordnungsgemäßer Buchführung (GoB) eingeräumt werden sollte – wie in dem Muster vorgeschlagen – oder umgekehrt. Für einen Vorrang der Bilanzkontinuität spricht die dann eher gegebene Vergleichbarkeit der Stichtagsbilanz mit der den Parteien bekannten letzten Bilanz der Zielgesellschaft, auf der die Kaufpreisberechnung beruht.

89. Überprüfung des Schiedsgutachtens. Die in dem Muster vorgeschlagene Regelung erlaubt eine eingeschränkte (je nach Ausgestaltung der Gerichtsbarkeitsklausel: gerichtliche oder schiedsgerichtliche) Überprüfung des Schiedsgutachtens im Falle seiner offenbaren Unbilligkeit (§ 319 BGB). Alternativ kann vereinbart werden, dass eine Überprüfung der Entscheidung vorbehaltlich der §§ 134, 138 BGB auch bei offenbarer Unbilligkeit ausgeschlossen ist. Eine solche Gestaltung wird jedoch häufig den Interessen der Vertragsparteien widersprechen.

90. Schiedsgutachter. Falls bestimmte Wirtschaftsprüfer oder Wirtschaftsprüfer-Unternehmen als Schiedsgutachter nicht in Frage kommen, sollte dies hier vereinbart werden.

91. Anwendbarkeit des gesetzlichen Gewährleistungsstatuts auf den Beteiligungskauf. Nach dem bis zum 1. 1. 2002 geltenden Recht wandte die Rechtsprechung die Sachmängelgewährleistungsvorschriften der §§ 459 ff. BGB a. F. beim Beteiligungskauf (Share Deal) entsprechend an, wenn der Anteilskauf dem Unternehmenserwerb im Wege des Sachkaufs gleichkam (grundlegend BGH NJW 1976, 236 m. w. N.), wobei für die Praxis nicht ausreichend klar war, ab welcher Beteiligungsquote von einem Erwerb der unternehmerischen Leitungsmacht durch die Käuferin als Voraussetzung für die Gewährung von Sachmängelgewährleistungsansprüchen auszugehen war (zum Diskussionsstand nach altem Recht s. *Holzapfel/Pöllath* Rdnr. 610 unter Verweis auf 10. Aufl. Rz. 400 ff.; *Hölters/Semler* Teil VII Rdnr. 191 ff.). Mit der durch die Schuldrechtsreform etablierten Gleichstellung von Sach- und Rechtskauf in § 453 Abs. 1 BGB relativiert sich der nach der früheren Rechtslage systematische Unterschied zwischen der Gewährleistung für den Verkauf von Anteilen und dem Verkauf eines Unternehmens im Wege der Einzelübertragung seiner Vermögensgegenstände und Verbindlichkeiten (Asset Deal). Auf den Beteiligungskauf als Rechtskauf i. S. v. § 453 Abs. 1 BGB finden die Vorschriften über den Sachkauf entsprechende Anwendung. Fraglich ist, ob damit auch eine Haftung nach Sachmängelgewährleistungsrecht in Betracht kommt. Im Schrifttum wird hierzu die

Ansicht vertreten, dass nach neuem Schuldrecht nunmehr auch bei Erwerb geringerer Beteiligungsquoten Mängel des Unternehmens einem Rechtsmangel gleichstehen (*Seibt/Reiche* DStR 2002, 1138; *Gromstedt/Jörgens* ZIP 2002, 55; *Wolf/Kaiser* DB 2002, 416). Die wohl h. M. geht hingegen davon aus, dass der Verkäufer für die Mangelfreiheit des Unternehmens nur dann haftet, wenn aufgrund der Anzahl der verkauften Geschäftsanteile der Anteilsverkauf als Unternehmenskauf anzusehen ist (*Rödder/Hötzel/Mueller-Thuns* § 9 Rdnr. 49; *Schlitt/Schäfer* AG 2004, 346, 351 m. w. N.). Dann gelten für den Share Deal auch die §§ 434 ff. BGB, also die Vorschriften über die Sach- und Rechtsmängelgewährleistung, entsprechend. Zu differenzieren ist insoweit zwischen Rechtsmängeln (§ 435 BGB) und Beschaffenheitsmängeln (§ 434 BGB) am Anteil. Als Rechtsmängel am Anteil kommen u. a. in Betracht, dass der Anteil nicht oder nicht in der vereinbarten Höhe besteht, mit einem Pfandrecht oder Nießbrauch belastet ist oder die Einlagen auf den Anteil nicht voll geleistet worden sind (Haftung des Käufers nach § 19 Abs. 2 GmbHG, § 54 AktG, § 173 HGB), bestehende Stimmrechtsbeschränkungen, Nachschusspflichten etc. Durch den Verweis in § 453 Abs. 1 BGB gilt auch § 434 BGB für den Anteilskauf. Die Vertragsparteien können daher grundsätzlich eine bestimmte Beschaffenheit des Anteils vereinbaren. Die Vereinbarung einer bestimmten Beschaffenheit nur des Anteils ist jedoch schwierig, bezieht sich eine solche Beschaffenheitsvereinbarung doch vielmehr auf die Beschaffenheit des Unternehmens selbst. So betrifft z. B. eine Vereinbarung über die Werthaltigkeit des Anteils in erster Linie die Ertragsfähigkeit des Unternehmens insgesamt. Insoweit ist jedoch äußerst umstritten, inwiefern einerseits Beschaffenheiten des Unternehmens zugleich als Beschaffenheiten des verkauften Beteiligungsrechts vereinbart werden können und andererseits, ob Beschaffenheiten des Unternehmens als vertraglich oder objektiv vorausgesetzte Beschaffenheiten des verkauften Beteiligungsrechts betrachtet werden können. Somit besteht die Unsicherheit fort, ob der Beschaffenheitsbegriff i. S. d. § 434 BGB der verkauften Beteiligung nur mittelbar anhaftende Eigenschaften, „Umweltbeziehungen" und sonstige für die Unternehmensbewertung und Preisfindung maßgebende Bilanzangaben erfasst.

Darüber hinaus sind die gesetzlich geregelten Rechtsfolgen beim Unternehmenskauf in der Regel nicht interessengerecht (zu den Rechtsfolgen im Rahmen der gesetzlichen Gewährleistung vgl. z. B. *Seibt/Reiche* DStR 2002, 1135; *Beisel/Klumpp* § 16 Rdnr. 18 ff.; BeckMandatsHdb Unternehmenskauf/*Lips/Stratz/Rudo*, § 4 Rdnr. 35 ff.). So ist insbesondere die Rückabwicklung (Rücktritt gemäß §§ 437 Nr. 2, 440, 323, 326 Abs. 5 BGB) eines bereits vollzogenen Unternehmenskaufvertrages in der Praxis regelmäßig schlicht undurchführbar. Auch der gesetzlich vorgesehene Nacherfüllungsanspruch widerspricht häufig den Interessen der Vertragsparteien. Denn zum einen trifft die Verkäuferin nicht nur eine Nachbesserungspflicht, sondern ihr steht auch ein Nachbesserungsrecht zu, so dass die Käuferin eine erneute Einflussnahme der Verkäuferin auf die Zielgesellschaft nach Abwicklung der Transaktion grundsätzlich nicht verhindern kann. Zum anderen bestehen erhebliche Zweifelsfragen, wann die Verkäuferin die von ihr verlangte Nacherfüllung wegen groben Missverhältnisses gemäß § 275 Abs. 2 BGB bzw. wegen Unzumutbarkeit gemäß § 275 Abs. 3 BGB verweigern darf bzw. wann eine Nacherfüllung als der Käuferin unzumutbar erscheint, so dass diese gemäß § 440 Satz 1 BGB unmittelbar aus den weiteren gewährleistungsrechtlichen Rechtsbehelfen gegen die Verkäuferin vorgehen kann (vgl. *Seibt/Reiche* DStR 2002, 1140).

Alles dies hat die Praxis veranlasst, das bewährte Konzept eines im Kaufvertrag festzulegenden detaillierten Katalogs selbstständiger Garantieversprechen der Verkäuferin unter weitgehendem Ausschluss des BGB-Gewährleistungsrechts beizubehalten. Auf diese Weise schaffen sich die Parteien ein eigenständiges Gewährleistungsregime, das sie ggf. nach ihren Vorstellungen unabhängig von den Beschränkungen des gesetzlichen Gewährleistungsrechts modifizieren können. Bei Unternehmenskäufen mit internationalem Bezug spielt nicht selten auch die mangelnde Kenntnis der ausländischen Vertragspartei des deutschen Gewährleistungsrechts (und damit einhergehend auch mangelndes Vertrauen) eine nicht zu unterschätzende Rolle bei der Entscheidung für die Vereinbarung eines Katalogs selbstständiger Garantieversprechen sowie dem hiermit korrespondierenden weitgehenden Ausschluss des BGB-Gewährleistungsrechts.

92. Garantiekatalog. Streng genommen käme ein verkäuferfreundlicher Kaufvertragsentwurf gänzlich ohne Verkäufergarantien aus. Bei bestimmten Konstellationen entspricht es auch der transaktionsrechtlichen Praxis, einen ausgesprochen schlanken, regelmäßig auf die Existenz der Geschäftsanteile sowie wenige weitere unternehmensbezogene Merkmale beschränkten Garantiekatalog zu vereinbaren. Dies ist typischerweise bei der Veräußerung eines Portfoliounternehmens durch ein Private Equity-Unternehmen sowie beim Kauf eines Unternehmens aus der Insolvenz der Fall. Außerhalb dieser Fallgruppen ist es allerdings üblich, dass die Verkäuferin in ihrem Entwurf einen Garantiekatalog vorschlägt. Es liegt auch regelmäßig im Interesse der Verkäuferin, einen (schlanken) Garantiekatalog anzubieten, da die Verkäuferin sonst Gefahr läuft, später über einen von der Käuferin vorgeschlagenen, naturgemäß erheblich umfangreicheren Garantiekatalog verhandeln zu müssen. Der vorgeschlagene Garantiekatalog ist daher maßvoll verkäuferfreundlich.

Im anglo-amerikanischen Rechtsraum ist der Garantiekatalog sowie die Rechtsfolgen bei einer Verletzung der Garantien üblicherweise in einer Anlage zum Vertrag enthalten. In Deutschland ist es nach wie vor üblich, den Garantiekatalog in den Vertragstext hineinzuschreiben. Wenn dies gewünscht wird, kann der Garantiekatalog aber selbstverständlich auch bei deutschem Recht unterliegenden Unternehmenskaufverträgen in Form einer Anlage zum Vertrag gestaltet werden. In diesem Fall ist in den Vertragstext nur eine Verweisung auf den Garantiekatalog und die Rechtsfolgen einer Garantieverletzung aufzunehmen; die entsprechenden Vereinbarungen sind in eine Anlage zu verschieben. In jedem Fall ist darauf zu achten, dass bei der Verschiebung in eine Anlage die notwendigen Formerfordernisse eingehalten werden.

93. Selbstständige Garantieversprechen der Verkäuferin. Die Qualifizierung der Verkäufergarantien als selbstständige Garantieversprechen und nicht als Beschaffenheitsvereinbarungen i. S. d. § 434 Abs. 1 BGB oder Garantien für die Beschaffenheit der Sache i. S. d. § 443 BGB ist ein zentraler Baustein für die Ersetzung des gesetzlichen Haftungssystems durch das vertragliche Haftungsregime. Der Gesetzgeber hat durch die Änderung von § 444 BGB durch das Gesetz zur Änderung der Vorschriften über Fernabsatzverträge bei Finanzdienstleistungen (BGBl. I 2004 S. 3102 ff.) klargestellt, dass nur die nachträgliche Einschränkung einer Beschaffenheitsgarantie unzulässig ist, nicht aber die Abgabe einer Beschaffenheitsgarantie unter Eingrenzung von Tatbestand und Rechtsfolgen. Der Meinungsstreit um die Nichtigkeit der im Unternehmenskaufvertrag typischen Haftungsbeschränkungen bei Garantien hat sich damit erledigt. Ohnehin fragwürdige Angstklauseln und Hilfskonstruktionen, wie etwa der Verzicht der Käuferin auf Ansprüche jenseits der von den Parteien wirtschaftlich gewollten Verantwortlichkeit der Verkäuferin oder die Verpflichtung des Garantiegebers zum Ersatz darüber hinausgehender Zahlungsverpflichtungen der Verkäuferin sind damit entbehrlich geworden (zusammenfassend zu der jetzt nur noch historisch interessanten Diskussion und zur Änderung vgl. *Seibt* NZG 2004, 801; Bamberger/Roth/*Faust* § 444 Rdnr. 18 ff.).

94. Maßgeblicher Zeitpunkt für die Verkäufergarantien. Die Käuferin wird darauf drängen, dass zumindest ein Teil der Garantien auch auf den Vollzugstag abgegeben wird. In diesem Fall muss die Verkäuferin genau darauf achten, dass der maßgebliche Bezugszeitpunkt für jede der Verkäufergarantien klar definiert ist.

95. Umfang der Verkäufergarantien. Der überwiegende Teil der Verkäufergarantien im Muster bezieht sich auf die „X-Gesellschaften" oder die „X-Gruppe" (d.h. X-GmbH, Tochtergesellschaften und Mehrheitsgesellschaften). Je nach Verhandlungsposition und Kenntnis der Verkäuferin in Bezug auf die zu veräußernden Gesellschaften sollte die Verkäuferin erwägen, die Verkäufergarantien (oder einen Teil davon) zumindest im ersten Entwurf auf die „X-GmbH und die Tochtergesellschaften" zu beschränken bzw. die Definition der „X-Gesellschaften" von vornherein auf diesen Kreis zu begrenzen.

96. Gesellschaftsrechtliche Verhältnisse und Berechtigung der Verkäuferin – Einschränkung des Umfangs der Verkäufergarantien nach Einführung der Möglichkeit des gutgläubigen Erwerbs von Geschäftsanteilen durch das MoMiG? Seit Inkrafttreten der GmbH-Reform ist gemäß § 16 Abs. 3 GmbHG n. F. der gutgläubige Erwerb eines Geschäftsanteils vom Nichtberechtigten möglich, wenn der Veräußerer als Inhaber des Geschäftsanteils in der im Handelsregister aufgenommenen Gesellschafterliste eingetragen und die Liste seit mindestens drei Jahren unrichtig ist. Dies ist auch dann der Fall, wenn die Liste seit weniger als drei Jahren unrichtig und die Unrichtigkeit dem wahren Berechtigten zuzurechnen ist. Ein gutgläubiger

Erwerb ist ausgeschlossen, wenn dem Erwerber die mangelnde Berechtigung bekannt oder infolge grober Fahrlässigkeit unbekannt ist oder der Gesellschafterliste ein Widerspruch zugeordnet ist. Auf vor dem 1.11.2008 gegründete Gesellschaften findet der neue Gutglaubensschutz jedoch erst nach Ablauf bestimmter Übergangsfristen Anwendung: Für den Fall, dass die Unrichtigkeit der Gesellschafterliste bereits vor dem 1.11.2008 vorhanden war und dem Berechtigten zuzurechnen ist, ist § 16 Abs. 3 GmbHG n. F. hinsichtlich des betreffenden Geschäftsanteils erst auf nach dem 1.5.2009 geschlossene Rechtsgeschäfte anwendbar. Ist die Unrichtigkeit dem Berechtigten bei ansonsten gleicher Konstellation nicht zuzurechnen, findet § 16 Abs. 3 GmbHG n. F. erst auf Rechtsgeschäfte Anwendung, die nach dem 1.11.2011 geschlossen werden. Unklar bleibt, ob insoweit das schuldrechtliche (so *Rodewald*, GmbHR 2009, 196, 199) oder das dingliche Geschäft maßgeblich ist.

Auch nach Ablauf der diesbezüglichen Übergangsfristen dürfte die Einführung der Möglichkeit eines gutgläubigen Erwerbs von GmbH-Geschäftsanteilen nicht zu einer Einschränkung der durch die Verkäuferin abzugebenden Garantien hinsichtlich der zu erwerbenden Geschäftsanteile führen. Der Gutglaubensschutz umfasst allein die Vollrechtsinhaberschaft der Verkäuferin; nicht geschützt sind der gute Glaube an die Existenz der Geschäftsanteile, ihre Lastenfreiheit sowie die Verfügungsbefugnis der Verkäuferin. Umstritten ist, ob die Gutglaubenswirkung eine fehlerhafte Stückelung der GmbH-Geschäftsanteile überwinden kann (dagegen z.B. *Heckschen/Heidinger*, Die GmbH in der Gestaltungs- und Beratungspraxis, 2. Aufl. 2009, § 13 Rdnr. 140; dafür z.B. *Böttcher/Blasche*, NZG 2007, 565, 566 ff. u. *Götze/ Bressler*, NZG 2007, 894, 897). Die Käuferin wird daher nach wie vor umfassende Garantien hinsichtlich Existenz, Lastenfreiheit und Verfügungsbefugnis der Verkäuferin verlangen. Da ein gutgläubiger Erwerb der Anteile an das Vorliegen bestimmter objektiver Voraussetzungen (Unrichtigkeit der Gesellschafterliste seit mindestens drei Jahren oder Zurechenbarkeit der Unrichtigkeit) gebunden ist, deren Vorliegen die Käuferin nicht ermitteln kann, ohne dabei selbst bösgläubig zu werden, wird auch künftig eine Garantie der Verkäuferin hinsichtlich ihrer Vollrechtsinhaberschaft (vgl. § 8.2.1 i.V.m. § 1.1.2) unverzichtbar sein. Schließlich führt der Umstand, dass eine gutgläubige Käuferin die Geschäftsanteile möglicherweise selbst dann erwerben kann, wenn diese der Verkäuferin überhaupt nicht gehören, die diesbezügliche Garantie also falsch ist, allenfalls dazu, dass der Käuferin trotz Garantieverletzung kein Schaden entsteht und die Verkäuferin folglich nicht haftet. Eine Einschränkung der diesbezüglichen Verkäufergarantie ist daher auch aus Verkäufersicht nicht erforderlich.

Möglicherweise wird die Käuferin die Verkäuferin vor dem Hintergrund des § 16 GmbHG sogar um die Abgabe einer zusätzlichen Garantie dahingehend bitten, dass die im Handelsregister aufgenommene Gesellschafterliste richtig sei. Die Verkäuferin kann dieses Ansinnen mit dem Hinweis ablehnen, dass eine solche Garantie gegenüber der Garantie der Vollrechtsinhaberschaft keinen sachlichen Mehrwert enthalte. Aus demselben Grund birgt die Abgabe einer solchen Garantie für die Verkäuferin andererseits kein erhöhtes Risiko, vorausgesetzt dass die Garantie sich auf die von der Verkäuferin gehaltenen bzw. auf die von ihr zu veräußernden Geschäftsanteile beschränkt.

97. Konsolidierter Jahresabschluss der X-GmbH. Das Muster geht davon aus, dass ein konsolidierter Jahresabschluss der X-GmbH existiert, die X-GmbH also bislang als Mutterunternehmen zur Aufstellung eines Konzernabschlusses verpflichtet war. Sollte dies nicht der Fall sein, ist die Garantie auf den Einzelabschluss der X-GmbH (und ggf. die Einzelabschlüsse der wichtigsten Tochtergesellschaften) zu beschränken, es sei denn, die Parteien einigen sich auf die Aufstellung eines Pro-Forma-Konzernabschlusses der X-GmbH (der dann aber nicht im eigentlichen Sinne geprüft, sondern allenfalls zum Gegenstand einer „prüferischen Durchsicht" gemacht würde).

98. Kenntnis der Verkäuferin. Verschiedene Garantieversprechen sind durch die „Kenntnis der Verkäuferin" qualifiziert. Regelmäßig wird auch die Käuferin bereit sein zu akzeptieren, dass bestimmte Garantieversprechen nur nach Maßgabe der Kenntnis der Verkäuferin abgegeben werden. Es ist jedoch wichtig zu betonen, dass es bei dem Thema, in welchem Umfang die Verkäuferin für Risiken im Zusammenhang mit dem zu veräußernden Unternehmen haftet, primär um eine Frage der Risikoallokation zwischen der Verkäuferin und der Käuferin geht. Die Frage, wer was worüber weiß, ist deshalb allenfalls von sekundärer Bedeutung. Im Ergebnis hängt die Risikoverteilung – und damit das endgültige Erscheinungsbild des Garantiekataloges – in erster Linie von der Verhandlungsposition beider Seiten ab.

Das Muster definiert die „Kenntnis der Verkäuferin" im verkäuferfreundlichen Sinn, mithin möglichst eng, indem es (nur) auf die positive Kenntnis eines bestimmten, in einer Anlage näher zu definierenden Personenkreis abstellt. Die Käuferin wird eine derartige Beschränkung der Verkäuferhaftung regelmäßig nicht akzeptieren und verlangen, dass die Garantien entweder unqualifiziert oder zumindest unter Einschluss der fahrlässigen Unkenntnis der maßgebenden Personen („Kennenmüssen") abgegeben werden. In letzterem Fall sollte die Verkäuferin bestrebt sein, nur eine grob fahrlässige Unkenntnis zu akzeptieren. Gefährlich ist demgegenüber die Verwendung des häufig gebrauchten Terminus „nach bestem Wissen der Verkäuferin". Dieser aus der anglo-amerikanischen Vertragspraxis stammende Begriff (best knowledge) ist dem deutschen Recht unbekannt. Sofern der Begriff nicht im Vertrag zweifelsfrei definiert wird, bleibt daher unklar, was mit ihm gemeint ist. In der Praxis wird zumeist bei jeder einzelnen Garantie darüber verhandelt werden, ob sie unqualifiziert oder mit mehr oder weniger weitgehenden Einschränkungen durch die Kenntnis der Verkäuferin abgegeben werden soll.

Häufig wird eingehend über den Kreis der „relevanten Personen" verhandelt, auf deren Kenntnis bzw. (grob) fahrlässige Unkenntnis es ankommen soll. Aus Sicht der Verkäuferin sollte dieser Kreis naturgemäß möglichst klein gehalten werden. Idealerweise wird er auf das für die Zielgesellschaft verantwortliche Geschäftsführungs- bzw. Vorstandsmitglied der Verkäuferin sowie ggf. den Geschäftsführer der Zielgesellschaft begrenzt.

99. Alternative: „Boxing-In Warranties". Ein aggressiverer und sehr verkäuferfreundlicher Ansatz wäre eine Regelung, der zufolge bestimmte spezielle Themen nur unter speziellen Garantien geltend gemacht werden können. In diesem Fall könnte § 9.2 wie folgt lauten:

„Ansprüche der Käuferin gemäß § 9.1 i.V.m. § 8.3 (Jahresabschlüsse) sind ausgeschlossen, wenn und soweit sie sich beziehen auf:

gewerbliche Schutzrechte, es sei denn, sie werden gemäß § 8.6 (gewerbliche Schutzrechte) geltend gemacht;

Arbeitsangelegenheiten / Angelegenheiten betreffend die Altersvorsorge, es sei denn, sie werden gemäß § 8.8 (arbeitsrechtliche Angelegenheiten) geltend gemacht;

Versicherungsangelegenheiten, es sei denn, sie werden gemäß § 8.9 (Versicherungen) geltend gemacht;

gerichtliche, schiedsgerichtliche oder behördliche Streitigkeiten, es sei denn, sie werden gemäß § 8.10 (Rechtsstreitigkeiten) geltend gemacht;

Einhaltung gesetzlicher Vorschriften und Verfügungen, es sei denn, sie werden gemäß § 8.11 (Erlaubnisse und Genehmigungen) geltend gemacht;

umweltrechtliche Angelegenheiten, es sei denn, sie werden gemäß § 10 (Freistellung von umweltrechtlichen Verbindlichkeiten) geltend gemacht;

steuerliche Angelegenheiten, es sei denn, sie werden gemäß § 11 (Freistellung von steuerrechtlichen Verbindlichkeiten) geltend gemacht.]"

Eine solche Regelung dürfte jedoch kaum einmal durchsetzbar sein.

100. Bilanzielle Behandlung und steuerliche Folgen von Schadensersatzzahlungen. Die Regelung soll vermeiden, dass Schadenersatzzahlungen der Verkäuferin zu steuerlichen Erträgen der Käuferin oder der Gruppengesellschaften führen. Wäre dies der Fall, würden die erhöhten Ertragsteuern ihrerseits einen Schaden darstellen, der, wenn die Verkäuferin ihn ersetzte, wiederum zu einem steuerbaren Zufluss führen würde, etc. („Steuer auf die Steuer"). Keine Partei kann Interesse daran haben, den aus einer Garantieverletzung resultierenden Schaden derart zu vergrößern. Ist die Käuferin selbst Zahlungsempfängerin der Ersatzleistungen, sieht die Klausel vor, dass die Zahlung als Kaufpreisminderung gilt. Folge ist, dass die Anschaffungskosten der Käuferin für die Beteiligung an der X-GmbH verringert werden. Ein steuerbarer Ertrag liegt darin nicht. Die im Vertrag vorgesehene Formulierung ist allerdings gegebenenfalls zu ergänzen, wenn Schadensersatzleistungen nicht auf die Höhe des Kaufpreises oder eines darunter liegenden Betrages begrenzt sind. Andernfalls könnte es sein, dass die von der

1. GmbH-Anteilskaufvertrag – ausführlich, verkäuferfreundlich   C. II. 1

Verkäuferin zu leistenden Schadenersatzzahlungen den Kaufpreis übersteigen. Praktisch wird dies insbesondere dann, wenn die Käuferin ein Unternehmen aus der Krise für einen symbolischen Kaufpreis erwirbt. In diesem Fall wäre die Regelung dahingehend zu ergänzen, dass den Kaufpreis übersteigende Zahlungen als Schadenersatz zu qualifizieren sind. Weist die Käuferin die Verkäuferin an, direkt an die Gruppengesellschaften zu zahlen, legt sie ihren aus dem Kaufvertrag resultierenden Erstattungsanspruch in die betreffende Gruppengesellschaft ein.

101. Freistellungen. Neben den vertraglichen Gewährleistungsvereinbarungen finden sich in Unternehmenskaufverträgen in der Regel auch explizite Freistellungsvereinbarungen (zur Auslegung solcher Freistellungsvereinbarungen vgl. KG WM 1996, 367). Der rechtliche Unterschied zur selbstständigen Garantie besteht darin, dass die Käuferin als Freistellungsgläubigerin insoweit keinen Erfüllungsanspruch gegen die Verkäuferin als Freistellungsschuldnerin und damit einhergehend auch keinen Anspruch auf Nachbesserung hat, sondern (nur) einen Anspruch darauf, mit den in der Freistellungsvereinbarung genannten Risiken wirtschaftlich nicht belastet zu werden (vgl. *Rödder/Hötzel/Mueller-Thuns* § 10 Rdnr. 13). Zu beachten ist, dass ein Freistellungsanspruch grundsätzlich sofort fällig ist (§ 271 Abs. 1 BGB). Ist dessen Erfüllung nicht sofort möglich, weil die Forderungen, von denen die Verkäuferin die Käuferin freizustellen hat, noch nicht fällig oder noch ungewiss sind, kann der Käuferin als Freistellungsgläubigerin ein Anspruch auf Sicherheitsleistung analog §§ 257 Satz 2, 738 Abs. 1 Satz 3, 775 Abs. 2 BGB zustehen (vgl. Hölters/*Semler* Teil VII Rdnr. 93). Für die Verkäuferin als Freistellungsschuldnerin kann dies die Bereitstellung finanzieller Mittel über einen nicht unerheblichen Zeitraum zur Folge haben (vgl. BGH DB 1984, 1288 zur Freistellung von künftigen Verbindlichkeiten aus der Altersversorgungsregelung des verkauften Unternehmens). Angesichts dessen lässt sich nicht pauschal sagen, dass aus Verkäufersicht eine Freistellung im Vergleich zu einer vertraglichen Garantie weniger belastend wäre. So sind Freistellungsverpflichtungen hinsichtlich der Verteilung der Beweislast für die Verkäuferin nachteilig. Muss nämlich die Käuferin im Fall einer Verletzung einer Garantie durch die Verkäuferin den Gewährleistungsverstoß (einschließlich einer etwaigen Kenntnis der Verkäuferin von dem Verstoß) sowie insbesondere einen dadurch eingetretenen Schaden beweisen, genügt die Käuferin ihrer Beweislast im Fall einer Freistellung bereits dadurch, dass sie das Vorliegen der vertraglich vereinbarten Freistellungsvoraussetzungen – also regelmäßig nur die Geltendmachung des vertraglich bestimmten Anspruchs durch den Dritten – darlegt und ggf. beweist. In Unternehmenskaufverträgen finden sich Freistellungsverpflichtungen der Verkäuferin insbesondere im Hinblick auf Umweltrisiken und Altlasten sowie bei der Haftung für Steuern. Dies liegt daran, dass Freistellungsverpflichtungen typischerweise dann vereinbart werden, wenn bereits feststeht (oder jedenfalls mit hinreichender Wahrscheinlichkeit zu erwarten ist), dass die betreffenden Risiken dem Grunde nach bestehen, deren genaues Ausmaß jedoch noch unbekannt ist oder wenn solche Risiken in Zukunft voraussichtlich eintreten werden.

102. Allgemeines; Steuerbegriff. Der Formulierungsvorschlag für § 11 gibt nur Anhaltspunkte für den Umgang mit typischen Steuerfragen in einer M&A-Transaktion. Für die Beratung im Einzelfall sollte ein Steuerexperte hinzugezogen werden. Aus Verkäufersicht ist unbedingt darauf zu achten, dass keine Freistellung für Steuerverbindlichkeiten und/oder -rückstellungen erfolgt, die bereits den Kaufpreis reduziert haben. Sofern die Verkäuferin auch Steuergarantien abgibt, ist auf eine Vermeidung von Überschneidungen der Regelungsbereiche der Steuergarantien mit der Steuerfreistellung zu achten. Die Steuerdefinition sollte möglichst präzise und eng sein, weshalb sich eine Bezugnahme auf § 3 AO anbietet; eine Ausweitung auf Sozialversicherungsbeiträge, Investitionszulagen oder (viel zu unpräzise) „sonstige von einer Behörde erhobene Gebühren, Beiträge und Abgaben" sollte aus Sicht der Verkäuferin vermieden werden.

103. Steuerrechtliche Garantie. Insbesondere um sicherzustellen, dass Sachverhalte, die zu Mehrsteuern führen können, ausschließlich über das System der Freistellung geregelt werden, sollte die Garantie der Verkäuferin auf die rechtzeitige Abgabe der Steuererklärungen (nicht hingegen deren inhaltliche Richtigkeit) und die Entrichtung fälliger Steuern beschränkt bleiben.

104. Steuerrechtliche Freistellung. Zur Rechtsnatur von Freistellungen im Allgemeinen vgl. Anm. 101.

105. Bestandskräftig festgelegte Steuern als Bezugsgröße. Auf die bestandskräftige Festsetzung von Steuern abzustellen, hat den Vorteil, dass die Käuferin das Vorleistungsrisiko trägt; marktüblich im Einklang mit der Systematik der Freistellung ist allerdings eine Vorleistungspflicht zu Lasten der Verkäuferin (vgl. auch Anm. 115). Im Falle des § 11.3.3 würde im Rahmen des § 11.3.1 auf die „fälligen" Steuern abzustellen sein. Die Steuerfreistellung bezieht sich nur auf die X-Gesellschaften und nicht auch auf Minderheitsbeteiligungen; insoweit hat die Verkäuferin regelmäßig weder Einflussnahme- noch Einsichtsmöglichkeiten (und damit keinerlei Kontrolle; vgl. bereits Anm. 7).

106. Über § 11.3.1 (a) und (b) wird die Stichtagsabgrenzung konkretisiert. Dies ist insbesondere bei unterjährigem Stichtag relevant (sog. „as-if-assessment" nach [a], d.h. Abkürzung des Gewinnermittlungszeitraums auf den Stichtag).

107. Pro-rata Aufteilung; vgl. im Übrigen Anm. 106.

108. Wirtschaftlich angemessen und im Sinne der Verkäuferin muss die Steuerfreistellung prozentual auf den Anteil der X-GmbH an der jeweiligen Mehrheitsgesellschaft beschränkt werden.

109. In wirtschaftlicher Hinsicht unterstellt diese Regelung, dass die Steuerrückstellungen und -verbindlichkeiten kaufpreismindernd berücksichtigt wurden.

110. Die Freistellung enthält eine sehr detaillierte Vorteilsgegenrechnung, um zu vermeiden, dass die Verkäuferin für Steuern freistellt, ohne von damit verbundenen (phasenverschobenen) Vorteilen zu profitieren. Dieser Gegenrechnungsmechanismus wird um den Erstattungsanspruch in § 11.5.1 (a) ergänzt.

111. Die Vorteilsgegenrechnung erfolgt zu Gunsten der Verkäuferin pauschal vorab. Ein rein wirtschaftlicher Punkt ist dabei v.a. die Festlegung des Zinsabschlags, der auch das Risiko abbildet, dass sich ein Vorteil (z.B. mangels ausreichendem Gewinn) nicht (bzw. nur in einem der Mindestbesteuerung unterliegenden Verlustvortrag) realisiert. Der hier gewählte Zinssatz dürfte eher am unteren Ende eines angemessenen Abschlags rangieren. Anstatt einer geschätzten (d.h. einheitlichen und somit sehr praktikablen) Gesamtsteuerrate kann z.B. auf die zum Stichtag in der jeweiligen Jurisdiktion geltenden Steuerraten abgestellt werden. Bei der Festlegung des pauschalen Steuersatzes wird in Deutschland zu berücksichtigen sein, dass die Ertragsteuersätze (Körperschaftsteuer zzgl. Solidaritätszuschlag und Gewerbesteuer) auf ca. 30% (abhängig von Gewerbesteuersätzen) gesenkt werden. Es gilt: Je höher die Abzinsungsrate, desto nachteiliger für die Verkäuferin, da der gegenzurechnende Vorteil entsprechend geringer ausfällt. Je höher die Steuerrate, desto vorteilhafter für die Verkäuferin, da der gegenzurechnende Steuervorteil dadurch umso höher ausfällt.

112. Mit diesem Ausschlussgrund soll insbesondere vermieden werden, dass Maßnahmen der Käuferin nach dem Stichtag aufgrund noch laufender „Steuerverhaftungs-" oder ähnlicher Fristen rückwirkend zur Entstehung von Steuern vor dem Stichtag führen.

113. Mit dem Zusatz „werden können" wird erreicht, dass (i) eine Beitreibung nicht im Ermessen der Käuferin liegt und (ii) die Käuferin das Beitreibungsrisiko trägt.

114. Dieser Freistellungsausschluss ist sehr weitgehend. Sollte er im Rahmen der anschließenden Verhandlungen aufgeweicht werden, ist darauf zu achten, dass die Beweislast des Nichteintritts eines Schadens weiterhin die Käuferin trägt (da ein solcher Negativbeweis regelmäßig nicht – und damit auch nicht durch die Verkäuferin – geführt werden kann).

115. Sofern ein Abstellen auf die bestandskräftig festgesetzten Steuern als zu „offensiv" beurteilt wird, könnte statt dessen die Regelung des § 11.3.3 eingefügt werden, wonach zwar grundsätzlich eine Vorleistungspflicht der Verkäuferin besteht, diese aber nicht greift, wenn die Steuern bestritten werden. Wird § 11.3.3 aufgenommen, ist in § 11.3.1 auf „fällige" Steuern abzustellen.

116. Steuerliche Organschaft. Besteht eine steuerliche Organschaft und führt diese dazu, dass Steuern bis zum Stichtag die Verkäuferin unmittelbar (d.h. unabhängig von einer Freistellungsabgrenzung) treffen, ist der Vorteilsgegenrechnungsmechanismus des § 11.4 zu Gunsten

1. GmbH-Anteilskaufvertrag – ausführlich, verkäuferfreundlich   C. II. 1

der Verkäuferin wirtschaftlich ausgewogen und erforderlich. Die Ratio des § 11.4 entspricht derjenigen des § 11.3.2 (b).

117. Da die Verkäuferin wirtschaftlich die Steuern bis zum Stichtag zahlt, stehen ihr in gleicher Weise die Steuererstattungen dieses Zeitraums zu. Eine Anpassung kann wirtschaftlich angemessen sein, soweit Erstattungsansprüche bereits den Kaufpreis erhöht haben; die Käuferin wird dann ggf. versuchen, die Erstattung auf den Betrag zu begrenzen, der die im konsolidierten Jahresabschluss aktivierten Erstattungsansprüche übersteigt.

118. Vgl. hierzu Anm. 107.

119. In § 11.3.2 (a) ist lediglich eine Verminderung der Steuerfreistellung um Verbindlichkeiten und Rückstellungen (für Steuern) geregelt. Darüber hinaus gehende Verbindlichkeiten und Rückstellungen (d.h. solche, die nicht zu Gunsten der Verkäuferin gegengerechnet werden) führen daher konsequenterweise zu einer Erstattungspflicht der Käuferin.

120. Die sogenannte „reverse indemnity" dient zur Absicherung der in § 11 verankerten Verkäuferposition.

121. Der Verweis betrifft die zeitliche Zuordnung von Steuererstattungen.

122. Freistellungsverfahren. Aufgrund der Absicherung der Käuferin durch die Steuerfreistellung wird diese regelmäßig kein Interesse haben, die in den Steuererklärungen für Zeiträume bis einschließlich zum Stichtag vertretenen steuerlichen Positionen hart gegenüber der Finanzverwaltung zu verteidigen. Daher sind die Mitwirkungspflichten der Verkäuferin besonders wichtig. In diesem Zusammenhang ist auch zu beachten, dass im Falle einer Organschaft mit der Verkäuferin jedes steuerschädliche Verhalten der Käuferin (hinsichtlich der Organgesellschaften) unmittelbare Auswirkungen zu Lasten der Verkäuferin hätte.

123. Die Regelung in § 11.7.1 dient in erster Linie der Klarstellung.

124. Freibetrag/Gesamtfreibetrag. Die übliche Regelung von Freibeträgen bzw. Gesamtfreibeträgen dient neben der Beschränkung der Haftung der Verkäuferin primär dem – regelmäßig auch von der Käuferin akzeptierten – Ziel, den mit der Geltendmachung von Kleinstansprüchen verbundenen unwirtschaftlichen Aufwand zu vermeiden. Das Muster sieht vor, dass die Käuferin einzelne vertragliche Ansprüche erst geltend machen kann, wenn sie jeweils einen bestimmten Betrag (Freibetrag; im anglo-amerikanischen Sprachgebrauch „De Minimis") überschreiten. Darüber hinaus muss die Summe aller solcher Einzelansprüche ihrerseits einen weiteren Mindestbetrag (Gesamtfreibetrag; im anglo-amerikanischen Sprachgebrauch „Threshold" oder „Basket") erreichen, bevor die Käuferin Ansprüche aus dem Vertrag geltend machen kann. Dabei wird klargestellt, dass für die Berechnung des Gesamtfreibetrages nur solche Einzelansprüche relevant sind, die ihrerseits den Freibetrag übersteigen. Zwar folgt dies bereits logisch daraus, dass ansonsten ein separater „Freibetrag" überflüssig wäre. Dennoch sollte der Vertrag dies klarstellen, um spätere Diskussionen zu vermeiden. Das Muster sieht ferner vor, dass die Verkäuferin nur für den den Gesamtbetrag übersteigenden Betrag haftet. Damit handelt es sich bei dem „Freibetrag" auch technisch um einen echten Freibetrag. Wird dagegen – wie von der Käuferin naturgemäß angestrebt – eine Freigrenze vereinbart, kann die Käuferin zwar weiterhin Ansprüche erst geltend machen, wenn der Gesamtschaden einen bestimmten Betrag übersteigt, dann jedoch in voller Höhe, also vom ersten Euro an. Bisweilen werden in ausverhandelten Verträgen teilweise Freibeträge und teilweise Freigrenzen differenziert nach einzelnen Garantieansprüchen vereinbart.

Eine Bandbreite „angemessener" Freibeträge bzw. Freigrenzen lässt sich nicht pauschal angeben. Sie hängt primär von der Verhandlungsmacht der Parteien ab, sollte aber einen Bezug zur Höhe des Kaufpreises sowie dem Betrag einer eventuellen Haftungshöchstgrenze (Cap) haben. Eine Rolle kann darüber hinaus spielen, ob sich die Zielgesellschaft in ihrem üblichen Geschäftsbetrieb typischerweise mit einer Vielzahl von kleineren Ansprüchen konfrontiert sieht (beispielsweise bei Unternehmen mit einer Vielzahl von Kunden im Massengeschäft). Für eine Freigrenze für sämtliche Ansprüche der Käuferin sind Werte zwischen 1% und 5% des Kaufpreises nicht unüblich. Setzt die Käuferin durch, dass anstelle eines Freibetrags eine Freigrenze gilt, sollte diese jedenfalls über einem von der Verkäuferin vorgeschlagenen Freibetrag liegen.

125. Haftungshöchstbetrag (Cap). Bei der Regelung eines Haftungshöchstbetrages (Cap) handelt es sich um eine übliche Klausel. Sie wird daher regelmäßig im Grundsatz auch von der Käuferin akzeptiert werden. Der Cap ist allerdings stets Gegenstand intensiver Diskussionen zwischen den Parteien und häufig einer der bis zum Ende verbleibenden offenen Punkte. Es kann sich allerdings empfehlen, dass sich die Parteien bereits in einem frühen Stadium der Verhandlungen auf den Haftungshöchstbetrag verständigen und erst danach die Einzelheiten des Garantiekataloges festlegen. Erfahrungsgemäß fällt es nämlich beiden Seiten leichter, sich auf den Umfang des Gewährleistungskataloges zu einigen, wenn der Haftungshöchstbetrag feststeht. Bei der Höhe des Haftungshöchstbetrages lassen sich deutliche Unterschiede zwischen den deutschen und insbesondere den amerikanischen Marktusancen ausmachen. In den USA ist es üblich, eine Haftungsbegrenzung in Höhe des Kaufpreises zu vereinbaren. Dies ist regelmäßig auch gut begründbar. Denn die Verkäuferin muss dann als Höchstbetrag nicht mehr, aber auch nicht weniger als den Betrag erstatten, den sie von der Käuferin für die Zielgesellschaft erhalten hat. Im deutschen Umfeld liegt die Grenze regelmäßig deutlich darunter und schwankt derzeit (Sommer 2011) zwischen 10% und 25% des Kaufpreises, bei Private Equity-Transaktionen auch darunter. Bei hohen absoluten Kaufpreisen ist der Prozentsatz tendenziell niedriger. Auch in Deutschland kann der Haftungshöchstbetrag in besonderen Konstellationen den Kaufpreis (oder sogar ein Vielfaches davon) erreichen, etwa wenn die Käuferin ein defizitäres Unternehmen für einen symbolischen Kaufpreis erwirbt.

Das Muster erstreckt die Haftungshöchstgrenze auf sämtliche Ansprüche der Käuferin aus dem Vertrag. Die Käuferin wird demgegenüber bestrebt sein, die Haftungshöchstgrenze auf eine Haftung für Garantieansprüche zu beschränken. Üblich ist die in der Klausel vorgesehene Ausnahme bei einer Verletzung der Verkäufergarantien für die gesellschaftsrechtlichen Verhältnisse der Zielgesellschaft (§ 8.2) sowie bei Steueransprüchen (§ 11). Die Verkäuferin sollte diese Ausnahmen daher aus verhandlungstaktischen Gründen auch bereits in den ersten Entwurf des Kaufvertrages aufnehmen.

126. Verjährung. Der M&A-Vertragspraxis entsprechend sieht das Muster keine einheitliche Verjährung für Ansprüche der Käuferin vor, sondern differenziert nach Anspruchsgründen. Die vorgesehene Regelverjährung von 12 Monaten ist in einem ersten Verkäuferentwurf nicht übermäßig aggressiv. Im Rahmen der Vertragsverhandlungen ist es dann weithin üblich, sich darauf zu verständigen, dass Ansprüche der Käuferin erst dann verjähren, wenn die Käuferin Gelegenheit hatte, zumindest einen, wenn nicht zwei Jahresabschlüsse für vollständige Geschäftsjahre eigenverantwortlich aufzustellen und prüfen zu lassen. Üblicherweise wird, wie im Muster vorgesehen, für Ansprüche wegen Rechtsmängeln der veräußerten Anteile sowie für Ansprüche aus der umweltrechtlichen und der steuerrechtlichen Freistellung eine längere Verjährungsfrist vereinbart. Da Steuerbescheide auch noch später als nach Ablauf der Regelverjährung im Rahmen einer Außenprüfung geändert werden können, hat sich für Ansprüche im Zusammenhang mit Steuern die im Muster wiedergegebene „bewegliche" Verjährungsregel eingebürgert, die auf die Bestandskraft des die zusätzliche Steuer festsetzenden Bescheides abstellt. Die ab Bestandskraft laufende Verjährungsfrist von drei Monaten ist eher knapp bemessen.

127. Verhaltenspflichten der Verkäuferin zwischen Signing und Closing (Going Concern). Diese Klausel regelt die Verhaltenspflichten der Verkäuferin im Zeitraum zwischen Signing und Closing der Transaktion (sog. Going Concern-Klausel). Sie stellt damit das Pendant zur entsprechenden (vergangenheitsbezogenen) Gewährleistung der Verkäuferin in § 8.12 des Musters dar. Solange ein fusionsrechtliches Vollzugsverbot besteht – sei es auf europäischer oder auf deutscher Ebene –, sind den Vertragsparteien Verhaltensweisen untersagt, die das Zusammenschlussvorhaben verwirklichen und der Käuferin bereits die faktische Kontrolle über die Zielgesellschaft gewähren. Gleichzeitig hat die Käuferin ein – auch von der Verkäuferin grundsätzlich akzeptiertes – Interesse daran, bereits ab Unterzeichnung des Kaufvertrages davor geschützt zu sein, dass die Zielgesellschaft bis zum Vollzug der Transaktion außergewöhnliche Geschäfte ohne Zustimmung der Käuferin tätigt. Das fusionsrechtliche Vollzugsverbot kann die Verkäuferin als Argument gegen die Vereinbarung weitreichender Verhaltenspflichten bzw. von Zustimmungs- und Kontrollpflichten der Käuferin für den Zeitraum bis zum Vollzug nutzen. Welche Abstimmungen zwischen Käuferin und Verkäuferin zwischen Vertragsschluss und Vollzug noch zulässig und welche bereits als Vollzugshandlungen zu werten sind, wird in Rechtsprechung und Literatur nur dilatorisch behandelt. Zulässig dürfte es sein, der Verkäuferin aufzuerlegen, dafür Sorge zu tragen, dass die Zielgesellschaft zwischen Vertragsschluss und Vollzug keinerlei außergewöhnliche Geschäfte tätigt. Dazu kann – wie in § 13.1 vorgesehen – auf den Verhaltenskatalog in der Gewährleistung in § 8.12 des Musters Bezug genommen werden.

128. Wettbewerbsverbot. Die Käuferin hat regelmäßig ein großes Interesse daran, dass die Verkäuferin im Tätigkeitsgebiet der Zielgesellschaft nach ihrem Ausscheiden nicht mehr aktiv wird und ihr Know-how sowie ihre geschäftlichen Beziehungen nicht verwertet. Dies gilt umso mehr, falls die Verkäuferin über eine rein kapitalmäßige Beteiligung hinaus in besonderem Maße für den wirtschaftlichen Erfolg der Zielgesellschaft verantwortlich ist (Identifikation des Unternehmens mit der Verkäuferin, besonderes Know-how etc.). Das in Unternehmenskaufverträgen übliche Wettbewerbsverbot soll daher gewährleisten, dass die Käuferin den vollständigen Wert des übertragenen Vermögens erhält, zu dem im Allgemeinen sowohl materielle als auch immaterielle Werte (Kundenstamm, aber eben auch das Know-how der Verkäuferin) zählen. Die Käuferin wird daher regelmäßig daran interessiert sein, die Verkäuferin zumindest so lange von der Betätigung in dem betreffenden Markt fernzuhalten, wie sie selbst zur Übernahme und Sicherung der bestehenden Marktposition der Zielgesellschaft braucht. Trotz seines verkäuferfreundlichen Ansatzes sieht das Muster ein (eingeschränktes) Wettbewerbsverbot vor. Dies ist aus Sicht der Verkäuferin häufig opportun, weil die Verkäuferin durch den Verkauf der Zielgesellschaft regelmäßig aus dem von der Zielgesellschaft bearbeiteten Markt ausscheidet. Es fällt der Verkäuferin daher häufig leicht, ein Wettbewerbsverbot zu akzeptieren. Durch die Aufnahme eines moderaten Wettbewerbsverbotes in den ersten Kaufvertragsentwurf vermeidet die Verkäuferin, über ein sehr viel weitergehendes Wettbewerbsverbot auf Vorschlag der Käuferin verhandeln zu müssen.

Kartellrechtlich ist ein Wettbewerbsverbot grundsätzlich an § 1 GWB zu messen, bei potentieller Eignung zu negativen Auswirkungen auf den Handel zwischen Mitgliedstaaten der EU jedoch ausschließlich an Art. 81 Abs. 1 EGV. Da die nationale und europäische Rechtslage im Zuge der 6. GWB-Novelle angenähert worden sind und im Rahmen der nächsten GWB-Novelle eine weitgehende Angleichung zu erwarten ist, beschränken sich die folgenden Erläuterungen auf die Darstellung der Rechtslage zu Art. 81 Abs. 1 EGV, die von der in Deutschland geltenden nicht wesentlich abweicht. Nach Auffassung der Europäischen Kommission ist ein Wettbewerbsverbot der Verkäuferin dann gerechtfertigt, wenn es im Hinblick auf seinen Gegenstand, seine Dauer und seinen räumlichen Anwendungsbereich nicht die Grenzen dessen überschreitet, was vernünftigerweise als notwendig angesehen werden kann. In der Praxis werden in der Regel Wettbewerbsverbote zu Lasten der Verkäuferin bis zu einer Dauer von zwei Jahren als angemessen angesehen (vgl. Komm.Entscheidung. v. 18. 6. 1998 – IV/M.1011, Rdnr. 18 – Kingfisher/Wegert/ProMarkt; BGH NJW 1994, 384, 385 m. w. N.; *Wagener/Schultze* NZG 2001, 157 ff. m. w. N.). Erstreckt sich die Übertragung des Unternehmens auch auf den Kundenstamm und das Know-how, hält die Europäische Kommission eine zeitliche Dauer von drei Jahren für angemessen (vgl. Kommissionsbekanntmachung, ABl. 2005 Nr. C56, Rdnr. 20). Der räumliche Anwendungsbereich des Wettbewerbsverbots ist auf das Gebiet zu begrenzen, in dem die Zielgesellschaft ihre Produkte und/oder Dienstleistungen schon vor der Übertragung am Markt eingeführt hatte. Ausnahmsweise kann das Wettbewerbsverbot auch auf solche geographischen und gegenständlichen Bereiche erstreckt werden, in denen die Zielgesellschaft im Zeitpunkt der Übertragung noch nicht aktiv gewesen ist, aber schon vor der Übertragung im Hinblick auf diese eine Ausweitung ihrer geschäftlichen Aktivitäten geplant und diesbezüglich auch schon Investitionen getätigt hat. Schränkt das Wettbewerbsverbot wie im vorliegenden Muster auch die Rechte der Verkäuferin ein, Anteile an anderen Unternehmen zu erwerben, die mit der Zielgesellschaft im Wettbewerb stehen, gelten grundsätzlich die gleichen Regeln. Mithin darf das Wettbewerbsverbot zu keiner unnötigen Beschränkung der Rechte der Verkäuferin führen. Zulässig ist daher allein die Beschränkung strategischer Beteiligungen durch die Verkäuferin, nicht hingegen das Verbot, Anteile allein zu Investitionszwecken zu halten, es sei denn, mit den Anteilen ist eine indirekte Leitungsfunktion bzw. ein materieller Einfluss im Konkurrenzunternehmen verbunden. Ein Verstoß gegen Art. 81 Abs. 1 EGV bzw. § 1 GWB führt nicht zur Nichtigkeit der gesamten Klausel. Vielmehr ist das Wettbewerbsverbot insoweit auf seinen zulässigen Inhalt zurückzuführen (str., BGH NJW 1980, 185; BGH NJW 1979, 1605; BGH NJW 1982, 2000; eingehend BGH NJW 1994, 384, 385).

Die Wirksamkeit eines Wettbewerbsverbots in Unternehmenskaufverträgen bestimmt sich ferner nach § 138 BGB. Nach § 138 BGB ist ein Wettbewerbsverbot entsprechend dem etwas anders gelagerten Schutzzweck der Norm zulässig, soweit es die Verkäuferin nicht übermäßig in ihrer gewerblichen Tätigkeit beschränkt, d. h. in örtlicher, zeitlicher und gegenständlicher Hinsicht nicht zu einer unangemessenen Beschränkung ihrer wirtschaftlichen Bewegungsfreiheit führt (BGH NJW 1991, 699 m. w. N.; BGH NJW 1986, 2944, 2945; BGH NJW 1979, 1605, 1606). Ein Verstoß gegen § 138 BGB führt grundsätzlich zur Nichtigkeit des Wettbewerbsverbots; in Fällen, in denen allein die unangemessene Laufzeit des Wettbewerbsverbots die Nichtigkeit begründet, soll aber eine geltungserhaltende Reduktion möglich sein (BGH NJW 1991, 699, 700; BGH NJW 1994, 384 ff; BGH NJW 2004, 66; *Wagener/Schultze* NZG 2001, 159 f.).

129. Garantie zur Unanwendbarkeit der AWG-Kontrolle. Diese Garantie ist nur erforderlich, wenn die AWG-rechtliche Unbedenklichkeit der Transaktion keine aufschiebende Bedingung ist (siehe insoweit Formulierungsvorschlag zu § 6.2.4). Der Wortlaut des § 53 Abs. 1 S. 6 AWV stellt für die Eröffnung des Prüfungsrechts nach § 53 Abs. 1 S. 1 und 2 AWV zunächst nur darauf ab, ob ein Gemeinschaftsfremder an dem gemeinschaftsansässigen Erwerber 25% der Stimmrechte hält. Als Form eines mittelbaren Erwerbs i. S. v. § 53 Abs. 1 S. 1 AWV dürfte die Zurechnungsregel des § 53 Abs. 1 S. 3 AWV jedoch auch i. R. d. § 53 Abs. 1 S. 6 AWV anwendbar sein. Solange nicht feststeht, wie das Bundesministerium für Wirtschaft und Technologie die Bestimmung in der Praxis handhabt, sollte der kursiv gedruckte Klammerzusatz daher aus Vorsichtsgründen mit aufgenommen werden.

130. Freistellung von Ansprüchen Dritter. Diese – häufig missverstandene – Klausel soll die Verkäuferin davor schützen, nach Vollzug von Dritten für die Geschäftstätigkeit der Zielgesellschaft bzw. die Beteiligung der Verkäuferin an der Zielgesellschaft neben oder anstelle der Zielgesellschaft in Anspruch genommen zu werden. Die Verkäuferin soll nach Vollzug nicht mehr von Dritten für ein Verhalten der Zielgesellschaft in Anspruch genommen werden können. Sollten die Drittansprüche ggf. berechtigt sein, verbleibt es selbstverständlich bei einer etwaigen Haftung der Verkäuferin gegenüber der Käuferin nach den Bestimmungen des Kaufvertrages.

131. Nutzung von Namen, Marken und geschäftlichen Bezeichnungen. Die Käuferin wird sich mangels entsprechender Einflussmöglichkeiten gegen eine Einbeziehung der Minderheitsgesellschaften sperren. Daher sollten diese hier nur aufgenommen werden, sofern sie Nutzer der X-Kennzeichen sind.

132. Abwerbeverbot. Die Vereinbarung von Anstellungs- und Abwerbeverboten ist eine bei Unternehmenskäufen übliche Regelung. Zumeist wird jedoch – anders als im Muster vorgeschlagen – ein wechselseitiges oder ein einseitiges Abwerbeverbot zugunsten der Käuferin vereinbart. Die Verkäuferin sollte daher im Einzelfall abwägen, ob sie – wie im Muster vorgeschlagen – ein Abwerbeverbot zu ihren Gunsten überhaupt benötigt. Dies dürfte z. B. dann nicht der Fall sein, wenn nach dem Vollzug in der Verkäufergruppe keine Mitarbeiter oder Organmitglieder verbleiben, die über besondere Kenntnisse in dem von der verkauften Gruppe betriebenen Geschäft verfügen. Soweit Handlungsgehilfen i. S. d. HGB vom Abwerbeverbot betroffen sind, ist das Verbot gemäß § 75 f S. 2 HGB zwar nicht nichtig, aber nicht durchsetzbar. Insofern können gemäß § 75 f S. 1 HGB beide Vertragsparteien jederzeit von der Abrede zurücktreten. § 75 f HGB gilt nicht für Geschäftsführer und sonstige Organvertreter. Nicht auszuschließen ist allerdings, dass ein Gericht den in § 75f HGB enthaltenen Schutz der Berufsfreiheit (Art. 12 GG) auch außerhalb des § 75f HGB bei einem Anstellungsverbot für Organvertreter durchsetzen würde. Ferner ist denkbar, dass die Abweisung eines Anstellungssuchenden aufgrund des Abwerbeverbots zu einer Haftung der beteiligten Arbeitgeber nach § 826 BGB führen kann (Baumbach/Hopt/*Hopt* § 75f Rdnr. 2). Insgesamt setzt die Klausel daher mehr auf psychologische Wirkung.

133. Versicherungen. Typischerweise unterfällt die Zielgesellschaft einer von der Verkäuferin (bzw. ihrer Konzernmutter) abgeschlossenen Gruppenversicherung. Der Schutz dieser Gruppenversicherung entfällt für die verkauften Gesellschaften, wenn sie aus dem Konzern der Verkäuferin ausscheiden. Bei einer strategischen Käuferin dürfte dies in der Regel unproblematisch sein, da die neu erworbenen Gesellschaften nach Vollzug regelmäßig in die Gruppenversicherung der Käuferin eingebunden werden. Ansonsten wird die Käuferin u. U. darauf drängen, dass die Verkäuferin mit ihrer Versicherungsgesellschaft vereinbart, die Zielgesellschaft für eine Übergangszeit in der Gruppenversicherung der Verkäuferin zu belassen, bis die Käuferin bzw. die Zielgesellschaft eigene Versicherungsverträge abgeschlossen haben. Besonders geregelt werden sollte das Schicksal der **D&O-Versicherungen** der Zielgesellschaft. Die hierfür im Einzelfall beste Lösung wird davon abhängen, in welchem Maße sich die Verkäuferin im Sinne einer „nachlaufenden Fürsorge" für den Schutz des Managements der Zielgesellschaft einsetzt, sei es aus Eigeninteresse der Verkäuferin oder weil das Management der Zielgesellschaft seine Interessen im Verkaufsprozess zur Geltung bringen kann. Die im Muster vorgeschlagene Formulierung geht von der üblichen Konstellation aus, dass die Zielgesellschaft und ihre Tochtergesellschaften in die Konzernpolice der Veräußerin einbezogen sind und auch die Käuferin eine solche Konzernpolice unterhält (vgl. zum Ganzen Bastuck/Stelmaszczyk NZG 2011, 241).

134. Vollzug trotz fehlender behördlicher Freigabe. Die Frage, ob eine derartige Regelung aufgenommen werden kann oder sollte, hängt von den im Einzelfall erforderlichen kartellrechtlichen Freigabeverfahren ab. Gleiches gilt für die Regelung in § 15.5 des Musters (Veräußerung von Tochtergesellschaften der Zielgesellschaft, falls eine Übertragung von Anteilen an dieser Tochtergesellschaft an die Käuferin ausgeschlossen ist).

135. Vgl. hierzu Anm. 53.

136. Außenwirtschaftsrechtliche Prüfung. Vgl. hierzu § 6.2.4 sowie die dortigen Anmerkungen.

137. Regelung für den Fall des Eintritts der auflösenden Bedingung gemäß § 31 AWG. Gemäß § 31 AWG steht „*der Eintritt der Rechtswirkungen eines Rechtsgeschäfts über den schuldrechtlichen Erwerb eines gebietsansässigen Unternehmens*" [...] unter der auflösenden Bedingung, dass das Bundesministerium für Wirtschaft und Technologie den Erwerb innerhalb der Frist untersagt. Um Unklarheiten darüber zu vermeiden, ob mit Eintritt der Bedingung nur die Kaufabrede entfällt, und um sicherzustellen, dass nicht ungewollt andere vertragliche Bindungen aus dem Kaufvertrag überleben, sollte der Vertrag für diesen Fall ein Rücktrittsrecht vorsehen.

138. Vertraulichkeitsverpflichtung. Es ist zu erwägen, die gegenseitigen Vertraulichkeitsverpflichtungen zeitlich zu begrenzen. Je nach „Schnelllebigkeit" des fraglichen Geschäftsfeldes können Fristen zwischen zwei und fünf Jahren sinnvoll sein. Erfahrungsgemäß besteht nach Ablauf einiger Jahre kein gesteigertes Interesse mehr daran, die Informationen weiter zu schützen. Konsequenterweise sollte dann auch die Pflicht zur Vertraulichkeit enden.

139. Weitergabe von Informationen zur Wahrung berechtigter Interessen. Die Formulierung erlaubt den Parteien, Informationen an Dritte weiterzugeben, sofern ihre „berechtigten Interessen" dies erfordern. Die Klausel soll es den Parteien insbesondere ermöglichen, den Kaufvertrag beispielsweise im Rahmen einer Veräußerung der Verkäuferin (Dokumentation noch bestehender Haftungsrisiken) oder einer Weiterveräußerung der Zielgesellschaft durch die Käuferin in einem Datenraum offen zu legen. Dies wird in Unternehmenskaufverträgen häufig unterlassen, kann aber für beide Seiten von nicht zu unterschätzender Bedeutung sein.

Falls die Verkäuferin die Weitergabe hochsensibler Daten durch die Käuferin befürchtet, sollte sie auf einer strengeren Regelung bestehen. Der Käuferin kann in einem solchen Fall u. U. mit einer detaillierteren Regelung entgegengekommen werden, wonach z. B. der Kaufvertrag bei einer Weiterveräußerung der Zielgesellschaft nur in einem späteren Stadium einer Due Diligence („2. Runde") offengelegt werden darf, Einzelheiten (z. B. Kaufpreis) geschwärzt werden müssen oder die Offenlegung nur gegenüber zur Berufsverschwiegenheit verpflichteten Beratern eines Kaufinteressenten etc. erfolgen darf.

140. Verkehrsteuern und Kosten. Es entspricht gängiger Praxis, dass sämtliche Verkehrsteuern und sonstige transaktionsbezogenen Kosten (insbesondere Notargebühren und die Kosten für die Kartellanmeldung) von der Käuferin getragen werden. Die Käuferin wird sich im Gegenzug vorbehalten, den beurkundenden Notar auszuwählen. **Notargebühren:** Vgl. zunächst Anm. 2. Grundlage für die Notargebühren ist die Kostenordnung (KostO). Bei der Beurkundung eines Unternehmenskaufvertrags werden neben der Beurkundungsgebühr häufig noch weitere Notarkosten anfallen, etwa für die Beglaubigung von begleitenden Handelsregisteranmeldungen oder das Fertigen beglaubigter Kopien. Bei einem substantiellen Kaufpreis fallen diese Gebühren jedoch nicht wesentlich ins Gewicht. Der Geschäftswert der Vertragsurkunde wird in der Regel dem vereinbarten Kaufpreis entsprechen. Sollte die Urkunde zusätzlich Optionsrechte oder weitere, über Kauf- und Übertragung der Geschäftsanteile hinausreichende Verpflichtungen enthalten, ist deren Wert gegebenenfalls zu addieren. Zu beachten ist, dass gemäß § 36 Abs. 2 KostO für die Beurkundung des Vertrages das Doppelte der vollen Gebühr erhoben wird. Die früher aus Kostengründen beliebten Auslandsbeurkundungen sind heute regelmäßig weder notwendig noch sinnvoll.. In diesem Zusammenhang ist nämlich zu berücksichtigen, dass die Kostenordnung inzwischen eine Werthöchstgrenze von EUR 60 Mio. (§ 18 Abs. 1 S. 2 KostO) vorsieht, was zu einer maximalen Beurkundungsgebühr vor deutschen Notaren von EUR 52.000,– führt (vgl. zur Frage der Auslandsbeurkundung bereits Anm. 2). **Verkehrsteuern:** Die Bestimmung ist bewusst weit formuliert. Die praktisch wichtigste Verkehrsteuer, die Umsatzsteuer, fällt regelmäßig nicht an: Gemäß § 4 Ziff. 8 f. UStG sind Umsätze aus der Veräußerung von Anteilen an Gesellschaften und anderen Vereinigungen von der Umsatzsteuer befreit. Die Verkäuferin kann jedoch gemäß § 9 UStG auf die Steuerbefreiung verzichten, um den Abzug ihrer Vorsteuer geltend machen zu können (vgl. zur Umsatzsteuer bereits Anm. 54).

141. Abtretung von Rechten an die finanzierenden Banken. Bei einem Leveraged Buy-Out, also einem überwiegend fremdfinanzierten Erwerb durch Private Equity-Unternehmen, ist es üblich, dass die finanzierenden Banken verlangen, dass die Käuferin ihre Gewährleistungsansprüche aus dem Unternehmenskaufvertrag als Teil des Sicherungspakets an die Banken abtritt. Die vorgesehene Möglichkeit, wonach die Käuferin bestimmte Rechte aus dem Vertrag an die finanzierenden Banken abtreten darf, ist daher zwar primär im Käuferinteresse; durch die Aufnahme der in der Klausel vorgesehenen Beschränkungen begrenzt die Verkäuferin aber die Risiken aus einer solchen Abtretung. Eine derartige eingeschränkte Abtretung zugunsten der Käuferin sollte die Verkäuferin daher aus verhandlungstaktischen Gründen bereits in ihrem ersten Vertragsentwurf vorsehen.

142. Garantiegeberin auf Seiten der Käuferin. Vgl. zunächst Anm. 55. Lässt sich die Verkäuferin darauf ein, statt einer Bankgarantie die Garantiehaftung der Konzern-Obergesellschaft der Käuferin (oder einer anderen haftungsstarken Gesellschaft aus dem Konzern der Käuferin) ausreichen zu lassen, ist § 20 in den Entwurf aufzunehmen.

143. Aufschiebende Bedingungen (Signing Conditions). Anders als die in § 6.2 des Musters vorgesehenen Vollzugsbedingungen (bei deren Eintritt die Parteien verpflichtet sind, das Closing durchzuführen) handelt es sich bei den hier vorgesehenen aufschiebenden Bedingungen um Wirksamkeitsbedingungen für den Vertrag selbst (sog. Signing Conditions). Erst wenn die hier geregelten Bedingungen eingetreten sind, wird der Vertrag wirksam und entfaltet seine Bindungswirkung. Derartige (echte) aufschiebende Bedingungen werden nur in den seltensten Fällen erforderlich sein. Denkbar sind sie insbesondere dann, wenn Gremienvorbehalte bestehen, die bereits für den Vertragsabschluss (und nicht erst für den Vollzug) gelten.

144. Gremienvorbehalt. Vgl. zunächst Anm. 74. In aller Regel sollte die Verkäuferin bestrebt sein, sämtliche erforderlichen Gremienvorbehalte auf ihrer Seite bereits vor Unterzeichnung des Kaufvertrages zu erledigen. Ansonsten läuft sie Gefahr, dass auch die Käuferin einen Gremienvorbehalt verlangt. Ein solcher Gremienvorbehalt zugunsten der Käuferin kann aber das Einfallstor für einen Rückzug der Käuferin von der Transaktion sein und gefährdet damit eines der wichtigsten Ziele der Verkäuferin, nämlich die Transaktionssicherheit.

145. Form von Mitteilungen und Erklärungen. Der Vertrag schreibt Schriftform für sämtliche Erklärungen vor und schafft eine Erleichterung nur für die Übermittlung per Telefax oder einen Briefwechsel. Entgegen §§ 126 Abs. 3, 127 Abs. 2 BGB wahren sonstige Formen der telekommunikativen Übermittlung oder die elektronische Form die Schriftform nicht. Für die telekommunikative Übermittlung soll auch ein schlichtes E-Mail genügen, das gemäß § 126 b BGB lediglich mit der Wiedergabe des Namens des Absenders enden müsse (vgl. Palandt/ *Ellenberger* § 127 Rdnr. 2). Da in der täglichen Kommunikation Nachrichten per E-Mail nicht dasselbe Gewicht beigemessen wird wie Briefen oder Telefaxen, sollte man Mitteilungen im Zusammenhang mit einem wirtschaftlich bedeutsamen Vertrag nicht als E-Mail genügen lassen.

146. Gerichtsstandsvereinbarung vs. Schiedsklausel. Die Entscheidung über die Vereinbarung der Zuständigkeit staatlicher Gerichte oder aber eines Schiedsgerichts wird maßgeblich durch die persönliche Einschätzung der Vor- und Nachteile beider Alternativen bestimmt. Die allgemeinen Gesichtspunkte sollten vor dem Hintergrund der konkreten Transaktion noch einmal diskutiert werden. Für eine Schiedsklausel spricht unter anderem, dass dieses Verfahren bei großen Streitwerten zumeist kostengünstiger und schneller ist. Zudem verfügen die von den Parteien bestellten Schiedsrichter regelmäßig über ein größeres praktisches Verständnis für die Materie. Vor Schiedsgerichten ist darüber hinaus eine größere Vertraulichkeit gewährleistet. Bei einer Schiedsklausel bestehen größere Freiheiten hinsichtlich der Wahl des Ortes und der Verfahrenssprache. Bei geringen Streitwerten kann demgegenüber ein Gang vor die ordentlichen Gerichte kostengünstiger sein. Zudem dürfte es für „kleinere" Fälle schwierig sein, gute Schiedsrichter zu verpflichten. Auch sollten die Parteien überlegen, ob sie den Umstand, dass es vor den ordentlichen Gerichten die Möglichkeit mehrerer Instanzen gibt, als Vor- oder Nachteil ansehen. Eine Vielzahl möglicher Verfahrensbeteiligter könnte einen Vorzug der staatlichen Gerichte begründen. Außerhalb der EU sind Schiedsgerichtsurteile u. U. leichter durchsetzbar als die Urteile staatlicher Gerichte. Zu vermeiden ist in jedem Fall, dass für zusammenhängende Verträge unterschiedliche Vereinbarungen im Hinblick auf die Lösung von Streitigkeiten gelten.

147. Schiedsklausel. Bei dieser Formulierung handelt es sich um den Wortlaut, der von der Deutschen Institution für Schiedsgerichtsbarkeit (DIS) empfohlen wird (vgl. www.disarb.de/scho/schiedsvereinbarung98.html). Hinzugefügt wurde jedoch der Hinweis auf die *jeweilige* Schiedsordnung (dynamische Verweisung). Auf dieses Weise wird sichergestellt, dass die im Zeitpunkt des Schiedsverfahrens geltende (und nicht die im Zeitpunkt der Beurkundung des Vertrages geltende) Schiedsordnung Anwendung findet. Wenn es den Parteien darauf ankäme, dass für ein späteres Schiedsverfahren eine ganz bestimmte Schiedsverfahrensordnung anzuwenden ist, so wäre auch die Vereinbarung über die Schiedsverfahrensordnung vom Beurkundungserfordernis umfasst. Sofern die Parteien sich den Regeln einer anderen Schiedsgerichtsbarkeit (z.B. ICC) unterwerfen möchten, ist darauf zu achten, dass die von der jeweiligen Institution zu diesem Zweck vorgeschlagene Schiedsklausel verwendet wird (abrufbar auf der jeweiligen Internetpräsenz der Institution).

148. Gesamte Vereinbarung. Bei Verwendung dieser Klausel ist genau zu prüfen, ob tatsächlich gewünscht ist, dass alle vorherigen Vereinbarungen aufgehoben werden (z.B. Vertraulichkeitsvereinbarungen, Vorverträge, Term Sheet etc.), bzw. tatsächlich feststeht, dass keine Nebenabreden bestehen. Insbesondere Letzteres wird in der Praxis häufig übersehen. Ggf. ist die Bestimmung entsprechend zu modifizieren.

2. GmbH-Anteilskaufvertrag – ausführlich, käuferfreundlich

Geschäftsanteilsverkaufvertrag[1, 2] über sämtliche Geschäftsanteile an der X-GmbH	Agreement for the Sale and Purchase of All Shares in X-GmbH
Zwischen	by and between:
......	1. ......
(Verkäuferin),	(the *Seller*)
......	2. ......
(Käuferin)	(the *Purchaser*)
(Verkäuferin und Käuferin werden zusammen auch *Parteien* und einzeln auch *Partei* genannt)	(the Seller and the Purchaser collectively referred to as the *Parties* and individually as *Party*)
und	and
......	[3. ......
(Garantiegeberin[3]*)*,	(the *Guarantor*)]
vom	dated ......

Inhaltsverzeichnis	Table of Contents
Verzeichnis der Definitionen	Index of Definitions
Verzeichnis der Anlagen	Index of Schedules
Präambel	Recitals
§ 1 Gesellschaftsrechtlicher Status	1. Corporate Status
1.1 X-GmbH	1.1 X-GmbH
1.2 Tochtergesellschaften	1.2 Subsidiaries
1.3 Mehrheitsgesellschaften	1.3 Majority Companies
1.4 Minderheitsbeteiligungen	1.4 Minority Participations
§ 2 Verkauf der X-Geschäftsanteile; Gewinnberechtigung; Stichtag	2. Sale and Assignment of the X-Shares; Right to Profits; Effective Date
2.1 Verkauf der X-Geschäftsanteile	2.1 Sale and Assignment of the X-Shares; Right to Profits
2.2 Gewinnbezugsrecht	2.2 Rights to receive Dividends
2.3 Stichtag	2.3 Effective Date
2.4 Gesonderte Abtretung	2.4 Separate Assignment
§ 3 Unternehmensverträge	3. Affiliation Agreements
3.1 Bestehende Verträge	3.1 Existing Contracts
3.2 Beendigung des EAV	3.2 Termination of the DPLPA
3.3 Verlustausgleich/Gewinnabführung bei Beendigung des EAV	3.3 Loss Indemnity/Transfer of Profit upon Termination of the DPLPA
§ 4 Ablösung der Finanzierung	4. Repayment of the Financing
4.1 X-Finanzierungsvereinbarungen	4.1 Financing Agreements
4.2 Behandlung der Forderungen und Verbindlichkeiten aus X-Finanzierungsvereinbarungen im Rahmen der Kaufpreisermittlung	4.2 Handling of the Claims and Liabilities under Financing in the Context of Calculating the Purchase Price

2. GmbH-Anteilskaufvertrag – ausführlich, käuferfreundlich

4.3 Ablösung der Finanzierung zum Vollzugstag	4.3 Repayment of the Financing as of the Closing Date
§ 5 Kaufpreis; Zahlung des Kaufpreises	5. Purchase Price; Payment of the Purchase Price
5.1 Kaufpreis	5.1 Purchase Price
5.2 Berechnung des Kaufpreises	5.2 Calculation of the Purchase Price
5.3 Geschätzter Kaufpreis; Zahlung des Geschätzten Kaufpreises	5.3 Estimated Purchase Price; Payment of the Estimated Purchase Price
5.4 Kaufpreisanpassung	5.4 Purchase Price Adjustment
5.5 Verzinsung	5.5 Interest
5.6 Zahlungsmodalitäten	5.6 Payment Procedures
5.7 Zahlung des Kaufpreises	5.7 Payment of the Purchase Price
5.8 Treuhandkonto; Auszahlung	5.8 Escrow Account; Disbursement
5.9 Umsatzsteuer	5.9 [Value Added Tax]
§ 6 Vollzug	6. Closing
6.1 Vollzugstag; Geplanter Vollzugstag	6.1 Closing Date; Scheduled Closing Date
6.2 Vollzugsvoraussetzungen	6.2 Closing Conditions
6.3 Vollzugshindernisse	6.3 Closing Obstacles
6.4 Rücktrittsrecht	6.4 Right of Withdrawal
6.5 Vollzug	6.5 Closing
§ 7 Stichtagsabschlüsse	7. Effective Date Accounts
7.1 Vorläufige Stichtagsabschlüsse; Vorläufige Berechnungen	7.1 Preliminary Effective Date Accounts; Preliminary Calculations
7.2 Bilanzierungsgrundsätze	7.2 Accounting Principles
7.3 Prüfung der Vorläufigen Stichtagsabschlüsse und Berechnungen	7.3 Audit of the Preliminary Effective Date Accounts and Calculations
7.4 Überprüfung der Vorläufigen Stichtagsabschlüsse und Berechnungen durch die Parteien	7.4 Review of the Preliminary Effective Date Accounts and Calculations by the Parties
7.5 Einwände; Verbindlichwerden der Vorläufigen Stichtagsabschlüsse und Berechnungen	7.5 Objections; Preliminary Effective Date Accounts and Calculations become Binding
7.6 Schiedsgutachterverfahren	7.6 Expert Proceedings
7.7 Zugang zu Informationen	7.7 Access to Information
§ 8 Selbstständige Garantieversprechen der Verkäuferin	8. Seller Guarantees
8.1 Form und Umfang des Garantieversprechens der Verkäuferin	8.1 Form and Scope of the Seller Guarantees
8.2 Gesellschaftsrechtliche Verhältnisse; Berechtigung der Verkäuferin	8.2 Corporate Status and Authority of the Seller
8.3 Jahresabschlüsse	8.3 Financial Statements
8.4 Gewerbliche Schutzrechte; X-Informationstechnologie	8.4 Real Property
8.5 Grundbesitz	8.5 Current and Fixed Assets; Inventories; Receivables

8.6 Vermögensgegenstände des Anlage- und Umlaufvermögens; Vorräte; Forderungen	8.6 Intellectual Property Rights
8.7 Größte Kunden und Zulieferer	8.7 Largest Customers and Supplier
8.8 Bankkonten	8.8 Material Agreements
8.9 Versicherungen	8.9 Employment Matters
8.10 Wesentliche Verträge	8.10 Bank Accounts
8.11 Arbeitsrechtliche Angelegenheiten	8.11 Insurance Policies
8.12 Steuerangelegenheiten	8.12 Tax Matters
8.13 Öffentliche Förderungen	8.13 Public Grants
8.14 Rechtsstreitigkeiten	8.14 Legal Disputes
8.15 Produkthaftung	8.15 Product Liability
8.16 Erlaubnisse und Genehmigungen; Wettbewerbsbeschränkungen	8.16 Permits and Approvals; Restrictions of Competition
8.17 Einhaltung von Rechtsvorschriften	8.17 Compliance with Laws
8.18 Fortführung der Geschäfte	8.18 Conduct of Business
8.19 Keine Vermittlungsgebühren etc.	8.19 No Brokerage Fees
8.20 Richtigkeit der Informationen	8.20 Accuracy of Information
8.21 Kenntnis der Verkäuferin	8.21 Seller's Knowledge
§ 9 Rechtsfolgen bei Verletzung von Verkäufergarantien; Verfahren	9. Remedies for breach of Seller Guarantees; Procedure
9.1 Naturalrestitution; Schadensersatz	9.1 Restitution in Kind; Damages
9.2 Ausschluss der kaufrechtlichen Gewährleistung	9.2 Exclusion of Statutory Buyer's Rights
9.3 Kumulative Geltung von Ansprüchen	9.3 No Double Relief
9.4 Freigrenze	9.4 Threshold
9.5 Haftungshöchstbetrag	9.5 Liability Cap
9.6 Informationspflichten bei Ansprüchen Dritter	9.6 Duties to Disclose Information in connection with Third Party Claims
§ 10 Freistellung von umweltrechtlichen Verbindlichkeiten	10. Environmental Indemnity
10.1 Definitionen	10.1 Definitions
10.2 Freistellung	10.2 Idemnification
10.3 Ausschluss und Beschränkungen	10.3 Exclusion and Limitation of Liability
10.4 Verfahren	10.4 Environmental Procedures
10.5 Verjährung	10.5 Time Limits
§ 11 Steuern	11. Tax Indemnification
11.1 Definitionen	11.1 Definitions
11.2 Freistellung	11.2 Idemnification
11.3 Steuervorteile	11.3 Tax Benefits
11.4 Ausschluss der Haftung der Verkäuferin	11.4 Exclusion of Seller's Liability
11.5 Informationspflicht	11.5 Duty to Inform
11.6 Verjährung	11.6 Time Limits

§ 12 Ausschluss und Beschränkung der Haftung der Verkäuferin	12. Limitation on Seller's Liability
12.1 Verjährung	12.1 Time Limits
12.2 Kenntnis der Käuferin	12.2 Purchaser's Knowledge
12.3 Zahlungen der Verkäuferin	12.3 Seller Payments
§ 13 Weitere Verpflichtungen der Verkäuferin	13. Further Obligations of the Seller
13.1 Verhalten der Verkäuferin bis zum Vollzug	13.1 Seller's Conduct until the Closing
13.2 Verträge zwischen Verkäufer-Gesellschaften und X-Gesellschaften	13.2 Contracts between the Seller Companies and the X-Companies
13.3 Ansprüche der Verkäufer-Gesellschaften gegen eine X-Gesellschaft	13.3 Claims of the Seller Companies against an X-Company
13.4 Zustimmung zu diesem Vertrag und seinem Vollzug; Mitwirkung an Sicherheitenbestellung	13.4 Consent to this Agreement and its Closing; Cooperation in providing Security
13.5 Firma[, Marken etc.]	13.5 Company Name [, Trademarks, etc.]
13.6 Überleitung	13.6 Transition
13.7 Versicherungsschutz	13.7 Insurance Coverage
13.8 Verhalten der Verkäuferin nach dem Vollzug	13.8 Conduct of the Seller following the Closing
13.9 Schadensersatz	13.9 Damages
§ 14 Fusionskontrollverfahren	14. Merger Control Procedure
14.1 Anmeldung des Zusammenschlussvorhabens	14.1 Notification of the Proposed Concentration
14.2 Freigabe unter Bedingungen und Auflagen	14.2 Clearance of the Transaction subject to Conditions or Requirements
14.3 Untersagung des Zusammenschlussvorhabens	14.3 Prohibition of the Transaction
§ 15 Außenwirtschaftsrechtliche Prüfung	15. Foreign Trade Law Compliance Review
15.1 Antrag auf Erteilung einer Unbedenklichkeitsbescheinigung	15.1 Application for a Certificate of Compliance
15.2 Freigabe unter Bedingungen und Auflagen; Untersagung des Erwerbs	15.2 Clearance subject to Conditions and Requirements; Prohibition of Acquisition
§ 16 Wettbewerbsverbot; Verbot der Abwerbung	16. Non-competition; Non-Solicitation
16.1 Wettbewerbsverbot	16.1 Non-Competition
16.2 Abwerbeverbot	16.2 Non-Solicitation
§ 17 Vertraulichkeit und Pressemitteilungen	17. Confidentiality and Press Releases
17.1 Vertraulichkeit im Hinblick auf die X-Gesellschaften	17.1 Confidentiality with respect to the X-Companies
17.2 Vertraulichkeit im Hinblick auf diesen Vertrag und die Parteien	17.2 Confidentiality with respect to this Agreement and the Parties

17.3 Weitergabe von Informationen	17.3 Passing on of Information
17.4 Pressemitteilungen	17.4 Press Releases
§ 18 Kosten und Verkehrsteuern	18. Costs and Transfer Taxes
18.1 Beraterkosten	18.1 Advisor Costs
18.2 Übrige Kosten, Gebühren	18.2 Other Costs, Fees
18.3 Verkehrsteuern	18.3 Transfer Taxes
§ 19 Abtretung und Übertragung von Rechten und Pflichten; Geltendmachung von Ansprüchen nach Übertragung von Anteilen an X-Gesellschaften auf Dritte	19. Assignment and Transfer of Rights and Obligations; Enforcement of Claims after Transfer of Shares in X-Companies to Third Parties
19.1 Keine Abtretung oder Übertragung ohne Zustimmung	19.1 No Assignment or Transfer without Consent
19.2 Abtretung durch die Käuferin	19.2 Enforcement of Claims after Transfer of Shares in X-Companies to Third Parties
19.3 Geltendmachung von Ansprüchen nach Übertragung von Anteilen an X-Gesellschaften auf Dritte	
§ 20 Aufschiebende Bedingungen	20. [Guarantor of the Purchaser and Idemnification]
	21. Conditions Precedent
§ 21 Mitteilungen	22. Notices
21.1 Form der Mitteilungen	22.1 Form of Notices
21.2 Mitteilungen an die Verkäuferin	22.2 Notices to the Seller
21.3 Mitteilungen an die Käuferin	22.3 Notices to the Purchaser
[21.4 Mitteilungen an die Garantiegeberin]	22.4 [Notices to the Guarantor]
21.5 Adressänderungen	22.5 Change of Address
21.6 Mitteilungen an Berater	22.6 Notices of Advisors
§ 22 Verschiedenes; Schlussbestimmungen	23. Miscellaneous
22.1 Anwendbares Recht	23.1 Governing Law
22.2 Gerichtsstand	23.2 Place of Jurisdiction
[22.2 Schiedsverfahren]	[23.2 Arbitration Proceedings]
22.3 Bankarbeitstag	23.3 Business Day
22.4 Zinsen	23.4 Interest
22.5 Vertragsänderungen	23.5 Amendments to this Agreement
22.6 Überschriften; Verweise auf deutsche Rechtsbegriffe; Verweise auf Paragraphen	23.6 Headings; References to German Legal Terms; References to Clauses
22.7 Anlagen	23.7 Schedules and Exhibits
22.8 Gesamte Vereinbarung	23.8 Entire Agreement
22.9 Salvatorische Klausel	23.9 Severability

Verzeichnis der Definitionen		Index of Definitions	
Begriff	**definiert in**	**Term**	**Defined in**
Aufbauten	§ 10.1.8	*AktG*	clause 4.1.1
Bankarbeitstag	§ 22.3	*[AWG]*	clause 6,2,3
Barmittel	§ 5.2.3	*[AWV]*	clause 6.2.3
Bestehende Umweltbelastung	§ 10.1.2	*BGB*	clause 8.1

Begriff	definiert in	Term	Defined in
Betriebsgrundstücke	§ 8.5.6	Business Day	clause 23.3
Eigene Gewerbliche Schutzrechte	§ 8.4	Business Premises	clause 8.4.6
		Cash	clause 5.2.3
EAV	§ 3.1(a)	Closing	clause 6.1.1
EURIBOR	§ 22.4	Closing Date	clause 6.1.1
Finanzbehörden	§ 11.1.1	Closing Conditions	clause 6.2.1
Finanzierungssaldo	§ 4.3.2	Closing Obstacle	clause 6.3.1
Finanzierungssaldo – Forderung	§ 4.3.3	Consolidated Financial Statements	clause 8.3.1
Finanzierungssaldo – Verbindlichkeit	§ 4.3.3	Consolidated Effective Date Accounts	clause 7.1.1(a)
Finanzverbindlichkeiten	§ 5.2.2	DPLPA	clause 3.1(a)
Freigrenze	§ 9.4	[ECMR]	clause 6.2.2(a)
Garantieanspruch/ Garantieansprüche	§ 9.1.4	Effective Date	clause 2.3
		Effective Date Accounts	clause 7.1.1(a)
Garantiegeberin	Rubrum	Effective Date Auditor	clause 7.1.3
Gefahrstoffe	§ 10.1.6	Environment	clause 10.1.5
Geplanter Vollzugstag	§ 6.1.1	Environmental Law	clause 10.1.3
Geschätzter Finanzierungssaldo	§ 4.3.4	Environmental Liability	clause 10.1.1
		Environmental Matter	clause 10.1.5
Geschätzter Kaufpreis	§ 5.3.1	Environmental Permit	clause 10.1.4
Gewerbliche Schutzrechte	§ 8.4.1	Escrow Account	clause 5.7.1(b)
Gewinnabführungsforderung	§ 3.3.1	Escrow Agent	clause 5.8.6
		Escrow Agreement	clause 5.8.6
Grundeigentum	§ 8.5.1	Escrow Period	clause 5.8.3
Grundstücksregister	§ 8.5.3	EStG	clause 8.12.2
Haftungshöchstbetrag	§ 9.5	Estimated Financing Account Balance	clause 4.3.4
Immobilien	§ 8.5.8		
Jahresabschlüsse	§ 8.3.1	Estimated Purchase Price	clause 5.3.1
Kartellfreigabe	§ 6.2.2	EURIBOR	clause 23.4
Käuferin	Rubrum	Existing Environmental Contamination	clause 10.1.2
Käuferkonto	§ 5.6.2		
Kaufpreis	§ 5.1	[FCO]	clause 6.2.2(b)
Kaufpreisanpassung	§ 5.4.1	Financial Debt	clause 5.2.2
Kenntnis der Verkäuferin	§ 8.21	Financial Statements	clause 8.3.1
Know-how	§ 8.4.5	Financing Account Balance	clause 4.3.2
Konsolidierter Jahresabschluss	§ 8.3.1	Financing Account Balance Liability	clause 4.3.3
Konsolidierter Stichtagsabschluss	§ 7.1.1 (a)	Financing Account Balance Receivable	clause 4.3.3
Mehrheitsgesellschaft(en)	§ 1.3		
Mietverträge	§ 8.5.4	Financing Agreements	clause 4.1.1
Minderheitsbeteiligung(en)	§ 1.4	Fiscal Authorities	clause 11.1.1
Mitteilung(en)	§ 22.1	GmbHG	clause 8.2.12
Nettoumlaufvermögen	§ 5.2.4	GoB	clause 7.2.1
Öffentliche Förderungen	§ 8.13	Gross Enterprise Value	clause 5.2.1
Partei(en)	Rubrum	Guarantee Claim(s)	clause 9.1.4
Rechtsbegriffe	§ 23.6.2	[Guarantor]	title reference
Rechtsgeschäfte	§ 8.2.10	GWB	clause 6.2.2
Rechtsstreitigkeiten	§ 8.14	Hazardous Substance	clause 10.1.6
Rechtsvorschriften	§ 8.2.10	HGB	clause 1.3

Begriff	definiert in	Term	Defined in
Relevante Grundstücke	§ 10.1.7	Individual Effective Date	
Relevante Person(en)	§ 8.21	Accounts	clause 7.1.1(a)
Sicherheitseinbehalt	§ 5.7.1	Intellectual Property	
Steuererklärungen	§ 11.1.2	Rights	clause 8.4.1
Steuern	§ 11.1.1	Know-how	clause 8.4.5
Stichtag	§ 2.3	KStG	clause 8.12.2
Stichtags-Abschlussprüfer	§ 7.1.3	Lease Agreements	clause 8.5.4
Stichtagsabschlüsse	§ 7.1.1 (a)	Legal Disputes	clause 8.14
Stichtags-Einzelabschlüsse	§ 7.1.1 (a)	Legally Binding Trans-	
Tochtergesellschaft(en)	§ 1.2	actions	clause 8.2.10
Transaktion	Präambel (B)	Legal Requirements	clause 8.2.10
		Legal Terms	clause 23.6.2
Treuhänder	§ 5.8.6	Liability Cap	clause 9.5
Treuhandfrist	§ 5.8.3	Loss Compensation Obli-	
Treuhandvereinbarung	§ 5.8.6	gation	clause 3.3.1
Umwelt	§ 10.1.5	Majority Companies	clause 1.3
Umweltangelegenheit	§ 10.1.5	Material Adverse Change	clause 6.3.1(a)
Umwelterlaubnis	§ 10.1.4	Material Agreement(s)	clause 8.8.1
Umweltrecht	§ 10.1.3	Minority Participations	clause 1.4
Umweltverbindlichkeiten	§ 10.1.1	Net Working Capital	clause 5.2.4
Unterzeichnungstag	§ 8.1	Notice(s)	clause 22.1
Verjährungsfristen	§ 12.1.1	Own Intellectual Property	
Verkäufer-Finanzierungsforderungen	§ 4.2	Rights	clause 8.4.1
		Party/ies	title reference
		Preliminary Calculations	clause 7.1.2
Verkäufer-Finanzierungs-verbindlichkeiten	§ 4.2	Preliminary Closing Date Itemizations	clause 7.1.1(c)
Verkäufergarantie(n)	§ 8.1	Preliminary Consolidated	
Verkäufer-Gesellschaft(en)	§ 4.1.1	Effective Date Accounts	clause 7.1.1(a)
Verkäufer-Gruppe	§ 4.1.1	Preliminary Effective Date	
Verkäuferin	Rubrum	Accounts	clause 7.1.1(a)
Verkäuferkonto	§ 5.6.1	Preliminary Effective Date	
Verlustausgleichsverbind-lichkeit	§ 3.3.1	Itemizations	clause 7.1.1(b)
Vollzug	§ 6.1.1	Preliminary Individual Ef-	
Vollzugshindernis(se)	§ 6.3.1	fective Date Accounts	clause 7.1.1(a)
Vollzugstag	§ 6.1.1	Preliminary Purchase Price	
Vollzugsvorausse-tzung(en)	§ 6.2.1	Calculation	clause 7.1.2
		Profit Transfer Receivable	clause 3.3.1
Vorläufige Berechnungen	§ 7.1.2	Property Registers	clause 8.5.3
Vorläufige Kaufpreisberech-nung	§ 7.1.2	Public Grants	clause 8.13
		Purchase Price	clause 5.1
Vorläufige Stichtagsab-schlüsse	§ 7.1.1 (a)	Purchase Price Adjust-ment	clause 5.4.1
Vorläufige Stichtagsaufstel-lungen	§ 7.1.1 (b)	Purchaser	title reference
		Purchaser's Account	clause 5.6.2
Vorläufige Stichtags-Einzelabschlüsse	§ 7.1.1 (a)	Real Estate	clause 8.5.8
		Real Property	clause 8.5.1
Vorläufiger Konsolidierter Stichtagsabschluss	§ 7.1.1 (a)	Relevant Individual(s)	clause 8.21
		Relevant Properties	clause 10.1.7
Vorläufige Vollzugstagsauf-stellungen	§ 7.1.1 (c)	Scheduled Closing Date	clause 6.1.1
		Security Deposit	clause 5.7.1(b)

2. GmbH-Anteilskaufvertrag – ausführlich, käuferfreundlich C. II. 2

Begriff	definiert in	Term	Defined in
Wesentliche Nachteilige Änderung	§ 6.3.1 (a)	*Seller*	title reference
		Seller's Account	clause 5.6.1
Wesentlicher Vertrag/		*Seller Guarantee(s)*	clause 8.1
Wesentliche Verträge	§ 8.10.1	*Seller Company/ies*	clause 4.1.1
X-Finanzierungsvereinbarungen	§ 4.1.1	*Seller's Financing Receivables*	clause 4.2
X-Geschäftsanteile	§ 1.1.2	*Seller's Financing Liabilities*	clause 4.2
X-Geschäftsbetriebe	§ 8.2.1		
X-Gesellschaft(en)	§ 1.3	*Seller's Knowledge*	clause 8.21
X-GmbH	§ 1.1.1	*Signing Date*	clause 8.1
X-Gruppe	§ 1.3	*Structures*	clause 10.1.8
X-Gruppen-Geschäftsanteile	§ 8.2.2	*Subsidiary/ies*	clause 1.2
X-Informationstechnologie	§ 8.4.8	*Taxes*	clause 11.1.1
X-Internetseiten	§ 8.4.11	*Tax Returns*	clause 11.1.2
X-IT-Verträge	§ 8.4.9	*Threshold*	clause 9.4
X-Kennzeichen	§ 13.5	*UmwStG*	clause 8.12.2
X-Know-how	§ 8.4.5	*X-Business Operations*	clause 8.2.1
X-Lizenzen	§ 8.4.2	*X-Companyies*	clause 1.3
X-Schutzrechte	§ 8.4.2	*X-GmbH*	clause 1.1
		X-Group	clause 1.3
		X-Group Shares	clause 8.2.2
		X-Information Technology	clause 8.4.8
		X-Intellectual Property Rights	clause 8.4.2
		X-IT Contract	clause 8.4.9
		X-Know-how	clause 8.4.5
		X-Licenses	clause 8.4.2
		X-Marks	clause 13.5
		X-Shares	clause 1.1.2
		X-Websites	clause 8.4.11

Verzeichnis der Anlagen	**Index of Schedules and Exhibits**
......	......

Präambel[4]

(A) Die Verkäuferin ist eine ...... mit Sitz in ...... Sie ist auf dem Gebiet ...... tätig. Bei der Käuferin handelt es sich um eine ...... Sie ist tätig im Bereich der ...... [Die Garantiegeberin ist ......]

(B) Die Verkäuferin beabsichtigt, sämtliche Geschäftsanteile an der X-GmbH an die Käuferin zu verkaufen. Die Käuferin beabsichtigt, diese Geschäftsanteile zu erwerben (die *Transaktion*).

[(C) Ggf. Struktur der Transaktion sowie weitere Absichten genau beschreiben.]

Recitals

(A) The Seller is a ...... and has its registered office in .... The Seller is engaged in the field of .... The Purchaser is a ...... and has its registered office in .... The Purchaser is engaged in the field of .... [The Guarantor is ......].

(B) The Seller intends to sell to the Purchaser the shares it holds in X-GmbH. The Purchaser intends to purchase these shares.

[(C) If applicable: detailed description of the transaction and other objectives]

(D) Ein Schaubild, in dem die Struktur der Transaktion dargestellt wird, findet sich in Anlage P.

Dies vorausgeschickt, vereinbaren die Parteien [und die Garantiegeberin], was folgt:

§ 1 Gesellschaftsrechtlicher Status[5]

1.1 X-GmbH

1.1.1 Die X-GmbH *(X-GmbH)* ist eine nach deutschem Recht errichtete Gesellschaft mit beschränkter Haftung mit Sitz in ...... und eingetragen im Handelsregister des Amtsgerichts ...... unter HRB ......

1.1.2 Das Stammkapital der X-GmbH beträgt ...... EUR (in Worten: ...... Euro) und ist in folgende Geschäftsanteile eingeteilt, die sämtlich von der Verkäuferin gehalten werden:

(a) ein Geschäftsanteil im Nennbetrag von ...... EUR (in Worten: ...... Euro), (lfd. Nr. ...... der im Handelsregister der Gesellschaft aufgenommenen Gesellschafterliste vom ......)[6],

(b) ein Geschäftsanteil im Nennbetrag von ...... EUR (in Worten: ...... Euro), (lfd. Nr. ...... der im Handelsregister der Gesellschaft aufgenommenen Gesellschafterliste vom ......),

(c) ......

[In der im Handelsregister der Gesellschaft aufgenommenen Liste der Gesellschafter ist die Verkäuferin als Inhaberin der Geschäftsanteile eingetragen. Ein Widerspruch ist der Liste nicht zugeordnet.][7]

Ohne Rücksicht darauf, ob Anzahl, Nennbeträge, laufende Nummerierung der Geschäftsanteile oder das Stammkapital der X-GmbH mit den vorstehenden Angaben übereinstimmen, wer-

[(D) The structure of the transaction is illustrated in a chart appended hereto as Exhibit D.]

NOW THEREFORE, the Parties [and the Guarantor] agree as follows:

1. Corporate Status

1.1 X-GmbH

1.1.1 X-GmbH *(X-GmbH)* is a limited liability company with registered offices in ......, which was organized under the laws of Germany and is recorded in the commercial register *(Handelsregister)* of the Lower Court *(Amtsgericht)* of ...... under registration no. HRB ......

1.1.2 The registered share capital *(Stammkapital)* of X-GmbH equals EUR ...... (...... euros) and is divided into the following shares, all of which are held by the Seller:

(a) one share with a par value *(Nennbetrag)* of EUR ...... (...... euros) (consecutive no. ...... of the shareholder list filed with the commercial register of X-GmbH dated ......);

(b) one share with a par value *(Nennbetrag)* of EUR ...... (...... euros) (consecutive no. ...... of the shareholder list filed with the commercial register of X-GmbH dated ......);

(c) ......

[In the shareholder list on file with the commercial register for X-GmbH, the Seller is recorded as the holder of the shares. No objection *(Widerspruch)* has been lodged against the list.]

In this Agreement, all shares which the Seller holds in X-GmbH are collectively referred to as the *X-Shares*, regardless of whether the number, nominal amounts and consecu-

den sämtliche Geschäftsanteile, die die Verkäuferin an der X-GmbH hält, in diesem Vertrag zusammen die *X-Geschäftsanteile* genannt.

1.2 Tochtergesellschaften[8]

Die X-GmbH hält direkt oder indirekt sämtliche Anteile an den Anlage 1.2 bezeichneten Gesellschaften (die *Tochtergesellschaften*).

1.3 Mehrheitsgesellschaften

Die X-GmbH hält bei den in Anlage 1.3 bezeichneten Gesellschaften (die *Mehrheitsgesellschaften*) direkt oder indirekt die Mehrheit der Stimmrechte oder übt in diesen Gesellschaften eine anderweitige Kontrolle im Sinne von § 290 Abs. 2 Ziff. 2 oder Abs. 3 HGB aus.

Die Tochtergesellschaften und die Mehrheitsgesellschaften werden zusammen mit der X-GmbH auch *X-Gesellschaften* oder *X-Gruppe* genannt.

1.4 Minderheitsbeteiligungen

Die X-GmbH ist außerdem mittelbar oder unmittelbar an den in Anlage 1.4 bezeichneten Gesellschaften (die *Minderheitsbeteiligungen*) beteiligt, ohne dass es sich um Tochtergesellschaften oder Mehrheitsgesellschaften handelt.

§ 2 Verkauf der X-Geschäftsanteile; Gewinnberechtigung; Stichtag

2.1 Verkauf der X-Geschäftsanteile

Die Verkäuferin verkauft hiermit nach Maßgabe der Bestimmungen dieses Vertrages die X-Geschäftsanteile an die Käuferin.[9] Die Käuferin nimmt den Verkauf hiermit an.

2.2 Gewinnbezugsrecht

Der Verkauf erstreckt sich auf alle mit den X-Geschäftsanteilen verbundenen Ansprüche und sonstigen Rechte einschließlich des Be-

tive numbering of the shares or the registered share capital of X-GmbH correspond to the aforementioned details.

1.2 Subsidiaries

X-GmbH holds, either directly or indirectly, all shares in the companies listed in Exhibit 1.2 (the *Subsidiaries*).

1.3 Majority Companies

X-GmbH holds, either directly or indirectly, the majority of the voting rights in, or otherwise controls within the meaning of sec. 290 para. 2 no. 2 or para. 3 of the German Commercial Code (*HGB*), the companies listed in Exhibit 1.3 (the *Majority Companies*).

The Subsidiaries and the Majority Companies, together with X-GmbH, are also collectively referred to as *X-Companies* or *X-Group*.

1.4 Minority Participations

Furthermore, X-GmbH also holds direct or indirect participations (the *Minority Participations*) in the companies listed in Exhibit 1.4, which do not qualify as Subsidiaries or Majority Companies.

2. Sale of the X-Shares; Right to Profits; Effective Date

2.1 Sale of the X-Shares; Right to Profits

The Seller hereby sells the X-Shares to the Purchaser upon the terms and conditions of this Agreement. The Purchaser hereby accepts such sale.

2.2 Right to receive Dividends

The sale of the X-Shares shall include any and all rights associated with, or otherwise pertaining to, the X-Shares, including

zugsrechts auf alle Gewinne der X-GmbH, die auf den Zeitraum ab dem Stichtag entfallen. Gewinne der X-GmbH, die auf den Zeitraum bis zum Stichtag entfallen, stehen der Verkäuferin zu.[10] Alle Gewinne der X-GmbH für vorhergehende Geschäftsjahre stehen der Verkäuferin ohne Rücksicht darauf zu, ob diese Gewinne vor oder am Vollzugstag an die Verkäuferin ausgeschüttet oder auf diese übertragen worden sind.

but not limited to the rights to receive profits of X-GmbH for the period commencing on the Effective Date. All profits of X-GmbH which are attributable to the period prior to the Effective Date, are for the account of the Seller, regardless of whether such profits have been distributed or transferred to the Seller on or before the Closing Date.

2.3 Stichtag

Stichtag für die Abgrenzung des Gewinnbezugsrechts und die Ermittlung des Kaufpreises ist 24:00 Uhr des Vollzugstages (§ 6.1.1) *(Stichtag)*[11].

2.3 Effective Date

The *Effective Date* for purposes of determining the right to receive profits and for calculating the Purchase Price shall be 12 midnight (24.00) on the Closing Date (clause 6.1.1).

2.4 Gesonderte Abtretung[12]

Die Parteien sind sich einig, dass die verkauften Geschäftsanteile nicht kraft dieses Vertrages dinglich übergehen, sondern gemäß § 6.5.1 (j) am Vollzugstag durch eine gesonderte, notariell zu beurkundende Abtretungsvereinbarung abgetreten werden.

2.4 Separate Assignment

The Parties are in agreement that title to the X-Shares shall pass not by means of this Agreement, but rather by way of a separate assignment agreement to be formally recorded (*beurkundet*) by a civil law notary in accordance with clause 6.5.1(j) on the Closing Date.

§ 3 Unternehmensverträge[13]

3.1 Bestehende Verträge

Die Verkäuferin, die X-GmbH, die Tochtergesellschaften und die Mehrheitsgesellschaften haben die folgenden Unternehmensverträge geschlossen:
(a) Beherrschungs- und Gewinnabführungsvertrag[14] zwischen der Verkäuferin und der X-GmbH vom ...... (der *EAV*);
(b) Beherrschungs- und Gewinnabführungsvertrag zwischen der X-GmbH und der ...... vom ......

3. Affiliation Agreements

3.1 Existing Contracts

The Seller, X-GmbH, the Subsidiaries and the Majority Companies have entered into the following affiliation agreements (*Unternehmensverträge*):
(a) Domination and Profit and Loss Pooling Agreement between the Seller and X-GmbH dated ...... (the DPLPA);
(b) Domination and Profit and Loss Pooling Agreement between X-GmbH and the ...... dated ......

3.2 Beendigung des EAV[15]

Nach § ...... des EAV kann dieser von jeder Vertragspartei aus wichtigem Grund gekündigt wer-

3.2 Termination of the DPLPA

According to clause ...... of the DPLPA, it can be terminated by either contracting party for good

den, wenn die Verkäuferin nicht mehr über die Kontrolle über die X-GmbH verfügt. Die Verkäuferin wird den EAV unter Berufung auf diese Klausel unmittelbar nach Übergang der X-Geschäftsanteile auf die Käuferin mit sofortiger Wirkung am Vollzugstag kündigen (§ 6.5.1(d)).[16] Die Parteien werden alles Erforderliche dafür tun, dass die Beendigung des EAV unverzüglich nach dem Vollzugstag in das zuständige Handelsregister eingetragen wird.

3.3 Verlustausgleich/Gewinnabführung bei Beendigung des EAV

3.3.1 Für die Ermittlung des Kaufpreises (§ 5.1) ist eine etwaige künftige Forderung der Verkäuferin gegen die X-GmbH aus dem EAV auf Gewinnabführung *(Gewinnabführungsforderung)* mit ihrem fiktiven Wert zum Stichtag (d.h. Gewinne der X-GmbH, die auf den Zeitraum bis zum Stichtag entfallen) als Finanzverbindlichkeit (§ 5.2.2) und eine etwaige künftige Verbindlichkeit der Verkäuferin gegenüber der X-GmbH zum Verlustausgleich *(Verlustausgleichsverbindlichkeit)* mit ihrem fiktiven Wert zum Stichtag (d.h. Verluste der X-GmbH, die auf den Zeitraum bis zum Stichtag entfallen) als Barmittel (§ 5.2.3) zu behandeln.[17, 18]

3.3.2 Die Verkäuferin verkauft hiermit eine etwaige künftige Gewinnabführungsforderung gegen die X-GmbH gegen Zahlung ihres Nennwerts im Zeitpunkt der Beendigung des EAV an die Käuferin. Die Abtretung erfolgt mit separater Abtretungsvereinbarung nach Maßgabe von § 6.5.1(i). Die Käuferin übernimmt eine etwaige künftige Verlustausgleichsverbindlichkeit der Verkäuferin gegenüber der X-GmbH

cause (*aus wichtigem Grund*) if the Seller no longer has control over X-GmbH. On the Closing Date, the Seller shall terminate the DPLPA by reference to said clause promptly after the transfer of the X-Shares to the Purchaser with immediate effect (clause 6.5.1(d)). The Parties shall do everything necessary to ensure that the termination of the DPLPA is recorded in the relevant commercial register without undue delay after the Closing Date.

3.3 Loss Indemnity/Transfer of Profit upon Termination of the DPLPA

3.3.1 For the calculation of the Purchase Price (clause 5.1), any future claim of the Seller against X-GmbH under the DPLPA for the transfer of profits (*Profit Transfer Receivable*) with its notional value as of the Effective Date (i.e., profits of X-GmbH apportioned to the period of time until the Effective Date) shall be treated as Financial Debt (clause 5.2.2) and any possible future liability of the Seller against X-GmbH for loss compensation (*Loss Compensation Obligation*) with its notional value as of the Effective Date (i.e., losses of X-GmbH apportioned to the period of time until the Effective Date) shall be treated as Cash (clause 5.2.3).

3.3.2 The Seller hereby sells any future Profit Transfer Receivable against X-GmbH to the Purchaser in return for payment of the nominal value thereof at the time of the termination of the DPLPA. The assignment shall be effected *via* a separate assignment agreement in accordance with clause 6.5.1(i). The Purchaser assumes any future Loss Compensation Obligation of the Seller *vis-à-vis* X-GmbH with debt-discharging effect (*mit*

schuldbefreiend anstelle der Verkäuferin gegen Zahlung ihres Nennwerts im Zeitpunkt der Beendigung des EAV durch die Verkäuferin. Die befreiende Schuldübernahme erfolgt mit separater Übernahmevereinbarung nach Maßgabe von § 6.5.1(i). Die Höhe des Nennwerts einer solchen Gewinnabführungsforderung oder Verlustausgleichsverbindlichkeit ist auf der Grundlage des Stichtags-Einzelabschlusses für die X-GmbH (§ 7.1.1(1)) zu bestimmen. Die Abwicklung der aus diesem § 3.3.2 folgenden Zahlungsverpflichtung erfolgt gemäß §§ 5.1(e), 5.2.5.[19, 20]

schuldbefreiender Wirkung) in place of the Seller in return for payment of the nominal value thereof at the time of the termination of the DPLPA. The assumption of debt with discharging effect shall be effected *via* a separate assumption agreement in accordance with clause 6.5.1(i). The amount of the nominal value of any such Profit Transfer Receivable or Loss Compensation Obligation shall be determined on the basis of the Individual Effective Date Accounts for X-GmbH (clause 7.1.1(1)). The settlement of the payment obligation arising under this clause 3.3.2 shall be carried out in accordance with clauses 5.1(e) and 5.2.5.

§ 4 Ablösung der Finanzierung[21]

4.1 X-Finanzierungsvereinbarungen

4.1.1 Am Unterzeichnungstag bestehen zwischen (i) der X-Treasury GmbH [Alternative: der Verkäuferin] einerseits und der X-GmbH andererseits sowie (ii) zwischen der der X-Treasury GmbH [Alternative: der Verkäuferin] einerseits und der X-Tochtergesellschaft andererseits die Cash-Pool-Vereinbarungen gemäß Anlage 4.1.1(a) sowie die in Anlage 4.1.1(b) aufgelisteten Gesellschafterdarlehen (zusammen die *X-Finanzierungsvereinbarungen*).[22] Verbindlichkeiten aus Lieferungen und Leistungen zwischen (i) der Verkäuferin oder anderen Gesellschaften (mit Ausnahme der X-Gesellschaften), die verbundene Unternehmen der Verkäuferin i. S. v. § 15 AktG sind (die Verkäuferin und die mit der Verkäuferin i. S. v. § 15 AktG verbundenen Unternehmen mit Ausnahme der X-Gruppe werden in diesem Vertrag zusammen auch als die *Verkäufer-Gruppe,* einzeln als *Verkäufer-Gesellschaft(en)* bezeichnet) einerseits

4. Repayment of the Financing

4.1 Financing Agreements

4.1.1 As of the Signing Date there exist between (i) X-Treasury GmbH [Alternative: the Seller], on the one side, and X-GmbH, on the other side as well as (ii) between X-Treasury GmbH [Alternative: the Seller], on the one side, and X-Subsidiary, on the other side, the cash-pooling agreements pursuant to Exhibit 4.1.1(a) as well as the shareholder loans listed in Exhibit 4.1.1(b) (collectively, the *Financing Agreements*). Trade payables between (i) the Seller or other companies (with the exception of the X-Companies) which are affiliates of the Seller within the meaning of sec. 15 of the German Stock Corporation Act (*Aktiengesetz – AktG*) (the Seller and the Seller's affiliates within the meaning of sec. 15 of the AktG with the exception of the X-Companies shall also be referred to in this Agreement as *Seller Company/ies*), on the one side, and (ii) one or more X-Companies, on the other side, are in no way (i.e. even if they

und (ii) einer oder mehreren X-Gesellschaften andererseits sind in keinem Fall, d. h. selbst wenn sie verzinslich sind, als Forderungen oder Verbindlichkeiten aus X-Finanzierungsvereinbarungen anzusehen, sondern sollen ausschließlich im ordentlichen Geschäftsgang abgelöst werden.

4.1.2 Die Verkäuferin wird dafür sorgen, dass die X-Finanzierungsvereinbarungen mit Wirkung zum Vollzugstag beendet werden.

4.2 Behandlung der Forderungen und Verbindlichkeiten aus X-Finanzierungsvereinbarungen im Rahmen der Kaufpreisermittlung
Für die Ermittlung des Kaufpreises (§ 5.1) sind die Verbindlichkeiten der X-Gesellschaften aus den X-Finanzierungsvereinbarungen (einschließlich aufgelaufener Zinsen) (die *Verkäufer-Finanzierungsforderungen*) mit ihrem Wert zum Stichtag als Finanzverbindlichkeiten (§ 5.2.2) und die Forderungen der X-Gesellschaften aus den X-Finanzierungsvereinbarungen (einschließlich aufgelaufener Zinsen) (die *Verkäufer-Finanzierungsverbindlichkeiten*) mit ihrem Wert zum Stichtag als Barmittel (§ 5.2.3) zu behandeln.[23]

4.3 Ablösung der Finanzierung zum Vollzugstag[24]

4.3.1 Zur Vorbereitung der Ablösung der Finanzierung zum Vollzugstag wird die Verkäuferin dafür sorgen, dass
(a) sämtliche am Vollzugstag bestehenden Verkäufer-Finanzierungsforderungen, sofern und soweit nicht die Verkäuferin bereits Gläubigerin ist, spätestens mit Wirkung zum Vollzugstag an die Verkäuferin abgetreten werden,
(b) sämtliche am Vollzugstag bestehenden Verkäufer-Finanzierungsverbindlichkei-

are interest-bearing) to be viewed as claims or liabilities under the Financing Agreements, but shall be solely redeemed in the ordinary course of business.

4.1.2 The Seller shall ensure that the Financing Agreements be terminated effective as of the Closing Date.

4.2 Handling of the Claims and Liabilities under Financing Agreements in the Context of Calculating the Purchase Price
For purposes of calculating the Purchase Price (clause 5.1), the liabilities of X-GmbH under the Financing Agreements (including accrued interest), valued as of the Effective Date (the *Seller's Financing Receivables*), must be treated as Financial Debt (clause 5.2.2) and the claims of X-GmbH under the Financing Agreements (including accrued interest) (the *Seller's Financing Liabilities*), valued as of the Effective Date, must be treated as Cash (clause 5.2.3).

4.3 Repayment of the Financing as of the Closing Date

4.3.1 In preparation for repayment of the financing on the Closing Date, the Seller shall ensure that
(a) all of the Seller's Financing Receivables existing on the Closing Date, if and to the extent that the Seller is not already the creditor, are assigned to the Seller effective no later than as of the Closing Date;
(b) all of the Seller's Financing Liabilities existing on the Closing Date, if and to the

ten, sofern und soweit nicht die Verkäuferin bereits Schuldnerin ist, spätestens mit Wirkung zum Vollzugstag schuldbefreiend von der Verkäuferin übernommen werden, und

(c) sämtliche am Vollzugstag bestehenden Verbindlichkeiten bzw. Forderungen der X-Tochtergesellschaft aus X-Finanzierungsvereinbarungen spätestens mit Wirkung zum Vollzugstag schuldbefreiend von der X-GmbH übernommen bzw. an die X-GmbH abgetreten werden.

Die Abtretungen und Schuldübernahmen gemäß lit. (a) bis (c) haben jeweils gegen Zahlung des Nennwerts der abgetretenen Forderung durch den Abtretungsempfänger an die abtretende Gesellschaft bzw. gegen Zahlung des Nennwerts der übernommenen Verbindlichkeit durch die übertragene Schuldnerin an die übernehmende Gesellschaft zu erfolgen.

4.3.2 Nach den Abtretungen und Schuldübernahmen gemäß § 4.3.1 sind die Verkäufer-Finanzierungsforderungen mit den Verkäuferfinanzierungsverbindlichkeiten in ihrer am Vollzugstag bestehenden Höhe mit Wirkung zum Vollzugstag zu verrechnen. Zuvor sind alle nicht in Euro ausgedrückten Verkäufer-Finanzierungsforderungen und/oder Verkäufer-Finanzierungsverbindlichkeiten unter Berücksichtigung des offiziell von der Europäischen Zentralbank für die betreffende Währung festgesetzten und auf ihrer Webseite unter www.ecb.int/stats/exchange/eurofxref/html/index.en.html zum Umrechnungszeitpunkt am Vollzugstag veröffentlichten Wechselkurses in Euro umzurechnen. Der durch die Verrech-

extent that the Seller is not already the debtor, are assumed, with debt-discharging effect, by the Seller effective no later than as of the Closing Date.

(c) all liabilities or claims of X-Subsidiaries under Financing Agreements existing on the Closing Date are assumed, with debt-discharging effect, by X-GmbH or assigned to X-GmbH effective no later than as of the Closing Date.

Each assignment of receivables and assumption of debt under (a) to (c) must be carried out in return for payment of the nominal value of the assigned receivable by the assignee to the assigning company, or in return for payment of the nominal value of the transferred liability by the transferring debtor to the assuming company.

4.3.2 After the assignment of receivables and assumption of debt pursuant to clause 4.3.1, the Seller's Financing Receivables must be set off (*aufgerechnet*) against the Seller's Financing Liabilities each in the amount thereof as of the Closing Date and effective as of the Closing Date. Beforehand, any Seller's Financing Receivables and/or Seller's Financing Liabilities not expressed in euros must be converted to euros using the official European Central Bank exchange rate set for the applicable currency and published on its website under www.ecb.int/stats/exchange/eurofxref/html/index.en.html as of the conversion time on the Closing Date. The balance accruing from the set-off shall be

	nung entstehende Saldo wird *Finanzierungssaldo* genannt.		referred to as the *Financing Account Balance*.
4.3.3	Die Verkäuferin verkauft hiermit eine durch die Verrechnung gemäß § 4.3.2 etwa entstehende Saldoforderung der Verkäuferin gegen die X-GmbH *(Finanzierungssaldo-Forderung)* gegen Zahlung des Nennwerts zum Vollzugstag an die Käuferin. Die Abtretung erfolgt mit separater Abtretungsvereinbarung nach Maßgabe von § 6.5.1(h). Die Käuferin übernimmt eine durch die Verrechnung gemäß § 4.3.2 etwa entstehende Saldoverbindlichkeit der Verkäuferin gegenüber der X-GmbH *(Finanzierungssaldo-Verbindlichkeit)* schuldbefreind anstelle der Verkäuferin gegen Zahlung des Nennwerts zum Vollzugstag durch die Verkäuferin. Die befreiende Schuldübernahme erfolgt mit separater Übernahmevereinbarung nach Maßgabe von § 6.5.1(h). Die Abwicklung der aus diesem § 4.3.3 folgenden Zahlungsverpflichtung erfolgt gemäß §§ 5.1(f), 5.6.	4.3.3	The Seller hereby sells to the Purchaser any balance claim of the Seller against X-GmbH accruing through the set-off under clause 4.3.2 (*Financing Account Balance Receivable*) in return for payment of the nominal value on the Closing Date. The assignment shall be effected via a separate assignment agreement pursuant to clause 6.5.1(h). The Purchaser assumes any balance liability of the Seller towards X-GmbH (*Financing Account Balance Liability*) pursuant to clause 4.3.2 with debt-discharging effect in place of the Seller in return for payment by the Seller of the nominal value on the Closing Date. The assumption of debt with discharging effect shall be effected via a separate assumption agreement pursuant to clause 6.5.1(h). The settlement of the payment obligation arising under this clause 4.3.3 shall be carried out pursuant to clauses 5.1(f) and 5.6.
4.3.4	Die Verkäuferin wird der Käuferin spätestens drei (3) Bankarbeitstage vor dem Geplanten Vollzugstag eine Aufstellung der geschätzten Verkäufer-Finanzierungsforderungen und Verkäufer-Finanzierungsverbindlichkeiten sowie des geschätzten Finanzierungssaldos *(Geschätzter Finanzierungssaldo)* zum Geplanten Vollzugstag (einschließlich) übermitteln.	4.3.4	No later than three (3) Business Days prior to the Scheduled Closing Date, the Seller shall forward to the Purchaser an itemization of the estimated Seller's Financing Claims and Seller's Financing Liabilities as well as the estimated Financing Account Balance (the *Estimated Financing Account Balance*) as of the Scheduled Closing Date (inclusively).

§ 5 Kaufpreis; Zahlung des Kaufpreises

5. Purchase Price; Payment of the Purchase Price

5.1	Kaufpreis[25]	5.1	Purchase Price
	Der Kaufpreis für (i) die X-Geschäftsanteile, (ii) die von der Käuferin gemäß § 3.3.2 zu übernehmende Gewinnabführungsforderung bzw. Verlustausgleichsverbindlichkeit sowie (iii)		The Purchase Price for (i) the X-Shares, (ii) the Profit Transfer Receivable or Loss Compensation Obligation to be assumed by the Purchaser pursuant to clause 3.3.2 and (iii) the Financing Ac-

die nach Maßgabe von § 4.3.1 zu ermittelnde und gemäß § 4.3.3 von der Käuferin zu übernehmende Finanzierungssaldo-Forderung bzw. Finanzierungssaldo-Verbindlichkeit ist gleich	count Balance Claim or the Financing Account Balance Liability to be determined in accordance with clause 4.3.1 and assumed by the Purchaser pursuant to clause 4.3.3 is equal to
(a) dem Betrag des Brutto-Unternehmenswerts (§ 5.2.1),	(a) the amount of the Gross Enterprise Value (clause 5.2.1),
(b) abzüglich der Summe der Finanzverbindlichkeiten (§ 5.2.2),	(b) less the aggregate of the Financial Debt (clause 5.2.2),
(c) zuzüglich der Summe der Barmittel (§ 5.2.3),	(c) plus the aggregate of the Cash (clause 5.2.3),
(d) abzüglich eines eventuellen Fehlbetrages bzw. zuzüglich eines eventuellen Überschusses beim Nettoumlaufvermögen (§ 5.2.4),	(d) less any possible shortfall or plus any possible surplus in Net Working Capital (clause 5.2.4),
(e) zuzüglich des Entgelts für den Verkauf einer eventuellen Gewinnabführungsforderung an die Käuferin bzw. abzüglich des Entgelts für die Übernahme einer eventuellen Verlustausgleichsverbindlichkeit durch die Käuferin (3.3.2)[26],	(e) plus the consideration for the sale of any possible Profit Transfer Receivable to the Purchaser or less the consideration for the assumption of any possible Loss Compensation Obligation by the Purchaser (clause 3.3.2),
(f) zuzüglich des Entgelts für den Verkauf einer eventuellen Finanzierungssaldo-Forderung an die Käuferin bzw. abzüglich des Entgelts für die Übernahme einer eventuellen Finanzierungssaldo-Verbindlichkeit durch die Käuferin zum Vollzugstag (§ 4.3.3)[27].	(f) plus the consideration for the sale of any possible Financing Account Balance Claim to the Purchaser or less the consideration for the assumption of any possible Financing Account Balance Liability by the Purchaser on the Closing Date (clause 4.3.3).
Der so ermittelte Betrag wird *Kaufpreis* genannt.	The amount thus determined is referred to as the *Purchase Price*.

5.2	Berechnung des Kaufpreises	5.2	Calculation of the Purchase Price
5.2.1	Der Brutto-Unternehmenswert beträgt ...... EUR (in Worten: ...... Euro)[28].	5.2.1	The gross enterprise value amounts to EUR ...... (...... euros) (the *Gross Enterprise Value*).
5.2.2	*Finanzverbindlichkeiten* sind[29,30] (a) Anleihen i. S. d. §§ 298 i. V. m. 266 Abs. 3 lit. C Nr. 1 HGB und Verbindlichkeiten aus Gewinn-, Wandel-, Options- und sonstigen Schuldverschreibungen sowie Genussscheine jeder Art;	5.2.2	*Financial Debt* means (a) bonds (*Anleihen*) within the meaning of sec. 298 para. 1 in conjunction with sec. 266 para. 3 C. no. 1 of the HGB and liabilities from profit-related, convertible, warrant-linked and other debt securities (*Verbindlichkeiten aus Gewinn-, Wandel-, Op-

(b) Verbindlichkeiten gegenüber Kreditinstituten i. S. d. §§ 298 i. V. m. 266 Abs. 3 lit. C Nr. 2 HGB;

(c) Wechselverbindlichkeiten i. S. d. §§ 298 i. V. m. 266 Abs. 3 lit. C Nr. 5 HGB mit Ausnahme von Verbindlichkeiten aus Lieferungen und Leistungen;

(d) Verbindlichkeiten gegenüber verbundenen Unternehmen i. S. d. §§ 298 i. V. m. 266 Abs. 3 lit. C Nr. 6 HGB, die keine X-Gesellschaften sind, mit Ausnahme von Verbindlichkeiten aus Lieferungen und Leistungen;[31]

(e) Verbindlichkeiten gegenüber Unternehmen, mit denen ein Beteiligungsverhältnis besteht i. S. d. §§ 298 i. V. m. 266 Abs. 3 lit. C Nr. 7 HGB, mit Ausnahme von Verbindlichkeiten aus Lieferungen und Leistungen;[32]

(f) sonstige Verbindlichkeiten i. S. d. §§ 298 i. V. m. 266 Abs. 3 lit. C Nr. 8 HGB;

(g) Leasingverbindlichkeiten, die nach den gemäß § 7.2 anzuwendenden Bilanzierungsgrundsätzen bei den in den Konsolidierten Stichtagsabschluss einbezogenen Gesellschaften zu passivieren sind, in Höhe ihres Barwertes zum

tions- und sonstigen Schuldverschreibungen) and profit participation certificates of any kind (Genussscheine jeder Art);

(b) liabilities to financial institutions (Verbindlichkeiten gegenüber Kreditinstituten) within the meaning of sec. 298 in conjunction with sec. 266 para. 3 C. no. 2 of the HGB;

(c) liabilities relating to bills of exchange (Wechselverbindlichkeiten) within the meaning of sec. 298 in conjunction with sec. 266 para. 3 C. no. 5 of the HGB, with the exception of trade payables;

(d) liabilities to affiliated companies (Verbindlichkeiten gegenüber verbundenen Unternehmen) within the meaning of sec. 298 in conjunction with sec. 266 para. 3 C. no. 6 of the HGB, which are not X-Companies, with the exception of trade payables;

(e) liabilities to enterprises with which a participation relationship exists (Verbindlichkeiten gegenüber Unternehmen, mit denen ein Beteiligungsverhältnis besteht) within the meaning of sec. 298 in conjunction with sec. 266 para. 3 C. no. 7 of the HGB, with the exception of trade payables;

(f) other liabilities (sonstige Verbindlichkeiten) within the meaning of sec. 298 in conjunction with sec. 266 para. 3 C. no. 8 of the HGB;

(g) leasing liabilities (Leasingverbindlichkeiten) which, in accordance with the accounting principles to be used as per clause 7.2, must be entered as a liability for the companies included in the Consolidated Effective Date

Stichtag, soweit sie nicht bereits in den vorstehenden Positionen (a) bis (f) erfasst sind;[32]

(h) Anschaffungs- oder Herstellungskosten aller Vermögensgegenstände des Anlagevermögens der in den Konsolidierten Stichtagsabschluss einbezogenen Gesellschaften, soweit diese Kosten von diesen Gesellschaften nach dem Stichtag noch zu zahlen und nicht bereits in den vorstehenden Positionen (a) bis (g) erfasst sind;

(i) alle zum Stichtag aufgelaufenen, aber noch nicht bezahlten Zinsen und Gebühren sowie alle Verbindlichkeiten aus Vorfälligkeitsentschädigungen oder sonstigen Schadensersatzansprüchen oder Vertragsstrafen im Zusammenhang mit den in (a) bis (h) genannten Positionen, soweit sie dort noch nicht erfasst sind;

(j) eine etwaige künftige Gewinnabführungsforderung (§ 3.3.1), soweit sie nicht bereits unter einer der (a) bis (i) genannten Positionen erfasst ist;[33]

(k) alle Verkäufer-Finanzierungsforderungen (§ 4.2), soweit sie nicht bereits unter einer der (a) bis (j) genannten Positionen erfasst sind;[34]

(l) Rückstellungen für Steuern (§ 11.1.1);

(m) Positionen – über die in (a) bis (l) genannten Positionen hinaus –, die wirtschaftlich einer Verbindlichkeit aus einer Darlehensaufnahme oder einer sonstigen Finanzierungsform gleichkommen.[35]

5.2.3 *Barmittel* sind:[36]
(a) Kassenbestand, Bundesbankguthaben, Guthaben bei

Accounts, in the amount of the cash value thereof as of the Effective Date, unless they are already covered by items (a) to (f) above;

(h) acquisition or construction costs (*Anschaffungs- oder Herstellungskosten*) of all fixed assets of the companies included in the Consolidated Effective Date Accounts, where such costs are still payable by these companies after the Effective Date and are not already covered by items (a) to (g) above;

(i) all interest and fees accrued but not yet paid as of the Effective Date as well as all prepayment penalties or other damages or contract penalties in connection with the items specified in items (a) to (h) above to the extent not covered therein;

(j) any possible future Profit Transfer Receivable (clause 3.3.1), unless it is already covered by any of the items specified in (a) to (i) above;

(k) all of the Seller's Financing Receivables (clause 4.2), unless they are already covered by any of the items specified in (a) to (j) above;

(l) provisions for Taxes (clause 11.1.1);

(m) any liability or payment obligation other than those referred to under items (a) to (l) above having the same commercial effect as a borrowing or other form of financing.

5.2.3 *Cash* means:
(a) cash balances, Bundesbank balances, bank balances and

Kreditinstituten und Schecks i. S. d. §§ 298 i. V. m. 266 Abs. 2 lit. B IV HGB;

(b) sonstige Wertpapiere i. S. d. §§ 298 i. V. m. 266 Abs. 2 lit. B III Nr. 3 HGB;

(c) eine etwaige künftige Verlustausgleichsverbindlichkeit (§ 3.3.1);[37]

(d) alle Verkäufer-Finanzierungsverbindlichkeiten (§ 4.2) soweit sie nicht bereits unter einer der (a) bis 5.2.3(c) genannten Positionen erfasst sind.[38]

5.2.4 Der gemäß § 5.1(d) abzuziehende Fehlbetrag ist der Differenzbetrag, um den das Nettoumlaufvermögen den Betrag von ...... EUR (in Worten: ...... Euro) unterschreitet. Der gemäß § 5.1(d) hinzuzurechnende Überschussbetrag ist der Differenzbetrag, um den das Nettoumlaufvermögen den Betrag von ...... EUR (in Worten: ...... Euro) überschreitet.[39] *Nettoumlaufvermögen* bedeutet:

(a) die Summe aus

(i) Vorräten i. S. d. §§ 298 i. V. m. 266 Abs. 2 lit. B I HGB und Forderungen aus Lieferungen und Leistungen i. S. d. §§ 298 i. V. m. 266 Abs. 2 lit. B II Nr. 1 HGB,

(ii) Forderungen aus Lieferungen und Leistungen gegen verbundene Unternehmen i. S. d. §§ 298 i. V. m. 266 Abs. 2 lit. B II Nr. 2 HGB, die keine Gesellschaften sind, und[40]

checks within the meaning of sec. 298 in conjunction with sec. 266 para. 2 B. IV. of the HGB;

(b) other securities within the meaning of sec. 298 in conjunction with sec. 266 para. 2 B. III. no. 3 of the HGB;

(c) any possible future Loss Compensation Obligation (clause 3.3.1);

(d) all Seller's Financing Receivables (clause 4.2) unless they are already covered by the items specified in (a) to (c) above.

5.2.4 The shortfall to be deducted pursuant to clause 5.1(d) is the amount by which the Net Working Capital falls short of EUR ...... (...... euros). The surplus amount to be added pursuant to clause 5.1(d) is the amount by which the Net Working Capital exceeds EUR ...... (...... euros). *Net Working Capital* means:

(a) the aggregate amount of

(i) inventories (*Vorräte*) within the meaning of sec. 298 in conjunction with sec. 266 para. 2 B. I. of the HGB and trade receivables (*Forderungen aus Lieferungen un*d *Leistungen*) within the meaning of sec. 298 in conjunction with sec. 266 para. 2 B. II. no. 1 of the HGB,

(ii) trade receivables due from affiliated enterprises within the meaning of sec. 298 in conjunction with sec. 266 para. 2 B. II. no. 2 of the HGB which are not X-Companies, and

(iii) Forderungen aus Lieferungen und Leistungen gegen Unternehmen, mit denen ein Beteiligungsverhältnis besteht, i. S. d. §§ 298 i. V. m. 266 Abs. 2 lit. B II Nr. 3 HGB,

abzüglich
(b) der Summe von
  (i) erhaltenen Anzahlungen auf Bestellungen i. S. d. §§ 298 i. V. m. 266 Abs. 3 lit. C Nr. 3 HGB,

  (ii) Verbindlichkeiten aus Lieferungen und Leistungen i. S. d. §§ 298 i. V. m. 266 Abs. 3 lit. C Nr. 4 HGB,

  (iii) Verbindlichkeiten aus Lieferungen und Leistungen gegenüber verbundenen Unternehmen i. S. d. §§ 298 i. V. m. 266 Abs. 3 lit. C Nr. 6 HGB, die keine Gesellschaften sind,[41] und

  (iv) Verbindlichkeiten aus Lieferungen und Leistungen gegenüber Unternehmen, mit denen ein Beteiligungsverhältnis besteht i. S. d. §§ 298 i. V. m. 266 Abs. 3 lit. C Nr. 7 HGB.

5.2.5 Das gemäß § 5.1(e) hinzuzurechnende Entgelt ist gleich dem Nennwert einer etwa bei Beendigung des EAV zum Vollzugstag entstehenden Gewinnabführungsforderung (§ 3.3.2). Das gemäß § 5.1(e) abzuziehende Entgelt ist gleich dem Nennwert einer etwa bei Beendigung des EAV zum Vollzugstag entstehen-

(iii) trade receivables due from enterprises with which a participation relationship exists within the meaning of sec. 298 in conjunction with sec. 266 para. 2 B. II. no. 3 of the HGB;

less
(b) the aggregate amount of
  (i) advance payments received on orders (*erhaltene Anzahlungen auf Bestellungen*) within the meaning of sec. 298 in conjunction with sec. 266 para. 3 C. no. 3 of the HGB,

  (ii) trade payables (*Verbindlichkeiten aus Lieferungen und Leistungen*) within the meaning of sec. 298 in conjunction with sec. 266 para. 3 C. no. 4 of the HGB,

  (iii) trade payables owing to affiliated enterprises within the meaning of sec. 298 in conjunction with sec. 266 para. 3 C. no. 6 of the HGB which are not X-Companies, and

  (iv) trade payables owing to enterprises with which a participation relationship exists within the meaning of sec. 298 in conjunction with sec. 266 para. 3 C. no. 7 of the HGB.

5.2.5 The amount to be added pursuant to clause 5.1(e) is equal to the nominal value of any possible Profit Transfer Receivable (clause 3.3.2) accruing upon the termination of the DPLPA on the Closing Date. The amount to be deducted pursuant to clause 5.1(e) is equal to the nominal value of any possible Loss Com-

	den Verlustausgleichsverbindlichkeit (§ 3.3.2).[42]		pensation Obligation (clause 3.3.2) accruing upon the termination of the DPLPA on the Closing Date.
5.2.6	Das gemäß § 5.1(f) hinzuzurechnende Entgelt ist gleich dem Nennwert einer eventuellen Finanzierungssaldo-Forderung (§ 4.3.3) zum Vollzugtag. Das gemäß § 5.1(f) abzuziehende Entgelt ist gleich dem Nennwert einer eventuellen Finanzierungssaldo-Verbindlichkeit (§ 4.3.3) zum Vollzugtag.[43]	5.2.6	The amount to be added pursuant to clause 5.1(f) is equal to the nominal value of any possible Financing Account Balance Receivable (clause 4.3.3) on the Closing Date. The amount to be deducted pursuant to clause 5.1(f) is equal to the nominal value of any possible Financing Account Balance Liability (clause 4.3.3) on the Closing Date.
5.2.7	Die in §§ 5.2.2 bis 5.2.4 bezeichneten Positionen sind jeweils mit den Beträgen anzusetzen, mit denen sie im Konsolidierten Stichtagsabschluss ausgewiesen sind; jedoch sind für die Berechnung des Kaufpreises (einschließlich der Berechnung des Nettoumlaufvermögens) die Finanzverbindlichkeiten, Barmittel und Positionen gemäß § 5.2.4, soweit sie die Tochter- oder Mehrheitsgesellschaften betreffen, nur anteilig entsprechend der [unmittelbaren] Beteiligung der X-GmbH an der betreffenden Gesellschaft zu berücksichtigen.[44]	5.2.7	The items described in clauses 5.2.2 to 5.2.4 must each be set at the amounts with which they are shown in the Consolidated Effective Date Accounts; however, for the calculation of the Purchase Price, the Financial Debt, Cash and items under clause 5.2.4, insofar as they concern Subsidiaries or Majority Companies, are only to be taken into account *pro rata* based on the [direct] participation of X-GmbH in the relevant company.
5.3	Geschätzter Kaufpreis; Zahlung des Geschätzten Kaufpreises	5.3	Estimated Purchase Price; Payment of the Estimated Purchase Price
5.3.1	Die Parteien schätzen die Finanzverbindlichkeiten, die Barmittel, das Nettoumlaufvermögen, die Gewinnabführungsforderung bzw. Verlustausgleichsverbindlichkeit sowie den Finanzierungssaldo per Stichtag übereinstimmend jeweils auf die in Anlage 5.3.1 bezeichneten Werte und darauf basierend den Kaufpreis auf ...... EUR (in Worten: ...... Euro). Die Verkäuferin wird der Käuferin spätestens zehn (10) Bankarbeitstage vor dem Geplanten Vollzugtag oder, wenn der Geplante Vollzugtag kurzfristi-	5.3.1	The Parties consistently assess the Financial Debt, the Cash, the Net Working Capital, the Profit Transfer Receivable or Loss Compensation Obligation and the Financing Account Balance per Effective Date each at the values set forth in Exhibit 5.3.1 and, based thereon, the Purchase Price at EUR ...... (...... euros). No later than ten (10) Business Days prior to the Scheduled Closing Date or, if the Scheduled Closing Date is set within a shorter timeframe, without undue delay after the specification

	ger feststeht, unverzüglich nach Festlegung des Geplanten Vollzugstages, eine aktualisierte Schätzung des Kaufpreises unter Benennung der geschätzten Finanzverbindlichkeiten und Barmittel, des geschätzten Nettoumlaufvermögens, der geschätzten Gewinnabführungsforderung bzw. Verlustausgleichsverbindlichkeit sowie des geschätzten Finanzierungssaldos zum Stichtag übermitteln.[45] Der gemäß Satz 1 und Satz 2 dieses § 5.3.1 geschätzte Kaufpreis wird *Geschätzter Kaufpreis* genannt.		of the Scheduled Closing Date, the Seller shall forward to the Purchaser an updated assessment of the Purchase Price under specification of the estimated Financial Debt and Cash, the estimated Net Working Capital, the estimated Profit Transfer Receivable or Loss Compensation Obligation as well as the estimated Financing Account Balance as of the Effective Date. The Purchase Price estimated pursuant to sentence 1 and 2 of this clause 5.3.1 shall be referred to as the *Estimated Purchase Price*.
5.3.2	Der Geschätzte Kaufpreis ist am Geplanten Vollzugstag nach Maßgabe von §§ 5.7.1 und 6.5.1 (k) zu zahlen.	5.3.2	The Estimated Purchase Price is to be paid on the Scheduled Closing Date in accordance with clauses 5.7.1 and 6.5.1(k).
5.4	Kaufpreisanpassung	5.4	Purchase Price Adjustment
5.4.1	Für den Fall, dass der endgültige, gemäß § 7 ermittelte Kaufpreis den Geschätzten Kaufpreis (i) übersteigt oder (ii) unterschreitet, ist der Differenzbetrag (die *Kaufpreisanpassung*) binnen zehn (10) Bankarbeitstagen, nachdem die Vorläufigen Berechnungen (§ 7.1.2) verbindlich geworden sind, im Fall (i) von der Käuferin und im Fall (ii) von der Verkäuferin an die jeweils andere Partei zu zahlen.	5.4.1	In the event that the final Purchase Price determined pursuant to clause 7 (i) exceeds or (ii) falls short of the Estimated Purchase Price, then the difference (the *Purchase Price Adjustment*) must be paid within ten (10) Business Days after the Preliminary Calculations (clause 7.1.2) become binding, in the event of (i) by the Purchaser and in the event of (ii) by the Seller to the respective other Party.
5.4.2	Vor Verbindlichwerden der Vorläufigen Berechnungen sind die Parteien zur Zahlung von Abschlägen auf die Kaufpreisanpassung innerhalb von zehn (10) Bankarbeitstagen verpflichtet, sobald und soweit ihre Verpflichtung zur Zahlung einer Kaufpreisanpassung auch in Ansehung etwaiger Einwände gemäß § 7.5 unstreitig ist.	5.4.2	Prior to the Preliminary Calculations becoming binding, the Parties shall be obligated to make advance payments on the Purchase Price Adjustment within ten (10) business days, as soon as and to the extent that their obligation to pay a Purchase Price Adjustment is undisputed, also in view of any objections pursuant to clause 7.5.
5.5	Verzinsung	5.5	Interest
	Der Geschätzte Kaufpreis und eine etwaige Kaufpreisanpassung sind jeweils ab dem Stichtag bis einschließlich zum Tag ihrer Zahlung mit dem in		The Estimated Purchase Price and any possible Purchase Price Adjustment shall each be charged interest for the period beginning on the day following the Effective

	§ 23.4 genannten Zinssatz zu verzinsen.			Date up to and including the date of their payment at the interest rate specified in clause 23.4.
5.6	Zahlungsmodalitäten[46]		5.6	Payment Procedures
5.6.1	Zahlungen der Käuferin an die Verkäuferin aufgrund dieses Vertrages hat die Käuferin, soweit dieser Vertrag nichts Abweichendes bestimmt, in Euro per Überweisung mit gleichtägiger Gutschrift frei von Kosten und Gebühren auf das folgende Konto der Verkäuferin *(Verkäuferkonto)* zu leisten: Konto Nr. ...... bei ...... IBAN: ...... BLZ: ...... SWIFT-ID:		5.6.1	Payments by the Purchaser to the Seller based on this Agreement must, except as otherwise provided in this Agreement, be paid by the Purchaser in euros via bank transfer, free of charges and fees, with same day value to the following account of the Seller *(Seller's Account)*: Account No. ...... at ...... IBAN: ...... Bank Code: ...... SWIFT ID: ......
5.6.2	Zahlungen der Verkäuferin an die Käuferin aufgrund dieses Vertrages hat die Verkäuferin, soweit dieser Vertrag nichts Abweichendes bestimmt, in Euro per Überweisung mit gleichtägiger Gutschrift frei von Kosten und Gebühren auf das folgende Konto der Käuferin *(Käuferkonto)* zu leisten: Konto Nr. ...... bei ...... IBAN: ...... BLZ: ...... SWIFT-ID:		5.6.2	Payments by the Seller to the Purchaser based on this Agreement must, except as otherwise provided in this Agreement, be paid by the Seller in euros via bank transfer, free of charges and fees, with same day value to the following account of the Purchaser *(Purchaser's Account)*: Account No. ...... at ...... IBAN: ...... Bank Code: ...... SWIFT ID: ......
5.7	Zahlung des Kaufpreises		5.7	Payment of the Purchase Price
5.7.1	Am Geplanten Vollzugstag ist der Geschätzte Kaufpreis nach Maßgabe von § 6.5.1(k) wie folgt fällig und zahlbar: (a) ...... EUR (in Worten: ...... Euro) auf das Verkäuferkonto; (b) ...... EUR (in Worten: ...... Euro) auf das in der Treuhandvereinbarung gemäß Anlage 5.8.6 bezeichnete Treuhandkonto. Der auf das Treuhandkonto gezahlte Teil des Geschätzten Kaufpreises wird *Sicherheitseinbehalt* genannt.		5.7.1	On the Scheduled Closing Date, the Estimated Purchase Price is due and payable as follows in accordance with clauses 5.7 and 6.5.1(k): (a) EUR ...... (...... euros) to the Seller's Account; (b) EUR ...... (...... euros) to the escrow account (the *Escrow Account*) described in the Escrow Agreement pursuant to Exhibit 5.8.6. The portion of the Estimated Purchase Price paid into the escrow account shall be referred to as the *Security Deposit*.
5.7.2	Mit dem Eingang der genannten Zahlungen auf den genannten		5.7.2	Upon receipt of the above payments to the specified accounts,

Konten hat die Käuferin ihre Verpflichtung zur Leistung dieser Zahlungen an die Verkäuferin erfüllt.

the Purchaser shall have met its obligation to make these payments to the Seller.

5.8 Treuhandkonto; Auszahlung[47]

5.8 Escrow Account; Disbursement

5.8.1 Die Parteien werden dafür sorgen, dass das Treuhandkonto von der ......-Bank als Bankeigenkonto geführt wird.[48] Alle Kosten für das Treuhandkonto werden diesem belastet. Auf dem Treuhandkonto anfallende Zinsen – abzüglich etwaiger Quellensteuer – werden dem Treuhandkonto gutgeschrieben.

5.8.1 The Parties shall ensure that the Escrow Account is administered by ...... Bank as the bank's own account. All costs of the Escrow Account shall be debited to the Escrow Account. Any interest accruing to the Escrow Account – minus any withholding tax (*Quellensteuer*) – shall be credited to the Escrow Account.

5.8.2 Der Sicherheitseinbehalt ist wie folgt anzulegen: ......

5.8.2 The Security Deposit shall be placed as follows: ......

5.8.3 Der Sicherheitseinbehalt verbleibt für die Dauer von ...... (......) Monaten ab dem Vollzugstag *(Treuhandfrist)* auf dem Treuhandkonto. Nach Ablauf der Treuhandfrist haben die Parteien, soweit nicht nachfolgend anders bestimmt, durch gemeinsame schriftliche Erklärung den Treuhänder anzuweisen, den Sicherheitseinbehalt (abzüglich Kosten und zuzüglich Zinsen gemäß § 5.8.1) an die Verkäuferin auszukehren.

5.8.3 The Security Deposit shall remain in the Escrow Account for a period of ...... (......) months from the Closing Date (the *Escrow Period*). After the expiration of the Escrow Period, the Parties, except as otherwise provided hereinafter, must, through joint written declaration to the Escrow Agent, instruct the latter to pay out the Security Deposit (minus costs and plus interest pursuant to clause 5.8.1) to the Seller.

5.8.4 Die Käuferin ist zur Anweisung gemäß § 5.8.3 nicht verpflichtet,

5.8.4 The Purchaser is not obligated to give the instructions pursuant to clause 5.8.3,

(a) wenn und soweit die Käuferin der Verkäuferin vor Ablauf der Treuhandfrist durch schriftliche Erklärung gemäß § 22 angezeigt hat, dass sie einen Anspruch gegen die Verkäuferin aus diesem Vertrag geltend macht, und,

(a) if and to the extent to which it has notified the Seller prior to the expiration of the Escrow Period by written declaration pursuant to clause 22 that it is asserting a claim against the Seller under this Agreement, and,

(b) soweit die Verkäuferin den geltend gemachten Anspruch nicht anerkennt, wenn und soweit die Käuferin binnen einer Frist von ...... (......) Monaten ab dem Zugang der Anzeige bei der Verkäuferin [das schiedsgerichtliche] Verfahren gemäß § 23.2 eingelei-

(b) if the Seller does not acknowledge the asserted claim, then if and to the extent to which the Purchaser has instituted [arbitration proceedings pursuant to clause 23.2.] [legal proceedings pursuant to clause 23.2.] within a deadline of ......

	tet hat [Klage gemäß § 23.2 erhoben hat].		(......) months after receipt of the notice by the Seller.
5.8.5	Wenn und soweit ein von der Käuferin angezeigter Anspruch von der Verkäuferin anerkannt oder der Käuferin von einem zuständigen Gericht [bzw. Schiedsgericht] rechtskräftig zugesprochen worden ist, haben die Parteien durch gemeinsame schriftliche Erklärung den Treuhänder anzuweisen, einen entsprechenden Betrag vom Sicherheitseinbehalt (abzüglich Kosten und zuzüglich Zinsen gemäß § 5.8.1) an die Käuferin auszukehren. Soweit ein zuständiges Gericht [bzw. Schiedsgericht] rechtskräftig entschieden hat, dass der Käuferin ein von ihr angezeigter Anspruch nicht zusteht, haben die Parteien durch gemeinsame schriftliche Erklärung den Treuhänder anzuweisen, den entsprechenden Betrag vom Sicherheitseinbehalt an die Verkäuferin auszukehren, es sei denn, die Käuferin kann die Anweisung unter Berufung auf § 5.8.4 wegen eines anderen, von ihr angezeigten Anspruches verweigern.	5.8.5	If and to the extent to which any claim notified by the Purchaser is acknowledged by the Seller or is awarded by a competent court (or, as the case may be, arbitral tribunal) without further recourse (*rechtskräftig*), then the Parties shall instruct the Escrow Agent, through joint written declaration, to pay out a corresponding amount from the Security Deposit (minus costs and plus interest pursuant to clause 5.8.1) to the Purchaser. If a competent court (or, as the case may be, arbitral tribunal) decides without further recourse that the Purchaser is not entitled to the claim notified by it, then the parties shall, instruct the Escrow Agent by joint written declaration, to pay out the corresponding amount from the Security Deposit to the Seller, unless, the Purchaser can refuse to make such instruction under reference to clause 5.8.4 for any other claim it provides notice of.
5.8.6	Die Parteien haben dafür zu sorgen, dass die Bestimmungen dieses § 5.8 in einer Treuhandvereinbarung *(Treuhandvereinbarung)* mit der ......-Bank *(Treuhänder)* umgesetzt werden; die Treuhandvereinbarung hat dem als Anlage 5.8.6 beigefügten Entwurf zu entsprechen. Sie haben die Treuhandvereinbarung spätestens am Vollzugstag abzuschließen. Die Unterschrift des Treuhänders ist von der Verkäuferin einzuholen. Die Parteien haben gemeinsame Anweisungen an den Treuhänder, zu deren Erteilung sie gemäß diesem § 5.8 und nach der Treuhandvereinbarung verpflichtet sind, unverzüglich zu erteilen.	5.8.6	The Parties shall ensure that the provisions of this clause 5.8 shall be implemented in an escrow agreement (the *Escrow Agreement*) with ...... Bank (the *Escrow Agent*); the Escrow Agreement shall be in the form of the draft enclosed in Exhibit 5.8.6. The Escrow Agreement must be concluded by the Closing Date at the latest. The Escrow Agent's signature must be obtained by the Seller. The Parties must issue any joint instructions to the Escrow Agent which they have to issue pursuant to this clause 5.8 or under the Escrow Agreement without undue delay.
5.9	Umsatzsteuer[49]	5.9	Value Added Tax
	Die Parteien gehen übereinstimmend davon aus, dass für die in		The Parties both assume that no value-added tax (or comparable

diesem Vertrag vorgesehene Transaktion keine Umsatzsteuer (oder vergleichbare ausländische Steuer) anfällt. Für den Fall, dass die zuständige Finanzbehörde anderer Auffassung sein sollte, so umfasst der Kaufpreis auch die gesetzliche Umsatzsteuer sowie etwaige diesbezügliche Zinsen (sofern und soweit diese nach dem auf diese Steuer anwendbaren Recht anfallen).

foreign tax) shall accrue for the transaction provided for in this Agreement. In the event that the competent fiscal authorities are of a different opinion, then the Purchase Price shall also include the statutory value-added tax as well as any possible associated interest (if and to the extent to which interest accrues on this tax under the applicable law).

§ 6 Vollzug

6.1 Vollzugstag; Geplanter Vollzugstag

6.1.1 Die Parteien verpflichten sich, die in diesem Vertrag vereinbarten Rechtsgeschäfte am letzten Tag des Monats, in dem die letzte der in § 6.2 genannten Vollzugsvoraussetzungen eintritt, bzw., wenn dieser Tag kein Bankarbeitstag ist, am ersten darauf folgenden Bankarbeitstag, dinglich zu vollziehen und zu diesem Zweck die in § 6.5 vorgesehenen Vollzugshandlungen vorzunehmen (zusammen der *Vollzug*). Tritt die letzte der in § 6.2 genannten Vollzugsvoraussetzungen am letzten Tag eines Monats oder an einem der drei (3) vorangehenden Tage ein, hat die Käuferin das Recht, durch schriftliche Erklärung gegenüber der Verkäuferin den Vollzug auf den letzten Tag des Folgemonats zu verschieben.[50] Der Tag, an dem der Vollzug stattfinden soll, wird als *Geplanter Vollzugstag* bezeichnet. Der Tag, an dem der Vollzug tatsächlich stattfindet, wird als *Vollzugstag* bezeichnet.

6.1.2 Der Vollzug wird in den Räumen von ...... in ...... um ...... (......) Uhr MEZ stattfinden, soweit sich die Parteien nicht auf einen anderen Ort und/oder eine abweichende Zeit einigen.

6.2 Vollzugsvoraussetzungen

6.2.1 Die Parteien sind zum Vollzug erst verpflichtet, wenn sämtliche

6. Closing

6.1 Closing Date; Scheduled Closing Date

6.1.1 The Parties shall consummate *in rem* the legal transactions agreed upon in this Agreement and perform the closing actions set forth in clause 6.5 (collectively referred to as the *Closing*) on the first day of month following the month in which the last of the Closing Conditions as specified in clause 6.2 occurs, or, if this day is not a Business Day, then on the next subsequent Business Day. If the last Closing Condition occurs on the last day of any month or on any of the three (3) preceding days, then the Purchaser shall have the right, by written declaration to the Seller, to postpone the Closing to the last day of the following month. The day on which the Closing is supposed to take place shall be referred to as the *Scheduled Closing Date*. The day on which the Closing actually takes place shall be referred to as the *Closing Date*.

6.1.2 The Closing shall take place at the offices of ...... in ...... at ...... (......) CET, unless the Parties agree on a different location and/or different time.

6.2 Closing Conditions

6.2.1 The Parties are not obligated to carry out the Closing until all of

der in den § 6.2.2 bis § ...... genannten Vollzugsvoraussetzungen (die *Vollzugsvoraussetzungen*)[51] eingetreten sind und die Parteien hiervon Kenntnis erlangt haben.

6.2.2 Die fusionskontrollrechtliche Freigabe *(Kartellfeigabe)* der Transaktion ist erfolgt.[52]

Variante bei Zuständigkeit der Europäischen Kommission:[53]

(a) Soweit das Zusammenschlussvorhaben gemeinschaftsweite Bedeutung im Sinne der Verordnung (EG) Nr. 139/2004 über die Kontrolle von Unternehmenszusammenschlüssen vom 20. 1. 2004 (EG-Fusionskontrollverordnung – FKVO) hat, gilt die Freigabe für Zwecke dieses Vertrages nur als erfolgt,[54] [Alternative: Die Europäische Kommission hat den Erwerb der X-Geschäftsanteile durch die Käuferin freigegeben. Diese Bedingung gilt als eingetreten,][55] wenn

(i) die Europäische Kommission erklärt hat, dass das Zusammenschlussvorhaben mit dem Gemeinsamen Markt gemäß Art. 6 Abs. 1 lit. b oder Art. 8 Abs. 1 oder 2 FKVO vereinbar ist; oder

(ii) das Zusammenschlussvorhaben gemäß Art. 10 Abs. 6 FKVO als mit dem Gemeinsamen Markt vereinbar gilt, weil die Europäische Kommission (x) innerhalb der Frist des Art. 10 Abs. 1 keine Entscheidung nach Art. 6 Abs. 1 FKVO oder (y) innerhalb der Frist des Art. 10 Abs. 3 FKVO keine Entscheidung nach Art. 8 Abs. 1, Abs. 2 oder

---

the conditions to Closing set forth in clauses 6.2.2 to ...... (the *Closing Conditions*) have been satisfied and the Parties have learned of this:

6.2.2 Clearance under the merger control laws shall be deemed granted:

Variation under the jurisdiction of the European Commission:

(a) [If the proposed concentration has a Community dimension within the meaning of Regulation (EC) No. 139/2004 on the control of concentrations between undertakings dated 20 January 2004 (the EC Merger Regulation – *ECMR*), then, for the purposes of this Agreement, clearance shall be deemed granted only if] [Alternative: The European Commission has cleared the acquisition of the X-Shares by the Purchaser. This condition shall be deemed satisfied, if]

(i) the European Commission has declared the proposed concentration to be compatible with the common market pursuant to Article 6 para. 1(b) or Article 8 para. 1 or 2 of the ECMR; or

(ii) the proposed concentration is deemed to be compatible with the common market pursuant to Article 10 para. 6 of the ECMR, since the European Commission has, (x) neither made a decision pursuant to Article 6 para. 1 of the ECMR within the time limits set forth in Article 10 para. 1 of the ECMR, (y) nor made a decision pursuant

Abs. 3 FKVO erlassen hat; oder

(iii) (x) die Europäische Kommission die Entscheidung nach Art. 9 Abs. 3 FKVO oder Art. 4 Abs. 4 FKVO an die Behörden eines Mitgliedstaates ganz oder teilweise verwiesen hat oder die Entscheidung nach Art. 9 Abs. 5 FKVO oder Art. 4 Abs. 4 UAbs. 4 FKVO als ganz oder teilweise verwiesen gilt, und (y) die Europäische Kommission in Bezug auf den nicht verwiesenen Teil eine der unter lit. (i) oder (ii) dieses § 6.2.2 (a) aufgeführten Entscheidungen getroffen hat und (z) in Bezug auf den verwiesenen Teil die zuständige Behörde des Mitgliedstaates den Zusammenschluss nach den nationalen Fusionskontrollvorschriften freigegeben hat oder der Zusammenschluss nach den nationalen Fusionskontrollvorschriften als freigegeben gelten kann.

to Article 8 para. 1, 2 or 3 of the ECMR within the time limits set forth in Article 10 para. 3 of the ECMR; or

(iii) (x) pursuant to Article 9 para. 3 of the ECMR or Article 4 para. 4 of the ECMR, the European Commission has decided to refer the case, either in full or in part, to the competent authorities of the relevant Member State, or the European Commission is deemed to have made such referral pursuant to Article 9 para. 5 of the ECMR or Article 4 para. 4 subpara. 4 of the ECMR, and (y) the European Commission has made a decision as described in parts (i) or (ii) of this clause 6.2.2(a) concerning that part of the case not referred and, (z) as concerns that part of the case that has been or is deemed to have been referred to a Member State authority, the proposed concentration has been or is deemed to have been cleared by the competent Member State authority under applicable national merger control legislation.]

Variante bei Zuständigkeit des Bundeskartellamts bzw. der Möglichkeit einer Verweisung an das Bundeskartellamt durch die Europäische Kommission:[56]

(b) Soweit (i) das Zusammenschlussvorhaben keine gemeinschaftsweite Bedeutung im Sinne von Art. 1 FKVO hat oder (ii) die Europäische Kommission die Entscheidung nach Art. 9 Abs. 3

Variation under the jurisdiction of the German Federal Cartel Office or the possibility of a referral to the Federal Cartel Office by the European Commission:

(b) If (i) the proposed concentration does not have a Community dimension within the meaning of Article 1 of the ECMR or (ii) the European Commission has referred the decision under Article 9 para.

FKVO oder Art. 4 Abs. 4 FKVO an das Bundeskartellamt verwiesen hat oder die Entscheidung nach Art. 9 Abs. 5 FKVO oder Art. 4 Abs. 4 UAbs. 4 FKVO als an das Bundeskartellamt verwiesen gilt, gilt die Freigabe für Zwecke dieses Vertrages nur als erfolgt,[57] [Alternative: Das Bundeskartellamt hat den Erwerb der X-Geschäftsanteile durch die Käuferin freigegeben. Diese Bedingung gilt als eingetreten,][58] wenn

(i) das Bundeskartellamt den beabsichtigten Erwerb gemäß § 40 Absatz 2 Satz 1 GWB freigegeben hat; oder

(ii) das Bundeskartellamt den Zusammenschlussbeteiligten schriftlich mitgeteilt hat, dass die Voraussetzungen für eine Untersagung nach § 36 GWB nicht vorliegen; oder

(iii) die Einmonatsfrist gemäß § 40 Absatz 1 GWB verstrichen ist, ohne dass das Bundeskartellamt den Zusammenschlussbeteiligten den Eintritt in das Hauptprüfverfahren nach § 40 Absatz 1 Satz 1 GWB mitgeteilt hat; oder

(iv) die viermonatige Untersagungsfrist des § 40 Absatz 2 Satz 1 GWB (bzw. eine im Einver-

3 of the ECMR or Article 4 para. 4 of the ECMR to the Federal Cartel Office (*FCO*), or the decision is deemed referred to the FCO under Article 9 para. 5 of the ECMR or Article 4 para. 4 subpara. 4 of the ECMR, then, for the purposes of this Agreement, clearance shall be deemed granted only if [Alternative: The German Federal Cartel Office (*FCO*) has cleared the acquisition of the X-Shares by the Purchaser. This condition shall be deemed satisfied, if]:

(i) the FCO has cleared the concentration in accordance with sec. 40 para. 2 sentence 1 of the German Law against Restraints of Competition (*Gesetz gegen Wettbewerbsbeschränkungen – GWB*); or

(ii) the notifying undertakings (*anmeldende Unternehmen*) have received written notice from the FCO that the facts of the case do not allow a prohibition of the concentration under sec. 36 of the GWB; or

(iii) the one-month waiting period from submission of a complete notification to the FCO has expired without the notifying undertakings having been notified by the FCO in accordance with sec. 40 para. 1 sentence 1 of the GWB that it has commenced a formal investigation of the concentration; or

(iv) the four-month waiting period pursuant to sec. 40 para. 2 sentence 1 of the GWB has expired

ständnis mit den anmeldenden Unternehmen verlängerte Prüfungsfrist) verstrichen ist, ohne dass das Bundeskartellamt (x) das Zusammenschlussvorhaben untersagt hat oder (y) mit den Zusammenschlussbeteiligten gem. § 40 Absatz 2 Satz 3 Ziff. 1 GWB eine Fristverlängerung vereinbart hat; oder

(v) eine gemäß § 40 Abs. 2 Satz 3 Nr. 1 GWB vereinbarte Fristverlängerung abläuft, ohne dass eines der in Ziff. (iv) (x) oder (y) dieses § 6.2.2(b) genannten Ereignisse eingetreten ist oder

(vi) (x) das Bundeskartellamt das Zusammenschlussvorhaben nach Art. 22 Abs. 1 FKVO an die Europäische Kommission verwiesen hat und dieser Antrag angenommen worden ist oder (y) die Parteien einen begründeten Antrag bei der Europäischen Kommission gemäß Art. 4 Abs. 5 FKVO gestellt haben und kein Mitgliedstaat die Verweisung gemäß Art. 4 Abs. 5 UAbs. 3 abgelehnt hat, und daraufhin die Freigabe des Zusammenschlussvorhabens durch die Europäische Kommission erfolgt oder die der Europäischen Kommission offen stehende Prüfungsfrist ereignislos abgelaufen ist.

without the FCO, (x) having prohibited the concentration, or, (y) having agreed with the notifying undertakings to extend such waiting period in accordance with sec. 40 para. 2 sentence 3 no. 1 of the GWB, or

(v) an extended investigation period agreed to with the notifying undertakings pursuant to sec. 40 para. 2 sentence 3 no. 1 of the GWB has elapsed, without any of the events mentioned in para. (iv) (x) or (y) of this clause 6.2.2(b) having occurred, or

(vi) (x) the FCO has referred the proposed transaction to the European Commission under Article 22 para. 1 of the ECMR and this request was accepted, or, (y) the Parties have filed a reasoned submission with the European Commission pursuant to Article 4 para. 5 of the ECMR and no Member State has disagreed with the referral pursuant to Article 4 para. 5 subpara. 3, and thereupon the proposed concentration was cleared by the European Commission or the investigation period open to the European Commission has elapsed without incident.

Variante bei Zuständigkeit der Kartellbehörden mehrerer EU-Mitgliedstaaten (neutral):[59]

(c) Soweit das Zusammenschlussvorhaben (i) keine gemeinschaftsweite Bedeutung im Sinne von Art. 1 FKVO hat oder (ii) die Europäische Kommission die Entscheidung nach Art. 9 Abs. 3 FKVO oder Art. 4 Abs. 4 FKVO an die Kartellbehörde eines Mitgliedstaates verwiesen hat oder die Entscheidung nach Art. 9 Abs. 5 FKVO oder Art. 4 Abs. 4 UAbs. 4 FKVO als an eine solche Behörde verwiesen gilt, gilt die Freigabe für die Zwecke dieses Vertrages nur als erfolgt, wenn jede der zuständigen Behörden der EU-Mitgliedstaaten, in denen eine Anmeldepflicht besteht [oder für die eine Anmeldung vereinbart wird/die in Anlage 6.2.2 (c) genannt sind[60]] oder an die eine Verweisung im oben genannten Sinne erfolgt ist[61] [Alternative: Jede der zuständigen Behörden der EU-Mitgliedstaaten, in denen eine Anmeldepflicht besteht oder in denen eine Anmeldung vereinbart wird/der in Anlage 6.2.2 (c) genannten Mitgliedstaaten hat den Erwerb der X-Geschäftsanteile durch die Käuferin freigegeben. Diese Bedingung gilt als eingetreten, wenn jede von ihnen[62] entweder

(i) sich unzuständig für die Prüfung des Zusammenschlussvorhabens erklärt hat; oder

(ii) die Freigabe erteilt hat; oder

(iii) (x) das Zusammenschlussvorhaben nach

[Variation under the jurisdiction of the merger control authorities of multiple EU Member States (neutral):]

(c) If (i) the proposed concentration does not have a Community dimension within the meaning of Article 1 of the ECMR [or (ii) the European Commission has referred the decision under Article 9 para. 3 of the ECMR or Article 4 para. 4 of the ECMR to the competent authorities of any Member State or the decision is deemed to have been referred to such authorities under Article 9 para. 5 of the ECMR or Article 4 para. 4 subpara. 4 of the ECMR, then, for the purposes of this Agreement, clearance shall be deemed granted only, if every competent authority of the EU Member States in which a registration requirement exists or for which the submission of a registration has been agreed/listed in Exhibit 6.2.2(c), or to which a referral has been made within the meaning set forth above [Alternative: Every competent authority of the EU Member States in which a registration requirement exists or for which the submission of a registration has been agreed] EU Member States specified in Exhibit 6.2.2(c) has cleared the acquisition of the X-Shares by the Purchaser. This condition shall be deemed satisfied if each of them either

(i) declared it is not competent for the examination of the proposed concentration, or

(ii) granted a clearance, or

(iii) (x) referred the proposed concentration under Ar-

Art. 22 Abs. 1 FKVO an die Europäische Kommission verwiesen hat und dieser Antrag angenommen worden ist oder (y) die Parteien einen begründeten Antrag bei der Europäischen Kommission gemäß Art. 4 Abs. 5 FKVO gestellt haben und kein Mitgliedstaat die Verweisung abgelehnt hat, und daraufhin die Freigabe des Zusammenschlussvorhabens durch die Europäische Kommission erfolgt oder die der Europäischen Kommission offen stehende Prüfungsfrist ereignislos abgelaufen ist.

Variante bei Zuständigkeit von Kartellbehörden in Drittstaaten/weltweit (neutral):[63]

(d) Soweit das Zusammenschlussvorhaben in einem oder mehreren Ländern außerhalb der Europäischen Union der Zusammenschlusskontrolle unterliegt und ein Vollzugsverbot bis zur Genehmigung des Zusammenschlusses durch die zuständige nationale Kartellbehörde oder bis zum ergebnislosen Ablauf einer durch die Anmeldung in Lauf gesetzten Frist besteht[64] sowie in den zwischen den Parteien vereinbarten Ländern gemäß Anlage 6.2.2 (d)[65], gilt die Freigabe für die Zwecke dieses Vertrages nur als erfolgt, wenn jede der betreffenden Kartellbehörden[66] [Alternative: Jede der zuständigen Kartellbehörden der in Anlage 6.2.2 (d) genannten Länder außerhalb der Europäischen Union hat den Erwerb der X-Geschäftsanteile durch die

ticle 22 para. 1 of the ECMR to the European Commission and this request was accepted, or (y) the Parties filed a reasoned submission with the European Commission pursuant to Article 4 para. 5 of the ECMR and no Member State disagreed with the referral, and, then, the European Commission cleared the proposed concentration or the examination period open to the European Commission elapsed uneventfully.

[*Variation under the jurisdiction of the cartel or antitrust authorities of other non-EU countries / worldwide (neutral):*]

(d) If the proposed concentration is subject to merger controls in one or more countries outside of the European Union and there is a ban on closing until the approval of the concentration by the competent national authorities or until any waiting period triggered by the notification of the proposed concentration to such authorities elapses uneventfully, and in the countries agreed between the Parties pursuant to Exhibit 6.2.2(d), then, for the purposes of this Agreement, clearance shall be deemed granted only if each of the relevant national authorities [Alternative: Each of the competent national authorities in the countries specified in Exhibit 6.2.2(d) outside of the European Union has cleared the acquisition of the X-Shares by the Purchaser.

Käuferin freigegeben. Diese Bedingung gilt als eingetreten, wenn jede von ihnen][67] entweder
  (i) sich unzuständig für die Prüfung des Zusammenschlussvorhabens erklärt hat; oder
  (ii) die Freigabe erteilt hat; oder
  (iii) das Vorhaben infolge Fristablaufs nicht mehr untersagen kann.

(e) Soweit nach nationalem Recht ein Vollzugsverbot bis zur Einreichung einer vollständigen Fusionskontrollanmeldung bei der jeweils zuständigen Kartellbehörde besteht, gilt die Freigabe für die Zwecke dieses Vertrages nur als erfolgt, wenn eine entsprechende Notifizierung durch die betreffende Behörde erfolgt ist.

6.2.3 Der Erwerb der Geschäftsanteile wird nicht gemäß § 7 Abs. 1 und 2 Nr. 6 AWG i. V. m. § 53 Abs. 2 S. 4 AWV untersagt[68]. Diese Bedingung gilt als eingetreten, wenn

(a) das Bundesministerium für Wirtschaft und Technologie eine Bescheinigung über die Unbedenklichkeit des Erwerbs gemäß § 53 Abs. 3 S. 1 AWV erteilt hat; oder

(b) eine Unbedenklichkeitsbescheinigung gemäß § 53 Abs. 3 S. 2 AWV als erteilt gilt, weil das Bundesministerium für Wirtschaft und Technologie nicht innerhalb

This condition shall be deemed satisfied if each of the relevant national authorities] either:
  (i) declared it is not competent for the examination of the proposed concentration, or
  (ii) granted a clearance, or
  (iii) can no longer prohibit the proposed transaction due to the expiration of the relevant waiting period.

(e) To the extent that under the applicable national law there is a ban on closing until the submission of a complete merger control registration to the relevant competent authority, then, for the purposes of this Agreement, clearance shall be deemed granted only if a corresponding notification has been issued by the relevant authority.

6.2.3 The acquisition of shares is not prohibited pursuant under sec. 7 para. 1 and 2 no. 6 of the German Foreign Trade Act (*Außenwirtschaftsgesetz – AWG*) in conjunction with sec. 53 para. 2 sentence 4 of the German Foreign Trade Ordinance (*Außenwirtschaftsverordnung – AWV*). This condition shall be deemed satisfied if

(a) the German Federal Ministry of Economics and Technology has issued a certificate of compliance (*Unbedenklichkeitsbescheinigung*) regarding the acquisition pursuant to sec. 53 para. 3 sentence 1 of the AWV; or

(b) a certificate of compliance is deemed to have been issued pursuant to sec. 53 para. 3 sentence 2 of the AWV because the German Federal Ministry of Economics and

eines Monats nach Eingang des Antrags gem. § 53 Abs. 3 AWV ein Prüfverfahren nach § 53 Abs. 1 S. 1 AWV eröffnet hat; oder	Technology did not, within one month of receipt of the application for a certificate of compliance in accordance with sec. 53 para. 3 of the AWV, commence a formal investigation under sec. 53 para. 1 sentence 1 of the AWV; or
(c) die dreimonatige Aufgreiffrist gemäß § 53 Abs. 1 S. 1 AWV verstreicht, ohne dass das Bundesministerium für Wirtschaft und Technologie der Käuferin mitgeteilt hat, eine Prüfung nach § 53 Abs. 1 S. 1 AWV durchzuführen; oder	(c) the German Federal Ministry of Economics and Technology has not notified the Purchaser within the three-month review period prescribed by sec. 53 para. 1 sentence 1 of the AWV of its decision to commence a formal investigation pursuant to sec. 53 para. 1 sentence 1 of the AWV; or
(d) die zweimonatige Prüfungsfrist des § 53 Abs. 2 S. 4 AWV nach Eingang der vollständigen Unterlagen[69] verstreicht, ohne dass das Bundesministerium für Wirtschaft und Technologie den Erwerb der Geschäftsanteile untersagt oder Anordnungen in Bezug auf den Erwerb erlassen hat; oder	(d) the German Federal Ministry of Economics and Technology has not prohibited the proposed acquisition of the X-Shares or issued binding orders in relation thereto within the two-month examination period prescribed by sec. 53 para. 2 sentence 4 of the AWV following receipt of the complete documentation; *or*
(e) das Bundesministerium für Wirtschaft und Technologie vor Ablauf der zweimonatigen Prüfungsfrist des § 53 Abs. 2 S. 4 AWV Anordnungen in Bezug auf den Erwerb erlässt, ohne diesen zu untersagen, und die Käuferin der Verkäuferin binnen *(Anordnung)* Tagen nach Zugang des diesbezüglichen Verwaltungsaktes schriftlich mitteilt, dass sie mit den Anordnungen einverstanden ist und diesen Vertrag dennoch vollziehen möchte.	(e) prior to the expiration of the two-month review period prescribed by sec. 53 para. 2 sentence 4 of the AWV, the German Federal Ministry of Economics and Technology issues binding orders in relation to the acquisition, without prohibiting it, and the Purchaser notifies the Seller in writing within ...... days of receipt of the relevant administrative decision *(Verwaltungsakt)* that it is prepared to comply with such orders and still wishes to close this Agreement].
6.2.4 Der Aufsichtsrat der Käuferin hat diesem Vertrag und den darin vereinbarten Rechtsgeschäf-	6.2.4 The Purchaser's supervisory board has approved this Agreement and the transactions con-

	ten zugestimmt. Diese Vollzugsvoraussetzung gilt als eingetreten, sobald die die Käuferin der Verkäuferin entweder schriftlich mitgeteilt hat, dass der Aufsichtsrat seine Zustimmung erteilt hat oder dass sie auf diese Voraussetzung verzichtet.[70]		templated herein. This Closing Condition shall be deemed satisfied as soon as the Purchaser informs the Seller by written notice either that the supervisory board granted its consent or that it waives this condition.
6.2.5	[(Ggf. weitere Vollzugsvoraussetzungen; z.B. Sicherung der Akquisitionsfinanzierung oder Zuordnung eines Widerspruchs zugunsten der Käuferin zur Gesellschafterliste[71])]	6.2.5	[(If applicable: additional Closing Conditions, e.g. secured financing on the Purchaser's side with corresponding evidence – so-called „Financing Out" or allocation of an objection to the list of shareholders of X-GmbH in famous of the Purchaser)]
6.2.6	Die Parteien werden sich nach besten Kräften bemühen, dafür zu sorgen, dass die Vollzugsvoraussetzungen so bald wie möglich eintreten. Die Einzelheiten betreffend das Verfahren zur Erfüllung der Vollzugsvoraussetzungen gemäß § 6.2.2 und § 6.2.3 sind in § 14 (Fusionskontrollverfahren) beziehungsweise § 15 (Außenwirtschaftsrechtliche Prüfung) näher geregelt.	6.2.6	The Parties shall use their best efforts to ensure that the Closing Conditions are satisfied as soon as possible. The details concerning the procedure for satisfying the Closing Conditions under clause 6.2.2 and clause 6.2.3 are set forth in greater detail in clauses 14 (Merger Control Procedure) and 15 (Foreign Trade Law Compliance Review).
6.2.7	Sobald eine Partei vom Eintritt einer Vollzugsvoraussetzung Kenntnis erlangt, hat sie die andere Partei davon unverzüglich schriftlich zu unterrichten.	6.2.7	As soon as a Party learns of the satisfaction of a Closing Condition, it must without undue delay inform the other Party thereof in writing.
6.3	Vollzugshindernisse[72]	6.3	Closing Obstacles
6.3.1	Die Käuferin kann den Vollzug verweigern, wenn vor Vollzug eines oder mehrere der nachstehenden Vollzugshindernisse (zusammen die *Vollzugshindernisse* und einzeln ein *Vollzugshindernis*) eingetreten ist und solange dieser fortbesteht: (a) am oder nach dem Unterzeichnungstag sind Veränderungen, Umstände oder Ereignisse eingetreten oder bekannt geworden, die – für sich allein oder im Zusammenwirken mit anderen Veränderungen, Umständen oder Ereignissen, auch soweit diese vor dem Unterzeichnungstag	6.3.1	The Purchaser may refuse to carry out the Closing if at least one of the following obstacles to closing (each of them a *Closing Obstacle*) has occurred and for as long as this persists: (a) on or after the Signing Date, changes, circumstances or events occur or become known which – individually or in connection with other changes, circumstances or events, even if these occurred prior to the Signing Date – have a material adverse effect on the net assets, financial

eingetreten sind – eine wesentlich nachteilige Auswirkung auf die Vermögens-, Finanz- oder Ertragslage, den Geschäftsbetrieb oder die Geschäftsaussichten einer X-Gesellschaft haben oder solche Auswirkungen erwarten lassen *(Wesentliche Nachteilige Änderung)*[73]; oder

(b) der im Handelsregister der X-GmbH aufgenommenen Liste der Gesellschafter ist ein Widerspruch zugeordnet worden[74]; oder

(c) mindestens eine Verkäufergarantie gemäß § 8 ist in der Weise verletzt, dass der Gesamtbetrag der daraus folgenden Garantieansprüche der Käuferin ...... EUR (in Worten: ...... Euro) übersteigen würde oder die Verletzung eine Wesentlich Nachteilige Änderung zur Folge hat oder erwarten lässt; oder

(d) die Verkäuferin hat eine sonstige Verpflichtung aus diesem Vertrag, deren Erfüllung vor Vollzug geschuldet ist (einschließlich, nach Maßgabe der Bestimmungen dieses § 6, ihrer Verpflichtung zur Herbei- und Durchführung des Vollzugs), derart verletzt, dass der Gesamtbetrag der daraus folgenden Ansprüche der Käuferin ...... EUR (in Worten: ...... Euro) übersteigen würde oder dass die Verletzung eine Wesentlich Nachteilige Änderung zur Folge hat oder erwarten lässt.

6.3.2 Die Parteien haben einander unverzüglich zu unterrichten, wenn sie von einem Umstand Kenntnis erhalten, der ein Vollzugshindernis begründen könnte.

6.3.3 Die Käuferin ist zur Verweigerung des Vollzuges nach § 6.3.1

condition or results of operation, business operations or business prospects of any X-Company or cause such effects to be expected (*Material Adverse Change*); or

(b) an objection (*Widerspruch*) has been lodged against the list of shareholders recorded in the commercial register of X-GmbH; or

(c) at least one of the Seller Guarantees pursuant to clause 8 has been breached in such a way that the total amount of the ensuing Guarantee Claim of the Purchaser would exceed EUR ...... (...... euros) or a Material Adverse Change would be triggered or such effect caused to be expected; or

(d) the Seller has breached another obligation under this Agreement, the satisfaction of which is owed prior to Closing (including, in accordance with the provisions of this clause 6, the Seller's obligation to arrange and implement the Closing), in such a way that the total amount of the resulting claims of the Purchaser would exceed EUR ...... (...... euros) or a Material Adverse Change would be triggered or such effect is caused to be expected.

6.3.2 The Parties shall inform one another promptly (*unverzüglich*) if they learn of a circumstance which could constitute a Closing Obstacle.

6.3.3 The Purchaser is entitled to refuse to carry out the Closing un-

2. GmbH-Anteilskaufvertrag – ausführlich, käuferfreundlich C. II. 2

	bereits dann berechtigt, wenn sie glaubhaft machen kann, dass ein Vollzugshindernis vorliegt. Das Recht zur Verweigerung des Vollzugs erlischt in diesem Fall erst dann, wenn die Verkäuferin nachweist, dass kein Vollzugshindernis vorliegt.		der clause 6.3.1 as soon as it can credibly show (*glaubhaft machen*) that there is a Closing Obstacle. In such cases, the right to refuse to carry out the Closing shall not expire until the Seller can prove that there is no Closing Obstacle.
6.4	Rücktrittsrecht	6.4	Right of Withdrawal
6.4.1	Jede Partei ist berechtigt, von diesem Vertrag zurückzutreten, wenn die Vollzugsvoraussetzungen gemäß § 6.2.2 bis ...... nicht spätestens bis zum ...... eingetreten sind.[75]	6.4.1	Each Party is entitled to withdraw from (*zurücktreten*) this Agreement if any of the Closing Conditions pursuant to clauses 6.2.2 or pursuant to clause 6.2.3 have not occurred on or before ....
6.4.2	Die Käuferin kann von diesem Vertrag zurücktreten, wenn am Geplanten Vollzugstag ein Vollzugshindernis vorliegt und so lange dieses fortbesteht. Die Verkäuferin kann von diesem Vertrag zurücktreten, wenn (i) die Käuferin den Vollzug gemäß § 6.3.3 verweigert und (ii) aus diesem Grund der Vollzug nicht binnen drei (3) Monaten seit dem Geplanten Vollzugstag stattgefunden hat.	6.4.2	The Purchaser may withdraw from this Agreement if there is a Closing Obstacle on the Scheduled Closing Date and for as long as this persists. The Seller may withdraw from this Agreement if, (i) the Purchaser refused to carry out the Closing pursuant to clause 6.3.3 and, (ii) the Closing does not take place within three (3) months from the Scheduled Closing Date for this reason.
6.4.3	Ein Recht zum Rücktritt besteht nicht, wenn die Partei, die den Rücktritt erklärt, die Erfüllung der Vollzugsvoraussetzung wider Treu und Glauben verhindert oder das Vollzugshindernis wider Treu und Glauben herbeigeführt hat.	6.4.3	No right of withdrawal shall exist if the withdrawing Party has hindered the satisfaction of the relevant Closing Condition in bad faith (*wider Treu und Glauben*), or brought about the relevant Closing Obstacle in bad faith.
6.4.4	Der Rücktritt gemäß § 6.4.1 oder § 6.4.2 hat durch schriftliche Erklärung gegenüber der jeweils anderen Partei, mit Nachricht an den beurkundenden Notar, zu erfolgen. Die Beweislast für das Vorliegen eines Rücktrittsgrundes trägt außer im Falle des § 6.4.2 Satz 1 diejenige Partei, die zurücktritt; im Falle des § 6.4.2 Satz 1 gilt § 6.3.3 entsprechend. Ein Rücktritt vom Vertrag nach diesem § 6.4 ist nur dann wirksam, wenn die andere empfangsbereite Partei die	6.4.4	The withdrawal pursuant to clause 6.4.1 or clause 6.4.2 must be effected by written notice to the respective other Party, with a copy to the acting notary. The burden of proof for the existence of grounds for withdrawal shall, except in cases of clause 6.4.2 sentence 1, be borne by the withdrawing party; in cases of clause 6.4.2 sentence 1, clause 6.3.3 shall apply *mutatis mutandis*. Any withdrawal from this Agreement under this clause 6.4 shall be valid only if the

schriftliche Rücktrittserklärung vor dem Tag empfangen hat, an dem die letzte Vollzugsvoraussetzung erfüllt ist.

6.4.5 Im Falle eines Rücktritts gemäß diesem § 6.4 entfallen alle Verpflichtungen zwischen den Parteien mit Ausnahme der Verpflichtungen aus § 17 (Vertraulichkeit und Pressemitteilungen), § 18 (Kosten und Verkehrsteuern), § 22 (Mitteilungen) und § 23 (Verschiedenes/Schlussbestimmungen). Im Falle eines Rücktritts aufgrund eines Vollzugshindernisses hat die Verkäuferin der Käuferin alle Kosten und Auslagen zu ersetzen, die der Käuferin im Zusammenhang mit der Vorbereitung, der Verhandlung und der Beurkundung dieses Vertrags entstanden sind.

6.5 Vollzug

6.5.1 Am Vollzugstag haben die Parteien die folgenden Handlungen in der dargestellten Reihenfolge vorzunehmen:

(a) Die Verkäuferin übergibt der Käuferin eine von Mitgliedern ihres Vertretungsorgans in vertretungsberechtigter Zahl am Vollzugstag unterzeichnete Erklärung entsprechend der Vorlage gemäß Anlage 6.5.1(a), in der die Verkäuferin, bezogen auf den Zeitpunkt der Erklärung (i) darstellt, ob und ggf. welche Verkäufergarantien gemäß § 8 und ob und ggf. welche sonstigen Pflichten der Verkäuferin aus oder im Zusammenhang mit diesem Vertrag in welcher Form verletzt sind, und (ii) erklärt, dass im Übrigen keine Verkäufergarantie oder sonstige Pflicht der Verkäuferin aus oder im Zusammenhang mit diesem Vertrag verletzt ist;[76]

other Party, who must be ready to receive such notice (*empfangsbereit*), received the written notice of withdrawal prior to the day on which the last Closing Condition is satisfied.

6.4.5 In the event of any withdrawal pursuant to this clause 6.4, all obligations between the Parties, with the exception of the obligations under clauses 17 (Confidentiality and Press Releases), 18 (Costs and Transactional Taxes), 22 (Notices) and 23 (Miscellaneous), shall lapse. In the event of withdrawal due to a Closing Obstacle, the Seller shall reimburse the Purchaser for all costs and expenses incurred by the Purchaser in connection with the preparation and negotiation of this Agreement.

6.5 Closing

6.5.1 On the Closing Date, the Parties shall undertake the following actions in the sequence presented:

(a) The Seller shall deliver to the Purchaser a declaration signed on the Closing Date by the members of its representative governing body or board with the necessary amount of signatures of authorized representatives, substantially in the form appended hereto as Exhibit 6.5.1(a), in which the Seller, based on the time of the declaration, (i) will represent whether and, if applicable, which Seller Guarantees under clause 8 are breached and whether and, if applicable, which other obligations of the Seller under or in connection with this Agreement are breached and to what extent, and (ii) shall declare that otherwise no Seller Guarantees or other obliga-

(b) die Verkäuferin übergibt der Käuferin die in Anlage 13.4.1 genannten Beschlüsse und Erklärungen der dort genannten Verkäufer-Gesellschaften und X-Gesellschaften in Bezug auf die Zustimmung zu diesem Vertrag und seinem Vollzug;[77]

(c) die Verkäuferin übergibt der Käuferin einen schriftlichen Nachweis über die Beendigung der X-Finanzierungsvereinbarungen gemäß § 4.1.2;[78]

(d) die Verkäuferin übergibt der Käuferin die Erklärung über die Kündigung des EAV gemäß § 3.2; die Käuferin verpflichtet sich, dafür zu sorgen, dass diese Erklärung der X-GmbH unverzüglich nach, aber keinesfalls vor dem Wirksamwerden der Anteilsübertragung gemäß § 6.5.1(j) zugeht;[79]

(e) die Verkäuferin übergibt der Käuferin die unterzeichnete Vereinbarung gemäß Anlage 13.3.1b, mit der die Verkäuferin und die Verkäufer-Gesellschaften erklären, dass ihnen mit Ausnahme der in diesem Vertrag bezeichneten Ansprüche keine weiteren Ansprüche gegen die X-Gesellschaften zustehen;

(f) die Parteien schließen die Treuhandvereinbarung gemäß § 5.8.6 ab, soweit sie nicht bereits vor dem Vollzugstag abgeschlossen worden ist;

(g) die Verkäuferin übergibt der Käuferin schriftliche Erklärungen von ...... und ...... gemäß Anlage 6.5.1(g), mit denen diese ihre Ämter als

tions of the Seller under or in connection with this Agreement are breached;

(b) the Seller shall deliver to the Purchaser the resolutions and declarations of the Seller Companies and X-Companies specified in Exhibit 13.4.1 relating to the consent to this Agreement and the Closing thereof;

(c) the Seller shall deliver to the Purchaser written proof regarding the termination of the Financing Agreements pursuant to clause 4.1.2;

(d) the Seller shall deliver to the Purchaser the notice of immediate termination of the DPLPA pursuant to clause 3.2; the Purchaser agrees to ensure that this notice of termination is received by X-GmbH promptly (*unverzüglich*) after, but in no way prior to, the entry into force of the transfer of shares pursuant to clause 6.5.1(j);

(e) the Seller shall deliver to the Purchaser the signed agreement pursuant to Exhibit 13.3.1b, in which the Seller and the Seller Companies state that, with the exception of the claims indicated therein, they have no further claims against the X-Companies;

(f) the Parties shall enter into the Escrow Agreement pursuant to clause 5.8.6, unless it has already been concluded prior to the Closing Date;

(g) the Seller shall deliver to the Purchaser written declarations from ...... and ...... pursuant to Exhibit 6.5.1(g), by means of which they resign

...... mit Wirkung spätestens zum Vollzugstag niederlegen und bestätigen, dass ihnen keinerlei Ansprüche gegen die ...... zustehen;[80]

(h) die Verkäuferin tritt mit Vertrag gemäß Anlage 6.5.1(h)(i) eine etwaige Finanzierungssaldo-Forderung (§ 4.3.3) an die Käuferin ab, oder die Käuferin übernimmt durch Übernahmevertrag gemäß Anlage 6.5.1(h)(ii) mit Zustimmung der X-GmbH eine etwaige Finanzierungssaldo-Verbindlichkeit (§ 4.3.3), wobei die Wirksamkeit der Abtretung bzw. der Schuldübernahme unter der aufschiebenden Bedingung der Zahlung des Geschätzten Kaufpreises durch die Käuferin gemäß § 6.5.1(k) steht;[81]

(i) die Verkäuferin tritt mit Vertrag gemäß Anlage 6.5.1(i)(i) eine etwaige künftige Gewinnabführungsforderung (§ 3.3.2) an die Käuferin ab oder die Käuferin übernimmt mit Zustimmung der X-GmbH durch Übernahmevertrag gemäß Anlage 6.5.1(i)(ii) eine etwaige künftige Verlustausgleichsverbindlichkeit (§ 3.3.2), wobei die Wirksamkeit der Abtretung bzw. der Übernahme unter der aufschiebenden Bedingung der Zahlung des Geschätzten Kaufpreises durch die Käuferin gemäß § 6.5.1(k) steht;

(j) die Verkäuferin tritt die X-Geschäftsanteile durch einen gesonderten, notariell zu beurkundenden Vertrag entsprechend Anlage 6.5.1 (j) unter der aufschiebenden Bedingung der Zahlung des

from their positions as ...... effective no later than the Closing Date and confirm that they do not have any claims against ......;

(h) the Seller shall assign, by agreement pursuant to Exhibit 6.5.1(h)(i), any possible Financing Account Balance Receivable (clause 4.3.3) to the Purchaser, or, as the case may be, the Purchaser shall assume, by assumption agreement pursuant to Exhibit 6.5.1(h)(ii) with the consent of X-GmbH, any possible Financing Account Balance Liability (clause 4.3.3), whereby the effectiveness of the assignment or the assumption shall be subject to the condition precedent (*aufschiebend bedingt*) of the payment of the Estimated Purchase Price by the Purchaser pursuant to clause 6.5.1(k);

(i) the Seller shall assign, by agreement pursuant to Exhibit 6.5.1(i)(i), any future Profit Transfer Receivable (clause 3.2.2) to the Purchaser, or, as the case may be, the Purchaser shall assume, by assumption agreement pursuant to Exhibit 6.5.1(i)(ii) with the consent of X-GmbH, any future Loss Compensation Obligation (clause 3.2.2), whereas the effectiveness of the assignment or the assumption shall be subject to the condition precedent of payment of the Estimated Purchase Price by the Purchaser pursuant to clause 6.5.1(k);

(j) the Seller shall assign the X-Shares to the Purchaser by means of a separate, notarial share assignment agreement in accordance with Exhibit 6.5.1(j) subject to the condition precedent of pay-

Geschätzten Kaufpreises durch die Käuferin gemäß § 6.5.1 (k) an die Käuferin ab;[82]

(k) die Käuferin zahlt von dem Geschätzten Kaufpreis gemäß § 5.7.1 einen Teilbetrag in Höhe von ...... EUR (in Worten: ...... Euro) auf das Verkäuferkonto und einen weiteren Teilbetrag in Höhe von ...... EUR (in Worten: ...... Euro) auf das in der Treuhandvereinbarung bezeichnete Treuhandkonto;

(l) unverzüglich nach dem Eingang von ...... EUR (in Worten: ...... Euro) auf dem Verkäuferkonto erteilt die Verkäuferin der Käuferin eine schriftliche Quittung über den Empfang dieses Betrages.

6.5.2 Verletzt eine der Parteien eine der in § 6.5.1 genannten Pflichten, kann die andere Partei ihr zunächst schriftlich unter Angabe der Pflichtverletzung eine Frist von zehn (10) Tagen setzen; nach fruchtlosem Ablauf der Zehn-Tages-Frist kann die Partei, die die Frist gesetzt hat, durch schriftliche Erklärung gegenüber der anderen Partei von diesem Vertrag zurücktreten. Die §§ 6.4.3 bis 6.4.5 gelten entsprechend.

§ 7 Stichtagsabschlüsse

7.1 Vorläufige Stichtagsabschlüsse; Vorläufige Berechnungen

7.1.1 Die Käuferin wird die Geschäftsführung der X-GmbH veranlassen, unverzüglich, aber nicht später als dreißig (30) Tage nach dem Vollzugstag

(a) einen konsolidierten Zwischenabschluss (Konzernbilanz, Konzern-Gewinn- und Verlustrechnung, Konzernanhang) und einen konsolidierten Lagebericht der X-GmbH (der *Konsolidierte Stichtagsabschluss*) sowie Zwischen-

ment of the Estimated Purchase Price by the Purchaser pursuant to clause 6.5.1(k);

(k) as set out in clause 5.7.1, the Purchaser shall pay a partial sum of the Estimated Purchase Price in the amount of EUR ...... (...... euros) to the Seller's Account and a further partial sum in the amount of EUR ...... (...... euros) to the Escrow Account described in the Escrow Agreement;

(l) without undue delay (*unverzüglich*) after the amount of EUR ...... (...... euros) has been credited to the Seller's Account, the Seller shall issue a written receipt to the Purchaser.

6.5.2 If one of the Parties breaches any of the duties specified in clause 6.5.1, the other Party may initially set a grace period of ten (10) days by written notice specifying the breach; following the unsuccessful expiration of the ten-day grace period, the Party that set the grace period may withdraw (*zurücktreten*) from this Agreement by written notice to the other Party. Clauses 6.4.3 to 6.4.5 shall apply *mutatis mutandis*.

7. Effective Date Accounts

7.1 Preliminary Effective Date Accounts; Preliminary Calculations

7.1.1 The Purchaser shall cause the management of X-GmbH, without undue delay, but no later than thirty (30) days after the Closing Date,

(a) to prepare a consolidated interim financial statement (consolidated balance sheet, consolidated profit and loss statement, notes on the consolidated accounts) and a consolidated report on the situation (*Lagebericht*) re-

Einzelabschlüsse (Bilanz, Gewinn- und Verlustrechnung, Anhang) (die *Stichtags-Einzelabschlüsse;* zusammen mit dem Konsolidierten Stichtagsabschluss die *Stichtagsabschlüsse*) für die in den Konsolidierten Stichtagsabschluss einbezogenen Gesellschaften, jeweils für den Zeitraum vom ...... [Beginn des laufenden Geschäftsjahres] bis zum Stichtag, aufzustellen. Dabei ist eine etwaige Gewinnabführungsverbindlichkeit bzw. Verlustausgleichsforderung der X-GmbH aus dem EAV in der Höhe auszuweisen, in der sie entstanden wäre, wenn der EAV mit Wirkung zum Stichtag beendet worden wäre. In der vor Verbindlichwerden gemäß § 7.5.1, § 7.5.2 oder § 7.6.2 bestehenden Fassung werden diese Abschlüsse als *Vorläufiger Konsolidierter Stichtagsabschluss, Vorläufige Stichtags-Einzelabschlüsse* und *Vorläufige Stichtagsabschlüsse* bezeichnet;

(b) unter Berücksichtigung von § 5.2.7 Aufstellungen der Finanzverbindlichkeiten, der Barmittel und des Nettoumlaufvermögens anzufertigen (die *Vorläufigen Stichtagsaufstellungen*); und

(c) auf der Grundlage der im Konsolidierten Stichtagsabschluss ausgewiesenen Beträge die Höhe der bei Beendigung des EAV zum Vollzugstag entstanden Gewinnabführungsforderung bzw. Verlustausgleichsverbindlichkeit (§ 3.3.2) und des Finanzierungssaldos (§ 4.3.2)

garding X-GmbH (the *Consolidated Effective Date Accounts*) as well as interim individual financial statements (balance sheet, profit and loss statement, notes) (the *Individual Effective Date Accounts*; referred to collectively with the Consolidated Effective Date Accounts as the *Effective Date Accounts*) for the companies included in the Consolidated Effective Date Accounts, each for the period from ...... until the Effective Date. In so doing, any possible Profit Transfer Liability or Loss Compensation Claim of X-GmbH under the DPLPA must be shown in the amount at which it would have accrued if the DPLPA had terminated effective as of the Effective Date. In version existing before becoming binding pursuant to clause 7.5.1, clause 7.5.2 or clause 7.6.2, these accounts shall be referred to as *Preliminary Consolidated Effective Date Accounts, Preliminary Individual Effective Date Accounts* and *Preliminary Effective Date Accounts*;

(b) taking into account clause 5.2.7, prepare itemizations of the Financial Debt, the Cash and the Net Working Capital (the *Preliminary Effective Date Itemizations*); and

(c) determine on the basis of the amounts shown in the Preliminary Consolidated Effective Date Accounts, the amount of the Profit Transfer Receivable or Loss Compensation Obligation (clause 3.2.2) accruing upon the termination of the DPLPA on the Closing Date and

	zu ermitteln (die *Vorläufigen Vollzugstagsaufstellungen*).		of the Financing Account Balance (clause 4.3.2) (the *Preliminary Closing Date Itemizations*).
7.1.2	Die Käuferin wird anschließend auf der Grundlage der gemäß 7.1.1 (a) bis (c) angefertigten Dokumentation nach Maßgabe von § 5.2 den Kaufpreis berechnen (die *Vorläufige Kaufpreisberechnung*). Die Vorläufigen Stichtagsaufstellungen, die Vorläufigen Vollzugstagsaufstellungen und die Vorläufige Kaufpreisberechnung werden nachfolgend zusammen *Vorläufige Berechnungen* genannt.	7.1.2	Subsequently, on the basis of the documentation prepared pursuant to clauses 7.1.1 (a) to (c), the Purchaser shall calculate the Purchase Price in accordance with clause 5.2 (the *Preliminary Purchase Price Calculation*). The Preliminary Effective Date Itemizations, the Preliminary Closing Date Itemizations and the Preliminary Purchase Price Calculation shall hereinafter be referred to collectively as the *Preliminary Calculations*.
7.1.3	Die Käuferin wird die Vorläufigen Stichtagsabschlüsse und die Vorläufigen Berechnungen unverzüglich nach Fertigstellung an die Käuferin und die ......-Wirtschaftsprüfungsgesellschaft, ... (der *Stichtags-Abschlussprüfer*) übersenden.	7.1.3	The Purchaser shall deliver the Preliminary Effective Date Accounts and the Preliminary Calculations to the Seller and the ......-audit firm, ... (the *Effective Date Auditor*) without undue delay after the preparation thereof.
7.2	Bilanzierungsgrundsätze	7.2	Accounting Principles
7.2.1	Die Stichtagsabschlüsse sind unter Wahrung formeller und materieller Bilanzkontinuität, Beibehaltung aller Bewertungsmethoden und unveränderter Ausübung aller Aktivierungs- und Passivierungswahlrechte nach Maßgabe (i) der in Anlage 7.2.1 a zu diesem Vertrag aufgestellten Richtlinien oder, (ii) soweit diese keine Regelungen enthalten, der Bilanzierungsrichtlinien der X-Gruppe, die als Anlage 7.2.1 b beigefügt sind, oder, (iii) soweit auch die Bilanzierungsrichtlinien der X-Gruppe keine Regelung enthalten, der einschlägigen Bestimmungen des deutschen Rechts (Grundsätze ordnungsmäßiger Buchführung nach HGB) aufzustellen.[83]	7.2.1	The Effective Date Accounts must be prepared, while complying with the principles of presenting the financial statements consistent with past practice regarding their formal organization and measurement (*unter Wahrung formeller und materieller Bilanzkontinuität*) and retaining all accounting and valuation principles, methods and rules and consistently exercising all options to capitalise or to include items on the liabilities side (*Aktivierungs- und Passivierungswahlrechte*), pursuant to (i) the guidelines set forth in Exhibit 7.2.1 a or, (ii) if these do not contain any such provisions, in accordance with the accounting guidelines of the X-Group, which are attached hereto as Exhibit 7.2.1 b, or, (iii) if the accounting guidelines of the X-Group do not contain any

7.2.2	Im Falle von Widersprüchen gelten die folgenden Prioritäten in der dargestellten Reihenfolge: (a) vertragliche Bilanzierungsrichtlinien gemäß Anlage 7.2.1 a; (b) Bilanzierungsrichtlinien der X-Gruppe gemäß Anlage 7.2.1 b; (c) Bilanzkontinuität; (d) Grundsätze ordnungsgemäßer Buchführung gemäß HGB.[84]	7.2.2	such provisions, in accordance with the applicable provisions of German law (generally accepted principles of accounting under the HGB (*Grundsätze ordnngsgemäßer Buchführung – GoB*). In the event of contradictions, the following priorities shall apply in the order presented: (a) contractual accounting guidelines pursuant to Exhibit 7.2.1 a; (b) accounting guidelines of X-Group pursuant to Exhibit 7.2.1 b; (c) the consistency principle (*Bilanzkontinuität*); (d) generally accepted principles of accounting under the HGB.
7.3	Prüfung der Vorläufigen Stichtagsabschlüsse und Berechnungen Der Stichtags-Abschlussprüfer hat binnen zwanzig (20) Bankarbeitstagen ab Erhalt von der Verkäuferin unter Berücksichtigung der in §§ 7.1 und 7.2 genannten Ableitungen und Grundsätze die Vorläufigen Stichtagsabschlüsse zu prüfen und die Vorläufigen Berechnungen einer prüferischen Durchsicht zu unterziehen. Weiterhin hat er den Parteien binnen derselben Frist den Prüfungsbericht über die Prüfung der Vorläufigen Stichtagsabschlüsse und einen Bericht über die prüferische Durchsicht der Vorläufigen Berechnungen zur Verfügung zu stellen. Die Parteien werden vor dem Geplanten Vollzugstag mit dem Stichtags-Abschlussprüfer eine Vereinbarung nach Maßgabe von Anlage 7.3 über seine Tätigkeit als Stichtags-Abschlussprüfer treffen. Die Kosten der Beauftragung des Stichtags-Abschlussprüfers tragen die Parteien je zur Hälfte.	7.3	Audit of the Preliminary Effective Date Accounts and Calculations The Effective Date Auditor shall audit the Preliminary Effective Date Accounts within *twenty (20) Business Days* from receipt from the Purchaser, having regard to the deductions and principles specified in clauses 7.1 and 7.2 and subjecting the Preliminary Calculations to an audit review (*prüferische Durchsicht*). Furthermore, the Effective Date Auditor shall provide the Parties, within the same deadline, with the audit report regarding the audit of the Preliminary Effective Date Accounts and a report regarding the audit review of the Preliminary Calculations. Prior to the Scheduled Closing Date, the Parties shall enter into an agreement with the Effective Date Auditor in accordance with Exhibit 7.3 regarding the role of the Effective Date Auditor. The Parties shall bear the costs of the engagement of the Effective Date Auditor in equal amounts.

7.4	Überprüfung der Vorläufigen Stichtagsabschlüsse und Berechnungen durch die Parteien	7.4	Review of the Preliminary Effective Date Accounts and Calculations by the Parties
	Jede Partei hat das Recht, die vom Stichtags-Abschlussprüfer geprüften Vorläufigen Stichtagsabschlüsse und die von ihm einer prüferischen Durchsicht unterzogenen Vorläufigen Berechnungen zu überprüfen und durch einen Wirtschaftsprüfer ihrer Wahl überprüfen zu lassen, wobei die Prüfung jeweils darauf beschränkt ist, ob die in §§ 7.1 und 7.2 genannten Ableitungen und Grundsätze eingehalten sind. Die Frist für die Überprüfung beträgt längstens zehn (10) Bankarbeitstage gerechnet ab dem Tag, an dem die Vorläufigen Stichtagsabschlüsse mit dem Prüfungsbericht und die Vorläufigen Berechnungen mit dem Bericht über die prüferische Durchsicht der betreffenden Partei zugegangen sind. Alle im Zusammenhang mit einer Überprüfung gemäß diesem § 7.4 anfallenden Kosten sind von der dies veranlassenden Partei zu tragen.		Each Party has the right to review and have an auditor of its choice review the Preliminary Effective Date Accounts audited by the Effective Date Auditor and the Preliminary Calculations subjected to an audit review by the Effective Date Auditor, whereas the audit is restricted to whether the deductions and principles set out in clauses 7.1 and 7.2 have been complied with. The deadline for the review amounts to a maximum of ten (10) Business Days, calculated from the day on which the Preliminary Effective Date Accounts with the audit report and the Preliminary Calculations with the report on the audit review are received by the relevant Party. All costs accrued in connection with any review pursuant to this clause 7.4 shall be borne by the Party that initiated the review.
7.5	Einwände; Verbindlichwerden der Vorläufigen Stichtagsabschlüsse und Berechnungen	7.5	Objections; Preliminary Effective Date Accounts and Calculations become Binding
7.5.1	Einwände gegen die Vorläufigen Stichtagsabschlüsse und die Vorläufigen Berechnungen haben die Parteien innerhalb der Zehn-Tages-Frist gemäß § 7.4 schriftlich unter Angabe der wesentlichen Gründe gegenüber der jeweils anderen Partei geltend zu machen. Lassen die Parteien diese Frist ohne Geltendmachung von Einwänden verstreichen, sind die Vorläufigen Stichtagsabschlüsse und die Vorläufigen Berechnungen für sie verbindlich.	7.5.1	Any objections to the Preliminary Effective Date Accounts and the Preliminary Calculations must be asserted by the Party against the respective other Party in writing under specification of the material reasons within the ten-day period pursuant to clause 7.4. If the Parties allow this deadline to lapse without asserting any objections, then the Preliminary Effective Date Accounts and the Preliminary Calculations shall become binding for the Parties.
7.5.2	Zeigen Käuferin oder Verkäuferin der jeweils anderen Partei innerhalb der Zehn-Tages-Frist gemäß § 7.4 Einwände gegen die	7.5.2	If the Purchaser or the Seller notifies the respective other Party of its objections against the Preliminary Effective Date Accounts

Vorläufigen Stichtagsabschlüsse und/oder die Vorläufigen Berechnungen an, werden sie sich bemühen, innerhalb von zwanzig (20) Bankarbeitstagen ab Zugang der Anzeige eine Einigung über die Behandlung der Einwände zu erzielen. Sofern und soweit eine solche Einigung zustande kommt, wird deren Ergebnis in die Vorläufigen Stichtagsabschlüsse und/oder die Vorläufigen Berechnungen übernommen, die insoweit für die Parteien verbindlich werden.

and/or the Preliminary Calculations within the ten-day period pursuant to clause 7.4, then the Parties shall attempt to reach an agreement regarding the handling of these objections within twenty (20) Business Days after receipt of the notice. If and to the extent to which such an agreement is reached, the results thereof shall be transferred to the Preliminary Effective Date Accounts and/or the Preliminary Calculations, which will then become binding for the Parties in this respect in the versions thus amended.

7.6 Schiedsgutachterverfahren

7.6.1 Soweit die Parteien innerhalb der Zwanzig-Tages-Frist des § 7.5.2 zu keiner Einigung über die Behandlung der Einwände gelangen, haben sie innerhalb von drei (3) Bankarbeitstagen nach Ablauf dieser Frist gemeinsam einen Schiedsgutachter zu benennen.

7.6.2 Der Schiedsgutachter prüft hinsichtlich der zwischen den Parteien streitigen Punkte, ob die in § 7.1 und 7.2 genannten Grundsätze und Ableitungen für die Erstellung der Vorläufigen Stichtagsabschlüsse und Vorläufigen Berechnungen eingehalten wurden. Der Schiedsgutachter soll jeder Partei angemessene Gelegenheit geben, ihre Ansichten schriftlich sowie im Rahmen einer oder mehrerer Anhörungen vorzutragen, die in Anwesenheit der Parteien und ihrer Berater abzuhalten sind. Er hat hierzu innerhalb von dreißig (30) Bankarbeitstagen nach seiner Ernennung ein schriftliches Gutachten nach billigem Ermessen zu erstellen, das für die Parteien verbindlich ist.[85] Der Schiedsgutachter wird die Gründe für seine Entscheidung im Hinblick auf sämtliche Punkte, die zwischen der Verkäuferin und der Käuferin

7.6 Expert Proceedings

7.6.1 If the Parties cannot reach an agreement on the handling of all of the objections within the twenty-day period in clause 7.5.2, then they shall have three (3) Business Days after the expiration of this period within which to jointly nominate an expert (*Schiedsgutachter*).

7.6.2 With respect to the points of contention between the Parties, the expert shall examine whether the principles and deductions in clauses 7.1 and 7.2 were complied with for the preparation of the Preliminary Effective Date Accounts and Preliminary Calculations. The expert shall give each Party a reasonable opportunity to present its views in writing and in the context of one or more hearings, which must be held in the presence of the Parties and their advisors. The expert must prepare a written expert's opinion (*Schiedsgutachten*) in his/her reasonable discretion (*billiges Ermessen*) in this regard within thirty (30) Business Days after his/her appointment, which shall be binding upon the Parties. The expert shall specify the grounds for his/her decision with respect to all points of contention between

	umstritten sind, angeben. Der Stichtags-Abschlussprüfer hat das Ergebnis des Gutachtens in die Vorläufigen Stichtagsabschlüsse und/oder die Vorläufigen Berechnungen zu übernehmen, die in der so geänderten Fassung für die Parteien verbindlich werden.		Seller and the Purchaser. The Effective Date Auditor must transfer the results of the expert's opinion to the Preliminary Effective Date Accounts and/or the Preliminary Calculations, which shall then become binding on the Parties in the versions thus amended.
7.6.3	Einigen die Parteien sich nicht innerhalb von drei (3) Bankarbeitstagen nach Ablauf der Zwanzig-Tages-Frist des § 7.5.2 auf die Ernennung eines Schiedsgutachters, wird der Schiedsgutachter auf Antrag der Verkäuferin und/oder der Käuferin durch den Sprecher des Vorstands des Instituts der Wirtschaftsprüfer e. V. in Düsseldorf benannt.[86]	7.6.3	If the Parties cannot agree on the nomination of an expert within three (3) Business Days after the expiration of the twenty-day deadline under clause 7.5.2, then the expert shall, at the request of the Seller and/or the Purchaser, be appointed by the chairman of the management board of the Institute of Public Auditors in Germany (*Vorsitzender des Vorstands des Instituts der Wirtschaftsprüfer in Deutschland e.V.*) in Dusseldorf.
7.6.4	Die Parteien haben darauf hinzuwirken, dass mit dem Schiedsgutachter eine Vereinbarung gemäß Anlage 7.6.4 getroffen wird. Die Vereinbarung ist von beiden Parteien zu unterzeichnen. Lehnt der gem. § 7.6.1 oder § 7.6.3 bestellte Schiedsgutachter die Unterzeichnung einer solchen Vereinbarung ab, oder weicht der Schiedsgutachter bei seiner Tätigkeit von den in der Vereinbarung beschriebenen Inhalten oder Verfahren ab, hat jede Partei daran mitzuwirken, dass die Vereinbarung mit dem Schiedsgutachter gekündigt und unverzüglich gemeinsam ein neuer Schiedsgutachter ernannt wird. § 7.6.3 gilt entsprechend.	7.6.4	The Parties must work toward reaching an agreement pursuant to Exhibit 7.6.4 with the expert. The agreement must be signed by both Parties. If the expert appointed pursuant to clause 7.6.1 or clause 7.6.3 refuses to sign such an agreement, or if the expert deviates in his/her work from the substance or procedures described in the agreement, then each Party must cooperate in this regard to terminate the agreement with the expert and jointly nominate a new expert without undue delay. Clause 7.6.3 shall apply *mutatis mutandis*.
7.6.5	Die Kosten und Auslagen für den Schiedsgutachter und das Schiedsgutachterverfahren werden zunächst von jeder Partei zur Hälfte verauslagt und getragen. Beide tragen ihre eigenen Kosten und die Kosten ihrer Berater selbst, es sei denn, der Schiedsgutachter trifft gemäß § 7.6.6	7.6.5	The costs and expenditures for the expert and the expert proceedings shall be initially advanced and borne by each Party in equal shares (i.e., fifty-fifty). Both Parties shall bear their own costs and the costs of their advisors themselves, unless the expert reaches a different decision on

7.6.6	eine abweichende Entscheidung über die Verteilung der Kosten. Der Schiedsgutachter entscheidet nach billigem Ermessen unter Berücksichtigung seiner Entscheidung und der ursprünglichen Standpunkte und Anträge der Parteien entsprechend § 91 ZPO abschließend über die Verteilung seiner Kosten und Auslagen und der Kosten für das Schiedsgutachterverfahren, einschließlich angemessener Gebühren und Auslagen der Parteien für ihre Berater.	7.6.6	the distribution of costs pursuant to clause 7.6.6. The expert shall ultimately decide in his/her reasonable discretion (*billiges Ermessen*) having regard to his/her decision and the original points of view and requests of the Parties pursuant to sec. 91 of the German Code of Civil Procedure (*Zivilprozessordnung* – ZPO) regarding the distribution of her/her costs and expenses and the costs of the expert proceedings, including reasonable fees and expenditures of the Parties for their advisors.
7.7	Zugang zu Informationen	7.7	Access to Information
7.7.1	Die Käuferin hat dafür zu sorgen, dass der Stichtags-Abschlussprüfer, die Verkäuferin, die gemäß § 7.4 beteiligten Wirtschaftsprüfer sowie etwaige Schiedsgutachter nach dem Vollzugstag alle Informationen und Unterlagen erhalten, die für die Zwecke dieses § 7 erforderlich sind.	7.7.1	The Purchaser shall ensure that the Effective Date Auditor, the Seller, the auditors involved pursuant to clause 7.4 and any expert involved pursuant to clause 7.6 shall, after the Closing Date, receive all information and documentation required for the purposes of this clause 7.
7.7.2	Die Käuferin hat den Stichtags-Abschlussprüfer zu Gunsten der Verkäuferin, der gemäß § 7.4 beteiligten Wirtschaftsprüfer und eines etwaigen Schiedsgutachters von seiner Verschwiegenheitsverpflichtung zu befreien und anzuweisen, den genannten Personen uneingeschränkten Zugang zu seinen Arbeitsunterlagen und Aufzeichnungen zu gewähren.	7.7.2	The Purchaser shall release the Effective Date Auditor for the benefit of the Seller, of the auditors involved pursuant to clause 7.4 and of any expert involved pursuant to clause 7.6 from its confidentiality obligation and shall instruct it to grant the specified persons unrestricted access to its work documents and records.
7.7.3	Die Parteien werden weiterhin dafür sorgen, dass der Stichtags-Abschlussprüfer, die Verkäuferin, die gemäß § 7.4 beteiligten Wirtschaftsprüfer sowie ein etwaiger Schiedsgutachter uneingeschränkten Zugang zu den Jahresabschlüssen vergangener Jahre der X-GmbH und der in den Konsolidierten Stichtagsabschluss einbezogenen Gesellschaften und den zugehörigen Arbeitsunterlagen und Aufzeichnungen erhalten. Die Parteien werden zu diesem Zweck die Bedingungen akzeptie-	7.7.3	The Parties must further ensure that the Effective Date Auditor, the auditors involved pursuant to clause 7.4 and any expert involved pursuant to clause 7.6 have unrestricted access to the annual accounts from prior years of X-GmbH and of the companies included in the Consolidated Effective Date Accounts and receive the associated work documents and records. For this purpose, the Parties shall accept the terms and conditions set by the Effective Date Auditor as well as

ren, die der Stichtags-Abschlussprüfer sowie die gemäß § 7.4 beteiligten Wirtschaftsprüfer für den Zugang zu ihren Unterlagen stellen, soweit es sich um übliche Bedingungen handelt.

the auditors involved pursuant to clause 7.4 for access to their documentation provided these are typical terms and conditions.

§ 8 Selbstständige Garantieversprechen der Verkäuferin[87, 88]

8. Seller Guarantees

8.1 Form und Umfang des Garantieversprechen der Verkäuferin

Die Verkäuferin erklärt gegenüber der Käuferin in Form selbstständiger Garantieversprechen gemäß § 311 Abs. 1 BGB und nach Maßgabe des § 9 und der übrigen Bestimmungen dieses Vertrages, dass die Aussagen gemäß § 8.2 bis § 8.20 (zusammen die *Verkäufergarantien* und einzeln eine *Verkäufergarantie*) am Tag der Beurkundung dieses Vertrages (der *Unterzeichnungstag*) und am Vollzugstag, soweit nachstehend nicht ein anderer Bezugszeitpunkt bestimmt ist[89], vollständig und zutreffend sind. Die Parteien sind sich darüber einig, dass die Verkäufergarantien weder Beschaffenheitsvereinbarungen i. S. d. § 434 Abs. 1 BGB noch Garantien für die Beschaffenheit der Sache i. S. d. §§ 443, 444 BGB darstellen.[90]

8.1 Form and Scope of Seller Guarantees

The Seller hereby guarantees to the Purchaser, by way of independent promises of guarantee (*selbständige Garantieversprechen*) within the meaning of sec. 311 para. 1 of the German Civil Code (*Bürgerliches Gesetzbuch – BGB*) and subject to the requirements and limitations provided in clause 9 below and otherwise in this Agreement, that the statements made in clause 8.2 to clause 8.20 (collectively referred to as *Seller Guarantees* or individually a *Seller Guarantee*) are correct and complete as of the date this Agreement is formally recorded by a civil law notary (*Signing Date*) and on the Closing Date, unless another relevant point in time has been stipulated therein. The Parties are in agreement that the Seller Guarantees represent neither agreements on quality (*Beschaffenheitsvereinbarungen*) within the meaning of sec. 434 para. 1 of the BGB nor quality guarantees concerning the object of the purchase (*Garantien für die Beschaffenheit der Sache*) within the meaning of sec. 443, 444 of the BGB.

8.2 Gesellschaftsrechtliche Verhältnisse; Berechtigung der Verkäuferin

8.2 Corporate Status and Authority of the Seller

8.2.1 Die X-Gesellschaften[91] [und die Minderheitsbeteiligungen] sind nach dem Recht ihres jeweiligen Gründungsstaates ordnungsgemäß gegründet worden. Sie ha-

8.2.1 The X-Companies [and the Minority Participations] have been duly established under the laws of their respective countries of incorporation. Their business

ben ihren Geschäftsbetrieb mit der Gründung aufgenommen und seitdem ununterbrochen aufrechterhalten. Sie existieren wirksam und haben in ihrem jeweiligen Gründungsstaat ihren tatsächlichen Verwaltungssitz. Die X-Gesellschaften [und die Minderheitsbeteiligungen] waren und sind nach den auf sie jeweils anwendbaren gesellschaftsrechtlichen Bestimmungen berechtigt, ihre jeweiligen Geschäftsbetriebe (zusammen die *X-Geschäftsbetriebe*) so, wie sie in der Vergangenheit geführt wurden und gegenwärtig geführt werden, zu führen, und sind ferner berechtigt, sie künftig in Art und Umfang unverändert fortzuführen.

operations commenced upon formation and have continued without interruption since that time. They exist validly and have their actual administrative center in their respective country of incorporation. The X-Companies [and the Minority Participations] were and are entitled, pursuant to the applicable provisions of corporate law, to manage their respective current business operations (collectively referred to as the *X-Business Operations*) as they were managed in the past and are managed at present, and are furthermore entitled to continue the X-Business Operations without any change in the type and scope thereof in the future.

8.2.2 Die Angaben in § 1.1 bis § 1.4 einschließlich der diesbezüglichen Anlagen in Bezug auf die X-Gesellschaften [und die Minderheitsbeteiligungen], ihrem jeweiligen Stammkapital, dessen Einteilung und den Beteiligungsverhältnissen, sind vollständig und zutreffend. Die Einlagen der Verkäuferin und der X-Gesellschaften auf die X-Geschäftsanteile und die Geschäftsanteile an den X-Gesellschaften (zusammen die *X-Gruppen-Geschäftsanteile*) [und Minderheitsbeteiligungen] sind vollständig erbracht und weder offen noch verdeckt zurückgewährt worden. Diese Einlagen sind nicht durch Verluste gemindert oder aufgezehrt worden. Es besteht keine Nachschusspflicht. Alle Kapitalerhöhungen und Kapitalherabsetzungen der X-Gesellschaften sind im Einklang mit den jeweils anzuwendenden gesetzlichen und satzungsmäßigen Vorschriften durchgeführt worden.

8.2.2 The information in clauses 1.1 to 1.4 as well as the related Exhibits regarding the X-Companies [and Minority Participations], their respective registered share capital, its division into shares and the distribution of ownership, are correct and complete. The capital contributions made by the Seller and the X-Companies for the issuance of the X-Shares and the shares of the X-Companies held by them (collectively referred to as the *X-Group Shares*) [and of the Minority Participations] have been paid in full and were not repaid, either openly or concealed. These capital contributions were not reduced or drained by losses. There is no obligation to make additional capital contributions (*Nachschusspflicht*). All capital increases and capital reductions by the X-Companies were carried out in accordance with the applicable provisions under the laws and company's articles of association.

8.2.3 Alle Gesellschaftsverträge und Gesellschaftervereinbarungen der X-Gesellschaften [und Minderheitsbeteiligungen] sind in der

8.2.3 All articles of association and shareholder agreements of the X-Companies [and the Minority Participations] are set forth in

	Liste gemäß Anlage 8.2.3 aufgeführt. Die Verkäuferin hat der Käuferin die aufgelisteten Gesellschaftsverträge und Gesellschaftervereinbarungen vor dem Unterzeichnungstag übergeben. Die aufgelisteten Gesellschaftsverträge und Gesellschaftervereinbarungen sind vollumfänglich wirksam und durchsetzbar.		the list pursuant to Schedule 8.2.3. The Seller delivered a copy of the listed articles of association and shareholder agreements to the Purchaser prior to the Signing Date. The listed articles of association and shareholder agreements are fully effective and enforceable.
8.2.4	Alle in das Handelsregister einzutragenden Tatsachen und bei dem Handelsregister einzureichenden Unterlagen der X-Gesellschaften sind bei den zuständigen Handelsregistern vollständig, zutreffend und rechtzeitig angemeldet bzw. eingereicht worden. Die als Anlage 8.2.4a beigefügten Kopien geben den Inhalt der Handelsregister der X-Gesellschaften vollständig und zutreffend wieder. Es bestehen keine eintragungspflichtigen oder eintragungsfähigen Beschlüsse oder sonstige Tatsachen, die nicht in den Registerauszügen gemäß Anlage 8.2.4a enthalten sind. [Dies gilt nicht für die in Anlage 8.2.4b aufgeführten Tatsachen. Die Verkäuferin wird sich nach besten Kräften bemühen, dass diese Tatsachen schnellstmöglich eingetragen werden.] [Die in das Handelsregister der X-GmbH aufgenommene Gesellschafterliste [sowie die Gesellschafterlisten derjenigen Tochter- und Mehrheitsgesellschaften, die deutsche Gesellschaften mit beschränkter Haftung sind, sind] [ist] vollständig und richtig.[92]]	8.2.4	All facts to be entered in the commercial register and documents to be submitted to the commercial register of the X-Companies have been filed or submitted in a complete, accurate and timely manner. The copies appended in Schedule 8.2.4a fully and correctly reflect the content of the commercial register entries of X-GmbH as well as the Subsidiaries and Majority Companies. There are no resolutions or other facts which must be or could be entered in the commercial register and which have not in fact been included in the register extracts pursuant to Schedule 8.2.4a. [This does not apply with respect to the facts listed in Schedule 8.2.4b. The Seller shall use its best efforts to have these facts entered as soon as possible.] [The shareholder list on file with the commercial register for X-GmbH [as well as the shareholder lists of those Subsidiaries and Majority Companies that are German limited liability companies (*Gesellschaften mit beschränkter Haftung – GmbH*), are] [is] complete and correct.]
8.2.5	Die Verkäuferin ist unbeschränkt berechtigt, über die X-Geschäftsanteile sowie – mittelbar – die übrigen X-Gruppen-Geschäftsanteile zu verfügen. Die X-Gruppen-Geschäftsanteile bestehen wirksam und frei von jeglichen Rechten und Ansprüchen Dritter. Es existieren keine auf die X-Gruppen-Geschäftsanteile bezogenen Optionen, Vorkaufsrechte, Ge-	8.2.5	The Seller is entitled without restriction to dispose of the X-Shares and – indirectly – the other X-Group Shares. The X-Group Shares are validly existing and are free and clear of any and all third party rights and claims. There are no options, preemptive rights, shareholder agreements, trust agreements, sub-participations or understandings which

sellschaftervereinbarungen, Treuhandverhältnisse, Unterbeteiligungen oder sonstigen Abreden, die nicht in den in Anlage 8.2.3 aufgelisteten Verträgen enthalten sind. Keine der X-Gesellschaften hat ihre Anteile ganz oder teilweise verbrieft oder ist zu einer solchen Verbriefung verpflichtet. Mit Vollzug dieses Vertrags erwirbt die Käuferin die X-Gruppen-Geschäftsanteile unbeschränkt und frei von Rechten Dritter und sonstigen Belastungen.

are not contained in the agreements listed in Schedule 8.2.3. No X-Companies have certificated their shares, either in whole or in part, and no X-Companies are obligated to certificate their shares. Upon the Closing of this Agreement, the Purchaser will acquire the X-Group Shares without restrictions and free and clear of third party rights and other encumbrances.

8.2.6 Keine der X-Gesellschaften verfügt über einen Aufsichtsrat, Beirat, Verwaltungsrat oder ein ähnliches Gremium oder ist zur Schaffung eines solchen Gremiums verpflichtet, soweit dies nicht aus den in Anlage 8.2.3 aufgelisteten Verträgen hervorgeht.

8.2.6 None of the X-Companies has a supervisory board, advisory board, administrative board or any similar governing body, nor are they obligated to create any such governing body, except as is apparent from the documents attached as Schedule 8.2.6.

8.2.7 Mit Ausnahme der in Anlage 8.2.7 genannten Verträge haben die X-Gesellschaften keine Verträge über stille Beteiligungen, Beherrschungs- und Gewinnabführungsverträge, andere Unternehmensverträge i. S. d. §§ 291 ff. AktG oder vergleichbare Verträge wie beispielsweise Betriebsführungsverträge geschlossen. Sie sind auch nicht zum Abschluss solcher Verträge verpflichtet. Die X-Gesellschaften haben mit Ausnahme der X-Finanzierungsvereinbarungen keine Cash-Pool-Verträge oder ähnliche Vereinbarungen geschlossen oder nehmen an einem Cash Pooling oder einem ähnlichen System teil und sind auch nicht dazu verpflichtet, solche Verträge abzuschließen oder an einem solchen System teilzunehmen.

8.2.7 With the exception of the contracts specified in Schedule 8.2.7, the X-Companies have not entered into any agreements regarding silent partnerships, domination or profit and loss pooling agreements (*Beherrschungs- oder Gewinnabführungsverträge*), other affiliation agreements (*Unternehmensverträge*) within the meaning of sec. 291 et seq. of the AktG or comparable agreements such as management of operations agreements (*Betriebsführungsverträge*). They are also under no obligation to enter into any such agreements. With the exception of the Financing Agreements, the X-Companies have not entered into any cash-pooling agreements or similar agreements nor do they participate in any cash-pooling or any similar system. They are also not obligated to enter into any such agreements or to participate in any such systems.

8.2.8 Die X-Gesellschaften halten außer den Beteiligungen an den üb-

8.2.8 Outside of their holdings in the other X-Companies and the

	rigen X-Gesellschaften und den Minderheitsbeteiligungen weder direkt noch indirekt (auch nicht über Treuhänder) Anteile, Mitgliedschaften oder Beteiligungen (einschließlich stiller Beteiligungen und Unterbeteiligungen) an anderen Gesellschaften oder Unternehmen, noch sind sie verpflichtet, solche Anteile, Mitgliedschaften oder Beteiligungen zu erwerben. Keine der X-Gesellschaften ist verpflichtet, eine Gesellschaft oder ein Unternehmen zu gründen. Keine der X-Gesellschaften ist Partei eines Joint Ventures, Konsortiums oder einer sonstigen Innengesellschaft oder ist zum Erwerb einer solchen Parteistellung verpflichtet.		Minority Participations, the X-Companies do not hold either directly or indirectly (nor through an escrow agent (*Treuhänder*)) any shares, partnership interests, memberships or equity interests (including silent partnerships and sub-participations) in other companies or enterprises, nor are they obligated to acquire any such shares, partnership interests, memberships or equity interests. No X-Company is obligated to form any company, partnership or enterprise. No X-Company is party to any joint venture, consortium or any other undisclosed partnership (*Innengesellschaft*), nor is any X-Company obligated to acquire any such party status.
8.2.9	Es sind keine Insolvenz-, Reorganisations- oder ähnliche Verfahren im In- oder Ausland über das Vermögen der Verkäuferin oder einer X-Gesellschaft beantragt oder eröffnet worden; auch wurden keine Zwangsvollstreckungs- oder ähnliche Maßnahmen in das Vermögen oder einzelne Vermögensgegenstände der Verkäuferin oder einer X-Gesellschaft beantragt oder eingeleitet. Es bestehen keine Umstände, denen zufolge die Eröffnung solcher Verfahren oder eine (Insolvenz-)Anfechtung dieses Vertrags gerechtfertigt wäre. Die Verkäuferin und die X-Gesellschaften sind nicht überschuldet oder zahlungsunfähig. Sie drohen auch nicht, überschuldet oder zahlungsunfähig zu werden. Die Verkäuferin und die X-Gesellschaften haben ihre Zahlungen weder eingestellt noch Schuldenbereinigungsabkommen oder ähnliche Vereinbarungen mit Gläubigern geschlossen oder angeboten.	8.2.9	No insolvency, reorganisation or similar proceedings in Germany or abroad have been applied for or instituted against the assets of the Seller or any X-Company. Furthermore, no compulsory judicial enforcement proceedings or any similar measures have been applied for or instituted against all or some of assets of the Seller or any X-Company. There are no circumstances which would justify the institution of such proceedings or any actions seeking to void or challenge this Agreement under insolvency law. None of the Seller or the X-Companies has a negative net worth (*ist überschuldet*) or is unable to pay its debts as they fall due (*zahlungsunfähig*), nor is a negative net worth or illiquidity imminent. Neither the Seller nor any of the X-Companies has ceased or suspended its payments (*Zahlungen eingestellt*) nor entered into or offered any debt settlement agreements or similar arrangements with creditors.
8.2.10	Durch den Abschluss und die Durchführung dieses Vertrages	8.2.10	By entering into and performing this Agreement, the Seller is nei-

	verletzt die Verkäuferin weder Rechte Dritter noch sonstige Verpflichtungen gleich welcher Art, insbesondere (i) aus Gesetzen, Rechtsverordnungen, Satzungen, völkerrechtlichen Verträgen, Verwaltungsvorschriften, Urteilen, Beschlüssen, Entscheidungen, Genehmigungen, Verfügungen oder sonstigen (Verwaltungs-)Akten oder sonstigen Regelungen einer supranationalen, internationalen, nationalen, regionalen oder örtlichen Körperschaft, Anstalt, Behörde oder eines solchen Gerichts oder sonstigen Hoheitsträgers oder eines Schiedsgerichts sowie gewohnheitsrechtlichen Normen (zusammen die *Rechtsvorschriften*) oder (ii) aus Verträgen oder sonstigen Schuldverhältnissen oder Vertragsangeboten, unterstellt, das jeweilige Angebot wäre bereits angenommen worden (zusammen die *Rechtsgeschäfte*).[93]	ther infringing any third party rights nor breaching any other kind of obligation, including those arising under (i) statutes, ordinances, articles of association, international treaties, administrative regulations, judgments, resolutions, decisions, permits or other (individual regulatory) decisions or other rules issued by a supranational, international, national, regional or local body, establishment, government authority or any court, tribunal or other sovereign entity or an arbitration tribunal as well as customary rules and practices (collectively referred to as *Legal Requirements*) or (ii) contracts or other contractual obligations or offers of contract, supposed that the relevant offer had already been accepted (collectively referred to as *Legally Binding Transactions*).
8.2.11	Dieser Vertrag begründet wirksame und durchsetzbare Verpflichtungen der Verkäuferin. Mit Ausnahme der in Anlage 8.2.11 aufgeführten Zustimmungen und Mitteilungen und vorbehaltlich § 6.2.2 bis § ...... dieses Vertrages ist die Verkäuferin nicht verpflichtet, die Zustimmung Dritter (einschließlich Behörden oder sonstiger Hoheitsträger) zum Abschluss oder zur Durchführung dieses Vertrags einzuholen oder solchen Dritten den Abschluss oder Durchführung dieses Vertrages mitzuteilen. Ansprüche, andere Rechte jedweder Art und Rechtsverhältnisse von X-Gesellschaften werden aufgrund des Abschlusses oder der Durchführung dieses Vertrags nicht entzogen, beendet, inhaltlich geändert oder in sonstiger Form beeinträchtigt. Abschluss und Durchführung dieses Vertrags begründen auch keine Kündigungs-, Rückforderungs- oder anderen	8.2.11 This Agreement establishes binding and enforceable obligations of the Seller. With the exception of the consents and notices set forth in Schedule 8.2.11 and subject to clause 6.2.2 to ...... of this Agreement, the Seller is not obligated to obtain consents from third parties (including government authorities or other sovereign entities) to enter into or perform this Agreement or to notify any such third party of the conclusion or performance of this Agreement. Claims, other rights of any kind and legal relationships of X-Companies shall not be revoked, terminated, amended or impaired in any other way due to the conclusion or performance of this Agreement. Furthermore, the conclusion and performance of this Agreement do not establish any termination rights, claw back rights or other rights of the relevant contractual partners of

2. GmbH-Anteilskaufvertrag – ausführlich, käuferfreundlich C. II. 2

	Rechte der jeweiligen Vertragspartner der X-Gesellschaften oder Dritter.		the X-Companies or third parties.
8.2.12	Sämtliche Mitteilungs- und Anzeigepflichten in Bezug auf die X-Gruppen-Geschäftsanteile, insbesondere aus §§ 16, 40 GmbHG und §§ 20, 21 AktG, sind stets fristgerecht und ordnungsgemäß erfüllt worden. Die X-Gesellschaften ihrerseits haben solche Mitteilungs- und Anzeigepflichten stets ordnungsgemäß erfüllt.	8.2.12	All notice and disclosure duties related to the X-Group Shares, particularly under sec. 16 and 40 of the Limited Liability Companies Act (*GmbH-Gesetz – GmbHG*) and sec. 20, 21 of the AktG, have always been discharged in a timely and proper manner. For their part, the X-Companies have always duly discharged such notice and disclosure duties.
8.3	Jahresabschlüsse	8.3	Financial Statements
8.3.1	Die Verkäuferin hat der Käuferin die geprüften und mit einem uneingeschränkten Bestätigungsvermerk versehenen Jahresabschlüsse der X-Gesellschaften für die Geschäftsjahre ...... (die *Jahresabschlüsse*) [und den konsolidierten Jahresabschluss der X-GmbH für das Gechäftsjahr [......] (der *Konsolidierte Jahresabschluss*)] übergeben.[94]	8.3.1	The Seller has submitted to the Purchaser the audited financial statements (balance sheet, profit and loss statement and notes) (*Bilanz, Gewinn- und Verlustrechnung und Anhang*)) of the X-Companies for fiscal years ......, including in each case the related audit reports and auditors' unqualified opinions (*uneingeschränkter Bestätigungsvermerk*) (the *Financial Statements*) [and the consolidated financial statements of X-GmbH for fiscal year ...... (the *Consolidated Financial Statements*)].
8.3.2	Die Jahresabschlüsse [und der Konsolidierte Jahresabschluss] entsprechen jeweils den von den Gesellschaftern festgestellten Jahresabschlüssen der X-Gesellschaften für das betreffende Geschäftsjahr und wurden in Übereinstimmung mit den jeweils anwendbaren Vorschriften und insbesondere den Grundsätzen ordnungsmäßiger Buchführung (GoB) sowie, in deren Rahmen, unter Wahrung formeller und materieller Bilanzkontinuität erstellt; insbesondere sind alle Bewertungsmethoden beibehalten sowie alle Aktivierungs- und Passivierungswahlrechte unverändert ausgeübt worden.	8.3.2	The Financial Statements [and the Consolidated Financial Statements] conform to the X-Companies' annual financial statements that were formally approved by the shareholders for the relevant fiscal year and were prepared in accordance with the applicable rules and, in particular, the generally accepted principles of accounting (*GoB*), consistent with past practice regarding their formal organization and measurement (*unter Wahrung formeller und materieller Bilanzkontinuität*). Specifically, all accounting and valuation principles, methods and rules were retained and all options to capitalize or to in-

Schrader

291

8.3.3 Die Jahresabschlüsse [und der Konsolidierte Jahresabschluss] vermitteln ein den tatsächlichen Verhältnissen entsprechendes Bild der Vermögens-, Finanz- und Ertragslage der X-Gesellschaften [bzw., im Falle des Konsolidierten Jahresabschlusses, des durch die in den Konsolidierungskreis einbezogenen X-Gesellschaften gebildeten Konzerns,] für die jeweiligen Stichtage bzw. Geschäftsjahre. Die Bilanzen der Jahresabschlüsse [und des Konsolidierten Jahresabschlusses] sind hinsichtlich der darin ausweisbaren Aktiv- und Passivposten, auch was deren Betrag betrifft, vollständig und zutreffend. Jedoch sind Vermögensgegenstände und sonstige Bilanzpositionen nur aktiviert worden, wenn und soweit dies durch zwingendes Recht vorgeschrieben ist. Alle zulässigen Abschreibungen, Wertberichtigungen und Rückstellungen sind in der maximal zulässigen Höhe vorgenommen worden. Die Ergebnisse der gewöhnlichen Geschäftstätigkeit der X-Gesellschaften gemäß §§ 298 Abs. 1 i. V. m. 275 Abs. 2 Nr. 14 bzw. Abs. 3 Nr. 13 HGB oder anderen vergleichbaren Vorschriften anwendbarer ausländischer Rechtsordnungen sind nicht durch nicht regelmäßig wiederkehrende Ereignisse beeinflusst worden. Der Lagebericht aus den Jahresabschlüssen [und der Konzernlagebericht aus dem Konsolidierten Jahresabschluss] vermitteln jeweils eine zutreffende Vorstellung von der Lage der betreffenden X-Gesellschaft [bzw., im Falle des Konzernlageberichts, des durch die in den Konsolidie-

8.3.3 clude items on the liabilities side (*Aktivierungs- und Passivierungswahlrechte*) were consistently applied. The Financial Statements [and the Consolidated Financial Statements] present a true and fair view of the net assets position (*Vermögenslage*), financial condition (*Finanzlage*) and results of operation (*Ertragslage*) of the X-Companies [, and, in the case of the Consolidated Financial Statements, of the group consisting of the X-Companies that were included among the consolidated companies,] for the respective record dates or fiscal year. The balance sheets included with the Financial Statements [and the Consolidated Financial Statements] are complete and correct with respect to the assets and liabilities items to be shown therein, including each specific amount. Nevertheless, the assets and other balance sheet items were capitalised only if and to the extent that mandatory law required it. Any permissible depreciations and value adjustments (*Abschreibungen und Wertberichtigungen*) and all accruals (*Rückstellungen*) were made to the maximum extent allowed by law. The results of the ordinary business operations (*Ergebnis der ordentlichen Geschäftstätigkeit*) of the X-Companies as defined in sec. 298 para. 1 in conjunction with sec. 275 para. 2 no. 14 or para. 3 no. 13 of the HGB or other similar rules in applicable foreign jurisdictions were not influenced by any exceptional incidents. The management report (*Lagebericht*) under the Financial Statements [and the group management reports under the Consolidated Financial Statements] present in each case a correct

rungskreis einbezogenen X-Gesellschaften gebildeten Konzerns]. Die Risiken der künftigen Entwicklung sind jeweils zutreffend dargestellt.

8.3.4 Keine der X-Gesellschaften hat am Stichtag Verbindlichkeiten (einschließlich ungewisser und unbekannter Verbindlichkeiten), die nicht im Konsolidierten Stichtagsabschluss ausgewiesen und für die auch nicht in voller Höhe Rückstellungen gebildet sind. Vorstehendes gilt nicht für Erfüllungsverpflichtungen aus beiderseits noch nicht erfüllten Verträgen (schwebende Geschäfte), soweit diese nicht bilanzierungsfähig sind. Soweit nicht auf der Passivseite auszuweisen, sind alle Eventualverbindlichkeiten (einschließlich Verbindlichkeiten aus der Abgabe von Patronatserklärungen) im Anhang zum Konsolidierten Stichtagsabschluss ausgewiesen.

8.3.5 Seit dem ...... hat keine X-Gesellschaft Gewinne offen oder verdeckt ausgeschüttet oder offene oder verdeckte Gewinnausschüttungen beschlossen.

8.3.6 Die Bücher und Unterlagen der X-Gesellschaften sind vollständig und richtig und im Einklang mit den jeweils anzuwendenden Rechtsvorschriften ordnungsgemäß geführt. Insbesondere haben die X-Gesellschaften ihre Aufbewahrungspflichten aus § 257 HGB und vergleichbaren Vor-

view of the situation of the relevant X-Companies [; and, in the case of the group management report, the condition of the group consisting of the X-Companies that were included among the consolidated companies]. The risk involving future developments were accurately reflected in each case.

8.3.4 On the Effective Date, none of the X-Companies will have any liabilities (including any uncertain and contingent liabilities, whether known or unknown), other than those accounted or accrued for in their full amount in the Consolidated Effective Date Financial Statements. The foregoing shall not apply to regular obligations for specific performance (*vertragliche Erfüllungsansprüche*) under ongoing contracts (*schwebende Geschäfte*), to the extent such obligations do not qualify for balance sheet recognition (*nicht bilanzierungsfähig*). To the extent that any contingent liabilities (*Eventualverbindlichkeiten*) (including liabilities based on comfort letters (*Patronatserklärungen*)) are not required to be included as liabilities on the balance sheet, such liabilities have been reported in the notes (*Anhang*) to the Consolidated Effective Date Financial Statements.

8.3.5 Since ......, no X-Company has distributed, either openly or in concealment, any profits nor resolved any open or hidden profit distributions.

8.3.6 The books and documents of the X-Companies are correct and complete and are duly kept in compliance with the applicable Legal Requirements. Above all, the X-Companies have always performed, both fully and properly, their duties of retention according to sec. 257 of the HGB

schriften anwendbarer ausländischer Rechtsordnungen stets vollständig und ordnungsgemäß erfüllt.

8.4 Gewerbliche Schutzrechte; X-Informationstechnologie

8.4.1 Anlage 8.4.1a enthält eine Aufstellung aller gewerblichen Schutzrechte, ähnlichen Rechte und Schutzformen mit vergleichbarer Wirkung, gleich in welchem Land gewährt und unabhängig davon, ob sie in einem öffentlichen Register eingetragen oder eintragungsfähig sind, einschließlich der Anmeldungen solcher Rechte, wie insbesondere Patente, Marken, Gebrauchsmuster, Geschmacksmuster, Halbleiterschutzrechte, Sortenschutzrechte, Domain-Namen, geschäftliche Bezeichnungen, geographische Herkunftsangaben, Urheberrechte und sonstige Leistungsschutzrechte (zusammen *Gewerbliche Schutzrechte*), deren ausschließliche und unbeschränkte Inhaberin eine X-Gesellschaft ist oder an denen einer oder mehreren X-Gesellschaft(en) zusammen zeitlich, räumlich und sachlich unbeschränkte, ausschließliche Nutzungsrechte zustehen (die *Eigenen Gewerblichen Schutzrechte*). Ferner sind dort die Zeitpunkte aufgeführt, zu denen die Eigenen Gewerblichen Schutzrechte, die in der Schutzdauer beschränkt sind, jeweils spätestens auslaufen. Soweit nicht in Anlage 8.4.1b offengelegt, bestehen keine Lizenzen oder anderen Nutzungsrechte Dritter an den Eigenen Gewerblichen Schutzrechten; die X-Gesellschaften sind auch nicht zur Gewährung solcher Nutzungsrechte verpflichtet.

8.4.2 Anlage 8.4.2a enthält eine Aufstellung aller Lizenzen und sonstigen Nutzungsrechte an Gewerblichen Schutzrechten, die einer X-Gesellschaft gewährt

8.4 Intellectual Property Rights

8.4.1 Schedule 8.4.1a contains a list of all intellectual property rights, similar rights and forms of protection with comparable effect, irrespective of the country in which such rights were granted and regardless of whether they are or could be recorded in a public register, including applications for rights such as patents, trademarks, utility models, design patents, semi-conductor proprietary rights, plant variety protective rights, internet domain names, business designations, geographical indications of origin, copyrights and other ancillary copyrights (collectively referred to as *Intellectual Property Rights*), the sole and unencumbered holder of which is an X-Company or to which one or more X-Company/ies has or collectively have exclusive and perpetual rights of use that are not limited either geographically or in terms of content (the *Own Intellectual Property Rights*). The aforementioned Schedule also includes the dates on which any Own Intellectual Property Rights that have a limited term of protection will expire at the earliest. Unless disclosed in Schedule 8.4.1b, there are no licenses or other rights of use held by third parties relating to the Own Intellectual Property Rights. The X-Companies are also under no obligation to grant any such rights of use.

8.4.2 Schedule 8.4.2a contains a list of all licenses to, and other rights of use in, Intellectual Property Rights, which were granted to an X-Company and which are not-

worden sind und nicht Teil der Eigenen Gewerblichen Schutzrechte gemäß § 8.4.1 sind (die *X-Lizenzen*). Anlage 8.4.2a enthält darüber hinaus Angaben über den Lizenzgeber Art, Umfang, Dauer, etwaige Beschränkungen und sonstige wesentliche Nutzungsbedingungen sowie etwaige von der betreffenden X-Gesellschaft zu leistenden Lizenzgebühren. Soweit nicht in Anlage 8.4.2b offengelegt, bestehen keine Unterlizenzen oder anderen Nutzungsrechte Dritter hinsichtlich des Gegenstands der X-Lizenzen; die jeweiligen X-Gesellschaften sind auch nicht zur Einräumung solcher Nutzungsrechte verpflichtet. Soweit eine X-Lizenz von einem Dritten vertraglich eingeräumt wurde, ist der entsprechende Vertrag wirksam und durchsetzbar. Vor Ablauf von ...... Monaten ab dem Unterzeichnungstag kann keine Vereinbarung über die Einräumung einer X-Lizenz durch den jeweiligen Lizenzgeber ordentlich beendet werden, insbesondere nicht aufgrund des Abschlusses oder der Durchführung dieses Vertrages. Es bestehen keine Umstände, aufgrund derer eine X-Lizenz vor Ablauf dieses Zeitraums aus wichtigem Grund gekündigt oder in sonstiger Weise außerordentlich beendet werden könnte; derartige Umstände sind auch nicht absehbar. Die X-Gesellschaften haben die X-Lizenzen ordnungsgemäß genutzt und nutzen diese gegenwärtig ordnungsgemäß. Die Eigenen Gewerblichen Schutzrechte und die X-Lizenzen werden nachfolgend zusammen als *X-Schutzrechte* bezeichnet.

part of the Own Intellectual Property Rights defined in clause 8.4.1 (the *X-Licenses*). Schedule 8.4.2a also contains information about the licensor, type, scope, duration, any limitations and other material terms of use as well as any license fees or royalties owed by the X-Company in question. Unless otherwise disclosed in Schedule 8.4.2b, there are no sub-licenses or other rights of use held by third parties with respect to the subject matter of the X-Licenses, and the relevant X-Companies are also under no obligation to grant such rights of use. Any contract, under which a third party granted an X-License, is valid and enforceable. For a period of ...... months from the Signing Date, no agreement granting an X-License may be terminated with notice by the respective licensor, and such termination specifically cannot be based on the conclusion or performance of this Agreement. There are no facts or circumstances that serve as a basis for terminating an X-License prior to the end of the foregoing period either for good cause or for some other reason, and no such facts or circumstances are foreseeable. The X-Companies have duly used, and are currently duly using, the X-Licenses. The Own Intellectual Property Rights and the X-Licenses are hereinafter collectively referred to as the *X-Intellectual Property Rights*.

8.4.3 Alle X-Schutzrechte bestehen wirksam und sind durchsetzbar. Mit Ausnahme der in Anlage 8.4.2a aufgeführten Lizenzge-

8.4.3 All X-Intellectual Property Rights are valid and enforceable. With the exception of the license fees set forth in Schedule 8.4.2a,

bühren bestehen keinerlei Zahlungs- oder Freistellungsverpflichtungen von X-Gesellschaften gegenüber Dritten im Hinblick auf X-Schutzrechte. Alle für die Aufrechterhaltung, die Pflege, den Schutz und die Durchsetzung der X-Schutzrechte erforderlichen Zahlungen sind rechtzeitig und ordnungsgemäß geleistet, alle notwendigen diesbezüglichen Verlängerungsanträge rechtzeitig und ordnungsgemäß gestellt, alle anderen hierzu erforderlichen Maßnahmen rechtzeitig und ordnungsgemäß getroffen und alle Nutzungs- und sonstigen Pflichten im Hinblick auf die X-Schutzrechte rechtzeitig und ordnungsgemäß erfüllt worden. Nach Kenntnis der Verkäuferin hat kein Dritter X-Schutzrechte verletzt oder verletzt diese gegenwärtig. Die X-Schutzrechte sind weder Gegenstand gerichtlicher oder behördlicher Verfahren, in denen die Wirksamkeit der X-Schutzrechte bestritten wird.

none of the X-Companies owes payment or indemnity duties to third parties with respect to the X-Intellectual Property Rights. Any and all payments required to maintain, care for, protect and enforce the X- Intellectual Property Rights have been timely and duly made, all necessary and related applications for renewal have been timely and duly filed, all other measures required for these purposes have been timely and duly taken, and all use obligations and other duties with respect to the X-Intellectual Property Rights have been timely and duly performed. To the Seller's Knowledge, no third party has infringed, or is currently infringing, X-Intellectual Property Rights. The X-Intellectual Property Rights are not the subject of any judicial or regulatory proceedings in which the validity of the X- Intellectual Property Rights is being challenged.

8.4.4 Andere Gewerbliche Schutzrechte als die X-Schutzrechte werden und wurden in den letzten ...... Jahren vor dem Unterzeichnungstag von den X-Gesellschaften nicht genutzt und werden auch nicht benötigt, um die X-Geschäftsbetriebe in Art und Umfang unverändert und der bestehenden Zukunftsplanung entsprechend fortzuführen. Die X-Gesellschaften haben in der Vergangenheit keine Gewerblichen Schutzrechte verletzt und und verletzen solche auch gegenwärtig nicht.

8.4.4 Intellectual Property Rights other than the X-Intellectual Property Rights were not and have not been used by the X-Companies in the last ...... years prior to the Signing Date and are also not required in order to continue the X-Business Operations in the same manner and scope as before and in accordance with current future planning. The X-Companies have not in the past infringed and are not currently infringing any Intellectual Property Rights.

8.4.5 Die X-Gesellschaften sind uneingeschränkt berechtigt, über das Know-how zu verfügen, das sie benötigen, um die X-Geschäftsbetriebe in Art und Umfang unverändert fortzuführen. Als *Know-how* werden in diesem Vertrag sämtliche Informationen

8.4.5 The X-Companies are entitled without restriction to exercise control over the know-how that they require in order to continue the X-Business Operations in the same manner and scope as they are currently conducted. In this Agreement, *Know-how* shall

(einschließlich solcher in Form von Formeln, Mustern, Listen, technischen Beschreibungen und Zeichnungen, unabhängig davon, ob und in welcher Weise sie verkörpert sind,) bezeichnet, die sich auf den Geschäftsbetrieb eines Unternehmens (einschließlich Einkauf, Forschung & Entwicklung, Produktion, Informationstechnologie, Qualitätsmanagement, Marketing, Logistik, Vertrieb und Kundenbeziehungen) beziehen und nicht allgemein bekannt sind. Die X-Gesellschaften haben das Know-how, das sich auf den jeweiligen X-Geschäftsbetrieb bezieht (das *X-Know-how*), zu jeder Zeit als Geschäftsgeheimnis behandelt und wirksam gegen eine Kenntnisnahme durch Dritte geschützt. Dritten sind keine Lizenzen oder anderen Nutzungsrechte an dem X-Know-how gewährt worden. Nach Kenntnis der Verkäuferin hat kein Dritter widerrechtlich X-Know-how erlangt oder genutzt bzw. nutzt dieses gegenwärtig widerrechtlich.

mean all information (including information comprised in or derived from formulae, designs, specifications, lists, technical descriptions and drawings), irrespective of whether and in what manner it has been memorialized, which relates to the business operation of a company (including procurement, research and development, production, information technology, quality management, marketing, logistics, sales and distribution and customer relations) and which is generally not known to the public. The X-Companies have at all times treated the Know-how which relates to the X-Business Operations (the *X-Know-how*), as a business secret and have effectively protected such Know-how from its disclosure to third parties. No licenses or other rights of use to the X-Know-how were granted to any third parties. According to the Seller's Knowledge, no third party has obtained or used X-Know-how in violation of the law or is currently using such Know-how in violation of the law.

8.4.6 Weder die X-Schutzrechte noch das X-Know-how sind Gegenstand gerichtlicher oder behördlicher Verfahren; es bestehen auch keine Umstände, welche die Einleitung solcher Verfahren rechtfertigen könnten. Die Nutzung der X-Schutzrechte und des X-Know-how durch die X-Gesellschaften verstößt nicht gegen Rechtsvorschriften oder Rechtsgeschäfte oder Gewerbliche Schutzrechte oder andere Rechte Dritter. Dritte haben weder (i) in Bezug auf die X-Schutzrechte oder das X-Know-how, noch (ii) wegen der Nutzung von X-Schutzrechten oder X-Know-how durch X-Gesellschaften, noch (iii) wegen einer angebli-

8.4.6 Neither the X-Intellectual Property Rights nor the X-Know-how are the subject of any judicial or regulatory proceedings. There are also no facts or circumstances which would justify the institution of such proceedings. The use of the X-Intellectual Property Rights and of the X-Know-how by the X-Companies does not violate any Legal Requirements or Legally Binding Transactions or Intellectual Property Rights or any other third party rights. Third parties have not enforced any rights (i) with respect to the X-Intellectual Property Rights or the X-Know-how or (ii) based on the use of the X-Intellectual Property

chen Verletzung anderer Gewerblicher Schutzrechte, Lizenzen oder anderer Nutzungsrechte durch die X-Gesellschaften Rechte geltend gemacht oder eine solche Geltendmachung angekündigt; es bestehen auch keine Umstände, die eine solche Geltendmachung rechtfertigen könnten.

Rights or the X-Know-how by the X-Companies or (iii) based on any alleged infringement of other Intellectual Property Rights, licenses or other rights of use by the X-Companies, nor has any such enforcement been announced. There are also no facts or circumstances, which could justify any such enforcement.

8.4.7 Die X-Gesellschaften verfügen jeweils über die ausschließlichen und unbeschränkten Rechte an allen Erfindungen und Entwicklungen ihrer Organmitglieder, Arbeitnehmer, freien Mitarbeiter, Dienstleister, Werkunternehmer und sonstiger Dritter (sowie deren jeweiliger Geschäftsführer und Arbeitnehmer), die im Zusammenhang mit einer Beschäftigung bei bzw. einer Tätigkeit für die jeweilige X-Gesellschaft entstanden sind. Die X-Gesellschaften haben alle Rechte nach dem Arbeitnehmererfindungsgesetz und ähnlichen Gesetzen ausgeübt und alle Verpflichtungen aus diesen Gesetzen erfüllt.

8.4.7 The X-Companies have in each case exclusive and unrestrictive rights to all inventions and developments which were made by its officers, managing directors, board members, employees, freelance workers, service providers, subcontractors (*Werkunternehmer*) and other third parties (as well as their respective managing directors and employees) and which arose in connection with a job at or the work for the respective X-Company. The X-Companies have exercised all rights under the German Act on Employee Inventions (*Arbeitnehmererfindungsgsetz*) and similar laws in other jurisdictions and fulfilled any obligations under such laws.

8.4.8 Die gesamte Hard- und Software, alle Kommunikationssysteme und Netzwerke sowie sonstige Informationstechnologie, die von den X-Gesellschaften genutzt oder benötigt werden, um die X-Geschäftsbetriebe in Art und Umfang unverändert fortzuführen (die *X-Informationstechnologie*), steht entweder im Eigentum der X-Gesellschaften oder ist für einen Zeitraum von mindestens ...... Monaten ab dem Unterzeichnungstag wirksam gemietet oder geleast oder in Lizenz erworben worden. Dritten sind keine Quellcodes oder Algorithmen von Software, die im Eigentum der X-Gesellschaften steht oder an der den X-Gesellschaften ausschließliche Nut-

8.4.8 All of the computer hardware and software, all communication systems and networks as well as other information technology which are used or required by the X-Companies in order to continue running the X-Business Operations in the same manner and scope as currently conducted (the *X-Information Technology*), are either owned by the X-Companies or have been validly leased for a term of at least ...... months from the Signing Date or were acquired under license. No source codes or algorithms of software which are owned by the X-Companies or to which the X-Companies have exclusive rights of use, were disclosed or otherwise made available to third par-

	zungsrechte zustehen, offengelegt oder sonst zugänglich gemacht worden. [Hardware und Netzwerke sind in Anlage 8.4.8 vollständig und zutreffend beschrieben.]		ties. [All hardware and networks are completely and correctly described in Schedule 8.4.8.]
8.4.9	Anlage 8.4.9 enthält alle Vereinbarungen betreffend die X-Informationstechnologie mit dem Inhalt, den sie am Unterzeichnungstag haben (die *X-IT-Verträge*). Die X-IT-Verträge sind wirksam und durchsetzbar. Die X-Gesellschaften haben alle Verpflichtungen aus den X-IT-Verträgen vollständig und ordnungsgemäß erfüllt. Keiner der X-IT-Verträge kann vor Ablauf von ...... Monaten ab dem Unterzeichnungstag von der jeweils anderen Vertragspartei ordentlich beendet werden, insbesondere nicht aufgrund des Abschlusses oder der Durchführung dieses Vertrages; keiner der X-IT-Verträge endet vor Ablauf dieser Frist automatisch. Es bestehen keine Umstände, aufgrund derer einer der X-IT-Verträge vor Ablauf dieses Zeitraums aus wichtigem Grund gekündigt oder in sonstiger Weise außerordentlich beendet werden könnte; derartige Umstände sind auch nicht absehbar.	8.4.9	Schedule 8.4.9 contains all agreements related to the X-Information Technology with the content that they have on the Signing Date (the *X-IT Contracts*). The X-IT Contracts are valid and enforceable. The X-Companies have fully and duly performed all obligations under the X-IT Contracts. For a period of ...... months from the Signing Date, none of the X-IT Contracts may be terminated with notice by the respective other contracting party, and specifically not on the basis of the conclusion or performance of this Agreement. None of the X-IT Contracts will end automatically prior to the expiration of the aforementioned period. There are no facts or circumstances that could serve as a basis for terminating one of the X-IT Contracts prior to the end of the foregoing period either for good cause or for some other reason, and no such facts or circumstances are foreseeable.
8.4.10	Die X-Informationstechnologie hat auf stand-alone-Basis, d.h. ohne dass Leistungen Dritter hinzutreten, die nicht bereits vertraglich vereinbart sind, das für die jeweiligen X-Geschäftsbetriebe notwendige Leistungsvermögen. Es ist in den letzten ...... Monaten vor dem Unterzeichnungstag weder zu Ausfällen der X-Informationstechnologie noch zu Datenverlusten gekommen, die nachteilige Auswirkungen auf einen X-Geschäftsbetrieb hatten oder haben, noch hat die X-Informationstechnologie Mängel, die derartige Auswir-	8.4.10	The X-Information Technology has the performance capability required for the respective X-Business Operations. Except for services for which valid and binding service agreements are in place, no support from third parties is necessary to enable the ABC Business Information Technology to fulfil such requirements. In the last ...... months prior to the Signing Date, there were neither failures in the X-Information Technology nor data losses that had or have an adverse effect on an X-Business Operations, nor does the

	kungen möglich erscheinen lassen. Die X-Gesellschaften haben alle branchenüblichen Maßnahmen ergriffen, um unautorisierte Zugriffe auf die X-Informationstechnologie und/oder auf Daten der X-Gesellschaften oder Beeinträchtigungen der X-Informationstechnologie oder von Daten der X-Gesellschaften durch Computerviren oder ähnliche Programme zu verhindern. Die X-Gesellschaften fertigen regelmäßig und in ausreichendem Umfang Sicherheitskopien (Backups) der von ihnen genutzten Software, Daten und Datenbanken und lagern diese geschützt vor dem Zugriff Dritter außerhalb ihrer Geschäftsräume.		X-Information Technology have any defects which could have those types of effects. The X-Companies have taken all measures considered customary in the industry in order to prevent unauthorized access to the X-Information Technology or the data of the X-Companies or to avoid any impairment of the X-Information Technology or data of the X-Companies due to computer viruses or similar programs. The X-Companies routinely produce a sufficient number of backup copies of the software, data and databases that they use and store such backup copies outside of their business premises and protect them from third party access.
8.4.11	Anlage 8.4.11 enthält eine Beschreibung sämtlicher Internetseiten von X-Gesellschaften (die *X-Internetseiten*) unter Angabe der Webadressen. Die X-Gesellschaften haben alle Rechte, die für das Betreiben und die Aufrechterhaltung der X-Internetseiten erforderlich sind. Auf den X-Internetseiten existieren keine Verlinkungen auf Webseiten Dritter mit rechtswidrigen Inhalten. Alle Verlinkungen auf Seiten Dritter sind rechtmäßig, und alle hierfür erforderlichen Zustimmungen liegen vor.	8.4.11	Schedule 8.4.11 contains a description of all websites of the X-Companies (the *X-Websites*), including information on the IP addresses. The X-Companies have all rights required to operate and maintain the X-Websites. The X-Websites are not linked to any third party websites containing unlawful or illicit content. All links to third party pages are lawful, and consents required for such links have been obtained.
8.5	Grundbesitz	8.5	Real Property
8.5.1	Anlage 8.5.1 enthält eine vollständige und richtige Aufstellung aller Grundstücke, die im Eigentum (einschließlich Wohnungs-, Teil- und Miteigentum) einer oder mehrerer X-Gesellschaften stehen oder an denen diesen ein grundstücksgleiches Recht (insbesondere Erbbaurecht) zusteht (zusammen mit den aufstehenden Gebäuden und sonstigen Aufbauten das *Grundeigentum*) einschließlich aller Einzelheiten	8.5.1	Schedule 8.5.1 contains a complete and correct list of all land parcels to which one or several X-Companies hold legal title (including residential property (*Wohnungseigentum*), part-ownership (*Teileigentum*) and co-ownership interests (*Miteigentum*)) or to which they hold rights equivalent to real property (*grundstücksgleiche Rechte*) (including heritable building rights (*Erbbaurechte*)) (together with

	hinsichtlich Lage, Größe, Grundbuch und Belastungen (einschließlich Baulasten) des jeweiligen Grundeigentums. [Die in Anlage 8.5.1 ausgewiesenen Grundstücke stehen im unbeschränkten Eigentum der dort jeweils genannten X-Gesellschaft(en); darüber hinaus existieren keine weiteren Grundstücke, die im Eigentum der X-Gesellschaften stehen oder an denen diesen ein grundstücksgleiches Recht zusteht.		the buildings and any other structures (*Aufbauten*) erected on them, referred to as the *Real Property*), including any details regarding location, size, land register and encumbrances (including any public easements (*Baulasten*) on the Real Property. The X-Company/ies named in Schedule 8.5.1 hold unrestricted title to the land parcels set forth therein. There are no further land parcels to which the X-Companies hold legal title or rights equivalent to real property.
8.5.2	Das Grundeigentum ist über die in der Anlage 8.5.1 genannten Belastungen hinaus nicht belastet. Es bestehen auch keine Rechtsgeschäfte, die den X-Gesellschaften Zahlungs- oder andere Verpflichtungen in Bezug auf das Grundeigentum auferlegen. Das Grundeigentum ist nicht von dritter Seite überbaut, Grundstücke Dritter werden von dem Grundeigentum aus nicht überbaut. Mit Ausnahme der in Anlage 8.5.2 aufgeführten Verträge existieren für das Grundeigentum keine gegen den Eigentümer wirkenden Nutzungs- oder Besitzrechte. Die in Bezug auf das Grundeigentum bestehenden Belastungen und/oder Verpflichtungen gesetzlicher oder rechtsgeschäftlicher Natur beeinträchtigen die am Unterzeichnungstag bestehende und/oder für eine in Art und Umfang unveränderte Fortführung der X-Geschäftsbetriebe erforderliche Nutzung des Grundeigentums nicht. Keines der Grundstücke, die Teil des Grundeigentums sind, liegt in einem Sanierungsgebiet oder Entwicklungsbereich oder im Bereich von Erhaltungssatzungen; nach Kenntnis der Verkäuferin sind Vorbereitungen und Untersuchungen zur Ausweisung als solcher nicht eingeleitet worden. Alle für die Errichtung und	8.5.2	The Real Property is not encumbered except for the encumbrances set forth in Schedule 8.5.1. There exist no regulations or legally binding transactions that impose any payment obligations or other obligations on the X-Companies in relation to the Real Property. Third parties have not built over the Real Property, and nothing has been built over any real property of third parties. With the exception of the contracts set forth in Schedule 8.5.2, the owners of the Real Property are not subject to any enforceable third party rights to use or occupy the Real Property. The existing statutory or transactional encumbrances of and the obligations arising from the Real Property do not impede the use of the Real Property, as such use exists on the Signing Date and as it is required to continue the X-Business Operations in the same manner and scope as they are currently conducted. None of the land parcels forming part of the Real Property are situated in a redevelopment area (*Sanierungsgebiet*) or a development zone (*Entwicklungsbereich*) or in a location subject to preservation laws (*Erhaltungssatzungen*). To the Seller's Knowledge, there have been no preparations or inspec-

Nutzung des Grundeigentums notwendigen Stellplätze sind nachgewiesen oder abgelöst und keiner der auf dem Grundeigentum befindlichen Stellplätze dient als Stellplatznachweis für ein anderes Grundstück.

tions initiated in order to designate any of the Real Property as such. Any parking space required for the current use of the Real Property has been either evidenced or released (*nachgewiesen oder abgelöst*), and none of the parking spaces situated on the Real Property serve as proof of parking space availability for any other land parcel.

8.5.3 Die [als Anlage 8.5.3 beigefügten Kopien] [in Anlage 8.5.3 näher bezeichneten Dokumente, die der Käuferin vor dem Unterzeichnungstag in Kopie übergeben worden sind,] geben den Inhalt aller für das Grundeigentum angelegten Grundbücher, Erbbaugrundbücher, Baulastenverzeichnisse und ähnlichen Register (einschließlich vergleichbarer ausländischer Register) (zusammen die *Grundstücksregister*) vollständig und zutreffend wieder. Es bestehen keine eintragungspflichtigen oder -fähigen Tatsachen oder Umstände, die nicht aus den Grundstücksregistern hervorgehen; insbesondere wurden in Bezug auf das Grundeigentum keine Auflassungen, anderen dinglichen Einigungen oder sonstigen Rechtsgeschäfte vorgenommen oder Eintragungs- oder Löschungsbewilligungen oder sonstigen Erklärungen abgegeben, die einer Eintragung in ein Grundstücksregister bedürfen oder eine solche Eintragung bewirken und die nicht aus den Grundstücksregistern ersichtlich sind. Die X-Gesellschaften haben sich auch nicht zur Vornahme solcher Rechtsgeschäfte oder zur Abgabe solcher Erklärungen verpflichtet.

8.5.3 The copies appended hereto as Schedule 8.5.3 documents which are specified in Schedule 8.5.3 and which were delivered to the Purchaser before the Signing Date, provide a complete and correct account of the content of any land registers, registers of heritable building rights, public encumbrance registers and similar registers (including similar registers in foreign jurisdictions) that were created for the Real Property (collectively the *Property Registers*). There are no facts or circumstances, which can or must be registered and are not already entered in the Property Registers. Above all, with respect to the Real Property, no agreed title conveyances (*Auflassungen*) have been made, no agreements „in rem" (*dingliche Einigungen*) or other legally binding transactions have been executed, and no declarations of consent for an entry in the register or for a cancellation of a registration entry (*Eintragungs- oder Löschungsbewilligungen*) or any other declarations have been made which require an entry in the Property Register or which bring about such an entry and which are not apparent from a perusal of the Property Register. Moreover, the X-Companies have also not assumed any obligations to enter into such transactions or to make such declarations.

8.5.4 Anlage 8.5.4 enthält eine zutreffende und vollständige Aufstel-

8.5.4 Schedule 8.5.4 contains a correct and complete list of any and all

lung sämtlicher von einer X-Gesellschaft als Vermieterin oder Mieterin abgeschlossener Miet-, Pacht- oder Nutzungsverträge über unbewegliche Sachen (nachfolgend werden für solche Rechtsverhältnisse insgesamt mietrechtliche Termini verwendet; ist das Nutzungsverhältnis nicht mietrechtlicher Natur, gelten die funktional entsprechenden Termini der jeweiligen Vertragsart) mit der jeweils vereinbarten Mietfläche, dem geschuldeten Mietzins, der vereinbarten Festlaufzeit des jeweiligen Mietverhältnisses und etwaigen Verlängerungsoptionen, der Art der Wertsicherung sowie etwa am Unterzeichnungstag bereits erklärter, angekündigter oder zu erwartender Kündigungen (die *Mietverträge*).

lease agreements, usufructuary leases (*Pachtverträge*), or use agreements regarding immovable property, which an X-Company has concluded as either landlord/lessor or tenant/lessee (hereinafter the customary legal terminology of the law of tenancies (*Mietrecht*) will be used for all such legal relationships; where the relationship between the owner and user does not constitute a tenancy, then the functionally equivalent terms of the respective contract type will apply), including the agreed leased floor space (*Mietfläche*), the rent due, the agreed fixed term of the respective tenancy and any renewal options, the nature of the indexation as well as any notices of termination that were already served or announced or are expected as of the Signing Date (the *Lease Agreements*).

8.5.5 Alle Mietverträge sind wirksam abgeschlossen und entsprechen den Formvorschriften der §§ 550, 126 BGB. Es bestehen keine Nebenabreden mit dem jeweiligen Vertragspartner. Die X-Gesellschaften haben ihre Verpflichtungen aus den Mietverträgen ordnungsgemäß erfüllt. Keiner der Mietverträge ist gekündigt oder durch Kündigung oder in sonstiger Weise beendet oder innerhalb der letzten ...... Monate vor dem Unterzeichnungstag wesentlich geändert worden. Es liegen keine Umstände vor, die einem Vertragspartner einer X-Gesellschaft ein Recht zur außerordentlichen Kündigung eines Mietvertrages geben würden; insbesondere können die Mietverträge nicht aufgrund des Abschlusses oder der Durchführung dieses Vertrags vom Vertragspartner beendet werden. Sofern einer der Mietverträge innerhalb von ...... Monaten ab

8.5.5 All Lease Agreements have been validly concluded and are in compliance with the formal requirements of sec. 550, 126 of the BGB. No ancillary agreements have been made with the respective parties to those contracts. The X-Companies have duly performed their duties under the Lease Agreements. None of the Lease Agreements have been terminated or ended by way of notice of termination or otherwise or have been substantially amended within the last ...... months before the Signing Date. There are no facts or circumstances that could entitle a contracting party to terminate a Lease Agreement for cause. In particular, none of the Lease Agreements may be terminated by the respective party to the contract based on the conclusion or performance of this Agreement. Insofar as one of the Lease Agreements expires within ......]

	dem Vollzugstag ausläuft, bestehen keine Anhaltspunkte dafür, dass die betreffende X-Gesellschaft eine Vertragsverlängerung nicht oder nur zu schlechteren Bedingungen erreichen könnte.		months after the Closing Date, there is no indication to the effect that the relevant X-Company could not obtain a renewal of the contract or could do so only on less favourable terms and conditions.
8.5.6	Anlage 8.5.6 enthält eine zutreffende und vollständige Aufstellung aller Grundstücke und Gebäude, die von den X-Gesellschaften [für den Betrieb der X-Geschäftsbetriebe] genutzt werden (die *Betriebsgrundstücke*). Sofern und soweit die Betriebsgrundstücke nicht Teil des Grundeigentums sind, sind die X-Gesellschaften berechtigt, das jeweilige Betriebsgrundstück auf der Grundlage eines wirksamen Mietvertrages zu nutzen. Die Betriebsgrundstücke sind für den Betrieb und die Funktionsfähigkeit der auf ihnen installierten Betriebe nicht auf Anlagen und Einrichtungen auf Nachbargrundstücken angewiesen, es sei denn, Anlagen und Einrichtungen im Bereich der öffentlichen Versorgungsträger.	8.5.6	Schedule 8.5.6 contains a correct and complete list of all land parcels and buildings used by the X-Companies [for the purpose of running the X-Business Operations] (the *Business Premises*). To the extent that the Business Premises do not form part of the Real Property, the X-Companies are entitled to use the respective Business Premises on the basis of valid and effective Lease Agreements. The Business Premises do not depend on facilities and installations situated on adjacent properties in order to run and effectively use the operation located on the Business Premises, with the exception of the facilities and installations of public utility providers.
8.5.7	Alle Grundstücke, Gebäude und Aufbauten, die zu den Betriebsgrundstücken gehören, sind in einwandfreiem und gebrauchsfähigem Zustand und ermöglichen es den X-Gesellschaften, die X-Geschäftsbetriebe in Art und Umfang unverändert fortzuführen; insbesondere befinden sich auf und in den Betriebsgrundstücken keine unter- oder oberirdischen Gebäudereste oder Gegenstände von archäologischem Interesse. Alle Instandhaltungs- und Instandsetzungsmaßnahmen an den auf den Betriebsgrundstücken befindlichen Gebäuden und Aufbauten sind ordnungsgemäß und rechtzeitig erfolgt; die Instandhaltung und Instandsetzung erfolgte unter Berücksichtigung des Standes der Tech-	8.5.7	All land parcels, buildings and structures included in the Business Premises are in sound and useable condition and will allow the X-Companies to continue the X-Business Operations in the same manner and scope as they are currently conducted. In particular, the Business Premises are free of any aboveground or subterranean building remnants and relics of archaeological interest. Any and all maintenance or repair work to the buildings or structures have been duly and timely performed, and were carried out in accordance with current standards of technology, the requirements under public law and the recommendations of manufacturers or, as the case may be, the specifications of the in-

nik, der öffentlich-rechtlichen Anforderungen und der Empfehlungen der Hersteller bzw. Vorgaben der Versicherer. Erforderliche Investitionen wurden nicht aufgeschoben. Es existieren keine Rechtsvorschriften, Rechtsgeschäfte oder Rechte Dritter, welche die gegenwärtige Nutzung der Betriebsgrundstücke und der auf ihnen befindlichen Gebäude und Aufbauten einschränken.

surance carriers. Necessary capital expenditures have not been delayed. There are no Legal Requirements, Legally Binding Transactions or third party rights which restrict the current use of the Business Premises and the buildings and structures situated thereon.

8.5.8 Alle auf dem Grundeigentum, den Mietobjekten und den Betriebsgrundstücken (zusammen die *Immobilien*) befindlichen genehmigungspflichtigen Bauten, Einrichtungen und Anlagen und ihre derzeitige Nutzung sind bestandskräftig, unbedingt und unbefristet genehmigt. Sie entsprechen (unter Berücksichtigung des Bestandsschutzes) den einschlägigen öffentlich-rechtlichen, insbesondere bau- und immissionsschutzrechtlichen Vorschriften und Regelwerken und verstoßen nicht gegen geltendes Recht. Es bestehen für die Immobilien keine nicht erfüllten behördlichen oder berufsgenossenschaftlichen Auflagen oder Forderungen und keine Widerrufe, Rücknahmen, oder Einschränkungen der ergangenen Genehmigungen oder Sachverhalte, die dies begründen.

8.5.8 All construction, installations and facilities, which are situated on the Real Property, Leased Properties and Business Premises (collectively the *Real Estate*) and which require regulatory approval, as well as the current use of those items, have been granted unconditional and perpetual approval with regulatory finality or „grandfathered" status (*bestandskräftig*). They comply with the applicable public law provisions (as grandfathered), including any regulations covering construction and emissions, and do not violate any other currently applicable laws. There are no conditions, restrictions or requirements which were imposed by regulators or government safety associations (*berufsgenossenschaftlichen Auflagen*) on the Real Estate that have not been observed, and there are no revocations or repeals of, or restrictions on, any permits or approvals previously granted or any facts which would justify such action.

8.5.9 Es bestehen hinsichtlich der Immobilien keine öffentlich-rechtlichen Verfahren (Widerspruchsverfahren, Klageverfahren oder sonstige Rechtsbehelfverfahren), insbesondere keine Nachbarwidersprüche, Verfahren die auf Erhöhung bau- oder immissionsschutzrechtlicher An-

8.5.9 With regard to the Real Estate, there are no proceedings under public law (litigation, appellate proceedings or administrative proceedings reviewing an individual regulatory decision with a view to judicial review (*Widerspruchsverfahren*)) currently pending, including formally

forderungen abzielen etc. Solche Verfahren waren auch in den letzten zwei Jahren vor Vertragsabschluss nicht eingeleitet oder anhängig. Hinsichtlich der Immobilien bestehen und bestanden innerhalb der letzten zwei Jahre vor Beurkundung dieser Vereinbarung keine Rechtsstreitigkeiten mit Dritten öffentlich-rechtlicher oder zivilrechtlicher Art.

lodged neighbour disputes (*Nachbarwidersprüche*) and proceedings that aim to increase the requirements under the applicable construction and emission control legislation. Also, no such proceedings were initiated and pending within the last two years before the conclusion of this Agreement. There are currently no legal proceedings subject to civil or public law with third parties relating to the Real Estate, nor have there been such proceedings during the last two years before the Signing Date.

8.6 Vermögensgegenstände des Anlage- und Umlaufvermögens; Vorräte; Forderungen

8.6 Current and Fixed Assets; Inventories; Receivables

8.6.1 Anlage 8.6.1 enthält für jede X-Gesellschaft eine Aufstellung aller im rechtlichen und wirtschaftlichen Eigentum der jeweiligen Gesellschaft stehenden Vermögensgegenstände des Anlage- und Umlaufvermögens (einschließlich geringwertiger oder anderweitig vollständig abgeschriebener Vermögensgegenstände).

8.6.1 Schedule 8.6.1 contains for each X-Company a list setting forth all current and fixed assets (*Gegenstände des Umlauf- und Anlagevermögens*) to which each company holds legal or beneficial title (including any low-value assets or assets that have otherwise been fully amortized or depreciated).

8.6.2 Die X-Gesellschaften sind die rechtlichen und wirtschaftlichen Eigentümer und Besitzer bzw. Inhaber sämtlicher Vermögensgegenstände des in Anlage 8.6.1 aufgelisteten Anlage[- und Umlauf]vermögens sowie der Gegenstände des Anlage- und Umlaufvermögens, die in den Jahresabschlüssen ...... von den jeweiligen X-Gesellschaften ausgewiesen oder seit dem ...... von X-Gesellschaften erworben worden sind, soweit sie nicht nach dem ...... im gewöhnlichen Geschäftsgang veräußert wurden. Diese Vermögensgegenstände sind frei von jeglichen Belastungen zugunsten sowie Ansprüchen und anderen Rechten Dritter. Ausgenommen von den beiden vorstehenden Sätzen sind Sicherungsübereignungen, Eigentumsvorbehalte

8.6.2 All fixed [and current] assets listed in Schedule 8.6.1 or reported by each of the X-Companies in their respective ...... annual financial statements or acquired by the X-Companies since the record date of such financial statements are legally and beneficially owned or lawfully possessed by the X-Companies, unless such assets were sold in the ordinary course of business. These assets are free and clear of any encumbrances inuring to the benefit of third parties and of any claims or rights of third parties. The two preceding sentences shall not apply to any transfers for security purposes (*Sicherungsübereignungen*), retention of title rights (*Eigentumsvorbehalte*) and statutory liens which were created

	und gesetzliche Pfandrechte, die im Rahmen des gewöhnlichen Geschäftsgangs von der die Vermögensgegenstände jeweils bilanzierenden X-Gesellschaft begründet worden sind. [Keiner dieser Vermögensgegenstände ist Gegenstand einer Eintragung in einem Refinanzierungsregister oder vergleichbaren Register.[95]]		in the ordinary course of business by the X-Company on whose balance sheet the assets in question were shown. [None of these assets have been recorded in a refinancing or similar register.]
8.6.3	Die in Anlage 8.6.1 bezeichneten Vermögensgegenstände des Anlagevermögens sind in einwandfreiem Zustand und erlauben es den X-Gesellschaften, die X-Geschäftsbetriebe in Art und Umfang unverändert fortzuführen. Alle Erhaltungsmaßnahmen an diesen Vermögensgegenständen sind rechtzeitig durchgeführt und Investitionen sind nicht aufgeschoben worden.	8.6.3	The fixed assets specified in Schedule 8.6.1 are in sound condition and allow the X-Companies to continue to run the X-Business Operations in the same manner and scope as they are currently conducted. All actions taken to preserve or maintain these assets have been carried out in a timely manner, and no required capital expenditures have been delayed.
[8.6.4	Die Vorräte (§ 266 Abs. 2 B.I. HGB), die in den Stichtagsabschlüssen aufgeführt sind, sind in einwandfreiem und gebrauchs-, verarbeitungs- bzw. verkaufsfähigem Zustand. Die Vorräte genügen für eine in Art und Umfang unveränderte Fortführung der X-Geschäftsbetriebe.][96]	[8.6.4	The inventories (*Vorräte*) (sec. 266 para. 2 B.I. of the HGB) set out in the Effective Date Accounts are in sound condition and can be used, processed and sold as is. There are sufficient inventories to continue running the X-Business Operations in the same manner and scope as they are currently conducted.]
[8.6.5	Die in den Stichtagsabschlüssen ausgewiesenen Forderungen sind in den Büchern der jeweiligen X-Gesellschaft ordnungsgemäß gebucht worden, sind wirksam, unterliegen keinerlei Einwendungen, Einreden oder aufrechenbaren Gegenforderungen, sind werthaltig und einbringlich und werden innerhalb eines Zeitraums von ...... Monaten ab dem Stichtag in voller Höhe ohne Inkassomaßnahmen bezahlt.][97]	[8.6.5	The receivables shown in the Effective Date Accounts have been duly set forth in the accounts of each X-Company, are effective and valid, and are not subject to any objections, defenses or claims suitable for a set-off. The receivables are collectible and recoverable (*werthaltig und einbringlich*) and will be paid in full within a period of ...... months from the Effective Date, without any need to conduct debt collection.]
8.7	Größte Kunden und Zulieferer Anlage 8.7a enthält eine Aufstellung der gemessen am Geschäftsvolumen für das Geschäftsjahr ...... insgesamt ...... größten Kunden und größten Zulieferer der X-	8.7	Largest Customers and Suppliers Schedule 8.7a contains a list of the ...... largest X-Companies' customers and suppliers as measured by the business volume for fiscal year ......, in each case

Gesellschaften, jeweils unter Angabe des betreffenden Geschäftsvolumens. In Anlage 8.7b sind diejenigen Zulieferer einzelner Waren und Dienstleistungen, die von den jeweiligen X-Gesellschaften nicht jederzeit und ohne erheblichen finanziellen oder sonstigen Mehraufwand durch eine alternative Bezugsquelle ersetzt werden können, jeweils unter Ausweis des Geschäftsvolumens je betroffener Ware/Dienstleistung für das Geschäftsjahr ...... vollständig und zutreffend aufgezählt. Es bestehen keine Anhaltspunkte dafür, dass diese Kunden oder Zulieferer den Umfang ihrer Geschäfte mit den X-Gesellschaften wesentlich reduzieren werden. In den letzten ...... Jahren vor dem Unterzeichnungstag gab es abgesehen von üblichen Preisanpassungen keine wesentlichen Änderungen des Inhalts der Verträge mit diesen Kunden und Zulieferern; derartige Änderungen sind nach dem Besten Wissen der Verkäuferin auch nicht zu erwarten.

indicating the relevant business volume. Schedule 8.7b contains a complete and correct listing of those suppliers of individual goods and services whom the relevant X-Companies cannot at any time replace with an alternative source or without incurring significant financial or other costs, and in each case includes information on the relevant business volume for each good or service for fiscal year .... There is no indication that these customers or suppliers will materially reduce the scope of their business with the X-Companies. In the last ...... years prior to the Signing Date, there have been no material changes to the content of the agreements with these customers and suppliers, except for customary price adjustments. To the Seller's Best Knowledge, no such changes are expected.

8.8 Bankkonten

Anlage 8.8 enthält eine Aufstellung aller Bankkonten der X-Gesellschaften sowie der Zeichnungsberechtigten für die jeweiligen Konten.

8.8 Bank Accounts

Schedule 8.8 contains a list of all bank accounts of the X-Companies and of all of the authorized signatories for those accounts.

8.9 Versicherungen

8.9.1 Anlage 8.9.1 enthält eine Aufstellung aller von den X-Gesellschaften abgeschlossenen oder zugunsten der X-Gesellschaften in Bezug auf ihre Vermögensgegenstände, ihre Geschäftsbetriebe, ihre Organmitglieder oder ihre Arbeitnehmer bestehenden Versicherungen. Diese Versicherungen umfassen sämtliche Pflichtversicherungen. Weiter decken diese Versicherungen alle Risiken ab, die von Unternehmen ähnlicher Größe und Bran-

8.9 Insurance Policies

8.9.1 Schedule 8.9.1 contains a list of all insurance policies which were taken out by, or are for the benefit of, the X-Companies with respect to their assets, their business operations, their officers, managing directors, board members or employees. These insurance policies include all mandatory insurance policies, and also cover all risks which companies of similar size in a similar industry would customarily cover by insurance (including liability in-

chenzugehörigkeit üblicherweise abgedeckt werden (einschließlich einer Umweltschaden-Haftpflichtversicherung), und zwar in dem für solche Unternehmen üblichen Umfang in Bezug auf versicherte Risiken und Deckungssummen. Insbesondere ist das Grundeigentum angemessen gegen alle üblichen Risiken (einschließlich Feuer, Wasser, Sturm, Einbruch) versichert. Die Versicherungsverträge sind wirksam, begründen durchsetzbare Rechte der jeweiligen X-Gesellschaften und sind innerhalb der letzten ...... Monate vor dem Unterzeichnungstag nicht wesentlich geändert worden. Sowohl die jeweiligen Versicherungsnehmer als auch die jeweiligen Versicherer haben alle fälligen Verpflichtungen aus den Versicherungsverträgen erfüllt, und keine Klausel aus einem Versicherungsvertrag ist in ihrer Wirksamkeit von einer der Vertragsparteien in Frage gestellt worden.

surance for environmental hazards) and specifically in the same scope with respect to insured risks and coverage amounts. Above all, the Real Property is adequately insured against all typical risks (including fire, flood, storms, burglary). The insurance contracts are valid, establish enforceable rights for the X-Companies and have not been substantially amended within the last ...... months prior to the Signing Date. Each policyholder as well as each insurance carrier has performed the obligations due under the insurance contract, and no clause under any insurance contract has been questioned by any of the contracting parties regarding its validity.

8.9.2 Anlage 8.9.2 enthält eine Aufstellung aller Ereignisse seit dem ......, welche die Verkäufer-Gesellschaften oder die X-Gesellschaften zu Leistungen aus den in Anlage 8.9.1 aufgeführten Versicherungen berechtigt haben oder berechtigen oder aufgrund derer solche Leistungen geltend gemacht worden sind.

8.9.2 Schedule 8.9.2 contains a list of all events which have occurred since ...... and which have entitled or entitle the Seller Companies or the X-Companies to any insurance benefits under the insurance policies listed in Schedule 8.9.2 or due to which such benefits have actually been claimed.

8.10 Wesentliche Verträge

8.10 Material Agreements

8.10.1 Anlage 8.10.1 enthält eine Aufstellung aller noch nicht beiderseits (einschließlich Neben-, Nebenleistungs-, bedingten oder künftigen Pflichten) vollständig erfüllten Verträge, die von einer X-Gesellschaft ausdrücklich oder stillschweigend, schriftlich, mündlich oder in sonstiger Form geschlossen worden sind und die mindestens einer der nachfolgend aufgeführten Kategorien unterfallen (zusammen die

8.10.1 Schedule 8.10.1 contains a list of all agreements which have not yet been fully performed by both parties (including incidental, conditional or future duties) and which were expressly or implicitly concluded by an X-Company, whether in writing, oral or in another form, and which fall within at least one of the following listed categories (hereinafter collectively referred to as the *Material Agreements* and indi-

Wesentlichen Verträge und einzeln der *Wesentliche Vertrag*), jeweils mit zutreffenden Angaben zu den Vertragspartnern, wesentlichen Vertragsleistungen und -gegenleistungen (insbesondere zur Höhe von Zahlungsverpflichtungen), Laufzeit und Kündigungsfristen:

(a) Verträge über den Erwerb, die Veräußerung oder die Belastung von Grundstücken oder grundstücksgleichen Rechten;

(b) Verträge über den Erwerb oder die Veräußerung von Beteiligungen der anderen Gesellschaften;

(c) Verträge über den Erwerb, die Veräußerung oder die Belastung von Vermögensgegenständen des Anlagevermögens, die (einzeln oder insgesamt) einen Wert von mindestens ...... EUR (in Worten: ...... Euro) haben;

(d) Verträge über den Erwerb, die Veräußerung oder die Einräumung von Nutzungsrechten an Unternehmen, Betrieben oder Unternehmens- oder Betriebsteilen;

(e) Nießbrauch-, Pacht-, Miet- und Leasingverträge, die (i) die betroffenen X-Gesellschaften (einzeln oder insgesamt) zu Zahlungen von mindestens ...... EUR (in Worten: ...... Euro) pro Jahr verpflichten oder (ii) von der betreffenden X-Gesellschaft frühestens mit Wirkung zum ...... ordentlich gekündigt werden können bzw. deren Laufzeit frühestens am ...... endet;

(f) Lizenzverträge, welche die X-Gesellschaften als Lizenzgeber oder Lizenznehmer geschlossen haben und die (i) (einzeln oder insgesamt)

vidually as a *Material Agreement*), in each case containing correct information about the contracting parties, the material contractual duties and counterduties (specifically the amount of the payment obligations), the contractual term and the notice periods for termination:

(a) agreements regarding the acquisition, sale or encumbrance of real property or rights equivalent to real property;

(b) agreements regarding the acquisition, sale or encumbrance of shares of or interests in other Companies or partnerships;

(c) agreements concerning the acquisition, sale or encumbrance of fixed assets which (either individually or collectively) have a value of at least EUR ...... (...... euros);

(d) agreements to purchase, sell or use any enterprises, business operations, or parts thereof;

(e) usufruct (*Nießbrauch-*), usufructuary leases, tenancy, lease or leasing agreements (*Pacht-, Miet- oder Leasingverträge*) which (i) obligate the relevant X-Companies (either individually or collectively) to make payments of at least EUR ...... (...... euros) per year, or (ii) may be terminated by the relevant X-Company at the earliest effective ...... or the term of which ends at the earliest on ......;

(f) license agreements which the X-Companies have concluded either as licensor or licensee and which (i) (individually or collectively) pro-

2. GmbH-Anteilskaufvertrag – ausführlich, käuferfreundlich C. II. 2

jährliche Zahlungen von mindestens ...... EUR (in Worten: ...... Euro) vorsehen oder (ii) von der betreffenden X-Gesellschaft frühestens mit Wirkung zum ...... ordentlich gekündigt werden können bzw. deren Laufzeit frühestens am ...... endet;

(g) Darlehens-, Krediteröffnungsverträge oder sonstige Kreditverträge, die von X-Gesellschaften als Kreditgeber oder Kreditnehmer geschlossen worden sind (mit Ausnahme handelsüblicher und im gewöhnlichen Geschäftsgang vereinbarter Stundungen und mit Ausnahme der X-Finanzierungsvereinbarungen), sowie Factoringverträge;

(h) Garantien, Bürgschaften, Schuldübernahmen, Schuldbeitritte, Patronatserklärungen und ähnliche von X-Gesellschaften übernommene Verpflichtungen;

(i) Vertragshändler- und Handelsvertreterverträge;

(j) Anstellungsverträge, sonstige Dienstverträge sowie Beraterverträge, die (einzeln oder gesamt) eine jährliche Gesamtvergütung von mindestens ...... EUR (in Worten: ...... Euro) vorsehen;

(k) Gewinn- oder Umsatzbeteiligungen, Mitarbeiterbeteiligungen sowie ähnliche Verträge;

(l) Tarifverträge (einschließlich Firmentarifverträge), denen X-Gesellschaften unterliegen (auch durch Allgemeinverbindlichkeitserklärung), sowie Betriebsvereinbarungen und betriebliche Übungen;

vide for annual payments of at least EUR ...... (...... euros) or (ii) may be terminated by the relevant X-Company at the earliest effective ...... or the term of which ends at the earliest on ......;

(g) loan agreements, account agreements or other credit agreements, which the X-Companies have concluded either as lender or borrower (with the exception of any customary payment deferrals agreed to in the ordinary course of business and with the exception of the Financing Agreements), as well as factoring agreements;

(h) guarantees, payment guarantees (*Bürgschaften*), assumptions of debt, collateral promises (*Schuldbeitritte*), letters of comfort and similar legal instruments issued by the X-Companies;

(i) distributorship and sales agency agreements;

(j) employment agreements, other service agreements or agreements with advisors or consultants which (either individually or collectively) provide for an annual remuneration of at least EUR ...... (...... euros);

(k) profit or revenue sharing arrangements, employee participation schemes, stock options and similar arrangements or schemes;

(l) collective bargaining agreements (including company-specific collective bargaining agreements) to which the X-Companies are subject (also by virtue of a decree of universal application (*Allgemeinverbindlichkeitserklä-*

(m) Joint Venture-, Konsortial-, Kooperations- und ähnliche Verträge mit Dritten;

(n) Vereinbarungen, die eine X-Gesellschaft in ihrer Geschäftstätigkeit einschränken oder ihr eine Geschäftstätigkeit verbieten oder die eine X-Gesellschaft am Wettbewerb mit einem anderen Marktteilnehmer hindern oder darin beschränken (einschließlich Exklusivlieferungsverträgen, die eine X-Gesellschaft auf Käufer- oder Verkäuferseite abgeschlossen hat); Vereinbarungen, aufgrund derer sich eine X-Gesellschaft zur Vertraulichkeit verpflichtet;

(o) Verträge über Derivatgeschäfte, insbesondere Swaps, Optionen oder Futures;

(p) Verträge oder Verpflichtungen, die außerhalb des gewöhnlichen Geschäftsgangs eingegangen worden sind;

(q) Verträge zwischen X-Gesellschaften einerseits und der Verkäuferin und/oder anderen Verkäufer-Gesellschaften andererseits;

(r) sonstige Verträge oder Verpflichtungen, (i) welche die X-Gesellschaften zu Zahlungen von jeweils mindestens ...... EUR (in Worten: ...... Euro) pro Jahr verpflichten, (ii) die von den betreffenden X-Gesellschaften frühestens mit Wirkung zum ...... ordentlich gekündigt werden können bzw. deren Laufzeit frühestens am ...... endet, (iii) deren

rung)), as well as shop agreements (*Betriebsvereinbarungen*) and implied contracts based on established plant practices (*betriebliche Übungen*);

(m) joint venture agreements, consortium agreements, cooperation and similar contracts with third parties;

(n) agreements which limit an X-Company in its business activity or proscribe it from engaging in such business activity or which prevent an X-Company from competing with another market participant or which limit it in that endeavor (including any exclusive supply contracts which an X-Company has executed either as a buyer or a seller); agreements which create the basis upon which an X-Company agrees to a duty of confidentiality;

(o) agreements on transactions involving derivatives, including swaps, options or futures;

(p) agreements that were entered into or obligations that were incurred outside the ordinary course of business;

(q) agreements between X-Companies, on the one hand, and the Seller and/or other Seller Companies, on the other hand;

(r) other agreements or commitments, (i) which impose annual payments in the individual case on the X-Companies of at least EUR ...... (...... euros) per year, (ii) which may be terminated by the relevant X-Company with notice at the earliest effective ...... or the term of which ends at the earliest on ......, (iii) the breach or ter-

	Verletzung oder Beendigung eine Wesentliche Nachteilige Änderung zur Folge haben könnte oder (iv) die in sonstiger Weise von wesentlicher Bedeutung für eine X-Gesellschaft oder die Käuferin sind. Den vorstehenden Ziffern (b), (c), (d) (m), (p), (q), (r) oder ...... entsprechende Verträge gelten auch dann als Wesentliche Verträge und sind in Anlage 8.10.1 vollständig und hinsichtlich sämtlicher Angaben zutreffend beschrieben, wenn sie beiderseits vollständig erfüllt, aber erst nach dem ...... abgeschlossen worden sind.		mination of which could have a Material Adverse Effect, or (iv) which are otherwise of material importance for an X-Company or the Purchaser. The agreements described in the foregoing para. (b), (c), (d), (m), (p), (q), (r) or ...... shall also be deemed Material Agreements, if they have been fully performed by both parties, but were concluded only after .... All such agreements are listed in Schedule 8.10.1 fully and correct with respect to all information.
8.10.2	Alle Wesentlichen Verträge sind zu marktüblichen Bedingungen vereinbart worden und begründen wirksame und durchsetzbare Rechte der X-Gesellschaften. Die X-Gesellschaften haben alle Verpflichtungen aus diesen Verträgen vollständig und ordnungsgemäß erfüllt. Vor Ablauf von ...... Monaten ab dem Unterzeichnungstag kann keiner der Wesentlichen Verträge ordentlich beendet werden, insbesondere nicht aufgrund des Abschlusses oder der Durchführung dieses Vertrages. Es bestehen keine Umstände, aufgrund derer einer dieser Verträge vor Ablauf dieses Zeitraums aus wichtigem Grund gekündigt oder in sonstiger Weise außerordentlich beendet werden könnte; derartige Umstände sind auch nicht absehbar.	8.10.2	All Material Agreements were concluded on standard market terms and conditions and establish valid and enforceable rights of the X-Companies. The X-Companies have fully and duly discharged all obligations under these agreements. For a period of ...... months from the Signing Date, none of the Material Agreements may be terminated with notice, and specifically not on the basis of the conclusion or performance of this Agreement. There are no facts or circumstances that serve as a basis for terminating one of these Agreements prior to the end of the foregoing period either for good cause or otherwise be subject to extraordinary termination, and no such facts or circumstances are foreseeable.
8.10.3	Keine der X-Gesellschaften und keiner ihrer jeweiligen Vertragspartner hat in den letzten ...... Jahren vor dem Vollzugstag eine Pflicht aus einem Wesentlichen Vertrag verletzt, die nicht am Vollzugstag wieder behoben wurde, oder verletzt eine solche Pflicht gegenwärtig; insbesondere befindet sich keine der genannten Parteien derzeit in Verzug.	8.10.3	None of the X-Companies and none of their respective contracting parties has breached a duty under a Material Agreement in the last ...... years prior to the Closing Date, where such breach was not cured on the Closing Date; none of these persons is currently in breach of such duty. Above all, none of the aforementioned parties is currently in performance default (*Verzug*).

8.11	Arbeitsrechtliche Angelegenheiten	8.11	Employment Matters
8.11.1	Anlage 8.11.1a enthält eine per …… hinsichtlich sämtlicher Angaben vollständige und zutreffende Aufstellung aller Organmitglieder und Arbeitnehmer (einschließlich leitender Angestellter, Auszubildender und Teilzeitbeschäftigter) der X-Gesellschaften, jeweils mit Angaben zu Vertragspartner auf Seiten der X-Gesellschaften, Position/Tätigkeit, Geburtsdatum, Eintrittsdatum, Geschlecht, Bruttojahresgehalt, Bruttojahresgesamtbezüge (einschließlich sämtlicher Boni und ähnlicher Zusatzleistungen), Gratifikationen, Ansprüchen aus Entgeltumwandlung, nicht in Anspruch genommenen Urlaubstagen, Wochenarbeitszeit und Laufzeit bzw. Kündigungsfrist. Arbeitnehmer mit besonderem Kündigungsschutz sind unter Angabe des Rechtsgrundes (z. B. Mutterschutz, Elternzeit, Schwerbehinderung) entsprechend gekennzeichnet. Vollständige und mit dem Original übereinstimmende Kopien der Standardarbeitsverträge für Arbeitnehmer der X-Gesellschaften sind als Anlage 8.11.1b beigefügt.	8.11.1	Schedule 8.11.1a contains a list – which is complete and correct with respect to all information as of …… – of all officers, managing directors, board members and employees (including members of the senior management (*leitende Angestellte*), apprentices and part-time employees) of the X-Companies, in each case with information about the contracting party on the side of the X-Companies, position and job, date of birth, employment start date, sex, gross annual salary, gross annual compensation benefits (including all bonuses and other similar incentives), deferred compensation claims (*Entgeltumwandlung*), claims for payment in lieu of vacation, weekly working hours, and the term or period of notice for termination of employment. Employees who enjoy special legal protection against dismissal are identified, specifying the legal justification for such protection (e.g., maternity or post-birth parental leave (*Elternzeit*), severe disability). Complete and precise copies of the standard employment contracts for employees of the X-Companies are appended hereto as Schedule 8.11.1b.
8.11.2	Anlage 8.11.2 enthält vollständige und mit dem Original übereinstimmende Kopien der Anstellungsverträge aller Organmitglieder der X-Gesellschaften und darüber hinaus solcher Arbeitnehmer der X-Gesellschaften, deren Bruttojahresgesamtbezüge (einschließlich sämtlicher Boni und ähnlicher Zusatzleistungen) …… EUR (in Worten: …… Euro) übersteigen, jeweils in der am Unterzeichnungstag und am Vollzugstag gültigen Fassung.	8.11.2	Schedule 8.11.2 contains complete and accurate copies of the individual employment or service agreements with all officers, managing directors and board members of the X-Companies and also with those employees of the X-Companies, whose gross annual remuneration (including all bonuses and other similar incentives) exceeds EUR …… (…… euros), in each case in the version valid on the Signing Date and on the Closing Date.
8.11.3	Die X-Gesellschaften haben alle Zahlungs- und sonstigen Ver-	8.11.3	The X-Companies have duly and fully performed all payment and

	pflichtungen gegenüber ihren Beschäftigten bei Fälligkeit ordnungsgemäß und vollständig erfüllt.		other obligations owed to their workers and employees when those obligations became due.
8.11.4	Kein Geschäftsführer oder leitender Angestellter einer X-Gesellschaft hat sein Anstellungsverhältnis gekündigt und es bestehen auch keine Anhaltspunkte dafür, dass ein Geschäftsführer oder leitender Angestellter einer X-Gesellschaft sein Anstellungsverhältnis zu kündigen oder sonst zu beenden beabsichtigt.	8.11.4	No managing director or member of the senior management (*leitender Angestellter*) of an X-Company has terminated his or her engagement, and there is no indication that a managing director or member of the senior management of an X-Company intends to terminate or otherwise end his or her engagement with that company.
8.11.5	Seit dem ...... haben weder Streiks noch andere Arbeitskampfmaßnahmen bei X-Gesellschaften stattgefunden oder sind angedroht worden.	8.11.5	Since ...... no strikes, walkouts or other labour dispute actions have occurred or were threatened at the X-Companies.
8.11.6	Mit Ausnahme der in Anlage 8.11.6a aufgeführten X-Gesellschaften hat keine X-Gesellschaft einen Betriebsrat. Es bestehen auch keine Anhaltspunkte dafür, dass dort, wo kein Betriebsrat existiert, ein Betriebsrat eingerichtet werden soll. Mit Ausnahme der in Anlage 8.11.6b aufgeführten X-Gesellschaften ist keine X-Gesellschaft Mitglied in einem Arbeitgeberverband.	8.11.6	With the exception of the X-Companies listed in Schedule 8.11.6a, no X-Company has a works council (*Betriebsrat*). There is also no indication that a works council will be established in any of those companies where none exists. With the exception of the X-Companies listed in Schedule 8.11.6b, no X-Company is a member of an employer vocational association (*Arbeitgeberverband*).
8.11.7	Keine X-Gesellschaft ist jenseits der gesetzlichen Verpflichtungen zu Sozialleistungen an ihre Organmitglieder, leitenden Angestellten oder Arbeitnehmer verpflichtet, insbesondere hat keine X-Gesellschaft Pensionszusagen erteilt.	8.11.7	Apart from statutory obligations no X-Company is legally required to pay social benefits (*Sozialleistungen*) to its officers, managing directors, board members, members of senior management or other employees, and above all, no X-Companies have made any pension commitments.
8.11.8	Zur Vertretung von X-Gesellschaften sind Personen, Gesellschaften oder sonstige Dritte nur berechtigt, soweit sich dies aus dem Handelsregister oder ähnlichen Registern oder den in Anlage 8.11.8 aufgeführten Vollmachten ergibt.	8.11.8	No persons, companies or other third parties are authorized to represent the X-Companies, unless this information is set forth in the commercial register or similar registers or in the powers of attorney listed in Schedule 8.11.8.
8.12	Steuerangelegenheiten	8.12	Tax Matters
8.12.1	Alle Steuererklärungen der X-Gesellschaften, die sich auf den Zeit-	8.12.1	All tax returns of the X-Companies which relate to the period

raum bis einschließlich zum Stichtag beziehen, sind in Übereinstimmung mit allen einschlägigen Rechtsvorschriften ordnungsgemäß (insbesondere vollständig und zutreffend) erstellt sowie ordnungsgemäß und fristgerecht eingereicht worden bzw. werden bis zum Vollzugstag ordnungsgemäß und fristgerecht eingereicht. Alle den Finanzbehörden gegenüber zu machenden Angaben, die sich auf den Zeitraum bis einschließlich zum Stichtag beziehen, sind ordnungsgemäß und fristgerecht gemacht worden bzw. werden ordnungsgemäß und fristgerecht gemacht. Keine Ermittlungshandlungen, Außenprüfungen oder sonstigen behördlichen oder gerichtlichen Verfahren im Zusammenhang mit Steuern der X-Gesellschaften sind eingeleitet, stehen bevor oder drohen, soweit sie sich auf den Zeitraum bis einschließlich zum Stichtag beziehen.

of time up to and including the Effective Date, were duly (above all, completely and correctly) prepared in accordance with all applicable Legal Requirements and were duly and timely filed or will be duly and timely filed on or before the Effective Date. All information which required to be provided to the Fiscal Authorities and which relates to the period of time up to and including the Effective Date, was duly and timely provided or will be duly and timely provided to the Fiscal Authorities. No investigations, tax audits, or other regulatory or judicial proceedings in connection with the Taxes (clause 11.1.1) of the X-Companies have been instituted, are forthcoming or have been threatened, to the extent that they relate to the period of time up to and including the Effective Date.

8.12.2 Mit Ausnahme der in Anlage 8.12.2 aufgeführten Anteile sind die X-Gruppengeschäftsanteile von der Steuerbefreiung des § 8b Abs. 2 KStG erfasst und sind nicht als einbringungsgeborene Anteile i.S.d. § 21 UmwStG a.F. zu qualifizieren und fallen nicht unter § 50c EStG a.F. und deren Übertragung löst keinen Einbringungsgewinn I oder II i.S.d. § 22 Abs. 1 oder 2 UmwStG aus.[98]

8.12.2 With the exception of the shares listed in Schedule 8.12.2, the X-Group Shares are covered by the tax exemption under sec. 8b para. 2 of the German Corporate Income Act (*Körperschaftsteuergesetz – KStG*) and do not qualify as tainted shares (*einbringungsgeborene Anteile*) within the meaning of sec. 21 (prior version) of the German Reorganisation Tax Act (*Umwandlungsteuergesetz – UmwStG*) and are not covered by sec. 50c (prior version) of the German Income Tax Act (*Einkommensteuergesetz – EStG*), and the transfer of X-Group Shares also does not trigger a gain on contribution (*Einbringungsgewinn*) under sec. 22 para. 1 or para. 2 of the UmwStG.

8.12.3 Das Körperschaftsteuerguthaben der X-GmbH i.S.d. § 37 KStG beträgt am Unterzeichnungstag

8.12.3 The corporate income tax credit (*Körperschaftsteuerguthaben*) of X-GmbH within the meaning of

2. GmbH-Anteilskaufvertrag – ausführlich, käuferfreundlich C. II. 2

	...... EUR (in Worten: ...... Euro).[99]		sec. 37 of the KStG equals EUR ...... (...... euros) on the Signing Date.
8.12.4	Der Körperschaftsteuererhöhungsbetrag der X-GmbH i. S. d. § 38 KStG beträgt am Unterzeichnungstag ...... EUR (in Worten: ...... Euro).[100]	8.12.4	The corporate income tax increasing amount (*Körperschaftsteuererhöhungsbetrag*) for X-GmbH within the meaning of sec. 38 of the KStG equals EUR ...... (...... euros) on the Signing Date.
8.12.5	X-GmbH verfügt am Unterzeichnungstag über einen körperschaftsteuerlichen Verlustvortrag in Höhe von ...... EUR (in Worten: ...... Euro) und einen gewerbesteuerlichen Verlustvortrag in Höhe von ...... EUR (in Worten: ...... Euro).[101]	8.12.5	On the Signing Date, X-GmbH has a corporate income tax loss carry forward in the amount of EUR ...... (...... euros) and a trade tax loss carry forward in the amount of EUR ...... (...... euros).
8.12.6	Mit Ausnahme der in Anlage 8.12.6 aufgeführten Rücklagen wurden bei der X-GmbH in den letzten sechs (6) Wirtschaftsjahren vor dem Unterzeichnungstag keine Rücklagen nach § 6b EStG gebildet.[102]	8.12.6	With the exception of the reserves (*Rücklagen*) listed in Schedule 8.12.6, no reserves or provisions pursuant to sec. 6b of the EStG were created at X-GmbH in the last (6) fiscal years prior to the Signing Date.
8.12.7	Mit Ausnahme der in Anlage 8.12.7 genannten Abschreibungen sind keine Teilwertabschreibungen auf materielle oder immaterielle Wirtschaftsgüter der X-Gesellschaften vorgenommen worden.[103]	8.12.7	With the exception of the writedowns (*Abschreibungen*) set forth in Schedule 8.12.7, there have been no partial writedowns or amortisations (*Teilwertabschreibungen*) of any tangible or intangible business assets of the X-Companies.
8.12.8	Mit Ausnahme der in Anlage 8.12.8 genannten Abweichungen bestehen zum Stichtag keine Abweichungen zwischen den Handels- und Steuerbilanzen der X-Gesellschaften.[104]	8.12.8	With the exception of the deviations set forth in Schedule 8.12.8, there are no differences between the commercial balance sheet and the tax balance sheet of X-Companies as of the Effective Date.
8.12.9	Die X-Gesellschaften verfügen außerhalb des Staates, in dem die jeweilige X-Gesellschaft ihren Sitz hat, nicht über Betriebsstätten, ständige Vertreter oder Angestellte im Sinne der Steuergesetze ihrer jeweiligen Jurisdiktion.[105]	8.12.9	Outside of the country in which the relevant X-Company has its registered office, the X-Companies have no permanent establishments, permanent representatives or employees within the meaning of the tax laws of their respective jurisdictions.
8.12.10	Mit Ausnahme der in Anlage 8.12.10 aufgeführten Vorgänge hat es in den X-Gesellschaften keine Vorgänge gegeben und wird es bis zum Vollzugstag	8.12.10	With the exception of the events and transactions listed in Schedule 8.12.10, there have been no events or transactions at the X-Companies which could be classified as a

8.13	nicht geben, die als verdeckte Gewinnausschüttung einzuordnen sind.[106] Öffentliche Förderungen Anlage 8.13 enthält eine Aufstellung aller öffentlichen Förderungen, insbesondere aller staatlichen Beihilfen i. S. v. Art. 87 EG, die X-Gesellschaften in den letzten ...... (......) Jahren vor dem Unterzeichnungstag gewährt worden sind (zusammen die *Öffentlichen Förderungen*), unter Angabe der Art und Höhe der Öffentlichen Förderungen sowie der wesentlichen Bedingungen ihrer Gewährung. Die X-Gesellschaften haben die Öffentlichen Förderungen stets in Übereinstimmung mit allen anwendbaren Rechtsvorschriften beantragt, erhalten und verwendet. Die Öffentlichen Förderungen sind und bleiben wirksam und unter unveränderten Bedingungen verwendbar; insbesondere sind sie nicht infolge des Abschlusses oder der Durchführung dieses Vertrags oder aufgrund sonstiger Umstände zurückzugewähren. Keine Öffentliche Förderung ist daran gebunden, dass X-Gesellschaften eine bestimmte Anzahl von Arbeitnehmern in bestimmten Betrieben oder Regionen beschäftigen oder ein Betrieb an einem bestimmten Ort oder überhaupt aufrecht erhalten wird. Keine der X-Gesellschaften hat Zahlungen aus Bürgschaften oder Garantien beansprucht oder erhalten, die Öffentliche Förderungen darstellen.	8.13	hidden profit distribution, and there will be no such events until the Closing Date. Public Grants Schedule 8.13 contains a list of all public grants, in particular all state aid within the meaning of Article 87 of the EC Treaty which were awarded to the X-Companies in the last (...... (......) years prior to the Signing Date (collectively referred to as the *Public Grants*), specifying the nature, amount and material terms and conditions of such Public Grants. The X-Companies have applied for, obtained and used the Public Grants always in compliance with any and all applicable Legal Requirements. The Public Grants are and remain valid and may still be used on unchanged terms and conditions. Above all, they need not be surrendered or paid back as a result of the conclusion or performance of this Agreement or based on other facts or circumstances. No Public Grant is conditioned on the X-Companies' having a certain number of employees in certain plants or regions or having or even maintaining a plant in a certain location. None of the X-Companies has claimed or received payments from any suretyships or guarantees that would qualify as public grant or state aid.
8.14	Rechtsstreitigkeiten Mit Ausnahme der in Anlage 8.14a aufgeführten Streitigkeiten existieren keine Streitigkeiten oder sonstigen gerichtlichen, schiedsgerichtlichen oder behördlichen Verfahren (zusammen die *Rechtsstreitigkeiten*), an denen	8.14	Legal Disputes Except for the disputes listed in Schedule 8.14a, there are no disputes or other judicial, arbitral or regulatory proceedings (collectively *Legal Disputes*) in which X-Companies are either directly or indirectly involved or

X-Gesellschaften unmittelbar oder mittelbar beteiligt sind oder die auf andere Weise zu einer Verbindlichkeit oder anderen Verpflichtung (auch durch Rückgriff Dritter) der X-Gesellschaften führen können, noch sind Rechtsstreitigkeiten anhängig, eingeleitet, drohen oder stehen bevor oder sind von einer X-Gesellschaft beabsichtigt; in den letzten ...... Jahren vor dem Unterzeichnungstag sind nur die in Anlage 8.14b offengelegten Rechtsstreitigkeiten beendet worden. Von den X-Gesellschaften erhobene Zahlungsklagen aus Lieferung und Leistung mit einem Streitwert bis zu ...... EUR (in Worten: ...... Euro). im Einzelfall bleiben unberücksichtigt. Satz 1 und 2 dieses 8.14 gelten entsprechend für Rechtsstreitigkeiten gegen Organmitglieder oder Arbeitnehmer von X-Gesellschaften im Zusammenhang mit ihrer Tätigkeit für diese Gesellschaften. Die in den Anlagen 8.14a und 8.14b enthaltenen Angaben zu den jeweiligen Parteien, dem Streitgegenstand, den zugrundeliegenden Tatsachen, dem Streitwert und dem Stand der jeweiligen Rechtsstreitigkeiten sind vollständig und zutreffend.[107]

which could, in some other manner, lead to a liability or other obligation (including by way of a third party recourse) on the part of the X-Companies, nor are there any Legal Disputes pending, instituted, threatened or imminent or planned by an X-Company. In the last ...... years prior to the Signing Date, only the Legal Disputes disclosed in Schedule 8.14b were settled. The foregoing does not apply in any given case to payment actions (*Zahlungsklagen*) which are brought by the X-Companies based on delivered goods and services and have an amount in dispute of up to EUR ...... (...... euros) in the individual case. Sentences 1 and 2 of this clause 8.14 shall apply *mutatis mutandis* with respect to Legal Disputes against any officers, directors, board members or employees of the X-Companies arising from their work for those companies. The information contained in Schedules 8.14a and 8.14b relating to the relevant parties, to the subject matter of the Legal Dispute, the underlying facts, the amount in dispute and the status of the relevant Legal Disputes is true and complete.

8.15 Produkthaftung

Die X-Gesellschaften haben keine Produkte hergestellt, veräußert, sonst in Verkehr gebracht oder Dritten zur Nutzung zur Verfügung gestellt oder Dienst- oder sonstige Leistungen in einer Weise erbracht, die zu Verbindlichkeiten oder anderen Verpflichtungen aus Produkthaftung, Gewährleistung oder einem anderen Rechtsgrund führen könnten, und es bestehen auch keine derartigen Verbindlichkeiten oder andere Verpflichtungen. Dritte haben keine Ansprüche gegen die X-Gesellschaften aus

8.15 Product Liability

The X-Companies have not produced, sold, otherwise distributed into the stream of commerce or provided for use to third parties, any products or performed services and other work in a manner that could lead to liability or other obligations under product liability, warranties or other legal grounds, and no such forms of liabilities or obligations exist. Third parties do not have any claims against the X-Companies based on product liability, breach of warranty or other legal grounds in connection with the produc-

Produkthaftung, Gewährleistung oder einem anderen Rechtsgrund im Zusammenhang mit der Herstellung, Veräußerung, dem Inverkehrbringen oder der Nutzungsüberlassung von Produkten oder dem Erbringen von Diensten oder sonstigen Leistungen geltend gemacht. In den vergangenen ...... Jahren vor dem Unterzeichnungstag hat keine X-Gesellschaft freiwillig oder infolge einer gesetzlichen Verpflichtung ein Produkt zurückgerufen oder vom Markt genommen oder im Rahmen einer Rückrufaktion nachgebessert oder eine Produktwarnung an Kunden oder Endverbraucher herausgegeben.

tion, sale, distribution or licensing of products or the performance of services and other work. In the last ...... years prior to the Signing Date, no X-Company has voluntarily, or as a result of a legal obligation, recalled or removed from the market any product or has improved such product as part of a recall campaign or has issued a product warning to customers or consumers.

8.16 Erlaubnisse und Genehmigungen; Wettbewerbsbeschränkungen

8.16.1 Die X-Gesellschaften haben stets sämtliche erforderlichen öffentlich-rechtlichen und privatrechtlichen Erlaubnisse, Zustimmungen und Genehmigungen jedweder Art für den Bau und Betrieb aller von ihnen genutzten Gebäude und Anlagen sowie für die Führung der X-Geschäftsbetriebe im Übrigen eingeholt. Die Gebäude und Anlagen und die X-Geschäftsbetriebe sind in Übereinstimmung mit diesen Genehmigungen errichtet und betrieben bzw. geführt worden. Keine der die gegenwärtigen Gebäude und Anlagen oder die X-Geschäftsbetriebe betreffenden Genehmigungen ist widerrufen, aufgehoben, geändert oder eingeschränkt worden, weder im Ganzen noch teilweise, noch existieren Anhaltspunkte dafür, dass sie künftig widerrufen, aufgehoben, geändert oder eingeschränkt werden könnten.

8.16.2 Keine X-Gesellschaft unterliegt einem Wettbewerbsverbot oder einer Wettbewerbsbeschränkung, gleich ob auf vertraglicher oder

8.16 Permits and Approvals; Restrictions of Competition

8.16.1 The X-Companies have always obtained all of the necessary official and private permits, consents and approvals of any kind for constructing and operating all buildings and facilities used by them as and for running the X-Business Operations. The buildings and facilities and the X-Business Operations were constructed and operated or managed in accordance with these approvals. None of the permits that are related to the current buildings and facilities or the X-Business Operations have been revoked, rescinded, amended or restricted, either in whole or in part, and there is no existing indication that such approvals will be revoked, rescinded, amended or restricted, either in whole or in part.

8.16.2 No X-Company is subject to a non-compete covenant or any other restriction of competition, whether on a contractual or

sonstiger Grundlage, soweit ein solches nicht in § 8.10.1 (n) offengelegt wurde.

8.17 Einhaltung von Rechtsvorschriften

8.17.1 Die X-Geschäftsbetriebe und die Geschäftsbetriebe der Rechtsvorgänger der X-Gesellschaften sind stets unter Beachtung aller anwendbaren Rechtsvorschriften (auch den Umweltschutz, die Produktsicherheit und die Arbeitssicherheit betreffend) geführt worden. Weder die X-Geschäftsbetriebe noch die von den X-Gesellschaften hergestellten, veräußerten oder sonst in Verkehr gebrachten Produkte noch die von ihnen erbrachten Dienst- oder sonstigen Leistungen verstoßen gegen Rechtsvorschriften.

8.17.2 Keine der X-Gesellschaften und keines ihrer Organmitglieder, Arbeitnehmer oder Vertreter hat im Zusammenhang mit der Geschäftstätigkeit der jeweiligen Gesellschaft einen rechtswidrigen Vorteil gewährt, versprochen oder in Aussicht gestellt oder gewährt, versprochen oder in Aussicht gestellt erhalten.[108]

8.18 Fortführung der Geschäfte

8.18.1 Seit Beginn des laufenden Geschäftsjahres bis zum Unterzeichnungstag sind die X-Geschäftsbetriebe ausschließlich im Rahmen des gewöhnlichen Geschäftsgangs mit der Sorgfalt eines ordentlichen Kaufmanns und in Übereinstimmung mit der bisherigen Geschäftspraxis geführt worden. Insbesondere

(a) hat keine X-Gesellschaft eine Verbindlichkeit (einschließlich bedingter, zurückgestellter und zurückzustellender Verbindlichkeiten) begründet, die den Betrag von ...... EUR (in Worten: ......

other basis, unless disclosed in clause 8.8.1 (n).

8.17 Compliance with Laws

8.17.1 The X-Business Operations and the business operations of the X-Companies' legal predecessors were always managed in accordance with any and all applicable Legal Requirements (including rules on environmental protection, product safety and worker safety). Neither the X-Business Operations nor the products manufactured, sold or otherwise distributed by the X-Companies nor any services or other work provided by them violate any Legal Requirements.

8.17.2 None of the X-Companies nor any of its officers, directors, board members, employees or representatives have granted, promised or raised the prospect of an unlawful advantage or benefit in connection with the business activity of the relevant company, nor has any such company or person been granted, promised, or given the prospect of such an advantage or benefit.

8.18 Conduct of Business

8.18.1 Since the beginning of the current fiscal year through the Signing Date, the X-Business Operations have been conducted exclusively in the ordinary course of business, in accordance with the standard of care of a prudent merchant (*Sorgfalt eines ordentlichen Kaufmanns*) and in substantially the same business manner as before. Specifically,

(a) no X-Company has incurred a liability (including any conditional, deferred or deferrable liabilities) which exceeds the amount of EUR ...... (...... euros) in the indi-

Euro) im Einzelfall übersteigt, mit Ausnahme laufender Verbindlichkeiten aus Lieferung und Leistung im Rahmen des gewöhnlichen Geschäftsgangs und in Übereinstimmung mit der bisherigen Geschäftspraxis;

(b) hat keine X-Gesellschaft materielle oder immaterielle Vermögensgegenstände – gleich ob bilanzierungsfähig oder nicht – sicherungsübereignet oder -abgetreten, verpfändet oder in sonstiger Weise belastet, außer im Rahmen des gewöhnlichen Geschäftsgangs und in Übereinstimmung mit der bisherigen Geschäftspraxis;

(c) hat keine X-Gesellschaft materielle oder immaterielle Vermögensgegenstände – gleich ob bilanzierungsfähig oder nicht – verkauft, vermietet, verpachtet, übertragen, erworben oder sich jeweils hierzu verpflichtet, die einen Wert von ...... EUR (in Worten: ...... Euro) im Einzelfall übersteigen; ausgenommen sind der Verkauf oder Erwerb von Vorräten i.S.v. § 266 Abs. 2 lit. B. I HGB im Rahmen des gewöhnlichen Geschäftsgangs und in Übereinstimmung mit der bisherigen Geschäftspraxis;

(d) hat keine X-Gesellschaft Verbindlichkeiten oder andere Verpflichtungen im Betrag von insgesamt mehr als ...... EUR (in Worten: ...... Euro) erlassen oder sich hierüber verglichen;

(e) hat keine X-Gesellschaft gegenüber einem Organmitglied, Arbeitnehmer, Berater, Handelsvertreter oder Vertragshändler Änderungen bei Gehältern oder anderen

vidual case, except for of current trade payables arising from the purchase of goods and services in the ordinary course of business and in substantially the same business manner as before;

(b) no X-Company has pledged, assigned, created a security interest in, or otherwise encumbered, any tangible or intangible assets (regardless of whether such assets can or cannot be recognized on the balance sheet), except in the ordinary course of business and in substantially the same business manner as before;

(c) no X-Company has sold, leased to others, transferred, purchased, or undertaken to do any of the foregoing in relation to, any tangible or intangible assets having a value of more than EUR ...... (...... euros) in the individual case (regardless of whether such assets can or cannot be recognized on the balance sheet), except for the sale or purchase of inventories within the meaning of sec. 266 para. 2 B. I of the HGB which is done in the ordinary course of business and in substantially the same business manner as before;

(d) no X-Company has waived or settled any liabilities or other obligations in an amount of more than EUR ...... (...... euros);

(e) no X-Company has, with respect to any officer, managing, board member, employee, advisor, sales representative or distributor, made any changes regarding sala-

(auch erfolgsabhängigen) Vergütungen oder sonstigen Vertragsbedingungen vorgenommen oder außerhalb des gewöhnlichen Geschäftsbetriebs Boni oder sonstige Sonderzahlungen, Pensionen oder Abfindungen gezahlt oder sich (auch bedingt) zu solchen Zahlungen verpflichtet oder einer dieser Personen ein Darlehen eingeräumt;

(f) hat keine X-Gesellschaft ihr Kapital erhöht oder herabgesetzt oder Anteile ausgegeben, übertragen oder sich zu solchen Maßnahmen verpflichtet oder Bezugsrechte, Optionen oder andere Rechte auf den Erwerb von Anteilen gewährt oder veräußert oder sich zu solchen Maßnahmen verpflichtet;

(g) hat jede X-Gesellschaft Investitionen in das Anlagevermögen mindestens in einer nach Zeitpunkt und Umfang der bisherigen Geschäftspraxis entsprechenden Weise vorgenommen; jedoch hat keine X-Gesellschaft Investitionen in das Anlagevermögen in Höhe von mehr als ...... EUR (in Worten: ...... Euro) getätigt oder sich hierzu verpflichtet;

(h) hat keine X-Gesellschaft etwas getan oder unterlassen, was zu einer Erhöhung der Barmittel führen würde, es sei denn im Rahmen des gewöhnlichen Geschäftsgangs und in Übereinstimmung mit der bisherigen Geschäftspraxis; insbesondere hat jede X-Gesellschaft nur in einer nach Zeitpunkt und Umfang der bisherigen Geschäftspraxis entsprechenden Weise Forderungen eingezogen oder verkauft oder vergleichbare Rechtsgeschäfte geschlossen;

ries or other (also performance-based) remuneration or other contractual terms or paid any bonuses, extraordinary compensation, pensions or made any severance payments outside the ordinary course of business or has otherwise committed (even conditionally) to make such payments or granted any such person a loan;

(f) no X-Company has increased or reduced its share capital or has issued or transferred shares or agreed to take such actions or has granted or sold any subscription rights, options or other rights to receive shares or otherwise agreed to take such actions;

(g) each X-Company has made any investments in the fixed assets only in a manner that is consistent with its prior business practices in terms of time and scope; but no X-Company has made investments in the fixed assets in excess of EUR ...... (...... euros), or has entered into an obligation to do so;

(h) no X-Company has taken any action (*Handlungen*), or failed to take any action due (*Unterlassungen*) which would have lead to an increase in Cash, unless it was done in the ordinary course of business and in substantially the same manner as before; in particular, each X-Company has collected any outstanding debt or sold receivables or entered into any such agreements only in a manner that is consistent with its prior business practices in terms of time and scope;

	(i) hat jede X-Gesellschaft ihre Vorräte i. S. v. § 266 Abs. 2 lit. B. I HGB nach Art und Umfang in Übereinstimmung mit der bisherigen Geschäftspraxis angelegt und unterhalten;		(i) each X-Company has built up and maintained its inventories, as defined in sec. 266 para. 2 B. I of the HGB, in a manner and scope consistent with its prior business practices;
	(j) hat keine X-Gesellschaft ihre Forschungs- und Entwicklungs-, Fertigungs-, Einkaufs-, Vertriebs-, Marketing-, oder Personalpolitik geändert.		(j) no X-Company has modified its research and development, manufacturing, purchasing, sales, marketing or pension policies.
8.18.2	Seit dem ...... sind keine Wesentlichen Nachteiligen Änderungen (vgl. § 6.3.1(a)) eingetreten, und es bestehen auch keine Anhaltspunkte dafür, dass Wesentliche Nachteilige Änderungen eintreten könnten.	8.18.2	Since ......, no Material Adverse Change (see clause 6.3.1(a)) has occurred, and there are no indications that a Material Adverse Change could occur.
8.19	Keine Vermittlungsgebühren etc.	8.19	No Brokerage Fees
8.19.1	Keinem Organmitglied oder leitenden Angestellten einer X-Gesellschaft ist im Zusammenhang mit der Anbahnung, dem Abschluss oder dem Vollzug dieses Vertrags eine Zahlung oder ein anderer geldwerter Vorteil gewährt, versprochen oder in Aussicht gestellt worden.	8.19.1	No officer, managing director, board member or member of senior management (*leitender Angestellter*) of an X-Company was granted, promised, or otherwise given the prospect of, a payment or other non-cash benefit in connection with the initiation, conclusion or performance of this Agreement.
8.19.2	Keine X-Gesellschaft ist verpflichtet, Maklerprovisionen, Vermittlungsgebühren, Beraterhonorare, Boni, Zulagen, Abfindungen an Dritte (einschließlich Organmitglieder und Arbeitnehmer der X-Gesellschaften) oder andere Zahlungen oder geldwerte Vorteile im Zusammenhang mit der Anbahnung, dem Abschluss oder dem Vollzug dieses Vertrags mit Ausnahme der in diesem Vertrag geregelten Zahlungen zu leisten.	8.19.2	No X-Company is obligated to pay any brokerage, finder's fees, advisor's fees, bonuses, extra compensation, or to make any severance payments to third parties (including any officers, managing directors, board members or employees of the X-Companies) or to make other payments or provide non-cash benefits in connection with the initiation, conclusion and performance in this Agreement, except for the payments governed under this Agreement.
8.20	Richtigkeit der Informationen Alle der Käuferin und ihren Beratern seitens der Verkäuferin oder einer Verkäufer-Gesellschaft oder einer X-Gesellschaft oder einem ihrer Berater vor dem Un-	8.20	Accuracy of Information Any and all information, which was provided or made available to the Purchaser and its advisors by the Seller or one of the Seller Companies or by an X-Company

terzeichnungstag zur Verfügung gestellten oder zugänglich gemachten Informationen sind vollständig und zutreffend. Der Käuferin sind alle solchen Informationen in Bezug auf die X-Geschäftsanteile, die X-Gesellschaften und die X-Geschäftsbetriebe schriftlich offen gelegt worden, die ein vorsichtiger Kaufmann vernünftigerweise für eine Beurteilung der Chancen und Risiken eines Erwerbs der X-Gruppe, gleich auf welchem rechtlichen Wege, für erheblich ansehen würde.[109]

or one of its advisors prior to the Signing Date, is complete and correct. With respect to the X-Shares, the X-Companies and the X-Business Operations, all such information which a prudent merchant would reasonably view as material for purposes of assessing the opportunities and risks of acquiring the X-Group, irrespective of which legal approach is used, have been disclosed to the Purchaser in written form.

8.21 Kenntnis der Verkäuferin

Kenntnis der Verkäuferin im Sinne dieses Vertrages umfasst alle Umstände, die eine Relevante Person kannte, kennt oder kennen muss oder deren Kenntnis ihr nach den anwendbaren gesetzlichen Regeln zuzurechnen ist. *Relevante Person(en)* im Sinne dieses Absatzes sind die in Anlage 8.21 zu diesem Vertrag aufgeführten Personen und Funktionsträger. „Kennenmüssen" im Sinne von Satz 1 umfasst insbesondere auch solche Umstände, von der eine Relevante Person bei sorgfältiger Auswahl, Anleitung und Befragung ihrer Mitarbeiter Kenntnis erlangt hätte oder auf die Akten, Aufzeichnungen oder sonstige Dokumente (gleich in welcher Form), die der fraglichen Person bestimmungsgemäß zur Einsicht zur Verfügung standen oder stehen, hinweisen.[110]

8.21 Seller's Knowledge

Seller's Knowledge, within the meaning of this Agreement, shall include all facts and circumstances, which a Relevant Individual knows, knew or should have known or the knowledge of which is attributable to such individual under the applicable statutory provisions. *Relevant Individual(s)*, within the meaning of this subsection, are the individuals and officials listed in Schedule 8.21 to this Agreement. The phrase „should have known", within the meaning of sentence 1 hereof, refers specifically also to those facts and circumstances, which a Relevant Individual would have learned had he or she carefully selected, initiated and asked his or her staff members, and to any facts and circumstances specifically referred to in or discernable from the files, notes or other documents (regardless of what form they take) which were or are available to such Relevant Individual for inspection.

§ 9 Rechtsfolgen bei Verletzung von Verkäufergarantien; Verfahren

9.1 Naturalrestitution; Schadensersatz[111]

9.1.1 Im Fall der Verletzung einer Verkäufergarantie hat die Verkäufe-

9. Remedies for breach of Seller Guarantees; Procedure

9.1 Restitution in Kind; Damages

9.1.1 In the event that a Seller Guarantee is breached, the Seller shall

	rin die Käuferin oder, nach deren Wahl, die betreffende X-Gesellschaft so zu stellen, wie sie stehen würde, wenn die Verkäufergarantie nicht verletzt gewesen wäre *(Naturalrestitution)*. Resultiert die Verletzung der Verkäufergarantie aus dem Bestehen einer Verbindlichkeit, umfasst das Recht der Käuferin auf Naturalrestitution das Recht, Freistellung von der betreffenden Verbindlichkeit zu verlangen.		place the Purchaser in such position as the Purchaser would have been in, if such breach had not occurred (restitution in kind – *Naturalrestitution*). If the breach results from the existence of a liability, then the Purchaser's right to request restitution in kind shall include the right to full indemnification from such liability.
9.1.2	Soweit eine Naturalrestitution nicht möglich oder nicht genügend ist, hat die Verkäuferin an die Käuferin oder, nach deren Wahl, an die betreffende X-Gesellschaft Schadensersatz in Geld zu leisten. Ist die Naturalrestitution vollständig unmöglich, tritt der Schadensersatz in Geld an die Stelle der Naturalrestitution, im Übrigen ist er ergänzend zur Naturalrestitution geschuldet.	9.1.2	To the extent that restitution in kind is impossible or insufficient, the Seller shall pay monetary damages (*Schadenersatz in Geld*) to the Purchaser or, at the election of the Purchaser, to the relevant X-Company. If restitution in kind is fully impossible, then such monetary damages shall replace the remedy of restitution in kind. Otherwise, such damages shall be owed as a supplement to the restitution in kind.
9.1.3	Bewirkt die Verkäuferin die Naturalrestitution nicht innerhalb von ...... Bankarbeitstagen, nachdem ihr die Verletzung der Verkäufergarantie von der Käuferin mitgeteilt wurde, kann die Käuferin nach ihrer Wahl ganz oder teilweise an Stelle der Naturalrestitution verlangen, dass die Verkäuferin an die Käuferin und/oder, nach deren Wahl, an die betreffende X-Gesellschaft den zur Naturalrestitution erforderlichen Geldbetrag leistet. Die Käuferin kann ihre Wahl bis zur vollständigen Erbringung der Leistung abändern.	9.1.3	If and to the extent that the Seller fails to provide the requested restitution in kind within ...... Business Days after the Purchaser informed it of the breach of a Seller Guarantee, the Purchaser, in its absolute discretion, in whole or in part and in lieu of its right to demand restitution in kind, shall have the right to request the payment of monetary damages to itself or, at the election of the Purchaser, to the relevant X-Company in such amount as would be necessary to achieve the same effect as a restitution in kind. Until full performance by the Seller, the Purchaser may freely modify its request.
9.1.4	Ansprüche der Käuferin aus diesem § 9 werden zusammen als *Garantieansprüche* und einzeln als *Garantieanspruch* bezeichnet.	9.1.4	The Purchaser's claims under this clause 9 are collectively referred to as *Guarantee Claims* or individually as *Guarantee Claim*.
9.2	Ausschluss der kaufrechtlichen Gewährleistung	9.2	Exclusion of Statutory Buyer's Rights
	Die Parteien sind darin einig, dass dieser Vertrag die Rechts-		The Parties agree that the remedies for a breach of a Seller

folgen der Verletzung einer Verkäufergarantie abschließend regelt und der Käuferin und den X-Gesellschaften wegen der Verletzung einer Verkäufergarantie nur die in diesem Vertrag geregelten Ansprüche mit den in diesem Vertrag geregelten Rechtsfolgen zustehen. Dies gilt insbesondere, aber nicht ausschließlich, für Ansprüche wegen Verschuldens bei Vertragsverhandlungen gemäß § 311 Abs. 2 und 3 BGB (*Culpa in Contrahendo*), wegen Verletzung einer Pflicht aus dem Schuldverhältnis, Ansprüche auf Minderung, Rücktrittsrechte und deliktische Ansprüche, es sei denn, der Anspruch beruht auf einer vorsätzlichen Handlung oder arglistigen Täuschung durch die Verkäuferin.

Guarantee provided for in this Agreement supersede and replace any statutory buyer's rights under applicable law and that such remedies shall be the exclusive remedies available to the Purchaser and the X-Companies if a Seller Guarantee is breached. This applies, above all (but not exclusively), to claims for breach of a pre-contractual duty pursuant to sec. 311 para. 2 and 3 in conjunction with sec. 241 para. 2 of the BGB (*culpa in contrahendo*), claims based on a breach of duty in an obligation relationship (*Verletzung einer Pflicht aus dem Schuldverhältnis*), claims for reduction of the purchase price (*Minderung*), rights to rescission (*Rücktritt*), and liability in tort (*Delikt*), unless the claim in question is based on a wilful act (*vorsätzliche Handlung*) or fraudement misrepresentation (*arglistige Täuschung*) by the Seller.

9.3 Kumulative Geltung von Ansprüchen

9.3 No Double Relief

Alle Ansprüche der Käuferin aus diesem Vertrag, einschließlich des Anspruches auf Erfüllung, bestehen nebeneinander und nicht alternativ, soweit dieser Vertrag keine abweichende Regelung vorsieht. [Ein Anspruch der Käuferin aus einer Verkäufergarantie ist ausgeschlossen, soweit (i) der anspruchsbegründende Sachverhalt bereits im Konsolidierten Stichtagsabschluss durch eine Verbindlichkeit oder Abschreibung berücksichtigt wurde und (ii) bei der Berechnung des Kaufpreises zugunsten der Käuferin berücksichtigt wurde. Der Ausschluss von Ansprüchen der Käuferin aufgrund des vorstehenden Satzes ist auf den Betrag beschränkt, der zugunsten der Käuferin berücksichtigt wurde.]

All of the Purchaser's claims under this Agreement, including the claim to demand specific performance, shall exist cumulatively and not in the alternative. [A Guarantee Claim is excluded, if (i) the facts or circumstances giving rise to such Guarantee Claim are reflected in the Consolidated Effective Date Accounts as a liability or through write-down, and (ii) were included in the calculation of the Purchase Price for the benefit of the Purchaser. The exclusion of a Guarantee Claim according to the foregoing sentence shall be limited to the amount which was factored into the Purchase Price in the Purchaser's favor.]

9.4	Freigrenze	9.4	Threshold

9.4 Freigrenze

Die Verkäuferin haftet nicht aus Garantieansprüchen, wenn der Gesamtbetrag aller Garantieansprüche ...... EUR (in Worten: ...... Euro) *(Freigrenze)* nicht übersteigt. Übersteigt der Gesamtbetrag aller Garantieansprüche die Freigrenze, haftet die Verkäuferin auf den Gesamtbetrag. Die Freigrenze gilt nicht für Garantieansprüche aus den Verkäufergarantien in den §§ 8.2.1 bis 8.2.5, für die die Verkäuferin in jedem Einzelfall ohne Rücksicht auf die Höhe des Anspruchs haftet. Die Freigrenze gilt weiterhin nicht für Garantieansprüche aus Verkäufergarantien, welche die Verkäuferin vorsätzlich oder grob fahrlässig unvollständig oder unzutreffend abgegeben hat. In diesem Fall sind die Garantieansprüche stets in voller Höhe zu ersetzen, und die Freigrenze ermäßigt sich um den Betrag solcher Garantieansprüche.[112]

9.5 Haftungshöchstbetrag

Die Verkäuferin haftet insgesamt höchstens bis zu einem Betrag von ...... EUR (in Worten: ...... Euro) *(Haftungshöchstbetrag)* aus Garantieansprüchen. Die Haftungshöchstgrenze gilt nicht für Garantieansprüche aus den Verkäufergarantien in den §§ 8.2.1 bis 8.2.5, für die die Verkäuferin in jedem Einzelfall unbeschränkt haftet. Die Haftungshöchstgrenze gilt weiterhin nicht für Garantieansprüche aus vorsätzlich oder grob fahrlässig unvollständig oder unzutreffend abgegebenen Verkäufergarantien.[113]

9.6 Informationspflichten bei Ansprüchen Dritter[114]

Die Käuferin wird die Verkäuferin mit angemessener Frist in-

9.4 Threshold

The Seller shall not be liable for breach of a Seller Guarantee, if the aggregate amount of all Guarantee Claims does not exceed EUR ...... (...... euros) (the *Threshold – Freigrenze*). If the aggregate amount of all Guarantee Claims exceeds the Threshold, then the Seller shall be liable for the aggregate amount (including the Threshold). The Threshold shall not apply to Guarantee Claims arising from the Seller Guarantees under clauses 8.2.1 through 8.2.5, for which the Seller shall be liable in any given case irrespective of the amount of the claim. Furthermore, the Threshold shall not apply where a Seller Guarantee was incomplete or incorrect due to the Seller's intentional or grossly negligent conduct, in which case the relevant Guarantee Claims must always be satisfied in full, and the Threshold will be reduced by the amount of such Guarantee Claims.

9.5 Liability Cap

The aggregate liability of the Seller under Guarantee Claims shall be capped at an amount of EUR ...... (...... euros) (The *Liability Cap*). The Liability Cap shall not apply to Guarantee Claims based on the Seller Guarantees pursuant to clauses 8.2.1 through 8.2.5, for which the Seller would be subject to unlimited liability in any given case. The Liability Cap also shall not apply to Guarantee Claims based on the Seller Guarantees, which are incomplete or incorrect due to an intentional or gross or negligent act or omission of the Seller.

9.6 Duties to Disclose Information in connection with Third Party Claims

The Purchaser shall inform the Seller within a reasonable period

formieren, wenn sie oder eine X-Gesellschaft von einem Dritten (einschließlich Behörden) verklagt oder sonst gerichtlich in Anspruch genommen wird, sofern der Käuferin im Fall eines Unterliegens ein Garantieanspruch gegen die Verkäuferin zustehen würde. Soweit es nach dem Ermessen der Käuferin unter Berücksichtigung der Interessen der Käuferin der Abwehr eines solchen Anspruches dienlich ist, wird die Käuferin die Verkäuferin bei der Abwehr des Anspruches einbeziehen. Im Rahmen des vorhergehenden Satzes wird die Käuferin der Verkäuferin insbesondere die Gelegenheit zu einer rechtlichen und tatsächlichen Würdigung der Umstände geben. Soweit die Verkäuferin selbst gegenüber dem Dritten tätig wird, hat sie hierbei nach den Vorgaben der Käuferin zu handeln. Vorbehaltlich § 254 BGB lässt eine Verletzung der Informations- und Mitwirkungspflichten der Käuferin aus diesem § 9.6 den Garantieanspruch der Käuferin unberührt.

of time, if it or an X-Company is sued by, or otherwise subject to a judicial claim from, a third party (including any public authorities) such that the Purchaser would have a Guarantee Claim against the Seller in the event such action were successful. The Purchaser shall involve the Seller in the defence against any such action if and to the extent the Purchaser, in its sole discretion and giving due regard to its own interest, considers that such involvement would be useful in defending such claim. The Purchaser shall give the Seller, above all, an opportunity to assess the relevant circumstances from a legal and factual viewpoint. To the extent the Seller takes any action with respect to such third party, it must comply with any directions given by the Purchaser. Subject to the provisions of sec. 254 of the BGB, the Guarantee Claim shall remain unaffected by a Purchaser's violation of its duty to inform and to cooperate under this clause 9.6.

§ 10 Freistellung von umweltrechtlichen Verbindlichkeiten[115]

10.1 Definitionen

In diesem Vertrag sind die Begriffe Umweltverbindlichkeiten, Bestehende Umweltbelastung, Umweltgesetz(e), Umwelterlaubnis, Umweltangelegenheit, Gefahrstoff, Relevante Grundstücke und Aufbauten wie folgt definiert:

10.1.1 *Umweltverbindlichkeiten* meint sämtliche Schäden, Kosten, Aufwendungen und sonstige Nachteile, die entstehen (i) durch eine Untersuchung im Zusammenhang mit oder im Vorgriff auf die Behebung einer Bestehenden Umweltbelastung, (ii) durch die

10. Environmental Indemnity

10.1 Definitions

In this Agreement, the terms „environmental liability", „existing environmental contamination", „environmental law(s)", „environmental permit", „environmental matter", „hazardous substance(s)", „relevant properties" and „structures" are defined as follows:

10.1.1 *Environmental Liability* means any harm, costs, expenses and other losses (*Nachteile*) incurred in connection with (i) an investigation in connection with or in anticipation of a remediation of an Existing Environmental Contamination, (ii) a remediation of

Behebung einer Bestehenden Umweltbelastung, (iii) durch Sicherungs-, Schutz- oder Beschränkungsmaßnamen im Zusammenhang mit einer Bestehenden Umweltbelastung, (iv) durch Maßnahmen zur Abwehr einer Gefahr für Leib oder Leben im Zusammenhang mit einer Bestehenden Umweltbelastung, (v) durch Handeln ohne oder den Verstoß gegen eine Umwelterlaubnis oder (vi) durch die Entsorgung einer Bestehenden Umweltbelastung (einschließlich kontaminiertem Bodenaushub und Bauschutt) (kontaminationsbedingter Mehraufwand).

an Existing Environmental Contamination, (iii) securing measures or protective containment measures (*Sicherungs-, Schutz- oder Beschränkungsmaßnahmen*) in each case relating to an Existing Environmental Contamination, (iv) measures to eliminate, reduce or otherwise remedy a danger to life and limb (*Maßnahmen zur Abwehr einer Gefahr für Leib oder Leben*) resulting from an Existing Environmental Contamination, (v) the failure to obtain or comply with an Environmental Permit, or (vi) the disposal of an Existing Environmental Contamination (including the excavation of contaminated soil and the disposal of construction waste (*Bodenaushub und Bauschutt*)) (*kontaminationsbedingter Mehraufwand*).

10.1.2 Eine *Bestehende Umweltbelastung* ist gegeben, wenn einer oder mehrere der nachfolgend beschriebenen Zustände vorliegen:[116]

(a) Vor oder am Vollzugstag ist eine Kontamination, eine sonstige nachteilige Veränderung oder ein Gefahrstoff im Boden, Grund- oder Oberflächenwasser oder in Aufbauten auf, in, unter- oder oberhalb der Relevanten Grundstücke vorhanden oder geht vor, am oder nach dem Vollzugstag von dort aus;

(b) vor oder am Vollzugstag wird ein Gefahrstoff, der von oder im Auftrag einer X-Gesellschaft hergestellt, gelagert, genutzt, verarbeitet, transportiert oder entsorgt wurde, an einen Ort außerhalb der Relevanten Grundstücke verbracht;

[(c) am Unterzeichnungstag oder am Vollzugstag sind Kampfmittel oder Teile davon auf, in,

10.1.2 An *Existing Environmental Contamination* will be deemed to exist if one or more of the following described conditions exist:

(a) on or before the Closing Date, there is or arises a contamination of, or some other adverse change to or a Hazardous Substance in, the soil, the groundwater or surface water or in structures either on, in, under or above the Relevant Properties or such contamination originates from there before, on or after the Closing Date;

(b) on or before the Closing Date, a Hazardous Substance which was generated, stored, used, handled, transported or disposed of by or on behalf of an X-Company is moved to an off-site location outside the Relevant Properties;

[(c) on the Signing Date or on the Closing Date, munitions or parts thereof are located on,

oder unterhalb der Relevanten Grundstücke vorhanden;][117]

[(d) vor oder am Vollzugstag hat eine Person für eine X-Gesellschaft eine Handlung oder Unterlassung vorgenommen, und diese Handlung oder Unterlassung begründet die Haftung oder das Einstehen einer X-Gesellschaft nach Umweltrecht.][118]

Wird eine Bestehende Umweltbelastung innerhalb von zehn (10) Jahren ab dem Vollzugstag entdeckt, wird vorbehaltlich eines gegenteiligen Beweises durch die Verkäuferin vermutet, dass diese Bestehende Umweltbelastung vor dem Vollzugstag bestanden hat.[119]

10.1.3 *Umweltrecht* meint jede Rechtsvorschrift (§ 8.2.10) [(einschließlich abfallrechtlicher Vorschriften)][120] sowie Erlasse, Industrienormen, technische Standards und ähnliche Regelungen, die sich auf eine Umweltangelegenheit beziehen und denen eine X-Gesellschaft oder ein X-Geschäftsbetrieb vor oder am Vollzugstag oder am Tag der Feststellung einer Bestehenden Umweltbelastung unterworfen ist oder die aus anderen Gründen anzuwenden sind.[121]

10.1.4 *Umwelterlaubnis* meint jede nach einem Umweltgesetz erforderliche Genehmigung, Erlaubnis oder Zustimmung.

10.1.5 *Umweltangelegenheit* ist jede Angelegenheit mit Bezug zu Kontamination, Sanierung, Entsorgung, Erneuerung oder Schutz von bzw. Vorsorge für Grund und Boden, Aufbauten, Luft (einschließlich Luft in Gebäuden und Aufbauten), Wasser (einschließlich Grundwasser, Oberflächenwasser und Wasser in Leitungen, Rohren oder Abflüssen), Bodenoberfläche, anderer natürlicher

in or beneath the Relevant Properties;]

[(d) on or before the Closing Date, a person acted or failed to act for an X-Company, and such act or omission establishes liability or triggers the responsibility of an X-Company under the Environmental Laws.]

For the purposes of this Agreement the discovery of an Existing Environmental Contamination within ten (10) years following the Closing Date gives rise to a rebuttable presumption (*widerlegliche Vermutung*) that the Existing Environmental Pollution had existed prior to the Closing Date.

10.1.3 *Environmental Law* means any Legal Requirement (as defined in clause 8.2.10) [(including regulations on waste disposal)] as well as ordinances (*Erlasse*), industry standards (*Industrienormen*), technical standards and similar rules which relate to an Environmental Matter and to which an X-Company or an X-Business Operation is subject on or before the Closing Date or on the date an Existing Environmental Contamination is identified or which must be applied for other reasons.

10.1.4 *Environmental Permit* means any approval, licence or permit required under any Environmental Law.

10.1.5 *Environmental Matter* means each matter related to pollution, contamination, remediation, disposal, renewal or protection of, or care for, soil and ground, Structures, air (including air in the buildings and Structures), water (including groundwater, surface water, and water in pipes, drains and sewers), land surface, other natural resources, human life, health, and safety

Lebensgrundlagen, Leben, Gesundheit und Sicherheit (einschließlich, aber nicht beschränkt auf Arbeitssicherheit) von Menschen oder Eigentum Dritter (die aufgezählten Güter zusammen als *Umwelt* bezeichnet).

10.1.6 *Gefahrstoffe* umfasst Substanzen, die Gegenstand von Umweltgesetzen sind, sowie alle sonstigen schädlichen, verunreinigenden, giftigen oder gefährlichen Stoffe.

10.1.7 *Relevante Grundstücke* umfasst sämtliche Grundstücke, die vor oder am Vollzugstag im Eigentum oder Besitz einer X-Gesellschaft oder eines ihrer Rechtsvorgänger stehen oder standen oder von einer X-Gesellschaft oder einem ihrer Rechtsvorgänger genutzt werden oder wurden.[122]

10.1.8 *Aufbauten* umfasst oberirdische und unterirdische Gebäude und Anlagen (einschließlich Rohrleitungen, Kanalisation, Tanks, Fundamente etc.) ohne Rücksicht darauf, ob diese mit dem entsprechenden Grundstück fest verbunden sind und/oder sonst eine rechtliche Einheit mit dem Grundstück bilden.

10.2 Freistellung

Die Verkäuferin verpflichtet sich, die Käuferin und die X-Gesellschaften von sämtlichen Umweltverbindlichkeiten (§ 10.1.1) im Zusammenhang mit einer Bestehenden Umweltbelastung (§ 10.1.2) freizustellen.[123]

10.3 Haftungsausschluss und Haftungsbeschränkungen[124]

10.3.1 Die Verpflichtung der Verkäuferin zur Freistellung der Käuferin oder einer X-Gesellschaft nach diesem § 10 ist ausgeschlossen, soweit[125]

(including, but not limited to, occupational health and safety (*Arbeitssicherheit*)), or third party properties (the listed protected rights and interests are herein collectively referred to as the *Environment*).

10.1.6 *Hazardous Substances* means all substances that are the subject matter of Environmental Laws as well as all any other pollutant, contaminant or toxic or dangerous substance.

10.1.7 *Relevant Properties* means all land parcels, which on or before the Closing Date are or were owned or occupied by an X-Company or one of its legal predecessors or are or were used by an X-Company or one of its legal predecessors.

10.1.8 *Structure* means any aboveground or subterranean building and construction (including pipes, sewage water systems, tanks, foundations), regardless of whether closely connected (*fest verbunden*) to the relevant real property and/or in any other way constituting a single legal interest (*rechtliche Einheit*) with such land.

10.2 Indemnification

The Seller shall indemnify and hold harmless the Purchaser and the X-Companies from and against all Environmental Liabilities (as defined in clause 10.1.1) in each case relating to an Existing Environmental Contamination (as defined in clause 10.1.2).

10.3 Exclusion and Limitation of Liability

10.3.1 The Seller's obligation to indemnify and hold harmless the Purchaser or an X-Company under this clause 10 shall not apply to an Environmental Liability to the extent that

(a) ein Dritter, insbesondere eine Versicherung, in dem Umfang Leistungen an die Käuferin oder die betroffene X-Gesellschaft erbringt, in dem die Käuferin zur Freistellung nach diesem Vertrag verpflichtet wäre;	(a) a third party – specifically an insurance carrier - has compensated the Purchaser or the relevant X-Company for an Environmental Liability which would otherwise be covered by an indemnity from the Seller under this Agreement;
(b) die Umweltverbindlichkeit durch eine wesentliche Änderung der Nutzung der Relevanten Grundstücke nach dem Vollzugstag, die mit einer erhöhten Gefährdung der Umwelt verbunden ist, verursacht worden ist;	(b) an Environmental Liability has been incurred as a consequence of a material change of use, involving an increased threat to the Environment, of the Relevant Properties after the Closing Date;
(c) die Umweltverbindlichkeit dadurch entstanden ist, dass die Käuferin oder die betroffene X-Gesellschaft eine Verpflichtung zur Schadensminderung nach § 254 BGB verletzt hat.	(c) the relevant Environmental Liability results from a failure of the Purchaser or the relevant X-Company concerned to mitigate losses pursuant to sec. 254 of the BGB.
10.3.2 Die Beschränkungen gemäß §§ 9.4 (Freigrenze) und 9.5 (Haftungshöchstbetrag) finden auf die Haftung der Verkäuferin gemäß § 10 keine Anwendung.	10.3.2 The limitations under clauses 9.4 (Threshold) and 9.5 (Liability Cap) shall not apply to the Seller's liability pursuant to clause 10.
10.4 Verfahren	10.4 Procedures
10.4.1 Erhält die Käuferin Kenntnis von einer Umweltverbindlichkeit, hat sie die Verkäuferin hiervon unverzüglich zu informieren. Die Käuferin wird die Verkäuferin vor einer Maßnahme zur Abwehr einer Umweltverbindlichkeit anhören; dies gilt nicht, wenn berechtigte Interessen der Käuferin oder einer X-Gesellschaft einer Anhörung entgegenstehen.	10.4.1 If the Purchaser learns of an Environmental Liability, then it must inform the Seller thereof without undue delay (*unverzüglich*). Before taking action to prevent Environmental Liability, the Purchaser agrees to consult with the Seller, unless such consultation is against the fair interests (*berechtigte Interessen*) of the Purchaser or any of the X-Companies.
10.4.2 Die Käuferin hat der Verkäuferin nach billigem Ermessen Zutritt zu den Relevanten Grundstücken und Einsichtnahme in die Bücher der X-Gesellschaften im Zusammenhang mit einer Umweltverbindlichkeit zu gestatten, soweit dies zur Bewertung der Umweltverbindlichkeit durch die Verkäuferin erforderlich ist, vorausgesetzt, (i) die Verkäuferin ver-	10.4.2 Exercising its reasonable discretion (*nach billigem Ermessen*), the Purchaser shall ensure that the Seller obtains access to the Relevant Properties and to the records of the X-Companies to the extent that such access is reasonably necessary for the Seller to assess the relevant Environmental Liability, provided that (i) the Seller agrees to comply with

pflichtet sich den Anforderungen der Käuferin entsprechend zur Vertraulichkeit und (ii) die Verkäuferin trägt die Kosten für die Einsichtnahme. Die Käuferin wird sich darum bemühen, für die Dauer einer möglichen Haftung der Verkäuferin nach diesem § 10 sämtliche Unterlagen und Informationen, die sich auf die Relevanten Grundstücke beziehen und die sich am Vollzugstag im Besitz einer X-Gesellschaft befinden, aufzubewahren.

10.4.3 Die Käuferin hat der Verkäuferin nach billigem Ermessen die Teilnahme an Untersuchungen oder sonstigen Maßnahmen und den Zugang zu Berichten, Schriftwechsel und Verfügungen zu gewähren, die im Zusammenhang mit einer möglichen Umweltverbindlichkeit stehen, sowie Kopien der entsprechenden Schriftstücke zukommen zu lassen.

10.5 Verjährung

Ein Anspruch der Käuferin nach diesem § 10 verjährt in ...... Jahren ab dem Vollzugstag.[126]

§ 11 Steuern[127]

11.1 Definitionen

11.1.1 *Steuern*[128] im Sinne dieses Vertrages sind alle Steuern, Gebühren, Zölle, Beiträge einschließlich Sozialversicherungsbeiträge und andere öffentlich-rechtlichen Abgaben, die von einer inländischen Bundes-, Landes- oder Kommunalbehörde oder einer entsprechenden ausländischen Behörde oder einem sonstigen Hoheitsträger (zusammen die *Finanzbehörden*) festgesetzt werden und/oder aufgrund Rechtsvorschriften geschuldet werden. Als *Steuern* gelten zudem alle Zahlungen als Haftungsschuldner für Steuern, Zahlungen aus Gewerbesteuer- und Umsatzsteuerumla-

the Purchaser's requirements concerning confidentiality and (ii) the Seller shall bear the costs of any such inspection. For as long as the Seller may be liable under this clause 10, the Purchaser shall endeavor to retain any and all documents and information that relate to the Relevant Properties and are in an X-Company's possession on the Closing Date.

10.4.3 Exercising its reasonable discretion, the Purchaser shall ensure that the Seller is granted the right to participate in investigations or other measures and the right to access the reports, correspondence and orders in connection with a potential Environmental Liability and shall provide the Seller with copies of all relevant documents.

10.5 Time Limits

A Purchaser's claim under this clause 10 shall be time-barred (*verjährt*) in ...... years from the Closing Date.

11. Tax Indemnification

11.1 Definitions

11.1.1 *Taxes*, within the meaning of this Agreement, are all taxes, fees, customs duties, contributions including social security contributions and other public charges, which are levied by federal, state, or local tax authorities or equivalent foreign government agencies or by another sovereign entity (collectively the *Fiscal Authorities*) or which are owed pursuant to Legal Requirements. *Taxes* are also deemed to include all payments made or to be made as tax indemnitor, payments based on trade tax and VAT cost sharing contracts (*Gewerbesteuer- und*

	gevertägen oder aus vergleichbaren Verträgen oder Steuern betreffende Freistellungsvereinbarungen, ferner alle steuerlichen Nebenleistungen wie beispielsweise Zinsen, Kosten und Steuerzuschläge, sowie mit Steuern in Zusammenhang stehende Straf- und Bußgelder, die gesetzlich geschuldet oder von Finanzbehörden auferlegt werden. [Als Steuern gelten insbesondere alle Steuern und steuerlichen Nebenleistungen i. S. d. § 3 AO und entsprechende ausländische Steuern und steuerlichen Nebenleistungen.]¹²⁹		*Umsatzsteuerumlageverträge*) or similar agreements or indemnity agreements related to taxes (*Steuerfreistellungsvereinbarungen*), as well as all incidental tax charges (*steuerliche Nebenleistungen*) such as interest, cost and tax surcharges as well as any penalties in connection with taxes which are owed by law or imposed by the Fiscal Authorities [also deemed to be *Taxes* are specifically all taxes and incidental tax payments within the meaning of sec. 3 of the AO and equivalent provisions under applicable foreign laws.]
11.1.2	*Steuererklärungen* im Sinne dieses Vertrages sind alle Erklärungen, Anmeldungen, Voranmeldungen und sonstigen Unterlagen und Dokumente, die in Zusammenhang mit Steuern bei oder gegenüber den Finanzbehörden einzureichen oder abzugeben sind.	11.1.2	*Tax Returns*, within the meaning of this Agreement, are any and all returns, applications, preliminary filings and other written materials and documents, which must be filed with or provided to the Fiscal Authorities in connection with Taxes.
11.2	Freistellung	11.2	Indemnification
11.2.1	Die Verkäuferin stellt die Käuferin und/oder, nach deren Wahl, die jeweilige X-Gesellschaft hiermit frei	11.2.1	The Seller shall indemnify and hold harmless the Purchaser or, at its election, the relevant X-Company from and against
	(a) von allen noch nicht entrichteten Steuern, die gegen die X-Gesellschaften festgesetzt worden sind oder festgesetzt werden und auf der Grundlage einer „als-ob-Veranlagung" den Zeitraum bis einschließlich zum Stichtag betreffen oder aus Handlungen resultieren, die vor oder am Stichtag vorgenommen werden; [wenn und soweit die Steuern die Summe der im Konsolidierten Stichtagsabschluss ausgewiesenen Steuerverbindlichkeiten und Steuerrückstellungen (inklusive latenter Steuerverpflichtungen) übersteigen];¹³⁰		(a) all unpaid Taxes which were or are levied against the X-Companies and which are attributable to the period up to and including the Effective Date on the basis of a „pro forma tax assessment" or which result from activity occurring on or before the Effective Date; [if and to the extent that the Taxes exceed the total Tax liabilities and Tax accruals (including any deferred Tax obligations) that are reported in the Consolidated Effective Date Accounts)];
	(b) von der Haftung einer X-Gesellschaft für Steuerschulden		(b) any liability of an X-Company for any Tax debt of the

der Verkäuferin oder einer anderen Verkäufer-Gesellschaft.[131]

11.2.2 Die Beschränkungen der §§ 9.4 (Freigrenze) und 9.5 (Haftungshöchstbetrag) finden auf die Haftung der Verkäuferin nach § 11 keine Anwendung.

11.3 Steuervorteile

11.3.1 Sämtliche Steuererstattungsansprüche der X-Gesellschaften, die sich auf den Zeitraum bis einschließlich zum Stichtag beziehen, stehen der Verkäuferin zu und sind von der Käuferin an die Verkäuferin zu erstatten, nachdem die Steuererstattung an eine der X-Gesellschaften erfolgt ist. Sollten sich aus vorgenannter Bestimmung Erstattungsansprüche der Verkäuferin ergeben, ist die Käuferin berechtigt, diese mit Ansprüchen der Käuferin aufgrund dieses Vertrages aufzurechnen.

11.3.2 Die Freistellungsverpflichtung nach § 11.2.1 besteht insoweit nicht, als Tatbestände, die für den Zeitraum bis einschließlich des Stichtages bei einer der X-Gesellschaften zu höheren Steuern führen, in der Zeit nach dem Stichtag zu niedrigeren Steuern bei der betreffenden Gesellschaft oder eine anderen X-Gesellschaft führen; die bloße Schaffung oder Erhöhung von steuerlichen Verlusten oder Verlustvorträgen gilt nicht als niedrigere Steuer in diesem Sinne.

11.4 Ausschluss der Haftung der Verkäuferin

11.4.1 Die Verkäuferin haftet nicht für Steuern für Zeiträume bis zum Vollzugstag, die auf nach dem Vollzugstag von den X-Gesellschaften vorgenommenen Änderungen der bisherigen Bilanzie-

Seller or another Seller Company.

11.2.2 The limitations under clauses 9.4 (Threshold) and 9.5 (Liability Cap) shall not apply to the Seller's liability pursuant to clause 11.

11.3 Tax Benefits

11.3.1 All tax refund claims which are held by the X-Companies and which relate to a period of time up to and including the Effective Date, are for the benefit of the Seller and must be returned by the Purchaser to the Seller after the Tax refund is made to one of the X-Companies. If, under the foregoing provision, the Seller becomes entitled to Tax refund claims, then the Purchaser shall have the right to set such claims off against its own claims based on this Agreement.

11.3.2 There shall be no indemnity claim of the Purchaser under clause 11.2.1 inasmuch as factual elements which would trigger higher Taxes for one of the X-Companies for the period up to and including the Effective Date would ultimately lead to lower Taxes for the relevant company or another X-Company with respect to the period following the Effective Date. The creation of or increase in tax losses or tax loss carry forwards shall not, by itself, be considered as „lower Taxes" within the meaning of this paragraph.

11.4 Exclusion of Seller's Liability

11.4.1 The Seller shall not be liable for any Taxes related to periods up to and including the Effective Date, if they are based on changes that were made by the X-Companies after the Effective

rungs- oder der Besteuerungspraxis der X-Gesellschaften (einschließlich der Praxis bei der Einreichung von Steuererklärungen) beruhen, sofern diese Änderungen nicht durch zwingendes Recht oder Grundsätze ordnungsmäßiger Buchführung erforderlich sind.

11.4.2 Ein Anspruch der Käuferin auf Freistellung gemäß § 11.2.1 ist ausgeschlossen, wenn und soweit die Steuer durch Aufnahme in den Konsolidierten Stichtagsabschluss bei der Berechnung des Kaufpreises zugunsten der Käuferin berücksichtigt wurde. Der Ausschluss von Ansprüchen der Käuferin aufgrund des vorstehenden Satzes ist auf den Betrag beschränkt, der der Käuferin durch Berücksichtigung im Konsolidierten Stichtagsabschluss zugeflossen ist.[132]

11.5 Informationspflicht

11.5.1 Die Käuferin hat die Verkäuferin über den Beginn einer Außenprüfung oder anderer Verfahren, die zu einem Anspruch nach § 11.2 führen könnten, zu unterrichten. § 9.6 gilt entsprechend.

11.5.2 Die Käuferin hat der Verkäuferin Abschriften der Steuererklärungen, die die Zeiträume bis einschließlich zum Stichtag betreffen, zur Verfügung zu stellen.

11.6 Verjährung

Ansprüche der Käuferin nach § 11 verjähren frühestens mit Ablauf von fünf (5) Jahren ab dem Vollzugstag, jedoch nicht vor Ablauf von zwölf (12) Monaten ab Bestands- oder Rechtskraft des die jeweilige Steuer festsetzenden Bescheides.

Date to their previous accounting or taxation practices (including the practice in submitting tax returns), unless such changes were required under mandatory law or under generally accepted accounting principles.

11.4.2 A Purchaser's claim for indemnification pursuant to clause 11.2.1 will be excluded if and to the extent that the Taxes were already factored into the Purchase Price calculation in favour of the Purchaser because they were included in the Consolidated Effective Date Accounts. The exclusion of the Purchaser's claims based on the preceding sentence shall be limited to that amount which was taken into consideration to the benefit of the Purchaser due to the inclusion in the Consolidated Effective Date Accounts.

11.5 Duty to Inform

11.5.1 The Purchaser must inform the Seller of the commencement of any tax audit or other procedure which could lead to a claim under clause 11.2. Clause 9.6 shall apply *mutatis mutandis*.

11.5.2 The Purchaser shall provide the Seller with copies of the tax returns that relate to the periods up to and including the Effective Date.

11.6 Time Limits

Any claims of the Purchaser under clause 11 shall be time-barred (*verjährt*) no sooner than at the end of five (5) years following the Effective Date, but not before the end of twelve (12) months following the date on which the relevant tax assessment notice becomes final and non-appealable.

§ 12 Ausschluss und Beschränkung der Haftung der Verkäuferin

12.1 Verjährung

12.1.1 Ansprüche der Käuferin aus §§ 8 bis 11 verjähren mit Ablauf von [drei ......] ([3 ......]) Jahren ab dem Vollzugstag. Abweichend von Satz 1 verjähren[133]

(a) Garantieansprüche der Käuferin aus Verkäufergarantien in den §§ 8.2.1 bis 8.2.5 mit Ablauf von [zehn ......] ([10 ......]) Jahren ab dem Vollzugstag;

(b) Ansprüche der Käuferin aus § 10 (Umweltfreistellung) gemäß § 10.5;

(c) Ansprüche der Käuferin aus § 11 (Steuerfreistellung) gemäß § 11.6;[134]

(d) Garantieansprüche, die daraus resultieren, dass die Verkäuferin eine Verkäufergarantie vorsätzlich, grobfahrlässig unvollständig oder unzutreffend abgegeben oder eine solche vorsätzlich oder grob fahrlässig verletzt hat nach §§ 194 ff. BGB, sofern sich aus den vorstehenden Unterabsätzen (a) bis (c) keine längere Verjährungsfrist ergibt.

12.1.2 Macht die Käuferin einen Anspruch aus diesem Vertrag durch schriftliche Erklärung gegenüber der Verkäuferin geltend, ist dessen Verjährung gehemmt. Die Hemmung endet nach Ablauf von ...... Monaten, sofern die Käuferin nicht vor Ablauf dieser Frist [das schiedsgerichtliche Verfahren gemäß § 23.2.1 eingeleitet] [Klage über den streitgegen-

12. Limitations on Seller's Liability

12.1 Time Limits

12.1.1 The Purchaser's claims under clauses 8 through 11 shall be time-barred [three] ([3]) years from the Effective Date. Notwithstanding the foregoing sentence,

(a) the Purchaser's Guarantee Claims under the Seller Guarantees set forth in clauses 8.2.1 through 8.2.5 shall be time-barred [ten] ([10]) years from the Effective Date;

(b) the Purchaser's claims under clause 10 (Environmental Indemnity) shall be time-barred pursuant to clause 10.5;

(c) the Purchaser's claims under clause 11 (Tax Indemnity) shall be time-barred pursuant to clause 11.6;

(d) Guarantee Claims which result from the fact that the Seller provided a Seller Guarantee which was incomplete or incorrect due to intentional or grossly negligent acts or omissions or from the fact that such guarantee was breached due to an intentional or grossly negligent act or omission, shall be time-barred in accordance with the statutory rules pursuant to secs. 194 *et seq.* of the BGB, unless a longer prescription period is stipulated in the foregoing sub-paragraphs (a) through (c).

12.1.2 The limitation (*Verjährung*) of claims under this Agreement shall be tolled (*gehemmt*) as soon as the Purchaser notifies the Seller in writing that it intends to bring a claim against the Seller. Such tolling shall end after ...... months, unless within such period the Purchaser [commences arbitral proceedings pursuant to clause 23.2.1] [institute legal pro-

2. GmbH-Anteilskaufvertrag – ausführlich, käuferfreundlich C. II. 2

ständlichen Anspruch erhoben] hat. Eine Hemmung aufgrund gesetzlicher Vorschriften bleibt unberührt.

12.2 Kenntnis der Käuferin

Die Bestimmungen der § 442 BGB und § 377 HGB und die darin enthaltenen Rechtsgedanken finden keine Anwendung.

12.3 Zahlungen der Verkäuferin

Zahlungen der Verkäuferin nach §§ 9 bis 11 an die Käuferin gelten als Reduzierung des Kaufpreises; Zahlungen direkt an die X-Gesellschaften gelten als Einlage der Käuferin in das Vermögen der jeweiligen Zahlungsempfängerin.[135]

§ 13 Weitere Verpflichtungen der Verkäuferin

13.1 Verhalten der Verkäuferin bis zum Vollzug[136]

13.1.1 Die Verkäuferin garantiert im Wege eines selbstständigen Garantieversprechens gemäß § 311 BGB, dass die X-Gesellschaften vom Unterzeichnungstag bis einschließlich zum Vollzugstag ihren Geschäftsbetrieb ausschließlich im Rahmen des gewöhnlichen Geschäftsgangs mit der Sorgfalt eines ordentlichen Kaufmanns und in Übereinstimmung mit der bisherigen Geschäftspraxis führen werden. Insbesondere wird keine X-Gesellschaft

(a) vorbehaltlich nachfolgend (b) eine Verbindlichkeit (einschließlich bedingter und zurückzustellender Verbindlichkeiten) begründen, die den Betrag von ...... EUR (in Worten: ...... Euro) im Einzelfall übersteigt, mit Ausnahme laufender Verbindlichkeiten aus Lieferung und Leistung im Rahmen des gewöhnlichen Geschäftsgangs

ceedings]. A tolling of the limitation period based on statutory provisions shall continue to apply.

12.2 Purchaser's Knowledge

The provisions of and legal principles contained in sec. 442 of the BGB and sec. 377 of the HGB shall not apply.

12.3 Seller Payments

Payments by the Seller to the Purchaser pursuant to clauses 9 through 11 to the Purchaser shall constitute a reduction of the Purchase Price or, where a payment is made directly to an X-Company, a capital contribution (*Einlage*) of the Purchaser to the respective recipient.

13. Further Obligations of the Seller

13.1 Seller's Conduct until the Closing

13.1.1 The Seller guarantees, by way of an independent promise of guarantee pursuant to sec. 311 of the BGB that the X-Companies will conduct their business operations solely in the ordinary course of business and in accordance with the standard of care of a prudent merchant (*Sorgfalt eines ordentlichen Kaufmanns*) and in substantially the same business manner as before. Above all, no X-Company

(a) shall – subject to (b) below – incur a liability (including any conditional, deferred or deferrable liabilities) which in the individual case exceeds the amount of EUR ...... (...... euros), with the exception of current liabilities arising from the purchase of goods and services in the ordinary course of business and in substantially

und in Übereinstimmung mit der bisherigen Geschäftspraxis;

(b) Darlehen oder sonstige Finanzierungen aufnehmen, mit Ausnahme kurzfristiger Kredite bis zu ...... EUR (in Worten: ...... Euro) im Einzelfall, oder eine Haftung für Verbindlichkeiten Dritter übernehmen;

(c) materielle oder immaterielle Vermögensgegenstände – gleich ob bilanzierungsfähig oder nicht – sicherungsübereignen oder -abtreten, verpfänden oder in sonstiger Weise belasten oder sich hierzu verpflichten, außer im Rahmen des gewöhnlichen Geschäftsgangs und in Übereinstimmung mit der bisherigen Geschäftspraxis;

(d) materielle oder immaterielle Vermögensgegenstände – gleich ob bilanzierungsfähig oder nicht –, die einen Wert von ...... EUR (in Worten: ...... Euro) im Einzelfall übersteigen, verkaufen, vermieten, verpachten, übertragen, erwerben oder sich jeweils hierzu verpflichten; ausgenommen sind der Verkauf oder Erwerb von Vorräten i.S.v. § 266 Abs. 2 lit. B. I HGB im Rahmen des gewöhnlichen Geschäftsgangs und in Übereinstimmung mit der bisherigen Geschäftspraxis;

(e) Verbindlichkeiten im Betrag von insgesamt mehr als ...... EUR (in Worten: ...... Euro) erlassen oder sich hierüber vergleichen;

(f) gegenüber einem Organmitglied, Arbeitnehmer, Berater, Handelsvertreter oder Vertragshändler Änderungen bei Gehältern oder anderen (auch erfolgsabhängigen)

the same business manner as before;

(b) shall take out loans or credits or other financing liabilities, except for short-term credit which may be extended in the individual case up to EUR ...... (...... euros), or assume a liability for third parties' debts;

(c) shall pledge, assign, create a security interest in, or otherwise encumber, any tangible or intangible assets (regardless of whether such assets can or cannot be recognized on the balance sheet), except in the ordinary course of business and in substantially the same business manner as before;

(d) shall sell, lease, transfer, or purchase any tangible or intangible assets (regardless of whether such assets can or cannot be recognized on the balance sheet) for a value which in the individual case exceeds EUR ...... (...... euros), or undertake to do any of the foregoing, except for the sale or purchase of inventories within the meaning of sec. 266 para. 2 B. I of the HGB which is done in the ordinary course of business and in substantially the same business manner as before;

(e) shall waive or otherwise settle any liabilities totaling more than EUR ...... (...... euros);

(f) shall make, with respect to any officer, managing director, board member, employee, advisor, sales representative or distributor, any changes regarding salaries or

Vergütungen oder sonstigen Vertragsbedingungen vornehmen oder Boni, sonstige Sonderzahlungen oder Abfindungen zahlen oder sich (auch bedingt) zu solchen Zahlungen verpflichten oder einer dieser Personen ein Darlehen einräumen;

(g) ihr Kapital erhöhen oder herabsetzen oder Anteile ausgeben, übertragen oder sich zu solchen Maßnahmen verpflichten oder Bezugsrechte, Optionen oder andere Rechte auf den Erwerb von Anteilen gewähren oder veräußern oder sich zu solchen Maßnahmen verpflichten;

(h) eine Gesellschaft oder ein Unternehmen oder eine offene oder stille Beteiligung an einer Gesellschaft (be)gründen, erwerben oder veräußern oder eine hierauf gerichtete Verpflichtung eingehen;

(i) neue Geschäftszweige oder Zweigniederlassungen eröffnen, Geschäftszweige aufgeben oder Betriebsstätten schließen;

(j) das von ihr betriebene Unternehmen oder Teile hiervon veräußern oder Maßnahmen nach dem Umwandlungsgesetz vornehmen, Unternehmensverträge gemäß §§ 291 ff. AktG abschließen oder satzungändernde Gesellschafterbeschlüsse fassen;

(k) etwas tun oder unterlassen, das zu einer Erhöhung der Barmittel führen würde, es sei denn im Rahmen des gewöhnlichen Geschäftsgangs

other (also performance-based) remuneration or other contractual terms or pay any bonuses or other extraordinary compensation or make any severance payments or otherwise commit (even conditionally) to make such payments or grant a loan to any such persons;

(g) shall increase or reduce its share capital or issue or transfer shares or agree to take such actions or grant or sell any subscription rights, options or other rights to receive shares or otherwise agree to take such actions;

(h) shall form, purchase or sell a company, partnership or enterprise or an open or silent interest (*stille Beteiligung*) in a company or partnership or enter into an obligation to do any of the foregoing;

(i) shall start a new business line or open branch offices, abandon any existing lines of business or close any business establishments (*Betriebsstätten*);

(j) shall sell a business which is under its operation or any divisions thereof or undertake any reorganization or restructuring pursuant to the German Transformation Act (*Umwandlungsgesetzs*), conclude any affiliation agreements as defined in sec. 291 *et seq.* of the AktG or adopt shareholder resolutions that amend the articles of association;

(k) take any action (*Handlungen*), or fail to take any action due (*Unterlassungen*) that would lead to an increase in Cash, unless it is

und in Übereinstimmung mit der bisherigen Geschäftspraxis; insbesondere wird jede X-Gesellschaft nur in einer nach Zeitpunkt und Umfang der bisherigen Geschäftspraxis entsprechenden Weise Forderungen einziehen oder verkaufen oder vergleichbare Rechtsgeschäfte abschließen;

(l) ihre Vorräte i.S.v. § 266 Abs. 2 lit. B. I HGB nach Art und Umfang abweichend von der bisherigen Geschäftspraxis anlegen und unterhalten;

(m) ihre Forschungs- und Entwicklungs-, Fertigungs-, Einkaufs-, Vertriebs-, Marketing-, oder Personalpolitik ändern;

(n) einen Firmentarifvertrag abschließen;

(o) ein Grundstücksgeschäft vornehmen, insbesondere einen Erwerb, eine Belastung oder eine Veräußerung von Grundstücken oder grundstücksgleichen Rechten.

(p) Wesentliche Verträge aufheben, beenden oder ändern.

13.1.2 Die Verkäuferin ist verpflichtet, vom Unterzeichnungstag an bis einschließlich zum Vollzugstag keine Handlung vorzunehmen oder Unterlassung zu begehen, die (i) den Vollzug dieses Vertrags beeinträchtigt, gefährdet oder verhindert oder (ii) zur Verletzung einer Verkäufergarantie führt oder (iii) eine Wesentlich Nachteilige Änderung bewirkt. Die Verkäuferin hat dafür zu sorgen, dass auch die X-Gesellschaften und die Verkäufer-Gesellschaften die Verpflichtung gemäß Satz 1 dieses § 13.1.2 einhalten.

done in the ordinary course of business and in substantially the same manner as before; in particular, each X-Company shall collect any outstanding debt or sell receivables or enter into any such agreements solely in a manner that is consistent with its prior business practices in terms of time and scope;

(l) build up and maintain its inventories, as defined in sec. 266 para. 2 B. I of the HGB, in a manner or to an extent inconsistent with its prior business practices;

(m) modify its research and development, manufacturing, purchasing, sales, marketing or pension policies;

(n) enter into any company-wide collective bargaining agreement (*Firmentarifvertrag*);

(o) engage in any real property transactions, specifically the purchase, encumbrance or sale of real properties or rights equivalent to real properties;

(p) cancel, terminate or materially amend or modify any Material Agreement.

13.1.2 From the Signing Date until and including the Closing Date, the Seller is under an obligation not to act in a manner which could (i) impair, jeopardise or hinder the Closing, or (ii) result in a breach of a Seller Guarantee, or (iii) cause a Material Adverse Change. The Seller shall take the action necessary to ensure that the X-Companies and the Seller Companies also comply with the obligations set forth in sentence 1 of this clause 13.1.2.

doch dafür ein, dass diese Verträge von der jeweiligen X-Gesellschaft, die Vertragspartnerin ist, mit einer Frist von einem Monat zum Monatsende schriftlich ohne Kosten oder Verpflichtungen für die kündigende X-Gesellschaft gekündigt werden können.[138]

13.3 Ansprüche der Verkäufer-Gesellschaften gegen eine X-Gesellschaft

13.3.1 Die Verkäufer-Gesellschaften haben mit Ausnahme der in Anlage 13.3.1a genannten Ansprüche keine weiteren Ansprüche gegenüber einer X-Gesellschaft. Die Verkäuferin verpflichtet sich, darüber hinaus keinerlei Ansprüche gegen eine X-Gesellschaft geltend zu machen und dafür zu sorgen, dass keine andere Verkäufer-Gesellschaft einen Anspruch gegen eine X-Gesellschaft geltend macht. Die Verkäuferin hat dafür zu sorgen, dass die Verkäufer-Gesellschaften und die X-Gesellschaften vor dem Vollzugstag die in Anlage 13.3.1b beigefügte Vereinbarung unterzeichnen, in der die Verkäuferin und die Verkäufer-Gesellschaften erklären, dass ihnen mit Ausnahme der dort bezeichneten Ansprüche keine weiteren Ansprüche gegen die X-Gesellschaften zustehen.

13.3.2 Ansprüche der Verkäuferin aus der Fortführung der X-Finanzierungsvereinbarungen gemäß § 4.1.1 dieses Vertrages bleiben unberührt.

13.4 Zustimmung zu diesem Vertrag und seinem Vollzug; Mitwirkung an Sicherheitenbestellung

13.4.1 Die Verkäuferin ist verpflichtet, dafür zu sorgen, dass die in Anlage 13.4.1 genannten Gesellschaften vor dem Geplanten Vollzugstag die dort bezeichneten Beschlüsse fassen bzw. Erklärungen abgeben.

ensure that these contracts can be terminated by the respective X-Company (which is a party to the contract) upon providing written notice of one month to the end of a given month without producing any costs or obligations for the terminating X-Company.

13.3 Claims of the Seller Companies against an X-Company

13.3.1 With the exception of the claims set forth in Exhibit 13.3.1a, the Seller Companies have no other claims against an X-Company. The Seller agrees not to enforce any other claims against an X-Company and to ensure that no other Seller Company enforces a claim against an X-Company. The Seller shall ensure that prior to the Closing Date, the Seller Companies and the X-Companies will sign the agreement appended as Exhibit 13.3.1b, pursuant to which the Seller and the Seller Companies state that with the exception of the claims indicated therein, they have no further claims against the X-Companies.

13.3.2 The Seller's claims to continue the Financing Agreements pursuant to clause 4.1.1 of this Agreement remain binding and in force.

13.4 Consent to this Agreement and its Closing; Cooperation in providing Security

13.4.1 The Seller is obligated to ensure that prior to the Scheduled Closing Date, the companies set forth in Exhibit 13.4.1 will adopt the resolutions or issue the statements described therein.

13.1.3 Die Verkäuferin ist verpflichtet, die Käuferin vom Unterzeichnungstag an bis einschließlich zum Vollzugstag unverzüglich nach Kenntniserlangung schriftlich über jeden Umstand zu informieren, der den Vollzug dieses Vertrages gefährden, beeinträchtigen oder verhindern könnte oder die Verletzung einer Verkäufergarantie oder eine Wesentlich Nachteilige Änderung begründen könnte. Die Verkäuferin hat, soweit es ihr rechtlich möglich ist, die X-Gesellschaften anzuweisen, die Käuferin ihrerseits gemäß Satz 1 dieses § 13.1.3 zu informieren.

13.1.4 Die Verkäuferin ist verpflichtet, die für die Aufstellung des Stichtagsabschlusses erforderliche Inventur so vorzubereiten, dass der Stichtagsabschluss innerhalb der Frist des § 71 aufgestellt werden kann. Die Verkäuferin ist ab dem Vollzug verpflichtet, keine Handlungen mehr vorzunehmen, die sich auf den Stichtagsabschluss auswirken; die Vereinbarungen über den Vollzug (§ 6.5) bleiben unberührt.

13.2 Verträge zwischen Verkäufer-Gesellschaften und X-Gesellschaften[137]

13.2.1 Die Verkäuferin verpflichtet sich, dafür zu sorgen, dass mit Ausnahme der in Anlage 13.2.1 genannten Verträge sämtliche Verträge, die zwischen der Verkäuferin und/oder anderen Verkäufer-Gesellschaften einerseits und X-Gesellschaften andererseits bestehen oder bis zum ...... geschlossen werden, mit Wirkung zum Vollzugstag ohne Kosten oder Verpflichtungen für die X-Gesellschaften beendet werden.[138]

13.2.2 Die in Anlage 13.2.1 aufgeführten Verträge werden auch über den Vollzugstag hinaus fortgesetzt. Die Verkäuferin steht je-

13.1.3 From the Signing Date until and including the Closing Date, the Seller is under an obligation to inform the Purchaser in writing without undue delay after learning of any facts or circumstances which could impair, jeopardise or hinder the Closing or could constitute a breach of a Seller Guarantee or could lead to Material Adverse Change. To the extent legally possible, the Seller must direct the X-Companies to notify the Purchaser themselves in accordance with sentence 1 of this clause 13.1.3.

13.1.4 [The Seller is obligated to prepare the inventory needed to draw up the Effective Date Accounts such that the Effective Date Accounts can be drawn up within the period of time set forth in clause 7.1.1.]. From the Closing, the Seller will be obligated not to engage in any more actions that could have an impact on the Effective Date Accounts; the provisions regarding the closing (clause 6.5) shall remain unaffected.

13.2 Contracts between the Seller Companies and the X-Companies

13.2.1 The Seller shall take the action necessary to ensure that – with the exception of the contracts listed in Exhibit 13.2.1 – all contracts, which exist or are concluded on or before ...... between the Seller or other Seller Companies, on the one hand, and the X-Companies, on the other hand, are terminated with effect as of the Closing Date without producing any costs or obligations for the X-Companies.

13.2.2 The contracts listed in Exhibit 13.2.1 will remain valid and binding beyond the Closing Date. The Seller shall, however,

2. GmbH-Anteilskaufvertrag – ausführlich, käuferfreundlich

13.4.2	Die Verkäuferin ist verpflichtet, an den in Anlage 13.4.2 aufgeführten Maßnahmen zur Bestellung von Sicherheiten mitzuwirken.	13.4.2	The Seller is obligated to cooperate in the measures listed in Exhibit 13.4.2 for providing security.
13.5	Firma[, Marken etc.]	13.5	Company Name [, Trademarks, etc.]
	Die Käuferin, die X-Gesellschaften und ihre jeweiligen Rechtsnachfolger sind im Verhältnis zur Verkäuferin berechtigt, aber nicht verpflichtet, die gegenwärtigen Handelsnamen, Marken, Logos und geschäftlichen Bezeichnungen der X-Gesellschaften gemäß Anlage 13.5 einschließlich aller Ableitungen hiervon (zusammen die *X-Kennzeichen*) unbefristet fortzuführen [einzufügen sind ggf. spezifische Regelungen zu Marken, Webzsites, Domainnamen, Umbenennungen der Verkäuferin etc.]. Ab dem Vollzugstag wird die Verkäuferin weder die X-Kennzeichen noch mit den X-Kennzeichen verwechselbare Bezeichnungen und Unternehmenskennzeichen in irgendeiner Weise nutzen oder in den Verkehr bringen. Sie wird insbesondere veranlassen, dass die X-Kennzeichen mit Wirkung zum Stichtag von allen Schildern, Vordrucken, Verpackungen und anderen Materialien, Gebäuden und Fahrzeugen ihres Geschäftsbetriebs entfernt werden. Die Verkäuferin steht dafür ein, dass auch die übrigen Verkäufer-Gesellschaften nach Maßgabe der vorhergehenden Sätze 2 und 3 verfahren werden.		The Purchaser, the X-Companies and their respective legal successors are entitled, but not obligated vis-à-vis the Seller, to continue using indefinitely the current trade names, trademarks, logos and business designations of the X-Companies [as set forth in Exhibit 13.5], including all the derivations thereof (collectively referred as the *X-Marks*) [if applicable, insert specific provisions regarding the trademarks, websites, domain names, re-naming of the Seller, etc.]. Starting on the Closing Date, the Seller shall not, in any way, use or distribute into the stream of commerce the X-Marks or any other designations or company names that could be confused with the X-Marks. It shall, as of the Closing Date, specifically cause the X-Marks to be removed from all signs, pre-printed materials, packaging and other materials, buildings and vehicles used in its business operation. The Seller shall ensure that the other Seller Companies also act in accordance with the foregoing sentences 2 and 3.
13.6	Überleitung	13.6	Transition
	Die Verkäuferin steht dafür ein, dass die X-Gesellschaften und die X-Geschäftsbetriebe mit dem Vollzug dieses Vertrags ordnungsgemäß auf die Käuferin übergeleitet werden, namentlich sämtliche Informationen zur Verfügung stehen, welche die Käuferin oder die Organe der X-Gesellschaften für eine nahtlose		The Seller shall take the action necessary to ensure that the X-Companies and the X-Business Operations duly pass to the Purchaser upon the Closing of this Agreement, and that namely all information be made available which the Purchaser and the organizational bodies of the X-Companies require to seam-

	Fortführung der X-Geschäftsbetriebe benötigen.		lessly continue the X-Business Operations.
13.7	Versicherungsschutz[139]	13.7	Insurance Coverage
13.7.1	Versicherungsschutz Die Verkäuferin hat dafür Sorge zu tragen, dass die X-Gesellschaften und ihre Geschäftstätigkeit bis zum Vollzugstag im Wesentlichen in gleicher Art und Weise wie bei Abschluss dieses Vertrages Versicherungsschutz haben und alle fälligen Versicherungsprämien rechtzeitig bezahlt werden.	13.7.1	Insurance Coverage The Seller shall ensure that the X-Companies and their business remain insured until the Closing Date in substantially the same manner as they are insured on the Signing Date and that all premiums due under such insurance policies are duly and timely paid.
13.7.2	Die Käuferin wird dafür Sorge tragen, dass die D&Co-Versicherung der Käuferin den Organmitgliedern der X-Gesellschaften für ab dem Vollzug begangene Pflichtverletzungen im gleichen Umfang Versicherungsschutz gewährt wie den Organmitgliedern der Käuferin. Die Verkäuferin verpflichtet sich, für Haftpflichtansprüche, die auf bis zum Vollzug begangenen Pflichtverletzungen der Organmitglieder der X-Gesellschaften beruhen, eine unverfallbare Run-off-Deckung mit [fünfjähriger/zehnjähriger] Laufzeit und einer eigenen Deckungssumme in Höhe von ... Euro zu erwerben.	13.7.2	The Purchaser shall ensure that the Purchaser's D&O insurance covers any breach of duty committed by the directors and officers of the X-Companies after the Closing Date to the same extent as it covers breaches of duty committed by the directors and officers of the Purchaser. The Purchaser is obligated to purchase a non-forfeitable run-off insurance for liability claims based on breaches of duty committed by the directors and officers of the X-Companies before the Closing Date with a duration of [five/ten] years and an insured sum of EUR ....
13.8	Verhalten der Verkäuferin nach dem Vollzug[140]	13.8	Conduct of the Seller following the Closing
13.8.1	Die Verkäuferin verpflichtet sich, nach Wirksamwerden der Abtretung der Geschäftsanteile gemäß § 6.5.1(j) i.V.m. Anlage 6.5.1(j) keine Gesellschafterbeschlüsse der Gesellschaft zu fassen, es sei denn, sie wurde von der Käuferin dazu schriftlich aufgefordert.	13.8.1	The Seller agrees not to adopt any shareholders' resolutions of X-GmbH after the assignment of the X-Shares pursuant to clause 6.5.1(j) in conjunction with Exhibit 6.5.1(j) becomes effective, unless such resolutions were requested by the Purchaser in writing.
13.8.2	Die Verkäuferin bevollmächtigt die Käuferin hiermit unwiderruflich, nach Wirksamwerden der Abtretung der Geschäftsanteile gemäß § 6.5.1(j) i.V.m. Anlage 6.5.1(j) bis zu dem Zeitpunkt, zu dem die Käuferin gemäß § 16	13.8.2	The Seller hereby irrevocably authorizes the Purchaser to adopt the following shareholders' resolutions on behalf of the Seller after the assignment of the X-Shares under clause 6.5.1(j) in conjunction with Exhibit 6.5.1(j)

Abs. 1 Satz 1 GmbHG im Verhältnis zur Gesellschaft als Gesellschafterin gilt, im Namen der Verkäuferin die folgenden Gesellschafterbeschlüsse zu fassen (ggf. hilfsweise zusätzlich zu durch die Käuferin gemäß § 16 Abs. 1 Satz 2 GmbHG im eigenen Namen gefassten Gesellschafterbeschlüssen):

(a) Abberufung aller oder einzelner bisheriger Geschäftsführer der Gesellschaft sowie die Änderung ihrer Vertretungsberechtigung,

(b) Bestellung neuer Geschäftsführer der Gesellschaft,

(c) Änderungen des Gesellschaftsvertrages einschließlich Änderung von Firma, Sitz, Geschäftsjahr, Regelungen zur Vertretung und Geschäftsführung sowie Gesellschafterversammlung, Einzahlungen in die Kapitalrücklage, jedoch mit Ausnahme von Erhöhungen des Stammkapitals,

(d) Abschluss von Beherrschungs- oder Ergebnisabführungsverträgen sowie sonstigen Unternehmensverträgen,

(e) sämtliche sonstigen Gesellschafterbeschlüsse, wenn die Käuferin der Verkäuferin Sicherheit leistet für eine potenzielle Inanspruchnahme der Verkäuferin als Gesellschafterin aufgrund dieser Gesellschafterbeschlüsse.

Die Käuferin ist nicht berechtigt, im Namen der Verkäuferin einen Gesellschafterbeschluss zu fassen, der offensichtlich rechtswidrig ist oder, mit Ausnahme von lit. (e), offensichtlich ein Haftungsrisiko für die Verkäuferin zur Folge hat. Die Käuferin stellt die Verkäuferin von sämtlichen

becomes effective and before the Purchaser is deemed to be the holder of the X-Shares in relation to X-GmbH pursuant to sec. 16 para. 1 sentence 1 of the GmbHG (as the case may be, in addition to the shareholders' resolutions adopted by the Purchaser on its own behalf pursuant to sec. 16 para. 1 sentence 2 of the GmbHG):

(a) dismissal of all or some of the managing directors of X-GmbH as well as any change in their power of representation;

(b) appointment of new managing directors of X-GmbH;

(c) amendments to the articles of association including any change to the registered company name, registered office, fiscal year, rules on representation and management as well as the shareholders' meeting, contributions to capital reserve accounts, but not any resolutions related to increasing the registered share capital;

(d) conclusion of any domination or profit transfer agreements as well as other affiliation agreements;

(e) any and all other shareholders' resolutions, provided that the Purchaser gives the Seller security to cover any possible claims which the Seller may have as a shareholder based on those shareholders' resolutions.

The Purchaser shall not be entitled to adopt any shareholders' resolutions on behalf of the Seller which are clearly unlawful or, with the exception of item (e), would clearly result in a risk of liability for the Seller. The Purchaser agrees to hold the Seller harmless against, and indemnify

Haftungsrisiken aufgrund von durch die Verkäuferin nach diesem § 13.8.2 gefassten Gesellschafterbeschlüssen frei.

13.8.3 Die Verkäuferin verpflichtet sich, alles, was sie nach Wirksamkeit der Abtretung der Geschäftsanteile gemäß § 6.5.1(j) i. V. m. Anlage 6.5.1(j) von der Gesellschaft in ihrer Eigenschaft als Gesellschafterin erhalten hat (z. B. Ausschüttungen), unverzüglich an die Käuferin weiterzuleiten.

13.9 Schadensersatz

Die Verkäuferin verpflichtet sich, der Käuferin oder, nach deren Wahl, den X-Gesellschaften sämtliche Schäden zu ersetzen, die der Käuferin oder den X-Gesellschaften aus oder im Zusammenhang mit einer Verletzung von Verpflichtungen aus diesem § 13 entstehen.

§ 14 Fusionskontrollverfahren

14.1 Anmeldung des Zusammenschlussvorhabens

14.1.1 Die Parteien werden sich in den Grenzen des § 14.2 nach besten Kräften bemühen, unverzüglich nach dem Unterzeichnungstag die kartellrechtliche Freigabe des in diesem Vertrag vereinbarten Zusammenschlusses zu erwirken.

14.1.2 Die Käuferin wird den in diesem Vertrag vereinbarten Zusammenschluss bei den zuständigen Kartellbehörden anmelden.

14.1.3 Die Verkäuferin verpflichtet sich, der Käuferin sobald wie möglich nach dem Unterzeichnungstag alle Dokumente, Daten und sonstigen Informationen zur Verfügung zu stellen, die nach vernünftiger Beurteilung der Käuferin notwendig sind, um die kartellrechtliche Anmeldung vorzubereiten, zu ändern oder zu ergänzen. Die Verkäuferin verpflichtet sich

it from, any and all liability risks arising from the shareholders' resolutions adopted by the Purchaser pursuant to this clause 13.8.2.

13.8.3 The Seller shall be obligated to forward to the Purchaser without undue delay any payments (e.g. distributions of profits) received from X-GmbH based on its status as shareholder after the assignment of the X-Shares pursuant to clause 6.5.1(j) in conjunction with Exhibit 6.5.1(j) enters into effect.

13.9 Damages

The Seller agrees to compensate the Purchaser or, at its election, the X-Companies for any damages, which the Purchaser or the X-Companies incur from or in connection with a breach of the obligations under this clause 13.

14. Merger Control Procedure

14.1 Notification of the Proposed Concentration

14.1.1 The Parties shall use their best efforts within the parameters of clause 14.2 below to effect, without undue delay following the Signing Date, the antitrust clearance for the concentration contemplated in this Agreement.

14.1.2 The Purchaser shall prepare and submit to the competent antitrust authorities the notification of the proposed concentration set out in this Agreement.

14.1.3 The Seller agrees that as soon as possible following the Signing Date, it will provide to the Purchaser any and all documents, data and other information which – based on the Purchaser's reasonable assessment – are required in order to prepare, modify and supplement the pre-merger notification. The Seller is furthermore obligated, to the ex-

weiterhin, soweit es ihr rechtlich möglich ist, die X-Gesellschaften anzuweisen, der Käuferin entsprechend Satz 1 Informationen zur Verfügung zu stellen.

14.2 Freigabe unter Bedingungen und Auflagen

Sofern und soweit die zuständigen Kartellbehörden die Erteilung der Freigabe des in diesem Vertrag vereinbarten Zusammenschlusses von Bedingungen oder Auflagen abhängig machen, die von der Käuferin, einem mit der Käuferin verbundenen Unternehmen oder einer X-Gesellschaft zu erfüllen sind, ist die Käuferin nicht verpflichtet, diese Bedingungen oder Auflagen zu erfüllen oder deren Erfüllung sicherzustellen.

14.3 Untersagung des Zusammenschlussvorhabens

Sofern und soweit die zuständigen Kartellbehörden den in diesem Vertrag vereinbarten Zusammenschluss untersagen, ist die Käuferin berechtigt, aber nicht verpflichtet, Rechtsmittel gegen die Untersagung einzulegen. Auf Verlangen und nach näherer Maßgabe der Käuferin wird auch die Verkäuferin Rechtsmittel einlegen und/oder sich an von der Käuferin eingeleiteten Rechtsmittelverfahren beteiligen.

§ 15 [Außenwirtschaftsrechtliche Prüfung][141]

15.1 Antrag auf Erteilung einer Unbedenklichkeitsbescheinigung

15.1.1 Die Käuferin [hat am ......][wird unverzüglich nach Beurkundung dieses Vertrages] einen schriftlichen Antrag auf Erteilung einer Unbedenklichkeitsbescheinigung gemäß § 53 Abs. 3 S. 1 AWV [gestellt][stellen]. Die Parteien sind verpflichtet, [bei der Vorbereitung des Antrags] bei etwaigen Rückfragen des Bundesministe-

tent it can under the law, to direct the X-Companies to provide to the Purchaser the information described in sentence 1.

14.2 Clearance of the Transaction subject to Conditions or Requirements

If and to the extent that the competent antitrust authorities clear the transactions contemplated hereby subject to the satisfaction of additional conditions or requirements (*Bedingungen oder Auflagen*) which the Purchaser, one of the companies affiliated with the Purchaser or an X-Company must satisfy, then the Purchaser will be under no obligation to satisfy such conditions or requirements or to ensure their satisfaction.

14.3 Prohibition of the Transaction

If and to the extent that the competent antitrust authorities prohibit the transaction stipulated in this Agreement, the Purchaser will be entitled but not obligated to invoke legal remedies. Upon demand and based on specific instructions from the Purchaser, the Seller shall also invoke legal remedies or participate in any appellate proceedings initiated by the Purchaser.

15. [Foreign Trade Law Compliance Review]

15.1 Application for a Certificate of Compliance

15.1.1 [On ......] [Without undue delay after the Signing Date], the Purchaser shall formally apply for a certificate of compliance (*Unbedenklichkeitsbescheinigung*) pursuant to sec. 53 para. 3 sentence 1 of the AWV. The Parties agree to cooperate [in the preparation of the application and,] in case of queries of the German

	riums für Wirtschaft und Technologie zusammenzuwirken, um die Erteilung der Unbedenklichkeitsbescheinigung in kürzestmöglicher Zeit zu erwirken.		Federal Ministry of Economics and Technology, in an effort to have the certificate of compliance issued as soon as possible.
15.1.2	Sofern das Bundesministerium für Wirtschaft und Technologie die Käuferin über seine Entscheidung unterrichtet, eine Prüfung nach § 53 Abs. 1 S. 1 AWV durchzuführen, wird die Käuferin dem Bundesministerium die vollständigen Unterlagen über den Erwerb gemäß § 53 Abs. 2 S. 1 und 2 AWV unverzüglich übermitteln. Die Verkäuferin wird die Käuferin bei der Zusammenstellung dieser Unterlagen nach besten Kräften unterstützen.	15.1.2	If the German Federal Ministry of Economics and Technology notifies the Purchaser that it has decided to commence a formal investigation pursuant to sec. 53 para. 1 sentence 1 of the AWV, then the Purchaser shall without undue delay deliver the complete documentation about the acquisition within the meaning of sec. 53 para. 2 sentence 1 and 2 of the AWV to the Federal Ministry. The Seller shall use its best efforts to support the Purchaser in compiling this documentation.
15.1.3	Die Parteien werden bei allen etwaigen Verhandlungen mit dem Bundesministerium für Wirtschaft und Technologie eng zusammenwirken, um eine Untersagung oder Beschränkung des Erwerbs der Geschäftsanteile i. S. v. § 7 Abs. 2 Nr. 6 AWG i. V. m. § 53 AWV zu verhindern. Die Parteien sind verpflichtet, der jeweils anderen Partei unverzüglich Abschriften des Schriftverkehrs mit dem Bundesministerium für Wirtschaft und Technologie und etwaiger schriftlicher Stellungnahmen, Anordnungen oder Entscheidungen desselben zukommen zu lassen.	15.1.3	To avoid the prohibition or restriction of the acquisition of the X-Shares pursuant to sec. 7 para. 2 no. 6 of the AWG in connection with sec. 53 of the AWV, the Parties shall closely co-operate with one another in any negotiations with the German Federal Ministry of Economics and Technology. Without undue delay, the Parties shall provide each other with copies of any correspondence with the German Federal Ministry of Economics and Technology as well as with copies of any possible written statement, order or decision by the Federal Ministry.
15.2	Freigabe unter Bedingungen und Auflagen; Untersagung des Erwerbs	15.2	Clearance subject to Conditions and Requirements; Prohibition of Acquisition
15.2.1	Wird die Erteilung einer Unbedenklichkeitsbescheinigung gemäß § 53 Abs. 3 S. 1 AWV oder das Absehen von einer Untersagung des Erwerbs oder dem Erlass diesbezüglicher Anordnungen von Bedingungen oder Auflagen abhängig gemacht, die von der Käuferin oder mit ihr verbundenen Unternehmen zu erfüllen sind, ist die Käuferin	15.2.1	If the German Federal Ministry of Economics and Technology conditions the issuance of a certificate of compliance or an exemption from prohibiting the acquisition or from issuing binding orders (*Anordnungen*) in relation thereto upon the satisfaction or compliance with certain conditions or requirements (*Bedingungen oder Auflagen*) by the

	nicht verpflichtet, diese Bedingungen oder Auflagen zu erfüllen oder deren Erfüllung sicherzustellen.		Purchaser or a company affiliated with it, then the Purchaser will be under no obligation to satisfy such conditions or requirements (*Bedingungen oder Auflagen*) or to ensure their satisfaction.
15.2.2	Sofern und soweit das Bundesministerium für Wirtschaft und Technologie den Erwerb der Geschäftsanteile durch die Käuferin untersagt oder diesbezügliche Anordnungen erlässt, ist die Käuferin berechtigt, aber nicht verpflichtet, Rechtsmittel einzulegen. Auf Verlangen und nach näherer Maßgabe der Käuferin wird auch die Verkäuferin Rechtsmittel einlegen und/oder sich an von der Käuferin eingeleiteten Rechtsmittelverfahren beteiligen.	15.2.2	If and to the extent the German Federal Ministry of Economics and Technology prohibits the acquisition of the X-Shares by the Purchaser or issues binding orders (*Anordnungen*) in relation to such acquisition, the Purchaser shall have the right, but shall not be obligated, to invoke legal remedies. At the request of and under more specific instructions from the Purchaser, the Seller shall also invoke legal remedies or participate in any appellate proceedings initiated by the Purchaser.
15.2.3	Das Rücktrittsrecht nach § 6.4.1 und die Verpflichtungen der Parteien nach § 17 (Vertraulichkeit und Pressemitteilungen), § 18 (Kosten und Verkehrsteuern), § 22 (Mitteilungen) und § 23 (Verschiedenes; Schlussbestimmungen) [ggf. weitere Vertragsbestimmungen einfügen] bleiben auch dann bestehen, wenn die Rechtswirkungen des Rechtsgeschäfts über den schuldrechtlichen Erwerb der Geschäftsanteile nach diesem Vertrag gemäß § 31 AWG aufgrund des Eintritts der auflösenden Bedingung der Untersagung des Erwerbs durch das Bundesministerium für Wirtschaft und Technologie entfallen.[142]	15.2.3	The right of withdrawal (*Rücktrittsrecht*) pursuant to clause 6.4.1 and the Parties' obligations pursuant to clause 17 (Confidentiality and Press Releases), clause 18 (Costs and Transfer Taxes), clause 22 (Notices) and clause 23 (Miscellaneous) [if applicable, add further sections] shall survive even if the German Federal Ministry of Economics and Technology prohibits the acquisition of the X-Shares and, thus, the validity of the legal transaction involving the contractual purchase of the X-Shares under this Agreement lapses because the condition subsequent pursuant to sec. 31 para. 3 of the AWG has been triggered.
§ 16 Wettbewerbsverbot; Verbot der Abwerbung		**16. Non-competition; Non-Solicitation**	
16.1	Wettbewerbsverbot[143]	16.1	Non-Competition
16.1.1	Die Verkäuferin verpflichtet sich, für die Dauer von ...... Jahren ab dem Stichtag [in den geographischen Gebieten, in denen die X-	16.1.1	The Seller agrees that for a period of ...... years from the Closing Date [in the geographic areas in which the X-Companies en-

Gesellschaften am Unterzeichnungstag oder am Vollzugstag tätig sind,]
(a) jegliche Betätigung zu unterlassen, mit der sie unmittelbar oder mittelbar in Wettbewerb mit den Aktivitäten der X-Gesellschaften oder X-Geschäftsbetriebe am Unterzeichnungstag oder am Vollzugstag treten würde [hier ist ggf. der Geschäftsbetrieb im Detail auszuführen] und
(b) kein Unternehmen, das mit den Aktivitäten der X-Gesellschaften am Unterzeichnungstag und/oder am Vollzugstag unmittelbar oder mittelbar in Wettbewerb steht, zu gründen oder zu erwerben oder sich an einem solchen Unternehmen unmittelbar oder mittelbar in irgendeiner Weise zu beteiligen.

Ausgenommen von diesem Wettbewerbsverbot ist der Erwerb von bis zu ......% der Aktien an börsennotierten Gesellschaften, sofern jeglicher Einfluss der Verkäuferin auf die Leitungsorgane dieser Gesellschaften ausgeschlossen ist. Die Verkäuferin steht dafür ein, dass auch von ihr beherrschte Verkäufer-Gesellschaften entsprechend den vorstehenden Regelungen nicht in Wettbewerb zu den Aktivitäten der X-Gesellschaften oder der X-Geschäftsbetriebe am Unterzeichnungstag oder am Vollzugstag treten werden.

16.1.2 Im Fall einer Zuwiderhandlung gegen eine Verpflichtung aus § 16.1.1 hat die Käuferin die Verkäuferin zunächst schriftlich unter Setzung einer angemessen Frist aufzufordern, die Zuwiderhandlung zu unterlassen bzw. für eine Unterlassung der Zuwiderhandlung durch die von ihr beherrschte(n) Verkäufer-Gesellschaft(en) zu sorgen. Nach fruchtlosem Ab-

gage in business on the Signing Date or on the Closing Date,] it shall not
(a) engage in any activity which would compete either directly or indirectly with the activities of the X-Companies or the X-Business Operations as they exist on the Signing Date or on the Closing Date [if applicable, explain the business operation in detail] and
(b) form, acquire or invest either directly or indirectly in any manner in any company or other enterprise which competes either directly or indirectly with the activities of the X-Companies as they exist on the Signing Date or on the Closing Date.

The non-compete covenant shall not extend to the purchase of up to ......% of shares in any publicly listed companies, provided that it is impossible for the Seller to exert any influence on the management bodies of such companies. The Seller shall be responsible for ensuring that the Seller Companies controlled by it will comply with the foregoing rules of not competing with the activities of X-Companies and the X-Business Operations as they exist on the Signing Date or on the Closing Date.

16.1.2 If an obligation under clause 16.1.1 is breached, then the Purchaser must initially demand in writing upon setting a reasonable grace period that the Seller cease and desist from committing such breach and cause any Seller Company controlled by it to cease and desist from committing such breaches. After the grace period set forth in sentence 1

lauf der Frist gemäß Satz 1 hat die Verkäuferin an die Käuferin (oder, nach Wahl der Käuferin, an die X-Gesellschaften) für jeden folgenden Fall der Zuwiderhandlung eine Vertragsstrafe in Höhe von ...... EUR (in Worten: ...... Euro) zu zahlen. Im Falle eines fortgesetzten Verstoßes ist die Vertragsstrafe für jeden angefangenen Monat, in dem der Verstoß anhält, erneut zu zahlen. Eine Abmahnung gemäß Satz 1 ist entbehrlich, wenn die Verkäuferin das Unterlassen der Zuwiderhandlung ernsthaft und endgültig verweigert.

above has expired, the Seller shall pay a contractual penalty (*Vertragsstrafe*) in the amount of EUR ...... (...... euros) to the Purchaser (or, at the Purchaser's option, the X-Companies) for each subsequent incident involving a breach. In the event of a continuing breach, the contractual penalty is to be paid again for each month commenced in which the breach persists. A formal notice of default (*Abmahnung*), as set forth in sentence 1, shall not be necessary, if the Seller seriously and definitively refuses to stop breaching conduct.

16.1.3 Im Falle einer Zuwiderhandlung gegen eine Verpflichtung aus § 16.1.1 kann die Käuferin darüber hinaus von der Verkäuferin verlangen, dass die Käuferin (oder, nach Wahl der Käuferin, eine der X-Gesellschaften) so gestellt wird, als wäre das gegen § 16.1.1 verstoßende Geschäft auf ihre Rechnung geführt worden; dabei sind der Käuferin (bzw. der von ihr bestimmten X-Gesellschaft) alle Vorteile herauszugeben, die die Verkäuferin und/oder die betreffende Verkäufergesellschaft im Zusammenhang mit der Zuwiderhandlung erlangt hat. Vorbehalten bleibt der Ersatz weitergehender Schäden, die der Käuferin, einer X-Gesellschaft und/oder einem anderen Unternehmen der Gruppe der Käuferin durch das verbotswidrige Verhalten entstehen.

16.1.3 If an obligation under clause 16.1.1 is breached, then the Purchaser may also demand that the Seller place it (or, at the election of the Purchaser, the X-Company concerned) in such position as it would have been in had the activity that breached clause 16.1.1 been carried out for its account. In particular, any benefit or advantage which the Seller or the Seller Company concerned may gain from the prohibited activity must be passed on to the Purchaser (or the X-Company concerned). The right to recover more extensive damages which the Purchaser, an X-Company or other members of the Purchaser's group of companies sustains as a result of the breaching conduct, is reserved.

16.2 Abwerbeverbot[144]

Die Verkäuferin verpflichtet sich für einen Zeitraum von ...... Jahren ab dem Stichtag, keine Personen abzuwerben, die in den letzten zwei (2) Jahren vor dem Vollzugstag für die X-Gesellschaften als Organmitglied oder leitender Angestellter tätig war. Die Verkäuferin wird solchen Personen auch keine Anstellungs-

16.2 Non-Solicitation

The Seller agrees that for a period of ...... years from the Effective Date, it shall not solicit or entice away from the Purchaser or any X-Company any persons who have worked as an officer, managing director, board member or member of senior management (*leitender Angestellter*) for the X-Companies at any time

oder Beraterverträge anbieten oder mit ihnen schließen. Die Verkäuferin hat im Rahmen ihrer rechtlichen Möglichkeiten dafür zu sorgen, dass auch die von ihr beherrschten Verkäufer-Gesellschaften die vorstehenden Beschränkungen einhalten. Im Falle einer Zuwiderhandlung gegen die vorstehenden Verpflichtungen gelten §§ 16.1.2, 16.1.3 entsprechend.

during the two (2) years prior to the Closing Date. The Seller shall also not offer to or execute with such persons any employment, service or consultancy agreements. Within the scope and limits of its legal powers, the Seller shall procure that the Seller Companies which it controls shall abide by the restrictions set forth herein. In the event that the foregoing duties are breached, clauses 16.1.2 and 16.1.3 shall apply *mutatis mutandis*.

§ 17 Vertraulichkeit und Pressemitteilungen

17.1 Vertraulichkeit im Hinblick auf die X-Gesellschaften

Die Verkäuferin wird alle Informationen über die X-Gesellschaften und die X-Geschäftsbetriebe streng vertraulich behandeln, vor dem Zugriff Dritter wirksam schützen und solche vertraulichen Informationen nicht für eigene oder fremde Zwecke nutzen. Von der vorstehenden Verpflichtung nicht umfasst sind Tatsachen, die öffentlich bekannt sind oder ohne eine Verletzung dieser Verpflichtung öffentlich bekannt werden oder deren Offenlegung durch Gesetz oder kapitalmarktbezogene Regularien vorgeschrieben ist.

17.2 Vertraulichkeit im Hinblick auf diesen Vertrag und die Parteien[145]

Die Parteien [und die Garantiegeberin] verpflichten sich, den Inhalt dieses Vertrages, die Umstände seiner Verhandlung, seines Abschlusses und seiner Durchführung sowie alle in diesem Zusammenhang über die jeweils andere Partei und mit ihr verbundene Unternehmen (mit Ausnahme der X-Gruppe) erlangten Informationen streng vertraulich zu behandeln sowie vor dem Zugriff Dritter wirksam

17. Confidentiality and Press Releases

17.1 Confidentiality with respect to the X-Companies

The Seller shall treat any and all information concerning the X-Companies and the X-Business Operations as strictly confidential, shall effectively protect such information from access by third parties and shall not use such confidential information for its own purposes or for the purposes of any third party. The foregoing duties shall not apply to any facts which are in the public domain, which have entered the public domain without a violation of this obligation or the disclosure of which is required by law or by the applicable securities laws or capital markets rules.

17.2 Confidentiality with respect to this Agreement and the Parties

The Parties [and the Guarantor] mutually agree to treat as strictly confidential, and to prevent the disclosure to any third parties of, the contents of this Agreement, the circumstances concerning its negotiation, its execution and its consummation as well as any and all information which they have obtained and which relates to the other Party or that Party's affiliates (with the exception of the X-Group). The foregoing du-

zu schützen. Von der vorstehenden Verpflichtung nicht umfasst sind Tatsachen, die öffentlich bekannt sind oder ohne eine Verletzung dieser Verpflichtung öffentlich bekannt werden oder deren Offenlegung durch Gesetz oder kapitalmarktbezogene Regularien vorgeschrieben ist. In einem solchen Fall sind die Parteien jedoch verpflichtet, die jeweils andere Partei vor der Offenlegung zu informieren und die Offenlegung auf das nach dem Gesetz oder der behördlichen Anordnung erforderliche Mindestmaß zu beschränken.

ties shall not apply to any facts which are in the public domain, which have entered the public domain without a violation of this obligation or the disclosure of which is required by law or by the applicable securities laws or capital markets rules. In that case, however, each Party will be obligated to inform the respective other Party about such dislosure and to limit the disclosure to the minimum required under law or by the applicable capital markets rules.

17.3 Weitergabe von Informationen

Die Verkäuferin ist berechtigt, anderen Verkäufer-Gesellschaften und Dritten alle gemäß §§ 17.1, 17.2 geschützten Informationen zugänglich zu machen, soweit dies zur Durchführung dieses Vertrags und der hierin vereinbarten Rechtsgeschäfte notwendig ist. Die Käuferin ist berechtigt, den mit ihr zum jeweiligen Zeitpunkt i. S. v. §§ 15 ff. AktG verbundenen Unternehmen sowie Dritten alle in § 17.2 geschützten Informationen zugänglich zu machen, soweit dies zur Durchführung dieses Vertrags und der hierin vereinbarten Rechtsgeschäfte oder sonst zur Wahrnehmung ihrer berechtigten Interessen[146] notwendig ist. Vor einer Weitergabe von Informationen sind die Parteien verpflichtet, die Empfänger der Informationen schriftlich zur Vertraulichkeit gemäß § 17.2 und, im Falle von Satz 1, § 17.1 zu verpflichten.

17.3 Passing on of Information

The Seller may disclose any information that is protected under clauses 17.1 or 17.2 to other Seller Companies and to third parties, if and to the extent that such disclosure is required in order to perform this Agreement and the transactions stipulated herein. The Purchaser may disclose any information that is protected under clause 17.2 to the companies affiliated with it at the relevant time and within the meaning of sec. 15 *et seq.* of the AktG and to third parties, if and to the extent that such disclosure is necessary to perform this Agreement and the transactions stipulated herein or otherwise required to protect the Purchaser's fair interest (*berechtigte Interessen*). Before disclosing any information, the Parties shall obtain from the recipients of the information a written undertaking by which such recipients commit to confidentiality according to clause 17.2 and, in the case of sentence 1, also clause 17.1.

17.4 Pressemitteilungen

Die Parteien werden sich über Form und Inhalt jeder Pressemitteilung oder ähnlicher freiwilliger

17.4 Press Releases

Prior to issuing any press release or making any similar voluntary announcement with respect to

Verlautbarungen zu diesem Vertrag, seinem Zustandekommen und seiner Durchführung vor deren Veröffentlichung abstimmen. Sofern Veröffentlichungen durch Gesetz oder kapitalmarktbezogene Regularien vorgeschrieben sind, werden sich die Parteien um eine vorherige Abstimmung bemühen.

this Agreement, its formation or its performance, the Parties shall agree on the form and content of such press release or similar announcement. If a public announcement is required by law or under the applicable capital markets rules, then the Parties shall endeavor to coordinate with one another in advance.

§ 18 Kosten und Verkehrsteuern

18.1 Beraterkosten

Jede Partei trägt ihre eigenen Kosten und Auslagen im Zusammenhang mit der Vorbereitung, Verhandlung und Durchführung dieses Vertrages, einschließlich der Honorare, Kosten und Auslagen ihrer Berater.

18.2 Übrige Kosten, Gebühren

Die Kosten der notariellen Beurkundung dieses Vertrages und die Gebühren der zuständigen Kartellbehörden werden von den Parteien je zur Hälfte getragen.[147]

18.3 Verkehrsteuern

Alle Verkehrsteuern einschließlich Grunderwerbsteuer und ähnlicher in- oder ausländischer Steuern, Gebühren oder Abgaben, die aufgrund des Abschlusses oder Durchführung dieses Vertrags anfallen, tragen die Parteien je zur Hälfte.[148]

§ 19 Abtretung und Übertragung von Rechten und Pflichten; Geltendmachung von Ansprüchen nach Übertragung von Anteilen an X-Gesellschaften auf Dritte

19.1 Keine Abtretung oder Übertragung ohne Zustimmung

Rechte und Pflichten aus diesem Vertrag können ohne vorherige schriftliche Zustimmung der jeweils anderen Partei weder ganz noch teilweise abgetreten oder übertragen werden. Die Käuferin ist jedoch berechtigt, Rechte aus diesem Vertrag zum Zwecke der

18. Costs and Transfer Taxes

18.1 Advisor Costs

Each Party shall bear its own costs and expenses in connection with the preparation, conclusion and performance of this Agreement, including any professional fees, charges and expenses of its respective advisors.

18.2 Other Costs, Fees

The costs of the notarisation of this Agreement and the fees charged by the competent antitrust authorities shall be borne by the Parties in equal amounts.

18.3 Transfer Taxes

All transaction taxes (*Verkehrsteuern*) including any real estate transfer tax (*Grunderwerbsteuer*) and similar domestic or foreign Taxes, fees or charges resulting from the conclusion or performance of this Agreement, shall be borne by the Parties in equal parts.

19. Assignment and Transfer of Rights and Obligations; Enforcement of Claims after Transfer of Shares in X-Companies to Third Parties

19.1 No Assignment or Transfer without Consent

No rights and obligations under this Agreement may be assigned or transferred to third parties, either in whole or in part, without the prior written consent of the other Party. The Purchaser is entitled, however, to assign the rights under this Agreement to

Finanzierung der in diesem Vertrag vereinbarten Transaktion an die finanzierenden Banken abzutreten. Im Falle einer solchen Abtretung steht die Käuferin für die Erfüllung der Pflichten des Abtretungsempfängers aus diesem Vertrag ein.[149]

19.2 Geltendmachung von Ansprüchen nach Übertragung von Anteilen an X-Gesellschaften auf Dritte

Tritt ein Schaden bei einer X-Gesellschaft oder dem Rechtsnachfolger einer X-Gesellschaft ein, deren bzw. dessen Anteile die Käuferin oder eine andere X-Gesellschaft auf einen Dritten übertragen hat, und hätte die Käuferin wegen dieses Schadens einen Anspruch gegen die Verkäuferin aus diesem Vertrag, wenn sie oder die veräußernde X-Gesellschaft noch Inhaberin der veräußerten Anteile wäre, ist die Käuferin berechtigt, den Schaden des Dritten oder der veräußerten X-Gesellschaft oder ihres Rechtsnachfolgers im eigenen Namen gegenüber der Verkäuferin geltend zu machen. Die Verkäuferin ist verpflichtet, in einem etwaigen gerichtlichen Verfahren alle erforderlichen Erklärungen abzugeben, um der Käuferin die Geltendmachung des Schadens gemäß Satz 1 zu ermöglichen.

20. Garantiegeberin der Kaufarten und Freistellung

[Die Garantiegeberin garantiert in Form eines selbständigen Garantieversprechens gemäß § 314 Abs. 1 BGB die Erfüllung sämtlicher Zahlungsverpflichtungen der Kaufarten aus diesem Vertrag, insbesondere die Zahlung des geschätzten Kaufpreises an Vollzugstag und einer etwaigen Kaufpreisanpassung.]

the financing banks for purposes of financing the transaction stipulated in this Agreement. In the event of such an assignment, the Purchaser shall ensure the performance of the assignee's duties under this Agreement.

19.2 Enforcement of Claims after Transfer of Shares in X-Companies to Third Parties

If an X-Company or a legal successor of an X-Company incurs damage and its shares have been transferred by the Purchaser or another X-Company to a third party, and if the Purchaser would have had a claim against the Seller under this Agreement based on such damage in the event that it or the selling X-Company were still the owner of the sold shares, then the Purchaser shall be entitled in its own name to enforce against the Seller a claim for the damages suffered by the third party or by the sold X-Company or its legal successor. The Seller shall be obligated to make all the necessary filings in any judicial proceedings in order to allow the Purchaser to enforce the damages pursuant to sentence 1 hereof.

20. [Guarantor of the Purchaser and Indemnification]

[The Guarantor makes to the Seller an independent promise of guarantee (*selbständiges Garantieversprechen*) pursuant to sec. 311 (1) of the BGB relating to due performance of all of the Purchaser's payment obligations under this Agreement, specifically the obligation to pay the Estimated Purchase Price on the Closing Date and any Purchase Price Adjustment.]

[§ 21 Aufschiebende Bedingungen[150]]

[Die Wirksamkeit dieses Vertrages ist aufschiebend bedingt auf den Eintritt der nachfolgenden Ereignisse:

(a) Der Aufsichtsrat der Käuferin hat diesem Vertrag zugestimmt. Diese aufschiebende Bedingung gilt als eingetreten, sobald der Verkäuferin eine schriftliche Erklärung der Käuferin zugegangen ist, aus der sich ergibt, dass der Aufsichtsrat der Käuferin den Abschluss dieses Vertrages genehmigt hat.[151] Gleiches gilt für den Fall des Erhalts einer schriftlichen Erklärung, in der die Käuferin ihren Verzicht auf diese Bedingungen erklärt.

(b) (Ggf. weitere aufschiebende Bedingungen, z.B. Abschluss weiterer Transaktionen)]

§ 22 Mitteilungen

22.1 Form der Mitteilungen

Alle rechtsgeschäftlichen Erklärungen und Mitteilungen (zusammen *Mitteilungen*) im Zusammenhang mit diesem Vertrag bedürfen der Schriftform, soweit nicht notarielle Beurkundung oder eine andere Form durch zwingendes Recht vorgeschrieben ist. Der Schriftform genügt eine Übermittlung per Telefax oder ein Briefwechsel, nicht aber eine sonstige telekommunikative Übermittlung. Die elektronische Form (z.B. E-Mail) ersetzt die Schriftform nicht.[152]

22.2 Mitteilungen an die Verkäuferin

Alle Mitteilungen an die Verkäuferin im Zusammenhang mit diesem Vertrag sind zu richten an:
......
sowie nachrichtlich an ihre Berater:
......

[21. Conditions Precedent]

[The validity of this Agreement is subject to the following conditions precedent (*aufschiebende Bedingungen*):

(a) The supervisory board of the Purchaser has consented to this Agreement. This condition precedent shall be deemed to have been satisfied as soon as the Seller receives a written statement of the Purchaser which indicates that the Purchaser's supervisory board has approved the conclusion of this Agreement. This condition will also be met upon receipt by the Seller of a written statement of the Purchaser which indicates that the Purchaser has elected to waive the condition.

(b) [(If applicable, additional conditions precedent; e.g. conclusion of additional transactions.)]

22. Notices

22.1 Form of Notices

All legally binding statements and other notices in connection with this Agreement (collectively the *Notices* shall be made in writing unless a formal notarisation or an other specific form is required by mandatory law. The written form requirement shall be satisfied through transmission by facsimile or an exchange of letters (but not through any other form of telecommunication transmission). An electronic transmission (such as by e-mail) shall not be sufficient to satisfy the requirement that Notices be made in writing.

22.2 Notices to the Seller

Any Notices to be delivered to the Seller hereunder shall be addressed as follows:
......
with a copy to its advisor for information purposes:
......

22.3	Mitteilungen an die Käuferin	22.3	Notices to the Purchaser
	Alle Mitteilungen an die Käuferin im Zusammenhang mit diesem Vertrag sind zu richten an: …… sowie nachrichtlich an ihre Berater: ……		Any Notices to be delivered to the Purchaser hereunder shall be addressed as follows: …… with a copy to its advisor for information purposes: ……
[22.4	Mitteilungen an die Garantiegeberin	[22.4	Notices to the Guarantor
	Alle Mitteilungen an die Garantiegeberin im Zusammenhang mit diesem Vertrag sind zu richten an: ……]		Any Notices to be delivered to the Guarantor hereunder shall be addressed as follows: ……]
22.5	Adressänderungen	22.5	Change of Address
	Die Parteien [und die Garantiegeberin] haben Änderungen ihrer in §§ 21.2 bis 21.4 genannten Anschriften der jeweils anderen Partei [und der Garantiegeberin] unverzüglich schriftlich mitzuteilen. Bis Zugang dieser Mitteilung gilt die bisherige Anschrift als wirksam.		The Parties [and the Guarantor] shall without undue delay give written Notice to the other Party [as well as the Guarantor] of any changes in the addresses set forth in clauses 22.2 through [22.4] above. In the absence of such communication, the addresses stated above shall remain in place.
22.6	Mitteilungen an Berater	22.6	Notices to Advisors
22.6.1	Der Empfang von Mitteilungen im Zusammenhang mit diesem Vertrag durch die Berater der Parteien begründet oder ersetzt nicht den Zugang der Mitteilungen an die Parteien selbst.	22.6.1	The receipt of Notices or any copies thereof in connection with this Agreement by the Parties' advisors shall not constitute the receipt, or serve as a substitute for the receipt of, such Notice by the Parties themselves.
22.6.2	Für den Zugang einer Mitteilung bei einer Partei ist es unerheblich, ob die Mitteilung auch dem Berater dieser Partei oder dem beurkundenden Notar (nachrichtlich) zugegangen ist, und zwar unabhängig davon, ob dieser Vertrag im Einzelfall eine nachrichtliche Mitteilung an den jeweiligen Berater oder den beurkundenden Notar vorsieht.	22.6.2	Whether or not the advisor to a Party or the acting notary received the Notice for its/his/her information is irrelevant for purposes of determining the receipt of the Notice by that Party, even if the Agreement specifically provides that Notice should be given to the respective advisor or executing notary for information purposes.
§ 23	Verschiedenes; Schlussbestimmungen	23.	Miscellaneous
23.1	Anwendbares Recht	23.1	Governing Law
	Dieser Vertrag unterliegt deutschem Recht. Das Wiener UN-Übereinkommen über Verträge		This Agreement shall be governed by the laws of the Federal Republic of Germany, excluding

über den internationalen Warenkauf (CISG) findet keine Anwendung.

1. Alt.: *Gerichtsstandsvereinbarung*:[153]

23.2 Gerichtsstand

Ausschließlicher Gerichtsstand für alle Streitigkeiten zwischen den Parteien aus und im Zusammenhang mit diesem Vertrag und seiner Durchführung, einschließlich seiner Anlagen, ist ......

2. Alt.: *Schiedsklausel*

23.2 Schiedsverfahren

23.2.1 Alle Streitigkeiten, die sich im Zusammenhang mit diesem Vertrag oder über seine Gültigkeit ergeben, werden nach der jeweiligen Schiedsgerichtsordnung der Deutschen Institution für Schiedsgerichtsbarkeit e. V. (DIS) unter Ausschluss des ordentlichen Rechtsweges endgültig entschieden.[154] Das Schiedsgericht entscheidet mit drei (3) Schiedsrichtern. Ort des schiedsrichterlichen Verfahrens ist ...... Das schiedsrichterliche Verfahren wird in deutscher Sprache durchgeführt, wobei Beweismittel auch in englischer Sprache vorgelegt werden dürfen.

23.2.2 Verlangt zwingendes Recht die Entscheidung einer Angelegenheit aus oder im Zusammenhang mit diesem Vertrag oder seiner Durchführung durch ein ordentliches Gericht, ist der Gerichtsstand ......].

23.3 Bankarbeitstag

Bankarbeitstag im Sinne dieses Vertrages ist ein Tag, an dem die Banken in Frankfurt am Main für den Geschäftsverkehr geöffnet sind.

23.4 Zinsen

Soweit nicht anderweitig in diesem Vertrag bestimmt, hat jede Partei Zinsen auf Zahlungen an eine andere Partei vom Beginn des

the United Nations Convention on Contracts for the International Sale of Goods (CISG).

1st Alt.: *Agreement on Judicial Forum*:

23.2 Place of Jurisdiction

Jurisdiction and venue for any disputes between the Parties arising from or connected with this Agreement (and its Schedules and Exhibits) shall lie with the competent courts located in ......

2nd Alt.: *Arbitration clause*:

23.2 Arbitration Proceedings

23.2.1 All disputes arising in connection with this Agreement or its validity, shall be finally settled in accordance with the Arbitration Rules of the German Institution of Arbitration (*DIS*) as applicable at the time of the arbitral proceedings without recourse to the ordinary courts of law. The arbitral tribunal shall consist of three (3) arbitrators. The place of arbitration is ...... The language of the arbitral proceedings shall be English, provided that evidence may also be submitted in the German language.

23.2.2 In the event that mandatory law requires that a certain matter arising from or in connection with this Agreement or its performance be decided upon by an ordinary court of law, then jurisdiction and venue shall lie with the competent courts in ......

23.3 Business Day

For the purposes of this Agreement, *Business Day* means a day on which banks are open for business in Frankfurt am Main.

23.4 Interest

Except as otherwise provided in this Agreement, each Party must pay interest on any amounts due and payable to the other Party

Tages nach dem Tag der Fälligkeit (oder dem ansonsten in diesem Vertrag als Zinsbeginn genannten Tag) bis zum Tag der Zahlung einschließlich zu leisten. Der Zinssatz beträgt ...... (......) Basispunkte über dem europäischen Interbankenzins für Euroguthaben mit Zinsperioden von einem (1) Monat, der auf den Reuters-Seiten 248, 249 um 11:00 MEZ am ersten Bankarbeitstag des Monats, in dem die Verzinsung gemäß Satz 1 beginnt, angegeben wird *(EURIBOR)*. Die aufgelaufenen Zinsen sind auf der Grundlage der verstrichenen Tage und eines 365-Tage-Jahres zu berechnen. Die Geltendmachung von Verzugszinsen und eines weiteren Verzugsschadens ist nicht ausgeschlossen.

under this Agreement, for the period beginning on the day following the day on which the payment is due (or the day otherwise stipulated herein as the day on which interest shall begin to accrue) and ending on (and including) the day when payment is made. The interest rate shall be ...... (......) basis points above the European Interbank interest rate (*Interbankenzins*) for credit in Euros with an interest period of one (1) month, published on Reuters pages 248–249 at 11am CET on the first Banking Day of the month in which the interest under sentence 1 hereof begins to accrue (*EURIBOR*). The interest accrual shall be calculated on the basis of the days lapsed and a 365-day year. The right to claim default interest (*Verzugszinsen*) and more extensive default-related damages (*Verzugsschaden*) shall remain unaffected.

23.5 Vertragsänderungen

Änderungen, Ergänzungen oder die Aufhebung dieses Vertrages einschließlich der Abänderung dieser Bestimmung selbst bedürfen der Schriftform, soweit nicht nach zwingendem Recht eine strengere Form (z.B. notarielle Beurkundung) erforderlich ist. § 21.1 Satz 2 gilt entsprechend.

23.5 Amendments to this Agreement

Any amendment of, supplement to or termination (*Aufhebung*) of, this Agreement, including any modification of this clause, shall be valid only if made in writing, unless more stringent form requirements (e.g. notarisation) must be satisfied under applicable law. Clause 22.1 sentences 2 shall and 3 apply *mutatis mutandis*.

23.6 Überschriften; Verweise auf deutsche Rechtsbegriffe; Verweise auf Paragraphen

23.6 Headings; References to German Legal Terms; References to Clauses

23.6.1 Die Überschriften der Paragraphen, Absätze und Anlagen in diesem Vertrag dienen allein der Übersichtlichkeit. Für die Auslegung des Vertrags sind sie nicht zu berücksichtigen.

23.6.1 The headings and sub-headings of the clauses, subclauses, Exhibits and Schedules in this Agreement are for convenience and reference purposes only. They shall be disregarded for purposes of interpreting or construing this Agreement.

23.6.2 Verweise in diesem Vertrag auf Gesellschafts- oder Beteiligungs-

23.6.2 Any references made in this Agreement to any types of com-

formen, Verfahren, Behörden oder sonstige Institute, Rechte, Einrichtungen, Rechtsvorschriften oder Rechtsverhältnisse (nachfolgend zusammenfassend als *Rechtsbegriff(e)* bezeichnet) des deutschen Rechts erstrecken sich auch auf den funktionsgleichen Rechtsbegriff eines ausländischen Rechts, soweit ein Sachverhalt nach dem Recht dieses Staates zu beurteilen ist. Existiert ein funktionsgleicher Rechtsbegriff nicht, ist derjenige Rechtsbegriff einbezogen, der dem deutschen Rechtsbegriff funktional am nächsten kommt.

panies or equity participations, proceedings, government authorities or other bodies, rights, institutions, regulations or legal relationships (together the *Legal Terms*) under German law shall be deemed to include any equivalent (*funktionsgleich*) Legal Terms under foreign law to the extent that the relevant facts and circumstances must be assessed under such foreign law. If there is no functionally equivalent Legal Term under the foreign law, then such Legal Term under the relevant foreign law which most closely reflects the functionality of the Legal Term under German law shall be referenced into this Agreement.

Where the English wording of this Agreement is followed by a German Legal Term set in parenthesis and in italics, the German legal term shall prevail.

22.6.3 Verweise in diesem Vertrag auf Paragraphen ohne Angabe eines Gesetzes oder Vertrages meinen Paragraphen dieses Vertrages.

23.6.3 Any reference made in this Agreement to any clauses without further indication of a law or an agreement shall mean the clauses of this Agreement.

23.7 Anlagen
Sämtliche Anlagen sind Bestandteil dieses Vertrages.

23.7 Schedules and Exhibits
All Schedules and Exhibits to this Agreement form an integral part of this Agreement.

23.8 Gesamte Vereinbarung[155]
Dieser Vertrag enthält sämtliche Vereinbarungen der Parteien in Bezug auf den Vertragsgegenstand und ersetzt alle mündlichen oder schriftlichen Verhandlungen, Vereinbarungen und Abreden, die zuvor zwischen den Parteien im Hinblick auf den Vertragsgegenstand geschlossen wurden. Nebenabreden zu diesem Vertrag bestehen nicht.

23.8 Entire Agreement
This Agreement constitutes the final, complete expression of agreement between the Parties with respect to the subject matter covered herein and supersedes any and all previous negotiations, agreements and understandings, whether written or verbal, between the Parties with respect to the subject matter of this Agreement or parts thereof. There are no side agreements to this Agreement.

23.9 Salvatorische Klausel
Sollte eine Bestimmung dieses Vertrages ganz oder teilweise

23.9 Severability
Should any provision of this Agreement be or become, either

nichtig, unwirksam oder undurchsetzbar sein oder werden, wird die Wirksamkeit und Durchsetzbarkeit aller übrigen verbleibenden Bestimmungen davon nicht berührt. Die nichtige, unwirksame oder undurchsetzbare Bestimmung ist, soweit gesetzlich zulässig, als durch diejenige wirksame und durchsetzbare Bestimmung ersetzt anzusehen, die dem mit der nichtigen, unwirksamen oder nicht durchsetzbaren Bestimmung verfolgten wirtschaftlichen Zweck nach Gegenstand, Maß, Zeit, Ort und Geltungsbereich am nächsten kommt. Entsprechendes gilt für die Füllung etwaiger Lücken in diesem Vertrag.	in whole or in part, void (*nichtig*), ineffective (*unwirksam*) or unenforceable (*undurchsetzbar*), then the validity, effectiveness and enforceability of the other provisions of this Agreement shall remain unaffected thereby. Any such invalid, ineffective or unenforceable provision shall, to the extent permitted by law, be deemed replaced by such valid, effective and enforceable provision as most closely reflects the economic intent and purpose of the invalid, ineffective or unenforceable provision regarding its subject-matter, scale, time, place and scope of application. The aforesaid rule shall apply *mutatis mutandis* to fill any gap that may be found to exist in this Agreement.

Schrifttum: Vgl. das Schrifttum zu Form. C. II. 1.

Anmerkungen

1. Überblick. Bei dem nachstehenden Muster handelt es sich um die ausführliche Form eines GmbH-Anteilskaufvertrags („long form") in einer käuferfreundlichen Fassung. Das Muster sieht – wie es heute bei internationalen Transaktionen üblich ist – ein separates Closing vor. Das Muster enthält eine „Material Adverse Change (MAC)"-Klausel, wie sie aus Käufersicht wünschenswert ist. Es enthält ausführliche Kaufpreisanpassungsregeln (net debt, working capital), wie sie nach wie vor bei der überwiegenden Mehrzahl der Transaktionen verwendet werden. Anders ist dies inzwischen jedoch regelmäßig dann, wenn ein Private Equity-Unternehmen ein Portfolio-Unternehmen weiterveräußert. In diesen Fällen kommt häufig eine sog. „locked box"-Struktur zur Anwendung, die keine Kaufpreisanpassung mehr vorsieht. Ein Muster für eine solche „locked box"-Struktur findet sich in Form. C. II. 3. Seiner Natur als käuferfreundliches Muster entsprechend enthält der Vertrag einen umfassend ausgestalteten Gewährleistungskatalog. Schließlich sieht das Muster umfangreiche Freistellungen für Steuerrisiken vor.

2. Beurkundung. Vgl. Form. C. II. 1 Anm. 2.

3. Garantiegeberin. Ist die Käuferin ein für die Zwecke der Transaktion gegründetes Akquisitionsvehikel oder eine andere Gesellschaft aus dem Käuferkonzern ohne eigenes Vermögen und eigene Liquidität oder hat die Verkäuferin aus anderen Gründen Zweifel an der Liquidität der Käuferin, wird die Verkäuferin von der Käuferin eine Sicherheit für die Kaufpreiszahlung verlangen. Aus Sicht der Verkäuferin bietet eine Bankgarantie die größte Sicherheit. Für die Käuferin verursacht die Bankgarantie wegen der Avalprovision Kosten; außerdem wird die Bank sich Rückgriffsrechte an den Anteilen einräumen lassen. Aus Sicht der Käuferin ist der bessere Weg daher, dass die Konzern-Obergesellschaft der Käuferin oder eine andere Gesellschaft aus dem Käuferkonzern die Zahlungsverpflichtung der Käuferin garantiert. In ihrem ersten Entwurf wird die Käuferin eine derartige Garantiegeberin nur vorsehen, wenn dieser Punkt bereits in Vorherhandlungen vereinbart wurde. In diesem Fall ist der Vertrag um die entsprechenden Regelungen zur Stellung der Garantiegeberin im verkäuferfreundlichen Muster (§ 20 in Form. C. II. 1) zu ergänzen.

4. Präambel. Vgl. Form. C. II. 1 Anm. 4.

5. Gesellschaftsrechtlicher Status. Vgl. Form. C. II. 1 Anm. 5.

6. Nummerierung der Geschäftsanteile. Vgl. Form. C II. 1 Anm. 6.

7. Eintragung der Verkäuferin in die Gesellschafterliste; kein Widerspruch. Vgl. hierzu zunächst § 16 Abs. 3 GmbHG. Die mit eckigen Klammern versehenen Angaben sind zur näheren Bestimmung der zu veräußernden Geschäftsanteile nicht zwingend erforderlich. Letztlich handelt es sich hierbei um Informationen, die die Käuferin im Rahmen ihrer Due Diligence überprüfuen und bestätigt finden sollte. Eine eigenständige Bedeutung erhalten die genannten Angaben jedoch durch die Bezugnahme in § 8.2.4 (letzter Satz) der Verkäufergarantien.

8. Tochtergesellschaften, Mehrheitsgesellschaften und Minderheitsbeteiligungen. Vgl. zunächst Form. C. II. 1 Anm. 7. Aus Käufersicht ist es naturgemäß vorzugswürdig, die Verkäufergarantien nicht nur für die Tochtergesellschaften, sondern (jedenfalls auch) für die Mehrheitsgesellschaften zu erhalten. Dies kann von der Verkäuferin grundsätzlich auch erwartet werden. Zum einen verfügt die Verkäuferin bei Tochtergesellschaften und Mehrheitsgesellschaften regelmäßig über den notwendigen Einfluss, um die für die Abgabe der Garantien erforderlichen Informationen zu erhalten. Angesichts ihrer Stellung als Allein- bzw. Mehrheitsgesellschafterin wird die Verkäuferin in der Regel auch auf die Tochtergesellschaften und Mehrheitsgesellschaften einwirken können, um ein bestimmtes Verhalten von diesen zu erreichen. Schwieriger wird dies im Hinblick auf die Minderheitsbeteiligungen. Hier dürfte die Verkäuferin in der Regel nicht über die erforderlichen Informationen bzw. die entsprechenden Einflussmöglichkeiten verfügen.

9. Verzicht auf die Formulierung „Verkauf mit wirtschaftlicher Wirkung zum Stichtag". Vgl. Form. C. II. 1 Anm. 8.

10. Gewinnberechtigung. Vgl. Form. C. II. 1 Anm. 9.

11. Stichtag. Das Muster sieht vor, dass der Stichtag mit dem Ablauf des „Vollzugstages" zusammenfällt. Der Tag, an dem die Geschäftsanteile auf die Käuferin übergehen, wird im Muster als „Vollzugstag" bezeichnet. Der Stichtag sollte stets auf den letzten Tag eines Monats festgesetzt werden, da dies die Erstellung der für die Kaufpreisanpassung erforderlichen Stichtagsbilanz erleichtert. Die meisten Unternehmen erstellen nämlich zum Monatsende Management Accounts oder ähnliche Zahlenwerke, die als Grundlage der Stichtagsbilanz dienen können. Dadurch wird ein sonst erforderlicher Mehraufwand für die Erstellung der Stichtagsbilanz vermieden. Wird der Stichtag – wie im Muster vorgesehen – auf den Ablauf des Vollzugstages gelegt (der dann aus den oben dargestellten Gründen seinerseits mit dem letzten Tag eines Monats zusammenfallen sollte; vgl. § 6.1.1 des Musters), so ist zu beachten, dass ein etwa bestehender Ergebnisabführungsvertrag zwischen der Verkäuferin und der Zielgesellschaft mit entsprechender Kündigungsklausel erst nach Übergang der Anteile – und somit (unmittelbar) nach Ablauf des Vollzugstages – gekündigt werden kann (vgl. dazu Form. C. II. 1 Anm. 10).

12. Gesonderte Abtretung (Two Step-Modell Signing/Closing); „Financing Out". Vgl. Zunächst Form. C. II. 1 Anm. 11. Die Käuferin wird regelmäßig bestrebt sein, neben der fusionskontrollrechtlichen Genehmigung weitere Vollzugsvoraussetzungen im Vertrag festzuschreiben. Dazu gehört neben dem Vorliegen von Gremienzustimmungen auf Seiten der Käuferin insbesondere bei Private Equity-Erwerbern die Sicherung der Akquisitionsfinanzierung, also das Vorliegen einer unwiderruflichen Verpflichtung der Käufer-Banken, den auf diese entfallenden Teil des Kaufpreises zu finanzieren („Financing Out"). Diesem Begehren wird die Verkäuferin jedoch regelmäßig ablehnend gegenüberstehen, weil derartige Vollzugsbedingungen eines der vorrangigen Ziele der Verkäuferin, nämlich die Transaktionssicherheit, beeinträchtigen können.

13. Ergebnisabführungsvertrag (EAV) zwischen Target und Verkäuferin; andere Unternehmensverträge. Das Muster enthält im weiteren Text nur Bestimmungen über den – unterstellten – Unternehmensvertrag zwischen der Verkäuferin und der X-GmbH, da dieser im Zuge der Transaktion beendet werden muss („Abschneiden des Verkaufsobjekts"). Bestehen andere Unternehmensverträge zwischen einem Unternehmen der X-Gruppe und einem Unternehmen der Verkäufergruppe, müssen diese ebenfalls beendet werden. Unternehmensverträge innerhalb der X-Gruppe können dagegen bestehen bleiben. Zur Beendigung des EAV vgl. Form. C. II. 1 Anm. 14.

14. Bezeichnung des Unternehmensvertrages. Vgl. Form. C. II. 1 Anm. 13.

15. Beendigung des EAV. Vgl. Form. C. II. 1 Anm. 14.

16. Kündigung des EAV. Vgl. Form. C. II. 1 Anm. 15.

17. Behandlung der gegenseitigen Ansprüche aus dem EAV. Vgl. zunächst Form. C. II. 1 Anm. 16. Anders als im verkäuferfreundlichen Muster (Form. C. II. 1), in dem der Stichtag vor dem Vollzugstag liegt, fällt der Stichtag in diesem käuferfreundlichen Muster mit dem Ablauf des Vollzugstages zusammen. Bei dieser Konstellation kann es nicht dazu kommen, dass sich die zum Stichtag ermittelten Forderungen und Verbindlichkeiten aus dem EAV zum Vollzugstag noch verändern. Der in den Stichtagsabschluss (und somit in die Kaufpreisanpassung) aufzunehmende Saldo aus Forderungen und Verbindlichkeiten aus dem EAV ist mithin identisch mit dem bei Beendigung des EAV am Vollzugstag tatsächlich entstehenden Ausgleichsanspruch (vgl. dazu Form. C. II. 1 Anm. 18).

18. Berücksichtigung künftiger Ausgleichsansprüche aus dem EAV bei der Kaufpreisanpassung. Vgl. Form. C. II. 1 Anm. 17.

19. Ablösung künftiger Forderungen/Verbindlichkeiten aus dem EAV durch Abtretung/befreiende Schuldübernahme sowie Behandlung bei der Kaufpreisanpassung. Vgl. zunächst Form. C. II. 1 Anm. 18. Bei der in diesem Muster zugrundegelegten Konstellation (Stichtag = Ablauf des Vollzugstages) ist zu beachten, dass die Höhe der Verbindlichkeit bzw. Forderung aus dem EAV, die zum Vollzugstag von der Käuferin übernommen bzw. an diese abgetreten wird, identisch ist mit der Höhe zum Stichtag. Damit entspricht die in die Stichtagsbilanz aufzunehmende Gewinnabführungsforderung (§ 5.2.2 [j]) bzw. Verlustausgleichsverbindlichkeit (§ 5.2.3 [c]) dem Entgelt für den Verkauf einer solchen Gewinnabführungsforderung an die Käuferin bzw. der Übernahme einer solchen Verlustausgleichsverbindlichkeit durch die Käuferin (§ 5.1 [e]).

20. Aktienrechtliche Aspekte der Schuldübernahme durch die Käuferin. Vgl. Form. C. II. 1 Anm. 19.

21. Ablösung der Finanzierung. Vgl. Form. C. II. 1 Anm. 22.

22. Beschreibung der Finanzierungsströme. Vgl. Form. C. II. 1 Anm. 23.

23. Behandlung der Ansprüche aus den Finanzierungsvereinbarungen bei der Kaufpreisanpassung. Vgl. Form. C. II. 1 Anm. 24.

24. Ablösung der Finanzierung bei Vollzug/„Netting". Vgl. zunächst Form. C. II. 1 Anm. 25. Das Muster geht davon aus, dass der Stichtag dem Abschluss des Vollzugstags entspricht (§ 2.3). Bei dieser Konstellation entsprechen die Forderungen und Verbindlichkeiten für die Ablösung der Finanzierung am Vollzugstag dem Wert der Forderung bzw. Verbindlichkeit aus Finanzierungsvereinbarungen zum Stichtag, wie er in den Stichtagsabschluss (und somit in die Berechnung der Kaufpreisanpassung) eingeht. Etwaige Verkäufer-Finanzierungsforderungen (§ 5.2.2 [k]) bzw. Verkäufer-Finanzierungsverbindlichkeiten (§ 5.2.3 [d]), die bei der Kaufpreisanpassung berücksichtigt werden, entsprechen mithin der Höhe des Entgelts, das für den Verkauf einer eventuellen Finanzierungssaldo-Forderung an die Käuferin bzw. für die Übernahme einer eventuellen Finanzierungssaldo-Verbindlichkeit durch die Käuferin zum Vollzugstag (§ 5.1 [f]) zu entrichten ist (vgl. zur Parallelsituation bei der Beendigung eines EAV Form. C. II. 1 Anm. 14). Eine überbrückende Finanzierung zwischen Stichtag und Vollzugstag erübrigt sich.

25. Kaufpreis, Kaufpreisanpassung (Net Debt, Working Capital). Vgl. Form. C. II. 1 Anm. 26.

26. Vgl. Form. C. II. 1 Anm. 17 und 18.

27. Vgl. Form. C. II. 1 Anm. 29.

28. Enterprise Value (Unternehmenswert). Vgl. Form. C. II. 1 Anm. 30.

29. Bilanzierungsgrundsätze. Vgl. Form. C. II. 1 Anm. 31.

30. Einzelheiten zu den Finanzverbindlichkeiten. Vgl. zunächst Form. C. II. 1 Anm. 32. Die Käuferin ist naturgemäß daran interessiert, die Definition der Finanzverbindlichkeiten möglichst umfangreich auszugestalten, da höhere Finanzverbindlichkeiten kaufpreismindernd wirken. Das Muster sieht vor, dass Rückstellungen für Steuern als Finanzverbindlichkeiten gelten. Hierüber sowie über die Behandlung von Pensionsrückstellungen und von Leasingverbindlichkeiten als „Financial Debt" wird erfahrungsgemäß ausgiebig zwischen den Parteien diskutiert werden (vgl. die Übersicht in C. I). Theoretisch maßgebend muss dabei stets sein, ob die jeweils zugrunde gelegte Unternehmensbewertungsmethode die entsprechende Berücksichtigung der jeweiligen Einzelposition in den Finanzverbindlichkeiten verlangt oder nicht.

31. Verbundene Unternehmen. Vgl. Form. C. II. 1 Anm. 33.

32. Zahlungspflichten aus Leasinggeschäften als Finanzverbindlichkeiten. Vgl. zunächst Form. C. II. 1 Anm. 36. Die Käuferin ist naturgemäß daran interessiert, Leasingverbindlichkeiten der Zielgesellschaft als Finanzverbindlichkeiten zu erfassen. Die im Muster vorgeschlagene Differenzierung danach, ob die Verbindlichkeiten aus Leasinggeschäften der Zielgesellschaft in der Stichtagsbilanz zu bilanzieren sind, stellt einen angemessenen Kompromiss dar, den die Käuferin auch bereits in ihrem ersten Vertragsentwurf vorschlagen sollte.

33. Vgl. Form. C. II. 1 Anm. 16 und 17.

34. Vgl. Form. C. II. 1 Anm. 24.

35. Sonstige Finanzverbindlichkeiten. Die Käuferin wird bestrebt sein, hier möglichst viele weitere Positionen aufzunehmen, die wirtschaftlich einer Verbindlichkeit aus einer Darlehensaufnahme oder einer sonstigen Finanzierungsform entsprechen. In der Praxis besonders relevant sind etwaige bereits beschlossene, aber noch nicht ausgeschüttete Dividendenzahlungen der Zielgesellschaft. Diese sollten aus Käufersicht als Finanzverbindlichkeiten definiert werden.

36. Barmittel. Aus Sicht der Käuferin geht es darum, den Umfang der Barmittel möglichst gering zu halten, da niedrigere Barmittel bei der im Muster vorgesehenen Kaufpreisanpassung um das Net Debt zu einer entsprechend geringeren Kaufpreiserhöhung führen. Die Käuferin sollte daher bestrebt sein, Forderungen der Verkäuferin nach einer Aufnahme kurzlaufender Kredite oder kurzfristig fälliger Teilbeträge langfristiger Kredite in die Barmittel-Definition abzuwehren.

37. Vgl. Form. C. II. 1 Anm. 16 und 17.

38. Vgl. Form. C. II. 1 Anm. 24.

39. Festlegung der Working Capital-Zielgröße (Standardized Working Capital). Vgl. Form. C. II. 1 Anm. 45.

40. Berücksichtigung von Forderungen bzw. Verbindlichkeiten aus Lieferungen und Leistungen gegenüber verbundenen Unternehmen bei der Working Capital-Berechnung. Vgl. Form. C. II. 1 Anm. 46.

41. Vgl. Form. C. II. 1 Anm. 47.

42. Beseitigung fortbestehender Ansprüche aus einem EAV. Vgl. Form. C. II. 1 Anm. 49.

43. Beseitigung von Ansprüchen aus Finanzierungsvereinbarungen. Vgl. Form. C. II. 1 Anm. 50.

44. Berücksichtung von Finanzverbindlichkeiten und Barmitteln bei Mehrheitsgesellschaften und Minderheitsbeteiligungen. Vgl. zunächst Form. C. II. 1 Anm. 51. Auch aus Sicht der

2. GmbH-Anteilskaufvertrag – ausführlich, käuferfreundlich C. II. 2

Käuferin ist die im verkäuferfreundlichen Muster (Form. C. II. 1) vorgeschlagene anteilige Berücksichtigung von Finanzverbindlichkeiten und Barmitteln von Tochtergesellschaften und Mehrheitsgesellschaften regelmäßig akzeptabel. Sie sollte daher auch bereits im ersten Käuferentwurf so vorgesehen werden.

45. Aktualisierung der Kaufpreisschätzung. Die Aktualisierung der Kaufpreisschätzung ist aus Sicht der Käuferin besonders wichtig, da die Käuferin auf diese Weise die Höhe der erforderlichen Finanzierung zum Vollzugstag besser planen kann.

46. Konten, Zahlung. Vgl. Form. C. II. 1 Anm. 53.

47. Treuhandkonto. Das Muster sieht vor, dass ein Teil des Kaufpreises von der Käuferin nicht sofort an die Verkäuferin, sondern auf ein Treuhandkonto eingezahlt wird. Durch diesen Einbehalt sichert die Käuferin etwaige Ansprüche aus dem Kaufvertrag, insbesondere aus einer Verletzung von Gewährleistungen oder Freistellungsverpflichtungen der Verkäuferin, ab. Der mit der Errichtung und Abwicklung von Treuhandkonten verbundene Aufwand ist nicht unerheblich. Auch aus Sicht der Käuferin empfiehlt sich ein Einbehalt daher nur, wenn ernsthafte Bedenken hinsichtlich der Kreditwürdigkeit der Verkäuferin bestehen. In der Praxis wird ein solcher Einbehalt daher vor allem in Betracht kommen, wenn es sich bei der Verkäuferin um eine Zweckgesellschaft oder eine reine Holdinggesellschaft ohne eigenes Vermögen handelt. Auch Private Equity-Verkäufer werden regelmäßig einen Kaufpreiseinbehalt auf einem Treuhandkonto akzeptieren, da solche Verkäufer aufgrund ihrer Statuten verpflichtet sind, den gesamten zufließenden Kaufpreis an ihre Investoren auszuschütten. Private Equity-Verkäufer sind daher grundsätzlich nicht bzw. nur sehr eingeschränkt bereit, Gewährleistungsverpflichtungen einzugehen, die potentiell zu späteren Liquiditätsabflüssen führen können. Stattdessen verständigen sich die Parteien in diesem Fall regelmäßig auf einen (begrenzten) Treuhandeinbehalt. Als Alternative zu einem Treuhandkonto kommt die Zahlung auf ein Notaranderkonto in Betracht. Da Notaranderkonten allerdings nicht unerhebliche Kosten auslösen, bevorzugt die Praxis die Abwicklung über Treuhandkonten.

48. Treuhandkonto als Bankeigenkonto. Die Parteien sollten anstreben, dass das Treuhandkonto von der Bank als eigenes Konto geführt wird. Damit wird vermieden, dass die Parteien selbst Kontoinhaber werden und das Konto bei einer Insolvenz einer der Parteien in die Insolvenzmasse fällt. Banken lehnen es allerdings oftmals ab, ein Bankeigenkonto anzulegen und schlagen den Parteien stattdessen die Einrichtung eines Und-Kontos vor. Es sollte daher vor dem Abschluss des Kaufvertrages geklärt werden, ob und unter welchen Bedingungen ein Bankeigenkonto für die Parteien eingerichtet werden kann.

49. Umsatzsteuer. Vgl. Form. C. II. 1 Anm. 54.

50. Vollzugstag. Aus dem Blickwinkel der Käuferin kommt es vor allem darauf an, dass der Vollzugstag mit dem letzten Tag eines Monats zusammenfällt (vgl. hierzu bereits Anm. 9). Das Muster räumt der Käuferin darüber hinaus das Recht ein, den Vollzug auf den letzten Tag des Folgemonats zu verschieben, wenn der Zeitraum zwischen dem Eintritt der letzten Vollzugsvoraussetzung und dem Vollzugstag am Monatsende zu knapp werden sollte.

51. Vgl. zu den Vollzugsvoraussetzungen bereits Form. C. II. 1 Anm. 11.

52. „Baukastenprinzip" bei der Kartellklausel. Vgl. Form. C. II. 1 Anm. 58.

53. Variante bei Zuständigkeit der Europäischen Kommission. Vgl. Form. C. II. 1 Anm. 59.

54. Vgl. Form. C. II. 1 Anm. 60.

55. Vgl. Form. C. II. 1 Anm. 61.

56. Variante bei Zuständigkeit des Bundeskartellamts. Vgl. Form. C. II. 1 Anm. 62.

57. Vgl. Form. C. II. 1 Anm. 63.

58. Vgl. Form. C. II. 1 Anm. 64.

59. Variante bei Zuständigkeit der Fusionskontrollbehörden mehrerer EU-Mitgliedstaaten (neutral). Vgl. Form. C. II. 1 Anm. 65.

60. Vgl. Form. C. II. 1 Anm. 66.

61. Vgl. Form. C. II. 1 Anm. 67.

62. Vgl. Form. C. II. 1 Anm. 68.

63. Variante bei Zuständigkeit von Kartellbehörden außerhalb der EU. Vgl. Form. C. II. 1 Anm. 69.

64. Vgl. Form. C. II. 1 Anm. 70.

65. Vgl. Form. C. II. 1 Anm. 71.

66. Vgl. Form. C. II. 1 Anm. 72.

67. Vgl. Form. C. II. 1 Anm. 73.

68. Vgl. Form. C. II. 1 Anm. 75.

69. Vgl. Form. C. II. 1 Anm. 76.

70. Gremienvorbehalt. Vgl. zunächst Form. C. II. 1 Anm. 74. Aus Käufersicht ist stets ein Gremienvorbehalt als Vollzugsvoraussetzung in den Kaufvertragsentwurf aufzunehmen, wenn ein solcher Vorbehalt absehbarerweise nicht vor Unterzeichnung des Kaufvertrages (Signing) erledigt werden kann. Es kann sich darüber hinaus aus taktischen Gründen für die Käuferin empfehlen, einen solchen Vorbehalt aufzunehmen. Die Käuferin muss sich aber bewusst sein, dass ein Gremienvorbehalt zu ihren Gunsten für die Verkäuferin besonders schwer zu akzeptieren sein wird. Dies gilt jedenfalls dann, wenn die Verkäuferin ihrerseits keinen Gremienvorbehalt benötigt. Ein Gremienvorbehalt zugunsten der Käuferin würde es der Käuferin nämlich erlauben, ohne Weiteres von der Transaktion Abstand zu nehmen. Damit wäre eines der wichtigsten Ziele der Verkäuferin, nämlich die Transaktionssicherheit gefährdet.

71. Zuordnung eines Widerspruchs zugunsten der Käuferin zu der im Handelsregister der Gesellschaft aufgenommenen Gesellschafterliste als weitere Vollzugsvoraussetzung? Um das Risiko wirksamer Zwischenverfügungen über die Geschäftsanteile auszuschließen, kann erwogen werden, die Zuordnung eines Widerspruchs zur Gesellschafterliste zugunsten der Käuferin als weitere Vollzugsvoraussetzung aufzunehmen. Die Zuordnung eines Widerspruchs erfolgt aufgrund einer Bewilligung durch die als Inhaberin der betreffenden Anteile in die Gesellschafterliste eingetragene Verkäuferin (vgl. § 16 Abs. 3 S. 4 GmbHG). Sobald der Widerspruch in der im Handelsregister aufgenommenen Gesellschafterliste dem Anteil zugeordnet ist (Schaffung einer Quasi-Vormerkung), ist ein gutgläubiger Erwerb aufgrund von Zwischenverfügungen nicht mehr möglich. Allerdings besteht das Risiko, dass aufgrund des Widerspruchs auch kein gutgläubiger Erwerb durch den Zessionar mehr möglich ist (so wohl *Greitemann/Bergjan*, FS Pöllath & Partner (2008), 271, 287; dagegen *Oppermann*, ZIP 2009, 651, 654; *Schreinert/Berresheim*, DStR 2009, 1265, 1269). Für den Fall, dass die Verkäuferin der Eintragung eines Widerspruchs zustimmt und diese bewilligt, sollte die Käuferin wiederum zur Löschung des Widerspruches für den Fall verpflichtet werden, dass es endgültig doch nicht zum Erwerb kommt (z. B. wegen Rücktritts). Die Zuordnung sollte unbedingt zuvor mit dem zuständigen Handelsregister abgestimmt werden. Die Eintragungsfähigkeit eines solchen Widerspruchs ist höchst umstritten und zum Teil scheinen die Registerrichter sich zu weigern, eine Eintragung vorzunehmen (vgl. OLG München NZG 2010, 1079), da die Gesellschafterliste nicht falsch sei (obwohl dies dem Gesetzeswortlaut nach nicht Voraussetzung für die Eintragung eines Widerspruchs ist - vgl. aber § 899 BGB, auf den in der Gesetzesbegründung ausdrücklich verwiesen wird, BT-Drucks 16/6140 S. 94). Die bisher ergangene Rechtsprechung steht der Frage uneinheitlich gegenüber (die Eintragungsfähigkeit des Widerspruchs verneinend OLG München ZIP 2011, 612, dagegen LG Köln NZG 2009, 1195). Sofern die Parteien sich auf die Zuordnung eines Widerspruchs zur Gesellschafterliste als Vollzugsvoraussetzung einigen, kommt folgende Formulierung in Betracht:

„[6.2.5] Der Gesellschafterliste der X-GmbH in Bezug auf die X-Geschäftsanteile zugunsten der Käuferin ein Widerspruch zugeordnet ist. [Diese Vollzugsvoraussetzung entfällt ersatzlos, falls das zuständige Registergericht den Antrag auf Zuordnung eines Widerspruchs zur Gesellschafterliste zurückweist, eine diesbezügliche Zwischenverfügung erlässt oder den Antrag anderweitig beanstandet.]

2. GmbH-Anteilskaufvertrag – ausführlich, käuferfreundlich   C. II. 2

Der beurkundende Notar wird beauftragt und bevollmächtigt, den Widerspruch zu der Gesellschafterliste der Gesellschaft gemäß Anlage [6.2.5] zu diesem Vertrag beim Handelsregister der Gesellschaft einzureichen und den Parteien die erfolgte Zuordnung des Widerspruchs [oder den Erlass einer diesbezüglichen Zwischenverfügung oder sonstigen Beanstandung des Antrags auf Zuordnung des Widerspruchs durch das Registergericht] unverzüglich schriftlich mitzuteilen. Aufschiebend bedingt mit dem Rücktritt einer Partei von diesem Vertrag bewilligt die Käuferin hiermit die Löschung des vorgenannten Widerspruches. Der Rücktritt ist ggf. durch Eigenurkunde des beurkundenden Notars nachzuweisen, die dieser auf entsprechenden Nachweis der Verkäuferin auszustellen hat. Der beurkundende Notar wird angewiesen, jeder Partei auf Anfrage eine auszugsweise Abschrift dieses Vertrages zu erteilen, in dem lediglich die Parteien, die Bezeichnung der Geschäftsanteile sowie dieser § 6.2.5 enthalten ist.

„Anlage [6.2.5] zur Urkunde des Notars ...... in ...... vom ......, UR Nr. ......
Elektronisch an
Amtsgericht ......
Registergericht
Mit Urkunde des Notars ...... in ...... vom ......, UR Nr. ...... hat ...... [Verkäuferin] (nachfolgend Verkäuferin) die Geschäftsanteile mit den laufenden Nummern ...... bis ...... an der ......GmbH [Zielgesellschaft] mit Sitz in ......, eingetragen im Handelsregister des Amtsgerichts ...... unter HRB ...... an die ...... [Käuferin] (nachfolgend die Käuferin) veräußert. Die Verkäuferin bewilligt und die Käuferin beantragt, der im Handelsregister aufgenommenen Gesellschafterliste einen Widerspruch zugunsten der ...... [Käuferin] gegen die Berechtigung der ...... [Verkäuferin] hinsichtlich der zuvor genannten Geschäftsanteile zuzuordnen.
Der Widerspruch soll Zug um Zug mit der Aufnahme der neuen Gesellschafterliste mit der Bescheinigung des Notars gemäß § 40 Abs. 2 S. 2 GmbHG wieder gelöscht werden. Die Löschung wird bereits heute bewilligt und beantragt.
....
[Unterschrift Vertretungsorgane Verkäuferin]

....
[Unterschrift Vertretungsorgane Käuferin]
Notarielle Beglaubigung"

Wenn die Parteien die Gründe für die Beantragung des Widerspruchs nicht offenlegen möchten (bspw. um das Risiko einer Ablehnung der Eintragung durch das Handelsregister mangels Unrichtigkeit der Gesellschafterliste zu verringern – siehe dazu oben), genügt auch folgender kürzerer Antrag. In diesem Fall muss jedoch eine spätere Löschung des Widerspruchs durch die Käuferin separat beantragt werden:
„Elektronisch an
Amtsgericht ......
Registergericht
Die ...... [Verkäuferin] bewilligt und die ...... [Käuferin] beantragt, der im Handelsregister aufgenommenen Gesellschafterliste der ......GmbH [Zielgesellschaft] mit Sitz in ......, eingetragen im Handelsregister des Amtsgerichts ...... unter HRB ...... einen Widerspruch zugunsten der ...... [Käuferin] gegen die Berechtigung der ...... [Verkäuferin] hinsichtlich der Geschäftsanteile mit den laufenden Nummern ...... bis ...... einen Widerspruch zuzuordnen.
....
[Unterschrift Vertretungsorgane Verkäuferin]

....
[Unterschrift Vertretungsorgane Käuferin]
Notarielle Beglaubigung"

72. Vollzugshindernisse. Das Muster sieht vor, dass die Käuferin den Vollzug der Transaktion verweigern kann, wenn bestimmte Vollzugshindernisse eingetreten sind. Im Ergebnis handelt es sich um Fälle, in denen die Käuferin von der Transaktion Abstand nehmen kann. Technisch sind diese Sachverhalte als Ereignisse formuliert, bei deren Eintritt die Käuferin von ihrer vertraglichen Verpflichtung zur Durchführung des Vollzugs des Vertrages frei wird.

73. Material Adverse Change (MAC)-Klausel. Anglo-amerikanischem Vorbild folgend ist es im letzten Jahrzehnt auch in Deutschland üblicher geworden, in einem Unternehmenskaufvertrag Regelungen für den Fall einer „wesentlich nachteiligen Änderung" (Material Adverse Change – MAC) zwischen Vertragsschluss und Vollzug vorzusehen. Insbesondere in Folge der Terroranschläge vom 11. 9. 2001 ist vielen Käufern bewusst geworden, dass sie ohne eine entsprechende Klausel das Risiko einer wesentlichen Verschlechterung der Zielgesellschaft zwischen Signing und Closing tragen. Technische Ursache hierfür ist das regelmäßige zeitliche Auseinanderfallen von Signing und Closing (dazu Form. C. II. 1 Anm. 11). Kern der Regelung einer Material Adverse Change-Klausel ist die Verlagerung der Preisgefahr von der Käuferin auf die Verkäuferin. Die Käuferin möchte vermeiden, einen bei Vertragsschluss festgelegten Kaufpreis für ein Unternehmen zahlen zu müssen, das zum Zeitpunkt der Kaufpreiszahlung bereits eine erhebliche Werteinbusse erfahren hat. Im verkäuferdominierten Markt der letzten Jahre ist die MAC-Klausel allerdings wieder auf dem Rückzug. Aus Sicht der Verkäuferin birgt die MAC-Klausel nämlich naturgemäß ein erhebliches Risiko, weil sie eines der wesentlichen Verkäuferziele, nämlich die Transaktionssicherheit, gefährdet.

Sollten sich die Parteien grundsätzlich auf eine MAC-Klausel verständigt haben, werden beide Seiten häufig über die Formulierung im Detail streiten. Aus Sicht der Käuferin ist eine MAC-Klausel vorzugswürdig, die verhältnismäßig unbestimmt und breit angelegt ist, um möglichst viele denkbare nachteilige Änderungen erfassen zu können. Dem gegenüber wird die Verkäuferin – wenn sie denn schon eine MAC-Klausel akzeptieren muss – Wert darauf legen, die Klausel so detailliert und konkret wie möglich zu fassen. Die Verkäuferin wird insbesondere bestrebt sein, allgemeine Marktveränderungen (in Abgrenzung zu unternehmensspezifischen Vorfällen) von der MAC-Klausel auszunehmen. Aus Sicht der Käuferin ist dagegen einzuwenden, dass sich externe und interne Umstände aus Unternehmenssicht nicht immer eindeutig abgrenzen lassen. Vielmehr können sich auch Umstände wie der Branchenausblick auf die konkreten Ertragsaussichten der Zielgesellschaft und ihrer Gruppengesellschaften auswirken. Sofern die Verkäuferin vorbringt, dass allgemeine Marktentwicklungen außerhalb ihrer Kontrolle lägen, ist aus Sicht der Käuferin darauf hinzuweisen, dass dies gerade Gegenstand der Gefahrverteilung sei, nämlich das Risiko nachteiliger Folgen aus Umständen zuzuweisen, für die keine der Vertragsparteien einstandspflichtig ist. Die Verkäuferin wird ferner häufig darauf bestehen, dass die „Wesentlichkeit" der nachteiligen Änderungen dadurch konkretisiert wird, dass nur solche nachteiligen Änderungen für die MAC-Klausel relevant sind, die sich auf bestimmte Kennziffern der Zielgesellschaft in einer im Vertrag festzulegenden Intensität auswirken (beispielsweise infolge des nachteiligen Ereignisses das EBITDA der Zielgesellschaft sich um mehr als 30% bzw. die Umsätze der Zielgesellschaft sich um mehr als 20% verringert haben). Eine derartige Konkretisierung der Wesentlichkeit wird regelmäßig auch für die Käuferin akzeptabel sein (instruktiv zum Ganzen *Kindt/Stanek* BB 2010, 1490, 1492 ff.).

Soweit ersichtlich, ist vor staatlichen deutschen Gerichten um die Auslegung und Wirksamkeit einer MAC-Klausel noch nicht gestritten worden. Gerichtsentscheidungen aus England und den USA, insbesondere in der Folge des 11. 9. 2001, haben erkennen lassen, dass die dortigen Gerichte MAC-Klauseln tendenziell restriktiv und damit im Verkäufersinne handhaben. Die im Muster vorgeschlagene Klausel entspricht dem Käuferinteresse an einer möglichst breiten und unspezifischen MAC-Klausel. Sie enthält auch keine Bestimmungen darüber, dass die nachteilige Änderung bestimmte Auswirkungen auf den Wert der Zielgesellschaft (repräsentiert durch Auswirkungen auf das EBITDA) haben muss.

Abstimmung von MAC-Klauseln im Kaufvertrag und in den Finanzierungsverträgen. Ein wichtiges Sonderproblem stellt sich dann, wenn die Käuferin die Transaktion fremdfinanziert. In diesem Fall ist es aus Sicht der Käuferin essentiell, dass eine etwaige nicht wegzuverhandelnde MAC-Klausel im Finanzierungsvertrag im Kaufvertrag gespiegelt wird. Anderenfalls droht die Gefahr, dass die Käuferin ihre Finanzierung nicht erhält, weil die Banken von der MAC-Klausel Gebrauch machen, die Käuferin aber gleichzeitig aus dem Kaufvertrag zur Kaufpreiszahlung verpflichtet bleibt. Um diesem Risiko zu begegnen, würde es bereits genügen, wenn der Unternehmenskaufvertrag eine identische oder weitergehende MAC-Klausel als die Finanzierungsverträge enthält. Um später Auslegungsschwierigkeiten zu vermeiden, sollten

2. GmbH-Anteilskaufvertrag – ausführlich, käuferfreundlich C. II. 2

die Formulierungen beider Klauseln im Kaufvertrag und in den Finanzierungsverträgen aus Sicht der Käuferin idealerweise den gleichen Wortlaut haben.

74. Zuordnung eines (Dritt-)Widerspruchs zu der im Handelsregister der Gesellschaft aufgenommenen Gesellschafterliste als Vollzugshindernis. Vgl. Anm. 71 sowie Form. C. II. 1 Anm. 78.

75. Rücktrittsgründe. Der endgültige Wortlaut hängt vom dem abschließenden Katalog der Vollzugsbedingungen ab.

76. Erklärung der Verkäuferin zu den Verkäufergarantien. Mit dieser Erklärung wird eine Verschärfung der Haftung der Verkäuferin erreicht: Gibt die Verkäuferin die Erklärung über das Nichtvorliegen von Garantieverletzungen bewusst falsch oder ins Blaue hinein ab und stellt sich heraus, dass eine Garantie in Wirklichkeit verletzt war, so gerät die Verkäuferin damit in die Haftung wegen Vorsatzes.

77. Zustimmung der Verkäufer-Gesellschaften und X-Gesellschaften. Sofern eine Erklärung oder ein Beschluss einer Verkäufer-Gesellschaft oder einer X-Gesellschaft Voraussetzung für die wirksame Abtretung der Anteile an der X-GmbH ist, sollte die Käuferin den Nachweis über die Erklärung oder den Beschluss zur Vollzugsvoraussetzung machen.

78. Beendigung der Finanzierungsvereinbarungen. Aus Sicht der Käuferin sollte die Verkäuferin einen schriftlichen Nachweis über die Beendigung der X-Finanzierungsvereinbarungen vorlegen. Sollte dies schwierig sein, mag aus Käufersicht auch eine entsprechende schriftliche Bestätigung der Verkäuferin genügen.

79. Kündigung des EAV. Zum Zeitpunkt der Kündigung des EAV vgl. Form. C. II. 1 Anm. 15.

80. Niederlegungserklärungen/Entlastung. Vgl. Form. C. II. 1 Anm. 80. In der Regel wird die Verkäuferin darauf Acht geben, dass die Amtsniederlegung der Organmitglieder mit einem diesen Entlastung erteilenden Beschluss quittiert wird. Aus Sicht der Käuferin ist hierbei im Falle eines GmbH-Share Deals zu beachten, dass mit dem Entlastungsbeschluss auch ein Verzicht auf die Geltendmachung von Ansprüchen verbunden sein kann. Zwar wird sich die Käuferin dem üblichen Vorgang der Entlastung in diesen Fällen nicht verschließen können; sie sollte aber deshalb im Rahmen der Due Diligence selbst genau prüfen, ob Anzeichen für Ansprüche gegen Organmitglieder vorliegen, und diese ggf. bei der weiteren Vertragsgestaltung (Gewährleistung, Garantien, Kaufpreis) berücksichtigen.

81. Bestimmbarkeit des Finanzierungsaldos. Vgl. Form. C. II. 1 Anm. 82.

82. Sicherstellung der Handlungsfähigkeit der Käuferin unmittelbar nach dem Vollzug. In der Regel ist die Käuferin darauf angewiesen, unmittelbar nach dem Anteilsübergang eine Reihe von Gesellschafterbeschlüssen zu fassen (z. B. Bestellung eines neuen Geschäftsführers, Satzungsänderungen etc.). Gemäß § 16 Abs. 1 S. 1 GmbHG n. F. gilt im Fall einer Veränderung in den Personen der Gesellschafter oder des Umfangs ihrer Beteiligung jedoch als Inhaber eines Geschäftsanteils nur, wer als solcher in der im Handelsregister aufgenommenen (!) Gesellschafterliste eingetragen ist. Bis zur Aufnahme der neuen Gesellschafterliste in das Handelsregister ist dies auch nach Wirksamwerden der Abtretung zunächst nach wie vor die Verkäuferin. Von der Käuferin in Bezug auf das Gesellschaftsverhältnis vorgenommene Rechtshandlungen gelten nur dann als von Anfang an wirksam, wenn die Liste unverzüglich nach Vornahme der Rechtshandlung in das Handelsregister aufgenommen wird (§ 16 Abs. 1 S. 2 GmbHG). Bis die neue Liste der Gesellschafter in das Handelsregister aufgenommen ist, sind diese Beschlüsse schwebend unwirksam. Wird die Liste jedoch nicht oder nicht unverzüglich in das Handelsregister aufgenommen, ist die Rechtshandlung endgültig unwirksam. Da es nach Einreichung der Liste zum Handelsregister durch den Notar außerhalb des Einflussbereichs der Parteien liegt, ob und wann die Liste in das Handelsregister aufgenommen wird, besteht die Käuferin möglicherweise auf einer Regelung, mittels derer sie ihre Handlungsfähigkeit unmittelbar nach dem Vollzug absichert. Denkbar ist insoweit eine Bevollmächtigung der Käuferin durch die Verkäuferin, unmittelbar nach Vollzug hilfsweise auch in ihrem Namen bestimmte Handlungen vorzunehmen, oder eine Verpflichtung der Verkäuferin, auf Weisung der Käuferin bestimmte Gesellschafterbeschlüsse zu fassen (nebst Freistellung der Verkäuferin von allen hieraus resultierenden Haftungsrisiken). Für den Fall, dass die Käuferin eine solche Regelung wünscht, bietet sich folgende Formulierung an:

Die Verkäuferin verpflichtet sich, nach Wirksamwerden der Abtretung der Geschäftsanteile gemäß § ...... bis zu dem Zeitpunkt, zu dem die Käuferin gemäß § 16 Abs. 1 Satz 1 GmbHG im Verhältnis zur Gesellschaft als Gesellschafterin gilt, unverzüglich die folgenden Gesellschafterbeschlüsse zu fassen (ggf. hilfsweise zusätzlich zu durch die Käuferin gemäß § 16 Abs. 1 Satz 2 GmbHG gefassten Gesellschafterbeschlüssen), wenn und soweit sie dazu von der Käuferin schriftlich aufgefordert wird:

(a) Abberufung aller oder einzelner bisheriger Geschäftsführer der Gesellschaft sowie die Änderung ihrer Vertretungsberechtigung,

(b) Bestellung neuer Geschäftsführer der Gesellschaft,

(c) Änderungen des Gesellschaftsvertrages einschließlich Änderung von Firma, Sitz, Geschäftsjahr, Regelungen zur Vertretung und Geschäftsführung sowie Gesellschafterversammlung, Einzahlungen in die Kapitalrücklage, jedoch mit Ausnahme von Erhöhungen des Stammkapitals,

(d) Abschluss von Beherrschungs- und/oder Gewinnabführungsverträgen sowie sonstigen Unternehmensverträgen,

(e) [sämtliche sonstigen Gesellschafterbeschlüsse, sofern die Käuferin der Verkäuferin zuvor Sicherheit leistet für eine potenzielle Inanspruchnahme der Verkäuferin als Gesellschafterin aufgrund dieser Gesellschafterbeschlüsse.]

Die Verkäuferin ist nicht verpflichtet, einen Gesellschafterbeschluss zu fassen, der offensichtlich rechtswidrig ist oder[, mit Ausnahme von lit. (e),] offensichtlich ein Haftungsrisiko für die Verkäuferin zur Folge hat. Die Käuferin stellt die Verkäuferin von sämtlichen Haftungsrisiken aufgrund von durch die Verkäuferin nach diesem § ...... gefassten Gesellschafterbeschlüssen frei.

83. Bilanzierungsvorschriften für den Stichtagsabschluss. Vgl. Form. C. II. 1 Anm. 87.

84. Hierarchie der Bilanzierungsgrundsätze. Vgl. Form. C. II. 1 Anm. 88.

85. Überprüfung des Schiedsgutachtens. Vgl. Form. C. II. 1 Anm. 89.

86. Schiedsgutachter. Vgl. Form. C. II. 1 Anm. 90.

87. Anwendbarkeit des gesetzlichen Gewährleistungsstatuts auf den Beteiligungskauf. Vgl. Form. C. II. 1 Anm. 91.

88. Garantiekatalog. Vgl. zunächst Form. C. II. 1 Anm. 92. Als käuferfreundlicher Vertragsentwurf enthält das Muster einen ausführlichen Garantiekatalog. Das Muster bemüht sich ganz bewusst, möglichst sämtliche theoretisch in Betracht kommenden Garantiefälle abzubilden. In der Praxis wird man auch in einem ersten käuferfreundlichen Entwurf nicht sämtliche in § 8 des Musters enthaltenen Garantien übernehmen. Typischerweise werden nämlich verschiedene der im Muster aufgeführten Garantien auf die konkrete Zielgesellschaft gar nicht anwendbar sein. Der genaue Umfang des Garantiekataloges ist deshalb detailliert mit der Käuferin zu erörtern. Handelt es sich bei der Verkäuferin um ein Private Equity-Unternehmen, wird die Käuferin ohnehin nur ein Minimum an Gewährleistungen erwarten dürfen. In diesem Fall wird allerdings typischerweise auch die Verkäuferin den ersten Vertragsentwurf vorlegen.

89. Maßgeblicher Zeitpunkt für die Verkäufergarantien. Die Käuferin wird regelmäßig darauf drängen, dass möglichst alle Garantien auf den Tag der Vertragsunterzeichnung und auch auf den Vollzugstag abgegeben werden. Die im Mustertext vorgesehene Einschränkung auf einen anderen Bezugszeitpunkt kann daher unter Umständen im ersten Käuferentwurf entfallen. Es ist dann allerdings darauf zu achten, dass die Verkäuferin nicht sämtliche Garantien bereits am Tag der Unterzeichnung inhaltlich richtig auf den Vollzugstag abgeben kann. Dies gilt insbesondere dann, wenn Garantien vom Verhalten Dritter abhängig sind, so etwa bei der Garantie zu den Rechtsstreitigkeiten oder bei der Verletzung von gewerblichen Schutzrechten durch Dritte. Im Hinblick auf solche Gewährleistungen sollte der Verkäuferin daher

2. GmbH-Anteilskaufvertrag – ausführlich, käuferfreundlich C. II. 2

das Recht eingeräumt werden, die in den Anlagen aufzuführenden Einschränkungen der Garantien zum Vollzugstag aktualisieren zu dürfen (sogenanntes „True Up" der Garantien zum Closing). Aus Sicht der Käuferin ist dann allerdings darauf zu achten, dass sich das Aktualisierungsrecht der Verkäuferin nur auf solche Sachverhalte bezieht, die zwischen Signing und Closing neu entstanden sind, nicht aber solche Sachverhalte einschließen darf, die bereits vor Signing bestanden.

90. Selbständige Garantieversprechen der Verkäuferin. Vgl. Form. C. II. 1 Anm. 93.

91. Umfang der Verkäufergarantien. Nahezu sämtliche Verkäufergarantien im Muster beziehen sich auf die „X-Gesellschaften" oder die „X-Gruppe" (d.h. X-GmbH, Tochtergesellschaften und Mehrheitsgesellschaften). Aus Käufersicht ist dies auch angemessen, da die Verkäuferin regelmäßig auch in den Mehrheitsgesellschaften über hinreichende Informationen verfügt bzw. den nötigen Einfluss ausüben kann, der für die Abgabe der Garantien erforderlich ist (vgl. bereits Anm. 8).

92. Richtigkeit der Gesellschafterliste. Vgl. zunächst § 16 GmbHG n. F. Sachlich bringt diese Garantie der Käuferin keinen zusätzlichen Nutzen, da die Verkäuferin ihre Vollrechtsinhaberschaft bereits in § 8.2.2 S. 1 i. V. m. § 1.1.1 garantiert. Etwas anderes gälte allenfalls dann, wenn die Verkäuferin nicht alleinige Gesellschafterin der Zielgesellschaft wäre.

93. Rechtsgeschäfte. Neben Verträgen und sonstigen Schuldverhältnissen umfasst die Definition von „Rechtsgeschäften" auch Vertragsangebote. Diese Erweiterung soll den Fall abdecken, dass die Zielgesellschaft vor dem Closing ein Angebot beispielsweise zu einem lang laufenden Liefervertrag mit Alleinbezugsverpflichtung abgibt, dieses Angebot aber – gewollt oder zufällig – erst nach dem Closing von dem Vertragspartner angenommen wird. Bezögen sich Garantien nur auf (zum Signing oder Closing) geschlossene Verträge, würde ein – wie im Beispielsfall – erst nachträglich geschlossener Vertrag nicht erfasst.

94. Jahresabschlüsse. Das Muster geht davon aus, dass kein konsolidierter Jahresabschluss der X-GmbH existiert, sondern lediglich Einzelabschlüsse der X-GmbH, ihrer Tochtergesellschaften und Mehrheitsgesellschaften. Sollte dem gegenüber ein konsolidierter Jahresabschluss der X-GmbH existieren, ist die Garantie auf diesen konsolidierten Jahresabschluss zu beziehen (vgl. § 8.3 in Form. C. II. 1). Nicht selten einigen sich die Parteien auch auf die Aufstellung eines Pro-Forma-Konzernabschlusses der X-GmbH, auf den dann die Garantie zu beziehen wäre. In diesem Fall ist allerdings darauf zu achten, dass der Pro-Forma-Konzernabschluss nicht im eigentlichen Sinne geprüft, sondern allenfalls „prüferisch durchgesehen" wird.

95. Eintragung im Refinanzierungsregister. Dieser Passus hat Bedeutung für eine Zielgesellschaft, deren Vermögensgegenstände Gegenstand von Asset Backed Securities (ABS)-Transaktionen sind oder waren („Originator"). Ein solches Unternehmen hat die Möglichkeit, diese Gegenstände im sog. Refinanzierungsregister eintragen zu lassen. Nach § 22j Abs. 1 KWG gibt die Eintragung dem übertragungsberechtigten Vertragspartner – aus Sicht der Käuferin also einem Dritten – im Falle der Insolvenz der Zielgesellschaft ein Aussonderungsrecht für die eingetragenen Vermögensgegenstände. Da das Refinanzierungsregister nicht von jedermann und somit auch nicht ohne weiteres von der Käuferin einsehbar ist (die entsprechenden Regelungen im KWG regeln Einsichtsrechte nicht), muss die Käuferin sich Auszüge aus dem Refinanzierungsregister in der Due Diligence zeigen lassen und dieses Thema bei den Garantien abbilden, um sicherzugehen, ob bzw. welche Vermögensgegenstände der Zielgesellschaft mit dem Aussonderungsrecht belastet sind.

96. Vorräte/Verhältnis zum Standardized Working Capital. Diese Klausel ist mit der Kaufpreisanpassung bei Abweichungen von der Zielgröße für das Nettoumlaufvermögen (Working Capital) zu harmonisieren. Wenn die Zielgröße für das Nettoumlaufvermögen so gewählt ist, dass sie nur ohne Wertberichtigung bei den Vorräten erreicht werden kann, führt jede Wertberichtigung bei den Vorräten zwingend zu einer Kaufpreisanpassung. In diesem Fall ist die Garantie über den Zustand der Vorräte systemwidrig und für die Käuferin entbehrlich. Die Garantie hat eine Berechtigung hingegen dann, wenn Wertminderungen bei den Vorräten über die Kaufpreisanpassung nicht erfasst werden. Im Übrigen ist darauf zu achten, dass die in der Garantie erwähnten Eigenschaften (z. B. verkaufsfähig) auf den Sachverhalt passen.

97. Forderungen/Verhältnis zum Standardized Working Capital. Genauso wie die Garantie in Bezug auf die Vorräte (vgl. vorhergehende Anm.) ist die Garantie über die Forderungen mit der Kaufpreisanpassung bei Abweichungen von der Zielgröße für das Nettoumlaufvermögen (Working Capital) zu harmonisieren. Denn ebenso wie die Vorräte sind die Forderungen aus Lieferungen und Leistungen rechnerischer Bestandteil des Nettoumlaufvermögens. Im Übrigen wird die Verkäuferin einwenden, dass ihr die Übernahme des Delkredere-Risikos in dem geforderten Umfang nicht zuzumuten ist. Will die Käuferin der Verkäuferin entgegenkommen, kann die Garantie beispielsweise auf die Einbringlichkeit bestimmter Forderungen beschränkt werden. Die Garantie über die Einbringlichkeit der Forderungen ist nicht auf die Jahresabschlüsse bezogen. Eine auf einen zurückliegenden Jahresabschluss bezogene Einbringlichkeitsgarantie würde weitgehend leer laufen; ein Großteil der darin ausgewiesenen Forderungen würde zum Zeitpunkt des Vollzugs längst eingebracht sein. Der „kurzfristige" Charakter dieser Garantie macht es also erforderlich, auf einen möglichst zeitnahen Abschluss abzustellen.

98. Steuerangelegenheiten. Diese Garantie soll sicherstellen, dass die Käuferin geplante Restrukturierungen der Zielgesellschaft und ihres Beteiligungsbesitzes ohne Steuerbelastung durchführen kann.

99. Die Garantien in §§ 8.12.3 bis 8.12.6 können auf alle (inländischen) X-Gesellschaften ausgedehnt werden. Dies hängt von der jeweiligen steuerlichen Situation und der Bedeutung der Angaben für die Transaktion ab.

100. Diese Garantie ist wichtig, weil eine eventuelle KSt-Erhöhung eine Steuerschuld in der Zukunft sein wird und daher die Käuferin belastet. Sie ist redundant, wenn die Gesellschaft erst seit 2001 existiert.

101. Diese Garantie wird die Käuferin fordern, wenn sie dem Verlustvortrag einen Wert beimisst und sie davon ausgeht, dass trotz des Anteilseigner-Wechsels die Regelung des § 8 Abs. 4 KStG (bzgl. etwaiger gewerbesteuerlicher Verlustvorträge i. V.m. § 10a S. 8 GewStG) keine Anwendung finden wird. Für Anteilsübertragungen nach dem 31.12.2007 findet anstelle des § 8 Abs. 4 KStG die Vorschrift des § 8c KStG i.d.F. Unternehmenssteuerreformgesetz 2007 Anwendung.

102. Die Auflösung der Rücklagen ohne Reinvestition führt zu einer Steuerschuld in der Zukunft, welche ihren Grund in der Bildung der Rücklage aus der Vergangenheit hat. Die Erhöhung der Steuerquote ist für die Käuferin nachteilig.

103. Die Begründung für die Teilwertabschreibung könnte in der Zukunft wegfallen, so dass eine Wertaufholung erforderlich wird. Die Wertaufholung führt zu einer Steuerpflicht aufgrund eines bloßen Buchgewinns. Dies ist für die Käuferin nachteilig.

104. Abweichungen zwischen Handels- und Steuerbilanz führen bisweilen dazu, dass ein steuerlicher Gewinn entsteht, der handelsrechtlich keiner ist (wenn auch vielfach das Gegenteil der Fall sein wird). Das führt zu einer aus Sicht der Käuferin ungünstigeren Erhöhung der Konzern-Steuerquote.

105. Sollte eine Auslandsberührung gegeben sein, so wäre ggf. ausländisches Steuerrecht zu prüfen.

106. Diese Klausel findet sich oftmals in Verträgen. Sie ist allerdings streng genommen überflüssig, weil die Rechtsfolge einer verdeckten Gewinnausschüttung – nämlich eine Steuererhöhung – zu einer Steuerpflicht führt, welche durch die Steuerfreistellung (§ 11) abgedeckt sein sollte.

107. Rechtsstreitigkeiten. Erfasst sind nicht nur Verfahren, an denen die verkauften Gesellschaften beteiligt sind, sondern auch solche Verfahren, die auf andere Weise zu einer Verpflichtung der verkauften Gesellschaften führen können. Diese Erweiterung hat insbesondere Konstellationen vor Augen, in denen einer Zielgesellschaft der Streit verkündet wurde bzw. werden könnte. Zu Beteiligten des betreffenden Verfahrens würde die streitverkündete Gesellschaft nur dann, wenn sie dem Streitverkünder beiträte, vgl. § 74 Abs. 1 und 2 ZPO. Eine nur auf die Verfahrensbeteiligung abstellende Garantie griffe daher zu kurz. Die Einbeziehung von Verfahren, die sich gegen die Geschäftsführer und Arbeitnehmer richten, ist bereits deshalb notwendig, weil insbesondere Strafverfahren stets nur gegen natürliche, nicht aber gegen juristische Personen geführt werden, auch wenn das strafrechtlich relevante Verhalten zivilrechtlich der Anstellungsgesellschaft zugerechnet wird. Darüber hinaus stellen vor allem gegen Leitungsorgane geführte Verfahren ein Reputationsrisiko für die Zielgesellschaft dar. Das Muster sieht vor, dass Inkassoverfahren sowie die offengelegten arbeitsrechtlichen Verfahren nur einmal aufgeführt werden müssen. Je nach Größe der Zielgesellschaften und der damit einhergehenden Anzahl von „geschäftsüblichen" Rechtsstreitigkeiten kann eine weitergehende Einschränkung der Garantie sinnvoll sein. Beispielsweise kann ein Mindeststreitwert für die Offenlegung von Zahlungsklagen vorgesehen werden.

108. Bestechung, Vorteilsnahme. Diese Garantie ist insbesondere für US-Käufer wichtig: Nach dem US Foreign Corrupt Practices Act ist es US-Unternehmen – auch im Ausland – verboten, Amtsträger zu bestechen etc., auch wenn dies in bestimmten Ländern/Branchen gängige Geschäftspraxis ist. Um Haftungsrisiken zu vermeiden, müssen US-Unternehmen sicherstellen, dass sich auch die von ihnen erworbenen Unternehmen im Ausland nicht solcher Praktiken bedienen.

109. Proper Information Clause. Die Garantie soll die Käuferin vor dem Risiko schützen, dass sie ihre Kaufentscheidung und/oder ihre Kaufpreisberechnung auf Informationen der Verkäuferin gestützt hat, die sich im Nachhinein als unrichtig oder unvollständig herausstellen. Erfasst sind Unterlagen, die im Datenraum zur Verfügung gestellt wurden, aber auch Information Memoranda sowie mündliche Aussagen bei Management-Präsentationen, Q&A-Sessions und im Rahmen der Vertragsverhandlungen. Die Gewährleistung wird in der Regel auf heftigen Widerstand der Verkäuferin stoßen. Üblicherweise enthalten bereits Information Memoranda Hinweise auf die Unverbindlichkeit der in ihnen enthaltenen Informationen. Ähnliche Regelungen können in Datenraum-Vereinbarungen getroffen sein. Sind solche Regelungen seinerzeit von der Käuferin akzeptiert worden, wird die Verkäuferin die Garantie kaum akzeptieren. Ein durchaus beachtliches Argument der Verkäuferin gegen die formulierte Garantie kann sein, dass der Verweis auf sämtliche schriftlichen und sogar mündlichen Informationen eine unklare Tatsachenlage und unter Umständen Beweisschwierigkeiten mit sich bringt. Letztlich würden sich beide Parteien damit in die Hand ihrer Mitarbeiter und Berater begeben, die als Zeugen auftreten müssten. Mit demselben Argument besteht die Käuferin typischerweise darauf, dass ihr keine Tatsachen als bekannt entgegengehalten werden können, die nicht im Vertrag oder seinen Anlagen offengelegt worden sind. Ungeachtet des Schutzes, den die Garantie bietet, haftet die Verkäuferin unter dem Aspekt der c.i.c. nach § 280 BGB für bedingten Vorsatz; diese Haftung kann nicht ausgeschlossen werden (§ 276 Abs. 3 BGB). Die Schwelle zum bedingten Vorsatz ist nach der Rechtsprechung außerordentlich niedrig (vgl. BGH NJW 1984, 801; BGH NJW 1986, 180, 182).

110. Kenntnis der Verkäuferin. Vgl. zunächst Form. C. II. 1 Anm. 98. In Regel wird auch die Käuferin bereit sein zu akzeptieren, dass bestimmte Garantieversprechen nur nach Maßgabe der Kenntnis der Verkäuferin abgegeben werden. Es scheint daher angemessen, dies auch bereits im ersten Käuferentwurf vorzusehen. Das Muster definiert die Kenntnis der Verkäuferin umfassend. Die Definition erstreckt sich insbesondere auch auf das „Kennenmüssen" von Umständen. Dieser Begriff ist in § 122 Abs. 2 BGB legaldefiniert als Unkenntnis in Folge von Fahrlässigkeit. Häufig ist die Verkäuferin nicht bereit, eine derart weite Definition zu akzeptieren. In diesem Fall ist die Begrenzung auf „Unkenntnis in Folge von grober Fahrlässigkeit" häufig ein für beide Seiten akzeptabler Kompromiss.

Die Käuferin hat naturgemäß ein Interesse daran, den Kreis der „relevanten Personen" möglichst weit zu ziehen. So wird die Käuferin darauf dringen, dass jedenfalls diejenigen Personen erfasst sind, die bei der Verkäuferin Verantwortung für die zu verkaufenden Gesellschaften tragen. Je nach Größe und Strukturierung der zu verkaufenden Gesellschaften kann es aus Käufersicht erforderlich werden, auch über die Geschäftsführung der Verkäuferin hinaus nachgeordnete Leitungsebenen zu erfassen. Aufgenommen werden sollte aus Käufersicht auch der Verhandlungsführer der Verkäuferin. Die Käuferin wird darüber hinaus verlangen, dass jedenfalls die Geschäftsführer der Zielgesellschaft aufgrund ihrer besonderen Sachnähe und der daraus resultierenden Tatsachenkenntnis in die Liste der „relevanten Personen" aufgenommen werden. Hinzu kommt, dass diese Personen nach dem Anteilsübergang (und psychologisch oftmals bereits vorher) in das „Lager" der Käuferin wechseln und im Rahmen einer Beweisaufnahme über Garantieansprüche die eigene Kenntnis möglicherweise eher käuferfreundlich erinnern werden. Das Muster ist am Ende recht aggressiv gestaltet, indem es für das „Kennenmüssen" bereits die bloße „Aktenlage" und damit das sogenannte „Aktenwissen" einbezieht. Die Käuferin wird in diesem Zusammenhang regelmäßig argumentieren, dass es in die Risikosphäre der Verkäuferin fällt, ob die Mitarbeiter der Zielgesellschaft ihre Akten kennen oder nicht. Aus Käufersicht müsse es daher genügen, dass die Informationen den jeweiligen Mitarbeitern zur Verfügung gestanden haben.

111. Rechtsfolgen bei Garantieverletzungen. Die Regelungen zum Schadensersatz sind den §§ 249 ff. BGB nachgebildet. „Grundanspruch" ist die Naturalrestitution. Der Verkäuferin wird Gelegenheit gegeben, den geschuldeten Zustand wieder herzustellen. Dies entspricht § 249 Abs. 1 BGB. Leistet die Verkäuferin nicht rechtzeitig, kann die Käuferin statt der Herstellung den zur Naturalrestitution erforderlichen Geldbetrag verlangen. Dies entspricht § 250 BGB. Sofern Schäden von vornherein nicht durch eine Naturalrestitution beseitigt werden können – eine Betriebsanlage war beispielsweise weder genehmigt noch genehmigungsfähig und wird nun von den Behörden geschlossen –, steht der Käuferin Geldersatz im Sinne einer Vermögenskompensation zu. Die Höhe des Schadens bemisst sich also nicht nach den Kosten, die zur Wiederherstellung erforderlich wären (die ist ja gerade nicht möglich oder nicht genügend), sondern ergibt sich aus einem Vergleich der Vermögenslagen bei erfülltem und verletztem Garantieversprechen. Im Gesetz ist dies in § 251 Abs. 1 BGB geregelt. Ist eine Naturalrestitution wenigstens teilweise möglich, tritt die Vermögenskompensation neben sie, andernfalls an ihre Stelle. Das Gesetz befreit den Schuldner auch dann von der Pflicht zur Naturalrestitution, wenn diese nur mit unverhältnismäßigen Aufwendungen möglich wäre, § 251 Abs. 2 BGB. Das Muster gibt diese Regelung im Interesse der Käuferin als Gläubigerin eines Ersatzanspruchs nicht wieder. Man wird aber davon ausgehen müssen, dass ein (Schieds-)Gericht diesen Grundsatz auch ohne ausdrückliche Regelung im Vertrag anwenden würde.

112. Freigrenze/Freibetrag. Vgl. zunächst Form. C. II. 1 Anm. 124. Das Muster sieht vor, dass die Käuferin Garantieansprüche erst geltend machen kann, wenn der Gesamtschaden einen bestimmten Grenzbetrag übersteigt, dann jedoch in voller Höhe, also vom ersten Euro an. In Anlehnung an die steuerrechtliche Terminologie wird dieser Schwellenwert als Freigrenze bezeichnet. Wird dagegen ein Freibetrag vereinbart, kann die Käuferin den Schaden bis zu dem Schwellenwert auch dann nicht ersetzt verlangen, wenn er den Schwellenwert übersteigt. In ausverhandelten Verträgen wird bisweilen zwischen Freigrenzen/Freibeträgen je einzelnem Garantieanspruch und für sämtliche Garantieansprüche insgesamt unterschieden. Es ist nicht selbstverständlich, dass bereits der erste Entwurf der Käuferin eine Freigrenze vorsieht. Vielmehr kann man es auch der Verkäuferin überlassen, eine solche Regelung einzufordern. In diesem Fall ist die Bestimmung über die Freigrenze ersatzlos zu streichen. Verhandlungstaktisch kann es für die Käuferin aber durchaus von Vorteil sein, wenn sie eine Freigrenze in ihrem ersten Entwurf vorsieht. Sie kann dann bei den Verhandlungen zu Umfang und Zeitpunkt der Verkäufergarantien darauf hinweisen, dass sie einen Teil des Gewährleistungsrisikos durch die Freigrenze mittrage. Eine Bandbreite „angemessener" Freigrenzen lässt sich nicht pauschal bestimmen (vgl. Form. C. II. 1 Anm. 124). Setzt die Verkäuferin durch, dass anstelle einer Freigrenze ein Freibetrag gilt, wird die Käuferin den Prozentsatz in aller Regel niedriger ansetzen wollen. Es entspricht allgemeiner Vertragspraxis, steuerrechtliche Freistellungsansprüche von der Freigrenze auszunehmen und auch für die Umweltfreistellung Sonderregelungen zu treffen. Das Muster sieht vor, dass sich die Freigrenze zugunsten der Verkäuferin nur auf Garantieansprüche bezieht, also nicht auf sämtliche denkbaren Ansprüche der Käuferin aus dem Vertrag. Dies entspricht regelmäßig der Intention der Käuferin.

113. Haftungshöchstbetrag (Cap). Vgl. zunächst Form. C. II. 1 Anm. 125. Streng genommen müsste die Regelung einer Haftungshöchstgrenze in einem ersten Käuferentwurf nicht enthalten sein. Bisweilen gelingt es der Käuferin auch, eine der Höhe nach unbeschränkte Haftung der Verkäuferin zu verhandeln. Diese Fälle sind allerdings selten. Deshalb bietet es sich auch aus Sicht der Käuferin an, bereits in ihrem ersten Entwurf eine moderate Haftungs-

2. GmbH-Anteilskaufvertrag – ausführlich, käuferfreundlich

höchstgrenze vorzusehen. Aus Sicht der Käuferin lässt sich eine solche Haftungshöchstgrenze in Höhe des Kaufpreises gut begründen. Die Verkäuferin muss dann als Obergrenze nicht mehr, aber auch nicht weniger als den Betrag erstatten, den sie von der Käuferin für die Zielgesellschaften erhalten hat. In der (deutschen) Praxis liegen die üblichen Haftungshöchstbeträge allerdings regelmäßig deutlich darunter (vgl. Form. C. II. 1 Anm. 125). Das Muster beschränkt die Haftungshöchstgrenze auf die Ansprüche der Käuferin aus Garantieansprüchen. Die Verkäuferin wird demgegenüber bestrebt sein, die Haftungshöchstgrenze auf sämtliche Ansprüche der Käuferin aus dem Vertrag zu erstrecken. Üblich ist insoweit eine Ausnahme für den Fall einer Verletzung von Verkäufergarantien für die gesellschaftsrechtlichen Verhältnisse der Zielgesellschaft sowie bei Steueransprüchen.

114. Informationspflichten bei Ansprüchen Dritter. Das Muster sieht eine verhältnismäßig knappe Regelung für den Fall vor, dass die Käuferin und/oder die Zielgesellschaft nach Closing von einem Dritten in Anspruch genommen werden. Hier wird die Verkäuferin in der Praxis regelmäßig auf sehr viel weitergehenderen Informations- und vor allem Mitwirkungsrechten bestehen. In einem ersten Käuferentwurf ist die Regelung aber gut vertretbar.

115. Umweltfreistellung. Vgl. zum Charakter von Freistellungen Form. C. II. 1 Anm. 101.

116. Bestehende Umweltbelastung. Die Definitionen in (a), (b) und (c) sind so formuliert, dass es nicht darauf ankommt, dass die Kontamination von der Verkäuferin oder unter der Ägide der Verkäuferin verursacht worden ist. Vielmehr knüpft die Haftung der Verkäuferin allein daran an, dass die Kontamination bei Vollzug vorhanden ist. Die Verkäuferin haftet daher für Altlasten auf den Grundstücken, die den Zielgesellschaften gehören oder von diesen zu irgendeinem Zeitpunkt genutzt worden sind, auch dann, wenn diese durch einen Dritten verursacht worden sind. Die Freistellung erfolgt weiterhin unabhängig davon, ob die Käuferin die Kontamination kennt oder nicht; von der vorgeschlagenen Formulierung werden auch bekannte Altlasten umfasst.

117. Soll die Verkäuferin auch für etwaige Kosten im Zusammenhang mit Kampfmitteln haften, sollte dies ausdrücklich vereinbart werden, da die Einordnung von Kampfmitteln als nachteilige Bodenveränderung nicht eindeutig ist. Sinnvoll ist dies in kampfmittelbelasteten Gebieten, wie sie insbesondere in den neuen Bundesländern noch zu finden sind.

118. Dieser Zusatz gestaltet die Freistellung sehr käuferfreundlich.

119. Die Formulierung bewirkt eine Beweislastumkehr zugunsten der Käuferin bezüglich des Zeitpunkts, zu dem die Altlast vorliegt.

120. Der Zusatz abfallrechtlicher Vorschriften ist aus Käufersicht nicht unbedingt erforderlich, aber bis auf weiteres vorsorglich zu empfehlen, um dem Urteil des EuGH vom 7. 9. 2004 gerecht zu werden, nach dem behördliche Anordnungen in Bezug auf Altlasten grundsätzlich auch auf das Abfallrecht gestützt werden können (EuGH v. 7. 9. 2004 – C-1/03, Slg. 2004, I-07.613).

121. Sachlicher und zeitlicher Anwendungsbereich der Umweltfreistellung. Die Definition umfasst auch „soft law"; dies wird die Verkäuferin in der Regel zumindest in der vorgeschlagenen Breite nicht akzeptieren. Die Definition erfasst im Übrigen auch diejenigen Rechtsnormen, die bei Feststellung der Kontamination gelten, also u. U. erst nach dem Vollzugstag in Kraft getreten sind. Auch dies wird die Verkäuferin häufig nicht bereit sein zu akzeptieren.

122. Die Freistellung umfasst auch Altlasten auf solchen Grundstücken, die von den Zielgesellschaften bereits aufgegeben worden sind. Aus Sicht der Käuferin ist diese Freistellung notwendig, da die Zielgesellschaft öffentlich-rechtlich für solche Altlasten als Verursacher bzw. früherer Eigentümer in Anspruch genommen werden kann. Der Schutz der Käuferin ist daher nur vollständig, wenn Altlasten auf diesen Grundstücken umfasst werden.

123. Trigger Conditions. Eine ausverhandelte Klausel enthält üblicherweise sog. Trigger Conditions. Sie schränken die Voraussetzungen ein, unter denen die Verkäuferin haftet. Die nachfolgend benannten Trigger Conditions sind marktüblich. Sie stellen im Sinne der Verkäuferin sicher, dass der Käuferin keine „Luxussanierung" ohne Veranlassung durch die Behörde oder einen Dritten vornimmt. Kontaminationsbedingter Mehraufwand, der nicht sanierungsbedingt durch Herrichtungs- oder Baumaßnahmen verursacht wird, bei denen kontaminiertes Material zu entsorgen ist (§ 10.1.1. [vi]), wird von den genannten Trigger-Ereignissen allerdings grundsätzlich nicht erfasst, so dass diese Maßnahmen von den Trigger Conditions auszunehmen sind. Im nachfolgenden Beispiel ist die Entsorgungsklausel in § 10.1.1 (vi) daher nicht von der Trigger-Regelung erfasst. Bei der Vereinbarung von Trigger Conditions ist daher die Freistellung für kontaminationsbedingten Mehraufwand in einer eigenen Klausel zu regeln. Um eine zu verkäuferfreundliche Trigger-Klausel zu verhindern, kann auch ein Käuferentwurf bereits eine moderate Trigger-Klausel enthalten.

Formulierungsvorschlag für Freistellungsklausel:
Die Verkäuferin verpflichtet sich, die Käuferin, die Gesellschaften der Käufer-Gruppe und die X-Gesellschaften von sämtlichen Umweltverbindlichkeiten (§ 10.1.1) im Zusammenhang mit einer Bestehenden Umweltbelastung (§ 10.1.2) freizustellen. Für Umweltverbindlichkeiten gemäß § 10.1.1 (i) bis (v) gilt dies nur, soweit sie beruhen
(a) auf der vollziehbaren Anordnung einer Behörde oder auf einem Vergleich oder einem sonstigen Vertrag, der mit einer Behörde geschlossen wurde (i) vor Vollzug oder (ii) nach Vollzug zur Vermeidung einer vollziehbaren Anordnung; oder
(b) auf einer Gefahr für Leib oder Leben, die Umwelt, die Allgemeinheit oder einem anderen umweltrechtlichen Erfordernis für sofortige Maßnahmen oder Handlungen; oder
(c) auf einer Entscheidung eines Gerichts (einschließlich einer Entscheidung im vorläufigen Rechtsschutz) oder auf einem Vergleich, der geschlossen wurde, um ein laufendes Gerichtsverfahren zu beenden oder ein drohendes Gerichtsverfahren zu vermeiden; oder
(d) auf der Feststellung einer Bestehenden Umweltbelastung durch die Käuferin oder eine X-Gesellschaft nach dem Vollzugstag im Rahmen des ordentlichen Geschäftsbetriebes.

124. Sliding Scales-Klausel. Ein ausverhandelter Vertrag enthält darüber hinaus oftmals eine sog. „Sliding Scales"-Klausel. Sie sorgt für eine „ausschleichende" Haftung der Verkäuferin.

Formulierungsvorschlag:
10.3.1 Eine Umweltverbindlichkeit, für die die Käuferin gemäß diesem § 10 Freistellung von der Verkäuferin verlangen kann, wird von den Parteien wie folgt anteilig getragen:

Käuferin	Verkäuferin
Bis ...... EUR (in Worten: ......)	......% ......%
Bis ...... EUR (in Worten: ......)	......% ......%
Bis ...... EUR (in Worten: ......)	......% ......%
Bis ...... EUR (in Worten: ......)	......% ......%

Der für die Feststellung der Quote jeder Partei maßgebliche Zeitpunkt ist der Zeitpunkt, zu dem die Käuferin die Umweltverbindlichkeit erstmals gegenüber der Verkäuferin schriftlich geltend macht.

125. No Look-Klausel. Oftmals umfasst der Haftungsausschluss eine sog. „No Look"-Klausel. Sie stellt im Interesse der Verkäuferin sicher, dass die Käuferin nicht ohne Veranlassung durch die Behörde eine Sanierung einleitet.

Formulierungsvorschlag:
(d) die Umweltverbindlichkeit aufgrund einer Untersuchung oder Mitteilung an die Behörde nach dem Vollzugstag entsteht, zu der die Käuferin oder die X-Gesellschaft nach den im Zeitpunkt der Untersuchung oder der Meldung anzuwendenden Rechtsvorschriften nicht verpflichtet war oder die nicht im Rahmen eines ordentlichen Geschäftsbetriebs festgestellt wurde.

Die Käuferin wird diese Klausel in der Regel akzeptieren können. Wenn die Käuferin diese Klausel akzeptiert, sollte sie versuchen, die in § 10.1.2 lit. (d) der Trigger-Klausel vorgeschlagene Freistellung für Altlasten zu erreichen, die im Rahmen des laufenden Geschäftsbetriebs aufgedeckt werden.

126. Verjährung für Umweltfreistellungen. Die Käuferin sollte erwägen, ob sie die Verpflichtung der Verkäuferin zur Freistellung für frühere Standorte von der Verjährungsregelung ausnimmt.

2. GmbH-Anteilskaufvertrag – ausführlich, käuferfreundlich C. II. 2

127. Steuerfreistellung. Vgl. zum Charakter von Freistellungen Form. C. II. 1 Anm. 101 sowie speziell zur Steuerfreistellung Form. C. II. 1 Anm. 102 ff.

128. Bei Sachverhalten mit Auslandsberührung sollte die Definition nicht auf Steuern im Sinne von § 3 Abs. 1 bis 3 AO beschränkt werden, um jegliche Diskussion zu vermeiden, ob nur deutsche oder auch ausländische Steuern erfasst werden. Vgl. auch den letzten Satz der Bestimmung.

129. Bei Sachverhalten mit Auslandsberührung empfohlener Satz, um sicherzustellen, dass auch ausländische Steuern erfasst werden.

130. Minderung der Freistellungsverpflichtung um die in den Stichtagsabschlüssen zurückgestellten Steuern und berücksichtigten Steuerverbindlichkeiten, wenn diese bei der Ermittlung des Kaufpreises berücksichtigt wurden (vgl. § 5.2.2).

131. Vgl. § 73 AO: Die Organgesellschaft haftet für Steuerschulden des Organträgers. Von dieser Haftung ist die (ehemalige) Organgesellschaft freizustellen.

132. Diese Formulierung kann im ersten Käuferentwurf ggf. entfallen. Zur erleichterten Handhabung könnte man auch schlicht eine Abzinsung des pauschal unterstellten Steuervorteils in der Zukunft unterstellen. Das ist für die Käuferin aber nachteilig, wenn sie zunächst mit einer Steuerquote von nahe 0% rechnet (z. B. wg. Restrukturierungs- oder Finanzierungsaufwendungen).

133. Verjährung. Vgl. zunächst Form. C. II. 1 Anm. 126. Die vorgesehene Regelverjährung von 36 Monaten ist für einen Käuferentwurf nicht übermäßig aggressiv. In der Regel werden sich die Parteien dann im Rahmen der Vertragsverhandlungen darauf verständigen, dass Ansprüche der Käuferin erst dann verjähren, wenn sie Gelegenheit hatte, zumindest einen, bisweilen auch zwei Jahresabschlüsse für vollständige Geschäftsjahre der Zielgesellschaft eigenverantwortlich aufzustellen und prüfen zu lassen. Je nach Lage des Stichtages im Geschäftsjahr der X-GmbH kann dafür ein Zeitraum von eineinhalb bis zwei Jahren genügen. Zugunsten einer dreijährigen Verjährungsfrist kann die Käuferin mit der ebenso langen regelmäßigen Verjährung in § 195 BGB argumentieren. Für verschiedene Ansprüche der Käuferin ist die Regelverjährung zu kurz. Dies gilt insbesondere für Ansprüche, die im Rahmen des Jahresabschlusses nicht zu entdecken sind, wie beispielsweise Ansprüche aus der umweltrechtlichen Freistellung (§ 10) oder Rechtsmängel der veräußerten Anteile. Gleiches gilt für Ansprüche aus der steuerrechtlichen Freistellung (§ 11), da Steuerbescheide auch noch später als nach Ablauf von drei Jahren im Rahmen einer steuerlichen Außenprüfung geändert werden können. Für Ansprüche im Zusammenhang mit Steuern hat sich die im Muster wiedergegebene „bewegliche" Verjährungsregel eingebürgert, die auf die Bestandskraft des die zusätzliche Steuer festsetzenden Bescheides abstellt. Die im Muster vorgesehene ab Bestandskraft laufende Verjährungsfrist von zwölf Monaten ist in einem ersten Käuferentwurf nicht zu aggressiv; regelmäßig einigen sich die Parteien dann auf eine ab Bestandskraft laufende Verjährungsfrist von drei bis sechs Monaten.

134. Der Anspruch auf Freistellung von Steuern, die auf den Zeitraum vor dem Stichtag entfallen (§ 11), verjährt in der längeren Frist des § 12.1 (c); Ansprüche aus den Garantieversprechen im Zusammenhang mit Steuern (§ 8.12) verjähren hingegen wie alle Ansprüche aus Garantieversprechen in der Frist des § 12.1.

135. Bilanzielle Behandlung und steuerliche Folgen von Schadensersatzzahlungen. Vgl. zunächst Form. C. II. 1 Anm. 100. Weist die Käuferin die Verkäuferin an, direkt an die Gruppengesellschaften zu zahlen, legt sie ihren aus dem Kaufvertrag resultierenden Erstattungsanspruch in die betreffende Gruppengesellschaft ein.

136. Verhaltenspflichten der Verkäuferin zwischen Signing und Closing (Going Concern). Vgl. zunächst Form. C. II. 1 Anm. 127. Die in dieser Klausel geregelten Verhaltenspflichten der Verkäuferin im Zeitraum zwischen Signing und Closing der Transaktion stellt das Pendant zur entsprechenden (vergangenheitsbezogenen) Gewährleistung der Verkäuferin für den Zeitraum vom letzten Bilanzstichtag bis zum Signing in § 8.18 des Musters dar. Durch das

Zusammenspiel beider Klauseln erlangt die Käuferin hinreichende Sicherheit, dass die Zielgesellschaften seit dem letzten Bilanzstichtag (auf den die Käuferin bei ihrer Unternehmensbewertung regelmäßig abstellt) bis zum Vollzug der Transaktion im ordentlichen Geschäftsgang geführt worden sind bzw. werden.

137. Separation Issues. Zwischen den X-Gesellschaften und den übrigen Gesellschaften der Verkäufergruppe bestehen typischerweise vielfältige Vertragsbeziehungen. Oftmals sind diese Vertragsbeziehungen nicht systematisch erfasst oder dokumentiert. Aus Sicht der Käuferin ist es daher besonders wichtig, von der Verkäuferin eine Bestandsaufnahme der Vertragsbeziehungen einzufordern. Wie die vorhandenen Verträge dann behandelt werden – ob sie insgesamt fortgeführt, aufgehoben oder differenziert behandelt werden – hängt von den Umständen des Einzelfalles ab. Die im Muster vorgeschlagene Regelung folgt der Überlegung, dass alle Verträge, die nicht ausdrücklich fortgeführt werden, von der Verkäuferin beendet werden müssen. Damit die Käuferin sich durch diese Regelung nicht selbst die Wirtschaftsgrundlage entzieht, sollte sie gleichzeitig auf einer Garantie bestehen, dass außerhalb der fortgeführten Verträge keine weiteren Verträge mit anderen Gesellschaften der Verkäufer-Gruppe bestehen, die erforderlich sind, um den Geschäftsbetrieb der Käuferin in der bisherigen Weise fortzuführen.

138. Beendigung von konzerninternen Verträgen. Als Merkposten ist die Regelung anzusehen, wonach die Beendigung der konzerninternen Verträge „ohne Kosten" für die X-Gesellschaften erfolgen soll. Auf diese Weise soll in erster Linie sichergestellt werden, dass die Käuferin über etwaige Kosten im Zusammenhang mit der Beendigung der Verträge, z.B. Vorfälligkeitsentschädigungen oder Rückbauverpflichtungen, informiert wird. Ob die Verkäuferin dann tatsächlich diese Kosten übernimmt, ist Verhandlungssache.

139. Versicherungen. Vgl. zunächst Form. C. II. 1 Anm. 133. Sofern es sich bei der Erwerberin nicht um eine strategische Käuferin handelt, wird die Käuferin häufig bestrebt sein, dass die Verkäuferin mit ihrer Versicherungsgesellschaft vereinbart, die verkauften Gesellschaften für eine Übergangszeit in der Gruppenversicherung der Verkäuferin zu belassen, bis die Käuferin bzw. die Zielgesellschaft eigene Versicherungsverträge abgeschlossen haben. Dies wäre ggf. ausdrücklich in den Vertrag aufzunehmen. Die Käuferin sollte darüber hinaus bestrebt sein, den Organmitgliedern der X-Gesellschaften frühzeitig **D&O-Versicherungsschutz** zu gewähren. Besonders wesentlich ist dabei aus Käufersicht, dass die Verkäuferin etwaige Deckungslücken in der D&O-Versicherung für auf bis zum Vollzug begangene Pflichtverletzungen der Organmitglieder der X-Gesellschaften abdeckt (vgl. zum Ganzen Bastuck/Stelmaszczyk, NZG 2011, 241).

140. Sicherstellung der Handlungsfähigkeit der Käuferin unmittelbar nach dem Vollzug. Die hier vorgeschlagenen Regelungen sollen es der Käuferin ermöglichen, die Zielgesellschaft bereits unmittelbr nach Closing auch dann fortzuführen, wenn die Käuferin wegen § 16 Abs. 1 GmbHG der Zielgesellschaft gegenüber noch nicht als Eigentümerin der Geschäftsanteile gilt.

141. Außenwirtschaftsrechtliche Prüfung. Vgl. hierzu § 6.2.3 sowie die dortigen Anmerkungen.

142. Regelung für den Fall des Eintritts der auflösenden Bedingung gemäß § 31 AWG. Vgl. Form. C. II. 1 Anm. 137.

143. Wettbewerbsverbot. Vgl. zunächst Form. C. II. 1 Anm. 128. Das im Muster vorgeschlagene Wettbewerbsverbot geht naturgemäß über das im verkäuferfreundlichen Muster (Form. C. II. 1) vorgesehene Wettbewerbsverbot hinaus. Es sieht insbesondere ein Vertragsstrafeversprechen vor.

144. Abwerbeverbot. Vgl. zunächst Form. C. II. 1 Anm. 132. Streitig ist, ob die Undurchsetzbarkeit eines Abwerbeverbots gemäß § 75 f HGB nur für solche Fälle gilt, in denen die Initiative von dem Beschäftigten ausgeht, seinen Arbeitgeber zu wechseln, oder ob weitergehend auch Abreden undurchsetzbar sein sollen, die es einem Arbeitgeber verbieten, aktiv auf die

Beschäftigten eines anderen Unternehmens zuzugehen und sie abzuwerben (vgl. zusammenfassend Willemsen/Hohenstatt/Schweibert/Seibt/*Seibt*/*Hohenstatt* K Rdnr. 4 ff.). Das Muster verbietet derartige Abwerbungen jedenfalls ausdrücklich. Die Geltungsdauer des Abwerbeverbots sollte regelmäßig zwei Jahre nicht überschreiten, insbesondere aber nicht die Dauer des Wettbewerbsverbots (§ 16.1) übersteigen. Soweit sich das Vertragsstrafeversprechen – wie im Muster vorgesehen – auch auf das Abwerbeverbot bezieht, ist es bei einem nicht durchsetzbaren Abwerbeverbot gleichfalls nicht durchsetzbar (vgl. BGH NJW 1974, 1282, 1283).

145. Vertraulichkeitsverpflichtung. Es ist zu erwägen, die gegenseitigen Vertraulichkeitsverpflichtungen zeitlich zu begrenzen. Je nach „Schnelllebigkeit" des fraglichen Geschäftsfeldes können Fristen zwischen drei und zehn Jahren sinnvoll sein. Erfahrungsgemäß besteht nach Ablauf einiger Jahre kein gesteigertes Interesse mehr daran, die Informationen weiter zu schützen. Konsequenterweise sollte dann auch die Pflicht zur Vertraulichkeit enden.

146. Weitergabe von Informationen zur Wahrung berechtigter Interessen. Vgl. zunächst Form. C. II. 1 Anm. 139. Aus Käufersicht kommt es hier vor allem darauf an, dass die Käuferin die Möglichkeit erhält, den Kaufvertrag im Rahmen einer Weiterveräußerung der Zielgesellschaft in einem Datenraum potentiellen Erwerbern offenzulegen. Die Verkäuferin wird dann allerdings regelmäßig im Sinne einer Gegenseitigkeit darauf bestehen, auch ihr zu gestatten, den Vertrag bei einem entsprechenden berechtigten Interesse offenzulegen. Dies ist beispielsweise denkbar, wenn die Verkäuferin selbst veräußert werden soll und fortbestehende Haftungsrisiken aus dem Kaufvertrag dokumentiert werden sollen.

147. Kosten und Gebühren. Vgl. zunächst Form. C. II. 1 Anm. 140. Die im Muster vorgesehene hälftige Teilung der Kosten der notariellen Beurkundung und der Gebühren für die Kartellfreigabe ist einem ersten Käuferentwurf durchaus angemessen. In der Praxis üblich ist es allerdings, dass diese Kosten im ausverhandelten Vertrag von der Käuferin übernommen werden.

148. Verkehrsteuern. Vgl. zunächst Form. C. II. 1 Anm. 140. In der Regel vereinbaren die Parteien, dass sämtliche Verkehrsteuern und sonstige transaktionsbezogenen Kosten (insbesondere Notargebühren und die Kosten für die Durchführung der Kartellanmeldung mit Ausnahme der jeweiligen Beraterkosten) von der Käuferin getragen werden. In einem ersten käuferfreundlichen Entwurf sollte die Käuferin dennoch – wie hier vorgesehen – vorschlagen, dass die Kosten von den Parteien je zur Hälfte getragen werden.

149. Abtretung von Rechten. Vgl. zunächst Form. C. II. 1 Anm. 141. Neben dem im Muster vorgesehenen Recht zur Abtretung von Rechten an die finanzierenden Banken kann es sich aus Käufersicht empfehlen, ein weitergehendes Abtretungsrecht vorzusehen. Dies gilt insbesondere dann, wenn die Käuferin beabsichtigt, die Zielgesellschaft noch innerhalb der im Vertrag vorgesehen Gewährleistungsfristen weiter zu veräußern. Im Rahmen einer solchen Weiterveräußerung, insbesondere durch ein Private Equity-Unternehmen (sogenanntes Secondary), ist es üblich, dass das veräußernde Private Equity-Unternehmen zugunsten des Dritterwerbers nur sehr eingeschränkte eigene Gewährleistungen abgibt und statt dessen die verbliebenen Rechte aus den von ihm mit der ursprünglichen Verkäuferin ausgehandelten Gewährleistungen an die Dritterwerberin weitergibt. Für diesen Fall ist ggf. durch eine entsprechende Erweiterung der Abtretungsrechte der Käuferin Vorsorge zu treffen.

150. Aufschiebende Bedingungen (Signing Conditions). Vgl. Form. C. II. 1 Anm. 143.

151. Gremienvorbehalt. Vgl. Form. C. II. 1 Anm. 144 sowie Anm. 70 dieses Musters.

152. Form von Mitteilungen und Erklärungen. Vgl. Form. C. II. 1 Anm. 145.

153. Gerichtsstandsvereinbarung vs. Schiedsklausel. Vgl. Form. C. II. 1 Anm. 146.

154. Schiedsklausel. Vgl. Form. C. II. 1 Anm. 147.

155. Gesamte Vereinbarung. Vgl. Form. C. II. 1 Anm. 148.

3. GmbH-Anteilskaufvertrag – knapp, verkäuferfreundlich

Geschäftsanteilskaufvertrag[1,2]	**Share Sale and Purchase Agreement**
zwischen	by and between:
......	1. ......
(nachfolgend als die *Verkäuferin* bezeichnet)	(the *Seller*)
und	
......	2. ......
(nachfolgend als die *Käuferin* bezeichnet)	(the *Purchaser*)
und	and
......	3. ......
nachfolgend als die *Garantiegeberin*[3] bezeichnet	(the *Purchaser's Guarantor*)
(die Verkäuferin und die Käuferin werden jeweils auch als die *Partei* und zusammen als die *Parteien* bezeichnet)	(the Seller and the Purchaser and the Purchaser's collectively referred to as the *Parties* and individually as a *Party*)
vom	dated
......	......

Inhaltsverzeichnis / Table of Contents

Verzeichnis der Definitionen	Table of Contents
Verzeichnis der Anlagen	Index of Definitions
Präambel	Index of Schedules and Exhibits
	Recitals
§ 1 Gesellschaftsrechtlicher Status	1. Corporate Status
1.1 X-GmbH	1.1 X-GmbH
1.2 Tochtergesellschaften	1.2 Subsidiaries
1.3 Mehrheitsgesellschaften	1.3 Majority Companies
1.4 Minderheitsbeteiligungen	1.4 Minority Participations
1.5 Unternehmensverträge	1.5 Affiliation Agreements
1.6 Cash-Pool-Vereinbarung; Gesellschafterdarlehen	1.6 Cash-Pooling Agreement; Shareholder Loans
§ 2 Verkauf und Abtretung der X-Geschäftsanteile; Gewinnberechtigung	2. Sale and Assignment of the X-Shares; Right to Profits
2.1 Verkauf und Abtretung der X-Geschäftsanteile; Gewinnberechtigung	2.1 Sale and Assignment of the X-Shares; Right to Profits
2.2 Aufschiebende Bedingungen; Rechtsfolgen bei Nichteintritt aufschiebender Bedingungen	2.2 Conditions Precedent; Consequences of Non-Satisfaction of Conditions Precedent
2.3 Genehmigung der Gesellschaft; Einreichung einer neuen Gesellschafterliste zum Handelsregister; [Eintragung eines Widerspruchs zur Gesellschafterliste; Mitteilungen gemäß § 21 AktG]	2.3 Approval by X-GmbH; Filing of New Shareholder List [; Notifications according to sec. 21 of the AktG]

§ 3 Kaufpreis; Zahlungsmodalitäten
   3.1 Kaufpreis
   3.2 Fälligkeit des Kaufpreises; Verzinsung
   3.3 Zahlungsmodalitäten
   3.4 Aufrechnungsverbot
   3.5 Bürgschaft
§ 4 Selbstständige Garantieversprechen der Verkäuferin
   4.1 Form und Umfang der Garantieversprechen der Verkäuferin
   4.2 Garantieversprechen der Verkäuferin
   4.3 Keine weiteren Garantieversprechen der Verkäuferin
   4.4 Kenntnis der Verkäuferin
§ 5 Rechtsfolgen
   5.1 Ersatzfähiger Schaden
   5.2 Freibetrag; Gesamtfreibetrag
   5.3 Gesamthaftung der Verkäuferin nach diesem Vertrag
   5.4 Ausschluss von Ansprüchen bei Kenntnis der Käuferin
   5.5 Mitteilung an die Verkäuferin; Verfahren bei Ansprüchen Dritter
   5.6 Schadensminderung
   5.7 Verjährung
   5.8 Ausschluss weiterer Ansprüche
   5.9 Behandlung von Zahlungen
§ 6 Steuern
   6.1 Steuern
   6.2 Steuererklärungen und Steuerzahlungen bis zum Zahlungstag
   6.3 Steuerrechtliche Freistellung
   6.4 Steuererklärungen nach dem Zahlungstag
   6.5 Steuerrechtliche Zusicherungen
   6.6 Freistellungsverfahren
   6.7 Steuerrückerstattungen
   6.8 Umfang der Verkäuferhaftung bei Mehrheitsgesellschaften
   6.9 Verjährung
§ 7 Selbstständige Garantieversprechen der Käuferin
   7.1 Garantieversprechen
   7.2 Freistellung

3. Purchase Price; Conditions of Payment
   3.1 Purchase Price
   3.2 Due Date of Purchase Price; Interest
   3.3 Payment Procedures
   3.4 No Set-Off
   3.5 Payment Guarantee
4. Seller Guarantees
   4.1 Form and Scope of Seller Guarantees
   4.2 Seller Guarantees
   4.3 No other Seller Guarantees
   4.4 Seller's Knowledge
5. Remedies
   5.1 Recoverable Damages
   5.2 Deductible; Overall-Deductible
   5.3 Overall Scope of the Seller's Liability pursuant to this Agreement
   5.4 Exclusion of Claims due to Purchaser's Knowledge
   5.5 Notification to Seller; Procedure in Case of Third Party Claims
   5.6 Mitigation
   5.7 Time Limits
   5.8 Exclusion of Further Remedies
   5.9 Treatment of Payments
6. Taxes
   6.1 Definitions
   6.2 Tax Returns and Tax Payments made on or before the Payment Date
   6.3 Tax Indemnification
   6.4 Tax Returns after the Payment Date
   6.5 Tax Covenants
   6.6 Indemnification Procedures
   6.7 Tax Refunds
   6.8 Scope of Seller's Liability in Majority Companies
   6.9 Time Limits
7. Purchaser Guarantees
   7.1 Guarantees
   7.2 Indemnification

§ 8 Weitere Verpflichtungen der Parteien	8. Additional Obligations of the Parties
8.1 Kartellrechtliche Verfahren; sonstige regulatorische Bestimmungen	8.1 Merger Control Procedure; Other Regulatory Requirements
8.2 Außenwirtschaftsrechtliche Prüfung; Antrag auf Erteilung einer Unbedenklichkeitsbescheinigung	8.2 German Foreign Trade Law Review; Application for a Certificate of Compliance
8.3 Zugang zu Finanzformationen	8.3 Access to Financial Information
8.4 Keine Abweichung vom gewöhnlichen Geschäftsbetrieb; kein Wertabfluss	8.4 No Deviation from Ordinary Course of Business; No Leakage
8.5 Versicherungsschutz	8.5 Insurance Coverage
8.6 Nutzung von Namen, Marken und geschäftlichen Bezeichnungen	8.6 Use of Trade Names, Trademarks and Business Designations
8.7 Freistellung von Ansprüchen Dritter	8.7 Indemnification for Third Party Claims
8.8 Wettbewerbsverbot	8.8 Covenant Not to Compete
§ 9 Vertraulichkeit und Pressemitteilungen	9. Confidentiality and Press Releases
9.1 Vertraulichkeit; Pressemitteilungen; Öffentliche Bekanntmachungen	9.1 Confidentiality; Press Releases; Public Disclosure
9.2 Vertraulichkeit auf Seiten der Verkäuferin	9.2 Seller's Confidentiality
9.3 Vertraulichkeit auf Seiten der Käuferin; Rückgabe von Unterlagen	9.3 Purchaser's Confidentiality; Return of Documents
§ 10 Abtretung von Rechten und Pflichten	10. Assigment of Rights and Transfer of Duties
§ 11 Garantiegeberin der Käuferin und Freistellung	11. Purchaser's Guarantor and Indemnification
11.1 Garantieversprechen	11.1 Guarantee
11.2 Freistellung	11.2 Indemnification
§ 12 Kosten und Verkehrsteuern	12. Transfer Taxes and Costs
12.1 Verkehrsteuern und Kosten	12.1 Transfer Taxes and Costs
12.2 Beraterkosten	12.2 Costs of Advisors
§ 13 Mitteilungen	13. Notices
13.1 Form der Mitteilungen	13.1 Form of Notices
13.2 Mitteilungen an die Verkäuferin	13.2 Notices to the Seller
13.3 Mitteilungen an die Käuferin	13.3 Notices to the Purchaser
13.4 Mitteilungen an die Garantiegeberin	13.4 Notices to the Purchaser's Guarantor
13.5 Adressänderungen	13.5 Change of Address
13.6 Mitteilungen an Berater	13.6 Notices to Advisors
§ 14 Verschiedenes; Schlussbestimmungen	14. Miscellaneous
14.1 Anwendbares Recht	14.1 Governing Law
14.2 Gerichtsstand	14.2 Place of Jurisdiction
14.3 Bankarbeitstag	14.3 Business Day
14.4 Vertragsänderungen	14.4 Amendments to this Agreement

3. GmbH-Anteilskaufvertrag – knapp, verkäuferfreundlich C. II. 3

14.5 Überschriften, Verweise auf deutsche Rechtsbegriffe; Verweise auf Paragrafen	14.5 Headings; References to German Legal Terms; References to Clauses
14.6 Anlagen	14.6 Schedules and Exhibits
14.7 Gesamte Vereinbarung	14.7 Entire Agreement
14.8 Salvatorische Klausel	14.8 Severability

Verzeichnis der Definitionen

Begriff	definiert in
Bankarbeitstag	§ 14.3
Finanzierungsvereinbarungen	§ 1.6
Freibetrag	§ 5.2
Gesamtfreibetrag	§ 5.2
Garantiegeberin	Rubrum
Gesamtbetrag	§ 5.2
Gewerbliche Schutzrechte	§ 4.2.5 (1)
Haftungshöchstbetrag	§ 5.3.2
Jahresabschluss	§ 4.2.2 (1)
Käuferin	Präambel
Kaufpreis	§ 3.1
Kenntnis der Verkäuferin	§ 4.4
Konsolidierter Jahresabschluss	§ 4.2.2 (r)
Leitende(r) Angestellte(r)	§ 4.2.8 (r)
Mehrheitsgesellschaft(en)	§ 1.3
Minderheitsbeteiligung(en)	§ 1.4
Minderheitsgesellschaft(en)	§ 1.4
Mitteilungen	§ 13.1
Offengelegte Unterlagen	§ 5.4
Partei(en)	Rubrum
Rechtsbegriff	§ 14.5.2
Steuerauseinandersetzung	§ 6.6.2
Steuerbehörden	§ 6.1
Steuern	§ 6.1
Tochtergesellschaft(en)	§ 1.2
Transaktion	Präambel
Unterzeichnungstag	§ 4.1
Unterzeichnungstag	§ 4.1
Verbundene(s) Unternehmen	§ 4.2.12 (1)
Verkäufergarantien	§ 4.1
Verkäuferin	Rubrum
Verkäuferkonto	§ 3.3
Wertabfluss	§ 4.2.12 (1)
Wesentliche Verträge	§ 4.2.7
X-Finanzierungsvereinbarungen	§ 1.6
X-Geschäftsanteile	§ 1.1.2
X-Gesellschaftsanteile	§ 1.3
X-Gesellschaften	§ 1.3
X-GmbH	§ 1.1.1

Index of Definitions

Term	defined in
Affiliated Company/ies	Clause 1.6
AktG	Clause 1.6
AO	Clause 6.1
Business Day	Clause 14.3
AWG	Clause 2.2.2(1)
AWV	Clause 2.2.2(1)
BGB	Clause 3.2.2
Consolidated Financial Statements	Clause 4.2.2(1)
Deductible	Clause 5.2
Disclosed Documents	Clause 5.4
[ECMR]	Clause 2.2.2(1)
[FCO]	Clause 2.2.2
Financial Statements	Clause 4.2.2(1)
Financing Agreement	Clause 1.6
GWB	Clause 2.2.2(1)
Intellectual Property Rights	Clause 4.2.5(1)
Key Employee(s)	Clause 4.2.8(2)
Leakage	Clause 4.2.12(2)
Legal Term	Clause 14.5.2
Liability Cap	Clause 5.3.2
Majority Company/ies	Clause 1.3
Material Agreements	Clause 4.2.7
Minority Company/ies	Clause 1.4
Minority Participation(s)	Clause 1.4
Notices	Clause 13.1
Overall Deductible	Clause 5.2
Party/ies	Recitals
Payment Date	Clause 3.2.1
Permitted Leakage	Clause 4.2.12(3)
Purchase Price	Clause 3.1
Purchaser	Recitals
Purchaser's Guarantor	Recitals
Seller	Recitals
Seller Guarantee(s)	Clause 4.1
Seller's Account	Clause 3.3
Seller's Knowledge	Clause 4.4
Signing Date	Clause 4.1
Subsidiary/ies	Clause 1.2
Taxes	Clause 6.1

Begriff	definiert in	Term	defined in
X-Gruppe	§ 1.3	Tax Authority	Clause 6.1
Zahlungstag	§ 3.2.1	Tax Dispute	Clause 6.6.2
Zulässiger Wertabfluss	§ 4.2.12 (1)	Transaction	Recitals
		X-Business Operations	Clause 4.2.3(3)
		X-Companies' Shares	Clause 1.3
		X-Company/ies	Clause 1.3
		X-GmbH	Clause 1.1.1
		X-Group	Clause 1.3
		X-Shares	Clause 1.1.2

Verzeichnis der Anlagen	Index of Schedules and Exhibits
......	......

Präambel[4]

(A) Die Verkäuferin ist eine ...... mit Sitz in ...... Sie ist auf dem Gebiet ...... tätig. Bei der Käuferin handelt es sich um eine .... Sie ist tätig im Bereich der ...... Die Garantiegeberin ist ......

(B) Die Verkäuferin beabsichtigt, sämtliche Geschäftsanteile an der X-GmbH an die Käuferin zu verkaufen. Die Käuferin beabsichtigt, diese Geschäftsanteile zu erwerben (die *Transaktion*).

[(C) Ggf. Struktur der Transaktion sowie weitere Absichten genau beschreiben.]

[(D) Ein Schaubild, in dem die Struktur der Transaktion dargestellt wird, findet sich in Anlage P.]

Dies vorausgeschickt, vereinbaren die Parteien, was folgt:

§ 1 Gesellschaftsrechtlicher Status[5]

1.1 X-GmbH

1.1.1 Die X-GmbH *(X-GmbH)* ist eine nach deutschem Recht errichtete Gesellschaft mit beschränkter Haftung mit Sitz in ...... und eingetragen im Handelsregister des Amtsgerichts ...... unter HRB ......

1.1.2 Das Stammkapital der X-GmbH beträgt ...... EUR (in Worten: ...... Euro) und ist in folgende Geschäftsanteile eingeteilt, die sämt-

Recitals

(A) The Seller is a ...... and has its registered office in .... The Seller is engaged in the field of .... The Purchaser is a ...... and has its registered office in .... The Purchaser is engaged in the field of .... The Purchaser's Guarantor is a ...... and has its registered office in ....

(B) The Seller intends to sell to the Purchaser all shares in X-GmbH. The Purchaser intends to purchase these shares (the *Transaction*).

[(C) If applicable: detailed description of the Transaction structure and other objectives]

[(D) The structure of the Transaction is illustrated in the chart attached as Exhibit P.]

now therefore, the Parties agree as follows:

1. Corporate Status

1.1 X-GmbH

1.1.1 X-GmbH *(X-GmbH)* is a limited liability company with registered offices in ......, which was organized under the laws of Germany and is recorded in the commercial register of the Lower Court *(Amtsgericht)* of ...... under registration no. HRB ......

1.1.2 The registered share capital *(Stammkapital)* of X-GmbH equals EUR ...... (...... euros) and is divided into the following shares,

3. GmbH-Anteilskaufvertrag – knapp, verkäuferfreundlich

lich von der Verkäuferin gehalten werden:

(a) ein Geschäftsanteil im Nennbetrag von ...... EUR (in Worten: ...... Euro) (lfd. Nr. [●] der im Handelsregister der Gesellschaft aufgenommenen Gesellschafterliste vom [●])[6],

(b) ein Geschäftsanteil im Nennbetrag von ...... EUR (in Worten: ...... Euro) (lfd. Nr. [●] der im Handelsregister der Gesellschaft aufgenommenen Gesellschafterliste vom [●]),

(c) ......

Ohne Rücksicht darauf, ob Anzahl, Nennbeträge und laufende Nummerierung der Geschäftsanteile oder das Stammkapital der X-GmbH mit den vorstehenden Angaben übereinstimmen, werden sämtliche Geschäftsanteile, die die Verkäuferin an der X-GmbH hält, in diesem Vertrag zusammen die *X-Geschäftsanteile* genannt.

1.2 Tochtergesellschaften[7]

Die X-GmbH hält direkt oder indirekt sämtliche Anteile an den in Anlage 1.2 bezeichneten Gesellschaften (die *Tochtergesellschaft*).

1.3 Mehrheitsgesellschaften

Die X-GmbH hält bei den in Anlage 1.3 bezeichneten Gesellschaften (die *Mehrheitsgesellschaft*) direkt oder indirekt die Mehrheit der Stimmrechte oder übt in diesen Gesellschaften eine anderweitige Kontrolle im Sinne von § 290 Abs. 2 Ziff. 2 oder Abs. 3 HGB aus.

Die Tochtergesellschaften und die Mehrheitsgesellschaften werden zusammen mit der X-GmbH auch *X-Gesellschaften* oder *X-Gruppe*, die Anteile die *X-Gesellschaftsanteile* genannt.

1.4 Minderheitsbeteiligungen

Die X-GmbH ist außerdem mittelbar oder unmittelbar an den in Anlage 1.4 bezeichneten Gesellschaften (die *Minderheitsgesellschaft*) beteiligt (die *Minderheits-*

all of which are held by the Seller:

(a) one share with a par value (*Nennbetrag*) of EUR ...... (...... euros) (consecutive no. ...... of the shareholder list filed with the commercial register of X-GmbH dated ......);

(b) one share with a par value (*Nennbetrag*) of EUR ...... (...... euros) (consecutive no. ...... of the shareholder list filed with the commercial register of X-GmbH dated ......); and

(c) ......

In this Agreement, all shares which the Seller holds in X-GmbH, are collectively referred to as the *X-Shares*, regardless of whether the number, nominal amounts and consecutive numbering of the shares or the registered share capital of X-GmbH correspond to the aforementioned details.

1.2 Subsidiaries

X-GmbH holds, either directly or indirectly, all shares in the companies listed in Exhibit 1.2 (the *Subsidiaries*).

1.3 Majority Companies

The X-GmbH holds, either directly or indirectly, the majority of the voting rights in, or otherwise controls within the meaning of sec. 290 para. 2 no. 2 or para. 3 of the German Commercial Code (*HGB*), the companies listed in Exhibit 1.3 (the *Majority Companies*).

The Subsidiaries and the Majority Companies, together with X-GmbH, are also collectively referred to as *X-Companies* or *X-Group*, and the shares as *X-Companies' Shares*.

1.4 Minority Participations

Furthermore, X-GmbH also holds direct or indirect participations (the *Minority Participations*) in the company/ies listed in Exhibit 1.4 (the *Minority Companies*)

beteiligungen), ohne dass es sich um Tochtergesellschaften oder Mehrheitsgesellschaften handelt.

1.5 Unternehmensverträge

1.5.1 Zwischen der Verkäuferin und den X-Gesellschaften bestehen keine Beherrschungs- oder Gewinnabführungsverträge.

1.5.2 Die X-GmbH und die Tochtergesellschaften haben die in Anlage 1.5.2 aufgeführten Unternehmensverträge abgeschlossen.

1.6 Cash-Pool-Vereinbarung; Gesellschafterdarlehen[9]

Am Unterzeichnungstag bestehen zwischen der Verkäuferin und der X-GmbH die Cash-Pool-Vereinbarung gemäß Anlage 1.6 (a) sowie die in Anlage 1.6 (b) aufgelisteten Gesellschafterdarlehen (zusammen die *X-Finanzierungsvereinbarungen*). Die X-Finanzierungsvereinbarungen zwischen der Verkäuferin und X-GmbH sind spätestens mit Wirkung zum Zahlungstag aufzuheben. Der Saldo aus den X-Finanzierungsvereinbarungen ist zwischen der Verkäuferin und der X-GmbH am Zahlungstag auszugleichen. Außer den vorbezeichneten Vereinbarungen bestehen keine anderen Darlehensvereinbarungen zwischen der Verkäuferin und den mit ihr verbundenen Gesellschaften i. S. d. §§ 15 ff. AktG (ausgenommen die X-Gesellschaften) einerseits und den X-Gesellschaften und den Minderheitsgesellschaften andererseits.

§ 2 Verkauf und Abtretung der X-Geschäftsanteile; Gewinnberechtigung

2.1 Verkauf und Abtretung der X-Geschäftsanteile[10]; Gewinnberechtigung

2.1.1 Die Verkäuferin verkauft hiermit[11] an die dies annehmende Käuferin nach Maßgabe der Bestimmungen dieses Vertrages die X-Geschäfts-

which do not qualify as Subsidiaries or Majority Companies.

1.5 Affiliation Agreements

1.5.1 There are no domination or profit and loss pooling agreements (*Beherrschungs- oder Gewinnabführungsverträge*) in place between the Seller and the X-Companies.

1.5.2 X-GmbH and the Subsidiaries have entered into the affiliation agreements (*Unternehmensverträge*) listed in Exhibit 1.5.2.

1.6 Cash-Pooling Agreement; Shareholder Loans

As of the Signing Date, only the cash-pooling agreement listed in Exhibit 1.6 (a) and the shareholder loans listed in Exhibit 1.6 (b) exist between the Seller and X-GmbH (collectively referred to as the *Financing Agreements*). The Financing Agreements must be terminated with effect as of the Payment Date at the latest. Any account balance under these Financing Agreements shall be settled between the Seller and X-GmbH on the Payment Date. Except for the aforementioned agreements, there are no further loan agreements between the Seller and its affiliated companies within the meaning of sec. 15 *et. seq.* of the German Stock Corporation Act (*AktG*) (such companies in this Agreement referred to as *Affiliated Companies*) (excluding the X-Companies), on the one hand, and the X-Companies and the Minority Companies, on the other hand.

2. Sale and Assignment of the X-Shares; Right to Profits

2.1 Sale and Assignment of the X-Shares; Right to Profits

2.1.1 The Seller hereby sells the X-Shares to the Purchaser upon the terms and conditions of this Agreement and assigns the X-Shares to the Pur-

3. GmbH-Anteilskaufvertrag – knapp, verkäuferfreundlich C. II. 3

anteile und tritt diese vorbehaltlich des Eintritts aller aufschiebenden Bedingungen gemäß § 2.2.1 bis 2.2.5 an die Käuferin ab. Die Verkäuferin nimmt den Verkauf und die Abtretung hiermit an.

2.1.2 Der Verkauf erstreckt sich auf alle mit den X-Geschäftsanteilen verbundenen Ansprüche und sonstigen Rechte einschließlich des Bezugsrechts auf alle Gewinne der X-GmbH, die auf den Zeitraum ab dem 1. Januar ...... entfallen. Alle Gewinne der X-GmbH für vorhergehende Geschäftsjahre stehen der Verkäuferin ohne Rücksicht darauf zu, ob diese Gewinne vor oder am Zahlungstag an die Verkäuferin ausgeschüttet oder auf diese übertragen worden sind.[12]

2.2 Aufschiebende Bedingungen; Rechtsfolgen bei Nichteintritt aufschiebender Bedingungen

2.2.1 Die Abtretung der X-Geschäftsanteile ist aufschiebend bedingt durch den Erhalt des Kaufpreises gemäß § 3.1 durch die Verkäuferin. Die Verkäuferin wird nach Erhalt des Kaufpreises dem diesen Vertrag beurkundenden Notar und der Käuferin beglaubigte Abschriften einer Zahlungsbestätigung entsprechend Anlage 2.2.1 übermitteln. Geht die Zahlungsbestätigung dem Notar nicht innerhalb von fünf (5) Bankarbeitstagen nach Zahlung des Kaufpreises gemäß § 3.2.1 zu, dient eine schriftliche Bestätigung der von der Käuferin mit der Überweisung beauftragten Bank, in der die Bank die Überweisung eines Betrages in Höhe des Kaufpreises auf das in § 3.3 genannte Konto der Verkäuferin bestätigt, als unwiderleglicher Beweis für den Erhalt der Zahlung durch die Verkäuferin. Die Parteien weisen den Notar hiermit an, die Zahlungsbestätigung der Verkäuferin bzw. der Bank zu dieser Urkunde zu nehmen.[13]

chaser subject to the satisfaction of all of the conditions precedent (*aufschiebende Bedingungen*) set forth in clauses 2.2.1 through 2.2.5. The Purchaser hereby accepts such sale and assignment.

2.1.2 The sale of the X-Shares shall include any and all rights associated with, or otherwise pertaining to, the X-Shares, including but not limited to the rights to receive dividends of X-GmbH for the fiscal year starting 1 January .... All profits of X-GmbH which are attributable to previous fiscal years are for the account of the Seller, regardless of whether such profits have been distributed or transferred to the Seller on or before the Payment Date.

2.2 Conditions Precedent; Consequences of Non-Satisfaction of Conditions Precedent

2.2.1 The assignment of the X-Shares shall be subject to the condition precedent (*aufschiebend bedingt*) that the Seller receives the Purchase Price as set forth in clause 3.1. Following receipt of the Purchase Price, the Seller shall submit to the acting notary and the Purchaser a certified copy (*beglaubigte Abschrift*) of a payment confirmation substantially in the form of Exhibit 2.2.1. If the notary does not receive such payment confirmation within five (5) Business Days following payment of the Purchase Price pursuant to clause 3.2.1, then a written statement of the bank which was instructed by the Purchaser to execute the payment by means of which such bank confirms that an amount equal to the amount of the Purchase Price was transferred to the Seller's Account specified in clause 3.3 shall serve as irrefutable proof of the Seller's receipt of payment. The Parties hereby instruct the notary to append such payment confirmation by the Seller, or, as the case may be,

2.2.2 [Deutsche Variante:[14]] Die Abtretung der X-Geschäftsanteile ist weiterhin aufschiebend bedingt durch die Freigabe des Erwerbs der X-Geschäftsanteile durch die Käuferin durch das Bundeskartellamt. Die Bedingung gilt als eingetreten, wenn

(1) das Bundeskartellamt den beabsichtigten Erwerb gemäß § 40 Abs. 2 Satz 1 GWB freigegeben hat; oder

(2) das Bundeskartellamt den Zusammenschlussbeteiligten schriftlich mitgeteilt hat, dass die Voraussetzungen für eine Untersagung nach § 36 GWB nicht vorliegen; oder

(3) die Einmonatsfrist gemäß § 40 Abs. 1 GWB verstrichen ist, ohne dass das Bundeskartellamt den Zusammenschlussbeteiligten den Eintritt in das Hauptprüfungsverfahren nach § 40 Abs. 1 Satz 1 GWB mitgeteilt hat; oder

(4) die viermonatige Untersagungsfrist gemäß § 40 Abs. 2 Satz 1 GWB verstrichen ist, ohne dass das Bundeskartellamt (i) das Zusammenschlussvorhaben untersagt hat oder (ii) mit den Zusammenschlussbeteiligten gemäß § 40 Abs. 2 Satz 3 Ziff. 1 GWB eine Fristverlängerung vereinbart hat; oder

(5) eine vereinbarte Fristverlängerung abläuft, ohne dass eines in Ziffer (4) (i) oder (ii) dieses § 2.2.2 genannten Ereignisse eingetreten ist.

by the Purchaser's bank to this notarial deed.

2.2.2 [German Alternative:] The assignment of the X-Shares shall also be subject to the condition precedent that the German Federal Cartel Office (*Bundeskartellamt*) (the FCO) clear the acquisition of the X-Shares by the Purchaser. This condition shall be deemed satisfied, if

(1) the FCO has cleared the proposed acquisition in accordance with sec. 40 para. 2 sentence 1 of the German Law against Restraints of Competition (*Gesetz gegen Wettbewerbsbeschränkungen – GWB*); or

(2) the notifying undertakings (*anmeldende Unternehmen*) have received written notice from the FCO that the facts of the case do not allow a prohibition of the proposed concentration under sec. 36 of the GWB; or

(3) the one-month waiting period from submission of a complete notification to the FCO has expired without the notifying undertakings having been notified by the FCO in accordance with sec. 40 para. 1 sentence 1 of the GWB that it has commenced a formal investigation of the proposed concentration; or

(4) the four-month waiting period pursuant to sec. 40 para. 2 sentence 1 of the GWB has expired without the FCO, (i) having prohibited the concentration, or (ii) having agreed with the notifying undertakings to extend such waiting period in accordance with sec. 40 para. 2 sentence 3 no. 1 of the GWB; or

(5) an extended investigation period agreed with the notifying undertakings pursuant to sec. 40 paras. 2 sentence 3 no. 1 of the GWB has elapsed without any of the events mentioned in para. (4) (i) or (ii) of this clause 2.2.2 having occurred.

3. GmbH-Anteilskaufvertrag – knapp, verkäuferfreundlich C. II. 3

Weder Verkäuferin noch Käuferin werden eine Fristverlängerung ohne die vorherige schriftliche Zustimmung der jeweils anderen beteiligten Partei vereinbaren.	Neither the Seller nor the Purchaser shall agree to any extension of a waiting period without the prior written consent of the other Party.
[Europäische Variante[15]:] Die Abtretung der X-Geschäftsanteile ist weiterhin aufschiebend bedingt durch die Freigabe des Erwerbs der X-Geschäftsanteile durch die Europäische Kommission. Die Bedingung gilt als eingetreten[16], wenn	[European Alternative:] The assignment of the X-Shares shall also be subject to the condition precedent that the European Commission clear the acquisition of the X-Shares by the Purchaser. This condition shall be deemed satisfied, if
(1) die Europäische Kommission erklärt hat, dass das Zusammenschlussvorhaben mit dem Gemeinsamen Markt gemäß Art. 6 Abs. 1 lit. b oder Art. 8 Abs. 1 oder Abs. 2 FKVO vereinbar ist; oder	(1) the European Commission has declared the proposed concentration to be compatible with the common market pursuant to Article 6 para. 1(b) or Article 8 para. 1 or 2 of the Regulation (EC) No. 139/2004 on the control of concentrations between undertakings dated 20 January 2004 (the European Community Merger Regulation – *ECMR*); or
(2) das Zusammenschlussvorhaben gemäß Art. 10 Abs. 6 FKVO als mit dem Gemeinsamen Markt vereinbar gilt, weil die Europäische Kommission (i) innerhalb der Frist des Art. 10 Abs. 1 FKVO keine Entscheidung nach Art. 6 Abs. 1 FKVO oder (ii) innerhalb der Frist des Art. 10 Abs. 3 FKVO keine Entscheidung nach Art. 8 Abs. 1, Abs. 2 oder Abs. 3 FKVO erlassen hat; oder	(2) the proposed concentration is deemed to be compatible with the common market pursuant to Article 10 para. 6 of the ECMR since the European Commission has (i) neither made a decision pursuant to Article 6 para. 1 of the ECMR within the time limits set forth in Article 10 para. 1 of the ECMR, (ii) nor made a decision pursuant to Article 8 para. 1, 2, or 3 of the ECMR within the time limits set forth in Article 10 para. 3 of the ECMR; or
(3) (i) die Europäische Kommission die Entscheidung nach Art. 9 Abs. 3 FKVO oder Art. 4 Abs. 4 FKVO an die Behörden eines Mitgliedstaates ganz oder teilweise verwiesen hat oder die Entscheidung nach Art. 9 Abs. 5 FKVO oder Art. 4 Abs. 4 Unterabs. 4 FKVO als ganz oder teilweise verwiesen gilt und (ii) die Europäische Kommission in Bezug auf den	(3) (i) pursuant to Article 9 para. 3 of the ECMR or Article 4 para. 4 of the ECMR, the European Commission has decided to refer the case, either in full or in part, to the competent authorities of the relevant Member State, or the European Commission is deemed to have made such referral pursuant to Article 9 para. 5 of the ECMR or Article 4 para. 4 subpara. 4

Schrader

nicht verwiesenen Teil eine der in Ziffer (1) oder (2) dieses § 2.2.2 aufgeführten Entscheidungen getroffen hat bzw. eine solche Entscheidung als getroffen gilt, und (iii) in Bezug auf den verwiesenen bzw. als verwiesen zu behandelnden Teil die zuständige Behörde des Mitgliedstaats den Zusammenschluss nach dem nationalen Fusionskontrollvorschriften freigegeben hat oder der Zusammenschluss nach dem nationalen Fusionskontrollvorschriften als freigegeben gelten kann.

Nach Eintritt des ersten der Ereignisse gemäß Ziffern (1) bis [(5) (deutsche Variante)] [(3) (europäische Variante)] ist jede Vertragspartei verpflichtet, dem Notar, der diesen Vertrag beurkundet, unverzüglich eine rechtsverbindlich unterzeichnete Bestätigung über den Eintritt der Bedingung gemäß diesem § 2.2.2 gemäß Anlage 2.2.2 zu diesem Vertrag zu übergeben. Die Parteien beauftragen den Notar, diese Bestätigungen dieser Urkunde beizufügen. Sollte der Notar diese Bestätigung von einer Vertragspartei nicht innerhalb von ...... Bankarbeitstagen nach Erhalt einer entsprechenden Bestätigung von der anderen Vertragspartei erhalten, gilt die Bestätigung nur einer Vertragspartei als Nachweis des Bedingungseintritts, wenn dieser [deutsche Variante: (i) eine Kopie der Freigabeentscheidung bzw. Mitteilung des Bundeskartellamtes gemäß Ziffern (1) bzw. (2) beigefügt ist oder (ii) die Vertragspartei bestätigt, dass die entsprechende Frist gemäß Ziffern (3) bis (5) abgelaufen ist] [europäische Varian-

of the ECMR, and (ii) the European Commission has made or is deemed to have made a decision as described in paragraphs (1) or (2) of this clause 2.2.2 concerning that part of the case not referred or not deemed to have been referred (as described in part (i) of this clause 2.2.2(3)), and, (iii) as concerns that part of the case that has been or is deemed to have been referred to a Member State authority (as described in part (i) of this clause 2.2.2(3)), the proposed concentration has been cleared by the competent Member State authority or is deemed to have been cleared under the applicable national merger control provisions.

Without undue delay (*unverzüglich*) after the first of the events described in paragraphs (1) through [(5) German Alternative] [(3) European Alternative] above has occurred, each Party shall submit to the acting notary a duly signed confirmation on the satisfaction of the condition precedent set forth in this clause 2.2.2 based on the form contained in Exhibit 2.2.2. The Parties hereby instruct the notary to append such confirmations to this notarial deed. Should the notary not receive the other Party's confirmation within ...... Business Days after having received confirmation by one Party, then the confirmation of one Party shall be deemed to prove the satisfaction of the condition, provided that [German Alternative: (i) such confirmation is accompanied by a copy of the clearance decision, or as the case may be, the notification of the FCO according to paragraphs (1) or (2), or (ii) the Party confirms in writing that the relevant waiting time under paragraphs (3) through

te: (i) eine Kopie der Mitteilung der Europäischen Kommission gemäß Ziffer (1) beigefügt ist oder (ii) die Vertragspartei bestätigt, dass die entsprechende Frist gemäß Ziffer (2) abgelaufen ist oder (iii), im Falle einer (Teil-)Verweisung gemäß Ziffer (3), in Bezug auf den verwiesenen Teil eine Kopie der Freigabeentscheidung bzw. Mitteilung des Bundeskartellamtes gemäß Ziffern (1) bzw. (2) beigefügt war oder die Vertragspartei bestätigt, dass die entsprechende Frist gemäß Ziffern abgelaufen ist und der Zusammenschluss nach den anwendbaren nationalen Fusionskontrollvorschriften als freigegeben gilt, und im Falle einer nur teilweisen Verweisung, in Bezug auf den nicht verwiesenen Teil, ein Nachweis gemäß (i) oder (ii) beigefügt ist].

(5) has expired] [European Alternative: (i) such confirmation is accompanied by a copy of the notification of the European Commission according to paragraph (1), or (ii) the Party confirms in writing that the time limit under paragraph (2) has expired, or (iii) in the event of a (partial) referral according to paragraph (3), such confirmation was, with regard to the referred part, accompanied by a copy of the clearance decision or a comparable notification of the competent authority of the Member State, or the Party confirms in writing that the relevant waiting time for such notification has expired and therefore the concentration is deemed to have been cleared under the applicable national merger control provisions and, if applicable, with regard to that part of the case that was not referred, by a notification or confirmation according to (i) or (ii) of this sentence.]

2.2.2 [Die Abtretung der X-Geschäftsanteile ist weiterhin aufschiebend bedingt durch das Ausbleiben einer Untersagung des Erwerbs der X-Geschäftsanteile gemäß § 7 Abs. 1 und 2 Nr. 6 AWG i. V. m. § 53 Abs. 2 S. 4 AWV.[17] Die Bedingung gilt als eingetreten, wenn

(1) das Bundesministerium für Wirtschaft und Technologie eine Bescheinigung über die Unbedenklichkeit des Erwerbs gemäß § 53 Abs. 3 S. 1 AWV erteilt hat; oder

(2) eine Unbedenklichkeitsbescheinigung gemäß § 53 Abs. 3 S. 2 AWV als erteilt gilt, weil das Bundesministerium für Wirtschaft und Technologie

2.2.2 [The assignment of the X-Shares shall also be subject to the condition precedent that the acquisition of the X-Shares by the Purchaser is not prohibited under sec. 7 para. 1 and 2 no. 6 of the German Foreign Trade Act (*Außenwirtschaftsgesetz – AWG*) in conjunction with sec. 53 para. 2 sentence 4 of the German Foreign Trade Ordinance (*Außenwirtschaftsverordnung – AWV*). This condition shall be deemed satisfied, if

(1) the German Federal Ministry of Economics and Technology has issued a certificate of compliance (*Unbedenklichkeitsbescheinigung*) pursuant to sec. 53 para. 3 sentence 1 of the AWV; or

(2) a certificate of compliance is deemed to have been issued pursuant to sec. 53 para. 3 sentence 2 of the AWV because the German Federal Ministry

nicht innerhalb eines Monats nach Eingang des Antrags gem. § 53 Abs. 3 AWV ein Prüfverfahren nach § 53 Abs. 1 S. 1 AWV eröffnet hat; oder

(3) die dreimonatige Aufgreiffrist gemäß § 53 Abs. 1 S. 1 AWV verstreicht, ohne dass das Bundesministerium für Wirtschaft und Technologie die Käuferin seine Entscheidung mitgeteilt hat, eine Prüfung nach § 53 Abs. 1 S. 1 AWV durchzuführen; oder

(4) die zweimonatige Prüfungsfrist des § 53 Abs. 2 S. 4 AWV nach Eingang der vollständigen Unterlagen[18] verstreicht, ohne dass das Bundesministerium für Wirtschaft und Technologie den Erwerb der Geschäftsanteile untersagt oder Anordnungen in Bezug auf den Erwerb erlassen hat[; oder

(5) das Bundesministerium für Wirtschaft und Technologie vor Ablauf der zweimonatigen Prüfungsfrist des § 53 Abs. 2 S. 4 AWV Anordnungen in Bezug auf den Erwerb erlässt, ohne diesen zu untersagen[, und die Parteien sich einig sind, dass sie die Anordnungen akzeptieren und diesen Vertrag dennoch vollziehen möchten].

Nach Eintritt des ersten der Ereignisse gemäß Ziffern (1) bis (5) ist jede Vertragspartei verpflichtet, dem Notar, der diesen Vertrag beurkundet, unverzüglich eine rechtsverbindlich unterzeichnete Bestätigung über den Eintritt der Bedingung gemäß diesem § 2.2.3

of Economics and Technology did not, within one month of receipt of the application for a certificate of compliance in accordance with sec. 53 para. 3 of the AWV, commence a formal investigation of the acquisition pursuant to sec. 53 para. 1 sentence 1 of the AWV; or

(3) the German Federal Ministry of Economics and Technology has not notified the Purchaser within the three-month review period prescribed by sec. 53 para. 1 sentence 1 of the AWV of its decision to commence a formal investigation pursuant to sec. 53 para. 1 sentence 1 of the AWV; or

(4) the German Federal Ministry of Economics and Technology has not prohibited the proposed acquisition of the X-Shares or issued binding orders (*Anordnungen*) in relation thereto within the two-month examination period prescribed by sec. 53 para. 2 sentence 4 of the AWV following receipt of the complete documentation; or

(5) prior to the expiration of the two-month review period prescribed by sec. 53 para. 2 sentence 4 of the AWV, the German Federal Ministry of Economics and Technology has issued binding orders in relation to the acquisition of the X-Shares without prohibiting it, and the Parties have agreed that they are prepared to comply with such orders and wish to close the Transaction.

Without undue delay (*unverzüglich*) after the first of the events listed in paragraphs (1) through (5) has occurred, each Party shall submit to the acting notary a duly signed confirmation on the satisfaction of the condition precedent contained in this clause 2.2.3

	gemäß Anlage 2.2.3 zu diesem Vertrag zu übergeben. Die Parteien beauftragen den Notar, diese Bestätigungen dieser Urkunde beizufügen. Sollte der Notar diese Bestätigung aus irgendeinem Grund von einer Vertragspartei nicht innerhalb von ...... Bankarbeitstagen nach Erhalt einer entsprechenden Bestätigung von der anderen Vertragspartei erhalten, gilt die Bestätigung nur einer Vertragspartei als Nachweis des Bedingungseintritts, wenn dieser eine Kopie der Unbedenklichkeitsbescheinigung gemäß Ziffer (1) beigefügt war oder die Vertragspartei bestätigt, dass die entsprechende Frist gemäß Ziffern (2) bis (4) abgelaufen ist[oder der Bestätigung eine Kopie des die Anordnung enthaltenden Verwaltungsaktes des Bundesministeriums für Wirtschaft und Technologie sowie einer Vereinbarung der Partei gemäß Ziffer (5) beigefügt war]].		based on the form contained in Exhibit 2.2.3. The Parties hereby instruct the notary to append such confirmations to this notarial deed. Should the notary not receive the other Party's confirmation within ...... Business Days after having received confirmation by one Party, then the confirmation of one Party shall be deemed to prove satisfaction of the condition, provided that such confirmation is accompanied by a copy of the certificate of compliance of the German Federal Ministry of Economics and Technology according to paragraph (1) above, or the Party confirms in writing that the relevant time limit set forth in paragraphs (2) through (4) has expired [or by a copy of the administrative act of the German Federal Ministry of Economics and Technology containing the binding order as well as an agreement of the Parties pursuant to paragraph (5)]].
(2.2.3	[Ggf.: Der Aufsichtsrat/Beirat der Verkäuferin hat diesem Vertrag und den darin vereinbarten Rechtsgeschäften zugestimmt. Die Verkäuferin wird dem diesen Vertrag beurkundenden Notar und der Käuferin unverzüglich eine Kopie des Zustimmungsbeschlusses entsprechend Anlage 2.2.4 zu diesem Vertrag übermitteln][19]	2.2.3	[*If applicable:* The Seller's supervisory/advisory board has approved this Agreement and the Transaction. The Seller shall without undue delay submit to the acting notary and the Purchaser copies of the approving resolution substantially in the form of Exhibit 2.3.]
(2.2.4	Ggf. weitere aufschiebende Bedingungen nebst Eintrittsnachweis gegenüber dem Notar.)[20, 21]	2.2.4	[If applicable: additional conditions precedent together with proof of satisfaction owed to the notary.]
2.2.5	Die Verkäuferin ist berechtigt, durch schriftliche Erklärung gegenüber der Käuferin auf die Erfüllung der in § 2.2.3 enthaltenen aufschiebenden Bedingung zu verzichten.	2.2.5	The Seller shall be entitled to waive the condition precedent set forth in clause 2.2.4 by giving written notice to the Purchaser.
2.2.6	Verkäuferin und Käuferin sind berechtigt, durch schriftliche Erklärung gegenüber der jeweils anderen Partei mit Kopie an den beurkundenden Notar von diesem Vertrag zurückzutreten, wenn die	2.2.6	If the condition[s] precedent set forth in clause[s] 2.2.2 [, 2.2.3] [and, as the case may be, further conditions precedent] [has] [have] not been satisfied on or before ......, then the Seller and the Pur-

	aufschiebende[n] Bedingung[en] gemäß § 2.2.2 [,2.2.3] [und ggf. noch weitere aufschiebenden Bedingungen] nicht bis zum ...... eingetreten [ist][sind].		chaser may withdraw from (*zurücktreten von*) this Agreement by sending written notice to the other Party and a copy to the acting notary.
2.3	Genehmigung der X-GmbH; Einreichung einer neuen Gesellschafterliste zum Handelsregister[; Mitteilungen gemäß § § 21 AktG]	2.3	Approval by X-GmbH; Filing of New Shareholder List [; Notifications according to sec. 21 of the AktG]
2.3.1	Kopien der Erklärung der X-GmbH, mit der sie den Verkauf und die Abtretung der X-Geschäftsanteile an die Käuferin genehmigt, sowie des entsprechenden Beschlusses der Gesellschafterversammlung der X-GmbH sind als Anlage 2.3.1 beigefügt.[22]	2.3.1	Copies of the resolution of X-GmbH approving the sale and assignment of the X-Shares to the Purchaser as well as the corresponding shareholders' resolution of X-GmbH are appended hereto as Exhibit 2.3.1.
2.3.2	Der beurkundende Notar wird angewiesen, unverzüglich nach Erhalt der Bestätigung[en] gemäß § 2.2.1 [, § 2.2.2] [und § 2.2.3] eine neue Gesellschafterliste gemäß Anlage 2.3.2 zu diesem Vertrag zum Handelsregister der Gesellschaft einzureichen.[23]	2.3.2	The acting notary is hereby instructed to file the new shareholder list according to Exhibit 2.3.2 with the commercial register of X-GmbH without undue delay after receipt of the confirmation[s] pursuant to clause[s] 2.2.1 [, 2.2.2] [and 2.2.3].
2.3.3	[Die Käuferin wird die X-GmbH vom Gesellschafterwechsel gemäß § 21 Abs. 2 AktG in Kenntnis setzen. Die Verkäuferin wird die X-GmbH vom Gesellschafterwechsel gemäß § 21 Abs. 3 AktG in Kenntnis setzen.[24]]	2.3.3	[The Purchaser shall notify X-GmbH of the change of its shareholders according to sec. 21 para. 2 of the AktG. The Seller shall notify X-GmbH of the change of its shareholders according to sec. 21 para. 3 of the AktG.]

§ 3 Kaufpreis; Zahlungsmodalitäten

3.1 Kaufpreis[25]

Der von der Käuferin zu zahlende Kaufpreis für die X-Geschäftsanteile beträgt ...... EUR (in Worten: ...... Euro) (nachfolgend als *Kaufpreis* bezeichnet)[26].

3.2 Fälligkeit des Kaufpreises; Verzinsung

3.2.1 Der Kaufpreis ist fällig fünf (5) Bankarbeitstage nach dem Tag, an dem erstmals alle der nachfolgend genannten Voraussetzungen vorliegen (dieser Tag wird in diesem Vertrag *Zahlungstag* genannt[27]):

3. Purchase Price; Conditions of Payment

3.1 Purchase Price

The purchase price owed by the Purchaser for the X-Shares is ...... EUR (...... euros) (the *Purchase Price*).

3.2 Due Date of Purchase Price; Interest

3.2.1 The Purchase Price shall become due and payable on the fifth (5th) Business Day after the date on which all of the following requirements have been fulfilled for the first time (this payment due date is referred to as the *Payment Date*):

(1) Die aufschiebende Bedingung gemäß § 2.2.2 ist eingetreten[;] [.]	(a) The condition precedent pursuant to clause 2.2.2 has been satisfied; and
[(2) Ggf.: Die aufschiebenden Bedingungen gemäß § 2.2.3, 2.2.4] [und ......] sind eingetreten.]	(b) [If applicable: The condition[s] precedent under clause[s] 2.2.3[, 2.2.4] [and ......] [2.2.3] [, 2.4] [and ......] [has] [have] been satisfied.]
3.2.2 Der Kaufpreis ist mit einem Zinssatz in Höhe von ...... Basispunkten über dem Basiszinssatz beginnend mit dem auf den Zahlungstag folgenden Tag zu verzinsen. Die Zinsen berechnen sich auf Grundlage der verstrichenen Tage und eines 360-Tage-Jahres.	3.2.2 The Purchase Price shall bear interest as of (and excluding) the Payment Date at a rate of ...... basis points above the base interest rate (*Basiszinsatz*) as defined in sec. 247 of the German Civil Code (*Bürgerliches Gesetzbuch – BGB*). Interest shall be calculated on the basis of actual days elapsed and a 360-days year.
3.3 Zahlungsmodalitäten Zahlungen an die Verkäuferin nach diesem Vertrag sind per Überweisung mit gleichtägiger Gutschrift auf das Konto der Verkäuferin Nr. ...... bei der ......-Bank (BLZ ......) (vorstehend und nachfolgend *Verkäuferkonto* genannt) zu leisten. Sämtliche mit der Überweisung verbundenen Kosten und Gebühren trägt die Käuferin.	3.3 Payment Procedures All payments owed to the Seller under this Agreement shall be made by wire transfer – to be credited on the same day – to the Seller's account no. ...... with ...... bank (sort code (*BLZ*) ......) (the *Seller's Account*). Any costs and charges relating to the wire transfer shall be borne by the Purchaser.
3.4 Aufrechnungsverbot Das Recht der Käuferin zur Aufrechnung gegenüber den Zahlungsansprüchen der Verkäuferin aus diesem Vertrag oder zur Ausübung eines Zurückbehaltungsrechts ist ausdrücklich ausgeschlossen, es sei denn, es handelt sich um Ansprüche der Käuferin, die unstreitig sind oder über die rechtskräftig zugunsten der Käuferin entschieden worden ist.	3.4 No Set-Off Any right of the Purchaser to set-off or to withhold any payments due to the Seller under this Agreement is hereby expressly waived and excluded except for claims which are undisputed or have been awarded to the Purchaser by a competent court without further recourse (*rechtskräftig*).
3.5 Bürgschaft[28] Die ...... Bank [Standard & Poor's [AA] oder eine in der Bonität höher bewertete deutsche Großbank von internationalem Rang] hat eine Bürgschaft auf erste Anforderung unter Verzicht auf die Einreden der §§ 768, 770 ff. BGB für alle Zahlungsverpflichtungen der Käuferin aus oder im Zusammen-	3.5 Payment Guarantee The ...... bank [Standard & Poor's [AA] or better-ranked German bank of international standing] has issued an unconditional payment guarantee, which is payable on first demand (*Bürgschaft auf erstes Anfordern*) and contains a waiver of any defenses under sec. 768, 770 *et. seq.* of the BGB, in

hang mit diesem Vertrag übernommen. Das Original der Bürgschaft ist der Verkäuferin bei Abschluss dieses Vertrages übergeben worden und in Kopie in Anlage 3.5 beigefügt.

order to secure all payment obligations of the Purchaser arising from or connected with this Agreement. The original of such guarantee was delivered to the Seller prior to or at the time of conclusion of this Agreement, and a copy of such guarantee is appended hereto as Exhibit 3.5.

§ 4 Selbstständige Garantieversprechen der Verkäuferin[29, 30]

4.1 Form und Umfang der Garantieversprechen der Verkäuferin

Die Verkäuferin erklärt hiermit gegenüber der Käuferin in Form selbstständiger Garantieversprechen gemäß § 311 Abs. 1 BGB und im Rahmen der Bedingungen des § 5 und der übrigen Bestimmungen dieses Vertrages, dass die folgenden Aussagen bei Abschluss dieses Vertrages (der *Unterzeichnungstag*) und, soweit § 4 nicht ausdrücklich etwas anderes vorsieht, am Zahlungstag[31] vollständig und richtig sind. Die Verkäuferin und die Käuferin sind sich ausdrücklich darüber einig, dass die Garantieversprechen in diesem § 4 weder Garantien für die Beschaffenheit der Sache im Sinne der §§ 443, 444 BGB noch Beschaffenheitsvereinbarungen i.S.d. § 434 Abs. 1 S. 1 BGB darstellen und dass § 444 BGB keine Anwendung auf die hier abgegebenen Garantieversprechen findet.[32]

4. Seller Guarantees

4.1 Form and Scope of Seller Guarantees

The Seller hereby guarantees to the Purchaser, by way of independent promises of guarantee (*selbständige Garantieversprechen*) within the meaning of sec. 311 para. 1 of the BGB and subject to the requirements and limitations provided in 5 and otherwise in this Agreement, that the following statements are correct and complete as of the date on which this Agreement is concluded (the *Signing Date*), and, unless explicitly provided otherwise in clause 4, on the Payment Date. The Seller and the Purchaser agree and explicitly confirm that the guarantees in clause 4 (the *Seller Guarantees*) shall not be qualified or construed as quality guarantees concerning the object of the purchase (*Garantien für die Beschaffenheit der Sache*) within the meaning of sec. 443, 444 of the BGB or agreements on quality (*Beschaffenheitsvereinbarungen*) within the meaning of sec. 434 para. 1 sentence 1 of the BGB, and that sec. 444 of the BGB shall not and does not apply to the Seller Guarantees.

4.2 Garantieversprechen der Verkäuferin

4.2.1 Gesellschaftsrechtliche Verhältnisse und Berechtigung der Verkäuferin

(1) Die in § 1 getroffenen Aussagen über die X-Gesellschaften

4.2 Seller Guarantees

4.2.1 Corporate Status and Authority of the Seller

(1) The statements in clause 1 regarding the X-Companies and

und die Minderheitsbeteiligungen[33] sind vollständig und richtig. Die X-Gesellschaften und die Minderheitsgesellschaften sind nach dem jeweiligen Recht ihres Gründungsstaates ordnungsgemäß gegründet worden und bestehen wirksam. Anlage 4.2.1(1) enthält eine vollständige und richtige Aufstellung der Satzungen (oder vergleichbarer Dokumente) der X-Gesellschaften und Minderheitsgesellschaften.

(2) Die X-Gesellschaftsanteile und die von der X-GmbH gehaltenen Anteile an den Minderheitsgesellschaften sind wirksam ausgegeben, die Einlagen als Bar- oder Sacheinlage vollständig erbracht und nicht zurückgezahlt worden. Sie sind frei von Belastungen oder anderen Rechten Dritter. Es bestehen keine Vorerwerbsrechte, Optionen, Stimmrechtsvereinbarungen oder andere Rechte Dritter im Hinblick auf den Erwerb von X-Gesellschaftsanteilen oder Minderheitsbeteiligungen, es sei denn, solche Rechte ergeben sich aus gesetzlichen Vorschriften oder aus den in Anlage 4.2.1(1) aufgeführten Satzungen oder vergleichbaren Dokumenten.

(3) Die Verkäuferin ist berechtigt, frei über die X-Geschäftsanteile zu verfügen, ohne hierdurch die Rechte Dritter zu verletzen. [§ 2.2.4 bleibt unberührt.]

(4) Bei Abschluss dieses Vertrages sind keine Insolvenz- oder Vergleichsverfahren im In- oder Ausland gegen eine der X-Gesellschaften beantragt oder eröffnet worden. Nach Kenntnis der Verkäuferin bestehen weder Umstände, die den Antrag auf Eröffnung eines Insolvenz- oder Vergleichsverfahrens im

the Minority Participations are correct and complete. The X-Companies and the Minority Companies have been duly established and validly exist under the laws of their respective countries of incorporation. Schedule 4.2.1(1) contains a correct and complete list of the articles of association (or equivalent documents) of the X-Companies and the Minority Companies.

(2) The X-Companies' Shares and the shares or interests held by X-GmbH in the Minority Companies were validly issued, have been paid in full, either in cash or in kind, and were not repaid. They are free and clear of any encumbrances or other third party rights. There are no preemptive rights, options, voting arrangements or other rights of third parties to acquire any of the X-Companies' Shares or the Minority Participations, in each case except under statutory law or under the articles of association or equivalent documents or the agreements listed in Schedule 4.2.1(1).

(3) The Seller is entitled without restriction to dispose of the X-Shares without thereby infringing the rights of a third party. [Clause 2.2.4 shall remain unaffected.]

(4) As of the Signing Date, no insolvency proceedings or comparable proceedings under the laws of a foreign country have been applied for or initiated against any of the X-Companies. To the Seller's Knowledge, there are no circumstances that would require a petition for the institution of

In- oder Ausland erforderlich machen, noch Umstände, die nach anwendbaren Insolvenz- oder Vergleichsvorschriften die Anfechtung dieses Vertrages rechtfertigen.

insolvency proceedings or of comparable proceedings under the laws of a foreign country, nor are there any circumstances which, under the applicable insolvency laws, would justify any actions seeking to void or challenge this Agreement.

4.2.2 Jahresabschlüsse
(1) Die Verkäuferin hat der Käuferin den geprüften und mit einem uneingeschränkten Bestätigungsvermerk versehenen Jahresabschluss der X-GmbH für das Geschäftsjahr ...... (nachfolgend als *Jahresabschluss* bezeichnet) und den konsolidierten Jahresabschluss der X-GmbH für das Geschäftsjahr ...... (nachfolgend als *Konsolidierter Jahresabschluss* bezeichnet) übergeben.[34]

(2) Der Jahresabschluss wurde in Übereinstimmung mit den Grundsätzen ordnungsmäßiger Buchführung aufgestellt und vermittelt zu dem Bilanzstichtag ein den tatsächlichen Verhältnissen entsprechendes Bild der Vermögens-, Finanz- und Ertragslage der X-GmbH i. S. v. § 264 Abs. 2 HGB. Der Konsolidierte Jahresabschluss wurde in Übereinstimmung mit ...... aufgestellt und vermittelt zu den Bilanzstichtagen nach allen wesentlichen Gesichtspunkten ein den tatsächlichen Verhältnissen entsprechendes Bild der Vermögens-, Finanz- und Ertragslage.

4.2.2 Financial Statements
(1) The Seller has submitted to the Purchaser the audited financial statements of X-GmbH for fiscal year ...... (the *Financial Statements*), certified with an unqualified audit opinion, as well as the consolidated financial statements of X-GmbH for fiscal year ...... (the *Consolidated Financial Statements*).

(2) The Financial Statements were prepared in accordance with the German generally accepted accounting principles (*GoB*) and present a true and fair view, within the meaning of sec. 264 para. 2 of the HGB, of the assets position (*Vermögenslage*), financial condition (*Finanzlage*) and results of operation (*Ertragslage*) of X-GmbH as of the balance sheet date referenced therein. The Consolidated Financial Statements were prepared in accordance with ...... and present fairly, in all material respects, the net assets position, financial condition and results of operation as of the balance sheet date(s) referenced therein.

4.2.3 Grundeigentum und Grundbesitz
(1) Anlage 4.2.3 (1) enthält eine Aufstellung von Grundstücken und grundstücksgleichen Rechten, die im Eigentum der X-Gesellschaften stehen.

4.2.3 Real Property
(a) Schedule 4.2.3 (1) contains a list of land parcels and of rights equivalent to real property (*Grundstücke und grundstücksgleiche Rechte*) to which the X-Companies hold legal title.

(2) Anlage 4.2.3(2) enthält eine Aufstellung der von den X-Gesellschaften gemieteten, gepachteten, vermieteten oder verpachteten Grundstücke, soweit die Zahlungsverpflichtung des jeweiligen Mieters oder Pächters ...... EUR p. a. im Einzelfall überschreitet.

(3) Weiterer von den X-Gesellschaften bei Abschluss dieses Vertrages genutzter Grundbesitz, der weder in Anlage 4.2.3 (1) noch in Anlage 4.2.3(2) aufgeführt ist, ist für den Geschäftsbetrieb der X-Gruppe, in Art und Umfang, wie er am Unterzeichnungstag besteht, nicht wesentlich.

4.2.4 Sonstige Vermögensgegenstände
Nach Kenntnis der Verkäuferin sind die bei Abschluss dieses Vertrages im Eigentum der X-Gesellschaften stehenden oder von ihnen genutzten Gegenstände des Anlage- und Umlaufvermögens ausreichend und in einem solchen gebrauchsfähigen Zustand, dass die Geschäftstätigkeit der X-Gesellschaften im Wesentlichen in vergleichbarer Art und Weise wie am Unterzeichnungstag fortgeführt werden kann.

4.2.5 Gewerbliche Schutzrechte
(1) Anlage 4.2.5(1) enthält eine Aufstellung von Patenten, Marken und anderen eingetragenen gewerblichen Schutzrechten, die bei Abschluss dieses Vertrages im Eigentum der X-Gesellschaften stehen (nachfolgend als *Gewerbliche Schutzrechte* bezeichnet).

(2) Nach Kenntnis der Verkäuferin sind die Gewerblichen Schutzrechte, soweit nicht in Anlage 4.2.5(1) aufgeführt, bei Abschluss dieses Vertrages nicht Gegenstand gerichtlicher oder behördlicher Verfahren, in denen die Wirksamkeit der Ge-

(b) Schedule 4.2.3(2) contains a list of land parcels leased to or from the X-Companies as lessee or lessor, provided that the relevant lessee's payment obligations exceeds, in each case, a value of EUR ...... (...... euros) per annum.

(c) Any other real property which is used by the X-Companies on the Signing Date but is not listed in Schedule 4.2.3(1) or in Schedule 4.2.3(2), is not material in terms of the nature and scope of the business operations of the X-Group (the *X-Business Operations*) as conducted on the Signing Date.

4.2.4 Other Assets
To the Seller's Knowledge, the non-current (fixed) and current assets, which are owned or lawfully used by the X-Companies as of the Signing Date, are sufficient and in a reasonably usable condition (*gebrauchsfähiger Zustand*) to continue the X-Business Operations substantially in the same manner as conducted on the Signing Date.

4.2.5 Intellectual Property Rights
(a) Schedule 4.2.5(1) contains a list of patents, trademarks, internet domains and other registered intellectual property rights owned by the X-Companies as of the Signing Date (the *Intellectual Property Rights*).

(b) To the Seller's Knowledge, except as set out in Schedule 4.2.5(1), the Intellectual Property Rights are, as of the Signing Date, not subject to any pending judicial or regulatory proceedings in which the validity of the Intellectual Property

werblichen Schutzrechte bestritten wird und die die Geschäftstätigkeit der X-Gesellschaften beeinträchtigen könnten, noch werden die Gewerblichen Schutzrechte von dritter Seite in wesentlichem Umfang verletzt. Nach Kenntnis der Verkäuferin sind alle für die Aufrechterhaltung, den Schutz und die Durchsetzung der Gewerblichen Schutzrechte erforderlichen Zahlungen geleistet, alle notwendigen Verlängerungsanträge gestellt sowie alle anderen für ihre Erhaltung erforderlichen Maßnahmen getroffen worden. Nach Kenntnis der Verkäuferin verletzen die X-Gesellschaften gewerbliche Schutzrechte Dritter nicht in wesentlichem Umfang.

Rights is being challenged and which could adversely affect the X-Business Operations, and not being materially infringed by third parties. To the Seller's Knowledge, all fees necessary to maintain, protect and enforce the Intellectual Property Rights have been paid, all necessary applications for renewal have been filed, and all other material steps necessary for their maintenance have been taken. To the Seller's Knowledge, the X-Companies do not materially infringe any intellectual property rights of third parties.

4.2.6 Einhaltung von Rechtsvorschriften

Nach Kenntnis der Verkäuferin verfügen die X-Gesellschaften bei Abschluss dieses Vertrages über alle Genehmigungen und Erlaubnisse nach anwendbarem öffentlichem Recht, die von wesentlicher Bedeutung für ihren jeweiligen Geschäftsbetrieb und erforderlich sind, um die Geschäftstätigkeit der X-Gesellschaften in vergleichbarer Art und Weise wie bisher fortzuführen. Nach Kenntnis der Verkäuferin bestehen und drohen kein Widerruf, Beschränkung oder nachträgliche Anordnung in Bezug auf diese Genehmigungen und Erlaubnisse, die die Geschäftstätigkeit der X-Gesellschaften als Ganzes nach dem Abschluss des Vertrages wesentlich beeinträchtigen würden. Nach Kenntnis der Verkäuferin führen die X-Gesellschaften ihren jeweiligen Geschäftsbetrieb im Wesentlichen im Einklang mit allen wesentlichen Vorschriften derjenigen Genehmigungen und Erlaubnisse, deren

4.2.6 Compliance with Laws

To the Seller's Knowledge, as of the Signing Date, the X-Companies hold all permits and approvals (*Genehmigungen und Erlaubnisse*) which are required, if any, under applicable public laws (*öffentliches Recht*) in order to conduct the X-Business Operations as presently conducted and which are important for such business. To the Seller's Knowledge, as of the Signing Date, none of these permits or approvals were revoked, restricted or subjected to subsequent orders (*nachträgliche Anordnungen*) in such manner as would materially adversely affect the X-Business Operations as a whole after the Signing Date, and, to the Seller's Knowledge, no such revocation, restriction or subsequent order is threatening. To the Seller's Knowledge, the X-Companies conduct their respective business in compliance with all material provisions of such permits and licenses the non-

Nichtbeachtung die Geschäftstätigkeit der X-Gesellschaften im Ganzen wesentlich beeinträchtigen würde.

4.2.7 Wesentliche Verträge
Anlage 4.2.7 enthält eine Aufstellung derjenigen Verträge, die bei Abschluss dieses Vertrages bestehen, bei denen eine der X-Gesellschaften Vertragspartei ist und deren Hauptleistungspflichten noch nicht vollständig erfüllt sind und die wenigstens eines der nachfolgenden Kriterien erfüllen (die Verträge werden zusammen nachfolgend als *Wesentliche Verträge* bezeichnet):

(1) Verträge über den Erwerb oder die Veräußerung von Beteiligungen an anderen Gesellschaften, die eine Gegenleistung von mindestens ...... EUR (in Worten: ...... Euro) im Einzelfall vorsehen;

(2) Pacht- und Mietverträge über Grundbesitz, deren jährliche Zahlungsverpflichtung im Einzelfall mindestens ...... EUR (in Worten: ...... Euro) beträgt und die nicht innerhalb von [zwölf] Monaten von den jeweiligen X-Gesellschaften ohne Zahlung einer Vertragsstrafe gekündigt werden können;

(3) Kredit- und sonstige Darlehensverträge, Anleihen, Schuldverschreibungen oder jede sonstige Art der Fremdfinanzierung unter Einschluss Dritter (ausgenommen die X-Gesellschaften), die im Einzelfall einen Wert von ...... EUR (in Worten: ...... Euro) übersteigen;

(4) Garantien, Bürgschaften, Schuldübernahmen, Schuldbeitritte, Patronatserklärungen und sonstige Verpflichtungen, die für Verbindlichkeiten Dritter (ausgenommen die X-Gesellschaften) übernommen

compliance with which would have a material adverse effect on the X-Business Operations as a whole.

4.2.7 Material Agreements
Schedule 4.2.7 contains a list of those agreements which are in place as of the Signing Date and to which an X-Company is a party and the main obligations (*Hauptleistungspflichten*) of which have not yet been completely fulfilled and which meet at least one of the following criteria (the *Material Agreements*):

(1) agreements relating to the acquisition or sale of shares or interests in other companies and which, in each case, provide for a minimum consideration of EUR ...... (...... euros);

(2) lease agreements (*Pacht- und Mietverträge*) relating to real property and which, in each case, provide for a minimum annual payment obligation of EUR ...... (...... euros) and which cannot be terminated within [twelve] months without requiring the respective X-Company to pay a contractual penalty (*Vertragsstrafe*);

(3) credit and other loan agreements, bonds, notes or any other instruments of debt involving any third party (other than the X-Companies) and which, in any given case, have a volume of more than EUR ...... (...... euros);

(4) guarantees, payment guarantees (*Bürgschaften*), assumptions of debt (*Schuldübernahmen*), collateral promises (*Schuldbeitritte*), letters of comfort (*Patronatserklärungen*) and other obligations by

wurden und die einen Wert von ...... EUR (in Worten: ...... Euro) übersteigen;

(5) alle nicht unter § 4.2.7(1) bis § 4.2.7(4) fallende Dauerschuldverhältnisse, die nicht spätestens mit Wirkung zum ...... beendet werden können und deren jährliche Zahlungsverpflichtung für die jeweiligen X-Gesellschaften ...... EUR (in Worten: ...... Euro) überschreitet.

Nach Kenntnis der Verkäuferin sind alle Wesentlichen Verträge zum Zeitpunkt des Abschlusses dieses Vertrages wirksam und bindend. Den X-Gesellschaften sind nach Kenntnis der Verkäuferin bis zum Abschluss dieses Vertrages keine Kündigungen Wesentlicher Verträge zugegangen, und nach Kenntnis der Verkäuferin haben weder die X-GmbH noch eine der Tochtergesellschaften eine wesentliche Verpflichtung aus einem der Wesentlichen Verträge verletzt.

4.2.8 Arbeitsrechtliche Angelegenheiten
(1) Anlage 4.2.8(1) enthält eine Aufstellung von Tarifverträgen und anderen wesentlichen Vereinbarungen mit Gewerkschaften, Betriebsräten und ähnlichen Gremien, an die nach Kenntnis der Verkäuferin die X-Gesellschaften bei Abschluss dieses Vertrages gebunden sind.
(2) Anlage 4.2.8(2) enthält eine Aufstellung derjenigen Beschäftigten der X-Gesellschaften, die zum Zeitpunkt des Abschlusses dieses Vertrages Anspruch auf ein Grundgehalt für das Kalenderjahr ...... (ohne zusätzliche Vergütungsbestandteile wie Boni,

which the debt of a third party (other than the X-Companies) is taken on and which, in any given case, exceed an amount of EUR ...... (...... euros); and

(5) any continuing obligations (*Dauerschuldverhältnisse*) – other than those described in clause 4.2.7(1) through 4.2.7(4) – which cannot be terminated with effect on or before ...... and which provide for annual payment obligations of the respective X-Company/ies in excess of EUR ...... (...... euros).

To the Seller's Knowledge, each of the Material Agreements is, as of the Signing Date, in full force and effect. To the Seller's Knowledge, as of the Signing Date, none of the X-Companies has received a notice of termination and none of the X-Companies is in any material breach of any of the Material Agreements.

4.2.8 Employment Matters
(1) Schedule 4.2.8(1) contains a list of collective bargaining agreements and other material agreements with unions, works councils and similar organizational bodies to which the X-Companies are bound, to the Seller's Knowledge, as of the Signing Date.

(2) Schedule 4.2.8(2) contains a list of employees of the X-Companies who are entitled, as of the Signing Date, to receive in the ...... calendar year a gross annual base salary (excluding compensation elements such as bonuses, stock options, company car and other benefits) in

3. GmbH-Anteilskaufvertrag – knapp, verkäuferfreundlich   C. II. 3

Aktienoptionen, Dienstwagen oder andere Vergünstigungen) von mehr als brutto ...... EUR (in Worten: ...... Euro) haben (nachfolgend gemeinsam als *Leitende Angestellte* und einzeln als *Leitender Angestellter* bezeichnet). Sofern nicht in Anlage 4.2.8(2) angegeben, hat bei Abschluss dieses Vertrages kein Leitender Angestellter seine Kündigung erklärt.

excess of EUR ...... (...... euros) (the *Key Employees*). As of the Signing Date, except as set forth in Schedule 4.2.8(2), no Key Employee has given notice of termination of his or her employment.

4.2.9 Versicherungen
Nach Kenntnis der Verkäuferin bestehen die in Anlage 4.2.9 aufgeführten Versicherungen. Alle fälligen Versicherungsprämien sind bis zum Abschluss dieses Vertrages ordnungsgemäß gezahlt worden. Nach Kenntnis der Verkäuferin bestehen keine Umstände, nach denen die genannten Versicherungen unwirksam sein könnten.

4.2.9 Insurance Policies
To the Seller's Knowledge, the insurance policies listed in Schedule 4.2.9 are valid and in full force. All premiums due on the above policies have been duly paid up until the Signing Date and, to the Seller's Knowledge, there are no facts or circumstances that could render any such policy unenforceable.

4.2.10 Streitigkeiten
Mit Ausnahme der in Anlage 4.2.10 aufgeführten Verfahren sind bei Abschluss dieses Vertrages keine Rechtsstreitigkeiten, schiedsgerichtlichen Verfahren oder Verwaltungsverfahren rechtshängig, die im Einzelfall einen Streitwert von ...... EUR (in Worten: ...... Euro) überschreiten. Nach Kenntnis der Verkäuferin sind den X-Gesellschaften auch keine derartigen Verfahren schriftlich angedroht worden.

4.2.10 Legal Disputes
Except for the proceedings set forth in Schedule 4.2.10, there are no judicial, arbitral or regulatory proceedings, which are pending and involve in any one case an amount in dispute of more than EUR ...... (...... Euros). To the Seller's Knowledge, no such proceedings have been threatened in writing against any of the X-Companies.

4.2.11 Fortführung der Geschäfte[35]
Soweit sich aus Anlage 4.2.11 nichts anderes ergibt, ist der Geschäftsbetrieb der X-Gesellschaften vom ......[36] bis zum Abschluss dieses Vertrages im Rahmen des gewöhnlichen Geschäftsgangs und im Wesentlichen in der gleichen Weise wie zuvor geführt worden. Wesentlich nachteilige Veränderungen im Hinblick auf die Geschäftstätigkeit der X-Gesellschaften im Ganzen haben sich nicht ergeben. Insbesondere haben die

4.2.11 Conduct of Business
Unless otherwise provided in Schedule 4.2.11, since ......, the X-Business Operations have been conducted in the ordinary course of business and substantially in the same manner as before, and there have been no material adverse changes with respect to the X-Business Operations as a whole. Specifically, the X-Companies have not:

Schrader   405

X-Gesellschaften vom ...... bis zum Abschluss dieses Vertrages
(1) an Dritte (ausgenommen die X-Gesellschaften) keine Geschäftsanteile ausgegeben oder ihnen sonstige Beteiligungen gewährt;
(2) außerhalb des gewöhnlichen Geschäftsgangs keine Investitionen getätigt oder vertragliche Verpflichtungen begründet;
(3) keine Vermögensgegenstände des Anlagevermögens außerhalb des gewöhnlichen Geschäftsgangs und außer zu Marktbedingungen erworben oder veräußert;
(4) keine Verbindlichkeiten gegenüber Dritten außerhalb des gewöhnlichen Geschäftsgangs begründet;
(5) Dritten keine Darlehen außerhalb des gewöhnlichen Geschäftsgangs gewährt oder prolongiert; und
(6) keine wesentlichen Veränderungen in den Vertragsbedingungen (einschließlich der Vergütung) der Leitenden Angestellten außerhalb des gewöhnlichen Geschäftsgangs vorgenommen.

4.2.12 Kein Wertabfluss[37]
(1) Mit Ausnahme des unter § 4.2.12 (3) vereinbarten zulässigen Wertabflusses (nachfolgend als *Zulässiger Wertabfluss* bezeichnet) ist vom ......[38] bis zum Abschluss dieses Vertrags kein Wertabfluss i.S.v. § 4.2.12 (2) erfolgt, der nicht vor oder am Unterzeichnungstag behoben worden ist oder vor dem Vollzugstag behoben worden sein wird.
(2) *Wertabfluss* bedeutet (i) jede Dividendenzahlung, Erklärung einer Dividende oder ähnliche Ausschüttung einer X-Gesellschaft (außer zugunsten einer anderen X-Gesellschaft) sowie jede Reduzierung des einge-

(1) issued any shares or similar ownership interests to any third party (other than the X-Companies);
(2) made any capital expenditure or entered into any contract or commitment outside the ordinary course of business;
(3) acquired or disposed of any fixed assets outside the ordinary course of business and other than at arm's length conditions;
(4) incurred any liability vis-à-vis third parties except in the ordinary course of business;
(5) made or renewed any loans to any third party outside the ordinary course of business; or
(6) made any material changes in the terms of employment (including compensation) of any Key Employees other than in the ordinary course of business.

4.2.12 No Leakage
(1) No Leakage other than Permitted Leakage as defined in clause 4.2.12 (3) below has occurred between ...... and the Signing Date that has not been remedied prior to or on the Signing Date, or will not have been remedied prior to the Closing Date.

(2) *Leakage* shall mean (i) any payment or declaration of any dividend or similar distribution by any of the X-Companies (except payments to other X-Companies), or any reduction of its paid-up share capi-

zahlten Stammkapitals der X-Gesellschaften oder (ii) jede Zinszahlung auf oder Rückzahlung von Gesellschafterdarlehen durch eine X-Gesellschaft (außer an eine andere X-Gesellschaft) oder (iii) jede Transaktion zwischen den X-Gesellschaften und der Verkäuferin oder einem mit ihr verbundenen Unternehmen i. S. v. §§ 15 ff. AktG (*die Verbundenen Unternehmen*) (mit Ausnahme der X-Gesellschaften) sowie jede Zahlung der X-Gesellschaften an die Verkäuferin oder ein Verbundenes Unternehmen (mit Ausnahme der X-Gesellschaften), wenn die Transaktion bzw. die Zahlung nicht zu gewöhnlichen Marktbedingungen erfolgt.

(3) *Zulässiger Wertabfluss* bedeutet (i) jede Zahlung bzw. Zahlungsverpflichtung gemäß einem zwischen den X-Gesellschaften und der Verkäuferin oder einem Verbundenen Unternehmen abgeschlossenen Anstellungsvertrag und (ii) jede Zahlung bzw. Zahlungsverpflichtung gemäß Anlage 4.2.12 (3).

tal, or (ii) any payment of interest on, or repayment of principal of, any shareholder loans by the X-Companies (except payments to other X-Companies), or (iii) any of the X-Companies' transactions with, or payments to, the Seller or any of the Seller's Affiliated Companies (other than X-Companies), if the transaction or payment is not made on arms' length terms.

(3) *Permitted Leakage* shall mean (i) any payment (or commitment to pay) to any of the Seller or any of the Seller's Affiliated Companies (other than X-Companies) under any service agreement (*Anstellungsvertrag*), and (ii) any payment or commitment to pay as set forth in Schedule 4.2.12 (3).

4.3 Keine weiteren Garantieversprechen der Verkäuferin

4.3 No other Seller Guarantees

4.3.1 Die Käuferin erkennt ausdrücklich an, die X-Geschäftsanteile und die damit in Zusammenhang stehende Geschäftstätigkeit in dem Zustand zu erwerben, wie sie sich zum Unterzeichnungstag nach ihrer eigenen Untersuchung und Beurteilung sämtlicher Umstände befinden, und den Kauf aufgrund ihrer eigenen Entscheidung, Untersuchung und Beurteilung zu tätigen, ohne hierbei auf irgendwelche ausdrücklichen oder konkludenten Gewährleistungen oder Garantien der Verkäuferin abzustellen, mit Ausnahme derjenigen Garantieversprechen, die von der Verkäuferin

4.3.1 The Purchaser explicitly acknowledges to purchase and acquire the X-Shares and the business associated therewith in the condition they are in on the Signing Date based upon its own inspection and assessment of all the facts and circumstances, and to undertake the purchase based upon its own decision, inspection and assessment without reliance upon any express or implied representations, warranties or guarantees of any nature made by the Seller, except for the guarantees expressly provided by the Seller under this Agreement.

ausdrücklich in diesem Vertrag abgegeben worden sind.

4.3.2 Unbeschadet des vorangegangenen Absatzes akzeptiert die Käuferin insbesondere, dass die Verkäuferin keinerlei Gewährleistungen oder Garantieversprechen abgibt zu
(1) der Käuferin zugänglich gemachten Prognosen, Schätzungen oder Budgets über künftige Einnahmen, Gewinne, Cashflows, die künftige Finanzlage oder den künftigen Geschäftsbetrieb der X-Gesellschaften;

(2) anderen Informationen oder Dokumenten, die der Käuferin, ihren Anwälten, Wirtschaftsprüfern oder sonstigen Beratern in Bezug auf die X-Gesellschaften oder ihre Geschäftstätigkeit zugänglich gemacht worden sind, [einschließlich des Memorandums und der während der Management-Präsentation am ...... mitgeteilten Informationen,] es sei denn, es ergibt sich aus diesem Vertrag ausdrücklich etwas anderes;

(3) Steuerangelegenheiten, mit Ausnahme der Regelungen in § 6.

4.4 Kenntnis der Verkäuferin

Kenntnis der Verkäuferin im Sinne dieses Vertrages (zuvor und nachfolgend als *Kenntnis der Verkäuferin* bezeichnet) umfasst nur die tatsächliche Kenntnis der in Anlage 4.4 aufgeführten Personen bei Abschluss dieses Vertrages.[39]

§ 5 Rechtsfolgen

5.1 Ersatzfähiger Schaden

5.1.1 Im Fall einer Verletzung der Garantieversprechen gemäß § 4 durch die Verkäuferin hat die Verkäuferin die Käuferin so zu stellen, wie sie stehen würde, wenn das Garantieversprechen nicht verletzt worden wäre (Naturalrestitution). Ist die Verkäuferin hierzu innerhalb von drei (3) Monaten, nachdem die Käuferin der Verkäuferin die

4.3.2 Without limiting the generality of the foregoing, the Purchaser acknowledges that the Seller gives no representation, warranty or guarantee with respect to
(1) any projections, estimates or budgets delivered or made available to the Purchaser regarding future revenues, earnings, cash flow, the future financial condition or the future business operation of the X-Companies;

(2) any other information or documents that were delivered or made available to the Purchaser or its counsel, accountants or other advisors with respect to the X-Companies or their business operation, [including, but not limited to, the information memorandum and the information provided during the management presentation delivered on ......,] except as expressly set forth in this Agreement; or

(3) any Tax matters, except as provided for in clause 6.

4.4 Seller's Knowledge

In this Agreement, the *Seller's Knowledge* shall encompass only the actual knowledge of the individuals who are listed in Schedule 4.4, as of the Signing Date.

5. Remedies

5.1 Recoverable Damages

5.1.1 In the event that a Seller Guarantee is breached, the Seller shall be obligated to put the Purchaser in such position as the Purchaser would have been in, had the Seller Guarantee not been breached (restitution in kind – *Naturalrestitution*). If the Seller is unable to achieve such restitution in kind within three (3) months after hav-

Verletzung des Garantieversprechens mitgeteilt hat, nicht im Stande, kann die Käuferin Schadensersatz in Geld verlangen. Der Schadensersatz umfasst nur die tatsächlich und konkret bei der Käuferin entstandenen Schäden. Die Geltendmachung von internen Verwaltungs- oder Gemeinkosten, Folgeschäden, entgangenen Gewinnen oder Einwänden, dass der Kaufpreis aufgrund unrichtiger Annahmen berechnet worden sei, ist ausgeschlossen.

5.1.2 Die Käuferin hat keinerlei Ansprüche gegen die Verkäuferin aus oder im Zusammenhang mit diesem Vertrag, wenn und soweit

(1) der Umstand, aufgrund dessen der Anspruch geltend gemacht wird, sich aus dem Jahresabschluss, dem Jahresabschluss einer Tochtergesellschaft oder Mehrheitsgesellschaft für ...... [Geschäftsjahr] oder dem Konsolidierten Jahresabschluss ergibt;

(2) Schäden der Käuferin durch Ansprüche gegen Dritte, einschließlich gegen Versicherungen, abgedeckt sind; oder

(3) Rückstellungen im Jahresabschluss, dem Jahresabschluss einer Tochtergesellschaft oder Mehrheitsgesellschaft für ...... [Geschäftsjahr] oder dem Konsolidierten Jahresabschluss aufgelöst werden können, eine Wertaufholung abgeschriebener Vermögensgegenstände erfolgen kann oder bereits ganz oder teilweise wertberichtigte Forderungen von Schuldnern nach dem Zahlungsdatum erfüllt werden.

ing been notified by the Purchaser of the breach, then the Purchaser may claim monetary damages (*Schadenersatz in Geld*). Nevertheless, such compensation for damages shall cover only the actual damages incurred by the Purchaser, and will specifically not cover the Purchaser's internal administrative or overhead costs, consequential damages (*Folgeschäden*), loss of profits (*entgangener Gewinn*), and the Purchaser may not claim that the Purchase Price was calculated based on incorrect assumptions.

5.1.2 The Seller shall not be liable for, and the Purchaser shall not be entitled to claim for, any damages incurred by the Purchaser under or in connection with this Agreement, if and to the extent that

(1) the fact, upon which the claim is based, is included in the Financial Statements, the financial statements of any Subsidiary or Mayority Company for fiscal year ...... or the Consolidated Financial Statements;

(2) any damages of the Purchaser are covered by claims against third parties, including, but not limited to, claims against existing insurance carriers; or

(3) provisions (*Rückstellungen*) recognized in the Financial Statements, the financial statements of any Subsidiary or Mayority Company for fiscal year ...... or the Consolidated Financial Statements can be released, assets which had been amortized or depreciated can be written-up (*Wertaufholung*) or accounts receivable, which had already been written-down (*wertberichtigt*) either in whole or in part, are collected from the respective debtors after the Payment Date.

5.2	Freibetrag; Gesamtfreibetrag[40]	5.2	Deductible; Overall-Deductible
	Die Käuferin ist nur berechtigt, Ansprüche nach [§ 4 bis § 6] [aus diesem Vertrag] geltend zu machen, sofern im Einzelfall der Anspruch ...... EUR (in Worten: ...... Euro) (nachfolgend als *Freibetrag* bezeichnet) und die Gesamthöhe aller solcher Einzelansprüche – Ansprüche unterhalb des Freibetrags bleiben insoweit außer Betracht – ...... EUR (in Worten: ...... Euro) übersteigen (nachfolgend als *Gesamtfreibetrag* bezeichnet). Wird der Freibetrag und der Gesamtfreibetrag überschritten, haftet die Verkäuferin nur in Höhe des den Freibetrag und des den Gesamtfreibetrag übersteigenden Betrags.		The Purchaser is entitled to claims [under clause 4 through clause 6] [under this Agreement] only to the extent each individual claim exceeds an amount of EUR ...... (...... euros) (the *Deductible*) and the aggregate amount of all such individual claims exceeds EUR ...... (...... euros) (the *Overall Deductible*). In the event that the Deductible and the Overall Deductible are exceeded, the Purchaser can only claim the amount exceeding Deductible and the amount exceeding the Overall Deductible.
5.3	Gesamthaftung der Verkäuferin nach diesem Vertrag	5.3	Overall Scope of the Seller's Liability pursuant to this Agreement
5.3.1	Soweit ein Garantieversprechen verletzt wird, das sich auf eine derjenigen X-Gesellschaften bezieht, an denen die Verkäuferin bei Vollzug (direkt oder indirekt) weniger als 100 Prozent hält, haftet die Verkäuferin nur pro rata in Höhe ihrer Beteiligung an der betreffenden X-Gesellschaft.	5.3.1	To the extent any Seller Guarantee relating to one of the X-Companies in which the Seller holds, at the point of time the assignment of the X-Shares becomes effective, (directly or indirectly) less than one-hundred percent (100%) is breached, the Seller shall be liable to the Purchaser only for the damage pro rated to the Seller's equity shareholding in such X-Company.
5.3.2	Die Haftung der Verkäuferin nach diesem Vertrag, einschließlich aller Ansprüche wegen Verletzung der Garantieversprechen nach § 4, ist insgesamt auf einen Betrag in Höhe von zehn (10) Prozent des Kaufpreises [Alternative: ...... EUR (in Worten: ...... Euro)] (der *Haftungshöchstbetrag*) begrenzt[41]. Der Haftungshöchstbetrag findet keine Anwendung auf eine Verletzung der Garantieversprechen der §§ 4.2.1(1) bis 4.2.1(3) sowie die Haftung der Verkäuferin aus § 6. Die Haftung der Verkäuferin gemäß Satz 1 und Satz 2 ist jedoch insgesamt auf einen Betrag in Höhe des Kaufpreises begrenzt.	5.3.2	The Seller's aggregate liability under this Agreement, which includes but is not limited to any and all claims for breach of any of the Seller Guarantees pursuant to clause 4, shall be limited to ten percent (10%) of the Purchase Price [Alternative: to EUR ...... (...... euros)] (the *Liability Cap*). Such Liability Cap shall not apply to a breach of any of the Seller Guarantees set forth in clauses 4.2.1(1) through 4.2.1(3) or to the liability of the Seller pursuant to clause 6. The overall liability of the Seller under the preceding sentences 1 and 2 shall in no event exceed the Purchase Price.

5.4	Ausschluss von Ansprüchen bei Kenntnis der Käuferin	5.4	Exclusion of Claims due to Purchaser's Knowledge

Die Käuferin ist nicht berechtigt, Ansprüche nach § 4 bis § 6 geltend zu machen, sofern sie die dem Anspruch zugrundeliegenden Tatsachen oder Umstände kannte oder kennen konnte. Der Käuferin wurde vor Abschluss dieses Vertrages die Gelegenheit zu einer eingehenden Untersuchung des Zustandes der X-Gesellschaften, der Minderheitsgesellschaften sowie deren jeweiliger geschäftlicher Aktivitäten unter kaufmännischen, finanziellen und rechtlichen Gesichtspunkten gegeben, u. a. die Gelegenheit zur Prüfung der in Anlage 5.4 aufgeführten und im Datenraum offengelegten Unterlagen (nachfolgend als *Offengelegte Unterlagen* bezeichnet). Tatsachen und Umstände, die sich aus den Offengelegten Unterlagen ergeben oder die im Information Memorandum, der Management-Präsentation vom ...... oder in diesem Vertrag oder seinen Anlagen bezeichnet worden sind, gelten als der Käuferin bekannt. Die Kenntnis der Geschäftsführer der Käuferin, ihrer Berater und derjenigen Mitarbeiter, die mit der Due Diligence im Vorfeld dieses Vertrages betraut waren, werden der Käuferin zugerechnet.

The Purchaser shall not be entitled to bring any claim under clause 4 through clause 6 if the underlying facts or circumstances to which the claim relate were known, or could have been known, by the Purchaser, taking into account that the Purchaser, prior to entering into this Agreement, has been given the opportunity to conduct a thorough review of the condition and status of the X-Companies, the Minority Companies and their respective businesses from a commercial, financial and legal perspective, *inter alia*, to a review of the documents identified in Schedule 5.4 or disclosed in the data room (the *Disclosed Documents*). Facts and circumstances that could reasonably be concluded from the Disclosed Documents, as well as facts and circumstances identified in the Information Memorandum, the management presentation delivered on ......, or in this Agreement or its Exhibits and Schedules are deemed to be known by the Purchaser. The knowledge of the Purchaser's managing directors, advisors and those of its employees who were engaged in and familiar with the due diligence exercise undertaken before the conclusion of this Agreement, shall be imputed to the Purchaser.

5.5	Mitteilung an die Verkäuferin; Verfahren bei Ansprüchen Dritter	5.5	Notification to Seller; Procedure in Case of Third Party Claims
5.5.1	Im Fall einer tatsächlichen oder möglichen Verletzung eines Garantieversprechens gemäß § 4 ist die Käuferin verpflichtet, der Verkäuferin unverzüglich nach Kenntniserlangung schriftlich die tatsächliche oder mögliche Verletzung unter genauer Beschreibung der zugrundeliegenden Umstände mitzuteilen und soweit möglich die geschätzte Höhe des Anspruches	5.5.1	In the event of an actual or potential breach of a Seller Guarantee, the Purchaser shall, without undue delay after becoming aware of the matter, provide the Seller with written notice of such alleged breach, describing the potential claim in detail and, to the extent practical, stating the estimated amount of such claim and shall give the Seller the opportunity to

anzugeben. Der Verkäuferin ist ferner die Gelegenheit zu geben, die Verletzung innerhalb des in § 5.1 genannten Zeitraums zu beheben.

5.5.2 Sollten im Zusammenhang mit der Verletzung eines Garantieversprechens gemäß § 4 von dritter Seite Ansprüche oder Forderungen gegen die Käuferin oder eine der X-Gesellschaften oder Minderheitsgesellschaften geltend gemacht werden, ist die Käuferin verpflichtet,
(1) der Verkäuferin eine Abschrift dieser Ansprüche oder Forderungen und aller fristbezogenen Dokumente zukommen zu lassen und
(2) der Verkäuferin die Gelegenheit einzuräumen, für die Käuferin oder die X-Gesellschaften solche Ansprüche oder Forderungen abzuwehren. Die Verkäuferin ist berechtigt, hierzu alle geeigneten Verfahren einzuleiten, und nur sie ist berechtigt, diese Abwehrmaßnahmen zu koordinieren.

Insbesondere ist die Verkäuferin uneingeschränkt berechtigt,
(1) an allen Verhandlungen und dem Schriftverkehr mit der dritten Partei federführend teilzunehmen,
(2) insbesondere einen Anwalt zu beauftragen, der im Namen der Käuferin oder einer der X-Gesellschaften tätig wird, und
(3) zu verlangen, dass etwaige gerichtliche Verhandlungen der Ansprüche oder ein außergerichtlicher Vergleich nach Anweisung der Verkäuferin zu erfolgen hat. Die Verkäuferin ist verpflichtet, diese Verfahren nach Treu und Glauben zu führen. Sie hat dabei angemessene Rücksicht auf die Interessen der Käuferin zu nehmen.

5.5.3 Die Käuferin und die X-Gesellschaften sind unter keinen Um-

cure the breach within the period of time indicated in clause 5.1.

5.5.2 Furthermore, if, in connection with a breach of a Seller Guarantee, any claim or demand of a third party is asserted against the Purchaser or any of the X-Companies or the Minority Companies, then the Purchaser shall

(1) make available to the Seller a copy of the third party claim or demand and of all time-sensitive documents, and
(2) give the Seller the opportunity to defend the Purchaser or any of the X-Companies against such claims. The Seller will have the right to defend against the claims by instituting all appropriate proceedings and will have the sole power to direct and control such defense.

Above all, the Seller has the unconditional right to
(1) participate in and lead all negotiations and correspondence with the third party,
(2) appoint and instruct legal counsel to act for and on behalf of the Purchaser or any of the X-Companies, and
(3) request that a claim be litigated or settled out of court in accordance with the Seller's instructions. The Seller shall conduct such proceedings in good faith (*nach Treu und Glauben*) with reasonable regard to the concerns of the Purchaser.

5.5.3 In no event shall the Purchaser or any of the X-Companies be enti-

ständen berechtigt, ohne vorherige schriftliche Zustimmung der Verkäuferin Ansprüche anzuerkennen, sich zu vergleichen oder eine Anerkennung oder einen Vergleich zu genehmigen, soweit diese Ansprüche zu einer Haftung der Verkäuferin nach diesem Vertrag führen können. Die Käuferin und die X-Gesellschaften sind verpflichtet, auf eigene Kosten bei der Abwehr von Ansprüchen Dritter mit der Verkäuferin uneingeschränkt zusammenzuwirken, der Verkäuferin und ihren Vertretern (einschließlich Beratern) Zugang zu allen geschäftlichen Unterlagen und Dokumenten zu gewähren sowie der Verkäuferin und ihren Vertretern zu gestatten, die Geschäftsführung, Mitarbeiter und Vertreter der Käuferin oder der X-Gesellschaften zu Beratungen hinzuzuziehen. In dem Umfang, wie die Verkäuferin ein Garantieversprechen nach § 4 verletzt hat, ist die Verkäuferin auch verpflichtet, daraus entstandene Kosten und Auslagen der Abwehr solcher Ansprüche zu tragen. Stellt sich nachträglich heraus, dass der Verkäuferin keine Verletzung angelastet werden kann, sind die Käuferin und die X-Gesellschaften verpflichtet, alle der Verkäuferin entstandenen angemessenen Kosten und Auslagen (einschließlich Kosten der Berater) zu tragen, die der Verkäuferin im Zusammenhang mit der Abwehr solcher Ansprüche entstanden sind. Die Käuferin verpflichtet sich, dafür Sorge zu tragen, dass die X-Gesellschaften die in diesem § 5.5 geregelten Verpflichtungen einhalten.

tled to acknowledge or settle a claim or permit any such acknowledgement or settlement without the Seller's prior written consent, to the extent that such claims may result in the Seller's liability under this Agreement. The Purchaser and the X-Companies shall, at their own expense, fully cooperate with the Seller in the defense of any third party claim, provide the Seller and its representatives (including its advisors) access to all relevant business records and documents, and permit the Seller and its representatives to consult with the directors, officers, employees and representatives of the Purchaser or any of the X-Companies. To the extent that the Seller is in breach of a Seller Guarantee, all costs and expenses incurred by the Seller in defending such claim shall be borne by the Seller. If it later emerges that the Seller was not in breach, then any costs and expenses reasonably incurred by the Seller in connection with the defense (including advisors' fees) shall be borne by the Purchaser and the X-Companies. The Purchaser shall ensure that the X-Companies fully comply with their obligations under this clause 5.5.

5.5.4 Kommt die Käuferin ihren Verpflichtungen gemäß § 5.5 nicht vollumfänglich nach, wird die Verkäuferin von ihren Verpflichtungen aus § 4 und § 5 frei.

5.5.4 The failure of the Purchaser to fully comply with its obligations under this clause 5.5 shall release the Seller from its respective obligations under clauses 4 and 5.

5.6 Schadensminderung
§ 254 BGB bleibt unberührt. Insbesondere ist die Käuferin ver-

5.6 Mitigation
Sec. 254 of the BGB shall remain applicable. In other words, the

pflichtet, die Entstehung von Schäden abzuwenden und den Umfang entstandener Schäden zu mindern.

5.7 Verjährung[42]

Alle Ansprüche wegen Verletzung eines Garantieversprechens der Verkäuferin nach § 4 verjähren nach Ablauf von zwölf (12) Monaten ab dem Zahlungstag, mit Ausnahme der Ansprüche wegen Verletzung eines Garantieversprechens nach den §§ 4.2.1(1) bis 4.2.1(3), die nach Ablauf von fünf (5) Jahren ab dem Zahlungstag verjähren. Ansprüche aus Steuerangelegenheiten (§ 6) verjähren nach Maßgabe von § 6.9. § 203 BGB findet keine Anwendung.

5.8 Ausschluss weiterer Ansprüche

Soweit rechtlich zulässig und sofern sich nicht aus den §§ 4 bis 6 ausdrücklich etwas Anderes ergibt, sind alle weiteren Ansprüche und Gewährleistungen unabhängig von ihrer Entstehung, ihrem Umfang oder ihrer rechtlichen Grundlage ausdrücklich ausgeschlossen, insbesondere Ansprüche wegen vorvertraglicher Pflichtverletzung (§§ 311 Abs. 2 und 3, 241 Abs. 2 BGB), wegen Verletzung einer Pflicht aus dem Schuldverhältnis, Ansprüche aufgrund gesetzlicher Gewährleistungsbestimmungen oder unerlaubter Handlungen sowie alle sonstigen Ansprüche, die als Folge eines Rücktritts, einer Anfechtung oder Minderung oder aus anderen Gründen eine Beendigung, Unwirksamkeit oder Rückabwicklung dieses Vertrages, eine Änderung seines Inhalts oder eine Rückzahlung oder Reduzierung des Kaufpreises zur Folge haben können, es sei denn, der Anspruch beruht auf einer vorsätzlichen Handlung oder arglistigen Täuschung durch die Verkäuferin.

Purchaser is obliged above all to prevent the occurrence of any damages and to limit the scope of any damages incurred.

5.7 Time Limits

All claims for any breach of Seller Guarantees pursuant to clause 4 above shall become time-barred (*verjähren*) twelve (12) months after the Payment Date, except for claims based on a breach of the Seller Guarantees given under clauses 4.2.1 (1) through 4.2.1 (3) which shall become time-barred five (5) years after the Payment Date. Claims with respect to Taxes (clause 6) shall become time-barred in accordance with clause 6.9. Sec. 203 of the BGB shall not apply.

5.8 Exclusion of Further Remedies

To the extent permitted by law and unless expressly provided otherwise under clause 4 through clause 6, any further claims and remedies – irrespective of their nature, amount or legal basis – are hereby expressly waived, including without limitation claims for breach of a pre-contractual duty (sec. 311 para. 2 and 3, 241 para. 2 of the BGB), claims based on a breach of duty in an obligation relationship (*Verletzung einer Pflicht aus dem Schuldverhältnis*), claims based on statutory warranty provisions (*gesetzliche Gewährleistungsbestimmungen*) and liability in tort (*unerlaubte Handlung*) as well as any and all other claims which could, due to a rescission (*Rücktritt*), action for avoidance (*Anfechtung*), reduction of the purchase price (*Minderung*) or other reasons, result in the termination (*Beendigung*), invalidity (*Unwirksamkeit*) or a winding-up or restitution *ex tunc* (*Rückabwicklung*) of this Agreement, in an amendment of its content or in a refund or reduction of the Purchase Price, except if and to the

			extent that any such claim is based on a willful act (*vorsätzliche Handlung*) or on fraudulent misrepresentation (*arglistige Täuschung*) of the Seller.
5.9	Behandlung von Zahlungen Zahlungen der Verkäuferin gemäß §§ 5 und 6 sind im Verhältnis zwischen Käuferin und Verkäuferin als Herabsetzung des Kaufpreises anzusehen.[43]	5.9	Treatment of Payments Any payments made by the Seller pursuant to clause 5 and clause 6 shall be considered a reduction of the Purchase Price as between the Seller and the Purchaser.

§ 6 Steuern / 6. Taxes

6.1	Steuern[44] Steuern im Sinne dieses Vertrages sind alle von einer zuständigen Bundes-, Landes- oder Kommunalbehörde (nachfolgend als *Steuerbehörde(n)* bezeichnet) erhobenen Steuern i. S. d. § 3 Abs. 1 und 3 AO oder entsprechender Regelungen eines ausländischen Rechts, zuzüglich steuerlicher Nebenleistungen (wie z. B. Zinsen, Kosten, Steuerzuschläge) i. S. v. § 3 Abs. 4 AO oder entsprechender Regelungen eines ausländischen Rechts sowie Haftungsverbindlichkeiten für vorstehend genannte Steuern.	6.1	Definitions In this Agreement, *Taxes* means any and all taxes within the meaning of sec. 3 paras. 1 and 3 of the German General Fiscal Code (*Abgabenordnung* – AO), or corresponding foreign law provisions which are imposed by any federal, state or local tax authority with jurisdiction to levy such tax (a *Tax Authority*), together with any incidental tax charges (*steuerliche Nebenleistungen*) (such as e. g. interest, costs, tax surcharges (*Steuerzuschläge*)) within the meaning of sec. 3 para. 4 of the AO, or corresponding foreign law provisions, as well as any liabilities for any of the aforementioned taxes.
6.2	Steuererklärungen und Steuerzahlungen bis zum Zahlungstag[45] Die Verkäuferin garantiert im Wege eines selbstständigen Garantieversprechens, für welches die Beschränkungen des § 5 entsprechend gelten, dass (1) die X-Gesellschaften alle wesentlichen Steuererklärungen bis zum Zahlungstag rechtzeitig abgegeben haben oder sie rechtzeitig abgeben werden (unter Berücksichtigung aller von einer Steuerbehörde gewährten Fristverlängerungen) und	6.2	Tax Returns and Tax Payments made on or before the Payment Date The Seller guarantees to the Purchaser, by way of an independent promise of guarantee (*selbständiges Garantieversprechen*) pursuant to sec. 311 para. 1 of the BGB to which the limitations contained in 5 shall apply *mutatis mutandis*, that (1) the X-Companies have duly and timely filed, or will duly and timely (taking into account any Tax extensions granted by a competent Tax Authority) file on or before the Payment Date, all material Tax returns, and

(2) alle fälligen Steuern bis zum Zahlungstag entrichtet worden sind oder entrichtet werden.

6.3 **Steuerrechtliche Freistellung**[46, 47]

6.3.1 Die Verkäuferin verpflichtet sich, die Käuferin von allen fälligen Steuerverbindlichkeiten der X-Gesellschaften für die steuerlichen Veranlagungs- und Erhebungszeiträume bis zum ......[48] freizustellen. Eine Freistellung nach Satz 1 besteht nicht, wenn und soweit solche Steuerverbindlichkeiten

(1) die im Konsolidierten Jahresabschluss zum ......[49] für Steuern ausgewiesenen Rückstellungen und Verbindlichkeiten übersteigen, unabhängig davon, ob die Rückstellungen oder Verbindlichkeiten für diejenige Steuer gebildet wurden, die den Anspruch auf die Steuerfreistellung begründet[50];

(2) Gegenstand eines wirksamen und vollstreckbaren Anspruches auf Steuerrückerstattung oder Freistellung gegen Dritte sind[51];

(3) das Ergebnis einer Restrukturierung oder anderer von der Käuferin oder einer der X-Gesellschaften vorgenommener Maßnahmen sind;

(4) gegen künftige, nach dem ......[52] entstehende Steuerminderungen aufgerechnet werden können, die sich aus dem Anspruchsgrund für die steuerrechtliche Freistellung ergeben (wie zum Beispiel wegen Verlängerung des Abschreibungszeitraums oder Phasenverschiebung);

(5) Steuervorteilen der X-Gesellschaften, der Käuferin oder eines verbundenen Unternehmens der Käuferin i. S. d. §§ 15 ff. AktG gegenüberstehen.

6.3.2 Von der Verkäuferin geschuldete Zahlungen nach § 6 sind innerhalb von zwanzig (20) Bankarbeitsta-

(2) all Taxes due and payable by the X-Companies have been, or will be, paid on or before the Payment Date.

6.3 Tax Indemnification

6.3.1 The Seller agrees to indemnify the Purchaser from and against all Tax liabilities due and payable by the X-Companies for Tax assessment periods ending on or before ......, unless and except to the extent that such Tax liabilities

(1) exceed the Tax accruals and liabilities shown in the Consolidated Financial Statements as of ......, irrespective of whether the accrual or liability was made for the Tax that actually triggers the Tax indemnification claim; or

(2) are the subject of a valid and enforceable claim for a Tax refund or for indemnification from a third party; or

(3) are the result of a reorganization or other measures initiated by the Purchaser or any of the X-Companies; or

(4) can be offset against future Tax reductions (*Steuerminderungen*) which arise after ...... out of the circumstance giving rise to the Tax indemnification claim, e. g. resulting from an extension or deferral of depreciation periods (*Verlängerung des Abschreibungszeitraums oder Phasenverschiebung*); or

(5) correspond to Tax benefits of any of the X-Companies, the Purchaser or any of the Purchaser's Affiliated Companies.

6.3.2 Indemnification payments due by the Seller under this clause 6 shall be made within twenty (20) Busi-

gen nach schriftlicher Mitteilung durch die Käuferin an diese zu leisten, vorausgesetzt dass Zahlungen an die Steuerbehörden in diesem Umfang fällig sind. Die Verkäuferin ist in keinem Fall verpflichtet, früher als zwei Bankarbeitstage, bevor die Zahlung gegenüber der Steuerbehörde fällig wird, zu zahlen. Für den Fall, dass eine Steuerverbindlichkeit nach Maßgabe des § 6.6.2 bestritten wird, ist die Begleichung dieser Steuerverbindlichkeit erst dann als fällig anzusehen, wenn eine endgültige, bestandskräftige Festsetzung entweder durch die Steuerbehörde oder durch die zuständigen Finanzgerichte erfolgt ist, falls die Steuerbehörde bis zur endgültigen und bestandskräftigen Festsetzung eine Zahlungsfreistellung gewährt hat. Ist dies nicht der Fall, ist die Verkäuferin verpflichtet, entsprechende Vorauszahlungen auf die steuerrechtlichen Freistellungsansprüche an die Käuferin zu leisten, falls die Käuferin Sicherheit durch Bürgschaft einer angesehenen Bank für etwaige nachträgliche Erstattungsansprüche der Verkäuferin entsprechend dem nachfolgendem Satz stellt. Ist die endgültige Höhe des steuerrechtlichen Freistellungsanspruches niedriger als die Vorauszahlungen der Verkäuferin, hat die Käuferin die Differenz nebst allen angefallenen Zinsen zu erstatten.

ness Days following written notice by the Purchaser to the Seller, provided that the payment of such amounts to the Tax Authority is due. The Seller shall not be required to make any payment earlier than two (2) Business Days before such Taxes are due to the Tax Authority. In case of any Tax being contested in accordance with clause 6.6.2, payment of such Tax to the Tax Authority will be considered due no earlier than on the date a final (*bestandskräftig*) determination to such effect is made by either the Tax Authority or a court of proper jurisdiction, provided that the Tax Authority has granted relief from paying the assessed Tax until such Tax becomes final and binding. If this is not the case, the Seller shall make a respective advance indemnification payment to the Purchaser, provided that the Purchaser provides a payment guarantee (*Bürgschaft*) by a reputable bank as security for any reimbursement claims of the Seller which might arise pursuant to the subsequent sentence. If the final Tax indemnification claim of the Purchaser is lower than the advance indemnification payments made by the Seller, then the Purchaser shall reimburse the difference, including all interest earned thereon, if any.

6.4 Steuererklärungen nach dem Zahlungstag
Die Verkäuferin ist verpflichtet, alle Steuererklärungen für die X-GmbH und ihre Tochtergesellschaften (einschließlich der Steuererklärungen für steuerliche Organschaften) vorzubereiten und abzugeben, die von der oder für die X-GmbH und ihren Tochtergesellschaften vor dem Zahlungstag für den Zeitraum bis zum ....[53] abzugeben sind. Die Käuferin ist ver-

6.4 Tax Returns after the Payment Date
The Seller shall prepare and file all Tax returns for X-GmbH and its Subsidiaries (including Tax returns for integrated tax groups (*steuerliche Organschaften*)) required to be filed by or on behalf of X-GmbH and its Subsidiaries before the Payment Date for the period ending on .... The Purchaser is obligated to prepare and file, or cause the relevant X-Companies to

pflichtet, alle Steuererklärungen vorzubereiten, abzugeben oder von den betreffenden X-Gesellschaften vorbereiten und abgeben zu lassen, die von der oder für die X-Gesellschaften nach dem Zahlungstag abzugeben sind, dies jedoch – im Falle von Steuererklärungen für den Zeitraum bis zum ......[54] – nur nach Prüfung und Zustimmung durch die Verkäuferin (welche nicht unbillig verweigert werden darf). Die Steuererklärungen für Zeiträume bis zum ......[55] sind in Übereinstimmung mit den Steuererklärungen für frühere Veranlagungs- und Erhebungszeiträume zu fertigen. Die Käuferin steht dafür ein, dass alle Steuererklärungen, die der Prüfung und Zustimmung durch die Verkäuferin bedürfen, dieser nicht später als 30 Tage vor Abgabefrist der entsprechenden Steuererklärung zugehen. Hinsichtlich der Prüfung solcher Steuererklärungen durch die Verkäuferin gilt § 5.5.3 entsprechend.

prepare and file, all Tax returns required to be filed by or on behalf of the X-Companies after the Payment Date, but – in the case of Tax returns for the period ending on ...... – only after a review by and approval from the Seller (which may not be unreasonably withheld). All Tax return filings for periods up to and including ...... shall be prepared in consistence with those prepared for prior Tax assessment periods. The Purchaser shall ensure that any Tax return filing which must be reviewed and approved by the Seller, is furnished to the Seller no later than thirty (30) Business Days prior to the due date of such Tax filing. Clause 5.5.3 shall apply to such reviews *mutatis mutandis*.

6.5 Steuerrechtliche Zusicherungen

Die Käuferin steht dafür ein, dass, soweit nicht von einer Steuerbehörde verlangt oder nach anderen zwingenden Vorschriften erforderlich und nachdem der Verkäuferin die Gelegenheit zum Eingreifen gegeben worden ist, weder sie noch eine ihrer Tochtergesellschaften (einschließlich der X-Gesellschaften nach dem Übergang der X-Geschäftsanteile)

(1) am oder nach dem Zahlungstag Maßnahmen ergreift, die Anlass zu einer steuerlichen Haftung der Verkäuferin oder ihrer Verbundenen Unternehmen geben oder zu einer Reduzierung ihrer steuerlichen Rückerstattungsansprüche oder ähnlicher Ansprüche führen könnten;

(2) Steuerwahlrechte ausübt oder abändert, Steuererklärungen abändert, steuerliche Auffas-

6.5 Tax Covenants

The Purchaser covenants to the Seller that except as required by any Tax Authority or otherwise compelled by mandatory law and after having given the Seller the opportunity to intervene, neither the Purchaser nor any of its subsidiaries (including – after the transfer of the X-Shares – the X-Companies) will

(1) take any action on or after the Payment Date that could give rise to any Tax liability of the Seller or its Affiliated Companies or that could reduce their Tax refund claims or similar claims;

(2) make or change any Tax election, amend any Tax return, take a Tax position, undertake

sungen vertritt, Handlungen ergreift oder unterlässt oder Transaktionen, Zusammenschlüsse oder Restrukturierungen vornimmt, die zu einer erhöhten steuerlichen Haftung (einschließlich Haftung aus steuerrechtlichen Freistellungsansprüchen) der Verkäuferin oder ihrer Verbundenen Unternehmen oder zu einer Reduzierung ihrer steuerlichen Rückerstattungsansprüche oder ähnlicher Ansprüche führen könnten.

6.6 Freistellungsverfahren[56]

6.6.1 Nach dem Zahlungstag hat die Käuferin der Verkäuferin von allen angekündigten oder laufenden Steuerprüfungen und sonstigen Verwaltungs- und Gerichtsverfahren, die eine Freistellung durch die Verkäuferin gemäß § 6 erforderlich machen könnten oder aber zu einer Steuererstattung zugunsten der Verkäuferin gemäß § 6 führen könnten, unverzüglich Mitteilung zu machen. Die Mitteilung hat schriftlich zu erfolgen und den Gegenstand der Steuerprüfung oder der behaupteten Steuerverbindlichkeit vollständig zu enthalten. Ferner sind sämtliche Unterlagen der Steuerbehörde bzw. des Gerichts über die Steuerprüfung oder die behauptete Steuerverbindlichkeit in Kopie beizufügen. Die Käuferin steht dafür ein, dass die X-Gesellschaften der Verkäuferin die Teilnahme an der Steuerprüfung ermöglichen. Wird der Verkäuferin nicht unverzüglich gemäß den vorstehenden Sätzen 1 bis 3 Mitteilung gemacht, wird die Verkäuferin von ihrer Verpflichtung frei, die Käuferin von Schäden aufgrund der behaupteten Steuerverbindlichkeiten freizustellen.

6.6.2 Die Verkäuferin ist berechtigt, entweder selbst oder durch Berater ihrer Wahl und auf ihre Kosten Prüfungen, Verwaltungs- oder Ge-

or omit to undertake any action or enter into any transaction, merger or restructuring that results in an increased Tax liability (including liability under a Tax indemnification claim) of the Seller or its Affiliated Companies or that could reduce their Tax refund claims or similar claims.

6.6 Indemnification Procedures

6.6.1 Following the Payment Date, the Purchaser shall without undue delay notify the Seller of any Tax audits or regulatory or judicial proceedings that are announced or commenced and that might constitute a basis for indemnification by, or result in Tax refund claim to the benefit of, the Seller pursuant to this clause 6. Such notice shall be made in writing and shall contain full factual information describing the object of the Tax audit or the asserted Tax liability and shall include copies of any notice or other documents received from the Tax Authority or the courts in respect of any such Tax audit or asserted Tax liability. The Purchaser shall further ensure that the X-Companies allow the Seller to fully participate in such Tax audit. If the Seller is not notified without undue delay as required under the preceding sentences 1 through 3, then the Seller shall not have any obligation to indemnify the Purchaser for any damages arising out of such asserted Tax liability.

6.6.2 The Seller may elect – on its own or through counsel of its choice and at its expense – to direct any audits, regulatory proceedings or

richtsverfahren durchzuführen und Rückerstattungsansprüche geltend zu machen, die im Zusammenhang mit allen behaupteten Steuerverbindlichkeiten stehen und zu einem Freistellungsanspruch nach § 6 führen können (diese Prüfungen, Rückerstattungsansprüche oder Verfahren im Zusammenhang mit einer behaupteten Steuerverbindlichkeit werden nachfolgend zusammen als *Steuerauseinandersetzung* bezeichnet). Die Verkäuferin ist verpflichtet, innerhalb von 25 Bankarbeitstagen nach Zugang der schriftlichen Mitteilung der Käuferin gemäß § 6.6.1 der Käuferin ihre Absicht mitzuteilen, eine Steuerauseinandersetzung durchzuführen. Die Käuferin ist verpflichtet, mit der Verkäuferin zusammenzuwirken und die X-Gesellschaften oder ihre Rechtsnachfolger zur Mitwirkung in allen Verfahrensstadien der Steuerauseinandersetzung und auf Kosten der Verkäuferin zu veranlassen. Wird von der Verkäuferin keine Steuerauseinandersetzung durchgeführt oder wird der Käuferin keine Mitteilung über diese Entscheidung gemacht, können die Käuferin, die X-GmbH oder die betreffende Tochtergesellschaft oder Mehrheitsgesellschaft die behaupteten Steuerverbindlichkeiten begleichen, hierüber einen Vergleich abschließen oder diese anfechten (wobei weder die Käuferin noch eine der X-Gesellschaften eine behauptete Steuerverbindlichkeit begleichen oder hierüber einen Vergleich schließen darf, wenn die Verkäuferin hiergegen Einwände erhoben hat). Ungeachtet dessen kann die Verkäuferin auf eigene Kosten an jeder Steuerauseinandersetzung teilnehmen. Entscheidet sich die Verkäuferin für die Durchführung einer Steuerauseinandersetzung, hat die Käuferin unverzüglich dem von der Verkäuferin bezeichneten Vertreter eine

judicial proceedings or enforce any refund claims, which proceedings and claims relate to any asserted Tax liabilities with respect to which indemnity may be sought under this clause 6 (any such audit, claim for refund or proceeding relating to an asserted Tax liability will hereinafter be referred to as a *Tax Dispute*). If the Seller elects to direct a Tax Dispute, then the Seller shall, within twenty-five (25) Business Days of receipt of the Purchaser's written notice pursuant to clause 6.6.1, notify the Purchaser of its intent to do so, and the Purchaser shall cooperate and cause the X-Companies or their legal successors to cooperate, at the Seller's expense, in each phase of such Tax Dispute. If the Seller does not elect to direct such Tax Dispute or fails to notify the Purchaser of its election as herein provided, then the Purchaser, X-GmbH or the respective Subsidiary or Majority Company may pay, settle or formally challenge the validity of such asserted Tax liability (whereas neither the Purchaser nor any of the X-Companies may settle or reach a settlement agreement with respect to any asserted Tax liability, if the Seller has raised objections against such settlement). In any event, the Seller may participate, at its own expense, in any Tax Dispute. If the Seller chooses to commence a Tax Dispute, then the Purchaser shall without undue delay authorize, and shall cause the respective X-Companies to authorize (by power-of-attorney and such other documentation as may be necessary and appropriate), the designated representative of the Seller to represent the Purchaser, X-GmbH or the respective Subsidiary/ies or Majority Company/ies or their legal successors in the Tax Dispute.

Vollmacht zu erteilen und von den X-Gesellschaften wirksam erteilen zu lassen, mit der die Käuferin, die X-GmbH oder die entsprechende(n) Tochtergesellschaft(en) oder Mehrheitsgesellschaft(en) oder ihre Rechtsnachfolger bei der Steuerauseinandersetzung vertreten werden.

6.7 Steuerrückerstattungen

Erhält die X-GmbH oder eine der Tochtergesellschaften oder Mehrheitsgesellschaften eine Steuerrückerstattung für den Zeitraum bis zum ......[57] (soweit nicht im Konsolidierten Jahresabschluss der X-GmbH aktiviert)[58], hat die Käuferin den Betrag der Steuerrückerstattung an die Verkäuferin zu zahlen. Die Käuferin ist verpflichtet, der Verkäuferin unverzüglich Mitteilung über derartige Steuerrückerstattungen zu machen.

6.8 Umfang der Verkäuferhaftung bei Mehrheitsgesellschaften

Soweit sich ein Anspruch der Käuferin nach § 6 auf eine Mehrheitsgesellschaft bezieht, haftet die Verkäuferin nur pro rata in Höhe ihrer Beteiligung an der betreffenden Mehrheitsgesellschaft.

6.9 Verjährung

Ansprüche der Käuferin nach § 6 verjähren drei Monate nach endgültiger und bestandskräftiger Festsetzung der betreffenden Steuern, spätestens jedoch fünf Jahre nach dem Zahlungstag.

§ 7 Selbstständige Garantieversprechen der Käuferin

7.1 Garantieversprechen

Die Käuferin garantiert hiermit im Wege eines selbstständigen Garantieversprechens gemäß § 311 Abs. 1 BGB Folgendes:

7.1.1 Die Käuferin ist nach ...... Recht ordnungsgemäß errichtet, besteht

6.7 Tax Refunds

If X-GmbH or any Subsidiary or Majority Company receives a Tax refund relating to any period ending on or before ...... (to the extent the refund is not capitalized (*aktiviert*) in the Consolidated Financial Statements of X-GmbH), the Purchaser shall pay the amount of the Tax refund to the Seller. The Purchaser shall without undue delay notify the Seller of any such Tax refund relating to any period ending on or before ....

6.8 Scope of Seller's Liability in Majority Companies

To the extent a claim of the Purchaser under this clause 6 refers to any of the Majority Companies, the Seller shall be liable to the Purchaser only for a damage *pro rated* to the Seller's equity interest in such Majority Company.

6.9 Time Limits

All claims of the Purchaser under this clause 6 shall be time-barred three (3) months after the final and binding assessment of the relevant Taxes, at the latest, however, five (5) years after the Payment Date.

7. Purchaser Guarantees

7.1 Guarantees

The Purchaser hereby guarantees, by way of an independent promise of guarantee (*selbständiges Garantieversprechen*) pursuant to sec. 311 para. 1 of the BGB, as follows:

7.1.1 The Purchaser is duly incorporated and validly existing under the laws

	wirksam und verfügt über die notwendige gesellschaftsrechtliche Verfügungsmacht, um ihre Vermögensgegenstände zu besitzen und ihren Geschäftsbetrieb zu führen.	of ...... and has all requisite corporate power and authority to own its assets and to carry out its business.
7.1.2	Die Käuferin verfügt über die erforderliche gesellschaftsrechtliche Verfügungsmacht und ist durch alle notwendigen gesellschaftsrechtlichen Handlungen ordnungsgemäß ermächtigt, diesen Vertrag und die hiernach vorgesehenen Rechtsgeschäfte abzuschließen und durchzuführen.	7.1.2 The Purchaser has all requisite corporate power and authority and has been duly authorized by all necessary corporate actions to enter into and perform this Agreement and the legal transactions (*Rechtsgeschäfte*) contemplated herein.
7.1.3	Die Durchführung und Erfüllung dieses Vertrages und der hiernach vorgesehenen Rechtsgeschäfte durch die Käuferin stellen keinen Verstoß gegen die Satzung oder Geschäftsordnungen der Käuferin und keinen Verstoß gegen anwendbare gesetzliche Vorschriften, Urteile, einstweilige Verfügungen oder sonstige bindende Regelungen dar. Es bestehen keine anhängigen Gerichtsverfahren, Ermittlungs- oder sonstige Verfahren gegen die Käuferin vor einem Gericht, Schiedsgericht oder einer Verwaltungsbehörde, die in irgendeiner Weise die Durchführung der nach diesem Vertrag vorgesehenen Rechtsgeschäfte verhindern, modifizieren oder verzögern könnten. Nach Kenntnis der Käuferin drohen auch keine solchen Verfahren.	7.1.3 The execution and performance by the Purchaser of this Agreement and the consummation of the legal transactions contemplated herein do not violate the Purchaser's articles of association, by-laws or internal rules of management and do not violate any applicable statutory provision, judgment, injunction or other rule binding upon the Purchaser, and there are no legal, investigation or other proceedings pending against, or to the Purchaser's knowledge threatened against, the Purchaser before any court, arbitration tribunal or governmental authority which in any manner challenges or seeks to prevent, alter or delay the legal transaction contemplated in this Agreement.
7.1.4	Auf Grundlage der durchgeführten Due Diligence ist sich die Käuferin keiner Tatsachen oder Umstände bewusst, die Anlass für die Entstehung von Ansprüchen gegen die Verkäuferin nach Maßgabe des § 4 bis § 6 geben könnten.	7.1.4 Based on its due diligence exercise, the Purchaser is not aware of any facts or circumstances that could give rise to claims against the Seller pursuant to clause 4 through clause 6.
7.1.5	Die Käuferin verfügt über ausreichende, sofort verfügbare Finanzmittel oder verbindliche finanzielle Zusagen, um den Kaufpreis zu zahlen und alle anderen erforderlichen Zahlungen nach oder im Zusammenhang mit diesem Vertrag zu leisten.	7.1.5 The Purchaser has sufficient, immediately available funds or binding financing commitments to pay the Purchase Price and to make all other payments required to be made under or in connection with this Agreement.

7.1.6 [Keiner der [Gesellschafter][Aktionäre] der Käuferin, der [auch bei Zurechnung der Anteile anderer Unternehmen an der Käuferin, an denen der betreffende [Gesellschafter][Aktionär] 25 Prozent oder mehr der Stimmrechte hält oder mit denen der betreffende [Gesellschafter][Aktionär] eine Vereinbarung über die Ausübung von Stimmrechten an der Käuferin geschlossen hat] über 25 Prozent oder mehr der Stimmrechte an der Käuferin verfügt, hat sowohl seinen Sitz als auch seine Hauptverwaltung außerhalb der Europäischen Gemeinschaft und der Europäischen Freihandelsassoziation.][59]

7.1.6 [None of the Purchaser's shareholders which [– taking into account those shares of the Purchaser that are held by other enterprises, in which the respective shareholder holds twenty-five (25) percent or more of the voting rights or with which the respective shareholder has entered into an agreement regarding the exercise of voting rights in the Purchaser –] holds twenty-five (25) per cent or more of the voting rights in the Purchaser, has both its registered office and its administrative headquarters outside the European Union and the European Free Trade Association.]

7.2 Freistellung

Verletzt die Käuferin ein Garantieversprechen nach § 7.1, ist sie verpflichtet, die Verkäuferin von allen daraus entstehenden Schäden freizustellen. Alle Ansprüche der Verkäuferin nach diesem § 7 verjähren fünf (5) Jahre nach dem Zahlungstag.

7.2 Indemnification

If the Purchaser breaches any guarantee pursuant to clause 7.1, the Purchaser shall indemnify and hold harmless the Seller from and against any damages incurred by the Seller. All claims of the Seller arising under this clause 7 shall become time-barred five (5) years after the Payment Date.

§ 8 Weitere Verpflichtungen der Parteien

8.1 Kartellrechtliche Verfahren; sonstige regulatorische Bestimmungen

8.1.1 Die Käuferin ist verpflichtet, alle notwendigen Anmeldungen bei den zuständigen Kartell- oder anderen Verwaltungsbehörden – soweit nicht schon vor Abschluss dieses Vertrages vorgenommen – innerhalb von fünf (5) Bankarbeitstagen nach Abschluss dieses Vertrages vorzunehmen, soweit nicht eine frühere Anmeldung rechtlich geboten ist. Die Anmeldungen sind von der Käuferin im Namen aller Parteien vorzunehmen, falls die Verkäuferin hierzu ihre vorherige schriftliche Zustimmung erteilt, die indes nicht ohne Grund verweigert werden soll.

8.1.2. Die Verkäuferin und die Käuferin sind verpflichtet, bei der Vorberei-

8. Additional Obligations of the Parties

8.1 Merger Control Procedure; Other Regulatory Requirements

8.1.1 The Purchaser shall ensure that any filings to be made with the competent antitrust authorities or other governmental authorities, to the extent they have not already been made prior to the conclusion of this Agreement, be made within five (5) Business Days after the Signing Date, unless the applicable laws and regulations require an earlier filing. Such filings shall be made by the Purchaser on behalf of all Parties, provided, however, that the Seller has previously granted its written approval hereto in writing, which should not be withheld without grounds.

8.1.2 The Seller and the Purchaser shall closely cooperate in the prepara-

tung der Anmeldungen sowie bei allen Verhandlungen mit den Kartell- und anderen Verwaltungsbehörden zusammenzuwirken, um die Freigabe der nach diesem Vertrag vorgesehenen Rechtsgeschäfte in kürzestmöglicher Zeit zu erreichen. Die Parteien sind verpflichtet, unverzüglich der jeweils anderen Partei Abschriften des Schriftverkehrs mit den Kartell- oder anderen Verwaltungsbehörden und Abschriften etwaiger schriftlicher Stellungnahmen, Anordnungen oder Entscheidungen dieser Behörden zukommen zu lassen. Die Käuferin ist nur berechtigt, Anmeldungen zurückzunehmen oder sich mit den zuständigen Kartell- oder anderen Verwaltungsbehörden auf eine Verlängerung der Prüfungsdauer zu einigen, wenn die Verkäuferin ausdrücklich ihre vorherige schriftliche Zustimmung hierzu erteilt.

tion of such filings as well as in any discussions and negotiations with the competent antitrust or other governmental authorities in order to obtain clearance for the transaction in the shortest time period possible. Each Party shall without undue delay provide the other Party with copies of any correspondence with the antitrust or other governmental authorities and with copies of any written statement, order or decision of such authorities. The Purchaser may withdraw (*zurücknehmen*) any filings made with the competent antitrust or other governmental authorities or agree with such authorities on the extension of any examination period only with the express prior written consent of the Seller.

8.1.3 Wird die Erteilung der Freigabe durch die zuständigen Kartellbehörden vom Eintritt oder der Erfüllung von Bedingungen oder Auflagen seitens der Käuferin abhängig gemacht, ist letztere verpflichtet, diese Bedingungen oder Auflagen unverzüglich auf eigene Kosten und auf eigenes Risiko zu befolgen, es sei denn, dies ist ihr wirtschaftlich unzumutbar.

8.1.3 If the competent antitrust authorities are prepared to grant clearance only subject to the satisfaction of conditions or requirements (*Bedingungen oder Auflagen*) by the Purchaser, then the Purchaser shall without undue delay satisfy such conditions or requirements at its own costs and risk, unless such satisfaction is commercially unreasonable (*wirtschaftlich unzumutbar*) for the Purchaser.

8.1.4 Soweit die zuständigen Kartellbehörden den in diesem Vertrag vereinbarten Zusammenschluss untersagen, ist die Käuferin auf Verlangen der Verkäuferin verpflichtet, unverzüglich Rechtsmittel gegen die Untersagung einzulegen [und des weiteren alles Erforderliche [und wirtschaftlich Zumutbare] zu unternehmen, um eine Freigabe des Zusammenschusses durch die zuständige Kartellbehörde zu der Käuferin wirtschaftlich zumutbaren Bedingungen zu erreichen]. Die Verkäuferin ist berechtigt, aber

8.1.4 If and to the extent the competent antitrust authorities prohibit the combination provided for in this Agreement, then the Purchaser shall, if requested by the Seller without undue delay, invoke appropriate legal remedies and make all efforts necessary [and commercially reasonable] in order to obtain clearance of the combination by the competent antitrust authorities [on terms and conditions commercially reasonable for the Purchaser]. The Seller shall be entitled, but not required, to seek its

nicht verpflichtet, selbst Rechtsmittel einzulegen oder sich an dem von der Käuferin eingeleiteten Rechtsmittelverfahren zu beteiligen.

8.2 Außenwirtschaftsrechliche Prüfung; Antrag auf Erteilung einer Unbedenklichkeitsbescheinigung

8.2.1 Die Käuferin ist verpflichtet, – soweit nicht schon vor Abschluss dieses Vertrges vorgenommen – innerhalb von fünf (5) Bankarbeitstagen nach Abschluss dieses Vertrages einen schriftlichen Antrag auf Erteilung einer Unbedenklichkeitsbescheinigung gemäß § 53 Abs. 3 S. 1 AWV zu stellen. Sie wird der Verkäuferin eine vollständige Kopie der Antragsunterlagen übermitteln. Die Parteien sind verpflichtet, [bei der Vorbereitung des Antrags,] bei etwaigen Rückfragen des Bundesministeriums für Wirtschaft und Technologie zusammenzuwirken, um die Erteilung der Unbedenklichkeitsbescheinigung in kürzestmöglicher Zeit zu erwirken.

8.2.2 Sofern das Bundesministerium für Wirtschaft und Technologie die Käuferin über seine Entscheidung unterrichtet, eine Prüfung nach § 53 Abs. 1 S. 1 AWV durchzuführen, wird die Käuferin dem Bundesministerium die vollständigen Unterlagen über den Erwerb gemäß § 53 Abs. 2 S. 1 und 2 AWV unverzüglich übermitteln. Die Verkäuferin wird die Käuferin bei der Zusammenstellung dieser Unterlagen nach besten Kräften unterstützen.

8.2.3 Die Parteien werden bei allen etwaigen Verhandlungen mit dem Bundesministerium für Wirtschaft und Technologie eng zusammenwirken, um eine Untersagung oder Beschränkung des Erwerbs der Geschäftsanteile i.S.v. § 7 Abs. 2 Nr. 6 AWG i.V.m. § 53 AWV zu verhindern. Die Parteien sind verpflichtet, der jeweils anderen Partei

own legal remedies against such prohibition or to participate in any proceedings initiated by the Purchaser.

8.2 German Foreign Trade Law Review; Application for a Certificate of Compliance

8.2.1 Unless already filed prior to concluding this Agreement, the Purchaser shall file a written application for a certificate of compliance (*Unbedenklichkeitsbescheinigung*) pursuant to sec. 53 para. 3 sentence 1 of the AWV within five (5) Business Days after the conclusion of this Agreement. The Purchaser shall submit to the Seller complete copies of the application materials. The Parties shall cooperate [in the preparation of the application and] in case of queries of the German Federal Ministry of Economics and Technology in an effort to have the certificate of compliance issued as soon as possible.

8.2.2 If the German Federal Ministry of Economics and Technology notifies the Purchaser that it has decided to commence a formal investigation pursuant to sec. 53 para. 1 sentence 1 of the AWV, then the Purchaser shall deliver the complete documentation within the meaning of sec. 53 para. 2 sentence 1 and 2 of the AWV to the Federal Ministry without undue delay. The Seller shall use its best efforts to support the Purchaser in compiling this documentation.

8.2.3 To avoid the prohibition or restriction of the acquisition of the X-Shares pursuant to sec. 7 para. 2 no. 6 of the AWG in connection with sec. 53 of the AWV, the Parties shall closely cooperate with one another in any negotiations with the German Federal Ministry of Economics and Technology. Without undue delay, the Parties

unverzüglich Abschriften des Schriftverkehrs mit dem Bundesministerium für Wirtschaft und Technologie und etwaiger schriftlicher Stellungnahmen, Anordnungen oder Entscheidungen desselben zukommen zu lassen.

8.2.4 Wird die Erteilung einer Unbedenklichkeitsbescheinigung gemäß § 53 Abs. 3 S. 1 AWV oder das Absehen von einer Untersagung des Erwerbs oder dem Erlass diesbezüglicher Anordnungen vom Eintritt oder der Erfüllung von Bedingungen oder Auflagen seitens der Käuferin oder mit ihr verbundener Unternehmen abhängig gemacht, ist letztere verpflichtet, diese Bedingungen oder Auflagen unverzüglich auf eigene Kosten und auf eigenes Risiko zu erfüllen bzw. deren Erfüllung sicherzustellen, es sei denn, dies ist ihr wirtschaftlich unzumutbar.

8.2.5 Soweit das Bundesministerium für Wirtschaft und Technologie den Erwerb der Geschäftsanteile durch die Käuferin untersagt oder diesbezügliche Anordnungen erlässt, ist die Käuferin auf schriftliches Verlangen der Verkäuferin verpflichtet, unverzüglich geeignete Rechtsmittel einzulegen und des weiteren alles Erforderliche [und wirtschaftlich Zumutbare] zu unternehmen, um eine Freigabe des Erwerbs durch das Bundesministerium für Wirtschaft und Technologie zu der Käuferin wirtschaftlich zumutbaren Bedingungen zu erreichen. Die Verkäuferin ist berechtigt, aber nicht verpflichtet, selbst Rechtsmittel einzulegen oder sich an dem von der Käuferin eingeleiteten Rechtsmittelverfahren zu beteiligen.

shall provide each other with copies of any correspondence with the German Federal Ministry of Economics and Technology as well as with copies of any possible written statement, order or decision issued by the Federal Ministry.

8.2.4 If the German Federal Ministry of Economics and Technology conditions the issuance of a certificate of compliance or an exemption from blocking the acquisition or from issuing binding orders (*Anordnungen*) in relation thereto upon the satisfaction of or compliance with certain conditions or requirements (*Bedingungen oder Auflagen*) by the Purchaser or an Affiliated Company of the Purchaser, then the Purchaser shall be obliged to satisfy and comply with such conditions or requirements at its own costs and risk, or, as the case may be, to make sure that such conditions or requirements are satisfied and complied with, unless such compliance or satisfaction is commercially unreasonable (*wirtschaftlich unzumutbar*) for the Purchaser.

8.2.5 If and to the extent the German Federal Ministry of Economics and Technology prohibits the acquisition of the X-Shares by the Purchaser or issues binding orders in relation to such acquisition, the Purchaser shall, without undue delay upon request of the Seller, invoke appropriate legal remedies and make all efforts necessary [and commercially reasonable]in order to obtain clearance of the acquisition by the German Federal Ministry of Economics and Technology on terms and conditions commercially reasonable for the Purchaser. The Seller shall be entitled, but not required, to seek its own legal remedies against such prohibition or orders or to participate in any proceedings initiated by the Purchaser.

8.2.6	Das Rücktrittsrecht nach § 2.2.7 und die Verpflichtungen der Parteien nach § 9 (Vertraulichkeit und Pressemitteilungen), § 12 (Verkehrsteuern und Kosten), § 13 (Mitteilungen) und § 14 (Verschiedenes; Schlussbestimmungen) [ggf. weitere Vertragsbestimmungen einfügen] bleiben auch dann bestehen, wenn die Rechtswirkungen des Rechtsgeschäfts über den schuldrechtlichen Erwerb der Geschäftsanteile nach diesem Vertrag gemäß § 31 AWG aufgrund des Eintritts der auflösenden Bedingung der Untersagung des Erwerbs durch das Bundesministerium für Wirtschaft und Technologie entfallen.[60]	8.2.6	The right of withdrawal (*Rücktrittsrecht*) pursuant to clause 2.2.7 and the Parties' obligations pursuant to clause 9 (Confidentiality and Press Releases), clause 12 (Transfer Taxes and Costs), clause 13 (Notices) and clause 14 (Miscellaneous) [if need be, add further clauses] shall survive even if the German Federal Ministry of Economics and Technology prohibits the acquisition of the X-Shares and, thus, the validity of the legal transaction involving the contractual purchase of the X-Shares under this Agreement lapses because the condition subsequent pursuant to sec. 31 of the AWG has been triggered.
8.3	Zugang zu Finanzformationen	8.3	Access to Financial Information
	Die Käuferin steht dafür ein, dass der Verkäuferin und ihren Vertretern nach dem Zahlungstag Zugang gewährt wird zu und das Recht gewährt wird, Kopien anzufertigen von		The Purchaser shall ensure that after the Payment Date, the Seller and its representatives are given access to, and are allowed to make copies of,
	(1) den Geschäftsbüchern der X-Gesellschaften für das Geschäftsjahr ......,[61]		(1) the books and accounts of the X-Companies for fiscal year ......,
	(2) den Geschäftsbüchern der X-Gesellschaften für das erste und zweite Quartal des Geschäftsjahres ......[62] sowie zu allen anderen Finanzinformationen, die erforderlich sind, um eine Aufhebung der Konsolidierung zum Zahlungstag oder, sofern der Zahlungstag nicht auf den letzten Tag eines Monats fällt, zum Ende des auf den Zahlungstag folgenden Monats zu erreichen, sowie		(2) the books and accounts of the X-Companies for the first and second quarter of fiscal year ...... as well as any other financial information required to achieve the deconsolidation on the Payment Date or, if the Payment Date does not fall on the last day of a month, as of the end of month following the Payment Date, and
	(3) allen für die Vorbereitung von Steuererklärungen i.S.d. § 6.4 erforderlichen Informationen.		(3) any and all information the Seller requires to prepare the Tax returns according to clause 6.4.
8.4	Keine Abweichung vom gewöhnlichen Geschäftsbetrieb; kein Wertabfluss	8.4	No Deviation from Ordinary Course of Business; No Leakage
8.4.1	Die Verkäuferin ist verpflichtet, zwischen Abschluss dieses Vertra-	8.4.1	Between the Signing Date and the Payment Date and to the extent

ges und dem Zahlungstag soweit rechtlich zulässig dafür zu sorgen, dass die X-Gesellschaften ihren jeweiligen Geschäftsbetrieb im gewöhnlichen Geschäftsgang und im Wesentlichen in der gleichen Art und Weise wie zuvor fortführen. § 4.2.11 findet entsprechende Anwendung.[63]

permissible under applicable law, the Seller shall ensure that the X-Companies will conduct their respective business operations in the ordinary course of business and substantially in the same manner as before. clause 4.2.11 shall apply mutatis mutandis.

8.4.2 Die Verkäuferin verpflichtet sich weiterhin, für den Zeitraum vom Tag des Abschlusses dieses Vertrages an bis einschließlich zum Zahlungstag – mit Ausnahme des Zulässigen Wertabflusses – keine Wertabflüsse gemäß § 4.2.12 zuzulassen.[64]

8.4.2 The Seller shall ensure that no Leakage, other than Permitted Leakage, in each case as defined in clause 4.2.12, occurs between the Signing Date and the Payment Date.

8.5 Versicherungsschutz

Die Verkäuferin hat dafür Sorge zu tragen, dass die X-Gesellschaften und ihr Geschäftsbetrieb bis zum Zahlungstag im Wesentlichen in gleicher Art und Weise wie bei Abschluss dieses Vertrages Versicherungsschutz haben und alle fälligen Versicherungsprämien rechtzeitig bezahlt werden.

8.5 Insurance Coverage

The Seller shall ensure that the X-Companies and their business operations remain insured until the Payment Date in substantially the same manner as they are insured on the Signing Date and that all premiums due under such insurance policies are duly and timely paid.

8.6 Nutzung von Namen, Marken und geschäftlichen Bezeichnungen

8.6 Use of Trade Names, Trademarks and Business Designations

8.6.1 Die Käuferin hat sicherzustellen, dass ohne unangemessene Verzögerung, spätestens jedoch nach Ablauf von sechs (6) Monaten nach dem Zahlungstag, alle X-Gesellschaften und (sofern einschlägig) alle Minderheitsgesellschaften[65] den Gebrauch der Firma „......" und aller diesbezüglichen Logos, Marken, Handelsnamen oder Ableitungen hiervon unterlassen. Die Käuferin hat spätestens bis zum Ablauf dieser Sechs-Monats-Frist die X-Gesellschaften und (sofern einschlägig) die Minderheitsgesellschaften zu veranlassen, die Firma „......" von allen Gebäuden, Fahrzeugen, Schildern, Rechnungen, Kennzeichen, Briefköpfen, Lieferpapieren „Webseiten" und anderen Materialien des Geschäftsbetriebs zu streichen oder auf andere

8.6.1 The Purchaser shall ensure that without unreasonable delay after the Payment Date, but at the latest six (6) months thereafter, all X-Companies as well as (if applicable) all Minority Companies cease to use the „......" name and any logos, trademarks, trade names or other derivations therefrom. The Purchaser shall, until six (6) months after the Payment Date at the latest, cause the X-Companies and, if applicable, the Minority Companies, to remove or otherwise render unidentifiable the „......" name from all their buildings, vehicles, signs, invoices, labels, letterheads, shipping documents, Webseiten and other items and materials of the business, and shall also ensure that no such items and materials are used or

	Weise unkenntlich zu machen. Die Käuferin ist des Weiteren verpflichtet, dafür Sorge zu tragen, dass keiner der vorgenannten Materialien verwendet oder in Verkehr gebracht werden, die Ähnlichkeiten zu der Firma „......." oder diesbezüglichen Logos, Marken oder Handelsnamen aufweisen.		put into the stream of commerce, which bear similarity to the „......." name or related logos, trademarks, trade names or derivations thereof.
8.6.2	Die Käuferin erkennt an, dass die Verkäuferin gegenüber Dritten im Rahmen des § 8.5.1 nach dem Zahlungstag keine Haftung für die Nutzung der Firma „......." oder diesbezüglicher Logos, Marken oder Handelsnamen durch die Käuferin, die X-Gesellschaften oder ein verbundenes Unternehmen i. S. d. § 15 AktG trifft. Die Käuferin ist verpflichtet, die Verkäuferin von entsprechenden Ansprüchen Dritter freizustellen.	8.6.2	The Purchaser acknowledges that the Seller shall bear no liability for claims by a third party arising out of, or relating to, the use of the „......." name or related logos, trademarks or trade names by the Purchaser, the X-Companies or any of their Affiliated Companies after the Payment Date, and the Purchaser undertakes to indemnify and hold harmless the Seller from and against any such third party claims.
8.7	Freistellung von Ansprüchen Dritter[66]	8.7	Indemnification for Third Party Claims
	Soweit nach dem Zahlungstag ein Dritter wegen eines Rechtsverhältnisses zur X-GmbH, einer Tochter- oder Mehrheitsgesellschaft oder einer Minderheitsbeteiligung neben oder anstelle einer der genannten Gesellschaften die Verkäuferin in Anspruch nimmt, hat die Käuferin die Verkäuferin von derartigen Ansprüchen freizuhalten und von damit zusammenhängenden Kosten, Aufwendungen und Schäden freizustellen. Die Parteien vereinbaren im Wege eines echten Vertrages zu Gunsten Dritter i. S. d. § 328 BGB, dass Satz 1 entsprechend im Falle der Inanspruchnahme eines mit der Verkäuferin Verbundenen Unternehmens zugunsten dieses Unternehmens gilt.		If, after the Payment Date, a third party raises against the Seller a claim which is based on a legal relationship between such third party and X-GmbH, a Subsidiary, a Majority Company or a Minority Company, then the Purchaser shall indemnify and hold harmless the Seller from and against any such claim as well as any costs and expenses incurred in connection therewith. The Parties agree by way of a true third party beneficiary contract within the meaning of sec. 328 of the BGB that sentence 1 shall apply *mutatis mutandis* in the event that a claim is raised against a Seller's Affiliated Company.
8.8	Wettbewerbsverbot[67]	8.8	Covenant Not to Compete
8.8.1	Die Verkäuferin verpflichtet sich, für die Dauer von zwei (2) Jahren ab dem Zahlungstag (1) keine Gesellschaft zu gründen, die mit der gegenwärtigen Geschäftstätigkeit der X-Gesell-	8.8.1	The Seller agrees that for a period of two (2) years from the Payment Date, it shall not (1) form a company that competes with the X-Business Operations as presently conducted; or

schaften in Wettbewerb steht, und

(2) keine Beteiligung in Höhe von mehr als fünfzig (50) Prozent der Anteile oder Stimmrechte an einer Gesellschaft oder anderen Unternehmen zu erwerben, die mit der gegenwärtigen Geschäftstätigkeit der X-Gesellschaften in Wettbewerb steht.

8.8.2 Der Erwerb (einschließlich im Wege des Zusammenschlusses) von
(1) Beteiligungen ohne Kontrollerlangung an Gesellschaften oder anderen Unternehmen, die sich in den gleichen Geschäftsfeldern wie gegenwärtig die Geschäftstätigkeit der X-Gesellschaften betätigen, oder
(2) Beteiligungen mit Kontrollerlangung an Gesellschaften oder Unternehmensgruppen, sofern entweder die jährlichen Umsätze der konkurrierenden Geschäftssparte [33] Prozent des Gesamtumsatzes in dieser Gesellschaft oder Unternehmensgruppe nicht überschreiten oder die konkurrierende Geschäftssparte innerhalb von [18] Monaten nach Erwerb der Kontrollmehrheit wieder veräußert wird,

ist vom Wettbewerbsverbot ausgenommen.

§ 9 Vertraulichkeit und Pressemitteilungen

9.1 Vertraulichkeit; Pressemitteilungen; Öffentliche Bekanntmachungen

Die Parteien und die Garantiegeberin verpflichten sich, den Inhalt dieses Vertrages geheim und vertraulich gegenüber Dritten zu behandeln, es sei denn, die betreffenden Tatsachen sind öffentlich bekannt oder ihre öffentliche Bekanntmachung ist gesetzlich vorgeschrieben. In diesem Fall sind die

(2) acquire shares or interests of more than fifty (50) percent (equity or votes) in a company, partnership or other enterprises which competes with the X-Business Operations as presently conducted.

8.8.2 The acquisition (including by way of a merger) of
(1) non-controlling interests in companies, partnerships or other enterprises engaged in the same business sectors as those in which the X-Business Operations are currently conducted; or
(2) controlling interests in companies, partnerships, groups of companies or other enterprises, if either the annual revenues in the competing business segment do not exceed [thirty-three (33)] percent of the aggregate revenues of such company, partnership, group of companies or other enterprise, or if the competing business segment is sold again within [eighteen (18)] months after the acquisition of the controlling interest,

shall be exempted from the covenant not to compete.

9. Confidentiality and Press Releases

9.1 Confidentiality; Press Releases; Public Disclosure

The Parties [and the Purchaser's Guarantor] mutually undertake to keep the contents of this Agreement secret and confidential vis-à-vis any third party except to the extent that the relevant facts are in the public domain or the disclosure of which is required by law. In the latter case, the Parties shall,

Parteien verpflichtet, sich gegenseitig im Voraus zu unterrichten und die öffentlichen Bekanntmachungen auf den gesetzlich oder behördlicherseits vorgeschriebenen Inhalt zu beschränken. Pressemitteilungen oder andere öffentliche Bekanntmachungen über die nach diesem Vertrag vorgesehenen Rechtsgeschäfte können von den Parteien vorgenommen werden, sofern Form und Wortlaut solcher Mitteilungen vorher von der jeweils anderen Partei gebilligt worden sind. Ist eine Mitteilung nach Gesetz oder nach einer anwendbaren Börsenordnung vorgeschrieben, ist diese nach vorheriger Beratung mit der jeweils anderen Partei vorzunehmen.

however, inform each other prior to such disclosure and shall limit any disclosure to the minimum required by statute or the authorities. No press release or other public announcement concerning the Transaction shall be made by either Party unless the form and text of such announcement has first been approved by the other Party, except that – if a Party is required by law or by the applicable stock exchange regulations to make an announcement – it may do so after first consulting with the other Party.

9.2 Vertraulichkeit auf Seiten der Verkäuferin

Die Verkäuferin ist verpflichtet, alle Geschäftsgeheimnisse der X-Gesellschaften und ihrer Geschäftstätigkeit für einen Zeitraum von zwei (2) Jahren ab dem Zahlungstag vertraulich zu behandeln, nicht an Dritte weiterzugeben und nicht für eigene Zwecke nutzen, es sei denn, diese Geschäftsgeheimnisse sind ohne Verletzung dieser Verpflichtung öffentlich bekannt geworden, die Verkäuferin ist gesetzlich oder nach einer anwendbaren Börsenordnung zur Offenlegung verpflichtet oder die Käuferin oder eine der X-Gesellschaften hat der Offenlegung vorher zugestimmt.

9.2 Seller's Confidentiality

The Seller shall, for a period of two (2) years after the Payment Date, treat as confidential and not disclose to any third party and not use for its own purposes, any business or trade secrets of the X-Companies and their business operations, unless such secrets have entered the public domain without a violation of this covenant, or the Seller is required by law or by the applicable stock exchange regulations to make such disclosure, or the Purchaser or one of the X-Companies has previously agreed to such disclosure.

9.3 Vertraulichkeit auf Seiten der Käuferin; Rückgabe von Unterlagen

Für den Fall, dass es infolge eines Rücktritts gemäß § 2.2.7 endgültig nicht zum Vollzug kommt, verpflichten sich die Käuferin und die Garantiegeberin, alle im Zusammenhang mit dieser Transaktion von der Verkäuferin erlangten Informationen streng vertraulich zu behandeln. Ferner sind sie ver-

9.3 Purchaser's Confidentiality; Return of Documents

In the event that this Agreement is terminated pursuant to clause 2.6, the Purchaser and the Purchaser's Guarantor undertake to treat as strictly confidential any and all information received from the Seller in connection with the Transaction and to return all documents and information otherwise memorial-

pflichtet, sämtliche von der Verkäuferin erhaltenen Unterlagen und in anderer Form verkörperten Informationen, einschließlich aller Kopien, an die Verkäuferin zurückzugeben, sowie alle Unterlagen und in anderer Form verkörperten Informationen zu vernichten, die auf Grundlage von Informationen der Verkäuferin erstellt wurden, es sei denn, diese Informationen sind – ohne Verletzung der Vertraulichkeit gegenüber der Verkäuferin – öffentlich bekannt. Die Käuferin und die Garantiegeberin haben kein Zurückbehaltungsrecht an den genannten Unterlagen und sonstigen Informationen.

ized which they received from the Seller, together with any copies thereof and to return all documents and information otherwise memorialized which it produced on the basis of information received from the Seller, unless such information has entered the public domain without a breach of the confidentiality covenant owed to the Seller. The Purchaser and the Purchaser's Guarantor shall not be entitled to withhold such documents or other information based on any right of retention (*Zurückbehaltungsrecht*).

§ 10 Abtretung und Übertragung von Rechten und pflichten

Rechte und Pflichten aus diesem Vertrag können ohne vorherige schriftliche Zustimmung der jeweils anderen Partei weder ganz noch teilweise abgetreten und übertragen werden.[68]

10. Assignment of Rights and Transfer of Obligations

No rights and obligations under this Agreement may be assigned or transferred, either in whole or in part, without the prior written consent of the other Party hereto.

§ 11 Garantiegeberin der Käuferin und Freistellung[69]

11.1 Garantieversprechen

Die Garantiegeberin garantiert hiermit im Wege eines selbstständigen Garantieversprechens i. S. d. § 311 Abs. 1 BGB die Erfüllung sämtlicher Zahlungsverpflichtungen der Käuferin aus diesem Vertrag, insbesondere die Zahlung des Kaufpreises am Zahlungstag nebst eventueller diesbezüglicher Zinsen.

11.2 Freistellung

Die Garantiegeberin hat die Verkäuferin auf erstes Anfordern von allen von der Käuferin gegen die Verkäuferin geltend gemachten Ansprüchen freizustellen, soweit diese die Haftungsbeschränkung der Verkäuferin gemäß § 4 bis § 6 dieses Vertrages übersteigen.

11. Purchaser's Guarantor and Indemnification

11.1 Guarantee

The Purchaser's Guarantor hereby guarantees, by way of an independent promise of guarantee (*selbständiges Garantieversprechen*) pursuant to sec. 311 para. 1 of the BGB, to duly perform all of the Purchaser's payment obligations under this Agreement, including, but not limited to, payment of the Purchase Price on the Payment Date and, if applicable, any interest accrued in this respect.

11.2 Indemnification

The Purchaser's Guarantor shall, upon first demand, indemnify the Seller against, and hold it harmless from, any claims brought by the Purchaser against the Seller, to the extent such claims exceed the Seller's limitations on liability as set forth in clause 4 through clause 6.

§ 12 Verkehrsteuern und Kosten

12.1 Verkehrsteuern und Kosten[70]

Alle Verkehrsteuern, einschließlich der Grunderwerbsteuer, die Kosten der notariellen Beurkundung dieses Vertrags und alle anderen Gebühren und Abgaben, die aufgrund des Abschlusses oder Durchführung dieses Vertrags anfallen, trägt die Käuferin. Dies gilt auch für alle Gebühren und sonstigen Kosten im Zusammenhang mit kartellrechtlichen Verfahren und der Befolgung anderer regulatorischer Bestimmungen.

12.2 Beraterkosten

Im Übrigen trägt jede Partei ihre eigenen Kosten und Auslagen, einschließlich der Honorare, Kosten und Auslagen ihrer Berater.

§ 13 Mitteilungen

13.1 Form der Mitteilungen

Alle rechtsgeschäftlichen Erklärungen und andere Mitteilungen (nachfolgend zusammenfassend als *Mitteilungen* bezeichnet) im Zusammenhang mit diesem Vertrag bedürfen der Schriftform, soweit nicht notarielle Beurkundung oder eine andere Form durch zwingendes Recht vorgeschrieben ist. Der Schriftform genügt eine Übermittlung per Telefax (nicht aber eine sonstige telekommunikative Übermittlung) oder ein Briefwechsel. Die elektronische Form (z.B. E-Mail) ersetzt die Schriftform nicht.[71]

13.2 Mitteilungen an die Verkäuferin

Alle Mitteilungen an die Verkäuferin im Zusammenhang mit diesem Vertrag sind zu richten an:

......

sowie nachrichtlich an ihre Berater:

......

12. Transfer Taxes and Costs

12.1 Transfer Taxes and Costs

All transaction taxes (*Verkehrsteuern*), including real estate transfer taxes (*Grunderwerbsteuer*), the costs for formally notarizing this Agreement and all other fees and charges resulting from the conclusion or performance of this Agreement shall be borne by the Purchaser. The Purchaser shall also be responsible for all fees and other costs related to merger control proceedings and compliance with other regulatory rules.

12.2 Costs of Advisors

Otherwise, each Party shall bear its own costs and expenses in connection with the preparation, conclusion and performance of this Agreement, including any professional fees, charges and expenses of its respective advisors.

13. Notices

13.1 Form of Notices

All legally binding statements and other notices in connection with this Agreement (collectively the *Notices*) shall be made in writing unless a formal notarization (*Beurkundung*) or another specific form is required by law. The written form requirement shall be satisfied through transmission by facsimile (but not through any other form of telecommunication transmission) or an exchange of letters. An electronic transmission (such as by e-mail) shall not be sufficient to satisfy the requirement that Notices be made in writing.

13.2 Notices to the Seller

Any Notices to be delivered to the Seller hereunder shall be addressed as follows:

......

with a copy to its advisor for information purposes:

......

13.3	Mitteilungen an die Käuferin	13.3	Notices to the Purchaser

13.3 Mitteilungen an die Käuferin

Alle Mitteilungen an die Käuferin im Zusammenhang mit diesem Vertrag sind zu richten an:

......

sowie nachrichtlich an ihre Berater:

......

13.4 Mitteilungen an die Garantiegeberin

Alle Mitteilungen an die Garantiegeberin im Zusammenhang mit diesem Vertrag sind zu richten an:

......

13.5 Adressänderungen

Die Parteien und die Garantiegeberin haben Änderungen ihrer in §§ 13.2 bis 13.4 genannten Anschriften den jeweils anderen Parteien und der Garantiegeberin unverzüglich schriftlich mitzuteilen. Bis zu dieser Mitteilung gilt die bisherige Anschrift als wirksam.

13.6 Mitteilungen an Berater

13.6.1 Der Empfang von Mitteilungen oder deren Kopien im Zusammenhang mit diesem Vertrag durch die Berater der Parteien begründet oder ersetzt nicht den Zugang der Mitteilungen an die Parteien selbst.

13.6.2 Für den Zugang einer Mitteilung bei einer Partei ist es unerheblich, ob die Mitteilung dem Berater dieser Partei oder dem beurkundenden Notar nachrichtlich zugegangen ist; dies gilt unabhängig davon, ob dieser Vertrag im Einzelfall eine nachrichtliche Mitteilung an den jeweiligen Berater oder den beurkundenden Notar vorsieht.

§ 14 Verschiedenes; Schlussbestimmungen

14.1 Anwendbares Recht

Dieser Vertrag unterliegt deutschem Recht. Das Wiener UN-Übereinkommen über Verträge

---

13.3 Notices to the Purchaser

Any Notices to be delivered to the Purchaser hereunder shall be addressed as follows:

......

with a copy to its advisor for information purposes:

......

13.4 Notices to the Purchaser's Guarantor

Any Notices to be delivered to the Purchaser's Guarantor hereunder shall be addressed as follows:

......

13.5 Change of Address

The Parties and the Purchaser's Guarantor shall without undue delay give written Notice to the other Party as well as the Purchaser's Guarantor of any changes in the addresses set forth in clauses 13.2 to 13.4 above. In the absence of such communication, the address stated above shall remain in place.

13.6 Notices to Advisors

13.6.1 The receipt of Notices or any copies thereof in connection with this Agreement by the Parties' advisors shall not constitute the receipt, or serve as a substitute for the receipt of, such Notice by the Parties themselves.

13.6.2 Whether or not the advisor to a Party or the acting notary received the Notice for its/his/her information is irrelevant for purposes of determining receipt of the Notice by that Party, even if this Agreement specifically provides that Notice should be given to the respective advisor or acting notary for information purposes.

14. Miscellaneous

14.1 Governing Law

This Agreement shall be governed by the laws of the Federal Republic of Germany, excluding the

	über den internationalen Warenkauf (CISG) findet keine Anwendung.		United Nations Convention on Contracts for the International Sale of Goods (CISG).
14.2	Gerichtsstand[72]	14.2	Place of Jurisdiction
	Für alle Rechtsstreitigkeiten zwischen den Parteien aus oder im Zusammenhang mit diesem Vertrag ist ausschließlicher Gerichtsstand		Jurisdiction and venue for any disputes between the Parties arising from or connected with this Agreement shall lie with the competent courts located in ....
14.3	Bankarbeitstag	14.3	Business Day
	Bankarbeitstag i.S. dieses Vertrages ist ein Tag, an dem die Banken in Frankfurt am Main für den Geschäftsverkehr geöffnet sind.		For the purposes of this Agreement, *Business Day* means a day on which banks are open for business in Frankfurt am Main.
14.4	Vertragsänderungen	14.4	Amendments to this Agreement
	Änderungen, Ergänzungen oder die Aufhebung dieses Vertrages einschließlich der Änderung dieser Bestimmung selbst bedürfen der Schriftform, soweit nicht nach zwingendem Recht eine strengere Form (z.B. notarielle Beurkundung) erforderlich ist. § 13.1 Sätze 2 und 3 gelten entsprechend.		Any amendment of, supplement to or termination (*Aufhebung*) of, this Agreement, including any modification of this clause, shall be valid only if made in writing, unless more stringent form requirements (e.g. notarisation) must be satisfied under applicable law. Clause 13.1 sentences 2 and 3 shall apply *mutatis mutandis*.
14.5	Überschriften; Verweise auf deutsche Rechtsbegriffe; Verweise auf Paragrafen	14.5	Headings; References to German Legal Terms; References to Clauses
14.5.1	Die Überschriften der Paragrafen, Absätze und Anlagen in diesem Vertrag dienen allein der Übersichtlichkeit. Für die Auslegung des Vertrages sind sie nicht zu berücksichtigen.	14.5.1	The headings and sub-headings of the clauses and subclauses, Exhibits and Schedules contained in this Agreement are for convenience and reference purposes only. They shall be disregarded for purposes of interpreting or construing this Agreement.
14.5.2	Verweise in diesem Vertrag auf Gesellschafts- oder Beteiligungsformen, Verfahren, Behörden oder sonstige Institute, Rechte, Einrichtungen, Rechtsvorschriften oder Rechtsverhältnisse (nachfolgend zusammenfassend als *Rechtsbegriff* bezeichnet) des deutschen Rechts erstrecken sich auch auf den funktionsgleichen Rechtsbegriff eines ausländischen Rechts, soweit ein Sachverhalt nach dem Recht dieses Staates zu beurteilen ist. Existiert ein funktionsgleicher Rechtsbegriff nicht, ist derjenige	14.5.2	Any references made in this Agreement to any types of companies or equity participations, proceedings, government authorities or other bodies, rights, institutions, regulations or legal relationships (the *Legal Terms*) under German law shall extend to any equivalent (*funktionsgleich*) Legal Terms under foreign law to the extent that relevant facts and circumstances must be assessed under such foreign law. If there is no functionally equivalent Legal Term under the foreign law, then such Legal Term

Rechtsbegriff einbezogen, der dem deutschen Rechtsbegriff funktional am nächsten kommt.	which most closely reflects the functionality of the Legal Term under German law shall be referenced into the Agreement.
	Where the English wording of this Agreement is followed by a German Legal Term set in parenthesis and in italics, the German legal term shall prevail.
14.5.3 Verweise in diesem Vertrag auf Paragrafen ohne Angabe eines Gesetzes oder des Vertrages meinen Paragrafen dieses Vertrages.	14.5.3 Any reference made in this Agreement to any clauses without further indication of a law or an agreement shall mean the clauses of this Agreement.
14.6 Anlagen	14.6 Schedules and Exhibits
Sämtliche Anlagen sind Bestandteil dieses Vertrags.	All Schedules and Exhibits to this Agreement form an integral part of this Agreement.
14.7 Gesamte Vereinbarung[73]	14.7 Entire Agreement
Dieser Vertrag enthält abschließend sämtliche Vereinbarungen der Parteien zu seinem Gegenstand und ersetzt alle mündlichen oder schriftlichen Verhandlungen, Vereinbarungen und Abreden, die zuvor zwischen den Parteien im Hinblick auf den Vertragsgegenstand oder Teile davon geschlossen wurden. Nebenabreden zu diesem Vertrag bestehen nicht.	This Agreement constitutes the final, complete expression of agreement between the Parties with respect to the subject matter covered herein and supersedes any and all previous agreements and understandings, whether written or verbal, between the Parties with respect to the subject matter of this Agreement or parts thereof. There are no side agreements to this Agreement.
14.8 Salvatorische Klausel	14.8 Severability
Sollte eine Bestimmung dieses Vertrages ganz oder teilweise nichtig, unwirksam oder undurchsetzbar sein oder werden, werden die Wirksamkeit und Durchsetzbarkeit aller übrigen verbleibenden Bestimmungen davon nicht berührt. Die nichtige, unwirksame oder undurchsetzbare Bestimmung ist, soweit gesetzlich zulässig, als durch diejenige wirksame und durchsetzbare Bestimmung ersetzt anzusehen, die dem mit der nichtigen, unwirksamen oder undurchsetzbaren Bestimmung verfolgten wirtschaftlichen Zweck nach Gegenstand, Maß, Zeit, Ort oder Geltungsbereich am nächsten kommt. Entsprechendes gilt für, die Fül-	Should any provision of this Agreement be or become, either in whole or in part, void (*nichtig*), ineffective (*unwirksam*) or unenforceable (*undurchsetzbar*), then the validity, effectiveness and enforceability of the other provisions of this Agreement shall remain unaffected thereby. Any such invalid, ineffective or unenforceable provision shall, to the extent permitted by law, be deemed replaced by such valid, effective and enforceable provision as most closely reflects the economic intent and purpose of the invalid, ineffective or unenforceable provision regarding its subject-matter, scale, time, place and scope of application.

lung etwaiger Lücken in diesem Vertrag.	The aforesaid rule shall apply *mutatis mutandis* to fill any gap that may be found to exist in this Agreement.

Schrifttum: Vgl. bereits das Schrifttum zu Form. C. II. 1.

Anmerkungen

1. Überblick. Bei dem vorstehenden Muster handelt es sich um einen GmbH-Anteilskaufvertrag, der – im Gegensatz zu den Mustern C. II. 1 sowie C. II. 2 – bewusst knapp gehalten ist. Das Muster ist verkäuferfreundlich ausgestaltet. Es bildet eine aufschiebend bedingte Anteilsübertragung ohne separates Closing („One Step"-Modell) ab, wie sie nicht selten bei kleineren Transaktionen Anwendung findet. Anders als die Muster C. II. 1 und C. II. 2 sieht dieses Muster keine Kaufpreisanpassung vor und folgt dabei dem sog. Locked Box-Modell. Bei dieser Transaktionsstruktur, die in jüngster Zeit regelmäßig bei der Veräußerung von Portfolio-Unternehmen durch Private Equity-Unternehmen Anwendung findet, verzichten die Parteien auf eine Kaufpreisanpassung zum Closing. Statt dessen stellt die Käuferin ihre Unternehmensbewertung auf die Bilanz der Zielgesellschaft zum letzten Bilanzstichtag ab. Wird – wie hier – auf eine Kaufpreisanpassung verzichtet, ist es aus Sicht der Käuferin erforderlich, Wertabflüsse aus der Gesellschaft seit dem letzten Bilanzstichtag zu vermeiden. Daher ist bei dieser Struktur darauf zu achten, dass der Vertrag entsprechend strenge Abflussverbote seit dem letzten Bilanzstichtag vorsieht (vgl. dazu insbesondere die Klauseln § 4.2.12 und § 8.3.2). Das Muster ist verkäuferfreundlich gestaltet, weil es in der Praxis – insbesondere im Rahmen der beschränkten Auktionsverfahren (Limited Auctions) – üblich ist, dass die Verkäuferin den ersten Entwurf des Kaufvertrages erstellt.

2. Beurkundung. Vgl. Form. C. II. 1 Anm. 2.

3. Garantiegeberin. Vgl. Form. C. II. 1 Anm. 3.

4. Präambel. Vgl. Form. C. II. 1 Anm. 4.

5. Gesellschaftsrechtlicher Status. Vgl. Form. C. II. 1 Anm. 5.

6. Nummerierung der Geschäftsanteile. Vgl. Form. C. II 1 Anm. 6.

7. Tochtergesellschaften, Mehrheitsgesellschaften und Minderheitsbeteiligungen. Vgl. Form. C. II. 1 Anm. 7.

8. Unternehmensverträge. Das Muster geht davon aus, dass zwischen der Verkäuferin einerseits und den X-Gesellschaften andererseits keine Unternehmensverträge bestehen. Sollten solche Unternehmensverträge existieren, sind diese zum Vollzug der Transaktion aufzuheben („Abschneiden des Verkaufsobjekts"; vgl. dazu eingehend Form. C. II. 1 Anm. 12 ff.). Die – im Muster unterstellten – Unternehmensverträge zwischen der X-GmbH und den Tochtergesellschaften können demgegenüber auch nach Vollzug der Transaktion bestehen bleiben.

9. Cash-Pool-Vereinbarung; Gesellschafterdarlehen. Das Muster unterstellt, dass zwischen der Verkäuferin und der X-GmbH sowohl eine Cash-Pool-Vereinbarung als auch ein Gesellschafterdarlehen bestehen. Rechtlich handelt es sich auch bei der Cash-Pool-Vereinbarung um ein Darlehen. In der Praxis bestehen aber häufig Cash-Pool-Vereinbarungen und Gesellschafterdarlehen nebeneinander. Die im Muster vorgesehene Verpflichtung, den Saldo aus der Cash-Pool-Vereinbarung und dem Gesellschafterdarlehen zum Zahlungstag auszugleichen, führt bei einem – praktisch regelmäßig vorliegenden – Saldo zugunsten der Verkäuferin dazu, dass bei der Zielgesellschaft zum Zahlungstag ein Zahlungsabfluss stattfindet. Dies ist aus Sicht der Käuferin ggf. kaufpreismindernd zu berücksichtigen, weil das Muster keine Anpassung des Kaufpreises um die zum Zahlungstag bestehenden Finanzverbindlichkeiten der Zielgesellschaft vorsieht (Locked Box-Modell; § 3.1 des Musters).

10. Keine gesonderte Abtretung (One Step-Modell). Vgl. zunächst Form. C. II. 1 Anm. 11. Das vorliegende Muster sieht keine gesonderte Abtretung der Geschäftsanteile an die Käuferin bei Vollzug der Transaktion vor, wie sie für das Closing-Modell (Two Step-Modell) charakteristisch ist. Die Geschäftsanteile werden vielmehr bereits im Kaufvertrag selbst vorbehaltlich des Eintritts bestimmter aufschiebender Bedingungen an die Käuferin abgetreten. Diese Vertragsstruktur war bei Unternehmenskaufverträgen in Deutschland historisch üblich. Erst in Folge des Einflusses anglo-amerikanischer Investoren hat sich auch hierzulande das Closing-Modell durchgesetzt. Gerade bei kleineren Unternehmenskäufen ohne Beteiligung anglo-amerikanischer Verkäufer bzw. Käufer spricht aber nach wie vor manches für das One Step-Modell. Insbesondere ersparen sich die Parteien ein separates Closing sowie die bei der Übertragung von GmbH-Anteilen mit einem solchen separaten Closing möglicherweise verbundenen höheren Notarkosten. Zu den mit dem One Step-Modell verbundenen Nachteilen vgl. Form. C. II. 1 Anm. 11.

11. Verzicht auf die Formulierung „Verkauf mit wirtschaftlicher Wirkung". Vgl. Form. C. II. 1 Anm. 8.

12. Gewinnberechtigung. Vgl. Form. C. II. 1 Anm. 9.

13. Nachweis der Zahlung. Die im Muster vorgesehene Zahlungsbestätigung durch die Verkäuferin bzw. die Bank der Käuferin ist als Bedingungsnachweis beim One Step-Modell besonders wesentlich. Während beim Closing-Modell wegen der separaten Abtretungsurkunde regelmäßig keinerlei Unklarheit darüber entsteht, ob die Anteile an der Zielgesellschaft tatsächlich auf die Käuferin übergegangen sind, können solche Unsicherheiten beim One Step-Modell leichter auftreten. Um so wichtiger ist es, dass die Parteien entsprechende Nachweise für den Bedingungseintritt produzieren, um keine Zweifel am Eintritt der Bedingungen – und damit am (automatischen) Anteilsübergang – entstehen zu lassen. Während der Nachweis für die Kartellfreigabe regelmäßig kein Problem darstellt, ist dies beim Nachweis der Kaufpreiszahlung schon diffiziler. Diesen Schwierigkeiten soll die im Muster vorgesehene Zahlungsbestätigung begegnen.

14. Variante bei Zuständigkeit des Bundeskartellamts. Vgl. Form. C. II. 1 Anm. 62.

15. Variante bei Zuständigkeit der Europäischen Kommission. Vgl. Form. C. II. 1 Anm. 59.

16. Vgl. Form. C. II. 1 Anm. 61.

17. Außenwirtschaftsrechtliche Unbedenklichkeit als aufschiebende Bedingung. Vgl. Form. C. II. 1 Anm. 75.

18. Vollständige Unterlagen. Der Runderlass Außenwirtschaft 5/2009 vom 21. 4. 2009, BAnz A 2009, S. 1514 konkretisiert den Umfang der Meldepflicht gem. § 53 Abs. 2 AWV.

19. Gremienvorbehalt. Vgl. Form. C. II. 1 Anm. 74.

20. Eintragung eines Widerspruchs zugunsten der Käuferin zu der im Handelsregister der Gesellschaft aufgenommenen Gesellschafterliste als weitere aufschiebende Bedingung? Einige Kommentatoren gehen – z.T. ohne nähere Begründung – davon aus, dass auch nach einer aufschiebend bedingten Abtretung des Geschäftsanteils ein gutgläubiger Erwerb des Anteils durch einen Dritten vom Noch-Berechtigten nach § 161 Abs. 3 BGB i. V.m. § 16 Abs. 3 GmbH möglich sei (Vossius, DB 2007, 2299, 2301; *Klöckner*, NZG 2008, 841, 842; *Greitemann/Bergjan*, FS Pöllath & Partner (2008), 271, 286 f.; *Wachter*, GmbHR Sonderheft 10/2008, 51, 61; *Griegoleit/Rieder*, GmbH-Recht nach dem MoMiG, Rdnr. 165 ff.; *Schreinert/Berresheim*, DStR 2009, 1265, 1267 f.). Diese Ansicht wird von anderen Autoren mit guten Gründen bestritten (Baumbach/*Hueck*/Fastrich § 16 Rdnr. 29; *Preuß*, ZGR 2008, 676, 692; Zessel, GmbHR 2009, 303, 305), jedenfalls solange nicht drei Jahre seit der aufschiebend bedingten Abtretung erfolgt seien (so z.B. *Oppermann*, ZIP 2009, 651, 654; vgl. auch – im Ergebnis unentschlossen – *Heckschen/Heidinger*, Die GmbH in der Gestaltungs- und Beratungspraxis, § 13 Rdnr. 141). Auch die Rechtsprechung ist bisher uneinheitlich (für einen gutgläubigen Zweiterwerb LG Köln NZG 2009, 1195; dagegen OLG Hamburg NZG 2010, 1157). Um das Risiko wirksamer Zwischenverfügungen so weit wie möglich auszuschließen, verlangt die Käuferin womöglich die Aufnahme einer weiteren aufschiebenden Bedingung dergestalt, dass dem von ihr zu erwerbenden Geschäftsanteil in der Gesellschafterliste zu ihren

3. GmbH-Anteilskaufvertrag – knapp, verkäuferfreundlich   C. II. 3

Gunsten ein Widerspruch zugeordnet worden ist. Vgl. zur Zuordnung eines Widerspruchs zugunsten der Käuferin zur Gesellschafterliste bereits Form. C. II. 2. Anm. 71.

In § 3.2.1 ist ggf. noch aufzunehmen, dass der Kaufpreises erst fällig wird, wenn der Widerspruch der im Handelsregister aufgenommenen Gesellschafterliste den Geschäftsanteilen zugeordnet ist (siehe dazu aber obenstehenden Warnhinweis!).

Formulierungsvorschlag:

„[3.2.1] Der Kaufpreis ist fällig fünf (5) Bankarbeitstage nach dem Tag, an dem erstmals beide der nachfolgend genannten Voraussetzungen vorliegen (dieser Tag wird in diesem Vertrag Zahlungstag genannt:
  (a) [Eintritt der aufschiebenden Bedingung gem. § 2.2.2.];
  (b) [ggf.: Eintritt sonstiger aufschiebender Bedingungen gemäß § 2.2.3 und § 2.2.4 etc.;]
  (c) der beurkundende Notar hat der Käuferin schriftlich mitgeteilt, dass (i) der im Handelsregister der Gesellschaft aufgenommenen Gesellschafterliste der gemäß § [2.2.5] bewilligte und beantragte Widerspruch zugeordnet worden ist oder (ii) das zuständige Registergericht den Antrag zurückgewiesen, eine diesbezügliche Zwischenverfügung erlassen oder den Antrag anderweitig beanstandet hat."

21. Keine Zuordnung eines (Dritt-)Widerspruchs zu der im Handelsregister der Gesellschaft aufgenommenen Gesellschafterliste als aufschiebende Bedingung? Vgl. zur Parallelproblematik des (Dritt-)Widerspruchs als Vollzugshindernis Form. C. II. 1. Anm. 78.

22. Vinkulierung der X-Geschäftsanteile. Das Muster unterstellt, dass der Verkauf und die Abtretung der X-Geschäftsanteile der Genehmigung durch die Gesellschafterversammlung der Zielgesellschaft bedarf (Vinkulierung). Eine solche Regelung findet sich bisweilen in GmbH-Satzungen. Im Einzelfall ist genau darauf zu achten, welches Organ der Zielgesellschaft zustimmungsberechtigt ist (Gesellschafterversammlung, Geschäftsführung, Beirat).

23. Liste der Gesellschafter; Nachweis des Anteilsübergangs. Gemäß § 16 Abs. 1 S. 1 GmbHG gilt im Fall einer Veränderung in den Personen der Gesellschafter oder des Umfangs ihrer Beteiligung als Inhaber eines Geschäftsanteils nur, wer als solcher in der im Handelsregister aufgenommenen Gesellschafterliste eingetragen ist. Von der Käuferin in Bezug auf das Gesellschaftsverhältnis vorgenommene Rechtshandlungen gelten nur dann als von Anfang an wirksam, wenn die Liste unverzüglich nach Vornahme der Rechtshandlung in das Handelsregister aufgenommen wird, § 16 Abs. 1 S. 2 GmbHG. Daher hat insbesondere die Käuferin ein großes Interesse daran, dass die neue Gesellschafterliste möglichst umgehend in das Handelsregister aufgenommen wird. Auch die Verkäuferin dürfte in der Regel daran interessiert sein, nach Wirksamwerden des Anteilsübergangs gegenüber der Gesellschaft nicht länger als Gesellschafterin zu gelten. Zwar ist der (deutsche) beurkundende Notar nach § 40 Abs. 2 S. 1 GmbHG gesetzlich verpflichtet, unverzüglich nach Wirksamwerden des Anteilsübergangs (also hier: nach Eintritt der aufschiebenden Bedingung) eine neue Liste der Gesellschafter zum Handelsregister einzureichen, um eine Haftung des Notars auch gegenüber den Vertragsparteien zu begründen, empfiehlt sich aber dennoch, eine entsprechende Anweisung in die Abtretungsurkunde aufzunehmen. Da § 40 Abs. 2 S. 1 GmbHG nur für deutsche Notare bindend ist, gilt dies umso mehr bei der Beauftragung ausländischer Notare (vgl. hierzu aber unbedingt die Ausführungen in Anm. 2). Da es für die Wirksamkeit der von der Käuferin gefassten Gesellschafterbeschlüsse darauf ankommt, dass die neue Gesellschafterliste nicht nur unverzüglich beim Handelsregister eingereicht, sondern in dieses „aufgenommen" wird (d.h. Aufnahme der Liste in den (elektronischen) Registerordner, vgl. BR-Drucks. 354/07, S. 84 f.), sollte in der Praxis vorab mit dem zuständigen Handelsregister Kontakt aufgenommen werden, um eine möglichst zügige Aufnahme der neuen Liste in das Handelsregister zu bewirken. Die Frage, welche Nachweise der Notar im Einzelfall verlangt, bevor er die neue Gesellschafterliste zum Handelsregister einreicht (vgl. § 40 Abs. 2 GmbHG und die diesbezüglichen Klauselvorschläge in §§ 2.2.1, 2.2.2, 2.2.3), sollte unbedingt im Vorfeld mit dem beurkundenden Notar geklärt werden.

24. Mitteilung an die Zielgesellschaft gemäß § 21 AktG. Vgl. Form. C. III. 4.1.

25. Kaufpreis; fester Kaufpreis (Locked Box). Das Muster sieht einen festen Kaufpreis ohne Anpassung um Veränderungen des Net Debt bzw. Working Capital der Zielgesellschaft vor (zu dieser „klassischen" Kaufpreisanpassung eingehend Form. C. II. 1 Anm. 26). Es bildet damit das sogenannte Locked Box-Konzept ab, das sich im verkäuferdominierten Markt der letzten Jahre entwickelt hat. Ausgangspunkt ist die Überlegung, dass eine aufwendige Kaufpreisanpassung dann nicht erforderlich ist, wenn durch entsprechende vertragliche Regelungen sichergestellt ist, dass in der Zielgesellschaft seit dem letzten Bilanzstichtag keine besonderen Geschäftsvorfälle, insbesondere keine Mittelabflüsse an die Verkäuferin, außerhalb des gewöhnlichen Geschäftsgangs erfolgt sind. Wird dies durch entsprechende Vertragsregeln gewährleistet, kann grundsätzlich auf die Kaufpreisanpassung um Net Debt und Working Capital verzichtet werden. Da das Locked Box-Konzept auch bei entsprechenden vertraglichen Schutzmechanismen zugunsten der Käuferin nicht ausschließen kann, dass es zu Veränderungen in der der Käuferin bekannten Bilanzstruktur der Zielgesellschaft bis zum Übergang der Anteile kommt, sollte bei größeren Transaktionswerten – jedenfalls aus Sicht der Käuferin – idealerweise weiterhin das klassische Kaufpreisanpassungskonzept verwendet werden. Die Bestimmungen über die Fortführung der Geschäfte der Zielgesellschaft im regelmäßigen Geschäftsbetrieb seit dem letzten Bilanzstichtag finden sich in § 4.2.11 des Musters. Wegen ihrer besonderen Bedeutung im Locked Box-Konzept sind die Regelungen, die einen Wertabfluss aus der Zielgesellschaft seit dem letzten Bilanzstichtag verhindern sollen, Gegenstand einer separaten Gewährleistung (§ 4.2.12 des Musters). Beide Garantien werden für den Zeitraum zwischen Signing und dem Übergang der Anteile durch entsprechende zukunftsbezogene Verpflichtungen der Verkäuferin (§§ 8.3.1 und 8.3.2 des Musters) ergänzt. Vgl. auch Anm. 35 und 37.

26. Umsatzsteuer. Vgl. Form. C. II. 1 Anm. 54.

27. Zahlungstag. Anders als in den Mustern C. II. 1 und C. II. 2 ist im vorliegenden Muster nicht vom „Vollzugstag", sondern vom „Zahlungstag" die Rede. Dadurch wird unterstrichen, dass das Muster keinen separaten Vollzug der Transaktion vorsieht, sondern die Geschäftsanteile der Zielgesellschaft vielmehr mit der Zahlung des Kaufpreises und dem Eintritt der weiteren aufschiebenden Bedingungen automatisch auf die Käuferin übergehen.

28. Bankbürgschaft. Vgl. Form. C. II. 1 Anm. 55.

29. Anwendbarkeit des gesetzlichen Gewährleistungsstatuts auf den Beteiligungskauf. Vgl. Form. C. II. 1 Anm. 91.

30. Garantiekatalog; Garantien bei der Veräußerung durch Private Equity-Gesellschaften. Vgl. zunächst Form. C. II. 1 Anm. 92. Der im Muster vorgeschlagene Garantiekatalog enthält grundlegende Verkäufergarantien, wie sie in einem ersten kurzen verkäuferfreundlichen Vertragsentwurf üblich sind. Noch wesentlich kürzer als im Muster sehen Garantiekataloge aus, wenn eine Private Equity-Gesellschaft eine Portfolio-Gesellschaft weiterveräußert (sog. Secondary bzw. – bei nochmaliger Weiterveräußerung durch eine weitere Private Equity-Gesellschaft – Tertiary). In diesen Fällen haftet die Verkäuferin regelmäßig nur für ihr Eigentum an den Geschäftsanteilen der Zielgesellschaft sowie für deren Existenz und Lastenfreiheit (und auch dies häufig nur für die zu veräußernde Zielgesellschaft selbst, nicht jedoch für die Tochter- und Mehrheitsgesellschaften). Hinzu kommen Verkäufergarantien dafür, dass die Zielgesellschaft nicht insolvent ist. Bisweilen lässt sich die Verkäuferin noch auf eine (beschränkte) Gewährleistung über die Führung der Geschäfte der Zielgesellschaft seit dem letzten Bilanzstichtag ein. Hintergrund für diesen außerordentlich eingeschränkten Garantiekatalog ist der Umstand, dass die Private Equity-Gesellschaft regelmäßig den gesamten Veräußerungserlös unmittelbar an die hinter der Gesellschaft stehenden Investoren ausschütten muss. Die Parteien verständigen sich deshalb in solchen Konstellationen häufig auf die Einrichtung eines Treuhandkontos (Escrow), auf den die Käuferin einen Teil des Kaufpreises einzahlt, der dann im Fall späterer Verletzungen von Gewährleistungen als Haftungsfonds für die Käuferin zur Verfügung steht. Bisweilen gelingt es der veräußernden Private Equity-Gesellschaft jedoch, ein solches Ansinnen der Käuferin erfolgreich abzulehnen, zumal Private Equity-Gesellschaften ihre Portfolio-Unternehmen regelmäßig im Rahmen kompetitiver beschränkter Auktionsverfahren (Limited Auctions) weiterveräußern. Ist die Käuferin ihrerseits eine Private Equity-Gesellschaft, so ist sie häufig bereit, derartig beschränkte Garantiekataloge zu akzeptieren, weil sie die Spielregeln des Private Equity-Marktes kennt und bei der eigenen späteren Weiterveräußerung ihrerseits auch keine weitreichenden Gewährleistungen abgeben will. Hinzu kommt, dass die Verkäuferin in diesen Fällen regelmäßig ihre (noch nicht verjährten) Ansprüche aus ihrem ursprünglichen Kaufvertrag mit der Erst-Verkäuferin an die Zweit-Käuferin abtritt. Ein besonders umfassender Schutz ergibt sich aus diesen Alt-Garantien für die Zweit-Käuferin freilich regelmäßig nicht.

31. Maßgeblicher Zeitpunkt für die Verkäufergarantien. Vgl. zunächst Form. C. II. 1 Anm. 94. Das Muster sieht vor, dass die Verkäufergarantien grundsätzlich auf den Zeitpunkt des Zahlungstages abgegeben werden. Angesichts des beschränkten Gewährleistungskatalogs scheint es nämlich auch aus Sicht der Verkäuferin angemessen, von diesem Grundsatz auszugehen. Verschiedene Einzelgarantien werden dann ausdrücklich nur auf den Tag des Vertragsabschlusses abgegeben. Möchte die Verkäuferin weitere Garantien nur auf den Unterzeichnungstag abgeben, so müsste der Garantiekatalog entsprechend angepasst werden.

32. Selbstständige Garantieversprechen der Verkäuferin. Vgl. Form. C. II. 1 Anm. 93.

33. Umfang der Verkäufergarantien. Der überwiegende Teil der Verkäufergarantien im Muster bezieht sich auf die „X-Gesellschaften", also auf die X-GmbH, die Tochtergesellschaften und die Mehrheitsgesellschaften. Je nach Verhandlungsposition und Kenntnis der Verkäuferin in Bezug auf die zu veräußernden Gesellschaften sollte die Verkäuferin erwägen, die Verkäufergarantien (oder jedenfalls einen Teil davon) im ersten Vertragsentwurf auf die „X-GmbH und die Tochtergesellschaften" zu beschränken bzw. die Definition der „X-Gesellschaften" von vornherein auf diesen Gesellschaftskreis zu begrenzen.

34. Konsolidierter Jahresabschluss der X-GmbH. Vgl. Form. C. II. 1 Anm. 97.

35. Fortführung der Geschäfte. Diese Garantie der Verkäuferin bildet ein wesentliches Element des Locked Box-Konzepts (vgl. bereits Anm. 25 sowie Form. C. II. 1 Anm. 26). Sie ist zwar in Unternehmenskaufverträgen ohnehin üblich. Beim Locked Box-Konzept ist diese Garantie aber – jedenfalls aus Sicht der Käuferin – besonders bedeutsam. Mangels Anpassung des Kaufpreises um Net Debt und Working Capital muss die Käuferin nämlich sicherstellen, dass die Zielgesellschaft seit dem letzten Bilanzstichtag (auf diesen wird die Käuferin nämlich ihre Unternehmensbewertung abgestellt haben) nur im Rahmen des gewöhnlichen Geschäftsgangs geführt worden ist. Der in der Klausel vorgesehene Katalog von Geschäften, welche die Zielgesellschaft seit dem letzten Bilanzstichtag nicht getätigt hat, ist im verkäuferfreundlichen Muster verhältnismäßig knapp gehalten. Angesichts der Bedeutung der Klausel für die Käuferin im Locked Box-Konzept wird die Käuferin häufig weitere Regelbeispiele von Geschäften in die Klausel aufnehmen wollen, welche die Zielgesellschaft seit Beginn des laufenden Geschäftsjahres nicht getätigt hat. Für den Zeitraum vom Unterzeichnungstag bis zum Zahlungstag wird die Garantie durch eine entsprechende (zukunftsbezogene) Verpflichtung der Verkäuferin in § 8.3.1 des Musters ergänzt.

36. Hier ist das Datum des Beginns des laufenden Geschäftsjahres der Zielgesellschaft einzusetzen. Dieser Tag muss der Aufsatzpunkt für die Garantie über die Fortführung der Geschäfte im gewöhnlichen Geschäftsgang sein, weil die Käuferin ihrer Unternehmensbewertung und ihrer Kaufentscheidung regelmäßig die letzte (geprüfte) Bilanz des Zielunternehmens zugrunde legt.

37. Kein Wertabfluss (Ringfencing; No Leakage). Diese Klausel, welche die Regelung in § 4.2.11 des Musters ergänzt und erweitert, bildet das Kernstück des Locked Box-Konzepts. Im Hinblick auf den vereinbarten Festpreis ist es aus Sicht der Käuferin wesentlich, im Vertrag festzuschreiben, dass seit dem letzten Bilanzstichtag keinerlei Wertabflüsse aus der Zielgesellschaft an die Verkäuferin erfolgt sind (sog. Ringfencing der Zielgesellschaft). Nur mit diesem Schutz kann die Käuferin nämlich akzeptieren, dass keine Kaufpreisanpassung um das Net Debt bzw. Working Capital zum Zahlungstag mehr erfolgt. Das in dieser Klausel abgebildete Konzept, wonach Wertabflüsse aus der Zielgesellschaft ausgeschlossen sein sollen, symbolisiert im Übrigen plastisch den auf die Zielgesellschaft bezogenen Begriff Locked Box. Für den Zeitraum vom Unterzeichnungstag bis zum Zahlungstag wird die Garantie durch eine entsprechende (zukunftsbezogene) Verpflichtung der Verkäuferin in § 8.3.2 des Musters ergänzt. Vgl. zum Ganzen auch Anm. 25.

38. Hier ist das Datum des Beginns des laufenden Geschäftsjahres der Zielgesellschaft einzusetzen (vgl Anm. 36).

39. Kenntnis der Verkäuferin. Vgl. Form. C. II. 1 Anm. 98.

40. Freibetrag/Gesamtfreibetrag. Vgl. zunächst Form. C. II. 1 Anm. 124. Im Locked Box-Konzept wird die Käuferin bestrebt sein, die Garantie „Kein Wertabfluss" (§ 4.2.12 des Musters) wegen ihrer besonderen Bedeutung für das Locked Box-Konzept von den Regelungen zu Freibetrag und Gesamtfreibetrag auszunehmen. Als verkäuferfreundliches Muster sieht der Vertrag dies nicht vor.

41. Haftungshöchstbetrag (Cap). Vgl. zunächst Form. C. II. 1 Anm. 125. Beim Locked Box-Konzept wird die Käuferin bestrebt sein, die Garantie „Kein Wertabfluss" (§ 4.2.12 des Musters) wegen ihrer besonderen Bedeutung für das Locked Box-Konzept aus dem Haftungshöchstbetrag auszunehmen. Als verkäuferfreundliches Muster sieht der Vertrag dies nicht vor.

42. Verjährung. Vgl. Form. C. II. 1 Anm. 126.

43. Zur bilanziellen Behandlung und zu den steuerlichen Folgen von Schadensersatzzahlungen vgl. Form. C. II. 1 Anm. 100.

44. Vgl. Form. C. II. 1 Anm. 102.

45. Steuerrechtliche Garantieerklärung. Vgl. Form. C. II. 1 Anm. 103.

46. Steuerrechtliche Freistellung. Vgl. allgemein zur Freistellung Form C. II. 1 Anm. 101 sowie spezifisch zum Steuerbegriff Form. C. II. 1 Anm. 102.

47. Vgl. Form. C. II. 1 Anm. 105. Im Muster wird nicht auf die bestandskräftig festgesetzten Steuern, sondern auf die fälligen Steuern abgestellt. Insofern muss die Verkäuferin in Vorleistung treten. Die Steuerfreistellung bezieht sich – ebenso wie in Form. C. II. 1 – nur auf die X-Gesellschaften und nicht auch auf die Minderheitsbeteiligungen. Insoweit hat die Verkäuferin nämlich regelmäßig weder Einflussnahme- noch Einsichtsmöglichkeiten. Im Locked Box-Modell, das dem Muster zugrunde liegt, ermittelt die Käuferin den Kaufpreis auf der Grundlage der letzten verfügbaren Jahresabschlüsse der X-Gesellschaften. Sofern das Wirtschaftsjahr dem Kalenderjahr entspricht, ist eine wie in Form. C. II. 1 (dort § 11.3.1 [a]) vorgesehene Stichtagsabgrenzung im Hinblick auf Veranlagungs- und Erhebungszeiträume, die nach dem Stichtag enden, nicht erforderlich („als-ob-Betrachtung").

48. Hier ist das letzte abgelaufene Geschäftsjahr der Zielgesellschaft einzusetzen.

49. Hier ist das letzte abgelaufene Geschäftsjahr der Zielgesellschaft einzusetzen.

50. In wirtschaftlicher Hinsicht unterstellt diese Regelung, dass die Steuerrückstellungen und -verbindlichkeiten kaufpreismindernd berücksichtigt wurden.

51. Verlangt wird lediglich, dass der Anspruch wirksam und vollstreckbar ist. Durch diese Formulierung wird erreicht, dass eine Beitreibung eines solchen Anspruches nicht im Ermessen der Käuferin liegt.

52. Hier ist das Datum des Beginns des laufenden Geschäftsjahres der Zielgesellschaft einzusetzen.

53. Hier ist das letzte abgelaufene Geschäftsjahr der Zielgesellschaft einzusetzen.

54. Hier ist das letzte abgelaufene Geschäftsjahr der Zielgesellschaft einzusetzen.

55. Hier ist das letzte abgelaufene Geschäftsjahr der Zielgesellschaft einzusetzen.

56. Vgl. Form. C. II. 1 Anm. 122.

57. Hier ist das letzte abgelaufene Geschäftsjahr der Zielgesellschaft einzusetzen.

58. In wirtschaftlicher Hinsicht unterstellt diese Regelung, dass aktivierte Steuerrückerstattungen der X-GmbH oder einer der Tochtergesellschaften den Kaufpreis erhöht haben.

59. Garantie zur Unanwendbarkeit der AWG-Kontrolle. Vgl. Form. C II. 1 Anm. 129.

60. Regelung für den Fall des Eintritts der auflösenden Bedingung gemäß § 31 AWG. Vgl. Form. C II. 1 Anm. 137.

61. Hier wird regelmäßig der Beginn des laufenden Geschäftsjahres der Zielgesellschaft einzusetzen sein.

62. Dies wird regelmäßig das laufende Geschäftsjahr der Zielgesellschaft sein.

63. Verhaltenspflichten der Verkäuferin zwischen Signing und Closing (Going Concern). Vgl. Form. C. II. 1 Anm. 127.

64. Kein Wertabfluss zwischen Signing und Closing. Diese Klausel bildet das – im Locked Box-Konzept besonders wesentliche – Pendant zur Garantie der Verkäuferin gemäß § 4.2.12 des Musters. Während sich die Verkäufergarantie in § 4.2.12 als vergangenheitsbezogene Aussage auf den Zeitraum zwischen dem letzten Bilanzstichtag und dem Signing bezieht, erstreckt die Verkäuferverpflichtung in § 8.3.2 des Musters den Schutz der Käuferin vor einem Wertabfluss konsequenterweise bis zum Zahlungstag. Nur mit einer solchen Verpflichtung ist die Käuferin nämlich vollständig vor Wertabflüssen aus der Zielgesellschaft gesichert. Die Verkäuferin wird eine solche Verpflichtung regelmäßig auch bereits in ihrem ersten Entwurf vorsehen, da sie das Kernstück des – für die Verkäuferin vorteilhaften – Locked Box-Konzepts bildet.

65. Nutzung von Namen, Marken und geschäftlichen Bezeichnungen. Vgl. Form. C. II. 1 Anm. 131.

66. Freistellung von Ansprüchen Dritter. Vgl. Form. C. II. 1 Anm. 130.

67. Wettbewerbsverbot. Vgl. zunächst Form. C. II. 1 Anm. 128. Das Muster sieht – über das Wettbewerbsverbot hinaus – kein separates Abwerbeverbot zu Lasten der Käuferin vor. Im Hinblick auf die problematischen Rechtsfolgen eines Abwerbeverbotes, insbesondere im Hinblick auf die eingeschränkte Durchsetzbarkeit, erscheint es angemessen, in einem kurzen Vertragsentwurf auf ein Abwerbeverbot zu verzichten (vgl. zum Abwerbeverbot und den damit in der Praxis verbundenen Schwierigkeiten eingehend Form. C. II. 1 Anm. 132).

68. Abtretung von Rechten an die finanzierenden Banken. Vgl. zunächst Form. C. II. 1 Anm. 141. Das Muster sieht kein Recht der Käuferin vor, Rechte aus dem Vertrag an die finanzierenden Banken abzutreten. In einem ersten knappen verkäuferfreundlichen Vertragsentwurf scheint diese Regelung entbehrlich. Die Verkäuferin wird allerdings – insbesondere bei einem fremdfinanzierten Erwerb – damit rechnen müssen, dass die Käuferin ein solches Abtretungsrecht verlangt. In einem solchen Fall könnte die Formulierung in Form eines Satzes 2 aus Verkäufersicht wie folgt lauten:

„Die Käuferin ist allerdings berechtigt, bestimmte Rechte aus §§ 4, 5 und 6 dieses Vertrages zum Zwecke der Gewährung von Sicherheiten an die Bank[en] abzutreten, die die Verpflichtungen der Käuferin nach diesem Vertrag finanzier[t][en]. Dieses Recht der Käuferin steht unter der Voraussetzung, dass (i) allein die Käuferin berechtigt ist, alle Ansprüche gegen die Verkäuferin einzuziehen, (ii) die Käuferin die Verkäuferin schriftlich vor der Abtretung solcher Ansprüche informiert sowie (iii) das Recht der Verkäuferin, gegenüber der Käuferin Zahlungsverpflichtungen nach diesem Vertrag aufzurechnen und/oder zu verweigern, unberührt bleibt; § 406 BGB findet insoweit keine Anwendung. Die Verpflichtungen der Käuferin nach diesem Vertrag, insbesondere die Pflicht zur Zahlung des Gesamtkaufpreises in Übereinstimmung mit § 3 , bleiben von einer derartigen Abtretung unberührt."

69. Garantiegeberin auf Seiten der Käuferin. Vgl. Form. C. II. 1 Anm. 142.

70. Verkehrsteuern und Kosten. Vgl. Form. C. II. 1 Anm. 140.

71. Form von Mitteilungen und Erklärungen. Vgl. Form. C. II. 1 Anm. 145.

72. Gerichtsstandsvereinbarung. Das Muster sieht eine Gerichtsstandsvereinbarung und keine Schiedsklausel vor. Zu den Vor- und Nachteilen einer Gerichtsstandsvereinbarung im Vergleich zu einer Schiedsklausel vgl. Form. C. II. 1 Anm. 146. In einem kurzen Vertragsentwurf ist es regelmäßig angemessen, eine Gerichtsstandsvereinbarung vorzusehen, weil davon auszugehen ist, dass ein kurzes Vertragsmuster häufig bei geringeren Transaktionsvolumina

C. II. 4 　　　　　　　　　　　　　　II. Gesellschaft mit beschränkter Haftung (GmbH)

zur Anwendung kommt. Wünschen die Vertragsparteien eine Schiedsklausel, so enthält Form. C. II. 1 das Muster einer solchen Klausel (dort § 22.2).

73. Gesamte Vereinbarung. Vgl. Form. C. II. 1 Anm. 148.

4. Gesellschafterliste gemäß § 40 GmbHG[1]

Gesellschafterliste der ......GmbH Amtsgericht......, HRB......[2]

Lfd. Nr. der Geschäftsanteile[3]	Gesellschafter	Nennbetrag des Geschäftsanteils[4] in Euro
1.	......[Firma/Name] ......[Ort des Gesellschaftssitzes/Wohnort] ......[Handelsregister HRB Nummer/Geburtsdatum]	€ ......
2.	......[Firma/Name] ......[Ort des Gesellschaftssitzes/Wohnort] ......[Handelsregister HRB Nummer/Geburtsdatum]	€ ......
Stammkapital insgesamt		€ ......

......

Ort, Datum[5]

......

[Notar bzw. Geschäftsführer][6, 7]

[Gemäß § 40 Abs. 2 S. 2 GmbHG bescheinige ich zu der vorstehend vollständig wiedergegebenen Gesellschafterliste der

...... GmbH

eingetragen im Handelsregister des Amtsgerichts .... unter HRB ......, dass die geänderten Eintragungen der Gesellschafterliste den Veränderungen, die sich aufgrund meiner Urkunde vom ...... – UR-Nr. ...... – ergeben, entsprechen, und die übrigen Eintragungen mit dem Inhalt der zuletzt im Handelsregister aufgenommenen Gesellschafterliste übereinstimmen.

......

Ort, Datum

......

Notar][8]

Schrifttum: Bednarz, Die Gesellschafterliste als Rechtsscheinträger für einen gutgläubigen Erwerb von GmbH-Geschäftsanteilen, BB 2008, 24.700; *Bohrer,* Inhalt und Funktion der Gesellschafterliste – weitere Bemerkungen zum Vertrauensschutzkonzept des GmbH-Gesetzes; *Hasselmann,* Die Gesellschafterliste nach § 40 GmbHG: Inhalt und Zuständigkeit, NZG 2009, 449; *Mayer,* Der Erwerb einer GmbH nach den Änderungen durch das MoMiG, DNotZ 2008, 403; *Melchior,* Die GmbH-Gesellschafterliste – ein Zwischenstand, GmbHR 2010, 418; *Ries,* Never ending story, die Gesellschafterliste, NZG 2010, 135; *Schneider,* Neue Haftungsrisiken für GmbH-Geschäftsführer bei Erstellung und Einreichung der Gesellschafterliste, GmbHR 2009, 393.

Anmerkungen

1. Überblick. Während nach § 8 Abs. 1 Nr. 3 GmbHG im Gründungsstadium eine Gesellschafterliste zu erstellen ist, bestimmt § 40 Abs. 1 S. 1 GmbHG, dass die Liste nach jeder Ver-

4. Gesellschafterliste gemäß § 40 GmbHG C. II. 4

änderung in den Personen der Gesellschafter oder deren Beteiligungen unverzüglich zu aktualisieren und als neue, vollständige Liste zum Handelsregister einzureichen ist. Sie soll die Gesellschafterentwicklung ausgehend von den Gründungsgesellschaftern lückenlos widerspiegeln (Lutter/Hommelhoff/*Bayer* § 40 Rdnr. 5). Eine erhebliche Aufwertung hat die Gesellschafterliste durch das Gesetz zur Modernisierung des GmbH-Rechts und zur Bekämpfung von Missbräuchen (MoMiG, BGBl. I 2008 S. 2026) erfahren. Seit der Reform gilt gegenüber der Gesellschaft nur noch als Gesellschafter, wer in der im Handelsregister aufgenommenen Gesellschafterliste eingetragen ist, § 16 Abs. 1 S. 1 GmbHG. Darüber hinaus fungiert die Gesellschafterliste als Rechtsscheinträger für den nunmehr möglichen gutgläubigen Erwerb von Geschäftsanteilen, § 16 Abs. 3 GmbHG (vgl. ausführlich hierzu *Bednarz* BB 2008, 1854).

2. Einreichungsanlässe. Als einreichungspflichtige Veränderung gilt neben der bloßen Umfirmierung eines Gesellschafters und der Änderung seines Wohn- bzw. Sitzortes auch die bloße Veränderung der Stückelung bei einem Gesellschafter (vgl. Anm. 4). Handelt es sich bei dem Gesellschafter um eine juristische Person, eine oHG oder auch KG, so genügt die Angabe von Firma und Sitz der betreffenden Gesellschaft. Bei der GbR ist hingegen trotz ihrer mittlerweile anerkannten Rechtsfähigkeit jedes Mitglied einzeln aufzuführen, ergänzt um einen Zuordnungshinweis (z.B. „in Gesellschaft bürgerlichen Rechts"). Dies wird damit begründet, dass die GbR ebenso wie die sonstigen Gesamthandsgemeinschaften des BGB in keinem Register eingetragen werde und daher nicht von einer Publizitätswirkung profitieren könne, die typischerweise von einer Eintragung ausgehe (Lutter/Hommelhoff/*Bayer* § 8 Rdnr. 4; Baumbach/Hueck/*Fastrich* § 8 Rdnr. 7). Kein Anlass zur Einreichung einer Gesellschafterliste sind Belastungen eines Geschäftsanteils etwa durch Verpfändung (Baumbach/Hueck/*Zöllner/Noack* § 40 Rdnr. 7).

3. Nummerierung. Die Geschäftsanteile sind nunmehr durchgehend zu nummerieren. Existiert eine solche Nummerierung noch nicht, muss sie bei Einreichung der korrigierten Liste nachgeholt werden (Lutter/Hommelhoff/*Bayer* § 40 Rdnr. 5).

4. Angabe der Geschäftsanteile. Mehrere Gesellschaftsanteile eines Gesellschafters sind einzeln – und nicht etwa als Gesamtbetrag – aufzuführen, da die Aufschlüsselung für die Zwangsvollstreckung gegen Gesellschafter von Bedeutung ist. Daher sind auch bloße Veränderungen der Stückelung bei einem Gesellschafter anzumelden (Lutter/Hommelhoff/*Bayer* § 40 Rdnr. 7; Baumbach/Hueck/*Zöllner/Noack* § 40 Rdnr. 5). Anzugeben sind ferner die untergegangenen Anteile einschließlich des Grundes für den Untergang, damit sich die Gläubiger über die Abfolge der Gesellschafter informieren können Lutter/Hommelhoff/*Bayer* § 40 Rdnr. 7; Baumbach/Hueck/*Zöllner/Noack* § 40 Rdnr. 14).

5. Zeitpunkt. Die Einreichung der korrigierten Liste hat unverzüglich, dh ohne schuldhaftes Zögern (§ 121 Abs. 1 S. 1 BGB), nach Wirksamwerden der Veränderung zu erfolgen. Ist die Abtretung des Geschäftsanteils aufschiebend bedingt, ist die korrigierte Liste also erst nach Eintritt der Bedingung einzureichen. Inhaltlich hat die Liste den Stand am Tag ihrer Absendung wiederzugeben, einschließlich jeglicher – auch geringfügiger – Veränderungen, die seit der letzten Eintragung stattgefunden haben. Das gilt selbst für „bestandsneutrale" Veränderungen, also z.B. die Aufnahme eines Gesellschafters, der bis zur Einreichung bereits wieder ausgeschieden ist (Baumbach/Hueck/*Zöllner/Noack* § 40 Rdnr. 34). Für jedes dieser Ereignisse ist jeweils eine eigene Gesellschafterliste einzureichen, es sei denn, dass die Zusammenfassung mehrerer Veränderungen in einer Liste die Entwicklung nicht verschleiert (Baumbach/Hueck/*Zöllner/Noack* § 40 Rdnr. 34; Roth/*Altmeppen* § 40 Rdnr. 6).

6. Zuständigkeit. Hat an der einreichungspflichtigen Veränderung (s. Anm. 2) ein inländischer Notar mitgewirkt, so hat dieser die Gesellschafterliste zu unterschreiben und versehen mit einer Notarbescheinigung (s. Anm. 8) zum Handelsregister einzureichen, § 40 Abs. 2 GmbHG. Eine solche Mitwirkung ist bei einer Anteilsabtretung gegeben, wenn der Notar diese beurkundet hat. Beurkundet ein ausländischer Notar die Abtretung (vgl. dazu Form. C.II. 1 Anm. 2), ist dieser zur Einreichung der korrigierten Gesellschafterliste nicht verpflichtet (Lutter/Hommelhoff/*Bayer* § 40 Rdnr. 27; Baumbach/Hueck/*Zöllner/Noack* § 40 Rdnr. 69). Diese Pflicht trifft dann, ebenso wie bei Veränderungen, an denen weder ein inländischer noch ein ausländischer Notar mitgewirkt hat, etwa bei Eintritt einer auflösenden Bedingung der Anteilsübertragung, die Geschäftsführer der Gesellschaft (Lutter/Hommelhoff/*Bayer* § 40 Rdnr. 31). Diese haben nach Mitteilung und Nachweis der Veränderung (s. Form. C. II. 5) die Liste zu erstellen und in vertretungsberechtigter Zahl zu unterzeichnen. Ohne Mitteilung ist die Geschäftsführung zu einer Änderung und Einreichung der Gesellschafterliste grundsätzlich weder verpflichtet noch berechtigt. Etwas anderes gilt nur, sofern die Geschäftsführung kraft Amtes an der Veränderung mitzuwirken hat, etwa durch Abgabe der Genehmigungserklärung bei vinkulierten Anteilen. Erlangen die Geschäftsführer auf andere Weise als durch Mitteilung Kenntnis von der Unrichtigkeit der Liste, so haben sie den Betroffenen zu benachrichtigen und zur Stellungnahme aufzufordern (Lutter/Hommelhoff/*Bayer* § 40 Rdnr. 22; Baumbach/Hueck/Zöllner/*Noack* § 40 Rdnr. 38 ff.).

7. Haftung. Verletzen die Geschäftsführer ihre Pflicht zur Einreichung der korrigierten Gesellschafterliste (s. zu ihrer Zuständigkeit Anm. 6), so trifft sie die verschuldensabhängige (Lutter/Hommelhoff/*Bayer* § 40 Rdnr. 35) persönliche Haftung nach § 40 Abs. 3 GmbHG. Anders als nach § 40 Abs. 2 aF besteht die Ersatzpflicht nicht mehr nur gegenüber den Gläubigern der Gesellschaft, sondern auch gegenüber denjenigen, deren Beteiligung sich geändert hat.

8. Notarbescheinigung. Übermittelt ein Notar die Gesellschafterliste, muss sie zusätzlich mit einer Bescheinigung hinsichtlich der Richtigkeitsgewähr versehen werden, § 40 Abs. 2 S. 2 GmbHG.

5. Mitteilung des Erwerbs an die Gesellschaft gem. § 40 Abs. 1 S. 2 GmbHG

An die ...... GmbH
– Geschäftsführung –

Mitteilung gem. § 40 Abs. 1 S. 2 GmbHG

Sehr geehrte Damen und Herren,

gem. § 40 Abs. 1 S. 2 GmbHG teilen wir Ihnen hiermit mit, dass die unterzeichnete ...... GmbH[3], eingetragen im Handelsregister des Amtsgerichts ...... unter HRB ......, mit Wirkung vom ......[4] ......% der Geschäftsanteile an der ...... GmbH erworben hat. Eine beglaubigte Abschrift des Anteilskaufvertrags vom ...... (UR-Nr. ......) ist beigefügt. Bitte stellen Sie dessen vertrauliche Behandlung im Hause sicher.

Mit freundlichen Grüßen

......
...... GmbH

Anlage

Kenntnis genommen am: ......

......
Geschäftsführung

Schrifttum: Vgl. bereits das Schrifttum zu Form. C. II. 4.

Anmerkungen

1. Überblick. Anders als vor den Änderungen durch das Gesetz zur Modernisierung des GmbH-Rechts und zur Bekämpfung von Missbräuchen (MoMiG, BGBl. I 2008 S. 2026) wird nach § 16 Abs. 1 S. 1 GmbHG nF durch die Mitteilung an die Gesellschaft über den Erwerb eines GmbH-Geschäftsanteiles nicht mehr bestimmt, ab wann die Veräußerung eines Geschäftsanteils rechtliche Wirkung im Verhältnis zur GmbH entfaltet. Diese Legitimationsfunktion übernimmt nunmehr die Eintragung in der im Handelsregister aufgenommenen Gesellschafterliste (vgl. Form C. II. 4. Anm. 1). Hat an der Abtretung der Anteile kein ausländischer Notar mitgewirkt, sind die Geschäftsführer der GmbH für die Einreichung der geänderten Gesellschafterliste bei dem Handelsregister zuständig. Diese sind allerdings dazu nur berechtigt und verpflichtet, wenn ihnen die Übertragung des Anteils mitgeteilt und nachgewiesen wird (vgl. Form C. II. 4. Anm. 6).

2. **Rechtsnatur der Mitteilung.** Die Mitteilung ist eine geschäftsähnliche Handlung, auf die die Vorschriften über die Willenserklärungen entsprechend anzuwenden sind. Anders als die Anmeldung nach § 16 Abs. 1 GmbHG aF kann die Mitteilung nicht nur bis zu ihrem Zugang bei der Gesellschaft, sondern bis zur Änderung der Gesellschafterliste widerrufen werden (Lutter/Hommelhoff/*Bayer* § 40 Rdnr. 17). Nichtigkeits- und Anfechtungsgründe lassen nach erfolgter Eintragung die Wirksamkeit der eingetragenen Veränderung unberührt. Sie können nur ex nunc geltend gemacht werden und führen dann zu einer neuerlichen Änderung der Gesellschafterliste (Baumbach/Hueck/*Zöllner/Noack* § 40 Rdnr. 22).

3. **Mitteilungsbefugnis; Stellvertretung.** Zur Mitteilung sind jeweils sowohl der Veräußerer als auch der Erwerber, nicht aber ein Dritter befugt. Bisweilen treffen die Parteien im Anteilskaufvertrag eine Regelung darüber, wer die Mitteilung vorzunehmen hat (vgl. Form. C. II.3 § 2.3). Eine Veränderung der Gesellschafterliste erfolgt allerdings nur mit Zustimmung aller Betroffenen. Teilt also der Erwerber die Abtretung mit, muss der Veräußerer zustimmen und vice versa (Baumbach/Hueck/*Zöllner/Noack* § 40 Rdnr. 20). Erfolgt die Mitteilung durch einen unbefugten Dritten oder durch einen Vertreter ohne Vertretungsmacht, treten die Rechtswirkungen des § 16 Abs. 1 GmbH nicht ein, auch wenn die Veränderung in die Gesellschafterliste eingetragen wird (Lutter/Hommelhoff/*Bayer* § 16 Rdnr. 14). Wird die Mitteilung nicht von den Vertragsparteien selbst, sondern durch einen Vertreter, z.B. den die Transaktion betreuenden Rechtsanwalt, vorgenommen, ist wegen § 174 BGB darauf zu achten, der Mitteilung die Vollmachturkunde beizulegen, mit der dem Vertreter die Vornahme der Mitteilung aufgetragen worden ist.

4. **Nachweis.** Die Mitteilung hat unter Nachweis des Übergangs zu erfolgen. Zwar stellt das Gesetz an die Form des Nachweises keine besonderen Anforderungen; angesichts der Formgebundenheit der Abtretung ist aber die Abtretungsurkunde vorzulegen, um die Einhaltung der Form nachzuweisen.

6. Genehmigung der Gesellschaft gemäß § 15 Abs. 5 GmbHG

Anlage zur Urkunde Nr. ..../......

Genehmigung[1, 4]

Der unterzeichnete ...... ist Geschäftsführer der ...... (nachfolgend die *Gesellschaft*) und berechtigt, die Gesellschaft allein zu vertreten. Die Gesellschaft hat ihre Geschäftsräume in ...... und ist eingetragen im Handelsregister des Amtsgerichts ...... unter HRB ....
Gem. § ...... der Satzung der Gesellschaft bedarf die ...... [beachte und wiederhole Wortlaut der Satzung, zB. Abtretung, Veräußerung] von Geschäftsanteilen der Gesellschaft der Genehmigung der Gesellschaft[2]. Die Gesellschaft genehmigt hiermit die ...... [beachte und wiederhole Wortlaut der Satzung, zB. Abtretung, Veräußerung] [aller] ihrer Geschäftsanteile ...... [nähere Bezeichnung der Anteile, wenn nicht alle Anteile übertragen werden] von ...... [Veräußerer] an ...... [Erwerber].

Die Gesellschafterversammlung der Gesellschaft hat durch Beschluss vom ...... der Abgabe dieser Genehmigungserklärung zugestimmt und die Geschäftsführung der Gesellschaft angewiesen, die Genehmigung zu erteilen. Eine Kopie dieses Beschlusses ist dieser Erklärung als Anlage 1 beigefügt.

...... [Ort], ... [Datum][3]

...... [Firma]

......

[Vor- und Zuname]
– Geschäftsführer –

Anmerkungen

1. Allgemeines. Die Abtretung von Geschäftsanteilen kann nach § 15 Abs. 5 GmbHG im Rahmen der Satzungsfreiheit beschränkt oder sogar ausgeschlossen (vgl. Lutter/Hommelhoff/ *Bayer* § 15 Rdnr. 57) werden (Vinkulierung). Diese Möglichkeit ist äußerst praxisrelevant, liegt der GmbH doch schon idealtypischerweise ein personalistischer Charakter zugrunde. Bei der Ausgestaltung der Vinkulierung ist die Satzung grundsätzlich frei, sodass bspw. sämtliche Geschäftsanteile, gewisse Anteilsarten oder einzelne Anteile sowie bestimmte Abtretungsfälle von der Beschränkung erfasst sein können. Es können zudem sowohl bestimmte Kriterien für die Genehmigungsbedürftigkeit als auch bestimmte Versagungsgründe in der Satzung aufgestellt werden (zu Gestaltungsmöglichkeiten ausführlich Scholz/*H. Winter/Seibt* § 15 Rdnr. 115 ff.). Allerdings kann jeweils nur das dingliche Rechtsgeschäft, nicht hingegen der zugrundeliegende schuldrechtliche Vertrag an die weiteren Voraussetzungen gebunden werden („die Abtretung"). Ferner greifen die statutarischen Abtretungsbeschränkungen grundsätzlich nur beim rechtsgeschäftlichen, nicht aber beim gesetzlichen Erwerb (zur Geltung bei Umwandlungsvorgängen vgl. aber Scholz/*H. Winter/Seibt* § 15 Rdnr. 113 ff.). Das vorliegende Formular behandelt den praxisrelevanten und in § 15 Abs. 5 GmbHG beispielhaft genannten Fall des Zustimmungserfordernisses der Gesellschaft. Die Genehmigung des § 15 Abs. 5 GmbHG ist eine Zustimmung i. S. v. §§ 182 ff. BGB. Die begriffliche Diskrepanz zum BGB ergibt sich daraus, dass dieses jünger ist als das GmbHG (Hachenburg/*Zutt* § 15 Rdnr. 104).

2. Zustimmungsberechtigter. Der Wortlaut des § 15 Abs. 5 GmbHG stellt die Regelung der Zuständigkeit für die Genehmigung der Satzungsgestaltung anheim. Trotzdem wird kontrovers diskutiert, ob eine Kompetenzzuweisung etwa an „die Gesellschafterversammlung" oder „die Gesellschafter" qua Satzung nur im Innenverhältnis der Gesellschaft gilt und mithin für die Erteilung im Außenverhältnis der/die Geschäftsführer aufgrund ihrer grundsätzlich unbeschränkten Vertretungsmacht (§ 37 Abs. 1 GmbHG) zuständig ist/sind (so RGZ 104, 414 f.; Rowedder/Schmidt-Leithoff/*Rowedder/Bergmann* § 15 Rdnr. 178; *R. Fischer* ZHR 130 (1968), 367). Dem ist nicht zu folgen, da es schon der Wortlaut besagter Vorschrift den Gesellschaftern überlässt, die Voraussetzungen sowie die Art und Weise der Zulassung neuer Gesellschafter zu regeln. Demnach kann die Satzung statuieren, wem bzw. welchem Gesellschaftsorgan für die Zustimmung die Entscheidungskompetenz zusteht und sie folglich mit Außenwirkung zu erteilen hat (Scholz/*H. Winter/Seibt* § 15 Rdnr. 121 ff.).

Für den von § 15 Abs. 5 GmbHG beispielhaft angesprochenen praxisrelevanten Fall, dass in der Satzung ein Zustimmungserfordernis „der Gesellschaft" gefordert ist, bedeutet dies vorbehaltlich abweichender Satzungsvorgaben, dass für die Erteilung der/die Geschäftsführer in der Funktion als Vertreter zuständig ist/sind. Unabhängig davon, ob hierbei in der Satzung das Erfordernis eines Gesellschafterbeschlusses im Innenverhältnis statuiert ist, wird dieser jedenfalls mit Blick auf § 46 Nr. 4 GmbHG zu fordern sein (BGH GmbHR 1988, 261; Baumbach/Hueck/*Hueck/Fastrich* § 15 Rdnr. 42; Lutter/Hommelhoff/ *Bayer* § 15 Rdnr. 66). Dieser Fall liegt auch dem Formular zugrunde. Zu den weiteren praxisrelevanten Möglichkeiten, die Abtretung in der Satzung an die Genehmigung „der Gesellschafterversammlung" oder „der Gesellschafter" zu knüpfen, sowie damit ggf. einhergehenden Auslegungsproblemen vgl. Scholz/*H. Winter/Seibt* § 15 Rdnr. 125 ff.

6. Genehmigung der Gesellschaft gemäß § 15 Abs. 5 GmbHG

Aus Gründen der Rechtssicherheit ist zu empfehlen, in der Genehmigung klarstellend auf den jeweiligen Satzungswortlaut zu rekurrieren und die ggf. erforderliche, eingeholte Zustimmung der Gesellschafterversammlung in Kopie als Anlage beizufügen.

3. Form; Zeitpunkt; Empfänger. Die Erklärung hat durch den Zustimmungsberechtigten (Anm. 2) zu erfolgen und kann, sofern in der Satzung nicht anders vorgesehen, formlos ergehen. Auch wenn mithin sogar eine konkludente Erklärung möglich ist, empfiehlt sich schon aus Beweiszwecken die Schriftform.

Aufgrund der grds. Anwendbarkeit der §§ 182 ff. (vgl. Anm. 1) kann die Erklärung zeitlich vor, bei oder nach der Abtretung erfolgen. In Anbetracht des Umstandes, dass der Zustimmungsberechtigte vorbehaltlich statuierter Versagungsgründe über die Erteilung nach pflichtgemäßem Ermessen entscheidet (Lutter/Hommelhoff/*Bayer* § 15 Rdnr. 71), wird der Erwerber regelmäßig eine vorherige Erteilung anstreben. Dies gilt insbesondere aufgrund des Umstandes, dass § 183 BGB im Falle des § 15 Abs. 5 GmbHG unanwendbar ist und die Zustimmung folglich auch bei Erteilung vor Abschluss des Abtretungsvertrages nicht widerrufen werden kann (Scholz/*H. Winter/Seibt* § 15 Rdnr. 132; a. A. Michalski/*Ebbing* § 15 Rdnr. 142 jew. m. w. N.). Da dies jedoch nicht unbestritten ist, sollte jedenfalls eine unwiderrufliche Zustimmung explizit begehrt werden. Die Verweigerung der Zustimmung bleibt hingegen bis zum Abschluss des Abtretungsvertrages, nicht jedoch auch danach widerruflich (vgl. BGH NJW 1967, 1963, 1964). Gemäß § 182 Abs. 1 BGB kann sie dem Veräußerer oder dem Erwerber gegenüber erteilt werden und wird mit Zugang wirksam (§ 130 BGB).

4. Rechtsfolgen. Die Abtretung ist bis zur Erteilung der Genehmigung schwebend unwirksam, wobei eine nachträgliche Erteilung zurückwirkt, § 184 Abs. 1 BGB. Für die Wirkung der Abtretung gegenüber der Gesellschaft ist indes gem. § 16 Abs. 1 GmbHG die Eintragung in die Gesellschafterliste zu beachten (vgl. Form. C. II. 4). Wie vor Abschluss des Abtretungsvertrages (vgl. Anm. 3) kann die erteilte Genehmigung auch nach dessen Abschluss – da in diesem Falle rechtsgestaltend – nicht mehr widerrufen werden, vgl. § 183 BGB. Sollte der Veräußerer zwischenzeitlich über den Geschäftsanteil verfügt haben, so sind diese Verfügungen unwirksam, sofern er nicht selbst Genehmigungsberechtigter ist, wohingegen zwischenzeitliche Maßnahmen der Zwangsvollstreckung wirksam bleiben, § 184 Abs. 2 BGB. Zwischenzeitliche Verfügungen des Erwerbers werden mit Genehmigung wirksam, § 185 Abs. 2 S. 1 Var. 2 BGB. Wird die Genehmigung rechtswirksam verweigert, so ist der Abtretungsvertrag endgültig unwirksam. Der Abtretungsvertrag muss neu geschlossen werden (Scholz/*H. Winter/Seibt* § 15 Rdnr. 133). Zur vor Vertragsschluss erfolgten Zustimmung oder Verweigerung derselben vgl. bereits Anm. 3.

Mit Blick auf die Verteilung der Zustimmungskompetenz (Anm. 2) ist zu beachten, dass ein etwaiger im Innenverhältnis einzuholender Beschluss z. B. der Gesellschafterversammlung, auch lediglich im Innenverhältnis wirkt und die Wirksamkeit der Zustimmung nicht beeinträchtigt, solange sich der Erwerber nicht nach den Grundsätzen des Missbrauchs der Vertretungsmacht behandeln lassen muss. Letzteres wird insbesondere in Fällen gegeben sein, in denen der Erklärungsempfänger ein (veräußernder oder erwerbender) Gesellschafter ist, der mit der gesellschaftsinternen Kompetenzverteilung vertraut ist bzw. sein muss (vgl. Scholz/ *H. Winter/Seibt* § 15 Rdnr. 123).

III. Aktiengesellschaft (AG)

1. Wesentliche Unterschiede zwischen dem GmbH-Anteilskaufvertrag und dem Aktienkaufvertrag

Merkmal	GmbH-Anteilskaufvertrag	Aktienkaufvertrag
Übertragungstechnik	Übertragung der Geschäftsanteile der GmbH qua Abtretung nach §§ 398, 413 BGB.	Übertragungstechnik beim Erwerb von Aktien richtet sich nach der Art der Verbriefung und Verwahrung (vgl. dazu ausführlich Form. C.III.2).
Wirksamkeit der Übertragung	Die Wirksamkeit der Übertragung von GmbH-Geschäftsanteilen lässt sich gem. § 15 Abs. 5 GmbHG weitergehend von Satzungsvoraussetzungen abhängig machen, als dies bei der AG der Fall ist.	Die Wirksamkeit der Übertragung von Aktien lässt sich nur beschränkt von weiteren Voraussetzungen abhängig machen, nämlich nur bei der Übertragung von Namensaktien gem. § 68 Abs. 2 AktG.
Zustimmung von Gesellschafter- bzw. Hauptversammlung	Die Zustimmung der Gesellschafterversammlung für die Wirksamkeit der Übertragung von GmbH-Geschäftsanteilen ist nur bei einer entsprechenden Satzungsregelung erforderlich (§ 15 Abs. 5 GmbHG). Eine solche Satzungsregelung ist in praxi nicht die Regel.	Trotz der durch die Gelatine-Entscheidungen (BGH BGHZ 159, 30 = NJW 2004, 1860 – Gelatine II) bestätigten und konkretisierten strengen Voraussetzungen der Holzmüller-Rechtsprechung (BGHZ 83, 122 = NJW 1982, 1703) kann im Einzelfall ausnahmsweise auch bei Beteiligungserwerb bzw. -veräußerung die Zustimmung der Hauptversammlung erforderlich sein, wenn eine AG Beteiligungen veräußert oder erwirbt (dazu zusammenfassend Hölters/*Ek* Teil XI Rdnr. 59 ff., insb. 103 ff.).
Garantien	Regelmäßig umfangreicher Gewährleistungskatalog (jedenfalls dann, wenn GmbH-Anteile nicht von einem Private Equity-Unternehmen veräußert werden).	Regelmäßig weniger umfangreicher Garantiekatalog bei einer AG als Zielgesellschaft insbesondere bei börsennotierten Zielgesellschaften), da ein weniger personalistisch ausgeprägtes Verhältnis der Verkäuferin zur Gesellschaft besteht.
Kenntnis der Verkäuferin	Der Verkäuferin wird die Kenntnis/das Kennenmüssen der Leitungsorgane der GmbH bei Haftungsfragen regelmäßig zugerechnet.	Der Verkäuferin wird die Kenntnis/das Kennenmüssen der Leitungsorgane der AG bei Haftungsfragen in der Regel nicht zugerechnet, da die AG typischerweise nicht personalistisch ausgestaltet ist.

2. Aktienkaufvertrag – knapp, verkäuferfreundlich

Merkmal	GmbH-Anteilskaufvertrag	Aktienkaufvertrag
Sicherstellung der Repräsentation der Käuferin im Aufsichtsrat der Zielgesellschaft	Regelmäßig keine Notwendigkeit, die Anteilsübertragung unter die aufschiebende Bedingung des Rücktritts aktueller Aufsichtsratmitglieder zu stellen, da die Käuferin nach Closing unproblematisch die Mitglieder eines ggf. bestehenden Aufsichtsrats (ggf. die Mitglieder der Anteilseignerseite bei mitbestimmten Aufsichtsräten) durch Einberufung einer Gesellschafterversammlung austauschen kann.	Die Aktienübertragung sollte regelmäßig unter die aufschiebende Bedingung gestellt werden, dass die aktuellen Aufsichtsratsmitglieder zurücktreten, die Verkäuferin einen Antrag nach § 104 Abs. 1 AktG stellt und bestimmt von der Käuferin zu benennende Personen gerichtlich als neue Aufsichtsratsmitglieder ernannt worden sind. Dadurch vermeidet die Käuferin den häufig langwierigen und kostspieligen Weg einer Neuwahl von Aufsichtsratsmitgliedern durch die Hauptversammlung.
Publizitätsvorschriften	Im GmbH-Anteilskaufvertrag bedarf es für die Publizitätsvorschriften regelmäßig keiner Regelung, weil der beurkundende Notar bereits aufgrund § 40 Abs. 2 GmbHG gesetzlich verpflichtet ist, die geänderte Gesellschafterliste zum Handelsregister einzureichen.	Im Aktienkaufvertrag bedarf es für die Publizitätsvorschriften nach §§ 20 f. AktG und §§ 21 ff. WpHG aufgrund der bestehenden gesetzlichen Verpflichtungen keiner vertraglichen Regelung.
Formerfordernisse	Bei GmbH-Geschäftsanteilen bedürfen sowohl das dingliche als auch das schuldrechtliche Geschäft der notariellen Form (§ 15 Abs. 3, 4 GmbHG).	Keine notarielle Form erforderlich (es sei denn, es liegt ein Fall des § 311 b Abs. 3 BGB vor).

2. Aktienkaufvertrag – knapp, verkäuferfreundlich –

Kaufvertrag über Aktien der ...... AG[1,2]	**Agreement for the Sale and Purchase of Shares in ...... AG**
zwischen	by and between:
......	1. ......
(nachfolgend als die *Verkäuferin* bezeichnet)	(the *Seller*)
und	
......	2. ......
(nachfolgend als die *Käuferin* bezeichnet)	(the *Purchaser*)
und	and
...... nachfolgend als die *Garantiegeberin*[3] bezeichnet	[3. ...... (the *Guarantor*)]

(die Verkäuferin und die Käuferin und die Garantiegeberin werden jeweils auch als die *Partei* und zusammen als die *Parteien* bezeichnet)	(the Seller and the Purchaser collectively referred to as the *Parties* and individually as *Party*)
vom	dated
......	......
Inhaltsverzeichnis	**Table of Contents**
Verzeichnis der Definitionen	Table of Contents
Verzeichnis der Anlagen	Index of Definitions
Präambel	Index of Schedules and Exhibits
	Recitals
§ 1 Gesellschaftsrechtlicher Status	1. Corporate Status
1.1 X-AG	1.1 X-AG
1.2 Börsennotierung	1.2 Stock exchange listing
1.3 Verbriefung und Verwahrung	1.3 Share certificates and custody
1.4 Anteil der Verkäuferin	1.4 Seller's shares
1.5 Tochtergesellschaften	1.5 Subsidiaries
1.6 Mehrheitsgesellschaften	1.6 Majority Companies
1.7 Minderheitsbeteiligungen	1.7 Minority Participations
1.8 Unternehmensverträge	1.8 Affiliation Agreements
1.9 Cash-Pool-Vereinbarung; Gesellschafterdarlehen	1.9 Cash Pooling Agreements; Shareholder Loans
§ 2 Verkauf der X-Aktien; Gewinnberechtigung	2. Sale of the Seller's Shares; Right to Profits
2.1 Verkauf der X-Aktien	2.1 Sale of the X-Shares; Right to Profits
2.2 Gewinnbezugsrecht	2.2 Rights to receive Dividends
2.3 Gesonderte Übertragung	2.3 Separate Share Transfer Agreements
§ 3 Kaufpreis; Zahlungsmodalitäten	3. Purchase Price; Payment Procedures
3.1 Kaufpreis	3.1 Purchase Price
3.2 Fälligkeit des Kaufpreises	3.2 Purchase Price Due Date
3.3 Zinsen	3.3 Interest
3.4 Zahlungsmodalitäten	3.4 Payment Procedures
3.5 Aufrechnungsverbot	3.5 No Set-Off
3.6 Bürgschaft	3.6 Payment Guarantee
§ 4 Vollzug	4. Closing
4.1 Vollzugstag	4.1 Closing Date
4.2 Vollzugsvoraussetzungen	4.2 Closing Conditions
4.3 Vollzugshindernisse	4.3 Closing Obstacles
4.4 Rücktrittsrecht	4.4 Right of Withdrawal
4.5 Vollzug	4.5 Closing
§ 5 Selbstständige Garantieversprechen der Verkäuferin	5. Seller Guarantees
5.1 Form und Umfang der Garantieversprechen der Verkäuferin	5.1 Form and Scope of Seller Guarantees
5.2 Garantieversprechen der Verkäuferin	5.2 Seller's Guarantees
5.3 Keine weiteren Garantieversprechen der Verkäuferin	5.3 No other Seller Guarantees
5.4 Kenntnis der Verkäuferin	5.4 Seller's Knowledge

2. Aktienkaufvertrag – knapp, verkäuferfreundlich

§ 6 Rechtsfolgen
  6.1 Ersatzfähiger Schaden
  6.2 Freibetrag; Gesamtfreibetrag
  6.3 Gesamthaftung der Verkäuferin nach diesem Vertrag
  6.4 Ausschluss von Ansprüchen bei Kenntnis der Käuferin
  6.5 Mitteilung an die Verkäuferin; Verfahren bei Ansprüchen Dritter
  6.6 Schadensminderung
  6.7 Verjährung
  6.8 Ausschluss weiterer Gewährleistungen
  6.9 Behandlung von Zahlungen
§ 7 Steuern
  7.1 Steuern
  7.2 Steuererklärungen und Steuerzahlungen bis zum Vollzugstag
  7.3 Steuerrechtliche Freistellung
  7.4 Steuererklärungen nach dem Vollzugstag
  7.5 Steuerrechtliche Zusicherungen
  7.6 Freistellungsverfahren
  7.7 Steuerrückerstattungen
  7.8 Umfang der Verkäuferhaftung bei Mehrheitsgesellschaften
  7.9 Verjährung
§ 8 Selbstständige Garantieversprechen der Käuferin
  8.1 Garantieversprechen
  8.2 Freistellung
§ 9 Weitere Verpflichtungen der Parteien
  9.1 Kartellrechtliche Verfahren; sonstige regulatorische Bestimmungen
  9.2 Außenwirtschaftsrechtliche Prüfung; Antrag auf Erteilung einer Unbedenklichkeitsbescheinigung
  9.3 Zugang zu Finanzformationen
  9.4 Keine Abweichung vom gewöhnlichen Geschäftsbetrieb; kein Wertabfluss
  9.5 Versicherungsschutz
  9.6 Nutzung von Namen, Marken und geschäftlichen Bezeichnungen
  9.7 Freistellung von Ansprüchen Dritter
  9.8 Wettbewerbsverbot

6. Remedies
  6.1 Recoverable Damages
  6.2 Deductible; Overall Deductible
  6.3 Overall Scope of the Seller's Liability pursuant to this Agreement
  6.4 Exclusion of Claims due to Purchaser's Knowledge
  6.5 Notification of Seller; Procedure in Case of Third Party Claims
  6.6 Mitigation
  6.7 Time Limits
  6.8 Exclusion of Further Remedies
  6.9 Treatment of Taxes
7. Taxes
  7.1 Definition of Taxes
  7.2 Tax Returns and Tax Payments made on or before the Closing Date
  7.3 Tax Idemnification
  7.4 Tax Returns after the Closing Date
  7.5 Tax Covenants
  7.6 Idemnification Procedures
  7.7 Tax Refunds
  7.8 Scope of Seller's Liability in Majority Companies
  7.9 Time Limits
8. Purchaser's Guarantees

  8.1 Guarantees
  8.2 Idemnification
9. Additional Obligations of the Parties

  9.1 Merger Control Procedure; Other Regulatory Requirements
  9.2 [German Foreign Trade Law Review; Application for a Certificate of Compliance]
  9.3 Access to Financial Information
  9.4 No Deviation from Ordinary Course of Business; No Leakage
  9.5 Insurance Coverage
  9.6 Use of Names, Trademarks and Business Designations
  9.7 Idemnification for Third Party Claims
  9.8 Covenant Not to Compete

§ 10 Vertraulichkeit und Pressemitteilungen	10. Confidentiality and Press Releases
10.1 Vertraulichkeit; Pressemitteilungen; Öffentliche Bekanntmachungen	10.1 Confidentiality; Press Releases; Public Disclosure
10.2 Vertraulichkeit auf Seiten der Verkäuferin	10.2 Seller's Confidentiality
10.3 Vertraulichkeit auf Seiten der Käuferin; Rückgabe von Unterlagen	10.3 Purchaser's Confidentiality; Return of Documents
§ 11 Abtretung bzw. Übernahme von Rechten und Pflichten	11. Assignment of Rights and Transfer of Obligations
§ 12 Garantiegeberin der Käuferin und Freistellung	12. Purchaser's Guarantor and Indemnification
12.1 Garantieversprechen	12.1 Guarantee
12.2 Freistellung	12.2 Idemnification
§ 13 Kosten und Verkehrsteuern	13. Transfer Taxes and Costs
13.1 Verkehrsteuern und Kosten	13.1 Transfer Taxes and Costs
13.2 Beraterkosten	13.2 Costs of Advisors
§ 14 Mitteilungen	14. Notices
14.1 Form der Mitteilungen	14.1 Form of Notices
14.2 Mitteilungen an die Verkäuferin	14.2 Notices to the Seller
14.3 Mitteilungen an die Käuferin	14.3 Notices to the Purchaser
14.4 Mitteilungen an die Garantiegeberin	14.4 [Notices to the Purchaser's Guarantor]
14.5 Adressänderungen	14.5 Change of Address
14.6 Mitteilungen an Berater	14.6 Notices to Advisors
§ 15 Verschiedenes; Schlussbestimmungen	15. Miscellaneous
15.1 Anwendbares Recht	15.1 Governing Law
15.2 Gerichtsstand	15.2 Place of Jurisdiction
15.3 Bankarbeitstag	15.3 Business Day
15.4 Vertragsänderungen	15.4 Amendments to this Agreement
15.5 Überschriften; Verweise auf deutsche Rechtsbegriffe; Verweise auf Paragrafen	15.5 Headings; References to German Legal Terms; References to Clauses
15.6 Anlagen	15.6 Exhibits and Schedules
15.7 Gesamte Vereinbarung	15.7 Entire Agreement
15.8 Salvatorische Klausel	15.8 Severability

Verzeichnis der Definitionen

Begriff	definiert in
Aktienkaufvertrag	Anlage 4.5 V.3
Bankarbeitstag	§ 15.3
Freibetrag	§ 6.2
Gesamtfreibetrag	§ 6.2
Geschäftstätigkeit	Präambel
Gewerbliche Schutzrechte	§ 5.2.5 (a)
Haftungshöchstbetrag	§ 6.3.2
Jahresabschluss	§ 5.2.2 (a)
Kaufpreis	§ 3.1
Kenntnis der Verkäuferin	§ 5.4

Index of Definitions

Term	defined in
Affiliated Companies	Clause 1.9
AktG	Clause 1.9
AO	Clause
AWG	Clause 4.2.3
AWV	Clause 4.2.3
BGB	Clause 3.6
Business	Recitals
Business Day	Section 15.3
Closing	Section 4.1.1
Closing Conditions	Clause 4.2.1
Closing Date	Clause 4.1.1

2. Aktienkaufvertrag – knapp, verkäuferfreundlich C. III. 2

Begriff	definiert in	Term	defined in
Konsolidierter Jahresabschluss	§ 5.2.2 (a)	Closing Obstacle	Clause 4.3.2
Leitende Angestellte(r)	§ 5.2.8 (b)	Consolidated Financial Statements	Clause 5.2.2(a)
Mehrheitsgesellschaft(en)	§ 1.6	Deductible	Clause 6.26.2
Minderheitsbeteiligung(en)	§ 1.7	Disclosed Documents	Clause 6.4
Minderheitsgesellschaft(en)	§ 1.7	ECMR	Clause 4.2.2(a)
Mitteilungen	§ 14.1		
Offengelegte Unterlagen	§ 6.4	Financial Statements	Clause 2.2(a)
Rechtsbegriff	§ 15.5.2	GWB	Clause 4.2.2(a)
Steuerauseinandersetzung	§ 7.6.2		
Steuerbehörden	§ 7.1	HGB	Clause 1.6
Steuern	§ 7.1	Intellectual Property Rights	Clause 5.2(a)
Tochtergesellschaft(en)	§ 1.5	Key Employee(s)	Clause 5.2.8(b)
Transaktion	Präambel		
Unterzeichnungstag	§ 5.1	Legal Term	Clause 15.5.2
Verbundene(s) Unternehmen	§ 5.2.13 (a)	Liability Cap	Clause 6.3.2
Verkäufer-Aktien	§ 1.4	Majority Company/ies	Clause 1.6
Verkäuferkonto	§ 3.4	Material Agreements	Clause 5.2.7
Vollzug	§ 4.1.1	Minority Company/ies	Clause 1.7
Vollzugshindernis	§ 4.3.2	Minority Participation(s)	Clause 1.7
Vollzugstag	§ 4.1.1	Notices	Clause 14.1
Vollzugsvoraussetzungen	§ 4.2.1	Overall Deductible	Clause 6.2
Wertabfluss	§ 5.2.13 (b)	Permitted Leakage	Clause 5. 2. 13(a)
Wesentliche Verträge	§ 5.2.7		
X-AG	§ 1.1.1	Purchase Price	Clause 3.1
X-Aktien	§ 1.1.2	Seller Guarantee	Clause 5.1
X-Finanzierungsvereinbarungen	§ 1.9	Seller's Account	Clause 3.4
		Seller's Knowledge	Clause 5.4
X-Gesellschaften	§ 1.6	Share Purchase Agreement	Schedule 4.5 V.3
X-Gruppe	§ 1.6		
Zulässiger Wertabfluss	§ 5.2.13 (a)	Signing Date	Clause 5.1
		Sold Shares	Clause 1.4
		Subsidiary/ies	Clause 1.5
		Tax	Clause 7.1
		Tax Authority	Clause 7.1
		Tax Dispute	Clause 7.6.2
		Transaction	Recitals
		Value Leakage	Clause 5. 2. 13(a)
		X-Business Operations	Clause 5.2.3(c)
		X-Companies	Clause 1.6
		X-Financing Agreements	Clause 1.1.1
		X-Group	Clause 1.6
		X-Shares	Clause 1.1.2

Verzeichnis der Anlagen

......

Index of Schedules and Exhibits

......

Präambel[4]		Recitals	
(A)	Die Verkäuferin ist eine ...... mit Sitz in ...... Sie ist auf dem Gebiet ...... tätig. Bei der Käuferin handelt es sich um eine ...... Sie ist tätig im Bereich der ...... Die Garantiegeberin ist	(A)	The Seller is a ...... and has its registered office in .... The Seller is engaged in the field of .... The Purchaser is a ...... and has its registered office in .... The Purchaser is engaged in the field of .... The Guarantor is ....
(B)	Die Verkäuferin beabsichtigt, sämtliche von ihr gehaltenen Aktien an der X-AG an die Käuferin zu verkaufen. Die Käuferin beabsichtigt, diese Aktien zu erwerben (die *Transaktion*).	(B)	The Seller intends to sell to the Purchaser the shares it holds in X-AG. The Purchaser intends to purchase these shares (the *Transaction*).
[(C)	Ggf. Struktur der Transaktion sowie weitere Absichten genau beschreiben.]	[(C)	*If applicable: detailed description of the Transaction and other objectives*]
[(D)	Ein Schaubild, in dem die Struktur der Transaktion dargestellt wird, findet sich in Anlage P.]	[(D)	The structure of the Transaction is illustrated in a chart appended hereto as Exhibit D.]

Dies vorausgeschickt, vereinbaren die Parteien, was folgt:

Now therefore, the Parties agree as follows:

§ 1 Gesellschaftsrechtlicher Status[5]

1. Corporate Status

1.1	X-AG	1.1	X-AG
1.1.1	Die X-AG *(X-AG)* ist eine nach deutschem Recht errichtete Aktiengesellschaft mit Sitz in ...... und eingetragen im Handelsregister des Amtsgerichts ...... unter HRB	1.1.1	X-AG *(X-AG)* is a German stock corporation *(Aktiengesellschaft)*, which was organized under the laws of Germany and has its registered office in ...... and is recorded in the commercial register of the Lower Court *(Amtsgericht)* of ...... under registration no. HRB ....
1.1.2	Das Grundkapital der X-AG beträgt ...... EUR (in Worten: ...... Euro) und ist eingeteilt in ...... auf den Inhaber lautende Stückaktien *(X-Aktien)* mit einem auf die einzelne Aktien entfallenden anteiligen Betrag des Grundkapitals in Höhe von ...... EUR (in Worten: ...... Euro) je X-Aktie.	1.1.2	The registered share capital *(Grundkapital)* of X-AG equals EUR ...... (...... euros) and is divided into ...... no par value bearer shares (the X-Shares) with a *pro rata* amount of the registered share capital attributable to the individual shares equaling EUR ...... (...... euros) per share.
1.2	Börsennotierung	1.2	Stock exchange listing
	Die X-Aktien werden im Open Market mit Zulassung zum Entry Standard an der Börse in ...... und ferner an der Börse in ...... (ISIN ......, WKN ......)[6] gehandelt.		The X-Shares are traded in the Open Market with admission to the Open Market's Entry Standard segment on the ...... stock exchange and also on the ...... stock exchange (ISIN ......, WKN ......).

2. Aktienkaufvertrag – knapp, verkäuferfreundlich   C. III. 2

1.3	**Verbriefung und Verwahrung**	1.3	**Share certificates and custody**
	Der Anspruch der Aktionäre auf Verbriefung ihrer Anteile ist gemäß § ...... der Satzung der X-AG ausgeschlossen. Die X-Aktien befinden sich, verkörpert in [einer Globalurkunde][mehreren Sammelurkunden], bei der Clearstream Banking AG, Frankfurt am Main, in Girosammelverwahrung.		Pursuant to clause ...... of the X-AG articles of association (*Satzung*), shareholders have no right to demand that their shares be certificated. The X-Shares are held in the form of [a global share certificate] [numerous collective share certificates] in a collective safe custody account held at Clearstream Banking AG, Frankfurt am Main.
1.4	**Anteil der Verkäuferin**	1.4	**Seller's shares**
	Die Verkäuferin hält ...... X-Aktien, die eine Beteiligung in Höhe von ca. ...... % am Grundkapital der X-AG vermitteln (nachfolgend die *Verkäufer-Aktien*). Die Verkäufer-Aktien werden in dem Depotkonto Nr. ...... bei der ......-Bank, ... [Ort] als depotführender Bank gehalten.		The Seller holds ...... X-Shares, which represent an ownership interest equal to approximately ...... % of the registered share capital of X-AG (hereinafter the *Sold Shares*). The Sold Shares are held in custody account no. ...... at ...... bank, which serves as the custodian bank.
1.5	**Tochtergesellschaften**[7]	1.5	**Subsidiaries**
	Die X-AG hält direkt oder indirekt sämtliche Anteile an den in Anlage 1.5 bezeichneten Gesellschaften (die *Tochtergesellschaft(en)*).		X-AG holds, either directly or indirectly, all shares in the companies listed in Exhibit 1.5 (the *Subsidiaries*).
1.6	**Mehrheitsgesellschaften**	1.6	**Majority Companies**
	Die X-AG hält bei den in Anlage 1.6 bezeichneten Gesellschaften (die *Mehrheitsgesellschaft(en)*) direkt oder indirekt die Mehrheit der Stimmrechte oder übt in diesen Gesellschaften eine anderweitige Kontrolle im Sinne von § 290 Abs. 2 Ziff. 2 oder Abs. 3 HGB aus. Die Tochtergesellschaften und die Mehrheitsgesellschaften werden zusammen mit der X-AG auch *X-Gesellschaft(en)* oder *X-Gruppe* genannt.		X-AG holds, either directly or indirectly, the majority of the voting rights in, or otherwise controls within the meaning of sec. 290 para. 2 no. 2 or para. 3 of the German Commercial Code (*HGB*), the companies listed in Exhibit 1.6 (the *Majority Companies*). The Subsidiaries, the Majority Companies, together with X-AG are also collectively referred to as *X-Company/ies* or *X-Group*.
1.7	**Minderheitsbeteiligungen**	1.7	**Minority Participations**
	Die X-AG ist außerdem mittelbar oder unmittelbar an den in Anlage 1.7 bezeichneten Gesellschaften (die *Minderheitsgesellschaf-*		Furthermore, X-AG also holds direct or indirect participations (the *Minority Participations*) in the company/ies listed in Exhibit

Schrader 457

	t(en)) beteiligt (die *Minderheitsbeteiligung(en)*), ohne dass es sich um Tochtergesellschaften oder Mehrheitsgesellschaften handelt.		1.7 (the *Minority Company/ies*), which do not qualify as Subsidiaries or Majority Companies.
1.8	Unternehmensverträge[8]	1.8	Affiliation Agreements
1.8.1	Zwischen der Verkäuferin und den X-Gesellschaften bestehen keine Beherrschungs- und Gewinnabführungsverträge.	1.8.1	There are no domination or profit and loss pooling agreements (*Beherrschungs- oder Gewinnabführungsverträge*) in place between the Seller and the X-Companies.
1.8.2	Die X-AG und die Tochtergesellschaften haben die in Anlage 1.8.2 aufgeführten Unternehmensverträge abgeschlossen.	1.8.2	X-AG and the Subsidiaries have entered into the affiliation agreements (*Unternehmensverträge*) listed in Exhibit 1.8.2.
1.9	Cash-Pool-Vereinbarung; Gesellschafterdarlehen[9]	1.9	Cash Pooling Agreement; Shareholder Loans
	Am Unterzeichnungstag bestehen zwischen der Verkäuferin und der X-AG die Cash-Pool-Vereinbarung gemäß Anlage 1.9 (1) sowie die in Anlage 1.9 (2) aufgelisteten Gesellschafterdarlehen (zusammen die *X-Finanzierungsvereinbarungen*). Die X-Finanzierungsvereinbarungen zwischen der Verkäuferin und X-AG sind spätestens mit Wirkung zum Vollzugstag aufzuheben. Der Saldo aus den X-Finanzierungsvereinbarungen ist zwischen der Verkäuferin und der X-AG am Vollzugstag auszugleichen. Außer den vorbezeichneten Vereinbarungen bestehen keine anderen Darlehensvereinbarungen zwischen der Verkäuferin und den mit ihr verbundenen Gesellschaften i. S. d. §§ 15 ff. AktG (*Verbundene Unternehmen*) (ausgenommen die X-Gesellschaften) einerseits und den X-Gesellschaften und den Minderheitsgesellschaften andererseits.		As of the Signing Date, only the cash pooling agreement listed in Exhibit 1.9(1) and the shareholder loans listed in Exhibit 1.9(2) exist between the Seller and the X-AG (collectively referred to as the *Financing Agreements*). The Financing Agreements must be terminated with effect as of the Closing Date at the latest. Any account balance under these Financing Agreements shall be settled between the Seller and X-AG on the Closing Date. Except for the aforementioned agreements, there are no further loan agreements between the Seller or its affiliated companies within the meaning of sec. 15 *et. seq.* of the German Stock Corporation Act (*AktG*) (such companies in this Agreement referred to as *Affiliated Companies*) (excluding the X-Companies), on the one hand, and the X-Companies or the Minority Companies, on the other hand.
§ 2 Verkauf der Verkäufer-Aktien; Gewinnberechtigung		**2. Sale of the Seller's Shares; Right to Profits**	
2.1	Verkauf der Verkäufer-Aktien	2.1	Sale of the X-Shares; Right to Profits
	Die Verkäuferin verkauft hiermit[10] nach Maßgabe der Be-		The Seller hereby sells the Sold Shares to the Purchaser upon the

2. Aktienkaufvertrag – knapp, verkäuferfreundlich

stimmungen dieses Vertrages die Verkäufer-Aktien an die Käuferin. Die Käuferin nimmt den Verkauf hiermit an.

2.2 Gewinnbezugsrecht[11]

Der Verkauf erstreckt sich auf alle mit den Verkäufer-Aktien verbundenen Ansprüche und sonstigen Rechte einschließlich des Bezugsrechts auf alle Gewinne der X-AG, die auf den Zeitraum ab dem 1. Januar ...... entfallen. Alle auf die Verkäufer-Aktien entfallenden Gewinne der X-AG für vorhergehende Geschäftsjahre stehen der Verkäuferin ohne Rücksicht darauf zu, ob diese Gewinne vor oder am Vollzugstag an die Verkäuferin ausgeschüttet oder auf diese übertragen worden sind.

2.3 Gesonderte Übertragung[12]

Die Parteien sind sich einig, dass die Verkäufer-Aktien nicht kraft dieses Vertrages dinglich übergehen, sondern gemäß § 4.5 am Vollzugstag durch eine gesonderte Übertragungsvereinbarung übertragen werden.

§ 3 Kaufpreis; Zahlungsmodalitäten

3.1 Kaufpreis[13]

Der von der Käuferin zu zahlende Kaufpreis für die Verkäufer-Aktien beträgt ...... EUR (in Worten: ...... Euro) (nachfolgend als *Kaufpreis* bezeichnet)[14].

3.2 Fälligkeit des Kaufpreises

Der Kaufpreis ist gemäß § 1.3 der Anlage 4.5 am Vollzugstag fällig, nicht jedoch vor Eingang einer Bestätigung der ......-Bank [*Depotbank der Verkäuferin*] bei der Käuferin, wonach die ......-Bank [*Depotbank der Verkäuferin*] die Clearstream Banking AG angewiesen hat, die Verkäufer-Aktien im Rahmen eines Zahlungs-/Lieferungsgeschäfts i.S.v. Buchst. A Nr I i.V.m. Buchst. B

terms and conditions of this Agreement. The Purchaser hereby accepts such sale.

2.2 Right to receive Dividends

The sale of the Sold Shares shall include any and all rights associated with, or otherwise pertaining to, the Sold Shares, including but not limited to the rights to receive dividends of X-AG for the fiscal year starting 1 January .... All profits, which are attributable to the Sold Shares and earned by X-AG in the previous fiscal years, are for the account of the Seller, regardless of whether such profits have been distributed or transferred to the Seller on or before the Closing Date.

2.3 Separate Share Transfer Agreement

The Parties are in agreement that title to the Sold Shares shall pass not pursuant to this Agreement, but rather by way of a separate transfer agreement on the Closing Date in accordance with clause 4.5.

3. Purchase Price; Payment Procedures

3.1 Purchase Price

The purchase price owed by the Purchaser for the Sold Shares is ...... EUR (...... euros) (the *Purchase Price*).

3.2 Purchase Price Due Date

The Purchase Price is due on the Closing Date in accordance with Clause ...... of Exhibit 4.5.1(d), but not before the Purchaser receives a confirmation from ......-Bank [*Seller's custodian bank*], pursuant to which ......-Bank [*Seller's custodian bank*] has directed Clearstream Banking AG to transfer the Sold Shares under a „payment/delivery transaction" (*Zahlungs-/Lieferungsgeschäft*),

Nr. XX (2) der AGB der Clearstream Banking AG von ihrem Depotkonto bei der Clearstream Banking AG auf das Depotkonto der ...... Bank [*Depotbank der Käuferin*] bei der Clearstream Banking AG zu übertragen[15] und der Käuferin ferner bestätigt hat, dass die Verkäufer-Aktien frei von Rechten der ...... Bank [*Depotbank der Verkäuferin*] oder ihr bekannten Rechten Dritter sind.

within the meaning of sec. A no. I in conjunction with sec. B no. XX (2) of the General Terms and Conditions of Clearstream Banking AG from its custody account held at Clearstream Banking AG to the custody account of ......-Bank [*Purchaser's custodian bank*] at Clearstream Banking AG, and has confirmed to the Purchaser that the Sold Shares are free and clear of any rights of ......-Bank [*Sellers custodian bank*] or other third party rights of which it is aware.

3.3 Zinsen

Der Kaufpreis ist verzinslich in Höhe von ...... % p. a. vom 2. Tage seiner Fälligkeit bis zu seiner vollständigen Zahlung.

3.3 Interest

The Purchase Price shall bear interest at a rate of ...... % *per annum* from the second day after it is due until it is completely paid.

3.4 Zahlungsmodalitäten

Mit Ausnahme des Kaufpreises sind Zahlungen an die Verkäuferin nach diesem Vertrag per telegraphischer Überweisung mit gleichtägiger Gutschrift auf das Konto der Verkäuferin Nr. ...... bei der ......-Bank (BLZ ......) (vorstehend und nachfolgend *Verkäuferkonto* genannt) zu leisten. Sämtliche mit der Überweisung verbundenen Kosten und Gebühren trägt die Käuferin.

3.4 Payment Procedures

Except for the Purchase Price, any payments owed to the Seller under this Agreement shall be made by telegraphic bank transfer – to be credited on the same day – to the Seller's account no. ...... at ...... bank (sort code (BLZ) ......) (the *Seller's Account*). All costs and charges relating to the bank transfer shall be borne by the Purchaser.

3.5 Aufrechnungsverbot

Das Recht der Käuferin zur Aufrechnung gegenüber den Zahlungsansprüchen der Verkäuferin und zur Ausübung eines Zurückbehaltungsrechts ist ausdrücklich ausgeschlossen, es sei denn, es handelt sich um Ansprüche der Käuferin, die unstreitig sind oder über die rechtskräftig zugunsten der Käuferin entschieden worden ist.

3.5 No Set-Off

The right of the Purchaser to set-off and to withhold any payments due to the Seller under this Agreement is hereby expressly waived and excluded, unless the Purchaser's claims are undisputed or have been awarded to the Purchaser by a competent court without further recourse (*rechtskräftig*).

3.6 Bürgschaft[16]

Die ...... Bank [Standard & Poor's [AA] oder eine in der Bonität höher bewertete deutsche Großbank von internationalem Rang] hat eine Bürgschaft auf

3.6 Payment Guarantee

The ...... bank [Standard & Poor's [AA] or better-ranked German bank of international standing] has issued an unconditional payment guarantee, which

erstes Anfordern unter Verzicht auf die Einreden der §§ 768, 770 ff. BGB für alle Zahlungsverpflichtungen der Käuferin aus oder im Zusammenhang mit diesem Vertrag übernommen. Das Original der Bürgschaft ist der Verkäuferin bei Abschluss dieses Vertrages übergeben worden und in Kopie in Anlage 3.6 beigefügt.

is payable on first demand (*Bürgschaft auf erstes Anfordern*) and contains a waiver of any defenses under sec. 768, 770 *et. seq.* of the German Civil Code (*BGB*), in order to secure all payment obligations of the Purchaser arising from or connected with this Agreement. The original of such guarantee has been delivered to the Seller prior to or at the signing of this Agreement, and a copy of such guarantee is appended hereto as Exhibit 3.6

§ 4 Vollzug

4.1 Vollzugstag

4.1.1 Die Parteien verpflichten sich, die in diesem Vertrag vereinbarten Rechtsgeschäfte am ersten Tag des Monats, der auf den Monat folgt, in dem die letzte der in § 4.2 genannten Vollzugsvoraussetzungen eintritt, bzw., wenn dieser Tag kein Bankarbeitstag ist, am ersten darauf folgenden Bankarbeitstag, dinglich zu vollziehen und die in § 4.5 vorgesehenen Vollzugshandlungen vorzunehmen (zusammen der *Vollzug*). Der Tag, an dem der Vollzug tatsächlich stattfindet, wird als *Vollzugstag* bezeichnet.

4.1.2 Der Vollzug wird in den Räumen von ...... in ...... um ...... (......) Uhr MEZ stattfinden, soweit sich die Parteien nicht auf einen anderen Ort und/oder eine abweichende Zeit einigen.

4.2 Vollzugsvoraussetzungen

4.2.1 Die Parteien sind zum Vollzug erst verpflichtet, wenn sämtliche der in den § 4.2.2 bis § ...... genannten Vollzugsvoraussetzungen (die *Vollzugsvoraussetzungen*)[17] eingetreten sind und die Parteien hiervon Kenntnis erlangt haben.

4.2.2 [Deutsche Variante[18]:] Das Bundeskartellamt hat den Erwerb der Verkäufer-Aktien durch die Käuferin freigegeben. Diese Vor-

4. Closing

4.1 Closing Date

4.1.1 The Parties shall consummate *in rem* (*dinglich vollziehen*) the legal transactions stipulated in this Agreement, on the first day of the month that follows the month in which the last of the Closing Conditions set forth in clause 4.2 has been satisfied or, if this day is not a Business Day, then on the next Business Day, and to undertake the closing actions that are contemplated in clause 4.5 (collectively the *Closing*). The day, on which the Closing actually takes place shall be referred to as the *Closing Date*.

4.1.2 The Closing shall take place in the offices of ...... in ...... at ...... (......) CET, unless the Parties agree on a different location and/or a different time.

4.2 Closing Conditions

4.2.1 The Parties are not obligated to carry out the Closing until all of the conditions to Closing set forth in clauses 4.2.2 (1) through ...... (the *Closing Conditions*) have been satisfied.

4.2.2 [German Alternative] The Federal Cartel Office (*FCO*) has cleared the proposed concentration (*Zusammenschlussvorha-*

aussetzung gilt als eingetreten, wenn

(a) das Bundeskartellamt den beabsichtigten Erwerb gemäß § 40 Abs. 2 Satz 1 GWB freigegeben hat; oder

(b) das Bundeskartellamt den Zusammenschlussbeteiligten schriftlich mitgeteilt hat, dass die Voraussetzungen für eine Untersagung nach § 36 GWB nicht vorliegen; oder

(c) die Einmonatsfrist gemäß § 40 Abs. 1 GWB verstrichen ist, ohne dass das Bundeskartellamt den Zusammenschlussbeteiligten den Eintritt in das Hauptprüfungsverfahren nach § 40 Abs. 1 Satz 1 GWB mitgeteilt hat; oder

(d) die viermonatige Untersagungsfrist gemäß § 40 Abs. 2 Satz 1 GWB verstrichen ist, ohne dass das Bundeskartellamt (i) das Zusammenschlussvorhaben untersagt hat oder (ii) mit den Zusammenschlussbeteiligten gemäß § 40 Abs. 2 Satz 3 Ziff. 1 GWB eine Fristverlängerung vereinbart hat; oder

(e) eine vereinbarte Fristverlängerung abläuft, ohne dass eines der in lit. (d) (i) oder (ii) dieses § 4.2.2 genannten Ereignisse eingetreten ist.

Weder Verkäuferin noch Käuferin werden eine Fristverlängerung ohne die vorherige schriftliche Zustimmung der jeweils anderen beteiligten Partei vereinbaren.

ben). This condition shall be deemed satisfied, if

(a) the FCO has cleared the proposed concentration in accordance with sec. 40 para. 2 sentence 1 of the German Law against Restraints of Competition (*Gesetz gegen Wettbewerbsbeschränkungen – GWB*); or

(b) the notifying undertakings (*anmeldende Unternehmen*) have received written notice from the FCO that the facts of the case do not allow a prohibition of the proposed concentration under sec. 36 of the GWB; or

(c) the one-month waiting period from submission of a complete notification to the FCO has expired without the notifying undertakings having been notified by the FCO in accordance with sec. 40 para. 1 sentence 1 of the GWB that it has commenced a formal investigation of the proposed concentration; or

(d) the four-month waiting period pursuant to sec. 40 para. 2 sentence 1 of the GWB has expired without the FCO (i) having prohibited the concentration, or (ii) having agreed with the notifying undertakings to extend such waiting period in accordance with sec. 40 para. 2 sentence 3 no. 1 of the GWB; or

(e) an extended investigation period agreed with he notifying undertakings has elapsed without any of the events mentioned in para. (d) (i) or (ii) of this clause 4.2.2 having occurred.

Neither the Seller nor the Purchaser shall agree to any extension of a waiting period without the prior written consent of the other Party.

[Europäische Variante[19]:] Die Europäische Kommission hat den Erwerb der Verkäufer-Aktien durch die Käuferin freigegeben. Die Bedingung gilt als eingetreten[20], wenn	[European Alternative:] The European Commission has cleared the acquisition of the Sold Shares by the Purchaser. This condition shall be deemed satisfied, if
(a) die Europäische Kommission erklärt hat, dass das Zusammenschlussvorhaben mit dem Gemeinsamen Markt gemäß Art. 6 Abs. 1 lit. b oder Art. 8 Abs. 1 oder Abs. 2 FKVO vereinbar ist; oder	(a) the European Commission has declared the proposed concentration to be compatible with the common market pursuant to Article 6 para. 1(b) or Article 8 (1) or (2) of the Regulation (EC) No. 139/2004 on the control of concentrations between undertakings dated 20 January 2004 (the European Community Merger Regulation (*ECMR*)); or
(b) das Zusammenschlussvorhaben gemäß Art. 10 Abs. 6 FKVO als mit dem Gemeinsamen Markt vereinbar gilt, weil die Europäische Kommission (i) innerhalb der Frist des Art. 10 Abs. 1 FKVO keine Entscheidung nach Art. 6 Abs. 1 FKVO oder (ii) innerhalb der Frist des Art. 10 Abs. 3 FKVO keine Entscheidung nach Art. 8 Abs. 1, Abs. 2 oder Abs. 3 FKVO erlassen hat; oder	(b) the proposed concentration is deemed to be compatible with the Common Market pursuant to Article 10 para. 6 of the ECMR since the European Commission has neither (i) made a decision pursuant to Article 6 para. 1 of the ECMR within the time limits set forth in Article 10 para. 1 of the ECMR, nor (ii) made a decision pursuant to Article 8 para 1, 2, or 3 of the ECMR within the time limits set forth in Article 10 para. 3 of the ECMR; or
(c) (i) die Europäische Kommission die Entscheidung nach Art. 9 Abs. 3 FKVO oder Art. 4 Abs. 4 FKVO an die Behörden eines Mitgliedstaates ganz oder teilweise verwiesen hat oder die Entscheidung nach Art. 9 Abs. 5 FKVO oder Art. 4 Abs. 4 Unterabs. 4 FKVO als ganz oder teilweise verwiesen gilt und (ii) die Europäische Kommission in Bezug auf den nicht verwiesenen Teil eine der in lit. (a) oder (b) dieses § 4.2.2 aufgeführten Entscheidungen getroffen hat bzw. eine solche	(c) (i) pursuant to Article 9 para. 3 of the ECMR or Article 4 para. 4 of the ECMR, the European Commission has decided to refer the case, either in full or in part, to the competent authorities of the relevant Member State, or the European Commission is deemed to have made such referral pursuant to Article 9 para. 5 of the ECMR or Article 4 para. 4 subpara. 4 of the ECMR. and (ii) the European Commission has made or is deemed to have made a decision as described in para-

Entscheidung als getroffen gilt und (iii) in Bezug auf den verwiesenen bzw. als verwiesen zu behandelnden Teil die zuständige Behörde des Mitgliedstaats den Zusammenschluss nach den nationalen Fusionskontrollvorschriften freigegeben hat oder der Zusammenschluss nach den nationalen Fusionskontrollvorschriften als freigegeben gelten kann.

graphs (a) or (b) of this clause 4.2.2 concerning that part of the case not referred or not deemed to have been referred (as described in part (i) of this clause 4.2.2 (c)), and, (iii) as concerns that part of the case that has been or is deemed to have been referred to a Member State authority (as described in part (ii) of this clause 4.2.2 (c)), the proposed concentration has been cleared by the competent Member State authority or is deemed to have been cleared under the applicable national merger control provisions.

4.2.3 [Der Erwerb der Verkäufer-Aktien wird nicht gemäß § 7 Abs. 1 und 2 Nr. 6 AWG i. V. m. § 53 Abs. 2 S. 4 AWV untersagt[21]. Diese Bedingung gilt als eingetreten, wenn

(a) das Bundesministerium für Wirtschaft und Technologie eine Bescheinigung über die Unbedenklichkeit des Erwerbs gemäß § 53 Abs. 3 S. 1 AWV erteilt hat; oder

(b) eine Unbedenklichkeitsbescheinigung gemäß § 53 Abs. 3 S. 2 AWV als erteilt gilt, weil das Bundesministerium für Wirtschaft und Technologie nicht innerhalb eines Monats nach Eingang des Antrags gem. § 53 Abs. 3 AWV ein Prüfverfahren nach § 53 Abs. 1 S. 1 AWV eröffnet hat; oder

4.2.3 [The acquisition of the Seller's Shares is not prohibited under sec. 7 para. 1 and 2 no. 6 of the German Foreign Trade Act (*Außenwirtschaftsgesetz – AWG*) in combination with sec. 53 para. 2 sentence 4 of the German Foreign Trade Ordinance (*Außenwirtschaftsverordnung – AWV*). This condition shall be deemed satisfied, if

(a) the German Federal Ministry of Economics and Technology has issued a certificate of compliance (*Unbedenklichkeitsbescheinigung*) pursuant to sec. 53 para. 3 sentence 1 of the AWV; or

(b) a certificate of compliance is deemed to have been issued pursuant to sec. 53 para. 3 sentence 2 of the AWV because the German Federal Ministry of Economics and Technology did not, within one month of receipt of the application for a certificate of compliance in accordance with sec. 53 para. 3 of the AWV, commence a formal investigation pursuant to sec. 53 para. 1 sentence 1 of the AWV; or

(c) die dreimonatige Aufgreiffrist gemäß § 53 Abs. 1 S. 1 AWV verstreicht, ohne dass das Bundesministerium für Wirtschaft und Technologie der Käuferin mitgeteilt hat, eine Prüfung nach § 53 Abs. 1 S. 1 AWV durchzuführen; oder

(d) die zweimonatige Prüfungsfrist des § 53 Abs. 2 S. 4 AWV nach Eingang der vollständigen Unterlagen[22] verstreicht, ohne dass das Bundesministerium für Wirtschaft und Technologie den Erwerb der Verkäufer-Aktien untersagt oder Anordnungen in Bezug auf den Erwerb erlassen hat[; oder

(e) das Bundesministerium für Wirtschaft und Technologie vor Ablauf der zweimonatigen Prüfungsfrist des § 53 Abs. 2 S. 4 AWV Anordnungen in Bezug auf den Erwerb erlässt, ohne diesen zu untersagen[, und die Parteien sich einig sind, dass sie die Anordnungen akzeptieren und diesen Vertrag dennoch vollziehen möchten].]

(c) the German Federal Ministry of Economics and Technology has not notified the Purchaser within the three-month review period prescribed by sec. 53 para. 1 sentence 1 of the AWV of its decision to commence a formal investigation pursuant to sec. 53 para. 1 sentence 1 of the AWV; or

(d) the German Federal Ministry of Economics and Technology has not prohibited the proposed acquisition of the Seller's Shares or issued binding orders (*Anordnungen*) in relation thereto within the two-month examination period prescribed by sec. 53 para. 2 sentence 4 of the AWV following receipt of the complete documentation[; *or*

(e) prior to the expiration of the two-month review period prescribed by sec. 53 para. 2 sentence 4 of the AWV, the German Federal Ministry of Economics and Technology has issued binding orders in relation to the acquisition of the Sold Shares without prohibiting it [and the Parties have agreed that they are prepared to comply with such orders and wish to close the Transaction].]

4.2.4 [Ggf.: Der Aufsichtsrat/Beirat der Verkäuferin hat diesem Vertrag und den darin vereinbarten Rechtsgeschäften zugestimmt.[23]]

4.2.5 [Ggf. weitere Vollzugsvoraussetzungen.]

4.2.6 [Die Verkäuferin ist berechtigt, durch schriftliche Erklärung gegenüber der Käuferin auf die Erfüllung der in § 4.2.4 enthaltenen Vollzugsvoraussetzung zu verzichten.]

4.3 Vollzugshindernisse

4.3.1 Käuferin und Verkäuferin können den Vollzug verweigern,

4.2.4 [If applicable: The Seller's supervisory/advisory board has approved this Agreement and the legally binding transactions contemplated herein.]

4.2.5 [If applicable: additional conditions precedent.]

4.2.6 [The Seller shall be entitled to waive satisfaction of the Closing Conditions set forth in clause 4.2.4 by giving written notice to the Purchaser.]

4.3 Closing Obstacles

4.3.1 The Purchaser and the Seller may refuse to carry out the Closing if,

	wenn vor Beginn des Vollzugs mindestens eine Verkäufergarantie gem. § 5 in der Weise verletzt ist, dass der Gesamtbetrag der daraus folgenden Garantieansprüche der Käuferin ...... EUR (in Worten: ...... Euro) übersteigen würde. Die Käuferin kann im Falle des Satzes 1 den Vollzug jedoch erst verweigern, wenn sie der Verkäuferin eine angemessene Frist zur Beseitigung der Verletzung der Verkäufergarantie(n) gesetzt hat und die Verkäuferin sie nicht binnen dieser Frist – nach ihrer Wahl ganz oder teilweise durch Naturalrestitution oder durch Schadensersatz in Geld – so gestellt hat, als sei(en) die Verkäufergarantie(n) nicht verletzt.		prior to commencement of the Closing, at least one of the Seller Guarantees is breached such that the total amount of the Purchaser's guarantee claims derived from such breach would exceed EUR ...... (...... euros). In the case of sentence 1, the Purchaser may not refuse to proceed to Closing until it has provided the Seller with a reasonable grace period for it to remedy its breach of guarantee(s) and the Seller has not – within that grace period and, at its option, either through restitution in kind (*Naturalrestitution*) or monetary damages (*Schadensersatz in Geld*) – placed the Purchaser in such position as it would have been in, had the Seller Guarantee(s) not been breached.
4.3.2	Die Parteien haben einander unverzüglich zu unterrichten, wenn sie von einem Umstand Kenntnis erhalten, der ein Vollzugshindernis i. S. d. § 4.3.1 (ein *Vollzugshindernis*) begründen könnte.	4.3.2	The parties must notify each other without undue delay if they learn of facts or circumstances that could create an obstacle to Closing within the meaning of clause 4.3.1 (a *Closing Obstacle*).
4.4	Rücktrittsrecht	4.4	Right of Withdrawal
	Verkäuferin und Käuferin sind berechtigt, durch schriftliche Erklärung gegenüber der jeweils anderen Partei von diesem Vertrag zurückzutreten, wenn die Vollzugsvoraussetzungen gemäß § 4.2.2 bis § ...... nicht bis zum Ablauf von ...... Monaten ab Vertragsschluss eingetreten sind.		If the Closing Conditions in clauses 4.2.2 through ...... have not been satisfied within ...... months following the Signing Date, then the Seller and the Purchaser may withdraw from (*zurücktreten von*) this Agreement by sending written notice to the other Party.
4.5	Vollzug	4.5	Closing
4.5.1	Am Vollzugstag haben die Parteien die folgenden Handlungen in der dargestellten Reihenfolge vorzunehmen:	4.5.1	On the Closing Date, the Parties shall undertake the following actions in the sequence described:
	(a) Die Verkäuferin übergibt der Käuferin schriftliche Erklärungen der in Anlage 4.5.1 (a) genannten Personen, woraus sich die Niederlegung ihrer in Anlage 4.5.1 (a) genannten Ämter spätestens mit		(a) The Seller shall provide to the Purchaser written statements of the persons named in Exhibit 4.5.1 (a), by means of which they resign from their offices as listed in Exhibit 4.5.1 (a) by no later than

	Wirkung zum Vollzugstag ergibt.		effective as of the Closing Date.
	(b) Die Verkäuferin übergibt der Käuferin die Kopie eines schriftlichen Hauptversammlungsbeschlusses über die Entlastung der in § 4.5.1(a) genannten Amtsträger für das Geschäftsjahr ...... sowie für den Zeitraum vom ...... bis zum Wirksamwerden ihrer Amtsniederlegung.		(b) The Seller shall provide the Purchaser with a copy of a written shareholder resolution concerning the release from responsibility (*Entlastung*) of the officials listed in clause 4.5.1(a) for fiscal year ...... as well as for the period of time from ...... until the effective date of their respective resignations.
	(c) Die Verkäuferin übergibt der Käuferin eine schriftliche Bestätigung, in der sie versichert, dass die X-Finanzierungsvereinbarungen gemäß § 1.9 beendet worden sind.		(c) The Seller shall provide the Purchaser with a written confirmation warranting that the X-Financing Agreements as defined in clause 1.9 were terminated.
	(d) Die Parteien unterzeichnen die Übertragungsvereinbarung gemäß Anlage 4.5.1(d) und vollziehen diese.		(d) The Parties shall execute the share transfer agreement pursuant to Exhibit 4.5.1(d) and consumate the transaction contemplated therein.
4.5.2	Verletzt eine der Parteien eine der in § 4.5.1 genannten Pflichten, kann die andere Partei ihr zunächst schriftlich unter Angabe der Pflichtverletzung eine Frist von zehn (10) Tagen setzen; nach fruchtlosem Ablauf der Zehn-Tages-Frist kann sie gemäß § 4.4 von diesem Vertrag zurücktreten.	4.5.2	If one of the Parties breaches the any of the obligations set forth in clause 4.5.1, then the other Party may notify it in writing, indicating the breach and setting a grace period of ten (10) days. If the aforementioned breach is not cured within the ten (10) day grace period, then the non-breaching party may withdraw from this Agreement pursuant to clause 4.4

§ 5 Selbstständige Garantieversprechen der Verkäuferin[24, 25]

5. Seller Guarantees

5.1	Form und Umfang der Garantieversprechen der Verkäuferin	5.1	Form and Scope of Seller Guarantees
	Die Verkäuferin erklärt hiermit gegenüber der Käuferin in Form selbstständiger Garantieversprechen gemäß § 311 Abs. 1 BGB und im Rahmen der Bedingungen des § 6 und der übrigen Bestimmungen dieses Vertrages, dass die folgenden Aussagen bei Abschluss dieses Vertrages (der *Unterzeichnungstag*) und, soweit		The Seller hereby guarantees to the Purchaser, by way of independent promises of guarante (*selbständige Garantieversprechen*) pursuant to sec. 311 para. 1 of the BGB and within the scope stipulated in clause 6 and otherwise in this Agreement, that the following statements are correct and complete as of the date

§ 5.2 nicht ausdrücklich etwas anderes vorsieht, am Vollzugstag[26] vollständig und richtig sind. [Die Verkäuferin und die Käuferin sind sich ausdrücklich darüber einig, dass die Garantieversprechen in diesem § 5.2 weder Garantien für die Beschaffenheit der Sache im Sinne der §§ 443, 444 BGB noch Beschaffenheitsvereinbarungen i. S. d. § 434 Abs. 1 S. 1 BGB darstellen und dass § 444 BGB keine Anwendung auf die hier abgegebenen Garantieversprechen findet.][27]

on which this Agreement is concluded (the *Signing Date*) and, unless explicitly provided otherwise in clause 5.2, on the Closing Date. [The Seller and the Purchaser agree and explicitly confirm that the guarantees in clause 5.2 (the *Seller Guarantees*) shall be qualified and construed as neither quality guarantees concerning the object of the purchase (*Garantien für die Beschaffenheit der Sache*) within the meaning of sec. 443, 444 of the BGB nor quality agreements (*Beschaffenheitsvereinbarungen*) within the meaning of sec. 434 para. 1 sentence 1 of the BGB, and that sec. 444 of the BGB shall not and does not apply to the Seller Guarantees.]

5.2 Garantieversprechen der Verkäuferin

5.2.1 Gesellschaftsrechtliche und kapitalmarktrechtliche Verhältnisse und Berechtigung der Verkäuferin

(a) Die in § 1 getroffenen Aussagen über die X-Gesellschaften und die Minderheitsgesellschaften[28] sind vollständig und richtig. Die X-Gesellschaften und die Minderheitsgesellschaften sind nach dem jeweiligen Recht ihres Gründungsstaates ordnungsgemäß gegründet worden und bestehen wirksam. Anlage 5.2.1 (a) enthält eine vollständige und richtige Aufstellung der Satzungen (oder vergleichbarer Dokumente) der X-Gesellschaften und Minderheitsgesellschaften.

(b) Die Gesellschaftsanteile der X-Gesellschaften [und die von der X-AG gehaltenen Anteile an den Minderheitsgesellschaften] sind – gegebenenfalls entsprechend dem zugrundeliegenden Kapitalerhöhungsbeschluss der Hauptversammlung bzw.

5.2 Seller's Guarantees

5.2.1 Corporate Status, Status under Securities Law and Authority of the Seller

(a) The statements in clause 1 regarding the X-Companies and the Minority Companies are complete and correct. The X-Companies and the Minority Companies have been duly established and validly exist under the laws of their respective countries of incorporation. Schedule 5.2.1 (a) contains a correct and complete list of the articles of association (or equivalent documents) of the X-Companies and the Minority Companies.

(b) The X-Companies' shares [and the shares or interests held by X-AG in the Minority Companies] have been – if applicable, in accordance with the underlying shareholder resolution authorizing a capital increase or in accordance with the executive

Gesellschafterversammlung oder im Falle der Ausnutzung eines genehmigten Kapitals entsprechend den Festsetzungen des Vorstands – wirksam ausgegeben, die Einlagen als Bar- oder Sacheinlage vollständig erbracht und nicht – auch nicht verdeckt – zurückgewährt worden. [Vorstehendes Garantieversprechen gibt die Verkäuferin für die von ihr durch ein öffentliches Übernahmeangebot im Jahre ...... erworbenen X-Aktien insoweit nur nach Kenntnis der Verkäuferin ab, als es den Zeitraum vor dem Erwerb der Aktien durch die Verkäuferin betrifft.] Die Verkäufer-Aktien unterliegen keiner Nachschusspflicht. Sie sind frei von Belastungen und anderen Rechten Dritter. Es bestehen keine Vorerwerbsrechte, Optionen, Stimmrechtsvereinbarungen oder andere Rechte Dritter im Hinblick auf den Erwerb von X-Gesellschaftsanteilen oder Minderheitsbeteiligungen, es sei denn, solche Rechte ergeben sich aus gesetzlichen Vorschriften oder aus den in Anlage 5.2.1 (a) aufgeführten Satzungen und vergleichbaren Dokumenten. Ausgenommen ist ferner das Pfandrecht/Zurückbehaltungsrecht aufgrund der AGB der [●]-Bank [*Depotbank der Verkäuferin*].

(c) Die Verkäuferin ist die alleinige rechtliche und wirtschaftliche Eigentümerin der Verkäufer-Aktien und berechtigt, frei über diese zu verfügen, ohne hierdurch die Rechte Dritter zu verletzen. [§ 5.2.1 (b) bleibt unberührt.]
[*Alternative zu (b), Sätze 4 ff., (c)*: Die Verkäuferin ist die alleinige rechtliche und

board's decisions to utilize the authorized capital – validly issued, the relevant capital contributions were made in full, either in cash or in kind, and have not been granted back, neither openly nor concealed. [In relation to those X-Shares which the Seller acquired pursuant to a public takeover offer made in ......, the foregoing guarantee shall be qualified by the Seller's Knowledge insofar as the period of time prior to the Seller's acquisition of the shares is concerned.] There is no obligation to make additional contributions (*Nachschusspflicht*) with respect to the Sold Shares. The Sold Shares are free and clear of any encumbrances and other third party rights. There are no pre-emptive rights, options, voting arrangements or other rights of third parties to acquire any of the X-Companies' Shares or any of the Minority Participations, except where such rights arise under statutory law or under the articles of association and equivalent documents or agreements listed in Schedule 5.2.1 (a) and except for any lien or right of retention based on ......-Bank's [*Seller's custodian bank*] standard terms and conditions of business.

(c) The Seller is the sole legal and beneficial owner of the Sold Shares and is entitled to freely dispose of them without thereby infringing the rights of a third party. [Clause 5.2.1 (b) remains unaffected thereby].
[*Alternative to (b) sentences 4 et seq. (c)*: The Seller is the sole legal and beneficial

wirtschaftliche Eigentümerin der Verkäufer-Aktien. Abgesehen von der Lock-up-Vereinbarung seitens der ......-Bank hat die Verkäuferin das Recht, ohne Zustimmung jedweder Dritter frei über die Verkäufer-Aktien zu verfügen. Die Verkäufer-Aktien sind mit Ausnahme der vorerwähnten Rechte aus der Lock-up-Vereinbarung mit der ......-Bank frei von jeglichen Pfandrechten, Optionsrechten, Vorkaufsrechten und sonstigen Rechten Dritter. Abgesehen von der Lock-up-Vereinbarung mit der ......-Bank sind alle X-Aktien mit gleichen Rechten und Pflichten ausgestattet.]

(d) Mit Ausnahme der bei der Clearstream Banking AG verwahrten [Globalurkunde][Sammelurkunden] wurden keine Aktienurkunden, Zwischenscheine oder andere Wertpapiere durch die X-AG ausgegeben.
[*(Zusätzlich) bei Namensaktien:* Die für die X-AG geführten Aktienregister sind inhaltlich jeweils zutreffend und geben jeweils die Inhaberschaft an den X-Aktien zutreffend wieder.]

(e) Jede X-Aktie gewährt ein Stimmrecht.

(f) Bei Abschluss dieses Vertrages sind keine Insolvenz- oder Vergleichsverfahren gegen eine der X-Gesellschaften beantragt oder eröffnet worden. Nach Kenntnis der Verkäuferin bestehen weder Umstände, die den Antrag auf Eröffnung eines Insolvenz- oder Vergleichsverfahrens erforderlich machen, noch Umstände, die nach anwendbaren Insolvenz- oder Vergleichsvorschriften die Anfechtung

owner of the Sold Shares. Except for the lock-up agreement on the part of ......-Bank, the Seller has the right to freely dispose of the Sold Shares without the consent of any third parties. Except for the aforementioned rights provided in the lock-up agreement with ......-Bank, the Sold Shares are free and clear of any liens, options, rights of first refusal or other third party rights. Except for the lock-up agreement with ......-Bank, all shares issued by X-AG have the same rights and duties.]

(d) With exception of the [global certificate] [collective share certificates] held at Clearstream Banking AG, no share certificates, interim certificates (*Zwischenscheine*) or other securities were issued by X-AG.
[*(In addition) in the case of registered shares*: The share register for X-AG contains true and complete information and correctly reports the ownership of the X-Shares.

(e) Each X-Share is entitled to one vote.

(f) As of the Signing Date, no petitions to commence bankruptcy or insolvency proceedings concerning any of the X-Companies have been filed, nor have any such proceedings been commenced. To the Seller's Knowledge, no circumstances exist that would require a petition for any bankruptcy, insolvency or judicial composition proceedings, nor do any circumstances exist which according

2. Aktienkaufvertrag – knapp, verkäuferfreundlich   C. III. 2

dieses Vertrages rechtfertigen.

5.2.2 Jahresabschlüsse
(a) Die Verkäuferin hat der Käuferin den geprüften und mit einem uneingeschränkten Bestätigungsvermerk versehenen Jahresabschluss der X-AG für das Geschäftsjahr ...... (nachfolgend als *Jahresabschluss* bezeichnet) und den konsolidierten Jahresabschluss der X-AG für das Geschäftsjahr ...... (nachfolgend als *Konsolidierter Jahresabschluss* bezeichnet) übergeben.[29]
(b) Der Jahresabschluss wurde in Übereinstimmung mit den Grundsätzen ordnungsmäßiger Buchführung aufgestellt und vermittelt zu dem Bilanzstichtag ein den tatsächlichen Verhältnissen entsprechendes Bild der Vermögens-, Finanz- und Ertragslage der X-AG i.S.v. § 264 Abs. 2 HGB. Der Konsolidierte Jahresabschluss wurde in Übereinstimmung mit ...... aufgestellt und vermittelt zu den Bilanzstichtagen nach allen wesentlichen Gesichtspunkten ein den tatsächlichen Verhältnissen entsprechendes Bild der Vermögens-, Finanz- und Ertragslage.

5.2.3 Grundeigentum und Grundbesitz
(a) Anlage 5.2.3(a) enthält eine Aufstellung von Grundstücken und grundstücksgleichen Rechten, die im Eigentum der X-Gesellschaften stehen.
(b) Anlage 5.2.3(b) enthält eine Aufstellung der von den

5.2.2 to any applicable bankruptcy, insolvency or creditor rights laws, would justify an action to void (*Anfechtung*) this Agreement.

5.2.2 Financial Statements
(a) The Seller has submitted to the Purchaser the audited financial statements of X-AG for fiscal year ...... (the *Financial Statements*) certified with an unqualified audit opinion as well as the audited consolidated financial statements of X-AG for fiscal year ...... (the *Consolidated Financial Statements*).

(b) The Financial Statements were prepared in accordance with the German generally accepted accounting principles (*GoB*) and present a true and fair view, within the meaning of sec. 264 para. 2 of the HGB, of the net assets position (*Vermögenslage*), financial condition (*Finanzlage*) and results of operation (*Ertragslage*) of X-AG as of the balance sheet date referenced therein. The Consolidated Financial Statements were prepared in accordance with ...... and present fairly, in all material respects, the net assets, financial condition and results of operation as of the balance sheet dates referenced therein.

5.2.3 Real Property
(a) Schedule 5.2.3(a) contains a list of land parcels and rights equivalent to real property (*Grundstücke und grundstücksgleiche Rechte*) to which the X-Companies hold legal title of ownership.
(b) Schedule 5.2.3(b) contains a list of real property leased to

Schrader

X-Gesellschaften gemieteten, gepachteten, vermieteten oder verpachteten Grundstücke, soweit die Zahlungsverpflichtung des jeweiligen Mieters oder Pächters ...... EUR p. a. im Einzelfall überschreitet.

(c) Weiterer von den X-Gesellschaften bei Abschluss dieses Vertrages genutzter Grundbesitz, der weder in Anlage 5.2.3 (a) noch in Anlage 5.2.3 (b) aufgeführt ist, ist für den Geschäftsbetrieb der Geschäftstätigkeit nicht wesentlich.

5.2.4 Sonstige Vermögensgegenstände
Nach Kenntnis der Verkäuferin sind die bei Abschluss dieses Vertrages im Eigentum der X-Gesellschaften stehenden oder von ihnen genutzten Gegenstände des Anlage- und Umlaufvermögens ausreichend und in einem solchen gebrauchsfähigen Zustand, dass die Geschäftstätigkeit der X-Gesellschaften im Wesentlichen in vergleichbarer Art und Weise wie bei Abschluss dieses Vertrages fortgeführt werden kann.

5.2.5 Gewerbliche Schutzrechte
(a) Anlage 5.2.5 (a) enthält eine Aufstellung von Patenten, Marken und anderen eingetragenen gewerblichen Schutzrechten, die bei Abschluss dieses Vertrages im Eigentum der X-Gesellschaften stehen (nachfolgend als *Gewerbliche Schutzrechte* bezeichnet).

(b) Nach Kenntnis der Verkäuferin sind die Gewerblichen Schutzrechte, soweit nicht in Anlage 5.2.5 (b) aufgeführt, bei Abschluss dieses Vertrages nicht Gegenstand gerichtlicher oder behördlicher Verfahren, in denen die Wirksamkeit der Gewerblichen Schutzrechte bestritten wird

or from the X-Companies as lessee or lessor, including the respective lessee's payment obligations under the lease agreements exceeding, in each case, a value of EUR ...... *per annum.*

(c) Any other real property, which is used by the X-Companies at the Signing Date but which is not listed in Schedule 5.2.3 (a) or Schedule 5.2.3 (b), is not material for the operation of the X-Companies' business (the *X-Business Operations*).

5.2.4 Other Assets
To the Seller's Knowledge, the non-current (fixed) and current assets which are owned or used by the X-Companies as of the Signing Date, are sufficient and in a reasonably usable condition (*gebrauchsfähiger Zustand*) to continue the X-Business Operations substantially in the same manner as conducted on the Signing Date.

5.2.5 Intellectual Property Rights
(a) Schedule 5.2.5 (a) contains a list of patents, trademarks, internet domains and other registered intellectual property rights owned by the X-Companies as of the Signing Date (the *Intellectual Property Rights*).

(b) To the Seller's Knowledge, except as set out in Schedule 5.2.5 (b), the Intellectual Property Rights are, as of the Signing Date, not subject to any pending judicial or regulatory proceedings in which the enforceability of the Intellectual Property Rights is being challenged and which

| 2. Aktienkaufvertrag – knapp, verkäuferfreundlich | C. III. 2 |

	und die die Geschäftstätigkeit der X-Gesellschaften beeinträchtigen könnten, noch werden die Gewerblichen Schutzrechte von dritter Seite in wesentlichem Umfang verletzt. Nach Kenntnis der Verkäuferin sind alle für die Aufrechterhaltung, den Schutz und die Durchsetzung der Gewerblichen Schutzrechte erforderlichen Zahlungen geleistet, alle notwendigen Verlängerungsanträge gestellt sowie alle anderen für ihre Erhaltung erforderlichen Maßnahmen getroffen worden. Nach Kenntnis der Verkäuferin verletzen die X-Gesellschaften gewerbliche Schutzrechte Dritter nicht in wesentlichem Umfang.		could adversely affect the X-Business Operations, and not being materially infringed by third parties. To the Seller's Knowledge, all fees necessary to maintain, protect and enforce the Intellectual Property Rights have been paid, all necessary applications for renewal have been filed, and all other material steps necessary for their maintenance have been taken. To the Seller's Knowledge, the X-Companies do not materially infringe any intellectual property rights of third parties.
5.2.6	Einhaltung von Rechtsvorschriften	5.2.6	Compliance with Laws
	Nach Kenntnis der Verkäuferin verfügen die X-Gesellschaften bei Abschluss dieses Vertrages über alle Genehmigungen und Erlaubnisse nach anwendbarem öffentlichem Recht, die von wesentlicher Bedeutung für ihren jeweiligen Geschäftsbetrieb und erforderlich sind, um die Geschäftstätigkeit der X-Gesellschaften in vergleichbarer Art und Weise wie bisher fortzuführen. Nach Kenntnis der Verkäuferin bestehen und drohen kein Widerruf, Beschränkung oder nachträgliche Anordnung in Bezug auf diese Genehmigungen und Erlaubnisse, die die Geschäftstätigkeit der X-Gesellschaften als Ganzes ab dem Vollzugstag wesentlich beeinträchtigen würden. Nach Kenntnis der Verkäuferin führen die X-Gesellschaften ihren jeweiligen Geschäftsbetrieb im Wesentlichen im Einklang mit allen wesentlichen Vorschriften derjenigen Genehmigungen und Er-		To the Seller's Knowledge, the X-Companies hold, as of the Signing Date, all permits and approvals (*Genehmigungen und Erlaubnisse*) which are required, if any, under applicable public laws (*öffentliches Recht*) in order to conduct the X-Business Operations as presently conducted and which are important to such business. To the Seller's Knowledge, as of the Signing Date, none of these permits or approvals were revoked, restricted or subjected to subsequent orders (*nachträgliche Anordnungen*) in such manner as would materially adversely affect the X-Business Operations as a whole after the Closing Date, and, to the Seller's Knowledge, no such revocation, restriction or subsequent order is threatening. To the Seller's Knowledge, the X-Companies conduct their respective business in compliance with all material provisions of such permits and approvals the non-compliance

laubnisse, deren Nichtbeachtung die Geschäftstätigkeit der X-Gesellschaften im Ganzen wesentlich beeinträchtigen würde.

5.2.7 Wesentliche Verträge
Anlage 5.2.7 enthält eine Aufstellung der bei Abschluss dieses Vertrages bestehenden wesentlichen Verträge, bei denen eine der X-Gesellschaften Vertragspartei ist und deren Hauptleistungspflichten noch nicht vollständig erfüllt sind (die Verträge sind nachfolgend nach Typen beschrieben und werden zusammen als *Wesentliche Verträge* bezeichnet):

(a) Verträge über den Erwerb oder die Veräußerung von Beteiligungen an anderen Gesellschaften, die eine Gegenleistung von mindestens ...... EUR (in Worten: ...... Euro) im Einzelfall vorsehen;

(b) Pacht- und Mietverträge über Grundbesitz, deren jährliche Zahlungsverpflichtung im Einzelfall mindestens ...... EUR (in Worten: ...... Euro) beträgt und die nicht innerhalb von [zwölf] Monaten von den jeweiligen X-Gesellschaften ohne Zahlung einer Vertragsstrafe gekündigt werden können;

(c) Kredit- und sonstige Darlehensverträge, Anleihen, Schuldverschreibungen oder jede sonstige Art der Fremdfinanzierung unter Einschluss Dritter (ausgenommen die X-Gesellschaften), die im Einzelfall einen Wert von ...... EUR (in Worten: ...... Euro) übersteigen;

(d) Garantien, Bürgschaften, Schuldübernahmen, Schuldbeitritte, Patronatserklärungen und sonstige Verpflichtungen, die für Verbindlichkeiten Dritter (ausgenommen die

with which would have a material adverse effect with respect to the X-Business Operations as a whole.

5.2.7 Material Agreements
Schedule 5.2.7(a) contains a list of the material agreements which are in place as of the Signing Date and to which one of the X-Companies is a party and the main obligations (*Hauptleistungspflichten*) of which have not yet been completely fulfilled (the agreements are hereinafter described by type and are collectively referred to as the *Material Agreements*):

(a) agreements relating to the acquisition or sale of shares or interests in other companies or partnerships and which, in each case, provide for a minimum consideration of EUR ...... (...... euros);

(b) lease agreements (*Pacht- und Mietverträge*) relating to real property and which, in each case, provide for a minimum annual payment obligation of EUR ...... (...... euros) and which cannot be terminated within [twelve] months without requiring the respective X-Company to pay a contractual penalty (*Vertragsstrafe*);

(c) credit and other loan agreements, bonds, notes or any other instruments of debt involving any third party (other than the X-Companies) and which, in any given case, have a volume of more than EUR ...... (...... euros);

(d) guarantees, payment guarantees (*Bürgschaften*), assumptions of debt (*Schuldübernahmen*), letters of comfort (*Patronatserklärungen*) and other obligations by which

2. Aktienkaufvertrag – knapp, verkäuferfreundlich — C. III. 2

X-Gesellschaften) übernommen wurden und die im Einzelfall einen Wert von ...... EUR (in Worten: ...... Euro) übersteigen;

(e) alle nicht unter § 5.2.7(a) bis § 5.2.7(d) fallende Dauerschuldverhältnisse, die nicht spätestens mit Wirkung zum ...... beendet werden können und deren jährliche Zahlungsverpflichtung für die jeweiligen X-Gesellschaften ...... EUR (in Worten: ...... Euro) überschreitet.

Nach Kenntnis der Verkäuferin sind alle Wesentlichen Verträge zum Zeitpunkt des Abschlusses dieses Vertrages wirksam und bindend. Der X-AG oder den X-Gesellschaften sind nach Kenntnis der Verkäuferin bis zum Abschluss dieses Vertrages keine Kündigungen Wesentlicher Verträge zugegangen, und nach Kenntnis der Verkäuferin haben weder die X-AG noch eine der X-Gesellschaften eine wesentliche Verpflichtung aus einem der Wesentlichen Verträge verletzt.

5.2.8 Arbeitsrechtliche Angelegenheiten

(a) Anlage 5.2.8(a) enthält eine Aufstellung von Tarifverträgen und anderen wesentlichen Vereinbarungen mit Gewerkschaften, Betriebsräten und ähnlichen Gremien, an die nach Kenntnis der Verkäuferin die X-Gesellschaften bei Abschluss dieses Vertrages gebunden sind.

(b) Anlage 5.2.8(b) enthält eine Aufstellung derjenigen Beschäftigten der X-Gesellschaften, die zum Zeitpunkt des Abschlusses dieses Vertrages Anspruch auf ein Grundgehalt für das Kalenderjahr ...... (ohne zusätzliche

the debt of a third party (other than the X-Companies) is taken on and which, in any given case, exceed an amount of EUR ...... (...... euros); and

(e) any continuing obligations (*Dauerschuldverhältnisse*) – other than those described in clauses 5.2.7(a) through (d) – which cannot be terminated with effect on or before ...... and which provide for annual payment obligations of the respective X-Companies in excess of EUR ...... (...... euros).

To the Seller's Knowledge, each of the Material Agreements is, as of the Signing Date, in full force and effect. To the Seller's Knowledge, as of the Signing Date, neither X-AG nor the X-Companies have received a notice of termination related to any Material Agreement, and neither X-AG nor any of the X-Companies has committed a material breach of any of the Material Agreements.

5.2.8 Employment Matters

(a) Schedule 5.2.8(a) contains a list of collective bargaining agreements and other material agreements with unions, works councils and similar organizational bodies, to which the X-Companies are bound, to the Seller's Knowledge, as of the Signing Date.

(b) Schedule 5.2.8(b) contains a list all of the employees of the X-Companies who are entitled, as of the Signing Date, to receive for calendar year ...... a gross annual base salary (excluding compensation elements such as bonuses,

	Vergütungsbestandteile wie Boni, Aktienoptionen, Dienstwagen oder andere Vergünstigungen) von mehr als brutto ...... EUR (...... Euro) haben (nachfolgend gemeinsam als *Leitende Angestellte* und einzeln als *Leitender Angestellter* bezeichnet). Sofern nicht in Anlage 5.2.8(b) angegeben, hat bei Abschluss dieses Vertrages kein Leitender Angestellter seine Kündigung erklärt.		stock options, company car and other benefits) in excess of EUR ...... (...... euros) (the *Key Employees*). As of the Signing Date, except as set forth in Schedule 5.2.8(b), no Key Employee has given notice of termination of his or her employment.
5.2.9	Vorstandsanstellungsverträge Sämtliche Vorstandsanstellungsverträge der X-AG und der Tochtergesellschaften mit ihren Vorstandsmitgliedern sind rechtswirksam abgeschlossen.	5.2.9	Executive Board Engagement Contracts All engagement contracts which X-AG or the Subsidiaries have with members of their respective executive boards (*Vorstandsanstellungsverträge*) were validly concluded.
5.2.10	Versicherungen Nach Kenntnis der Verkäuferin bestehen die in Anlage 5.2.10 aufgeführten Versicherungen. Alle fälligen Versicherungsprämien sind bis zum Abschluss dieses Vertrages ordnungsgemäß gezahlt worden. Nach Kenntnis der Verkäuferin bestehen keine Umstände, nach denen die genannten Versicherungen unwirksam sein könnten.	5.2.10	Insurance Policies To the Seller's Knowledge, the insurance policies listed in Schedule 5.2.10 are valid and in full force. All premiums due on the above policies have been duly paid up as of the Signing Date and, to the Seller's Knowledge, there are no facts or circumstances that could render any such policy unenforceable.
5.2.11	Streitigkeiten Mit Ausnahme der in Anlage 5.2.11 aufgeführten Verfahren sind bei Abschluss dieses Vertrages gegen die X-AG oder ihre Tochtergesellschaften keine Rechtsstreitigkeiten, schiedsgerichtlichen Verfahren oder Verwaltungsverfahren rechtshängig, die im Einzelfall einen Streitwert von ...... EUR (in Worten: ...... Euro) überschreiten. Des Weiteren sind sämtliche Hauptversammlungsbeschlüsse der X-AG wirksam gefasst. Anfechtungs- oder Nichtigkeitsklagen gegen Hauptversammlungsbe-	5.2.11	Legal Disputes Except for the proceedings set forth in Schedule 5.2.11, as of the Signing Date, there are no judicial, arbitral or regulatory proceedings which are pending against X-AG or its Subsidiaries and involve in any one case an amount in dispute of more than EUR ...... (...... euros). Moreover, all shareholder resolutions of X-AG were validly adopted, and none are subject to any actions for annulment or voidance (*Anfechtungs- oder Nichtigkeitsklagen*). To the Seller's Knowledge, no such proceedings have been

	schlüsse der X-AG sind nicht anhängig. Nach Kenntnis der Verkäuferin sind der X-AG auch keine derartigen Verfahren schriftlich angedroht worden.		threatened in writing against X-AG.
5.2.12	Fortführung der Geschäfte[30] Soweit sich aus Anlage 5.2.12 nichts anderes ergibt, ist der Geschäftsbetrieb der X-Gesellschaften vom ......[31] bis zum Abschluss dieses Vertrages im Rahmen des gewöhnlichen Geschäftsgangs und im Wesentlichen in der gleichen Weise wie zuvor geführt worden. Wesentlich nachteilige Veränderungen im Hinblick auf die Geschäftstätigkeit der X-Gesellschaften im Ganzen haben sich nicht ergeben. Insbesondere haben die X-Gesellschaften vom ...... bis zum Abschluss dieses Vertrages	5.2.12	Ordinary Course of Business Unless otherwise provided in Schedule 5.2.12, between ...... and the Signing Date, the X-Business Operations have been conducted in the ordinary course of business and substantially in the same manner as before, and there have been no material adverse changes with respect to the X-Business Operations as a whole. Specifically, between ...... and the Signing Date, the X-Companies have not:
	(a) an Dritte (ausgenommen die X-Gesellschaften) keine Geschäftsanteile oder Aktien ausgegeben oder ihnen sonstige Beteiligungen gewährt;		(a) issued any shares or similar ownership interests to any third party (other than the X-Companies);
	(b) außerhalb des gewöhnlichen Geschäftsgangs keine Investitionen getätigt oder vertragliche Verpflichtungen begründet;		(b) made any capital expenditure or entered into any contract or commitment outside the ordinary course of business;
	(c) keine Vermögensgegenstände des Anlagevermögens außerhalb des gewöhnlichen Geschäftsgangs und außer zu Marktbedingungen erworben oder veräußert;		(c) acquired or disposed of any fixed assets outside the ordinary course of business and other than on arm's length conditions;
	(d) keine Verbindlichkeiten gegenüber Dritten außerhalb des gewöhnlichen Geschäftsgangs begründet;		(d) incurred any indebtedness vis-à-vis third parties except in the ordinary course of business;
	(e) Dritten keine Darlehen außerhalb des gewöhnlichen Geschäftsgangs gewährt oder prolongiert;		(e) made or renewed any loans to any third party outside the ordinary course of business;
	(f) keine wesentlichen Veränderungen in den Vertragsbedingungen (einschließlich der Vergütung) der Leitenden An-		(f) made any material changes in the terms of employment (including compensation) for any Key Employees other

gestellten außerhalb des gewöhnlichen Geschäftsgangs vorgenommen.

5.2.13 **Kein Wertabfluss**[32]
(a) Mit Ausnahme des unter § 5.2.13(c) vereinbarten Zulässigen Wertabflusses (nachfolgend als *Zulässiger Wertabfluss* bezeichnet) hat vom ...... bis zum Abschluss dieses Vertrags kein Wertabfluss i. S. v. § 5.2.13(b) der X-AG stattgefunden. Alle Verträge zwischen der X-AG bzw. den X-Gesellschaften einerseits und der Verkäuferin und ihren Verbundenen Unternehmen andererseits sind ausschließlich zu zwischen fremden Dritten üblichen Bedingungen (oder zu den für die X-AG bzw. den X-Gesellschaften günstigeren Bedingungen) abgeschlossen.

(b) *Wertabfluss* bedeutet (i) jede Dividendenzahlung, Erklärung einer Dividende oder ähnliche Ausschüttungen der X-AG (außer zugunsten einer Tochtergesellschaft der X-AG) sowie jede Reduzierung des eingezahlten Grundkapitals der X-AG oder (ii) jede Zinszahlung oder Rückzahlung von Gesellschafterdarlehen durch die X-AG (außer zugunsten einer Tochtergesellschaft der X-AG) oder (iii) jede Transaktion zwischen der X-AG und der Verkäuferin oder einem mit dieser verbundenen Unternehmen im Sinne der §§ 15 ff. AktG (nachfolgend als *Verbundene Unternehmen* und einzeln als *Verbundenes Unternehmen* bezeichnet) (ausgenommen Tochtergesellschaften der X-AG) sowie jede Zahlung der X-AG an die Verkäuferin oder ein mit dieser Verbundenes Unter-

than in the ordinary course of business.

5.2.13 **No Leakage**
(a) No Leakage other than Permitted Leakage as agreed in clause 5.2.13(c) below has occurred between ...... and the Signing Date. All contracts between X-AG and the X-Companies, on the one hand, and the Seller and its Affiliated Companies (with the exception of the X-Companies), on the other hand, were concluded solely on the basis of the customary terms and conditions of two third parties acting at arm's' length (or on terms and conditions more favorable for X-AG or the X-Companies).

(b) *Leakage* shall mean (i) any payment or declaration of any dividend or similar distribution by X-AG (except payments to Subsidiaries) as well as any reduction of the paid-up registered share capital of X-AG, or (ii) any payment of interest on, or the repayment of principal of, any shareholder loans by X-AG (except payments to Subsidiaries), or (iii) any of X-AG's transactions with, or payments to, the Seller or any of the Seller's Affiliated Companies (other than the Subsidiaries), if the transaction or the payment is not made on arms' length terms.

nehmen (mit Ausnahme der Tochtergesellschaft der X-AG), wenn die Transaktion bzw. die Zahlung nicht zu gewöhnlichen Marktbedingungen erfolgt.

(c) *Zulässiger Wertabfluss* bedeutet (i) Zahlung bzw. Zahlungsverpflichtung gemäß einem zwischen der X-AG und der Verkäuferin oder einem Verbundenen Unternehmen abgeschlossenen Anstellungsvertrag und (ii) Zahlung bzw. Zahlungsverpflichtung gemäß Anlage 5.2.13(c).

(c) *Permitted Leakage* shall mean (i) any payment (or commitment to pay) to the Seller or any of its Affiliated Companies under any service agreement (*Anstellungsvertrag*), and (ii) any payment or commitment to pay as set forth in Schedule 5.2.13(c).

5.3 Keine weiteren Garantieversprechen der Verkäuferin

5.3 No other Seller Guarantees

5.3.1 Die Käuferin erkennt ausdrücklich an, die Verkäufer-Aktien und die damit in Zusammenhang stehende Geschäftstätigkeit in dem Zustand zu erwerben, in dem sie sich zum Unterzeichnungstag nach ihrer eigenen Untersuchung und Beurteilung sämtlicher Umstände befinden, und den Kauf aufgrund ihrer eigenen Entscheidung, Untersuchung und Beurteilung zu tätigen, ohne hierbei auf irgendwelche ausdrücklichen oder konkludenten Gewährleistungen oder Garantien der Verkäuferin abzustellen, mit Ausnahme derjenigen Garantieversprechen, die von der Verkäuferin ausdrücklich in diesem Vertrag abgegeben worden sind.

5.3.1 The Purchaser explicitly acknowledges to purchase and acquire the Sold Shares and the business associated therewith in the condition they are in on the Signing Date based upon its own inspection and assessment of all the facts and circumstances, and to undertake the purchase based upon its own decision, inspection and assessment without reliance upon any express or implied representations, warranties or guarantees of any nature made by the Seller, except for the guarantees expressly provided by the Seller under this Agreement.

5.3.2 Unbeschadet des vorangegangenen Absatzes akzeptiert die Käuferin insbesondere, dass die Verkäuferin keinerlei Gewährleistungen oder Garantieversprechen abgibt zu

(a) der Käuferin zugänglich gemachten Prognosen, Schätzungen oder Budgets über künftige Einnahmen, Gewinne, Cashflows, die künftige Finanzlage oder den künftigen Geschäftsbetrieb der X-Gesellschaften;

5.3.2 Without limiting the generality of the foregoing, the Purchaser acknowledges that the Seller gives no representation, warranty or guarantee with respect to

(a) any projections, estimates or budgets delivered or made available to the Purchaser regarding future revenues, earnings, cash flow, the future financial condition or the future business operation of the X-Companies;

(b) anderen Informationen oder Dokumenten, die der Käuferin, ihren Anwälten, Wirtschaftsprüfern oder sonstigen Beratern in Bezug auf die Geschäftstätigkeit oder die X-Gesellschaften zugänglich gemacht worden sind, [einschließlich des Information Memorandums und der während der Management-Präsentation am ...... mitgeteilten Informationen], es sei denn, es ergibt sich aus diesem Vertrag ausdrücklich etwas anderes;

(c) Steuerangelegenheiten mit Ausnahme der Regelungen in § 7.

5.4 Kenntnis der Verkäuferin

Kenntnis der Verkäuferin im Sinne dieses Vertrages umfasst nur die tatsächliche Kenntnis der in Anlage 5.4 aufgeführten Personen bei Abschluss dieses Vertrages.[33]

§ 6 Rechtsfolgen

6.1 Ersatzfähiger Schaden

6.1.1 Im Fall einer Verletzung der Garantieversprechen gemäß § 5 durch die Verkäuferin hat die Verkäuferin die Käuferin so zu stellen, wie sie stehen würde, wenn das Garantieversprechen nicht verletzt worden wäre (Naturalrestitution). Ist die Verkäuferin hierzu innerhalb von drei (3) Monaten, nachdem die Käuferin der Verkäuferin die Verletzung des Garantieversprechens mitgeteilt hat, nicht im Stande, kann die Käuferin Schadensersatz in Geld verlangen. Der Schadensersatz umfasst nur die tatsächlich und konkret bei der Käuferin entstandenen Schäden. Die Geltendmachung von internen Verwaltungs- oder Gemeinkosten, Folgeschäden, entgangenen Gewinnen oder Einwänden,

(b) any other information or documents that were made available to the Purchaser or its counsel, accountants or advisors with respect to the business or the X-Companies, [including, but not limited to, the information memorandum and the information provided during the management presentation delivered on ......,] except as expressly set forth in this Agreement; or

(c) any Tax matters, except as provided for in clause 7.

5.4 Seller's Knowledge

In this Agreement, the *Seller's Knowledge* shall encompass only the actual knowledge of the individuals who are listed in Schedule 5.4, as of the Signing Date.

6. Remedies

6.1 Recoverable Damages

6.1.1 In the event that a Seller Guarantee is breached, the Seller shall be obligated to put the Purchaser in such position as the Purchaser would have been in, had the Seller Guarantee not been breached (restitution in kind – *Naturalrestitution*). If the Seller is unable to achieve such restitution within three (3) months after having been notified by the Purchaser of the breach, then the Purchaser may claim money damages (*Schadenersatz in Geld*). Nevertheless, such damages shall cover only the actual damages incurred by the Purchaser, and will specifically not cover the Purchaser's internal administrative or overhead costs, consequential damages (*Folgeschäden*), loss of profits (*ent-*

	dass der Kaufpreis aufgrund unrichtiger Annahmen berechnet worden sei, ist ausgeschlossen.		*gangener Gewinn*), or claims that the Purchase Price had been calculated on incorrect assumptions.
6.1.2	Die Käuferin hat keinerlei Ansprüche gegen die Verkäuferin aus oder im Zusammenhang mit diesem Vertrag, wenn und soweit	6.1.2	The Seller shall not be liable for, and the Purchaser shall not be entitled to claim for, any damages incurred by the Purchaser under or in connection with this Agreement, if and to the extent that
	(a) der Umstand, aufgrund dessen der Anspruch geltend gemacht wird, sich aus dem Jahresabschluss, dem Jahresabschluss einer Tochtergesellschaft für ...... [Geschäftsjahr] oder dem Konsolidierten Jahresabschluss ergibt;		(a) the fact, upon which the claim is based, is included in the Financial Statements, the financial statements of any Subsidiary [or Majority Company] for fiscal year ...... or the Consolidated Financial Statements;
	(b) Schäden der Käuferin durch Ansprüche gegen Dritte, einschließlich gegen Versicherungen, abgedeckt sind; oder		(b) any damages of the Purchaser are covered by claims against third parties, including, but not limited to, claims against existing insurance carriers; or
	(c) Rückstellungen im Jahresabschluss, dem Jahresabschluss einer Tochtergesellschaft für ...... [Geschäftsjahr] oder dem Konsolidierten Jahresabschluss aufgelöst werden können, eine Wertaufholung abgeschriebener Vermögensgegenstände erfolgen kann oder bereits ganz oder teilweise wertberichtigte Forderungen von Schuldnern nach dem Zahlungsdatum erfüllt werden.		(c) provisions (*Rückstellungen*) recognized in the Financial Statements, the financial statements of any Subsidiary [or Majority Company] for fiscal year ...... or the Consolidated Financial Statements can be released, assets which had been amortized or depreciated can be written-up (*Wertaufholung*) or accounts receivable which had already been written-down either in whole or in part, are collected from the respective debtors after the Payment Date.
6.2	Freibetrag; Gesamtfreibetrag[34]	6.2	Deductible; Overall Deductible
	Die Käuferin ist nur berechtigt, Ansprüche nach § 5 bis § 7 geltend zu machen, sofern im Einzelfall der Anspruch ...... EUR (in Worten: ...... Euro) (nachfolgend als *Freibetrag* bezeichnet) und die Gesamthöhe aller solcher Einzelansprüche – Ansprüche unterhalb des Freibetrags bleiben insoweit außer Betracht – ...... EUR (in Worten: ...... Euro)		The Purchaser is entitled to claims under clauses 5 through 7 only to the extent that each individual claim exceeds an amount of EUR ...... (...... euros) (the *Deductible*) and the aggregate amount of all such individual claims exceeds EUR ...... (the *Overall Deductible*). In the event that the Deductible and the Overall Deductible are exceeded,

übersteigen (nachfolgend als *Gesamtfreibetrag* bezeichnet). Wird der Freibetrag und der Gesamtfreibetrag überschritten, haftet die Verkäuferin nur in Höhe des den Freibetrag und des den Gesamtfreibetrag übersteigenden Betrags.

6.3 Gesamthaftung der Verkäuferin nach diesem Vertrag

6.3.1 Soweit ein Garantieversprechen verletzt wird, das sich auf eine derjenigen X-Gesellschaften bezieht, an denen die Verkäuferin bei Vollzug (direkt oder indirekt) weniger als 100 Prozent hält, haftet die Verkäuferin nur pro rata in Höhe ihrer Beteiligung an der betreffenden X-Gesellschaft.

6.3.2 Die Haftung der Verkäuferin nach diesem Vertrag, einschließlich aller Ansprüche wegen Verletzung der Garantieversprechen nach § 5, ist insgesamt auf einen Betrag in Höhe von zehn (10) Prozent des Kaufpreises [Alternative: ...... EUR (in Worten: ...... Euro)] (der *Haftungshöchstbetrag*)[35] begrenzt. Der Haftungshöchstbetrag findet keine Anwendung auf eine Verletzung der Garantieversprechen gemäß §§ 5.2.1 (a) bis 5.2.1 (c) sowie die Haftung der Verkäuferin aus § 7. Die Haftung der Verkäuferin gemäß Satz 1 und Satz 2 ist jedoch insgesamt auf einen Betrag in Höhe des Kaufpreises begrenzt.

6.4 Ausschluss von Ansprüchen bei Kenntnis der Käuferin

Die Käuferin ist nicht berechtigt, Ansprüche nach § 5 bis § 7 geltend zu machen, sofern sie die dem Anspruch zugrundeliegenden Tatsachen oder Umstände kannte oder kennen konnte. Der Käuferin wurde vor Abschluss

the Purchaser can claim only the amount exceeding the Deductible and exceeding the Overall Deductible.

6.3 Overall Scope of the Seller's Liability pursuant to this Agreement

6.3.1 To the extent any Seller Guarantee relating to one of the X-Companies in which the Seller holds, at the time of the Closing, (directly or indirectly) less than one-hundred percent (100%), is breached, the Seller shall be liable to the Purchaser only for the damage *pro rated* to the Seller's equity shareholding in such X-Company.

6.3.2 The Seller's aggregate liability under this Agreement, which includes but is not limited to any and all claims for breach of any of the Seller Guarantees pursuant to clause 5, shall be limited to ten percent (10%) of the Purchase Price [Alternative: to EUR ...... (...... euros)] (the *Liability Cap*). Such Liability Cap shall not apply to a breach of any of the Seller Guarantees set forth in clauses 5.2.1 (a) through 5.2.1 (c) or to the liability of the Seller pursuant to clause 7. The overall liability of the Seller under the preceding sentences 1 and 2 shall in no event exceed the Purchase Price.

6.4 Exclusion of Claims due to Purchaser's Knowledge

The Purchaser shall not be entitled to bring any claim under clauses 5 through 7, if the underlying facts or circumstances to which the claim relates were known, or could have been known, by the Purchaser, taking

dieses Vertrages die Gelegenheit zu einer eingehenden Untersuchung des Zustandes der X-Gesellschaften, der Minderheitsgesellschaften sowie deren jeweiliger geschäftlicher Aktivitäten unter kaufmännischen, finanziellen und rechtlichen Gesichtspunkten gegeben, u. A. die Gelegenheit zur Prüfung der in Anlage 6.4 aufgeführten und im Datenraum offengelegten Unterlagen (nachfolgend als *Offengelegte Unterlagen* bezeichnet). Tatsachen und Umstände, die sich aus den Offengelegten Unterlagen ergeben oder die im Memorandum, der Management-Präsentation vom ...... oder in diesem Vertrag oder seinen Anlagen bezeichnet worden sind, gelten als der Käuferin bekannt. Die Kenntnis der Geschäftsführer der Käuferin, ihrer Berater und derjenigen Mitarbeiter, die mit der Due Diligence im Vorfeld dieses Vertrages betraut waren, werden der Käuferin zugerechnet.

into account that the Purchaser, prior to entering into this Agreement, has been given the opportunity to conduct a thorough review of the condition and status of the X-Companies, the Minority Companies and their respective businesses from a commercial, financial and legal perspective, *inter alia*, to a review of the documents identified in Schedule 6.4 or disclosed in the data room (the *Disclosed Documents*). Facts and circumstances that could reasonably be concluded from the Disclosed Documents, as well as facts and circumstances identified [in the Information Memorandum, the management presentation delivered on ......, or] in this Agreement or its Exhibits and Schedules are deemed to be known by the Purchaser. The knowledge of the Purchaser's managing directors, advisors and those of its employees, who were engaged in and familiar with the due diligence exercise undertaken before the conclusion of this Agreement, shall be imputed to the Purchaser.

6.5 Mitteilung an die Verkäuferin; Verfahren bei Ansprüchen Dritter

6.5 Notification of Seller; Procedure in Case of Third Party Claims

6.5.1 Im Fall einer tatsächlichen oder möglichen Verletzung eines Garantieversprechens gemäß § 5 ist die Käuferin verpflichtet, der Verkäuferin unverzüglich nach Kenntniserlangung schriftlich die tatsächliche oder mögliche Verletzung unter genauer Beschreibung der zugrundeliegenden Umstände mitzuteilen und soweit möglich die geschätzte Höhe des Anspruches anzugeben. Der Verkäuferin ist ferner die Gelegenheit zu geben, die Verletzung innerhalb des in § 6.1 genannten Zeitraums zu beheben.

6.5.1 In the event of an actual or potential breach of a Seller Guarantee, the Purchaser shall, without undue delay after becoming aware of the matter, provide the Seller with written notice of such alleged breach, describing the potential claim in detail and, to the extent practical, stating the estimated amount of such claim and shall give the Seller the opportunity to cure the breach within the period of time indicated in clause 6.1.

6.5.2 Sollten im Zusammenhang mit der Verletzung eines Garantieversprechens gemäß § 5 von dritter

6.5.2 Furthermore, if, in connection with a breach of a Seller Guarantee, any claim or demand of a

Seite Ansprüche oder Forderungen gegen die Käuferin oder eine der X-Gesellschaften oder Minderheitsgesellschaften geltend gemacht werden, ist die Käuferin verpflichtet,
(a) der Verkäuferin eine Abschrift dieser Ansprüche oder Forderungen und aller fristbezogenen Dokumente zukommen zu lassen und
(b) der Verkäuferin die Gelegenheit einzuräumen, für die Käuferin, die X-Gesellschaften oder Minderheitsgesellschaften solche Ansprüche oder Forderungen abzuwehren. Die Verkäuferin ist berechtigt, hierzu alle geeigneten Verfahren einzuleiten, und nur sie ist berechtigt, diese Abwehrmaßnahmen zu koordinieren.

Insbesondere ist die Verkäuferin uneingeschränkt berechtigt,
(a) an allen Verhandlungen und dem Schriftverkehr mit der dritten Partei federführend teilzunehmen,
(b) einen Anwalt zu beauftragen, der im Namen der Käuferin oder einer der X-Gesellschaften oder Minderheitsgesellschaften tätig wird, und
(c) zu verlangen, dass etwaige gerichtliche Verhandlungen der Ansprüche oder ein außergerichtlicher Vergleich nach Anweisung der Verkäuferin zu erfolgen hat. Die Verkäuferin ist verpflichtet, diese Verfahren nach Treu und Glauben zu führen. Sie hat dabei angemessene Rücksicht auf die Interessen der Käuferin zu nehmen.

6.5.3 Die Käuferin und die X-Gesellschaften sind unter keinen Umständen berechtigt, ohne vorherige schriftliche Zustimmung der Verkäuferin Ansprüche anzuerkennen, sich zu vergleichen oder

third party is asserted against the Purchaser or any of the X-Companies or the Minority Companies, then the Purchaser shall

(a) make available to the Seller a copy of the third party claim or demand and of all time-sensitive documents, and

(b) give the Seller the opportunity to defend the Purchaser, the X-Companies or the Minority Companies against such claims. The Seller will have the right to defend against the claims by instituting all appropriate proceedings and will have the sole power to direct and control such defense.

Above all, the Seller has the unconditional right
(a) to participate in and lead all negotiations and correspondence with the third party,
(b) to appoint and instruct legal counsel to act for and on behalf of the Purchaser or any of the X-Companies or the Minority Companies, and
(c) to request that a claim be litigated or settled out of court in accordance with the Seller's instructions. The Seller shall conduct such proceedings in good faith (*nach Treu und Glauben*) with reasonable regard to the concerns of the Purchaser.

6.5.3 In no event shall the Purchaser or any of the X-Companies be entitled to acknowledge or settle a claim or permit any such acknowledgement or settlement without the Seller's prior written

eine Anerkennung oder einen Vergleich zu genehmigen, soweit diese Ansprüche zu einer Haftung der Verkäuferin nach diesem Vertrag führen können. Die Käuferin und die X-Gesellschaften sind verpflichtet, auf eigene Kosten bei der Abwehr von Ansprüchen Dritter mit der Verkäuferin uneingeschränkt zusammenzuwirken, der Verkäuferin und ihren Vertretern (einschließlich Beratern) Zugang zu allen geschäftlichen Unterlagen und Dokumenten zu gewähren sowie der Verkäuferin und ihren Vertretern zu gestatten, die Geschäftsführung, Mitarbeiter und Vertreter der Käuferin oder der X-Gesellschaften zu Beratungen hinzuzuziehen. In dem Umfang, wie die Verkäuferin ein Garantieversprechen nach § 5 verletzt hat, ist die Verkäuferin auch verpflichtet, daraus entstandene Kosten und Auslagen der Abwehr solcher Ansprüche zu tragen. Stellt sich nachträglich heraus, dass der Verkäuferin keine Verletzung angelastet werden kann, sind die Käuferin und die X-Gesellschaften verpflichtet, alle der Verkäuferin entstandenen angemessenen Kosten und Auslagen (einschließlich Kosten der Berater) zu tragen, die der Verkäuferin im Zusammenhang mit der Abwehr solcher Ansprüche entstanden sind. Die Käuferin verpflichtet sich, dafür Sorge zu tragen, dass die X-Gesellschaften die in diesem § 6.5 geregelten Verpflichtungen einhalten.

consent, to the extent that such claims may result in the Seller's liability under this Agreement. The Purchaser and the X-Companies shall, at their own expense, fully cooperate with the Seller in the defense of any third party claim, provide the Seller and its representatives (including its advisors) access to all relevant business records and documents, and permit the Seller and its representatives to consult with the directors, officers, employees and representatives of the Purchaser and any of the X-Companies. To the extent that the Seller is in breach of a Seller Guarantee, all costs and expenses incurred by the Seller in defending such claim shall be borne by the Seller. If it later emerges that the Seller was not in breach, then any costs and expenses reasonably incurred by the Seller in connection with the defense (including advisors' fees) shall be borne by the Purchaser and the X-Companies. The Purchaser shall ensure that the X-Companies fully comply with their obligations under this clause 6.5.

6.5.4 Kommt die Käuferin ihren Verpflichtungen gemäß § 6.5 nicht vollumfänglich nach, wird die Verkäuferin von ihren Verpflichtungen aus § 5 und § 6 frei.

6.5.4 The failure of the Purchaser to fully comply with its obligations under this clause 6.5 shall release the Seller from its respective obligations under clauses 5 and 6.

6.6 Schadensminderung
§ 254 BGB bleibt unberührt. Insbesondere ist die Käuferin verpflichtet, die Entstehung von Schäden abzuwenden und den

6.6 Mitigation
Sec. 254 of the BGB shall remain applicable. In other words, the Purchaser is obliged above all to prevent the occurrence of any

	Umfang entstandener Schäden zu mindern.		damages and to limit the scope of any damages incurred.
6.7	Verjährung[36]	6.7	Time Limits
	Alle Ansprüche wegen Verletzung eines Garantieversprechens der Verkäuferin nach § 5 verjähren nach Ablauf von zwölf (12) Monaten ab dem Vollzugstag, mit Ausnahme der Ansprüche wegen Verletzung eines Garantieversprechens nach den §§ 5.2.1(a) bis 5.2.1(c), die nach Ablauf von fünf (5) Jahren ab dem Vollzugstag verjähren. Ansprüche aus Steuerangelegenheiten (§ 7) verjähren nach Maßgabe von § 7.9. § 203 BGB findet keine Anwendung.		All claims for any breach of Seller Guarantees pursuant to clause 5 above shall become time-barred (*verjähren*) twelve (12) months after the Closing Date, except for the claims based on a breach of Seller Guarantees given under clauses 5.2.1(a) through 5.2.1(c), which shall become time-barred five (5) years after the Closing Date. Claims with respect to Taxes (clause 7) shall become time-barred in accordance with clause 7.9. Sec. 203 of the BGB shall not apply.
6.8	Ausschluss weiterer Ansprüche	6.8	Exclusion of Further Remedies
	Soweit rechtlich zulässig und sofern sich nicht aus § 5 bis § 7 ausdrücklich etwas anderes ergibt, sind alle weiteren Ansprüche und Gewährleistungen unabhängig von ihrer Entstehung, ihrem Umfang oder ihrer rechtlichen Grundlage ausdrücklich ausgeschlossen, insbesondere Ansprüche wegen vorvertraglicher Pflichtverletzung (§§ 311 Abs. 2 und 3, 241 Abs. 2 BGB), Pflichtverletzungen aus dem Schuldverhältnis, Ansprüche aufgrund gesetzlicher Gewährleistungsbestimmungen oder unerlaubter Handlungen sowie alle sonstigen Ansprüche, die als Folge eines Rücktritts, einer Anfechtung oder Minderung oder aus anderen Gründen eine Beendigung, Unwirksamkeit oder Rückabwicklung dieses Vertrages, eine Änderung seines Inhalts oder eine Rückzahlung oder Reduzierung des Kaufpreises zur Folge haben können, es sei denn, der Anspruch beruht auf einer vorsätzlichen Handlung oder arglistigen Täuschung durch die Verkäuferin.		To the extent permitted by law and unless expressly provided otherwise under clauses 5 through 7, any further claims and remedies – irrespective of their nature, amount or legal basis – are hereby expressly waived, including but not limited to claims for breach of a pre-contractual duty (sec. 311 para. 2 and 3, 241 para. 2 of the BGB), claims based on a breach of duty in an obligation relationship (*Verletzung einer Pflicht aus dem Schuldverhältnis*), claims based on statutory warranty provisions (*gesetzliche Gewährleistungsbestimmungen*) and liability in tort (*unerlaubte Handlung*) as well as any and all other claims which could, due to a rescission (*Rücktritt*), action for avoidance (*Anfechtung*), reduction of the purchase price (*Minderung*) or other reasons, result in the termination (*Beendigung*), invalidity (*Unwirksamkeit*) or a winding-up or restitution *ex tunc* (*Rückabwicklung*) of this Agreement, in an amendment of its content or in a refund or reduction of the Purchase Price, except if and to the extent that any such claim is based on a willful act

6.9	Behandlung von Zahlungen Zahlungen der Verkäuferin gemäß § 6 und § 7 sind im Verhältnis zwischen Käuferin und Verkäuferin als Herabsetzung des Kaufpreises anzusehen.[37]	6.9	Treatment of Payments Any payments made by the Seller pursuant to clauses 6 and 7 shall be considered a reduction of the Purchase Price as between the Seller and the Purchaser.

(vorsätzliche Handlung) or on fraudulent misrepresentation (arglistige Täuschung) of the Seller.

§ 7 Steuern[38]

7. Taxes

7.1	Steuern[39] *Steuern* im Sinne dieses Vertrags sind alle von einer zuständigen Bundes-, Landes- oder Kommunalbehörde (nachfolgend als *Steuerbehörde(n)* bezeichnet) erhobenen Steuern i. S. d. § 3 Abs. 1 und 3 AO oder entsprechender Regelungen eines ausländischen Rechts, zuzüglich steuerlicher Nebenleistungen (wie z. B. Zinsen, Kosten, Steuerzuschläge) i. S. v. § 3 Abs. 4 AO oder entsprechender Regelungen eines ausländischen Rechts sowie Haftungsverbindlichkeiten für vorstehend genannte Steuern.	7.1	Definition of Taxes In this Agreement, *Taxes* means any and all taxes within the meaning of sec. 3 para. 1 and 3 German General Fiscal Code (*Abgabenordnung* – AO), or corresponding foreign law provisions imposed by any federal, state or local tax authority with jurisdiction to levy such tax (a *Tax Authority*), together with any incidental tax charges (*steuerliche Nebenleistungen*) (such as e.g. interest, costs, tax surcharges (*Steuerzuschläge*)) within the meaning of sec. 3 para. 4 of the AO, or corresponding foreign law provisions, as well as any liabilities for any of the aforementioned taxes.
7.2	Steuererklärungen und Steuerzahlungen bis zum Vollzugstag[40] Die Verkäuferin garantiert im Wege eines selbstständigen Garantieversprechens gemäß § 311 Abs. 1 BGB, für welches die Beschränkungen des § 6 entsprechend gelten, dass	7.2	Tax Returns and Tax Payments made on or before the Closing Date The Seller guarantees to the Purchaser, by way of an independent promise of guarantee (*selbständiges Garantieversprechen*) pursuant to sec. 311 para. 1 of the BGB, to which the limitations contained in clause 6 shall apply *mutatis mutandis*, that
	(a) die X-Gesellschaften alle wesentlichen Steuerklärungen bis zum Vollzugstag rechtzeitig abgegeben haben oder sie rechtzeitig abgeben werden (unter Berücksichtigung aller von einer Steuerbehörde gewährten Fristverlängerungen) und		(a) the X-Companies have duly and timely filed, or will duly and timely file (taking into account any tax extensions granted by a competent Tax Authority) on or before the Closing Date, all material tax returns, and

	(b) dass alle fälligen Steuern bis zum Vollzugstag entrichtet worden sind oder entrichtet werden.		(b) all Taxes due and payable by the X-Companies have been, or will be, paid on or before the Closing Date.
7.3	Steuerrechtliche Freistellung[41]	7.3	Tax Indemnification
7.3.1	Die Verkäuferin verpflichtet sich, die Käuferin von allen fälligen Steuerverbindlichkeiten der X-Gesellschaften für die steuerlichen Veranlagungs- und Erhebungszeiträume bis zum ......[42] freizustellen. Eine Freistellung nach Satz 1 erfolgt nicht, wenn und soweit solche Steuerverbindlichkeiten	7.3.1	The Seller agrees to indemnify the Purchaser from and against all Tax liabilities due and payable by the X-Companies for Tax assessment periods ending on or before ......, unless and except to the extent that such Tax liabilities
	(a) die im Konsolidierten Jahresabschluss zum ......[43] für Steuern ausgewiesenen Rückstellungen und Verbindlichkeiten übersteigen, unabhängig davon, ob die Rückstellungen oder Verbindlichkeiten für diejenige Steuer gebildet wurden, die den Anspruch auf die Steuerfreistellung begründet[44];		(a) exceed the Tax accruals and liabilities shown in the Consolidated Financial Statements as of ......, irrespective of whether the accrual or liability was made for the Tax that actually triggers the Tax indemnification claim; or
	(b) Gegenstand eines wirksamen und vollstreckbaren Anspruches auf Steuerrückerstattung oder Freistellung gegen Dritte sind[45];		(b) are the subject of a valid and enforceable claim for a Tax refund or for indemnification from a third party; or
	(c) das Ergebnis einer Restrukturierung oder anderer von der Käuferin oder einer der X-Gesellschaften vorgenommener Maßnahmen sind;		(c) are the result of a reorganization or other measures initiated by Purchaser or any of the X-Companies; or
	(d) gegen alle künftigen, nach dem ......[46] entstehenden Steuerminderungen aufgerechnet werden können, die sich aus dem Anspruchsgrund für die steuerrechtliche Freistellung ergeben (wie zum Beispiel wegen Verlängerung des Abschreibungszeitraums oder Phasenverschiebung);		(d) can be offset against future Tax reductions (*Steuerminderungen*) arising after ...... out of the circumstance giving rise to the Tax indemnification claim, e.g. resulting from an extension or deferral of depreciation periods (*Verlängerung des Abschreibungszeitraums oder Phasenverschiebung*); or
	(e) Steuervorteilen der X-Gesellschaften, der Käuferin oder eines verbundenen Unterneh-		(e) correspond to Tax benefits of any of the X-Companies, the Purchaser or any of the Pur-

	mens der Käuferin i. S. d. §§ 15 ff. AktG gegenüberstehen.		chaser's Affiliated Companies.
7.3.2	Von der Verkäuferin geschuldete Zahlungen nach § 7 sind innerhalb von 20 (zwanzig) Bankarbeitstagen nach schriftlicher Mitteilung durch die Käuferin an diese zu leisten, vorausgesetzt dass Zahlungen an die Steuerbehörden in diesem Umfang fällig sind. Die Verkäuferin ist in keinem Fall verpflichtet, früher als 2 (zwei) Bankarbeitstage vor Fälligkeit der Zahlung an die Steuerbehörde zu zahlen. Für den Fall, dass eine Steuerverbindlichkeit nach Maßgabe des § 7.6.2 bestritten wird, ist die Begleichung dieser Steuerverbindlichkeit erst dann als fällig anzusehen, wenn eine endgültige, bestandskräftige Festsetzung entweder durch die Steuerbehörde oder durch die zuständigen Finanzgerichte erfolgt ist, falls die Steuerbehörde bis zur endgültigen und bestandskräftigen Festsetzung eine Zahlungsfreistellung gewährt hat. Ist dies nicht der Fall, ist die Verkäuferin verpflichtet, entsprechende Vorauszahlungen auf die steuerrechtlichen Freistellungsansprüche an die Käuferin zu leisten, falls die Käuferin Sicherheit durch Bürgschaft einer angesehenen Bank für etwaige nachträgliche Erstattungsansprüche der Verkäuferin entsprechend der nachfolgenden Bestimmung stellt. Ist die endgültige Höhe des steuerrechtlichen Freistellungsanspruches niedriger als die Vorauszahlungen der Verkäuferin, hat die Käuferin die Differenz nebst allen angefallenen Zinsen zu erstatten.	7.3.2	Indemnification payments due by the Seller under this clause 7 shall be made within twenty (20) Business Days following written notice by the Purchaser to the Seller, provided that the payment of such amounts to the Tax Authority is due. The Seller shall not be required to make any payment earlier than 2 (two) Business Days before such Taxes are due to the Tax Authority. In case of any Tax being contested in accordance with clause 7.6.2, payment of such Tax to the Tax Authority will be considered due no earlier than on the date a final (*bestandskräftig*) determination to such effect is made by either the Tax Authority or a court of proper jurisdiction, provided that the Tax Authority has granted relief from paying the assessed Tax until such Tax becomes final and binding. If this is not the case, the Seller shall make a respective advance indemnification payment to the Purchaser, provided that the Purchaser provides a payment guarantee by a reputable bank as security for any reimbursement claims of the Seller which might arise pursuant to the subsequent sentence. If the Tax indemnification claim of the Purchaser is lower than the advance indemnification payments made by the Seller, then the Purchaser shall reimburse the difference, including all interest earned thereon, if any.
7.4	Steuererklärungen nach dem Vollzugstag Die Verkäuferin ist verpflichtet, alle Steuererklärungen für die X-AG und ihre Tochtergesell-	7.4	Tax Returns after the Closing Date The Seller shall prepare and file all Tax returns for the X-AG and its Subsidiaries (including Tax re-

schaften (einschließlich der Steuererklärungen für steuerliche Organschaften) vorzubereiten und abzugeben, die von der oder für die X-AG und ihren Tochtergesellschaften vor dem Vollzugstag für den Zeitraum bis zum ......[47] abzugeben sind. Die Käuferin ist verpflichtet, alle Steuererklärungen vorzubereiten, abzugeben oder von den betreffenden X-Gesellschaften vorbereiten und abgeben zu lassen, die von der oder für die X-Gesellschaften nach dem Vollzugstag abzugeben sind, dies jedoch – im Falle von Steuererklärungen für den Zeitraum bis zum ......[48] – nur nach Prüfung und Zustimmung durch die Verkäuferin (welche nicht unbillig verweigert werden darf). Die Steuererklärungen für Zeiträume bis zum ......[49] sind in Übereinstimmung mit den Steuererklärungen für frühere Veranlagungs- und Erhebungszeiträume zu fertigen. Die Käuferin steht dafür ein, dass alle Steuererklärungen, die der Prüfung und Zustimmung durch die Verkäuferin bedürfen, dieser nicht später als 30 (dreißig) Tage vor Abgabefrist der entsprechenden Steuererklärung zugehen. Hinsichtlich der Prüfung solcher Steuererklärungen durch die Verkäuferin gilt § 6.5.3 entsprechend.

turns for integrated tax groups (*steuerliche Organschaften*)) required to be filed by or on behalf of X-AG and its Subsidiaries before the Closing Date for the period ending on .... The Purchaser is obligated to prepare and file, or cause the relevant X-Companies to prepare and file, all Tax returns required to be filed by or on behalf of the X-Companies after the Closing Date, but – in the case of Tax returns for the period ending on ...... – only after a review by and approval from the Seller (which may not be unreasonably withheld). All Tax return filings for periods up to and including ...... shall be prepared in consistence with those prepared for prior Tax assessment periods. The Purchaser shall ensure that any Tax return filing which must be reviewed and approved by the Seller, will be furnished to the Seller no later than 30 (thirty) Business Days prior to the due date of such Tax filing. Clause 6.5.3 shall apply to such reviews *mutatis mutandis*.

7.5 Steuerrechtliche Zusicherungen

Die Käuferin steht dafür ein, dass, soweit nicht von einer Steuerbehörde verlangt oder nach anderen zwingenden Vorschriften erforderlich und nachdem der Verkäuferin die Gelegenheit zum Eingreifen gegeben worden ist, weder sie noch eine ihrer Tochtergesellschaften (einschließlich der Tochtergesellschaften nach dem Übergang der Verkäufer-Aktien)

(a) am oder nach dem Vollzugstag Maßnahmen ergreift, die Anlass zu einer steuerlichen

7.5 Tax Covenants

The Purchaser covenants to the Seller that except as required by any Tax Authority or otherwise compelled by mandatory law and after having given the Seller the opportunity to intervene, neither the Purchaser nor any of its subsidiaries (including – after the transfer of the Sold Shares – the Subsidiaries) will

(a) take any action on or after the Closing Date that could give rise to any Tax liability

Haftung der Verkäuferin oder ihrer Verbundenen Unternehmen geben oder zu einer Reduzierung steuerlicher Rückerstattungsansprüche oder ähnlicher Ansprüche führen könnten;

(b) Steuerwahlrechte ausübt oder abändert, Steuererklärungen abändert, steuerliche Auffassungen vertritt, Handlungen ergreift oder unterlässt oder Transaktionen, Zusammenschlüsse oder Restrukturierungen vornimmt, die zu einer erhöhten steuerlichen Haftung (einschließlich steuerrechtlicher Freistellungsansprüche) der Verkäuferin oder ihrer Verbundenen Unternehmen oder zu einer Reduzierung steuerlicher Rückerstattungsansprüche oder ähnlicher Ansprüche führen könnten.

of the Seller or its Affiliated Companies or that could reduce their Tax refund claims or similar claims;

(b) make or change any Tax election, amend any Tax return, take a Tax position on any Tax return, undertake or omit to undertake any action or enter into any transaction, merger or restructuring that results in an increased Tax liability (including liability under a Tax indemnification claim) of the Seller or its Affiliated Companies or that could reduce their Tax refund claims or similar claim.

7.6 Freistellungsverfahren[50]

7.6.1 Nach dem Vollzugstag hat die Käuferin der Verkäuferin von allen angekündigten oder laufenden Steuerprüfungen und sonstigen Verwaltungs- und Gerichtsverfahren, die eine Freistellung durch die Verkäuferin gemäß § 7 erforderlich machen könnten oder aber zu einer Steuererstattung zugunsten der Verkäuferin gemäß § 7 führen könnten, unverzüglich Mitteilung zu machen. Die Mitteilung hat schriftlich zu erfolgen und den Gegenstand der Steuerprüfung oder der behaupteten Steuerverbindlichkeit vollständig zu enthalten. Ferner sind sämtliche Unterlagen der Steuerbehörde bzw. des Gerichts über die Steuerprüfung oder die behauptete Steuerverbindlichkeit in Kopie beizufügen. Die Käuferin steht dafür ein, dass die X-Gesellschaften der Verkäuferin die Teilnahme an der Steuerprüfung ermöglichen. Wird der

7.6 Indemnification Procedures

7.6.1 Following the Closing Date, the Purchaser shall without undue delay notify the Seller of any Tax audits or regulatory or judicial proceedings that are announced or commenced and that might constitute a basis for indemnification by, or result in a Tax refund claim to the benefit of, the Seller pursuant to this clause 7. Such notice shall be made in writing and shall contain full factual information describing the object of the Tax audit or the asserted Tax liability and shall include copies of any notice or other documents received from the Tax Authority or the courts in respect of any such Tax audit or asserted Tax liability. The Purchaser shall further ensure that the X-Companies allow the Seller to fully participate in such Tax audit. If the Seller is not notified without undue delay as required under the preceding sen-

Verkäuferin nicht unverzüglich gemäß der vorstehenden Sätze 1 bis 3 Mitteilung gemacht, wird die Verkäuferin von ihrer Verpflichtung frei, die Käuferin von Schäden aufgrund der behaupteten Steuerverbindlichkeiten freizustellen.

7.6.2 Die Verkäuferin ist berechtigt, entweder selbst oder durch Berater ihrer Wahl und auf ihre Kosten Prüfungen, Verwaltungs- oder Gerichtsverfahren durchzuführen und Rückerstattungsansprüche geltend zu machen, die im Zusammenhang mit allen behaupteten Steuerverbindlichkeiten stehen, welche zu einem Freistellungsanspruch nach § 7 führen können (diese Prüfungen, Rückerstattungsansprüche oder Verfahren im Zusammenhang mit einer behaupteten Steuerverbindlichkeit werden nachfolgend zusammen als *Steuerauseinandersetzung* bezeichnet). Die Verkäuferin ist verpflichtet, innerhalb von 25 (fünfundzwanzig) Bankarbeitstagen nach Zugang der schriftlichen Mitteilung der Käuferin gemäß § 7.6.1 der Käuferin ihre Absicht mitzuteilen, eine Steuerauseinandersetzung durchzuführen. Die Käuferin ist verpflichtet, mit der Verkäuferin zusammenzuwirken und die X-Gesellschaften oder ihre Rechtsnachfolger zur Mitwirkung in allen Verfahrensstadien der Steuerauseinandersetzung und auf Kosten der Verkäuferin zu veranlassen. Wird von der Verkäuferin keine Steuerauseinandersetzung durchgeführt oder wird der Käuferin keine Mitteilung über diese Entscheidung gemacht, können die Käuferin, die X-AG oder die betreffende Tochtergesellschaft oder Mehrheitsgesellschaft die behaupteten Steuerverbindlichkeiten begleichen, hierüber einen Vergleich abschließen oder diese

tences 1 through 3, then the Seller shall not have any obligation to indemnify the Purchaser for any damages arising out of such asserted Tax liability.

7.6.2 The Seller may elect – on its own or through counsel of its choice and at its expense – to direct any audits, regulatory proceedings or judicial proceedings or enforce any refund claims, which proceedings and claims relate to any asserted Tax liabilities with respect to which indemnity may be sought under this clause 7 (any such audit, claim for refund or proceeding relating to an asserted Tax liability will hereinafter be referred to as a *Tax Dispute*). If the Seller elects to direct a Tax Dispute, then the Seller shall, within 25 (twenty-five) Business Days of receipt of the Purchaser's written notice pursuant to clause 7.6.1, notify the Purchaser of its intent to do so, and the Purchaser shall cooperate and cause the X-Companies or their legal successors to cooperate, at the Seller's expense, in each phase of such Tax Dispute. If the Seller does not elect to direct such Tax Dispute or fails to notify the Purchaser of its election as herein provided, then the Purchaser, X-AG or the respective Subsidiary or Majority Company may pay, settle or formally challenge the validity of such asserted Tax liability (whereby neither the Purchaser nor any of the X-Companies may settle or reach a settlement agreement with respect to any asserted Tax liability, if the Seller has raised objections against such settlement). In any event, the Seller may participate, at its own expense, in any Tax Dispute. If the Seller chooses

anfechten (wobei weder die Käuferin noch eine der X-Gesellschaften eine behauptete Steuerverbindlichkeit begleichen oder hierüber einen Vergleich schließen darf, wenn die Verkäuferin hiergegen Einwände erhoben hat). Ungeachtet dessen kann die Verkäuferin auf eigene Kosten an jeder Steuerauseinandersetzung teilnehmen. Entscheidet sich die Verkäuferin für die Durchführung einer Steuerauseinandersetzung, hat die Käuferin unverzüglich dem von der Verkäuferin bezeichneten Vertreter eine Vollmacht zu erteilen und von den betroffenen X-Gesellschaften wirksam erteilen zu lassen, mit der die Käuferin, die X-AG oder die entsprechende(n) Tochtergesellschaft(en) oder Mehrheitsgesellschaft(en) oder ihre Rechtsnachfolger bei der Steuerauseinandersetzung vertreten werden.

to commence a Tax Dispute, then the Purchaser shall without undue delay authorize, and shall cause the respective X-Companies to authorize (by power of attorney and such other documentation as may be necessary and appropriate), the designated representative of the Seller to represent the Purchaser, X-AG or the respective Subsidiaries or Majority Companies or their legal successors in the Tax Dispute.

7.7 Steuerrückerstattungen

Erhält die X-AG oder eine der Tochtergesellschaften oder Mehrheitsgesellschaften eine Steuerrückerstattung für den Zeitraum bis zum ......[51] (soweit nicht im Konsolidierten Jahresabschluss aktiviert)[52], hat die Käuferin den Betrag der Steuerrückerstattung an die Verkäuferin zu zahlen. Die Käuferin ist verpflichtet, der Verkäuferin unverzüglich Mitteilung über derartige Steuerrückerstattungen zu machen.

7.7 Tax Refunds

If X-AG or any Subsidiary or Majority Company receives a Tax refund relating to any period ending on or before ...... (to the extent the refund is not capitalized (*aktiviert*) in the Consolidated Financial Statements), the Purchaser shall pay the amount of the Tax refund to the Seller. The Purchaser shall without undue delay notify the Seller of any such Tax refund relating to any period ending on or before ....

7.8 Umfang der Verkäuferhaftung bei Mehrheitsgesellschaften

Soweit sich ein Anspruch der Käuferin nach § 7 auf eine Mehrheitsgesellschaft bezieht, haftet die Verkäuferin nur pro rata in Höhe ihrer Beteiligung an der betreffenden Mehrheitsgesellschaft.

7.8 Scope of Seller's Liability in Majority Companies

To the extent a claim of the Purchaser under this clause 7 refers to any of the Majority Companies, the Seller shall be liable to the Purchaser only for a damage *pro rated* to the Seller's equity interest in such Majority Company.

7.9	Verjährung	7.9	Time Limits
	Ansprüche der Käuferin nach § 7 verjähren 3 (drei) Monate nach endgültiger und bestandskräftiger Festsetzung der betreffenden Steuern, spätestens jedoch 5 (fünf) Jahre nach dem Vollzugstag.		All claims of the Purchaser under this clause 7 shall be time-barred (*verjährt*) three (3) months after the final and binding assessment of the relevant Taxes, at the latest, however, five (5) years after the Closing Date.

§ 8 Selbstständige Garantieversprechen der Käuferin

8. Purchaser's Guarantees

8.1	Garantieversprechen	8.1	Guarantees
	Die Käuferin garantiert hiermit im Wege eines selbstständigen Garantieversprechens gemäß § 311 Abs. 1 BGB Folgendes:		The Purchaser hereby guarantees, by way of an independent promise of guarantee (*selbständiges Garantieversprechen*) pursuant to sec. 311 para. 1 of the BGB, as follows:
8.1.1	Die Käuferin ist nach dem Recht von ...... ordnungsgemäß errichtet, besteht wirksam und verfügt über die notwendige gesellschaftsrechtliche Verfügungsmacht, um ihre Vermögensgegenstände zu besitzen und ihren Geschäftsbetrieb zu führen.	8.1.1	The Purchaser is duly incorporated and validly existing under the laws of ...... and has all requisite corporate power and authority to own its assets and to carry out its business.
8.1.2	Die Käuferin verfügt über die erforderliche gesellschaftsrechtliche Verfügungsmacht und ist durch alle notwendigen gesellschaftsrechtlichen Handlungen ordnungsgemäß ermächtigt, diesen Vertrag und die hiernach vorgesehenen Rechtsgeschäfte abzuschließen und durchzuführen.	8.1.2	The Purchaser has all requisite corporate power and authority and has been duly authorized by all necessary corporate actions to enter into and perform this Agreement and the legal transactions (*Rechtsgschäfte*) contemplated herein.
8.1.3	Die Durchführung und Erfüllung dieses Vertrages und der hiernach vorgesehenen Rechtsgeschäfte durch die Käuferin stellen keinen Verstoß gegen die Satzung oder Geschäftsordnungen der Käuferin und keinen Verstoß gegen gesetzliche Vorschriften, Urteile, einstweilige Verfügungen oder sonstige bindende Regelungen dar. Es bestehen keine anhängigen Gerichtsverfahren, Ermittlungs- oder sonstige Verfahren gegen die Käuferin vor einem Gericht, Schiedsgericht oder einer Verwaltungsbehörde, die in ir-	8.1.3	The execution and performance by the Purchaser of this Agreement and the consummation of the legal transactions contemplated herein do not violate the Purchaser's articles of association, by-laws or internal rules of management and do not violate any applicable statutory provision, judgment, injunction or other order binding upon the Purchaser, and there are no legal, investigation or other proceeding pending against, or to the Purchaser's knowledge threatened against, the Purchaser before any

	gendeiner Weise die Durchführung der nach diesem Vertrag vorgesehenen Rechtsgeschäfte verhindern, modifizieren oder verzögern könnten. Nach Kenntnis der Käuferin drohen auch keine solchen Verfahren.		court, arbitration tribunal or governmental authority which in any manner challenge, or seek to prevent, alter or delay, the legal transactions contemplated herein.
8.1.4	Auf Grundlage der durchgeführten Due Diligence ist sich die Käuferin keiner Tatsachen oder Umstände bewusst, die Anlass für die Entstehung von Ansprüchen gegen die Verkäuferin nach Maßgabe der § 5 bis § 7 geben könnten.	8.1.4	Based on its due diligence exercise, the Purchaser is not aware of any facts or circumstances that could give rise to claims against the Seller pursuant to clauses 5 through 7.
8.1.5	Die Käuferin verfügt über ausreichende, sofort verfügbare Finanzmittel oder verbindliche finanzielle Zusagen, um den Kaufpreis zu zahlen und alle anderen erforderlichen Zahlungen nach oder im Zusammenhang mit diesem Vertrag zu leisten.	8.1.5	The Purchaser has sufficient, immediately available funds or binding financing commitments in order to pay the Purchase Price and to make all other payments required to be made under or in connection with this Agreement.
8.2	Freistellung	8.2	Indemnification
	Verletzt die Käuferin ein Garantieversprechen nach § 8.1, ist sie verpflichtet, die Verkäuferin von allen daraus entstehenden Schäden freizustellen. Alle Ansprüche der Verkäuferin nach diesem § 8 verjähren fünf (5) Jahre nach dem Vollzugstag.		If the Purchaser breaches any guarantee pursuant to clause 8.1, then the Purchaser shall indemnify and hold harmless the Seller from any damages incurred by the Seller. All claims of the Seller arising under this clause 8 shall become time-barred [five (5)] years after the Closing Date.

§ 9 Weitere Verpflichtungen der Parteien

9. Additional Obligations of the Parties

9.1	Kartellrechtliche Verfahren; sonstige regulatorische Bestimmungen	9.1	Merger Control Procedure; Other Regulatory Requirements
9.1.1	Die Käuferin ist verpflichtet, alle notwendigen Anmeldungen bei den zuständigen Kartell- oder anderen Verwaltungsbehörden – soweit nicht schon vor Abschluss dieses Vertrages vorgenommen – innerhalb von fünf (5) Bankarbeitstagen nach Abschluss dieses Vertrages vorzunehmen, soweit nicht eine frühere Anmeldung rechtlich geboten ist. Die Anmeldungen sind von der Käuferin im Namen aller Parteien vorzunehmen, falls die Verkäuferin hierzu	9.1.1	The Purchaser shall ensure that any filings to be made with the competent antitrust authorities or other governmental authorities, to the extent they have not already been made prior to the conclusion of this Agreement, made within five (5) Business Days after the Signing Date, unless the applicable laws and regulations require an earlier filing. Such filings shall be made by the Purchaser on behalf of all Parties, provided, however, that

	ihre vorherige schriftliche Zustimmung erteilt, die indes nicht ohne Grund verweigert werden soll.		the Seller has previously granted its approval hereto in writing, which should not be withheld without grounds.
9.1.2	Die Verkäuferin und die Käuferin sind verpflichtet, bei der Vorbereitung der Anmeldungen sowie bei allen Verhandlungen mit den Kartell- und anderen Verwaltungsbehörden zusammenzuwirken, um die Freigabe der nach diesem Vertrag vorgesehenen Rechtsgeschäfte in kürzestmöglicher Zeit zu erreichen. Die Parteien sind verpflichtet, unverzüglich der jeweils anderen Partei Abschriften des Schriftverkehrs mit den Kartell- oder anderen Verwaltungsbehörden und Abschriften etwaiger schriftlicher Stellungnahmen, Anordnungen oder Entscheidungen dieser Behörden zukommen zu lassen. Die Käuferin ist nur berechtigt, Anmeldungen zurückzunehmen oder sich mit den zuständigen Kartell- oder anderen Verwaltungsbehörden auf eine Verlängerung der Prüfungsdauer zu einigen, wenn die Verkäuferin ausdrücklich ihre vorherige schriftliche Zustimmung hierzu erteilt.	9.1.2	The Seller and the Purchaser shall cooperate closely in the preparation of such filings as well as in any discussions and negotiations with the competent antitrust or other governmental authorities in order to obtain clearance of the Transaction in the shortest time period possible. Each Party shall without undue delay to provide to the other Party with copies of the correspondence with the antitrust or other governmental authorities and with copies of any written statement, order or decision of such authorities. The Purchaser may withdraw (*zurücknehmen*) filings made with the competent antitrust or other governmental authorities or agree with such authorities on the extension of any examination period only with the express prior written consent of the Seller.
9.1.3	Wird die Erteilung der Freigabe durch die zuständigen Kartellbehörden vom Eintritt oder der Erfüllung von Bedingungen oder Auflagen seitens der Käuferin abhängig gemacht, ist letztere verpflichtet, diese Bedingungen oder Auflagen zu befolgen, es sei denn, dies ist für sie wirtschaftlich unzumutbar.	9.1.3	If the competent antitrust authorities are prepared to grant clearance subject only to the satisfaction of conditions or requirements (*Bedingungen oder Auflagen*) by the Purchaser, then the Purchaser shall satisfy such conditions or requirements, unless this is commercially unreasonable (*wirtschaftlich unzumutbar*) for the Purchaser.
9.1.4	Soweit die zuständigen Kartellbehörden den in diesem Vertrag vereinbarten Zusammenschluss untersagen, ist die Käuferin auf Verlangen der Verkäuferin verpflichtet, Rechtsmittel gegen die Untersagung einzulegen. Die Verkäuferin ist berechtigt, aber nicht verpflichtet, selbst Rechts-	9.1.4	If and to the extent the competent antitrust authorities prohibit the combination provided for in this Agreement, then the Purchaser shall, if requested by the Seller, invoke appropriate legal remedies in order to lift the prohibition. The Seller shall be entitled, but not required, to seek its own legal

mittel einzulegen oder sich an dem von der Käuferin eingeleiteten Rechtsmittelverfahren zu beteiligen.

9.2 [Außenwirtschaftsrechliche Prüfung; Antrag auf Erteilung einer Unbedenklichkeitsbescheinigung]

9.2.1 Die Käuferin ist verpflichtet – soweit nicht schon vor Abschluss dieses Vertrages vorgenommen –, innerhalb von fünf (5) Bankarbeitstagen nach Abschluss dieses Vertrages einen schriftlichen Antrag auf Erteilung einer Unbedenklichkeitsbescheinigung gemäß § 53 Abs. 3 S. 1 AWV zu stellen. Sie wird der Verkäuferin eine vollständige Kopie der Antragsunterlagen übermitteln. Die Parteien sind verpflichtet, bei etwaigen Rückfragen des Bundesministeriums für Wirtschaft und Technologie zusammenzuwirken, um die Erteilung der Unbedenklichkeitsbescheinigung in kürzestmöglicher Zeit zu erwirken.

9.2.2 Sofern das Bundesministerium für Wirtschaft und Technologie die Käuferin über seine Entscheidung unterrichtet, eine Prüfung nach § 53 Abs. 1 S. 1 AWV durchzuführen, wird die Käuferin dem Bundesministerium die vollständigen Unterlagen über den Erwerb gemäß § 53 Abs. 2 S. 1 und 2 AWV unverzüglich übermitteln.

9.2.3 Die Parteien werden bei allen etwaigen Verhandlungen mit dem Bundesministerium für Wirtschaft und Technologie eng zusammenwirken, um eine Untersagung oder Beschränkung des Erwerbs der X-Geschäftsanteile i. S. v. § 7 Abs. 2 Nr. 6 AWG i. V. m. § 53 AWV zu verhindern. Die Parteien sind verpflichtet, der jeweils anderen Partei unverzüglich Abschriften des Schriftverkehrs mit dem Bundesministerium für Wirtschaft und

remedies against such prohibition or to participate in any proceedings initiated by the Purchaser.

9.2 [German Foreign Trade Law Review; Application for a Certificate of Compliance

9.2.1 Unless already filed prior to concluding this Agreement, the Purchaser shall file a written application for a certificate of compliance (*Unbedenklichkeitsbescheinigung*) pursuant to sec. 53 para. 3 sentence 1 of the AWV within five (5) Business Days after the Signing Date. The Purchaser shall submit to the Seller complete copies of the application materials. The Parties shall cooperate [in the preparation of the application and] in case of queries of the German Federal Ministry of Economics and Technology in an effort to have the certificate of compliance issued as soon as possible.

9.2.2 If the German Federal Ministry of Economics and Technology notifies the Purchaser that it has decided to commence a formal investigation pursuant to sec. 53 para. 1 sentence 1 of the AWV, then the Purchaser shall deliver the complete documentation within the meaning of sec. 53 para. 2 sentence 1 and 2 of the AWV to the Federal Ministry without undue delay.

9.2.3 To avoid the prohibition or restriction of the acquisition of the Sold Shares pursuant to sec. 7 para. 2 no. 6 of the AWG in connection with sec. 53 of the AWV, the Parties shall closely cooperate with one another in any negotiations with the German Federal Ministry of Economics and Technology. Without undue delay, the Parties shall provide each other with copies of any correspondence with the German Federal Ministry of Economics and Technology as

	Technologie und etwaiger schriftlicher Stellungnahmen, Anordnungen oder Entscheidungen desselben zukommen zu lassen.		well as with copies of any possible written statement, order or decision issued by the Federal Ministry.
9.2.4	Wird die Erteilung einer Unbedenklichkeitsbescheinigung gemäß § 53 Abs. 3 S. 1 AWV oder das Absehen von einer Untersagung des Erwerbs oder dem Erlass diesbezüglicher Anordnungen vom Eintritt oder der Erfüllung von Bedingungen oder Auflagen seitens der Käuferin abhängig gemacht, ist letztere auf schriftliches Verlangen der Verkäuferin verpflichtet, diese Bedingungen oder Auflagen unverzüglich auf eigene Kosten und auf eigenes Risiko zu erfüllen, es sei denn, dies ist ihr wirtschaftlich unzumutbar.	9.2.4	If the German Federal Ministry of Economics and Technology conditions the issuance of a certificate of compliance or an exemption from blocking the acquisition or from issuing binding orders (*Anordnungen*) in relation thereto upon the satisfaction of or compliance with certain conditions or requirements (*Bedingungen oder Auflagen*) by the Purchaser, then the Purchaser shall be obliged to satisfy and comply with such conditions or requirements without delay and at its own costs and risk, or, as the case may be, to make sure that such conditions or requirements are satisfied and complied with, unless such compliance or satisfaction is commercially unreasonable (*wirtschaftlich unzumutbar*) for the Purchaser.
9.2.5	Soweit das Bundesministerium für Wirtschaft und Technologie den Erwerb der Verkäufer-Aktien durch die Käuferin untersagt oder diesbezügliche Anordnungen erlässt, ist die Käuferin auf schriftliches Verlangen der Verkäuferin verpflichtet, unverzüglich geeignete Rechtsmittel einzulegen und des weiteren alles Erforderliche [und wirtschaftlich Zumutbare] zu unternehmen, um eine Freigabe des Erwerbs durch das Bundesministerium für Wirtschaft und Technologie zu der Käuferin wirtschaftlich zumutbaren Bedingungen zu erreichen. Die Verkäuferin ist berechtigt, aber nicht verpflichtet, selbst Rechtsmittel einzulegen oder sich an dem von der Käuferin eingeleiteten Rechtsmittelverfahren zu beteiligen.	9.2.5	If and to the extent the German Federal Ministry of Economics and Technology prohibits the acquisition of the Sold Shares by the Purchaser or issues binding orders in relation to such acquisition, the Purchaser shall, without undue delay upon request of the Seller, invoke appropriate legal remedies and make all efforts necessary [and commercially reasonable] in order to obtain clearance of the acquisition by the German Federal Ministry of Economics and Technology on terms and conditions commercially reasonable for the Purchaser. The Seller shall be entitled, but not required, to seek its own legal remedies against such prohibition or orders or to participate in any proceedings initiated by the Purchaser.
9.2.6	Das Rücktrittsrecht nach § 4.2.6 und die Verpflichtungen der Par-	9.2.6	The right of withdrawal (*Rücktrittsrecht*) pursuant to clause

teien nach § 10 (Vertraulichkeit und Pressemitteilungen), § 13 (Verkehrsteuern und Kosten), § 14 (Mitteilungen) und § 15 (Verschiedenes; Schlussbestimmungen) [ggf. weitere Vertragsbestimmungen einfügen] bleiben auch dann bestehen, wenn die Rechtswirkungen des Rechtsgeschäfts über den schuldrechtlichen Erwerb der Verkäufer-Aktien nach diesem Vertrag gemäß § 31 AWG aufgrund des Eintritts der auflösenden Bedingung der Untersagung des Erwerbs durch das Bundesministerium für Wirtschaft und Technologie entfallen.[53]

4.2.6 and the Parties' obligations pursuant to clause 10 (Confidentiality and Press Releases), clause 13 (Transfer Taxes and Costs), clause 14 (Notices) and clause 15 (Miscellaneous) [if need be, add further clauses] shall survive even if the German Federal Ministry of Economics and Technology prohibits the acquisition of the Sold Shares and, thus, the validity of the legal transaction involving the contractual purchase of the Sold Shares under this Agreement lapses because the condition subsequent pursuant to sec. 31 of the AWG has been triggered.

9.3 Zugang zu Finanzformationen

Die Käuferin steht dafür ein, dass der Verkäuferin und ihren Vertretern nach dem Vollzugstag Zugang gewährt wird zu, und das Recht gewährt wird, Kopien anzufertigen von

(a) den Geschäftsbüchern der X-Gesellschaften für das Geschäftsjahr ......[54],

(b) den Geschäftsbüchern der X-Gesellschaften für das erste und zweite Quartal des Geschäftsjahres ......[55] sowie zu allen anderen Finanzinformationen, die erforderlich sind, um eine Aufhebung der Konsolidierung zum Vollzugstag oder, sofern der Vollzug nicht am ersten Tag eines Monats stattfindet, zum Ende des auf den Vollzugstag folgenden Monats zu erreichen, sowie

(c) allen für die Vorbereitung von Steuererklärungen i.S.d. § 7.4 erforderlichen Informationen.

9.3 Access to Financial Information

The Purchaser shall ensure that after the Closing Date, the Seller and its representatives are given access to, and are guaranteed the right to make Copies of

(a) the books and accounts of the X-Companies for fiscal year ......,

(b) the books and accounts of the X-Companies for the first and second quarter of fiscal year ...... as well as any other financial information required to achieve the deconsolidation on the Closing Date or, if the Closing does not occur on the first day of a month, as of the end of month following the Closing Date, and

(c) any and all information the Seller requires to prepare the Tax returns according to clause 7.4.

9.4 Keine Abweichung vom gewöhnlichen Geschäftsbetrieb; kein Wertabfluss

9.4 No Deviation from Ordinary Course of Business; No Leakage

9.4.1 Die Verkäuferin ist verpflichtet, zwischen Abschluss dieses Vertrages und dem Vollzugstag so-

9.4.1 Between the Signing Date and the Closing Date and to the extent permissible under applicable

	weit zulässig dafür zu sorgen, dass die X-Gesellschaften ihren jeweiligen Geschäftsbetrieb im gewöhnlichen Geschäftsgang und im Wesentlichen in der gleichen Art und Weise wie zuvor fortführen. § 5.2.12 findet entsprechende Anwendung.[56]		law, the Seller shall ensure that the X-Companies will conduct their respective business operations in the ordinary course of business and substantially in the same manner as before. Clause 5.2.12 shall apply *mutatis mutandis*.
9.4.2	Die Verkäuferin verpflichtet sich weiterhin, für den Zeitraum vom Tag des Abschlusses dieses Vertrages an bis einschließlich zum Vollzugstag – mit Ausnahme des Zulässigen Wertabflusses – keine Wertabflüsse gemäß § 5.2.13 zuzulassen.[57]	9.4.2	From Signing Date until (and including) the Closing Date, the Seller shall continue to ensure that no Leakage – other than Permitted Leakage – in each case as defined in clause 5.2.13 will occur.
9.5	Versicherungsschutz	9.5	Insurance Coverage
	Die Verkäuferin hat dafür Sorge zu tragen, dass die X-Gesellschaften und ihr Geschäftsbetrieb bis zum Vollzugstag im Wesentlichen in gleicher Art und Weise wie bei Abschluss dieses Vertrages Versicherungsschutz haben und alle fälligen Versicherungsprämien rechtzeitig bezahlt werden.		The Seller shall ensure that the X-Companies and their business operations remain insured until the Closing Date in substantially the same manner as they are insured on the Signing Date and that all premiums due under such insurance policies are duly and timely paid.
9.6	Nutzung von Namen, Marken und geschäftlichen Bezeichnungen	9.6	Use of Names, Trademarks and Business Designations
9.6.1	Die Käuferin hat sicherzustellen, dass ohne unangemessene Verzögerung, spätestens jedoch nach Ablauf von sechs (6) Monaten nach dem Vollzugstag, alle X-Gesellschaften und (sofern einschlägig) alle Minderheitsgesellschaften[58] den Gebrauch der Firma „......." und aller diesbezüglichen Logos, Marken, Handelsnamen oder Ableitungen hiervon unterlassen. Die Käuferin hat spätestens bis zum Ablauf dieser Sechs-Monats-Frist die X-Gesellschaften und (sofern einschlägig) die Minderheitsgesellschaften zu veranlassen, die Firma „......." von allen Gebäuden, Fahrzeugen, Schildern, Rechnungen, Kennzeichen, Briefköpfen, Lieferpapieren, Webseiten und anderen Ma-	9.6.1	The Purchaser shall ensure that without unreasonable delay after the Closing Date, but at the latest six (6) months thereafter, all X-Companies as well as (if applicable) all Minority Companies will cease to use the „......." name or any logos, trademarks, trade names or other derivations therefrom. The Purchaser shall, until six (6) months after the Closing Date at the latest, cause the X-Companies and, if applicable, the Minority Companies, to remove or otherwise render unidentifiable the „......." name from all their buildings, vehicles, signs, invoices, labels, letterheads, shipping documents, websites and other items and materials of the business, and shall also ensure

	terialien des Geschäftsbetriebs zu streichen oder auf andere Weise unkenntlich zu machen. Die Käuferin ist des Weiteren verpflichtet, dafür Sorge zu tragen, dass keine der vorgenannten Materialien verwendet in Verkehr gebracht werden, die Ähnlichkeiten zu der Firma „......" oder den diesbezüglichen Logos, Marken oder Handelsnamen aufweisen.		that no such items and materials are used or put into the stream of commerce which bear similarity to the „......" name or the related logos, trademarks, trade names or derivations thereof.
9.6.2	Die Käuferin erkennt an, dass die Verkäuferin gegenüber Dritten nach dem Vollzugstag keine Haftung für die Nutzung der Firma „......" oder diesbezüglichen Logos, Marken oder Handelsnamen durch die Käuferin, die X-Gesellschaften oder ein mit ihnen verbundenes Unternehmen i. S. d. § 15 AktG trifft. Die Käuferin ist verpflichtet, die Verkäuferin von entsprechenden Ansprüchen Dritter freizustellen.	9.6.2	The Purchaser acknowledges that the Seller shall bear no liability for claims by a third party arising out of, or relating to, the use of the „......" name by the Purchaser, the X-Companies or any of their Affiliated Companies after the Closing Date, and the Purchaser undertakes to indemnify and hold harmless the Seller from and against any such third party claims.
9.7	Freistellung von Ansprüchen Dritter[59]	9.7	Indemnification for Third Party Claims
	Soweit nach dem Vollzugstag ein Dritter wegen eines Rechtsverhältnisses zur X-AG, einer Tochter- oder Mehrheitsgesellschaft oder einer Minderheitsbeteiligung neben oder anstelle einer der genannten Gesellschaften die Verkäuferin in Anspruch nimmt, hat die Käuferin die Verkäuferin von derartigen Ansprüchen freizuhalten und von damit zusammenhängenden Kosten, Aufwendungen und Schäden freizustellen. Die Parteien vereinbaren im Wege eines echten Vertrages zu Gunsten Dritter i. S. d. § 328 BGB, dass Satz 1 entsprechend im Falle der Inanspruchnahme eines mit der Verkäuferin verbundenen Unternehmens zugunsten dieses Unternehmens gilt.		If, after the Closing Date, a third party raises against the Seller a claim which is based on a legal relationship between such third party and X-AG, a Subsidiary, a Majority Company or a Minority Company, then the Purchaser shall indemnify and hold harmless the Seller from and against any such claim as well as any costs and expenses incurred in connection therewith. The Parties agree by way of a true third party beneficiary contract within the meaning of sec. 328 of the BGB that sentence 1 shall apply *mutatis mutandis* in the event that a claim is raised against a Seller's Affiliated Company.
9.8	Wettbewerbsverbot[60]	9.8	Covenant Not to Compete
9.8.1	Die Verkäuferin verpflichtet sich, für die Dauer von zwei (2) Jahren ab dem Vollzugstag	9.8.1	The Seller agrees that for a period of two (2) years after the Closing Date, it shall not

(a) keine Gesellschaft zu gründen, die mit der gegenwärtigen Geschäftstätigkeit der X-Gesellschaften in Wettbewerb steht, und	(a) form a company that competes with the X-Business Operations as currently conducted; or
(b) keine Beteiligung in Höhe von mehr als fünfzig (50) Prozent der Anteile oder Stimmrechte an einer Gesellschaft zu erwerben, die mit der gegenwärtigen Geschäftstätigkeit der X-Gesellschaften in Wettbewerb steht.	(b) acquire shares or interests of more than fifty (50) percent (equity or votes) in a company or partnership which competes with the X-Business Operations as presently conducted.
9.8.2 Der Erwerb (einschließlich im Wege des Zusammenschlusses) von	9.8.2 The acquisition (including by way of a merger) of
(a) Beteiligungen ohne Kontrollerlangung an Gesellschaften oder anderen Unternehmen, die sich in den gleichen Geschäftsfeldern wie gegenwärtig die X-Gesellschaften betätigen, oder	(a) non-controlling interests in companies, partnerships or other enterprises engaged in the same business sectors as those in which the X-Business Operations are presently conducted; or
(b) Beteiligungen mit Kontrollerlangung an Gesellschaften oder Unternehmensgruppen, sofern entweder die jährlichen Umsätze der konkurrierenden Geschäftssparte [dreiunddreißig (33)] Prozent des Gesamtumsatzes in dieser Gesellschaft oder Unternehmensgruppe nicht überschreiten oder die konkurrierende Geschäftssparte innerhalb von [achtzehn (18)] Monaten nach Erwerb der Kontrollmehrheit wieder veräußert wird,	(b) controlling interests in companies, partnerships or groups of companies or other enterprises, if either the annual revenues in the competing business segment do not exceed [thirty-three (33)] percent of the aggregate revenues of such company, partnership or group of companies or other enterprises, of if the competing business segment is sold again within [eighteen (18)] months after the acquisition of the controlling interest,
ist vom Wettbewerbsverbot ausgenommen.	shall be exempted from the covenant not to compete.

§ 10 Vertraulichkeit und Pressemitteilungen

10. Confidentiality and Press Releases

10.1 Vertraulichkeit; Pressemitteilungen; Öffentliche Bekanntmachungen

10.1 Confidentiality; Press Releases; Public Disclosure

Die Parteien und die Garantiegeberin verpflichten sich, den Inhalt dieses Vertrages geheim und vertraulich gegenüber Dritten zu behandeln, es sei denn, die betreffenden Tatsachen sind öffent-

The Parties and the Purchaser's Guarantor mutually undertake to keep the contents of this Agreement secret and confidential vis-à-vis any third party except to the extent that the relevant facts are in

lich bekannt oder ihre öffentliche Bekanntmachung ist gesetzlich vorgeschrieben. Im letztgenannten Fall sind die Parteien verpflichtet, sich gegenseitig im Voraus zu unterrichten und die öffentlichen Bekanntmachungen auf den gesetzlich oder behördlicherseits vorgeschriebenen Inhalt zu beschränken. Pressemitteilungen oder andere öffentliche Bekanntmachungen über die nach diesem Vertrag vorgesehenen Rechtsgeschäfte können von den Parteien vorgenommen werden, sofern Form und Wortlaut solcher Mitteilungen vorher von der jeweils anderen Partei gebilligt worden sind. Ist eine Mitteilung nach Gesetz oder nach einer anwendbaren Börsenordnung vorgeschrieben, ist diese nach vorheriger Beratung mit der jeweils anderen Partei vorzunehmen.

the public domain or the disclosure of which is required by law. In the latter case, the Parties shall, however, inform each other prior to such disclosure and shall limit any disclosure to the minimum required by statute or the authorities. No press release or other public announcement concerning the Transaction shall be made by either Party unless the form and text of such announcement has first been approved by the other Parties, except that – if the other Party is required by law or by applicable stock exchange regulations to make an announcement – it may do so after first consulting with the other Party.

10.2 Vertraulichkeit auf Seiten der Verkäuferin

Die Verkäuferin ist verpflichtet, alle Geschäftsgeheimnisse der X-Gesellschaften und ihrer Geschäftstätigkeit für einen Zeitraum von zwei (2) Jahren ab dem Vollzugstag vertraulich zu behandeln, nicht an Dritte weiterzugeben und nicht für eigene Zwecke nutzen, es sei denn, diese Geschäftsgeheimnisse sind ohne Verletzung dieser Verpflichtung öffentlich bekannt geworden, die Verkäuferin ist gesetzlich oder nach einer anwendbaren Börsenordnung zur Offenlegung verpflichtet oder die Käuferin oder eine der X-Gesellschaften hat der Offenlegung vorher zugestimmt.

10.2 Seller's Confidentiality

The Seller shall, for a period of two (2) years after the Closing Date, treat as confidential and not disclose to any third party and not use for its own purposes, any business or trade secrets of the X-Companies and their business operations, unless such secrets have entered the public domain without a violation of this covenant, or the Seller is required by law or by the applicable stock exchange regulations to make such disclosure, or the Purchaser or one of the X-Companies has previously agreed to such disclosure.

10.3 Vertraulichkeit auf Seiten der Käuferin; Rückgabe von Unterlagen

Für den Fall, dass es infolge eines Rücktritts gemäß § 4.4 endgültig nicht zum Vollzug kommt, verpflichten die Käuferin und die

10.3 Purchaser's Confidentiality; Return of Documents

In the event that this Agreement is terminated pursuant to clause 4.4, the Purchaser and the Purchaser's Guarantor undertake[s]

Garantiegeberin sich, alle im Zusammenhang mit dieser Transaktion von der Verkäuferin erlangten Informationen vertraulich zu behandeln. Ferner sind sie verpflichtet, sämtliche von der Verkäuferin erhaltenen Unterlagen und in anderer Form verkörperten Informationen, einschließlich aller Kopien, an die Verkäuferin zurückzugeben, sowie alle Unterlagen und in anderer Form verkörperten Informationen zu vernichten, die auf Grundlage von Informationen der Verkäuferin erstellt wurden, es sei denn, diese Informationen sind – ohne Verletzung der Vertraulichkeit gegenüber der Verkäuferin – öffentlich bekannt. Die Käuferin und die Garantiegeberin haben kein Zurückbehaltungsrecht an den genannten Unterlagen und sonstigen Informationen.	to treat as strictly confidential any and all information received from the Seller in connection with the Transaction and to return all documents and information otherwise memorialized which it [they] received from the Seller, together with any copies thereof and to return all documents and information otherwise memorialized which it produced on the basis of information received from the Seller, unless such information has entered the public domain without a breach of the confidentiality covenant owed to the Seller. The Purchaser and the Purchaser's Guarantor shall not be entitled to withhold such documents or information based on any right of retention (*Zurückbehaltungsrecht*).

§ 11 Abtretung bzw. Übernahme von Rechten und Pflichten

Rechte und Pflichten aus diesem Vertrag können ohne vorherige schriftliche Zustimmung der jeweils anderen Partei weder ganz noch teilweise an einen Dritten abgetreten oder von einem Dritten übernommen werden.[61]

11. Assignment of Rights and Transfer of Obligations

No rights and obligations under this Agreement may be assigned or transferred to third parties, either in whole or in part, without the prior written consent of the other Party hereto.

§ 12 Garantiegeberin der Käuferin und Freistellung[62]

12.1 Garantieversprechen

Die Garantiegeberin garantiert hiermit im Wege eines selbstständigen Garantieversprechens i. S. d. § 311 Abs. 1 BGB die Erfüllung sämtlicher Zahlungsverpflichtungen der Käuferin aus diesem Vertrag, insbesondere die Zahlung des Kaufpreises am Vollzugstag nebst eventueller diesbezüglicher Zinsen.

12. Purchaser's Guarantor and Indemnification

12.1 Guarantee

The Purchaser's Guarantor hereby guarantees, by way of an independent promise of guarantee (*selbständiges Garantieversprechen*) pursuant to sec. 311 para. 1 of the BGB, to duly perform the Purchaser's payment obligations under this Agreement, including, but not limited to, payment of the Purchase Price on the Closing Date, and, if applicable, any interest accrued in this respect.

12.2 Freistellung

Die Garantiegeberin hat die Verkäuferin auf erstes Anfordern von allen von der Käuferin gegen die Verkäuferin geltend gemachten Ansprüchen freizustellen, soweit diese die Haftungsbeschränkung der Verkäuferin gemäß § 5 bis § 7 dieses Vertrages übersteigen.

§ 13 Verkehrsteuern und Kosten

13.1 Verkehrsteuern und Kosten[63]

Alle Verkehrsteuern, einschließlich der Grunderwerbsteuer, die Kosten der notariellen Beurkundung dieses Vertrags und alle anderen Gebühren und Abgaben, die aufgrund des Abschlusses oder Durchführung dieses Vertrags anfallen, trägt die Käuferin. Dies gilt auch für alle Gebühren und sonstigen Kosten im Zusammenhang mit kartellrechtlichen Verfahren und der Befolgung anderer regulatorischer Bestimmungen.

13.2 Beraterkosten

Im Übrigen trägt jede Partei ihre eigenen Kosten und Auslagen, einschließlich der Honorare, Kosten und Auslagen ihrer Berater.

§ 14 Mitteilungen

14.1 Form der Mitteilungen

Alle rechtsgeschäftlichen Erklärungen und anderen Mitteilungen (nachfolgend zusammenfassend als *Mitteilungen* bezeichnet) im Zusammenhang mit diesem Vertrag bedürfen der Schriftform, soweit nicht notarielle Beurkundung oder eine andere Form durch zwingendes Recht vorgeschrieben ist. Der Schriftform genügt eine Übermittlung per Telefax (nicht aber eine sonstige telekommunikative Übermittlung) oder ein Briefwechsel.

12.2 Indemnification

The Purchaser's Guarantor shall, upon first demand, indemnify the Seller against, and hold it harmless from, any claims brought by the Purchaser against the Seller, to the extent such claims exceed the Seller's limitations on liability as set forth in clauses 5 through 7.

13. Transfer Taxes and Costs

13.1 Transfer Taxes and Costs

All transaction taxes (*Verkehrsteuern*), including real estate transfer taxes (*Grunderwerbsteuer*), the costs for formally notarizing this Agreement and all other fees and charges resulting from the conclusion or performance of this Agreement shall be borne by the Purchaser. The Purchaser shall also be responsible for all fees and other costs related to merger control proceedings and compliance with other regulatory rules.

13.2 Costs of Advisors

Otherwise, each Party shall bear its own costs and expenses in connection with the preparation, conclusion and performance of this Agreement, including any professional fees, charges and expenses of its advisors.

14. Notices

14.1 Form of Notices

All legally binding statements and other notices in connection with this Agreement (collectively the *Notices*) shall be made in writing unless a formal notarization (*Beurkundung*) or another specific form is required by law. The written form requirement will be satisfied through transmission by facsimile (but not through any other form of telecommunication transmission) and an exchange of letters. An electronic transmission (such as

	Die elektronische Form (z. B. E-Mail) ersetzt die Schriftform nicht.[64]		by e-mail) shall not satisfy the requirement that Notices be made in writing.
14.2	Mitteilungen an die Verkäuferin	14.2	Notices to the Seller
	Alle Mitteilungen an die Verkäuferin im Zusammenhang mit diesem Vertrag sind zu richten an:		Any Notices to be delivered to the Seller hereunder shall be addressed as follows:
	......		......
	sowie nachrichtlich an ihre Berater:		with a copy to its advisor for information purposes:
	......		......
14.3	Mitteilungen an die Käuferin	14.3	Notices to the Purchaser
	Alle Mitteilungen an die Käuferin im Zusammenhang mit diesem Vertrag sind zu richten an:		Any Notices to be delivered to the Purchaser hereunder shall be addressed as follows:
	......		......
	sowie nachrichtlich an ihre Berater:		with a copy to its advisor for information purposes:
	......		......
14.4	Mitteilungen an die Garantiegeberin	14.4	Notices to the Purchaser's Guarantor
	Alle Mitteilungen an die Garantiegeberin im Zusammenhang mit diesem Vertrag sind zu richten an:		Any Notices to be delivered to the Purchaser's Guarantor hereunder shall be addressed as follows:
	......		......
14.5	Adressänderungen	14.5	Change of Address
	Die Parteien und die Garantiegeberin haben Änderungen ihrer in §§ 14.2 bis 14.4 genannten Anschriften der jeweils anderen Partei und unverzüglich schriftlich mitzuteilen. Bis zu dieser Mitteilung gilt die bisherige Anschrift als wirksam.		The Parties and the Purchaser's Guarantor shall without undue delay give written Notice to the other Party and the Purchaser's Guarantor of any changes in their addresses set forth in clauses 14.2 through 14.4 above. In the absence of such communication, the address stated above shall remain in place.
14.6	Mitteilungen an Berater	14.6	Notices to Advisors
14.6.1	Der Empfang von Mitteilungen oder deren Kopien im Zusammenhang mit diesem Vertrag durch die Berater der Parteien begründet oder ersetzt nicht den Zugang der Mitteilungen an die Parteien selbst.	14.6.1	The receipt of Notices or any copies thereof in connection with this Agreement by the Parties' advisors shall not constitute the receipt, or serve as a substitute for the receipt of, such Notice by the Parties themselves.
14.6.2	Für den Zugang einer Mitteilung bei einer Partei ist es unerheblich, ob die Mitteilung dem Berater dieser Partei oder dem beurkun-	14.6.2	Whether or not the advisor to a Party or the acting notary received the Notice for its/his/her information is irrelevant for pur-

denden Notar nachrichtlich zugegangen ist; dies gilt unabhängig davon, ob dieser Vertrag im Einzelfall eine nachrichtliche Mitteilung an den jeweiligen Berater oder beurkundenden Notar vorsieht.

poses of determining the receipt of the Notice by that Party, even if this Agreement specifically provides that Notice should be given to the respective advisor or acting notary for information purposes.

§ 15 Schlussbestimmungen

15.1 Anwendbares Recht

Dieser Vertrag unterliegt deutschem Recht. Das Wiener UN-Übereinkommen über Verträge über den internationalen Warenkauf (CISG) findet keine Anwendung.

15.2 Gerichtsstand[65]

Für alle Rechtsstreitigkeiten zwischen den Parteien einschließlich der Garantiegeberin aus oder im Zusammenhang mit diesem Vertrag ist ausschließlicher Gerichtsstand ......

[Alternative:

15.2 *Schiedsklausel*

15.2.1 Alle Streitigkeiten, die sich im Zusammenhang mit diesem Vertrag oder über seine Gültigkeit ergeben, werden nach der Schiedsgerichtsordnung der Deutschen Institution für Schiedsgerichtsbarkeit e. V. (DIS) unter Ausschluss des ordentlichen Rechtsweges endgültig entschieden. Das Schiedsgericht entscheidet mit drei (3) Schiedsrichtern. Ort des schiedsrichterlichen Verfahrens ist .... Das schiedsrichterliche Verfahren wird in deutscher Sprache durchgeführt, wobei Beweismittel auch in englischer Sprache vorgelegt werden dürfen.

15.2.2 Verlangt zwingendes Recht die Entscheidung einer Angelegenheit aus oder im Zusammenhang mit diesem Vertrag oder seiner Durchführung durch ein Gericht, ist der Gerichtsstand ......]

15. Miscellaneous

15.1 Governing Law

This Agreement shall be governed by the laws of the Federal Republic of Germany, excluding the United Nations Convention on Contracts for the International Sale of Goods (CISG).

15.2 Place of Jurisdiction

Jurisdiction and venue for any disputes between the Parties including the Purchaser's Guarantor arising from or connected with this Agreement shall lie with the competent courts located in ....

[Alternative:

15.2 Arbitration clause

15.2.1 All disputes arising in connection with this Agreement or its validity, shall be finally settled in accordance with the Arbitration Rules of the German Institution of Arbitration (DIS) without recourse to the ordinary courts of law. The arbitral tribunal shall consist of three (3) arbitrators. The place of arbitration is .... The language of the arbitral proceedings shall be English, provided that evidence may also be submitted in the German language.

15.2.2 In the event that mandatory law requires that a certain matter arising from or in connection with this Agreement or its performance be decided upon by an ordinary court of law, then juris-

			diction and venue shall lie with the competent courts in ......]
15.3	Bankarbeitstag	15.3	Business Day
	Bankarbeitstag i.S. dieses Vertrags ist ein Tag, an dem die Banken in Frankfurt am Main für den Geschäftsverkehr geöffnet sind.		For the purposes of this Agreement, *Business Day* means a day on which banks are open for business in Frankfurt am Main, Germany.
15.4	Vertragsänderungen	15.4	Amendments to this Agreement
	Änderungen, Ergänzungen oder die Aufhebung dieses Vertrags einschließlich der Änderung dieser Bestimmung selbst bedürfen der Schriftform, soweit nicht nach zwingendem Recht eine strengere Form (z.B. notarielle Beurkundung) erforderlich ist. § 15.1 Sätze 2 und 3 gelten entsprechend.		Any amendment of, supplement to or termination (*Aufhebung*) of this Agreement, including any waiver of this clause, shall be valid only if made in writing, unless more stringent form requirements (e.g. notarization) must be satisfied under applicable law. Clause 15.1 sentences 2 and 3 shall apply *mutatis mutandis*.
15.5	Überschriften; Verweise auf deutsche Rechtsbegriffe; Verweise auf Paragrafen	15.5	Headings; References to German Legal Terms; References to Clauses
15.5.1	Die Überschriften der Paragrafen, Absätze und Anlagen in diesem Vertrag dienen allein der Übersichtlichkeit. Für die Auslegung des Vertrags sind sie nicht zu berücksichtigen.	15.5.1	The headings and sub-headings of the clauses and subclauses, Exhibits and Schedules contained in this Agreement are for convenience and reference purposes only. They shall be disregarded for purposes of interpreting or construing this Agreement.
15.5.2	Verweise in diesem Vertrag auf Gesellschafts- oder Beteiligungsformen, Verfahren, Behörden oder sonstige Institute, Rechte, Einrichtungen, Rechtsvorschriften oder Rechtsverhältnisse (nachfolgend zusammenfassend als *Rechtsbegriff* bezeichnet) des deutschen Rechts erstrecken sich auch auf den funktionsgleichen Rechtsbegriff eines ausländischen Rechts, soweit ein Sachverhalt nach dem Recht dieses Staates zu beurteilen ist. Existiert ein funktionsgleicher Rechtsbegriff nicht, ist derjenige Rechtsbegriff einbezogen, der dem deutschen Rechtsbegriff funktional am nächsten kommt.	15.5.2	Any references made in this Agreement to any types of companies or equity participations, proceedings, government authorities or other bodies, rights, institutions, regulations or legal relationships (the *Legal Terms*) under German law shall extend to any corresponding or identical Legal Terms under foreign law, to the extent that relevant facts and circumstances must be assessed under such foreign law. If there is no functionally equivalent Legal Term under the foreign law, then those Legal Term, which most closely reflects the functionality of the Legal Term under German law shall be referenced into the Agreement.

15.5.3	Verweise in diesem Vertrag auf Paragrafen ohne Angabe eines Gesetzes oder des Vertrages meinen Paragrafen dieses Vertrages.	15.5.3	Where the English wording of this Agreement is followed by a German Legal Term set in parenthesis and in italics, the German legal term shall prevail. Any reference made in this Agreement to any clauses without further indication of a law or an agreement shall mean the clauses of this Agreement.
15.6	Anlagen Sämtliche Anlagen sind Bestandteil dieses Vertrags.	15.6	Exhibits and Schedules All Exhibits and Schedules to this Agreement form an integral part of this Agreement.
15.7	Gesamte Vereinbarung[66] Dieser Vertrag enthält abschließend sämtliche Vereinbarungen der Parteien zu seinem Gegenstand und ersetzt alle mündlichen oder schriftlichen Verhandlungen, Vereinbarungen und Abreden, die zuvor zwischen den Parteien im Hinblick auf den Vertragsgegenstand geschlossen wurden. Nebenabreden zu diesem Vertrag bestehen nicht.	15.7	Entire Agreement This Agreement constitutes the final, complete expression of agreement between the Parties with respect to the subject matter covered herein and supersedes any and all previous agreements and understandings, whether written or verbal, between the Parties with respect to the subject matter of this Agreement or parts thereof. There are no side agreements to this Agreement.
15.8	Salvatorische Klausel Sollte eine Bestimmung dieses Vertrags ganz oder teilweise nichtig, unwirksam oder undurchsetzbar sein oder werden, werden die Wirksamkeit und Durchsetzbarkeit aller übrigen verbleibenden Bestimmungen davon nicht berührt. Die nichtige, unwirksame oder undurchsetzbare Bestimmung ist soweit rechtlich zulässig als durch diejenige wirksame und durchsetzbare Bestimmung ersetzt anzusehen, die dem mit der nichtigen, unwirksamen oder undurchsetzbaren Bestimmung verfolgten wirtschaftlichen Zweck nach Gegenstand, Maß, Zeit, Ort oder Geltungsbereich am nächsten kommt. Entsprechendes gilt für die Füllung etwaiger Lücken in diesem Vertrag.	15.8	Severability Should any provision of this Agreement be or become, either in whole or in part, void (*nichtig*), ineffective (*unwirksam*) or unenforceable (*undurchsetzbar*), then the validity, effectiveness and enforceability of the other provisions of this Agreement shall remain unaffected thereby. Any such invalid, ineffective or unenforceable provision shall, to the extent permitted by law, be deemed replaced by such valid, effective and enforceable provision as most closely reflects the economic purpose of the original provision based on its subject-matter, scale, time, place and scope of application. The aforesaid rule shall apply *mutatis mutandis* to fill any gap that may be found to exist in this Agreement.

Anlage 4.5 zum Aktienkaufvertrag		Exhibit 4.5 to the Share Purchase Agreement	
Übertragungsvereinbarung		Share Transfer Agreement	
zwischen		entered into by and between	
1.......	nachfolgend *Verkäuferin*	1. ...... (the *Seller*)	
und		and	
2.......	nachfolgend *Käuferin*	2. ...... (the *Purchaser*)	
	Vorbemerkung		Recitals
A	Die X-AG ist eine im Handelsregister des Amtsgerichts ...... unter HRB ...... eingetragene Aktiengesellschaft mit Sitz in .... Das Grundkapital der X-AG beträgt EUR ...... und ist eingeteilt in ...... auf den Inhaber lautende Stückaktien, die in einer [Globalurkunde] [mehreren Sammelurkunden] verbrieft sind und bei der Clearstream Banking AG, Frankfurt/Main (*Clearstream*), Depotnummer ...... , girosammelverwahrt[67] werden.	(A)	X-AG is a German stock corporation (*Aktiengesellschaft*) registered with the commercial register of the Lower Court (*Amtsgericht*) of ...... under registration no. HRB ...... and having its registered office in .... The registered share capital of X-AG totals EUR ...... and has been divided into ...... no par value bearer shares represented by a [global share certificate][collective share certificate] and held in collective safe custody (*Girosammelverwahrung*) at Clearstream Banking AG, Frankfurt/Main (*Clearstream*), securities account no. ....
B	Bei Abschluss dieses Vertrags *(Vollzugstag)* hält die Verkäuferin ...... X-Aktien *(die Verkäufer-Aktien)*, entsprechend ...... % des Grundkapitals. Die Verkäufer-Aktien befinden sich im Wertpapierdepot bei der ...... [Name der Depotbank], ... (die *Verkäufer-Depotbank*), unter der Depotnummer ......, BLZ	(B)	As of the date of this Agreement (the *Closing Date*) the Seller holds ...... shares in X AG (the *Sold Shares*), representing ......% of the registered share capital. The Sold Shares are deposited in a securities account at ...... [*name of depository bank*], ... (the *Seller's Depositary Bank*), account no. ......, bank code ......
C	Mit Aktienkaufvertrag vom ......(der *Aktienkaufvertrag*) hat die Verkäuferin die Verkäufer-Aktien an die Käuferin verkauft. Entsprechend § 2.3 des Aktienkaufvertrages hat die dingliche Übertragung der Verkäufer-Aktien durch gesonderte Übertragungsvereinbarung zu erfolgen. Zweck dieser Vereinbarung ist es, die Übertragung der Verkäufer-	(C)	By Share Purchase Agreement dated ...... (the *Share Purchase Agreement*), the Seller sold the Sold Shares to the Purchaser. Pursuant to clause 2.3 of the Share Purchase Agreement, the transfer *in rem* (*dingliche Übertragung*) of the Sold Shares requires a separate transfer agreement (Closing). The purpose of

Aktien mit dinglicher Wirkung an die Käuferin vorzunehmen.

Dies vorausgeschickt, vereinbaren die Parteien Folgendes:

§ 1 Aktienübertragung[68, 69, 70]

1.1 Verkäuferin und Käuferin sind sich einig, dass das Eigentum an den Verkäufer-Aktien Zug um Zug gegen vollständige Kaufpreiszahlung am Vollzugstag (wie im Aktienkaufvertrag definiert) auf die Käuferin übergeht.

1.2 Die Verkäuferin verpflichtet sich, die Verkäufer-Depotbank, unverzüglich nach Abschluss dieser Vereinbarung anzuweisen, Clearstream zu beauftragen, mittels Zahlungs-/Lieferungsgeschäft (i.S.v. Buchst. B XX (2) i.V.m. Buchst. A I der Allgemeinen Geschäftsbedingungen der Clearstream vom 1. Oktober 2010 – die Clearstream AGB) Zug-um-Zug gegen Zahlung des Kaufpreises (EUR ......) auf das RTGS-Konto (i.S.v. A I der Clearstream AGB) der Verkäufer-Depotbank einen den Verkäufer-Aktien entsprechenden Bruchteil am Sammelbestand der X-Aktien auf das von der Depotbank der Käuferin, der ......-Bank, ... (die Käufer-Depotbank) bei Clearstream unterhaltene Wertpapierdepot zu übertragen.

1.3 Die Käuferin verpflichtet sich, die Käufer-Depotbank unverzüglich nach Abschluss dieser Vereinbarung anzuweisen, Clearstream zu beauftragen, mittels Zahlungs-/Lieferungsgeschäft (i.S.v. Buchst. B XX

this Agreement is to effect the *in rem* transfer of the Seller Shares to Purchaser.

now, therefore, the Parties hereby agree as follows:

1. Share Transfer

1.1 The Seller and the Purchaser hereby agree that title to the X Shares shall transfer to the Purchaser concurrently with and in consideration of (*Zug um Zug*) payment of the full Purchase Price on the Closing Date as defined in the Share Purchase Agreement.

1.2 The Seller agrees that it shall instruct the Seller's Depositary Bank, promptly after the signing of this Agreement, to make an order to Clearstream for a „payment and delivery transaction in securities" (within the meaning of sec. B XX (2) in conjunction with sec. A I of the General Terms and Conditions of Clearstream dated 1 October 2010 – the *Clearstream GTC*), by means of which an interest corresponding to the Sold Shares is debited to the securities account of the Seller's Depositary Bank at Clearstream and credited to the securities account of ...... Bank, ... (the *Purchaser's Depositary Bank*) at Clearstream, concurrently with (*Zug um Zug*) an amount equal to the Purchase Price (EUR ......) being debited to the RTGS Account (within the meaning of sec. A I of the Clearstream GTC) of the Purchaser's Depositary Bank and credited to the RTGS Account of the Seller's Depositary Bank.

1.3 The Purchaser agrees that it shall instruct the Purchaser's Depository Bank, promptly after the signing of this Agreement, to make an order to Clearstream for a „payment and delivery

(2) i. V. m. Buchst. A I der Clearstream AGB) Zug-um-Zug gegen Übertragung eines den Verkäufer-Aktien entsprechenden Bruchteils am Sammelbestand der X-Aktien auf das von ihr bei Clearstream unterhaltene Wertpapierdepot den Kaufpreis (EUR ......) im Rahmen des Geldverrechnungsverkehrs der Clearstream zur Verfügung zu stellen und auf das RTGS-Konto (i. S. v. A I der Clearstream AGB) der Verkäufer-Depotbank zu übertragen.

transaction in securities" (within the meaning of sec. B XX (2) in conjunction with sec. A I of the Clearstream GTC) by means of which an amount corresponding to the Purchase Price (EUR ......) is debited to the RTGS Account (within the meaning of sec. A I of the Clearstream GTC) of the Purchaser's Depositary Bank and credited to the RTGS Account of the Seller's Depositary Bank, concurrently with (*Zug um Zug*) an interest corresponding to the Sold Shares being debited to the securities account of the Seller's Depositary Bank at Clearstream and credited to the securities account of the Purchaser's Depositary Bank at Clearstream.

§ 2 Schlussbestimmungen

2.1 Soweit in dieser Übertragungsvereinbarung nicht ausdrücklich anderweitig bestimmt, sind Garantien, Zusicherungen, Freistellungsansprüche und sonstige Gewährleistungen ausschließlich im Aktienkaufvertrag geregelt. Darüber hinausgehende Garantien, Zusicherungen, Freistellungsansprüche und sonstige Gewährleistungen sind ausdrücklich ausgeschlossen.

2.2 Diese Vereinbarung unterliegt dem Recht der Bundesrepublik Deutschland.

2.3 Änderungen und Ergänzungen dieser Vereinbarung, einschließlich der Aufhebung des Schriftformerfordernisses, bedürfen zu ihrer Wirksamkeit der Schriftform, soweit nicht nach geltendem Recht eine strengere Form vorgeschrieben ist.

2.4 Sollte eine Bestimmung dieser Vereinbarung ganz oder teilweise nichtig, unwirksam oder nicht durchsetzbar sein oder werden, werden die Wirksamkeit und Durchsetzbarkeit aller übrigen verbleibenden Bestimmungen davon nicht berührt. Die nichtige, unwirksame oder nicht durchsetzbare Bestimmung ist, so-

2. Miscellaneous

2.1 Unless expressly provided otherwise in this Share Transfer Agreement, any guarantees, representations, indemnity claims, or other warranties shall be governed exclusively by the Share Purchase Agreement. Any additional guarantees, representations, indemnity claims or other warranties are hereby expressly excluded.

2.2 This Agreement shall be governed by the laws of the Federal Republic of Germany.

2.3 Any modifications or amendments to this Agreement, including any waiver of this clause, shall require written form for validity, unless more stringent form requirements must be satisfied under applicable law.

2.4 Should any provision of this Agreement be or become, either in whole or in part, void, ineffective or unenforceable then the validity, effectiveness and enforceability of the other provisions shall remain unaffected thereby. Any invalid, ineffective or unenforceable provision shall be re-

weit gesetzlich zulässig, durch diejenige wirksame und durchsetzbare Bestimmung zu ersetzen, die dem mit der nichtigen, unwirksamen oder nicht durchsetzbaren Bestimmung verfolgten wirtschaftlichen Zweck nach Maß, Zeit, Ort oder Geltungsbereich am nächsten kommt. Entsprechendes gilt für die Füllung etwaiger Lücken in dieser Vereinbarung.

placed by such valid and enforceable provision as most closely reflects, to the extent permitted by law, the economic intent and purpose of the invalid, ineffective or unenforceable provision regarding its subject matter, scale, time, place and scope of application. The foregoing shall apply, *mutatis mutandis*, to fill any gap that may be found to exist in this Agreement.

2.5 Ausschließlicher Gerichtsstand für alle Ansprüche aus dieser Vereinbarung oder in Zusammenhang mit dieser Vereinbarung ist ...... [Gericht, Ort].

2.5 The Parties hereby consent to the exclusive jurisdiction of ...... for the determination of any disputes arising from or in connection with this Agreement.

Ort ......, Datum ......

...... [Unterschriften]

Executed at ...... on ......

Seller

By: ......

Purchaser:

By: ......

Schrifttum: *Canaris*, Bankvertragsrecht, 2. Aufl. 1981; *Eder*, Die rechtsgeschäftliche Übertragung von Aktien, NZG 2004, 110; *Habersack/Meyer*, Globalverbriefte Aktien als Gegenstand sachenrechtlicher Verfügungen? – Ein (weiteres) Plädoyer für die Ablösung der Globalurkunde durch Werterechte, WM 2000, 1679; *Hellner/Steuer/Kümpel*, Bankrecht und Bankrechtspraxis, Bd. 4 Wertpapierhandel, Depotgeschäft, Losebl.-Ausg.; *Iversen*, Die außerbörsliche Übertragung von Aktien unter Beachtung des sachenrechtlichen Bestimmungsgrundsatzes, AG 2008, 736; *Kölling*, Namensaktien im Wandel der Zeit – „NaStraG", NZG 2000, 634; *Kümpel/Wittig*, Bank- und Kapitalmarktrecht, 4. Aufl. 2011; *Mentz/Fröhling*, Die Formen der rechtsgeschäftlichen Übertragung von Aktien, NZG 2004, 201; *Mirow*, Die Übertragung von Aktien im Aktienkaufvertrag – Formulierungshilfen für die Praxis, NZG 2008, 52; *Schwennicke*, Der Ausschluß der Verbriefung der Aktien bei der kleinen Aktiengesellschaft, AG 2001, 118.

Anmerkungen

1. Überblick. Bei dem vorstehenden Muster handelt es sich um einen knappen, verkäuferfreundlichen Aktienkaufvertrag, bei dem die Verkäuferin der Käuferin eine Mehrheit der Aktien einer börsennotierten Aktiengesellschaft verkauft. Das Muster sieht ein separates Closing vor. Besonders wesentlich ist in diesem Zusammenhang die separate Übertragungsurkunde für die Aktien der Zielgesellschaft, die technisch eine Anlage zum Vertragsmuster bildet. Zu beachten sind hierbei die mannigfaltigen Übertragungsmöglichkeiten für Aktien jeweils in Abhängigkeit von ihrer Verbriefungs- und Verwahrungsart; hierzu ausführlich Anm. 63 ff. Das Muster stellt den praxisrelevanten Fall dar, dass globalverbriefte, girosammelverwahrte Inhaberaktien innerhalb des Effektivgiroverkehrs übertragen werden. Ebenso wie der kurze GmbH-Anteilskaufvertrag (Form. C. II. 3) sieht das Muster keine Kaufpreisanpassung vor und folgt damit dem sog. Locked Box-Modell. Bei dieser Transaktionsstruktur, die in jüngster Zeit regelmäßig bei der Veräußerung von Portfolio-Unternehmen durch Private Equity-Unternehmen Anwendung findet, verzichten die Parteien auf eine Kaufpreisanpassung zum Closing. Zu den mit dem Locked Box-Konzept verbundenen Besonderheiten vgl. im Überblick Form. C. II. 3 Anm. 1. Die verkäuferfreundliche Perspektive des Formulars resultiert daraus, dass in praxi – namentlich bei beschränkten Auktionsverfahren (Limited Auctions) – die Verkäuferin den ersten Entwurf des Kaufvertrages erstellt. Zu den prägnanten Unterschieden zwischen einem Aktienkaufvertrag und einem GmbH-Anteilskaufvertrag vgl. Form. C. III. 1 sowie die nachstehende Anm.

2. Form. Anders als der Verkauf und die Abtretung von GmbH-Geschäftsanteilen (vgl. § 15 Abs. 3 und 4 GmbHG; hierzu Form. C. II. 1 Anm. 2) bedürfen Verkauf und Übertragung von Aktien keiner besonderen Form, insbesondere nicht der notariellen Beurkundung.

3. Garantiegeberin. Vgl. Form. C. II. 1 Anm. 3.

4. Präambel. Vgl. Form. C. II. 1 Anm. 4.

5. Gesellschaftsrechtlicher Status. Vgl. Form. C. II. 1 Anm. 5.

6. ISIN (International Securities Identification Number). Die ISIN, ehemals WKN (Wertpapier-Kenn-Nummer), ermöglicht eine weltweit eindeutige Identifikation eines Wertpapiers. Gemäß der internationalen Norm ISO 6166 ist die ISIN aus einer 12-stelligen Buchstaben-Zahlen-Kombination aufgebaut. Die ersten beiden Buchstaben bilden den Ländercode (in Deutschland „DE"). Im Anschluss daran folgen die NSIN (National Securities Identification Number), bestehend aus neun Buchstaben oder Ziffern (in Deutschland drei Nullen gefolgt von der bisherigen sechsstelligen Wertpapier-Kenn-Nummer) sowie eine Prüfziffer, für deren Berechnung die ersten elf Zeichen der ISIN ohne die Prüfziffer nach einer bestimmten Formel verknüpft werden. Wie schon die WKN wird die ISIN von den Wertpapiermitteilungen (WM Datenservice) in Frankfurt am Main vergeben, die als die deutsche National Numbering Agency fungiert.

7. Tochtergesellschaften, Mehrheitsgesellschaften und Minderheitsgesellschaften. Vgl Form. C. II. 1 Anm. 7.

8. Unternehmensverträge. Vgl Form. C. II. 3 Anm. 8.

9. Cash-Pool-Vereinbarung; Gesellschafterdarlehen. Vgl. Form. C. II. 3 Anm. 9.

10. Verzicht auf die Formulierung „Verkauf mit wirtschaftlicher Wirkung". Vgl. Form. C. II. 1 Anm. 8.

11. Gewinnberechtigung. Das Dividendenbezugsrecht als mitgliedschaftliches Vermögensrecht geht mit Übertragung der Aktien automatisch auf die Erwerberin über, d. h. Dividendenausschüttungen stehen dem jeweiligen Inhaber der Aktie zu. Wird eine Aktie jedoch innerhalb eines Geschäftsjahres übertragen, ist der Gewinn pro rata temporis zwischen Verkäuferin und Käuferin zu teilen (§ 101 Nr. 2 BGB). Um dies zu vermeiden, ist eine ausdrückliche Regelung über die Gewinnberechtigung zu treffen. Andernfalls hätte die Verkäuferin einen – von den Parteien regelmäßig nicht gewollten – schuldrechtlichen Anspruch gegen die Käuferin auf den Anteil an der Gewinnausschüttung für das betroffene Geschäftsjahr, der dem Anteil des Jahres entspricht, währenddessen die Verkäuferin noch Inhaberin der Aktien war. Vgl. im Übrigen Form. C. II. 1 Anm. 9.

12. Gesonderte Übertragung. Vgl. Form. C. II. 1 Anm. 11.

13. Kaufpreis; fester Kaufpreis (Locked Box). Vgl. Form. C. II. 3 Anm. 25.

14. Umsatzsteuer. Zur umsatzsteuerrechtlichen Behandlung vgl. Form. C. II. 1 Anm. 54.

15. AGB der Clearstream Banking AG. Die aktuelle Fassung der Clearstream Banking AG, Frankfurt datiert vom 1. Oktober 2010 und ist abrufbar unter folgendem Link: http://www.clearstream.com/ci/dispatch/en/binary/ci_content_pool/60_publications/20000_cu stomer_information/5000_general_terms_conditions/ac_dwn_termscbf/AGB-CBF_d.pdf. Die jeweils aktuelle Fassung findet sich hier: http://www.clearstream.com/ci/dispatch/en/subcat/ 7PMJC4746MMIS.

16. Bankbürgschaft. Vgl. Form. C. II. 1 Anm. 55.

17. Vollzugsvoraussetzungen. Vgl. Form. C. II. 1 Anm. 11.

18. Variante bei Zuständigkeit des Bundeskartellamts. Vgl. Form. C. II. 1 Anm. 62.

19. Variante bei Zuständigkeit der Europäischen Kommission. Vgl. Form. C. II. 1 Anm. 59.

20. Vgl. Form. C. II. 1 Anm. 61.

21. Außenwirtschaftsrechtliche Unbedenklichkeit als Vollzugsbedingung. Vgl. Form. C. II. 1 Anm. 75.

22. Vollständige Unterlagen. Vgl. Form. C. II. 1 Anm. 76.

23. Gremienvorbehalt. Vgl. Form. C. II. 1 Anm. 74.

24. Anwendbarkeit des gesetzlichen Gewährleistungsstatuts auf den Beteiligungskauf. Vgl. Form. C. II. 1 Anm. 91.

25. Garantiekatalog. Vgl. zunächst Form. C. II. 1 Anm. 92 sowie Form. C. II. 3 Anm. 30. Entsprechend seiner Natur als verkäuferfreundliches Muster ist der Garantiekatalog überschaubar. Hinzu kommt, dass die AG sowohl ideal- als auch realtypisch weit weniger personalistisch ausgeprägt ist als die GmbH. Bereits deshalb wird die Veräußerin von Aktien eher selten bereit bzw. in der Lage sein, ebenso umfangreiche Garantieversprechen wie bei der Veräußerung von GmbH-Anteilen abzugeben. Hinzu kommt, dass Aktien im Vergleich zu GmbH-Anteilen erheblich fungibler sind. Dies gilt insbesondere dann, wenn die Zielgesellschaft börsennotiert ist. In diesem Fall hat die Verkäuferin die zu veräußernden Aktien regelmäßig selbst auf derivativem Wege erworben. Die Verkäuferin sollte daher darauf achten, bestimmte Garantien nur für den Zeitraum abzugeben, in dem sie selbst als Aktionärin die Möglichkeit hatte, Einblick in die Verhältnisse der AG zu erhalten. Für frühere Zeiträume sollte die Veräußerin Garantien – wenn überhaupt – nur nach „Kenntnis der Verkäuferin" (vgl. § 5.4 des Form.) abgeben. Da diese Einsichts- und Einwirkungsmöglichkeiten insbesondere von der Höhe der Beteiligung abhängen, wird sich auch der Umfang der Garantien hieran orientieren. Das Formular geht von der Veräußerung einer Mehrheitsbeteiligung aus. Die auf diese Weise durch die Verkäuferin einzuschränkenden Garantien betreffen insbesondere die Richtigkeit und Vollständigkeit der gesellschaftsrechtlichen und kapitalmarktrechtlichen Verhältnisse der Zielgesellschaft (vgl. § 1 des Musters). Sofern die Zielgesellschaft – wie hier – börsennotiert ist, wird die Käuferin – insbesondere vor dem Hintergrund des § 44 BörsG – häufig eine Garantie über die Richtigkeit und Vollständigkeit des Börsenprospekts verlangen. Das Muster sieht eine solche Garantie bewusst nicht vor. Die Verkäuferin sollte sich auf eine solche Garantie auch nur einlassen, wenn sie die Erstellung des Börsenprospekts – etwas als herrschendes Unternehmen – begleitet oder jedenfalls weitgehende Einsichtsmöglichkeiten erhalten hatte.

26. Maßgeblicher Zeitpunkt für die Verkäufergarantien. Vgl. Form. C. II. 1 Anm. 94.

27. Selbstständige Garantieversprechen der Verkäuferin. Vgl. Form. C. II. 1 Anm. 93.

28. Umfang der Verkäufergarantien. Der überwiegende Teil der Verkäufergarantien im Muster bezieht sich auf die „X-Gesellschaften", also auf die X-AG, die Tochtergesellschaften und die Mehrheitsgesellschaften. Je nach Verhandlungsposition und Kenntnis der Verkäuferin in Bezug auf die zu veräußernden Gesellschaften sollte die Verkäuferin erwägen, die Verkäufergarantien (oder ein Teil davon) zumindest im ersten Entwurf auf die „X-AG und die Tochtergesellschaften" zu beschränken bzw. die Definition der „X-Gesellschaften" von vornerein auf diesen Kreis zu begrenzen.

29. Konsolidierter Jahresabschluss der X-AG. Vgl. Form. C. II. 1 Anm. 97.

30. Fortführung der Geschäfte. Vgl. Form. C. II. 3 Anm. 35.

31. Vgl. Form. C. II. 3 Anm. 36.

32. Kein Wertabfluss (Ringfencing; No Leakage). Vgl. Form. C. II. 3 Anm. 37.

33. Kenntnis der Verkäuferin. Vgl. Form. C. II. 1 Anm. 98.

34. Freibetrag/Gesamtfreibetrag. Vgl. zunächst Form. C. II. 1 Anm. 124. Im Locked Box-Konzept wird die Käuferin bestrebt sein, die Garantie „Kein Wertabfluss" (§ 5.2.13 des Musters) wegen ihrer besonderen Bedeutung für das Locked Box-Konzept von den Regelungen zu Freibetrag und Gesamtfreibetrag auszunehmen. Als verkäuferfreundliches Muster sieht der Vertrag dies nicht vor.

35. Haftungshöchstbetrag (Cap). Vgl zunächst Form. C. II. 1 Anm. 125. Beim Locked Box-Konzept wird die Käuferin bestrebt sein, die Garantie „kein Wertabfluss" (§ 5.2.13 des Musters) wegen ihrer besonderen Bedeutung für das Locked Box-Konzept aus dem Haftungshöchstbetrag auszunehmen. Als verkäuferfreundliches Muster sieht der Vertrag dies nicht vor.

36. Verjährung. Vgl. Form. C. II. 1 Anm. 126.

37. Zu der bilanziellen Behandlung und zu den steuerlichen Folgen von Schadenersatzzahlungen vgl. Form. C. II. 1 Anm. 100.

38. Steuerrechtliche Freistellung. Vgl. allgemein zu Freistellungen Form. C. II. 1 Anm. 101 sowie spezifisch zum Steuerbegriff Form. C. II. 1 Anm. 102.

39. Vgl. Form. C. II. 1 Anm. 102.

40. Vgl. Form. C. II. 1 Anm. 103.

41. Vgl. Form. C. II. 3 Anm. 46.

42. Hier ist das letzte abgelaufene Geschäftsjahr der Zielgesellschaft einzusetzen.

43. Hier ist das letzte abgelaufene Geschäftsjahr der Zielgesellschaft einzusetzen.

44. In wirtschaftlicher Hinsicht unterstellt diese Regelung, dass die Steuerrückstellungen und -verbindlichkeiten kaufpreismindernd berücksichtigt wurden.

45. Verlangt wird lediglich, dass der Anspruch wirksam und vollstreckbar ist. Durch diese Formulierung wird erreicht, dass eine Beitreibung eines solchen Anspruches nicht im Ermessen der Käuferin liegt.

46. Hier ist das Datum des Beginns des laufenden Geschäftsjahres der Zielgesellschaft einzusetzen.

47. Hier ist das letzte abgelaufene Geschäftsjahr der Zielgesellschaft einzusetzen.

48. Hier ist das letzte abgelaufene Geschäftsjahr der Zielgesellschaft einzusetzen.

49. Hier ist das letzte abgelaufene Geschäftsjahr der Zielgesellschaft einzusetzen.

50. Freistellungsverfahren. Vgl. Form. C. II. 1 Anm. 122.

51. Hier ist das letzte abgelaufene Geschäftsjahr der Zielgesellschaft einzusetzen.

52. Steuerrückerstattungen. In wirtschaftlicher Hinsicht unterstellt diese Regelung, dass aktivierte Steuerrückerstattungen der X-AG oder einer der Tochtergesellschaften den Kaufpreis erhöht haben.

53. Regelung für den Fall des Eintritts der auflösenden Bedingung gemäß § 31 AWG. Vgl. Form. C II. 1 Anm. 137.

54. Hier wird regelmäßig der Beginn des laufenden Geschäftsjahres der Zielgesellschaft einzusetzen sein.

55. Dies wird regelmäßig das laufende Geschäftsjahr der Zielgesellschaft sein.

56. Verhaltenspflichten der Verkäuferin zwischen Signing und Closing (Going Concern). Vgl. Form. C. II. 1 Anm. 127.

57. Kein Wertabfluss zwischen Signing und Closing. Vgl. Form. C. II. 3 Anm. 64.

58. Nutzung von Namen, Marken und geschäftlichen Bezeichnungen. Vgl. Form. C. II. 1 Anm. 131.

59. Freistellung von Ansprüchen Dritter. Vgl. Form. C. II. 1 Anm. 130.

60. Wettbewerbsverbot. Vgl. zunächst Form. C. II. 1 Anm. 128. Das Muster sieht – über das Wettbewerbsverbot hinaus – kein separates Abwerbeverbot zu Lasten der Käuferin vor. Im Hinblick auf die problematischen Rechtsfolgen eines Abwerbeverbotes, insbesondere im Hinblick auf seine Durchsetzbarkeit, erscheint es angemessen, in einem kurzen Vertragsentwurf auf ein Abwerbeverbot zu verzichten (vgl. zum Abwerbeverbot und den damit in der Praxis verbundenen Schwierigkeiten eingehend Form. C. II. 1 Anm. 132).

61. Abtretung von Rechten an die finanzierenden Banken. Vgl. Form. C. II. 1 Anm. 141 sowie Form. C. II. 3 Anm. 68.

62. Garantiegeberin auf Seiten der Käuferin. Vgl. Form. C. II. 1 Anm. 142.

63. Verkehrsteuern und Kosten. Vgl. Form. C. II. 1 Anm. 140.
64. Form von Mitteilungen und Erklärungen. Vgl. Form. C. II. 1 Anm. 145.
65. Gerichtsstandsvereinbarung. Vgl. Form. C. II. 3 Anm. 72.
66. Gesamte Vereinbarung. Vgl. Form. C. II. 1 Anm. 148.
67. Überblick Verbriefung und Verwahrung von Aktienurkunden. Bei der rechtsgeschäftlichen Übertragung von Aktien ist zum einen zwischen den verschiedenen Aktienarten (Inhaberaktien, vgl. hierzu Anm. 68, und Namensaktien, vgl. hierzu Anm. 70), zum anderen hinsichtlich ihrer Verbriefung und der Art ihrer Verwahrung zu unterscheiden. Das Muster bildet den besonders praxisrelevanten Fall ab, dass sammelverbriefte girosammelverwahrte Inhaberaktien innerhalb des Effektengiroverkehrs übertragen werden.

Die wertpapiermäßige Verbriefung der Mitgliedschaft des Aktionärs kann in Einzel-, Sammel- oder Globalurkunden erfolgen. Nach § 10 Abs. 5 AktG kann zwar der Anspruch des Aktionärs auf Verbriefung seines Anteils in der Satzung der Gesellschaft ausgeschlossen oder eingeschränkt werden. Nach h. M. unentziehbar ist aber der mitgliedschaftliche Anspruch auf Ausstellung einer Globalurkunde (*Hüffer* § 10 Rdnr. 3). Es verbleibt damit zumindest noch eine Globalurkunde, in der die Mitgliedschaftsrechte aller Aktionäre der Gesellschaft zusammengefasst verbrieft sind und welche in der Regel bei der Clearstream Banking AG als Wertpapiersammelbank i. S. d. Depotgesetzes hinterlegt ist (**Dauerglobalurkunde**). In der Praxis werden die Aktienurkunden heute nicht mehr von den Aktionären eigenverwahrt, sondern im Rahmen eines Depotgeschäfts nach § 1 Abs. 1 S. 2 Nr. 5 KWG von Kreditinstituten (sog. Depotbanken) verwahrt. Bei der Verwahrung durch solche Depotbanken ist zwischen der (heute kaum noch vorkommenden) **Sonderverwahrung** (vgl. § 2 DepotG) und der **Sammelverwahrung** (vgl. § 5 DepotG) zu differenzieren.

Bei der **Sonderverwahrung**, auch Streifbandverwahrung genannt, liefert der Aktionär effektive Stücke – Inhaber oder Namensaktien – bei dem Verwahrer i. S. d. Depotgesetzes ein, der diese dann unter äußerlich erkennbarer Bezeichnung des Hinterlegers und gesondert von den Beständen des Verwahrers und Dritter verwahrt. Bei der Sonderverwahrung bleibt der Hinterleger weiterhin Eigentümer der Aktie. Aufgrund des mit der Depotbank geschlossenen Verwahrungsvertrages (i. d. R. entgeltlicher Geschäftsbesorgungsvertrag) besteht ein Besitzmittlungsverhältnis (§ 868 BGB), nach dem der Hinterleger mittelbarer Eigenbesitzer und die Depotbank unmittelbarer Fremdbesitzer ist. Durch die Pflicht zur getrennten Aufbewahrung nach § 2 DepotG wird ein Verlust des Alleineigentums durch Verbindung und Vermischung (§§ 946 ff. BGB) vermieden.

Bei der Sammelverwahrung ist zwischen der **Girosammelverwahrung** (§ 5 Abs. 1 S. 1 DepotG) und der **Haussammelverwahrung** (§ 5 Abs. 1 S. 2 DepotG) zu unterscheiden. Beiden Arten der Verwahrung ist gemeinsam, dass die Aktienurkunden derselben Gattung für sämtliche Depotkunden, die Aktien dieser Gattung hinterlegt haben, in einem einheitlichen Sammelbestand verwahrt werden. Im Falle der Girosammelverwahrung erfolgt die Verwahrung bei der Clearstream Banking AG als einziger Wertpapiersammelbank i. S. d DepotG, im Falle der Haussammelverwahrung werden die Aktien hingegen bei der Depotbank selbst verwahrt. Die Haussammelverwahrung bildet in der Praxis die Ausnahme, da sie gemäß § 5 Abs. 1 S. 2 DepotG nur bei ausdrücklicher schriftlicher Ermächtigung des Hinterlegers zulässig ist. Ein privater Hinterleger kann die Aktien nicht direkt bei der Clearstream Banking AG einliefern. Vielmehr unterhalten die jeweiligen Depotbanken bei der Clearstream Banking AG Wertpapierkonten, so dass im Falle der Girosammelverwahrung automatisch eine Drittverwahrungskonstellation vorliegt (vgl. etwa *Mentz/Fröhling* NZG 2002, 204; *Habersack/Meyer* WM 2000, 1679). Mit Eingang der eingelieferten Aktien bei der Clearstream Banking AG verliert der Hinterleger das Alleineigentum an den Aktien und erlangt Miteigentum nach Bruchteilen an den zum Sammelbestand gehörenden Aktien derselben Art (§ 6 Abs. 1 S. 1 DepotG). Der entsprechende Bruchteil an der einzelnen Urkunde bestimmt sich dabei nach dem Verhältnis der eingelieferten Aktien zum Gesamtbestand an diesen Aktien. Mithin erhält der Hinterleger eine gleiche Anteilsquote an jeder einzelnen der sammelverwahrten Aktien, welche seiner quotalen Beteiligung am Sammelbestand entspricht. Die Besitzverhältnisse stellen sich dabei so dar, dass die Clearstream Banking AG als Drittverwahrer unmittelbarer Fremdbesitzer ist. Die

Depotbank als Zwischenverwahrer ist mittelbarer Fremdbesitzer erster Stufe und der Hinterleger mittelbarer Eigenbesitzer zweiter Stufe (vgl. OLG Karlsruhe WM 1999, 2455 (Revision vom BGH nicht angenommen, Beschl. v. 7. 9. 1999 – IX ZR 309/98); BGH NJW 1997, 2111; *Eder* NZG 2004, 110 m. w. N.).

68. Übertragung von Inhaberaktien. Unverbriefte Inhaberaktien können allein durch Abtretung nach §§ 413, 398 BGB übertragen werden (LG Berlin NJW-RR 1994, 808; RG RGZ 86, 154; *Hüffer* § 10 Rdnr. 2; MünchKommAktG/*Heider* § 10 Rdnr. 9; MünchHdbGesR IV/*Wiesner* § 14 Rdnr. 3; Picot/Mentz/Seydel/*Mentz* Teil IV. Rdnr. 43; *Eder* NZG 2004, 108). Für die Käuferin liegt das Risiko bei einer Übertragung der Mitgliedschaft durch Abtretung darin, dass ein gutgläubiger Erwerb ausscheidet (vgl. nur *Eder* NZG 2004, 108). Für den Fall der Übertragung unverbriefter Inhaberaktien wäre wie folgt zu formulieren:

„§ 1 Abtretung der Mitgliedschaftsrechte

Zum Zwecke der Erfüllung ihrer Verpflichtung gemäß Ziff. ...... des Aktienkaufvertrages tritt die Verkäuferin, vorbehaltlich der aufschiebenden Bedingung gemäß § 2 dieser Vereinbarung, die Mitgliedschaftsrechte aus den Verkäufer-Aktien gemäß den §§ 413, 398 BGB an die dies annehmende Käuferin ab."

Verbriefte Inhaberaktien, die nicht in einem Depot verwahrt werden (**Eigenverwahrung**), werden gewöhnlich in der Praxis zweckmäßigerweise nach §§ 929 ff. BGB übertragen. Die Inhaberaktie kann durch Einigung und Übergabe (§ 929 S. 1 BGB), durch Vereinbarung eines Besitzmittlungsverhältnisses zwischen Verkäuferin und Käuferin in der Form, dass die Verkäuferin der Käuferin den Besitz mittelt (§ 930 BGB), und schließlich durch Abtretung des Herausgabeanspruchs gegen einen Dritten (§ 931 BGB) übertragen werden. Ein gutgläubiger Erwerb ist gemäß den §§ 932 bis 936 BGB, 366 HGB möglich (vgl. nur *Eder* NZG 2004, 108; *Mentz/Fröhling* NZG 2002, 201). Daneben kann eine Inhaberaktie nach §§ 413, 398 BGB auch durch Abtretung des der Verbriefung zugrundeliegenden Mitgliedschaftsrechts übertragen werden, das Eigentum an der Urkunde geht dann nach § 952 BGB über (so die überwiegende Meinung, vgl. *Mirow* NZG 2008, 52, 53; *Mentz/Fröhling* NZG 2002, 202; Picot/Mentz/Seydel/*Mentz*, Teil IV. Rdnr. 51; MünchHdbGesR IV/*Wiesner* § 14 Rdnr. 5;ebenso KölnKommAktG/*Lutter/Drygala* Anhang § 68 Rdnr. 17 unter Aufgabe der gegenteiligen Auffassung aus der Vorauflage). Streng genommen bedarf es zur Wirksamkeit der Übertragung gemäß §§ 413, 398 BGB nicht der Übergabe der Urkunde bzw. eines Übergabesurrogats (§§ 930 f. BGB). Die Rechtsprechung hat, soweit ersichtlich, zur Frage der Übertragung von verbrieften Inhaberaktien durch Abtretung noch nicht Stellung genommen. Aus einer Entscheidung des BGH, in der die Wirksamkeit der Übertragung eines Wechsels durch Abtretung von der zusätzlichen Übergabe der Urkunde gemäß §§ 929 ff. BGB abhängig gemacht wurde (BGH NJW 1958, 302 f.; zu Namensaktien auch schon RG JW 1932, 2599; siehe auch KG AG 2003, 568) wird zum Teil gefolgert, dass dies auch für Inhaberaktien gelten müsse (vgl. *Mentz/Fröhling* NZG 2002, 202 m. w. N.). Aus Gründen der rechtlichen Vorsorge sollte daher auch bei Inhaberaktien im Falle der Übertragung nach §§ 413, 398 BGB zusätzlich der unmittelbare Besitz an den Aktien übertragen bzw. ein Übergabesurrogat (§§ 929 S. 2, 930, 931 BGB) vereinbart werden. Anders als bei der Übertragung gemäß §§ 929 ff. BGB ist bei der Übertragung nach §§ 413, 398 BGB ein gutgläubiger Erwerb ausgeschlossen.

Auch das Eigentum an **sonderverwahrten Inhaberaktien** kann gemäß den §§ 929 ff. BGB übertragen werden. Die neben der Einigung erforderliche Übergabe kann zum einen durch Umstellung des Besitzmittlungsverhältnisses (§ 929 S. 1 BGB, h. M., vgl. nur *Eder* NZG 2004, 109 m. w. N.) erfolgen. Die Verkäuferin weist dazu das verwahrende Kreditinstitut an, das Besitzmittlungsverhältnis mit ihm zu beenden und ein neues mit der Käuferin zu begründen. In diesem Fall sollte sich die Verkäuferin im schuldrechtlichen Vertrag verpflichten, das verwahrende Kreditinstitut anzuweisen, das Besitzmittlungsverhältnis auf die Käuferin umzustellen, während im Gegenzug die Käuferin sich verpflichten sollte, die Aktien in ein Depot bei dem verwahrenden Kreditinstitut zu nehmen, um dadurch ein Besitzmittlungsverhältnis zu begründen. Daneben können Inhaberaktien in Sonderverwahrung auch nach §§ 930, 931 BGB entweder durch Vereinbarung eines Besitzmittlungsverhältnisses zwischen Verkäuferin und Käuferin bzw. durch Abtretung des gegenüber dem verwahrenden Kreditinstitut bestehenden Herausgabeanspruches

2. Aktienkaufvertrag – knapp, verkäuferfreundlich   C. III. 2

übereignet werden. Der gutgläubige Erwerb richtet sich dabei nach den §§ 932 ff. BGB. Statt einer Übereignung nach den §§ 929 ff. BGB kann auch die Mitgliedschaft nach §§ 413, 398 BGB abgetreten werden. In diesem Fall scheidet ein gutgläubiger Erwerb jedoch aus.

Befinden sich die verbrieften Inhaberaktien innerhalb der heute üblichen und vom Gesetz als Regelfall vorgesehenen **Girosammelverwahrung** (§ 2 S. 1 Hs. 2 DepotG), verwahrt die Clearstream Banking AG als unmittelbarer Fremdbesitzer und die Depotbank als Depotinhaber bei der Clearstream Banking AG als mittelbarer Fremdbesitzer erster Stufe, während die einzelnen Kunden der Depotbanken mittelbare Eigenbesitzer zweiter Stufe sind. Bei der Übereignung **innerhalb des Effektengiroverkehrs** (zum Verfahren vgl. B. XX und XXI der AGB der Clearstream Banking AG, Frankfurt, abrufbar unter www.clearstream.com) erteilt die Verkäuferin ihrer Depotbank einen Verkaufsauftrag, den diese als Verkaufskommissionärin im eigenen Namen ausführt (vgl. *Hellner/Steuer/Kümpel*, Bankrecht und Bankpraxis, Rdnr. 8/342). Diese weist die Clearstream Banking AG als Wertpapiersammelbank an, die Übertragung bzw. die Umschreibung der veräußerten Inhaberaktien auf die Depotbank der Käuferin durchzuführen. Die Depotbank der Käuferin erwirbt als Einkaufskommissionärin im eigenen Namen die Inhaberaktien für ihren Kunden. Durch Einreichung eines Wertpapierschecks bzw. einer Lieferliste erteilt sie der Clearstream Banking AG die Anweisung, Sammelbestandteile in Höhe des genannten Betrags auf ihr eigenes Depot umzuschreiben. Instruktionsgemäß belastet die Clearstream Banking AG das Konto der Depotbank der Verkäuferin und nimmt eine entsprechende Gutschrift auf dem Konto der Depotbank der Käuferin vor (sog. „Wertpapierübertrag"). Dies erfolgt entweder – wie es das Formular vorsieht – mit oder ohne Zug-um-Zug-Verrechnung des Gegenwertes (sog. „Geldverrechnungsverkehr"). Bei Zug-um-Zug-Verrechnung des Gegenwertes sprechen die AGB der Clearstream Banking AG auch von einem „Zahlungs-/Lieferungsgeschäft" (vgl. dort die Definition unter A I). Die dingliche Einigung vollzieht sich dadurch, dass die Depotbank der Verkäuferin das Angebot im eigenen Namen kraft Ermächtigung durch die Verkäuferin konkludent durch Übersendung des Vordrucks „Wertpapierübertrag" erklärt und dieses Angebot mit Eingang des Vordrucks bei der Clearstream Banking AG, die ihrerseits als Empfangsvertreterin (vgl. *Canaris*, Bankvertragsrecht, 2. Aufl. 1981, Rdnr. 2019) der Depotbank der Käuferin auftritt, welche wiederum aufgrund des bestehenden Vertragsverhältnisses mit der Käuferin als deren Stellvertreter handelt, auch zugeht (vgl. hierzu Mentz/Fröhling NZG 2002, 206 m. w. N.). Die Annahmeerklärung, deren Zugang nach der Verkehrssitte nicht zu erwarten und somit entbehrlich ist (vgl. § 151 S. 1 BGB), wird durch die Clearstream Banking AG, die insoweit als Stellvertreterin der Depotbank der Käuferin und damit der Käuferin handelt, konkludent abgegeben (MünchKommHGB/*Einsele*, Bd. 5, Depotgeschäft Rdnr. 104; *Canaris*, Bankvertragsrecht, 2. Aufl. 1981, Rdnr. 2019). Die Übertragung des Besitzes erfolgt durch Übergabe i. S. v. § 929 S. 1 BGB unter Einschaltung von Mittelspersonen, da die Clearstream Banking AG als unmittelbarer Fremdbesitzer angewiesen wird, von nun an für die Käuferin zu besitzen, den Abschluss eines neuen Besitzmittlungsverhältnisses zwischen der Clearstream Banking AG und der Depotbank der Käuferin vorausgesetzt (vgl. *Mentz/Fröhling* NZG 2002, 206).

Außerhalb des Effektengiroverkehrs erfolgt die Eigentumsübertragung ohne Einschaltung der Depotbank der Verkäuferin als Verkaufskommissionärin (vgl. BGH WM 1974, 450 f.; MünchKommHGB/*Einsele* Bd. 5, Depotgeschäft Rdnr. 107). Die Verkäuferin kann sich mit der Käuferin über den Eigentumsübergang einigen und gleichzeitig über ihre Depotbank die Clearstream Banking AG anweisen, künftig der Depotbank der Käuferin den Besitz zu mitteln (§ 929 S. 1 BGB) (BGH NJW 1999, 1393; *Hellner/Steuer/Kümpel* Bankrecht und Bankpraxis Rdnr. 8/336). Die Änderung des Besitzmittlungswillens manifestiert sich dabei in der durch die Clearstream Banking AG vorgenommenen Umbuchung (BGH NJW 1999, 1393; MünchKommHGB/*Einsele* Bd. 5, Depotgeschäft Rdnr. 108). Alternativ kann zwischen Verkäuferin und Käuferin auch ein Besitzkonstitut (§ 930 BGB) vereinbart werden, nach dem die Verkäuferin auch weiterhin als zwischenverwahrender Besitzmittler fungieren soll. Der Nachteil dieser Alternative besteht allerdings darin, dass die Depotbank der Verkäuferin gegenüber der Clearstream Banking AG weiterhin verfügungsbefugt wäre. Schließlich kommt auch die Abtretung des der Verkäuferin gegen ihre Depotbank und die Clearstream Banking AG nach §§ 7, 8 DepotG zustehenden Herausgabeanspruchs in Betracht. Zweckmäßigerweise sollte in diesem Fall die Abtretung des Herausgabeanspruchs sowohl gegenüber der Depotbank als auch der Clearstream Banking AG angezeigt werden, um eine kurzfristige Disposition der Käuferin bzw. ihrer Depotbank über dieses Girosammelguthaben zu ermöglichen (vgl. *Mentz/Fröhling* NZG 2002, 207; *Eder* NZG 2004, 111).

69. Dauerglobalurkunde. Umstritten ist die Übertragung des Eigentums und des Besitzes hingegen bei (girosammelverwahrten) **Dauerglobalurkunden,** d. h. Urkunden, bei denen nach dem ihnen zugrunde liegenden Rechtsverhältnis der Anspruch auf Einzelverbriefung auf Dauer ausgeschlossen ist (§ 9a Abs. 3 S. 2 DepotG). So kann bei Aktien gemäß § 10 Abs. 5 AktG in der Satzung der Gesellschaft der Anspruch des Aktionärs auf Verbriefung seines Anteils völlig, mithin nicht nur der Anspruch auf Einzelverbriefung, sondern auch derjenige auf Erteilung einer Mehrfachurkunde, ausgeschlossen werden (der Anspruch auf Verbriefung in einer einzigen Globalurkunde ist aber unabdingbar, s. Anm. 63; vgl. z. B. *Mentz/Fröhling* NZG 2002, 208; *Kölling* NZG 2000, 634; *Schwennicke* AG 2001, 118ff.). Nach § 9a Abs. 3 S. 2 DepotG ist in diesem Fall der depotgesetzliche Herausgabeanspruch nach den §§ 7, 8 DepotG ausgeschlossen. In der Literatur ist daher das Bestehen eines Herausgabeanspruchs außerordentlich umstritten (umfassende Darstellung des Streitstandes bei *Mentz/Fröhling* NZG 2002, 208 f.; Picot/Mentz/Seydel/*Mentz* Teil IV. Rdnr. 156 ff.; *Eder* NZG 2004, 113 f.). Von der Beantwortung dieser Frage hängt ab, ob das Übergabesurrogat in der Abtretung des Herausgabeanspruchs besteht (§§ 931, 870 BGB) (vgl. *Hellner/Steuer/Kümpel,* Bankrecht und Bankpraxis, Rdnr. 8/100 a) oder die Übereignung entsprechend der allgemeinen Rechtslage bei besitzlosen Sachen durch schlichte Einigung erfolgt (vgl. *Canaris* Bankvertragsrecht Rdnr. 2124 f.; MünchKommHGB/*Einsele* Bd. 5, Depotgeschäft Rdnr. 106) oder in diesem Falle schließlich nur eine Abtretung der Mitgliedschaftsrechte nach §§ 413, 398 BGB ohne die Möglichkeit des gutgläubigen Erwerbs möglich ist (vgl. *Habersack/Meyer* WM 2000, 1681 ff.). Angesichts der Bestimmung des § 9a Abs. 3 S. 2 DepotG erscheinen die von *Canaris, Einsele* und *Habersack/Meyer* vertretenen Auffassungen, dass bei girosammelverwahrten Dauerglobalurkunden kein Herausgabeanspruch und damit auch keine Besitzposition besteht, vorzugswürdig. Mangels höchstrichterlicher Klärung dieser Frage ist für die Rechtspraxis jedoch zu empfehlen, mit *Kümpel* einen direkten Herausgabeanspruch des Hinterlegers anzunehmen, mit der Folge, dass sich die Übertragung des Besitzes innerhalb des Effektengiroverkehrs wie oben nach § 929 S. 1 BGB durch Umstellung des Besitzmittlungsverhältnisses vollzieht, während außerhalb des Effektengiroverkehrs die Abtretung des Herausgabeanspruchs nach § 931 BGB an die Käuferin sowie die Anzeige dieser Abtretung sowohl gegenüber der Depotbank als auch der Clearstream Banking AG der empfehlenswerteste Weg scheint. Mit der Abtretung ist die Übereignung dann abgeschlossen und damit aus Sicht der Parteien am besten kontrollierbar (vgl. *Mentz/Fröhling* NZG 2002, 210). Dementsprechend kann für die Übertragung von girosammelverwahrten Inhaberaktien innerhalb des Effektengiroverkehrs, die in einer Dauerglobalurkunde verbrieft sind, § 1 nahezu unverändert verwendet werden.

Für die Übertragung außerhalb des Effektengiroverkehrs ist § 1 wie folgt zu formulieren:

„1.1 Verkäuferin und Käuferin sind sich einig, dass das Eigentum an den Verkäufer-Aktien am ...... [Datum des Vollzugstages] auf die Käuferin übergeht. Zu diesem Zweck tritt die Verkäuferin hiermit alle ihre Herausgabe- und Auslieferungsansprüche gegenüber der Verkäufer-Depotbank sowie gegenüber der Clearstream Banking AG an die dies annehmende Käuferin ab.

1.2 Verkäuferin und Käuferin werden die Verkäufer-Depotbank unverzüglich nach dem vorstehend unter Ziff. 1.1 genannten Datum über die Übertragung der Verkäufer-Aktien in Kenntnis setzen; die Käuferin trägt zudem dafür Sorge, dass die im Hinblick auf die Verkäufer-Aktien bestehenden Girosammeldepotgutschriften nach dem vorstehend unter Ziff. 1.1 genannten Datum auf ein von der Käuferin zu bestimmendes Depotkonto umgebucht werden."

70. Übertragung von Namensaktien. Für den Fall, dass die Aktien als Namensaktien verbrieft sind, gelten in Abhängigkeit von der jeweiligen Verwahrungsart die folgenden Übertragungsmodalitäten. Die Eintragung im Aktienregister nach § 67 Abs. 1 AktG ist nicht Übertragungsvoraussetzung für Namensaktien, sondern dient ausschließlich der Legitimation gegenüber der AG nach § 67 Abs. 2 AktG. Eine fehlerhafte Übertragung wird nicht durch Eintragung ins Aktienregister geheilt (s. *Hüffer* § 67 Rdnr. 11 ff.). Da die Verbriefung (in Form der Namensaktie) nicht Voraussetzung für die Begründung der Mitgliedschaft ist, erfolgt die Übertragung der Mitgliedschaft in den Fällen, in denen etwa im Zuge der Errichtung der AG die Mitgliedschaft schon besteht, die **Verbriefung** jedoch **noch nicht vorgenommen** wurde, in Form der Abtretung nach §§ 398, 413 BGB (*Eder* NZG 2004, 107; MünchKommAktG/*Bayer* § 68 Rdnr. 30; in diesem Falle ist auch nicht etwa der Inhaber der unverbrieften Mitgliedschaft, sondern nur der erste Inhaber des verbrieften Rechts in das Aktienregister einzutragen; *Hüffer* § 67 Rdnr. 6; MünchKommAktG/*Bayer* § 67 Rdnr. 19).

Sind die Namensaktien **verbrieft** und befinden sich in **Eigenverwahrung**, so kann die Übertragung nach § 68 Abs. 1 S. 1 AktG zum einen durch Indossament, zum anderen per Abtretung der Mitgliedschaft erfolgen (argumentum e contrario [„auch"]). Zur **Übertragung per Indossament** ist eine schriftliche Übertragungserklärung auf der Aktienurkunde oder dem fest mit ihr verbundenen Anhang sowie nach h.M. die (formlose) Übereignung der Urkunde und deren Übergabe bzw. ein Übergabesurrogat erforderlich (s. nur BGH WM 1975, 947; BGH NJW 1958, 302; MünchHdbGesR IV/*Wiesner* § 14 Rdnr. 6; MünchKommAktG/*Bayer* § 68 Rdnr. 3 f.; *Hüffer* § 68 Rdnr. 4; a.A. *Zöllner* WPR § 14 I 1 b; *Huber*, FS Flume, Bd. II 1987, S. 83, 89). Die Vorteilhaftigkeit der Übertragung von Namensaktien per Indossament basiert zum einen auf der Legitimationsfunktion des Indossaments zugunsten desjenigen, der die Namensaktie „in Händen hat" und „sein Recht durch eine ununterbrochene Reihe von Indossamenten nachweist", Art. 16 Abs. 1 WG i.V.m. § 68 Abs. 1 S. 2 AktG, zum anderen auf dessen Transportfunktion, welche erweiterten Gutglaubensschutz trotz Abhandenkommens bietet, Art. 16 Abs. 2 WG i.V.m. § 68 Abs. 1 S. 2 AktG, (vgl. umfassend hierzu MünchKommAktG/*Bayer* § 68 Rdnr. 15 ff.; *Hüffer* § 68 Rdnr. 6 ff.). **Blankoindossierte** Namensaktien, bei denen der Indossatar nicht namentlich bezeichnet ist, sondern das Indossament nur aus der Unterschrift des Indossanten besteht (§ 13 Abs. 2 WG), können nach §§ 929 ff. BGB, also wie Inhaberaktien, übertragen werden (*Menz/Fröhling* NZG 2002, 202). Wird die **Übertragung durch Abtretung** des verbrieften Rechts gemäß §§ 398, 413 BGB und nicht durch Indossament vorgenommen, geht das Eigentum an der Urkunde gemäß § 952 BGB analog über (*Hüffer* § 68 Rdnr. 3). Umstritten ist jedoch, ob für die Übertragung zusätzlich noch die Übergabe der Urkunde bzw. ein Übergabesurrogat nach §§ 929 ff. BGB erforderlich ist. Aus Gründen der Rechtsklarheit wird dies seitens der Rechtsprechung gefordert (vgl. BGH NJW 1958, 303; RG RGZ 88, 292), wohingegen die überwiegende Literatur dies für entbehrlich hält (MünchHdbGesR IV/*Wiesner* § 14 Rdnr. 13; KölnKommAktG/*Lutter/Drygala* § 68 Rdnr. 35; MünchKommAktG/*Bayer* § 68 Rdnr. 30; GroßKommAktG/*Merkt* § 68 Rdnr. 131). Aufgrund dieser Rechtsunsicherheit und der mit der Rechtsprechungsansicht einhergehenden verminderten Verkehrsfähigkeit ist eine Abtretung in praxi allenfalls hilfsweise zur Übereignung nach §§ 929 ff. BGB empfehlenswert, wenn der Begebungsvertrag über Aktienurkunden nicht auf Mängel oder Wirksamkeit geprüft werden kann und folglich die Gefahr besteht, dass die Übertragung nach §§ 929 ff. mangels (ordnungsgemäßer) Verbriefung in der Aktienurkunde nicht erfolgen kann (ebenso *Eder* NZG 2004, 109).

Verbriefte Namensaktien, die sich in der **Sonderverwahrung** befinden, werden – wenn sie blankoindossiert sind – wie Inhaberaktien in entsprechender Verwahrung übertragen (vgl. Anm. 2; MünchHdbGesR IV/*Wiesner* § 14 Rdnr. 55). Sollten sie nicht blankoindossiert sein, so ist erforderlich, dass sie aus der Sonderverwahrung herausgenommen werden. Anschließend können sie wie Namensaktien in Eigenverwahrung (vgl. vorstehender Absatz) übertragen werden und der Erwerber kann die Aktien wieder in Verwahrung geben. Möglich ist hingegen auch, die Mitgliedschaft nach §§ 398, 413 BGB abzutreten (vgl. *Eder* NZG 2004, 110).

Verbriefte Namensaktien können, wenn sie blankoindossiert sind, als vertretbare Wertpapiere nach § 5 Abs. 1 S. 1 DepotG auch **girosammelverwahrt** werden (vgl. B IX (1) und XXIII der AGB der Clearstream Banking AG, Frankfurt am Main vom 1. Oktober 2010, abrufbar unter www.clearstream.com). In diesem äußerst praxisrelevanten Fall unterscheidet sich die rechtsgeschäftliche Übertragung von Namensaktien nicht von der für Inhaberaktien, vgl. Anm. 68. Sollten die Namensaktien vinkuliert sein, so gilt es sicherzustellen, dass die Verkehrsfähigkeit nicht durch die Zustimmung der AG gemindert wird (vgl. *Eder* NZG 2004, 110).

C. III. 3

3. Gesellschafts- und kapitalmarktrechtliche Begleitdokumente bei einer AG als Zielunternehmen

3.1 Mitteilungen gemäß §§ 20, 21 AktG

[Briefkopf des anzeigenden Unternehmens]

An den Vorstand der
...... [Name der Gesellschaft] AG
...... [Anschrift]

...... [Ort], den ...... [Datum]

Anzeige einer qualifizierten Beteiligung gemäß § 20 [Abs. 1 und/oder Abs. 3 und/oder Abs. 4/Abs. 5] [und § 21 Abs. 1 und/oder Abs. 2] AktG[1, 2, 3]

Sehr geehrte Damen und Herren,

hiermit teilen[4] wir[5] Ihnen gemäß

[Alt. 1] § 20 Abs. 1 [und Abs. 3] [und § 21 Abs. 1][7] AktG mit, dass uns mehr als der vierte Teil[8] der Aktien an ihrer Gesellschaft unmittelbar gehört.[6]

[Alt. 2] § 20 Abs. 1 [und Abs. 3][10] [und § 21 Abs. 1][11] AktG mit, dass uns mehr als der vierte Teil der Aktien an ihrer Gesellschaft mittelbar gehört, da uns gemäß § 20 Abs. 2 AktG [alternativ § 16 Abs. 4 AktG] die von der ...... [Firma der Gesellschaft, der unmittelbare Beteiligung gehört] gehaltenen Aktien an Ihrer Gesellschaft [teilweise] zuzurechnen sind.[9]

[Alt. 3] § 20 Abs. 4 [und § 21 Abs. 2][13] AktG mit, dass uns unmittelbar eine Mehrheitsbeteiligung i.S.v. § 16 Abs. 1 AktG an Ihrer Gesellschaft gehört.[12]

[Alt. 4] § 20 Abs. 4 [und § 21 Abs. 2][15] AktG mit, dass uns mittelbar eine Mehrheitsbeteiligung i.S.v. § 16 Abs. 1 AktG gehört, da uns gemäß § 16 Abs. 4 AktG die von der ...... [Firma der Gesellschaft, der unmittelbare Beteiligung gehört] gehaltenen Aktien an Ihrer Gesellschaft [teilweise] zuzurechnen sind.[14]

[Alt. 5] § 20 Abs. 5 [und § 21 Abs. 3][17] AktG mit, dass uns keine Mehrheitsbeteiligung mehr/nicht mehr der vierte Teil der Aktien an Ihrer Gesellschaft gehört.[16]

Wir bitten Sie, diesen Umstand in geeigneter Weise in den Gesellschaftsblättern unter Nennung unserer Firma gemäß § 20 Abs. 6 AktG bekannt zu machen.

Mit freundlichen Grüßen

......
[Unterschriften der Vertretungsorgane der Gesellschaft]

Anmerkungen

1. Überblick. Das Aktiengesetz unterscheidet Mitteilungspflichten in Bezug auf eine Beteiligung an einer Aktiengesellschaft oder KGaA (vgl. § 278 Abs. 3 AktG), § 20 AktG, und Mitteilungspflichten einer Aktiengesellschaft oder KGaA in Bezug auf die Beteiligung an anderen Unternehmen nach § 21 AktG. Nach § 20 AktG lösen folgende Sachverhalte Mitteilungspflichten aus:

– Beteiligung eines Unternehmens jeglicher Rechtsform mit mehr als 25 % der Aktien an einer nicht börsennotierten inländischen Aktiengesellschaft oder KGaA (§ 20 Abs. 1 AktG);

- Beteiligung einer inländischen Kapitalgesellschaft (AG, GmbH, KGaA) mit mehr als 25% der Aktien an einer nicht börsennotierten inländischen Aktiengesellschaft oder KGaA (§ 20 Abs. 3 AktG);
- Beteiligung eines Unternehmens jeglicher Rechtsform mit mehr als 50% der Stimmrechte oder der Aktien an einer nicht börsennotierten inländischen Aktiengesellschaft oder KGaA (§ 20 Abs. 4 AktG);
- Unterschreiten der in § 20 Abs. 1, Abs. 3 und Abs. 4 AktG genannten meldepflichtigen Schwellenwerte (§ 20 Abs. 5 AktG).

Nach § 21 AktG lösen folgende Sachverhalte Mitteilungspflichten aus:
- Beteiligung einer inländischen Aktiengesellschaft oder KGaA mit mehr als 25% der Anteile an einer nicht börsennotierten inländischen Kapitalgesellschaft (AG, GmbH, KGaA) (§ 21 Abs. 1 AktG);
- Beteiligung einer inländischen Aktiengesellschaft oder KGaA an einem anderem (nicht börsennotierten) inländischen Unternehmen jeglicher Rechtsform mit mehr als 50% der Anteile oder Stimmrechte (§ 21 Abs. 2 AktG);
- Unterschreiten der in § 21 Abs. 1 oder Abs. 2 AktG genannten meldepflichtigen Schwellenwerte (§ 21 Abs. 3 AktG).

Die Mitteilungspflichten nach den §§ 20, 21 AktG können auch kumulativ eingreifen. So erfüllt eine Mehrheitsbeteiligung einer Kapitalgesellschaft an einer Aktiengesellschaft zugleich den Abs. 1, 3 und 4 des § 20 AktG. Handelt es sich bei der Kapitalgesellschaft um eine Aktiengesellschaft, so greifen darüber hinaus die Mitteilungspflichten nach § 21 Abs. 1 und 2 AktG ein. Mitteilungspflichten nach § 20 AktG bestehen nicht für Aktien einer börsennotierten Gesellschaft im Sinne des § 21 Abs. 2 WpHG (§ 20 Abs. 8 AktG). Für derartige Aktien gelten ausschließlich die Mitteilungspflichten des Wertpapierhandelsgesetzes (vgl. hierzu Form. C. III. 3.3). Kommt ein Unternehmen seinen Mitteilungspflichten nach § 20 Abs. 1 oder Abs. 4 AktG nicht nach, bestehen bis zur Erfüllung der jeweiligen Mitteilungspflicht Rechte aus den betreffenden Aktien weder für das Unternehmen selbst noch für ein von ihm abhängiges Unternehmen oder für einen anderen, der für Rechnung des Unternehmens oder eines von diesem abhängigen Unternehmens handelt (§ 20 Abs. 7 AktG). Die Verletzung der Mitteilungspflicht nach § 20 Abs. 4 hat den Wegfall der Privilegierung des § 328 Abs. 2 AktG zur Folge (MünchKommAktG/*Bayer* § 20 Rdnr. 41). Das Unterlassen einer Mitteilung nach § 20 Abs. 5 AktG zeitigt hingegen keine Rechtsfolgen. Entsprechendes gilt für die Verletzung der Mitteilungspflichten nach § 21 AktG.

2. Die verschiedenen Mitteilungspflichten schließen sich gegenseitig nicht aus, vielmehr ist in die Mitteilung ein Hinweis auf alle verwirklichten Tatbestände aufzunehmen (so auch MünchKommAktG/*Bayer* § 20 Rdnr. 27 und § 21 Rdnr. 5; a. A. wohl *Hüffer* § 20 Rdnr. 8).

3. Form und Frist. Die Mitteilungen haben schriftlich (§ 126 BGB) oder in elektronischer Form (§§ 126 Abs. 3, 126a BGB) zu erfolgen. Ausreichend ist, dass die Mitteilung eigenhändig unterschrieben und per Telefax übermittelt wird (*Hüffer* § 20 Rdnr. 8; MünchKommAktG/ *Bayer* § 20 Rdnr. 35). Die Mitteilung hat unverzüglich nach Erfüllung des die Mitteilungspflicht auslösenden Tatbestands (Erwerb oder Verlust der mitteilungspflichtigen Beteiligung) zu erfolgen.

4. Der Umstand, dass der Gesellschaft die Beteiligung bereits anderweitig bekannt geworden ist, befreit den Anzeigepflichtigen nicht von seiner Mitteilungspflicht (BGH NJW 1991, 2765, 2767; KG AG 1990, 500 f.; LG Oldenburg AG 1994, 137; MünchKommAktG/*Bayer* § 20 Rdnr. 10; *Hüffer* § 20 Rdnr. 2; a. A. für die Gründung *Priester* AG 1974, 212, 214).

5. Mitteilungspflichtige Unternehmen. Die Mitteilungspflichten betreffen alle Unternehmen, unabhängig davon, ob sie ihren Sitz im In- oder Ausland haben (allg. M., vgl. nur MünchKommAktG/*Bayer* § 20 Rdnr. 6; *Hüffer* § 20 Rdnr. 2; jew. m. w. N.). Nach h. M. gilt dies jedoch nicht für die Mitteilungspflicht nach § 20 Abs. 3 AktG. Da diese Mitteilungspflicht nur für die Zwecke der wechselseitigen Beteiligung geschaffen worden ist, die gemäß § 19 AktG nur zwischen inländischen Kapitalgesellschaften bestehen kann, betrifft diese Mitteilungspflicht nur Kapitalgesellschaften mit Sitz im Inland (MünchKommAktG/*Bayer* § 20

Rdnr. 8; *Hüffer* § 20 Rdnr. 5; MünchHdb. AG/*Krieger* § 68 Rdnr. 122; a. A. KölnKommAktG/ *Koppensteiner* § 20 Rdnr. 34). Der Unternehmensbegriff ist grundsätzlich rechtsformneutral i. S. d. § 15 AktG zu verstehen. Auch Privatpersonen sind als Unternehmen i. S. v. § 20 AktG anzusehen, wenn sie sich, abgesehen von ihrer Beteiligung an der Gesellschaft, wirtschaftlich betätigen und von der Gesellschaft verschiedene Interessen verfolgen (BGH BB 2001, 1597 f.; MünchKommAktG/*Bayer* § 15 Rdnr. 12 ff.; KölnKommAktG/*Koppensteiner* § 15 Rdnr. 30).

6. Alternative 1. Die Mitteilungspflicht nach § 20 Abs. 1 AktG besteht, sobald dem Unternehmen mehr als der vierte Teil der Aktien einer inländischen Aktiengesellschaft gehört. Für die Berechung der Höhe der Beteiligung ist ausschließlich auf die Kapitalbeteiligung abzustellen, nicht auf die Stimmrechte (§ 20 Abs. 1 Satz 2 i. V. m. § 16 Abs. 2 Satz 1 AktG). Eigene Aktien der betroffenen Aktiengesellschaft sind nicht abzusetzen, da sich der Verweis in § 20 Abs. 1 Satz 2 AktG nur auf § 16 Abs. 2 Satz 1 AktG und nicht auch auf Satz 2 bezieht (*Geßler*/Hefermehl/Eckardt/Kropff § 20 Rdnr. 12; KölnKommAktG/*Koppensteiner* § 20 Rdnr. 14). Die Mitteilungspflichten nach § 20 Abs. 1 und Abs. 3 AktG fallen zusammen, wenn eine inländische Kapitalgesellschaft – ohne nach § 20 Abs. 2 AktG zuzurechnende Aktien – mehr als 25% der Aktien einer Aktiengesellschaft erwirbt.

7. Die Mitteilungspflicht nach § 21 Abs. 1 AktG besteht zusätzlich und nur, wenn dass mitteilende Unternehmen selbst eine Aktiengesellschaft nach deutschem Recht ist. Zu beachten ist, dass eine dem § 20 Abs. 2 AktG entsprechende Zurechnungsvorschrift bei § 21 AktG nicht besteht.

8. Ob die genaue Höhe der Beteiligung (Angaben in Prozent oder Aktien) angegeben werden soll, ist umstritten, nach h. M. aber nicht erforderlich (siehe etwa MünchKommAktG/ *Bayer* § 20 Rdnr. 31, 34; GroßKommAktG/*Windbichler* § 20 Rdnr. 44; MünchHdb. AG/ *Krieger* § 68 Rdnr. 125).

9. Alternative 2. Nach § 20 Abs. 2 AktG sind solche Aktien zuzurechnen, deren Übereignung das mitteilungspflichtige Unternehmen, ein von diesem abhängiges Unternehmen oder ein anderer für Rechung des mitteilungspflichtigen Unternehmens oder eines von diesem abhängigen Unternehmen verlangen kann oder zu deren Abnahme diese Unternehmen verpflichtet sind (z. B. Übereignungsansprüche bzw. Abnahmepflichten aus wirksamen Kaufverträgen, bei denen die Übereignung infolge Befristung/aufschiebender Bedingung erst später erfolgen soll, Treuhandverhältnisse, Optionsvereinbarungen oder unwiderrufliche Angebote; vgl. hierzu MünchKommAktG/*Bayer* § 20 Rdnr. 18; MünchHdb. AG/*Krieger* § 68 Rdnr. 121). Weiterhin sind bei der Berechnung der Beteiligungshöhe nach § 20 Abs. 1 Satz 2 i. V. m. § 16 Abs. 4 AktG auch solche Aktien zu berücksichtigen, die einem von dem mitteilungspflichtigen Unternehmen abhängigen Unternehmen oder einem anderen für Rechnung des mitteilungspflichtigen Unternehmens oder eines von diesem abhängigen Unternehmen gehören. Bestehen mehrere Mitteilungspflichten aufgrund der Zurechnung von Aktien, ist zur Klarstellung die Angabe erforderlich, von welchem anderen (ebenfalls mitteilungspflichtigen) Unternehmen Aktien zuzurechnen sind und ob eine Zurechnung von Aktien nach § 20 Abs. 2 AktG oder nach § 20 Abs. 1 Satz 2 i. V. m. § 16 Abs. 4 AktG stattgefunden hat (BGH NJW 1991, 2765, 2767 f.; MünchKommAktG/*Bayer* § 20 Rdnr. 34; KölnKommAktG/*Koppensteiner* § 20 Rdnr. 38).

10. § 20 Abs. 3 AktG ist nur einschlägig, wenn keine Beteiligung nach § 20 Abs. 2 AktG gegeben ist. Gehören der inländischen Kapitalgesellschaft ohne Zurechnung nach § 20 Abs. 2 AktG weniger, mit Zurechnung nach § 20 Abs. 2 AktG aber mehr als 25% der Aktien an einer Aktiengesellschaft, besteht eine Mitteilungspflicht ausschließlich nach § 20 Abs. 1 AktG.

11. Vgl. Anm. 7.

12. Alternative 3. Erlangt ein Unternehmen eine Mehrheitsbeteiligung an einer Aktiengesellschaft, hat es dies nach § 20 Abs. 4 AktG mitzuteilen. Im Rahmen von § 20 Abs. 4 AktG reicht insoweit auch eine Stimmenmehrheit (§ 20 Abs. 4 i. V. m. § 16 Abs. 1 AktG). Insofern macht eine Mitteilung nach § 20 Abs. 4 eine solche nach § 20 Abs. 1 und/oder Abs. 3 AktG

3. Gesellschafts- und kapitalmarktrechtliche Begleitdokumente C. III. 3

nicht entbehrlich, wenn diese nicht zuvor bereits gemacht worden ist (MünchHdb. AG/*Krieger* § 68 Rdnr. 127). Es ist grundsätzlich nicht anzugeben, ob es sich um eine Kapital- oder Stimmrechtsmehrheit handelt.

13. Die Mitteilungspflicht nach § 21 Abs. 2 AktG besteht zusätzlich und nur, wenn dass mitteilende Unternehmen selbst eine Aktiengesellschaft nach deutschem Recht ist. Für die Berechnung der Mehrheitsbeteiligung gelten dieselben Grundsätze wie bei § 20 Abs. 4 AktG.

14. Alternative 4. Vgl. zunächst Anm. 12. Für die Berechnung der Mehrheitsbeteiligung finden ergänzend § 16 Abs. 2 bis 4 AktG Anwendung (KG AG 1999, 126, 127; KG AG 2000, 227; MünchKommAktG/*Bayer* § 20 Rdnr. 25; *Hüffer* § 20 Rdnr. 6), so dass – anders als bei § 20 Abs. 1 AktG – eigene Aktien bei der Berechnung abzusetzen sind (§ 16 Abs. 2 Satz 2 AktG). Eine Zurechnung von Aktien nach § 20 Abs. 2 AktG findet nicht statt (MünchKommAktG/*Bayer* § 20 Rdnr. 25; *Hüffer* § 20 Rdnr. 6).

15. Vgl. Anm. 13.

16. Alternative 5. Nach § 20 Abs. 5 AktG ist schließlich mitzuteilen, wenn eine Beteiligung die in § 20 Abs. 1, Abs. 3 und Abs. 4 AktG genannten meldepflichtigen Schwellenwerte unterschreitet. Diese Mitteilungspflicht besteht auch dann, wenn die vorhergehende Mitteilung nach § 20 Abs. 1 und/oder Abs. 3 oder Abs. 4 AktG unterlassen worden ist (MünchKommAktG/*Bayer* § 20 Rdnr. 26; a. A. *Hüffer* § 20 Rdnr. 7).

17. Die Mitteilungspflicht nach § 21 Abs. 3 AktG besteht zusätzlich und nur, wenn dass mitteilende Unternehmen selbst eine Aktiengesellschaft nach deutschem Recht ist. Diese Regelung entspricht § 20 Abs. 5 AktG.

3.2 Bekanntmachung gemäß § 20 Abs. 6 AktG

...... [Firma der Gesellschaft] AG
...... [Ort]

Die ...... [Firma des Unternehmens] mit Sitz in ...... [Ort] hat uns gemäß § 20 Abs. 1 [und Abs. 3] AktG mitgeteilt, dass ihr unmittelbar mehr als der vierte Teil der Aktien unserer Gesellschaft gehören.

Die ...... [Firma des Unternehmens] mit Sitz in ...... [Ort] hat uns gemäß § 20 Abs. 1 AktG mitgeteilt, dass ihr kraft Zurechnung der von der ...... [Firma des Unternehmens] mit Sitz in ...... [Ort] gehaltenen Anteile nach § 20 Abs. 2 AktG mittelbar mehr als der vierte Teil der Aktien unserer Gesellschaft gehört.

Die ...... [Firma des Unternehmens] mit Sitz in ...... [Ort] hat uns gemäß § 20 Abs. 1 und 4 AktG mitgeteilt, dass ihr kraft Zurechnung der von der ...... [Firma des Unternehmens] gehaltenen Anteile nach § 16 Abs. 4 AktG mittelbar eine Mehrheitsbeteiligung an unserer Gesellschaft gehört.

Die ...... [Firma des Unternehmens] mit Sitz in ...... [Ort] hat uns gemäß § 20 Abs. 5 AktG mitgeteilt, dass ihr an unserer Gesellschaft keine Mehrheitsbeteiligung mehr gehört. Sie hat weiter mitgeteilt, dass ihr weiterhin unmittelbar mehr als der vierte Teil der Aktien unserer Gesellschaft (Beteiligung nach § 20 Abs. 1 AktG) gehört.

Der Vorstand der
...... [Firma der Gesellschaft] AG

Anmerkungen

Gemäß § 20 Abs. 6 AktG ist die Gesellschaft, der mitgeteilt worden ist, dass an ihr eine Beteiligung nach § 20 Abs. 1 und/oder 4 AktG besteht, verpflichtet, diese Tatsache unverzüglich (§ 121 Abs. 1 BGB) unter Angabe des beteiligten Unternehmens bekannt zu machen. Entsprechendes gilt für die Mitteilung nach § 20 Abs. 5 AktG. Die Pflicht zur Bekanntmachung besteht hingegen nicht in den Fällen des § 20 Abs. 3 AktG. Die Aktiengesellschaft muss jedoch prüfen, ob in der Mitteilung nach § 20 Abs. 3 AktG zugleich eine Mitteilung nach § 20 Abs. 1 AktG enthalten ist. In diesem Fall entfällt die Bekanntmachungspflicht nicht (MünchKomm-AktG/*Bayer* § 20 Rdnr. 39; *Hüffer* § 20 Rdnr. 9). Die Bekanntmachung erfolgt in den Gesellschaftsblättern, mithin in jedem Fall im elektronischen Bundesanzeiger (§§ 20 Abs. 6 Satz 1 2. Halbs., 25 AktG). Die Bekanntmachung darf nicht von dem Nachweis nach § 22 AktG abhängig gemacht bzw. bis zu seinem Erhalt aufgeschoben werden (MünchKomm-AktG/*Bayer* § 20 Rdnr. 37; KölnKommAktG/*Koppensteiner* § 20 Rdnr. 43). Eine anderweitige Kenntniserlangung des Vorstands von der Beteiligung begründet keine Bekanntmachungspflicht (BGH NJW 1991, 2765, 2767; KölnKommAktG/*Koppensteiner* § 20 Rdnr. 45). Ein Verstoß gegen die Bekanntmachungspflicht kann Schadensersatzansprüche sowohl der Gesellschaft gegenüber dem Vorstand (§ 93 AktG) als auch von Dritten gegenüber der Gesellschaft (§ 823 Abs. 2 BGB) auslösen, führt aber nicht zur Ausübungssperre des § 20 Abs. 7 AktG (LG Mannheim AG 1988, 248, 252 m.w.N.). Das Formular enthält verschiedene Formulierungsvorschläge zu den jeweiligen Varianten, die jeweils auf den Einzelfall anzupassen sind.

3.3 Mitteilung gemäß § 21 Abs. 1 WpHG

Stimmrechtsmitteilung gemäß § 21 Abs. 1 WpHG[1, 7–8]

Angaben[7] zum Mitteilungspflichtigen[2]:
Name/Firma: ......
Anschrift: ......
Angaben[7] zum Emittenten:
Firma: ......
Anschrift: ......

...... [Datum][6]

Hiermit teilen wir Ihnen, ... [Firma, Anschrift d. Emittenten], gemäß § 21 Abs. 1 WpHG mit, dass der von uns gehaltene Stimmrechtsanteil an der ...... [Firma, Anschrift d. Emittenten] am ...... [Datum Schwellenberührung] die Schwelle(n)[4] von ...... % (und ...... %)[7] erreicht/überschritten/unterschritten[3] hat und der gesamte Stimmrechtsanteil nunmehr ...... % (das entspricht ...... Stimmrechten)[7] beträgt.
(Ggf.) Zurechnung[5]:
...... % der Stimmrechte (das entspricht ...... Stimmrechten)[7] sind uns nach § 22 Abs. ...... S. ...... Nr. ...... von ...... [Name/Firma d. Dritten] zuzurechnen.

...... [Name/Firma d. Mitteilungspflichtigen]

Schrifttum: BaFin, Emittentenleitfaden, Stand 14. Mai 2009; abrufbar unter www.bafin.de; *DAI*, Stellungnahme zum Regierungsentwurf eines Transparenzrichtlinie-Umsetzungsgesetzes, NZG 2006, 696; *Fiedler*, Mitteilungen über Beteiligungen von Mutter- und Tochterunternehmen, 2005; *Hildner*, Kapitalmarktrechtliche Beteiligungstransparenz; *Hirte/Möllers*, Kölner Kommentar zum WpHG, 2007; *Hutter/Kaulamo*, Das Transparenzrichtlinie-Umsetzungsgesetz: Änderungen der anlassabhängigen Publizität, NJW 2007, 471; *Kümpel/Veil*, Wertpapierhandelsgesetz: Eine systematische Darstellung, 2. Aufl. 2006; *Merkner/Sustmann*, Die Neuauflage des Emittentenleitfadens der BaFin – Rechtssicherheit bei der Abgabe von Stimmrechtsmitteilungen, NZG 2009, 813; *Nießen*, Die Harmonisierung der kapitalmarktrechtlichen Transparenzregeln durch das TUG, NZG 2007, 41; *Nikoleyczik*, Der neue Emittentenleitfaden der BaFin, GWR 2009, 264; *Nottmeier/Schäfer*, Praktische Fragen im Zusammenhang mit §§ 21, 22, WpHG, AG

3. Gesellschafts- und kapitalmarktrechtliche Begleitdokumente   C. III. 3

1997, 87; *Sven H. Schneider/Uwe H. Schneider*, Der Rechtsverlust gemäß § 28 WpHG bei Verletzung der kapitalmarktrechtlichen Meldepflichten – zugleich eine Untersuchung zu § 20 Abs. 7 AktG und § 59 WpHG, ZIP 2006, 493; *Schockenhoff/Schuhmann*, Acting in Concert – geklärte und ungeklärte Rechtsfragen, ZGR 2005, 568; *Schulenburg*, Ausnahme und Ende des sechsmonatigen Rechtsverlusts nach § 28 S. 3 WpHG, NZG 2009, 1246; *Starke*, Beteiligungstransparenz im gesellschafts- und Kapitalmarktrecht, 2002; *von Bülow/Bücker*, Abgestimmtes Verhalten im Kapitalmarkt- und Gesellschaftsrecht, ZGR 2004, 669; *von Bülow/Stephanblome*, Acting in Concert und neue Offenlegungspflichten nach dem Risikobegrenzungsgesetz, ZIP 2008, 1797.

Anmerkungen

1. Überblick – Kapitalmarktrechtliche Beteiligungspublizität. Das Pendant zur aktienrechtlichen Beteiligungspublizität findet sich für börsennotierte Gesellschaften in den §§ 21 ff. WpHG. In Anbetracht steigender Relevanz des Kapitalmarktes für die Unternehmensfinanzierung bedarf es zu dessen optimaler Funktionsfähigkeit einer Offenlegung der für die Anlageentscheidung der Marktteilnehmer relevanten Beteiligungsverhältnisse. Überwiegender Schutzaspekt des Regelungssystems ist folglich die Funktionsfähigkeit des Kapitalmarktes insgesamt. Ob die Publizitätspflichten auch individuellen Drittschutz vermitteln, ist hingegen umstritten (zum Streitstand vgl. etwa KölnKommWpHG/*Hirte* § 21 Rdnr. 4; Schäfer/Hamann/*Opitz* § 21 Rdnr. 42 m. w. N.). Jedenfalls übernehmen die Mitteilungspflichten auch die Funktion, zugunsten der jeweiligen Unternehmen selbst den Aufbau maßgeblicher Beteiligungen und so die Machtverhältnisse zu offenbaren (Assmann/Uwe H. Schneider/*Uwe H. Schneider* Vor § 21 Rdnr. 28). Aus diesem Grunde ist das Publizitätssystem zweistufig: Beim Tangieren der in § 21 Abs. 1 WpHG genannten Schwellen der Stimmrechtsanteile hat der Adressat dies zunächst sowohl der jeweiligen Gesellschaft als auch der BaFin mitzuteilen. Die Gesellschaft wiederum verwirklicht dann in einem zweiten Schritt den grundlegenden Zweck der Kapitalmarktinformation, indem sie diese Mitteilung nach § 26 Abs. 1 WpHG zu veröffentlichen hat. Zudem ist nach § 26a WpHG seitens des Emittenten eine Veröffentlichung der Gesamtzahl der Stimmrechte am Ende eines jeden Monats erforderlich, in dem es zu einer Veränderung gekommen ist (vgl. Form. C.III. 3.6 Anm. 8).

Hingewiesen sei darauf, dass die Vorschriften sämtlich europarechtlich motiviert und dementsprechend auszulegen sind (Assmann/Uwe H. Schneider/*Uwe H. Schneider* Vor § 21 Rdnr. 1 ff., 39). Jüngstes Beispiel sind die Änderungen durch das Transparenzrichtlinie-Umsetzungsgesetz (TUG, BT-Drucks. 16/2498, BGBl. I 2007 S. 10; hierzu im Überblick *Hutter/Kaulamo* NJW 2007, 471), welche die Anforderungen der Transparenzrichtlinie II (Richtlinie 2004/109/EG vom 15. 12. 2004) umsetzen.

2. Adressat der Mitteilungspflicht. Der Meldepflicht nach § 21 Abs. 1 WpHG unterliegt als „Jedermannpflicht", wer Stimmrechte (genauer: Aktien, mit denen die Stimmrechte verbunden sind) erwirbt oder veräußert. Die betreffende Gesellschaft muss nach Änderung durch das TUG ein Emittent sein, für den die Bundesrepublik Deutschland Herkunftsstaat ist (Herkunftsstaatsprinzip, § 2 Abs. 6 WpHG), jedoch unter der Einschränkung nach § 21 Abs. 2 WpHG.

3. Meldepflicht auslösendes Moment. Gemäß § 21 Abs. 1 WpHG muss durch Erwerb, Veräußerung oder auf sonstige Weise eine Stimmrechtsschwelle erreicht, über- oder unterschritten werden, damit eine Publizitätspflicht ausgelöst wird. Dies gilt nach § 21 Abs. 1a WpHG ebenso, wenn bei der erstmaligen Zulassung zum Börsenhandel 3% oder mehr Stimmrechte gehalten werden. Für den Erwerb, die Veräußerung oder das Erreichen auf sonstige Weise ist grundsätzlich – vorbehaltlich abweichender Regelungen der Zurechnungsvorschriften in § 22 WpHG – der dingliche Erwerb maßgeblich, nicht hingegen der Abschluss eines schuldrechtlichen Rechtsgeschäfts (s. Schäfer/Hamann/*Opitz* § 21 Rdnr. 20; Assmann/Uwe H. Schneider/*Uwe H. Schneider* § 21 Rdnr. 70 ff.; a. A. *Nottmeier/Schäfer* AG 1997, 87, 88). Auf „sonstige Weise" können die Schwellenwerte in praxi insbesondere durch Verwirklichung der Zurechnungstatbestände des § 22 WpHG tangiert werden (BT-Drucks. 12/6679 S. 53). Unter diese Variante fallen allerdings ebenso etwa Kapitalerhöhungen unter Bezugsrechtsausschluss (zu weiteren Beispielen vgl. Schäfer/Hamann/*Opitz* § 21 Rdnr. 23).

4. Schwellenwerte. § 21 Abs. 1 S. 1 WpHG bestimmt als Schwellenwerte 3, 5, 10, 15, 20, 25, 30, 50 und 75% der Stimmrechte. Die 30%-Schwelle akkordiert die Publizitätspflicht mit dem eine Angebotspflicht auslösenden Kontrolltatbestand in § 29 Abs. 2 WpÜG. Die in überschießender Richtlinienumsetzung durch das TUG eingezogene Schwelle bei 3% soll eine verstärkte Einflusstransparenz gewährleisten und ein „Anschleichen" an hohe Beteiligungen verhindern (BT-Drucks. 16/2498 S. 34). Zur genauen Berechnung der Stimmrechtsquote s. Assmann/Uwe H. Schneider/*Uwe H. Schneider* § 21 Rdnr. 33 ff. Hilfestellung gibt hierbei der durch das TUG eingefügte § 26 a WpHG. Nach diesem hat der Emittent die Gesamtzahl der Stimmrechte am Ende eines jeden Kalendermonats, in dem es zu einer Zu- oder Abnahme von Stimmrechten gekommen ist, zu veröffentlichen und an das Unternehmensregister zu übermitteln. Auf diese Veröffentlichung darf sich der Meldepflichtige bei seiner Berechnung verlassen (BT-Drucks. 16/2498 S. 38).

5. Zurechnungsvorschrift des § 22 WpHG. Unter bestimmten Umständen stehen den Stimmrechten des Meldepflichtigen Stimmrechte aus weiteren Aktien der Gesellschaft gleich und sind diesem zuzurechnen (zur Mehrfacherfassung und Kettenzurechnung vgl. Assmann/Uwe H. Schneider/*Uwe H. Schneider* § 22 Rdnr. 15 ff.; KölnKommWpHG/*von Bülow* § 22 Rdnr. 30 ff.). Dieser vom Gedanken des Umgehungsschutzes geprägten Vorschrift wird bisweilen vorgeworfen, tatbestandlich „mehr Loch als Käse" zu sein; zu den einzelnen Zurechnungstatbeständen des Abs. 1 s. umfassend Assmann/Uwe H. Schneider/*Uwe H. Schneider* § 22 Rdnr. 30 ff. Größte Aufmerksamkeit hat in der Praxis und Literatur der Zurechnungstatbestand des abgestimmten Verhaltens („Acting in concert") in Abs. 2 erfahren. Diese Abstimmung kann entweder durch eine rechtsverbindliche Vereinbarung oder auch nur durch bewusst praktiziertes Zusammenwirken („in sonstiger Weise", s. Assmann/Uwe. H. Schneider/ *Uwe H. Schneider* § 22 Rdnr. 173) erfolgen. Durch das Gesetz zur Begrenzung der mit Finanzinvestitionen verbundenen Risiken (Risikobegrenzungsgesetz, BGBl. I 2008 S. 1666) wurde klargestellt, dass die Stimmrechtszurechnung nach § 22 Abs. 2 WpHG nicht nur die koordinierte Stimmrechtsausübung in der Hauptversammlung, sondern unter bestimmten Voraussetzungen auch ein Zusammenwirken außerhalb der Hauptversammlung erfasst, § 22 Abs. 2 S. 2 WpHG n. F. Wie schon vor den Änderungen durch das Risikobegrenzungsgesetz erfordert der Zurechnungstatbestand des § 22 Abs. 2 WpHG aber weiterhin die Koordination von gesellschaftsrechtlich vermittelten Einflussnahmemöglichkeiten zum Zwecke der gemeinsamen Einflussnahme (s. *von Bülow/Stephanblome* ZIP 2008, 1797, 1798; zur Rechtslage vor dem Risikobegrenzungsgesetz (Schäfer/Hamann/*Opitz* § 22 Rdnr. 90; a. A. Assmann/Uwe H. Schneider/*Uwe H. Schneider* § 22 Rdnr. 181, der auch die faktische Einflussnahme erfassen will). Dementsprechend wird etwa eine Abstimmung über den koordinierten Erwerb/das Halten/die Veräußerung von Anteilen auch nach den Änderungen durch das Risikobegrenzungsgesetz keine Zurechnung nach § 22 Abs. 2 WpHG bewirken (ebenso Bericht Finanzausschuss, BT-Drucks. 16/9821, S. 16; *von Bülow/Stephanblome* ZIP 2008, 1797, 1799 o. A.; Assmann/Uwe H. Schneider/*Uwe H. Schneider* § 22 Rdnr. 185 ff.). Ausgenommen ist jedoch ein abgestimmtes Verhalten in Einzelfällen, Abs. 2 S. 1 Hs. 2 (zu Einzelfällen umfänglich KölnKommWpHG/*von Bülow* § 22 Rdnr. 182 ff.). In Anbetracht der Rechtsfolgen gerade des § 28 WpHG bei Verletzung einer Mitteilungspflicht (vgl. Anm. 8) ist zu einer stets sorgsamen Prüfung der Zurechnungstatbestände zu raten.

6. Frist zur Mitteilung. Die Mitteilung hat nach § 21 Abs. 1 S. 1 WpHG unverzüglich (also ohne schuldhaftes Zögern, § 121 Abs. 1 S. 1 BGB), spätestens jedoch binnen einer Frist von vier Handelstagen zu erfolgen. Zur Erleichterung der Fristberechnung hat die BaFin zu rein informatorischen Zwecken auf Grundlage des § 30 Abs. 2 WpHG einen „Kalender der Handelstage" im Internet zur Verfügung gestellt (vgl. www.bafin.de). Aus der gesetzlichen Formulierung wird zudem schon deutlich, dass die Mitteilung nicht stets sofort erfolgen muss, aber die Frist auch nicht grundlos ausgeschöpft werden darf. Insbesondere kann und soll währenddessen fachmännischer Rat eingeholt werden (Assmann/Uwe H. Schneider/*Uwe H. Schneider* § 21 Rdnr. 128 ff.). Die Frist beginnt nach S. 3 mit dem Zeitpunkt, in dem der Pflichtige jedenfalls den Umständen nach davon Kenntnis haben musste, dass sein Stimmrechtsanteil die genannten Schwellen erreicht, überschreitet oder unterschreitet. Es wird ver-

3. Gesellschafts- und kapitalmarktrechtliche Begleitdokumente

mutet, dass der Meldepflichtige zwei Tage nach Erreichen, Überschreiten oder Unterschreiten der genannten Schwellen Kenntnis hat (§ 21 Abs. 1 S. 4 WpHG). Diese Vermutung kann allerdings nur in Ausnahmefällen zum Tragen kommen, da der Meldepflichtige in aller Regel von den Umständen der Schwellenberührung am selben Tag Kenntnis haben muss (vgl. BaFin *Emittentenleitfaden*, S. 135). Für die Einhaltung der Frist ist der Zugang (§ 130 BGB) maßgeblich. Um den Pflichten nachzukommen, ist ggf. ein Compliance-System zu installieren. Wenn Zweifel daran bestehen, ob eine Meldung veranlasst ist, empfiehlt sich, neben dem Einholen von (freilich Gerichte nicht bindendem) Rat bei der BaFin eine vorsorgliche Mitteilung zu tätigen, die zusätzlich den der Mitteilung zugrunde liegenden Sachverhalt offen legt (ebenso Assmann/Uwe. H. Schneider/*Uwe H. Schneider* § 21 Rdnr. 138 ff.).

7. Inhalt, Form und Sprache der Mitteilung. Das TUG konkretisiert in § 21 Abs. 3 WpHG i. V. m. §§ 17, 18 WpAIV en détail, welchen Inhalt die Mitteilung haben muss. Fraglich ist, ob eine prozentuale Angabe des Stimmrechtsanteils ausreichend ist, oder ob die Zahl der Stimmrechte anzugeben ist. In praxi ließ die BaFin grds. eine prozentuale Angabe einschließlich zwei Nachkommastellen genügen (vgl. Assmann/Uwe H. Schneider/*Uwe H. Schneider* § 21 Rdnr. 121). Es empfiehlt sich indes im Sinne umfassender Transparenz, daneben auch die Zahl der Stimmrechte anzugeben (Assmann/Uwe H. Schneider/*Uwe H. Schneider* § 21 Rdnr. 122; Schäfer/Hamann/*Opitz* § 21 Rdnr. 34; differenzierend KölnKommWpHG/*Hirte* § 21 Rdnr. 147 f.). Dies setzt neuerdings auch die BaFin voraus (*BaFin* Emittentenleitfaden, S. 134). § 17 Abs. 1 Nr. 4 WpAIV fordert die Angabe der „Schwelle", die berührt wurde, wohingegen die BaFin davon auszugehen scheint, dass sämtliche berührten Schwellen anzugeben sind (*BaFin* Emittentenleitfaden, S. 134). Dem sollte in der Praxis schon allein deswegen entsprochen werden, um die Veränderung zum bisherigen Stimmrechtsanteil deutlich zu machen; die Information über die Höhe der quotalen Änderung ist für Kapitalmarktteilnehmer durchaus von Relevanz. Erwähnt sei ferner, dass nicht nur die zuzurechnenden Stimmrechte für jeden Zurechnungstatbestand getrennt anzugeben sind (§ 17 Abs. 2 S. 2 WpAIV), sondern auch der Name/die Firma des Dritten anzugeben ist, aus dessen Aktien die Zurechnung erfolgt, § 17 Abs. 2 S. 1 Nr. 1 WpAIV. Dies gilt jedoch nur, wenn der zugerechnete Stimmrechtsanteil jeweils 3% oder mehr beträgt. Entsprechendes gilt nach § 17 Abs. 2 S. 1 Nr. 2 WpAIV für die Firma kontrollierter Unternehmen, über die die Stimmrechte tatsächlich gehalten werden. Hierdurch soll vermieden werden, dass Mitteilungspflichten andernfalls durch Nennung einer Vielzahl von Namen zu unübersichtlich würden (BT-Drucks. 16/3644 S. 79). Die Mitteilung ist schriftlich oder mittels Telefax sowie in englischer oder deutscher Sprache an den Emittenten und die BaFin zu übermitteln, § 18 WpAIV.

8. Rechtsfolgen bei Pflichtverletzung. Wenn eine Mitteilungspflicht „nicht erfüllt" wird, d. h. entweder gar nicht, unvollständig, falsch oder nicht rechtzeitig erfolgte, bestimmt § 28 S. 1 WpHG, dass Rechte aus den betroffenen Aktien für die Zeit, während der einer Mitteilungspflicht nicht nachgekommen wurde, nicht bestehen. Richtigerweise tritt dies nur bei schuldhafter, also vorsätzlicher oder fahrlässiger Verletzung ein, was sich schon daraus ergibt, dass die Meldepflicht unverzüglich, also ohne schuldhaftes Zögern zu erfüllen ist (ebenso Assmann/Uwe H. Schneider/*Uwe H. Schneider* § 28 Rdnr. 20). Ein schuldhaftes Versäumnis scheidet etwa dann aus, wenn der Mitteilungspflichtige aufgrund einer Fehlinformation des Emittenten gemäß § 26 a WpHG handelt bzw. nicht handelt (vgl. *Nießen* NZG 2007, 41, 42). Das Nichtbestehen der Rechte bedeutet nicht lediglich ein Ruhen der Verwaltungs- und Vermögensrechte, sondern einen unwiederbringlichen Verlust derselben, nicht jedoch der Mitgliedschaft selbst (zu den im Einzelnen betroffenen Rechten s. Assmann/Uwe H. Schneider/ *Uwe H. Schneider* § 28 Rdnr. 25 ff., 40; *Sven H. Schneider*/Uwe H. Schneider ZIP 2006, 493, 494). Für die betroffenen Stimmrechte etwa bedeutet dies, dass ein auf diesen beruhender Beschluss nach § 243 Abs. 1 AktG anfechtbar sein kann (Assmann/Uwe H. Schneider/*Uwe H. Schneider* § 28 Rdnr. 28). Wird der Mitteilungspflicht nachgekommen, so leben die Rechte – abgesehen von den in S. 2 genannten – zwar nicht rückwirkend wieder auf, bestehen aber grundsätzlich wieder ex nunc. Dies ist insbesondere für das Stimmrecht relevant, von welchem etwa auch dann wieder Gebrauch gemacht werden kann, wenn der Mitteilungspflicht unmittelbar vor bzw. in der Hauptversammlung nachgekommen wird (Assmann/Uwe

H. Schneider/*Uwe H. Schneider* § 28 Rdnr. 22). Nach der durch das Risikobegrenzungsgesetz neu eingeführten Regelung des § 28 S. 3 WpHG endet der Rechtsverlust allerdings erst sechs Monate nach der Erfüllung der Mitteilungspflicht, wenn die Höhe des gehaltenen Stimmrechtsanteils vorsätzlich oder grob fahrlässig unzutreffend oder überhaupt nicht mitgeteilt wurde. Diese Verlängerung der Dauer des Rechtsverlustes tritt nicht ein, wenn die Abweichung der tatsächlichen von der mitgeteilten Beteiligungshöhe weniger als 10% beträgt und keine Mitteilung über das Erreichen, Über- oder Unterschreiten der Meldeschwellen des § 21 WpHG unterlassen wurde.

Des Weiteren stellt eine Nichtbefolgung der Mitteilungspflicht eine nach § 39 Abs. 2 Nr. 2 e) WpHG bußgeldbewehrte Ordnungswidrigkeit dar, die allerdings vorsätzliche oder – anders als bei § 28 WpHG – leichtfertige Missachtung der Pflichten voraussetzt.

Ob die Nichtbeachtung der Mitteilungspflicht auch zu Schadensersatzforderungen nach § 823 Abs. 2 BGB i. V. m. § 21 Abs. 1 WpHG führen kann, ist lebhaft umstritten und hängt letztlich davon ab, ob man diesen Vorschriften des WpHG neben dem Funktionsschutz auch individualschützenden Charakter beimisst (s. Anm. 1).

3.4 Mitteilung gemäß § 27 a Abs. 1 WpHG

[Briefkopf des Mitteilungspflichtigen]

An den Vorstand der
.... AG [Emittent]
.... [Anschrift]
.... [Datum][11]

Mitteilung gemäß § 27 a Abs. 1 WpHG[1, 2, 12, 13]

Sehr geehrte Damen und Herren,
am ...... [Datum] haben wir Ihnen gemäß § 21 Abs. 1 WpHG mitgeteilt, dass der von uns gehaltene Stimmrechtsanteil an der .... [Firma, Anschrift des Emittenten] am .... [Datum Schwellenberührung] die Schwelle(n) von ......% (und .....%) erreicht/überschritten hat und der gesamte Stimmrechtsanteil nunmehr ......% (das entspricht ...... Stimmrechten) beträgt.
Vor diesem Hintergrund teilen wir[3, 4] Ihnen gemäß § 27 a Abs. 1 WpHG ergänzend Folgendes mit:[5]

1. Mit dem Erwerb verfolgte Ziele:

a) [*Alt. 1*] Der Erwerb von Stimmrechten an der ...... AG [Emittent] dient der Umsetzung strategischer Ziele.
[*Alt. 2*] Der Erwerb von Stimmrechten an der ...... AG [Emittent] dient der Erzielung von Handelsgewinnen.
[*Alt. 3*] Der Erwerb von Stimmrechten an der ...... AG [Emittent] erfolgte durch Zurechnung der Beteiligung der ......[Tochterunternehmen des Meldepflichtigen] gem. § 22 Abs. 1 Satz 1 Nr. 1 WpHG. Die .... [Mitteilungspflichtiger] verfolgt weder strategische Ziele noch die Erzielung von Handelsgewinnen im Hinblick auf die ...... AG [Emittent].[6]

b) Es besteht [keine bzw. die] Absicht seitens der .... [Mitteilungspflichtiger], innerhalb der nächsten zwölf Monate weitere Stimmrechte der .... AG [Emittent] durch Erwerb oder auf sonstige Weise zu erlangen.[7]

c) Die .... [Mitteilungspflichtiger] strebt [keine bzw. die] Einflussnahme auf die Besetzung von Verwaltungs-, Leitungs- und Aufsichtsorganen der .... AG [Emittent] an.[8]

3. Gesellschafts- und kapitalmarktrechtliche Begleitdokumente C. III. 3

d) Die .... [Mitteilungspflichtiger] strebt [keine bzw. eine] wesentliche Änderung der Kapitalstruktur der ...... AG [Emittent], insbesondere im Hinblick auf das Verhältnis von Eigen- und Fremdfinanzierung sowie die Dividendenpolitik an.[9]

2. Herkunft der für den Erwerb verwendeten Mittel:[10]

[Alt. 1] Bei den für den Erwerb von Stimmrechten an der ...... AG [Emittent] verwendeten Mitteln handelt es sich um [Eigenkapital/Fremdkapital/zu ...% um Eigen- und zu ....% um Fremdkapital].

[Alt 2] Der Erwerb von Stimmrechten an der ...... AG [Emittent] erfolgte durch Zurechnung der Beteiligung der [Tochterunternehmen] gem. § 22 Abs. 1 Satz 1 Nr. 1 WpHG. Hinsichtlich des Erwerbs von Stimmrechten der [Emittent] wurden von der [Meldepflichtiger] direkt weder Fremd- noch Eigenmittel aufgewendet.

...... [Name/Firma d. Mitteilungspflichtigen]

Schrifttum: Fleischer, Mitteilungspflichten für Inhaber wesentlicher Beteiligungen (§ 27a WpHG), AG 2008, 873; *Greven/Fahrenholz*, Die Handhabung der neuen Mitteilungspflichten nach § 27a WpHG, BB 2009, 1487 ff.; *Pluskat*, Investorenmitteilung nach § 27a WpHG – wie viel Beteiligungstransparenz geht noch?, NZG 2009, 206; *von Bülow/Stephanblome*, Acting in Concert und neue Offenlegungspflichten nach dem Risikobegrenzungsgesetz, ZIP 2008, 1797.

Anmerkungen

1. Überblick. Mit der durch das Gesetz zur Begrenzung der mit Finanzinvestitionen verbundenen Risiken (Risikobegrenzungsgesetz, BGBl I 2008 S. 1666) in das WpHG eingefügten Publizitätspflicht des § 27a WpHG sollen „unerwünschte Aktivitäten von Finanzinvestoren erschwert oder möglicherweise sogar verhindert werden" und „eine ausreichende Informationsbasis für alle Akteure hergestellt" werden (Begr. RegE Risikobegrenzungsgesetz, BT-Drucks. 16/7438 S. 8). Nach dem Vorbild US-amerikanischer und französischer Meldevorschriften (s. im Einzelnen *Pluskat* NZG 2009, 206) erlegt die Vorschrift den nach §§ 21, 22 WpHG Meldepflichtigen die Pflicht auf, bei Erreichen oder Überschreiten eines Stimmrechtsanteils von 10%, dem Emittenten Auskunft über die mit dem Stimmrechtserwerb verbundenen Ziele und die Herkunft der verwendeten Mittel zu geben.

2. Opting-Out. Die Satzung des Emittenten kann die Pflicht nach § 27a WpHG abbedingen mit der Folge, dass eine Mitteilung nicht erforderlich ist. Bis zum 31. Dezember 2010 hatte nur eines der DAX 30-Unternehmen von der Ermächtigung Gebrauch gemacht.

3. Adressat der Mitteilungspflicht. Der Mitteilungspflicht gemäß § 27a WpHG unterliegt, wer meldepflichtig im Sinne der §§ 21, 22 WpHG ist, also Stimmrechte erwirbt oder veräußert (vgl. Form. C. III. 3.3 Anm. 1). Die Publizitätspflicht setzt voraus, dass eine Beteiligungsschwelle von 10% erreicht oder überschritten wird. Bei der Ermittlung der Beteiligungshöhe können dem Meldepflichtigen neben den Stimmrechten aus von ihm selbst gehaltenen Aktien weitere Stimmrechte nach § 22 WpHG zuzurechnen sein (s. hierzu Form. C. III. 3.3 Anm. 5). Anders als im Rahmen des § 21 WpHG entsteht durch das Unterschreiten der 10% Schwelle keine Meldepflicht. Ändern sich die mitgeteilten Erwerbsziele nachträglich, hat eine aktualisierte Meldung zu erfolgen, § 27a Abs. 1 S. 2 WpHG. Bei der erstmaligen Zulassung von Aktien zum Handel begründet § 27a WpHG keine Mitteilungspflicht.

4. Ausnahmen. Keine Meldepflicht besteht nach § 27a Abs. 1 S. 5 WpHG, wenn der Schwellenwert aufgrund eines Angebots im Sinne des § 2 Abs. 1 WpÜG erreicht oder überschritten wird. Eine weitere Ausnahme von der Meldepflicht sieht § 27a Abs. 1 S. 6 WpHG für Kapitalanlagegesellschaften (§ 2 Abs. 6 InvG), Investmentaktiengesellschaften (§ 2 Abs. 5 InvG) sowie ausländische Verwaltungsgesellschaften und Investmentgesellschaften im Sinne des Art. 10 Abs. 2 OGAW-RL vor, da diese ohnehin keine Beteiligungen halten dürfen, die die

Schwelle des § 27a WpHG überschreiten (§ 64 InvG). Die Ausnahme gilt aber auch dann, wenn die Schwelle von 10% der Stimmrechte im Einklang mit § 65 InvG vorübergehend überschritten wird.

5. Inhalt der Mitteilung. Die Mitteilungspflicht erstreckt sich auf die in § 27a Abs. 1 S. 3 Nrn. 1–4 WpHG abschließend aufgezählten mit dem Stimmrechtserwerb verfolgten Ziele sowie die Herkunft der für den Erwerb verwendeten Mittel. Der Mitteilungspflichtige kann die mitgeteilten Ziele jederzeit ändern oder ganz aufgeben, muss dann aber eine aktualisierte Mitteilung übermitteln (vgl. Anm. 3). Auf die im Gesetzgebungsverfahren geforderte Offenlegung des Ziels, die Kontrolle über den Emittenten zu erlangen, wurde verzichtet (vgl. Beschlussempfehlung des Bundestags-Finanzausschusses, BT-Drucks. 16/9778, S. 16).

6. Strategische Ziele oder Handelsgewinne. Nach § 27a Abs. 1 S. 3 Nr. 1 WpHG hat der Meldepflichtige anzugeben, ob die Investition der Umsetzung strategischer Ziele oder der Umsetzung von Handelsgewinnen dient. Ersteres ist der Fall, wenn in einem überschaubaren Zeitraum auf die Geschäftspolitik des Emittenten jedenfalls in einzelnen Bereichen Einfluss genommen werden soll und ein langfristiges Engagement angestrebt wird, letzteres, wenn die kurzfristige Erzielung von Gewinnen im Vordergrund steht (Begr. RegE Risikobegrenzungsgesetz, BT-Drucks. 16/7438 S. 12; Assmann/Uwe H. Schneider/*Uwe H. Schneider* § 27a Rdnr. 13f.). Nähere Erläuterungen sind nicht erforderlich (*von Bülow/Stephanblome*, ZIP 2008, 1797, 1802).

7. Aufstockungsabsicht. Nach § 27a Abs. 1 S. 3 Nr. 2 WpHG ist mitzuteilen, ob innerhalb der nächsten zwölf Monate weitere Stimmrechte durch Erwerb oder auf sonstige Weise erlangt werden sollen. Dabei sind weder die Angabe einer bestimmten Größenordnung noch Angaben zu einem beabsichtigten Kontrollerwerb erforderlich (Assmann/Uwe H. Schneider/*Uwe H. Schneider* § 27a Rdnr. 16f.; Schwark/Zimmer/*Schwark* § 27a WpHG Rdnr. 6).

8. Personelle Einflussnahme. Weiter hat der Meldepflichtige nach § 27a Abs. 1 S. 3 Nr. 3 WpHG anzugeben, ob er eine Einflussnahme auf die Besetzung von Verwaltungs-, Leitungs- und Aufsichtsorganen anstrebt, d.h. auf die Besetzung des Aufsichtsrates oder (mittelbar) des Vorstandes Einfluss zu nehmen beabsichtigt. Die Angabe weiterer Informationen, etwa die namentliche Nennung der Personen, die in Aufsichtsrat oder Vorstand berufen werden sollen, ist nicht erforderlich (*von Bülow/Stephanblome* ZIP 2008, 1797, 1803).

9. Änderung der Kapitalstruktur. Nach § 27a Abs. 1 S. 3 Nr. 4 WpHG hat der Mitteilungspflichtige darüber zu informieren, ob er eine wesentliche Änderung der Kapitalstruktur der Gesellschaft, insbesondere im Hinblick auf das Verhältnis von Eigen- und Fremdfinanzierung und die Dividendenpolitik, anstrebt. Die Frage der Wesentlichkeit ist dabei aus der objektivierten Sicht des Emittenten und der Anleger zu beurteilen *(von Bülow/Stephanblome* ZIP 2008, 1797, 1803).

10. Mittelherkunft. Schließlich ist nach § 27a Abs. 1 S. 4 WpHG anzugeben, ob der Erwerb mit Eigen- oder Fremdmitteln finanziert wurde. Bei einer gemischten Finanzierung ist der jeweilige Anteil der Finanzierungsform an der Gesamtfinanzierung anzugeben (Begr. RegE Risikobegrenzungsgesetz, BT-Drucks. 16/7438 S. 12). Ob die Mittel dem Eigen- oder dem Fremdkapital des Mitteilungspflichtigen zuzurechnen sind, richtet sich nach den zur Anwendung kommenden Bilanzierungsgrundsätzen (*von Bülow/Stephanblome* ZIP 2008, 1797, 1803). Über Einzelheiten der Finanzierung wie die beteiligten Institute oder die Konditionen muss nicht informiert werden (Begr. RegE Risikobegrenzungsgesetz, BT-Drucks. 16/7438 S. 12; Assmann/Uwe H. Schneider/*Uwe H. Schneider* § 27a Rdnr. 20).

11. Frist zur Mitteilung. Die Mitteilung hat nach § 27a Abs. 1 S. 1 WpHG binnen einer Frist von 20 Handelstagen zu erfolgen. Auf ihrer Website (www.bafin.de) hat die BaFin zur Erleichterung der Fristberechnung einen „Kalender der Handelstage" zur Verfügung gestellt. Entsprechend § 21 Abs. 1 S. 3 WpHG beginnt die Frist mit dem Zeitpunkt, in dem der Meldepflichtige Kenntnis davon hatte oder jedenfalls nach den Umständen haben musste, dass sein Stimmrechtsanteil die relevante Schwelle erreicht oder überschritten hat. Entscheidend für die Einhaltung der Frist ist der Zugang (§ 130 BGB) der Meldung.

12. Form und Sprache der Mitteilung. Weder die Form noch die Sprache der Mitteilung sind gesetzlich geregelt. Nach § 27a Abs. 4 WpHG kann das Bundesministerium der Finanzen diesbezügliche Bestimmungen durch eine Rechtsverordnung treffen; an einer solchen fehlt es aber bisher. Mangels näherer Regelungen liegt sowohl die Form der Meldung als auch ihrer Übermittlung im Ermessen des Meldepflichtigen. Jedenfalls wenn der Emittent eine deutsche Aktiengesellschaft ist, ist die Mitteilung in deutscher Sprache zu verfassen (Assmann/*Uwe H. Schneider*/*Uwe H. Schneider* § 27a Rdnr. 25).

13. Rechtsfolgen bei Pflichtverletzung. Wird die Mitteilungspflicht verletzt, weil die Mitteilung entweder unzulänglich ist oder ganz unterlassen wird, so hat der Emittent diese Tatsache zu veröffentlichen (§ 27a Abs. 2 WpHG). Darüber hinaus gehende Rechtsfolgen sieht das Gesetz nicht vor. Insbesondere tritt weder ein Rechtsverlust nach § 28 WpHG ein, noch ist die Vorschrift bußgeldbewehrt.

14. Veröffentlichungspflicht des Emittenten. Der Emittent hat die erhaltene Information (oder die Verletzung der Mitteilungspflicht; vgl. Anm. 13) gemäß § 27a Abs. 2 WpHG entsprechend § 26 Abs. 1 S. 1 WpHG spätestens binnen dreier Handelstage nach Zugang der Mitteilung zu veröffentlichen. Für eine solche Veröffentlichung vgl. Form. C.III. 3.6.

3.5 Mitteilung gemäß § 25 Abs. 1 WpHG

Stimmrechtsmitteilung gemäß § 25 Abs. 1 WpHG[1, 6, 7, 9]

Angaben zum Mitteilungspflichtigen[2]:
Name/Firma: ......
Anschrift: ......
Angaben zum Emittenten der Aktien, die mit den Finanzinstrumenten2 erworben werden können:
Firma: ......
Anschrift: ......
..... [Datum][8]

Hiermit teilen wir Ihnen gemäß § 25 Abs. 1 WpHG mit, dass wir am ...... [Datum Schwellenberührung] Finanzinstrumente[2] unmittelbar [oder mittelbar][5] halten, die uns das Recht einräumen, Aktien an der ...... [Firma, Anschrift d. Emittenten] zu beziehen, die ...... % der Stimmrechte (das entspricht ...... Stimmrechten)[6] vermitteln. Die Höhe des von uns nach §§ 21, 22 WpHG gehaltenen Stimmrechtsanteils beträgt ......% der Stimmrechte (das entspricht ...... Stimmrechten).[6] Die Summe[4] des Anteils aus gehaltenen Stimmrechten und des Anteils an Stimmrechten, der bestände, wenn wir statt der Finanzinstrumente die Aktien hielten, die auf Grund der rechtlich bindenden Vereinbarung erworben werden können, beträgt ...... % der Stimmrechte (das entspricht ...... Stimmrechten).[6] An diesem Tag hätten wir damit die Schwelle[n][3] von ...... % und ......)[6] der Stimmrechte der [Firma, Anschrift d. Emittenten] überschritten.
[Von uns mittelbar[5] gehaltene Finanzinstrumente werden dabei über folgende von uns kontrollierte Unternehmen gehalten:
– ...... [Firma, Anschrift des kontrollierten Unternehmens]
– ...... [Firma, Anschrift des kontrollierten Unternehmens][6]
[Das Datum der Fälligkeit der Finanzinstrumente lautet jeweils: ....][6]
[Der Ausübungszeitraum/-zeitpunkt für die Finanzinstrumente lautet jeweils: ......][6]
.... [Name/Firma des Mitteilungspflichtigen]

Schrifttum: Vgl. bereits Schrifttum zu Form. C. III. 3.3; weiter *Fleischer/Schmolke,* Zum beabsichtigten Ausbau der kapitalmarktrechtlichen Beteiligungstransparenz bei modernen Finanzinstrumenten (§§ 25, 25 a DiskE-WpHG), NZG 2010, 846; *Merkner/Sustmann,* Wertpapierleihe und Empty Voting – Weitergehender Transparenzbedarf im WpHG?, NZG 2010, 1170; *Schmolke/ Fleischer,* Das Anschleichen an eine börsennotierte Aktiengesellschaft – Überlegungen zur Beteiligungstransparenz de lege lata und de lege ferenda, NZG 2009, 401; *Schneider,* Kapitalmarktrechtliche Meldepflichten bei Finanzinstrumenten, AG 2008, 557. *Seibt,* Neues Regime der kapitalmarktrechtlichen Beteiligungstransparenz – Stellungnahme zum Anlegerschutz- und Funktionsverbesserungsgesetz, CFL 2010, 502 f.

Anmerkungen

1. Überblick. Die Vorschrift des § 25 WpHG statuiert eine Mitteilungspflicht für das Halten solcher Finanzinstrumente, die dem Inhaber das Recht verleihen, nach seinem Ermessen Aktien einer börsennotierten Gesellschaft zu erwerben. Zweck der Regelung ist es, ein unbemerktes „Anschleichen" an den Emittenten zu verhindern (Begr. RegE Transparenz-Richtlinie Umsetzungsgesetz, BT-Drucks. 16/2498 S. 37). Nach der Neufassung des § 25 Abs. 1 S. 3 WpHG durch das Gesetz zur Begrenzung der mit Finanzinvestitionen verbundenen Risiken (Risikobegrenzungsgesetz, BGBl I 2008 S. 1666) sind nunmehr im Rahmen des § 25 WpHG (potentielle) Stimmrechte aus Finanzinstrumenten mit Stimmrechten gemäß §§ 21 f. WpHG zusammenzurechnen, so dass auch der Erwerb von Aktien (neben einer Meldepflicht gemäß § 21 WpHG) zu einer Mitteilungspflicht gemäß § 25 WpHG führen kann.

2. Adressat der Mitteilungspflicht, erfasste Finanzinstrumente. Der Mitteilungspflicht nach § 25 WpHG unterliegt, wer Finanzinstrumente (§ 2 Abs. 2 b WpHG) hält, die ihrem Inhaber das Recht verleihen, einseitig im Rahmen einer rechtlich bindenden Vereinbarung mit Stimmrechten verbundene und bereits ausgegebene Aktien eines Emittenten, für den die Bundesrepublik Deutschland Herkunftsstaat ist (Herkunftsstaatsprinzip, § 2 Abs. 6 WpHG), zu erwerben. Zu den Finanzinstrumenten im Sinne des § 25 WpHG zählen etwa Futures, Forwards und Call-Optionen (zu den einzelnen Finanzinstrumenten s. umfassend Assmann/Uwe H. Schneider/*Uwe H. Schneider* § 25 Rdnr. 9 ff.). Durch das Gesetz zur Stärkung des Anlegerschutzes und Verbesserung der Funktionsfähigkeit des Kapitalmarkts (Anlegerschutz- und Funktionsverbesserungsgesetz, Beschlussempfehlung des Finanzausschusses v. 9. 2. 2011, BT-Drucks. 17/4710, S. 1; im Überblick *Schmolke/Fleischer,* NZG 2010, 846; *Seibt,* CFL 2010, 502) soll § 25 WpHG voraussichtlich zum 1. Januar 2012 um eine Mitteilungspflicht für „sonstige Instrumente", die nicht unter den Finanzinstrumentbegriff des § 2 Abs. 2 b WpHG fallen, erweitert werden, so dass Meldepflichten künftig etwa auch für den Rückforderungsanspruch des Darlehensgebers bei Wertpapierdarlehen sowie für die Rückkaufvereinbarung bei einem Repo-Geschäft bestehen. Darüber hinaus erweitert der voraussichtlich ebenfalls am 1. Januar 2012 in Kraft tretende § 25 a WpHG n. F. die Meldepflichten auf das Halten sonstiger Finanzinstrumente bzw. sonstige Instrumente, die nicht bereits von § 25 WpHG erfasst sind und es ihrem Inhaber faktisch oder wirtschaftlich ermöglichen, mit Stimmrechten verbundene und bereits ausgegebene Aktien eines Emittenten zu erwerben (etwa finanzielle Differenzgeschäfte, Cash Settled Equity Swaps, Call-Optionen mit Cash Settlement, Put-Optionen).

3. Schwellenwerte. Die Meldepflicht gemäß § 25 WpHG besteht erst ab einer Schwelle von 5%. Im Übrigen gelten die in § 21 Abs. 1 S. 1 WpHG bestimmten Schwellenwerte (s. Form. C. III. 3.3 Anm. 4).

4. Aggregation. Gemäß § 25 Abs. 1 S. 3 WpHG sind für die Frage, ob eine Meldeschwelle des § 25 WpHG erreicht, über- oder unterschritten wird, die Stimmrechte aus Aktien, die der Meldepflichtige hält oder die ihm zugerechnet werden (vgl. Form. C. III. 3.3 Anm. 5) und die potentiellen Stimmrechte aus Finanzinstrumenten zusammenzurechnen. Keine Meldung gemäß § 25 WpHG ist erforderlich, wenn eine Mitteilung gemäß § 21 WpHG erfolgt (ist) und durch die Zusammenrechnung keine weitere Schwelle erreicht wird. Erwirbt also etwa ein Käufer, der potentielle Stimmrechte aus Finanzinstrumenten in Höhe von 3% hält, 5% der Aktien (und damit der Stimmrechte), so trifft ihn nur die Meldepflicht gemäß § 21 WpHG, da neben der 5%-Schwelle keine weitere Schwelle berührt wird. Eine Meldung nach § 25 WpHG

3. Gesellschafts- und kapitalmarktrechtliche Begleitdokumente

hat aber zu erfolgen, wenn gehaltene Stimmrechte und Finanzinstrumente zusammen 5% ergeben (für weitere Beispiele s. *BaFin* Emittentenleitfaden, S. 163 ff.).

5. Mittelbares Halten von Finanzinstrumenten. Neben den unmittelbar von dem Mitteilungspflichtigen gehaltenen Finanzinstrumenten sind im Rahmen des § 25 WpHG auch solche Derivate relevant, die mittelbar von ihm gehalten werden. Dies sind solche, deren Inhaber ein Tochterunternehmen oder ein Verwaltungstreuhänder des Mitteilungspflichtigen ist (Assmann/*Uwe H. Schneider/Uwe H. Schneider* § 25 Rdnr. 52 ff.).

6. Inhalt der Mitteilung. Der notwendige Inhalt der Mitteilung ist in § 17 WpAIV geregelt. Mitzuteilen ist danach die Summe der gehaltenen Stimmrechte und der hypothetischen Stimmrechte aus Finanzinstrumenten sowie welche Schwelle(n) damit erreicht, über- oder unterschritten wurden (§ 17 Abs. 3 Nr. 2 WpAIV). Daneben ist die Höhe der durch die Finanzinstrumente vermittelten Stimmrechte (§ 17 Abs. 3 Nr. 2a WpAIV) sowie die Höhe der gehaltenen Stimmrechte (§ 17 Abs. 3 Nr. 2b WpAIV) anzugeben. Dabei empfiehlt sich jeweils eine prozentuale Angabe der Stimmrechte einschließlich zweier Nachkommastellen sowie zusätzlich die Angabe der absoluten Anzahl der (potentiellen) Stimmrechte, vgl. hierzu im Einzelnen Form. C. III. 3.3 Anm. 7. Werden Finanzinstrumente mittelbar gehalten, sind darüber hinaus Angaben zu den kontrollierten Unternehmen, welche die Derivate halten, erforderlich. Mitzuteilen sind schließlich ggf. der Zeitpunkt, an dem die Aktien aufgrund der Derivate erworben werden sollen oder können, sowie das Datum der Fälligkeit oder des Verfalls der Finanzinstrumente.

7. Form und Sprache der Mitteilung. Siehe Form. C. III. 3.3 Anm. 7.

8. Frist. Die Mitteilung hat nach § 25 Abs. 1 S. 1 WpHG unverzüglich (also ohne schuldhaftes Zögern, § 121 BGB), in analoger Anwendung des § 21 Abs. 1 S. 1 WpHG spätestens nach vier Handelstagen zu erfolgen. Die Frist beginnt mit dem Zeitpunkt, zu dem der Meldepflichtige Kenntnis davon hat oder nach den Umständen haben musste, dass sein hypothetischer Stimmrechtsanteil die relevanten Schwellen erreicht, über- oder unterschreitet. Dabei ist unerheblich, ob die Finanzinstrumente bereits ausgeübt werden können (*BaFin* Emittentenleitfaden, S. 166). Hinsichtlich weiterer Einzelheiten siehe Form. C. III. 3.3 Anm. 6.

9. Rechtsfolgen bei Pflichtverletzung. Die Verletzung der Mitteilungspflicht stellt eine bußgeldbewehrte Ordnungswidrigkeit dar (§ 39 Abs. 2 Nr. 2 lit. f WpHG).

3.6 Veröffentlichung gemäß § 26 Abs. 1 WpHG

...... [Firma Emittent]/Veröffentlichung gemäß § 26 Abs. 1 WpHG[1, 6–10]

Angaben[5] zum Mitteilungspflichtigen:
Name/Firma: .....
Sitz bzw. Adresse: .....
Staat: .....

Angaben[5] zum Emittenten[2]:
Sitz: .....
Staat: .....

...... [Datum][4]

Betreff: Veröffentlichung einer Mitteilung gemäß § 26 Abs. 1 WpHG[5]

Gemäß § ...... hat uns ...... [Name/Firma d. Meldepflichtigen] mit Schreiben vom ...... [Datum][3] mitgeteilt, dass der von der ...... [Name/Firma d. Meldepflichtigen] gehaltene Stimmrechtsanteil an der ...... [Firma des Emittenten] am ...... [Datum Schwellenberührung] die Schwelle(n) von ...... % (und ...... %) erreicht/überschritten/unterschritten hat und der gesamte Stimmrechtsanteil nunmehr ...... % beträgt (das entspricht ...... Stimmrechten).

(Ggf.) Zurechnung:

...... % der Stimmrechte (das entspricht ...... Stimmrechten) sind der ...... [Name/Firma d. Meldepflichtigen] nach § 22 Abs. ...... S. ...... Nr. ...... von ...... [Name/Firma d. Dritten] zuzurechnen.

...... [Ort, Datum]

...... [Firma, Adresse d. Emittenten]

Der Vorstand

Ende der Mitteilung. ...... [Datum, Uhrzeit][5]

Schrifttum: Vgl. bereits Schrifttum zu Form. C. III. 3.3; *Janert*, Veröffentlichungspflicht börsennotierter Gesellschaften bei unterlassener Mitteilung nach § 21 WpHG?, BB 2004, 169.

Anmerkungen

1. Überblick. Mit der Veröffentlichung der zugegangenen Mitteilung wird der primäre Zweck des Systems der Mitteilungs- und Veröffentlichungspflichten – die Information des Kapitalmarktes insgesamt sowie die darausfolgende Gewährleistung der Funktionsfähigkeit desselben – verwirklicht. Eine Befreiung von der Veröffentlichungspflicht ist nach den Änderungen durch das Transparenzrichtlinie-Umsetzungsgesetz (TUG, BT-Drucks. 16/2498, BGBl I 2007, S. 10; im Überblick hierzu *Hutter/Kaulamo* NJW 2007, 471) nur noch für Inlandsemittenten mit Sitz in einem Drittstaat nach § 29a WpHG möglich; die Möglichkeit einer Befreiung in den Fällen des bisherigen § 25 Abs. 4 WpHG a. F. findet in den Regelungen durch das TUG keine Entsprechung.

2. Adressat der Veröffentlichungspflicht. Adressat der Veröffentlichungspflicht sind Inlandsemittenten i. S. d. § 2 Abs. 7 WpHG, sofern deren Aktien zum Handel an einem organisierten Markt zugelassen sind, § 21 Abs. 2 WpHG.

3. Veröffentlichungspflicht auslösendes Moment. Die Pflicht zur Veröffentlichung ist veranlasst, wenn dem Emittenten eine Mitteilung nach § 21 Abs. 1 S. 1, Abs. 1a (oder § 25 Abs. 1 S. 1) WpHG zugegangen ist. Darüber hinaus hat eine Veröffentlichung nach S. 2 zu erfolgen, wenn der Emittent in Bezug auf eigene Aktien die Schwelle von 5 oder 10% sowie auch 3% – letzteres nur, wenn für den Emittenten die Bundesrepublik Deutschland Herkunftsstaat ist – erreicht, überschreitet oder unterschreitet; in diesen Fällen richten sich Inhalt und Frist der Erklärung nach § 21 Abs. 1 S. 1 WpHG.

4. Frist. Die Veröffentlichung hat unverzüglich (vgl. § 121 Abs. 1 S. 1 BGB), jedenfalls aber binnen dreier Handelstage nach Zugang zu erfolgen. Unter www.bafin.de findet sich der aufgrund des § 30 Abs. 2 WpHG zur Verfügung zu stellende „Kalender der Handelstage" zur erleichterten Fristberechnung.

5. Inhalt, Art und Sprache. Die Einzelheiten diesbezüglich richten sich nach § 26 Abs. 3 i. V. m. der WpAIV. Nach deren § 19 muss die Veröffentlichung die Angaben der erhaltenen Mitteilung sowie den vollständigen Namen des Mitteilungspflichtigen, den Sitz und den Staat, in dem sich sein Wohnort oder Sitz befindet, enthalten. Bei natürlichen Personen ist der Wohnort selbst also nicht zu veröffentlichen. Nach § 3a Abs. 2 Nr. 3 WpAIV hat der Emittent bei der Übersendung der Information an die entsprechenden Medien (s. sogleich) zu gewährleisten, dass Name und Anschrift des veröffentlichungspflichtigen Emittenten, ein als Betreff erkennbares Schlagwort, welches den wesentlichen Inhalt zusammenfasst, sowie Tag und Uhrzeit der Übersendung erkennbar sind. Ferner hat er das Ziel anzugeben, die Information als eine vorgeschriebene Information europaweit zu verbreiten.

Für die Art der Veröffentlichung schreibt §§ 20, 3a Abs. 1 WpAIV lediglich vor, dass die Information „Medien zuzuleiten" ist, bei denen von einer europaweiten Verbreitung auszugehen ist. Die Anzahl und Art der Medien, derer sich der Emittent bedienen muss, bestimmt sich nach den Besonderheiten des Einzelfalls (insbes. Aktionärsstruktur, Zahl und Ort der Börsen-

3. Gesellschafts- und kapitalmarktrechtliche Begleitdokumente C. III. 3

zulassungen). Es soll jedoch ein „Bündel unterschiedlicher Medienarten" genutzt werden (BT-Drucks. 16/2498, S. 49). Hierzu zählen ausweislich der Gesetzesbegründung elektronisch betriebene Informationsverbreitungssysteme, Nachrichtenagenturen, Newsprovider, die wichtigsten (nationalen wie internationalen) Printmedien und Internetseiten für den Finanzmarkt (BT-Drucks. 16/2498, S. 49). In praxi wird man sich an der Auffassung der BaFin zu orientieren haben, die den Einsatz aller fünf soeben benannten Medienarten und pro Medienart eines Mediums fordert (vgl. *BaFin* Emittentenleitfaden, S. 173). Wichtig ist, dass der Emittent nach § 3a Abs. 2 S. 1 Nr. 2 WpAIV die Einhaltung bestimmter technischer Vorgaben zu gewährleisten hat und ihm nach § 3a Abs. 3 WpAIV bestimmte Dokumentationsobliegenheiten zum Zwecke eines sechs Jahre langen Nachweises gegenüber der BaFin aufgegeben sind.

Für die Sprache, in der die Veröffentlichung zu erfolgen hat, trifft §§ 20, 3b WpAIV ausgefeilte Regelungen, etwa in Abhängigkeit von der Emittenteneigenschaft (§ 2 Abs. 6 bzw. Abs. 7 WpHG). Davon abweichend kann die Veröffentlichung in englischer Sprache erfolgen, wenn der Emittent die Mitteilung in dieser Sprache erhalten hat, § 20 Hs. 2 WpAIV.

6. Mitteilung an die BaFin. Nach § 26 Abs. 2 WpHG ist die Veröffentlichung zeitgleich der BaFin mitzuteilen. Allerdings soll auch eine unmittelbar hintereinander folgende Versendung das Gleichzeitigkeitserfordernis wahren (BT-Drucks. 16/2498, S. 38). Die Mitteilung hat nach §§ 21, 3c WpAIV neben dem Text der Veröffentlichung das Medium, an die die Information versandt wurde, sowie den genauen Zeitpunkt der Versendung zu enthalten.

7. Übermittlung an das Unternehmensregister. Die Mitteilung ist gemäß § 26 Abs. 1 S. 1 Hs. 2 WpHG unverzüglich, jedoch nicht vor Veröffentlichung, dem Unternehmensregister des § 8b HGB zur Speicherung zu übermitteln.

8. § 26a WpHG: Veröffentlichung der Gesamtzahl der Stimmrechte. Die europarechtlich induzierte Pflicht nach § 26a WpHG bestimmt, dass die Gesamtzahl der Stimmrechte bei Veränderungen in jedem Kalendermonat für die Berechnung der Schwellen des § 21 Abs. 1 S. 1 WpHG zu veröffentlichen sind. Dies soll den Meldepflichtigen eine verlässliche Angabe geben, auf deren Grundlage sie ihrer Mitteilungspflicht nach § 21 WpHG nachkommen können (BT-Drucks. 16/2498, S. 37). Die Veröffentlichung hat in derselben Weise zu erfolgen wie diejenige nach § 26 Abs. 1 WpHG. Darüber hinaus ist auch diese Veröffentlichung zeitgleich der BaFin nach § 26 Abs. 2 WpHG mitzuteilen sowie die Information unverzüglich, jedoch nicht vor Veröffentlichung, dem Unternehmensregister nach § 8b HGB zur Speicherung zu übermitteln.

9. Rechtsfolgen bei Pflichtverletzung. Die BaFin kann die Veröffentlichungspflichten zunächst im Wege der verwaltungsrechtlichen Ersatzvornahme nach § 4 Abs. 6 WpHG durchsetzen. Darüber hinaus können Pflichtverletzungen hinsichtlich der Veröffentlichungspflicht (auch für die Pflicht zur Übermittlung an das Unternehmensregister) nach § 39 Abs. 2 Nr. 5c) WpHG als bußgeldbewehrte Ordnungswidrigkeit geahndet werden, wenn Vorsatz oder Leichtfertigkeit vorliegt. Entsprechendes gilt für die Missachtung der Pflicht aus § 26a WpHG. Für die Nichterfüllung der Nachweispflicht gemäß § 26 Abs. 2 WpHG sieht § 39 Abs. 2 Nr. 2g) WpHG eine Bußgeldvorschrift vor. Ob die Nichterfüllung der Veröffentlichungspflicht Schadensersatzansprüche nach sich ziehen kann, hängt ebenso wie bei § 21 WpHG davon ab, ob man der Vorschrift individualschützenden Charakter zugesteht (vgl. Form. C. III. 3.3 Anm. 1, 8).

10. Konkurrenzen, insbes. § 15 WpHG. Die Veröffentlichungspflicht nach § 26 WpHG besteht unabhängig von weiteren kapitalmarktrechtlichen Publizitätstatbeständen (Schäfer/Hamann/*Opitz* § 21 Rdnr. 44; KölnKommWpHG/*Hirte* § 25 Rdnr. 22; a. A. Möllers/Rotter/*Braun*, Ad-hoc-Publizität 2003, § 7 Rdnr. 23). Insbesondere für den Fall, dass bedeutende Stimmrechtsanteile erworben oder veräußert werden, kann der Emittent bereits nach § 15 Abs. 1 WpHG verpflichtet sein, diese Information ad hoc, also unverzüglich (vgl. § 121 Abs. 1 S. 1 BGB) zu publizieren, ohne dass er dann seiner Verpflichtung nach § 26 WpHG enthoben wäre. In diesen Fällen kommt es freilich darauf an, dass die Information nicht öffentlich bekannt, also eine Insiderinformation ist und erhebliches Kursbeeinflussungspotential aufweist (Assmann/Uwe H. Schneider/*Uwe H. Schneider* § 15 Rdnr. 95). Für eine Ad hoc-Meldung vgl. Form. C. III. 4.2.

4. Gesellschafts- und kapitalmarktrechtliche Begleitdokumente bei einer AG als Verkäuferin bzw. Käuferin

4.1 Mitteilung gemäß § 21 Abs. 1 AktG

[Briefkopf der anzeigenden AG/KGaA]

An den Vorstand/die Geschäftsführung der
...... [Name der Gesellschaft] AG/KGaA/GmbH
...... [Anschrift]

...... [Ort], den ...... [Datum]

Anzeige einer qualifizierten Beteiligung gemäß § 21 Abs. 1 AktG

Sehr geehrte Damen und Herren,

hiermit teilen wir Ihnen gemäß § 21 Abs. 1 AktG mit, dass uns mehr als der vierte Teil der Aktien an ihrer Gesellschaft/des Stammkapitals ihrer Gesellschaft unmittelbar gehört.

Mit freundlichen Grüßen

......
(Unterschriften der Vertretungsorgane der Gesellschaft)

Anmerkungen

Überblick. Der Mitteilungspflicht nach § 21 Abs. 1 AktG ist nachzukommen, wenn eine Aktiengesellschaft (oder KGaA, vgl. § 278 Abs. 3 AktG) mehr als den vierten Teil der Anteile an einer anderen Kapitalgesellschaft mit Sitz im Inland erwirbt.

Werden die Anteile an einer AG oder KGaA erworben, so greifen neben den Publizitätspflichten aus § 21 Abs. 1 AktG auch die Mitteilungspflichten nach § 20 AktG ein; in diesem Falle ist gerade mit Blick auf die Unterschiede beider Normen (insbesondere eine fehlende Entsprechung einer Veröffentlichung nach § 20 Abs. 6 AktG bei § 21 AktG) zwar grundsätzlich ein Hinweis auf alle verwirklichten Tatbestände aufzunehmen (vgl. bereits Form. C. III. 3.1). Für den in diesem Formular beschriebenen Fall jedoch, dass eine Beteiligung allein unter Verweis auf § 21 Abs. 1 AktG mitgeteilt wird, ist diese aufgrund der inhaltlichen Gleichheit auch als Mitteilung gem. § 20 Abs. 3 AktG (und § 20 Abs. 1 AktG) anzusehen (MünchKomm-AktG/*Bayer* § 21 Rdnr. 5; *Emmerich/Habersack* Konzernrecht, 8. Aufl. 2005, § 21 Rdnr. 4; a. A. GroßKommAktG/*Windbichler* § 21 Rdnr. 2). Zur Systematik der Mitteilungspflichten nach § 20 f. AktG vgl. ausführlich die Anm. zu Form. C. III. 3.1.

4.2 Ad-hoc-Meldung gemäß § 15 Abs. 1 WpHG

Ad-hoc-Meldung nach § 15 WpHG[1, 2, 7]

Betreff: Erwerb von ...... [Ziffer] % des Grundkapitals, der ...... [Firma] AG

...... [Ort], ... [Datum][5]
Die ...... AG [Erwerberin] hat am ...... [Datum] einen Kaufvertrag mit ...... [Veräußerer] zum Erwerb[3] von ...... [Anzahl] der Stückaktien, dies entspricht ...... % des Grundkapitals, der ...... AG [Zielgesellschaft] abgeschlossen.

4. Gesellschafts- und kapitalmarktrechtliche Begleitdokumente C. III. 4

Der Gesamtkaufpreis beträgt ...... EUR.[4]
Die ...... [Zielgesellschaft] ist in folgenden Bereichen tätig ...... Sie generierte im Geschäftsjahr ...... einen Umsatz von ...... bei einem EBT von ...... Insgesamt sind bei ihr ...... Mitarbeiter beschäftigt.[4]
Mit der Akquisition strebt die ...... AG [Erwerberin] an, ...[4]
Der Vollzug der Transaktion ist für das zweite Halbjahr ...... geplant.[4]
Der Abschluss der Transaktion unterliegt einer Reihe von Bedingungen, wie der Erhalt aller notwendigen Genehmigungen und Bewilligungen.[3]

Sprache: Deutsch
Emittent, Anschrift:
Telefon/Fax:
E-mail & www:
ISIN:
WKN:
Indizes:
Börsen:

Ende der Mitteilung

Schrifttum: *Groß*, Befreiung von der Ad-hoc-Publizitätspflicht nach § 15 Abs. 3 WpHG, FS Uwe H. Schneider, S. 385; *Klöhn*, Der „gestreckte Geschehensablauf" vor dem EuGH – zum DaimlerChrysler-Vorlagebeschluss des BGH, NZG 2011, 166; *Möllers/Rotter*, Ad-hoc-Publizität: Handbuch der Rechte und Pflichten von börsennotierten Unternehmen und Kapitalanlegern, 2003; *Uwe H. Schneider/Gilfrich*, Die Entscheidung des Emittenten über die Befreiung von der Ad-hoc-Publizitätspflicht, BB 2007, 53; *Schwark/Zimmer*, Kapitalmarktrechtskommentar, 4. Aufl. 2010; *Staake*, Die Vorverlagerung der Ad-hoc-Publizität bei mehrstufigen Entscheidungsprozessen – Hemmnis oder Gebot einer guten Corporate Governance?, BB 2007, 1573.

Anmerkungen

1. Allgemeines. Im Falle, dass eine börsennotierte AG Beteiligungen an einer (nicht börsennotierten) Gesellschaft erwirbt bzw. veräußert, kann dies für die erwerbende bzw. veräußernde Gesellschaft eine nach § 15 WpHG ad hoc zu publizierende Insiderinformation darstellen, welche sie unmittelbar betrifft.

2. Überblick. Das System der Ad hoc-Publizität ist grundsätzlich dreigeteilt. Eine ad hoc nach § 15 Abs. 1 S. 1 WpHG zu veröffentlichende Information muss zunächst schon vorher im Wege der Vorabmitteilung gemäß § 15 Abs. 4 WpHG an die benannten Stellen übermittelt werden. Im Nachgang zur eigentlichen Veröffentlichung als zweitem Schritt – sie ist im Formular dargestellt – ist diese schließlich namentlich der BaFin nach § 15 Abs. 5 S. 2 WpHG durch Übersendung der Veröffentlichung zu belegen (vgl. hierzu im Einzelnen Assmann/Uwe H. Schneider/*Assmann* § 15 Rdnr. 254, 281). Ein Befreiungstatbestand von der Ad hoc-Publizitätspflicht findet sich in § 15 Abs. 3 WpHG (i. V. m. § 6 WpAIV), wobei jedoch auf die Pflicht zur Nachholung der Veröffentlichung nach Abs. 3 S. 2 hinzuweisen ist.

3. Ausgewählte Voraussetzungen. Es muss sich bei Erwerb bzw. Veräußerung von Beteiligungen um eine Insiderinformation (§ 13 Abs. 1 WpHG) handeln, die den Emittenten unmittelbar betrifft, § 15 Abs. 1 WpHG.
Bei der Frage, ob eine Insiderinformation vorliegt, wird zunächst zu prüfen sein, ob und in welchem Stadium es sich um einen in Zukunft eintretenden (hinreichend konkreten) Umstand handelt, bei dem mit hinreichender Wahrscheinlichkeit von seiner Realisierung ausgegangen werden kann, § 13 Abs. 1 S. 3 WpHG. Zu beachten ist, dass es sich bei einem Share Deal in praxi regelmäßig um einen mehrstufigen Entscheidungsprozess handelt (vgl. zu Mitteilungspflichten gem. § 15 WpHG bei gestreckten Entscheidungsprozessen den Vorlagebeschluss des

BGH NZG 2011, 109; dazu etwa *Klöhn* NZG 2011, 166). Dementsprechend kann es für das Wahrscheinlichkeitsurteil zum einen auf den Prozess interner Entscheidungsfindung ankommen. Zwar ist der Vorstand im Rahmen seiner Geschäftsführungsbefugnis für den Vertragsabschluss zuständig, es kann aber u. U. die Zustimmung des Aufsichtsrates einzuholen sein. Es kann bereits nach einem entsprechenden Vorstandsbeschluss eine Veröffentlichungspflicht ausgelöst werden, jedoch ist dies einzelfallabhängig und keinesfalls pauschal zu bejahen (ähnlich Assmann/Uwe H. Schneider/*Assmann* § 13 Rdnr. 29 f.; a. A. *Staake* BB 2007, 1573; *BaFin* Emittentenleitfaden, S. 58). Zum anderen ist zu bedenken, dass die Wahrscheinlichkeit der Realisierung vom Stadium der Vertragsverhandlungen bzw. -durchführung (Signing, Closing) abhängig ist (vgl. Hölters/*Ek* Teil XI Rdnr. 213 ff.). Zudem bedürfen solche Transaktionen in der Regel weiterer Voraussetzungen, z. B. wettbewerbsrechtlicher Genehmigungen bzw. Bewilligungen. Das Formular behandelt denn auch den praxisrelevanten Fall, dass das schuldrechtliche Geschäft schon geschlossen ist, die Transaktion aber unter der Bedingung der Erteilung weiterer Genehmigungen steht. Es ist also im Einzelfall genau zu prüfen, ab welchem Zeitpunkt die Akquisition hinreichend wahrscheinlich ist und mithin eine Insiderinformation darstellt und insbesondere, ob mit der Veröffentlichung bis zum Abschluss des Aktienkaufvertrages gewartet werden kann (zur Befreiung nach § 15 Abs. 3 WpHG vgl. Anm. 5).

Ohne Probleme ist in praxi regelmäßig davon auszugehen, dass eine Insiderinformation über Erwerbs- und Veräußerungsvorgänge den Emittenten unmittelbar betrifft, vgl. § 15 Abs. 1 S. 1 Hs. 1 WpHG. Da es sich bei diesen Vorgängen um Geschäftsführungsmaßnahmen handelt, stellen sie in seinem Tätigkeitsbereich eintretende Informationen dar, vgl. § 15 Abs. 1 S. 3 WpHG (vgl. Assmann/Uwe H. Schneider/*Assmann* § 15 Rdnr. 59).

Besonderes Augenmerk ist darauf zu legen, ob und ab welchem Zeitpunkt einem entsprechenden Vorgang erhebliches Kursbeeinflussungspotential innewohnt. Dies wird regelmäßig nur gegeben sein, wenn es sich um wesentliche Beteiligungen handelt (Assmann/Uwe H. Schneider/*Assmann* § 15 Rdnr. 62, § 13 Rdnr. 68; vgl. *BaFin* Emittentenleitfaden, S. 55 f.). Allerdings ist auch bei der Frage der Kurserheblichkeit die Mehrstufigkeit des Entscheidungsprozesses zu berücksichtigen (Assmann/Uwe H. Schneider/*Assmann* § 15 Rdnr. 60). Sowohl das Urteil über die hinreichende Wahrscheinlichkeit als auch die Einschätzung der Kurserheblichkeit sind aus ex-ante-Sicht und damit nach den Verhältnissen zu treffen, wie sie in dem Zeitpunkt gegeben sind, in dem der potentielle Insider die in Frage stehende Information erlangt (Assmann/Uwe H. Schneider/*Assmann* § 13 Rdnr. 26).

4. Inhalt. § 15 Abs. 1 und 2 WpHG enthalten allgemeine Angaben bezüglich des Inhalts einer Veröffentlichung, welche in der aufgrund der Ermächtigung des § 15 Abs. 7 WpHG erlassenen WpAIV konkretisiert werden.

In doppelter Hinsicht ist hier die Vorschrift des § 15 Abs. 2 S. 1 WpHG relevant, die die „Veröffentlichung von sonstigen Angaben, die die Voraussetzungen des Abs. 1 offensichtlich nicht erfüllen", verbietet. Einerseits darf die ad hoc publizierte Information über eine Akquisition nicht mit derlei weiteren – überflüssigen – Angaben zu Werbungszwecken verbunden oder für Öffentlichkeitsarbeit des Emittenten genutzt werden. Die Ad-hoc-Publizität dient ausschließlich der frühzeitigen Information des Marktes über marktrelevante Informationen für eine sachgerechte Anlageentscheidung. Andererseits kann es gerade bei mehrstufigen Entscheidungsprozessen wie einem Beteiligungs- bzw. Unternehmenserwerb geboten sein, weitere Informationen mitzuteilen, die dem Verständnis und vor allem der Einordnung der zu publizierenden Tatsache als ad-hoc-publizitätspflichtig dienen. Dies kann auch Darstellungen der Auswirkungen der Insiderinformation auf den Emittenten (z. B. Geschäftsverlauf, Finanz-, Vermögens- und Ertragslage) beinhalten (insges. Assmann/Uwe H. Schneider/*Assmann* § 15 Rdnr. 201). Für den Anteilskauf finden sich daher im Formular weitere Angaben zum Kaufpreis und weiteren strategischen Eckdaten des Zielunternehmens sowie der Zielsetzung der Akquisition; insbesondere letztere werden in Fällen des Erwerbs einer wesentlichen strategischen Beteiligung für das Verständnis der publizitätspflichtigen Tatsache erhellend sein. § 4 Abs. 1 S. 2 WpAIV stellt hierbei sicher, dass die Veröffentlichung kurz gefasst, mithin nicht ausufern soll (lt. *BaFin* möglichst nicht mehr als zehn bis 20 Zeilen, vgl. Emittentenleitfaden, S. 70).

4. Gesellschafts- und kapitalmarktrechtliche Begleitdokumente C. III. 4

Hingewiesen sei ferner insbesondere auf folgende weitere Einzelregelungen der WpAIV: Nach § 4 Abs. 1 S. 1 Nr. 1 WpAIV ist die Ad hoc-Meldung als solche zu kennzeichnen, d. h. sie ist mit „Ad-hoc-Meldung nach § 15 WpHG" zu überschreiben und hat ein als Betreff erkennbares Schlagwort zu enthalten, das den wesentlichen Inhalt der Veröffentlichung zusammenfasst. Die Sprache, in der die Veröffentlichung abzufassen ist, richtet sich nach den ausgefeilten Regelungen des § 3 b WpAIV (ausführlich hierzu Schwark/*Zimmer/Kruse* § 15 WpHG Rdnr. 118; Assmann/Uwe H. Schneider/*Assmann* § 15 Rdnr. 206 ff.). Neben der zu veröffentlichenden Information hat sie das Datum des Eintritts der dieser zugrunde liegenden Umstände zu enthalten (§ 4 Abs. 1 S. 1 Nr. 4, 5 WpAIV). § 4 Abs. 1 S. 1 Nr. 6 WpAIV fordert darüber hinaus Ausführungen darüber, dass die Information den Emittenten unmittelbar betrifft. Für den Erwerb oder die Veräußerung von Beteiligungen ergibt sich dies bereits aus dem Umstand, dass es sich um eine Geschäftsführungsmaßnahme des Vorstands handelt (vgl. Anm. 3); Ausführungen hierzu sind in diesem Fall daher regelmäßig entbehrlich. Erforderlich sind Erklärungen hingegen in der Regel bei den mehrstufigen Entscheidungsprozessen eines Anteilskaufes um darzutun, weshalb die Information ein erhebliches Kursbeeinflussungspotential birgt, § 4 Abs. 1 S. 1 Nr. 7 WpAIV (vgl. Assmann/Uwe H. Schneider/*Assmann* § 15 Rdnr. 225 ff.).

5. Zeitpunkt, Befreiung. Nach § 15 Abs. 1 S. 1 ist die Information unverzüglich, also ohne schuldhaftes Zögern (§ 121 Abs. 1 S. 1 BGB) zu veröffentlichen. Dem Emittenten wird hierbei jedoch ein angemessener Zeitraum zur Prüfung des Vorliegens der Voraussetzungen der Veröffentlichungspflicht (ggf. unter Hinzuziehung externer Berater) zugestanden (vgl. Schwark/*Zimmer/Kruse* § 15 WpHG Rdnr. 49 f.). Eine sorgsame Prüfung der Tatbestandsvoraussetzungen empfiehlt sich bei einem Share Deal insbesondere wegen der Mehrstufigkeit des Entscheidungsprozesses (vgl. Anm. 3).

In diesen Fällen werden allerdings häufig die Voraussetzungen des Befreiungstatbestandes des § 15 Abs. 3 WpHG i. V. m. § 6 WpAIV zugunsten des Emittenten eingreifen. Eine Veröffentlichung kann solange unterbleiben, wie es der Schutz der berechtigten Emittenten-Interessen erfordert, keine Irreführung der Öffentlichkeit zu befürchten ist und der Emittent die Vertraulichkeit der Information gewährleisten kann. Gerade wenn die Verhandlungen über den Erwerb der Anteile noch andauern, wird der Emittent häufig von dem Regelbeispiel des § 6 S. 2 Nr. 1 WpAIV Gebrauch machen können, da die Reaktion des Börsenkurses auf die Veröffentlichung der Information das Ergebnis der Verhandlung in aller Regel erheblich beeinträchtigen wird. Die Voraussetzungen dieser ihm zum Schutz gereichenden Anforderungen hat der Emittent eigenverantwortlich zu prüfen und zu entscheiden, eine Befreiung tritt insofern – trotz des Wortlauts des § 15 Abs. 3 WpHG – nicht ex lege ein (*BaFin* Emittentenleitfaden S. 65; *Uwe H. Schneider/Gilfrich* BB 2007, 53, 54 ff.; a. A. Schwark/*Zimmer/Kruse*, § 15 WpHG Rdnr. 54; Assmann/Uwe H. Schneider/*Assmann*, § 15 Rdnr. 165 d ff.); er sollte hierbei in Anbetracht der u. U. gravierenden Rechtsfolgen (Anm. 7) bei Fehleinschätzungen professionellen Rat einholen.

6. Art der Veröffentlichung. § 5 S. 1 WpAIV sieht vor, dass die Information über ein elektronisch betriebenes Informationsverbreitungssystem zu erfolgen hat und – wenn vorhanden – zusätzlich auf der Website des Emittenten zu veröffentlichen ist,. Die technische Abwicklung der Ad hoc-Veröffentlichung wird zumeist von speziellen Dienstleistungsunternehmen wahrgenommen (vgl. im Einzelnen hierzu Assmann/Uwe H. Schneider/*Assmann* § 15 Rdnr. 277 ff.).

7. Rechtsfolgen bei Pflichtverletzung. Als Sanktionen bei Pflichtverletzungen im Zusammenhang mit der Ad hoc-Publizitätspflicht kommen bußgeldbewehrte Ordnungswidrigkeitstatbestände sowie zivilrechtliche Ansprüche in Betracht (umfänglich hierzu Assmann/Uwe H. Schneider/*Assmann* § 15 Rdnr. 284 ff.).

IV. Kommanditgesellschaft (KG)

1. Vertrag über den Erwerb aller Anteile an einer GmbH & Co. KG und deren Komplementärin – ausführlich, käuferfreundlich

Anteilskaufvertrag[1, 2]

zwischen

......

(Verkäuferin),

......

(Käuferin)

(Verkäuferin und Käuferin werden zusammen auch *Parteien* und einzeln auch *Partei* genannt)

[*und*

......

(Garantiegeberin[3]),]

vom ......

Inhaltsverzeichnis

Verzeichnis der Definitionen
Verzeichnis der Anlagen
Präambel
§ 1 Gesellschaftsrechtlicher Status
    1.1 X-Verwaltungs GmbH
    1.2 X-GmbH & Co. KG
    1.3 Beteiligungen der X-KG
    1.4 X-Gesellschaftsanteile
    1.5 X-Gesellschaften
§ 2 Verkauf der X-Geschäftsanteile
    2.1 Verkauf der X-Geschäftsanteile
    2.2 Gewinnbezugsrecht
    2.3 Gesonderte Abtretung
    2.4 Genehmigung der Gesellschaft
§ 3 Verkauf der X-Kommanditanteile
    3.1 Verkauf der X-Kommanditanteile
    3.2 Gewinnbezugsrecht
    3.3 Stichtag
    3.4 Gesonderte Abtretung
    3.5 Zustimmung der Gesellschafter
    3.6 Anmeldung des Erwerbs der Kommanditanteile zum Handelsregister
§ 4 Ablösung der Gesellschafterdarlehen
    4.1 Darlehens- und Verrechnungskonto
    4.2 Darlehensforderungen und -verbindlichkeiten
    4.3 Ablösung der Darlehensforderung bzw. -verbindlichkeiten

1. Vertrag über den Erwerb aller Anteile – ausführlich, käuferfreundlich　　　　　**C. IV. 1**

§ 5   Kaufpreis; Zahlung des Kaufpreises
    5.1 Kaufpreis
    5.2 Berechnung des Kaufpreises
    5.3 Geschätzter Kaufpreis; Zahlung des Geschätzten Kaufpreises
    5.4 Kaufpreisanpassung
    5.5 Verzinsung
    5.6 Zahlungsmodalitäten
    5.7 Zahlung des Kaufpreises
    5.8 Treuhandkonto; Auszahlung
    5.9 Umsatzsteuer
§ 6   Vollzug
    6.1 Vollzugstag; Geplanter Vollzugstag
    6.2 Vollzugsvoraussetzungen
    6.3 Vollzugshindernisse
    6.4 Rücktrittsrecht
    6.5 Vollzug
§ 7   Stichtagsabschlüsse
    7.1 Vorläufige Stichtagsabschlüsse; Vorläufige Berechnungen
    7.2 Bilanzierungsgrundsätze
    7.3 Prüfung der Vorläufigen Stichtagsabschlüsse und Berechnungen
    7.4 Überprüfung der Vorläufigen Stichtagsabschlüsse und Berechnungen durch die Parteien
    7.5 Einwände; Verbindlichwerden der Vorläufigen Stichtagsabschlüsse und Berechnungen
    7.6 Schiedsgutachterverfahren
    7.7 Zugang zu Informationen
§ 8   Selbstständige Garantieversprechen der Verkäuferin
    8.1 Grundsatz
    8.2 Gesellschaftsrechtliche Verhältnisse; Berechtigung der Verkäuferin
    8.3 Jahresabschlüsse
    8.4 Gewerbliche Schutzrechte; X-Informationstechnologie
    8.5 Grundbesitz
    8.6 Vermögensgegenstände des Anlage- und Umlaufvermögens; Vorräte; Forderungen
    8.7 Größte Kunden und Zulieferer
    8.8 Bankkonten
    8.9 Versicherungen
    8.10 Wesentliche Verträge
    8.11 Arbeitsrechtliche Angelegenheiten; Vollmachten
    8.12 Steuerangelegenheiten
    8.13 Öffentliche Förderungen
    8.14 Rechtsstreitigkeiten
    8.15 Produkthaftung
    8.16 Erlaubnisse und Genehmigungen; Wettbewerbsbeschränkungen
    8.17 Einhaltung von Rechtsvorschriften
    8.18 Fortführung der Geschäfte
    8.19 Keine Vermittlungsgebühren etc.
    8.20 Richtigkeit der Informationen
    8.21 Kenntnis der Verkäuferin
§ 9   Rechtsfolgen
    9.1 Naturalrestitution; Schadensersatz
    9.2 Ausschluss der kaufrechtlichen Gewährleistung

9.3 Kumulative Geltung von Ansprüchen
9.4 Freigrenze
9.5 Haftungshöchstbetrag
9.6 Informationspflichten bei Ansprüchen Dritter
§ 10 Umweltfreistellung
    10.1 Definitionen
    10.2 Freistellung
    10.3 Haftungsausschluss und Haftungsbeschränkungen
    10.4 Verfahren
§ 11 Steuern
    11.1 Definitionen
    11.2 Freistellung
    11.3 Steuervorteile
    11.4 Ausschluss der Haftung der Verkäuferin
    11.5 Informationspflicht
§ 12 Ausschluss und Beschränkung der Haftung der Verkäuferin
    12.1 Verjährung
    12.2 Kenntnis der Käuferin
    12.3 Zahlungen der Verkäuferin
§ 13 Weitere Verpflichtungen der Verkäuferin
    13.1 Verhalten der Verkäuferin bis zum Vollzug
    13.2 Verträge zwischen Verkäufer-Gesellschaften und X-Gesellschaften
    13.3 Ansprüche der Verkäufer-Gesellschaften gegen eine X-Gesellschaft
    13.4 Zustimmung zu diesem Vertrag und seinem Vollzug; Mitwirkung an Sicherheitenbestellung
    13.5 Firma[, Marken etc.]
    13.6 Überleitung
    13.7 Versicherungsschutz
    13.8 Verhalten der Verkäuferin nach dem Vollzug
    13.9 Schadensersatz
§ 14 Fusionskontrollverfahren
    14.1 Anmeldung des Zusammenschlussvorhabens
    14.2 Freigabe unter Bedingungen und Auflagen
    14.3 Untersagung des Zusammenschlussvorhabens
§ 15 Außenwirtschaftliche Prüfung
    15.1 Antrag auf Erteilung einer Unbedenklichkeitsbescheinigung
    15.2 Freigabe unter Bedingungen und Auflagen; Untersagung des Erwerbs
§ 16 Wettbewerbsverbot; Verbot der Abwerbung
    16.1 Wettbewerbsverbot
    16.2 Abwerbeverbot
§ 17 Vertraulichkeit und Pressemitteilungen
    17.1 Vertraulichkeit im Hinblick auf die X-Gesellschaften
    17.2 Vertraulichkeit im Hinblick auf diesen Vertrag und die Parteien
    17.3 Weitergabe von Informationen
    17.4 Pressemitteilungen
§ 18 Kosten und Verkehrssteuern
    18.1 Beraterkosten
    18.2 Übrige Kosten, Gebühren
    18.3 Verkehrsteuern
§ 19 Abtretung und Übertragung von Rechten und Pflichten; Geltendmachung von Ansprüchen nach Übertragung von X-Geschäftsanteilen auf Dritte
    19.1 Keine Abtretung oder Übertragung ohne Zustimmung

1. Vertrag über den Erwerb aller Anteile – ausführlich, käuferfreundlich   C. IV. 1

    19.2 Abtretung durch die Käuferin
    19.3 Geltendmachung von Ansprüchen nach Übertragung von X-Geschäftsanteilen auf Dritte
§ 20 Aufschiebende Bedingungen
§ 21 Mitteilungen
    21.1 Form der Mitteilungen
    21.2 Mitteilungen an die Verkäuferin
    21.3 Mitteilungen an die Käuferin
    [21.4 Mitteilungen an die Garantiegeberin]
    21.5 Adressänderungen
    21.6 Mitteilungen an Berater
§ 22 Schlussbestimmungen
    22.1 Anwendbares Recht
    22.2 Gerichtsstand/Alterntive: Schiedsverfahren]
    22.3 Bankarbeitstag
    22.4 Zinsen
    22.5 Vertragsänderungen
    22.6 Überschriften; Verweise auf deutsche Rechtsbegriffe; Verweise auf Paragrafen
    22.7 Anlagen
    22.8 Gesamte Vereinbarung
    22.9 Salvatorische Klausel

Verzeichnis der Definitionen

Begriff	Definiert in
Aufbauten	§ 10.1.8
Bankarbeitstag	§ 22.3
Barmittel	§ 5.2.3
Bestehende Umweltbelastung	§ 10.1.2
Betriebsgrundstücke	§ 8.5.6
Bilanzierungsgrundsätze	§ 7.2
Darlehensforderung	§ 4.2
Darlehensverbindlichkeit	§ 4.2
Eigene Gewerbliche Schutzrechte	§ 8.4
EURIBOR	§ 22.4
Finanzbehörden	§ 11.1.1
Finanzverbindlichkeiten	§ 5.2.2
Freigrenze	§ 9.4
Garantieanspruch/Garantieansprüche	§ 9.1.4
Garantiegeberin	Rubrum
Gefahrstoffe	§ 10.1.6
Geplanter Vollzugstag	§ 6.1.1
Geschätzter Kaufpreis	§ 5.3.1
Gesellschaft	§ 1.2.1
Gesellschaftsanteile an der X-Gruppe	§ 8.2.2
Gewerbliche Schutzrechte	§ 8.4.1
Grundeigentum	§ 8.5.1
Grundstücksregister	§ 8.5.3
Haftungshöchstbetrag	§ 9.5
Immobilien	§ 8.5.8
Jahresabschlüsse	§ 8.3.1
Käuferin	Rubrum

Begriff	Definiert in
Käuferkonto	§ 5.6.2
Kaufpreis	§ 5.1
Kaufpreisanpassung	§ 5.4.1
Kenntnis der Verkäuferin	§ 8.21
Know-how	§ 8.4.5
Konsolidierter Jahresabschluss	§ 8.3.1
Konsolidierter Stichtagsabschluss	§ 7.1.1(a)
Mehrheitsgesellschaft(en)	§ 1.3.2
Mietverträge	§ 8.5.4
Minderheitsbeteiligung(en)	§ 1.3.3
Mitteilung(en)	§ 21.1
Nettoumlaufvermögen	§ 5.2.4
Öffentliche Förderungen	§ 8.13
Partei(en)	Rubrum
Rechtsbegriff	§ 22.6.2
Rechtsgeschäfte	§ 8.2.10
Rechtsstreitigkeiten	§ 8.14
Rechtsvorschriften	§ 8.2.10
Relevante Grundstücke	§ 10.1.7
Relevante Person(en)	§ 8.21
Sicherheitseinbehalt	§ 5.7.1
Steuererklärungen	§ 11.1.2
Steuern	§ 11.1.1
Stichtag	§ 3.3
Stichtagsabschlüsse	§ 7.1.1(a)
Stichtags-Abschlussprüfer	§ 7.1.3
Stichtags-Einzelabschlüsse	§ 7.1.1(a)
Tochtergesellschaft(en)	§ 1.3.1
Treuhänder	§ 5.8.6
Treuhandfrist	§ 5.8.3
Treuhandvereinbarung	§ 5.8.6
Umwelt	§ 10.1.5
Umweltangelegenheit	§ 10.1.5
Umwelterlaubnis	§ 10.1.4
Umweltrecht	§ 10.1.3
Umweltverbindlichkeiten	§ 10.1.1
Unternehmenskennzeichen	§ 13.5
Unterzeichnungstag	§ 4.1
Verjährungsfristen	§ 12.1.1
Verkäufergarantie(n)	§ 8.1
Verkäufer-Gesellschaft(en)	§ 4.1.1
Verkäuferin	Rubrum
Verkäuferkonto	§ 5.6.1
Vollzug	§ 6.1.1
Vollzugshindernis(se)	§ 6.3.1
Vollzugstag	§ 6.1.1
Vollzugsvoraussetzung(en)	§ 6.2.1
Vorläufige Berechnungen	§ 7.1.2
Vorläufige Kaufpreisberechnung	§ 7.1.2
Vorläufige Stichtagsabschlüsse	§ 7.1.1(a)
Vorläufige Stichtagsaufstellungen	§ 7.1.1(b)

1. Vertrag über den Erwerb aller Anteile – ausführlich, käuferfreundlich   **C. IV. 1**

Begriff	Definiert in
Vorläufige Stichtags-Einzelabschlüsse	§ 7.1.1(a)
Vorläufige Vollzugstagsaufstellungen	§ 7.1.1(c)
Vorläufiger Konsolidierter Stichtagsabschluss	§ 7.1.1(a)
Wesentlich Nachteilige Änderung	§ 6.3.1(a)
Wesentlicher Vertrag/Wesentliche Verträge	§ 8.10.1
X-Geschäftsanteile	§ 1.1.2
X-Geschäftsanteile	§ 1.1.2
X-Geschäftsbetriebe	§ 8.2.1
X-Gesellschaft(en)	§ 1.5
X-Gesellschaftsanteile	§ 1.4
X-GmbH	§ 1.1.1
X-Gruppe	§ 1.5
X-Informationstechnologie	§ 8.4.8
X-Internetseiten	§ 8.4.11
X-IT-Verträge	§ 8.4.9
X-KG	§ 1.2.1
X-Know-how	§ 8.4.5
X-Kommanditanteil	§ 1.2.5
X-Lizenzen	§ 8.4.2
X-Schutzrechte	§ 8.4.2

Verzeichnis der Anlagen

......

Präambel[4]

(A) Die Verkäuferin ist eine ...... mit Sitz in .... Sie ist auf dem Gebiet .... tätig. Bei der Käuferin handelt es sich um eine .... Sie ist tätig im Bereich der .... [Die Garantiegeberin ist .....]

(B) Die Verkäuferin beabsichtigt, sämtliche Gesellschaftsanteile an der X-Verwaltungs GmbH und der X-GmbH & Co. KG an die Käuferin zu verkaufen. Die Käuferin beabsichtigt, diese Gesellschaftsanteile zu erwerben.

(C) Ggf. Struktur der X-Gruppe sowie weitere Absichten genau beschreiben.

Dies vorausgeschickt, vereinbaren die Parteien [und die Garantiegeberin], was folgt:

§ 1 Gesellschaftsrechtlicher Status[5]

1.1   X-Verwaltungs GmbH

1.1.1   Die X-Verwaltungs GmbH *(X-GmbH)* ist eine nach deutschem Recht errichtete Gesellschaft mit beschränkter Haftung mit Sitz in ...... und eingetragen im Handelsregister des Amtsgerichts ...... unter HRB ....

1.1.2   Das Stammkapital der X-GmbH beträgt ...... EUR (in Worten: ...... Euro) und ist in folgende Geschäftsanteile eingeteilt, die sämtlich von der Verkäuferin gehalten werden:

(a) ein Geschäftsanteil im Nennbetrag von ...... EUR (in Worten: ...... Euro), (lfd. Nr. ...... der im Handelsregister der Gesellschaft aufgenommenen Gesellschafterliste vom ......[6],

(b) ein Geschäftsanteil im Nennbetrag von ...... EUR (in Worten: ...... Euro), (lfd. Nr. ...... der im Handelsregister der Gesellschaft aufgenommenen Gesellschafterliste vom ......

[In der im Handelsregister der Gesellschaft aufgenommenen Liste der Gesellschafter ist die Verkäuferin als Inhaberin der Geschäftsanteile eingetragen. Ein Widerspruch ist der Liste nicht zugeordnet.][7]

Seibt

Sämtliche Geschäftsanteile, die die Verkäuferin an der X-GmbH hält, werden in diesem Vertrag zusammen auch die *X-Geschäftsanteile* genannt.

1.2 X-GmbH & Co. KG

1.2.1 Die X-GmbH & Co. KG *(X-KG oder Gesellschaft)* ist eine nach deutschem Recht errichtete Kommanditgesellschaft mit Sitz in ...... und eingetragen im Handelsregister des Amtsgerichts ...... unter HRA ......

1.2.2 Das im Handelsregister eingetragene Kommandit-/Haftkapital der X-KG beträgt ...... EUR. Es stellt zugleich das Festkapital der Gesellschaft dar.

1.2.3 Alleinige persönlich haftende Gesellschafterin der X-KG ist die X-GmbH. Die X-GmbH ist am Kapital der Gesellschaft nicht beteiligt.

1.2.4 Alleinige Kommanditistin der X-KG ist die Verkäuferin, und zwar mit einer im Handelsregister eingetragenen Kommandit- und Hafteinlage (Haftsumme) im Nennbetrag von ...... EUR (in Worten: ...... Euro).

1.2.5 Die Beteiligung der Verkäuferin an der X-KG als Kommanditistin mit der Gesamtheit ihrer Rechte und Pflichten aus dem Gesellschaftsverhältnis, einschließlich der auf dem Kapitalkonto I gebuchten Kommandit- und Hafteinlage sowie der Guthaben auf dem Kapitalkonto II oder etwaiger Sollsalden auf dem Verlustvortragskonto, indes unter Ausschluß der Guthaben oder Sollsalden auf den Darlehens- und Verrechnungskosten werden nachfolgend als der *X-Kommanditanteil* bezeichnet.

1.3 Beteiligungen der X-KG[8]

1.3.1 Die X-KG hält unmittelbar oder mittelbar sämtliche Anteile an den in Anlage 1.3.1 näher beschriebenen Gesellschaften *(Tochtergesellschaften)*.

1.3.2 Die X-KG hält ferner unmittelbar oder mittelbar die Mehrheit der Anteile und Stimmrechte an den in Anlage 1.3.2 näher beschriebenen Gesellschaften *(Mehrheitsgesellschaften)*.

1.3.3 Die X-KG hält außerdem unmittelbar oder mittelbar Anteile an den in Anlage 1.3.3 näher beschriebenen Gesellschaften *(Minderheitsbeteiligungen)*, ohne dass es sich um Tochter- oder Mehrheitsgesellschaften handelt.

1.4 X-Gesellschaftsanteile

Die von der Verkäuferin an der X-GmbH gehaltenen Geschäftsanteile und der von der ihr gehaltene Kommanditanteil an der X-KG werden zusammen auch als *X-Gesellschaftsanteile* bezeichnet.

1.5 X-Gesellschaften

Die X-GmbH und die X-KG, einschließlich der Tochter- und Mehrheitsgesellschaften, indes ohne die Minderheitsbeteiligungen, werden in diesem Vertrag zusammen auch *X-Gesellschaften* oder *X-Gruppe* und jeweils einzeln X-Gesellschaft genannt.

§ 2 Verkauf der X-Geschäftsanteile

2.1 Verkauf der X-Geschäftsanteile[9]

Die Verkäuferin verkauft hiermit an die Käuferin gemäß den Bestimmungen dieses Vertrages die von ihr gehaltenen und in § 1.1 näher beschriebenen X-Geschäftsanteile gegen Zahlung des Nennwerts des zum Stichtag zu ermittelnden Eigenkapitals (§ 266 Abs. 3 lit. A I–V HGB) der GmbH. Die Käuferin nimmt den Verkauf hiermit an.

2.2 Gewinnbezugsrecht

Der Verkauf der X-Geschäftsanteile erfolgt mit allen damit verbundenen Rechten und Pflichten. Der Gewinn des laufenden Geschäftsjahres sowie Gewinne vorheriger Geschäftsjahre, die zum Zeitpunkt des Abschlusses dieses Vertrages nicht an die Verkäuferin ausgeschüttet worden sind, stehen allein der Käuferin zu.

2.3 Gesonderte Abtretung[11]

Die Parteien sind sich einig, dass die verkauften Geschäftsanteile nicht kraft dieses Vertrages dinglich übergehen, sondern gemäß § 6.5.1(g) am Vollzugstag durch eine gesonderte, notariell zu beurkundende Abtretungsvereinbarung abgetreten werden.

2.4 Genehmigung der Gesellschaft

Die X-GmbH und die Gesellschafterversammlung der X-GmbH haben dem Verkauf und der Abtretung der X-Geschäftsanteile bereits zugestimmt. Eine Ablichtung der Zustimmungserklärung der X-GmbH sowie des Beschlusses der Gesellschafterversammlung der X-GmbH sind als Anlage 2.4 beigefügt.

§ 3 Verkauf der X-Kommanditanteile

3.1 Verkauf der X-Kommanditanteile

Die Verkäuferin verkauft hiermit an die Käuferin gemäß den Bestimmungen dieses Vertrages den von ihr gehaltenen und in § 1.2 beschriebenen X-Kommanditanteil, und zwar unter Einschluss der Salden auf den bei der Gesellschaft jeweils für sie geführten Kapitalkonten I und II sowie dem Verlustvortragskonto, wie sie zum Zeitpunkt des Stichtags bestehen. Die Käuferin nimmt den Verkauf hiermit an.

3.2 Gewinnbezugsrecht

Der Verkauf der X-Kommanditanteile erfolgt mit allen damit verbundenen Rechten und Pflichten. Gewinne der X-KG, die auf den Zeitraum vom 1. Januar ...... bis zum Stichtag entfallen, stehen der Verkäuferin zu. Gewinne der X-KG ab dem Stichtag stehen der Käuferin zu.

3.3 Stichtag[12]

Stichtag für die Abgrenzung des Gewinnbezugsrechts und die Ermittlung des Kaufpreises ist 24:00 Uhr des dem Vollzug vorausgehenden Tages (§ 6.1.1) *(Stichtag)*.

3.4 Gesonderte Abtretung

Die Parteien sind sich einig, dass die verkauften X-Kommanditanteile nicht kraft dieses Vertrages dinglich übergehen, sondern gemäß § 6.5.1(f) am Vollzugstag durch eine gesonderte, notariell zu beurkundende Abtretungsvereinbarung abgetreten werden.

3.5 Zustimmung der Gesellschafter

Sämtliche Gesellschafter der X-KG haben dem Verkauf und der Abtretung der Kommanditanteile zugestimmt. Die jeweiligen Zustimmungserklärungen sind in Ablichtung als Anlage 3.6 beigefügt.

3.6 Anmeldung des Erwerbs der Kommanditanteile zum Handelsregister

Die Parteien sind sich darüber einig, dass der Erwerb der Kommanditanteile durch die Käuferin im Wege der Sonderrechtsnachfolge unverzüglich nach Eintritt sämtlicher aufschiebender Bedingungen gem. § 5.1 in gehöriger Form durch die Parteien und die X-GmbH als Komplementärin der Gesellschaft zum Handelsregister angemeldet werden soll. Die hierzu erforderliche Handelsregisteranmeldung wird bei Vollzug dieses Vertrages von allen Anmeldepflichtigen vor dem amtierenden Notar unterzeichnet, von dem Notar beglaubigt und in Verwahrung genommen. Der Notar wird von den Parteien beauftragt und unwiderruflich angewiesen, die von ihm verwahrte Handelsregisteranmeldung zum Handelsregister einzureichen, sobald ihm die vollständige Zahlung des Kaufpreises in vertragsgemäßer Form nachgewiesen worden ist.

§ 4 Ablösung der Gesellschafterdarlehen[13, 14]

4.1 Darlehens- und Verrechnungskonto

Bei der X-KG werden für die Verkäuferin ein Darlehens- und Verrechnungskonto geführt, auf dem ihr die jeweiligen jährlichen Gewinnanteile als Kommanditistin gutgeschrieben und ihre Entnahmen gebucht werden. Auf dem Darlehens- und Verrechnungskonto nicht gebucht werden Forderungen und Verbindlichkeiten aus Lieferungen und Leistungen zwischen der Verkäuferin oder anderen Gesellschaften (mit Ausnahme der X-Gesellschaften), die verbundene Unternehmen der Verkäuferin im Sinne von § 15 AktG sind (die Verkäuferin und die mit der Verkäuferin im Sinne von § 15 AktG verbundenen Unternehmen mit Ausnahme der X-Gesellschaften werden in diesem Zusammenhang auch als *Verkäufer-Gesellschaften* bezeichnet) einerseits und einer oder mehrerer X-Gesellschaften andererseits. Seit dem 1. Januar sind von der Verkäuferin nur die in Anlage 4.1 aufgeführten Entnahmen aus dem Darlehens- und Verrechnungskonto getätigt worden. Das Darlehens- und Verrechnungskonto weist am Tag der Unterzeichnung dieses Vertrages *(Unterzeichnungstag)* einen positiven Saldo zugunsten der Verkäuferin in Höhe von …… EUR aus. Die Verkäuferin verpflichtet sich, ab dem Unterzeichnungstag keine weiteren Entnahmen mehr zu tätigen und steht dafür ein, dass weder die X-GmbH, noch die X-KG von diesem Konto Auszahlungen vornehmen.

4.2 Darlehensforderungen und -verbindlichkeiten

Die Parteien sind sich darüber einig, dass der der Verkäuferin gemäß § 3.2 zustehende Anteil am Jahresüberschuss bzw. Jahresfehlbetrag der X-KG für den Zeitraum vom 1. Januar bis zum Stichtag auf dem Darlehens- und Verrechnungskonto zu buchen ist und werden für eine entsprechende Verbuchung sorgen. Der auf dem Darlehens- und Verrechnungskonto am Stichtag vorhandene Saldo zuzüglich eines etwaigen der Verkäuferin zustehenden Anteils am Jahresüberschuss bzw. abzüglich eines auf sie entfallenden Anteils am Jahresfehlbetrag gemäß § 3.2 wird in diesem Vertrag, sofern der so ermittelte Gesamtbetrag positiv ist, auch als die *Darlehensforderung*, sofern der so ermittelte Gesamtbetrag negativ ist, auch als die *Darlehensverbindlichkeit* bezeichnet.

4.3 Ablösung der Darlehensforderung bzw. -verbindlichkeiten

4.3.1 Die Käuferin wird dafür sorgen, dass eine etwaig zum Stichtag bestehende Darlehensforderung innerhalb von …… Wochen nachdem der Stichtags-Einzelabschluss der X-KG (§ 7.1.1 (a)) gemäß dem Bestimmungen in § 7 zwischen den Parteien verbindlich geworden ist, durch (Bar-)Zahlung seitens der X-KG beglichen wird.

4.3.2 Die Verkäuferin verpflichtet sich gegenüber der Käuferin und gegenüber der X-KG im Wege eines echten Vertrags zugunsten Dritter, eine etwaige Darlehensverbindlichkeit innerhalb von …… Wochen nachdem der Stichtags-Einzelabschluss der X-KG (§ 7.1.1 (a)) gemäß dem Bestimmungen in § 7 zwischen den Parteien verbindlich geworden ist, durch (Bar-)Zahlung an die X-KG auszugleichen.

§ 5 Kaufpreis; Zahlung des Kaufpreises

5.1 Kaufpreis[15]

Der Kaufpreis für (i) die X-Geschäftsanteile, sowie (ii) den X-Kommanditanteil ist gleich

(a) dem Betrag des Brutto-Unternehmenswerts (§ 5.2.1),

(b) abzüglich der Summe der Finanzverbindlichkeiten (§ 5.2.2),

(c) zuzüglich der Summe der Barmittel (§ 5.2.3),

1. Vertrag über den Erwerb aller Anteile – ausführlich, käuferfreundlich C. IV. 1

(d) abzüglich eines eventuellen Fehlbetrages bzw. zuzüglich eines eventuellen Überschusses beim Nettoumlaufvermögen (§ 5.2.4),

(e) zuzüglich des Entgelts für den Verkauf der X-Geschäftsanteile an die Käuferin (2.1),

Der so ermittelte Betrag wird *Kaufpreis* genannt.

5.2 Berechnung des Kaufpreises

5.2.1 Der Brutto-Unternehmenswert beträgt ...... EUR (in Worten: ...... Euro)[16].

5.2.2 *Finanzverbindlichkeiten* sind[17, 18]

(a) Anleihen i. S. d. §§ 298 i. V. m. 266 Abs. 3 lit. C Nr. 1 HGB und Verbindlichkeiten aus Gewinn-, Wandel-, Options- und sonstigen Schuldverschreibungen sowie Genussscheine jeder Art;

(b) Verbindlichkeiten gegenüber Kreditinstituten i. S. d. §§ 298 i. V. m. 266 Abs. 3 lit. C Nr. 2 HGB;

(c) Wechselverbindlichkeiten i. S. d. §§ 298 i. V. m. 266 Abs. 3 lit. C Nr. 5 HGB mit Ausnahme von Verbindlichkeiten aus Lieferungen und Leistungen;

(d) Verbindlichkeiten gegenüber verbundenen Unternehmen i. S. d. §§ 298 i. V. m. 266 Abs. 3 lit. C Nr. 6 HGB, die keine X-Gesellschaften sind, mit Ausnahme von Verbindlichkeiten aus Lieferungen und Leistungen;[19]

(e) Verbindlichkeiten gegenüber Unternehmen, mit denen ein Beteiligungsverhältnis besteht i. S. d. §§ 298 i. V. m. 266 Abs. 3 lit. C Nr. 7 HGB, mit Ausnahme von Verbindlichkeiten aus Lieferungen und Leistungen;

(f) sonstige Verbindlichkeiten i. S. d. §§ 298 i. V. m. 266 Abs. 3 lit. C Nr. 8 HGB;

(g) Leasingverbindlichkeiten, die nach den gemäß § 7.2 anzuwendenden Bilanzierungsgrundsätzen bei den in den Konsolidierten Stichtagsabschluss einbezogenen Gesellschaften zu passivieren sind, in Höhe ihres Barwertes zum Stichtag, soweit sie nicht bereits in den vorstehenden Positionen (a) bis (f) erfasst sind;[20]

(h) Anschaffungs- oder Herstellungskosten aller Vermögensgegenstände des Anlagevermögens der in den Konsolidierten Stichtagsabschluss einbezogenen Gesellschaften, soweit diese Kosten von diesen Gesellschaften nach dem Stichtag noch zu zahlen und nicht bereits in den vorstehenden Positionen (a) bis (g) erfasst sind;

(i) alle zum Stichtag aufgelaufenen, aber noch nicht bezahlten Zinsen und Gebühren sowie alle Verbindlichkeiten aus Vorfälligkeitsentschädigungen oder sonstigen Schadensersatzansprüchen oder Vertragsstrafen im Zusammenhang mit den in (a) bis (h) genannten Positionen, soweit sie dort noch nicht erfasst sind;

(j) der Nennbetrag einer etwaigen Darlehensforderung der Verkäuferin per Stichtag (§ 4.2), soweit sie nicht bereits unter einer der (a) bis (i) genannten Positionen erfasst ist;

(k) Rückstellungen für Steuern (§ 11.1.1);

(l) Positionen – über die in (a) bis (i) genannten Positionen hinaus –, die wirtschaftlich einer Verbindlichkeit aus einer Darlehensaufnahme oder einer sonstigen Finanzierungsform gleichkommen.[21]

5.2.3 *Barmittel* sind:[22]

(a) Kassenbestand, Bundesbankguthaben, Guthaben bei Kreditinstituten und Schecks i. S. d. §§ 298 i. V. m. 266 Abs. 2 lit. B IV HGB, einschließlich Festgelder;

(b) sonstige Wertpapiere i. S. d. §§ 298 i. V. m. 266 Abs. 2 lit. B III Nr. 3 HGB;

(c) der Nennbetrag einer etwaigen Darlehensverbindlichkeit gegenüber der Verkäuferin per Stichtag (§ 4.2);

5.2.4 Der gemäß § 5.1(d) abzuziehende Fehlbetrag ist der Differenzbetrag, um den das Nettoumlaufvermögen den Betrag von ...... EUR (in Worten: ...... Euro) un-

terschreitet. Der gemäß § 5.1(d) hinzuzurechnende Überschussbetrag ist der Differenzbetrag, um den das Nettoumlaufvermögen den Betrag von ...... EUR (in Worten: ...... Euro) überschreitet.[23] *Nettoumlaufvermögen* bedeutet:
(a) die Summe aus
    (i) Vorräten i. S. d. §§ 298 i. V. m. 266 Abs. 2 lit. B I HGB und Forderungen aus Lieferungen und Leistungen i. S. d. §§ 298 i. V. m. 266 Abs. 2 lit. B II Nr. 1 HGB,
    (ii) Forderungen aus Lieferungen und Leistungen gegen verbundene Unternehmen i. S. d. §§ 298 i. V. m. 266 Abs. 2 lit. B II Nr. 2 HGB, die keine Tochtergesellschaft sind, und[24]
    (iii) Forderungen aus Lieferungen und Leistungen gegen Unternehmen, mit denen ein Beteiligungsverhältnis besteht, i. S. d. §§ 298 i. V. m. 266 Abs. 2 lit. B II Nr. 3 HGB,
abzüglich
(b) der Summe von
    (i) erhaltenen Anzahlungen auf Bestellungen i. S. d. §§ 298 i. V. m. 266 Abs. 3 lit. C Nr. 3 HGB,
    (ii) Verbindlichkeiten aus Lieferungen und Leistungen i. S. d. §§ 298 i. V. m. 266 Abs. 3 lit. C Nr. 4 HGB,
    (iii) Verbindlichkeiten aus Lieferungen und Leistungen gegenüber verbundenen Unternehmen i. S. d. §§ 298 i. V. m. 266 Abs. 3 lit. C Nr. 6 HGB, die keine Tochtergesellschaft sind,[25] und
    (iv) Verbindlichkeiten aus Lieferungen und Leistungen gegenüber Unternehmen, mit denen ein Beteiligungsverhältnis besteht i. S. d. §§ 298 i. V. m. 266 Abs. 3 lit. C Nr. 7 HGB.

5.2.5 Die in §§ 5.2.2 bis 5.2.4 bezeichneten Positionen sind jeweils mit den Beträgen anzusetzen, mit denen sie im Konsolidierten Stichtagsabschluss ausgewiesen sind; jedoch sind für die Berechnung des Kaufpreises (einschließlich der Berechnung des Nettoumlaufvermögens) die Finanzverbindlichkeiten, Barmittel und Positionen gemäß § 5.2.4, soweit sie die Tochter- oder Mehrheitsgesellschaften betreffen, nur anteilig entsprechend der Beteiligung der X-KG an der betreffenden Gesellschaft zu berücksichtigen.[26]

5.2.6 Das gemäß § 5.1(e) hinzuzurechnende Entgelt ist gleich dem Nennwert des Eigenkapitals der X-GmbH zum Stichtag, wie es sich aus dem auf den Stichtag aufzustellenden Zwischenabschluss der X-GmbH ergibt.

5.3 Geschätzter Kaufpreis; Zahlung des Geschätzten Kaufpreises

5.3.1 Die Parteien schätzen die Finanzverbindlichkeiten, die Barmittel, das Nettoumlaufvermögen, das Eigenkapital der X-GmbH per Stichtag übereinstimmend jeweils auf die in Anlage 5.3.1 bezeichneten Werte und darauf basierend den Kaufpreis auf ...... EUR (in Worten: ...... Euro). Die Verkäuferin wird der Käuferin spätestens zehn (10) Bankarbeitstage vor dem Geplanten Vollzugstag oder, wenn der Geplante Vollzugstag kurzfristiger feststeht, unverzüglich nach Festlegung des Geplanten Vollzugstages, eine aktualisierte Schätzung des Kaufpreises unter Benennung der geschätzten Finanzverbindlichkeiten und Barmittel, des geschätzten Nettoumlaufvermögens, des geschätzten Eigenkapitals der X-GmbH zum Stichtag übermitteln.[27] Der gemäß Satz 1 und Satz 2 dieses § 5.3.1 geschätzte Kaufpreis wird *Geschätzter Kaufpreis* genannt.

5.3.2 Der Geschätzte Kaufpreis ist am Geplanten Vollzugstag nach Maßgabe von § 5.7 und § 6.5.1 (k) zu zahlen.

5.4 Kaufpreisanpassung

5.4.1 Für den Fall, dass der endgültige, gemäß § 7 ermittelte Kaufpreis den Geschätzten Kaufpreis (i) übersteigt oder (ii) unterschreitet, ist der Differenzbetrag (die

1. Vertrag über den Erwerb aller Anteile – ausführlich, käuferfreundlich C. IV. 1

Kaufpreisanpassung) binnen zehn (10) Bankarbeitstagen, nachdem die Vorläufigen Stich- und Vollzugstagsberechnungen verbindlich geworden sind, im Fall (i) von der Käuferin und im Fall (ii) von der Verkäuferin an die jeweils andere Vertragspartei zu zahlen.

5.4.2 Vor Verbindlichwerden der Vorläufigen Berechnungen sind die Parteien zur Zahlung von Abschlägen auf die Kaufpreisanpassung innerhalb von zehn (10) Bankarbeitstagen verpflichtet, sobald und soweit ihre Verpflichtung zur Zahlung einer Kaufpreisanpassung auch in Ansehung etwaiger Einwände gemäß § 7.5 unstreitig ist.

5.5 Verzinsung

Der Geschätzte Kaufpreis und eine etwaige Kaufpreisanpassung sind jeweils ab dem Stichtag bis einschließlich zum Tag ihrer Zahlung mit dem in § 21.4 genannten Zinssatz zu verzinsen.

5.6 Zahlungsmodalitäten[28]

5.6.1 Zahlungen der Käuferin an die Verkäuferin aufgrund dieses Vertrages hat die Käuferin, soweit dieser Vertrag nichts Abweichendes bestimmt, in Euro per Überweisung mit gleichtägiger Gutschrift frei von Kosten und Gebühren auf das folgende Konto der Verkäuferin *(Verkäuferkonto)* zu leisten:
Konto Nr. ...... bei ......
IBAN: ......
BLZ: ......
SWIFT-ID: ......

5.6.2 Zahlungen der Verkäuferin an die Käuferin aufgrund dieses Vertrages hat die Verkäuferin, soweit dieser Vertrag nichts Abweichendes bestimmt, in Euro per Überweisung mit gleichtägiger Gutschrift frei von Kosten und Gebühren auf das folgende Konto der Käuferin *(Käuferkonto)* zu leisten:
Konto Nr. ...... bei ......
IBAN: ......
BLZ: ......
SWIFT-ID: ......

5.7 Zahlung des Kaufpreises

5.7.1 Am Geplanten Vollzugstag ist der Geschätzte Kaufpreis nach Maßgabe von § 6.5.1(k) wie folgt fällig und zahlbar:
(a) ...... EUR (in Worten: ...... Euro) auf das Verkäuferkonto;
(b) ...... EUR (in Worten: ...... Euro) auf das in der Treuhandvereinbarung gemäß Anlage ...... bezeichnete Treuhandkonto. Der auf das Treuhandkonto gezahlte Teil des Geschätzten Kaufpreises wird *Sicherheitseinbehalt* genannt.

5.7.2 Mit dem Eingang der genannten Zahlungen auf den genannten Konten hat die Käuferin ihre Verpflichtung zur Leistung dieser Zahlungen an die Verkäuferin erfüllt.

5.8 Treuhandkonto; Auszahlung[29]

5.8.1 Die Parteien werden dafür sorgen, dass das Treuhandkonto von der ......-Bank als Bankeigenkonto geführt *wird.*[30] Alle Kosten für das Treuhandkonto werden diesem belastet. Auf dem Treuhandkonto anfallende Zinsen – abzüglich etwaiger Quellensteuer – werden dem Treuhandkonto gutgeschrieben.

5.8.2 Der Sicherheitseinbehalt ist wie folgt anzulegen: ......

5.8.3 Der Sicherheitseinbehalt verbleibt für die Dauer von ...... (......) Monaten ab dem Vollzugstag *(Treuhandfrist)* auf dem Treuhandkonto. Nach Ablauf der Treuhandfrist haben die Parteien, soweit nicht nachfolgend anders bestimmt, durch gemeinsame schriftliche Erklärung den Treuhänder anzuweisen, den Sicherheitseinbehalt (abzüglich Kosten und zuzüglich Zinsen gemäß § 5.8.1) an die Verkäuferin auszukehren.

5.8.4 Die Käuferin ist zur Anweisung gemäß § 5.8.3 nicht verpflichtet,
(a) wenn und soweit die Käuferin der Verkäuferin vor Ablauf der Treuhandfrist durch schriftliche Erklärung gemäß § 20 angezeigt hat, dass sie einen Anspruch gegen die Verkäuferin aus diesem Vertrag geltend macht, und,
(b) soweit die Verkäuferin den geltend gemachten Anspruch nicht anerkennt, wenn und soweit die Käuferin binnen einer Frist von ...... (......) Monaten ab dem Zugang der Anzeige bei der Verkäuferin das schiedsgerichtliche Verfahren gemäß § 21.3 eingeleitet hat.

5.8.5 Wenn und soweit ein von der Käuferin angezeigter Anspruch von der Verkäuferin anerkannt oder der Käuferin von einem zuständigen Gericht rechtskräftig zugesprochen worden ist, haben die Parteien durch gemeinsame schriftliche Erklärung den Treuhänder anzuweisen, einen entsprechenden Betrag vom Sicherheitseinbehalt (abzüglich Kosten und zuzüglich Zinsen gemäß § 5.8.1) an die Käuferin auszukehren. Soweit ein zuständiges Gericht rechtskräftig entschieden hat, dass der Käuferin ein von ihr angezeigter Anspruch nicht zusteht, haben die Parteien durch gemeinsame schriftliche Erklärung den Treuhänder anzuweisen, den entsprechenden Betrag vom Sicherheitseinbehalt an die Verkäuferin auszukehren, es sei denn, die Käuferin kann die Anweisung unter Berufung auf § 5.8.4 wegen eines anderen, von ihr angezeigten Anspruches verweigern.

5.8.6 Die Parteien haben dafür zu sorgen, dass die Bestimmungen dieses § 5.8 in einer Treuhandvereinbarung *(Treuhandvereinbarung)* mit der ......-Bank *(Treuhänder)* umgesetzt werden; die Treuhandvereinbarung hat dem als Anlage 5.8.6 beigefügten Entwurf zu entsprechen. Sie haben die Treuhandvereinbarung spätestens am Vollzugstag abzuschließen. Die Unterschrift der Bank ist von der Verkäuferin einzuholen. Die Parteien haben gemeinsame Anweisungen an den Treuhänder, zu deren Erteilung sie gemäß diesem § 5.8 und nach der Treuhandvereinbarung verpflichtet sind, unverzüglich zu erteilen.

5.9 Umsatzsteuer[31]

Die Parteien gehen übereinstimmend davon aus, dass für die in diesem Vertrag vorgesehene Transaktion keine Umsatzsteuer (oder vergleichbare ausländische Steuer) anfällt. Für den Fall, dass die zuständige Finanzbehörde anderer Auffassung sein sollte, so umfasst der Kaufpreis auch die gesetzliche Umsatzsteuer sowie etwaige diesbezügliche Zinsen (sofern und soweit diese nach dem auf diese Steuer anwendbaren Recht anfallen). Die Käuferin ist verpflichtet, die betreffenden zusätzlichen Beträge (d.h. Umsatzsteuer nebst eventueller Zinsen) binnen einer (1) Woche nach Erhalt einer Kopie des Steuerbescheides, der die betreffende Steuerpflicht festsetzt, gemäß § 5.6.1 an die Verkäuferin zu zahlen. Die Verkäuferin wird der Käuferin unverzüglich eine diesbezügliche Rechnung in Übereinstimmung mit den Anforderungen des Umsatzsteuergesetzes (bzw. des anwendbaren entsprechenden ausländischen Gesetzes) ausstellen.

§ 6 Vollzug

6.1 Vollzugstag; Geplanter Vollzugstag

6.1.1 Die Parteien verpflichten sich, die in diesem Vertrag vereinbarten Rechtsgeschäfte am letzten Tag des Monats, in dem die letzte der in § 6.2 genannten Vollzugsvoraussetzungen eintritt, dinglich zu vollziehen und zu diesem Zweck die in § 6.5 vorgesehenen Vollzugshandlungen vorzunehmen (zusammen der *Vollzug*). Tritt die letzte der in § 6.2 genannten Vollzugsvoraussetzungen am letzten Tag eines Monats oder an einem der drei (3) vorangehenden Tage ein, hat die Käu-

1. Vertrag über den Erwerb aller Anteile – ausführlich, käuferfreundlich C. IV. 1

ferin das Recht, durch schriftliche Erklärung gegenüber der Verkäuferin den Vollzug auf den letzten Tag des Folgemonats zu verschieben.³² Der Tag, an dem der Vollzug stattfinden soll, wird als *Geplanter Vollzugstag* bezeichnet. Der Tag, an dem der Vollzug tatsächlich stattfindet, wird als *Vollzugstag* bezeichnet.

6.1.2 Der Vollzug wird in den Räumen von ...... in ...... um ...... (......) Uhr MEZ stattfinden, soweit sich die Parteien nicht auf einen anderen Ort und/oder eine abweichende Zeit einigen.

6.2 Vollzugsvoraussetzungen

6.2.1 Die Parteien sind zum Vollzug erst verpflichtet, wenn sämtliche der in den § 6.2.2 bis § ...... genannten Vollzugsvoraussetzungen (die *Vollzugsvoraussetzungen*)³³ eingetreten sind und die Parteien hiervon Kenntnis erlangt haben.

6.2.2 Die fusionskontrollrechtliche Freigabe der Transaktion ist erfolgt.³⁴

*Variante bei Zuständigkeit der Europäischen Kommission:*³⁵

(a) Soweit das Zusammenschlussvorhaben gemeinschaftsweite Bedeutung im Sinne der Verordnung (EG) Nr. 139/2004 über die Kontrolle von Unternehmenszusammenschlüssen vom 20. Januar 2004 (EG-Fusionskontrollverordnung – *FKVO*) hat, gilt die Freigabe für Zwecke dieses Vertrages nur als erfolgt,³⁶ [Alternative: Die Europäische Kommission hat den Erwerb der X-Geschäftsanteile durch die Käuferin freigegeben. Diese Bedingung gilt als eingetreten,]³⁷ wenn

(i) die Europäische Kommission erklärt hat, dass das Zusammenschlussvorhaben mit dem Gemeinsamen Markt gemäß Art. 6 Abs. 1 lit. b oder Art. 8 Abs. 1 oder 2 FKVO vereinbar ist; oder

(ii) das Zusammenschlussvorhaben gemäß Art. 10 Abs. 6 FKVO als mit dem Gemeinsamen Markt vereinbar gilt, weil die Europäische Kommission (x) innerhalb der Frist des Art. 10 Abs. 1 keine Entscheidung nach Art. 6 Abs. 1 FKVO oder (y) innerhalb der Frist des Art. 10 Abs. 3 FKVO keine Entscheidung nach Art. 8 Abs. 1, Abs. 2 oder Abs. 3 FKVO erlassen hat; oder

(iii) (x) die Europäische Kommission die Entscheidung nach Art. 9 Abs. 3 FKVO oder Art. 4 Abs. 4 FKVO an die Behörden eines Mitgliedstaates ganz oder teilweise verwiesen hat oder die Entscheidung nach Art. 9 Abs. 5 FKVO oder Art. 4 Abs. 4 UAbs. 4 FKVO als ganz oder teilweise verwiesen gilt und (y) die Europäische Kommission in Bezug auf den nicht verwiesenen Teil eine der unter lit. (i) oder (ii) dieses § 6.2.2(a) aufgeführten Entscheidungen getroffen hat und (z) in Bezug auf den verwiesenen Teil die zuständige Behörde des Mitgliedstaates den Zusammenschluss nach den nationalen Fusionskontrollvorschriften freigegeben hat oder der Zusammenschluss nach den nationalen Fusionskontrollvorschriften als freigegeben gelten kann.

*Variante bei Zuständigkeit des Bundeskartellamts bzw. der Möglichkeit einer Verweisung an das Bundeskartellamt durch die Europäische Kommission:*³⁸

(b) Soweit (i) das Zusammenschlussvorhaben keine gemeinschaftsweite Bedeutung im Sinne von Art. 1 FKVO hat oder (ii) die Europäische Kommission die Entscheidung nach Art. 9 Abs. 3 FKVO oder Art. 4 Abs. 4 FKVO an das Bundeskartellamt verwiesen hat oder die Entscheidung nach Art. 9 Abs. 5 FKVO oder Art. 4 Abs. 4 UAbs. 4 FKVO als an das Bundeskartellamt verwiesen gilt, gilt die Freigabe für Zwecke dieses Vertrages nur als erfolgt,³⁹ [Alternative: Das Bundeskartellamt hat den Erwerb der X-Geschäftsanteile durch die Käuferin freigegeben. Diese Bedingung gilt als eingetreten,]⁴⁰ wenn:

(i) das Bundeskartellamt den beabsichtigten Erwerb gemäß § 40 Abs. 2 S. 1 GWB freigegeben hat; oder
(ii) das Bundeskartellamt den Zusammenschlussbeteiligten schriftlich mitgeteilt hat, dass die Voraussetzungen für eine Untersagung nach § 36 GWB nicht vorliegen; oder
(iii) die Einmonatsfrist gemäß § 40 Abs. 1 GWB verstrichen ist, ohne dass das Bundeskartellamt den Zusammenschlussbeteiligten den Eintritt in das Hauptprüfverfahren nach § 40 Abs. 1 S. 1 GWB mitgeteilt hat; oder
(iv) die viermonatige Untersagungsfrist des § 40 Abs. 2 S. 1 GWB (bzw. eine im Einverständnis mit den anmeldenden Unternehmen verlängerte Prüfungsfrist) verstrichen ist, ohne dass das Bundeskartellamt (x) das Zusammenschlussvorhaben untersagt hat oder (y) mit den Zusammenschlussbeteiligten gem. § 40 Abs. 2 S. 3 Ziff. 1 GWB eine Fristverlängerung vereinbart hat; oder
(v) eine vereinbarte Fristverlängerung abläuft, ohne dass eines der in Ziff. (iv) (x) oder (y) dieses § 6.2.2 (b) genannten Ereignisse eingetreten ist; oder
(vi) (x) das Bundeskartellamt das Zusammenschlussvorhaben nach Art. 22 Abs. 1 FKVO an die Europäische Kommission verwiesen hat und dieser Antrag angenommen worden ist oder (y) die Parteien einen begründeten Antrag bei der Europäischen Kommission gemäß Art. 4 Abs. 5 FKVO gestellt haben und kein Mitgliedstaat die Verweisung gemäß Art. 4 Abs. 5 UAbs. 3 abgelehnt hat, und daraufhin die Freigabe des Zusammenschlussvorhabens durch die Europäische Kommission erfolgt oder die der Europäischen Kommission offen stehende Prüfungsfrist ereignislos abgelaufen ist.

Variante bei Zuständigkeit der Kartellbehörden mehrerer EU-Mitgliedstaaten (neutral):[41]
(c) Soweit das Zusammenschlussvorhaben (i) keine gemeinschaftsweite Bedeutung im Sinne von Art. 1 FKVO hat oder (ii) die Europäische Kommission die Entscheidung nach Art. 9 Abs. 3 FKVO oder Art. 4 Abs. 4 FKVO an die Kartellbehörde eines Mitgliedstaates verwiesen hat oder die Entscheidung nach Art. 9 Abs. 5 FKVO oder Art. 4 Abs. 4 UAbs. 4 FKVO als an eine solche Behörde verwiesen gilt, gilt die Freigabe für die Zwecke dieses Vertrages nur als erfolgt, wenn jede der zuständigen Behörden der EU-Mitgliedstaaten, in denen eine Anmeldepflicht besteht oder für die eine Anmeldung vereinbart wird/die in Anlage 6.2.2(c) genannt sind[42] oder an die eine Verweisung im oben genannten Sinne erfolgt ist[43] [Alternative: Jede der zuständigen Behörden der EU-Mitgliedstaaten, in denen eine Anmeldepflicht besteht oder in denen eine Anmeldung vereinbart wird/der in Anlage 6.2.2.(c) genannten Mitgliedstaaten hat den Erwerb der X-Geschäftsanteile durch die Käuferin freigegeben. Diese Bedingung gilt als eingetreten, wenn jede von ihnen][44] entweder
(i) sich unzuständig für die Prüfung des Zusammenschlussvorhabens erklärt hat, oder
(ii) die Freigabe erteilt hat, oder
(iii) (x) das Zusammenschlussvorhaben nach Art. 22 Abs. 1 FKVO an die Europäische Kommission verwiesen hat und dieser Antrag angenommen worden ist oder (y) die Parteien einen begründeten Antrag bei der Europäischen Kommission gemäß Art. 4 Abs. 5 FKVO gestellt haben und kein Mitgliedstaat die Verweisung abgelehnt hat, und daraufhin die Freigabe des Zusammenschlussvorhabens durch die Europäische Kom-

mission erfolgt oder die der Europäischen Kommission offen stehende Prüfungsfrist ereignislos abgelaufen ist.

Variante bei Zuständigkeit von Kartellbehörden in Drittstaaten/weltweit (neutral):[45]

(d) Soweit das Zusammenschlussvorhaben in einem oder mehreren Ländern außerhalb der Europäischen Union der Zusammenschlusskontrolle unterliegt und ein Vollzugsverbot bis zur Genehmigung des Zusammenschlusses durch die zuständige nationale Kartellbehörde oder bis zum ergebnislosen Ablauf einer durch die Anmeldung in Lauf gesetzten Frist besteht[46] sowie in den zwischen den Parteien vereinbarten Ländern gemäß Anlage 6.2.2(d)[47], gilt die Freigabe für die Zwecke dieses Vertrages nur als erfolgt, wenn jede der betreffenden Kartellbehörden[48] [Alternative: Jede der zuständigen Kartellbehörden der in Anlage 6.2.2(d) genannten Länder außerhalb der Europäischen Union hat den Erwerb der X-Geschäftsanteile durch die Käuferin freigegeben. Diese Bedingung gilt als eingetreten, wenn jede von ihnen][49] entweder:
   (i) sich unzuständig für die Prüfung des Zusammenschlussvorhabens erklärt hat, oder
   (ii) die Freigabe erteilt hat, oder
   (iii) das Vorhaben infolge Fristablaufs nicht mehr untersagen kann.
(e) Soweit nach nationalem Recht ein Vollzugsverbot bis zur Einreichung einer vollständigen Fusionskontrollanmeldung bei der jeweils zuständigen Kartellbehörde besteht, gilt die Freigabe für die Zwecke dieses Vertrages nur als erfolgt, wenn eine entsprechende Notifizierung durch die betreffende Behörde erfolgt ist.

6.2.3 Der Erwerb der Geschäftsanteile wird nicht gemäß § 7 Abs. 1 und 2 Nr. 6 AWG i.V.m. § 53 Abs. 2 S. 4 AWV untersagt[50]. Diese Bedingung gilt als eingetreten, wenn
(a) das Bundesministerium für Wirtschaft und Technologie eine Bescheinigung über die Unbedenklichkeit des Erwerbs gemäß § 53 Abs. 3 S. 1 AWV erteilt hat; oder
(b) eine Unbedenklichkeitsbescheinigung gemäß § 53 Abs. 3 S. 2 AWV als erteilt gilt, weil das Bundesministerium für Wirtschaft und Technologie nicht innerhalb eines Monats nach Eingang des Antrags gem. § 53 Abs. 3 AWV ein Prüfverfahren nach § 53 Abs. 1 S. 1 AWV eröffnet hat; oder
(c) die dreimonatige Aufgreiffrist gemäß § 53 Abs. 1 S. 1 AWV verstreicht, ohne dass das Bundesministerium für Wirtschaft und Technologie der Käuferin mitgeteilt hat, eine Prüfung nach § 53 Abs. 1 S. 1 AWV durchzuführen; oder
(d) die zweimonatige Prüfungsfrist des § 53 Abs. 2 S. 4 AWV nach Eingang der vollständigen Unterlagen[51] verstreicht, ohne dass das Bundesministerium für Wirtschaft und Technologie den Erwerb der Geschäftsanteile untersagt oder Anordnungen in Bezug auf den Erwerb erlassen hat; oder
(e) das Bundesministerium für Wirtschaft und Technologie vor Ablauf der zweimonatigen Prüfungsfrist des § 53 Abs. 2 S. 4 AWV Anordnungen in Bezug auf den Erwerb erlässt, ohne diesen zu untersagen, und die Käuferin der Verkäuferin binnen ...... Tagen nach Zugang des diesbezüglichen Verwaltungsaktes schriftlich mitteilt, dass sie mit den Anordnungen einverstanden ist und diesen Vertrag dennoch vollziehen möchte.

6.2.4 Der Aufsichtsrat der Käuferin hat diesem Vertrag und den darin vereinbarten Rechtsgeschäften zugestimmt. Diese Vollzugsvoraussetzung gilt als eingetreten, sobald die die Käuferin der Verkäuferin entweder schriftlich mitgeteilt hat, dass der Aufsichtsrat seine Zustimmung erteilt hat oder dass sie auf das Vorliegen dieser Voraussetzung verzichtet.[52]

6.2.5 (ggf. weitere Vollzugsvoraussetzungen)

6.2.6 Die Parteien werden sich nach besten Kräften bemühen, dafür zu sorgen, dass die Vollzugsvoraussetzungen so bald wie möglich eintreten. Die diesbezüglichen Pflichten der Parteien in Bezug auf die fusionskontrollrechtliche Freigabe sind in § 14 näher geregelt. Sobald eine Partei vom Eintritt einer Vollzugsvoraussetzung Kenntnis erlangt, hat sie die andere Partei davon unverzüglich schriftlich zu unterrichten.

6.3 Vollzugshindernisse[53]

6.3.1 Die Käuferin kann den Vollzug verweigern, wenn vor Vollzug eines oder mehrere der nachstehenden Vollzugshindernisse (zusammen die *Vollzugshindernisse* und einzeln ein *Vollzugshindernis*) eingetreten ist:
(a) am oder nach dem Unterzeichnungstag sind Veränderungen, Umstände oder Ereignisse eingetreten oder bekannt geworden, die – für sich allein oder im Zusammenwirken mit anderen Veränderungen, Umständen oder Ereignissen, auch soweit diese vor dem Unterzeichnungstag eingetreten sind – eine wesentlich nachteilige Auswirkung auf die Vermögens-, Finanz- oder Ertragslage, den Geschäftsbetrieb oder die Geschäftsaussichten einer oder mehrerer X-Gesellschaften haben oder solche Auswirkungen erwarten lassen *(Wesentlich Nachteilige Änderung)*[54]; oder
(b) der im Handelsregister der X-GmbH aufgenommenen Liste der Gesellschafter ist [hinsichtlich der Geschäftsanteile] ein Widerspruch zugeordnet worden[55]; oder
(c) mindestens eine Verkäufergarantie gemäß § 8 ist in der Weise verletzt, dass der Gesamtbetrag der daraus folgenden Garantieansprüche der Käuferin ...... EUR (in Worten: ...... Euro) übersteigen würde oder die Verletzung eine wesentlich nachteilige Änderung zur Folge hat oder erwarten lässt; oder
(d) die Verkäuferin hat eine sonstige Verpflichtung aus diesem Vertrag, deren Erfüllung vor Vollzug geschuldet ist (einschließlich, nach Maßgabe der Bestimmungen dieses § 6, ihrer Verpflichtung zur Herbei- und Durchführung des Vollzugs), derart verletzt, dass der Gesamtbetrag der daraus folgenden Ansprüche der Käuferin ...... EUR (in Worten: ......) übersteigen würde oder dass die Verletzung eine Wesentlich Nachteilige Änderung zur Folge hat oder erwarten lässt.

6.3.2 Die Parteien haben einander unverzüglich zu unterrichten, wenn sie von einem Umstand Kenntnis erhalten, der ein Vollzugshindernis begründen könnte.

6.3.3 Die Käuferin ist zur Verweigerung des Vollzuges nach § 6.3.1 bereits dann berechtigt, wenn sie glaubhaft machen kann, dass ein Vollzugshindernis vorliegt. Das Recht zur Verweigerung des Vollzugs erlischt in diesem Fall erst dann, wenn die Verkäuferin nachweist, dass kein Vollzugshindernis vorliegt.

6.4 Rücktrittsrecht

6.4.1 Jede Partei ist berechtigt, von diesem Vertrag zurückzutreten, wenn die Vollzugsvoraussetzungen gemäß § 6.2.2 bis [......] nicht spätestens bis zum ...... eingetreten sind.[56]

6.4.2 Die Käuferin kann von diesem Vertrag zurücktreten, wenn am Geplanten Vollzugstag und/oder am Vollzugstag ein Vollzugshindernis vorliegt und so lange dieses fortbesteht. Die Verkäuferin kann von diesem Vertrag zurücktreten, wenn (i) die Käuferin den Vollzug gemäß § 6.3.3 verweigert (ii) die Verkäuferin nachgewiesen hat, dass kein Vollzugshindernis vorliegt und (iii) aus diesem Grund

1. Vertrag über den Erwerb aller Anteile – ausführlich, käuferfreundlich

der Vollzug nicht binnen drei (3) Monaten seit dem Geplanten Vollzugstag stattgefunden hat.

6.4.3 Ein Recht zum Rücktritt besteht nicht, wenn die Partei, die den Rücktritt erklärt, die Erfüllung der Vollzugsvoraussetzung wider Treu und Glauben verhindert oder das Vollzugshindernis wider Treu und Glauben herbeigeführt hat.

6.4.4 Der Rücktritt gemäß § 6.4.1 oder § 6.4.2 hat durch schriftliche Erklärung gegenüber der jeweils anderen Partei, mit Nachricht an den beurkundenden Notar, zu erfolgen. Die Beweislast für das Vorliegen des Rücktrittsgrundes trägt außer im Falle des § 6.4.2 Satz 1 diejenige Partei, die zurücktritt; im Falle des § 6.4.2 Satz 1 gilt § 6.3.3 entsprechend. Ein Rücktritt vom Vertrag nach diesem § 6.4 ist nur dann wirksam, wenn die andere empfangsbereite Partei die schriftliche Rücktrittserklärung vor dem Tag empfangen hat, an dem die letzte Vollzugsvoraussetzung erfüllt ist.

6.4.5 Im Falle eines Rücktritts gemäß diesem § 6.4 entfallen alle Verpflichtungen zwischen den Parteien mit Ausnahme der Verpflichtungen aus § 17 (Vertraulichkeit und Pressemitteilungen), § 18 (Kosten und Verkehrssteuern), § 21 (Mitteilungen) und § 22 (Verschiedenes/Schlussbestimmungen). Im Falle eines Rücktritts aufgrund eines Vollzugshindernisses hat die Verkäuferin der Käuferin alle Kosten und Auslagen zu ersetzen, die der Käuferin im Zusammenhang mit der Vorbereitung, der Verhandlung und der Beurkundung dieses Vertrags entstanden sind.

6.5 Vollzug

6.5.1 Am Geplanten Vollzugstag haben die Parteien die folgenden Handlungen in der dargestellten Reihenfolge vorzunehmen:

(a) Die Verkäuferin übergibt der Käuferin eine von Mitgliedern ihres Vertretungsorgans in vertretungsberechtigter Zahl am Vollzugstag unterzeichnete Erklärung entsprechend der Vorlage gemäß Anlage 6.5.1(a), in der die Verkäuferin, bezogen auf den Zeitpunkt der Erklärung, (i) darstellt, ob und ggf. welche Verkäufergarantien gemäß § 8 und welche sonstigen Pflichten der Verkäuferin aus oder im Zusammenhang mit diesem Vertrag in welcher Form verletzt sind, und (ii) erklärt, dass im Übrigen keine Verkäufergarantie oder sonstige Pflicht der Verkäuferin aus oder im Zusammenhang mit diesem Vertrag verletzt ist;[57]

(b) die Verkäuferin übergibt der Käuferin die in Anlage 13.4.1 genannten Beschlüsse und Erklärungen der dort genannten Verkäufer-Gesellschaften und X-Gesellschaften in Bezug auf die Zustimmung zu diesem Vertrag und seinem Vollzug;[58]

(c) die Verkäuferin übergibt der Käuferin die unterzeichnete Vereinbarung gemäß Anlage 13.3.1b, mit der die Verkäuferin und die Verkäufer-Gesellschaften erklären, dass ihnen mit Ausnahme der in diesem Vertrag bezeichneten Ansprüche keine weiteren Ansprüche gegen die X-Gesellschaften zustehen;

(d) die Parteien schließen die Treuhandvereinbarung gemäß § 5.8.6 ab, soweit sie nicht bereits vor dem Vollzugstag abgeschlossen worden ist;

(e) die Verkäuferin übergibt der Käuferin schriftliche Erklärungen von ...... und ...... gemäß Anlage 6.5.1(g), mit denen diese ihre Ämter als ...... mit Wirkung spätestens zum Vollzugstag niederlegen und bestätigen, dass ihnen keinerlei Ansprüche gegen die ...... zustehen;[59]

(f) die Käuferin tritt den X-Kommanditanteil durch notariell zu beurkundende Abtretungserklärung gemäß Anlage 6.5.1(f) unter der aufschiebenden Bedingung der vollständigen Zahlung des Geschätzten Kaufpreises an die Käuferin ab;

(g) die Verkäuferin tritt die X-Geschäftsanteile durch notariell zu beurkundende Abtretungsvereinbarung entsprechend Anlage 6.5.1(g) unter der aufschiebenden Bedingung der Zahlung des Geschätzten Kaufpreises durch die Käuferin an die Käuferin ab;

(h) die Käuferin zahlt von dem Geschätzten Kaufpreis gemäß § 5.7.1 einen Teilbetrag in Höhe von ...... EUR (in Worten: ...... Euro) auf das Verkäuferkonto und einen weiteren Teilbetrag in Höhe von ...... EUR (in Worten: ...... Euro) auf das in der Treuhandvereinbarung bezeichnete Treuhandkonto;

(i) unverzüglich nach dem Eingang von ...... EUR (in Worten: ...... Euro) auf dem Verkäuferkonto erteilt die Verkäuferin der Käuferin eine schriftliche Quittung über den Empfang dieses Betrages,

6.5.2 Verletzt eine der Parteien eine der in § 6.5.1 genannten Pflichten, kann die andere Partei ihr zunächst schriftlich unter Angabe der Pflichtverletzung eine Frist von zehn (10) Tagen setzen; nach fruchtlosem Ablauf der Zehn-Tages-Frist kann sie gemäß §§ 6.3.4 bis 6.3.5 durch schriftliche Erklärung gegenüber der anderen Partei von diesem Vertrag zurücktreten. Im Falle des Rücktritts aufgrund dieses § 6.4.3 durch die Käuferin, hat die Verkäuferin an die Käuferin eine Vertragsstrafe in Höhe von ......% des Geschätzten Kaufpreises zu zahlen. Die Vertragsstrafe stellt einen Mindestschaden dar und hindert die Käuferin nicht daran, einen höheren Schaden geltend zu machen.

§ 7 Stichtagsabschlüsse

7.1 Vorläufige Stichtagsabschlüsse; Vorläufige Berechnungen

7.1.1 Die Käuferin wird die Geschäftsführung der X-GmbH veranlassen, unverzüglich, aber nicht später als dreißig (30) Tage nach dem Vollzugstag

(a) einen konsolidierten Zwischenabschluss (Konzernbilanz, Konzern-Gewinn- und Verlustrechnung, Konzernanhang) und einen konsolidierten Lagebericht der X-KG (der *Konsolidierte Stichtagsabschluss*) sowie Zwischen-Einzelabschlüsse (Bilanz, Gewinn- und Verlustrechnung, Anhang) (die *Stichtags-Einzelabschlüsse*; zusammen mit dem Konsolidierten Stichtagsabschluss die *Stichtagsabschlüsse*) für die in den Konsolidierten Stichtagsabschluss einbezogenen Gesellschaften, einschließlich eines Stichtags-Einzelabschlusses der X-KG jeweils für den Zeitraum vom ...... (Beginn des laufenden Geschäftsjahres) bis zum Stichtag, aufzustellen. In der vor Verbindlichwerden gemäß § 7.5.1, § 7.5.2 oder § 7.6.2 bestehenden Fassung werden diese Abschlüsse als *Vorläufiger Konsolidierter Stichtagsabschluss, Vorläufige Stichtags-Einzelabschlüsse* und *Vorläufige Stichtagsabschlüsse* bezeichnet;

(b) unter Berücksichtigung von § 5.2.7 Aufstellungen der Finanzverbindlichkeiten, der Barmittel und des Nettoumlaufvermögens anzufertigen (die *Vorläufigen Stichtagsaufstellungen*); und

(c) auf der Grundlage des Stichtags-Einzelabschlusses der X-GmbH, deren Eigenkapital zum Stichtag (§ 2.1), sowie auf der Grundlage des Stichtags-Einzelabschlusses der X-KG eine etwaig bestehende Darlehensforderung oder -verbindlichkeit (§ 4.2) zu ermitteln (die *Vorläufigen Vollzugstagsaufstellungen*);

(d) auf der Grundlage der gemäß 7.1.1(a) bis (e) angefertigten Dokumentation nach Maßgabe von § 5.2 den Kaufpreis zu berechnen (die *Vorläufige Kaufpreisberechnung*).

Die Vorläufigen Stichtagsaufstellungen, die Vorläufigen Vollzugstagsaufstellungen und die Vorläufige Kaufpreisberechnung werden nachfolgend zusammen *Vorläufige Berechnungen* genannt.

1. Vertrag über den Erwerb aller Anteile – ausführlich, käuferfreundlich C. IV. 1

7.1.2 Die Käuferin wird die Vorläufigen Stichtagsabschlüsse und die Vorläufigen Berechnungen unverzüglich nach Fertigstellung an die Käuferin und die ......-Wirtschaftsprüfungsgesellschaft, ... (der *Stichtags-Abschlussprüfer*) übersenden.

7.2 Bilanzierungsgrundsätze

7.2.1 Die Stichtagsabschlüsse sind unter Wahrung formeller und materieller Bilanzkontinuität, Beibehaltung aller Bewertungsmethoden und unveränderter Ausübung aller Aktivierungs- und Passivierungswahlrechte nach Maßgabe (i) der in Anlage 7.2.1(a) zu diesem Vertrag aufgestellten Richtlinien oder, (ii) soweit diese keine Regelungen enthalten, der Bilanzierungsrichtlinien der X-Gruppe, die als Anlage 7.2.1(b) beigefügt sind, oder, (iii) soweit auch die Bilanzierungsrichtlinien der X-Gruppe keine Regelung enthalten, der einschlägigen Bestimmungen des deutschen Rechts (Grundsätze ordnungsmäßiger Buchführung nach HGB) aufzustellen.[60]

7.2.2 Im Falle von Widersprüchen gelten die folgenden Prioritäten in der dargestellten Reihenfolge:
(a) vertragliche Bilanzierungsrichtlinien gemäß Anlage 7.2.1(a);
(b) Bilanzierungsrichtlinien der X-Gruppe gemäß Anlage 7.2.1(b);
(c) Bilanzkontinuität;
(d) Grundsätze ordnungsgemäßer Buchführung gemäß HGB.[61]

7.2.3 Die in §§ 7.2.1 und 7.2.2 genannten Grundsätze und Prioritäten werden zusammen als *Bilanzierungsgrundsätze* bezeichnet.

7.3 Prüfung der Vorläufigen Stichtagsabschlüsse und Berechnungen

Der Stichtags-Abschlussprüfer hat binnen zwanzig (20) Bankarbeitstagen ab Erhalt von der Verkäuferin unter Berücksichtigung der in §§ 7.1 und 7.2 genannten Ableitungen und Grundsätze die Vorläufigen Stichtagsabschlüsse zu prüfen und die Vorläufigen Berechnungen einer prüferischen Durchsicht zu unterziehen. Weiterhin hat er den Parteien binnen derselben Frist den Prüfungsbericht über die Prüfung der Vorläufigen Stichtagsabschlüsse und einen Bericht über die prüferische Durchsicht der Vorläufigen Berechnungen zur Verfügung zu stellen. Die Parteien werden vor dem Geplanten Vollzugstag mit dem Stichtags-Abschlussprüfer eine Vereinbarung nach Maßgabe von Anlage 7.3 über seine Tätigkeit als Stichtags-Abschlussprüfer treffen. Die Kosten der Beauftragung des Stichtags-Abschlussprüfers tragen die Parteien je zur Hälfte.

7.4 Überprüfung der Vorläufigen Stichtagsabschlüsse und Berechnungen durch die Parteien

Jede Partei hat das Recht, die vom Stichtags-Abschlussprüfer geprüften Vorläufigen Stichtagsabschlüsse und die von ihm einer prüferischen Durchsicht unterzogenen Vorläufigen Berechnungen zu überprüfen und durch einen Wirtschaftsprüfer ihrer Wahl überprüfen zu lassen, wobei die Prüfung jeweils darauf beschränkt ist, ob die in §§ 7.1 und 7.2 genannten Ableitungen und Grundsätze eingehalten sind. Die Frist für die Überprüfung beträgt längstens zehn (10) Bankarbeitstage, gerechnet ab dem Tag, an dem die Vorläufigen Stichtagsabschlüsse mit dem Prüfungsbericht und die Vorläufigen Berechnungen mit dem Bericht über die prüferische Durchsicht der betreffenden Partei zugegangen sind. Alle im Zusammenhang mit einer Überprüfung gemäß diesem § 7.4 anfallenden Kosten sind von der dies veranlassenden Partei zu tragen.

7.5 Einwände; Verbindlichwerden der Vorläufigen Stichtagsabschlüsse und Berechnungen

7.5.1 Einwände gegen die Vorläufigen Stichtagsabschlüsse und die Vorläufigen Berechnungen haben die Parteien innerhalb der Zehn-Tages-Frist gemäß § 7.4

schriftlich unter Angabe der wesentlichen Gründe gegenüber der jeweils anderen Partei geltend zu machen. Lassen die Parteien diese Frist ohne Geltendmachung von Einwänden verstreichen, sind die Vorläufigen Stichtagsabschlüsse und die Vorläufigen Berechnungen für sie verbindlich.

7.5.2 Zeigen Käuferin oder Verkäuferin der jeweils anderen Partei innerhalb der Zehn-Tages-Frist gemäß § 7.4 Einwände gegen die Vorläufigen Stichtagsabschlüsse und/oder die Vorläufigen Berechnungen an, werden sie sich bemühen, innerhalb von zwanzig (20) Bankarbeitstagen ab Zugang der Anzeige eine Einigung über die Behandlung der Einwände zu erzielen. Sofern und soweit eine solche Einigung zustande kommt, wird deren Ergebnis in die Vorläufigen Stichtagsabschlüsse und/oder die Vorläufigen Berechnungen übernommen, die insoweit für die Parteien verbindlich werden.

7.6 Schiedsgutachterverfahren

7.6.1 Soweit die Parteien innerhalb der Zwanzig-Tages-Frist des § 7.5.2 zu keiner Einigung über die Behandlung der Einwände gelangen, haben sie innerhalb von drei (3) Bankarbeitstagen nach Ablauf dieser Frist gemeinsam einen Schiedsgutachter zu benennen.

7.6.2 Der Schiedsgutachter prüft hinsichtlich der zwischen den Parteien streitigen Punkte, ob die in § 7.1 und 7.2 genannten Grundsätze und Ableitungen für die Erstellung der Vorläufigen Stichtagsabschlüsse und Vorläufigen Berechnungen eingehalten wurden. Der Schiedsgutachter soll jeder Partei angemessene Gelegenheit geben, ihre Ansichten schriftlich sowie im Rahmen einer oder mehrerer Anhörungen vorzutragen, die in Anwesenheit der Parteien und ihrer Berater abzuhalten sind. Er hat hierzu innerhalb von dreißig (30) Bankarbeitstagen nach seiner Ernennung ein schriftliches Gutachten nach billigem Ermessen zu erstellen, das für die Parteien verbindlich ist.[62] Der Schiedsgutachter wird die Gründe für seine Entscheidung im Hinblick auf sämtliche Punkte, die zwischen der Verkäuferin und der Käuferin umstritten sind, angeben. Der Stichtags-Abschlussprüfer hat das Ergebnis des Gutachtens in die Vorläufigen Stichtagsabschlüsse und/oder die Vorläufigen Berechnungen zu übernehmen, die in der so geänderten Fassung für die Parteien verbindlich werden.

7.6.3 Einigen die Parteien sich nicht innerhalb von drei (3) Bankarbeitstagen nach Ablauf der Zwanzig-Tages-Frist des § 7.5.2 auf die Ernennung eines Schiedsgutachters, wird der Schiedsgutachter auf Antrag der Verkäuferin und/oder der Käuferin durch den Sprecher des Vorstands des Instituts der Wirtschaftsprüfer e. V. in Düsseldorf benannt.[63]

7.6.4 Die Parteien haben darauf hinzuwirken, dass mit dem Schiedsgutachter eine Vereinbarung gemäß Anlage 7.6.4 getroffen wird. Die Vereinbarung ist von beiden Parteien zu unterzeichnen. Lehnt der gem. § 7.6.1 oder § 7.6.3 bestellte Schiedsgutachter die Unterzeichnung einer solchen Vereinbarung ab, oder weicht der Schiedsgutachter bei seiner Tätigkeit von den in der Vereinbarung beschriebenen Inhalten oder Verfahren ab, hat jede Partei daran mitzuwirken, dass die Vereinbarung mit dem Schiedsgutachter gekündigt und unverzüglich gemeinsam ein neuer Schiedsgutachter ernannt wird. § 7.6.3 gilt entsprechend.

7.6.5 Die Kosten und Auslagen für den Schiedsgutachter und das Schiedsgutachterverfahren werden zunächst von jeder Partei zur Hälfte verauslagt und getragen. Beide tragen ihre eigenen Kosten und die Kosten ihrer Berater selbst, es sei denn, der Schiedsgutachter trifft gemäß § 7.6.6 eine abweichende Entscheidung über die Verteilung der Kosten.

7.6.6 Der Schiedsgutachter entscheidet nach billigem Ermessen unter Berücksichtigung seiner Entscheidung und der ursprünglichen Standpunkte und Anträge der

1. Vertrag über den Erwerb aller Anteile – ausführlich, käuferfreundlich

Parteien entsprechend § 91 ZPO abschließend über die Verteilung seiner Kosten und Auslagen und der Kosten für das Schiedsgutachterverfahren, einschließlich angemessener Gebühren und Auslagen der Parteien für ihre Berater.

7.7 Zugang zu Informationen

7.7.1 Die Käuferin hat dafür zu sorgen, dass der Stichtags-Abschlussprüfer, die Verkäuferin, die gemäß § 7.4 beteiligten Wirtschaftsprüfer sowie etwaige Schiedsgutachter nach dem Vollzugstag jederzeit (i) alle Informationen und Unterlagen erhalten, die nach Einschätzung der genannten Personen für die Zwecke dieses § 7 erforderlich sind und (ii) für die Zwecke dieses § 7 uneingeschränkten Zugang zu allen Informationsquellen einschließlich Geschäftsführung und Arbeitnehmern der für die Stichtagsabschlüsse und die Berechnungen gemäß § 7.1.1 maßgeblichen Gesellschaften haben.

7.7.2 Die Käuferin hat den Stichtags-Abschlussprüfer zu Gunsten der Verkäuferin, der gemäß § 7.4 beteiligten Wirtschaftsprüfer und eines etwaigen Schiedsgutachters von seiner Verschwiegenheitsverpflichtung zu befreien und anzuweisen, den genannten Personen uneingeschränkten Zugang zu seinen Arbeitsunterlagen und Aufzeichnungen zu gewähren.

7.7.3 Die Käuferin wird weiterhin dafür sorgen, dass der Stichtags-Abschlussprüfer, die Verkäuferin, die gemäß § 7.4 beteiligten Wirtschaftsprüfer sowie ein etwaiger Schiedsgutachter uneingeschränkten Zugang zu den Jahresabschlüssen vergangener Jahre der X-GmbH und der in den Konsolidierten Stichtagsabschluss einbezogenen Gesellschaften und den zugehörigen Arbeitsunterlagen und Aufzeichnungen erhalten. Die Parteien werden zu diesem Zweck die Bedingungen akzeptieren, die der Stichtags-Abschlussprüfer sowie die gemäß § 7.4 beteiligten Wirtschaftsprüfer für den Zugang zu ihren Unterlagen stellen, soweit es sich um übliche Bedingungen handelt.

§ 8 Selbstständige Garantieversprechen der Verkäuferin[64, 65]

8.1 Grundsatz

Die Verkäuferin erklärt gegenüber der Käuferin in der Form selbstständiger Garantieversprechen gemäß § 311 Abs. 1 BGB und vorbehaltlich der Anwendung von § 9 und der übrigen Bestimmungen dieses Vertrages, dass die Aussagen gemäß § 8.2 bis § 8.20 (zusammen die *Verkäufergarantien* und einzeln eine *Verkäufergarantie*) am Unterzeichnungstag und am Vollzugstag, soweit nachstehend nicht ein anderer Bezugszeitpunkt bestimmt ist[66], vollständig und zutreffend sind. Die Parteien sind sich darüber einig, dass die Verkäufergarantien weder Beschaffenheitsvereinbarungen i. S. d. § 434 Abs. 1 BGB noch Garantien für die Beschaffenheit der Sache i. S. d. §§ 443, 444 BGB darstellen.[67]

8.2 Gesellschaftsrechtliche Verhältnisse; Berechtigung der Verkäuferin

8.2.1 Die X-Gesellschaften[68] sind nach dem Recht ihres jeweiligen Gründungsstaates ordnungsgemäß gegründet worden. Sie haben ihren Geschäftsbetrieb mit der Gründung aufgenommen und seitdem ununterbrochen aufrechterhalten. Sie existieren wirksam und haben in ihrem jeweiligen Gründungsstaat ihren tatsächlichen Verwaltungssitz. Die X-Gesellschaften waren und sind nach den auf sie jeweils anwendbaren gesellschaftsrechtlichen Bestimmungen berechtigt, ihre jeweiligen Geschäftsbetriebe (zusammen die *X-Geschäftsbetriebe*) so, wie sie in der Vergangenheit geführt wurden und gegenwärtig geführt werden, zu führen, und ferner berechtigt, sie künftig in Art und Umfang unverändert fortzuführen.

8.2.2 Die Angaben in § 1.1 bis § 1.4 zu den X-Gesellschaften und den Minderheitsbeteiligungen, ihrem jeweiligen Stammkapital, dessen Einteilung und den Beteiligungsverhältnissen, sind vollständig und zutreffend. Die Einlagen der Verkäuferin auf die X-Geschäftsanteile und den X-Kommanditanteil, sowie die Einlagen der Gesellschafter der X-Gesellschaften auf die Gesellschaftsanteile an den X-Gesellschaften (zusammen die *Gesellschaftsanteile an der X-Gruppe*) und den Minderheitsbeteiligungen sind vollständig erbracht und weder offen noch verdeckt zurückgewährt worden. Diese Einlagen sind nicht durch Verluste gemindert oder aufgezehrt worden, und es besteht keine Nachschusspflicht. Alle Kapitalerhöhungen und Kapitalherabsetzungen der X-Gesellschaften sind im Einklang mit den jeweils anzuwendenden gesetzlichen und satzungsmäßigen Vorschriften durchgeführt worden.

8.2.3 Alle Gesellschaftsverträge und Gesellschaftervereinbarungen der X-GmbH, der X-KG, der Tochtergesellschaften, Mehrheitsgesellschaften und Minderheitsgesellschaften sind in der Liste gemäß Anlage 8.2.3 aufgeführt. Die Verkäuferin hat der Käuferin die aufgelisteten Gesellschaftsverträge und Gesellschaftervereinbarungen vor dem Unterzeichnungstag übergeben. Die aufgelisteten Gesellschaftsverträge und Gesellschaftervereinbarungen sind vollumfänglich wirksam und durchsetzbar.

8.2.4 Alle im Handelsregister einzutragenden Tatsachen und bei dem Handelsregister einzureichenden Unterlagen der X-GmbH, der X-KG und der Tochter- und Mehrheitsgesellschaften sind bei den zuständigen Handelsregistern vollständig, zutreffend und rechtzeitig angemeldet bzw. eingereicht worden. Die in Anlage 8.2.4a beigefügten Kopien geben den Inhalt der Handelsregister zur X-GmbH, zur X-KG, sowie zu den Tochter- und Mehrheitsgesellschaften vollständig und zutreffend wieder, und es bestehen keine eintragungspflichtigen oder eintragungsfähigen Beschlüsse oder sonstige Tatsachen, die nicht in den Registerauszügen in Anlage 8.2.4a enthalten sind. [Dies gilt nicht für die in Anlage 8.2.4b aufgeführten Tatsachen. Die Verkäuferin wird sich nach besten Kräften bemühen, dass diese Tatsachen schnellstmöglich eingetragen werden.] [Die in das Handelsregister der X-GmbH aufgenommene Gesellschafterliste [sowie die Gesellschafterlisten derjenigen Tochter- und Mehrheitsgesellschaften, die deutsche Gesellschaften mit beschränkter Haftung sind, sind] [ist] vollständig und richtig.[69]]

8.2.5 Die Verkäuferin ist unbeschränkt berechtigt, über die X-Geschäftsanteile, die X-Kommanditanteile, sowie – mittelbar – die übrigen Gesellschaftsanteile an der X-Gruppe zu verfügen. Die Gesellschaftsanteile an der X-Gruppe bestehen wirksam und frei von jeglichen Rechten und Ansprüchen Dritter, und es existieren keine auf die Gesellschaftsanteile an der X-Gruppe bezogenen Optionen, Vorkaufsrechte, Gesellschaftervereinbarungen, Treuhandverhältnisse, Unterbeteiligungen oder sonstigen Abreden, die nicht in den in Anlage 8.2.3 aufgelisteten Verträgen enthalten sind. Keine der X-Gesellschaften hat ihre Anteile ganz oder teilweise verbrieft oder ist zu einer solchen Verbriefung verpflichtet. Mit Vollzug dieses Vertrags erwirbt die Käuferin die Gesellschaftsanteile an der X-Gruppe unbeschränkt und frei von Rechten Dritter und sonstigen Belastungen.

8.2.6 Keine der X-Gesellschaften verfügt über einen Aufsichtsrat, Beirat, Verwaltungsrat oder ein ähnliches Gremium oder ist zur Schaffung eines solchen Gremiums verpflichtet, soweit dies nicht aus den in Anlage 8.2.3 aufgelisteten Verträgen hervorgeht.

8.2.7 Mit Ausnahme der in Anlage 8.2.7 genannten Verträge haben die X-Gesellschaften keine Verträge über stille Beteiligungen, Beherrschungs- und Gewinnabführungsverträge, andere Unternehmensverträge i.S.d. §§ 291 ff. AktG oder vergleichbare Verträge wie beispielsweise Betriebsführungsverträge geschlossen. Sie sind auch nicht zum Abschluss solcher Verträge verpflichtet. Keine der X-Gesellschaften hat Cash-Pool-Verträge oder ähnliche Vereinbarungen ge-

1. Vertrag über den Erwerb aller Anteile – ausführlich, käuferfreundlich C. IV. 1

schlossen oder nimmt an einem Cash Pooling oder einem ähnlichen System teil und ist auch nicht dazu verpflichtet, solche Verträge abzuschließen oder an einem solchen System teilzunehmen.

8.2.8 Die X-Gesellschaften halten außer den Beteiligungen an den übrigen X-Gesellschaften und den Minderheitsbeteiligungen weder direkt noch indirekt (auch nicht über Treuhänder) Anteile, Mitgliedschaften oder Beteiligungen (einschließlich stiller Beteiligungen und Unterbeteiligungen) an anderen Gesellschaften oder Unternehmen, noch sind sie verpflichtet, solche Anteile, Mitgliedschaften oder Beteiligungen zu erwerben. Keine der X-Gesellschaften ist verpflichtet, eine Gesellschaft oder ein Unternehmen zu gründen. Keine der X-Gesellschaften ist Partei eines Joint Ventures, Konsortiums oder einer sonstigen Innengesellschaft oder ist zum Erwerb einer solchen Parteistellung verpflichtet.

8.2.9 Es sind keine Insolvenz-, Reorganisations- oder ähnliche Verfahren im In- oder Ausland über das Vermögen der Verkäuferin oder einer X-Gesellschaft beantragt oder eröffnet worden, noch sind Zwangsvollstreckungs- oder ähnliche Maßnahmen in das Vermögen oder einzelne Vermögensgegenstände der Verkäuferin oder einer X-Gesellschaft beantragt oder eingeleitet. Es bestehen keine Umstände, nach denen die Eröffnung solcher Verfahren oder eine (Insolvenz-) Anfechtung dieses Vertrags gerechtfertigt wäre. Die Verkäuferin und die X-Gesellschaften sind nicht überschuldet oder zahlungsunfähig. Sie drohen auch nicht, überschuldet oder zahlungsunfähig zu werden. Die Verkäuferin und die X-Gesellschaften haben ihre Zahlungen weder eingestellt noch Schuldenbereinigungsabkommen oder ähnliche Vereinbarungen mit Gläubigern geschlossen oder angeboten.

8.2.10 Durch den Abschluss und die Durchführung dieses Vertrages verletzt die Verkäuferin keine Rechte Dritter und keine sonstigen Verpflichtungen gleich welcher Art, insbesondere (i) aus Gesetzen, Rechtsverordnungen, Satzungen, völkerrechtlichen Verträgen, Verwaltungsvorschriften, Urteilen, Beschlüssen, Entscheidungen, Genehmigungen, Verfügungen oder sonstigen (Verwaltungs-)Akten oder sonstigen Regelungen einer supranationalen, internationalen, nationalen, regionalen oder örtlichen Körperschaft, Anstalt, Behörde oder eines solchen Gerichts oder sonstigen Hoheitsträgers oder eines Schiedsgerichts sowie gewohnheitsrechtlichen Normen (zusammen die *Rechtsvorschriften*) oder (ii) aus Verträgen oder sonstigen Schuldverhältnissen oder Vertragsangeboten, unterstellt, das jeweilige Angebot wäre bereits angenommen worden (zusammen die *Rechtsgeschäfte*).[70]

8.2.11 Dieser Vertrag begründet wirksame und durchsetzbare Verpflichtungen der Verkäuferin. Mit Ausnahme der in Anlage 8.2.11 aufgeführten Zustimmungen und Mitteilungen und vorbehaltlich § 6.2.1 dieses Vertrages ist die Verkäuferin nicht verpflichtet, die Zustimmung Dritter (einschließlich Behörden oder sonstiger Hoheitsträger) zum Abschluss oder zur Durchführung dieses Vertrags einzuholen oder solchen Dritten den Abschluss oder Durchführung dieses Vertrages mitzuteilen. Ansprüche, andere Rechte jedweder Art und Rechtsverhältnisse von X-Gesellschaften werden aufgrund des Abschlusses oder der Durchführung dieses Vertrags nicht entzogen, beendet, inhaltlich geändert oder in sonstiger Form beeinträchtigt. Abschluss und Durchführung dieses Vertrags begründen auch keine Kündigungs-, Rückforderungs- oder anderen Rechte der jeweiligen Vertragspartner der X-Gesellschaften oder Dritter.

8.2.12 Sämtliche Mitteilungs- und Anzeigepflichten in Bezug auf die Gesellschaftsanteile der X-Gruppe, insbesondere aus § 16 GmbHG und §§ 20, 21 AktG, sind stets fristgerecht und ordnungsgemäß erfüllt worden. Die X-Gesellschaften ihrerseits haben solche Mitteilungs- und Anzeigepflichten stets ordnungsgemäß erfüllt.

8.3 Jahresabschlüsse

8.3.1 Die Verkäuferin hat der Käuferin die geprüften und mit einem uneingeschränkten Bestätigungsvermerk versehenen Jahresabschlüsse der X-Gesellschaften für die Geschäftsjahre ...... (die *Jahresabschlüsse*) [und den konsolidierten Jahresabschluss der X-GmbH für das Geschäftsjahr ...... (der *Konsolidierte* Jahresabschluss)] übergeben.[71]

8.3.2 Die Jahresabschlüsse [und der Konsolidierte Jahresabschluss] entsprechen jeweils den von den Gesellschaftern festgestellten Jahresabschlüssen der X-Gesellschaften für das betreffende Geschäftsjahr und wurden in Übereinstimmung mit den jeweils anwendbaren Vorschriften und insbesondere den Grundsätzen ordnungsmäßiger Buchführung (GoB) sowie, in deren Rahmen, unter Wahrung formeller und materieller Bilanzkontinuität erstellt; insbesondere sind alle Bewertungsmethoden beibehalten sowie alle Aktivierungs- und Passivierungswahlrechte unverändert ausgeübt worden.

8.3.3 Die Jahresabschlüsse [und der Konsolidierte Jahresabschluss] vermitteln ein den tatsächlichen Verhältnissen entsprechendes Bild der Vermögens-, Finanz- und Ertragslage der X-Gesellschaften [bzw., im Falle des Konsolidierten Jahresabschlusses, des durch die in den Konsolidierungskreis einbezogenen X-Gesellschaften gebildeten Konzerns,] für die jeweiligen Stichtage bzw. Geschäftsjahre. Die Bilanzen der Jahresabschlüsse [und des Konsolidierten Jahresabschlusses] sind hinsichtlich der darin ausweisbaren Aktiv- und Passivposten, auch was deren Betrag betrifft, vollständig und zutreffend. Jedoch sind Vermögensgegenstände und sonstige Bilanzpositionen nur aktiviert worden, wenn und soweit dies durch zwingendes Recht vorgeschrieben ist. Alle zulässigen Abschreibungen, Wertberichtigungen und Rückstellungen sind in der maximal zulässigen Höhe vorgenommen worden. Die Ergebnisse der gewöhnlichen Geschäftstätigkeit der X-Gesellschaften gemäß §§ 298 Abs. 1 i.V.m. 275 Abs. 2 Nr. 14 bzw. Abs. 3 Nr. 13 HGB oder anderen vergleichbaren Vorschriften anwendbarer ausländischer Rechtsordnungen sind nicht durch nicht regelmäßig wiederkehrende Ereignisse beeinflusst worden. Der Lagebericht [und der Konzernlagebericht aus dem Konsolidierten Jahresabschluss] vermitteln jeweils eine zutreffende Vorstellung von der Lage der betreffenden X-Gesellschaft [bzw., im Falle des Konzernlageberichts, des durch die in den Konsolidierungskreis einbezogenen X-Gesellschaften gebildeten Konzerns]. Die Risiken der künftigen Entwicklung sind jeweils zutreffend dargestellt.

8.3.4 Keine der X-Gesellschaften hat am Stichtag Verbindlichkeiten (einschließlich ungewisser und unbekannter Verbindlichkeiten), die nicht im Konsolidierten Stichtagsabschluss ausgewiesen und für die auch nicht in voller Höhe Rückstellungen gebildet sind. Vorstehendes gilt nicht für Erfüllungsverpflichtungen aus beiderseits noch nicht erfüllten Verträgen (schwebende Geschäfte), soweit diese nicht bilanzierungsfähig sind. Soweit nicht auf der Passivseite auszuweisen, sind alle Eventualverbindlichkeiten (einschließlich Verbindlichkeiten aus der Abgabe von Patronatserklärungen) im Anhang zum Konsolidierten Stichtagsabschluss ausgewiesen.

8.3.5 Seit dem ...... hat keine X-Gesellschaft Gewinne offen oder verdeckt ausgeschüttet oder offene oder verdeckte Gewinnausschüttungen beschlossen.

8.3.6 Die Bücher und Unterlagen der X-Gesellschaften sind vollständig und richtig und im Einklang mit den jeweils anzuwendenden Rechtsvorschriften ordnungsgemäß geführt. Insbesondere haben die X-Gesellschaften ihre Aufbewahrungspflichten aus § 257 HGB und vergleichbaren Vorschriften anwendbarer ausländischer Rechtsordnungen stets vollständig und ordnungsgemäß erfüllt.

1. Vertrag über den Erwerb aller Anteile – ausführlich, käuferfreundlich

8.4 Gewerbliche Schutzrechte; X-Informationstechnologie

8.4.1 Anlage 8.4.1a enthält eine Aufstellung aller gewerblichen Schutzrechte, ähnlichen Rechte und Schutzformen mit vergleichbarer Wirkung, gleich in welchem Land gewährt und unabhängig davon, ob sie in einem öffentlichen Register eingetragen oder eintragungsfähig sind, einschließlich der Anmeldungen solcher Rechte, wie insbesondere Patente, Marken, Gebrauchsmuster, Geschmacksmuster, Halbleiterschutzrechte, Sortenschutzrechte, Domain-Namen, geschäftliche Bezeichnungen, geographische Herkunftsangaben, Urheberrechte und sonstige Leistungsschutzrechte (zusammen *Gewerbliche Schutzrechte*), deren ausschließliche und unbeschränkte Inhaberin eine X-Gesellschaft ist oder an denen einer oder mehreren X-Gesellschaft(en) zusammen zeitlich, räumlich und sachlich unbeschränkte, ausschließliche Nutzungsrechte zustehen (die *Eigenen Gewerblichen Schutzrechte*). Ferner sind dort die Zeitpunkte aufgeführt, zu denen die Eigenen Gewerblichen Schutzrechte, die in der Schutzdauer beschränkt sind, jeweils spätestens auslaufen. Soweit nicht in Anlage 8.4.1b offengelegt, bestehen keine Lizenzen oder anderen Nutzungsrechte Dritter an den Eigenen Gewerblichen Schutzrechten; die X-Gesellschaften sind auch nicht zur Gewährung solcher Nutzungsrechte verpflichtet.

8.4.2 Anlage 8.4.2a enthält eine Aufstellung aller Lizenzen und sonstigen Nutzungsrechte an Gewerblichen Schutzrechten, die einer X-Gesellschaft gewährt worden sind und nicht Teil der Eigenen Gewerblichen Schutzrechte gemäß § 8.4.1 sind (die *X-Lizenzen*). Anlage 8.4.2a enthält darüber hinaus Angaben über den Lizenzgeber Art, Umfang, Dauer, etwaige Beschränkungen und sonstige wesentliche Nutzungsbedingungen sowie etwaige von der betreffenden X-Gesellschaft zu leistenden Lizenzgebühren. Soweit nicht in Anlage 8.4.2b offengelegt, bestehen keine Unterlizenzen oder anderen Nutzungsrechte Dritter hinsichtlich des Gegenstands der X-Lizenzen; die jeweiligen X-Gesellschaften sind auch nicht zur Einräumung solcher Nutzungsrechte verpflichtet. Soweit eine X-Lizenz von einem Dritten vertraglich eingeräumt wurde, ist der entsprechende Vertrag wirksam und durchsetzbar. Vor Ablauf von ...... (......) Monaten ab dem Unterzeichnungstag kann keine Vereinbarung über die Einräumung einer X-Lizenz durch den jeweiligen Lizenzgeber ordentlich beendet werden, insbesondere nicht aufgrund des Abschlusses oder der Durchführung dieses Vertrages. Es bestehen keine Umstände, aufgrund derer eine X-Lizenz vor Ablauf dieses Zeitraums aus wichtigem Grund gekündigt oder in sonstiger Weise außerordentlich beendet werden könnte; derartige Umstände sind auch nicht absehbar. Die X-Gesellschaften haben die X-Lizenzen ordnungsgemäß genutzt und nutzen diese gegenwärtig ordnungsgemäß. Die Eigenen Gewerblichen Schutzrechte und die X-Lizenzen werden nachfolgend zusammen als *X-Schutzrechte* bezeichnet.

8.4.3 Alle X-Schutzrechte bestehen wirksam und sind durchsetzbar. Mit Ausnahme der in Anlage 8.4.2a aufgeführten Lizenzgebühren bestehen keinerlei Zahlungs- oder Freistellungsverpflichtungen von X-Gesellschaften gegenüber Dritten im Hinblick auf X-Schutzrechte. Alle für die Aufrechterhaltung, die Pflege, den Schutz und die Durchsetzung der X-Schutzrechte erforderlichen Zahlungen sind rechtzeitig und ordnungsgemäß geleistet, alle notwendigen diesbezüglichen Verlängerungsanträge rechtzeitig und ordnungsgemäß gestellt, alle anderen hierzu erforderlichen Maßnahmen rechtzeitig und ordnungsgemäß getroffen und alle Nutzungs- und sonstigen Pflichten im Hinblick auf die X-Schutzrechte rechtzeitig und ordnungsgemäß erfüllt worden. Nach Kenntnis der Verkäuferin hat kein Dritter X-Schutzrechte verletzt oder verletzt diese gegenwärtig. Die X-Schutzrechte sind weder Gegenstand gerichtlicher oder behördlicher Verfahren, in denen die Wirksamkeit der X-Schutzrechte bestritten wird.

8.4.4 Andere Gewerbliche Schutzrechte als die X-Schutzrechte werden und wurden in den letzten ...... (......) Jahren vor dem Unterzeichnungstag von den X-Gesellschaften nicht genutzt und werden auch nicht benötigt, um die X-Geschäftsbetriebe in Art und Umfang unverändert und der bestehenden Zukunftsplanung entsprechend fortzuführen. Die X-Gesellschaften haben in der Vergangenheit keine Gewerblichen Schutzrechte verletzt und und verletzen solche auch gegenwärtig nicht.

8.4.5 Die X-Gesellschaften sind uneingeschränkt berechtigt, über das Know-how zu verfügen, das sie benötigen, um die X-Geschäftsbetriebe in Art und Umfang unverändert fortzuführen. Als *Know-how* werden in diesem Vertrag sämtliche Informationen (einschließlich solcher in Form von Formeln, Mustern, Listen, technischen Beschreibungen und Zeichnungen, unabhängig davon, ob und in welcher Weise sie verkörpert sind,) bezeichnet, die sich auf den Geschäftsbetrieb eines Unternehmens (einschließlich Einkauf, Forschung & Entwicklung, Produktion, Informationstechnologie, Qualitätsmanagement, Marketing, Logistik, Vertrieb und Kundenbeziehungen) beziehen und nicht allgemein bekannt sind. Die X-Gesellschaften haben das Know-how, das sich auf den jeweiligen X-Geschäftsbetrieb bezieht (das *X-Know-how*), zu jeder Zeit als Geschäftsgeheimnis behandelt und wirksam gegen eine Kenntnisnahme durch Dritte geschützt. Dritten sind keine Lizenzen oder anderen Nutzungsrechte an dem X-Know-how gewährt worden. Nach Kenntnis der Verkäuferin hat kein Dritter widerrechtlich X-Know-how erlangt oder genutzt bzw. nutzt dieses gegenwärtig widerrechtlich.

8.4.6 Weder die X-Schutzrechte noch das X-Know-how sind Gegenstand gerichtlicher oder behördlicher Verfahren; es bestehen auch keine Umstände, welche die Einleitung solcher Verfahren rechtfertigen könnten. Die Nutzung der X-Schutzrechte und des X-Know-how durch die X-Gesellschaften verstößt nicht gegen Rechtsvorschriften oder Rechtsgeschäfte oder Gewerbliche Schutzrechte oder andere Rechte Dritter. Dritte haben weder (i) in Bezug auf die X-Schutzrechte oder das X-Know-how, noch (ii) wegen der Nutzung von X-Schutzrechten oder X-Know-how durch X-Gesellschaften, noch (iii) wegen einer angeblichen Verletzung anderer Gewerblicher Schutzrechte, Lizenzen oder anderer Nutzungsrechte durch die X-Gesellschaften Rechte geltend gemacht oder eine solche Geltendmachung angekündigt; es bestehen auch keine Umstände, die eine solche Geltendmachung rechtfertigen könnten.

8.4.7 Die X-Gesellschaften verfügen jeweils über die ausschließlichen und unbeschränkten Rechte an allen Erfindungen und Entwicklungen ihrer Organmitglieder, Arbeitnehmer, freien Mitarbeiter, Dienstleister, Werkunternehmer und sonstiger Dritter (sowie deren jeweiliger Geschäftsführer und Arbeitnehmer), die im Zusammenhang mit einer Beschäftigung bei bzw. einer Tätigkeit für die jeweilige X-Gesellschaft entstanden sind. Die X-Gesellschaften haben alle Rechte nach dem Arbeitnehmererfindungsgesetz und ähnlichen Gesetzen ausgeübt und alle Verpflichtungen aus diesen Gesetzen erfüllt.

8.4.8 Die gesamte Hard- und Software, alle Kommunikationssysteme und Netzwerke sowie sonstige Informationstechnologie, die von den X-Gesellschaften genutzt oder benötigt werden, um die X-Geschäftsbetriebe in Art und Umfang unverändert fortzuführen (die *X-Informationstechnologie*), steht entweder im Eigentum der X-Gesellschaften oder ist für einen Zeitraum von mindestens ...... (......) Monaten ab dem Unterzeichnungstag wirksam gemietet oder geleast oder in Lizenz erworben worden. Dritten sind keine Quellcodes oder Algorithmen von Software, die im Eigentum der X-Gesellschaften steht oder an der den X-Gesellschaften ausschließliche Nutzungsrechte zustehen, offengelegt oder sonst zu-

1. Vertrag über den Erwerb aller Anteile – ausführlich, käuferfreundlich   **C. IV. 1**

gänglich gemacht worden. [Hardware und Netzwerke sind in Anlage 8.4.8 vollständig und zutreffend beschrieben.]

8.4.9 Anlage 8.4.9 enthält alle Vereinbarungen betreffend die X-Informationstechnologie mit dem Inhalt, den sie am Unterzeichnungstag haben (die *X-IT-Verträge*). Die X-IT-Verträge sind wirksam und durchsetzbar. Die X-Gesellschaften haben alle Verpflichtungen aus den X-IT-Verträgen vollständig und ordnungsgemäß erfüllt. Keiner der X-IT-Verträge kann vor Ablauf von ...... (......) Monaten ab dem Unterzeichnungstag von der jeweils an deren Vertragspartei ordentlich beendet werden, insbesondere nicht aufgrund des Abschlusses oder der Durchführung dieses Vertrages; keiner der X-IT-Verträge endet vor Ablauf dieser Frist automatisch. Es bestehen keine Umstände, aufgrund derer einer der X-IT-Verträge vor Ablauf dieses Zeitraums aus wichtigem Grund gekündigt oder in sonstiger Weise außerordentlich beendet werden könnte; derartige Umstände sind auch nicht absehbar.

8.4.10 Die X-Informationstechnologie hat auf stand-alone-Basis, d. h. ohne dass Leistungen Dritter hinzu treten, die nicht bereits vertraglich vereinbart sind, das für die jeweiligen X-Geschäftsbetriebe notwendige Leistungsvermögen. Es ist in den letzten ...... (......) Monaten vor dem Unterzeichnungstag weder zu Ausfällen der X-Informationstechnologie noch zu Datenverlusten gekommen, die nachteilige Auswirkungen auf einen X-Geschäftsbetrieb hatten oder haben, noch hat die X-Informationstechnologie Mängel, die derartige Auswirkungen möglich erscheinen lassen. Die X-Gesellschaften haben alle branchenüblichen Maßnahmen ergriffen, um unautorisierte Zugriffe auf die X-Informationstechnologie und/ oder auf Daten der X-Gesellschaften oder Beeinträchtigungen der X-Informationstechnologie oder von Daten der X-Gesellschaften durch Computerviren oder ähnliche Programme zu verhindern. Die X-Gesellschaften fertigen regelmäßig und in ausreichendem Umfang Sicherheitskopien *(Backups)* der von ihnen genutzten Software, Daten und Datenbanken und lagern diese geschützt vor dem Zugriff Dritter außerhalb ihrer Geschäftsräume.

8.4.11 Anlage 8.4.11 enthält eine Beschreibung sämtlicher Internetseiten von X-Gesellschaften (die *X-Internetseiten*) unter Angabe der Webadressen. Die X-Gesellschaften haben alle Rechte, die für das Betreiben und die Aufrechterhaltung der X-Internetseiten erforderlich sind. Auf den X-Internetseiten existieren keine Verlinkungen auf Webseiten Dritter mit rechtswidrigen Inhalten. Alle Verlinkungen auf Seiten Dritter sind rechtmäßig, und alle hierfür erforderlichen Zustimmungen liegen vor.

8.5 Grundbesitz

8.5.1 Anlage 8.5.1 enthält eine vollständige und richtige Aufstellung aller Grundstücke, die im Eigentum (einschließlich Wohnungs-, Teil- und Miteigentum) einer oder mehrerer X-Gesellschaften stehen oder an denen diesen ein grundstücksgleiches Recht (insbesondere Erbbaurecht) zusteht (zusammen mit den aufstehenden Gebäuden und sonstigen Aufbauten das *Grundeigentum*) einschließlich aller Einzelheiten hinsichtlich Lage, Größe, Grundbuch und Belastungen (einschließlich Baulasten) des jeweiligen Grundeigentums. [Die in Anlage 8.5.1 ausgewiesenen Grundstücke stehen im unbeschränkten Eigentum der dort jeweils genannten X-Gesellschaft(en); darüber hinaus existieren keine weiteren Grundstücke, die im Eigentum der X-Gesellschaften stehen oder an denen diesen ein grundstücksgleiches Recht zusteht.]

8.5.2 Das Grundeigentum ist über die in der Anlage 8.5.1 genannten Belastungen hinaus nicht belastet. Es bestehen auch keine Rechtsgeschäfte, die den X-Gesellschaften Zahlungs- oder andere Verpflichtungen in Bezug auf das Grundeigentum auferlegen. Das Grundeigentum ist nicht von dritter Seite überbaut,

Grundstücke Dritter werden von dem Grundeigentum aus nicht überbaut. Mit Ausnahme der in Anlage 8.5.2 aufgeführten Verträge existieren für das Grundeigentum keine gegen den Eigentümer wirkenden Nutzungs- oder Besitzrechte. Die in Bezug auf das Grundeigentum bestehenden Belastungen und/oder Verpflichtungen gesetzlicher oder rechtsgeschäftlicher Natur beeinträchtigen die am Unterzeichnungstag bestehende und/oder für eine in Art und Umfang unveränderte Fortführung der X-Geschäftsbetriebe erforderliche Nutzung des Grundeigentums nicht. Keines der Grundstücke, die Teil des Grundeigentums sind, liegt in einem Sanierungsgebiet oder Entwicklungsbereich oder im Bereich von Erhaltungssatzungen; nach Kenntnis der Verkäuferin sind Vorbereitungen und Untersuchungen zur Ausweisung als solcher nicht eingeleitet worden. Alle für die Errichtung und Nutzung des Grundeigentums notwendigen Stellplätze sind nachgewiesen oder abgelöst und keiner der auf dem Grundeigentum befindlichen Stellplätze dient als Stellplatznachweis für ein anderes Grundstück.

8.5.3 Die [als Anlage 8.5.2 beigefügten Kopien] [in Anlage 8.5.3 näher bezeichneten Dokumente, die der Käuferin vor dem Unterzeichnungstag in Kopie übergeben worden sind] geben den Inhalt aller für das Grundeigentum angelegten Grundbücher, Erbbaugrundbücher, Baulastenverzeichnisse und ähnlichen Register (einschließlich vergleichbarer ausländischer Register) (zusammen die *Grundstücksregister*) vollständig und zutreffend wieder. Es bestehen keine eintragungspflichtigen oder -fähigen Tatsachen oder Umstände, die nicht aus den Grundstücksregistern hervorgehen; insbesondere wurden in Bezug auf das Grundeigentum keine Auflassungen, anderen dinglichen Einigungen oder sonstigen Rechtsgeschäfte vorgenommen oder Eintragungs- oder Löschungsbewilligungen oder sonstigen Erklärungen abgegeben, die einer Eintragung in ein Grundstücksregister bedürfen oder eine solche Eintragung bewirken und die nicht aus den Grundstücksregistern ersichtlich sind. Die X-Gesellschaften haben sich auch nicht zur Vornahme solcher Rechtsgeschäfte oder zur Abgabe solcher Erklärungen verpflichtet.

8.5.4 Anlage 8.5.4 enthält eine zutreffende und vollständige Aufstellung sämtlicher von einer X-Gesellschaft als Vermieterin oder Mieterin abgeschlossener Miet-, Pacht- oder Nutzungsverträge über unbewegliche Sachen (nachfolgend werden für solche Rechtsverhältnisse insgesamt mietrechtliche Termini verwendet; ist das Nutzungsverhältnis nicht mietrechtlicher Natur, gelten die funktional entsprechenden Termini der jeweiligen Vertragsart) mit der jeweils vereinbarten Mietfläche, dem geschuldeten Mietzins, der vereinbarten Festlaufzeit des jeweiligen Mietverhältnisses und etwaigen Verlängerungsoptionen, der Art der Wertsicherung sowie etwa am Unterzeichnungstag bereits erklärter, angekündigter oder zu erwartender Kündigungen (die *Mietverträge*).

8.5.5 Alle Mietverträge sind wirksam abgeschlossen und entsprechen den Formvorschriften der §§ 550, 126 BGB. Es bestehen keine Nebenabreden mit dem jeweiligen Vertragspartner. Die X-Gesellschaften haben ihre Verpflichtungen aus den Mietverträgen ordnungsgemäß erfüllt. Keiner der Mietverträge ist gekündigt oder durch Kündigung oder in sonstiger Weise beendet oder innerhalb der letzten ...... (......) Monate vor dem Unterzeichnungstag wesentlich geändert worden. Es liegen keine Umstände vor, die einem Vertragspartner einer X-Gesellschaft ein Recht zur außerordentlichen Kündigung eines Mietvertrages geben würden; insbesondere können die Mietverträge nicht aufgrund des Abschlusses oder der Durchführung dieses Vertrags vom Vertragspartner beendet werden. Sofern einer der Mietverträge innerhalb von ...... (......) Monaten ab dem Vollzugstag ausläuft, bestehen keine Anhaltspunkte dafür, dass die betreffende

1. Vertrag über den Erwerb aller Anteile – ausführlich, käuferfreundlich   C. IV. 1

X-Gesellschaft eine Vertragsverlängerung nicht oder nur zu schlechteren Bedingungen erreichen könnte.

8.5.6 Anlage 8.5.6 enthält eine zutreffende und vollständige Aufstellung aller Grundstücke und Gebäude, die von den X-Gesellschaften für den Betrieb der X-Geschäftsbetriebe genutzt werden (die *Betriebsgrundstücke*). Sofern und soweit die Betriebsgrundstücke nicht Teil des Grundeigentums sind, sind die X-Gesellschaften berechtigt, das jeweilige Betriebsgrundstück auf der Grundlage eines wirksamen Mietvertrages zu nutzen. Die Betriebsgrundstücke sind für den Betrieb und die Funktionsfähigkeit der auf ihnen installierten Betriebe nicht auf Anlagen und Einrichtungen auf Nachbargrundstücken angewiesen, es sei denn, Anlagen und Einrichtungen im Bereich der öffentlichen Versorgungsträger.

8.5.7 Alle Grundstücke, Gebäude und Aufbauten, die zu den Betriebsgrundstücken gehören, sind in einwandfreiem und gebrauchsfähigem Zustand und ermöglichen es den X-Gesellschaften, die X-Geschäftsbetriebe in Art und Umfang unverändert fortzuführen; insbesondere befinden sich auf und in den Betriebsgrundstücken keine unter- oder oberirdischen Gebäudereste oder Gegenstände von archäologischem Interesse. Alle Instandhaltungs- und Instandsetzungsmaßnahmen an den auf den Betriebsgrundstücken befindlichen Gebäuden und Aufbauten sind ordnungsgemäß und rechtzeitig erfolgt; die Instandhaltung und Instandsetzung erfolgte unter Berücksichtigung des Standes der Technik, der öffentlich-rechtlichen Anforderungen und der Empfehlungen der Hersteller bzw. Vorgaben der Versicherer. Erforderliche Investitionen wurden nicht aufgeschoben. Es existieren keine Rechtsvorschriften, Rechtsgeschäfte oder Rechte Dritter, welche die gegenwärtige Nutzung der Betriebsgrundstücke und der auf ihnen befindlichen Gebäude und Aufbauten einschränken.

8.5.8 Alle auf dem Grundeigentum, den Mietobjekten und den Betriebsgrundstücken (zusammen die *Immobilien*) befindlichen genehmigungspflichtigen Bauten, Einrichtungen und Anlagen und ihre derzeitige Nutzung sind bestandskräftig, unbedingt und unbefristet genehmigt. Sie entsprechen (unter Berücksichtigung des Bestandsschutzes) den einschlägigen öffentlich-rechtlichen, insbesondere bau- und immissionsschutzrechtlichen Vorschriften und Regelwerken und verstoßen nicht gegen geltendes Recht. Es bestehen für die Immobilien keine nicht erfüllten behördlichen oder berufsgenossenschaftlichen Auflagen oder Forderungen und keine Widerrufe, Rücknahmen, oder Einschränkungen der ergangenen Genehmigungen oder Sachverhalte, die dies begründen.

8.5.9 Es bestehen hinsichtlich der Immobilien keine öffentlich-rechtlichen Verfahren (Widerspruchsverfahren, Klageverfahren oder sonstige Rechtsbehelfverfahren), insbesondere keine Nachbarwidersprüche, Verfahren die auf Erhöhung bau- oder immissionsschutzrechtlicher Anforderungen abzielen etc. Solche Verfahren waren auch in den letzten zwei Jahren vor Vertragsabschluß nicht eingeleitet oder anhängig. Hinsichtlich der Immobilien bestehen und bestanden innerhalb der letzten zwei Jahre vor Beurkundung dieser Vereinbarung keine Rechtsstreitigkeiten mit Dritten öffentlich-rechtlicher oder zivilrechtlicher Art.

8.6 Vermögensgegenstände des Anlage- und Umlaufvermögens; Vorräte; Forderungen

8.6.1 Anlage 8.6.1 enthält für jede X-Gesellschaft eine Aufstellung aller im rechtlichen und wirtschaftlichen Eigentum der jeweiligen Gesellschaft stehenden Vermögensgegenstände des Anlagevermögens (einschließlich geringwertiger oder anderweitig vollständig abgeschriebener Vermögensgegenstände).

8.6.2 Die X-Gesellschaften sind die rechtlichen und wirtschaftlichen Eigentümer und Besitzer bzw. Inhaber sämtlicher Vermögensgegenstände des in Anlage 8.6.1 aufgelisteten Anlagevermögens sowie der Gegenstände des Anlagevermögens,

Seibt

die in den Jahresabschlüssen ...... von den jeweiligen X-Gesellschaften ausgewiesen oder seit dem ...... von X-Gesellschaften erworben worden sind, soweit sie nicht nach dem ...... im gewöhnlichen Geschäftsgang veräußert wurden. Diese Vermögensgegenstände sind frei von jeglichen Belastungen zugunsten sowie Ansprüchen und anderen Rechten Dritter. Ausgenommen von den beiden vorstehenden Sätzen sind Sicherungsübereignungen, Eigentumsvorbehalte und gesetzliche Pfandrechte, die im Rahmen des gewöhnlichen Geschäftsgangs von der die Vermögensgegenstände jeweils bilanzierenden X-Gesellschaft begründet worden sind. [Keiner dieser Vermögensgegenstände ist Gegenstand einer Eintragung in einem Refinanzierungsregister oder vergleichbaren Register.[72]]

8.6.3 Die in Anlage 8.6.1 bezeichneten Vermögensgegenstände des Anlagevermögens sind in einwandfreiem Zustand und erlauben es den X-Gesellschaften, die X-Geschäftsbetriebe in Art und Umfang unverändert fortzuführen. Alle Erhaltungsmaßnahmen an diesen Vermögensgegenständen sind rechtzeitig durchgeführt und Investitionen sind nicht aufgeschoben worden.

[8.6.4 Die Vorräte (§ 266 Abs. 2 lit. B I HGB), die in den Stichtagsabschlüssen aufgeführt sind, sind in einwandfreiem und gebrauchs-, verarbeitungs- bzw. verkaufsfähigem Zustand. Die Vorräte genügen für eine in Art und Umfang unveränderte Fortführung der X-Geschäftsbetriebe.][73]

[8.6.5 Die in den Stichtagsabschlüssen ausgewiesenen Forderungen sind in den Büchern der jeweiligen X-Gesellschaft ordnungsgemäß gebucht worden, sind wirksam, unterliegen keinerlei Einwendungen, Einreden oder aufrechenbaren Gegenforderungen, sind werthaltig und einbringlich und werden innerhalb eines Zeitraums von ...... (......) Monaten ab dem Stichtag in voller Höhe ohne Inkassomaßnahmen bezahlt.][74]

8.7 Größte Kunden und Zulieferer

Anlage 8.7a enthält eine Aufstellung der gemessen am Geschäftsvolumen für das Geschäftsjahr ...... insgesamt ...... größten Kunden und größten Zulieferer der X-Gesellschaften, jeweils unter Angabe des betreffenden Geschäftsvolumens. Ferner enthält Anlage 8.7b eine vollständige und zutreffende Aufstellung der Zulieferer einzelner Waren und Dienstleistungen, die von den jeweiligen X-Gesellschaften nicht jederzeit und ohne erheblichen finanziellen oder sonstigen Mehraufwand durch eine alternative Bezugsquelle ersetzt werden können, jeweils unter Ausweis des Geschäftsvolumens je betroffener Ware/Dienstleistung für das Geschäftsjahr ...... Es bestehen keine Anhaltspunkte dafür, dass diese Kunden oder Zulieferer den Umfang ihrer Geschäfte mit den X-Gesellschaften wesentlich reduzieren werden. In den letzten ...... Jahren vor dem Unterzeichnungstag gab es abgesehen von üblichen Preisanpassungen keine wesentlichen Änderungen des Inhalts der Verträge mit diesen Kunden und Zulieferern; derartige Änderungen sind nach dem Besten Wissen der Verkäuferin auch nicht zu erwarten.

8.8 Bankkonten

Anlage 8.8 enthält eine Aufstellung aller Bankkonten der X-Gesellschaften sowie der Zeichnungsberechtigten für die jeweiligen Konten.

8.9 Versicherungen

8.9.1 Anlage 8.9.1 enthält eine Aufstellung aller von den X-Gesellschaften abgeschlossenen oder zugunsten der X-Gesellschaften in Bezug auf ihre Vermögensgegenstände, ihre Geschäftsbetriebe, ihre Organmitglieder oder ihre Arbeitnehmer bestehenden Versicherungen. Diese Versicherungen umfassen sämtliche Pflichtversicherungen. Weiter decken diese Versicherungen alle Risiken ab, die

1. Vertrag über den Erwerb aller Anteile – ausführlich, käuferfreundlich C. IV. 1

von Unternehmen ähnlicher Größe und Branchenzugehörigkeit üblicherweise abgedeckt werden (einschließlich einer Umweltschaden-Haftpflichtversicherung), und zwar in dem für solche Unternehmen üblichen Umfang in Bezug auf versicherte Risiken und Deckungssummen. Insbesondere ist das Grundeigentum angemessen gegen alle üblichen Risiken (einschließlich Feuer, Wasser, Sturm, Einbruch) versichert. Die Versicherungsverträge sind wirksam, begründen durchsetzbare Rechte der jeweiligen X-Gesellschaften und sind innerhalb der letzten ...... (......) Monate vor dem Unterzeichnungstag nicht wesentlich geändert worden. Sowohl die jeweiligen Versicherungsnehmer als auch die jeweiligen Versicherer haben alle fälligen Verpflichtungen aus den Versicherungsverträgen erfüllt, und keine Klausel aus einem Versicherungsvertrag ist in ihrer Wirksamkeit von einer der Vertragsparteien in Frage gestellt worden.

8.9.2 Anlage 8.9.2 enthält eine Aufstellung aller Ereignisse seit dem ......, welche die Verkäufer-Gesellschaften oder die X-Gesellschaften zu Leistungen aus den in Anlage 8.9.1 aufgeführten Versicherungen berechtigt haben oder berechtigen oder aufgrund derer solche Leistungen geltend gemacht worden sind.

8.10 Wesentliche Verträge

8.10.1 Anlage 8.10.1 enthält eine Aufstellung aller noch nicht beiderseits (auch hinsichtlich von Neben-, Nebenleistungs-, bedingten oder künftigen Pflichten) vollständig erfüllten Verträge, die von einer X-Gesellschaft ausdrücklich oder stillschweigend, schriftlich, mündlich oder in sonstiger Form geschlossen worden sind und die mindestens einer der nachfolgend aufgeführten Kategorien unterfallen (zusammen die *Wesentlichen Verträge* und einzeln der *Wesentliche Vertrag*), jeweils mit zutreffenden Angaben zu den Vertragspartnern, wesentlichen Vertragsleistungen und -gegenleistungen (insbesondere zur Höhe von Zahlungsverpflichtungen), Laufzeit und Kündigungsfristen:

(a) Verträge über den Erwerb, die Veräußerung oder die Belastung von Grundstücken oder grundstücksgleichen Rechten;

(b) Verträge über den Erwerb, die Veräußerung oder die Belastung von Vermögensgegenständen des Anlagevermögens, die einen Wert von jeweils mindestens ...... EUR (in Worten: ...... Euro) haben;

(c) Verträge über den Erwerb, die Veräußerung oder die Einräumung von Nutzungsrechten an Unternehmen, Betrieben oder Unternehmens- oder Betriebsteilen;

(d) Nießbrauch-, Pacht-, Miet- und Leasingverträge, die (i) die betroffene X-Gesellschaft zu Zahlungen von jeweils mindestens ...... EUR (in Worten: ...... Euro) pro Jahr verpflichten oder (ii) von der betreffenden X-Gesellschaft frühestens mit Wirkung zum ...... ordentlich gekündigt werden können bzw. deren Laufzeit frühestens am ...... endet;

(e) Lizenzverträge, welche die X-Gesellschaften als Lizenzgeber oder Lizenznehmer geschlossen haben und die (i) jährliche Zahlungen von jeweils mindestens ...... EUR (in Worten: ...... Euro) vorsehen oder (ii) von einer X-Gesellschaft frühestens mit Wirkung zum ...... ordentlich gekündigt werden können bzw. deren Laufzeit frühestens am ...... endet;

(f) Darlehens-, Krediteröffnungsverträge oder sonstige Kreditverträge, die von X-Gesellschaften als Kreditgeber oder Kreditnehmer geschlossen worden sind (mit Ausnahme handelsüblicher und im gewöhnlichen Geschäftsgang vereinbarter Stundungen und mit Ausnahme der Vereinbarung zu den Darlehens- und Verrechnungskonten (§ 4.1.1)), sowie Factoringverträge;

(g) Garantien, Bürgschaften, Schuldübernahmen, Schuldbeitritte, Patronatserklärungen und ähnliche von X-Gesellschaften übernommene Verpflichtungen;

Seibt

- (h) Vertragshändler- und Handelsvertreterverträge;
- (i) Anstellungsverträge, sonstige Dienstverträge sowie Beraterverträge, die (einzeln oder gesamt) eine jährliche Gesamtvergütung von mindestens ...... EUR (in Worten: ...... Euro) vorsehen;
- (j) Gewinn- oder Umsatzbeteiligungen, Mitarbeiterbeteiligungen sowie ähnliche Verträge;
- (k) Tarifverträge (einschließlich Firmentarifverträge), denen X-Gesellschaften unterliegen (auch durch Allgemeinverbindlichkeitserklärung), sowie Betriebsvereinbarungen und betriebliche Übungen;
- (l) Joint Venture-, Konsortial-, Kooperations- und ähnliche Verträge mit Dritten;
- (m) Vereinbarungen, die eine X-Gesellschaft in ihrer Geschäftstätigkeit einschränken oder ihr eine Geschäftstätigkeit verbieten oder die eine X-Gesellschaft am Wettbewerb mit einem anderen Marktteilnehmer hindern oder darin beschränken (einschließlich Exklusivlieferungsverträgen, die eine X-Gesellschaft auf Käufer- oder Verkäuferseite abgeschlossen hat); Vereinbarungen, aufgrund derer sich eine X-Gesellschaft zur Vertraulichkeit verpflichtet;
- (n) Verträge über Derivatgeschäfte, insbesondere Swaps, Optionen oder Futures;
- (o) Verträge oder Verpflichtungen, die außerhalb des gewöhnlichen Geschäftsgangs eingegangen worden sind;
- (p) Verträge zwischen X-Gesellschaften einerseits und der Verkäuferin und/oder anderen Verkäufer-Gesellschaften andererseits;
- (q) sonstige Verträge oder Verpflichtungen, (i) welche die X-Gesellschaften zu Zahlungen von jeweils mindestens ...... EUR (in Worten: ...... Euro) pro Jahr verpflichten, (ii) die von den betreffenden X-Gesellschaften frühestens mit Wirkung zum ...... ordentlich gekündigt werden können bzw. deren Laufzeit frühestens am ...... endet, (iii) deren Verletzung oder Beendigung eine Wesentliche Nachteilige Änderung zur Folge haben könnte oder (iv) die in sonstiger Weise von wesentlicher Bedeutung für eine X-Gesellschaft oder die Käuferin sind.

8.10.2 Alle Wesentlichen Verträge sind zu marktüblichen Bedingungen vereinbart worden und begründen wirksame und durchsetzbare Rechte der X-Gesellschaften. Die X-Gesellschaften haben alle Verpflichtungen aus diesen Verträgen vollständig und ordnungsgemäß erfüllt. Vor Ablauf von ...... Monaten ab dem Unterzeichnungstag kann keiner der Wesentlichen Verträge ordentlich beendet werden, insbesondere nicht aufgrund des Abschlusses oder der Durchführung dieses Vertrages. Es bestehen keine Umstände, aufgrund derer einer dieser Verträge vor Ablauf dieses Zeitraums aus wichtigem Grund gekündigt oder in sonstiger Weise außerordentlich beendet werden könnte; derartige Umstände sind auch nicht absehbar.

8.10.3 Keine der X-Gesellschaften und keiner ihrer jeweiligen Vertragspartner hat in den letzten ...... Jahren vor dem Vollzugstag eine Pflicht aus einem Wesentlichen Vertrag verletzt, die nicht am Vollzugstag wieder behoben wurde, oder verletzt eine solche Pflicht gegenwärtig; insbesondere befindet sich keine der genannten Parteien derzeit in Verzug.

8.10.4 Die Vertragspartner der X-Gesellschaften sind ihren Verpflichtungen aus den Mietverhältnissen ordnungsgemäß nachgekommen, der Verkäuferin ist nichts darüber bekannt daß gegen die Vertragspartner der Verkäuferin oder der mit ihr im Sinne von § 15 AktG verbundenen Unternehmen Zwangsvollstreckungsmaßnahmen eingeleitet oder angedroht sind oder daß Anträge auf Einleitung eines Insolvenzverfahrens gestellt oder angedroht sind.

8.11 Arbeitsrechtliche Angelegenheiten; Vollmachten

8.11.1 Anlage 8.11.1a enthält eine per ...... hinsichtlich sämtlicher Angaben vollständige und zutreffende Aufstellung aller Organmitglieder und Arbeitnehmer (einschließlich leitender Angestellter, Auszubildender und Teilzeitbeschäftigter) der X-Gesellschaften, jeweils mit Angaben zu Vertragspartner auf Seiten der X-Gesellschaften, Position/Tätigkeit, Geburtsdatum, Eintrittsdatum, Geschlecht, Bruttojahresgehalt, Bruttojahresgesamtbezüge (einschließlich sämtlicher Boni und ähnlicher Zusatzleistungen), Gratifikationen, Ansprüchen aus Entgeltumwandlung, nicht in Anspruch genommenen Urlaubstagen, Wochenarbeitszeit und Laufzeit bzw. Kündigungsfrist. Arbeitnehmer mit besonderem Kündigungsschutz sind unter Angabe des Rechtsgrundes (z.B. Mutterschutz, Elternzeit, Schwerbehinderung) entsprechend gekennzeichnet. Anlage 8.11.1b enthält vollständige und mit dem Original übereinstimmende Kopien der Standardarbeitsverträge für Arbeitnehmer der X-Gesellschaften.

8.11.2 Anlage 8.11.2 enthält vollständige und mit dem Original übereinstimmende Kopien der Anstellungsverträge aller Organmitglieder der X-Gesellschaften und darüber hinaus solcher Arbeitnehmer der X-Gesellschaften, deren Bruttojahresgesamtbezüge (einschließlich Boni und ähnlicher Leistungen) ...... EUR (in Worten: ...... Euro) übersteigen, jeweils in der am Unterzeichnungstag gültigen Fassung.

8.11.3 Die X-Gesellschaften haben alle Zahlungs- und sonstigen Verpflichtungen gegenüber ihren Beschäftigten bei Fälligkeit ordnungsgemäß und vollständig erfüllt.

8.11.4 Kein Geschäftsführer oder leitender Angestellter einer X-Gesellschaft hat sein Anstellungsverhältnis gekündigt, und es bestehen auch keine Anhaltspunkte dafür, dass ein Geschäftsführer oder leitender Angestellter einer X-Gesellschaft sein Anstellungsverhältnis zu kündigen oder sonst zu beenden beabsichtigt.

8.11.5 Seit dem ...... haben weder Streiks noch andere Arbeitskampfmaßnahmen bei X-Gesellschaften stattgefunden oder sind angedroht worden.

8.11.6 Mit Ausnahme der in Anlage 8.11.6a aufgeführten X-Gesellschaften hat keine X-Gesellschaft einen Betriebsrat. Es bestehen auch keine Anhaltspunkte dafür, dass dort, wo kein Betriebsrat existiert, ein Betriebsrat eingerichtet werden soll. Mit Ausnahme der in Anlage 8.11.6b aufgeführten X-Gesellschaften ist keine X-Gesellschaft Mitglied in einem Arbeitgeberverband.

8.11.7 Keine X-Gesellschaft ist jenseits der gesetzlichen Verpflichtungen zu Sozialleistungen an ihre Organmitglieder, leitenden Angestellten oder Arbeitnehmer verpflichtet, insbesondere hat keine X-Gesellschaft Pensionszusagen erteilt.

8.11.8 Zur Vertretung von X-Gesellschaften sind Personen, Gesellschaften oder sonstige Dritte nur berechtigt, soweit sich dies aus dem Handelsregister oder ähnlichen Registern oder den in Anlage 8.11.8 aufgeführten Vollmachten ergibt.

8.12 Steuerangelegenheiten

8.12.1 Alle Steuererklärungen der X-Gesellschaften, die sich auf den Zeitraum bis einschließlich zum Stichtag beziehen, sind in Übereinstimmung mit allen einschlägigen Rechtsvorschriften ordnungsgemäß (insbesondere vollständig und zutreffend) erstellt sowie ordnungsgemäß und fristgerecht eingereicht worden bzw. werden bis zum Vollzugstag ordnungsgemäß und fristgerecht eingereicht. Alle den Finanzbehörden gegenüber zu machenden Angaben, die sich auf den Zeitraum bis einschließlich zum Stichtag beziehen, sind ordnungsgemäß und fristgerecht gemacht worden bzw. werden ordnungsgemäß und fristgerecht gemacht. Keine Ermittlungshandlungen, Außenprüfungen oder sonstigen behördlichen oder gerichtlichen Verfahren im Zusammenhang mit Steuern der X-Gesellschaften sind eingeleitet, stehen bevor oder drohen, soweit sie sich auf den Zeitraum bis einschließlich zum Stichtag beziehen.

8.12.2 Mit Ausnahme der in Anlage 8.12.2 aufgeführten Anteile sind die X-Gruppengeschäftsanteile von der Steuerbefreiung des § 8b Abs. 2 KStG erfasst und sind nicht als einbringungsgeborene Anteile i.S.d. § 21 UmwStG a.F. zu qualifizieren und fallen nicht unter § 50c EStG a.F. und deren Übertragung löst keinen Einbringungsgewinn I oder II i.S.d. § 22 Abs. 1 oder 2 UmwStG aus.[75]

8.12.3 Das Körperschaftsteuerguthaben der X-Tochter-GmbH [eine hundertprozentige Tochtergesellschaft der X-KG] i.S.d. § 37 KStG beträgt am Unterzeichnungstag ...... EUR.[76]

8.12.4 Der Körperschaftsteuererhöhungsbetrag der X-Tochter-GmbH [eine hundertprozentige Tochtergesellschaft der X-KG] i.S.d. § 38 KStG beträgt am Unterzeichnungstag ...... EUR.[77]

8.12.5 X-Tochter-GmbH [eine hundertprozentige Tochtergesellschaft der X-KG] verfügt am Unterzeichnungstag über einen körperschaftsteuerlichen Verlustvortrag in Höhe von ...... EUR und einen gewerbesteuerlichen Verlustvortrag in Höhe von ...... EUR.[78]

8.12.6 Mit Ausnahme der in Anlage 8.12.6 aufgeführten Rücklagen wurden bei der X-Tochter-GmbH [eine hundertprozentige Tochtergesellschaft der X-KG] in den letzten sechs (6) Wirtschaftsjahren vor dem Unterzeichnungstag keine Rücklagen nach § 6b EStG gebildet.[79]

8.12.7 Mit Ausnahme der in Anlage 8.12.7 genannten Abschreibungen sind keine Teilwertabschreibungen auf materielle oder immaterielle Wirtschaftsgüter der X-Gesellschaften vorgenommen worden.[80]

8.12.8 Mit Ausnahme der in Anlage 8.12.8 genannten Abweichungen bestehen zum Stichtag keine Abweichungen zwischen den Handels- und Steuerbilanzen der X-Gesellschaften.[81]

8.12.9 Die X-Gesellschaften verfügen außerhalb des Staates, in dem die jeweilige X-Gesellschaft ihren Sitz hat, nicht über Betriebsstätten, ständige Vertreter oder Angestellte im Sinne der Steuergesetze ihrer jeweiligen Jurisdiktion.[82]

8.12.10 Mit Ausnahme der in Anlage 8.12.10 aufgeführten Vorgänge hat es in den X-Gesellschaften keine Vorgänge gegeben und wird es bis zum Vollzugstag nicht geben, die als verdeckte Gewinnausschüttung einzuordnen sind.[83]

8.13 Öffentliche Förderungen

Anlage 8.13 enthält eine Aufstellung aller öffentlichen Förderungen, insbesondere aller staatlichen Beihilfen i.S.v. Art. 87 EG, die X-Gesellschaften in den letzten ...... (......) Jahren vor dem Unterzeichnungstag gewährt worden sind (zusammen die *Öffentlichen Förderungen*), unter Angabe der Art und Höhe der Öffentlichen Förderung sowie der wesentlichen Bedingungen ihrer Gewährung. Die X-Gesellschaften haben die Öffentlichen Förderungen stets in Übereinstimmung mit allen anwendbaren Rechtsvorschriften beantragt, erhalten und verwendet. Die Öffentlichen Förderungen sind und bleiben wirksam und unter unveränderten Bedingungen verwendbar; insbesondere sind sie nicht infolge des Abschlusses oder der Durchführung dieses Vertrags oder aufgrund sonstiger Umstände zurückzugewähren. Keine Öffentliche Förderung ist daran gebunden, dass X-Gesellschaften eine bestimmte Anzahl von Arbeitnehmern in bestimmten Betrieben oder Regionen beschäftigen oder ein Betrieb an einem bestimmten Ort oder überhaupt aufrecht erhalten wird. Keine der X-Gesellschaften hat Zahlungen aus Bürgschaften oder Garantien beansprucht oder erhalten, die Öffentliche Förderungen darstellen.

8.14 Rechtsstreitigkeiten

Mit Ausnahme der in Anlage 8.14a aufgeführten Streitigkeiten existieren keine Streitigkeiten oder sonstigen gerichtlichen, schiedsgerichtlichen oder behördlichen Verfahren (zusammen die *Rechtsstreitigkeiten*), an denen X-Gesellschaften unmittelbar oder mittelbar beteiligt sind oder die auf andere Weise zu einer Verbindlichkeit oder anderen Verpflichtung (auch durch Rückgriff Dritter) der X-Gesellschaften führen können, noch sind Rechtsstreitigkeiten anhängig, eingeleitet, drohen oder stehen bevor oder sind von einer X-Gesellschaft beabsichtigt; in den letzten ...... (......) Jahren vor dem Unterzeichnungstag sind nur die in Anlage 8.14b offengelegten Rechtsstreitigkeiten beendet worden. Von den X-Gesellschaften erhobene Zahlungsklagen aus Lieferung und Leistung mit einem Streitwert bis zu ...... EUR (in Worten: ...... Euro) im Einzelfall bleiben unberücksichtigt. Satz 1 und 2 dieses § 14 gelten entsprechend für Rechtsstreitigkeiten gegen Organmitglieder oder Arbeitnehmer von X-Gesellschaften im Zusammenhang mit ihrer Tätigkeit für diese Gesellschaften. Die in den Anlagen 8.14a und 8.14b enthaltenen Angaben zu den jeweiligen Parteien, dem Streitgegenstand, den zugrundeliegenden Tatsachen, dem Streitwert und dem Stand der jeweiligen Rechtsstreitigkeiten sind vollständig und zutreffend.[84]

8.15 Produkthaftung

Die X-Gesellschaften haben keine Produkte hergestellt, veräußert, sonst in Verkehr gebracht oder Dritten zur Nutzung zur Verfügung gestellt oder Dienst- oder sonstige Leistungen in einer Weise erbracht, die zu Verbindlichkeiten oder anderen Verpflichtungen aus Produkthaftung, Gewährleistung oder einem anderen Rechtsgrund führen könnten, und es bestehen auch keine derartigen Verbindlichkeiten oder andere Verpflichtungen. Dritte haben keine Ansprüche gegen die X-Gesellschaften aus Produkthaftung, Gewährleistung oder einem anderen Rechtsgrund im Zusammenhang mit der Herstellung, Veräußerung, dem Inverkehrbringen oder der Nutzungsüberlassung von Produkten oder dem Erbringen von Diensten oder sonstigen Leistungen geltend gemacht. In den vergangenen ...... Jahren vor dem Unterzeichnungstag hat keine X-Gesellschaft freiwillig oder infolge einer gesetzlichen Verpflichtung ein Produkt zurückgerufen oder vom Markt genommen oder im Rahmen einer Rückrufaktion nachgebessert oder eine Produktwarnung an Kunden und/oder Endverbraucher herausgegeben.

8.16 Erlaubnisse und Genehmigungen; Wettbewerbsbeschränkungen

8.16.1 Die X-Gesellschaften haben stets sämtliche erforderlichen öffentlich-rechtlichen und privatrechtlichen Erlaubnisse, Zustimmungen und Genehmigungen jedweder Art für den Bau und Betrieb aller von ihnen genutzten Gebäude und Anlagen sowie für die Führung der X-Geschäftsbetriebe im Übrigen eingeholt. Die Gebäude und Anlagen und die X-Geschäftsbetriebe sind in Übereinstimmung mit diesen Genehmigungen errichtet und betrieben bzw. geführt worden. Keine der die gegenwärtigen Gebäude und Anlagen oder die X-Geschäftsbetriebe betreffenden Genehmigungen ist widerrufen, aufgehoben, geändert oder eingeschränkt worden, weder im Ganzen noch teilweise, noch existieren Anhaltspunkte dafür, dass sie künftig widerrufen, aufgehoben, geändert oder eingeschränkt werden könnten.

8.16.2 Keine X-Gesellschaft unterliegt einem Wettbewerbsverbot oder einer Wettbewerbsbeschränkung, gleich ob auf vertraglicher oder sonstiger Grundlage, soweit ein solches nicht in § 8.10.1(m) offengelegt wurde.

8.17 Einhaltung von Rechtsvorschriften

8.17.1 Die X-Geschäftsbetriebe und die Geschäftsbetriebe der Rechtsvorgänger der X-Gesellschaften sind stets unter Beachtung aller anwendbaren Rechtsvorschriften (auch den Umweltschutz, die Produktsicherheit und die Arbeitssicherheit betreffend) geführt worden. Weder die X-Geschäftsbetriebe noch die von den X-Gesellschaften hergestellten, veräußerten oder sonst in Verkehr gebrachten

Produkte noch die von ihnen erbrachten Dienst- oder sonstigen Leistungen verstoßen gegen Rechtsvorschriften.

8.17.2 Keine der X-Gesellschaften und keines ihrer Organmitglieder, Arbeitnehmer oder Vertreter hat im Zusammenhang mit der Geschäftstätigkeit der jeweiligen Gesellschaft einen rechtswidrigen Vorteil gewährt, versprochen oder in Aussicht gestellt oder gewährt, versprochen oder in Aussicht gestellt erhalten.[85]

8.18 Fortführung der Geschäfte

8.18.1 Seit Beginn des laufenden Geschäftsjahres bis zum Unterzeichnungstag sind die X-Geschäftsbetriebe ausschließlich im Rahmen des gewöhnlichen Geschäftsgangs mit der Sorgfalt eines ordentlichen Kaufmanns und in Übereinstimmung mit der bisherigen Geschäftspraxis geführt worden. Insbesondere

(a) hat keine X-Gesellschaft eine Verbindlichkeit (einschließlich bedingter, zurückgestellter und zurückzustellender Verbindlichkeiten) begründet, die den Betrag von ...... EUR (in Worten: ...... Euro) im Einzelfall übersteigt, mit Ausnahme laufender Verbindlichkeiten aus Lieferung und Leistung im Rahmen des gewöhnlichen Geschäftsgangs und in Übereinstimmung mit der bisherigen Geschäftspraxis;

(b) hat keine X-Gesellschaft materielle oder immaterielle Vermögensgegenstände – gleich ob bilanzierungsfähig oder nicht – sicherungsübereignet oder -abgetreten, verpfändet oder in sonstiger Weise belastet, außer im Rahmen des gewöhnlichen Geschäftsgangs und in Übereinstimmung mit der bisherigen Geschäftspraxis;

(c) hat keine X-Gesellschaft materielle oder immaterielle Vermögensgegenstände – gleich ob bilanzierungsfähig oder nicht – verkauft, vermietet, verpachtet, übertragen, erworben oder sich jeweils hierzu verpflichtet, die einen Wert von ...... EUR (in Worten: ...... Euro) im Einzelfall übersteigen; ausgenommen sind der Verkauf oder Erwerb von Vorräten i.S.v. § 266 Abs. 2 lit. B. I HGB im Rahmen des gewöhnlichen Geschäftsgangs und in Übereinstimmung mit der bisherigen Geschäftspraxis;

(d) hat keine X-Gesellschaft Verbindlichkeiten oder andere Verpflichtungen im Betrag von insgesamt mehr als ...... EUR (in Worten: ...... Euro) erlassen oder sich hierüber verglichen;

(e) hat keine X-Gesellschaft gegenüber einem Organmitglied, Arbeitnehmer, Berater, Handelsvertreter oder Vertragshändler Änderungen bei Gehältern oder anderen (auch erfolgsabhängigen) Vergütungen oder sonstigen Vertragsbedingungen vorgenommen oder außerhalb des gewöhnlichen Geschäftsbetriebs Boni gezahlt oder sonstige Sonderzahlungen, Pensionen oder Abfindungen gezahlt oder sich (auch bedingt) zu solchen Zahlungen verpflichtet oder einer dieser Personen ein Darlehen eingeräumt;

(f) hat keine X-Gesellschaft ihr Kapital erhöht oder herabgesetzt oder Anteile ausgegeben, übertragen oder sich zu solchen Maßnahmen verpflichtet oder Bezugsrechte, Optionen oder andere Rechte auf den Erwerb von Anteilen gewährt oder veräußert oder sich zu solchen Maßnahmen verpflichtet;

(g) hat jede X-Gesellschaft Investitionen in das Anlagevermögen mindestens in einer nach Zeitpunkt und Umfang der bisherigen Geschäftspraxis entsprechenden Weise vorgenommen; jedoch hat keine X-Gesellschaft Investitionen in das Anlagevermögen in Höhe von mehr als ...... EUR (in Worten: ......) getätigt oder sich hierzu verpflichtet;

(h) hat keine X-Gesellschaft etwas getan oder unterlassen, was zu einer Erhöhung der Barmittel führen würde, es sei denn im Rahmen des gewöhnlichen Geschäftsgangs und in Übereinstimmung mit der bisherigen Geschäftspraxis; insbesondere hat jede X-Gesellschaft nur in einer nach Zeitpunkt

1. Vertrag über den Erwerb aller Anteile – ausführlich, käuferfreundlich C. IV. 1

und Umfang der bisherigen Geschäftspraxis entsprechenden Weise Forderungen eingezogen oder verkauft oder vergleichbare Rechtsgeschäfte geschlossen;

(i) hat jede X-Gesellschaft ihre Vorräte i. S. v. § 266 Abs. 2 lit. B I HGB nach Art und Umfang in Übereinstimmung mit der bisherigen Geschäftspraxis angelegt und unterhalten;

(j) hat keine X-Gesellschaft ihre Forschungs- und Entwicklungs-, Fertigungs-, Einkaufs-, Vertriebs-, Marketing-, oder Personalpolitik geändert.

8.18.2 Seit dem ...... sind keine Wesentlich Nachteiligen Änderungen (vgl. § 6.3.1(a)) eingetreten, und es bestehen auch keine Anhaltspunkte dafür, dass Wesentlich Nachteilige Änderungen eintreten könnten.

8.19 Keine Vermittlungsgebühren etc.

8.19.1 Keinem Organmitglied oder leitenden Angestellten einer X-Gesellschaft ist im Zusammenhang mit der Anbahnung, dem Abschluss oder dem Vollzug dieses Vertrags eine Zahlung oder ein anderer geldwerter Vorteil gewährt, versprochen oder in Aussicht gestellt worden.

8.19.2 Keine X-Gesellschaft ist verpflichtet, Maklerprovisionen, Vermittlungsgebühren, Beraterhonorare, Boni, Zulagen, Abfindungen an Dritte (einschließlich Organmitglieder und Arbeitnehmer der X-Gesellschaften) oder andere Zahlungen oder geldwerte Vorteile im Zusammenhang mit der Anbahnung, dem Abschluss oder dem Vollzug dieses Vertrags mit Ausnahme der in diesem Vertrag geregelten Zahlungen zu leisten.

8.20 Richtigkeit der Informationen

Alle der Käuferin und ihren Beratern seitens der Verkäuferin oder einer Verkäufer-Gesellschaft oder einer X-Gesellschaft oder einem ihrer Berater vor dem Unterzeichnungstag zur Verfügung gestellten oder zugänglich gemachten Informationen sind vollständig und zutreffend. Der Käuferin sind alle solchen Informationen in Bezug auf die Gesellschaftsanteile an der X-Gruppe, die X-Gesellschaften und die X-Geschäftsbetriebe schriftlich offen gelegt worden, die ein vorsichtiger Kaufmann vernünftigerweise für eine Beurteilung der Chancen und Risiken eines Erwerbs der X-Gruppe, gleich auf welchem rechtlichen Wege, für erheblich ansehen würde.[86]

8.21 Kenntnis der Verkäuferin

Im Sinne dieses Vertrags umfasst Kenntnis der Verkäuferin (zuvor und nachfolgend als *Kenntnis der Verkäuferin* bezeichnet) alle Umstände, die eine Relevante Person kannte, kennt oder kennen muss [oder die ihr nach den anwendbaren gesetzlichen Regeln zuzurechnen ist]. *Relevante Person(en)* im Sinne dieses Absatzes sind die in Anlage 8.21 zu diesem Vertrag aufgeführten Personen und Funktionsträger. Kennenmüssen im Sinne von Satz 1 umfasst insbesondere auch solche Umstände, von der eine Relevante Person bei sorgfältiger Auswahl, Anleitung und Befragung ihrer Mitarbeiter Kenntnis erlangt hätte oder auf die Akten, Aufzeichnungen oder sonstige Dokumente (gleich in welcher Form), die der fraglichen Person bestimmungsgemäß zur Einsicht zur Verfügung standen oder stehen, hinweisen.[87]

§ 9 Rechtsfolgen

9.1 Naturalrestitution; Schadensersatz[88]

9.1.1 Im Falle der Verletzung einer Verkäufergarantie hat die Verkäuferin die Käuferin oder, nach deren Wahl, die betreffende X-Gesellschaft so zu stellen, wie sie stehen würde, wenn die Verkäufergarantie nicht verletzt gewesen wäre (*Natu-*

Seibt

ralrestitution). Resultiert die Verletzung der Verkäufergarantie aus dem Bestehen einer Verbindlichkeit, umfasst das Recht der Käuferin auf Naturalrestitution das Recht, Freistellung von der betreffenden Verbindlichkeit zu verlangen.

9.1.2 Soweit eine Naturalrestitution nicht möglich oder nicht genügend ist, hat die Verkäuferin an die Käuferin oder, nach deren Wahl, an die betreffende X-Gesellschaft Schadensersatz in Geld zu leisten. Ist die Naturalrestitution vollständig unmöglich, tritt der Schadensersatz in Geld an die Stelle der Naturalrestitution, im Übrigen ist er ergänzend zur Naturalrestitution geschuldet.

9.1.3 Bewirkt die Verkäuferin die Naturalrestitution nicht innerhalb von ...... (......) Bankarbeitstagen, nachdem ihr die Verletzung der Verkäufergarantie von der Käuferin mitgeteilt wurde, kann die Käuferin nach ihrer Wahl ganz oder teilweise an Stelle der Naturalrestitution verlangen, dass die Verkäuferin an die Käuferin und/oder, nach deren Wahl, an die betreffende X-Gesellschaft den zur Naturalrestitution erforderlichen Geldbetrag leistet. Die Käuferin kann ihre Wahl bis zur vollständigen Erbringung der Leistung abändern.

9.1.4 Ansprüche der Käuferin aus diesem § 9 werden zusammen als *Garantieansprüche* und einzeln als *Garantieanspruch* bezeichnet.

9.2 Ausschluss der kaufrechtlichen Gewährleistung

Die Parteien sind darin einig, dass dieser Vertrag die Rechtsfolgen der Verletzung einer Verkäufergarantie abschließend regelt und der Käuferin und den X-Gesellschaften wegen der Verletzung einer Verkäufergarantie nur die in diesem Vertrag geregelten Ansprüche mit den in diesem Vertrag geregelten Rechtsfolgen zustehen. Über die in diesem Vertrag geregelten Ansprüche hinausgehende Ansprüche und Rechte der Käuferin wegen der Verletzung einer Verkäufergarantie sind ausgeschlossen. Dies gilt insbesondere für Ansprüche wegen Verschuldens bei Vertragsverhandlungen gemäß § 311 Abs. 2 und 3 BGB *(Culpa in Contrahendo)*, wegen Verletzung einer Pflicht aus dem Schuldverhältnis, Ansprüche auf Minderung, Rücktrittsrechte und deliktische Ansprüche. Vorstehendes gilt nicht, wenn die Verkäuferin vorsätzlich gehandelt hat oder die Käuferin arglistig getäuscht wurde.

9.3 Kumulative Geltung von Ansprüchen

Alle Ansprüche der Käuferin aus diesem Vertrag, einschließlich des Anspruches auf Erfüllung, bestehen nebeneinander und nicht alternativ, soweit dieser Vertrag keine abweichende Regelung vorsieht. Ein Anspruch der Käuferin aus einer Verkäufergarantie ist ausgeschlossen, soweit (i) der anspruchsbegründende Sachverhalt bereits im Konsolidierten Stichtagsabschluss durch eine Verbindlichkeit oder Abschreibung berücksichtigt wurde und (ii) bei der Berechnung des Kaufpreises zugunsten der Käuferin berücksichtigt wurde. Der Ausschluss von Ansprüchen der Käuferin aufgrund des vorstehenden Satzes ist auf den Betrag beschränkt, der zugunsten der Käuferin berücksichtigt wurde.

9.4 Freigrenze

Die Verkäuferin haftet nicht aus Garantieansprüchen, wenn der Gesamtbetrag aller Garantieansprüche ...... EUR (in Worten: ...... Euro) *(Freigrenze)* nicht übersteigt. Übersteigt der Gesamtbetrag aller Garantieansprüche die Freigrenze, haftet die Verkäuferin auf den Gesamtbetrag. Die Freigrenze gilt nicht für Garantieansprüche aus den Verkäufergarantien in den §§ 8.2.1 bis 8.2.5, für die die Verkäuferin in jedem Einzelfall ohne Rücksicht auf die Höhe des Anspruchs haftet. Die Freigrenze gilt weiterhin nicht für Garantieansprüche aus Verkäufergarantien, welche die Verkäuferin vorsätzlich oder grob fahrlässig unvollständig oder unzutreffend abgegeben hat. In diesem Fall sind die Garantieansprüche stets in voller Höhe zu ersetzen, und die Freigrenze ermäßigt sich um den Betrag solcher Garantieansprüche.[89]

9.5 Haftungshöchstbetrag

Die Verkäuferin haftet insgesamt höchstens bis zu einem Betrag von ...... EUR (in Worten: ...... Euro) *(Haftungshöchstbetrag)* aus Garantieansprüchen. Die Haftungshöchstgrenze gilt nicht für Garantieansprüche aus den Verkäufergarantien in den §§ 8.2.1 bis 8.2.5, für die die Verkäuferin in jedem Einzelfall unbeschränkt haftet. Die Haftungshöchstgrenze gilt weiterhin nicht für Garantieansprüche aus vorsätzlich oder grob fahrlässig unvollständig oder unzutreffend abgegebenen Verkäufergarantien.[90]

9.6 Informationspflichten bei Ansprüchen Dritter[91]

Die Käuferin wird die Verkäuferin mit angemessener Frist informieren, wenn sie oder eine X-Gesellschaft von einem Dritten (einschließlich Behörden) verklagt oder sonst gerichtlich in Anspruch genommen wird, sofern der Käuferin im Fall eines Unterliegens ein Garantieanspruch gegen die Verkäuferin zustehen würde. Soweit es nach dem Ermessen der Käuferin unter Berücksichtigung der Interessen der Käuferin der Abwehr eines solchen Anspruches dienlich ist, wird die Käuferin die Verkäuferin bei der Abwehr des Anspruches einbeziehen. Im Rahmen des vorhergehenden Satzes wird die Käuferin der Verkäuferin insbesondere die Gelegenheit zu einer rechtlichen und tatsächlichen Würdigung der Umstände geben. Soweit die Verkäuferin selbst gegenüber dem Dritten tätig wird, hat sie hierbei nach den Vorgaben der Käuferin zu handeln. Vorbehaltlich § 254 BGB lässt eine Verletzung der Informations- und Mitwirkungspflichten der Käuferin aus diesem § 9.6 den Garantieanspruch der Käuferin unberührt.

§ 10 Umweltfreistellung[92]

10.1 Definitionen

In diesem Vertrag sind die Begriffe Umweltverbindlichkeiten, Bestehende Umweltbelastung, Umweltgesetz(e), Umwelterlaubnis, Umweltangelegenheit, Gefahrstoff, Relevante Grundstücke und Aufbauten jeweils wie folgt definiert:

10.1.1 *Umweltverbindlichkeiten* umfasst sämtliche Schäden, Kosten, Aufwendungen und sonstige Nachteile, die entstehen (i) durch eine Untersuchung im Zusammenhang mit oder im Vorgriff auf die Behebung einer Bestehenden Umweltbelastung, (ii) durch die Behebung einer Bestehenden Umweltbelastung, (iii) durch Sicherungs-, Schutz- oder Beschränkungsmaßnamen im Zusammenhang mit einer Bestehenden Umweltbelastung, (iv) durch Maßnahmen zur Abwehr einer Gefahr für Leib oder Leben im Zusammenhang mit einer Bestehenden Umweltbelastung, (v) durch Handeln ohne oder den Verstoß gegen eine Umwelterlaubnis oder (vi) durch die Entsorgung einer Bestehenden Umweltbelastung (einschließlich kontaminiertem Bodenaushub und Bauschutt) (kontaminationsbedingter Mehraufwand).

10.1.2 Eine *Bestehende Umweltbelastung* ist gegeben, wenn einer oder mehrere der nachfolgend beschriebenen Zustände vorliegen:[93]

(a) vor oder am Vollzugstag ist eine Kontamination, eine sonstige nachteilige Veränderung oder ein Gefahrstoff im Boden, Grund- oder Oberflächenwasser oder in Aufbauten auf, in, unter- oder oberhalb der Relevanten Grundstücke vorhanden oder geht vor am oder nach dem Vollzugstag von dort aus;

(b) vor oder am Vollzugstag wird ein Gefahrstoff, der von oder im Auftrag einer X-Gesellschaft hergestellt, gelagert, genutzt, verarbeitet, transportiert oder entsorgt wurde, an einen Ort außerhalb der Relevanten Grundstücke verbracht;

[(c) am Unterzeichnungstag oder am Vollzugstag sind Kampfmittel oder Teile davon auf, in oder unterhalb der Relevanten Grundstücke vorhanden;][94]

[(d) vor oder am Vollzugstag hat eine Person für eine X-Gesellschaft eine Handlung oder Unterlassung vorgenommen, und diese Handlung oder Unterlassung begründet die Haftung oder das Einstehen einer X-Gesellschaft nach Umweltrecht.][95]

Wird eine Bestehende Umweltbelastung innerhalb von zehn (10) Jahren ab dem Vollzugstag entdeckt, wird vorbehaltlich eines gegenteiligen Beweises durch die Verkäuferin vermutet, dass diese Bestehende Umweltbelastung vor dem Vollzugstag bestanden hat.[96]

10.1.3 *Umweltrecht* umfasst jede Rechtsvorschrift (§ 8. 2. 10) [(einschließlich abfallrechtlicher Vorschriften)][97] sowie Erlasse, Industrienormen, technische Standards und ähnliche Regelungen, die sich auf eine Umweltangelegenheit beziehen und denen eine X-Gesellschaft oder ein X-Geschäftsbetrieb vor oder am Vollzugstag oder am Tag der Feststellung einer Bestehenden Umweltbelastung unterworfen ist oder die aus anderen Gründen anzuwenden sind.[98]

10.1.4 *Umwelterlaubnis* umfasst jede nach einem Umweltgesetz erforderliche Genehmigung, Erlaubnis oder Zustimmung.

10.1.5 *Umweltangelegenheit* ist jede Angelegenheit mit Bezug zu Kontamination, Sanierung, Entsorgung, Erneuerung oder Schutz von bzw. Vorsorge für Grund und Boden, Aufbauten, Luft (einschließlich Luft in Gebäuden und Aufbauten), Wasser (einschließlich Grundwasser, Oberflächenwasser und Wasser in Leitungen, Rohren oder Abflüssen), Bodenoberfläche, anderer natürlicher Lebensgrundlagen, Leben, Gesundheit und Sicherheit (einschließlich, aber nicht beschränkt auf Arbeitssicherheit) von Menschen oder Eigentum Dritter (die aufgezählten Güter zusammen als *Umwelt* bezeichnet).

10.1.6 *Gefahrstoffe* umfasst Substanzen, die Gegenstand von Umweltgesetzen sind, sowie alle sonstigen schädlichen, verunreinigenden, giftigen oder gefährlichen Stoffe.

10.1.7 *Relevante Grundstücke* umfasst sämtliche Grundstücke, die vor oder am Vollzugstag im Eigentum oder Besitz einer X-Gesellschaft oder eines ihrer Rechtsvorgänger stehen oder standen oder von einer X-Gesellschaft oder einem ihrer Rechtsvorgänger genutzt werden oder wurden.[99]

10.1.8 *Aufbauten* umfasst oberirdische und unterirdische Gebäude und Anlagen (einschließlich Rohrleitungen, Kanalisation, Tanks, Fundamente etc.) ohne Rücksicht darauf, ob diese mit dem entsprechenden Grundstück fest verbunden sind und/oder sonst eine rechtliche Einheit mit dem Grundstück bilden.

10.2 Freistellung

Die Verkäuferin verpflichtet sich, die Käuferin und die X-Gesellschaften von sämtlichen Umweltverbindlichkeiten (§ 10.1.1) im Zusammenhang mit einer Bestehenden Umweltbelastung (§ 10.1.2) freizustellen.[100]

10.3 Haftungsausschluss und Haftungsbeschränkungen[101]

10.3.1 Die Verpflichtung der Verkäuferin zur Freistellung der Käuferin oder einer X-Gesellschaft nach diesem § 10 ist ausgeschlossen, soweit[102]

(a) ein Dritter, insbesondere eine Versicherung, in dem Umfang Leistungen an die Käuferin oder die betroffene X-Gesellschaft erbringt, in dem die Käuferin zur Freistellung nach diesem Vertrag verpflichtet wäre;

(b) die Umweltverbindlichkeit durch eine wesentliche Änderung der Nutzung der Relevanten Grundstücke nach dem Vollzugstag, die mit einer erhöhten Gefährdung der Umwelt verbunden ist, verursacht worden ist;

(c) die Umweltverbindlichkeit dadurch entstanden ist, dass die Käuferin oder die betroffene X-Gesellschaft eine Verpflichtung zur Schadensminderung nach § 254 BGB verletzt hat.

10.3.2 Die Beschränkungen gemäß §§ 9.4 (Freigrenze) und 9.5 (Haftungshöchstbetrag) finden keine Anwendung.

10.4 Verfahren

10.4.1 Erhält die Käuferin Kenntnis von einer Umweltverbindlichkeit, hat sie die Verkäuferin hiervon unverzüglich zu informieren. Die Käuferin wird die Verkäuferin vor einer Maßnahme zur Abwehr einer Umweltverbindlichkeit anhören; dies gilt nicht, wenn berechtigte Interessen der Käuferin oder einer X-Gesellschaft einer Anhörung entgegenstehen.

10.4.2 Die Käuferin hat der Verkäuferin nach billigem Ermessen Zutritt zu den Relevanten Grundstücken und Einsichtnahme in die Bücher der X-Gesellschaften im Zusammenhang mit einer Umweltverbindlichkeit zu gestatten, soweit dies zur Bewertung der Umweltverbindlichkeit durch die Verkäuferin erforderlich ist, vorausgesetzt, (i) die Verkäuferin verpflichtet sich den Anforderungen der Käuferin entsprechend zur Vertraulichkeit und (ii) die Verkäuferin trägt die Kosten für die Einsichtnahme. Die Käuferin wird sich darum bemühen, für die Dauer einer möglichen Haftung der Verkäuferin nach diesem § 10 sämtliche Unterlagen und Informationen, die sich auf die Relevanten Grundstücke beziehen und die sich am Vollzugstag im Besitz einer X-Gesellschaft befinden, aufzubewahren.

10.4.3 Die Käuferin hat der Verkäuferin nach billigem Ermessen die Teilnahme an Untersuchungen oder sonstigen Maßnahmen und den Zugang zu Berichten, Schriftwechsel und Verfügungen zu gewähren, die im Zusammenhang mit einer möglichen Umweltverbindlichkeit stehen, sowie Kopien der entsprechenden Schriftstücke zukommen zu lassen.

§ 11 Steuern[104]

11.1 Definitionen

11.1.1 *Steuern*[105] im Sinne dieses Vertrages sind alle Steuern, Gebühren, Zölle, Beiträge einschließlich Sozialversicherungsbeiträge und andere öffentlich-rechtlichen Abgaben, die von einer Behörde oder einem sonstigen Hoheitsträger (zusammen die *Finanzbehörden*) festgesetzt werden und/oder aufgrund Rechtsvorschriften geschuldet werden. Als *Steuern* gelten zudem alle Zahlungen als Haftungsschuldner für Steuern, Zahlungen aus Gewerbesteuer- und Umsatzsteuerumlageverträgen oder aus vergleichbaren Verträgen oder Steuern betreffende Freistellungsvereinbarungen, ferner alle steuerlichen Nebenleistungen wie beispielsweise Zinsen, Kosten und Steuerzuschläge, sowie mit Steuern in Zusammenhang stehende Straf- und Bußgelder, die gesetzlich geschuldet oder von Finanzbehörden auferlegt werden. Als Steuern gelten insbesondere alle Steuern und steuerlichen Nebenleistungen i.S.d. § 3 AO und entsprechende ausländische Steuern und steuerlichen Nebenleistungen.[106]

11.1.2 *Steuererklärungen* im Sinne dieses Vertrages sind alle Erklärungen, Anmeldungen, Voranmeldungen und sonstigen Unterlagen und Dokumente, die in Zusammenhang mit Steuern bei oder gegenüber den Finanzbehörden einzureichen oder abzugeben sind.

11.2 Freistellung

11.2.1 Die Verkäuferin stellt die Käuferin und/oder, nach deren Wahl, die jeweilige X-Gesellschaft hiermit frei

(a) von allen noch nicht entrichteten Steuern, die gegen die X-Gesellschaften festgesetzt worden sind oder festgesetzt werden und auf der Grundlage einer „als-ob-Veranlagung" den Zeitraum bis einschließlich zum Stichtag betreffen oder aus Handlungen resultieren, die vor oder am Stichtag vorgenommen werden; [wenn und soweit die Steuern die Summe der im Konsolidierten Stichtagsabschluss ausgewiesenen Steuerverbindlichkeiten und Steuerrückstellungen (inklusive latenter Steuerverpflichtungen) übersteigen];[107] und

(b) von der Haftung einer X-Gesellschaft für Steuerschulden der Verkäuferin oder einer anderen Verkäufer-Gesellschaft.[108]

11.2.2 Die Beschränkungen der §§ 9.4 (Freigrenze) und 9.5 (Haftungshöchstbetrag) finden keine Anwendung.

11.3 Steuervorteile

11.3.1 Sämtliche Steuererstattungsansprüche der X-Gesellschaften, die sich auf den Zeitraum bis einschließlich zum Stichtag beziehen, stehen der Verkäuferin zu und sind von der Käuferin an die Verkäuferin zu erstatten, nachdem die Steuererstattung an eine der X-Gesellschaften erfolgt ist. Sollten sich aus vorgenannter Bestimmung Erstattungsansprüche der Verkäuferin ergeben, ist die Käuferin berechtigt, diese mit Ansprüchen der Käuferin aufgrund dieses Vertrages aufzurechnen.

11.3.2 Die Freistellungsverpflichtung nach § 11.2.1 besteht insoweit nicht, als Tatbestände, die für den Zeitraum bis einschließlich des Stichtages bei einer der X-Gesellschaften zu höheren Steuern führen, in der Zeit nach dem Stichtag zu niedrigeren Steuern bei der betreffenden Gesellschaft oder eine anderen X-Gesellschaft führen; die bloße Schaffung oder Erhöhung von steuerlichen Verlusten oder Verlustvorträgen gilt nicht als niedrigere Steuer in diesem Sinne.

11.4 Ausschluss der Haftung der Verkäuferin

11.4.1 Die Verkäuferin haftet nicht für Steuern für Zeiträume bis zum Vollzugstag, die auf nach dem Vollzugstag von den X-Gesellschaften vorgenommenen Änderungen der bisherigen Bilanzierungs- oder der Besteuerungspraxis der X-Gesellschaften (einschließlich der Praxis bei der Einreichung von Steuererklärungen) beruhen, sofern diese Änderungen nicht durch zwingendes Recht oder Grundsätze ordnungsmäßiger Buchführung erforderlich sind.

11.4.2 Ein Anspruch der Käuferin auf Freistellung gemäß § 11.2.1 ist ausgeschlossen, wenn und soweit die Steuer durch Aufnahme in den Konsolidierten Stichtagsabschluss bei der Berechnung des Kaufpreises zugunsten der Käuferin berücksichtigt wurde. Der Ausschluss von Ansprüchen der Käuferin aufgrund des vorstehenden Satzes ist auf den Betrag beschränkt, der der Käuferin durch Berücksichtigung im konsolidierten Stichtagsabschluss zugeflossen ist.[109]

11.5 Informationspflicht

11.5.1 Die Käuferin hat die Verkäuferin über den Beginn einer Außenprüfung oder anderer Verfahren, die zu einem Anspruch nach § 11.2 führen könnten, zu unterrichten. § 9.6 gilt entsprechend.

11.5.2 Die Käuferin hat der Verkäuferin Abschriften der Steuererklärungen, die die Zeiträume bis einschließlich zum Stichtag betreffen, zur Verfügung zu stellen.

§ 12 Ausschluss und Beschränkung der Haftung der Verkäuferin

12.1 Verjährung

12.1.1 Ansprüche der Käuferin aus §§ 8 bis 11 verjähren grundsätzlich mit Ablauf von [drei] ([3]) Jahren ab dem Vollzugstag. Abweichend von Satz 1 verjähren[110]

(a) Garantieansprüche der Käuferin aus Verkäufergarantien in den §§ 8.2.1 bis 8.2.5 mit Ablauf von [zehn] ([10]) Jahren ab dem Vollzugstag;

1. Vertrag über den Erwerb aller Anteile – ausführlich, käuferfreundlich   C. IV. 1

(b) Ansprüche der Käuferin aus § 10 (Umweltfreistellung) mit Ablauf von ...... (......) Jahren ab dem Vollzugstag;[103]

(c) Ansprüche der Käuferin aus § 11 (Steuerfreistellung) frühestens mit Ablauf von [sechsunddreißig (36) Monaten] ab dem Vollzugstag, jedoch nicht vor Ablauf von [zwölf (12) Monaten] ab Bestands- oder Rechtskraft des die jeweilige Steuer festsetzenden Bescheides;[111]

(d) Garantieansprüche, die daraus resultieren, dass die Verkäuferin eine Verkäufergarantie vorsätzlich, grob fahrlässig unvollständig oder unzutreffend abgegeben oder eine solche vorsätzlich oder grob fahrlässig verletzt hat nach §§ 194 ff. BGB, sofern sich aus den vorstehenden Unterabsätzen (a) bis (c) keine längere Verjährungsfrist ergibt.

(die vorstehenden Fristen sind zusammen die *Verjährungsfristen*).

12.1.2 Macht die Käuferin einen Anspruch aus diesem Vertrag durch schriftliche Erklärung gegenüber der Verkäuferin geltend, ist dessen Verjährung gehemmt. Die Hemmung endet nach Ablauf von ...... (......) Monaten, sofern die Käuferin nicht vor Ablauf dieser Frist das schiedsgerichtliche Verfahren gemäß § 21.3 eingeleitet [Klage über den streitgegenständlichen Anspruch erhoben] hat. Eine Hemmung aufgrund gesetzlicher Vorschriften bleibt unberührt.

12.2 Kenntnis der Käuferin

Die Bestimmungen der § 442 BGB und § 377 HGB und die darin enthaltenen Rechtsgedanken finden keine Anwendung.

12.3 Zahlungen der Verkäuferin

Zahlungen der Verkäuferin nach §§ 9 bis 11 an die Käuferin gelten als Reduzierung des Kaufpreises; Zahlungen direkt an die X-Gesellschaften gelten als Einlage der Käuferin in das Vermögen der jeweiligen Zahlungsempfängerin.[112]

§ 13 Weitere Verpflichtungen der Verkäuferin

13.1 Verhalten der Verkäuferin bis zum Vollzug

13.1.1 Die Verkäuferin garantiert im Wege eines selbstständigen Schuldversprechens gemäß § 311 BGB, dass die X-Gesellschaften vom Unterzeichnungstag bis einschließlich zum Vollzugstag ihren Geschäftsbetrieb ausschließlich im Rahmen des gewöhnlichen Geschäftsgangs mit der Sorgfalt eines ordentlichen Kaufmanns und in Übereinstimmung mit der bisherigen Geschäftspraxis führen werden, insbesondere[113]

(a) vorbehaltlich nachfolgend (b) keine X-Gesellschaft eine Verbindlichkeit (einschließlich bedingter und zurückzustellender Verbindlichkeiten) begründet, die den Betrag von ...... EUR (in Worten: ...... Euro) im Einzelfall übersteigt, mit Ausnahme laufender Verbindlichkeiten aus Lieferung und Leistung im Rahmen des gewöhnlichen Geschäftsgangs und in Übereinstimmung mit der bisherigen Geschäftspraxis;

(b) keine X-Gesellschaft Darlehen oder sonstigen Finanzierungen aufnimmt, mit Ausnahme kurzfristiger Kredite bis zu ...... EUR (in Worten: ...... Euro) im Einzelfall, oder eine Haftung für Verbindlichkeiten Dritter übernimmt;

(c) keine X-Gesellschaft materielle oder immaterielle Vermögensgegenstände – gleich ob bilanzierungsfähig oder nicht – sicherungsübereignet oder -abtritt, verpfändet oder in sonstiger Weise belastet oder sich hierzu verpflichtet, außer im Rahmen des gewöhnlichen Geschäftsgangs und in Übereinstimmung mit der bisherigen Geschäftspraxis;

(d) keine X-Gesellschaft materielle oder immaterielle Vermögensgegenstände – gleich ob bilanzierungsfähig oder nicht – verkauft, vermietet, verpachtet, überträgt, erwirbt oder sich jeweils hierzu verpflichtet, die einen Wert von

...... EUR (in Worten: ...... Euro) im Einzelfall übersteigen; ausgenommen sind der Verkauf oder Erwerb von Vorräten i. S. v. § 266 Abs. 2 lit. B I HGB im Rahmen des gewöhnlichen Geschäftsgangs und in Übereinstimmung mit der bisherigen Geschäftspraxis;

(e) keine X-Gesellschaft Verbindlichkeiten im Betrag von insgesamt mehr als ...... EUR (in Worten: ...... Euro) erlässt oder sich hierüber vergleicht;

(f) keine X-Gesellschaft gegenüber einem Organmitglied, Arbeitnehmer, Berater, Handelsvertreter oder Vertragshändler Änderungen bei Gehältern oder anderen (auch erfolgsabhängigen) Vergütungen oder sonstigen Vertragsbedingungen vornimmt oder Boni, sonstige Sonderzahlungen oder Abfindungen zahlt oder sich (auch bedingt) zu solchen Zahlungen verpflichtet oder einer dieser Personen ein Darlehen einräumt;

(g) keine X-Gesellschaft ihr Kapital erhöht oder herabsetzt oder Anteile ausgibt, überträgt oder sich zu solchen Maßnahmen verpflichtet oder Bezugsrechte, Optionen oder andere Rechte auf den Erwerb von Anteilen gewährt oder veräußert oder sich zu solchen Maßnahmen verpflichtet;

(h) keine X-Gesellschaft eine Gesellschaft oder ein Unternehmen oder eine offene oder stille Beteiligung an einer Gesellschaft (be)gründet, erwirbt oder veräußert oder eine hierauf gerichtete Verpflichtung eingeht;

(i) keine X-Gesellschaft neue Geschäftszweige oder Zweigniederlassungen eröffnet, Geschäftszweige aufgibt oder Betriebsstätten schließt;

(j) keine X-Gesellschaft das von ihr betriebene Unternehmen oder Teile hiervon veräußert oder Maßnahmen nach dem Umwandlungsgesetz vornimmt, Unternehmensverträge abschließt oder satzungsändernde Gesellschafterbeschlüsse fasst;

(k) keine X-Gesellschaft etwas tut oder unterlässt, das zu einer Erhöhung der Barmittel führen würde, es sei denn im Rahmen des gewöhnlichen Geschäftsgangs und in Übereinstimmung mit der bisherigen Geschäftspraxis; insbesondere jede X-Gesellschaft nur in einer nach Zeitpunkt und Umfang der bisherigen Geschäftspraxis entsprechenden Weise Forderungen einzieht oder verkauft oder vergleichbare Rechtsgeschäfte abschließt;

(l) jede X-Gesellschaft ihre Vorräte i. S. v. § 266 Abs. 2 lit. B I HGB nach Art und Umfang in Übereinstimmung mit der bisherigen Geschäftspraxis anlegt und unterhält;

(m) keine X-Gesellschaft ihre Forschungs- und Entwicklungs-, Fertigungs-, Einkaufs-, Vertriebs-, Marketing-, oder Personalpolitik ändert;

(n) keine X-Gesellschaft einen Firmentarifvertrag abschließt;

(o) keine X-Gesellschaft ein Grundstücksgeschäft vornimmt, insbesondere einen Erwerb, eine Belastung oder eine Veräußerung von Grundstücken oder grundstücksgleichen Rechten.

13.1.2 Die Verkäuferin ist verpflichtet, vom Unterzeichnungstag an bis einschließlich zum Vollzugstag keine Handlung vorzunehmen oder Unterlassung zu begehen, die (i) den Vollzug dieses Vertrags beeinträchtigt, gefährdet oder verhindert oder (ii) zur Verletzung einer Verkäufergarantie führt oder (iii) eine Wesentlich Nachteilige Änderung bewirkt. Die Verkäuferin hat, soweit es ihr rechtlich möglich ist, dafür zu sorgen, dass auch die X-Gesellschaften und die Verkäufer-Gesellschaften die Verpflichtung gemäß Satz 1 dieses § 13.1.2 einhalten.

13.1.3 Die Verkäuferin ist verpflichtet, die Käuferin vom Unterzeichnungstag an bis einschließlich zum Vollzugstag unverzüglich nach Kenntniserlangung schriftlich über jeden Umstand zu informieren, der den Vollzug dieses Vertrages gefährden, beeinträchtigen oder verhindern könnte oder die Verletzung einer Verkäufergarantie oder eine Wesentlich Nachteilige Änderung begründen könnte. Die Verkäuferin hat, soweit es ihr rechtlich möglich ist, die X-Gesellschaften anzuweisen, die Käuferin ihrerseits gemäß Satz 1 dieses § 13.1.3 zu informieren.

13.1.4 Die Verkäuferin ist verpflichtet, die für die Aufstellung des Stichtagsabschlusses erforderliche Inventur so vorzubereiten, dass der Stichtagsabschluss innerhalb der Frist des § 7.1.1 aufgestellt werden kann. Die Verkäuferin ist ab dem Vollzug verpflichtet, keine Handlungen mehr vorzunehmen, die sich auf den Stichtagsabschluss auswirken; die Vereinbarungen über den Vollzug (§ 6.5) bleiben unberührt.

13.2 Verträge zwischen Verkäufer-Gesellschaften und X-Gesellschaften[114]

13.2.1 Die Verkäuferin verpflichtet sich, dafür zu sorgen, dass mit Ausnahme der in Anlage 13.2.1 genannten Verträge sämtliche Verträge, die zwischen der Verkäuferin und/oder anderen Verkäufer-Gesellschaften einerseits und X-Gesellschaften andererseits bestehen oder bis zum ...... geschlossen werden, mit Wirkung zum Vollzugstag ohne Kosten oder Verpflichtungen für die X-Gesellschaften beendet werden.

13.2.2 Die in Anlage 13.2.1 aufgeführten Verträge werden auch über den Vollzugstag hinaus fortgesetzt. Die Verkäuferin steht jedoch dafür ein, dass diese Verträge von der jeweiligen X-Gesellschaft, die Vertragspartnerin ist, mit einer Frist von einem Monat zum Monatsende schriftlich ohne Kosten oder Verpflichtungen für die kündigende X-Gesellschaft gekündigt werden können.[115]

13.3 Ansprüche der Verkäufer-Gesellschaften gegen eine X-Gesellschaft

13.3.1 Die Verkäufer-Gesellschaften haben mit Ausnahme der in Anlage 13.3.1 a genannten Ansprüche keine weiteren Ansprüche gegenüber einer X-Gesellschaft. Die Verkäuferin verpflichtet sich, darüber hinaus keinerlei Ansprüche gegen eine X-Gesellschaft geltend zu machen und dafür zu sorgen, dass keine andere Verkäufer-Gesellschaft einen Anspruch gegen eine X-Gesellschaft geltend macht. Die Verkäuferin hat dafür zu sorgen, dass die Verkäufer-Gesellschaften und die X-Gesellschaften vor dem Vollzugstag die in Anlage 13.3.1b beigefügte Vereinbarung unterzeichnen, in der die Verkäuferin und die Verkäufer-Gesellschaften erklären, dass ihnen mit Ausnahme der dort bezeichneten Ansprüche keine weiteren Ansprüche gegen die X-Gesellschaften zustehen.

13.3.2 Ansprüche der Verkäuferin gemäß § 4.3.1 dieses Vertrages bleiben unberührt.

13.4 Zustimmung zu diesem Vertrag und seinem Vollzug; Mitwirkung an Sicherheitenbestellung

13.4.1 Die Verkäuferin ist verpflichtet, dafür zu sorgen, dass die in Anlage 13.4.1 genannten Gesellschaften vor dem Geplanten Vollzugstag die dort bezeichneten Beschlüsse fassen bzw. Erklärungen abgeben.

13.4.2 Die Verkäuferin ist verpflichtet, an den in Anlage 13.4.2 aufgeführten Maßnahmen zur Bestellung von Sicherheiten mitzuwirken.

13.5 Firma[, Marken etc.]

Die Käuferin, die X-Gesellschaften und ihre jeweiligen Rechtsnachfolger sind im Verhältnis zur Verkäuferin berechtigt, aber nicht verpflichtet, die gegenwärtigen Firmen und sonstige Unternehmenskennzeichen der X-Gesellschaften [gemäß Anlage 13.5] (zusammen die *Unternehmenskennzeichen*) oder Abwandlungen hiervon unbefristet fortzuführen [Einzufügen sind ggf. spezifische Regelungen zu Marken, Websites, Domainnamen, Umbenennung der Verkäuferin etc.]. Ab dem Vollzugstag wird die Verkäuferin weder die Unternehmenskennzeichen noch Abwandlungen hiervon noch verwechselbare Unternehmenskennzeichen in irgendeiner Weise nutzen. Die Verkäuferin steht dafür ein, dass auch die übrigen Verkäufer-Gesellschaften die Unternehmenskennzeichen der X-Gesellschaften ab dem Vollzugstag nach Maßgabe des vorstehenden Satzes nicht mehr nutzen werden.

13.6 **Überleitung**
Die Verkäuferin steht dafür ein, dass die X-Gesellschaften und die X-Geschäftsbetriebe mit dem Vollzug dieses Vertrags ordnungsgemäß auf die Käuferin übergeleitet werden, namentlich sämtliche Informationen zur Verfügung stehen, welche die Käuferin oder die Organe der X-Gesellschaften für eine nahtlose Fortführung der X-Geschäftsbetriebe benötigen.

13.7 **Versicherungsschutz**[116]
Die Verkäuferin hat dafür Sorge zu tragen, dass die X-Gesellschaften und ihre Geschäftstätigkeit bis zum Vollzugstag im Wesentlichen in gleicher Art und Weise wie bei Abschluss dieses Vertrages Versicherungsschutz haben und alle fälligen Versicherungsprämien rechtzeitig bezahlt werden.

13.8 **Verhalten der Verkäuferin nach dem Vollzug**[117]

13.8.1 Die Verkäuferin verpflichtet sich, nach Wirksamwerden der Abtretung der X-Geschäftsanteile gemäß § 6.5.1(g) i.V.m. Anlage 6.5.1(g) keine Gesellschafterbeschlüsse der X-Gesellschaften zu fassen, es sei denn, sie wurde von der Käuferin dazu schriftlich aufgefordert.

13.8.2 Die Verkäuferin bevollmächtigt die Käuferin hiermit unwiderruflich, nach Wirksamwerden der Abtretung der X-Geschäftsanteile gemäß § 6.5.1(g) i.V.m. Anlage 6.5.1(g) bis zu dem Zeitpunkt, zu dem die Käuferin gemäß § 16 Abs. 1 S. 1 GmbHG im Verhältnis zur Gesellschaft als Gesellschafterin gilt, die folgenden Gesellschafterbeschlüsse zu fassen (ggf. hilfsweise zusätzlich zu durch die Käuferin gemäß § 16 Abs. 1 S. 2 GmbHG gefassten Gesellschafterbeschlüssen):

(a) Abberufung aller oder einzelner bisheriger Geschäftsführer der Gesellschaft sowie die Änderung ihrer Vertretungsberechtigung,

(b) Bestellung neuer Geschäftsführer der Gesellschaft,

(c) Änderungen des Gesellschaftsvertrages einschließlich Änderung von Firma, Sitz, Geschäftsjahr, Regelungen zur Vertretung und Geschäftsführung sowie Gesellschafterversammlung, Einzahlungen in die Kapitalrücklage, jedoch mit Ausnahme von Erhöhungen des Stammkapitals,

(d) Abschluss von Beherrschungs- und/oder Ergebnisabführungsverträgen sowie sonstigen Unternehmensverträgen,

(e) sämtliche sonstigen Gesellschafterbeschlüsse, wenn die Käuferin der Verkäuferin Sicherheit leistet für eine potenzielle Inanspruchnahme der Verkäuferin als Gesellschafterin aufgrund dieser Gesellschafterbeschlüsse.

Die Käuferin ist nicht berechtigt, im Namen der Verkäuferin einen Gesellschafterbeschluss zu fassen, der offensichtlich rechtswidrig ist oder, mit Ausnahme von lit. (e), offensichtlich ein Haftungsrisiko für die Verkäuferin zur Folge hat. Die Käuferin stellt die Verkäuferin von sämtlichen Haftungsrisiken aufgrund von durch die Verkäuferin nach diesem § 13.8.2 gefassten Gesellschafterbeschlüssen frei.

13.8.3 Die Verkäuferin verpflichtet sich, alles, was sie nach Wirksamkeit der Abtretung der Geschäftsanteile gemäß § 6.5.1(g) i.V.m. Anlage 6.5.1(g) von der Gesellschaft in ihrer Eigenschaft als Gesellschafterin erhalten hat (z.B. Ausschüttungen), unverzüglich an die Käuferin weiterzuleiten.

13.9 **Schadensersatz**
Die Verkäuferin verpflichtet sich, der Käuferin und/oder, nach deren Wahl, den X-Gesellschaften sämtliche Schäden zu ersetzen, die diesen aus oder im Zusammenhang mit einer Verletzung von Verpflichtungen aus diesem § 13 entstehen.

§ 14 Fusionskontrollverfahren

14.1 Anmeldung des Zusammenschlussvorhabens

14.1.1 Die Parteien werden sich in den Grenzen des § 14.2 nach besten Kräften bemühen, unverzüglich nach dem Unterzeichnungstag die kartellrechtliche Freigabe des in diesem Vertrag vereinbarten Zusammenschlusses zu erwirken.

14.1.2 Die Käuferin wird den in diesem Vertrag vereinbarten Zusammenschluss bei den zuständigen Kartellbehörden anmelden.

14.1.3 Die Verkäuferin verpflichtet sich, der Käuferin sobald wie möglich nach dem Unterzeichnungstag alle Dokumente, Daten und andere Informationen zur Verfügung zu stellen, die nach vernünftiger Beurteilung der Käuferin notwendig sind, um die kartellrechtliche Anmeldung vorzubereiten, zu ändern oder zu ergänzen. Die Verkäuferin verpflichtet sich weiterhin, soweit es ihr rechtlich möglich ist, die X-Gesellschaften anzuweisen, der Käuferin entsprechend Satz 1 Informationen zur Verfügung zu stellen.

14.2 Freigabe unter Bedingungen und Auflagen

Sofern und soweit die zuständigen Kartellbehörden die Erteilung der Freigabe des in diesem Vertrag vereinbarten Zusammenschlusses von Bedingungen oder Auflagen abhängig machen, die von der Käuferin, einem anderen, mit der Käuferin im Sinne von §§ 15 ff. AktG verbundenen Unternehmen oder einer X-Gesellschaft zu erfüllen sind, ist die Käuferin nicht verpflichtet, diese Bedingungen oder Auflagen zu erfüllen oder deren Erfüllung sicherzustellen.

14.3 Untersagung des Zusammenschlussvorhabens

Sofern und soweit die zuständigen Kartellbehörden den in diesem Vertrag vereinbarten Zusammenschluss untersagen, ist die Käuferin berechtigt, aber nicht verpflichtet, Rechtsmittel gegen die Untersagung einzulegen. Auf Verlangen und nach näherer Maßgabe der Käuferin wird auch die Verkäuferin Rechtsmittel einlegen und/oder sich an von der Käuferin eingeleiteten Rechtsmittelverfahren beteiligen.

§ 15 Außenwirtschaftsrechtliche Prüfung[118]

15.1 Antrag auf Erteilung einer Unbedenklichkeitsbescheinigung

15.1.1 Die Käuferin hat am (……) [wird unverzüglich nach Beurkundung dieses Vertrages] einen schriftlichen Antrag auf Erteilung einer Unbedenklichkeitsbescheinigung gemäß § 53 Abs. 3 S. 1 AWV gestellt [stellen]. Die Parteien sind verpflichtet, [bei der Vorbereitung des Antrags] bei etwaigen Rückfragen des Bundesministeriums für Wirtschaft und Technologie zusammenzuwirken, um die Erteilung der Unbedenklichkeitsbescheinigung in kürzestmöglicher Zeit zu erwirken.

15.1.2 Sofern das Bundesministerium für Wirtschaft und Technologie die Käuferin über seine Entscheidung unterrichtet, eine Prüfung nach § 53 Abs. 1 S. 1 AWV durchzuführen, wird die Käuferin dem Bundesministerium die vollständigen Unterlagen über den Erwerb gemäß § 53 Abs. 2 S. 1 und 2 AWV unverzüglich übermitteln. Die Verkäuferin wird die Käuferin bei der Zusammenstellung dieser Unterlagen nach besten Kräften unterstützen.

15.1.3 Die Parteien werden bei allen etwaigen Verhandlungen mit dem Bundesministerium für Wirtschaft und Technologie eng zusammenwirken, um eine Untersagung oder Beschränkung des Erwerbs der Geschäftsanteile i. S. v. § 7 Abs. 2 Nr. 6 AWG i. V. m. § 53 AWV zu verhindern. Die Parteien sind verpflichtet, der jeweils anderen Partei unverzüglich Abschriften des Schriftverkehrs mit dem Bundesministerium für Wirtschaft und Technologie und etwaiger schriftlicher Stellungnahmen, Anordnungen oder Entscheidungen desselben zukommen zu lassen.

15.2 Freigabe unter Bedingungen und Auflagen; Untersagung des Erwerbs

15.2.1 Wird die Erteilung einer Unbedenklichkeitsbescheinigung gemäß § 53 Abs. 3 S. 1 AWV oder das Absehen von einer Untersagung des Erwerbs oder dem Erlass diesbezüglicher Anordnungen von Bedingungen oder Auflagen abhängig gemacht, die von der Käuferin oder mit ihr verbundenen Unternehmen zu erfüllen sind, ist die Käuferin nicht verpflichtet, diese Bedingungen oder Auflagen zu erfüllen oder deren Erfüllung sicherzustellen.

15.2.2 Sofern und soweit das Bundesministerium für Wirtschaft und Technologie den Erwerb der Geschäftsanteile durch die Käuferin untersagt oder diesbezügliche Anordnungen erlässt, ist die Käuferin berechtigt, aber nicht verpflichtet, Rechtsmittel einzulegen. Auf Verlangen und nach näherer Maßgabe der Käuferin wird auch die Verkäuferin Rechtsmittel einlegen und/oder sich an von der Käuferin eingeleiteten Rechtsmittelverfahren beteiligen.

15.2.3 Das Rücktrittsrecht nach § 6.4.1 und die Verpflichtungen der Parteien nach § 17 (Vertraulichkeit und Pressemitteilungen), § 18 (Kosten und Verkehrsteuern), § 22 (Mitteilungen) und § 23 (Verschiedenes; Schlussbestimmungen) [ggf. weitere Vertragsbestimmungen einfügen] bleiben auch dann bestehen, wenn die Rechtswirkungen des Rechtsgeschäfts über den schuldrechtlichen Erwerb der Geschäftsanteile nach diesem Vertrag gemäß § 31 AWG aufgrund des Eintritts der auflösenden Bedingung der Untersagung des Erwerbs durch das Bundesministerium für Wirtschaft und Technologie entfallen.[119]

§ 16 Wettbewerbsverbot; Verbot der Abwerbung

16.1 Wettbewerbsverbot[120]

16.1.1 Die Verkäuferin verpflichtet sich, für die Dauer von ...... (......) Jahren ab dem Stichtag [in den geographischen Gebieten, in denen die X-Gesellschaften am Unterzeichnungstag und/oder am Vollzugstag tätig sind,]

    (a) jegliche Betätigung zu unterlassen, mit der sie unmittelbar oder mittelbar in Wettbewerb mit den Aktivitäten der X-Gesellschaften und/oder X-Geschäftsbetriebe am Unterzeichnungstag und/oder am Vollzugstag treten würde [hier ist ggf. der Geschäftsbetrieb im Detail auszuführen].

    (b) Die Verkäuferin wird auch kein Unternehmen, das mit den Aktivitäten der X-Gesellschaften am Unterzeichnungstag und/oder am Vollzugstag unmittelbar oder mittelbar in Wettbewerb steht, gründen oder erwerben oder sich an einem solchen Unternehmen unmittelbar oder mittelbar in irgendeiner Weise beteiligen.

    Ausgenommen von diesem Wettbewerbsverbot ist der Erwerb von bis zu ...... (......)% der Aktien an börsennotierten Gesellschaften, sofern jeglicher Einfluss der Verkäuferin auf die Leitungsorgane dieser Gesellschaften ausgeschlossen ist. Die Verkäuferin steht dafür ein, dass auch von ihr beherrschte Verkäufer-Gesellschaften entsprechend den vorstehenden Regelungen nicht in Wettbewerb zu den Aktivitäten der X-Gesellschaften und/oder der X-Geschäftsbetriebe am Unterzeichnungstag und/oder am Vollzugstag treten werden.

16.1.2 Im Fall einer Zuwiderhandlung gegen eine Verpflichtung aus § 15.1.1 hat die Käuferin die Verkäuferin zunächst schriftlich unter Setzung einer angemessen Frist aufzufordern, die Zuwiderhandlung zu unterlassen bzw. für eine Unterlassung der Zuwiderhandlung durch die von ihr beherrschte(n) Verkäufer-Gesellschaft(en) zu sorgen. Nach fruchtlosem Ablauf der Frist gemäß Satz 1 hat die Verkäuferin an die Käuferin (oder, nach Wahl der Käuferin, an die X-Gesellschaften) für jeden folgenden Fall der Zuwiderhandlung eine Vertragsstrafe in Höhe von ...... EUR (in Worten: ...... Euro) zu zahlen. Im Falle eines fortgesetzten Verstoßes ist die Vertragsstrafe für jeden angefangenen Monat, in dem der

1. Vertrag über den Erwerb aller Anteile – ausführlich, käuferfreundlich C. IV. 1

Verstoß anhält, erneut zu zahlen. Eine Abmahnung gemäß Satz 1 ist entbehrlich, wenn die Verkäuferin das Unterlassen der Zuwiderhandlung ernsthaft und endgültig verweigert.

16.1.3 Im Falle einer Zuwiderhandlung gegen eine Verpflichtung aus § 15.1.1 kann die Käuferin darüber hinaus von der Verkäuferin verlangen, dass die Käuferin (oder, nach Wahl der Käuferin, eine der X-Gesellschaften) so gestellt wird, als wäre das gegen § 15.1.1 verstoßende Geschäft auf ihre Rechnung geführt worden; dabei sind der Käuferin (bzw. der von ihr bestimmten X-Gesellschaft) alle Vorteile herauszugeben, die die Verkäuferin und/oder die betreffende Verkäufergesellschaft im Zusammenhang mit der Zuwiderhandlung erlangt hat. Vorbehalten bleibt der Ersatz weitergehender Schäden, die der Käuferin, einer X-Gesellschaft und/oder einem anderen Unternehmen der Gruppe der Käuferin durch das verbotswidrige Verhalten entstehen.

16.2 Abwerbeverbot

Die Verkäuferin verpflichtet sich für einen Zeitraum von ...... (......) Jahren ab dem Stichtag, keine Personen abzuwerben, die in den letzten ...... (......) Jahren vor dem Vollzugstag für die X-Gesellschaften als Organmitglied oder leitender Angestellter tätig war. Die Verkäuferin wird solchen Personen auch keine Anstellungs- oder Beraterverträge anbieten oder mit ihnen schließen. Die Verkäuferin hat im Rahmen ihrer rechtlichen Möglichkeiten dafür zu sorgen, dass auch die von ihr beherrschten Verkäufer-Gesellschaften die vorstehenden Beschränkungen einhalten. Im Falle einer Zuwiderhandlung gegen die vorstehenden Verpflichtungen gelten §§ 15.1.2, 15.1.3 entsprechend.[121]

§ 17 Vertraulichkeit und Pressemitteilungen

17.1 Vertraulichkeit im Hinblick auf die X-Gesellschaften

Die Verkäuferin wird alle Informationen über die X-Gesellschaften und die X-Geschäftsbetriebe streng vertraulich behandeln, vor dem Zugriff Dritter wirksam schützen und solche vertraulichen Informationen nicht für eigene oder fremde Zwecke nutzen. Von der vorstehenden Verpflichtung nicht umfasst sind Tatsachen, die öffentlich bekannt sind oder ohne eine Verletzung dieser Verpflichtung öffentlich bekannt werden oder deren Offenlegung durch Gesetz oder kapitalmarktbezogene Regularien vorgeschrieben ist.

17.2 Vertraulichkeit im Hinblick auf diesen Vertrag und die Parteien[122]

Die Parteien [und die Garantiegeberin] verpflichten sich, den Inhalt dieses Vertrages, die Umstände seiner Verhandlung, seines Abschlusses und seiner Durchführung sowie alle in diesem Zusammenhang über die jeweils andere Partei und mit ihr verbundene Unternehmen (mit Ausnahme der X-Gruppe; hinsichtlich dieser gilt ausschließlich § 17.1) erlangten Informationen streng vertraulich zu behandeln sowie vor dem Zugriff Dritter wirksam zu schützen. Von der vorstehenden Verpflichtung nicht umfasst sind Tatsachen, die öffentlich bekannt sind oder ohne eine Verletzung dieser Verpflichtung öffentlich bekannt werden oder deren Offenlegung durch Gesetz oder kapitalmarktbezogene Regularien vorgeschrieben ist. In einem solchen Fall sind die Parteien jedoch verpflichtet, die jeweils andere Partei vor der Offenlegung zu informieren und die Offenlegung auf das nach dem Gesetz oder der behördlichen Anordnung erforderliche Mindestmaß zu beschränken.

17.3 Weitergabe von Informationen

Die Verkäuferin ist berechtigt, anderen Verkäufer-Gesellschaften und Dritten alle gemäß §§ 17.1, 17.2 geschützten Informationen zugänglich zu machen, soweit dies zur Durchführung dieses Vertrags und der hierin vereinbarten Rechtsgeschäfte notwendig ist. Die Käuferin ist berechtigt, den mit ihr zum jeweiligen Zeitpunkt i. S. v. § 15 AktG verbundenen Unternehmen sowie Dritten alle in § 17.2 geschützten Informationen zugänglich zu machen, soweit dies zur Durchführung dieses Vertrags und der hierin vereinbarten Rechtsgeschäfte oder sonst zur Wahrnehmung ihrer berechtigten Interessen[123] notwendig ist. Vor einer Weitergabe von Informationen sind die Parteien verpflichtet, die Empfänger der Informationen schriftlich zur Vertraulichkeit gemäß § 17.2 zu verpflichten.

17.4 Pressemitteilungen

Die Parteien werden sich über Form und Inhalt jeder Pressemitteilung oder ähnlicher freiwilliger Verlautbarungen zu diesem Vertrag und den darin vereinbarten Rechtsgeschäften, seinem Zustandekommen und seiner Durchführung vor deren Veröffentlichung abstimmen. Sofern Veröffentlichungen durch Gesetz oder kapitalmarktbezogene Regularien vorgeschrieben sind, werden sich die Parteien um eine vorherige Abstimmung bemühen.

§ 18 Kosten und Verkehrsteuern

18.1 Beraterkosten

Jede Partei trägt ihre eigenen Kosten und Auslagen im Zusammenhang mit der Vorbereitung, Verhandlung und Durchführung dieses Vertrages, einschließlich der Honorare, Kosten und Auslagen ihrer Berater.

18.2 Übrige Kosten, Gebühren

Die Kosten der notariellen Beurkundung dieses Vertrages und die Gebühren der zuständigen Kartellbehörden werden von den Parteien je zur Hälfte getragen.[124]

18.3 Verkehrsteuern

Alle Verkehrsteuern einschließlich Grunderwerbsteuer und ähnlicher in- oder ausländischer Steuern, Gebühren oder Abgaben, die aufgrund des Abschlusses oder Durchführung dieses Vertrags anfallen, tragen die Parteien je zur Hälfte.[125]

§ 19 Abtretung und Übertragung von Rechten und Pflichten; Geltendmachung von Ansprüchen nach Übertragung von X-Gesellschaftsanteilen auf Dritte

19.1 Keine Abtretung oder Übertragung ohne Zustimmung

Rechte und Pflichten aus diesem Vertrag können ohne vorherige schriftliche Zustimmung der jeweils anderen Partei weder ganz noch teilweise abgetreten werden.

19.2 Abtretung durch die Käuferin

Die Käuferin ist jedoch berechtigt, Rechte aus diesem Vertrag zum Zwecke der Finanzierung der in diesem Vertrag vereinbarten Transaktion an die finanzierenden Banken abzutreten. Im Falle einer solchen Abtretung steht die Käuferin für die Erfüllung der Pflichten des Abtretungsempfängers aus diesem Vertrag ein.[126]

19.3 Geltendmachung von Ansprüchen nach Übertragung von X-Gesellschaftsanteilen auf Dritte

Tritt ein Schaden bei einer X-Gesellschaft oder dem Rechtsnachfolger einer X-Gesellschaft ein, deren bzw. dessen Anteile die Käuferin oder eine andere X-Gesellschaft auf einen Dritten übertragen hat, und hätte die Käuferin wegen dieses Schadens einen Anspruch gegen die Verkäuferin aus diesem Vertrag, wenn sie oder die veräußernde X-Gesellschaft noch Inhaberin der veräußerten Anteile wäre, ist die Käuferin berechtigt, den Schaden des Dritten oder der veräußerten X-Gesellschaft oder ihres Rechtsnachfolgers im eigenen Namen gegenüber der Verkäuferin geltend zu machen. Die Verkäuferin ist verpflichtet, in einem etwaigen gerichtlichen Verfahren alle erforderlichen Erklärungen abzugeben, um der Käuferin die Geltendmachung des Schadens gemäß Satz 1 zu ermöglichen.

§ 20 Aufschiebende Bedingungen[127]

Die Wirksamkeit dieses Vertrages ist aufschiebend bedingt auf den Eintritt der nachfolgenden Ereignisse:

(a) Der Aufsichtsrat der Käuferin hat diesem Vertrag zugestimmt. Diese aufschiebende Bedingung gilt als eingetreten, sobald der Verkäuferin eine schriftliche Erklärung der Käuferin zugegangen ist, aus der sich ergibt, dass der Aufsichtsrat der Käuferin den Abschluss dieses Vertrages genehmigt hat.[128] Gleiches gilt für den Fall des Erhalts einer schriftlichen Erklärung, in der die Käuferin ihren Verzicht auf diese Bedingungen erklärt.

(b) (ggf. weitere aufschiebende Bedingungen, z.B. Abschluss weiterer Transaktionen)

§ 21 Mitteilungen

21.1 Form der Mitteilungen

Alle rechtsgeschäftlichen Erklärungen und Mitteilungen (zusammen *Mitteilungen*, eine *Mitteilung*) im Zusammenhang mit diesem Vertrag bedürfen der Schriftform, soweit nicht notarielle Beurkundung oder eine andere Form durch zwingendes Recht vorgeschrieben ist. Der Schriftform genügt eine Übermittlung per Telefax oder ein Briefwechsel, nicht aber eine sonstige telekommunikative Übermittlung. Die elektronische Form (z.B. E-Mail) ersetzt die Schriftform nicht.[129]

21.2 Mitteilungen an die Verkäuferin

Alle Mitteilungen an die Verkäuferin im Zusammenhang mit diesem Vertrag sind zu richten an:

......

sowie nachrichtlich an ihre Berater:

......

21.3 Mitteilungen an die Käuferin

Alle Mitteilungen an die Käuferin im Zusammenhang mit diesem Vertrag sind zu richten an:

......

sowie nachrichtlich an ihre Berater:

......

[21.4 Mitteilungen an die Garantiegeberin

Alle Mitteilungen an die Garantiegeberin im Zusammenhang mit diesem Vertrag sind zu richten an:

......]

21.5 Adressänderungen

Die Parteien [und die Garantiegeberin] haben Änderungen ihrer in §§ 21.2 bis 21.4 genannten Anschriften der jeweils anderen Partei und ihren Beratern [und der Garantiegeberin] unverzüglich schriftlich mitzuteilen. Bis Zugang dieser Mitteilung gilt die bisherige Anschrift als wirksam.

21.6 Mitteilungen an Berater

21.6.1 Der Empfang von Mitteilungen im Zusammenhang mit diesem Vertrag durch die Berater der Parteien begründet oder ersetzt nicht den Zugang der Mitteilungen an die Parteien selbst.

21.6.2 Für den Zugang einer Mitteilung bei einer Partei ist es unerheblich, ob die Mitteilung auch dem Berater dieser Partei oder dem beurkundenden Notar (nachrichtlich) zugegangen ist, und zwar unabhängig davon, ob dieser Vertrag im

Einzelfall eine nachrichtliche Mitteilung an den jeweiligen Berater oder den beurkundenden Notar vorsieht.

§ 22 Schlussbestimmungen

22.1 Anwendbares Recht

Dieser Vertrag unterliegt deutschem Recht. Das Wiener UN-Übereinkommen über Verträge über den internationalen Warenkauf (CISG) findet keine Anwendung.

1. Alt.: Gerichtsstandsvereinbarung:[130]

22.2 Gerichtsstand

Ausschließlicher Gerichtsstand für alle Streitigkeiten zwischen den Parteien aus und im Zusammenhang mit diesem Vertrag und seiner Durchführung, einschließlich seiner Anlagen, ist ......

2. Alt.: Schiedsklausel

22.2 Schiedsverfahren

22.2.1 Alle Streitigkeiten, die sich im Zusammenhang mit diesem Vertrag oder über seine Gültigkeit ergeben, werden nach der jeweiligen Schiedsgerichtsordnung der Deutschen Institution für Schiedsgerichtsbarkeit e.V. (DIS) unter Ausschluss des ordentlichen Rechtsweges endgültig entschieden.[131] Das Schiedsgericht entscheidet mit drei (3) Schiedsrichtern. Ort des schiedsrichterlichen Verfahrens ist ...... Das schiedsrichterliche Verfahren wird in deutscher Sprache durchgeführt, [wobei Beweismittel auch in englischer Sprache vorgelegt werden dürfen].

22.2.2 Verlangt zwingendes Recht die Entscheidung einer Angelegenheit aus oder im Zusammenhang mit diesem Vertrag oder seiner Durchführung durch ein ordentliches Gericht, ist der Gerichtsstand ......]

22.3 Bankarbeitstag

Bankarbeitstag im Sinne dieses Vertrages ist ein Tag (mit Ausnahme von Samstagen und Sonntagen), an dem die Banken in Frankfurt am Main für den Geschäftsverkehr geöffnet sind.

22.4 Zinsen

Soweit nicht anderweitig in diesem Vertrag bestimmt, hat jede Partei Zinsen auf Zahlungen an eine andere Partei vom Beginn des Tages nach dem Tag der Fälligkeit (oder dem ansonsten in diesem Vertrag als Zinsbeginn genannten Tag) bis zum Tag der Zahlung einschließlich zu leisten. Der Zinssatz beträgt ...... (......) Basispunkte über dem europäischen Interbankenzins für Euroguthaben mit Zinsperioden von einem (1) Monat, der auf den Reuters-Seiten 248, 249 am ersten Bankarbeitstag des Monats, in dem die Verzinsung gemäß Satz 1 beginnt, um 11:00 MEZ angegeben wird (EURIBOR). Die aufgelaufenen Zinsen sind auf der Grundlage der verstrichenen Tage und eines 365-Tage-Jahres zu berechnen. Die Geltendmachung von Verzugszinsen und eines weiteren Verzugsschadens ist nicht ausgeschlossen.

22.5 Vertragsänderungen

Änderungen, Ergänzungen oder die Aufhebung dieses Vertrages einschließlich der Abänderung dieser Bestimmung selbst bedürfen der Schriftform, soweit nicht nach zwingendem Recht eine strengere Form (z.B. notarielle Beurkundung) erforderlich ist. § 20.1 Satz 2 gilt entsprechend.

22.6 Überschriften; Verweise auf deutsche Rechtsbegriffe; Verweise auf Paragrafen

22.6.1 Die Überschriften der Paragrafen, Absätze und Anlagen in diesem Vertrag dienen allein der Übersichtlichkeit. Für die Auslegung des Vertrags sind sie nicht zu berücksichtigen.

22.6.2 Verweise in diesem Vertrag auf Gesellschafts- oder Beteiligungsformen, Verfahren, Behörden oder sonstige Institute, Rechte, Einrichtungen, Rechtsvorschriften oder Rechtsverhältnisse (nachfolgend zusammenfassend als *Rechtsbegriff(e)* bezeichnet) des deutschen Rechts erstrecken sich auch auf den funktionsgleichen Rechtsbegriff eines ausländischen Rechts, soweit ein Sachverhalt nach dem Recht dieses Staates zu beurteilen ist. Existiert ein funktionsgleicher Rechtsbegriff nicht, ist derjenige Rechtsbegriff einbezogen, der dem deutschen Rechtsbegriff funktional am nächsten kommt.

22.6.3 Verweise in diesem Vertrag auf Paragrafen ohne Angabe eines Gesetzes oder Vertrages meinen Paragrafen dieses Vertrages.

22.7 Anlagen

Sämtliche Anlagen sind Bestandteil dieses Vertrages.

22.8 Gesamte Vereinbarung[132]

Dieser Vertrag enthält sämtliche Vereinbarungen der Parteien und ersetzt alle mündlichen oder schriftlichen Verhandlungen, Vereinbarungen und Abreden, die zuvor zwischen den Parteien im Hinblick auf den Vertragsgegenstand geschlossen wurden. Nebenabreden zu diesem Vertrag bestehen nicht.

22.9 Salvatorische Klausel

Sollte eine Bestimmung dieses Vertrages ganz oder teilweise nichtig, unwirksam oder undurchsetzbar sein oder werden, wird die Wirksamkeit und Durchsetzbarkeit aller übrigen verbleibenden Bestimmungen davon nicht berührt. Die nichtige, unwirksame oder undurchsetzbare Bestimmung ist, soweit gesetzlich zulässig, als durch diejenige wirksame und durchsetzbare Bestimmung ersetzt anzusehen, die dem mit der nichtigen, unwirksamen oder nicht durchsetzbaren Bestimmung verfolgten wirtschaftlichen Zweck nach Gegenstand, Maß, Zeit, Ort und Geltungsbereich am nächsten kommt. Entsprechendes gilt für die Füllung etwaiger Lücken in diesem Vertrag.

Anmerkungen

1. Überblick. Bei dem voranstehenden Muster handelt es sich um die ausführliche Form eines GmbH & Co. KG-Anteilskaufvertrags („long form") in einer käuferfreundlichen Fassung. Das Muster enthält eine „Material Adverse Change (MAC)"-Klausel, wie sie aus Käufersicht wünschenswert ist. Es enthält ausführliche Kaufpreisanpassungsregeln (net debt, working capital), wie sie nach wie vor oftmals verwendet werden. Anders ist dies jedoch regelmäßig dann, wenn ein Unternehmen im Rahmen eines begrenzten Auktionsverfahrens (siehe A) veräußert werden soll und mit reger Nachfrage gerechnet werden kann. In diesen Fällen kommt häufig eine sog. „locked box"-Struktur zur Anwendung, die keine Kaufpreisanpassung mehr vorsieht. Ein Muster für eine solche „locked box"-Struktur findet sich in Form. C.II.3 und C.IV.4. Seiner Natur als käuferfreundlichem Muster entsprechend enthält der Vertrag einen umfassend ausgestalteten Gewährleistungskatalog. Schließlich sieht das Muster umfangreiche Freistellungen für Steuerrisiken vor. Das Muster sieht – wie heute bei internationalen Transaktionen üblich – ein separates Closing vor.

2. Beurkundung. Vgl. Form. C.II.1 Anm. 2.

3. Garantiegeberin. Vgl. zur Stellung der Garantiegeberin C.II.2 Anm. 3.

4. Präambel. Vgl. Form. C.II.1 Anm. 4.

5. Gesellschaftsrechtlicher Status. Vgl. Form. C. II. 1 Anm. 5.

6. Nummerierung der Geschäftsanteile. Vgl. Form. C. II. 1 Anm. 6.

7. Eintragung der Verkäuferin in die Gesellschafterliste; kein Widerspruch. Vgl. Form. C. II. 2 Anm. 7.

8. Tochtergesellschaften, Mehrheitsgesellschaften und Minderheitsbeteiligungen. Vgl. zunächst Form. C. II. 1 Anm. 6. Aus Käufersicht ist es naturgemäß vorzugswürdig, die Verkäufergarantien nicht nur für die Tochtergesellschaften, sondern (jedenfalls) auch für die Mehrheitsgesellschaften zu erhalten. Die Käuferin wird diese Forderung darauf stützen, dass die Verkäuferin bei Tochtergesellschaften über den notwendigen Einfluss verfügt, um die für die Abgabe der Garantien erforderlichen Informationen zu erhalten. Angesichts ihrer Stellung als Allein- bzw. Mehrheitsgesellschafterin könne die Verkäuferin auf die Tochtergesellschaften einwirken, um ein bestimmtes Verhalten von diesen zu erreichen.

9. Verzicht auf die Formulierung „Verkauf mit wirtschaftlicher Wirkung zum Stichtag". Vgl. Form. C. II. 1 Anm. 8.

10. Gewinnberechtigung. Vgl. Form. C. II. 1 Anm. 9.

11. Gesonderte Abtretung (Two Step-Modell Signing/Closing). Vgl. Form. C. II. 2 Anm. 12.

12. Stichtag. Vgl. Form. C. II. 2 Anm. 11.

13. Ablösung der Finanzierung. Vgl. Form. C. II. 1 Anm. 22.

14. Behandlung der Ansprüche aus den Finanzierungsvereinbarungen bei der Kaufpreisberechnung. Vgl. Form. C. II. 1 Anm. 24.

15. Kaufpreis, Kaufpreisberechnung (Net Debt, Working Capital). Vgl. Form. C. II. 1 Anm. 26.

16. Enterprise Value (Unternehmenswert). Vgl. Form. C. II. 1 Anm. 30.

17. Bilanzierungsgrundsätze. Vgl. Form. C. II. 1 Anm. 31.

18. Einzelheiten zu den Finanzverbindlichkeiten. Vgl. Form. C. II. 2 Anm. 30.

19. Verbundene Unternehmen. Vgl. Form. C. II. 1 Anm. 33.

20. Zahlungspflichten aus Leasinggeschäften als Finanzverbindlichkeiten. Vgl. zunächst Form. C. II. 1 Anm. 36. Die Käuferin ist regelmäßig daran interessiert, Leasingverbindlichkeiten der Zielgesellschaft als Finanzverbindlichkeiten zu erfassen. Das Muster schlägt hier als Kompromiss zu einer verkäuferfreundlichen Position eine Differenzierung danach vor, ob die Verbindlichkeiten aus Leasinggesschäften der Zielgesellschaft in der Stichtagsbilanz zu bilanzieren sind.

21. Sonstige Finanzverbindlichkeiten. Vgl. Form. C. II. 2 Anm. 35.

22. Barmittel. Vgl. Form. C. II. 2 Anm. 36.

23. Festlegung der Working Capital-Zielgröße (Standardized Working Capital). Vgl. Form. C. II. 1 Anm. 45.

24. Berücksichtigung von Forderungen bzw. Verbindlichkeiten aus Lieferungen und Leistungen gegenüber verbundenen Unternehmen bei der Working Capital-Berechnung. Vgl. Form. C. II. 1 Anm. 46.

25. Vgl. Form. C. II. 1 Anm. 46.

26. Berücksichtigung von Finanzverbindlichkeiten und Barmitteln bei Tochtergesellschaften/Minderheitsbeteiligungen. Vgl. zunächst Form. C. II. 1 Anm. 51. Auch aus Sicht der Käuferin ist die im verkäuferfreundlichen Muster vorgeschlagene anteilige Berücksichtigung von Finanzverbindlichkeiten und Barmitteln von Tochtergesellschaften und Mehrheitsgesellschaften oftmals nicht unangemessen.

27. Aktualisierung der Kaufpreisschätzung. Vgl. Form. C. II. 2 Anm. 45.

28. Konten, Zahlung. Vgl. Form. C. II. 1 Anm. 53.

29. Treuhandkonto. Vgl. Form. C. II. 2 Anm. 47.

1. Vertrag über den Erwerb aller Anteile – ausführlich, käuferfreundlich C. IV. 1

30. Treuhandkonto als Bankeigenkonto. Vgl. Form. C. II. 2 Anm. 48.

31. Umsatzsteuer. Vgl. Form. C. II. 1 Anm. 54.

32. Vollzugstag. Vgl. Form. C. II. 2 Anm. 50.

33. Vgl. zu den Vollzugsvoraussetzungen bereits Form. C. II. 1 Anm. 11.

34. „Baukastenprinzip" bei der Kartellklausel. Vgl. Form. C. II. 1 Anm. 58.

35. Variante bei Zuständigkeit der Europäischen Kommission. Vgl. Form. C. II. 1 Anm. 59.

36. Vgl. Form. C. II. 1 Anm. 60.

37. Vgl. Form. C. II. 1 Anm. 61.

38. Variante bei Zuständigkeit des Bundeskartellamts. Vgl. Form. C. II. 1 Anm. 62.

39. Vgl. Form. C. II. 1 Anm. 63.

40. Vgl. Form. C. II. 1 Anm. 64.

41. Variante bei Zuständigkeit der Fusionskontrollbehörden mehrerer EU Mitgliedstaaten. Vgl. Form. C. II. 1 Anm. 65.

42. Vgl. Form. C. II. 1 Anm. 66.

43. Vgl. Form. C. II. 1 Anm. 67.

44. Vgl. Form. C. II. 1 Anm. 68.

45. Variante bei Zuständigkeit von Kartellbehörden außerhalb der EU. Vgl. Form. C. II. 1 Anm. 69.

46. Vgl. Form. C. II. 1 Anm. 70.

47. Vgl. Form. C. II. 1 Anm. 71.

48. Vgl. Form. C. II. 1 Anm. 72.

49. Vgl. Form. C. II. 1 Anm. 73.

50. Außenwirtschaftsrechtliche Unbedenklichkeit als Vollzugsbedingung. Vgl. Form. C. II. 1 Anm. 75.

51. Vollständige Unterlagen. Vgl. Form. C. II. 1 Anm. 76.

52. Gremienvorbehalt. Vgl. Form. C. II. 2 Anm. 70.

53. Vollzugshindernisse. Vgl. Form. C. II. 2 Anm. 72.

54. Material Adverse Change (MAC)-Klausel. Vgl. Form. C. II. 2 Anm. 73.

55. Zuordnung eines Widerspruchs zugunsten der Käuferin zu der im Handelsregister der Gesellschaft aufgenommenen Gesellschafterliste als weitere Vollzugsvoraussetzung? Vgl. Form. C. II. 2 Anm. 71.

56. Rücktrittsgründe. Der endgültige Wortlaut hängt vom dem abschließenden Katalog der Vollzugsbedingungen ab.

57. Erklärung der Verkäuferin zu den Verkäufergarantien. Mit dieser Erklärung wird eine Verschärfung der Haftung der Verkäuferin erreicht: Gibt die Verkäuferin die Erklärung über das Nichtvorliegen von Garantieverletzungen bewusst falsch oder ins Blaue hinein ab und stellt sich heraus, dass eine Garantie in Wirklichkeit verletzt war, so gerät die Verkäuferin damit in die Haftung wegen Vorsatzes.

58. Erklärungen und Beschlüsse. Sofern eine Erklärung oder ein Beschluss Voraussetzung für die wirksame Abtretung der Anteile an der X-GmbH bzw. des Kommanditanteils an der X-KG ist, sollte die Käuferin den Nachweis über die Erklärung oder den Beschluss zur Vollzugsvoraussetzung machen.

59. Niederlegungserklärungen/Entlastung. Vgl. Form. C. II. 2 Anm. 80.

60. Bilanzierungsvorschriften für die Stichtagsabschlüsse. Vgl. Form. C. II. 1 Anm. 87.

61. Hierarchie der Bilanzierungsgrundsätze. Vgl. Form. C. II. 1 Anm. 88.

62. Überprüfung des Schiedsgutachtens. Vgl. Form. C. II. 1 Anm. 89.

Seibt

63. Schiedsgutachter. Vgl. Form. C. II. 1 Anm. 90.

64. Anwendbarkeit des gesetzlichen Gewährleistungsstatuts auf den Beteiligungskauf. Vgl. Form. C. II. 1 Anm. 91.

65. Garantiekatalog. Vgl. Form. C. II. 2 Anm. 88.

66. Maßgeblicher Zeitpunkt für die Verkäufergarantien. Vgl. Form. C. II. 2 Anm. 89.

67. Selbstständige Garantieversprechen der Verkäuferin. Vgl. Form. C. II. 1 Anm. 93.

68. Umfang der Verkäufergarantien. Vgl. Form. C. II. 2 Anm. 91.

69. Richtigkeit der Gesellschafterliste. Vgl. Form. C. II. 2 Anm. 92.

70. Rechtsgeschäfte. Vgl. Form. C. II. 2 Anm. 93.

71. Jahresabschlüsse. Vgl. Form. C. II. 2 Anm. 94.

72. Eintragung im Refinanzierungsregister. Vgl. Form. C. II. 2 Anm. 95.

73. Vorräte/Verhältnis zum Standardized Working Capital. Vgl. Form. C. II. 2 Anm. 96.

74. Forderungen/Verhältnis zum Standardized Working Capital. Vgl. Form. C. II. 2 Anm. 97.

75. Steuerangelegenheiten. Diese Garantie soll sicherstellen, dass die Käuferin geplante Restrukturierungen der Zielgesellschaft und ihres Beteiligungsbesitzes ohne Steuerbelastung durchführen kann.

76. Die Garantien in §§ 8.12.3 bis 8.12.6 können auf alle (inländischen) X-Gesellschaften ausgedehnt werden. Dies hängt von der jeweiligen steuerlichen Situation und der Bedeutung der Angaben für die Transaktion ab.

77. Diese Garantie ist wichtig, weil eine eventuelle KSt-Erhöhung eine Steuerschuld in der Zukunft sein wird und daher die Käuferin belastet. Sie ist redundant, wenn die Gesellschaft erst seit 2001 existiert.

78. Vgl. Form. C. II. 2 Anm. 101.

79. Vgl. Form. C. II. 2 Anm. 102.

80. Vgl. Form. C. II. 2 Anm. 103.

81. Vgl. Form. C. II. 2 Anm. 104.

82. Vgl. Form. C. II. 2 Anm. 105.

83. Vgl. Form. C. II. 2 Anm. 106.

84. Rechtsstreitigkeiten. Vgl. Form. C. II. 2 Anm. 107.

85. Bestechung, Vorteilsnahme. Vgl. Form. C. II. 2 Anm. 108.

86. Proper Information Clause. Vgl. Form. C. II. 2 Anm. 109.

87. Kenntnis der Verkäuferin. Vgl. Form. C. II. 2 Anm. 110.

88. Rechtsfolgen bei Garantieverletzungen. Vgl. Form. C. II. 2 Anm. 111.

89. Freigrenze/Freibetrag. Vgl. Form. C. II. 2 Anm. 112.

90. Haftungshöchstbetrag (Cap). Vgl. Form. C. II. 2 Anm. 113.

91. Informationspflichten bei Ansprüchen Dritter. Vgl. Form. C. II. 2 Anm. 114.

92. Umweltfreistellung. Vgl. zum Charakter von Freistellungen Form. C. II. 1 Anm. 101.

93. Bestehende Umweltbelastung. Vgl. Form. C. II. 2 Anm. 116.

94. Vgl. Form. C. II. 2 Anm. 117.

95. Vgl. Form. C. II. 2 Anm. 118.

96. Vgl. Form. C. II. 2 Anm. 119.

97. Vgl. Form. C. II. 2 Anm. 120.

98. Sachlicher und zeitlicher Anwendungsbereich der Umweltfreistellung. Vgl. Form. C. II. 2 Anm. 121.

99. Vgl. Form. C. II. 2 Anm. 122.

100. Trigger Conditions. Vgl. Form. C. II. 2 Anm. 123.

101. Sliding Scales-Klausel. Vgl. Form. C. II. 2 Anm. 124.

102. No Look-Klausel. Vgl. Form. C. II. 2 Anm. 125.

103. Verjährung für Umweltfreistellungen. Vgl. Form. C. II. 2 Anm. 126.

104. Steuerfreistellung. Vgl. zum Charakter von Freistellungen Form. C. II. 1 Anm. 101 sowie speziell zur Steuerfreistellung Form. C. II. 1 Anm. 102 ff.

105. Vgl. Form. C. II. 2 Anm. 128.

106. Vgl. Form. C. II. 2 Anm. 129.

107. Vgl. Form. C. II. 2 Anm. 130.

108. Vgl. Form. C. II. 2 Anm. 131.

109. Vgl. Form. C. II. 2 Anm. 132.

110. Verjährung. Vgl. zunächst Form. C. II. 1 Anm. 126. Die vorgesehene Regelverjährung von 36 Monaten ist in einem Käuferentwurf nicht übermäßig aggressiv. In der Regel werden sich die Parteien dann im Rahmen der Vertragsverhandlungen darauf verständigen, dass Ansprüche der Käuferin erst dann verjähren, wenn sie Gelegenheit hatte, zumindest einen, regelmäßig aber zwei Jahresabschlüsse für vollständige Geschäftsjahre der Zielgesellschaft eigenverantwortlich aufzustellen und prüfen zu lassen. Je nach Lage des Stichtages im Geschäftsjahr der X-KG kann dafür ein Zeitraum von zwei bis zweieinhalb Jahren genügen. Zugunsten einer dreijährigen Verjährungsfrist kann die Käuferin auch mit der ebenso langen regelmäßigen Verjährung in § 195 BGB argumentieren. Für verschiedene Ansprüche der Käuferin ist die Regelverjährung zu kurz. Dies gilt insbesondere für Ansprüche, die im Rahmen des Jahresabschlusses nicht zu entdecken sind, wie beispielsweise Ansprüche aus der umweltrechtlichen Freistellung (§ 10) oder Rechtsmängel der veräußerten Anteile. Gleiches gilt für Ansprüche aus der steuerrechtlichen Freistellung (§ 11), da Steuerbescheide auch noch später als nach Ablauf von drei Jahren im Rahmen einer steuerlichen Außenprüfung geändert werden können. Für Ansprüche im Zusammenhang mit Steuern hat sich die im Muster wiedergegebene „bewegliche" Verjährungsregel eingebürgert, die auf die Bestandskraft des die zusätzliche Steuer festsetzenden Bescheides abstellt. Die im Muster vorgesehene ab Bestandskraft laufende Verjährungsfrist von zwölf Monaten ist in einem ersten Käuferentwurf nicht zu aggressiv; regelmäßig einigen sich die Parteien dann auf eine ab Bestandskraft laufende Verjährungsfrist von sechs Monaten.

111. Vgl. Form. C. II. 2 Anm. 134.

112. Bilanzielle Behandlung und steuerliche Folgen von Schadensersatzzahlungen. Vgl. Form. C. II. 2 Anm. 135.

113. Verhaltenspflichten der Verkäuferin zwischen Signing und Closing (Going Concern). Vgl. Form. C. II. 2 Anm. 136.

114. Separation Issues. Vgl. Form. C. II. 2 Anm. 137.

115. Beendigung von konzerninternen Verträgen. Vgl. Form. C. II. 2 Anm. 138.

116. Versicherungen. Vgl. Form. C. II. 2 Anm. 139.

117. Sicherstellung der Handlungsfähigkeit der Käuferin unmittelbar nach dem Vollzug. Vgl. Form. C. II. 2 Anm. 140.

118. Außenwirtschaftsrechtliche Prüfung. Vgl. Form. C. II. 2 Anm. 141.

119. Regelung für den Fall des Eintritts der auflösenden Bedingung gemäß § 31 AWG. Vgl. Form. C. II. 1 Anm. 137.

120. Wettbewerbsverbot. Vgl. zunächst Form. C. II. 1 Anm. 128. Das im Muster vorgeschlagene Wettbewerbsverbot geht naturgemäß über das im verkäuferfreundlichen Muster (Form. C. II. 1) vorgesehene Wettbewerbsverbot hinaus. Es sieht insbesondere ein Vertragsstrafeversprechen vor.

121. Abwerbeverbot. Vgl. Form. C. II. 2 Anm. 144.

122. Vertraulichkeitsverpflichtung. Vgl. Form. C. II. 2 Anm. 145.

123. Weitergabe von Informationen zur Wahrung berechtigter Interessen. Vgl. Form. C. II. 2 Anm. 146.

124. Kosten und Gebühren. Vgl. zunächst Form. C. II. 1 Anm. 140. Die im Muster vorgesehene hälftige Teilung der Kosten der notariellen Beurkundung und der Gebühren für die Kartellfreigabe ist einem ersten Käuferentwurf durchaus angemessen. In der Praxis ist es allerdings häufig so, dass diese Kosten im ausverhandelten Vertrag von der Käuferin übernommen werden.

125. Verkehrsteuern. Vgl. Form. C. II. 2 Anm. 148.

126. Abtretung von Rechten. Vgl. Form. C. II. 2 Anm. 149.

127. Aufschiebende Bedingungen (Signing Conditions). Vgl. Form. C. II. 1 Anm. 143.

128. Gremienvorbehalt. Vgl. Form. C. II. 1 Anm. 144.

129. Form von Mitteilungen und Erklärungen. Vgl. Form. C. II. 1 Anm. 145.

130. Gerichtsstandvereinbarung vs. Schiedsklausel. Vgl. Form. C. II. 1 Anm. 146.

131. Schiedsklausel. Vgl. Form. C. II. 1 Anm. 147.

132. Gesamte Vereinbarung. Vgl. Form. C. II. 1 Anm. 148.

2. Vertrag über den Erwerb aller Anteile an einer GmbH & Co. KG und deren Komplementärin – ausführlich, verkäuferfreundlich[1, 2]

Anteilskaufvertrag

zwischen

......

(Verkäuferin),

......

(Käuferin)

(Verkäuferin und Käuferin werden zusammen auch *Parteien* und einzeln auch *Partei* genannt)

[und

......

(Garantiegeberin[3]*)*,]

vom ......

Inhaltsverzeichnis

Verzeichnis der Definitionen
Verzeichnis der Anlagen
Präambel
§ 1 Gesellschaftsrechtlicher Status
    1.1 X-Verwaltungs GmbH
    1.2 X-GmbH & Co. KG
    1.3 Beteiligungen der X-KG
    1.4 X-Gesellschaftsanteile
    1.5 X-Gesellschaften

2. Vertrag über den Erwerb aller Anteile – ausführlich, verkäuferfreundlich

§ 2 Verkauf der X-Geschäftsanteile
    2.1 Verkauf der X-Geschäftsanteile
    2.2 Gewinnbezugsrecht
    2.3 Gesonderte Abtretung
    2.4 Genehmigung der Gesellschaft
§ 3 Verkauf der X-Kommanditanteile
    3.1 Verkauf der X-Kommanditanteile
    3.2 Gewinnbezugsrecht
    3.3 Stichtag
    3.4 Gesonderte Abtretung der X-Kommanditanteile
    3.5 Zustimmung der Gesellschafter
    3.6 Anmeldung des Erwerbs der Kommanditanteile zum Handelsregister
§ 4 Verkauf und Abtretung der Gesellschafterdarlehen
    4.1 Darlehens- und Verrechnungskonto
    4.2 Darlehensforderung
    4.3 Verkauf und Abtretung der Darlehensforderung
    4.4 Zustimmung der Gesellschafter
§ 5 Kaufpreis; Zahlung des Kaufpreises
    5.1 Kaufpreis
    5.2 Berechnung des Kaufpreises
    5.3 Geschätzter Kaufpreis; Zahlung des Geschätzten Kaufpreises
    5.4 Kaufpreisanpassung
    5.5 Verzinsung
    5.6 Zahlungsmodalitäten
    5.7 Aufrechnungsverbot; kein Zurückbehaltungsrecht
    5.8 Umsatzsteuer
    5.9 Bankbürgschaft
§ 6 Vollzug
    6.1 Vollzug; Geplanter Vollzugstag
    6.2 Vollzugsvoraussetzungen
    6.3 Rücktrittsrecht
    6.4 Vollzug
§ 7 Stichtagsabschlüsse
    7.1 Vorläufige Stichtagsabschlüsse; Vorläufige Berechnungen
    7.2 Bilanzierungsgrundsätze
    7.3 Prüfung der Vorläufigen Stichtagsabschlüsse und Berechnungen
    7.4 Überprüfung der Vorläufigen Stichtagsabschlüsse und Berechnungen durch die Parteien
    7.5 Einwände; Verbindlichwerden der Vorläufigen Stichtagsabschlüsse und Berechnungen
    7.6 Schiedsgutachterverfahren
    7.7 Zugang zu Informationen
§ 8 Selbstständige Garantieversprechen der Verkäuferin
    8.1 Form und Umfang der Garantieversprechen der Verkäuferin
    8.2 Gesellschaftsrechtliche Verhältnisse und Berechtigung der Verkäuferin
    8.3 Jahresabschlüsse
    8.4 Grundbesitz
    8.5 Sonstige Vermögensgegenstände
    8.6 Gewerbliche Schutzrechte
    8.7 Wesentliche Verträge
    8.8 Arbeitsrechtliche Angelegenheiten
    8.9 Versicherungen

8.10 Rechtsstreitigkeiten
8.11 Erlaubnisse und Genehmigungen
8.12 Fortführung der Geschäfte
8.13 Keine weiteren Garantieversprechen der Verkäuferin
8.14 Kenntnis der Verkäuferin
§ 9 Rechtsfolgen bei Verletzung von Verkäufergarantien und Verfahren
 9.1 Naturalrestitution; Schadensersatz
 9.2 Vorrang spezieller Verkäufergarantien und Freistellungsvereinbarungen
 9.3 Anzeige eines Garantieanspruches; Schadensminderung
 9.4 Verfahren bei Ansprüchen Dritter
 9.5 Verfahren bei Ansprüchen gegen Dritte
 9.6 Anspruchsverlust der Käuferin bei Pflichtverletzung
 9.7 Behandlung von Zahlungen
§ 10 Freistellung von Umweltrechtlichen Verbindlichkeiten
 10.1 Definitionen
 10.2 Freistellung
 10.3 Ausschluss und Beschränkungen
 10.4 Abwehr umweltrechtlicher Ansprüche und Führung umweltrechtlicher Verfahren
 10.5 Verjährung
§ 11 Steuern
 11.1 Definition von Steuern
 11.2 Steuererklärungen und Steuerzahlungen bis zum Vollzugstag
 11.3 Steuerrechtliche Freistellung
 11.4 Erstattung und Freistellung der Verkäuferin
 11.5 Freistellungsverfahren
 11.6 Sonstiges; Verjährung
§ 12 Ausschluss und Beschränkung der Haftung
 12.1 Keine doppelte Berücksichtigung
 12.2 Keine Haftung bei Kenntnis oder Kennenmüssen
 12.3 Keine Haftung bei Veranlassung durch die Käuferin
 12.4 Freibetrag; Gesamtfreibetrag
 12.5 Haftungshöchstbetrag
 12.6 Verjährung
 12.7 Ausschluss weiterer Rechtsfolgen
 12.8 Vorteilsausgleich; keine doppelte Entlastung
 12.9 Mitverschulden
 12.10 Keine Haftung von Vertretern etc.; keine Haftung für Erfüllungsgehilfen
 12.11 Haftung für Vorsatz
§ 13 Weitere Handlungen und Verpflichtungen der Verkäuferin
 13.1 Keine Abweichung vom gewöhnlichen Geschäftsbetrieb
 13.2 Versicherungsschutz
 13.3 Wettbewerbsverbot
§ 14 Käufergarantien und weitere Verpflichtungen der Käuferin
 14.1 Käufergarantien und Freistellung
 14.2 Entlassung der Verkäufergesellschaften aus Garantien und anderen Einstandsverpflichtungen
 14.3 Freistellung von Verpflichtungen aus der Beteiligung an den und der Geschäftstätigkeiten der X-Gesellschaften
 14.4 Nutzung von Namen, Marken und geschäftlichen Bezeichnungen
 14.5 Abwerbeverbot
 14.6 Versicherungsschutz nach dem Vollzugstag

2. Vertrag über den Erwerb aller Anteile – ausführlich, verkäuferfreundlich C. IV. 2

  14.7 Zugang zu Finanzformationen; Aufbewahrung von Dokumenten
§ 15 Fusionskontrollverfahren
  15.1 Anmeldung des Zusammenschlussvorhabens
  15.2 Freigabe unter Bedingungen und Auflagen
  15.3 Untersagung des Zusammenschlussvorhabens
  15.4 Vollzug trotz fehlender behördlicher Freigabe
  15.5 Veräußerung von X-Gesellschaften oder Minderheitsbeteiligungen zur Ermöglichung des Vollzugs
§ 16 Außenwirtschaftsrechtliche Prüfung
  16.1 Antrag auf Erteilung einer Unbedenklichkeitsbescheinigung
  16.2 Freigabe unter Bedingungen und Auflagen; Untersagung des Erwerbs
§ 17 Vertraulichkeit und Pressemitteilungen
  17.1 Vertraulichkeit; Offenlegung; Rückgabe von Unterlagen
  17.2 Weitergabe von Informationen
  17.3 Pressemitteilungen
§ 18 Kosten und Verkehrsteuern
  18.1 Kosten und Verkehrsteuern
  18.2 Beraterkosten
§ 19 Abtretung und Übertragung von Rechten und Pflichten
§ 20 Garantiegeberin der Käuferin und Freistellung
  20.1 Garantiegeberin
  20.2 Freistellung
  20.3 Selbstständiges Garantieversprechen der Garantiegeberin
§ 21 Aufschiebende Bedingungen
§ 22 Mitteilungen
  22.1 Form der Mitteilungen
  22.2 Mitteilungen an die Verkäuferin
  22.3 Mitteilungen an die Käuferin
  22.4 Mitteilungen an die Garantiegeberin
  22.5 Adressänderungen
  22.6 Mitteilungen an Berater
§ 23 Schlussbestimmungen
  23.1 Anwendbares Recht
  23.2 Gerichtsstand/Alternative: Schiedsverfahren
  23.3 Bankarbeitstag
  23.4 Zinsen
  23.5 Vertragsänderungen
  23.6 Überschriften; Verweise auf deutsche Rechtsbegriffe; Verweise auf Paragrafen
  23.7 Anlagen
  23.8 Gesamte Vereinbarung
§ 24 Salvatorische Klausel

Verzeichnis der Definitionen

Begriff	Definiert in
Bankarbeitstag	§ 23.3
Bankbürgschaft	§ 5.9
Barmittel	§ 5.2.3
Berater	§ 11.5.1(b)
Bilanzierungsgrundsatz	§ 7.2.3
Disclosure Letter	§ 12.2.2
Drittansprüche	§ 9.4.1

Seibt

Begriff	Definiert in
Drittverfahren	§ 9.4.1
Einzelabschlüsse	§ 7.1.1 (a)
EURIBOR	§ 21.4
Finanzverbindlichkeiten	§ 5.2.2
Freibetrag	§ 12.4
Garantiegeberin	Rubrum
Geplanter Vollzugstag	§ 6.1.1
Gesamtfreibetrag	§ 12.4
Geschätzter Kaufpreis	§ 5.3.1
Gewerbliche Schutzrechte	§ 8.6.1
Grundbesitz	§ 10.1.2
Haftungshöchstbetrag	§ 12.5
Käufergarantie(n)	§ 14.1.1
Käuferin	Rubrum
Käuferkonto	§ 5.6.2
Kaufpreis	§ 5.1
Kaufpreisanpassung	§ 5.4.1
Kenntnis der Verkäuferin	§ 8.14
Konsolidierter Stichtagsabschluss	§ 7.1.1(a)
Konsolidierter X-Jahresabschluss	§ 8.3
Mehrheitsgesellschaften	§ 1.3
Minderheitsbeteiligung(en)	§ 1.3.3
Mitteilung(en)	§ 22.1
Nettoumlaufvermögen	§ 5.2.4
Offengelegte Informationen	§ 12.2.2
Partei(en)	Rubrum
Pro-Rata-Reduzierung	§ 11.3.1(c)
Rechtsbegriff(e)	§ 23.6.2
Rücktritt	§ 6.3.1
Sanierungsaufwendungen	§ 10.1.1
Schlüsselpersonal	§ 8.8.1
Steuerauseinandersetzung	§ 11.5.3(a)
Steuerbehörde(n)	§ 11.1
Steuerfreistellung	§ 11.3.1
Steuern	§ 11.1
Steuerverfahren	§ 11.5.2
Steuervorteil	§ 11.3.2(b)
Stichtag	§ 3.3
Stichtagsabschlüsse	§ 7.1.1(a)
Stichtags-Abschlussprüfer	§ 7.1.2
Stichtags-Einzelabschlüsse	§ 7.1.1(a)
Tochtergesellschaft(en)	§ 1.2
Transaktion	Präambel (B)
Umweltangelegenheit	§ 10.1.4
Umweltbelastungen	§ 10.1.2
Umweltrechtliche Vorschriften	§ 10.1.3
Unterzeichnungstag	§ 8.1
Verkäufergarantie(n)	§ 8.1
Verkäuferin	Rubrum
Verkäuferkonto	§ 5.6.1
Vollzug	§ 6.1.1

2. Vertrag über den Erwerb aller Anteile – ausführlich, verkäuferfreundlich C. IV. 2

Begriff	Definiert in
Vollzugstag	§ 6.1.1
Vollzugsvoraussetzung(en)	§ 6.2.1
Vorläufige Berechnungen	§ 7.1.1
Vorläufige Kaufpreisberechnung	§ 7.1.1(d)
Vorläufiger Konsolidierter Stichtagsabschluss	§ 7.1.1(a)
Vorläufige Stichtagsabschlüsse	§ 7.1.1(a)
Vorläufige Stichtagsaufstellungen	§ 7.1.1(b)
Vorläufige Stichtags-Einzelabschlüsse	§ 7.1.1(a)
Vorläufige Vollzugstagsaufstellungen	§ 7.1.1(c)
Vorteilsausgleich	§ 12.8.1
Wesentliche Verträge	§ 8.7.1
X-Garantie(n)	§ 14.2.1
X-Geschäftsanteile	§ 1.1.2
X-Gesellschaften	§ 1.5
X-Gesellschaftsanteile	§ 1.4
X-GmbH	§ 1.1
X-Gruppe	§ 1.5
X-Jahresabschluss	§ 8.3
X-Kennzeichen	§ 14.4.1

Verzeichnis der Anlagen

......

Präambel[4]

(A) Die Verkäuferin ist eine ...... mit Sitz in .... Sie ist auf dem Gebiet ...... tätig. Bei der Käuferin handelt es sich um eine ...... Sie ist tätig im Bereich der ...... [Die Garantiegeberin ist ......].

(B) Die Verkäuferin beabsichtigt, sämtliche Gesellschaftsanteile an der X-Verwaltungs GmbH und der X-GmbH & Co. KG an die Käuferin zu verkaufen. Die Käuferin beabsichtigt, diese Gesellschaftsanteile zu erwerben (die *Transaktion*).

[(C) Ggf. Struktur der X-Gruppe sowie weitere Absichten genau beschreiben.]

Dies vorausgeschickt, vereinbaren die Parteien [und die Garantiegeberin], was folgt:

§ 1 Gesellschaftsrechtlicher Status[5]

1.1 X-Verwaltungs GmbH

1.1.1 Die X-Verwaltungs GmbH *(X-GmbH)* ist eine nach deutschem Recht errichtete Gesellschaft mit beschränkter Haftung mit Sitz in ...... und eingetragen im Handelsregister des Amtsgerichts ...... unter HRB ....

1.1.2 Das Stammkapital der X-GmbH beträgt ...... EUR (in Worten: ...... Euro) und ist in folgende Geschäftsanteile eingeteilt, die von der Verkäuferin wie folgt gehalten werden:
(a) ein Geschäftsanteil im Nennbetrag von ...... EUR (in Worten: ...... Euro), (lfd. Nr. ...... der im Handelsregister der Gesellschaft aufgenommenen Gesellschafterliste vom ......)[6],
(b) ein Geschäftsanteil im Nennbetrag von ...... EUR (in Worten: ...... Euro), (lfd. Nr. ...... der im Handelsregister der Gesellschaft aufgenommenen Gesellschafterliste vom ......).
Sämtliche Geschäftsanteile, die die Verkäuferin an der X-GmbH hält, werden in diesem Vertrag zusammen auch die *X-Geschäftsanteile* genannt.

1.2 X-GmbH & Co. KG

1.2.1 Die X-GmbH & Co. KG (X-KG oder Gesellschaft) ist eine nach deutschem Recht errichtete Kommanditgesellschaft mit Sitz in ...... und eingetragen im Handelsregister des Amtsgerichts ...... unter HRA ....

1.2.2 Das im Handelsregister eingetragene Kommandit-/Haftkapital der X-KG beträgt ...... EUR (in Worten: ...... Euro). Es stellt zugleich das Festkapital der Gesellschaft dar.

1.2.3 Alleinige persönlich haftende Gesellschafterin der X-KG ist die X-GmbH. Die X-GmbH ist am Kapital der Gesellschaft nicht beteiligt.

1.2.4 Alleinige Kommanditisten der X-KG ist die Verkäuferin, und zwar mit einer im Handelsregister eingetragenen Kommandit- und Hafteinlage (Haftsumme) im Nennbetrag von ...... EUR (in Worten: ...... Euro).

1.2.5 Die Beteiligung der Verkäuferin an der X-KG als Kommanditistin mit der Gesamtheit ihrer Rechte und Pflichten aus dem Gesellschaftsverhältnis, einschließlich der auf dem Kapitalkonto I gebuchten Kommandit- und Hafteinlage sowie der Guthaben auf dem Kapitalkonto II oder etwaiger Sollsalden auf dem Verlustvortragskonto, indes unter Ausschluß der Guthaben oder Sollsalden auf den Darlehens- und Verrechnungskosten werden nachfolgend als der *„X-Kommanditanteil"* bezeichnet.

1.3 Beteiligungen der X-KG[7]

1.3.1 Die X-KG hält unmittelbar oder mittelbar sämtliche Anteile an den in Anlage 1.3.1 näher beschriebenen Gesellschaften *(Tochtergesellschaften)*.

1.3.2 Die X-KG hält ferner unmittelbar oder mittelbar die Mehrheit der Anteile und Stimmrechte an den in Anlage 1.3.2 näher beschriebenen Gesellschaften *(Mehrheitsgesellschaften)*.

1.3.3 Die X-KG hält außerdem unmittelbar oder mittelbar Anteile an den in Anlage 1.3.3 näher beschriebenen Gesellschaften *(Minderheitsbeteiligungen)*, ohne dass es sich um Tochter- oder Mehrheitsgesellschaften handelt.

1.4 X-Gesellschaftsanteile

Die von der Verkäuferin an der X-GmbH gehaltenen Geschäftsanteile und der von der ihr gehaltene Kommanditanteil an der X-KG werden zusammen auch als *X-Gesellschaftsanteile* bezeichnet.

1.5 X-Gesellschaften

Die X-GmbH und die X-KG, einschließlich der Tochter- und Mehrheitsgesellschaften, indes ohne die Minderheitsbeteiligungen, werden in diesem Vertrag zusammen auch *X-Gesellschaften* oder *X-Gruppe* und jeweils einzeln *X-Gesellschaft* genannt.

§ 2 Verkauf der X-Geschäftsanteile

2.1 Verkauf der X-Geschäftsanteile[8]

Die Verkäuferin verkauft hiermit an die Käuferin gemäß den Bestimmungen dieses Vertrages die von ihr gehaltenen und in § 1.1 näher beschriebenen X-Geschäftsanteile gegen Zahlung des Nennwerts des zum Stichtag zu ermittelnden Eigenkapitals (§ 266 Abs. 3 A.I.–V. HGB) der X-GmbH. Die Käuferin nimmt den Verkauf hiermit an.

2.2 Gewinnbezugsrecht[9]

Der Verkauf der X-Geschäftsanteile erfolgt mit allen damit verbundenen Rechten und Pflichten. Der Gewinn des laufenden Geschäftsjahres sowie Gewinne voheriger Geschäftsjahre, die zum Zeitpunkt des Abschlusses dieses Vertrages nicht an die Verkäuferin ausgeschüttet worden sind, stehen allein der Käuferin zu.

2. Vertrag über den Erwerb aller Anteile – ausführlich, verkäuferfreundlich   C. IV. 2

2.3 Gesonderte Abtretung[10]

Die Parteien sind sich einig, dass die verkauften X-Geschäftsanteile nicht kraft dieses Vertrages dinglich übergehen, sondern gemäß § 6.4.1(f) am Vollzugstag durch eine gesonderte, notariell zu beurkundende Abtretungsvereinbarung abgetreten werden.

2.4 Genehmigung der Gesellschaft

Die X-GmbH und die Gesellschafterversammlung der X-GmbH haben dem Verkauf und der Abtretung der X-Geschäftsanteile bereits zugestimmt. Eine Ablichtung der Zustimmungserklärung der X-GmbH sowie des Beschlusses der Gesellschafterversammlung der X-GmbH sind als Anlage 2.4 beigefügt.

§ 3 Verkauf der X-Kommanditanteile

3.1 Verkauf der X-Kommanditanteile

Die Verkäuferin verkauft hiermit an die Käuferin gemäß den Bestimmungen dieses Vertrages den von ihr gehaltenen und in § 1.2 beschriebenen X-Kommanditanteil, und zwar unter Einschluss der Salden auf den bei der Gesellschaft jeweils für sie geführten Kapitalkonten I und II sowie dem Verlustvortragskonto, wie sie zum Zeitpunkt des Stichtags bestehen. Die Käuferin nimmt den Verkauf hiermit an.

3.2 Gewinnbezugsrecht

Der Verkauf der X-Kommanditanteile erfolgt mit allen damit verbundenen Rechten und Pflichten. Gewinne der X-KG, die auf den Zeitraum vom 1. Januar ...... bis zum Stichtag entfallen, stehen der Verkäuferin zu. Gewinne der X-KG ab dem Stichtag stehen der Käuferin zu.

3.3 Stichtag[11]

Stichtag für die Abgrenzung des Gewinnbezugsrechts und die Ermittlung des Kaufpreises ist der Ablauf des letzten Tages des Monats, in dem die letzte der in § 6.2 genannten Vollzugsvoraussetzungen eintritt (*Stichtag*).[10]

3.4 Gesonderte Abtretung der X-Kommanditanteile

Die Parteien sind sich einig, dass die verkauften X-Kommanditanteile nicht kraft dieses Vertrages dinglich übergehen, sondern gemäß § 6.4.1(f) am Vollzugstag durch eine gesonderte, notariell zu beurkundende Abtretungsvereinbarung abgetreten werden.

[Alternative: Abtretung der X-Kommanditanteile

Jeder Verkäufer tritt hiermit an die Käuferin gemäß den Bestimmungen dieses Vertrages den von ihm solchermaßen verkauften X-Kommanditanteil unter den aufschiebenden Bedingungen gem. § 5 an die Käuferin ab. Die Käuferin nimmt die Abtretung hiermit an.]

3.5 Zustimmung der Gesellschafter

Sämtliche Gesellschafter der X-KG haben dem Verkauf und der Abtretung der Kommanditanteile zugestimmt. Die jeweiligen Zustimmungserklärungen sind in Ablichtung als Anlage 3.5 beigefügt.

3.6 Anmeldung des Erwerbs der X-Kommanditanteile zum Handelsregister

Die Parteien sind sich darüber einig, dass der Erwerb der X-Kommanditanteile durch die Käuferin im Wege der Sonderrechtsnachfolge unverzüglich nach Eintritt sämtlicher aufschiebender Bedingungen gem. § 5.1 in gehöriger Form durch die Parteien und die X-GmbH als Komplementärin der Gesellschaft zum Handelsregister angemeldet werden soll. Die hierzu erforderliche Handelsregisteranmeldung wird bei Vollzug dieses Vertrages von allen Anmeldepflichtigen vor dem amtierenden Notar unterzeichnet, von dem Notar beglaubigt und in Verwahrung genommen. Der Notar wird von den Parteien beauftragt und unwiderruflich angewiesen, die von ihm verwahrte Handelsregisteranmeldung zum Handelsregister einzureichen, sobald ihm die vollständige Zahlung des Kaufpreises in vertragsgemäßer Form nachgewiesen worden ist.

§ 4 Verkauf und Abtretung der Gesellschafterdarlehen[12, 13]

4.1 Darlehens- und Verrechnungskonto

Bei der X-KG werden für die Verkäuferin ein Darlehens- und Verrechnungskonto geführt, auf dem die jeweiligen jährlichen Gewinnanteile als Kommanditistin gutgeschrieben und ihre Entnahmen gebucht werden. Dieses Konto weist am Tage des Abschlusses dieses Vertrages das in der Anlage 4.1 aufgeführte Guthaben auf.

4.2 Darlehensforderung

Das Guthaben der Verkäuferin auf dem Darlehens- und Verrechnungskonto stellt rechtlich eine Darlehensforderung der Verkäuferin gegenüber der X-KG dar. Das auf dem Darlehens- und Verrechnungskonto am Stichtag vorhandene Guthaben zuzüglich des der Verkäuferin zustehenden Gewinnanteils gemäß § 2.3 wird in diesem Vertrag auch als die Darlehensforderung bezeichnet.

4.3 Verkauf und Abtretung der Darlehensforderung

Die Verkäuferin verkauft hiermit an die Käuferin ihre Darlehensforderung gegen Zahlung des Nennwerts der auf den Stichtag zu ermittelnden Forderungen. Die Käuferin nimmt den Verkauf an. Die Abtretung der solchermaßen verkauften Forderung erfolgt am Vollzugstag aufgrund einer separat abzuschließenden Abtretungsvereinbarung.

4.4 Zustimmung der Gesellschafter

Sämtliche Gesellschafter der X-KG haben dem Verkauf der Darlehensforderung durch die Verkäuferin an die Käuferin zugestimmt. Eine Ablichtung der Zustimmungserklärungen ist in Ablichtung als Anlage 4.4 beigefügt.

§ 5 Kaufpreis; Zahlung des Kaufpreises

5.1 Kaufpreis[14, 15]

Der Kaufpreis für (i) die X-Geschäftsanteile, (ii) den X-Kommanditanteil, sowie (iii) die Darlehensforderung ist gleich
(a) dem Betrag des Brutto-Unternehmenswerts (§ 5.2.1),
(b) abzüglich der Summe der Finanzverbindlichkeiten (§ 5.2.2),
(c) zuzüglich der Summe der Barmittel (§ 5.2.3),
(d) abzüglich eines eventuellen Fehlbetrages bzw. zuzüglich eines eventuellen Überschusses beim Nettoumlaufvermögen (§ 5.2.4),
(e) zuzüglich des Entgelts für den Verkauf der X-Geschäftsanteile an die Käuferin (§ 2.1),
(f) zuzüglich des Entgelts für den Verkauf der Darlehensforderung an die Käuferin (§ 4.3).
Der so ermittelte Betrag wird *Kaufpreis* genannt.

5.2 Berechnung des Kaufpreises

5.2.1 Der Brutto-Unternehmenswert beträgt ...... EUR (in Worten: ...... Euro).[16]

5.2.2 *Finanzverbindlichkeiten* sind[17, 18]
(a) Anleihen i.S.d. §§ 298 Abs. 1 i.V.m. 266 Abs. 3 lit. c Nr. 1 HGB und Verbindlichkeiten aus Gewinn-, Wandel-, Options- und sonstigen Schuldverschreibungen sowie Genussscheine jeder Art;

abzüglich

(b) der Summe von

(i) erhaltenen Anzahlungen auf Bestellungen i. S. d. §§ 298 Abs. 1 i. V. m. 266 Abs. 3 lit. C Nr. 3 HGB,

(ii) Verbindlichkeiten aus Lieferungen und Leistungen i. S. d. §§ 298 Abs. 1 i. V. m. 266 Abs. 3 lit. C Nr. 4 HGB,

(iii) Verbindlichkeiten aus Lieferungen und Leistungen gegenüber verbundenen Unternehmen i. S. d. §§ 298 Abs. 1 i. V. m. 266 Abs. 3 lit. C Nr. 6 HGB, die keine X-Gesellschaften sind, und[24]

(iv) Verbindlichkeiten aus Lieferungen und Leistungen gegenüber Unternehmen, mit denen ein Beteiligungsverhältnis besteht i. S. d. §§ 298 Abs. 1 i. V. m. 266 Abs. 3 lit. C Nr. 7 HGB.[25]

5.2.5 Die in §§ 5.2.2 bis 5.2.4 bezeichneten Positionen sind jeweils mit den Beträgen anzusetzen, mit denen sie im Konsolidierten Stichtagsabschluss ausgewiesen sind; jedoch sind für die Berechnung des Kaufpreises (einschließlich der Berechnung des Nettoumlaufvermögens) die Finanzverbindlichkeiten, Barmittel und Positionen gemäß § 5.2.4, soweit sie die Mehrheitsgesellschaften betreffen, nur anteilig entsprechend der Beteiligung der X-GmbH an der betreffenden Gesellschaft zu berücksichtigen.[26]

5.2.6 Das gemäß § 5.1(e) hinzuzurechnende Entgelt ist gleich dem Nennwert des Eigenkapitals der X-GmbH zum Stichtag, wie es sich aus dem auf den Stichtag aufzustellenden Zwischenabschluss der X-GmbH ergibt.

5.2.7 Das gemäß § 5.1(f) hinzuzurechnende Entgelt ist gleich dem Nennwert der Guthaben auf dem Darlehens- und Verrechnungskonto per Stichtag, sowie zuzüglich des Gewinnanteils der Verkäuferin aus ihrem Kommanditanteil, wie es sich aus dem auf den Stichtag aufzustellenden Zwischenabschluss der X-KG ergibt.

5.3 Geschätzter Kaufpreis; Zahlung des Geschätzten Kaufpreises

5.3.1 Die Parteien schätzen die Finanzverbindlichkeiten, die Barmittel, das Nettoumlaufvermögen, das Eigenkapital der X-GmbH sowie die Darlehensforderung per Stichtag übereinstimmend jeweils auf die in Anlage 5.3.1 bezeichneten Werte und darauf basierend den Kaufpreis auf ...... EUR (in Worten: ......). [Die Verkäuferin wird der Käuferin spätestens zehn (10) Bankarbeitstage vor dem Geplanten Vollzugstag oder, wenn der Geplante Vollzugstag kurzfristiger feststeht, unverzüglich nach Festlegung des Geplanten Vollzugstages, eine aktualisierte Schätzung des Kaufpreises unter Benennung der geschätzten Finanzverbindlichkeiten und Barmittel, des geschätzten Nettoumlaufvermögens, der geschätzten Gewinnabführungsforderung bzw. Verlustausgleichsverbindlichkeit sowie des Geschätzten Finanzierungssaldos zum Stichtag übermitteln.][27] Der gemäß Satz 1 [und gegebenenfalls Satz 2] dieses § 5.3.1 geschätzte Kaufpreis wird *Geschätzter Kaufpreis* genannt.

5.3.2 Der Geschätzte Kaufpreis ist am Geplanten Vollzugstag nach Maßgabe von § 6.5.1(g) auf das Verkäuferkonto zu zahlen.

5.4 Kaufpreisanpassung

5.4.1 Für den Fall, dass der endgültige, gemäß § 7 ermittelte Kaufpreis den Geschätzten Kaufpreis (i) übersteigt oder (ii) unterschreitet, ist der Differenzbetrag (die *Kaufpreisanpassung*) binnen zehn (10) Bankarbeitstagen, nachdem die Vorläufigen Stich- und Vollzugstagsberechnungen verbindlich geworden sind, im Fall (i) von der Käuferin und im Fall (ii) von der Verkäuferin an die jeweils andere Vertragspartei zu zahlen.

5.4.2 Vor Verbindlichwerden der Vorläufigen Berechnungen sind die Parteien zur Zahlung von Abschlägen auf die Kaufpreisanpassung innerhalb von zehn (10)

(b) Verbindlichkeiten gegenüber Kreditinstituten i.S.d. §§ 298 Abs. 1 i.V.m. 266 Abs. 3 lit. C Nr. 2 HGB;

(c) Wechselverbindlichkeiten i.S.d. §§ 298 Abs. 1 i.V.m. 266 Abs. 3 lit. C Nr. 5 HGB mit Ausnahme von Verbindlichkeiten aus Lieferungen und Leistungen;

(d) Verbindlichkeiten gegenüber verbundenen Unternehmen i.S.d. §§ 298 Abs. 1 i.V.m. 266 Abs. 3 lit. C Nr. 6 HGB, die keine X-Gesellschaften oder Minderheitsbeteiligungen sind, mit Ausnahme von Verbindlichkeiten aus Lieferungen und Leistungen;[35]

(e) [Leasingverbindlichkeiten, die nach den gemäß § 7.2 anzuwendenden Bilanzierungsgrundsätzen bei den in den Konsolidierten Stichtagsabschluss einbezogenen Gesellschaften zu passivieren sind, in Höhe ihres Barwertes zum Stichtag, soweit sie nicht bereits in den Positionen (a) bis (f) erfasst sind;][19]

(f) alle zum Stichtag aufgelaufenen, aber noch nicht bezahlten Zinsen im Zusammenhang mit den in (a) bis (e) genannten Positionen, soweit sie dort noch nicht erfasst sind;

(g) der Nennbetrag der Darlehensforderungen per Stichtag (§ 4.3), soweit sie nicht bereits unter einer der (a) bis (f) genannten Positionen erfasst sind; [20]

5.2.3 *Barmittel* sind:[21]

(a) Kassenbestand, Bundesbankguthaben, Guthaben bei Kreditinstituten und Schecks i.S.d. §§ 298 Abs. 1 i.V.m. 266 Abs. 2 lit. B IV HGB, einschließlich Festgelder;

(b) [Wertpapiere des Anlagevermögens i.S.d. §§ 298 Abs. 1 HGB i.V.m. 266 Abs. 2 lit. A III Nr. 5 HGB;

(c) sonstige Wertpapiere i.S.d. §§ 298 Abs. 1 i.V.m. 266 Abs. 2 lit. B III Nr. 3 HGB];

(d) Forderungen gegen verbundene Unternehmen i.S.d. §§ 298 Abs. 1 i.V.m. 266 Abs. 2 lit. B II Nr. 2 HGB, die keine X-Gesellschaften sind, mit Ausnahme von Forderungen aus Lieferungen und Leistungen;

(e) Forderungen gegen Unternehmen, mit denen ein Beteiligungsverhältnis besteht, i.S.d. §§ 298 Abs. 1 i.V.m. 266 Abs. 2 lit. B II Nr. 3 HGB, mit Ausnahme von Forderungen aus Lieferungen und Leistungen;

(f) Erstattungsansprüche gegenüber Finanzbehörden;

(g) Positionen – über die in (a) bis (f) genannten Positionen hinaus –, die wirtschaftlich einer Forderung aus einer Kreditvergabe oder einer sonstigen Finanzierungsform gleichkommen.

5.2.4 Der gemäß § 5.1(d) abzuziehende Fehlbetrag ist der Differenzbetrag, um den das Nettoumlaufvermögen den Betrag von ...... EUR (in Worten: ...... Euro) unterschreitet. Der gemäß § 5.1(d) hinzuzurechnende Überschussbetrag ist der Differenzbetrag, um den das Nettoumlaufvermögen den Betrag von ...... EUR (in Worten: ...... Euro) überschreitet.[22] *Nettoumlaufvermögen* bedeutet:

(a) die Summe aus

(i) Vorräten i.S.d. §§ 298 Abs. 1 i.V.m. 266 Abs. 2 lit. C I HGB und Forderungen aus Lieferungen und Leistungen i.S.d. §§ 298 Abs. 1 i.V.m. 266 Abs. 2 lit. B II Nr. 1 HGB,

(ii) Forderungen aus Lieferungen und Leistungen gegen verbundene Unternehmen i.S.d. §§ 298 Abs. 1 i.V.m. 266 Abs. 2 lit. B II Nr. 2 HGB, die keine X-Gesellschaften sind, und[23]

(iii) Forderungen aus Lieferungen und Leistungen gegen Unternehmen, mit denen ein Beteiligungsverhältnis besteht, i.S.d. §§ 298 Abs. 1 i.V.m. 266 Abs. 2 lit. B II Nr. 3 HGB,

- 5.5 Verzinsung

    Bankarbeitstagen verpflichtet, sobald und soweit ihre Verpflichtung zur Zahlung einer Kaufpreisanpassung auch in Ansehung etwaiger Einwände gemäß § 7.5 unstreitig ist.

- 5.5 Verzinsung

    Der Geschätzte Kaufpreis und eine etwaige Kaufpreisanpassung sind jeweils ab dem Stichtag bis einschließlich zum Tag ihrer Zahlung mit dem in § 23.4 genannten Zinssatz zu verzinsen.

- 5.6 Zahlungsmodalitäten[28]
- 5.6.1 Zahlungen der Käuferin an die Verkäuferin aufgrund dieses Vertrages hat die Käuferin, soweit dieser Vertrag nichts Abweichendes bestimmt, in Euro per Überweisung mit gleichtägiger Gutschrift frei von Kosten und Gebühren auf das folgende Konto der Verkäuferin *(Verkäuferkonto)* zu leisten:

    Konto Nr. ...... bei ......
    IBAN: ......
    BLZ: ......
    SWIFT-ID: ......

- 5.6.2 Zahlungen der Verkäuferin an die Käuferin aufgrund dieses Vertrages hat die Verkäuferin, soweit dieser Vertrag nichts Abweichendes bestimmt, in Euro per Überweisung mit gleichtägiger Gutschrift frei von Kosten und Gebühren auf das folgende Konto der Käuferin *(Käuferkonto)* zu leisten:

    Konto Nr. ...... bei ......
    IBAN: ......
    BLZ: ......
    SWIFT-ID: ......

- 5.7 Aufrechnungsverbot; kein Zurückbehaltungsrecht

    Das Recht der Käuferin zur Aufrechnung gegenüber den Zahlungsansprüchen der Verkäuferin und/oder zur Ausübung eines Zurückbehaltungsrechts ist ausdrücklich ausgeschlossen, es sei denn, der betreffende Gegenanspruch der Käuferin ist unstreitig oder über ihn ist rechtskräftig zugunsten der Käuferin entschieden worden.

- 5.8 Umsatzsteuer[29]

    [Die Parteien gehen übereinstimmend davon aus, dass für die in diesem Vertrag vorgesehene Transaktion keine Umsatzsteuer (oder vergleichbare ausländische Steuer) anfällt. Für den Fall, dass die zuständige Finanzbehörde anderer Auffassung sein sollte, versteht der Kaufpreis sich zuzüglich der gesetzlichen Umsatzsteuer sowie zuzüglich eventueller diesbezüglicher Zinsen (sofern und soweit diese nach dem auf diese Steuer anwendbaren Recht anfallen). Die Käuferin ist verpflichtet, die betreffenden zusätzlichen Beträge (d.h. Umsatzsteuer nebst eventueller Zinsen) binnen einer (1) Woche nach Erhalt einer Kopie des Steuerbescheides, der die betreffende Steuerpflicht festsetzt, gemäß § 5.6.1 an die Verkäuferin zu zahlen. Die Verkäuferin wird der Käuferin unverzüglich eine diesbezügliche Rechnung in Übereinstimmung mit den Anforderungen des Umsatzsteuergesetzes (bzw. des anwendbaren entsprechenden ausländischen Gesetzes) ausstellen.]

- 5.9 Bankbürgschaft[30]

    [Die Parteien halten fest, dass die Käuferin der Verkäuferin bei Beurkundung dieses Vertrages eine Bankbürgschaftsurkunde übergeben hat, wonach die Bank der Käuferin zur Sicherung aller Zahlungsverpflichtungen der Käuferin gegenüber der Verkäuferin aus oder im Zusammenhang mit diesem Vertrag unter Verzicht auf die Einreden der Anfechtbarkeit und Aufrechenbarkeit eine selbstschuldnerische Bürgschaft, zahlbar auf erstes schriftliches Anfordern der Verkäuferin, über den Gesamtbetrag von ...... EUR (in Worten: ...... Euro) (die *Bankbürgschaft*) erteilt. Eine Kopie der Bankbürgschaft ist diesem Vertrag als Anlage ...... beigefügt. Die Verkäuferin ist berechtigt, aber nicht verpflichtet, die Bankbürgschaft in Anspruch zu nehmen, sobald und soweit die Käuferin eine fällige Zahlungsverpflichtung aus oder im Zusammenhang mit diesem Vertrag nicht erfüllt hat. Die Bankbürgschaft reduziert sich in dem Umfang, in dem die Käuferin eine fällige Zahlungsverpflichtung erfüllt hat. Nach Erfüllung sämtlicher Zahlungsverpflichtungen durch die Käuferin ist die Verkäuferin verpflichtet, die Urkunde über die Bankbürgschaft an die Käuferin zurückzugeben.]

§ 6 Vollzug

6.1 Vollzug; Geplanter Vollzugstag

6.1.1 Die Parteien verpflichten sich, die in diesem Vertrag vereinbarten Rechtsgeschäfte am ersten Tag des Monats, der auf den Monat folgt, in dem die letzte der in § 6.2 genannten Vollzugsvoraussetzungen eintritt, bzw., wenn dieser Tag kein Bankarbeitstag ist, am ersten darauf folgenden Bankarbeitstag, dinglich zu vollziehen und die in § 6.4 vorgesehenen Vollzugshandlungen vorzunehmen (zusammen der *Vollzug*).[31] Der Tag, an dem der Vollzug stattfinden soll, wird als *Geplanter Vollzugstag* bezeichnet. Der Tag, an dem der Vollzug tatsächlich stattfindet, wird als *Vollzugstag* bezeichnet.

6.1.2 Der Vollzug wird in den Räumen von ...... in ...... um ...... (......) Uhr MEZ stattfinden, soweit sich die Parteien nicht auf einen anderen Ort und/oder eine abweichende Zeit einigen.

6.2 Vollzugsvoraussetzungen

6.2.1 Die Parteien sind zum Vollzug erst verpflichtet, wenn sämtliche der in den § 6.2.2 bis § ...... genannten Vollzugsvoraussetzungen (die *Vollzugsvoraussetzungen*)[32] eingetreten sind und die Parteien hiervon Kenntnis erlangt haben.

6.2.2 Die fusionskontrollrechtliche Freigabe der Transaktion ist erfolgt.[33]
Variante bei Zuständigkeit der Europäischen Kommission:[34]
(a) Soweit das Zusammenschlussvorhaben gemeinschaftsweite Bedeutung im Sinne der Verordnung (EG) Nr. 139/2004 über die Kontrolle von Unternehmenszusammenschlüssen vom 20. Januar 2004 (EG-Fusionskontrollverordnung – *FKVO*) hat, gilt die Freigabe für Zwecke dieses Vertrages nur als erfolgt,[35] [Alternative: Die Europäische Kommission hat den Erwerb der X-Geschäftsanteile durch die Käuferin freigegeben. Diese Bedingung gilt als eingetreten,][36] wenn

(i) die Europäische Kommission erklärt hat, dass das Zusammenschlussvorhaben mit dem Gemeinsamen Markt gemäß Art. 6 Abs. 1 lit. b oder Art. 8 Abs. 1 oder 2 FKVO vereinbar ist; oder

(ii) das Zusammenschlussvorhaben gemäß Art. 10 Abs. 6 FKVO als mit dem Gemeinsamen Markt vereinbar gilt, weil die Europäische Kommission (x) innerhalb der Frist des Art. 10 Abs. 1 keine Entscheidung nach Art. 6 Abs. 1 FKVO oder (y) innerhalb der Frist des Art. 10 Abs. 3 FKVO keine Entscheidung nach Art. 8 Abs. 1, Abs. 2 oder Abs. 3 FKVO erlassen hat; oder

(iii) (x) die Europäische Kommission die Entscheidung nach Art. 9 Abs. 3 FKVO oder Art. 4 Abs. 4 FKVO an die Behörden eines Mitgliedstaates ganz oder teilweise verwiesen hat oder die Entscheidung nach Art. 9 Abs. 5 FKVO oder Art. 4 Abs. 4 UAbs. 4 FKVO als ganz oder teilweise verwiesen gilt und (y) die Europäische Kommission in Bezug auf den nicht verwiesenen Teil eine der unter lit. (i) oder (ii) dieses § 6.2.2(a) aufgeführten Entscheidungen getroffen hat und (z) in Bezug auf den verwiesenen Teil die zuständige Behörde des Mitgliedstaates den Zusammenschluss nach den nationalen Fusionskontrollvorschriften freigegeben hat oder der Zusammenschluss nach den nationalen Fusionskontrollvorschriften als freigegeben gelten kann.

Variante bei Zuständigkeit des Bundeskartellamts bzw. der Möglichkeit einer Verweisung an das Bundeskartellamt durch die Europäische Kommission:[37]

(b) Soweit (i) das Zusammenschlussvorhaben keine gemeinschaftsweite Bedeutung im Sinne von Art. 1 FKVO hat oder (ii) die Europäische Kommission die Entscheidung nach Art. 9 Abs. 3 FKVO oder Art. 4 Abs. 4 FKVO an das Bundeskartellamt verwiesen hat oder die Entscheidung nach Art. 9 Abs. 5 FKVO oder Art. 4 Abs. 4 UAbs. 4 FKVO als an das Bundeskartellamt verwiesen gilt, gilt die Freigabe für Zwecke dieses Vertrages nur als erfolgt,[38] [Alternative: Das Bundeskartellamt hat den Erwerb der X-Geschäftsanteile durch die Käuferin freigegeben. Diese Bedingung gilt als eingetreten,][39] wenn

(i) das Bundeskartellamt den beabsichtigten Erwerb gemäß § 40 Abs. 2 S. 1 GWB freigegeben hat; oder

(ii) das Bundeskartellamt den Zusammenschlussbeteiligten schriftlich mitgeteilt hat, dass die Voraussetzungen für eine Untersagung nach § 36 GWB nicht vorliegen; oder

(iii) die Einmonatsfrist gemäß § 40 Abs. 1 GWB verstrichen ist, ohne dass das Bundeskartellamt den Zusammenschlussbeteiligten den Eintritt in das Hauptprüfverfahren nach § 40 Abs. 1 S. 1 GWB mitgeteilt hat; oder

(iv) die viermonatige Untersagungsfrist des § 40 Abs. 2 S. 1 GWB (bzw. eine im Einverständnis mit den anmeldenden Unternehmen verlängerte Prüfungsfrist) verstrichen ist, ohne dass das Bundeskartellamt (x) das Zusammenschlussvorhaben untersagt hat oder (y) mit den Zusammenschlussbeteiligten gem. § 40 Abs. 2 S. 3 Ziff. 1 GWB eine Fristverlängerung vereinbart hat; oder

(v) eine vereinbarte Fristverlängerung abläuft, ohne dass eines der in Ziff. (iv)(x) oder (y) dieses § 6.2.2(b) genannten Ereignisse eingetreten ist, oder

(vi) (x) das Bundeskartellamt das Zusammenschlussvorhaben nach Art. 22 Abs. 1 FKVO an die Europäische Kommission verwiesen hat und dieser Antrag angenommen worden ist oder (y) die Parteien einen begründeten Antrag bei der Europäischen Kommission gemäß Art. 4 Abs. 5 FKVO gestellt haben und kein Mitgliedstaat die Verweisung gemäß Art. 4 Abs. 5 UAbs. 3 abgelehnt hat, und daraufhin die Freigabe des Zusammenschlussvorhabens durch die Europäische Kommission erfolgt oder die der Europäischen Kommission offen stehende Prüfungsfrist ereignislos abgelaufen ist.

Variante bei Zuständigkeit der Kartellbehörden mehrerer EU-Mitgliedstaaten (neutral):[40]

(c) Soweit das Zusammenschlussvorhaben (i) keine gemeinschaftsweite Bedeutung im Sinne von Art. 1 FKVO hat oder (ii) die Europäische Kommission die Entscheidung nach Art. 9 Abs. 3 FKVO oder Art. 4 Abs. 4 FKVO an die Kartellbehörde eines Mitgliedstaates verwiesen hat oder die Entscheidung nach Art. 9 Abs. 5 FKVO oder Art. 4 Abs. 4 UAbs. 4 FKVO als an eine solche Behörde verwiesen gilt, gilt die Freigabe für die Zwecke dieses Vertrages nur als erfolgt, wenn jede der zuständigen Behörden der EU-Mitgliedstaaten, in denen eine Anmeldepflicht besteht oder für die eine Anmeldung vereinbart wird/die in Anlage 6.2.2(c) genannt sind[41] oder an die eine Verweisung im oben genannten Sinne erfolgt ist[42] [Alternative: Jede der zuständigen Behörden der EU-Mitgliedstaaten, in denen eine Anmeldepflicht besteht oder in denen eine Anmeldung vereinbart wird der in Anlage 6.2.2(c) genannten Mitgliedstaaten hat den Erwerb der X-Geschäftsanteile durch die Käuferin freigegeben. Diese Bedingung gilt als eingetreten, wenn jede von ihnen][43] entweder

   (i) sich unzuständig für die Prüfung des Zusammenschlussvorhabens erklärt; hat oder

   (ii) die Freigabe erteilt hat; oder

   (iii) (x) das Zusammenschlussvorhaben nach Art. 22 Abs. 1 FKVO an die Europäische Kommission verwiesen hat und dieser Antrag angenommen worden ist oder (y) die Parteien einen begründeten Antrag bei der Europäischen Kommission gemäß Art. 4 Abs. 5 FKVO gestellt haben und kein Mitgliedstaat die Verweisung abgelehnt hat, und daraufhin die Freigabe des Zusammenschlussvorhabens durch die Europäische Kommission erfolgt oder die der Europäischen Kommission offen stehende Prüfungsfrist ereignislos abgelaufen ist.

Variante bei Zuständigkeit von Kartellbehörden in Drittstaaten/weltweit (neutral):[44]

(d) Soweit das Zusammenschlussvorhaben in einem oder mehreren Ländern außerhalb der Europäischen Union der Zusammenschlusskontrolle unterliegt und ein Vollzugsverbot bis zur Genehmigung des Zusammenschlusses durch die zuständige nationale Kartellbehörde oder bis zum ergebnislosen Ablauf einer durch die Anmeldung in Lauf gesetzten Frist besteht[45] sowie in den zwischen den Parteien vereinbarten Ländern gemäß Anlage 6.2.2(d)[46], gilt die Freigabe für die Zwecke dieses Vertrages nur als erfolgt, wenn jede der betreffenden Kartellbehörden[47] [Alternative: Jede der zuständigen Kartellbehörden der in Anlage 6.2.2(d) genannten Länder außerhalb der Europäischen Union hat den Erwerb der X-Geschäftsanteile durch die Käuferin freigegeben. Diese Bedingung gilt als eingetreten, wenn jede von ihnen][48] entweder

   (i) sich unzuständig für die Prüfung des Zusammenschlussvorhabens erklärt hat, oder

   (ii) die Freigabe erteilt hat, oder

   (iii) das Vorhaben infolge Fristablaufs nicht mehr untersagen kann.

(e) Soweit nach nationalem Recht ein Vollzugsverbot bis zur Einreichung einer vollständigen Fusionskontrollanmeldung bei der jeweils zuständigen Kartellbehörde besteht, gilt die Freigabe für die Zwecke dieses Vertrages nur als erfolgt, wenn eine entsprechende Notifizierung durch die betreffende Behörde erfolgt ist.

6.2.3 Der Aufsichtsrat der Verkäuferin hat diesem Vertrag und den darin vereinbarten Rechtsgeschäften zugestimmt. Diese Vollzugsvoraussetzung gilt als eingetreten, sobald die Verkäuferin der Käuferin entweder schriftlich mitgeteilt hat, dass der Aufsichtsrat seine Zustimmung erteilt hat oder dass sie auf das Vorliegen dieser Voraussetzung verzichtet.[49]

6.2.4 Der Erwerb der Geschäftsanteile wird nicht gemäß § 7 Abs. 1 und 2 Nr. 6 AWG i. V. m. § 53 Abs. 2 S. 4 AWV untersagt[50]. Diese Bedingung gilt als eingetreten, wenn

   (a) das Bundesministerium für Wirtschaft und Technologie eine Bescheinigung über die Unbedenklichkeit des Erwerbs gemäß § 53 Abs. 3 S. 1 AWV erteilt hat; oder

2. Vertrag über den Erwerb aller Anteile – ausführlich, verkäuferfreundlich C. IV. 2

(b) eine Unbedenklichkeitsbescheinigung gemäß § 53 Abs. 3 S. 2 AWV als erteilt gilt, weil das Bundesministerium für Wirtschaft und Technologie nicht innerhalb eines Monats nach Eingang des Antrags gem. § 53 Abs. 3 AWV ein Prüfverfahren nach § 53 Abs. 1 S. 1 AWV eröffnet hat; oder

(c) die dreimonatige Aufgreiffrist gemäß § 53 Abs. 1 S. 1 AWV verstreicht, ohne dass das Bundesministerium für Wirtschaft und Technologie der Käuferin mitgeteilt hat, eine Prüfung nach § 53 Abs. 1 S. 1 AWV durchzuführen; oder

(d) die zweimonatige Prüfungsfrist des § 53 Abs. 2 S. 4 AWV nach Eingang der vollständigen Unterlagen[51] verstreicht, ohne dass das Bundesministerium für Wirtschaft und Technologie den Erwerb der Geschäftsanteile untersagt oder Anordnungen in Bezug auf den Erwerb erlassen hat; oder

(e) das Bundesministerium für Wirtschaft und Technologie vor Ablauf der zweimonatigen Prüfungsfrist des § 53 Abs. 2 S. 4 AWV Anordnungen in Bezug auf den Erwerb erlässt, ohne diesen zu untersagen[, und die Parteien sich einig sind, dass sie die Anordnungen akzeptieren und diesen Vertrag dennoch vollziehen möchten].

6.2.5 (ggf. weitere Vollzugsvoraussetzungen)[52]

6.2.6 Die Parteien werden sich nach besten Kräften bemühen, dafür zu sorgen, dass die Vollzugsvoraussetzungen so bald wie möglich eintreten. Die Einzelheiten betreffend das Verfahren zur Erfüllung der Vollzugsvoraussetzungen sind in § 15 (Fusionskontrollrechtliche Freigabe) und § 16 (Außenwirtschaftsrechtliche Prüfung) näher geregelt. Sobald eine Partei vom Eintritt einer Vollzugsvoraussetzung Kenntnis erlangt, hat sie die andere Partei davon unverzüglich schriftlich zu unterrichten.

6.3 Rücktrittsrecht

6.3.1 Die Verkäuferin hat das Recht, von diesem Vertrag zurückzutreten, wenn nicht sowohl die Vollzugsvoraussetzung gemäß § 6.2.2 (a) (Fusionskontrollrechtliche Freigabe) als auch die Vollzugsvoraussetzung gemäß § 6.2.4 (Außenwirtschaftsrechtliche Unbedenklichkeit) bis zum ...... [Datum] eingetreten sind. Der Eintritt dieser Vollzugsvoraussetzungen nach Abgabe der Rücktrittserklärung durch die Verkäuferin ist unbeachtlich. [Im Falle eines Rücktritts gemäß Satz 1 dieses § 6.3.1 ist die Käuferin zur Zahlung eines Betrages in Höhe von zehn (10) Prozent des Geschätzten Kaufpreises, zahlbar binnen fünfzehn (15) Bankarbeitstagen nach Zugang der Rücktrittserklärung der Verkäuferin gemäß § 5.6.1, an die Verkäuferin verpflichtet.]

6.3.2 Für den Fall, dass eine andere als die in § 6.3.1 benannte Vollzugsvoraussetzung nicht spätestens bis zum ...... eingetreten ist, ist jede Partei berechtigt, von diesem Vertrag zurückzutreten.

6.3.3 Der Rücktritt hat durch schriftliche Erklärung gegenüber der jeweils anderen Partei, mit Nachricht an den beurkundenden Notar, zu erfolgen. Die Beweislast für das Vorliegen eines Rücktrittsgrundes trägt die zurücktretende Partei. Ein Rücktritt vom Vertrag nach diesem § 6.3 ist nur dann wirksam, wenn die andere empfangsbereite Partei die schriftliche Rücktrittserklärung vor dem Tag empfangen hat, an dem die letzte Vollzugsbedingung erfüllt ist.

6.3.4 Ein Recht zum Rücktritt nach diesem § 6.3 besteht nicht, wenn die Partei, die den Rücktritt erklärt, die Erfüllung der Vollzugsvoraussetzung wider Treu und Glauben verhindert oder das Vollzugshindernis wider Treu und Glauben herbeigeführt hat.

6.3.5 Im Falle eines Rücktritts gemäß diesem § 6.3 entfallen alle Verpflichtungen zwischen den Parteien mit Ausnahme der Verpflichtungen aus § 17 (Vertraulichkeit und Pressemitteilungen), § 18 (Kosten und Verkehrsteuern, vorbehaltlich § 6.4.6 Satz 2), § 20 (Garantiegeberin der Käuferin und Freistellung), § 22 (Mitteilungen) und § 23 (Verschiedenes; Schlussbestimmungen). Für den Fall, dass der Rücktritt erfolgt, weil die Vollzugsvoraussetzung[en] gemäß § 6.2.2 oder 6.2.4[53] nicht eingetreten ist [sind], ist die Käuferin zusätzlich zur Zahlung gemäß § 6.3.1 verpflichtet, der Verkäuferin alle Kosten und Auslagen zu ersetzen, die ihr im Zusammenhang mit der Vorbereitung und Verhandlung dieses Vertrags entstanden sind.

6.4 Vollzug

6.4.1 Am Vollzugstag haben die Parteien die folgenden Handlungen in der dargestellten Reihenfolge vorzunehmen:
(a) Die Verkäuferin übergibt der Käuferin schriftliche Erklärungen der in Anlage 6.4.1(a) genannten Personen, woraus sich die Niederlegung ihrer in Anlage 6.4.1(a) genannten Ämter spätestens mit Wirkung zum Vollzugstag ergibt.
(b) Die Verkäuferin übergibt der Käuferin Kopie eines schriftlichen Gesellschafterbeschlusses der X-GmbH über die Entlastung der in § 6.4.1(a) genannten Amtsträger für das Geschäftsjahr ...... sowie für den Zeitraum vom ...... bis zum Wirksamwerden ihrer Amtsniederlegung.[54]
(c) Die Käuferin übergibt der Verkäuferin die Bankgarantie zur Sicherung der Übernahme der X-Garantien gemäß § 14.2.2.
(d) Die Verkäuferin tritt mit Vertrag gemäß Anlage 6.4.1(d) ihre Darlehensforderung (§ 4.3) an die Käuferin unter der aufschiebenden Bedingung der vollständigen Zahlung des Geschätzten Kaufpreises ab.
(e) Die Verkäuferin tritt den X-Kommanditanteil durch notariell zu beurkundende Abtretungsvereinbarung gemäß Anlage 6.4.1(f) unter der aufschiebenden Bedingung der vollständigen Zahlung des Geschätzten Kaufpreises an die Käuferin ab.
(f) Die Verkäuferin tritt die X-Geschäftsanteile durch notariell zu beurkundende Abtretungsvereinbarung gemäß Anlage 6.4.1(f) unter der aufschiebenden Bedingung der vollständigen Zahlung des Geschätzten Kaufpreises an die Käuferin ab.[55]
(g) Die Parteien und die X-GmbH fertigen die in § 3.7 vorgesehene Handelsregisteranmeldung gemäß Anlage 6.4.1(h) vor dem Notar aus.
(h) Die Käuferin zahlt den Geschätzten Kaufpreis gem. § 5.3 auf das in § 5.6.1 angegebene Verkäuferkonto.

6.4.2 Verletzt eine der Parteien eine der in § 6.4.1 genannten Pflichten, kann die andere Partei ihr zunächst schriftlich unter Angabe der Pflichtverletzung eine Frist von zehn (10) Tagen setzen; nach fruchtlosem Ablauf der Zehn-Tages-Frist kann die Partei, die die Frist gesetzt hat, gemäß §§ 6.3.4 bis 6.3.5 von diesem Vertrag zurücktreten. Im Falle des Rücktritts aufgrund dieses § 6.4.2 durch die Verkäuferin, hat die Käuferin an die Verkäuferin eine Vertragsstrafe in Höhe von ......% des Geschätzten Kaufpreises zu zahlen. Die Vertragsstrafe stellt einen Mindestschaden dar und hindert die Verkäuferin nicht daran, einen höheren Schaden geltend zu machen.

§ 7 Stichtagsabschlüsse

7.1 Vorläufige Stichtagsabschlüsse; Vorläufige Berechnungen

7.1.1 Die Verkäuferin[56] wird unverzüglich, aber nicht später als dreißig (30) Tage nach dem Vollzugstag
(a) einen konsolidierten Zwischenabschluss (Konzernbilanz sowie Konzern-Gewinn- und Verlustrechnung) (der *Konsolidierte Stichtagsabschluss*) sowie Zwischen-Einzelabschlüsse (Bilanz sowie Gewinn- und Verlustrech-

2. Vertrag über den Erwerb aller Anteile – ausführlich, verkäuferfreundlich   C. IV. 2

nung) (die *Stichtags-Einzelabschlüsse*; zusammen mit dem Konsolidierten Stichtagsabschluss die *Stichtagsabschlüsse*) für die X-GmbH und die X-KG, jeweils für den Zeitraum vom ...... [Beginn des laufenden Geschäftsjahres] bis zum Stichtag, aufstellen. In der vor Verbindlichwerden gemäß § 7.5.1, § 7.5.2 oder § 7.6.2 bestehenden Fassung werden diese Abschlüsse als *Vorläufiger Konsolidierter Stichtagsabschluss*, *Vorläufige Stichtags-Einzelabschlüsse* und *Vorläufige Stichtagsabschlüsse* bezeichnet;

(b) unter Berücksichtigung von § 5.2.5 Aufstellungen der Finanzverbindlichkeiten, der Barmittel und des Nettoumlaufvermögens anfertigen (die *Vorläufigen Stichtagsaufstellungen*);

(c) auf der Grundlage des Stichtags-Einzelabschlusses der X-GmbH, deren Eigenkapital zum Stichtag (§ 2.1) sowie auf der Grundlage des Stichtags-Einzelabschlusses der X-KG die Darlehensforderung der Verkäuferin zum Stichtag ermitteln (§ 4.3) (die *Vorläufigen Vollzugstagsaufstellungen*);

(d) auf der Grundlage der gemäß 7.1.1(a) bis (c) angefertigten Dokumentation nach Maßgabe von § 5.2 den Kaufpreis berechnen (die *Vorläufige Kaufpreisberechnung*).

Die Vorläufigen Stichtagsaufstellungen, die Vorläufigen Vollzugstagsaufstellungen und die Vorläufige Kaufpreisberechnung werden nachfolgend zusammen *Vorläufige Berechnungen* genannt.

7.1.2 Die Verkäuferin wird die Vorläufigen Stichtagsabschlüsse und die Vorläufigen Berechnungen unverzüglich nach Fertigstellung an die Käuferin und die ......-Wirtschaftsprüfungsgesellschaft, ... (der *Stichtags-Abschlussprüfer*) übersenden.

7.2 Bilanzierungsgrundsätze

7.2.1 Die Stichtagsabschlüsse sind unter Wahrung formeller und materieller Bilanzkontinuität, Beibehaltung aller Bewertungsmethoden und unveränderter Ausübung aller Aktivierungs- und Passivierungswahlrechte nach Maßgabe (i) der in Anlage 7.2.1(a) zu diesem Vertrag aufgestellten Richtlinien oder, (ii) soweit diese keine Regelungen enthalten, der Bilanzierungsrichtlinien der X-Gruppe, die als Anlage 7.2.1(b) beigefügt sind, oder, (iii) soweit auch die Bilanzierungsrichtlinien der X-Gruppe keine Regelung enthalten, der einschlägigen Bestimmungen des deutschen Rechts (Grundsätze ordnungsmäßiger Buchführung nach HGB) aufzustellen.[57]

7.2.2 Im Falle von Widersprüchen gelten die folgenden Prioritäten in der dargestellten Reihenfolge:
(a) vertragliche Bilanzierungsrichtlinien gemäß Anlage 7.2.1(a);
(b) Bilanzierungsrichtlinien der X-Gruppe gemäß Anlage 7.2.1(b);
(c) Bilanzkontinuität;
(d) Grundsätze ordnungsgemäßer Buchführung gemäß HGB.[58]

7.2.3 Die in §§ 7.2.1 und 7.2.2 genannten Grundsätze und Prioritäten werden zusammen als *Bilanzierungsgrundsätze* bezeichnet.

7.3 Prüfung der Vorläufigen Stichtagsabschlüsse und Berechnungen

Der Stichtags-Abschlussprüfer hat binnen zwanzig (20) Bankarbeitstagen ab Erhalt von der Verkäuferin unter Berücksichtigung der in §§ 7.1 und 7.2 genannten Ableitungen und Grundsätze die Vorläufigen Stichtagsabschlüsse zu prüfen und die Vorläufigen Berechnungen einer prüferischen Durchsicht zu unterziehen. Weiterhin hat er den Parteien binnen derselben Frist den Prüfungsbericht über die Prüfung der Vorläufigen Stichtagsabschlüsse und einen Bericht über die prüferische Durchsicht der Vorläufigen Berechnungen zur Verfügung zu stellen. Die Parteien werden vor dem Geplanten Vollzugstag mit dem Stichtags-Abschlussprüfer eine Vereinbarung nach Maßgabe von Anlage 7.3 über seine Tätigkeit als Stichtags-Abschlussprüfer treffen. Die Kosten der Beauftragung des Stichtags-Abschlussprüfers tragen die Parteien je zur Hälfte.

7.4 Überprüfung der Vorläufigen Stichtagsabschlüsse und Berechnungen durch die Parteien

Jede Partei hat das Recht, die vom Stichtags-Abschlussprüfer geprüften Vorläufigen Stichtagsabschlüsse und die von ihm einer prüferischen Durchsicht unterzogenen Vorläufigen Berechnungen zu überprüfen und durch einen Wirtschaftsprüfer ihrer Wahl überprüfen zu lassen, wobei die Prüfung jeweils darauf beschränkt ist, ob die in §§ 7.1 und 7.2 genannten Ableitungen und Grundsätze eingehalten sind. Die Frist für die Überprüfung beträgt längstens zehn (10) Bankarbeitstage, gerechnet ab dem Tag, an dem die Vorläufigen Stichtagsabschlüsse mit dem Prüfungsbericht und die Vorläufigen Berechnungen mit dem Bericht über die prüferische Durchsicht der betreffenden Partei zugegangen sind. Alle im Zusammenhang mit einer Überprüfung gemäß diesem § 7.4 anfallenden Kosten sind von der dies veranlassenden Partei zu tragen.

7.5 Einwände; Verbindlichwerden der Vorläufigen Stichtagsabschlüsse und Berechnungen

7.5.1 Einwände gegen die Vorläufigen Stichtagsabschlüsse und die Vorläufigen Berechnungen haben die Parteien innerhalb der [Zehn]-Tages-Frist gemäß § 7.4 schriftlich unter Angabe der wesentlichen Gründe gegenüber der jeweils anderen Partei geltend zu machen. Lassen die Parteien diese Frist ohne Geltendmachung von Einwänden verstreichen, sind die Vorläufigen Stichtagsabschlüsse und die Vorläufigen Berechnungen für sie verbindlich.

7.5.2 Zeigen Käuferin oder Verkäuferin der jeweils anderen Partei innerhalb der Zehn-Tages-Frist gemäß § 7.4 Einwände gegen die Vorläufigen Stichtagsabschlüsse und/oder die Vorläufigen Berechnungen an, werden die Parteien sich bemühen, innerhalb von zwanzig (20) Bankarbeitstagen ab Zugang der Anzeige eine Einigung über die Behandlung der Einwände zu erzielen. Sofern und soweit eine solche Einigung zustande kommt, wird deren Ergebnis in die Vorläufigen Stichtagsabschlüsse und/oder die Vorläufigen Berechnungen übernommen, die insoweit für die Parteien verbindlich werden.

7.6 Schiedsgutachterverfahren

7.6.1 Soweit die Parteien innerhalb der Zwanzig-Tages-Frist des § 7.5.2 zu keiner Einigung über die Behandlung der Einwände gelangen, haben sie innerhalb von drei (3) Bankarbeitstagen nach Ablauf dieser Frist gemeinsam einen Schiedsgutachter zu benennen.

7.6.2 Der Schiedsgutachter prüft hinsichtlich der zwischen den Parteien streitigen Punkte, ob die in § 7.1 und 7.2 genannten Grundsätze und Ableitungen für die Erstellung der Vorläufigen Stichtagsabschlüsse und Vorläufigen Berechnungen eingehalten wurden. Der Schiedsgutachter soll jeder Partei angemessene Gelegenheit geben, ihre Ansichten schriftlich sowie im Rahmen einer oder mehrerer Anhörungen vorzutragen, die in Anwesenheit der Parteien und ihrer Berater abzuhalten sind. Er hat hierzu innerhalb von dreißig (30) Bankarbeitstagen nach seiner Ernennung ein schriftliches Gutachten nach billigem Ermessen zu erstellen, das für die Parteien verbindlich ist.[59] Der Schiedsgutachter wird die Gründe für seine Entscheidung im Hinblick auf sämtliche Punkte, die zwischen der Verkäuferin und der Käuferin umstritten sind, angeben. Der Stichtags-Abschlussprüfer hat das Ergebnis des Gutachtens in die Vorläufigen Stichtagsabschlüsse und/oder die Vorläufigen Berechnungen zu übernehmen, die in der so geänderten Fassung für die Parteien verbindlich werden.

2. Vertrag über den Erwerb aller Anteile – ausführlich, verkäuferfreundlich   C. IV. 2

7.6.3   Einigen die Parteien sich nicht innerhalb von drei (3) Bankarbeitstagen nach Ablauf der Zwanzig-Tages-Frist des § 7.5.2 auf die Ernennung eines Schiedsgutachters, wird der Schiedsgutachter auf Antrag der Verkäuferin und/oder der Käuferin durch den Sprecher des Vorstands des Instituts der Wirtschaftsprüfer e. V. in Düsseldorf benannt.[60]

7.6.4   Die Parteien haben darauf hinzuwirken, dass mit dem Schiedsgutachter eine Vereinbarung gemäß Anlage 7.6.4 getroffen wird. Die Vereinbarung ist von beiden Parteien zu unterzeichnen. Lehnt der gem. § 7.6.1 oder § 7.6.3 bestellte Schiedsgutachter die Unterzeichnung einer solchen Vereinbarung ab, oder weicht der Schiedsgutachter bei seiner Tätigkeit von den in der Vereinbarung beschriebenen Inhalten oder Verfahren ab, hat jede Partei daran mitzuwirken, dass die Vereinbarung mit dem Schiedsgutachter gekündigt und unverzüglich gemeinsam ein neuer Schiedsgutachter ernannt wird. § 7.6.3 gilt entsprechend.

7.6.5   Die Kosten und Auslagen für den Schiedsgutachter und das Schiedsgutachterverfahren werden zunächst von jeder Partei zur Hälfte verauslagt und getragen. Beide tragen ihre eigenen Kosten und die Kosten ihrer Berater selbst, es sei denn, der Schiedsgutachter trifft gemäß § 7.6.6 eine abweichende Entscheidung über die Verteilung der Kosten.

7.6.6   Der Schiedsgutachter entscheidet nach billigem Ermessen unter Berücksichtigung seiner Entscheidung und der ursprünglichen Standpunkte und Anträge der Parteien entsprechend § 91 ZPO abschließend über die Verteilung seiner Kosten und Auslagen und der Kosten für das Schiedsgutachterverfahren, einschließlich angemessener Gebühren und Auslagen der Parteien für ihre Berater.

7.7   Zugang zu Informationen

7.7.1   Die Käuferin hat dafür zu sorgen, dass der Stichtags-Abschlussprüfer, die Verkäuferin, die gemäß § 7.4 beteiligten Wirtschaftsprüfer sowie etwaige Schiedsgutachter nach dem Vollzugstag jederzeit (i) alle Informationen und Unterlagen erhalten, die nach Einschätzung der genannten Personen für die Zwecke dieses § 7 erforderlich sind und (ii) für die Zwecke dieses § 7 uneingeschränkten Zugang zu allen Informationsquellen einschließlich Geschäftsführung und Arbeitnehmern der für die Stichtagsabschlüsse und die Berechnungen gemäß § 7.1.1 maßgeblichen Gesellschaften haben. Sie hat darüber hinaus zu gewährleisten, dass die Verkäuferin der Geschäftsführung der genannten Gesellschaften im Hinblick auf die Erstellung der Stichtagsabschlüsse und Berechnungen nach § 7.1.1 Weisungen erteilen kann.

7.7.2   Die Käuferin hat den Stichtags-Abschlussprüfer zu Gunsten der Verkäuferin, der gemäß § 7.4 beteiligten Wirtschaftsprüfer und eines etwaigen Schiedsgutachters von seiner Verschwiegenheitsverpflichtung zu befreien und anzuweisen, den genannten Personen uneingeschränkten Zugang zu seinen Arbeitsunterlagen und Aufzeichnungen zu gewähren.

7.7.3   Die Käuferin hat weiterhin dafür zu sorgen, dass der Stichtags-Abschlussprüfer, die Verkäuferin, die gemäß § 7.4 beteiligten Wirtschaftsprüfer sowie ein etwaiger Schiedsgutachter uneingeschränkten Zugang zu den Jahresabschlüssen vergangener Jahre der X-GmbH und der in den Konsolidierten Stichtagsabschluss einbezogenen Gesellschaften und den zugehörigen Arbeitsunterlagen und Aufzeichnungen erhalten. Die Parteien werden zu diesem Zweck die Bedingungen akzeptieren, die der Stichtags-Abschlussprüfer sowie die gemäß § 7.4 beteiligten Wirtschaftsprüfer für den Zugang zu ihren Unterlagen stellen, soweit es sich um übliche Bedingungen handelt.

§ 8 Selbstständige Garantieversprechen der Verkäuferin[61, 62]

8.1 Form und Umfang der Garantieversprechen der Verkäuferin

Die Verkäuferin erklärt hiermit gegenüber der Käuferin in Form selbstständiger Garantieversprechen gemäß § 311 Abs. 1 BGB und vorbehaltlich der Anwendung von § 9 und § 12 und der übrigen Bestimmungen dieses Vertrages, dass die Aussagen gemäß § 8.2 bis § 8.12 (zusammen die *Verkäufergarantien*, einzeln eine *Verkäufergarantie*) am Tag der Beurkundung dieses Vertrages *(Unterzeichnungstag)*, [soweit nicht nachstehend ein anderer Bezugszeitpunkt bestimmt ist],[63] vollständig und zutreffend sind. [Die Parteien sind sich darüber einig, dass die Verkäufergarantien weder Beschaffenheitsvereinbarungen i. S. d. § 434 Abs. 1 BGB noch Garantien für die Beschaffenheit der Sache i. S. d. §§ 443, 444 BGB darstellen.][64]

8.2 Gesellschaftsrechtliche Verhältnisse und Berechtigung der Verkäuferin[65]

8.2.1 Die in § 1 getroffenen Aussagen über die X-Gesellschaften und die Minderheitsbeteiligungen sind richtig. Die X-Gesellschaften sind nach dem jeweiligen Recht ihres Gründungsstaates ordnungsgemäß gegründet worden. Anlage 8.2.1 enthält eine vollständige und richtige Aufstellung der Gesellschaftsverträge (oder vergleichbarer Dokumente) der X-Gesellschaften.[66]

8.2.2 Die X-Gesellschaftsanteile und die von der X-KG gehaltenen Anteile an den Tochtergesellschaften sind wirksam ausgegeben und die diesbezüglichen Einlagen auf das Fest- und Stammkapital sind vollständig erbracht und nicht zurückgezahlt worden. Die in Satz 1 genannten Anteile sind, [mit Ausnahme der in Anlage 8.2.2(a) genannten Belastungen,] frei von Belastungen und sonstigen Rechten Dritter. [Abgesehen von den in Anlage 8.2.2(b) genannten Rechten] bestehen keine Vorerwerbsrechte, Optionen, Stimmrechtsvereinbarungen oder andere Rechte Dritter im Hinblick auf den Erwerb von X-Gesellschaftsanteilen oder von der X-KG gehaltener Anteile an den Tochtergesellschaften, es sei denn, solche Rechte ergeben sich aus gesetzlichen Vorschriften oder aus den in Anlage 8.2.1 aufgeführten Satzungen oder vergleichbaren Dokumenten.

8.2.3 Die Verkäuferin ist berechtigt, frei über die X-Gesellschaftsanteile zu verfügen, ohne hierdurch Rechte Dritter zu verletzen. § 6.2.1 und § 21(a) bleiben hiervon unberührt.

8.2.4 Bis zum Unterzeichnungstag sind keine Insolvenz- (oder vergleichbaren) Verfahren gegen die X-GmbH, die X-KG oder eine Tochtergesellschaft beantragt oder eröffnet worden. Nach Kenntnis der Verkäuferin bestehen keine Umstände, die den Antrag auf Eröffnung eines Insolvenz- oder vergleichbaren Verfahrens durch die X-GmbH, die X-KG oder eine Tochtergesellschaft erforderlich machen.

8.3 Jahresabschlüsse

Die Verkäuferin hat der Käuferin den geprüften und mit einem uneingeschränkten Bestätigungsvermerk versehenen Jahresabschluss der X-KG für das Geschäftsjahr ...... (der *X-Jahresabschluss*) und den konsolidierten Jahresabschluss der X-KG für das Geschäftsjahr ...... (der *Konsolidierte X-Jahresabschluss*)[67] übergeben. Der Jahresabschluss wurde in Übereinstimmung mit den Grundsätzen ordnungsmäßiger Buchführung (GoB) aufgestellt und vermittelt zu dem Bilanzstichtag ein nach allen wesentlichen Gesichtspunkten den tatsächlichen Verhältnissen entsprechendes Bild der Vermögens-, Finanz- und Ertragslage der X-KG i. S. v. § 264 Abs. 2 HGB. Der Konsolidierte Jahresabschluss wurde in Übereinstimmung mit ...... aufgestellt und vermittelt zu den Bilanzstichtagen ein in allen wesentlichen Gesichtspunkten den tatsächlichen Verhältnissen entsprechendes Bild der Vermögens-, Finanz- und Ertragslage der Gruppe der in den Konsolidierten Jahresabschluss einbezogenen Gesellschaften.

2. Vertrag über den Erwerb aller Anteile – ausführlich, verkäuferfreundlich

8.4 Grundbesitz

8.4.1 Anlage 8.4.1 enthält eine Aufstellung von Grundstücken und grundstücksgleichen Rechten, die im Eigentum einer X-Gesellschaft stehen.

8.4.2 Anlage 8.4.2(a) enthält eine Aufstellung der von den X-Gesellschaften gemieteten oder gepachteten, Anlage 8.4.2(b) eine Aufstellung der durch die X-Gesellschaften vermieteten oder verpachteten Grundstücke, jeweils soweit die Zahlungsverpflichtung des jeweiligen Mieters oder Pächters ...... EUR (in Worten: ...... Euro) p. a. im Einzelfall überschreitet.

8.5 Sonstige Vermögensgegenstände

8.5.1 Nach Kenntnis der Verkäuferin sind die X-Gesellschaften Eigentümer oder rechtmäßige Nutzer der im Konsolidieren Jahresabschluss aufgeführten wesentlichen Gegenstände des materiellen Anlagevermögens, es sei denn, dass diese nach dem ...... (Ablauf des letzten Bilanzstichtages) veräußert worden sind.

8.5.2 Nach Kenntnis der Verkäuferin sind die am Unterzeichnungstag im Eigentum der X-Gesellschaften stehenden oder von ihnen rechtmäßig genutzten Gegenstände des materiellen Anlage- und Umlaufvermögens frei von Belastungen und sonstigen Rechten Dritter, mit Ausnahme von

(a) Eigentumsvorbehalten, vertraglichen oder gesetzlichen Pfandrechten und anderen Sicherungsrechten, die im Rahmen des gewöhnlichen Geschäftsgangs begründet worden sind;

(b) Sicherungsrechten, die Banken oder anderen Darlehensgebern zur Absicherung von Finanzverbindlichkeiten gewährt worden sind, die im Konsolidierten Jahresabschluss ausgewiesen sind oder dort nicht ausgewiesen werden müssen oder im Rahmen des gewöhnlichen Geschäftsgangs eingegangen worden sind;

(c) Sicherungsrechten zugunsten von Steuer- oder anderen Behörden;

(d) Belastungen, die eine Fortführung des gegenwärtigen Geschäftsbetriebs der X-Gruppe nicht wesentlich beeinträchtigen;

(e) gesetzlichen Pfand- und Sicherungsrechten;

(f) den in Anlage 8.5.2 aufgeführten Belastungen und Rechten.

8.6 Gewerbliche Schutzrechte

8.6.1 Anlage 8.6.1 enthält eine Aufstellung der für den Geschäftsbetrieb der X-KG und der Tochtergesellschaften wesentlichen Patente, Marken und anderen eingetragenen Schutzrechte (zusammen die *Gewerblichen Schutzrechte*), die im Eigentum der X-Gesellschaften stehen oder an diese lizenziert sind.

8.6.2 Nach Kenntnis der Verkäuferin sind die Gewerblichen Schutzrechte, soweit nicht in Anlage 8.6.2 abweichend dargestellt, weder Gegenstand gerichtlicher oder behördlicher Verfahren, in denen die Wirksamkeit der Gewerblichen Schutzrechte bestritten wird und die die Geschäftstätigkeit der X-KG und der Tochtergesellschaften wesentlich beeinträchtigen könnten, noch werden die Gewerblichen Schutzrechte nach Kenntnis der Verkäuferin von dritter Seite in wesentlichem Umfang verletzt.

8.6.3 Soweit sich aus Anlage 8.6.3(a) nichts anderes ergibt, sind nach Kenntnis der Verkäuferin alle für die Aufrechterhaltung der Gewerblichen Schutzrechte erforderlichen Zahlungen geleistet und alle notwendigen Verlängerungsanträge gestellt worden.

8.7 Wesentliche Verträge

8.7.1 Anlage 8.7.1 enthält eine Aufstellung derjenigen Verträge zwischen mindestens einer X-Gesellschaft und mindestens einem Dritten (andere X-Gesellschaften ausgenommen), die unter mindestens eines der nachfolgenden Kriterien fallen

Seibt

und deren Hauptleistungspflichten noch nicht vollständig erfüllt sind (die *Wesentlichen Verträge*):

(a) Verträge über den Erwerb oder die Veräußerung von Beteiligungen an anderen Gesellschaften zu einem Kaufpreis von mindestens ...... EUR (in Worten: ...... Euro) im Einzelfall;

(b) Verträge über den Erwerb, die Veräußerung oder die Belastung von Grundstücken oder grundstücksgleichen Rechten mit einem Gegenstandswert von jeweils mindestens ...... EUR (in Worten: ...... Euro);

(c) Verträge über den Erwerb, die Veräußerung oder die Belastung von Gegenständen des Anlagevermögens mit einem Wert von jeweils mindestens ...... EUR (in Worten: ...... Euro);

(d) Kredit- und sonstige Darlehensverträge, Anleihen, Schuldverschreibungen und jede sonstige Art der Fremdfinanzierung, die die jeweilige X-Gesellschaft im Einzelfall zu einer Zahlung von mindestens ...... EUR (in Worten: ...... Euro) verpflichten;

(e) Garantien, Bürgschaften, Schuldübernahmen, Schuldbeitritte, Patronatserklärungen und sonstige Verpflichtungen, die für Verbindlichkeiten Dritter (ausgenommen Mitglieder der X-Gruppe) übernommen wurden und die jeweilige X-Gesellschaft in Höhe von mindestens ...... EUR (in Worten: ...... Euro) verpflichten;

(f) andere als von (a) bis (e) dieses § 8.7.1 erfasste Dauerschuldverhältnisse, soweit sie den betroffenen X-Gesellschaften jährliche Zahlungsverpflichtungen von mehr als ...... EUR (in Worten: ...... Euro) auferlegen und nicht spätestens mit Wirkung zum ...... beendet werden können.

8.7.2 Sofern nicht abweichend in Anlage 8.7.2 aufgeführt, sind nach Kenntnis der Verkäuferin alle Wesentlichen Verträge wirksam und bindend. Nach Kenntnis der Verkäuferin ist keiner der X-Gesellschaften die Kündigung eines Wesentlichen Vertrages zugegangen. Nach Kenntnis der Verkäuferin verletzt keine der X-Gesellschaften in einer Weise eine Pflicht aus einem Wesentlichen Vertrag oder ist in einer Weise mit der Erfüllung einer solchen in Verzug, die der anderen Vertragspartei das Recht zur Kündigung des betreffenden Vertrags aus wichtigem Grund gibt, es sei denn, aus Anlage 8.7.2 ergibt sich etwas anderes.

8.8 Arbeitsrechtliche Angelegenheiten

8.8.1 Anlage 8.8.1(a) enthält eine Aufstellung derjenigen Beschäftigten der X-Gesellschaften, die Anspruch auf ein festes Grundgehalt (ohne zusätzliche Vergütungsbestandteile wie Boni, Mitarbeiterbeteiligungen, Aktienoptionen, Firmenwagen oder andere Vergünstigungen) für das Kalenderjahr ...... von mehr als brutto ...... EUR (in Worten: ...... Euro) haben (das *Schlüsselpersonal*). Abgesehen von den in Anlage 8.8.1(b) genannten Personen hat kein Angehöriger des Schlüsselpersonals die Kündigung seines Arbeitsverhältnisses erklärt.

8.8.2 Anlage 8.8.2 enthält eine Aufstellung von Tarifverträgen und anderen wesentlichen Vereinbarungen mit Gewerkschaften, Betriebsräten und ähnlichen Gremien, an die die X-Gesellschaften nach Kenntnis der Verkäuferin gebunden sind.

8.9 Versicherungen

Anlage 8.9 enthält eine Aufstellung der wesentlichen, zugunsten der X-Gesellschaften abgeschlossenen Sach- und Haftpflichtversicherungen. Alle bis zum Unterzeichnungstag fälligen Versicherungsprämien sind ordnungsgemäß gezahlt worden. [Nach Kenntnis der Verkäuferin bestehen keine Umstände, nach denen die genannten Versicherungen unwirksam sein könnten.]

2. Vertrag über den Erwerb aller Anteile – ausführlich, verkäuferfreundlich   C. IV. 2

8.10 **Rechtsstreitigkeiten**

Mit Ausnahme der in Anlage 8.10 aufgeführten Verfahren ist nach Kenntnis der Verkäuferin kein Gerichtsverfahren, Schiedsverfahren oder Verwaltungsverfahren anhängig, an dem eine X-Gesellschaft beteiligt ist, und das im Einzelfall einen Streit- oder Gegenstandswert von ...... EUR (in Worten: ...... Euro) überschreitet. Nach Kenntnis der Verkäuferin ist auch keiner der X-Gesellschaften die Einleitung eines solchen Verfahrens schriftlich angedroht worden.

8.11 **Erlaubnisse und Genehmigungen**

Nach Kenntnis der Verkäuferin (i) verfügen die X-Gesellschaften über alle Genehmigungen und Erlaubnisse nach anwendbarem öffentlichen Recht, die von wesentlicher Bedeutung für ihren jeweiligen Geschäftsbetrieb und erforderlich sind, um ihre Geschäftstätigkeit im Wesentlichen in Art und Umfang wie am Unterzeichnungstag fortzuführen; (ii) führen die X-Gesellschaften ihren jeweiligen Geschäftsbetrieb im Wesentlichen im Einklang mit allen wesentlichen Vorschriften derjenigen öffentlich-rechtlichen Genehmigungen und Erlaubnisse, deren Nichtbeachtung die Zulässigkeit der Geschäftstätigkeit der X-Gesellschaften im Ganzen wesentlich beeinträchtigen würde.

8.12 **Fortführung der Geschäfte**

Soweit sich aus Anlage 8.12 nichts anderes ergibt, ist der Geschäftsbetrieb der X-Gesellschaften vom ...... [Beginn des laufenden Geschäftsjahres] bis zum Unterzeichnungstag im Rahmen des gewöhnlichen Geschäftsgangs und im Wesentlichen in der gleichen Weise wie zuvor geführt worden. Wesentlich nachteilige Veränderungen im Hinblick auf die Geschäftstätigkeit der X-Gruppe im Ganzen haben sich nicht ergeben. Insbesondere haben die X-Gesellschaften vom ...... [Beginn des laufenden Geschäftsjahres] bis zum Unterzeichnungstag

(a) an Dritte (ausgenommen die X-Gesellschaften) keine Geschäftsanteile ausgegeben oder ihnen sonstige Beteiligungen gewährt;

(b) außerhalb des bestehenden Investitionsplans keine wesentlichen Investitionen getätigt oder vertragliche Verpflichtungen begründet;

(c) keine Gegenstände des Anlagevermögens außerhalb des gewöhnlichen Geschäftsgangs und außer zu Marktbedingungen erworben oder veräußert;

(d) Dritten (ausgenommen andere X-Gesellschaften) keine Darlehen außerhalb des gewöhnlichen Geschäftsgangs gewährt;

(e) keine wesentlichen Veränderungen in den Vertragsbedingungen (einschließlich der Vergütung) des Schlüsselpersonals außerhalb des gewöhnlichen Geschäftsgangs vorgenommen.

8.13 **Keine weiteren Garantieversprechen der Verkäuferin**

8.13.1 Die Käuferin erkennt ausdrücklich an, die X-Gesellschaftsanteile und damit die X-Gruppe und ihre Geschäftstätigkeit in dem Zustand zu erwerben, wie sie sich am Unterzeichnungstag nach ihrer eigenen Untersuchung und Beurteilung sämtlicher Umstände befinden, und den Kauf aufgrund ihrer eigenen Entscheidung, Untersuchung und Beurteilung zu tätigen, ohne hierbei auf ausdrückliche oder konkludente Zusicherungen, Gewährleistungen oder Garantien der Verkäuferin, abzustellen, die über die von der Verkäuferin ausdrücklich in diesem § 8 abgegebenen Verkäufergarantien hinausgehen oder von diesen abweichen.

8.13.2 Unbeschadet des vorangegangenen Absatzes akzeptiert die Käuferin insbesondere, dass die Verkäuferin keine ausdrücklichen oder stillschweigenden Garantieversprechen, Gewährleistungen, Zusicherungen sonstige Einstandserklärungen abgibt zu

(a) der Käuferin zugänglich gemachten Prognosen, Schätzungen oder Budgets über künftige Einnahmen, Gewinne, Cash Flows, die künftige Finanzlage oder den künftigen Geschäftsbetrieb der X-Gesellschaften oder Minderheitsbeteiligungen;

(b) anderen Informationen oder Dokumenten, die der Käuferin, ihren Anwälten, Wirtschaftsprüfern oder sonstigen Beratern in Bezug auf die X-Gesellschaften und Minderheitsbeteiligungen und/oder deren Geschäftstätigkeit zugänglich gemacht worden sind, einschließlich der Geschäftspläne, Schätzungen, Berechnungen und sonstigen Annahmen im Information Memorandum und der während der Management-Präsentation am ...... mitgeteilten Informationen, es sei denn, aus diesem Vertrag ergibt sich ausdrücklich etwas anderes;

(c) Umweltangelegenheiten, mit Ausnahme der Regelungen in § 10 (Freistellung von umweltrechtlichen Verbindlichkeiten);

(d) Steuerangelegenheiten, mit Ausnahme der Regelungen in § 11 (Steuern).

8.14 Kenntnis der Verkäuferin

„Kenntnis der Verkäuferin" im Sinne dieses Vertrages (zuvor und nachfolgend als *Kenntnis der Verkäuferin* bezeichnet) umfasst nur die tatsächliche Kenntnis der in Anlage 8.14 aufgeführten Personen am Unterzeichnungstag.[68]

§ 9 Rechtsfolgen bei Verletzung von Verkäufergarantien und Verfahren

9.1 Naturalrestitution; Schadensersatz

9.1.1 Im Fall der Verletzung einer Verkäufergarantie durch die Verkäuferin hat die Verkäuferin die Käuferin so zu stellen, wie sie stehen würde, wenn die Verkäufergarantie nicht verletzt worden wäre (Naturalrestitution).

9.1.2 Bewirkt die Verkäuferin die Naturalrestitution nicht innerhalb von drei (3) Monaten nach Zugang der Anzeige gemäß § 9.3, kann die Käuferin Schadensersatz in Geld verlangen. Die Verpflichtung zum Schadensersatz ist beschränkt auf den Ersatz tatsächlich bei der Käuferin entstandener, unmittelbarer Schäden. Nicht ausgleichspflichtig sind insbesondere mittelbare oder Folgeschäden (einschließlich infolge von Schadensersatzzahlungen anfallender oder zu erwartender zusätzlicher Steuerbelastungen), entgangener Gewinn, interne Verwaltungs- oder Fixkosten, eventuell infolge geleisteter Schadensersatzzahlungen anfallende oder erwartete zusätzliche Steuern sowie ein geminderter Unternehmenswert. Der Einwand, dass der Kaufpreis aufgrund unrichtiger Annahmen berechnet worden sei, ist ausgeschlossen.

9.1.3 Soweit ein Garantieversprechen verletzt wird, das sich auf eine Mehrheitsgesellschaft oder Minderheitsbeteiligung bezieht, haftet die Verkäuferin nur pro rata in Höhe ihrer Beteiligung an der betreffenden Gesellschaft am Unterzeichnungstag.

9.2 Vorrang spezieller Verkäufergarantien und Freistellungsvereinbarungen

Ansprüche der Käuferin gemäß § 9.1 i.V.m. § 8.3 (Jahresabschlüsse) sind ausgeschlossen, wenn und soweit dieser Vertrag eine speziellere Verkäufergarantie oder Freistellungsvereinbarung in Bezug auf das betreffende Sachgebiet enthält.[69] In diesem Fall regelt die jeweilige spezielle Verkäufergarantie die Haftung der Verkäuferin in Bezug auf das von der speziellen Verkäufergarantie oder Freistellungsvereinbarung umfasste Sachgebiet abschließend.

9.3 Anzeige eines Garantieanspruches; Schadensminderung

Im Fall einer tatsächlichen oder möglichen Verletzung einer Verkäufergarantie ist die Käuferin verpflichtet, der Verkäuferin unverzüglich nach Kenntniserlangung schriftlich die tatsächliche oder mögliche Verletzung unter genauer Beschreibung der zugrunde liegenden Umstände mitzuteilen, und, soweit möglich,

2. Vertrag über den Erwerb aller Anteile – ausführlich, verkäuferfreundlich C. IV. 2

die geschätzte Höhe des Anspruchs anzugeben. [Dies gilt auch dann, wenn der aus der Garantieverletzung möglicherweise resultierende Anspruch den Freibetrag oder den Gesamtfreibetrag (§ 12.4) unterschreitet.] Der Verkäuferin ist ferner Gelegenheit zu geben, die Verletzung innerhalb des in § 9.1.1 genannten Zeitraums zu beheben.

9.4 Verfahren bei Ansprüchen Dritter

9.4.1 Sollten nach dem Vollzugstag von dritter Seite Ansprüche oder Forderungen gegenüber der Käuferin oder einer X-Gesellschaft geltend gemacht werden, die einen Garantieanspruch auslösen könnten (nachfolgend als *Drittansprüche* bezeichnet), ist die Käuferin verpflichtet, die Verkäuferin hiervon unverzüglich schriftlich in Kenntnis zu setzen und ihr Kopien der diesbezüglichen Korrespondenz mit dem Dritten sowie aller fristbezogenen Dokumente zukommen zu lassen. [Dies gilt auch dann, wenn der aus der Garantieverletzung möglicherweise resultierende Anspruch den Freibetrag oder den Gesamtfreibetrag (§ 12.4) unterschreitet.] Darüber hinaus hat sie der Verkäuferin Gelegenheit zu geben, solche Drittansprüche nach Maßgabe von § 9.4.2 für die Käuferin oder die betreffende(n) X-Gesellschaft(en) abzuwehren. Das Verhältnis zwischen dem Dritten einerseits und der Käuferin und/oder Zielgesellschaft andererseits wird nachfolgend als *Drittverfahren* bezeichnet.

9.4.2 Für das Drittverfahren gelten folgende Regeln:

(a) Die Verkäuferin ist berechtigt, an allen Verhandlungen und dem Schriftverkehr mit der dritten Partei federführend teilzunehmen und einen Anwalt zu beauftragen, der im Namen der Käuferin oder der betreffenden X-Gesellschaft tätig wird.

(b) Die Verkäuferin hat jederzeit das Recht, das Drittverfahren ganz oder teilweise selbst im Namen der Käuferin oder der betreffenden X-Gesellschaft zu führen oder diesen in Bezug auf die Führung des Drittverfahrens bindende Anweisungen zu erteilen. Soweit die Verkäuferin das Drittverfahren führt, ist sie berechtigt, die Drittansprüche im Namen der Käuferin oder der betreffenden X-Gesellschaft mit sämtlichen zur Verfügung stehenden Angriffs- und Verteidigungsmitteln abzuwehren oder einen Vergleich zu schließen. Sie ist verpflichtet, das Drittverfahren nach Treu und Glauben zu führen und hat dabei angemessene Rücksicht auf die Interessen der Käuferin zu nehmen.

(c) Soweit die Käuferin das Drittverfahren führt, ist sie verpflichtet, die Drittansprüche mit sämtlichen zur Verfügung stehenden Angriffs- und Verteidigungsmitteln abzuwehren und jede dieser Maßnahmen zuvor mit der Verkäuferin abzustimmen. Die Käuferin und X-Gesellschaften sind unter keinen Umständen berechtigt, ohne vorherige schriftliche Zustimmung der Verkäuferin Ansprüche anzuerkennen, sich zu vergleichen oder eine Anerkennung oder einen Vergleich zu genehmigen, soweit diese Ansprüche zu einer Haftung der Verkäuferin nach diesem Vertrag führen können.

(d) Die Käuferin und die X-Gesellschaften sind verpflichtet, auf eigene Kosten bei der Abwehr von Drittansprüchen mit der Verkäuferin uneingeschränkt zusammenzuwirken, der Verkäuferin und deren Vertretern (einschließlich Beratern) Zugang zu allen geschäftlichen Unterlagen und Dokumenten zu gewähren sowie der Verkäuferin und ihren Vertretern zu gestatten, die Geschäftsführung, Mitarbeiter und Vertreter der Käuferin und der X-Gesellschaften zu Beratungen hinzuzuziehen.

(e) In dem Umfang, wie die Verkäuferin eine Verkäufergarantie verletzt hat, ist sie auch verpflichtet, daraus entstandene Kosten und Auslagen der Abwehr von Drittansprüchen zu tragen. Stellt sich nachträglich heraus, dass der

Verkäuferin keine Verletzung angelastet werden kann, ist die Käuferin verpflichtet, alle der Verkäuferin entstandenen angemessenen Kosten und Auslagen (einschließlich Beratungshonorare) zu tragen, die der Verkäuferin im Zusammenhang mit der Abwehr von Drittansprüchen entstanden sind.

9.4.3 Die Käuferin hat durch geeignete Maßnahmen sicherzustellen, dass die X-Gesellschaften die in diesem § 9.4 getroffenen Vereinbarungen einhalten.

9.5 Verfahren bei Ansprüchen gegen Dritte

Für den Fall, dass die Käuferin von einem Umstand Kenntnis erlangt, der in einer Angelegenheit einen Anspruch gegen einen Dritten begründen könnte, die zuvor Gegenstand einer Zahlung der Verkäuferin an die Käuferin im Zusammenhang mit diesem Vertrag war, wird die Käuferin die Verkäuferin hiervon unverzüglich schriftlich in Kenntnis setzen. Hinsichtlich der Geltendmachung eines solchen möglichen Anspruchs gegen einen Dritten findet § 9.4 entsprechende Anwendung. Bei einer erfolgreichen Durchsetzung des Anspruchs steht der Verkäuferin der von dem Dritten erlangte Betrag zu, jedoch nur soweit, als er den zuvor von ihr an die Käuferin gezahlten Betrag nicht übersteigt.

9.6 Anspruchsverlust der Käuferin bei Pflichtverletzung

Verletzt die Käuferin eine ihrer Pflichten gemäß § 9.3 bis § 9.5, wird die Verkäuferin von ihren Verpflichtungen gemäß § 9.1 i.V.m. § 8 frei.

9.7 Behandlung von Zahlungen[70]

Zahlungen der Verkäuferin gemäß § 8 bis § 11 sind im Verhältnis zwischen Käuferin und Verkäuferin als Herabsetzung des Kaufpreises anzusehen; Zahlungen der Verkäuferin an eine X-Gesellschaft gelten als Einlage der Käuferin in das Vermögen der jeweiligen Zahlungsempfängerin.

§ 10 Freistellung von Umweltrechtlichen Verbindlichkeiten[71]

10.1 Definitionen

In diesem Vertrag sind die Begriffe Sanierungsaufwendungen, Umweltbelastungen, Umweltrechtliche Vorschriften und Umweltangelegenheit wie folgt definiert:

10.1.1 *Sanierungsaufwendungen* umfasst jede Aufwendung der X-GmbH oder einer Tochtergesellschaft, die verursacht wird durch
(a) eine Sanierung im Sinne von § 2 Abs. 7 BBodSchG oder einer anderen Umweltrechtlichen Vorschrift im Zusammenhang mit einer Umweltbelastung;
(b) Schutz- oder Beschränkungsmaßnahmen im Sinne von § 2 Abs. 8 BBodSchG oder einer anderen Umweltrechtlichen Vorschrift im Zusammenhang mit einer Umweltbelastung;
(c) Maßnahmen zur Abwehr einer unmittelbaren Gefahr für Leib oder Leben, die von einer Umweltbelastung ausgeht.

10.1.2 *Umweltbelastungen* sind vor dem Stichtag vorhandene (i) schädliche Bodenveränderungen im Sinne von § 2 Abs. 3 BBodSchG oder vergleichbaren ausländischen Rechtsvorschriften auf dem der X-GmbH oder einer Tochtergesellschaft gehörenden oder von ihr genutzten Grundbesitz (im Rahmen dieses § 10 als *Grundbesitz* bezeichnet) und (ii) schädliche Veränderungen des Grundwassers, die vom Grundbesitz ausgehen.

10.1.3 *Umweltrechtliche Vorschriften* sind Gesetze, Verordnungen, Satzungen, Verwaltungsakte und sonstige rechtlich bindende Regelungen einschließlich europarechtlicher Vorschriften, die sich auf Umweltangelegenheiten beziehen und am Unterzeichnungstag gültig und durchsetzbar sind.

10.1.4 *Umweltangelegenheit* ist jede Angelegenheit im Zusammenhang mit der schädlichen Verunreinigung des Erdbodens, des Grundwassers, eines Oberflächengewässers oder der Erdoberfläche.

10.2 Freistellung

Vorbehaltlich der Haftungsbeschränkungen gem. §§ 10.3, 10.4.4 und § 12 verpflichtet sich die Verkäuferin, die Käuferin von Sanierungsaufwendungen freizustellen, wenn und soweit
(a) sie auf einer bestandskräftigen und vollziehbaren Verfügung einer Behörde beruhen; oder
(b) auf einem rechtskräftigen Urteil beruhen; oder
(c) auf einem öffentlich-rechtlichen Vertrag beruhen, der vor dem Stichtag unterzeichnet wurde; oder
(d) erforderlich sind, um eine unmittelbare Gefahr für Leib oder Leben abzuwenden.

10.3 Ausschluss und Beschränkungen

10.3.1 Die Verpflichtung zur Freistellung gemäß § 10.2 ist ausgeschlossen, wenn und soweit
(a) die Sanierungsaufwendungen durch Untersuchungen, vorbereitende oder erforschende Maßnahmen oder Anzeigen nach dem Vollzugstag ausgelöst werden, zu denen die Verkäuferin im Zeitpunkt des Entstehens der Sanierungsaufwendung rechtlich nicht verpflichtet war; oder
(b) die Sanierungsaufwendungen erforderlich sind, weil die X-GmbH oder eine Tochtergesellschaft (i) nach dem Vollzugstag zumindest fahrlässig gesetzlich vorgeschriebene Abwehrmaßnahmen unterlassen haben, (ii) nach dem Vollzugstag außerhalb ihres bis zum Vollzugstag bestehenden gewöhnlichen Geschäftsbetriebs tätig geworden ist, insbesondere durch eine wesentliche Änderung der Nutzung, die Beendigung geschäftlicher Aktivitäten auf oder Außerbetriebnahme von Grundbesitz oder hierauf befindlichen Gebäuden und Anlagen oder (iii) ihre Geschäftstätigkeit nach dem Stichtag wesentlich ausgeweitet oder Baumaßnahmen auf dem Grundbesitz ergriffen haben; oder (iv) die Sanierungsaufwendungen infolge grob fahrlässiger Handlungen oder Unterlassungen eines Angestellten, Dienstverpflichteten oder sonstigen Erfüllungsgehilfen oder Vertragspartners der X-GmbH oder einer Tochtergesellschaft erforderlich werden; oder
(c) die Sanierungsaufwendungen infolge des Unterlassens von dem jeweiligen Stand der Technik entsprechenden Maßnahmen zur Gefahrenabwehr oder des Nichteinhaltens von dem jeweiligen Stand der Technik entsprechenden Umwelt- und Sicherheitsstandards erforderlich werden, die ein ordentlicher Kaufmann nach dem Stichtag vorgenommen und eingehalten hätte; oder
(d) die Sanierungsaufwendungen infolge des Inkrafttretens oder einer Änderung Umweltrechtlicher Vorschriften nach dem Stichtag erforderlich werden.

10.3.2 Für die Freistellung durch die Verkäuferin gelten folgende Freibeträge:
(a) Sanierungsaufwendungen bis zu einer Höhe von ...... EUR (in Worten: ...... Euro) im Einzelfall und ...... EUR (in Worten: ...... Euro) insgesamt werden nicht ersetzt.
(b) Darüber hinausgehende Sanierungsaufwendungen werden
(i) von der Verkäuferin zu [75]% ersetzt, soweit sie im ersten Jahr nach dem Vollzugstag entstehen;
(ii) von der Verkäuferin zu [50]% ersetzt, soweit sie im zweiten Jahr nach dem Vollzugstag entstehen;

(iii) von der Verkäuferin zu [25]% ersetzt, soweit sie im dritten Jahr nach dem Vollzugstag entstehen;
(iv) nicht ersetzt, soweit sie später entstehen.

Sanierungsaufwendungen gelten als entstanden, sobald die Käuferin die Verkäuferin gem. § 10.4.1 von einem anspruchsbegründenden Umstand unterrichtet hat, vorausgesetzt, dass die entsprechenden Sanierungsaufwendungen binnen zwölf (12) Monaten ab Zugang der Unterrichtung bei der Verkäuferin tatsächlich anfallen. Fallen die Sanierungsaufwendungen später an, ist der spätere Zeitpunkt maßgeblich.

10.3.3 Weitergehende Beschränkungen gemäß § 12 bleiben unberührt.

10.4 Abwehr umweltrechtlicher Ansprüche und Führung umweltrechtlicher Verfahren

10.4.1 Nach dem Vollzugstag ist die Käuferin verpflichtet, die Verkäuferin unverzüglich von jedem Umstand zu unterrichten, der einen Anspruch der Käuferin auf Freistellung gem. § 10.2 begründen könnte. Die Mitteilung hat schriftlich zu erfolgen und muss die wesentlichen Umstände, die ursächlich für den behaupteten Freistellungsanspruch sein könnten, genau bezeichnen. Der Mitteilung sind Kopien sämtlicher Aufzeichnungen und Unterlagen bzw. Korrespondenz beizufügen, die die Käuferin von Dritten einschließlich Behörden oder anderen Hoheitsträgern erhalten bzw. mit diesen geführt hat.

10.4.2 Die Käuferin verpflichtet sich, Sanierungsaufwendungen nur nach vorheriger Zustimmung der Verkäuferin zu tätigen. Die Käuferin hat der Verkäuferin Zugang zum Grundbesitz, den Geschäftsbüchern und sonstigen Aufzeichnungen der Käuferin, der X-GmbH, X-KG und der Tochtergesellschaften zu gewähren, soweit dies erforderlich ist, um etwaige Sanierungsaufwendungen beurteilen und abschätzen zu können. Soweit und solange die Verkäuferin nach § 10 haftet, hat die Käuferin dafür zu sorgen, dass der Verkäuferin auf deren Verlangen hin Kopien sämtlicher sich ab dem Vollzugstag im Besitz der X-GmbH oder einer Tochtergesellschaft befindlicher Unterlagen und Aufzeichnungen zur Einsicht auf dem Betriebsgelände der jeweiligen Gesellschaft bereit gehalten werden, die sich auf den Grundbesitz beziehen.

10.4.3 Machen nach dem Vollzugstag gegenüber der Käuferin oder einer der Tochtergesellschaften Dritte oder Behörden ein Recht geltend oder leiten ein gerichtliches oder behördliches Verfahren ein, das einen Anspruch der Käuferin gemäß diesem § 10 begründen könnte, ist die Käuferin verpflichtet, die Verkäuferin hiervon unverzüglich schriftlich in Kenntnis zu setzen. Die Regelungen der § 9.4 (Verfahren bei Ansprüchen Dritter) und § 9.5 (Verfahren bei Ansprüchen gegen Dritte) gelten entsprechend.

10.4.4 Verletzt die Käuferin eine ihrer Pflichten gemäß § 10.4, wird die Verkäuferin von ihren Verpflichtungen gemäß § 10 frei, es sei denn, die Käuferin weist nach, dass der die Umweltfreistellung begründende Umstand auch bei ordnungsgemäßer Erfüllung ihrer Pflichten eingetreten wäre.

10.4.5 Die Käuferin verpflichtet sich, die Verkäuferin von allen Ansprüchen, Schäden, Aufwendungen freizustellen, die der Verkäuferin in Zusammenhang mit Umweltbelastungen entstehen.

10.5 Verjährung

Ansprüche der Käuferin gemäß § 10 (Umweltfreistellung) verjähren mit Ablauf von ...... Jahren ab dem Vollzugstag.

§ 11 Steuern

11.1 Definition von Steuern[72]

Steuern im Sinne dieses Vertrages sind alle von einer zuständigen inländischen Bundes- Landes- oder Kommunalbehörde oder einer entsprechenden ausländischen Behörde (nachfolgend als *Steuerbehörde(n)* bezeichnet) erhobenen Steuern i. S. d. § 3 Abs. 1 und 3 AO oder entsprechender Regelungen eines ausländischen Rechts, zuzüglich steuerlicher Nebenleistungen (wie z. B. Zinsen, Kosten, Steuerzuschläge) i. S. v. § 3 Abs. 4 AO oder entsprechender Regelungen eines ausländischen Rechts sowie Haftungsverbindlichkeiten für vorstehend genannte Steuern.

11.2 Steuererklärungen und Steuerzahlungen bis zum Vollzugstag[73]

Die Verkäuferin garantiert im Wege eines selbstständigen Garantieversprechens, unter entsprechender Anwendung des § 8.1 und im Umfang und mit den Beschränkungen von § 9 und § 12 dass
(a) die X-Gesellschaften alle wesentlichen Steuererklärungen bis zum Vollzugstag rechtzeitig abgegeben haben oder (unter Berücksichtigung aller von einer Steuerbehörde gewährten Fristverlängerungen) rechtzeitig abgeben werden, und,
(b) dass alle fälligen Steuern der X-Gesellschaften bis zum Vollzugstag im Wesentlichen entrichtet worden sind oder entrichtet werden.

11.3 Steuerrechtliche Freistellung[74]

11.3.1 Die Verkäuferin verpflichtet sich, die Käuferin von allen bestandskräftig für die X-Gesellschaften festgesetzten Steuern[75] freizustellen, die auf Zeiträume bis einschließlich zum Stichtag entfallen (nachfolgend als *Steuerfreistellung* bezeichnet).
(a) In Bezug auf die Steuern der X-Gesellschaften, die für Veranlagungs- oder Erhebungszeiträume veranlagt bzw. erhoben werden, die vor dem oder am Stichtag beginnen, jedoch erst nach dem Stichtag enden, und deren Bemessungsgrundlage Einkünfte, Gewinne oder Umsätze darstellen, wird der Anteil der Steuern, der auf Zeiträume bis einschließlich zum Stichtag entfällt, so ermittelt, als hätte der jeweilige Veranlagungs- oder Erhebungszeitraum zum Stichtag geendet. Soweit dabei Einkünfte, Gewinne oder Umsätze aus Geschäftsvorfällen vor oder am Stichtag resultieren, werden diese Einkünfte, Gewinne oder Umsätze den Zeiträumen bis zum Stichtag zugerechnet; soweit sie aus Geschäftsvorfällen nach dem Stichtag resultieren, werden diese Einkünfte, Gewinne oder Umsätze den Zeiträumen nach dem Stichtag zugerechnet.[76]
(b) In Bezug auf alle übrigen Steuern der X-Gesellschaften wird der Anteil der Steuern, der auf Zeiträume bis einschließlich zum Stichtag entfällt, pro rata temporis ermittelt; die dafür maßgebliche Aufteilungsquote ergibt sich aus der Summe der Tage bis einschließlich zum Stichtag, die durch die Anzahl der Tage des gesamten Veranlagungs- oder Erhebungszeitraums zu teilen ist, wobei für einen kalenderjahrgleichen Veranlagungs- oder Erhebungszeitraum 360 Tage zu Grunde gelegt werden.[77]
(c) Wenn und soweit sich die Steuerfreistellung auf Steuern von Tochtergesellschaften bezieht, an denen die X-GmbH weder direkt noch indirekt zu 100% beteiligt ist, reduziert sich die Steuerfreistellung auf den direkt oder indirekt auf die X-GmbH entfallenden anteiligen Prozentsatz an der jeweiligen Tochtergesellschaft (nachfolgend als *Pro Rata-Reduzierung* bezeichnet).[78]

11.3.2 Die Verkäuferin gewährt die Steuerfreistellung nach folgenden Grundsätzen:
(a) Die Verpflichtung zur Steuerfreistellung besteht nur, falls und soweit die freizustellenden Steuern die im Konsolidierten Jahresabschluss für Steuern ausgewiesenen Rückstellungen und Verbindlichkeiten übersteigen, unabhängig davon, ob die Rückstellungen oder Verbindlichkeiten für diejenige

Steuer gebildet wurden, die den Anspruch auf die Steuerfreistellung begründet, und die Steuern bis einschließlich zum Stichtag noch nicht getilgt oder auf andere Weise zum Erlöschen gebracht wurden.[79]

(b) Die Steuerfreistellung ist um alle steuerlichen Vorteile zu reduzieren, die die Käuferin, X-Gesellschaften, ein mit der Käuferin verbundenes Unternehmen im Sinne von § 15 AktG oder die jeweilige Rechtsnachfolgerin nach dem Stichtag erlangen, soweit diese Vorteile insbesondere resultieren aus, verbunden sind mit oder hervorgerufen bzw. (rückwirkend) ausgelöst werden durch[80]

   (i) eine(r) Aufstockung der steuerbilanziellen Ansätze von der regelmäßigen Absetzung für Abnutzung unterliegenden Wirtschaftsgütern (einschließlich der Nichtanerkennung außerordentlicher Abschreibungen) in Zeiträumen bis einschließlich zum Stichtag, und/oder

   (ii) der/die steuerliche(n) Nichtanerkennung von Aufwand im Zusammenhang mit der Verbuchung von Verpflichtungen, Rücklagen, Rückstellungen, latenten Steuerverpflichtungen oder sonstigen Arten von Kosten oder Auslagen für Zeiträume bis einschließlich zum Stichtag, und/oder

   (iii) der/die Verrechnung steuerlicher Gewinne der X-Gesellschaften, die in Zeiträumen nach dem steuerlichen Stichtag entstehen, mit zum Stichtag bestehenden Verlustvorträgen der X-Gesellschaften, und/oder

   (iv) jegliche(n) sonstige(n) Auswirkung(en) (einschließlich – aber nicht abschließend – solcher, die zu miteinander korrespondierenden Mehr- und Mindersteuern auf Ebene verschiedener X-Gesellschaften führen und/oder die sich aus der Verteilung des Einkommens von der Periode nach dem Stichtag auf die Periode vor dem Stichtag ergeben)

(nachfolgend als *Steuervorteil* bezeichnet), wenn das Ereignis, das zur Erlangung des Steuervorteils führt, zugleich zu einem Anstieg des zu versteuernden Einkommens bei der jeweiligen X-Gesellschaft für den Zeitraum bis einschließlich des Stichtages führt und aufgrund dessen die Verpflichtung zur Steuerfreistellung besteht.[81] Die Minderung der Steuerfreistellung erfolgt in Höhe des Barwertes des Steuervorteils, der ermittelt wird durch Abzinsung des Steuervorteils mit einem Zinssatz, der hundert (100) Basispunkte über EURIBOR beträgt, auf der Grundlage einer kalkulierten Gesamtsteuerbelastung von vierzig (40) Prozent; entsteht der Steuervorteil auf Ebene einer X-Gesellschaft, an der die direkte oder indirekte Beteiligung der X-GmbH weniger als 100 Prozent beträgt, gilt bei Ermittlung des Steuervorteils die Pro Rata-Reduzierung entsprechend.

(c) Die Verkäuferin haftet nicht für Steuern, wenn und soweit diese die Folge sind

   (i) von nach dem Stichtag eingeführten Änderungen der Buchführungs- oder Besteuerungspraxis auf Ebene von X-Gesellschaften (einschließlich der Praxis zur Abgabe der Steuererklärungen), sofern diese nicht aufgrund zwingenden Rechts geboten sind, oder

   (ii) von Handlungen, Erklärungen, Unterlassungen oder sonstigen Maßnahmen der Käuferin, der X-Gesellschaften bzw. eines Rechtsnachfolgers nach dem Stichtag (insbesondere Änderungen eines steuerlichen Ansatzwahlrechts, Beendigung einer steuerlichen Organschaft, Zustimmung zu oder Umsetzung von Umwandlungsmaßnahmen oder Verkauf von Wirtschaftsgütern),[82]

(d) Die Verkäuferin haftet nicht für Steuern, wenn und soweit diese durch Inanspruchnahme gesetzlicher oder vertraglicher Regressmöglichkeiten gegenüber Dritten ausgeglichen werden oder ausgeglichen werden können.[83]

2. Vertrag über den Erwerb aller Anteile – ausführlich, verkäuferfreundlich   C. IV. 2

(e) Wenn die Käuferin ihre Pflichten nach diesem § 11 nicht erfüllt, sind sämtliche Ansprüche auf Steuerfreistellung ausdrücklich ausgeschlossen, es sei denn, die Käuferin weist nach, dass der die Steuerfreistellung begründende Umstand auch bei pflichtgemäßer Erfüllung ihrer Pflichten eingetreten wäre.[84]

11.3.3 Von der Verkäuferin geschuldete Zahlungen nach § 11 sind innerhalb von zwanzig (20) Bankarbeitstagen nach schriftlicher Mitteilung durch die Käuferin an diese zu leisten, vorausgesetzt, dass Zahlungen an die Steuerbehörden in diesem Umfang fällig sind. Die Verkäuferin ist in keinem Fall verpflichtet, früher als zwei (2) Bankarbeitstage vor Fälligkeit der Zahlung an die Steuerbehörden zu zahlen. Für den Fall, dass eine Steuerverbindlichkeit nach Maßgabe des § 11.5.3 bestritten wird, ist die Zahlung dieser Steuerverbindlichkeit erst dann als fällig anzusehen, wenn eine endgültige, bestandskräftige Festsetzung entweder durch die Steuerbehörde oder durch die zuständigen Finanzgerichte erfolgt ist, falls die Steuerbehörde bis zur endgültigen und bestandskräftigen Festsetzung eine Zahlungsfreistellung gewährt hat. Ist dies nicht der Fall, ist die Verkäuferin verpflichtet, entsprechende Vorauszahlungen auf die steuerrechtlichen Freistellungsansprüche an die Käuferin zu leisten, falls die Käuferin Sicherheit durch Bürgschaft einer angesehenen Bank für etwaige nachträgliche Erstattungsansprüche der Verkäuferin entsprechend der nachfolgenden Bestimmung stellt. Ist die endgültige Höhe des steuerrechtlichen Freistellungsanspruches niedriger als die Vorauszahlungen der Verkäuferin, hat die Käuferin die Differenz nebst allen angefallenen Zinsen zu erstatten.[85]

11.4 Erstattung und Freistellung der Verkäuferin

11.4.1 Die Käuferin verpflichtet sich, an die Verkäuferin die nachfolgend genannten Steuererstattungen, Steuervorteile und Beträge als zusätzliche Barzahlung zu zahlen:

(a) Sämtliche Steuererstattungen durch die Steuerbehörden zu Gunsten der X-Gesellschaften für Zeiträume bis einschließlich zum Stichtag und unabhängig davon, ob die Steuererstattungen in bar, durch Verrechnung mit Steuerschulden, von denen die Verkäuferin die Käuferin nicht freistellen muss, oder in sonstiger Weise erfolgen,[86]

(b) den (verbleibenden) Steuervorteil im Sinne des § 11.3.2(b)(iii), der im jeweiligen Veranlagungs- bzw. Erhebungszeitraum nicht mit Steuerfreistellungen verrechnet werden kann,[88] und

(c) den Betrag, um den die im Konsolidierten Jahresabschluss gebildeten Verbindlichkeiten und Rückstellungen für Steuern, die für Zeiträume bis einschließlich zum Stichtag insgesamt unter Berücksichtigung der Regelung unter § 11.3.2(a) noch zu zahlenden Steuern übersteigen.[89]

In Bezug auf Tochtergesellschaften, an denen die direkte oder indirekte Beteiligung der X-GmbH weniger als 100 Prozent beträgt, gilt die Pro Rata-Reduzierung entsprechend.

11.4.2 Wenn und soweit die Käuferin ihre Pflichten nach § 11 nicht erfüllt, ist die Käuferin verpflichtet, die Verkäuferin von allen (unmittelbaren oder mittelbaren) steuerlichen und finanziellen Nachteilen der Verkäuferin (z. B. aus der Verminderung laufender Verluste oder Verlustvorträge der Verkäuferin) freizustellen, die aufgrund der Ergebnisse steuerlicher Außenprüfungen entstehen, insbesondere aufgrund der Zurechnung zusätzlichen steuerlichen Gewinns bzw. der Erhöhung des Gesamtbetrages der Einkünfte bei der Verkäuferin; die Verpflichtung der Käuferin zur Freistellung der Verkäuferin gilt auch für alle (unmittelbaren und mittelbaren) Steuern und finanziellen Nachteilen der Verkäuferin aufgrund der in § 11.3.2(c)(i) und (b) dargestellten Tatbestände.[90]

11.4.3 In Bezug auf Steuererstattungen der Käuferin an die Verkäuferin gelten die Zurechnungsregelungen nach § 11.3.1 entsprechend.[91]

11.5 Freistellungsverfahren[92]

11.5.1 Die Parteien werden im Zusammenhang mit Steuern, die sich auf Zeiträume bis einschließlich zum Stichtag beziehen, in allen Belangen zusammenarbeiten; dies gilt insbesondere, soweit es um die Erstellung und Einreichung von Steuererklärungen und Steueranmeldungen für Zeiträume bis einschließlich zum Stichtag geht. Die Käuferin ist verpflichtet, dafür Sorge zu tragen, dass

(a) der Verkäuferin unaufgefordert Kopien aller Steuerfestsetzungen und Steuerbescheide der X-Gesellschaften, die sich auf Zeiträume bis einschließlich zum Stichtag beziehen, unverzüglich und vollständig nach Erhalt dieser Steuerfestsetzungen und Steuerbescheide zugeleitet werden,

(b) die Verkäuferin oder Berater ihrer Wahl, die zur Berufsverschwiegenheit verpflichtet sind (im Rahmen dieses § 11 als *Berater* bezeichnet) vollumfänglichen Zugang zu allen Informationen, Büchern, Unterlagen und Dokumenten erhalten, die für die steuerliche Behandlung der X-Gesellschaften von Relevanz sind und sich (auch) auf Zeiträume bis einschließlich zum Stichtag beziehen, und

(c) diese Bücher, Unterlagen und Dokumente jedenfalls solange aufgehoben und archiviert werden, bis sämtliche Ansprüche aus diesem § 11 verjährt sind.

Steuererklärungen und Steueranmeldungen der X-Gesellschaften, die sich (auch) auf Zeiträume bis einschließlich zum Stichtag beziehen, dürfen durch die Käuferin oder die X-Gesellschaften ohne eine vorher erteilte schriftliche Zustimmung durch die Verkäuferin weder abgegeben, ergänzt oder geändert werden.

11.5.2 Die Käuferin hat die Verkäuferin unaufgefordert, unverzüglich und schriftlich über alle angekündigten oder laufenden steuerlichen Außenprüfungen und sonstigen Verwaltungs- und Gerichtsverfahren, die eine Steuerfreistellung oder Steuererstattung zugunsten der Verkäuferin auslösen könnten (nachfolgend als *Steuerverfahren* bezeichnet), unter Angabe des Gegenstands der Prüfung oder einer behaupteten Steuerverbindlichkeit zu unterrichten. Der Unterrichtung sind sämtliche Unterlagen der Steuerbehörde bzw. des Gerichts über das Steuerverfahren oder die behauptete Steuerverbindlichkeit in Kopie beizufügen. Die Käuferin ist verpflichtet, dafür Sorge zu tragen, dass sämtliche während des Steuerverfahrens mit den Steuerbehörden bzw. dem Gericht oder anderen am Steuerverfahren beteiligten Behörden geführte Korrespondenz, insbesondere Anfragen der Prüfer im Rahmen einer steuerlichen Außenprüfung, unaufgefordert und unverzüglich in Kopie an die Verkäuferin weitergeleitet werden. Die Weitergabe von Informationen betreffend die X-Gesellschaften an die Steuerbehörden bzw. Gerichte im Rahmen eines Steuerverfahrens bedarf der vorherigen Zustimmung durch die Verkäuferin.

11.5.3 Die Käuferin steht dafür ein, dass die X-Gesellschaften der Verkäuferin die Teilnahme an den Steuerverfahren nach den folgenden Regelungen ermöglichen:

(a) Die Verkäuferin ist berechtigt, entweder selbst oder durch Berater, in eigenem Namen aufgrund Bevollmächtigung und auf ihre Kosten Prüfungen, Verwaltungs- oder Gerichtsverfahren durchzuführen und Rückerstattungsansprüche geltend zu machen, die im Zusammenhang mit allen behaupteten Steuern stehen und die zu einer Steuerfreistellung führen können (diese Prüfungen, Rückerstattungsansprüche oder Verfahren im Zusammenhang mit einer behaupteten Steuerverbindlichkeit werden nachfolgend zusammen als *Steuerauseinandersetzung* bezeichnet).

(b) Wenn die Verkäuferin beabsichtigt, eine Steuerauseinandersetzung (selbst oder mittels Berater) durchzuführen, wird die Verkäuferin dies der Käuferin innerhalb von fünfundzwanzig (25) Bankarbeitstagen nach Zugang der schriftlichen Mitteilung der Käuferin gemäß § 11.5.2 mitteilen.
(c) Entscheidet sich die Verkäuferin für die Durchführung einer Steuerauseinandersetzung, hat die Käuferin unverzüglich dem von der Verkäuferin bezeichneten Vertreter und/oder Berater eine Vollmacht zu erteilen und von den X-Gesellschaften wirksam erteilen zu lassen, aufgrund der die Käuferin die X-GmbH und/oder die entsprechenden Tochtergesellschaften oder ihre Rechtsnachfolger bei der Steuerauseinandersetzung von der Verkäuferin oder ihren Beratern vertreten werden können.
(d) Die Käuferin ist verpflichtet, mit der Verkäuferin zusammenzuwirken und die X-Gesellschaften oder ihre Rechtsnachfolger zur Zusammenwirkung in allen Verfahrensstadien der Steuerauseinandersetzung und auf Kosten der Verkäuferin zu veranlassen.
(e) Wird von der Verkäuferin keine Steuerauseinandersetzung durchgeführt oder wird der Käuferin keine Mitteilung über diese Entscheidung gemacht, können die Käuferin oder die X-Gesellschaften die behaupteten Steuerverbindlichkeiten begleichen, hierüber einen Vergleich abschließen oder diese anfechten (wobei weder die Käuferin noch eine der X-Gesellschaften eine behauptete Steuerverbindlichkeit begleichen oder hierüber einen Vergleich schließen darf, wenn die Verkäuferin hiergegen Einwände erhoben hat). Ungeachtet dessen kann die Verkäuferin oder ihre Berater auf Kosten der Verkäuferin an jeder Steuerauseinandersetzung teilnehmen.

11.6 Sonstiges; Verjährung[93]

11.6.1 Zusätzliche Gewinn- und Verlustzuweisungen, die sich durch steuerliche Außenprüfungen ergeben, die sich (auch) auf Zeiträume bis einschließlich zum Stichtag beziehen, führen nicht zu einer Erhöhung oder Minderung des Kaufpreises und berechtigen weder die Verkäuferin zu zusätzlichen Gewinnausschüttungen, noch die Käuferin oder die Verkäuferin zu einer Kaufpreisanpassung.

11.6.2 Ansprüche der Käuferin nach § 11 verjähren mit Ablauf von drei (3) Monaten nach endgültiger und bestandskräftiger Festsetzung der betreffenden Steuern, spätestens jedoch mit Ablauf von fünf (5) Jahren ab dem Vollzugstag.

§ 12 Ausschluss und Beschränkung der Haftung

12.1 Keine doppelte Berücksichtigung

Ein Anspruch der Käuferin aus oder im Zusammenhang mit diesem Vertrag ist ausgeschlossen, wenn und soweit
(a) der anspruchsbegründende Sachverhalt im Jahresabschluss, im Konsolidierten Jahresabschluss und oder in den Stichtagsabschlüssen berücksichtigt ist; oder
(b) der anspruchsbegründende Sachverhalt bereits anderweitig im Rahmen der Ermittlung des Kaufpreises berücksichtigt worden ist; oder
(c) der anspruchsbegründende Sachverhalt einen Anspruch der Käuferin oder einer X-Gesellschaft gegen einen Dritten, einschließlich Versicherungen, begründet; oder
(d) Rückstellungen im Jahresabschluss oder im Konsolidierten Jahresabschluss aufgelöst werden können, eine Wertaufholung abgeschriebener Vermögensgegenstände erfolgen kann oder bereits ganz oder teilweise wertberichtigte Forderungen von Schuldnern nach dem Vollzugstag erfüllt werden; oder

(e) der Anspruch auf einer nach dem Stichtag stattfindenden (i) Änderung eines Gesetzes, einer Rechtsverordnung, Satzung, einer Verwaltungsvorschrift, eines Urteils, Beschlusses, einer Entscheidung, Genehmigung, Verfügung oder eines sonstigen (Verwaltungs-)Akts oder sonstigen Rechtsvorschrift oder (ii) Erhöhung einer Steuer beruht.

12.2 Keine Haftung bei Kenntnis oder Kennenmüssen

12.2.1 Die Käuferin ist nicht berechtigt, Ansprüche aus oder im Zusammenhang mit diesem Vertrag geltend zu machen,
(a) soweit sie die dem Anspruch zugrunde liegenden Tatsachen oder Umstände am Unterzeichnungstag kannte oder kennen musste (fahrlässige Unkenntnis);
(b) soweit sie am Vollzugstag Tatsachen oder andere Umstände kennt, auf die sie den geltend gemachten Anspruch stützt, und sich die Geltendmachung dieses Anspruches bei Vollzug dieses Vertrages nicht vorbehält.

12.2.2 Die Käuferin hatte vor dem Unterzeichungstag Gelegenheit, die X-Gesellschaften und Minderheitsbeteiligungen sowie deren jeweilige geschäftliche Aktivitäten unter kaufmännischen, finanziellen und rechtlichen Gesichtspunkten eingehend zu untersuchen. Sie hatte dabei insbesondere die Möglichkeit, die in Anlage 12.2.2(a) aufgeführten und im Datenraum offen gelegten Unterlagen und das Information Memorandum zu prüfen sowie die Management Präsentation vom ...... zu besuchen (zusammen die *Offengelegten Informationen*). Tatsachen und Umstände, die sich aus den Offengelegten Informationen ergeben oder in diesem Vertrag oder seinen Anlagen (einschließlich Anlage 12.2.2(b) *(Disclosure Letter)*) bezeichnet sind oder der Käuferin auf andere Weise während der Due Diligence oder im Verlaufe der Verhandlung dieses Vertrages [nachweislich] [schriftlich] offen gelegt wurden, gelten als der Käuferin bekannt.

12.2.3 Die Kenntnis der Geschäftsführer der Käuferin, ihrer Berater und derjenigen Mitarbeiter, die mit der Due Diligence im Vorfeld dieses Vertrages oder mit der Verhandlung und dem Abschluss dieses Vertrages betraut waren, wird der Käuferin zugerechnet.

12.3 Keine Haftung bei Veranlassung durch die Käuferin

Die Verkäuferin haftet nicht für Tatsachen oder Umstände, sofern und soweit diese ohne eine willkürliche Handlung oder Unterlassung der Käuferin, eines mit ihr verbundenen Unternehmens oder eines Mitglieds der Geschäftsführung, Mitarbeiters oder Vertreters der Käuferin oder eines mit ihr verbundenen Unternehmens nicht eingetreten wären. Dies gilt insbesondere, aber nicht ausschließlich, für durch die genannten Personen veranlasste wesentliche Änderungen der Geschäftstätigkeit einer oder mehrerer X-Gesellschaften oder Minderheitsbeteiligungen, umweltrechtliche Untersuchungen und/oder Änderungen in der Bilanzierungs- oder Steuerpraxis der Käuferin oder der mit ihr verbundenen Unternehmen, die nach dem Vollzugstag eingeführt oder wirksam werden.

12.4 Freibetrag; Gesamtfreibetrag[94]

Die Käuferin ist nur berechtigt, Ansprüche aus diesem Vertrag geltend zu machen, sofern im Einzelfall der Anspruch ...... EUR (in Worten: ...... Euro) (der *Freibetrag*) und die Summe aller solcher Einzelansprüche – Ansprüche unterhalb des Freibetrags bleiben insoweit außer Betracht – ...... EUR (in Worten: ...... Euro) (der *Gesamtfreibetrag*) übersteigt. Ist der Gesamtfreibetrag überschritten, haftet die Verkäuferin nur für den den Gesamtfreibetrag übersteigenden Betrag.

2. Vertrag über den Erwerb aller Anteile – ausführlich, verkäuferfreundlich   C. IV. 2

12.5 Haftungshöchstbetrag[95]

Die Haftung der Verkäuferin für Ansprüche aus oder im Zusammenhang mit diesem Vertrag einschließlich aller Ansprüche wegen Verletzung der Verkäufergarantien ist insgesamt auf einen Betrag in Höhe von zehn (10) Prozent des Kaufpreises [Alternative: ...... EUR (in Worten: ...... Euro)] (der *Haftungshöchstbetrag*) begrenzt. Der Haftungshöchstbetrag gilt nicht für die Haftung wegen Verletzung der Verkäufergarantien gemäß §§ 8.2.1 bis 8.2.3 [sowie für die Haftung der Verkäuferin aus § 11]. Die Haftung der Verkäuferin gemäß Satz 1 und Satz 2 ist jedoch insgesamt auf einen Betrag in Höhe des Kaufpreises begrenzt.

12.6 Verjährung[96]

12.6.1 Ansprüche der Käuferin aus diesem Vertrag verjähren mit Ablauf von zwölf (12) Monaten ab dem Vollzugstag. Abweichend von Satz 1 verjähren
(a) Ansprüche der Käuferin aus der Verletzung der Verkäufergarantien gemäß §§ 8.2.1 bis 8.2.3 mit Ablauf von fünf (5) Jahren ab dem Vollzugstag;
(b) Ansprüche der Käuferin gemäß § 10 (Umweltfreistellung) gemäß § 10.5;
(c) Ansprüche der Käuferin gemäß § 11 (Steuern) gemäß § 11.6.2;
(d) Ansprüche wegen vorsätzlichen Verhaltens der Verkäuferin gem. §§ 194 ff. BGB.

12.6.2 § 203 BGB findet keine Anwendung.

12.7 Ausschluss weiterer Rechtsfolgen

12.7.1 Die Parteien sind sich darin einig, dass dieser Vertrag die Rechtsfolgen der Verletzung einer Verkäufergarantie sowie die Behandlung umwelt- und steuerrechtlicher Verbindlichkeiten abschließend regelt und der Käuferin wegen der Verletzung einer Verkäufergarantie und in Bezug auf etwaige umwelt- oder steuerrechtliche Verbindlichkeiten nur die in diesem Vertrag geregelten Ansprüche mit den in diesem Vertrag geregelten Rechtsfolgen zustehen.

12.7.2 Soweit gesetzlich zulässig, sind alle über die in diesem Vertrag geregelten Ansprüche und Rechte der Käuferin hinausgehenden Ansprüche und Rechte, unabhängig von ihrer Entstehung, ihrem Umfang und ihrer rechtlichen Grundlage, ausdrücklich ausgeschlossen. Dies gilt insbesondere, aber nicht ausschließlich, für Ansprüche wegen vorvertraglicher Pflichtverletzung (§§ 311 Abs. 2 und 3, 241 Abs. 2 BGB) *(culpa in contrahendo)*, Verletzung einer Pflicht aus dem Schuldverhältnis (insbesondere gemäß §§ 280, 282, 241 BGB), Störung oder Wegfall der Geschäftsgrundlage (§ 313 BGB), aufgrund gesetzlicher Gewährleistungsvorschriften (insbesondere gemäß §§ 437 bis 441, 453 BGB) und Delikt sowie für alle sonstigen Ansprüche, die als Folge eines Rücktritts, einer Anfechtung oder Minderung oder aus anderen Gründen eine Beendigung, Unwirksamkeit oder Rückabwicklung dieses Vertrags, eine Änderung seines Inhalts oder eine Rückzahlung oder Reduzierung des Kaufpreises zur Folge haben können, es sei denn, der Anspruch beruht auf einer vorsätzlichen Handlung der Verkäuferin oder arglistigen Täuschung durch diese.

12.8 Vorteilsausgleich; keine doppelte Entlastung

12.8.1 Soweit ein Umstand, der einen Anspruch der Käuferin nach diesem Vertrag begründet, einen steuerlichen oder sonstigen Vorteil – einschließlich einer Verringerung des zu versteuernden Einkommens aufgrund zusätzlicher Verbindlichkeiten und Kosten – einer der X-Gesellschaften, der Käuferin oder eines mit ihr verbundenen Unternehmens begründet, ist dieser Vorteil auf den Anspruch anzurechnen *(Vorteilsausgleich)*. Zu steuerlichen Vorteilen im Sinne des vorigen Satzes gehören Entlastungen im Bereich der Körperschaftsteuer, Gewerbesteuer, des Solidarzuschlags und sonstiger Steuern auf Einkünfte nach dem jeweils anwendbaren Recht.

12.8.2 Hat die Verkäuferin wegen eines Umstandes Naturalrestitution oder Schadensersatz geleistet, ist die Geltendmachung weiterer vertraglicher oder gesetzlicher Ansprüche wegen desselben Umstandes ausgeschlossen.

12.9 Mitverschulden

§ 254 BGB bleibt unberührt. Die Käuferin ist insbesondere verpflichtet, die Entstehung von Schäden abzuwenden und den Umfang entstandener Schäden zu mindern.

12.10 Keine Haftung von Vertretern etc.; keine Haftung für Erfüllungsgehilfen; Haftung für Vorsatz

12.10.1 Die Parteien vereinbaren im Wege eines echten Vertrages zugunsten Dritter i. S. d. § 328 BGB, dass kein Vorstand, Geschäftsführer, Angestellter, Vertreter oder Berater der Verkäuferin, einer anderen Verkäufergesellschaft, einer X-Gesellschaft oder Minderheitsbeteiligung der Käuferin, den X-Gesellschaften oder Minderheitsbeteiligungen und den mit der Käuferin verbundenen Unternehmen aus diesem Vertrag oder im Zusammenhang mit dem Abschluss oder der Durchführung dieses Vertrages haftet.

12.10.2 Die Haftung der Verkäuferin für ihre Erfüllungs- und oder Verhandlungsgehilfen ist ausgeschlossen.

12.11 Haftung für Vorsatz

Die Haftung der Verkäuferin für eigenes vorsätzliches Verhalten und arglistige Täuschung bleibt unberührt.

§ 13 Weitere Handlungen und Verpflichtungen der Verkäuferin

13.1 Keine Abweichung vom gewöhnlichen Geschäftsbetrieb

Die Verkäuferin ist verpflichtet, zwischen dem Unterzeichnungstag und dem Vollzugstag, soweit dies rechtlich zulässig ist, dafür zu sorgen, dass die X-GmbH und die Tochtergesellschaften ihren jeweiligen Geschäftsbetrieb im gewöhnlichen Geschäftsgang und im wesentlichen in der gleichen Art und Weise wie zuvor fortführen. [§ 8.12 Satz 3 gilt entsprechend.][97]

13.2 Versicherungsschutz

Die Verkäuferin hat dafür Sorge zu tragen, dass die X-Gesellschaften und ihre Geschäftstätigkeit bis zum Vollzugstag im Wesentlichen in gleicher Art und Weise wie bei Abschluss dieses Vertrages Versicherungsschutz haben und alle fälligen Versicherungsprämien rechtzeitig bezahlt werden.

13.3 Wettbewerbsverbot[98]

13.3.1 Die Verkäuferin verpflichtet sich, für die Dauer von zwei (2) Jahren ab dem Vollzugstag

(a) keine Gesellschaft zu gründen, die zu dem am Unterzeichnungstag bestehenden Geschäftsbetrieb der X-GmbH oder einer Tochtergesellschaft direkt in Wettbewerb treten würde, und

(b) keine Beteiligung in Höhe von mehr als fünfzig (50) Prozent der Anteile oder Stimmrechte an einer Gesellschaft zu erwerben, die mit dem am Unterzeichnungstag bestehenden Geschäftsbetrieb der X-GmbH oder einer Tochtergesellschaft in direktem Wettbewerb steht.

13.3.2 Der Erwerb (einschließlich im Wege des Zusammenschlusses) von

(a) Beteiligungen ohne Kontrollerlangung an Gesellschaften oder Unternehmensgruppen, die sich in den gleichen Geschäftsfeldern wie am Unterzeichnungstag die X-Gesellschaften betätigen, oder

(b) Beteiligungen mit Kontrollerlangung an Gesellschaften oder Unternehmensgruppen, sofern entweder

2. Vertrag über den Erwerb aller Anteile – ausführlich, verkäuferfreundlich

(i) die jährlichen Umsätze der konkurrierenden Geschäftssparte dreiunddreißig (33) Prozent des Gesamtumsatzes in dieser Gesellschaft oder Unternehmensgruppe nicht überschreiten, oder

(ii) der Umsatz der konkurrierenden Geschäftssparte im letzten vollen Geschäftsjahr vor dem Erwerb der Anteile ...... EUR (in Worten: ...... Euro) nicht überstiegen hat oder

(iii) die konkurrierende Geschäftssparte innerhalb von achtzehn (18) Monaten nach Erwerb der Kontrollmehrheit wieder veräußert oder geschlossen wird,

ist vom Wettbewerbsverbot ausgenommen.

§ 14 Käufergarantien und weitere Verpflichtungen der Käuferin

14.1 Käufergarantien und Freistellung

14.1.1 Die Käuferin garantiert in Form selbstständiger Garantieversprechen gemäß § 311 Abs. 1 BGB, dass die nachfolgenden Aussagen (die *Käufergarantien*, eine *Käufergarantie*) am Unterzeichnungstag und am Vollzugstag vollständig und richtig sind:

(a) Die Käuferin ist nach den auf sie anwendbaren gesetzlichen Bestimmungen ordnungsgemäß errichtet worden und besteht wirksam. Sie verfügt über die notwendige gesellschaftsrechtliche Verfügungsmacht, um Eigentümerin ihrer Vermögensgegenstände zu sein und ihren Geschäftsbetrieb zu führen.

(b) Die Käuferin ist uneingeschränkt berechtigt, diesen Vertrag und die hiernach vorgesehenen Rechtsgeschäfte abzuschließen und durchzuführen. Sie verfügt über alle für den Abschluss und die Durchführung dieses Vertrages und der hiernach vorgesehenen Rechtsgeschäfte erforderlichen Zustimmungen.

(c) Der Abschluss und die Durchführung dieses Vertrages verletzen weder die Satzung oder Geschäftsordnungen der Käuferin noch die Käuferin bindende Rechtsvorschriften, gerichtliche oder behördliche Entscheidungen, Verfügungen, Anordnungen oder sonstige bindende Regelungen. Es sind keine Klagen, Untersuchungen, Verfahren oder sonstigen Maßnahmen vor oder von einem Gericht, anderen Hoheitsträgern oder einem Schiedsgericht gegen die Käuferin angedroht oder anhängig, die geeignet oder darauf gerichtet sind, die Durchführung dieses Vertrages zu verhindern, zu verzögern oder zu verändern.

(d) [Keiner der Gesellschafter [Aktionäre] der Käuferin, der [– auch bei Zurechnung der Anteile anderer Unternehmen an der Käuferin, an denen der betreffende Gesellschafter [Aktionär] 25 Prozent oder mehr der Stimmrechte hält oder mit denen der betreffende Gesellschafter [Aktionär] eine Vereinbarung über die Ausübung von Stimmrechten an der Käuferin geschlossen hat –] über 25 Prozent oder mehr der Stimmrechte an der Käuferin verfügt, hat sowohl seinen Sitz als auch seine Hauptverwaltung außerhalb der Europäischen Gemeinschaft und der Europäischen Freihandelsassoziation.][99]

(e) Auf Grundlage der durchgeführten Due Diligence ist sich die Käuferin keiner Tatsachen oder Umstände bewusst, die Anlass für die Entstehung von Ansprüchen gegen die Verkäuferin nach Maßgabe der § 8 bis § 11 geben könnten.

(f) Die Käuferin verfügt über ausreichende, sofort verfügbare Finanzmittel oder verbindliche Finanzierungszusagen, um bei Fälligkeit alle sich aus oder im Zusammenhang mit diesem Vertrag ergebenden Zahlungsverpflichtungen zu erfüllen.

14.1.2 Verletzt die Käuferin eine Käufergarantie, ist sie verpflichtet, die Verkäuferin von allen daraus entstehenden Schäden freizustellen. Diesbezügliche Ansprüche der Verkäuferin verjähren fünf (5) Jahre nach dem Vollzugstag.

14.2 Entlassung der Verkäufergesellschaften aus Garantien und anderen Einstandsverpflichtungen

14.2.1 Die Käuferin übernimmt hiermit im Wege eines echten Vertrages zugunsten Dritter gemäß § 328 BGB mit Wirkung zum Vollzugstag alle am Vollzugstag bestehenden Verpflichtungen und Verbindlichkeiten aus sämtlichen Garantien, Schuldversprechen, Bürgschaften, Patronatserklärungen und sonstigen Einstandsverpflichtungen, die eine Verkäufergesellschaft im Namen von oder zugunsten einer X-Gesellschaft oder Minderheitsbeteiligung gegenüber Dritten übernommen hat (die *X-Garantien*). Eine Liste der am Unterzeichnungstag bestehenden X-Garantien ist als Anlage 14.2.1 beigefügt. Die Verkäuferin wird diese Liste spätestens drei (3) Bankarbeitstage vor dem Geplanten Vollzugstag aktualisieren.

14.2.2 Die Käuferin ist verpflichtet, alles zu unternehmen, um die X-Garantien binnen dreißig (30) Tagen nach dem Vollzugstag abzulösen oder sonst dafür zu sorgen, dass die Verkäufergesellschaften endgültig aus allen X-Garantien entlassen werden. Sofern und soweit eine solche Ablösung zum Vollzugstag noch nicht erfolgt ist, ist die Käuferin verpflichtet, am Vollzugstag für jede nicht abgelöste X-Garantie eine unwiderrufliche, von einer durch die Verkäuferin akzeptierten deutschen Bank ausgestellte Garantie auf erstes Anfordern gemäß dem als Anlage 14.2.2 beigefügten Muster zu stellen, deren jeweiliger Betrag dem noch ausstehenden Gesamtbetrag der durch die betreffende X-Garantie besicherten Verbindlichkeit in der durch die Verkäuferin [spätestens drei (3) Bankarbeitstage] vor dem Geplanten Vollzugstag mitgeteilten Höhe entspricht. Während des ersten Jahres der Laufzeit einer solchen Bankgarantie wird die Verkäuferin die Bankgarantie(n) jeweils zum Ende eines Kalendermonats und danach zum Ende eines Kalendervierteljahres freigeben, sofern und soweit die durch die betreffende(n) Bankgarantie(n) besicherte(n) X-Garantie(n) entweder durch die Käuferin abgelöst worden oder anderweitig während des betreffenden Kalendermonats bzw. Kalendervierteljahres erloschen ist, ohne eine Zahlungspflicht des jeweiligen Garantiegebers auszulösen.

14.3 Freistellung von Verpflichtungen aus der Beteiligung an den und der Geschäftstätigkeiten der X-Gesellschaften[100]

Soweit ein Dritter die Verkäuferin nach dem Vollzugstag wegen der Geschäftstätigkeit der X-Gesellschaften oder Minderheitsbeteiligungen oder ihrer vormaligen direkten oder indirekten Beteiligung an einer oder mehreren X-Gesellschaften oder Minderheitsbeteiligungen neben oder anstelle einer der genannten Gesellschaften in Anspruch nimmt, hat die Käuferin die Verkäuferin von derartigen Ansprüchen freizuhalten und von damit zusammenhängenden Kosten, Aufwendungen und Schäden freizustellen. Die Parteien vereinbaren im Wege eines echten Vertrages zu Gunsten Dritter i. S. d. § 328 BGB, dass Satz 1 entsprechend im Falle der Inanspruchnahme einer anderen Verkäufergesellschaft oder eines Organmitglieds, Angestellten oder Gesellschafters einer Verkäufergesellschaft gilt.

14.4 Nutzung von Namen, Marken und geschäftlichen Bezeichnungen

14.4.1 Die Käuferin hat dafür zu sorgen, dass die X-Gesellschaften und Minderheitsbeteiligungen[101] unverzüglich nach dem Vollzugstag, spätestens jedoch nach Ablauf einer Frist von drei (3) Monaten ab dem Vollzugstag, die in Anlage 14.4.1 bezeichneten Handelsnamen, Marken, Logos und geschäftlichen Bezeichnungen einschließlich aller Ableitungen hiervon (zusammen die *X-Kennzeichen*) nicht mehr verwenden. Die Käuferin hat die X-Gesellschaften und Minderheitsbeteiligungen zu veranlassen, die X-Kennzeichen unverzüglich nach dem Vollzugstag, spätestens jedoch bis zum Ablauf der Drei-Monats-Frist von allen Schildern, Vordrucken, Verpackungen und anderen Materialien des Geschäftsbetriebs sowie von Gebäuden und Fahrzeugen des Geschäftsbetriebs zu entfernen. Die Käuferin ist des Weiteren verpflichtet, dafür Sorge zu tragen, dass keine der vorgenannten Materialien in Verkehr gebracht werden, die Ähnlichkeiten mit den X-Kennzeichen aufweisen.

14.4.2 Die Käuferin erkennt an, dass die Verkäuferin gegenüber Dritten im Rahmen des § 14.4.1 nach dem Vollzugstag keine Haftung für die Nutzung der X-Kennzeichen durch die Käuferin, die X-Gesellschaften oder ein verbundenes Unternehmen i.S.d. § 15 AktG trifft. Die Käuferin ist verpflichtet, die Verkäuferin von entsprechenden Ansprüchen Dritter freizuhalten und von allen damit zusammenhängenden Kosten, Aufwendungen und Schäden freizustellen.

14.5 Abwerbeverbot[102]

[Die Käuferin ist verpflichtet, für einen Zeitraum von zwei (2) Jahren jede Abwerbung von Angestellten der Verkäufer-Gesellschaften zu unterlassen. Sie steht des Weiteren dafür ein, dass kein mit ihr i.S.d. §§ 15 ff. AktG verbundenes Unternehmen gegen das Abwerbeverbot in Satz 1 verstößt.]

14.6 Versicherungsschutz nach dem Vollzugstag[103]

Die Käuferin stellt in eigener Verantwortung sicher, dass die X-Gesellschaften und Minderheitsbeteiligungen ab dem Vollzugstag den Versicherungsschutz genießen, den die Käuferin für notwendig erachtet.

14.7 Zugang zu Finanzformationen; Aufbewahrung von Dokumenten

14.7.1 Die Käuferin steht dafür ein, dass der Verkäuferin und ihren Vertretern nach dem Vollzugsdatum Zugang gewährt wird zu

(a) den Geschäftsbüchern der X-Gesellschaften für den Zeitraum vom ...... (z.B. Beginn des aktuellen Geschäftsjahres) bis zum Vollzugstag,

(b) allen Finanzinformationen, die erforderlich sind, um eine Aufhebung der Konsolidierung zum Vollzugstag oder, sofern der Vollzug nicht am letzten Tag eines Monats stattfindet, zum Ende des auf das Vollzugsdatum folgenden Monats zu erreichen,

(c) allen für die Vorbereitung von durch die Verkäuferin abzugebenden Steuererklärungen und zur Durchführung von angekündigten oder laufenden Steuerprüfungen oder sonstigen Verwaltungs- und Gerichtsverfahren erforderlichen Informationen,

(d) allen Informationen, die die Verkäuferin benötigt, um das Bestehen eventueller Ansprüche zu überprüfen, die die Käuferin, eine X-Gesellschaft oder Minderheitsbeteiligung oder ein mit der Käuferin verbundenes Unternehmen aus oder im Zusammenhang mit diesem Vertrag geltend macht, sowie

(e) allen anderen Finanz- oder Geschäftsinformationen, den die Verkäuferin verlangen kann, um Informationsverlangen von Verwaltungsbehörden und öffentlichen Vertretungen (einschließlich der Bundesanstalt für Finanzdienstleistungsaufsicht, der amerikanischen Börsenaufsichtsbehörde oder vergleichbaren Institutionen) zu entsprechen, die bis einschließlich zum Vollzugsdatum gestellt werden.

14.7.2 Die Käuferin ist verpflichtet sicherzustellen, dass die Geschäftsbücher der X-Gesellschaften und alle sonstigen in § 14.6.1 genannten Informationen für einen Zeitraum von zehn (10) Jahren ab dem Vollzugstag aufbewahrt werden und dass der Verkäuferin während dieses Zeitraums auf Anfrage in angemessenem Umfang Zugang zu und/oder Kopien von den genannten Unterlagen gewährt werden.

§ 15 Fusionskontrollverfahren

15.1 Anmeldung des Zusammenschlussvorhabens

15.1.1 Soweit nicht bereits vor Abschluss dieses Vertrages erfolgt, hat die Käuferin innerhalb von fünf (5) Bankarbeitstagen nach dem Unterzeichnungstag die Anmeldung des in diesem Vertrag vereinbarten Zusammenschlusses bei den zuständigen Kartell- und/oder anderen Verwaltungsbehörden vorzunehmen, es sei denn, dass eine frühere Anmeldung rechtlich geboten ist. Die Anmeldung ist von der Käuferin im Namen aller Parteien vorzunehmen. Die Parteien werden bei der Vorbereitung der Anmeldungen zusammenwirken.

15.1.2 Die Käuferin ist verpflichtet, der Verkäuferin zeitgleich mit der Anmeldung bei den zuständigen Kartellbehörden und/oder anderen Verwaltungsbehörden vollständige und zutreffende Kopien der Anmeldungsunterlagen zur Verfügung zu stellen. Desgleichen haben die Parteien einander jeweils unverzüglich vollständige und zutreffende Kopien des gesamten Schriftverkehrs mit den Kartell- oder anderen Verwaltungsbehörden und Kopien etwaiger schriftlicher Stellungnahmen, Anordnungen oder Entscheidungen dieser Behörden einschließlich der Mitteilung über die Freigabe des Zusammenschlussvorhabens zukommen zu lassen. Die Parteien sind verpflichtet, bei allen Verhandlungen mit den zuständigen Kartellbehörden eng zusammenzuwirken, um die Freigabe der nach diesem Vertrag vorgesehenen Rechtsgeschäfte in kürzestmöglicher Zeit zu erreichen.

15.1.3 Die Käuferin ist nur berechtigt, die Anmeldung zurückzunehmen oder sich mit den zuständigen Kartellbehörden auf eine Verlängerung der Prüfungsdauer zu einigen, wenn die Verkäuferin ausdrücklich ihre vorherige schriftliche Zustimmung hierzu erteilt.

15.2 Freigabe unter Bedingungen und Auflagen

Sofern und soweit die Erteilung der Freigabe des in diesem Vertrag vereinbarten Zusammenschlusses von den zuständigen Kartellbehörden vom Eintritt oder der Erfüllung von Bedingungen oder Auflagen (einschließlich der Forderung, Teile anderer Geschäftsbereiche der Käuferin abzustoßen) abhängig gemacht, die von der Käuferin oder mit ihr verbundenen Unternehmen zu erfüllen sind, ist die Käuferin verpflichtet, diese Bedingungen oder Auflagen unverzüglich auf eigene Kosten und ihr Risiko zu erfüllen und die mit ihr verbundenen Unternehmen zur Erfüllung solcher Bedingungen oder Auflagen anzuweisen[, es sei denn, dies ist für die Käuferin wirtschaftlich unzumutbar.]

15.3 [Untersagung des Zusammenschlussvorhabens

Sofern und soweit die zuständigen Kartellbehörden den in diesem Vertrag vereinbarten Zusammenschluss untersagen, ist die Käuferin auf schriftliches Verlangen der Verkäuferin verpflichtet, unverzüglich die ablehnende Entscheidung der Kartellbehörde durch geeignete rechtliche Schritte vor dem zuständigen Gericht anzugreifen und des weiteren alles Erforderliche und wirtschaftlich Zumutbare zu unternehmen, um eine Freigabe des Zusammenschlusses herbeizuführen.]

15.4 [Vollzug trotz fehlender behördlicher Freigabe

Ist im Zeitpunkt des Vollzugs eine kartellrechtliche Freigabe [außer der in § 6.2.1 genannten] oder eine andere behördliche Genehmigung oder Befreiung, die nach anwendbarem Recht (außerhalb Deutschlands, der Europäischen Union [oder

2. Vertrag über den Erwerb aller Anteile – ausführlich, verkäuferfreundlich C. IV. 2

der Vereinigten Staaten von Amerika]) für die Durchführung des Vollzugs erforderlich (dies gilt insbesondere für die fusionskontrollrechtliche Freigabe nach ...... Recht), nicht erteilt worden, sind die Verkäuferin und die Käuferin dennoch verpflichtet, den Vertrag zu vollziehen, wobei keine Verpflichtung zur Übertragung von Anteilen besteht, die einen Verstoß gegen anwendbares Recht oder eine hierüber getroffene gerichtliche oder behördliche Entscheidung darstellen würde. Im letztgenannten Fall sind die Verkäuferin und die Käuferin verpflichtet, alle notwendigen Maßnahmen zu treffen, einschließlich Einzelvereinbarungen über alle betroffenen Beteiligungen, um die jeweils betroffenen Anteile so lange vom Vollzug auszunehmen, bis die notwendigen Genehmigungen oder Befreiungen erteilt werden.][104]

15.5 Veräußerung von X-Gesellschaften oder Minderheitsbeteiligungen zur Ermöglichung des Vollzugs

Die Parteien sind verpflichtet, nach besten Kräften zusammenzuwirken, um alle für den Vollzug erforderlichen behördlichen Genehmigungen und Freigaben zu erlangen und jede Entscheidung anzufechten, die den Vollzug infolge des indirekten Erwerbs einer Tochtergesellschaft oder Minderheitsbeteiligung durch die Käuferin verhindert. Für den Fall, dass eine solche Genehmigung oder Freigabe nicht bis zum ...... erlangt worden ist, ist die Verkäuferin berechtigt, dafür zu sorgen, dass die Anteile an der betreffenden Tochtergesellschaft oder Minderheitsbeteiligung für den bestmöglichen Kaufpreis zur den bestmöglichen Konditionen, die in Anbetracht der Umstände vernünftigerweise erzielt werden können, an einen Dritten veräußert werden. Der durch diese Veräußerung erzielte Kaufpreis ist, wenn es anschließend im Übrigen zum Vollzug dieses Vertrages kommt, nach Abzug von Steuern, angemessenen Kosten und Auslagen an die Käuferin zu überweisen.[105]

§ 16 Außenwirtschaftsrechtliche Prüfung[106]

16.1 Antrag auf Erteilung einer Unbedenklichkeitsbescheinigung

16.1.1 Die Käuferin hat am ...... [wird unverzüglich nach Beurkundung dieses Vertrages [spätestens bis zum ......] einen schriftlichen Antrag auf Erteilung einer Unbedenklichkeitsbescheinigung gemäß § 53 Abs. 3 S. 1 AWV gestellt [stellen]. Sie wird der Verkäuferin eine vollständige Kopie der Antragsunterlagen übermitteln. Die Parteien sind verpflichtet, [bei der Vorbereitung des Antrags] bei etwaigen Rückfragen des Bundesministeriums für Wirtschaft und Technologie zusammenzuwirken, um die Erteilung der Unbedenklichkeitsbescheinigung in kürzestmöglicher Zeit zu erwirken.

16.1.2 Sofern das Bundesministerium für Wirtschaft und Technologie die Käuferin über seine Entscheidung unterrichtet, eine Prüfung nach § 53 Abs. 1 S. 1 AWV durchzuführen, wird die Käuferin dem Bundesministerium die vollständigen Unterlagen über den Erwerb gemäß § 53 Abs. 2 S. 1 und 2 AWV unverzüglich übermitteln. Die Verkäuferin wird die Käuferin bei der Zusammenstellung dieser Unterlagen nach besten Kräften unterstützen.

16.1.3 Die Parteien werden bei allen etwaigen Verhandlungen mit dem Bundesministerium für Wirtschaft und Technologie eng zusammenwirken, um eine Untersagung oder Beschränkung des Erwerbs der Geschäftsanteile i.S.v. § 7 Abs. 2 Nr. 6 AWG i.V.m. § 53 AWV zu verhindern. Die Parteien sind verpflichtet, der jeweils anderen Partei unverzüglich Abschriften des Schriftverkehrs mit dem Bundesministerium für Wirtschaft und Technologie und etwaiger schriftlicher Stellungnahmen, Anordnungen oder Entscheidungen desselben zukommen zu lassen.

16.2 Freigabe unter Bedingungen und Auflagen; Untersagung des Erwerbs

16.2.1 Wird die Erteilung einer Unbedenklichkeitsbescheinigung gemäß § 53 Abs. 3 S. 1 AWV oder das Absehen von einer Untersagung des Erwerbs oder dem Erlass diesbezüglicher Anordnungen von Bedingungen oder Auflagen abhängig gemacht, die von der Käuferin oder mit ihr verbundenen Unternehmen zu erfüllen sind, ist die Käuferin verpflichtet, diese Bedingungen oder Auflagen unverzüglich auf eigene Kosten und auf eigenes Risiko zu erfüllen oder deren Erfüllung sicherzustellen[, es sei denn, dies ist für die Käuferin wirtschaftlich unzumutbar].

16.2.2 Sofern und soweit das Bundesministerium für Wirtschaft und Technologie den Erwerb der Geschäftsanteile durch die Käuferin untersagt oder diesbezügliche Anordnungen erlässt, ist die Käuferin auf schriftliches Verlangen der Verkäuferin verpflichtet, unverzüglich geeignete Rechtsmittel einzulegen und des weiteren alles Erforderliche [und wirtschaftlich Zumutbare] zu unternehmen, um eine Freigabe des Erwerbs durch das Bundesministerium für Wirtschaft und Technologie zu der Käuferin wirtschaftlich zumutbaren Bedingungen zu erreichen. Die Verkäuferin ist berechtigt, aber nicht verpflichtet, selbst Rechtsmittel einzulegen oder sich an dem von der Käuferin eingeleiteten Rechtsmittelverfahren zu beteiligen.

16.2.3 Das Rücktrittsrecht nach § 6.4 und die Verpflichtungen der Parteien nach § 17 (Vertraulichkeit und Pressemitteilungen), § 18 (Verkehrsteuern und Kosten), § 22 (Mitteilungen) und § 23 (Verschiedenes; Schlussbestimmungen) [ggf. weitere Vertragsbestimmungen einfügen] bleiben auch dann bestehen, wenn die Rechtswirkungen des Rechtsgeschäfts über den schuldrechtlichen Erwerb der Geschäftsanteile nach diesem Vertrag gemäß § 31 AWG aufgrund des Eintritts der auflösenden Bedingung der Untersagung des Erwerbs durch das Bundesministerium für Wirtschaft und Technologie entfallen.[107]

§ 17 Vertraulichkeit und Pressemitteilungen

17.1 Vertraulichkeit; Offenlegung; Rückgabe von Unterlagen

17.1.1 Die Parteien und die Garantiegeberin verpflichten sich, den Inhalt dieses Vertrages, die Umstände seiner Verhandlung, seines Abschlusses und seiner Durchführung sowie alle in diesem Zusammenhang über die jeweils andere Partei und mit ihr verbundene Unternehmen (mit Ausnahme der X-Gruppe) erlangten Informationen streng vertraulich zu behandeln sowie vor dem Zugriff Dritter wirksam zu schützen. Von der vorstehenden Verpflichtung nicht umfasst sind Tatsachen, die öffentlich bekannt sind oder ohne eine Verletzung dieser Verpflichtung öffentlich bekannt werden oder deren Offenlegung durch Gesetz oder kapitalmarktbezogene Regularien vorgeschrieben ist. In einem solchen Fall sind die Parteien jedoch verpflichtet, die jeweils andere Partei vor der Offenlegung zu informieren und die Offenlegung auf das nach dem Gesetz oder der behördlichen Anordnung erforderliche Mindestmaß zu beschränken.[108]

17.1.2 Werden die nach diesem Vertrag vorgesehenen Rechtsgeschäfte nicht vollzogen, verpflichte[t][en] die Käuferin [und die Garantiegeberin] sich ferner, alle im Zusammenhang mit dieser Transaktion erlangten Informationen über die X-Gesellschaften und Minderheitsbeteiligungen und deren jeweiligen Geschäftsbetrieb geheim zu halten, vor dem Zugriff Dritter wirksam zu schützen und nicht für eigene oder fremde Zwecke zu nutzen. Ferner sind sie verpflichtet, sämtliche von der Verkäuferin, einer X-Gesellschaft oder Minderheitsbeteiligung erlangten Unterlagen und in anderer Form verkörperten Informationen einschließlich aller Kopien an die Verkäuferin zurückzugeben, sowie alle Unterlagen und in anderer Form verkörperten Informationen zu vernichten, die auf Grundlage von Informationen der Verkäuferin erstellt wurden, es sei denn, diese Informationen sind ohne Verletzung der Vertraulichkeit gegenüber der Verkäuferin öffentlich bekannt. Die Käuferin [und die Garantiegeberin] hat [haben] kein Zurückbehaltungsrecht an den genannten Unterlagen und sonstigen Informationen.

17.2 Weitergabe von Informationen

Die Parteien sind berechtigt, den mit ihnen zum jeweiligen Zeitpunkt i. S. v. § 15 AktG verbundenen Unternehmen sowie Dritten gemäß § 17.1 geschützte Informationen zugänglich zu machen, soweit dies zur Durchführung dieses Vertrages und der hierin vereinbarten Rechtsgeschäfte oder sonst zur Wahrnehmung ihrer berechtigten Interessen[109] erforderlich ist. Vor einer solchen Weitergabe von Informationen sind die Parteien verpflichtet, die Empfänger der Informationen schriftlich zur Vertraulichkeit gemäß § 17.1 zu verpflichten.

17.3 Pressemitteilungen

Die Parteien werden sich über Form und Inhalt jeder Pressemitteilung oder ähnlicher freiwilliger Verlautbarungen zu diesem Vertrag, seinem Zustandekommen und seiner Durchführung vor deren Veröffentlichung abstimmen. Sofern Veröffentlichungen durch Gesetz oder kapitalmarktbezogene Regularien vorgeschrieben sind, werden sich die Parteien um eine vorherige Abstimmung bemühen.

§ 18 Kosten und Verkehrsteuern

18.1 Kosten und Verkehrsteuern[110]

Alle Verkehrsteuern, einschließlich Grunderwerbsteuer und sonstiger, aufgrund des Abschlusses und der Durchführung dieses Vertrages anfallender Steuern, die Kosten der notariellen Beurkundung dieses Vertrages sowie alle sonstigen Gebühren und Abgaben, die aufgrund von Abschluss oder Durchführung dieses Vertrages anfallen, trägt die Käuferin. Dies gilt auch für alle Gebühren und sonstigen Kosten im Zusammenhang mit kartellrechtlichen Verfahren und der Befolgung anderer regulatorischer Bestimmungen.

18.2 Beraterkosten

Im Übrigen trägt jede Partei ihre eigenen Kosten und Auslagen, einschließlich der Honorare, Kosten und Auslagen ihrer jeweiligen Berater.

§ 19 Abtretung und Übertragung von Rechten und Pflichten

Rechte und Pflichten aus diesem Vertrag können ohne vorherige schriftliche Zustimmung der jeweils anderen Partei weder ganz noch teilweise abgetreten oder übertragen werden. [Die Käuferin ist allerdings berechtigt, bestimmte Rechte aus § 8 bis § 11 dieses Vertrages zum Zwecke der Gewährung von Sicherheiten an die Bank[en] abzutreten, die die Zahlungsverpflichtungen der Käuferin nach diesem Vertrag finanziert[en]. Dieses Recht der Käuferin steht unter der Voraussetzung, dass (i) allein die Käuferin berechtigt ist, Ansprüche gegen die Verkäuferin einzuziehen, (ii) die Käuferin die Verkäuferin schriftlich vor der Abtretung solcher Ansprüche informiert, (iii) das Recht der Verkäuferin, gegenüber der Käuferin Zahlungsverpflichtungen nach diesem Vertrag aufzurechnen und/oder zu verweigern, unberührt bleibt; § 406 BGB findet insoweit keine Anwendung. Die Verpflichtungen der Käuferin nach diesem Vertrag, insbesondere die Pflicht zur Zahlung des Gesamtkaufpreises in Übereinstimmung mit § 5 dieses Vertrages, bleiben von einer derartigen Abtretung unberührt.][111]

§ 20 [Garantiegeberin der Käuferin und Freistellung[112]

20.1 Garantiegeberin

Die Garantiegeberin garantiert in der Form eines selbstständigen Garantieversprechens gemäß § 311 Abs. 1 BGB die Erfüllung sämtlicher Verpflichtungen der Käuferin aus diesem Vertrag, insbesondere die Zahlung des Geschätzten Kaufpreises am Vollzugstag und einer etwaigen Kaufpreisanpassung.

20.2 Freistellung

Die Garantiegeberin hat die Verkäuferin auf erstes Anfordern von allen von der Käuferin gegen die Verkäuferin geltend gemachten Ansprüchen freizustellen, soweit diese die Haftungsbeschränkung der Verkäuferin gemäß § 8 bis § 12 dieses Vertrages übersteigen.

20.3 Selbstständiges Garantieversprechen der Garantiegeberin

Die Garantiegeberin erklärt gegenüber der Verkäuferin in Form selbstständiger Garantieversprechen gemäß § 311 Abs. 1 BGB, dass die nachfolgenden Aussagen bei Beurkundung dieses Vertrages und am Vollzugstag zutreffend und vollständig sind:

(a) Die Garantiegeberin ist nach den auf sie anzuwendenden gesetzlichen Bestimmungen ordnungsgemäß errichtet worden und besteht wirksam. Sie ist uneingeschränkt berechtigt, diesen Vertrag abzuschließen und durchzuführen und verfügt über alle für den Abschluss und die Durchführung dieses Vertrages erforderlichen Zustimmungen.

(b) Der Abschluss und die Durchführung dieses Vertrages verletzen weder die Satzung der Garantiegeberin noch die Garantiegeberin bindende Rechtsvorschriften, gerichtliche oder behördliche Entscheidungen, Verfügungen oder Anordnungen. Es sind keine Klagen, Untersuchungen, Verfahren oder sonstigen Maßnahmen vor oder von einem Gericht, anderen Hoheitsträgern oder einem Schiedsgericht gegen die Garantiegeberin angedroht oder anhängig, die geeignet oder darauf gerichtet sind, die Durchführung dieses Vertrages zu verhindern, zu verzögern oder zu verändern.

(c) Die Garantiegeberin verfügt über hinreichend sofort verfügbare Mittel oder Finanzierungszusagen, um ihre sich aus dem Garantieversprechen gemäß diesem § 20 ergebenden Zahlungsverpflichtungen zu erfüllen.]

§ 21 Aufschiebende Bedingungen[113]

Die Wirksamkeit dieses Vertrages ist aufschiebend bedingt auf den Eintritt der nachfolgenden Ereignisse:

(a) Der [Aufsichtsrat] der Verkäuferin hat diesem Vertrag zugestimmt. Diese aufschiebende Bedingung gilt als eingetreten, sobald der Käuferin eine schriftliche Erklärung der Verkäuferin zugegangen ist, aus der sich ergibt, dass der [Aufsichtsrat] der Verkäuferin den Abschluss diesen Vertrag genehmigt. Gleiches gilt für den Fall des Erhalts einer schriftlichen Erklärung, in der die Verkäuferin ihren Verzicht auf diese Bedingungen erklärt.[127]

(b) (ggf. weitere aufschiebende Bedingungen, z.B. Abschluss weiterer Transaktionen)]

§ 22 Mitteilungen

22.1 Form der Mitteilungen

Alle rechtsgeschäftlichen Erklärungen und Mitteilungen (zusammen *Mitteilungen*, eine *Mitteilung*) im Zusammenhang mit diesem Vertrag bedürfen der Schriftform, soweit nicht notarielle Beurkundung oder eine andere Form durch zwingendes Recht vorgeschrieben ist. Der Schriftform genügt eine Übermittlung per Telefax oder ein Briefwechsel, nicht aber eine sonstige telekommunikative Übermittlung. Die elektronische Form (z.B. Email) ersetzt die Schriftform nicht.[114]

2. Vertrag über den Erwerb aller Anteile – ausführlich, verkäuferfreundlich C. IV. 2

22.2 Mitteilungen an die Verkäuferin

Alle Mitteilungen an die Verkäuferin im Zusammenhang mit diesem Vertrag sind zu richten an:
......
sowie nachrichtlich an ihre Berater:
......

22.3 Mitteilungen an die Käuferin

Alle Mitteilungen an die Käuferin im Zusammenhang mit diesem Vertrag sind zu richten an:
......
sowie nachrichtlich an ihre Berater:
......

22.4 Mitteilungen an die Garantiegeberin

Alle Mitteilungen an die Garantiegeberin im Zusammenhang mit diesem Vertrag sind zu richten an:
......

22.5 Adressänderungen

Die Parteien [und die Garantiegeberin] haben Änderungen ihrer in §§ 22.2 bis 22.4 genannten Anschriften den jeweils anderen Parteien und ihren Beratern [sowie der Garantiegeberin] unverzüglich schriftlich mitzuteilen. Bis Zugang dieser Mitteilung gilt die bisherige Anschrift als wirksam.

22.6 Mitteilungen an Berater

22.6.1 Der Empfang von Mitteilungen im Zusammenhang mit diesem Vertrag durch die Berater der Parteien begründet oder ersetzt nicht den Zugang der Mitteilungen an die Parteien selbst.

22.6.2 Für den Zugang einer Mitteilung bei einer Partei ist es unerheblich, ob die Mitteilung auch dem Berater dieser Partei oder dem beurkundenden Notar (nachrichtlich) zugegangen ist, und zwar unabhängig davon, ob dieser Vertrag im Einzelfall eine nachrichtliche Mitteilung an den jeweiligen Berater oder den beurkundenden Notar vorsieht.

§ 23 Schlussbestimmungen

23.1 Anwendbares Recht

Dieser Vertrag unterliegt deutschem Recht. Das Wiener UN-Übereinkommen über Verträge über den internationalen Warenkauf (CISG) findet keine Anwendung.

1. Alt.: Gerichtsstandsvereinbarung:[115]

23.2 Gerichtsstand

Ausschließlicher Gerichtsstand für alle Streitigkeiten zwischen den Parteien aus und im Zusammenhang mit diesem Vertrag und seiner Durchführung, einschließlich seiner Anlagen, ist ....

2. Alt: Schiedsvereinbarung

23.2 Schiedsverfahren

23.2.1 Alle Streitigkeiten, die sich im Zusammenhang mit diesem Vertrag oder über seine Gültigkeit ergeben, werden nach der jeweiligenSchiedsgerichtsordnung der Deutschen Institution für Schiedsgerichtsbarkeit e. V. (DIS) unter Ausschluss des ordentlichen Rechtsweges endgültig entschieden.[116] Das Schiedsgericht entscheidet mit drei (3) Schiedsrichtern. Ort des schiedsrichterlichen Verfahrens ist

…… . Das schiedsrichterliche Verfahren wird in deutscher Sprache durchgeführt [, wobei Beweismittel auch in englischer Sprache vorgelegt werden dürfen.]

23.2.2 Verlangt zwingendes Recht die Entscheidung einer Angelegenheit aus oder im Zusammenhang mit diesem Vertrag oder seiner Durchführung durch ein ordentliches Gericht, ist der Gerichtsstand ……]

23.3 Bankarbeitstag

Bankarbeitstag im Sinne dieses Vertrages ist ein Tag (mit Ausnahme von Samstagen und Sonntagen), an dem die Banken in Frankfurt am Main für den Geschäftsverkehr geöffnet sind.

23.4 Zinsen

Soweit nicht anderweitig in diesem Vertrag bestimmt, hat jede Partei Zinsen auf Zahlungen an eine andere Partei vom Beginn des Tages nach dem Tag der Fälligkeit (oder dem ansonsten in diesem Vertrag als Zinsbeginn genannten Tag) bis zum Tag der Zahlung einschließlich zu leisten. Der Zinssatz beträgt …… (……) Basispunkte über dem europäischen Interbankenzins für Euroguthaben mit Zinsperioden von einem (1) Monat, der auf den Reuters-Seiten 248, 249 um 11:00 MEZ am ersten Bankarbeitstag des Monats, in dem die Verzinsung gemäß Satz 1 beginnt, angegeben wird *(EURIBOR)*. Die aufgelaufenen Zinsen sind auf der Grundlage der verstrichenen Tage und eines 365-Tage-Jahres zu berechnen. Der maßgebliche EURIBOR-Satz ist unter Bezugnahme auf den ersten Bankarbeitstag des Monats, in dem die Verbindlichkeit fällig geworden ist, zu ermitteln. Die Geltendmachung von Verzugszinsen und eines weiteren Verzugsschadens ist nicht ausgeschlossen.

23.5 Vertragsänderungen

Änderungen, Ergänzungen oder die Aufhebung dieses Vertrages einschließlich der Abänderung dieser Bestimmung selbst bedürfen der Schriftform, soweit nicht nach zwingendem Recht eine strengere Form (z. B. notarielle Beurkundung) erforderlich ist. § 20.1 Satz 2 gilt entsprechend.

23.6 Überschriften; Verweise auf deutsche Rechtsbegriffe; Verweise auf Paragrafen

23.6.1 Die Überschriften der Paragrafen, Absätze und Anlagen in diesem Vertrag dienen allein der Übersichtlichkeit. Für die Auslegung des Vertrags sind sie nicht zu berücksichtigen.

23.6.2 Verweise in diesem Vertrag auf Gesellschafts- oder Beteiligungsformen, Verfahren, Behörden oder sonstige Institute, Rechte, Einrichtungen, Rechtsvorschriften oder Rechtsverhältnisse (nachfolgend zusammenfassend als *Rechtsbegriff(e)* bezeichnet) des deutschen Rechts erstrecken sich auch auf den funktionsgleichen Rechtsbegriff eines ausländischen Rechts, soweit ein Sachverhalt nach dem Recht dieses Staates zu beurteilen ist. Existiert ein funktionsgleicher Rechtsbegriff nicht, ist derjenige Rechtsbegriff einbezogen, der dem deutschen Rechtsbegriff funktional am nächsten kommt.

23.6.3 Verweise in diesem Vertrag auf Paragrafen ohne Angabe eines Gesetzes oder Vertrages meinen Paragrafen dieses Vertrages.

23.7 Anlagen

Sämtliche Anlagen sind Bestandteil dieses Vertrages.

23.8 Gesamte Vereinbarung[117]

Dieser Vertrag enthält sämtliche Vereinbarungen der Parteien [in Bezug auf den Vertragsgegenstand] und ersetzt alle mündlichen oder schriftlichen Verhandlungen, Vereinbarungen und Abreden, die zuvor zwischen den Parteien im Hinblick auf den Vertragsgegenstand geschlossen wurden. Nebenabreden zu diesem Vertrag bestehen nicht.

§ 24 Salvatorische Klausel

Sollte eine Bestimmung dieses Vertrages ganz oder teilweise nichtig, unwirksam oder undurchsetzbar sein oder werden, wird die Wirksamkeit und Durchsetzbarkeit aller übrigen verbleibenden Bestimmungen davon nicht berührt. Die nichtige, unwirksame oder undurchsetzbare Bestimmung ist, soweit gesetzlich zulässig, als durch diejenige wirksame und durchsetzbare Bestimmung ersetzt anzusehen, die dem mit der nichtigen, unwirksamen oder nicht durchsetzbaren Bestimmung verfolgten wirtschaftlichen Zweck nach Gegenstand, Maß, Zeit, Ort und Geltungsbereich am nächsten kommt. Entsprechendes gilt für die Füllung etwaiger Lücken in diesem Vertrag.

Anmerkungen

1. Überblick. Bei dem voranstehenden Muster handelt es sich um die ausführliche Form eines GmbH & Co. KG-Anteilskaufvertrages („long form") in einer (zum Teil) verkäuferfreundlichen Fassung. Es enthält allerdings ausführliche Kaufpreisanpassungsregeln (net debt, working capital), wie sie nach wie vor oftmals verwendet werden. Anders ist dies jedoch regelmäßig dann, wenn ein Unternehmen im Rahmen eines begrenzten Auktionsverfahrens (siehe A.) veräußert werden soll und mit reger Nachfrage gerechnet werden kann. In diesen Fällen kommt häufig eine sog. „locked box"-Struktur zur Anwendung, die keine Kaufpreisanpassung mehr vorsieht. Ein Muster für eine solche „locked box"-Struktur findet sich in Form. C.II.3. Entsprechend seiner Natur als eher verkäuferfreundliches Muster ist der Gewährleistungskatalog eingeschränkt. Das Muster sieht – wie es heute bei internationalen Transaktionen üblich ist – ein separates Closing vor.

2. Beurkundung. Der gesamte Kaufvertrag ist beurkundungspflichtig. Für den Verkauf von Kommanditanteilen besteht zwar *ipso iure* kein Formerfordernis. Werden jedoch – wie hier – Anteile an einer GmbH & Co. KG und deren Komplementärin verkauft, erstreckt sich der für das Verpflichtungsgeschäft zur Übertragung der Anteile an der Komplementär-GmbH aus § 15 Abs. 4 GmbHG folgende Formzwang regelmäßig auf das Verpflichtungsgeschäft zur Übertragung der Kommanditanteile (vgl. Scholz/*H. Winter*/*Seibt* § 15 Rdnr. 68). Die Verpflichtungsgeschäfte über die Geschäftsanteile an der Komplementär-GmbH und die Kommanditanteile sind aufgrund der Interessenlage beider Parteien typischerweise untrennbar miteinander verbunden, so dass sie eine rechtliche Einheit bilden (OLG Düsseldorf NZG 2005, 507).

Von der teils empfohlenen Möglichkeit, nur die Abtretung der GmbH-Anteile zu beurkunden und damit die Formunwirksamkeit der Verpflichtungsgeschäft zu heilen (vgl. *Roth*/ *Altmeppen* § 15 Rdnr. 93 und zur Heilungswirkung BGH GmbHR 1993, 106 – Nichtannahmebeschluss; OLG Düsseldorf NZG 2005, 507) kann in Situationen, in denen noch Vollzugsvoraussetzungen offen sind, von vornherein kein Gebrauch gemacht werden. Denn wenn der schuldrechtliche Vertrag nicht beurkundet wird, sind die entsprechend eingegangenen Verpflichtungen rechtlich unwirksam und es bestünde keine Verpflichtung einer jeden Partei, überhaupt zum Closing zu erscheinen.

3. Garantiegeberin. Vgl. zur Stellung der Garantiegeberin Form. C.II.1 Anm. 3.

4. Präambel. Das Voranstellen einer Präambel (Vorbemerkungen) ist insbesondere dann sinnfällig, wenn sie mehr enthält als die Beschreibung der Absicht der Verkäuferin, die Zielgesellschaft (genauer: die Anteile an der Zielgesellschaft) zu verkaufen, sowie die Absicht der Käuferin, die Zielgesellschaft zu erwerben; dies ist dem Vertrag ohnehin zu entnehmen. In einem komplizierten Kontext und/oder bei einer komplizierten Transaktionsstruktur ermöglicht die Präambel dem Leser einen schnellen Überblick über den wirtschaftlichen Zweck des Vertrages und die wesentlichen Vertragsgegenstände. Eine solche „Einführung" erweist sich insbesondere dann als nützlich, wenn eine erneute Befassung mit dem Vertrag einige Zeit nach seinem Abschluss (insbesondere durch nicht mit der Materie vertraute Dritte) erforderlich wird.

Die Präambel kann gegebenenfalls eine wichtige Auslegungshilfe sein, wenn es bei der Interpretation einer Klausel auf den wirtschaftlichen Zweck des Vertrages ankommt und dieser in der Präambel dargestellt wird. Erfahrungsgemäß macht es nämlich bei Vertragsschluss keine erheblichen Schwierigkeiten, den gemeinsamen wirtschaftlichen Willen der Parteien in der Präambel einvernehmlich abzubilden. Dies sieht dagegen häufig anders aus, wenn einzelne Fragen erst einmal streitig behandelt werden. In dieser Situation kann sich die Präambel als entscheidende Auslegungshilfe erweisen.

5. Gesellschaftsrechtlicher Status. Das Muster unterstellt, dass alle deutschen sowie etwaige ausländische Aktivitäten der X-Gruppe in Gesellschaften gebündelt sind, die unter der deutschen X-KG hängen. Die ausländischen Aktivitäten sind daher nicht Gegenstand gesonderter Übertragungsvereinbarungen. Bisweilen wird es hingegen so sein, dass die Anteile an den ausländischen Gesellschaften nicht der deutschen Zielgesellschaft gehören, sondern unmittelbar von der Verkäuferin oder einer ausländischen Holdinggesellschaft gehalten werden. In diesem Fall müssen grundsätzlich alle betroffenen Anteilsinhaber zu Parteien des Vertrages gemacht werden, sofern nicht zuvor eine – vorzugswürdige – konzerninterne Umstrukturierung bei der Verkäuferin erfolgt.

6. Nummerierung der Geschäftsanteile. Vgl. Form C. II.1 Anm. 6.

7. Tochtergesellschaften, Mehrheitsgesellschaften und Minderheitsbeteiligungen. Vgl. Form. C. II. 1 Anm. 7.

8. Verzicht auf die Formulierung „Verkauf mit wirtschaftlicher Wirkung zum Stichtag". Vgl. Form. C. II. 1 Anm. 8.

9. Gewinnberechtigung. Mit der Abtretung des Geschäftsanteils geht das Gewinnbezugsrecht als mitgliedschaftliches Vermögensrecht automatisch auf die Käuferin über. Fasst die Käuferin nach der Abtretung einen Gewinnverteilungsbeschluss, steht der Anspruch auf Gewinnausschüttung mithin automatisch der Käuferin als Inhaberin der Geschäftsanteile zu. Wird ein Geschäftsanteil während eines Geschäftsjahres übertragen, sorgt § 101 Nr. 2 BGB an sich für einen schuldrechtlichen Ausgleich in dem Sinne, dass die regelmäßig wiederkehrenden Erträge, hier also die Gewinnanteile, *pro rata temporis* zwischen der Käuferin und der Verkäuferin aufgeteilt werden. Im Muster sind dagegen aus Vereinfachungsgründen sämtliche Gewinne des laufenden Geschäftsjahres der Käuferin zugewiesen worden. Da es sich bei der X-GmbH nur um die Komplementärin der X-KG ohne eigenes Geschäft handelt, sind die Gewinne regelmäßig sowieso sehr gering. Über den Kaufpreis fließen diese aber im Ergebnis gleichwohl der Verkäuferin zu.

10. Gesonderte Abtretung (Two Step-Modell Signing/Closing). Vgl. Form. C. II. 1 Anm. 11.

11. Stichtag. Vgl. Form. C. II. 1 Anm. 10.

12. Ablösung der Finanzierung. Neben dem Verkauf der Gesellschaftsanteile (dazu § 2 und § 3 des Musters) sind auch sämtliche sonstigen Ansprüche der Verkäuferin und ihrer Gruppengesellschaften (ohne die Zielgesellschaft) gegenüber der Zielgesellschaft (und ihren Tochtergesellschaften, sofern einschlägig) auszugleichen. In der Praxis geht es hier in erster Linie um Ansprüche aus Gesellschafterdarlehen sowie Cash Pool-Vereinbarungen (siehe hierzu Form. M. II). Das Muster geht davon aus, dass im vorliegenden Fall nur Gesellschafterdarlehen gewährt worden sind. Diese werden zusammen mit den Gewinnansprüchen bis zum Stichtag aus der KG-Beteiligung an die Käuferin zum Nennwert verkauft.

13. Behandlung der Ansprüche aus der Finanzierung bei der Kaufpreisberechnung. Im Rahmen der im Muster vorgesehenen Kaufpreisberechnung sind sämtliche zum Stichtag bestehenden Verbindlichkeiten der Zielgesellschaft gegenüber der als Finanzverbindlichkeiten zu berücksichtigen.

14. Kaufpreis, Kaufpreisberechnung (Net Debt, Working Capital). Vgl. Form. C. II. 1 Anm. 26.

15. Negativer Kaufpreis. Vgl. Form. C. II. 1 Anm. 27.

16. Enterprise Value (Unternehmenswert). Vgl. Form. C. II. 1 Anm. 30.

17. Bilanzierungsgrundsätze. Vgl. Form. C. II. 1 Anm. 31.

18. Einzelheiten zu den Finanzverbindlichkeiten. Vgl. Form. C. II. 1 Anm. 32.

2. Vertrag über den Erwerb aller Anteile – ausführlich, verkäuferfreundlich — C. IV. 2

19. Zahlungspflichten aus Leasinggeschäften als Finanzverbindlichkeiten. Vgl. Form. C. II. 1 Anm. 36.
20. Vgl. hierzu Form C. II. 1 Anm. 39.
21. Barmittel. Vgl. Form C. II. 1 Anm. 40.
22. Festlegung der Working Capital-Zielgröße (Standardized Working Capital). Vgl. Form. C. II. 1 Anm. 45.
23. Berücksichtigung von Forderungen bzw. Verbindlichkeiten aus Lieferungen und Leistungen gegenüber verbundenen Unternehmen bei der Berechnung des Working Capital. Vgl. Form. C. II. 1 Anm. 46.
24. Vgl hierzu Form. C. II.1 Anm. 47.
25. Vgl. hierzu Form. C. II.1 Anm. 48.
26. Berücksichtung von Finanzverbindlichkeiten und Barmitteln bei Tochtergesellschaften/Minderheitsbeteiligungen. Vgl. Form. C. II. 1 Anm. 51.
27. Aktualisierung der Kaufpreisschätzung. Vgl. Form. C. II. 1 Anm. 52.
28. Konten, Zahlung. Vgl. Form. C. II. 1 Anm. 53.
29. Umsatzsteuer. Vgl. Form. C. II. 1 Anm. 54.
30. Bankbürgschaft vs. Garantiegeberin. Vgl. Form. C. II. 1 Anm. 55.
31. Vollzugstag. Form. C. II. 1 Anm. 10, 56.
32. Vgl. zu den Vollzugsvoraussetzungen Form. C. II. 1 Anm. 11.
33. „Baukastenprinzip" bei der Kartellklausel. Vgl. Form. C. II. 1 Anm. 58.
34. Variante bei Zuständigkeit der Europäischen Kommission. Vgl. Form. C. II. 1 Anm. 59.
35. Vgl. Form. C. II. 1 Anm. 60.
36. Vgl. Form. C. II. 1 Anm. 61.
37. Variante bei Zuständigkeit des Bundeskartellamts. Vgl. Form. C. II. 1 Anm. 62.
38. Vgl. Form. C. II. 1 Anm. 63.
39. Vgl. Form. C. II. 1 Anm. 64.
40. Variante bei Zuständigkeit der Fusionskontrollbehörden mehrerer EU Mitgliedstaaten (neutral). Vgl. Form C. II. 1 Anm. 65.
41. Vgl. Form. C. II. 1 Anm. 66.
42. Vgl. Form. C. II. 1 Anm. 67.
43. Vgl. Form. C. II. 1 Anm. 68.
44. Variante bei Zuständigkeit von Kartellbehörden außerhalb der EU. Vgl. Form. C. II. 1 Anm. 69.
45. Vgl. Form. C. II. 1 Anm. 70.
46. Vgl. Form. C. II. 1 Anm. 71.
47. Vgl. Form. C. II. 1 Anm. 72.
48. Vgl. Form. C. II. 1 Anm. 73.
49. Gremienvorbehalt. Vgl. Form. C. II. 1 Anm. 74.
50. Außenwirtschaftsrechtliche Unbedenklichkeit als Vollzugsbedingung. Vgl. Form. C. II. 1 Anm. 75.
51. Vollständige Unterlagen. Vgl. Form. C. II. 1 Anm. 76.
52. Zuordnung eines Widerspruchs zugunsten der Käuferin zu der im Handelsregister der Gesellschaft aufgenommenen Gesellschafterliste als Vollzugsvoraussetzung? Vgl. Form. C. II. 1 Anm. 77.

53. Rücktrittsgrund. Vgl. Form. C. II. 1 Anm. 78.

54. Niederlegungserklärungen/Entlastung. Vgl. Form. C. II. 1 Anm. 79.

55. Bedingte oder unbedingte Abtretung der X-Geschäftsanteile. Vgl. Form. C. II. 1 Anm. 84.

56. Aufstellung der Stichtagsabschlüsse. Vgl. Form. C. II. 1 Anm. 86.

57. Bilanzierungsvorschriften für die Stichtagsabschlüsse. Vgl. Form. C. II. 1 Anm. 87.

58. Hierarchie der Bilanzierungsgrundsätze. Vgl. Form. C. II. 1 Anm. 88.

59. Überprüfung des Schiedsgutachtens. Vgl. Form. C. II. 1 Anm. 89.

60. Schiedsgutachter. Falls bestimmte Wirtschaftsprüfer oder Wirtschaftsprüfer-Unternehmen als Schiedsgutachter nicht in Frage kommen, sollte dies hier vereinbart werden.

61. Anwendbarkeit des gesetzlichen Gewährleistungsstatuts auf den Beteiligungskauf. Vgl. Form. C. II. 1 Anm. 91.

62. Garantiekatalog. Vgl. Form. C. II. 1 Anm. 92.

63. Maßgeblicher Zeitpunkt für die Verkäufergarantien. Vgl. Form. C. II. 1 Anm. 94.

64. Selbstständige Garantieversprechen der Verkäuferin. Vgl. Form. C. II. 1 Anm. 93.

65. Gesellschaftsrechtliche Verhältnisse und Berechtigung der Verkäuferin – Einschränkung des Umfangs der Verkäufergarantien nach Einführung der Möglichkeit des gutgläubigen Erwerbs von Geschäftsanteilen durch das MoMiG? Vgl. Form. C. II. 1 Anm. 96.

66. Umfang der Verkäufergarantien. Der überwiegende Teil der Verkäufergarantien im Muster bezieht sich auf die „X-Gesellschaften" oder die „X-Gruppe" (d.h. X-GmbH, X-KG, Tochtergesellschaften und Mehrheitsgesellschaften). Je nach Verhandlungsposition und Kenntnis der Verkäuferin in Bezug auf die zu veräußernden Gesellschaften sollte die Verkäuferin erwägen, die Verkäufergarantien (oder einen Teil davon) auf die „X-GmbH, die X-KG und die Tochtergesellschaften" zu beschränken bzw. die Definition der „X-Gesellschaften" von vornherein auf diesen Kreis zu begrenzen.

67. Konsolidierter Jahresabschluss der X-KG. Das Muster geht davon aus, dass ein konsolidierter Jahresabschluss der X-KG existiert, die X-KG also bislang als Mutterunternehmen zur Aufstellung eines Konzernabschlusses verpflichtet war. Sollte dies nicht der Fall sein, ist die Garantie auf den Einzelabschluss der X-KG (und ggf. die Einzelabschlüsse der wichtigsten Tochtergesellschaften) zu beschränken, es sei denn, die Parteien einigen sich auf die Aufstellung eines Pro-Forma-Konzernabschlusses der X-KG (der dann aber nicht im eigentlichen Sinne geprüft, sondern allenfalls zum Gegenstand einer „prüferischen Durchsicht" gemacht würde).

68. Kenntnis der Verkäuferin. Vgl. Form. C. II. 1 Anm. 98.

69. Alternative: „Boxing-In Warranties". Vgl. zu einem aggressiven und sehr verkäuferfreundlichen Ansatz Form. C. II. 1 Anm. 99.

70. Bilanzielle Behandlung und steuerliche Folgen von Schadensersatzzahlungen. Vgl. Form. C. II. 1 Anm. 100.

71. Freistellungen. Vgl. Form. C. II. 1 Anm. 101.

72. Allgemeines; Steuerbegriff. Vgl. Form. C. II. 1 Anm. 102.

73. Steuerrechtliche Garantie. Vgl. Form. C. II. 1 Anm. 103.

74. Steuerrechtliche Freistellung. Vgl. Form. C. II. 1 Anm. 104.

75. Bestandskräftig festgelegte Steuern als Bezugsgröße. Vgl. Form. C. II. 1 Anm. 105.

76. Über § 11.3.1(a) und (d) wird die Stichtagsabgrenzung konkretisiert. Dies ist insbesondere bei unterjährigem Stichtag relevant (sogenanntes „as-if-assessment" nach [a], d.h. Abkürzung des Gewinnermittlungszeitraums auf den Stichtag).

77. Pro-rata Aufteilung; i. Ü. siehe Anm. 65.

78. Vgl. Form. C. II. 1 Anm. 108.

79. Vgl. Form. C. II. 1 Anm. 109.

80. Vgl. Form. C. II. 1 Anm. 110.

81. Vgl. Form. C. II. 1 Anm. 111.

82. Vgl. Form. C. II. 1 Anm. 112.

83. Vgl. Form. C. II. 1 Anm. 113.

84. Vgl. Form. C. II. 1 Anm. 114.

85. Vgl. Form. C. II. 1 Anm. 115.

86. Vgl. Form. C. II. 1 Anm. 116.

87. Vgl. Form. C. II. 1 Anm. 117.

88. Vgl. hierzu Anm. 66.

89. Vgl. Form. C. II. 1 Anm. 119.

90. Vgl. Form. C. II. 1 Anm. 120.

91. Vgl. Form. C. II. 1 Anm. 121.

92. Freistellungsverfahren. Vgl. Form. C. II. 1 Anm. 122.

93. Die Regelung in § 11.6.1 dient in erster Linie der Klarstellung.

94. Freibetrag/Gesamtfreibetrag. Vgl. Form. C. II. 1 Anm. 124.

95. Haftungshöchstbetrag (Cap). Vgl. Form. C. II. 1 Anm. 125.

96. Verjährung. Vgl. Form. C. II. 1 Anm. 126.

97. Verhaltenspflichten der Verkäuferin zwischen Signing und Closing (Going Concern). Vgl. Form. C. II. 1 Anm. 127.

98. Wettbewerbsverbot. Vgl. Form. C. II. 1 Anm. 128.

99. Garantie zur Unanwendbarkeit der AWG-Kontrolle. Vgl. Form. C. II. 1 Anm. 129.

100. Freistellung von Ansprüchen Dritter. Vgl. Form. C. II. 1 Anm. 130.

101. Nutzung von Namen, Marken und geschäftlichen Bezeichnungen. Vgl. Form. C. II. 1 Anm. 131.

102. Abwerbeverbot. Vgl. Form. C. II. 1 Anm. 132.

103. Versicherungen. Vgl. Form. C. II. 1 Anm. 133.

104. Vollzug trotz fehlender behördlicher Freigabe. Vgl. Form. C. II. 1 Anm. 134.

105. Vgl. Form. C. II. 1 Anm. 135.

106. Außenwirtschaftsrechtliche Prüfung. Vgl. Form. C. II. 1 Anm. 136.

107. Regelung für den Fall des Eintritts der auflösenden Bedingung gemäß § 31 AWG. Vgl. Form. C. II. 1 Anm. 137.

108. Vertraulichkeitsverpflichtung. Vgl. Form. C. II. 1 Anm. 138.

109. Weitergabe von Informationen zur Wahrung berechtigter Interessen. Vgl. Form. C. II. 1 Anm. 139.

110. Verkehrsteuern und Kosten. Vgl. Form. C. II. 1 Anm. 140.

111. Abtretung von Rechten an die finanzierenden Banken. Vgl. Form. C. II. 1 Anm. 141.

112. Garantiegeberin auf Seiten der Käuferin. Vgl. Form. C. II. 1 Anm. 142.

113. Aufschiebende Bedingungen (Signing Conditions). Vgl. Form. C. II. 1 Anm. 143.

114. Form von Mitteilungen und Erklärungen. Vgl. Form. C. II. 1 Anm. 145.

115. Gerichtsstandvereinbarung vs. Schiedsklausel. Vgl. Form. C. II. 1 Anm. 146.

116. Schiedsklausel. Vgl. Form. C. II. 1 Anm. 147.

117. Gesamte Vereinbarung. Vgl. Form. C. II. 1 Anm. 148.

3. Vertrag über die Abtretung der Geschäftsanteile an der Komplementär-GmbH bei separatem Vollzug[1, 2]

Abtretungsvereinbarung

Zwischen

1. ...... GmbH, ... [Anschrift], eingetragen im Handelsregister des Amtsgerichts ...... unter HR ...... *(Verkäuferin)*
einerseits

und

2. ......, [Anschrift] *(Käuferin)*

andererseits

(die Verkäuferin und Käuferin werden nachfolgend einzeln auch als *Partei* und gemeinsam als die *Parteien* bezeichnet)

vom

......

Präambel

Die Parteien haben am ...... einen Kaufvertrag über sämtliche Geschäftsanteile an der X-Verwaltungs GmbH (nachfolgend *X-GmbH*) und sämtliche Kommanditanteile an der X-GmbH & Co. KG (nachfolgend *X-KG*) geschlossen (UR.-NR. ....../...... des Notars ...... in ......) (nachfolgend der „Anteilskaufvertrag"). Vorgenannte notarielle Urkunde lag den Parteien während der Beurkundung dieser Vereinbarung in beglaubigter Abschrift vor. Die Parteien bestätigen, dass ihnen der Inhalt der vorgenannten Urkunde vollständig bekannt ist. Sie verzichten ausdrücklich darauf, dass ihnen die vorgenannte Urkunde vorgelesen und dieser Vereinbarung als Anlage beigefügt wird.

Die Verkäuferin ist die alleinige Gesellschafterin der X-GmbH, einer ordnungsgemäß nach deutschem Recht errichteten Gesellschaft mit beschränkter Haftung mit Sitz in ...... und eingetragen im Handelsregister des Amtsgerichts ...... unter HRB ......

Die X-GmbH ist alleinige persönlich haftende Gesellschafterin ohne Kapitalbeteiligung der X-KG, einer ordnungsgemäß nach deutschem Recht errichteten Kommanditgesellschaft mit Sitz in ...... und eingetragen im Handelsregister des Amtsgerichts ...... unter HRA ......

Das Stammkapital der X-GmbH beträgt ...... EUR (in Worten: ...... Euro) und ist voll eingezahlt. Die Geschäftsanteile der X-GmbH werden vollständig von der Verkäuferin gehalten, der die folgenden Geschäftsanteile zustehen (nachfolgend „X-Geschäftsanteile"):

- Geschäftsanteil Nr. 1 im Nennbetrag von ...... EUR (in Worten: ...... Euro)
- Geschäftsanteil Nr. 2 im Nennbetrag von ...... EUR (in Worten: ...... Euro)
- Geschäftsanteil Nr. 3 im Nennbetrag von ...... EUR (in Worten: ...... Euro)

Die Verkäufer beabsichtigen in Erfüllung des Anteilskaufvertrags, ihre X-Geschäftsanteile an die Käuferin zu übertragen. Die Käuferin beabsichtigt, diese Geschäftsanteile zu erwerben.

Dies vorausgeschickt vereinbaren die Parteien, was folgt:

§ 1 Abtretung der Geschäftsanteile[3]

1.1 In Erfüllung ihrer Verpflichtung zur Abtretung sämtlicher X-Geschäftsanteile an die Käuferin gemäß §§ ...... des Anteilskaufvertrages tritt die Verkäuferin, vorbehaltlich

der aufschiebenden Bedingung gemäß § 2 dieser Abtretungsvereinbarung, folgende Geschäftsanteile an die Käuferin ab:[4]
- Geschäftsanteil Nr. 1 im Nennbetrag von ...... EUR (in Worten: ...... Euro)
- Geschäftsanteil Nr. 2 im Nennbetrag von ...... EUR (in Worten: ...... Euro)
- Geschäftsanteil Nr. 3 im Nennbetrag von ...... EUR (in Worten: ...... Euro)

1.2 Die Käuferin nimmt diese Abtretungen an.

1.3 Die Parteien sind sich darüber einig, dass sich die Abtretungen auf sämtliche Geschäftsanteile der X-GmbH erstrecken, die die Verkäufer dieser halten, auch wenn einzelne oder alle Geschäftsanteile einen anderen als den in § 1.1 bezeichneten Nennbetrag haben sollten.

§ 2 Aufschiebende Bedingung

Die Abtretung der Geschäftsanteile nach § 1 steht unter der aufschiebenden Bedingung, dass die Käuferin den Geschätzten Kaufpreis [§ ...... des Anteilskaufvertrages] in Höhe von ...... EUR (in Worten: ...... Euro) gemäß § ...... des Anteilskaufvertrages auf das dort angegebene Konto der Verkäuferin überwiesen und die Verkäuferin die dort genannten Beträge erhalten hat.[5]

§ 3 Mitteilung nach § 40 GmbHG

Die Käuferin ist verpflichtet, unmittelbar nach Unterzeichnung dieses Vertrages die Abtretung der X-Geschäftsanteile gemäß § 40 Abs. 1 S. 2 GmbHG ordnungsgemäß bei der X-GmbH mitzuteilen.

§ 4 Schlussbestimmungen

4.1 Die Bestimmungen des Anteilskaufvertrages bleiben durch den Abschluss dieser Vereinbarung unberührt.

4.2 Die Kosten der notariellen Beurkundung dieses Vertrages trägt die Käuferin.

4.3 Dieser Vertrag unterliegt deutschem Recht. Das Wiener UN-Übereinkommen über Verträge über den internationalen Warenkauf (CISG) findet keine Anwendung.

4.4 Die X-GmbH hat keinen Grundbesitz.

4.5 Änderungen und Ergänzungen dieses Vertrags einschließlich der Abänderung dieser Bestimmung selbst bedürfen der Schriftform, soweit nicht notarielle Beurkundung oder eine andere Form nach zwingendem Recht vorgeschrieben ist.

4.6 Sollte eine Bestimmung dieses Vertrags ganz oder teilweise nichtig, unwirksam oder nicht durchsetzbar sein oder werden, wird die Wirksamkeit und Durchsetzbarkeit aller übrigen verbleibenden Bestimmungen davon nicht berührt. Die nichtige, unwirksame oder nicht durchsetzbare Bestimmung ist als durch diejenige wirksame und durchsetzbare Bestimmung ersetzt anzusehen, die dem mit der nichtigen, unwirksamen oder nicht durchsetzbaren Bestimmung verfolgten wirtschaftlichen Zweck nach Gegenstand, Maß, Zeit, Ort und Geltungsbereich am nächsten kommt. Entsprechendes gilt für die Ausfüllung etwaiger Lücken in diesem Vertrag.

Anmerkungen

1. Das Muster dient der Abtretung von Geschäftsanteilen an der Komplementär-GmbH einer GmbH & Co. KG, wenn der Anteilskaufvertrag keinen automatischen Vollzug, sondern die Übertragung in einem separaten Dokument vorsieht.

2. Die Abtretung eines GmbH-Geschäftsanteils bedarf unabhängig davon, ob die Verpflichtung zur Abtretung bereits beurkundet worden ist, der Beurkundung gemäß § 15 Abs. 3 GmbHG.

3. Das Muster geht davon aus, dass die Zustimmung der Gesellschafterversammlung der X-GmbH entweder nicht notwendig oder bereits anderweitig erfolgt ist.

4. Die Geschäftsanteile werden an dieser Stelle im Hinblick auf den Bestimmtheitsgrundsatz nochmals genau benannt, auch wenn ein Verweis auf die Bestimmung der zu übertragenden Geschäftsanteile im Anteilskaufvertrag unter Beachtung des § 13a BeurkG möglich ist, da dieser ebenfalls beurkundet wurde.

5. Hierdurch wird im Verkäuferinteresse sichergestellt, dass der Anteilsübergang erst dann eintritt, wenn auch tatsächlich der Kaufpreis gezahlt wurde.

4. Vertrag über die Abtretung der Kommanditanteile bei separatem Vollzug[1, 2]

Abtretungsvereinbarung

Zwischen
1. ......, ... [Anschrift], eingetragen im Handelsregister des Amtsgerichts ...... unter HR ...... *(Verkäuferin))*
einerseits
und
2. ......, ... [Anschrift] *(Käuferin)*
andererseits
(die Verkäuferin und Käuferin werden nachfolgend einzeln auch als *Partei* und gemeinsam als die *Parteien* bezeichnet)
vom
......

Präambel

Die Parteien haben am ...... einen Kaufvertrag über sämtliche Geschäftsanteile an der X-Verwaltungs GmbH (nachfolgend „X-GmbH") und sämtliche Kommanditanteile an der X-GmbH & Co. KG geschlossen (UR.-NR. ....../...... des Notars ...... in ......) (nachfolgend „Anteilskaufvertrag"). Die vorgenannte Urkunde lag den Parteien während der Beurkundung dieser Vereinbarung in beglaubigter Abschrift vor. Die Parteien bestätigen, dass ihnen der Inhalt der vorgenannten Urkunde vollständig bekannt ist. Sie verzichten ausdrücklich darauf, dass ihnen die vorgenannte Urkunde vorgelesen und dieser Vereinbarung als Anlage beigefügt wird.
Die X-GmbH & Co. KG ist eine ordnungsgemäß nach deutschem Recht errichtete Kommanditgesellschaft mit Sitz in ...... und eingetragen im Handelsregister des Amtsgerichts ...... unter HRA ...... (nachfolgend „Gesellschaft").
Alleinige persönlich haftende Gesellschafterin der Gesellschaft ohne Kapitalbeteiligung ist die X-GmbH. Die X-GmbH ist am Kapital der Gesellschaft nicht beteiligt.
Alleinige Kommanditistin der X-KG ist die Verkäuferin, und zwar mit einer im Handelsregister eingetragenen Kommandit- und Hafteinlage (Haftsumme) in Höhe von ...... EUR (in Worten: ...... Euro) (nachfolgend die Beteiligung der Verkäuferin an der X-KG als Kommanditistin mit der Gesamtheit ihrer Rechte und Pflichten aus dem Gesellschaftsverhältnis, einschließlich der auf dem Kapitalkonto I gebuchten Kommandit- und Hafteinlage, sowie der Guthaben oder etwaiger Sollsalden auf dem Kapitalkonto II und dem Verlustvortragskonto der „X-Kommanditanteil")[3]
Die Verkäuferin beabsichtigt in Erfüllung des Anteilskaufvertrags, ihre X-Kommanditanteile an die Käuferin zu übertragen. Die Käuferin beabsichtigt, diesen X-Kommanditanteile zu erwerben.
Dies vorausgeschickt vereinbaren die Parteien, was folgt:

4. Vertrag über die Abtretung der Kommanditanteile

§ 1 Abtretung der Kommanditanteile

1.1 In Erfüllung ihrer Verpflichtung zur Abtretung ihres X-Kommanditanteils an die Käuferin gemäß §§ ...... des Anteilskaufvertrages tritt die Verkäuferin hiermit ihren X-Kommanditanteil in Höhe von ...... EUR (in Worten: ...... Euro), einschließlich der zuvor in der Präambel näher bezeichneten Rechte mit Wirkung zum Zeitpunkt des Eintritts der aufschiebenden Bedingung gemäß § 2 dieser Abtretungsvereinbarung an die Käuferin ab. Die Käuferin nimmt diese Abtretungen an.

1.2 Sämtliche Gesellschafter der Gesellschaft haben gemäß Anlage ...... des Anteilskaufvertrags dem Verkauf und der Übertragung der X-Kommanditanteile in einem Gesellschafterbeschluss zugestimmt.[4]

1.3 Die ausgeschiedene Verkäuferin erhält von Seiten der Gesellschaft wie auch von Seiten der X-GmbH keinerlei Abfindung für die aufgegebenen Rechte aus dem Gesellschaftsvermögen der X-KG.

1.4 Ab dem Zeitpunkt des Eintritts der aufschiebenden Bedingungen gemäß § 2 dieser Abtretungsvereinbarung ist die Käuferin alleinige Kommanditistin der Gesellschaft. Die Beteiligungen an der Gesellschaft stellen sich danach wie folgt dar:

X-Verwaltungs GmbH als persönlich haftende Gesellschafterin	ohne Kapitaleinlage
Käuferin als alleinige Kommanditistin	Kommanditanteil im Nennbetrag von ...... EUR (in Worten: ...... Euro)

§ 2 Aufschiebende Bedingungen

Die Abtretung des Kommanditanteils nach § 1 steht unter den aufschiebenden Bedingungen, dass

2.1 die Käuferin den Geschätzten Kaufpreis [§ ...... des Anteilskaufvertrages] in Höhe von ...... EUR (in Worten: ...... Euro) gemäß § ...... des Anteilskaufvertrages auf das dort angegebene Konto der Verkäuferin überwiesen und die Verkäuferin den dort genannten Betrag erhalten hat[5] und

2.2 das Ausscheiden der Verkäuferin und der Eintritt der Käuferin als Kommanditistin der Gesellschaft im Wege der Sonderrechtsnachfolge in das Handelsregister eingetragen worden ist.

§ 3 Schlussbestimmungen

3.1 Die Bestimmungen des Anteilskaufvertrages bleiben durch den Abschluss dieser Vereinbarung unberührt.

3.2 Die Kosten der notariellen Beurkundung dieses Vertrages trägt die Käuferin.

3.3 Dieser Vertrag unterliegt deutschem Recht. Das Wiener UN-Übereinkommen über Verträge über den internationalen Warenkauf (CISG) findet keine Anwendung.

3.4 Die Gesellschaft hat keinen Grundbesitz.

3.5 Änderungen und Ergänzungen dieses Vertrags einschließlich der Abänderung dieser Bestimmung selbst bedürfen der Schriftform, soweit nicht notarielle Beurkundung oder eine andere Form nach zwingendem Recht vorgeschrieben ist.

3.6 Sollte eine Bestimmung dieses Vertrags ganz oder teilweise nichtig, unwirksam oder nicht durchsetzbar sein oder werden, wird die Wirksamkeit und Durchsetzbarkeit aller übrigen verbleibenden Bestimmungen davon nicht berührt. Die nichtige, unwirksame oder nicht durchsetzbare Bestimmung ist als durch diejenige wirksame und durchsetzbare Bestimmung ersetzt anzusehen, die dem mit der nichtigen, unwirksamen oder nicht durchsetzbaren Bestimmung verfolgten wirtschaftlichen Zweck nach Gegenstand, Maß, Zeit, Ort und Geltungsbereich am nächsten kommt. Entsprechendes gilt für die Ausfüllung etwaiger Lücken in diesem Vertrag.

Anmerkungen

1. Das Muster dient der Übertragung von Kommanditanteilen an einer GmbH & Co. KG, wenn der Anteilskaufvertrag keinen automatischen Vollzug, sondern die Übertragung in einem separaten Dokument vorsieht. Siehe hierzu beispielsweise Form. C.IV. 2 § 3.

2. Zur Frage des Erfordernisses einer notariellen Beurkundung: Auch der Abtretungsvertrag über die Kommanditanteile sollte beurkundet werden, da nicht gänzlich geklärt ist, ob sich das Beurkundungserfordernis für den GmbH-Anteilskaufvertrag auch noch auf den dinglichen Abtretungsvertrag für die Kommanditanteile erstreckt.

Die herrschende Meinung geht zwar davon aus, dass wegen der Abstraktheit des diesbezüglichen Verfügungsgeschäfts die Abtretung der Kommanditanteile im Regelfall nicht beurkundungsbedürftig ist. Das Verfügungsgeschäft sei nicht untrennbar im Sinne eines einheitlichen Rechtsgeschäfts mit dem GmbH-Anteilskaufvertrag verbunden (OLG Düsseldorf NZG 2005, 507 unter Verweis auf BGH NJW 1986, 2643; Beck'sches Formularbuch/*Meyer-Sparenberg* III.A. 10 Anm. 2; *Wiesner* NJW 1984, 99). Jedenfalls wird ein evtl. Formmangel durch eine nachfolgende formgerechte Übertragung der GmbH-Anteile geheilt (wohl BGH GmbHR 1993, 106; *Roth/Altmeppen* § 15 Rdnr. 81; Scholz/H. *Winter/Seibt* § 15 Rdnr. 105; Schultze NJW 1991, 1937; *Wiesner* NJW 1984, 99; jeweils m. w. N.).

Da diese Ansicht nicht gänzlich unumstritten geblieben ist (MünchHdbGesR II/*Gummert* § 50 Rdnr. 56 a. E.; *Kempermann* NJW 1991, 684), bzw. im Einzelfall dennoch ein Erfordernis notarieller Beurkundung bestehen kann, sollte vorsorglich notariell beurkundet werden. Dies kann auch zusammen mit der Abtretung der Geschäftsanteile an der Komplementär-GmbH erfolgen.

Entscheidet man sich mit der herrschenden Meinung gegen ein Beurkundungserfordernis, sollte die Abtretungsvereinbarung über die GmbH-Anteile der Abtretungsvereinbarung über die Kommanditanteile zeitlich nachfolgen, um die Heilungswirkung auf die Übertragung der Kommanditanteile in dem hier vorliegenden Vertrag zu erstrecken.

3. Es ist auf die parallele Definition zum schuldrechtlichen Geschäft zu achten.

4. Die Übertragung eines Kommanditanteils bedarf der Zustimmung aller anderen Gesellschafter, da nach der Literatur die Beteiligung an der Kommanditgesellschaft grundsätzlich vinkuliert ist (MünchHdbGesR II/*Piehler/Schulte* § 35 Rdnr. 5; *K. Schmidt* Gesellschaftsrecht § 45 III 2 c).

5. Hierdurch wird im Verkäuferinteresse sichergestellt, dass der Anteilsübergang erst dann eintritt, wenn auch tatsächlich der Kaufpreis gezahlt wurde.

5. Handelsregisteranmeldung über den Eintritt und Austritt der Kommanditisten im Wege der Sonderrechtsnachfolge

UR-Nr. ......
An das
Amtsgericht ......
– Handelsregister –[1]
......

X-GmbH & Co. Kommanditgesellschaft, ..., HRA ......
Anmeldung eines Kommanditistenwechsels[2]

I. Zur Eintragung in das Handelsregister melden wir an[3]:
...... [Firma der Verkäuferin] mit Sitz in ...... und eingetragen im Handelsregister des Amtsgerichts ...... unter HRB ...... hat ihren Kommanditanteil mit Wirkung auf den

5. Handelsregisteranmeldung über den Ein- u. Austritt der Kommanditisten   C. IV. 5

Zeitpunkt der Eintragung der Rechtsnachfolge auf die ...... [Firma der Käuferin] mit Sitz in ......, eingetragen im Handelsregister des Amtsgerichts ...... unter HRB ......, übertragen und scheidet dadurch aus der Gesellschaft aus.
Die ...... [Firma der Käuferin] tritt als Sonderrechtsnachfolgerin an ihrer Stelle mit der Hafteinlage in Höhe von ...... EUR (in Worten: ...... Euro) in die Gesellschaft ein[4]. Der Kommanditanteil und die Hafteinlage betragen weiterhin ...... EUR.

II. Die persönlich haftende Gesellschafterin und die ausscheidende Kommanditistin versichern, dass der ausscheidenden Kommanditistin keine Abfindung jeglicher Art aus dem Gesellschaftsvermögen gewährt oder versprochen worden ist[5].

III. Eintragungsnachrichten werden erbeten an:
1. die Gesellschaft,
2. die Rechtsanwälte ...... [Name, Anschrift].
Des Weiteren wird um Übersendung eines beglaubigten und zweier unbeglaubigter Handelsregisterauszüge an die unter 2. genannten Rechtsanwälte gebeten.
Die Kosten der Eintragung trägt die Gesellschaft.

IV. Herr ......, Herr ...... sowie Frau ......, sämtlich geschäftsansässig im Notariat ...... [Name, Ort], werden bevollmächtigt, alle Erklärungen abzugeben, die dem Vollzug dieser Urkunde dienen[6]. Die Bevollmächtigung umfasst auch das Recht zur Abänderung dieser Urkunde. Jede(r) Bevollmächtigte vertritt einzeln und ist berechtigt Untervollmacht zu erteilen. Die Vollmacht ist jederzeit widerruflich.

......, den ......

...... [Unterschrift Geschäftsführer]
– [Firma der Komplementär-GmbH] –

...... [Unterschrift Geschäftsführer]
– [Firma des ausscheidenden Kommanditisten Verkäuferin] –

...... [Unterschrift Geschäftsführer]
– [Firma der Käuferin] –
[Unterschriftsbeglaubigung][7]

Anmerkungen

1. Form. Anmeldungen und Dokumente sind nach § 12 HGB und den dazu erlassenen Rechtsverordnungen seit dem 1. 1. 2007 zwingend in elektronischer Form zum Handelsregister einzureichen.

2. Gegenstand der Anmeldung. Die Übertragung der Kommanditanteile an der GmbH & Co. KG ist nach §§ 161 Abs. 2, 107, 143 Abs. 2, 162 HGB zur Eintragung ins Handelsregister anzumelden.

3. Anmeldepflichtige Personen. Nach §§ 161 Abs. 2, 108 HGB ist die Anmeldung von sämtlichen Gesellschaftern, einschließlich der ausscheidenden und eintretenden Kommanditisten, zu bewirken. Eine Vertretung bei der Anmeldung ist möglich (Baumbach/Hopt/*Hopt* § 162 Rdnr. 3).

4. Sonderrechtsnachfolge. Die Haftung der Erwerberin für Verbindlichkeiten der Gesellschaft richtet sich nach den §§ 171, 172 HGB. Dies gilt gemäß § 173 Abs. 1 HGB auch für Verbindlichkeiten, die vor ihrem Eintritt begründet worden waren. Anders als bei einem Austritt und Eintritt von Kommanditisten führt die Anteilsübertragung im Wege der Sonderrechtsnachfolge jedenfalls dann, wenn ein voll eingezahlter Kommanditanteil übertragen wird und die Einlage nicht zurückbezahlt wurde, zum Ausschluss der persönlichen Haftung sowohl der Veräußerer als auch der Erwerberin. Die Erwerberin kann sich dann ebenfalls auf die durch ihre Rechtsvorgänger erbrachten haftungsbefreienden Einlagen berufen. Der Eintritt einer Sonderrechtsnachfolge ist durch Eintragung eines so genannten Nachfolgevermerks deutlich zu machen (RG WM 1964, 1130f.; BGHZ 81, 82; Baumbach/Hopt/*Hopt* § 162 Rdnr. 8; *Karsten Schmidt* GmbHR 1981, 255). Für die Erwerberin empfiehlt es sich, die Eintragung eines Nachfolgevermerks als Bedingung in den Übertragungsvertrag aufzunehmen.

5. Versicherung. Neben der Eintragung des Nachfolgevermerks verlangt die Rechtsprechung eine von den Mitgesellschaftern persönlich abzugebende Versicherung, dass an die ausscheidenden Kommanditisten keine Leistungen aus dem Gesellschaftsvermögen erbracht wurden (BGH NJW-RR 2006, 107; OLG Oldenburg NJW-RR 1991, 292; OLG Zweibrücken DB 2000, 1908; Heymann/*Horn* § 162 Rdnr. 11; a.A. MünchKommHGB/*Grunewald* § 162 Rdnr. 13 m.w.N.).

6. Notariatsvollmacht. Eine solche Bevollmächtigung der Notariatsangestellten ist empfehlenswert, um etwaigen Rückfragen des Registergerichts zur Handelsregistereintragung zügig begegnen zu können.

7. Kosten und Gebühren. Als Geschäftswert ist gemäß § 41a Abs. 1 Nr. 6 KostO der Betrag der einfachen Kommanditeinlage anzusetzen. Die Gerichtsgebühr bestimmt sich nach Gebühr 5005 der Anlage zu § 1 HRegGebV, die Notargebühr nach § 45 Abs. 1 KostO, bei Entwurf der Anmeldung nach §§ 145 Abs. 1, 38 Abs. 2 Nr. 7 KostO.

6. Anmeldung des Erwerbs bei der Komplementär-GmbH gemäß § 40 Abs. 1 S. 2 GmbHG

Vgl. hierzu bereits Form. C. II. 5.

7. Einreichung einer aktualisierten Gesellschafterliste zum Handelsregister der Komplementär GmbH gemäß § 40 GmbHG

Vgl. hierzu bereits Form. C. II. 4.

V. Offene Handelsgesellschaft (OHG)

1. Vertrag über den Erwerb aller Anteile an einer OHG durch einen Käufer – ausgewogen

Anteilskauf- und Anteilsübertragungsvertrag[1]
betreffend alle Gesellschaftsanteile an der ...... OHG

vom ......

zwischen

1. ...... [Name, Anschrift], (im Folgenden als *Verkäufer 1* bezeichnet)
2. ...... [Name, Anschrift], (im Folgenden als *Verkäufer 2* bezeichnet)
(Der Verkäufer 1 und der Verkäufer 2 werden nachfolgend zusammen auch als die *Verkäufer* bezeichnet.)

und

3. ...... [Name, Anschrift], (im Folgenden als *Käuferin* bezeichnet)

Vorbemerkung

V.1 Verkäufer 1 und Verkäufer 2 sind die alleinigen Gesellschafter der ...... OHG, die im Handelsregister des Amtsgerichts ...... unter der Registernummer HRA ...... eingetragen ist und ihre Hauptniederlassung in ...... hat (im Folgenden als die *Gesellschaft* bezeichnet). Die gesellschaftsvertragliche Kapitaleinlage des Verkäufers 1 beträgt ...... EUR. Die gesellschaftsvertragliche Kapitaleinlage des Verkäufers 2 beträgt ...... EUR.

V.2 Die Verkäufer sind daran interessiert, ihre Gesellschaftsanteile an der Gesellschaft, d.h. die Gesamtheit ihrer Rechte und Pflichten aus dem Gesellschaftsverhältnis (im Folgenden als die *Gesellschaftsanteile* bezeichnet), zu veräußern. Die Käuferin ist daran interessiert, beide Gesellschaftsanteile zu erwerben; das Gesellschaftsvermögen der ...... OHG wächst mit Wirksamwerden der Anteilsübertragungen bei der Käuferin an (§ 738 Abs. 1 S. 1 BGB analog).

Die Parteien vereinbaren daher Folgendes:

§ 1 Verkauf und Abtretung der Gesellschaftsanteile[2-6]

1.1 Der Verkäufer 1 verkauft hiermit der Käuferin sowohl (a) den von ihm gehaltenen Gesellschaftsanteil, einschließlich der Guthaben auf den für ihn bei der Gesellschaft gemäß § ...... des Gesellschaftsvertrages geführten Kapitalkonten I und II, als auch (b) das Guthaben auf dem für ihn bei der Gesellschaft gemäß § ...... des Gesellschaftsvertrages der Gesellschaft geführten Darlehenskonto und tritt diese an die Käuferin ab. Die Käuferin nimmt diesen Verkauf und diese Abtretung an.

1.2 Der Verkäufer 2 verkauft hiermit der Käuferin sowohl (a) den von ihm gehaltenen Gesellschaftsanteil, einschließlich der Guthaben auf den für ihn bei der Gesellschaft gemäß § ...... des Gesellschaftsvertrages geführten Kapitalkonto I und II, als auch (b) das Guthaben auf den für ihn bei der Gesellschaft gemäß § ...... des Gesellschaftsvertrages der Gesellschaft geführten Darlehenskonto (die Guthaben auf den betreffenden Darlehenskonten für den Verkäufer zu 1 und den Verkäufer zu 2 werden im folgenden als die *Darlehensguthaben* bezeichnet) und tritt diese an die Käuferin ab. Die Käuferin nimmt diesen Verkauf und diese Abtretung an.

1.3 Der Gewinn des laufenden Geschäftsjahres sowie der nicht unter die Gesellschafter verteilte Gewinn früherer Geschäftsjahre (d. h. vorgetragener Gewinn und der Gewinn früherer Geschäftsjahre, für den kein Beschluss über die Ergebnisverwendung gefasst worden ist) stehen allein der Käuferin zu[7].

1.4 Die Verkäufer und die Käuferin werden das Ausscheiden der Verkäufer als Gesellschafter der Gesellschaft und den Erwerb der Gesellschaftsanteile durch die Käuferin im Wege der Sonderrechtsnachfolge sowie das daraus resultierende Erlöschen der Gesellschaft unverzüglich in gebotener Form zum Handelsregister anmelden[8].

§ 2 Kaufpreis

2.1 Der gesamte Kaufpreis (im folgenden als der *Kaufpreis* bezeichnet) für den Kauf und die Abtretung der Gesellschaftsanteile sowie der Darlehensguthaben beträgt ...... EUR (in Worten: ...... Euro) und ergibt sich wie folgt:

Der Kaufpreis für den von Verkäufer 1 verkauften und abgetretenen Gesellschaftsanteil und sein Darlehensguthaben beträgt ...... EUR (in Worten: ...... Euro).

Der Kaufpreis für den von Verkäufer 2 verkauften und abgetretenen Gesellschaftsanteil und sein Darlehensguthaben beträgt ...... EUR (in Worten: ...... Euro).

2.2 Die Käuferin hat den Kaufpreis gemäß § 2.1 dieses Vertrages in Höhe von insgesamt ...... EUR bis spätestens zum ...... auf das Konto Nr. ...... des Verkäufers 1 bei der ...... [Name der Bank, Ort] (Bankleitzahl: ......) zu zahlen.

2.3 Die Zahlung gemäß § 2.2 dieses Vertrages befreit die Käuferin von ihrer Verpflichtung zur Zahlung des Kaufpreises im Verhältnis zu beiden Verkäufern.

2.4 Erfolgt die Zahlung gemäß § 2.2 nicht bis spätestens zum ......, haben die Verkäufer das Recht, ohne weiteres von diesem Vertrag zurückzutreten. Das Recht der Verkäufer, von der Käuferin Schadensersatz wegen Nichterfüllung zu verlangen, bleibt durch die Ausübung des Rücktrittsrechtes unberührt.

§ 3 Selbstständige Garantieversprechen der Verkäufer[9, 10]

3.1 Form und Umfang der Garantieversprechen der Verkäufer

Die Verkäufer erklären hiermit gegenüber der Käuferin in Form selbstständiger Garantieversprechen gemäß § 311 Abs. 1 BGB und im Rahmen der Bedingungen des § 4 und der übrigen Bestimmungen dieses Vertrages, dass die folgenden Aussagen bei Abschluss dieses Vertrages vollständig und richtig sind. Die Verkäufer und die Käuferin sind sich ausdrücklich darüber einig, dass die Garantieversprechen in § 4 weder Garantien für die Beschaffenheit der Sache im Sinne der §§ 443, 444 BGB noch Beschaffenheitsvereinbarungen i. S. d. § 434 Abs. 1 S. 1 BGB darstellen.

3.2 Garantieversprechen der Verkäufer

3.2.1 Die Ausführungen in der Vorbemerkung dieses Vertrages in Bezug auf die Verkäufer und die Gesellschaft sind vollständig und richtig.

3.2.2 Die Gesellschaft ist eine ordnungsgemäß errichtete und gemäß dem diesem Vertrag als Anlage 3.2(a) beigefügten Handelsregisterauszug und dem diesem Vertrag als Anlage 3.2(b) beigefügten Gesellschaftsvertrag wirksam bestehende offene Handelsgesellschaft.

3.2.3 Die Gesellschaft hält keine Beteiligungen an anderen Unternehmen und ist nicht verpflichtet, solche Beteiligungen zu erwerben.

3.2.4 Die Gesellschaft ist weder mit den Verkäufern noch mit Dritten Unternehmensverträge i.S.d. §§ 291 ff. AktG und auch keine Verträge über die Begründung einer stillen Gesellschaft eingegangen.

3.2.5 Die Verkäufer sind die rechtlichen und wirtschaftlichen Eigentümer der Gesellschaftsanteile und der Darlehensguthaben, die frei von jeglichen Belastungen und von anderen zugunsten Dritter bestellten Rechten sind. Die Verkäufer sind berechtigt, frei über die Gesellschaftsanteile und die Darlehensguthaben zu verfügen, ohne dass sie dazu die Zustimmung eines Dritten benötigen würden oder hierdurch die Rechte Dritter verletzen. Die Gesellschaftsanteile und Darlehensguthaben stellen nicht das gesamte oder nahezu gesamte Vermögen der Verkäufer dar.

3.2.6 Die Kapitaleinlagen an der Gesellschaft sind voll eingezahlt; Rückzahlungen von Einlagen sind nicht vorgenommen worden. Außer den Verkäufern gibt es keine weiteren Gesellschafter der Gesellschaft.

3.2.7 Anlage 3.2.7 zu diesem Vertrag enthält eine vollständige und richtige Zusammenstellung aller Vereinbarungen und (bestehenden und zukünftigen) Verbindlichkeiten, mit denen bis heute Gesellschaftsanteile an der Gesellschaft geschaffen, übertragen oder sonst wie tangiert worden sind oder mittels derer die Kapitaleinlagen in der Gesellschaft erhöht oder herabgesetzt worden sind.

3.2.8 Bei Abschluss dieses Vertrages sind keine Insolvenz- oder Vergleichsverfahren gegen die Verkäufer oder die Gesellschaft beantragt oder eröffnet worden. Nach Kenntnis der Verkäufer bestehen weder Umstände, die den Antrag auf Eröffnung eines Insolvenz- oder Vergleichsverfahrens erforderlich machen, noch Umstände, die nach anwendbaren Insolvenz- oder Vergleichsvorschriften die Anfechtung dieses Vertrages rechtfertigen.

3.2.9 Die gemäß § ...... des Gesellschaftsvertrages der Gesellschaft für die Gesellschafter eingerichteten Kapitalkonten I und II sowie die Darlehenskonten weisen bei Unterzeichnung dieses Vertrages die in Anlage 3.2.9 zu diesem Vertrag aufgeführten Kontostände auf.

3.2.10 (Ggf. weitere Garantieversprechen)[11]

3.3 Kenntnis der Verkäufer[12]

„Kenntnis der Verkäufer" im Sinne dieses Vertrages (zuvor und nachfolgend als *Kenntnis der Verkäufer* bezeichnet) umfasst nur die tatsächliche Kenntnis der in Anlage 3.3 aufgeführten Personen bei Abschluss dieses Vertrages.

§ 4 Rechtsfolgen; Zeitraum bis zum Stichtag

4.1 Ersatzfähiger Schaden

4.1.1 Im Fall einer Verletzung der Garantieversprechen gemäß § 3 durch die Verkäufer haben die Verkäufer die Käuferin oder (nach Wahl der Käuferin) die Gesellschaft so zu stellen, wie sie stehen würde, wenn das Garantieversprechen nicht verletzt worden wäre (Naturalrestitution). Sind die Verkäufer hierzu innerhalb von drei (3) Monaten, nachdem die Käuferin den Verkäufern die Verletzung des Garantieversprechens mitgeteilt hat, nicht imstande, kann die Käuferin Schadensersatz in Geld verlangen. Der Schadensersatz umfasst nur die tatsächlich und konkret bei der Käuferin entstandenen Schäden. Die Geltendmachung von internen Verwaltungs- oder Gemeinkosten, Folgeschäden, entgangenen Gewinnen oder Einwänden, dass der Kaufpreis aufgrund unrichtiger Annahmen berechnet worden sei, ist ausgeschlossen.

4.1.2 Die Käuferin hat keinerlei Ansprüche gegen die Verkäufer aus oder im Zusammenhang mit diesem Vertrag, wenn und soweit Schäden der Käuferin durch Ansprüche gegen Dritte, einschließlich gegen Versicherungen, abgedeckt sind.

4.2 Freibetrag; Gesamtfreibetrag[13]

Die Käuferin ist nur berechtigt, Ansprüche nach § 3 bis § 5 geltend zu machen, sofern im Einzelfall der Anspruch ...... EUR (in Worten: ...... Euro) (nachfolgend als *Freibetrag* bezeichnet) und die Gesamthöhe aller solcher Einzelansprüche – Ansprüche unterhalb des Freibetrags bleiben insoweit außer Betracht – ...... EUR (in Worten: ...... Euro) übersteigen (nachfolgend als *Gesamtfreibetrag* bezeichnet). Wird der Freibetrag und der Gesamtfreibetrag überschritten, haften die Verkäufer nur in Höhe des den Freibetrag und des den Gesamtfreibetrag übersteigenden Betrags.

4.3 Gesamthaftung der Verkäufer nach diesem Vertrag

Die Haftung der Verkäufer nach diesem Vertrag, einschließlich aller Ansprüche wegen Verletzung der Garantieversprechen nach § 4, ist insgesamt auf einen Betrag in Höhe von fünfundzwanzig (25) Prozent des Kaufpreises [Alternative: ...... EUR (in Worten: ...... Euro)] (der *Haftungshöchstbetrag*)[14] beschränkt. Der Haftungshöchstbetrag findet keine Anwendung auf eine Verletzung der Garantieversprechen des § 3.2.1 sowie die Haftung der Verkäufer aus § 5. Die Haftung der Verkäufer gemäß Satz 1 und Satz 2 ist jedoch insgesamt auf einen Betrag in Höhe des Kaufpreises begrenzt.

4.4 Ausschluss von Ansprüchen bei Kenntnis der Käuferin

Die Käuferin ist nicht berechtigt, Ansprüche nach § 3 bis § 5 geltend zu machen, sofern sie die dem Anspruch zugrundeliegenden Tatsachen oder Umstände kannte oder kennen konnte. Der Käuferin wurde vor Abschluss dieses Vertrages die Gelegenheit zu einer eingehenden Untersuchung des Zustandes der Gesellschaft sowie deren geschäftlichen Aktivitäten, unter kaufmännischen, finanziellen und rechtlichen Gesichtspunkten gegeben, u. A. die Gelegenheit zur Prüfung der in Anlage 4.4 aufgeführten und im Datenraum offengelegten Unterlagen (nachfolgend als *Offengelegte Unterlagen* bezeichnet). Tatsachen und Umstände, die sich aus den Offengelegten Unterlagen ergeben oder die im Memorandum, der Management-Präsentation vom ...... oder in diesem Vertrag oder seinen Anlagen bezeichnet worden sind, gelten als der Käuferin bekannt. Die Kenntnis der Geschäftsführer der Käuferin, ihrer Berater und derjenigen Mitarbeiter, die mit der Due Diligence im Vorfeld dieses Vertrages betraut waren, werden der Käuferin zugerechnet.

4.5 Schadensminderung

§ 254 BGB bleibt unberührt. Insbesondere ist die Käuferin verpflichtet, die Entstehung von Schäden abzuwenden und den Umfang entstandener Schäden zu mindern.

4.6 Verjährung[15]

Alle Ansprüche wegen Verletzung eines Garantieversprechens der Verkäufer nach § 3 verjähren nach Ablauf von zwei (2) Jahren ab Vertragsschluss. Ansprüche aus Steuerangelegenheiten (§ 5) verjähren nach Maßgabe von § 5.6. § 203 BGB findet keine Anwendung.

4.7 Ausschluss weiterer Gewährleistungen

Soweit rechtlich zulässig und sofern sich nicht aus den §§ 3 bis 5 ausdrücklich etwas Anderes ergibt, sind alle weiteren Ansprüche und Gewährleistungen unabhängig von ihrer Entstehung, ihrem Umfang oder ihrer rechtlichen Grundlage ausdrücklich ausgeschlossen, insbesondere Ansprüche wegen vorvertraglicher Pflichtverletzung (§ 311 Abs. 2 und 3 BGB), Pflichtverletzungen aus dem Schuldverhältnis, Minderung des Kaufpreises, Rücktritt von diesem Vertrag sowie Ansprüche aus unerlaubter Handlung.

1. Vertrag über den Erwerb aller Anteile an einer OHG

4.8 Behandlung von Zahlungen

Zahlungen der Verkäufer gemäß §§ 4 und 5 sind im Verhältnis zwischen Käuferin und Verkäufern als Herabsetzung des Kaufpreises anzusehen.[16]

§ 5 Steuerfreistellung durch die Verkäufer[17]

5.1 Steuern[18]

Steuern im Sinne dieses Vertrages sind alle von einer zuständigen Bundes-, Landes- oder Kommunalbehörde (nachfolgend als *Steuerbehörde(n)* bezeichnet) erhobenen Steuern i.S.d. § 3 Abs. 1 und 3 AO oder entsprechender Regelungen eines ausländischen Rechts, zuzüglich steuerlicher Nebenleistungen (wie z.B. Zinsen, Kosten, Steuerzuschläge) i.S.v. § 3 Abs. 4 AO oder entsprechender Regelungen eines ausländischen Rechts sowie Haftungsverbindlichkeiten für vorstehend genannte Steuern.

5.2 Steuererklärungen und Steuerzahlungen[19]

Die Verkäufer garantieren im Wege eines selbständigen Garantieversprechens, für welches die Beschränkungen des § 4 entsprechend gelten, dass

5.2.1 die Gesellschaft alle wesentlichen Steuerklärungen bis zum Vertragsabschluss rechtzeitig abgegeben hat oder sie rechtzeitig abgeben wird (unter Berücksichtigung aller von einer Steuerbehörde gewährten Fristverlängerungen) und

5.2.2 dass alle fälligen Steuern bis zum Vertragsabschluss entrichtet worden sind oder entrichtet werden.

5.3 Steuerrechtliche Freistellung[20]

5.3.1 Die Verkäufer verpflichten sich, die Käuferin von allen fälligen Steuerverbindlichkeiten der Gesellschaft für die steuerlichen Veranlagungs- und Erhebungszeiträume bis zum ......[21] freizustellen.

5.3.2 Die Verkäufer verpflichten sich ferner, die Käuferin und die Gesellschaft von jeglichen Steuern oder sonstigen Abgaben freizustellen, die der Käuferin oder der Gesellschaft aufgrund eines durch die Verkäufer im Zusammenhang mit diesem Vertrag erzielten Veräußerungsgewinns entstehen.

5.3.3 Von den Verkäufern geschuldete Zahlungen nach § 5 sind innerhalb von 20 Bankarbeitstagen nach schriftlicher Mitteilung durch die Käuferin an diese zu leisten, vorausgesetzt dass Zahlungen an die Steuerbehörden in diesem Umfang fällig sind. Die Verkäufer sind in keinem Fall verpflichtet, früher als zwei Bankarbeitstage vor Fälligkeit der Zahlung zu zahlen. Für den Fall, dass eine Steuerverbindlichkeit nach Maßgabe des § 5.4.2 bestritten wird, ist die Zahlung dieser Steuerverbindlichkeit erst dann als fällig anzusehen, wenn eine endgültige, bestandskräftige Festsetzung entweder durch die Steuerbehörde oder durch die zuständigen Finanzgerichte erfolgt ist, falls die Steuerbehörde bis zur endgültigen und bestandskräftigen Festsetzung eine Zahlungsfreistellung gewährt hat. Ist dies nicht der Fall, sind die Verkäufer verpflichtet, entsprechende Vorauszahlungen auf die steuerrechtlichen Freistellungsansprüche an die Käuferin zu leisten, falls die Käuferin Sicherheit durch Bürgschaft einer angesehenen Bank für etwaige nachträgliche Erstattungsansprüche den Verkäufern stellt. Ist die endgültige Höhe des steuerrechtlichen Freistellungsanspruches niedriger als die Vorauszahlungen der Verkäuferin, hat die Käuferin die Differenz nebst allen angefallenen Zinsen zu erstatten.

5.4 Freistellungsverfahren[22]

5.4.1 Nach dem Vertragsabschluss hat die Käuferin den Verkäufern von allen angekündigten oder laufenden Steuerprüfungen und sonstigen Verwaltungs- und Gerichtsverfahren, die eine Freistellung durch die Verkäufer gemäß § 5 erforderlich machen könnten oder aber zu einer Steuererstattung zugunsten der Verkäufer gemäß § 5 führen könnten, unverzüglich Mitteilung zu machen. Die Mitteilung hat schriftlich zu erfolgen und den Gegenstand der Steuerprüfung oder der behaupteten Steuerverbindlichkeit vollständig zu enthalten. Ferner sind sämtliche Unterlagen der Steuerbehörde bzw. des Gerichts über die Steuerprüfung oder die behauptete Steuerverbindlichkeit in Kopie beizufügen. Die Käuferin steht dafür ein, dass die Gesellschaft den Verkäufern die Teilnahme an der Steuerprüfung ermöglicht. Wird den Verkäufern nicht unverzüglich Mitteilung gemacht, werden die Verkäufer von ihrer Verpflichtung frei, die Käuferin von Schäden aufgrund der behaupteten Steuerverbindlichkeiten freizustellen.

5.4.2 Die Verkäufer sind berechtigt, entweder selbst oder durch Berater ihrer Wahl und auf ihre Kosten Prüfungen, Verwaltungs- oder Gerichtsverfahren durchzuführen und Rückerstattungsansprüche geltend zu machen, die im Zusammenhang mit allen behaupteten Steuerverbindlichkeiten stehen und die zu einem Freistellungsanspruch nach § 5 führen können (diese Prüfungen, Rückerstattungsansprüche oder Verfahren im Zusammenhang mit einer behaupteten Steuerverbindlichkeit werden nachfolgend zusammen als *Steuerauseinandersetzung* bezeichnet). Die Verkäufer sind verpflichtet, innerhalb von 25 Bankarbeitstagen nach Zugang der schriftlichen Mitteilung der Käuferin gemäß § 5.4.1 der Käuferin ihre Absicht mitzuteilen, eine Steuerauseinandersetzung durchzuführen. Die Käuferin ist verpflichtet, mit den Verkäufern zusammenzuwirken und die Gesellschaft oder ihre Rechtsnachfolger zur Zusammenwirkung in allen Verfahrensstadien der Steuerauseinandersetzung und auf Kosten der Verkäufer zu veranlassen. Wird von den Verkäufern keine Steuerauseinandersetzung durchgeführt oder wird der Käuferin keine Mitteilung über diese Entscheidung gemacht, können die Käuferin oder die Gesellschaft die behaupteten Steuerverbindlichkeiten begleichen, hierüber einen Vergleich abschließen oder diese anfechten (wobei weder die Käuferin noch die Gesellschaft eine behauptete Steuerverbindlichkeit begleichen oder hierüber einen Vergleich schließen darf, wenn die Verkäufer hiergegen Einwände erhoben haben). Ungeachtet dessen können die Verkäufer auf eigene Kosten an jeder Steuerauseinandersetzung teilnehmen. Entscheiden sich die Verkäufer für die Durchführung einer Steuerauseinandersetzung, haben die Käuferin und die Gesellschaft unverzüglich dem von den Verkäufern bezeichneten Vertreter eine Vollmacht zu erteilen.

5.5 Steuerrückerstattungen

Erhält die Gesellschaft eine Steuerrückerstattung für den Zeitraum bis zum .....[23], hat die Käuferin den Betrag der Steuerrückerstattung an die Verkäufer zu zahlen. Die Käuferin ist verpflichtet, den Verkäufern unverzüglich Mitteilung über derartige Steuerrückerstattungen zu machen.

5.6 Verjährung

Ansprüche der Käuferin nach § 5 verjähren drei Monate nach endgültiger und bestandskräftiger Festsetzung der betreffenden Steuern, spätestens jedoch fünf Jahre nach dem Vertragsschluss.

§ 6 Freistellung von Umweltrechtlichen Verbindlichkeiten[24]

6.1 Definitionen

Umweltverbindlichkeiten, Bestehende Umweltbelastung, Umweltgesetz(e), Umwelterlaubnis, Umweltangelegenheit, Gefahrstoff, Relevante Grundstücke und Aufbauten ist jeweils wie folgt definiert:

6.1.1 *Umweltverbindlichkeiten* umfasst sämtliche Schäden, Kosten, Aufwendungen und sonstige Nachteile, die entstehen (i) durch eine Untersuchung im Zusammenhang mit oder im Vorgriff auf die Behebung einer Bestehenden Umweltbelastung, (ii) durch die Behebung einer Bestehenden Umweltbelastung, (iii) durch Sicherungs-, Schutz- oder Beschränkungsmaßnamen im Zusammenhang mit einer Bestehenden Umweltbelastung, (iv) durch Maßnahmen zur Abwehr einer Gefahr für Leib oder Leben im Zusammenhang mit einer Bestehenden Umweltbelastung, (v) durch Handeln ohne oder den Verstoß gegen eine Umwelterlaubnis oder (vi) durch die Entsorgung einer Bestehenden Umweltbelastung (einschließlich kontaminiertem Bodenaushub und Bauschutt) (kontaminationsbedingter Mehraufwand).

6.1.2 Eine *Bestehende Umweltbelastung* ist gegeben, wenn einer oder mehrere der nachfolgend beschriebenen Zustände vorliegen:[25]

(a) vor Vertragsschluss ist eine Kontamination, eine sonstige nachteilige Veränderung oder ein Gefahrstoff im Boden, Grund- oder Oberflächenwasser oder in Aufbauten auf, in, unter- oder oberhalb der Relevanten Grundstücke vorhanden oder geht vor, bei oder nach dem Vertragsschluss von dort aus;

(b) vor dem Vertragsschluss wird ein Gefahrstoff, der von oder im Auftrag der Gesellschaft hergestellt, gelagert, genutzt, verarbeitet, transportiert oder entsorgt wurde, an einen Ort außerhalb der Relevanten Grundstücke verbracht;

(Ggf. (c) vor Vertragsschluss sind Kampfmittel oder Teile davon auf, in oder unterhalb der Relevanten Grundstücke vorhanden;)[26]

Wird eine Bestehende Umweltbelastung innerhalb von zehn (10) Jahren ab dem Vollzugstag entdeckt, wird vorbehaltlich eines gegenteiligen Beweises durch die Verkäufer vermutet, dass diese Bestehende Umweltbelastung vor dem Vollzugstag bestanden hat.[27]

6.1.3 *Umweltrecht* umfasst jede Rechtsvorschrift [(einschließlich abfallrechtlicher Vorschriften)][28] sowie Erlasse, Industrienormen, technische Standards und ähnliche Regelungen, die sich auf eine Umweltangelegenheit beziehen und denen die Gesellschaft vor Vertragsschluss oder am Tag der Feststellung einer Bestehenden Umweltbelastung unterworfen ist oder die aus anderen Gründen anzuwenden sind.[29]

6.1.4 *Umwelterlaubnis* umfasst jede nach einem Umweltgesetz erforderliche Genehmigung, Erlaubnis oder Zustimmung.

6.1.5 *Umweltangelegenheit* ist jede Angelegenheit mit Bezug zu Kontamination, Sanierung, Entsorgung, Erneuerung oder Schutz von bzw. Vorsorge für Grund und Boden, Aufbauten, Luft (einschließlich Luft in Gebäuden und Aufbauten), Wasser (einschließlich Grundwasser, Oberflächenwasser und Wasser in Leitungen, Rohren oder Abflüssen), Bodenoberfläche, anderer natürlicher Lebensgrundlagen, Leben, Gesundheit und Sicherheit (einschließlich, aber nicht beschränkt auf Arbeitssicherheit) von Menschen oder Eigentum Dritter (die aufgezählten Güter zusammen als *Umwelt* bezeichnet).

6.1.6 *Gefahrstoffe* umfasst Substanzen, die Gegenstand von Umweltgesetzen sind, sowie alle sonstigen schädlichen, verunreinigenden, giftigen oder gefährlichen Stoffe.

6.1.7 *Relevante Grundstücke* umfasst sämtliche Grundstücke, die vor Vertragsschluss im Eigentum oder Besitz der Gesellschaft oder eines ihrer Rechtsvorgänger stehen oder standen oder von der Gesellschaft oder einem ihrer Rechtsvorgänger genutzt werden oder wurden.[30]

6.1.8 *Aufbauten* umfasst oberirdische und unterirdische Gebäude und Anlagen (einschließlich Rohrleitungen, Kanalisation, Tanks, Fundamente etc.) ohne Rücksicht darauf, ob diese mit dem entsprechenden Grundstück fest verbunden sind und/oder sonst eine rechtliche Einheit mit dem Grundstück bilden.

6.2 Freistellung

Die Verkäufer verpflichten sich, die Käuferin und die Gesellschaft von sämtlichen Umweltverbindlichkeiten (§ 6.1.1) im Zusammenhang mit einer Bestehenden Umweltbelastung (§ 6.1.2) freizustellen.

6.3 Haftungsausschluss und Haftungsbeschränkungen[31]

6.3.1 Die Verpflichtung der Verkäufer zur Freistellung der Käuferin oder der Gesellschaft nach diesem § 6 ist ausgeschlossen, soweit

(a) ein Dritter, insbesondere eine Versicherung, in dem Umfang Leistungen an die Käuferin oder die Gesellschaft erbringt, in dem die Käuferin zur Freistellung nach diesem Vertrag verpflichtet wäre;

(b) die Umweltverbindlichkeit durch eine wesentliche Änderung der Nutzung der Relevanten Grundstücke nach dem Vertragsschluss, die mit einer erhöhten Gefährdung der Umwelt verbunden ist, verursacht worden ist;

(c) die Umweltverbindlichkeit dadurch entstanden ist, dass die Käuferin oder die Gesellschaft eine Verpflichtung zur Schadensminderung nach § 254 BGB verletzt hat.

6.3.2 Ein Anspruch der Käuferin nach diesem § 6 verjährt in ...... (......) Jahren ab dem Vertragschluss.

6.3.3 Die Beschränkungen gemäß §§ 4.2 (Freibetrag) und 4.3 (Haftungshöchstbetrag) finden keine Anwendung.

6.4 Verfahren

6.4.1 Erhält die Käuferin Kenntnis von einer Umweltverbindlichkeit, hat sie die Verkäufer hiervon unverzüglich zu informieren. Die Käuferin wird die Verkäufer vor einer Maßnahme zur Abwehr einer Umweltverbindlichkeit anhören; dies gilt nicht, wenn berechtigte Interessen der Käuferin oder der Gesellschaft einer Anhörung entgegenstehen.

6.4.2 Die Käuferin hat den Verkäufern Zutritt zu den Relevanten Grundstücken und Einsichtnahme in die Bücher der X-Gesellschaften im Zusammenhang mit einer Umweltverbindlichkeit zu gestatten, soweit dies zur Bewertung der Umweltverbindlichkeit durch die Verkäufer erforderlich ist, vorausgesetzt, (i) die Verkäufer verpflichten sich den Anforderungen der Käuferin entsprechend zur Vertraulichkeit und (ii) die Verkäufer tragen die Kosten für die Einsichtnahme. Die Käuferin wird für die Dauer einer möglichen Haftung der Verkäufer nach diesem § 6 sämtliche Unterlagen und Informationen, die sich auf die Relevanten Grundstücke beziehen und die sich am Vollzugstag im Besitz der Gesellschaft befinden, aufbewahren.

6.4.3 Die Käuferin hat den Verkäufern die Teilnahme an Untersuchungen oder sonstigen Maßnahmen und den Zugang zu Berichten, Schriftwechsel und Verfügungen zu gewähren, die im Zusammenhang mit einer möglichen Umweltverbindlichkeit stehen, sowie Kopien der entsprechenden Schriftstücke zukommen zu lassen.

§ 7 Wettbewerbsverbot[32]

7.1 Die Verkäufer verpflichten sich, für die Dauer von ...... (......) Jahren ab dem Vertragsschluss [in den geographischen Gebieten, in denen die Gesellschaft bei Vertragsschluss tätig ist,] jegliche Betätigung zu unterlassen, mit der sie unmittelbar oder mittelbar in Wettbewerb mit den Aktivitäten der Gesellschaft und/oder ihrer Geschäftsbetriebe bei Vertragsschluss treten würden [hier ist ggf. der Geschäftsbetrieb im Detail auszuführen]. Die Verkäufer werden auch kein Unternehmen, das mit den Aktivitäten der Gesellschaft bei Vertragsschluss unmittelbar oder mittelbar in Wettbewerb steht, gründen oder erwerben oder sich an einem solchen Unternehmen unmittelbar oder mittelbar in irgendeiner Weise beteiligen. Ausgenommen von diesem Wettbewerbsverbot ist der Erwerb von bis zu ......% der Aktien an börsennotierten Gesellschaften, sofern jeglicher Einfluss der Verkäufer auf die Leitungsorgane dieser Gesellschaften ausgeschlossen ist. Die Verkäufer stehen dafür ein, dass auch von ihnen beherrschte Verkäufer-Gesellschaften entsprechend den vorstehenden Regelungen nicht in Wettbewerb zu den Aktivitäten der Gesellschaft und/oder ihrer Geschäftsbetriebe bei Vertragsschluss treten werden.

7.2 Im Fall einer Zuwiderhandlung gegen eine Verpflichtung aus § 7.1 hat die Käuferin die Verkäufer zunächst schriftlich unter Setzung einer angemessen Frist aufzufordern, die Zuwiderhandlung zu unterlassen bzw. für eine Unterlassung der Zuwiderhandlung durch die von ihnen beherrschte(n) Verkäufer-Gesellschaft(en) zu sorgen. Nach fruchtlosem Ablauf der Frist gemäß Satz 1 haben die Verkäufer an die Käuferin (oder, nach Wahl der Käuferin, an die Gesellschaft) für jeden folgenden Fall der Zuwiderhandlung eine Vertragsstrafe in Höhe von ...... EUR (in Worten: ...... Euro) zu zahlen. Im Falle eines fortgesetzten Verstoßes ist die Vertragsstrafe für jeden angefangenen Monat, in dem der Verstoß anhält, erneut zu zahlen. Eine Abmahnung gemäß Satz 1 ist entbehrlich, wenn die Verkäufer das Unterlassen der Zuwiderhandlung ernsthaft und endgültig verweigern. Vorbehalten bleibt der Ersatz weitergehender Schäden, die der Käuferin oder der Gesellschaft durch das verbotswidrige Verhalten entstehen.

§ 8 Vertraulichkeit und Presseverlautbarungen

8.1 Vertraulichkeit im Hinblick auf die X-Gesellschaften

Die Verkäufer werden alle Informationen über die Gesellschaft und deren Geschäftsbetriebe streng vertraulich behandeln, vor dem Zugriff Dritter wirksam schützen und solche vertraulichen Informationen nicht für eigene oder fremde Zwecke nutzen. Von der vorstehenden Verpflichtung nicht umfasst sind Tatsachen, die öffentlich bekannt sind oder ohne eine Verletzung dieser Verpflichtung öffentlich bekannt werden oder deren Offenlegung durch Gesetz oder kapitalmarktbezogene Regularien vorgeschrieben ist.

8.2 Vertraulichkeit im Hinblick auf diesen Vertrag und die Parteien[33]

Die Parteien verpflichten sich, den Inhalt dieses Vertrages, die Umstände seiner Verhandlung, seines Abschlusses und seiner Durchführung sowie in diesem Zusammenhang über die jeweils andere[n] Partei[en] und mit ihr [diesen] verbundene Unternehmen (mit Ausnahme der Gesellschaft; hinsichtlich dieser gilt ausschließlich § 8.1) erlangten Informationen streng vertraulich zu behandeln und vor dem Zugriff Dritter wirksam schützen. Von der vorstehenden Verpflichtung nicht umfasst sind Tatsachen, die öffentlich bekannt sind oder ohne eine Verletzung dieser Verpflichtung öffentlich bekannt werden oder deren Offenlegung durch Gesetz oder kapitalmarktbezogene Regularien vorgeschrieben ist. In einem solchen Fall sind die Parteien jedoch verpflichtet, die jeweils anderen Partei[en] vor der Offenlegung zu informieren und die Offenlegung auf das nach dem Gesetz oder der behördlichen Anordnung erforderliche Mindestmaß zu beschränken.

8.3 Pressemitteilungen

Die Parteien werden sich über Form und Inhalt jeder Pressemitteilung oder ähnlicher freiwilliger Verlautbarungen zu diesem Vertrag und den darin vereinbarten Rechtsgeschäften, seinem Zustandekommen und seiner Durchführung vor deren Veröffentlichung abstimmen. Sofern Veröffentlichungen durch Gesetz oder kapitalmarktbezogene Regularien vorgeschrieben sind, werden sie sich um eine vorherige Abstimmung bemühen.

§ 9 Schlussbestimmungen

9.1 Die Verkäufer können ihre Rechte aus diesem Vertrag nur gemeinsam ausüben.
9.2 Jede Vertragspartei trägt die Kosten der von ihr beauftragten Berater. Die Kosten der infolge des Abschlusses und der Durchführung dieses Vertrages entstehenden

Übertragungskosten, einschließlich etwaiger Verkehrsteuern, werden im Innenverhältnis der Parteien von der Käuferin getragen.

9.3 Änderungen, Ergänzungen oder die Aufhebung dieses Vertrages einschließlich der Abänderung dieser Bestimmung selbst bedürfen der Schriftform, soweit nicht nach zwingendem Recht eine strengere Form (z. B. notarielle Beurkundung) erforderlich ist.

9.4 Als Zustellungsbevollmächtigten[34] für die Erhebung einer Klage und die in einem anhängigen Rechtsstreit zu bewirkenden Zustellungen sowie für den Empfang von empfangsbedürftigen Willenserklärungen ernennt die Verkäuferin
...... [Name, Anschrift]
und die Käuferin
...... [Name, Anschrift]

9.5 Sollte eine Bestimmung dieses Vertrages ganz oder teilweise nichtig, unwirksam oder undurchsetzbar sein oder werden, wird die Wirksamkeit und Durchsetzbarkeit aller übrigen verbleibenden Bestimmungen davon nicht berührt. Die nichtige, unwirksame oder undurchsetzbare Bestimmung ist, soweit gesetzlich zulässig, als durch diejenige wirksame und durchsetzbare Bestimmung ersetzt anzusehen, die dem mit der nichtigen, unwirksamen oder nicht durchsetzbaren Bestimmung verfolgten wirtschaftlichen Zweck nach Gegenstand, Maß, Zeit, Ort und Geltungsbereich am nächsten kommt. Entsprechendes gilt für die Füllung etwaiger Lücken in diesem Vertrag.

9.6 Dieser Vertrag enthält sämtliche Vereinbarungen der Parteien und ersetzt alle mündlichen oder schriftlichen Verhandlungen, Vereinbarungen und Abreden, die zuvor zwischen den Parteien im Hinblick auf den Vertragsgegenstand geschlossen wurden. Nebenabreden zu diesem Vertrag bestehen nicht.[35]

9.7 Dieser Vertrag unterliegt deutschem Recht. Das Wiener UN-Übereinkommen über Verträge über den internationalen Warenkauf (CISG) findet keine Anwendung.

9.8 Ausschließlicher Gerichtsstand für alle Streitigkeiten zwischen den Parteien aus und im Zusammenhang mit diesem Vertrag und seiner Durchführung, einschließlich seiner Anlagen, ist ......[36]

Schrifttum: *Seibt*, Gesamtrechtsnachfolge beim gestalteten Ausscheiden von Gesellschaftern aus Personengesellschaften, Festschrift für Röhricht, 2005, 603; *Teichmann*, Der Übergang von Sozialansprüchen und Sozialverbindlichkeiten in der Personalgesellschaft, NJW 1966, 2336.

Anmerkungen

1. Wahl des Formulars. Das Formular geht von der Veräußerung sämtlicher Gesellschaftsanteile an einer OHG aus, mithin von dem Austausch sämtlicher Gesellschafter. Als Folge der Zulässigkeit der unmittelbaren Anteilsübertragung von Neu- auf Altgesellschafter (vgl. RG, WM 1964, 1130) ist die Auswechslung aller Gesellschafter auch bei der OHG als Personengesellschaft ohne Änderung der Gesellschaftsidentität möglich und bedarf deshalb nicht der Auflösung der alten und der Übertragung des Geschäftsbetriebes der OHG auf eine von den Käufern gebildete neue Gesellschaft (vgl. BGH BGHZ 44, 229, 231 f., vgl. dazu auch Baumbach/Hopt/*Hopt* § 105 Rdnr. 69; MünchHdbGesR I/*Piehler/Schulte* § 73 Rdnr. 2). Da im Formularfall sämtliche Gesellschaftsanteile von einer Person erworben werden, erlischt allerdings die OHG ohne Auflösung und deren Gesellschaftsvermögen geht kraft Gesetzes qua Gesamtrechtsnachfolge auf den Erwerber über (sog. Anwachsungsmodell; hierzu ausführlich *Seibt*, FS Röhricht, S. 603 ff.).

2. Gesellschaftsanteil und Kapitalanteil. Entsprechend der Regelung in § 124 Abs. 1 HGB, wonach die OHG unter ihrer Firma Rechte (u. a. Eigentum und andere dingliche Rechte an

Grundstücken) erwerben und Verbindlichkeiten eingehen, sowie klagen und verklagt werden kann, lässt sich von einer umfassenden Rechtszuständigkeit der OHG sprechen. Hiervon zu unterscheiden ist das Verhältnis gegenüber den an ihr beteiligten Gesellschaftern. Im Innenverhältnis gelten für das Vermögen der OHG gemäß § 105 Abs. 2 HGB die Regeln des BGB für die Gesellschaft bürgerlichen Rechts (§§ 718–720 BGB). Nach der Grundregel des § 718 Abs. 1 BGB ist das Gesellschaftsvermögen das gemeinschaftliche Vermögen der Gesellschafter. Dieses unterliegt gesamthänderischer Bindung, d.h. anders als etwa bei Bruchteilseigentum kann der Gesellschafter nicht über seinen Anteil an dem Gesellschaftsvermögen und an den einzelnen dazugehörenden Gegenständen verfügen. Vor dem Hintergrund, dass die Beteiligung eines Gesellschafters an der OHG im Wesentlichen als Rechten- und Pflichtenbündel gegenüber den Mitgesellschaftern zu verstehen ist, wird heute überwiegend die Mitgliedschaft als Gesamtheit seiner Rechte und Pflichten aus dem Gesellschaftsverhältnis in der OHG als ein der selbständigen Verfügung fähiges Recht angesehen (MünchHdbGesR I/*Piehler/Schulte* 73 Rdnr. 1 m. w. N.). Die Übertragung erfolgt gemäß §§ 413, 398 BGB. Eine wirksame Übertragung setzt jedoch voraus, dass der Gesellschaftsvertrag diese zulässt oder alle übrigen Gesellschafter der Übertragung zustimmen (Baumbach/Hopt/*Hopt* § 105 Rdnr. 70); im vorliegenden Formular liegt jedoch keine Verfügung über einen Anteil am Gesellschaftsvermögen i. S. v. § 719 Abs. 1 BGB vor, sondern eine Verfügung über die gesellschaftliche Beteiligung als solche. Die Zustimmung der Mitgesellschafter ist daher erst zur Übertragung des Gesellschaftsanteils erforderlich, nicht schon zur Verpflichtung zur Übertragung (vgl. BGH BB 1958, 57).

Vom Gesellschaftsanteil als der Gesamtheit der Rechte und Pflichten eines Gesellschafters aus dem Gesellschaftsverhältnis ist der Kapitalanteil des Gesellschafters zu unterscheiden. Der Kapitalanteil legt die verhältnismäßige Beteiligung der einzelnen Gesellschafter am Eigenkapital (Reinvermögen) der Gesellschaft fest. Er bildet sich aus der geleisteten Einlage; hinzu kommen weitere Einlagen und Gewinne der Gesellschaft. Verluste und Entnahmen sind abzusetzen, weshalb die gesetzliche Regel in § 120 Abs. 2 HGB von veränderlichen Kapitalanteilen ausgeht. In der gesellschaftsvertraglichen Praxis wird demgegenüber meistens von festen Kapitalanteilen ausgegangen (Baumbach/Hopt/*Hopt* § 120 Rdnr. 15). Die Einlagen der Gesellschafter werden auf einem festen Kapitalkonto I gebucht, während Gewinne, Verluste und Entnahmen auf einem variablen Kapitalkonto II gebucht werden (zu den möglichen Gesellschafterkonten siehe MünchHdbGesR I/*v. Falkenhausen/Schneider* § 61 Rdnr. 51 ff.; Baumbach/Hopt/*Hopt* § 120 Rdnr. 18 ff.). Anders als über den Gesellschaftsanteil sind Verfügungen über den Kapitalanteil nicht möglich, weil dieser nicht die Zusammenfassung bestimmter Rechte und Pflichten des Gesellschafters, sondern nur als Maßstab des Verhältnisses seiner Rechte und Pflichten zu denen der Mitgesellschafter zu verstehen ist (vgl. Baumbach/Hopt/ *Hopt* § 120 Rdnr. 13). Mit der Bezugnahme auf das gesellschaftsvertragliche Kapitalkonto I der Verkäufer stellt das Formular die verhältnismäßige Beteiligung der bisherigen Gesellschafter klar.

3. Form. Weder die Verpflichtung zur Übertragung eines Gesellschaftsanteils an einer OHG noch die dingliche Erfüllung sind formbedürftig. Dies gilt auch für die Übertragung von Anteilen an Grundstücksgesellschaften, auf die § 311b Abs. 1 BGB keine Anwendung findet (BGHZ 86, 367, 369). Dies gilt auch, wenn das Vermögen der Gesellschaft im wesentlichen aus einem Grundstück besteht und alle Anteile übertragen werden (vgl. Baumbach/Hopt/*Hopt* § 105 Rdnr. 71). Die Notwendigkeit zur notariellen Beurkundung kann aber gegeben sein, wenn die Übertragung der Gesellschaftsanteile an der OHG nur Teil eines einheitlichen Rechtsgeschäfts ist, wovon andere Teile beurkundungspflichtig sind. So ist z.B. ein Vertrag, in dem neben der Verpflichtung, die Beteiligung an einer OHG zu übertragen, gleichzeitig diejenige zur Übertragung eines GmbH-Geschäftsanteils begründet wird, beurkundungspflichtig (z.B. bei einer Betriebsaufspaltung) (vgl. § 15 Abs. 4 S. 1 GmbHG).

4. Erwerbsgegenstand. Veräußerungs- und Erwerbsgegenstand ist die Beteiligung an der Gesellschaft als solche, d.h. die Gesamtheit der Rechte und Pflichten aus dem Gesellschaftsverhältnis, nicht eine Beteiligung am Gesellschaftsvermögen. Wenn nichts anderes vereinbart ist, gehen alle Rechte und Pflichten des bisherigen Gesellschafters aus dem Gesellschaftsvertrag über, auch alle aus der Vergangenheit herrührenden Geldansprüche und Schulden aus dem Verhältnis zwischen Gesellschafter und Gesellschaft, und zwar wie sich diese aus der Buchführung der Gesellschaft ergeben (BGH BGHZ 45, 221, 222; BGH BB 1973, 165, 166; BGH WM 1986, 1314, 1315; *Teichmann* NJW 1966, 2336 ff.; Baumbach/Hopt/*Hopt* § 105 Rdnr. 72). Schwierige Abgrenzungsfragen können sich dann ergeben, wenn strittig ist, ob bestimmte Vertragsbeziehungen zwischen Gesellschaft und Gesellschafter gesellschaftsrechtlicher oder allgemein schuldrechtlicher Natur sind (z. B. erwirtschaftete Gewinne sind als Gesellschafterdarlehen stehen gelassen worden). Es empfiehlt sich daher, diese Punkte im Anteilskaufvertrag zu regeln und den Umfang der mitverkauften und übertragenen vermögensmäßigen Rechte genau festzulegen. Insofern bietet sich der Rückgriff auf die Buchführungssystematik der Gesellschaft an, wie sie hinsichtlich der unterhaltenen Gesellschafterkonten meist schon im Gesellschaftsvertrag zum Ausdruck kommt. So geht das Formular davon aus, dass bei der OHG zwei Kapitalkonten für jeden Gesellschafter geführt werden, nämlich ein (festes) Kapitalkonto I, auf dem die gesellschaftsvertraglich vereinbarte Kapitaleinlage gebucht ist, sowie ein Kapitalkonto II, auf dem Gewinne oder Verluste gebucht werden. Weiter geht das Formular davon aus, dass daneben für jeden Gesellschafter ein Darlehenskonto geführt wird, dessen Guthaben ebenfalls übertragen wird.

5. Übertragungszeitpunkt. Das Formular geht davon aus, dass die Wirksamkeit der Abtretung der Gesellschaftsanteile nicht von Bedingungen abhängig sein soll. Zu überlegen ist, die Übertragung unter die Bedingung der Eintragung des Ausscheidens der Verkäufer als Gesellschafter der Gesellschaft und den Eintritt der Käuferin in die Gesellschaft im Wege der Sonderrechtsnachfolge in das Handelsregister zu stellen.

6. Zustimmungserfordernis. Vgl. zunächst Anm. 2. Da im vorliegenden Formular alle bestehenden Gesellschafter der OHG ihre Anteile veräußern, kann dies als die jeweils gegenseitige Zustimmung der Gesellschafter zu diesen Verfügungen verstanden werden. Die Übertragung eines OHG-Anteils durch einen Minderjährigen bedarf der Genehmigung des Vormundschaftsgerichts (BGH BGHZ 17, 160, 164).

7. Gewinnberechtigung. Das Formular geht davon aus, dass das in der Gesellschaft seit dem letzten Bilanzstichtag und der letzten Gewinnverteilung erwirtschaftete Ergebnis nicht an die ausscheidenden Gesellschafter ausgeschüttet werden soll, sondern an die Käuferin mitverkauft wird und in der Gesellschaft verbleibt. Um zu vermeiden, dass aufgrund der gesetzlichen Vorschrift des § 101 Nr. 2 BGB der Verkäufer dem Käufer gegenüber schuldrechtlich verpflichtet ist, nach Gewinnfeststellung diesem einen Anteil an dem Gewinn auszuzahlen, der dem Zeitanteil an dem Geschäftsjahr entspricht, während dessen noch der Verkäufer Gesellschafter war, enthält das Muster eine ausführliche Regelung.

8. Anmeldung zum Handelsregister. Das Ausscheiden des seinen Geschäftsanteil veräußernden Gesellschafters und der Eintritt des den Geschäftsanteil erwerbenden Gesellschafters ist zur Eintragung in das Handelsregister anzumelden (§§ 107, 143 Abs. 2 HGB). Die Anmeldung muss von allen Gesellschaftern einschließlich des seinen Geschäftsanteil veräußernden Gesellschafters vorgenommen werden (§ 108 Abs. 1 HGB). Die Anmeldung kann durch Bevollmächtigte erfolgen, die Vollmacht bedarf jedoch der öffentlich beglaubigten Form (vgl. § 12 Abs 2 S. 1 HGB). Die Anmeldungspflichtigen sind sich gegenseitig zur Mitwirkung bei der Eintragung verpflichtet (vgl. Baumbach/Hopt/*Hopt* § 108 Rdnr. 6), so dass die entsprechende Klausel im Vertrag damit nur die geltende Rechtslage wiedergibt. Die Anmeldung bzw. Eintragung des Ausscheidens der Verkäufer als Gesellschafter und der Eintritt der Käufer als Gesellschafter ist nicht Wirksamkeitsvoraussetzung für den Übergang der Gesellschaftsanteile. Da im vorliegenden Fall die Übertragung aller bestehenden Gesellschaftsanteile von den bisherigen Gesellschaftern auf eine einzige Käuferin zum Erlöschen der Gesellschaft führt, ist auch dies ebenso wie der Übergang des Gesellschaftsvermögens auf den Erwerber gleichzeitig zur Eintragung zum Handelsregister anzumelden. Zur Anwachsung vgl. bereits Anm. 2.

9. Anwendbarkeit des gesetzlichen Gewährleistungsstatuts auf den Beteiligungskauf. Vgl. Form. C. II. 1 Anm. 91.

10. Garantiekatalog. Vgl. Form. C. II. 3 Anm. 25.

1. Vertrag über den Erwerb aller Anteile an einer OHG

11. Der Gewährleistungskatalog kann sich im Übrigen an die Gewährleistungsregelungen für den Erwerb aller Geschäftsanteile an einer GmbH anlehnen, vgl. hierzu Form. C.II.1, C.II.2 und C.II.3.

12. Kenntnis der Verkäuferin. Vgl. Form. C.II.1 Anm. 98.

13. Freibetrag/Gesamtfreibetrag. Vgl. Form. C.II.1 Anm. 124.

14. Haftungshöchstbetrag (Cap). Vgl. Form. C.II.1 Anm. 125.

15. Verjährung. Vgl. Form. C.II.1 Anm. 126.

16. Zur bilanziellen Behandlung und zu den steuerlichen Folgen von Schadensersatzzahlungen vgl. Form. C.II.1 Anm. 100.

17. Steuerrechtliche Freistellung. Vgl. allgemein zur Freistellung Form C.II.1 Anm. 101 sowie spezifisch zum Steuerbegriff Form. C.II.1 Anm. 102.

18. Vgl. Form. C.II.1 Anm. 102. Bei der Veräußerung einer oHG geht es im Wesentlichen um die Freistellung von Gewerbesteuer, Umsatz- und Lohnsteuer sowie Grunderwerbsteuer, da die Einkommensteuer bei den oHG-Gesellschaftern selbst anfällt.

19. Vgl. entsprechend Form. C.II.1 Anm. 103.

20. Vgl. Form. C.II.1 Anm. 104. Im Muster wird nicht auf die bestandskräftig festgesetzten Steuern, sondern auf die fälligen Steuern abgestellt. Insofern müssen die Verkäufer in Vorleistung treten.

21. Hier ist das letzte abgelaufene Geschäftsjahr der Zielgesellschaft einzusetzen.

22. Vgl. Form. C.II.1 Anm. 122.

23. Hier ist das letzte abgelaufene Geschäftsjahr der Zielgesellschaft einzusetzen.

24. Umweltfreistellung. Vgl. zum Charakter von Freistellungen Form. C.II.1 Anm. 101.

25. Umweltbelastungen. Vgl. Form. C.II.2 Anm. 116.

26. Vgl. Form. C.II.2 Anm. 117.

27. Die Formulierung bewirkt eine Beweislastumkehr zugunsten der Käuferin bezüglich des Zeitpunkts, zu dem die Altlast vorliegt.

28. Vgl. Form. C.II.2 Anm. 120.

29. Vgl. Form. C.II.2 Anm. 121.

30. Vgl. Form. C.II.2 Anm. 122.

31. Vgl. Form. C.II.2 Anm. 124.

32. Wettbewerbsverbot. Vgl. zunächst Form. C.II.1 Anm. 128. Da es sich beim vorliegenden Formular um einen ausgewogenen Anteilskaufvertrag handelt, geht das vorgeschlagene Wettbewerbsverbot über das im verkäuferfreundlichen Muster (Form. C.II.1) vorgesehene Wettbewerbsverbot hinaus. Es sieht insbesondere ein Vertragsstrafeversprechen vor. Für Formulierungsvorschläge für ein Abwerbeverbot siehe Form. C.II.1 und C.II.2.

33. Vertraulichkeitsverpflichtung. Es ist zu erwägen, die gegenseitigen Vertraulichkeitsverpflichtungen zeitlich zu begrenzen. Je nach „Schnelllebigkeit" des fraglichen Geschäftsfeldes können Fristen zwischen drei und zehn Jahren sinnvoll sein. Erfahrungsgemäß besteht nach Ablauf einiger Jahre kein gesteigertes Interesse mehr daran, die Informationen weiter zu schützen. Konsequenterweise sollte dann auch die Pflicht zur Vertraulichkeit enden.

34. Zustellungsbevollmächtigter. Insbesondere wenn abzusehen ist, dass die Vertragsparteien ihren Wohnsitz oder Niederlassung ändern oder ins Ausland verziehen, empfiehlt sich zur Erleichterung des nachvertraglichen Rechtsverkehrs die Ernennung von Zustellungsbevollmächtigten.

35. Vgl. Form. C.II.1 Anm. 148.

36. Gerichtsstandvereinbarung vs. Schiedsklausel. Vgl. Form. C.II.1 Anm. 146. Für einen Formulierungsvorschlag für eine Schiedsklausel siehe Form. C.II.2 § 22.

C. V. 2

2. Handelsregisteranmeldung über den Erwerb aller Anteile durch einen Käufer und das Erlöschen der oHG

UR-Nr. ......
An das
Amtsgericht ......
– Handelsregister –
......

...... oHG, ..., HRA ......
Erlöschen der ...... oHG

I. Zur Eintragung in das Handelsregister melden wir an[1]:
  1. Die sämtlichen persönlich haftenden Gesellschafter ...... und ...... haben ihre jeweilige Beteiligung an der Gesellschaft [mit Wirkung zum ......] übertragen auf ......, geboren am ......, ... [Anschrift/Sitz] und sind damit aus der Gesellschaft ausgeschieden[2].
  2. Die Gesellschaft ist damit ohne Liquidation erloschen[2]; ihr Vermögen ist ...... [Käufer] im Wege der Gesamtrechtsnachfolge angewachsen, welcher das Unternehmen der Gesellschaft fortführt. Die Firma ist ebenso erloschen[2].
II. Eintragungsnachrichten werden erbeten an:
die Rechtsanwälte ...... [Name, Anschrift].
Des Weiteren wird um Übersendung eines beglaubigten und zweier unbeglaubigter Handelsregisterauszüge an die genannten Rechtsanwälte gebeten.
III. Die Kosten der Eintragung trägt der Erwerber.
IV. Herr ......, Herr ...... sowie Frau ......, sämtlich geschäftsansässig im Notariat ...... [Name, Ort], werden bevollmächtigt, alle Erklärungen abzugeben, die dem Vollzug dieser Urkunde dienen[5]. Die Bevollmächtigung umfasst auch das Recht zur Abänderung dieser Urkunde. Jede(r) Bevollmächtigte vertritt einzeln und ist berechtigt Untervollmacht zu erteilen. Die Vollmacht ist jederzeit widerruflich.
......, den ......
...... [Unterschrift ausgeschiedener Gesellschafter 1]
...... [Unterschrift ausgeschiedener Gesellschafter 2]
...... [Unterschrift Erwerber]
[Unterschriftsbeglaubigung][3, 4]

Schrifttum: *Jeep/Wiedemann*, Die Praxis der elektronischen Registeranmeldung. Die Umsetzung des EHUG aus notarieller und richterlicher Sicht, NJW 2007, 2439; *Bumiller/Harders*, FamFG – Freiwillige Gerichtsbarkeit, 9. Aufl. 2009.

Anmerkungen

1. Anmeldepflicht. Gemäß §§ 107, 143 Abs. 2 HGB ist das Ausscheiden der veräußernden Gesellschafter und das Eintreten des Erwerbers ins Handelsregister anzumelden. Zur Anmeldung verpflichtet sind nach § 108 HGB hierbei sämtliche Gesellschafter, auch die ausscheidenden, wobei sie gegenseitig zur Mitwirkung bei Anmeldung und Eintragung verpflichtet sind (Baumbach/Hopt/*Hopt* § 108 Rdnr. 6). Zum notariellen Antragsrecht vgl. Anm. 3.

2. Inhalt der Anmeldung. Im Falle der Übertragung sämtlicher Gesellschaftsanteile einer oHG auf einen Erwerber endet das Gesellschaftsverhältnis durch Konfusion, denn eine Einmann-Personengesellschaft gibt es grundsätzlich nicht (vgl. *K. Schmidt*, Gesellschaftsrecht, § 8

IV. 2. b)). Die Gesellschaft erlischt daher ohne Auseinandersetzung, der Erwerber übernimmt das Vermögen durch Gesamtrechtsnachfolge, sodass es keiner Abwicklung mehr bedarf (BGH BGHZ 71, 296, 299; MünchHdbGesR I/*Piehler/Schulte* § 73 Rdnr. 2). Es entfällt daher die Abfolge bei sonstigen Beendigungen von Gesellschaften aus Auflösungstatbestand (§ 131 HGB), Liquidation (§ 143 HGB) und Vollbeendigung (§ 157 HGB).

Dementsprechend sind folgende Tatbestände zur Eintragung ins Handelsregister anzumelden:
- Ausscheiden der bisherigen Gesellschafter, § 143 Abs. 2 HGB,
- Eintritt eines neuen Gesellschafters, § 107 HGB,
- daraus folgende Beendigung der Gesellschaft, §§ 143 Abs. 1, 153 Abs. 1 HGB sowie
- Erlöschen der Firma, § 157 Abs. 1 HGB.

3. Notarielle Beglaubigung und notarielles Antragsrecht. Seit dem Inkrafttreten des EHUG (Gesetz über elektronische Handelsregister und Genossenschaftsregister sowie das Unternehmensregister, BGBl. I 2006 S. 2553) am 1. 1. 2007 ist die notariell beglaubigte Handelsregisteranmeldung zwingend in elektronischer Form zum Handelsregister einzureichen (§ 12 Abs. 1 HGB; zu den sich hieraus für die Notariatspraxis ergebenden Änderungen *Jeep/Wiedemann* NJW 2007, 2439).

Der beglaubigende Notar ist unter den Voraussetzungen des § 378 FamFG sodann ermächtigt, im Namen des zur Anmeldung verpflichteten die Eintragung zu beantragen. Hierbei handelt es sich um eine gesetzliche Vollmachtsvermutung (vgl. ausführlich *Bumiller/Harder* § 378 Rdnr. 3); der Notar muss bei der Antragstellung deutlich machen, ob er von dieser Ermächtigung Gebrauch macht oder die Anträge lediglich als „Bote" weiterleitet (*Bumiller/Harder*, § 378 Rdnr. 4.).

4. Kosten und Gebühren. Auf den dem Formular zugrunde liegenden Fall ist § 41a Abs. 4 Nr. 3 KostO anwendbar, ist doch ein Geldbetrag nicht ins Handelsregister einzutragen und handelt es sich doch um eine spätere Anmeldung/Eintragung; der Geschäftswert beträgt folglich EUR 25.000,–. Da es hier nicht um einen, sondern mehrere Geschäftsvorgänge geht (Ausscheiden der bisherigen Gesellschafter, Eintritt des Erwerbers, Beendigung der Gesellschaft), werden für das Erlöschen der Gesellschaft EUR 25.000,– hinzugerechnet.

Für die Beglaubigung der Unterschrift erhält der Notar gemäß § 45 KostO eine Viertelgebühr. Wenn er zudem die Anmeldung entwirft, so erhält er eine halbe Gebühr nach §§ 38 Abs. 2 Nr. 7, 145 Abs. 1 S. 1 und 4 KostO, wobei der Geschäftswert auf EUR 500.000,– begrenzt ist (Höchstwert gemäß § 39 Abs. 4 KostO).

5. Notariatsvollmacht. Eine solche Bevollmächtigung der Notariatsangestellten ist empfehlenswert, um etwaigen Rückfragen des Registergerichts zur Handelsregistereintragung zügig begegnen zu können.

VI. Gesellschaft bürgerlichen Rechts (GbR): Vertrag über den Erwerb aller Anteile an einer Grundbesitz-GbR – ausgewogen, mit besonderen Gewährleistungen für den Grundbesitz

Anteilskauf- und Anteilsübertragungsvertrag[1]
betreffend alle Gesellschaftsanteile an der ...... GbR

vom ......

zwischen

1. ...... [Name, Anschrift], (im Folgenden als *Verkäufer 1* bezeichnet)
2. ...... [Name, Anschrift], (im Folgenden als *Verkäufer 2* bezeichnet)
(Der Verkäufer 1 und der Verkäufer 2 werden nachfolgend zusammen auch als die *Verkäufer* bezeichnet.)

und

3. ...... [Name, Anschrift], (im Folgenden als *Käuferin* bezeichnet)
[ggf. 4. ...... [Name, Anschrift], (im Folgenden als *Käuferin 2* bezeichnet)[1]]

Vorbemerkungen:

V.1 Verkäufer 1 und Verkäufer 2 sind die alleinigen Gesellschafter der ...... GbR, die ihre Geschäftsräumlichkeiten in ...... hat (im Folgenden als die *Gesellschaft* bezeichnet). Die gesellschaftsvertragliche Kapitaleinlage des Verkäufers 1 beträgt ...... EUR. Die gesellschaftsvertragliche Kapitaleinlage des Verkäufers 2 beträgt ...... EUR.

V.2 Die Gesellschaft ist Eigentümer der folgenden Grundstücke:
  (i) ......, im Grundbuch des Amtsgerichts ......, Grundbuch ......, Blatt ......, laufende Nr. ...... des Bestandsverzeichnisses, eingetragen und mit einem ...... Gebäude bebauten Grundstück, bestehend aus dem Flurstück ...... der Gemarkung ......, belegen ......;
  (ii) ......, im Grundbuch des Amtsgerichts ......, Grundbuch ......, Blatt ......, laufende Nr. ...... des Bestandsverzeichnisses, eingetragen und mit einem ...... Gebäude bebauten Grundstück, bestehend aus dem Flurstück ...... der Gemarkung ......, belegen ......
  Ferner ist die Gesellschaft Eigentümer folgender grundstücksgleicher Rechte:
  (iii) ......, im Grundbuch des Amtsgerichts ...... [Erbbau-]/[Teilerbbau-]/[Wohnungseigentums-]/[Teileigentums-]grundbuch ......, Blatt ......, eingetragen ......
  (Gemeinsam nachfolgend als *Grundbesitz* bezeichnet)
  Die im Grundbuch eingetragenen Belastungen des Grundbesitzes sowie die Eintragungen im Baulastenverzeichnis des Grundbesitzes ergeben sich aus Anlage V.2.

V.3 Die Verkäufer sind daran interessiert, ihre Gesellschaftsanteile an der Gesellschaft, d.h. die Gesamtheit ihrer Rechte und Pflichten aus dem Gesellschaftsverhältnis (im Folgenden als die *Gesellschaftsanteile* bezeichnet), zu veräußern. Die Käuferin ist daran interessiert, beide Gesellschaftsanteile zu erwerben.

VI. Erwerb aller Anteile an einer Grundbesitz-GbR

Die Parteien vereinbaren daher Folgendes:

§ 1 Verkauf und Abtretung der Gesellschaftsanteile[2-6]

1.1 Der Verkäufer 1 verkauft hiermit der Käuferin sowohl (a) den von ihm gehaltenen Gesellschaftsanteil, einschließlich der Guthaben auf den für ihn bei der Gesellschaft gemäß § ...... des Gesellschaftsvertrages geführten Kapitalkonten I und II, als auch (b) das Guthaben auf dem für ihn bei der Gesellschaft gemäß § ...... des Gesellschaftsvertrages der Gesellschaft geführten Darlehenskonto und tritt diese an die Käuferin ab. Die Käuferin nimmt diesen Verkauf und diese Abtretung an.

1.2 Der Verkäufer 2 verkauft hiermit der Käuferin sowohl (a) den von ihm gehaltenen Gesellschaftsanteil, einschließlich der Guthaben auf den für ihn bei der Gesellschaft gemäß § ...... des Gesellschaftsvertrages geführten Kapitalkonto I und II, als auch (b) das Guthaben auf den für ihn bei der Gesellschaft gemäß § ...... des Gesellschaftsvertrages der Gesellschaft geführten Darlehenskonto (die Guthaben auf den betreffenden Darlehenskonten für den Verkäufer zu 1 und den Verkäufer zu 2 werden im folgenden als die *Darlehensguthaben* bezeichnet) und tritt diese an die Käuferin ab. Die Käuferin nimmt diesen Verkauf und diese Abtretung an.

1.3 Der Verkauf der Gesellschaftsanteile erfolgt mit wirtschaftlicher Wirkung zum Stichtag (siehe § 2.2), d.h. das positive/negative Ergebnis der Gesellschaft aus den vergangenen Geschäftsjahren und dem laufenden Geschäftsjahr bis zum Stichtag gebühren den Verkäufern/sind von ihnen auszugleichen und das positive/negative Ergebnis des laufenden Geschäftsjahres nach dem Stichtag gebührt der Käuferin/ist von der Käuferin auszugleichen. Die Parteien werden eine Abrechnung auf den Stichtag erstellen.

1.4 Zum Treuhänder wird ...... [Name, Anschrift] (im Folgenden als *Treuhänder* bezeichnet) bestellt. Die Verkäufer sind verpflichtet, dem Treuhänder notariell beglaubigte Bewilligungen zur Berichtigung der im jeweiligen Grundbuch ausgewiesenen Eigentumsverhältnisse hinsichtlich der von der Gesellschaft gehaltenen Grundstücke, im Wortlaut entsprechend der Anlage 1.4 zu übergeben. Der Treuhänder wird hiermit von allen Parteien unwiderruflich angewiesen, der Käuferin (und in Kopie den Verkäufern) unverzüglich schriftlich mitzuteilen, dass ihm die Bewilligungen gemäß Satz 1 in grundbuchmäßiger Form vorliegen. Der Treuhänder wird hiermit zudem von allen Parteien unwiderruflich angewiesen, die Bewilligungen gemäß Satz 1 der Käuferin auszuhändigen, sobald die Verkäufer ihm die Zahlung des Kaufpreises gemäß § 2 mitgeteilt haben oder die Käuferin ihm die Zahlung des Kaufpreises gemäß § 2 nachgewiesen hat; zur Rückgabe der Bewilligungen an die Verkäufer ist der Treuhänder berechtigt und verpflichtet, wenn ihm die Verkäufer den wirksamen Rücktritt von diesem Vertrag nachgewiesen haben und etwa vom Käufer bereits gewährte Leistungen Zug um Zug zurückgewährt werden oder die Parteien ihn einvernehmlich hierzu anweisen[7]. Die Käuferin wird die Berichtigung durch Antrag und Vorlage der Bewilligungen beim jeweiligen Grundbuchamt unverzüglich nach Übergabe durch den Treuhänder an die Käuferin veranlassen[8].

1.5 Die Abtretung des Gesellschaftsanteils (einschließlich Guthaben) gemäß §§ 1.1 und 1.2 steht unter der folgenden aufschiebenden Bedingung:
Die Käuferin hat den Kaufpreis gemäß § 2.2 an die Verkäufer gezahlt.

§ 2 Kaufpreis

2.1 Der gesamte Kaufpreis (im folgenden als der *Kaufpreis* bezeichnet) für den Kauf und die Abtretung der Gesellschaftsanteile sowie der Darlehensguthaben beträgt ...... EUR (in Worten: ......) und ergibt sich wie folgt:
Der Kaufpreis für den von Verkäufer 1 verkauften und abgetretenen Gesellschaftsanteil und sein Darlehensguthaben beträgt ...... EUR (in Worten: ......).

Der Kaufpreis für den von Verkäufer 2 verkauften und abgetretenen Gesellschaftsanteil und sein Darlehensguthaben beträgt ...... EUR (in Worten: ...... Euro).

2.2 Die Käuferin hat den Kaufpreis gemäß § 2.1 dieses Vertrages in Höhe von insgesamt ...... EUR innerhalb von zehn (10) Bankarbeitstagen (maßgeblich ist der Bankenplatz Frankfurt am Main) und erst zum letzten Tag desjenigen Kalendermonats, in dem diese 10-Tagesfrist abläuft, auf das Konto Nr. ...... des Verkäufers 1 bei der ...... [Name der Bank, Ort] (Bankleitzahl: ......) zu zahlen, nachdem folgende Voraussetzungen vorliegen:

2.2.1 die aufschiebende Bedingung gemäß § 6 ist eingetreten; und

2.2.2 die Mitteilung des Treuhänders gemäß § 1.4 Satz 2 ist bei der Käuferin zugegangen.
§ 193 BGB bleibt unberührt. Der Tag, an dem der Kaufpreis vertragsgemäß gezahlt wird, ist der Stichtag.

2.3 Die Zahlung gemäß § 2.2 dieses Vertrages befreit die Käuferin von ihrer Verpflichtung zur Zahlung des Kaufpreises im Verhältnis zu beiden Verkäufern.

2.4 Erfolgt die Zahlung gemäß § 2.2 nicht bis spätestens zum ......, haben die Verkäufer das Recht, ohne Weiteres von diesem Vertrag zurückzutreten. Das Recht der Verkäufer, von der Käuferin Schadensersatz wegen Nichterfüllung zu verlangen, bleibt durch die Ausübung des Rücktrittsrechtes unberührt.

2.5 Sollten die Fälligkeitsvoraussetzungen gemäß § 2.2.1 nicht bis spätestens zum ...... vorliegen, sind beide Parteien berechtigt, von diesem Vertrag zurückzutreten. Erfolgt der Rücktritt, weil die Voraussetzungen gemäß § 2.2.2 nicht vorliegen, sind die Verkäufer gegenüber der Käuferin zum Ersatz des positiven Interesses verpflichtet, d.h. zum Ersatz der anlässlich der Beratung und des Abschlusses dieses Vertrages angefallenen Kosten einschließlich des entgangenen Gewinns. Erfolgt der Rücktritt, weil die Voraussetzungen gemäß § 2.2.1 nicht vorliegen, trägt jede Partei ihre Kosten selbst.

§ 3 Gewährleistung, Selbstständige Garantieversprechen der Verkäufer, Haftung[9]

3.1 Form und Umfang der Garantieversprechen der Verkäufer

Die Verkäufer erklären hiermit gegenüber der Käuferin in Form selbstständiger Garantieversprechen gemäß § 311 Abs. 1 BGB und im Rahmen der Bedingungen des § 4 und der übrigen Bestimmungen dieses Vertrages, dass die folgenden Aussagen bei Abschluss dieses Vertrages vollständig und richtig sind. Die Verkäufer und die Käuferin sind sich ausdrücklich darüber einig, dass die Garantieversprechen in § 3 weder Garantien für die Beschaffenheit der Sache im Sinne der §§ 443, 444 BGB noch Beschaffenheitsvereinbarungen i.S.d. § 434 Abs. 1 S. 1 BGB darstellen.

3.2 Allgemeine Garantieversprechen der Verkäufer

3.2.1 Die Ausführungen in der Vorbemerkung dieses Vertrages sind vollständig und richtig.

3.2.2 Die Gesellschaft ist eine ordnungsgemäß errichtete und gemäß dem diesem Vertrag als Anlage 3.2.2 beigefügten Gesellschaftsvertrag wirksam bestehende Gesellschaft bürgerlichen Rechts.

3.2.3 Die Gesellschaft hält keine Beteiligungen an anderen Unternehmen und ist nicht verpflichtet, solche Beteiligungen zu erwerben.

3.2.4 Die Gesellschaft ist weder Partei von Unternehmensverträgen i.S.d. §§ 291 ff. AktG noch ist sie Verträge über die Begründung einer stillen Gesellschaft eingegangen.

VI. Erwerb aller Anteile an einer Grundbesitz-GbR

3.2.5 Die Verkäufer sind die rechtlichen und wirtschaftlichen Eigentümer der Gesellschaftsanteile und der Darlehensguthaben, die frei von jeglichen Belastungen und von anderen zugunsten Dritter bestellten Rechten sind. Die Verkäufer sind berechtigt, frei über die Gesellschaftsanteile und die Darlehensguthaben zu verfügen, ohne dass sie dazu die Zustimmung eines Dritten benötigen würden oder hierdurch die Rechte Dritter verletzen. Die Gesellschaftsanteile und Darlehensguthaben stellen nicht das gesamte oder nahezu gesamte Vermögen der Verkäufer dar.

3.2.6 Die Kapitaleinlagen an der Gesellschaft sind voll eingezahlt; Rückzahlungen von Einlagen sind nicht vorgenommen worden. Außer den Verkäufern gibt es keine weiteren Gesellschafter der Gesellschaft.

3.2.7 Anlage 3.2.7 zu diesem Vertrag enthält eine vollständige und richtige Zusammenstellung aller Vereinbarungen und (bestehenden und zukünftigen) Verbindlichkeiten, mit denen bis heute Gesellschaftsanteile an der Gesellschaft geschaffen, übertragen oder sonst wie tangiert worden sind oder mittels derer die Kapitaleinlagen in der Gesellschaft erhöht oder herabgesetzt worden sind.

3.2.8 Bei Abschluss dieses Vertrages sind keine Insolvenz- oder Vergleichsverfahren gegen die Verkäufer oder die Gesellschaft beantragt oder eröffnet worden. Nach Kenntnis der Verkäufer bestehen weder Umstände, die den Antrag auf Eröffnung eines Insolvenz- oder Vergleichsverfahrens erforderlich machen, noch Umstände, die nach anwendbaren Insolvenz- oder Vergleichsvorschriften die Anfechtung dieses Vertrages rechtfertigen.

3.2.9 Die gemäß § ...... des Gesellschaftsvertrages der Gesellschaft für die Gesellschafter eingerichteten Kapitalkonten I und II sowie die Darlehenskonten weisen bei Unterzeichnung dieses Vertrages die in Anlage 3.2.9 zu diesem Vertrag aufgeführten Kontostände auf.

3.3 Grundbesitzbezogene Garantieversprechen der Verkäufer und Vereinbarungen der Parteien[10]

3.3.1 Die Käuferin hat den Grundbesitz sowie die aufstehenden Baulichkeiten mehrfach besichtigt und überprüft. Die Käuferin bestätigt, dass ihr darüber hinaus ausreichend Gelegenheit gegeben wurde, sich über die Entwicklung und den Zustand des Grundbesitzes einschließlich der aufstehenden baulichen Anlagen sowie der Entwicklungsmöglichkeiten zu informieren. Die dabei von der Käuferin festgestellte und/oder mit kaufmännischer Sorgfalt feststellbare Bau- und Grundstücksbeschaffenheit ist bei der Kaufpreisermittlung entsprechend berücksichtigt worden. Die Käuferin erklärt sich mit dem Zustand des Grundbesitzes sowie der aufstehenden Baulichkeiten einverstanden. Für den Grundbesitz nebst den darauf befindlichen Baulichkeiten wird keine besondere Eigenschaft zugesichert und jegliche Gewährleistung von Rechts- und Sachmängeln ausgeschlossen, soweit in diesem Vertrag nichts Abweichendes vereinbart ist. Die Käuferin hat insbesondere die in Anlage 3.3.1 aufgelisteten Unterlagen und Informationen vor Abschluss dieses Kaufvertrages erhalten und zur Kenntnis genommen. Die Parteien sind sich einig, dass die Verkäufer keine weiteren nicht erfüllten Aufklärungs- und Offenbarungspflichten treffen und die Käuferin bestätigt, dass sie alle für sie kaufpreisbildenden Faktoren untersucht oder zum Gegenstand von Fragen an die Verkäufer gemacht hat, die ausreichend beantwortet wurden.

3.3.2 Die Verkäufer gewährleisten, dass die in der Vorbemerkung Ziff. V.2 gemachten Angaben zum Grundbesitz vollständig und zutreffend sind, insbesondere dass die Gesellschaft alleinige Eigentümerin des Grundbesitzes ist. Die auf dem Grundbesitz in Abteilung II und III[11] der Grundbücher eingetragenen Rechte, altrechtliche und nicht eintragungsfähige Dienstbarkeiten sowie im Baulastenverzeichnis eingetragene Baulasten bleiben bestehen. Dies gilt auch für bestehende, aber nicht im

Grundbuch eingetragene dingliche Lasten und bestehende, aber nicht im Baulastenverzeichnis eingetragene Baulasten. Die Verkäufer gewährleisten jedoch, keine Kenntnis von solchen nicht eingetragenen Belastungen oder Baulasten und altrechtlichen und nicht eintragungsfähigen Dienstbarkeiten zu haben.

3.3.3 Die Verkäufer gewährleisten, dass die Gesellschaft den Grundbesitz an die aus der Anlage 3.3.3[12] ersichtlichen Mieter bzw. Pächter zu der dort angegebenen monatlichen Miete bzw. Pacht vermietet bzw. verpachtet hat und es für diese Vertragsverhältnisse keine mündlichen Nebenabreden gibt. Dem Käufer wurden die Mietverträge nebst Nachträgen in Kopie übergeben. Die Verkäufer gewährleisten, dass es keine weiteren Miet-, Pacht- oder sonstige Nutzungsverträge für den Grundbesitz gibt.

3.3.4 Die Verkäufer gewährleisten, dass keine Erschließungskosten für den gegenwärtigen bestehenden Erschließungsstand der Gesellschaft offen stehen. § 436 Abs. 1 BGB gilt entsprechend.

3.3.5 Die Verkäufer gewährleisten, dass die Gesellschaft keine Mitarbeiter oder Angestellten hat.

3.3.6 Die Verkäufer gewährleisten, dass im Hinblick auf den Grundbesitz keine Rückstände an Steuern, öffentlichen Lasten und Abgaben bestehen.

3.3.7 Die Verkäufer gewährleisten, keine Kenntnis darüber zu haben, dass die Grundstücke (einschließlich ober- und unterirdischer Bebauung) nicht frei sind von Verunreinigungen/Belastungen des Bodens, der Bodenluft, des Sickerwassers, der oberflächlichen Gewässer oder des Grundwassers, insbesondere Altlasten und schädlichen Bodenveränderungen im Sinne von § 2 BBodSchG, von Abfällen oder von Schadstoffen aller Art sowie von im Boden eingeschlossenen baulichen und technischen Anlagen oder Teilen davon, von Kampfmitteln und/oder -stoffen sowie von Bodendenkmälern[13].

3.3.8 Die Verkäufer gewährleisten, dass keine den Grundbesitz betreffenden unerfüllten behördlichen Auflagen vorliegen, und behördliche Genehmigungen nicht widerrufen/zurückgenommen worden sind und für eine(n) solche(n) Widerruf/Rücknahme auch keine Gründe vorliegen.

3.3.9 Die Verkäufer gewährleisten, dass alle für die auf den Grundbesitz gegenwärtig befindlichen Gebäude (Bauten, Anlagen und Einrichtungen) und deren gegenwärtigen Nutzung erforderlichen öffentlich-rechtlichen Genehmigungen vorliegen.

3.3.10 Die Verkäufer gewährleisten, dass der Grundbesitz nicht in einem Gebiet liegt,
(a) das förmlich als Sanierungs- oder Entwicklungsgebiet festgelegt ist oder
(b) für das vorbereitende Untersuchung zur Ausweisung als Sanierungs- oder Entwicklungsgebiet (§§ 141 Abs. 3, 165 Abs. 4 BauGB) oder sonstige Maßnahmen zur Erkundigung der Bodensituation eingeleitet wurden oder
(c) für das eine Erhaltungssatzung oder eine Satzung gemäß § 171b BauGB (Stadtumbaugebiet) gilt oder für das der Beschluss über die Aufstellung einer Erhaltungssatzung oder Satzung gemäß § 171d BauGB gefasst oder ausdrücklich bekannt gemacht ist oder
(d) das ein Umlegungsgebiet ist oder
(e) für das eine Veränderungssperre gilt.

3.3.11 Die Verkäufer gewährleisten, dass es weder aktive noch passive Überbauten gibt, das heißt Gebäude auf oder unter dem Grundbesitz über- oder unterbauen nicht Nachbargrundstücke und Gebäude auf Nachbargrundstücken über- oder unterbauen nicht den Grundbesitz.

3.3.12 Die Verkäufer gewährleisten, dass den Grundbesitz betreffende Vereinbarungen mit Nachbarn, Behörden oder Dritten bestehen nicht und sind für die gegenwärtige Nutzung auch nicht rechtlich geboten.

VI. Erwerb aller Anteile an einer Grundbesitz-GbR

3.3.13 Die Verkäufer gewährleisten, dass die für den Grundbesitz und seine derzeitige Nutzung notwendigen Stellplätze abgelöst beziehungsweise nachgewiesen sind.

3.3.14 Die Verkäufer gewährleisten, dass der Grundbesitz unmittelbaren Zugang zur öffentlichen Straße hat und der Zugang zum und Betrieb des auf dem Grundbesitz befindlichen Gebäudes nicht solcher Anlagen oder Wege bedarf, die sich auf Nachbargrundstücken befinden.

3.3.15 die Verkäufer gewährleisten, dass im Hinblick auf den Grundbesitz und die den Grundbesitz betreffenden Miet- und sonstigen Nutzungsverhältnisse keine Rechtsstreitigkeiten anhängig sind oder in den letzten ...... (......) Monaten anhängig waren und dass auch im Übrigen die Gesellschaft nicht Partei von Rechtsstreitigkeiten ist oder innerhalb der letzten ...... (......) Monate war.

3.4 Kenntnis der Verkäufer[14]

„Kenntnis der Verkäufer" im Sinne dieses Vertrages (zuvor und nachfolgend als *Kenntnis der Verkäufer* bezeichnet) umfasst nur die tatsächliche Kenntnis der in Anlage 3.5 aufgeführten Personen bei Abschluss dieses Vertrages.

§ 4 Rechtsfolgen; Zeitraum bis zum Stichtag

4.1 Ersatzfähiger Schaden

4.1.1 Im Fall einer Verletzung der Garantieversprechen gemäß § 3 durch die Verkäufer haben die Verkäufer die Käuferin oder (nach Wahl der Käuferin) die Gesellschaft so zu stellen, wie sie stehen würde, wenn das Garantieversprechen nicht verletzt worden wäre (Naturalrestitution). Sind die Verkäufer hierzu innerhalb von drei (3) Monaten, nachdem die Käuferin den Verkäufern die Verletzung des Garantieversprechens mitgeteilt hat, nicht imstande, kann die Käuferin Schadensersatz in Geld verlangen. Im Übrigen gelten §§ 249 ff. BGB.[15]

4.1.2 Die Käuferin hat keinerlei Ansprüche gegen die Verkäufer aus oder im Zusammenhang mit diesem Vertrag, wenn und soweit Schäden der Käuferin durch Ansprüche gegen Dritte, einschließlich gegen Versicherungen, abgedeckt sind.[16]

4.2 Freibetrag; Gesamtfreibetrag[17]

Die Käuferin ist nur berechtigt, Ansprüche nach § 3 bis § 4 geltend zu machen, sofern im Einzelfall der Anspruch ...... EUR (in Worten: ...... Euro) (nachfolgend als *Freibetrag* bezeichnet) und die Gesamthöhe aller solcher Einzelansprüche – Ansprüche unterhalb des Freibetrags bleiben insoweit außer Betracht – ...... EUR (in Worten: ...... Euro) übersteigen (nachfolgend als *Gesamtfreibetrag* bezeichnet). Wird der Freibetrag und der Gesamtfreibetrag überschritten, haften die Verkäufer nur in Höhe des den Freibetrag und des den Gesamtfreibetrag übersteigenden Betrags.

4.3 Gesamthaftung der Verkäufer nach diesem Vertrag

Die Haftung der Verkäufer nach diesem Vertrag, einschließlich aller Ansprüche wegen Verletzung der Garantieversprechen nach § 4, ist insgesamt auf einen Betrag in Höhe von fünfundzwanzig (25) Prozent des Kaufpreises [Alternative: ...... EUR (in Worten: ...... Euro)] (der *Haftungshöchstbetrag*)[18] beschränkt.

4.4 Anwendung Haftungsbeschränkungen

Die Haftungsbeschränkung gemäß §§ 4.2 und 4.3 finden keine Anwendung auf eine Verletzung der Garantieversprechen gemäß § 3.2.1 und § 3.3.2 und zudem nicht auf die Haftung wegen Schäden aus der Verletzung von Leben, Körper oder Gesundheit und wegen grob fahrlässiger Pflichtverletzungen.

4.5 Ausschluss von Ansprüchen bei Kenntnis der Käuferin

Die Käuferin ist nicht berechtigt, Ansprüche nach § 3 bis § 5 geltend zu machen, sofern sie die dem Anspruch zugrundeliegenden Tatsachen oder Umstände kannte oder kennen konnte. Der Käuferin wurde vor Abschluss dieses Vertrages die Gelegenheit zu einer eingehenden Untersuchung des Zustandes der Gesellschaft sowie deren geschäftlichen Aktivitäten, unter kaufmännischen, finanziellen und rechtlichen Gesichtspunkten gegeben, u. A. die Gelegenheit zur Prüfung der in Anlage 4.5 aufgeführten und im Datenraum offengelegten Unterlagen sowie der in Anlage 3.3.1 aufgelisteten grundstücksbezogene Unterlagen (nachfolgend als *Offengelegte Unterlagen* bezeichnet). Tatsachen und Umstände, die sich aus den Offengelegten Unterlagen ergeben oder die im Memorandum, der Management-Präsentation vom ...... oder in diesem Vertrag oder seinen Anlagen bezeichnet worden sind, gelten als der Käuferin bekannt. Die Kenntnis der Geschäftsführer der Käuferin, ihrer Berater und derjenigen Mitarbeiter, die mit der Due Diligence im Vorfeld dieses Vertrages betraut waren, werden der Käuferin zugerechnet.

4.6 Schadensminderung

§ 254 BGB bleibt unberührt. Insbesondere ist die Käuferin verpflichtet, die Entstehung von Schäden abzuwenden und den Umfang entstandener Schäden zu mindern.

4.7 Verjährung[19]

Alle Ansprüche wegen Verletzung eines Garantieversprechens der Verkäufer nach § 3 verjähren nach Ablauf von vier (4) Jahren ab Vertragsschluss. § 203 BGB findet keine Anwendung.

4.8 Ausschluss weiterer Gewährleistungen

Soweit rechtlich zulässig und sofern sich nicht aus den §§ 3 bis 4 ausdrücklich etwas Anderes ergibt, sind alle weiteren Ansprüche und Gewährleistungen unabhängig von ihrer Entstehung, ihrem Umfang oder ihrer rechtlichen Grundlage ausdrücklich ausgeschlossen, insbesondere Ansprüche wegen vorvertraglicher Pflichtverletzung (§ 311 Abs. 2 und 3 BGB), Pflichtverletzungen aus dem Schuldverhältnis, Minderung des Kaufpreises, Rücktritt von diesem Vertrag sowie Ansprüche aus unerlaubter Handlung.

4.9 Behandlung von Zahlungen

Zahlungen der Verkäufer gemäß § 4 sind im Verhältnis zwischen Käuferin und Verkäufern als Herabsetzung des Kaufpreises anzusehen.[20]

4.10 Zeitraum bis zum Stichtag

Die Verkäufer werden die Gesellschaft und ihr Vermögen, namentlich den Grundbesitz und die auf ihn bezogenen Rechtsverhältnisse, nach Abschluss dieses Vertrages nur noch im Rahmen des ordentlichen Geschäftsbetriebes verwalten und unterhalten. Darüber hinausgehende Maßnahmen, insbesondere (i) Grundbucherklärungen und (ii) Willenserklärungen in Bezug auf den Grundbesitz betreffende Miet-, Pacht- und sonstige Nutzungsverhältnisse dürfen nur nach Abstimmung mit der Käuferin getroffen bzw. abgegeben werden.

§ 5 Vertraulichkeit und Presseverlautbarungen[21]

5.1 Vertraulichkeit im Hinblick auf die Gesellschaft

Die Verkäufer werden alle Informationen über die Gesellschaft und deren Geschäftsbetriebe streng vertraulich behandeln, vor dem Zugriff Dritter wirksam schützen und solche vertraulichen Informationen nicht für eigene oder fremde Zwecke nutzen. Von der vorstehenden Verpflichtung nicht umfasst sind Tatsachen, die öffentlich bekannt sind oder ohne eine Verletzung dieser Verpflichtung öffentlich bekannt werden oder deren Offenlegung durch Gesetz oder kapitalmarktbezogene Regularien vorgeschrieben ist.

VI. Erwerb aller Anteile an einer Grundbesitz-GbR

5.2 Vertraulichkeit im Hinblick auf diesen Vertrag und die Parteien

Die Parteien verpflichten sich, den Inhalt dieses Vertrages, die Umstände seiner Verhandlung, seines Abschlusses und seiner Durchführung sowie in diesem Zusammenhang über die jeweils andere[n] Partei[en] und mit ihr [diesen] verbundene Unternehmen (mit Ausnahme der Gesellschaft; hinsichtlich dieser gilt ausschließlich § 6.1) erlangten Informationen streng vertraulich zu behandeln und vor dem Zugriff Dritter wirksam schützen. Von der vorstehenden Verpflichtung nicht umfasst sind Tatsachen, die öffentlich bekannt sind oder ohne eine Verletzung dieser Verpflichtung öffentlich bekannt werden oder deren Offenlegung durch Gesetz oder kapitalmarktbezogene Regularien vorgeschrieben ist. In einem solchen Fall sind die Parteien jedoch verpflichtet, die jeweils andere[n] Partei[en] vor der Offenlegung zu informieren und die Offenlegung auf das nach dem Gesetz oder der behördlichen Anordnung erforderliche Mindestmaß zu beschränken.

5.3 Pressemitteilungen

Die Parteien werden sich über Form und Inhalt jeder Pressemitteilung oder ähnlicher freiwilliger Verlautbarungen zu diesem Vertrag und den darin vereinbarten Rechtsgeschäften, seinem Zustandekommen und seiner Durchführung vor deren Veröffentlichung abstimmen. Sofern Veröffentlichungen durch Gesetz oder kapitalmarktbezogene Regularien vorgeschrieben sind, werden sie sich um eine vorherige Abstimmung bemühen.

§ 6 Zusammenschlusskontrolle[22]

6.1 Die Verkäufer und die Käuferin gehen gemeinsam davon aus, dass dieser Vertrag möglicherweise gemäß § 37 Abs. 1 Nr. 1 des Gesetzes gegen Wettbewerbsbeschränkungen (GWB) der Zusammenschlusskontrolle nach §§ 35 ff. GWB unterfällt und demzufolge eine Anmeldepflicht gemäß § 38 GWB sowie ein Vollzugsverbot gemäß § 41 GWB bestehen kann.

6.2 Demgemäß verpflichtet sich die Käuferin, unverzüglich nach dem Abschluss dieses Vertrages die erforderlichen und wirtschaftlich zumutbaren Handlungen gegenüber dem Bundesamts für Kartellrecht zur kartellamtlichen Freigabe des Zusammenschlussvorhabens auf ihre Kosten vorzunehmen. Sie wird zu diesem Zweck von den Verkäufern bevollmächtigt. Die Verkäufer werden die Käuferin bei der erforderlichen Anmeldung nach besten Kräften unterstützen.

6.3 Die Regelungen dieses Vertrages, mit Ausnahme der Regelungen in § 2.5, § 7, § 8 und diesem § 6 werden unter der aufschiebenden Bedingung geschlossen, dass das Bundeskartellamt den Parteien anzeigt, dass die Voraussetzungen für ein Zusammenschlussverbot gemäß § 36 Abs. 1 GWB nicht vorliegen, oder das Bundeskartellamt eine Entscheidung nach § 40 Abs. 2 GWB dahingehend erlassen hat, dass das den Gegenstand dieses Vertrages bildende Zusammenschlussvorhaben genehmigt ist oder das sämtliche anwendbare Wartefristen verstrichen sind.

6.4 Die in diesem § 6 genannte aufschiebende Bedingung gilt auch dann als eingetreten, wenn die Parteien dieses Vertrages schriftlich zu der gemeinsamen Überzeugung gelangen, dass eine Anmeldung des Zusammenschluss-Vorhabens nicht erforderlich ist; für diesen Fall verpflichten sie sich gegenseitig, den [Treuhänder] entsprechend schriftlich zu informieren.

§ 7 Schlussbestimmungen

7.1 Die Verkäufer können ihre Rechte aus diesem Vertrag nur gemeinsam ausüben.

7.2 Jede Vertragspartei trägt die Kosten der von ihr beauftragten Berater. Die Kosten des Abschlusses und der Durchführung dieses Vertrages entstehenden Übertragungskosten, einschließlich etwaiger Verkehrssteuern sowie der Grunderwerbsteuer, werden im Innenverhältnis der Parteien von der Käuferin getragen. Die

Käuferin ist verpflichtet, den Abschluss dieses Vertrages unverzüglich beim zuständigen Finanzamt anzuzeigen.

7.3 Die bei der Gesellschaft vorhandenen Unterlagen bezüglich der Gesellschaft und des Grundbesitzes werden dem Käufer innerhalb von 4 Wochen nach dem Stichtag übergeben, soweit die Übergabe nicht bereits vorher erfolgt ist.

7.4 Änderungen, Ergänzungen oder die Aufhebung dieses Vertrages einschließlich der Abänderung dieser Bestimmung selbst bedürfen der Schriftform, soweit nicht nach zwingendem Recht eine strengere Form (z.B. notarielle Beurkundung) erforderlich ist.

7.5 Als Zustellungsbevollmächtigten[23] für die Erhebung einer Klage und die in einem anhängigen Rechtsstreit zu bewirkenden Zustellungen sowie für den Empfang von empfangsbedürftigen Willenserklärungen ernennen die Verkäuferin
...... [Name, Anschrift]
und die Käuferin
...... [Name, Anschrift]

7.6 Sollte eine Bestimmung dieses Vertrages ganz oder teilweise nichtig, unwirksam oder undurchsetzbar sein oder werden, wird die Wirksamkeit und Durchsetzbarkeit aller übrigen verbleibenden Bestimmungen davon nicht berührt. Die nichtige, unwirksame oder undurchsetzbare Bestimmung ist, soweit gesetzlich zulässig, als durch diejenige wirksame und durchsetzbare Bestimmung ersetzt anzusehen, die dem mit der nichtigen, unwirksamen oder nicht durchsetzbaren Bestimmung verfolgten wirtschaftlichen Zweck nach Gegenstand, Maß, Zeit, Ort und Geltungsbereich am nächsten kommt. Entsprechendes gilt für die Füllung etwaiger Lücken in diesem Vertrag.

7.7 Dieser Vertrag enthält sämtliche Vereinbarungen der Parteien und ersetzt alle mündlichen oder schriftlichen Verhandlungen, Vereinbarungen und Abreden, die zuvor zwischen den Parteien im Hinblick auf den Vertragsgegenstand geschlossen wurden. Nebenabreden zu diesem Vertrag bestehen nicht.[24]

7.8 Dieser Vertrag unterliegt deutschem Recht. Das Wiener UN-Übereinkommen über Verträge über den internationalen Warenkauf (CISG) findet keine Anwendung.

7.9 Ausschließlicher Gerichtsstand für alle Streitigkeiten zwischen den Parteien aus und im Zusammenhang mit diesem Vertrag und seiner Durchführung, einschließlich seiner Anlagen, ist ....[25]

Anlagenverzeichnis

Anlage V.2 – Belastungen des Grundbesitzes im Grundbuch
Anlage 1.4 – notariell beglaubigte Bewilligungen zur Grundbuchberichtigung
Anlage 3.2.2 – Gesellschaftsvertrag
Anlage 3.2.7 – Auflistung aller Vereinbarungen mit Bezug auf Gesellschaftsanteile
Anlage 3.2.9 – Ausweis der Kontostände der Kapital- und Darlehenskonten
Anlage 3.3.1 – Auflistung sämtlicher grundbesitzbezogener Unterlagen und Informationen
Anlage 3.3.3 – Auflistung der Mieter der Gesellschaft
Anlage 3.5 – Auflistung der für die Kenntnis der Käuferin maßgeblichen Personen
Anlage 4.5 – Auflistung der im Datenraum offengelegten Unterlagen

Schrifttum: Demharter, Grundbuchordnung, 27. Aufl. 2010; *Giefers/Ruhkamp,* Die Gesellschaft bürgerlichen Rechts, 6. Aufl. 2010; *Müller/Hoffmann,* Beck'sches Handbuch der Personengesellschaften, 3. Aufl. 2009; *Nagel,* Grundeigentum und Grundbucheintragung der GbR, NJW 2003, 1646; *Ott,* Zur Grundbuchfähigkeit der GbR und des nicht eingetragenen Vereins, NJW 2003, 1223; *Ulmer/Löbbe,* Zur Anwendbarkeit des § 313 BGB im Personengesellschaftsrecht, DNotZ 1998, 711.

VI. Erwerb aller Anteile an einer Grundbesitz-GbR   C. VI

Anmerkungen

1. Übersicht. Das Formular stellt einen Anteilskauf- und Abtretungsvertrag über sämtliche Gesellschaftsanteile an einer GbR mit Grundbesitz dar. Eine sogenannte Grundbesitzgesellschaft wird regelmäßig gegründet, wenn sich mehrere Personen zum Erwerb oder zur Verwaltung von einem oder mehreren Grundstücken entschließen.

Dieses Vorhaben kann einerseits durch eine Bruchteilsgemeinschaft realisiert werden, sodass jeder Teilnehmer das Eigentum am Grundstück nach Bruchteilen hat, §§ 1008 ff., 741 ff. BGB, über das er nach § 747 Abs. 1 BGB auch frei verfügen kann. Überwiegend wird sich daher insbesondere in Fällen, in denen längerfristige Bindungen geplant sind, die Gründung einer GbR empfehlen, bei der eine freie Veräußerbarkeit grundsätzlich nicht besteht (vgl. Anm. 6). Der Vorteil einer gesellschaftsrechtlichen Gestaltung liegt aber darin, dass nicht nur für die Veräußerbarkeit, sondern insgesamt das Recht der §§ 705 ff. BGB weitgehend dispositiv ist und daher zu maßgeschneiderten Gestaltungen einlädt. Der entscheidende Unterschied zwischen dem GbR- und dem Bruchteilsgemeinschafts-Modell ist derjenige, dass die GbR selbst Eigentümer der jeweiligen Grundstücke ist und nicht etwa deren Gesellschafter nach Bruchteilen. Vorteilhaft ist hieran, dass die Verfügung über den Gesellschaftsanteil – und somit mittelbar über das Grundeigentum – formfrei möglich ist und zu ihrer Wirksamkeit nicht einer Eintragung im Grundbuch bedarf (vgl. Anm. 3).

Stets ist jedoch zu beachten, ob der Zweck einer solchen Gesellschaft im Betrieb eines Handelsgewerbes liegt, sodass qua gesetzlicher Anordnung eine oHG vorliegt, deren Gründung ebenso wie der Erwerb ihrer Gesellschaftsanteile zur Eintragung zum Handelsregister anzumelden wäre, §§ 105 Abs. 1, 106 Abs. 1 HGB (zum Erwerb aller Anteile an einer oHG vgl. Form. C.V.1.). Gerade für Immobilienverwaltungsgesellschaften wird indes nach § 105 Abs. 2 HGB ein Wahlrecht bestehen können, ob sie durch Eintragung zur oHG werden sollen (zur grundstücksverwaltenden GbR vgl. *Giefers/Ruhkamp* Rdnr. 34; Baumbach/Hopt/*Hopt* § 105 Rdnr. 13).

Der Erwerb von Anteilen an einer Grundstücks-GbR ist, im Gegensatz zur Konstellation des Erwerbs eines Miteigentumsanteils an einem Grundstück, grunderwerbsteuerfrei möglich. Dies gilt jedoch nicht, wenn alle Anteile – wie im Formular – durch eine Person erworben werden, sich der Gesellschafterbestand innerhalb von fünf Jahren vollständig oder wesentlich ändert (vgl. § 1 Abs. 2 a GrEStG) sowie dann, wenn sich mindestens 95 % der Anteile mittelbar oder unmittelbar in einer Hand vereinigen (vgl. § 1 Abs. 3 Nr. 1 GrEStG). Auf diese gesetzlichen Schwellenwerte ist bei der Ausarbeitung der Transaktion unter Beteiligung mehrerer Erwerber Acht zu geben (hierzu ausführlich auch Hopt/*Fabritius* II. A. 2 Anm. 21).

2. Gesellschaftsanteil und Kapitalanteil. Auch in vorliegendem Formular wird davon ausgegangen, dass für jeden Gesellschafter ein festes Kapitalkonto I, ein variables Kapitalkonto II sowie ein Darlehenskonto besteht, deren Guthaben mit abgetreten werden. Zu Kapitalkonten und deren Gestaltung vgl. bereits Form. C. V. 1. Anm. 4 sowie *Giefers/Ruhkamp,* Rdnr. 153 ff.

3. Form. Weder die Verpflichtung noch die Verfügung über einen Gesellschaftsanteil an einer GbR bedürfen der Form. Dies gilt auch für den dem vorliegenden Formular zugrunde liegenden Fall einer Grundstücksgesellschaft und auch dann, wenn deren Vermögen im Wesentlichen aus Grundstücken besteht und alle Anteile übertragen werden (vgl. MünchHdbGesR I/*Hamann* § 27 Rdnr. 77). § 311 b Abs. 1 BGB findet keine Anwendung, ist doch gerade nicht das Grundstück im Eigentum der GbR Gegenstand des Verpflichtungsgeschäfts sondern ein Gesellschaftsanteil an der GbR (BGHZ 86, 367, 369; a. A. *Ulmer/Löbbe* DNotZ 1998, 711). Gleiches gilt für den Fall, dass GmbH-Anteile zum Gesellschaftsvermögen gehören (BeckHdb Personengesellschaften/*Sauter* § 7 Rdnr. 62). Höchstrichterlich ungeklärt ist allerdings, ob § 311 b BGB nicht doch in Fällen angewandt werden muss, in denen die Vorschrift durch gesellschaftsrechtliche Übertragungskonstellationen bewusst umgangen werden soll. Derlei Konstellation werden sich bei einer Grundbesitzgesellschaft kaum je stellen, wird diese doch regelmäßig einen solchen Zweck nicht (allein) verfolgen (MünchHdbGesR I/*Hamann* § 27 Rdnr. 78).

Seibt

Eine notarielle Beurkundung der Veräußerung der Anteile einer GbR kann aber von Nöten sein, wenn diese Teil eines einheitlichen Rechtsgeschäfts ist, und weitere Teile dieses Geschäfts beurkundungspflichtig sind – etwa wenn neben der GbR-Anteilsübertragung eine Verpflichtung zur Übertragung eines GmbH-Geschäftsanteils vorgenommen wird, vgl. § 15 Abs. 4 S. 1 GmbHG.

4. Erwerbsgegenstand. Nach höchstrichterlicher Anerkennung der Rechtsfähigkeit der (Außen-)GbR (BGHZ 146, 341; vgl. ausführlich MünchHdbGesR I/*Gummert* § 17 Rdnr. 1 ff.) ist diese alleiniger Eigentümer des Gesellschaftsvermögens inklusive der Grundstücke (zur Grundbuchfähigkeit der GbR vgl. Anm. 8). Die Gesellschafter sind über die Mitgliedschaft lediglich mittelbar an diesem Vermögen beteiligt. Demzufolge ist Veräußerungs- und Erwerbsgegenstand auch nur ebendiese Beteiligung an der Gesellschaft als solche, d. h. die Gesamtheit der Rechte und Pflichten aus dem Gesellschaftsverhältnis, nicht eine Beteiligung am Gesellschaftsvermögen. Die Mitgliedschaft in der GbR wird ebenso wie bei der oHG durch Abtretung nach §§ 398, 413 BGB übertragen. Bezüglich des Umfangs der mit der Abtretung der Mitgliedschaft übergehenden Rechten und Pflichten gilt gegenüber der oHG nichts Abweichendes, vgl. Form. C.V. 1 Anm. 4. Auch hier empfehlen sich daher explizite Regeln unter Rückgriff auf die Buchführungssystematik der Gesellschaft, sofern eine derartige Gestaltung gesellschaftsvertraglich gewählt wurde.

5. Übertragungszeitpunkt. Vgl. bereits Form. C. V. 1 Anm. 5.

6. Zustimmungserfordernis. Auch hier veräußern sämtliche Gesellschafter ihren Anteil, sodass auf Form. C. V. 1 Anm. 6 verwiesen werden kann.

7. Treuhänder. Es wird empfohlen, für die Abwicklung dieses Kaufvertrages einen Treuhänder zu benennen, der insbesondere die Übergabe der für die Abwicklung wichtigen Bewilligungen zur Grundbuchberichtigung verwahrt. Im Zuge der Abwicklung des Kaufvertrages mögen dem Treuhänder auch weitere Funktionen zugeordnet werden. Als Treuhänder kann sich ein Notar empfehlen (wobei jedoch die entsprechenden Kosten zu berücksichtigen sind), oder alternativ z. B. eine Bank oder ein Rechtsanwalt.

8. Grundbuchfähigkeit der GbR, Grundbuchberichtigung. Die Grundbuchfähigkeit der GbR ist seit dem Beschluss des BGH vom 4. 12. 2008 (BGH NJW 2009, 594; zuvor schon *Nagel* NJW 2003, 1646; *Ott* NJW 2003, 1223) und der anschließenden Einführung des § 47 Abs. 2 GBO durch das ERVGBG (Gesetz zur Einführung des elektronischen Rechtsverkehrs und der elektronischen Akte im Grundbuchverfahren sowie zur Änderung weiterer grundbuch-, register- und kostenrechtlicher Vorschriften vom 11. 8. 2009, BGBl. I, 2713) zweifelsfrei festgestellt. Als Berechtigte ist gem. § 47 Abs. 1 GBO nun die GbR einzutragen. Ergänzend sieht Abs. 2 vor, dass zudem die Gesellschafter einzutragen sind, deren Zusammensetzung damit Teil der Grundbucheintragung wird (vgl. *Demharter* § 47 Rdnr. 28 ff.). Neben den Gesellschaftern kann gem. § 15 Abs. 1 lit. c) GBV zusätzlich die Gesellschaft und ihr Sitz eingetragen werden. Obwohl sich mit der Anteilsübertragung am Eigentum der Gesellschaft hinsichtlich des Grundstücks nichts ändert, bedarf das Grundbuch durch den Gesellschafterwechsel also einer Berichtigung. Die Eintragung der GbR als Grundstückinhaberin ist von dieser selbst unter Mitwirkung all ihrer Gesellschafter zu beantragen (vgl. MünchHdbGesR I/*Hamann* § 27 Rdnr. 32). Wird das Grundbuch wegen einer Veränderung des Gesellschafterkreises unrichtig, hat das Grundbuchamt gem. § 82 S. 3 GBO auf eine Berichtigung hinzuwirken. Der ebenfalls neu eingeführte § 899a BGB sorgt dafür, dass der Gutglaubensschutz des Grundbuchs sich auf den eingetragenen Gesellschafterkreis erstreckt (vgl. MünchHdbGesR I § 27).

Im Formular sollen sämtliche Gesellschaftsanteile auf einen einzelnen Rechtsträger übergehen, wodurch die Gesellschaft erlischt und der Erwerber durch Anwachsung neuer Grundstückseigentümer wird. Die Grundbuchberichtigung erfordert einen Antrag sowie eine Berichtigungsbewilligung oder den Unrichtigkeitsnachweis (vgl. MünchHdbGesR I/*Hamann* § 27 Rdnr. 81), so dass es anzuraten ist, eine öffentlich beglaubigte Berichtigungsbewilligung der Betroffenen, hier der ausscheidenden Gesellschafter, als Anlage zum Anteilskauf- und Abtretungsvertrag beizufügen bzw., soweit ein Treuhänder vorgesehen ist (siehe § 1.4 und Anm. 7), diese dem Treuhänder zu übergeben.

VI. Erwerb aller Anteile an einer Grundbesitz-GbR   C. VI

Trotz der Grundbuchfähigkeit der GbR und der Neuregelung in § 899 a BGB besteht beim Erwerb der Anteile einer GbR kein Gutglaubensschutz. Sind die Verkäufer nicht (alleinige) Gesellschafter der GbR, so zahlt die Käuferin den Kaufpreis an einen Unberechtigten, was zu großen Risiken führt. Ein Gutglaubensschutz, der dem Niveau im Rechtsverkehr mit Grundstücken vergleichbar ist, kann durch gleichzeitigen Abschluss eines durch das Fehlschlagen der Geschäftsanteilsübertragung aufschiebend bedingten Kaufvertrages und Bewilligung einer diesbezüglichen Auflassungsvormerkung erreicht werden. Dies bedarf jedoch notarieller Beurkundung. Einer anderweitigen Übertragung der Gesellschaftsanteile zwischen Signing und Closing kann durch die Übertragung eines vinkulierenden Zwerg-Geschäftsanteils („golden share") entgegengewirkt werden.

9. Anwendbarkeit des gesetzlichen Gewährleistungsstatuts auf den Beteiligungskauf. Vgl. Form. C. II. 1 Anm. 91.

10. Garantiekatalog. Vgl. bereits Form. C. II. 3 Anm. 30. Der Umfang des Garantiekatalogs wird auch in Bezug auf grundstücksrechtliche Fragen mit Blick auf die Rechtsfolgen ausgestaltet und von den Verhandlungspositionen der Parteien abhängen. Werden hingegen sämtliche Gesellschaftsanteile einer GbR erworben, besteht aufgrund der personalistischen Struktur regelmäßig eine besondere Nähe der ehemaligen Gesellschafter zur Gesellschaft, sodass von einer umfangreichen Kenntnis dieser ausgegangen werden kann. Dies kann umso eher die Basis für einen umfangreichen Garantiekatalog bilden. Dieser sollte beim Erwerb von Anteilen einer Grundstücks-GbR aus Käufersicht jedenfalls eine Garantie hinsichtlich der Richtigkeit und Vollständigkeit in Bezug auf das von der Gesellschaft gehaltene Grundeigentum und grundstücksgleiche Rechte sowie etwa bestehende Belastungen enthalten.

11. Finanzierung. Dieses Vertragsmuster geht davon aus, dass eine etwa bestehende Finanzierung der Immobilien durch die Gesellschaft bestehen bleibt. In der Praxis mag es sich empfehlen, die bestehende Finanzierung anlässlich des Verkaufs der Gesellschaftsanteile an der Gesellschaft durch eine neue abzulösen. In diesem Fall müssten Regelungen ergänzt werden, nach der die Ablösung der alten Finanzierung und die Löschung der in Abt. III des Grundbuchs eingetragenen Grundpfandrechte durch den Verkäufer sicherzustellen ist und entsprechende Unterlagen (insbesondere Löschungsbewilligungen) beim Treuhänder vor Kaufpreisfälligkeit vorliegen müssen.

12. „Rent-Roll" Garantie. Wenn Gegenstand der Gesellschaft vor allem die Vermietung von gewerblichen Immobilien ist, kann die Auflistung der Mieter (einschließlich des Datums des Mietverhältnisses, der gegenwärtig gezahlten Miete, der vermieteten Fläche, der umsatzsteuerlichen Behandlung des jeweiligen Mietvertrages etc.) wesentliche Grundlage der Kalkulation des Kaufpreises durch die Käuferin sein. In diesem Fall ist zwischen den Parteien zu klären, ob die Verkäufer bereit sind, eine Gewährleistung für die Richtigkeit dieser Liste (vollständig oder zumindest im Hinblick auf einige Angaben) zu geben.

13. Altlasten. Hier ist eine Gewährleistung der Verkäufer (nur) im Hinblick auf die Kenntnis von der Altlastenfreiheit des Grundbesitzes vorgesehen. Im Immobilienmarkt ist es teilweise auch üblich, dass die Käuferin die Verkäufer von einer etwaigen behördlichen Inanspruchnahme wegen Altlasten freistellt. Sollten die Parteien keine entsprechende ausdrückliche Regelung treffen, bildet die hier vorgeschlagene Lösung häufig einen angemessenen Interessenausgleich.

14. Kenntnis der Verkäufer. Vgl. Form. C. II. 1 Anm. 98.

15. Schadensersatz als Rechtsfolge. Bei Immobilienkauftransaktionen sind die Rechtsfolgen üblicherweise „gesetzesnäher" ausgestaltet, insbesondere entspricht der Ausschluss des entgegangenen Gewinns oder von Folgeschäden im Regelfall nicht dem Marktstandard.

16. Vorrangige Haftung Dritter. Die hier vorgeschlagene Regelung nimmt einen im M & A-Bereich marktüblichen Gedanken auf, wonach die Haftung der Verkäufer subsidiär erfolgt, wenn eine Haftung Dritter wegen desselben Themas nicht in Betracht kommt.

17. Freibetrag/Gesamtfreibetrag. Vgl. Form. C. II. 1 Anm. 124.

Seibt

18. Haftungshöchstbetrag (Cap). Vgl. Form. C. II. 1 Anm. 125.

19. Verjährung. Vgl. Form. C. II. 1 Anm. 126.

20. Zur bilanziellen Behandlung und zu den steuerlichen Folgen von Schadensersatzzahlungen vgl. Form. C. II. 1 Anm. 100.

21. Vertraulichkeitsverpflichtung. Vgl. Form. C. V. 1 Anm. 33.

22. Zusammenschlusskontrolle. Eine aufschiebende Bedingung (vgl. § 6.3 des Formulars) sollte nur vorgesehen werden, wenn von der Erforderlichkeit einer Zusammenschlusskontrolle ausgegangen werden muss. Eine Anmeldepflicht besteht jedenfalls dann nicht, wenn (i) lediglich ein Käufer existiert und (ii) der aus dem Grundbesitz generierte Umsatz im letzten Geschäftsjahr unter EUR 5 Mio lag. Ausführlich zur deutschen Fusionskontrolle Teil K. I.

23. Zustellungsbevollmächtigter. Vgl. Form. C. V. 1 Anm. 34.

24. Vgl. Form. C. II. 1 Anm. 148.

25. Gerichtsstandvereinbarung vs. Schiedsklausel. Vgl. Form. C. II. 1 Anm. 146. Für einen Formulierungsvorschlag für eine Schiedsklausel siehe Form. C. II. 2.

Teil D. Unternehmensverkauf durch Übertragung von Einzelwirtschaftsgütern (Asset Deal)
Asset Sale and Purchase Agreement

I. Asset Deal (einschl. Verkauf von Anteilen an Tochtergesellschaften)

Kaufvertrag (Einzelwirtschaftsgüter)[1–3]	Asset Sale and Purchase Agreement
zwischen	by and between
……	……
(„Verkäuferin"),	(the *Seller*)
……	……
(„Käuferin")	(the *Purchaser*)
(Verkäuferin und Käuferin werden zusammen auch „Parteien" und einzeln auch „Partei" genannt);	(together the *Parties* and each of them a *Party*)
[und	[and
……	……
(„Garantiegeberin")],	(the *Guarantor*)]
vom	dated
……	……

Präambel

(A) Die Verkäuferin ist ein führendes Unternehmen im Bereich der …… und in den Sparten [ABC], [DEF] und [GHI] tätig. Als Ergebnis einer strategischen Analyse ihrer verschiedenen Geschäftssparten hat sie sich entschlossen, sich vom Unternehmensbereich [ABC] zu trennen. Davon ausgenommen sind (i) die in § 9.1 beschriebenen Teilbereiche („Ausgeschlossene Bereiche") sowie (ii) die in § 9.2 beschriebenen Vermögensgegenstände, Verbindlichkeiten und Vertragsverhältnisse („Ausgeschlossenes Vermögen") (der so beschriebene Unternehmensbereich ohne die Ausgeschlossenen Bereiche und das Ausgeschlossene Vermögen wird nachfolgend als der „ABC-Bereich" bezeichnet).

(B) Die Käuferin ist daran interessiert, den ABC-Bereich als laufendes Geschäft im Wege der Übertragung der dem ABC-Bereich zuzuordnenden

Recitals

(A) The Seller is a leading business in the …… sector and operates through its [ABC], [DEF] and [GHI] divisions. Following a strategic analysis of its business, the Seller has decided to divest its [ABC] division, with the exception of (i) certain operations (the *Excluded Operations*) set forth in more detail in clause 9.1 and (ii) certain assets, liabilities, and contractual relationships (the *Excluded Assets*) specified in more detail in clause 9.2 (such operations excluding the Excluded Operations and the Excluded Assets are hereinafter referred to as the *ABC Business*).

(B) The Purchaser wishes to acquire the ABC Business as a going concern by acquiring the assets and interests and assuming the liabilities and contrac-

D. Unternehmensverkauf durch Übertragung von Einzelwirtschaftsgütern

Einzelwirtschaftsgüter, insbesondere der Vermögensgegenstände, Verbindlichkeiten, Vertragsverhältnisse und Beteiligungen nach Maßgabe dieses Vertrages zu erwerben.

[(C) Die Garantiegeberin ist bereit, für die Erfüllung der Verbindlichkeiten der Käuferin aus diesem Vertrag einzustehen.⁴]

[Ggf. weitere Absichten einfügen].

Dies vorausgeschickt, sind die Parteien [und die Garantiegeberin] wie folgt übereingekommen:

§ 1 Struktur des ABC-Bereichs

1.1 Der in Anlage 1.1a näher beschriebene ABC-Bereich umfasst die Entwicklung, die Herstellung und den Vertrieb von ......, ... und ...... Die vom ABC-Bereich vertriebenen Produkte sind in Anlage 1.1b aufgeführt.

1.2 Der ABC-Bereich besteht aus dem ABC-Geschäftsbetrieb der Verkäuferin sowie den Geschäftsbetrieben der Tochtergesellschaften und der Mehrheitsgesellschaften. Die Verkäuferin betreibt ihr Geschäft in ihren Büros und Betriebsstätten in ......, ... und ...... Die Tochtergesellschaften der Verkäuferin sind (i) die ABC GmbH mit Büros und Betriebsstätten in ABC-Stadt, (ii) die ABC France S. A. R. L. mit Büros und Betriebsstätten in ABC-Ville und (iii) die ABC U. S. Inc. mit Büros und Betriebsstätten in ABC City. Zu den Mehrheitsgesellschaften der Verkäuferin zählen (i) die ABC 2 GmbH mit Büros und Betriebsstätten in ABC-Stadt und (ii) die ABC España S. L. mit Büros und Betriebsstätten in ABC Ciudad.

§ 2 Verkaufte Vermögensgegenstände

2.1 Verkaufte Vermögensgegenstände

2.1.1 Die Verkäuferin verkauft hiermit an die Käuferin sämtliche Vermögensgegenstände i. S. d. § 266 Abs. 2 HGB, die dem ABC-

tual relationships pertaining to the ABC Business as provided for in this Agreement.

[(C) The Guarantor is willing to guarantee the Purchaser's obligations under this Agreement.]

[Insert further intentions, if appropriate.]

Now, therefore, the Parties agree as follows:

1. Structure of ABC Business

1.1 The ABC Business as described in more detail in Exhibit 1a comprises the development, manufacturing and distribution of ......, ... and ...... The products distributed by the ABC Business are listed in Exhibit 1.1b.

1.2 The ABC Business consists of the Seller's ABC business operations as well as the business operations of the Subsidiaries and the Majority Entities. The Seller conducts its business from its offices and manufacturing sites in ......, ... and ...... The Subsidiaries, which are described in more detail in clause 4.1 below, are (i) ABC GmbH with offices and manufacturing sites in ABC-Stadt, (ii) ABC France S. A. R. L. with offices and manufacturing sites in ABC-Ville and (iii) ABC U. S. Inc. with offices and manufacturing sites in ABC City. The Majority Entities comprise (i) ABC 2 GmbH with offices and manufacturing sites in ABC-Stadt and (ii) ABC España S. L. with offices and manufacturing sites in ABC Ciudad.

2. Sale and Purchase of Assets

2.1 Assets included in Sale

2.1.1 The Seller hereby sells, and the Purchaser hereby purchases all assets within the meaning of sec. 266 para. 2 of the German

I. Asset Deal (einschl. Verkauf von Anteilen an Tochtergesellschaften) D.I

Bereich am Vollzugstag zuzuordnen sind („ABC-Vermögensgegenstände"), insbesondere

(a) Immaterielle Vermögensgegenstände, d. h. Konzessionen, gewerbliche Schutzrechte und ähnliche Rechte und Werte sowie Lizenzen an solchen Rechten und Werten; Geschäfts- oder Firmenwert; geleistete Anzahlungen;

(b) Sachanlagen, d. h. Grundstücke, grundstücksgleiche Rechte und Bauten einschließlich der Bauten auf fremden Grundstücken; technische Anlagen und Maschinen; andere Anlagen, Betriebs- und Geschäftsausstattung; geleistete Anzahlungen und Anlagen im Bau;

(c) Finanzanlagen, d. h. Anteile an verbundenen Unternehmen; Ausleihungen an verbundene Unternehmen; Beteiligungen; Ausleihungen an Unternehmen, mit denen ein Beteiligungsverhältnis besteht; Wertpapiere des Anlagevermögens; sonstige Ausleihungen;

(d) Vorräte, d. h. Roh-, Hilfs- und Betriebsstoffe; unfertige Erzeugnisse, unfertige Leistungen; fertige Erzeugnisse und Waren; geleistete Anzahlungen;

Commercial Code (*Handelsgesetzbuch – HGB*), pertaining to the ABC Business on the Closing Date (the *ABC Assets*), including, in particular,

(a) intangible assets (*immaterielle Vermögensgegenstände*), i. e., concessions, industrial property rights and similar rights and assets as well as licenses to such rights and assets; goodwill (*Geschäfts- oder Firmenwert*); payments on account (*geleistete Anzahlungen*);

(b) tangible assets (*Sachanlagen*), i. e., real property, similar property rights (*grundstücksgleiche Rechte*) and buildings, including buildings on third party property; technical equipment and machines; other equipment, office furniture and fixtures (*Betriebs- und Geschäftsausstattung*); payments on account (*geleistete Anzahlungen*) and assets under construction (*Anlagen im Bau*);

(c) financial assets (*Finanzanlagen*), i. e., shares in affiliated companies (*Anteile an verbundenen Unternehmen*); loans to affiliated companies (*Ausleihungen an verbundene Unternehmen*); participations; loans to companies with which a participation relationship exists (*Ausleihungen an Unternehmen, mit denen ein Beteiligungsverhältnis besteht*); securities held as a long-term investment (*Wertpapiere des Anlagevermögens*); other loans (*sonstige Ausleihungen*);

(d) inventories, i. e., raw materials, supplies and operating materials; work in progress, finished goods and merchandise; payments on account;

(e) Forderungen und andere Vermögensgegenstände, d. h. Forderungen aus Lieferungen und Leistungen; Forderungen gegen verbundene Unternehmen; Forderungen gegen Unternehmen, mit denen ein Beteiligungsverhältnis besteht; sonstige Vermögensgegenstände;	(e) receivables and other assets, i. e., trade receivables; receivables owing from affiliated companies; receivables owing from companies in which a participating interest exists; other assets;
(f) Wertpapiere, d. h. Anteile an verbundenen Unternehmen; eigene Anteile; sonstige Wertpapiere;	(f) securities, i. e., shares in affiliated companies; treasury (own) shares; other securities; and
(g) Rechnungsabgrenzungsposten.	(g) all rights resulting from prepaid expenses (*Rechnungsabgrenzungsposten*).

2.1.2 Nicht verkauft werden diejenigen Vermögensgegenstände der Verkäuferin, die als Gegenstand der in § 9.1 beschriebenen Ausgeschlossenen Bereiche nicht dem ABC-Bereich zuzuordnen sind oder die zu dem in § 9.2 beschriebenen Ausgeschlossenen Vermögen gehören.

2.1.2 Any assets of the Seller which, being part of the Excluded Operations described in clause 9.1 below, do not belong to the ABC Business or which are part of the Excluded Assets specifically referred to in clause 9.2 below are excluded from the sale.

2.2 Bestimmung der ABC-Vermögensgegenstände

Die nach § 2.1 verkauften ABC-Vermögensgegenstände umfassen die in der Vermögensaufstellung des ABC-Bereichs vom …… aufgeführten Wirtschaftsgüter. Die Vermögensaufstellung beruht auf der zum Jahresabschluss der Verkäuferin zum …… gehörenden Vermögensaufstellung und ist als Anlage 2.2 beigefügt. Nicht zu den ABC-Vermögensgegenständen gehören diejenigen Wirtschaftsgüter der Vermögensaufstellung, die in der Zeit von …… bis zum Vollzugstag im gewöhnlichen Geschäftsgang ohne Verletzung einer Verkäuferpflicht veräußert oder sonst aus dem Vermögen des ABC-Bereichs ausgeschieden werden. Zu den ABC-Vermögensgegenständen gehören diejenigen Wirtschaftsgüter, die die Verkäuferin in Bezug auf den

2.2 Specification of Assets

The ABC Assets pursuant to clause 2.1 include the assets specified in the list of assets of the ABC Business dated …… and attached hereto as Exhibit 2.2, such list being based on the list of assets that is part of the financial statements of the Seller as of ……. All assets specified in such list which, during the period from …… up to the Closing Date, have been, or will be, sold or otherwise withdrawn from the ABC Business in the ordinary course and without any breach of any covenant by the Seller provided for in this Agreement are not sold as part of the ABC Assets. Assets which have been, or will be, manufactured, acquired or otherwise received by the Seller in respect of the ABC Business during the period from …… up to the Closing Date as a

I. Asset Deal (einschl. Verkauf von Anteilen an Tochtergesellschaften) D.I

ABC-Bereich in der Zeit von ...... bis zum Vollzug als Ersatz oder Ergänzung für die in der Vermögensaufstellung bezeichneten Wirtschaftsgüter herstellt oder erwirbt.[5] Zu den ABC-Vermögensgegenständen gehören auch diejenigen eindeutig dem ABC-Bereich zuzuordnenden Wirtschaftsgüter, die nicht in der Vermögensaufstellung oder Bilanz des Jahresabschlusses der Verkäuferin zum ...... aufgeführt sind, sei es, weil sie nicht bilanzierungsfähig oder -bedürftig sind, sei es, weil ihre Ausweisung versehentlich unterlassen wurde.

§ 3 Betriebsgrundstücke, Mietverträge

3.1 Grundstückskaufvertrag

Die ABC-Vermögensgegenstände umfassen die in dem als Anlage 3.1 beigefügten Grundstückskaufvertrag aufgeführten Betriebsgrundstücke. Der Grundstückskaufvertrag regelt die Einzelheiten des Verkaufs der Betriebsgrundstücke an die Käuferin. Soweit der vorliegende Vertrag und der Grundstückskaufvertrag denselben Gegenstand regeln, gehen die Bestimmungen des vorliegenden Vertrages vor.[6]

3.2 Mietverträge[7]

Die Käuferin wird spätestens bis zum Vollzugstag folgende Mietverträge mit der Verkäuferin und den nachfolgend bezeichneten, nach diesem Vertrag nicht mitverkauften Tochter- und Mehrheitsgesellschaften der Verkäuferin mit wirtschaftlicher Wirkung ab dem Vollzugstag schließen:

3.2.1 Einen Mietvertrag mit der Verkäuferin über die Gebrauchsüberlassung von Arbeitsstätten und Warenlagern in ...... durch

replacement for, or supplementary to, the assets specified in the assets list are sold under this Agreement as part of the ABC Assets. All assets pertaining to the ABC Business which are not included in the list of assets or the balance sheet forming part of the Seller's ...... Financial Statements, whether by reason of their particular nature, because they are not able or required to be capitalised (*nicht bilanzierungsfähig oder -bedürftig*), or because they have been inadvertently omitted from assets list or balance sheet, are nevertheless included in the ABC Assets and sold pursuant to this Agreement.

3. Real Property; Lease Agreements

3.1 Real Property Sale and Transfer Agreement

The ABC Assets include the real property listed in agreed form of the real property sale and transfer agreement attached hereto as Exhibit 3.1 (the *Real Property Sale and Transfer Agreement*) governing the details of the sale and purchase of such real property. In the event of a conflict between the provisions of this Agreement and the Real Property Sale and Transfer Agreement, the provisions of this Agreement shall prevail.

3.2 Lease Agreements

On or before the Closing Date and with economic effect as of the Closing Date, the Purchaser shall enter into the following lease agreements with the Seller and those of its subsidiaries and majority participations set forth below which are not sold under this Agreement:

3.2.1 A lease agreement with the Seller granting the Purchaser the right to use shops and warehouses, such agreement to sub-

	die Verkäuferin, der im Wesentlichen dem als Anlage 3.2.1 beigefügten Vertragsmuster entspricht;		stantially conform to the wording set forth in Exhibit 3.2.1;
3.2.2	einen Mietvertrag mit der DEF U.K. Ltd., Großbritannien, über die Gebrauchsüberlassung von Büroräumen und Arbeitsstätten in DEF Village durch die DEF U.K. Ltd., der im Wesentlichen dem als Anlage 3.2.2 beigefügten Vertragsmuster entspricht;	3.2.2	a lease agreement with DEF U.K. Ltd., Great Britain, granting the Purchaser the right to use office premises and shops in DEF Village, such agreement to substantially conform to the wording set forth in Exhibit 3.2.2;
3.2.3	einen Mietvertrag mit der GHI Schweiz AG, Schweiz, über die Gebrauchsüberlassung von Büroräumen in GHI-Dorf durch die GHI Schweiz AG, der im Wesentlichen dem als Anlage 3.2.3 beigefügten Vertragsmuster entspricht [; und];	3.2.3	a lease agreement with GHI Schweiz AG, Switzerland granting the Purchaser the right to use office premises in GHI-Dorf, such agreement to substantially conform to the wording set forth in Exhibit 3.2.3[; and]
3.2.4	[andere].	3.2.4	[other].

	Der Abschluss der vorstehenden Mietverträge steht jeweils unter der aufschiebenden Bedingung, dass die Parteien diesen Vertrag vollziehen.		Each of the above lease agreements shall be concluded subject to the condition precedent (*aufschiebende Bedingung*) that Closing of this Agreement occurs.
3.3	Sonstige Büroräume, Arbeitsstätten und Warenlager	3.3	Other Office Premises, Shops and Warehouses
	Die Verkäuferin und die nach diesem Vertrag nicht verkauften Tochtergesellschaften oder Mehrheitsgesellschaften der Verkäuferin sind nicht verpflichtet, andere als die in dem vorstehenden § 3.2 bezeichneten Büroräume, Arbeitsstätten und Warenlager an die Käuferin oder einer ihrer Tochtergesellschaften oder Mehrheitsgesellschaften zu vermieten oder sonst über den Vollzugstag hinaus zum Gebrauch zu überlassen.		The Seller and those of its subsidiaries and majority participations which are not sold under this Agreement shall not be obliged to let to the Purchaser or any of its subsidiaries or majority participations any offices, shops or warehouses other than those referred to in clause 3.2 above or otherwise grant a right of use with respect to such premises after the Closing Date.

§ 4 Tochtergesellschaften, Beteiligungen

4. Subsidiaries, Majority Participations

4.1	Verkauf von Anteilen an Tochtergesellschaften	4.1	Sale and Purchase of Shares in Subsidiaries
	Die ABC-Vermögensgegenstände umfassen sämtliche Geschäftsanteile an den folgenden Tochtergesellschaften, deren al-		The ABC Assets include all shares in the following directly and wholly owned subsidiaries of the Seller (the *Subsidiaries*):

I. Asset Deal (einschl. Verkauf von Anteilen an Tochtergesellschaften)   **D.I**

leinige und unmittelbare Inhaberin die Verkäuferin ist („Tochtergesellschaften"):

4.1.1 ABC GmbH, eine nach deutschem Recht errichtete Gesellschaft mit beschränkter Haftung mit Sitz in ABC-Stadt, eingetragen im Handelsregister des Amtsgerichts ABC-Stadt unter HRB ...... Das Stammkapital der ABC GmbH beträgt ...... EUR (in Worten: ...... Euro);

4.1.2 ABC France S.A.R.L., eine nach französischem Recht errichtete Gesellschaft mit beschränkter Haftung *(Société à Responsabilité Limitée)* mit Sitz in ABC-Ville, Frankreich, eingetragen im Handelsregister *(Registre de Commerce et des Sociétés)* in ABC-Ville unter ...... Das Stammkapital *(capital social)* der ABC France S.A.R.L. beträgt ...... EUR (in Worten: ...... Euro).

4.1.3 ABC U.S.Inc., eine nach dem Recht des Staates Delaware errichtete Gesellschaft mit beschränkter Haftung *(corporation)* mit Sitz in Delaware, U.S.A. Das ausgegebene Kapital *(issued share capital)* der ABC U.S.Inc. beträgt ...... USD (in Worten: ...... US Dollar).

4.2 Verkauf von Beteiligungen

Die ABC-Vermögensgegenstände umfassen die folgenden unmittelbaren Mehrheitsbeteiligungen der Verkäuferin; die entsprechenden Gesellschaften, an denen unmittelbare Mehrheitsbeteiligungen bestehen, werden „Mehrheitsgesellschaften" genannt:

4.2.1 ABC 2 GmbH, eine nach deutschem Recht errichtete Gesellschaft mit beschränkter Haftung mit Sitz in ABC-Stadt, eingetragen im Handelsregister des Amtsgerichts ABC-Stadt unter

4.1.1 ABC GmbH, a limited liability company duly organised under the laws of Germany with registered offices in ABC-Stadt and registered with the commercial register (*Handelsregister*) of the Lower Court (*Amtsgericht*) of ABC-Stadt under registration number HRB ...... The registered share capital (*Stammkapital*) of ABC GmbH equals EUR ...... (...... euros);

4.1.2 ABC France S.A.R.L., a limited liability company (*Société à Responsabilité Limitée*) duly organized under the laws of France with registered offices in ABC-Ville, France, and registered with the commercial register (*Registre de Commerce et des Sociétés*) in ABC-Ville under .... The share capital (*capital social*) of ABC France S.A.R.L. equals EUR ...... (...... euros); and

4.1.3 ABC U.S.Inc., a corporation duly organized under the laws of Delaware, U.S.A, with registered offices in Delaware, U.S.A. The issued share capital of ABC U.S.Inc. equals USD ...... (...... U.S. dollars).

4.2 Sale and Purchase of Majority Participations

The ABC Assets include the following directly held majority participations of the Seller (the entities in which such majority participations exist are hereinafter collectively referred to as the *Majority Entities* and each of them as a *Majority Entity*):

4.2.1 ABC 2 GmbH, a private limited liability company duly organized under the laws of Germany with registered offices in ABC-Stadt, registered with the commercial register (*Handelsregister*) or the

	HRB ...... Das Stammkapital der ABC 2 GmbH beträgt ...... EUR (in Worten: ...... Euro); [*Anm.: ggf. hier Höhe der Beteiligung beschreiben.*]		Lower Court (*Amtsgericht*) in ABC-Stadt under HRB ...... The registered share capital (*Stammkapital*) of ABC 2 GmbH amounts to EUR ...... (...... euros) [*Note: include description of amount of participation.*]; and
4.2.2	ABC España S.L., eine nach spanischem Recht errichtete Gesellschaft mit beschränkter Haftung *(Sociedad Limitada)* mit Sitz in ABC Ciudad, Spanien, und eingetragen im Handelsregister *(registro mercantil)* in ABC Ciudad unter ...... Das Stammkapital *(capital social)* der ABC España S.L. beträgt ...... EUR (in Worten: ...... Euro). [*Anm.: ggf. hier Höhe der Beteiligung beschreiben.*]	4.2.2	ABC España S.L., a private limited liability company (*sociedad limitada*) duly organized under the laws of Spain with registered offices in ABC Ciudad, Spain, registered with the commercial register (*registro mercantil*) in ABC Ciudad under .... The registered share capital (*capital social*) of ABC España S.L. amounts to EUR ...... (...... euros) [*Note: include description of amount of participation.*].
4.3	Definition	4.3	Definitions
	Tochtergesellschaften und Mehrheitsgesellschaften werden zusammen „Zielgesellschaften" genannt.		The Subsidiaries and Majority Entities are hereinafter collectively referred to as the *Target Entities* and each of them individually as a *Target Entity*.
4.4	Beherrschungs- und Gewinnabführungsvertrag	4.4	Domination and Profit and Loss Pooling Agreement
4.4.1	Die Verkäuferin und die ABC GmbH haben einen Beherrschungs- und Gewinnabführungsvertrag mit Datum vom ...... geschlossen.	4.4.1	The Seller and ABC GmbH have entered into a domination and profit and loss pooling agreement (*Beherrschungs- und Gewinnabführungsvertrag*) dated ....
4.4.2	Die Verkäuferin wird dafür sorgen, dass der in § 4.4.1 bezeichnete Beherrschungs- und Gewinnabführungsvertrag durch einen gegenseitigen Aufhebungsvertrag zwischen der Verkäuferin und der ABC GmbH mit Wirkung zum ...... beendet wird. Der Aufhebungsvertrag hat im Wesentlichen den Vorgaben der Anlage 4.4.2 zu entsprechen und ist der Käuferin spätestens zum Vollzugstag zu übergeben. Der Aufhebungsvertrag muss unter anderem vorsehen, dass die Verkäuferin auf sämtliche Ansprüche	4.4.2	The Seller shall procure that the domination and profit and loss pooling agreement referred to in clause 4.4.1 will be terminated by virtue of a termination agreement between the Seller and ABC GmbH with effect as of .... Such cancellation agreement shall be substantially in the form attached as Exhibit 4.4.2 and delivered, duly executed, to the Purchaser on or before the Closing Date. Said termination agreement shall, inter alia, provide that the Seller waives any claim against ABC GmbH for

I. Asset Deal (einschl. Verkauf von Anteilen an Tochtergesellschaften) D.I

	gegen die ABC GmbH auf Abführung der seit dem Beginn des laufenden Geschäftsjahres erzielten Gewinne verzichtet. Die Parteien werden alles Erforderliche dafür unternehmen, dass die Beendigung des Beherrschungs- und Gewinnabführungsvertrages unverzüglich zur Eintragung bei dem für die ABC GmbH zuständigen Handelsregister angemeldet wird.		the transfer of profits generated since the beginning of the current fiscal year. The Parties shall use their best efforts to procure that the termination of the domination and profit and loss pooling agreement is filed for registration with the competent commercial register without undue delay.
4.4.3	Die Verkäuferin und die Käuferin werden sich gegenseitig so stellen, als wäre der Beherrschungs- und Gewinnabführungsvertrag wirksam zum Beginn des laufenden Geschäftsjahres der ABC GmbH beendet worden. Insbesondere hat die Verkäuferin die ABC GmbH im Wege eines echten Vertrags zu Gunsten Dritter i. S. d. § 328 Abs. 1 BGB von sämtlichen steuerlichen Nachteilen aufgrund der Beendigung des Beherrschungs- und Gewinnabführungsvertrages für die Zeit von ...... bis ...... freizustellen.[8]	4.4.3	The Seller and the Purchaser shall put each other in such position as they would be in if the domination and profit and loss pooling agreement had been validly terminated as of the beginning of the current fiscal year of ABC GmbH. In particular, by way of a third party beneficiary contract (*echter Vertrag zu Gunsten Dritter*) within the meaning of sec. 328 para. 1 of the German Civil Code (*Bürgerliches Gesetzbuch – BGB*), the Seller shall indemnify ABC GmbH against any tax losses resulting from the termination of the domination and profit and loss pooling agreement during the period from ...... to ......
4.5	Cash-Pool-Vereinbarungen	4.5	Cash-Pooling Agreements
	Die Verkäuferin, die Tochtergesellschaften und die ......-Bank haben eine Cash-Pool-Vereinbarung mit Datum vom ...... geschlossen. Die Verkäuferin wird dafür sorgen, dass die Cash-Pool-Vereinbarung in Bezug auf die Tochtergesellschaften mit Wirkung zum Vollzugstag beendet wird, ohne dass für die Tochtergesellschaften dadurch Kosten oder andere Verpflichtungen entstehen. Die Verkäuferin wird eine von der ......-Bank ausgestellte schriftliche Bestätigung der Beendigung der Cash-Pool-Vereinbarung einholen und diese der Käuferin spätestens am Vollzugstag übergeben.		The Seller, the Subsidiaries and ...... Bank have entered into a cash-pooling agreement dated .... The Seller shall procure that with effect from the Closing Date, the cash-pooling agreement will be terminated with respect to the Subsidiaries, free of any costs and charges for, and entailing no obligation to pay damages or deliver other services on the part of, the Subsidiaries. The Seller shall obtain a written confirmation of the termination of the cash-pooling agreement from ...... Bank and shall deliver such confirmation to the Purchaser on or before the Closing Date.

4.6	Zustimmungserfordernisse für Anteilsübertragungen	4.6	Approval and Consent Requirements for Share Transfers

Soweit für den Verkauf oder die Übertragung der Anteile an den Zielgesellschaften Zustimmungen der Gesellschafterversammlung, einzelner Gesellschafter, der Geschäftsleitung, einer Behörde oder irgendwelcher Dritter erforderlich ist, wird die Verkäuferin diese vor dem Vollzugstag einholen. Die bisher erteilten Zustimmungen ergeben sich aus Anlage 4.6.a, die noch nicht erteilten Zustimmungen aus Anlage 4.6.b. Soweit die in Anlage 4.6.b aufgeführten Zustimmungen bis zum Vollzug nicht erteilt werden, ist die Käuferin nicht verpflichtet, diesen Vertrag zu vollziehen, sondern ist berechtigt, (i) nach § 13.7.2 zurückzutreten oder (ii) den auf die Anteile der betroffenen Gesellschaften gemäß Anlage 14.6 entfallenden Teil des Kaufpreises vom Vorläufigen Kaufpreis abzuziehen.

To the extent that the purchase or transfer of shares in the Target Entities requires the approval or consent of the relevant shareholders' meeting, any other shareholder, the relevant management, any governmental authority or other person or entity, the Seller shall procure that such approval or consent will be granted prior to the Closing Date. The approvals or consents required and already obtained on the date hereof are listed in Exhibit 4.6a; the approvals or consents required and still outstanding are listed in Exhibit 4.6b. To the extent that the approvals or consents listed in Exhibit 4.6b are not obtained prior to the Closing Date, the Purchaser shall be under no obligation to close the transactions contemplated by this Agreement and (i) shall have the right to rescind this Agreement pursuant to clause 13.7.2 or (ii) shall have the right to deduct from the Preliminary Purchase Price an amount corresponding to that part of the Purchase Price which is allocated to the relevant shares in such entities as set forth in Exhibit 14.6.

§ 5 Schutzrechte[9]

5.1	Verkauf der ABC-Schutzrechte	5.1	Sale of ABC Intellectual Property Rights

Die ABC-Vermögensgegenstände umfassen sämtliche Patente, Schutzmarken, geschäftliche Bezeichnungen, geographische Herkunftsangaben, Gebrauchs- und Geschmacksmuster, Halbleiterschutzrechte, Sortenschutzrechte, Urheberrechte (einschließlich von Rechten in elektronischer Form und Datenbanken), Internet-Domain-Namen, Leistungsschutzrechte und sonstige Schutz-

5. Intellectual Property Rights

5.1 Sale of ABC Intellectual Property Rights

The ABC Assets include all patents, trademarks, business designations (*geschäftliche Bezeichnungen*), geographical indications of origin (*geographische Herkunftsangaben*), utility models (*Gebrauchsmuster*), design patents (*Geschmacksmuster*), copyrights, semiconductor proprietary rights (*Halbleiterschutzrechte*), plant variety protective rights (*Sortenschutzrechte*),

I. Asset Deal (einschl. Verkauf von Anteilen an Tochtergesellschaften) D.I

rechte und -muster, die eine gleiche oder ähnliche Wirkung haben, diesbezügliche Schutzrechtsanmeldungen sowie Nutzungsrechte an diesen Schutzrechten („Schutzrechte"), deren Inhaberin die Verkäuferin ist und die dem ABC-Bereich am Vollzugstag zuzuordnen sind und zwar unabhängig davon, ob diese Rechte im Jahresabschluss der Verkäuferin zum ...... aufgeführt sind. Dazu gehören auch die in Anlage 5.1 aufgeführten Schutzrechte sowie deren sämtliche Verkörperungen wie z. B. schriftliche Beschreibungen, Musterzeichnungen, Pläne oder elektronische Datenträger. Die gemäß diesem Vertrag an die Käuferin veräußerten Schutzrechte werden nachfolgend als „ABC-Schutzrechte" bezeichnet.

copyrights (including in software and databases), internet domain names, ancillary copyrights (*Leistungsschutzrechte*) and rights or forms of protection having an equivalent or similar effect anywhere in the world, applications for such rights as well as user rights in respect of such rights (together *Intellectual Property Rights*), the holder of which is the Seller and which pertain to the ABC Business on the Closing Date including those listed in Exhibit 5.1 together with all representations thereof, such as written descriptions, pattern designs, plans or electronic data devices and regardless of whether or not such rights are included in the balance sheet of the ...... financial statements of the Seller. The Intellectual Property Rights sold to the Purchaser under this Agreement are hereinafter referred to as the *ABC Intellectual Property Rights*.

5.2 Umschreibung der ABC-Schutzrechte

Unverzüglich nach dem Vollzugstag werden sich die Parteien gemeinsam um die Umschreibung der ABC-Schutzrechte bemühen. Soweit sich herausstellt, dass eine Umschreibung wegen der Verursachung unverhältnismäßiger Kosten untunlich ist, kann die Käuferin darauf verzichten. Die Kosten der Umschreibung trägt die Käuferin.

5.2 Registration of Assignments

Without undue delay after the Closing Date, the Parties will jointly endeavour to register the assignment of the ABC Intellectual Property Rights. To the extent that it becomes apparent that such registration is impracticable because it would generate disproportionate costs, the Purchaser may determine to waive such registration. The costs of the registration shall be borne by ....

5.3 Weiterverfolgung und Aufrechterhaltung der ABC-Schutzrechte

Die Verkäuferin wird die ABC-Schutzrechte bis zum Vollzugstag einschließlich aufrechterhalten und weiterverfolgen. Ab dem auf den Vollzugstag folgenden Tag ist dies Sache der Käuferin. Die Einzelheiten dieser Aufgaben

5.3 Prosecution and Preservation of ABC Intellectual Property Rights

The Seller shall be responsible for the maintenance and prosecution of the ABC Intellectual Property Rights up to (and including) the Closing Date, and the Purchaser shall be so responsible from the day following the Closing Date.

ab dem Vollzugstag, einschließlich der Fortführung der betreffenden tatsächlichen Maßnahmen und gegebenenfalls die Überstellung der einschlägigen Unterlagen, werden die Parteien alsbald nach dem Vollzugstag gemeinsam festlegen.

As soon as possible after the Closing Date, the Parties will jointly determine the details concerning the discharge of such duties form the Closing Date on, including the continuation of relevant measures and, if necessary, the handing over of the relevant files.

5.4 Zustimmungserfordernis für die Übernahme von Nutzungsrechten

Soweit erforderlich oder tunlich, wird die Verkäuferin sich unverzüglich nach Abschluss dieses Vertrages bemühen, die Zustimmung der Schutzrechtsinhaber zur Übertragung der nach § 5.1 übernommenen Nutzungsrechte an ABC-Schutzrechten einzuholen.[10] Sofern die Verkäuferin bis zum Vollzugstag nicht von sämtlichen Inhabern der in Anlage 5.4a aufgeführten, besonders wichtigen ABC-Schutzrechte eine rechtlich verbindliche Zustimmungserklärung erhält, kann die Käuferin die Erfüllung dieses Vertrages verweigern und nach § 13.7.2 zurücktreten. Soweit der Inhaber eines anderen als der in Anlage 5.4.a aufgeführten, besonders wichtigen ABC-Schutzrechte seine Zustimmung verweigert, ist die Käuferin berechtigt, den auf das jeweilige ABC-Schutzrecht gemäß Anlage 5.4.b entfallenden Teil des (Vorläufigen) Kaufpreises abzuziehen oder, falls der Kaufpreis schon gezahlt ist, zurück zu verlangen.

5.4 Approvals required for the Transfer of Rights of Use

Without undue delay following the date hereof, the Seller shall endeavour to obtain the consents or approvals required for the sale and transfer of any rights of use in third party owned Intellectual Property Rights as part of the ABC Intellectual Property Rights. If the consents or approvals of the owners of certain particularly important ABC Intellectual Property Rights listed in Exhibit 5.4a cannot be obtained prior to the Closing, the Purchaser shall be under no obligation to close the transactions provided for in this Agreement and shall have the right of rescission pursuant to clause 13.7.2. To the extent that the third party owner of any ABC Intellectual Property Right other than those listed in Exhibit 5.4a refuses to grant its consent to the sale and transfer of the relevant right of use to the Purchaser, the latter may deduct from any part of the (Preliminary) Purchase Price outstanding, or if the (Preliminary) Purchase Price has been paid in full, request repayment of, an amount equal to that part of the Purchase Price which according to Exhibit 5.4b is allocated to the relevant ABC Intellectual Property Right.

5.5 Arbeitnehmererfindungen

Die Verkäuferin stellt die Käuferin von etwaigen sich aus dem Gesetz über Arbeitnehmererfin-

5.5 Employee Inventions

The Seller shall indemnify the Purchaser against any claims arising under the on Employee Inven-

I. Asset Deal (einschl. Verkauf von Anteilen an Tochtergesellschaften) D.I

dungen ergebenden Ansprüchen für die Zeit bis zum Vollzugstag frei. Die Erfüllung solcher Ansprüche für die Zeit nach dem Vollzugstag obliegt der Käuferin.[11]

tions Act (*Gesetz über Arbeitnehmererfindungen*) to the extent that the relevant inventor remuneration is attributable to deliveries made on or before the Closing Date. The Purchaser shall be responsible for satisfying claims for inventor remuneration to the extent that the relevant inventor remuneration is attributable to deliveries made after the Closing Date.

§ 6 Technisches und Kommerzielles Know-How, Dokumentation

6. Technical and Commercial Knowledge; Documentation

6.1 Verkauf des Technischen Know-how

6.1 Sale of Technical Know how

Die ABC-Vermögensgegenstände umfassen sämtliche Eigentums- und Nutzungsrechte an Erfindungen, technischem Erfahrungsgut, Betriebsgeheimnissen, Verfahren, Formeln und sonstigen immateriellen Gegenständen, die nicht von den ABC-Schutzrechten umfasst sind, einschließlich aller Verkörperungen dieser Gegenstände, wie z. B. schriftliche Beschreibungen, Musterzeichnungen, Pläne oder elektronische Datenträger, deren Inhaberin die Verkäuferin ist und die dem ABC-Bereich am Vollzugstag zuzuordnen sind (das „Technische Know-how").

The ABC Assets include all rights in inventions, rights in respect of technical knowledge, technical secrets, processes, formulae and other intangible assets not comprised within the concept of industrial or intellectual property rights, together with all representations of such rights including written descriptions, pattern designs, plans and electronic data devices owned by the Seller and pertaining to the ABC Business on the Closing Date (the *Technical Know-how*). In addition, all user rights and similar rights in respect of all rights described in the previous sentence form part of the Technical Know-how.

6.2 Verkauf des Kommerziellen Know-how

6.2 Sale and Purchase of Commercial Know-how

Die ABC-Vermögensgegenstände umfassen sämtliche Rechte an kommerziellem Erfahrungsgut, Geschäftsgeheimnissen, Verwaltungs- und Vertriebsverfahren sowie Kunden- und Lieferantenbeziehungen, einschließlich aller Verkörperungen dieser Gegenstände wie z. B. Unterlagen über die Verwaltungs- und Vertriebsorganisation, Lieferanten- und Kundenkarteien und -korrespondenz oder sonstige Ge-

The ABC Assets include all rights in respect of commercial knowledge, business secrets, administration and marketing processes, as well as customer and supplier relationships together with all representations of such rights including documents relating to administration and marketing processes, supplier and customer lists, correspondence with suppliers and customers, and other business

schäftsunterlagen, deren Inhaberin die Verkäuferin ist und die dem ABC-Bereich am Vollzugstag zuzuordnen sind (das „Kommerzielle Know-how").

6.3 Verkauf der Software-Rechte

Die ABC-Vermögensgegenstände umfassen sämtliche, dem ABC-Bereich zuzuordnenden Rechte an der Software und vergleichbare Rechte, unabhängig davon, ob sie von der Verkäuferin selbst entwickelt wurden oder von ihr erworben sind. Soweit Dritte dem Verkauf oder der Übertragung dieser Rechte zustimmen müssen, wird sich die Verkäuferin nach besten Kräften um diese Zustimmung bemühen.

6.4 Verkauf der Bücher, Aufzeichnungen und sonstiger Geschäftsdokumentation

Die ABC-Vermögensgegenstände umfassen sämtliche den ABC-Bereich betreffenden Bücher und Unterlagen mit Ausnahme derjenigen Unterlagen, zu deren Aufbewahrung die Verkäuferin rechtlich verpflichtet ist. Die Unterlagen, die nach dem Vorstehenden nicht verkauft sind, hat die Verkäuferin der Käuferin zu übergeben. Die Käuferin wird sie für die Verkäuferin für die Dauer der gesetzlichen Aufbewahrungsfrist verwahren und der Verkäuferin auf deren Verlangen zugänglich machen. Dadurch entstehende Beeinträchtigungen des Geschäftsbetriebes der Käuferin sind auf ein Mindestmaß zu begrenzen.

§ 7 Übernahme von Verbindlichkeiten

7.1 Bestimmung der zu übernehmenden Verbindlichkeiten

Die Käuferin übernimmt am Vollzugstag von der Verkäuferin im Wege der befreienden Schuldübernahme

documents owned by the Seller and pertaining to the ABC Business on the Closing Date (the *Commercial Know-how*).

6.3 Sale and Purchase of Software Rights

The ABC Assets include all software and similar rights pertaining to the ABC Business, whether created or acquired by the Seller. If the sale and transfer of such rights requires the approval of a third party, the Seller shall use its best efforts to obtain such approval.

6.4 Sale and Purchase of Books, Records and other Documentation of the ABC Business

The ABC Assets shall include all books, records and other documentation relating to the ABC Business except for those books, records and other documentation the Seller is legally required to retain. The latter shall be delivered to the Purchaser, who shall hold them in custody for the Seller during the statutory retention period and make them available to the Seller upon request. Any impairment of the Purchaser's business operations caused thereby shall be kept at a minimum.

7. Undertaking to Assume Liabilities

7.1 Specification of Liabilities to be Assumed

The Purchaser undertakes to assume from the Seller on the Closing Date, by way of assumption of debt with full discharge

I. Asset Deal (einschl. Verkauf von Anteilen an Tochtergesellschaften) D.I

7.1.1	sämtliche dem ABC-Bereich am Vollzugstag zuzuordnenden Verbindlichkeiten, für die die Verkäuferin einzeln Rückstellungen gebildet hat;	7.1.1	of the original debtor (*im Wege der befreienden Schuldübernahme*), all those liabilities pertaining to the ABC Business on the Closing Date for which the Seller has specifically set up accruals;
7.1.2	sämtliche Verpflichtungen aus der Zusage betrieblicher Altersversorgung und vergleichbare Verpflichtungen gegenüber den Arbeitnehmen der Verkäuferin, wenn und soweit (i) die Verkäuferin Rückstellungen dafür gebildet hat und (ii) diese Verpflichtungen gemäß § 613a BGB auf die Käuferin übergehen;	7.1.2	all liabilities of the Seller from employee pension schemes and similar obligations to employees but only to the extent that (i) the Seller has specifically set up accruals for such liabilities and obligations and (ii) such liabilities transfer to the Purchaser by operation of law pursuant to sec. 613 a of the BGB;
7.1.3	sämtliche dem ABC-Bereich am Vollzugstag zuzuordnenden Eventualverbindlichkeiten, jedoch nur soweit sie (i) in oder unterhalb der Bilanz des Jahresabschlusses der Verkäuferin zum …… ausgewiesen sind oder (ii) in der Zeit seit …… bis zum Vollzugstag im gewöhnlichen Geschäftsgang und ohne Verletzung dieses Vertrages entstanden sind und in oder unterhalb der Bilanz des ABC-Stichtagsabschlusses (§ 15.3) ausgewiesen werden.	7.1.3	all contingent liabilities pertaining to the ABC Business on the Closing Date, but only to the extent that (i) they have been reflected in or below the balance sheet forming part of the Seller's …… financial statements or (ii) during the period from …… up to the Closing Date, they have, or will have been, incurred in the ordinary course of business and without breach of this Agreement and are reflected in or below the balance sheet forming part of the ABC Closing Financial Statements (clause 15.3).
7.1.4	Soweit eine der unter den vorstehenden Ziffern bezeichneten Verbindlichkeiten oder Eventualverbindlichkeiten aufgrund oder in Zusammenhang mit einem Vertragsverhältnis entstanden ist, wird eine solche Verbindlichkeit oder Eventualverbindlichkeit nur dann nach diesem Vertrag an die Käuferin verkauft und ist die Käuferin nur dann zur Übernahme einer solchen Verbindlichkeit oder Eventualverbindlichkeit verpflichtet, wenn das betroffene Vertragsverhältnis gemäß § 8 an die Käuferin verkauft und von der Käuferin übernommen wird.	7.1.4	To the extent that any of the liabilities or contingent liabilities referred to in the preceding sentence (together the *Assumed Liabilities*) has arisen on the basis of or in connection with a contractual relationship, such liability or contingent liability shall be sold to the Purchaser under this Agreement and the Purchaser shall be obliged to assume such liability or contingent liability only if the relevant contractual relationship is sold to and assumed by the Purchaser pursuant to clause 8.

7.2	Keine Übernahme sonstiger Verbindlichkeiten	7.2	No Further Assumption of Liabilities

Die Käuferin übernimmt nur die nach § 7.1 ausdrücklich übernommenen Verbindlichkeiten und Eventualverbindlichkeiten der Verkäuferin. Insbesondere übernimmt sie keine bereits am Vollzugstag bestehenden, auf Produktfehler oder -mängel zurückzuführenden Verbindlichkeiten. Die nach § 7.1 nicht ausdrücklich übernommenen Verbindlichkeiten und Eventualverbindlichkeiten verbleiben bei der Verkäuferin. Wenn und soweit eine vertraglich nicht übernommene Verbindlichkeit oder Eventualverbindlichkeit von Gesetzes wegen auf die Käuferin übergeht (z.B. gemäß § 25 HGB, § 75 AO oder § 613a BGB), ist die Verkäuferin im Innenverhältnis verpflichtet, die betreffende Verbindlichkeit oder Eventualverbindlichkeit zu erfüllen, und stellt sie die Käuferin von jeglichen daraus entstehenden Ansprüchen und Nachteilen frei.

The Purchaser assumes no liabilities or contingent liabilities of the Seller other than the Assumed Liabilities. In particular, the Purchaser does not assume any liability resulting from, or relating to, defects of products existing on the Closing Date. Any liabilities or contingent liabilities not specifically assumed by the Purchaser pursuant to clause 7.1 shall remain with the Seller. If and to the extent a liability or contingent liability that is not part of the Assumed Liabilities transfers to the Purchaser by operation of law (e.g. pursuant to sec. 25 of the HGB, sec. 75 of the German Tax Code or sec. 613a of the BGB), the Seller and the Purchaser agree that, as between the Parties, the Seller shall be responsible for discharging such transferring liability or contingent liability and the Seller shall indemnify the Purchaser against any claims or losses arising from such transferring liability or contingent liability.

7.3	Zustimmungserfordernisse für Übernahme der Verbindlichkeiten	7.3	Consent Requirements for the Assumption of Liabilities

Nach Abschluss dieses Vertrages werden sich die Parteien unverzüglich gemeinsam um die Einholung der zur Übertragung der gemäß § 7.1 zu übernehmenden Verbindlichkeiten und Eventualverbindlichkeiten erforderlichen Zustimmungen der jeweiligen Gläubiger bemühen. Soweit dies nicht möglich oder untunlich ist, bleibt die Verkäuferin im Außenverhältnis Schuldnerin der betroffenen Verbindlichkeiten und Eventualverbindlichkeiten; im Innenverhältnis werden sich die Parteien jedoch so stellen, als hätte die Übertragung am Vollzugstag wirksam stattgefunden.

Without undue delay after the date hereof, the Parties will jointly endeavour to obtain from the creditors of the Assumed Liabilities the consents required for the transfer from the Seller to the Purchaser of such liabilities or contingent liabilities. To the extent that it is impossible or impracticable to obtain such consents, the Seller will, in respect of the external relationships (*im Außenverhältnis*), remain the debtor of the relevant Assumed Liability and for the purpose of their internal relationship (*im Innenverhältnis*) the Parties will act and treat each other as though

I. Asset Deal (einschl. Verkauf von Anteilen an Tochtergesellschaften) D.I

Insbesondere (i) wird die Verkäuferin die Weisungen der Käuferin hinsichtlich der Geltendmachung von Rechten ausführen, (ii) wird die Käuferin die Verkäuferin von jeglicher Haftung daraus freistellen und (iii) verpflichtet sich die Verkäuferin, dabei die Sorgfalt eines ordentlichen Kaufmanns walten zu lassen.

the transfer was effected on the Closing Date. In particular, (i) the Seller will comply with the Purchaser's instructions regarding the exercise of any rights under such liabilities or contingent liabilities, (ii) the Purchaser shall indemnify the Seller against any liability arising from such liabilities or contingent liabilities, and (iii) in holding such liabilities or contingent liabilities the Seller will apply the standard of care of a prudent merchant (*Sorgfalt eines ordentlichen Kaufmanns*).

§ 8 Übernahme von Vertragsverhältnissen

8.1 Bestimmung der zu übernehmenden Vertragsverhältnisse

8.1.1 Die Käuferin übernimmt am Vollzugstag von der Käuferin im Wege der Vertragsübernahme mit befreiender Wirkung sämtliche Rechte und Pflichten aus den Verträgen und Vertragsangeboten („Vertragsverhältnisse") des ABC-Bereichs, (i) die in Anlage 8.1.1 aufgeführt sind und (ii) die (a) die Verkäuferin bis zum Vollzugstag eingeht und daher noch nicht in Anlage 8.1.1 aufgenommen sind oder die (b) zwar am Tag der Unterzeichnung dieses Vertrages (der „Unterzeichnungstag") bestanden, aber übersehen wurden und daher nicht in Anlage 8.1.1 aufgenommen worden sind, und zwar in den beiden Fällen (ii)(a) und (b), wenn sich die Vertragsverhältnisse ausschließlich oder überwiegend auf den ABC-Bereich beziehen und im Rahmen des gewöhnlichen Geschäftsgangs, in Übereinstimmung mit der bisherigen Geschäftspraxis und ohne Verletzung dieses Vertrages eingegangen worden sind.

8.1.2 Die aus den nach § 8.1.1 übernommenen Vertragsverhältnis-

8. Undertaking to assume Contractual Relationships

8.1 Specification of Contractual Relationships

8.1.1 The Seller sells to the Purchaser through the assumption of contract with full discharge of the original contract party (*im Wege der Vertragsübernahme mit befreiender Wirkung*) as of the Closing Date all rights and obligations resulting from those contracts and contractual offers (contractual relationships) of the ABC Business (the *Contractual Relationships*) which (i) are specified in Exhibit 8.1.1 hereto and (ii) either (a) did not exist on the date hereof (the *Signing Date*) but existed on the Closing Date and were thus not included in Exhibit 8.1.1 or (b) were in existence on the date hereof but were inadvertently not included in Exhibit 8.1.1, provided in each case of clauses (ii)(a) and (b) above that such contractual relationships exclusively or predominantly relate to the ABC Business and were entered into in the ordinary course of business consistent with past practice and without any breach of this Agreement.

8.1.2 The Purchaser shall assume liabilities arising from or in con-

	sen stammenden und bereits am Vollzugstag bestehenden Verbindlichkeiten werden nur nach Maßgabe des § 7 übernommen.		nection with any of the Contractual Relationships only subject to and within the limits of clause 7 above.
8.2	Keine Übernahme sonstiger Vertragsverhältnisse	8.2	No Further Assumption of Contractual Relationships
	Andere als die in § 8.1.1 genannten Vertragsverhältnisse übernimmt die Käuferin nicht.		The Purchaser does not assume any contractual relationships other than the Contractual Relationships specified in clause 8.1.1.
8.3	Zustimmungserfordernisse für Übernahme der Vertragsverhältnisse[12]	8.3	Consent Requirements for Transfers of Contractual Relationships
	Nach Abschluss dieses Vertrages werden sich die Parteien unverzüglich gemeinsam um die zur Übertragung der gemäß § 8.1.1 zu übernehmenden Vertragsverhältnisse erforderlichen Zustimmungen der jeweiligen anderen Vertragspartei bemühen. Soweit die Zustimmungen nicht vor dem Vollzugstag eingeholt werden können, bleibt die Verkäuferin im Außenverhältnis Partei der betroffenen Vertragsverhältnisse; die Parteien werden sich im Innenverhältnis jedoch so stellen, als wäre der betreffende Vertrag am Vollzugstag wirksam übertragen worden. Insbesondere (i) wird die Verkäuferin die Weisungen der Käuferin hinsichtlich der Ausübung von Rechten aus diesen Vertragsverhältnissen einholen, (ii) stellt die Käuferin die Verkäuferin von jeglicher Haftung frei und (iii) wird die Verkäuferin dabei die Sorgfalt eines ordentlichen Kaufmanns anwenden. [Sofern bis zum Vollzugstag die Zustimmung aller Gegenparteien der in Anlage 8.3 aufgeführten, besonders wichtigen Vertragsverhältnisse zu deren Übertragung auf die Käuferin nicht vorliegen, kann die Käuferin die Erfüllung dieses Vertrages ablehnen und nach § 13.7.2 zurücktreten.]		Without undue delay after the date hereof, the Parties will jointly endeavour to obtain from the counterparties to the Contractual Relationships to be transferred and assumed pursuant to clause 8.1.1 the consents required for the transfer of such contractual relationships from the Seller to the Purchaser. To the extent that and as long as any such consent cannot be obtained prior to or after the Closing, the Seller will remain the party to the relevant Contractual Relationship in respect of the external relationships (*im Außenverhältnis*) and for the purpose of their internal relationship (*im Innenverhältnis*) the Parties will conduct themselves and treat each other as if the transfer had taken place on the Closing Date. In particular, (i) the Seller will comply with the Purchaser's instructions regarding the exercise of any rights under such contractual relationships, (ii) the Purchaser shall indemnify the Seller against any liability arising from such contractual relationships, and (iii) in holding such contractual relationships the Seller will apply the standard of care of a prudent merchant (*Sorgfalt eines ordentlichen Kaufmanns*). [To the extent that the consents to the transfer of the certain particularly important

I. Asset Deal (einschl. Verkauf von Anteilen an Tochtergesellschaften) D.I

			contractual relationships listed in Exhibit 8.3 cannot be obtained prior to the Closing, the Purchaser shall be under no obligation to close the transactions contemplated by this Agreement and shall have the right of rescission pursuant to clause 13.7.2.]
8.4	Vertragsspaltung[13]	8.4	Split of Contracts
8.4.1	Nicht zu den übernommenen Vertragsverhältnissen gehören die in Anlage 8.4.1 aufgeführten Verträge, die sich teilweise auf den ABC-Bereich, jedoch überwiegend auf andere Geschäftsbereiche der Verkäuferin als den ABC-Bereich beziehen. Ab dem Unterzeichnungstag werden sich die Parteien nach Kräften bemühen, mit dem jeweiligen Vertragspartner eine Vereinbarung über die Aufspaltung des Vertrages zu erzielen, nach der der den ABC-Bereich betreffende Teil mit Wirkung vom Vollzugstag zu unveränderten Bedingungen auf die Käuferin übertragen wird und der die anderen Geschäftsbereiche der Verkäuferin betreffende Teil bei dieser verbleibt. Gelingt dies nicht, werden sich die Parteien im Innenverhältnis so stellen, als wäre der betreffende Vertragsteil am Vollzugstag wirksam auf die Käuferin übertragen worden. Die Bestimmungen des § 8.3 Satz 2 und 3 und gelten entsprechend.	8.4.1	The Contractual Relationships do not include those contracts and contractual offers specified in Exhibit 8.4.1 which partially relate to the ABC Business but predominantly relate to businesses of the Seller other than the ABC Business (the *Excluded Contractual Relationships*). From the date hereof, the Parties will jointly endeavour to come to an agreement with each of the other parties to such contractual relationships to the effect that each Excluded Contractual Relationship is split in such a way that the Purchaser assumes the part of such relationship pertaining to the ABC Business without changing the contents thereof with effect as of the Closing Date, and the Seller retains the part pertaining to businesses of the Seller other than the ABC Business. To the extent that such an agreement cannot be obtained prior to the Closing Date, the Seller will, with regard to the external relationships (*im Außenverhältnis*), remain the party to the relevant Excluded Contractual Relationship and the Parties will, for the purpose of their internal relationship (*im Innenverhältnis*), behave and treat each other as if the relevant part of the Excluded Contractual Relationship had effectively been assumed by the Purchaser on the Closing Date. Clause 8.3 sentences 2 and 3 shall apply *mutatis mutandis*.
8.4.2	Die Bestimmungen des § 8.4.1 gelten spiegelbildlich entsprechend für nach § 8.1.1 von der	8.4.2	The provisions of clause 8.4.1 shall apply *mutatis mutandis* in relation to those of the Contrac-

	Käuferin übernommene Vertragsverhältnisse, soweit diese sich teilweise auf andere Geschäftsbereiche der Verkäuferin als den ABC-Bereich, jedoch überwiegend auf den ABC-Bereich beziehen.
8.5	Kontrollwechsel
	Anlage 8.5.a enthält eine vollständige und zutreffende Aufstellung aller den ABC-Bereich betreffenden Verträge der Verkäuferin und der Zielgesellschaften, nach deren Bestimmungen die jeweilige andere Vertragspartei berechtigt ist, den Vertrag wegen des Abschlusses oder der Erfüllung des vorliegenden Vertrages zu beenden, einseitig zu ändern oder dessen Änderung zu verlangen. Nach Abschluss des vorliegenden Vertrages wird die Verkäuferin (i) sich unverzüglich nach Kräften bemühen sicherzustellen, dass keines dieser Rechte ausgeübt wird, und (ii) die Käuferin unverzüglich unterrichten, falls sie von der Absicht einer anderen Vertragspartei erfährt, eines dieser Rechte auszuüben. Soweit eine Vertragspartei ihr Recht zur Beendigung oder Änderung ausübt, ist die Käuferin berechtigt, den auf das jeweilige Vertragsverhältnis gemäß Anlage 14.6 entfallenden Teil des Kaufpreises von dem noch nicht gezahlten Teil des (Vorläufigen) Kaufpreises abzuziehen oder, falls der (Vorläufige) Kaufpreis bereits gezahlt ist, zurück zu verlangen. Sofern die Verkäuferin bis zum Vollzugstag nicht von sämtlichen Gegenparteien der in Anlage 8.5.b aufgeführten besonders wichtigen Vertragsverhältnisse eine rechtlich verbindliche Verzichtserklärung erhält, kann die Käuferin die Erfüllung dieses Vertrages ablehnen und nach § 13.7.2 zurücktreten.

	tual Relationships to be transferred and assumed pursuant to clause 8.1.1 which relate partly to businesses of the Seller other than the ABC Business but predominantly relate to the ABC Business.
8.5	Change of Control
	Exhibit 8.5a contains a complete and correct list of all contractual relationships of the Seller relating to the ABC Business and of the Target Entities under the terms of which a counterparty may have the right to terminate, unilaterally amend, or otherwise modify such contractual relationship by reason of the execution or consummation of this Agreement. Without undue delay after the date hereof, the Seller shall (i) use its best efforts and take all appropriate steps to ensure that no counterparty to any of such contractual relationships will exercise any such right of termination, amendment or modification and (ii) inform the Purchaser of any intention of a counterparty to exercise such right immediately after obtaining knowledge thereof. To the extent that a counterparty to any such contractual relationship exercises any such right of termination, amendment or modification, the Purchaser may deduct from the Purchase Price or Preliminary Purchase Price an amount equal to that portion of the Purchase Price which according to Exhibit 8.5c is allocated to the relevant contractual relationship or if already paid be entitled to the repayment of such portion of the Purchase Price or Preliminary Purchase Price. To the extent that the Seller fails to obtain legally binding statements from all counterparties to the particularly important contractual relationships listed in Exhibit 8.5b

I. Asset Deal (einschl. Verkauf von Anteilen an Tochtergesellschaften) D.I

confirming that such counterparties do not intend to exercise such rights, the Purchaser shall be under no obligation to close the transactions provided for in this Agreement and have the right of rescission pursuant to clause 13.7.2.

§ 9 Ausgeschlossene Bereiche und Ausgeschlossene Vermögensgegenstände, Verbindlichkeiten und Vertragsverhältnisse	**9. Excluded operations and Excluded Assets, Liabilities and Contractual Relationships**
9.1 Ausgeschlossene Bereiche	9.1 Excluded Operations
Folgende Bereiche der Verkäuferin („Ausgeschlossene Bereiche") sind nicht Bestandteil des ABC-Bereichs und damit nicht Bestandteil dieses Vertrages:	The following operations of the Seller (the *Excluded Operations*) shall not form part of the ABC Business and are thus not covered by this Agreement:
(1) der DEF-Bereich der Verkäuferin;	(1) the Seller's DEF business;
(2) der GHI-Bereich der Verkäuferin.	(2) the Seller's GHI business.
Sämtliche zu den Ausgeschlossenen Bereichen zählenden Vermögensgegenstände, Verbindlichkeiten, Vertragsverhältnisse und Arbeitnehmer werden aufgrund dieses Vertrages nicht veräußert und verbleiben bei der Verkäuferin. Die Verkäuferin hat die Käuferin insoweit von allen damit zusammenhängenden Kosten und Verbindlichkeiten freizustellen.	All assets, liabilities, obligations, contractual relationships and employees attributable to the Excluded Operations are not sold under this Agreement and shall remain with the Seller. The Seller shall indemnify the Purchaser against any costs or liabilities arising from or in connection with any such assets, liabilities, contractual relationships or employees.
9.2 Ausgeschlossene Vermögensgegenstände, Verbindlichkeiten und Vertragsverhältnisse	9.2 Excluded Assets, Liabilities, and Contractual Relationships
Folgende Vermögensgegenstände, Verbindlichkeiten und Vertragsverhältnisse („Ausgeschlossenes Vermögen") zählen nicht zu den nach den §§ 2 bis 8 verkauften ABC-Vermögensgegenständen, Verbindlichkeiten und Vertragsverhältnissen und verbleiben bei der Verkäuferin:[14]	The following specific assets, liabilities, and contractual relationships (the *Excluded Assets*) are not included in the ABC Assets, liabilities and contractual relationships sold pursuant to clauses 2 to 8 and shall remain with the Seller:
(1) die in Anlage 9.2.1 aufgeführten Vermögensgegenstände;	(1) the assets listed in Exhibit 9.2.1;
(2) die in Anlage 9.2.2 aufgeführten Verbindlichkeiten und Eventualverbindlichkeiten;	(2) the liabilities and contingent liabilities listed in Exhibit 9.2.2;

(3) die in Anlage 9.2.3 aufgeführten Vertragsverhältnisse. Die Verkäuferin hat die Käuferin von allen damit zusammenhängenden Kosten und Verbindlichkeiten freizustellen.

§ 10 Arbeitsverhältnisse

10.1 Gesetzlicher Übergang der Arbeitsverhältnisse[15]

Die Parteien sind sich darin einig, dass die mit der Verkäuferin bestehenden und dem ABC-Bereich zuzuordnenden Arbeitsverhältnisse samt den daraus resultierenden Rechten und Pflichten gemäß § 613a BGB am Vollzugstag auf die Käuferin übergehen.

10.2 Übergang von Verpflichtungen aus der Zusage betrieblicher Altersversorgung gegenüber aktiven Arbeitnehmen

Die Parteien sind sich darin einig, dass mit den gemäß § 613a BGB auf die Käuferin übergehenden Arbeitsverhältnissen der aktiven Arbeitnehmer auch die am Vollzugstag gegenüber diesen bestehenden Verpflichtungen aus der Zusage betrieblicher Altersversorgung auf die Käuferin übergehen.[16]

10.3 Bestimmung der übergehenden Arbeitsverhältnisse

Die Parteien gehen davon aus, dass die gemäß § 613a BGB auf die Käuferin übergehenden Arbeitsverhältnisse mit den in Anlage 10.3 aufgeführten Arbeitnehmern bestehen. Die Verkäuferin wird die Käuferin von sämtlichen Kosten und Verbindlichkeiten freistellen, die dieser entstehen aus (i) dem Übergang gemäß § 613a BGB von Arbeitsverhältnissen (einschließlich der Verpflichtungen aus der Zusage betrieblicher Al-

(3) the contractual relationships listed in Exhibit 9.2.3.
The Seller shall indemnify the Purchaser against any costs or liabilities arising from or in connection with the Excluded Assets.

10. Employment Relationships

10.1 Transfer of Employment Relationships by Operation of Law

The Parties understand that the employment relationships existing with the Seller and attributable to the ABC Business on the Closing Date together with all rights and obligations arising therefrom will transfer to the Purchaser on the Closing Date by operation of law, pursuant to sec. 613a of the BGB.

10.2 Transfer of Pension Commitments of Active Employees

The Parties further understand that along with the employment relationships of those current employees transferring to the Purchaser pursuant to sec. 613a of the BGB, the Seller's obligations arising from pension and similar commitments to such employees and existing on the Closing Date will equally transfer to the Purchaser.

10.3 Specification of Transferring Employees

The Parties assume that the Seller's employment relationships transferring to the Purchaser according to sec. 613a of the BGB are those existing with the employees listed in Exhibit 10.3 (the *Transferring Employees*). The Seller undertakes to indemnify the Purchaser against any costs and liabilities arising from (i) the transfer of any employment relationships (including any pension and other obligations) according to sec. 613a of the BGB with in-

I. Asset Deal (einschl. Verkauf von Anteilen an Tochtergesellschaften) D.I

tersversorgung) mit in Anlage 10.3 nicht benannten Arbeitnehmern und (ii) daraus, dass Arbeitsverhältnisse der in Anlage 10.3 aufgeführten Arbeitnehmer nicht übergehen, weil diese dem ABC-Bereich nicht zuzuordnen sind oder dem Übergang widersprechen.

dividuals other than the Transferring Employees and (ii) the non-transfer of any employment relationships (including any pension or other obligations) with any of the Transferring Employees because such relationship is not attributable to the ABC Business or because any individual objects to the transfer of his or her relationship to the Purchaser.

10.4 Übergang des Anstellungsverhältnisses mit dem Geschäftsführer[17]

Die Parteien sind sich darin einig, dass das Anstellungsverhältnis zwischen der Verkäuferin und dem [*Geschäftsführer der Verkäuferin*] nicht kraft Gesetzes auf die Käuferin übergeht. Die Parteien vereinbaren, dass mit Wirkung ab dem Vollzugstag die Verkäuferin den [*Geschäftsführer der Verkäuferin*] von seinen Pflichten aus dem bestehenden Anstellungsvertrag mit der Verkäuferin befreit und die Käuferin dem [*Geschäftsführer der Verkäuferin*] ein Angebot auf den Abschluss eines neuen Anstellungsvertrages unterbreiten wird, dessen Bedingungen nicht ungünstiger als die bestehenden sind. Die Verkäuferin wird sich nach besten Kräften darum bemühen sicherzustellen, dass der [*Geschäftsführer der Verkäuferin*] dieses Angebot annimmt. Nimmt er dieses Angebot an, so übernimmt die Käuferin von der Verkäuferin im Wege der befreienden Schuldübernahme bestehende Pensionsverpflichtungen der Verkäuferin gegenüber dem [*Geschäftsführer der Verkäuferin*], wenn dieser der Übernahme zustimmt.[18]

10.4 Transfer of Employment Relationship with the Managing Director

The Parties acknowledge that the employment relationship existing between the Seller and [*Managing Director of Seller*] will not transfer to the Purchaser by operation of law. With effect from the Closing Date, the Seller will release [*Managing Director of Seller*] from his obligations under his existing service agreement with the Seller and the Purchaser will offer a new service agreement to [*Managing Director of Seller*] containing terms not less favourable than [*Managing Director of Seller*]'s existing service agreement. The Seller shall use its best efforts to ensure that [*Managing Director of Seller*] accepts such offer. If [*Managing Director of Seller*] accepts such offer, the Purchaser undertakes to assume from the Seller by way of assumption of debt with full discharge of the original debtor (*im Wege der befreienden Schuldübernahme*) any existing pension obligations of the Seller to [*Managing Director of Seller*] provided that [*Managing Director of Seller*] consents to such transfer.

10.5 Unterrichtung der Arbeitnehmer[19]

Unverzüglich nach Unterzeichnung dieses Vertrages hat die Verkäuferin alle Arbeitnehmer,

10.5 Information to Employees

Promptly after the signing of this Agreement, the Seller shall inform in writing all of those of its em-

deren Arbeitsverhältnisse gemäß § 613a BGB auf die Käuferin übergehen, in Übereinstimmung mit § 613a Abs. 5 BGB schriftlich über (i) den Betriebsübergang, (ii) den geplanten Zeitpunkt des Betriebsübergangs, (iii) den Grund für den Betriebsübergang, (iv) die rechtlichen, wirtschaftlichen und sozialen Folgen des Betriebsübergangs für die Arbeitnehmer und (v) die in Aussicht genommenen Maßnahmen zu unterrichten. Zugleich hat die Verkäuferin diesen Arbeitnehmern eine Frist von einem (1) Monat zu setzen, innerhalb derer sie die Verkäuferin oder die Käuferin schriftlich unterrichten müssen, ob sie dem Übergang ihres Arbeitsverhältnisses widersprechen. Die Parteien haben sich gegenseitig über die eingegangenen Widersprüche zu unterrichten. Die Verkäuferin haftet für sämtliche Gehalts- oder Abfindungszahlungen an Arbeitnehmer, die dem Übergang ihres Arbeitsverhältnisses auf die Käuferin widersprechen, sowie für sonstige in diesem Zusammenhang entstehende Kosten.

ployees whose employment relationships will transfer to the Purchaser pursuant to sec. 613a of the BGB about (i) the transfer of business (*Betriebsübergang*), (ii) the contemplated timing of such transfer, (iii) the reason for such transfer, (iv) the legal, economic, and social consequences of the transfer for the employees, and (v) the measures contemplated with respect to the employees, in each case in accordance with sec. 613a para. 5 of the BGB. At the same time, the Seller shall set a deadline of one (1) month after receipt of the information referred to in the preceding sentence within which each employee must inform either the Seller or the Purchaser in writing whether or not such employee objects to the transfer of employment to the Purchaser. The Parties shall inform each other of any notice of objection received from any employee. The Seller shall pay any salaries, severance payments, and any other costs or liabilities payable or owing to employees objecting to the transfer of employment.

§ 11 Übertragung von Vermögensgegenständen, Verbindlichkeiten und Vertragsverhältnissen[20]

11. Transfer of Title to assets, liabilities, and contractual relationships

11.1 Vollzugsvertrag

11.1.1 Das Eigentum an den nach diesem Vertrag verkauften beweglichen Sachen wird nicht aufgrund dieses Vertrages übertragen, sondern aufgrund eines am Vollzugstag abzuschließenden, gesonderten dinglichen Vertrages („Vollzugsvertrag"), der im Wesentlichen dem als Anlage 11.1.1 beigefügten Vertragsmuster entspricht.

11.1.2 Die Rechte an den nach diesem Vertrag verkauften immateriellen Vermögensgegenständen, ins-

11.1 Asset Transfer Agreement

11.1.1 The Seller will transfer title to the movable tangible assets sold pursuant to this Agreement not by virtue of this Agreement but a separate transfer agreement (the *Asset Transfer Agreement*) to be executed on the Closing Date, such agreement to substantially conform to the wording set forth in Exhibit 11.1.1.

11.1.2 The rights to the intangible assets sold pursuant to this Agreement including, in particu-

I. Asset Deal (einschl. Verkauf von Anteilen an Tochtergesellschaften) D.I

	besondere den Schutzrechten, dem Technischen und kommerziellen Know-how und den Forderungen werden nicht aufgrund dieses Vertrages abgetreten, sondern aufgrund des am Vollzugstag abzuschließenden Vollzugsvertrages.			lar, the ABC Intellectual Property Rights, Technical and Commercial Know-how and receivables, are not assigned by virtue of this Agreement but the Asset Transfer Agreement to be executed on the Closing Date.
11.1.3	Die nach § 7 verkauften Verbindlichkeiten und Eventualverbindlichkeiten sowie die nach § 8 verkauften Vertragsverhältnisse werden nicht aufgrund dieses Vertrages übernommen, sondern aufgrund des am Vollzugstag abzuschließenden Vollzugsvertrages.		11.1.3	The liabilities and contingent liabilities sold pursuant to clause 7 and the contractual relationships sold pursuant to clause 8 are not assumed by the Purchaser by virtue of this Agreement but the Asset Transfer Agreement to be executed on the Closing Date.
11.2	Grundstücksübertragung		11.2	Transfer of Title to Real Property
	Das Eigentum an den nach dem Grundstückskaufvertrag verkauften Grundstücken wird nicht aufgrund des vorliegenden Vertrages, sondern aufgrund des Grundstückskaufvertrages (Anlage 3.1) übertragen.			Title to the real property sold pursuant to the Real Property Sale and Transfer Agreement is not transferred to the Purchaser by virtue of this Agreement but on the basis of the Real Property Sale and Transfer Agreement (Exhibit 3.1) to be executed on the Closing Date.
11.3	Anteilsübertragungsverträge		11.3	Share Transfer Agreements
	Die nach diesem Vertrag verkauften Anteile an den Zielgesellschaften werden nicht aufgrund dieses Vertrages abgetreten, sondern aufgrund gesonderter, am Vollzugstag abzuschließender dinglicher Verträge („Anteilsübertragungsverträge"), die im Wesentlichen den als Anlage 11.3 beigefügten Vertragsmustern entsprechen.[21]			Title to the shares in the Target Entities sold under this Agreement are not transferred by means of this Agreement but separate share transfer agreements (the *Share Transfer Agreements*) to be executed on the Closing, Date, such agreements to substantially conform to the sample agreements attached as Exhibit 11.3.
11.4	Besitzeinräumung		11.4	Grant of Possession
	Die Verkäuferin hat der Käuferin am Vollzugstag den Besitz an den nach diesem Vertrag verkauften beweglichen Sachen und Grundstücken einzuräumen. Soweit die Käuferin am Vollzugstag nicht den unmittelbaren Besitz an bestimmten beweglichen Sachen erlangt, wird die zur Übertragung des Eigentums erforderliche Übergabe durch die			On the Closing Date the Seller shall grant to the Purchaser possession of the movable tangible assets and real property sold pursuant to this Agreement. To the extent that the Purchaser does not obtain possession of individual movable tangible assets on the Closing Date, the transfer of possession required to perfect the transfer of title will be replaced

Vereinbarung ersetzt, dass die Verkäuferin diese Sachen ab dem Vollzugstag für die Käuferin aufzubewahren hat. Soweit einzelne bewegliche Sachen am Vollzugstag im Besitz Dritter sind, wird die zur Übertragung des Eigentums erforderliche Übergabe dadurch ersetzt, dass die Verkäuferin der Käuferin ihren Anspruch auf Herausgabe dieser Sachen abtritt. Alsbald nach dem Vollzugstag werden die Parteien gemeinsam eine Liste aller beweglichen Sachen erstellen, an denen der Käuferin bereits der Besitz eingeräumt worden ist oder hinsichtlich derer die Übergabe durch Vereinbarung eines Verwahrungsvertrages zugunsten der Käuferin oder durch die Abtretung des Herausgabeanspruchs der Verkäuferin an die Käuferin ersetzt worden ist.

by the agreement that from the Closing Date on such assets will be kept by the Seller in safe custody for the Purchaser. To the extent that on the Closing Date individual movable tangible assets are within the possession of third parties, the transfer of possession required to perfect the transfer of title will be replaced by the Seller's assignment to the Purchaser of its claim of repossession (*Abtretung des Herausgabeanspruchs*). As soon as practicable after the Closing Date, the Parties shall jointly prepare a list of all movable tangible assets possession of which has been transferred to the Purchaser and in respect of which the transfer of possession has been replaced by the Seller's agreement to keep such assets in safe custody for the Purchaser or by Seller's assignment of its claim of repossession.

§ 12 Übertragung von behördlichen Genehmigungen

Die Parteien sind sich darin einig, dass die für den jeweiligen Betrieb erteilten behördlichen Genehmigungen (*Realkonzessionen*) auf die Käuferin nicht übertragen werden müssen und die Käuferin diese Genehmigungen ohne weiteres nutzen darf. Die Parteien erkennen an, dass die personengebundenen behördlichen Genehmigungen (*Personalkonzessionen*) der Käuferin neu erteilt oder ausdrücklich auf die Käuferin übertragen werden müssen. Die Verkäuferin wird die Käuferin in ihrem Bemühen um die Neuerteilung der personengebundenen behördlichen Genehmigungen nach besten Kräften unterstützen.[22]

12. Transfer of Governmental Permits

The Parties understand and agree that no assignment of the governmental permits granted with respect to the business (*Realkonzessionen*) to the Purchaser is required but that the Purchaser may use such permits without any further action. The Parties further acknowledge and agree that those governmental permits granted on a personal basis (*Personalkonzessionen*) must be reissued or expressly transferred to the Purchaser. The Seller shall use its berst efforts to support the Purchaser in re-obtaining any official permits granted on a personal basis.

§ 13 Vollzug; Vollzugsvoraussetzungen[23]

13.1 Vollzug; Vollzugstag[24]

13.1.1 Die Parteien sind verpflichtet, diesen Vertrag innerhalb von

13. Closing; Closing Conditions

13.1 Closing; Closing Date

13.1.1 The Parties shall consummate the transactions contemplated

I. Asset Deal (einschl. Verkauf von Anteilen an Tochtergesellschaften)   D.I

fünf (5) Bankarbeitstagen zu vollziehen, nachdem sämtliche Positiven Vollzugsvoraussetzungen eingetreten sind oder die Käuferin auf den Eintrtitt der betreffenden Vollzugsvoraussetzung verzichtet hat („Vollzug").	by this Agreement (the *Closing*) within five (5) Banking Days after the date on which the last of the Positive Closing Conditions has been satisfied or has been waived by the Purchaser.

13.1.2 Sofern sich die Parteien nicht auf einen anderen Ort oder eine andere Zeit verständigen, findet der Vollzug in den Räumen der Sozietät ...... in ...... um ...... Uhr MEZ statt. Der Tag, an dem der Vollzug tatsächlich stattfindet, wird in diesem Vertrag als „Vollzugstag" bezeichnet.

13.1.2 Unless otherwise agreed by the Parties, the Closing shall take place at the offices of ...... in ...... at ...... hours CET. The date on which the Closing actually occurs shall be referred to as the *Closing Date*.

13.2 Gemeinsame Vollzugsvoraussetzungen

Die Parteien sind zum Vollzug verpflichtet, sobald sämtliche der nachstehenden Vollzugsvoraussetzungen („Gemeinsame Vollzugsvoraussetzungen") erfüllt sind:

13.2 Joint Closing Conditions

The obligation to carry out the Closing shall be subject to the satisfaction of the following conditions to Closing (the *Joint Closing Conditions*):

13.2.1 [*Variante bei Zuständigkeit des Bundeskartellamtes:*] Das Bundeskartellamt hat das Zusammenschlussvorhaben freigegeben. Diese Voraussetzung gilt als eingetreten, wenn

13.2.1 [*Clause applicable where German Federal Cartel Office has jurisdiction:*] The German Federal Cartel Office (*Bundeskartellamt*) (FCO) shall have cleared the proposed concentration. This condition shall be deemed satisfied if

(a) das Bundeskartellamt den Zusammenschluss gemäß § 40 Abs. 2 S. 1 GWB freigegeben hat oder

(a) the FCO has cleared the concentration in accordance with sec. 40 para. 2 sentence 1 of the German Law against Restraints of Competition (*Gesetz gegen Wettbewerbsbeschränkungen*, GWB); or

(b) das Bundeskartellamt den anmeldenden Unternehmen schriftlich mitgeteilt hat, dass die Voraussetzungen für eine Untersagung des Zusammenschlusses nach § 36 GWB nicht vorliegen, oder

(b) the notifying undertakings (*anmeldende Unternehmen*) have received a written notice from the FCO that the facts of the case do not allow a prohibition of the concentration under sec. 36 of the GWB; or

(c) die Einmonatsfrist gemäß § 40 Abs. 1 GWB verstrichen ist, ohne dass das Bundeskartellamt den anmeldenden Unternehmen den Eintritt in

(c) the one month waiting period from submission of a complete notification to the FCO has expired without the notifying undertakings hav-

das Hauptprüfverfahren nach § 40 Abs. 1 S. 1 GWB mitgeteilt hat, oder

(d) die viermonatige Untersagungsfrist des § 40 Abs. 2 S. 2 GWB verstrichen ist, ohne dass das Bundeskartellamt (i) den Zusammenschluss untersagt hat oder (ii) mit den anmeldenden Unternehmen gemäß § 40 Abs. 2 S. 4 Ziff. 1 GWB eine Fristverlängerung vereinbart hat, oder

(e) eine gemäß § 40 Abs. 2 Satz 3 Nr. 1 GWB vereinbarte Fristverlängerung abläuft, ohne dass eines der in Ziff. (4) (i) oder (ii) dieses § 13.2.1 genannten Ereignisse eingetreten ist.

Ohne die vorherige schriftliche Zustimmung der jeweils anderen Partei wird keine Partei eine Fristverlängerung vereinbaren.

[*Variante bei Zuständigkeit der Europäischen Kommission:*] Die Europäische Kommission hat das Zusammenschlussvorhaben freigegeben. Diese Voraussetzung gilt als eingetreten, wenn

(a) die Europäische Kommission erklärt hat, dass das Zusammenschlussvorhaben mit dem Gemeinsamen Markt gemäß Art. 6 Abs. 1 lit. b oder Art. 8 Abs. 1 oder Abs. 2 der Verordnung (EG) Nr. 139/2004 über die Kontrolle von Unternehmenszusammenschlüssen vom 20. Januar 2004 (EG-Fusionskontrollverordnung – „FKVO") vereinbar ist, oder

ing been notified by the FCO in accordance with sec. 40 para. 1 sentence 1 of the GWB that it has commenced a formal investigation of the concentration; or

(d) the four months waiting period has expired in accordance with sec. 40 para. 2 sentence 1 of the GWB without the FCO (i) having prohibited the concentration or (ii) having agreed with the notifying undertakings to extend such waiting period in accordance with sec. 40 para. 2 sentence 3 no. 1 of the GWB; or

(e) an extended investigation period agreed to with the notifying undertakings pursant to sec. 40 para. 2 sentence 3 no. 1 of the GWB has elapsed, without any of the evnts mentioned in para (d (i) or (ii) of this clause 13.2.1 having occurred.

Neither Party shall grant its consent to any extension of the waiting period without the prior written consent of the other Party.

[*Clause applicable where European Commission has jurisdiction:*] The European Commission shall have cleared the proposed transaction. This condition shall be deemed satisfied if

(a) the European Commission has declared the proposed concentration compatible with the common market pursuant to Article 6 para. 1(b) or Article 8 para. 1 or 2 of Regulation (EC) No. 139/2004 on the control of concentrations between undertakings dated 20 January 2004 (European Community Merger Regulation – ECMR); or

I. Asset Deal (einschl. Verkauf von Anteilen an Tochtergesellschaften) D.I

(b) das Zusammenschlussvorhaben gemäß Art. 10 Abs. 6 FKVO als mit dem Gemeinsamen Markt vereinbar gilt, weil die Europäische Kommission (i) innerhalb der Frist des Art. 10 Abs. 1 (oder Abs. 3) keine Entscheidung nach Art. 6 Abs. 1 FKVO oder (ii) innerhalb der Frist des Art. 10 Abs. 3 FKVO keine Entscheidung nach Art. 8 Abs. 1, Abs. 2 oder Abs. 3 FKVO erlassen hat, oder

(c) (i) die Europäische Kommission die Entscheidung nach Art. 9 Abs. 3 FKVO oder Art. 4 Abs. 4 FKVO an die Behörden eines Mitgliedstaates ganz oder teilweise verwiesen hat oder die Entscheidung nach Art. 9 Abs. 5 FKVO oder Art. 4 Abs. 4 UAbs. 4 FKVO als ganz oder teilweise verwiesen gilt und (ii) die Europäische Kommission in Bezug auf den nicht (gemäß (i) dieses § 13.2.1 (c)) verwiesenen Teil eine der in Abs. (1) oder (2) dieses § 13.2.1 aufgeführten Entscheidungen getroffen hat und (iii) in Bezug auf den (gemäß (i) dieses § 13.2.1 (c)) verwiesenen Teil, die zuständige Behörde des Mitgliedstaates das Zusammenschlussvorhaben nach den nationalen Fusionskontrollvorschriften freigegeben hat oder der Zusammenschluss nach den nationalen Fusionskontrollvorschriften als freigegeben gelten kann.

(b) the proposed concentration is deemed to be compatible with the common market pursuant to Article 10 para. 6 of the ECMR since the European Commission has (i) neither made a decision pursuant to Article 6 para. 1 of the ECMR within the time limits set forth in Article 10 para. 1 or 3 of the ECMR, (ii) nor made a decision pursuant to Article 8 para. 1, 2, or 3 of the ECMR within the time limits set forth in Article 10 para. 3 of the ECMR; or

(c) (i) pursuant to Article 9 para. 3 of the ECMR or Article 4 para. 4 of the ECMR the European Commission has decided to refer the case, either in full or in part, to the competent authorities of the relevant Member State or the European Commission is deemed to have made such referral pursuant to Article 9 para. 5 of the ECMR or Article 4 para. 4 subpara. 4 of the ECMR and (ii) the European Commission has made or is deemed to have made a decision as decribed in para. (a) or (b) of this clause 13.2.1 concerning that part of the case not referred or not deemed to have been referred (as described in part (i) of this clause 13.2.1(c)), and, (iii) as concerns that part of the case that has been or is deemed to have been referred to a Member State authority (as described in part (i) of this clause 13.2.1(c)), the proposed concentration has been or is deemed to have been cleared by the competent Member State authority under applicable national merger control provisions.

[13.2.2] Der Erwerb der ABC-Vermögensgegenstände wird nicht gemäß § 7 Abs. 1 und 2 Nr. 6 AWG i. V. m. § 53 Abs. 2 S. 4 AWV untersagt.[25] Diese Voraussetzung gilt als eingetreten, wenn

(a) das Bundesministerium für Wirtschaft und Technologie („BMWi") eine Bescheinigung über die Unbedenklichkeit des Erwerbs gemäß § 53 Abs. 3 S. 1 AWV erteilt hat; oder

(b) eine Unbedenklichkeitsbescheinigung gemäß § 53 Abs. 3 S. 2 AWV als erteilt gilt, weil das BMWi nicht innerhalb eines Monats nach Eingang des Antrags gem. § 53 Abs. 3 AWV ein Prüfverfahren nach § 53 Abs. 1 S. 1 AWV eröffnet hat; oder

(c) die dreimonatige Aufgreiffrist gemäß § 53 Abs. 1 S. 1 AWV verstreicht, ohne dass das BMWi der Käuferin mitgeteilt hat, eine Prüfung nach § 53 Abs. 1 S. 1 AWV durchzuführen; oder

(d) die zweimonatige Prüfungsfrist des § 53 Abs. 2 S. 4 AWV nach Eingang der vollständigen Unterlagen verstreicht, ohne dass das BMWi den Erwerb der ABC-Vermögensgegenstände un-

[13.2.2] The acquisition of the ABC Assets has not been prohibited in accordance with sec. 7 para. 1 and 2 no. 6 of the German Foreign Trade Act (*Außenwirtschaftsgesetz – AWG*) in conjunction with sec. 53 para. 2 sentence 4 of the German Foreign Trade Ordinance (*Außenwirtschaftsverordnung – AWV*). This condition shall be deemed satisfied if

(a) the German Federal Ministry of Economics and Technology has issued a certificate of compliance (*Unbedenklichkeitsbescheinigung*) pursuant to sec. 53 para. 3 sentence 1 of the AWV; or

(b) a certificate of compliance is deemed to have been issued pursuant to sec. 53 para. 3 sentence 2 of the AWV because the German Federal Ministry of Economics and Technology did not commence a formal investigation of the acquisition pursuant to sec. 53 para. 1 sentence 1 of the AWV within one month of receipt of the application for a certificate of compliance ; or

(c) the German Federal Ministry of Economics and Technology has not notified the Purchaser within the three-months review period prescribed by sec. 53 para. 1 sentence 1 of the AWV of its decision to commence a formal investigation of the acquisition pursuant to sec. 53 para. 1 sentence 1 of the AWV; or

(d) the German Federal Ministry of Economics and Technology has not prohibited the proposed acquisition or issued binding orders (*Anordnungen*) in relation thereto within the two-month ex-

I. Asset Deal (einschl. Verkauf von Anteilen an Tochtergesellschaften) D.I

tersagt oder Anordnungen in Bezug auf den Erwerb erlassen hat[; oder

(e) das BMWi vor Ablauf der zweimonatigen Prüfungsfrist des § 53 Abs. 2 S. 4 AWV Anordnungen in Bezug auf den Erwerb erlässt, ohne diesen zu untersagen, und die Käuferin der Verkäuferin binnen ...... Tagen nach Zugang des diesbezüglichen Verwaltungsaktes schriftlich mitgeteilt hat, dass sie mit den Anordnungen einverstanden ist und diesen Vertrag dennoch vollziehen möchte].]

amination period prescribed by sec. 53 para. 2 sentence 4 of the AWV following receipt of the complete documentation[; or

(e) prior to the expiration of the two-month review period prescribed by sec. 53 para. 2 sentence 4 of the AWV, the German Federal Ministry of Economics and Technology issues binding orders (*Anordnungen*) in relation to the present transaction without prohibiting it, and the Purchaser notifies the Seller in writing within ...... days of receipt of the relevant administrative decision (*Verwaltungsakt*) that it is prepared to comply with such orders and wishes to close this Agreement].]

13.2.3 [*Ggfs. weitere nationale wettbewerbsrechtliche Anmelde- oder Anzeigepflichten aufnehmen.*]

13.3 Positive Vollzugsvoraussetzungen

Die Käuferin ist zum Vollzug erst dann verpflichtet, wenn zusätzlich zu den Gemeinsamen Vollzugsvoraussetzungen die nachstehenden Vollzugsvoraussetzungen erfüllt sind (zusammen mit den Gemeinsamen Vollzugsvoraussetzungen die „Positiven Vollzugsvoraussetzungen"):

13.3.1 der Aufsichtsrat der Käuferin hat dem Vollzug dieses Vertrages zugestimmt;

13.3.2 die in Anlage 4.6b aufgeführten Zustimmungen betreffend die Übertragung der Anteile an ...... und an ...... sind erteilt und der Käuferin übergeben worden;

13.3.3 die Zustimmungen zur Übertragung der in Anlage 8.3 aufge-

13.2.3 [*Check whether any other national anti-trust filing or other closing conditions are necessary.*]

13.3 Positive Closing Conditions

The Purchaser shall be required to close the present transaction only if in addition to the Joint Closing Conditions, each of the following conditions has been satisfied (together with the Closing Conditions, the *Positive Closing Conditions*):

13.3.1 The supervisory board (*Aufsichtsrat*) of the Purchaser has approved this Agreement and the transactions contemplated therein; and

13.3.2 the approvals or consents listed in Exhibit 4.6b relating to the transfer of shares in ...... and ...... have been obtained and handed to the Purchaser; and

13.3.3 the consents to the transfer of the contractual relationships

	führten Vertragsverhältnisse sind erteilt und der Käuferin übergeben worden;		listed in Exhibit 8.3 have been obtained and handed to the Purchaser; and
13.3.4	die Erklärungen über den Verzicht auf die Ausübung der Rechte zur Beendigung oder Änderung der in Anlage 8.5.b aufgeführten Vertragsverhältnisse sind erteilt und der Käuferin übergeben worden;	13.3.4	the statements not to exercise the rights to terminate, amend, or otherwise modify the contractual relationships listed in Exhibit 8.5b have been obtained and handed to the Purchaser; and
13.3.5	die Käuferin hat eine schriftliche Bestätigung der [IT-Service GmbH] erhalten, dass die den ABC-Bereich betreffenden IT-Systeme erfolgreich verselbständigt wurden und die erforderlichen Daten auf die IT-Systeme des ABC-Bereichs überführt sind; die Bestätigung hat im Wesentlichen dem in Anlage 13.3.5 aufgeführten Wortlaut zu entsprechen [;26 und]	13.3.5	the Purchaser has obtained a written confirmation from [*IT-Service GmbH*] conforming that the IT systems pertaining to the ABC Business have been successfully put on a stand-alone basis and all necessary data have been transferred to the IT systems of the ABC Business; such confirmation substantially to be in the form attached as Exhibit (e) [; and]
[13.3.6	[*Geschäftsführer der Verkäuferin*] hat das Angebot der Käuferin zum Abschluss eines neuen Anstellungsvertrages mit der Käuferin angenommen].27	[13.3.6	[*Managing Director of Seller*] has accepted the Purchaser's offer to enter into a new service agreement with the Purchaser].
13.4	Vollzugshindernisse	13.4	Closing Obstacles
	Die Käuferin ist weiterhin zum Vollzug nur dann verpflichtet, wenn keiner der nachstehenden Umstände eingetreten ist („Vollzugshindernisse"):		The Purchaser shall furthermore be required to close the present transaction only if none of the following circumstances (each of them a *Closing Obstacle*) has occurred:
13.4.1	Seit dem Unterzeichnungstag sind Veränderungen, Umstände oder Ereignisse eingetreten oder bekannt geworden, die – für sich allein oder im Zusammenwirken mit anderen Veränderungen, Umständen oder Ereignissen, auch soweit diese bereits vor dem Unterzeichnungstag eingetreten sind – eine wesentliche nachteilige Auswirkung auf die Vermögens-, Finanz- oder Ertragslage, den Geschäftsbetrieb oder die Geschäftsaussichten des ABC-Bereichs haben oder solche Auswirkungen erwarten lassen („Wesentlich Nachteilige Änderung"),28 oder	13.4.1	Since the Signing Date, a change, circumstance or event has occurred or become known which – individually or taken together with other changes, circumstances or events, even if these occurred prior to the Signing Date – has, or may reasonably be expected to have, a material adverse effect on the net assets, financial conditions or results of operation, business operations or business prospects of the ABC Business (a *Material Adverse Change*); or

I. Asset Deal (einschl. Verkauf von Anteilen an Tochtergesellschaften) D.I

13.4.2	eine oder mehrere Verkäufergarantien, deren Verletzung als „wesentlich" einzustufen ist oder deren Verletzung eine Wesentlich Nachteilige Änderung zur Folge hat oder erwarten lässt, ist (i) am Unterzeichnungstag oder (ii) – sofern die Garantie in Bezug auf den Vollzugstag abgegeben wurde – am Vollzugstag unvollständig oder unzutreffend oder	13.4.2	one or several of the Seller Guarantees a breach of which must be considered as being „material" or the breach of which has caused or may reasonably be expected to cause a Material Adverse Change, is incomplete, misleading or incorrect (i) at the Signing Date or (ii) – where such Seller Guarantee is given as of the Closing Date – on the Closing Date; or
13.4.3	die Verkäuferin hat eine sonstige Verpflichtung aus diesem Vertrag nicht vollständig erfüllt.[29]	13.4.3	the Seller has not fulfilled, in whole or in in part, any other obligation under this Agreement.
13.5	Verzicht auf Positive Vollzugsvoraussetzungen; Vollzug trotz Vorliegens von Vollzugshindernissen	13.5	Waiver of Positive Closing Conditions; Closing Despite a Closing Obstacle
	Die Käuferin ist berechtigt, auf die Erfüllung der Positiven Vollzugsvoraussetzungen mit Ausnahme der Gemeinsamen Vollzugsvoraussetzungen ganz oder teilweise zu verzichten oder von der Verkäuferin den Vollzug zu verlangen, auch wenn ein Vollzugshindernis eingetreten ist. Die sonstigen Rechte der Käuferin nach diesem Vertrag bleiben unberührt.		The Purchaser has the right to waive, either in whole or in part, satisfaction of the Positive Closing Conditions with the exception of the Joint Closing Conditions or to request from the Seller that it closes the present transaction regardless of whether any Closing Obstacle has arisen. Any such waiver shall not preclude the exercise of any other right or remedy of the Purchaser under this Agreement.
13.6	Pflichten im Hinblick auf die Vollzugsvoraussetzungen	13.6	Obligations with Respect to the Closing Conditions
13.6.1	Die Parteien haben einander unverzüglich zu unterrichten, sobald eine Positive Vollzugsvoraussetzung erfüllt ist. Die Verkäuferin hat die Käuferin unverzüglich zu unterrichten, sobald ein Vollzugshindernis eingetreten ist oder einzutreten droht.	13.6.1	The Parties shall promptly (*unverzüglich*) inform each other as soon as a Positive Closing Condition has been satisfied. The Seller shall promptly inform the Purchaser as soon as a Closing Obstacle has arisen or is expected to arise.
13.6.2	Die Käuferin hat dafür zu sorgen, dass dieser Vertrag ihrem Aufsichtsrat innerhalb von …… Wochen nach dem Unterzeichnungstag zur Zustimmung vorgelegt wird.	13.6.2	The Purchaser shall ensure that this Agreement will be submitted to the supervisory board of the Purchaser for approval within …… weeks after the Signing Date.

13.7	Folgen der Nichterfüllung von Positiven Vollzugsvoraussetzungen und des Eintritts von Vollzugshindernissen	13.7	Consequences of Non-Satisfaction of Positive Closing Conditions and Occurrence of Negative Closing Conditions
13.7.1	Jede Partei ist berechtigt, durch schriftliche Erklärung gegenüber der anderen Partei von diesem Vertrag zurückzutreten, wenn die Gemeinsamen Vollzugsvoraussetzungen nicht spätestens bis zum ...... erfüllt sind.	13.7.1	Each Party shall have the right to withdraw from (*zurücktreten*) this Agreement by written notice to the other Party if all of the Joint Closing Conditions have not been satisfied by ....
13.7.2	Die Käuferin[30] ist berechtigt, von diesem Vertrag zurückzutreten, wenn die Positiven Vollzugsvoraussetzungen des § 13.3 nicht spätestens bis zum ...... erfüllt sind.	13.7.2	The Purchaser shall have the right to withdraw from this Agreement by written notice to the Seller if the Positive Closing Conditions set forth in clause 13.3 have not been satisfied by ......
13.7.3	Die Käuferin ist ferner zum Rücktritt berechtigt, wenn vor dem Vollzug ein Vollzugshindernis eingetreten ist.	13.7.3	The Purchaser shall further have the right to withdraw from this Agreement by written notice to the Seller if at least one Closing Obstacle has occurred prior to the Closing.
13.7.4	Tritt die Käuferin aufgrund eines Vollzugshindernisses vom Vertrag zurück, hat die Verkäuferin der Käuferin alle Kosten und Auslagen zu erstatten, die der Käuferin im Zusammenhang mit der Vorbereitung, der Verhandlung und dem Abschluss dieses Vertrages entstanden sind.	13.7.4	If the Purchaser withdraws from this Agreement due to the occurrence of a Negative Closing Condition, the Seller shall reimburse and indemnify the Purchaser from and against any costs and expenses incurred in connection with the preparation, negotiation and execution of this Agreement.
13.7.5	Im Falle des Rücktritts einer Partei gelten die Bestimmungen der §§ 26, 27, 30 und 31 fort.	13.7.5	In the event this Agreement is terminated as a result of a withdrawal, the provisions set forth in clauses 26, 27, 30 and 31 shall survive such termination.
13.8	Durchführung des Vertrages (Vollzug)	13.8	Consummation of this Agreement (Closing)
	Zum Vollzug werden die Parteien Zug um Zug die folgenden Handlungen vornehmen oder veranlassen:		At the Closing the Parties shall take the following actions or cause such actions to be taken simultaneously (*Zug um Zug*):
13.8.1	die Verkäuferin übergibt der Käuferin eine schriftliche Bestätigung, dass kein Vollzugshindernis eingetreten ist;	13.8.1	The Seller shall confirm to the Purchaser in writing that no Closing Obstacle has occurred;
13.8.2	die Verkäuferin übergibt der Käuferin eine Abschrift des Vertrages zur Beendigung des in	13.8.2	The Seller shall deliver to the Purchaser a copy of the cancellation agreement regarding the

§ 4.4.1 bezeichneten Beherrschungs- und Ergebnisabführungsvertrages gemäß Anlage 4.4.2;

13.8.3 die Parteien schließen einen dinglichen Vollzugsvertrag gemäß Anlage 11.1.1 ab, durch den die Verkäuferin das Eigentum an den verkauften beweglichen Sachen und den immateriellen Vermögensgegenständen auf die Käuferin überträgt und die Käuferin die verkauften Verbindlichkeiten, Eventualverbindlichkeiten und Vertragsverhältnisse übernimmt;

13.8.4 die Parteien schließen einen gesonderten notariellen Vertrag gemäß Anlage 3.1 ab, durch den die Verkäuferin die verkauften Grundstücke an die Käuferin verkauft und auf diese überträgt;

13.8.5 die Parteien schließen gesonderte notarielle Verträge gemäß Anlage 11.3 ab, durch den die Verkäuferin die verkauften Anteile auf die Käuferin überträgt;

13.8.6 die Parteien schließen die in §§ 22.2 und 22.3 genannten Verträge oder veranlassen deren Abschluss;

13.8.7 die Verkäuferin räumt der Käuferin den Besitz an den verkauften beweglichen Sachen und Grundstücken nach den Bestimmungen des § 11.4 ein;

13.8.8 die Käuferin zahlt an die Verkäuferin den Vorläufigen Kaufpreis nach den Bestimmungen des § 14.3.

§ 14 Kaufpreis; Zahlung des Kaufpreises

14.1 Kaufpreis

Der von der Käuferin für den nach Maßgabe dieses Vertrages veräußerten ABC-Bereich zu zahlende Kaufpreis ist gleich

termination of the domination and profit and loss pooling agreement referred to in clause 4.4.1, such agreement to be substantially in the form attached as Exhibit 4.4.2;

13.8.3 The Parties shall execute the Asset Transfer Agreement pursuant to Exhibit 11.1.1 by virtue of which the Seller shall transfer title to the movable tangible assets and intangible assets sold pursuant to this Agreement and the Purchaser assumes the liabilities, contingent liabilities and contractual relationships sold pursuant to this Agreement;

13.8.4 The Parties shall execute a separate notarial Real property Sale and Transfer Agreement pursuant to Exhibit 3.1 by virtue of which the real property is sold and title thereto is transferred to the Purchaser;

13.8.5 The Parties shall enter into separate [notarial] Share Assignment Agreements pursuant to Exhibit 11.3;

13.8.6 The Parties shall enter into the agreements referred to in clauses 22.2 and 22.3 or cause such agreements to be entered into;

13.8.7 The Seller shall transfer possession of the sold movable tangible assets and real property to the Purchaser, as provided for in clause 11.4; and

13.8.8 The Purchaser shall pay the Preliminary Purchase Price, in accordance with clause 14.3.

14. Purchase Price; Conditions of Payment

14.1 Purchase Price

The aggregate *Purchase Price* to be paid by the Purchaser for the ABC Business sold and purchased hereunder shall be an

dem Unternehmenswert des ABC-Bereichs (§ 14.1.1) abzüglich der Finanzverbindlichkeiten (§ 14.1.2) zuzüglich der Barmittel (§ 14.1.3) abzüglich eines Fehlbetrages im Nettoumlaufvermögen (§ 14.1.4).

14.1.1 Der Unternehmenswert *(Enterprise Value)* des ABC-Bereichs beträgt ...... EUR (in Worten: ...... Euro).

14.1.2 „Finanzverbindlichkeiten" ist die Summe der nachfolgenden, bei den Zielgesellschaften[31] bestehenden Positionen:

(a) Anleihen i. S. d. §§ 298 Abs. 1 i. V. m. 266 Abs. 3 lit. C Nr. 1 HGB und Verbindlichkeiten aus Gewinn-, Wandel-, Options- und sonstigen Schuldverschreibungen sowie Genussscheine jeder Art;

(b) Verbindlichkeiten gegenüber Kreditinstituten i. S. d. §§ 298 Abs. 1 i. V. m. 266 Abs. 3 lit. C Nr. 2 HGB, einschließlich Verbindlichkeiten gegenüber Kreditinstituten, Finanzdienstleistungsinstituten, Finanzunternehmen und deren Tochterunternehmen i. S. d. § 1 Abs. 1 a, 1 b, 3 und 7 Kreditwesengesetz;

(c) Wechselverbindlichkeiten i. S. d. §§ 298 Abs. 1 i. V. m. 266 Abs. 3 lit. C Nr. 5 HGB;

amount equal to the Enterprise Value of the ABC Business (clause 14.1.1) less Financial Debt (clause 14.1.2) plus Cash (clause 14.1.3) less any Net Working Capital Shortfall (clause 14.1.4).

14.1.1 The enterprise value of the ABC Business (the *Enterprise Value*) is EUR ...... (...... euros).

14.1.2 *Financial Debt* shall be the sum of the following items with respect to the Target Entities:

(a) bonds (*Anleihen*) within the meaning of sec. 298 para. 1 in conjunction with sec. 266 para. 3 C no. 1 of the HGB and liabilities from profit-related, convertible, warrant-linked and other debt securities (*Verbindlichkeiten aus Gewinn-, Wandel-, Options- und sonstigen Schuldverschreibungen*) and profit participation certificates of any kind (*Genussscheine jeder Art*);

(b) liabilities to financial institutions (*Verbindlichkeiten gegenüber Kreditinstituten*) within the meaning of sec. 298 para. 1 in conjunction with sec. 266 para. 3 C no. 2 of the HGB, including liabilities to financial institutions, financial services institutions, finance companies and their subsidiaries within the meaning of sec. 1 para. 1 a, 1 b, 3 and 7 of the German Banking Act (*Kreditwesengesetz*);

(c) liabilities relating to bills of exchange (*Wechselverbindlichkeiten*) within the meaning of sec. 298 para. 1 in conjunction with sec. 266 para. 3 C no. 5 of the HGB;

I. Asset Deal (einschl. Verkauf von Anteilen an Tochtergesellschaften) D.I

(d) Verbindlichkeiten gegenüber verbundenen Unternehmen i.S.d. §§ 298 Abs. 1 i.V.m. 266 Abs. 3 lit. C Nr. 6 HGB mit Ausnahme von Verbindlichkeiten aus Lieferungen und Leistungen;

(e) Verbindlichkeiten gegenüber Unternehmen, mit denen ein Beteiligungsverhältnis besteht i.S.d. §§ 298 Abs. 1 i.V.m. 266 Abs. 3 lit. C Nr. 7 HGB, mit Ausnahme von Verbindlichkeiten aus Lieferungen und Leistungen;

(f) sonstige Verbindlichkeiten i.S.d. §§ 298 Abs. 1 i.V.m. 266 Abs. 3 lit. C Nr. 8 HGB;

(g) soweit in den vorstehenden Position noch nicht erfasst, Leasingverbindlichkeiten der Zielgesellschaften als Leasingnehmer aufgrund von Leasingverträgen, die im ABC-Stichtagsabschluss als Mietkauf bilanziert worden sind oder bilanziert werden müssen, in Höhe ihres Barwertes zum Vollzugstag;

(h) Anschaffungs- oder Herstellungskosten aller Vermögensgegenstände des Anlagevermögens, soweit diese Kosten von den Zielgesellschaften nach dem Vollzugstag noch zu zahlen und nicht bereits in den vorstehenden Positionen (a) bis (g) erfasst sind;

(d) liabilities to affiliated companies (*Verbindlichkeiten gegenüber verbundenen Unternehmen*) within the meaning of sec. 298 para. 1 in conjunction with sec. 266 para. 3 C no. 6 of the HGB, except for trade payables (*Verbindlichkeiten aus Lieferungen und Leistungen*);

(e) liabilities to entities with which a participation relationship exists (*Verbindlichkeiten gegenüber Unternehmen, mit denen ein Beteiligungsverhältnis besteht*) within the meaning of sec. 298 para. 1 in conjunction with sec. 266 para. 3 C no. 7 of the HGB, except for trade payables (*Verbindlichkeiten aus Lieferungen und Leistungen*);

(f) other liabilities (*sonstige Verbindlichkeiten*) within the meaning of sec. 298 para. 1 in conjunction with sec. 266 para. 3 C no. 8 of the HGB;

(g) unless already covered by the preceding provisions, the net present value (*Barwert*) as of the Closing Date of all liabilities of the Target Entities under leases which have been, or are to be, recorded in the balance sheet of the ABC Closing Financial Statements as capital leases (*Mietkauf*);

(h) the acquisition or construction costs (*Anschaffungs- oder Herstellungskosten*) of any fixed assets (*Anlagevermögen*) of the entities included in the ABC Closing Financial Statements, where such costs are still payable by any Target Entity after the Closing Date and to the extent not covered by items (a) to (g) above;

(i) Beträge – über die vorstehend genannten Positionen (a) bis (h) hinaus –, die wirtschaftlich einer Verbindlichkeit aus einer Darlehensaufnahme oder einer sonstigen Finanzierungsform gleichkommen;

(j) zum Vollzugstag fällige, aber noch nicht bezahlte Zinsen und alle zum Vollzugstag fälligen Gebühren sowie alle Vorfälligkeitsentschädigungen oder sonstigen Schadensersatzzahlungen oder Vertragsstrafen im Zusammenhang mit den in vorstehend genannten Positionen (a) bis (i), soweit sie dort noch nicht erfasst sind.[32]

(i) any liability or payment obligation other than those referred to under items (a) to (h) above having the same commercial effect as a borrowing or other form of financing;

(j) any interest accrued but unpaid and charges due as of the Closing Date and any pre-payment penalties or other damages or contract penalties in relation to (a) to (i) above to the extent not covered therein.

14.1.3 „Barmittel" ist die Summe der bei den Zielgesellschaften vorhandenen Barmittel *(cash and cash equivalents)*, einschließlich Schecks und kurzfristige Guthaben bei Banken, Finanz- oder vergleichbaren Instituten i. S. d. §§ 298 Abs. 1 i. V. m. 266 Abs. 2 lit. B IV HGB sowie die Summe der sonstigen Wertpapiere i. S. d. §§ 298 Abs. 1 i. V. m. 266 Abs. 2 lit. B III. Nr. 3 HGB.

14.1.3 *Cash* shall mean (i) the aggregate amount of all cash and cash equivalents with respect to the Target Entities, including checks in hand and short term deposits with banks, financial or similar institutions within the meaning of sec. 298 para. 1 in conjunction with sec. 266 para. 2 B IV of the HGB as well as (ii) the aggregate amount of other securities *(sonstige Wertpapiere)* within the meaning of sec. 298 para. 1 in conjunction with sec. 266 para. 2 B III no. 3 of the HGB.

14.1.4 „Fehlbetrag im Nettoumlaufvermögen" ist derjenige Betrag, um den
(a) die Summe der Vorräte i. S. d. §§ 298 Abs. 1 i. V. m. 266 Abs. 2 lit. B I HGB und der Forderungen aus Lieferungen und Leistungen i. S. d. §§ 298 Abs. 1 i. V. m. 266 Abs. 2 lit. B II Nr. 1 HGB einschließlich der Forderungen aus Lieferungen und Leistungen gegen verbundene Unternehmen und gegen Unternehmen, mit denen ein Beteiligungsverhältnis besteht, i. S. d. §§ 298 Abs. 1 i. V. m.

14.1.4 *Net Working Capital Shortfall* shall be the amount by which

(a) the aggregate amount of
(i) the inventories (*Vorräte*) within the meaning of sec. 298 para. 1 in conjunction with 266 para. 2 B I of the HGB, and
(ii) the trade receivables (*Forderungen aus Lieferungen und Leistungen*) within the meaning of sec. 298 para. 1 in conjunction with sec. 266 para. 2 B II no. 1 of the HGB, including the trade

I. Asset Deal (einschl. Verkauf von Anteilen an Tochtergesellschaften)   D.I

266 Abs. 2 lit. B II Nr. 2 und 3 HGB,	receivables due from affiliated companies and from entities with which a participation relationship exists (*Forderungen aus Lieferungen und Leistungen gegen verbundene Unternehmen und gegen Unternehmen mit denen ein Beteiligungsverhältnis besteht*) within the meaning of sec. 298 para. 1 in conjunction with sec. 266 para. 2 B I no. 2 and 3 of the HGB,
abzüglich	less
(b) der Summe der erhaltenen Anzahlungen auf Bestellungen i.S.d. §§ 298 Abs. 1 i.V.m. 266 Abs. 3 lit. C Nr. 3 HGB und der Verbindlichkeiten aus Lieferungen und Leistungen i.S.d. §§ 298 Abs. 1 i.V.m. 266 Abs. 3 lit. C Nr. 4 HGB einschließlich der Verbindlichkeiten aus Lieferungen und Leistungen gegenüber verbundenen Unternehmen und Unternehmen, mit denen ein Beteiligungsverhältnis besteht, i.S.d. §§ 298 Abs. 1 i.V.m. 266 Abs. 3 lit. C Nr. 6 und 7 HGB,	(b) the aggregate amount of (i) the advance payments received on orders (*erhaltene Anzahlungen auf Bestellungen*) within the meaning of sec. 298 para. 1 in conjunction with sec. 266 para. 3 C no. 3 of the HGB, and (ii) the trade payables (*Verbindlichkeiten aus Lieferungen und Leistungen*) within the meaning of sec. 298 para. 1 in conjunction with sec. 266 para. 3 C no. 3 and 4 of the HGB, including the trade payables owing to affiliated companies or entities with which a participation relationship exists (*Verbindlichkeiten aus Lieferungen und Leistungen gegenüber verbundenen Unternehmen und gegenüber Unternehmen, mit denen ein Beteiligungsverhältnis besteht*) within the meaning of sec. 298 para. 1 in conjunction with sec. 266 para. 3 C no. 6 and 7 of the HGB,
und zwar jeweils bezogen auf die ABC-Vermögensgegenstände	in each case relating to the ABC Assets and the Target Entities

und die Zielgesellschaften („Nettoumlaufvermögen"), den Betrag von ...... EUR (in Worten: ...... Euro) unterschreitet.

14.1.5 Maßgeblich für die Ermittlung der Positionen nach den §§ 14.1.1 bis 14.1.4 sind die Beträge und Werte, die im ABC-Stichtagsabschluss und in den Büchern des ABC-Bereiches und der Zielgesellschaften zum Vollzugstag ausgewiesen sind.[33]

14.2 Umsatzsteuer

Nach einverständlicher Auffassung der Parteien stellen die in diesem Vertrag vereinbarten Rechtsgeschäfte eine Geschäftsveräußerung i. S. d. § 1 Abs. 1a Umsatzsteuergesetz dar und unterliegen somit nicht der Umsatzsteuer. Sollten die zuständigen Finanzbehörden entgegen der einverständlichen Auffassung der Parteien der Ansicht sein, dass die in diesem Vertrag vereinbarten Rechtsgeschäfte der Umsatzsteuer unterliegen, so umfasst der Kaufpreis auch die Umsatzsteuer.[34]

14.3 Vorläufiger Kaufpreis

Auf der Grundlage der am Unterzeichnungstag bestehenden Finanzverbindlichkeiten, Barmittel und des Nettoumlaufvermögen haben die Parteien einen vorläufigen Kaufpreis in Höhe von ...... EUR (in Worten: ...... Euro) („Vorläufiger Kaufpreis") vereinbart. Der Vorläufige Kaufpreis ist fällig und zahlbar Zug um Zug gegen Übertragung des ABC-Bereichs und am Vollzugstag an die Verkäuferin zu zahlen.

14.4 Kaufpreisanpassung

14.4.1 Überschreitet der aus dem ABC-Stichtagsabschluss ermittelte Kaufpreis den Vorläufigen Kaufpreis, ist der Differenzbetrag von

(*Net Working Capital*), falls short of the amount of EUR ...... (...... euros).

14.1.5 The items referred to in clauses 14.1.1 to 14.1.4 are to be assessed with the amounts shown in the ABC Closing Financial Statements and in the books of the ABC Business and the Target Entities as of the Closing Date.

14.2 Value Added Tax

It is the current understanding of the Parties that the transactions contemplated by this Agreement constitute the sale of a business (*Geschäftsveräußerung*) within the meaning of sec. 1 para. 1 a of the German Value Added Tax Code (*Umsatzsteuergesetz*) and as such are not subject to German value added tax. If contrary to such understanding, the competent tax authorities take the position that the transactions contemplated hereby are subject to value added tax, the Parties agree that the Purchase Price shall be deemed to include such value added tax.

14.3 Preliminary Purchase Price

Based on the Financial Debt, Cash and Net Working Capital as of the Signing Date, the Parties have estimated and agreed upon a preliminary purchase price of EUR ...... (...... euros) (the *Preliminary Purchase Price*). The Preliminary Purchase Price shall be due and payable to the Seller on the Closing Date simultaneously (*Zug um Zug*) with the transfer of the ABC Business to the Purchaser.

14.4 Purchase Price Adjustment

14.4.1 If on the basis of the ABC Closing Financial Statements the Purchase Price exceeds the Preliminary Purchase Price, the Pur-

I. Asset Deal (einschl. Verkauf von Anteilen an Tochtergesellschaften)

	der Käuferin an die Verkäuferin zu zahlen („Kaufpreisausgleich"). Unterschreitet der Kaufpreis den Vorläufigen Kaufpreis, ist der Kaufpreisausgleich von der Verkäuferin an die Käuferin zu zahlen.		chaser shall pay to the Seller an amount equal to such excess (*Purchase Price Adjustment*), and if the Purchase Price is less than the Preliminary Purchase Price, the Purchase Price Adjustment shall be paid by the Seller to the Purchaser.
14.4.2	Der gemäß § 14.4.1 berechnete Kaufpreisausgleich ist wie folgt zu zahlen:	14.4.2	Any Purchase Price Adjustment calculated pursuant to clause 14.4.1 shall be paid as follows:
	(a) ein von der Käuferin geschuldeter Kaufpreisausgleich ist von der Käuferin innerhalb von zehn (10) Bankarbeitstagen, nachdem der ABC-Stichtagsabschluss gemäß § 15 für die Parteien verbindlich geworden ist, auf das Konto der Verkäuferin zu zahlen;		(a) Any Purchase Price Adjustment owed by the Purchaser shall be paid by the Purchaser into the Seller's Account within ten (10) Banking Days after the ABC Closing Financial Statements have become final and binding upon the Parties in accordance with clause 15 below, and
	(b) ein von der Verkäuferin geschuldeter Kaufpreisausgleich ist von der Verkäuferin innerhalb von zehn (10) Bankarbeitstagen, nachdem der ABC-Stichtagsabschluss gemäß § 15 für die Parteien verbindlich geworden ist, auf das Konto der Käuferin zu zahlen;		(b) any Purchase Price Adjustment owed by the Seller shall be paid by the Seller into the Purchaser's Account within ten (10) Banking Days after the ABC Closing Financial Statements have become final and binding upon the Parties in accordance with clause 15 below;
	(c) solange der ABC-Stichtagsabschluss noch nicht in allen Teilen verbindlich geworden ist, hat die betreffende Partei innerhalb von zehn (10) Bankarbeitstagen Vorauszahlungen auf die Kaufpreisanpassung zu leisten, soweit ein von ihr geschuldeter Kaufpreisausgleich auf der Grundlage verbindlicher Teile des ABC-Stichtagsabschlusses feststeht.		(c) as long as all parts of the ABC Closing Financial Statements have not become final and binding upon the Parties, each Party shall make advance payments on the Purchase Price Adjustment within ten (10) Banking Days after a payment adjustment obligation has become certain on the basis of those parts of the ABC Closing Financial Statement which have become final and binding.
14.5	Zahlungsmodalitäten	14.5	Payment Procedures
14.5.1	Zahlungen der Käuferin an die Verkäuferin aufgrund von § 14 hat die Käuferin kosten- und	14.5.1	Any payments owed by the Purchaser to the Seller under this clause 14 shall be made by the

spesenfrei mit gleichtägiger Gutschrift auf das folgende Konto der Verkäuferin zu überweisen:

Konto Nr.: ...... bei ......
IBAN: ......
BLZ: ......
SWIFT-ID: ......

14.5.2 Zahlungen der Verkäuferin an die Käuferin aufgrund von § 14 hat die Verkäuferin kosten- und spesenfrei mit gleichtägiger Gutschrift auf das folgende Konto der Käuferin zu überweisen:

Konto Nr.: ...... bei ......
IBAN: ......
BLZ: ......
SWIFT-ID: ......

14.5.3 Zahlungen aufgrund von § 14 sind geleistet, sobald sie dem Konto des jeweiligen Empfängers gutgeschrieben worden sind.

14.6 Aufteilung des Kaufpreises

Der Vorläufige Kaufpreis wird im Verhältnis zwischen Verkäuferin und Käufer gemäß Anlage 14.6 auf die Vermögensgegenstände, Verbindlichkeiten und Vertragsverhältnisse aufgeteilt. Die Parteien verpflichten sich, die Kaufpreisaufteilung anzupassen, sobald der Kaufpreis auf der Grundlage des ABC-Stichtagsabschlusses endgültig feststeht.

§ 15 Abschlüsse

15.1 Einzelabschlüsse der Verkäuferin und der Zielgesellschaften

Die Verkäuferin hat der Käuferin geprüfte und mit uneingeschränkten Bestätigungsvermerken versehene Einzelabschlüsse

Purchaser free and clear of costs and charges in immediately available funds to the following bank account of the Seller (the *Seller's Account*):
Bank account number: ......
kept with ......
IBAN: ......
Bank code: ......
SWIFT ID: ......

14.5.2 Any payments owed by the Seller to the Purchaser under this clause 14 shall be made by the Seller free and clear of costs and charges in immediately available funds to the following bank account of the Purchaser (the *Purchaser's Account*):
Bank account number: ......
kept with ......
IBAN: ......
Bank code: ......
SWIFT ID: ......

14.5.3 Any payment under this clause 14 shall be deemed made as soon as it has been credited to the account of the respective recipient.

14.6 Allocation of Purchase Price

For the purpose of their internal relationship the Seller and the Purchaser agree that the Preliminary Purchase Price shall be allocated to the assets, liabilities, and contractual relationships sold hereunder as set forth in Exhibit 14.6. The Parties undertake to update this purchase price allocation as soon as the final Purchase Price has been determined on the basis of the ABC Closing Financial Statements.

15. Financial Statements

15.1 Individual Financial Statements of the Seller and the Target Entities

The Seller has submitted to the Purchaser the audited individual financial statements (balance sheet, profit and loss statement

I. Asset Deal (einschl. Verkauf von Anteilen an Tochtergesellschaften) D.I

(Bilanz, Gewinn- und Verlustrechnung und Anhang) und Lageberichte der Verkäuferin und der Zielgesellschaften für das Geschäftsjahr ...... einschließlich der zugehörigen Prüfungsberichte (die „Einzelabschlüsse") übergeben. Die Einzelabschlüsse sind in Kopie als Anlage 15.1 beigefügt.

and notes (*Bilanz, Gewinn- und Verlustrechnung und Anhang*)) and reports on the situation (*Lagebericht*) of each of the Seller and the Target Entities for the fiscal year ended ......, including in each case the related audit reports and auditors' unqualified opinions (*uneingeschränkter Bestätigungsvermerk*) (the *Individual Financial Statements*). Copies of the Individual Financial Statements are attached hereto as Exhibit 15.1.

15.2 Konsolidierter Pro-forma-Abschluss des ABC-Bereichs[35]

Die Verkäuferin hat der Käuferin den als Anlage 15.2 beigefügten konsolidierten Pro-forma-Abschluss des ABC-Bereichs (Bilanz und Gewinn- und Verlustrechnung) für das Geschäftsjahr ...... („ABC-Pro-forma-Abschluss") übergeben.

15.2 Pro-Forma Financial Statements of the ABC Business

The Seller has further submitted to the Purchaser pro-forma financial statements (consolidated balance sheet, consolidated profit and loss statemen and notes) and a group report on the situation (*Konzernlagebericht*) of the ABC Business for the fiscal year ended [•] (the *ABC Pro-Forma Financial Statements*), a copy of which is attached as Exhibit 15.2.

15.3 Konsolidierter Stichtagsabschluss des ABC-Bereichs

Die Käuferin wird innerhalb von fünfundvierzig (45) Bankarbeitstagen nach dem Vollzugstag einen konsolidierten Abschluss des ABC-Bereichs für die Zeit vom Beginn des laufenden Geschäftsjahres bis zum Vollzugstag aufstellen („ABC-Stichtagsabschluss"). Der ABC-Stichtagsabschluss ist auf der Grundlage einer körperlichen Inventur und von Einzelabschlüssen der Zielgesellschaften zum Vollzugstag im Einklang mit der Rechnungslegungspraxis aufzustellen, die bei der Erstellung des ABC-Pro-forma-Abschlusses angewandt wurde. Insbesondere sind dieselben Bilanzierungs- und Bewertungsmethoden anzuwenden

15.3 Closing Financial Statements of the ABC Business

Within forty-five (45) Banking Days following the Closing Date the Purchaser shall prepare and deliver consolidated financial statements of the ABC Business for the period from the beginning of the current fiscal year up to the Closing Date (the *ABC Closing Financial Statements*). The ABC Closing Financial Statements shall be prepared on the basis of a physical inventory and of individual financial statements of the Target Entities as of the Closing Date and in accordance with generally accepted accounting principles as consistently applied with past practice as applied when the ABC Pro-Forma Financial State-

und Aktivierungs- und Passivierungswahlrechte unverändert auszuüben.[36]

ments were established. In particular, the same accounting and valuation principles, methods and rules shall be maintained, and all options to capitalise or to include items on the liabilities side (*Aktivierungs- und Passivierungswahlrechte*) have been consistently exercised.

15.4 Prüfung des ABC-Stichtagsabschlusses; Stichtags-Aufstellung

Die Käuferin hat dafür zu sorgen, dass der ABC-Stichtagsabschluss durch ...... („Stichtags-Abschlussprüfer") geprüft und mit einem Bestätigungsvermerk versehen wird. Gleichzeitig ist der Stichtags-Abschlussprüfer anzuweisen, eine Aufstellung anzufertigen, die die Finanzverbindlichkeiten, Barmittel und das Nettoumlaufvermögen nach § 14 ausweist („Stichtags-Aufstellung"). Die Parteien rechnen damit, dass der Stichtags-Abschlussprüfer den Prüfungsbericht und die Stichtags-Aufstellung innerhalb von dreißig (30) Bankarbeitstagen nach Aufstellung des ABC-Stichtagsabschlusses anfertigen wird. Der Stichtags-Abschlussprüfer hat den Parteien Kopien des Prüfungsberichts und der Stichtags-Aufstellung zu übergeben.

15.4 Audit of the ABC Closing Financial Statements; Net Debt/Working Capital Statement

The Purchaser shall cause the ABC Closing Financial Statements to be audited and certified (*mit einem Bestätigungsvermerk versehen*) by ...... (the *Closing Auditor*). The Closing Auditor shall be instructed to prepare statements, as of the Closing Date, showing on the basis of the certified ABC Closing Financial Statements each of the Financial Debt, Cash and Net Working Capital as defined in clause 14 (the *Net Debt/Working Capital Statement*). The Parties anticipate that the Closing Auditor will finalise the auditor's report and the Net Debt/Working Capital Statement within thirty (30) Banking Days after he has received the ABC Closing Financial Statements. The Closing Auditor shall be instructed to deliver the auditor's report and the Net Debt/Working Capital Statement to the Parties without undue delay thereafter.

15.5 Überprüfung des ABC-Stichtagsabschlusses und der Stichtags-Aufstellung

15.5 Review of the ABC Closing Financial Statements and of the Net Debt/Working Capital Statement

15.5.1 Die Parteien haben das Recht, den ABC-Stichtagsabschluss und die Stichtags-Aufstellung innerhalb von dreißig (30) Bankarbeitstagen zu überprüfen. Die Prüfung ist darauf beschränkt, ob die in §§ 14.1 und 15.3 ge-

15.5.1 The Parties have the right to review the ABC Closing Financial Statements and the Net Debt/Working Capital Statement within thirty (30) Banking Days (the *Review Period*). The review shall be restricted to whether the

I. Asset Deal (einschl. Verkauf von Anteilen an Tochtergesellschaften) D.I

nannten Anforderungen und die Bestimmungen dieses Vertrages eingehalten sind. Die Überprüfungsfrist beginnt, sobald der ABC-Stichtagsabschluss und die Stichtags-Aufstellung beiden Parteien zugegangen sind.

15.5.2 Einwände gegen den ABC-Stichtagsabschluss und die Stichtags-Aufstellung haben die Parteien schriftlich im Einzelnen darzulegen und zu begründen. Soweit keine Partei innerhalb der Überprüfungsfrist gegen den ABC-Stichtagsabschluss oder die Stichtags-Aufstellung ordnungsgemäß Einwände erhebt, werden der ABC-Stichtagsabschluss und die Stichtags-Aufstellung für die Parteien verbindlich.

15.6 Zugang zu Informationen

Beide Seiten haben dafür zu sorgen, dass die Parteien und ihre Wirtschaftsprüfer ungehinderten Zugang zu den Geschäftsführungen, Arbeitnehmern, Büchern und anderen Unterlagen der Zielgesellschaften sowie zu den Arbeitsunterlagen des Stichtags-Abschlussprüfers erhalten, soweit dies für die in § 15.5 vorgesehene Überprüfung erforderlich ist. Soweit erforderlich, ist der Stichtags-Abschlussprüfer von seiner Verschwiegenheitspflicht zu entbinden.

15.7 Anzeige von Einwänden

Zeigen Verkäuferin oder Käuferin der anderen Seite Einwände gegen den ABC-Stichtagsabschluss oder die Stichtags-Aufstellung an, werden sich die Parteien bemühen, sich über die

requirements set forth in clauses 14.1 and 15.3 are met. The review period shall begin as soon as both Parties have received the ABC Closing Financial Statements and the Net Debt/Working Capital Statement.

15.5.2 Each Party shall notify the other Party of any objections to the ABC Closing Financial Statements and the Net Debt/Working Capital Statement, specifying each individual item of objection and sufficient reasons for each objection. To the extent that neither Party duly notifies the other Party of any objections to the ABC Closing Financial Statements or the Net Debt/Working Capital Statement within the Review Period, the ABC Closing Financial Statements or the Net Debt/Working Capital Statement, as the case may be, shall become final and binding upon the Parties on expiration of the Review Period.

15.6 Access to Information

The Parties shall ensure that to the extent reasonably necessary for the review pursuant to clause 15.5 each of them and their auditors have full access to the management, employees, accounts and other financial information of the Target Entities and to the working papers of the Closing Auditor. To the extent necessary, the Closing Auditor shall be released from his professional confidentiality obligation for the benefit of the Parties and their auditors.

15.7 Notification of Objections

In the event that either Party notifies the other Party of any objections to the ABC Closing Financial Statements or the Net Debt/Working Capital Statement, the Parties shall attempt

strittigen Punkte zu einigen. Einigen sich die Parteien auf Änderungen in der Bilanzierung, so werden diese Änderungen in den ABC-Stichtagsabschluss und – sofern anwendbar – in die Stichtags-Aufstellung übernommen.

to reach an agreement on the treatment of such objections. Any amendments to balance sheet assessments or valuations agreed by the Parties shall be incorporated into the ABC Closing Financial Statements and – if applicable – the Net Debt/Working Capital Statement.

15.8 Schiedsgutachterverfahren

15.8.1 Einwände, über die sich die Parteien nicht einigen können, werden durch ein Schiedsgutachten entschieden. Die nach diesem Vertrag anwendbaren Rechnungslegungsgrundsätze gelten auch für das Schiedsgutachten. Die Schiedsgutachter sind weder zur Auslegung dieses Vertrages noch zur Entscheidung von Rechtsfragen berechtigt, die nicht die maßgeblichen Rechnungslegungsgrundsätze betreffen.

15.8.2 Jede Partei benennt einen Schiedsgutachter. Die Parteien können auch einen gemeinsamen Schiedsgutachter benennen. Auch für eine Partei bereits tätig gewordene Wirtschaftsprüfer können als Schiedsgutachter benannt werden.

15.8.3 Ein übereinstimmendes Schiedsgutachten beider Schiedsgutachter ist für die Parteien verbindlich, es sei denn, es ist offensichtlich fehlerhaft. Gleiches gilt für ein von einem gemeinsamen Schiedsgutachter erstelltes Schiedsgutachten.

15.8.4 Soweit sich die Schiedsgutachter über Einwände nicht einigen können, hat jeder Schiedsgutachter innerhalb von fünfzehn (15) Bankarbeitstagen nach Benennung des zweiten Schiedsgutachters eine begründete schriftliche Stellungnahme zu den Einwänden zu erstellen. Gleichzeitig be-

15.8 Expert Proceedings

15.8.1 If the Parties fail to reach agreement on any objections to the ABC Closing Financial Statements, such objections will be decided upon through a written expert's opinion (*Schiedsgutachten*). The accounting and valuation standards and principles laid down in this Agreement shall also apply to such opinion. The experts (*Schiedsgutachter*) shall neither interpret this Agreement nor decide upon legal issues unless such legal issues exclusively regard the applicable accounting and valuations standards and principles.

15.8.2 The Parties shall each appoint one expert. The Parties may appoint as experts those accountants previously acting for them and may also appoint a joint expert.

15.8.3 A concordant opinion of the experts shall be final and binding upon the Parties unless evidently incorrect. The same principle applies to the opinion delivered by a joint expert.

15.8.4 If the experts fail to reach an agreement on the treatment of the objections, each expert shall, within fifteen (15) Banking Days after the appointment of the second expert, deliver a reasoned written statement on the objections. Within the scope and limits determined by such state-

I. Asset Deal (einschl. Verkauf von Anteilen an Tochtergesellschaften)   D.I

	nennen die Parteien gemeinsam einen dritten Schiedsgutachter. Dieser hat innerhalb von weiteren fünfzehn (15) Bankarbeitstagen ein abschließendes schriftliches Gutachten zu erstellen, das sich innerhalb des von den Parteischiedsgutachtern gezogenen Rahmens bewegen muss. Das Gutachten des dritten Schiedsgutachters ist für die Parteien verbindlich, sofern es nicht offensichtlich fehlerhaft ist.		ments, a third expert shall deliver a written and concluding opinion within fifteen (15) further Banking Days, which shall be final and binding upon the Parties unless evidently incorrect. The third expert shall be jointly appointed by the Parties.
15.8.5	Sofern die Verkäuferin oder die Käuferin ihren Schiedsgutachter nicht innerhalb von zehn (10) Bankarbeitstagen nach Aufforderung durch die jeweils andere Partei bestellt oder sich die Parteien nicht innerhalb von zehn (10) Bankarbeitstagen nach Zugang der Stellungnahmen der beiden Partei-Schiedsgutachter auf den dritten Schiedsgutachter einigen, wird der jeweilige Schiedsgutachter auf Antrag der Verkäuferin oder der Käuferin durch den Sprecher des Vorstandes des Instituts der Wirtschaftsprüfer in Deutschland e. V. in Düsseldorf benannt. Der dritte Schiedsgutachter soll eine große internationale Wirtschaftsprüfungsgesellschaft sein und darf nicht für eine der Parteien oder ein mit einer Partei verbundenes Unternehmen i. S. d. §§ 15 ff. AktG tätig sein oder gewesen sein.	15.8.5	If, upon request of either the Seller or the Purchaser, the other Party does not appoint its expert within ten (10) Banking Days, or if the Parties do not agree upon the third expert within ten (10) Banking Days after receipt of the statements of the two experts, then the expert shall be appointed upon the request of the Seller or the Purchaser, as the case may be, by the chairman of the management board of the Institute of Public Auditors in Germany (*Vorsitzender des Vorstands des Instituts der Wirtschaftsprüfer in Deutschland e. V.*) in Düsseldorf. The third expert should be an accountant from a major international accounting firm and shall not have been previously, or be currently, retained or employed by the Parties or by their affiliated companies within the meaning of sec. 15 et seq. of the German Stock Corporation Act (*Aktiengesetz – AktG*).
15.8.6	Auf Anforderung der Schiedsgutachter sind die Parteien verpflichtet, einen angemessenen Vorschuss auf deren Gebühren und Auslagen zu leisten. Den Vorschuss tragen die Parteien zu gleichen Teilen. Die Schiedsgutachter entscheiden nach billigem Ermessen über die Verteilung ihrer Gebühren und Auslagen. Wird ein dritter Schiedsgutach-	15.8.6	Upon request by the experts, the Parties shall make an appropriate advance payment of the fees and expenses of the experts which the Seller and the Purchaser shall bear in equal amounts. The experts in their equitable discretion may decide upon the allocation of their fees and expenses, taking into account the degree of success or

ter bestellt, so entscheidet dieser endgültig über die Tragung der Kosten aller Schiedsgutachter. Bei der Kostenverteilung sollen die Schiedsgutachter dem Maß des Unterliegens oder Obsiegens der Parteien Rechnung tragen. Ihre eigenen Kosten und die Kosten ihrer Berater tragen die Parteien selbst.

15.8.7 Die in einem Schiedsgutachten nach diesem § 15.8 innerhalb der Grenzen des Gutachterauftrags getroffenen Feststellungen werden in den ABC-Stichtagsabschluss und – sofern anwendbar – in die Stichtags-Aufstellung übernommen.

15.9 Prüfungskosten

Die im Zusammenhang mit der Prüfung durch den Stichtags-Abschlussprüfer entstandenen Kosten tragen die Parteien zu gleichen Teilen. Die im Zusammenhang mit den Überprüfungen durch die Parteien nach § 15.5 entstandenen Kosten werden allein von der überprüfenden Partei getragen.

15.10 Keine Begrenzung der selbstständigen Garantieversprechen der Verkäuferin

Ansprüche aus selbstständigen Garantieversprechen der Verkäuferin werden durch die in diesem § 15 enthaltenen Bestimmungen nicht berührt.

§ 16 Selbstständige Garantieversprechen der Verkäuferin

Die Verkäuferin erklärt gegenüber der Käuferin in der Form selbstständiger Garantieversprechen gemäß § 311 Abs. 1 BGB und nach Maßgabe des § 17 und der übrigen Bestimmungen dieses Vertrages, dass die Aussagen gemäß § 16.1 bis § 16.23 („Verkäufergarantien") am Unterzeichnungstag und am Vollzugs-

unsuccessfulness of the relevant Party. Any third expert appointed shall have power to decide on the final allocation of the fees and expenses of all experts. Each Party shall bear its own costs and the fees of its advisors and counsel.

15.8.7 Any balance sheet assessments or valuations determined in an opinion in accordance with this clause 15.8 within the scope of the experts' mandate shall be incorporated into the ABC Closing Financial Statements and – if applicable – the Net Debt/Working Capital Statement.

15.9 Costs of Auditing

The Seller and the Purchaser shall bear all costs arising out of or in connection with the audits by the Closing Auditor in equal amounts. The reviewing Party alone shall bear all costs arising out of or in connection with any review of any financial statements referred to in clause 15.5.

15.10 No Limitation of Seller Guarantees

Any Guaranty Claims shall remain unaffected by the provisions contained in this clause 15.

16. Seller Guarantees

The Seller hereby guarantees to the Purchaser, by way of independent promises of guarantee (*selbständige Garantieversprechen*) within the meaning of sec. 311 para. 1 of the BGB and subject to the requirements and limitations provided in clause 17 below or otherwise in this Agreement, that the statements

I. Asset Deal (einschl. Verkauf von Anteilen an Tochtergesellschaften)   D.I

tag, soweit nachstehend nicht ein anderer Bezugszeitpunkt bestimmt ist, vollständig und zutreffend sind. Die Parteien sind sich darüber einig, dass die Verkäufergarantien keine Garantien für die Beschaffenheit der Sache i.S.d. §§ 443 Abs. 1, 444 BGB darstellen.

set forth in clauses 16.1 to 16.23 (the *Seller Guarantees*) are complete and correct as of the Signing Date and as of the Closing Date unless another relevant point in time has been stipulated therein, it being understood that such statements shall not constitute quality guarantees concerning the object of the purchase (*Garantien für die Beschaffenheit der Sache*) within the meaning of sec. 443 para. 1, 444 of the BGB.

16.1 Verfügungsberechtigung und weitere Punkte betreffend die ABC-Vermögensgegenstände

16.1 Title to and Other Issues regarding ABC Assets

Soweit sich aus Anlage 16.1a nichts Gegenteiliges ergibt, sind für den Verkauf und die Übertragung der nach den §§ 2 bis 6 verkauften ABC-Vermögensgegenstände keine Zustimmungen Dritter erforderlich und werden Rechte Dritter dadurch nicht verletzt.[37] Die Verkäuferin ist berechtigt, über die ABC-Vermögensgegenstände frei zu verfügen. Die ABC-Vermögensgegenstände umfassen alle für den gegenwärtigen Geschäftsbetrieb des ABC-Bereichs notwendigen und genutzten Vermögensgegenstände. Mit Ausnahme der in Anlage 16.1b aufgeführten Vermögensgegenstände ist die Verkäuferin die rechtliche und wirtschaftliche Eigentümerin aller ABC-Vermögensgegenstände. Diese sind frei von jeglichen Belastungen sowie anderen zugunsten Dritter bestellten Rechten und im gewöhnlichen Geschäftsbetrieb eingegangenen Eigentumsvorbehalten für Verbindlichkeiten, die im ABC-Proforma-Abschluss oder im ABC-Stichtagsabschluss ausgewiesen werden. Soweit sich aus Anlage 16.1c nichts Gegenteiliges ergibt, (i) befinden sich die körperlichen ABC-Vermögensgegen-

To the extent the statements made in Exhibit 16.1a do not otherwise indicate, the sale and transfer of the ABC Assets sold pursuant to clauses 2 to 6 from the Seller to the Purchaser do not require the consent and does not infringe the rights of third parties. The Seller has the right to freely dispose of the ABC Assets. The ABC Assets comprise all assets used in connection with and necessary to carry on the current operations of the ABC Business. Except for the assets listed in Schedule 16.1b to this Agreement, the Seller is the legal and beneficial owner of all of the ABC Assets. Such assets are free of any encumbrances or any other rights in favour of third parties, except for retention of title rights (*Eigentumsvorbehalte*) incurred in the ordinary course of business for liabilities which are reflected in the Pro-Forma Financial Statements or in the ABC Closing Financial Statements. Except as indicated otherwise in Schedule 16.1c, the tangible assets of the ABC Business, whether sold pursuant to clause 2 or subject to a lease agreement assumed by the Purchaser pursuant to clause 8, are (i) in good operating

stände, die gemäß § 2 verkauft werden oder Gegenstand eines von der Käuferin gemäß § 8 übernommenen Miet- oder Pachtverhältnisses sind, in einem guten Betriebs- und Erhaltungszustand, gewöhnliche Abnutzung aus genommen; (ii) sind diese Gegenstände frei von jeglichen Struktur- oder Konstruktionsfehlern und (iii) sind diese Vermögensgegenstände für ihren beabsichtigten Gebrauch innerhalb des ABC-Bereichs geeignet. Durch die Übertragung der ABC-Vermögensgegenstände erwirbt die Käuferin die uneingeschränkte Inhaberschaft an diesen Gegenständen, frei von jeglichen Rechten Dritter.

condition and repair (ordinary wear and tear excepted), (ii) free of any latent structural or engineering defects and (iii) suitable for their intended use in the conduct of the ABC Business as currently conducted. Upon transfer of the ABC Assets, the Purchaser shall acquire full and unrestricted title to such assets, free and clear of any rights of third parties.

16.2 Wirksamkeit des Vertrages

Dieser Vertrag begründet wirksame Verpflichtungen der Verkäuferin. Mit Ausnahme der in Anlage 16.2 aufgeführten, erforderlichen Mitteilungen und vorbehaltlich § 13.2 ist die Verkäuferin nicht verpflichtet, Dritten (einschließlich Behörden oder sonstigen Hoheitsträgern) den Abschluss oder die Durchführung dieses Vertrags mitzuteilen, und bedürfen Abschluss oder Durchführung dieses Vertrages nicht deren Zustimmung.[38] Ansprüche, andere Rechte jedweder Art und Rechtsverhältnisse der Zielgesellschaften werden aufgrund des Abschlusses oder der Durchführung dieses Vertrags nicht entzogen, beendet, inhaltlich geändert oder in sonstiger Form beeinträchtigt. Abschluss und Durchführung dieses Vertrags begründen auch keine Kündigungs-, Rückforderungs- oder anderen Rechte der jeweiligen Vertragspartner der Zielgesellschaften oder Dritter. Die Verkäuferin hat alle Maßnahmen getroffen oder veranlasst, um diesen Vertrag wirksam ab-

16.2 Enforceability of Agreement

This Agreement constitutes legal, valid and binding obligations of the Seller, enforceable under German law against the Seller in accordance with its terms. Except for the mandatory notifications listed in Schedule 16.2 and subject to clause 13.2 of this Agreement, the Seller is not required to give any notice to any third party (including authorities or other public bodies) or to obtain any third party's consent or authorisation in connection with the execution and consummation of this Agreement by the Seller under applicable private or public law. The execution and consummation of this Agreement do not cancel, revoke, terminate, amend or interfere with, any claims, other rights or legal relationships of any of the Target Entities. The execution and consummation of this Agreement do not constitute any rights of cancellation or reclaim or other rights of any counterparty of any of the Target Entities or other third parties. Any actions

I. Asset Deal (einschl. Verkauf von Anteilen an Tochtergesellschaften)   D.I

	schließen und durchführen zu können. Insbesondere sind alle notwendigen Zustimmungen von den Gesellschaftsorganen und den Gesellschaftern erteilt worden.		required on part of the Seller in order to validly authorize and perform the execution and consummation of this Agreement have been taken. In particular, all necessary consents and approvals by corporate bodies and shareholders have been validly granted.
16.3	Gesellschaftsrechtliche Verhältnisse; Berechtigung der Verkäuferin	16.3	Corporate Status and Authority of the Seller
16.3.1	Die Zielgesellschaften sind nach dem auf sie anwendbaren Recht ordnungsgemäß gegründet, haben ihren Verwaltungssitz in ihrem jeweiligen Gründungsstaat und bestehen wirksam fort. Sie haben ihren Geschäftsbetrieb mit der Gründung aufgenommen und seitdem ununterbrochen fortgeführt und sind nach den auf sie anwendbaren gesellschaftsrechtlichen Bestimmungen berechtigt, ihre Geschäftsbetriebe wie bisher fortzuführen.	16.3.1	Each of the Target Entities has been duly established under the laws of its jurisdiction of incorporation, validly exists and has its actual centre of administration in its country of incorporation. Each of the Target Entities has at any time had and continues to have the corporate power and authority to carry on its business as heretofore conducted.
16.3.2	Die Angaben zu den Zielgesellschaften, ihrem Gesellschaftskapital und den Beteiligungsverhältnissen in § 4 sind vollständig und zutreffend. Das Gesellschaftskapital aller Zielgesellschaften ist vollständig erbracht und weder offen noch verdeckt zurückgewährt worden. Die Stammeinlagen auf das Gesellschaftskapital sind nicht durch Verluste gemindert oder aufgezehrt worden, und es besteht keine Nachschusspflicht. Alle Kapitalerhöhungen und Kapitalherabsetzungen sind im Einklang mit den jeweils anzuwendenden gesetzlichen und satzungsmäßigen Vorschriften durchgeführt worden.	16.3.2	The statements made in clause 4 with respect to the Target Entities, their registered share capital and shareholders, including the amount of shares held by each shareholder, are complete, correct and not misleading. The share capital of each of the Target Entities is fully paid in, non-assessable (*keine Nachschusspflicht*), and no repayments or refunds, neither openly nor concealed, have been made. Capital contributions to such share capital have not been reduced or impaired by losses. All increases and decreases of capital have been made in accordance with applicable law and the articles of association of the relevant Target Entities.
16.3.3	Die als Anlage 16.3.3.a beigefügten Kopien geben vollständig und zutreffend alle die Zielgesellschaften betreffenden Satzungen, Gesellschaftsverträge	16.3.3	The copies attached hereto as Schedule 16.3.3a completely and accurately reflect the articles of association and any shareholders' agreements of the Target

	und Gesellschaftervereinbarungen wieder. Diese Satzungen, Gesellschaftsverträge und Gesellschaftervereinbarungen sind wirksam und durchsetzbar. Alle eintragungspflichtigen und eintragungsfähigen Tatsachen und Unterlagen sind bei den zuständigen Registern und sonstigen zuständigen Stellen vollständig, zutreffend und rechtzeitig angemeldet worden. Die als Anlage 16.3.3.b beigefügten Auszüge geben den Inhalt der für die Zielgesellschaften zuständigen Register vollständig und zutreffend wieder, und es bestehen keine eintragungspflichtigen oder eintragungsfähigen Beschlüsse oder sonstigen Tatsachen, die nicht in den Registerauszügen in Anlage 16.3.3.b eingetragen sind.		Entities. Such articles of association and shareholders' agreements are valid and in full force and effect. Any facts and other documents required by applicable law to be filed with the competent commercial register or other comparable authorities have been completely, duly and timely filed. The excerpts attached hereto as Schedule 16.3.3b completely and accurately reflect the recordings in the competent commercial registers or other comparable authorities regarding the Target Entities. There are no resolutions or other facts which are not reflected in the excerpts from the commercial register or other comparable authority contained in Schedule 16.3.3b.
16.3.4	Die Verkäuferin ist berechtigt, über die Anteile an den Zielgesellschaften frei zu verfügen. Diese Anteile bestehen wirksam und frei von jeglichen Rechten und Ansprüchen Dritter. Es bestehen keine auf diese Anteile bezogenen Optionen, Vorkaufsrechte, Gesellschaftervereinbarungen, Treuhandverhältnisse, Unterbeteiligungen oder sonstigen Abreden. Mit dem Vollzug erwirbt die Käuferin diese Anteile unbeschränkt und frei von Rechten Dritter und sonstigen Belastungen.	16.3.4	The Seller has the right to freely dispose of the shares in the Target Entities without any limitations or restrictions. Such shares are validly existing, free and clear of any claims, rights and privileges of third parties. There are no options, pre-emptive rights, shareholder agreements, trust agreements, sub-participations or other agreements with respect to such shares. Upon Closing the Purchaser will acquire full and unrestricted title to such shares, free and clear of any rights of third parties.
16.3.5	Keine der Zielgesellschaften verfügt über einen Aufsichtsrat, Beirat, Verwaltungsrat oder ein ähnliches Gremium oder ist zur Schaffung eines solchen Gremiums verpflichtet.	16.3.5	None of the Target Entities has established or is required to establish a supervisory board, advisory board or similar corporate body such as a so-called „*Verwaltungsrat*" or „*Beirat*" or the like.
16.3.6	Mit Ausnahme des in § 4.4 genannten Vertrages haben die Zielgesellschaften keine Verträge über stille Beteiligungen, Beherrschungs- oder Gewinnabfüh-	16.3.6	Except for the agreement referred to in clause 4.4, the Target Entities have not entered into any silent partnership agreements (*Stille Beteiligungen*), domina-

rungsverträge, andere Unternehmensverträge i. S. d. §§ 291 ff. AktG oder ähnliche Verträge wie Betriebsführungsverträge oder Verträge nach vergleichbaren ausländischen Vorschriften abgeschlossen. Mit Ausnahme der in § 4.5 genannten Cash-Pool-Vereinbarung haben die Zielgesellschaften keine Cash-Pool- oder ähnliche Vereinbarungen abgeschlossen oder nehmen an einem Cash-Pool oder einem ähnlichen System teil.

tion or profit and loss pooling agreements (*Beherrschungs- oder Gewinnabführungsverträge*) or any other affiliation agreements within the meaning of sec. 291 *et seq.* of the AktG or similar agreements such as management of operations agreements (*Betriebsführungsverträge*) or other agreements pursuant to comparable provisions of non-German jurisdictions. With the exception of the cash-pooling agreement referred to in clause 4.5, the Target Entities have not entered into any cash-pooling agreements or similar agreements and do not participate in any cash-pooling or similar system.

16.3.7 Es sind weder Insolvenz-, Reorganisations- oder ähnliche Verfahren über das Vermögen der Verkäuferin oder einer Zielgesellschaft beantragt oder eröffnet worden, noch sind Zwangsvollstreckungs- oder ähnliche Maßnahmen in das Vermögen oder einzelne Vermögensgegenstände der Verkäuferin oder einer Zielgesellschaft beantragt oder eingeleitet. Es bestehen keine Umstände, nach denen die Eröffnung solcher Verfahren oder eine (Insolvenz-)Anfechtung dieses Vertrags gerechtfertigt wäre. Insbesondere sind die Verkäuferin und die Zielgesellschaften nicht überschuldet oder zahlungsunfähig und drohen auch nicht überschuldet oder zahlungsunfähig zu werden. Die Verkäuferin und die Zielgesellschaften haben ihre Zahlungen nicht eingestellt und keine Schuldenbereinigungsabkommen oder ähnliche Vereinbarungen mit Gläubigern geschlossen oder angeboten.

16.3.7 No bankruptcy, insolvency, or judicial composition or comparable proceedings have been initiated or applied for under any applicable law against the Seller or any of the Target Entities, nor have any compulsory judicial enforcement proceedings or similar enforcement measures been initiated or applied for with respect to the entirety of assets (*Vermögen*) or individual assets of the Seller or any of the Target Entities. There exist no circumstances that would justify the institution of such proceedings or the avoidance, challenge or rescission of this Agreement under insolvency law in the future. In particular, none of the Seller and the Target Entities has a negative net worth (*ist überschuldet*) or is unable to pay its debts as they fall due (illiquid – *zahlungsunfähig*), nor is a negative net worth or illiquidity imminent. Neither the Seller nor any of the Target Entities has ceased or suspended its payments (*Zahlungen eingestellt*), nor entered into or offered any debt settlement agreements or similar arrangement with creditors.

16.3.8	Durch den Abschluss und die Durchführung dieses Vertrages verletzt die Verkäuferin keine Rechte Dritter und keine sonstigen Verpflichtungen gleich welcher Art, insbesondere (i) aus Gesetzen, Rechtsverordnungen, Satzungen, völkerrechtlichen Verträgen, Verwaltungsvorschriften, Urteilen, Beschlüssen, Entscheidungen, Genehmigungen, Verfügungen oder sonstigen Verwaltungsakten oder sonstigen Regelungen einer supranationalen, internationalen, nationalen, regionalen oder örtlichen Körperschaft, Anstalt, Behörde oder eines Gerichts oder Schiedsgerichts sowie gewohnheitsrechtlichen Normen oder (ii) aus Verträgen oder sonstigen Schuldverhältnissen.	16.3.8	By entering into and performing this Agreement, the Seller is neither infringing any third party rights nor breaching any other kind of obligation, including those arising under (i) statutes, regulations, ordinances, articles of association, international treaties, administrative regulations, orders, judgements, decrees, resolutions, licenses, permits, rulings, decisions, awards or other (administrative) acts or other rules issued by any supranational, international, national, regional or local entity, establishment, government authority, or any court, tribunal or any other sovereign entity or an arbitration tribunal, or any customary rules and practices (collectively referred to as the *Legal Requirements*), or (ii) contracts or other contractual obligations.
16.4	Abschlüsse	16.4	Financial Statements
16.4.1	Die der Käuferin vorgelegten Kopien der Einzelabschlüsse sind vollständig und stimmen mit den Originalen überein. Sie entsprechen jeweils den von den Gesellschaftern festgestellten Abschlüssen. Sie wurden in Übereinstimmung mit den jeweils anwendbaren Vorschriften und insbesondere den Grundsätzen ordnungsmäßiger Buchführung sowie, in deren Rahmen, unter Wahrung formeller und materieller Bilanzkontinuität erstellt; insbesondere sind alle Bilanzierungs- und Bewertungsgrundsätze, -methoden und -vorschriften beibehalten sowie alle Aktivierungs- und Passivierungswahlrechte unverändert ausgeübt worden.	16.4.1	The copies of the Individual Financial Statements presented to the Purchaser are complete and true to original and correspond to the individual financial statements as adopted by the shareholders. Such financial statements have been prepared in accordance with any applicable provisions, in particular with generally accepted accounting principles as consistently applied with past practice regarding their formal organization and measurement (*unter Wahrung formeller und materieller Bilanzkontinuität*), retaining the same accounting and valuation principles, methods and rules. All options to capitalise or to include items on the liabilities side have been consistently exercised.
16.4.2	Die Einzelabschlüsse vermitteln ein den tatsächlichen Verhältnissen entsprechendes Bild der Vermögens-, Finanz- und Ertragslage der Zielgesellschaften	16.4.2	The Individual Financial Statements present a true and fair view of the net assets position (*Vermögenslage*), financial condition (*Finanzlage*) and results

I. Asset Deal (einschl. Verkauf von Anteilen an Tochtergesellschaften) D.I

für die jeweiligen Stichtage bzw. Geschäftsjahre. Die Bilanzen der Einzelabschlüsse sind hinsichtlich der darin ausweisbaren Aktiv- und Passivposten, auch was deren Betrag betrifft, vollständig und zutreffend. Vermögensgegenstände und sonstige Bilanzpositionen sind nur aktiviert worden, wenn und soweit dies durch zwingendes Recht vorgeschrieben ist. Alle zulässigen Abschreibungen, Wertberichtigungen und Rückstellungen sind nur in der zulässigen Höhe vorgenommen worden. Die Ergebnisse der gewöhnlichen Geschäftstätigkeit der Zielgesellschaften gemäß §§ 298 Abs. 1 i. V. m. 275 Abs. 2 Nr. 14 bzw. Abs. 3 Nr. 13 HGB oder vergleichbaren Vorschriften anwendbarer ausländischer Rechtsordnungen sind nicht durch außerordentliche Ereignisse beeinflusst worden. Die Lageberichte vermitteln jeweils ein zutreffendes Bild von der Lage der Zielgesellschaften. Die Risiken der künftigen Entwicklung sind jeweils zutreffend dargestellt.

of operation (*Ertragslage*) of each of the Target Entities as for the times and for the periods referenced therein. The balance sheets included with the Individual Financial Statements are complete and correct with respect to the assets and liabilities items to be shown therein, including each specific amount. Assets and other items were capitalised only if and to the extent that mandatory law required it. Any permissible depreciations (*Abschreibungen*), value adjustments (*Wertberichtigungen*) and accruals (*Rückstellungen*) were made to the maximum extent allowed by law. The result of ordinary business operations (*Ergebnis der gewöhnlichen Geschäftstätigkeit*) of the Target Entities as defined in sec. 298 para. 1 in conjunction with 275 para. 2 no. 14 and, respectively, para. 3 no. 13 of the HGB or other similar rules in applicable foreign jurisdictions were not been influenced by any exceptional incidents. The management reports (*Lageberichte*) under the Individual Financial Statements present in each case a correct view of the situation of the Target Entities. The risk involving future development are accurately reflected in each case.

16.4.3 Die der Käuferin vorgelegte Kopie des ABC-Pro-forma-Abschlusses ist vollständig und stimmt mit dem Original überein. Der ABC-Pro-forma-Abschluss ist mit der Sorgfalt eines ordentlichen Geschäftsmannes aus den Einzelabschlüssen und dem Konzernabschluss der Verkäuferin entwickelt und bildet nur den ABC-Bereich ohne die Ausgeschlossenen Bereiche und das Ausgeschlossene Vermögen ab. Umsätze, Ergebnisse und Kosten sind zwischen dem ABC-

16.4.3 The copies of the Pro-Forma Financial Statements presented to the Purchaser are complete and true to original. The Pro-Forma Financial Statements have been prepared on the basis of the Individual Financial Statements and the consolidated financial statements of the Seller with the standard of care of a prudent merchant (*mit der Sorgfalt eines ordentlichen Kaufmanns*). They reflect the entire ABC Business, not including the Excluded Operations and the Excluded As-

Bastuck

Bereich und den nicht veräußerten Bereichen nach bestehenden vertraglichen Beziehungen und bisher im Konzern der Verkäuferin angewandten Umlage- und Zuordnungsverfahren zugeordnet. Im übrigen ist der ABC-Pro-forma-Abschluss nach deutschem Handelsrecht unter Beachtung der Grundsätze ordnungsmäßiger Buchführung aufgestellt worden.

sets. Revenues, profits, losses and costs have been allocated to the ABC Business and to those divisions of the Seller which have not been sold hereunder, in accordance with existing contractual relationships and with the internal methods of cost allocation as consistently applied with prior practice within the Seller's group of companies. Subject to the foregoing, the Pro-Forma Financial Statements have been prepared in accordance with German commercial law including generally accepted accounting principles (*Grundsätze ordnungsgemäßer Buchführung*).

16.4.4 Weder die Verkäuferin noch die Zielgesellschaften haben zum Zeitpunkt des Vollzugs irgendwelche Verbindlichkeiten (einschließlich bekannter und unbekannter Verbindlichkeiten sowie Eventualverbindlichkeiten), die nicht in den Einzelabschlüssen oder im ABC-Pro-forma-Abschluss ausgewiesen sind oder für die dort nicht Rückstellungen in voller Höhe gebildet sind. Vorstehendes gilt nicht für Erfüllungsverpflichtungen aus beiderseits noch nicht erfüllten Verträgen (schwebende Geschäfte), soweit diese nicht bilanzierungsfähig sind. Soweit nicht auf der Passivseite auszuweisen, sind alle Eventualverbindlichkeiten (einschließlich Verbindlichkeiten aus der Abgabe von Patronatserklärungen) in den Einzelabschlüssen unter dem Strich vermerkt.

16.4.4 As of the Closing none of the Seller and the Target Entities will have any liabilities, including any uncertain and contingent liabilities, whether known or unknown, other than those accounted or accrued for in their full amount in the Individual Financial Statements or in the Pro-Forma Financial Statements. The aforesaid shall not apply to regular obligations for specific performance (*vertragliche Erfüllungsansprüche*) under ongoing contracts (*schwebende Geschäfte*) to the extent that such obligations do not qualify for balance sheet recognition (*nicht bilanzierungsfähig*). To the extent that any contingent liabilities (*Eventualverbindlichkeiten*) (including liabilities based on comfort letters (*Patronatserklärungen*)) are not required to be included as liabilities on the balance sheet, such liabilities have been reported in the notes (*Anhang*) to the Individual Financial Statements.

16.4.5 Weder die Verkäuferin noch die Zielgesellschaften haben Verbindlichkeiten (bekannte oder unbekannte oder Eventualver-

16.4.5 None of the Seller and the Target Entities have any liabilities, including uncertain and contingent liabilities and irrespective of

	bindlichkeiten) aus Swaps, Optionen, Derivaten oder ähnlichen Geschäften.		whether known or unknown, from swaps, options, derivatives or similar transactions.
16.4.6	Seit dem Stichtag der Einzelabschlüsse hat keine Zielgesellschaft Gewinne offen oder verdeckt ausgeschüttet oder offene oder verdeckte Gewinnausschüttungen beschlossen.	16.4.6	Since the balance sheet date of the Individual Financial Statements, none of the Target Entities has, either openly or in concealment, distributed any profits, nor resolved any open or hidden profit distributions.
16.4.7	Die Bücher und Unterlagen der Verkäuferin und der Zielgesellschaften sind vollständig und richtig und im Einklang mit den jeweils anzuwendenden Rechtsvorschriften ordnungsgemäß geführt. Insbesondere haben die Verkäuferin und die Zielgesellschaften ihre Aufbewahrungspflichten aus § 257 HGB und vergleichbaren Vorschriften anwendbarer ausländischer Rechtsordnungen stets vollständig und ordnungsgemäß erfüllt.	16.4.7	The books and documents of the Seller and the Target Entities are complete and correct and in each case have been kept in compliance with applicable legal provisions. Above all, the Seller and the Target Entities have always performed, both fully and properly, their obligations concerning the retention of records according to sec. 257 of the HGB and any comparable provisions under applicable foreign jurisdictions.
16.5	Schutzrechte; Informationstechnologie	16.5	Intellectual Property; Information Technology
16.5.1	Anlage 16.5.1 führt vollständig und zutreffend alle den ABC-Bereich betreffenden Schutzrechte auf, deren Inhaberin die Verkäuferin oder eine Zielgesellschaft ist. Die Verkäuferin und die Zielgesellschaften sind ausschließliche und uneingeschränkte Inhaber der aufgeführten Schutzrechte. Dritten sind keine Lizenzen oder anderen Rechte an den Schutzrechten gewährt oder zugesagt worden, soweit dies in Anlage 16.5.1 nicht offengelegt ist.	16.5.1	Schedule 16.5.1 completely and correctly lists all Intellectual Property Rights held by the Seller or one of the Target Entities which relate to the ABC Business (the *ABC Business Intellectual Property Rights*). The Seller and the Target Entities are the sole and unencumbered holders of the ABC Business Intellectual Property Rights. Other than those disclosed in Schedule 16.5.1, no licenses or other rights have been granted to third parties with respect to any of the ABC Business Intellectual Property Rights, and the Seller or Target Entity is under no obligation to grant any such rights of use.
16.5.2	Anlage 16.5.2 enthält eine vollständige und zutreffende Aufstellung aller Lizenzen und sonstigen Nutzungsrechte an Schutzrechten, die Dritte der Verkäuferin in Bezug auf den ABC-Bereich oder den Zielge-	16.5.2	Schedule 16.5.2 contains a complete and correct list of all licenses to, and other rights of use in, Intellectual Property Rights which were granted by third parties to the Seller with respect to the ABC Business or to the

	sellschaften gewährt haben; darin sind auch die Lizenzgebühren und sonstigen Vergütungen aufgeführt. Die Verkäuferin und die in Anlage 16.5.2 aufgeführten Zielgesellschaften sind ausschließliche und uneingeschränkte Inhaber dieser Lizenzen. Vor Ablauf von zwölf (12) Monaten ab dem Unterzeichnungstag kann keine der Lizenzen durch den jeweiligen Lizenzgeber beendet werden, insbesondere nicht aufgrund des Abschlusses oder der Durchführung dieses Vertrages. Es bestehen keine Umstände, aufgrund derer die Lizenzen vor Ablauf dieses Zeitraums aus wichtigem Grund gekündigt oder beendet werden könnten; derartige Umstände sind auch nicht absehbar. Dritten sind keine Unterlizenzen oder andere Nutzungsrechte an den Lizenzen gewährt oder zugesagt worden.	Target Entities (the *ABC Business Licenses*), specifying any royalties, license fees or other compensation to be paid by any of the Seller or the Target Entities. Before the expiration of a twelve (12) month period from the Signing Date, none of the ABC Business Licenses may be duly terminated by the relevant licensor, in particular not as a consequence of the entering into or execution of this Agreement, and there are currently no circumstances which would justify their extraordinary termination, whether for cause or otherwise; nor are any such circumstances imminent. No sub-licenses or other rights of use for the ABC Business Licenses have been granted to third parties, nor is any of the Seller or the Target Entities under any obligation to grant such sub-licenses or other rights of use to a third party.
16.5.3	Die Verkäuferin und die Zielgesellschaften haben das den ABC-Bereich betreffende Know-how als Geschäftsgeheimnis wirksam geschützt und Dritten keine Lizenzen oder anderen Nutzungsrechte an dem Know-how gewährt. Als „Know-how" werden sämtliche Informationen (einschließlich solcher in Form von Formeln, Mustern, Listen, technischen Beschreibungen und Zeichnungen, unabhängig davon, ob und in welcher Weise sie verkörpert sind) bezeichnet, die sich auf die Aktivitäten des ABC-Bereichs (Einkauf, Forschung & Entwicklung, Produktion, Informationstechnologie, Qualitätsmanagement, Marketing, Logistik, Vertrieb und Kundenbeziehungen) beziehen und nicht allgemein bekannt sind.
16.5.3	The Seller and the Target Entities have at all times protected as trade secrets any ABC Business Know-how from access by third parties. For the purposes of this Agreement, *ABC Business Know-how* means all information (including information comprised in or derived from formulae, designs, specifications, lists, technical descriptions and drawings), irrespective of whether and in what manner it has been memorialized, which relates to activities of the ABC Business (including procurement, research and development, production, information technology, quality management, marketing, logistics, sales and distribution and customer relations) and which is generally not know to the public. No licenses or other rights of use for the Know-how were granted to third parties.

I. Asset Deal (einschl. Verkauf von Anteilen an Tochtergesellschaften) D.I

16.5.4 Alle Schutzrechte nach § 16.5.1 und Lizenzen nach § 16.5.2 bestehen wirksam und sind durchsetzbar. Alle für die Aufrechterhaltung, den Schutz und die Durchsetzung der Schutzrechte und Lizenzen erforderlichen Zahlungen und sonstigen Maßnahmen sind rechtzeitig und ordnungsgemäß geleistet und getroffen worden. Insbesondere haben die Verkäuferin und die Zielgesellschaften alle Pflichten im Hinblick auf die Schutzrechte und Lizenzen und das Knowhow rechtzeitig und ordnungsgemäß erfüllt. Mit Ausnahme der in Anlage 16.5.2 aufgeführten Lizenzgebühren und sonstigen Vergütungen bestehen im Hinblick auf die Schutzrechte und Lizenzen oder das Knowhow keinerlei Zahlungs- oder sonstigen Verpflichtungen der Verkäuferin oder der Zielgesellschaften gegenüber Dritten. Nach dem besten Wissen der Verkäuferin hat kein Dritter Schutzrechte oder Lizenzen verletzt und verletzt diese auch gegenwärtig nicht. Nach dem besten Wissen der Verkäuferin hat kein Dritter Know-how widerrechtlich erlangt oder genutzt oder nutzt dieses gegenwärtig widerrechtlich.

16.5.4 The ABC Business Intellectual Property Rights and the ABC Business Licenses are valid, subsisting and enforceable. They have been duly maintained, and any renewal, application and other official registry fees and measures required for their maintenance, protection and enforcement have been paid and taken. In particular, the Seller and the Target Entities have duly and timely fulfilled all obligations with respect to the ABC Business Intellectual Property Rights, ABC Business Licenses and Know-how. Except for the royalties, license fees or other compensation listed in Schedule 16.5.2, neither the Seller nor any of the Target Entities is under any payment obligation to third parties with respect to any ABC Business Intellectual Property, ABC Business Licenses or Know-how. To the Seller's Best Knowledge, no ABC Business Intellectual Property or ABC Business Licenses have been, or are currently, violated by any third party. To the Seller's Best Knowledge, no part of the ABC Business Know-how has been or currently is misappropriated or used illegally by any third party.

16.5.5 Weder die Schutzrechte nach § 16.5.1 und Lizenzen nach § 16.5.2 noch das Know-how sind Gegenstand gerichtlicher, schiedsgerichtlicher oder behördlicher Verfahren. Es bestehen auch keine Umstände, welche die Einleitung solcher Verfahren in Zukunft rechtfertigen könnten. Die Nutzung der Schutzrechte und Lizenzen und des Know-how durch die Verkäuferin und die Zielgesellschaften verstößt nicht gegen Rechtsvorschriften oder Rechte Dritter. Dritte haben weder (i) in Bezug

16.5.5 None of the ABC Business Intellectual Property Rights, ABC Business Licenses or Know-how is subject to arbitration, litigation or administrative proceedings, and there exist no circumstances which would justify such arbitration, litigation or administrative proceedings in the future. The use of the ABC Business Intellectual Property Rights, ABC Business Licenses and Know-how by the Seller or the Target Entities does not contravene, infringe or violate any legal provisions, Intellectual Prop-

auf die Schutzrechte, Lizenzen oder das Know-how noch (ii) wegen der Nutzung der Schutzrechte, Lizenzen oder des Know-how durch die Verkäuferin oder die Zielgesellschaften noch (iii) wegen einer angeblichen Verletzung anderer Schutzrechte, Lizenzen oder anderer Nutzungsrechte Rechte geltend gemacht oder eine solche Geltendmachung angekündigt, noch bestehen Umstände, die eine solche Geltendmachung rechtfertigen könnten.

16.5.6 Die Verkäuferin und die Zielgesellschaften verfügen über die ausschließlichen und unbeschränkten Rechte an allen Erfindungen, Entwicklungen und Arbeitsergebnisses ihrer Organmitglieder, Arbeitnehmer, freien Mitarbeiter, Dienstleister, Werkunternehmer und sonstigen Dritten (sowie deren jeweiliger Geschäftsführer und Arbeitnehmer), die im Zusammenhang mit einer Tätigkeit für die Verkäuferin in Bezug auf den ABC-Bereich oder eine der Zielgesellschaften entstanden sind. Insbesondere haben die Verkäuferin und die Zielgesellschaften alle Rechte nach dem Arbeitnehmererfindungsgesetz und ähnlichen Gesetzen ausgeübt und alle Verpflichtungen aus diesen Gesetzen erfüllt.

16.5.7 Die Verkäuferin und die Zielgesellschaften sind entweder Eigentümer oder für einen weiteren Zeitraum von mindestens zwölf (12) Monaten ab dem Unterzeichnungstag wirksam berechtigte Benutzer der in Anlage 16.5.7 aufgeführten Informationstechnologie, die sie benötigen, um den ABC-Bereich zu führen. Dritten gegenüber haben weder die Verkäuferin noch die Zielgesellschaften Quellcodes oder Algorithmen an eigener

erty Rights or other rights of third parties. No third party has asserted, or threatened to assert, any claims or other rights with respect to (i) the ABC Business Intellectual Property Rights, Licenses or Know-how, (ii) the use of the ABC Business Intellectual Property Rights, Licenses or Know-how by the Seller or the Target Entities, (iii) any alleged violation of any other Intellectual Property Rights, licenses or other rights of use, and there exist no circumstances which would justify such assertion.

16.5.6 The Seller and the Target Entities have the unrestricted and exclusive rights to all inventions, developments and other work products made by their managing directors, supervisory board members, employees, freelancers, service providers, contractors and other third parties (including such third parties' managing directors and employees) arising from any activity for, or in the course of, the ABC Business. In particular, the Seller and the Target Entities have each exercised all rights under the German Act on Employee Inventions (*Arbeitnehmererfindungsgesetz*) or similar laws in other jurisdictions and discharged all obligations under these laws.

16.5.7 All of the information technology listed in Schedule 16.5.7 which is required to continue to operate the ABC Business (the *ABC Business Information Technology*)in the manner and scope as heretofore conducted, is either owned or validly leased or licensed to the Seller or the Target Entities for a period of at least twelve (12) months starting on the Signing Date. No source codes or algorithms relating to any software owned or exclu-

I. Asset Deal (einschl. Verkauf von Anteilen an Tochtergesellschaften) D.I

oder einlizensierter Software offengelegt oder sonst zugänglich gemacht. Einzelheiten der Hardware und der Netzwerke und aller wesentlicher Verträge und Vereinbarungen betreffend die Entwicklung, Instandhaltung, Pflege, Sicherheit und Sicherungsmaßnahmen hinsichtlich der Informationstechnologie sind in Anlage 16.5.7 aufgeführt.

sively used by the Seller in relation to the ABC Business or by the Target Entities have been disclosed or otherwise made available to third parties. Schedule 16.5.7 sets forth details of the hardware items and networking equipment and all material agreements or arrangements relating to the development, maintenance and support, security and disaster recovery of the ABC Business Information Technology.

16.5.8 Soweit in Anlage 16.5.8 nicht anders vermerkt, hat die in Anlage 16.5.7 beschriebene Informationstechnologie auf *stand-alone*-Basis, d.h. ohne dass Leistungen Dritter hinzutreten müssten, die nicht bereits vertraglich vereinbart sind, das für den ABC-Bereich notwendige Leistungsvermögen.[39] In den letzten ...... Monaten vor dem Unterzeichnungstag ist es im ABC-Bereich weder zu Ausfällen der Informationstechnologie noch zu Datenverlusten gekommen, die eine Wesentlich Nachteilige Änderung zur Folge hatten oder haben, noch hat die Informationstechnologie Mängel, die eine solche Wesentlich Nachteilige Änderung möglich erscheinen lassen. Die Verkäuferin und die Zielgesellschaften haben alle branchenüblichen Maßnahmen ergriffen, um unautorisierte Zugriffe auf die Informationstechnologie oder Beeinträchtigungen der Informationstechnologie durch Computerviren oder ähnliche Programme zu verhindern. Die Verkäuferin und die Zielgesellschaften fertigen regelmäßig und in ausreichendem Umfang Sicherheitskopien der von ihnen genutzten Software, Daten und Datenbanken und lagern sie geschützt vor dem Zugriff Dritter außerhalb ihrer Geschäftsräume.

16.5.8 Unless otherwise disclosed in Schedule 16.5.8, the ABC Business Information Technology has the performance capability required for the ABC Business on a stand-alone basis. Except for services for which valid and binding service agreements are in place, no support from third parties is necessary to enable the ABC Business Information Technology to fulfil such requirements. In the last ...... months preceding the Signing Date there were neither failures in the ABC Business Information Technology nor data losses which resulted in or are likely to result in a Material Adverse Change; and there are no defects in the ABC Business Information Technology which are likely to result in a Material Adverse Change. The Seller and the Target Entities have taken all measures considered customary in the industry in order to prevent unauthorized access to the ABC Business Information Technology or impairment of the ABC Business Information Technology due to computer viruses or similar programs. The Seller and the Target Entities routinely produce a sufficient number of backup copies of the software, data and databases that they use and store such backup copies

16.5.9	In den letzten ...... Jahren vor dem Unterzeichnungstag haben die Verkäuferin in Bezug auf den ABC-Bereich und die Zielgesellschaften Schutzrechte, Knowhow oder Informationstechnologie Dritter nicht genutzt oder verletzt (mit Ausnahme der Nutzung aufgrund der Lizenzen). Die Käuferin und die Zielgesellschaften benötigen keine weiteren Schutzrechte, weiteres Know-how oder weitere Informationstechnologie, um den ABC-Bereich in Art und Umfang unverändert (und der bestehenden Zukunftsplanung entsprechend) fortzuführen.	16.5.9	In the last ...... years prior to the Signing Date, the Target Entities and, to the extent it relates to the ABC Business, the Seller have not used or infringed any third party's Intellectual Property Rights, know-how or information technology (apart from the use on the basis of the ABC Business Licences). Additional Intellectual Property Rights, know-how or information technology are not needed by the Seller and the Target Entities in order to carry on the ABC Business in the manner and in the scope as they were carried on until the Signing Date and in accordance with current plans for the future.
16.6	Grundbesitz[40]	16.6	Real Property
16.6.1	Anlage 16.6.1a enthält eine vollständige und zutreffende Aufstellung aller Grundstücke und grundstücksgleichen Rechte der Verkäuferin, die in ihrem Eigentum stehen und die sie im Rahmen des ABC-Bereiches nutzt, sowie aller im Eigentum der Zielgesellschaften stehenden Grundstücke oder grundstücksgleichen Rechte (zusammen mit den aufstehenden Gebäuden und sonstigen Aufbauten der „Grundbesitz"). Die in Anlage 16.6.1b beigefügten Kopien der Register geben alle den Grundbesitz betreffenden Rechtsverhältnisse vollständig und zutreffend wieder; insbesondere bestehen keine sonstigen Rechte Dritter, Belastungen oder rechtlichen Beschränkungen. Es bestehen keine Rechtsvorschriften oder Rechtsgeschäfte, die der Verkäuferin oder den Zielgesellschaften Zahlungs- oder andere Verpflichtungen in Bezug auf den Grundbesitz auferlegen. Die	16.6.1	Schedule 16.6.1a contains a complete and correct list of all land parcels (*Grundstücke*) to which the Seller holds legal title or rights equivalent to real property (*grundstücksgleiche Rechte*), owned and used for the ABC Business, and of all land parcels to which the Target Entities hold legal title or rights equivalent to real property (together with any buildings and other superstructures (*Aufbauten*) built thereupon (the *Real Property*). The copies from the land registers attached as Schedule 16.6.1b completely and accurately reflect the legal status with respect to the Real Property; in particular, no charges, encumbrances or other legal impairments or third party rights exist which are not reflected in such copies. There are no regulations or legally binding transactions imposing any payment or other obligation on any of the Seller or the Target Entities with

I. Asset Deal (einschl. Verkauf von Anteilen an Tochtergesellschaften) D.I

Verkäuferin und die Zielgesellschaften haben in Bezug auf den Grundbesitz keine Auflassungen, andere dingliche Einigungen oder sonstigen Rechtsgeschäfte vorgenommen oder Eintragungs- oder Löschungsbewilligungen oder sonstigen Erklärungen abgegeben, die in das Grundbuch eingetragen werden müssen und nicht aus Anlage 16.6.1b ersichtlich sind. Die Verkäuferin und die Zielgesellschaften haben sich auch nicht zur Vornahme solcher Rechtsgeschäfte oder zur Abgabe solcher Erklärungen verpflichtet.

respect to the Real Property. Except as set forth in Schedule 16.6.1b, there have not been any conveyances (*Auflassungen*), other agreements "in rem" (*dingliche Einigungen*) or other legal transactions, and no land register consents to enter or cancel an entry (*Eintragungs- oder Löschungsbewilligungen*) or any other statements have been made by any of the Seller or the Target Entities which require registration in any land register or effect such registration, nor is any of the Seller or the Target Entities under any obligation to perform such transactions or make such statements.

16.6.2 Anlage 16.6.2 enthält eine vollständige und zutreffende Aufstellung aller Grundstücke und Gebäude, die von der Verkäuferin im Rahmen des ABC-Bereichs oder von den Zielgesellschaften genutzt werden. Sofern nicht Teil des Grundbesitzes, sind die Verkäuferin und die Zielgesellschaften jeweils berechtigt, diese Grundstücke und Gebäude auf der Grundlage wirksamer Miet- oder Pachtverträge zu nutzen. Die in den betreffenden Miet- und Pachtverträgen enthaltenen Verpflichtungen und sonstigen Bestimmungen sind vollständig und ordnungsgemäß erfüllt. Keiner der Miet- und Pachtverträge ist gekündigt oder durch Kündigung oder in sonstiger Weise beendet oder innerhalb der letzten [zwölf (12)] Monate vor dem Unterzeichnungstag wesentlich geändert worden. Es bestehen keine Anhaltspunkte dafür, dass die Verkäuferin oder die Zielgesellschaften die in Anlage 16.6.2 aufgeführten Grundstücke und Gebäude nicht bis zum Ende der Laufzeit der jeweiligen Miet- und Pachtverträge nutzen kön-

16.6.2 Schedule 16.6.2 contains a complete and correct list of all land and buildings used by the Seller in connection with the ABC Business or by any of the Target Entities. To the extent that such land and buildings are not part of the Real Property, the Seller or the relevant Target Entity is authorized to use such land or buildings under legally valid and enforceable lease agreements, usufructuary lease agreements or similar legal instruments (the *ABC Business Leases*). All obligations under and other terms of the ABC Business Leases have been fully, duly and timely performed and complied with, and the ABC Business Leases have not been cancelled, otherwise terminated or materially amended or modified within the past [twelve (12)] months prior to the Signing Date. In particular, the consummation of the transactions contemplated herein will not give a counterparty to any ABC Business Leases a right to terminate the relevant lease or similar legal instrument. There are no circumstances of any kind which would make it appear

nen; insbesondere können die Miet- und Pachtverträge nicht aufgrund des Abschlusses oder der Durchführung dieses Vertrags vom Vertragspartner beendet werden. Sofern einer der Miet- und Pachtverträge innerhalb von [fünf] ([5]) Jahren ab dem Unterzeichnungstag ausläuft oder in dieser Zeit durch ordentliche Kündigung des Vertragspartners beendet werden kann, bestehen keine Anhaltspunkte dafür, dass die Verkäuferin oder die Zielgesellschaften eine Vertragsverlängerung bis mindestens zum Ablauf dieser Frist nur zu schlechteren Bedingungen erreichen könnten.

reasonably likely that the Seller and the Target Entities may not be able to continue the use of the land and buildings listed in Schedule 16.6.2 through the expiration of the current term of the relevant ABC Business Lease. In cases where the current term of any ABC Business Lease expires within [five (5)] years from the Signing Date, there are no circumstances which would make it appear reasonably likely that the Seller or the relevant Target Entity may not be able to obtain an extension of such ABC Business Lease up to at least the end of such [five year] period at terms not materially less favourable than those under the current ABC Business Lease.

16.6.3 Alle Grundstücke und alle Gebäude und Aufbauten, die zum Grundbesitz gehören oder Gegenstand der Miet- und Pachtverträge sind, sind in einwandfreiem und gebrauchsfähigem Zustand und erlauben es der Käuferin und den Zielgesellschaften, den ABC-Bereich in Art und Umfang unverändert fortzuführen. Insbesondere befinden sich auf den in Satz 1 genannten Grundstücken keine ober- oder unterirdischen Gebäudereste oder Gegenstände von archäologischem Interesse. Alle Erhaltungsmaßnahmen an diesen Grundstücken, Gebäuden und Aufbauten sind ordnungsgemäß und rechtzeitig durchgeführt und geplante Investitionen sind nicht aufgeschoben worden. Die gegenwärtige Nutzung dieser Grundstücke, Gebäude und Aufbauten ist rechtlich nicht eingeschränkt und es bestehen keine Anhaltspunkte dafür, dass solche Einschränkungen in Zukunft bestehen könnten.

16.6.3 All land and buildings and superstructures (*Aufbauten*) forming part of the Real Property or comprised in the ABC Business Leases are in sound and useable condition and will allow the Purchaser and the Target Entities to continue the ABC Business in same the manner and scope as it is currently conducted. In particular, such land is free of any aboveground or subterranean building remnants and relics of archeological interest. All routine maintenance to such land, buildings and superstructures has been duly and timely performed and no budgeted capital expenditure has been deferred. There are no regulations, transactions or third party rights which limit or restrict the current use of such land, building, or superstructures and there do not exist any circumstances which would make any such future limitations or restrictions reasonably likely to occur.

16.7	Weiteres Anlagevermögen	16.7	Other Fixed Assets
16.7.1	Die Verkäuferin und die Zielgesellschaften sind die rechtlichen und wirtschaftlichen Eigentümer und rechtmäßigen Besitzer bzw. Inhaber sämtlicher Vermögensgegenstände des Anlagevermögens, die in den Einzelabschlüssen oder im ABC-Pro-forma-Abschluss ausgewiesen sind oder seit dem Stichtag der Einzelabschlüsse oder des ABC-Pro-forma-Abschlusses von der Verkäuferin im Rahmen des ABC-Bereichs oder der jeweiligen Zielgesellschaft erworben wurden und im gewöhnlichen Geschäftsgang nicht veräußert wurden. Diese Vermögensgegenstände sind frei von Rechten Dritter. Ausgenommen davon sind Sicherungsübereignungen, Eigentumsvorbehalte und gesetzliche Pfandrechte, die im Rahmen des gewöhnlichen Geschäftsgangs von der die Vermögensgegenstände jeweils bilanzierenden Verkäuferin oder Zielgesellschaft begründet worden sind. Anlage 16.7.1 enthält eine vollständige und zutreffende Aufstellung aller in rechtlichem und wirtschaftlichem Eigentum und Besitz bzw. Inhaberschaft der Verkäuferin – soweit der ABC-Bereich betroffen ist – oder der jeweiligen Zielgesellschaft stehenden Vermögensgegenstände des Anlagevermögens (einschließlich geringwertiger und anderweitig vollständig abgeschriebener Vermögensgegenstände) zum	16.7.1	All fixed assets (*Anlagevermögen*) reflected in the Individual Financial Statements or in the ABC Pro-Forma Financial Statements or acquired since the record date of such financial statements by the Seller with respect to the ABC Business or by the relevant Target Entity are legally and beneficially owned and lawfully possessed or held by the Seller or the relevant Target Entity unless sold in the ordinary course of business. Such fixed assets are not charged or otherwise encumbered with third party rights. Transfers for security purposes (*Sicherungsübereignungen*), retention of title rights (*Eigentumsvorbehalte*), and statutory liens securing liabilities which were created in the ordinary course of business by the company on whose balance sheet the assets in question were shown are exempted from the foregoing. Schedule 16.7.1 completely and correctly lists all fixed assets legally and beneficially owned and lawfully possessed by the Seller – provided that they relate to the ABC Business – or the relevant Target Entity (including assets of low value and fully-depreciated assets) as of ....
16.7.2	Die in Anlage 16.7.1 bezeichneten Vermögensgegenstände des Anlagevermögens sind in einwandfreiem Zustand und erlauben es der Käuferin und den Zielgesellschaften, den ABC-Bereich in Art und Umfang unverändert und der bestehenden Planung entsprechend fortzufüh-	16.7.2	The fixed assets listed in Schedule 16.7.1 are in sound condition and allow the Purchaser to continue to run the ABC Business in the same manner and scope as it is currently conducted and in accordance with current planning. All routine maintenance to such assets has

ren. Alle Erhaltungsmaßnahmen an diesen Vermögensgegenständen sind rechtzeitig durchgeführt und Investitionen sind nicht aufgeschoben worden.

16.8 Umlaufvermögen

16.8.1 Die Verkäuferin und die Zielgesellschaften sind die rechtlichen und wirtschaftlichen Eigentümer und Besitzer bzw. Inhaber sämtlicher Vermögensgegenstände des Umlaufvermögens, die in den Einzelabschlüssen oder im ABC-Pro-forma-Abschluss ausgewiesen sind oder seit dem Stichtag der Einzelabschlüsse oder des ABC-Pro-forma-Abschlusses von der Verkäuferin im Rahmen des ABC-Bereichs oder der jeweiligen Zielgesellschaft erworben wurden und im gewöhnlichen Geschäftsgang nicht veräußert wurden. Mit Ausnahme von Sicherungsübereignungen bzw. -abtretungen, Eigentumsvorbehalten und gesetzlichen Pfandrechten, die im Rahmen des gewöhnlichen Geschäftsgangs von der die Vermögensgegenstände bilanzierenden Verkäuferin oder Zielgesellschaft begründet wurden, sind diese Vermögensgegenstände frei von Rechten Dritter.

16.8.2 Die Vorräte (§ 266 Abs. 2 lit. B I HGB) sind in einwandfreiem und gebrauchs-, verarbeitungs- bzw. verkaufsfähigem Zustand und erlauben es der Käuferin und den Zielgesellschaften, den ABC-Bereich unverändert und der bestehenden Planung entsprechend fortzuführen.

16.8.3 Die im ABC-Stichtagsabschluss ausgewiesenen Forderungen (§ 266 Abs. 2 lit. B II HGB) sind werthaltig und einbringlich und werden innerhalb eines Zeitraums von neunzig (90) Tagen ab dem Vollzug in voller Höhe ohne Inkassomaßnahmen bezahlt.

16.8 Current Assets

16.8.1 All current assets (*Umlaufvermögen*) reflected in the Individual Financial Statements or in the ABC Pro-Forma Financial Statements or acquired since the record date of such financial statements by the Seller with respect to the ABC Business or the Target Entities are legally and beneficially owned and lawfully possessed by the Seller or the relevant Target Entity unless sold in the ordinary course of business. Such current assets are not charged or otherwise encumbered with third party rights. Transfers for security purposes (*Sicherungsübereignungen*), retention of title rights (*Eigentumsvorbehalte*), or statutory liens securing liabilities which were createdin the ordinary course of business by the company on whose balance sheet the assets in question were shown are exempted from the foregoing.

16.8.2 The inventories (*Vorräte*) (within the meaning of sec. 266 para. 2 lit. B I of the HGB) are in sound, serviceable, processable and marketable condition and sufficient for the purposes of operating and carrying on the ABC Business in the manner and scope as heretofore operated and in accordance with current planning.

16.8.3 The receivables (within the meaning of sec. 266 para. 2 lit. B II of the HGB) reflected in the ABC Closing Financial Statements will be fully collectible without any further collection procedure within ninety (90) days from the Closing.

I. Asset Deal (einschl. Verkauf von Anteilen an Tochtergesellschaften) **D.I**

16.9	Größte Kunden und Zulieferer	16.9	Largest Customers and Suppliers

Anlage 16.9a enthält eine vollständige und zutreffende Aufstellung der gemessen am Geschäftsvolumen für das Geschäftsjahr ...... insgesamt ...... größten Kunden und ...... größten Zulieferer der Verkäuferin, bezogen auf den ABC-Bereich, und der Zielgesellschaften, jeweils unter Angabe des betreffenden Geschäftsvolumens. Anlage 16.9b enthält eine vollständige und zutreffende Aufstellung der Zulieferer einzelner Waren und Dienstleistungen (mit Ausnahme üblicher Verträge betreffend Energie- und Telekommunikation), die von der Verkäuferin, bezogen auf den ABC-Bereich, oder den Zielgesellschaften nicht jederzeit oder ohne erheblichen finanziellen oder sonstigen Mehraufwand durch eine alternative Bezugsquelle ersetzt werden können, jeweils unter Angabe des Geschäftsvolumens je Ware oder Dienstleistung für das Geschäftsjahr ...... Es bestehen keine Anhaltspunkte dafür, dass diese Kunden oder Zulieferer den Umfang ihrer Geschäfte mit der Käuferin, bezogen auf den ABC-Bereich, oder den Zielgesellschaften wesentlich verringern werden. In den letzten ...... Jahren vor dem Unterzeichnungstag gab es (abgesehen von üblichen Preisanpassungen) keine wesentlichen Änderungen des Inhalts der Verträge mit diesen Kunden und Zulieferern; derartige Änderungen sind nach dem besten Wissen der Verkäuferin auch nicht zu erwarten.

Schedule 16.9a contains a complete, correct and not misleading list of the ...... largest customers and the ...... largest suppliers of the Seller in relation to the ABC Business and of each Target Entity as measured by the business volume for the fiscal year ended on ......, in each case indicating the relevant business volume. Schedule 16.9b contains a complete and correct listing of those suppliers of individual goods and services (except for regular service agreements regarding utilities, mail and telecommunication services), which cannot at any time be replaced with an alternative source by the Seller for the ABC Business or by the Target Entities, or without incurring significant financial or other costs, indicating in each case the relevant business volume for each good or service for the fiscal year ended on .... There are no circumstances making it reasonably likely that any of said customers or suppliers will materially reduce the volume of its previous business activity with the Seller regarding the ABC Business or with any of the Target Entities. In the past ...... years prior to the Signing Date, there have been no material changes to the content of the agreements with these customers and suppliers, except for customary price adjustments; to the Seller's Best Knowledge no such changes are expected.

16.10	Bankkonten	16.10	Bank Accounts

Anlage 16.10 enthält eine vollständige und zutreffende Aufstellung aller Bankkonten der Zielgesellschaften sowie der Zeichnungsberechtigten für die jeweiligen Konten.

Schedule 16.10 contains a complete and correct list of all bank accounts of the Target Entities and all of the authorized signatories for those accounts.

16.11	Versicherungen	16.11	Insurances
16.11.1	Anlage 16.11.1 enthält eine vollständige und zutreffende Aufstellung aller von der Verkäuferin oder von den Zielgesellschaften abgeschlossenen oder zugunsten der Verkäuferin oder der Zielgesellschaften bzw. ihrer Vermögensgegenstände, Geschäftsbetriebe, Organmitglieder oder Arbeitnehmer bestehenden Versicherungen einschließlich sämtlicher Pflichtversicherungen, in Bezug auf die Verkäuferin allerdings nur, soweit der ABC-Bereich betroffen ist. Diese Versicherungen decken alle Risiken ab, die von Unternehmen ähnlicher Größe und Branchenzugehörigkeit üblicherweise abgedeckt werden (einschließlich einer Umweltschaden-Haftpflichtversicherung), und zwar in dem für solche Unternehmen üblichen Umfang in Bezug auf versicherte Risiken und Deckungssummen. Insbesondere sind alle Grundstücke, Gebäude und Aufbauten, die zum Grundbesitz gehören oder Gegenstand der Miet- und Pachtverträge sind, gegen alle üblichen Risiken (einschließlich Feuer, Wasser, Sturm, Einbruch) angemessen versichert. Die Versicherungsverträge sind wirksam, begründen durchsetzbare Rechte der Verkäuferin und der jeweiligen Zielgesellschaft und sind innerhalb der letzten zwölf (12) Monate vor dem Unterzeichnungstag nicht wesentlich geändert worden. Die jeweiligen Versicherungsnehmer und Versicherer haben alle fälligen Verpflichtungen aus den Versicherungsverträgen rechtzeitig, ordnungsgemäß und vollständig erfüllt.	16.11.1	Schedule 16.11.1 contains a complete and accurate list of all insurance policies which were taken out by or are for the benefit of the Seller in relation to the ABC Business or any of the Target Entities, their assets, their business operations, their managing directors, board members or employees. Such policies include all mandatory insurance risks (*Pflichtversicherungen*) and also cover all risks which companies engaged in similar industry sectors as, and of a comparable size to the Seller, as far as the ABC Business is concerned, and the Target Entities would customarily cover by insurance (including liability insurance for environmental hazards) and specifically in the same scope with respect to insured risks and coverage amounts. In particular the Real Property, including all buildings and other superstructures pertaining thereto and all buildings and other superstructures which are the subject matter of the ABC Business Leases, are appropriately insured against all customary risks such as fire, flood, storms and burglary. All insurance policies are valid, establish enforceable rights for the Seller and the Target Entities, and have not been substantially amended within the past twelve (12) months prior to the Signing Date. Both the relevant policy holder and the insurer have timely and duly fulfilled all obligations under each insurance policy.
16.11.2	Anlage 16.11.2 enthält eine vollständige und zutreffende Aufstellung aller Ereignisse seit dem ……, welche die Verkäuferin	16.11.2	Schedule 16.11.2 contains a complete and accurate list of all events which have occurred since …… and which have enti-

I. Asset Deal (einschl. Verkauf von Anteilen an Tochtergesellschaften) D.I

oder eine Zielgesellschaft zu Leistungen aus den in Anlage 16.11.1 aufgeführten Versicherungen berechtigt haben oder berechtigen oder aufgrund derer solche Leistungen geltend gemacht worden sind.

16.12 Wesentliche Verträge

16.12.1 Anlage 16.12.1 enthält eine vollständige und zutreffende Aufstellung aller noch nicht beiderseits vollständig erfüllten Verträge, die ausdrücklich oder stillschweigend, schriftlich oder mündlich entweder (i) von der Verkäuferin in Bezug auf den ABC-Bereich geschlossen wurden und zu den gemäß § 8.1 übernommenen oder in Anlage 8.4 genannten Verträgen gehören oder (ii) von einer Zielgesellschaft geschlossen wurden und die in beiden Fällen (i) und (ii) mindestens einer der nachfolgend aufgeführten Kategorien unterfallen („Wesentliche Verträge"); angegeben sind jeweils auch die Vertragspartner, wesentliche Vertragsleistungen und -gegenleistungen – insbesondere zur Höhe der Zahlungsverpflichtungen –, Laufzeit und Kündigungsfristen:

(a) Verträge über den Erwerb, die Veräußerung oder die Belastung von Grundstücken und grundstücksgleichen Rechten;

(b) Verträge über den Erwerb oder die Veräußerung von Unternehmensbeteiligungen;

(c) Verträge über den Erwerb, die Veräußerung oder Belastung von Vermögensgegenständen des Anlagevermögens, die einen Wert von jeweils mindestens ...... EUR

tled or entitle the Seller or a Target Entity to any insurance benefits under the insurance policies listed in Schedule 16.11.1 or due to which such benefits have actually been claimed.

16.12 Material Agreements

16.12.1 Schedule 16.12.1 contains a complete and correct list of agreements (whether express or implied and whether entered into in writing or orally, in each case as amended) to which (i) the Seller is a party with respect to the ABC Business and which are included in the agreements assumed pursuant to clause 8.1 or mentioned in Schedule 8.4 or (ii) a Target Entity is a party and which in both cases (i) and (ii) have not yet been fully performed by all parties to such agreements (collectively the *Material Agreements*) and fall within one or more of the categories defined below. Each Material Agreement is listed in the appropriate category or categories, in each case specifying the relevant counterparties, material obligations and consideration (in particular with respect to the amount of any payment obligations), term, and period of notice of termination:

(a) agreements relating to the acquisition, sale or encumbrance of real properties or rights equivalent to real property (*grundstücksgleiche Rechte*);

(b) agreements relating to the acquisition, or sale of shares of or interests in other companies or partnerships;

(c) agreements relating to the acquisition, sale or encumbrance of fixed assets having a value of EUR ...... (...... euros) or more in the individual case, and agreements

(in Worten: ...... Euro) haben, und Verträge über den Erwerb oder die Veräußerung von Unternehmen, Betrieben oder Unternehmens- oder Betriebsteilen;

(d) Nießbrauch-, Pacht-, Miet- oder Leasingverträge, die (i) jährliche Zahlungen von jeweils mindestens ...... EUR (in Worten: ...... Euro) vorsehen oder (ii) von der Verkäuferin oder der betroffenen Zielgesellschaft frühestens mit Wirkung zum ...... ordentlich gekündigt werden können oder (iii) deren Laufzeit frühestens am ...... endet;

(e) Lizenzverträge, welche die Verkäuferin oder eine Zielgesellschaft als Lizenzgeber oder Lizenznehmer geschlossen hat und die (i) jährliche Zahlungen von jeweils mindestens ...... EUR (in Worten: ...... Euro) vorsehen oder (ii) von der Verkäuferin oder der betroffenen Zielgesellschaft frühestens mit Wirkung zum ...... ordentlich gekündigt werden können oder (iii) deren Laufzeit frühestens am ...... endet;

(f) Darlehens- und sonstige Kreditverträge, die von der Verkäuferin oder einer Zielgesellschaft als Kreditgeber oder Kreditnehmer geschlossen worden sind (mit Ausnahme handelsüblicher und im gewöhnlichen Geschäftsgang vereinbarter Stundungen), sowie Factoringverträge;

(g) Garantien, Bürgschaften, Schuldübernahmen, Schuldbeitritte, Patronatserklärungen und ähnliche von der Verkäuferin oder einer Zielgesellschaft übernommene Verpflichtungen;

relating to the acquisition or sale of enterprises, business operations or of parts thereof;

(d) usufruct (*Nießbrauch-*), rental, lease or leasing agreements (*Pacht-, Miet- oder Leasingverträge*) which (i) provide for annual payments of EUR ...... (...... euros) or more in the individual case or (ii) may be terminated by the Seller or the relevant Target Entity effective no earlier than ...... or (iii) the term of which expires after ......;

(e) license agreements entered into by the Seller or a Target Entity either as licensor or licensee which (i) provide for annual payments of EUR ...... (... euros) or more in the individual case or (ii) may be terminated by the relevant Seller or Target Entity effective no earlier than ......, or (iii) the term of which expires after ......;

(f) loan or other credit agreements entered into by the Seller or a Target Entity as lender or borrower (except for customary payment deferrals agreed in the ordinary course of business) as well as factoring agreements;

(g) guarantees, payment guarantees (*Bürgschaften*), assumptions of debt (*Schuldübernahmen*), collateral promises (*Schuldbeitritte*), comfort letters or similar legal instruments issued by the Seller or a Target Entity;

I. Asset Deal (einschl. Verkauf von Anteilen an Tochtergesellschaften)   D.I

(h) Vertragshändler- und Handelsvertreterverträge;

(i) Arbeitsverträge, sonstige Dienstverträge sowie Beraterverträge, die jeweils eine jährliche Gesamtvergütung von mindestens ...... EUR (in Worten: ...... Euro) vorsehen;

(j) Verträge über Gewinn- oder Umsatzbeteiligungen, Mitarbeiterbeteiligungen, Aktienoptionen sowie ähnliche Verträge;

(k) Tarifverträge (einschließlich Firmentarifverträge), denen die Verkäuferin oder eine Zielgesellschaft unterliegt (auch durch Allgemeinverbindlichkeitserklärung), sowie Betriebsvereinbarungen und betriebliche Übungen;

(l) Joint Venture-, Konsortial-, Kooperations- und ähnliche Verträge mit Dritten sowie sämtliche Verträge, die den freien Wettbewerb einschränken können;

(m) Verträge oder Verpflichtungen, die außerhalb des gewöhnlichen Geschäftsgangs eingegangen worden sind;

(n) Verträge zwischen der Verkäuferin und einer oder mehreren Zielgesellschaften; Verträge zwischen der Verkäuferin oder einer Zielgesellschaft einerseits und einem mit der Verkäuferin i.S.d. §§ 15 ff. AktG verbundenen Unternehmen (mit Ausnahme der Zielgesellschaften) andererseits;

(o) sonstige Verträge oder Verpflichtungen, (i) welche Zah-

(h) distributorship and sales agency agreements;

(i) employment agreements, other service agreements or agreements with advisors or consultants providing for an annual remuneration of EUR ...... (...... euros) or more in the individual case;

(j) profit or revenue sharing arrangements (including employee participation schemes), stock options, and similar agreements or schemes;

(k) collective bargaining agreements (*Tarifverträge*) (including company-specific collective bargaining agreements (*Firmentarifverträge*)) to which the Seller or any of the Target Entities is subject (also by virtue of a decree of universal application (*Allgemeinverbindlichkeitserklärung*)), shop agreements and implied contracts based on established plant practices (*betriebliche Übungen*);

(l) joint venture, consortium, cooperation and similar agreements with third parties as well as agreements that may restrict free competition;

(m) agreements entered into or obligations incurred outside the ordinary course of business;

(n) agreements between the Seller and one or more of the Target Entities; agreements between the Seller or a Target Entity, on the one hand, and a company (other than a Target Entity) affiliated with the Seller within the meaning of sec. 15 *et seq.* of the AktG, on the other hand;

(o) other agreements and commitments (i) which provide

lungen von jeweils mindestens ...... EUR (in Worten: ...... Euro) pro Jahr vorsehen, (ii) die von der Verkäuferin oder der betroffenen Zielgesellschaft frühestens mit Wirkung zum ...... ordentlich gekündigt werden können bzw. deren Laufzeit frühestens am ...... endet, (iii) deren Verletzung oder Beendigung eine Wesentliche Nachteilige Änderung zur Folge haben könnte oder (iv) die in anderer Hinsicht für die Verkäuferin, eine Zielgesellschaft oder die Käuferin von wesentlicher Bedeutung sind.

Ferner gilt ein Vertrag, selbst wenn er bereits beiderseits vollständig erfüllt worden ist, als Wesentlicher Vertrag, sofern er (i) einer der vorstehenden Ziffern (c), (l) oder (m) unterfällt und (ii) erst nach dem ...... abgeschlossen worden ist. Diese Verträge sind in Anlage 16.12.1 vollständig und hinsichtlich sämtlicher Angaben zutreffend aufgeführt.

16.12.2 Alle Wesentlichen Verträge sind zu marktüblichen Bedingungen abgeschlossen und begründen wirksame Rechte der Verkäuferin und der Zielgesellschaften. Seit dem Unterzeichnungstag ist keiner der Wesentlichen Verträge beendet, gekündigt oder wesentlich geändert worden. Keiner der Wesentlichen Verträge kann aufgrund des Abschlusses oder der Durchführung dieses Vertrages beendet oder gekündigt werden. Es bestehen keine Umstände und es sind keine Umstände absehbar, aufgrund derer einer dieser Verträge aus wichtigem Grund gekündigt oder in sonstiger Weise außerordentlich beendet werden könnte.

for annual payments of EUR ...... (...... euros) or more in the individual case or (ii) which may be terminated by the Seller or a Target Entity effective no earlier than ...... or the term of which expires after ......, (iii) the breach or termination of which could have a Material Adverse Effect, or (iv) which are otherwise of material relevance for the Seller, a Target Entity or the Purchaser.

Furthermore, any agreement which has been fully performed by all parties thereto shall be deemed a Material Agreement where (i) it belongs to one of the categories (c), (l) or (m) above and (ii) was entered into only after .... All such agreements are listed in Schedule 16.12.1 fully and correctly with respect to all information.

16.12.2 All Material Agreements were concluded on standard market terms and conditions and establish valid and enforceable rights of the Seller and the Target Entities. Since the Signing Date, none of the Material Agreements has been terminated or materially amended. None of the Seller or the Target Entities has given or received any notice of ordinary or extraordinary termination to or from any counterparty with respect to any Material Agreement. None of the Material Agreements may be terminated as a consequence of the execution or consummation of this Agreement. No circumstances are foreseeable due to which a Material Agreement

16.12.3 Weder die Verkäuferin noch eine Zielgesellschaft noch eine Vertragspartei eines Wesentlichen Vertrages hat in den letzten drei (3) Jahren vor dem Unterzeichnungstag eine Pflicht aus einem Wesentlichen Vertrag verletzt. Keine der genannten Parteien befindet sich derzeit in Verzug.

16.13 Arbeitsrechtliche Angelegenheiten

16.13.1 Anlage 16.13.1a enthält eine vollständige und zutreffende Aufstellung aller Organmitglieder, leitenden Mitarbeiter und sonstigen Arbeitnehmer (einschließlich Auszubildender und Teilzeitbeschäftigter) der Verkäuferin, soweit diese dem ABC-Bereich zuzuordnen sind, sowie der Zielgesellschaften, jeweils mit Angaben zum Vertragspartner auf Seiten der Verkäuferin und der Zielgesellschaften, zur Position und Tätigkeit, dem Geburtsdatum, Eintrittsdatum, Bruttojahresgehalt, den Bruttojahresgesamtbezügen (einschließlich Boni und ähnlicher Zusatzleistungen), Ansprüchen aus Entgeltumwandlung, nicht in Anspruch genommenen Urlaubstagen, Wochenarbeitszeit und Laufzeit bzw. Kündigungsfrist. Arbeitnehmer mit besonderem Kündigungsschutz sind mit Angabe des Rechtsgrundes (z.B. Mutterschutz, Elternzeit, Schwerbehinderung) gesondert gekennzeichnet. Anlage 16.13.1b enthält vollständige Kopien der Standardarbeitsverträge für die im ABC-Bereich beschäftigten Arbeitnehmer der Verkäuferin und für die Arbeitnehmer der Zielgesellschaften.

16.12.3 In the last three (3) years prior to the Signing Date, neither the Seller nor a Target Entity nor any counterparty to any Material Agreement has breached an obligation under a Material Agreement. None of the aforementionned parties is currently in performance default (*Verzug*).

16.13 Employment Matters

16.13.1 Schedule 16.13.1a contains a complete and accurate list of all managing directors, board members and members of other corporate bodies, members of the senior management (*leitende Angestellte*) and other employees (including apprentices and part-time employees) of the Seller – to the extent they are attributable to the ABC Business – and of the Target Entities, indicating in each case the counterparty on the employer's side, the relevant position and job, date of birth, date of entry, gross annual salary, gross annual remuneration (including bonuses and similar incentives), deferred compensation claims (*Ansprüche aus Entgeltumwandlung*), claims for payment in lieu of vacation, weekly working hours and term or period of notice for termination of employment. Employees who enjoy specific legal protection against dismissal are identified specifying the legal jurstification for such protection (e.g. maternity or post-birth parental leave or severe disability). Complete copies of all standard employment agreements used for the employees of the Seller in the ABC Business and of the Target Entities are attached as Schedule 16.13.1b.

16.13.2	Anlage 16.13.2 enthält vollständige Kopien der Dienst- bzw. Arbeitsverträge (i) aller Organmitglieder der Zielgesellschaften und (ii) aller im ABC-Bereich beschäftigten Arbeitnehmer der Verkäuferin und aller Arbeitnehmer der Zielgesellschaften, deren Bruttojahresbezüge ...... EUR (in Worten: ...... Euro) übersteigen, jeweils in der am Unterzeichnungstag gültigen Fassung.	16.13.2	Schedule 16.13.2 contains complete and accurate copies of all individual employment or service agreements, each in their current version, for all (i) managing directors, officers, board members and members of other corporate bodies, and (ii) employees of the Seller attributable to the ABC Business and of the Target Entities whose annual gross remuneration exceeds EUR ...... (...... euros).
16.13.3	Die Verkäuferin und die Zielgesellschaften haben alle Zahlungs- und sonstigen Verpflichtungen gegenüber den in §§ 16.13.1 und 16.13.2 genannten Beschäftigten und sonstigen Personen rechtzeitig und ordnungsgemäß erfüllt.	16.13.3	Each of the Seller and the Target Entities have duly and timely fulfilled all payment and other obligations owing to their employees and other individuals mentioned in clauses 16.13.1 and 16.13.2.
16.13.4	Kein Geschäftsführer oder vergleichbares Organmitglied der Zielgesellschaften, keiner der im ABC-Bereich tätigen leitenden Angestellten der Verkäuferin und kein leitender Angestellter einer Zielgesellschaft hat sein Anstellungsverhältnis gekündigt, und es bestehen auch keine Anhaltspunkte dafür, dass eine dieser Personen ihr Dienst- oder Anstellungsverhältnis zu kündigen beabsichtigt.	16.13.4	No managing director, board member, or other member of a corporate body of the Seller attributable to the ABC Business or of any Target Entity and no member of the senior management (*leitender Angestellter*) of the ABC Business or any of the Target Entities has given notice or otherwise terminated, or is about to give notice or otherwise terminate, the service agreement or employment relationship with the Seller or the relevant Target Entity.
16.13.5	Seit dem ...... haben weder Streiks noch andere Arbeitskampfmaßnahmen bei der Verkäuferin oder den Zielgesellschaften stattgefunden oder sind angedroht worden.	16.13.5	Since ......, there have been no strikes, walkouts or other labour dispute actions with respect to any of the Seller or the Target Entities.
16.13.6	Weder die Verkäuferin – bezogen auf den ABC-Bereich – noch eine der Zielgesellschaften ist jenseits der gesetzlichen Verpflichtungen zu Sozialleistungen an ihre Geschäftsführer, vergleichbaren Organmitglieder, leitenden Angestellten oder Arbeitnehmer verpflichtet. Insbesondere hat weder die Verkäufe-	16.13.6	Apart from statutory obligations neither the Seller – to the extent relating to the ABC Business – nor any of the Target Entities is legally required to pay social benefits (*Sozialleistungen*) to their managing directors, board members or members of other corporate bodies, members of senior management (*leitende*

I. Asset Deal (einschl. Verkauf von Anteilen an Tochtergesellschaften) D.I

rin in Bezug auf den ABC-Bereich noch eine der Zielgesellschaften Pensionszusagen, Zusagen betrieblicher Altersversorgung oder vergleichbare Zusagen erteilt.

16.13.7 Der ABC-Bereich stellt einen selbstständigen Betrieb im arbeitsrechtlichen Sinne dar, so dass mit der Durchführung des vorliegenden Vertrages keine Betriebsänderung verbunden ist.[41]

16.14 Steuerangelegenheiten

Alle den Zeitraum bis zum Vollzugstag betreffenden Steuererklärungen der Verkäuferin, die sich auf den ABC-Bereich beziehen, und der Zielgesellschaften sind in Übereistimung mit allen einschlägigen Rechtsvorschriften ordnungsgemäß, d. h. insbesondere vollständig und zutreffend erstellt sowie ordnungsgemäß und fristgerecht eingereicht worden bzw. werden bis zum Vollzugstag ordnungsgemäß und fristgerecht eingereicht. Alle den Zeitraum bis zum Vollzugstag betreffenden und den Finanzbehörden gegenüber zu machenden Angaben sind ordnungsgemäß und fristgerecht gemacht worden bzw. werden ordnungsgemäß und fristgerecht gemacht. Alle vor dem Vollzugstag fälligen, von der Verkäuferin in Bezug auf den ABC-Bereich oder von den Zielgesellschaften zu zahlenden Steuern werden rechtzeitig und vollständig entrichtet. Es sind keine Ermittlungen, Außenprüfungen oder sonstigen behördlichen oder gerichtlichen Verfahren im Zusammenhang mit Steuern der Verkäuferin oder einer Zielgesellschaft für den Zeitraum bis zum Vollzugstag eingeleitet, noch stehen solche bevor. Weder die Verkäu-

Angestellte) or other employees. In particular, no pension or retirement schemes or similar commitments or arrangements exist or have been made or promised by the Seller with respect to the ABC Business or by any of the Target Entities.

16.13.7 From an employment law perspective, the ABC Business is an independent plant (*selbständiger Betrieb*) and the consummation of this Agreement will not lead to a change in operations (*Betriebsänderung*).

16.14 Taxes

All tax returns relating to the ABC Business and the Target Entities have been completely, correctly, duly and timely prepared and filed and will, until the Closing Date, so be prepared and filed by the Seller and each of the Target Entities in accordance with all applicable legal provisions. All Taxes due and payable prior to or on the Closing Date by the Seller with respect to the ABC Business or by a Target Entity on such returns or otherwise have been and will be timely and fully paid. No investigations, tax audits, or other regulatory or judicial proceedings in connection with the Taxes of the Seller or any of the Target Entities have been instituted, are forthcoming or have been threatened, to the extent that they relate to the period of time up to and including the Closing Date. Neither the Seller nor any Target Entity has received any tax ruling or entered into any written and legally binding agreement or is currently negotiating any such agreement with any Tax Authority which would affect the Tax situation of the Seller with respect to the ABC Business or any Target Entity in relation to

ferin noch eine der Zielgesellschaften hat einen Steuerbescheid erhalten oder hat mit einer Steuerbehörde eine rechtlich verbindliche, schriftliche Vereinbarung getroffen oder steht gegenwärtig in Verhandlungen über den Abschluss einer solchen Vereinbarung, welche die Steuersituation der Verkäuferin, bezogen auf den ABC-Bereich, oder einer Zielgesellschaft in einem nach dem Vollzugstag endenden Zeitraum betreffen würde.

any period ending after the Closing Date.

16.15 Behördliche Bescheide; Öffentliche Förderungen

16.15 Official Permits; Public Grants

16.15.1 Anlage 16.15.1 enthält einen vollständigen und zutreffenden Satz von Kopien aller behördlichen Bescheide und Verfügungen, welche die Verkäuferin, bezogen auf den ABC-Bereich, oder eine Zielgesellschaft oder einen ihrer Geschäftsbetriebe oder Teile davon betreffen und weiterhin gültig und wirksam sind. Die Vorgaben dieser Bescheide und Verfügungen sind eingehalten worden und werden bis zum Vollzug eingehalten werden. Weitere behördliche Bescheide oder Verfügungen bestehen nicht. Der Abschluss und die Durchführung dieses Vertrages verletzt keine dieser Bescheide und Verfügungen. Die Bescheide und Verfügungen sind nicht widerrufen, ausgesetzt, aufgehoben, eingeschränkt, verschärft oder sonst geändert worden, noch bestehen Umstände, die eine solche Änderung in Zukunft erwarten lassen.

16.15.1 Schedule 16.15.1 contains a complete and accurate set of copies of all official permits, permissions, prohibitions, interdictions, sanctions (*Auflagen*), conditions (*Bedingungen*) and other official notifications (*Bescheide*) and orders (*Verfügungen*) of any authority (together the *Permits*) relating to the ABC Business, a Target Entity or its business or parts thereof which are still valid and in force. The requirements of all Permits have been duly observed and will be duly observed up to and including the Closing Date. There do not exist any other Permits. The execution and consummation of this Agreement will not conflict with any Permits. No Permit has been or is about to be revoked, suspended, annulled, restricted, tightened or otherwise modified in whole or in part, and there are no circumstances which would justify such modification in the future.

16.15.2 Anlage 16.15.2 enthält eine vollständige und zutreffende Aufstellung aller öffentlichen Förderungen, insbesondere aller staatlichen Beihilfen i. S. v. Art. 87 EG, die der Verkäuferin in Bezug auf den ABC-Bereich oder einer

16.15.2 Schedule 16.15.2 contains a complete and accurate list of all public grants, in particular all state aid within the meaning of Article 87 of the EC Treaty awarded to the Seller with respect to the ABC Business or a

I. Asset Deal (einschl. Verkauf von Anteilen an Tochtergesellschaften) D.I

Zielgesellschaft in den letzten ...... Jahren vor dem Unterzeichnungstag gewährt wurden, jeweils mit Angabe der Art und Höhe der öffentlichen Förderung sowie der wesentlichen Bedingungen ihrer Gewährung. Die öffentlichen Förderungen sind stets in Übereinstimmung mit allen anwendbaren Rechtsvorschriften beantragt und verwendet worden. Sie sind für die Käuferin, bezogen auf den ABC-Bereich, und die Zielgesellschaften unter unveränderten Bedingungen verwendbar. Insbesondere sind sie nicht wegen des Abschlusses oder der Durchführung dieses Vertrags oder aufgrund sonstiger Umstände zurückzahlbar. Keine öffentliche Förderung ist daran gebunden, dass eine bestimmte Anzahl von Arbeitnehmern in bestimmten Betrieben oder Regionen beschäftigt werden oder ein Betrieb aufrechterhalten wird.

Target Entity or its business within the past ...... years prior to the Signing Date (the *Public Grants*), specifying the nature, amount and material terms and conditions of such Public Grants. All Public Grants have at all times been applied for, received and used only in accordance with applicable law. The Public Grants will remain in full force and effect and available for use by the Purchaser with respect to the ABC Business and the Target Entities on unchanged terms and conditions and will, in particular, not have to be repaid as a result of the consummation of this Agreement or due to any other circumstances. None of the terms of the Public Grants requires the Seller or any Target Entity to maintain a certain number of employees at any location or in any region or to maintain any business generally or in any specific region and no such obligation will arise as a result of the execution and consummation of this Agreement.

16.16 Streitigkeiten

Mit Ausnahme der in Anlage 16.16.a aufgeführten Streitigkeiten und üblicher Inkassoverfahren mit einem Streitwert von bis zu ...... EUR (in Worten: ...... Euro) sind weder die Verkäuferin, bezogen auf den ABC-Bereich, noch die Zielgesellschaften an Rechtsstreitigkeiten beteiligt, noch sind solche Rechtsstreitigkeiten anhängig oder angedroht. In den letzten ...... Jahren vor dem Unterzeichnungstag sind nur die in Anlage 16.16.b offengelegten Rechtsstreitigkeiten beendet worden, an denen die Verkäuferin, bezogen auf den ABC-Bereich, oder die Zielgesellschaf-

16.16 Legal Disputes

Except as disclosed in Schedule 16.16a and with the exception of ordinary debt collection procedures where the amount in dispute in each individual case does not exceed EUR ...... (...... euros), no legal controversy or proceeding is initiated, pending, imminent or intended against or by the Seller in relation to the ABC Business or any of the Target Entities. Within the past ...... years prior to the Signing Date, no legal controversy or proceeding concerning the ABC Business or a Target Entity other than those disclosed in Schedule 16.16b has been settled. The foregoing shall apply

ten beteiligt waren. Das Vorstehende gilt entsprechend für Rechtsstreitigkeiten gegen Organmitglieder oder Arbeitnehmer der Verkäuferin oder der Zielgesellschaften im Zusammenhang mit ihrer Tätigkeit für diese Gesellschaften. Die in Anlage 16.16.a und Anlage 16.16.b enthaltenen Angaben zu den Parteien, dem Streitgegenstand, den zugrundeliegenden Tatsachen, dem Streitwert und dem Stand der jeweiligen Rechtsstreitigkeiten sind vollständig und zutreffend.

16.17 Produkthaftung

Weder hat die Verkäuferin innerhalb des ABC-Bereichs, noch haben die Zielgesellschaften Produkte hergestellt, in Verkehr gebracht oder Dritten zur Nutzung zur Verfügung gestellt oder Leistungen in einer Weise erbracht, dass dies zu einer Haftung der Käuferin oder einer Zielgesellschaft führen könnte. Dritte haben keine Ansprüche gegen die Verkäuferin, bezogen auf den ABC-Bereich, oder eine Zielgesellschaft aus Produkthaftung, Gewährleistung oder einem anderen Rechtsgrund im Zusammenhang mit der Herstellung, Veräußerung, dem Inverkehrbringen oder der Nutzungsüberlassung von Produkten oder dem Erbringen von Leistungen durch die Verkäuferin oder eine Zielgesellschaft geltend gemacht. In den ...... Jahren vor dem Unterzeichnungstag haben weder die Verkäuferin noch eine Zielgesellschaft freiwillig oder infolge einer gesetzlichen Verpflichtung Produkte zurückgerufen oder im Rahmen einer Rückrufaktion nachgebessert oder eine Produktwarnung an Kunden oder Endverbraucher herausgegeben.

mutatis mutandis to legal controversy or proceedings initiated against managing directors, supervisory board members, members of other corporate bodies or employees of the Seller or the Target Entities arising from or in connection with their service for the Seller in relation to the ABC Business or a Target Entity. The information contained in Schedules 16.16a and 16.16b with respect to the parties to, the nature, underlying facts, amount in dispute and status of the proceedings listed therein is complete and accurate.

16.17 Product Liability

Neither the Seller, in relation to the ABC Business, nor any Target Entity has manufactured, sold, distributed or otherwise delivered for the use by third parties, any product or service in a manner which could give rise to liability or other obligations of the Purchaser or a Target Entity under product liability or warranty or other claims, and there do not exist any such liabilities or other obligations of the Seller with respect to the ABC Business or a Target Entity. No third party has asserted any claim based on product liability, warranty or any other legal cause arising from or in connection with the manufacturing, sale, distribution or other delivery of any product or service by the Seller in the ABC Business or a Target Entity. Within the past ...... years prior to the Signing Date, neither the Seller in relation to the ABC Business, nor a Target Entity has, voluntarily or because they were under a statutory obligation to do so, recalled any products or remedied any defective products in connection with a

I. Asset Deal (einschl. Verkauf von Anteilen an Tochtergesellschaften)   D.I

			product recall or issued a product warning to customers or consumers.
16.18	Wettbewerbsbeschränkungen	16.18	Restrictions of Competition
	Keine Zielgesellschaft unterliegt einem Wettbewerbsverbot oder einer Wettbewerbsbeschränkung, sei es auf vertraglicher oder sonstiger Rechtsgrundlage.		No Target Entity is subject to any non-competition clause or any other restriction of competition, whether contractually or otherwise.
16.19	Einhaltung von Rechtsvorschriften	16.19	Compliance with Laws
16.19.1	Der ABC-Bereich ist stets unter Beachtung aller anwendbaren Rechtsvorschriften geführt worden. Weder der ABC-Bereich noch die innerhalb des ABC-Bereichs hergestellten, veräußerten oder sonst in Verkehr gebrachten Produkte oder Leistungen verstoßen gegen Rechtsvorschriften.	16.19.1	The ABC Business is, and always has been, conducted in full compliance with all applicable legal provisions. Neither the ABC Business nor any product or service manufactured, sold, distributed or delivered by the ABC Business conflicts with or violate any applicable legal provision.
16.19.2	Weder die Verkäuferin, bezogen auf den ABC-Bereich, noch eine der Zielgesellschaften noch eines der Organmitglieder oder einer der Arbeitnehmer dieser Gesellschaften hat im Zusammenhang mit der Geschäftstätigkeit einen rechtswidrigen Vorteil gewährt oder in Aussicht gestellt. Keinem der vorstehend Genannten ist ein solcher Vorteil gewährt oder in Aussicht gestellt worden.	16.19.2	Neither the Seller nor any of the Target Entities, nor any managing director, supervisory board member or other member of a corporate body of the Seller or any Target Entity or any of their employees have, in relation to the ABC Business or a Target Entity, granted or raised the prospect of an unlawfull benefit to any third party and no such benefit has been received by or offered to any such company or individual.
16.20	Fortführung der Geschäfte	16.20	Conduct of Business
	Seit Beginn des laufenden Geschäftsjahres bis zum Unterzeichnungstag ist der ABC-Bereich ausschließlich im Rahmen des gewöhnlichen Geschäftsgangs mit der Sorgfalt eines ordentlichen Kaufmanns und in Übereinstimmung mit der bisherigen Praxis geführt worden. Insbesondere haben weder die Verkäuferin, bezogen auf den ABC-Bereich, noch die Zielgesellschaften		Since the beginning of the current fiscal year through the Signing Date, the ABC Business has been conducted exclusively in the ordinary course of business and in accordance with the standard of care of a prudent merchant (*mit der Sorgfalt eines ordentlichen Kaufmanns*) and and in substantially the same business manner as before. In particular, neither the Seller (concerning the ABC Business) nor any of the Target Entities has

(a) mit Ausnahme laufender Verbindlichkeiten aus Lieferung und Leistung im Rahmen des gewöhnlichen Geschäftsgangs und in Übereinstimmung mit der bisherigen Geschäftspraxis Verbindlichkeiten begründet, die den Betrag von ...... EUR (in Worten: ...... Euro) im Einzelfall übersteigen;

(b) außerhalb des gewöhnlichen Geschäftsgangs und in Übereinstimmung mit der bisherigen Geschäftspraxis materielle oder immaterielle Vermögensgegenstände – gleich ob bilanzierungsfähig oder nicht – sicherungsübereignet oder -abgetreten, verpfändet oder in sonstiger Weise belastet;

(c) materielle oder immaterielle Vermögensgegenstände verkauft, vermietet, verpachtet, übertragen, erworben oder sich hierzu verpflichtet, die einen Wert von ...... EUR (in Worten: ...... Euro) im Einzelfall übersteigen; ausgenommen sind der Verkauf oder Erwerb von Vorräten i. S. v. § 266 Abs. 2 lit. B I HGB im Rahmen des gewöhnlichen Geschäftsgangs und in Übereinstimmung mit der bisherigen Geschäftspraxis;

(d) eine Schuld erlassen oder auf einen Anspruch verzichtet, sofern die Höhe der Schuld oder des Anspruches einen Wert von ...... EUR (in Worten: ...... Euro) im Einzelfall übersteigt;

(e) sich Streiks, Arbeitsniederlegungen, Kurzarbeit oder Ausschließungen oder wesentlichen Änderungen in ihren Vertragsbeziehungen zu Drit-

(a) incurred any obligation or liability exceeding the amount of EUR ...... (...... euros) in the individual case, except for current trade payables in connection with the purchase of goods or services in the ordinary course of business and and in substantially the same business manner as before;

(b) mortgaged, pledged, assigned, created a security interest in, or otherwise encumbered any of its tangible or intangible assets, regardless of whether or not such assets are capable of being capitalised (*bilanzierungsfähig*), in each case except as in accordance with the ordinary course of business and and in substantially the same business manner as before;

(c) sold, leased to others, transferred, acquired, or undertaken to do any of the foregoing in relation to, any tangible or intangible asset having a value of more than EUR ...... (...... euros) in the individual case, except for the sale or purchase of inventory (within the meaning of sec. 266 para. 2 lit. B I of the HGB) which is done in the ordinary course of business and and in substantially the same business manner as before;

(d) waived or released any debt or claim exceeding an amount of EUR ...... (...... euros) in the individual case;

(e) been subject to or threatened with any strikes, walkouts, work stoppages, slowdowns, short-time work or lockouts, or had any mate-

I. Asset Deal (einschl. Verkauf von Anteilen an Tochtergesellschaften)   D.I

ten einschließlich ihrer Arbeitnehmer, Kunden, Lieferanten, Regierungsbehörden oder sonstigen staatlichen Behörden ausgesetzt gesehen, noch drohen sie solchen Ereignissen oder Umständen ausgesetzt zu werden;

(f) bei ihren Organmitgliedern, Arbeitnehmern, Beratern, Handelsvertretern oder Vertragshändlern Gehälter oder andere Vergütungen oder Vertragsbedingungen geändert oder außerhalb des gewöhnlichen Geschäftsbetriebs Boni gezahlt oder sonstige Sonderzahlungen, Pensionen oder Abfindungen gezahlt oder sich zu solchen Zahlungen verpflichtet oder einer dieser Personen ein Darlehen eingeräumt;

(g) ihr Kapital erhöht oder herabgesetzt oder Anteile oder andere Wertpapiere ausgegeben oder darüber verfügt oder sich zu solchen Maßnahmen verpflichtet oder Bezugsrechte, Optionen oder andere Rechte auf den Erwerb von Anteilen oder anderen Wertpapieren gewährt oder darüber verfügt oder sich zu solchen Maßnahmen verpflichtet;

(h) Investitionen in das Anlagevermögen, die den Betrag von ...... EUR (in Worten: ...... Euro) übersteigen oder außerhalb ihrer bisherigen Geschäftspraxis liegen, getätigt oder sich zu solchen Investitionen verpflichtet;

(i) etwas getan oder unterlassen, was zu einer Erhöhung der Barmittel führen würde, es sei denn, dies geschah im Rahmen des gewöhnlichen Geschäftsgangs und in Über-

rial change in its contractual relations with third parties including its employees, customers, suppliers or any governmental authorities or other public bodies;

(f) made any changes to the salaries or other remuneration payable to, or other contractual terms of, or outside the ordinary course of business paid any bonus, extraordinary compensation, pension or made severance payments to, any officer, managing director, board member or other member of a corporate body, or employee, advisor, sales representative or distributor, or otherwise committed to make such payments or granted any such person a loan;

(g) increased or reduced its share capital or issued or transferred or agreed to issue or transfer any shares or other securities, or granted or transferred, or agreed to grant or transfer any subscription rights, options or other rights to receive shares or other securities;

(h) made or agreed to make any capital expenditures with respect to fixed assets in excess of an aggregate of EUR ...... (...... euros) or not in line with past practice;

(i) taken any action (*Handlungen*), or failed to take any action due (*Unterlassungen*) which would have lead to an increase in Cash, except in the ordinary course of busi-

einstimmung mit der bisherigen Geschäftspraxis; insbesondere haben die Verkäuferin – bezogen auf den ABC-Bereich – und die Zielgesellschaften nur in einer nach Zeitpunkt und Umfang ihrer bisherigen Geschäftspraxis entsprechenden Weise Forderungen eingezogen oder verkauft oder vergleichbare Rechtsgeschäfte abgeschlossen;

(j) es unterlassen, ihre Vorräte i.S.d. § 266 Abs. 2 lit. B I HGB und Betriebsmittel nach Art und Umfang in Übereinstimmung mit der bisherigen Geschäftspraxis anzulegen;

(k) ihre Forschungs- und Entwicklungs-, Fertigungs-, Einkaufs-, Vertriebs-, Marketing- oder Personalpolitik geändert;

(l) Rechtsgeschäfte abgeschlossen, die über ihren gewöhnlichen Geschäftsbetrieb hinausgehen.

Seit dem ...... sind keine Wesentlich Nachteiligen Änderungen betreffend die Verkäuferin – bezogen auf den ABC-Bereich – oder die Zielgesellschaften eingetreten, und es bestehen auch keine Anhaltspunkte dafür, dass solche Wesentlich Nachteilige Änderungen eintreten könnten.

ness and consistent with past practice; in particular, the Seller and the Target Entities have collected any outstanding debt or sold receivables or entered into any such agreements only in a manner and at a time consistent with past practice;

(j) failed to keep inventories (within the meaning of sec. 266 para. 2 lit. B I of HGB) and supplies at levels and volumes consistent with past practice;

(k) made any change to its research and development, manufacturing, purchasing, selling, pricing, marketing or personnel practices or policy;

(l) entered into any legal transaction outside the ordinary course of business.

Since ...... there has been no Materially Adverse Change with respect to the Seller – relating to the ABC Business – or the Target Entities and their businesses and there are no indications that a Materially Adverse Change could occur.

16.21   Keine Vermittlungsgebühren

16.21.1 Keinem Organmitglied oder leitenden Angestellten der Verkäuferin oder einer Zielgesellschaft ist im Zusammenhang mit der Anbahnung, dem Abschluss oder dem Vollzug dieses Vertrags eine Zahlung oder ein anderer geldwerter Vorteil gewährt oder in Aussicht gestellt worden.

16.21.2 Keine der Zielgesellschaften ist verpflichtet, Maklerprovisionen, Vermittlungsgebühren, Berater-

16.21   No Brokerage Fees

16.21.1 No officer, director or other member of a corporate body or executive employee of the Seller or a Target Entity was granted, promised or otherwise given the prospect of, a payment or other non-cash benefit in connection with the initiation, conclusion or consummation of this Agreement.

16.21.2 None of the Target Entities is obliged to pay any brokerage, finder's fees, commission, advi-

I. Asset Deal (einschl. Verkauf von Anteilen an Tochtergesellschaften) D.I

honorare, Boni, Zulagen, Abfindungen an Dritte oder andere Zahlungen oder geldwerte Vorteile im Zusammenhang mit der Anbahnung, dem Abschluss oder dem Vollzug dieses Vertrags zu leisten.

sors' fees, bonuses, extra compensation, severance payments or to make other payments or provide non-cash benefits to any third party in connection with the initiation, conclusion or consummation of this Agreement.

16.22 Richtigkeit der Informationen

Alle der Käuferin und ihren Beratern von der Verkäuferin, einer Zielgesellschaft oder einem ihrer Berater vor dem Unterzeichnungstag zur Verfügung gestellten oder zugänglich gemachten Angaben und Unterlagen sind insgesamt vollständig und zutreffend. Alle Angaben und Unterlagen in Bezug auf den ABC-Bereich, die ein vorsichtiger Kaufmann vernünftigerweise zur Beurteilung der Chancen und Risiken des ABC-Bereichs für erheblich ansehen und prüfen würde, sind der Käuferin schriftlich offen gelegt worden. Mit Ausnahme allgemeiner Entwicklungen der Wirtschaft oder der Marktsituation bestehen am Unterzeichnungstag keine wesentlichen Tatsachen oder Umstände, die künftig eine Wesentlich Nachteilige Änderung des ABC-Bereichs zur Folge haben könnten und der Käuferin in diesem Vertrag oder auf andere Weise vor dem Unterzeichnungstag nicht schriftlich offengelegt worden wären.

16.22 Accuracy of Information

Any and all information which was provided or made available to the Purchaser and its advisors by the Seller, any of the Target Entities or one of their advisors prior to the Signing Date is complete and correct. All facts relating to the ABC Business which a prudent merchant would reasonably view as material to properly assess the opportunities and risks of acquiring the ABC Business have been fully disclosed to the Purchaser in written form. At the Signing Date, there are no material facts or circumstances which in the future could have a Material Adverse Effect on the ABC Business, except for general developments of the economy or the market situation, and which are not disclosed in this Agreement or have otherwise been disclosed to the Purchaser in writing prior to the Signing Date.

16.23 „Bestes Wissen"

Im Sinne dieses Vertrags umfasst „bestes Wissen" der Verkäuferin alle Umstände, die eine maßgebliche Person kennt oder kennen muss oder die der Verkäuferin oder den Zielgesellschaften nach den anwendbaren gesetzlichen Regeln zuzurechnen sind. „Maßgebliche Person" im Sinne dieses § 16.23 ist

16.23 Seller's Best Knowledge

For the purposes of this Agreement, any fact or circumstance shall be deemed to exist to the *Seller's Best Knowledge* whenever a *Relevant Individual* knows, knew or should have known (*Kennen oder Kennenmüssen*) such fact or circumstance, including any fact or circumstance the knowledge of which is attributable to the Seller or a Target Entity under

(a) jedes Mitglied der Geschäftsführung oder des Aufsichtsrates, des Beirates oder eines vergleichbaren Organs und jeder Prokurist oder leitende Angestellte der Verkäuferin und der Zielgesellschaften sowie

(b) jede Person, die für die Verkäuferin oder eine der Zielgesellschaften im Zusammenhang mit der Anbahnung, der Verhandlung oder dem Abschluss dieses Vertrages beratend tätig geworden ist (einschließlich Rechtsanwälte, Steuerberater, Investment Banker, Unternehmensberater, Wirtschaftsprüfer und Sachverständige).[42]

„Kennenmüssen" von Umständen im Sinne dieses § 16.23 umfasst insbesondere auch solche Umstände, die eine maßgebliche Person bei sorgfältiger Auswahl, Anleitung und Befragung ihrer Mitarbeiter erfahren hätte, und solche Umstände, die aus Akten, Aufzeichnungen oder sonstigen Dokumenten, die der fraglichen Person bestimmungsgemäß zur Einsicht zur Verfügung standen oder stehen, ersichtlich sind.

the applicable statutory provisions. For the purposes of this clause 16.23, *Relevant Individuals* shall include

(a) any member of the board of management (*Vorstand; Geschäftsführer*) or supervisory board, advisory board or similar corporate body such as a "*Beirat*" and any holder of a commercial power of attorney (*Prokura*) or other member of the senior management of the Seller or any of the Target Entities, and

(b) any individual who acts or has acted for the Seller or any of the Target Entities in an advisory function in connection with the preparation, negotiation or execution of this Agreement or the transactions contemplated thereby (including any attorney-at-law, tax advisor, investment banker, management consultant, accountant and technical advisor).

For purposes of this clause 16.23, the phrase "should have known" refers also to those facts and circumstances which a Relevant Individual would have learned if he or she had carefully selected, initiated and asked his or her staff members, and any facts and circumstances specifically referred to in or discernable from the files, notes or other documents which were or are available to such Relevant Individual for review.

§ 17 Rechtsfolgen

17.1 Naturalrestitution; Schadensersatz

17.1.1 Ist eine der Verkäufergarantien gemäß § 16 verletzt, ist die Verkäuferin verpflichtet, innerhalb einer Frist von ...... Bankarbeitstagen, nachdem ihr die Verletzung der Verkäufergarantie von

17. Remedies

17.1 Restitution in Kind; Damages

17.1.1 If and to the extent that any of the Seller Guarantees set forth in clause 16 is breached, the Seller, within a period of ...... Banking Days of receiving written notice from the Purchaser, shall place

I. Asset Deal (einschl. Verkauf von Anteilen an Tochtergesellschaften) D.I

	der Käuferin mitgeteilt wurde, die Käuferin oder nach Wahl der Käuferin die betreffende Zielgesellschaft so zu stellen, wie sie stehen würde, wenn die Verkäufergarantie nicht verletzt worden wäre *(Naturalrestitution)*. Resultiert die Verletzung der Verkäufergarantie aus dem Bestehen einer Verbindlichkeit, umfasst das Recht der Käuferin auf Naturalrestitution das Recht, Freistellung von der betreffenden Verbindlichkeit zu verlangen.		the Purchaser or, at the election of the Purchaser, the relevant Target Entity in such position as the Purchaser or the relevant Target Entity would have been in if such breach had not occurred (*restitution in kind-Naturalrestitution*). If the breach results from the existence of a liability, the Purchaser's right to request restitution in kind shall include the right to full indemnification from such liability.
17.1.2	Soweit eine Naturalrestitution nach § 17.1.1 nicht möglich ist oder zur Entschädigung nicht ausreicht, hat die Verkäuferin an die Käuferin oder, nach deren Wahl, an die betreffende Zielgesellschaft Schadensersatz in Geld zu leisten. Ist die Naturalrestitution vollständig unmöglich, tritt der Schadensersatz in Geld an die Stelle der Naturalrestitution, im Übrigen wird er ergänzend zur Naturalrestitution geschuldet.	17.1.2	To the extent that restitution in kind as contemplated by clause 17.1.1 is impossible or insufficient to fully compensate the Purchaser, the Seller shall pay monetary damages (*Schadenersatz in Geld*) to the Purchaser or, at the election of the Purchaser, to the the relevant Target Entity. If restitution in kind is fully impossible, such monetary damages shall replace the remedy of restitution in kind; otherwise, monetary damages shall be owed as a supplement to the restitution in kind.
17.1.3	Bewirkt die Verkäuferin die Naturalrestitution nicht innerhalb der Frist des § 17.1.1, kann die Käuferin nach ihrer Wahl ganz oder teilweise an Stelle der Naturalrestitution verlangen, dass die Verkäuferin an die Käuferin oder, nach deren Wahl, an die betreffende Zielgesellschaft den zur Naturalrestitution erforderlichen Geldbetrag leistet. Bis zur vollständigen Erbringung der Leistung kann die Käuferin ihre Wahl abändern.	17.1.3	If and to the extent that the Seller fails to provide the requested restitution in kind within the period set forth in clause 17.1.1, the Purchaser, in its absolute discretion, in whole or in part and in lieu of its right to demand restitution in kind, shall have the right to request the payment of monetary damages to itself or, at the election of the Purchaser, the relevant Target Entity in such amount as would be necessary to achieve the same effect as a restitution in kind. Until full performance by the Seller the Purchaser may freely modify its request.
17.2	Ausschluss der kaufrechtlichen Gewährleistung Die Parteien sind darin einig, dass dieser Vertrag die Rechts-	17.2	Exclusion of Statutory Buyer's Rights The Parties agree that the remedies for breach of a Seller Guar-

folgen der Verletzung einer Verkäufergarantie abschließend regelt und der Käuferin und den Zielgesellschaften wegen der Verletzung einer Verkäufergarantie über die in diesem Vertrag geregelten Ansprüche mit den hier geregelten Rechtsfolgen hinaus keine Ansprüche wegen der Verletzung einer Verkäufergarantie zustehen. Dies gilt insbesondere für Ansprüche wegen Verschuldens bei Vertragsanbahnung und -verhandlungen gemäß § 311 Abs. 2 und 3 BGB (*culpa in contrahendo*), wegen Verletzung einer Pflicht aus dem Schuldverhältnis, Ansprüche auf Minderung, Rücktrittsrechte und deliktische Ansprüche, es sei denn, der Anspruch beruht auf einer vorsätzlichen Handlung oder arglistigen Täuschung durch die Verkäuferin.

antee provided for in this Agreement supersede and replace any statutory buyer's rights under applicable law and that such remedies shall be the exclusive remedies available to the Purchaser or the Target Entities, as the case may be, in the event of a breach of a Seller Guarantee. This applies, in particular (but not exclusively) to claims for breach of a pre-contractual duty pursuant to sec. 311 para. 2 and 3 in conjunction with sec. 241 para. 2 of the BGB (*culpa in contrahendo*), claims based on a breach of duty in an obligation relationship (*Verletzung einer Pflicht aus dem Schuldverhältnis*), claims for reduction of the purchase price (*Minderung*), rights to rescission (*Rücktritt*), and liability in tort (*Delikt*), unless the claim in question is based on a wilful act (*vorsätzliche Handlung*) or fraudulent misrepresentation (*arglistige Täuschung*) of the Seller.

17.3 Keine Garantieansprüche bei Berücksichtigung im Kaufpreis

Soweit in diesem Vertrag nicht anders geregelt, bestehen alle Ansprüche der Käuferin aus diesem Vertrag, einschließlich des Anspruches auf Erfüllung, nebeneinander und schließen sich nicht gegenseitig aus. Ein Anspruch der Käuferin aus einer Verkäufergarantie ist ausgeschlossen, soweit der anspruchsbegründende Sachverhalt (i) bereits im ABC-Stichtagsabschluss durch eine Verbindlichkeit, Rückstellung oder Abschreibung berücksichtigt wurde und (ii) zugunsten der Käuferin zu einer Kaufpreisanpassung gemäß § 14.4 führt. Ansprüche der Käuferin sind aufgrund des vor-

17.3 No Double Relief

All of the Purchaser's claims, including the claim for specific performance under this Agreement, shall be cumulative and not alternative, except as expressly provided otherwise in this Agreement. However, the Purchaser shall not be entitled to any claim for breach of a Seller Guarantee (a *Guarantee Claim*) to the extent that the fact or circumstance giving rise to such Guarantee Claim (i) is reflected in the ABC Closing Financial Statements as a liability, an accrual or through depreciation and (ii) results in a Purchase Price Adjustment for the benefit of the Purchaser pursuant to

I. Asset Deal (einschl. Verkauf von Anteilen an Tochtergesellschaften) D.I

stehenden Satzes nur in Höhe des Teilbetrages ausgeschlossen, der zugunsten der Käuferin als Kaufpreisanpassung gemäß § 14.4 berücksichtigt wird.

17.4 **Freigrenze**

Die Verkäuferin haftet nicht aus Garantieansprüchen nach den §§ 16 und 17, wenn der Gesamtbetrag aller Garantieansprüche die Freigrenze von ...... EUR (in Worten: ...... Euro) nicht übersteigt. Übersteigt der Gesamtbetrag aller Garantieansprüche diese Freigrenze, haftet die Verkäuferin auf den Gesamtbetrag. Die Freigrenze gilt nicht für Garantieansprüche aus Verkäufergarantien, welche die Verkäuferin vorsätzlich oder grob fahrlässig unvollständig oder unzutreffend abgegeben hat. In diesem Fall sind die Garantieansprüche stets in voller Höhe zu erfüllen und ermäßigt sich die Freigrenze um den Betrag solcher Garantieansprüche.

17.5 **Haftungshöchstgrenze**

Aus Garantieansprüchen nach den §§ 16 und 17 haftet die Verkäuferin insgesamt nur bis zu einer Haftungshöchstgrenze von ...... EUR (in Worten: ...... Euro). Diese Haftungshöchstgrenze gilt nicht für Garantieansprüche, die auf der Verletzung einer Verkäufergarantie aus §§ 16.1 bis 16.3 beruhen, sowie für Garantieansprüche aus vorsätzlich oder grob fahrlässig unvollständig oder unzutreffend abgegebenen Verkäufergarantien.

17.6 **Informationspflichten**

Die Käuferin wird die Verkäuferin unverzüglich unterrichten,

clause 14.4. Any exclusion of a Guarantee Claim according to the foregoing sentence shall be limited in the aggregate to the amount considered to be a Purchase Price Adjustment pursuant to clause 14.4.

17.4 **Threshold**

The Seller shall not be liable for breach of Seller Guarantee pursuant to clauses 16 and 17 unless the aggregate amount of all Guarantee Claims exceeds EUR ...... (...... euros) (*Threshold – Freigrenze*). If the aggregate amount of all Guarantee Claims exceeds the Threshold, the Seller shall be liable for the total amount (including the Threshold). The Threshold shall not apply where a Seller Guarantee was incomplete or incorrect due to the Seller's wilful or grossly negligent (*vorsätzlich oder grob fahrlässig*) conduct, in which case the relevant Guarantee Claims must always be satisfied in full and the amount of the Threshold will be reduced by the amount of such Guarantee Claims.

17.5 **Liability Cap**

The aggregate liability of the Seller under Guaranty Claims pursuant to clauses 16 and 17 shall be capped at an amount of EUR ...... (...... euros) (the *Liability Cap*), provided that any claims for breach of the Seller Guarantees set forth in clauses 16.1 to 16.3, or where the breach of a Seller Guarantee is the result of the Seller's wilful or grossly negligent (*vorsätzlich oder grob fahrlässig*) conduct, shall not be subject to the Liability Cap.

17.6 **Duties of Information**

The Purchaser shall promptly inform the Seller if any third party

wenn sie im Hinblick auf den ABC-Bereich von einem Dritten oder einer Behörde verklagt oder anderweitig gerichtlich in Anspruch genommen wird und der Käuferin im Fall des Unterliegens ein Garantieanspruch gegen die Verkäuferin zustehen würde. Soweit es nach dem Ermessen der Käuferin unter Berücksichtigung ihrer Interessen der Abwehr eines solchen Anspruches dienlich ist, wird die Käuferin die Verkäuferin bei der Abwehr des Anspruches einbeziehen. Insbesondere wird die Käuferin der Verkäuferin Gelegenheit zur rechtlichen und tatsächlichen Würdigung der Umstände geben. Soweit die Verkäuferin selbst gegenüber dem Dritten tätig wird, hat sie hierbei nach den Vorgaben der Käuferin zu handeln. Vorbehaltlich § 254 BGB lässt eine Verletzung der Informations- und Mitwirkungspflichten den Garantieanspruch der Käuferin unberührt.

or public authority brings action against or otherwise invokes the liability of the Purchaser with respect to the ABC Business such that the Purchaser would have a Guaranty Claim against the Seller in the event such action were successful. The Purchaser shall involve the Seller in the defence against any such action if and to the extent the Purchaser, in its sole discretion and giving due regard to its own interests, considers that such involvement would be useful in defending against such claim. In particular, the Purchaser shall give the Seller an opportunity to assess the relevant circumstances from a legal and factual viewpoint. Where the Seller takes any action with respect to such third party, it shall comply with any directions given by the Purchaser. Subject to the provisions of sec. 254 of the BGB, the Guaranty Claim shall remain unaffected by a Purchaser's violation of its duty to inform and to cooperate.

§ 18 Umweltfreistellung

18.1 Definitionen

18.1.1 „Umweltverbindlichkeiten" sind sämtliche Schäden, Kosten, Aufwendungen und sonstigen Nachteile, die entstehen (i) durch eine Untersuchung im Zusammenhang mit oder im Vorgriff auf die Behebung einer Bestehenden Umweltbelastung, (ii) durch die Behebung einer Bestehenden Umweltbelastung, (iii) durch Sicherungs-, Schutz- oder Beschränkungsmaßnamen im Zusammenhang mit einer Bestehenden Umweltbelastung, (iv) durch Maßnahmen zur Abwehr einer Gefahr für Leib oder Leben im Zusammenhang mit einer Bestehenden Umweltbelastung, (v) durch Handeln ohne oder den Verstoß gegen eine

18. Environmental Indemnity

18.1 Definitions

18.1.1 *Environmental Liability* means any harm, costs, expenses and other losses (*Nachteile*) incurred in connection with (i) an investigation in connection with or in anticipation of a remediation of an Existing Environmental Contamination, (ii) a remediation of an Existing Environmental Contamination, (iii) securing measures or protective containment measures (*Sicherungs-, Schutz- oder Beschränkungsmaßnahmen*) in each case relating to an Existing Environmental Contamination, (iv) measures to eliminate, reduce or otherwise remedy a danger to life and limb (*Maßnahmen zur Abwehr einer Gefahr für Leib oder Leben*) re-

I. Asset Deal (einschl. Verkauf von Anteilen an Tochtergesellschaften) D.I

Umwelterlaubnis oder (vi) durch die Entsorgung einer Bestehenden Umweltbelastung (einschließlich kontaminiertem Bodenaushub und Bauschutt) (kontaminationsbedingter Mehraufwand).

18.1.2 „Bestehende Umweltbelastung" ist einer der nachfolgend beschriebenen Zustände:

(a) vor oder am Vollzugstag besteht eine Kontamination, eine sonstige nachteilige Veränderung oder ein Gefahrstoff im Boden, Grund- oder Oberflächenwasser oder in Aufbauten auf, in, unter- oder oberhalb eines ABC-Grundstücks oder geht vor oder am Vollzugstag von dort aus;

(b) vor oder am Vollzugstag wird ein Gefahrstoff, der von der Verkäuferin oder einer Zielgesellschaft oder in deren Auftrag hergestellt, gelagert, genutzt, verarbeitet, transportiert oder entsorgt wurde, an einen Ort außerhalb der ABC-Grundstücke verbracht;

(c) vor oder am Vollzugstag hat eine Person für die Verkäuferin oder eine Zielgesellschaft eine Handlung oder Unterlassung vorgenommen, die eine Haftung der Verkäuferin oder einer Zielgesellschaft nach Umweltrecht begründet.

Wird eine Bestehende Umweltbelastung innerhalb von [zehn (10)] Jahren ab dem Vollzugstag entdeckt, wird vorbehaltlich eines gegenteiligen Beweises durch die Verkäuferin vermutet, dass diese Bestehende Umweltbelas-

sulting from an Existing Environmental Contamination, (v) the failure to obtain or comply with an Environmental Permit, or (vi) the disposal of an Existing Environmental Contamination (including the excavation of contaminated soil and the disposal of construction waste (*Bodenaushub und Bauschutt*)) (*kontaminationsbedingter Mehraufwand*).

18.1.2 *Existing Environmental Contamination* means any of the following conditions:

(a) on or prior to the Closing Date, there is or arises a pollution or contamination or some other adverse change to or a Hazardous Substance in, the soil, the groundwater or surface water or in structures either on, in, under or above an ABC Site, or such pollution or contamination originates from there either prior to, on or after the Closing Date;

(b) on or prior to the Closing Date, a Hazardous Substance which was generated, stored, used, handled, transported, or disposed of by or on behalf of any of the Seller or Target Entities is moved to an off-site location outside the ABC Sites;

(c) on or prior to the Closing Date, a person acts or fails to act on behalf of the Seller or a Target Entity and such act or omission establishes liability or triggers the responsibility of the Seller or a Target Entity under the Environmental Laws.

For the purposes of this Agreement the discovery of an Existing Environmental Contamination within [ten (10)] years following the Closing Date gives rise to a rebuttable presumption (*widerlegliche Vermutung*) that

Bastuck 775

	tung vor dem Vollzugstag bestanden hat.		the Existing Environmental Contamination had existed prior to the Closing Date.
18.1.3	„Umweltrecht" umfasst jegliche Rechtsvorschrift sowie Erlasse, Industrienormen, technische Standards und ähnliche Regelungen, die sich auf eine Umweltangelegenheit beziehen und die auf die Verkäuferin oder eine Zielgesellschaft oder einen Geschäftsbetrieb der Verkäuferin oder einer Zielgesellschaft vor oder am Vollzugstag oder am Tag der Feststellung einer Bestehenden Umweltbelastung anzuwenden sind.	18.1.3	*Environmental Law or Laws* means any legal provision as well as ordinances (*Erlasse*), industry standards (*Industrienormen*), technical standards and similar rules which relate to Environmental Matters and which are applicable to the Seller or a Target Entity or a business of the Seller or a Target Entity prior to or on the Closing Date or on the date on which an Existing Environmental Contamination is identified.
18.1.4	„Umwelterlaubnis" ist jede nach einem Umweltgesetz erforderliche Genehmigung, Erlaubnis oder Zustimmung.	18.1.4	*Environmental Permit* means any approval, licence or permit required under any Environmental Law;
18.1.5	„Umweltangelegenheit" ist jede Angelegenheit mit Bezug auf Kontamination, Sanierung, Entsorgung (auch von Abfällen), Erneuerung oder Schutz von bzw. Vorsorge für Grund und Boden, Aufbauten, Luft (einschließlich Luft in Gebäuden und Aufbauten), Wasser (einschließlich Grundwasser, Oberflächenwasser und Wasser in Leitungen, Rohren oder Abflüssen), Bodenoberfläche, andere natürliche Lebensgrundlagen, Leben, Gesundheit und Sicherheit (einschließlich Arbeitssicherheit) von Menschen oder Eigentum Dritter (die aufgezählten Güter werden zusammen als „Umwelt" bezeichnet).	18.1.5	*Environmental Matter* means any matter relating to pollution, contamination, remediation, replacement, renewal or protection of or care for soil and ground, Superstructures, air (including the air in buildings and Superstructures), water (including ground water, surface water, and water in pipes, drains and sewers), land surface, other natural resources, human health and safety (including occupational health and safety (*Arbeitssicherheit*)) or third party properties (the listed protected rights and interests are herein collectively referred to as *Environment*).
18.1.6	„Gefahrstoffe" sind alle Substanzen, die Gegenstand von Bestimmungen des Umweltrechts sind, sowie alle sonstigen schädlichen, verunreinigenden, giftigen oder gefährlichen Stoffe.	18.1.6	*Hazardous Substance* means all substances which are the subject matter of Environmental Laws as well as any other pollutant, contaminant or toxic or dangerous substance.
18.1.7	„ABC-Grundstücke" sind sämtliche Grundstücke und Aufbauten, (i) die vor oder am Vollzugstag im Eigentum oder Besitz einer Zielgesellschaft oder eines ihrer Rechtsvorgänger stehen	18.1.7	*ABC Sites* means all land parcels (*Grundstücke*) and Superstructures (i) owned, possessed or used by any Target Entity or any of its legal predecessors at any time prior to the Closing Date,

I. Asset Deal (einschl. Verkauf von Anteilen an Tochtergesellschaften)   D.I

	oder gestanden haben oder (ii) die aufgrund des Grundstückskaufvertrages an die Käuferin verkauft und übertragen werden oder (iii) die vor dem Vollzugstag von der Verkäuferin oder einer Zielgesellschaft oder einem ihrer Rechtsvorgänger genutzt wurden und auch und nach dem Vollzugstag weiterhin von der Käuferin oder einer Zielgesellschaft genutzt werden.[43]		or (ii) sold and transferred to the Purchaser by virtue of the Real Property Sale and Transfer Agreement, or (iii) used by the Seller or a Target Entity prior to or on the Closing Date and continued to be used after the Closing Date by the Purchaser or a Target Entity.
18.1.8	„Aufbauten" sind oberirdische und unterirdische Gebäude und Anlagen (einschließlich Rohrleitungen, Kanalisation, Tanks, Fundamente etc.) unabhängig davon, ob diese mit dem entsprechenden Grundstück fest verbunden sind oder eine rechtliche Einheit mit dem Grundstück bilden.	18.1.8	*Superstructure* means any aboveground or subterranean building and construction (including pipes, sewage water systems, tanks, foundations) whether or not closely connected (*fest verbunden*) to the relevant real property (*Grundstück*) or in any other way constituting a single legal interest (*rechtliche Einheit*) with such land.
18.2	Freistellung	18.2	Indemnification
	Die Verkäuferin verpflichtet sich, die Käuferin und die Zielgesellschaften von sämtlichen Umweltverbindlichkeiten (§ 18.1.1) im Zusammenhang mit einer Bestehenden Umweltbelastung (§ 18.1.2) freizustellen.		The Seller shall indemnify and hold harmless the Purchaser and the Target Entities from and against all Environmental Liabilities (as defined in clause 18.1.1 above) in each case relating to an Existing Environmental Contamination (as defined in clause 18.1.2).
18.3	Haftungsausschluss und Haftungsbeschränkungen	18.3	Exclusion and Limitation of Liability
	Die Verpflichtung der Verkäuferin zur Freistellung der Käuferin oder einer Zielgesellschaft nach diesem § 18 ist ausgeschlossen, soweit		The Seller's obligation to indemnify and hold harmless the Purchaser or a Target Entity pursuant to this clause 18 shall not apply to an Environmental Liability to the extent that:
18.3.1	ein Dritter, insbesondere eine Versicherung, in dem Umfang Leistungen an die Käuferin oder die betroffene Zielgesellschaft erbringt, in dem die Käuferin zur Freistellung nach diesem Vertrag verpflichtet wäre;	18.3.1	a third party, specifically an insurance carrier, has compensated the Purchaser or the relevant Target Entity for the relevant Environmental Liability which would otherwise be covered by an indemnity from the Seller under this Agreement;
18.3.2	die Umweltverbindlichkeit durch eine wesentliche Änderung der	18.3.2	the relevant Environmental Liability has been incurred as a

	Nutzung der ABC-Grundstücke nach dem Vollzugstag, die mit einer erhöhten Gefährdung der Umwelt verbunden ist, verursacht worden ist;		consequence of a material change of use, involving an increased threat to the Environment, of the relevant ABC Site after the Closing Date;
18.3.3	die Umweltverbindlichkeit dadurch entstanden ist, dass die Käuferin oder die betroffene Zielgesellschaft eine Verpflichtung zur Schadensminderung nach § 254 BGB verletzt hat.	18.3.3	the relevant Environmental Liability results from a failure of the Purchaser or the Target Entity concerned to mitigate losses pursuant to sec. 254 of the BGB.
18.4	Verfahren	18.4	Procedures
18.4.1	Erfährt die Käuferin von einer Umweltverbindlichkeit, so hat sie die Verkäuferin hiervon unverzüglich zu unterrichten. Bevor sie Maßnahmen zur Abwehr einer Umweltverbindlichkeit ergreift, wird sie die Verkäuferin anhören. Dies gilt nicht, wenn berechtigte Interessen der Käuferin oder einer Zielgesellschaft einer Anhörung entgegenstehen.	18.4.1	If the Purchaser becomes aware of an Environmental Liability, the Purchaser shall inform the Seller thereof without undue delay (*unverzüglich*). All measures taken by the Purchaser or any of the Target Entities in relation to an Environmental Liability shall be conducted in consultation with the Seller unless such consultation is against the fair interests (*berechtigte Interessen*) of the Purchaser or any of the Target Entities.
18.4.2	Die Käuferin hat der Verkäuferin nach billigem Ermessen Zutritt zu den ABC-Grundstücken und Einsichtnahme in ihre Bücher und die Bücher der Zielgesellschaften im Zusammenhang mit einer Umweltverbindlichkeit zu gestatten, soweit dies zur Bewertung der Umweltverbindlichkeit durch die Verkäuferin erforderlich ist und sofern die Verkäuferin sich zur Vertraulichkeit verpflichtet. Die Verkäuferin trägt die Kosten der Einsichtnahme. Die Käuferin wird sich darum bemühen, für die Dauer einer möglichen Haftung der Verkäuferin nach diesem § 18 sämtliche Unterlagen und Informationen, die sich auf die ABC-Grundstücke beziehen und die sich am Vollzugstag im Besitz der Verkäuferin befinden und der Käuferin übergeben werden oder im Besitz einer	18.4.2	Exercising its reasonable discretion (*nach billigem Ermessen*), the Purchaser shall ensure that the Seller obtains access to the ABC Sites and to the books and records of the Purchaser and the Target Entities to the extent that such access is reasonably necessary for the Seller to assess the relevant Environmental Liability, provided, however, that the Seller (i) agrees to comply with the Purchaser's requirements regarding confidentiality and (ii) bears the costs of any such inspection. For as long as the Seller may be liable under this clause 18, the Purchaser shall endeavour to retain any and all documents and information that relate to the ABC Sites and which are in the Seller's possession and are handed to the Purchaser on the Closing Date or are in the possession of a Target Entity.

I. Asset Deal (einschl. Verkauf von Anteilen an Tochtergesellschaften) D.I

	Zielgesellschaft befinden, aufzubewahren.			
18.4.3	Die Käuferin hat der Verkäuferin nach billigem Ermessen die Teilnahme an Untersuchungen oder sonstigen Maßnahmen und den Zugang zu Berichten, Schriftwechsel und Verfügungen zu gestatten, die im Zusammenhang mit einer möglichen Umweltverbindlichkeit stehen, sowie Kopien der entsprechenden Schriftstücke zukommen zu lassen.		18.4.3	Exercising its reasonable discretion (*nach billigem Ermessen*), the Purchaser shall ensure that the Seller is granted the right to participate in investigations and other measures and the right to access the reports, correspondence and orders in connection with a potential Environmental Liability and shall provide the Seller with copies of all relevant documents.
18.5	Vorrang der Haftung aus § 18		18.5	Precedence of Liability under Clause 18
	Soweit die Verkäuferin aus § 18 haftet, ist die Haftung der Verkäuferin aus § 16 ausgeschlossen.			To the extent that the Seller is liable pursuant to clause 18 of this Agreement, the Seller's liability pursuant to clause 16 of this Agreement shall be excluded.

§ 19 Steuerfreistellung[44]

19.1 Definition

„Steuern" im Sinne dieses Vertrages sind alle Steuern, Gebühren, Zölle, Beiträge einschließlich Sozialversicherungsbeiträgen und andere öffentlich-rechtlichen Abgaben, die von einer inländischen Bundes-, Landes- oder Kommunalbehörde oder einer entsprechenden ausländischen Behörde oder einem sonstigen Hoheitsträger festgesetzt oder aufgrund von Rechtsvorschriften geschuldet werden. Als „Steuern" gelten zudem alle Zahlungen als Haftungsschuldner für Steuern, Zahlungen aus Gewerbesteuer- und Umsatzsteuerumlageverträgen oder vergleichbaren Verträgen oder Steuern betreffenden Freistellungsvereinbarungen, ferner alle steuerlichen Nebenleistungen wie Zinsen, Kosten und Steuerzuschläge sowie mit Steuern in Zusammenhang stehende Straf- und Bußgelder, die gesetzlich geschuldet oder von Finanzbehörden auferlegt werden. Als „Steu-

19. Tax Indemnification

19.1 Definitions

Tax(es) within the meaning of this Agreement shall mean any taxes (*Steuern*), fees (*Gebühren*), customs duties (*Zölle*) and contributions (*Beiträge*) of any kind including social security contributions (*Sozialversicherungsbeiträge*) and other public charges (*öffentlich-rechtliche Abgaben*) of any kind that are levied by any federal, state, or local tax authorities or equivalent foreign governmental agencies or any other sovereign body (collectively referred to as the *Tax Authority*) or due under any legal provision. For the purposes of this Agreement, *Tax(es)* shall further include any payments made or to be made as tax indemnitor (*Haftungsschuldner*), payments based on trade tax and VAT cost sharing agreements (*Gewerbesteuer- und Umsatzsteuerumlageverträge*) or comparable agreements or indemnity agreements concerning taxes (*Steuerfreistellungsverein-*

ern" gelten insbesondere alle Steuern und steuerlichen Nebenleistungen i. S. d. § 3 AO und nach entsprechenden ausländischen Bestimmungen.

barungen) as well as all incidental tax charges (*steuerliche Nebenleistungen*) such as interest, cost and tax surcharges as well as any penalties (*Straf- und Bußgelder*) in connection with Taxes which are owed by law or imposed by any Tax Authority within the meaning of sec. 3 of the German Tax Code (*Abgabenordnung*) or any comparable foreign legal provision.

19.2 Freistellung

Die Verkäuferin stellt die Käuferin und nach deren Wahl die jeweilige Zielgesellschaft frei

19.2 Indemnification

The Seller shall indemnify and hold harmless the Purchaser or, at it's option, the relevant Target Entity from and against

19.2.1 von allen noch nicht entrichteten Steuern, die gegen die Käuferin hinsichtlich des ABC-Bereichs oder gegen die Zielgesellschaften festgesetzt worden sind oder festgesetzt werden und den Zeitraum bis zum Vollzugstag betreffen oder aus Handlungen resultieren, die vor oder am Vollzugstag vorgenommen werden;

19.2.1 all unpaid Taxes (i) which were or are levied against the Purchaser and which relate to the ABC Business (hereinafter referred to as *Seller's Taxes*) or which were or will be levied against a Target Entity and (ii) which are attributable to the period up to and including the Closing Date or which result from activity occurred on or before the Closing Date;

19.2.2 von allen Verbindlichkeiten, die sich aus oder im Zusammenhang mit der Verletzung des in § 16.14 enthaltenen Garantieversprechens ergeben.

19.2.2 any liability (*Haftung*) resulting from or in connection with a breach of the Seller Guarantee set forth in clause 16.14.

19.3 Rückstellungen

Im ABC-Stichtagsabschluss gebildete Rückstellungen dürfen auf Ansprüche der Käuferin nach § 19.2 angerechnet werden, sofern die betreffende Rückstellung ausdrücklich für diejenigen Steuern der Verkäuferin oder der betroffenen Zielgesellschaft gebildet wurde, wegen derer der Freistellungsanspruch erhoben wird.

19.3 Accruals

Any accrual made in the ABC Closing Financial Statements may be set off and credited against any claim by the Purchaser under clause 19.2 above, provided that such accrual was specifically made for the Seller's Tax or the Tax of the relevant Target Entity giving rise to such claim.

19.4 Steuervorteile

Führt ein Umstand oder Ereignis, das einen Anspruch nach § 19.2 begründet, zugleich zu einem Steuervorteil auf Seiten der

19.4 Tax Benefits

If a circumstance or event giving rise to a claim under clause 19.2 has resulted in a Tax benefit accruing to the Purchaser or a Tar-

Käuferin oder einer Zielgesellschaft und wäre der Steuervorteil ansonsten nicht entstanden, und zwar auch nicht durch Berücksichtigung sonstiger potentieller oder späterer Steuervorteile, so wird der Betrag, um den die ansonsten entstandene Steuerverbindlichkeit vermindert ist, zunächst auf einen dann fälligen Freistellungsanspruch nach § 19.2 angerechnet und danach auf künftig fällig werdende Freistellungsansprüche nach § 19.2.

get Entity and such Tax benefit would not otherwise have accrued, neither as a result of such circumstance or event nor by taking into account any other potential Tax benefit including any benefit derived from a subsequent assessment period, the following shall apply: The amount by which the Tax liability otherwise due would have been reduced shall first be deducted from an indemnification claim then due under clause 19.2 and, to the extent that the amount of the benefit has not already been used up, from indemnification claims becoming due in the future pursuant to clause 19.2.

19.5 Ausschluss der Haftung der Verkäuferin

Die Verkäuferin haftet nicht für Steuern für Zeiträume bis zum Vollzugstag, die auf nach dem Vollzugstag von der Käuferin oder den Zielgesellschaften vorgenommenen Änderungen der bisherigen Bilanzierungs- oder Steuerpraxis beruhen, sofern diese Änderungen nicht durch zwingendes Recht oder Grundsätze ordnungsmäßiger Buchführung erforderlich sind.

19.5 Exclusion of Seller's Liability

The Seller shall not be liable for any Taxes attributable to periods ending prior to or on the Closing Date if they are based on changes that were made by the Purchaser or any of the Target Entities after the Closing Date to their previous accounting and taxation practices, except if such changes were required under mandatory law or under applicable generally accepted accounting principles.

19.6 Zusätzliche Gewinne und Verluste

Ungeachtet der Bestimmungen des § 19.2 erhöhen oder mindern zusätzliche Gewinne oder Verluste, die bei einer Steuerprüfung bezüglich vor oder am Vollzugstag endende Zeiträume festgestellt werden, nicht den Kaufpreis und berechtigen diese zusätzlichen Gewinne und Verluste die Verkäuferin nicht zu zusätzlichen Gewinnausschüttungen.

19.6 Additional Profit and Loss

The provisions of clause 19.2 notwithstanding, any additional profit and loss allocations resulting from a tax audit of periods ending prior to or on the Closing Date shall not increase or reduce the Purchase Price and shall not entitle the Seller to additional distributions of profit.

19.7 Informationspflicht

Die Käuferin hat die Verkäuferin über den Beginn einer Steuerprüfung oder anderer Verfahren,

19.7 Duty of Information

The Purchaser shall keep the Seller fully informed of the commencement of a tax audit or

die zu einem Anspruch nach § 19.2 führen können, zu unterrichten. Vorbehaltlich § 254 BGB lässt eine Verletzung dieser Informationspflicht den Freistellungsanspruch der Käuferin nach § 19.2 unberührt.

§ 20 Haftung der Verkäuferin

20.1 Verjährung

Ansprüche der Käuferin aus den §§ 17 bis 19 verjähren mit Ablauf von sechsunddreißig (36) Monaten ab dem Vollzugstag. Davon ausgenommen sind

20.1.1 etwaige Garantieansprüche der Käuferin aus den Verkäufergarantien der §§ 16.1 bis 16.3, die mit Ablauf von dreißig (30) Jahren ab dem Vollzugstag verjähren;

20.1.2 etwaige Ansprüche der Käuferin aus § 18 (Umweltfreistellung), die mit Ablauf von zehn (10) Jahren ab dem Vollzugstag verjähren;

20.1.3 etwaige Ansprüche der Käuferin aus § 19 (Steuerfreistellung), die frühestens mit Ablauf von sechsunddreißig (36) Monaten ab dem Vollzugstag, jedoch nicht vor Ablauf von sechs (6) Monaten ab Bestands- oder Rechtskraft des die jeweilige Steuer festsetzenden Bescheids verjähren;

20.1.4 etwaige Garantieansprüche der Käuferin aus der vorsätzlichen oder grob fahrlässigen Verletzung einer Verkäufergarantie, die nach den §§ 195, 199 BGB verjähren, sofern sich aus den vorstehenden Unterabsätzen 20.1.1 bis 20.1.3 keine längere Verjährungsfrist ergibt.

20.2 Hemmung

20.2.1 Macht die Käuferin einen Anspruch aus diesem Vertrag schriftlich geltend, ist dessen Verjährung gehemmt. Die Hemmung endet nach Ablauf

other proceeding that may give rise to a claim under clause 19.2. Subject to sec. 254 of the BGB, the Purchaser's indemnification claims pursuant to clause 19.2 shall remain unaffected by any violation of such duty to inform.

20. Limitation on Seller's Liability

20.1 Time Limits

All claims of the Purchaser arising under clauses 17 to 19 of this Agreement shall be time-barred thirty-six (36) months after the Closing Date, except for

20.1.1 any Guarantee Claim of the Purchaser arising from a breach of the Seller Guarantees contained in clauses 16.1 to 16.3, which shall be time-barred at the end of thirty (30) years after the Closing Date;

20.1.2 any claim of the Purchaser arising from clause 18 (Environmental Indemnity), which shall be time-barred at the end of ten (10) years after the Closing Date;

20.1.3 any claim of the Purchaser arising under clause 19 (Tax Indemnity), which shall be time-barred on the later of (i) the expiry of a period of thirty-six (36) months after the Closing Date and (ii) the expiry of a period of twelve (12) months after the date of the final, non-appealable assessment concerning the Tax in question;

20.1.4 any claim of the Purchaser arising from a wilful or gross negligent breach of a Seller Guarantee, which shall be time-barred in accordance with the statutory rules set forth in sec. 195, 199 of the BGB, unless such claim is time-barred under paragraphs 20.1.1 to 20.1.3 above at a later date.

20.2 Tolling of Statute of Limitation

20.2.1 The limitation (*Verjährung*) of claims under this Agreement shall be tolled (*gehemmt*) as soon as the Purchaser notifies the Seller in writing that it in-

I. Asset Deal (einschl. Verkauf von Anteilen an Tochtergesellschaften) D.I

von sechs (6) Monaten, sofern die Käuferin nicht vor Ablauf dieser Frist das schiedsgerichtliche Verfahren gemäß § 30.2 eingeleitet hat. Eine Hemmung aufgrund gesetzlicher Vorschriften bleibt unberührt.

20.2.2 Die Bestimmungen des § 203 BGB gelten nur, wenn die Parteien schriftlich vereinbaren, dass die Verjährungsfrist wegen schwebender Vergleichsverhandlungen gehemmt sein soll. In diesem Fall dauert die Hemmung an, bis eine der Parteien die Vergleichsverhandlungen durch schriftliche Mitteilung gegenüber der anderen Partei für beendet erklärt.

20.3 Kenntnis der Käuferin

Die Bestimmungen der §§ 442 BGB und 377 HBG und die darin enthaltenen Rechtsgedanken sind nicht anzuwenden.

20.4 Behandlung von Zahlungen der Verkäuferin

Zahlungen der Verkäuferin an die Käuferin nach den §§ 17 bis 19 gelten als Herabsetzung des Kaufpreises; Zahlungen unmittelbar an eine Zielgesellschaft gelten als Einlage der Käuferin in das Vermögen der jeweiligen Zielgesellschaft.

§ 21 Weitere Verpflichtungen der Verkäuferin

21.1 Geschäftsbetrieb im Rahmen des gewöhnlichen Geschäftsganges

21.1.1 Vom Unterzeichnungstag bis zum Vollzugstag ist die Käuferin über alle Rechtsgeschäfte und Entscheidungen, die sich wesentlich auf den ABC-Bereich auswirken können, zu unterrichten.

21.1.2 Vom Unterzeichnungstag bis zum Vollzugstag ist die Verkäu-

tends to bring a claim against the Seller. Such tolling shall end after six (6) months unless within such period the Purchaser commences arbitral proceedings pursuant to clause 31.2. Any tolling of the limitation period based on statutory provisions shall continue to apply.

20.2.2 The provisions of sec. 203 of the BGB shall apply only if the Parties agree in writing that the period of limitation shall be tolled due to the pendency of settlement negotiations between the Parties. In this case the tolling shall expire as soon as one of the Parties notifies the other Party in writing that such negotiations are terminated.

20.3 Purchaser's Knowledge

The provisions of and legal principles contained in sec. 442 of the BGB and 377 of the HGB shall not apply.

20.4 Treatment of Payments of the Seller

As between the Seller and the Purchaser, payments made by the Seller to the Purchaser pursuant to clauses 17 to 19 shall constitute a reduction of the Purchase Price or, where a payment is made directly to a Target Entity, a capital contribution (*Einlage*) by the Purchaser to the relevant Target Entity.

21. Further Obligations of the Seller

21.1 No deviation from Ordinary Course of Business

21.1.1 From the Signing Date until the Closing Date, the Seller shall keep the Purchaser fully informed of any major transaction or decision which might substantially affect the ABC Business.

21.1.2 From the Signing Date until the Closing Date, the Seller shall op-

ferin verpflichtet, den ABC-Bereich ausschließlich im Rahmen des gewöhnlichen Geschäftsgangs mit der Sorgfalt eines ordentlichen Kaufmanns und in Übereinstimmung mit der bisherigen Geschäftspraxis zu führen, und hat dafür zu sorgen, dass die Zielgesellschaften ihre Geschäftsbetriebe in dieser Weise führen. Insbesondere wird die Verkäuferin in Bezug auf den ABC-Bereich und werden die Zielgesellschaften folgende Maßnahmen unterlassen:

(a) mit Ausnahme laufender Verbindlichkeiten aus Lieferung und Leistung im Rahmen des gewöhnlichen Geschäftsgangs und in Übereinstimmung mit der bisherigen Geschäftspraxis Verbindlichkeiten begründen, die den Betrag von ...... EUR (in Worten: ...... Euro) im Einzelfall übersteigen;

(b) mit Ausnahme kurzfristiger Kredite bis zu ...... EUR (in Worten: ...... Euro) im Einzelfall Darlehen oder sonstige Finanzierungen aufnehmen oder eine Haftung für Verbindlichkeiten Dritter übernehmen;

(c) außerhalb des gewöhnlichen Geschäftsgangs und entgegen der bisherigen Geschäftspraxis materielle oder immaterielle Vermögensgegenstände – gleich ob bilanzierungsfähig oder nicht – sicherungsübereignen oder -abtreten, verpfänden oder in sonstiger Weise belasten;

(d) eine Gesellschaft oder ein Unternehmen oder eine offene oder stille Beteiligung an einer Gesellschaft (be)gründen, erwerben oder

erate the ABC Business only in the ordinary course of business, applying the standard of care of a prudent merchant (*mit der Sorgfalt eines ordentlichen Kaufmanns*) and consistent with past practice, and shall procure that each Target Entity operates its business in such manner. In particular, neither the Seller (concerning the ABC Business) nor any of the Target Entities will take any of the following actions:

(a) incur any obligation or liability exceeding the amount of EUR ...... (...... euros) in the individual case, except for current trade payables in connection with the purchase of goods or services in the ordinary course of business and consistent with past practice;

(b) take out any loans or credits or other financing liabilities, except for short-term credit not exceeding EUR ...... (...... euros) in the individual case, or assume any liability for third parties' debts;

(c) mortgage, pledge, assign or transfer for security purposes or subject to liens, charges or any other encumbrances any of its tangible or intangible assets, whether or not such assets are capable of being capitalised (*bilanzierungsfähig*), in each case except as in accordance with the ordinary course of business and consistent with past practice;

(d) form, purchase or sell a company, partnership or enterprise or an open or silent participation (stille Beteiligung) in a company or

I. Asset Deal (einschl. Verkauf von Anteilen an Tochtergesellschaften) D.I

veräußern oder sich dazu verpflichten;

(e) einen Haus-Tarifvertrag abschließen;

(f) außerhalb des gewöhnlichen Geschäftsgangs und entgegen der bisherigen Geschäftspraxis Maßnahmen treffen, die zu einer Erhöhung der Barmittel führen würden, insbesondere in einer nach Zeitpunkt und Umfang entgegen der bisherigen Geschäftspraxis entsprechenden Weise Forderungen einziehen oder verkaufen oder vergleichbare Rechtsgeschäfte schließen;

(g) Gehälter, andere Vergütungen oder sonstige Vertragsbedingungen von Organmitgliedern, Arbeitnehmern, Beratern, Handelsvertretern oder Vertragshändlern ändern oder Boni, sonstige Sonderzahlungen, Pensionen, Abfindungen oder Darlehen auszahlen oder zusagen;

(h) neue Geschäftszweige oder Zweigniederlassungen eröffnen, Geschäftszweige aufgeben oder Betriebsstätten schließen;

(i) Wesentliche Verträge aufheben, beenden oder wesentlich ändern;

(j) ihr Kapital erhöhen oder herabsetzen oder Anteile ausgeben, übertragen oder Bezugsrechte, Optionen oder andere Rechte auf den Erwerb von Anteilen gewähren oder veräußern oder sich dazu verpflichten;

partnership or enter into an obligation to do any of the foregoing;

(e) enter into any company collective bargaining agreement (*Haustarifvertrag*);

(f) take any action (*Handlungen*), or fail to take any action due *(Unterlassungen)*, which would result in an increase in Cash, except in the ordinary course of business and consistent with past practice; in particular, the Seller and the Target Entities shall collect any outstanding debt or sell receivables, enter into any such agreements only in a manner and at a time consistent with past practice;

(g) make any changes to the salaries or other remuneration payable to, or other contractual terms of, or promise to make any bonus, extraordinary compensation, pension or severance payments to, any managing director, supervisory board member or other member of a corporate body, or employee, advisor, commercial agent or distributor, or grant a loan to any such individual;

(h) start any new lines of business or open branch offices, abandon any existing lines of business or close any business establishments (*Betriebsstätten*);

(i) cancel, terminate or materially amend or modify any Material Agreement;

(j) increase or reduce its share capital, or issue, transfer, grant or sell any options, rights or warrants with respect to shares or agree to do so;

(k) Grundstücksgeschäfte vornehmen, insbesondere Grundstücke oder grundstücksgleiche Rechte erwerben, belasten oder veräußern;	(k) engage in real property transactions; specifically the purchase, encumbrance or sale of real properties or rights equivalent to real properties (*grundstücksgleiche Rechte*);
(l) Investitionen in das Anlagevermögen tätigen, die den Gesamtbetrag von ...... EUR (in Worten: ...... Euro) übersteigen oder außerhalb der bisherigen Geschäftspraxis liegen;	(l) make or agree to make any capital expenditures with respect to fixed assets in excess of an aggregate of EUR ...... (...... euros) or not in line with past practice;
(m) ein von ihr oder ihnen betriebenes Unternehmen oder Teile davon veräußern oder Maßnahmen nach dem Umwandlungsgesetz vornehmen, Unternehmensverträge i.S.d. §§ 291 ff. AktG abschließen oder satzungsändernde Gesellschafterbeschlüsse fassen.	(m) sell its business or any divisions thereof, or undertake any reorganization or restructuring under the German Transformation Act (*Umwandlungsgesetz*), conclude any affiliation agreements as defined in sec. 291 *et seq.* of the AktG or adopt any shareholder resolutions that amend the articles of association.

21.1.3 Vom Unterzeichnungstag bis zum Vollzugstag wird die Verkäuferin nichts unternehmen und alles unterlassen, was (i) den Vollzug dieses Vertrags beeinträchtigen, gefährden oder verhindern könnte oder (ii) zur Verletzung einer Verkäufergarantie führen könnte oder (iii) eine Wesentlich Nachteilige Änderung bewirken könnte. Insbesondere darf die Verkäuferin den ABC-Bereich oder Anteile an einer Zielgesellschaft Dritten nicht zum Kauf anbieten oder veräußern.

21.1.4 Vom Unterzeichnungstag bis zum Vollzugstag wird die Verkäuferin die Käuferin unverzüglich von jedem Umstand unterrichten, der den Vollzug dieses Vertrages beeinträchtigen, gefährden oder verhindern könnte oder zu einer Verletzung einer Verkäufergarantie führen oder eine Wesentlich Nachteilige Änderung bewirken könnte.

21.1.3 From the Signing Date until and including the Closing Date, the Seller shall further not act in a manner that could (i) impair, jeopardise or hinder the Closing or (ii) result in a breach of a Seller Guarantee or (iii) cause a Material Adverse Change. In particular, the Seller shall not offer, sell or transfer the ABC Business or any shares in a Target Entity to any third party.

21.1.4 From the Signing Date until and including the Closing Date, the Seller shall inform the Purchaser without undue delay (*unverzüglich*) of any facts or circumstances which could impair, jeopardise or hinder the Closing, cause any Seller Guarantee to be breached, or result in a Material Adverse Change.

I. Asset Deal (einschl. Verkauf von Anteilen an Tochtergesellschaften) **D.I**

21.2	Schadensersatz	21.2	Damages	

Für eine Verletzung von Verpflichtungen aus diesem § 21 haftet die Verkäuferin der Käuferin und nach deren Wahl den Zielgesellschaften gegenüber auch ohne Verschulden.

In the event any of the covenants set forth in this clause 21 is not complied with, the Seller shall be liable to the Purchaser or, at the Purchaser's election, to any Target Entity concerned, irrespective of any fault on the Seller's part (*verschuldensunabhängig*).

§ 22 Zusammenarbeit nach Vollzug

22. Post-Closing Cooperation

22.1 Generelle Zusammenarbeit nach Vollzug

Nach dem Vollzug werden die Vertragsparteien zusammenarbeiten und sich gegenseitig nach Treu und Glauben unterstützen, soweit dies notwendig und angemessen ist, um einen reibungslosen Übergang des ABC-Bereichs auf die Käuferin sicherzustellen.

22.1 General Post-Closing Cooperation

After the Closing, the Parties shall cooperate and assist each other in good faith (*Treu und Glauben*) as is necessary and appropriate to ensure a smooth transfer of the ABC Business to the Purchaser.

22.2 Dienstleistungsvertrag für Übergangszeit[45]

Beim Vollzug schließen die Vertragsparteien den als Anlage 22.2 beigefügten Dienstleistungsvertrag ab, der die von der Verkäuferin in Bezug auf den ABC-Bereich für die Übergangszeit zu erbringenden Dienstleistungen und die dafür geschuldete Vergütung regelt.

22.2 Transitional Services Agreement

On the Closing Date, the Seller and the Purchaser shall enter into the transitional services agreement attached hereto as Exhibit 22.2 specifying the services to be provided by the Seller in respect of the ABC Business for the transitional period and against payment of the consideration stated therein.

22.3 Leistungsbeziehungen nach dem Vollzugstag[46]

Beim Vollzug veranlassen die Vertragsparteien den Abschluss der als Anlage 22.3 beigefügten Verträge, die bestimmte, dort geregelte Liefer- und Leistungsbeziehungen zwischen ihnen und mit ihnen verbundenen Unternehmen über den Vollzugstag hinaus regeln.

22.3 Supply and Service Relationships after the Closing Date

The Parties shall procure the execution at the Closing of the agreements attached hereto as Exhibit 22.3 specifying certain future supply and service relationships between them and some of their affiliated entities for the period commencing after the Closing Date.

§ 23 Wettbewerbsverbot, Verbot der Abwerbung

23. Non-Competition, non-Solicitation

23.1 Wettbewerbsverbot

23.1 Non-Competition

23.1.1 Die Verkäuferin verpflichtet sich, für die Dauer von ...... Jahren ab

23.1.1 For a period of ...... years from the Closing Date, the Seller shall

	dem Vollzugstag jegliche Betätigung zu unterlassen, mit der sie unmittelbar oder mittelbar mit den am Vollzugstag betriebenen Aktivitäten des ABC-Bereichs in Wettbewerb treten würde [*Anm.: hier ist ggf. der Geschäftsbetrieb im Detail auszuführen*]. Die Verkäuferin wird auch kein Unternehmen, das mit den Aktivitäten des ABC-Bereichs unmittelbar oder mittelbar in Wettbewerb steht, gründen oder erwerben oder sich an einem solchen Unternehmen unmittelbar oder mittelbar beteiligen. Ausgenommen von diesem Wettbewerbsverbot ist der Erwerb von bis zu ……% der Aktien an börsennotierten Gesellschaften, sofern jeglicher Einfluss der Verkäuferin auf die Leitungsorgane dieser Gesellschaften ausgeschlossen ist. Die Verkäuferin steht dafür ein, dass auch von ihr i. S. d. § 17 AktG beherrschte Unternehmen entsprechend den vorstehenden Regelungen nicht in Wettbewerb zu den Aktivitäten ABC-Bereichs treten werden.
23.1.2	Bei einem Verstoß gegen eine Verpflichtung aus § 23.1.1 hat die Käuferin die Verkäuferin zunächst schriftlich aufzufordern, die Zuwiderhandlung zu unterlassen bzw. für eine Unterlassung durch die von ihr beherrschten Unternehmen zu sorgen, und dazu eine angemessene Frist zu setzen. Nach fruchtlosem Ablauf der Frist hat die Verkäuferin an die Käuferin oder nach deren Wahl an die betroffene Zielgesellschaft für jeden folgenden Fall der Zuwiderhandlung eine Vertragsstrafe in Höhe von …… EUR (in Worten: …… Euro) zu zahlen. Bei einem fortgesetzten Verstoß wird die Vertragsstrafe für jeden angefangenen Monat, in dem der Verstoß anhält, erneut ver-

	not engage in an activity which would compete, either directly or indirectly, with the activities of the ABC Business as they exist on the Closing Date [*Note: elaborate definition of business if appropriate*]. For said period, the Seller shall not establish, acquire, or invest either directly or indirectly in any company or other enterprise which competes either directly or indirectly with the ABC Business. It is understood, however, that the Seller shall be entitled to acquire up to ……% of the shares of any publicly listed companies, provided that it is impossible for the Seller to exert any influence on the management bodies of such companies. The Seller also covenants that all those enterprises which it controls (*beherrscht*) within the meaning of sec. 17 of the AktG will observe the foregoing rules of not competing with the acitivies of the ABC Business.
23.1.2	In the event of a breach of the covenants set forth in clause 23.1.1, the Purchaser shall initially request in writing upon setting a reasonable grace period that the Seller cease and desist from committing such breach and cause any enterprise controlled by it to cease and desist from committing such breaches. After the grace period set by the Purchaser has expired unsuccessfully, the Seller shall pay to the Purchaser or, at the Purchaser's election, to the Target Entity concerned a contractual penalty (*Vertragsstrafe*) in the amount of EUR …… (…… euros) for each subsequent incident involving a breach. In the event of a continuing breach, a contractual penalty in the amount of

I. Asset Deal (einschl. Verkauf von Anteilen an Tochtergesellschaften) D.I

	wirkt. Eine Abmahnung gemäß Satz 1 ist entbehrlich, wenn die Verkäuferin das Unterlassen der Zuwiderhandlung ernsthaft und endgültig verweigert. Geleistete Zahlungen der Verkäuferin gemäß § 23.1.3 sind auf die Vertragsstrafe anzurechnen.		EUR ...... (...... euros) shall be payable again for each month commenced in which the brach persists. If the Seller seriously and definitively refuses to stop breaching conduct, a formal notice of default (*Abmahnung*) as set forth in sentence 1 shall not be required. Any payment by the Seller pursuant to clause 23.1.3 shall be credited against such contractual penalty.
23.1.3	Bei einem Verstoß gegen eine Verpflichtung aus § 23.1.1 kann die Käuferin darüber hinaus von der Verkäuferin verlangen, dass die Käuferin oder nach deren Wahl die betroffene Zielgesellschaft so gestellt wird, als wäre das gegen § 23.1.1 verstoßende Geschäft auf ihre Rechnung geführt worden, und insbesondere alle aus der Zuwiderhandlung erlangten Vorteile an die Käuferin herausgegeben werden. Vorbehalten bleibt der Ersatz weitergehender Schäden, die der Käuferin, einer Zielgesellschaft oder einem anderen, mit der Käuferin verbundenen Unternehmen durch das verbotswidrige Verhalten entstehen.	23.1.3	In addition, in the event of a breach of the covenants set forth in clause 23.1.1, the Seller, upon the request of the Purchaser, shall place the Purchaser or at the Purchaser's election the Target Entity concerned in such position as it would have been in had the activity that breached clause 23.1.1 been carried out for its account. In particular, any benefit or advantage which the Seller (or any company of the Seller's group, as the case may be) may gain from the prohibited activity shall be passed on to the Purchaser. The right to recover more extensive damages, which the Purchaser or any of the Target Entities or any other company affiliated to the Purchaser sustains as a result of the breachig conduct, is reserved.
23.2	Abwerbeverbot	23.2	Non-Solicitation
	Die Verkäuferin verpflichtet sich, für die Dauer von ...... Jahren ab dem Vollzugstag niemanden vom Verkäufer oder einer Zielgesellschaft abzuwerben, der in den letzten [zwei (2)] Jahren vor dem Vollzugstag für den ABC-Bereich oder eine Zielgesellschaft als Organmitglied oder leitender Angestellter tätig war. Die Verkäuferin wird solchen Personen auch keine Anstellungs- oder Beraterverträge anbieten oder mit ihnen schließen. Die Verkäuferin hat im Rahmen ihrer rechtlichen Möglichkeiten		For a period of ...... years from the Closing Date, the Seller shall not solicit or entice away from the Purchaser or a Target Entity, or offer employment to or employ or offer or conclude any contract for services with, any person who has worked for the ABC Business or a Target Entity as managing director or member of the senior management at any time during the [two (2)] years prior to the Closing Date. Within the scope and limits of its legal powers, the Seller shall procure that also those entities

dafür zu sorgen, dass auch von ihr beherrschte Unternehmen die vorstehenden Beschränkungen einhalten. Bei einem Verstoß gegen die vorstehenden Verpflichtungen gelten §§ 23.1.2, 23.1.3 entsprechend.

which it controls (*beherrscht*) shall abide by the restrictions set forth herein. In case of a breach of the covenant set forth in this clause 23.2, clauses 23.1.2 and 23.1.3 shall apply accordingly.

§ 24 Fusionskontrollverfahren

24.1 Anmeldung der vereinbarten Rechtsgeschäfte

24.1.1 Die Parteien werden sich in den Grenzen des § 24.2 nach Kräften bemühen, unverzüglich nach dem Unterzeichnungstag die kartellrechtliche Freigabe des in diesem Vertrag niedergelegten Vorhabens zu erwirken.

24.1.2 Die Käuferin wird das vorliegende Zusammenschlussvorhaben bei den zuständigen Kartellbehörden anmelden.

24.1.3 Die Verkäuferin wird der Käuferin sobald wie möglich nach dem Unterzeichnungstag alle Unterlagen, Daten und sonstigen Informationen zur Verfügung zu stellen, die nach vernünftiger Beurteilung der Käuferin notwendig sind, um die kartellrechtliche Anmeldung vorzubereiten und das Anmeldeverfahren durchzuführen. Soweit es ihr rechtlich möglich ist, wird die Verkäuferin ferner die Zielgesellschaften anweisen, der Käuferin gemäß Satz 1 Informationen zur Verfügung zu stellen.

24.2 Freigabe mit Bedingungen und Auflagen

Soweit die zuständigen Kartellbehörden das vorliegende Zusammenschlussvorhaben nur unter Bedingungen oder Auflagen freigeben, die von der Verkäuferin oder der Käuferin oder einem anderen, mit der Verkäuferin oder der Käuferin im Sinne von §§ 15 ff. AktG verbundenen Unternehmen zu erfüllen sind,

24. Merger Control Procedure

24.1 Notification of the Transactions

24.1.1 The Parties shall use their best efforts, within the parameters of clause 24.2 below, to obtain merger clearance of the transactions contemplated herein as soon as possible after the Signing Date.

24.1.2 The Purchaser shall prepare and submit to the competent antitrust authorities the notification of the transactions contemplated hereby.

24.1.3 As soon as practicable after the Signing Date, the Seller shall submit to the Purchaser all documents, data and other information which – based on the reasonable assessment of the Purchaser – are necessary for preparing, amending or supplementing the pre-merger notification. To the extent legally possible, the Seller shall further instruct the Target Entities to provide to the Purchaser the information described in sentence 1.

24.2 Clearance of the Transactions subject to Conditions and Requirements

If and to the extent that the competent antitrust authorities clear the transactions contemplated hereby subject to the satisfaction of additional conditions or requirements (*Bedingungen oder Auflagen*) which the Seller or the Purchaser or any company affiliated with any of them within the meaning of

I. Asset Deal (einschl. Verkauf von Anteilen an Tochtergesellschaften) D.I

	sind die Parteien nicht verpflichtet, diese Bedingungen oder Auflagen zu erfüllen oder deren Erfüllung sicherzustellen.		sec. 15 *et seq.* of the AktG must satisfy, the Parties will be under no obligationto satisfy such conditions or requirements or to ensure their satisfaction.
24.3	Untersagung der Rechtsgeschäfte	24.3	Prohibition of the Transactions
	Soweit die zuständigen Kartellbehörden das vorliegende Zusammenschlussvorhaben untersagen, ist die Käuferin berechtigt, aber nicht verpflichtet, Rechtsbehelfe oder Rechtsmittel gegen die Untersagung einzulegen. Auf Verlangen und nach näherer Bestimmung der Käuferin wird auch die Verkäuferin Rechtsbehelfe oder Rechtsmittel einlegen oder sich an von der Käuferin eingeleiteten Rechtsbehelfs- oder Rechtsmittelverfahren beteiligen.		If and to the extent that the competent antitrust authorities prohibit the transactions contemplated hereby, the Purchaser shall have the right but shall not be obligated to invoke legal remedies against such non-clearance. Upon the request of the Purchaser, the Seller shall also invoke legal remedies or participate in any appellate proceedings initiated by the Purchaser, each in such manner as specified by the Purchaser.
[§ 25 Außenwirtschaftsrechtliche Prüfung47		[25.	German Foreign Trade Law Compliance Review
25.1	Antrag auf Erteilung einer Unbedenklichkeitsbescheinigung	25.1	Application for Certificate of Compliance
25.1.1	Die Parteien werden sich in den Grenzen des § 25.2 nach Kräften bemühen, unverzüglich nach dem Unterzeichnungstag die außenwirtschaftsrechtliche Freigabe des in diesem Vertrag niedergelegten Vorhabens zu erwirken.	25.1.1	As soon as possible after the Signing Date, the Parties shall use their best efforts, within the scope and limits of clause 25.2 below, to obtain German foreign trade law clearance of the transactions contemplated hereby.
25.1.2	Die Käuferin [hat am ......] [wird] einen schriftlichen Antrag auf Erteilung einer Unbedenklichkeitsbescheinigung gemäß § 53 Abs. 3 S. 1 AWV [gestellt][stellen]. [Die Verkäuferin wird der Käuferin sobald wie möglich nach dem Unterzeichnungstag alle Unterlagen, Daten und sonstigen Informationen zur Verfügung zu stellen, die nach vernünftiger Beurteilung der Käuferin notwendig sind, um den Antrag vorzubereiten. Soweit es ihr rechtlich möglich ist, wird die Verkäuferin ferner die Zielgesellschaften anweisen, der	25.1.2	[On ...... the Purchaser has formally applied] [Without undue delay after the Signing Date, the Purchaser shall formally apply] for a certificate of compliance (*Unbedenklichkeitsbescheinigung*) pursuant to sec. 53 para. 3 sentence 1 of the AWV. [As soon as practicable after the Signing Date, the Seller shall submit to the Purchaser all documents, data and other information which in the reasonable judgment of the Purchaser may be necessary for preparing, amending or supplementing such application. To the extent legally

	Käuferin gemäß Satz 1 Informationen zur Verfügung zu stellen.]		possible, the Seller shall further instruct the Target Entities to provide the relevant information to the Purchaser.]
25.1.3	Sofern das BMWi die Käuferin über seine Entscheidung unterrichtet, eine Prüfung nach § 53 Abs. 1 S. 1 AWV durchzuführen, wird die Käuferin dem BMWi die vollständigen Unterlagen über den Erwerb gemäß § 53 Abs. 2 S. 1 und 2 AWV übermitteln. § 25.1.2 Satz 2 gilt entsprechend.	25.1.3	If the German Federal Ministry of Economics and Technology informs the Purchaser that it has decided to commence a formal investigation pursuant to sec. 53 para. 1 sentence 1 of the AWV, the Purchaser shall deliver the complete documentation about the acquisition within the meaning of sec. 53 para. 2 sentence 1 and 2 of the AWV to the Federal Ministry without undue delay. Clause 25.1.2 sentence 2 shall apply accordingly.
25.1.4	Die Parteien werden bei allen etwaigen Verhandlungen mit dem BMWi eng zusammenwirken, um eine Untersagung oder Beschränkung des Erwerbs der ABC-Vermögensgegenstände gemäß § 7 Abs. 2 Nr. 6 AWG i.V.m. § 53 AWV zu verhindern. Sie werden der jeweils anderen Partei unverzüglich Abschriften des Schriftverkehrs mit dem BMWi und etwaiger schriftlicher Stellungnahmen, Anordnungen oder Entscheidungen desselben zukommen lassen.	25.1.4	To avoid the prohibition or restriction, of the acquisition of the ABC Assets pursuant to sec. 7 para. 2 no. 6 of the AWG in connection with sec. 53 of the AWV, the Parties shall closely co-operate in any negotiations with the German Federal Ministry of Economics and Technology. Without undue delay, the Parties shall provide each other with copies of any correspondence with the German Federal Ministry of Economics and Technology as well as with copies of any possible written statement, order or decision by the Federal Ministry.
25.2	Freigabe mit Bedingungen und Auflagen; Untersagung des Erwerbs	25.2	Clearance subject to Conditions and Requirements; Prohibition of Acquisition
25.2.1	Wird die Erteilung einer Unbedenklichkeitsbescheinigung gemäß § 53 Abs. 3 S. 1 AWV oder das Absehen von einer Untersagung des Erwerbs oder von dem Erlass diesbezüglicher Anordnungen von Bedingungen oder Auflagen abhängig gemacht, die von der Käuferin oder mit ihr verbundenen Unternehmen zu erfüllen sind, ist die Käuferin nicht verpflichtet, diese Bedingungen oder Auflagen zu erfül-	25.2.1	If the German Federal Ministry of Economics and Technology conditions the issuance of a certificate of compliance (*Unbedenklichkeitsbescheinigung*) or an exemption from prohibiting the acquisition or from issuing binding orders (*Anordnungen*) in relation thereto upon the satisfaction of or compliance with certain conditions or requirements (*Bedingungen oder Auflagen*) by the Purchaser or a

I. Asset Deal (einschl. Verkauf von Anteilen an Tochtergesellschaften) D.I

	len oder deren Erfüllung sicherzustellen.		company affiliated with it, then the Purchaser will be under no obligation to satisfy such conditions or requirements or to ensure their satisfaction.
25.2.2	Sofern und soweit das BMWi den Erwerb der ABC-Vermögensgegenstände durch die Käuferin untersagt oder diesbezügliche Anordnungen erlässt, ist die Käuferin berechtigt, aber nicht verpflichtet, Rechtsbehelfe oder Rechtsmittel einzulegen. Auf Verlangen und nach näherer Maßgabe der Käuferin wird auch die Verkäuferin Rechtsbehelfe oder Rechtsmittel einlegen oder sich an von der Käuferin eingeleiteten Rechtsbehelf- oder Rechtsmittelverfahren beteiligen.	25.2.2	If and to the extent the German Federal Ministry of Economics and Technology prohibits the acquisition of the ABC Assets by the Purchaser or issues binding orders (*Anordnungen*) in relation to such acquisition, the Purchaser shall have the right but shall not be obligated to invoke legal remedies. Upon the request of the Purchaser, the Seller shall also invoke legal remedies or participate in any appellate proceedings initiated by the Purchaser, each in such manner as specified by the Purchaser.
25.2.3	Das Rücktrittsrecht nach § 13.7.1 und die Verpflichtungen der Parteien nach §§ 26 (Vertraulichkeit und Pressemitteilungen), 27 (Kosten und Verkehrssteuern), 30 (Mitteilungen) und 31 (Schlussbestimmungen) [*ggf. weitere Vertragsbestimmungen einfügen*] bleiben auch dann bestehen, wenn die Rechtswirkungen des Rechtsgeschäfts über den schuldrechtlichen Erwerb der ABC-Vermögensgegenstände nach diesem Vertrag gemäß § 31 Abs. 3 AWG aufgrund des Eintritts der auflösenden Bedingung der Untersagung des Erwerbs durch das BMWi entfallen.[48]]	25.2.3	The right of withdrawal (*Rücktrittsrecht*) pursuant to clause 13.7.1 and the Parties' obligations pursuant to clauses 26 (Confidentiality and Press Releases), 27 (Costs and Transfer Taxes), 30 (Notices) and 31 (Miscellaneous) [*if applicable, please add further clauses*] shall survive even if the German Federal Ministry of Economics and Technology prohibits the acquisition of the ABC Assets and, thus, the legal transaction involving the contractual purchase (*die Rechtswirkungen des Rechtsgeschäfts über den schuldrechtlichen Erwerb*) of the ABC Assets lapses because the condition subsequent pursuant to sec. 31 para. 3 of the AWG has been triggered.]

§ 26 Vertraulichkeit und Pressemitteilungen

26. Confidentiality and Press releases

26.1	Vertraulichkeit im Hinblick auf den ABC-Bereich Die Verkäuferin wird ihre Kenntnisse über den ABC-Bereich streng vertraulich behandeln, vor dem Zugriff Dritter	26.1	Confidentiality with respect to ABC Business The Seller shall treat all information it has concerning the ABC Business as strictly confidential, shall effectively protect

wirksam schützen und nicht für eigene oder fremde Zwecke nutzen. Von der vorstehenden Verpflichtung nicht umfasst sind Tatsachen, die öffentlich bekannt sind oder ohne eine Verletzung dieser Verpflichtung öffentlich bekannt werden oder deren Offenlegung durch Gesetz oder kapitalmarktbezogene Vorschriften vorgeschrieben ist.

such information from access by third parties, and shall not use such confidential information for its own purposes or for the purposes of any third party. The foregoing shall not apply to any facts that are publicly known, that become publicly known without a violation of this covenant, or the disclosure of which is required by law or by the applicable capital markets rules.

26.2 Vertraulichkeit im Hinblick auf diesen Vertrag und die Parteien

Die Parteien [und die Garantiegeberin] werden alle Angaben, die sie im Zusammenhang mit der Verhandlung, dem Abschluss oder der Durchführung dieses Vertrags über dessen Inhalt, die anderen Parteien und mit diesen i. S. d. §§ 15 ff. AktG verbundene Unternehmen (mit Ausnahme der Zielgesellschaften, für die ausschließlich § 26.1 gilt) erhalten haben, streng vertraulich behandeln, vor dem Zugriff Dritter wirksam schützen und nicht für eigene oder fremde Zwecke nutzen. Von der vorstehenden Verpflichtung nicht umfasst sind Tatsachen, die öffentlich bekannt sind oder ohne eine Verletzung dieser Verpflichtung öffentlich bekannt werden oder deren Offenlegung durch Gesetz oder kapitalmarktbezogene Vorschriften vorgeschrieben ist.

26.2 Confidentiality with respect to this Agreement and the Parties

The Parties [and the Guarantor] shall treat as strictly confidential all information which they have obtained in connection with the negotiation, the execution or the consummation of this Agreement and which concerns the contents of this Agreement, the other Parties and all companies affiliated with them within the meaning of sec. 15 *et seq.* of the AktG (except for the Target Entities, which are exclusively covered by clause 26.1), shall effectively protect such information from access by any third parties, and shall not use such information for their own purposes or for the purposes of any third party. The foregoing shall not apply to any facts that are publicly known, become publicly known without a violation of this covenant, or the disclosure of which is required by law or by the applicable capital markets rules.

26.3 Weitergabe von vertraulichen Angaben

Die Verkäuferin ist berechtigt, anderen mit ihr i. S. v. §§ 15 ff. AktG verbundenen Unternehmen die gemäß §§ 26.1, 26.2 geschützten Angaben zugänglich zu machen, soweit dies zur Durchführung dieses Vertrags erforderlich ist. Die Käuferin ist berechtigt, den mit ihr i. S. v. §§ 15 ff. AktG verbundenen Unternehmen sowie

26.3 Passing on of confidential Information

The Seller may disclose any information that is protected under clauses 26.1 or 26.2 to other entities affiliated with it within the meaning of sec. 15 *et seq.* of the AktG, to the extent that such disclosure is necessary to perform this Agreement. The Purchaser may disclose any information that is protected under clau-

I. Asset Deal (einschl. Verkauf von Anteilen an Tochtergesellschaften) D.I

Dritten alle in § 26.2 geschützten Angaben zugänglich zu machen, soweit dies zur Durchführung dieses Vertrags oder sonst zur Wahrnehmung ihrer berechtigten Interessen erforderlich ist. Vor einer Weitergabe von Angaben sind die Parteien verpflichtet, die Empfänger schriftlich zur Vertraulichkeit gemäß § 26.2 und, im Falle von Satz 1, auch § 26.1 zu verpflichten.

se 26.2 to any company affiliated with it within the meaning of sec. 15 *et seq.* of the AktG or to any third party, to the extent that such disclosure is necessary to perform this Agreement or otherwise required to protect the Purchaser's fair interest (*berechtigte Interessen*). Before disclosing any such information, the Parties shall obtain from the recipient of such information a written undertaking by which such recipient commits to confidentiality according to clause 26.2, and, in the case of sentence 1, also clause 26.1.

26.4 Pressemitteilungen

Die Parteien werden sich über Form und Inhalt von Pressemitteilungen oder ähnlicher freiwilliger Verlautbarungen zu diesem Vertrag vor deren Veröffentlichung abstimmen. Sofern Veröffentlichungen durch Gesetz oder kapitalmarktbezogene Vorschriften vorgeschrieben sind, werden sie sich um eine vorherige Abstimmung bemühen.

26.4 Press Releases

Prior to issuing any press release or making any similar voluntary announcement with respect to this Agreement, its formation or its performance, the Parties shall agree on the form and content of such press release or similar announcement. If a publih announcement is required by law or under the applicable capital markets rules, then the Parties shall endeavour to coordinate with one another in advance.

§ 27 Kosten und Verkehrssteuern

27.1 Beraterkosten

Jede Partei trägt ihre eigenen Kosten und Auslagen im Zusammenhang mit der Vorbereitung, Verhandlung, dem Abschluss und der Durchführung dieses Vertrages, einschließlich der Honorare, Kosten und Auslagen ihrer Berater.

27.2 Übrige Kosten; Gebühren

Die Kosten der notariellen Beurkundung dieses Vertrages und die Gebühren der zuständigen Kartellbehörden werden von den Parteien je zur Hälfte getragen.

27.3 Verkehrsteuern

Alle Verkehrsteuern einschließlich der Grunderwerbsteuer und

27. Costs and Transfer Taxes

27.1 Advisors' Costs

Each Party shall bear its own costs and expenses in connection with the preparation, negotiation, conclusion and consummation of this Agreement, including any professional fees and charges of its advisors.

27.2 Other Costs; Fees

The costs of the notarisation of this Agreement and the fees charged by the competent antitrust authorities shall be borne by the Parties in equal amounts.

27.3 Transfer Taxes

Any transaction taxes (*Verkehrsteuern*), including real estate

ähnlicher in- oder ausländischer Steuern, Gebühren oder Abgaben, die aufgrund des Abschlusses oder Durchführung dieses Vertrags anfallen, tragen die Parteien je zur Hälfte.

transfer taxes (*Grunderwerbsteuer*), and similar domestic or foreign taxes, fees or charges resulting from the conclusion or performance of this Agreement shall be borne by the Parties in equal amounts.

§ 28 Abtretung und Übertragung von Rechten und Pflichten

28.1 Keine Abtretung oder Übertragung ohne Zustimmung

Die Parteien können Rechte und Pflichten aus diesem Vertrag ohne vorherige schriftliche Zustimmung der jeweils anderen Partei weder ganz noch teilweise abtreten oder übertragen. [*Anm.:* ggfs. ist der Käuferin zu gestatten, Ansprüche an finanzierende Banken abzutreten.]

28.2 Abtretung oder Übertragung durch die Käuferin

Die Käuferin ist berechtigt, Rechte und Pflichten aus diesem Vertrag an mit ihr verbundene Unternehmen i. S. d. §§ 15 ff. AktG abzutreten oder zu übertragen. Im Falle einer Abtretung oder Übertragung steht die Käuferin für die Erfüllung der Pflichten des Abtretungsempfängers aus diesem Vertrag ein.[49]

28. Assignment and Transfer of Rights and Obligations

28.1 No Assignment or Transfer without Consent

No Party may assign or transfer this Agreement or any rights and obligations thereunder, in whole or in part, to any other party without the prior written consent of the other Party. [*Note: Check if Purchaser is to be granted permission to assign rights to financing banks.*]

28.2 Assignment or Transfer by the Purchaser

The Purchaser may transfer or assign this Agreement or any rights or obligations thereunder to any company affiliated with it within the meaning of sec. 15 *et seq.* of the AktG. In the event of any such transfer or assignment, the Purchaser hereby guarantees the due performance by the transferee or assignee of all of the Purchaser's obligations under this Agreement.

[§ 29 Garantie

Die Garantiegeberin garantiert hiermit der Verkäuferin im Wege eines selbstständigen Garantieversprechens i. S. d. § 311 Abs. 1 BGB die Erfüllung der Zahlungsverpflichtungen der Käuferin aus § 14.]

[29. Guarantor's Guarantee

The Guarantor hereby makes to the Seller an independent promise of guarantee (*selbständiges Garantieversprechen*) within the meaning of sec. 311 para. 1 of the BGB relating to the due performance of all payment obligations of the Purchaser under clause 14.]

§ 30 Mitteilungen

30.1 Form der Mitteilungen

Alle rechtsgeschäftlichen Erklärungen und anderen Mitteilungen (nachfolgend „Mitteilungen") im Zusammenhang mit

30. Notices

30.1 Form of Notices

Any legally binding statements and other notices (together *Notices*) in connection with this Agreement shall be made in

I. Asset Deal (einschl. Verkauf von Anteilen an Tochtergesellschaften)

diesem Vertrag bedürfen der Schriftform, soweit nicht notarielle Beurkundung oder eine andere Form durch zwingendes Recht vorgeschrieben ist. Der Schriftform genügt eine Übermittlung per Telefax oder ein Briefwechsel, nicht aber eine sonstige telekommunikative Übermittlung. Die elektronische Form (z.B. durch E-mail) ersetzt die Schriftform nicht.

writing (*Schriftform*) unless notarisation or any other specific form is required by mandatory law. The written form requirement shall be satisfied through transmission by facsimile (but not through any other form of telecommunication transmission) or exchange of letters. An electronic transmission (such as by e-mail) shall not be sufficient to satisfy the requirement that notices be made in writing.

30.2 Mitteilungen an die Verkäuferin

Alle Mitteilungen an die Verkäuferin im Zusammenhang mit diesem Vertrag sind zu richten an:
......
sowie nachrichtlich an ihre Berater: ......

30.2 Notices to the Seller

Any Notices to be delivered to the Seller hereunder shall be addressed as follows:
......
with a copy to its advisors for information purposes: ......

30.3 Mitteilungen an die Käuferin

Alle Mitteilungen an die Käuferin im Zusammenhang mit diesem Vertrag sind zu richten an:
......
sowie nachrichtlich an ihre Berater: ......

30.3 Notices to the Purchaser

Any Notices to be delivered to the Purchaser hereunder shall be addressed as follows:
......
with a copy to its advisors for information purposes: ......

[30.4 Mitteilungen an die Garantiegeberin

Alle Mitteilungen an die Garantiegeberin im Zusammenhang mit diesem Vertrag sind zu richten an:
......
sowie nachrichtlich an ihre Berater: ......]

[30.4 Notices to the Guarantor

Any Notices to be delivered to the Guarantor hereunder shall be addressed as follows:
......
with a copy to its advisors for information purposes: ......]

30.5 Adressänderungen

Die Parteien [und die Garantiegeberin] haben Änderungen ihrer in §§ 30.2 bis [30.4] genannten Anschriften den jeweils anderen Parteien und ihren Beratern [sowie der Garantiegeberin] unverzüglich schriftlich mitzuteilen. Bis zu dieser Mitteilung gilt die bisherige Anschrift als maßgeblich.

30.5 Change of Address

The Parties [and the Guarantor] shall without undue delay give written Notice to the other Parties and its advisors [and the Guarantor] of any changes in the addresses set forth in clauses 30.2 to [30.4]. In the absence of such communication, the address stated above shall remain in place.

30.6 Mitteilungen an Berater

Für das Wirksamwerden einer Mitteilung im Zusammenhang

30.6 Notices to Advisors

The receipt of Notices or any copies thereof by the Parties'

mit diesem Vertrag ist der Zugang bei der Partei [bzw. der Garantiegeberin] selbst erforderlich und genügend. Dies gilt unabhängig davon, ob dieser Vertrag auch eine Pflicht zur Mitteilung an den Berater der Partei [bzw. der Garantiegeberin] vorsieht.

[and the Guarantor's] advisors shall not constitute the receipt, or serve as a substitute for the receipt of, such Notice by the Parties [and the Guarantor] themselves, irrespective of whether the delivery of such copy was mandated by this Agreement.

§ 31 Verschiedenes/Schlussbestimmungen

31.1 Anwendbares Recht

Dieser Vertrag unterliegt deutschem Recht. Das Wiener UN-Übereinkommen über Verträge über den internationalen Warenkauf ist nicht anzuwenden.

31.2 Schiedsverfahren

31.2.1 Alle Streitigkeiten, die sich aus oder im Zusammenhang mit diesem Vertrag oder über seine Gültigkeit ergeben, werden nach der Schiedsgerichtsordnung der Deutschen Institution für Schiedsgerichtsbarkeit e. V. (DIS) in der jeweils gültigen Fassung unter Ausschluss des ordentlichen Rechtsweges endgültig entschieden.[50] Das Schiedsgericht entscheidet mit drei (3) Schiedsrichtern. Ort des schiedsrichterlichen Verfahrens ist .... Das schiedsrichterliche Verfahren wird in deutscher Sprache durchgeführt. Beweismittel dürfen auch in englischer Sprache vorgelegt werden.

31.2.2 Verlangt zwingendes Recht die Entscheidung einer Angelegenheit aus oder im Zusammenhang mit diesem Vertrag oder seiner Durchführung durch ein ordentliches Gericht, ist der Gerichtsstand ....

31.3 Bankarbeitstag

„Bankarbeitstag" i.S. dieses Vertrages ist jeder Tag, an dem die Banken in Frankfurt am

31. Miscellaneous

31.1 Governing Law

This Agreement shall be governed by the laws of the Federal Republic of Germany, excluding the United Nations Convention on Contracts for the International Sale of Goods (CISG).

31.2 Arbitration Proceedings

31.2.1 All disputes arising in connection with this Agreement or its validity shall be finally settled in accordance with the Arbitration Rules of the German Institution of Arbitration (*DIS*) as applicable at the time of the arbitral proceedings without recourse to the ordinary courts of law. The arbitral tribunal shall consist of three (3) abritrators. The place of arbitration shall be .... The language of the arbitral proceedings shall be English, provided that evidence may also be submitted in the German language.

31.2.2 In the event that mandatory law requires that a certain matter arising from or in connection with this Agreement or its performance be decided upon by an ordinary court of law, then jurisdiction and venue shall lie with the competent courts in ....

31.3 Banking Day

For the purposes of this Agreement, *Banking Day* means a day on which banks are open

I. Asset Deal (einschl. Verkauf von Anteilen an Tochtergesellschaften) D.I

31.4 Zinsen

Main für den Geschäftsverkehr geöffnet sind.

Soweit dieser Vertrag nichts anderes bestimmt, ist jede fällige Zahlung vom Tag der Fälligkeit bis zum Tag der Zahlung einschließlich zu verzinsen. Der Zinssatz beträgt ...... Basispunkte über dem europäischen Interbankenzins für Euroguthaben mit Zinsperioden von einem (1) Monat, der auf den Reuters-Seiten 248, 249 um 11.00 MEZ angegeben wird („EURIBOR"). Die aufgelaufenen Zinsen sind auf der Grundlage der verstrichenen Tage und eines 360-Tage-Jahres zu berechnen. Der maßgebliche EURIBOR-Satz ist unter Bezugnahme auf den ersten Bankarbeitstag des Monats, in dem die Verbindlichkeit fällig geworden ist, zu ermitteln. Die Geltendmachung von Verzugszinsen und eines weiteren Verzugsschadens ist nicht ausgeschlossen.

31.5 Vertragsänderungen

Änderungen, Ergänzungen oder die Aufhebung dieses Vertrags einschließlich der Abänderung dieser Bestimmung selbst bedürfen der Schriftform, soweit nicht nach zwingendem Recht eine strengere Form (z.B. notarielle Beurkundung) erforderlich ist. § 30.1 Sätze 2 und 3 gelten entsprechend.[51]

31.6 Verweise auf deutsche Rechtsbegriffe

Verweise auf deutsche Rechtsbegriffe gelten auch als Verweise

31.4 Interest

for business in Frankfurt am Main.

Except as otherwise provided in this Agreement, each Party shall pay interest on any amounts due and payable to the other Party under this Agreement for the period beginning on the day following the day on which the payment is due (or from the day otherwise stipulated herein as the day on which payment of interest shall begin to accrue) and ending on (and including) the day when payment is made. The interest rate shall be ...... basis points above the European Interbank interest rate (*Interbankenzins*) for credit in Euros with an interest period of one (1) month published on Reuters pages 248–249 at 11:00 CET on the first Banking Day of the month in which the interest under sentence 1 hereof begins to accrue (herein referred to as *EURIBOR*). The interest accrual shall be calculated on the basis of the days lapsed and a year consisting of 360 days. The right to claim default interest (*Verzugszinsen*) and more exensive default-related damages (*Verzugsschaden*) shall remain unaffected.

31.5 Amendments to this Agreement

Any amendment of, supplement (*Ergänzung*) to or termination (*Aufhebung*) of this Agreement, including any modification of this clause, shall be valid only if made in writing, except where more stringent form requirements (e.g. notarisation) must be satisfied under applicable law. Clause 30.1 sentences 2 and 3 shall apply *mutatis mutandis*.

31.6 References to German Legal Terms

31.6.1 Where a set of facts is to be assessed under the laws of a for-

auf funktionsgleiche ausländische Rechtsbegriffe, soweit ein Sachverhalt nach dem Recht dieses Staates zu beurteilen ist. Existiert ein funktionsgleicher Rechtsbegriff nicht, ist derjenige Rechtsbegriff einbezogen, der dem deutschen Rechtsbegriff funktional am nächsten kommt.

eign jurisidiction, any reference in this Agreement to any German legal term shall be deemed to include a reference to the funcitionally equivalent (*funktionsgleich*) legal term under the laws of such jurisdiction. If there is no functionally equivalent legal term under the foreign law, then such legal term under the relevant foreign law which most closely reflects the functionality of the legal term under German law shall be referenced into the Agreement.

31.6.2 Where the English wording of this Agreement is followed by a German legal term set in parenthesis and in italics, the German legal term shall prevail.

31.6.3 Unless the context requires otherwise, the phrases „including", „including, in particular" or „in particular" shall be interpreted to be non-restricitive and without limitation.

31.7 Anlagen

Sämtliche Anlagen sind Bestandteil dieses Vertrages.

31.7 Exhibits and Schedules

All Exhibits and Schedules to this Agreement form an integral part of this Agreement.

31.8 Gesamte Vereinbarung

Dieser Vertrag enthält sämtliche Vereinbarungen der Parteien zu seinem Gegenstand und ersetzt alle mündlichen oder schriftlichen Verhandlungen, Vereinbarungen und Abreden, die zuvor zwischen den Parteien im Hinblick auf den Vertragsgegenstand oder Teilen davon geschlossen wurden. Nebenabreden zu diesem Vertrag bestehen nicht.

31.8 Entire Agreement

This Agreement constitutes the final, complete expression of agreement between the Parties with respect to the subject matter covered herein and supersedes any and all previous negotioations, agreements and understandings, whether written or verbal, between the Parties with respect to the subject matter of this Agreement or parts thereof. There are no side agreements to this Agreement.

31.9 Salvatorische Klausel

Sollte eine Bestimmung dieses Vertrags ganz oder teilweise nichtig, unwirksam oder nicht durchsetzbar sein oder werden, wird die Wirksamkeit und Durchsetzbarkeit aller übrigen

31.9 Severability

Should any provision of this Agreement be or become, either in whole or in part, void (*nichtig*), ineffective (*unwirksam*) or unenforceable (*undurchsetzbar*), then the validity,

I. Asset Deal (einschl. Verkauf von Anteilen an Tochtergesellschaften) D.I

verbleibenden Bestimmungen davon nicht berührt. Die nichtige, unwirksame oder nicht durchsetzbare Bestimmung ist, soweit gesetzlich zulässig, als durch diejenige wirksame und durchsetzbare Bestimmung ersetzt anzusehen, die dem mit der nichtigen, unwirksamen oder nicht durchsetzbaren Bestimmung verfolgten Sinn und Zweck nach Gegenstand, Maß, Zeit, Ort und Geltungsbereich am nächsten kommt. Entsprechendes gilt für die Füllung etwaiger Lücken in diesem Vertrag.	effectiveness and enforceability of the other provisions of this Agreement shall remain unaffected thereby. To the extent permitted by law, any such invalid, ineffective or unenforceable provision shall be deemed replaced by such valid, effective and enforceable provision as most closely reflects the economic intent and purpose of the invalid, ineffective or unenforceable provision regarding its subject-matter, scale, time, place and scope of application. The aforesaid rule shall apply *mutatis mutandis* to any gap (*Lücke*) that may be found to exist in this Agreement.
...... [Unterschriften der Beteiligten]	...... [Signature of the Parties]

Schrifttum: *Böttcher/Grewe*, Die Anwendbarkeit des § 311 b Abs. 3 BGB beim Unternehmenskauf, NZG 2005, 950; *Heckschen*, Die Formbedürftigkeit der Veräußerung des gesamten Vermögens im Wege des „asset deal", NZG 2006, 772; *Kiem*, Das Beurkundungserfordernis beim Unternehmenskauf im Wege des Asset Deals. Zur Anwendung des § 311 b III BGB auf Gesamtvermögensübertragungsvorgänge juristischer Personen, NJW 2006, 2363; *Morshäuser*, Die Formvorschrift des § 311 b Abs. 3 BGB bei Unternehmenskäufen, WM 2007, 337; *Müller*, Unternehmenskauf und notarielle Beurkundung nach § 311 b Abs. 3 BGB, NZG 2007, 201; *Rotthege/Wassermann*, Mandatspraxis Unternehmenskauf, 2003; *Wiesbrock*, Formerfordernisse beim Unternehmenskauf, DB 2002, 2311.

Anmerkungen

1. Das vorliegende Vertragsmuster regelt einen Unternehmenskauf im Wege der Einzelrechtsnachfolge *(Asset Deal)*. Wie in größeren Asset Deal-Transaktionen üblich, schließt er gleichzeitig den Erwerb von zugehörigen Beteiligungen *(Share Deal)* ein. Zum Sachverhalt siehe die nachfolgenden Anmerkungen. Zur grundsätzlichen Unterscheidung zwischen dem Unternehmenskauf im Wege der Einzelrechtsnachfolge *(Asset Deal)* und des Beteiligungserwerbs *(Share Deal)* und den Grundzügen dieser Transaktionsformen siehe *Rotthege/Wassermann* Rdnr. 374ff., 379ff.; *Holzapfel/Pöllath*, Unternehmenskauf in Recht und Praxis, 13. Aufl. (2008), S. 111 ff.; *Picot/Picot* Unternehmenskauf, Teil I Rdnr. 26 bis 27; *Picot/Picot* 4. Aufl. (2009), M & A S. 209 bis 213; *Beisel/Klumpp*, 6. Aufl. (2009), Kap. 1, S. 5 bis 10; *Hölters/Hölters* Teil I Rdnr. 1 ff. Das Vertragsmuster ist käuferfreundlich und bevorzugt die Interessen des Käufers insbesondere in allen Bereichen der Käuferhaftung wie Verkäufergarantien (§§ 16, 17), Umweltfreistellung (§ 18), Steuerfreistellung (§ 19), allgemeine Haftungsfragen (§ 20) oder Kostentragung (§ 26). Er stellt aber auch keine Extremposition dar, indem z. B. auf Sicherheitseinbehalte bei der Kaufpreiszahlung verzichtet wird.

2. Dem vorliegenden Vertragsmuster liegt der in der Praxis typische Fall zugrunde, dass ein Industrieunternehmen einen Geschäftsbereich – hier „ABC-Bereich" genannt – veräußert, der nur teilweise in Tochter- und Beteiligungsunternehmen rechtlich verselbständigt ist; der andere Teil wird als Teil des Gesamtunternehmens geführt. Von dem rechtlich nicht verselbständigten Unternehmensbereich wird angenommen, dass er in Deutschland belegen ist; bei den Tochter- und Beteiligungsunternehmen handelt es sich um in- und ausländische Gesellschaften. Das Muster enthält also einen gemischten Asset- und Anteilskauf. Zu regeln sind deshalb nicht nur der Verkauf der Einzelwirtschaftsgüter und der Beteiligungen, sondern auch Fragen der Herauslösung des rechtlich unselbständigen Teils aus dem Gesamtunternehmen *(carve-out)*. Entsprechend der heute wohl gängigen internationalen Vertragspraxis regelt das Muster nur den schuldrechtlichen Teil und überlässt den Vollzug gesondert am *Closing* abzuschließenden Vollzugsverträgen. Der wichtigste davon, der die dingliche Übertragung der deutschen Einzelwirtschaftsgüter und der Verträge regelt, ist als gesondertes Vertragsmuster beigefügt.

3. Werden wie hier beim Asset Deal Grundstücke oder Erbbaurechte verkauft, muss die vertragliche Verpflichtung zur Übertragung des Eigentums notariell beurkundet werden (§ 311b Abs. 1 S. 1 BGB; § 11 Abs. 2 ErbbauRG). Zu beurkunden ist der gesamte Unternehmenskaufvertrag einschließlich aller Nebenabreden (BGHZ 101, 393 ff., 396; BGH NJW 1974, 271; BGH RG BB 2002, 1564). Ein Unternehmenskaufvertrag kann auch nach § 311b Abs. 3 BGB beurkundungspflichtig sein, wenn das verkaufte Unternehmen das gesamte Vermögen des Verkäufers darstellt. Dies ist der Fall, wenn der Vertrag nach dem Willen der Parteien das gesamte Vermögen des Verkäufers erfassen soll (RGZ 94, 314 ff.). Sind die veräußerten Gegenstände im Vertrag einzeln aufgeführt, ist § 311b Abs. 3 BGB nach h.M. nicht anwendbar (BGHZ 25, 1, 4; BGH ZIP 1990, 1541 ff., 1544; im Schrifttum zuletzt *Klöckner*, DB 2008, 1083; *Böttcher/Grewe* NZG 2005, 950, *Müller* NZG 2007, 201; a.A. *Heckschen* NZG 2006, 772, *Kiem* NJW 2006, 2363, der aber § 311b Abs. 3 BGB bei juristischen Personen für nicht anwendbar hält, und *Morshäuser* WM 2007, 337 für den Fall, dass die zu übertragenden Gegenstände im Vertrag zwar einzeln aufgeführt sind, der Vertrag aber zugleich eine allgemeine Übertragungsklausel enthält). Bei einem sorgfältig verfassten und ausgehandelten Unternehmenskaufvertrag ist dies regelmäßig der Fall. Beurkundungspflichtig ist auch der gesamte Vertrag, wenn er wie hier (§ 4.1.1, 4.2.1 des Vertragsmusters) zusätzlich die Verpflichtung zur Abtretung eines GmbH-Gesellschaftsanteils begründet (§ 15 Abs. 4 GmbHG). Zu Formerfordernissen beim Unternehmenkauf s.a. *Wiesbrock* DB 2002, 2311 ff.

4. Eine Garantie auf Seiten des Käufers wird dann naheliegen, wenn – wie häufig bei internationalen Assetkäufen anzutreffen – der Käufer zum Erwerb der Einzelwirtschaftsgüter eine neue Akquisitionsgesellschaft verwendet, die vor dem Vollzug finanziell noch nicht ausgestattet ist.

5. Auch zukünftige Sachen, die beim Vertragsschluss noch nicht vorhanden sind, können Kaufgegenstand sein (BGH NJW 2000, 504).

6. Wird als Teil des Unternehmens auch ein Grundstück als Einzelwirtschaftsgut veräußert, empfiehlt es sich, Kauf und Auflassung des Grundstücks in einem gesonderten, auf deutsch abgefassten, notariellen Grundstückskaufvertrag zu regeln, der alle Bestimmungen des Unternehmenskaufvertrages über den Grundstückskauf abbildet. Zum Vollzug des Grundstückskaufs kann dieser bei den zuständigen Behörden – insbesondere dem Grundbuchamt und den Steuerbehörden – vorgelegt werden, ohne dass der gesamte Unternehmenskaufvertrag offengelegt zu werden braucht. Ist der Unternehmenskaufvertrag in englischer Sprache abgefasst, macht diese Technik auch eine Übersetzung entbehrlich. Um eine enge Verzahnung zwischen Unternehmenskaufvertrag und Grundstückskaufvertrag sicherzustellen, sollte der Grundstückskaufvertrag erst beim Vollzug beurkundet werden. Wird die Eintragung einer Vormerkung als Vollzugsvoraussetzung gewünscht, sollte der Grundstückskaufvertrag eine auflösende Bedingung enthalten für den Fall, dass der Unternehmenskaufvertrag nicht vollzogen wird.

7. Mietverträge wie die hier genannten sind abzuschließen, wenn – wie in der Praxis typisch – der zu verkaufende Unternehmensbereich auch nach dem Vollzug von der Verkäufergruppe operativ noch nicht vollständig getrennt ist (so genannte *Carve-out-Verträge*).

8. Zur Beendigung von Gewinnabführungsverträgen vgl. die Erläuterungen im Zusammenhang mit dem Anteilskauf. Form. C.II.1 Anm. 14 ff.

9. Das Vertragsmuster geht davon aus, dass die dem verkauften ABC-Geschäftsbereich zuzuordnenden Schutzrechte von den nicht verkauften Aktivitäten des Verkäufers nicht benötigt werden und deshalb mitverkauft werden können. Benötigt der Verkäufer diese Schutzrechte auch nach dem Verkauf noch in anderen Bereichen, müssen differenzierte Lizenz-Lösungen

I. Asset Deal (einschl. Verkauf von Anteilen an Tochtergesellschaften) D.I

erarbeitet werden. Dafür stehen zwei Grundstrukturen zur Verfügung. Entweder behält der Verkäufer die betreffenden Schutzrechte zurück und gewährt dem Käufer daran lediglich Lizenzen, oder er veräußert die Schutzrechte und lässt sich Rücklizenzen einräumen.

10. Anders als Marken- und Patentrechte sind deutsche Urheberrechte unter Lebenden als solche nicht übertragbar (§ 29 Abs. 1 UrhG). Zulässig sind die Einräumung von Nutzungsrechten (§ 31 UrhG), schuldrechtliche Einwilligungen und Vereinbarungen zu Verwertungsrechten sowie die in § 39 UrhG geregelten Rechtsgeschäfte über Urheberpersönlichkeitsrechte. Zwar kann ein Nutzungsrecht an einem Urheberrecht ohne Zustimmung des Urhebers übertragen werden, wenn – wie hier – das Recht im Rahmen der Gesamtveräußerung eines Unternehmens oder der Veräußerung von Teilen eines Unternehmens übertragen wird (§ 34 Abs. 3 S. 1 UrhG). Der Urheber kann das Nutzungsrecht aber zurückrufen, wenn ihm die Ausübung des Nutzungsrechts durch den Erwerber nach Treu und Glauben nicht zuzumuten ist (§ 34 Abs. 3 S. 2 UrhG). Zudem haftet der Erwerber eines Nutzungsrechts gemäß § 34 Abs. 4 UrhG gesamtschuldnerisch für die Erfüllung der sich aus dem Vertrag mit dem Urheber ergebenden Verpflichtungen des Veräußerers, wenn der Urheber der Übertragung des Nutzungsrechts nicht im Einzelfall ausdrücklich zugestimmt hat. Kommt es dem Käufer entscheidend darauf an, ein Nutzungsrecht an bestimmten Urheberrechten zu erhalten, sollte er darauf drängen, dass der Urheber der Übertragung zustimmt.

11. Hier gelten dieselben Erwägungen zum Verkauf und zur Lizensierung wie bei Schutzrechten (s. § 5 und vorige Anmerkung).

12. Vertragsbeziehungen mit Dritten können beim Assetkauf nicht ohne die Zustimmung des Vertragspartners übertragen werden. Kann die Zustimmung zum Vollzugstag nicht rechtzeitig eingeholt werden, sollten die Parteien sich daher im Innenverhältnis so stellen, als sei das Vertragsverhältnis bereits wirksam übertragen worden. Während die Parteien bei Verträgen mit längerer Laufzeit in der Regel daran interessiert sind, den Vertrag auch im Außenverhältnis wirksam zu übertragen, kann sich bei kurzfristig abzuwickelnden Verträgen eine Regelung empfehlen, wonach der Verkäufer den Vertrag noch für Rechnung des Käufers durchführt. Ist dies nicht möglich oder unerwünscht, sollte der Käufer sich ein Rücktrittsrecht für den Fall vorbehalten, dass eine Übernahme dieser Vertragsverhältnisse dauerhaft nicht möglich ist.

13. Ein im Rahmen des Verkaufs von Unternehmensbereichen – und zwar sowohl als Anteilsverkauf als auch dem Verkauf von Einzelwirtschaftsgütern – praktisch schwieriges Thema ist die Behandlung von Verträgen, die nicht nur den verkauften Unternehmensbereich, sondern auch andere, nicht verkaufte Bereiche betreffen. So finden sich in Konzernen häufig Liefer- und Leistungsverträge, die auf verschiedene Konzernunternehmen aufgeteilt werden (z.B. im Bereich der Logistik oder der Versorgung mit Rohstoffen oder Energie). Hier empfiehlt es sich, den Vertrag wie in der Klausel vorgesehen zu spalten, um für die Zukunft klare rechtliche Verantwortlichkeiten und eine klare Dokumentation zu schaffen.

14. Für den Fall, dass der Käufer beabsichtigt, die Firma des Verkäufers fortführen wird, ist § 25 HGB zu beachten.

15. Beim Verkauf eines Unternehmens im Wege der Einzelrechtsübertragung gehen die Arbeitsverhältnisse unter den Voraussetzungen des § 613a BGB (d.h. Übergang einer ihre Identität bewahrenden wirtschaftlichen Einheit) automatisch mit über, es sei denn, der betreffende Arbeitnehmer widerspricht dem Übergang seines Arbeitsverhältnisses innerhalb eines Monats nach Zugang der betreffenden (richtigen und vollständigen) Unterrichtung durch den bisherigen oder den neuen Inhaber (§ 613a Abs. 5, 6 BGB). Eine vertragliche Übertragung der betreffenden Arbeitsverhältnisse ist daher nicht erforderlich. Auch einer Zustimmung des Arbeitnehmers zum Übergang seines Arbeitsverhältnisse bedarf es nicht (BAG NZA 1987, 524, 525).

Auf das Arbeitsverhältnis anwendbare Bestimmungen eines Tarifvertrages oder einer Betriebsvereinbarung wandeln sich gemäß § 613a Abs. 1 S. 2 BGB (statisch) um in Individualregelungen des Arbeitsverhältnisses mit dem neuen Betriebsinhaber. Etwas anderes gilt, wenn die Bestimmungen schon kollektivvertraglich (oder aufgrund einer dynamischen Verweisung im Arbeitsvertrag – vgl. BAG NZA 2007, 965) weitergelten, weil der neue Betriebsinhaber in derselben Weise wie der bisherige Betriebsinhaber tarifvertraglich gebunden ist, oder wenn eine bestehende Betriebsvereinbarung deshalb weitergilt, weil der übernommene Betrieb bzw. der Betriebsteil beim Erwerber selbstständig bleibt und damit seine Identität behält (vgl. BAG NZA 2003, 670). Eine individualvertragliche Fortgeltung bislang durch Tarifvertrag oder Betriebsvereinbarung geregelter Rechte und Pflichten scheidet ausnahmsweise aus, sofern und soweit diese Rechte und Pflichten bei dem neuen Inhaber durch kollidierende Rechtsnormen eines anderen Tarifvertrags oder eine andere Betriebsvereinbarung geregelt werden (§ 613a Abs. 1 S. 3 BGB).

Gemäß § 613a Abs. 1 S. 2 BGB individualvertraglich fortgeltende Rechte und Pflichten dürfen innerhalb eines Jahres nach dem Betriebsübergang auf individualvertraglicher Ebene nicht zum Nachteil des Arbeitnehmers geändert werden. Diese Frist gilt nicht, wenn der betreffende Tarifvertrag oder die Betriebsvereinbarung vorher außer Kraft tritt oder der neue Arbeitgeber und der betreffende Arbeitnehmer bei fehlender beiderseitiger Tarifgebundenheit im Geltungsbereich eines anderen Tarifvertrags vereinbaren, dass der betreffende Tarifvertrag oder die Betriebsvereinbarung gelten soll (§ 613a Abs. 1 S. 4 BGB).

16. Zu den übergehenden Bestandteilen von Arbeitsverhältnissen gehören auch Altersversorgungszusagen an aktive Arbeitnehmer. Mangels bestehender Arbeitsverhältnisse i. S. d. § 613a Abs. 1 BGB gilt dies nicht für Verbindlichkeiten gegenüber mit ehemaligen Arbeitnehmern, die mit unverfallbaren Anwartschaften ausgeschieden sind, und für Betriebsrentner (BAG NZA 1987, 559). Arbeitnehmer in Altersteilzeit werden auch während der Freistellungsphase von § 613a BGB erfasst, da das Arbeitsverhältnis während dieser Zeit fortbesteht.

17. § 613a BGB erfasst nur Arbeitsverhältnisse. Für Dienstverpflichtete aufgrund selbstständiger Dienstverhältnisse wie beispielsweise Geschäftsführer gilt die Vorschrift nicht. Soweit eine Übernahme erwünscht ist, muss dies gesondert vereinbart werden. Für den Käufer ist die Fortsetzung der Geschäftsführung durch die bisherigen Geschäftsführer oft unverzichtbar, wenn er auf die Erfahrung und das Wissen dieser Personen über den übernommenen Geschäftsbereich angewiesen ist.

18. Werden Betriebsteile außerhalb Europas übertragen, so gehen Arbeitsverhältnisse oft nicht kraft Gesetzes auf den Erwerber des Betriebes über. Dies gilt etwa für die U.S.A. Dann empfehlen sich auch für Arbeitnehmer ähnliche Regelungen wie die vorliegende zu Geschäftsführern.

19. Gemäß § 613a Abs. 5 BGB haben Verkäufer oder Käufer die von einem Betriebsübergang betroffenen Arbeitnehmer vorab schriftlich über den (geplanten) Zeitpunkt des Übergangs, den Grund für den Übergang, dessen rechtliche, wirtschaftliche und soziale Folgen für die Arbeitnehmer und die hinsichtlich derselben in Aussicht genommenen Maßnahmen zu unterrichten. Darüber hinaus ist der Gegenstand des Betriebsübergangs zu nennen und den Arbeitnehmern Klarheit über die Identität des Erwerbers zu verschaffen (BAG NZA 2007, 682, 684). Da bei fehlender oder unrichtiger Unterrichtung die Widerspruchsfrist des § 613a Abs. 6 BGB nicht zu laufen beginnt (BAG NZA 2006, 1268), sollte auf eine ordnungsgemäße Unterrichtung der Arbeitnehmer große Sorgfalt verwendet werden.

20. Beim Verkauf eines Unternehmens im Wege der Einzelrechtsübertragung muss jedes Wirtschaftsgut nach den für dieses Gut geltenden Regeln dinglich übertragen werden. Bewegliche Sachen werden demnach nach den §§ 929 ff. BGB übertragen, Forderungen und sonstige Ansprüche durch Abtretung nach § 398 BGB, Grundstücke durch Auflassung und Eintragung nach §§ 873, 925 BGB, gewerbliche Schutzrechte nach den für sie geltenden spezialgesetzlichen Regeln (vgl. § 15 PatentG; § 22 GebrauchsmusterG; § 3 GeschmacksmusterG; § 27 MarkenG). Soweit Verträge nicht kraft Gesetzes übergehen (z.B. in den Fällen des § 613a BGB), können Verträge als Ganzes nur mit Zustimmung aller Beteiligten übertragen werden. Zu weiteren Einzelheiten vgl. Anm. 1: *Rotthege/Wassermann* Rdnr. 672 ff.; *Beisel/Klumpp* Kap. 9 Rdnr. 3–40, S. 188–196; *Hölters/Semler* Teil VII Rdnr. 66 ff.; *Picot* Unternehmenskauf und Restrukturierung Rdnr. 52 ff. Das Vertragsmuster sieht für die Übertragung der beweglichen Sachen, Forderungen, Schutzrechte und sonstigen immateriellen Vermögensgegenstände

I. Asset Deal (einschl. Verkauf von Anteilen an Tochtergesellschaften) D.I

einen gesonderten Vollzugsvertrag vor, für die Grundstücke einen notariellen Grundstückskauf- und -übertragungsvertrag und für die Gesellschaftsbeteiligungen gesonderte Anteilsübertragungsverträge.

21. Für die Übertragung von Gesellschaftsanteilen gelten in den verschiedenen Rechtsordnungen zumeist unterschiedliche Formanforderungen. Zudem muss die Übertragungsurkunde oft örtlichen Registern oder Behörden vorgelegt und deshalb in der Landessprache abgefasst sein. Es empfiehlt sich deshalb, für jede Gesellschaft ein gesondertes Übertragungsdokument vorzusehen.

22. Die Bestimmung gibt die Rechtslage wieder. Sach- oder anlagenbezogene Erlaubnisse werden im Hinblick auf ihren Gegenstand erteilt und können daher auch vom Erwerber des Gegenstandes genutzt werden. Dies gilt etwa für Genehmigungen nach § 4 Abs. 1 BImSchG. Personenbezogene Erlaubnisse müssen dagegen vom Betreiber neu beantragt werden. Klassische Fälle personenbezogener Erlaubnisse sind solche für Handwerksbetriebe (§§ 1, 7 HandwO), Gaststätten (§ 4 GastG, § 14 GewO) und Makler (§ 34c GewO). Weitere Beispiele bei Anm. 1: *Rotthege/Wassermann* Rdnr. 391 ff., Checkliste S. 212; *Beisel/Klumpp* Kap. 8 Rdnr. 2–4, S. 135.

23. In der Praxis werden Vollzugsvoraussetzungen gelegentlich als „aufschiebende Bedingungen" bezeichnet. Dabei handelt es sich zumeist um eine ungenaue Übersetzung des englischen Begriffs „condition precedent". Aufschiebende Bedingungen i. S. d. § 158 Abs. 1 BGB, die den Vertrag schwebend unwirksam machen, sind zumeist nicht gewollt, da der Vertrag im übrigen, etwa was Maßnahmen zwischen Unterzeichnung und Vollzug anbelangt, bereits wirksam sein soll. Außerdem ist nicht geklärt, in welchen Fällen eine Partei auf eine echte Bedingung verzichten kann (vgl. BGH DNotZ 1990, 123). Gewollt sind stattdessen Umstände, die die Fälligkeit des Anspruchs auf Vollzug genau regeln. Deshalb empfiehlt sich eine Terminologie, die den Begriff „Bedingung" vermeidet – wir schlagen „Vollzugsvoraussetzungen" vor –, und empfehlen sich genaue Regelungen zum Verzicht auf die Vollzugsvoraussetzungen.

24. Das Vertragsmuster sieht vor, dass der Vertrag vollzogen wird, kurz nachdem alle Vollzugsvoraussetzungen erfüllt sind. Der Vollzugstag ist gleichzeitig Stichtag für die Übertragung des Unternehmens und die Anpassung des Kaufpreises aufgrund einer Stichtagsbilanz. Um den Vollzug in unternehmensinterne Berichts- und Rechnungslegungsverfahren einzubinden, ziehen es Unternehmen oft vor, den Vollzugstag auf ein Monatsende zu legen. Als Vollzugstag sollte dann der letzte Tag des Monats gewählt werden, in dem sämtliche Vollzugsvoraussetzungen erfüllt sind.

25. § 13.2.2 trägt der Regelung in §§ 7 Abs. 1 und 2 Nr. 6 AWG i. V. m. § 53 AWV i. d. F. des Dreizehnten Gesetzes zur Änderung des Außenwirtschaftsgesetzes und der Außenwirtschaftsverordnung vom 24. 4. 2009 Rechnung. Danach kann das Bundesministerium für Wirtschaft und Technologie (BMWi) (mit Zustimmung der Bundesregierung) unter bestimmten Voraussetzungen den Erwerb eines in Deutschland ansässigen Unternehmens oder einer Beteiligung an einem solchen Unternehmen verbieten oder diesbezügliche Anordnungen erlassen. Dies gilt nach herrschender Literaturmeinung nicht nur für den Anteilskauf, sondern auch für andere Erwerbsformen wie Asset Deals (soweit sie sich als Erwerb eines Unternehmens bzw. einer Beteiligung an einem solchen und nicht als bloßer Erwerb von Einzelgegenständen qualifizieren lassen) (vgl. z. B. *Seibt/Wollenschläger* ZIP 2009, 833, 836; *von Rosenberg/Hilf/Kleppe* DB 2009, 831, 833; a. A.: *Voland* EuZW 2009, 519, 520) sowie bestimmte Umwandlungsvorgänge. Bis zum Ablauf des Prüfverfahrens bzw. bestimmter diesbezüglicher Fristen stehen die Rechtswirkungen des schuldrechtlichen Geschäfts über den Erwerb der Beteiligung unter einer auflösenden Bedingung (§ 31 Abs. 3 AWG). Der Vertrag sollte daher erst vollzogen werden, wenn das BMWi eine entsprechende Unbedenklichkeitsbescheinigung erteilt hat bzw. die entsprechenden Wartefristen abgelaufen sind. Der Erwerber kann beim BMWi die Unbedenklichkeitsbescheinigung beantragen und damit den Schwebezustand auf einen Monat verkürzen. Ein Vollzugsverbot besteht nicht.

Der Anwendungsbereich des § 7 Abs. 1 und 2 Nr. 6 AWG ist eröffnet, wenn ein Käufer, der weder Sitz noch Hauptverwaltung innerhalb der EU/EFTA hat, direkt oder indirekt mindestens 25% der Stimmrechte an einem in Deutschland ansässigen Unternehmen erwirbt. Bei der Bestimmung des Stimmrechtsanteils werden Anteile anderer Unternehmen an dem zu erwerbenden Unternehmen zugerechnet, wenn der Erwerber 25% oder mehr Stimmrechte an dem anderen Unternehmen hält sowie Stimmrechte Dritter, mit denen der gebietsfremde Erwerber eine Vereinbarung über die gemeinsame Ausübung von Stimmrechten abgeschlossen hat. Der Umstand, dass § 53 Abs. 1 S. 1 AWV an den Erwerb von „Stimmrechten" anknüpft, wird teilweise als Indiz dafür gesehen, dass die Regelung auf Unternehmenserwerbe mittels „Asset Deal" nicht anwendbar sei (so *Voland* EuZW 2009, 519, 520). Solange diese Frage jedoch nicht eindeutig geklärt ist und die herrschende Auffassung in der Literatur (siehe Nachweise oben) davon ausgeht, dass auch Unternehmenserwerbe im Wege des „Asset Deal in den Anwendungsbereich des § 7 Abs. 2 Nr. 6 AWG fallen können, sollte ggf. jedoch vorsichtshalber eine Unbedenklichkeitsbescheinigung seitens des BMWi eingeholt werden.

Zu diesem Zweck sollte der Kaufvertrag erst vollzogen werden, wenn eine Untersagung durch das BMWi nicht mehr möglich ist. Eine Prüfung des Erwerbs durch das BMWi kommt auch dann in Betracht, wenn der Käufer Sitz oder Hauptverwaltung in einem EU/EFTA-Staat hat, seine Stimmrechte aber zu mindestens 25% in der Hand eines Unternehmens aus einem Drittstaat liegen, sofern es Anzeichen dafür gibt, dass eine missbräuchliche Gestaltung oder ein Umgehungsgeschäft bei der Berechnung des Stimmrechtsanteils vorgenommen wurde, um eine Prüfung zu unterlaufen (z.B. rein künstliche Konstruktion ohne wirtschaftlichen Sinn). Aus Gründen der Rechtssicherheit empfiehlt es sich daher auch dann, für die Übertragung der Anteile eine entsprechende Vollzugsvoraussetzung aufzunehmen, wenn der Käufer seinen Sitz innerhalb der EU/EFTA hat, aber (i) ein hinter ihm stehender (ggf. indirekter) Gesellschafter mit mindestens 25% Stimmrechtsanteil weder Sitz noch Hauptverwaltung innerhalb der EU/EFTA hat und (ii) Anzeichen für eine missbräuchliche Gestaltung oder ein Umgehungsgeschäft nicht ausgeschlossen werden können.

Zusätzlich zu der Vollzugsvoraussetzung sollten Regelungen zur Beantragung der Unbedenklichkeitsbescheinigung durch den Erwerber, zu Mitwirkungspflichten der Vertragsparteien am Prüfverfahren sowie ggf. zu Verhaltenspflichten und Risikoverteilung im Untersagensfall getroffen werden. Zudem sollten Regelungen über aufrechtzuerhaltende vertragliche Bestimmungen für den Fall, dass das BMWi den Erwerb untersagt, aufgenommen werden (s. dazu § 25).

26. Auch diese Vollzugsvoraussetzung betrifft die Herauslösung des ABC-Bereichs aus dem Konzern des Verkäufers. Muss zum erfolgreichen Vollzug ein bestimmter Stand der IT-Arbeiten erreicht werden, empfiehlt es sich, den Umfang der erforderlichen Arbeiten genau festzulegen und den Nachweis über den erreichten Arbeitsstand wie hier vorgesehen durch eine Bescheinigung des IT-Dienstleisters zu dokumentieren.

27. Vgl. die Anm. zu § 10.4 dieses Vertragsmusters.

28. Für diese sogenannte „MAC-Klausel" trifft man in der Praxis häufig Formulierungen an, die eine messbare finanzielle Auswirkung verlangen. So kann vereinbart werden, dass die „Wesentlich Nachteilige Änderung" vorliegt, wenn die Veränderung oder das Ereignis einen Umsatz- oder Ertragsrückgang des veräußerten Geschäfts in bestimmter Höhe – diskutiert werden Schwellen von 10% bis 25% – erwarten lassen.

29. Auch hier kann als Alternative vorgesehen werden, dass sich aus der Verletzung ein bestimmter Mindestschaden ergeben muss.

30. Wenn auch dem Verkäufer ein Rücktrittsrecht für den Fall des Nichteintritts Positiver Vollzugsvoraussetzungen des § 13.3 eingeräumt wird, kann der Fall eintreten, dass einerseits der Käufer auf eine Positive Vollzugsvoraussetzung des § 13.3 gemäß § 13.5.1 verzichtet und andererseits der Verkäufer wegen Nichterfüllung derselben Positiven Vollzugsvoraussetzung des § 13.3 gemäß 13.7.2 vom Vertrag zurücktritt. Für den Fall der Einräumung eines beiderseitigen Rücktrittsrechts muss daher zur Vermeidung von eventuellen Auslegungsstreitigkeiten klargestellt werden, welche Erklärung im Kollisionsfall vorgeht. Dies ist in § 13.7.3 geschehen.

31. Der Verkäufer wird möglicherweise verlangen, bei Mehrheitsbeteiligungen – hier Mehrheitsgesellschaften genannt – nur den der Kapitalbeteiligung entsprechenden Anteil anzusetzen.

I. Asset Deal (einschl. Verkauf von Anteilen an Tochtergesellschaften)   D.I

32. Wie beim Anteilskauf sind hier möglicherweise noch andere Positionen anzusetzen (s. dort). Beim Asset-Kauf ist relevant insbesondere der Barwert *(net present value)* von Verpflichtungen des Verkäufers und der Zielgesellschaften aus der Zusage betrieblicher Altersversorgung, die vom Käufer zu übernehmen sind.

33. Im Gegensatz zum Anteilskauf ist darauf zu achten, dass Finanzverbindlichkeiten und Barmittel beim Assetkauf je nach der gewählten Transaktionsstruktur nur insoweit kaufpreisbestimmend berücksichtigt werden können, als sie vom Kauf auch umfasst sind. Hier sind Finanzverbindlichkeiten und Barmittel nur insoweit erfasst, als sie bei den Zielgesellschaften vorhanden sind, denn im Kauf der Einzelwirtschaftsgüter und der Übernahme von Verbindlichkeiten sind sie nicht enthalten (vgl. §§ 2.1.1, 7). Anderes gilt beim Nettoumlaufvermögen, zu dem auch die als Einzelwirtschaftsgüter übernommenen Vorräte und Forderungen zählen (vgl. § 2.1.1).

34. Veräußert ein Unternehmer im umsatzsteuerlichen Sinne ein Unternehmen im Ganzen oder einen gesondert geführten Unternehmensteil an einen anderen Unternehmer, ist es umsatzsteuerfrei (§ 1 Abs. 1a Umsatzsteuergesetz). Ob Gegenstand des Geschäfts ein gesondert geführter Unternehmensteil ist, muss im Einzelfall nach einer funktionalen Betrachtung geprüft werden (vgl. Reiß/Kraeusel/Langer/*Tehler* Umsatzsteuergesetz § 1 Rdnr. 509).

Fällt Umsatzsteuer an, muss im Vertrag ausdrücklich geregelt werden, wenn der Verkäufer sie zusätzlich zu entrichten hat, da ein entsprechender Vertragswille oder Handelsbrauch nicht unterstellt werden kann (BGH DB 1982, 1003; BGH DB 1978, 786; vgl. Anm. 1: *Holzapfel/Pöllath* Rdnr. 1154; Hopt/*Fabritius* K.21, Anm. 17). Bestehen Zweifel daran, ob eine Geschäftsveräußerung vorliegt, empfiehlt es sich, eine entsprechende Veranlagung abzuwarten. Um die Liquiditätsabschöpfung beim Käufer zu vermeiden, wird oft zusätzlich vereinbart, das der Käufer die Umsatzsteuer nicht in bar zahlt, sondern seinen Vorsteuererstattungsanspruch an den Verkäufer abtritt. Eine entsprechende Regelung kann wie folgt lauten:

„Nach einverständlicher Auffassung der Parteien stellen die in diesem Vertrag vereinbarten Rechtsgeschäfte eine Geschäftsveräußerung i.S.d. § 1 Abs. 1a Umsatzsteuergesetz dar und unterliegen somit nicht der Umsatzsteuer. Sollten die zuständigen Finanzbehörden entgegen der einverständlichen Auffassung der Parteien der Ansicht sein, dass die in diesem Vertrag vereinbarten Rechtsgeschäfte der Umsatzsteuer unterliegen, so umfasst der Kaufpreis nicht die Umsatzsteuer. Die Käuferin hat die Umsatzsteuer innerhalb von fünf (5) Tagen nach deren Fälligkeit an die Verkäuferin gegen Aushändigung einer den Bestimmungen des Umsatzsteuergesetzes entsprechenden Rechnung zu zahlen. Die Käuferin ist berechtigt, ihre Zahlungspflicht gegenüber der Verkäuferin dadurch zu erfüllen, dass sie ihren Vorsteuererstattungsanspruchs bis zu dem Betrag der Umsatzsteuer, der bei der Verkäuferin infolge der Durchführung der in diesem Vertrag vereinbarten Rechtsgeschäfte anfällt, unter Einhaltung der Form des § 46 Abs. 3 AO abtritt. Soweit der Vorsteuererstattungsanspruch die von der Verkäuferin anlässlich der Durchführung der in diesem Vertrag vereinbarten Rechtsgeschäfte zu zahlende Umsatzsteuer unterschreitet, hat die Käuferin der Verkäuferin den Fehlbetrag innerhalb von fünf (5) Tagen nach Fälligkeit der Umsatzsteuer in bar zu zahlen."

35. Wird nur ein Teil eines Unternehmensbereichs veräußert, liegen im Allgemeinen keine historischen Teilabschlüsse vor. Zur Vorbereitung des Verkaufs wird der Verkäufer zumindest einen Pro-forma-Abschluss erstellen, um das Verkaufsobjekt marktgängig zu machen und dem Käufer eine Bewertung zu ermöglichen. Für den Pro-forma-Abschluss wird der Verkäufer üblicherweise nur eingeschränkte Garantien geben (vgl. § 16.4.3 des Vertragsmusters).

36. Es kann sich empfehlen, die Rechnungslegungsgrundsätze, die für den Stichtagsabschluss des verkauften Geschäftsbereichs anzuwenden sind, in Anlagen genauer zu beschreiben oder bestehende Konzernregelwerke beizufügen.

37. Vgl. in diesem Zusammenhang etwaige Zustimmungserfordernisse nach § 179a AktG oder §§ 1365, 1419 bzw. 1822 BGB.

38. Vgl. insoweit die Anm. zu § 16.1 S. 1 des Vertragsmusters.

39. Vgl. § 13.3.5 des Vertragsmusters und die Anmerkungen zur Verselbstständigung der IT-Infrastruktur dort.

40. Der Vertrag über die Veräußerung des Grundbesitzes wird gem. § 3.1 des Vertragsmusters gesondert abgeschlossen. Die vorliegende Garantie sollte deshalb in den Grundstückskauf- und -übertragungsvertrag übernommen werden. Denkbar wäre auch, die Garantien bezüglich des Grundeigentums sämtlich im Grundstückskauf- und -übertragungsvertrag zu regeln. Übersichtlicher ist es jedoch, wenn der gesamte Garantiekatalog einschließlich der Rechtsfolgen im Hauptvertrag enthalten ist.

41. Der bloße Wechsel des Unternehmensinhabers stellt keine Betriebsänderung i. S. d. § 111 BetrVG dar (BAG DB 1980, 743). Würde der ABC-Bereich einen Teil eines Betriebes darstellen, so könnte die Veräußerung aber eine nach § 111 BetrVG mitbestimmungspflichtige Betriebsänderung nach sich ziehen (BAG AP Nr. 19 zu § 111 BetrVG).

42. Die allgemeine Beschreibung des maßgeblichen Personenkreises ist eine für den Käufer besonders günstige und eher selten anzutreffende Lösung. In den meisten Fällen werden die maßgeblichen Personen, die dem Käufer aus der Due Diligence-Prüfung und den Verhandlungen bekannt sind, namentlich bezeichnet.

43. Auf die Bezeichnung der maßgeblichen Grundstücke ist beim Assetkauf besondere Sorgfalt zu verwenden. Gemäß § 4 Abs. 3 BBodSchG haftet der Eigentümer des Grundstücks neben dem Verursacher und dem Inhaber der tatsächlichen Gewalt für die Beseitigung von Umweltrisiken. Der Käufer wird daher Wert darauf legen, dass die Freistellung umfasst (a) alle früheren oder derzeitigen Grundstücke im Eigentum der Gesellschaften, deren Anteile übernommen werden, da hier die mögliche Umwelthaftung des Eigentümers fortbesteht, (b) Grundstücke, die der Käufer im Rahmen des Assetkaufs unmittelbar erwirbt, und (c) Grundstücke, die der Käufer nach dem Vollzugstag auf schuldrechtlicher oder anderer rechtlicher Grundlage nutzt, da er auch hier als Inhaber der tatsächlichen Gewalt (Zustandsstörer) für Altlasten haftbar werden kann.

44. Der Übernehmer eines Betriebes oder Teilbetriebes haftet nach § 75 AO für betriebliche Steuern. Dies sind insbesondere Umsatzsteuern und Gewerbesteuern. Über die beim Anteilskauf geltenden Überlegungen hinaus empfiehlt sich deshalb auch beim reinen Asset Deal eine kurze Steuerfreistellungsklausel. Die vorliegende, eher knappe Musterklausel berücksichtigt, dass eine gemischte Asset Deal- und Share Deal-Struktur vorliegt.

45. Beim Verkauf von Unternehmensbereichen werden für eine Übergangszeit üblicherweise Dienstleistungsverträge *(Transitional Service Agreements)* geschlossen, die es dem Käufer ermöglichen, die Verselbstständigung des Unternehmensbereiches zu vollenden. Gegenstand dieser Verträge sind zumeist Konzerndienstleistungen wie z. B. Unterstützung im Rahmen der Rechnungslegung, der Lohnbuchhaltung und in Rechts- und Steuerangelegenheiten. Auch eine EDV-Unterstützung kann für eine Übergangszeit erforderlich sein.

46. Diese Bestimmung sieht den Abschluss weiterer Verträge vor, die verschiedene Leistungsbeziehungen nach der Herauslösung des verkauften Unternehmensbereiches aus dem Verkäuferkonzern regeln (sog. *Carve-out-Verträge*). Daran wird der Käufer interessiert sein, wenn er auf bestimmte Lieferungen oder Leistungen angewiesen ist. Umgekehrt kann der Verkäufer ein Interesse daran haben, seine Kapazitäten auch nach dem Verkauf auszulasten. Für ein Bündel von Lieferungen und Leistungen zwischen denselben Parteien empfiehlt es sich, einen Rahmenvertrag zu schließen und die technischen und wirtschaftlichen Einzelheiten der einzelnen Leistungspakete in Anlagen *(Term Sheets)* zu regeln.

47. Zur außenwirtschaftsrechtlichen Prüfung siehe auch § 13.2.2 sowie die dortigen Anmerkungen.

48. Dies stellt eine Regelung für den Fall dar, dass eine auflösende Bedingung gemäß § 31 AWG eintritt. Danach steht *„der Eintritt der Rechtswirkungen eines Rechtsgeschäfts über den schuldrechtlichen Erwerb* eines gebietsansässigen Unternehmens" [......] unter der auflösenden Bedingung, dass das Bundesministerium für Wirtschaft und Technologie den Erwerb innerhalb der Frist untersagt. Um Unklarheiten darüber zu vermeiden, ob mit Eintritt der Bedingung nur die Kaufabrede entfällt, und um sicherzustellen, dass nicht ungewollt andere vertragliche Bindungen aus dem Kaufvertrag überleben, sollte der Vertrag für diesen Fall ein Rücktrittsrecht vorsehen.

I. Asset Deal (einschl. Verkauf von Anteilen an Tochtergesellschaften) D.I

49. Ggfls. ist dem Käufer darüber hinaus zu gestatten, Ansprüche an finanzierende Banken abzutreten.

50. Dies ist der von der Deutschen Institution für Schiedsgerichtsbarkeit (DIS) empfohlene Wortlaut (vgl. www.dis-arb.de/scho/schiedsvereinbarung98.html) mit einer Abwandlung, nämlich der Dynamisierung (Verweis auf die Schiedsordnung in der jeweiligen Fassung). Dadurch wird sichergestellt, dass die im Zeitpunkt des Schiedsverfahrens geltende (und nicht die im Zeitpunkt der Beurkundung des Vertrages geltende) Schiedsordnung gilt. Käme es den Parteien darauf an, für ein Schiedsverfahren eine ganz bestimmte Schiedsverfahrensordnung zu vereinbaren, so wäre auch die Vereinbarung über die Schiedsverfahrensordnung vom Beurkundungserfordernis umfasst (vgl. DNotI-Report 24/2008, S. 188). Sofern die Parteien sich den Regeln einer anderen Schiedsgerichtsbarkeit (z.B ICC) unterwerfen möchten, sollte die von der jeweiligen Institution zu diesem Zweck vorgeschlagene Schiedsklausel verwendet werden.

51. Qualifizierte Schriftformklausel. Während nach BGH (Urt. v. 2. 6. 1976 – VIII ZR 97/74 – BGHZ 66, 378 = MDR 1976, 925) eine zwischen Kaufleuten ausgehandelte Schriftformklausel, die nicht nur für Vertragsänderungen die Schriftform vorschreibt, sondern auch Änderungen der Schriftformklausel ihrerseits dem Schriftformerfordernis unterstellt (sog. doppelte oder qualifizierte Schriftformklausel), keinen rechtlichen Bedenken begegnet, hat das OLG Rostock entschieden, dass eine solche Klausel in Allgemeinen Geschäftsbedingungen gemäß § 307 Abs. 1 BGB unwirksam sei, da sie dem in § 305 b BGB niedergelegten Grundsatz des Vorrangs der Individualvereinbarung widerspreche (Urt. v. 19. 5. 2009 – 3 U 16/09). Es sollte daher darauf geachtet werden, dass die Klausel ausgehandelt wird. Allerdings dürfte der Klausel im vorliegenden Fall vor dem Hintergrund der §§ 311 b Abs. 1 S. 1 BGB; § 15 Abs. 4 S. 1 GmbHG ohnehin eine geringere Bedeutung zukommen.

II. Übertragungs- und Übernahmevertrag (Vollzugsvertrag)[1]
Asset Transfer Agreement

zwischen	by and between
……	……
(„Veräußerin")	(the *Seller*)
und	
……	……
(„Erwerberin")	(the *Purchaser*)
(Veräußerin und Erwerberin werden zusammen auch „Parteien" und einzeln auch „Partei" genannt);	(together the *Parties* and each of them a *Party*)
vom	dated
……	……

Präambel

(A) Die Veräußerin und die Erwerberin haben einen Kaufvertrag betreffend den ABC-Bereich der …… mit Datum vom …… abgeschlossen („Kaufvertrag"). Darin hat sich die Veräußerin verpflichtet, den dort näher bestimmten Unternehmensbereich („ABC-Bereich") im Wege der Übertragung der dem ABC-Bereich zuzuordnenden Einzelwirtschaftsgüter, insbesondere der Vermögensgegenstände, Verbindlichkeiten und Vertragsverhältnisse nach Maßgabe der Bestimmungen des Kaufvertrages zu veräußern. Die Erwerberin hat sich verpflichtet, diese Einzelwirtschaftsgüter zu erwerben.

(B) Die Parteien beabsichtigen, die in dem Kaufvertrag vereinbarten Einzelrechtsgeschäfte dinglich zu vollziehen.

Dies vorausgeschickt, vereinbaren die Parteien nach Maßgabe der Bestimmungen des Kaufvertrages, was folgt:

§ 1 Einbeziehung des Kaufvertrages

1.1 Die Bestimmungen des Kaufvertrages gelten auch für diesen Vollzugsvertrag. Insbesondere gelten sämtliche im Kaufvertrag definierten

Recitals

(A) The Parties have entered into a sale and purchase agreement, dated as of …… (the *Sale and Purchase Agreement*) pursuant to which the Transferor has agreed to sell to the Transferee the business further specified therein (the *ABC Business*) by selling and transferring the assets, liabilities and contractual relationships pertaining to the ABC Business. The Transferee has agreed to acquire such assets, liabilities and contractual relationships.

(B) The Parties wish to consummate the transactions contemplated by the Sale and Purchase Agreement.

Now, therefore, pursuant to the terms and conditions of the Sale and Purchase Agreement, the Parties agree as follows:

1. Reference to the Sale and Purchase Agreement; Effective Date

1.1 Reference to the Sale and Purchase Agreement
Unless otherwise indicated herein, the terms used in this Agreement

II. Übertragungs- und Übernahmevertrag (Vollzugsvertrag) D.II

Begriffe auch für den vorliegenden Vollzugsvertrag. Bei Widersprüchen zwischen dem Kaufvertrag und diesem Vertrag hat der Kaufvertrag Vorrang.

shall have the meanings attributed to them in the Sale and Purchase Agreement and all definitions set forth in the Sale and Purchase Agreement shall also apply for the purposes of this Agreement. In the event of a conflict between this Agreement and the Sale and Purchase Agreement, the terms and conditions of the Sale and Purchase Agreement shall prevail.

1.2 „Stichtag" im Sinne dieses Vertrages ist der ......[2]

1.2 Effective Date

Effective Date as used in this Agreement shall be ....

§ 2 Übertragung von Rechten

2. Assignment of Rights and Transfer of Title

2.1 Allgemeine Übertragung

Die Veräußerin überträgt hiermit auf die Erwerberin unter der in § 5.1 genannten aufschiebenden Bedingung mit dinglicher Wirkung ab dem Stichtag ihre sämtlichen Rechte an den in § 2 sowie den §§ 5 und 6 des Kaufvertrages bezeichneten Vermögensgegenständen, jedoch mit Ausnahme der Vermögensgegenstände, die zu den in § 9.1 des Kaufvertrages bezeichneten Ausgeschlossenen Bereichen oder zu dem in § 9.2 des Kaufvertrages bezeichneten Ausgeschlossenen Vermögen zählen.

2.1 General Transfer and Assignment

Subject to the condition precedent (*aufschiebende Bedingung*) set forth in clause 5.1, the Transferor hereby transfers and assigns to the Transferee and the Transferee hereby assumes from the Transferor with effect in rem (*mit dinglicher Wirkung*) as of the Effective Date all of the Transferor's rights in and title to the assets referred to in clauses 2, 5 and 6 of the Sale and Purchase Agreement, such assets not to include any of the assets belonging to the Excluded Operations as defined in clause 9.1 of the Sale and Purchase Agreement or being part of the Excluded Assets as defined in clause 9.2 of the Sale and Purchase Agreement.

2.2 Übertragung des Eigentums an den verkauften beweglichen Sachen

Die Veräußerin überträgt hiermit auf die Erwerberin unter der in § 5.1 genannten aufschiebenden Bedingung[3] mit dinglicher Wirkung ab dem Stichtag ihr Eigentum an den nach § 2 des Kaufvertrages verkauften beweglichen Sachen, und zwar insbesondere:

2.2 Transfer of Title to Sold Movable Assets

Subject to the condition precedent set forth in clause 5.1, the Transferor hereby transfers to the Transferee with effect in rem (*mit dinglicher Wirkung*) as of the Effective Date, and the Transferee hereby accepts such transfer, title to all of the movable tangible assets sold pursuant to clause 2 of the Sale and Purchase Agreement, including in particular title to:

(a) an den technischen Anlagen und Maschinen, den anderen Anlagen und der Betriebs- und Geschäftsausstattung einschließlich der Transport- und Büroausstattung, der Anlagen im Bau, der Einbauten und des Zubehörs, der Geschäftseinbauten und des Geschäftszubehörs, des Werkzeugs, der Einrichtungsgegenstände, des Büromaterials, der Produktionsstoffe, der Ersatzteile, der sonstigen Hilfs- und Betriebsstoffe sowie an allen sonstigen beweglichen Sachen, die im Eigentum der Veräußerin stehen oder bezüglich derer die Veräußerin ein Anwartschaftsrecht innehat, insbesondere an den in Anlage 2.2 a[4] aufgeführten Gegenständen;

(b) an den Vorräten an Roh-, Hilfs- und Betriebsstoffen, unfertigen Erzeugnissen, unfertigen Leistungen, halbfertigen und fertigen Erzeugnissen und Waren, Austausch- und Ersatzteilen, Verpackungsmaterial, sonstigen Betriebstoffen und Treibstoffen, die im Eigentum der Veräußerin stehen oder bezüglich derer die Veräußerin ein Anwartschaftsrecht innehat, insbesondere an den in Anlage 2.2 b aufgeführten Gegenständen;

(c) an sämtlichen Büchern und Aufzeichnungen und an sonstigen Geschäftsdokumenten, mit Ausnahme derjenigen Bücher, Aufzeichnungen und Dokumente, zu deren Aufbewahrung die Verkäuferin rechtlich verpflichtet ist[5], insbesondere an sämtlichen Verkörperungen – schriftlichen Beschreibungen, Musterzeichnungen, Plänen, elektronischen Datenträgern –
  (i) der ABC-Schutzrechte, diesbezüglicher Schutzrechtsanmeldungen und Nutzungsrechte, einschließlich der in Anlage 5 des Kaufvertrages aufgeführten Schutzrechte;[6]

(a) All technical equipment and machinery, other equipment, office furniture and fixtures (*Betriebs- und Geschäftsausstattung*), including all transportation and office equipment, assets under construction (*Anlagen im Bau*), fixtures and fittings, trade fixtures and fittings, tools, furniture, office supplies, production supplies, spare parts, other operating supplies (*Hilfs- und Betriebsstoffe*) and all other tangible property of any kind owned by the Transferor or in relation to which the Transferor holds expectancy rights (*Anwartschaftsrechte*), in particular, those items listed in the attached Exhibit 2.2 a;

(b) all inventories of usable and consumable raw materials and supplies, work in progress, semi-finished and finished goods and merchandise, replacement and spare parts, packaging materials, other operating supplies and fuels, owned by the Transferor or in relation to which the Transferor holds expectancy rights (*Anwartschaftsrechte*), in particular, those items listed in the attached Exhibit 2.2 b;

(c) all books and records and other documentation of every kind relating to the ABC Business with the exception of those books, records and documentation that the Transferor is legally required to retain, including, in particular, all physical representations such as written descriptions, pattern designs, plans or electronic data devices, or otherwise, of
  (i) the ABC Intellectual Property Rights, any applications for registration and user rights relating thereto, including, in particular, all of the intellectual property

II. Übertragungs- und Übernahmevertrag (Vollzugsvertrag) — D.II

(ii) des Technischen Know-how;[7]

(iii) des Kommerziellen Know-how[8] sowie

(d) an sämtlichen Unterlagen über die Kunden- und Lieferantenbeziehungen (Karteien und Korrespondenz).[9]

2.3 Abtretung der Rechte an den verkauften immateriellen Vermögensgegenständen

Die Veräußerin tritt hiermit unter der in § 5.1 genannten aufschiebenden Bedingung ihre sämtlichen Rechte an den nach § 2 sowie den §§ 5 und 6 des Kaufvertrages verkauften immateriellen Vermögensgegenständen mit dinglicher Wirkung ab dem Stichtag an die Erwerberin ab. Insbesondere überträgt die Veräußerin auf die Erwerberin die ABC-Schutzrechte sowie sämtliche diesbezügliche Schutzrechtsanmeldungen und Nutzungsrechte, das Technische Know-how sowie sämtliche diesbezügliche Nutzungsrechte und vergleichbare Rechte, das Kommerzielle Know-how sowie die Kunden- und Lieferantenbeziehungen, die verkauften Software-Rechte, die verkauften Forderungen und die sonstigen verkauften immateriellen Vermögensgegenstände.[10] Die vorstehenden Abtretungen und Übertragungen umfassen im Einzelnen Folgendes:

(a) Die verkauften ABC-Schutzrechte umfassen sämtliche Patente, Schutzmarken, geschäftlichen Bezeichnungen, geographischen Herkunftsangaben, Gebrauchs- und Geschmacksmuster, Halbleiterschutzrechte, Urheberrechte (einschließlich solcher in elektronischer Form und Datenbanken), Internet-Domain-Namen, Leistungsschutzrechte und sonstigen Schutzrechte und

rights set out in Schedule 5.1 of the Sale and Purchase Agreement;

(ii) the Technical Know-how;

(iii) the Commercial Know-how as well as

(d) all lists, records and other information pertaining to suppliers and customers, including, in particular, all address files and correspondence.

2.3 Assignment and Transfer of Rights in the Sold Intangible Assets

Subject to the condition precedent set out in clause 5.1 of this Agreement, the Transferor hereby assigns and transfers with effect in rem (*mit dinglicher Wirkung*) as of the Effective Date to the Transferee, who accepts such assignment and transfer, all of its rights in the intangible assets sold pursuant to clauses 2, 5 and 6 of the Sale and Purchase Agreement including, in particular, the ABC Intellectual Property Rights, any applications and user rights relating thereto, the Technical Know-How and all user rights and similar rights relating thereto, the Commercial Know-How, all customer and supplier relationships, the sold software rights, the sold receivables and all other intangible assets sold under the Sale and Purchase Agreement. In detail, the aforementioned assignment and transfer particularly comprise the following:

(a) The sold ABC-Intellectual Properts Rights include all patents, trademarks, business designations (*geschäftliche Bezeichnungen*), geographical indications of origin (*geographische Herkunftsangaben*), utility models (*Gebrauchsmuster*), design patents (*Geschmacksmuster*), semiconductor proprietary rights (*Halbleiterschutzrechte*), plant variety protective rights

-muster, die weltweit eine gleiche oder ähnliche Wirkung haben, einschließlich der in Anlage 5 des Kaufvertrages aufgeführten Schutzrechte, deren Inhaberin die Veräußerin ist und die dem ABC-Bereich zuzuordnen sind, und zwar unabhängig davon, ob sie in der Bilanz des Jahresabschlusses der Veräußerin zum …… oder in der Bilanz des ABC-Stichtagsabschlusses aufgeführt sind, insbesondere die in Anlage 2.3 a dieses Vertrages aufgeführten Rechte;

(b) das verkaufte Technische Know-how umfasst sämtliche Rechte an Erfindungen, technischem Erfahrungsgut, Betriebsgeheimnissen, Verfahren und Formeln und sonstigen immateriellen Gegenständen, die nicht von den Schutzrechten umfasst sind, soweit diese Rechte dem ABC-Bereich zuzuordnen sind, insbesondere die in Anlage 2.3 b aufgeführten Rechte;

(c) das verkaufte Kommerzielle Know-how umfasst sämtliche Rechte an kommerziellem Erfahrungsgut, Geschäftsgeheimnissen, Verwaltungs- und Vertriebsverfahren, soweit diese Rechte dem ABC-Bereich zuzuordnen sind, insbesondere die in Anlage 2.3 c aufgeführten Rechte;

(d) die verkauften Software-Rechte umfassen sämtliche Rechte an

(*Sortenschutzrechte*), copyrights (including in software and databases), internet domain names, ancillary copyrights (*Leistungsschutzrechte*) and rights or forms of protection having equivalent or similar effect anywhere in the world, applications for such rights as well as user rights in respect of such rights the holder of which is the Seller and which pertain to the ABC Business, including those listed in Schedule 5.1 of the Sale and Purchase Agreement together with all representations thereof, such as written descriptions, pattern designs, plans or electronic data devices and regardless of whether or not such rights are included in the balance sheet of the …… financial statements of the Seller or in the ABC Closing Financial Statements, and, in particular, the rights listed in Exhibit 2.3 a;

(b) the sold Technical Know-How includes all rights (including all user rights and similar rights in relation thereto) in inventions, rights in respect of technical knowledge, technical secrets, processes, formulae and other intangible assets which are not included within the concept of industrial or intellectual property rights the holder of which is the Seller and which pertain to the ABC Business, including, in particular, the rights set out in Exhibit 2.3 b;

(c) the sold Commercial Know-How includes all rights in respect of commercial knowledge, business secrets, administration and marketing processes, to the extent they are attributable to the ABC Business, including, in particular, the rights set out in Exhibit 2.3 c;

(d) the sold software rights include all rights in respect of software

II. Übertragungs- und Übernahmevertrag (Vollzugsvertrag) — D.II

der Software und vergleichbare Rechte, soweit diese Rechte dem ABC-Bereich zuzuordnen sind, und zwar unabhängig davon, ob sie von der Verkäuferin selbst entwickelt oder von ihr erworben worden sind, insbesondere die in Anlage 2.3 d aufgeführten Rechte;

(e) die verkauften Forderungen umfassen Forderungen aus Lieferungen und Leistungen, Forderungen gegen verbundene Unternehmen, Forderungen gegen Unternehmen, mit denen ein Beteiligungsverhältnis besteht, Klageforderungen, Regressansprüche und aufrechenbare Ansprüche jeder Art, soweit sie dem ABC-Bereich zuzuordnen sind, insbesondere die in Anlage 2.3 e aufgeführten Forderungen;

(f) die verkauften sonstigen immateriellen Vermögensgegenstände umfassen insbesondere

  (i) Rechnungsabgrenzungsposten, soweit sie dem ABC-Bereich zuzuordnen sind, mit Ausnahme von Rechten aus vorausbezahlten Versicherungsprämien;

  (ii) das Recht, für versandte oder gelieferte Erzeugnisse und erbrachte Leistungen, soweit sie dem ABC-Bereich zuzuordnen und zum Stichtag noch nicht in Rechnung gestellt sind, Rechnungen auszustellen und Zahlungen in Empfang zu nehmen, insbesondere für die in Anlage 2.3 f (ii) aufgeführten und bis zum Stichtag fortgeführten Forderungen;

  (iii) sämtliche übertragbaren personengebundenen behördlichen Genehmigungen, die zum Betrieb des ABC-Be-

and similar rights pertaining to the ABC Business, whether created or acquired by the Seller, including, in particular, the rights set out in Exhibit 2.3 d;

(e) the sold receivables include trade receivables; receivables from affiliated companies; receivables from companies in which a participating interest exists (*Forderungen gegen Unternehmen, mit denen ein Beteiligungsverhältnis besteht*), receivables from legal proceedings (*Klageforderungen*), rights of recourse (*Regressansprüche*) and set-off rights of any kind, in each case to the extent they are attributable to the ABC Business, including, in particular, the receivables listed in Exhibit 2.3 e;

(f) the sold other intangible assets include, in particular

  (i) all rights resulting from prepayments or prepaid expenses (*Rechnungsabgrenzungsposten*) to the extent they are attributable to the ABC Business, except for prepaid insurance;

  (ii) all rights to invoice and receive payments for products shipped or delivered or services performed to the extent they are attributable to the ABC Business but unbilled or unpaid as of the Effective Date, including, in particular, the receivables listed in Exhibit 2.3 f (ii), carried forward through the Effective Date;

  (iii) all assignable official permits for the operation of the ABC Business which were granted on a non-

reichs durch die Erwerberin erforderlich sind;[11]

(iv) sämtliche Rechte aus geleisteten Anzahlungen;
(v) den gesamten Kundenstamm und den dazugehörigen Geschäfts- und Firmenwert.

2.4 Einräumung des Besitzes

Die Veräußerin räumt der Erwerberin hiermit den Besitz an den nach dem Kaufvertrag verkauften beweglichen Sachen ein.[12] Soweit die Erwerberin am Vollzugstag nicht den unmittelbaren Besitz an bestimmten beweglichen Sachen erlangt, vereinbaren die Veräußerin und die Erwerberin hiermit, dass die Veräußerin diese Sachen ab dem Vollzugstag für die Erwerberin aufzubewahren hat. Soweit einzelne bewegliche Sachen am Vollzugstag im Besitz Dritter sind, tritt die Veräußerin hiermit ihren Anspruch auf Herausgabe dieser Sachen an die Erwerberin ab.[13]

§ 3 Übernahme von Verbindlichkeiten

3.1 Die Erwerberin übernimmt hiermit von der Veräußerin unter der in § 5.1 genannten aufschiebenden Bedingung mit schuldbefreiender Wirkung ab dem Stichtag die nach den §§ 2 und 7 des Kaufvertrages verkauften Verbindlichkeiten und Eventualverbindlichkeiten, jedoch mit Ausnahme der Verbindlichkeiten, die zu den in § 9.1 des Kaufvertrages bezeichneten Ausgeschlossenen Bereichen oder zu dem in § 9.2

personal basis (*Realkonzessionen*) and which are necessary for the operation of the Sold Business by the Transferee; and
(iv) all rights resulting from payments on account;
(v) the entire customer base and the goodwill relating thereto.

2.4 Transfer of Possession

The Transferor hereby grants to the Transferee possession (*Besitz*) to the tangible movable assets (the *Movable Assets*) sold pursuant to the Sale and Purchase Agreement. If and to the extent that the Transferee does not take direct possession (*unmittelbarer Besitz*) of any Movable Assets on the Effective Date, the Parties hereby agree that the Transferor shall, as from the Effective Date, hold those Movable Assets in safe custody as agent (*Besitzmittler*) for and on behalf of and without any additional charge or cost for the Transferee and shall deal with such Movable Assets in accordance with the reasonable instructions received from the Transferee. If and to the extent that the Seller is not in actual possession of any Movable Assets on the Effective Date, the Transferor hereby assigns to the Transferee any and all claims against the respective possessor for delivery (*Herausgabeansprüche*) of such Movable Assets.

3. Assumption of Liabilities

3.1 Subject to the condition precedent set forth in clause 5.1, the Transferee hereby assumes from the Transferor by way of assumption of debt with full discharge of the original debtor (*im Wege der befreienden Schuldübernahme*) with effect as of the Effective Date the Assumed Liabilities sold pursuant to clauses 2 and 7 of the Sale and Purchase Agreement, however with the exception of any liabilities, ac-

des Kaufvertrages bezeichneten Ausgeschlossenen Vermögen gehören.

3.2 Zu den nach den §§ 2 und 7 des Kaufvertrages verkauften und hiermit übernommenen Verbindlichkeiten und Eventualverbindlichkeiten zählen insbesondere die in Anlage 3.2 dieses Vertrages aufgeführten Verbindlichkeiten.

§ 4 Übernahme von Vertragsverhältnissen

4.1 Die Erwerberin übernimmt hiermit von der Veräußerin unter der in § 5.1 genannten aufschiebenden Bedingung mit befreiender Wirkung ab dem Stichtag die nach den §§ 2 und 8 des Kaufvertrages verkauften Vertragsverhältnisse, jedoch mit Ausnahme der Vertragsverhältnisse, die zu den in § 9.1 des Kaufvertrages bezeichneten Ausgeschlossenen Bereichen oder zu dem in § 9.2 des Kaufvertrages bezeichneten Ausgeschlossenen Vermögen zählen.

4.2 Zu den nach den §§ 2 und 8 des Kaufvertrages verkauften und hiermit übernommenen Vertragsverhältnissen zählen insbesondere die in Anlage 4.2 dieses Vertrages aufgeführten Vertragsverhältnisse.

§ 5 Aufschiebende Bedingung; Stichtag

5.1 Aufschiebende Bedingung

Sämtliche vorstehenden Übertragungen und Übernahmen von Verbindlichkeiten und Vertragsverhältnissen stehen unter der aufschiebenden Bedingung, dass der Vorläufige Kaufpreis gemäß §§ 14.3, 14.5.1

tual and contingent, pertaining to the Excluded Operations as defined in clause 9.1 of the Sale and Purchase Agreement or being part of the Excluded Assets as defined in clause 9.2 of the Sale and Purchase Agreement.

3.2 The Assumed Liabilities sold pursuant to clauses 2 and 7 of the Sale and Purchase Agreement and assumed hereby shall include, in particular, the actual and contingent liabilities listed in Exhibit 3.2.

4. Assumption of Contractual Relationships

4.1 Subject to the condition precedent set forth in clause 5.1, the Transferee hereby assumes from the Transferor by way of assumption of contract with full discharge of the original party to the contract (*im Wege der Vertragsübernahme mit befreiender Wirkung*) with effect as of the Effective Date the Contractual Relationships sold pursuant to clauses 2 and 8 of the Sale and Purchase Agreement, however, with the exception of those contractual relationships pertaining to the Excluded Operations as defined in clause 9.1 of the Sale and Purchase Agreement or being part of the Excluded Assets as defined in clause 9.2 of the Sale and Purchase Agreement.

4.2 The Contractual Relationships sold pursuant to clauses 2 and 8 of the Sale and Purchase Agreement and assumed hereby shall include, in particular, the contractual relationships listed in Exhibit 4.2.

5. Condition Precedent; Effective Date

5.1 Condition Precedent (*aufschiebende Bedingung*)

All transfers of assets, assignments of receivables and assumptions of liabilities and contractual relationships under clauses 2, 3 and 4 above shall be subject to payment of the Preliminary Purchase Price pursuant

des Kaufvertrages gezahlt und dem Verkäuferkonto gutgeschrieben wird.

5.2 Stichtag

Sämtliche vorstehenden Übertragungen und Übernahmen von Verbindlichkeiten und Vertragsverhältnissen haben dingliche und wirtschaftliche Wirkung mit Ablauf des Stichtages.

§ 6 Verschiedenes; Schlussbestimmungen

6.1 Anwendbares Recht

Dieser Vertrag unterliegt deutschem Recht.

6.2 Schiedsverfahren

6.2.1 Alle Streitigkeiten, die sich aus oder im Zusammenhang mit diesem Vertrag oder über seine Gültigkeit ergeben, werden in Übereinstimmung mit § 31.2.1 des Kaufvertrages nach der Schiedsgerichtsordnung der Deutschen Institution für Schiedsgerichtsbarkeit e. V. (DIS) in der jeweils gültigen Fassung unter Ausschluss des ordentlichen Rechtsweges endgültig entschieden. Das Schiedsgericht entscheidet mit drei (3) Schiedsrichtern. Ort des schiedsrichterlichen Verfahrens ist ...... Das schiedsrichterliche Verfahren wird in deutscher Sprache durchgeführt, wobei Beweismittel auch in englischer Sprache vorgelegt werden dürfen.

6.2.2 Verlangt zwingendes Recht die Entscheidung einer Angelegenheit aus oder im Zusammenhang mit diesem Vertrag durch ein ordentliches Gericht, ist der Gerichtsstand ......

to clauses 14.3 and 14.5.1 of the Sale and Purchase Agreement and such amount having been credited to the Seller's Account.

5.2 Effective Date

All of the aforesaid transfers of assets, assignments of receivables and assumptions of liabilities and contractual relationships shall have effect in rem (*dingliche Wirkung*) and become commercially effective as of the end of the Effective Date.

6. Miscellaneous

6.1 Applicable Law

This Agreement shall be governed by the laws of the Federal Republic of Germany, excluding the United Nations Convention on Contracts for the International Sale of Goods (CISG).

6.2 Arbitration Proceedings

6.2.1 All disputes arising from or in connection with this Agreement or its validity shall be finally settled in accordance with clause 31.2.1 of the Sale and Purchase Agreement by three arbitrators in accordance with the Arbitration Rules of the German Institution of Arbitration (*DIS*) as applicable at the time of the arbitral proceedings without recourse to the ordinary courts of law. The arbitral tribunal shall consist of three (3) arbitrators. The place of arbitration shall be .... The language of the arbitral proceedings shall be English, provided that written evidence may also be submitted in German.

6.2.2 In the event that mandatory law requires that a certain matter arising from or in connection with this Agreement or its performance be decided upon by an ordinary court of law, then jurisdiction and venue shall lie with the competent courts in ......

II. Übertragungs- und Übernahmevertrag (Vollzugsvertrag) — D.II

	6.3 References to German Legal Terms
	6.3.1 Where the English wording of this Agreement is followed by a German legal term set in parenthesis and in italics, the German legal term shall prevail.
	6.3.2 Unless the context requires otherwise, the phrases „including", „including, in particular" and „in particular" shall be interpreted to be non-restrictive and without limitation.
6.3 Salvatorische Klausel	6.4 Severability
Sollte eine Bestimmung dieses Vertrages ganz oder teilweise nichtig, unwirksam oder nicht durchsetzbar sein oder werden, wird die Wirksamkeit und Durchsetzbarkeit aller übrigen verbleibenden Bestimmungen davon nicht berührt. Die nichtige, unwirksame oder nicht durchsetzbare Bestimmung ist als durch diejenige wirksame und durchsetzbare Bestimmung ersetzt anzusehen, die dem mit der nichtigen, unwirksamen oder nicht durchsetzbaren Bestimmung verfolgten Sinn und Zweck nach Gegenstand, Maß, Zeit, Ort und Geltungsbereich am nächsten kommt. Entsprechendes gilt für die Füllung etwaiger Lücken in diesem Vertrag.	Should any provision of this Agreement be or become. in whole or in part, void (*nichtig*), ineffective (*unwirksam*) or unenforceable (*undurchsetzbar*), then the validity, effectiveness and enforceability of the other provisions of this Agreement shall remain unaffected thereby. Any such invalid, ineffective or unenforceable provision shall be deemed replaced by such valid, effective and enforceable provision as most closely reflects the economic intent and purpose of the invalid, ineffective or unenforceable provision regarding the subject-matter, scale, time, place and scope of application. The aforesaid rule shall apply *mutatis mutandis* to any gap (*Lücke*) that may be found to exist in this Agreement.
......	......
[Unterschriften der Beteiligten]	[Signatures of the Parties]

Anmerkungen

1. Beim Verkauf eines Unternehmens im Wege der Einzelrechtsübertragung muss jedes Wirtschaftsgut nach den für dieses Gut geltenden Regeln dinglich übertragen werden (vgl. die Nachweise bei § 11 des Kaufvertrages). Der vorliegende Vollzugsvertrag regelt die Übertragung des Eigentums an den verkauften beweglichen Sachen, Forderungen, Schutzrechten und sonstigen immateriellen Vermögensgegenständen (§ 2) und enthält die Erklärungen der Vertragsparteien zur Übernahme von Verbindlichkeiten (§ 3) und Vertragsverhältnisse (§ 4). Gesondert übertragen werden müssen Grundstücke (§§ 3.1, 11.2 des Kaufvertrages) und Beteiligungen (§§ 4.1, 4.2, 11.3 des Kaufvertrages). Der Vollzugsvertrag ist ein abstrakter Vertrag. Sämtliche schuldrechtlichen Vereinbarungen sind im Kaufvertrag geregelt; der Vollzugsvertrag regelt lediglich den dinglichen Vollzug im Hinblick auf bewegliche Sachen, Forderungen, Schutzrechte, sonstige immaterielle Vermögensgegenstände und die Übernahme von Verbindlichkeiten und Vertragsverhältnissen. Er ist nicht beurkundungspflichtig. Hinsichtlich der beweglichen Sachen entspricht er dem *Bill of Sale* des angelsächsischen Rechtskreises. Die Erklärungen des Vollzugsvertrages könnten auch im Kaufvertrag enthalten sein. Fallen jedoch, wie zumeist, die Zeitpunkte des schuldrechtlichen Vertragsschlusses und des Vollzuges auseinander, besteht in der Praxis das Bedürfnis, den Vollzug gesondert zu dokumentieren. Der Vollzugsvertrag ist dann eines der zahlreichen „Closing-Dokumente". Es kommt hinzu, dass sich der Bestand des verkauften Vermögens in der Zwischenzeit verändert hat und der Vollzugsvertrag damit Gelegenheit gibt, die Beschreibung des Vermögens zu aktualisieren. Dies verschafft im Hinblick auf das Spezialisierungserfordernis größere Sicherheit für die Wirksamkeit der Übertragungsakte. Wird das übertragene Vermögen als Sicherheit für die Finanzierung des Erwerbs eingesetzt, dient der Vollzugsvertrag schließlich auch als Grundlage für die Erstellung der Finanzierungsdokumentation.

2. Im Kaufvertrag wird der Stichtag „Vollzugstag" genannt und abstrakt in Abhängigkeit von der Erfüllung der Vollzugsvoraussetzungen definiert (s. § 13.1.2 dort). Beim Abschluss des Vollzugsvertrages steht das Datum des Vollzuges fest und kann daher genannt werden.

3. Die aufschiebende Bedingung setzt das Erfordernis des Kaufvertrages um, dass sämtliche Vollzugshandlungen, darunter die Übertragung des Eigentums an den verkauften Einzelvermögensgegenständen und die Zahlung des Vorläufigen Kaufpreises, Zug um Zug vorzunehmen sind (§ 13.8 des Kaufvertrages). Gerade bei komplexen internationalen Transaktionen erleichtert und entspannt dies die Durchführung des „Closings".

4. Anlage 2.2 a und die nachfolgenden Anlagen 2.2 b und 2.3 e entsprechen zusammengenommen Anlage 2.2 zum Kaufvertrag. Zur Erstellung des Vollzugsvertrages sind sie aus Anlage 2.2 zum Kaufvertrag zu entwickeln und auf den Stichtag des Vollzuges zu aktualisieren. Die Listen dienen dazu, das übertragene Vermögen im Hinblick auf den sachenrechtlichen Bestimmtheitsgrundsatz zu konkretisieren (vgl. *Rotthege/Wassermann* Rdnr. 673 ff.; *Holzapfel/Pöllath* S. 488 ff.; *Beisel/Klumpp* Kap. 4, S. 91 ff.). Zusätzlich wird das körperliche Vermögen konkretisiert durch die Inventur zum Stichtag, die der Erstellung des Stichtagsabschlusses dient (vgl. § 15.3 des Kaufvertrages).

5. Vgl. § 6.4 des Kaufvertrages.

6. Vgl. § 5.1 des Kaufvertrages.

7. Vgl. § 6.1 des Kaufvertrages.

8. Vgl. § 6.2 des Kaufvertrages.

9. Vgl. § 6.2 des Kaufvertrages.

10. Diese Bestimmung enthält zusammengefasst die Einigung über die Übertragung der betreffenden Schutzrechte nach den verschiedenen spezialgesetzlichen Regelungen (vgl. § 15 PatentG; § 22 GebrauchsmusterG; § 3 GeschmacksmusterG; § 27 MarkenG). Nach § 27 Abs. 2 MarkenG wird das durch die Eintragung, Benutzung oder die Bekanntheit der Marken begründete Markenrecht im Zweifel von der Übertragung des Geschäftsbetriebes, zu dem die Marke gehört, erfasst. Die Bestimmung stellt dies klar. Soweit anwendbar, muss die Übertragung anschließend registerlich vollzogen werden (vgl. § 5.2 des Kaufvertrages). Sollen auch ausländische Schutzrechte übertragen werden, sind die jeweils anwendbaren nationalen Übertragungsvorschriften zu beachten.

11. Vgl. § 12 des Kaufvertrages.

12. Streng genommen ist die Einräumung des Besitzes keine Frage der Dokumentation, sondern die „Erlangung der tatsächlichen Gewalt" über die übereignete Sache (§ 854 Abs. 1 BGB), die äußerlich erkennbar sein muss (RGZ 77, 208; RGZ 151, 186; BGH NJW 1979, 714). Tatsächliche Akte müssen zu einer reinen Erklärung also hinzutreten: die Betriebsversammlung in Anwesenheit des neuen Gesellschafters, das Hissen seiner Landesflagge am Werkstor. Beim Unternehmenskauf sind solche Akte jedoch eher die Ausnahme und bleibt es etwa bei Besprechungen zwischen Vertretern des neuen Eigentümers und der Geschäftsführung oder auch nur einer anderen Binnenkommunikation, ohne dass sich im operativen Ablauf etwas ändert. Dann kann die Erklärung in § 2.4 des Vollzugsvertrages und der anschließende Handschlag zwischen den Parteien im Konferenzraum den Übergabeakt darstellen.

13. Diese Bestimmung erfasst die verschiedenen Formen der Übertragung des Eigentums an beweglichen Sachen nach den §§ 929, 930 und 931 BGB.

III. Unterrichtungsschreiben bei Betriebsübergang nach § 613 a Abs. 5 BGB[1]

...... [gemeinsamer Briefkopf der A-GmbH (Betriebsveräußerer) und der B-GmbH (Betriebserwerber)][2]

...... [Ort], ... [Datum]

Übergang Ihres Arbeitsverhältnisses auf die B-GmbH
Unterrichtungsschreiben nach § 613 a Abs. 5 BGB

Sehr geehrte(r) Frau/Herr ......,[3]

hiermit teilen wir Ihnen mit, dass der Betrieb ...... [nähere Beschreibung][4] der A-GmbH (Amtsgericht ...... HRB ......, Anschrift: ......, vertreten durch ihren Geschäftsführer ...... [Vorname Name]) in Frankfurt/Main aufgrund eines am ...... abgeschlossenen Unternehmenskaufvertrages zwischen der A-GmbH und der B-GmbH (Amtsgericht ...... HRB ......, Anschrift: ......, vertreten durch ihren Geschäftsführer ...... [Vorname Name]) mit Wirkung zum [1. 1. 2011] auf die B-GmbH (Amtsgericht ...... HRB ......, Anschrift: ......, vertreten durch ihren Geschäftsführer ...... [Vorname Name]) übertragen wird. Hierdurch kommt es im Hinblick auf den Betrieb der A-GmbH zu einem Betriebsübergang im Sinne von § 613 a Abs. 1 Satz 1 BGB auf die B-GmbH. Hintergrund der Übertragung sämtlicher materieller und immaterieller Vermögenswerte sowie Rechte, Pflichten und Rechtsverhältnisse des Betriebs der A-GmbH („Übertragung") ist die Absicht der A-GmbH, zukünftig ...... [Produktbezeichnung] nicht mehr selbst herzustellen, sondern diese Produkte ausschließlich zu vertreiben.[5]

Wir sind gesetzlich nach § 613 a Abs. 5 BGB verpflichtet, Sie zu unterrichten über (i) den (geplanten) Zeitpunkt des Betriebsübergangs (Ziffer 1.), (ii) den Grund für den Übergang (siehe Vorabsatz), (iii) die rechtlichen, wirtschaftlichen und sozialen Folgen des Übergangs (Ziffern 2. bis 6.) und (iv) die hinsichtlich der Arbeitnehmer und Arbeitnehmerinnen in Aussicht genommenen Maßnahmen (Ziffer 7.). Dieser Verpflichtung kommen wir mit diesem Schreiben nach. Bitte haben Sie Verständnis für die teilweise sehr technischen Ausführungen. Ergänzend verweisen wir auf den Gesetzestext des § 613 a BGB, den wir diesem Schreiben als Anlage beifügen.[6]

1. Durch die Übertragung kommt es zu einem Betriebsübergang im Sinne von § 613 a Abs. 1 Satz 1 BGB, der am [1. 1. 2011] wirksam wird.[7]

2. Als Folge des Betriebsübergangs gehen alle am [1. 1. 2011] mit der A-GmbH bestehenden Arbeitsverhältnisse der im Betrieb in Frankfurt/Main beschäftigten Arbeitnehmer auf die B-GmbH über. Ein Arbeitsortwechsel ist damit nicht verbunden. Ihre bisherige Dauer der Betriebszugehörigkeit, insbesondere bezogen auf die Berechnung von Kündigungsfristen und Versorgungsanwartschaften, wird durch den Übergang des Arbeitsverhältnisses nicht unterbrochen.[8]

3. Da Sie als Arbeitnehmer der A-GmbH im Betrieb in Frankfurt/Main tätig sind, geht auch Ihr Arbeitsverhältnis gemäß § 613 a BGB mit Wirkung zum [1. 1. 2011] auf die B-GmbH über. Die B-GmbH tritt daher kraft Gesetzes in alle Rechte und Pflichten aus Ihrem bisherigen Arbeitsverhältnis ein (§ 613 a Abs. 1 Satz 1 BGB). Dies umfasst insbesondere die Haftung aus allen sich aus dem Arbeitsverhältnis ergebenden An-

sprüchen, und zwar gleich, ob sie vor oder nach dem Betriebsübergang entstanden sind oder fällig werden.
Die A-GmbH haftet neben der B-GmbH auch nach dem Betriebsübergang für alle Ansprüche aus dem Arbeitsverhältnis, die vor dem Betriebsübergang entstanden und fällig geworden sind, als Gesamtschuldner. Darüber hinaus haftet die A-GmbH neben der B-GmbH auch nach dem Betriebsübergang als Gesamtschuldner für alle Ansprüche aus dem Arbeitsverhältnis, soweit sie vor dem Zeitpunkt des Betriebsübergangs entstanden sind und vor Ablauf eines Jahres nach dem Zeitpunkt des Betriebsübergangs fällig werden (§ 613a Abs. 2 Satz 1 BGB). Werden solche Verpflichtungen nach dem Zeitpunkt des Betriebsübergangs fällig, so haftet die A-GmbH für diese Verpflichtungen jedoch nur in dem Umfang, der dem im Zeitpunkt des Betriebsübergangs abgelaufenen Teil ihres Bemessungszeitraums entspricht (§ 613a Abs. 2 Satz 2 BGB). Für alle Ansprüche aus dem Arbeitsverhältnis, die nach dem Betriebsübergang entstehen, haftet demgegenüber nur die B-GmbH und nicht auch die A-GmbH.[9]

4. Die A-GmbH ist kraft Verbandsmitgliedschaft an die Tarifverträge für die ...... gebunden. Da die B-GmbH ihrerseits nicht tarifgebunden ist, werden die entsprechenden tariflichen Regelungen gemäß § 613a Abs. 1 Satz 2 BGB Bestandteil Ihres Arbeitsverhältnisses und dürfen nicht vor Ablauf eines Jahres nach dem Zeitpunkt des Übergangs zu Ihrem Nachteil geändert werden. Eine vorzeitige Änderung ist nur zulässig, wenn der jeweilige Tarifvertrag nicht mehr gilt oder bei fehlender beiderseitiger Tarifgebundenheit im Geltungsbereich eines anderen Tarifvertrags dessen Anwendung zwischen der B-GmbH und Ihnen vereinbart wird (§ 613a Abs. 1 Satz 4 BGB).[10]

5. Die in Frankfurt/Main bestehende Betriebsorganisation wird weder durch den noch im Zusammenhang mit dem Betriebsübergang geändert. Der Betriebsrat des Betriebs in Frankfurt/Main bleibt daher unverändert im Amt. Die mit ihm geschlossenen Betriebsvereinbarungen gelten unverändert kollektivrechtlich fort, d.h. mit unmittelbarer und zwingender Wirkung.[11]

6. Arbeitgeberseitige Kündigungen des Arbeitsverhältnisses wegen des Betriebsübergangs sind unwirksam, § 613a Abs. 4 Satz 1 BGB. Arbeitgeberseitige Kündigungen aus anderen Gründen bleiben hingegen möglich (§ 613a Abs. 4 Satz 2 BGB).[12]

7. Reorganisationsmaßnahmen, die Einfluss auf Ihr Arbeitsverhältnis haben könnten, sind seitens der B-GmbH gegenwärtig nicht geplant. Es bestehen dort insbesondere keine Planungen über einen Personalabbau. Es kann jedoch nicht ausgeschlossen werden, dass es künftig zu Maßnahmen (wie etwa Betriebsänderungen) seitens der B-GmbH kommen wird. Vor Durchführung solcher Betriebsänderungen im Sinne von § 111 BetrVG wäre die B-GmbH zur uneingeschränkten Beachtung der Regelungen über den Interessenausgleich und Sozialplan verpflichtet, da ein Befreiungstatbestand nach § 112a Abs. 2 BetrVG für sie nicht vorliegt.[13]

8. Die Vorschrift des § 613a Abs. 6 BGB sieht vor, dass Sie dem Übergang Ihres Arbeitsverhältnisses auf die B-GmbH innerhalb eines Monats nach Zugang dieses Schreibens schriftlich widersprechen können. Der Widerspruch kann gegenüber der A-GmbH oder der B-GmbH erklärt werden. Einen etwaigen Widerspruch richten Sie bitte entweder an die Personalabteilung der A-GmbH, Frankfurt/Main, Anschrift: ......, zu Hd. ...... [Vorname Name], oder an die B-GmbH, Frankfurt/Main, Anschrift: ......, zu Hd. Herrn ...... [Vorname Name]. Bei Nichteinhaltung der Schriftform ist der Widerspruch nichtig und damit unbeachtlich.[14]

Bitte beachten Sie vor Ausübung eines etwaigen Widerspruchs, dass die A-GmbH nach Übertragung des Betriebs in Frankfurt/Main auf die B-GmbH für Sie keine Weiterbeschäftigungsmöglichkeit in Frankfurt/Main haben wird, mit der Folge, dass Sie im Falle eines Widerspruchs mit einer betriebsbedingten Kündigung rechnen müssten, soweit keine Beschäftigung auf einem anderen freien oder im Rahmen der Sozialauswahl nach § 1 Abs. 3 des Kündigungsschutzgesetzes für Sie frei zu machenden

Arbeitsplatz in einem Betrieb der A-GmbH möglich ist oder Sie eine solche Beschäftigung ablehnen würden. Ob im Falle eines Widerspruchs und einer daraufhin erfolgenden Kündigung durch die A-GmbH Sozialplanansprüche für Sie in Betracht kommen, hängt u. a. von der Anzahl solcher Widersprüche sowie der näheren Ausgestaltung eines Sozialplans ab und kann daher zur Zeit nicht zuverlässig beantwortet werden.[15]
Falls Sie noch Fragen haben sollten, stehen wir Ihnen gerne zur Verfügung. Bitte machen sie etwaige Unklarheiten, die für Ihre Entscheidung von Bedeutung sind, innerhalb der Widerspruchsfrist geltend. Gern können Sie sich direkt an ...... [Vorname Name, Gesellschaft, Anschrift, Telefonnummer, ggf. Email-Adresse] oder an ...... [Vorname Name, Gesellschaft, Anschrift, Telefonnummer, ggf. Email-Adresse] wenden.[16]

Mit freundlichen Grüßen

A-GmbH   B-GmbH

....
[Unterschriften der Geschäftsführer   [Unterschriften der Geschäftsführer
in vertretungsberechtigter Zahl]   in vertretungsberechtigter Zahl]

Bitte bestätigen Sie den Empfang dieses Schreibens mit Ihrer Unterschrift auf der beiliegenden Zweitschrift und geben sie das unterschriebene Dokument an ...... [Vorname Name, Gesellschaft, Abteilung, Anschrift] oder an ...... [Vorname Name, Gesellschaft, Abteilung, Anschrift] zurück.[17]

Erhalten am: ...... [Datum]   ......
                                               [Unterschrift des Arbeitnehmers]

Schrifttum: Bauer/von Steinau-Steinrück, Neuregelung des Betriebsübergangs: Erhebliche Risiken und viel mehr Bürokratie!, ZIP 2002, 457 ff.; *Dzida*, Verwirkung des Widerspruchsrechts beim Betriebsrückgang, DB 2010, 167; *Gaul/Otto*, Unterrichtungsanspruch und Widerspruchsrecht bei Betriebsübergang und Umwandlung. Ergänzung von § 613a BGB, DB 2002, 634; *Grau*, Unterrichtung und Widerspruchsrecht, 2004; *Hohenstatt/Grau*, Arbeitnehmerunterrichtung beim Betriebsübergang, NZA 2007, 13; *Koller-van Delden*, Unterrichtungspflichten und Widerspruchsrecht beim Betriebsübergang, DStR 2008, 776; *Reinhard*, Die Pflicht zur Unterrichtung über wirtschaftliche Folgen des Betriebsübergangs – ein weites Feld, NZA 2009, 63; *Schiefer/Worzalla*, Unterrichtungspflicht bei Betriebsübergang nach § 613a V BGB, NJW 2009, 558; *Willemsen*, in: Willemsen/Hohenstatt/Schweibert/Seibt, Umstrukturierung und Übertragung von Unternehmen, 4. Aufl. 2011, Kapitel G; *Willemsen/Lembke*, Die Neuregelung von Unterrichtung und Widerspruchsrecht der Arbeitnehmer beim Betriebsübergang, NJW 2002, 1159 ff.

Anmerkungen

1. Unterrichtungspflicht und ihre Bedeutung. In – überschießender – Umsetzung von Art. 7 Abs. 6 der Betriebsübergangsrichtlinie 2001/23/EG (ABl. EG Nr. L, S. 16) sieht § 613a Abs. 5 BGB vor, dass der Betriebsveräußerer oder der Betriebserwerber die vom Betriebsübergang i. S. v. § 613 Abs. 1 Satz 1 BGB betroffenen Arbeitnehmer *vor* dem Übergang in Textform (§ 126b BGB) über den Zeitpunkt des Übergangs, den Grund für den Übergang, die rechtlichen, wirtschaftlichen und sozialen Folgen des Übergangs für die Arbeitnehmer und die hinsichtlich der Arbeitnehmer in Aussicht genommenen Maßnahmen unterrichten muss. Dies gilt nach § 324 UmwG auch für Betriebsteilübergänge durch Umwandlungen (Willemsen/Hohenstatt/Schweibert/Seibt/*Willemsen* G. Rdnr. 238). Der *Telos* dieser Unterrichtungspflicht ist es, den Arbeitnehmern, deren Arbeitsverhältnisse im Rahmen eines Betriebsübergangs kraft Gesetzes (§ 613a Abs. 1 Satz 1 BGB) auf den Betriebserwerber übergehen, eine informierte Entscheidung darüber zu ermöglichen, ob sie den Arbeitgeberwechsel mitmachen oder ihr Widerspruchsrecht ausüben und beim alten Arbeitgeber (Betriebsveräußerer) verbleiben, allerdings mit dem Risiko, von die-

III. Unterrichtungsschreiben bei Betriebsübergang nach § 613 a Abs. 5 BGB

sem aufgrund des Wegfalls ihres Arbeitsplatzes betriebsbedingt entlassen zu werden (Willemsen/Hohenstatt/Schweibert/Seibt/*Willemsen* G. Rdnr. 223).

Die ordnungsgemäße Erfüllung der Unterrichtungspflicht nach § 613a Abs. 5 BGB ist von erheblicher Bedeutung für die beteiligten Arbeitgeber. Denn die Erklärungsfrist für den Widerspruch des Arbeitnehmers nach § 613a Abs. 6 BGB beginnt erst ab Zugang einer vollständigen und formgerechten Unterrichtungserklärung zu laufen. Stellt sich später heraus, dass das Unterrichtungsschreiben die von der Rechtsprechung aufgestellten strengen Anforderungen (hierzu ausführlich HWK/*Willemsen/Müller-Bonanni* § 613a BGB Rdnr. 323ff.) nicht erfüllt, so ist der Unterrichtungsanspruch des betroffenen Arbeitnehmers aus § 613a Abs. 5 BGB nicht erloschen und er hat weiter sein Widerspruchsrecht, es sei denn, ausnahmsweise liegen die Voraussetzungen der Rechtsinstitute der Verwirkung oder des konkludenten Verzichts vor (vgl. hierzu *Dzida*, DB 2010, 167). Die fehlerhafte Unterrichtung muss nötigenfalls nach dem Betriebsübergang formgerecht vervollständigt und ausdrücklich als Unterrichtung nach § 613a BGB gekennzeichnet werden, um den Lauf der Widerspruchsfrist in Gang zu setzen (vgl. *Zundel* NJOZ 2011, 97, 107). Die sich hierdurch ergebende, latente Rechtsunsicherheit über die Zuordnung von Arbeitnehmern zu einem bestimmten Rechtsträger (nämlich dem Betriebserwerber) hat vor allem vier Folgen:

(1) Bei der Erstellung des Unterrichtungsschreibens ist ebenso wie bei der Dokumentation der Gesamtumstände (z.B. Dokumentation von Nachfragen durch Arbeitnehmer, Empfangsbestätigung des Arbeitnehmers) große Sorgfalt walten zu lassen.

(2) Bei der arbeitsrechtlichen Due Diligence liegt ein typischer Schwerpunkt in der Prüfung der Unterrichtungsschreiben, um einerseits bei vergangenen Deinvestitionen festzustellen, ob möglicherweise noch Widerspruchsrechte von ehemaligen, im Wege des § 613a Abs. 1 BGB übergegangenen Arbeitnehmern bestehen (und die dann nach Erklärung des Widerspruchsrechts zur Zielgesellschaft zurückkehren), und andererseits ob Kernmitarbeitern, die bei einem Betriebserwerb auf das Zielunternehmen übergegangen sind, noch ein Widerspruchsrecht zusteht (und die dann potenziell noch wegfallen können).

(3) Bei der Gestaltung von Asset Deal-Kaufverträgen ist unbedingt zwischen Betriebsveräußerer und Betriebserwerber zu regeln, wer für das Unterrichtungsschreiben gemäß § 613a Abs. 5 BGB verantwortlich ist (vgl. auch Teil C.I unter „Beispiele zukunftsgerichteter Verpflichtungen (Covenants))."

(4) Es empfiehlt sich wegen der einmonatigen Widerspruchsfrist, die betroffenen Arbeitnehmer mindestens einen Monat vor dem geplanten Datum des Betriebsübergangs mit dem Unterrichtungsschreiben zu informieren, damit zum Übergangszeitpunkt größtmögliche Klarheit über den Kreis der Arbeitnehmer herrscht, die ihr Widerspruchsrecht ausgeübt haben.

2. Unterrichtungsverpflichtete. Nach § 613a Abs. 5 BGB ist der bisherige Arbeitgeber (Betriebsveräußerer) *oder* der neue Inhaber (Betriebserwerber) zur Unterrichtung verpflichtet; sie sind Gesamtschuldner im Sinne von §§ 421 ff. BGB (HWK/*Willemsen/Müller-Bonanni* § 613a BGB Rdnr. 318; *Willemsen/Lembke* NJW 2002, 1159, 1161; *Grau*, 88 ff.; i.E. auch *Bauer/von Steinau-Steinrück* ZIP 2002, 457, 458). Damit es nicht deshalb zur Rechtsunsicherheit kommt, weil der Betriebsveräußerer und der Betriebserwerber inhaltlich unterschiedliche Informationen gegenüber der Belegschaft abgeben, sollte unbedingt eine Verständigung zwischen beiden erfolgen, wer und in welcher Weise die Informationspflicht erfüllt (wird). Dies wird regelmäßig im Asset Deal-Kaufvertrag geregelt, kann allerdings auch in einem Nebendokument erfolgen. Es ist rechtlich unbedenklich und in der Praxis häufig zu empfehlen, dass das Unterrichtungsschreiben sowohl vom Betriebsveräußerer als auch Betriebserwerber abgegeben wird. Dieses Formular folgt dieser Praxis.

3. Unterrichtungsberechtigte. Anspruchsberechtigter der Unterrichtungspflicht nach § 613a Abs. 5 BGB ist jeder vom Betriebsübergang betroffene Arbeitnehmer, d.h. jeder Arbeitnehmer, dessen Arbeitsverhältnis dem übergehenden Betrieb oder Betriebsteil zuzuordnen ist und daher gemäß § 613a Abs. 1 S. 1 BGB auf den neuen Betriebsinhaber übergeht. Trotz dieser Pflicht zur individuellen Unterrichtung muss nicht individualbezogen unterrichtet werden (HWK/*Willemsen/Müller-Bonanni* § 613a BGB Rdnr. 320). Es bedarf insbesondere keiner Einzeldarstellung der sich für den jeweiligen Empfänger der Unterrichtung aus dem Übergang ergebenden Folgen, sondern eine Darstellung der allgemeinen für die übergehenden Arbeitnehmer eintretenden Folgen genügt (zutreffend HWK/*Willemsen/Müller-Bonanni* § 613a BGB Rdnr. 320; *Bauer/von Steinau-Steinrück* ZIP 2002, 457, 462; *Gaul/Otto* DB 2002, 634, 635). Ergeben sich allerdings für verschiedene Gruppen von Arbeitnehmern unterschiedliche Rechtsfolgen, so müssen diese dargestellt werden; entweder muss in *einem* Unterrichtungsschreiben darauf hingewiesen werden, zu welcher Gruppe der Empfänger gehört, oder es werden zweckmäßiger Weise *mehrere* Unterrichtungsschreiben erstellt, die an den jeweiligen Empfängerkreis gerichtet werden. Die Mitteilung muss aber dem Arbeitnehmer in jedem Fall individuell zugehen; ein bloßer Aushang genügt z. B. nicht (HWK/*Willemsen/Müller-Bonanni* § 613a BGB Rdnr. 321).

4. Gegenstand des Betriebsübergangs. Der übergehende Betrieb ist genau zu bezeichnen. wenn nur ein Betriebsteil übertragen werden soll, ist die betrefffende Einheit abgrenzbar zu beschreiben (BAG NZA 2006, 1268). Dabei genügt die Bezeichnung der übertragenen Abteilung bzw. eines bestimmten Bereichs (vgl. *Hohenstatt/Grau* NZA 2007, 13, 15). Es empfiehlt sich, darüber hinaus die übertragenen und nicht übertragenen Betriebsmittel zu nennen.

5. Beschreibung des Betriebserwerbers; wirtschaftliche Folgen; Grund für den Übergang. Das Unterrichtungsschreiben muss ausreichende Informationen über den Betriebserwerber enthalten. Hierbei ist zwingend die Angabe des Erwerbers mit korrekter Firmenbezeichnung, Rechtsform Sitz und Geschäftsadresse erforderlich, bei juristischen Personen einschließlich des Namens des gesetzlichen Vertreters oder identifizierbaren natürlichen Person mit Personalkompetenz (vgl. BAG NJW 2007, 246 (Tz. 22 f.); BAG NZA 2010, 89). Die Angabe einer Handelsregisternummer ist zwar nicht zwingend erforderlich (BAG NZA 2006, 1268), aber in der Praxis anzuraten. Wenn der Erwerber noch zu gründen ist und einzelne Angaben noch nicht gemacht werden können, ist dies offen zu legen (BAG NZA 2010, 89). Nach dem BAG kann es „sinnvoll, gegebenenfalls sogar erforderlich" sein, auf die bisherigen und künftigen Geschäftsaktivitäten des Erwerbers und die Positionierung des übergehenden Betriebs im Erwerberkonzern einzugehen. Eine diesbezügliche Pflicht kann insbesondere im Falle komplizierter Konzernverflechtungen bestehen, aufgrund derer die Grundkapitalausstattung der Erwerbergesellschaft nicht hinreichend deutlich wird (BAG NZA 2010, 89). Wenn die Übertragung auf eine bis dato nicht geschäftstätige Vorratsgesellschaft erfolgen soll, ist hierauf ebenfalls hinzuweisen (BAG NZA 2006, 1268). Ist beim Betriebserwerber ein Insolvenzverfahren beantragt bzw. eröffnet worden oder steht dieses unmittelbar bevor, so ist hierüber zu berichten;). Grundsätzlich besteht keine Pflicht, die wirtschaftliche Lage des Erwerbers im Einzelnen darzustellen (BAG NZA 2008, 642 ff.; differenzierend *Reinhard* NZA 2009, 63, 68 [Informationspflicht bei engem Kausalzusammenhang mit Betriebsübergang]); bei Unterrichtung über die wirtschaftliche Lage des Betriebserwerbers muss diese aber zutreffend sein (vgl. LAG Köln AuR 2007, 403; vgl. auch Willemsen/Hohenstatt/Schweibert/Seibt/*Willemsen* Teil G. Rdnr. 231 a). Sollen wesentliche Werte, etwa Immobilien oder Patente, nicht übertragen werden, ist ein Hinweis darauf jedenfalls dann erforderlich, wenn daraus eine Gefährdung der wirtschaftlichen Absicherung des Arbeitnehmers beim neuen Inhaber folgt (BAG NZA 2008, 642, 643).

Nach § 613a Abs. 5 Nr. 2 BGB ist im Unterrichtungsschreiben auch der Grund für den Übergang anzugeben, d. h. das dem Betriebsübergang zugrundeliegende Rechtsgeschäft im weiteren Sinne (z. B. „Kaufvertrag"; problematisch ist diese Bezeichnung indes bei Vereinbarung eines negativen Kaufpreises, vgl. BAG NZA 2010, 89). Wenn die Rechtsbeziehungen zwischen Veräußerer und Drittem den Verpflichtungstatbestand begründen, ist auf diese hinzuweisen. Darüber hinaus ist die schlagwortartige Mitteilung derjenigen unternehmerischen Gründe für den Übergang zu nennen, die sich im Fall des Widerspruchs des Arbeitnehmers auf dessen Arbeitsplatz auswirken können (z. B. „Aufgabe der Produktherstellung"; BAG NZA 2006, 1268). Allerdings ist es nicht erforderlich, die wirtschaftlichen Gründe oder sonstigen Motive mitzuteilen, die den Betriebsveräußerer zu der zum Übergang führenden Maßnahme veranlasst haben (Willemsen/Hohenstatt/Schweibert/Seibt/*Willemsen* G. Rdnr. 228). Die Rechtsprechung misst vor allem den Beweggründen des Veräußerers Bedeutung für die Widerspruchsentscheidung zu. Die Darstellung von Motiven nur des Erwerbers ist gegebenenfalls unzureichend (vgl. LAG München BeckRS 2009, 6335).

III. Unterrichtungsschreiben bei Betriebsübergang nach § 613 a Abs. 5 BGB

6. Grundsätze zum Detaillierungsgrad der Unterrichtung. Nach der Rechtsprechung des Bundesarbeitsgerichtes (BAG NJW 2007, 246; BAG BB 2007, 1340) genügt zur Erfüllung der Unterrichtungspflicht nach § 613a Abs. 5 BGB eine reine Wiederholung des Gesetzeswortlauts nicht, sondern es ist eine konkrete betriebsbezogene Darstellung der rechtlichen Folgen des Übergangs für die Arbeitnehmer in einer auch für juristische Laien möglichst verständlichen Sprache erforderlich. Dies schließt allerdings eine teilweise Wiederholung des Gesetzeswortlauts oder gar den zusätzlichen Anhang des Gesetzestextes des § 613a BGB nicht aus, sondern wird in der Praxis hilfreich für das Verständnis des betroffenen Arbeitnehmers sein. Die Erstattung eines umfänglichen Rechtsgutachtens ist in keinem Fall geschuldet (HWK/*Willemsen/Müller-Bonanni* § 613a BGB Rdnr. 325; *Bauer/von Steinau-Steinrück* ZIP 2002, 457, 462); allerdings kann die Einholung von Rechtsrat vor Verfassen des Unterrichtungsschreibens zur Pflichterfüllung erforderlich sein (vgl. BAG NJW 2007, 246 (Tz. 23)). Die Unterrichtungspflicht nach § 613a Abs. 5 BGB ist nicht nur auf die Darstellung der unmittelbaren Konsequenzen des Betriebsübergangs beschränkt, sondern erfasst auch die (mittelbaren) wirtschaftlichen und sozialen Folgen (z.B. Verlust der Sozialplanpflichtigkeit des Erwerbers im Hinblick auf § 112a Abs. 2 BetrVG; vgl. BAG NZA 2005, 43) für die betroffenen Arbeitnehmer.

7. Zeitpunkt des Übergangs. Im Unterrichtungsschreiben ist nach § 613a Abs. 5 Nr. 1 BGB der Zeitpunkt des Betriebs(teil)übergangs anzugeben bzw., wenn dieser noch nicht feststeht, der geplante Übergangszeitpunkt. Der maßgebliche Übergang des Arbeitsverhältnisses findet in dem Zeitpunkt statt, in dem der neue Betriebsinhaber im eigenen Namen die betriebliche Leitungsmacht über den veräußerten Betrieb(steil) übernimmt (HWK/*Willemsen/Müller-Bonanni* § 613a BGB Rdnr. 323).

8. Änderung wesentlicher Arbeitsbedingungen. Im Unterrichtungsschreiben ist die etwaige Änderung wesentlicher Arbeitsbedingungen mitzuteilen. Dazu gehören z.B. Änderungen des Arbeitsortes oder des gesetzlichen Kündigungsschutzes. Zweckmäßig ist die Angabe, dass die beim Veräußerer verbrachten oder von ihm anerkannten Betriebszugehörigkeitszeiten angerechnet werden und sich diese Regelung auch auf die Berechnung von Kündigungsfristen und erworbene Versorgungsanwartschaften erstreckt (HWK/*Willemsen/Müller-Bonanni* § 613a BGB Rdnr. 326).

9. Haftung von Betriebsveräußerer und Betriebserwerber. Das Unterrichtungsschreiben muss ferner den Eintritt des Erwerbers in die Arbeitgeberstellung und die sich hieraus ergebende Haftung (§ 613a Abs. 1 S. 1 BGB) sowie die Nachhaftung des Betriebsveräußerers nach § 613a Abs. 2 BGB, einschließlich von Ausführungen zu § 613a Abs. 2 S. 2 BGB, darstellen (BAG NJW 2007, 246; BAG BB 2007, 1340) und hierbei für „den Arbeitnehmer als juristischen Laien" verständlich erklären, wann Verpflichtungen i.S.d. § 613a Abs. 2 BGB „entstanden" sind und „fällig" werden (BAG NZA 2010, 89, 93). Sind spezialgesetzliche Haftungsvorschriften (z.B. §§ 133, 134 UmwG) anwendbar, so sind auch diese zu erläutern.

10. Geltung tarifvertraglicher Regelungen. Das Unterrichtungsschreiben muss zunächst den Arbeitnehmer darüber unterrichten, welche Tarifverträge nach dem Übergang auf sein Arbeitsverhältnis Anwendung finden und auf welcher Grundlage (das „Wie") diese gelten (kollektivrechtliche Fortgeltung der beim Veräußerer anzuwendenden Tarifverträge, individualrechtliche Fortgeltung der beim Veräußerer anzuwendenden Tarifverträge (§ 613a Abs. 1 S. 2 BGB); Ablösung der beim Veräußerer anzuwendenden Tarifverträge durch beim Erwerber anzuwendende Tarifverträge (§ 613a Abs. 1 S. 3 BGB)); soweit einschlägig, ist die Veränderungssperre des § 613 Abs. 1 S. 4 BGB darzustellen. Bei einer arbeitsvertraglichen Bezugnahme auf Tarifverträge ist auch über die hiernach Anwendung findenden Tarifverträge zu unterrichten (Günstigkeit des Vergleichs); dies gilt insbesondere für sei dem 1. Januar 2002 abgeschlossene Arbeitsverträge. Nicht erforderlich ist eine detaillierte Bezeichnung der einzelnen Tarifverträge (BAG NZA 2007, 682).

11. Änderung betriebsverfassungsrechtlicher Strukturen; Geltung von Betriebsvereinbarungen. Es ist bislang nicht höchstrichterlich geklärt, ob die Mitteilung von Änderungen betriebsverfassungsrechtlicher Strukturen erforderlich sind (offen gelassen von BAG vom 13. 7. 2006

– 8 AZR 303/05, NJW 2007, 246; dagegen HWK/*Willemsen/Müller-Bonanni* § 613a BGB Rdnr. 331; dafür *Koller-van Delden* DStR 2008, 776, 778 f.; nur bei konkreten Auswirkungen für das Widerspruchsrecht: *Hohenstatt/Grau* NZA 2007, 13, 17). Aus rechtlicher Vorsicht sollten entsprechende Angaben gemacht werden.

Das Unterrichtungsschreiben muss ferner den Arbeitnehmer darüber unterrichten, welche Betriebsvereinbarungen nach dem Übergang auf sein Arbeitsverhältnis Anwendung finden und die Grundlage (das „Wie") der Geltung der Betriebsvereinbarungen (kollektivrechtliche Fortgeltung der im Betrieb des Veräußerers anzuwendenden Betriebsvereinbarung, individualrechtliche Fortgeltung der im Betrieb des Veräußerers anzuwendenden Betriebsvereinbarung (§ 613a Abs. 1 S. 2 BGB); Ablösung der im Betrieb des Veräußerers anzuwendenden Betriebsvereinbarung durch beim Erwerber anzuwendende Betriebsvereinbarung (§ 613a Abs. 1 S. 3 BGB)); soweit einschlägig, ist die Veränderungssperre des § 613 Abs. 1 S. 4 BGB darzustellen. Nach zutreffender Ansicht ist eine detaillierte Bezeichnung der einzelnen Betriebsvereinbarungen nicht erforderlich.

12. Kündigung des Arbeitsverhältnisses. Bei der Darstellung der Kündigungsmöglichkeiten des Arbeitsverhältnisses kann nach zutreffender Auffassung lediglich auf den Gesetzeswortlaut von § 613a Abs. 4 BGB hingewiesen bzw. kann dieser paraphrasiert werden.

13. In Aussicht genommene Maßnahmen. Im Unterrichtungsschreiben sind nur Maßnahmen des neuen Betriebsinhabers mitzuteilen, d. h. umgekehrt, dass über Maßnahmen, die der bisherige Betriebsinhaber im Vorfeld des Betriebs(teil)übergangs plant, nicht nach § 613a Abs. 5 BGB unterrichtet werden muss (HWK/*Willemsen/Müller-Bonanni* § 613a BGB Rdnr. 334). Zu den hinsichtlich der Arbeitnehmer in Aussicht genommenen Maßnahmen gehören beispielsweise Versetzungen und Entlassungen sowie Betriebsänderungen im Sinne des § 111 BetrVG, aber auch Weiterbildungsmaßnahmen. Es sind nur solche Maßnahmen darzustellen (und auch erst frühestens dann), wenn diese ein Stadium konkreter Planung erreicht haben (BAG NJW 2007, 244 = NZA 2006, 1273); bloße Eventualitäten genügen nicht (HWK/*Willemsen/Müller-Bonanni* § 613a BGB Rdnr. 335). Mit welchem Grad an Detaillierung unterrichtet werden muss, hängt von dem Planungsstadium ab, in dem sich die betreffende Maßnahme befindet. Liegen bereits ein Interessenausgleich oder ein Sozialplan vor, so kann auf diese Bezug genommen werden (HWK/*Willemsen/Müller-Bonanni* § 613a BGB Rdnr. 335). Wenn der Erwerber als neu gegründete Gesellschaft unter das Privileg des § 112a Abs. 2 BetrVG fällt und somit für vier Jahre der Abschluss eines Sozialplans nicht erzwungen werden kann, sollte sicherheitshalber ein diesbezüglicher Hinweis aufgenommen werden. Bei alleinigem Unterrichtungsschreiben des bisherigen Betriebsinhabers sollte in diesem Punkt die Herkunft dieser Angaben (z.B. „Der Betriebserwerber hat uns mitgeteilt ......") mitgeteilt werden, um den Charakter der Angaben als Wissenserklärungen zu unterstreichen.

14. Widerspruchsrecht. Nach § 613a Abs. 6 S. 1 BGB kann der Arbeitnehmer dem Übergang seines Arbeitsverhältnisses innerhalb eines Monats nach der Unterrichtung nach § 613a Abs. 5 BGB widersprechen. Das Widerspruchsrecht ist ein bedingungsfeindliches Gestaltungsrecht, dessen Ausübung nicht an das Vorliegen sachlicher Gründe gebunden ist und infolgedessen auch keiner Begründung bedarf. Für den Beginn der Monatsfrist kommt es auf den Zugang der Unterrichtung nach § 613a Abs. 5 BGB an; für den Zugang gelten die §§ 130 bis 132 BGB und für die Berechnung der Monatsfrist die §§ 187 ff. BGB. Der Widerspruch bedarf der Schriftform (§ 126 BGB); ein ohne Beachtung dieser Form erklärter Widerspruch ist gemäß § 125 S. 1 BGB nichtig. Das Schriftformerfordernis soll dem Arbeitnehmer die Bedeutung des Widerspruchs bewusst machen (Warnfunktion) und dem beteiligten Arbeitgeber die Beweisführung darüber, ob der Arbeitnehmer tatsächlich widersprochen hat, erleichtern (Beweisfunktion). Für das Unterrichtungsschreiben reicht nach zutreffender Auffassung die Wiedergabe des Gesetzestextes von § 613a Abs. 6 BGB aus. Ein Hinweis auf die Nichtigkeitsfolge bei Nichteinhaltung der Schriftform ist indes empfehlenswert. In der Praxis wird zudem aus Praktikabilitätsgründen angegeben, an welche konkreten Personen (der Personalabteilung) der Widerspruch zu richten ist. Im Unterrichtungsschreiben ist ein Hinweis auf die Einhaltung der Schriftform und der Widerspruchsfrist sowie die möglichen Adressaten der Widerspruchserklärung zu geben (BAG NZA 2008, 1354).

III. Unterrichtungsschreiben bei Betriebsübergang nach § 613 a Abs. 5 BGB   D.III

15. Sekundärfolgen des Übergangs für die Arbeitnehmer. In dem Unterrichtungsschreiben ist unter bestimmten Umständen auch über Sekundärfolgen des Übergangs für die Arbeitnehmer zu unterrichten, z.B. über bestehende Sozialplananspüche, die dem Arbeitnehmer bei Ausübung seines Widerspruchsrechts und anschließender betriebsbedingter Kündigung durch den Veräußerer zustehen könnten, jedenfalls dann, wenn bereits konkrete Anhaltspunkte für die Entstehung eines solchen Anspruchs vorliegen (BAG NZA 2006, 1268).

16. Nachfragen; keine Pflicht zur Nachbesserung bei nachträglichen Veränderungen. Eine Verwirkung des Widerspruchsrechts wird vom BAG nur unter strengen Voraussetzungen angenommen, nämlich wenn der Arbeitnehmer über den Bestand seines Arbeitsverhältnisses disponiert hat (BAG AP Nr. 12 zu § 613a BGB Unterrichtung; *Dzida*, DB 2010, 167). Auch wenn es dem Arbeitgeber unter dem Gesichtspunkt der Verwirkung nicht helfen dürfte, ist es gleichwohl sinnvoll, dem Arbeitnehmer die Möglichkeit zu geben, etwaige Unklarheiten oder offensichtliche Unrichtigkeiten durch Nachfragen klären zu können, und diesen auf diese Nachfragemöglichkeiten ausdrücklich hinzuweisen. Das Formular beschreibt deshalb die Nachfragemöglichkeit und erleichtert diese durch Angabe konkreter Kontaktdaten.

Für die Beurteilung der Richtigkeit und Vollständigkeit der Information des Arbeitnehmers ist die Sachlage im Zeitpunkt der Unterrichtung maßgeblich. Eine Pflicht zur Nachbesserung besteht im Falle nachträglich eintretender Veränderungen nicht (LAG Düsseldorf DB 2005, 1741; HWK/*Willemsen/Müller-Bonanni* § 613a BGB Rdnr. 339).

17. Empfangsbestätigung. Das Unterrichtungsschreiben sollte vorsehen, dass der Arbeitnehmer eine Zweitschrift unterschreibt und an den Verfasser des Unterrichtungsschreibens zurückschickt. Dies erleichtert den Nachweis der Erfüllung des Unterrichtungsanspruchs nach § 613a Abs. 5 BGB.

Teil E. Übernahme von Aktiengesellschaften

I. Unwiderrufliche Verpflichtung zur Annahme eines Übernahmeangebots[1, 2] (Irrevocable Undertaking)

zwischen[3]

1. ...... [Aktionär der Zielgesellschaft]

– nachfolgend als „Aktionär" bezeichnet –

und

2. ...... [Bieter]

– nachfolgend als „Bieter" bezeichnet –

wird folgende unwiderrufliche Verpflichtung zur Annahme eines Übernahmeangebots geschlossen:

Vorbemerkungen

V.1 Der Aktionär hält insgesamt ...... Stück auf den Inhaber lautende Stückaktien (entsprechend einer Beteiligungsquote von ......% des Grundkapitals der Z-AG; nachfolgend „Anzubietende Aktien" genannt) an der Z-AG (nachfolgend „Zielgesellschaft" genannt).

Die Anzubietenden Aktien werden in einem Depot bei der ...... Bank verwahrt, wie sich aus der als Anlage A dieser Vereinbarung beigefügten Bestätigung der ...... Bank vom ...... ergibt.

Weder (i) der Aktionär, noch (ii) mit dem Aktionär verbundene Unternehmen im Sinne von §§ 15 ff. AktG (nachfolgend „Verbundene Unternehmen" genannt), noch (iii) mit dem Aktionär gemeinsam handelnde Personen im Sinne von § 2 Abs. 5 WpÜG, noch (iv) etwaige Tochterunternehmen im Sinne des § 2 Abs. 6 WpÜG vom Aktionär und/oder Verbundenen Unternehmen oder mit diesen gemeinsam handelnde Personen halten, abgesehen von den Anzubietenden Aktien, irgendwelche weiteren Aktien der Zielgesellschaft oder Optionsrechte zum Erwerb von Aktien an der Zielgesellschaft oder sonstige Wertpapiere oder Derivate (im Sinne des § 2 Absatz 1 und 2 WpHG), die sich auf von der Zielgesellschaft ausgegebene oder noch auszugebende Wertpapiere beziehen.[4]

V.2 Die Zielgesellschaft ist eine deutsche Aktiengesellschaft mit Sitz in ...... und eingetragen im Handelsregister des Amtsgerichts ...... unter der Nummer HRB ...... Das Grundkapital der Zielgesellschaft beträgt insgesamt ...... EUR und ist eingeteilt in ...... Stück auf den Inhaber lautende Stückaktien mit einem rechnerischen Anteil am Grundkapital von ...... EUR je Aktie. Die Aktien der Zielgesellschaft (mit der Identifikationsnummer ISIN DE000...... und der Wertpapierkennnummer ......) sind zum Börsenhandel mit amtlicher Notierung an der Frankfurter Wertpapierbörse sowie den Börsen ...... zugelassen.

V.3 Der Bieter erwägt, den Aktionären der Zielgesellschaft ein Übernahmeangebot im Sinne des § 29 Abs. 1 WpÜG zum Erwerb ihrer Aktien an der Zielgesellschaft (nachfolgend das „Übernahmeangebot" genannt)[5] auf der Grundlage des gegenwärtigen Börsenkurses der Zielgesellschaft zu einem Angebotspreis von mindestens

...... EUR je Aktie in bar (nachfolgend der „Mindestpreis" genannt)[6] zu unterbreiten und das Übernahmeangebot neben den üblichen Bedingungen zudem dadurch zu bedingen, dass es von Aktionären der Zielgesellschaft mit einer solchen Anzahl von Aktien der Zielgesellschaft angenommen wird, dass der Bieter nach Vollzug des Übernahmeangebots mindestens ......% des Grundkapitals der Zielgesellschaft hält (nachfolgend die „Mindest-Annahmeschwelle" genannt).[7]

§ 1 Übernahmeangebot

1.1 Der Aktionär verpflichtet sich hiermit unwiderruflich,
   (a) das vom Bieter unterbreitete Übernahmeangebot hinsichtlich der von ihm gehaltenen Anzubietenden Aktien zu dem in der Angebotsunterlage genannten Angebotspreis bis zum [dritten][8] Tag der Angebotsfrist, 12.00 Uhr MEZ, anzunehmen und dem Bieter eine Bankbestätigung der in der Vorbemerkung V.1 bezeichneten Bank zu übermitteln, aus der hervorgeht, dass der Aktionär hinsichtlich der von ihm gehaltenen Anzubietenden Aktien das Übernahmeangebot angenommen hat, und
   (b) seine Annahme des Übernahmeangebots weder anzufechten noch von ihr zurückzutreten; insbesondere verzichtet der Aktionär ausdrücklich auf seine Rechte aus den §§ 21 Abs. 4, 22 Abs. 3 WpÜG.[9] Sollte der Bieter sein Angebot erhöhen, ist der Aktionär allerdings berechtigt, vom Angebot nach § 21 Abs. 4 WpÜG zurückzutreten; in diesem Fall verpflichtet er sich, unmittelbar nach dem Rücktritt das erhöhte Angebot des Bieters anzunehmen und dem Bieter [drei] Tage nach der Veröffentlichung der Änderung des Angebots im Internet eine Bankbestätigung der in der Vorbemerkung V.1 bezeichneten Bank zu übermitteln, aus der hervorgeht, dass der Aktionär hinsichtlich der von ihm gehaltenen Anzubietenden Aktien das erhöhte Übernahmeangebot des Bieters angenommen hat, und
   (c) ein Übernahmeangebot des Bieters in den Gremien der Zielgesellschaft, insbesondere in einer etwa stattfindenden Hauptversammlung zu unterstützen, insbesondere das Stimmrecht aus den von ihm gehaltenen Anzubietenden Aktien entsprechend auszuüben, und – im Rahmen des rechtlich zulässigen – auf Mitglieder der Verwaltungsorgane der Zielgesellschaft in einer Weise einzuwirken, dass das Übernahmeangebot gefördert wird, sowie alles zu unterlassen, was den Erfolg des Übernahmeangebots, insbesondere das Erreichen der in der Angebotsunterlage festgelegten Mindest-Annahmeschwelle gefährden könnte, und[10]
   (d) das Übernahmeangebot des Bieters in der Öffentlichkeit zu unterstützen, insbesondere sich bei allen öffentlichen Verlautbarungen, Pressekonferenzen, Interviews, Roadshows und sonstigen Gelegenheiten für das Übernahmeangebot auszusprechen.

1.2 Sollte es bis zum Ablauf der weiteren Annahmefrist des Übernahmeangebots (§ 16 Abs. 2 WpÜG) zu einer Kapitalerhöhung der Zielgesellschaft kommen, verpflichtet sich der Aktionär, das ihm zustehende Bezugsrecht auf den Erwerb neuer Aktien der Zielgesellschaft bis zum [dritten] Tag der Bezugsrechtsfrist auszuüben und das Übernahmeangebot des Bieters auch hinsichtlich dieser neuen Aktien anzunehmen und dem Bieter unverzüglich eine Bankbestätigung der in der Vorbemerkung V.1 bezeichneten Bank zu übermitteln, aus der hervorgeht, dass der Aktionär hinsichtlich dieser Aktien das Übernahmeangebot des Bieters angenommen hat.[11] Soweit die Ausübung der Bezugsrechte und die Annahme des Übernahmeangebots hinsichtlich der neuen Aktien nicht bis zum Ende der Annahmefrist möglich ist, verpflichtet sich der Aktionär, dem Bieter diese Bezugsrechte am [ersten] Tag des Bezugsrechtshandels zu dem an diesem Tag amtlich festgestellten Preis zum Erwerb anzubieten.

1.3 Der Bieter hat noch keine Entscheidung über die Abgabe eines Übernahmeangebots getroffen und er ist auch nicht verpflichtet, ein Übernahmeangebot abzugeben; dies

I. Unwiderrufliche Verpflichtung zur Annahme eines Übernahmeangebots E.I

nimmt der Aktionär ausdrücklich zur Kenntnis.[12] Ein Kaufvertrag zwischen dem Bieter und dem Aktionär über die vom Aktionär gehaltenen Anzubietenden Aktien kommt nur auf der Grundlage eines Übernahmeangebots zustande. Wird eine vom Bieter in die Angebotsunterlage aufgenommene und ggf. geänderte Mindest-Annahmeschwelle nicht erreicht oder tritt eine in der Angebotsunterlage genannte sonstige Bedingung nicht ein, kommt kein Kaufvertrag zustande, es sei denn, der Bieter verzichtet auf das Erreichen der Mindest-Annahmeschwelle und/oder einer derartigen Bedingung. Eine über den in der Angebotsunterlage genannten Angebotspreis hinausgehende Gegenleistung wird vom Bieter weder geschuldet noch erbracht.

1.4 Der Aktionär ist nicht verpflichtet, das Übernahmeangebot anzunehmen, wenn der in der Angebotsunterlage genannte Angebotspreis unter dem Mindestpreis liegt.[13]

§ 2 Stillhalteabkommen[14]

Der Aktionär verpflichtet sich, zwischen dem Tag der Unterzeichnung dieser Vereinbarung bis zum Ablauf des fünften Tages nach dem Ende der weiteren Annahmefrist des Übernahmeangebots (§ 16 Abs. 2 WpÜG), weder selbst noch durch mit ihm Verbundene Unternehmen oder mit diesen gemeinsam handelnde Personen im Sinne von § 2 Abs. 5 WpÜG

(a) die Anzunehmenden Aktien anderweitig zu veräußern, zu verpfänden, zur Sicherheit zu übereignen, Optionsrechte zum Erwerb von Aktien an der Zielgesellschaft zu erwerben oder einzuräumen oder in anderer Weise in Wertpapieren oder Derivaten (im Sinne des § 2 Absatz 1 und 2 WpHG) zu handeln, die von der Zielgesellschaft ausgegeben werden oder sich auf von der Zielgesellschaft ausgegebene Wertpapiere beziehen, es sei denn, dies geschieht in Erfüllung der sich aus dieser Vereinbarung ergebenden Verpflichtungen; hiervon ausgenommen ist der Erwerb und die Ausübung von Bezugsrechten aufgrund eines Beschlusses der Hauptversammlung der Zielgesellschaft;

(b) sonst irgendwelche Maßnahmen zu ergreifen, die mit dieser Vereinbarung in Widerspruch stehen.

§ 3 Garantieversprechen[15]

Der Aktionär erklärt gegenüber dem Bieter in der Form eines selbständigen Garantieversprechens gemäß § 311 Abs. 1 BGB, dass die folgenden Aussagen zum heutigen Tage [und am Tag der Übertragung der Aktien auf den Bieter][16] richtig und zutreffend sind:

(a) Die in den Vorbemerkungen V.1 und V.2 enthaltenen Informationen sind richtig, vollständig und nicht irreführend.

(b) Der Aktionär ist rechtlicher und wirtschaftlicher Eigentümer der von ihm gehaltenen Anzubietenden Aktien.

(c) Die Anzubietenden Aktien sind wirksam ausgegeben, voll eingezahlt und unterliegen keiner Nachschusspflicht.

(d) Die Anzubietenden Aktien sind nicht mit Rechten Dritter belastet, es bestehen insbesondere keine Options- und Vorkaufsrechte oder sonstige Rechte Dritter, und der Aktionär kann über die von ihm gehaltenen Anzubietenden Aktien frei und ohne Verletzung von Rechten Dritter verfügen, insbesondere ist für die Verfügung über die Anzubietenden Aktien keine Zustimmung Dritter oder von Gremien des Aktionärs oder Verbundener Unternehmen erforderlich.

§ 4 Vertraulichkeit[17]

4.1 Der Aktionär verpflichtet sich, die Existenz und den Inhalt dieser Vereinbarung vor der Veröffentlichung des Übernahmeangebots Dritten ohne vorherige schriftliche Zustimmung des Bieters weder zugänglich zu machen noch zu überlassen und auch selbst davon keinen Gebrauch zu machen, es sei denn, dies geschieht in Erfüllung einer bestehenden gesetzlichen Verpflichtung. Bevor der Aktionär diese Vereinbarung in Erfüllung einer bestehenden gesetzlichen Verpflichtung offen legt, hat er den Bieter zwei Bankarbeitstage (Frankfurt am Main) zuvor hierüber zu unterrichten.

4.2 Der Bieter verpflichtet sich, ohne vorherige schriftliche Zustimmung des Aktionärs die Existenz und den Inhalt dieser Vereinbarung vor der Veröffentlichung einer Entscheidung des Bieters zur Abgabe eines Übernahmeangebots Dritten weder zugänglich zu machen noch zu überlassen, es sei denn, dies geschieht in Erfüllung einer bestehenden gesetzlichen oder behördlichen Verpflichtung. Der Aktionär erteilt hiermit seine unwiderrufliche Zustimmung, dass der Bieter diese Vereinbarung der Bundesanstalt für Finanzdienstleistungsaufsicht offen legt und die Vereinbarung im Rahmen der Veröffentlichung der Entscheidung zur Abgabe eines Übernahmeangebots sowie in der Angebotsunterlage offen legt.

§ 5 Geltungsdauer der Verpflichtungen[18]

5.1 Die Verpflichtungen aus dieser Vereinbarung mit Ausnahme der in § 4 geregelten Vertraulichkeit erlöschen mit vollzogener Übernahme der Anzubietenden Aktien aufgrund des Übernahmeangebots. Diese Verpflichtungen erlöschen jedoch spätestens mit Ablauf des ...., es sei denn, die Vollziehung erfolgte zu diesem Zeitpunkt nur deswegen nicht, weil eine oder mehrere erforderliche Kartellrechtsfreigabe(n) noch nicht erteilt worden ist/sind.

5.2 Ein konkurrierendes Übernahmeangebot eines Dritten zum Erwerb der vom Aktionär an der Zielgesellschaft gehaltenen Aktien lässt die Verpflichtungen des Aktionärs nach dieser Vereinbarung unberührt; insbesondere ist der Aktionär in diesem Fall nicht zum Rücktritt von der Annahme des Übernahmeangebots nach § 22 Abs. 3 WpÜG berechtigt. Etwas anderes gilt nur dann, wenn der Bieter dem Aktionär auf Anfrage schriftlich mitteilt, dass er auf den Ausschluss des Rücktrittsrechts des Aktionärs nach § 1.1 lit. (b) Satz 1 dieser Vereinbarung verzichtet.[19]

§ 6 Abtretung

Rechte aus dieser Vereinbarung dürfen nur nach vorheriger schriftlicher Zustimmung der anderen Partei dieser Vereinbarung abgetreten werden.

§ 7 Mitteilungen

Alle Erklärungen und Mitteilungen nach dieser Vereinbarung bedürfen der Schriftform. Sie sind persönlich, per Post, per E-Mail oder per Telefax jeweils zu Händen der nachstehend aufgeführten Personen unter folgenden Anschriften bzw. Telefaxnummern zu übermitteln:
(a) Bieter: ......
(b) Aktionär: ......

§ 8 Schlussbestimmungen

8.1 Sollte eine Bestimmung dieser Vereinbarung unwirksam oder undurchsetzbar sein oder werden oder sollte sich in dieser Vereinbarung eine Regelungslücke herausstellen, so wird hierdurch die Gültigkeit der übrigen Bestimmungen nicht berührt. Anstelle der unwirksamen oder undurchsetzbaren Bestimmung oder zur Ausfüllung der Regelungslücke soll eine angemessene Regelung treten, die, soweit rechtlich möglich, dem am nächsten kommt, was die Parteien gewollt haben oder nach dem Sinn und Zweck dieser Vereinbarung gewollt hätten, sofern sie den Punkt bedacht hätten.

8.2 Diese Vereinbarung enthält sämtliche Vereinbarungen der Parteien über den Vereinbarungsgegenstand. Zwischen den Parteien sind keinerlei schriftliche oder mündliche Nebenabreden zu dieser Vereinbarung getroffen worden. Änderungen dieser

I. Unwiderrufliche Verpflichtung zur Annahme eines Übernahmeangebots E.I

Vereinbarung bedürfen der Schriftform, soweit keine weitergehenden Formerfordernisse gesetzlich vorgeschrieben sind. Dies gilt auch für einen etwaigen Verzicht auf die Einhaltung der Vorschriften dieses § 8.2.

8.3 Diese Vereinbarung unterliegt dem Recht der Bundesrepublik Deutschland. Für den Fall von Streitigkeiten zwischen den Vertragsparteien auf Grund dieser Vereinbarung vereinbaren die Vertragsparteien als ausschließlichen Gerichtsstand ....[20]

Anlage A: Bestätigung der Bank (Vorbemerkung V. 1)

Schrifttum: Arnold/Wenninger, Maßnahmen zur Abwehr feindlicher Übernahmeangebote, CFL 2010, 79; *Cascante/Topf,* „Auf leisen Sohlen?" Stakebuilding bei der börsennotierten AG, AG 2009, 53; *Deilmann,* Aktienrechtlicher versus übernahmerechtlicher Squeeze-out, NZG 2007, 721; *Fleischer/Schmolke,* Zum beabsichtigten Ausbau der kapitalmarktrechtlichen Beteiligungstransparenz bei modernen Finanzinstrumenten (§§ 25, 25a DiskE-WpHG), NZG 2010, 846; *Gätsch/Schäfer,* Abgestimmtes Verhalten nach § 22 II WpHG und § 30 II WpÜG in der Fassung des Risikobegrenzungsgesetzes, NZG 2008, 846; *Johannsen-Roth/Illert,* Paketerwerbe und öffentliche Übernahmeangebote im Lichte des neuen übernahmerechtlichen Squeeze out nach § 39a WpÜG. Praxisprobleme bei der zukünftigen Strukturierung von Übernahmetransaktionen, ZIP 2006, 2157; *Klemm/Reinhardt,* Verbesserungspotenziale im deutschen Übernahmerecht, NZG 2007, 281; *Merkner/Sustmann,* Vorbei mit dem unbemerkten Anschleichen an börsennotierte Unternehmen?, NZG 2010, 681; *Meyer/Kiesewetter,* Rechtliche Rahmenbedingungen des Beteiligungsaufbaus im Vorfeld von Unternehmensübernahmen, WM 2008, 340; *Schlitt/Ries/Becker,* Der Ausschluss der übrigen Aktionäre gem. §§ 39a, § 39b WpÜG, NZG 2008, 700; *Seibt,* Gläubigerschutz bei Änderung der Kapitalstruktur durch Erhöhung des Fremdkapitalanteils (Leveraged Recapitalization/Leveraged Buy Out), ZHR 171 (2007), 282; *Seibt,* Neues Regime der kapitalmarktrechtlichen Beteiligungstransparenz – Stellungnahme zum Anlegerschutz- und Funktionsverbesserungsgesetz, CFL 2010, 502; *Seibt/Wunsch,* Managementgarantien bei M&A Transaktionen, ZIP 2008, 1093; *Steinmeyer/Santelmann,* Zur Widerleglichkeit der Angemessenheitsvermutung beim übernahmerechtlichen Squeeze out, BB 2009; 674; *Stöcker,* Widerruf oder Rücktritt von Angebotsankündigungen, NZG 2003, 993; *Teichmann/Epe,* Neuer Regelungsansatz in der kapitalmarktrechtlichen Beteiligungstransparenz, WM 2010, 1477; *von Riegen,* Rechtsverbindliche Zusagen zur Annahme von Übernahmeangeboten (sog. „irrevocable undertakings"), ZHR 167 (2003), 702; *Wagner,* Anlegerschutz und „Grauer Kapitalmarkt", NZG 2011, 609; *Wilsing/Ogorek,* Die Angemessenheitsvermutung beim übernahmerechtlichen Squeeze out, GWR 2009, 211.

Anmerkungen

1. Überblick. Das Formular enthält eine unwiderrufliche Verpflichtung eines Aktionärs zur Annahme eines formalen Übernahmeangebots nach dem Wertpapiererwerbs- und Übernahmegesetz (WpÜG) für die von ihm an einer börsennotierten Zielgesellschaft gehaltenen Aktien. Solche im angelsächsischen Rechtskreis als *irrevocable undertakings* oder *irrevocables* bezeichneten Zusagen, durch die sich Aktionäre der Zielgesellschaft gegenüber dem Bieter im Vorfeld eines Übernahmeangebots zu dessen Annahme verpflichten, spielen mittlerweile auch in Deutschland bei der Vorbereitung und Durchführung von öffentlichen Übernahmen häufig eine bedeutende Rolle (vgl. z.B.: Angebot der OEP Technologie B.V. an die Aktionäre der SMARTRAC N.V., Angebotsunterlage vom 11. Oktober 2010, S. 17; Angebot der MHG Media Holdings GmbH an die Aktionäre der Procon MultiMedia AG, Angebotsunterlage vom 4. November 2009, S. 19 f.; Angebot der NTT Communications Deutschland GmbH an die Aktionäre der Integralis AG, Angebotsunterlage vom 11. September 2009, S. 35 f.; Angebot der ComArch Software AG an die Aktionäre der SoftM Software und Beratung AG, Angebotsunterlage vom 22. Dezember 2008, S. 16; Angebot der Robert Bosch GmbH an die Aktionäre der ersol Solar Energy AG, Angebotsunterlage vom 4. Juli 2008, S. 12; Angebot der Pyramus S.à.r.l. an die Aktionäre der D+S europe AG, Angebotsunterlage vom 15. Mai 2008, S. 25 und S. 36; Angebot der Swiss Life Beteiligungs GmbH an die Aktionäre der AWD Holding AG, Angebotsunterlage vom 14. Januar 2008, S. 13; Angebot der NTT DATA EUROPE GmbH & Co. KG an die Aktionäre der itelligence AG, Angebotsunterlage vom 12. November 2007, S. 20; Angebot der UCB S.A. an die Aktionäre der Schwarz Pharma AG, Angebotsunterlage vom 10. November 2006, S. 10; Angebot der MEIF II Energie Beteiligungen GmbH &

Co. KG an die Aktionäre der Techem AG, Angebotsunterlage vom 2. November 2007, S. 17; Angebot der Continental AG an die Aktionäre der Phoenix AG, Angebotsunterlage vom 22. April 2004, S. 9 f.; Angebot der Carlsberg Deutschland GmbH an die Aktionäre der Holsten-Brauerei AG, Angebotsunterlage vom 11. Februar 2004, S. 14; Angebot der BCP Crystal Acquisition GmbH & Co. KG an die Aktionäre der Celanese AG, Angebotsunterlage vom 30. Januar 2004, S. 27); sie werden auch in der deutschen Übernahmepraxis überwiegend als Irrevocable Undertakings bezeichnet.

Ein Irrevocable Undertaking stellt in der Übernahmesituation ein alternatives Gestaltungsinstrument gegenüber (i) einem (auf den Erfolg des Übernahmeangebots bedingten) Paketerwerb durch Abschluss und Vollzug eines Aktienkauf- und Übertragungsvertrage (ii) einem Business Combination Agreement unter Einbeziehung der Hauptaktionäre (vgl. Form. L. II.2), (iii) einem Swap-Geschäft (vgl. z. B. Angebot der Schaeffler KG an die Aktionäre der Continental AG, Angebotsunterlage vom 30. Juli 2008, S. 15 f. oder Angebot der ACS SA an die Aktionäre der Hochtief AG, Angebotsunterlage vom 1. 12. 2010, S. 18) oder (iv) einer Optionsvereinbarung dar (vgl. *Deilmann* NZG 2007, 721, 721 f.; *Johannsen-Roth/Illert* ZIP 2006, 2157 f.; ausführlich: *von Riegen* ZHR 167 (2003), 702, 717 ff.). Im Gegensatz zu den alternativen Gestaltungsvarianten steht und fällt der Aktienerwerb bei einem Irrevocable Undertaking mit dem Erfolg des Übernahmeangebots und vollzieht sich zudem grundsätzlich nach den in der vom Bieter zu veröffentlichenden Angebotsunterlage festgelegten Bedingungen (einschließlich der hierin festgelegten Gegenleistung). Gleichwohl ist es sinnvoll, im Irrevocable Undertaking einen Mindestpreis zu vereinbaren (vgl. Vorbemerkung V. 3 und Anm. 6). Infolge dessen kann ein Irrevocable Undertaking einem fairen Interessenausgleich zwischen dem Bieter und dem Aktionär dienen: Dem Bieter ermöglicht es, seinen Zeitplan für die geplante Übernahme der Zielgesellschaft weitgehend flexibel zu gestalten und sein Angebot von bestimmten, durch ihn nicht ausschließlich beeinflussbaren Bedingungen (insbesondere vom Erreichen einer Mindest-Annahmeschwelle; vgl. § 18 Abs. 1 WpÜG) abhängig zu machen, was ihm im Fall eines Pflichtangebots nach § 35 WpÜG, welches gegebenenfalls einem Paketerwerb, durch den der Bieter die Kontrolle (30% der Stimmrechte; § 29 Abs. 2 WpÜG) an der Zielgesellschaft erlangt hat, unmittelbar nachzufolgen hat, nicht möglich wäre (§ 39 WpÜG).

Aus Sicht des Bieters sind Irrevocable Undertakings darüber hinaus ein wirkungsvolles Instrument, um die Erfolgschancen eines Übernahmeangebots zu erhöhen und das Risiko eines konkurrierenden Angebots zu verringern, insbesondere dann, wenn sich der Bieter hierdurch bereits einen bedeutenden Prozentsatz des Grundkapitals und der Stimmrechte der Zielgesellschaft vorzeitig sichern kann. Ist der Bieter in der Lage, die von einem Großaktionär oder einem strategisch bedeutsamen Aktionär gehaltenen Aktien durch ein Irrevocable Undertaking zu sichern, kann dies zudem positive Auswirkungen auf die Kapitalmarktsicht haben: Häufig wird hiervon eine Indizwirkung für die strategische Logik der Übernahme und die Angemessenheit der vom Bieter angebotenen Gegenleistung für die Aktien der Zielgesellschaft ausgehen. Irrevocables stellen für den Bieter auch eine Möglichkeit dar, die Verkaufsbereitschaft von bedeutenden Aktionären im Vorfeld eines Angebots zu testen und im Falle eines Scheiterns den Aufwand, die Kosten und die negative Außenwirkung eines erfolglosen Übernahmeverfahrens zu vermeiden (vgl. zu den Motiven von Irrevocable Undertakings auch ausführlich *von Riegen* ZHR 167 (2003), 702, 706 f.; *Meyer/Kiesewetter* WM 2009, 340). Der verkaufsbereite Aktionär andererseits profitiert von einer erhöhten Verlässlichkeit der beabsichtigten Transaktion sowie von der übernahmerechtlichen Preissicherheit für seine gebundenen Aktien: Gewährt der Bieter innerhalb der gesetzlichen Referenzzeiträume – d.h. innerhalb von sechs Monaten vor der Veröffentlichung der Angebotsunterlage (Vorerwerbe), während der Annahmefrist (Parallelerwerbe) und bezogen auf Erwerbe außerhalb der Börse innerhalb eines Jahres nach Ablauf der Annahmefrist (Nacherwerbe) – anderen Aktionären für ihre Aktien an der Zielgesellschaft eine höhere Gegenleistung, ist der Bieter gegenüber dem Aktionär zur Zahlung einer Geldleistung in Höhe des Unterschiedsbetrages verpflichtet (vgl. §§ 31 Abs. 3 bis 5, § 4 WpÜG-Angebotsverordnung). Dieser Schutz besteht, sofern nicht ausdrücklich vereinbart, im Rahmen eines typischen Paketverkaufes oder einer Optionsvereinbarung hingegen grundsätzlich nicht.

I. Unwiderrufliche Verpflichtung zur Annahme eines Übernahmeangebots E.I

Rechtstechnisch handelt es sich bei dem vorliegenden Muster um einen einseitig verpflichtenden Vorvertrag, der die Verpflichtung des Aktionärs zum Abschluss eines Hauptvertrages, nämlich zum Abschluss eines Kauf- und Übertragungsvertrages über die von ihm an der Zielgesellschaft gehaltenen Aktien auf der Grundlage des Übernahmeangebots und nach Maßgabe der in der Angebotsunterlage niedergelegten Bedingungen, begründet (vgl. *Deilmann* NZG 2007, 721, 722; *Johannsen-Roth/Illert* ZIP 2006, 2157, 2158; grundlegend *von Riegen* ZHR 167 (2003), 702, 711 f). Der Vorvertrag kann auch zweiseitig verpflichtend ausgestaltet werden, indem sich der Bieter gegenüber dem Aktionär umgekehrt zur Abgabe eines Übernahmeangebots verpflichtet; eine solche Verpflichtung wäre dann anstelle der in § 1.3 des Musters niedergelegten Bestimmung aufzunehmen. In der Praxis wird eine zweiseitig verpflichtende Ausgestaltung der Vereinbarung vor allem beim Erwerb der Anteile von Großaktionären interessengerecht sein, die über das Schicksal ihres kontrollierenden Einflusses regelmäßig frühzeitig Klarheit erlangen wollen (vgl. noch die Anmerkungen zu Ziff. 3). In diesem Fall ist allerdings zu beachten, dass sich der hierzu verpflichtende Bieter in der Regel auch schon zur Abgabe eines Übernahmeangebots entschieden haben wird, so dass der Bieter gemäß § 10 Abs. 1 WpÜG verpflichtet sein wird, seine Entscheidung zur Abgabe eines Übernahmeangebots unverzüglich zu veröffentlichen (vgl. KölnKommWpÜG/*Hirte* § 10 Rdnr. 26). Handelt es sich beim Bieter um eine Gesellschaft, kann die Entscheidung zum Abschluss der Vereinbarung mit dem Großaktionär sowie zur Abgabe eines Übernahmeangebots noch von weiteren Gremienzustimmungen abhängen. Sodann stellt sich die Frage, zu welchem Zeitpunkt eine zu veröffentlichende Entscheidung im Sinne von § 10 Abs. 1 WpÜG vorliegt, zum Zeitpunkt der Entscheidung der Geschäftsführung oder erst zum späteren Zeitpunkt der erforderlichen weiteren Gremienzustimmung (vgl. hierzu ausführlich KölnKommWpÜG/*Hirte* § 10 Rdnr. 35 ff.; Assmann/Pötzsch/Uwe H. Schneider/*Assmann* § 10 Rdnr. 14 ff.; Baums/Thoma/*Thoma/Stöcker* § 10 Rdnr. 19 ff.).

2. Übernahme- und kapitalmarktrechtliche Aspekte. Irrevocable Undertakings werden im Vorfeld eines Übernahmeverfahrens und damit regelmäßig innerhalb des gesetzlichen Referenzzeitraumes für maßgebliche Vorerwerbe von sechs Monaten vor der Veröffentlichung der Angebotsunterlage (vgl. §§ 31 Abs. 6 WpÜG, § 4 WpÜG-Angebotsverordnung) geschlossen. Aufgrund dessen stellt sich die Frage, ob sie als Vorerwerb im Sinne von § 31 Abs. 6 WpÜG, § 4 WpÜG-Angebotsverordnung anzusehen sind und daher gemäß der übernahmerechtlichen Preisregelungen (vgl. §§ 31 Abs. 3 bis 5, § 4 WpÜG-Angebotsverordnung) Auswirkungen auf den Angebotspreis haben können und in der Angebotsunterlage offengelegt werden müssen.

Da sich Irrevocable Undertakings im Gegensatz zu Paketerwerben und Call-Optionsrechten aber gerade dadurch auszeichnen, dass die Übereignung der betreffenden Aktien nicht außerhalb, sondern gerade im Rahmen und aufgrund des Übernahmeangebots erfolgt, finden die aus dem Gleichbehandlungsgebot des § 3 Abs. 1 WpÜG folgenden übernahmerechtlichen Preisregelungen unmittelbare Anwendung. Aus diesem Grund ist der von diesen Regelungen vermittelte Schutzzweck, etwaige Paketaufschläge allen Aktionären gleichermaßen zugute kommen zu lassen (vgl. Begr. RegE, BT-Drucks. 14/7034, S. 80; Assmann/Pötzsch/Uwe H. Schneider/*Krause* § 4 WpÜG-AngVO Rdnr. 1), nicht betroffen und sind Irrevocable Undertakings nicht als Vorerwerbs-Vereinbarung im Sinne von § 31 Abs. 6 WpÜG, § 4 WpÜG-Angebotsverordnung anzusehen (vgl. ausführlich *von Riegen* ZHR 167 (2003), 702, 723 ff.). Etwas anderes kann allerdings gelten, wenn im Zusammenhang mit dem Irrevocable Undertaking wertrelevante Zusatzleistungen des Bieters an den Aktionär vereinbart werden, die nicht im Rahmen und nach Maßgabe des Übernahmeangebots vom Bieter oder mit ihm gemeinsam handelnden Personen erbracht werden (sollen) und im Vergleich zu den sonstigen Aktionären der Zielgesellschaft zu einer Besserstellung des betreffenden Aktionärs führen (vgl. *von Riegen* ZHR 167 (2003), 702, 724 f.).

Nach § 11 Abs. 4 WpÜG, § 2 Nr. 7 WpÜG-Angebotsverordnung hat der Bieter in der Angebotsunterlage Art und Umfang von bestimmten Vorerwerben, die er innerhalb des Referenzzeitraumes von sechs Monaten vor der Veröffentlichung seiner Entscheidung zur Abgabe eines Übernahmeangebots (§ 10 Abs. 3 S. 1 WpÜG) oder vor der Veröffentlichung der Angebotsunterlage (§ 14 Abs. 2 S. 1 WpÜG) getätigt hat, offen zu legen. Aus den vorgenannten

Gründen kann argumentiert werden, dass es sich bei Irrevocable Undertakings auch nicht um Vorerwerbe im Sinne von § 2 Nr. 7 WpÜG-Angebotsverordnung handelt und sie daher auch nicht in der Angebotsunterlage offen zu legen sind (vgl. *von Riegen* ZHR 167 (2003), 702, 725 f.). Gleichwohl verlangt die BaFin die Offenlegung auch von Irrevocable Undertakings in der Angebotsunterlage (üblicherweise bei der Beschreibung des Bieters im Abschnitt „Angaben zu Wertpapiergeschäften"). Da auch der Bieter häufig den Abschluss von Irrevocable Undertakings dem Kapitalmarkt offen legen möchte, weil er sich dadurch eine positive Auswirkung auf das Annahmeverhalten der übrigen Aktionäre verspricht, sieht das Muster im Rahmen der Vertraulichkeitsvereinbarung in § 4.2 Satz 2 vor, dass der Aktionär seine Zustimmung zur Offenlegung der Vereinbarung gegenüber der BaFin und im Rahmen der vom Bieter vorzunehmenden Veröffentlichung seiner Entscheidung zur Abgabe eines Übernahmeangebots sowie in der Angebotsunterlage erteilt. Das insoweit im Formular enthaltene Offenlegungsrecht ist bieterfreundlich ausgestaltet. Teilweise werden Aktionäre eine Einschränkung dahingehend wünschen, dass eine Offenlegung zwar in der Angebotsunterlage erfolgen darf, nicht aber schon in der Veröffentlichung der Entscheidung des Bieters zur Abgabe eines Übernahmeangebots.

Im Rahmen der Verhandlung und des Abschlusses des Irrevocable Undertaking haben der Aktionär und der Bieter die insiderrechtlichen Bestimmungen (§§ 12 ff. WpHG) zu beachten: Anders als der Entschluss des Bieters, Aktien über die Börse zu erwerben, kann sein Plan einer späteren öffentlichen Übernahme eine Insiderinformation im Sinne von § 13 Abs. 1 WpHG darstellen (vgl. Erwägungsgrund 30 der EG-Marktmissbrauchsrichtlinie 2003/6/EG; *Cascante/Topf* AG 2009, 53, 54; vgl. hierzu auch Anm. 17). Dennoch verstößt weder die Verwendung einer solchen Information noch deren Weitergabe an den Aktionär nach mittlerweile allgemeiner Ansicht gegen das Insiderhandelsverbot der §§ 14, 38 WpHG, soweit es bei der Durchführung des ursprünglichen Plans verbleibt und die Offenlegung der Information gegenüber dem Aktionär erforderlich ist (vgl. Emittentenleitfaden der BaFin mit Stand vom 28. April 2009, Abschnitte III. 2.2.1.4.2 und III. 2.2.2.1 jeweils zum Paketerwerb; ausführlich: *Assmann/Uwe H. Schneider/Assmann* § 14 WpHG Rdnr. 41 ff. und Rdnr. 133 ff.; *Meyer/Kiesewetter* WM 2009, 340 und *von Riegen* ZHR 167 (2003), 702, 726 f. m. w. N.).

Handelt es sich beim Bieter und/oder beim Aktionär um einen Inlandsemittenten von Finanzinstrumenten im Sinne von §§ 15 Abs. 1 S. 1, 2 Abs. 2 b und Abs. 7 WpHG, haben sie die Ad hoc-Veröffentlichungspflicht nach § 15 Abs. 1 S. 1 WpHG zu beachten. Auch der Abschluss eines Irrevocable Undertaking im Vorfeld einer vom Bieter geplanten Übernahme kann als eine zu veröffentlichende Insiderinformation zu qualifizieren sein (vgl. Emittentenleitfaden der BaFin mit Stand vom 28. April 2009, Abschnitte III. 2.1 und IV. 2.2). Häufig werden bis zur Veröffentlichung der Entscheidung des Bieters, ein Übernahmeangebot abgeben zu wollen (§ 10 Abs. 1 WpÜG), seitens des Veröffentlichungspflichtigen aber die Voraussetzungen für eine Selbstbefreiung von der Ad hoc-Veröffentlichungspflicht nach § 15 Abs. 3 S. 1 WpHG vorliegen (vgl. hierzu die Anmerkungen zu Ziff. 17; ausführlich Emittentenleitfaden der BaFin mit Stand vom 15. Juli 2005, Abschnitt IV. 3).

Der Abschluss eines Irrevocable Undertaking wird in der Regel nicht zu einer Zurechnung von Stimmrechten nach §§ 21 ff. WpHG führen und somit auch keine Mitteilungspflicht des Bieters und/oder des Aktionärs nach § 21 Abs. 1 WpHG auslösen, da der Eigentumsübergang der vom Aktionär gehaltenen Aktien auf den Bieter erst im Rahmen des (noch ungewissen) Übernahmeverfahrens erfolgt. Zwar hält die BaFin Aktienkaufverträge für von § 25 WpHG erfasst (Emittentenleitfaden der BaFin mit Stand vom 28. April 2009, Abschnitt VIII.2.8.1), wandte die Norm jedoch zu Recht nicht auf Irrevocable Undertakings als bloße Vorstufe zum Kaufvertrag an (so auch *Meyer/Kiesewetter* WM 2009, 340, 345). Ob Irrevocable Undertakings auch in Zukunft die Möglichkeit der unveröffentlichten Beteiligungssicherung bieten, ist allerdings unsicher: Am 8. 4. 2011 ist das Anlegerschutz- und Funktionsverbesserungsgesetz (AnsFuG vom 5. 4. 2011, BGBl. I S. 538) teilweise in Kraft getreten, das Änderungen des WPHG, WpÜG, InVG sowie der WüPG-AngebotsVO, der WpDVerOV und der WpALV vorsieht (vgl. im Überblick *Wanger* NZG 2011, 609, 610, zum Diskussionsentwurf *Seibt* CFL 2010, 502). Neben Schutzmaßnahmen gegen die Falschberatung von Anlegern enthält es insbesondere die Erweiterung des Tatbestandes von § 25 WpHG um „sonstige Instrumente" und

I. Unwiderrufliche Verpflichtung zur Annahme eines Übernahmeangebots

die Einführung einer generalklauselartigen Zurechnungsnorm in § 25 a WpHG. Diese Erweiterung der Meldepflichten tritt zum 1. 2. 2012 in Kraft. Während sich der neugefasste § 25 WpHG nur auf rechtlich bindende Erwerbsrechte bezieht (etwa der Rückforderungsanspruch des Darlehensgebers bei Wertpapierdarlehen sowie die Rückkaufvereinbarung bei einem Repo-Geschäft (Requrchase Agreement) und Irrevocables damit nach wie vor nicht erfasst, greift § 25 a WpHG bereits bei Instrumenten ein, die einen Aktienerwerb lediglich „ermöglichen" (vgl. *Teichmann/Epe* WM 2010, 1477, 1480). Der Gesetzgeber hat hier insbesondere Hedge- und Optionsgeschäfte vor Augen (beispielsweise Swaps, finanzielle Differenzgeschäfte, Call-Optionen mit Cash Settlement und Put-Optionen), doch ist der Tatbestand bewusst weit gefasst, um sowohl bekannte als auch noch unentwickelte Umgehungsstrategien umfassend einzuschränken (vgl. *Fleischer/Schmolke* NZG 2010, 846, 853). Zur rechtssicheren Regelungen von Einzelfällen sieht das Geetz eine Verordnungsermächtigung zur näheren Ausgestaltung von Ausnahmebestimmungen zu der neuen Mitteilungspflicht vor (White and Black Lists). Zwar handelt es sich bei Irrevocable Undertakings nur um Vorverträge (deswegen ein Erfassen von § 25 a WpHG n. F. ablehnend *Merkner/Sustmann* NZG 2010, 681, 685 f.), doch ist ihre Ausgestaltung und wirtschaftliche Logik geradezu darauf angelegt, dem Bieter in Bezug auf bestimmte Aktien eine faktische und wirtschaftliche Erwebsmöglichkeit einzuräumen. Auch wenn § 25 a Abs. 1 S. 2 Nr. 2 WpHG im Anwendungsbereich des WpÜG eine Mitteilungspflicht ausschließlich nach § 23 Abs. 1 WpÜG vorsieht, sollte angenommen werden, dass Irrevocables mit Inkrafttreten des Anlegerstärkungsgesetzes eine Zurechnung der Stimmrechte nach sich ziehen. Um die Übernahmepraxis nicht über das unbedingt erforderliche Maß hinaus einzuschränken, ist zu überlegen, Irrevocables in die withe List meldefreier Finanzinstrumente aufzunehmen (*Seibt*, CFL 2011, 213, 219).

Eine Zurechnung von Stimmrechten kann sich daneben auch aus der Vereinbarung z. B. von Stimmbindungen ergeben (vgl. hierzu noch ausführlich die Anmerkungen zu Ziff. 10).

Unklar war bislang, ob die im Rahmen eines Irrevocable Undertaking erworbenen Aktien für die Höhe der Annahmequote des § 39 a Abs. 3 S. 3 WpÜG relevant sind: Die Norm statuiert eine Vermutung, dass die gewährte Gegenleistung angemessen ist, wenn der Bieter „im Rahmen eines Übernahme- oder Pflichtangebots" 90 Prozent der betroffenen Aktien erwerben konnte und ermöglicht einen Ausschluss der übrigen Aktionäre entsprechend dieser Abfindungshöhe (übernahmerechtlicher Squeeze out gem. § 39 a WpÜG). Bei Irrevocables wurde teilweise angezweifelt, dass die Erwerbe „auf Grund" des Angebotes erfolgten (so Haarmann/Schüppen/*Schüppen/Tretter* § 39 a WpÜG Rdnr. 25). Mit der überwiegenden Literaturmeinung bejahten dagegen sowohl das LG Frankfurt a. M. als auch das OLG Frankfurt a. M. zu Recht die Einbeziehung von Irrevocable Undertakings in die Annahmeschwelle von § 39 a Abs. 3 S. 3 WpÜG (LG Frankfurt a. M. NZG 2008, 665; OLG Frankfurt a. M. NZG 2009, 74; Geibel/Süßmann/*Süßmann* § 39 a WpÜG Rdnr. 10; *Schlitt/Ries/Becker* NZG 2008, 700; *Steinmeyer/Santelmann* BB 2009; 674, 676 f.; *Wilsing/Ogorek* GWR 2009, 211). Ob die für Zwangsausschlüsse ausschließlich zuständigen Frankfurter Gerichte dem folgen werden, bleibt abzuwarten; zuletzt hatte das OLG Frankfurt a. M. diese Frage ausdrücklich offen gelassen (§ 39 a Abs. 5 WpÜG; OLG Frankfurt a. M. NZG 2009, 74, 75 f.).

3. Parteien der Vereinbarung. Parteien der Vereinbarung sind der Aktionär und der Bieter. Das Muster geht davon aus, dass der Aktionär die von ihm an der Zielgesellschaft gehaltenen Aktien unmittelbar selbst, d. h. im auf den eigenen Namen lautenden Bankdepot, hält. Sollte der Aktionär Aktien an der Zielgesellschaft auch mittelbar über Beteiligungsgesellschaften halten, so wären auch diese als Partei der Vereinbarung aufzunehmen und die entsprechenden Verpflichtungen von ihnen zu übernehmen.

Die konkrete Ausgestaltung des Irrevocable Undertaking kann unter anderem auch von der Einflussmöglichkeit des Aktionärs auf die Zielgesellschaft abhängen. So kann sich ein die Zielgesellschaft gemäß § 29 Abs. 2 WpÜG kontrollierender Großaktionär im Rahmen eines Irrevocable Undertaking zur Annahme eines Übernahmeangebots des Bieters verpflichten (so z. B. in folgenden Fällen: Zusage von Prof. Dr. G. Fielmann bei dem Angebot der MHG Media Holdings GmbH an die Aktionäre der Procon MultiMedia AG, Angebotsunterlage vom 4. November 2009, S. 19 f.; Zusage der „E. ON-Beteiligten" bei dem Angebot der RAG Projektgesellschaft mbH an die Aktionäre der Degussa AG, Angebotsunterlage vom 19. Juni 2002, S. 14 f.; Zusage der E. ON AG bei dem Angebot der DB Sechste Vermögensverwaltungsgesellschaft mbH an die Aktionäre der Stinnes AG, Angebotsunterlage vom 6. August 2002, S. 9). In diesem Fall stellt das Irrevocable Undertaking nicht selten den Ersatz für einen ansonsten abzuschließenden Aktienkauf- und Übertragungsvertrag über das Aktienpaket des Großaktionärs dar. Der Großaktionär wird häufig vom Bieter die Verpflichtung zur Abgabe eines Übernahmeangebots fordern (vgl. bereits die Anmerkungen zu Ziff. 1), wohingegen der Bieter vom Großaktionär häufig die Abgabe von auf das Unternehmen der Zielgesellschaft bezogene Garantien erwartet. Bei dieser Konstellation ist bei der konkreten Ausgestaltung des Irrevocable Undertaking allerdings darauf zu achten, dass durch dessen Abschluss kein Zurechnungstatbestand im Sinne von § 30 Abs. 1 WpÜG erfüllt oder ein sog. *acting in concert* im Sinne von § 30 Abs. 2 WpÜG begründet wird, was ansonsten die Pflicht zur Abgabe eines Pflichtangebots gemäß § 35 Abs. 1 WpÜG zur Folge haben könnte; allerdings liegt ein acting in concert typischerweise noch nicht vor, soweit sich die Verhaltensabstimmung lediglich auf den Aktienerwerb oder die Übertragung eines Aktienpaketes bezieht (vgl. *Gätsch/Schäfer* NZG 2008, 846, 848 f.; *Meyer/Kiesewetter* WM 2009, 340, 348). Häufig werden Großaktionäre, die ihr Aktienpaket veräußern wollen, jedoch die Veräußerung ihrer Aktien nicht vom Erfolg des Übernahmeverfahrens abhängig machen wollen, und daher auf den Abschluss eines Aktienkauf- und Übertragungsvertrages mit dem Bieter bestehen.

Die ganz überwiegende Zahl von Irrevocable Undertakings wird in der Praxis aber wohl mit Aktionären, die signifikant an der Zielgesellschaft beteiligt sind, ohne diese jedoch zu kontrollieren, (so auch *Deilmann* NZG 2007, 721, 722; *Johannsen-Roth/Illert* ZIP 2006, 2157, 2158; so z.B. in den folgenden Fällen: Angebot der ComArch Software AG an die Aktionäre der SoftM Software und Beratung AG, Angebotsunterlage vom 22. Dezember 2008, S. 16; Angebot der Holzbrinck Networks GmbH an die Aktionäre der Abacho AG, Angebotsunterlage vom 8. August 2007, S. 21; Angebot der Continental AG an die Aktionäre der Phoenix AG, Angebotsunterlage vom 22. April 2004, S. 9 f.; Angebot der Carlsberg Deutschland GmbH an die Aktionäre der Holsten-Brauerei AG, Angebotsunterlage vom 11. Februar 2004, S. 14; Angebot der BCP Crystal Acquisition GmbH & Co. KG an die Aktionäre der Celanese AG, Angebotsunterlage vom 30. Januar 2004, S. 27) sowie mit Organmitgliedern der Zielgesellschaft (so z.B. in folgenden Fällen: Angebot der NTT Communications Deutschland GmbH an die Aktionäre der Integralis AG, Angebotsunterlage vom 11. September 2009, S. 35 f.; Angebot der Robert Bosch GmbH an die Aktionäre der ersol Solar Energy AG, Angebotsunterlage vom 4. Juli 2008, S. 12; Angebot der Alcon, Inc., an die Aktionäre der WaveLight AG, Angebotsunterlage vom 10. August 2007, S. 14; Angebot der Holzbrinck Networks GmbH an die Aktionäre der Abacho AG, Angebotsunterlage vom 8. August 2007, S. 21; Angebot der Continental AG an die Aktionäre der Phoenix AG, Angebotsunterlage vom 22. April 2004, S. 9 f.) geschlossen. Auch in diesen Fällen hat häufig nicht nur der Bieter, sondern auch der Aktionär ein erhebliches Interesse am Abschluss von Irrevocable Undertakings. Dem Bieter dienen sie, um seine Erfolgschancen des Übernahmeangebots zu erhöhen, dem Aktionär verhilft es, um an der in Übernahmeverfahren regelmäßig erforderlichen Prämie zu partizipieren. Gerade in sog. freundlichen Übernahmesituationen, d. h. wenn das Management der Zielgesellschaft das Übernahmeangebot des Bieters unterstützt, wird der Bieter vom Management erwarten, dass es sich hinsichtlich der von ihm jeweils gehaltenen Aktien verpflichtet, das Übernahmeangebot anzunehmen. Von einer solchen in der begründeten Stellungnahme der Verwaltung nach § 27 Abs. 1 Nr. 4 WpÜG zu veröffentlichenden Zusage wird in der Regel eine erhebliche Indizwirkung für die strategische Logik der Transaktion ausgehen.

4. Statusangaben. Die in der Vorbemerkung V.1 vom Aktionär abzugebenden Angaben dienen der Transparenz und sollen den Bieter im Zusammenspiel mit der sich auf die Richtigkeit und Vollständigkeit dieser Angaben beziehenden Garantie des § 3.1 darüber informieren, wie viele Aktien der Aktionär hält. Des weiteren soll hierdurch gewährleistet werden, dass der Aktionär keine seiner an der Zielgesellschaft gehaltenen Aktien auf nahestehende Personen überträgt oder bereits übertragen hat und diese Aktien gegebenenfalls am Bieter vorbei an einen Dritten, z.B. einen konkurrierenden Bieter, veräußert werden können. Diesem Zweck

I. Unwiderrufliche Verpflichtung zur Annahme eines Übernahmeangebots E.I

dient zudem auch das in § 2 des Musters enthaltene Stillhalteabkommen (vgl. hierzu ausführlich Anm. 14). Darüber hinaus wird der Bieter durch diese Angaben und die geforderte Bankbestätigung in die Lage versetzt, im Rahmen des Vollzugs des Übernahmeangebots zu überprüfen, ob der Aktionär tatsächlich alle von ihm gehaltenen Aktien an der Zielgesellschaft nach Maßgabe der Angebotsbedingungen an den Bieter veräußert hat.

5. Eckpunkte des Übernahmeangebots. Der Aktionär wird regelmäßig versuchen, möglichst zahlreiche, seine sich aus dem Irrevocable Undertaking ergebenden Verpflichtungen eingrenzende Eckpunkte des vom Bieter erwogenen Übernahmeangebots in die Vereinbarung mit aufzunehmen, um nur dann gebunden zu sein, wenn der Bieter ein diesen Eckpunkten gemäßes Übernahmeangebot abgibt. Regelmäßig wird daher in Irrevocable Undertakings der vom Bieter den Aktionären der Zielgesellschaft anzubietende Mindestpreis aufgenommen (vgl. hierzu ausführlich Anm. 6). Ob und welche weiteren Vorgaben Eingang in die Vereinbarung erhalten, hängt vom jeweiligen Einzelfall und der Verhandlungsmacht des einzelnen Aktionärs ab. In der Praxis häufig diskutiert werden die Aufnahme bzw. Nicht-Aufnahme bestimmter Bedingungen, wie z.B. einer sog. *Material Adverse Change (MAC)*-Klausel (vgl. hierzu ausführlich Assmann/Pötzsch/Uwe H. Schneider/*Krause* § 18 Rdnr. 88 ff.; KölnKomm-WpÜG/ *Hasselbach* § 18 Rdnr. 58 ff.) oder einer Mindest-Annahmeschwelle (vgl. hierzu ausführlich Anm. 7).

6. Mindestpreis. Das Formular geht davon aus, dass der Bieter zum Zeitpunkt des Abschlusses des Irrevocable Undertaking bereits eine konkrete Vorstellung über die Art der Gegenleistung hat, nämlich dass es sich um ein Angebot in bar handeln wird, und dass er bereits den den Aktionären der Zielgesellschaft im Rahmen des Übernahmeangebots anzubietenden Angebotspreis (oder zumindest dessen Rahmen) ermittelt hat. Dies wird in der Regel ein Preis sein, der über dem nach § 31 Abs. 1 WpÜG i.V.m. §§ 4, 5 WpÜG-Angebotsverordnung zu ermittelnden, gesetzlichen Mindestangebotspreis liegt und der eine gewisse Prämie beinhaltet, die erforderlich ist, um genügend Aktionäre zur Annahme des Übernahmeangebots zu bewegen. Dieser vom Bieter erwogene Angebotspreis, gegebenenfalls reduziert um einen „Sicherheitsabschlag", ist der im Muster als Mindestpreis bezeichnete Betrag.

7. Mindest-Annahmeschwelle. Das vorliegende Muster unterstellt, dass der Bieter beabsichtigt, sein Übernahmeangebot vom Erreichen einer bestimmten Mindest-Annahmeschwelle abhängig zu machen. Bei Übernahmeangeboten im Sinne von § 29 Abs. 1 WpÜG sind solche Mindest-Annahmeschwellen gestattet (vgl. §§ 18 Abs. 1, 26 Abs. 1 Satz 2 WpÜG; KölnKomm-WpÜG/*Hasselbach* § 18 Rdnr. 26 ff.; Assmann/Pötzsch/Uwe H. Schneider/*Krause* § 18 Rdnr. 34; Baums/Thoma/*Baums/Hecker* § 1 Rdnr. 29) und in der Praxis häufig anzutreffen (so z.B. in den folgenden Fällen: Angebot der Pelikan International Corporation an die Aktionäre der Herlitz AG, Angebotsunterlage vom 11. Januar 2010 (75%); Angebot der Robert Bosch GmbH an die Aktionäre der aleo solar AG, Angebotsunterlage vom 28. September 2009 (75%); Angebot der NTT Communications Deutschland GmbH an die Aktionäre der Integralis AG, Angebotsunterlage vom 11. September 2009 (75%); Angebot der Heat Beteiligungs III GmbH an die Aktionäre der Techem AG, Angebotsunterlage vom 14. Dezember 2006 (50,1%); Angebot der Omega I S.à.r.l. an die Aktionäre der PrimaCom AG, Angebotsunterlage vom 25. Juli 2007 (50,1%); Angebot der RCM Beteiligungs AG an die Aktionäre der SM Wirtschaftsberatungs AG, Angebotsunterlage vom 15. Oktober 2007 (75%); Angebot der Alcon, Inc., an die Aktionäre der WaveLight AG, Angebotsunterlage vom 10. August 2007 (75%); Angebot der Optco Akquisitions GmbH an die Aktionäre der LINOS Aktiengesellschaft, Angebotsunterlage vom 24. August 2006 (75%); Angebot der Isabell Finance Vermögensverwaltungs GmbH an die Aktionäre der INTERSEROH Aktiengesellschaft, Angebotsunterlage vom 5. Januar 2006 (75%); Angebot der Erwerbsgesellschaft der S-Finanzgruppe mbH & Co. KG an die Aktionäre der Landesbank Berlin Holding AG, Angebotsunterlage vom 31. Juli 2007 (95%); Angebot der RAG Projektgesellschaft mbH an die Aktionäre der Degussa AG, Angebotsunterlage vom 27. Januar 2006 (95%, allerdings mit der Besonderheit, dass es sich um ein Teilangebot handelte, da ohnehin nur noch 7,04% im Freiverkehr gehandelt wurden); Angebot der DKM Asset Management AG an die Aktionäre der DKM Wertpapierhandelsbank AG, Angebotsunterlage vom 9. November 2005 (95%, allerdings mit der Besonderheit, dass der Bieter vor dem Angebot bereits eine Beteiligungsquote von 77,5% hielt)). Bei Pflichtangeboten im Sinne von § 35 WpÜG hingegen sind sie nicht zulässig (vgl. § 39 WpÜG; Baums/Thoma/*Baums/Hecker* § 35 Rdnr. 251 ff.).

Insbesondere ein sich fremdfinanzierender Bieter wird eine Mindest-Annahmeschwelle möglichst mit einem Schwellenwert von mindestens 75% der Stimmrechte der Zielgesellschaft in das Übernahmeangebot aufnehmen wollen/müssen, da ihm das Erreichen und die Inhaberschaft dieser Stimmrechtsschwelle auf der nächsten Hauptversammlung der Zielgesellschaft ermöglicht, für den Abschluss eines Beherrschungs- und Ergebnisabführungsvertrages im Sinne von §§ 291 ff. AktG zu stimmen (vgl. §§ 291, 293 Abs. 1 AktG), oder umwandlungsrechtliche Maßnahmen zu implementieren (vgl. etwa § 65 Abs. 1 UmwG). Ein Beherrschungs- und Ergebnisabführungsvertrag wird in der Regel Grundlage für die wirtschaftliche, finanzielle und operative Integration der Zielgesellschaft sein, zumindest aber durch den (eingeschränkt) zulässigen Zugriff auf finanzielle Mittel und Vermögensgegenstände der Zielgesellschaft dem Bieter ermöglichen, seine Akquisitionsfinanzierung mit aus der Zielgesellschaft folgenden Mitteln zu bedienen (zur Strategie der Steigerung der Eigenkapitalrendite durch eine Änderung der Kapitalstruktur in Form der Erhöhung des Fremdkapitalanteils, sog. *Leveraged Buyouts*, vgl. ausführlich *Seibt* ZHR 171 (2007), 282 ff. m. w. N.).

Sofern der Bieter an einem Squeeze-out der Minderheitsaktionäre der Zielgesellschaft interessiert ist, wird er erwägen, eine Mindest-Annahmeschwelle in Höhe von 95% des Grundkapitals und der Stimmrechte der Zielgesellschaft aufzunehmen (vgl. zu den Voraussetzungen eines übernahmerechtlichen Squeeze-out §§ 39 a f. WpÜG und eines aktienrechtlichen Squeeze-out §§ 327 a ff. AktG). In der Praxis sind Übernahmeangebote mit einem solch hohen Schwellenwert bisher allerdings die Ausnahme und nur anzutreffen, wenn der Bieter bereits vor dem Übernahmeangebot mit mehr als 75% an der Zielgesellschaft beteiligt ist oder über entsprechende Stimmrechte verfügt (so z. B. in den folgenden Fällen: Angebot der Erwerbsgesellschaft der S-Finanzgruppe mbH & Co. KG an die Aktionäre der Landesbank Berlin Holding AG, Angebotsunterlage vom 31. Juli 2007 (> 75%, allerdings mit der Besonderheit, dass es noch des Vollzugs eines Aktienkaufvertrages bedurfte); Angebot der RAG Projektgesellschaft mbH an die Aktionäre der Degussa AG, Angebotsunterlage vom 27. Januar 2006; Angebot der DKM Asset Management AG an die Aktionäre der DKM Wertpapierhandelsbank AG, Angebotsunterlage vom 9. November 2005).

Ob im Einzelfall eine Mindest-Annahmeschwelle von unter 75% der Stimmrechte in Fällen erheblicher Akquisitionsfinanzierung ausreichend sein kann, hängt von der jeweiligen Aktionärszusammensetzung bei der Zielgesellschaft nach Vollzug des Übernahmeangebots ab. In diesem Zusammenhang vom Bieter zu berücksichtigen ist allerdings, dass die Hauptversammlungspräsenzen nach Durchführung eines Übernahmeangebots typischerweise, insbesondere aufgrund des Haltens von Aktienpaketen durch Hedgefonds, höher ist, als bei sonstigen börsennotierten Aktiengesellschaften (vgl. auch *Klemm/Reinhardt* NZG 2007, 281, 282).

Die sich durch Irrevocable Undertakings bindenden Aktionäre werden hingegen häufig der Aufnahme einer Mindest-Annahmeschwelle kritisch gegenüber stehen, da sie die Erfolgsaussichten des Übernahmeverfahrens reduziert und in der Praxis erst unmittelbar vor oder aber erst nach Ablauf der Annahmefrist feststeht, ob die entsprechende Schwelle erreicht wurde und ob somit die Aktionäre ihre Aktien an der Zielgesellschaft tatsächlich zu der angegebenen Gegenleistung an den Bieter veräußert haben. Selten werden sich Aktionäre, die gemeinsam keine deutliche Mehrheitsposition halten, bereit erklären, ein Irrevocable Undertaking bezogen auf ein Angebot mit einer Mindest-Annahmeschwelle von über 75% zu akzeptieren.

8. Einlieferungszeitpunkt. Der Aktionär ist nach dem Muster verpflichtet, das Übernahmeangebot des Bieters mit seinen Aktien an der Zielgesellschaft bereits zu Beginn der Annahmefrist, nämlich spätestens am dritten Tag der Annahmefrist, anzunehmen. Hierdurch soll sichergestellt werden, dass dem Bieter bereits zu einem frühen Zeitpunkt im Übernahmeverfahren eine bedeutende, unter anderem durch den Abschluss von Irrevocable Undertakings gesicherte Anzahl von Aktien an der Zielgesellschaft zusteht. Da der Bieter nach § 23 Abs. 1 WpÜG zu den dort genannten Zeitpunkten verpflichtet ist, die Anzahl sämtlicher von ihm, den mit ihm gemeinsam handelnden Personen und deren Tochterunternehmen gehaltenen

I. Unwiderrufliche Verpflichtung zur Annahme eines Übernahmeangebots

oder ihnen zuzurechnenden Aktien an der Zielgesellschaft zu veröffentlichen, wird eine frühzeitige Mitteilung des Erreichens einer bedeutenden Beteiligungsquote in der Regel zu einer positiven Auswirkung auf den Kapitalmarkt führen. Hiervon wird nämlich eine Indizwirkung für die strategische Logik der Übernahme und die Angemessenheit der vom Bieter angebotenen Gegenleistung für die Aktien der Zielgesellschaft ausgehen, wodurch weitere Aktionäre zur Annahme des Übernahmeangebots bewegt werden.

Aktionäre werden häufig wünschen, dass ihnen die gesamte in der Angebotsunterlage genannte Annahmefrist zur Einlieferung ihrer Aktien zur Verfügung steht. Hierauf wird sich ein Bieter, insbesondere, wenn er sein Angebot vom Erreichen einer Mindest-Annahmeschwelle abhängig machen möchte, kaum einlassen können. Für ihn ist aufgrund der Tatsache, dass sich nach Bekanntgabe einer Entscheidung zur Abgabe eines Übernahmeangebots häufig Hedgefonds an der Zielgesellschaft beteiligen und diese in der Regel – wenn überhaupt – das Übernahmeangebot erst am letzten Tag der Annahmefrist annehmen werden (vgl. auch *Klemm/Reinhardt* NZG 2007, 281, 282), ohnehin bis zum Ende der Annahmefrist ungewiss, ob die festgesetzte Mindest-Annahmeschwelle erreicht wird. Dürfte der durch das Irrevocable Undertaking gebundene Aktionär ebenfalls bis zum Ende der Annahmefrist mit seiner Annahme des Übernahmeangebots zuwarten, wäre der Sinn und Zweck dieser Vereinbarung, nämlich die Erhöhung der Erfolgschancen des Angebots, konterkariert.

9. Bindungswirkung. Im vorliegenden Muster werden das Anfechtungsrecht und sämtliche Rücktrittsrechte des Aktionärs ausgeschlossen. Stünde dem durch das Irrevocable Undertaking gebundenen Aktionär ein Anfechtungs- oder Rücktrittsrecht zu, würde dies dessen Bindungswirkung faktisch wieder aufheben und dessen Zweck zuwiderlaufen. Das Muster enthält daher ein sog. hartes Irrevocable Undertaking *(hard irrevocable)*. Hinsichtlich der Bindungswirkung von Irrevocable Undertakings ist grundsätzlich zwischen zwei Erscheinungsformen zu differenzieren, nämlich zwischen dem harten und dem weichen Irrevocable Undertaking *(soft irrevocable)*. Unterscheidungskriterium ist, ob bzw. wie weitgehend die Rücktrittsrechte des Aktionärs ausgeschlossen sind (vgl. grundlegend zur Abgrenzung von harten und weichen Irrevocable Undertakings sowie zu bloßen Absichtserklärungen *von Riegen* ZHR 167 (2003), 702, 712 ff.).

Regelmäßig wird der Bieter versuchen, mit dem Aktionär ein hartes Irrevocable Undertaking zu vereinbaren, d.h. alle gesetzlichen Rücktrittsrechte des Aktionärs, namentlich solche nach § 21 Abs. 4 WpÜG (Angebotsänderung) und § 22 Abs. 3 WpÜG (konkurrierendes Angebot) auszuschließen. Insbesondere durch die Bindung des Aktionärs für den Fall eines konkurrierenden Angebots erhöht der Bieter seine Erfolgschancen und verringert umgekehrt diejenigen eines etwaigen konkurrierenden Bieters. Der Aktionär wird demgegenüber regelmäßig bemüht sein, sich zumindest das Recht zum Rücktritt im Fall eines konkurrierenden Angebots nach § 22 Abs. 3 WpÜG mit einer wertmäßig höheren Gegenleistung als die im Übernahmeangebot vom Bieter angebotene zu erhalten.

Ob die harte Bindungswirkung von Irrevocable Undertakings durch den Ausschluss sämtlicher Rücktrittsrechte des gebundenen Aktionärs mit dem Ordnungsrahmen des deutschen Übernahmerechts nach dem WpÜG, insbesondere mit dem in § 3 Abs. 1 WpÜG niedergelegten Gleichbehandlungsgrundsatz, vereinbar ist, wurde, soweit ersichtlich, bisher noch nicht höchstrichterlich entschieden; von der überwiegenden Ansicht im Schrifttum wird dies bejaht (vgl. Assmann/Pötsch/Uwe H. Schneider/*Krause* § 22 Rdnr. 91; Baums/Thoma/*Baums/Hecker* § 3 Rdnr. 17; KölnKomm-WpÜG/*Versteegen* § 3 Rdnr. 26; *von Riegen* ZHR 167 (2003), 702, 707 ff., 713 f.; auf etwaige Rechtsunsicherheiten hinweisend *Johannsen-Roth/Illert* ZIP 2006, 2157, 2161).

Zur Wahrung des Gleichbehandlungsgebots ist im vorliegenden Muster aufgenommen, dass dem durch das Irrevocable Undertaking gebundenen Aktionär im Fall der Erhöhung des Angebotspreises durch den Bieter – wie den übrigen, nicht gebundenen Aktionären auch – ein Anspruch auf den erhöhten Angebotspreis zusteht. Regelungstechnisch wird dies dadurch umgesetzt, dass dem Aktionär für diesen Fall das Recht zusteht, vom Angebot nach § 21 Abs. 4 WpÜG zurückzutreten, und er verpflichtet ist, unmittelbar nach dem Rücktritt das erhöhte Angebot des Bieters wieder anzunehmen.

Hinsichtlich konkurrierender Angebote kann als Zwischenlösung beispielsweise ein Referenzpreis aufgenommen werden. Hiernach bliebe der Aktionär im Fall eines konkurrierenden Angebots nach § 22 WpÜG an die im Irrevocable Undertaking niedergelegten Verpflichtungen gebunden, es sei denn, der Angebotspreis des konkurrierenden Angebots übersteigt den Angebotspreis des Übernahmeangebots des Bieters um eine bestimmte Höhe (z. B. Wegfall der Bindung des Aktionärs bei Überschreiten des Angebotspreises des Bieters durch das konkurrierende Angebot um mindestens 10%). Diese Regelung könnte zudem dadurch ergänzt werden, dass auch in diesem Fall der Aktionär an die Verpflichtungen des Irrevocable Undertaking gebunden bleibt, wenn wiederum der Bieter sein ursprüngliches Übernahmeangebot ändert und den Angebotspreis mindestens auf den Preis des konkurrierenden Angebots erhöht (ähnlich z. B. im Fall des Angebots der Alcon, Inc., an die Aktionäre der WaveLight AG, Angebotsunterlage vom 10. August 2007, S. 14). Klarstellend sollte in diesem Zusammenhang aufgenommen werden, dass ein konkurrierendes Angebot in diesem Sinne nur gegeben ist, wenn es die Voraussetzungen des § 22 WpÜG erfüllt und von der Bundesanstalt für Finanzdienstleistungsaufsicht gemäß § 14 Abs. 2 WpÜG ausdrücklich gestattet wurde oder durch Fristablauf als gestattet gilt.

10. Unterstützung des Übernahmeangebots. In den §§ 1.1 lit. (c) und (d) ist geregelt, in welchem Umfang der Aktionär verpflichtet ist, das Übernahmeangebot des Bieters zu unterstützen. Die Aufnahme der in § 1.1 lit. (c) angedeuteten Stimmbindung, das Stimmrecht aus den vom Aktionär an der Zielgesellschaft gehaltenen Aktien das Übernahmeangebot unterstützend auszuüben, ist jeweils im Einzelfall sorgfältig zu prüfen. Unter Umständen können derartige Stimmbindungen dazu führen, dass der Aktionär als mit dem Bieter gemeinsam handelnde Person im Sinne von § 2 Abs. 5 WpÜG zu qualifizieren ist, was im Rahmen der übernahmerechtlichen Preisvorschriften (§ 31 Abs. 3 bis 5, § 4 WpÜG-Angebotsverordnung) zur Zurechnung von Vor-, Parallel- und Nacherwerben des Aktionärs an den Bieter und zur wechselseitigen Stimmrechtszurechnung nach § 30 Abs. 2 S. 1 WpÜG, § 22 Abs. 2 S. 1 WpHG führen kann (vgl. zu § 30 Abs. 2 WpÜG: Assmann/Pötzsch/Uwe H. Schneider/*Uwe H. Schneider* § 30 Rdnr. 109; zu § 22 Abs. 2 WpHG: Assmann/Uwe H. Schneider/*Uwe H. Schneider* § 22 Rdnr. 158). Eine entsprechende Stimmrechtszurechnung kann bei Überschreiten der in § 21 Abs. 1 S. 1 WpHG bestimmten Schwellenwerte (3, 5, 10, 15, 20, 25, 30, 50, 75% der Stimmrechte der Zielgesellschaft) eine Mitteilungspflicht sowohl des Aktionärs als auch des Bieters nach §§ 21 ff. WpHG auslösen bzw. bei Erreichen der Kontrollschwelle von 30% der Stimmrechte der Zielgesellschaft (§ 29 Abs. 2 WpÜG) gar beide Parteien verpflichten, ein Pflichtangebot nach §§ 35 ff. WpÜG abzugeben.

11. Bezugsrechtsausübung bei Kapitalerhöhung. Die im Muster enthaltene Pflicht des Aktionärs, im Fall einer während des Übernahmeverfahrens beschlossenen Kapitalerhöhung der Zielgesellschaft, sein Bezugsrecht auf den Erwerb neuer Aktien auszuüben, dient dazu, den Bieter davor zu schützen, dass seine durch das Irrevocable Undertaking gesicherte Beteiligungsquote an der Zielgesellschaft verwässert wird, wenn der Aktionär das ihm zustehende Bezugsrecht nicht ausübt. Diese Regelung kann für den Bieter insbesondere im Fall einer sog. feindlichen, d.h. nicht vom Management der Zielgesellschaft unterstützten Übernahme von besonderer Bedeutung sein, da eine Kapitalerhöhung durch die hierdurch möglichen Verwässerungseffekte in dieser Situation eine mögliche Abwehrmaßnahme darstellen kann; in der Regel wird die Zielgesellschaft jedoch zur Abwehr versuchen, eine Kapitalerhöhung aus genehmigten Kapital unter Ausschluss des Bezugsrechts der Aktionäre durchzuführen, wogegen sich der Bieter – jedenfalls im Rahmen einer Vereinbarung mit dem Aktionär – nicht wirksam schützen kann (vgl. *Arnold/Wenninger* CFL 2010, 79, 85).

12. Einseitige Verpflichtung des Aktionärs. Sollte das Irrevocable Undertaking zweiseitig verpflichtend ausgestaltet werden, in dem sich der Bieter gegenüber dem Aktionär umgekehrt zur Abgabe eines Übernahmeangebots verpflichtet (vgl. hierzu Ziff. 1), wäre anstelle der in § 1.3 des Musters niedergelegten Bestimmung eine entsprechende Verpflichtung aufzunehmen.

13. Vgl. Anm. 6.

I. Unwiderrufliche Verpflichtung zur Annahme eines Übernahmeangebots   E.I

14. Stillhalteabkommen. Das im persönlichen Anwendungsbereich durch die Einbeziehung von mit dem Bieter verbundenen Unternehmen und mit ihm gemeinsam handelnden Personen sehr weitgehend ausgestaltete Stillhalteabkommen soll sicherstellen, dass der Bieter rechtlich gegen den Aktionär vorgehen kann (z.B. durch Erhebung einer vorbeugenden Unterlassungsklage), wenn dieser nach Abschluss des Irrevocable Undertaking bis zur längstmöglichen Dauer des Übernahmeverfahrens, nämlich bis kurz nach dem Ende der weiteren Annahmefrist des Übernahmeangebots (§ 16 Abs. 2 WpÜG) und somit bis zu dessen endgültigen Vollzug, Geschäfte in Aktien oder andere genannte Wertpapiere der Zielgesellschaft vornimmt, die nicht die Übertragung an den Bieter betreffen. Die Ausdehnung des Stillhalteabkommens auch auf die mit dem Aktionär verbundenen Unternehmen im Sinne von §§ 15ff. AktG und auf die mit diesen gemeinsam handelnden Personen im Sinne von § 2 Abs. 5 WpÜG dient der Absicherung der in der Vorbemerkung V.1 enthaltenen Erklärungen (vgl. Anm. 4).

Sachlich kann das Stillhalteabkommen, insbesondere, wenn es sich beim gebundenen Aktionär um einen Großaktionär der Zielgesellschaft handelt, noch erweitert werden, z.B. um die Verpflichtung des Aktionärs, seinerseits kein Übernahmeangebot für die Zielgesellschaft abzugeben oder Maßnahmen zu ergreifen, die dazu führen könnten, dass der Aktionär die Kontrolle im Sinne von § 29 Abs. 2 WpÜG über die Zielgesellschaft erlangt, was ihn ansonsten verpflichten würde, ein Pflichtangebot im Sinne von § 35 WpÜG abzugeben.

Das Hauptproblem des Stillhalteabkommens ist allerdings seine praktische, d.h. notfalls auch gerichtliche Durchsetzbarkeit. Derjenige, der sich auf einen Verstoß gegen das Stillhalteabkommen beruft, hat nach der gesetzlichen Beweislastverteilung regelmäßig erhebliche Schwierigkeiten, das vertragswidrige Verhalten der anderen Seite nachzuweisen und den ihm dadurch entstandenen Schaden zu quantifizieren. So würde der Aktionär bei Pflichtverletzungen nach der gesetzlichen Regelung der §§ 280 Abs. 1, 241 Abs. 2 BGB (nur) für den dem Bieter entstandenen Schaden haften, der vom Bieter eben nur schwer oder häufig gar nicht quantifizierbar ist. Diese Schwierigkeiten können (teilweise) durch die Vereinbarung einer Vertragsstrafe gelöst werden. Das Formular enthält eine solche Vertragsstraferegelung nicht, da diese in der übernahmerechtlichen Praxis unüblich ist. Nur sehr selten wird der Bieter eine Vertragsstrafevereinbarung in der Verhandlung gegenüber dem Aktionär durchsetzen können, denn immerhin erhält der Aktionär die vom Bieter angebotene Gegenleistung einschließlich einer hierin etwa enthaltenen Prämie auch dann, wenn er das Übernahmeangebot ohne vorherige Verpflichtung hierzu annimmt. Es wird ihm daher nur sehr schwer vermittelbar sein, ohne ein „Mehr" zu erhalten, sich einer etwaigen Haftung aussetzen zu sollen.

Sollte gleichwohl ein Vertragsstrafeversprechen durchsetzbar sein, könnte dieses wie folgt lauten:

> „Der Aktionär hat für jeden Fall der Zuwiderhandlung gegen diese Vereinbarung verschuldensunabhängig eine Vertragsstrafe in Höhe von ...... EUR (in Worten: ......) auf erstes Anfordern an den Bieter zu zahlen; die Verpflichtung zur Zahlung der Vertragsstrafe lässt sonstige Rechte des Bieters, insbesondere Schadensersatz oder Unterlassung zu verlangen, unberührt. Der Aktionär verzichtet hiermit darauf, ein eventuell bestehendes Recht auf Herabsetzung der vereinbarten Vertragsstrafe geltend zu machen."

Zu beachten wäre in diesem Fall allerdings, dass unverhältnismäßig hohe Vertragsstrafen nach § 343 Abs. 1 BGB durch Urteil auf einen angemessenen Betrag herabgesetzt werden können. Dies gilt nach § 348 HGB allerdings nicht im Verhältnis zu Kaufleuten (einschließlich Handelsgesellschaften wie AG, GmbH, KG, OHG). Darüber hinaus können sich Besonderheiten ergeben, wenn das Irrevocable Undertaking ausnahmsweise als eine Allgemeine Geschäftsbedingung im Sinne der §§ 307ff. BGB zu qualifizieren wäre.

15. Garantieversprechen. Bei den im Formular enthaltenen Garantieversprechen handelt es sich um in der Praxis übliche, sich ausschließlich auf die vom Aktionär an der Zielgesellschaft gehaltenen Aktien beziehende Rechtsgarantien. Mit Ausnahme der in § 3 lit. (c) enthaltenen Garantie dürfte ein Aktionär keine Bedenken haben, die im Formular genannten Garantieversprechen abzugeben. Entsprechende Garantien wird er üblicherweise ohnehin nach Maßgabe der Angebotsunterlage abgeben, wenn er seine Aktien an der Zielgesellschaft im Rahmen des Übernahmeangebots an den Bieter veräußert. Für die in § 3 lit. (c) versprochene wirksame

Ausgabe der vom Aktionär gehaltenen Aktien und deren vollständige Einzahlung spricht deren Zulassung zum Börsenhandel (vgl. § 34 BörsG, §§ 4, 5 BörsZulV), insoweit könnte ggf. beiderseits auf ein entsprechendes Garantieversprechen verzichtet werden.

Ob und in welchem Umfang der Aktionär im Rahmen eines Irrevocable Undertaking bereit ist, auch auf das Unternehmen der Zielgesellschaft bezogene Garantieversprechen abzugeben, hängt vom Einzelfall ab und richtet sich unter anderem auch danach, ob es sich um einen mehrheitsbeteiligten Aktionär oder ein Verwaltungsmitglied der Zielgesellschaft handelt. Im erstgenannten Fall wird das Irrevocable Undertaking regelmäßig an die Stelle eines ansonsten abgeschlossenen Aktienkauf- und Übertragungsvertrages treten, in dessen Rahmen üblicherweise auch auf das Unternehmen der Zielgesellschaft bezogene Garantien zu finden sind. Im letztgenannten Fall ist dem Aktionär, der zugleich Verwaltungsmitglied der Zielgesellschaft ist (insbesondere wenn es sich um ein Vorstandsmitglied handelt), die unternehmerische Tätigkeit der Zielgesellschaft bekannt, so dass im Einzelfall hierauf bezogene Garantieversprechen in gewissem Umfang gerechtfertigt erscheinen können (z. B. wenn ihm unter Beachtung von § 33 d WpÜG eine Weiterbeschäftigung nach erfolgter Übernahme durch den Bieter versprochen wird; vgl. ausführlich zu Managementgarantien bei M&A-Transaktionen: *Seibt/Wunsch* ZIP 2008, 1093). Ansonsten werden Aktionäre die Übernahme entsprechender Garantien überwiegend mit dem Argument ablehnen, dass sie als bloßer Aktionär wegen der Unabhängigkeit des Vorstandes gemäß § 76 Abs. 1 AktG und ihres nur eingeschränkten Informationsrechts (vgl. § 131 AktG) weder Einfluss auf die Ausübung der Geschäfte der Zielgesellschaft nehmen konnten noch über die notwendigen Detailinformationen über die Geschäftstätigkeit der Zielgesellschaft verfügen. Das Schutzbedürfnis des Bieters wird über die allgemeinen kapitalmarktrechtlichen Informationspflichten sowie die veröffentlichte Rechnungslegung des Zielunternehmens geschützt.

16. Maßgeblicher Zeitpunkt für die Garantieversprechen. Hinsichtlich des Zeitpunktes, auf den die Garantieversprechen vom Aktionär abzugeben sind, wird der Bieter regelmäßig darauf drängen, dass möglichst alle Garantieversprechen des Aktionärs sowohl auf den Tag des Vertragsschlusses als auch auf den Tag der Übertragung der Aktien auf den Bieter abgegeben werden. Der Aktionär hingegen wird die Garantieversprechen nur auf den Tag des Vertragsschlusses abgeben wollen. Soweit die auf die Aktien bezogenen und im Muster vorgeschlagenen Garantieversprechen betroffen sind, wird der Aktionär diese üblicherweise ohnehin durch Annahme des Übernahmeangebots auf Grundlage der Angebotsunterlage abgeben; insoweit kann der Bieter im Irrevocable Undertaking auf den Tag der Aktienübertragung auch verzichten. Sofern darüber hinausgehende, unternehmensbezogene Garantieversprechen betroffen sind, ist der Zeitpunkt der Garantieversprechen für jedes einzelne Versprechen gesondert zu prüfen und zu erörtern.

17. Vertraulichkeitsvereinbarung. Die in § 4 des Musters enthaltene Vertraulichkeitsverpflichtung ist grundsätzlich reziprok ausgestaltet und soll verhindern, dass insbesondere der Aktionär Informationen über das Irrevocable Undertaking und/oder über das vom Bieter vorbereitete Übernahmeverfahren offen legt. Werden solche Informationen öffentlich bekannt, noch bevor der Bieter seine Entscheidung zur Abgabe eines Übernahmeangebots für die Zielgesellschaft nach § 10 Abs. 1 WpÜG veröffentlicht hat, hat dies infolge von „Übernahmephantasien" und Prämienerwartungen des Kapitalmarktes häufig kurserhöhende Auswirkungen auf den Börsenkurs der Aktien an der Zielgesellschaft und somit auch auf den vom Bieter den Aktionären der Zielgesellschaft anzubietenden gesetzlichen Mindestangebotspreis (so auch *Stöcker* NZG 2003, 993, 994). Durch einen höheren Börsenkurs verringert sich daher entweder die vom Bieter angedachte Prämie oder ist der Bieter gezwungen, seine Gegenleistung insgesamt zu erhöhen.

Die Vertraulichkeitsvereinbarung ist insbesondere, wenn es sich beim Bieter selbst um eine (deutsche) börsennotierte Aktiengesellschaft handelt, auch vor dem Hintergrund seiner aus § 15 Abs. 1 WpHG folgenden Pflicht, ihn unmittelbar betreffende Insiderinformationen im Sinne von § 13 WpHG unverzüglich zu veröffentlichen, von Bedeutung (vgl. hierzu schon Anm. 2). Sofern sich nämlich die Verhandlungen im Zusammenhang mit der Transaktion derart konkretisieren, dass hierdurch eine Insiderinformation vorliegt, kann der Bieter diese entweder nach § 15 Abs. 1 WpHG veröffentlichen oder sich bei Vorliegen der Voraussetzungen nach § 15 Abs. 3 WpHG zunächst hiervon befreien. Voraussetzung einer solchen Befreiung ist

I. Unwiderrufliche Verpflichtung zur Annahme eines Übernahmeangebots E.I

u. a. allerdings, dass die Vertraulichkeit der Insiderinformation durch den Bieter gewährleistet werden kann. Um dies gewährleisten und ggf. gegenüber der Bundesanstalt für Finanzdienstleistungsaufsicht nachweisen zu können, wird der Bieter regelmäßig eine Vertraulichkeitsvereinbarung in sämtliche im Zusammenhang mit dem Übernahmeverfahren und dessen Vorbereitung abzuschließende Vereinbarungen aufnehmen.

Die vorliegende Vertraulichkeitsvereinbarung ist zweiseitig ausgestaltet, da eine Reziprozität es dem Aktionär in der Regel erleichtert, sich hierauf einzulassen und mit Ausnahme der im Muster enthaltenen Ausnahmen überwiegend keine Belange bestehen, die es dem Bieter versagen, sich ebenfalls einer Vertraulichkeitsvereinbarung zu unterwerfen.

Wie auch beim Stillhalteabkommen ist das Hauptproblem einer Vertraulichkeitsvereinbarung ihre praktische, d. h. notfalls auch gerichtliche Durchsetzbarkeit. Insoweit wird auf die vorstehenden Anm. 14 verwiesen.

18. Geltungsdauer der Verpflichtungen. Von wesentlicher Bedeutung für beide Parteien ist die Geltungsdauer des Irrevocable Undertaking. Je länger der Aktionär hieraus gebunden ist und daher Aktien an der Zielgesellschaft weder frei veräußern noch erwerben kann, desto mehr ist er in seiner Dispositionsfreiheit eingeschränkt. Andererseits kann eine zu kurze Geltungsdauer den Bieter stark unter Zeitdruck setzen und ihn in seiner Flexibilität beschränken. Insbesondere wenn es sich um Bieter aus einem anderen Rechtskreis handelt, werden in der Praxis häufig längere Bindungsdauern vereinbart.

Die Geltungsdauer des Irrevocable Undertaking kann – unabhängig von dem konkreten Enddatum – grundsätzlich auf verschiedene Ereignisse abstellen. So wird in der Praxis teilweise vereinbart, dass die Verpflichtungen des Aktionärs mit Ausnahme der Vertraulichkeitsverpflichtung erlöschen, wenn der Bieter seine Entscheidung zur Abgabe eines Übernahmeangebotes nach § 10 Abs. 1 WpÜG nicht bis zum Ablauf eines bestimmten Tages veröffentlicht hat. Auf den ersten Blick scheint diese Formulierung für den Aktionär vorteilhaft zu sein. Dies muss indes nicht zwingend der Fall sein. Veröffentlicht nämlich der Bieter seine Entscheidung zur Abgabe eines Übernahmeangebots vor dem im Irrevocable Undertaking festgelegten Datum, nimmt dann aber – unabhängig von der Frage, ob er hierzu berechtigt ist (die überwiegende Ansicht im Schrifttum hält die Rücknahme der Entscheidung zur Abgabe eines Übernahmeangebots für zulässig: KölnKommWpÜG/*Hirte* § 10 Rdnr. 19 ff.; Baums/Thoma/*Thoma/Stöcker* § 10 Rdnr. 61 ff.; Assmann/Pötzsch/Uwe H. Schneider/*Assmann* WpÜG § 10 Rdnr. 50 ff.; Steinmeyer/Häger/*Santelmann/Steinhardt* § 10 Rdnr. 45 ff.; zwischen zivilrechtlicher und öffentlichrechtlicher Durchführungspflicht differenzierend Geibel/Süßmann/*Geibel* WpÜG § 10 Rdnr. 148 ff.) – wieder Abstand von dem erwogenen Übernahmeangebot, so wäre der Aktionär nach dem Wortlaut der Vereinbarung gegenüber dem Bieter grundsätzlich unbefristet gebunden; zeitliche Grenze seiner aus dem Irrevocable Undertaking folgenden Pflichten wäre nur die Verwirkung oder ein Berufen auf widersprüchliches Verhalten des Bieters (vgl. zur Verwirkung: Palandt/*Heinrichs* § 242 Rdnr. 87 ff. und zum widersprüchlichen Verhalten § 242 Rdnr. 55 ff.). In diesem Fall wäre wegen des in § 2 des Musters niedergelegten Stillhalteabkommens ungewiss, ab wann der Aktionär wieder frei mit Aktien an der Zielgesellschaft handeln kann.

Um dem Bieter weitgehende Flexibilität zu gewähren und zur Umgehung der vorgenannten Unsicherheiten und somit auch zum Schutz des Aktionärs stellt das Muster für die Geltungsdauer der von dem Aktionär übernommenen Verpflichtungen primär auf den Vollzug des Übernahmeangebots ab. Diese Variante wird – natürlich abhängig vom konkreten Enddatum – in den meisten Fällen für beide Seiten einen akzeptablen Interessenausgleich darstellen.

19. Vgl. Anm. 9.

20. Gerichtsstand. Eine Gerichtsstandsvereinbarung ist nur zulässig, wenn die Parteien inländische Kaufleute (im Sinne von § 1 Abs. 1 HGB), juristische Personen des öffentlichen Rechts oder öffentlich-rechtliche Sondervermögen sind (§ 38 Abs. 1 ZPO) oder wenn mindestens eine der Parteien keinen allgemeinen Gerichtsstand im Inland hat (§ 38 Abs. 2 ZPO). Im Normalfall sollte ein ausschließlicher Gerichtsstand vereinbart werden. Erfolgt dies nicht, können beide Parteien irgendein zuständiges Gericht anrufen.

II. Investorenvereinbarung – Investment Agreement[1, 2]

zwischen[3]

1. ......, eingetragen im Handelsregister des Amtsgerichts in ...... unter HRB ......,

nachfolgend als die „Gesellschaft" bezeichnet
und

2. ......,

nachfolgend als der „Investor" bezeichnet

und, seinen Zutritt erklärend,

3. ......,

nachfolgend als der „Aktionär" bezeichnet;

Gesellschaft, Investor und Aktionär gemeinsam werden nachfolgend als die „Parteien" oder einzeln als eine „Partei" bezeichnet.

by and between

1. ......, registered with the commercial register (*Handelsregister*) at the local court (*Amtsgericht*) of ...... under HRB ......,

hereinafter referred to as the „Company",
and

2. ......,

hereinafter referred to as the „Investor",

and, acceding hereto,

3. ......,

hereinafter referred to as the „Shareholder",

the Company, the Investor and the Shareholder hereinafter collectively referred to as the „Parties" and each of them individually as a „Party".

Präambel

V.1 Bei der Gesellschaft handelt es sich um eine deutsche Aktiengesellschaft mit Sitz in ......, die im Handelsregister des Amtsgerichts in ...... unter HRB ...... eingetragen ist. Ihr Grundkapital beträgt EUR ...... (in Worten: ......) und ist in ...... (in Worten: ......) auf den Namen lautende, nennwertlose Stückaktien aufgeteilt, von denen jede einem Nominalwert in Höhe von EUR 1,00 des Grundkapitals entspricht (die „Gesellschaftsaktien"). Die ...... Aktien sind zum Handel im geregelten Markt an der Frankfurter Börse zugelassen (Prime Standard).

V.2 Die Gesellschaft und ihre unmittelbaren und mittelbaren Tochtergesellschaften sind im Bereich ...... tätig [Beschreibung der hauptsächlichen Geschäftsbereichen der A-AG].

V.3 Der Investor und seine unmittelbaren und mittelbaren Tochtergesellschaf-

Recitals

V.1 The Company is a German stock corporation having its registered seat in ...... and registered with the commercial register at the local court of ...... under HRB .... Its share capital (*Grundkapital*) amounts to EUR ...... (in words: ......) and is divided into ...... (in words: ......) registered no-par-value shares (*auf den Namen lautende nennwertlose Stückaktien*), each representing a notional amount of EUR 1.00 in the share capital (the „Company Shares"). The ...... Shares are admitted to trading on the Regulated Market of the Frankfurt Stock Exchange (Prime Standard).

V.2 The Company and its direct and indirect subsidiaries are in the ...... business [describe major business divisions of A-AG].

V.3 The Investor and its direct and indirect subsidiaries are in the ......

II. Investorenvereinbarung

ten sind im Bereich ...... tätig [Beschreibung der hauptsächlichen Geschäftsbereichen der B-AG].

V.4 Der Aktionär [Angaben] hält ...... Gesellschaftsaktien.

V.5 Die Gesellschaft beabsichtigt, dem Investor zu den in dieser Vereinbarung (die „Vereinbarung") festgelegten Bedingungen den Erwerb einer Kapitalbeteiligung von bis zu 29,9% (oder in Höhe eines geringeren Prozentsatzes, sofern nach deutschem Recht ein obligatorisches Übernahmeangebot für den Fall einer Beteiligung an der Gesellschaft von weniger als 30% ausgelöst wird.), mindestens jedoch 15% an der Gesellschaft (die „angestrebte Investition") im Wege einer Kapitalerhöhung gegen Bareinlagen sowie durch eventuelle Börsenkäufe von Gesellschaftsaktien oder Bezugsrechten (nachfolgend als die „Investition" bezeichnet) zu gestatten; der Investor sieht den Beteiligungserwerb zu diesen Bedingungen vor.

V.6 Gemäß Ziffer ...... der Gesellschaftssatzung ist der Vorstand mit Genehmigung des Aufsichtsrates befugt, das Grundkapital der Gesellschaft, in einem oder in mehreren Schritten, durch die Emission von ...... neuen, auf den Namen lautenden nennwertlosen Stückaktien gegen Bar- oder Sacheinlagen um bis zu insgesamt EUR .... (in Worten: ......) (das „genehmigte Kapital") zu erhöhen. Gemäß der Gesellschaftssatzung können die aus dem genehmigten Kapital gebildeten Aktien von einer Bank oder einem Bankenkonsortium mit Maßgabe der Verpflichtung gezeichnet werden, diese Aktien den Aktionären der Gesellschaft unter Wahrung ihrer jeweiligen Bezugsrechte anzubieten.

V.7 Die Gesellschaft erwägt unter Verwendung des genehmigten Kapitals die Emission von bis zu ...... neuen,

business [describe major business divisions of B-AG].

V.4 The Shareholder [*details*] holds ...... Company Shares.

V.5 The Company intends to permit the Investor to acquire, and the Investor envisages to acquire, subject to the terms and conditions set out in this investment agreement (the „Agreement"), an equity interest of up to 29.9% (or such lower percentage if a mandatory take over-offer is triggered by German law in case of a shareholding in the company of less than 30%) but not less than 15% (the „Target Investment") in the Company by means of a share capital increase against cash contribution (*Kapitalerhöhungen gegen Bareinlagen*) and possibly market purchases of Company-Shares or subscription rights (hereinafter the „Investment").

V.6 Pursuant to section ...... of the articles of association of the Company, the management board is authorized to increase the share capital of the Company with the consent of the supervisory board, in one or more steps, through the issue of ...... new registered no-par-value shares (*auf den Namen lautende nennwertlose Stückaktien*) by up to in total EUR ...... (in words: ......) against contributions in cash or in kind (the „Authorized Capital"). According to the Company's articles of association, shares generated from the Authorized Capital may be subscribed for by a bank or a consortium of banks subject to the obligation to offer such shares to the shareholders of the Company in observance of their respective subscription rights (*unter Wahrung der Bezugsrechte der Aktionäre*).

V.7 The Company contemplates to issue, utilizing the Authorized Capital, up to ...... new registered no-par-value

	auf den Namen lautenden nennwertlosen Stückaktien, von denen jede einem Nominalwert in Höhe von EUR 1,00 des Grundkapitals entspricht, d.h. insgesamt einem Nominalwert von bis zu EUR ...... (die „neuen Aktien"). Sämtliche neuen Aktien werden ausschließlich von der [*Bank*] unter der Verpflichtung gezeichnet, die neuen Aktien den derzeitigen Gesellschaftern unter Wahrung ihrer jeweiligen Bezugsrechte anzubieten. Dieses Angebot umfasst auch die Möglichkeit des Bezugsrechtshandels durch die Aktionäre. Der Zeichnungskurs pro Aktie wird im Wege eines Bookbuilding-Verfahrens (das „Bookbuilding") drei (3) Tage vor Ablauf der Zeichnungsfrist festgestellt. Die Verpflichtungen, die die [*Bank*] im Hinblick auf die Zeichnung sämtlicher neuen Aktien der Gesellschaft gegenüber trägt, werden in einem Kapitalemissionsvertrag festgelegt.		shares, each representing a notional amount of EUR 1.00 in the share capital, i.e. a total notional value of up to EUR ...... in total (the „New Shares"). All New Shares will be exclusively subscribed for by [*bank*] with the obligation to offer the New Shares to the current shareholders of the Company subject to their respective subscription rights. Such offering will encompass the opportunity of a trade in subscription rights (*Bezugsrechtshandel*) by the shareholders. The subscription price per share shall be determined by way of a bookbuilding procedure (the „Bookbuilding") three (3) days before the end of the Subscription Period. The obligations of [*bank*] to the Company with respect to the subscription of all New Shares will be set out in an Equity Underwriting Agreement.
V.8	Zur Reduzierung des Platzierungsrisikos der Gesellschaft beim Anbieten der Rechte ist der Investor unter der Voraussetzung der Erfüllung bestimmter Bedingungen zum Abschluss einer bedingten Zeichnungsverpflichtung sowie zum Angebot einer bedingten Zeichnungsgarantie („Backstop") bereit, mit denen er sich zum Erwerb sämtlicher neuer Aktien verpflichtet, die von den Aktionären nicht gezeichnet wurden (wobei dies jedoch insoweit begrenzt ist, als die Gesamtbeteiligung des Investors an der Gesellschaft nicht mehr und nicht weniger betragen darf als die beabsichtigte Investition).	V.8	To reduce the placement risk for the Company in the rights offering, the Investor is willing, subject to certain conditions being met, to enter into a conditional subscription commitment as well as offer a conditional placement guaranty („backstop") under which the Investor undertakes to acquire all New Shares not subscribed for by the shareholders (however limited to an overall stake of the Investor in the Company of not more and not less than the Target Investment).
V.9	Das Angebot der neuen Aktien wird von einem Prospekt begleitet, der von der deutschen Bundesanstalt für Finanzdienstleistungsaufsicht (BaFin) genehmigt werden muss. Die Notierung der neuen Aktien zur Kursstellung in Zusammenlegung mit den Gesellschaftsaktien am geregelten Markt der Frankfurter Börse (Prime	V.9	The offering of the New Shares will be accompanied by a prospectus to be approved by the German Federal Financial Supervisory Authority (*BaFin*) and, application will be made to have the New Shares listed for quotation in consolidation with the Company Shares on the Regulated Market of the Frankfurt Stock

II. Investorenvereinbarung

Standard) wird unmittelbar nach Ausführung der Kapitalerhöhung beantragt.

V.10 In einem Schreiben an den Vorstand der Gesellschaft mit Datum vom ...... hat der Investor sein ernsthaftes Interesse an der vorgesehenen Investition zum Ausdruck gebracht. In der Folgezeit wurde dem Investor die Möglichkeit einer „Due Diligence"-Prüfung im Hinblick auf den rechtlichen und wirtschaftlichen Zustand der Gesellschaft eingeräumt. Danach hat der Investor auf Basis seiner eigenen Einschätzung und nach Maßgabe seiner eigenen Einsichtnahmen, Prüfungen und Feststellungen der Gesellschaft ein verbindliches Angebot unterbreitet und sich zur Durchführung der Investition gemäß den in der vorliegenden Vereinbarung festgelegten Bedingungen entschlossen.

V.11 Durch den Abschluss der vorliegenden Vereinbarung und letztendlich die Durchführung der Investition streben die Parteien eine langfristige, entscheidende Verbesserung der Liquiditätssituation der Gesellschaft und die Stärkung ihrer Eigenkapitalbasis an, wodurch die nachhaltige Entwicklung der Gesellschaft sichergestellt wird.

V.12 Die Parteien beabsichtigen den Abschluss der vorliegenden Vereinbarung zur Durchführung der Investition, zur Regelung der Kapitalerhöhungen und sonstiger erforderlicher Schritte sowie zur gegenseitigen Absicherung, dass die Investition erfolgreich vorgenommen und fristgerecht ausgeführt wird.

Dies vorausgeschickt, vereinbaren die Parteien was folgt:

§ 1 Übernahme der neuen Aktien durch [*Bank*] und Sub-Übernahme durch den Investor[4, 5]

1.1 Bis zum ...... wird der Vorstand der Gesellschaft entscheiden, das Grundkapital der Gesellschaft unter Verwendung des genehmigten Kapitals gegen Bareinlagen um ei-

Exchange (Prime Standard) immediately following the effectuation of the Capital Increase.

V.10 In a letter to the management board of the Company dated ...... the Investor expressed its sincere interest in the proposed Investment. Subsequently, the Investor has been given the opportunity to a due diligence review regarding the legal and economic status of the Company. The Investor has subsequently, based on its own evaluation and subject to its own inspection, examination and determination, submitted a binding offer to the Company and decided to implement the Investment subject to the terms and conditions set out herein.

V.11 By entering into this Agreement and eventually implementing the Investment, the Parties envisage to significantly improve the liquidity position of the Company on a lasting basis and to strengthen its equity capital base, thereby ensuring a sustainable development of the Company.

V.12 The Parties intend to enter into this Agreement in order to implement the Investment, regulate the capital increases and other steps to be taken as well as afford one another comfort that the Investment will be successfully carried out and executed in a timely manner.

Now, therefore, the Parties hereby agree as follows:

1. Underwriting of New Shares by [*bank*] and Sub-Underwriting by the Investor

1.1 By ...... the management board of the Company will, utilizing the Authorized Capital, resolve on the increase of the share capital of the Company by an amount of up to

nen Betrag von bis zu EUR ...... (in Worten: ......) durch die Emission von bis zu ...... auf den Namen lautenden nennwertlosen Stückaktien, die jeweils einem Nominalbetrag von EUR 1,00 (in Worten: ein Euro) des Grundkapitals der Gesellschaft entsprechen, zu erhöhen (die „Kapitalerhöhung"). Die neuen Aktien werden als auf den Namen lautende nennwertlose Stückaktien registriert und tragen die selben Rechte und Verpflichtungen wie die Gesellschaftsaktien mit der Ausnahme, dass sie nur Dividendenansprüche aus dem und einschließlich des am ...... endenden Geschäftsjahres der Gesellschaft gewähren.

Gemäß den Bedingungen, die in einem zwischen der Gesellschaft und der [Bank] abzuschließenden Kapitalemissionsvertrag [*Equity Underwriting Agreement*] festgelegt werden, zeichnet ausschließlich die [Bank] die neuen Aktien. Die [Bank] ist verpflichtet, den aktuellen Aktionären der Gesellschaft die Zeichnung aller neuen Aktien unter Wahrung ihrer satzungsmäßigen Bezugsrechte anzubieten. Die Gesellschaft legt den Zeichnungskurs drei (3) Tage vor Ablauf der Zeichnungsfrist auf Basis eines von der [Bank] durchgeführten Bookbuilding, der Vermarktung bei existierenden Aktionären sowie nach Beratung mit dem Investor fest (der „Zeichnungskurs"). Die Kapitalerhöhung soll durch das Angebot handelbarer Bezugsrechte an alle Aktionäre der Gesellschaft erreicht werden. Die Gesellschaft sorgt für eine Zeichnungsfrist von zwei (2) Wochen ab der notwendigen Ankündigung, einschließlich der Ankündigung des vorgesehenen Bezugsrechtshandels im elektronischen Bundesanzeiger (die „Zeichnungsfrist"). Der Bezugsrechtshandel beginnt zeitgleich mit dem Beginn der Zeichnungsfrist und

EUR ...... (in words: ......) by issuing up to ...... registered no-par-value shares each representing a notional amount of EUR 1.00 (in words: one Euro) in the share capital against cash contributions (the „Capital Increase"). The New Shares shall be registered no-par-value shares and shall carry the same rights and obligations as the Company Shares, except that they shall carry dividend rights only from and including the fiscal year (*Geschäftsjahr*) of the Company ending on ....

Subject to the terms and conditions set out in an Equity Underwriting Agreement to be entered into between the Company and [*bank*], [*bank*] will exclusively subscribe for the New Shares. [*Bank*] will be obliged to offer to the current shareholders of the Company the subscription of all New Shares in observance of the shareholders' statutory subscription rights. The Company will determine the subscription price three (3) days before the end of the Subscription Period on the basis of the Bookbuilding performed by [*bank*], marketing with existing shareholders and in consultation with the Investor (the „Subscription Price"). The Capital Increase shall be accomplished with tradeable subscription rights through a rights offering to all shareholders of the Company. The Company will arrange for a subscription period of two (2) weeks starting with the requisite announcement including the announcement of the envisaged trade in subscription rights in the Electronic Federal Gazette (*elektronischer Bundesanzeiger*) (the „Subscription Period"). The trade in subscription rights will com-

II. Investorenvereinbarung

endet drei (3) Tage vor deren Ablauf. Das Bookbuilding ist spätestens drei (3) Tage vor dem Ablauf der Zeichnungsfrist abgeschlossen.

1.2 Bis zu vier (4) Tage vor Ablauf der Zeichnungsfrist kann der Investor einen Antrag auf Erwerb der nicht von den Gesellschaftsaktionären gezeichneten neuen Aktien an die Gesellschaft richten; in diesem Antrag muss der Investor erklären, welche Anzahl an neuen Aktien er zu welchem Zeichnungskurs zu erwerben bereit ist (die „Order des Investors"). Dieser Vorgang kann selbstverständlich unterschiedliche Szenarien umfassen, wobei jedoch die Maßgabe gilt, dass die in Ziffer 11 definierte Höchstbeteiligungsquote nicht überschritten werden darf. Die Order des Investors wird von der Gesellschaft unverzüglich nach Erhalt, und keinesfalls später als 08:00 Uhr des dritt (3.) -letzten Tages der Zeichnungsfrist, veröffentlicht. Nach Abschluss des darauf folgenden Bookbuilding wird der Zeichnungskurs, wie unter Ziffer 1.1 beschrieben, festgestellt. Nach Feststellung des Zeichnungskurses teilt die Gesellschaft dem Investor die in der Order des Investors beantragten neuen Aktien zu einem Orderpreis zu, der dem Zeichnungskurs entspricht. Sofern und soweit die Gesellschaft nach Ablauf der Zeichnungsfrist nicht in der Lage ist, dem Investor (oder den übrigen Investoren) die Anzahl an neuen Aktien zuzuteilen, die ihnen im Laufe des Bookbuilding zugeteilt waren, weil die bestehenden Aktionäre von ihren Bezugsrechten Gebrauch gemacht haben, reduziert sich der Anspruch des Investors und der übrigen Investoren anteilig. Der Investor ist berechtigt und verpflichtet, den in dieser Weise reduzierten Anspruch von der

mence concurrently with the beginning of the Subscription Period and will end three (3) days prior to the lapse thereof. The Bookbuilding will be finalised three (3) days before the end of the Subscription Period at the latest.

1.2 Up and until four (4) days before the end of the Subscription Period the Investor may issue a request to the Company to acquire New Shares not subscribed for by the shareholders of the Company stating which number of New Shares it is willing to acquire at which Subscription Price (the „Investor's Order"), it being understood that this may include various scenarios, provided, however, that the Maximum Shareholding Quota as defined in section 11 below shall not be exceeded. The Investor's Order shall be published by the Company immediately upon receipt and in no event after 8 a.m. CET of the third (3rd) last day of the Subscription Period. After completion of the ensuing Bookbuilding the Subscription Price will be determined as stipulated under section 1.1. With the Subscription Price determined, the Company shall allocate to the Investor all New Shares requested in the Investor's Order at an order price that equals the Subscription Price. If and to the extent the Company, after expiration of the Subscription Period, is unable to allocate to the Investor (as well as to the other investors) the number of New Shares allocated to them in the course of the Bookbuilding, because the existing shareholders made use of their subscription rights, the entitlement of the Investor and the other investors will be reduced on a pro rata basis. The Investor is entitled and required to acquire such reduced entitlement from [bank] (the overall amount to be paid by the Investor for the acquisition of such New

[*Bank*] zu erwerben (die vom Investor für den Erwerb der ihm letztendlich zugeteilten neuen Aktien zu zahlende Gesamtsumme wird nachfolgend als „Zeichnungsgesamtpreis" bezeichnet).

1.3 Falls der Zeichnungskurs den Backstop-Preis erreicht, verpflichtet sich der Investor hiermit gegenüber der Gesellschaft, ungeachtet der Order des Investors, innerhalb von drei (3) Frankfurter Geschäftstagen (nachfolgend als „Geschäftstage" bezeichnet) nach Eingang einer entsprechenden Aufforderung der Gesellschaft (die „Zeichnungsbenachrichtigung") beim Bevollmächtigten des Investors (diese drei (3) Geschäftstage werden nachfolgend als der „Drei-Tages-Zeitraum" und der dritte (3.) Geschäftstag wird nachfolgend als „geplanter Closing-Termin" bezeichnet) die folgenden Handlungen vorzunehmen:

(i) bedingungslos von der [Bank] sämtliche neuen, nicht von den Gesellschaftsaktionären gezeichneten Aktien (die „Investitionsaktien") zu einem Zeichnungskurs von EUR ...... pro Investitionsaktie (der „Backstop-Preis") bis zu einer Höchstanzahl von ...... Investitionsaktien zu einem Gesamt-Backstop-Preis von EUR ...... (in Worten ......) (der „Höchstinvestitionsbetrag") zu erwerben oder, falls die Kapitalerhöhung nicht vollständig gezeichnet wurde oder der Investor die Gesellschaftsaktien auf sonstige Weise erworben hat, diejenige niedrigere Anzahl an neuen Aktien zu erwerben, die ihm die Begründung einer Beteiligung von 30% minus einer (1) Aktie an Eigenkapital und Stimmrechten der Gesellschaft, gemessen an ihrem Grundkapital nach Vornahme der Kapitalerhöhung, ermög-

Shares ultimately allocated to the Investor hereinafter the „Aggregate Subscription Price").

1.3 If the Subscription Price equals the Backstop Price the Investor hereby undertakes to the Company, irrespective of the Investor's Order, that within three (3) business days in Frankfurt (hereinafter „Business Days") following receipt of a respective request of the Company (the „Subscription Notice") by the Investor's Representative (such three (3) Business Days hereinafter referred to as „Three-Days-Period" and such third (3rd) Business Day hereinafter referred to as the „Scheduled Closing Date"), the Investor shall,

(i) unconditionally acquire from [*bank*] all New Shares not subscribed for by the shareholders of the Company (the „Investment Shares") at a subscription price of EUR ...... per Investment Share (the „Backstop Price") up to a maximum number of ...... Investment Shares with an aggregate Backstop Price of EUR ...... (in words: ......) (the „Maximum Investment Amount") or, if the Capital Increase is not fully subscribed or the Investor has otherwise acquired the Company-Shares, such lower number allowing for the establishment of a shareholding of the Investor constituting 30% minus one (1) share of the equity capital and voting rights in the Company as measured by the Company's share capital following the implementation of the Capital Increase, (the In-

II. Investorenvereinbarung

licht (die Zeichnungsverpflichtung des Investors gegenüber der *[Bank]* wird nachfolgend als „Sub-Übernahme" [*Sub-Underwriting*] bezeichnet); dies steht jedoch unter der Bedingung, dass (a) die Anzahl der zur Verfügung stehenden Investitionsaktien sich auf mindestens …… oder, falls die Kapitalerhöhung nicht vollständig gezeichnet wurde oder der Investor die Gesellschaftsaktien auf sonstige Weise erworben hat, auf diejenige niedrigere Anzahl beläuft, die dem Investor die Begründung einer Beteiligung von mindestens 15% an Eigenkapital und Stimmrechten der Gesellschaft, gemessen an ihrem Grundkapital nach Vornahme der Kapitalerhöhung ermöglicht (die „Mindestschwelle") sowie unter der weiteren Bedingung, dass (b) die in Ziffer 11 definierte Höchstbeteiligungsquote nicht überschritten wird;

(ii) den Gesamt-Backstop-Preis für die vom Investor zu erwerbenden Investitionsaktien (der „Gesamt-Backstop-Preis") bis zur Höhe des Investitionshöchstbetrages ohne Abzüge oder Einbehalte mit Wertstellung zum geplanten Closing-Termin auf das folgende Bankkonto zu zahlen:
……

Zur Klarstellung sei angemerkt, dass der Gesamt-Backstop-Preis durch Multiplikation der Anzahl der vom Investor zu erwerbenden Investitionsaktien mit dem in Absatz (i) genannten Backstop-Preis pro Investitionsaktie festgestellt wird.

Der Investor platziert hiermit bereits eine unwiderrufliche Order über den Investitionshöchstbetrag zum Backstop-Preis, wobei dies jedoch, zur Vermeidung von Missdoch,

vestor's subscription obligation towards [*bank*] hereinafter referred to as the „Sub-Underwriting"), provided, however, that (a) the number of Investment Shares available amounts to at least …… or, if the Capital Increase is not fully subscribed or the Investor has otherwise acquired the Company-Shares, such lower number allowing for the establishment of a shareholding of the Investor constituting at least 15% of the equity capital and voting rights in the Company as measured by the Company's share capital following the implementation of the Capital Increase, (the „Minimum Threshold") and, provided further, that (b) the Maximum Shareholding Quota as defined in section 11 below shall not be exceeded.

(ii) pay, without any deductions or withholdings and with value date as of the Scheduled Closing Date, the aggregate Backstop Price for the Investment Shares to be acquired by the Investor (the „Aggregate Backstop Price") up to the Maximum Investment Amount to the following bank account:
……

For the avoidance of doubt, the Aggregate Backstop Price shall be determined by multiplying the number of Investment Shares to be acquired by the Investor with the Backstop Price per Investment Share referred to under (i) above.

The Investor hereby already irrevocably places an order for the Maximum Investment Amount at the Backstop Price, provided, however, for the avoidance of doubt,

	verständnissen, mit der Maßgabe erfolgt, dass der Investor aufgrund dieser Order zum Backstop-Preis zum Erwerb von neuen Aktien berechtigt, aber nicht verpflichtet ist, falls die Mindestschwelle nicht erreicht wird.		that, under this order at the Backstop Price, the Investor shall be entitled but not obliged to acquire any New Shares if the Minimum Threshold is not met.
1.4	Zur Klarstellung sei angemerkt, dass (i) den Investor keinerlei Verpflichtung zur Zeichnung von Investitionsaktien über den Investitionshöchstbetrag hinaus trifft und er (ii) ungeachtet davon, ob der Investitionshöchstbetrag erreicht wird, nicht zur Zeichnung von Investitionsaktien über die in Ziffer 11 beschriebene Höchstbeteiligungsquote hinaus berechtigt ist.	1.4	For the avoidance of doubt, the Investor shall (i) have no obligation whatsoever to subscribe for Investment Shares in exceedance of the Maximum Investment Amount, and (ii) not be entitled, irrespective of the Maximum Investment Amount being met, to subscribe for Investment Shares in exceedance of the Maximum Shareholding Quota as defined in section 11 below.
1.5	Zur Absicherung der Verpflichtungen, die dem Investor im Hinblick auf die Sub-Übernahme obliegen, hat der Investor eine verbindliche und unwiderrufliche Erstbezugserklärung an die [Bank] abgegeben, die der vorliegenden Vereinbarung als Anhang ...... angefügt und nur durch den Eintritt der in Ziffer 6.1 festgelegten Bedingungen bedingt ist.	1.5	For the purpose of safeguarding the Investor's obligations with respect to the Sub-Underwriting, the Investor has issued a binding and irrevocable subscription guarantee (*Festbezugserklärung*) to [bank] attached hereto as Annex ......, conditional only upon the occurrence of the conditions set out in section 6.1 below.
1.6	Der Tag, an dem der Gesamt-Backstop-Preis bzw. der Zeichnungsgesamtpreis bei der [Bank] eingeht, wird nachfolgend als der „Closing-Termin" bezeichnet.	1.6	The day on which the Aggregate Backstop Price or the Aggregate Subscription Price, as the case may be, is received by [bank] is hereinafter referred to as the „Closing Date".

§ 2 Zeitplan

Zur Sicherstellung einer umgehenden Durchführung der Investition werden sich die Parteien im rechtlich zulässigen und praktikablen Umfang nach besten Kräften um die Erreichung der folgenden Schritte nach Unterzeichnung dieser Vereinbarung gemäß dem folgenden Zeitplan und im Wesentlichen in der folgenden Reihenfolge bemühen:

2. Time Schedule

In order to ensure a prompt implementation of the Investment, the Parties shall use their best efforts, to the extent legally permissible and practicable, to have the following steps accomplished after the execution of this Agreement according to the following time schedule and substantially in the following order:

2.1 ......;
2.2 ......;

2.1 ......;
2.2 ......;

§ 3 Verpflichtungen der Gesellschaft; Information des Investors[6]

3.1 Vom Unterzeichnungsdatum an bis zum (und einschließlich des) geplanten Closing-Termin/s sorgt die Gesellschaft im gesetzlich zulässigen Umfang dafür, dass keine der folgenden Handlungen ohne vorherige schriftliche Genehmigung des Bevollmächtigten des Investors stattfindet:

3.1.1 Beschlüsse der Hauptversammlung der Gesellschaft zur Satzungsänderung (mit Ausnahme von Änderungen, die in der vorliegenden Vereinbarung und ihren Anhängen vorgesehen oder aufgrund eines Gesetzes oder Gerichtsbeschlusses erforderlich sind);

3.1.2 Emissionen von Wandelanleihen oder Genussrechten der Gesellschaft;

3.1.3 Maßnahmen nach dem Umwandlungsgesetz im Hinblick auf die Gesellschaft, bei denen die Gesellschaft die fortbestehende juristische Person darstellt oder die zur Emission von Aktien der Gesellschaft führt (zur Klarstellung: mit Ausnahme von Maßnahmen, die in dieser Vereinbarung vorgesehen sind).

3.2 Unmittelbar nach dem Beschluss von Vorstand und Aufsichtsrat der Gesellschaft über die Kapitalerhöhung gibt die Gesellschaft eine unverzügliche Veröffentlichung gemäß § 15 Abs. 1 Wertpapierhandelsgesetz heraus; diese unverzügliche Veröffentlichung soll im Wesentlichen der in Anhang ...... festgelegten Form entsprechen.

3.3 Vom Unterzeichnungsdatum an stellt die Gesellschaft im gesetzlich zulässigen und praktikablen Umfang sicher, dass der Investor die folgenden Informationen erhält:

3.3.1 die Quartalsberichte der Gesellschaft zum Geschäftsergebnis des vorangegangenen Finanzquartals;

3. Obligations of the Company; Information of the Investor

3.1 From Signing Date until (and including) the Scheduled Closing Date, the Company shall procure, to the extent legally permissible, that none of the following will occur without the prior written consent of the Investor's Representative:

3.1.1 any resolution of the Company's general meeting (*Hauptversammlung*) amending the articles of association (except for any amendments provided for in this Agreement and its Annexes, required by law or court order);

3.1.2 any issues of convertible bonds or profit participation rights by the Company;

3.1.3 any measure pursuant to the German Law on the Transformation of Companies (*Umwandlungsgesetz*) in relation to the Company where the Company is the surviving entity or which results in the issuance of shares by the Company (except, for the avoidance of doubt, as provided for in this Agreement).

3.2 Immediately after the resolution of the Management Board and the supervisory board of the Company on the Capital Increase, the Company will issue an *ad-hoc*-announcement pursuant to section 15 para 1 of the German Securities Trade Act. Such *ad-hoc*-announcement should be issued substantially in the form as set out in Annex ......

3.3 From the Signing Date, the Company shall ensure that, to the extent legally permissible and practicable, the Investor shall receive the following information:

3.3.1 The quarterly reports (*Quartalsberichte*) of the Company on the business results for the previous financial quarter;

3.3.2 von Fall zu Fall Informationen zu Ereignissen, die die Gesellschaft im Wege einer unverzüglichen Veröffentlichung gemäß § 15 Wertpapierhandelsgesetz (WpHG) offen legen muss.

3.4 Soweit gesetzlich zulässig und praktikabel bemüht sich die Gesellschaft nach besten Kräften darum, dass die Zulassung der neuen Aktien zum Börsenhandel an der Frankfurter Börse unverzüglich nach Eintragung des Kapitalerhöhung im Handelsregister in Übereinstimmung mit dem in Ziffer 2. festgelegten Zeitplan erreicht wird. Zu diesem Zweck verpflichten sich die Parteien zu einer konstruktiven Zusammenarbeit und unternehmen sämtliche erforderlichen Schritte im Geiste gegenseitigen Vertrauens.

§ 4 Ausgleich für Backstop[5]

Mit der Durchführung der Kapitalerhöhung zielt die Gesellschaft auf eine entscheidende Erhöhung ihrer Eigenkapitalbasis und eine nachhaltige Verbesserung ihrer Liquiditätssituation. Deswegen ist es für die Gesellschaft von entscheidender Wichtigkeit, die Anzahl der im Zusammenhang mit der Kapitalerhöhung ausgegebenen neuen Aktien dadurch zu maximieren, dass den gegenwärtigen Aktionären Anreize zur Ausübung ihrer jeweiligen Bezugsrechte gegeben werden. Der Investor ist sich der Tatsache bewusst, dass er durch die Verpflichtung zur Durchführung der Investition gemäß den in dieser Vereinbarung festgelegten Bedingungen, insbesondere durch die Übernahme der Backstop-Verpflichtung gemäß Ziffer 1.3, das Platzierungsrisiko der Gesellschaft erheblich verringert, indem er erstens bei Vorliegen bestimmter Voraussetzungen die sichere Platzierung zum Backstop-Preis gewährleistet und zweitens durch seine Funktion als Ankerinvestor das Vertrauen der Aktionäre in die erfolgreiche Durchführung der Kapitalerhöhung und des Refinanzierungs- und Neustrukturierungsprogramms der Gesellschaft fördert. Da die Annahme eines derartigen Anreizes durch die derzeitigen Aktionäre und den

3.3.2 information on a case-by-case basis about events which need to be disclosed by the Company in an *ad-hoc*-announcement pursuant to section 15 of the German Securities Trade Act (*WpHG*).

3.4 the Company will use its best efforts, to the extent legally permissible and practicable, to accomplish the listing of the New Shares on the Frankfurt Stock Exchange without undue delay following the registration of the Capital Increase in the commercial register in accordance with the Time Schedule set out in section 2 above. For this purpose, the Parties undertake to co-operate in a constructive manner and in a spirit of mutual trust to take all necessary steps required.

4. Compensation for Backstop

With implementing the Capital Increase, the Company aims at a vital increase of its equity base and improvement of its liquidity situation on a sustainable basis. On this account, it is essential for the Company to maximize the amount of New Shares issued in connection with the Capital Increase by incentivizing the current shareholders to exercise their respective subscription rights. The Investor is aware that by committing to implement the Investment subject to the terms and conditions set out hereunder, namely by assuming the backstop obligation according to section 1.3 above, it considerably reduces the placement risk for the Company firstly, by securing a certain placement at the Backstop Price if certain conditions are met and secondly, by functioning as an anchor investor, enhancing the shareholder's confidence in a successful implementation of the Capital Increase and the refinancing and restructuring program of the Company. As the acceptance of such incentive by current shareholders and the capital market may result in the Investor not acquiring any New Shares, the Investor wishes to be compensated by the Company for the respective investment

II. Investorenvereinbarung

Kapitalmarkt dazu führen kann, dass der Investor keine neuen Aktien erwirbt, wünscht der Investor von der Gesellschaft einen Ausgleich für das betreffende Investitionsrisiko zu erhalten, und die Gesellschaft akzeptiert einen derartigen Ausgleich wie folgt:

4.1 Falls der Zeichnungskurs den Backstop-Preis übersteigt, der Investor (i) sich jedoch entschließt, keine Order zu platzieren oder (ii) ihm, trotz einer Order des Investors, aufgrund der Ausübung von Bezugsrechten seitens der bestehenden Aktionäre keine neuen Aktien zugeteilt werden, zahlt die Gesellschaft dem Investor einen Pauschalbetrag von EUR …… (in Worten: ……).

4.2 Sämtliche dem Investor gemäß dieser Ziffer 4 geschuldeten Beträge sind innerhalb von drei Geschäftstagen nach Ablauf des in Ziffer 1.3 beschriebenen Drei-Tages-Zeitraums ohne Abzüge und Einbehalte auf das folgende Bankkonto zahlbar:
……

4.3 Zur Klarstellung sei angemerkt, dass die Gesellschaft aus dieser Ziffer 4 nicht zur Leistung von Zahlungen verpflichtet ist, falls der Investor gemäß den Ziffern 1.3 oder 1.2 Investitionsaktien erworben hat.

4.4 Dem Investor steht kein Recht zur Aufrechnung mit oder zum Einbehalt von Zahlungen zu, die gemäß dieser Ziffer 4 geschuldet werden.

4.5 Sofern nicht ausdrücklich anderweitig in dieser Vereinbarung festgelegt, trifft die Gesellschaft keine Verpflichtung zur Zahlung eines Ausgleichs an den Investor für die von ihm übernommenen Kosten und Auslagen im Zusammenhang mit den bei Abschluss dieser Vereinbarung eingegangenen Investitionsrisiken.

risk and the Company accepts such compensation as follows:

4.1 If the Subscription Price exceeds the Backstop Price but the Investor (i) decides not to place an Investor's Order or (ii) is, despite placing an Investor's Order, not allocated any New Shares due to the existing shareholders exercising their subscription rights, the Company shall pay to the Investor a lump sum of EUR …… (in words: ……).

4.2 All payments owed to the Investor under this section 4 shall be payable within Three Business Days following the lapse of the Three-Days-Period referred to in section 1.3. above without any deductions or withholdings to the following bank account:
……

4.3 For the avoidance of doubt, the Company shall not be obliged to effect any payments under this section 4 in case any Investment Shares are acquired by the Investor pursuant to sections 1.3 or 1.2 above.

4.4 The Investor shall have no right to set-off or withhold any payments owed under this section 4.

4.5 Unless expressly stipulated otherwise in this Agreement, the Company shall have no obligation to compensate the Investor for its costs and expenses incurred in connection with the investment risks assumed by entering into this Agreement.

§ 5 Rücktritt

5.1 Falls die Durchführung der Kapitalerhöhung nicht innerhalb von fünfzehn (15) Geschäftstagen nach Stellung eines entsprechenden Eintragungsantrags durch die Gesellschaft im Handelsregister eingetragen ist und/oder der Kapitalemissionsvertrag vor der Eintragung von der [Bank] oder der Gesellschaft gekündigt wird, dürfen (i) die Gesellschaft durch schriftliche Mitteilung an den Bevollmächtigten des Investors und (ii) der Investor durch schriftliche Mitteilung an die Gesellschaft, den Aktionär und den Bevollmächtigten des Investors von dieser Vereinbarung zurücktreten, sofern der Investor eine Order abgegeben hat. Dieses Rücktrittsrecht erlischt mit Eintragung der Durchführung der Kapitalerhöhung im Handelsregister, soweit es zu diesem Zeitpunkt noch nicht ausgeübt wurde.

5.2 Wird das Rücktrittsrecht gemäß Ziffer 5.1 von der Gesellschaft und/oder dem Investor ausgeübt, so gilt:

5.2.1 die Gesellschaft zahlt dem Investor den Gesamt-Backstop-Preis bzw. den Zeichnungsgesamtpreis (in dem vom Investor bereits geleisteten Umfang) zurück;

5.2.2 davon abgesehen hat keine Partei irgendeine Verpflichtung gegenüber einer anderen Partei mit Ausnahme der Verpflichtungen in den Ziffern 12 (Bevollmächtigter des Investors), 13 (Mitteilungen), 14 (Kosten), 15 (Vertraulichkeit) und 16 (Schlussbestimmungen) sowie 17 (Anwendbares Recht; Schiedsklausel), die auch nach dem Rücktritt weiterhin gültig bleiben, und

5.2.3 keiner Partei stehen Rechte oder Ansprüche gegen eine andere Partei zu mit Ausnahme von (i) Ansprüchen aufgrund von Verletzungen dieser Vereinbarung, die sich

5. Withdrawal

5.1 If the consummation of the Capital Increase has not been registered with the commercial register within fifteen (15) Business Days after application by the Company for such registration and/or the Equity Underwriting Agreement is terminated prior to such registration by either [bank] or the Company, (i) the Company may, by written notice to the Investor's Representative, and (ii) the Investor may, by written notice to the Company and the Shareholder and the Investor's Representative, withdraw from this Agreement, provided the Investor issued a Investor's Order. To the extent that it has not yet been exercised, such right of withdrawal shall lapse upon registration of the consummation of the Capital Increase in the commercial register.

5.2 If the right to withdrawal pursuant to section 5.1 is exercised by either the Company and/or the Investor,

5.2.1 the Company shall repay the Investor the Aggregate Backstop Price or, as the case may be, the Aggregate Subscription Price, (to the extent already paid by the Investor),

5.2.2 other than that no Party shall have any obligations towards any other Party except under section 12 (Investor's Representative), section 13 (Notices), section 14 (Costs), section 15 (Confidentiality) and section 16 (Miscellaneous) as well as section 17 (Governing Law, Arbitration), which shall survive such withdrawal; and

5.2.3 no Party shall have any rights or claims against any other Party other than (i) claims for breaches of this Agreement which occurred prior to the withdrawal and (ii)

vor dem Rücktritt ereignet haben und (ii) Ansprüchen aus den Bestimmungen, deren Gültigkeit gemäß der Festlegungen in Ziffer 5.2.2 den Rücktritt überdauert.

claims under the provisions surviving a withdrawal, as specified in section 5.2.2 above.

§ 6 Investitionsbedingungen

6.1 Der Investor ist nur dann zur Leistung der Sub-Übernahme und zur Erfüllung seiner damit in Zusammenhang stehenden Verpflichtungen der Gesellschaft gegenüber verpflichtet, wenn die folgenden Bedingungen (nachfolgend gemeinsam als die „Investitionsbedingungen" und jede einzelne von ihnen als eine „Investitionsbedingung" bezeichnet) erfüllt worden sind:

6.1.1 der Aufsichtsrat der vertretenen Gesellschaft hat gemäß seiner Geschäftsordnung der Kapitalerhöhung in Übereinstimmung mit …… der Gesellschaftssatzung zugestimmt und

6.1.2 die Billigung der Fusion nach der anwendbaren Rechtsordnung sowie sonstige geltende aufsichtsbehördliche Genehmigungen, sofern erforderlich, liegen vor.

6.2 Die Gesellschaft verpflichtet sich, die in Ziffer 6.1.1 genannte Genehmigung unverzüglich nach dem Beschluss des Vorstands über die Kapitalerhöhung zu beantragen. Die in Ziffer 6.1.1 aufgestellte Bedingung gilt als erfüllt, sobald die Gesellschaft den Bevollmächtigten des Investors schriftlich über den Erhalt der relevanten Genehmigung in Kenntnis gesetzt hat.

6.3 Wird eine der Investitionsbedingungen nicht bis zum …… erfüllt, so gelten die Ziffern 5.1 und 5.2 in entsprechender Anwendung.

6. Investment Conditions

6.1 The Investor shall only be obliged to effect the Sub-Underwriting and to perform its obligations in connection therewith towards the Company if the following conditions (hereinafter collectively referred to as the „Investment Conditions" and each of them an „Investment Condition") have been fulfilled:

6.1.1 the supervisory board (*Aufsichtsrat*) of the Company represented, according to its rules of procedure, shall have approved of the Capital Increase in accordance with …… of the articles of association of the Company; and

6.1.2 Merger clearance according to applicable regime and other applicable regulatory clearances, if any.

6.2 the Company undertakes to apply for the approval referred to under section 6.1.1 above immediately following the resolution of the Management Board on the Capital Increase and the condition set forth in section 6.1.1 shall have been deemed fulfilled as soon as the Company has informed the Investor's Representative in writing that the relevant approval has been obtained.

6.3 If any of the Investment Conditions has not been fulfilled by …… section 5.1 and section 5.2 shall apply *mutatis mutandis*.

§ 7 Verfügbare Geldmittel, Verpflichtungserklärung, Rechtsgutachten[7]	7. Available Funds, Commitment Letter, Legal Opinion
7.1 Dem Investor liegen verbindliche Zusagen der Fonds vor, die zum geplanten Closing-Termin die zur Zahlung des vollständigen Gesamt-Backstop-Preises bis zum Investitionshöchstbetrag und zur Erfüllung der sonstigen Verpflichtungen des Investors aus dieser Vereinbarung erforderlichen Barmittel in sofort verfügbaren Geldern zur Verfügung stellen werden.	7.1 The Investor has binding commitments by the Funds which will, on the Scheduled Closing Date, provide, in immediately available funds, the cash resources necessary to pay the full Aggregate Backstop Price up to the Maximum Investment Amount and to meet its other obligations under this Agreement.
7.2 Die Fonds haben eine verbindliche und unwiderrufliche Verpflichtungserklärung zu Gunsten des Investors und der Gesellschaft zur Finanzierung des vollständigen Gesamt-Backstop-Preises bis zum Investitionshöchstbetrag abgegeben (diese Verpflichtung steht lediglich unter der Voraussetzung des Eintritts der in Ziffer 6 definierten Investitionsbedingungen). Eine Kopie dieser zugrunde liegenden Verpflichtungserklärung ist dieser Vereinbarung als Anhang .... beigefügt.	7.2 The Funds have issued a binding and irrevocable commitment letter in favour of the Investor and the Company to fund the full Aggregate Backstop Price up to the Maximum Investment Amount (subject only to the occurrence of the Investment Conditions as defined in section 6). A copy of such underlying commitment letter is attached hereto as Annex ....
7.3 Die Gesellschaft hat von dem [lokalen] Rechtsberater des Investors ein Rechtsgutachten erhalten, in dem unter anderem folgendes bestätigt wird: (i) Gesellschaftsname, Rechtsform und eingetragene Angaben des Investors, (ii) die ordnungsgemäße Gründung und rechtsgültige Existenz des Investors gemäß dem Recht seines Gründungsstaates, (iii) dass der Investor über die gesellschaftsrechtliche Befugnis zum Betrieb seines Geschäfts verfügt, (iv) dass er über die zum Abschluss und zur Erfüllung seiner Verpflichtungen aus dieser Vereinbarung notwendige gesellschaftsrechtliche Befugnis verfügt und (v) dass die vorliegende Vereinbarung für den Investor rechtsverbindliche und gültige Verpflichtungen begründet, die gegen ihn in	7.3 the Company has received from the [local] counsel of the Investor a legal opinion confirming, inter alia, the Investor's (i) company name, legal form and registration details, (ii) that the Investor is duly established and validly existing under the laws of the jurisdiction of its incorporation, (iii) that the Investor has the corporate capacity to operate its business, (iv) that it has the corporate capacity to enter into and perform its obligations under this Agreement, and (v) that this Agreement constitutes legally binding and valid obligations of the Investor enforceable against it in accordance with its terms. A copy of such legal opinion is attached hereto as Annex ....

II. Investorenvereinbarung

Übereinstimmung mit den Bestimmungen der Vereinbarung rechtlich durchsetzbar sind. Eine Kopie dieses Rechtsgutachtens ist der Vereinbarung als Anhang ...... beigefügt.

§ 8 Verpflichtungen des Investors[7, 8]

8.1 Der Investor stellt sicher, dass eventuell erforderliche Anmeldungen, die bei den zuständigen Fusionskontroll- und sonstigen Aufsichtsbehörden des betreffenden Staates (z.B. im Hinblick auf das Außenhandelsgesetz) vorgenommen werden müssen, zu dem oder unmittelbar nach dem Datum erfolgen, an dem die in Ziffer 3.2 genannte unverzügliche Veröffentlichung veröffentlicht wird, soweit diese Anmeldungen nicht bereits vor dem Unterzeichnungsdatum vorgenommen wurden. Diese Anmeldungen werden vom Investor im Namen aller Parteien abgegeben, jedoch mit der Maßgabe, dass der Inhalt dieser Anmeldungen der vorherigen schriftlichen Zustimmung der Gesellschaft bedarf, die nicht ohne vernünftigen Grund verweigert werden darf. Bei der Vorbereitung der Anmeldungen arbeiten die Parteien eng zusammen. Jede Partei stellt allen übrigen Parteien ohne schuldhafte Verzögerung Kopien ihrer Korrespondenz mit den Fusionskontroll- und sonstigen Aufsichtsbehörden sowie Kopien schriftlicher Erklärungen, Anordnungen oder Entscheidungen derartiger Behörden zur Verfügung. Der Investor ist nur mit vorheriger, ausdrücklicher schriftlicher Zustimmung der Gesellschaft zur Zurücknahme von Anmeldungen bei den zuständigen Behörden oder zur Vereinbarung einer Verlängerung des Prüfungszeitraums mit den Behörden berechtigt.

8.2 Der Investor wird nach besten Kräften sicherstellen, dass der Vollzug der Investition gemäß den

8. Investor's Obligations

8.1 The Investor shall ensure that requisite filings, if any, to be made with the competent merger control and other regulatory authorities (e.g. with respect to the German Foreign Trade Act) under any relevant jurisdiction, to the extent they have not been made prior to the Signing Date, will be made on, or immediately after, the date on which the *ad hoc* announcement according to section 3.2 is published. Such filings shall be made by the Investor on behalf of all Parties, provided, however, that the contents of such filings shall require prior written approval by the Company, which shall not be unreasonably withheld. The Parties shall closely cooperate in the preparation of such filings. Each Party shall without undue delay provide all other Parties with copies of any correspondence with the merger control and other regulatory authorities and of copies of any written statement, order or decision of such authorities. The Investor may waive (*zurücknehmen*) filings with the competent authorities or agree with such authorities on the extension of any examination period only with the express prior written consent of the Company.

8.2 The Investor shall use its best efforts to ensure that the consummation of the Investment according to

	Bestimmungen dieser Vereinbarung (i) sämtliche geltende Regelungen des Kartellrechts einschließlich sonstiger aufsichtsbehördlicher Auflagen unter der jeweils relevanten Rechtsordnung befolgt und (ii) nicht infolge der Weigerung einer zuständigen Behörde, der Investition bedingungslos zuzustimmen und die Genehmigung zu erteilen, verzögert bzw. aufgeschoben wird.		the terms and conditions of this Agreement (i) will fully comply with all applicable anti-trust regulations including other regulatory requirements under any relevant jurisdiction and (ii) will not be delayed or suspended, respectively, as a result of any competent authority refusing to unconditionally approve of and clear the Investment.
8.3	Der Investor hat vollstes Vertrauen in das derzeitige Geschäftskonzept der Gesellschaft und vertraut ihrem Vorstand. Deswegen akzeptiert und unterstützt der Investor die Fortführung der Geschäfte in der bisherigen Weise durch den Vorstand der Gesellschaft unter Beachtung der derzeitigen Wachstumsstrategie und unter Weiterführung des Auftretens am Markt und der Markenidentität der Gesellschaft und ihrer Tochtergesellschaften.	8.3	The Investor fully confides in the current business concept of the Company and trusts in the Company's management board. On this account, the Investor acknowledges and will support that the Company's management board shall carry on transacting the business as hitherto conducted, thereby taking into consideration the current growth strategy and perpetuating the market appearance and brand identity of the Company and its subsidiaries.
8.4	Nach dem Closing-Termin verpflichtet sich der Investor gegenüber dem Aktionär:	8.4	Following the Closing Date, the Investor undertakes to the Shareholder
	(i) seine Stimmrechte nicht zur Durchführung größerer Umstrukturierungen in der Gesellschaft, ihren Tochtergesellschaften und/oder in einzelnen Geschäftsbereichen auszuüben, die nicht vom Vorstand der Gesellschaft empfohlen werden. Dasselbe gilt im Hinblick auf die derzeitige Situation der Mitarbeiter der Gesellschaft, ihrer jeweiligen Anstellungsbedingungen und der bestehenden Mitarbeitervertretungen;		(i) not to exercise its voting rights in order to implement major corporate restructurings of the Company, of subsidiaries of the Company and/or individual business divisions which are not recommended by the Company's management board. The same shall apply with respect to the current situation of the Company's employees, their respective terms of employment and the existing employee representations;
	(ii) seine Stimmrechte nicht dazu auszuüben, einem unmittelbaren oder mittelbaren Wettbewerber der Gesellschaft den unmittelbaren oder mittelbaren Erwerb einer wesentlichen Beteiligung (gemäß nachfolgender Definition) an der Gesellschaft oder deren Über-		(ii) not to exercise its voting rights and not to take and/or support any actions for the purpose of enabling a direct or indirect competitor of the Company to directly or indirectly assume a Significant Interest (as defined below) in, or absorb, the Company, whether

nahme – sei es im Wege eines öffentlichen oder nicht öffentlichen Angebotes zum Erwerb von Aktien der Gesellschaft, durch den Erwerb sonstiger Wertpapiere und/oder Derivate der Gesellschaft, durch einen Anteilstausch oder in sonstiger Weise – zu ermöglichen und keine Handlungen vorzunehmen und/oder zu unterstützen, die diesem Ziel dienen, sofern eine derartige Aktion einer Entscheidung des Vorstandes der Gesellschaft zuwider läuft. Der Begriff „wesentliche Beteiligung" bedeutet eine Beteiligung, die einem Nominalwert von 10% des eingetragenen Grundkapitals der Gesellschaft entspricht;

(iii) zu gewährleisten, dass keines der mit dem Investor im Sinne der §§ 15 ff. AktG verbundenen Untenehmen eine der vorgenannten Handlungen vornimmt und/oder unterstützt;

(iv) nach dem Closing-Termin durch entsprechende Ausübung seiner Stimmrechte die Einrichtung eines genehmigten Kapitals in Höhe von bis zu ...... neuen, auf den Namen lautenden nennwertlosen Stückaktien und eines bedingten Kapitals in Höhe von bis zu ...... auf den Namen lautenden nennwertlosen Stückaktien zu unterstützen.

§ 9 Vertretung des Investors im Aufsichtsrat[9]

9.1 Solange der Investor mindestens 25% der Aktien und Stimmrechte an der Gesellschaft halt, kann er zwei (2) Personen und solange er mindestens 15% (jedoch weniger als 25%) der Aktien und Stimmrechte hält, kann er eine (1) Person vorschlagen (die „vom Investor

through the implementation of a public or non-public tender (*öffentliches oder nicht öffentliches Angebot*) for the acquisition of shares in the Company, by way of acquiring other securities and/or derivates of the Company, through an exchange of shares (*Anteilstausch*) or in any other way to the extent such action is running counter to a decision of the Company's management board. „Significant Interest" shall mean a shareholding making up for a nominal amount of 10% of the Company's registered share capital (*Grundkapital*);

(iii) to ensure that none of the Investor's affiliated companies within the meaning of section 15 et seq. of the German Stock Corporation Act shall take and/or support any such action;

(iv) support, by exercising its voting rights accordingly, after the Closing Date the establishment of an authorized capital (*genehmigtes Kapital*) amounting to up to ...... new no-par-value shares and a conditional capital (*bedingtes Kapital*) amounting to up to ...... no-par-value shares.

9. Investor's Representation in Supervisory Board

9.1 For as long as the Investor holds at least 25 % of the shares and voting rights in the Company, the Investor shall be entitled to recommend two (2) individuals and, for as long as the Investor holds at least 15% (but less than 25%) of the shares and voting rights in the Company,

nominierten Personen") die gemäß den folgenden Bedingungen in den Aufsichtsrat gewählt werden/wird:

9.1.1 Sollten nach dem Closing-Termin ggf. ein (1) oder zwei (2) Anteilseignervertreter aus dem Aufsichtsrat der Gesellschaft aus ihrem jeweiligen Amt ausscheiden, so wird sich der Vorstand der Gesellschaft im rechtlich zulässigen Umfang und nach vorheriger Beratung mit dem Nominierungsausschuss der Gesellschaft nach besten Kräften bemühen, die gerichtliche Bestellung der vom Investor nominierten Person(en) als Anteilseignervertreter zu beantragen.

9.1.2 Weiterhin wird sich der Vorstand im rechtlich zulässigen Umfang nach besten Kräften um die Herstellung des Kontakts zwischen dem Investor und dem Nominierungsausschuss des Aufsichtsrates bemühen und den Vorschlag unterstützen, die vom Investor nominierte(n) Person(en) durch die Hauptversammlung der Gesellschaft gemäß dieser Ziffer 9.1 in den Aufsichtsrat wählen zu lassen.

9.1.3 Die Parteien akzeptieren hiermit, dass es sich bei der/den vom Investor nominierten Person(en), die zunächst ihr Amt als Mitglieder des Aufsichtsrats der Gesellschaft gemäß den in Ziffer 9.1.1 festgelegten Bedingungen antritt/antreten, um ...... und, falls der Investor noch eine zweite Person vorschlagen darf, um ...... handelt.

9.2 Die Gesellschaft trifft keinerlei Verpflichtung im Hinblick auf die Wahl einer vom Investor nominierten Person in den Aufsichtsrat, sofern und soweit diese Person nicht die Voraussetzungen erfüllt, die das Gesetz, die Satzung der Gesellschaft und/oder der Deutsche Cor-

to recommend one (1) individual (the „Investor's Nominees") to be elected to the supervisory board (*Aufsichtsrat*) of the Company subject to the following terms:

9.1.1 In case that after the Closing Date, 1 or 2 representatives of the shareholders (*Anteilseignervertreter*) of the Company's supervisory board, as the case may be, resign from their respective offices, the Company's management board (*Vorstand*) shall, to the extent legally permissible and after prior consultation with the Company's nomination committee (*Nominierungsausschuss*), use its best efforts to apply for the appointment of the Investor's Nominee(s) by the competent court (*gerichtliche Bestellung*) to the advisory board as shareholder representatives.

9.1.2 Furthermore, the Company's management board shall, to the extent legally permissible, use its best efforts to establish contact between the Investor and the supervisory board's nomination committee and to support a proposal to have the Investor's Nominee(s) elected to the supervisory board by the Company's general assembly (*Hauptversammlung*) in accordance with this section 9.1.

9.1.3 The Parties hereby acknowledge that the Investor's Nominee(s) to initially assume their office as members of the Company's supervisory board subject to the terms and conditions set out in section 9.1.1 shall be the following individuals: ...... and, in case the Investor is entitled to recommend a second individual, ...

9.2 The Company shall have no obligation whatsoever with respect to the election of an Investor's Nominee to the supervisory board if and to the extent such Investor's Nominee does not fulfil the prerequisites set out by statutory law, the Company's articles of association and/

porate Governance Codex in Bezug auf ein Aufsichtsratsmitglied festlegen.

§ 10 Lock-Up[10]

10.1 Hiermit verpflichtet sich der Investor gegenüber der Gesellschaft und dem Aktionär, während eines Zeitraums von 30 Monaten ab dem Closing-Termin (der „Lock-Up-Zeitraum") die folgenden Handlungen zu unterlassen, sofern er einen Anteil von mindestens 15% an den Aktien und Stimmrechten der Gesellschaft hält:

10.1.1 Verkauf, Übertragung, Verpfändung, Belastung oder sonstige Verfügung über oder Handel mit Gesellschaftsaktien (einschließlich der Einräumung von Optionen auf oder der Schaffung jeglicher Art von Treuhandverhältnis in Bezug auf diese Aktien);

10.1.2 Abschluss von Vereinbarungen oder Transaktionen in Bezug auf Stimmrechte oder sonstige mit den Gesellschaftsaktien verbundenen Rechte;

10.1.3 Abschluss von Transaktionen (einschließlich von Derivategeschäften) oder die Ausführung von sonstigen Handlungen, die den oben bezeichneten Handlungen in wirtschaftlicher Weise entsprechen.

10.2 Die Bestimmungen in Ziffer 10.1 finden keine Anwendung auf Verkauf und Übertragung von Gesellschaftsaktien an ein mit dem Investor verbundenes Unternehmen im Sinne der §§ 15 ff. AktG.

10.3 Zur Gewährleistung der Befolgung der in Ziffer 10.1 festgelegten Bestimmungen durch den Investor verpflichtet sich dieser hiermit, dass sein Bestand an Investitionsaktien, die er gemäß den Bedingungen der vorliegenden Vereinbarung gezeichnet hat, für die gesamte Dauer des Lock-Up-Zeitraums unter einer separaten Wertpapierkennnummer in einem Sperrdepot bei der [*Depotbank*,

or the German Corporate Governance Codex with respect to a member of the supervisory board.

10. Lock-Up

10.1 The Investor hereby undertakes to the Company and the Shareholder that for a period of 30 months following the Closing Date (the „Lock-Up Period") and subject to the condition that the Investor holds a stake of at least 15% of the shares and voting rights in the Company, it will not

10.1.1 sell, transfer, pledge, encumber or otherwise dispose of (*verfügen über*) or deal with (including the granting of any option over or the creation of any form of trust relationship in respect of) any the Company Shares;

10.1.2 enter into any agreement or transaction in respect of any voting rights or other rights attaching to the Company Shares;

10.1.3 enter into any transaction (including derivative transactions) or carry out any other action that would be the economic equivalent of any of the above.

10.2 The provisions of § 10.1 shall not apply to the sale and transfer of the Company Shares to an affiliated company of the Investor pursuant to sections 15 et seq. of the German Stock Corporation Act.

10.3 For the purpose of safeguarding the Investor's compliance with the provisions of section 10.1 above, the Investor hereby undertakes that for the entire term of the Lock-Up Period its stock of Investment Shares subscribed for subject to the terms and conditions of this Agreement shall be booked under a separate security identification number in a blocked security deposit (*Sperrdepot*) kept by [*Custo-*

weitere Angaben zum Depotkonto sind einzufügen] verbucht werden. Die Bedingungen dieses Sperrdepots müssen dafür sorgen, dass der Investor während des gesamten Lock-Up-Zeitraums ohne das vorherige schriftliche Einverständnis der Gesellschaft und des Aktionärs nicht zur Verfügung über das Sperrdepot berechtigt ist, wobei Gesellschaft und Aktionär ihr Einverständnis nicht verweigern dürfen, wenn Verkauf und Übertragung der Geselschaftsaktien gemäß Ziffer 10.2 zulässig sind.

§ 11 Höchstbeteiligungsquote des Investors, Stillhalteabkommen

Der Investor verpflichtet sich hiermit gegenüber dem Aktionär, dass er und die mit ihm im Sinne der §§ 15 ff. AktG verbundenen Unternehmen (einschließlich juristischer Personen, die mit sonstigen von ...... verwalteten Fonds verbunden sind) während der Dauer des Lock-Up-Zeitraums weder unmittelbar noch mittelbar eine Beteiligung an der Gesellschaft erhöhen bzw. begründen, die zu einer Gesamtbeteiligungsquote von mehr als 29,9% führt, die dem Investor nach den Bestimmungen des Wertpapierhandelsgesetzes (WpHG) als Stimmrechte zugerechnet würde (die „Höchstbeteiligungsquote"). Insbesondere werden weder der Investor, noch die mit ihm verbundenen Unternehmen, noch mit anderen von ...... verwalteten Fonds verbundene juristische Personen oder sonstige, einvernehmlich mit diesen handelnde Personen Maßnahmen unternehmen, initiieren und/oder unterstützen, die zu einer Überschreitung der Höchstbeteiligungsquote führen durch

i) den unmittelbaren oder mittelbaren Erwerb von Gesellschaftsaktien, einschließlich des Erwerbs von Aktionärsrechten, sonstigen Wertpapieren und/oder Derivaten im Sinne von § 2 Abs. 1 und Abs. 2 WpHG;

ii) die Durchführung eines öffentlichen oder nicht öffentlichen Angebotes zum Erwerb von Gesellschaftsaktien,

dian Bank, further details of deposit account to be inserted]. The terms of such blocked security deposit shall provide that, during the entire term of the Lock-Up Period, the Investor shall not be authorised to dispose (*verfügen*) over the blocked security deposit without the prior written consent of the Company and the Shareholder, such consent not to be withheld with respect to a permitted sale and transfer of the Company Shares pursuant to section 10.2.

11. Investor's Maximum Shareholding Quota, Standstill Agreement

The Investor hereby undertakes to the Shareholder that for the term of the Lock-Up Period the Investor and/or its affiliated companies within the meaning of Section 15 et seq. of the German Stock Corporation Act (including entities affiliated to other funds managed by ......) shall not, neither directly nor indirectly, increase or establish, respectively, a shareholding in the Company resulting in an aggregate shareholding quota attributed to the Investor as voting rights in accordance with the rules of the German Securities Trade Act (*WpHG*) in excess of 29,9 % (the „Maximum Shareholding Quota"). In particular, neither the Investor nor any of its affiliated companies, entities affiliated to other funds managed by ...... nor any persons conjointly acting with them shall take, initiate and/or support any measures resulting in an exceedance of the Maximum Shareholding Quota through

i) a direct or indirect acquisition of any the Company-shares, including the acquisition of shareholders' rights (*Aktionärsrechte*), other securities and/or derivates within the meaning of Section 2 para. 1 and para. 2 of the German Securities Trade Act (*WpHG*),

ii) the implementation of a public or non-public tender (*öffentliches oder nicht öffentliches Angebot*) for the acquisi-

sonstigen Wertpapieren und/oder Derivaten oder

iii) Handlungen, die Strukturmaßnahmen im Hinblick auf die Gesellschaft nach sich ziehen und/oder Handlungen, die auf einen Anteilstausch abzielen.

§ 12 Bevollmächtigter des Investors

12.1 Um die Gesellschaft und den Aktionär in die Lage zu versetzen, dem Investor jederzeit Mitteilungen, Benachrichtigungen und Willenserklärungen übersenden zu können, ernennt der Investor hiermit unwiderruflich ...... (der „Bevollmächtigte des Investors") zu seinem Bevollmächtigten für Empfang, Zustellung und Abgabe sämtlicher Mitteilungen, Benachrichtigungen, Dokumente (einschließlich von Dokumenten, die sich auf Schiedsverfahren beziehen) und Willenserklärungen, die sich auf diese Vereinbarung und/oder ihre Durchführung beziehen oder damit verbunden sind. Mit Schreiben vom ......, das dieser Vereinbarung in Kopie als Anhang ...... beigefügt ist, hat der Bevollmächtigte des Investors seiner Ernennung zugestimmt.

12.2 Die Ernennung des Bevollmächtigten des Investors gemäß Ziffer 12.1 endet nur bei Ernennung eines anderen, in Deutschland ansässigen Bevollmächtigten des Investors; diese Ernennung muss der Gesellschaft mitgeteilt und von ihr schriftlich genehmigt werden (wobei diese Genehmigung nicht ohne vernünftigen Grund verweigert werden darf).

§ 13 Mitteilungen

13.1 Sämtliche Mitteilungen, Benachrichtigungen oder Willenserklärungen, die gemäß oder in Verbindung mit dieser Vereinbarung abgegeben werden, sind schriftlich in deutscher Sprache abzugeben und persönlich, per Post oder Telfax, wie in Ziffer 13.2 detailliert dargelegt,

tion of any the Company -shares, other securities and/or derivates or

iii) actions entailing structural measures (*Strukturmaßnahmen*) with respect to the Company and/or actions aiming at an exchange of shares (*Anteilstausch*).

12. Investor's Representative

12.1 In order to enable the Company and the Shareholder to deliver notices, communications, documents and declarations of will (*Willenserklärungen*) at any time to the Investor, the Investor hereby irrevocably appoints ...... (the „Investor's Representative") as its representative (*Bevollmächtigter*) for the receipt (*Empfang*), service (*Zustellung*) and giving (*Abgabe*) of all notices, communications, documents (including arbitration-related documents) and declarations of will which relate to or are connected with this Agreement and/or its implementation. By a letter dated ......, a copy which is attached hereto as Annex ......, the Investor's Representative consented to such appointment.

12.2 The appointment of the Investor's Representative pursuant to section 12.1 shall only terminate upon the appointment of another Investor's Representative domiciled in Germany, which appointment must be notified to, and approved in writing by, the Company (such approval not to be unreasonably withheld).

13. Notices

13.1 All notices, communications and declarations of will which are given pursuant to, or in connection with, this Agreement shall be given in writing in the German language and shall be transmitted by hand, by post or by fax to the Parties as specified in more detail in sec-

an die Parteien zu übermitteln, sofern nicht zwingende Rechtsvorschriften eine andere Form vorsehen. Mit Ausnahme der Übermittlung per Telefax ist weder eine telekommunikative Übermittlung, noch eine Übermittlung in elektronischer Form ausreichend.

13.2 Alle derartigen Mitteilungen, Benachrichtigungen und Willenserklärungen sind (sofern die anderen Parteien nicht schriftlich auf Änderungen hingewiesen wurden) unter den folgenden Anschriften und zur Kenntnis der folgenden Personen an die Parteien zu übermitteln:

13.2.1 an die Gesellschaft:

……

13.2.2 an den Investor:
[*Hier sind die Angaben zum Bevollmächtigten des Investors einzufügen*]

13.2.3 an den Aktionär:

……

§ 14 Kosten

Jede Partei trägt ihre eigenen Kosten und Auslagen (einschließlich der Honorare, Kosten und Auslagen für ihre Berater) in Beziehung auf Vorbereitung, Verhandlung und Durchführung dieser Vereinbarung und der darin vorgesehenen Transaktionen.

§ 15 Vertraulichkeit

15.1 Die Parteien vereinbaren, sämtliche (schriftlichen oder mündlichen) Informationen, Daten (unter anderem finanzielle, technische oder in sonstiger Weise geschäftsrelevante Daten) oder sonstige Erklärungen, ungeachtet von Art und Inhalt, die aus oder in Verbindung mit dieser Vereinbarung entstehen (insgesamt als die „vertraulichen Informationen" bezeichnet) einschließlich der aus den vertraulichen Informationen abgeleiteten Informationen und Kenntnisse streng vertraulich zu behandeln, und keine Partei wird ohne vorherige schriftliche Zustimmung der übrigen Parteien

tion 13.2 unless any other specific form is required by mandatory law. With the exception of transmission by fax, neither transmission by means of telecommunications (*telekommunikative Übermittlung*) nor electronic form (*elektronische Form*) shall be sufficient.

13.2 All such notices, communications and declarations of will shall (subject to any changes notified in writing to the other Parties) be transmitted to the Parties at the following addresses, and marked for the attention of the following persons:

13.2.1 the Company:

……

13.2.2 Investor:
[*Insert details of Investor's Representative*]

13.2.3 *Shareholder*

……

14. Costs

Each Party shall bear its own costs and expenses (including the fees, costs and expenses of its advisors) relating to the preparation, negotiation and implementation of this Agreement and the transactions contemplated herein.

15. Confidentiality

15.1 The Parties agree to keep strictly confidential any and all information (written or oral), data (including, but not limited to any data of financial, technical or otherwise business-related nature) or any other statement, regardless of its kind and content arising out of or in connection with this Agreement (together the „Confidential Information") including any information and knowledge derived from the Confidential Information and no Party shall, without the prior written consent of the other Parties, disclose any information regarding the contents of this

	Informationen im Hinblick auf den Inhalt der vorliegenden Vereinbarung an dritte Personen weiterleiten oder diese Informationen Dritten zugänglich machen.		Agreement to third parties or make any such information available to third parties.
15.2	Die in Ziffer 15.1 enthaltene Verpflichtung zur Geheimhaltung gilt nicht für vertrauliche Informationen,	15.2	The confidentiality obligation contained in section 15.1 shall not apply to Confidential Information
15.2.1	die sich bereits vor dem Unterzeichnungsdatum in der Öffentlichkeit befanden oder anschließend in die Öffentlichkeit gelangt sind, sofern diese Veröffentlichung nicht auf einem Verstoß gegen diese Vereinbarung beruht;	15.2.1	which was public prior to the Signing Date or has subsequently become public unless such publication is based upon a breach of this Agreement;
15.2.2	die eine Partei als nicht vertrauliche Informationen und ohne Verstoß gegen die der Gesellschaft geschuldete Verpflichtung zur Geheimhaltung von dritten Parteien erhalten hat;	15.2.2	which a Party has received from third parties as non-confidential information and without any breach of any duty of confidentiality owned to the Company;
15.2.3	die von einer Partei aufgrund zwingender gesetzlicher Vorschriften (einschließlich der Börsenregeln) aufgedeckt werden müssen. In diesem Fall informiert die offenbarende Partei die Gesellschaft vor Offenlegung der vertraulichen Informationen und spezifiziert die Gründe für die Offenlegung der Informationen, sofern eine solche Benachrichtigung nicht gesetzlich untersagt ist; oder	15.2.3	which must be disclosed by a Party in accordance with mandatory law (including the rules of a stock exchange). In such case, the disclosing Party will inform the Company prior to any such disclosure of the Confidential Information by specifying the reasons for the disclosure of the information, unless such notification is prohibited by law; or
15.2.4	für Informationen, für die die Gesellschaft schriftlich auf ihre vertrauliche Behandlung verzichtet hat.	15.2.4	in respect of which the Company has waived in writing the confidential treatment.
15.3	Verstößt eine Partei gegen ihre aus dieser Ziffer 15 resultierenden Verpflichtungen, so ist diese Partei gemäß den allgemeinen Grundsätzen des deutschen Rechts haftbar.	15.3	In case a Party acts in breach of any duties arising under this section§ 15, this Party shall be liable in accordance with general principles of German law.
§ 16	**Schlussbestimmungen**	**16.**	**Miscellaneous**
16.1	Ungeachtet der in den Ziffern 5 und 6.3 enthaltenen Rücktrittsrechte wird diese Vereinbarung für eine feste Laufzeit von fünf (5) Jahren abgeschlossen. Selbst bei Ausübung eines Rücktrittsrechts gemäß den Bedingungen dieser Ver-	16.1	Without prejudice to the rights of withdrawal contained in § 5 and § 6.3, this Agreement shall be concluded for a fixed term of five (5) years. Even when any such right of withdrawal is exercised in compliance with the terms and

	einbarung bleiben die Regelungen in den Ziffern 12 (Bevollmächtigter des Investors), 13 (Mitteilungen), 15 (Vertraulichkeit) und 16 (Schlussbestimmungen) sowie 17 (Anwendbares Recht, Schiedsklausel) bis zum Ende der oben bezeichneten festen Laufzeit von fünf (5) Jahren rechtskräftig wirksam.		conditions of this Agreement, § 12 (Investor's Representative), § 13 (Notices), § 15 (Confidentiality) and § 16 (Miscellaneous) as well as § 17 (Governing Law, Arbitration), shall remain in full force and effect until the end of the fixed term of five (5) years referred to above.
16.2	Sofern nicht ausdrücklich anderweitig in dieser Vereinbarung vorgesehen, sind sämtliche aus oder in Verbindung mit dieser Vereinbarung zu zahlenden Beträge in Euro, kosten- und spesenfrei, als sofort verfügbare Gelder im elektronischen Zahlungsverkehr mit Wertstellung zum jeweiligen Fälligkeitstag zu leisten.	16.2	Unless expressly provided otherwise in this Agreement, all amounts payable under or in connection with this Agreement shall be paid in Euro free of costs and charges (*kosten- und spesenfrei*) in immediately available funds by wire transfer with value on the relevant due date (*mit Wertstellung zum jeweiligen Fälligkeitstag*).
16.3	Keine in dieser Vereinbarung enthaltene Bestimmung ist als Gründung einer Gesellschaft bürgerlichen Rechts (§§ 705 ff. BGB) oder einer sonstigen Art der Partnerschaft zwischen dem Investor und der Gesellschaft auszulegen.	16.3	Nothing in this Agreement shall be construed as the formation of a partnership under sections 705 et seq. of the German Civil Code (*Gesellschaft bürgerlichen Rechts*) or other form of partnership as between the Investor and the Company.
16.4	Ohne die vorherige Genehmigung der anderen Parteien ist keine Partei berechtigt, Rechte oder Ansprüche aus dieser Vereinbarung ganz oder teilweise zu verpfänden oder abzutreten.	16.4	No Party may pledge or assign any rights or claims under this Agreement in whole or in part without the prior consent of the other Parties.
16.5	Diese Vereinbarung enthält sämtliche Vereinbarungen zwischen den Parteien im Hinblick auf den Vertragsgegenstand und ersetzt alle vorherigen Vereinbarungen und Abreden mit Bezug darauf.	16.5	This Agreement contains the entire agreement between the Parties with respect to the subject-matter hereof and supersedes all prior agreements and understandings with respect thereto.
16.6	Änderungen oder Ergänzungen dieser Vereinbarung bedürfen der Schriftform, sofern das zwingende Recht keine strengeren Formvorschriften (z.B. notarielle Beurkundung) vorschreibt. Dies gilt auch für einen Verzicht auf die Befolgung dieser Ziffer 16.6.	16.6	Any amendment or supplementation (*Ergänzung*) of this Agreement must be in writing, unless a stricter form (such as notarial recording) is required by mandatory law. This shall also apply to any waiver of the need to comply with the provisions of this section 16.6.
16.7	Die Anhänge zu dieser Vereinbarung stellen Bestandteile der Vereinbarung dar.	16.7	The annexes to this Agreement shall form an integral part of this Agreement.

16.8 Sofern nicht in dieser Vereinbarung ausdrücklich anderweitig vorgesehen, gewährt diese Vereinbarung keinerlei Rechte an dritte Parteien und begründet keinen Vertrag zu Gunsten Dritter und keinen Vertrag mit Schutzwirkung zu Gunsten Dritter.	16.8 Except as otherwise expressly provided for in this Agreement, this Agreement shall not grant any rights to third parties and shall not constitute a contract for the benefit of third parties (*Vertrag zugunsten Dritter*) or a contract with protective effect for third parties (*Vertrag mit Schutzwirkung für Dritte*).
16.9 Sofern der Zusammenhang nicht eine andere Auslegung erfordert, ist in dieser Vereinbarung (einschließlich ihrer Präambel) an den Stellen, an denen ein deutscher Begriff in Klammern hinter einem englischen Begriff eingefügt ist, der deutsche Begriff für die Auslegung des englischen Begriffes für die gesamte Vereinbarung maßgeblich.	16.9 In this Agreement (including the Preamble), unless the context otherwise requires, where a German term has been added in parantheses after an English term, the German term shall be decisive for the purpose of interpretation of the English term whenever such English term is used in this Agreement.
16.10 Die Überschriften in dieser Vereinbarung dienen lediglich der Übersichtlichkeit. Bei der Auslegung der Vereinbarung sind sie nicht zu berücksichtigen.	16.10 The headings in this Agreement are merely for convenience. They shall be disregarded for the purposes of interpreting this Agreement.
16.11 Sollte eine Bestimmung dieser Vereinbarung ganz oder teilweise nichtig, ungültig oder nicht durchsetzbar sein oder werden, so werden Gültigkeit und Durchsetzbarkeit der verbleibenden Bestimmungen davon nicht berührt. Eine nichtige, ungültige oder nicht durchsetzbare Bestimmung wird automatisch durch diejenige gültige und durchsetzbare Bestimmung ersetzt, die im gesetzlich zulässigen Umfang die wirtschaftliche Absicht und den wirtschaftlichen Zweck der ursprünglichen Bestimmung so nahe wie möglich widerspiegelt. Das Vorgenannte gilt entsprechend auch für den Fall einer versehentlichen Regelungslücke in dieser Vereinbarung.	16.11 If any provision of this Agreement is or becomes void, invalid or unenforceable in whole or in part, the validity and enforceability of the remaining provisions shall remain unaffected thereby. Any void, invalid or unenforceable provision shall automatically be replaced by such valid and enforceable provision as most closely reflects, to the extent permitted by law, the economic intent and purpose of the original provision. The foregoing shall apply, *mutatis mutandis*, if any provision has been inadvertently omitted from this Agreement.
§ 17 Anwendbares Recht, Schiedsklausel	**17. Governing Law, Arbitration**
17.1 Die vorliegende Vereinbarung untersteht dem Recht der Bundesrepublik Deutschland und ist in Übereinstimmung mit diesem Recht auszulegen.	17.1 This Agreement shall be governed by, and construed in accordance with, the laws of the Federal Republic of Germany.

17.2 Streitigkeiten aus oder im Zusammenhang mit dieser Vereinbarung oder ihrer Gültigkeit werden ausschließlich durch ein Schiedsverfahren gemäß der Schiedsgerichtsordnung der Deutschen Institution für Schiedsgerichtsbarkeit e. V. (DIS) entschieden. Die Parteien vereinbaren, dass die Entscheidung des Schiedsgerichts abschließend und rechtsverbindlich ist und verzichten hiermit auf ihr Recht, eine gerichtliche Entscheidung über die Streitigkeiten herbei zu führen. Das Schiedsgericht besteht aus drei Schiedsrichtern; das Schiedsverfahren findet in ...... statt. Das Schiedsverfahren wird in deutscher Sprache abgehalten, (jedoch mit der Maßgabe, dass Beweise auch in [englischer] Sprache vorgelegt werden dürfen).	17.2 Any disputes arising from or in connection with this Agreement or its validity shall be settled exclusively by arbitration in accordance with the arbitration rules of the German Arbitration Institute (DIS). The Parties agree that arbitration decisions shall be final and binding, and they hereby waive any right to adjudicate disputes in a court of law. The arbitration court shall be comprised of three arbitrators. The place of arbitration shall be .... The arbitration proceeding shall be conducted in the German language (, provided however that evidence may also be submitted in the [English] language).
17.3 Verlangt das anwendbare Recht die Entscheidung einer Streitigkeit aus oder im Zusammenhang mit dieser Vereinbarung oder ihrer Erfüllung durch ein Gericht, so vereinbaren die Parteien den Gerichtsstand	17.3 If any disputes arising from or in connection with this Agreement or its performance must under applicable law be decided by a court of law, the Parties agree to submit to the jurisdiction of ......

Schrifttum: Kiem, Investorenvereinbarungen im Lichte des Aktien- und Übernahmerechts; *Seibt/Wunsch,* Investorenvereinbarungen bei öffentlichen Übernahmen, Der Konzern 2009, 195; *Seibt,* in Theiselmann, Praxishandbuch des Restrukturierungsrechts, 2010, Kap. 6.

Anmerkungen

1. Überblick. Die Unternehmenspraxis bezeichnet als Investorenvereinbarung rechtsverbindliche Vereinbarungen zwischen einem oder mehreren Investoren und künftigen Anteilseignern einerseits sowie der Gesellschaft andererseits (sowie ggf. einzelnen weiteren Anteilseignern und/oder Garanten), in denen einzelne Aspekte der Beteiligungsübernahme und des (zukünftigen) Rechtsverhältnisses geregelt sind (ausf. *Seibt/Wunsch,* Der Konzern 2009, 195 ff.; ferner *Kiem,* AG 2009, 301 ff.). Neben öffentlichen Übernahmen (zu diesem Anwendungsfall ausführlich *Seibt/Wunsch,* Der Konzern 2009, 195 ff.) finden Investorenvereinbarungen insbesondere im Kontext sog. Private Investment in Public Equity (PIPE)-Transaktionen Anwendung, bei der sich ein (Finanz-)Investor mit einer maßgeblichen Beteiligungsquote unterhalb der Kontrollschwelle für einen mittelfristigen Zeitraum an der Zielgesellschaft beteiligt (aus der Praxis: Investorenvereinbarung zwischen Apollo und Infineon (2009). Zudem sind in jüngerer Vergangenheit Vereinbarungen teilweise ähnlichen Inhalts zwischen dem jeweiligem Investor und Gewerkschaften in ihrer Eigenschaft als (zukünftige) Tarifvertragspartei abgeschlossen worden (z.B. IG Metall/Schaeffler [bei Übernahme Schaeffler/Continental] und IG Bau/ACS [bei Übernahme ACS/Hochtief]; hierzu krit. *Seibt,* CFL 2011, 213, 221 f.).

Die Gründe für den Abschluss einer Investorenvereinbarung variieren stets von Fall zu Fall. Aus Sicht der Gesellschaft dient eine Investorenvereinbarung aber insbesondere der Sicherung bestimmter Interessen der Gesellschaft und ihrer Stakeholder, sie begrenzt bzw. kanalisiert so den Einfluss des Investors auf die Gesellschaft. Ungeachtet des konkreten Kontexts enthalten entsprechende Vereinbarungen regelmäßig Bestimmungen z. B. (i) zum selbstständigen Unternehmensfortbestand, zum Absehen von einer Zerschlagung oder zur Beibehaltung der bestehenden Finanzierungsmöglichkeiten oder (ii) zum Absehen von arbeitnehmerbezogenen Maßnahmen wie beispielsweise betriebsbedingten Kündigungen oder der Verlagerung von Produktionsstätten. Die primären Gründe aus Sicht eines Investors treten tatsächlich zumeist in Übernahmesituationen offen zutage, in denen der Bieter mittels einer Investorenvereinbarung versucht, das Management zur Unterstützung des Angebots und zur Gewährung transaktionssichernder Abreden zu bewegen (ausf. *Seibt/Wunsch*, Der Konzern 2009, 195, 196 ff.).

2. Aktien- und kapitalmarktrechtlicher Rahmen. Investorenvereinbarungen sind grundsätzlich rechtlich zulässig. Allerdings unterliegen derartige Vereinbarungen den allgemeinen aktien- und kapitalmarktrechtlichen Inhaltsgrenzen für schuldrechtliche Verträge: So sind bei Abreden über das zukünftige Stimmverhalten des Investors das Verbot gebundener Aktien (§ 136 Abs. 2 AktG), bei der Regelung von Lock up-Vereinbarungen und Exit-Beschränkungen das Investors das grundsätzliche Verbot des Erwerbs eigener Aktien (§§ 71 ff. AktG) und bei Abreden über (zukünftige) Kapitalerhöhungen das entsprechende Verpflichtungsverbot (§ 187 Abs. 1 AktG) zu beachten. Solche Abreden können jedoch die Einbindung eines weiteren Aktionärs als Garanten der Vereinbarung erforderlich machen (dazu Anm. 3). Verbands- und kapitalmarktrechtliches Gleichbehandlungsgebot werden durch den Abschluss einer Investorenvereinbarung im Regelfall nicht verletzt, da der Anlass für die Investitionsentscheidung einen die Ungleichbehandlung rechtfertigenden sachlichen Grund darstellt (*Seibt/Wunsch*, Der Konzern 2009, 195, 199; *Kiem*, AG 2009, 301, 310 f.). Ein striktes Neutralitätsgebot der Verwaltungsorgane in dem Sinne, dass es Vorstand und Aufsichtsrat der Zielgesellschaft untersagt wäre, auf die Zusammensetzung des Aktionariats (mittelbar) Einfluss zu nehmen, existiert nicht (K. Schmidt/Lutter/*Seibt*, § 76 Rn. 15 m.w.N.). Darüber hinaus schränken Investorenvereinbarungen, die u.a. Leitlinien für die zukünftige Unternehmensführung und bestimmte weitere Vorgaben enthalten, mangels erheblichen Eingriffs in die Leitungsmacht des Vorstands § 76 Abs. 1 AktG (Leitungsmacht des Vorstands) regelmäßig nicht in unvertretbarer Weise ein (Schmidt/Lutter/*Seibt*, § 76 Rn. 10).

3. Parteien der Vereinbarung und Abschlusszuständigkeit. Investorenvereinbarungen werden von der Gesellschaft mit einem oder mehreren Investoren und – nicht selten auch – einem Garanten geschlossen. Für den Abschluss auf Seiten der Gesellschaft ist in erster Linie der Vorstand zuständig (vgl. zur Abschlusszuständigkeit auch *Seibt/Wunsch*, Der Konzern 2009, 195, 199 f.). Regelmäßig wird jedoch eine Befassung bzw. Zustimmung des Aufsichtsrats der Gesellschaft angezeigt sein, nicht zuletzt mit Blick auf einzelne Regelungsgegenstände der Investorenvereinbarung (z.B. Ausnutzung des genehmigten Kapitals, §§ 202 Abs. 3 S. 2, 204 Abs. 1 S. 2 AktG; Zustimmungserfordernis bei der Übertragung vinkulierter Namensaktien, § 68 Abs. 2 AktG). Im Übrigen dürfte es sich beim Abschluss einer Investorenvereinbarung um ein Geschäft von grundlegender Bedeutung handeln, für die zumeist ein entsprechender Zustimmungsvorbehalt vorgesehen sein wird. Eine allgemeine gesetzliche Einbindung der Hauptversammlung folgt weder aus einer Anwendung der Holzmüller/Gelatine-Grundsätze (kein Eingriff in die Rechtsstellung der Aktionäre) noch in der Regel (vorbehaltlich einer Prüfung im Einzelfall) wegen einer Qualifikation der Investorenvereinbarung als Unternehmensvertrag im Sinne der §§ 291 ff. AktG (*Seibt/Wunsch*, Der Konzern 2009, 195, 200; *Kiem*, AG 2009, 301, 306 f.).

Durch die Einbeziehung eines Aktionärs als Garanten gewinnt die Investmentvereinbarung im Hinblick auf die Rechtsbeziehungen zwischen dem Investor und dem Garanten die Qualität einer Aktionärsvereinbarung. Dabei kommt dem Garanten als Partei der Vereinbarung zunächst die Aufgabe zu, durch seine Persönlichkeit und bestenfalls öffentliche Bekanntheit die Wahrung des Vereinbarungsinhalts faktisch zu gewährleisten, gegebenenfalls muss er die Erfüllung der Verpflichtungen auch gerichtlich – nämlich auf Basis als Aktionärsvereinbarung – durchsetzen (ausf. zur Stellung und den Aufgaben des Garanten *Seibt/Wunsch*, Der Konzern 2009, 195, 200 f.). Dies gilt selbst für den Fall, dass der Investor und die Zielgesellschaft einvernehmlich, aber eindeutig gegen den Geist der Investorenvereinbarung (und ggf. gegen das Unternehmensinteresse) zur Verfolgung von Sonderinteressen handeln. Um diesen Ausnahmekonstellationen möglichst eindeutige Konturen zu geben, sollte sich aus der Investorenvereinbarung eindeutig ergeben, welchem Unternehmensinteresse der Garant verpflichtet sein soll. In der Praxis dient der neutrale Dritte für die Laufzeit der Vereinbarung häufig dem konkretisierten Unternehmenswohl in Form der Interessen von Aktionären, Arbeitnehmern und sonstigen Stakeholder. Dabei ist zu berücksichtigen, dass ein Anspruch außerhalb der Vereinbarung stehender Dritter, z. B. der Mitarbeiter oder der übrigen Aktionäre, auf Tätigwerden oder Auskunft des Garanten (ausnahmsweise) nur dann besteht, wenn dies ausdrücklich durch Begründung eines Vertrages zu Gunsten Dritter im Sinne von § 328 Abs. 1 BGB in der Investorenvereinbarung niedergelegt ist. Grundsätzlich wird der Garant – vorbehaltlich vertraglicher Konkretisierung – nach pflichtgemäßem Ermessen über sein Tätigwerden und deren Art und Weise entscheiden. Darüber hinaus kann die Einschaltung eines Garanten (der gleichzeitig auch Aktionär der Gesellschaft ist) auch deshalb angezeigt sein, um einen Begünstigten für solche Verpflichtungen des Investors zu schaffen, bei denen die Gesellschaft selbst als begünstigte Partei einer entsprechenden Verpflichtung ausscheidet. Dies betrifft insbesondere den Bereich der Exit-Beschränkungen des Investors durch etwaige Vorerwerbs- und Vorkaufsrechte (vgl. §§ 71 ff. AktG) sowie Abreden über zukünftiges Stimmverhalten (vgl. § 136 Abs. 2 AktG).

4. Kapitalerhöhung aus genehmigtem Kapital. Insbesondere wenn die Initiative der Beteiligung des Investors von der Gesellschaft ausgeht, enthalten Investorenvereinbarungen Regelungen darüber, auf welchem Weg der Investor an der Gesellschaft beteiligt werden soll. Das Formular geht davon aus, dass die Beteiligung des Investors im Wege der Barkapitalerhöhung unter Ausnutzung vorhandenen genehmigten Kapitals (vgl. §§ 202 ff. AktG) erfolgt. Dabei werden die jungen Aktien von einer (Investment-)Bank übernommen und zunächst den Altaktionären zum Kauf angeboten (mittelbare Bezugsrechtsemission). Durch die vereinbarte Backstop-Regelung verpflichtet sich der Investor, Aktien aus der Kapitalerhöhung zu übernehmen, soweit Aktionäre ihr Bezugsrecht nicht ausüben. Das Formular unterstellt dabei eine Höchstbeteiligungsgrenze des Investors von maximal 30 Prozent minus einer Aktie und stellt die Übernahme der Aktien unter den Vorbehalt, dass der Investor mindestens 15 Prozent des erhöhten Grundkapitals (nach Durchführung der Kapitalerhöhung) erhält. Wird dieser Mindestanteil nicht erreicht, hat der Investor zwar das Recht, aber nicht die Pflicht, die nicht gezeichneten neuen Aktien dennoch zu kaufen. Grundsätzlich ist in den Fällen der Beteiligung im Wege der Kapitalerhöhung auch ein entsprechender Bezugsrechtsausschluss denkbar (insbesondere nach § 186 Abs. 3 S. 4 AktG; näher *Seibt/Wunsch*, Der Konzern 2009, 195, 207; *Seibt*, CFL 2011, 74, 75, 77 und 82).

5. Entschädigung für die Übernahme der Backstop-Garantie. Die zugunsten der Gesellschaft gewährte Garantie der Übernahme der aus der Kapitalerhöhung stammenden neuen Aktien (vgl. Anmerkungen zu Ziff. 4) wird der Investor im Regelfall nicht ohne finanzielle Kompensation übernehmen. Kapitalerhaltungsrechtliche Bedenken mögen zwar vorgetragen werden, lassen sich aber überwinden (ausf. Theiselmann/*Seibt*, 6 Rdnr. 99). Im Ergebnis dürften entsprechende Entschädigungen kapitalerhaltungsrechtlich so lange unbedenklich sein, wie sie sich bei Betrachtung angemessener Underwriting-Gebühren von Emissionsbanken im Rahmen der Marktüblichkeit bewegen (Stichwort: Drittvergleich). Sie erfüllen insbesondere nicht den Tatbestand der Fallgruppe des „Hin- und Herzahlens", da die Einlageleistung dem Investor nicht im Rahmen eines Darlehens- oder vergleichbaren Finanzierungsvertrags zurückgewährt wird und der Vorstand in der Verwendung der Barmittel frei ist (vgl. BGH DStR 2010, 560 ff. m. Anm. *Goette* „Eurobike"). Schließlich verstoßen entsprechende Zahlungen auch nicht gegen das Verbot der finanziellen Unterstützung (§ 71 a Abs. 1 AktG), vorausgesetzt man nähme dessen Anwendbarkeit im Rahmen der Abwicklung des mittelbaren Bezugsrechts überhaupt an (str.). Es fehlt in diesen Fällen – nicht zuletzt wegen der marktgerechten Konditionen – an der typischen Finanzierungswirkung der Zahlung. Zudem hat die Gesellschaft ein eigenes wirtschaftliches Interesse an der Abgabe einer (zu kompensierenden) Platzierungsgarantie. Die Mustervereinbarung verzichtet gleichwohl auf eine Entschädigung für den Fall der tatsächlichen Aktienübernahme durch den Investor, sodass die vorgeschlagene Abrede ähnlich einer break fee-Vereinbarung wirkt.

6. Transaktionssichernde Pflichten der Gesellschaft. Regelmäßig wird der Investor auf sog. Deal Protection-Vereinbarungen hinwirken, welche die Gesellschaft im Rahmen des rechtlich

II. Investorenvereinbarung

Zulässigen (vgl. § 76 Abs. 1 AktG) verpflichten, zur Erhöhung der Erfolgsaussichten der Transaktion, insbesondere zwischen Signing und Closing, bestimmte Handlungen vorzunehmen (z. B. auf die Zulassung der Aktien zum Börsenhandel hinzuwirken) bzw. zu unterlassen (z. B. Ausgabe von Wandelschuldverschreibungen aus bedingtem Kapital). Darüber hinaus entspricht die in dem Muster eingeräumten Informationspflichten der Gesellschaft der besonderen Stellung des die Vereinbarung schließenden (Anker-)Investors.

7. Gesellschaftsfreundliche Deal Protection-Regelungen. Neben den investorfreundlichen Deal Protection-Maßnahmen sieht die Mustervereinbarung wie in der Praxis üblich auch transaktionssichernde Regelungen zugunsten der Gesellschaft vor. Das Formular geht dabei davon aus, dass es sich bei dem unmittelbaren Investor um eine Beteiligungsgesellschaft (Special Purpose Vehicle) handelt und verlangt angesichts dessen insbesondere eine dem Sinn des § 13 WpÜG entlehnte Finanzierungszusage der Gesellschafter der Beteiligungsgesellschaft. Ferner obliegt es dem Investor, soweit erforderlich, kartellrechtliche oder aufsichtsrechtliche Genehmigungen im Namen der Parteien zu beantragen.

8. Stimmrecht des Investors. Für die Zeit nach dem Closing enthält das Formular einige typische Regelungen hinsichtlich der Stimmrechtsausübung des Investors, die allesamt vor dem Hintergrund der strategischen Ausrichtung der auf 30 Prozent minus einer Aktie begrenzten Beteiligung zu sehen sind und dementsprechend dem Schutz des im Willen des Vorstands zum Ausdruck kommenden Unternehmensinteresses dienen. Da die Gesellschaft als (unmittelbar) Begünstigte dieser Regelungen ausscheidet (vgl. § 136 Abs. 2 AktG), entfaltet die vertragliche Einbeziehung des Garanten an dieser Stelle ihre volle Wirkung, mit der Folge, dass die Vereinbarung (gerichtlich) durchsetzbar bleibt.

9. Repräsentation des Investors im Aufsichtsrat. Der Investor wird regelmäßig wünschen, nach erfolgter Beteiligung im Aufsichtsrat der Gesellschaft angemessen repräsentiert zu sein, und von der Gesellschaft fordern, ihn dabei zu unterstützen, dass von ihm vorgeschlagene Personen von der Hauptversammlung der Gesellschaft in den Aufsichtsrat gewählt oder gemäß § 104 AktG gerichtlich zu Mitgliedern des Aufsichtsrats bestellt werden (ausführlich zum gesamten Problemkomplex *Seibt/Wunsch*, Der Konzern 2009, 195, 204 ff.). Das Formular legt dabei die Existenz eines mitbestimmten Aufsichtsrats zugrunde und staffelt die mögliche Anzahl der vom Investor vorgeschlagenen Aufsichtsratsmitglieder nach bestimmten Beteiligungsschwellenwerten. Mangels effektiver Durchsetzung bestimmter Personalia im normalen Wahlverfahren durch die Hauptversammlung sind die Bestimmungen wie üblich als Bemühensverpflichtung formuliert, der kein Erfüllungsanspruch gegenübersteht. Um die Wirksamkeit der Bestimmung nicht zu gefährden, wurde im Übrigen von dem Gebrauch einer Vertragsstrafe oder ähnlichen Sanktionsmechanismen abgesehen. Demselben Zweck dient auch die Beschränkung der Unterstützung auf entsprechend geeignete Kandidaten. Etwas leichter stellt sich die Situation im Fall der gerichtlichen Bestellung dar. Hier hat der Vorstand ein entsprechendes Vorschlagsrecht, dessen Konkretisierung zudem auch einer Regelung in der Investorenvereinbarung zugänglich ist (vgl. LG Hannover, ZIP 2009, 761, 763 – Continental).

10. Lock up. Für die Gesellschaft kann es erstrebenswert sein, in der Investorenvereinbarung eine Lock up-Verpflichtung aufzunehmen, derzufolge der Gesellschafter (einschließlich mit ihm verbundener Unternehmen nach § 15 ff. AktG) nach Herstellung der Beteiligung für einen bestimmten Zeitraum mit einer bestimmten Quote an der Gesellschaft beteiligt bleiben muss. Ein solcher lock up der Beteiligung enthält üblicherweise ein (bloß schuldrechtlich wirkendes, vgl. § 137 S. 1 BGB) Verbot jeglicher Anteilsverfügungen und/oder anderweitiger das Stimmrecht betreffender Vereinbarungen bzw. diesen wirtschaftliche entsprechender Abreden oder macht solche Geschäfte zumindest von der Zustimmung der Gesellschaft abhängig (näher *Seibt/Wunsch*, Der Konzern 2009, 195, 207 f.). Die Durchsetzung entsprechender Verbotstatbestände oder ähnlich wirkender Vorkaufsrechte oder dergleichen ermöglicht vor dem Hintergrund des verbotenen Erwerbs eigener Aktien (§§ 71 ff. AktG) wiederum der als Partei der Vereinbarung fungierende Garant. Die sehr strenge Regelung des Formulars geht sogar noch einen Schritt weiter, indem sie zur Sicherung des Verfügungsverbots die Einschaltung eines Sperrdepots vorsieht und damit eine sonst ratsame Vertragsstrafenregelung obsolet werden lässt. Freigestellt sind im Formular lediglich konzerninterne (vgl. §§ 15 ff. AktG) Transaktionen.

III. Angebotsunterlagen

1. Checkliste zum Mindestinhalt einer Angebotsunterlage nach dem WpÜG

Erforderlicher Inhalt der Angebotsunterlage	Gesetzliche Vorschriften
Angaben über die Wertpapiere, die Gegenstand des Angebots sind.	§ 11 Abs. 2 S. 2 Nr. 3 WpÜG
Angaben über die Art und Höhe der für die Wertpapiere der Zielgesellschaft gebotenen Gegenleistung.	§ 11 Abs. 2 S. 2 Nr. 4 WpÜG
Name bzw. Firma, Anschrift bzw. Sitz sowie ggf. Rechtsform des Bieters.	§ 11 Abs. 2 S. 2 Nr. 1 WpÜG
• Name bzw. Firma, Anschrift bzw. Sitz sowie ggf. Rechtsform von mit dem Bieter und der Zielgesellschaft gemeinsam handelnden Personen. Falls nicht vorhanden: „Negativattest". • Name bzw. Firma, Anschrift bzw. Sitz sowie ggf. Rechtsform von Personen, deren Stimmrechte nach § 30 WpÜG dem Bieter zuzurechnen sind. Falls nicht vorhanden: „Negativattest". • Handelt es sich bei diesen Personen um Gesellschaften, Rechtsform sowie deren Verhältnis zum Bieter und zur Zielgesellschaft	§ 2 Nr. 1 WpÜG-AngebotsVO
Angaben über • die Anzahl der vom Bieter bereits gehaltenen Wertpapiere und • die Anzahl von mit dem Bieter gemeinsam handelnden Personen und deren Tochterunternehmen bereits gehaltenen Wertpapiere jeweils einschließlich der Höhe der von ihnen gehaltenen Stimmrechtsanteile unter Angabe der ihnen jeweils nach § 30 WpÜG zuzurechnenden Stimmrechtsanteile – getrennt für jeden Zurechnungstatbestand.	§ 2 Nr. 5 WpÜG-AngebotsVO
Angaben über Art und Umfang der vom Bieter und von mit ihm gemeinsam handelnden Personen und deren Tochterunternehmen in den sechs Monaten vor der Veröffentlichung der Entscheidung zur Abgabe des Kaufangebotes oder Veröffentlichung der Angebotsunterlage jeweils für den Erwerb von Wertpapieren der Zielgesellschaft gewährten oder vereinbarten Gegenleistung einschl. in Vereinbarungen, auf Grund derer die Übereignung solcher Wertpapiere verlangt werden kann.	§ 2 Nr. 7 WpÜG-AngebotsVO
Firma, Sitz und Rechtsform der Zielgesellschaft.	§ 11 Abs. 2 S. 2 Nr. 2 WpÜG
Angaben über die Absichten des Bieters im Hinblick auf die künftige Geschäftstätigkeit der *Zielgesellschaft* sowie, soweit von dem Angebot betroffen, des *Bieters,* insbesondere im Hinblick auf • Sitz und Standort wesentlicher Unternehmensteile, • Verwendung des Vermögens der Zielgesellschaft, • die künftigen Verpflichtungen der Zielgesellschaft, • die Arbeitnehmer der Zielgesellschaft und deren Vertretungen, • Mitglieder der Geschäftsführungsorgane der Zielgesellschaft, und • wesentliche Änderungen der Beschäftigungsbedingungen, jeweils einschließlich der insoweit vorgesehenen Maßnahmen.	§ 11 Abs. 2 S. 3 Nr. 2 WpÜG
Angaben über • die zur Festsetzung der Gegenleistung angewandten Bewertungsmethoden,	§ 2 Nr. 3 WpÜG-AngebotsVO

II. Investorenvereinbarung

Erforderlicher Inhalt der Angebotsunterlage	Gesetzliche Vorschriften
• die Gründe, warum die Anwendung dieser Bewertungsmethoden angemessen ist, • welches Umtauschverhältnis oder welcher Gegenwert sich bei der Anwendung verschiedener Bewertungsmethoden jeweils ergibt, • Darlegung, welches Gewicht den verschiedenen Bewertungsmethoden bei der Bestimmung des Umtauschverhältnisses oder des Gegenwerts und der ihnen zu Grunde liegenden Werte beigemessen worden ist, • welche Gründe für die Gewichtung bedeutsam waren, und • welche besonderen Schwierigkeiten bei der Bewertung der Gegenleistung aufgetreten sind.	
Angaben über den Beginn und das Ende der Annahmefrist.	§ 11 Abs. 2 S. 2 Nr. 6 WpÜG
Hinweis auf die Annahmefrist im Falle einer Änderung des Angebots nach § 21 Abs. 5 WpÜG.	§ 2 Nr. 9 1. Halbsatz WpÜG-AngebotsVO
Hinweis auf die Annahmefrist im Falle konkurrierender Angebote nach § 22 Abs. 2 WpÜG.	§ 2 Nr. 9 2. Halbsatz WpÜG-AngebotsVO
Hinweis auf die weitere Annahmefrist nach § 16 Abs. 2 WpÜG.	§ 2 Nr. 9 a. E. WpÜG-AngebotsVO
Angaben über die Maßnahmen, die die Adressaten des Angebots ergreifen müssen, um dieses anzunehmen und um die Gegenleistung zu erhalten.	§ 2 Nr. 4 1. Halbsatz WpÜG-AngebotsVO
Angaben über die für die Adressaten des Angebots mit der Annahme des Angebots verbundenen Kosten.	§ 2 Nr. 4 Nr. 4 2. Halbsatz WpÜG-AngebotsVO
Angaben über den Zeitpunkt, zu dem diejenigen, die das Angebot angenommen haben, die Gegenleistung erhalten.	§ 2 Nr. 4 a. E. WpÜG-AngebotsVO
Angaben zum Erfordernis behördlicher, insbesondere wettbewerbsrechtlicher Genehmigungen und Verfahren.	§ 2 Nr. 8 1. Alternative WpÜG-AngebotsVO
Angaben zum Stand behördlicher, insbesondere wettbewerbsrechtlicher Genehmigungen und Verfahren.	§ 2 Nr. 8 2. Alternative WpÜG-AngebotsVO
Angaben über die Bedingungen, von denen die Wirksamkeit des Angebots abhängt.	§ 11 Abs. 2 S. 2 Nr. 5 WpÜG
Angaben zu den notwendigen Maßnahmen, die sicherstellen, dass dem Bieter die zur vollständigen Erfüllung des Angebots notwendigen Mittel zur Verfügung stehen.	§ 11 Abs. 2 S. 3 Nr. 1 1. Halbsatz WpÜG
Angaben zu den erwarteten Auswirkungen eines erfolgreichen Angebots auf die Vermögens-, Finanz- und Ertragslage des Bieters.	§ 11 Abs. 2 S. 3 Nr. 1 2. Halbsatz WpÜG
Beifügung der Finanzierungsbestätigung sowie Angabe von Firma, Sitz und Rechtsform des ausstellenden Wertpapierdienstleistungsunternehmens.	§ 11 Abs. 2 S. 3 Nr. 4 WpÜG i. V. m. § 13 Abs. 1 S. 2 WpÜG
Hinweis auf das Rücktrittsrecht nach § 21 Abs. 4 und § 22 Abs. 3 WpÜG.	§ 2 Nr. 11 WpÜG-AngebotsVO
Angaben über Geldleistungen oder andere geldwerte Vorteile, die Vorstands- oder Aufsichtsratsmitgliedern der Zielgesellschaft gewährt oder in Aussicht gestellt wurden.	§ 11 Abs. 2 S. 3 Nr. 3 WpÜG
Angabe der Höhe der für den Entzug von Rechten gebotenen Entschädigung nach § 33 b Abs. 5 WpÜG einschließlich der zur Berechnung der Entschädigung angewandten Berechnungsmethoden sowie die Gründe, warum die Anwendung dieser Methoden angemessen ist. Ggf. „Negativattest".	§ 11 Abs. 2 S. 2 Nr. 4 a WpÜG i. V. m § 2 Nr. 3 a WpÜG-AngebotsVO
Hinweis, wo die Angebotsunterlage gemäß § 14 Abs. 3 S. 1 veröffentlicht wird.	§ 2 Nr. 10 WpÜG-AngebotsVO

E.III.2

Erforderlicher Inhalt der Angebotsunterlage	Gesetzliche Vorschriften
Angaben über das auf die Verträge zwischen Bieter und annehmenden Aktionären anwendbare Recht sowie die Angabe des Gerichtsstands.	§ 2 Nr. 12 WpÜG-AngebotsVO
• Name und Anschrift sowie ggf. Firma, Sitz und Rechtsform der Personen/Gesellschaften, die für den Inhalt der Angebotsunterlage Verantwortung übernehmen. • Erklärung dieser Personen oder Gesellschaften, dass ihres Wissens die Angaben richtig und keine wesentlichen Umstände ausgelassen sind.	§ 11 Abs. 3 WpÜG
Unterschrift des Bieters.	§ 11 Abs. 1 S. 5 WpÜG

2. Maßnahmen- und Zeitplan für ein Bar-Übernahmeangebot

Projekt: ......

Maßnahmen- und Zeitplan für das geplante Bar-Übernahmeangebot

#	Maßnahme	Rechtsgrundlage	Zeitpunkt/Zeitraum	Zeitstrahl	Anmerkungen
		A. Vorarbeiten			
1.	Prüfung der Anwendbarkeit ausländischer Jurisdiktionen, insbesondere USA, Kanada, Vereinigtes Königreich, Japan und Australien	§ 24 WpÜG	Bis T_0 – 14 Tage		Ggf. Antrag nach § 24 WpÜG zum Ausschluss ausländischer Aktionäre.
2.	Ggf. (soweit „Tier 2"-Ausnahmeregelung eingreift): Antrag auf Ausstellung eines No-action Letters der SEC, um Parallelkäufe im Markt nach Veröffentlichung der § 10 WpÜG-Mitteilung (vgl. Ziff. 16) zu ermöglichen		Bis T_0 – 14 Tage		No-action Letter muss bei T0 vorliegen, um unmittelbar nach Bekanntgabe der Transaktion Marktkäufe zu ermöglichen. Erfolgt aus Vertraulichkeitsgründen der Antrag bei der SEC erst an T0, dürfen bis Erhalt des No-action Letters keine Geschäfte in Aktien der Zielgesellschaft erfolgen.
3.	Identifizierung der Internet-Adresse, unter der die Angebotsunterlage eingestellt werden wird		Bis T_0 – 1 Tag		Muss in § 10 WpÜG-Mitteilung (vgl. Ziff. 16) mitgeteilt werden.
4.	Abschluss Dienstleistungsvereinbarung mit DGAP einschl. Beschaffung des Authentifizierungscodes für § 10 WpÜG-Mitteilung (vgl. Ziff. 16)		Bis T_0 – 1 Tag		

2. Maßnahmen- und Zeitplan für ein Bar-Übernahmeangebot E.III.2

#	Maßnahme	Rechts-grundlage	Zeitpunkt/ Zeitraum	Zeitstrahl	Anmerkungen
5.	Vorbereitung der Maßnahmen zur Sicherstellung der Finanzierung (ggf. Abschluss eines Kreditvertrages) einschließlich Abschluss einer Vereinbarung zur Abgabe einer Finanzierungsbestätigung	§ 13 Abs. 1 S. 1 und 2 WpÜG	Bis $T_0 - 1$ Tag		
6.	Wortlaut der Finanzierungsbestätigung nach § 13 Abs. 1 S. 2 WpÜG festlegen	§ 13 Abs. 1 WpÜG	Sollte spätestens $T_1 - 5$ Tage feststehen		Vgl. Ziff. 31.
7.	Entwurf der § 10 WpÜG-Mitteilung	§ 10 Abs. 1 WpÜG	Bis $T_0 - 1$ Tag		Vgl. Ziff. 16.
8.	Vorbereitung der Homepage des Bieters: • „Kleiner Disclaimer" für § 10 WpÜG-Mitteilung • „Großer Disclaimer" für Angebotsunterlage		Bis $T_0 - 1$ Tag		Die Internetadresse muss der in der § 10 WpÜG-Mitteilung (vgl. Ziff. 16) angegebenen Adresse entsprechen.
9.	Vorbereitung Presseerklärungen, Q&As etc. zur PR-Begleitung der Bekanntmachung des Übernahmeangebots		Bis $T_0 - 1$ Tag		
10.	Ggf. Entwurf einer Abfrage der Abwicklungsstelle bei Depotbanken in Wertpapiermitteilungen zur Identifizierung ausländischer Aktionäre der Zielgesellschaft		Bis $T_0 - 1$ Tag		Zur Beurteilung der Anwendbarkeit ausländischer Jurisdiktionen sowie als SEC Defence erforderlich; vgl. Ziff. 23.
11.	Entwurf der Bekanntmachung an die Depotbanken zur Angebotsabwicklung in den Wertpapiermitteilungen		Vorbereitungen sollten spätestens $T_1 - 1$ Tag beendet sein		Verantwortlichkeit: Abwicklungsstelle
12.	Abschluss Engagement Letter mit Kreditinstituten betr. deren Tätigkeit als Abwicklungsstelle		Bis $T_0 - 1$ Tag		
13.	Ggf. Marktkäufe und sonstige Vorerwerbe		Bis T_0 Tag		§ 31 Abs. 3 WpÜG sowie § 4 WpÜG-AngebVO beachten.
14.	Feststellung des letzten verfügbaren Mindestpreises für die Aktien der Zielgesellschaft		T_0 vor Ziff. 15		Unter www.bafin.de
15.	Entscheidung des Bieters zur Abgabe eines Angebots (T_0):		T_0		

#	Maßnahme	Rechts-grundlage	Zeitpunkt/ Zeitraum	Zeitstrahl	Anmerkungen
	• Beschluss des Vorstands des Bieters zur Abgabe des Übernahmeangebots vorbehaltlich der Zustimmung des Aufsichtsrats • Beschluss des Aufsichtsrates über die Zustimmung zum Beschluss des Vorstandes zur Abgabe des Übernahmeangebots				
16.	Veröffentlichung der Entscheidung zur Abgabe des Übernahmeangebots einschließlich Vorabmitteilung an die zuständigen Börsen und die BaFin über Deutsche Gesellschaft für Ad-hoc-Publizität	§ 10 Abs. 2 und 3 Nr. 2 WpÜG	T_0		
17.	Veröffentlichung der Entscheidung zur Abgabe des Übernahmeangebots auf der Homepage des Bieters	§ 10 Abs. 3 Nr. 1 WpÜG	T_0		
18.	Ggf. Ad-hoc Mitteilung zu weiteren Einzelheiten der Entscheidung zur Abgabe des Übernahmeangebots	§ 15 WpHG	T_0		Erforderlich, wenn Insiderinformationen vorliegen, die nicht im Rahmen der Veröffentlichung der Entscheidung zur Abgabe des Übernahmeangebots (vgl. Ziff. 16, 17) veröffentlicht werden.
19.	Schriftliche Mitteilung der Entscheidung zur Abgabe des Übernahmeangebots an den Konzernbetriebsrat des Bieters	§ 10 Abs. 5 S. 3 WpÜG	T_0		Verantwortlichkeit: Bieter
20.	Schriftliche Mitteilung der Entscheidung zur Abgabe des Übernahmeangebots an den Vorstand der Zielgesellschaft	§ 10 Abs. 5 S. 1 WpÜG	T_0		Verantwortlichkeit: Bieter
21.	Übersendung eines Belegs über die Veröffentlichungen gemäß Ziff. 16 und 17 an Börsen und BaFin	§ 10 Abs. 4 S. 1 WpÜG	T_0		Verantwortlichkeit hinsichtlich Ziff. 16: DGAP. Verantwortlichkeit hinsichtlich Ziff. 17: Beleg ist vom Bieter zu übermitteln.

2. Maßnahmen- und Zeitplan für ein Bar-Übernahmeangebot   E.III.2

#	Maßnahme	Rechts-grundlage	Zeitpunkt/ Zeitraum	Zeitstrahl	Anmerkungen
22.	Ggf. Marktkäufe und sonstige Parallelerwerbe		Ab T_0		§§ 31 Abs. 3 WpÜG sowie § 4 WpÜG-AngebVO beachten. Bei „Tier 2" Szenario: Vorliegen eines No-action Letters der SEC erforderlich.
	C. Vorbereitung der Angebotsveröffentlichung					
23.	Ggf. Veröffentlichung der Abfrage bei Depotbanken hinsichtlich bekannter ausländischer Aktionäre, um Anwendbarkeit ausländischer Jurisdiktionen zu prüfen		Kurzfristig nach T_0		Vgl. Ziff. 10 oben.
24.	Reservierung von Wertpapier-Kenn-Nummern und ISIN für die im Rahmen des Übernahmeangebots eingereichten sowie zusätzlich für die während der Weiteren Annahmefrist nachträglich eingereichten Aktien der Zielgesellschaft (ggf. getrennt für Stamm- und Vorzugsaktien).		Kurzfristig nach T_0		Verantwortlichkeit: Abwicklungsstelle
25.	Veröffentlichung der Bekanntmachung an die Depotbanken zur Angebotsabwicklung in den Wertpapiermitteilungen		Kurzfristig nach T_0		Verantwortlichkeit: Abwicklungsstelle
26.	Entwurf der Bekanntmachung über die Veröffentlichung der Angebotsunterlage für den elektronischen Bundesanzeiger mit der Angabe, bei welcher Stelle die Angebotsunterlage bereitgehalten wird und unter welcher Internet-Adresse die Veröffentlichung der Angebotsunterlage im Internet erfolgt	§ 14 Abs. 3 S. 1 Nr. 2, 2. HS WpÜG	Kurzfristig nach T_0		
27.	Abstimmung des Textes der wöchentlichen „Wasserstandsmeldungen" gemäß § 23 Abs. 1 Nr. 1 WpÜG	§ 23 Abs. 1 Nr. 1 WpÜG	Kurzfristig nach T_0		Auf die Darstellung des Erfordernisses einer Mitteilung, wenn der Bieter Aktien in Höhe von mindestens 95% des stimmberechtigten Grundkapitals oder des Grundkapitals der Ziel-

#	Maßnahme	Rechts-grundlage	Zeitpunkt/ Zeitraum	Zeitstrahl	Anmerkungen
					gesellschaft gehören, wird hier mangels praktischer Relevanz verzichtet.
28.	Vorbereitung der Mitteilungen nach §§ 21 ff. WpHG	§§ 21 ff. WpHG	Kurzfristig nach T_0		
29.	Fertigstellung der Angebotsunterlage	§ 11 WpÜG i. V. m. § 2 WpÜG-AngebVO	Bis T_0 + 4 Wochen		Bei einem beschleunigten Zeitplan sollte damit rechtzeitig vor T_0 begonnen werden.
30.	Unterzeichnung der fertig gestellten Angebotsunterlage durch den Bieter (zwei Vorstandsmitglieder im Original)	§ 11 Abs. 1 S. 5 WpÜG	$T_1 - 1$ Tag		
31.	Ausstellung der Finanzierungsbestätigung und Übergabe an Anwalt		$T_1 - 1$ Tag		Vgl. Ziff. 6.
32.	Einreichung des Originals der unterzeichneten Angebotsunterlage bei der BaFin (T_1)	§ 14 Abs. 1 WpÜG	Spätestens 4 Wochen nach T_0 (vgl. Ziff. 15)	T_1	
33.	Gestattung der Veröffentlichung der Angebotsunterlage durch die BaFin	§ 14 Abs. 2 WpÜG	Spätestens 15 Werktage nach T_1	$T_2 - 1$	Muss bis 12 Uhr erfolgen, da sonst keine Veröffentlichung am nächsten Tag möglich (wegen notwendiger Übermittlung an den Bundesanzeiger bis 14 Uhr, vgl. Ziff. 35).
34.	Vervielfältigung der von der BaFin zur Veröffentlichung freigegebenen Angebotsunterlage einschließlich englischer Übersetzung	§ 14 Abs. 3 S. 1 Nr. 2, 1. HS, 2. Alt. WpÜG	Unverzüglich nach Gestattung der Veröffentlichung der Angebotsunterlage durch die BaFin	$T_2 - 1$	Verantwortlichkeit: Bank
35.	Übermittlung der Bekanntmachung über die Veröffentlichung der Angebotsunterlage an den elektronischen Bundesanzeiger (vgl. Ziff. 26)	§ 14 Abs. 3 S. 1 Nr. 2, 2. HS WpÜG	Unverzüglich nach Gestattung der Veröffentlichung der Angebotsunterlage durch die BaFin (vgl. Ziff. 33), in jedem Fall vor 14 Uhr (sonst keine Veröffentlichung am nächsten Tag)	$T_2 - 1$	

2. Maßnahmen- und Zeitplan für ein Bar-Übernahmeangebot   E.III.2

#	Maßnahme	Rechts-grundlage	Zeitpunkt/Zeitraum	Zeitstrahl	Anmerkungen
	D. Maßnahmen zwischen Veröffentlichung der Angebotsunterlage (T_2) und Abwicklung des Übernahmeangebots (T_8)				
36.	Veröffentlichung der Angebotsunterlage im Internet auf der Homepage des Bieters unter der vorgesehenen Adresse: Beginn der Annahmefrist (T_2)	§ 14 Abs. 3 Nr. 1 WpÜG	Bis 7.30 Uhr am Tag nach Gestattung der Veröffentlichung der Angebotsunterlage durch die BaFin (vgl. Ziff. 33 oben)	T_2	
37.	Veröffentlichung im elektronischen Bundesanzeiger	§ 14 Abs. 3 S. 1 Nr. 2, 2. HS WpÜG	Vgl. Ziff. 35	T_2	Nicht gesondert zu veranlassen, sondern erfolgt nach Übermittlung gem. Ziff. 35 automatisch.
38.	Mitteilung über erfolgte Veröffentlichung der Angebotsunterlage an die BaFin	§ 14 Abs. 3 S. 2 WpÜG	Am Tag der Veröffentlichung der Angebotsunterlage	T_2	Mitteilung muss Link zur Veröffentlichung im elektronischen Bundesanzeiger enthalten.
39.	Übersendung eines Exemplars der Angebotsunterlage an den Vorstand der Zielgesellschaft	§ 14 Abs. 4 S. 1 WpÜG	Am Tag der Veröffentlichung der Angebotsunterlage	T_2	Durch Einschreiben/Rückschein, vorab per Fax/E-Mail
40.	Übermittlung der Angebotsunterlage an den Konzernbetriebsrat des Bieters	§ 14 Abs. 4 S. 3 WpÜG	Am Tag der Veröffentlichung der Angebotsunterlage	T_2	Gegen Empfangsbestätigung
41.	Übermittlung der Angebotsunterlage an den Konzernbetriebsrat der Zielgesellschaft	§ 14 Abs. 4 S. 2 WpÜG	Am Tag der Veröffentlichung der Angebotsunterlage	T2	Verantwortlichkeit: Vorstand der Zielgesellschaft
42.	Weitere Veröffentlichung einer Mitteilung an die Depotbanken in den Wertpapiermitteilungen		Am Tag der Veröffentlichung der Angebotsunterlage	T2	Verantwortlichkeit: Bank
43.	Entwurf der wöchentlichen und der täglichen Wasserstandsmitteilungen zur Übermittlung an den elektronischen Bundesanzeiger		Kurzfristig nach T_2		Vgl. Ziff. 50 und 56
44.	Ggf. Marktkäufe und sonstige Parallelerwerbe			ab T_2	§§ 31 Abs. 3 WpÜG sowie § 4 WpÜG-AngebVO beachten. Vorliegen des No-action Letters der SEC erforderlich.

Seibt

#	Maßnahme	Rechts-grundlage	Zeitpunkt/Zeitraum	Zeitstrahl	Anmerkungen
45.	Ggf. Mitteilung über Parallelerwerbe auf der Homepage des Bieters.	§ 23 Abs. 2 WpÜG i. V. m. § 14 Abs. 3 S. 1 WpÜG	Unverzüglich nach Erwerb	ab T_2	Die Mitteilungspflicht gilt für Erwerbe im Zeitraum zwischen Veröffentlichung der Angebotsunterlage und einem Jahr nach der Veröffentlichung der Mitteilung nach Ablauf der Annahmefrist gem. § 23 Abs. 1 S. 1 Nr. 2 WpÜG (vgl. Ziffer 68).
46.	Ggf. Mitteilung über Parallelerwerbe an den elektronischen Bundesanzeiger	§ 23 Abs. 2 WpÜG i. V. m. § 14 Abs. 3 S. 1 WpÜG	Unverzüglich nach Erwerb	ab T_2	Die Mitteilungspflicht gilt für Erwerbe im Zeitraum zwischen Veröffentlichung der Angebotsunterlage und einem Jahr nach der Veröffentlichung der Mitteilung nach Ablauf der Annahmefrist gem. § 23 Abs. 1 S. 1 Nr. 2 WpÜG (vgl. Ziffer 68).
47.	Ggf. Mitteilung über Parallelerwerbe an die BaFin	§ 23 Abs. 2 WpÜG	Unverzüglich nach Erwerb	ab T_2	Die Mitteilungspflicht gilt für Erwerbe im Zeitraum zwischen Veröffentlichung der Angebotsunterlage und einem Jahr nach der Veröffentlichung der Mitteilung nach Ablauf der Annahmefrist gem. § 23 Abs. 1 S. 1 Nr. 2 WpÜG (vgl. Ziffer 68). Mitteilung muss Link zur Veröffentlichung im elektronischen Bundesanzeiger enthalten.
48.	Entwurf der Schlussbekanntmachung über das Ergebnis des Übernahmeangebots an den elektronischen Bundesanzeiger	§ 23 Abs. 1 Nr. 2 WpÜG i. V. m. § 14 Abs. 3 WpÜG			Vgl. Ziff. 67
49.	Veröffentlichung der wöchentlichen Wasserstandsmeldung auf der Homepage des Bieters (zur Veröffentlichung während der letzten Woche der Annahmefrist: vgl. Ziff. 55)	§ 23 Abs. 1 WpÜG i. V. m. § 14 Abs. 3 S. 1 WpÜG	Bis 7.30 Uhr	• $T_2 + 7$ • $T_2 + 14$ • $T_2 + 21$ • $T_2 + 28$ • $T_2 + 35$ • $T_2 + 42$ • $T_2 + 49$ • $T_2 + 56$ • $T_2 + 63$	Die Veröffentlichung hat immer am gleichen Wochentag zu erfolgen, an dem auch die Annahmefrist begonnen hat. Übermittelt werden sollte am Morgen des relevanten Tages der Stand vom Vortag bei Geschäftsschluss von Clearstream. Die Zeitangaben basieren auf der Annahme

2. Maßnahmen- und Zeitplan für ein Bar-Übernahmeangebot E.III.2

#	Maßnahme	Rechts-grundlage	Zeitpunkt/Zeitraum	Zeitstrahl	Anmerkungen
					einer zehnwöchigen Annahmefrist mit Ablauf der Annahmefrist mit Ablauf des Tages $T_2 + 70$.
50.	Übermittlung der wöchentlichen Wasserstandsmeldung an den elektronischen Bundesanzeiger	§ 23 Abs. 1 S. 1 Nr. 1 WpÜG i. V. m. § 14 Abs. 3 S. 1 WpÜG	Bis 7.30 Uhr	wie Ziff. 49	Übermittlung an den elektronischen Bundesanzeiger am jeweiligen relevanten Tag (vgl. Zeitstrahl) ausreichend, da Veröffentlichung kurz nach Einstellung im Internet erfolgt (ca. 15 min später).
51.	Mitteilung über Veröffentlichung der Wasserstandsmeldung im elektronischen Bundesanzeiger an die BaFin	§ 23 Abs. 1 WpÜG i. V. m. § 14 Abs. 3 S. 2 WpÜG		wie Ziff. 49	Mitteilung muss Link der Veröffentlichung im elektronischen Bundesanzeiger enthalten.
52.	Erstellung und Veröffentlichung der begründeten Stellungnahme von Vorstand und Aufsichtsrat der Zielgesellschaft zur Angebotsunterlage auf der Homepage der Zielgesellschaft und durch Veröffentlichung einer Hinweisbekanntmachung im elektronischen Bundesanzeiger	§§ 27, 14 Abs. 3 S. 1 WpÜG	Unverzüglich nach Übermittlung der Angebotsunterlage (i.d.R. spätestens nach 14 Tagen)	$T_2 + 14$ Tage	Auf Seiten des Bieters ist diesbezüglich nichts zu veranlassen.
53.	Eintritt aller Angebotsbedingungen (T3)	ggf. Angebotsunterlage		T_3	
54.	Ggf. Veröffentlichung des Eintritts der Angebotsbedingungen im Internet auf der Homepage des Bieters	ggf. Angebotsunterlage		$T_3 + 1$ Tag	
55.	Veröffentlichung der täglichen Wasserstandsmeldungen auf der Homepage des Bieters während der letzten Woche der Annahmefrist	§ 23 Abs. 1 WpÜG i. V. m. § 14 Abs. 3 WpÜG	Bis 7.30 Uhr	• $T_2 + 64$ • $T_2 + 65$ • $T_2 + 66$ • $T_2 + 67$ • $T_2 + 68$ • $T_2 + 69$ • $T_2 + 70$	Die Zeitangaben basieren auf der Annahme einer zehnwöchigen Annahmefrist mit Ablauf der Annahmefrist mit Ablauf des Tages $T_2 + 70$.
56.	Übermittlung der täglichen Wasserstandsmeldung an den elektronischen Bundesanzeiger	§ 23 Abs. 1 S. 1 Nr. 1 WpÜG	Bis 7.30 Uhr	wie Ziff. 55	Übermittlung an den elektronischen Bundesanzeiger am jeweils relevanten Tag (vgl. Zeitstrahl) ausreichend, da Veröffentlichung kurz nach Einstellung im Internet erfolgt (ca. 15 min später). Übermittelt werden

#	Maßnahme	Rechts-grundlage	Zeitpunkt/Zeitraum	Zeitstrahl	Anmerkungen
					sollte am Morgen des relevanten Tages der Stand vom Vortag nach Dienstschluss von Clearstream.
57.	Mitteilung der Veröffentlichung der täglichen Wasserstandsmeldung im elektronischen Bundesanzeiger an die BaFin	§ 23 Abs. 1 WpÜG i. V. m. § 14 Abs. 3 S. 2 WpÜG	Bis 7.30 Uhr	wie Ziff. 55	Mitteilung muss Link zur Veröffentlichung im elektronischen Bundesanzeiger enthalten.
58.	Ggf. Entscheidung über Änderungen des Übernahmeangebots (z. B. Erhöhung des Angebotspreises) und Vorbereitung der Veröffentlichung der Entscheidung im Internet und im elektronischen Bundesanzeiger		Bis spätestens $T_4 - 4$ Werktage		Läuft die Annahmefrist erst um 24 Uhr ab, ist eine Entscheidung bis $T_4 - 3$ Werktage ausreichend.
59.	Ggf. Erstellung der Bekanntmachung über die Veröffentlichung der Angebotsänderung im elektronischen Bundesanzeiger mit der Angabe, bei welcher Stelle die Änderungsmitteilung bereitgehalten wird und unter welcher Internet-Adresse die Veröffentlichung der Angebotsänderung im Internet erfolgt	§ 21 Abs. 1 und 2 WpÜG i. V. m. § 14 Abs. 3 S. 1 Nr. 2, S. 2 WpÜG	Bis $T_4 - 4$ Werktage		
60.	Ggf. Übermittlung der Bekanntmachung über die Veröffentlichung der Angebotsänderung an den elektronischen Bundesanzeiger	§ 21 Abs. 1 und 2 WpÜG i. V. m. § 14 Abs. 3 WpÜG	Bis $T_4 - 2$ Werktage, in jedem Fall vor 14 Uhr des entsprechenden Tages (sonst keine Veröffentlichung am nächsten Tag)		Endet die Angebotsfrist um 24 Uhr, muss die Übermittlung der Angebotsänderung 2 Werktage vorher erfolgen. Läuft die Annahmefrist vor 24 Uhr ab, ist die Angebotsänderung 3 Werktage vorher zu übermitteln.
61.	Ggf. Veröffentlichung der Angebotsänderung im Internet auf der Homepage des Bieters	§ 21 Abs. 2 WpÜG i. V. m. § 14 Abs. 3 S. 1 WpÜG	Bis $T_4 - 1$ bzw. 2 Werktag(e)		Endet die Angebotsfrist um 24 Uhr, ist eine Veröffentlichung der Angebotsänderung bis 24 Uhr des vorherigen Werktages möglich. Läuft die Annahmefrist vor 24 Uhr ab, ist die Angebotsänderung 2 Werktage vorher zu veröffentlichen.

2. Maßnahmen- und Zeitplan für ein Bar-Übernahmeangebot E.III.2

#	Maßnahme	Rechtsgrundlage	Zeitpunkt/ Zeitraum	Zeitstrahl	Anmerkungen
62.	Ggf. Übermittlung der Angebotsänderung an den Vorstand der Zielgesellschaft	§ 21 Abs. 2 WpÜG i. V. m. § 14 Abs. 4 S. 1 WpÜG	Bis $T_4 - 1$ Werktag		Hat unverzüglich nach der Veröffentlichung der Änderung der Angebotsunterlage zu erfolgen.
63.	Ggf. Übermittlung der Änderung der Angebotsunterlage an Konzernbetriebsrat des Bieters	§ 21 Abs. 2 WpÜG i. V. m. § 14 Abs. 3 S. 3 WpÜG	Bis $T_4 - 1$ Werktag		Hat unverzüglich nach der Veröffentlichung der Änderung der Angebotsunterlage zu erfolgen.
64.	Ggf. Mitteilung über erfolgte Bekanntmachung der Angebotsänderung im elektronischen Bundesanzeiger an die BaFin	§ 21 Abs. 2 WpÜG i. V. m. § 14 Abs. 3 S. 2 WpÜG	Bis $T_4 - 1$ bzw. 2 Werktag(e)		Hat unverzüglich nach der Veröffentlichung der Änderung der Angebotsunterlage zu erfolgen. Mitteilung muss Link zur Veröffentlichung im elektronischen Bundesanzeiger enthalten.
65.	Entwurf der Schlussbekanntmachung zur Übermittlung an den elektronischen Bundesanzeiger	§ 23 Abs. 1 Nr. 2 WpÜG i. V. m. § 14 Abs. 3 WpÜG	$T_4 - 1$ Tag		
66.	Ablauf der Annahmefrist (T_4)	§ 16 Abs. 1 WpÜG	Mindestens T_2 + 4 Wochen	T_4	
67.	Fertigstellung und Übermittlung der Schlussbekanntmachung an den elektronischen Bundesanzeiger	§ 23 Abs. 1 Nr. 2 WpÜG i. V. m. § 14 Abs. 3 WpÜG	Unverzüglich nach T_4 (i.d. R. spätestens nach 4 Werktagen)		
68.	Veröffentlichung der Schlussbekanntmachung auf der Homepage des Bieters (T_5)	§ 23 Abs. 1 Nr. 2 WpÜG i. V. m. § 14 Abs. 3 S. 1 WpÜG	Unverzüglich nach T_4 (i.d. R. spätestens nach 5 Werktagen)	T_5	
69.	Mitteilung der Schlussbekanntmachung im elektronischen Bundesanzeiger an die BaFin	§ 23 Abs. 1 Nr. 2 WpÜG i. V. m. § 14 Abs. 3 S. 2 WpÜG	Unverzüglich nach T_4 (i.d. R. spätestens nach 5 Werktagen)	T_5	Mitteilung muss Link zu Veröffentlichung im elektronischen Bundesanzeiger enthalten.
70.	Beginn der Weiteren Annahmefrist	§ 16 Abs. 2 WpÜG	T_4 + 5 Tage	T_5	
71.	Entwurf der Weiteren Schlussbekanntmachung über das Ergebnis des Übernahmeangebots nach Ablauf der Weiteren Annahmefrist zur Übermittlung an den elektronischen Bundesanzeiger	§ 23 Abs. 1 S. 1 Nr. 3 i. V. m. § 14 Abs. 3 S. 1 WpÜG			Vgl. Ziff. 75
72.	Zahlung des Kaufpreises für alle Aktien der Zielgesellschaft, für die das Übernahmeangebot	Ziffer 11.5 der Angebotsunterlage (Form. E. II.4)	Ca. T_4 + 6 Tage		Vorausgesetzt, die Angebotsbedingungen sind bis zum Ablauf der Annahmefrist eingetreten.

#	Maßnahme	Rechts-grundlage	Zeitpunkt/ Zeitraum	Zeitstrahl	Anmerkungen
	während der Annahmefrist angenommen wurde (T_6)				
73.	Ggf. Mitteilung nach § 21 WpHG	§ 21 Abs. 1 S. 1 WpHG	Unverzüglich, spätestens innerhalb von vier Handelstagen (ca. T_4 + 7 Tage)	Ca. T_4 + 7 Tage	Meldungen müssen umgehend nach Erreichen oder Durchschreiten einer relevanten Stimmrechtsschwelle erfolgen.
74.	Ablauf der Weiteren Annahmefrist (T_7)	§ 16 Abs. 2 WpÜG	T_5+ 2 Wochen	T_7	
75.	Übermittlung der Weiteren Schlussbekanntmachung über das Ergebnis des Übernahmeangebots nach Ablauf der Weiteren Annahmefrist an den elektronischen Bundesanzeiger	§ 23 Abs. 1 S. 1 Nr. 3 i. V. m. § 14 Abs. 3 S. 1 WpÜG	Unverzüglich nach T_7 (i.d. R. spätestens nach 4 Werktagen)		
76.	Veröffentlichung der Weiteren Schlussbekanntmachung über das Ergebnis des Übernahmeangebots nach Ablauf der Weiteren Annahmefrist auf der Homepage des Bieters	§ 23 Abs. 1 S. 1 Nr. 3 i. V. m. § 14 Abs. 3 S. 1 WpÜG	Unverzüglich nach T_7 (i.d. R. spätestens nach 5 Werktagen)		Wegen Korrektur möglicher Fehlbuchungen/ Nachbuchungen i. d. R. 3 Tage nach Ablauf der Weiteren Annahmefrist.
77.	Mitteilung der Weiteren Schlussbekanntmachung im elektronischen Bundesanzeiger an die BaFin	§ 23 Abs. 1 Nr. 3 WpÜG i. V. m. § 14 Abs. 3 S. 2 WpÜG	Unverzüglich nach T_7 (i.d. R. spätestens nach 5 Werktagen)		Mitteilung muss Link zu Veröffentlichung im elektronischen Bundesanzeiger enthalten.
78.	Zahlung des Kaufpreises für alle Aktien der Zielgesellschaft, für die das Übernahmeangebot während der Weiteren Annahmefrist angenommen wurde (T_8)		Ca. T_7+ 6 Tage	T_8	Vorausgesetzt, die Angebotsbedingungen sind bis zum Ablauf der Weiteren Annahmefrist eingetreten.
79.	Ggf. Mitteilung nach § 21 WpHG	§ 21 Abs. 1 S. 1 WpHG	Unverzüglich, spätestens innerhalb von vier Handelstagen	T_8	
	E. Maßnahmen nach Ablauf der Weiteren Annahmefrist				
80.	Veröffentlichungs- und Mitteilungspflicht bezüglich Nacherwerbe	§§ 23 Abs. 2, 14 Abs. 3 S. 1 WpÜG	Im Hinblick auf alle außerbörslichen Erwerbe im Zeitraum von 1 Jahr nach der Veröffentlichung gemäß Ziffer 68.	T_5 + 1 Jahr	

3. Veröffentlichung der Entscheidung zur Abgabe eines Übernahmeangebotes   E.III.3

Zeitstrahl:
- T_0 Entscheidung zur Abgabe des Übernahmeangebots und Veröffentlichung der Entscheidung
- T_1 Übermittlung der Angebotsunterlage an die BaFin
- T_2 Veröffentlichung der Angebotsunterlage/Beginn der Annahmefrist
- T_3 Eintritt der Angebotsbedingungen
- T_4 Ablauf der Annahmefrist
- T_5 Veröffentlichung des Ergebnisses des Übernahmeangebots nach Ablauf der Annahmefrist/ Beginn der Weiteren Annahmefrist
- T_6 Abwicklung des Übernahmeangebots nach Ablauf der Annahmefrist (1. Settlement) (T_4 + ca. 6 Bankarbeitstage)
- T_7 Ablauf der Weiteren Annahmefrist (T_5 + 2 Wochen)
- T_8 Abwicklung des Übernahmeangebots nach Ablauf der Weiteren Annahmefrist (2. Settlement) (T_7 + ca. 6 Bankarbeitstage)

Anmerkungen

Dieser Maßnahmen- und Zeitplan gibt einen Überblick über die zeitliche Abfolge der im Rahmen eines Bar-Übernahmeangebots zu berücksichtigenden Schritte. Er nimmt jedoch nur Themen und Maßnahmen in den Blick, die bei Bar-Übernahmeangeboten nach dem WpÜG zu beachten sind. Nicht berücksichtigt sind daher z.B. kartellrechtliche, sonstige regulatorische oder gesellschaftsrechtliche Anmelde-, Mitteilungs-, Freigabe- oder Zustimmungserfordernisse.

3. Veröffentlichung der Entscheidung zur Abgabe eines Übernahmeangebotes gemäß § 10 Abs. 1 i.V.m. §§ 29 Abs. 1, 34 WpÜG

Veröffentlichung gemäß § 10 Abs. 1 i.V.m. §§ 29 Abs. 1, 34 des Wertpapiererwerbs- und Übernahmegesetzes (WpÜG)[1]

Bieter:
X-GmbH
...... [Adresse]

Zielgesellschaft:
Y-AG
...... [Adresse]
Deutschland
ISIN: DE000......

Die Veröffentlichung der Angebotsunterlage im Internet wird nach der Gestattung durch die Bundesanstalt für Finanzdienstleistungsaufsicht erfolgen unter: http://www.......[2]

Informationen zum Bieter:
Die X-GmbH hat am ...... [Datum][3] entschieden, den Aktionären der Y-AG mit Sitz in ...... [Ort] anzubieten, ihre auf den Inhaber lautenden Stückaktien der Y-AG mit einem rechnerischen Anteil am Grundkapital von je ...... EUR mit Gewinnberechtigung ab dem ...... [Datum] (ISIN DE000......) im Wege eines freiwilligen öffentlichen Übernahmeangebotes zu einem Preis von ...... EUR je Aktie in bar[4] und im übrigen zu den in der Angebotsunterlage noch mitzuteilenden Bestimmungen und Bedingungen zu erwerben.

[Optional:
Das Übernahmeangebot der X-GmbH wird unter dem Vorbehalt kartellrechtlicher Genehmigungen stehen. Die X-GmbH beabsichtigt, im Rahmen des Übernahmeangebotes

alle Aktien der Y-AG zu erwerben, mindestens jedoch ...... % der Aktien und Stimmrechte der Y-AG.[5]]

Wichtige Information:
Diese Bekanntmachung stellt weder ein Angebot zum Kauf noch eine Aufforderung zur Abgabe eines Angebots zum Verkauf von Y-Aktien dar. Die endgültigen Bedingungen und weitere das öffentliche Übernahmeangebot betreffende Bestimmungen werden nach Gestattung der Veröffentlichung durch die Bundesanstalt für Finanzdienstleistungsaufsicht in der Angebotsunterlage mitgeteilt. Der Bieter behält sich vor, in den endgültigen Bedingungen und Bestimmungen des öffentlichen Übernahmeangebots von den hier dargestellten Eckdaten abzuweichen. Investoren und Inhabern von Y-Aktien wird dringend empfohlen, die Angebotsunterlage sowie alle sonstigen im Zusammenhang mit dem öffentlichen Übernahmeangebot stehenden Dokumente zu lesen, sobald diese bekannt gemacht worden sind, da sie wichtige Informationen enthalten werden.

Vorbehaltlich der gegebenenfalls von den jeweiligen Aufsichtsbehörden zu erteilenden Ausnahmegenehmigungen und der Feststellung bestimmter Tatsachen wird dieses öffentliche Übernahmeangebot – auch nicht durch die Nutzung des Postwegs oder durch andere Mittel oder Instrumente des inländischen oder internationalen Geschäftsverkehrs (u.a. Übertragung per Telefax, Telefon oder Internet) oder durch Einrichtungen einer Wertpapierbörse in den USA, Kanada, Australien oder Japan – weder unmittelbar noch mittelbar in den USA, Kanada, Australien, Japan oder jeder anderen Rechtsordnung unterbreitet werden, in der dies einen Verstoß gegen nationales Recht darstellen würde. Daher ist der Versand dieser Bekanntmachung oder jeglicher begleitender Unterlagen auf dem Postweg oder deren anderweitige Verbreitung, Weiterleitung, oder Übermittlung in den oder in die oder aus den USA bzw. Kanada, Australien oder Japan ausgeschlossen.

Soweit dies nach anwendbarem Recht zulässig ist und in Übereinstimmung mit deutscher Marktpraxis erfolgt, können die X-GmbH oder für sie tätige Broker außerhalb des öffentlichen Übernahmeangebots vor, während oder nach Ablauf der Annahmefrist unmittelbar oder mittelbar Y-Aktien erwerben bzw. entsprechende Vereinbarungen abschließen. Dies gilt in gleicher Weise für andere Wertpapiere, die ein unmittelbares Wandlungs- oder Umtauschrecht in bzw. ein Optionsrecht auf Y-Aktien gewähren. Diese Erwerbe können über die Börse zu Marktpreisen oder außerhalb der Börse zu ausgehandelten Konditionen erfolgen. Alle Informationen über diese Erwerbe werden veröffentlicht, soweit dies nach dem Recht der Bundesrepublik Deutschland oder einer anderen einschlägigen Rechtsordnung erforderlich ist.

(Ggf. Hinweise/Erläuterungen zum Hintergrund des Angebots)[6]

......, den ......

X-GmbH

Anmerkungen

1. Wahl des Formulars. Dem Formular liegt der Fall einer Veröffentlichung der Entscheidung zur Abgabe eines Bar-Übernahmeangebotes nach § 10 Abs. 1 i.V.m. §§ 29 Abs. 1, 34 WpÜG zugrunde. Der Bieter ist nach § 10 Abs. 1 S. 1 WpÜG verpflichtet, seine Entscheidung zur Abgabe eines Übernahmeangebotes unverzüglich gemäß § 10 Abs. 3 S. 1 WpÜG zu veröffentlichen. Die Veröffentlichung hat in deutscher Sprache durch Bekanntgabe im Internet (Nr. 1) und über ein elektronisch betriebenes Informationsverbreitungssystem (Nr. 2) zu erfolgen. In der Praxis geschieht die Veröffentlichung in der Regel durch die Deutsche Gesellschaft für Ad hoc-Publizität mbH (DGAP; vgl. http://www.dgap.de). Die DGAP übernimmt neben der Veröffentlichung nach § 10 Abs. 3 S. 1 Nr. 2 WpÜG auch die Vorab-Unterrichtung der

Börsen und der Bundesanstalt nach § 10 Abs. 2 WpÜG sowie die Übersendung nach § 10 Abs. 4 S. 1 WpÜG. Für den Fall, dass der Bieter dass Angebot gemeinschaftlich mit anderen abzugeben beabsichtigt, ist auf diesen Umstand und die Mitbieter hinzuweisen.

2. Angabe der Internetadresse. Der Bieter ist verpflichtet, in der Veröffentlichung die Adresse anzugeben, unter der die Veröffentlichung der Angebotsunterlage im Internet nach § 14 Abs. 3 S. 1 Nr. 1 WpÜG erfolgen wird (§ 10 Abs. 3 S. 2 WpÜG).

3. Zeitpunkt der Veröffentlichung. Der Bieter hat nach § 10 Abs. 1 WpÜG seine Entscheidung zur Abgabe eines Angebots unverzüglich, d. h. ohne schuldhaftes Zögern (§ 121 Abs. 1 S. 1 BGB), zu veröffentlichen. Nach Vorliegen einer Entscheidung ist ein weiteres Zuwarten mit der Veröffentlichung daher grundsätzlich unzulässig. Im Einzelfall kann es jedoch zweifelhaft sein, zu welchem Zeitpunkt die Entscheidung getroffen worden ist. Die Regierungsbegründung verweist in diesem Zusammenhang explizit auf die zu § 15 WpHG entwickelten Grundsätze (BT-Drs. 14/7034, S. 39). Zu den Details vgl. KölnKommWpÜG/*Hirte* § 10 Rdnr. 26 ff.

4. Weitere Angaben. Der Bieter ist nicht verpflichtet, Angaben über den konkreten Inhalt des beabsichtigten Angebots wie etwa die Art und Höhe der Gegenleistung, die der Bieter anzubieten beabsichtigt, zu veröffentlichen. Dies gilt selbst dann, wenn die Entscheidung über diese Details bereits getroffen worden ist (Begr. RegE BT-Drucksache 14/7034, S. 39; KölnKommWpÜG/*Hirte* § 10 Rdnr. 23; Assmann/Pötzsch/Uwe H. Schneider/*Assmann* § 10 Rdnr. 47; Schwark/*Noack*/*Holzborn* § 10 WpÜG Rdnr. 27). Dem Bieter steht es jedoch frei (und dies entspricht auch der Praxis!), im Interesse einer frühzeitigen Information des Kapitalmarktes Angaben zu Art und Höhe der Gegenleistung im Rahmen der Veröffentlichung nach § 10 WpÜG zu machen (vgl. z.B. die Entscheidung der ACS S.A. zur Übernahme der Hochtief AG, veröffentlicht am 16. 9. 2010). Zu beachten ist hierbei, dass sich mit der Benennung der Gegenleistung bzw. der Gegenleistungsspanne bereits eine Bindung in Bezug auf das endgültige Angebot ergeben kann (vgl. Assmann/Pötzsch/Uwe H. Schneider/*Assmann* § 10 WpÜG Rdnr. 47; Steinmeyer/Häger/*Santelmann*/*Steinhardt* § 10 Rdnr. 22; so wohl auch die BaFin, vgl. hierzu Baums/Thoma/*Thoma*/*Stöcker* § 10 Rdnr. 55).

5. Bedingungen. Der Bieter ist auch nicht verpflichtet, auf wesentliche Bedingungen des Angebots bereits in der Veröffentlichung nach § 10 Abs. 1 S. 1, Abs. 3 WpÜG hinzuweisen. Ebenso wenig ist der Umstand, dass die Abgabe des Angebots noch von einem Beschluss der Gesellschafterversammlung abhängt, zu publizieren. Es kann allerdings im Interesse einer frühzeitigen Information des Kapitalmarktes auch insoweit (zur Art und Höhe der Gegenleistung vgl. Anm. 4) angezeigt sein, einige Eckdaten bereits mit der Veröffentlichung nach § 10 Abs. 1 S. 1, Abs. 3 WpÜG bekannt zu machen.

6. Angebotshintergrund/weitere Angaben. Häufig wird der Bieter zusätzlich kurz den Hintergrund des angekündigten Angebots erläutern. Eine Verpflichtung hierzu besteht jedoch nicht.

4. Angebotsunterlage – Freiwilliges Kaufangebot

Pflichtveröffentlichung gemäß §§ 34, 14 Abs. 2 und 3 Wertpapiererwerbs- und Übernahmegesetz *(WpÜG)*
Aktionäre der Y-AG, insbesondere mit Wohnsitz, Sitz oder gewöhnlichem Aufenthalt in den Vereinigten Staaten von Amerika oder anderweitig außerhalb der Bundesrepublik Deutschland, sollten die Hinweise unter Ziffer 1 auf den Seiten ...... bis ......, Ziffer 23 auf Seite ...... sowie Ziffer 24 auf Seiten ...... bis ...... dieser Angebotsunterlage besonders beachten.

[Logo]

E.III.4

Angebotsunterlage [1,2]

Öffentliches Übernahmeangebot
(Barangebot)

der

X

[Adresse]

an die Aktionäre der

Y AG

[Adresse]

zum Erwerb ihrer auf den Inhaber lautenden Aktien ohne Nennbetrag der

Y AG
zum Preis von
...... EUR je Aktie der Y AG
Annahmefrist:
...... [Datum] bis ...... [Datum], 24:00 Uhr (Ortszeit Frankfurt am Main)
[18:00] Uhr (Ortszeit New York)

Aktien der Y AG: ISIN ......
Zum Verkauf eingereichte Aktien der Y AG: ISIN ......
Nachträglich zum Verkauf eingereichte Aktien der Y AG: ISIN ......

Inhaltsverzeichnis

1. Allgemeine Hinweise zur Durchführung des Übernahmeangebots
    1.1 Rechtsgrundlagen
    1.2 Besondere Hinweise für Aktionäre der Y AG mit Wohnsitz, Sitz oder gewöhnlichem Aufenthalt in den U. S. A.
    1.3 Veröffentlichung der Entscheidung zur Abgabe des Übernahmeangebots
    1.4 Prüfung der Angebotsunterlage durch die Bundesanstalt für Finanzdienstleistungsaufsicht
    1.5 Veröffentlichung und Verbreitung der Angebotsunterlage
    1.6 Annahme des Übernahmeangebots außerhalb der Bundesrepublik Deutschland
2. Hinweise zu den in der Angebotsunterlage enthaltenen Angaben
    2.1 Allgemeines
    2.2 Stand und Quelle der Angaben
    2.3 Zukunftsgerichtete Aussagen, Absichten der Bieterin
    2.4 Keine Aktualisierung
3. Zusammenfassung des Übernahmeangebots
4. Übernahmeangebot
    4.1 Gegenstand
    4.2 Unterstützung des Übernahmeangebots durch die Y
5. Annahmefrist
    5.1 Dauer der Annahmefrist
    5.2 Verlängerungen der Annahmefrist
    5.3 Weitere Annahmefrist
6. Beschreibung der Bieterin
    6.1 Rechtliche Grundlagen und Kapitalverhältnisse der Bieterin
    6.2 Überblick über die Geschäftstätigkeit der X-Gruppe
    6.3 Organe

6.4 Mit der Bieterin gemeinsam handelnde Personen
6.5 Gegenwärtig von der Bieterin oder von mit der Bieterin gemeinsam handelnden Personen und deren Tochterunternehmen gehaltene Y-Aktien; Zurechnung von Stimmrechten
6.6 Angaben zu Wertpapiergeschäften
6.7 Mögliche Parallelerwerbe
7. Beschreibung von Y
  7.1 Rechtliche Grundlagen, Kapitalverhältnisse
  7.2 Aktienoptionen
  7.3 Überblick über die Geschäftstätigkeit der Y-Gruppe
  7.4 Organe
  7.5 Wesentliche Aktionäre von Y
  7.6 Mit Y gemeinsam handelnde Personen
8. Hintergrund des Übernahmeangebots
  8.1 Wirtschaftliche und strategische Beweggründe
  8.2 Bevorstehender Kontrollerwerb der Bieterin über Y
9. Absichten der Bieterin
  9.1 Künftige Geschäftstätigkeit, Vermögen und künftige Verpflichtungen der Y
  9.2 Künftige Geschäftstätigkeit der Bieterin
  9.3 Vorstand und Aufsichtsrat von Y
  9.4 Arbeitnehmer, Beschäftigungsbedingungen und Arbeitnehmervertretungen
  9.5 Sitz der Y, Standort wesentlicher Unternehmensteile
  9.6 Mögliche Strukturmaßnahmen
    9.6.1 Beherrschungs- und Gewinnabführungsvertrag
    9.6.2 Aktienrechtlicher Squeeze-out
    9.6.3 Ausschluss von Minderheitsaktionären per Gerichtsentscheidung (Squeeze-out nach Übernahmerecht)
    9.6.4 [Ausschluss von Minderheitsaktionären bei Verschmelzung auf die Konzernmutter (Verschmelzungsspezifischer Squeeze-out)]
    9.6.5 Delisting
10. Erläuterungen zur Preisfindung
  10.1 Mindestangebotspreise
  10.2 Vergleich mit historischen Börsenkursen
  10.3 Weitere Erläuterungen zum Angebotspreis
  10.4 Keine Entschädigung für den Verlust bestimmter Rechte
11. Annahme und Abwicklung des Übernahmeangebots
  11.1 Zentrale Abwicklungsstelle
  11.2 Annahme des Übernahmeangebots
  11.3 Weitere Erklärungen annehmender Y-Aktionäre
  11.4 Rechtsfolgen der Annahme
  11.5 Abwicklung des Übernahmeangebots und Kaufpreiszahlung nach Ablauf der Annahmefrist
  11.6 Annahme des Übernahmeangebots innerhalb der Weiteren Annahmefrist
  11.7 Abwicklung des Übernahmeangebots und Kaufpreiszahlung nach Ablauf der Weiteren Annahmefrist
  11.8 Verfahren bei effektiven Aktienurkunden
  11.9 Kosten für Y-Aktionäre, die das Angebot annehmen
  11.10 Börsenhandel mit Zum Verkauf eingereichten Y-Aktien
12. Behördliche Genehmigungen und Verfahren
  12.1 Fusionskontrollverfahren
    12.1.1 Europäische Union
    12.1.2 U. S. A.

12.1.3 [ggf. weitere Rechtsordnungen darstellen]
12.1.4 Sonstige Rechtsordnungen
12.2 Stand der fusionskontrollrechtlichen Verfahren
12.3 [Außenwirtschaftsrechtliche Prüfung]
12.4 [Stand des außenwirtschaftsrechtlichen Verfahrens]
12.5 Gestattung der Veröffentlichung dieser Angebotsunterlage
13. Vollzugsvoraussetzungen
13.1 Vollzugsbedingungen
13.2 Verzicht auf die Vollzugsbedingungen
13.3 Ausfall von Vollzugsbedingungen
13.4 Veröffentlichungen zu Vollzugsbedingungen
14. Finanzierung des Übernahmeangebots
14.1 Maßnahmen zur Sicherstellung der vollständigen Erfüllung des Übernahmeangebots
14.1.1 Maximale Gegenleistung
14.1.2 Finanzierung des Übernahmeangebots
14.2 Finanzierungsbestätigung
15. Erwartete Auswirkungen des Vollzugs des Übernahmeangebots auf die Vermögens-, Finanz- und Ertragslage [bei Kreditinstituten: sowie auf das aufsichtsrechtliche Kernkapital] der Bieterin und der X-Gruppe
15.1 Ausgangslage und Annahmen
15.2 Methodisches Vorgehen und Vorbehalte
15.3 Erwartete Auswirkungen auf den Einzelabschluss der Bieterin
15.3.1 Erwartete Auswirkungen auf die Bilanz der Bieterin
15.3.2 Erwartete Auswirkungen auf die Ertragslage der Bieterin
15.4 Auswirkungen auf den konsolidierten Abschluss der X-Gruppe
15.4.1 Erwartete Auswirkungen auf die Konzern-Bilanz der X-Gruppe gemäß IFRS
15.4.2 Ertragslage
15.5 [Erwartete Auswirkungen auf das aufsichtsrechtliche Kernkapital der X-Gruppe]
16. Rücktrittsrecht
16.1 Voraussetzungen
16.2 Ausübung des Rücktrittsrechts
17. Hinweise für Y-Aktionäre, die das Übernahmeangebot nicht annehmen
18. Geldleistungen und Geldwerte Vorteile für Mitglieder des Vorstands oder des Aufsichtsrats der Y
19. Begleitende Bank
20. Steuern
21. Veröffentlichungen und Mitteilungen
22. Anwendbares Recht und Gerichtsstand
23. Zusätzliche Informationen für U. S.-Aktionäre
24. Inhaber von Y-ADRs
25. Erklärung über die Übernahme der Verantwortung

1. Allgemeine Hinweise zur Durchführung des Übernahmeangebots

1.1 Rechtsgrundlagen

Das in dieser Angebotsunterlage enthaltene Kaufangebot (*Übernahmeangebot* oder *Angebot*) der X mit Sitz in ......, eingetragen im Handelsregister des Amtsgerichts ...... unter HRB ...... (im Folgenden *die Bieterin*), ist ein öffentliches Angebot zum Erwerb von Aktien der Y AG mit Sitz in ......, eingetragen im Handelsregister des Amtsgerichts ...... unter HRB ...... nach dem deutschen Wertpapiererwerbs- und Übernahmegesetz

4. Angebotsunterlage – Freiwilliges Kaufangebot E.III.4

(WpÜG). Es richtet sich an alle Aktionäre von Y *(Y-Aktionäre)* und wird ausschließlich nach deutschem Recht sowie bestimmten anwendbaren kapitalmarktrechtlichen Bestimmungen der Vereinigten Staaten von Amerika (U.S.A.) durchgeführt.

1.2 Besondere Hinweise für Aktionäre der Y AG mit Wohnsitz, Sitz oder gewöhnlichem Aufenthalt in den U.S.A.

Das Übernahmeangebot bezieht sich auf Aktien einer deutschen Gesellschaft und unterliegt den gesetzlichen Vorschriften der Bundesrepublik Deutschland über die Durchführung eines solchen Angebots. Diese Vorschriften unterscheiden sich nicht unerheblich von den entsprechenden U.S.-amerikanischen Rechtsnormen. So sind bestimmte Finanzinformationen in dieser Angebotsunterlage in Übereinstimmung mit den von der Europäischen Union übernommenen *International Financial Reporting Standards (IFRS)* ermittelt worden und daher nicht vergleichbar mit Finanzinformationen über U.S.-amerikanischen Unternehmen und andere Unternehmen, deren Finanzinformationen in Übereinstimmung mit den *Generally Accepted Accounting Principles* in den U.S.A. ermittelt werden.

Das Übernahmeangebot wird in den U.S.A. gemäß *Section 14(e)* und *Regulation 14E* des *US Securities Exchange Act of 1934* in seiner aktuellen Fassung *(Exchange Act)* durchgeführt und im Übrigen in Übereinstimmung mit den Vorschriften des WpÜG. Dementsprechend unterliegt das Übernahmeangebot Veröffentlichungs- und anderen Verfahrensvorschriften, etwa im Hinblick auf Rücktrittsrechte, Angebotszeitraum, Abwicklung und Zeitplan von Zahlungen, die sich von denen für die Durchführung von Übernahmeangeboten in den U.S.A. unterscheiden.

Die Bieterin kann nach *Rule 14e-5(b)(10)* sowie *Rule 14e-5(b)(12)* des Exchange Act während der Laufzeit dieses Übernahmeangebots Aktien der Y AG in anderer Weise als im Rahmen dieses Angebots über die Börse oder außerbörslich außerhalb der U.S.A. erwerben oder entsprechende Erwerbsvereinbarungen schließen, sofern dies im Einklang mit den anwendbaren deutschen Rechtsvorschriften, insbesondere dem WpÜG, erfolgt. Soweit nach deutschem Recht erforderlich, werden Informationen über entsprechende Erwerbe oder Erwerbsvereinbarungen in Deutschland veröffentlicht werden. Entsprechende Informationen werden auch in Form einer unverbindlichen englischen Übersetzung auf der Website der Bieterin unter *http://www......* veröffentlicht.

Für Aktionäre der Y AG mit Wohnsitz, Sitz oder gewöhnlichem Aufenthalt in den Vereinigten Staaten (U.S.-Aktionäre) können sich Schwierigkeiten ergeben, ihre Rechte und Ansprüche nach U.S.-amerikanischen Bundesvorschriften zum Wertpapierrecht durchzusetzen, da sowohl die Y AG als auch X ihren Sitz außerhalb der U.S.A. haben und sämtliche ihrer jeweiligen Organmitglieder außerhalb der U.S.A. ansässig sind. U.S.-Aktionäre sind möglicherweise nicht in der Lage, eine Gesellschaft mit Sitz außerhalb der U.S.A. oder deren Organmitglieder vor einem Gericht außerhalb der U.S.A. wegen Verletzung U.S.-amerikanischer Wertpapiervorschriften zu verklagen. Des weiteren können sich Schwierigkeiten ergeben, Entscheidungen eines U.S.-amerikanischen Gerichts gegen eine Gesellschaft mit Sitz außerhalb der Vereinigten Staaten zu vollstrecken. Obwohl sich das Angebot nicht auf Y-American Depositary Receipts (ADRs), welche Y-Aktien vermitteln, erstreckt, können sich Inhaber von Y-ADRs am Angebot beteiligen, wenn sie die in Ziffer 24 dieser Angebotsunterlage genannten Schritte ergreifen.

1.3 Veröffentlichung der Entscheidung zur Abgabe des Übernahmeangebots

Die Bieterin hat ihre Entscheidung zur Abgabe des Übernahmeangebots nach § 10 Abs. 1 Satz 1 WpÜG am ...... veröffentlicht. Die Veröffentlichung ist im Internet unter *http://www.......* abrufbar.

1.4 Prüfung der Angebotsunterlage durch die Bundesanstalt für Finanzdienstleistungsaufsicht

Die Bundesanstalt für Finanzdienstleistungsaufsicht (BaFin) hat diese Angebotsunterlage nach deutschem Recht und in deutscher Sprache geprüft und ihre Veröffentlichung gestattet. Registrierungen, Zulassungen oder Genehmigungen dieser Angebotsunterlage und/oder des Angebots nach einem anderen Recht als dem Recht der Bundesrepublik Deutschland sind bislang weder erfolgt noch beabsichtigt.

1.5 Veröffentlichung und Verbreitung der Angebotsunterlage

Diese Angebotsunterlage wird am ...... veröffentlicht durch (i) Bekanntgabe im Internet unter http://www......, (ii) Bereithaltung von Exemplaren dieser Angebotsunterlage zur kostenlosen Ausgabe bei der ...... Bank AG (Bestellung per Telefax an ......) sowie Bekanntgabe im elektronischen Bundesanzeiger, bei welcher Stelle die Angebotsunterlage bereitgehalten wird und unter welcher Adresse die Veröffentlichung der Angebotsunterlage im Internet erfolgt ist.

[Am ...... wird darüber hinaus (i) eine unverbindliche englische Übersetzung der Angebotsunterlage, die von der BaFin nicht geprüft wurde, unter der vorgenannten Internetadresse eingestellt sowie (ii) [in der Frankfurter Allgemeine Zeitung und] in *The Wall Street Journal* (U.S.-Ausgabe) bekanntgegeben, bei welcher Stelle die Angebotsunterlage bereitgehalten wird und unter welcher Adresse die Veröffentlichung der Angebotsunterlage im Internet erfolgt ist.]

Die Veröffentlichung, Versendung, Verteilung oder Verbreitung dieser Angebotsunterlage oder anderer mit dem Angebot im Zusammenhang stehender Unterlagen außerhalb der Bundesrepublik Deutschland und der Vereinigten Staaten kann gesetzlichen Beschränkungen unterliegen. Diese Angebotsunterlage und sonstige mit dem Angebot im Zusammenhang stehende Unterlagen dürfen durch Dritte nicht in Länder versandt oder dort verbreitet, verteilt oder veröffentlicht werden, in denen dies rechtswidrig wäre. Die Bieterin hat die Versendung, Veröffentlichung, Verteilung oder Verbreitung dieser Angebotsunterlage durch Dritte außerhalb der Bundesrepublik Deutschland oder der Vereinigten Staaten nicht gestattet.

Die Bieterin stellt diese Angebotsunterlage den jeweiligen depotführenden Wertpapierdienstleistungsunternehmen zum Versand an alle Aktionäre der Y-AG (Y-Aktionäre) mit Wohnsitz, Sitz oder gewöhnlichem Aufenthalt in der Bundesrepublik Deutschland oder den Vereinigten Staaten zur Verfügung. Die depotführenden Wertpapierdienstleistungsunternehmen dürfen diese Angebotsunterlage nicht veröffentlichen, versenden, verteilen oder verbreiten, es sei denn, dies erfolgt in Übereinstimmung mit allen anwendbaren in- und ausländischen Rechtsvorschriften.

1.6 Annahme des Übernahmeangebots außerhalb der Bundesrepublik Deutschland[3]

Das Übernahmeangebot kann von allen in- und ausländischen Aktionären der Y nach Maßgabe dieser Angebotsunterlage und den jeweils anwendbaren Rechtsvorschriften angenommen werden. Die Bieterin weist allerdings darauf hin, dass die Annahme des Übernahmeangebots außerhalb der Bundesrepublik Deutschland und der U.S.A. rechtlichen Beschränkungen unterliegen kann. Y-Aktionären, die außerhalb der Bundesrepublik Deutschland und der U.S.A. in den Besitz dieser Angebotsunterlage gelangen, das Übernahmeangebot außerhalb der Bundesrepublik Deutschland und der U.S.A. annehmen wollen und/oder anderen Rechtsvorschriften als denjenigen der Bundesrepublik Deutschland oder der U.S.A. unterliegen, wird empfohlen, sich über die jeweils anwendbaren Rechtsvorschriften zu informieren und diese einzuhalten. Die Bieterin übernimmt keine Gewähr dafür, dass die Annahme des Übernahmeangebots außerhalb der Bundesrepublik Deutschland und der U.S.A. nach den jeweils anwendbaren Rechtsvorschriften zulässig ist.

2. Hinweise zu den in der Angebotsunterlage enthaltenen Angaben

2.1 Allgemeines

Zeitangaben in dieser Angebotsunterlage werden, soweit nicht anders angegeben, in Mitteleuropäischer Zeit (Ortszeit Frankfurt am Main) gemacht. Soweit in dieser Angebotsunterlage Begriffe wie „zurzeit", „derzeit", „momentan", „jetzt", „gegenwärtig" oder

„heute" verwendet werden, beziehen sie sich auf den Zeitpunkt der Unterzeichnung dieser Angebotsunterlage, also den ....

In dieser Angebotsunterlage enthaltene Verweise auf einen „Bankarbeitstag" beziehen sich auf einen Tag, an dem die Banken in Frankfurt am Main für den allgemeinen Geschäftsverkehr geöffnet sind. Verweise auf „EUR" beziehen sich auf Euro und Verweise auf „USD" beziehen sich auf US-Dollar.

Die Bieterin hat Dritte nicht ermächtigt, Aussagen zu dem Übernahmeangebot oder dieser Angebotsunterlage zu machen. Falls Dritte dennoch entsprechende Aussagen machen, sind diese der Bieterin nicht zuzurechnen.

2.2 Stand und Quelle der Angaben

Die in dieser Angebotsunterlage enthaltenen Informationen über die Y-AG beruhen, sofern nicht ausdrücklich anders vermerkt, auf allgemein zugänglichen Informationsquellen (wie z.B. veröffentlichten Jahresabschlüssen, Presseerklärungen und Analystenpräsentationen) [sowie auf Informationen, die der Bieterin im Rahmen einer zeitlich und inhaltlich begrenzten Due-Diligence-Prüfung der Y-AG zur Verfügung gestellt wurden. Im Rahmen der Due-Diligence-Prüfung, die einen Zeitraum von etwa .... Wochen in Anspruch genommen hat, wurden der Bieterin insbesondere Informationen über die [rechtlichen, finanziellen, steuerlichen und operativen Verhältnisse] der Y AG [und der mit ihr verbundenen Unternehmen] offen gelegt]. [Vor der Entscheidung zur Unterbreitung des Angebots hat sich die Bieterin lediglich im Rahmen von Management-Gesprächen am .... einen Überblick über die Verhältnisse Y-AG verschafft.] Sofern nicht ausdrücklich anders angegeben, wurden diese Informationen durch die Bieterin nicht verifiziert.

2.3 Zukunftsgerichtete Aussagen, Absichten der Bieterin

Diese Angebotsunterlage und die darin in Bezug genommenen Unterlagen enthalten bestimmte in die Zukunft gerichtete Aussagen. Auf solche Aussagen deuten insbesondere Begriffe wie „wird", „erwartet", „glaubt", „ist der Ansicht", „versucht", „schätzt", „beabsichtigt", „geht davon aus" und „strebt an" hin. Solche Aussagen bringen Absichten, Ansichten oder gegenwärtige Erwartungen der Bieterin im Hinblick auf mögliche zukünftige Ereignisse zum Ausdruck. Sie unterliegen Risiken und Ungewissheiten, die regelmäßig nicht im Einflussbereich der Bieterin liegen. Es sollte berücksichtigt werden, dass sich die in dieser Angebotsunterlage enthaltenen in die Zukunft gerichteten Aussagen als unzutreffend herausstellen und zukünftige Ereignisse und Entwicklungen von den in dieser Angebotsunterlage enthaltenen zukunftsgerichteten Aussagen erheblich abweichen können. Es ist auch möglich, dass die Bieterin ihre in dieser Angebotsunterlage geäußerten Absichten und Einschätzungen, insbesondere im Hinblick auf die Y AG nach Veröffentlichung dieser Angebotsunterlage ändert.

2.4 Keine Aktualisierung

Die Bieterin wird diese Angebotsunterlage (auch im Hinblick auf etwaige geänderte Absichten der Bieterin) nur aktualisieren, soweit dies nach geltendem Recht erforderlich ist.

3. Zusammenfassung des Übernahmeangebots[4, 5]
Die nachfolgende Zusammenfassung enthält einen Überblick über ausgewählte Angaben in dieser Angebotsunterlage. Sie wird durch die an anderer Stelle in dieser Angebotsunterlage wiedergegebenen Informationen und Angaben ergänzt und ist im Zusammenhang mit diesen zu lesen. Diese Zusammenfassung enthält somit nicht alle für Y-Aktionäre relevanten Informationen. Die Y-Aktionäre sollten daher die gesamte Angebotsunterlage aufmerksam lesen.
Bieterin: X ...... [Straße], ... [Ort], eingetragen im Handelsregister des Amtsgerichts ...... unter HRB ......

E.III.4

Zielgesellschaft:	Y AG ...... [Straße], ... [Ort], eingetragen im Handelsregister des Amtsgerichts ...... unter HRB ....
Gegenstand des Übernahmeangebots:	Erwerb aller noch nicht im Eigentum von X befindlicher, auf den Inhaber lautender Aktien ohne Nennbetrag (Stückaktien) der Y AG (ISIN ......), jeweils mit einem anteiligen Betrag am Grundkapital von EUR ...... je Aktie und einschließlich der Dividendenberechtigung für das Geschäftsjahr .... [Ausgenommen sind ......].
Gegenleistung:	...... EUR je Y-Aktie
Annahmefrist:	...... bis ......, 24:00 Uhr (Ortszeit Frankfurt am Main)/ [18:00 Uhr (Ortszeit New York)]
ISIN:	Y-Aktien: ISIN DE000...... Zum Verkauf eingereichte Y-Aktien: ISIN DE000...... Nachträglich zum Verkauf eingereichte Y-Aktien: ISIN DE000......
Annahme:	Die Annahme des Übernahmeangebots ist während der Annahmefrist schriftlich gegenüber dem depotführenden Wertpapierdienstleistungsunternehmen des jeweiligen Y-Aktionärs zu erklären. Sie wird erst mit fristgerechter Umbuchung der Y-Aktien, für die das Übernahmeangebot angenommen worden ist, in die ISIN DE 000...... wirksam. (Bzgl. der Einreichung effektiver Y-Aktienurkunden wird auf die Ausführungen unter Ziffern ...... und ...... dieser Angebotsunterlage verwiesen.)
Bedingungen:	Der Vollzug des Übernahmeangebots und der durch die Annahme des Übernahmeangebots zustande kommenden Verträge stehen unter den in Ziffer 13.1 dieser Angebotsunterlage dargelegten Vollzugsbedingungen. Diese betreffen im Wesentlichen [fusionskontrollrechtliche Freigaben und ......].
Kosten der Annahme:	Die Annahme des Angebots soll durch die Gewährung einer Ausgleichszahlung in marktüblicher Höhe an die Depotführenden Banken (wie in Ziffer 11.2 dieser Angebotsunterlage definiert) nach Ziffer 11.9 dieser Angebotsunterlage für die annehmenden Y-Aktionäre, mit Ausnahme etwaiger außerhalb der Bundesrepublik Deutschland anfallenden Steuern, Kosten und Spesen, kosten- und spesenfrei sein.
Börsenhandel:	Es ist beabsichtigt, die Y-Aktien, für die das Angebot während der Annahmefrist angenommen worden ist, ab dem ...... bis maximal drei Börsenhandelstage vor Ablauf der Annahmefrist handeln zu lassen. Liegen bei Ende der Annahmefrist die Voraussetzungen zum Vollzug dieses Angebots nach Ziffer 13 dieser Angebotsunterlage nicht vor, sollen die Zum Verkauf eingereichten Y-Aktien bis spätestens zum Ablauf des Börsenhandelstags, der auf den Tag der Veröffentlichung des Eintritts aller dann noch ausstehenden Vollzugsbedingungen folgt, im [regulierten Markt (Prime Standard)] der Frankfurter Wertpapierbörse unter der ISIN ...... gehandelt werden können. Ein Börsenhandel mit Nachträglich zum Verkauf eingereichten Y-Aktien ist nicht vorgesehen; sollten jedoch bei Ende der Weiteren Annahmefrist die Vorausset-

	zungen zum Vollzug dieses Angebots noch nicht eingetreten sein, wird die Zentrale Abwicklungsstelle die Umbuchung der Nachträglich zum Verkauf eingereichten Y-Aktien in die ISIN ...... veranlassen. Diese sollen dann ebenfalls bis spätestens zum Ablauf des Börsenhandelstages, der auf den Tag der Veröffentlichung des Eintritts aller dann noch ausstehenden Vollzugsbedingungen folgt, im [regulierten Markt (Prime Standard)] an der Frankfurter Wertpapierbörse gehandelt werden können.[6]
Veröffentlichungen:	Diese Angebotsunterlage, deren Veröffentlichung die BaFin am ...... gestattet hat, wird im Internet zusammen mit einer unverbindlichen englischen Übersetzung unter *http://www.*...... veröffentlicht. Die Bekanntmachung über die Bereithaltung dieser Angebotsunterlage zur kostenfreien Ausgabe in Deutschland und den U.S.A. wird am ...... im elektronischen Bundesanzeiger sowie in *The Wall Street Journal* (US-Edition) veröffentlicht. Alle nach dem WpÜG oder den anwendbaren kapitalmarktrechtlichen Bestimmungen der U.S.A. erforderlichen Veröffentlichungen und Bekanntmachungen werden im Internet unter *http://www*....... erfolgen. Soweit rechtlich erforderlich werden alle Veröffentlichungen und Hinweisbekanntmachungen auch im elektronischen Bundesanzeiger erfolgen.

4. Übernahmeangebot

4.1 Gegenstand[7]

Die Bieterin bietet hiermit allen Y-Aktionären an, alle auf den Inhaber lautenden Aktien der Y (ISIN DE000......) ohne Nennbetrag (Stückaktien) und mit einem anteiligen Betrag des Grundkapitals von ...... EUR, einschließlich der Dividendenberechtigung für das Geschäftsjahr ......, zum Kaufpreis *(Angebotspreis)* von

...... EUR je Y-Aktie

nach Maßgabe der Bestimmungen und Bedingungen dieser Angebotsunterlage zu kaufen und zu erwerben.
(Ausgenommen von diesem Angebot sind Y-Aktien, die von Y selbst gehalten werden, sowie alle Y-Aktien, die einem von Y abhängigen oder im Mehrheitsbesitz von Y stehenden Unternehmen gehören oder für deren Rechnung gehalten werden.)
Dieses Angebot ist auf den Erwerb der Kontrolle über die Y gerichtet und somit ein Übernahmeangebot nach Abschnitt 4 des WpÜG.

4.2 Unterstützung des Übernahmeangebots durch die Y

Vorstand und Aufsichtsrat der Y sind gemäß § 27 WpÜG verpflichtet, unverzüglich nach Übermittlung dieser Angebotsunterlage oder etwaiger Angebotsänderungen eine begründete Stellungnahme zu dem Übernahmeangebot sowie zu jeder Angebotsänderung abzugeben. Die Bieterin hat am ...... die Entscheidung zur Abgabe eines Übernahmeangebotes über die Y veröffentlicht. In diesem Zusammenhang hat die Y in einer Presseerklärung vom ...... mitgeteilt, dass sie [die Übernahme der Y durch die Bieterin sowie] das angekündigte Übernahmeangebot unterstützt. Der Vorstand der Y hat ferner mitgeteilt, dass er den Angebotspreis von ...... EUR für eine angemessene Gegenleistung für die Aktien der Y hält].

5. Annahmefrist[8]

5.1 Dauer der Annahmefrist

Die Frist für die Annahme des Übernahmeangebots beginnt mit der Veröffentlichung dieser Angebotsunterlage am .... Sie endet am

......, 24:00 Uhr Ortszeit Frankfurt am Main/[18:00] Uhr Ortszeit New York.

5.2 Verlängerungen der Annahmefrist

Unter den nachfolgend genannten Umständen verlängert sich jeweils die Annahmefrist automatisch wie folgt:

- Im Falle einer Änderung des Übernahmeangebots gemäß § 21 WpÜG innerhalb der letzten zwei Wochen vor Ablauf der in Ziffer 5.1 dieser Angebotsunterlage genannten Annahmefrist verlängert sich die Annahmefrist nach Ziffer 5.1 um zwei Wochen (§ 21 Abs. 5 WpÜG), also voraussichtlich bis zum ......, 24:00 Uhr Ortszeit Frankfurt am Main/[18.00] Uhr Ortszeit New York. Dies gilt auch, falls das geänderte Übernahmeangebot gegen Rechtsvorschriften verstößt.
- Wird während der Annahmefrist dieses Übernahmeangebots von einem Dritten ein konkurrierendes Angebot *(Konkurrierendes Angebot)* abgegeben und läuft die Annahmefrist für das vorliegende Übernahmeangebot vor Ablauf der Annahmefrist für das Konkurrierende Angebot ab, so bestimmt sich der Ablauf der Annahmefrist für das vorliegende Übernahmeangebot nach dem Ablauf der Annahmefrist für das Konkurrierende Angebot (§ 22 Abs. 2 WpÜG). Dies gilt auch, falls das Konkurrierende Angebot geändert oder untersagt wird oder gegen Rechtsvorschriften verstößt.
- Wird im Zusammenhang mit dem Übernahmeangebot nach der Veröffentlichung der Angebotsunterlage eine Hauptversammlung der Y AG einberufen, beträgt die Annahmefrist nach § 16 Abs. 3 WpÜG zehn Wochen ab der Veröffentlichung der Angebotsunterlage. Die Annahmefrist liefe dann voraussichtlich bis zum ...... [Datum], 24:00 Uhr Ortszeit Frankfurt am Main/[18.00] Uhr Ortszeit New York.

Die Frist für die Annahme des Übernahmeangebots, einschließlich aller sich aus Vorschriften des WpÜG ergebenden Verlängerungen dieser Frist (jedoch mit Ausnahme der in Ziffer 5.3 dieser Angebotsunterlage beschriebenen Weiteren Annahmefrist), wird nachstehend einheitlich als *Annahmefrist* bezeichnet. Hinsichtlich des Rücktrittsrechts im Falle einer Änderung des Übernahmeangebots oder der Abgabe eines konkurrierenden Angebots wird auf die Ausführungen unter Ziffer 16 unten verwiesen.

5.3 Weitere Annahmefrist nach § 16 Abs. 2 WpÜG

Y-Aktionäre, die das vorliegende Übernahmeangebot nicht innerhalb der Annahmefrist angenommen haben, können es auch noch innerhalb von zwei Wochen nach Veröffentlichung des Ergebnisses des Übernahmeangebots durch die Bieterin gemäß § 23 Abs. 1 Satz 1 Nr. 2 WpÜG (die *Weitere Annahmefrist*) annehmen, sofern die in Ziffer 13.1 dieser Angebotsunterlage dargelegten Angebotsbedingungen bis zum Ende der Annahmefrist nicht endgültig ausgefallen sind. Die Veröffentlichung des Ergebnisses dieses Übernahmeangebots gemäß § 23 Abs. 1 Satz 1 Nr. 2 WpÜG wird voraussichtlich innerhalb von fünf Bankarbeitstagen nach Ablauf der Annahmefrist erfolgen, also voraussichtlich am ...... [Datum]. Die Weitere Annahmefrist wird daher voraussichtlich am ...... [Datum] beginnen und am ...... [Datum], 24:00 Uhr Ortszeit Frankfurt am Main/[18.00] Uhr Ortszeit New York enden. Nach Ablauf der Weiteren Annahmefrist kann das vorliegende Übernahmeangebot nicht mehr angenommen werden.

6. Beschreibung der Bieterin[9]

6.1 Rechtliche Grundlagen und Kapitalverhältnisse der Bieterin

6.1.1 Die Bieterin [zusammen mit ihren in der Konzern-Bilanz zum ...... konsolidierten Tochtergesellschaften auch als X-Gruppe bezeichnet] ist eine deutsche ...... [Rechts-

4. Angebotsunterlage – Freiwilliges Kaufangebot E.III.4

form] mit Sitz in ……, eingetragen im Handelsregister des Amtsgerichts …… unter HRB ……. Das Geschäftsjahr der Bieterin [ist das Kalenderjahr].

6.1.2 Das Grundkapital der Bieterin beträgt …… EUR. Es ist eingeteilt in …… auf den Inhaber lautende Stückaktien, auf die jeweils ein anteiliger Betrag des Grundkapitals von …… EUR entfällt. [Die Aktien der Bieterin sind zum Handel im Teilbereich des Regulierten Markts mit weiteren Zulassungsfolgepflichten *(Prime Standard)* der Frankfurter Wertpapierbörse zugelassen und werden darüber hinaus im Freiverkehr der Börsen …… gehandelt.] [Die auf den Inhaber lautenden Aktien der Bieterin sind nicht zum Handel zugelassen.]

6.1.3 Nach § …… der Satzung der Bieterin ist der Vorstand der Bieterin ermächtigt, bis zum …… das Grundkapital der Bieterin mit Zustimmung des Aufsichtsrats durch Ausgabe neuer, auf den Inhaber lautender Stückaktien gegen Bareinlagen einmalig oder mehrmals um bis zu insgesamt …… EUR zu erhöhen. Dabei ist den X-Aktionären ein Bezugsrecht einzuräumen. Der Vorstand ist jedoch ermächtigt, Spitzenbeträge von dem Bezugsrecht der Aktionäre auszunehmen sowie das Bezugsrecht für einen Betrag von bis zu insgesamt …… EUR auszuschließen, um die neuen Aktien zu einem Ausgabebetrag ausgeben zu können, der den Börsenpreis nicht wesentlich unterschreitet (§§ 203 Abs. 1 und 2, 186 Abs. 3 Satz 4 AktG). Ebenso ist der Vorstand ermächtigt, das Bezugsrecht auch insoweit auszuschließen, als es erforderlich ist, um den Inhabern von Optionsscheinen und Wandelschuldverschreibungen ein Bezugsrecht auf neue Aktien in dem Umfang zu gewähren, wie es ihnen nach Ausübung des Options- bzw. Wandlungsrecht zustehen würde. Über den weiteren Inhalt der Aktienrechte und die Bedingungen der Aktienausgabe entscheidet der Vorstand mit Zustimmung des Aufsichtsrats.

6.1.4 Nach § …… der Satzung der Bieterin ist das Grundkapital der Bieterin um bis zu …… EUR durch Ausgabe von auf den Inhaber lautenden Stückaktien bedingt erhöht. Die bedingte Kapitalerhöhung wird nur insoweit durchgeführt, wie die Inhaber von Wandelschuldverschreibungen, die von der Bieterin auf Grund der Ermächtigung der Hauptversammlung vom …… durch Ausschluss des Bezugsrechts der Aktionäre zum Zwecke der Ausgabe an den Vorstand, das Top Management im Konzern, das Management und die tariflichen Mitarbeiterinnen und Mitarbeiter der Bieterin begeben werden, von ihren Wandlungsrechten in neue Aktien Gebrauch machen. Die neuen X-Aktien nehmen vom Beginn des Geschäftsjahres an, in dem sie durch Ausübung von Wandlungsrechten entstehen, am Gewinn teil.

6.1.5 Im Einzelnen sind folgende Gesellschafter an der Bieterin unmittelbar oder mittelbar beteiligt:
(a) Alleinige Gesellschafterin der Bieterin ist die ABC GmbH, eine deutsche Gesellschaft mit beschränkter Haftung mit Sitz in ……, eingetragen im Handelsregister des Amtsgerichts …… unter HRB …… (ABC).
(b) Alleinige Gesellschafterin der ABC ist die …….

Das folgende Schaubild illustriert die gegenwärtigen Beteiligungsverhältnisse an der Bieterin:

E.III.4

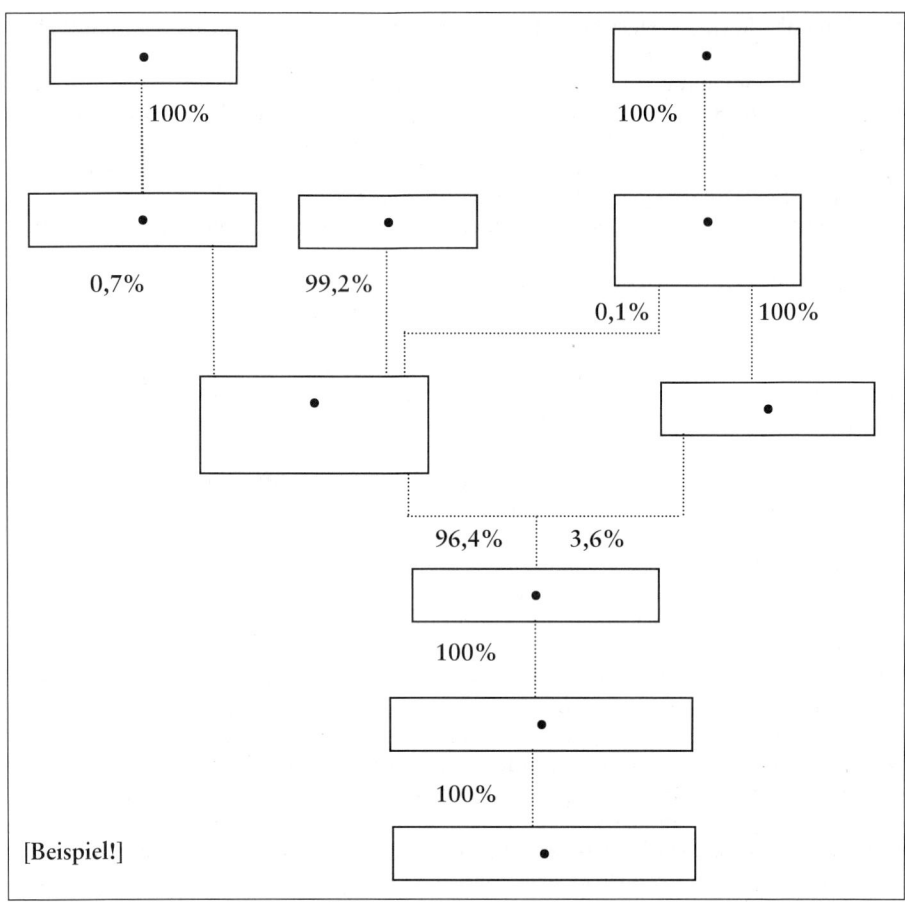

6.2 Überblick über die Geschäftstätigkeit der X-Gruppe

X ist [ein internationaler ......konzern], zu dem mehr als ...... Tochtergesellschaften in ...... gehören.

Den Schwerpunkt der Geschäftstätigkeit von X bilden .... Die X-Gruppe gliedert sich in ...... Konzernbereiche: ....

Das Produktprogramm von X umfasst ....

[Ggf. zentrale Kennzahlen der Bieterin ergänzen]

6.3 Organe

Der Vorstand der Bieterin besteht gegenwärtig aus folgenden Personen:
......

Der Aufsichtsrat der Bieterin besteht gegenwärtig aus folgenden Personen:
......
......*

(*Arbeitnehmervertreter)

Aufsichtsratsvorsitzender von X ist gegenwärtig ......; stellvertretender Aufsichtsratsvorsitzender von [Bieterin] ist gegenwärtig ....

6.4 Mit der Bieterin gemeinsam handelnde Personen[10]

Die in Anlage 1 zu dieser Angebotsunterlage aufgeführten Tochterunternehmen der Bieterin gelten nach § 2 Abs. 5 Satz 3 WpÜG als mit der Bieterin und untereinander gemeinsam handelnde Personen.

Nach den der Bieterin zum Zeitpunkt der Veröffentlichung dieser Angebotsunterlage vorliegenden Informationen kontrollieren die in Anlage 2 aufgeführten Gesellschaften und Personen (gemeinsam oder allein) die Bieterin, und sind die in Anlage 3 aufgeführten Gesellschaften Tochterunternehmen einer oder mehrerer der in Anlage 2 aufgeführten Personen und Gesellschaften. Die in Anlage 2 und Anlage 3 aufgeführten Gesellschaften und Personen stellen deshalb mit der Bieterin und untereinander gemeinsam handelnde Personen gemäß § 2 Abs. 5 Satz 3 WpÜG dar.

Keine der Personen, die gemäß § 2 Abs. 5 Satz 3 WpÜG als gemeinsam handelnde Personen gelten, stimmt tatsächlich ihr Verhalten im Hinblick auf den Erwerb von Y-Aktien oder ihre Ausübung von Stimmrechten aus Y-Aktien mit der Bieterin auf Grund einer Vereinbarung oder in sonstiger Weise i. S. d. § 2 Abs. 5 Satz 1 WpÜG ab.

6.5 Gegenwärtig von der Bieterin oder von mit der Bieterin gemeinsam handelnden Personen und deren Tochterunternehmen gehaltene Y-Aktien; Zurechnung von Stimmrechten[11]

Die Bieterin hält zum Zeitpunkt der Veröffentlichung dieser Angebotsunterlage ...... Y-Aktien und die daraus resultierenden Stimmrechte. Dies entspricht ca. ...... % des Grundkapitals der Y AG und der Stimmrechte aus Y-Aktien.

Nach den der Bieterin zum Zeitpunkt der Veröffentlichung dieser Angebotsunterlage vorliegenden Informationen halten die folgenden mit der Bieterin gemeinsam handelnden Personen im Sinne des § 2 Abs. 5 WpÜG ...... Y-Aktien und Stimmrechte aus Y-Aktien: ....

Darüber hinaus halten die Bieterin und die mit ihr gemeinsam handelnden Personen im Sinne des § 2 Abs. 5 WpÜG und deren Tochterunternehmen gegenwärtig [keine] weiteren Y-Aktien. Ihnen sind auch keine [ACHTUNG: anders bei Konzernsituationen] Stimmrechte aus Y-Aktien gemäß § 30 WpÜG zuzurechnen.

6.6 Angaben zu Wertpapiergeschäften[12]

In dem Zeitraum von sechs Monaten vor der Veröffentlichung der Entscheidung zur Abgabe des Angebots bis zum ...... (dem Datum der Veröffentlichung dieser Angebotsunterlage) erwarben die Bieterin oder mit der Bieterin gemeinsam handelnde Personen gemäß § 2 Abs. 5 WpÜG oder ihre Tochtergesellschaften insgesamt ...... Y-Aktien wie folgt:

Am ...... erwarb die Bieterin außerbörslich ...... Y-Aktien von ...... zu einem Preis von EUR ...... je Y-Aktie und veröffentlichte unmittelbar danach gemäß § 10 Abs. 1 Satz 1 WpÜG ihre Entscheidung, ein freiwilliges Übernahmeangebot an alle anderen Y-Aktionäre abzugeben. Mit Übertragung dieser Y-Aktien erwarb die Bieterin einen Stimmrechtsanteil von ...... % an der Y AG. Eine entsprechende Mitteilung der Bieterin an die Y AG und die BaFin nach § 21 Abs. 1 Wertpapierhandelsgesetz *(WpHG)* erfolgte am ....

6.7 Mögliche Parallelerwerbe

Die Bieterin behält sich vor, im Rahmen des rechtlich Zulässigen weitere Y-Aktien außerhalb des Übernahmeangebotes über die Börse oder außerbörslich direkt oder indirekt zu erwerben. Soweit solche Erwerbe von Y-Aktien erfolgen, wird dies unter Angabe der Anzahl und des Preises der so erworbenen Y-Aktien im Internet unter *http://www......* sowie nach den anwendbaren Rechtsvorschriften, insbesondere § 23 Abs. 2 WpÜG, veröffentlicht werden.

7. Beschreibung von Y[13]

7.1 Rechtliche Grundlagen, Kapitalverhältnisse

7.1.1 Y (zusammen mit ihrer in der Konzern-Bilanz zum ...... [Datum] konsolidierten Tochtergesellschaften auch als *Y-Gruppe* bezeichnet) ist eine im Handelsregister des Amtsgerichts ...... unter HRB ...... eingetragene deutsche Aktiengesellschaft mit Sitz in .... Gegenstand des Unternehmens ist ...... Das Geschäftsjahr von Y entspricht dem Kalenderjahr.

7.1.2 Am ...... [letztes verfügbares Datum] betrug das im Handelsregister eingetragene Grundkapital der Y AG ...... EUR, eingeteilt in ...... Stückaktien mit einem auf die einzelne Aktie entfallenden anteiligen Betrag des Grundkapitals in Höhe von ...... EUR. Alle Aktien sind Inhaberaktien.

[ggf. Aussage zu weiteren Erhöhungen des Grundkapital durch Ausübung von Optionen]

7.1.3 Die Y-Aktien sind im regulierten Markt der Frankfurter Wertpapierbörse (Prime Standard) sowie der ...... notiert. Sie sind darüber hinaus in den Freiverkehr der Börsen in ...... einbezogen und werden über die elektronische Handelsplattform XETRA gehandelt.

7.1.4 Nach § ...... der Satzung der Y AG in der Fassung vom ...... ist der Vorstand der Y AG ermächtigt, bis zum ...... das Grundkapital der Y AG mit Zustimmung des Aufsichtsrats durch Ausgabe neuer, auf den Inhaber lautender Stückaktien gegen Bareinlagen einmalig oder mehrmals um bis zu insgesamt ...... EUR zu erhöhen. Dabei ist den Y-Aktionären ein Bezugsrecht einzuräumen. Der Vorstand ist jedoch ermächtigt, Spitzenbeträge von dem Bezugsrecht der Aktionäre auszunehmen sowie das Bezugsrecht für einen Betrag von bis zu insgesamt ...... EUR auszuschließen, um die neuen Aktien zu einem Ausgabebetrag ausgeben zu können, der den Börsenpreis nicht wesentlich unterschreitet (§§ 203 Abs. 1 und 2, 186 Abs. 3 Satz 4 AktG). Ebenso ist der Vorstand ermächtigt, das Bezugsrecht auch insoweit auszuschließen, als es erforderlich ist, um den Inhabern von Optionsscheinen und Wandelschuldverschreibungen ein Bezugsrecht auf neue Aktien in dem Umfang zu gewähren, wie es ihnen nach Ausübung des Options- bzw. Wandlungsrecht zustehen würde. Über den weiteren Inhalt der Aktienrechte und die Bedingungen der Aktienausgabe entscheidet der Vorstand mit Zustimmung des Aufsichtsrats.

7.1.5 Nach § ...... der Satzung von Y in der Fassung vom ...... ist das Grundkapital der Y-AG um bis zu ...... EUR durch Ausgabe von auf den Inhaber lautenden Stückaktien bedingt erhöht. Die bedingte Kapitalerhöhung wird nur insoweit durchgeführt, wie die Inhaber von Wandelschuldverschreibungen, die von der Y-AG auf Grund der Ermächtigung der Hauptversammlung vom ...... durch Ausschluss des Bezugsrechts der Aktionäre zum Zwecke der Ausgabe an den Vorstand, das Top Management im Konzern, das Management und die tariflichen Mitarbeiterinnen und Mitarbeiter von der Y-AG begeben werden, von ihren Wandlungsrechten in neue Aktien Gebrauch machen. Die neuen Y-Aktien nehmen vom Beginn des Geschäftsjahres an, in dem sie durch Ausübung von Wandlungsrechten entstehen, am Gewinn teil.

7.2 Aktienoptionen

Nach der Bieterin von Y zur Verfügung gestellten Informationen hat der Vorstand der Y AG von der Ermächtigung durch die Hauptversammlung der Y AG vom ...... Gebrauch gemacht und einen Aktienoptionsplan aufgelegt.

Gemäß diesem Aktienoptionsplan erhalten die Begünstigten – die Mitglieder des Vorstandes sowie Führungskräfte der Y AG und verbundener Unternehmen – Optionsrechte, die zum Bezug von Y-Aktien berechtigen. Jedes Optionsrecht berechtigt zum Bezug einer Y-Aktie.

Bis zum Ablauf der Annahmefrist können nach Kenntnis der Bieterin Aktienoptionen wie folgt ausgeübt werden:
[Tabellarische Übersicht]
[ggf. Verweis auf verbleibenden Betrag des bedingten Kapitals].

7.3 Überblick über die Geschäftstätigkeit der Y-Gruppe

Die Y AG ist [ein internationaler ......konzern], zu dem mehr als ...... Tochtergesellschaften in ...... gehören (vgl. <u>Anlage 4</u>).

Den Schwerpunkt der Geschäftstätigkeit der Y-AG bilden .... Die Y-Gruppe gliedert sich in ...... Konzernbereiche: ....

Das Produktprogramm von der Y-AG umfasst ....

[Ggf. Angaben zu zentralen Kennzahlen der Zielgesellschaft]

7.4 Organe

Der Vorstand von Y besteht gegenwärtig aus den folgenden Personen:
......
Der Aufsichtsrat von Y besteht gegenwärtig aus den folgenden Personen:
......
......*
(*Arbeitnehmervertreter)

Aufsichtsratsvorsitzender der Y AG ist gegenwärtig ......; stellvertretender Aufsichtsratsvorsitzender der Y AG ist gegenwärtig ....

7.5 Wesentliche Aktionäre von Y

Ausweislich der von der Y AG auf deren Internetseite http://...... veröffentlichten Informationen nach § 21 Abs. 1 Satz 1 sowie Abs. 1a WpHG sind folgende Gesellschaften und Personen jeweils mit folgendem Stimmrechtsanteil Aktionäre der Y AG:
......

7.6 Mit Y gemeinsam handelnde Personen

Auf Grundlage der der Bieterin zum Zeitpunkt der Veröffentlichung dieser Angebotsunterlage bekannten Informationen handelt es sich bei den in Anlage 4 aufgeführten Gesellschaften um Tochterunternehmen von Y, die daher gemäß § 2 Abs. 5 Satz 2 i.V.m. Satz 3 WpÜG als untereinander und mit Y gemeinsam handelnde Personen gelten. Auf Grundlage der der Bieterin zum Zeitpunkt der Veröffentlichung dieser Angebotsunterlage bekannten Informationen existieren keine anderen Personen, die gemäß § 2 Abs. 5 Satz 2 WpÜG als mit Y gemeinsam handelnde Personen gelten.

8. Hintergrund des Übernahmeangebots

8.1 Wirtschaftliche und strategische Beweggründe

[zu ergänzen]

8.2 Bevorstehender Kontrollerwerb der Bieterin über Y

Erlangt die Bieterin auf Grund dieses Übernahmeangebots die Kontrolle über Y nach § 29 Abs. 2 WpÜG, sind im Hinblick auf § 35 Abs. 3 WpÜG weder die Bieterin noch die diese kontrollierenden Personen zur Abgabe eines Pflichtangebots für Y-Aktien verpflichtet.

9. Absichten der Bieterin[14]

Die folgenden Angaben beschreiben die derzeitigen Absichten der Bieterin im Hinblick auf Y (siehe Ziffer 2.3).

9.1 Künftige Geschäftstätigkeit, Vermögen und künftige Verpflichtungen der Y

Die Bieterin beabsichtigt, nach Vollzug des Angebots gemeinsam mit dem Management der Y AG mögliche Geschäftschancen und Effizienzpotenziale bei der Y-Gruppe zu analysieren und zu prüfen, ob und, wenn ja, welche Änderungen sinnvoll oder erforderlich sein könnten. Als Teil dieser Analyse wird die Bieterin auch die operative Integration [von Geschäftsbetrieben] der Y-Gruppe in die X-Gruppe untersuchen. Die Bieterin ist der Auffassung, dass durch Integrationsmaßnahmen Wertsteigerungen sowohl bei der Y-Gruppe als auch bei der X-Gruppe realisiert werden können.

Die Bieterin [und die TopCo, als Muttergesellschaft des Konzerns,] beabsichtigen, die bisher von der Y-Gruppe verfolgte Strategie zu unterstützen. Die wirtschaftliche Identität der Y-Gruppe soll deshalb aufrechterhalten werden und Y als selbständige Gesellschaft fortbestehen. [Dessen ungeachtet wird die Bieterin unter Umständen den Abschluss eines Beherrschungs- und/oder Ergebnisabführungsvertrages mit der Y AG prüfen und gegebenenfalls den Ausschluss der Minderheitsaktionäre der Y-AG im Wege eines sogenannten „Squeeze-out" (siehe auch Ziffer 9.6.2 und 9.6.3 dieser Angebotsunterlage) vorschlagen, um Y bzw. die Y-Gruppe in die X-Gruppe wirtschaftlich, organisatorisch und gesellschaftsrechtlich weiter zu integrieren.]

Darüber hinaus hat die Bieterin keine Absichten hinsichtlich der künftigen Geschäftstätigkeit von Y und die Verwendung ihres Vermögens. Insbesondere gibt es keine Pläne, Y zu veranlassen, sich von Teilaktivitäten der Y-Gruppe zu trennen. Die Bieterin hat auch keine Pläne, die zu einer Zunahme von Verbindlichkeiten von Y außerhalb der gewöhnlichen Geschäftstätigkeit führen würden.

9.2 Künftige Geschäftstätigkeit der Bieterin[15]

In Folge dieses Angebots sind keine Änderungen der Geschäftstätigkeit der Bieterin, insbesondere im Hinblick auf deren Sitz und den Standort wesentlicher Unternehmensteile, die Verwendung des Vermögens, künftige Verpflichtungen, die Arbeitnehmer und deren Vertretungen, die Mitglieder der Geschäftsorgane oder Änderungen der Beschäftigungsbedingungen, beabsichtigt.

9.3 Vorstand und Aufsichtsrat von Y

Die Bieterin hat volles Vertrauen in Y und seine Vorstandsmitglieder. Sie unterstützt nachhaltig die erfolgreiche Strategie des Vorstands und würde es begrüßen, wenn die gegenwärtigen Mitglieder des Vorstands von Y ihre Positionen auch nach Vollzug des Angebots beibehalten würden, um den künftigen Erfolg der Y AG zu sichern und die derzeitigen Aktivitäten weiter zu festigen.

Der Vollzug dieses Angebots wird sich nicht auf Größe und allgemeine Zusammensetzung des Aufsichtsrats von Y auswirken, d.h. auf die Zahl der Arbeitnehmervertreter sowie die Zahl der von der Hauptversammlung gewählten Vertreter. Wie in Ziffer 7.4 dieser Angebotsunterlage näher beschrieben, setzt sich der Aufsichtsrat Y AG derzeit aus ...... Mitgliedern zusammen, von denen ...... von den Arbeitnehmern und ...... von der Hauptversammlung der Y AG gewählt wurden.

9.4 Arbeitnehmer, Beschäftigungsbedingungen und Arbeitnehmervertretungen

Der geschäftliche Erfolg von Y hängt insbesondere von Kreativität und Innovationskraft ab, die wiederum entscheidend von Kompetenz und Engagement der Mitarbeiter von Y bestimmt werden. Die Bieterin plant daher als Folge ihrer Übernahme der Kontrolle über die Zielgesellschaft keinen Personalabbau bei Y. Desgleichen hat die Bieterin auch nicht die Absicht, wesentliche Änderungen an den Beschäftigungsbedingungen und der gegenwärtigen Arbeitnehmervertretung von Y herbeizuführen.

9.5 Sitz der Y, Standort wesentlicher Unternehmensteile

Die Bieterin beabsichtigt nicht, den Sitz der Y AG aus ...... zu verlegen. Entsprechend ihrer Absicht, die wirtschaftliche Identität der ...... -Gruppe zu erhalten, gibt es auch keine Pläne für die Verlegung oder Schließung wesentlicher Unternehmensteile von Y.

9.6 Mögliche Strukturmaßnahmen

Nach Vollzug dieses Übernahmeangebots plant die Bieterin, zusammen mit dem Management von Y eingehend Möglichkeiten der weiteren Vertiefung der Zusammenarbeit, neue Geschäftsmöglichkeiten und für beide Unternehmen sinnvolle Maßnahmen zur Effizienzsteigerung zu analysieren. Möglichkeiten der effektiven Zusammenarbeit erwartet die Bieterin insbesondere in den Bereichen ……

9.6.1 Beherrschungs- und Gewinnabführungsvertrag

Insbesondere wenn die Bieterin nach Vollzug des Angebots weniger als 95% des Grundkapitals der Y AG halten sollte, wird sie den Abschluss eines Beherrschungs- und/oder Gewinnabführungsvertrags gemäß §§ 291 ff. AktG mit Y als beherrschtem Unternehmen einerseits und der Bieterin [, [TopCo] oder einem anderen Unternehmen der [TopCo]-Gruppe] andererseits prüfen. Die Bieterin wird den Abschluss eines solchen Vertrages jedoch nur dann betreiben, wenn die wirtschaftlichen Bedingungen und Folgen eines solchen Vertrages seinen Abschluss sinnvoll erscheinen lassen.

9.6.2 Aktienrechtlicher Squeeze-out

Die Bieterin strebt grundsätzlich einen Squeeze-out, d.h. die Übertragung der Y-Aktien der außenstehenden Y-Aktionäre an den Hauptaktionär gegen Gewährung einer angemessenen Barabfindung gemäß §§ 327 a ff. AktG an. X schließt daher nicht aus, dass sie ein solches Übertragungsverlangen stellen wird, falls ihr oder einem mit ihr verbundenen Unternehmen zu einem späteren Zeitpunkt mindestens 95% des Grundkapitals von Y gehören werden. Falls die Hauptversammlung der Y AG die Übertragung der Aktien der übrigen Aktionäre auf den Hauptaktionär gegen Gewährung einer angemessenen Barabfindung gemäß § 327 a Abs. 1 AktG beschließt, wären für die Höhe der zu gewährenden Barabfindung die Verhältnisse zum Zeitpunkt der Beschlussfassung der Hauptversammlung über die Übertragung der Aktien maßgeblich. Die Gesetzmäßigkeit der Höhe der Barabfindung kann in einem gerichtlichen Spruchverfahren überprüft werden. Der Betrag der angemessenen Barabfindung könnte dem Angebotspreis von …… EUR je Y-Aktie entsprechen, könnte aber auch höher oder niedriger sein.

9.6.3 Ausschluss von Minderheitsaktionären per Gerichtsentscheidung (Squeeze-out nach Übernahmerecht)

Falls die Bieterin nach dem Vollzug dieses Angebots oder innerhalb von drei Monaten nach Ablauf der Annahmefrist mindestens 95% des Grundkapitals der Y AG hält, wäre die Bieterin berechtigt, einen Antrag gemäß § 39 a WpÜG zu stellen, ihr die übrigen Y-Aktien gegen Gewährung einer angemessenen Abfindung durch Gerichtsbeschluss zu übertragen (Squeeze-out nach Übernahmerecht). Die im Rahmen dieses Angebots gewährte Gegenleistung in Höhe von …… EUR je Y-Aktie gilt unwiderlegbar als angemessene Abfindung, wenn die Bieterin auf Grund dieses Angebots Aktien in Höhe von mindestens 90% des vom Angebot betroffenen Grundkapitals erworben hat. Y-Aktionären, die das Angebot nicht angenommen haben, steht in dem Fall, dass die Bieterin berechtigt ist, einen Antrag nach § 39 a WpÜG zu stellen, ein Andienungsrecht gegenüber der Bieterin nach § 39 c WpÜG zu. Die Modalitäten der technischen Abwicklung der Andienung würden von der Bieterin rechtzeitig veröffentlicht werden. Nach § 39 a WpÜG muss ein Antrag auf Durchführung eines übernahmerechtlichen Squeeze-outs innerhalb von drei Monaten nach Ablauf der Annahmefrist gestellt werden.

9.6.4 *[HINWEIS: Handelt es sich bei der Bieterin um eine Aktiengesellschaft oder Kommanditgesellschaft auf Aktien, ist dieser Abschnitt ab Inkrafttreten von § 62 Abs. 5 UmwG n. F. aufzunehmen; dies wird voraussichtlich spätestens bis zum 30. 6. 2011 der Fall sein:]* Ausschluss von Minderheitsaktionären bei Verschmelzung auf die Konzernmutter (Verschmelzungsspezifischer Squeeze-out)[16]

Falls die Bieterin nach Vollzug des Angebots oder zu einem späteren Zeitpunkt 90% des Grundkapitals an der Y AG hält, kann sie gemäß § 62 Abs. 5 UmwG i. V. m. §§ 327 a ff.

AktG innerhalb von drei Monaten nach Abschluss eines Verschmelzungsvertrages mit der Y AG auf einen Übertragungsbeschluss der Y-Hauptversammlung hinwirken. Mit der Eintragung des Übertragungsbeschlusses in das Handelsregister gingen die Y-Aktien der außenstehenden Y-Aktionäre auf die Bieterin über. Den ausgeschlossenen Y-Aktionären stünde ein Anspruch auf Gewährung einer angemessenen Barabfindung gemäß § 327a Abs. 1 AktG zu, deren Höhe von den Gesellschaftsverhältnisse zum Zeitpunkt der Beschlussfassung abhinge und deren Angemessenheit in einem gerichtlichen Spruchverfahren überprüft werden könnte. Der Betrag der angemessenen Barabfindung könnte dem Angebotspreis von …… EUR je Y-Aktie entsprechen, könnte aber auch höher oder niedriger sein

9.6.5 Delisting

Die Bieterin könnte nach Vollzug des Angebots oder zu einem späteren Zeitpunkt im Rahmen des gesetzlich Zulässigen die Y AG veranlassen, den Widerruf der Zulassung der Y-Aktien zum Teilbereich des Amtlichen Markts an der Frankfurter Wertpapierbörse mit weiteren Zulassungsfolgepflichten (Prime Standard) nach Vorliegen der dafür erforderlichen Voraussetzungen zu beantragen. In diesem Falle könnten die Y-Aktionäre nicht mehr von den gesteigerten Berichtspflichten des Prime Standards profitieren. Die Bieterin strebt jedoch kein Delisting der Y-Aktien an.

10. Erläuterungen zur Preisfindung[17]

10.1 Mindestangebotspreise[18, 19]

Der Angebotspreis in Höhe von …… EUR je Y-Aktie entspricht dem durch § 31 Abs. 1 WpÜG i. V.m. §§ 4, 5 WpÜG-Angebotsverordnung vorgeschriebenen Mindestpreis.

10.1.1 Nach § 5 WpÜG-Angebotsverordnung muss bei einem Übernahmeangebot gemäß §§ 29 ff. WpÜG die Gegenleistung mindestens dem gewichteten durchschnittlichen inländischen Börsenkurs der Y-Aktie während der letzten drei Monate vor der Veröffentlichung der Entscheidung zur Abgabe des Übernahmeangebots, d.h. im Zeitraum vom …… (einschließlich) bis zum …… (einschließlich), entsprechen. Dieser Durchschnittskurs wurde von der BaFin mit …… EUR ermittelt.

10.1.2 Nach § 4 WpÜG-Angebotsverordnung muss bei einem Übernahmeangebot gemäß §§ 29 ff. WpÜG die Gegenleistung mindestens dem Wert der höchsten von der Bieterin, einer mit ihr gemeinsam handelnden Person oder deren Tochterunternehmen innerhalb der letzten sechs Monate vor der Veröffentlichung dieser Angebotsunterlage für den Erwerb von Y-Aktien gewährten oder vereinbarten Gegenleistung entsprechen. Die Bieterin hat in dem Zeitraum zwischen …… und dem Tag der Unterzeichnung dieser Angebotsunterlage insgesamt …… Y-Aktien erworben (vgl. Ziffer 6.6 dieser Angebotsunterlage). Der höchste dabei gezahlte Kaufpreis betrug …… EUR je Y-Aktie.

Die den Y-Aktionären anzubietende Gegenleistung je Y-Aktie muss mindestens dem höheren der beiden Werte aus 10.1 entsprechen, also mindestens …… EUR betragen. Der Angebotspreis in Höhe von …… EUR je Y-Aktie übersteigt diesen Wert um …… EUR, d. h. um ca. …… %.

10.2 Vergleich mit historischen Börsenkursen

Bei der Ermittlung des Angebotspreises wurden neben den in Ziffer 10.1 genannten Faktoren insbesondere auch die historischen Börsenkurse der Y-Aktie berücksichtigt. Die Bieterin ist der Auffassung, dass die Börsenkurse der Y-Aktie eine geeignete Grundlage für die Beurteilung der Angemessenheit des Angebotspreises sind.

Am …… betrug der letzte unbeeinflusste Schlusskurs der Y-Aktie …… EUR. [Am …… und …… kam es zeitgleich mit Gerüchten um ein mögliches Übernahmeangebot der Bieterin für Y zu (i) einem Anstieg des Kurses der Y-Aktie um …… % bzw. …… % und (ii) einem signifikanten Anstieg der Handelsvolumina im Vergleich zu den in den Vormonaten verzeichneten durchschnittlichen Tagesumsätzen.]

4. Angebotsunterlage – Freiwilliges Kaufangebot E.III.4

Bezogen auf die Schlusskurse der Y-Aktie im elektronischen Handelssystem XETRA einen Tag bzw. einen Monat, sechs Monate und zwölf Monate vor der am ...... veröffentlichten Entscheidung der Bieterin zur Abgabe des Übernahmeangebots enthält der Angebotspreis folgende Aufschläge:

- Am ......, dem letzten Börsenhandelstag vor der Veröffentlichung der Entscheidung zur Abgabe des Übernahmeangebots, betrug der Schlusskurs der Y-Aktie im elektronischen Handelssystem XETRA ...... EUR. Der Angebotspreis enthält somit einen Aufschlag von ...... EUR nach Abzug der Dividende von ...... EUR je Y-Aktie bzw. ca. ...... % auf den Schlusskurs vom ....
- Der gewichtete Durchschnittsschlusskurs der Y-Aktie im elektronischen Handelssystem XETRA für den Monatszeitraum bis zum ...... betrug ...... EUR. Der Angebotspreis enthält somit einen Aufschlag von ...... EUR nach Abzug der Dividende von ...... EUR je Y-Aktie bzw. ca. ...... % auf diesen Durchschnittsschlusskurs.
- Der gewichtete Durchschnittsschlusskurs der Y-Aktie im elektronischen Handelssystem XETRA für den Sechsmonatszeitraum bis zum ...... betrug ...... EUR. Der Angebotspreis enthält somit einen Aufschlag von ...... EUR nach Abzug der Dividende von ...... EUR je Y-Aktie bzw. ca. ...... % auf diesen Durchschnittsschlusskurs.
- Der gewichtete Durchschnittsschlusskurs der Y-Aktie im elektronischen Handelssystem XETRA für den Zwölfmonatszeitraum bis zum ...... betrug ...... EUR. Der Angebotspreis enthält somit einen Aufschlag von ...... EUR nach Abzug der Dividende von ...... EUR je Y-Aktie bzw. ca. ...... % auf diesen Durchschnittsschlusskurs.

Die vorstehend genannten historischen Börsenkurse (außer dem unter Ziffer 10.1 dieser Angebotsunterlage genannten Mindestangebotspreis) wurden vom Datenanbieter ...... ermittelt.

10.3 Weitere Erläuterungen zum Angebotspreis

Aus den in Ziffer 10.2 dieser Angebotsunterlage dargestellten Vergleichen mit historischen Börsenkursen ergibt sich, dass der Angebotspreis die Bewertung der Y-Aktie durch den Kapitalmarkt vor der Veröffentlichung der Entscheidung von der Bieterin zur Abgabe des Übernahmeangebots übersteigt und einen angemessenen Aufschlag enthält.

Die Bieterin ist insbesondere davon überzeugt, dass der Angebotspreis für die Y-Aktien angemessen im Sinne des § 31 Abs. 1 WpÜG ist. Wie in Ziffer 6.6 dieser Angebotsunterlage näher dargelegt, hat X am ...... die bisherige Beteiligung der ......, ..., der bislang größten Einzelaktionärin von Y, zu einem Preis pro Y-Aktie in Höhe des Angebotspreises erworben; dieser Preis ist unter fremden Dritten frei ausgehandelt. Darüber hinaus verkörpert der Angebotspreis eine Prämie gegenüber dem gewichteten durchschnittlichen inländischen Börsenkurs der Y-Aktie während der letzten drei Monate vor der Veröffentlichung der Entscheidung zur Abgabe des Angebots in Höhe von ...... EUR bzw. ca. ...... %. [In einer Pressemitteilung vom ...... erklärte auch der Vorstand der Y AG, dass der Angebotspreis von ...... EUR je Aktie seiner Überzeugung nach fair sei.][20]

10.4 Keine Entschädigung für den Verlust bestimmter Rechte[21]

Die Satzung von Y sieht keine Anwendung von § 33b Abs. 2 WpÜG vor. Die Bieterin ist daher nicht verpflichtet, eine Entschädigung gemäß § 33b Abs. 5 WpÜG zu leisten.

11. Annahme und Abwicklung des Übernahmeangebots[22]

11.1 Zentrale Abwicklungsstelle

Die Bieterin hat die ...... Bank, [Sitz der Bank] *(die Zentrale Abwicklungsstelle)*, beauftragt, als zentrale Abwicklungsstelle für das Angebot zu fungieren.

11.2 Annahme des Übernahmeangebots

Hinweis: Y-Aktionäre, die das Übernahmeangebot annehmen wollen, sollten sich mit eventuellen Fragen bezüglich der Annahme des Übernahmeangebots und dessen technischer Abwicklung an ihr jeweiliges depotführendes Wertpapierdienstleistungsunter-

nehmen wenden. Diese sind über die Handhabung der Annahme und die Abwicklung des Übernahmeangebots gesondert informiert worden und sind gehalten, Kunden, die in ihrem Depot Y-Aktien halten, über das Übernahmeangebot und die für dessen Annahme erforderlichen Schritte zu informieren.

Y-Aktionäre können das Übernahmeangebot nur dadurch annehmen (zur Annahme des Übernahmeangebots während der Weiteren Annahmefrist vgl. unter Ziffer 11.6 dieser Angebotsunterlage), dass sie innerhalb der Annahmefrist

11.2.1 schriftlich die Annahme des Übernahmeangebots gegenüber ihrem jeweiligen depotführenden Wertpapierdienstleistungsunternehmen *(die Depotführende Bank)* erklären *(die Annahmeerklärung)*, und

11.2.2 ihre Depotführende Bank anweisen, die Umbuchung der in ihrem Depot befindlichen Y-Aktien, für die sie das Übernahmeangebot annehmen wollen *(die Zum Verkauf eingereichte Y-Aktien)*, in die ISIN DE000...... bei der Clearstream Banking AG vorzunehmen.

Die Annahmeerklärung wird nur wirksam, wenn die Zum Verkauf eingereichten Y-Aktien bis spätestens 17:30 Uhr am zweiten Bankarbeitstag nach Ablauf der Annahmefrist bei der Clearstream Banking AG in die ISIN DE000...... umgebucht worden sind. Diese Umbuchungen sind durch die Depotführende Bank nach Erhalt der Annahmeerklärung zu veranlassen.[23]

11.3 Weitere Erklärungen annehmender Y-Aktionäre

Durch die Annahme des Übernahmeangebots gemäß Ziffer 11.2 dieser Angebotsunterlage

11.3.1 weisen die annehmenden Y-Aktionäre ihre jeweilige Depotführende Bank sowie etwaige Zwischenverwahrer der betreffenden Zum Verkauf eingereichten Y-Aktien an und ermächtigen diese,

- die Zum Verkauf eingereichten Y-Aktien zunächst in dem Wertpapierdepot des annehmenden Y-Aktionärs zu belassen, jedoch die Umbuchung in die ISIN DE000...... bei der Clearstream Banking AG zu veranlassen;
- ihrerseits die Clearstream Banking AG anzuweisen und zu ermächtigen, die Zum Verkauf eingereichten Y-Aktien der Zentralen Abwicklungsstelle zur Übereignung an die Bieterin zur Verfügung zu stellen (frühestens jedoch nach Eintritt der in Ziffer 13.1 dieser Angebotsunterlage beschriebenen Vollzugsbedingungen, soweit die Bieterin auf diese nicht nach § 21 Abs. 1 Nr. 4 WpÜG verzichtet hat);
- ihrerseits die Clearstream Banking AG anzuweisen und zu ermächtigen, die Zum Verkauf eingereichten Y-Aktien (ISIN DE000......), jeweils einschließlich aller mit diesen verbundenen Rechte, an die Bieterin Zug um Zug gegen Zahlung des Angebotspreises für die jeweiligen Zum Verkauf eingereichten Y-Aktien auf das Konto der jeweiligen Depotführenden Bank bei der Clearstream Banking AG nach den Bestimmungen des Übernahmeangebots zu übertragen;
- ihrerseits etwaige Zwischenverwahrer der betreffenden Zum Verkauf eingereichten Y-Aktien sowie die Clearstream Banking AG anzuweisen und zu ermächtigen, der Bieterin oder der zentralen Abwicklungsstelle für das Übernahmeangebot alle für Erklärungen und Veröffentlichungen der Bieterin nach dem WpÜG erforderlichen Informationen zur Verfügung zu stellen, insbesondere die Anzahl der in die ISIN DE000...... eingebuchten Y-Aktien börsentäglich während der Annahmefrist mitzuteilen; und
- die Annahmeerklärung an die ...... Bank AG, ..., als zentraler Abwicklungsstelle für das Übernahmeangebot auf Verlangen weiterzuleiten;

11.3.2 beauftragen und bevollmächtigen die annehmenden Y-Aktionäre ihre jeweilige Depotführende Bank sowie die zentrale Abwicklungsstelle, jeweils unter Befreiung von dem Verbot des Selbstkontrahierens gemäß § 181 Bürgerliches Gesetzbuch *(BGB)*, alle zur Abwicklung des Übernahmeangebots nach Maßgabe dieser Angebotsunterlage erforderlichen oder zweckdienlichen Handlungen vorzunehmen und Erklärungen abzuge-

4. Angebotsunterlage – Freiwilliges Kaufangebot E.III.4

ben bzw. entgegenzunehmen und insbesondere die Übertragung des Eigentums an den Zum Verkauf eingereichten Y-Aktien auf die Bieterin nach Maßgabe von vorstehendem Absatz 11.3.1 herbeizuführen; und

11.3.3 erklären die annehmenden Y-Aktionäre, dass

- sie das Übernahmeangebot für alle bei Erklärung der Annahme des Übernahmeangebots in ihrem Wertpapierdepot bei der Depotführenden Bank befindlichen Y-Aktien annehmen, es sei denn in der Annahmeerklärung eine andere Anzahl von Y-Aktien bestimmt worden;
- die Y-Aktien, für die sie das Übernahmeangebot annehmen, im Zeitpunkt der Übertragung des Eigentums auf die Bieterin in ihrem alleinigen Eigentum stehen und frei von Rechten und Ansprüchen Dritter sind; und
- sie ihre Zum Verkauf eingereichten Y-Aktien auf die Bieterin unter den aufschiebenden Bedingungen
  (i) des Eintritts der Bedingungen nach Ziffer 13.1 dieser Angebotsunterlage, sofern die Bieterin auf diese nicht nach § 21 Abs. 1 Nr. 4 WpÜG verzichtet hat, und
  (ii) des Ablaufs der Annahmefrist
  Zug um Zug gegen Zahlung des Angebotspreises auf das Konto der jeweiligen Depotführenden Bank bei der Clearstream Banking AG übertragen.

Die in Ziffer 11.3.1 bis 11.3.3 aufgeführten Anweisungen, Erklärungen, Aufträge, Vollmachten und Ermächtigungen werden von den annehmenden Y-Aktionären im Interesse einer reibungslosen und zügigen Abwicklung des Übernahmeangebots unwiderruflich erteilt. Sie erlöschen erst im Fall des wirksamen Rücktritts von dem durch Annahme des Übernahmeangebots geschlossenen Vertrag nach Ziffer 16 dieser Angebotsunterlage bzw. mit endgültigem Ausfall der in Ziffer 13.1 beschriebenen Angebotsbedingungen.

11.4 Rechtsfolgen der Annahme

Mit der Annahme des Angebots kommt zwischen dem annehmenden Y-Aktionär und der Bieterin ein Vertrag über den Verkauf der Zum Verkauf eingereichten Y-Aktien an die Bieterin, jeweils nach Maßgabe der Bestimmungen des Angebots, zustande. Der Vollzug des Vertrags erfolgt nur, nachdem alle in Ziffer 13.1 dieser Angebotsunterlage beschriebenen Vollzugsbedingungen, auf die die Bieterin nicht zuvor nach § 21 Abs. 1 Nr. 4 WpÜG verzichtet hat, eingetreten sind. Der Vertrag entfällt (auflösende Bedingung), wenn eine oder mehrere der unter Ziffer 13.1.1 und 13.1.2 dieser Angebotsunterlage genannten Vollzugsbedingungen nicht bis zum …… eingetreten sind und die Bieterin auf die betreffenden Vollzugsbedingungen nicht nach § 21 Abs. 1 Nr. 4 WpÜG verzichtet hat, vgl. Ziffer 13.3 dieser Angebotsunterlage. Darüber hinaus erteilen die annehmenden Y-Aktionäre mit Annahme des Angebots die in Ziffern 11.3.1 und 11.3.2 dieser Angebotsunterlage genannten Anweisungen, Ermächtigungen, Aufträge und Vollmachten und geben die in Ziffer 11.3.3 dieser Angebotsunterlage aufgeführten Erklärungen ab.

Mit der Übertragung des Eigentums an den Zum Verkauf eingereichten Y-Aktien gehen sämtliche mit diesen verbundenen Rechte (Dividendenansprüche eingeschlossen) auf die Bieterin über.

11.5 Abwicklung des Übernahmeangebots und Kaufpreiszahlung nach Ablauf der Annahmefrist

Die Zahlung des Angebotspreises erfolgt an die jeweilige Depotführende Bank Zug um Zug gegen Übertragung der Zum Verkauf eingereichten Y-Aktien auf das Konto der Zentralen Abwicklungsstelle bei der Clearstream Banking AG. Die Zentrale Abwicklungsstelle wird den Angebotspreis – wenn bis zum Ablauf der Annahmefrist die Vollzugsbedingungen nach Ziffer 13.1 dieser Angebotsunterlage eingetreten sind oder auf sie wirksam verzichtet worden ist – unverzüglich, spätestens jedoch am achten Bankarbeitstag nach Ablauf der Annahmefrist an die jeweilige Depotführende Bank überweisen.

Falls die Vollzugsbedingungen gemäß Ziffer 13.1 dieser Angebotsunterlage zum Zeitpunkt des Ablaufs der Annahmefrist nicht eingetreten sind und auf sie auch nicht wirksam verzichtet worden ist, wird die Zentrale Abwicklungsstelle den Angebotspreis an die jeweilige Depotführende Bank unverzüglich, spätestens am achten Bankarbeitstag nach dem Tag, an dem die Bieterin die Erfüllung der letzten Vollzugsbedingung, auf die zuvor nicht wirksam verzichtet worden ist, nach Ziffer 13.4 dieser Angebotsunterlage veröffentlicht, überweisen.

Die Abwicklung des Angebots und die Zahlung des Kaufpreises an die annehmenden Y-Aktionäre kann sich auf Grund der durchzuführenden fusionskontrollrechtlichen Verfahren (vgl. Ziffer 12.1 dieser Angebotsunterlage) bis voraussichtlich ...... verzögern bzw. ganz entfallen.

Mit der Zahlung des Angebotspreises an die jeweilige Depotführende Bank hat die Bieterin ihre Verpflichtung zur Zahlung des Angebotspreises erfüllt. Es obliegt den Depotführenden Banken, den Angebotspreis dem jeweiligen Verkäufer gutzuschreiben.

11.6 Annahme des Übernahmeangebots innerhalb der Weiteren Annahmefrist

Y-Aktionäre können das Übernahmeangebot während der in Ziffer 5.3 dieser Angebotsunterlage beschriebenen Weiteren Annahmefrist nur dadurch annehmen, dass sie innerhalb der Weiteren Annahmefrist

11.6.1 die Annahme des Übernahmeangebots gegenüber ihrer Depotführenden Bank erklären *(Nachträgliche Annahmeerklärung)*, und

11.6.2 ihre Depotführende Bank anweisen, die Umbuchung der in ihrem Depot befindlichen Y-Aktien, für die sie das Übernahmeangebot annehmen wollen *(Nachträglich zum Verkauf eingereichte Y-Aktien)*, in die ISIN DE000...... bei der Clearstream Banking AG vorzunehmen.

Die Nachträgliche Annahmeerklärung wird nur wirksam, wenn die Nachträglich zum Verkauf eingereichten Y-Aktien bis spätestens 17:30 Uhr am zweiten Bankarbeitstag nach Ablauf der Weiteren Annahmefrist bei der Clearstream Banking AG in die ISIN DE000...... umgebucht worden sind. Diese Umbuchung ist durch die Depotführende Bank nach Erhalt der Nachträglichen Annahmeerklärung zu veranlassen.

Im Übrigen gelten für die Annahme des Übernahmeangebots innerhalb der Weiteren Annahmefrist die Regelungen und Hinweise in Ziffern 11.4 und 11.5 dieser Angebotsunterlage entsprechend.

Y-Aktionäre, die das Übernahmeangebot innerhalb der Weiteren Annahmefrist annehmen wollen, sollten sich mit eventuellen Fragen an ihre Depotführende Bank wenden.

11.7 Abwicklung des Übernahmeangebots und Kaufpreiszahlung nach Ablauf der Weiteren Annahmefrist

Die Zahlung des Angebotspreises erfolgt an die jeweilige Depotführende Bank Zug um Zug gegen Übertragung der Nachträglich zum Verkauf eingereichten Y-Aktien auf das Konto der Zentralen Abwicklungsstelle bei der Clearstream Banking AG. Die Zentrale Abwicklungsstelle wird den Angebotspreis – wenn bis zum Ablauf der Weiteren Annahmefrist alle Vollzugsbedingungen nach Ziffer 13.1 dieser Angebotsunterlage, auf die die Bieterin nicht zuvor wirksam verzichtet hatte, eingetreten sind – unverzüglich, spätestens jedoch am achten Bankarbeitstag nach Ablauf der Weiteren Annahmefrist an die jeweilige Depotführende Bank überweisen. Falls Vollzugsbedingungen gemäß Ziffer 13.1 dieser Angebotsunterlage, auf die die Bieterin nicht zuvor wirksam verzichtet hat, bis zum Ablauf der Weiteren Annahmefrist noch nicht eingetreten sind, wird die Zentrale Abwicklungsstelle den Angebotspreis an die jeweilige Depotführende Bank unverzüglich, spätestens am achten Bankarbeitstag nach dem Tag, an dem die Bieterin die Erfüllung aller der in Ziffer 13.1 dieser Angebotsunterlage beschriebenen Vollzugsbedingungen, auf die die Bieterin zuvor nicht wirksam verzichtet hat, nach Ziffer 13.4 dieser Angebotsunterlage veröffentlicht, überweisen.

Die Abwicklung des Angebots und die Zahlung des Kaufpreises an die annehmenden Y-Aktionäre kann sich auf Grund der durchzuführenden fusionskontrollrechtlichen Verfahren (vgl. Ziffer 12.1 dieser Angebotsunterlage) bis voraussichtlich ...... verzögern bzw. ganz entfallen.

Mit Zahlung des Angebotspreises an die jeweilige Depotführende Bank hat die Bieterin ihre Verpflichtung zur Zahlung des Angebotspreises erfüllt. Es obliegt den Depotführenden Banken, den Angebotspreis dem jeweiligen Verkäufer gutzuschreiben.

11.8 [Verfahren bei effektiven Aktienurkunden

Y-Aktionäre, die noch Y-Aktienurkunden in Eigenverwahrung halten, müssen für die Annahme des Angebots besondere Maßnahmen ergreifen: Zusätzlich zu der Annahmeerklärung gegenüber einer Depotführenden Bank gemäß Ziffer 11.2 bzw. 11.6 dieser Angebotsunterlage müssen diese Y-Aktionäre innerhalb der Annahmefrist – oder der Weiteren Annahmefrist, wenn die Annahme während der Weiteren Annahmefrist erfolgen soll – die betreffenden Aktienurkunden, jeweils ausgestattet mit den Gewinnanteilscheinen Nr. ...... ff. sowie Erneuerungsschein, während der üblichen Geschäftszeiten, bei einer Depotführenden Bank, die als unmittelbarer Teilnehmer an das System der Clearstream Banking AG angeschlossen ist, zur Überführung in die Girosammelverwahrung einliefern und diese in die ISIN ...... (bzw. ISIN ...... in der Weiteren Annahmefrist) umbuchen lassen. Die eingelieferten Aktienurkunden sowie Gewinnanteilscheine und Erneuerungsscheine dürfen nicht entwertet sein. Gegebenenfalls ist es erforderlich, dass die Y-Aktionäre zur Überführung ihrer Aktienurkunden in die Girosammelverwahrung eine Bankverbindung eröffnen. Nach Einlieferung der Aktienurkunden wird die Depotführende Bank alle notwendigen Maßnahmen, einschließlich der Herstellung der Girosammelverwahrfähigkeit, treffen. Aufgrund des zeitaufwändigen Verfahrens bei der Einreichung der Aktienurkunden wird empfohlen, die Aktienurkunden spätestens eine Woche vor Ablauf der Annahmefrist bzw. der Weiteren Annahmefrist bei der Depotführenden Bank einzureichen.]

11.9 Kosten für Y-Aktionäre, die das Angebot annehmen

Die Annahme des Übernahmeangebots soll für die Y-Aktionäre grundsätzlich frei von Kosten und Spesen der Depotführenden Banken sein. Zu diesem Zweck gewährt die Bieterin den Depotführenden Banken eine diesen gesondert mitgeteilte Ausgleichszahlung, die eine marktübliche Depotbankenprovision umfasst.

Etwaige zusätzliche Kosten und Spesen, die von Depotführenden Banken oder ausländischen Wertpapierdienstleistungsunternehmen erhoben werden, sowie gegebenenfalls anfallende ausländische Steuern und Abgaben, sind jedoch von den betreffenden Y-Aktionären selbst zu tragen.

11.10 Börsenhandel mit Zum Verkauf eingereichten Y-Aktien

Es ist beabsichtigt, die Y-Aktien, für die das Angebot während der Annahmefrist angenommen worden ist, ab dem ...... bis maximal drei Börsenhandelstage vor Ablauf der Annahmefrist handeln zu lassen. Liegen bei Ende der Annahmefrist die Voraussetzungen zum Vollzug dieses Angebots nach Ziffer 13 dieser Angebotsunterlage nicht vor, sollen die Zum Verkauf eingereichten Y-Aktien bis spätestens zum Ablauf des Börsenhandelstags, der auf den Tag der Veröffentlichung des Eintritts aller dann noch ausstehenden Vollzugsbedingungen folgt, im [regulierten Markt (Prime Standard)] der Frankfurter Wertpapierbörse unter der ISIN ...... gehandelt werden können. [Ein Börsenhandel in Nachträglich zum Verkauf eingereichten Y-Aktien ist nicht vorgesehen.] Sollten bis zum Ende der Weiteren Annahmefrist die Vollzugsbedingungen nach Ziffer 13.1. dieser Angebotsunterlage, auf die die Bieterin nicht zuvor verzichtet hat, noch nicht eingetreten sein, wird die Zentrale Abwicklungsstelle die Umbuchung der Nachträglich zum Verkauf eingereichten Y-Aktien in die ISIN ...... veranlassen. Es ist beabsichtigt, in diesem Fall auch die Nachträglich zum Verkauf eingereichten Y-Aktien bis spätestens zum Ablauf des Börsenhandelstags, der auf den Tag der Mitteilung des bevorstehenden Vollzugs des Angebots folgt, im [regulierten Markt (Prime Standard)] der Frankfurter Wertpapierbörse handeln zu lassen.

Die Bieterin weist darauf hin, dass Handelsvolumen und Liquidität der Zum Verkauf eingereichten Y-Aktien [und der Nachträglich zum Verkauf eingereichten Y-Aktien] von der jeweiligen Annahmequote abhängen und deshalb überhaupt nicht vorhanden oder gering sein und starken Schwankungen unterliegen können. Es kann daher nicht ausgeschlossen werden, dass mangels Nachfrage der börsliche Verkauf von zum Verkauf eingereichten Y-Aktien [oder Nachträglich zum Verkauf eingereichten Y-Aktien] nicht möglich sein wird.

Erwerber von Zum Verkauf eingereichten Y-Aktien (ISIN ……) oder Nachträglich zum Verkauf eingereichten Y-Aktien (ISIN ……), übernehmen im Hinblick auf die von ihnen erworbenen Zum Verkauf eingereichten Y-Aktien bzw. Nachträglich zum Verkauf eingereichten Y-Aktien alle Rechte und Pflichten aus den durch die Annahme dieses Angebots im Hinblick auf die jeweiligen Aktien geschlossenen Verträgen.

12. Behördliche Genehmigungen und Verfahren[24]

12.1 Fusionskontrollverfahren

Der Vollzug des Angebots der Bieterin für die Y unterliegt kartellrechtlichen Freigaben bzw. dem Ablauf bestimmter Wartezeiten, die nach den anwendbaren Fusionskontrollvorschriften der Europäischen Union sowie [verschiedenen Jurisdiktionen einschließlich der Vereinigten Staaten] erforderlich sein könnten.

12.1.1 Europäische Union

[Das Angebot unterliegt der Fusionskontrolle der Europäischen Kommission gemäß der Verordnung (EG) Nr. 139/2004 des Rates über die Kontrolle von Unternehmenszusammenschlüssen (die *EG-Fusionskontrollverordnung*).

Die Europäische Kommission hat innerhalb von 25 Werktagen nach Anmeldung der geplanten Fusion darüber zu entscheiden, ob der Zusammenschluss genehmigt oder ein ausführliches Prüfungsverfahren („Phase II") eingeleitet wird. Ergeht innerhalb dieser Frist keine Entscheidung, gilt die geplante Fusion als genehmigt. Die Frist verlängert sich auf 35 Werktage, wenn die Parteien Maßnahmen zur Ausräumung eventueller wettbewerbsrechtlicher Bedenken der Europäischen Kommission vorschlagen, oder wenn ein Mitgliedstaat verlangt, dass die Fusion als Ganzes oder in Teilen den nationalen Kartellbehörden zur Prüfung gemäß den Fusionskontrollvorschriften des Landes vorgelegt wird. Die Europäische Kommission leitet nur dann ein ausführliches Prüfungsverfahren („Phase II") ein, wenn sie ernsthaft befürchtet, dass die Fusion den Wettbewerb im Gemeinsamen Markt oder in einem wesentlichen Teil desselben erheblich beeinträchtigen würde, und wenn die Parteien keine Maßnahmen zur Ausräumung dieser Bedenken vorgeschlagen haben. Wird ein ausführliches Prüfungsverfahren („Phase II") eingeleitet, kann die Untersuchung der Europäischen Kommission bis zu 90 weitere Werktage in Anspruch nehmen. Dieser Zeitraum kann unter bestimmten Umständen, etwa wenn die Parteien noch Maßnahmen zur Ausräumung von Bedenken vorschlagen, verlängert werden.]

12.1.2 U.S.A.

[Nach dem *U.S. Hart-Scott-Rodino Antitrust Improvements Act* von 1976 (der *HSR-Act*) und den Vorschriften, die aufgrund dieses Gesetzes von den Kartellbehörden der Vereinigten Staaten, von der U.S.-Federal Trade Commission (die *FTC*) und dem U.S.-Justizministerium (das *DoJ*) erlassen wurden, dürfen bestimmte Transaktionen erst durchgeführt werden, wenn sie diesen Behörden angezeigt wurden und bestimmte Wartezeiten abgelaufen, hinfällig geworden oder in sonstiger Weise beendet sind.

Sowohl die Bieterin als auch Y haben für das Angebot ein Melde- und Berichtsformular beim DoJ und bei der FTC einzureichen. Die Wartezeit für den Erwerb von Y-Aktien auf

4. Angebotsunterlage – Freiwilliges Kaufangebot E.III.4

Basis des Angebots wird voraussichtlich 15 Tage nach Einreichung der Fusionsankündigungen durch die Bieterin und Y bei den Behörden ablaufen. Die Wartezeit kann jedoch vor ihrem Ablauf noch verlängert werden, falls das DoJ oder die FTC zusätzliche Informationen oder Unterlagen von Bieterin und/oder Y anfordern sollten (die so genannte *Zweite Aufforderung*). Im Fall einer derartigen Zweiten Aufforderung würde die Wartezeit erst am zehnten Tag nach dem Datum ablaufen, an dem die betreffende Partei (oder Parteien) der Aufforderung im Wesentlichen entsprochen hat (haben). Dadurch kann sich die Wartezeit um mehrere Monate verlängern. Nach Ablauf dieses Zeitraums kann die Wartezeit nur noch per Gerichtsbeschluss verlängert werden.

Das DoJ oder die FTC sind berechtigt zu prüfen, ob der geplante Erwerb von Y durch die Bieterin den Wettbewerb in den Vereinigten Staaten wesentlich beeinträchtigen könnte. Das DoJ oder die FTC können jederzeit vor und nach Vollzug der Transaktion beim zuständigen Bundesgericht bestimmte Maßnahmen beantragen, wenn ihnen dies im öffentlichen Interesse als erforderlich oder wünschenswert erscheint. Solche Maßnahmen können unter anderem die Untersagung des Erwerbs der Y-Aktien auf der Grundlage dieses Angebots oder die Anordnung umfassen, bereits erworbene Y-Aktien wieder zu veräußern oder wesentliche Vermögenswerte von verbundenen Unternehmen der Bieterin oder Y zu veräußern. Auch private Parteien (oder U.S.-Bundesstaaten) dürfen Verfahren auf der Grundlage des U.S.-Kartellrechts anstrengen. U.S.-Staaten können auch nach dem anwendbaren einzelstaatlichen Recht klagen.

12.1.3 [ggf. weitere Rechtsordnungen darstellen]
......

12.1.4 Sonstige Rechtsordnungen
Soweit nach anderen anwendbaren Fusionskontrollvorschriften zusätzliche kartellrechtliche Anmeldungen und Anträge erforderlich sind, wird die Bieterin diese, soweit möglich, einreichen.

12.2 Stand der fusionskontrollrechtlichen Verfahren
Die Bieterin hat ihren geplanten Erwerb von Y bei der Europäischen Kommission am ...... und beim DoJ und bei der FTC am ...... angemeldet. [Es ist geplant, die Meldungen an die Kartellbehörden von ......, ... und ...... bis Ende ...... vorzunehmen.]

12.3 [Außenwirtschaftsrechtliche Prüfung[25]
Das Bundesministeriums für Wirtschaft und Technologie kann den Erwerb einer Beteiligung von mindestens 25% der Stimmrechte an Y durch die Bieterin nach § 53 AWV i.V.m. § 7 Abs. 1 und 2 Nr. 6 AWG prüfen und ggf. untersagen bzw. Anordnungen erlassen soweit dies erforderlich ist um die öffentliche Ordnung oder Sicherheit der Bundesrepublik Deutschland zu gewährleisten.]

12.4 [Stand des außenwirtschaftsrechtlichen Verfahrens
Die Bieterin hat am ...... beim Bundesministerium für Wirtschaft und Technologie die Erteilung einer außenwirtschaftsrechtlichen Unbedenklichkeitsbescheinigung beantragt. Die Unbedenklichkeitsbescheinigung gilt als erteilt, wenn das Bundesministerium für Wirtschaft und Technologie nicht spätestens einen Monat nach Antragstellung ein Prüfverfahren eröffnet. Das Bundesministerium für Wirtschaft und Technologie kann bei der fristgerechten Einleitung eines Prüfverfahrens den Erwerb innerhalb von zwei Monaten nach Eingang der vollständigen Unterlagen untersagen oder durch Auflagen beschränken.]

12.5 Gestattung der Veröffentlichung dieser Angebotsunterlage
Die BaFin hat der Bieterin am ...... [Datum] die Veröffentlichung dieser Angebotsunterlage gestattet.

13. Voraussetzungen für den Vollzug

13.1 Vollzugsbedingungen[26]

Das Übernahmeangebot und die durch seine Annahme zustande kommenden Verträge werden nur dann vollzogen, wenn folgende Voraussetzungen gegeben sind *(Vollzugsbedingungen)*:

(a) [Der Erwerb der Kontrolle über Y durch die Bieterin ist von der Europäischen Kommission gemäß der EG-Fusionskontrollverordnung genehmigt worden oder gilt als genehmigt [oder die zuständige Behörde hat erklärt, dass die Voraussetzungen für die Anmeldepflicht nicht oder nicht mehr vorliegen].]

(b) [Alle anwendbaren Wartezeiten nach dem HSR-Act (und eventuelle Verlängerungen) sind abgelaufen, hinfällig geworden oder haben geendet, ohne dass die zuständigen U.S.-Kartellbehörden beim zuständigen Bundesgericht einen Antrag auf Untersagung des Vollzugs des Angebots oder auf Erlass einer entsprechenden einstweiligen Verfügung gestellt haben [oder die zuständige Behörde hat erklärt, dass die Voraussetzungen für die Anmeldepflicht nicht oder nicht mehr vorliegen].]

(c) [Der Erwerb einer Beteiligung in Höhe von mindestens [25%] der Stimmrechte an Y durch die Bieterin ist vom Bundesministerium für Wirtschaft und Technologie gemäß § 53 Abs. 3 AWV für unbedenklich erklärt worden bzw. gilt aufgrund der Nichteinleitung eines Prüfverfahrens als unbedenklich; ist im Fall der Einleitung eines Prüfverfahrens innerhalb von zwei Monaten nach Eingang der vollständigen Unterlagen beim Bundesministerium für Wirtschaft und Technologie nicht untersagt [oder durch Auflagen beschränkt worden] oder das Bundesministerium für Wirtschaft und Technologie hat vor Ablauf der genannten Fristen schriftlich bestätigt, dass der Erwerb weder untersagt wird noch Auflagen auferlegt werden.]

(d) [Bei Ablauf der Annahmefrist ist [das Angebot nicht für Y-Aktien angenommen worden, die der Bieterin von ...... gemäß Aktienkaufvertrag vom ...... (vgl. oben unter Ziff. 6.6 dieser Angebotsunterlage) verkauft worden sind.][...... weiterhin Eigentümer von mindestens ...... Y-Aktien.]

(e) [ggf. weitere Vollzugsbedingungen
......]

Der Vollzug dieses Angebots kann sich auf Grund der vorstehend unter (a) bis (c) aufgeführten Vollzugsbedingungen bis zum ...... verzögern bzw. ganz entfallen. Sind eine oder mehrere der unter Ziffer 13.1(a) bis 13.1(c) dieser Angebotsunterlage genannten Vollzugsbedingungen nicht bis zum ...... eingetreten und hat X nicht auf die betreffenden Vollzugsbedingungen nach § 21 Abs. 1 Nr. 4 WpÜG wirksam verzichtet, erlischt das Angebot. [Ist bei Ablauf der Annahmefrist die unter Ziff. 13.1.(d) dieser Angebotsunterlage genannte Vollzugsbedingung nicht eingetreten und hat die Bieterin auf diese Vollzugsbedingung nicht nach § 21 Abs. 1 Nr. 4 WpÜG wirksam verzichtet, erlischt das Angebot ebenfalls.] Die durch die Annahme des Angebots zustande gekommenen Verträge werden in diesem Fall nicht vollzogen und entfallen (auflösende Bedingung), vgl. Ziffer 13.3 dieser Angebotsunterlage.

13.2 Verzicht auf die Vollzugsbedingungen

X behält sich das Recht vor, bis zu einem Werktag vor Ablauf der Annahmefrist auf eine, mehrere oder alle Vollzugsbedingungen zu verzichten. Dies gilt auch für Vollzugsbedingungen, die zum Zeitpunkt der Verzichtserklärung endgültig ausgefallen sind. Vollzugsbedingungen, auf welche die Bieterin wirksam verzichtet hat, gelten für die Zwecke dieses Angebots als eingetreten. Für die Wahrung der Frist gemäß § 21 Abs. 1 WpÜG ist die Veröffentlichung der Änderung des Angebots gemäß § 21 Abs. 2 WpÜG in Verbindung mit § 14 Abs. 3 Satz 1 WpÜG maßgeblich. Im Falle eines Verzichts auf Vollzugsbedingungen innerhalb der letzten zwei Wochen vor Ablauf der in Ziffer 5.1 dieser Angebotsunterlage genannten Annahmefrist verlängert sich diese um zwei Wochen (§ 21 Abs. 5 WpÜG), also voraussichtlich bis zum ......, 24:00 Uhr (Ortszeit Frankfurt am Main)/[18:00] Uhr (Ortszeit New York).

13.3 Ausfall von Vollzugsbedingungen

Sofern unter Ziffer 13.1.(a) bis 13.1.(c) dieser Angebotsunterlage genannte Vollzugsbedingungen nicht bis zum ...... eingetreten sind und die Bieterin auf die betreffenden Vollzugbedingungen nicht nach § 21 Abs. 1 Nr. 4 WpÜG verzichtet hat, erlischt das Angebot. Sofern die unter Ziffer[n] 13.1.(d) [und (e)] dieser Angebotsunterlage genannte[n] Vollzugsbedingung[en] nicht bis zum Ende der Annahmefrist eingetreten ist [sind] bzw. die Bieterin auf diese Vollzugsbedingung[en] nicht wirksam nach § 21 Abs. 1 Nr. 4 WpÜG verzichtet hat, erlischt das Angebot ebenfalls.

Die durch die Annahme des Angebots zustande gekommenen Verträge werden in beiden Fällen nicht vollzogen und entfallen (auflösende Bedingung); eingelieferte Aktien werden zurückgewährt. Entsprechend ist von den Depotführenden Banken unverzüglich, spätestens innerhalb von vier Bankarbeitstagen nach Bekanntgabe des Erlöschens des Angebots, die Rückbuchung der Zum Verkauf eingereichten Y-Aktien und der Nachträglich zum Verkauf eingereichten Y-Aktien in die ISIN ...... durch die Depotführenden Banken vorzunehmen. Die Rückabwicklung soll frei von Kosten und Spesen der Depotführenden Banken sein. Zu diesem Zweck wird die Bieterin den Depotführenden Banken eine marktübliche Depotbankenprovision gewähren. Gegebenenfalls anfallende ausländische Steuern oder Kosten und Gebühren ausländischer Depotbanken, die keine Depotverbindung bei der Clearstream Banking AG haben, sind allerdings von den betreffenden Y-Aktionären selbst zu tragen.

13.4 Veröffentlichungen zu Vollzugsbedingungen

Die Bieterin gibt unverzüglich im Internet auf der Internetseite *http://www*....... (auf Deutsch und in unverbindlicher englischer Übersetzung) und im elektronischen Bundesanzeiger bekannt, falls (i) auf eine Vollzugsbedingung verzichtet wurde, (ii) alle Vollzugsbedingungen entweder eingetreten sind oder auf sie verzichtet wurde, oder (iii) das Angebot nicht vollzogen wird.

14. Finanzierung des Übernahmeangebots[27]

14.1 Maßnahmen zur Sicherstellung der vollständigen Erfüllung des Übernahmeangebots

14.1.1 Maximale Gegenleistung

Die Bieterin hält bereits insgesamt ...... Y-Aktien (vgl. Ziffer 6.5 dieser Angebotsunterlage). Sollte das Übernahmeangebot für sämtliche übrigen nach Kenntnis der Bieterin gegenwärtig ausgegebenen Y-Aktien, also insgesamt ...... Y-Aktien angenommen werden, beliefe sich die Zahlungsverpflichtung der Bieterin an die annehmenden Y-Aktionäre auf insgesamt ca. ...... EUR (entspricht: Angebotspreis von ...... EUR je Y-Aktie multipliziert mit ...... (verbleibenden) (ausgegebenen) Y-Aktien.) Im Hinblick auf die Ausübungspreise und -fristen für die gegenwärtig ausstehenden Optionen auf Y-Aktien (vgl. Ziffer 7.2 dieser Angebotsunterlage) kann nicht ausgeschlossen werden, dass bis zum Ablauf der Annahmefrist insgesamt ...... Y-Aktien durch Optionsausübung neu entstehen werden. Würde das Übernahmeangebot auch für diese neuen Y-Aktien angenommen werden, würde sich die von der Bieterin zu zahlende Gegenleistung um ...... EUR erhöhen. Darüber hinaus werden der Bieterin im Zusammenhang mit dem Übernahmeangebot und dessen Vollzug Transaktionskosten entstehen, die einen Gesamtbetrag von ...... EUR voraussichtlich nicht übersteigen werden. Die Gesamtkosten der Bieterin für die Übernahme von Y belaufen sich somit voraussichtlich auf maximal ...... EUR *(Gesamttransaktionsbetrag).*

14.1.2 Finanzierung des Übernahmeangebots

Die Bieterin hat vor Veröffentlichung dieser Angebotsunterlage die notwendigen Maßnahmen getroffen, um sicherzustellen, dass ihr die zur vollständigen Erfüllung des Übernahmeangebots notwendigen finanziellen Mittel zum jeweiligen Fälligkeitszeitpunkt zur Verfügung stehen.

Die Bieterin hat am …… mit *[Banken]*, als Arrangeuren und Kreditgebern sowie …… als Facility Agent einen Kreditvertrag abgeschlossen (der *Kreditvertrag*), unter dem der Bieterin ein Kredit bis zu einer Höhe von EUR …… zur Finanzierung des Erwerbs von bis zu 100% der Y-Aktien, einschließlich der Erfüllung der Zahlungsverpflichtungen der Bieterin aus oder im Zusammenhang mit dem Angebot, eingeräumt wurde (der *Kredit*).

Der Kredit kann von der Bieterin so lange in Anspruch genommen werden, bis sie alle ihre Verpflichtungen im Rahmen des Übernahmeangebots erfüllt hat, aber höchstens bis zu …… Kalendertage nach dem Datum der Veröffentlichung dieser Angebotsunterlage. Die Bieterin kann den Kredit in Anspruch nehmen, wenn die aufschiebenden Bedingungen und die Anforderungen an die Dokumentation erfüllt sind (oder die Kreditgeber darauf verzichtet haben), keiner der im Kreditvertrag aufgeführten Kündigungsgründe eingetreten ist, bestimmte weitere im Kreditvertrag beschriebene Voraussetzungen vorliegen und die im Kreditvertrag enthaltenen Zusicherungen im Zeitpunkt der Inanspruchnahme des Kredits richtig und zutreffend sind.

Die Bieterin hat keinen Grund zu der Annahme, dass die Bedingungen für die Inanspruchnahme nicht erfüllt werden.

14.2 Finanzierungsbestätigung[28]

Die …… Bank, eine [Aktiengesellschaft] deutschen Rechts mit Sitz in [Frankfurt am Main], die ein von der Bieterin unabhängiges Wertpapierdienstleistungsunternehmen ist, hat in dem als Anlage 5 beigefügten Schreiben vom …… gemäß § 13 Abs. 1 Satz 2 WpÜG schriftlich bestätigt, dass die Bieterin die notwendigen Maßnahmen getroffen hat, um sicherzustellen, dass die zur vollständigen Erfüllung des Übernahmeangebots notwendigen Mittel zum Zeitpunkt der Fälligkeit des Anspruchs auf die Geldleistung zur Verfügung stehen.

15. Erwartete Auswirkungen des Vollzugs des Übernahmeangebots auf die Vermögens-, Finanz- und Ertragslage [*bei Kreditinstituten:* sowie auf das aufsichtsrechtliche Kernkapital] der Bieterin und der X-Gruppe[29]

15.1 Ausgangslage und Annahmen

Die in dieser Ziffer 15 enthaltenen Angaben beruhen insbesondere auf folgender Ausgangslage bzw. folgenden Annahmen:

15.1.1 Die Bieterin hält bereits …… Y-Aktien (ca. ……% des Grundkapitals von Y).

15.1.2 Mit Ausnahme von Y-Aktien, die zum Zeitpunkt der Unterzeichnung dieser Angebotsunterlage von der Bieterin gehalten werden, erwirbt die Bieterin alle sonstigen gegenwärtig ausgegebenen …… Y-Aktien (ca. ……% der insgesamt vorhandenen Y-Aktien) zum Angebotspreis von …… EUR je Y-Aktie, also gegen Zahlung von insgesamt …… EUR.

15.1.3 Die Anzahl der Optionen auf Y-Aktien, welche innerhalb der Annahmefrist noch ausgeübt werden, wird erst nach Vollzug des Angebots ermittelt werden. Deshalb wurde die mögliche Auswirkung dieser Optionen in den folgenden Berechnungen nicht berücksichtigt. Selbst der höchstmögliche Mittelabfluss im Zusammenhang mit der Ausübung dieser Optionen wäre aus Sicht der Bieterin jedoch nicht wesentlich.

15.1.4 Etwaige weitere Y-Aktien, die nach dem Tag der Veröffentlichung dieser Angebotsunterlage ggf. noch ausgegeben werden, bleiben unberücksichtigt.

15.1.5 Die voraussichtlichen Transaktionskosten in Höhe von …… EUR werden als Anschaffungsnebenkosten aktiviert.

4. Angebotsunterlage – Freiwilliges Kaufangebot E.III.4

15.2 Methodisches Vorgehen und Vorbehalte

Zur Abschätzung der voraussichtlichen Auswirkungen des Übernahmeangebots auf die Vermögens-, Finanz- und Ertragslage der Bieterin sowie der X-Gruppe hat die Bieterin eine vorläufige und ungeprüfte Einschätzung der bilanziellen Situation vorgenommen, die sich bei der Bieterin und – auf Konzernebene – bei der X-Gruppe im Falle der angenommenen vollständigen Übernahme von Y zum ...... ergeben hätte. Im Folgenden werden die auf Basis der in Ziffer 15.1 dieser Angebotsunterlage spezifizierten Annahmen angepasste Pro-forma-Bilanz der Bieterin und die [Pro-forma-] konsolidierte Bilanz der Bieterin der [vorläufigen und ungeprüften] Bilanz der Bieterin und der [vorläufigen und ungeprüften] konsolidierten Bilanz der Bieterin zum ...... gegenübergestellt.

Abgesehen vom beabsichtigten Erwerb der Y-Aktien werden in den folgenden Darstellungen keine sonstigen Auswirkungen auf die Vermögens-, Finanz- und Ertragslage von X bzw. der X-Gruppe berücksichtigt, die sich seit dem ...... ergeben haben oder in Zukunft ergeben können. Ferner wird darauf hingewiesen, dass sich die Auswirkungen der Übernahme von Y auf die zukünftige Vermögens-, Finanz- und Ertragslage der Bieterin [und der X-Gruppe] heute nicht genau vorhersagen lassen. Dafür gibt es u. a. folgende Gründe:

- Die genauen Gesamttransaktionskosten werden erst feststehen, nachdem die Transaktion vollzogen ist und die Anzahl der Y-Aktien, für die dieses Angebot angenommen wurde, feststeht.
- Die aus der Übernahme der Y entstehenden Synergieeffekte und Geschäftschancen können erst nach der Durchführung des Angebots näher analysiert werden und wurden daher nicht einbezogen.
- Obwohl die Y-Gruppe und die X-Gruppe jeweils nach IFRS bilanzieren, liegen den Abschlüssen unterschiedliche Bilanzierungsverfahren, -grundsätze, -methoden und -richtlinien zugrunde. Die Quantifizierung der Auswirkungen dieser Unterschiede ist der Bieterin nicht möglich. Diese Auswirkungen sind dementsprechend nicht berücksichtigt.
- [Im Rahmen der Erstkonsolidierung ist eine Allokation des Kaufpreises sowie der Anschaffungsnebenkosten auf die erworbenen Aktiva und Passiva (Purchase Price Allocation, PPA) durchzuführen. Da dies aber erst nach der Übernahme der Y erfolgen kann, wurde eine Aufteilung auf die einzelnen Bilanzposten nicht vorgenommen. Der gesamte Unterschiedsbetrag aus der Kapitalkonsolidierung wurde stattdessen als Geschäfts- oder Firmenwert unter den immateriellen Vermögenswerten ausgewiesen. Die Ertragslage berücksichtigt demzufolge auch keine Belastung aus erhöhten Abschreibungen im Rahmen der Neubewertung der erworbenen Vermögenswerte.]
- Die Auswirkungen, die die Übernahme auf die Steuerabgrenzungsposten der Y hätte, sind nicht berücksichtigt worden.
- Die aktuellsten (wenn auch ungeprüften) Finanzinformationen sowohl der X-Gruppe als auch der Y-Gruppe beziehen sich auf den ....
- [[TopCo] als Muttergesellschaft des Konzerns hat eine Garantie für die Zahlungsverpflichtungen der Bieterin aus dem Paketanteilskaufvertrag übernommen.]
- [X ist am ...... durch Eintragung in das Handelsregister entstanden. Geprüfte Bilanzen oder Gewinn- und Verlustrechnungen der X liegen dementsprechend noch nicht vor. Für Zwecke der Darstellung der Auswirkungen des Angebots auf den Einzelabschluss der X werden die ungeprüften Finanzinformationen der X aus der Eröffnungsbilanz vom ...... verwendet.]

15.3 Erwartete Auswirkungen auf den Einzelabschluss der Bieterin

15.3.1 Erwartete Auswirkungen auf die Bilanz der Bieterin

Der Erwerb der Y-Aktien nach diesem Übernahmeangebot wird sich nach Einschätzung von X auf die Vermögens- und Finanzlage der Bieterin (unter Zugrundelegung der

Rechnungslegungsvorschriften des Handelsgesetzbuches und der besonderen Rechnungslegungsvorschriften des Aktiengesetzes) im Wesentlichen wie folgt auswirken:

Auswirkungen auf die Bilanz der Bieterin zum ...... [Datum] (HGB)

AKTIVA	ungeprüft		
Mio. EUR	X	Veränderung durch Aktienerwerb	Pro-Forma inkl. der erworbenen Aktien
Anlagevermögen	•		•
Immaterielle Vermögensgegenstände	•		•
Sachanlagen	•		•
Finanzanlagen	•	•	•
Umlaufvermögen	•		•
Vorräte	•		•
Forderungen	•		•
Sonstige Vermögensgegenstände	•		•
Wertpapiere	•		•
Liquide Mittel	•	•	•
Rechnungsabgrenzungsposten	•		•
Bilanzsumme	•	•	•

PASSIVA	ungeprüft		
Mio. EUR	X	Veränderung durch Aktienerwerb	Pro-Forma inkl. der erworbenen Aktien
Eigenkapital	•		•
Grundkapital	•		•
Kapitalrücklage	•		•
Gewinnrücklagen	•		•
Bilanzgewinn	•		•
Rückstellungen	•		•
Rückstellung für Pensionen und ähnliche Verpflichtungen	•		•
Rückstellungen für Eventualverbindlichkeiten und Verluste		•	
Übrige Rückstellungen	•		•
Verbindlichkeiten	•		•
Erhaltene Anzahlungen auf Bestellungen	•		•
Verbindlichkeiten aus Lieferungen und Leistungen	•		•
Übrige Verbindlichkeiten	•	•	•
Rechnungsabgrenzungsposten	•		•
Bilanzsumme	•	•	•

Pro-Forma = Ist-Daten und Veränderung durch Aktienerwerbe

4. Angebotsunterlage – Freiwilliges Kaufangebot E.III.4

Der Erwerb von 100% der Y-Aktien gemäß diesem Angebot wird sich nach Einschätzung von X auf die Vermögens- und Finanzlage der Bieterin im Wesentlichen wie folgt auswirken:

(a) Die Finanzanlagen (Y-Aktien) werden voraussichtlich von EUR ...... um EUR ...... (einschließlich Transaktionskosten, die voraussichtlich EUR ...... nicht übersteigen werden) auf EUR ...... ansteigen. Die Bilanzsumme wird sich um denselben Betrag erhöhen.

(b) Eine vollständige Eigenkapitalfinanzierung würde zu einer Erhöhung des Eigenkapitals um EUR ...... von EUR ...... auf EUR ...... führen, während eine vollständige Fremdkapitalfinanzierung die Finanzschulden von EUR ...... um EUR ...... auf EUR ...... erhöhen würde.

[BEI ERWERB DURCH SPV:
Die Bieterin bilanziert nach den deutschen Grundsätzen ordnungsmäßiger Buchführung gemäß den Vorschriften des Handelsgesetzbuches *(HGB)*.

Da die Bieterin seit ihrer Gründung keine Geschäftstätigkeit entfaltet hat, hat sie bis zum Zeitpunkt der Veröffentlichung der Angebotsunterlage noch keine Umsatzerlöse oder sonstigen Erträge in nennenswertem Umfang erzielt.

Der Erwerb der Y-Aktien aufgrund des Paketanteilskaufvertrags, die Vorerwerbe sowie der Erwerb der übrigen Y-Aktien nach diesem Angebot wird sich auf die Vermögens- und Finanzlage der Bieterin im Wesentlichen wie unten dargestellt auswirken. Dabei spiegelt die dritte Spalte von links die Pro-Forma Bilanz der Bieterin unter Berücksichtigung des Paketanteilskaufvertrags und der Vorerwerbe wieder, während die fünfte Spalte von links zusätzlich noch die übrigen Y-Aktien berücksichtigt, die durch aufgrund des Angebots erworben werden können.

(Bilanz in Mio. EUR)	Bieterin [Datum]	Bieterin (Pro-Forma) nach Vollzug des Paketanteilskaufvertrags	Differenz zum ProForma Stand nach Durchführung des Angebots	Bieterin (Pro-Forma) nach Durchführung des Angebots
Finanzanlagen	0,000			
Bankguthaben und liquide Mittel	0,025			
Aktiva	0,025			
Eigenkapital	0,025			
Finanzverbindlichkeiten	0,000			
Passiva	0,025			

Die Finanzanlagen werden voraussichtlich von EUR ...... auf ca. EUR ...... Millionen ansteigen, einschließlich der Anschaffungsnebenkosten von EUR ...... Millionen, aber ausschließlich der Belastungen durch die Aktienoptionen, für die Y einen Barausgleich vornimmt. Die Bilanzsumme wird sich um denselben Betrag erhöhen.]

15.3.2 Erwartete Auswirkungen auf die Ertragslage der Bieterin

Der Erwerb der Y-Aktien nach diesem Übernahmeangebot wird sich (unter Zugrundelegung der Rechnungslegungsvorschriften des Handelsgesetzbuches und der besonderen Rechnungslegungsvorschriften des Aktiengesetzes) auf die Ertragslage der Bieterin voraussichtlich wie folgt auswirken. Dabei wurde unterstellt, dass die Transaktion zu Beginn des Zeitraums erfolgt ist, auf den sich die Einnahmen und Aufwendungen beziehen.

E.III.4 III. Angebotsunterlagen

Ungeprüfte Gewinn- und Verlustrechnung der Bieterin für die Zeit vom ...... bis ......

Mio. EUR	ungeprüft		
	X	Veränderung durch Aktienerwerb	Pro-Forma inkl. der erworbenen Aktien
Umsatzerlöse	•		•
Bestandsveränderungen und Andere aktivierte Eigenleistungen	•		•
Gesamtleistung	•		•
Sonstige betriebliche Erträge	•		•
Materialaufwand	•		•
Personalaufwand	•		•
Abschreibungen	•		•
Sonstige betriebliche Aufwendungen	•		•
Beteiligungsergebnis	•	•	•
Zinsergebnis	•	•	•
Abschreibungen auf Wertpapiere des Umlaufvermögens	•		•
Ergebnis der gewöhnlichen Geschäftstätigkeit	•		•
Steuern			
Jahresüberschuss			
Einstellung in Gewinnrücklagen	•		•
Bilanzgewinn	•		•

Die Annahme dieses Angebots durch alle anderen Y-Aktionäre würde sich nach Einschätzung der Bieterin auf die Ertragslage der Bieterin voraussichtlich wie folgt auswirken:
(a) Das Ergebnis von X wird in Zukunft auch die Erträge aus der Beteiligung an Y enthalten. Für die Zwecke dieser Pro-forma-Darstellung der Auswirkungen wird ein Betrag von ...... EUR berücksichtigt, der der Dividende entspricht, die im Jahr ...... für das Geschäftsjahr ...... ausgeschüttet wurde (d.h. ...... EUR je Y-Aktie).
(b) Die Aufwendungen von X werden in Zukunft auch aus laufenden Zinszahlungen (abzüglich der Steuereffekte) auf die Kredite bestehen, die zur Finanzierung des Erwerbs der Y-Aktien in Anspruch genommen wurden. Im Fall einer vollständigen Fremdkapitalfinanzierung könnten die Zinsaufwendungen (abzüglich der Steuereffekte) auf bis zu ca. ...... EUR jährlich steigen.
[BEI ERWERB DURCH SPV:
Die künftige Ertragslage der X wird voraussichtlich durch folgende Faktoren beeinflusst:
Die Erträge werden im Wesentlichen aus zukünftigen Dividendenausschüttungen der Y bestehen. Die Höhe dieser Ausschüttungen lässt sich heute noch nicht prognostizieren. [Für das vergangene Geschäftsjahr der Y wurde keine Dividende an die Aktionäre ausgeschüttet.] Künftige Dividendenzahlungen von Y werden davon abhängen, ob Y einen Bilanzgewinn ausweist sowie ob und in welcher Höhe die Hauptversammlung der Y einen Ausschüttungsbeschluss fasst. Dazu kann die X keine Aussage treffen. Es ist derzeit nicht absehbar, dass für das laufende Geschäftsjahr der Y eine Dividende ausgeschüttet werden wird.]

4. Angebotsunterlage – Freiwilliges Kaufangebot   E.III.4

15.4 Auswirkungen auf den konsolidierten Abschluss der X-Gruppe gemäß IFRS

Im Folgenden werden verkürzte Pro-Forma Konzern-Finanzinformationen der X-Gruppe dargestellt. Ihr Zweck ist es, die wesentlichen Auswirkungen der Einbeziehung der Y-Gruppe auf die historischen Finanzinformationen der X-Gruppe darzustellen, wenn die Y-Gruppe zu 100% der X-Gruppe während des gesamten betreffenden Berichtszeitraums angehört hätte.

Die Erstellung der Pro-Forma Konzern-Finanzinformationen erfolgt ausschließlich zur Erfüllung der gesetzlichen Verpflichtungen in Zusammenhang mit diesem Angebot. Sie beschreiben aufgrund ihrer Wesensart lediglich eine hypothetische Situation und spiegeln folglich nicht die tatsächliche Vermögens-, Finanz- und Ertragslage der X-Gruppe wieder. Aussagekräftig sind sie nur in Verbindung mit den historischen Abschlüssen der X-Gruppe.

Der Konzern-Finanzinformationen liegen der ungeprüfte Zwischenabschluss der X-Gruppe zum …… und der ungeprüfte Konzernzwischenabschluss der Y zum …… zugrunde.

15.4.1 Erwartete Auswirkungen auf die Konzern-Bilanz der X-Gruppe

Auf Grundlage der Konzernbilanzen der X-Gruppe sowie der Y-Gruppe zum …… hätte sich der Erwerb von Y durch die Bieterin voraussichtlich wie folgt ausgewirkt:

Konzernbilanz der Bieterin zum …… [Datum]

Aktiva	ungeprüft		
Mio. EUR	X-Konzern	Veränderung durch Aktienerwerb	Pro-Forma nach Aktienerwerb
Immaterielle Vermögenswerte	•	•	•
Sachanlagen	•		•
At Equity bewertete Anteile	•		•
Übrige Finanzanlagen	•		•
Vermietete Vermögenswerte	•		•
Forderungen aus Lieferungen und Leistungen	•		•
Forderungen aus Finanzdienstleistungen	•		•
Sonstige Forderungen und Vermögenswerte	•		•
Wertpapiere	•		•
Aktive Latente Steuern	•		•
Langfristige Vermögenswerte	•		•
Vorräte	•		•
Forderungen aus Lieferungen und Leistungen	•		•
Forderungen aus Finanzdienstleistungen	•		•
Sonstige Forderungen und Vermögenswerte	•		•
Wertpapiere	•		•
Flüssige Mittel		•	
Kurzfristige Vermögenswerte	•		•
Bilanzsumme	•	•	•

Seibt   925

Passiva	ungeprüft		
Mio. EUR	X-Konzern	Veränderung durch Aktienerwerb	Pro-Forma inkl. der erworbenen Aktien
Gezeichnetes Kapital	•		•
Kapitalrücklage	•		•
Gewinnrücklagen	•		•
Währungsumrechnung	•		•
Eigenkapital von Anteilen anderer Gesellschafter	•		•
Hybridkapital	•		•
Anteile anderer Gesellschafter	•		•
Eigenkapital	•		•
Rückstellung für Pensionen und ähnliche Verpflichtungen	•		•
Sonstige Rückstellungen	•		•
Passive Latente Steuern	•		•
Finanzverbindlichkeiten	•		•
Verbindlichkeiten aus Lieferungen und Leistungen	•		•
Sonstige Verbindlichkeiten	•		•
Langfristige Rückstellungen und Verbindlichkeiten	•		•
Steuerrückstellungen	•		•
Sonstige Rückstellungen	•		•
Finanzverbindlichkeiten	•		•
Verbindlichkeiten aus Lieferungen und Leistungen	•		•
Sonstige Verbindlichkeiten	•	•	•
Kurzfristige Rückstellungen und Verbindlichkeiten	•		•
Bilanzsumme	•	•	•

Gegenüber der Konzernbilanz der X-Gruppe zum ...... ergeben sich auf Pro-forma-Grundlage im Wesentlichen folgende Veränderungen:
(a) Der Posten „Geschäfts- und Firmenwert und sonstige immaterielle Vermögenswerte" wird von ...... EUR um ...... EUR auf ...... EUR steigen. Bislang wurden die einzelnen Vermögenswerte und Verbindlichkeiten, die im Rahmen des Erwerbs übernommen werden, noch nicht verteilt.
(b) Die „langfristige Kreditaufnahme" wird aufgrund der Zahlung des Kaufpreises von ...... EUR um ...... EUR auf ...... EUR steigen.
(c) Die übrigen Posten erhöhen sich aufgrund der Aufnahme der einzelnen Bilanzposten von Y.
(d) Die Summe der Aktiva wird sich deshalb von ...... EUR um ...... EUR auf ...... EUR erhöhen.

15.4.2 Ertragslage
Auf Grundlage der Konzern-Gewinn- und Verlustrechnungen der X-Gruppe sowie der Y-Gruppe zum ...... hätte sich der Erwerb von Y durch X voraussichtlich wie folgt ausgewirkt:

4. Angebotsunterlage – Freiwilliges Kaufangebot E.III.4

X-Gruppe: Gewinn- und Verlustrechnung für die Zeit vom ...... bis ......

Mio. EUR	ungeprüft		
	X-Konzern	Veränderung durch Aktienerwerb	Pro-Forma inkl. der erworbenen Aktien
Umsatzerlöse	•		•
EBITDA	•		•
EBIT	•		•
Quartalsüberschuss	•		•

Im Einzelnen ergibt sich Folgendes:

Die Umsatzerlöse und das operative Ergebnis vor außerordentlichen Erträgen / Aufwendungen wurden ermittelt, indem die entsprechenden Positionen aus dem Abschluss von Y addiert wurden. Darüber hinaus wurde eine Anpassung um ...... EUR für konzerninterne Umsätze vorgenommen, die Umsätze zwischen der Y-Gruppe und der X-Gruppe in der entsprechenden Zeit betrifft.

Die Umsatzerlöse werden von ...... EUR um ...... EUR auf ...... EUR ansteigen.

Das operative Ergebnis vor außerordentlichen Erträgen / Aufwendungen wird von ...... EUR um ...... EUR auf ...... EUR ansteigen. Synergien und mögliche Effekte aus der Verteilung der Erwerbskosten wurden nicht berücksichtigt.

Die Kosten der X-Gruppe werden in Zukunft auch aus laufenden Zinszahlungen auf die Darlehen bestehen, die zur Finanzierung des Erwerbs der Y-Aktien in Anspruch genommen wurden. X erwartet insoweit eine Zinsbelastung nach Steuereffekten in Höhe von ...... EUR.

15.5 [*Gem. § 10 KWG bei Kreditinstituten:*] Erwartete Auswirkungen auf das aufsichtsrechtliche Kernkapital der X-Gruppe

Der Erwerb der ...... Y-Aktien durch X aufgrund des Übernahmeangebots würde für die X-Gruppe zum Stand ...... [Datum] voraussichtlich eine Verminderung des gesamten Tier-1-Kapitals in Höhe von ca. ...... EUR und eine Erhöhung der risikogewichteten Aktiva um ...... EUR zur Folge haben. Infolgedessen würde sich die Tier-1-Kapitalquote der X-Gruppe von ca. ......% (Stand ...... [Datum]) auf ca. ......% reduzieren.

16. Rücktrittsrecht[30]

16.1 Voraussetzungen

Y-Aktionäre, die das Angebot angenommen haben, haben die folgenden gesetzlichen Rücktrittsrechte:

(a) Im Falle einer Änderung des Angebots gemäß § 21 Abs. 1 WpÜG können Y-Aktionäre von den durch die Annahme des Angebots geschlossenen Verträgen bis zum Ablauf der Annahmefrist gemäß § 21 Abs. 4 WpÜG zurücktreten, wenn und soweit sie das Angebot vor Veröffentlichung der Angebotsänderung angenommen haben.

(b) Im Falle eines Konkurrierenden Angebots gemäß § 22 Abs. 1 WpÜG können Y-Aktionäre von den durch die Annahme des Angebots geschlossenen Verträgen bis zum Ablauf der Annahmefrist gemäß § 22 Abs. 3 WpÜG zurücktreten, wenn und soweit sie das Angebot vor Veröffentlichung der Angebotsunterlage des Konkurrierenden Angebots angenommen haben.

16.2 Ausübung des Rücktrittsrechts

Y-Aktionäre können ihr Rücktrittsrecht gemäß Ziffer 16.1 dieser Angebotsunterlage nur dadurch ausüben, dass sie vor Ablauf der Annahmefrist

- den Rücktritt für eine zu spezifizierende Anzahl von Zum Verkauf eingereichten Y-Aktien schriftlich gegenüber ihrer Depotführenden Bank erklären, und
- ihre Depotführende Bank anweisen, die Rückbuchung einer Anzahl von in ihrem Depotkonto befindlichen Zum Verkauf eingereichten Y-Aktien, die der Anzahl der Zum Verkauf eingereichten Y-Aktien entspricht, für die der Rücktritt erklärt wurde, in die ISIN ...... bei der Clearstream Banking AG vorzunehmen.

Die Rücktrittserklärung wird nur wirksam, wenn die Zum Verkauf eingereichten Y-Aktien, für die der Rücktritt erklärt wurde, bis spätestens 17:30 Uhr am zweiten Bankarbeitstag nach Ablauf der Annahmefrist in die ISIN ...... bei der Clearstream Banking AG umgebucht worden sind. Diese Umbuchung ist durch die Depotführende Bank nach Erhalt der Rücktrittserklärung zu veranlassen.

Nach der Rückbuchung können die Y-Aktien wieder unter der ISIN DE ...... [ursprüngliche ISIN] gehandelt werden.

17. Hinweise für Y-Aktionäre, die das Übernahmeangebot nicht annehmen

Y-Aktionäre, die beabsichtigen, das Übernahmeangebot nicht anzunehmen, sollten folgendes berücksichtigen:

(a) Der gegenwärtige Börsenkurs der Y-Aktien kann auch den Umstand reflektieren, dass die Bieterin am ...... ihre Entscheidung zur Abgabe des Übernahmeangebots zu ...... EUR je Y-Aktie veröffentlicht hat. Es ist ungewiss, ob sich der Börsenkurs der Y-Aktien nach Durchführung des Übernahmeangebots auch weiterhin auf dem derzeitigen Niveau bewegen oder darüber oder darunter liegen wird.

(b) Die Durchführung des Übernahmeangebots wird voraussichtlich zu einer Verringerung des Streubesitzes bei der Y führen. Es ist also zu erwarten, dass der Handel in Y-Aktien nach Vollzug des Angebots geringer als heute sein wird und somit die Liquidität der Y-Aktien sinkt. Dies kann zur Folge haben, dass Kauf- und Verkaufaufträge für Y-Aktien nicht oder nicht in gewünschten Umfang zeitgerecht ausgeführt werden können. Darüber hinaus könnte die mögliche Einschränkung der Liquidität der Y-Aktie dazu führen, dass es in der Zukunft bei der Y-Aktie zu wesentlich stärkeren Kursschwankungen als in der Vergangenheit kommt.

(c) Die Bieterin wird nach Vollzug dieses Angebots möglicherweise über die erforderliche Stimmenmehrheit verfügen, um wichtige gesellschaftsrechtliche Strukturmaßnahmen bezüglich der Y AG in der Hauptversammlung von Y durchsetzen zu können. Zu diesen Maßnahmen gehören z.B. Satzungsänderungen (einschließlich der Änderung der Rechtsform), Kapitalerhöhungen, der Ausschluss von Bezugsrechten der Aktionäre bei Kapitalmaßnahmen, Umwandlungen, Verschmelzungen und Auflösungen (einschließlich einer sogenannten übertragenden Auflösung). Nur mit einigen der genannten Maßnahmen wäre nach deutschem Recht die Pflicht der Bieterin verbunden, den Minderheitsaktionären jeweils auf der Grundlage einer Unternehmensbewertung der Y ein Angebot zu machen, ihre Aktien gegen eine angemessene Abfindung zu erwerben oder einen Ausgleich zu gewähren. Da diese Unternehmensbewertung auf die zum Zeitpunkt der Beschlussfassung der Hauptversammlung der Y über die jeweilige Maßnahme bestehenden Verhältnisse abstellen müsste, könnte ein Abfindungsangebot wertmäßig dem Angebotspreis entsprechen, könnte aber auch höher oder niedriger ausfallen. Die Durchführung einiger dieser Maßnahmen könnte zudem zu einer Beendigung der Börsennotierung der Y-Aktien führen.

(d) Insbesondere für den Fall, dass die Bieterin nach Vollzug des Angebots mindestens 75% der Stimmrechte an der Y AG hält, könnte die Bieterin beschließen, einen Beherrschungs- und/oder Gewinnabführungsvertrag mit der Bieterin als herrschendem Unternehmen und der Y als beherrschtem Unternehmen abzuschließen. Ein solcher Vertrag erfordert unter anderem die Zustimmung von mindestens 75% des auf der

4. Angebotsunterlage – Freiwilliges Kaufangebot E.III.4

Hauptversammlung der Y vertretenen Grundkapitals. Ein Beherrschungs- und/oder Gewinnabführungsvertrag müsste eine wiederkehrende Barzahlung als Vergütung für die außenstehenden Y-Aktionäre vorsehen (§ 304 AktG). Zudem würde der Abschluss eines Beherrschungs- und/oder Gewinnabführungsvertrags die Bieterin verpflichten, sämtlichen außenstehenden Y-Aktionären den Erwerb ihrer Aktien gegen Zahlung einer angemessenen Abfindung anzubieten (§ 305 AktG). Der Betrag der angemessenen Barabfindung könnte dem Angebotspreis von ...... EUR je Y-Aktie entsprechen, aber auch darüber oder darunter liegen.

(e) Sofern der Bieterin nach Durchführung dieses Angebots oder zu einem späteren Zeitpunkt mindestens 95 % des dann bestehenden Grundkapitals der Y zusteht, könnte sie in Erwägung ziehen, auf der Hauptversammlung der Y gemäß §§ 327 a ff. AktG die Übertragung der Y-Aktien der außenstehenden Y-Aktionäre auf die Bieterin gegen Zahlung einer angemessenen Barabfindung zu beschließen. Der Betrag der angemessenen Barabfindung könnte dem Angebotspreis von ...... EUR je Y-Aktie entsprechen, aber auch darüber oder darunter liegen. Die Durchführung eines Squeeze out der Minderheitsaktionäre gemäß §§ 327 a ff. AktG würde zur Beendigung der Börsennotierung der Y-Aktien führen. Gemäß § 23 Abs. 1 Nr. 4 WpÜG hat die Bieterin das Erreichen der vorerwähnten Beteiligungsschwelle von 95 % unverzüglich zu veröffentlichen.

(f) Würde die Bieterin im Rahmen dieses Übernahmeangebots eine Beteiligung von mindestens 95 % erreichen, könnte die Bieterin nach § 39 a WpÜG einen Antrag auf Ausschluss der übrigen Y-Aktionäre stellen. Auch wenn die Bieterin von dieser Möglichkeit keinen Gebrauch macht, können gemäß § 39 c WpÜG Y-Aktionäre, welche dieses Übernahmeangebot nicht angenommen haben, bei Vorliegen der Voraussetzungen des § 39 a WpÜG dieses Angebot innerhalb von drei Monaten nach Ablauf der Annahmefrist annehmen. Die Ausschlussverfahren gemäß §§ 327 a ff. AktG und §§ 39 a ff. WpÜG können wahlweise, nicht aber gleichzeitig verfolgt werden. Der Betrag der angemessenen Barabfindung könnte dem Angebotspreis von ...... EUR je Y-Aktie entsprechen, aber auch darüber oder darunter liegen. Die Durchführung eines Squeeze out gemäß §§ 39 a f. WpÜG würde ebenfalls zur Beendigung der Börsennotierung der Y-Aktien führen.

(g) [HINWEIS: Handelt es sich bei der Bieterin um eine Aktiengesellschaft oder Kommanditgesellschaft auf Aktien, ist dieser folgende Hinweis (g) ab Inkrafttreten von § 62 Abs. 5 UmwG n. F. aufzunehmen; dies wird voraussichtlich spätestens bis zum 30. 6. 2011 der Fall sein:] Falls die Bieterin nach Vollzug des Angebots oder zu einem späteren Zeitpunkt 90 % des Grundkapitals an der Y AG hält, kann sie gemäß § 62 Abs. 5 UmwG i. V. m. §§ 327 a ff. AktG einen Ausschluss der außenstehenden Y-Aktionäre erwirken. Den ausgeschlossenen Y-Aktionären stünde ein Anspruch auf Gewährung einer angemessenen Barabfindung zu, deren Höhe dem Angebotspreis von ...... EUR je Y-Aktie entsprechen, aber auch darüber oder darunter liegen kann. Im Falle einer 90 prozentigen Beteiligung wäre die Bieterin aber weder zur Durchführung eines Squeeze out, noch zu einem Aufkauf der Y-Aktien von außenstehenden Y-Aktionäre verpflichtet. Die Durchführung eines Squeeze out gemäß § 62 Abs. 5 UmwG i. V. m. §§ 327 a ff. AktG würde ebenfalls zur Beendigung der Börsennotierung der Y-Aktien führen.

(h) Nach Vollzug des Angebots oder zu einem späteren Zeitpunkt könnte Y bei Vorliegen der dafür erforderlichen Voraussetzungen in Erwägung ziehen, den Widerruf der Zulassung der Y-Aktien zum Teilbereich des [regulierten Markts der Frankfurter Wertpapierbörse mit weiteren Zulassungsfolgepflichten (*Prime Standard*)] zu beantragen. In diesem Falle würden Y-Aktionäre nicht mehr von den gesteigerten Berichtspflichten des Prime Standards profitieren.

(i) ...... (weitere Hinweise)

18. Geldleistungen und Geldwerte Vorteile für Mitglieder des Vorstands oder des Aufsichtsrats der Y[31]

Weder Vorstands- noch Aufsichtsratsmitgliedern von Y wurden im Zusammenhang mit diesem Übernahmeangebot Geldleistungen oder geldwerte Vorteile gewährt oder in Aussicht gestellt.

Mitgliedern des Vorstands und des Aufsichtsrats der Y, die Inhaber von Y-Aktien sind, steht es frei, dieses Übernahmeangebot anzunehmen. Sie erhalten in diesem Fall wie alle anderen Y-Aktionäre den Angebotspreis als Gegenleistung.

19. Begleitende Bank

Die ...... Bank AG hat die Bieterin bei der Vorbereitung dieses Übernahmeangebots beraten. Die ...... Bank AG, ..., koordiniert die technische Durchführung und Abwicklung des Übernahmeangebots.

20. Steuern

Die Bieterin empfiehlt den Y-Aktionären, hinsichtlich der steuerlichen Auswirkungen einer Annahme dieses Übernahmeangebots eine ihre persönlichen Verhältnisse berücksichtigende steuerliche Beratung einzuholen.

21. Veröffentlichungen und Mitteilungen[32]

Gemäß § 14 Abs. 3 WpÜG wird diese Angebotsunterlage am ...... veröffentlicht durch (i) Bekanntgabe im Internet unter *http://www.*...... und (ii) Bereithaltung von Exemplaren dieser Angebotsunterlage zur kostenlosen Ausgabe bei der [Bank] (Bestellung per Telefax an ......) sowie Bekanntgabe im elektronischen Bundesanzeiger, bei welcher Stelle die Angebotsunterlage bereitgehalten wird und unter welcher Adresse die Veröffentlichung der Angebotsunterlage im Internet erfolgt.

[Darüber hinaus wird die Bieterin (i) eine unverbindliche englische Übersetzung der Angebotsunterlage, die von der BaFin nicht geprüft wurde, unter der vorgenannten Internetadresse einstellen sowie (ii) [in der *Frankfurter Allgemeine Zeitung* und] in The *Wall Street Journal* (U.S.-Ausgabe) bekannt geben, bei welcher Stelle die Angebotsunterlage bereitgehalten wird und unter welcher Adresse die Veröffentlichung der Angebotsunterlage im Internet erfolgt.]

Alle nach dem WpÜG oder den anwendbaren kapitalmarktrechtlichen Bestimmungen der Vereinigten Staaten erforderlichen Veröffentlichungen und Bekanntmachungen im Zusammenhang mit diesem Angebot werden im Internet unter *http://www.*...... (auf Deutsch und in unverbindlicher englischer Übersetzung) und, soweit gemäß WpÜG erforderlich, im elektronischen Bundesanzeiger sowie (durch Verbreitung einer englischsprachigen Pressemitteilung über ein elektronisch betriebenes Informationsverbreitungssystem) in den Vereinigten Staaten veröffentlicht.

22. Anwendbares Recht und Gerichtsstand[33]

Dieses Angebot und die Verträge, die infolge der Annahme dieses Angebots zustande kommen, unterliegen deutschem Recht. Ausschließlicher Gerichtsstand für alle aus oder im Zusammenhang mit diesem Angebot (sowie jedem Vertrag, der infolge der Annahme dieses Angebots zustande kommt) entstehenden Rechtsstreitigkeiten ist, soweit gesetzlich zulässig, Frankfurt am Main, Deutschland.

23. Zusätzliche Informationen für U.S.-Aktionäre

Dieses dem deutschen Recht unterliegende Angebot erfolgt an die U.S.-Aktionäre der Y AG in Übereinstimmung mit den anwendbaren U.S.-amerikanischen Wertpapiergesetzen, einschließlich der aufgrund des Exchange Act erlassenen Regulation 14E. Dieses Angebot erfüllt nicht die Voraussetzungen für die Anwendbarkeit der Regulation 14D des Exchange Act. Dementsprechend wurde diese Angebotsunterlage weder bei der SEC eingereicht noch von dieser geprüft. U.S.-Aktionäre sollten beachten, dass dieses Angebot im Hinblick auf die Wertpapiere einer deutschen Gesellschaft erfolgt und damit den Offenlegungsvorschriften der Bundesrepublik Deutschland unterliegt, die sich von denen der U.S.A. unterscheiden.

Die Bieterin kann nach Rule 14e-5 des Exchange Act während der Laufzeit dieses Angebots Y-Aktien in anderer Weise als im Rahmen dieses Angebots über die Börse oder außerbörslich außerhalb der U.S.A. erwerben oder entsprechende Erwerbsvereinbarungen schließen, sofern dies im Einklang mit den anwendbaren deutschen Rechtsvorschriften, insbesondere dem WpÜG, erfolgt. Soweit nach deutschem Recht erforderlich, werden Informationen über entsprechende Erwerbe oder Erwerbsvereinbarungen in Deutschland veröffentlicht werden. Entsprechende Informationen werden auch in Form einer unverbindlichen englischen Übersetzung auf der Website der Bieterin unter *http://www......* veröffentlicht.

24. Inhaber von Y-ADRs

Das Angebot richtet sich nicht an Inhaber von Y-ADRs. Die Inhaber von Y-ADRs, die sich an dem Angebot beteiligen möchten, sollten ihre Y-ADRs der [Depotbank] (der U.S.-Depotbank) zur Entwertung (nach Erfüllung der Bedingungen des Hinterlegungsvertrags für das Y-ADR-Programm, einschließlich der Entrichtung der Bearbeitungsgebühren der U.S.-Depotbank sowie eventueller Übertragungsgebühren, Steuern und Abgaben) gegen Lieferung von Y-Aktien vorlegen, um Inhaber von Y-Aktien zu werden, für die das Angebot angenommen werden kann.

Die U.S.-Depotbank darf zusätzlich zu den anfallenden Übertragungsgebühren, Steuern und Abgaben eine Gebühr von bis zu ...... USD je ...... [Anzahl] Y-ADRs oder einen Teil davon für aus dem Y-ADR-Programm zurückgezogene Y-Aktien berechnen. Die den Y-ADRs zugrunde liegenden Y-Aktien, die die Inhabern der Y-ADRs aufgrund einer solchen Entwertung erhalten haben, können dann im Rahmen dieses Angebots gemäß dieser Angebotsunterlage zum Verkauf eingereicht werden.

25. Erklärung über die Übernahme der Verantwortung

Die Bieterin, eine deutsche ...... [Rechtsform] mit Sitz in ......, eingetragen im Handelsregister des Amtsgerichts ...... unter HRB ......, übernimmt die Verantwortung für den Inhalt dieser Angebotsunterlage und erklärt, dass ihres Wissens die in dieser Angebotsunterlage enthaltenen Angaben richtig und keine wesentlichen Umstände ausgelassen sind.

......, den ......
Bieterin
......

Anlage 1

Tochterunternehmen der Bieterin

......

Anlage 2

Die Bieterin kontrollierende Personen und Gesellschaften

......

Anlage 3

Tochterunternehmen der die Bieterin kontrollierende
Personen und Gesellschaften

......

Anlage 4

Tochterunternehmen der Y-AG

......

Anlage 5

Finanzierungsbestätigung der ...... [Name der Bank], ...

[Bieterin]
...... [Anschrift]

...... , ...

Öffentliches Übernahmeangebot der Bieterin für sämtliche Aktien der Y

Hier: Finanzierungsbestätigung gemäß § 13 Abs. 1 Satz 2 WpÜG

Sehr geehrte Damen und Herren,

die ...... [Name der Bank] mit Sitz in ...... [Ort] ist ein von der Bieterin mit Sitz in ...... [Ort] im Sinne des § 13 Abs. 1 Satz 2 WpÜG unabhängiges Wertpapierdienstleistungsunternehmen.

Wir bestätigen hiermit gemäß § 13 Abs. 1 Satz 2 WpÜG, dass die Bieterin die notwendigen Maßnahmen getroffen hat, um sicherzustellen, dass ihr die zur vollständigen Erfüllung des Übernahmeangebots notwendigen Mittel zum Zeitpunkt der Fälligkeit des Anspruchs auf die Geldleistung zur Verfügung stehen.

Mit der Wiedergabe dieses Schreibens in der Angebotsunterlage für das Übernahmeangebot gemäß § 11 Abs. 2 Satz 3 Nr. 4 WpÜG sind wir einverstanden.

Mit freundlichen Grüßen

......

Schrifttum: Aha, Rechtschutz der Zielgesellschaft bei mangelhaften Übernahmeangeboten, AG 2002, 160; *Arnold*, Die neue konzernweite Stimmrechtszurechnung gemäß § 30 Abs. 1 S. 1 Nr. 1 WpÜG – eine neue Dimension der Zurechnung im Konzern, AG 2006, 567; *Assmann*, Erwerbs-, Übernahme- und Pflichtangebote nach dem Wertpapiererwerbs- und Übernahmegesetz aus der Sicht der Bietergesellschaft, AG 2002, 114; *ders.*, Die Haftung für die Richtigkeit und Vollständigkeit der Angebotsunterlage nach § 12 WpÜG, AG 2002, 153; *Baum*, „Öffentlichkeit" eines Erwerbsangebots als Anwendungsvoraussetzung des Übernahmerechts, AG 2003, 144; *Bayer/J. Schmidt*, Der Referentenentwurf zum 3. UmwÄndG: Vereinfachungen bei Verschmelzungen und Spaltungen und ein neuer verschmelzungsspezifischer Squeeze out, ZIP 2010, 953; *Behnke*, Erste Praktische Erfahrungen mit dem Ausschluss ausländischer Anteilsinhaber nach § 24 WpÜG, WM 2002, 2229; *Berger/Filgut*; Material-Adverse-Change-Klauseln in Wertpapiererwerbs- und Übernahmeangeboten, WM 2005, 253; *Berrar/Schnorbus*, Rückerwerb eigner Aktien und Übernahmerecht, ZGR 2003, 59; *Busch*, Bedingungen in Übernahmeangeboten, AG 2002, 145; *Ekkenga/Hofschroer*, Das Wertpapiererwerbs- und Übernahmegesetz (II), DStR 2002, 768; *Friedl*, Die Stellung des Aufsichtsrats der Zielgesellschaft bei Abgabe eines Übernahmeangebots nach neuem Übernahmerecht unter Berücksichtigung des Regierungsentwurfs zum Übernahmerichtlinie-Umsetzungsgesetz, NZG 2006, 422; *Georgieff/Hauptmann*, Die Finanzierungsbestätigung nach § 13 WpÜG: Rechtsfragen in Zusammenhang mit überwiegend fremdfinanzierten öffentlichen Barangeboten, AG 2005, 277; *Grobys*, Arbeitsrechtliche Aspekte des Wertpapiererwerbs- und Übernahmegesetzes, NZA 2002, 1; *Habersack*, Auf der Suche nach dem gerechten Preis – Überlegungen zu § 31 WpÜG, ZIP 2003, 1123; *Hamann*, Die Angebotsunterlage nach dem WpÜG – ein praxisorientierter Überblick, ZIP 2001, 2249; *Holzborn*, Ausschluss ausländischer Aktionäre nach § 24 WpÜG – „Die Disclaimerproblematik", BKR 2002, 67; *Hopt/Mülbert/Kumpan*, Reformbedarf im Übernahmerecht, AG 2005, 109; *Ihrig*, Rechtschutz Dritter im Übernahmerecht, ZHR 167 (2003), 315; *Krause*, Zwei Jahre Praxis mit dem Wertpapiererwerbs- und Übernahmegesetz, NJW 2004, 3681; *Lenz*, Das Wertpapiererwerbs- und Übernahmegesetz in der Praxis des Bundesanstalt für Finanzdienstleistungsaufsicht, NJW 2003, 2073; *Lenz/Behnke*, Das WpÜG im Praxistest. Ein Jahr Angebotsverfahren unter Regie des neuen Gesetzes, BKR 2003, 43; *Lenz/Linke*, Die Handhabung des WpÜG in der aufsichtsrechtlichen Praxis, AG 2002, 361; *dies.*, Rückkauf eigener Aktien nach dem Wertpapiererwerbs- und Übernahmegesetz, AG 2002, 420; *Liebscher*, Das Übernahmeverfahren nach dem neu-

4. Angebotsunterlage – Freiwilliges Kaufangebot E.III.4

en Übernahmegesetz – übernahmerechtliche Grenzen der Gestaltungsfreiheit im Hinblick auf die Übernahmestrategien des Bieters, ZIP 2001, 853; *Liekefett*, Bietergleichbehandlung bei öffentlichen Übernahmeangeboten – Zugleich ein Beitrag zur Konkretisierung des Gesellschaftsinteresses in Übernahmesituationen, AG 2005, 802; *Lorz/Pfisterer/Gerber*, Beck'sches Formularbuch Aktienrecht, 2005; *Maul/Muffat-Jeandet*, Die EU-Übernahmerichtlinie – Inhalt und Umsetzung in nationales Rechts (Teil I und II), AG 2004, 221 und 306; *Merkt/Binder*, Änderungen im Übernahmerecht nach Umsetzung der EG-Übernahmerichtlinie: Das deutsche Umsetzungsgesetz und verbleibende Problemfelder, BB 2006, 1285; *Möller*, Rechtsmittel und Sanktionen nach dem Wertpapiererwerbs- und Übernahmegesetz, AG 2002, 170; *Mülbert*, Umsetzungsfragen der Übernahmerichtlinie – erheblicher Änderungsbedarf bei den heutigen Vorschriften des WpÜG, NZG 2004, 633; *Reinhardt/Pelster*, Stärkere Kontrolle von ausländischen Investitionen – Zu den Änderungen von AWG und AWV, NZG 2009, 441; *Schneider*, Die Zielgesellschaft nach Abgabe eines Übernahme- oder Pflichtangebots, AG 2002, 125; *Schnorbus*, Rechtsschutz im Übernahmeverfahren (Teil I und II), WM 2003, 616, 657; *Scholz*, Das Übernahme- und Pflichtangebot bei der KGaA, NZG 2006, 445; *Schüppen*, WpÜG-Reform: Alles Europa, oder was?, BB 2006, 165; *Schulz*, Angaben zur Finanzierung eines Angebots und zu den erwarteten Auswirkungen auf die wirtschaftlichen Verhältnisse beim Bieter, M&A 2002, 559; *Seibt*, „Stimmrechtszurechnung nach § 30 WpÜG zum Alleingesellschafter-Geschäftsführer einer GmbH?", ZIP 2005, 729; *ders.*, Grenzen des übernahmerechtlichen Zurechnungstatbestandes in § 30 Abs. 2 WpÜG (Acting in Concert) – Zugleich Besprechung von OLG Frankfurt/M, Beschluss vom 25. 6. 2004, ZIP 2004, 1829; *ders.*, Rechtsschutz im Übernahmerecht, ZIP 2003, 1865; *Seibt/Heiser*, Analyse des Übernahmerichtlinie-Umsetzungsgesetzes (Regierungsentwurf), AG 2006, 301; *dies.*, Analyse der EU-Übernahmerichtlinie und Hinweise für eine Reform des deutschen Übernahmerechts, ZGR 2005, 200; *dies.*, Der neue Vorschlag einer EU-Übernahmerichtlinie und das deutsche Übernahmerecht, ZIP 2002, 2193; *Seibt/Wollenschläger*, Unternehmenstransaktionen mit Auslandsbezug nach der Reform des Außenwirtschaftsrechts, ZIP 2009, 833; *Simon/Merkelbach*, Das Dritte Gesetz zur Änderung des UmwG, DB 2011, 1317; *Singhof/Weber*, Bestätigung der Finanzierungsmaßnahmen und Barabfindungsgewährleistung nach dem Wertpapiererwerbs- und Übernahmegesetz, WM 2002, 1158; *Thoma*, Das Wertpapiererwerbs- und Übernahmegesetz im Überblick, NZG 2002, 105; *Wagner*, Der Regierungsentwurf für ein Drittes Gesetz zur Änderung des Umwandlungsgesetzes, DStR 2010, 1629; *Winter/Harbarth*, Verhaltenspflichten von Vorstand und Aufsichtsrat der Zielgesellschaft bei feindlichen Übernahmen nach dem WpÜG, ZIP 2002, 1.

Anmerkungen

1. Überblick. Das zum 1. 1. 2002 in Kraft getretene „Wertpapiererwerbs- und Übernahmegesetz" (WpÜG) schaffte erstmals in Deutschland rechtlich verbindliche Rahmenbedingungen für öffentliche Übernahmen und sonstige öffentliche Angebote zum Erwerb von Wertpapieren börsennotierter Aktiengesellschaften und Kommanditgesellschaften auf Aktien. Der Verabschiedung des WpÜG war eine über Jahrzehnte dauernde Entstehungsgeschichte sowohl auf deutscher als auch auf europäischer Ebene vorausgegangen. Während die nationale Diskussion mit dem Inkrafttreten des WpÜG vorläufig beendet war, dauerte letztere noch bis zum Inkrafttreten der EU-Übernahmerichtlinie (Richtlinie 2004/25/EG des Europäischen Parlaments und des Rates vom 21. 4. 2004 betreffend Übernahmeangebote, ABl. 2004 L 142/12) am 20. 5. 2004 an (vgl. zur Entstehungsgeschichte der RL z. B. *Seibt/Heiser* ZGR 2005, 200 ff.; *Maul/Muffat-Jeandet* AG 2004, 221, 223 ff.). Ziel dieser EU-Übernahmerichtlinie ist die Schaffung einer gemeinschaftsweiten Rahmenregelung zum Schutz von Aktionärsinteressen bei Übernahmeangeboten und sonstigen Kontrollerwerben durch die Festlegung von gesetzlichen Mindestvorgaben für Übernahmeverfahren. Der zur Umsetzung der EU-Übernahmerichtlinie am 15. 2. 2006 verabschiedete Referentenentwurf eines Übernahmerichtlinie-Umsetzungsgesetzes zielte auf eine Umsetzung der EU-Übernahmerichtlinie „Eins zu Eins" ab (RegBegr. ÜbRL-UG, A. Allgemeiner Teil, S. 1) und folgte nicht dem vielfältigen Ruf des Schrifttums (z.B. *Seibt/Heiser* ZGR 2005, 200 ff.; *Hopt/Mülbert/Kumpan* AG 2005, 109 ff.; *Schüppen* BB 2006, 165 ff.) nach einer umfassenderen Übernahmerecht-Novelle, welche die in der Praxis aufgedeckten Gesetzesmängel und Unklarheiten beseitigt. Dieser Gesetzesentwurf ist als Übernahmerichtlinie-Umsetzungsgesetz am 14. 7. 2006 in Kraft getreten (vgl. zu den sich daraus ergebenden Änderungen für das WpÜG *Seibt/Heiser* AG 2006, 301; *Merkt/Binder* BB 2006, 1285; *Mülbert* NZG 2004, 633).

Vom WpÜG erfasst werden grundsätzlich (1) öffentliche Angebote *(„offerta ad incertas personas")* zum Erwerb von Wertpapieren einer AG/KGaA mit Sitz im Inland und Zulassung zum Handel an einem organisierten (europäischen) Markt sowie (2) öffentliche Angebote zum Erwerb von Gesellschaften mit Sitz in einem anderen Staat des Europäischen Wirtschaftsraums mit Zulassung zum Handeln im Inland (§ 1 WpÜG). Für Zielgesellschaften mit Sitz im Inland, deren Wertpapiere ausschließlich im Ausland zum Handel an einem organisierten Markt im Europäischen Wirtschaftsraum (§ 2 Abs. 7 WpÜG) zugelassen sind, gilt das WpÜG jedoch nur noch hinsichtlich der das Gesellschaftsrecht regelnden Normen (§ 1 Abs. 2 WpÜG). Für Angebote, die ausschließlich auf den Erwerb der nicht zum Handel zugelassenen Aktien einer börsennotierten Gesellschaft gerichtet sind, ist das WpÜG auch künftig nicht anwendbar (zu den Einzelheiten der jeweiligen Fallkonstellationen siehe *Seibt/Heiser* AG 2006, 301, 303 f.). Das WpÜG regelt drei Angebotstypen, nämlich (i) das **freiwillige (Teil-)Angebot**, das sich auf den Erwerb von Wertpapieren einer Zielgesellschaft richtet, ohne dass hierdurch eine Kontrollposition begründet wird, (ii) das **(freiwillige) Übernahmeangebot**, das auf den Erwerb der Kontrolle über eine Zielgesellschaft gerichtet ist und sich zwingend auf sämtliche Aktien der Zielgesellschaft zu erstrecken hat (§§ 29 Abs. 1, 32 WpÜG), und (iii) das **Pflichtangebot**, das nach Kontrollerlangung zwingend abzugeben ist und sich ebenfalls auf sämtliche Aktien der Zielgesellschaft beziehen muss (§ 35 WpÜG). Für diese Angebotstypen gelten nach Maßgabe des WpÜG verschiedene allgemeine und besondere Verfahrensvorschriften und -grundsätze. Danach sind die Inhaber von Wertpapieren, die derselben Gattung angehören, gleich zu behandeln (§ 3 Abs. 1 WpÜG). Daneben ist zu beachten, den Angebotsadressaten genügend Zeit zu gewähren und ausreichende Informationen zu erteilen, um ihnen in Kenntnis der Sachlage eine Entscheidung über das Angebot zu ermöglichen (§ 3 Abs. 2 WpÜG). Um die Zielgesellschaft nicht länger als unbedingt erforderlich durch das Übernahmeangebot in ihrer Geschäftstätigkeit zu behindern, postuliert § 3 Abs. 4 WpÜG, dass die Bieterin und die Zielgesellschaft das Verfahren rasch durchzuführen haben. Der typische Ablauf eines Angebotsverfahrens gliedert sich dabei in die Verfahrensabschnitte **Vorangebotsphase, Erstellung und Veröffentlichung der Angebotsunterlage, Annahme des Angebots** und **Nachangebotsphase**. Die im WpÜG nur partiell geregelte Vorangebotsphase umfasst die Entscheidung, ein Angebot zu machen, und erstreckt sich bis zur Veröffentlichung der Entscheidung über die Abgabe eines öffentlichen Angebots (vgl. § 10 WpÜG). In der Praxis gestaltet sich insbesondere bei mehrstufigen Entscheidungsprozessen innerhalb des Bieterunternehmens die Bestimmung des genauen Zeitpunkts der Entscheidungsfindung schwierig. Im Falle eines Pflichtangebots (vgl. Form E. II.5) ist anstelle der Entscheidung zur Angebotsabgabe die Kontrollerlangung über die Zielgesellschaft zu veröffentlichen (§ 35 Abs. 1 WpÜG). Innerhalb von vier Wochen nach Veröffentlichung ihrer Entscheidung zu Angebotsabgabe bzw. des Kontrollerwerbs muss die Bieterin eine Angebotsunterlage erstellen und der BaFin zur Prüfung übermitteln (§ 14 Abs. 1 WpÜG). Die Annahmefrist für das Angebot beträgt mindestens vier und maximal zehn Wochen ab Veröffentlichung der Angebotsunterlage (§ 16 Abs. 1 S. 1 WpÜG). Wird im Zusammenhang mit dem Angebot eine Hauptversammlung der Zielgesellschaft einberufen, beträgt die Annahmefrist zwingend 10 Wochen (§ 16 Abs. 3 S. 1 WpÜG). Während dieser vier bis maximal zehn Wochen hat die Bieterin wöchentlich sowie in der letzten Woche vor Ablauf der Annahmefrist täglich sog. „Wasserstandsmeldungen" über den aktuellen Stand ihres Angebots im Internet zu veröffentlichen und die BaFin zu informieren. Gemäß § 23 Abs. 1 WpÜG sind Gegenstand dieser „Wasserstandsmeldungen" die von der Bieterin bzw. die von mit ihr gemeinsam handelnden Personen (§ 2 Abs. 5 WpÜG) gehaltenen Aktien an der Zielgesellschaft sowie die bei der Bieterin eingegangenen Annahmeerklärungen. Mit Ablauf der Annahmefrist beginnt die sog. Nachangebotsphase. Sofern die im Angebot festgelegten Mindestannahmequoten sowie die von der Bieterin gestellten Bedingungen erfüllt worden sind, sind Leistung und Gegenleistung zu erbringen; bei erfolglosen Angeboten tritt an diese Stelle die Rückbuchung bereits zum Kauf eingereichter Wertpapiere. Während dieser Zeit treffen die Bieterin weiterhin zahlreiche Mitteilungs- und Veröffentlichungspflichten, insbesondere eine nachlaufende Veröffentlichungspflicht bezüglich weiterer Aktienkäufe (§ 23 Abs. 2 WpÜG; ausf. zu den Pflichten der Bieterin in der Nachangebotsphase *Assmann* AG 2002, 114, 116 ff.). Die BaFin überwacht die Einhaltung dieser Verfahrensvorschriften und -grundsätze (vgl. § 4 WpÜG). Mit Inkrafttreten des Übernahmerichtlinie-Umsetzungsgesetzes wurden die in § 40 WpÜG geregelten Eingriffsrechte der BaFin – in Anlehnung an § 4 Abs. 3 und

4. Angebotsunterlage – Freiwilliges Kaufangebot E.III.4

4 WpHG – um (i) ein Auskunftsrecht gegenüber jedermann (bislang nur Bieterin, Zielgesellschaft oder inländischen Börsen) sowie (ii) ein Recht zum Betreten von Geschäftsräumen und – bei dringenden Gefahren für die öffentliche Sicherheit und Ordnung – von Wohnungen erweitert (für eine auch verfassungsrechtlich begründete Kritik *Schüppen* BB 2006, 165, 170). Die Erweiterung der Eingriffsbefugnisse der BaFin gilt über § 8 Abs. 2 S. 1 WpÜG auch für die Zusammenarbeit mit ausländischen Aufsichtsstellen.

2. Wahl des Formulars. Das Formular dient als Ausgangspunkt für die Erstellung der „technischen Vorschriften" einer Angebotsunterlage. Es handelt sich um ein freiwilliges Übernahmeangebot im Sinne des vierten Abschnitts des WpÜG. Als Gegenleistung für die Aktien der Zielgesellschaft wird eine Geldleistung angeboten (Barofferte). Die Bieterin hat diese Angebotsunterlage innerhalb von vier Wochen nach Veröffentlichung der Entscheidung zur Abgabe des Angebots der BaFin zu übermitteln (§ 14 Abs. 1 WpÜG) und unter den Voraussetzungen des § 14 Abs. 2 WpÜG unverzüglich zu veröffentlichen.

3. Berücksichtigung ausländischer Vorschriften. Gemäß den §§ 32, 39 WpÜG sind Übernahme- und Pflichtangebote zwingend auf den Erwerb sämtlicher Aktien der Zielgesellschaft gerichtet. Der in § 3 Abs. 1 WpÜG niedergelegte Grundsatz der Gleichbehandlung setzt voraus, dass das Angebot an alle Wertpapierinhaber gemacht wird, unabhängig davon, ob diese im In- oder Ausland ansässig sind oder wo sie ihre Wertpapiere verwahren bzw. in Depots verwalten lassen (globales Angebot). Dies hat zur Folge, dass die Bieterin grundsätzlich auch die jeweiligen Übernahmevorschriften anderer betroffener Rechtsordnungen zu beachten hat. Aufgrund der hieraus möglicherweise resultierenden Pflichtenkollisionen eröffnet § 24 WpÜG in eingeschränktem Maße die Möglichkeit, bestimmte Inhaber von Wertpapieren, die ihren Wohnsitz, Sitz oder gewöhnlichen Aufenthalt außerhalb des EWR haben, in Abweichung vom Grundsatz der Gleichbehandlung von dem Angebot auszunehmen, wenn der Bieterin ein Angebot an diese Wertpapierinhaber aufgrund der Vorschriften der betreffenden Rechtsordnung unzumutbar wäre. Unzumutbarkeit ist dann anzunehmen, wenn das ausländische Recht, welches die Bieterin ohne Ausnahmeregelung einzuhalten hätte und das WpÜG einander widersprechende Anordnungen vorsehen (vgl. Begr. RegE, BT-Drucks. 14/7034, S. 51). Nach der Praxis der BaFin ist dies insbesondere der Fall, wenn die Mitwirkung der betroffenen ausländischen Aufsichtsbehörden und deren Praxis zu einer solchen Verzögerung des Übernahmeverfahrens führen würde, dass dadurch die nach WpÜG geltenden Fristen nicht einzuhalten sind (vgl. Assmann/Pötzsch/Uwe H. Schneider/*Uwe H. Schneider* § 24 Rdnr. 22; KölnKomm-WpÜG/*Versteegen* § 24 Rdnr. 23 ff.). Eine finanzielle Mehrbelastung, auch erheblichen Ausmaßes, aufgrund der Berücksichtigung der ausländischen Vorschriften reicht hingegen nicht aus (vgl. Begr. RegE ZIP 2001, 1262, 1279). Die in Ziff. 1.5 des Formulars enthaltene sog. Distributionsbeschränkung, die es untersagt, die Angebotsunterlage in andere Länder als der Bundesrepublik Deutschland und den Vereinigten Staaten von Amerika zu versenden, verbreiten, verteilen und veröffentlichen, verstößt nicht gegen die Bestimmungen des WpÜG (insbesondere § 14 Abs. 3 Nr. 1 und Nr. 2 WpÜG), da die Annahme des Angebots durch die im Ausland ansässigen Wertpapierinhaber nicht ausgeschlossen wird, sondern lediglich die Verbreitung und Veröffentlichung der Angebotsunterlage eingeschränkt wird (*Thaeter/Brandi* Teil 2 Rdnr. 694; *Holzborn* BKR 2002, 67, 71; *Lenz/Linke* AG 2002, 361, 365). Zweifel bestehen jedoch hinsichtlich der Vereinbarkeit von Distributionsbeschränkungen mit dem WpÜG, wenn diese so formuliert sind, dass nach dem objektiven Empfängerhorizont des Wertpapierinhabers davon auszugehen ist, dass für ihn eine Annahme des Angebots ausgeschlossen ist. Daher wird in Ziff. 1.4 des Formulars ausdrücklich klargestellt, dass das Übernahmeangebot von allen in- und ausländischen Aktionären der Zielgesellschaft nach Maßgabe der Angebotsunterlage und den jeweils anwendbaren Rechtsvorschriften angenommen werden kann (so auch *Lorz*/Pfisterer/*Gerber* S.II. 2 Anm. 2; *Behnke* WM 2002, 2229, 2236).

4. Rechtsnatur der Angebotsunterlage. Die Angebotsunterlage stellt das verbindliche Angebot der Bieterin an jeden angesprochenen Wertpapierinhaber auf Abschluss eines Kauf- oder Tauschvertrags mit ihm im Sinne der §§ 145 ff. BGB dar (Assmann/Pötzsch/Uwe H. Schneider/*Bosch*/Meyer § 11 Rdnr. 23 m.w.N.). Das Angebot bedarf zu seiner Wirksamkeit allerdings nicht des Zugangs bei den einzelnen Wertpapierinhabern, sondern wird durch die Veröffentlichung (§ 14 WpÜG) wirksam. § 17 WpÜG verbietet eine Ausgestaltung der Angebotsunterlage als öffentliche Aufforderung an die Inhaber von Wertpapieren der Zielgesellschaft, ein Verkaufsangebot abzugeben *(invitatio ad offerendum)*.

5. Inhalt der Angebotsunterlage. Der Inhalt der Angebotsunterlage ist detailliert gesetzlich vorgeschrieben. Als allgemeiner Grundsatz gilt überdies, dass die Angebotsunterlage die Angaben enthalten muss, die notwendig sind, um in Kenntnis der Sachlage über das Angebot entscheiden zu können. Die Angebotsunterlage soll den Wertpapierinhaber über die Bieterin, ihre Gegenleistung und ihre Pläne mit der Zielgesellschaft informieren. Die Angebotsunterlage ähnelt in vielen Punkten dem Wertpapierprospekt nach § 5 WpPG. Dementsprechend statuiert § 12 Abs. 1 WpÜG auch eine Haftung für die Richtigkeit und Vollständigkeit des Inhalts der Angebotsunterlage. Das WpÜG unterscheidet zwischen **Angaben über den Inhalt des Angebots** und **ergänzenden Angaben** (vgl. § 11 Abs. 2 WpÜG). Die gesetzlich vorgeschriebenen Mindestangaben über den Inhalt des Angebots umfassen gemäß § 11 Abs. 2 S. 2 WpÜG:

- Name oder Firma und Anschrift oder Sitz der Bieterin, ggf. mit Angabe der Rechtsform
- Firma, Sitz und Rechtsform der Zielgesellschaft
- Angabe der Wertpapiere, die Gegenstand des Übernahmeangebots sind
- Art und Höhe der gebotenen Gegenleistung, insbesondere, ob es sich um ein Barangebot handelt oder ob im Tausch Wertpapiere oder beides alternativ oder kumulativ angeboten wird
- die Höhe der nach § 33 b Abs. 5 WpÜG anzubietenden Entschädigung
- Angabe der Bedingungen, von denen die Wirksamkeit des Angebots abhängt
- Beginn und Ende der Annahmefrist.

Ergänzende Angaben sind in § 11 Abs. 2 S. 3 WpÜG und weitere ergänzende Angaben in § 2 WpÜG-AngebotsVO aufgeführt. Enthält die Angebotsunterlage nicht die nach WpÜG bzw. WpÜG-AngebotsVO erforderlichen Angaben oder verstoßen die Angaben offensichtlich gegen die Vorschriften des WpÜG bzw. der WpÜG-AngebotsvO, hat die BaFin das Angebot zu untersagen (§ 15 Abs. 1 Nr. 1 und 2 WpÜG). Der BaFin steht insoweit kein Ermessen zu (Assmann/Pötzsch/Uwe H. Schneider/*Bosch*/*Meyer* § 15 Rdnr. 9 m.w.N.; *Lenz*/*Behnke* BKR 2003, 34, 44).

6. Nach BaFin-Praxis müssen bis auf etwaige kartellrechtliche und vergleichbare regulatorische Bedingungen alle Angebotsbedingungen bis Ende der Annahmefrist eingetreten sein.

7. Gegenstand des Angebots. In der Angebotsunterlage sind die Wertpapiere, die Gegenstand des Angebots sind, genau zu bezeichnen (§ 11 Abs. 2 S. 2 Nr. 3 WpÜG). Dazu gehört auch die Angabe der ISIN oder Wertpapierkennnummern (Assmann/Pötzsch/Uwe H. Schneider/*Bosch*/*Meyer* § 11 Rdnr. 74; MünchKommWpÜG/*Wackerbarth* § 11 Rdnr. 30; a.A. Ehricke/Ekkenga/*Oechsler* § 11 Rdnr. 10). Der Begriff Wertpapiere im Sinne des § 11 Abs. 2 S. 2 Nr. 3 WpÜG ist in § 2 Abs. 2 WpÜG definiert.

8. Annahmefrist. Die Annahmefrist beträgt vorbehaltlich der Sonderregelungen in den §§ 21, 22 WpÜG grundsätzlich zwischen vier und zehn Wochen (§ 16 Abs. 1 S. 1 WpÜG). Die Frist beginnt zwingend nach § 16 Abs. 1 S. 2 WpÜG mit der Veröffentlichung der Angebotsunterlage (§ 14 Abs. 3 S. 1 WpÜG). Die Bieterin kann das Ende der Annahmefrist auf einen Zeitpunkt festlegen, der nicht weniger als vier Wochen und nicht mehr als zehn Wochen nach der Veröffentlichung der Angebotsunterlage liegt. Fristbeginn und Fristende sollten jeweils mit Tag und Uhrzeit (mit Ortsbezug wie z.B. MEZ oder GMT) angegeben werden. Gemäß § 2 Nr. 9 WpÜG-AngebotsVO hat die Bieterin weiter Angaben über mögliche Verlängerungen bzw. über eine Erweiterte Annahmefrist (Ziff. 5.2) zu machen. Es reichen insoweit abstrakte Hinweise, da eine kalendarische Bestimmung naturgemäß nicht möglich ist.

9. Beschreibung der Bieterin. Vgl. § 11 Abs. 2 S. 2 Nr. 1 WpÜG. Anzugeben sind Name (§ 12 BGB) oder Firma (§§ 17 ff. HGB), Anschrift oder Sitz und bei Gesellschaften die Rechtsform der Bieterin. Unter Sitz ist nach überwiegender Meinung nicht der effektive Verwaltungssitz, sondern der in der Satzung bzw. dem Gesellschaftsvertrag festgelegte Sitz zu verstehen (vgl. nur *Geibel*/*Süßmann* § 11 Rdnr. 11; Assman/Pötzsch/Uwe H. Schneider/*Bosch*/*Meyer* § 11 Rdnr. 72). Obwohl der Gesetzeswortlaut dies nicht verlangt, ist zu empfehlen, auch Registergericht oder -behörde sowie die Registernummer anzugeben (*Steinmeyer/Häger* § 11 Rdnr. 27; KölnKommWpÜG/*Seydel* § 11 Rdnr. 49). Handelt es sich bei der Bieterin um eine ausschließlich zum Zwecke der Übernahme gegründete bzw. eingesetzte Gesellschaft, sollten die Angaben zur Bieterin auch in Bezug auf die wirtschaftlich hinter ihr stehenden Personen (natürliche und juristische) ausgedehnt werden, unabhängig davon, ob diese als mit der Bieterin gemeinsam handelnde Personen nach § 2 Nr. 1 WpÜG-AngebotsVO anzusehen sind (so *Lenz/Behnke* BKR 2003, 43, 47; Baums/Thoma/*Thoma* § 11 Rdnr. 43; wohl auch MünchKommWpÜG/*Wackerbarth* § 11 Rdnr. 28).

10. Gemeinsam handelnde Personen. Name oder Firma und Anschrift oder Sitz der mit der Bieterin und der Zielgesellschaft gemeinsam handelnden Personen und Personen, deren Stimmrechte aus Aktien der Zielgesellschaft der Bieterin nach § 30 WpÜG zuzurechnen sind sowie ggf. die Rechtsform und das Verhältnis der Gesellschaften zur Bieterin und zur Zielgesellschaft sind in der Angebotsunterlage anzugeben (§ 2 Nr. 1 WpÜG-AngebotsVO).

11. Gegenwärtige Beteiligungsverhältnisse an der Zielgesellschaft. Gemäß § 2 Nr. 5 WpÜG-AngebotsVO ist in der Angebotsunterlage die Anzahl der von der Bieterin und von mit ihr gemeinsam handelnden Personen und deren Tochterunternehmen bereits gehaltenen Wertpapiere an der Zielgesellschaft anzugeben. Ferner ist die Höhe der von ihnen gehaltenen Stimmrechtsanteile unter Angabe der nach § 30 WpÜG zuzurechnenden Stimmrechtsanteile getrennt für jeden Zurechungstatbestand aufzuführen. Der Sinn und Zweck der Regelung besteht darin, den Wertpapierinhabern der Zielgesellschaft ein umfassendes Bild über die Eigentumsverhältnisse an der Zielgesellschaft zu geben (*Geibel/Süßmann* § 11 Rdnr. 71).

12. Angaben zu Wertpapiergeschäften. Gemäß § 2 Nr. 7 WpÜG-AngebotsVO sind in der Angebotsunterlage Angaben zu Art und Umfang von gewährten oder vereinbarten Gegenleistungen bei Vorerwerben von Aktien der Zielgesellschaft zu machen, sofern der Erwerb innerhalb von sechs Monaten vor der Veröffentlichung gemäß § 10 Abs. 3 S. 1 WpÜG oder vor der Veröffentlichung der Angebotsunterlage gemäß § 14 Abs. 3 S. 1 WpÜG erfolgt ist. Diese Verpflichtung steht in Zusammenhang mit den Bestimmungen zur Festlegung des Mindestangebotspreises.

13. Beschreibung der Zielgesellschaft. § 11 Abs. 2 S. 2 Nr. 2 WpÜG soll die eindeutige Identifizierung der Zielgesellschaft als Emittent der Aktien, die Gegenstand des Angebots sind, gewährleisten. Zielgesellschaften sind Aktiengesellschaften im Sinne der §§ 1 ff. AktG oder Kommanditgesellschaften auf Aktien im Sinne der §§ 278 ff. AktG mit Sitz im Inland (§ 2 Abs. 3 Nr. 1 WpÜG) sowie – trotz fehlender ausdrücklicher Bestimmung – die Europäische Aktiengesellschaft, die nämlich gemäß Art. 10 der Verordnung (EG) Nr. 2157/2001 des Rates vom 8. Oktober 2001 über das Statut der SE (ABl. EG Nr. L 294) wie eine Aktiengesellschaft zu behandeln ist (vgl. RegBegr ÜbRL-UG, § 2 WpÜG-RegE, S. 14; *Seibt/Heiser* AG 2006, 301, 302). Daneben werden auch Gesellschaften mit Sitz in anderen Staaten des EWR erfasst, sofern diese Gesellschaften Wertpapiere ausgegeben haben, die zumindest auch im Inland zum Handel an einem organisierten Markt zugelassen sind (§ 2 Abs. 3 Nr. 2 i. V. m. § 1 Abs. 3 WpÜG). Gemäß § 2 Nr. 1 WpÜG-AngebotsVO sind auch die mit der Zielgesellschaft gemeinsam handelnden Personen i. S. d. § 2 Abs. 5 WpÜG anzugeben.

14. Absichten der Bieterin. Die Bieterin muss ihre Absichten im Hinblick auf die künftige Geschäftstätigkeit der Zielgesellschaft offen legen (§ 11 Abs. 2 S. 3 Nr. 2 WpÜG). Nach der Vorstellung des Gesetzgebers sollen die Wertpapierinhaber der Zielgesellschaft ihre Beurteilung des Angebots nicht nur von der Art und Höhe der angebotenen Gegenleistung anhängig machen, sondern auch von den Absichten der Bieterin im Hinblick auf die Zukunft der Zielgesellschaft und ihrer Arbeitnehmer. Daher sind insbesondere Angaben im Hinblick auf den Sitz und Standort wesentlicher Unternehmensteile, die Verwendung des Vermögens der Zielgesellschaft, die künftigen Verpflichtungen der Zielgesellschaft, den Sitz und Standort wesentlicher Unternehmensteile, die Auswirkungen für die Arbeitnehmer, Geschäftsführungsorgane sowie wesentliche Änderungen der Beschäftigungsbedingungen zu machen (zu den Einzelheiten vgl. z. B. Assmann/Pötzsch/Uwe H. Schneider/*Bosch/Meyer* § 11 Rdnr. 111 ff.). Die Angaben zu den Absichten der Bieterin erfordern Ausführungen zu jedem einzelnen Tatbestandsmerkmal des § 11 Abs. 2 S. 3 Nr. 2 WpÜG. Ein pauschaler Hinweis, dass insoweit keine Absichten im Hinblick auf die Geschäftstätigkeit der Zielgesellschaft bestünden, genügt nicht (vgl. *Lenz/Linke* AG 2002, 361, 364).

15. In Umsetzung der Bestimmungen in Art. 6 Abs. 1 S. 3, Abs. 2 S. 3 und Abs. 3 lit. i) ÜbRL sehen nun § 10 Abs. 5 S. 3, § 14 Abs. 4 S. 3 und § 11 Abs. 2 S. 3 Nr. 2 WpÜG eine Perspektiv-Erweiterung des Arbeitnehmerschutzes durch Information auch der Arbeitnehmer und ihrer Vertretungen beim Bieterunternehmen vor. So ist die Bieterin nun verpflichtet, ihre Entscheidung zur Abgabe eines Angebots ebenso wie die Angebotsunterlage selbst ihrem zuständigen Betriebsrat oder, sofern ein solcher nicht besteht, unmittelbar den Arbeitnehmern mitzuteilen bzw. zuzuleiten. Dabei gelten für die Bestimmung des zuständigen Betriebsrats die allgemeinen BetrVG-Kompetenznormen. Konsequenterweise sind auch die Pflichtangaben in der Angebotsunterlage jetzt erweitert auf Angaben über die Absichten der Bieterin insbesondere im Hinblick auf ihre künftige Geschäftstätigkeit und wesentliche Änderungen der Beschäftigungsbedingungen bei ihr (§ 11 Abs. 2 S. 3 Nr. 2 WpÜG). Allerdings sind der zuständige Betriebsrat bzw. die Arbeitnehmer des Bieterunternehmens nicht gesetzlich aufgefordert, eine Stellungnahme zum Angebot abzugeben, die dann die Bieterin etwa zu berücksichtigen oder zu veröffentlichen hätte. Es bleibt insoweit bei den allgemeinen betriebsverfassungsrechtlichen Regeln, beispielsweise wenn im Zuge eines Übernahmeangebots auch Betriebsänderungen i. S. v. §§ 111 ff. BetrVG bei der Bieterin geplant werden.

16. **Verschmelzungsspezifischer Squeeze out.** Mit dem am 7.7.2010 vom Bundeskabinett beschlossenen dritten Gesetz zur Änderung des Umwandlungsgesetzes wird bis zum 30.6.2011 ein dritter Squeeze out-Tatbestand eingeführt. Das Gesetzesvorhaben beruht auf der EG-Richtlinie 2009/109/EG vom 16.9.2009 (Änderungsrichtlinie) und sieht einen verschmelzungsspezifischen Squeeze out vor, der gemäß § 62 Abs. 5 UmwG n. F. einen Ausschluss der Minderheitsaktionäre bereits bei einer Beteiligung von 90% ermöglicht. Der Anwendungsbereich der neuen Vorschrift unterscheidet sich damit deutlich vom aktienrechtlichen (§§ 327 a ff. AktG) und übernahmerechtlichen (§§ 39 a ff. WpÜG) Squeeze out, die eine Beteiligungsschwelle von 95% voraussetzen. Die Vorschrift des § 62 Abs. 5 UmwG n. F. ermöglicht der Muttergesellschaft innerhalb von drei Monaten nach Abschluss eines Verschmelzungsvertrages den Erwerb der übrigen 10% an der Zielgesellschaft, um sodann die Verschmelzung der Tochter auf die Mutter unter den vereinfachten Bedingungen zu vollziehen, die bei einer 100 prozentigen Beteiligung bestehen. Vgl. hierzu *Bayer/J. Schmidt* ZIP 2010, 953, 960 ff.; *Wagner* DStR 2010, 1629, 1632 ff.; *Simon/Merkelbach* DB 2011, 1312, 1320.

17. **Gegenleistung.** Gemäß § 11 Abs. 2 Nr. 4 WpÜG sind in der Angebotsunterlage Art und Höhe der Gegenleistung anzugeben. Die Gegenleistung kann der Art nach aus Geld oder sonstigen Vermögensgegenständen, insbesondere Aktien der Bieterin oder eines Dritten, bestehen. Für Übernahme- und Pflichtangebote bestimmt § 31 Abs. 2 ggf. i. V. m. 39 WpÜG, dass eine Geldleistung in Euro oder, vorbehaltlich § 31 Abs. 3 WpÜG, die Übertragung liquider Aktien, die an einem organisierten Markt (§ 2 Abs. 7 WpÜG) zum Handel zugelassen sind, anzubieten sind. Kann ein ausländischer Emittent aus technischen Gründen (Lieferbarkeit, Abwicklung über Zentralverkehr) seine Aktien im EWR nicht zum Börsenhandel zulassen, können stattdessen auch sog. depositary receipts als Gegenleistung angeboten werden. Depositary receipts werden von einer depositary bank ausgegeben und verbriefen keine Mitgliedschaftsrechte, sondern nur eine wirtschaftliche Mitberechtigung an den bei der Bank hinterlegten Aktien. Durch die den depositary receipts zugrunde liegenden Vereinbarungen werden die Mitgliedschaftsrechte der Bank auf schuldrechtlicher Basis an die Inhaber der jeweiligen depositary receipts weitergegeben, so dass deren Stellung wirtschaftlich betrachtet mit der eines Aktionärs vergleichbar ist (Assmann/Pötzsch/*Uwe H. Schneider/Krause* § 31 Rdnr. 42 m. w. N.; *Thaeter/Brandi* Teil 2 Rdnr. 468). Obwohl im Gesetz nicht ausdrücklich erwähnt, ist auch die Kombination verschiedener Elemente wie z. B. einer Geldleistung in Verbindung mit der Übertragung liquider Aktien möglich. Hat die Bieterin allerdings in den sechs Monaten vor der Veröffentlichung der Entscheidung zur Angebotsabgabe nach § 10 Abs. 3 S. 1 WpÜG bis zum Ablauf der Annahmefrist insgesamt mindestens 5% der Aktien oder Stimmrechte der Zielgesellschaft gegen Zahlung einer Geldleistung erworben, so ist sie verpflichtet, den Aktionären der Zielge-

sellschaft insgesamt eine Geldleistung anzubieten (§ 31 Abs. 3 WpÜG). Die Referenzperiode des Vorerwerbs wurde durch das Übernahmerichtlinie-Umsetzungsgesetz entsprechend der Vorgabe des Art. 5 Abs. 5 Unterabs. 3 der Richtlinie von drei auf sechs Monate erhöht.

18. Mindestangebotspreis. Gemäß § 31 Abs. 1 S. 1 WpÜG hat die Bieterin bei Übernahme- und Pflichtangeboten den Wertpapierinhabern der Zielgesellschaft eine angemessene Gegenleistung anzubieten. Dieser Grundsatz wird in § 31 Abs. 1 S. 2 WpÜG dahingehend konkretisiert, dass bei der Bestimmung der angemessenen Gegenleistung grundsätzlich der durchschnittliche Börsenkurs der Aktien der Zielgesellschaft und Erwerbe von Aktien der Zielgesellschaft durch die Bieterin, mit ihr gemeinsam handelnde Personen oder deren Tochterunternehmen zu berücksichtigen sind. Die §§ 4 bis 7 WpÜG-AngebotsVO enthalten detaillierte Vorgaben zur Bestimmung des Mindestpreises. § 4 WpÜG-AngebotsVO legt als Mindestwert den höchsten Wert fest, den die Bieterin, eine mit ihr gemeinsam handelnde Person oder deren Tochterunternehmen für den Erwerb von Aktien der Zielgesellschaft innerhalb der letzten sechs Monate vor Veröffentlichung nach § 14 Abs. 2 S. 1 WpÜG bzw. § 35 Abs. 2 S. 1 WpÜG gewährt oder vereinbart haben. Die Regelung konkretisiert den in § 3 Abs. 1 WpÜG niedergelegten Grundsatz der Gleichbehandlung. Zu beachten ist, dass durch das Übernahmerichtlinie-Umsetzungsgesetz der Referenzzeitraum von drei auf sechs Monate vor der Veröffentlichung der Angebotsunterlage erhöht worden ist. § 5 WpÜG-AngebotsVO bestimmt weiter, dass die Gegenleistung für den Fall, dass die Aktien der Zielgesellschaft zum Handel an einer inländische Börse zugelassen sind, mindestens dem gewichteten durchschnittlichen inländischen Börsenkurs dieser Aktien während der letzten drei Monate vor der Veröffentlichung der Entscheidung zur Abgabe des Angebots (§ 10 Abs. 1 S. 1 WpÜG) bzw. der Erreichung der Kontrollschwelle des § 35 Abs. 1 WpÜG entsprechen muss. Der gewichtete durchschnittliche inländische Börsenkurs wird auf Grundlage der Geschäfte ermittelt, die der BaFin nach § 9 WpHG als börslich gemeldet worden sind (§ 5 Abs. 3 WpÜG-AngebotsVO). Für den Fall, dass für die Aktien der Zielgesellschaft während des Referenzzeitraums von drei Monaten an weniger als einem Drittel der Börsentage Börsenkurse festgestellt worden sind und mehrere nacheinander festgestellte Börsenkurse um mehr als 5% voneinander abweichen, ist die Höhe der Gegenleistung auf der Grundlage einer Unternehmensbewertung zu bestimmen (§ 5 Abs. 4 WpÜG-AngebotsVO). Dahinter steht die Erwägung, dass Börsenkurse einer illiquiden Aktie stark zufallsgeprägt sind und daher keine sachgerechte Grundlage für die Bestimmung der Gegenleistung bilden (vgl. Begr. RegE, BT-Drucks. 14/7034, S. 80). Der Sinn und Zweck der Regelung besteht darin, die Bestimmung der Mindesthöhe der Gegenleistung auf der Basis von Zufallskursen zu verhindern (Assmann/Pötzsch/Uwe H. Schneider/*Krause* § 5 WpÜG-AngVO Rdnr. 20). Eine analoge Anwendung der Vorschrift auf andere besondere Kursbewegungen ist nicht zulässig (vgl. Assmann/Pötzsch/Uwe H. Schneider/*Krause* § 5 WpÜG-AngVO Rdnr. 28). Auf freiwillige Erwerbsangebote, die nicht auf einen Kontrollerwerb zielen, findet § 31 WpÜG keine Anwendung. Die Bieterin ist hier bei der Bestimmung der Höhe der Gegenleistung nicht an eine gesetzlich zu bestimmende Mindesthöhe gebunden.

19. Verpflichtung zur Nachzahlung des Differenzbetrags bei Nacherwerb. Erwerben die Bieterin bzw. mit ihr gemeinsam handelnde Personen (§ 2 Abs. 5 WpÜG) oder deren Tochterunternehmen innerhalb eines Jahres nach Veröffentlichung des Ergebnisses des Angebots Aktien der Zielgesellschaft gegen eine höhere als die im Angebot vorgesehene Gegenleistung außerbörslich, entsteht eine Nachzahlungspflicht gegenüber den anderen Inhabern der Aktien, die das Angebot angenommen haben (§ 31 Abs. 5 WpÜG). Auf einen ausdrücklichen Hinweis auf § 35 Abs. 5 WpÜG wurde im Formular verzichtet. Die Regelung konkretisiert den in § 3 Abs. 1 WpÜG niedergelegten Grundsatz der Gleichbehandlung der Aktionäre. Die Umgehung der Preisbestimmungen durch eine Verlagerung des Aktienerwerbs in den Zeitraum nach Abwicklung des Angebots soll dadurch vermieden werden (Begr. RegE, BT-Drucks. 14/7034, S. 56; kritisch *Ekkenga/Hofschroer* DStR 2002, 768, 770). Da § 31 Abs. 5 WpÜG keine Bagatellschwelle vorsieht, kann die Nachzahlungspflicht bereits durch den außerbörslichen Erwerb einer einzigen Aktie ausgelöst werden. Diese relativ strenge Regelung birgt ein großes Risiko für die Bieterin angesichts ihrer eingeschränkten organisatorischen Möglichkeiten. Die Bieterin ist vor allem in Hinblick auf die mit ihr gemeinsam handelnden Personen und deren Tochterunternehmen regelmäßig nicht gegenüber all diesen Personen weisungsberechtigt und vermag auch nicht in sonstiger Weise auf deren Entscheidungen Einfluss zu nehmen. Der Bieterin ist daher zu empfehlen, in den vertraglichen Vereinbarungen mit den gemeinsam handelnden Personen oder deren Tochterunternehmen eine Freistellung von allen durch diese Personen ausgelösten Nachzahlungsverpflichtungen vorzusehen und ggf. in diese Vereinbarung auch alle Personen einzubeziehen, die erst innerhalb der Referenzperiode in den Zurechnungskreis eintreten (vgl. Geibel/*Süßmann* § 31 Rdnr. 57; KölnKommWpÜG/*Kremer/Oesterhaus* § 31 Rdnr. 83; Baums/Thoma/*Marsch-Barner* § 31 Rdnr. 104). Die Nachzahlungspflicht ist gemäß § 31 Abs. 5 S. 2 WpÜG ausgeschlossen, wenn die Bieterin bzw. ihr zuzurechnende Personen Aktien der Zielgesellschaft im Zusammenhang mit einer gesetzlichen Verpflichtung zur Gewährung einer Abfindung an Aktionäre der Zielgesellschaft (insbesondere Abfindungen bei Beherrschungs- und Gewinnabführungsverträgen (§ 305 AktG), bei der Eingliederung (§ 320 b AktG) und beim Squeeze-out (§ 327 a AktG sowie § 39 a WpÜG)) erwerben.

20. An dieser Stelle sind noch weitere Erläuterungen erforderlich (z. B. zu Vorerwerben von Aktienpaketen oder Irrevocable Undertakings, Finanzanalyseberichten, Veröffentlichungen der Organe der Zielgesellschaft.

21. Entschädigung für den Verlust bestimmter Rechte. Die Angebotsunterlage muss auch Angaben über die Art und Höhe der Entschädigung enthalten, wenn es infolge der Durchbrechungsregelung bei Aktionären (§ 33 b WpÜG) zu einem Entzug von Rechten kommt (hierbei sind dann auch die angewandten Berechnungsmethoden und die Gründe für deren Angemessenheit mitzuteilen) (§ 11 Abs. 2 S. 2 Nr. 4 a WpÜG bzw. § 2 Nr. 3 WpÜG-AngebotsVO) (ausführlich hierzu *Seibt/Heiser* AG 2006, 301, 313 ff.). Sieht die Satzung der Zielgesellschaft die Anwendbarkeit bestimmter europäischer Durchbrechungsregeln nicht vor, ist ein entsprechender „Negativattest" wie im Formular in die Angebotsunterlage aufzunehmen.

22. Annahme des Angebots. Die Bieterin hat in der Angebotsunterlage die Maßnahmen, welche die Wertpapierinhaber der Zielgesellschaft zur Erklärung der Annahme des Angebots ergreifen müssen, anzugeben. Ferner sind die damit verbundenen Kosten sowie der Zeitpunkt, zu dem die Gegenleistung erbracht wird, aufzuführen (§ 2 Nr. 4 WpÜG-AngebotsVO). Da die technische Abwicklung des Angebots in der Regel sehr aufwendig ist, gebietet das Transparenzgebot (§ 3 Abs. 2 WpÜG) klare und verständliche Anweisungen, die es dem Wertpapierinhaber der Zielgesellschaft ermöglichen, alle zur wirksamen Annahme bzw. Abwicklung erforderlichen Handlungen vorzunehmen.

23. An dieser Stelle sind ggf. weitere Ausführungen erforderlich, falls noch effektive Stücke bestehen.

24. Behördliche Genehmigungen und Verfahren. Die Angebotsunterlage hat nach § 2 Nr. 8 WpÜG-AngebotsVO weiterhin Angaben zu behördlichen Verfahren im Zusammenhang mit dem Erwerb der Wertpapiere der Zielgesellschaft sowie zum Stand der jeweiligen Verfahren zu enthalten. Sinn und Zweck der Regelung ist es, den Wertpapierinhabern der Zielgesellschaft zu ermöglichen, die Wahrscheinlichkeit der Freigabe in behördlichen Verfahren zu beurteilen. Das Formular geht vor allem auf den in der Praxis wichtigsten Fall der Fusionskontrolle nach GWB bzw. den einschlägigen europarechtlichen und ausländischen fusionskontrollrechtlichen Vorschriften ein. Weiterhin sollte die Angebotsunterlage einen Hinweis enthalten, ob die BaFin deren Veröffentlichung gestattet bzw. diese in der gesetzlichen Frist nach deren Eingang bei ihr nicht untersagt hat. Dagegen sollten Aussagen über die eingeschränkte Prüfung der Angebotsunterlage durch die BaFin nicht getroffen werden: Mangels gesetzlicher Vorgaben über den Prüfungsumfang sollten die Wertpapierinhaber der Zielgesellschaft nicht den irrigen Eindruck einer inhaltlichen Billigung des Angebots durch die BaFin gewinnen (ebenso *Geibel/Süßmann* § 11 Rdnr. 81; KölnKommWpÜG/*Seydel* § 11 Anh. § 2 AngebVO Rdnr. 27; anders Assmann/Pötzsch/Uwe H. Schneider/*Bosch/Meyer* § 2 WpÜG-AngVO Rdnr. 24). Ein solcher Hinweis ist auch weder rechtlich noch praktisch zur Information der Wertpapierinhaber der Zielgesellschaft erforderlich. Daher verzichtet das vorliegende Formular auf einen derartigen Hinweis.

4. Angebotsunterlage – Freiwilliges Kaufangebot E.III.4

25. Außenwirtschaftsrechtliche Prüfung. Das 2009 novellierte Außenwirtschaftsrecht räumt dem Bundesministerium für Wirtschaft und Technologie gewisse Kontrollbefugnisse bei Übernahmen deutscher Unternehmen durch ausländische Bieter ein. Nach § 7 Abs. 2 Nr. 6 Außenwirtschaftsgesetz (*AWG*) i.V.m. § 53 Außenwirtschaftsverordnung (*AWV*) können Übernahmen inländischer Unternehmen durch gemeinschaftsfremde (i.e. nicht aus EU/EWR) Bieter kontrolliert und untersagt werden, wenn der Erwerb die öffentliche Ordnung oder Sicherheit Deutschlands gefährdete. Die Norm hat vor allem ausländische Staatsfonds vor Augen und ist auch auf inländische Bieter anwendbar, wenn sie zu 25% einem Gemeinschaftsfremden gehören. Voraussetzung ist, dass dem Erwerber nach Vollzug des Angebots ein Stimmrechtsanteil von 25% an dem betreffenden Unternehmen zustünde (ausführlich hierzu *Reinhardt/Pelster* NZG 2009, 441; *Seibt/Wollenschläger* ZIP 2009, 833). Nach § 53 Abs. 1 S. 1 AWV beträgt die Prüfungsfrist bei Übernahmeangeboten drei Monate ab der Veröffentlichung der Entscheidung zur Abgabe des Angebots gem. § 10 WpÜG. Der Bieter kann vom Bundesministerium eine Unbedenklichkeitsbescheinigung beantragen, die als erteilt gilt, wenn nicht innerhalb eines Monats nach Antragsstellung ein Prüfverfahren eröffnet wird (§ 53 Abs. 3 AWV).

26. Vollzugsbedingungen. Die Bieterin hat in der Angebotsunterlage alle Bedingungen für die Wirksamkeit des Angebots anzugeben (§ 11 Abs. 2 S. 2 Nr. 5 WpÜG). Dabei sind die Beschränkungen für Bedingungen in den §§ 18 Abs. 1, 25 WpÜG zu beachten. Danach sind nur solche Bedingungen zulässig, deren Eintritt die Bieterin, mit ihr gemeinsam handelnde Personen oder deren Tochterunternehmen nicht ausschließlich selbst herbeiführen können. Eine Ausnahme bildet § 25 WpÜG, wonach die Bieterin das Angebot unter der Bedingung des Beschlusses ihrer Gesellschafterversammlung abgeben kann. Zulässig sind z.B. Bedingungen, die die Wirksamkeit des Angebots vom Erreichen einer bestimmten Beteiligungshöhe, von der Erteilung bestimmter behördlicher Genehmigungen (insbesondere der Erteilung einer kartellrechtlichen Genehmigung) oder dem Unterbleiben gewisser Abwehrmaßnahmen der Zielgesellschaft (z.B. Veräußerung wesentlicher Unternehmensteile, Kapitalveräußerungen etc.) abhängig machen (ausführlich zur Zulässigkeit von Bedingungen *Thaeter/Brandi*, Öffentliche Übernahmen, Teil 2 Rdnr. 176 ff.). Weiterhin ist es zulässig, das Angebot unter die Bedingung des Ausbleibens einer wesentlichen nachteiligen Veränderung der Verhältnisse der Zielgesellschaft zu stellen (*Material Adverse Change „MAC" Klausel*, vgl. Ziff. 13.1.2 der Angebotsunterlage), sofern diese Bedingung z.B. durch die Veränderung von bestimmten Kennzahlen um mehr als ein bestimmtes Maß hinreichend genau spezifiziert ist (vgl. *Krause* NJW 2004, 3681, 3683; *Berger/Filgut* WM 2005, 253, 256). Dasselbe gilt für Bedingungen, die gravierende Veränderungen des Marktumfelds betreffen *(Force Majeure Klausel)* (vgl. *Krause* NJW 2004, 3681, 3683; *Berger/Filgut* WM 2005, 253, 257). Nach BaFin-Praxis müssen alle Angebotsbedingungen bis auf etwaige kartellrechtliche und vergleichbare regulatorische Bedingungen bis zum Ende der Annahmefrist eingetreten sein. Das Formular wählt die Konstruktion, derzufolge nicht das Angebot selbst und die durch die Annahme des Angebots geschlossenen Verträge bedingt sind, sondern nur der Vollzug des Angebots im Sinne einer Fälligkeitsbestimmung (Vorteil bei Verzicht nach Bedingungsausfall). Klausel 13.1 lit.(d) ist gegebenenfalls aufzunehmen bei Abschluss eines parallelen Paketkaufvertrags zur Abwendung eines vertragswidrigen Einlieferns in das öffentliche Angebot.

27. Finanzierung des Übernahmeangebots. Gemäß § 13 Abs. 1 S. 1 WpÜG hat die Bieterin sicherzustellen, dass ihr die zur vollständigen Erfüllung der Gegenleistung erforderlichen Mittel im Zeitpunkt der Fälligkeit des Anspruchs auf die Gegenleistung zur Verfügung stehen. Dahinter steht die Ratio, dass die Bieterin in der Lage sein soll, das angenommene Angebot auch zu erfüllen. Es ist weder im Interesse der Wertpapierinhaber der Zielgesellschaft noch im Interesse der Zielgesellschaft selbst, einem mitunter langwierigen Angebotsverfahren ausgesetzt zu sein, das seitens der Bieterin auf keiner vertretbaren wirtschaftlichen Grundlage steht und daher unter Umständen von vornherein zum Scheitern verurteilt ist (RegBegr. BT-Drucks. 14/7034, S. 41; BR-Drucks. 574/01, S. 99). Die Angebotsunterlage muss daher solche Angaben darüber enthalten, welche Maßnahmen zur Sicherstellung der Finanzierung des Angebots durch die Bieterin getroffen worden sind (§ 11 Abs. 2 S. 3 Nr. 1 WpÜG), die es den Wertpapierinhabern der Zielgesellschaft ermöglichen, die Werthaltigkeit des Angebots nachvollziehen und beurteilen können,

Seibt

ob das Angebot auf einer vertretbaren wirtschaftlichen Grundlage steht. Handelt es sich wie im vorliegenden Formular um eine Barofferte, ist zunächst einmal die Höhe der Gesamtsumme des Kaufpreises für den Fall, dass alle angesprochenen Wertpapierinhaber der Zielgesellschaft das Angebot annehmen, anzugeben. Da die Bieterin nicht wissen kann, wie viele Adressaten das Angebot annehmen werden, hat die Bieterin insofern von dem die umfangreichste Finanzierung erfordernden – wenn auch unwahrscheinlichen – Fall auszugehen, dass alle Adressaten das Angebot annehmen. Die Anzahl der insoweit von der Bieterin in diesem Fall zu erwerbenden Aktien ist neben der maximalen Höhe ihrer Zahlungsverpflichtung anzugeben (*Lenz/Linke* AG 2002, 361, 364). Werden die Mittel zum Teil, was dem Regelfall entspricht, z. B. durch Darlehen oder Anleihen fremdfinanziert, sollten im Interesse einer richtigen und vollständigen Information neben der Höhe und der Herkunft der Mittel auch vertragliche Vorbehalte und Einschränkungen in der Angebotsunterlage offengelegt werden (Assmann/Pötzsch/Uwe H. Schneider/*Bosch/Meyer* § 11 Rdnr. 101; KölnKommWpÜG/*Seydel* § 11 Rdnr. 60). Zum Teil werden auch Angaben über die geplante Dauer und Art der Rückzahlung sowie in diesem Zusammenhang geschlossene Vereinbarungen verlangt (MünchKommWpÜG/*Wackerbarth* § 11 Rdnr. 39). Nicht erforderlich hingegen ist die Angabe von Einschränkungen und Kündigungsrechten, die sich aus dem Gesetz oder Gewohnheitsrecht ergeben (z. B. Kündigung aus wichtigem Grund). Im Einzelfall kann es jedoch angezeigt sein, eine dahingehende Klarstellung in die Angebotsunterlage aufzunehmen, um etwaige Fehlvorstellungen der Wertpapierinhaber der Zielgesellschaft zu vermeiden. Werden als Gegenleistung Aktien der Bieterin angeboten, so sind die erfolgten Kapitalmaßnahmen bzw. deren Einleitung zu erläutern (ausführlich zu Bar- und Aktienangeboten z. B. Assmann/Pötzsch Uwe H. Schneider/*Bosch/Meyer* § 11 Rdnr. 95 ff.; MünchKommWpÜG/*Wackerbarth* § 11 Rdnr. 39 f.).

28. Finanzierungsbestätigung. Bei Barofferten muss durch ein von der Bieterin unabhängiges Wertpapierdienstleistungsunternehmen schriftlich bestätigt werden, dass die Bieterin die erforderlichen Maßnahmen getroffen hat, um zu gewährleisten, dass die zur vollständigen Erfüllung des Angebots erforderlichen Mittel im Zeitpunkt der Fälligkeit des Anspruchs auf die Gegenleistung zur Verfügung stehen (§ 13 Abs. 1 S. 2 WpÜG) (ausführlich hierzu *Thaeter/Brandi* Teil 2 Rdnr. 366 ff.). Gemäß § 13 Abs. 2 WpÜG haftet das Wertpapierdienstleistungsunternehmen für die Finanzierungsbestätigung selbstständig. Ein Muster für eine Finanzierungsbestätigung ist der Angebotsunterlage als Anlage 4 beigefügt.

29. Auswirkungen auf die Bieterin. Weiterhin hat die Bieterin die Auswirkungen eines erfolgreichen Angebots auf ihre Vermögens-, Finanz- und Ertragslage anzugeben (§ 11 Abs. 2 S. 3 Nr. 1 WpÜG). Die hier geforderten Angaben sind Prognosen und als solche grundsätzlich im Hinblick auf die Haftung nach § 12 WpÜG mit Risiken behaftet. Die BaFin verlangt die Darstellung der Auswirkungen sowohl vor als auch nach dem erfolgreichen Angebot anhand der wesentlichen betriebswirtschaftlichen Kennzahlen. Zu den wesentlichen betriebswirtschaftlichen Kennzahlen gehört nach Auffassung der BaFin auch die Darstellung von Kapitalflussrechnungen nach dem deutschen Rechnungslegungsstandard Nr. 2, deren Ergebnisse vor und nach erfolgreichem Angebot getrennt nach laufender Geschäftstätigkeit, der Investitionstätigkeit und der Finanzierungstätigkeit auszuweisen sind (vgl. *Lenz/Linke* AG 2002, 361, 363; *Schulz* M&A Review 2002, 559, 565). Die Angaben zu den erwartenden Auswirkungen haben in erheblichem Umfang Prognosecharakter. An die Zuverlässigkeit dieser Prognosen dürfen die Anforderungen nicht allzu hoch gestellt werden. Die vom Bieter getroffenen Annahmen sollten jedoch auf Tatsachen beruhen und kaufmännisch vertretbar sein. Eine langfristige Prognose der künftigen Finanz- und Ertragslage ist nicht erforderlich (*Hamann* ZIP 2001, 2249, 2254; KölnKommWpÜG/*Seydel* § 11 Rdnr. 63). In der Regel wird ein Zeitraum von zwei Jahren sachgerecht sein (*Steinmeyer/Häger* § 11 Rdnr. 70). Die Darstellung anhand kurzer Pro-Forma Bilanzen ist aus Gründen der Übersichtlichkeit zu empfehlen. Entsprechend den Anforderungen der BaFin sind Ziff. 15.3 und Ziff. 15.4 des Formulars umfassend an den jeweiligen Einzelfall anzupassen.

30. Rücktrittsrecht. Gemäß § 2 Nr. 11 WpÜG-AngebotsVO ist in der Angebotsunterlage auf die gesetzlich vorgesehenen Rücktrittsrechte (§§ 21 Abs. 4, 22 Abs. 3 WpÜG) der Wertpapierinhaber der Zielgesellschaft hinzuweisen. Insoweit genügt ein abstrakter Hinweis.

31. Leistungen an Organmitglieder der Zielgesellschaft. Gemäß § 11 Abs. 2 S. 3 Nr. 3 WpÜG sind bereits gewährte oder in Aussicht gestellte Leistungen an Vorstands- oder Aufsichtsratsmitglieder der Zielgesellschaft in der Angebotsunterlage anzugeben. Die Vorschrift bezweckt die Offenlegung möglicher Interessenkonflikte von Organmitgliedern der Zielgesellschaft. Dies ist insbesondere im Hinblick auf die Pflicht des Vorstands und Aufsichtsrats der Zielgesellschaft zur Stellungnahme (§ 27 Abs. 1 WpÜG) bedeutsam. Dabei sind die Art der Leistung und, soweit zur Klarstellung eines möglichen Interessenkonflikts erforderlich, die Höhe bzw. das Geldäquivalent der betreffenden Vorteile anzugeben. Auf Leistungen seitens der Zielgesellschaft („*golden parachutes*" u.ä.) findet § 11 Abs. 2 S. 3 Nr. 2 WpÜG keine Anwendung. Gleiches gilt für Vorteile, die von Aktionären der Zielgesellschaft gewährt oder in Aussicht gestellt werden (MünchKommWpÜG/*Wackerbarth* § 11 Rdnr. 57). Für den Fall, dass die Bieterin von solchen Absprachen zuverlässige Kenntnis hat, ist zu empfehlen, diese in der Angebotsunterlage offen zulegen, wenn sie geeignet sind, einen erheblichen Einfluss auf die Stellungnahme des Vorstands und des Aufsichtsrats nach § 27 Abs. 1 WpÜG auszuüben und damit einen Interessenkonflikt begründen können (vgl. Assmann/Pötzsch/Uwe H. Schneider/*Bosch*/*Meyer* § 11 Rdnr. 124). Private Equity Gesellschaften als Bieter sind häufig an einer langfristigen Bindung des Managements der Zielgesellschaft an das Unternehmen interessiert. Zu diesem Zweck werden sog. Management-Beteiligungsverträge zwischen der Bieterin und den betreffenden Mitgliedern der Führungsebene der Zielgesellschaft abgeschlossen. Diese Management-Beteiligungen stellen Leistungen an Organmitglieder der Zielgesellschaft dar und sind – sofern denn hinreichend konkrete Vereinbarungen bestehen – in der Angebotsunterlage anzugeben. Eine entsprechende Formulierung könnte wie folgt lauten:

„Die Bieterin und die mit ihr gemeinsam handelnden Personen beabsichtigen, zur Sicherung der künftigen Entwicklung der Y-AG eine langfristige Bindung des Managements an die Gesellschaft zu erreichen. In diesem Zusammenhang wurde am ...... zwischen dem Vorstandsvorsitzenden Herrn ...... und dem Vorstand Herrn ...... einerseits und der ...... [Firma der Gesellschaft] und der Bieterin andererseits eine Vereinbarung geschlossen, auf Grundlage derer sich Herr ...... und Herr ...... sowie weitere Mitglieder des Vorstands und der erweiterten Führungsebene der Y-AG bzw. ihrer Konzerngesellschaften an der ...... [Firma der Gesellschaft] und somit indirekt an der Bieterin beteiligen werden („Beteiligungsvertrag" bzw. „Management-Beteiligung"). Hierzu im Einzelnen: ......

Nach Überzeugung der Bieterin sind die vorbeschriebene Management-Beteiligung und die Verlängerung der Dienstverträge der Vorstandsmitglieder geeignete und im Rahmen derartiger Transaktionen übliche Mittel, um eine langfristige Bindung des Managements an die Y-AG zu sichern und einen besonderen Leistungsanreiz zu schaffen und somit die Stabilität und Kontinuität der Y-Gruppe zu gewährleisten."

32. Veröffentlichung. Gemäß § 2 Nr. 10 WpÜG-AngebotsVO muss die Angebotsunterlage eine Hinweis enthalten, wo sie gemäß § 14 Abs. 3 S. 1 WpÜG veröffentlicht wird. Der Gesetzgeber nutzte die Umsetzung der EU-Übernahmerichtlinie dazu, die Publikationsmedien zumindest teilweise zu ändern und gleichzeitig zu modernisieren, obwohl Art. 6 Abs. 1 und 2, Art. 8 der EU-Übernahmerichtlinie keine spezifischen Vorgaben hierzu macht. So ist die Entscheidung der Bieterin zur Abgabe eines Angebots (bzw. die Mitteilung über die Kontrollerlangung) nicht mehr in einem überregionalen Börsenpflichtblatt, sondern im „Internet" bekannt zu machen (§ 10 Abs. 3 S. 1 Nr. 1 WpÜG). Dieser unspezifizierte Verweis auf das Internet war bereits in § 14 Abs. 3 S. 1 Nr. 1 WpÜG (Angebotsunterlage) enthalten und soll mit dieser sprachlichen Offenheit zukünftigen technologischen Neuerungen Rechnung tragen (RegBegr. ÜbRL-UG, § 10 WpÜG-RegE, S. 15). Zweckmäßigerweise wird die Bekanntmachung auf der Unternehmens-Website der Bieterin erfolgen.

33. Anwendbares Recht und Gerichtsstand. Schließlich ist in der Angebotsunterlage anzugeben, nach welchem Recht sich die durch Annahme des Angebots zustande kommenden Verträge zwischen Bieterin und Wertpapierinhaber der Zielgesellschaft richten (§ 2 Nr. 12 WpÜG-AngebotsVO). Die Wahl des deutschen Rechts ist nicht zwingend, wird aber für die Bieterin in der Regel zweckmäßig sein. Fehlt eine solche Angabe, droht die Aufspaltung des anzuwendenden Rechts je nach Sitz des jeweiligen Wertpapierinhabers der Zielgesellschaft (vgl. Art. 4 Rom I-VO). Umstritten ist, ob die Wahl einer ausländischen Rechtsordnung ohne direkten Bezug zum Angebot als überraschende Klausel im Sinne von § 305c BGB einzustufen ist. Dies hätte die Unwirksamkeit der entsprechenden Regelung und damit der Rechtswahl zur Folge (vgl. hierzu Assmann/Pötzsch/Uwe H. Schneider/*Bosch*/*Meyer* § 2 WpÜG-AngVO Rdnr. 29 m.w.N.). Weiterhin ist in der Angebotsunterlage der für Streitigkeiten zwischen der Bieterin und den Wertpapierinhabern der Zielgesellschaft geltende Gerichtsstand zu benennen.

5. Angebotsunterlage – Pflichtangebot

Pflichtveröffentlichung gemäß § 35 Abs. 2 des Wertpapiererwerbs- und Übernahmegesetzes *(WpÜG)*

Aktionäre der Y AG, insbesondere mit Wohnsitz, Sitz oder gewöhnlichem Aufenthalt in den Vereinigten Staaten von Amerika oder anderweitig außerhalb der Bundesrepublik Deutschland sollten die Hinweise im Abschnitt „Allgemeine Angaben und Hinweise, insbesondere Hinweise für Y-Aktionäre mit Wohnsitz, Sitz oder gewöhnlichem Aufenthalt außerhalb der Bundesrepublik Deutschland" auf den Seiten ...... bis ...... dieser Angebotsunterlage besonders beachten.

[Logo]

Angebotsunterlage[1, 2]

Pflichtangebot

(Barangebot)

der

X

[Anschrift]

an die Aktionäre der

Y AG

[Anschrift]

zum Erwerb der von ihnen gehaltenen Aktien der

Y AG

zum Preis von

...... EUR je Aktie der Y AG

Annahmefrist:

...... [Datum] bis ...... [Datum], 24:00 Uhr (Ortszeit Frankfurt am Main)
[18:00] Uhr (Ortszeit New York)

Aktien der Y AG : ISIN DE000......
Zum Verkauf eingereichte Aktien der Y AG: ISIN DE000......

Inhaltsverzeichnis

1. Allgemeine Angaben und Hinweise, insbesondere Hinweise für Y-Aktionäre mit Wohnsitz, Sitz oder gewöhnlichem Aufenthalt außerhalb der Bundesrepublik Deutschland
2. Zusammenfassung des Pflichtangebots
3. Pflichtangebot

Die Veröffentlichung, Versendung, Verteilung oder Verbreitung dieser Angebotsunterlage oder anderer mit dem Angebot im Zusammenhang stehender Unterlagen außerhalb der Bundesrepublik Deutschland und der Vereinigten Staaten kann gesetzlichen Beschränkungen unterliegen. Diese Angebotsunterlage und sonstige mit dem Angebot im Zusammenhang stehende Unterlagen dürfen durch Dritte nicht in Länder versandt oder dort verbreitet, verteilt oder veröffentlicht werden, in denen dies rechtswidrig wäre. Die Bieterin hat die Versendung, Veröffentlichung, Verteilung oder Verbreitung dieser Angebotsunterlage durch Dritte außerhalb der Bundesrepublik Deutschland oder der Vereinigten Staaten nicht gestattet.

Die Bieterin stellt diese Angebotsunterlage den jeweiligen depotführenden Wertpapierdienstleistungsunternehmen zum Versand an alle Aktionäre der Y-AG (Y-Aktionäre) mit Wohnsitz, Sitz oder gewöhnlichem Aufenthalt in der Bundesrepublik Deutschland oder den Vereinigten Staaten zur Verfügung. Die depotführenden Wertpapierdienstleistungsunternehmen dürfen diese Angebotsunterlage nicht veröffentlichen, versenden, verteilen oder verbreiten, es sei denn, dies erfolgt in Übereinstimmung mit allen anwendbaren in- und ausländischen Rechtsvorschriften.

1.3 Annahme des Pflichtangebots außerhalb der Bundesrepublik Deutschland und der Vereinigten Staaten von Amerika[3]

Das Pflichtangebot kann von allen Y-Aktionären angenommen werden. Die Bieterin weist allerdings darauf hin, dass die Annahme des Pflichtangebots außerhalb der Bundesrepublik Deutschland und der Vereinigten Staaten von Amerika rechtlichen Beschränkungen unterliegen kann. Y-Aktionären, die außerhalb der Bundesrepublik Deutschland und der Vereinigten Staaten von Amerika in den Besitz dieser Angebotsunterlage gelangen und/oder das Pflichtangebot außerhalb der Bundesrepublik Deutschland und der Vereinigten Staaten von Amerika annehmen wollen, wird empfohlen, sich über die jeweils anwendbaren Rechtsvorschriften zu informieren und diese einzuhalten. Die Bieterin übernimmt keine Gewähr dafür, dass die Annahme des Pflichtangebots außerhalb der Bundesrepublik Deutschland und der Vereinigten Staaten von Amerika nach den jeweils anwendbaren Rechtsvorschriften zulässig ist.

1.4 Stand der in dieser Angebotsunterlage enthaltenen Angaben sowie weitere allgemeine Hinweise

Sämtliche in dieser Angebotsunterlage enthaltenen Angaben, Absichten und sonstigen Informationen beruhen, soweit nicht ausdrücklich anders vermerkt, auf dem Kenntnisstand der Bieterin bei Unterzeichnung dieser Angebotsunterlage. Sofern nicht ausdrücklich anders vermerkt, basiert dieser im Wesentlichen auf allgemein zugänglichen Informationsquellen und Informationen, die der Bieterin im Rahmen einer zeitlich und inhaltlich begrenzten Due Diligence der Y zur Verfügung gestellt wurden. Diese sind von der Bieterin nicht überprüft worden. In die Zukunft gerichtete Aussagen der Bieterin, die in dieser Angebotsunterlage enthalten sind, basieren ausschließlich auf Einschätzungen der Bieterin im Hinblick auf zukünftige mögliche Ereignisse zum Zeitpunkt der Unterzeichnung dieser Angebotsunterlage. Sie stützen sich auf Annahmen, die sich später als unzutreffend herausstellen können, und unterliegen Risiken und Ungewissheiten. Die Bieterin weist ausdrücklich darauf hin, dass sie diese Angebotsunterlage (auch im Hinblick auf etwaige geänderte Absichten der Bieterin) nur aktualisieren wird, soweit sie dazu nach dem Recht der Bundesrepublik Deutschland oder den anwendbaren kapitalmarktrechtlichen Vorschriften der Vereinigten Staaten von Amerika verpflichtet ist.

Die Bieterin und die mit ihr gemeinsam handelnden Personen (siehe Ziffer 5.4 dieser Angebotsunterlage) haben Dritte nicht ermächtigt, Aussagen zu dem Pflichtangebot oder zu dieser Angebotsunterlage zu machen. Falls dritte Personen solche Aussagen machen, sind diese weder der Bieterin noch mit ihr gemeinsam handelnden Personen zuzurechnen.

5. Angebotsunterlage – Pflichtangebot E.III.5

4. Annahmefrist
5. Beschreibung der Bieterin
6. Beschreibung der Y
7. Hintergrund des Pflichtangebots
8. Absichten der Bieterin
9. Erläuterungen zur Preisfindung
10. Annahme und Abwicklung des Pflichtangebots
11. Behördliche Genehmigungen und Verfahren
12. Bedingung
13. Finanzierung des Pflichtangebots
14. Erwartete Auswirkungen des Vollzugs des Pflichtangebots auf die Vermögens-, Finanz- und Ertragslage der Bieterin und der Erwerbsgesellschaften
15. Rücktrittsrecht
16. Hinweise für Y-Aktionäre, die das Pflichtangebot nicht annehmen
17. Geldleistungen und Vorteile für Mitglieder des Vorstands oder des Aufsichtsrats der Y
18. Begleitende Bank
19. Steuern
20. Veröffentlichungen und Mitteilungen
21. Anwendbares Recht und Gerichtsstand
22. Erklärung über die Übernahme der Verantwortung
Anlage: Finanzierungsbestätigung der ...... Bank AG, ... [Ort]

1. **Allgemeine Angaben und Hinweise, insbesondere Hinweise für Y-Aktionäre mit Wohnsitz, Sitz oder gewöhnlichem Aufenthalt außerhalb der Bundesrepublik Deutschland**

1.1 Durchführung des Pflichtangebots nach den Vorschriften des deutschen Wertpapiererwerbs- und Übernahmegesetzes und des US-amerikanischen Kapitalmarktrechts

Das nachfolgende Kaufangebot *(Pflichtangebot)* der X mit Sitz in ......, eingetragen im Handelsregister des Amtsgerichts ...... unter HRB ...... *(Bieterin)* ist ein öffentliches Pflichtangebot zum Erwerb sämtlicher Aktien der Y AG mit Sitz in ......, eingetragen im Handelsregister des Amtsgerichts ...... unter HRB ...... nach dem Wertpapiererwerbs- und Übernahmegesetz *(WpÜG)*. Es richtet sich an alle Aktionäre von Y *(Y-Aktionäre)* und wird ausschließlich nach deutschem Recht sowie bestimmten anwendbaren kapitalmarktrechtlichen Bestimmungen der Vereinigten Staaten von Amerika durchgeführt. Demgemäß werden keine Bekanntmachungen, Registrierungen, Zulassungen oder Genehmigungen des Pflichtangebots und/oder dieser Angebotsunterlage außerhalb der Bundesrepublik Deutschland oder der Vereinigten Staaten von Amerika veranlasst bzw. beantragt werden.

1.2 Veröffentlichung und Verbreitung dieser Angebotsunterlage

Diese Angebotsunterlage wird am ...... veröffentlicht durch (i) Bekanntgabe im Internet unter http://www......, (ii) Bereithaltung von Exemplaren dieser Angebotsunterlage zur kostenlosen Ausgabe bei der ...... Bank AG (Bestellung per Telefax an ......) sowie Bekanntgabe im elektronischen Bundesanzeiger, bei welcher Stelle die Angebotsunterlage bereitgehalten wird und unter welcher Adresse die Veröffentlichung der Angebotsunterlage im Internet erfolgt ist.

[Am ...... wird darüber hinaus (i) eine unverbindliche englische Übersetzung der Angebotsunterlage, die von der BaFin nicht geprüft wurde, unter der vorgenannten Internetadresse eingestellt sowie (ii) [in der Frankfurter Allgemeine Zeitung und] in *The Wall Street Journal* (U.S.-Ausgabe) bekanntgegeben, bei welcher Stelle die Angebotsunterlage bereitgehalten wird und unter welcher Adresse die Veröffentlichung der Angebotsunterlage im Internet erfolgt.]

2. Zusammenfassung des Pflichtangebots[4, 5]

Die nachfolgende Zusammenfassung enthält einen Überblick über ausgewählte Angaben in dieser Angebotsunterlage. Sie wird durch die an anderer Stelle in dieser Angebotsunterlage wiedergegebenen Informationen und Angaben ergänzt und ist im Zusammenhang mit diesen zu lesen. Diese Zusammenfassung enthält somit nicht alle für Y-Aktionäre relevanten Informationen. Die Y-Aktionäre sollten daher die gesamte Angebotsunterlage aufmerksam lesen.

Bieterin:	X, …… [Straße], …… [Ort], eingetragen im Handelsregister des Amtsgerichts …… unter HRB …… [, hinter der von …… beratene Investmentfonds stehen].
Zielgesellschaft:	Y AG, …… [Straße], …… [Ort], eingetragen im Handelsregister des Amtsgerichts …… unter HRB …….
Gegenstand des Pflichtangebots:	Erwerb aller noch nicht im Eigentum von X befindlicher, auf den Inhaber lautenden Aktien ohne Nennbetrag (Stückaktien) der Y AG (ISIN DE000……), jeweils mit einem anteiligen Betrag des Grundkapitals von …… EUR je Aktie und einschließlich der Dividendenberechtigung für das Geschäftsjahr ……
Gegenleistung:	…… EUR je Y-Aktie
Annahmefrist:	…… bis ……, 24:00 Uhr (Ortszeit Frankfurt am Main)/ [18:00 Uhr Ortszeit New York]
Bedingungen:	Das Pflichtangebot ist an keine Bedingungen geknüpft.
Annahme:	Die Annahme des Pflichtangebots ist während der Annahmefrist schriftlich gegenüber dem depotführenden Wertpapierdienstleistungsunternehmen des jeweiligen Y-Aktionärs zu erklären. Sie wird erst mit fristgerechter Umbuchung der Y-Aktien, für die das Pflichtangebot angenommen worden ist, in die ISIN DE000…… wirksam.
Kosten der Annahme:	Die den Y-Aktionären im Zusammenhang mit der Annahme oder Durchführung des Pflichtangebots entstehenden Kosten und Spesen werden von der Bieterin nicht übernommen [Alternative: Die Annahme des Angebots soll durch die Gewährung einer Ausgleichszahlung in marktüblicher Höhe an die Depotführenden Banken für die annehmenden Y-Aktionäre, mit Ausnahme etwaiger außerhalb der Bundesrepublik Deutschland anfallenden Steuern, Kosten und Spesen, kosten- und spesenfrei sein.].
Börsenhandel:	(Ggf. Es ist beabsichtigt, die Y-Aktien, für die das Pflichtangebot angenommen worden ist, ab dem …… bis spätestens drei Börsentage vor Vollzug des Pflichtangebots im [regulierten Markt (Prime Standard)] Markt der Frankfurter Wertpapierbörse unter der ISIN DE000…… handeln zu lassen.)
ISIN:	Y-Aktien: ISIN DE000……
	Zum Verkauf eingereichte Y-Aktien: ISIN DE000……
Veröffentlichungen:	Diese Angebotsunterlage, deren Veröffentlichungen die BaFin am …… gestattet hat, wird im Internet zusammen mit einer unverbindlichen englischen Übersetzung unter *http:// www*…… veröffentlicht. Die Bekanntmachung über die Bereithaltung dieser Angebotsunterlage zur kostenfreien Ausga-

> be in Deutschland und den Vereinigten Staaten von Amerika wird am ...... im elektronischen Bundesanzeiger sowie in *The Wall Street Journal* (US-Edition) veröffentlicht. Alle nach dem WpÜG oder den anwendbaren kapitalmarktrechtlichen Bestimmungen der Vereinigten Staaten von Amerika erforderlichen Veröffentlichungen und Bekanntmachungen werden im Internet unter *http://www*....... erfolgen. Soweit rechtlich erforderlich werden alle Veröffentlichungen und Hinweisbekanntmachungen auch im elektronischen Bundesanzeiger erfolgen.

3. Pflichtangebot

3.1 Gegenstand[6]

Die Bieterin bietet hiermit allen Y-Aktionären an, alle auf den Inhaber lautende Aktien der Y (ISIN DE000......) ohne Nennbetrag (Stückaktien) und mit einem anteiligen Betrag des Grundkapitals von ...... EUR, einschließlich der Dividendenberechtigung für das Geschäftsjahr ......, zum Kaufpreis *(Angebotspreis)* von

...... EUR je Y-Aktie

nach Maßgabe der Bestimmungen und Bedingungen dieser Angebotsunterlage zu kaufen und zu erwerben.

Die Bieterin hat am ...... die Kontrolle über die Y i. S. d. § 35 Abs. 1 WpÜG erlangt. Das vorliegende Angebot ist ein Pflichtangebot gemäß Abschnitt 5 des WpÜG.

3.2 Unterstützung des Pflichtangebots durch die Y

Vorstand und Aufsichtsrat der Y sind gemäß § 27 WpÜG verpflichtet, unverzüglich nach Übermittlung dieser Angebotsunterlage oder etwaiger Angebotsänderungen eine begründete Stellungnahme zu dem Pflichtangebot sowie zu jeder Angebotsänderung abzugeben. Die Bieterin hat am ...... den Erwerb der Kontrolle über die Y [sowie ihre Entscheidung zur Abgabe des Pflichtangebots] veröffentlicht. In diesem Zusammenhang hat die Y in einer Presseerklärung vom ...... mitgeteilt, dass sie [die Übernahme der Y durch die Bieterin sowie] das angekündigte Pflichtangebot unterstützt. Der Vorstand der Y hat ferner mitgeteilt, dass er den Angebotspreis von ...... EUR für eine angemessene Gegenleistung für die Aktien der Y hält].

4. Annahmefrist[7]

4.1 Dauer der Annahmefrist

Die Frist für die Annahme des Pflichtangebots beginnt mit der Veröffentlichung dieser Angebotsunterlage am .... Sie endet am

......, 24:00 Uhr Ortszeit Frankfurt am Main/[18:00] Uhr Ortszeit New York.

4.2 Verlängerungen der Annahmefrist

Unter den nachfolgend genannten Umständen verlängert sich jeweils die Annahmefrist automatisch wie folgt:

4.2.1 Im Falle einer Änderung des Pflichtangebots gemäß § 21 WpÜG innerhalb der letzten zwei Wochen vor Ablauf der in Ziffer 4.1 dieser Angebotsunterlage genannten Annahmefrist verlängert sich die Annahmefrist nach Ziffer 4.1 um zwei Wochen (§ 21 Abs. 5 WpÜG), also voraussichtlich bis zum ......, 24:00 Ortszeit Frankfurt am Main/ [18.00] Uhr Ortszeit New York. Dies gilt auch, falls das geänderte Pflichtangebot gegen Rechtsvorschriften verstößt.

4.2.2 Wird während der Annahmefrist dieses Pflichtangebots von einem Dritten ein konkurrierendes Angebot *(Konkurrierendes Angebot)* abgegeben und läuft die Annahmefrist für das vorliegende Pflichtangebot vor Ablauf der Annahmefrist für das Konkurrierende Angebot ab, so bestimmt sich der Ablauf der Annahmefrist für das vorliegende

5. Angebotsunterlage – Pflichtangebot E.III.5

Pflichtangebot nach dem Ablauf der Annahmefrist für das konkurrierende Angebot (§ 22 Abs. 2 WpÜG). Dies gilt auch, falls das Konkurrierende Angebot geändert oder untersagt wird oder gegen Rechtsvorschriften verstößt.

4.2.3. Wird im Zusammenhang mit dem Übernahmeangebot nach der Veröffentlichung der Angebotsunterlage eine Hauptversammlung der Y AG einberufen, beträgt die Annahmefrist nach § 16 Abs. 3 WpÜG zehn Wochen ab der Veröffentlichung der Angebotsunterlage. Die Annahmefrist liefe dann voraussichtlich bis zum ...... [Datum], 24:00 Uhr Ortszeit Frankfurt am Main/[18.00] Uhr Ortszeit New York.

Die Frist für die Annahme des Pflichtangebots, einschließlich aller sich aus Vorschriften des WpÜG ergebenden Verlängerungen dieser Frist, wird nachstehend einheitlich als *Annahmefrist* bezeichnet.

5. Beschreibung der Bieterin[8]

5.1 Rechtliche Grundlagen und Kapitalverhältnisse der Bieterin
...... [Vgl. Form. E.II.4, 6.1]

5.2 Überblick über die Geschäftstätigkeit der X-Gruppe
...... [Vgl. Form. E.II.4, 6.2]

5.3 Organe
...... [Vgl. Form. E.II.4, 6.3]

5.4 Mit der Bieterin gemeinsam handelnde Personen[9]

Neben der ABC GmbH mit Sitz in ...... [Ort] und der ...... [Name der Gesellschaft] mit Sitz in ...... sind im Rahmen des Pflichtangebots keine weiteren mit der Bieterin i.S.d. § 2 Abs. 5 WpÜG gemeinsam handelnden Personen tätig geworden. Die vorstehend genannten gemeinsam handelnden Personen stehen im folgenden Verhältnis zur Bieterin und zur Y: ......

5.5 Gegenwärtig von der Bieterin oder von mit der Bieterin gemeinsam handelnden Personen gehaltene Y-Aktien, Zurechnung von Stimmrechten[10]
...... [Vgl. Form. E.II.4, 6.5]

5.6 Angaben zu Wertpapiergeschäften[11]
...... [Vgl. Form. E.II.4, 6.6]

5.7 Mögliche Parallelerwerbe
...... [Vgl. Form. E.II.4, 6.7]

6. Beschreibung der Y[12]

6.1 Rechtliche Grundlagen, Kapitalverhältnisse
...... [Vgl. Form. E.II.4, 7.1]

6.2 Aktienoptionen
...... [Vgl. Form. E.II.4, 7.2]

6.3 Überblick über die Geschäftstätigkeit der Y-Gruppe
...... [Vgl. Form. E.II.4, 7.3]

6.4 Organe
...... [Vgl. Form. E.II.4, 7.4]

6.5 Wesentliche Aktionäre von Y
...... [Vgl. Form. E.II.4, 7.5]

6.6 Mit Y gemeinsam handelnde Personen

Nach den der Bieterin zum Zeitpunkt der Unterzeichnung der Angebotsunterlage vorliegenden Informationen gelten die ...... [Firma der Gesellschaft] mit Sitz in ...... [Ort] sowie die ...... [Firma der Gesellschaft] mit Sitz in ...... [Ort] als mit der Y gemeinsam handelnde Personen i. S. d. § 2 Abs. 5 WpÜG. Auf Grundlage der der Bieterin zum Zeitpunkt der Veröffentlichung dieser Angebotsunterlage bekannten Informationen existieren keine anderen Personen, die gemäß § 2 Abs. 5 Satz 2 WpÜG als mit Y gemeinsam handelnde Personen gelten.

7. Hintergrund des Pflichtangebots

7.1 Kauf der Verkäufer-Aktien durch die Bieterin

Am ...... [Datum] hat die Bieterin mit ...... einen Vertrag *(Verkäufer-Kaufvertrag)* über den Erwerb von insgesamt ...... [Anzahl] Y-Aktien *(Verkäufer-Aktien)*, entsprechend ca. ...... [Betrag] % des gegenwärtigen Grundkapitals der Y, geschlossen. Als Kaufpreis wurde ein Betrag in Höhe von ...... EUR je Y-Aktie vereinbart.

7.2 Kontrollerwerb der Bieterin über Y

Der Verkäufer-Kaufvertrag wurde am ...... [Datum] durch Übertragung der Verkäufer-Aktien auf die Bieterin Zug um Zug gegen Zahlung des für die Verkäufer-Aktien geschuldeten Kaufpreises vollzogen. Durch den Vollzug des Verkäufer-Kaufvertrags hat die Bieterin eine Beteiligung in Höhe von ca. ...... [Betrag] % des gegenwärtigen Grundkapitals der Y erworben. Das vorliegende Pflichtangebot erfolgt in Erfüllung der gesetzlichen Verpflichtung der Bieterin gemäß § 35 Abs. 2 WpÜG, an die außenstehenden Aktionäre der Y ein sog. Pflichtangebot abzugeben. Das Pflichtangebot erfolgt in Abstimmung mit sämtlichen Unternehmen, deren Tochterunternehmen die Bieterin ist, nämlich die ...... und ...... Durch das Pflichtangebot wird deshalb auch die Verpflichtung von ...... und ...... zur Veröffentlichung eines Pflichtangebots gemäß § 35 Abs. 2 WpÜG erfüllt. ...... und ...... werden kein eigenes Pflichtangebot für Y-Aktien vorlegen.

8. Absichten der Bieterin[13]

Die folgenden Angaben beschreiben die derzeitigen Absichten der Bieterin im Hinblick auf Y. Der derzeitige Kenntnisstand und die derzeitigen Absichten der Bieterin beruhen im Wesentlichen auf öffentlichen Informationen und bestimmten weiteren Informationen, die der Bieterin im Rahmen einer zeitlich und inhaltlich begrenzten Due Diligence zur Verfügung gestellt wurden.

8.1 Künftige Geschäftstätigkeit, Vermögen und Verpflichtungen der Y

[Die Bieterin hat bislang keine konkreten Pläne hinsichtlich der künftigen Geschäftstätigkeit von Y. In jedem Fall soll jedoch Y als selbständige Gesellschaft fortbestehen. Es gibt keine Pläne, sich von Teilaktivitäten des Y-Konzerns zu trennen. Es gibt gegenwärtig auch keine konkreten Pläne, die zu einer Zunahme von Verbindlichkeiten von Y außerhalb der gewöhnlichen Geschäftstätigkeit führen würden.]

[Alternativ: Vgl. Form. E. II.4, 9.1]

8.2 Künftige Geschäftstätigkeit der Bieterin

...... [Vgl. Form. E. II.4, 9.2]

8.3 Vorstand und Aufsichtsrat der Y

...... [Vgl. Form. E. II.4, 9.3]

8.4 Arbeitnehmer, Beschäftigungsbedingungen und Arbeitnehmervertretungen

...... [Vgl. Form. E. II.4, 9.4]

8.5 Sitz der Y, Standort wesentlicher Unternehmensteile

...... [Vgl. Form. E. II.4, 9.5]

8.6 Mögliche Strukturmaßnahmen

Nach Vollzug dieses Übernahmeangebots plant die Bieterin, zusammen mit dem Management von Y eingehend Möglichkeiten der weiteren Vertiefung der Zusammenarbeit,

5. Angebotsunterlage – Pflichtangebot

neue Geschäftsmöglichkeiten und für beide Unternehmen sinnvolle Maßnahmen zur Effizienzsteigerung zu analysieren. Möglichkeiten der effektiven Zusammenarbeit erwartet die Bieterin insbesondere in den Bereichen ......

8.6.1 Beherrschungs- und Gewinnabführungsvertrag
...... [Vgl. Form. E.II.4, 9.6.1]

8.6.2 Aktienrechtlicher Squeeze-out
...... [Vgl. Form. E.II.4, 9.6.2]

8.6.3 Ausschluss von Minderheitsaktionären per Gerichtsentscheidung (Squeeze-out nach Übernahmerecht)
...... [Vgl. Form. E.II.4, 9.6.3]

8.6.4 [Ausschluss von Minderheitsaktionären bei Verschmelzung auf die Konzernmutter (Verschmelzungsspezifischer Squeeze-out)]
...... [Vgl. Form. E.II.4, 9.6.4]

8.6.5 Delisting
...... [Vgl. Form. E.II.4, 9.6.5]

9. Erläuterungen zur Preisfindung[14]

9.1 Mindestangebotspreis[15, 16]

Der Angebotspreis in Höhe von ...... EUR je Y-Aktie entspricht dem durch § 31 Abs. 1 WpÜG i.V.m. §§ 4, 5 WpÜG-Angebotsverordnung vorgeschriebenen Mindestpreis.

9.1.1 Nach § 5 WpÜG-Angebotsverordnung muss bei einem Pflichtangebot gemäß §§ 35 Abs. 2 WpÜG die Gegenleistung mindestens dem gewichteten durchschnittlichen inländischen Börsenkurs der Y-Aktie während der letzten drei Monate vor der Veröffentlichung der Erlangung der Kontrolle, d.h. im Zeitraum vom ...... (einschließlich) bis zum ...... (einschließlich), entsprechen. Die Bieterin hat die Erlangung der Kontrolle über die Y am ...... [Datum] veröffentlicht. Dieser Durchschnittskurs wurde von der BaFin mit ...... EUR ermittelt.

9.1.2 Nach § 4 WpÜG-Angebotsverordnung muss bei einem Pflichtangebot gemäß § 35 Abs. 2 WpÜG die Gegenleistung mindestens dem Wert der höchsten von der Bieterin, einer mit ihr gemeinsam handelnden Person oder deren Tochterunternehmen innerhalb der letzten sechs Monate vor der Veröffentlichung dieser Angebotsunterlage, d.h. seit dem ...... [Datum], für den Erwerb von Y-Aktien gewährten oder vereinbarten Gegenleistung entsprechen. Die Bieterin hat am ...... [Datum] einen Vertrag über den Erwerb von ...... [Anzahl] Y-Aktien geschlossen (vgl. Ziffer 7.1 dieser Angebotsunterlage). Als Kaufpreis wurde ein Betrag von ...... EUR je Y-Aktie vereinbart. Darüber hinaus hat die Bieterin vor Veröffentlichung dieser Angebotsunterlage börslich Y-Aktien erworben (vgl. Ziffer 5.6 dieser Angebotsunterlage). Der höchste dabei gezahlte Kaufpreis pro Y-Aktie betrug ...... EUR. Die den Y-Aktionären anzubietende Gegenleistung je Y-Aktie muss mindestens dem höheren der beiden Werte aus 9.1 entsprechen, also mindestens ...... EUR betragen. Der Angebotspreis in Höhe von ...... EUR je Y-Aktie übersteigt diesen Wert um ...... EUR, d.h. um ca. ...... %.

9.2 Vergleich mit historischen Börsenkursen

Bei der Ermittlung des Angebotspreises wurden neben den in Ziffer 9.1 genannten Faktoren insbesondere auch die historischen Börsenkurse der Y-Aktie berücksichtigt. Die Bieterin ist der Auffassung, dass die Börsenkurse der Y-Aktie eine geeignete Grundlage für die Beurteilung der Angemessenheit des Angebotspreises sind.

Am ...... betrug der letzte unbeeinflusste Schlusskurs der Y-Aktie ...... EUR. [Am ...... und ...... kam es zeitgleich mit Gerüchten um ein mögliches Pflichtangebot der Bieterin für Y zu (i) einem Anstieg des Kurses der Y-Aktie um ...... % bzw. ...... % und (ii) einem signifikanten Anstieg der Handelsvolumina im Vergleich zu den in den Vormonaten verzeichneten durchschnittlichen Tagesumsätzen.]

Bezogen auf die Schlusskurse der Y-Aktien im elektronischen Handelssystem XETRA am Tag bzw. einen Monat, sechs Monate und zwölf Monate vor [Veröffentlichung der Erlangung der Kontrolle über die Y] am …… [Datum] enthält der Angebotspreis folgende Aufschläge:

- Am ……, dem Tag der Veröffentlichung der Entscheidung zur Abgabe des Pflichtangebots, betrug der Schlusskurs der Y-Aktien im elektronischen Handelssystem XETRA …… EUR. Der Angebotspreis enthält somit einen Aufschlag von …… EUR nach Abzug der Dividende von …… EUR je Y-Aktie bzw. ca. …… % auf den Schlusskurs vom …….
- Der gewichtete Durchschnittsschlusskurs der Y-Aktie im elektronischen Handelssystem XETRA für den Dreimonatszeitraum bis zum …… betrug …… EUR. Der Angebotspreis enthält somit einen Aufschlag von …… EUR nach Abzug der Dividende von …… EUR je Y-Aktie bzw. ca. …… % auf diesen Durchschnittsschlusskurs.
- Der gewichtete Durchschnittsschlusskurs der Y-Aktie im elektronischen Handelssystem XETRA für den Sechsmonatszeitraum bis zum …… betrug …… EUR. Der Angebotspreis enthält somit einen Aufschlag von …… EUR nach Abzug der Dividende von …… EUR je Y-Aktie bzw. ca. …… % auf diesen Durchschnittsschlusskurs.
- Der gewichtete Durchschnittsschlusskurs der Y-Aktie im elektronischen Handelssystem XETRA für den Zwölfmonatszeitraum bis zum …… betrug …… EUR. Der Angebotspreis enthält somit einen Aufschlag von …… EUR nach Abzug der Dividende von …… EUR je Y-Aktie bzw. ca. …… % auf diesen Durchschnittsschlusskurs.

Die vorstehend genannten historischen Börsenkurse (außer dem unter Ziffer 9.1 dieser Angebotsunterlage genannten Mindestangebotspreis) wurden vom Datenanbieter …… ermittelt.

9.3 Weitere Erläuterungen zum Angebotspreis

Aus den in Ziffer 9.2 dieser Angebotsunterlage dargestellten Vergleichen mit historischen Börsenkursen ergibt sich, dass der Angebotspreis die Bewertung der Y-Aktie durch den Kapitalmarkt vor der Veröffentlichung [des Erwerbs der Kontrolle über die Y und] der Entscheidung der Bieterin zur Abgabe des Pflichtangebots wesentlich übersteigt. Die Bieterin ist insbesondere aufgrund dieser erheblichen Prämie sowie der in der Presseerklärung vom …… [Datum] wiedergegebenen Einschätzung vom Vorstand und Aufsichtsrat der Y über die Angemessenheit der hier angebotenen Gegenleistung (vgl. Ziffer 3.2 dieser Angebotsunterlage) davon überzeugt, dass der Angebotspreis angemessen im Sinne des § 31 Abs. 1 WpÜG ist. Vor dem Hintergrund der Kursentwicklung der Y-Aktie [seit dem Börsengang im ……] und der Entwicklung an den Kapitalmärkten, insbesondere der Werte der ……branche, ist die Bieterin ferner davon überzeugt, dass der Angebotspreis für die Y-Aktionäre eine attraktive Gegenleistung für ihre Y-Aktien darstellt. (Ggf. Er entspricht im Übrigen dem zwischen der Bieterin und den Hauptaktionären der Y, die zugleich Mitglieder des Vorstands der Y sind, in dem Verkäufer-Kaufvertrag vereinbarten Kaufpreis je Y-Aktie.)

9.4 Keine Entschädigung für den Verlust bestimmter Rechte[17]

Die Satzung von Y sieht keine Anwendung von § 33b Abs. 2 WpÜG vor. Die Bieterin ist daher nicht verpflichtet, eine Entschädigung gemäß § 33b Abs. 5 WpÜG zu leisten.

10. Annahme und Abwicklung des Pflichtangebots[18]

10.1 Zentrale Abwicklungsstelle

Die Bieterin hat die …… Bank, [Sitz der Bank] (die Zentrale Abwicklungsstelle), beauftragt, als zentrale Abwicklungsstelle für das Angebot zu fungieren.

10.2 Annahme des Pflichtangebots

Hinweis: Y-Aktionäre, die das Pflichtangebot annehmen wollen, sollten sich mit eventuellen Fragen bezüglich der Annahme des Pflichtangebots und dessen technischer Ab-

5. Angebotsunterlage – Pflichtangebot E.III.5

wicklung an ihr jeweiliges depotführendes Wertpapierdienstleistungsunternehmen wenden. Diese sind über die Handhabung der Annahme und die Abwicklung des Pflichtangebots gesondert informiert worden und sind gehalten, Kunden, die in ihrem Depot Y-Aktien halten, über das Pflichtangebot und die für dessen Annahme erforderlichen Schritte zu informieren.

Y-Aktionäre können das Pflichtangebot nur dadurch annehmen, dass sie

(a) innerhalb der Annahmefrist die Annahme des Pflichtangebots schriftlich gegenüber ihrem jeweiligen depotführenden Wertpapierdienstleistungsunternehmen *(die Depotführende Bank)* erklären *(die Annahmeerklärung)*, und

(b) innerhalb der Annahmefrist ihre Depotführende Bank anweisen, die Umbuchung der in ihrem Depot befindlichen Y-Aktien, für die sie das Pflichtangebot annehmen wollen *(die Zum Verkauf eingereichte Y-Aktien)*, in die ISIN DE000...... bei der Clearstream Banking AG vorzunehmen.

Die Annahmeerklärung wird nur wirksam, wenn die Zum Verkauf eingereichten Y-Aktien bis spätestens 17:30 Uhr am zweiten Bankarbeitstag nach Ablauf der Annahmefrist bei der Clearstream Banking AG in die ISIN DE000...... umgebucht worden sind. Diese Umbuchungen sind durch die Depotführende Bank nach Erhalt der Annahmeerklärung zu veranlassen.[19]

10.3 Weitere Erklärungen annehmender Y-Aktionäre

Durch die Annahme des Pflichtangebots gemäß Ziffer 10.2 dieser Angebotsunterlage

(a) weisen die annehmenden Y-Aktionäre ihre jeweilige Depotführende Bank sowie etwaige Zwischenverwahrer der betreffenden Zum Verkauf eingereichten Y-Aktien an und ermächtigen diese,

- die zum Verkauf eingereichten Y-Aktien zunächst in den Wertpapierdepots der annehmenden Y-Aktionäre zu belassen, aber deren Umbuchung in die ISIN DE000...... bei der Clearstream Banking AG zu veranlassen;
- die Zum Verkauf eingereichten Y-Aktien zunächst in dem Wertpapierdepot des annehmenden Y-Aktionärs zu belassen, jedoch die Umbuchung in die ISIN DE000...... bei der Clearstream Banking AG zu veranlassen;
- ihrerseits die Clearstream Banking AG anzuweisen und zu ermächtigen, die Zum Verkauf eingereichten Y-Aktien der Zentralen Abwicklungsstelle zur Übereignung an die Bieterin zur Verfügung zu stellen;
- ihrerseits die Clearstream Banking AG anzuweisen und zu ermächtigen, die Zum Verkauf eingereichten Y-Aktien (ISIN DE000......), jeweils einschließlich aller mit diesen verbundenen Rechte, an die Bieterin Zug um Zug gegen Zahlung des Angebotspreises für die jeweiligen Zum Verkauf eingereichten Y-Aktien auf das Konto der jeweiligen Depotführenden Bank bei der Clearstream Banking AG nach den Bestimmungen des Pflichtangebots zu übertragen;
- ihrerseits etwaige Zwischenverwahrer der betreffenden Zum Verkauf eingereichten Y-Aktien sowie die Clearstream Banking AG anzuweisen und zu ermächtigen, der Bieterin oder der zentralen Abwicklungsstelle für das Übernahmeangebot alle für Erklärungen und Veröffentlichungen der Bieterin nach dem WpÜG erforderlichen Informationen zur Verfügung zu stellen, insbesondere die Anzahl der in die ISIN DE000...... eingebuchten Y-Aktien börsentäglich während der Annahmefrist mitzuteilen; und
- die Annahmeerklärung an die ...... Bank AG, ..., als zentraler Abwicklungsstelle für das Übernahmeangebot auf Verlangen weiterzuleiten;

(b) beauftragen und bevollmächtigen die annehmenden Y-Aktionäre ihre jeweilige Depotführende Bank sowie zentrale Abwicklungsstelle, jeweils unter Befreiung von dem Verbot des Selbstkontrahierens gemäß § 181 Bürgerliches Gesetzbuch *(BGB)*, alle zur Abwicklung des Pflichtangebots nach Maßgabe dieser Angebotsunterlage erforderlichen oder zweckdienlichen Handlungen vorzunehmen und Erklärungen abzugeben bzw. entgegenzunehmen und insbesondere die Übertragung des Eigentums an den Zum Verkauf eingereichten Y-Aktien auf die Bieterin nach Maßgabe von vorstehendem Absatz 11.3(a) herbeizuführen; und

(c) erklären die annehmenden Y-Aktionäre, dass

- sie das Pflichtangebot für alle bei Erklärung der Annahme des Pflichtangebots in ihrem Wertpapierdepot bei der Depotführenden Bank befindlichen Y-Aktien annehmen, es sei denn in der Annahmeerklärung ist ausdrücklich eine andere Anzahl von Y-Aktien bestimmt worden;
- die Y-Aktien, für die sie das Pflichtangebot annehmen, im Zeitpunkt der Übertragung des Eigentums auf die Bieterin in ihrem alleinigen Eigentum stehen und frei von Rechten und Ansprüchen Dritter sind; und
- sie ihre Zum Verkauf eingereichten Y-Aktien auf die Bieterin unter der aufschiebenden Bedingungen des Ablaufs der Annahmefrist Zug um Zug gegen Zahlung des Angebotspreises auf das Konto der jeweiligen Depotführenden Bank bei der Clearstream Banking AG übertragen.

Die in Ziffer 10.3(a) bis 10.3(c) aufgeführten Anweisungen, Erklärungen, Aufträge, Vollmachten und Ermächtigungen werden von den annehmenden Y-Aktionären im Interesse einer reibungslosen und zügigen Abwicklung des Pflichtangebots unwiderruflich erteilt. Sie erlöschen erst im Fall des wirksamen Rücktritts von dem durch Annahme des Pflichtangebots geschlossenen Vertrag nach Ziffer 15 dieser Angebotsunterlage.

10.4 Rechtsfolgen der Annahme

Mit der Annahme des Pflichtangebots kommt zwischen dem annehmenden Y-Aktionär und der Bieterin ein Vertrag über den Verkauf und die Übertragung des Eigentums an den Zum Verkauf eingereichten Y-Aktien auf die Bieterin, jeweils nach Maßgabe der Bestimmungen des Pflichtangebots, zustande. Darüber hinaus erteilen die annehmenden Y-Aktionäre mit Annahme des Pflichtangebots die in Ziffer 10.3(a) und 10.3(b) dieser Angebotsunterlage genannten Anweisungen, Ermächtigungen, Aufträge und Vollmachten und geben die in Ziffer 10.3(c) aufgeführten Erklärungen ab.

Mit der Übertragung des Eigentums an den Zum Verkauf eingereichten Y-Aktien gehen sämtliche mit diesen verbundenen Rechte (Dividendenansprüche eingeschlossen) auf die Bieterin über.

10.5 Abwicklung des Pflichtangebots und Kaufpreiszahlung nach Ablauf der Annahmefrist

Unverzüglich nachdem die Zum Verkauf eingereichten Y-Aktien der ...... Bank AG, ... [Ort], als Abwicklungsstelle gemäß Ziffer 10.3(a) dieser Angebotsunterlage zur Verfügung gestellt worden sind, jedoch spätestens sieben Bankarbeitstage nach Ablauf der Annahmefrist, wird die ...... Bank AG, ... [Ort], die Zum Verkauf eingereichten Y-Aktien auf die Bieterin Zug um Zug gegen Zahlung des Angebotspreises auf das Konto der jeweiligen Depotführenden Bank bei der Clearstream Banking AG übertragen.

Mit der Gutschrift zugunsten des Kontos der jeweiligen Depotführenden Bank hat die Bieterin ihre Verpflichtung zur Zahlung des Angebotspreises erfüllt. Es obliegt den Depotführenden Banken, den Angebotspreis dem jeweiligen Verkäufer gutzuschreiben.

10.6 [Verfahren bei effektiven Aktienurkunden

Y-Aktionäre, die noch Y-Aktienurkunden in Eigenverwahrung halten, müssen für die Annahme des Angebots besondere Maßnahmen ergreifen: Zusätzlich zu der Annahmeerklärung gegenüber einer Depotführenden Bank gemäß Ziffer 10.2 bzw. 10.5 dieser Angebotsunterlage müssen diese Y-Aktionäre innerhalb der Annahmefrist die betreffenden Aktienurkunden, jeweils ausgestattet mit den Gewinnanteilscheinen Nr. ...... ff. sowie Erneuerungsschein, während der üblichen Geschäftszeiten, bei einer Depotführenden Bank, die als unmittelbarer Teilnehmer an das System der Clearstream Banking AG an-

5. Angebotsunterlage – Pflichtangebot

geschlossen ist, zur Überführung in die Girosammelverwahrung einliefern und diese in die ISIN ...... umbuchen lassen. Die eingelieferten Aktienurkunden sowie Gewinnanteilscheine und Erneuerungsscheine dürfen nicht entwertet sein. Gegebenenfalls ist es erforderlich, dass die Y-Aktionäre zur Überführung ihrer Aktienurkunden in die Girosammelverwahrung eine Bankverbindung eröffnen. Nach Einlieferung der Aktienurkunden wird die Depotführende Bank alle notwendigen Maßnahmen, einschließlich der Herstellung der Girosammelverwahrfähigkeit, treffen. Aufgrund des zeitaufwändigen Verfahrens bei der Einreichung der Aktienurkunden wird empfohlen, die Aktienurkunden spätestens eine Woche vor Ablauf der Annahmefrist bei der Depotführenden Bank einzureichen.]

10.7 Kosten für Y-Aktionäre, die das Angebot annehmen

Die Annahme des Pflichtangebots soll für die Y-Aktionäre grundsätzlich frei von Kosten und Spesen der Depotführenden Banken sein. Zu diesem Zweck gewährt die Bieterin den Depotführenden Banken eine diesen gesondert mitgeteilte Ausgleichszahlung, die eine marktübliche Depotbankenprovision umfasst.

Kosten und Spesen, die von Depotführenden Banken oder ausländischen Wertpapierdienstleistungsunternehmen erhoben werden, sowie gegebenenfalls anfallende ausländische Steuern und Abgaben, sind jedoch von den betreffenden Y-Aktionären selbst zu tragen.

10.8 Börsenhandel mit Zum Verkauf eingereichten Y-Aktien

Es ist beabsichtigt, die Zum Verkauf eingereichten Y-Aktien ab dem ...... bis spätestens zwei Börsenhandelstage vor Vollzug des Pflichtangebots im [regulierten Markt (Prime Standard)] der Frankfurter Wertpapierbörse unter der ISIN DE000...... handeln zu lassen. Die Erwerber von unter ISIN DE000...... gehandelten Y-Aktien übernehmen hinsichtlich dieser Aktien alle Rechte und Pflichten aus den durch die Annahme des Pflichtangebots geschlossenen Verträgen.

Die Bieterin weist darauf hin, dass Handelsvolumen und Liquidität der Zum Verkauf eingereichten Y-Aktien von der jeweiligen Annahmequote abhängen und deshalb überhaupt nicht vorhanden oder gering sein und starken Schwankungen unterliegen können. Es kann daher nicht ausgeschlossen werden, dass mangels Nachfrage der börsliche Verkauf von Zum Verkauf eingereichten Y-Aktien nicht möglich sein wird.

[Alternative: Ein Börsenhandel in nachträglich Zum Verkauf eingereichten Y-Aktien ist nicht vorgesehen.]

11. Behördliche Genehmigungen und Verfahren[19]

11.1 Erforderliche Genehmigungen

Die Übernahme der Y durch die Bieterin bedurfte keiner Genehmigung, (insbesondere nicht der fusionskontrollrechtlichen Freigabe durch das Bundeskartellamt.)

11.2 [Außenwirtschaftsrechtliche Prüfung[20]

Das Bundesministeriums für Wirtschaft und Technologie kann den Erwerb einer Beteiligung von mindestens 25% der Stimmrechte an Y durch die Bieterin nach § 53 AWV i.V.m. § 7 Abs. 1 und 2 Nr. 6 AWG prüfen und ggf. untersagen bzw. Anordnungen erlassen soweit dies erforderlich ist um die öffentliche Ordnung oder Sicherheit der Bundesrepublik Deutschland zu gewährleisten.]

11.3 [Stand des außenwirtschaftsrechtlichen Verfahrens

Die Bieterin hat am ...... beim Bundesministerium für Wirtschaft und Technologie die Erteilung einer außenwirtschaftsrechtlichen Unbedenklichkeitsbescheinigung beantragt. Die Unbedenklichkeitsbescheinigung gilt als erteilt, wenn das Bundesministerium für Wirtschaft und Technologie nicht spätestens einen Monat nach Antragstellung ein Prüfverfahren eröffnet. Das Bundesministerium für Wirtschaft und Technologie kann bei der fristgerechten Einleitung eines Prüfverfahrens den Erwerb innerhalb von zwei Monaten nach Eingang der vollständigen Unterlagen untersagen oder durch Auflagen beschränken.]

11.4 Gestattung der Veröffentlichung dieser Angebotsunterlage

Die Bundesanstalt für Finanzdienstleistungsaufsicht hat der Bieterin am ...... die Veröffentlichung dieser Angebotsunterlage gestattet.

12. Bedingung[21]

Das Pflichtangebot steht unter keinen Bedingungen.

13. Finanzierung des Pflichtangebots[22]

13.1 Maßnahmen zur Sicherstellung der vollständigen Erfüllung des Pflichtangebots

Die Y hat derzeit insgesamt ...... [Anzahl] auf den Inhaber lautende nennwertlose Stückaktien ausgegeben. Die Bieterin ist bereits Inhaber von ...... [Anzahl] Y-Aktien. Das Pflichtangebot kann daher maximal für die verbleibenden ...... [Anzahl] Y-Aktien zum Kaufpreis von ...... EUR je Y-Aktie angenommen werden. Daraus ergibt sich ein maximal von der Bieterin in Vollzug des Pflichtangebots an die Y-Aktionäre zu zahlender Kaufpreis in Höhe von insgesamt ...... EUR. Im Hinblick auf die Ausübungspreise und -fristen für die gegenwärtig ausstehenden Optionen auf Y-Aktien (vgl. Ziffer 6.2 dieser Angebotsunterlage) muss davon ausgegangen werden, dass bis zum Ablauf der Annahmefrist insgesamt ...... Y-Aktien durch Optionsausübung neu entstehen werden. Würde das Pflichtangebot auch für diese neuen Y-Aktien angenommen werden, würde sich die von der Bieterin zu zahlende Gegenleistung um ...... EUR erhöhen. Die Transaktionskosten für die Durchführung des Pflichtangebots belaufen sich auf voraussichtlich bis zu ca. ...... EUR. Die Kosten für die Durchführung dieses Pflichtangebots betragen somit voraussichtlich maximal ca. ...... EUR *(Gesamttransaktionsbetrag)*.

13.2 Finanzierung des Pflichtangebots

Die Bieterin hat vor Veröffentlichung dieser Angebotsunterlage die notwendigen Maßnahmen getroffen, um sicherzustellen, dass ihr die zur vollständigen Erfüllung des Pflichtangebots notwendigen finanziellen Mittel zum jeweiligen Fälligkeitszeitpunkt zur Verfügung stehen.

Die Bieterin hat am ...... mit *[Banken]*, als Arrangeuren und Kreditgebern sowie ...... als Facility Agent einen Kreditvertrag abgeschlossen (der *Kreditvertrag*), unter dem der Bieterin ein Kredit bis zu einer Höhe von EUR ...... zur Finanzierung des Erwerbs von bis zu 100% der Y-Aktien, einschließlich der Erfüllung der Zahlungsverpflichtungen der Bieterin aus oder im Zusammenhang mit dem Angebot, eingeräumt wurde (der *Kredit*). Der Kredit kann von der Bieterin so lange in Anspruch genommen werden, bis sie alle ihre Verpflichtungen im Rahmen des Pflichtangebots erfüllt hat, aber höchstens bis zu ...... Kalendertage nach dem Datum der Veröffentlichung dieser Angebotsunterlage. Die Bieterin kann den Kredit in Anspruch nehmen, wenn die aufschiebenden Bedingungen und die Anforderungen an die Dokumentation erfüllt sind (oder die Kreditgeber darauf verzichtet haben), keiner der im Kreditvertrag aufgeführten Kündigungsgründe eingetreten ist, bestimmte weitere im Kreditvertrag beschriebene Voraussetzungen vorliegen und die im Kreditvertrag enthaltenen Zusicherungen im Zeitpunkt der Inanspruchnahme des Kredits richtig und zutreffend sind.

Die Bieterin hat keinen Grund zu der Annahme, dass die Bedingungen für die Inanspruchnahme nicht erfüllt werden.

13.3 Finanzierungsbestätigung[23]

Die ...... Bank, eine [Aktiengesellschaft] deutschen Rechts mit Sitz in [Frankfurt am Main], die ein von der Bieterin unabhängiges Wertpapierdienstleistungsunternehmen ist,

5. Angebotsunterlage – Pflichtangebot E.III.5

hat in dem als Anlage beigefügten Schreiben vom ...... [Datum] gemäß § 13 Abs. 1 Satz 2 WpÜG schriftlich bestätigt, dass die Bieterin die notwendigen Maßnahmen getroffen hat, um sicherzustellen, dass die zur vollständigen Erfüllung des Pflichtangebots notwendigen Mittel zum Zeitpunkt der Fälligkeit des Anspruchs auf die Geldleistung zur Verfügung stehen.

14. Erwartete Auswirkungen des Vollzugs des Pflichtangebots auf die Vermögens-, Finanz- und Ertragslage der Bieterin und der Erwerbsgesellschaften[24]

14.1 Ausgangslage und Annahmen

Die in dieser Ziffer 14 enthaltenen Angaben beruhen insbesondere auf der folgenden Ausgangslage bzw. folgenden Annahmen:
(a) Die Bieterin hält bereits ...... Y-Aktien (ca. ......% des Grundkapitals von Y; vgl. Ziffer 7 dieser Angebotsunterlage).
(b) Mit Ausnahme von Y-Aktien, die zum Zeitpunkt der Unterzeichnung dieser Angebotsunterlage von der Bieterin gehalten werden, erwirbt die Bieterin auch alle sonstigen gegenwärtig ausgegebenen ...... [Anzahl] Y-Aktien (ca. ...... [Betrag] % der Y-Aktien) zum Angebotspreis von ...... EUR je Y-Aktie, also gegen Zahlung von insgesamt ...... EUR.
(c) Die Inhaber von Optionen auf Y-Aktien mit einem Ausübungspreis von weniger als ...... EUR [Angebotspreis] (vgl. Ziffer 6.2 dieser Angebotsunterlage) üben ihre Aktienoptionen während der Annahmefrist aus und nehmen das Pflichtangebot für die dadurch entstandenen Y-Aktien an.
(d) Etwaige weitere Y-Aktien, die nach dem Tag der Veröffentlichung dieser Angebotsunterlage ggf. noch ausgegeben werden, bleiben unberücksichtigt.
(e) Die voraussichtlichen Transaktionskosten in Höhe von ...... EUR werden als Anschaffungsnebenkosten aktiviert werden.

14.2 Methodisches Vorgehen

Zur Abschätzung der voraussichtlichen Auswirkungen des Pflichtangebots auf die Vermögens-, Finanz- und Ertragslage der Bieterin hat die Bieterin eine vorläufige und ungeprüfte Einschätzung der bilanziellen Situation vorgenommen, die sich bei der Bieterin und – auf Konzernebene – bei der X-Gruppe im Falle der vollständigen Übernahme von Y zum ...... [Datum] ergeben hätte. Im Folgenden wird die auf Basis der in Ziffer 14.1 dieser Angebotsunterlage spezifizierten Annahmen angepasste [Pro-forma-]Bilanz den [vorläufigen und ungeprüften] Bilanzen der Bieterin und der konsolidierten Bilanz der ...... jeweils zum ...... [Datum] gegenübergestellt.
Abgesehen vom beabsichtigten Erwerb der Y-Aktien werden in den folgenden Darstellungen keine sonstigen Auswirkungen auf die Vermögens-, Finanz- und Ertragslage von X bzw. der X-Gruppe berücksichtigt, die sich seit dem ...... ergeben haben oder in Zukunft ergeben können. Ferner wird darauf hingewiesen, dass sich die Auswirkungen der Übernahme von Y auf die zukünftige Vermögens-, Finanz- und Ertragslage der Bieterin [und der X-Gruppe] heute nicht genau vorhersagen lassen. Dafür gibt es u. a. folgende Gründe:
...... [Vgl. Form. E.II.4, 15.2]

14.3 Erwartete Auswirkungen auf den Einzelabschluss der Bieterin[25]

14.3.1 Erwartete Auswirkungen auf die Bilanz der Bieterin
Der Erwerb der Y-Aktien nach diesem Pflichtangebot wird sich nach Einschätzung von X auf die Vermögens- und Finanzlage der Bieterin (unter Zugrundelegung der Rechnungslegungsvorschriften des Handelsgesetzbuches und der besonderen Rechnungslegungsvorschriften des Aktiengesetzes) im Wesentlichen wie folgt auswirken:

Bilanz der Bieterin zum ...... [Datum] (HGB)

Aktiva (in Millionen Euro)		ungeprüft	
		Veränderung durch Aktienerwerb (max.)*	Pro Forma**
Anlagevermögen	•		•
Immaterielle Vermögensgegenstände	•		•
Sachanlagen	•		•
Finanzanlagen	•	•	•
Umlaufvermögen	•		•
Vorräte	•		•
Forderungen	•		•
Sonstige Vermögensgegenstände	•		•
Wertpapiere	•		•
Liquide Mittel	•	•	•
Rechnungsabgrenzungsposten	•		•
Bilanzsumme	•		•

Passiva (in Millionen Euro)		ungeprüft	
		Veränderung durch Aktienerwerb (max.)*	Pro Forma**
Eigenkapital	•		•
Grundkapital	•		•
Kapitalrücklage	•		•
Gewinnrücklagen	•		•
Bilanzgewinn	•		•
Rückstellungen	•		•
Rückstellungen für Pensionen und ähnliche Verpflichtungen	•		•
Rückstellungen für Eventualverbindlichkeiten und Verluste		•	
Übrige Rückstellungen	•		•
Verbindlichkeiten	•		•
Erhaltene Anzahlungen auf Bestellungen	•		•
Verbindlichkeiten aus Lieferungen und Leistungen			
Übrige Verbindlichkeiten	•	•	•
Bilanzsumme	•		•

* Einschließlich Vorerwerbe
** Pro Forma = Ist-Daten und Veränderung durch Aktienerwerb

Im Vergleich zur Vermögens- und Finanzlage der Bieterin zum ...... [Datum] ergeben sich im Wesentlichen folgende Veränderungen:
...... [Vgl. Form. E.II.4, 15.3.1]

5. Angebotsunterlage – Pflichtangebot E.III.5

14.3.2 Erwartete Auswirkungen auf die Ertragslage der Bieterin

Der Erwerb der Y-Aktien nach diesem Pflichtangebot wird sich (unter Zugrundelegung der Rechnungslegungsvorschriften des Handelsgesetzbuches und der besonderen Rechnungslegungsvorschriften des Aktiengesetzes) auf die Ertragslage der Bieterin voraussichtlich wie folgt auswirken. Dabei wurde unterstellt, dass die Transaktion zu Beginn des Zeitraums erfolgt ist, auf den sich die Einnahmen und Aufwendungen beziehen.
...... [Vgl. Form. E.II.4, 15.3.2]

14.4 Auswirkungen auf den konsolidierten Abschluss der X-Gruppe gemäß IFRS [26]

Im Folgenden werden verkürzte Pro-Forma Konzern-Finanzinformationen der X-Gruppe dargestellt. Ihr Zweck ist es, die wesentlichen Auswirkungen der Einbeziehung der Y-Gruppe auf die historischen Finanzinformationen der X-Gruppe darzustellen, wenn die Y-Gruppe zu 100% der X-Gruppe während des gesamten betreffenden Berichtszeitraums angehört hätte.

Die Erstellung der Pro-Forma Konzern-Finanzinformationen erfolgt ausschließlich zur Erfüllung der gesetzlichen Verpflichtungen in Zusammenhang mit diesem Angebot. Sie beschreiben aufgrund ihrer Wesensart lediglich eine hypothetische Situation und spiegeln folglich nicht die tatsächliche Vermögens-, Finanz- und Ertragslage der X-Gruppe wieder. Aussagekräftig sind sie nur in Verbindung mit den historischen Abschlüssen der X-Gruppe.

Der Konzern-Finanzinformationen liegen der ungeprüfte Zwischenabschluss der X-Gruppe zum ...... und der ungeprüfte Konzernzwischenabschluss der Y zum ...... zugrunde.

14.4.1 Erwartete Auswirkungen auf die Konzern-Bilanz der X-Gruppe

Der Erwerb der Verkäufer-Aktien auf Grund des Verkäufer-Kaufvertrags und der übrigen Y-Aktien nach dem Pflichtangebot wird sich auf die konsolidierte Vermögens- und Finanzlage der Bieterin und der ...... zusammengenommen wie folgt darstellen:

Konzernbilanz der Bieterin zum ...... [Datum]

Aktiva (in Millionen Euro)	ungeprüft	
	Veränderung durch Aktienerwerb (max.)*	Pro Forma**
Anlagevermögen	•	•
Immaterielle Vermögensgegenstände	•	•
Sachanlagen	•	•
At Equity bewertete Anteile	•	•
Übrige Finanzanlagen	•	•
Vermietete Vermögenswerte	•	•
Forderungen aus Lieferungen und Leistungen	•	•
Forderungen aus Finanzdienstleistungen	•	•
Sonstige Forderungen und Vermögenswerte	•	•
Wertpapiere	•	•
Aktive Latente Steuern	•	•
Langfristige Vermögenswerte	•	•
Vorräte	•	•

Aktiva (in Millionen Euro)		ungeprüft	
		Veränderung durch Aktienerwerb (max.)*	Pro Forma**
Forderungen aus Lieferungen und Leistungen	•		•
Forderungen aus Finanzdienstleistungen	•		•
Sonstige Forderungen und Vermögenswerte	•		•
Wertpapiere	•		•
Flüssige Mittel	•	•	•
Kurzfristige Vermögenswerte	•		•
Bilanzsumme	•	•	•

Passiva (in Millionen Euro)		ungeprüft	
		Veränderung durch Aktienerwerb (max.)*	Pro Forma**
Gezeichnetes Kapital	•		•
Kapitalrücklage	•		•
Gewinnrücklagen	•	•	•
Währungsumrechnung	•	•	•
Eigenkapital von Anteilen anderer Gesellschafter	•		•
Hybridkapital	•		•
Anteile anderer Gesellschafter	•	•	•
Eigenkapital	•		•
Rückstellungen für Pensionen und ähnliche Verpflichtungen	•		•
Sonstige Rückstellungen	•	•	•
Passive Latente Steuern	•		•
Finanzverbindlichkeiten	•		•
Verbindlichkeiten aus Lieferungen und Leistungen	•	•	•
Sonstige Verbindlichkeiten	•		•
Langfristige Rückstellungen und Vermögenswerte	•		•
Steuerrückstellungen	•		•
Sonstige Rückstellungen	•		•
Finanzverbindlichkeiten	•		•
Verbindlichkeiten aus Lieferungen und Leistungen	•		•
Sonstige Verbindlichkeiten	•		•
Kurzfristige Rückstellungen und Vermögenswerte	•		•
Bilanzsumme	•	•	•

* Einschließlich Vorerwerbe
** Pro Forma = Ist-Daten und Veränderung durch Aktienerwerb

5. Angebotsunterlage – Pflichtangebot   E.III.5

Gegenüber der Konzernbilanz der X-Gruppe zum ...... ergeben sich auf Pro-forma-Grundlage im Wesentlichen folgende Veränderungen:
...... [Vgl. Form. E.II.4, 15.4.1]

14.4.2 Ertragslage

Auf Grundlage der Konzern-Gewinn- und Verlustrechnungen der X-Gruppe sowie der Y-Gruppe zum ...... hätte sich der Erwerb von Y durch X voraussichtlich wie folgt ausgewirkt:
...... [Vgl. Form. E.II.4, 15.4.2]

14.5 [*Gem. § 10 KWG bei Kreditinstituten:*] Erwartete Auswirkungen auf das aufsichtsrechtliche Kernkapital der X-Gruppe]
...... [Vgl. Form. E.II.4, 15.5]

15. Rücktrittsrecht[27]

15.1 Voraussetzungen

Y-Aktionäre, die das Pflichtangebot angenommen haben, haben die folgenden gesetzlichen Rücktrittsrechte:
...... [Vgl. Form. E.II.4, 16.1]

15.2 Ausübung des Rücktrittsrechts

Y-Aktionäre können ihr Rücktrittsrecht gemäß Ziffer 15.1 dieser Angebotsunterlage nur dadurch ausüben, dass sie vor Ablauf der Annahmefrist:
...... [Vgl. Form. E.II.4, 16.2]

16. Hinweise für Y-Aktionäre, die das Pflichtangebot nicht annehmen

Y-Aktionäre, die beabsichtigen, das Pflichtangebot nicht anzunehmen, sollten Folgendes berücksichtigen:

16.1 Der gegenwärtige Aktienkurs von Y kann auch den Umstand reflektieren, dass die Bieterin am ...... [Datum] gemäß § 35 Abs. 1 i.V.m. § 10 Abs. 3 S. 1, 2 WpÜG ihre Kontrollerlangung und damit ihre Verpflichtung zur Abgabe des Angebots veröffentlicht hat. Es ist ungewiss, ob sich der Kurs der Y-Aktie nach Durchführung des Pflichtangebots auch weiterhin auf dem derzeitigen Niveau bewegen oder darüber oder darunter liegen wird.

16.2 Die Durchführung des Pflichtangebots wird voraussichtlich zu einer Verringerung des Streubesitzes bei der Y führen. Es ist also zu erwarten, dass der Handel in Y-Aktien nach Vollzug des Angebots geringer als heute sein wird und somit die Liquidität der Y-Aktien sinkt. Dies kann zur Folge haben, dass Kauf- und Verkaufaufträge für Y-Aktien nicht oder nicht in gewünschten Umfang zeitgerecht ausgeführt werden können. Darüber hinaus könnte die mögliche Einschränkung der Liquidität der Y-Aktie dazu führen, dass es in der Zukunft bei der Y-Aktie zu wesentlich stärkeren Kursschwankungen als in der Vergangenheit kommt.

16.3 ...... [Vgl. Form. E.II.4, 17. lit. (c)]
16.4 ...... [Vgl. Form. E.II.4, 17. lit. (d)]
16.5 ...... [Vgl. Form. E.II.4, 17. lit. (e)]
16.6 ...... [Vgl. Form. E.II.4, 17. lit. (f)]
16.7 ...... [Vgl. Form. E.II.4, 17. lit. (g)]
16.8 ...... [Vgl. Form. E.II.4, 17. lit. (h)]
16.9 ...... (weitere Hinweise)

17. Geldleistungen und Vorteile für Mitglieder des Vorstands oder des Aufsichtsrats der Y[28]

Weder Vorstands- noch Aufsichtsratsmitgliedern von Y wurde im Zusammenhang mit diesem Pflichtangebot Geldleistungen oder geldwerte Vorteile gewährt oder in Aussicht gestellt. Die Bieterin weist allerdings darauf hin, dass die Verkäufer, mit denen sie den

Verkäufer-Kaufvertrag abgeschlossen hat (vgl. Ziffer 7.1 dieser Angebotsunterlage), Vorstandsmitglieder der Y sind. Neben der Zahlung des Kaufpreises in Höhe von ...... EUR je Verkäufer-Aktie nach Maßgabe des Verkäufer-Kaufvertrags sind dem Verkäufer jedoch keine sonstigen Geldleistungen oder geldwerten Vorteile gewährt oder in Aussicht gestellt worden.

18. Begleitende Bank

Die ...... Bank AG hat die Bieterin bei der Vorbereitung dieses Übernahmeangebots beraten. Die ...... Bank AG, ..., koordiniert die technische Durchführung und Abwicklung des Pflichtangebots.

19. Steuern

Die Bieterin empfiehlt den Y-Aktionären, hinsichtlich der steuerlichen Auswirkungen einer Annahme dieses Pflichtangebots eine ihre persönlichen Verhältnisse berücksichtigende steuerliche Beratung einzuholen.

20. Veröffentlichungen und Mitteilungen[29]

...... [Vgl. Form. E.II.4, 21]

21. Anwendbares Recht und Gerichtsstand[30]

Dieses Pflichtangebot und die Verträge, die infolge der Annahme dieses Pflichtangebots zustande kommen, unterliegen deutschem Recht. Ausschließlicher Gerichtsstand für alle aus oder im Zusammenhang mit diesem Angebot (sowie jedem Vertrag, der infolge der Annahme dieses Angebots zustande kommt) entstehenden Rechtsstreitigkeiten ist, soweit gesetzlich zulässig Frankfurt am Main, Deutschland.

22. Inhaber von Y-ADRs

...... [Vgl. Form. E.II.4, 24]

23. Erklärung über die Übernahme der Verantwortung

Die Bieterin, eine deutsche ...... [Rechtsform] mit Sitz in ......, eingetragen im Handelsregister des Amtsgerichts ...... unter HRB ...... , übernimmt die Verantwortung für den Inhalt dieser Angebotsunterlage und erklärt, dass ihres Wissens die in dieser Angebotsunterlage enthaltenen Angaben richtig und keine wesentlichen Umstände ausgelassen sind.

......, den ......

Bieterin

......

Anlage:
Finanzierungsbestätigung der ...... Bank AG, ...

[Bieterin]
...... [Anschrift]

......, ...

Pflichtangebot der X für sämtliche Aktien der Y

Hier: Finanzierungsbestätigung gemäß § 13 Abs. 1 Satz 2 WpÜG

Sehr geehrte Damen und Herren,

die ...... [Name der Bank] mit Sitz in ...... [Ort] ist ein von der Bieterin mit Sitz in ...... [Ort] im Sinne des § 13 Abs. 1 Satz 2 WpÜG unabhängiges Wertpapierdienstleistungsunternehmen.

Wir bestätigen hiermit gemäß § 13 Abs. 1 Satz 2 WpÜG, dass die Bieterin die notwendigen Maßnahmen getroffen hat, um sicherzustellen, dass ihr die zur vollständigen Erfül-

lung des Pflichtangebots notwendigen Mittel zum Zeitpunkt der Fälligkeit des Anspruchs auf die Geldleistung zur Verfügung stehen.
Mit der Wiedergabe dieses Schreibens in der Angebotsunterlage für das Pflichtangebot gemäß § 11 Abs. 2 Satz 3 Nr. 4 WpÜG sind wir einverstanden.

Mit freundlichen Grüßen

......

Schrifttum: Siehe bereits Form. E. I. 2; *Fleischer,* Schnittmengen des WpÜG mit benachbarten Rechtsmaterien – eine Problemskizze, NZG 2002, 545; *Fuhrmann/Oltmanns,* Pflichtangebot bei konzerninternen Umstrukturierungen? – Praktische Erfahrungen mit § 36 Nr. 3 und § 37 WpÜG, NZG 2003, 17; *Grabbe/Fett,* Pflichtangebot im Zuge von Verschmelzungen? – Zugleich ein Beitrag zur Schnittstelle von Kapitalmarkt- und Gesellschaftsrecht, NZG 2003, 755; *Harbarth,* Kontrollerlangung und Pflichtangebot, ZIP 2002, 321; *Hopt,* Grundsatz und Praxisprobleme nach dem Wertpapiererwerbs- und Übernahmegesetz, ZHR 166 (2002), 383; *Seibt/Wollenschläger,* Unternehmenstransaktionen mit Auslandsbezug nach der Reform des Außenwirtschaftsrechts, ZIP 2009, 833; *Teichmann,* Austrittsrecht und Pflichtangebot bei Gründung einer Europäischen Aktiengesellschaft, AG 2004, 67; *Vetter,* Pflichtangebot nach Kontrollerwerb im Wege der Verschmelzung oder Spaltung?, WM 2002, 1993.

Anmerkungen

1. Überblick. Gemäß § 35 WpÜG ist derjenige, der die Kontrolle über eine Zielgesellschaft erlangt, verpflichtet, dies unter Angabe der Höhe seines Stimmrechtsanteils zu veröffentlichen (Abs. 1) sowie ein öffentliches Angebot zum Erwerb der übrigen Aktien der Zielgesellschaft abzugeben (Abs. 2). Dies gilt jedoch nicht, sofern die Kontrolle auf Grund eines freiwilligen Übernahmeangebots erworben wurde (§ 35 Abs. 3 WpÜG). Ein solches Übernahmeangebot hat für die Bieterin mithin befreiende Wirkung vom Pflichtangebot. Auslöser für die in § 35 enthaltenden Pflichten ist der unmittelbare oder mittelbare Erwerb der Kontrolle über eine Zielgesellschaft. § 29 Abs. 2 WpÜG definiert „Kontrolle" als das Halten von mindestens 30 Prozent der Stimmrechte an der Zielgesellschaft. Der Sinn und Zweck der Vorschrift besteht zum einen darin, die Öffentlichkeit möglichst frühzeitig über marktrelevante Tatsachen zu informieren und dadurch das Ausnutzen von Spezialwissen (Insidergeschäfte) so weit wie möglich zu verhindern (Begr. RegE, BT-Drucks. 14/7034, S. 39 (zu § 10)), zum anderen den Minderheitsaktionären im Falle eines Kontrollerwerbs ohne vorheriges öffentliches Übernahmeangebot die Möglichkeit zu geben, ihre Beteiligungen an der Zielgesellschaft zu einem angemessenen Preis zu veräußern (Minderheitenschutz) (Begr. RegE, BT-Drucks. 14/7034, S. 30). Die weitere Ausgestaltung des Pflichtangebots richtet sich zum einen nach den §§ 36 bis 39 WpÜG, zum anderen nach den §§ 10, 14 WpÜG, auf die § 35 WpÜG ausdrücklich Bezug nimmt (ausgenommen § 10 Abs. 1 WpÜG – anstelle der Entscheidung zur Abgabe eines Angebots ist das Erreichen der Kontrollschwelle zu veröffentlichen, § 35 Abs. 1 S. 1 WpÜG). Weiterhin sind über die Verweisung in § 39 WpÜG grundsätzlich auch die Vorschriften des 3. und 4. Abschnitts des WpÜG sinngemäß anzuwenden. Die §§ 36 (Nichtberücksichtigung von Stimmrechten) und 37 WpÜG (Befreiungsmöglichkeit durch BaFin) beinhalten Ausnahmeregelungen von der Veröffentlichungs- und Angebotspflicht. Im Übrigen vgl. Form. E. II.4 Anm. 1.

2. Wahl des Formulars. Wie auch schon Form. E. II.4 dient das vorliegende Formular als Ausgangspunkt für die Erstellung der „technischen Vorschriften" einer Angebotsunterlage. Es handelt sich um ein Pflichtangebot im Sinne des fünften Abschnitts des WpÜG. Als Gegenleistung für die Aktien der Zielgesellschaft wird eine Geldleistung angeboten (Barofferte). Die folgenden Anmerkungen beziehen sich nur auf die spezifisch für das Pflichtangebot erforderlichen Klauseln. Im Übrigen wird auf die entsprechenden Anmerkungen zu Form. E. II.4. verwiesen. Das Formular geht davon aus, dass die Übernahme keiner Genehmigung, insbesondere nicht der fusionskontrollrechtlichen Freigabe durch das Bundeskartellamt bedarf.

3. Berücksichtigung ausländischer Vorschriften. Vgl. Form. E. II.4 Anm. 3.

4. Rechtsnatur der Angebotsunterlage. Vgl. Form. E. II. 4 Anm. 4.

5. Inhalt der Angebotsunterlage. Aufgrund der Verweisung in § 39 WpÜG gelten für den Inhalt des Pflichtangebots neben den allgemeinen Vorschriften des 3. Abschnitts des WpÜG auch die für Übernahmeangebote geltenden Vorschriften des 4. Abschnitts des WpÜG entsprechend. Zentrale Vorschrift für die inhaltliche Ausgestaltung der Angebotsunterlage ist, wie beim Übernahmeangebot, § 11 WpÜG i. V. m. der auf der Grundlage von § 11 Abs. 4 WpÜG erlassenen WpÜG-Angebotsverordnung, vgl. hierzu Form. E. II. 4 Anm. 5.

6. Gegenstand des Angebots. Gemäß § 39 i. V. m. § 32 WpÜG ist das Pflichtangebot grundsätzlich als Vollangebot an alle Aktionäre für alle ihre Aktien auszugestalten. Von diesem Grundsatz statuiert § 35 Abs. 2 S. 3 WpÜG eine Ausnahme. Danach sind (i) eigene Aktien der Zielgesellschaft, (ii) Aktien der Zielgesellschaft, deren Inhaber ein abhängiges (§ 17 Abs. 1 AktG) oder im Mehrheitsbesitz (§ 16 AktG) befindliches Unternehmen der Zielgesellschaft ist und (iii) Aktien, die für Rechnung der Zielgesellschaft oder eines von ihr abhängigen oder im Mehrheitsbesitz stehenden Unternehmens gehalten werden, von der Angebotspflicht ausgenommen. Weiterhin sind nach ganz herrschender Meinung (Assmann/Pötzsch/Uwe H. Schneider/*Krause*/*Pötzsch* § 35 Rdnr. 223; Geibel/Süßmann/*Thun* § 32 Rdnr. 12 ff.; *Steinmeyer*/*Häger* § 32 Rdnr. 8 f.; Ehricke/Ekkenga/Oechsler § 32 Rdnr. 10; MünchKommWpÜG/*Schlitt* § 35 Rdnr. 202) nicht in das Pflichtangebot einzubeziehen Wertpapiere, die zum Bezug von Aktien berechtigen (z. B. Optionsanleihen, Umtauschanleihen, Wandelschuldverschreibungen, Wandelgenussscheine sowie zum Bezug von Aktien berechtigende Optionsscheine). Nach einer umstrittenen Ansicht in der Literatur, der auch die BaFin folgt, ist das Pflichtangebot jedoch auf Aktien, deren Stimmrechte der Bieterin nach § 30 WpÜG zugerechnet werden, zu erstrecken (*Steinmeyer*/*Häger* § 35 Rdnr. 98; KölnKommWpÜG/*von Bülow* § 39 Rdnr. 33; Baums/Thoma/*Baums*/*Hecker* § 35 Rdnr. 204; Assmann/Pötzsch/Uwe H. Schneider/*Krause*/*Pötzsch* § 35 Rdnr. 227). Vgl. Form. E. II. 4 Anm. 7.

7. Annahmefrist. Vgl. Form. E. II. 4 Anm. 8. Zu beachten ist, dass § 16 Abs. 2 WpÜG (sog. „Zaunkönigregelung") auf Pflichtangebote keine Anwendung findet (§ 39 WpÜG). Sinn und Zweck der Regelung ist es, den Aktionären, die das Ergebnis des Übernahmeverfahrens zunächst abwarten möchten, bei erfolgreichen Übernahmen zu ermöglichen, sich doch noch von ihren Wertpapieren zu trennen und damit die den Kleinaktionären fehlende Möglichkeit einer koordinierten Vorgehensweise bei der Entscheidung über die Annahme eines Übernahmeangebots teilweise zu kompensieren. Da die Bieterin bei einem Pflichtangebot jedoch bereits die Kontrolle über die Zielgesellschaft erlangt hat, besteht kein besonderes Schutzbedürfnis der Aktionäre für eine weitere Annahmefrist (Begr. RegE, BT-Drucks. 14/7034, S. 62).

8. Beschreibung der Bieterin. Vgl. Form. E. II. 4 Anm. 9.

9. Gemeinsam handelnde Personen. Vgl. Form. E. II. 4 Anm. 10.

10. Gegenwärtig gehaltene Y-Aktien. Vgl. Form. E. II. 4 Anm. 11.

11. Angaben zu Wertpapiergeschäften. Vgl. Form. E. II. 4 Anm. 12.

12. Beschreibung der Zielgesellschaft. Vgl. Form. E. II. 4 Anm. 13.

13. Absichten der Bieterin. Vgl. Form. E. II. 4 Anm. 14 und 15.

14. Gegenleistung. Vgl. Form. E. II. 4 Anm. 17.

15. Mindestangebotspreis. Vgl. Form. E. II. 4 Anm. 18.

16. Verpflichtung zur Nachzahlung des Differenzbetrags bei Nacherwerb. Vgl. Form. E. II. 4 Anm. 19.

17. Entschädigung für den Verlust bestimmter Rechte. Vgl. Form. E. II. 4 Anm. 21.

18. Annahme des Angebots. Vgl. Form. E. II. 4 Anm. 22.

19. Behördliche Genehmigungen und Verfahren. Vgl. Form. E. II. 4 Anm. 24.

20. Außenwirtschaftliche Prüfung. § 7 Abs. 2 Nr. 6 AWG und § 53 AWV gelten auch für Pflichtangebote nach § 35 Abs. 2 WpÜG. Vgl. Form. E. II. 4 Anm. 24: Allerdings beginnt die dreimonatige Frist, die dem Bundeswirtschaftsministerium zur Prüfung der Übernahme zusteht, mit der Veröffentlichung der Kontrollerlangung gem. § 35 Abs. 1 WpÜG (§ 53 Abs. 1 S. 1 a.E. AWV; vgl. *Seibt/Wollenschläger* ZIP 2009, 833, 841).

21. Bedingungen. § 39 WpÜG bestimmt, dass für Pflichtangebote § 18 Abs. 1 WpÜG keine Anwendung findet. Hieraus soll folgen, dass das Pflichtangebot grundsätzlich bedingungsfeindlich ist, während Übernahmeangebote und sonstige Erwerbsangebote solche Bedingungen zulassen, deren Eintritt die Bieterin, mit ihr gemeinsam handelnde Personen oder deren Tochterunternehmen nicht ausschließlich selbst herbeiführen können (vgl. hierzu Form. E.II.4 Anm. 26). Der Grundsatz, dass Pflichtangebote bedingungsfeindlich sind, erfährt jedoch gewisse Einschränkungen. Unterliegt die Übernahme dem Erfordernis einer kartellrechtlichen Freigabe sowohl auf nationaler als auch auf EU-Ebene oder bestehen bank-, börsen-, versicherungs- und öffentlichrechtliche Vorbehalte (z.B. § 37 Abs. 1 Nr. 2 und 3, § 41 Abs. 1 GWB, Art. 7 FKVO, § 2c KWG, § 6 BörsG n.F., § 104 VAG, § 53 AWV i.V.m. § 7 Abs. 2 Nr. 6 AWG, § 29 RStV) wird ein aufschiebend bedingtes Pflichtangebot wohl zulässig und auch geboten sein, sofern ein Vollzugsverbot besteht, von dem die Bieterin sich nicht befreien lassen kann (*Geibel*/Süßmann § 18 Rdnr. 61; Assmann/Pötzsch, Uwe H. Schneider/*Pötzsch* § 39 Rdnr. 18; *Fleischer* NZG 2002, 545, 551; *Hopt* ZHR, 166(2002), 383, 405; differenzierend KölnKommWpÜG/*von Bülow* § 39 Rdnr. 48 ff.; MünchKommWpÜG/*Schlitt* § 35 Rdnr. 217 ff.; Baums/Thoma/*Baums/Hecker* § 35 Rdnr. 231 ff.; a.A. Ehricke/Ekkenga/Oechsler § 39 Rdnr. 9 und Ehricke/Ekkenga/Oechsler/*Ekkenga/Schulz* § 35 Rdnr. 20; *Lenz/Behnke* BKR 2003, 43, 47 f.). Unzulässig sind hingegen alle Bedingungen, die in der Sphäre der Bieterin liegen wie z.B. interne gesellschaftsrechtliche Zustimmungen oder Kapitalmaßnahmen auf Seiten der Bieterin. Auch wenn das Pflichtangebot grundsätzlich bedingungsfeindlich ist, findet § 11 Abs. 2 S. 2 Nr. 5 WpÜG Anwendung, wonach Angaben über Bedingungen bzw. bei Fehlen solcher eine entsprechende Negativerklärung in die Angebotsunterlage aufzunehmen sind.

22. Finanzierung des Pflichtangebots. Vgl. Form. E.II.4 Anm. 27.

23. Finanzierungsbestätigung. Vgl. Form. E.II.4 Anm. 28.

24. Auswirkungen auf die Bieterin. Auch bei einem Pflichtangebot hat die Bieterin die Auswirkungen eines erfolgreichen Angebots auf ihre Vermögens- Finanz- und Ertragslage anzugeben (§ 11 Abs. 2 S. 3 Nr. 1 WpÜG) (vgl. hierzu Form. E.II.4 Anm. 29). Da das Pflichtangebot nach § 39 i.V.m. § 32 WpÜG immer als Vollangebot auszugestalten ist, ist ein „erfolgreiches" Angebot ein solches, das von sämtlichen Aktionären der Zielgesellschaft angenommen wird. Entspricht die von der Bieterin angebotene Gegenleistung nur dem nach § 31 WpÜG i.V.m. §§ 3 bis 7 WpÜG-AngebotsVO zu bestimmenden Mindestangebotspreis, spricht einiges dafür, in der Angebotsunterlage auf die nach § 2 Nr. 3 WpÜG-AngebotsVO erforderlichen ergänzenden Angaben zu den Bewertungsmethoden zu verzichten (Assmann/Pötzsch/Uwe H. Schneider/*Pötzsch* § 39 Rdnr. 29; KölnKommWpÜG/*von Bülow* § 39 Rdnr. 82; MünchKommWpÜG/*Schlitt* § 35 Rdnr. 226; Baums/Thoma/*Baums/Hecker* § 35 Rdnr. 223).

25. Ziffer 14.3 muss umfassend auf den jeweiligen Einzelfall angepasst werden. Die BaFin erwartet detaillierte und präzise Angaben.

26. Ziffer 14.4 muss umfassend auf den jeweiligen Einzelfall angepasst werden. Die BaFin erwartet detaillierte und präzise Angaben.

27. Rücktrittsrecht. Vgl. Form. E.II.4 Anm. 30.

28. Leistungen an Organmitglieder der Zielgesellschaft. Vgl. Form. E.II.4 Anm. 31.

29. Veröffentlichung. Vgl. Form. E.II.4 Anm. 32.

30. Anwendbares Recht und Gerichtsstand. Vgl. Form. E.II.4 Anm. 33.

IV. Stellungnahme von Vorstand und Aufsichtsrat der Zielgesellschaft

> Pflichtveröffentlichung nach § 27 Abs. 3 Satz 1, 14 Abs. 3 Satz 1 des Wertpapiererwerbs- und Übernahmegesetzes („WpÜG")

[Logo]

Gemeinsame Stellungnahme[1, 2] des
Vorstands und des Aufsichtsrats[3] der

......
[Name der Zielgesellschaft, Adresse]
gemäß §§ 27 Abs. 1, 14 Abs. 3 des Wertpapiererwerbs- und Übernahmegesetzes zum
Öffentlichen Übernahmeangebot (Barangebot)
der

......
[Name der Bieterin, Adresse]
an die Aktionäre der ...... [Name der Zielgesellschaft, Ort]
zum Erwerb ihrer Aktien an dieser Gesellschaft mit der
ISIN: DE000......
gegen Zahlung einer Geldleistung

Die ...... [Name des Bieterin], derzeit noch firmierend als ...... („Bieterin"), hat am ...... nach § 14 Abs. 2 und 3 des Wertpapiererwerbs- und Übernahmegesetzes („WpÜG") eine Angebotsunterlage im Sinne des § 11 WpÜG („Angebotsunterlage") für ihr Öffentliches Übernahmeangebot (Barangebot) („Angebot") an die Aktionäre der XYZ [Name der Zielgesellschaft, Ort] („Zielgesellschaft") zum Erwerb aller nicht unmittelbar von der Bieterin gehaltenen, auf den Inhaber lautende/auf den Namen lautende Stückaktien mit einem anteiligen Betrag am Grundkapital von ...... EUR je Stückaktie an der Zielgesellschaft (ISIN DE000......) („XYZ-Aktien") gegen Zahlung einer Geldleistung von ...... EUR („Angebotspreis") je XYZ-Aktie veröffentlicht. Die Angebotsunterlage wurde dem Vorstand der XYZ [Name der Zielgesellschaft] („Vorstand") durch die Bieterin am ...... übermittelt und im Anschluss daran dem Aufsichtsrat der XYZ [Name der Zielgesellschaft] („Aufsichtsrat") zugeleitet.
Die Angebotsunterlage kann nach Angaben der Bieterin in deutscher Sprache unter

http://www......

abgerufen werden und wird bei der ...... Bank AG, ..., Telefon Nr. ...... oder Telefax Nr. ...... oder E-Mail: ......, zur kostenlosen Ausgabe bereitgehalten. Eine Hinweisbekanntmachung über die Veröffentlichung der Angebotsunterlage wurde in der ...... [Name der Zeitung] am ......, Seite ...... veröffentlicht.
Vorstand und Aufsichtsrat der Zielgesellschaft haben das Angebot sorgfältig geprüft und in getrennten Sitzungen beraten. Sie geben dazu folgende gemeinsame[4] Stellungnahme gemäß § 27 Abs. 1 WpÜG („Stellungnahme") ab:

IV. Stellungnahme von Vorstand und Aufsichtsrat der Zielgesellschaft E.IV

I. Allgemeine Informationen zur Stellungnahme

1. Rechtliche Grundlage der Stellungnahme

Gemäß § 27 Abs. 1 Satz 1 WpÜG haben der Vorstand und der Aufsichtsrat eine begründete Stellungnahme zum Öffentlichen Übernahmeangebot sowie zu jeder seiner Änderungen abzugeben.

Der zuständige Konzernbetriebsrat der Zielgesellschaft hat dem Vorstand der Zielgesellschaft eine Stellungnahme zu dem Angebot übermittelt. Die Stellungnahme des zuständigen Konzernbetriebsrats der Zielgesellschaft ist entsprechend den Vorgaben des § 27 Absatz 2 WpÜG dieser Stellungnahme als Anlage 1 beigefügt.

2. Tatsächliche Grundlagen für die Stellungnahme[5]

Sämtliche in dieser Stellungnahme enthaltenen Angaben, Erwartungen, Beurteilungen und in die Zukunft gerichteten Aussagen und Absichten beruhen auf den Informationen, über die der Vorstand bzw. der Aufsichtsrat im Zeitpunkt der Veröffentlichung dieser Stellungnahme verfügt, bzw. geben jeweils seine zu diesem Zeitpunkt bestehenden Einschätzungen oder Absichten wieder. Diese können sich nach dem Datum der Veröffentlichung der Stellungnahme ändern. Eine Aktualisierung dieser Stellungnahme werden Vorstand und Aufsichtsrat nur im Rahmen der nach deutschem Recht bestehenden Pflichten vornehmen.[6]

Die Angaben zu Absichten der Bieterin beruhen auf Aussagen und Mitteilungen der Bieterin, die Vorstand und Aufsichtsrats der Zielgesellschaft nicht verifizieren können. Soweit diese Stellungnahme auf die Angebotsunterlage Bezug nimmt oder diese zitiert oder wiedergibt, handelt es sich um bloße Hinweise, durch welche der Vorstand und Aufsichtsrat sich die Angebotsunterlage der Bieterin aber weder zu eigen machen, noch eine Gewähr für die Richtigkeit oder Vollständigkeit der Angebotsunterlage übernehmen.

3. Eigenverantwortliche Entscheidung der Aktionäre der Zielgesellschaft

Der Vorstand und Aufsichtsrat weisen darauf hin, dass ihre Aussagen und Beurteilungen in dieser Stellungnahme die Aktionäre der Zielgesellschaft nicht binden und die Stellungnahme keinen Anspruch auf Vollständigkeit erhebt. Die Aktionäre der Zielgesellschaft haben vielmehr ihre eigene Entscheidung über die Annahme oder Nichtannahme des Angebots anhand der Angebotsunterlage sowie anhand aller sonstigen ihnen zur Verfügung stehenden Erkenntnisquellen (einschließlich einer von ihnen eingeholten individuellen Beratung) und unter Berücksichtigung ihrer individuellen steuerlichen und anderen Belange zu treffen. Der Vorstand und Aufsichtsrat empfehlen insbesondere, dass alle Personen, die die Angebotsunterlage außerhalb der Bundesrepublik Deutschland erhalten oder die das Angebot annehmen möchten, aber den Wertpapiergesetzen einer anderen Rechtsordnung als der der Bundesrepublik Deutschland unterliegen, sich über diese Gesetze informieren und diese einhalten.

4. Veröffentlichung der Stellungnahme und etwaiger zusätzlicher Stellungnahmen zu möglichen Änderungen des Angebots[7]

Die Stellungnahme wird, ebenso wie alle Stellungnahmen zu etwaigen Änderungen des Angebots bis zum ......, gemäß §§ 27 Abs. 3, 14 Abs. 3 Satz 1 WpÜG durch Bekanntgabe im Internet unter der Adresse

http://www.......

veröffentlicht; Kopien davon werden bei der Zielgesellschaft unter der Anschrift...... [Adresse, Telefon, Telefax, E-Mail] zur kostenlosen Ausgabe bereit gehalten. Eine Hinweisbekanntmachung über die Bereithaltung der Stellungnahme bei der Zielgesellschaft wird in ...... [Name der Zeitung] am ...... veröffentlicht werden. Stellungnahmen zu et-

waigen Änderungen des Angebots werden gemäß §§ 27 Abs. 3, 14 Abs. 3 Satz 1 WpÜG im elektronischen Bundesanzeiger und im Internet unter der vorstehend genannten Adresse der Gesellschaft veröffentlicht.
Diese Stellungnahme wird ausschließlich in deutscher Sprache veröffentlicht. [Alternative: Diese Stellungnahme wird in deutscher Sprache gemäß den gesetzlichen Anforderungen veröffentlicht und ist allein bindend. Eine englische Übersetzung, für die keine Gewähr der Richtigkeit übernommen wird, ist jedoch wie vorstehend ausgeführt verfügbar.]

II. Informationen zur Zielgesellschaft und zur Bieterin

1. Informationen zur Zielgesellschaft

1.1 Allgemeine Informationen
......
1.2 Kapitalverhältnisse
......
1.3 Anteilsverhältnisse
......
1.4 Überblick über die Geschäftstätigkeit
......
1.5 Zusammensetzung von Vorstand und Aufsichtsrat der Zielgesellschaft
......
1.6 Tochtergesellschaften
......
1.7 Börsenzulassung
......

2. Informationen zur Bieterin und zu den mit der Bieterin gemeinsam handelnde Personen

2.1 Allgemeine Informationen
......
2.2 Kapitalverhältnisse
......
2.3 Anteilsverhältnisse
......
2.4 Überblick über die Geschäftstätigkeit
......
2.5 Zusammensetzung von Vorstand und Aufsichtsrat der Zielgesellschaft
......
2.6 Tochtergesellschaften
......
2.7 Börsenzulassung
......
2.8 Mit der Bieterin gemeinsam handelnde Personen
......
2.9 Beteiligung der Bieterin und gemeinsam handelnder Personen an der Zielgesellschaft
......

III. Hintergrund und Einzelheiten des Angebots[8]

1. Maßgeblichkeit der Angebotsunterlage

Im Folgenden werden einige ausgewählte Informationen aus dem Angebot der Bieter dargestellt, die aus Sicht des Vorstands und des Aufsichtsrats für die Zwecke dieser Stellungnahme bedeutsam sind. Für weitere Informationen und Einzelheiten (insbesondere

IV. Stellungnahme von Vorstand und Aufsichtsrat der Zielgesellschaft

im Hinblick auf die Angebotsbedingungen, die Annahmefristen, die Annahmemodalitäten und die Rücktrittsrechte) werden die XYZ-Aktionäre auf die Ausführungen in der Angebotsunterlage verwiesen. Die folgenden Informationen fassen lediglich in der Angebotsunterlage enthaltene Informationen zusammen. Die Beschreibung des Angebots in dieser Stellungnahme erhebt keinen Anspruch auf Vollständigkeit. Für den Inhalt und die Abwicklung des Angebots sind allein die Bestimmungen der Angebotsunterlage maßgeblich. Jedem XYZ-Aktionär obliegt es in eigener Verantwortung, die Angebotsunterlage zur Kenntnis zu nehmen und die für ihn notwendigen Maßnahmen zu ergreifen.

2. Hintergründe des Angebots

……

3. Bedingungen des Angebots

……

4. Angebotspreis und Annahmefrist

……

5. Stand behördlicher Genehmigungen und Verfahren

……

6. (Ggf. keine Geldleistungen und geldwerten Leistungen des Bieters)

……

IV. Art und Höhe der angebotenen Gegenleistung[9]

1. Art der Gegenleistung

Bei dem Angebot der Bieterin handelt es sich um ein freiwilliges öffentliches Übernahmeangebot, das ausschließlich eine Geldleistung vorsieht. Für dieses gelten gesetzliche Mindestpreisregeln. Eine Gegenleistung in Form liquider Aktien ist nicht vorgesehen.

2. Angebotspreis

Die Bieterin bietet einen Angebotspreis in Höhe von …… EUR je XYZ-Aktie einschließlich Gewinnanteilsberechtigung für das Geschäftsjahr …… an.

3. Mindestangebotspreis nach WpÜG

Soweit Vorstand und Aufsichtsrat dies aufgrund der ihnen zur Verfügung stehenden Informationen beurteilen können, erfüllt der Angebotspreis je XYZ-Aktie von …… EUR die Mindestpreisanforderungen gemäß § 31 WpÜG i. V. m. den §§ 3 ff. WpÜG-Angebotsverordnung („WpÜG-AngebVO"):

3.1 Nach § 5 WpÜG-AngebVO muss bei einem Übernahmeangebot gemäß §§ 29 ff. WpÜG die Gegenleistung mindestens dem gewichteten durchschnittlichen inländischen Börsenkurs der jeweiligen Aktie während der letzten drei Monate vor der Veröffentlichung der Entscheidung zur Abgabe des Übernahmeangebots entsprechen („Drei-Monats-Durchschnittskurs"). Der von der BaFin bestimmte und in ihrer unter www.bafin.de einsehbaren Datenbank für Mindestpreise nach dem WpÜG veröffentliche Drei-Monats-Durchschnittskurs zum Stichtag …… betrug …… EUR. Der Angebotspreis liegt also um …… EUR darüber.

3.2 Nach § 4 WpÜG-AngebVO muss bei einem Übernahmeangebot gemäß den §§ 29 ff. WpÜG die Gegenleistung ferner mindestens dem Wert der höchsten von der Bieterin, einer mit ihr gemeinsam handelnden Person im Sinne von § 2 Abs. 5 WpÜG oder deren Tochterunternehmen innerhalb der letzten sechs Monate vor der Veröffentlichung der Angebotsunterlage nach § 14 Abs. 2 Satz 1 WpÜG gewährten oder vereinbarten Gegenleistung entsprechen.

Die Bieterin hat nach ihrer Angaben ......
Unter diesen Gegebenheiten beträgt der nach § 4 WpÜG-AngebVO als Gegenleistung für die Aktien der Zielgesellschaft mindestens anzubietende Kaufpreis ...... EUR je XYZ-Aktie. Der von der Bieterin angebotene Kaufpreis je XYZ-Aktie entspricht dem.

4. Vergleich mit historischen Börsenkursen

Der Angebotspreis enthält eine Prämie gegenüber historischen Börsenkursen der XYZ-Aktie. Nachfolgend sind einige Beispiele aufgeführt:
...... [ggf. Grafik mit Kursentwicklung einfügen]

5. (Ggf. Beurteilung anhand außerbörslicher Transaktionen)

......

6. (Fairness Opinion)[10]

...... [ggf. in Anlage 2 beifügen]

7. Gesamtwürdigung der Gegenleistung

Vorstand und Aufsichtsrat haben sich eingehend mit der Frage der Angemessenheit der Höhe der von der Bieterin angebotenen Gegenleistung für die XYZ-Aktien befasst. Vor dem Hintergrund der vorstehenden Ausführungen in Abschnitt IV. der Stellungnahme sowie unter Berücksichtigung aller Gesamtumstände sind Vorstand und Aufsichtsrat der Auffassung, dass die von der Bieterin angebotene Gegenleistung in Höhe von ...... EUR je XYZ-Aktie dem fairen Wert der XYZ-Aktie entspricht und daher aus finanzieller Sicht angemessen ist. [Ggf.: Diese Einschätzung wird durch die Fairness Opinion validiert.]

V. Finanzierung des Angebots

1. Maximale Gegenleistung

Gemäß § 13 Abs. 1 Satz 1 WpÜG hat die Bieterin vor der Veröffentlichung der Angebotsunterlage die notwendigen Maßnahmen zu treffen, um sicherzustellen, dass ihr die zur vollständigen Erfüllung des Angebots notwendigen Mittel zum Zeitpunkt der Fälligkeit des Anspruchs auf die Gegenleistung zur Verfügung stehen. Danach muss [Bieterin] sicherstellen, dass ihr – bei unterstellter Annahme des Angebots für alle ...... nicht von ihr (oder über eine 100 prozentige Tochtergesellschaft) gehaltenen XYZ-Aktien – ...... EUR zur Verfügung stehen, um das Angebot vollständig erfüllen zu können.

2. Finanzierung des Angebots

Die Bieterin hat nach eigenen Angaben folgende Maßnahmen zur Sicherstellung dieser notwendigen Mittel getroffen:
......
Bezüglich weiterer Einzelheiten zu der Finanzierung wird auf die Abschnitte ...... der Angebotsunterlage verwiesen.

3. Finanzierungsbestätigung

......

4. Würdigung der von der Bieterin getroffenen Finanzierungsmaßnahmen

Nach Auffassung von Vorstand und Aufsichtsrat erfüllen die von der Bieterin getroffenen Maßnahmen [nicht] die Anforderungen nach § 13 Abs. 1 Satz 1 WpÜG.
......

IV. Stellungnahme von Vorstand und Aufsichtsrat der Zielgesellschaft

VI. Von der Bieterin mit dem Angebot verfolgte Ziele[11]

1. Absichten der Bieterin

Die Bieterin hat ihre Absichten im Hinblick auf die Zielgesellschaft und die Bieterin insbesondere unter Ziffer ...... der Angebotsunterlage beschrieben; den Aktionären wird empfohlen, auch diese Passage sorgsam zu lesen. Danach beabsichtigt die Bieterin ......

2. Würdigung der von der Bieterin mit dem Angebot verfolgten Ziele und Absichten

......

VII. Voraussichtliche Folgen eines erfolgreichen Angebots für die Zielgesellschaft, die Arbeitnehmer und ihre Vertretungen, die Beschäftigungsbedingungen und die Standorte der Zielgesellschaft[12]

1. Angaben der Bieterin

Die Bieterin hat in der Angebotsunterlage unter Ziffer ...... bereits die wesentlichen Folgen eines erfolgreichen Angebots für die Zielgesellschaft, die Arbeitnehmer und ihre Vertretungen, die Beschäftigungsbedingungen und die Standorte der Zielgesellschaft dargestellt:
......

2. Stellungnahme des Konzernbetriebsrats von XYZ

Der Vorstand hat die Angebotsunterlage am ...... an den Konzernbetriebsrat weitergeleitet. Der Konzernbetriebsrat hat am ...... eine Stellungnahme gegenüber dem Vorstand abgegeben. Die Stellungnahme des Konzernbetriebsrates ist dieser Stellungnahme als Anlage 1 beigefügt.

3. Stellungnahme des Vorstands und des Aufsichtsrats von XYZ

......

VIII. Steuerliche Konsequenzen

Der Vollzug des Angebots kann Auswirkungen auf die steuerliche Situation von XYZ und ihren Tochtergesellschaften haben.
......

IX. Auswirkungen auf die Aktionäre[13]

Nachfolgende Ausführungen dienen dazu, den Aktionären der Zielgesellschaft Hinweise für die Bewertung der Auswirkungen einer Annahme oder Nichtannahme des Angebots zu geben. Die folgenden Aspekte erheben keinen Anspruch auf Vollständigkeit. Jedem Aktionär der Zielgesellschaft obliegt es in eigener Verantwortung, die Auswirkungen einer Annahme oder einer Nichtannahme des Angebots zu evaluieren. Vorstand und Aufsichtsrat raten den Aktionären der Zielgesellschaft, sich insoweit ggf. sachverständig beraten zu lassen.

Vorstand und Aufsichtsrat weisen weiter darauf hin, dass sie keine Einschätzung darüber abgeben und abgeben können, ob Aktionären der Zielgesellschaft durch die Annahme oder die Nichtannahme des Angebots möglicherweise steuerliche Nachteile (insbesondere eine etwaige Steuerpflichtigkeit eines Veräußerungsgewinns) entstehen oder steuerliche Vorteile entgehen. Vorstand und Aufsichtsrat empfehlen den Aktionären der Zielgesellschaft, vor einer Entscheidung über die Annahme oder Nichtannahme des Angebots steuerliche Beratung einzuholen, bei der die persönlichen Verhältnisse des jeweiligen Aktionärs berücksichtigt werden können.

1. Mögliche Nachteile bei Annahme des Angebots

......

2. Mögliche Nachteile bei Nichtannahme des Angebots

......

X. Interessenlage der Mitglieder des Vorstands und des Aufsichtsrats[14]

Die derzeitige Zusammensetzung von Vorstand und Aufsichtsrat der Zielgesellschaft wurde bereits unter Ziffer II.1.5 dieser Stellungnahme dargelegt. ......

1. Vorstand

......

2. Aufsichtsrat

......

XI. Absichten der Mitglieder des Vorstands und Aufsichtsrats, soweit sie Inhaber von Aktien der Zielgesellschaft sind, das Angebot anzunehmen[15]

Von den Mitgliedern des Vorstands halten Herr ...... und Herr ...... XYZ-Aktien. [Herr ...... hat das Übernahmeangebot für alle von ihm persönlich gehaltenen XYZ-Aktien (......%) bereits angenommen.] [Zudem beabsichtigt auch Herr ......, das Angebot für die von ihm gehaltenen XYZ-Aktien (......%) anzunehmen.]
Von den Mitgliedern des Aufsichtsrats halten Herr ...... als Anteilseigner-Vertreter und Herr ...... als Arbeitnehmer-Vertreter XYZ-Aktien. [Herr ...... hat nicht die Absicht, das Angebot für die von ihm gehaltenen XYZ-Aktien anzunehmen.] [Herr ...... hat bisher noch nicht entschieden, ob er das Angebot mit allen oder Teilen seiner Aktien annehmen wird oder nicht.]
[Die übrigen Mitglieder des Vorstands und des Aufsichtsrats halten keine XYZ-Aktien.]
Die XYZ-AG wird die von ihr gehaltenen eigenen Aktien im Rahmen des Übernahmeangebots [nicht] zum Verkauf einreichen.

XII. Empfehlung[16]

In Anbetracht der Ausführungen in dieser Stellungnahme sowie unter Berücksichtigung der Gesamtumstände des Angebots halten Vorstand und Aufsichtsrat die von der Bieterin angebotene Gegenleistung für angemessen i. S. d. § 31 Abs. 1 WpÜG. Vorstand und Aufsichtsrat sind der Ansicht, dass das Angebot den Interessen der Gesellschaft gerecht wird. Vorstand und Aufsichtsrat und unterstützen daher das Angebot und empfehlen den Aktionären der Zielgesellschaft, das Angebot anzunehmen.
Über Annahme oder Ablehnung des Angebots muss jeder Aktionär der Zielgesellschaft unter Würdigung der Gesamtumstände sowie der Einbeziehung seiner individuellen Verhältnisse und seiner persönlichen Einschätzung über die Möglichkeiten der zukünftigen Entwicklung des Werts und des Börsenkurses der XYZ-Aktie selbst entscheiden. Vorstand und Aufsichtsrat übernehmen keine Haftung, sollte sich die Annahme oder Nichtannahme des Angebots im Nachhinein als wirtschaftlich nachteilig erweisen.

......, den ......

Der Vorstand   Der Aufsichtsrat

[Anlage 1

Stellungnahme des [Konzern-]betriebsrats der Zielgesellschaft]

......

[Anlage 2

Fairness Opinion von ...... Bank AG]

......

Schrifttum: Siehe bereits Form. E.I.1; *Achleitner,* Handbuch Investmentbanking, 3. Aufl. 2002; *Aders/Schwetzler,* HHL/D&P Fairness Opinion Monitor: Jahresreport Deutschland 2009, CFB 2010, 118; *Fleischer,* Organpublizität im Aktien-, Bilanz- und Kapitalmarktrecht, NZG 2006, 561; *Drinkuth,* Pflich-

IV. Stellungnahme von Vorstand und Aufsichtsrat der Zielgesellschaft

ten der Verwaltungsorgane der Zielgesellschaft bei öffentlichen Erwerbsangeboten, in: Veil/Drinkuth (Hrsg.), Reformbedarf im Übernahmerecht, 2005, 59 ff.; *Fleischer*, Zur rechtlichen Bedeutung der Fairness Opinion im deutschen Aktien- und Übernahmerecht, ZIP 2011, 201; *Fleischer/Kalss*, Das neue Wertpapiererwerbs- und Übernahmegesetz, 2002; *Fleischer/Schmolke*, Zum Sondervotum einzelner Vorstands- oder Aufsichtsratsmitglieder bei Stellungnahmen nach § 27 WpÜG, DB 2007, 95; *Friedl*, Die Haftung des Vorstands und Aufsichtsrats für eine fehlerhafte Stellungnahme gemäß § 27 I WpÜG, NZG 2004, 448; *Harbarth*, Die Stellungnahme des Vorstands und Aufsichtsrats zur Gegenleistung bei Übernahmeangeboten, ZIP 2004, 3; *Hopt*, Verhaltenspflichten des Vorstands der Zielgesellschaft bei feindlichen Übernahmen – Zur aktien- und übernahmerechtlichen Rechtslage in Deutschland und Europa, Festschrift Lutter, 2000, 1361; *Lappe/Stafflage*, Fairness Opinions im Transaktionsgeschäft, CFL 2010, 312; *Krause*, Das neue Übernahmerecht, NJW 2002, 705; *Schiessl*, Fairness Opinions im Übernahme- und Gesellschaftsrecht, ZGR 2003, 814; *Seibt*, Arbeitsrechtliche Aspekte des Wertpapiererwerbs- und Übernahmegesetzes, DB 2002, 529 ff.; *ders.*, Rechtsschutz im Übernahmerecht – Gesellschaftsrechtliche und öffentlich-rechtliche Grundsätze, Gesellschaftsrecht 2003, 337 ff.; *Seibt*, Inadequacy Opinions im Übernahmerecht, AG 2011 [im Erscheinen]; *Seibt/Wunsch*, Managementgarantien bei M&A-Transaktionen, ZIP 2008, 1093.

Anmerkungen

1. Überblick. § 27 Abs. 1 WpÜG verpflichtet den Vorstand und den Aufsichtsrat einer Zielgesellschaft, eine begründete Stellungnahme zu dem Angebot sowie zu jeder Änderung abzugeben. Die Pflicht zur Stellungnahme ist eine Ausprägung des in § 3 Abs. 2 WpÜG niedergelegten Transparenzgrundsatzes. Alle Inhaber von Wertpapieren der Zielgesellschaft sollen über ausreichende Informationen verfügen, um in Kenntnis der Sachlage über das Angebot entscheiden zu können. Maßstab für die Beurteilung des Angebots durch Vorstand und Aufsichtsrat ist gemäß § 3 Abs. 3 WpÜG das Gesellschaftsinteresse. Hierzu gehören nicht nur die Interessen der Aktionäre, sondern auch diejenigen der Arbeitnehmer, der Gesellschaft insgesamt und des Gemeinwohls (Begr. RegE, BT-Drucks. 14/7034, S. 35). Daneben ist Maßstab für die Beurteilung aber immer auch das Interesse der Wertpapierinhaber am Erhalt einer angemessenen Gegenleistung (vgl. § 27 Abs. 1 S. 2 Nr. 1, 4 WpÜG). Eigeninteressen der Organmitglieder bleiben hingegen unberücksichtigt. Dem Vorstand und Aufsichtsrat steht hinsichtlich der Beurteilung ein weites unternehmerisches Ermessen zu (Haarmann/Schüppen/*Röh* § 27 Rdnr. 22). Haben der zuständige Betriebsrat oder die Arbeitnehmer dem Vorstand eine Stellungnahme zu dem Angebot übermittelt, ist dieser verpflichtet, diese Stellungnahme seiner eigenen als Anlage beizufügen (§ 27 Abs. 2 WpÜG). Die Stellungnahme des Betriebsrats bzw. der Arbeitnehmer sollte möglichst gleichzeitig mit der Stellungnahme des Vorstands veröffentlicht werden. Liegt dem Vorstand allerdings die Stellungnahme des Betriebsrats bzw. der Arbeitnehmer nicht rechtzeitig vor, darf der Vorstand nicht die unverzügliche Veröffentlichung seiner Stellungnahme im Hinblick darauf verzögern. Allerdings steht es dem Vorstand der Zielgesellschaft frei (und dies wird in der Praxis nach dem Grundsatz der vertrauensvollen Zusammenarbeit auch zu empfehlen sein), nach Übermittlung der Angebotsunterlage an den zuständigen Betriebsrat bzw. die Arbeitnehmer Kontakt mit diesen zu halten, um bei entsprechendem Interesse eine Veröffentlichung der Stellungnahme mit derjenigen des Vorstands im Rahmen der Unverzüglichkeitsfrist zu ermöglichen. Zu einer nachträglichen Veröffentlichung ist der Vorstand jedoch in keinem Fall verpflichtet, da dies dem Transparenz- und Informationsgrundsatz entgegenstehen würde: Der Gesetzgeber hat gerade ein stark strukturiertes Verfahren vorgesehen, in dessen Verlauf die Aktionäre der Zielgesellschaft durch eine Stellungnahme des Vorstands und des Aufsichtsrats (ggf. mit beigefügter Stellungnahme des Betriebsrats bzw. der Arbeitnehmer) die Sicht des Zielunternehmens zum Angebot der Bieterin zur Kenntnis nehmen sollen (*Seibt* DB 2002, 529, 534 f.; Ehricke/Ekkenga/Oechsler § 27 Rdnr. 36; a. A. Geibel/Süßmann/*Schwennicke* § 27 Rdnr. 38–41; Assmann/Pötzsch/Uwe H. Schneider/*Krause/Pötzsch* § 27 Rdnr. 123; Baums/Thoma/*Harbarth* § 27 Rdnr. 113; Grobys NZA 2002, 1, 6). Im Falle eine fehlerhafte Stellungnahme ist der Vorstand ggf. gegenüber der Gesellschaft bzw. deren Wertpapierinhabern schadensersatzpflichtig (zu den Einzelheiten vgl. *Seibt* DB 2002, 529, 535 f.; Assmann/Pötzsch/Uwe H. Schneider/*Krause/Pötzsch*, § 27 Rdnr. 139 ff.).

2. Wahl des Formulars. Das Formular dient als Ausgangspunkt für die nach § 27 Abs. 1 WpÜG vom Vorstand und Aufsichtsrat abzugebende Stellungnahme. Dabei geht das Formular davon aus, dass Vorstand und Aufsichtsrat – was selbstverständlich nicht zwingend, aber durchaus nicht selten ist (Anm. 4) – die Stellungnahme gemeinsam abgeben (siehe hierzu Anm. 4). Der Stellungnahme ist die Stellungnahme des Betriebsrats bzw. der Arbeitnehmer als Anlage beizufügen, sofern diese rechtzeitig vorliegt.

3. Die Pflicht zur Stellungnahme trifft den Vorstand und Aufsichtsrat als Organe der Gesellschaft, nicht die einzelnen Vorstands- und Aufsichtsratsmitglieder (KölnKommWpÜG/ *Hirte* § 27 Rdnr. 18; Baums/Thoma/*Harbard* § 27 Rdnr. 22). Die für die jeweiligen Beschlüsse geltenden Mehrheitserfordernisse richten sich nach dem AktG (§ 77 Abs. 1 bzw. § 108 Abs. 1 AktG). Dissentierende Stellungnahmen einzelner Organmitglieder sind bei Einhaltung der allgemeinen aktienrechtlichen Grenzen zwar zulässig, im übernahmerechtlichen Verfahren jedoch nicht zu veröffentlichen (*Seibt* DB 2002, 529, 534; Ehricke/*Ekkenga*/Oechsler § 27 Rdnr. 9; Geibel/Süßmann/*Schwennicke* § 27 Rdnr. 22; a.A. *Hopt* ZGR 2002, 333, 354 f.). Zur Vermeidung der persönlichen Haftung ist eine Veröffentlichung aber zulässig.

4. Gemeinsame Stellungnahme. Der Gesetzeswortlaut lässt nicht eindeutig erkennen, ob der Vorstand und Aufsichtsrat je gesondert eine Stellungnahme abzugeben haben, oder ob auch eine gemeinsame Stellungnahme zulässig ist. Da die Gesetzesbegründung jedoch ausdrücklich erwähnt, dass auch eine getrennte Stellungnahme abgegeben werden kann (Begr. BT-Finanzausschuss, BT-Drucks. 14/7477, S. 68), ist davon auszugehen, dass im Umkehrschluss auch eine gemeinsame Stellungnahme möglich ist. Andernfalls wäre der Hinweis auf eine getrennte Stellungnahme überflüssig (davon geht wohl auch die Begründung zum Regierungsentwurf aus, RegE, BT-Drucks. 14/7034, S. 52; zustimmend *Seibt* DB 2002, 529, 534; Assmann/Pötzsch/Uwe H. Schneider/*Krause*/Pötzsch § 27 Rdnr. 42; *Steinmeyer*/Häger § 27 Rdnr. 14; *Hopt* ZHR 166 (2002), 383, 419; a.A. Haarmann/Schüppen/*Röh* § 27 Rdnr. 60). In der Praxis geben Vorstand und Aufsichtsrat in der Regel häufig eine gemeinsame Stellungnahme ab. Der Aufsichtsrat wird in der Praxis z.B. dann eine gesonderte Stellungnahme abgeben, wenn der Vorstand der Zielgesellschaft an der Bieterin selbst (wirtschaftlich) beteiligt ist oder werden soll.

5. Ermittlungspflichten. Vorstand und Aufsichtsrat treffen bei der Vorbereitung der Stellungnahme gewisse Ermittlungspflichten. Entsprechend den aktienrechtlichen Anforderungen, wonach der Vorstand die Stellungnahme mit der Sorgfalt eines ordentlichen und gewissenhaften Geschäftsleiters anzufertigen hat (§ 93 Abs. 1 S. 1 AktG), wird man wohl vom Vorstand eine genau Prüfung der Angaben der Bieterin in der Angebotsunterlage verlangen können, soweit dies in der knappen Unverzüglichkeitsfrist möglich ist. Angaben, die innerhalb der Frist nicht genau zu prüfen sind, sind zumindest auf ihre Plausibilität hin zu untersuchen. Dies gilt insbesondere für Prognosen in der Angebotsunterlage. Im Einzelfall trifft den Vorstand auch eine Pflicht zur Beschaffung solcher Informationen, ohne die eine fundierte Stellungnahme nach seiner Ansicht nicht möglich ist, soweit diese Informationen kurzfristig zu beschaffen sind (Assmann/Pötzsch/Uwe H. Schneider/*Krause*/Pötzsch § 27 Rdnr. 42; KölnKommWpÜG/*Hirte* § 27 Rdnr. 17; MünchKommWpÜG/*Wackerbarth* § 27 Rdnr. 12). Informationsdefizite, die für die Beurteilung der Stellungnahme wesentlich sind, sind vom Vorstand offen zu legen. Zum Teil wird in der Literatur noch weitergehend verlangt, der Vorstand müsse versuchen, möglichst lückenlos Auskunft über die wirtschaftliche Lage der Bieterin sowie über die wirtschaftlichen Eckdaten des Übernahmeangebots zu erlangen (so Haarmann/ Schüppen/*Röh* § 27 Rdnr. 21 m.w.N.). Angesichts der knappen Zeit, die dem Vorstand und Aufsichtsrat zur Erstellung zur Verfügung stehen, sollte man die Pflichten der beiden Organe jedoch nicht überspannen.

6. Pflicht zur Aktualisierung der Stellungnahme. Eine Pflicht zur Aktualisierung ist im Gesetz nicht ausdrücklich geregelt. Man wird aber davon ausgehen müssen, dass Vorstand und Aufsichtsrat zumindest bis zum Ende der Annahmefrist verpflichtet sind, die Stellungnahme zu aktualisieren, sofern die in der Stellungnahme enthaltenen Angaben nachträglich unzutreffend oder unvollständig werden. Die Pflicht zur Aktualisierung ist jedoch auf solche Angaben zu beschränken, die von wesentlicher Bedeutung sind. Dafür spricht schon der Sinn und

IV. Stellungnahme von Vorstand und Aufsichtsrat der Zielgesellschaft E.IV

Zweck des § 27 WpÜG, den Wertpapierinhabern der Zielgesellschaft eine zutreffende und vollständige Stellungnahme an die Hand zu geben, um Ihnen eine Entscheidung in „Kenntnis der Sachlage" (§ 3 Abs. 2 WpÜG) zu ermöglichen. Diesen Zweck kann nur eine aktuelle, nicht durch veränderte Umstände unzutreffend gewordene Stellungnahme erfüllen (Baums/Thoma/*Harbarth* § 27 Rdnr. 91; Assmann/Pötzsch/Uwe H. Schneider/*Krause*/*Pötzsch* 27 Rdnr. 97).

7. Veröffentlichung der Stellungnahme. Gemäß § 27 Abs. 3 S. 1 WpÜG haben der Vorstand und Aufsichtsrat die Stellungnahme unverzüglich, d. h. ohne schuldhaftes Zögern (§ 121 BGB), nach Übermittlung der Angebotsunterlage zu veröffentlichen. Insofern ist regelmäßig von etwa zwei Wochen auszugehen (*Seibt* DB 2002, 529, 534; MünchKommWpÜG/*Wackerbarth* § 27 Rdnr. 38; ähnlich Beschl. OLG Frankfurt v. 8. 12. 2005 – WpÜG 1/05 – ZIP 2006, 428 (i.d.R. nicht mehr als zwei Wochen); *Krause* NJW 2002, 705, 711; *Hopt* ZHR 166 (2002), 383, 421; KölnKommWpÜG/*Hirte* § 27 Rdnr. 67 (zwei Wochen als Regelobergrenze); Assmann/Pötzsch/Uwe H. Schneider/*Krause*/*Pötzsch* § 27 Rdnr. 125 (zwei Wochen als Regelobergrenze)). Die Stellungnahme ist durch Bekanntgabe im Internet und durch Abdruck in einem überregionalen Börsenpflichtblatt zu veröffentlichen oder stattdessen ist die Stelle anzugeben, wo die Stellungnahme zur kostenlosen Ausgabe bereitgehalten wird (§ 27 Abs. 3 S. 1 i.V.m. § 14 Abs. 3 WpÜG). Gleichzeitig ist die Stellungnahme unmittelbar dem Betriebsrat bzw. den Arbeitnehmern zu übermitteln (§ 27 Abs. 3 S. 2 WpÜG). Ferner sind Vorstand und Aufsichtsrat verpflichtet, der BaFin unverzüglich einen Beleg über die Veröffentlichung der Stellungnahme zuzusenden (§ 27 Abs. 3 S. 3 WpÜG).

8. Inhalt der Stellungnahme. Der Inhalt der Stellungnahme ergibt sich zunächst aus § 27 Abs. 1 S. 2 WpÜG. Danach haben der Vorstand und Aufsichtsrat insbesondere auf (i) die Art und Höhe der angebotenen Gegenleistung einzugehen, (ii) die voraussichtlichen Folgen für die Zielgesellschaft, die Arbeitnehmer und ihre Vertretungen, die Beschäftigungsbedingungen sowie für die Standorte der Zielgesellschaft, (iii) die von der Bieterin verfolgten Ziele sowie (iv) auf die Absichten der Organmitglieder, die Wertpapiere der Zielgesellschaft besitzen, das Angebot anzunehmen. Wie sich aus dem Wortlaut der Vorschrift ergibt („insbesondere") ist die Aufzählung nicht abschließend. Allgemein formuliert muss die Stellungnahme auf alle Umstände des Angebots eingehen, die aus Sicht der Wertpapierinhaber für die Beurteilung des Angebots, insbesondere der Angemessenheit der Gegenleistung, vernünftiger Weise von Bedeutung sein können (vgl. nur Assmann/Pötzsch/Uwe H. Schneider/*Krause*/*Pötzsch* § 27 Rdnr. 54 m.w.N.). Der wichtigste Anknüpfungspunkt ist dabei die Angebotsunterlage der Bieterin. Neben den in § 27 Abs. 1 S. 2 WpÜG aufgeführten Punkten ist daneben z.B. eine Einschätzung zu möglichen Synergien zwischen Bieterin und Zielgesellschaft sowie eine Bewertung der Angaben der Bieterin zur Finanzierung der Transaktion abzugeben. Ferner sind Angaben zu den Risiken des Angebots für die Wertpapierinhaber der Zielgesellschaft zu machen. Schließlich haben der Vorstand und Aufsichtsrat, sofern dies im Rahmen ihrer Ermittlungspflicht möglich ist, falsche bzw. unzutreffende Informationen richtig zu stellen. Zu beachten ist, dass die Pflicht zur Stellungnahme den Vorstand nicht von den aktienrechtlichen Geheimhaltungspflichten nach § 93 Abs. 1 S. 3 AktG entbindet, deren Verletzung mit Freiheitsstrafe bis zu einem Jahr oder Geldstrafe geahndet werden kann (§ 404 Abs. 1 Nr. 1 AktG). Der Vorstand hat daher bei seiner Stellungnahme darauf zu achten, keine Informationen preis zu geben, zu deren Geheimhaltung er aktienrechtlich verpflichtet ist (*Hopt* ZHR 166 (2002), 383, 420; Haarmann/Schüppen/*Röh* § 27 Rdnr. 54).

9. Art und Höhe der angebotenen Gegenleistung. Die Verpflichtung, zur Art und Höhe der angebotenen Gegenleistung Stellung zu nehmen (§ 27 Abs. 1 S. 2 Nr. 1 WpÜG) ist ein wesentlicher Bestandteil der Stellungnahme. Zunächst ist die Art der Gegenleistung (Geldleistung oder liquide, börsennotierte Aktien) darzustellen sowie auf deren jeweilige Vor- und Nachteile einzugehen. Hinsichtlich der Höhe der angebotenen Gegenleistung sind vor allem Ausführungen zu deren Angemessenheit zu machen. Dabei reicht es nicht aus, die Angemessenheit allein mit der Begründung, dass die Höhe der angebotenen Gegenleistung die gesetzlichen Mindestpreisvorschriften (§ 31 Abs. 1 WpÜG i.V.m. §§ 3 ff. WpÜG-AngebVO) erfüllt, zu bejahen. Vielmehr haben Vorstand und Aufsichtsrat ihre Einschätzung über den wirklichen Wert der Aktien anzugeben und im Rahmen dessen darauf einzugehen, ob der aktuelle Börsenkurs den

Wert der Zielgesellschaft angemessen reflektiert. Um ihre Einschätzung abzusichern, wäre grundsätzlich eine Unternehmensbewertung nach den allgemein anerkannten Methoden (Ertragswert, *discounted cash flow* gemäß IDW-Standard) erforderlich. Eine solche Unternehmensbewertung wird jedoch regelmäßig in der kurzen Frist des § 27 Abs. 3 S. 1 WpÜG nicht zu leisten sein. Daher hat die Absicherung der Aussage über die Angemessenheit des Börsenkurses auf der Grundlage anderer praktikabler Bewertungsverfahren (Multiplikationsverfahren, historische Vorerwerbspreise) zu erfolgen (Haarmann/Schüppen/*Röh* § 27 Rdnr. 32; *Harbarth* ZIP 2004, 3, 7 f.). Vorstand und Aufsichtsrat sind nicht verpflichtet, ein von der Bieterin zugrunde gelegtes Bewertungsverfahren zu übernehmen. Anzuwenden ist das ausgewählte Verfahren auf die Zielgesellschaft grundsätzlich auf *stand alone* Basis. Soweit Vorstand und Aufsichtsrat aufgrund der ihnen zugänglichen Informationen über die Bieterin in der Lage sind, die Bewertung unter Berücksichtigung etwaiger wertsteigernder Synergieeffekte vorzunehmen, ist die Angemessenheit der Gegenleistung auch unter diesem Gesichtspunkt zu beurteilen. Umstritten ist, ob Vorstand und Aufsichtsrat verpflichtet sind, in diesem Fall die Synergieeffekte zu berücksichtigen (bejahend KölnKommWpÜG/*Hirte* § 27 Rdnr. 39; MünchKommWpÜG/*Wackerbarth* § 27 Rdnr. 20; wohl auch Haarmann/Schüppen/*Röh* § 27 Rdnr. 32; aufgrund des Fehlens einer Bewertungsmöglichkeit die nach dem unternehmerischen Konzept der Bieterin zu erwartenden Synergieeffekte verneinend Baums/Thoma/*Harbarth* § 27 Rdnr. 46; ders. ZIP 2004, 3, 8; Assmann/Pötzsch/Uwe H. Schneider/*Krause*/*Pötzsch* § 27 Rdnr. 67; Geibel/Süßmann/*Schwennicke* § 27 Rdnr. 14). Der letzteren Ansicht ist zuzustimmen. Schließlich haben Vorstand und Aufsichtsrat in einer Gesamtwürdigung ein Urteil über die Angemessenheit der Gegenleistung abzugeben, mithin ob die Gegenleistung gemessen am Wert der Aktien der Zielgesellschaft zu niedrig, angemessen oder theoretisch auch zu hoch ist.

10. Hinzuziehung von Beratern; Fairness Opinion und Inadequacy Opinion. Es ist unstrittig, dass Vorstand und Aufsichtsrat externe Berater heranziehen können, um die Stellungnahme vorzubereiten. Im Regelfall wird dies auch zweckmäßig sein, insbesondere im Hinblick auf die Stellungnahme zum Angebotspreis. Ferner ist die Einholung von sog. Fairness Opinions bzw. Inadequacy Opinions im Rahmen von Unternehmenstransaktionen heutzutage üblich (z. B. Stellungnahme Hochtief v. 15. 12. 2010; Postbank v. 20. 10. 2010; Altana v. 18. 11. 2009; WMF v. 26. 7. 2006, Schering v. 18. 4. 2006, Degussa v. 7. 2. 2006, Südchemie v. 2. 8. 2005, Heidelberg Cement v. 8. 7. 2005 (Vorstand) bzw. v. 9. 7. 2005 (Aufsichtsrat), Beru v. 15. 12. 2004, Celanese v. 6. 2. 2004 (Vorstand) bzw. v. 9. 2. 2004 (Aufsichtsrat)). Eine Rechtspflicht der Organe zur Einholung einer Fairness Opinion oder einer Inadequacy Opinion folgt weder aus § 27 WpÜG noch aus § 93 Abs. 1, § 116 S. 1 AktG (zutr. *Fleischer*, ZIP 2011, 201, 205 ff.; *Seibt*, AG 2011 [im Erscheinen].

Fairness Opinions sind Stellungnahmen zur finanziellen Angemessenheit einer Unternehmenstransaktion und werden überwiegend für und im Auftrag von Vorstand und teilweise vom Aufsichtsrat des Zielunternehmens erstellt (zum Begriff *Achleitner*, Handbuch Investmentbanking, S. 210 ff.). Bei einer Inadequacy Opinion kommt die Stellungnahme zu dem Ergebnis der Unangemessenheit der Gegenleistung aus finanzieller Sicht, wobei sich diese Stelungnahme von einer negativen Fairness Opinion in der Regel in dem breiteren Prüfungsmaßstab (z. B. Berücksichtigung von Synergien mit dem Bieter; Berücksichtigungen von möglichen Alternativangeboten Dritter) (hierzu *Seibt*, CFL 2011, 213, 237; *Seibt*, AG 2011 [im Erscheinen]). Der Vorstand verfolgt mit der Einholung die Ziele, (i) eine sachkundige und unabhängige Information und Beratung zu erhalten, (ii) den Anteilseignern eine zusätzliche Informationsgrundlage zu geben (Stichwort: Berater als *Reputational Gatekeeper*) und (iii) die mit der „Business Judgement Rule" verbundenen Anforderungen an eine ordnungsgemäße Entscheidung zu erfüllen und somit Haftungsrisiken zu reduzieren (zu den Zielsetzungen *Fleischer*, ZIP 2011, 201, 203 f.). Der Aufsichtsrat hingegen kommt mit der Einholung seiner Pflicht zur Kontrolle des Vorstands sowie zur eigenen Information nach und minimiert ebenfalls seine Haftungsrisiken. Verfasser sind in der Regel hierfür isoliert eingeschaltete, nicht selten aber auch die die Gesamttransaktion beratenden Investmentbanken oder – eher bei kleinvolumigeren Angeboten – Corporate Finance-Bereiche von Wirtschaftsprüfungsgesellschaften auf Seiten des Zielunternehmens. Fairness Opinions werden in der Übernahmepraxis selten nach

IV. Stellungnahme von Vorstand und Aufsichtsrat der Zielgesellschaft

etablierten Standards zur Unternehmensbewertung (wie z. B. den IDW S8 oder den DVFA GoFR) erstellt (vgl. *Aders/Schwetzler*, CFB 2010, 118; *Lappe/Stafflage* CFL 2010, 312, 313 ff.; ausführlich zur inhaltlichen Ausgestaltung von Fairness Opinion (1) IDW Standard: Grundsätze für die Erstellung von Fairness Opinions (IDW S8), abgedruckt in IDW-FN 3/2011, S. 151 H. (2), DVFA-Finanzschriften Nr. 07/08, Grundsätze für Fairness Opinions, abrufbar unter www.dvfa.de/files/die_dvfa/kommissionen/application/pdf/grundsaetze_fairness_opinions.pdf). Holen die Organe der Zielgesellschaft für die Beurteilung der Angemessenheit der Gegenleistung eine oder mehrere Fairness Opinion(s) ein, ist hierauf in der Stellungnahme hinzuweisen und die Fairness Opinion(s) ist (sind) zusammen mit der Stellungnahme zu veröffentlichen. Die Fairness Opinion entbindet die Organe der Zielgesellschaft nicht von ihrer Pflicht, eigenständige Analysen zur Beurteilung der Angemessenheit des Angebots durchzuführen, sondern hat lediglich unterstützenden Charakter. Für die Aktionäre der Zielgesellschaft als Adressaten der Stellungnahme muss klar erkennbar sein, welche Analysen mit Hilfe der Fairness Opinion und welche eigenständig durchgeführt worden sind. Zudem muss die Stellungnahme deutlich machen, wenn die Organe der Zielgesellschaft sich für ihre eigene Beurteilung nur auf einen Teil der in der Fairness Opinion verwandten Vergleichsmaßstäbe und Analysen berufen.

11. Von der Bieterin verfolgte Ziele. Im Rahmen der Angaben zu den von der Bieterin verfolgten Zielen (§ 27 Abs. 1 S. 1 Nr. 3 WpÜG) ist dazu Stellung zu nehmen, ob die Bieterin das Angebot wie in der Angebotsunterlage dargestellt umsetzen kann, ob operative Hindernisse oder kartellrechtliche Probleme bestehen und ob die von der Bieterin angestrebten Synergieeffekte aus Sicht des Vorstands und Aufsichtsrats realisierbar erscheinen. Vorstand und Aufsichtsrat sind dabei nicht an eine mit der Bieterin geschlossene Vertraulichkeitsvereinbarung in Bezug auf gegenüber der Zielgesellschaft offenbarte nicht-öffentliche Zielsetzungen gebunden (Haarmann/Schüppen/*Röh* § 27 Rdnr. 41; Ehricke/*Ekkenga*/Oechsler § 27 Rdnr. 16; Assmann/Pötzsch/Uwe H. Schneider/*Krause*/Pötzsch § 27 Rdnr. 76 (zu § 27 Abs. 1 S. 2 Nr. 2 WpÜG)). Handelt es sich bei der Bieterin um eine Zweckgesellschaft, ist entsprechend auf die Ziele der hinter dieser Gesellschaft stehenden Personen einzugehen (KölnKommWpÜG/*Hirte* § 27 Rdnr. 44).

12. Folgen des Angebots. Die nach § 27 Abs. 1 S. 2 Nr. 2 WpÜG erforderlichen Ausführungen zu den voraussichtlichen Folgen eines erfolgreichen Angebots für die Zielgesellschaft bilden einen weiteren Schwerpunkt der Stellungnahme. Unter einem erfolgreichen Angebot im Sinne der Vorschrift ist das Angebot zu verstehen, das vollzogen wird und somit der Bieterin die Möglichkeiten der Ausübung unternehmerischen Einflusses einräumt (MünchKommWpÜG/*Wackerbarth* § 27 Rdnr. 22 f.; Assmann/Pötzsch/Uwe H. Schneider/*Krause*/Pötzsch § 27 Rdnr. 74). Die Stellungnahme hat sich insbesondere auf die Angaben der Bieterin in der Angebotsunterlage über ihre strategische Planung in Bezug auf die Zielgesellschaft zu beziehen (Begr. RegE, BT-Drucks. 14/7034, S. 52). Zu den voraussichtlichen Folgen zählen zunächst solche, die sich auf den Geschäftsbetrieb beziehen (z. B. Stilllegung von einzelnen Geschäftsbereichen bzw. Standorten, Auswirkungen auf bedeutende Vertragsbeziehungen der Zielgesellschaft etc.). Insofern ist eine konzernweite Betrachtung unter Einbeziehung der Tochtergesellschaften erforderlich. Weiterhin haben Vorstand und Aufsichtsrat zu den geplanten organisationsrechtlichen Maßnahmen der Bieterin (z. B. Umwandlungsvorgänge, Squeeze-out, Abschluss von Unternehmensverträgen, Sitzverlegung, Delisting etc.) Stellung zu beziehen (Assmann/Pötzsch/Uwe H. Schneider/*Krause*/Pötzsch § 27 Rdnr. 78; Haarmann/Schüppen/*Röh* § 27 Rdnr. 38; KölnKommWpÜG/*Hirte* § 27 Rdnr. 41 f.; Baums/Thoma/*Harbarth* § 27 Rdnr. 53). In Hinblick auf die Folgen für die Arbeitnehmer und ihre Vertretungen haben Vorstand und Aufsichtsrat kollektivrechtlich Angaben vor allem zum Fortbestand der betriebsverfassungsrechtlichen Organe und der unternehmerischen Mitbestimmung nach Abschluss der Umstrukturierung, zur Geltung von Tarifverträgen sowie individualarbeitsrechtlich zu den Auswirkungen der geplanten Personalmaßnahmen für die Arbeitnehmer zu machen (*Seibt* DB 2002, 529, 530; Geibel/Süßmann/*Schwennicke* § 27 Rdnr. 17; Baums/Thoma/*Harbarth* § 27 Rdnr. 54). Zu beachten ist, dass die im WpÜG geregelten arbeitnehmerschützenden Informationspflichten in mehrfacher Hinsicht über die entsprechenden umwandlungsrechtlichen Informationspflichten (§ 5 Abs. 1 Nr. 9 UmwG) hinaus gehen (z. B. Umfang der Informationspflichten und Pflichtigkeit unmittelbar gegenüber den Arbeitnehmern), obwohl der vom WpÜG erfasste Sachverhalt, nämlich der Erwerb von Wertpapieren (Gesellschafterwechsel) von der arbeitsrechtlichen Intensität hinter den im Umwandlungsrecht geregelten Umwandlungsformen zurückbleibt. Durch den Erwerb der Wertpapiere ändert sich nämlich weder der Unternehmensträger selbst noch dessen Rechtsform (*Seibt* DB 2002, 529, 530). Im Rahmen der Stellungnahme ist auch auf die bloß mittelbaren Folgen des Angebots für die Arbeitnehmer einzugehen (Assmann/Pötzsch/Uwe H. Schneider/*Krause/Pötzsch* § 27 Rdnr. 80; KölnKommWpÜG/*Hirte,* § 27 Rdnr. 43).

13. Auswirkungen auf die Aktionäre. Wie bereits in Anm. 8 erwähnt, sollten Vorstand und Aufsichtsrat auch auf die von ihnen ausgemachten bzw. ihnen bekannten rechtlichen Risiken für die Aktionäre im Falle der Annahme bzw. der Nichtannahme des Angebots hinweisen (z. B. fehlendes Rücktrittsrecht, Folgen eines angekündigten Beherrschungsvertrages; drohender Gewinnrückgang pro Aktien etc.). Soweit Vorstand und Aufsichtsrat Kenntnis von steuerlichen Risiken haben (z. B. etwaige Steuerpflichtigkeit eines Veräußerungsgewinns), sollten auch hierzu Hinweise für die Aktionäre gegeben werden.

14. Interessenlage der Mitglieder des Vorstands und des Aufsichtsrats. Vorstand und Aufsichtsrat sind verpflichtet, eigene Interessen sowie daraus resultierende Konflikte in der Stellungnahme offen zu legen (Geibel/Süßmann/*Schwennicke* § 27 Rdnr. 21; Fleischer/*Kalss*, Wertpapiererwerbs- und Übernahmegesetz, S. 98; Baums/Thoma/*Harbarth* § 27 Rdnr. 37; KölnKommWpÜG/*Hirte* § 27 Rdnr. 34; *Hopt*, FS Lutter, S. 1361, 1381). Anzugeben sind z. B. bereits empfangene Geldleistungen bzw. geldwerte Vorteile, direkte oder indirekte Beteiligungen des Managements an der Erwerbsgesellschaft, Anreizversprechen seitens der Bieterin etc. Interessenkonflikte können z. B. daraus resultieren, dass einige Vorstands- und Aufsichtsratsmitglieder von einem Großaktionär quasi entsandt sind und dieser Großaktionär nun als Bieter auftritt (*Schiessl* ZGR 2003, 814, 833 f.). Dagegen müssen Garanien, die das Management der Zielgesellschaft im Rahmen eines Übernahmeverfahren gegenüber der Bieterin abgegeben hat, grundsätzlich nicht in der Stellungnahme erwähnt werden (vgl. *Seibt/Wunsch* ZIP 2008, 1093, 1094).

15. Annahme des Angebots durch Vorstands- und Aufsichtsratsmitglieder. Die Mitglieder des Vorstands- und Aufsichtsrats, die Inhaber von Wertpapieren der Zielgesellschaft sind, müssen in der Stellungnahme mitteilen, ob sie beabsichtigen, das Angebot anzunehmen (§ 27 Abs. 1 Nr. 4 WpÜG). Für die Wertpapierinhaber der Zielgesellschaft stellt dies eine wichtige Information dar, da die Vorstands- und Aufsichtsratsmitglieder in der Regel über einen Wissensvorsprung in Hinblick auf die Verhältnisse der Zielgesellschaft verfügen und die Wertpapierinhaber aus einer etwaigen Annahme durch diese Organmitglieder Rückschlüsse auf die Angemessenheit des Übernahmeangebots sowie die Glaubwürdigkeit der Stellungnahme selbst ziehen können (*Fleischer* NZG 2006, 561, 565; Assmann/Pötzsch/Uwe H. Schneider/*Krause/Pötzsch* § 27 Rdnr. 83; Geibel/Süßmann/*Schwennicke* § 27 Rdnr. 19; KölnKommWpÜG/*Hirte* § 27 Rdnr. 45). Unterschiedliche Annahmeabsichten deuten darauf hin, dass man das Angebot unterschiedlich bewerten kann. Nehmen also nur ein Teil der Organmitglieder das Angebot an, andere wiederum nicht, so ist dies in der Stellungnahme unter namentlicher Nennung der entsprechenden Organmitglieder mitzuteilen. Auch wenn alle betroffenen Organmitglieder das Angebot einheitlich annehmen oder ablehnen, sollte die Mitteilung jene Vorstands- und Aufsichtsratsmitglieder individuell nennen, die die zum Zeitpunkt der Angebotsveröffentlichung bzw. der Stellungnahme Aktien der Zielgesellschaft halten, (vgl. Ergänzende Stellungnahme nach § 27 WpÜG der Hochtief AG v. 17. 12. 2010). Nicht erforderlich ist hingegen die Nennung der Stückzahlen der jeweils gehaltenen Wertpapiere (vgl. Geibel/Süßmann/ *Schwennicke* § 27 Rdnr. 19; KölnKommWpÜG/*Hirte* § 27 Rdnr. 46; *Steinmeyer/Häger* § 27 Rdnr. 47; Assmann/Pötzsch/Uwe H. Schneider/*Krause/Pötzsch* § 27 Rdnr. 85; Ehricke/ *Ekkenga*/Oechsler § 27 Rdnr. 17). Nehmen einige Organmitglieder das Angebot nur für einen Teil der von ihnen gehaltenen Wertpapiere an der Zielgesellschaft an, ist insoweit der prozentuale Anteil in der Stellungnahme anzugeben.

IV. Stellungnahme von Vorstand und Aufsichtsrat der Zielgesellschaft

16. Empfehlung. Die Stellungnahme des Vorstands und des Aufsichtrats hat grundsätzlich eine Empfehlung zu enthalten, die wie im vorliegenden Formular befürwortend, jedoch auch ablehnend und unter Umständen auch neutral ausfallen kann. Im Einzelfall (Interessenkonflikt, argumentativer Patt) können sich der Vorstand und Aufsichtsrat einer konkreten Empfehlung enthalten (Begr. RegE, BT-Drs. 14/7034, S. 52; *Fleischer/Kalss*, Wertpapiererwerbs- und Übernahmegesetz, S. 99).

V. Befreiungsanträge

1. Checkliste: Befreiungsantrag gemäß § 36 WpÜG

1. Antragsteller

1.1 Für wen soll eine Befreiung gem. § 36 WpÜG erwirkt werden?
1.2 Gibt es neben dem unmittelbaren Kontrollerwerber auch noch weitere (z.B. mittelbare) Kontrollerwerber (§ 30 Abs. 1 und Abs. 2 WpÜG, insbesondere auf Grund des Zurechnungstatbestands des § 30 Abs. 1 Satz 1 Nr. 1 WpÜG), für die ebenfalls eine Befreiung erwirkt werden muss?

2. Zielgesellschaft

2.1 Über welche Zielgesellschaft wurde die Kontrolle erworben?
2.2 Gibt es „unterhalb" der Zielgesellschaft weitere Zielgesellschaften, über die (mittelbar) die Kontrolle erworben wurde?

3. Kontrollerwerb

3.1 Wann wurde die Kontrolle erworben?
3.2 Auf Grund welchen Vorgangs wurde die Kontrolle erworben?

4. Befreiungstatbestand

4.1 Welcher der Befreiungstatbestände des § 36 Nr. 1 bis 3 WpÜG liegt vor?
4.2 Hilfsweise: Ist ein Befreiungstatbestand nach § 37 Abs. 1 WpÜG i. V. m. § 9 WpÜG-AngebVO gegeben?

5. Frist

5.1 Vor Kontrollerwerb: lt. BaFin ist Antragstellung vor Kontrollerwerb unzulässig, lediglich informelle Abstimmung möglich.
5.2 Nach Kontrollerwerb: ggf. Ausschlussfrist von 7 Kalendertagen nach Kenntnis des Kontrollerwerbs bzw. Zeitpunkts, zu dem Kenntnis hätte vorliegen müssen (§ 8 WpÜG-AngebVO analog). Bei möglichem Fristversäumnis Hinweis, warum kein „kennen müssen" vorlag (schuldlose Unkenntnis/fehlendes Organisationsverschulden des Antragstellers).

6. Alternative Möglichkeiten zur Vermeidung eines Pflichtangebots

6.1 Kann Nichtberücksichtigung ggf. auch gem. § 20 WpÜG („Handelsbestand") erwirkt werden (führt allerdings zum Verlust des Stimmrechts etc., vgl. § 20 Abs. 3 und 4 WpÜG)?
6.2 Kann ggf. eine Befreiung auch nach § 37 Abs. 1 WpÜG i. V. m. § 9 WpÜG-AngebVO erwirkt werden? (Befreiung nach § 37 Abs. 1 WpÜG liegt allerdings (im Gegensatz zur Befreiung nach § 36 WpÜG) im Ermessen der BaFin. Beachte auch höheren Gebührenrahmen für Entscheidung nach § 37 Abs. 1 WpÜG, vgl. § 4 Abs. 1 WpÜG-Gebührenverordnung.)

7. Antragsschreiben

7.1 Adressat: Frau/Herrn

 ......

 Bundesanstalt für Finanzdienstleistungsaufsicht
 Referat WA 16
 Lurgiallee 12
 60439 Frankfurt am Main
 Fax-Nr.: ......
 Vorab per Telefax/Original folgt per Boten

7.2 Antrag:

7.2.1 „Die Stimmrechte des Antragstellers aus den …… Aktien der …… bleiben bei der Berechnung des Stimmrechtsanteils des Antragstellers an der …… unberücksichtigt mit der Folge, dass für den Antragsteller im Hinblick auf …… die Verpflichtungen zur Veröffentlichung und zur Abgabe eines Angebots gem. § 35 Abs. 1 und 2 WpÜG nicht bestehen."

7.2.2 hilfsweise: „Der Antragsteller wird im Hinblick auf …… von den Verpflichtungen des § 35 Abs. 1 Satz 1 und Abs. 2 Satz 1 WpÜG befreit."

7.3 Bezeichnung des/der Antragsteller(s) einschließlich
- Name/Firma sowie
- Wohnsitz/Sitz

(§ 10 Nr. 1 WpÜG-AngebVO analog)

7.4 Bezeichnung der Zielgesellschaft einschließlich
- Firma
- Sitz
- Rechtsform

(§ 10 Nr. 2 WpÜG-AngebVO analog)

7.5 Bezeichnung der Anzahl der bereits gehaltenen Aktien *und* Stimmrechte *und* der nach § 30 WpÜG zuzurechnenden Stimmrechte, jeweils für
- Bieterin
- gemeinsam handelnde Personen sowie
- gesamt

(§ 10 Nr. 3 WpÜG-AngebVO analog)

7.6 Bezeichnung des Tages, an dem die Kontrolle erworben wurde (§ 10 Nr. 4 WpÜG-AngebVO analog)

7.7 Die den Antrag begründenden Tatsachen (§ 10 Nr. 5 WpÜG-AngebVO analog)

7.8 Vollmacht:

7.8.1 für jeden Antragsteller getrennt

7.8.2 im Original beifügen, ggf. ordnungsgemäße Bevollmächtigung im Antrag versichern mit Versprechen, Original der Vollmacht zur Akte nachzureichen.

7.9 Anlagen: Dokumente und Unterlagen, die die den Antrag begründenden Tatsachen belegen. BaFin fordert umfangreiche Unterlagenvorlage, z. B. Depotauszüge über die Aktien, HR-Auszüge, Gesellschafterlisten zum Beleg der Konzernverbundenheit bei § 36 Nr. 3 WpÜG und Aktienübertragungsverträge

7.10 Vorläufige Gestattung:

7.10.1 Feststellung, dass Antragstellung nach Praxis der BaFin Pflichten nach § 35 WpÜG suspendiert; Bitte um Bestätigung der BaFin, dass dies korrekt ist.

7.10.2 vorsorglich Antragstellung auf vorläufige Befreiung

7.11 Gebühren: Ggf. Hinweis auf weitere WpÜG-Anträge, die auf einheitlichem Sachverhalt beruhen bzw. sonstige Umstände, die Gebührenfestsetzung am unteren Ende der Spanne rechtfertigen, vgl. § 4 Abs. 1 WpÜG-Gebührenverordnung.

8. Rechtsbehelf

8.1 Widerspruch (§ 41 WpÜG)

8.2 Widerspruchsfrist: ein Monat ab Bekanntgabe (§ 41 Abs. 1 S. 3 WpÜG i. V. m. § 70 VwGO)

8.3 Kostenrahmen für Entscheidung über Widerspruch: 6.000 bis 20.000 Euro, vgl. § 4 Abs. 2 WpÜG-Gebührenverordnung.

9. WpHG (Meldung des Erwerbs des Stimmrechtsanteils an Zielgesellschaft(en) nach §§ 21 ff. WpHG)

Schrifttum: Meyer/Lipsky, Suspensiveffekt des Antrags gem. §§ 36, 37 WpÜG, NZG 2009, 1092; *Strunk/Linke*, Erfahrungen mit dem Übernahmerecht aus Sicht der Bundesanstalt für Finanzdienstleistungsaufsicht, in: Veil/Drinkuth (Hrsg.), Reformbedarf im Übernahmerecht, 2005, 3 ff; *Wackerbarth/Kresse*, Suspensiveffekt des Antrags nach §§ 36 f. WpÜG? – Erwiderung auf den Beitrag von Meyer/Lipsky, NZG 2010, 418.

Anmerkung

Nach § 36 WpÜG sind in drei näher bezeichneten Fällen Stimmrechte bei der Berechnung des Stimmrechtsanteils für die nach § 35 Abs. 1 S. 1 WpÜG maßgebliche Kontrollschwelle nicht zu berücksichtigen. Die Aufzählung in § 36 WpÜG ist abschließend. Vorliegend handelt es sich um eine Checkliste zur Erstellung eines Gestattungsantrags nach § 36 WpÜG. Ziffer 7 der Checkliste enthält dabei eine Gliederung sowie Formulierungsvorschläge für den eigentlichen Antrag. Zur Stellung des Antrags ist nur die Bieterin berechtigt. Der Antrag ist in deutscher Sprache und in Schriftform bei der BaFin zu stellen. Eine Übermittlung des Antrags im Wege der elektronischen Datenfernübertragung ist zulässig, sofern der Absender zweifelsfrei zu erkennen ist (§ 45 S. 2 WpÜG). Dies ist der Fall bei Datenfernübertragungen unter Verwendung elektronischer Signaturen nach dem Signaturgesetz. Ausreichend ist wohl auch die Übersendung von Anträgen per E-Mail, sofern sich der Absender zweifelsfrei bestimmen lässt (Assmann/Pötzsch/Uwe H. Schneider/*Assmann* § 45 Rdnr. 5; Baums/Thoma/*Ritz* § 45 Rdnr. 7; *Steinmeyer/Häger* § 45 Rdnr. 4). Zwar meint Schriftform grundsätzlich schriftliche Abfassung und eigenhändige Unterschrift. Nach der gerichtlichen Spruchpraxis ist die Schriftform jedoch auch durch Übersendung des Antrags per Telefax gewahrt (MünchKommWpÜG/*Bauer* § 45 Rdnr. 5; Assmann/Pötzsch/Uwe H. Schneider/*Krause/Pötzsch* § 37 Rdnr. 91; *Ehricke*/Ekkenga/Oechsler § 45 Rdnr. 4). Trotz Zulässigkeit der Übersendung des Antrags per Telefax ist zur Vermeidung von Fristversäumnissen zu empfehlen, neben der Übersendung per Telefax den Antrag innerhalb der in Ziffer 5. b) genannten Frist bei der BaFin im Original einschl. Anlagen einzureichen. Nach der zutreffenden Meinung und Praxis der BaFin suspendiert ein rechtzeitig, nicht rechtsmissbräuchlich gestellter Befreiungsantrag gemäß § 36 WpÜG die Verpflichtungen aus § 35 WpÜG (vgl. 7.10.1 der Checkliste; LG München ZIP 2004, 167, 168; KölnKommWpÜG/*von Bülow* § 36 Rdnr. 73; *Meyer/Lipsky* NZG 2009, 1092; a.A. Baums/Thoma/*Hecker* § 36 Rdnr. 82; *Wackerbarth/Kresse* NZG 2010, 418).

2. Checkliste: Befreiungsantrag gemäß § 37 WpÜG

1. Antragsteller
1.1 Für wen soll eine Befreiung gem. § 37 WpÜG erwirkt werden?
1.2 Gibt es neben dem unmittelbaren Kontrollerwerber auch noch weitere (z.B. mittelbare) Kontrollerwerber (§ 30 Abs. 1 und Abs. 2 WpÜG, insbesondere auf Grund des Zurechnungstatbestands des § 30 Abs. 1 Satz 1 Nr. 1 WpÜG), für die ebenfalls eine Befreiung erwirkt werden muss?
2. Zielgesellschaft
2.1 Über welche Zielgesellschaft wurde die Kontrolle erworben?
2.2 Gibt es „unterhalb" der Zielgesellschaft weitere Zielgesellschaften, über die (mittelbar) die Kontrolle erworben wurde?
3. Kontrollerwerb
3.1 Wann wurde die Kontrolle erworben?
3.2 Auf Grund welchen Vorgangs wurde die Kontrolle erworben?

2. Checkliste: Befreiungsantrag gemäß § 37 WpÜG

4. Befreiungstatbestand

4.1 Welcher der Befreiungstatbestände des § 37 Abs. 1 WpÜG ist einschlägig?

4.2 Welcher der Befreiungstatbestände des § 37 WpÜG i. V. m. § 9 WpÜG-AngebVO ist einschlägig?

5. Frist

5.1 Vor Kontrollerwerb: jederzeit, soweit Kontrollerwerb vorhersehbar ist

5.2 Nach Kontrollerwerb: Ausschlussfrist von 7 Kalendertagen nach Kenntnis des Kontrollerwerbs bzw. Zeitpunkts, zu dem Kenntnis hätte vorliegen müssen (§ 8 WpÜG-AngebVO). Bei möglichem Fristversäumnis Hinweis, warum kein „kennen müssen" vorlag (schuldlose Unkenntnis/fehlendes Organisationsverschulden des Antragstellers).

6. Alternative Befreiungsmöglichkeiten

6.1 Kann ggf. Nichtberücksichtigung gem. § 20 WpÜG („Handelsbestand") erwirkt werden (führt allerdings zu Stimmrechtsverlust etc., vgl. § 20 Abs. 3 und 4 WpÜG)?

6.2 Kann ggf. Nichtberücksichtigung gem. § 36 WpÜG erwirkt werden?

7. Antragsschreiben

7.1 Adressat: Frau/Herrn
               ……
               Bundesanstalt für Finanzdienstleistungsaufsicht
               Referat WA 16
               Lurgiallee 12
               60439 Frankfurt am Main
               Fax-Nr.: ……
               Vorab per Telefax/Original folgt per Boten

7.2 Antragsformulierung: „…… im Hinblick auf …… von den Verpflichtungen des § 35 Abs. 1 Satz 1 und Abs. 2 Satz 1 WpÜG zu befreien ……"

7.3 Bezeichnung des/der Antragsteller(s) einschließlich

- Name/Firma sowie
- Wohnsitz/Sitz

(§ 10 Nr. 1 WpÜG-AngebVO)

7.4 Bezeichnung der Zielgesellschaft einschließlich

- Firma
- Sitz
- Rechtsform

(§ 10 Nr. 2 WpÜG-AngebVO)

7.5 Bezeichnung der Anzahl der bereits gehaltenen Aktien und Stimmrechte und der nach § 30 WpÜG zuzurechnenden Stimmrechte, jeweils für

- Bieterin
- gemeinsam handelnde Personen sowie
- gesamt

(§ 10 Nr. 3 WpÜG-AngebVO)

7.6 Bezeichnung des Tages, an dem die Kontrolle erworben wurde (§ 10 Nr. 4 WpÜG-AngebVO)

7.7 Die den Antrag begründenden Tatsachen (§ 10 Nr. 5 WpÜG-AngebVO)

7.8 Vollmachten:

7.8.1 für jeden Antragsteller

7.8.2 im Original beifügen, ggf. ordnungsgemäße Bevollmächtigung im Antrag versichern mit Versprechen, Original der Vollmacht zur Akte nachzureichen

7.9 Anlagen: Dokumente und Unterlagen, die die den Antrag begründenden Tatsachen belegen. BaFin fordert umfangreiche Unterlagenvorlage, z. B. Depotauszüge über die Aktien, HR-Auszüge, Gesellschafterlisten zum Beleg der Konzernverbundenheit bei § 36 Nr. 3 WpÜG und Aktienübertragungsverträge.

7.10 Vorläufige Befreiung:
7.10.1 Feststellung, dass Antragstellung nach Praxis der BaFin Pflicht nach § 35 WpÜG suspendiert; Bitte um Bestätigung der BaFin, dass dies korrekt ist.
7.10.2 vorsorglich Antragstellung auf vorläufige Befreiung

7.11 Nebenbestimmungen:
Ggf. bereits geeignete Nebenbestimmungen „anbieten" wie z. B.
- Auflage, dass Pflichtangebot bei Zuerwerb eines weiteren Stimmrechtsanteils von mindestens 30% der Stimmrechte erfolgen muss, sofern dafür nicht wiederum Befreiung gewährt wird; oder
- Bedingungen, z. B. Einleitung eines Squeeze-out-Verfahrens, Nichtausübung von Stimmrechten.

7.12 Gebühren: Ggf. Hinweis auf weitere WpÜG-Anträge, die auf einheitlichem Sachverhalt beruhen bzw. sonstige Umstände, die Gebührenfestsetzung am unteren Ende der Spanne rechtfertigen, vgl. § 4 Abs. 1 WpÜG-Gebührenverordnung.

8. Rechtsbehelf
8.1 Widerspruch (§ 41 WpÜG)
8.2 Widerspruchsfrist: ein Monat ab Bekanntgabe (§ 41 Abs. 1 S. 3 WpÜG i. V. m. § 70 VwGO)
8.3 Kostenrahmen für Entscheidung über Widerspruch: 10.000 bis 40.000 EUR, vgl. § 4 Abs. 2 Nr. 4 WpÜG-Gebührenverordnung.

9. WpHG (Meldung des Erwerbs des Stimmrechtsanteils an Zielgesellschaft(en) nach §§ 21 ff. WpHG)

Schrifttum: Bernau, Die Befreiung vom Pflichtangebot nach § 37 WpÜG, WM 2004, 809; **Seibt,** Übernahmerecht: Update 2010/2011, CFL 2011, 213; *Strunk/Linke,* Erfahrungen mit dem Übernahmerecht aus Sicht der Bundesanstalt für Finanzdienstleistungsaufsicht, in: Veil/Drinkuth (Hrsg.), Reformbedarf im Übernahmerecht, 2005, 3 ff.

Anmerkung

Gemäß § 35 WpÜG ist derjenige, der 30% der Stimmrechte einer Zielgesellschaft erlangt, verpflichtet, dies zu veröffentlichen und ein Pflichtangebot abzugeben. § 37 WpÜG ermöglicht der BaFin, den gemäß § 35 WpÜG Verpflichteten unter bestimmten Voraussetzungen auf Antrag von diesen Verpflichtungen zu befreien. Im Gegensatz zu § 36 WpÜG handelt es sich bei § 37 WpÜG um eine Ermessensentscheidung. § 37 Abs. 1 WpÜG enthält eine abschließende Aufzählung der Befreiungsgründe. Danach sind einerseits besondere Umstände und andererseits ein vom Normalfall des Kontrollerwerbs abweichendes Überwiegen der Interessen der Bieterin an der Befreiung erforderlich (ausführlich hierzu z. B. Assmann/Pötzsch/Uwe H. Schneider/*Krause/Pötzsch* § 37 Rdnr. 19 ff.). Die Einzelheiten des Befreiungsverfahrens sind in den §§ 8, 10 bis 12 WpÜG-AngebVO geregelt. Verfahrensbeteiligte sind grundsätzlich nur die Bieterin und die BaFin. Letzterer steht es jedoch frei, z. B. die Zielgesellschaft und/oder einzelne Aktionäre zu dem Verfahren hinzuzuziehen (§ 13 Abs. 2 S. 1 VwVfG). Der Antrag bedarf der Schriftform (§ 126 BGB i. V. m. § 22 VwVfG). § 45 S. 2 WpÜG lässt als *lex specialis* jedoch die Übermittlung im Wege der elektronischen Datenfernübertragung (Telefax oder E-Mail mit elektronischer Signatur) genügen, sofern der Absender zweifelsfrei zu erkennen ist (vgl. hierzu die Anm. zu Form. E. IV. 1.). Das vorliegende Formular ist als Checkliste zur Erstellung eines Befreiungsantrags nach § 37 WpÜG ausgestaltet. Ziffer 7 der Checkliste enthält eine Gliederung sowie Formulierungsvorschläge für den eigentlichen Befreiungsantrag.

Zum Suspensiveffekt des Befreiungsantrags gelten die Ausführungen zum Antrag nach § 36 WpÜG entsprechend (vgl. Anmerkungen E.IV.1; KölnKommWpÜG/*Versteegen* § 37 Rdnr. 83 ff.).

3. Checkliste: Antrag auf Sanierungsbefreiung gemäß § 37 WpÜG i.V.m. § 9 S. 1 Nr. 3 WpÜG-AngebVO

1. Antragsteller
1.1 Für wen soll eine Befreiung gem. § 37 WpÜG i.V.m. § 9 S. 1 Nr. 3 WpÜG-AngebVO erwirkt werden?
1.2 Gibt es neben dem unmittelbaren Kontrollerwerber auch noch weitere (z.B. mittelbare) Kontrollerwerber (§ 30 Abs. 1 und Abs. 2 WpÜG, insbesondere auf Grund des Zurechnungstatbestands des § 30 Abs. 1 Satz 1 Nr. 1 WpÜG), für die ebenfalls eine Befreiung erwirkt werden muss?
2. Zielgesellschaft
2.1 Über welche Zielgesellschaft wurde die Kontrolle erworben?
2.2 Gibt es „unterhalb" der Zielgesellschaft weitere Zielgesellschaften, über die (mittelbar) die Kontrolle erworben wurde?
3. Kontrollerwerb
3.1 Wann wurde/wird die Kontrolle erworben?
3.2 Auf Grund welchen Vorgangs wurde/wird die Kontrolle erworben?
4. Befreiungstatbestand: § 37 WpÜG i.V.m. § 9 S. 1 Nr. 3 WpÜG-AngebVO
5. Frist
5.1 Vor Kontrollerwerb: jederzeit, soweit Kontrollerwerb vorhersehbar ist
5.2 Nach Kontrollerwerb: Ausschlussfrist von 7 Kalendertagen nach Kenntnis des Kontrollerwerbs bzw. Zeitpunkts, zu dem Kenntnis hätte vorliegen müssen (§ 8 WpÜG-AngebVO). Bei möglichem Fristversäumnis Hinweis, warum kein „kennen müssen" vorlag (schuldlose Unkenntnis/fehlendes Organisationsverschulden des Antragstellers).
6. Alternative Befreiungsmöglichkeiten
6.1 Kann ggf. Nichtberücksichtigung gem. § 20 WpÜG („Handelsbestand") erwirkt werden (führt allerdings zu Stimmrechtsverlust etc., vgl. § 20 Abs. 3 und 4 WpÜG)?
6.2 Kann ggf. Nichtberücksichtigung gem. § 36 WpÜG erwirkt werden?
7. Antragsschreiben
7.1 Adressat: Frau/Herrn
                  ……
                  Bundesanstalt für Finanzdienstleistungsaufsicht
                  Referat WA 16
                  Lurgiallee 12
                  60439 Frankfurt am Main
                  Fax-Nr.: ……
                  Vorab per Telefax/Original folgt per Boten
7.2 Antragsformulierung: „Namens und im Auftrag des Antragstellers beantragen wir hiermit, den Antragsteller im Hinblick auf den [von ihm beabsichtigten] Kontrollerwerb über die [Zielgesellschaft] mit Sitz in …… von den Verpflichtungen gemäß § 35 Abs. 1

Satz 1 und Abs. 2 Satz 1 WpÜG zur Veröffentlichung der Kontrollerlangung und zur Abgabe eines Pflichtangebots zu befreien."

7.3 Bezeichnung des/der Antragsteller(s) einschließlich
- Name/Firma sowie
- Wohnsitz/Sitz

(§ 10 Nr. 1 WpÜG-AngebVO)

7.4 Bezeichnung der Zielgesellschaft einschließlich
- Firma
- Sitz
- Rechtsform

(§ 10 Nr. 2 WpÜG-AngebVO)

7.5 Bezeichnung der Anzahl der bereits gehaltenen Aktien und Stimmrechte und der nach § 30 WpÜG zuzurechnenden Stimmrechte, jeweils für
- Bieterin
- gemeinsam handelnde Personen sowie
- gesamt

(§ 10 Nr. 3 WpÜG-AngebVO)

7.6 Bezeichnung des Tages, an dem die Kontrolle erworben wurde (§ 10 Nr. 4 WpÜG-AngebVO)

7.7 Die den Antrag begründenden Tatsachen (§ 10 Nr. 5 WpÜG-AngebVO)

7.8 Vollmachten:

7.8.1 für jeden Antragsteller

7.8.2 im Original beifügen, ggf. ordnungsgemäße Bevollmächtigung im Antrag versichern mit Versprechen, Original der Vollmacht zur Akte nachzureichen

7.9 Anlagen: Dokumente und Unterlagen, die die den Antrag begründenden Tatsachen belegen. BaFin fordert Unterlagenvorlage über folgende Sachverhalte:

7.9.1 Sanierungsbedürftigkeit: Nachweis einer Krise der Gesellschaft in Form des letzten Lageberichts (wenn dessen Erstellung längere Zeit zurückliegt, ist der Sanierungsfall durch einen aktuellen Bestätigungsvermerk eines Wirtschaftsprüfers nachzuweisen).

7.9.2 Sanierungskonzept: Darstellung der Ursachen und geplanten Bewältigung der Krise; Konzept und Sanierungsfähigkeit müssen durch ein Sanierungsgutachten eines Wirtschaftsprüfers, Rechtsanwalts oder Unternehmensberaters plausibilisiert werden.

7.9.3 Sanierungsbeiträge: Das Sanierungsgutachten muss auch die Finanzmittel und anderen wirtschaftswerten Leistungen des Antragstellers an die Zielgesellschaft belegen; die Beiträge müssen konkret bezeichnet und verbindlich zugesichert sein.

7.10 Vorläufige Befreiung:

7.10.1 Feststellung, dass Antragstellung nach Praxis der BaFin Pflicht nach § 35 WpÜG suspendiert; Bitte um Bestätigung der BaFin, dass dies korrekt ist.

7.10.2 vorsorglich Antragstellung auf vorläufige Befreiung

7.11 Nebenbestimmungen:

Ggf. bereits geeignete Nebenbestimmungen „anbieten" wie z.B.
- Widerrufsvorbehalt für den Fall, dass die in Aussicht gestellten Sanierungsbeiträge des Antragstellers (ggf. schuldhaft) nicht fristgerecht erbracht oder nachgewiesen werden oder Maßnahmen eingeleitet werden, die der Sanierung entgegenstehen (z.B. Dividendenzahlung);
- Auflagen (z.B. Einzahlungen in die Kapitalrücklage, Forderungsverzichte, Erbringung von Nachweisen hinsichtlich der Durchführung der Sanierungsmaßnahmen, oder dass Pflichtangebot bei Zuerwerb eines weiteren Stimmrechtsanteils von mindestens 30% der Stimmrechte erfolgen muss, sofern dafür nicht wiederum Befreiung gewährt wird); oder

3. Checkliste: Antrag auf Sanierungsbefreiung gemäß § 37 WpÜG   E.V.3

- Bedingungen, z. B. Einleitung eines Squeeze-out-Verfahrens, Nichtausübung von Stimmrechten.

7.12 Gebühren: Ggf. Hinweis auf weitere WpÜG-Anträge, die auf einheitlichem Sachverhalt beruhen bzw. sonstige Umstände, die Gebührenfestsetzung am unteren Ende der Spanne rechtfertigen, vgl. § 4 Abs. 1 WpÜG-Gebührenverordnung.

8. Rechtsbehelf

8.1 Widerspruch (§ 41 WpÜG)

8.2 Widerspruchsfrist: ein Monat ab Bekanntgabe (§ 41 Abs. 1 S. 3 WpÜG i.V.m. § 70 VwGO)

8.3 Kostenrahmen für Entscheidung über Widerspruch: 10.000 bis 40.000 EUR, vgl. § 4 Abs. 2 Nr. 4 WpÜG-Gebührenverordnung.

9. WpHG (Meldung des Erwerbs des Stimmrechtsanteils an Zielgesellschaft(en) nach §§ 21 ff. WpHG)

Schrifttum: Hasselbach/Hoffmann, Die Sanierungsbefreiung nach § 37 WpÜG bei der Übernahme börsennotierter Unternehmen, DB 2009, 327; *Klepsch/Kiesewetter,* Befreiung vom Pflichtangebot beim Erwerb zur Sanierung, BB 2007, 1403; *Kocher,* Die Sanierungsbefreiung vom Pflichtangebot, ZInsO 2010, 2125; *Seibt,* Übernahmerecht: Update 2010/2011, 213; *Stadler,* Befreiung des Treuhänders gem. § 37 WpÜG von der Abgabe eines Pflichtangebots bei der Übernahme börsennotierter Aktien, insbesondere im Falle doppelnütziger Sanierungstreuhandschaften, NZI 2010, 44; *Strunk/Salomon/Holst,* Aktuelle Entwicklungen im Übernahmerecht, in: Veil (Hrsg.), Übernahmerecht in Praxis und Wissenschaft, 2009, 1 ff.

Anmerkung

Gemäß § 37 WpÜG i.V.m. § 9 S. 1 Nr. 3 WpÜG-AngebVO kann die BaFin den Kontrollerwerber von den Pflichten des § 35 WpÜG befreien, wenn die Übernahme die Sanierung der Zielgesellschaft bezweckt. Zum Einen sollen volkswirtschaftlich gewünschte Restrukturierungen nicht erschwert werden, zum Anderen übersteigen Pflichtangebote typischerweise die finanziellen Möglichkeiten von Bietern in Sanierungssituationen. Die besonderen Voraussetzungen der Sanierungsbefreiung sind allerdings nachzuweisen und werden von der BaFin teilweise durchaus restriktiv ausgelegt: Zunächst erkennt die BaFin eine Sanierungsbedürftigkeit in Anlehnung an § 322 Abs. 2 S. 3 HGB (§ 322 Abs. 2 S. 2 HGB a. F.) erst bei bestandsgefährdenden Risiken der Zielgesellschaft an, die eine Unternehmensfortführung zumindest als bedroht erscheinen lassen (Jahresbericht der BaFin 2004, S. 209; KölnKommWpÜG/ *Versteegen* § 37 Anh. § 9 AngebVO Rdnr. 18 ff.). Eine bloße Risikolage bei der Bietergesellschaft ist nicht ausreichend. Die Sanierungsbedürftigkeit hat im Zeitpunkt der Entscheidung der BaFin vorzuliegen ist durch Vorlage eines testierten Jahresberichts oder – falls dieser nicht hinreichend aktuell wäre – durch Testat eines Wirtschaftsprüfers nachzuweisen. Daneben muss der Bieter in einem Sanierungskonzept die Ursachen und Maßnahmen zur Bewältigung der Krise darlegen. Dies ist ebenso wie die Sanierungsfähigkeit der Zielgesellschaft in dem Sanierungsgutachten eines Wirtschaftsprüfers, Unternehmensberaters oder Rechtsanwalts nachzuweisen (*Strunk/Salomon/Holst,* Übernahmerecht in Praxis und Wissenschaft, 2009, 1, 37 f.). Die BaFin überprüft das Konzept lediglich auf seine Geeignetheit und Plausibilität; der Erfolg der Maßnahmen ist nicht Gegenstand der Prüfung. Schließlich muss das Sanierungsgutachten Aufschluss über eigene Sanierungsbeiträge des Erwerbers bieten. Die BaFin verlangt wirtschaftlich messbare Beiträge von unverzichtbarer Bedeutung für die Krisenbeseitigung, die neben rein finanziellen Zuwendungen auch in Form von geschäftsspezifischem Know How ergehen können (Jahresbericht der BaFin 2004, S. 209). Beteiligungen Dritter an der Sanierung können die Erfolgsaussichten des Sanierungskonzepts fördern, lassen die Erforderlichkeit eigener Beiträge des Bieters aber nicht entfallen (vgl. etwa BaFin, Entsch. Unister/ Travel24.com v. 26. 8. 2009, S. 16; kritisch *Stadler* NZI 2010, 44, 45 f.). Der bloße Erwerb bestehender Anteile durch den Bieter genügt diesen Anforderungen im Regelfall nicht. Im Übrigen müssen die Beiträge konkret bezeichnet und rechtlich verbindlich zugesagt werden (KölnKommWpÜG/*Versteegen* § 37 Anh. § 9 AngebVO Rdnr. 22).

Da die Zusammenstellung der umfangreichen Unterlagen erhebliche Zeit beanspruchen kann, ist – auch vor dem Hintergrund der siebentägigen Frist des § 8 S. 2 WpÜG-AngebVO – zunächst die Stellung eines Antrags mit den Mindestangaben des § 10 WpÜG-AngebVO zulässig (*Hasselbach/Hoffmann* DB 2009, 327). Die Antragsunterlagen, die gemäß § 11 WpÜG-AngebVO an sich unverzüglich einzureichen sind, müssen in diesem Fall in einer angemessenen Frist nachgereicht werden (§ 12 WpÜG-AngebVO). Sofern der Aktienerwerb treuhänderisch erfolgt, sollte der Treuhandvertrag bei Antragstellung bereits vorliegen, da er wichtige Kriterien für die Befreiung enthält. Dabei ist es zulässig, die Anteilsübertragung unter der aufschiebenden Bedingung der Bewilligung der Sanierungsbefreiung vorzunehmen, vgl. § 158 Abs. 1 BGB (*Stadler* NZI 2010, 44, 48).

Die positive Bescheidung durch die BaFin befreit den Erwerber dauerhaft von seinen Pflichten nach § 35 WpÜG. Das gilt auch nach Abschluss einer erfolgreichen Sanierung und auch bei späterem Ausbau der Beteiligung bzw. bei Zurechnung weiterer Aktien (Baums/Thoma/*Hecker* § 37 Rdnr. 92; *Kocher* ZInsO 2010, 2125, 2128 f.).

VI. Bekanntmachungen nach WpÜG

1. Veröffentlichung der Kontrollerlangung über die Zielgesellschaft nach § 35 Abs. 1 i.V.m. 10 Abs. 3 WpÜG[1]

Bieterin:
...... [Name/Firma]
...... [Adresse]
eingetragen im Handelsregister des Amtsgerichts ...... unter HRB ......

Zielgesellschaft:
...... [Firma]
...... [Adresse]
eingetragen im Handelsregister des Amtsgerichts ...... unter HRB ......
Inhaberaktien: WKN ...... / ISIN ......

Angaben der Bieterin:
Die Bieterin hat am ...... [Datum] durch den Zukauf weiterer Aktien [ggf: durch die Ausübung einer Option] die Kontrolle gemäß § 35 Abs. 1 i.V.m. § 29 Abs. 2 über die [Zielgesellschaft] mit Sitz in ...... erlangt.

Zum ...... [Datum] verfügt die Bieterin über insgesamt ...... Stückaktien von insgesamt ...... Aktien der [Zielgesellschaft]. Dies entspricht ......% der Stimmrechte an der Zielgesellschaft. [Ggf: Davon war der Bieterin ein Stimmrechtsanteil in Höhe von ......% gemäß § 30...... WpÜG und ein Stimmrechtsanteil in Höhe von ......% WpÜG gemäß § 30...... WpÜG zuzurechnen.] [Ggf: Über den oben genannten Stimmrechtsanteil hinaus hält die Bieterin keine weiteren gemäß § 30 WpÜG zuzurechnenden Stimmrechte an der Zielgesellschaft.][2]

Mit dem vorgenannten Eigentumserwerb von Aktien der [Zielgesellschaft] [ggf: Mit der vorgenannten Ausübung von Finanzinstrumenten] durch die Bieterin hat (haben) auch folgende Person(en) infolge Stimmrechtszurechnung nach § 30...... WpÜG mittelbar die Kontrolle über die [Zielgesellschaft] erlangt:
1. ...... [Name/Firma und Anschrift des mittelbaren Kontrollerwerbers]
[Mittelbarer Kontrollerwerber] hält unmittelbar keine Aktien der Zielgesellschaft, ihm werden aber die Stimmrechte der Bieterin aus ...... Stückaktien, mithin Stimmrechte in Höhe von ......% an der Zielgesellschaft nach § 30...... WpÜG zugerechnet.
2. ......
Diese Veröffentlichung gemäß § 35 Abs. 1 i.V.m. 10 Abs. 3 WpÜG erfolgt daher auch im Namen der vorstehend unter Ziffer 1 bis ...... genannten Personen.

Die Bieterin wird nach Gestattung der Veröffentlichung der Angebotsunterlage durch die Bundesanstalt für Finanzdienstleistungsaufsicht gegenüber allen Aktionären gemäß § 35 Abs. 2 WpÜG ein Pflichtangebot auf den Erwerb sämtlicher Inhaberaktien der [Zielgesellschaft] abgeben. Diese Angebotsunterlage wird im Internet unter www. ...... veröffentlicht.[3]

Die Bieterin wird mit der Durchführung des Pflichtangebots auch die aus § 35 WpÜG resultierenden Verpflichtungen der vorstehend unter Ziffer 1 bis ...... genannten Personen erfüllen. Diese werden daher kein gesondertes Pflichtangebot für die Aktien der [Zielgesellschaft] veröffentlichen.

E.VI.2

Wichtige Informationen:
Diese Bekanntmachung ist weder ein Angebot zum Kauf noch eine Aufforderung zur Abgabe eines Angebots zum Verkauf von Aktien der [Zielgesellschaft]. Inhabern von Aktien der [Zielgesellschaft] wird dringend empfohlen, die Angebotsunterlage sowie alle sonstigen im Zusammenhang mit dem Angebot stehenden Dokumente zu lesen, sobald diese bekannt gemacht worden sind, da sie wichtige Informationen enthalten werden.[4]

......, den ......[5]

...... [Name/Firma und Anschrift des Bieters] Geschäftsführung

Anmerkungen

1. Wahl des Formulars. Das Muster behandelt den Fall einer Veröffentlichung des Kontrollerwerbs nach § 35 Abs. 1 des Wertpapiererwerbs- und Übernahmegesetzes (WpÜG). Die Art und Weise der Veröffentlichung folgt den Vorgaben, die für die Veröffentlichung der Entscheidung zur Abgabe eines Übernahmeangebotes gelten (Begr. RegE BT-Drucksache 14/7034, Seite 59). § 35 Abs. 1 S. 1 WpÜG verweist auf § 10 Abs. 3 S. 1 und 2 WpÜG; i. ü. gelten nach § 35 Abs. 1 S. 4 WpÜG § 10 Abs. 2, 3 S. 3 und Abs. 4 bis 6 WpÜG entsprechend. Auch die Veröffentlichung über den Kontrollerwerb wird in der Praxis häufig durch die Deutsche Gesellschaft für Ad hoc-Publizität mbH (DGAP) veranlasst (vgl. http://www.dgap.de). Vgl. dazu Anm. 1 zum Muster über die Entscheidung zur Abgabe eines Übernahmeangebotes (E. II.3).

2. Stimmrechtsanteil. Die Bieterin hat in der Veröffentlichung den aktuellen Stimmrechtsanteil anzugeben (§ 35 Abs. 1 S. 1 WpÜG). Nach § 35 Abs. 1 S. 3 WpÜG sind auch die nach § 30 WpÜG zuzurechnenden Stimmrechte für jeden Zurechnungstatbestand getrennt aufzuführen. Auch wenn § 35 Abs. 1 S. 1 WpÜG es nicht ausdrücklich fordert, sollte neben der Höhe des Stimmrechtsanteils auch die absolute Anzahl der Aktien im Eigentum der Bieterin genannt werden (Haarmann/Schüppen/*Hommelhoff/Witt* § 35 Rdnr. 76). Dagegen ist die namentliche Nennung der Dritten, deren Stimmrechte nach § 30 WpÜG der Bieterin zugerechnet werden, nicht erforderlich (KölnKommWpÜG/*Hasselbach* § 35 Rdnr. 153).

3. Angabe der Internetadresse. Die Bieterin ist nach § 35 Abs. 1 S. 4 i. V.m. § 10 Abs. 3 S. 2 WpÜG verpflichtet, in der Veröffentlichung die Adresse anzugeben, unter der die Veröffentlichung der Angebotsunterlage im Internet nach § 14 Abs. 3 S. 1 Nr. 1 WpÜG erfolgen wird.

4. Angebotshintergrund/weitere Angaben. Die Bieterin ist nach § 35 Abs. 1 S. 4 i.V.m. § 10 Abs. 1 WpÜG nicht verpflichtet, zugleich Art und Höhe der Gegenleistung zu veröffentlichen, die sie anzubieten beabsichtigt. Vgl. in diesem Zusammenhang auch Anm. 4 zum Muster über die Entscheidung zur Abgabe eines Übernahmeangebotes (E. II.3). Im Interesse der Markttransparenz sollten gestellte Nichtberücksichtigungsanträge nach §§ 20 Abs. 1 oder 36 WpÜG und Befreiungsanträge nach § 37 WpÜG bzw. die Absicht, entsprechende Anträge zu stellen, in der Veröffentlichung angegeben werden (KölnKommWpÜG/*Hasselbach* § 35 Rdnr. 155).

5. Zeitpunkt der Veröffentlichung. Gemäß § 35 Abs. 1 S. 1 WpÜG muss die Kontrollerlangung unverzüglich, d.h. ohne schuldhaftes Zögern (§ 121 Abs. 1 S. 1 BGB) und in jedem Fall innerhalb von sieben Kalendertagen nach Fristbeginn veröffentlicht werden. Die Frist beginnt nach § 35 Abs. 1 S. 2 WpÜG mit dem Zeitpunkt, zu dem der Bieter Kenntnis davon hat oder nach den Umständen haben musste, dass er die Kontrolle über die Zielgesellschaft erlangt hat. Zu den Details vgl. Assmann/*Pötzsch*/Uwe H. Schneider/*Krause* § 35 Rdnr. 168 ff.

2. Bekanntmachung gemäß § 23 WpÜG

Die ...... [Bieterin] („Bieterin") hat am ...... die Angebotsunterlage für ihr Pflichtangebot an die Aktionäre der ...... [Zielgesellschaft] („Zielgesellschaft") zum Erwerb der von ihnen gehaltenen Aktien – WKN ......, ISIN DE...... („Zielgesellschaft-Aktien") – gegen

Zahlung einer Gegenleistung von ...... je Aktie veröffentlicht. Die Frist für die Annahme dieses Pflichtangebots endet am ...... , 24:00 Uhr, soweit sie nicht nach den gesetzlichen Bestimmungen des WpÜG verlängert wird.

Bis zum ......, 15:30 Uhr, („Meldestichtag") ist das Pflichtangebot der ...... [Bieterin] für insgesamt ...... Zielgesellschaft-Aktien angenommen worden. Das entspricht einem Anteil von ......% des Grundkapitals und der Stimmrechte der Zielgesellschaft.

Darüber hinaus hat die ...... [Bieterin] am ...... über die Börse ...... Zielgesellschaft-Aktien erworben. Das entspricht einem Anteil von ......% des Grundkapitals und der Stimmrechte der Zielgesellschaft. Der Erwerb erfolgte zu einem Preis von ...... EUR je Stückaktie.

Zum Meldestichtag hielt die ...... [Bieterin] insgesamt ...... Stückaktien der ...... [Zielgesellschaft]. Dies entspricht einem Anteil am Grundkapital und einem Anteil von ......% der Stimmrechte der ...... [Zielgesellschaft]. Darüber hinaus hielt die ...... [Tochtergesellschaft] als mit der ...... [Bieterin] gemäß § 2 Abs. 5 S. 2 WpÜG gemeinsam handelnde Person ...... Aktien. Dies entspricht einem Anteil am Grundkapital und einem Anteil von ......% der Stimmrechte. Diese Stimmrechte sind der ...... [Bieterin] ebenfalls über § 30 Abs. 1 Nr. 1 WpÜG zuzurechnen.

Die Gesamtzahl der Zielgesellschaft-Aktien, für die das vorgenannte Pflichtangebot bis zum Meldestichtag wirksam angenommen worden ist, zuzüglich der Gesamtzahl der Zielgesellschaft-Aktien, die im selben Zeitraum über die Börse erworben worden ist, zuzüglich der Gesamtzahl der Zielgesellschaft-Aktien, die gegenwärtig von der ...... [Bieterin] gehalten werden oder deren Stimmrechte der ...... [Bieterin] gemäß § 30 WpÜG zuzurechnen sind, beläuft sich folglich auf ...... Zielgesellschaft-Aktien und entspricht somit ......% des Grundkapitals und der Stimmrechte der Zielgesellschaft.

......, den ......

...... [Name/Firma und Anschrift des Bieters] Geschäftsführung

Anmerkungen

1. Überblick. § 23 WpÜG regelt Veröffentlichungspflichten während der Zeit nach Abgabe des Angebots. Die Veröffentlichungs- und Mitteilungspflicht des § 23 Abs. 1 WpÜG über den Erfolg des vorgelegten Angebots – auch Wasserstandsmeldung genannt – dient in erster Linie dem Schutz der Aktionäre der Zielgesellschaft und gilt für jede Art von öffentlichen Angeboten. Da diese Aktionäre i.d.R. nicht miteinander kommunizieren können, geraten sie leicht in einen Entscheidungskonflikt, der dazu führen könnte, auch ein unangemessenes (aber rechtmäßiges) Angebot anzunehmen, um zu vermeiden, nach ggf. erfolgreichem Angebot als Minderheitsaktionär in der Gesellschaft zu verbleiben und möglicherweise größere Nachteile zu erleiden (prisoners' dilemma; vgl. ausführlich Baums/Thoma/*Diekmann* § 23 Rdnr. 2 f.). Darüber hinaus informieren die Wasserstandsmeldungen auch die Zielgesellschaft sowie den Kapitalmarkt insgesamt periodisch über den Erfolg des Angebots, ohne dass indes andere Kapitalmarktinformationspflichten wie die Ad hoc-Meldung nach § 15 WpHG und Mitteilungs- und Veröffentlichungspflichten nach §§ 21 ff. WpHG obsolet würden (Assmann/Pötzsch/Uwe H. Schneider/*Assmann* § 23 Rdnr. 51). § 23 Abs. 1 S. 1 WpÜG enthält für die Zeit nach Veröffentlichung der Angebotsunterlage in Nr. 1 eine periodische sowie in Nr. 2 bis 4 anlassabhängige Veröffentlichungspflichten.

Die Veröffentlichungs- und Mitteilungspflicht unter weitergehenden Angaben im Falle von Erwerbsvorgängen der Bieterin außerhalb des Angebotsverfahrens nach Abs. 2 gilt nur für Übernahme- und Pflichtangebote (zu Abs. 2 ausführlich unter Anm. 3).

2. Inhalt. Inhaltlich ist die Veröffentlichung in zwei Abschnitte geteilt: Zum einen hat die Bieterin die aktuelle Höhe ihres gesamten Wertpapier- und Stimmrechtsbestands mitzuteilen und zu veröffentlichen. Hiermit werden die Wertpapierinhaber umfassend über die Beteili-

gungsverhältnisse der Gesellschaft informiert. Dieser Teil umfasst folgende getrennt auszuweisende Angaben:
- Anzahl sämtlicher der Bieterin zustehenden Wertpapiere der Zielgesellschaft und der damit verbundene Anteil am Grundkapital der Zielgesellschaft;
- Anzahl sämtlicher der den mit der Bieterin gemeinsam handelnden Personen (vgl. § 2 Abs. 5 WpÜG) zustehenden Wertpapiere der Zielgesellschaft und der damit verbundene Anteil am Grundkapital der Zielgesellschaft;
- Anzahl sämtlicher Wertpapiere der Zielgesellschaft, die den Tochterunternehmen der mit der Bieterin gemeinsam handelnden Personen zustehen, sowie der damit verbundene Anteil am Grundkapital der Gesellschaft;
- Stimmrechtsanteil aus den der Bieterin zustehenden Wertpapieren;
- Stimmrechtsanteil der der Bieterin nach § 30 WpÜG zuzurechnenden Stimmrechte.

Für diesen ersten Teil der Veröffentlichung ist die Angabe der Anzahl sämtlicher der Bieterin, der mit ihr gemeinsam handelnden Personen und deren Tochterunternehmen jeweils zustehenden Wertpapiere der Zielgesellschaft gefordert. Die Angaben dürfen sich also nicht auf die Wertpapiere beschränken, die Gegenstand des Angebots sind, sondern erfassen alle Wertpapiere i. S. d. § 2 Abs. 2 WpÜG (Assmann/Pötzsch/Uwe H. Schneider/*Assmann* § 23 Rdnr. 9). Welche Wertpapiere dem jeweils Benannten „zustehen", richtet sich nach der dinglichen Rechtslage. Zusätzlich werden jedoch Wertpapiere einbezogen, die Gegenstand von Vereinbarungen sind, denen zufolge die Übereignung von Wertpapieren der Zielgesellschaft verlangt werden kann; § 31 Abs. 6 WpÜG ist gemäß § 23 Abs. 1 S. 2 WpÜG entsprechend anwendbar. Mit der Ausweisung der „Höhe der jeweiligen Anteile" ist der Anteil am Grundkapital der Zielgesellschaft gemeint (vgl. Assmann/Pötzsch/Uwe H. Schneider/*Assmann* § 23 Rdnr. 8 ff., 13 f.). Außerdem hat die Bieterin den ihr zustehenden Stimmrechtsanteil und – mit diesem nicht zusammenzurechnen – die ihr nach § 30 WpÜG zuzurechnenden Stimmrechtsanteile anzugeben; beide Werte dürfen nicht addiert werden, sondern sind getrennt auszuweisen. Eine Dreiteilung nach Bieterin, mit ihr gemeinsam handelnden Personen sowie deren Tochterunternehmen ist hinsichtlich der Stimmrechtsanteile nicht gefordert. Auch eine Aufschlüsselung der Zurechnung derart, dass die auf den jeweiligen Tatbestand entfallenden Stimmrechtsanteile genannt werden, ist nicht erforderlich (Assmann/Uwe H. Schneider/Pötzsch/ *Assmann* § 23 Rdnr. 6, 15 f.). Die Angabe der der Bieterin zuzurechnenden Stimmanteile kann sich mit der Angabe der den mit der Bieterin gemeinsam handelnden Personen zustehenden Anteilen überschneiden, dies gilt insbesondere, wenn etwa ein Tochterunternehmen der Bieterin ebenfalls an der Zielgesellschaft beteiligt ist (Haarmann/Schüppen/*Schröder* § 23 Rdnr. 17 f.). Das Formular verdeutlicht diese Konstellation aus Gründen der Übersichtlichkeit (vgl. „ebenfalls").

Getrennt von diesen Angaben ist als zweiter Teil der Veröffentlichung die sich aus den der Bieterin zugegangenen Annahmeerklärungen ergebende Anzahl der Wertpapiere einschließlich der Höhe der Wertpapier- und Stimmrechtsanteile anzugeben; hiermit wird die Akzeptanz des Angebots dargestellt. Diese Informationen stehen im ersten Absatz des Formulars; sie müssen Folgendes umfassen:
- Anzahl der Wertpapiere aus den der Bieterin zugegangenen Annahmeerklärungen;
- Anteil der Wertpapiere aus den der Bieterin zugegangenen Annahmeerklärungen am Grundkapital der Zielgesellschaft;
- Anteil der Stimmrechte aus den der Bieterin zugegangenen Annahmeerklärungen an allen Stimmrechten der Zielgesellschaft.

3. Zusätzlicher Inhalt nach § 23 Abs. 2 WpÜG. Die grds. eigenständige Veröffentlichungspflicht nach Abs. 2 dient dazu, den Anteilsinhabern, die das Übernahme- oder Pflichtangebot angenommen haben, die Geltendmachung von Ansprüchen nach § 31 Abs. 4 und 5 WpÜG zu erleichtern, wenn also die Bieterin außerhalb des Angebotsverfahrens Aktienkäufe vornimmt. Da derlei Ansprüche unabhängig von dem Erreichen der Kontrolle im Rahmen eines Übernahmeangebots entstehen können, wird für eine über den Wortlaut hinausgehende Anwendung des Abs. 2 auch in diesen Fällen plädiert, sofern das Übernahmeangebot nicht ohnehin am Nichterreichen einer als Bedingung gestellten Mindestannahmequote scheitert (Baums/

Thoma/*Diekmann* § 23 Rdnr. 59). Diese Erweiterung ist freilich mit Blick auf die wegen der Bußgeldbewehrung der Veröffentlichungspflicht geltende Auslegungsgrenze des hier eindeutigen Wortlauts nicht unproblematisch (vgl. Art. 103 Abs. 2 GG).

Ein Erwerb „außerhalb des Angebotsverfahrens" bedeutet, dass sich der Erwerb entweder während eines Übernahme- oder Pflichtangebots nicht aufgrund des Angebots vollzieht, oder dass der Erwerb innerhalb eines Jahres nach der Veröffentlichung gemäß § 23 Abs. 1 S. 1 Nr. 2 WpÜG erfolgt (Steinmeyer/Häger/*Steinhardt* § 23 Rdnr. 31). Dem Zweck der Vorschrift entsprechend hat die Bieterin nicht nur die Höhe der erworbenen Aktien- (nicht: Wertpapiere!) und Stimmrechtsanteile, sondern auch die Art und Höhe der für jeden Anteil gewährten Gegenleistung publik zu machen. Die Angabe der Anzahl der erworbenen Aktien ist gesetzlich nicht gefordert, empfiehlt sich aber aus Gründen der Klarheit (Steinmeyer/Häger/*Steinhardt* § 23 Rdnr. 29). Vgl. im Einzelnen hierzu ausführlich Baums/Thoma/*Diekmann* § 23 Rdnr. 59 ff.

Die Veröffentlichungspflichten nach Abs. 1 und Abs. 2 können sich aufgrund ihres zeitlichen Anwendungsbereichs überschneiden. In diesen Fällen kann beiden Pflichten – wie im Formular durch den dritten Absatz aufgezeigt – innerhalb einer Veröffentlichung nachgekommen werden (Baums/Thoma/*Diekmann* § 23 Rdnr. 69).

4. Zeitpunkt der jeweiligen Veröffentlichung. Die Wochenfrist für die Veröffentlichung nach Abs. 1 S. 1 Nr. 1 berechnet sich nach allgemein zivilrechtlichen Regelungen (§§ 188, 193 BGB); mit der täglichen Veröffentlichungspflicht ist eine börsentäglich und nicht eine kalendertägliche Veröffentlichung gemeint (h. M.; vgl. nur Baums/Thoma/*Diekmann* § 23 Rdnr. 53; a. A. Steinmeyer/Häger/*Steinhardt* § 23 Rdnr. 21 jeweils m. w. N.). Für die Tatbestände des Abs. 1 S. 1 Nr. 2 bis 4 bedeutet unverzüglich ohne schuldhaftes Zögern (vgl. § 121 Abs. 1 S. 1 BGB).

5. Art und Weise der Veröffentlichung und Mitteilung. Diesbezüglich verweisen § 23 Abs. 1 S. 1 a. E. und S. 2 WpÜG auf die entsprechenden Vorschriften für die Angebotsunterlage nach § 14 Abs. 3 WpÜG; insofern sei auch hier auf Form. E. II.4 Anm. 31 verwiesen.

6. Rechtsfolgen bei Pflichtverletzung. Die Verletzung der Pflichten aus § 23 WpÜG kann sowohl ordnungs- als auch zivilrechtliche Konsequenzen haben. Zunächst kann eine Verletzung als Ordnungswidrigkeit mit einer Geldbuße belegt werden, § 60 Abs. 1 Nr. 1 b) Var. 2 sowie Nr. 5 WpÜG. Als Missstand i. S. d. § 4 Abs. 1 S. 2 WpÜG kann die BaFin einer Verletzung der Pflichten aus § 23 WpÜG durch eine Anordnung nach § 4 Abs. 1 S. 3 WpÜG begegnen; insbesondere kann auf dieser Grundlage eine Selbstvornahme der Veröffentlichung durch die BaFin geschehen (vgl. Steinmeyer/Häger/*Steinhardt* § 23 Rdnr. 39).

Eine über § 826 BGB und § 823 Abs. 2 BGB i. V. m. § 263 StGB hinausgehende zivilrechtliche Haftung nach § 823 Abs. 2 i. V. m. § 23 WpÜG ist umstritten und wird überwiegend aufgrund eines fehlenden Schutzgesetzcharakters der Norm abgelehnt (so Steinmeyer/Häger/*Steinhardt* § 23 Rdnr. 40 f.; Assmann/Pötzsch/Uwe H. Schneider/*Assmann* § 23 Rdnr. 50; Haarmann/Schüppen/*Schüppen/Schweitzer* § 23 Rdnr. 8; a. A. Baums/Thoma/*Diekmann* § 23 Rdnr. 77; KölnKommWpÜG/*Möllers* § 23 Rdnr. 106).

Ob bei einer Verletzung der Pflichten aus § 23 WpÜG eine Haftung nach § 12 WpÜG gegeben sein kann, ist ebenso streitig (zum Streitstand vgl. Steinmeyer/Häger/*Steinhardt* § 23 Rdnr. 42 sowie Baums/Thoma/*Diekmann* § 23 Rdnr. 74 ff.).

Teil F. Beteiligungs- und Unternehmenserwerb im Wege der Kapitalerhöhung

I. Sachkapitalerhöhung GmbH

1. Gesellschafterbeschluss einer GmbH, Kapitalerhöhung gegen gemischte Sacheinlage (Zielunternehmen hier: GmbH & Co. KG)[1]

UR-Nr. ....../......

Verhandelt zu ...... am ......
Vor mir, dem unterzeichnenden Notar ......
mit dem Amtssitz in ......, ...,
erschienen in meinen Amtsräumen:

1. Herr ......,
   geboren am ......,
   wohnhaft: ......,
   ausgewiesen durch : ......,
   handelnd nicht für sich selbst, sondern als Vertreter für
   Herrn A, Anschrift: ......, ...,
   aufgrund privatschriftlicher Vollmacht vom ......, von der diesem Protokoll eine Ablichtung, deren Übereinstimmung mit dem bei Beurkundung vorgelegten Original hiermit beglaubigt wird, beigefügt ist;

2. Frau ......,
   geboren am ......,
   geschäftsansässig: ......, ...,
   ausgewiesen durch: ......,
   handelnd nicht für sich selbst, sondern als einzelvertretungsberechtigte Geschäftsführerin der im Handelsregister des Amtsgerichts Hamburg unter Nr. HR B ...... eingetragenen Gesellschaft mit beschränkter Haftung in Firma
   B-GmbH mit Sitz in ......, Anschrift wie die Ersch. zu 2;
   vorstehende Vertretungsbefugnis bescheinige ich, der Notar, hiermit gemäß § 21 BNotO aufgrund heutiger Einsichtnahme in das Handelsregister ......

Nach Erläuterung des Mitwirkungsverbotes gemäß § 3 Abs. 1 Nr. 7 BeurkG durch den Notar wurde dessen Frage, ob eine Vorbefassung im Sinne dieser Vorschrift vorliege, von den Erschienenen verneint.

Die Erschienenen erklärten zu meinem Protokoll:

Vorbemerkung

Herr A und die B-GmbH sind nach ihrer Angabe mit jeweils voll eingezahlten Geschäftsanteilen (lfd. Nrn. 1 bzw. 2) von je 250.000,– EUR die alleinigen Gesellschafter der im Handelsregister des Amtsgerichts ...... unter Nr. HR B ...... eingetragenen Gesellschaft mit beschränkter Haftung in Firma

F.I.1

I. Sachkapitalerhöhung GmbH

C-GmbH

mit Sitz in ......,
Stammkapital: 500.000,– EUR,
nachstehend auch „Gesellschaft" genannt.

Kapitalerhöhung

Unter Verzicht auf alle Fristen und Formen der Einberufung und Durchführung wird hiermit eine

Gesellschafterversammlung

der Gesellschaft abgehalten und mit allen Stimmen Folgendes beschlossen:

1. Das Stammkapital der Gesellschaft wird von 500.000,– EUR um 100.000,– EUR (in Worten: einhunderttausend Euro) auf 600.000,– EUR (in Worten: sechshunderttausend Euro) durch Ausgabe eines neuen Geschäftsanteils (mit der lfd. Nr. 3)[2] im Nennbetrag von 100.000,– EUR erhöht.
2. Zur Übernahme des neuen Geschäftsanteils im Nennbetrag von 100.000,– EUR wird die Gesellschaft mit beschränkter Haftung in Firma Y-GmbH mit Sitz in ......, eingetragen beim Handelsregister des Amtsgerichts ...... unter Nr. HR B ...... zugelassen.
3. Der neue Geschäftsanteil im Nennbetrag von 100.000,– EUR wird mit einem in die Kapitalrücklage (§ 272 Abs. 2 Nr. 1 HGB) der Gesellschaft einzustellenden Aufgeld in Höhe von 300.000,– EUR ausgegeben, d. h. zu einem Gesamtausgabebetrag von 400.000,– EUR (in Worten: vierhunderttausend Euro)[3].
4. Die Einlage auf den neuen Geschäftsanteil ist nicht in bar, sondern als Sacheinlage dadurch zu leisten, dass die Y-GmbH die von ihr gehaltenen 100%-igen Beteiligungen (zusammen nachfolgend auch: die „Beteiligungen") an der Kommanditgesellschaft in Firma Z-GmbH & Co. KG sowie an deren alleiniger Komplementärin, der Z-Verwaltungs GmbH, beide mit Sitz in ......, in die Gesellschaft einbringt und an diese abtritt, namentlich:
   4.1. ihren Kommanditanteil in Höhe von ...... EUR an der im Handelsregister des Amtsgerichts ...... unter Nr. HR A ...... eingetragenen Z-GmbH & Co. KG (wobei etwaige Guthaben der Y-GmbH auf Darlehenskonto nicht mit eingebracht werden) und
   4.2. ihre Geschäftsanteile (mit den lfd. Nrn. ...... und ......) in Höhe von nominal ...... EUR und ...... EUR an der im Handelsregister des Amtsgerichts ...... unter Nr. HR B ...... eingetragenen Z-Verwaltungs GmbH.
   Die Einbringung der Beteiligungen soll mit aufschiebender Wirkung auf den Zeitpunkt der Eintragung (i) der Sonderrechtsnachfolge in den vorstehenden Kommanditanteil in das Handelsregister der Z-GmbH & Co. KG und (ii) der Kapitalerhöhung in das Handelsregister der Gesellschaft erfolgen[4].
5. Der Wert der Beteiligungen wird auf insgesamt 900.000,– EUR (in Worten: neunhunderttausend Euro) festgelegt[5,6]. Den Betrag von 500.000,– EUR, um den der festgelegte Wert der Beteiligungen den Gesamtausgabebetrag von 400.000,– EUR übersteigt, vergütet die Gesellschaft an die Y-GmbH in bar binnen ...... Bankarbeitstagen nach Eintragung der Sonderrechtsnachfolge in den vorstehenden Kommanditanteil in das Handelsregister der Z-GmbH & Co. KG *[alternativ: gewährt die Y-GmbH der Gesellschaft als Darlehen zu den folgenden Konditionen: ......]*.
6. Der Gesellschaftsvertrag der Gesellschaft wird in § 3 wie folgt geändert:

„§ 3 Stammkapital

Das Stammkapital der Gesellschaft beträgt 600.000,– EUR.
Es ist vollständig erbracht."

7. Der neue Geschäftsanteil nimmt am Gewinn der Gesellschaft vom Beginn des laufenden Geschäftsjahres an teil.

1. Gesellschaft einer GmbH   F.I.1

[Ggf. weitere Satzungsänderungen (z. B. Änderung des Gegenstandes und/oder der Firma im Zusammenhang mit der Übernahme der Beteiligung, Minderheitenrechte für den in die Gesellschaft aufgenommenen Veräußerer) und sonstige Beschlüsse (z. B. Einräumung von Organstellungen an den Veräußerer bzw. Organe des eingebrachten Unternehmens).]

8. Die Kosten[7] dieser Urkunde und ihres Vollzugs trägt die Gesellschaft.
9. Es werden hiermit bevollmächtigte die Angestellten des amtierenden Notars ......, ... und ......, und zwar jeweils einzeln und unter Befreiung von den Beschränkungen des § 181 BGB und mit dem Recht, Untervollmacht zu erteilen, den vorstehenden Beschluss zu ändern, zu ergänzen und zu wiederholen. Von der vorstehenden Vollmacht darf nur vor dem amtierenden Notar oder seinem Vertreter im Amt Gebrauch gemacht werden.

Vorgelesen, genehmigt und unterschrieben
......
[Unterschriften der Beteiligten]

Anmerkungen

1. Sachverhalt; gemischte Sacheinlage. Das Formular enthält den Kapitalerhöhungsbeschluss (zur Möglichkeit der – hier nicht vorgesehenen – Mitbeurkundung von Übernahmeerklärung und Einbringungsvertrag s. Form. F.I.2 Anm. 2) betreffend den Erwerb der von der Y-GmbH (als Inferentin) gehaltenen Anteile an der Z-GmbH & Co. KG (einschließlich deren Komplementärin) durch die von A und der B-GmbH (als Altgesellschaftern) gehaltene C-GmbH im Wege der – missverständlich – sog. „gemischten Sacheinlage" (s. Baumbach/*Hueck*/*Fastrich* § 5 Rdnr. 20; Baumbach/Hueck/*Zöllner* § 56 Rdnr. 2; Lutter/Hommelhoff/*Bayer* § 5 Rdnr. 9; MünchKommGmbHG/*Märtens* § 5 Rdnr. 208 ff.; Ulmer/*Ulmer* § 5 Rdnr. 118; Scholz/Winter/*H. P. Westermann* § 5 Rdnr. 81 ff.). Charakteristisch für diese Gestaltung ist, dass der **Wert des** im Wege der Sachkapitalerhöhung in das Erwerberunternehmen **einzulegenden Gegenstandes** (hier: des Zielunternehmens) den **Ausgabebetrag des neuen Geschäftsanteils (d.h. dessen Nennwert zzgl. etwaiges Aufgeld) übersteigt** und der **übersteigende Wert ganz oder** (so das Formular) **teilweise vergütet** wird. Die Vergütung kann in Geld oder durch Gutschrift als Gesellschafterdarlehen erfolgen. Die gemischte Sacheinlage ist i. S. d. Sacherhöhungsrechtes **als einheitlich zu behandeln,** d.h. insbesondere, dass sie gem. §§ 56 a, 7 Abs. 3 GmbHG vor der Anmeldung zum Handelsregister vollständig und nicht etwa nur insoweit, als sie auf den Nennbetrag des neu ausgegebenen Geschäftsanteils anzurechnen ist, zu erbringen und die Vergütung gem. §§ 56 Abs. 2, 19 Abs. 5, 5 Abs. 4 GmbHG in dem Kapitalerhöhungsbeschluss hinreichend klar festzusetzen ist, wobei Bestimmbarkeit genügt (s. Baumbach/*Hueck*/*Fastrich* § 5 Rdnr. 46; Baumbach/Hueck/*Zöllner* § 56 Rdnr. 9; MünchKommGmbHG/*Märtens* § 5 Rdnr. 213; Ulmer/*Ulmer* § 5 Rdnr. 120; Scholz/*Priester* § 56 Rdnr. 78; OLG Stuttgart GmbHR 1982, 109 (Schätzung des zu vergütenden Mehrwerts des einzubringenden Unternehmens)). „Gemischt" ist mithin weniger die einheitliche Einlage selbst als vielmehr deren Zuordnung zu der dem Inferenten hierfür zu gewährenden Gegenleistung (aus neuem Anteil und Vergütung). Die (so verstandene) gemischte Sacheinlage ist sachlich zu unterscheiden von der (meist) sog. „gemischten Einlage" (auch „Mischeinlage"), bei welcher Sach- und Barkapitalerhöhung in der Weise kombiniert sind, dass der Inferent zur Belegung des Ausgabebetrages des neuen Geschäftsanteils zusätzlich zu der bedungenen Sacheinlage eine bare Zuzahlung erbringt (Baumbach/*Hueck*/*Fastrich* § 5 Rdnr. 20; MünchKommGmbHG/*Märtens* § 5 Rdnr. 216; Ulmer/*Ulmer* § 5 Rdnr. 119; Scholz/Winter/*H. P. Westermann* § 5 Rdnr. 81).

2. Geschäftsanteil, Stammeinlage, Änderungen durch das MoMiG. Durch das Gesetz zur Modernisierung des GmbH-Rechts und zur Bekämpfung von Missbräuchen (MoMiG) vom 28. 10. 2008 (BGBl I, S. 2026) ist die früher im Vordergrund stehende „**Stammeinlage**" (für welche Geschäftsanteile ausgegeben wurden) im Gesetz **begrifflich** ganz **entfallen** und stattdessen der „Geschäftsanteil" in den Vordergrund gerückt, auf den nunmehr nach § 14 GmbHG Einlagen zu leisten sind (zum Hintergrund: Baumbach/*Hueck*/*Fastrich* § 14 Rdnr. 1). Der Begriff „Stammeinlage" sollte daher künftig vermieden werden und durch den „Nennbetrag des Geschäftsanteils" bzw. die hierauf zu leistende Einlage ersetzt werden.

Nach Neufassung des § 5 Abs. 2 S. 2 und Streichung von § 17 GmbHG können nunmehr auch **mehrere Geschäftsanteile** (mit einem auf glatte Euro lautenden Mindestnennbetrag von nur noch 1,– EUR) **an denselben Übernehmer** ausgegeben werden. Dies mag außer in den Fällen, in denen das Stammkapital ohnehin in „kleine Geschäftsanteile" zerlegt ist, z. B. dann von Interesse sein, wenn der Inferent hinsichtlich einzelner der übernommenen Anteile besondere Rechtsverhältnisse eingehen will, etwa Treuhandschaften, Optionen, Verpfändungen etc.) oder wenn er (anders als im Form.) Bar- und Sacheinlagen (d. h. eine gemischte Einlage/Mischeinlage, s. Anm. 1) erbringt und die einzelnen Anteile den verschiedenen Einlagen zuordenbar bleiben sollen.

Die **Zuweisung einer fortlaufenden Nummer der Gesellschafterliste für den neu ausgegebenen Geschäftsanteil** bereits in der Urkunde ist nicht zwingend. Weisen die Gesellschafter in dem Beschluss keine Nummer zu, so obliegt die Nummerierung der für die Ausfertigung der Liste gem. § 40 GmbHG zuständigen Person, d. h. bei einer Kapitalerhöhung regelmäßig (Baumbach/Hueck/*Zöllner*/*Noack* § 40 Rdnr. 54) dem den Beschluss beurkundenden Notar (*Förl* RNotZ 2008, 413; *Tebben* RNotZ 2008, 441; *Wachter* DB 2009, 159). Erfolgt eine Nummerierung durch die Gesellschafter, dürfte der Notar (und in Fällen des § 40 Abs. 1 erst recht die Geschäftsführung) hieran im Zweifel bei Ausfertigung der Gesellschafterliste gebunden sein. Zur Gesellschafterliste vgl. i. ü. Form. F. I. 6.

3. Überpariemission. Das Form. sieht eine Überpariemission in Höhe von 300% vor; erst der über den Ausgabebetrag hinaus gehende Einlagewert ist zu vergüten, während das Aufgeld in die Kapitalrücklage (§ 272 Abs. 2 Nr. 1 HGB) einzustellen ist. Nennbetrag des neuen Geschäftsanteils, Aufgeld und Vergütung bilden die Stellschrauben, über die unter Berücksichtigung der Werte von Erwerber- und Zielunternehmen die künftigen Beteiligungsverhältnisse an dem Erwerberunternehmen zwischen dessen Altgesellschaftern und dem eintretenden Veräußerer adjustiert werden können. Das Form. geht davon aus, dass der Veräußerer eine Minderheitsbeteiligung an dem Erwerber erhalten soll.

4. Einlagenerbringung, aufschiebend bedingte Einlagenleistung. §§ 56 a, 7 Abs. 3 GmbHG verlangen vollständige Bewirkung der Einlage zur freien Verfügung der Geschäftsführung vor Anmeldung zum Handelsregister. Zulässig soll jedenfalls eine **auf den Zeitpunkt der Eintragung der Kapitalerhöhung im Register der kapitalerhöhenden GmbH aufschiebend bedingte Einlageleistung** sein (Lutter/Hommelhoff/*Bayer* § 7 Rdnr. 26; Lutter/Hommelhoff/*Lutter* § 56 a Rdnr. 3). Denn hier handelt es sich letztlich um eine Rechtsbedingung, bei welcher der eintragende Registerrichter die Kapitalaufbringung selbst kontrollieren kann. Diese Gestaltung ist auch grundsätzlich empfehlenswert, weil sie dem Einbringenden bei Scheitern der Kapitalerhöhung seine Einlage erhält und kosten- und u. U. konfliktträchtige Rückübertragungsmaßnahmen erübrigt.

Bei der im Form. vorgesehenen Einlage eines KG-Anteils empfiehlt sich jedoch zur Vermeidung des Haftungsrisikos des Erwerberunternehmens aus § 176 Abs. 2 HGB über die vorstehende aufschiebende Bedingung hinaus eine auf den **Zeitpunkt der Eintragung der Sonderrechtsnachfolge** im Handelsregister der Ziel-KG **aufschiebend bedingte Abtretung** der einzulegenden Kommanditbeteiligung. Ob vor diesem Hintergrund eine durch Einbringungsvertrag zwar bereits vereinbarte, aber mangels Registervollzug bei der KG noch nicht dinglich wirksam gewordene Abtretung der Kommanditbeteiligung für eine Anmeldung der Kapitalerhöhung ausreichend ist oder ob mit der Anmeldung der Kapitalerhöhung bis zur Eintragung bei der KG gewartet werden muss (was regelmäßig dem Interesse des Inferenten widersprechen dürfte – jedenfalls wenn er nicht über die weitere aufschiebende Bedingung der Eintragung der Kapitalerhöhung gegen sein Vorleistungsrisiko geschützt ist –), ist nicht geklärt (aufschiebende Bedingungen generell zulassend: BGH GmbHR 1959, 94 (Anm. *Pleyer*); a. A. Ulmer/*Ulmer* § 7 Rdnr. 61; Scholz/*Winter*/*Veil* § 7 Rdnr. 39; speziell zu aufschiebend auf die Eintragung abge-

1. Gesellschaft einer GmbH   F.I.1

tretenen KG-Anteilen: MünchKommGmbHG/*Schaub* § 7 Rdnr. 90). Bei Grundstücksübertragungen sollen nach wohl h. M. Auflassung, Eintragungsbewilligung sowie rangwahrender Umschreibungsantrag und (bzw. sogar oder) Eintragung der Vormerkung als Einlagenerbringung genügen (s. Baumbach/*Hueck*/*Fastrich* § 7 Rdnr. 14; Lutter/Hommelhoff/*Bayer* § 7 Rdnr. 17; Lutter/Hommelhoff/*Lutter* § 56a Rdnr. 3; MünchKommGmbHG/*Schaub* § 7 Rdnr. 91; Ulmer/*Ulmer* § 7 Rdnr. 51; Scholz/*Priester* § 56a Rdnr. 7, 31; a. A. Scholz/*Winter*/ *Veil* § 7 Rdnr. 40), so dass die Dauer des Eintragungsverfahrens die Kapitalerhöhung nicht aufhalten muss. Inwieweit dies auf die Situation bei aufschiebend bedingt abgetretenen KG-Anteilen übertragen werden kann, ist offen.

Die im Form vorgesehene **Kombination der aufschiebenden Bedingungen** der Eintragung der Sonderrechtsnachfolge bei der KG und der Kapitalerhöhung bei der Erwerber-GmbH führt jedenfalls durch die Involvierung zweier verschiedener Handelsregister zu einer schwer auflösbaren Komplikation, die bei der Gestaltung zu bedenken ist: Denn im Falle der Eintragung bei der KG vor der Eintragung bei der GmbH wäre der Rechtsübergang bei der KG schon verlautbart, obwohl die zweite Bedingung hierfür noch nicht eingetreten ist. Umgekehrt hinge eine Eintragung der Kapitalerhöhung bei der GmbH vor Eintragung der Sonderechtsnachfolge bei der KG von der Bejahung der Frage ab, ob die Einlage denn schon hinreichend erbracht ist. Auflösbar ist dieses Dilemma entweder dadurch, dass (i) *hinsichtlich der GmbH*: (x) das Register der GmbH die Kapitalerhöhung schon aufgrund der schuldrechtlich vorgezogenen Einbringung einträgt und nicht von der eher technisch bedingten Eintragung der Sonderrechtsnachfolge bei der KG abhängig macht (hierzu schon soeben) oder aber (y) mit der Eintragung bei der GmbH auf die Eintragung bei der KG gewartet wird, oder dadurch, dass (ii) *hinsichtlich der KG*: zum Register der KG die Sonderrechtsnachfolge ohne Rücksicht auf die weitere aufschiebende Bedingung angemeldet und eingetragen und die zeitweise materielle Unrichtigkeit der Eintragung der Sonderrechtsnachfolge vor Eintragung der Kapitalerhöhung bei der GmbH in Kauf genommen wird. Idealerweise treffen beide Wege zusammen (vgl. auch Form. F.I.7 Anm. 2). Selbst wenn die aufschiebende Bedingung auf diejenige der Eintragung der Sonderrechtsnachfolge beschränkt ist, und erst recht im obigen Kombinationsfall, sollte **Abstimmung mit dem Registergericht** gesucht werden, ob (i) dem Schutzzweck von § 7 Abs. 3 GmbHG nur dadurch genügt werden kann, dass die Anmeldung zur GmbH (oder auch nur deren Vollzug) von der vorherigen Eintragung bei der KG abhängig zu machen ist, oder ob – entsprechend der Erleichterung bei Grundstücken – schon auf den ggf. früheren schuldrechtlichen Übertragungsstichtag und die bloße Einreichung der Anmeldung der Sonderrechtsnachtsfolge abgestellt werden kann und ob ggf. (ii) bei sofortiger Anmeldung zur GmbH die auf den Zeitpunkt der Einreichung der Registeranmeldung (s. Form. F.I.5 Anm. 4) abzugebende Versicherung der Geschäftsführung der **endgültig freien Verfügbarkeit** über den (bei Anmeldung zivilrechtlich ggf. noch nicht übergegangenen) Einlagegegenstand modifiziert werden muss (a. A. offenbar Lutter/Hommelhoff/*Bayer* § 7 Rdnr. 26, jedoch nur für den einfachen Fall der aufschiebenden Bedingung der Eintragung der Kapitalerhöhung).

5. Bewertung des Zielunternehmens. Das Form. geht davon aus, dass der Wert des Zielunternehmens und damit der zu vergütende Betrag zuvor zwischen den Beteiligten vereinbart wurde. Möglich ist z. B. auch eine Regelung, wonach die Vergütung erst durch eine noch durchzuführende Unternehmensbewertung bestimmt wird (Baumbach/*Hueck*/*Fastrich* § 5 Rdnr. 20 m. w. N.; Scholz/*Winter*/*H. P. Westermann* § 5 Rdnr. 83). Diese muss aber vor Anmeldung zum Handelsregister abgeschlossen sein, um dem Register anhand der dann hierzu zusätzlich einzureichenden Unterlagen eine Nachprüfung zu ermöglichen (vgl. Scholz/*Winter*/ *H. P. Westermann* § 5 Rdnr. 83). Soweit die Vergütung z. B. in Abhängigkeit vom Erreichen bestimmter künftiger Ergebnisschwellen variabel gehalten wird ("Earn-out"), muss die Werthaltigkeit unter alternativer Unterstellung des künftigen Erreichens und Verfehlens dieser Schwellen und der sich daraus ergebenden unterschiedlichen Gegenleistungen prüfbar sein. Ein Beurteilungsspielraum bei der Bewertung besteht nicht (Verbot der Überbewertung: vgl. Baumbach/*Hueck*/*Fastrich* § 5 Rdnr. 33; Scholz/*Winter*/*H. P. Westermann* § 5 Rdnr. 56, 57 a. E. unter Hinweis auf die durch die GmbH-Novelle 1980 überholte frühere Rspr. in BGHZ 68, 191, 196). In der im Formular gewählten Gestaltung (Differenzbetrag zwischen

Wert des Einlagegegenstandes und Nennbetrag des neuen Geschäftsanteils wird z. T. vergütet, z. T. als Aufgeld in die Kapitalrücklage eingebracht) muss unter Kapitalaufbringungsgesichtspunkten der **Einlagewert** lediglich die **Summe aus Nennwert des neuen Geschäftsanteils und Vergütung erreichen** (OLG Düsseldorf GmbHR 1996, 214, 215; Baumbach/*Hueck/Fastrich* § 5 Rdnr. 33), während das Aufgeld nur im Verhältnis zwischen Gesellschaft und Inferenten wertmäßig erbracht sein muss. Zulässig ist eine (im Form. nicht angelegte) **bewusste Unterbewertung**, die i. E. zu einer Überpariemission (vgl. Anm. 3) führt, deren bilanzielle Behandlung jedoch str. ist (Ausweis als echtes Agio in der Kapitalrücklage oder Bildung einer stillen Reserve durch Unterbewertung beim Bilanzansatz; vgl. Baumbach/*Hueck/Fastrich* § 5 Rdnr. 33; Scholz/*Winter/H. P. Westermann* § 5 Rdnr. 56; abw. Lutter/Hommelhoff/*Bayer* § 5 Rdnr. 27: willkürliche Bildung stiller Reserven verstoße gegen § 279 HGB).

6. Sacheinlagebericht. Der bei der Sachgründung nach § 5 Abs. 4 S. 2 GmbHG erforderliche Sacheinlagebericht ist bei der Sacherhöhung gesetzlich nicht vorgeschrieben und kann daher von den Gesellschaftern (insbesondere von den dem Beschluss Widersprechenden) nicht verlangt werden (Baumbach/Hueck/*Zöllner* § 56 Rdnr. 17; GmbH-Hdb/*Wälzholz* I Rdnr. 700; Lutter/Hommelhoff/*Lutter* § 56 Rdnr. 7), jedoch wird vielfach eine vergleichbare Darlegungspflicht der Geschäftsführung ggü. dem Registergericht – wohl nur auf dessen Verlangen – angenommen (vgl. Lutter/Hommelhoff/*Lutter* § 56 Rdnr. 7; Baumbach/Hueck/*Zöllner* § 57a Rdnr. 10 (beschränkt auf Einzeldarlegungen)). Wegen der örtlich variierenden Praxis sollten Erforderlichkeit und ggf. Form und Inhalt des Berichts daher mit dem betreffenden Registergericht vorab abgestimmt werden.

7. Kosten und Gebühren. Notar: 20/10 Gebühr nach § 47 KostO, Geschäftswert nach § 39 KostO ist der gesamte Einlagewert (m. a. W.: Erhöhungsbetrag, Aufgeld und Vergütung), ggf. zzgl. Wert der über die Stammkapitalziffererhöhung hinausgehenden Satzungsänderungen und sonstigen Beschlüsse; der Zulassungsbeschluss erhöht den Geschäftswert nicht), Höchstgebühr: 5.000,– EUR (§ 47 S. 2 KostO). Zu den Notargebühren bei Mitbeurkundung der Übernahmeerklärung und des Einbringungsvertrages vgl. Form. F.I.2 Anm. 2. **Register:** Gem. § 79a KostO i. d. F. des Handelsregistergebühren-Neuordnungsgesetzes vom 3. 7. 2004 (BGBl. I, S. 1410) i. V. m. der HRegGebV vom 30. 9. 2004 (BGBl. I, S. 2562, abgedr. bei Korintenberg/*Lappe* Anh. zu §§ 79, 79a KostO) gelten im Anschluss an die jüngere EuGH-Rspr. zur EU-Gesellschaftssteuerrichtlinie und die daran anknüpfende richtlinienkonforme Registerpraxis nunmehr seit 1. 12. 2004 auch qua lege **aufwandsbezogene** Gebühren nach dem der HRegGebV beigefügten Gebührenverzeichnis. Bekanntmachungskosten werden vom Gericht als Auslage erhoben (§ 137 Nr. 5 KostO).

2. Übernahmeerklärung

Übernahmeerklärung[1]

1. Aufgrund des notariell beurkundeten Gesellschafterbeschlusses vom ...... (UR-Nr. ....../...... des Notars ......, ...) ist das Stammkapital der

    C-GmbH

    mit Sitz in ...... und eingetragen im Handelsregister des Amtsgerichts ...... unter Nr. HR B ...... – nachfolgend „Gesellschaft" genannt – von 500.000,– EUR um 100.000,– EUR auf 600.000,– EUR erhöht sowie die Y-GmbH mit Sitz in ......, eingetragen beim Handelsregister des Amtsgerichts ...... unter Nr. HR B ......, zur Übernahme des neu ausgegebenen Geschäftsanteils (mit der lfd. Nr. 3) in Höhe von 100.000,– EUR (in Worten: einhunderttausend Euro) zugelassen worden.
2. Der neue Geschäftsanteil im Nennbetrag von 100.000,– EUR wird mit einem Aufgeld in Höhe von 300.000,– EUR ausgegeben, d. h. zu einem Gesamtausgabebetrag von

2. Übernahmeerklärung F.I.2

400.000,– EUR (in Worten: vierhunderttausend Euro) und ist in Form einer gemischten Sacheinlage *[Grundmuster:]* in der Weise zu erbringen, dass die Y-GmbH
2.1. ihren Kommanditanteil in Höhe von …… EUR an der im Handelsregister des Amtsgerichts …… unter Nr. HR A …… eingetragenen Z-GmbH & Co. KG mit Sitz in …… und
2.2. ihre Geschäftsanteile (mit den lfd. Nrn. …… und ……) in Höhe von nominal …… EUR und …… EUR an der im Handelsregister des Amtsgerichts …… unter Nr. HR B …… eingetragenen Z-Verwaltungs GmbH mit Sitz in …… in die Gesellschaft einbringt und
2.3. in Höhe des den Gesamtausgabebetrag übersteigenden Einlagewertes der vorstehenden Beteiligungen von 500.000,– EUR eine Vergütung in bar erhält *(oder: ein Darlehen an die Gesellschaft gewährt).*
[Alternative zum Grundmuster: …… nach Maßgabe des dieser Erklärung in beglaubigter Abschrift beigesiegelten Kapitalerhöhungsbeschlusses zu erbringen.]
3. Hiermit übernimmt die unterzeichnete Y-GmbH zu den Bedingungen des vorgenannten Gesellschafterbeschlusses den neuen Geschäftsanteil im Nennbetrag von 100.000,– EUR.

……, den ……

……
[Unterschriften von Vertretungsorganen der Y-GmbH]

[Beglaubigungsvermerk[2]]

Anmerkungen

1. Übernahmeerklärung bei Sacheinlage; notwendige Angaben. Über die allg. Angaben nach § 55 GmbHG hinaus muss eine Übernahmeerklärung bei Sacherhöhungen gem. § 56 Abs. 1 S. 2 GmbHG die Festsetzungen des Kapitalerhöhungsbeschlusses über den Einlagegegenstand und den Betrag wiedergeben, mit dem die Einlage auf den neuen Geschäftsanteil angerechnet wird. Bei einer gemischten Sacheinlage ist auch die Vergütungsregelung anzugeben. Die notwendigen Angaben erfolgen am einfachsten (so in der Alternative im Form.) durch Bezugnahme auf den Kapitalerhöhungsbeschluss, der dann jedoch der Übernahmeerklärung gem. § 44 BeurkG beizusiegeln ist (Baumbach/Hueck/*Zöllner* § 56 Rdnr. 16; Ulmer/*Ulmer* § 56 Rdnr. 28); auf die Beifügung kann nicht entsprechend § 13 a BeurkG verzichtet werden. Geschieht dies nicht, so sind die relevanten Festsetzungen des Beschlusses unmittelbar in der Übernahmeerklärung hinreichend zu detaillieren (so im Grundmuster des Form.). Diese Lösung vermeidet Wiederholungen in der Dokumentation und dürfte der praktische Regelfall sein. Schließlich kann die Übernahmeerklärung in der den Kapitalerhöhungsbeschluss enthaltenden Urkunde mitbeurkundet werden; dann genügt in der Übernahmeerklärung der Satz: „Hiermit übernimmt die Y-GmbH den neuen Geschäftsanteil in Höhe von nominal …… EUR zu den in dem vorstehenden Kapitalerhöhungsbeschluss enthaltenen Bedingungen". Eine Mitbeurkundung im Erhöhungsbeschluss führt aber im Regelfall zu erhöhten Notarkosten (Näheres s. Anm. 2).

2. Form, Kosten. Die Übernahmeerklärung bedarf gem. § 55 Abs. 1 GmbHG der **notariellen Beurkundung** *oder* der **notariellen Beglaubigung.** Der Wortlaut wirft die Frage auf, ob mit den Form-Alternativen darauf abgestellt werden soll, dass die notarielle Beglaubigung lediglich eine Mindestform darstellt, welche hinter die Beurkundung zurücktritt, wenn diese nach den allgemeinen Regelungen für ein Verpflichtungsgeschäft zur Übertragung des konkreten Einlagegegenstands vorgeschrieben wäre (z. B. §§ 15 Abs. 4 GmbHG, 311 b Abs. 1 BGB). Gegen ein solches Verständnis spricht aber, dass das Gesetz dann lediglich für die Übernahmeerklärung eine solche „dynamische" Formbestimmung enthielte. Für die Annahme der Übernahmeerklärung durch die Gesellschaft, für die eine Regelung zur Form im Gesetz gänzlich fehlt und die in praxi meist nur konkludent erklärt wird, müsste in den genannten Fällen direkt auf die allgemeinen Regeln zurückgegriffen werden. Gegen deren Geltung für die Übernahmeerklärung spricht im übrigen, dass es sich beim Übernahmevertrag um einen körperschaftlichen und keinen Austauschvertrag handelt (Lutter/Hommelhoff/*Lutter* § 55 Rdnr. 32; Baumbach/Hueck/*Zöllner* § 55 Rdnr. 31; vgl. auch zum Zeichnungsschein bei der AG: *Hüffer* § 185 Rdnr. 7; MünchKommAktG/*Peifer* § 185 Rdnr. 11). So ist denn auch keine Rechtsprechung ersichtlich, wonach eine Übernahmeerklärung oder – folgerichtig – gar ein Übernahmevertrag insgesamt beurkundungspflichtig wäre, nur weil Einlagegegenstand ein GmbH-Geschäftsanteil oder ein Grundstück wäre. Es genügt also in praktischer Hinsicht stets die notarielle Beglaubigung der Übernahmeerklärung. Weiter gehende Formvorschriften sind erst beim Einbringungsvertrag zu beachten; a. A. – allg. Formvorschriften bereits beim Übernahmevertrag anwendbar – Heckschen/Heidinger/*Heidinger* Die GmbH, § 11 Rdnr. 142; Ulmer/*Ulmer* § 56 Rdnr. 29; MünchKommBGB/*Kanzleitner* § 311b Rdnr. 40; eingehend: *Mülbert* AG 2003, 281 ff., 284 f. m. w. N., letzterer räumt jedoch praktische Nichtbeachtung ein und nimmt Heilung insbes. durch den formgerechten Vollzug der Einbringung an (S. 289) – allerdings sollte hierfür schon der formgerechte Abschluss des Einbringungsvertrags genügen, weil dieser den Übernahmevertrag jedenfalls formgerecht bestätigt.

Vollmacht zur Übernahmeerklärung bedarf – anders als Vollmacht zur Fassung des Kapitalerhöhungsbeschlusses – in entspr. Anwendung von § 2 Abs. 2 GmbHG ebenfalls der notariellen Beglaubigung (Baumbach/Hueck/*Zöller* § 55 Rdnr. 32).

Kosten. Bejahung von einlagegegenstandsbezogenen Beurkundungspflichten zieht i. E. doppelte Notarkosten für Übernahmevertrag (Angebot und Annahme) und Einbringungsvertrag nach sich, wenn diese nicht zusammen in einer Urkunde beurkundet werden können (dann Geschäftseinheit nach § 44 KostO, s. u.). Geschäftswert nach § 39 KostO für die nachfolgenden Notargebührensätze ist jeweils der Einlagewert (i. e. der Verkehrswert; bei einer gemischten Sacheinlage durch Addition von Ausgabebetrag und vergütetem Mehrwert i. d. R. leicht ablesbar; schwieriger, soweit der Mehrwert in die Kapitalrücklage eingestellt wird). **Beglaubigung ohne Entwurf des Notars:** 2,5/10 Gebühr nach § 45 Abs. 1 KostO, Höchstgebühr 130,– EUR); hingegen **mit Entwurf des Notars** 10/10 Gebühr nach §§ 145 Abs. 1, 36 Abs. 1 KostO ohne Höchstgebühr (es gilt nur der allg. Höchstwert von 60 Mio. EUR), d. h. identische Kosten wie bei Mitbeurkundung im Kapitalerhöhungsbeschluss (an dem der Inferent grundsätzlich nicht beteiligt ist): hier fällt nämlich neben der 20/10 Gebühr für den Beschluss ebenfalls eine 10/10 Gebühr aus § 36 Abs. 1 KostO für die Übernahmeerklärung an, da eine gebührenabsorbierende Gegenstandsgleichheit i. S. v. § 44 Abs. 1 KostO nur zwischen rechtsgeschäftlichen Erklärungen i. S. v. §§ 36 bis 38, 42, 43 KostO in Betracht kommt, nicht aber zwischen rechtsgeschäftlichen Erklärungen einerseits und einem Beschluss andererseits (Korintenberg/Bengel/*Tiedtke* § 44 KostO Rdnr. 6). Eine **notarielle Beurkundung der Übernahmeerklärung** empfiehlt sich unter Kostengesichtspunkten (ggü. der praxisnahen gebührengedeckelten Beglaubigung ohne Entwurf) nur, wenn auch der **Einbringungsvertrag** ausnahmsweise beurkundungspflichtig ist (wie bei GmbH-Anteilen und Grundstücken; zur Frage, ob Übernahmeerklärung dann nicht ohnehin sogar ebenfalls beurkundungspflichtig ist, s. o.): zwischen beiden rechtsgeschäftlichen Erklärungen besteht **Gegenstandsgleichheit** (Korintenberg/Bengel/*Tiedtke* § 44 KostO Rdnr. 6), so dass bei Zusammenbeurkundung (und nur dann!) nur die 20/10 Gebühr aus § 36 Abs. 2 KostO für den Einbringungsvertrag anfällt. Eine darüber hinaus gehende Einbeziehung des Kapitalerhöhungsbeschlusses in die Urkunde bewirkt zwar keinen weiteren Gebührenvorteil aus § 44 KostO (s. o.), vereinfacht aber durch die Bezugnahmemöglichkeit die Formulierung von Übernahmeerklärung (Anm. 1) und Einbringungsvertrag. Der Formularsatz sieht jedoch aus Darstellungsgründen und im Interesse der allgemeineren Verwendbarkeit (z. B. bei nicht beurkundungspflichtigen Einbringungen oder Untunlichkeit der Mitwirkung des Inferenten im Zeitpunkt des Kapitalerhöhungsbeschlusses) getrennte Urkunden vor.

3. Übernehmerliste

Liste der Übernehmer[1]

gemäß § 57 Abs. 3 Nr. 2 GmbHG,
die bei der Kapitalerhöhung der C-GmbH
(eingetragen im Handelsregister des Amtsgerichts ...... unter Nr. HR B ......)
einen neuen Geschäftsanteil übernommen haben

Name und Geburtsdatum bzw. Firma	Wohnort bzw. Registersitz	Geschäftsanteil bzw. Aufstockungsbetrag	lfd. Nr. des Geschäftsanteils
Y-GmbH	......	100.000,- EUR	3

......, den ......

......

[Unterschriften sämtlicher Geschäftsführer[2]]

....

Anmerkungen

1. Allgemeines: Inhalt entspricht bezogen auf den von Übernahme betroffenen Geschäftsanteil im wesentlichen dem der Gesellschafterliste (vgl. Form F.I.6), wobei Angabe von etwaigen Aufstockungsbeträgen auf bestehende Geschäftsanteile naturgemäß nur in Übernehmerliste erfolgt, wohingegen in Gesellschafterliste nur der durch die Aufstockung erhöhte Nennbetrag aufscheint. Auch Übernahmen neuer Geschäftsanteile durch Altgesellschafter sind in der Übernehmerliste aufzuführen. Nicht erforderlich sind Angaben zu Art und Inhalt bzw. Umfang der auf übernommenen Geschäftsanteil zu leistenden bzw. geleisteten Bar- oder Sacheinlagen oder Aufgelder bzw. gewährte Vergütungen. Werden mehrere Geschäftsanteile übernommen, sind diese auch in der Übernehmerliste einzeln aufzuführen und nicht lediglich die Summe der Nennbeträge (näher, auch zu Erleichterungen s. Form F.I.6 Anm. 1). Die Angabe der **lfd. Nrn. der Geschäftsanteile** ist für die Übernehmerliste gesetzlich nicht vorgeschrieben (a.A. Lutter/Hommelhoff/*Lutter* § 57 Rdnr. 11), erleichtert aber den Abgleich mit der (technisch gesehen: späteren) Gesellschafterliste. Nummerierung auf der Übernehmerliste (im Vorgriff auf die Gesellschafterliste) sollte daher nur erfolgen, wenn sie in Kapitalerhöhungsbeschluss oder Übernahmevertrag bereits vorgegeben oder mit dem für die Ausfertigung der Gesellschafterliste nach § 40 GmbHG und damit für die Nummerierung Zuständigen (vgl. Form. F.I.6 Anm. 1) – in aller Regel dem Notar – abgestimmt ist. In der Praxis wird der Notar häufig beide Vorlagen erstellen und die Listen auch gleichzeitig einreichen (s. hierzu Form. F.I.6 Anm. 2).

2. Unterzeichner. Die Zuständigkeit für die Unterzeichnung der Übernehmerliste verbleibt auch unter dem MoMiG stets bei den Geschäftsführern. Liste ist von „den Anmeldenden", d.h. nach § 78 GmbHG von sämtlichen Geschäftsführern, zu unterzeichnen; Unterzeichnung nach allg. Vertretungsregelung nicht ausreichend. Die Einreichung erfolgt elektronisch, i.d.R. im Auftrag der Gesellschaft durch den Notar.

F.I.4

4. Einbringungsvertrag

UR-Nr. ....../......

Verhandelt[1] zu ...... am ......
Vor mir, dem unterzeichnenden Notar ......
mit dem Amtssitz in ......, ...,
erschienen in meinen Amtsräumen:
1. Herr ......,
   geboren am ......,
   geschäftsansässig: ......,
   ausgewiesen durch: ......,
   handelnd nicht für sich selbst, sondern als einzelvertretungsberechtigter Geschäftsführer der im Handelsregister des Amtsgerichts ...... unter Nr. HR B ...... eingetragenen Gesellschaft mit beschränkter Haftung in Firma
   Y-GmbH mit Sitz in ......, Anschrift wie der Ersch. zu 1.;
   vorstehende Vertretungsbefugnis bescheinige ich, der Notar, hiermit gemäß § 21 BNotO aufgrund Einsichtnahme in den mir vorgelegten beglaubigten Handelsregisterauszug vorgenannter Gesellschaft vom ....
2. Herr ......,
   geboren am ......,
   geschäftsansässig: ......, ...,
   ausgewiesen durch: ......,
   handelnd nicht für sich selbst, sondern als einzelvertretungsberechtigter Geschäftsführer der im Handelsregister des Amtsgerichts Hamburg unter Nr. HR B ...... eingetragenen Gesellschaft mit beschränkter Haftung in Firma
   C-GmbH mit Sitz in ......, Anschrift wie der Ersch. zu 2.;
   vorstehende Vertretungsbefugnis bescheinige ich, der Notar, hiermit gemäß § 21 BNotO aufgrund heutiger Einsichtnahme in das Handelsregister ....

Nach Erläuterung des Mitwirkungsverbotes gemäß § 3 Abs. 1 Nr. 7 BeurkG durch den Notar wurde dessen Frage, ob eine Vorbefassung im Sinne dieser Vorschrift vorliege, von den Erschienenen verneint.
Die Erschienenen erklärten zu meinem Protokoll:

Vorbemerkung

Im Handelsregister des Amtsgerichts ...... ist unter Nr. HR B ...... eingetragen die Gesellschaft mit beschränkter Haftung in Firma

C-GmbH

mit Sitz in ......,
Stammkapital: 500.000,- EUR,
nachstehend auch „Gesellschaft" genannt.
Durch Gesellschafterbeschluss vom ...... (UR-Nr ....../...... des Notars ......, ...) wurde das Stammkapital der Gesellschaft von 500.000,- EUR um 100.000,- EUR auf 600.000,- EUR erhöht und die Y-GmbH zur Übernahme des neu ausgegebenen Geschäftsanteils im Nennbetrag von 100.000,- EUR unter Erbringung eines Aufgeldes in Höhe von 300.000,- EUR, d.h. zu einem Gesamtausgabebetrag von 400.000,- EUR zugelassen. Die Y-GmbH hat am ...... die Übernahme des neuen Geschäftsanteils zu den in dem Gesellschafterbeschluss genannten Bedingungen erklärt (UR-Nr ....../...... des No-

4. Einbringungsvertrag   F.I.4

tars ......, ...). Der neue Geschäftsanteil ist nach dem vorgenannten Gesellschafterbeschluss nicht in bar, sondern durch Sacheinlage der von der Y-GmbH gehaltenen 100%-igen Beteiligungen (zusammen nachfolgend auch: die „Beteiligungen") an der Kommanditgesellschaft in Firma Z-GmbH & Co. KG sowie an deren alleiniger Komplementärin, der Z-Verwaltungs GmbH, beide mit Sitz in ......, in die Gesellschaft zu leisten.
Dies vorausgeschickt, schließen die Parteien den nachstehenden

Einbringungsvertrag

1. In Erfüllung ihrer Verpflichtung aus der Übernahmeerklärung tritt die Y-GmbH hiermit die Beteiligungen an die dies annehmende Gesellschaft ab, namentlich:
   1.1. ihren Kommanditanteil in Höhe von ...... EUR an der im Handelsregister des Amtsgerichts ...... unter Nr. HR A ...... eingetragenen Z-GmbH & Co. KG (wobei etwaige Guthaben der Y-GmbH auf Darlehenskonto nicht mit eingebracht werden) und
   1.2. ihre Geschäftsanteile (mit den lfd. Nrn. ...... und ......) in Höhe von nominal ...... EUR und ...... EUR an der im Handelsregister des Amtsgerichts ...... unter Nr. HR B ...... eingetragenen Z-Verwaltungs GmbH.
2. Die Einbringung der Beteiligungen erfolgt schuldrechtlich zum ......, dinglich jedoch erst mit aufschiebender Wirkung[2] auf den Zeitpunkt der Eintragung (i) der Sonderrechtsnachfolge in den vorstehenden Kommanditanteil in das Handelsregister der Z-GmbH & Co. KG und (ii) der Kapitalerhöhung in das Handelsregister der Gesellschaft. Der beurkundende Notar wird beauftragt, nach Eintragung der vorstehenden Sonderrechtsnachfolge und Kapitalerhöhung dem Handelsregister der Z-Verwaltungs GmbH eine aktualisierte und von ihm bescheinigte Gesellschafterliste gem. § 40 Abs. 2 GmbHG einzureichen und der Z-Verwaltungs GmbH eine Abschrift der geänderten Liste zu übersenden.
3. Die Y-GmbH gewährleistet, dass die Z-Verwaltungs GmbH und die Z-GmbH & Co. KG nach dem Recht der Bundesrepublik Deutschland ordnungsgemäß errichtet wurden, die Beteiligungen nicht mit Rechten Dritter belastet sind, die Y-GmbH über die Beteiligungen frei verfügen kann und die Gesellschaftsverträge der Z-Verwaltungs GmbH und der Z-GmbH & Co. KG keine Einschränkung für die Abtretung der Beteiligungen vorsehen[3].
4. Der Wert der Beteiligungen wurde auf insgesamt 900.000,- EUR (in Worten: neunhunderttausend Euro) festgelegt. Den Betrag von 500.000,- EUR, um den der festgelegte Wert der Beteiligung den Gesamtausgabebetrag von 400.000,- EUR übersteigt, wird die Gesellschaft an die Y-GmbH in bar binnen ...... Bankarbeitstagen nach Eintragung der Sonderrechtsnachfolge in den vorstehenden Kommanditanteil in das Handelsregister *[zu erwägen: und der Eintragung der Kapitalerhöhung im Handelsregister der C-GmbH]* auf ein von der Y-GmbH angegebenes Konto vergüten *[alternativ: ...... gewährt die Y-GmbH der Gesellschaft ein Darlehen nach Maßgabe der in dem Kapitalerhöhungsbeschluss niedergelegten Bestimmungen]*.

Kosten, Vollmacht an Notariatsangestellte

Vorgelesen, genehmigt und unterschrieben

......
[Unterschriften der Beteiligten]

Anmerkungen

1. Funktion; Form; Reichweite der Einreichungspflicht zum Handelsregister; Verhältnis zum Unternehmenskauf- bzw. Beteiligungsvertrag. Beim Einbringungsvertrag handelt es sich um eine gem. § 57 Abs. 3 Nr. 3 Fall 2 GmbHG zum Handelsregister einzureichende **Anlage der Re-**

gisteranmeldung der Kapitalerhöhung („Verträge, die ...... zu ihrer Ausführung geschlossen worden sind"). In seiner Reinform betrifft der **Einbringungsvertrag** im Wesentlichen nur die **dingliche Erfüllung der durch Kapitalerhöhungsbeschluss und Übernahmevertrag begründeten Einlageverpflichtung** (so auch das Form.). Die **Form** des Einbringungsvertrags richtet sich nach den für den jeweiligen Einlagegegenstand geltenden **allg. Regeln:** Beurkundungspflicht daher hier nach § 15 Abs. 3 GmbHG; zur Frage der nicht stets zwingenden Mitbeurkundung der Einbringung der KG-Anteile (im Form. jedoch aus Darstellungsgründen und wegen der in Ziff. 3 und 4 enthaltenen schuldrechtlichen Vereinbarungen vorgesehenen) sowie zu Formfragen bei sonstigen Einlagegegenständen vgl. Form. F.III.9 Anm. 3. Pflicht zur Einreichung des Einbringungsvertrags zum Handelsregister begründet für diesen keine besondere Form, sondern greift nur etwa bestehende Formerfordernisse auf (*Lutter/Hommelhoff* § 57 Rdnr. 10; ebenso bei der Aktiengesellschaft: vgl. MünchKommAktG/*Peifer* § 188 Rdnr. 37, wonach jedoch bei schuldrechtlichen Sacheinlagevereinbarungen entspr. §§ 185 Abs. 1 S. 1, 188 Abs. 3 Nr. 2 AktG ein Schriftformerfordernis bestehe). Soweit eine Einbringung formlos möglich ist (also auch bei einem Nebeneinander von formbedürftiger und formfreier Einbringung), kann seitens des Registers keine Einreichung eines schriftlichen Einbringungsvertrags verlangt werden; ob das Register eine Klarstellung in der Registeranmeldung oder eine sonstige Dokumentation (z. B. Aktennotiz, Inventurprotokoll, Bankbeleg etc.) des Einbringungsvorgangs fordern kann, ist str. und sollte ggf. mit zust. Richter abgestimmt werden. Eine **Einreichungspflicht** zum Handelsregister besteht außer für den Einbringungsvertrags nach § 57 Abs. 3 Nr. 3 Fall 1 GmbHG aber auch für „Verträge, die den Festsetzungen nach § 56 [GmbHG] zugrunde liegen", sprich: auch für **schuldrechtliche Vereinbarungen**. Diese sind in einem „reinen" Einbringungsvertrag regelmäßig nicht oder nur teilweise enthalten. Beide Einreichungspflichten stehen entgegen dem Wortlaut („oder") nicht in einem Alternativverhältnis (*Lutter/Hommelhoff* § 57 Rdnr. 10; vgl. auch MünchKommAktG/*Peifer* § 188 Rdnr. 37), zumal sie verschiedene Bereiche der gerichtlichen Prüfung berühren. Es ist daher stets zu prüfen, ob und ggf. inwieweit eine Einreichungspflicht auch für die im Zusammenhang mit dem Kapitalerhöhungsbeschluss geschlossenen schuldrechtlichen Vereinbarungen, also insbesondere den **Unternehmenskaufvertrag** und u. U. auch den **Beteiligungsvertrag** in Betracht kommt, was regelmäßig nicht dem Vertraulichkeitsinteresse der Parteien entsprechen wird (Registerpublizität!). Diese Vereinbarungen liegen praktisch immer in Schriftform vor oder sind beurkundungspflichtig, so dass der Einreichung jedenfalls nicht mangels Verkörperung ausgewichen werden könnte. Genügen dürfte aber die Einreichung von auszugsweisen Ablichtungen, so dass also z. B. für die Prüfung der Festsetzungen i. S. d. § 56 GmbHG nicht erforderliche Bestandteile des Unternehmenskauf- bzw. Beteiligungsvertrags wie z. B. Garantiekataloge, Listen wesentlicher Kunden und Verträge, Regelungen zur zukünftigen Ausrichtung, Entwicklung und Finanzierung des gemeinsamen Unternehmens, Verpflichtungen zur Satzungsneufassung und Organbestellung, Halteverpflichtungen, Call- und Put-Optionsrechte, Drag- und Tag-along-Klauseln usw. von der Einreichung ausgenommen werden könnten. Offenlegungspflichtig sind aber wohl die Regelungen, die den Austausch der Einlage des Inferenten und der ihm zu gewährenden Gegenleistung in Form von Anteilen an der Gesellschaft und ggf. weiteren baren Vergütungen enthalten, jedenfalls soweit sie über die Festsetzung im Kapitalerhöhungsbeschluss hinausgehen und die Beurteilung der korrekten Einlageleistung und Kapitalaufbringung erst ermöglichen. In praktischer Hinsicht begnügt sich das Register jedoch im Normalfall mit den Festsetzungen aus Kapitalerhöhungsbeschluss und Übernahmevertrag sowie der Vorlage des dingl. Einbringungsvertrages und verlangt zur weiteren Prüfung des Festsetzungen i. S. d. § 56 GmbHG selten die Einreichung insbes. des Unternehmenskaufvertrags, von dessen Bestehen es häufig auch keine positive Kenntnis haben wird. Es empfiehlt sich schon von daher und auch aus genereller Praktikabilität, **Unternehmenskauf- und Beteiligungsvertrag von dem Einbringungsvertrag zu trennen**, auch wenn dies ggf. zu höheren Beurkundungskosten führt. Der Einbringungsvertrag wird ohnehin häufig nach Abschluss des Unternehmenskaufvertrags, Fassung des Kapitalerhöhungsbeschlusses, Zustandekommen des Übernahmevertrags und Eintritts weiterer „Closing-Bedingungen" (wie z. B. der Ausräumung kartellrechtlicher Hindernisse, Zahlung des Barkaufpreisanteils etc.) im Rahmen eines Closing geschlossen. Erfolgt der Vertragsschluss schon zu einem früheren Zeitpunkt, sind ggf. entsprechende aufschiebende Bedingungen vorzusehen. Werden Unternehmenskauf und Einbringung gleichwohl in einer Urkunde zusammengefasst, so ist zu erwägen, geeignete beglaubigte Teilablichtungen zum Register einzureichen.

2. Aufschiebende Bedingung und §§ 56, 7 Abs. 3 GmbHG. Zur vollständigen Einlagenerbringung vor Handelsregisteranmeldung der Kapitalerhöhung vgl. Form. F.I.1 Anm. 4.

3. Vinkulierungen. Bei Übertragung von Beteiligungen ist ggf. an Regelung über die Beibringung etwa erforderlicher Zustimmungen von Mitgesellschaftern und/oder der Zielgesellschaft zu denken.

4. Kosten. Notargebühren 20/10 Gebühr gem. § 36 Abs. 2 KostO auf den Einbringungswert (Verkehrswert der Einlage) (§ 39 KostO). Mitbeurkundete Übernahmeerklärung (bzw. mitbeurkundeter Übernahmevertrag) ist gegenstandsgleich i. S. v. § 44 Abs. 1 KostO (vgl. Form. F.I.2 Anm. 2).

5. Handelsregisteranmeldung der Kapitalerhöhung bei der erwerbenden GmbH[1]

An das
Amtsgericht ......
– Handelsregister –
......

HR B ......
C-GmbH

Wir, die sämtlichen Geschäftsführer der vorstehend genannten Gesellschaft, überreichen hiermit:
- beglaubigte Ablichtung der notariellen Urkunde betreffend die Gesellschafterversammlung vom ...... (UR-Nr. ....../...... des Notars ......, ...);
- beglaubigte Übernahmeerklärung der Y-GmbH vom ...... (UR-Nr. ....../...... des Notars ......, ...);
- beglaubigte Ablichtung des Einbringungsvertrages vom ...... (UR-Nr. ....../...... des Notars ......, ...);
- Werthaltigkeitsbescheinigung[2] der ......-Wirtschaftprüfungsgesellschaft mbH, ..., vom ......;
- *[ggf.: Sachkapitalerhöhungsbericht]*[2];
- Liste der Übernehmer;
- Liste der Gesellschafter;
- vollständiger Wortlaut des geänderten Gesellschaftsvertrages nebst notarieller Bescheinigung gemäß § 54 GmbHG[3].

1. Zur Eintragung in das Handelsregister melden wir an:
   1.1. Das Stammkapital der Gesellschaft ist von 500.000,– EUR um 100.000,– EUR auf 600.000,– EUR erhöht worden.
   1.2. § 3 des Gesellschaftsvertrages wurde entsprechend geändert.
2. Wir versichern, dass die auf den neuen Geschäftsanteil entsprechend dem Kapitalerhöhungsbeschluss und der Übernahmeerklärung zu bewirkende Leistung vollständig zur freien Verfügung der Geschäftsführung für Zwecke der Gesellschaft erbracht und auch nicht in der Folge an den Einleger zurückgewährt worden ist[4].
   Hierzu erklären wir: Der Nominalbetrag des an die einlegende Y-GmbH entsprechend den Festsetzungen des Kapitalerhöhungsbeschlusses gewährten Geschäftsanteils sowie die an diese zusätzlich erbrachte *[oder: versprochene]* Vergütung werden durch den Wert der Sacheinlage gedeckt.

3. *[ggf., falls noch nicht eingetragen oder falls geändert: Die inländische Geschäftsanschrift lautet (unverändert): ....]*
4. Eintragungsnachrichten werden erbeten an ....
5. Nach erfolgter Eintragung wird um Übersendung von ...... beglaubigten und ...... unbeglaubigten Handelsregisterauszügen zu Händen des vorgenannten Notars gebeten.
6. Wir erteilen hiermit den Angestellten des Notars ......, ... und ......, und zwar jeweils einzeln und unter Befreiung von den Beschränkungen des § 181 BGB und mit dem Recht, im gleichen Umfang Untervollmacht zu erteilen, Vollmacht, die vorstehende Handelsregisteranmeldung zu ändern, zu ergänzen, zu wiederholen sowie alles zu tun, was zu deren Vollzug erforderlich erscheint. Von dieser Vollmacht darf nur vor dem amtierenden Notar, dessen Sozius oder Vertreter im Amte Gebrauch gemacht werden. Im gleichen Umfang wird der amtierende Notar bevollmächtigt, Erklärungen zu der vorstehenden Handelsregisteranmeldung durch notarielle Eigenurkunde abzugeben.

......, den ......

......

[Unterschriften sämtlicher Geschäftsführer]

[Beglaubigungsvermerk]

Anmerkungen

1. Allgemeines. Die Anmeldung ist von **sämtlichen Geschäftsführern** (§ 78 GmbHG) – wegen der abzugebenden Versicherung – höchstpersönlich in öffentlich (nicht notwendig notariell) beglaubigter Form (§ 12 HGB) zu bewirken. Die Unterzeichnung durch Geschäftsführer in vertretungsberechtigter Zahl oder zusammen mit Prokuristen in gemischter Gesamtvertretung ist nicht ausreichend. Beglaubigung der Unterschriften der Geschäftsführer in getrennten Urkunden ist zulässig. Zur Miteinreichung der Gesellschafterliste vor Wirksamwerden der Kapitalerhöhung s. Form. F.I.6 Anm. 2).

2. Werthaltigkeitsnachweis/Sacherhöhungsbericht. Zum etwaigen Sacherhöhungsbericht vgl. Form. F.I.1 Anm. 6. Die Vorlage einer Werthaltigkeitsbescheinigung ist nicht zwingend (§ 57 GmbHG sieht sie nicht vor und verweist auch nicht auf § 8 Abs. 1 Nr. 5 GmbHG, wonach bei der Sachgründung der Anmeldung immerhin „Unterlagen", aus denen sich die Werthaltigkeit ergibt, beizufügen sind); Vorlage ist aber praktisch dringend empfehlenswert. Denn das Registergericht kann im Rahmen seiner eigenen Prüfung im angemessenen Umfang (weitere) Unterlagen von der Gesellschaft anfordern und auch selbst ein Bewertungsgutachten in Auftrag geben. Die Vorlage einer Werthaltigkeitsbescheinigung kommt dem zuvor und erspart so i.d.R. Zeit und Kosten. Sie kann von einem Wirtschaftsprüfer, Steuerberater oder sonstigen Sachverständigen stammen. Der die Werthaltigkeit bescheinigende Gutachter wird (anders als der externe Sacherhöhungs- bzw. Sachgründungsprüfer bei der AG) von der Gesellschaft beauftragt und darf diese zuvor laufend betreut haben. In dem Gutachten sind Ausführungen zur Werthaltigkeit der gesamten gemischten Sacheinlage zu machen, d.h. dazu, dass der Einlagegegenstand den Nennwert des neu ausgegebenen Geschäftsanteils sowie die gewährte Vergütung (nämlich für den den Ausgabebetrag übersteigenden und nicht in die Kapitalrücklage eingestellten Einlagewert) deckt. Die Werthaltigkeit muss nicht auch in Höhe eines etwaigen Aufgeldes oder eines in die Kapitalrücklage der Gesellschaft einzustellenden Einlagemehrwertes bestätigt sein. **Stichtag** für die Bewertung ist der Tag der Einreichung der Handelsregisteranmeldung (Baumbach/Hueck/*Zöllner* § 57 a Rdnr. 5), nicht der Tag des Kapitalerhöhungsbeschlusses, ein etwaiger früherer schuldrechtlicher Einbringungsstichtag oder der tatsächliche Einbringungstag und auch nicht der Tag der künftigen Eintragung.

6. Gesellschafterliste der GmbH nach Wirksamwerden der Kapitalerhöhung F.I.6

3. Notarielle Satzungsbescheinigung. Wird – anders als im Form. – die Satzung in dem Gesellschafterbeschluss vollständig neu gefasst, genügte vor Einführung des elektronischen Handelsregisterverkehrs deren Einreichung als Teil oder Anlage des Beschlusses; einer gesonderten notariellen Satzungsbescheinigung bedurfte es dann nicht. Seit Einführung des elektronischen Handelsregisters wird die gesonderte Bescheinigung aus Praktikabilitätsgründen – erleichterte elektronische Beauskunftung – jedoch üblicherweise verlangt.

4. Vollständige Einlagenerbringung vor Anmeldung. §§ 56 a, 7 Abs. 3 GmbHG, vgl. hierzu Form. F.I.1 Anm. 4. Die weitere Erklärung zur Werthaltigkeit der gemischten Sacheinlage dürfte nicht zwingend erforderlich sein. Bei der im Formularsatz vorgesehenen **aufschiebend bedingten Einlagenerbringung** (Bedingung ist die Eintragung der Rechtsnachfolge im Register der Ziel-KG sowie die Eintragung der Kapitalerhöhung bei der Gesellschaft selbst) könnte, wenn die Registeranmeldung bei der GmbH nicht ohnehin erst nach Eintragung bei der KG erfolgen soll, eingewandt werden, dass die auf den Zeitpunkt der Anmeldung bei der GmbH abzugebende Versicherung der endgültig freien Verfügung über den Einlagegegenstand vor der Eintragung bei der KG mangels zivilrechtlichen Anteilsübergangs nicht zutrifft (s. Form. F.I.1 Anm. 4; praktisch unproblematisch ist dagegen die Bedingung der Eintragung der Kapitalerhöhung bei der Gesellschaft). In Abstimmung mit dem Registergericht sollte die Anmeldung entweder um einen Vorbehalt betr. die Eintragung bei der KG modifiziert oder aber bis zur Eintragung bei der KG zurückgestellt werden.

5. Kosten: Notargebühren. Beglaubigung ohne Entwurf des Notars: $^{2,5}/_{10}$ Gebühr nach § 45 Abs. 1 KostO, Höchstgebühr EUR 130,–); mit Entwurf des Notars $^{5}/_{10}$ Gebühr nach § 145 Abs. 1, 38 Abs. 2 Nr. 7 KostO. Geschäftswert: Nennbetrag der Kapitalerhöhung (ohne Agio), mind. 25.000,– EUR und höchstens 500.000,– EUR (§ 41 a Abs. 1 Nr. 3 KostO). Satzungsbescheinigung ist gebührenfreies Nebengeschäft des beurkundenden Notars; die Zusammenstellung des Satzungstextes durch den Notar begründet jedoch eine $^{5}/_{10}$ Gebühr nach § 147 Abs. 2 KostO (Korintenberg/*Bengel/Tiedtke* § 147 Rdnr. 131) auf einen Geschäftswert in Höhe eines Teilwertes von 10–20% des Stammkapitals. **Registergebühren.** s. Form. F.I.1 Anm. 7.

6. Gesellschafterliste der erwerbenden GmbH nach Wirksamwerden der Kapitalerhöhung

Liste der Gesellschafter[1] der C-GmbH
(eingetragen im Handelsregister des Amtsgerichts …… unter Nr. HR B ……)
gemäß § 40 Abs. 2 GmbHG,
(nach Kapitalerhöhung vom ……)[2]

Name und Geburtsdatum bzw. Firma	Wohnort bzw. Registersitz	Geschäftsanteil	lfd. Nr. des Geschäftsanteils
A, geboren am ……	……	250.000,– EUR	1
B-GmbH	……	250.000,– EUR	2
Y-GmbH	……	100.000,– EUR	3
		600.000,– EUR	

Bescheinigung:

Die geänderten Eintragungen in der vorstehenden, von mir gefertigten Gesellschafterliste entsprechen mit Wirksamwerden[2] der Kapitalerhöhung vom …… (meine UR-Nr. ……) den Veränderungen, an denen ich als Notar zu vorgenannter Urkunde mitgewirkt habe.

Die übrigen Eintragungen stimmen mit dem Inhalt der zuletzt im Handelsregister aufgenommenen Gesellschafterliste überein.

......, den ......

[Unterschrift und Siegel des Notars]³

Anmerkungen

1. **Allgemeines, Form, Nummerierung, Kosten.** Vgl. zunächst Anmerkungen zu Form. F.I.3. **Form.** Liste ist privatschriftlich und bedarf nicht der notariellen Beglaubigung. Str. ist, ob die Notarbescheinigung nach § 40 Abs. 2 S. 2 GmbHG in die Urkundenrolle des Notars einzutragen und für sie eine **Urkundenrollennummer** des Notars zu vergeben ist (bejaht bei Behandlung als Tatsachenbescheinigung gem. § 50 KostO (so Rundschr. der Bayer. Notarkasse vom 25.11.2008, ebenso *Mayer* ZIP 2009, 1049), zu verneinen bei Einordnung als Rechtsgutachten (vergleichbar einer notariellen Fälligkeitsmitteilung und abzurechnen nach § 147 Abs. 2 KostO); Näheres zur kostenrechtlichen Behandlung s.u.). **Inhalt.** Bei natürlichen Personen sind Name, (mind. ein) Vorname (bei mehreren im Zw. der Rufname), Geburtsdatum und Wohnort, nicht aber die volle Anschrift anzugeben, bei juristischen Personen und Personenhandelsgesellschaften der Registersitz (sinnvollerweise auch die HR-Nummer), nicht aber die Geschäftsanschrift, auch wenn diese vom Registersitz abweicht. Weitere Angaben allenfalls erforderlich, wenn sonst hinreichende Individualisierung nicht gewährleistet ist. Bei GbR als Gesellschafter kann diese ggf. mit ihrer Firma aufgeführt werden, entsprechend der Neuregelung in § 47 Abs. 2 S. 1 GBO sollten aber jedenfalls zusätzlich alle Gesellschafter namentlich zu benannt werden (zur GbR näher: *Wachter* ZNotP 2009, 82, 91).
Nummerierung. Das MoMiG ordnet für jeden einzelnen Geschäftsanteil die durchlaufende Nummerierung und Bezeichnung des Nennbetrages an. Zusammenfassungen sind in der Weise möglich, dass z.B. „Geschäftsanteile Nrn. 1–12.500 à 1,– EUR" für einen Gesellschafter aufgeführt sind, nicht aber „Nrn. 1–12.500 im Gesamtnennwert von 12.500,– EUR". Zur Nummerierung bei Veränderungen vgl. die Vorschläge bei *Tebben* RNotZ 2008, 441, 455 (aus dem „Stammanteil" Nr. 2 wird Nr. 2a) und Nr. 2b)) und *Katschinski/Rawert* ZIP 2008, 1993, 2000 (Anwendung der DIN 1421: aus Nr. 2 wird Nr. 2.1 und Nr. 2.2.)). Zuständigkeit für die Vergabe der Nummern liegt bei dem Aussteller der Liste (*Förl* RNotZ 2008, 413; *Tebben* RNotZ 2008, 441; *Wachter* DB 2009, 159), d.h. bei Gründung bei den Geschäftsführern (§ 40 Abs. 1 GmbHG), bei Kapitalerhöhungen und Anteilsabtretungen beim Notar (§ 40 Abs. 2 GmbHG); bei Einziehungen, Neustückelungen, Anteilsteilungen und Zusammenlegungen kommt es auf die Umstände an. Vorgaben der Gesellschafter hinsichtlich der Nummerierung dürften zu beachten sein. Empfehlenswert ist die Angabe untergegangener Anteile und des Untergangsgrundes (z.B. Einziehung; Baumbach/Hueck/*Zöller/Noack* § 40 Rdnr. 14 GmbHG). Empfohlen wird des Öfteren auch die Aufnahme einer **„Veränderungsspalte"** in die Liste, doch dürfte dies im Laufe der Zeit eher zur Unübersichtlichkeit der Liste führen, etwa wenn es später zu Veränderungen bei den Veränderungen kommt (vgl. Fleischhauser/Preuß/*Fleischhauer* Handelsregisterecht Anm. 1 zu Form. I.I.8).
Kosten. Kostenmäßige Behandlung der vom Notar bescheinigten Gesellschafterliste ist noch nicht abschließend geklärt. Ausgehend davon, dass auch im Falle des § 40 Abs. 2 GmbHG den Notar nur die Pflicht zur Unterzeichnung und Einreichung der Liste sowie zur Erteilung der Bescheinigung nach S. 2 trifft, die Pflicht zur Erstellung der Liste aber primär bei den Geschäftsführern verbleibt, hat der Notar für die von ihm erledigte **Erstellung** der Liste Anspruch auf eine ⁵⁄₁₀ Betreuungsgebühr nach § 147 Abs. 2 KostO (*Sikora/Regler/Tiedtke* MittBayNot 2008, 437; offenbar auch OLG Stuttgart ZNotP 2009, 448; vergleichbar mit dem Fall, dass der Notar im Auftrag der in den Fällen des § 40 Abs. 1 GmbHG zuständigen Geschäftsführung eine Liste erstellt; dort im Einzelnen str., wie hier Korintenberg/*Bengel/Tiedtke* § 147 Rdnr. 113). **Bescheinigung** des Notars nach § 40 Abs. 2 S. 2 GmbHG. Hier ist str., ob ¹⁰⁄₁₀ Gebühr nach § 50 Abs. 1 Nr. 1 KostO (Korintenberg/*Reimann* § 50 Rdnr. 6a, 21a; *Sikora/Regler/Tiedtke* MittBayNot 2008, 437; *Elsing* ZNotP 2007, 232, 233; wohl h.M.) für eine Tatsachenbescheinigung oder aber lediglich eine ⁵⁄₁₀ Betreuungsgebühr für ein

Rechtsgutachten (ähnlich einer Fälligkeitsmitteilung) anfällt. Neuerdings hat das OLG Stuttgart NZG 2009, 999 jedoch in Anlehnung an *Hasselmann* NZG 2009, 486 ein gebührenfreies Nebengeschäft i. S. v. § 35 KostO angenommen und die Bescheinigung damit einer solchen nach § 54 GmbHG gleichgestellt, ohne den unterschiedlichen Prüfungsumfang und die erheblichen Folgen der Bescheinigung zu berücksichtigen; ebenso: OLG Brandenburg MittBayNot 2011, 256 (mit abl. Anm. *Diehn;* OLG Celle NZG 2010, 959, 960). **Geschäftswert** ist nach § 30 KostO zu bestimmen, wobei für die Erstellung der Liste ein Teilwert von 10–20% des Stammkapitals und – wohl daneben – für die Bescheinigung je nach Prüfungsumfang ein Teilwert von 20–50% von dem relevanten Bezugswert (i. e. der von der Veränderung auf der Liste betroffene Betrag, im Form. also der Nennbetrag der Kapitalerhöhung; in anderen Fällen der Nennbetrag abgetretener, geteilter oder eingezogener Geschäftsanteile) angemessen erscheint (*Sikora/Regler/Tiedtke* MittBayNot 2008, 437 und *Sikora/Tiedke* MittBayNot 2009, 209; *Elsing* ZNotP 2007, 232, 233 will sogar auf das volle Stammkapital abstellen). Bei hohen Bezugswerten sind die Teilwerte u. U. weiter abzusenken.

2. Einreichungszeitpunkt. § 40 GmbHG sieht in beiden Absätzen die Einreichung der Liste erst nach Wirksamwerden der Veränderung in den Personen der Gesellschafter oder dem Umfang ihrer Beteiligung vor. Dies bedeutet, dass der Notar zunächst prüfen muss, ob sämtliche Wirksamkeitsbedingungen für die Veränderung eingetreten sind. Im Falle einer Kapitalerhöhung, deren Wirksamkeit nach Einreichung der vollständigen Unterlagen nur noch vom Registervollzug abhängt, entspricht es jedoch bisheriger Registerpraxis und allg. Praktikabilität eher, die Liste sogleich mit der Registeranmeldung einzureichen und auf der Liste zu vermerken, dass deren Inhalt mit Eintragung der Kapitalerhöhung gilt (so jetzt auch OLG Stuttgart vom 7. 4. 2011 (8 W 120/11). Zuvor wird diese vom Registergericht ohnehin nicht in die elektronisch einsehbare Registerakte aufgenommen, wodurch die Bescheinigung erst eine solche im Außenverhältnis wird (ähnlich *Herrler* DNotZ 2008, 903, 910; Beck'sches Formularbuch GmbH-Recht/*Pfisterer* Form. J.IV.5 Anm. 2; *Krafka/Willer/Kühn* Rdnr. 1051a; *Link* RNotZ 2009, 193, 207f.; *Gustavus* S. 109; a. A. Fleischhauer/Preuß/*Fleischhauer* Handelsregisterrecht Anm. 3 zu Form. I.I.8; offen gelassen in Thüringer OLG RNotZ 2010, 662, wonach der Notar berechtigt ist, die Bescheinigung schon vor der Eintragung zu erstellen).

3. Unterzeichnung von Liste und Bescheinigung durch den Notar. Der Wortlaut von § 40 Abs. 2 GmbHG legt nahe, dass der Notar die bescheinigte Gesellschafterliste zweifach, einmal direkt unter der Liste (S. 1) und einmal zum Abschluss der Bescheinigung (S. 2) unterzeichnen muss. Die Registerpraxis ist hier uneinheitlich, regelmäßig wird jedoch zutreffenderweise die eine Unterschrift unter der Bescheinigung zugleich auch als Unterschrift „unter" der Liste anerkannt (so nun auch OLG München DB 2009, 1395; LG Dresden NotBZ 2009, 285; *Wachter* ZNotP 2008, 378, 392; Fleischhauer/Preuß/*Fleischhauer* Anm. 3 zu Form. I.I.8; Heckschen/Heidinger/*Heidinger* Die GmbH, § 13 Rdnr. 350).

7. Handelsregisteranmeldung bei der erworbenen GmbH & Co. KG[1]

An das
Amtsgericht ......
– Handelsregister –
......

HR A ......
Z-GmbH & Co. KG

Im Register der vorgenannten Gesellschaft ist die Z-Verwaltungs GmbH mit Sitz in ...... als persönlich haftende Gesellschafterin und die Y-GmbH mit Sitz in ...... als alleinige Kommanditistin mit einer Hafteinlage in Höhe von ...... EUR eingetragen.

1. Zur Eintragung in das Handelsregister melden wir an:
Die Kommanditistin Y-GmbH hat ihre Beteiligung an der Gesellschaft mit Wirkung[2] auf den Zeitpunkt der Eintragung der Rechtsnachfolge in das Handelsregister an die C-GmbH mit Sitz in ......, eingetragen im Handelsregister des Amtsgerichts ...... unter Nr. HR B ......, abgetreten. Die Y-GmbH scheidet dadurch aus der Gesellschaft aus.
Die C-GmbH ist dadurch im Weg der Sonderrechtsnachfolge als Kommanditistin an Stelle der Y-GmbH mit deren bisheriger Hafteinlage in Höhe von ...... EUR in die Gesellschaft eingetreten.
2. Die persönlich haftende Gesellschafterin und die ausscheidende Kommanditistin versichern, dass letzterer seitens der Gesellschaft aus dem Gesellschaftsvermögen keinerlei Abfindung für die von ihr aufgegebenen Rechte gewährt oder versprochen worden ist.
3. *[ggf., falls noch nicht eingetragen oder falls geändert: Die inländische Geschäftsanschrift lautet (unverändert): ....]*
4. Eintragungsnachrichten werden erbeten an ....
5. Nach erfolgter Eintragung wird um Übersendung von ...... beglaubigten und ...... unbeglaubigten Handelsregisterauszügen zu Händen des vorgenannten Notars gebeten.
6. Vollmacht an Notariatsangestellte und den Notar [wie Form. F.I.5]

......, den ......

......

[Unterschriften sämtlicher Gesellschafter und der ausscheidenden Kommanditistin]

[Beglaubigungsvermerk]

Anmerkungen

1. Allgemeines. Die Anmeldung ist von sämtlichen bisherigen, einschließlich den ausscheidenden, sowie den beitretenden Gesellschaftern in öffentlich (nicht notwendig notariell) beglaubigter Form zu bewirken (§§ 12 Abs. 1, 161 Abs. 2, 107, 108 Abs. 1, 143 Abs. 2, 162 Abs. 3 HGB), für die Komplementärin und den ausscheidenden Kommanditisten ist wegen der abzugebenden Versicherung Stellvertretung ausgeschlossen, für sonstige Gesellschafter, insbesondere den Beitretenden, aber zulässig; die Vollmacht ist öffentlich zu beglaubigen (§ 12 Abs. 1 HGB). Beglaubigung der Anmeldung in getrennten Urkunden ist zulässig. Anlagen, insbesondere Nachweise über die angemeldete Anteilsübertragung, sind nicht einzureichen.

2. Aufschiebend bedingter Eintritt in die KG. Vgl. zunächst Form. F.I.1 Anm. 4. In die Anmeldung zur KG wurde bewusst nicht die weitere aufschiebende Bedingung des Formularsatzes für die Übertragung der einzubringenden Beteiligungen aufgenommen, nämlich die Eintragung der Kapitalerhöhung bei der erwerbenden GmbH. Denn dies würde u.U. zu einer wechselseitigen Blockade der Eintragungen führen, insbesondere dann, wenn das Register der GmbH auf einem Nachweis der Eintragung bei der KG bestünde. Im Ergebnis bedeutet dies, dass die Eintragung der Sonderrechtsnachfolge bei der KG bis zur Eintragung der Kapitalerhöhung bei der Erwerber-GmbH nicht mit der materiellen Rechtslage übereinstimmt.

3. Kosten. Ausführungen zu Form. F.I.5 Anm. 5 gelten entsprechend. Geschäftswert ist gem. § 41a Abs. 1 Nr. 6 KostO die einzutragende Hafteinlage, nicht die ggf. höheren Beträge der Kapitaleinlage oder des Kaufpreises der Kommanditbeteiligung.

8. Sachkapitalerhöhung GmbH aus genehmigtem Kapital (Hinweise)

Der durch das MoMiG in das GmbHG eingefügte § 55 a GmbHG schafft nun in Anlehnung an die aktienrechtlichen Bestimmungen der §§ 202 ff. AktG die Möglichkeit, dass die Gründer bzw. die Gesellschafter der Geschäftsführung in der Gründungssatzung oder später durch Beschluss eine zeitlich und betragsmäßig begrenzte Ermächtigung zur Erhöhung des Stammkapital gegen Bar- (§ 55 a Abs. 1 GmbHG) bzw. Sacheinlagen (§ 55 a Abs. 3 GmbHG) erteilen. Die praktische Bedeutung der Vorschrift bleibt abzuwarten (zweifelnd K. *Schmidt* JZ 2009, 10, 17); ein der Situation bei der Aktiengesellschaft (vgl. Form. F.III.1 Anm. 1) entsprechendes Bedürfnis dürfte bei der regelmäßig personalistisch strukturierten, deutlich weniger reglementierten und weniger von der flexiblen Nutzung von Finanzierungschancen auf dem Kapitalmarkt abhängigen GmbH selten in Betracht kommen. Auf die Vorlage eines Formularsatzes wird daher hier aus Platzgründen verzichtet (vgl. jedoch Beck'sches Formularbuch GmbH-Recht/*Döbereiner* Form. J.X.).

II. Sachkapitalerhöhung AG

1. Hauptversammlungsprotokoll einer nicht börsennotierten AG, Kapitalerhöhung gegen Sacheinlagen mit Bezugsrechtsausschluss (Zielunternehmen hier: GmbH)[1]

UR-Nr. ..../......

Auf Ersuchen des Vorstandes der C-AG, habe ich, der unterzeichnende

Notar ......

mit dem Amtssitz in ......, ...,

mich heute, am ......, in die Räumlichkeiten ......, ... begeben, um über die Verhandlungen und Beschlüsse der dorthin auf heute, ... Uhr einberufenen

außerordentlichen Hauptversammlung
der
C-AG

mit Sitz in ......
das Protokoll aufzunehmen.

I.

Ich traf dort an:
1. Vom Aufsichtsrat, welchem angehören:
   1.1. ......, ..., Vorsitzender,
   1.2. ......, ..., stellvertretender Vorsitzender,
   1.3. ......, ...,
   die unter 1.1 und 1.3. Genannten; der unter 1.2. Genannte fehlte entschuldigt;
2. vom Vorstand, welchem angehören:
   2.1. ......,
   2.2. ......,
   sämtliche Genannten;
3. die Aktionäre und Aktionärsvertreter, welche in dem bei den Unterlagen der Gesellschaft verbleibenden Teilnehmerverzeichnis[2] aufgeführt sind und die bei ihren Namen bezeichneten Aktien vertraten.

II.

Der Vorsitzende des Aufsichtsrates eröffnete die Hauptversammlung um ...... Uhr und übernahm satzungsgemäß deren Vorsitz.

[Alternative 1: keine Universalversammlung:]

Nach Begrüßung der Anwesenden stellte der Vorsitzende die form- und fristgerechte Einberufung der Hauptversammlung durch Bekanntmachung im elektronischen Bundesanzeiger vom ...... fest. Widerspruch hiergegen erhob sich nicht.
Ein Belegexemplar des Bundesanzeigers mit der darin enthaltenen Tagesordnung[3] ist diesem Protokoll als Anlage 1 beigefügt.

[Alternative 2: Universalversammlung[4]:]

Der Vorsitzende stellte nach Prüfung der vorgelegten Vollmachten von Aktionärsvertretern zur Anfangspräsenz fest, dass ausweislich des ihm vorliegenden Teilnehmerver-

1. Hauptversammlungsprotokoll einer nicht börsennotierten AG   F.II.1

zeichnisses das gesamte Grundkapital der Gesellschaft in der Versammlung ordnungsgemäß vertreten ist. Sodann erklärte der Vorsitzende, dass er die außerordentliche Hauptversammlung in der Form einer Universalversammlung unter Verzicht auf die Einhaltung der gesetzlichen und satzungsmäßigen Form- und Fristvorschriften abhalte, und zwar mit der nachstehenden hierdurch fest gelegten Tagesordnung. Widerspruch hiergegen sowie gegen die Festlegung der Tagesordnung wurde von Seiten der Aktionäre nicht erhoben.

[ab hier wieder einheitlich für beide Alternativen:]
Der einzige Punkt der Tagesordnung lautete:
„Beschlussfassung über die Erhöhung des Grundkapitals der Gesellschaft gegen Sacheinlagen unter Ausschluss des Bezugsrechts der Aktionäre und entsprechende Änderung der Satzung der Gesellschaft"
Vorstand und Aufsichtsrat schlagen unter diesem Beschlussgegenstand vor, folgenden Beschluss[5] zu fassen:
1. Das Grundkapital der Gesellschaft wird
von 500.000,- EUR um[6] 100.000,- EUR auf 600.000,- EUR
erhöht durch Ausgabe von 100.000 neuen auf den Inhaber lautenden Stückaktien mit einer rechnerischen Beteiligung am Grundkapital der Gesellschaft von je 1,- EUR zu einem Ausgabebetrag[7] von 4,- EUR je Aktie, d. h. zu einem Gesamtausgabebetrag von 400.000,- EUR. Die Kapitalerhöhung erfolgt gegen Sacheinlagen.
2. Die neuen Aktien sind ab dem ...... gewinnberechtigt.
3. Das gesetzliche Bezugsrecht der Aktionäre wird ausgeschlossen. Zur Zeichnung sämtlicher neuer Aktien wird die Y-GmbH mit Sitz in ......, eingetragen im Handelsregister des Amtsgerichts ...... unter Nr. HR B ......, zugelassen.
4. Die Sacheinlage hat dadurch zu erfolgen, dass die Y-GmbH sämtliche Geschäftsanteile im Gesamtnominalwert von ...... EUR an der mit einem Stammkapital von ...... EUR im Handelsregister des Amtsgerichts ...... unter Nr. HR B ...... eingetragenen Z-GmbH mit Sitz in ...... einschließlich des Gewinnbezugsrechts für das laufende Geschäftsjahr bis zum ...... an die Gesellschaft abtritt.
5. Der Vorstand wird ermächtigt, *[mit Zustimmung des Aufsichtsrats]* die Einzelheiten der Kapitalerhöhung und ihrer Durchführung festzulegen.
6. § 3 Abs. 1 und 2 der Satzung der Gesellschaft (Grundkapital) werden zur Anpassung an die Kapitalerhöhung mit Wirkung auf deren Durchführung wie folgt neu gefasst:
„3.1. Das Grundkapital der Gesellschaft beträgt 600.000,- EUR.
   3.2. Das Grundkapital ist eingeteilt in 600.000 auf den Inhaber lautende Stückaktien."
Der Vorsitzende legte sodann das Abstimmungsverfahren wie folgt fest: Grundsätzlich erfolgen Abstimmungen nach dem Subtraktionsverfahren. Zunächst werde bei der Abstimmung das Handzeichen derer aufgerufen, die gegen einen Vorschlag sind, sodann derer, die sich der Stimme enthalten. Nach Abzug der Enthaltungen von der vorher festgestellten Präsenz ergebe sich die Zahl der abgegebenen Stimmen; nach Abzug der Nein-Stimmen von den demnach abgegebenen Stimmen ergebe sich der Anteil der Zustimmung zu einem Vorschlag.

III.

Sodann wurde die Tagesordnung wie folgt erledigt:
[Alternative 1: Keine Universalversammlung:]
Der Vorsitzende stellte zu dem einzigen Tagesordnungspunkt fest: Der Vorstand habe in einem schriftlichen Bericht[8] gemäß § 186 Abs. 4 S. 2 AktG den Ausschluss des Bezugsrechtes der Aktionäre sowie den Ausgabebetrag *[alternativ bei fehlender Festlegung eines Ausgabebetrages: die zugrunde gelegte Bewertung der Sacheinlage]* begründet. Er

stellte weiter fest, dass der wesentliche Inhalt des Berichts *(alternativ: der vollständige Bericht)* mit der Einberufung zu der heutigen Versammlung bekannt gemacht worden sei und der vollständige Bericht und das dem Bericht zugrunde gelegte Werthaltigkeitsgutachten der ....-Wirtschaftsprüfungsgesellschaft mbH, ..., seit der Einberufung auf der Internetseite der Gesellschaft zugänglich seien sowie auch in der heutigen Hauptversammlung zur Einsicht der Aktionäre ausliegen. Ferner sei auf Wunsch jedem Aktionär unverzüglich und kostenlos eine Abschrift des Berichts erteilt oder per E-Mail zugesandt worden. Schließlich befinde sich ein gedrucktes Exemplar des vollständigen Berichts auf jedem Platz im Sitzungssaal, weitere Exemplare seien am Wortmeldetisch *(alternativ: beim Notar)* verfügbar.

Dem Notar wurde ein Exemplar des vollständigen Berichts übergeben, welches diesem Protokoll als Anlage 2 beigefügt ist *[alternativ – wenn der in der Bekanntmachung enthaltene Bericht bereits vollständig war: Der Bericht ist in der als Anlage 1 beigefügten Einberufung enthalten].*

[Alternative 2: Universalversammlung und Verzicht auf Vorstandsbericht zum Bezugsrechtsausschluss[9]:]

Zu dem einzigen Tagesordnungspunkt wurde auf einen schriftlichen Bericht des Vorstandes gemäß § 186 Abs. 4 S. 2 AktG über den Ausschluss des Bezugsrechtes der Aktionäre *[und zur Begründung des zugrunde gelegten Ausgabebetrags – bzw. – Wertes der Sacheinlage]* durch die Universalversammlung mit allen vorhandenen Stimmen verzichtet.

[ab hier wieder einheitlich für beide Alternativen:]

Auf Bitten des Vorsitzenden erläuterte Herr ...... für den Vorstand *[bei Alternative 1: ergänzend zu dem vorliegenden Vorstandsbericht]* die mit der Kapitalerhöhung bezweckte Übernahme der Z-GmbH, die bei der Festlegung des Ausgabebetrages zugrunde gelegte Bewertung und die Auswirkungen auf die Beteiligung der Altaktionäre. Nach Beantwortung aller hierzu gestellten Fragen der Aktionäre und Aktionärsvertreter wies der Vorsitzende darauf hin, dass der Beschluss gemäß §§ 182 Abs. 1 S. 1, 186 Abs. 3 S. 2 AktG einer Mehrheit von drei Vierteln des bei der Beschlussfassung vertretenen Grundkapitals bedarf.

Vor der Abstimmung gab der Vorsitzende zur Präsenz bekannt, dass von dem Grundkapital von 500.000,– EUR, eingeteilt in 500.000 Stückaktien, in der Hauptversammlung ...... *[bei Universalversammlung und unveränderter Präsenz: 500.000]* Stückaktien mit derselben Anzahl Stimmen vertreten seien, und legte das die genannte Präsenz wiedergebende Teilnehmerverzeichnis am Wortmeldetisch *[alternativ: beim Notar]* zur Einsicht aus[3].

Sodann ließ er nach nochmaliger Erläuterung des Abstimmungsverfahrens zum einzigen Punkt der Tagesordnung über den einheitlichen Beschlussvorschlag von Vorstand und Aufsichtsrat abstimmen.

Bei der nun folgenden Abstimmung überzeugte sich der Notar durch eigene Wahrnehmung von der ordnungsgemäßen Abgabe der Stimmen, Nennung des Namen des Abstimmenden, der betroffenen Stimmkarten, der Anzahl der hierbei vertretenen Stimmen, Übereinstimmung dieser Angaben mit dem Teilnehmerverzeichnis und der korrekten Auszählung sowie insgesamt von der Übereinstimmung des Verlaufs der Abstimmung mit der vorangegangenen Bekanntgabe des Abstimmungsverfahrens durch den Vorsitzenden[10].

Die Abstimmung ergab folgendes Ergebnis:
Enthaltungen: 10.000
Nein-Stimmen: 50.000
Somit Ja-Stimmen: 440.000 entsprechend 89,796% des vertretenen Grundkapitals.

[alternativ: Der Vorschlag der Verwaltung wurde ohne Enthaltungen mit allen bei der Beschlussfassung vertretenen Stimmen angenommen.]

1. Hauptversammlungsprotokoll einer nicht börsennotierten AG F.II.1

Der Vorsitzende gab das Ergebnis der Abstimmung bekannt und stellte fest, dass damit der Kapitalerhöhungsbeschluss entsprechend dem Vorschlag der Verwaltung mit der erforderlichen Kapitalmehrheit gefasst worden sei.

Nach Feststellung der Erledigung der Tagesordnung schloss der Vorsitzende die außerordentliche Hauptversammlung um ...... Uhr.

Hierüber habe ich heute das vorstehende Protokoll aufgenommen und wie folgt unterschrieben und gesiegelt[11].

......
[Unterschrift des Notars]

Anmerkungen

1. Sachverhalt. Das Form. regelt den Beschluss einer (über den elektronischen Bundesanzeiger einberufenen (§ 121 Abs. 4 S. 1 AktG)) außerordentlichen Hauptversammlung der nicht börsennotierten C-AG zum Erwerb aller Geschäftsanteile an der Z-GmbH von der Y-GmbH gegen neue Aktien im Wege der **regulären Sachkapitalerhöhung** unter Ausschluss des Bezugsrechts der Altaktionäre. Eine gemischte Sacheinlage (Vergütung des den Ausgabebetrags übersteigenden Einlagewertes an den Einleger) ist hier nicht vorgesehen (hierzu Form. F.I.1 zur GmbH und die Variante zu Form. F.III.2 bei der AG). Die reguläre Sachkapitalerhöhung hat **gegenüber einem Vorgehen aus genehmigtem Kapital** (s. Form. F.III.1 bis 9) in der Praxis aus mehreren Gründen nur eine **geringe Bedeutung:** Zunächst ist mit ihr regelmäßig der erhebliche finanzielle und organisatorische Mehraufwand der Durchführung einer außerordentlichen Hauptversammlung verbunden, sofern der Unternehmenserwerb nicht ausnahmsweise bis zur nächsten ordentlichen Hauptversammlung warten kann oder diese ohnehin gerade ansteht. Hingegen erlaubt das genehmigte Kapital der Verwaltung, den Erwerb eines Unternehmens kurzfristig und weitaus flexibler vorzubereiten und durchzuführen. Ein wesentlicher Nachteil der regulären – d.h. auf einen konkreten Einlagegegenstand bezogenen – Sachkapitalerhöhung besteht aber darin, dass die Zustimmung der Hauptversammlung wegen § 255 Abs. 2 AktG einem ganz erheblichen **Anfechtungsrisiko** unterliegt, welches beim genehmigten Kapital aufgrund der dort gelockerten Anforderungen der Rechtsprechung an die Berichtspflichten der Verwaltung weder bei der Einholung der nur generellen Ermächtigung noch im Zusammenhang mit der späteren Ausnutzung dieser Ermächtigung auftritt. Die genannten Nachteile lassen die reguläre Kapitalerhöhung gegenüber dem Vorgehen aus genehmigtem Kapital i.d.R. nur bei überschaubarem Aktionärskreis (Alternative 1 im Form.) oder absehbarer Universalversammlung (Alternative 2 im Form.) sowie erwarteter breiter Zustimmung zu dem Erwerb als sinnvoll erscheinen. Im Übrigen – und insbesondere bei einer börsennotierten Gesellschaft – kommt sie jedoch regelmäßig nur bei (größeren) Übernahmen, für die kein ausreichendes genehmigtes Kapital zur Verfügung steht und auch nicht (rechtzeitig) geschaffen werden kann, in Betracht.

2. Teilnehmerverzeichnis. Pflicht zur Aufstellung (auch bei Vollversammlung (h.M.), außer bei Einmann-AG), Inhalt und Publizität des Teilnehmerverzeichnisses ergeben sich aus § 129 Abs. 1 S. 2, Abs. 4 AktG. Nach der Neufassung dieser Bestimmung durch Art. 1 Nr. 12 NaStraG ist Beifügung zum Protokoll oder Einreichung zum Handelsregister nicht mehr erforderlich; vielmehr verbleibt es bei der Gesellschaft und wird von dieser verwahrt. Auch eine Unterzeichnung des Teilnehmerverzeichnisses durch den Versammlungsleiter vor der ersten Abstimmung ist nicht mehr erforderlich (*Hüffer* § 129 Rdnr. 7).

3. Tagesordnung. Die **Beifügung** (§ 44 BeurkG) der Tagesordnung (§ 124 AktG) zum Protokoll oder deren **inhaltliche Wiedergabe** innerhalb des Protokolls ist zwar gesetzlich nicht erforderlich, da sie nicht zu den Einberufungsbelegen i.S.d. §§ 130 Abs. 3, 121 AktG gehört. Auch die gem. § 130 Abs. 2 AktG erforderliche Verlautbarung der einzelnen Beschlussgegenstände und -vorschläge im Protokoll ist ohne Beifügung der Tagesordnung möglich. Da jedoch die Einberufung gemäß § 121 Abs. 3 oder 4 AktG praktisch immer mit der Bekanntmachung der Tagesordnung gemäß § 124 Abs. 1 S. 1 AktG verbunden wird, umfasst die Beifügung des

Belegexemplars des elektronischen Bundesanzeigers als Einberufungsbeleg gemäß § 130 Abs. 3 AktG auch die Tagesordnung und erfüllt dann sogleich § 130 Abs. 2 AktG. Im Form. sind gleichwohl aus Darstellungsgründen die einzelnen Tagesordnungspunkte im Fließtext des Protokolls (nochmals) vollständig samt Beschlussvorschlag aufgeführt, was jedoch bei umfangreichen Tagesordnungen nicht immer empfehlenswert ist und ggf. durch eine Kurzfassung (Tagesordnungspunkt ohne Wiederholung des vollständigen Beschlussvorschlags) ersetzt werden sollte. In der Alternative 2 des Form. (Universalversammlung) erfolgt die **Festlegung der Tagesordnung erst in der Hauptversammlung.** Selbstverständlich sind auch Mischformen denkbar, z. B. ordentliche Bekanntmachung im elektronischen Bundesanzeiger und Neufestlegung der Tagesordnung zur Aufnahme weiterer oder Abänderung veröffentlichter Tagesordnungspunkte in der Versammlung.

4. Universalversammlung. § 121 Abs. 6 AktG erlaubt bei sog. Universal- oder Vollversammlung Verhandlung und Beschlussfassung unter Befreiung von den Formalien der §§ 121 bis 128 AktG. Dies setzt Präsenz (d. h. ggf. ordnungsgemäße Vertretung) sämtlicher – auch stimmrechtsloser – Aktien voraus sowie widerspruchslose Beschlussfassung. Beides sollte in der Niederschrift verlautbart werden. Ein ausdrücklicher Befreiungsbeschluss ist nicht notwendig (*Hüffer* § 121 Rdnr. 22), aber sinnvoll. Ablehnung eines einzelnen Beschlussvorschlags bedeutet nicht Widerspruch gegen die Beschlussfassung als solche. Ungeklärt ist, ob zur wirksamen Erledigung einer zu Beginn der Universalversammlung widerspruchslos festgelegten Tagesordnung (so im Formular die Alternative 2) die vollständige Präsenz bis zum Ende der jeweiligen Beschlussfassung erhalten bleiben muss.

5. Notwendiger Inhalt des Beschlusses bei Sacheinlage. Über die bei einer Barkapitalerhöhung erforderlichen Angaben (Grundkapital, Erhöhungsbetrag, Stückzahl bzw. Nennbetrag sowie Gattung und Art der neuen Aktien) hinaus sind bei der Sachkapitalerhöhung gemäß § 183 Abs. 1 S. 1 AktG folgende weitere Angaben notwendiger Beschlussinhalt: Gegenstand der Einlage (Bestimmbarkeit genügt; die Aufschlüsselung in Einzelnennwerte der einzulegenden Geschäftsanteile ist z. B. nicht nötig), Person des Sacheinlegers (Name bzw. Firma, Wohnsitz bzw. Sitz und vorsorglich auch Registernummer), zum „Ausgabebetrag" s. u. Anm. 7. Ein **Ausschluss des gesetzlichen Bezugsrechts** der Aktionäre kann nach § 186 Abs. 3 S. 1 AktG nur im konkreten Erhöhungsbeschluss beschlossen werden (nicht vorab oder generell in der Satzung und auch nicht im Wege einer Ermächtigung an Vorstand und Aufsichtsrat – anders beim genehmigten Kapital). Zum festzusetzenden **Einlagezeitpunkt** (der Formularsatz geht von einer Abtretung der einzulegenden Beteiligung vor der Anmeldung der Durchführung der Kapitalerhöhung zum Handelsregister aus) s. Anm. 7 zu Form. F. II.6 (dort auch zu den abweichenden Gestaltungen einer auf den Zeitpunkt der Registereintragung aufschiebend bedingten Einlage sowie einer bloßen Verpflichtung zu künftiger Einlagenerbringung).

6. Fester Erhöhungsbetrag. Das Form. geht davon aus, dass die in Form von neuen Aktien zu gewährende Gegenleistung für das einzubringende Unternehmen fest steht, so dass sich eine Erhöhung um einen „bis-zu"-Betrag nicht anbietet.

7. Ausgabebetrag. Die Festsetzung eines Ausgabebetrages ist nach h. M. **nicht notwendiger Beschlussbestandteil** (BGHZ 71, 40, 50 f. = NJW 1978, 1316; *Maier-Reimer,* FS Bezzenberger, S. 253, 260 ff.; MünchKommAktG/*Peifer* § 183 Rdnr. 35 ff.; *Hüffer* § 183 Rdnr. 9; Münch-HdbGesR IV/*Krieger* § 56 Rdnr. 39). **Ausnahme:** bei (hier nicht vorgesehener) **gemischter Sacheinlage** wird Angabe allgemein für erforderlich gehalten (*Hüffer* §§ 27 Rdnr. 8, 185 Rdnr. 12). Die Interessen der Aktionäre werden durch die erforderlichen Angaben im Vorstandsbericht gem. § 186 Abs. 4 S. 2 AktG berücksichtigt. Gleichwohl ist es (i. d. R. flankierend zu einer entsprechenden Vereinbarung mit dem Inferenten) möglich, einen Ausgabebetrag i. S. einer aktienrechtlichen Wertdeckungszusage festzusetzen (so das Formular), mit der Folge einer möglichen „**Differenzhaftung**" bei Zurückbleiben des gemeinen Wertes der Einlage hinter dem (Gesamt)ausgabebetrag (vgl. *Hüffer* § 183 Rdnr. 21 m. w. N.). Der Gesamtausgabebetrag kann (und wird vielfach) jedoch niedriger gewählt werden als der zwischen Gesellschaft und Inferent zugrunde gelegte Einbringungswert, um insoweit einen Puffer zu schaffen. Hierzu sollte der Vorstandsbericht nach § 186 Abs. 4 S. 2 Hs. 2 AktG Ausführungen machen. Zu den Erklärungen zum Ausgabebetrag in der Registeranmeldung vgl. Anm. 6 zu Form. F. II.6.

1. Hauptversammlungsprotokoll einer nicht börsennotierten AG F.II.1

8. Vorstandsbericht gemäß § 186 Abs. 4 S. 2 AktG. Zum Inhalt s. Form. F. III.4. Zu den Formalien: Nach § 186 Abs. 4 S. 2 AktG hat der Vorstand der Hauptversammlung einen schriftlichen Bericht zum Ausschluss des Bezugsrechts der Aktionäre – in den Worten der Neufassung durch Art. 1 Nr. 28 b ARUG – „zugänglich zu machen". Der Bericht soll der Hauptversammlung eine sachgerechte Entscheidung über den Bezugsrechtsausschluss ermöglichen. Obwohl gesetzlich nicht ausdrücklich geregelt, muss Bericht nicht erst in der Hauptversammlung, sondern schon ab Einberufung zugänglich sein, wofür Auslage von Druckstücken in den Geschäftsräumen der Gesellschaft und später in der Hauptversammlung genügt, aber nicht erforderlich ist. Ausreichend ist die Einstellung in die Internetseite der Gesellschaft sowie die Darstellung über Monitore in der Versammlung (letzteres bei längeren Berichten wohl nicht praktisch), vgl. *Hüffer* § 186 Rdnr. 23. Auch nach der Neuregelung können Aktionäre wohl entspr. § 175 Abs. 2 S. 2 AktG die Übersendung eines Druckstücks des Berichts verlangen und müssen sich nicht auf E-Mail-Versand verweisen lassen (*Hüffer* a.a.O.). Entspr. § 124 Abs. 2 S. 2, 2. Alt. AktG ist wesentlicher Inhalt des Berichts bekannt zu machen (in praxi zusammen mit der Einberufung der Hauptversammlung und auf der Internetseite). Das Form. berücksichtigt die Möglichkeit einer verkürzten Bekanntmachung; der vollständige Bericht sollte dann der Niederschrift beigefügt werden. Wegen § 126 BGB sollte der Originalbericht vom Vorstand eigenhändig unterschrieben sein (keine Rspr.).

9. Verzicht auf Vorstandsbericht. Die Universalversammlung kann auf die Erstattung des Berichts verzichten (MünchKommAktG/*Kubis* § 121 Rdnr. 67; *Hüffer* § 121 Rdnr. 23 und § 186 Rdnr. 22, 23 m.w.N.). Zwar wird der Bericht in § 121 Abs. 6 AktG nicht angesprochen, jedoch setzt § 186 Abs. 4 eine Bekanntmachung von Beschlussgegenstand und Bericht nach § 124 Abs. 1 AktG voraus und ginge ins Leere, wenn die Hauptversammlung ohne solche Bekanntmachung beschlusswillig sein sollte. Das Widerspruchsrecht nach § 121 Abs. 6 AktG schützt Aktionäre in ihrem Informationsinteresse. Das Form. sieht in Alternative 2 einen ausdrücklichen Verzicht (nicht nur widerspruchslose Abstimmung) sowie eine – empfehlenswerte – mündliche Erläuterung des Ausgabebetrages bzw. der Bewertung des Einlagegegenstandes vor.

10. Abstimmungsverfahren, Überwachung der Abstimmung durch den Notar. Das Abstimmungsverfahren ist im Form. auf eine Hauptversammlung mit überschaubarem Teilnehmerkreis und kurzer Tagesordnung zugeschnitten (d.h. keine Präsenzveränderungen während des Abstimmungsvorgangs). Zu der komplizierteren Gestaltung bei der Hauptversammlung einer börsennotierten AG vgl. Form. F. III.1 Anm. 5, insbes. zu den nur dort geltenden erweiterten Anforderungen zur Feststellung des Abstimmungsergebnisses gem. § 130 Abs. 2 S. 2 AktG (hierzu Anm. 16 zu Form. F.III.1). Die im Form. enthaltenen detaillierten Angaben zu eigenen Wahrnehmungen des Notars über den ordnungsgemäßen Verlauf von Abstimmung und Auszählung, ggf. zu einer Unterbrechung der Hauptversammlung, um dem Notar die Kontrolle der Auszählung im Back Office zu ermöglichen (im Gegensatz zu einem bloßen Verweis auf die Feststellungen des Vorsitzenden, welche ihrerseits auf Mitteilungen des Hilfspersonals der Versammlung beruhen) waren aus Vorsichtsgründen veranlasst durch die Entscheidung des LG Wuppertal AG 2002, 567, 568 zu § 130 Abs. 2 a.F. AktG; diese wurde jedoch aufgehoben durch OLG Düsseldorf AG 2003, 510, 511 ff. Bei kleineren Hauptversammlungen übernimmt jedoch der Notar bisweilen die Rolle des Vollmachtenkontrolleurs, Stimmeneinsammlers und/oder -auszählers; dann sind Angaben hierzu wie im Formular wohl auch weiterhin veranlasst. Hat die Verwaltung für diese Aufgaben eigenes oder professionelles Personal bereitgestellt, dürfte es nach der neuen Rspr. auch genügen, wenn der Notar vor der Versammlung das Back Office besucht und sich durch ein Gespräch mit dem Hilfspersonal von der ordnungsgemäßen Organisation von Stimmeneinsammlung und -auszählung sowie der laufenden Präsenzkontrolle überzeugt (und dies ggf. auch im Protokoll festhält) und im Übrigen – abweichend von dem Formular – nur die Feststellungen des Vorsitzenden protokolliert.

11. Unterzeichnung durch den Notar. Das Protokoll wird nur durch den Notar unterschrieben. Es ist nicht erforderlich, dass das Protokoll am Tag der Hauptversammlung errichtet (bzw. ein in der Hauptversammlung vorliegender Rohentwurf abgeschlossen) wird (so

Kleinstück 1019

aber das Form.). Errichtet der Notar die (endgültige) Niederschrift später, so ist § 37 Abs. 2 BeurkG besonders zu beachten und das Auseinanderfallen des Versammlungs- und Niederschriftstags (z.B. in Rubrum und Schlussformel) kenntlich zu machen (*Winkler* BeurkG § 37 Rdnr. 7); die Urkundenrollennummer ist dann wohl erst am Tag des Abschlusses der Niederschrift zu vergeben (dies wird in praxi kaum beachtet). Zu Fragen der Erstellung und Herausgabe von Protokollentwürfen und endgültigen Protokollen vgl. den Sachverhalt des Falls von LG Frankfurt/M. ZIP 2006, 335 ff. (bzw. aus strafrechtlicher Sicht: LG Frankfurt/M. ZIP 2007, 2358) und OLG Frankfurt/M. ZIP 2007, 1463).

12. Kosten und Gebühren. S. Hinweise zu Form. F.I.1 Anm. 7, s. auch Form. F.II.5 Anm. 1.

2. Gerichtliche Bestellung des externen Sacherhöhungsprüfers, Prüfungsbericht

Form. F. III. 7 gilt grundsätzlich entsprechend. Der Prüfungsbericht muss dem Sachverhalt entsprechend angepasst werden. Da keine gemischte Sacheinlage vorliegt, entfällt hier insbesondere die Prüfung der Barkomponente.

3. Zeichnungsschein

Zweitschrift[1]

Zeichnungsschein[2]

Die außerordentliche Hauptversammlung der C-AG mit Sitz in ...... hat am ...... die Erhöhung des Grundkapitals der Gesellschaft von 500.000,– EUR um 100.000,– EUR auf 600.000,– EUR durch Ausgabe von 100.000 neuen auf den Inhaber lautenden Stückaktien mit einer rechnerischen Beteiligung am Grundkapital der Gesellschaft von je 1,– EUR zu einem Ausgabebetrag[3] von 4,– EUR je Aktie, d.h. zu einem Gesamtausgabebetrag von 400.000,– EUR beschlossen. Die Kapitalerhöhung erfolgt gegen Sacheinlagen. Die neuen Aktien sind ab dem ...... gewinnberechtigt. Das gesetzliche Bezugsrecht der Aktionäre wird ausgeschlossen.
Zur Zeichnung sämtlicher neuer Aktien wurde die unterzeichnende Y-GmbH mit Sitz in ...... zugelassen. Die Sacheinlage hat dadurch zu erfolgen, dass die Y-GmbH sämtliche Geschäftsanteile im Gesamtnominalwert von ...... EUR an der mit einem Stammkapital von ...... EUR im Handelsregister des Amtsgerichts ...... unter Nr. HRB ...... eingetragenen Z-GmbH mit Sitz in ...... mit Gewinnberechtigung ab ...... bis zum ...... an die Gesellschaft abtritt.
Die unterzeichnende Y-GmbH zeichnet hiermit zu den vorstehenden Bedingungen 100.000 neue Inhaberstückaktien der Gesellschaft.
Die Zeichnung wird unverbindlich, wenn die Durchführung der Erhöhung des Grundkapitals nicht bis zum ...... in das Handelsregister der Gesellschaft eingetragen worden ist.[4]

......, den ......

......

[Unterschriften von für den Zeichner vertretungsberechtigten Personen unter Angabe von Namen und Funktion[5]]

Anmerkungen

1. Doppelte Ausfertigung, Form. Vgl. § 185 Abs. 1 S. 2 AktG, die Zweitschrift ist – auch nach Einführung des elektronischen Registerverkehrs unverändert – gemäß § 188 Abs. 3 Nr. 1 zur Einreichung beim Handelsregister bestimmt; die Erstschrift verbleibt bei der Gesellschaft. Die Zeichnung bedarf (lediglich) der Schriftform (d. h. eigenhändige Unterschrift, § 126 BGB), auch wenn nach allg. Vorschriften das Verpflichtungsgeschäft zur Übertragung des Einlagegegenstandes weiter gehenden Formvorschriften unterläge; gar keiner Form unterliegt die den Zeichnungsvertrag (zu diesem: *Hüffer* § 185 Rdnr. 4 m. w. N.) zustande bringende Erklärung der Gesellschaft (im Ganzen str., vgl. die Ausführungen zum Parallelproblem bei der GmbH-Übernahmeerklärung in Anm. 2 zu Form. F.I.3 m.w.N. auch zur AG).

2. Notwendiger Inhalt. § 185 Abs. 1 S. 1, S. 3 Nr. 1, 3 und 4 AktG: Person des Zeichners; Zahl, Gattung, ggf. zusätzlich Nennbetrag der gewünschten Aktien (S. 1); Bezeichnung der Gesellschaft (Nr. 1); Tag des Kapitalerhöhungsbeschlusses (Nr. 1, bei genehmigtem Kapital: Tag der Eintragung der Ermächtigung, § 203 Abs. 1 S. 2 AktG (sinnvollerweise sollten zusätzlich die Verwaltungsbeschlüsse mit Datum aufgeführt sein)); ggf. Ausgabebetrag (Nr. 2, vgl. Anm. 3); Gegenstand der Sacheinlage mit Wiederholung der Festsetzungen des Kapitalerhöhungsbeschlusses (Nr. 3); „Verfalldatum" (Nr. 4; vgl. Anm. 4). Wegen der Pflicht zur Bezeichnung des Beschlussdatums (Nr. 1) ist str., ob die **Zeichnung auch schon vor dem Kapitalerhöhungsbeschluss** (der Hauptversammlung bzw. der Verwaltung) erfolgen kann (bejahend die wohl h. M.: MünchKommAktG/*Peifer* § 185 Rdnr. 29; *Hüffer* § 185 Rdnr. 6; a. A. GroßkommAktG/*Wiedemann* § 185 Rdnr. 36).

3. Ausgabebetrag. Vgl. zunächst Form. F.II.1 Anm. 7. Die Nennung eines Ausgabebetrages im Zeichnungsschein ist nur erforderlich, wenn der Kapitalerhöhungsbeschluss, wie in Form. F.II.1, einen solchen und damit eine Wertdeckungszusage vorsieht (arg. § 185 Abs. 1 S. 3 Nr. 3 AktG). Enthält der Beschluss jedoch keine Angaben, so folgt auch aus dem insoweit für die Bareinlage geltenden § 185 Abs. 1 S. 3 Nr. 2 AktG für den Zeichnungsschein keine Pflicht zur Betragsangabe (*Maier-Reimer* FS Bezzenberger, S. 253, 257; *Hüffer* § 185 Rdnr. 12; a. A. wohl MünchKommAktG/*Peifer* § 185 Rdnr. 20).

4. „Verfalldatum". Der gem. § 185 Abs. 1 S. 3 Nr. 4 AktG im Zeichnungsschein (jedenfalls bestimmbar) zu bezeichnende Zeitpunkt, nach dessen eintragungslosem Verstreichen die Zeichnung unverbindlich wird, sollte zur Vermeidung einer ungebührlichen Bindung des Zeichners nicht zu lang, aber vor allem auch nicht zu knapp gewählt werden. Register darf nach Fristablauf selbst bei eigenem Versäumnis ohne neuen Zeichnungsvertrag nicht mehr eintragen, was für beide Seiten erhebliche Risiken birgt: Bei Neuzeichnung muss der – u. U. zwischenzeitlich von der Gesellschaft bereits genutzte – Einlagegegenstand bei der Nachtragsanmeldung wohl noch werthaltig sein; kommt keine Neuzeichnung zustande, etwa weil die bereits erbrachte Sacheinlage die Gesellschaft oder den Zeichner nunmehr reut, so ist bereicherungsrechtlich rückabzuwickeln.

5. Unterschriftsberechtigt sind der Inferent bzw. für diesen vertretungsberechtigte Personen. Rechtsgeschäftliche Vertretung ist zulässig; Vollmacht ist grundsätzlich formfrei (§ 167 Abs. 2 BGB), ebenso nachträgliche Genehmigung. Besteht Sacheinlage in einem Grundstück, so bedarf zeichnender Prokurist wohl der Ermächtigung gemäß § 49 Abs. 2 HGB (der auch das Verpflichtungsgeschäft erfasst), sofern er nicht im Falle der sog. gemischten Gesamtvertretung durch einen Geschäftsführer/Vorstand „aufgewertet" wird (Baumbach/*Hopt* § 49 Rdnr. 3). Zur Erleichterung der registerlichen Nachprüfung und zur Vermeidung von Zweifelsfällen sollten Namen und Funktion von Organen bzw. Vertretern angegeben und ggf. Vertretungsnachweise beigefügt werden. Dies gilt insbesondere bei ausländischen juristischen Personen als Zeichnern.

4. Zeichnerverzeichnis

Verzeichnis der Zeichner (gemäß § 188 Abs. 3 Nr. 1 AktG) der aufgrund Hauptversammlungsbeschluss der C-AG vom ...... gegen Sacheinlage auszugebenden neuen Aktien

Zeichner[1]	Anzahl der Aktien[2]	geleistete Einlage[3]
Y-GmbH mit Sitz in ...... (Handelsregister des Amtsgerichts ......, HRB ......)	100.000	Geschäftsanteile im Nominalwert von ......, ... und ...... EUR an dem ...... EUR betragenden Stammkapital der Z-GmbH mit Sitz in ...... (Handelsregister des Amtsgerichts ......, HR B ......)

......, den ......
......

[Unterschriften des Vorstands in vertretungsberechtigter Zahl[4]]

Anmerkungen

1. Angaben zum Zeichner. § 188 Abs. 3 Nr. 1 AktG trifft hier keine Vorgaben zur Detaillierung der Angaben, so dass nur der Name des Zeichners zu verlangen sein dürfte. Praktikabilität und Identifizierbarkeit verlangen zwar nicht sämtliche Angaben wie bei Gesellschafterliste einer GmbH, sprechen aber für Nennung von Sitz bzw. Wohnort.

2. Angabe zu den Aktien. Bei Stückaktien (wie im Form.) ist nur Angabe der Zahl der Aktien erforderlich (nicht des von diesen verkörperten Anteils am Grundkapital). Bei Nennbetragsaktien ist zusätzlich der Nennbetrag anzugeben.

3. Angabe zu den geleisteten Einlagen. In dem Verzeichnis können ggf. Bar- und Sacheinlagen nebeneinander aufgeführt sein. Bei Bareinlage ist der auf die Aktien von dem jeweiligen Zeichner gezahlte Betrag (einschließlich etwaigem Agio) anzugeben. Bei Sacheinlage ist Erforderlichkeit der im Form. vorgesehenen Spezifizierung der Einlage str., da der Gesetzeswortlaut („geleistete Einzahlungen") auf Sacheinlagen nicht zu passen scheint und diese nach § 36a Abs. 2 S. 2 AktG (hierzu Anm. 7 zu Form. F.II.6) bei der Anmeldung auch nicht zwingend bereits erbracht sein müssen. Bejaht man mit der h.M. gleichwohl die Erforderlichkeit (so MünchKommAktG/*Peifer* § 188 Rdnr. 34; *Hüffer* § 188 Rdnr. 13 m.w.N.), so ist eine etwa nach § 36a Abs. 2 S. 2 AktG noch nicht vollzogene Sacheinlage konsequenterweise kenntlich zu machen.

4. Unterschriftsberechtigte. Unterzeichnung durch den Vorstand in vertretungsberechtigter Zahl ist – anders als bei der Kostenaufstellung nach § 188 Abs. 3 Nr. 3 AktG – gesetzlich vorgeschrieben und wegen der Strafbewehrung in § 399 Abs. 1 Nr. 4 AktG höchstpersönlich. Gemischte Gesamtvertretung mit einem Prokuristen ist daher nicht statthaft. Notarielle Beglaubigung ist nicht erforderlich.

5. Aufstellung der Kosten der Kapitalerhöhung

Berechnung der Kosten der Kapitalerhöhung[1] bei der C-AG gemäß § 188 Abs. 3 Nr. 3 AktG

1. Notarkosten:	...... EUR
2. Gerichtskosten (einschl. Bekanntmachung)	...... EUR
3. Kosten des Sacherhöhungsprüfers[2]	...... EUR
4. Rechtsanwaltskosten	...... EUR
(Rechtsanwälte ...... pp.,	
......-Straße ......, ...)	

[bei börsennotierten Gesellschaften ggf. zusätzlich:]

5. *Kosten der Börseneinführung*	...... EUR
6. *Emissionsbank*	...... EUR
(...... Bank,	
......-Straße ......, ...)	
7. *Druckkosten[3] der neuen Aktien*	...... EUR
(...... Druckerei,	
......-Straße ......, ...)	
Summe	...... EUR

......, den ......

......

[Unterschriften[4]]

Anmerkungen

1. Allgemeines. Über den Wortlaut von § 188 Abs. 3 Nr. 3 AktG hinaus sind umfassende Angaben zu machen: Notar-, Gerichts-, Bekanntmachungs-, Prüfer-, sonstige Berater-, ggf. – nicht im Form. – Börseneinführungs-, Emissionsbank-, Aktiendruckkosten, wohl auch Kosten der Abhaltung jedenfalls einer für die Kapitalerhöhung einberufenen außerordentlichen Hauptversammlung etc. sind einzeln beziffert und unter Bezeichnung der jeweilgen Gläubiger nebst (soweit nicht wie beim gerichtlich bestellten Prüfer gerichtsbekannt) Anschrift aufzuführen. Angabe von Schätzwerten ist zulässig und bei Unsicherheit über eine Position auch erforderlich (MünchKommAktG/*Peifer* § 188 Rdnr. 38; *Hüffer* § 188 Rdnr. 15), Belege sind nicht erforderlich. Zu den Notarkosten vgl. Anm. 7 zu Form. F.I.1: die Gebühr für die Beurkundung der Hauptversammlung beträgt max. 5.000,– EUR, für die Registeranmeldung und -eintragung (ggf. doppelte Kosten bei getrennter Anmeldung von Beschluss und Durchführung) s. Anm. 5 zu Form. F.I.5; hinzu kommen ggf. noch die Kosten für die Beurkundung des Einbringungsvertrages ($20/10$ Gebühr aus § 36 Abs. 2 KostO auf den Verkehrswert des Einlagegegenstandes mit Höchstwert von 60 Mio. EUR).

2. Prüferkosten. Die Festsetzung erfolgt zwar nach der gesetzlichen Regelung allein durch das Registergericht (§§ 183 Abs. 3, 35 Abs. 3 AktG), Vereinbarungen zwischen Gesellschaft und Prüfer sollen gar unwirksam sein (*Hüffer* § 35 Rdnr. 6). In der Praxis rechnet jedoch in der Regel der Prüfer direkt gegenüber der Gesellschaft ab, welche lediglich bei Zweifeln an der Gebührenhöhe eine gerichtliche Festsetzung beantragt. Je nach lokalem Usus ist also der einzufügende Betrag primär vom Gericht oder vom Prüfer zu erfragen.

3. Druckkosten. In der Regel entfällt dieser Punkt auch bei börsennotierten Gesellschaften mangels Einzelverbriefung der Aktien.

4. Unterschriften. Eine Unterzeichnung der Kostenaufstellung (etwa durch den Vorstand in vertretungsberechtigter Zahl) ist in § 188 Abs. 3 Nr. 3 AktG – wie schon bei der Gründung gem. § 37 Abs. 4 Nr. 2 AktG – nicht vorgesehen und wohl im Gegenschluss zu § 188 Abs. 3 Nr. 1 AktG (Zeichnerverzeichnis) auch nicht erforderlich, wird aber vielfach von den Registergerichten verlangt; die lokale Praxis sollte ggf. erfragt werden.

6. Handelsregisteranmeldung der Kapitalerhöhung (Beschluss und Durchführung) bei der erwerbenden AG[1]

An das
Amtsgericht ......
– Handelsregister –
......
HR B ......
C-AG

Wir, die unterzeichnenden gemeinschaftlich vertretungsberechtigten Mitglieder des Vorstandes und der Vorsitzende des Aufsichtsrates der vorstehend genannten Gesellschaft, übereichen hiermit:
- Beglaubigte Ablichtung der notariellen Urkunde betreffend die Hauptversammlung vom ...... (UR-Nr. ....../...... des Notars ......, ...);
- Zweitschrift[2] des Zeichnungsscheins der Y-GmbH vom ......;
- vom Vorstand unterschriebenes Verzeichnis der Zeichner;
- beglaubigte Ablichtung des Einbringungsvertrages vom ...... (UR-Nr. ....../...... des Notars ......, ...);
- Bericht der ......-Wirtschaftsprüfungsgesellschaft, ..., über die Prüfung der Sacheinlagen;
- Aufstellung der Kosten der Kapitalerhöhung[3];
- vollständiger Wortlaut der geänderten Satzung nebst notarieller Bescheinigung gemäß § 181 AktG[4].

1. Zur Eintragung in das Handelsregister melden wir an:
    1.1. Die Hauptversammlung vom ...... hat die Erhöhung des Grundkapitals der Gesellschaft von 500.000,– EUR um 100.000,– EUR auf 600.000,– EUR beschlossen. Die Kapitalerhöhung erfolgt gegen Sacheinlagen.
    1.2. Wir versichern, dass keine Einlagen auf das bisherige Grundkapital ausstehen[5].
    1.3. Die Kapitalerhöhung ist durchgeführt. Hierzu erklären wir:
    Die 100.000 neuen Inhaberstückaktien mit einer rechnerischen Beteiligung am Grundkapital von je 1,– EUR sind zum Gesamtausgabebetrag[6] von 400.000,– EUR von der Y-GmbH gezeichnet worden. Die Y-GmbH hat durch Einbringungsvertrag vom ...... sämtliche Geschäftsanteile im Gesamtnominalwert von EUR ...... an der mit einem Stammkapital von EUR ...... im Handelsregister des Amtsgerichts ...... unter Nr. HRB ...... eingetragenen Z-GmbH mit Sitz in ...... an die Gesellschaft abgetreten. Die Einlage steht damit zur freien Verfügung des Vorstandes[7]. Der Wert der Sacheinlage entspricht dem Gesamtausgabebetrag.
    Somit sind die Voraussetzungen des § 36 a Abs. 2 AktG erfüllt.
    1.4. § 3 des Satzung der Gesellschaft wurde in Anpassung an die Erhöhung des Grundkapitals geändert.
2. [ggf., falls noch nicht eingetragen oder falls geändert: Die inländische Geschäftsanschrift lautet (unverändert): ....]

6. Handelsregisteranmeldung der Kapitalerhöhung F.II.6

3. Eintragungsnachrichten werden erbeten an ....
4. Nach erfolgter Eintragung wird um Übersendung von ...... beglaubigten und ...... unbeglaubigten Handelsregisterauszügen zu Händen des vorgenannten Notars gebeten.
5. Vollmacht an Notariatsangestellte und den Notar ...... [wie Form. F.I.5]

......, den ......

......

[Unterschriften des Vorstands in vertretungsberechtigter Zahl und des Vorsitzenden des Aufsichtsrats[1]]

......

[Beglaubigungsvermerk]

Anmerkungen

1. Allgemeines. Die Anmeldung von **Kapitalerhöhungsbeschluss** (§ 184 Abs. 1 AktG) und dessen **Durchführung** (§ 188 Abs. 1 AktG) ist jeweils (i) vom Vorstand in vertretungsberechtigter Zahl (Zeichnung in gemischter Gesamtvertretung (vgl. Baumbach/*Hopt* § 49 Rdnr. 3) ist nach h.M. zulässig (MünchKommAktG/*Peifer* § 184 Rdnr. 7; *Hüffer* § 184 Rdnr. 3; a.A. GroßkommAktG/*Wiedemann* § 184 Rdnr. 11 (wg. der strafbewehrten Erklärungen in der Anmeldung des Beschlusses betreffend rückständige Einlagen auf das bisherige Grundkapital)) sowie (ii) dem Vorsitzenden des Aufsichtsrates (bei Verhinderung: dessen Stellvertreter, § 107 Abs. 1 S. 3 AktG), und zwar wegen der abzugebenden strafbewehrten Versicherung höchstpersönlich, in öffentlich (nicht notwendig notariell) beglaubigter Form (§ 12 HGB) zu bewirken. Beglaubigung der Unterschriften der Anmelder in getrennten Urkunden ist zulässig. Aus Praktikabilitäts- und Kostengründen werden beide Anmeldungen – wie im Form. – **regelmäßig zusammen gefasst** (vgl. *Hüffer* §§ 188 Rdnr. 18, 182 Rdnr. 34a). Eine vorgängige Eintragung des Beschlusses mag aber im Einzelfall wünschenswert sein, z.B. um für eine Vorleistung des Inferenten eine gewisse Grundlage zu schaffen.

2. Zeichnungsschein. Vgl. Anm. 1 zu Form. F.II.3.

3. Kostenaufstellung. Vgl. Form. F.II.5.

4. Satzungsbescheinigung. Anm. 3 zu Form. F.I.5 gilt entsprechend.

5. Angaben über Erbringung bisheriger Einlagen. Vgl. § 184 Abs. 2 AktG; vgl. auch § 203 Abs. 3 AktG beim genehmigten Kapital. Stehen Einlagen auf das bisherigen Grundkapital aus, sind Höhe und Grund anzugeben, um dem Gericht eine Entscheidung auf Grundlage von § 182 Abs. 4 AktG zu ermöglichen.

6. Ausgabebetrag; Angaben zur Kapitalaufbringung, Prüfungsumfang. Vgl. zunächst Anm. 7 zu Form. F.II.1. In der Anmeldung ist zu erklären, dass der Wert der Sacheinlage dem **geringsten Ausgabebetrag** (§ 9 Abs. 1 AktG), bei Überpariemission – wie im Form. – auch dem **Mehrbetrag** entspricht (§§ 188 Abs. 2, 36a Abs. 2 S. 3 AktG); dies gilt insbesondere auch für einen erhöhten Ausgabebetrag bei Vorliegen einer **gemischten Sacheinlage** (vgl. Anm. 7 zu Form. F.II.1). Eine besondere Begründung der Erklärung der Verwaltung zur Wertdeckung ist nicht erforderlich (MünchKommAktG/*Pentz* § 37 Rdnr. 40; *Hüffer* § 37 Rdnr. 4). In der Praxis erfolgt diese vielfach allein durch die im Form. ebenfalls enthaltene apodiktische Feststellung, dass die Voraussetzungen des § 36a Abs. 2 AktG erfüllt seien. Mangels Verweisung in § 183 Abs. 3 S. 2 AktG auf § 34 Abs. 1 Nr. 2 AktG **prüft das Gericht** – ebenso der gerichtlich bestellte Prüfer – die Wertdeckung jedoch **lediglich hinsichtlich des geringsten Ausgabebetrags** (*Hüffer* § 183 Rdnr. 16ff., sehr str.), worin die Lit. vielfach ein gesetzgeberisches Redaktionsversehen sieht, da den Organen (strafbewehrte!) Erklärungspflichten aufgebürdet werden, die nicht durch entsprechende Prüfererklärung abgesichert sind (vgl. Beck AG-HB/*Zätzsch/Maul* § 2 Rdnr. 210f. m.w.N., die empfehlen, den Prüfungsauftrag des Prüfers durch das Gericht auf die Deckung des höheren Ausgabebetrags erweitern zu lassen).

7. Zeitpunkt der Einlagenerbringung. § 188 Abs. 2 S. 1 verweist auf den misslungenen und in seiner Auslegung streitigen § 36a Abs. 2 AktG. Rechtstechnisch scheint dessen S. 1 den Regelfall zu bilden und zu bestimmen, dass Sacheinlagen generell bei der Anmeldung der Durchführung vollständig geleistet sein müssen. Jedoch versteht die **h.M.** den rechtstechnisch als Ausnahme zu S. 1 angelegten S. 2 von § 36a Abs. 2 AktG als den praktischen Regelfall: Wo immer eine Sacheinlage durch ein Verfügungsgeschäft bewirkbar ist, soll es – anders als bei § 7 Abs. 3 GmbHG – genügen, dass der **dingliche Vollzug der Einlage binnen fünf Jahren nach Registereintragung** erfolgt. „Leistung" i.S.v. § 36a Abs. 2 S. 1 AktG ist somit gewissermaßen bereits die **Einräumung des schuldrechtlichen Anspruchs auf die Einlage;** *diese* muss vor Anmeldung erfolgen, wobei sich der Anspruch gegen Dritte, aber auch den Einleger selbst richten kann. Einen unmittelbaren Anwendungsbereich hat § 36a Abs. 2 S. 1 AktG nach h.M. nur bei **Nutzungs- und Gebrauchsüberlassungen** (vgl. zum Ganzen *Hüffer* § 36a Rdnr. 4 m.w.N., § 188 Rdnr. 9; MünchKommAktG/*Pentz* § 36a Rdnr. 9–24). Nach der Gegenauffassung (KölnerKommAktG/*Kraft* § 36a Rdnr. 10 ff.; wohl auch MünchKommAktG/*Peifer* § 188 Rdnr. 21) ist § 36a Abs. 2 S. 1 AktG auch der praktische Regelfall. S. 2 bestimme lediglich, dass ein als Sacheinlage abgetretener schuldrechtlicher Anspruch gegen einen Dritten auf Übertragung eines Vermögensgegenstandes binnen fünf Jahren erfüllt werden müsse; nur dann sei der Anspruch einlagetauglich. Für die Gegenauffassung spricht der Wortlaut, für die h.M. hingegen die Entstehungsgeschichte. Gerade bei Unternehmenserwerben wird die Einlagenerbringung vor der Anmeldung bzw. aufschiebend bedingt auf den Zeitpunkt der Eintragung der Kapitalerhöhung in das Handelsregister die Regel sein, so dass die Streitfrage nicht so häufig zum Tragen kommt. In Zweifelsfällen sollte jedoch vorab eine Klärung mit dem Registergericht erfolgen. Da das Gesetz nach h.M. den Zeitpunkt des Einlagevollzugs weitgehend in das Belieben der Parteien stellt, ist **in der Anmeldung zu erklären,** ob der **Vollzug schon erfolgt ist** und die Einlage somit zur endgültigen freien Verfügung des Vorstands steht bzw. **welcher Zeitpunkt hierfür vereinbart ist** (MünchKommAktG/*Peifer* § 188 Rdnr. 30; *Hüffer* § 188 Rdnr. 3).

Das Formular geht von einer **Abtretung der einzulegenden Beteiligung vor der Registeranmeldung** aus. Abweichend hiervon kann in dem Kapitalerhöhungsbeschluss der Hauptversammlung (bzw. bei entsprechender Ermächtigung auch in Detailfestsetzungen durch den Vorstand) bestimmt sein, dass die Einlagenerbringung z.B. **aufschiebend bedingt durch die Eintragung der Kapitalerhöhung in das Handelsregister** erfolgt. Anders als bei der GmbH (s. hierzu Anm. 4 zu Form. F.I.1) ist dies nach der ausgeführten h.M. von vornherein unproblematisch. In der Anmeldung sollte die endgültige freie Verfügung des Vorstandes dann auf diesen Zeitpunkt versichert werden. Erfolgt hingegen, was nach der h.M. unproblematisch ist, die Sacheinlage durch **Eingehen einer erst zu einem späteren Zeitpunkt innerhalb fünf Jahren zu erfüllenden Einlageverpflichtung** oder soll die Einlage in verschiedenen Tranchen z.B. vor und nach der Anmeldung erbracht werden, so ist die Verpflichtung nach Gegenstand und Fälligkeit in der Anmeldung darzulegen. Verweisungen auf den eingereichten Beschluss sind zulässig. In diesem Fall kann die Erlangung der endgültigen freien Verfügung durch den Vorstand bei Anmeldung naturgemäß nicht versichert werden. In allen genannten Fällen kann und muss aber die **Erfüllung der Voraussetzungen des § 36a Abs. 2 AktG** erklärt werden. Das Gericht überwacht die spätere (rechtzeitige) Erfüllung der Einlageverpflichtung nicht.

8. Kosten. Notar- und Registergebühren: vgl. Anm. 5 zu Form. F.I.5 und Anm. 7 zu Form. F.I.1.

III. Sachkapitalerhöhung AG aus genehmigtem Kapital

1. Hauptversammlungsprotokoll einer börsennotierten AG zur Schaffung eines genehmigten Kapitals[1] mit Bezugsrechtsausschluss[2]

UR-Nr. ....../......

Auf Ersuchen des Vorstandes der C-AG, habe ich, der unterzeichnende

Notar ......
mit dem Amtssitz in ......, ...,

mich heute, am ......, in die Räumlichkeiten ......, ... begeben, um über die Verhandlungen und Beschlüsse der dorthin auf heute, ... Uhr einberufenen

ordentlichen Hauptversammlung
der
C-AG

mit Sitz in ......
das Protokoll aufzunehmen.

I.

Ich traf dort an:
1. Vom Aufsichtsrat, welchem angehören:
   1.1. ......, ..., Vorsitzender
   1.2. ......, ..., stellvertretender Vorsitzender
   1.3. ......, ...,
   1.4. ......, ...,
   1.5. ......, ...,
   1.6. ......, ...,
   die zu 1.1., 1.3.–1.6. Genannten; der zu 1.2. Genannte fehlte entschuldigt;
2. vom Vorstand, welchem angehören:
   2.1. ......,
   2.2. ......,
   2.3. ......,
   die zu 2.1. und 2.2. Genannten;
3. die Aktionäre und Aktionärsvertreter, welche die in dem bei den Unterlagen der Gesellschaft verbleibenden Teilnehmerverzeichnis[3] aufgeführt sind und die bei ihren Namen bezeichneten Aktien vertraten.

II.

Der Vorsitzende des Aufsichtsrates eröffnete die Hauptversammlung um ...... Uhr und übernahm satzungsgemäß deren Vorsitz.
Nach Begrüßung der Anwesenden stellte der Vorsitzende die form- und fristgerechte Einberufung der Hauptversammlung durch Bekanntmachung im elektronischen Bundesanzeiger Nr. ...... vom ...... fest. Ferner stellte er fest, dass die Einberufung vor *[spätestens: gleichzeitig mit]* ihrer Bekanntmachung solchen Medien zur Veröffentlichung zugeleitet wurde, bei denen davon ausgegangen werden kann, dass sie die Information in

der gesamten Europäischen Union verbreiten. Widerspruch gegen vorstehenden Feststellungen erhob sich nicht.

Ein Belegexemplar des elektronischen Bundesanzeigers mit der darin enthaltenen Tagesordnung *[ggf.: sowie Zuleitungsbelege für die EU-weite mediale Verbreitung]*[4] sind diesem Protokoll als Anlage 1 beigefügt.

Der Vorsitzende stellte fest, dass der Gesellschaft keine Gegenanträge gemäß § 126 AktG zugegangen seien.

Der Vorsitzende legte sodann das Abstimmungsverfahren[5] wie folgt fest: Abstimmungen zu den einzelnen Beschlussgegenständen erfolgen nach dem Subtraktionsverfahren unter Abgabe von mit Barcodes versehenen Abschnitten der den Aktionären an der Eingangskontrolle ausgehändigten Stimmkarten. Einen Stimmabschnitt solle hierbei nur derjenige abgeben, der zu einem Beschlussvorschlag mit „Nein" stimmen oder sich der Stimme enthalten wolle; in diesem Falle erfolge die Stimmabgabe durch Einwurf des betreffenden Stimmabschnittes in die mit „Nein" bzw. „Stimmenthaltung" gekennzeichneten Stimmbehälter. Wer dem jeweiligen Beschlussvorschlag der Verwaltung zustimmen wolle, müsse nichts tun. Bei der EDV-gestützten Auszählung der Stimmen ergebe sich nach Abzug der Enthaltungen und ggf. der ungültigen Stimmen von der vorher festgestellten Präsenz die Zahl der abgegebenen Stimmen; nach Abzug der Nein-Stimmen von den demnach abgegebenen Stimmen ergebe sich der Anteil der Zustimmung zu einem Vorschlag. Der Vorsitzende erklärte den Versammlungsraum „A" sowie das Foyer einschließlich aller von diesem ohne Durchschreiten der Zugangskontrolle erreichbaren Räume zum Präsenzbereich und wies darauf hin, dass eine Stimmabgabe technisch nur im Versammlungsraum „A" möglich sei. Wer mit „Nein" stimmen oder sich der Stimme enthalten wolle, müsse sich hierzu rechtzeitig zu Beginn der Abstimmung in den Versammlungsraum „A" begeben. Wer nach Aufruf zur Stimmabgabe zu einem Beschlussgegenstand mit „Nein" stimmen oder sich enthalten wolle, möge durch deutlich sichtbares Handzeichen auf sich aufmerksam machen, damit die Abstimmungshelfer der Gesellschaft die betreffenden Stimmabschnitte in den hierfür vorgesehenen Stimmbehältern bei ihm/ihr einsammeln können. Schließlich verkündete der Vorsitzende, dass die Stimmabgabe in Form einer Blockabstimmung nach Abschluss der Generaldebatte zu sämtlichen Tagesordnungspunkten erfolgen werde.

III.

Sodann wurde die Tagesordnung wie folgt erledigt:

Die Erörterung der einzelnen Tagesordnungspunkte erfolgte im Wege der Generaldebatte nach Aufruf sämtlicher Tagesordnungspunkte durch den Vorsitzenden. Eine Verlesung der in der in Anlage 1 enthaltenen Beschlussvorschläge wurde nicht gewünscht.

...... *[Es folgen Ausführungen zum Aufruf und ggf. zur anschließenden Aussprache*[6] *zu den vorausgehenden Tagesordnungspunkten]*

Zu Punkt 7 der Tagesordnung:

[Alternative 1: Schaffung eine genehmigten Kapitals für Sachkapitalerhöhungen mit Ausschluss des Bezugsrechts bereits in der Ermächtigung (§§ 203 Abs. 1 S. 1, 186 Abs. 3, 4 AktG)]

Beschlussfassung über die Schaffung eines Genehmigten Kapitals III, den Ausschluss des gesetzlichen Bezugsrechts der Aktionäre und entsprechende Änderung der Satzung stellte der Vorsitzende fest:

Der Vorstand habe in einem schriftlichen Bericht[7] gemäß §§ 203 Abs. 1, 186 Abs. 3 und 4 S. 2 AktG den vorgeschlagenen Ausschluss des Bezugsrechtes der Aktionäre begründet.

[Alternative 2: Schaffung eines neuen bzw. Ersetzung eines bestehenden Genehmigten Kapitals II für Bar- und Sachkapitalerhöhungen mit Ermächtigung des Vorstands zum Ausschluss des Bezugsrechts (§ 203 Abs. 2, 186 Abs. 4 AktG)]

1. Hauptversammlungsprotokoll einer börsennotierten AG   F.III.1

Beschlussfassung über *[ggf.: die Aufhebung des bestehenden Genehmigten Kapitals II und]* die Schaffung eines *[ggf.: neuen]* Genehmigten Kapitals II sowie entsprechende Änderung der Satzung
stellte der Vorsitzende fest:
Der Vorstand habe in einem schriftlichen Bericht[8] gemäß §§ 203 Abs. 2, 186 Abs. 4 S. 2 AktG die vorgeschlagene *[ggf.: Erneuerung der]* Ermächtigung des Vorstandes zum Ausschluss des Bezugsrechtes der Aktionäre begründet.
[ab hier wieder einheitlich für beide Alternativen:]
Der Vorsitzende stellte weiter fest, dass der vollständige Bericht mit der Einberufung zu der heutigen Versammlung bekannt gemacht worden und seit der Einberufung auf der Internetseite der Gesellschaft zugänglich sei, sowie auch in der heutigen Hauptversammlung zur Einsicht der Aktionäre ausliege. Ferner sei auf Wunsch jedem Aktionär unverzüglich und kostenlos eine Abschrift des Berichts erteilt bzw. per E-Mail zugesandt worden. Schließlich befinde sich ein gedrucktes Exemplar des vollständigen Berichts auf jedem Platz im Sitzungssaal, weitere Exemplare seien am Wortmeldetisch verfügbar.
Der Bericht ist in der als Anlage 1 beigefügten Einberufung enthalten.
[Entweder:] Ausführungen hierzu wurden von Seiten der Aktionäre und Aktionärsvertreter nicht gewünscht.
[oder, z.B. bei Alternative 1:] Auf Bitten des Vorsitzenden erläuterte Herr ...... für den Vorstand den Grund für den von der Hauptversammlung erbetenen Ausschluss des Bezugsrechts der Aktionäre und aktuell bereits bestehende Pläne zur Ausübung der erbetenen Ermächtigung. Er führte aus, dass die Schaffung des Genehmigten Kapitals III und der Bezugsrechtsausschluss es dem Vorstand ermöglichen sollen, kurzfristig und flexibel Aktien der Gesellschaft als Akquisitionswährung für Unternehmenserwerbe bereitstellen zu können. Die vorgeschlagene Ermächtigung sei nicht auf eine bestimmte Unternehmensakquisition begrenzt. Allerdings stehe die Gesellschaft gegenwärtig in Verhandlungen mit der Y-GmbH mit Sitz in ...... über den Erwerb sämtlicher Geschäftsanteile der Z-GmbH mit Sitz in .... Er erläuterte sodann die strategische Bedeutung jenes potentiellen Erwerbs für die Gesellschaft. Über die der Z-GmbH ggf. zu leistende Vergütung werde noch verhandelt; nähere Angaben hierüber können derzeit noch nicht gemacht werden, sie werde jedoch auf der Grundlage einer noch durchzuführenden Unternehmensbewertung angemessen sein. Es sei denkbar, dass die Vergütung nicht oder nicht ausschließlich in Geld, sondern auch in Aktien der Gesellschaft vereinbart werde. Diese könnten auf der Grundlage der erbetenen Ermächtigung kurzfristig ausgegeben werden.
...... *[Es folgen Ausführungen zu den nachfolgenden Tagesordnungspunkten]:*
Nach Abschluss der Generaldebatte und Beantwortung aller Fragen durch den Vorstand bzw., soweit Fragen den Aufsichtsrat betreffen, durch den Vorsitzenden des Aufsichtsrats in Abstimmung mit dem Vorstand, schritt der Vorsitzende nach nochmaliger Erläuterung des Abstimmungsverfahrens zur Abstimmung.

IV.

Vor der ersten Abstimmung gab der Vorsitzende zur Präsenz bekannt, dass von dem *[ggf. bei Änderung des Grundkapitals seit dem Record date: am sog. Record date vom ...... bestehenden]* Grundkapital von 20.000.000,00,– EUR, eingeteilt in 20.000.000 Stückaktien, in der Hauptversammlung *[ggf.: nach Herausrechnung von 100.000 eigenen Aktien, aus denen der Gesellschaft keine Stimmrechte zustehen]*, 10.100.000 Stückaktien mit derselben Anzahl Stimmen, entsprechend 50,75 % des stimmberechtigten Grundkapitals, vertreten seien, und legte das die genannte Präsenz wiedergebende aktualisierte Teilnehmerverzeichnis am Wortmeldetisch zur Einsicht aus. Sodann wurde die Ein- und Ausgangskontrolle für die Dauer des Stimmabgabevorgangs geschlossen[9].

Kleinstück

...... *[Es folgen Aufrufe zur Abstimmung zu vorangehenden Tagesordnungspunkten]*
Zu Punkt 7 der Tagesordnung:

[Alternative 1:]

Beschlussfassung über die Schaffung eines Genehmigten Kapitals III, den Ausschluss des gesetzlichen Bezugsrechts der Aktionäre und entsprechende Änderung der Satzung
Vorstand und Aufsichtsrat schlagen die Fassung des folgenden Beschlusses vor[4]:

1. Der Vorstand wird *[ggf.: unbeschadet der vorhandenen auf dem Beschluss der Hauptversammlung vom ...... beruhenden Ermächtigungen in § 3 Abs. 3 und 4 der Satzung (Genehmigtes Kapital I und II)]* bis zum ...... *[oder: von der Eintragung der Ermächtigung an für fünf Jahre]*[10] ermächtigt, mit Zustimmung des Aufsichtsrats das Grundkapital der Gesellschaft ein- oder mehrmalig um bis zu[11] insgesamt 2.500.000,– EUR zum Zwecke der Gewährung von Aktien als Gegenleistung für den Erwerb von Unternehmen, Unternehmensteilen oder Unternehmensbeteiligungen gegen Sacheinlagen durch Ausgabe von bis zu 2.500.000 neuen auf den Inhaber lautender Stückaktien zu erhöhen (Genehmigtes Kapital III). Das gesetzliche Bezugsrecht der Aktionäre ist hierbei ausgeschlossen.

2. Der Aufsichtsrat wird ermächtigt, die Satzung nach teilweiser oder vollständiger Durchführung von Kapitalerhöhungen aufgrund der Ermächtigung aus dem Genehmigten Kapital III entsprechend dem Umfang der Kapitalerhöhungen neu zu fassen[12].

3. In § 3 der Satzung wird ein neuer Abs. 5 eingefügt mit folgendem Wortlaut:
„5. Der Vorstand ist bis zum ...... *[oder: von der Eintragung der Ermächtigung an für fünf Jahre]* ermächtigt, mit Zustimmung des Aufsichtsrats das Grundkapital der Gesellschaft ein- oder mehrmalig um bis zu insgesamt 2.500.000,– EUR zum Zwecke der Gewährung von Aktien als Gegenleistung für den Erwerb von Unternehmen, Unternehmensteilen oder Unternehmensbeteiligungen gegen Sacheinlagen durch Ausgabe von bis zu 2.500.000 neuen auf den Inhaber lautenden Stückaktien zu erhöhen (Genehmigtes Kapital III). Das gesetzliche Bezugsrecht der Aktionäre ist hierbei ausgeschlossen.

[Alternative 2:]

Beschlussfassung über *[ggf.: die Aufhebung des bestehenden Genehmigten Kapitals II und]* die Schaffung eines *[ggf.: neuen]* Genehmigten Kapitals II sowie entsprechende Änderung der Satzung
Vorstand und Aufsichtsrat schlagen die Fassung des folgenden Beschlusses vor[4]:

1. *[ggf.: Das durch Beschluss der Hauptversammlung vom ...... geschaffene und in § 3 Abs. 4 der Satzung enthaltene Genehmigte Kapital II wird mit Wirkung auf den Zeitpunkt der Eintragung des nachstehenden neuen Genehmigten Kapitals II aufgehoben und wie folgt ersetzt:]*
Der Vorstand wird bis zum ...... *[oder: von der Eintragung der Ermächtigung an für fünf Jahre]*[10] ermächtigt, mit Zustimmung des Aufsichtsrats das Grundkapital der Gesellschaft ein- oder mehrmalig um bis zu[11] insgesamt 7.500.000,– EUR gegen Bar- und/oder Sacheinlagen durch Ausgabe von bis zu 7.500.000 neuen auf den Inhaber lautenden Stückaktien zu erhöhen (Genehmigtes Kapital II). Der Vorstand wird ermächtigt, hierbei mit Zustimmung des Aufsichtsrates das gesetzliche Bezugsrecht der Aktionäre ein- oder mehrmalig auszuschließen,
   1.1. soweit es erforderlich ist, um etwaige Spitzenbeträge von dem Bezugsrecht auszunehmen[13];
   1.2. *[ggf. bei gleichzeitig bestehendem bedingten Kapital:]*
      soweit es erforderlich ist, um Inhabern der von der Gesellschaft ausgegebenen Options- und Wandlungsrechte auf Aktien ein Bezugsrecht auf neue Aktien in

dem Umfang zu gewähren, wie es ihnen nach Ausübung des Options- bzw. Wandlungsrechts zustünde[14];
1.3. bei Kapitalerhöhungen gegen Bareinlagen: wenn diese insgesamt zehn vom Hundert des bei Ausübung der Ermächtigung bestehenden Grundkapitals der Gesellschaft, höchstens jedoch 2.000.000,– EUR, nicht übersteigen und der Ausgabebetrag der neuen Aktien den Börsenpreis der bereits börsennotierten Aktien gleicher Ausstattung zum Zeitpunkt der endgültigen Festlegung des Ausgabepreises nicht wesentlich unterschreitet (§§ 203 Abs. 1 und 2, 186 Abs. 3 S. 4 AktG)[15];
1.4. bei Kapitalerhöhungen gegen Sacheinlagen,
sowie die weiteren Einzelheiten der Durchführung der jeweiligen Kapitalerhöhung mit Zustimmung des Aufsichtsrats festzulegen.
2. Der Aufsichtsrat wird ermächtigt, die Satzung nach teilweiser oder vollständiger Durchführung von Kapitalerhöhungen aufgrund der Ermächtigung aus dem Genehmigten Kapital II entsprechend dem Umfang der Kapitalerhöhungen neu zu fassen[12].
3. § 3 Abs. 4 der Satzung wird wie folgt neu gefasst *[alternativ bei erstmaliger Schaffung: In § 3 der Satzung wird ein neuer Abs. 4 eingefügt mit folgendem Wortlaut:]*
„4. Der Vorstand ist bis zum …… *[oder: von der Eintragung der Ermächtigung an für fünf Jahre]* ermächtigt, mit Zustimmung des Aufsichtsrats das Grundkapital der Gesellschaft ein- oder mehrmalig um bis zu insgesamt 7.500.000,– EUR gegen Bar- und/oder Sacheinlagen durch Ausgabe von bis zu 7.500.000 neuer auf den Inhaber lautenden Stückaktien zu erhöhen (Genehmigtes Kapital II). Der Vorstand wird ermächtigt, hierbei mit Zustimmung des Aufsichtsrates das gesetzliche Bezugsrecht der Aktionäre ein- oder mehrmalig auszuschließen,
4.1. soweit es erforderlich ist, um etwaige Spitzenbeträge von dem Bezugsrecht auszunehmen;
4.2. *[ggf. bei gleichzeitig bestehendem bedingten Kapital:]*
soweit es erforderlich ist, um Inhabern der von der Gesellschaft ausgegebenen Options- und Wandlungsrechte auf Aktien ein Bezugsrecht auf neue Aktien in dem Umfang zu gewähren, wie er ihnen nach Ausübung des Options- bzw. Wandlungsrechts zustünde;
4.3. bei Kapitalerhöhungen gegen Bareinlagen: wenn diese insgesamt zehn vom Hundert des bei Ausübung der Ermächtigung bestehenden Grundkapitals der Gesellschaft, höchstens jedoch 2.000.000,– EUR, nicht übersteigen und der Ausgabebetrag der neuen Aktien den Börsenpreis der bereits börsennotierten Aktien gleicher Ausstattung zum Zeitpunkt der endgültigen Festlegung des Ausgabepreises nicht wesentlich unterschreitet (§§ 203 Abs. 1 und 2, 186 Abs. 3 S. 4 AktG);
4.4. bei Kapitalerhöhungen gegen Sacheinlagen,
sowie die weiteren Einzelheiten der Durchführung der jeweiligen Kapitalerhöhung mit Zustimmung des Aufsichtsrats festzulegen."
[ab hier wieder einheitlich für beide Alternativen:]
Der Vorsitzende wies darauf hin, dass der Beschluss neben der einfachen Stimmenmehrheit nach § 133 Abs. 1 AktG gemäß §§ 202 Abs. 2, 186 Abs. 3 S. 2 AktG einer Mehrheit von drei Vierteln des bei der Beschlussfassung vertretenen Grundkapitals bedarf.
Die Abstimmung ergab bei 10.100.000 Aktien, für die gültige Stimmen abgegeben wurden, dies entspricht 100% des vertretenen Grundkapitals, folgendes Ergebnis:
Nein-Stimmen: 500.000
Enthaltungen: 100.000
Somit Ja-Stimmen: 9.500.000, entsprechend 95,0% des vertretenen Grundkapitals *[ggf: ……, wobei bei Bestimmung des vertretenen Grundkapitals 100.000 eigene Aktien herausgerechnet wurden]*[16].

Der Vorsitzende gab das Ergebnis der Abstimmung bekannt und stellte fest, dass damit der Kapitalerhöhungsbeschluss entsprechend dem Vorschlag der Verwaltung mit der erforderlichen Kapitalmehrheit gefasst worden sei.

...... *[weitere Abstimmungen zu den übrigen Tagesordnungspunkten]*

V.

Bei den vorangegangen Abstimmungen[5] wurden die abgegebenen Stimmkarten jeweils unter notarieller Aufsicht in den Einsammelbehältern eingesammelt. Dazu begab sich der Notar während der Abstimmung vom Podium in den Saal und überwachte durch eigene Wahrnehmung das Einsammeln der Stimmkartenabschnitte in den Einsammelbehältern. Der Vorsitzende fragte anschließend, ob die Aktionäre und Aktionärsvertreter Gelegenheit hatten, ihre Stimmkarten abzugeben. Er stellte fest, dass dies der Fall war.
Nachdem sich der Vorsitzende davon überzeugt hat, dass alle abzugebenden Stimmkartenabschnitte eingesammelt wurden, beendete er den Abstimmungsvorgang und schloss die Abstimmung. Er bat, die Ein- und Ausgangskontrolle wieder zu öffnen. Anschließend bat er um einige Minuten Geduld, bis unter Verwendung der EDV-Anlage die Abstimmungsergebnisse ermittelt seien. Er teilte mit, die Abstimmungsergebnisse zu verkünden, sobald die Auswertung aus dem Rechenzentrum vorliege. Bis dahin werde eine Pause eingelegt.
Der Notar ging in der Zwischenzeit mit den zum Einsammeln bestimmten und die Einsammelbehälter verwahrenden Personen zur Auszählung in einen separaten Raum. Die Auszählung wurde dort in Anwesenheit des Notars elektronisch mittels der in die Stimmkartenabschnitte eingearbeiteten Barcodes vorgenommen.
Sodann wurden in Anwesenheit des Notars die Abstimmungsergebnisse ermittelt. Diesen Vorgang überwachte der Notar wiederum im Hinblick auf das Auszählen der Stimmen, die richtige Zählweise und die Übereinstimmung der Abstimmung mit der vorausgegangenen Bekanntgabe des Abstimmungsverfahrens durch den Vorsitzenden. Der Notar überbrachte sodann dem Vorsitzenden die Abstimmungsergebnisse.
Nach kurzer Pause und Rückkehr des Notars auf das Podium teilte der Vorsitzende mit, dass die Abstimmungsergebnisse vorlägen und gab sie wie vorstehend bekannt.

VI.

Nach Feststellung der Erledigung der Tagesordnung schloss der Vorsitzende die ordentliche Hauptversammlung um ...... Uhr.
Hierüber habe ich heute das vorstehende Protokoll aufgenommen und wie folgt unterschrieben und gesiegelt.

......
[Unterschrift des Notars][17]

Anmerkungen

1. Genehmigtes Kapital, erleichterter Bezugsrechtsausschluss bei der Sachkapitalerhöhung aus genehmigtem Kapital. Nach § 202 AktG ist genehmigtes Kapital die zeitlich und betragsmäßig begrenzte satzungsmäßige Ermächtigung des Vorstandes zur Erhöhung des Grundkapitals durch Ausgabe neuer Aktien gegen Bar- und/oder Sacheinlagen. Das genehmigte Kapital soll eine im Vergleich zur regulären Kapitalerhöhung flexible und schnelle Kapitalbeschaffung durch den Vorstand ermöglichen. Im Bereich der Sachkapitalerhöhung liegt sein besonderer Vorteil darin, dass der Vorstand nach Einholung der generellen Ermächtigung seitens der Hauptversammlung (m. a. W. nach Schaffung des genehmigten Kapitals) das Grundkapital ohne nochmalige Befassung der Hauptversammlung erhöhen kann, um so insbesondere kurzfristig auf sich bietende Erwerbschancen zum für die Gesellschaft günstigsten Zeitpunkt und zu den günstigsten Bedingungen zu reagieren. Im hier v. a. interessierenden Kontext des Unternehmenserwerbs bedarf der Vorstand dabei flankierend der Möglichkeit, das Bezugsrecht der Aktionäre auszuschließen. Während die formellen Voraussetzungen für einen Bezugsrechtsausschluss bei regulärer Kapitalerhöhung und einem Vorgehen aus genehmigtem Kapital wegen § 203 Abs. 1 AktG einander entsprechen, sind die **materiellen Voraussetzungen** seit der grundlegenden Entscheidung des BGH in der Sache „**Siemens/Nold**" (BGH BGHZ 136, 133 ff., NJW 1997, 2815) beim genehmigten Kapital gegenüber der regulären Kapitalerhöhung **deutlich erleichtert:** Bis zu der Entscheidung behandelte die Rechtsprechung beide Gestaltungen insoweit einheitlich, was beim genehmigten Kapital insbesondere zu dem wenig praxisgerechten Erfordernis führte, dass im Zeitpunkt der Erteilung der Ermächtigung die Voraussetzungen für den Bezugsrechtsausschluss schon so genau feststehen und dargelegt werden mussten, dass die Hauptversammlung hierüber konkret befinden konnte. Nach der Siemens/Nold-Entscheidung genügt nunmehr für die Wirksamkeit der Ermächtigung, dass die **Maßnahme allgemein beschrieben** und die derart beschriebene Maßnahme der Hauptversammlung **bekannt gemacht** wird und im **Interesse der Gesellschaft** liegt.

2. Sachverhalt. Das Form. regelt im Rahmen der ordentlichen Hauptversammlung den allgemeinen Ermächtigungsbeschluss der börsennotierten C-AG zur erstmaligen Schaffung bzw. zur Erneuerung eines genehmigten Kapitals. Alternative 1 sieht den **Ausschluss des Bezugsrechts der Aktionäre durch den Hauptversammlungsbeschluss** vor (§§ 203 Abs. 1, 186 AktG), was praktisch der seltenere Fall ist. Alternative 2 betrifft den verbreiteteren Fall der **Erteilung einer Ermächtigung an den Vorstand zum Ausschluss des Bezugsrechts bei Ausnutzung des genehmigten Kapitals.** Die materiellen Voraussetzungen an die Rechtfertigung des Bezugsrechtsausschlusses sind für beide Gestaltungen innerhalb des genehmigten Kapitals seit der Entscheidung des BGH in „Siemens/Nold" (s. Anm. 1) nach h. M. identisch (Beck AG-HB/ *Gotthardt* § 9 Rdnr. 89). Der Bezugsrechtsausschluss bereits durch die Hauptversammlung wird sich i. d. R. dann anbieten, wenn – wie im Form. in Alternative 1 – bereits ein konkreter Unternehmenserwerb in Aussicht genommen ist. Bei dieser Sachlage muss die Verwaltung entscheiden, ob sie um eine auf den konkreten Erwerb zugeschnittene Ermächtigung mit sofortigem Bezugsrechtsausschluss nachsucht (ggf. mit engerer zeitlicher Begrenzung, Vorgaben zum Ausgabepreis, Regelungen zu einer gleichzeitigen Barkapitalerhöhung zur Begrenzung der Verwässerung der Altaktionäre etc.) oder aber ob sie – so in Alternative 1 des Form. – gleichwohl eine allgemeiner gefasste, nicht auf den konkreten Erwerb beschränkte Ermächtigung anstrebt. Gegenüber der in dieser Situation ebenfalls denkbaren regulären Sachkapitalerhöhung hat die Vorgehensweise über ein genehmigtes Kapital den Vorteil der Vermeidung eines Anfechtungsrisikos gemäß § 255 Abs. 2 AktG, dies jedenfalls solange, als in der Ermächtigung nicht bereits der Ausgabebetrag beziffert wird.

In der Praxis üblich ist die **Untergliederung des genehmigten Kapitals** in verschiedene Segmente (i. d. R. I und II), wobei das Genehmigte Kapital I die gewöhnliche Barkapitalerhöhung ohne Bezugsrechtsausschluss (oder allenfalls für Spitzenbeträge) betrifft, während in einem getrennt zu beschließenden Genehmigten Kapital II (Alternative 2 des Form.) die anfechtungsträchtigeren Fälle der Bar- und Sachkapitalerhöhung mit Bezugsrechtsausschluss bzw. Ermächtigung hierzu geregelt sind. Das Form. sieht hier in Alternative 1 zusätzlich ein Genehmigtes Kapital III für auf Unternehmenserwerbe beschränkte Sachkapitalerhöhungen unter Ausschluss des Bezugsrechts durch die Hauptversammlung vor.

Die allgemeine Ermächtigung schließt eine spätere Kapitalerhöhung gegen **gemischte Sacheinlage** ein (zum parallelen Begriff bei der GmbH vgl. Anm. 1 zu Form. F. I.1; zur AG vgl. *Hüffer* § 205 Rdnr. 2; § 27 Rdnr. 8; MünchKommAktG/*Pentz* § 27 Rdnr. 67 f.; BeckAG-HB/*Zätzsch/ Maul* § 2 Rdnr. 231; K. Schmidt/Lutter/*Bayer* § 27 Rdnr. 29); zur Festsetzung und Genehmigung der hiermit verbundenen Vergütung an den Einleger durch die Beschlüsse von Vorstand und Aufsichtsrat bedarf es keiner ausdrücklichen Ermächtigung durch die Hauptversammlung, zumal auch ein vollständiger käuflicher Erwerb des Zielunternehmens außerhalb einer Kapitalerhöhung als Geschäftsführungsmaßnahme regelmäßig ohne Ermächtigung zulässig wäre.

3. Teilnehmerverzeichnis. Vgl. Form. F. II.1 Anm. 2.

4. Einberufung; Tagesordnung; Mediale Verbreitung bei börsennotierten Gesellschaften. Das Formular setzt ordnungsgemäße Einberufung der Hauptversammlung und Bekanntmachung der Tagesordnung voraus; zu Protokollierungsfragen vgl. Form. F.II.1 Anm. 3. Die textliche Wiedergabe des Beschlussvorschlags im Form. erfolgt hier v. a. aus Darstellungsgründen; es genügt auch eine Verweisung auf die beigefügte Tagesordnung. Bei **börsennotierten Gesellschaften** (§ 3 Abs. 2 AktG), die nicht ausschließlich Namensaktien ausgegeben haben bzw. die – im Falle von Inhaberaktien – die Einberufung den Aktionären nicht direkt zuleiten (§ 124 Abs. 4 S. 2 AktG), schreibt § 121 Abs. 4 a AktG i. d. F. Art. 1 Nr. 9 c ARUG die **Zuleitung an Medien**, die eine **EU-weite Verbreitung** erwarten lassen, vor. Verstoß führt nicht zur Nichtigkeit, begründet als Einberufungsmangel u. U. aber die Anfechtbarkeit (*Hüffer* § 121 Rdnr. 11 j). Nicht geklärt ist, ob diese Zuleitungsnachweise als Anlage zu Protokoll zu nehmen sind (so aus Vorsichtsgründen das Form.), auch wenn sie nicht zu den Einberufungsbelegen im engeren Sinn gem. §§ 130 Abs. 3, 121 Abs. 3 AktG gehören dürften. Bei der noch bis 31. 12. 2010 erforderlichen Veröffentlichung der Einberufung in einem Börsenpflichtblatt gem. §§ 30 b Abs. 1 Nr. 1, 46 Abs. 4 WpHG war die Aufnahme im Protokoll jedenfalls nicht üblich.

5. Abstimmungsverfahren und notarielle Überwachung. Das Form. sieht eine Abstimmung unter Anwendung des Subtraktionsverfahrens und Verwendung von Stimmkarten mit Barcodes zur Stimmenauszählung vor. Die Ausführungen in Abschn. V. zur notariellen Überwachung erfolgen vorsichtshalber und können den tatsächlichen Gegebenheiten entsprechend modifiziert werden (z. B. keine Unterbrechung der Versammlung zwecks Teilnahme des Notars bei der Auszählung im Back Office, stattdessen ggf. „Inspektion" des Back Office durch den Notar vor Beginn der Versammlung – vgl. näher in Anm. 10 zu Form. F.II.1).

6. Generaldebatte. Auch wenn die Aussprache als Generaldebatte nach Aufruf sämtlicher Tagesordnungspunkte stattfindet, empfiehlt es sich für die Niederschrift, die etwa protokollierungsbedürftigen Vorgänge den einzelnen Tagesordnungspunkten zuzuordnen.

7. Vorstandsbericht gem. §§ 203 Abs. 1, 186 Abs. 3 und 4 AktG. S. Form. F. III.3.

8. Vorstandsbericht gem. §§ 203 Abs. 2 S. 2, 186 Abs. 4 AktG. S. Form. F.III.4.

9. Schließung der Ausgangskontrolle während des Abstimmungsvorgangs. Geschieht dies nicht, ist bei jedem Abstimmungsgegenstand ggf. eine geänderte Präsenz festzustellen und z. B. wie folgt mitzuteilen: „Der Vorsitzende stellte fest, dass nach dem ihm vorliegenden aktualisierten Teilnehmerverzeichnis, das er am Wortmeldetisch auslege, infolge Zu- und Abgängen die Präsenz nunmehr …… Stückaktien mit derselben Anzahl Stimmen, dies entspricht …… % des stimmberechtigten Grundkapitals, betrage. Sodann stellte der Vorsitzende den Vorschlag der Verwaltung zur Abstimmung." Zu den korrespondierenden Angaben bei der Präsenzfeststellung s. auch Anm. 16.

10. Laufzeit der Ermächtigung. Die zweite Variante des Form., bei der Frist nach den §§ 187 Abs. 1, 188 Abs. 2 BGB berechnet wird, erlaubt vollständige Ausschöpfung der gesetzlichen Höchstlaufzeit der Ermächtigung, verlangt aber zur näheren Bestimmung Rückgriff auf die Registereintragung. Frist ist nur gewahrt, wenn bei Fristablauf die Durchführung der Kapitalerhöhung eingetragen ist; auf Aktienausgabe kommt es nicht an. Bei Alternative 1 kommt auch eine kürzerfristige Erteilung der Ermächtigung in Betracht, insbesondere wenn diese (anders als im Form.) auf einen bestimmten Unternehmenserwerb beschränkt sein soll.

11. Höchstbetrag. Der Gesamtbetrag der genehmigten Kapitalia darf Grenze des § 202 Abs. 3 AktG – Hälfte des im Zeitpunkt der Ermächtigung vorhandenen Grundkapitals – nicht überscheiten. Die Einzelbeträge sind zu beziffern. Eine gleichzeitig mit der Ermächtigung eingetragene Erhöhung (oder Herabsetzung) des Grundkapitals oder ein außerhalb des Registers durch Ausgabe von Bezugsaktien wirksam gewordenes bedingtes Kapital ist zu berücksichtigen. Eine nach Eintragung der Ermächtigung wirksam werdende Kapitalherabsetzung berührt die Ermächtigung nicht mehr (MünchHdbGesR IV/*Krieger* § 58 Rdnr. 8; weitere Details: *Hüffer* § 202 Rdnr. 13 f.). Das Form. setzt in beiden Alternativen voraus, dass durch das hier neu geschaffene/verlängerte/aufgestockte Genehmigte Kapital III bzw. II nicht der volle Höchstbetrag von (hier) 10.000.000,– EUR ausgeschöpft wird, sondern noch weitere Beträge für die übrigen Genehmigten Kapitalia (z. B. Genehmigtes Kapital I) reserviert sind.

12. Fassungsermächtigung an den Aufsichtsrat. Das Form. unterstellt, dass die Satzung bereits eine generelle Ermächtigung des Aufsichtsrats zu Fassungsänderungen enthält, so dass im Zusammenhang mit der Schaffung des genehmigten Kapitals insoweit keine Satzungsregelung veranlasst ist.

13. Bezugsrechtsausschluss für Spitzenbeträge. Dieser Ausschlussgrund soll praktikable Bezugsverhältnisse gewährleisten und technisch nicht zuteilbare sog. „freie Spitzen" vermeiden. Diese können dann zusammengefasst z. B. über die Börse zum Nutzen der Gesellschaft verwertet werden. Die Zulässigkeit ist allgemein anerkannt (BGH BGHZ 83, 319, 323 = NJW 1982, 2444), solange der Erhöhungsbetrag nicht so gewählt werden kann, dass freie Spitzen vermieden werden.

14. Bezugsrechtsausschluss bei gleichzeitig bestehendem bedingtem Kapital. Vgl. hierzu die Begründung in Form. F. III.4 zu Ziff. 1.3.

15. Maßgeblicher Zeitpunkt für 10%-Kapitalgrenze. Welcher Zeitpunkt für die 10%-Kapitalgrenze für den sog. erleichterten Bezugsrechtsausschluss gem. § 186 Abs. 3 S. 4 AktG im Rahmen von genehmigtem Kapital maßgeblich ist, ist umstritten. § 203 Abs. 1 S. 2 AktG spricht zunächst dafür, auf den Zeitpunkt der Eintragung des Ermächtigungsbeschlusses abzustellen. Lässt man es hierbei, bietet es sich an, den bei Beschlussfassung regelmäßig bestimmbaren Erhöhungsbetrag sogleich zu beziffern, was gängiger Hauptversammlungspraxis entspricht. Darüber hinaus soll es jedoch auch auf den künftigen Zeitpunkt des Bezugsrechtsausschlusses ankommen, wenn das Grundkapital bis dahin abgesunken ist, nach a. A. auch dann, wenn es gestiegen ist (vgl. *Hüffer* § 203 Rdnr. 10 a m. w. N., 35). Das Form. wählt die sichere Gestaltung, die eine „zu hohe" künftige Ermächtigung vermeidet. Eine Berichtspflicht des Vorstands besteht auch hinsichtlich des Bezugsrechtsausschlusses bei Ausnutzung der 10%-Grenze, da § 186 Abs. 3 S. 4 AktG hierfür den Bezugsrechtsausschluss lediglich zulässt und nicht etwa das Nichtvorliegen eines solchen fingiert; es gelten allerdings verminderte Anforderungen (näher *Hüffer* § 186 Rdnr. 39 f; zum Inhalt s. Form. F. III.4).

16. Erweiterte Ergebnisfeststellung bei börsennotierten Gesellschaften; Angaben zur Präsenz. In Umsetzung der Aktionärsrechterichtlinie (207/36/EG, Abl EG Nr. L 184 S 17) ist gem. § 130 Abs. 2 S. 2 AktG bei börsennotierten Gesellschaften (§ 3 Abs. 2 AktG) nunmehr grundsätzlich vom Vorsitzenden festzustellen (und vom Notar zu protokollieren), für wieviele Aktien gültige Stimmen abgegeben wurden und welcher Anteil am Grundkapital durch die gültigen Stimmen vertreten wird. Abweichungen zwischen Stimmen- und Aktienzahl können sich außer bei ungültig abgegebenen Stimmen z. B. aus dem Vorhandensein von stimmrechtslosen Vorzugsaktien, unvollständiger Einlage auf Aktien oder Stimmverboten (wobei die Verbote der §§ 136 Abs. 1, 278 Abs. 3, 285 Abs. 1 AktG bei Kapitalerhöhungsbeschlüssen regelmäßig keine Rolle spielen dürften) ergeben. Enthaltungen sind jedenfalls bei Subtraktionsverfahren mit anzugeben, weil sonst das Ergebnis nicht nachvollziehbar ist. Eigene Aktien geben kein Stimmrecht; es empfiehlt sich daher klarzustellen, ob diese beim vertretenen Grundkapital mitgezählt wurden (RegBegr BT-Drucks 16/11.642 S. 32). Sinnvollerweise geht man hierauf schon bei der Präsenzfeststellung ein (dort auch Klarstellung, wenn das per *Record date* i. S. v. § 123 Abs. 3 AktG stimmberechtigte Grundkapital von dem eingetragenen bzw. von dem unabhängig von der Eintragung bestehenden Grundkapital im Zeitpunkt der Abhaltung der Versammlung abweicht, etwa infolge nach dem *Record date* bis zum Versammlungstag eingetragener Kapitalerhöhungen oder ausgegebener Aktien aus bedingtem Kapital). Zur **vereinfachten Beschlussfeststellung** (in Ermangelung eines abweichenden Aktionärsverlangens) s. § 130 Abs. 2 S. 3 AktG (vgl. entspr. Öffnungsklausel in Art. 14 Abs. 1 Aktionärsrechterichtlinie); zur Frage, ob der Notar die erweiterten Feststellungen trotz Anwendung des vereinfachten Verfahrens treffen sollte, vgl. DNotI-Report 2010, 61, 64. Zur nachträglichen **Internetpublizität des Abstimmungsergebnisses**, für welche die Erleichterung jedenfalls nicht gilt, s. § 130 Abs. 6 AktG.

17. Unterzeichnung durch den Notar. Vgl. Form F. II.1 Anm. 11.

18. Kosten und Gebühren. S. Hinweise zu Form. F. II.5 Anm. 1.

2. Beschluss des Vorstands einer AG zur Kapitalerhöhung gegen Sacheinlagen

**Beschluss des Vorstandes der C-AG
zur Ausübung der Ermächtigung zur Ausgabe neuer Aktien
aus genehmigtem Kapital[1]**

1. Der Vorstand der Gesellschaft ist durch Beschluss der Hauptversammlung vom ...... (UR-Nr. ....../...... des Notars ......, ...) bis zum ...... *[oder: von der Eintragung der Ermächtigung an für fünf Jahre]* ermächtigt worden,

   [Alternative 1 aus Form. F.III.1 – Bezugsrechtsausschluss schon durch die Hauptversammlung:]

   ...... mit Zustimmung des Aufsichtsrats das Grundkapital der Gesellschaft ein- oder mehrmalig um bis zu insgesamt 2.500.000,– EUR zum Zwecke der Gewährung von Aktien als Gegenleistung für den Erwerb von Unternehmen, Unternehmensteilen oder Unternehmensbeteiligungen gegen Sacheinlagen durch Ausgabe von bis zu 2.500.000 neuen auf den Inhaber lautender Stückaktien zu erhöhen (Genehmigtes Kapital III). Das gesetzliche Bezugsrecht der Aktionäre ist hierbei bereits durch die Ermächtigung ausgeschlossen worden.

   Vorstehende Ermächtigung wurde am ...... im Wege der Satzungsänderung als § 3 Abs. 5 der Satzung in das Handelsregister eingetragen.

   [Alternative 2 aus Form. F.III.1 – Bezugsrechtsausschluss erst durch Vorstand aufgrund Ermächtigung:]

   ...... mit Zustimmung des Aufsichtsrats das Grundkapital der Gesellschaft ein- oder mehrmalig um bis zu insgesamt 7.500.000,– EUR gegen Bar- und/oder Sacheinlagen durch Ausgabe von bis zu 7.500.000 neuen auf den Inhaber lautender Stückaktien zu erhöhen (Genehmigtes Kapital II). Der Vorstand ist u. a. ermächtigt, hierbei mit Zustimmung des Aufsichtsrates das gesetzliche Bezugsrecht der Aktionäre ein- oder mehrmalig auszuschließen, wenn die neuen Aktien gegen Sacheinlagen ausgegeben werden.

   Der Vorstand ist dabei berechtigt, die weiteren Einzelheiten der Durchführung der jeweiligen Kapitalerhöhung mit Zustimmung des Aufsichtsrats festzulegen.

   Vorstehende Ermächtigung wurde am ...... im Wege der Satzungsänderung als § 3 Abs. 4 der Satzung in das Handelsregister eingetragen.

   [ab hier wieder einheitlich für beide Alternativen:]

2. Aufgrund der vorgenannten Ermächtigung beschließt der Vorstand hiermit einstimmig[2] unter dem Vorbehalt der noch zu erteilenden[3] Zustimmung des Aufsichtsrates das Folgende:

   2.1. Das Grundkapital der Gesellschaft wird von derzeit 20.000.000,– EUR um 2.000.000,– EUR auf 22.000.000,– EUR (in Worten: zweiundzwanzig Millionen Euro) durch Ausgabe von 2.000.000 neuen auf den Inhaber lautender Stückaktien mit einer rechnerischen Beteiligung am Grundkapital der Gesellschaft von je 1,– EUR mit Gewinnberechtigung ab dem 1. Januar ...... erhöht. Der Ausgabebetrag[4] der neuen Aktien beträgt 5,– EUR je Aktie; der Gesamtausgabebetrag beträgt mithin 10.000.000,– EUR.

   2.2. Die Kapitalerhöhung erfolgt gegen Sacheinlagen.
   [nur bei Alternative 2:][5, 6] Das gesetzliche Bezugsrecht der Aktionäre wird hiermit ausgeschlossen.

2. Beschluss des Vorstands einer AG zur Kapitalerhöhung gegen Sacheinlagen F.III.2

2.3. Zur Zeichnung sämtlicher neuer Aktien wird allein die Y-GmbH mit Sitz in ......, eingetragen beim Handelsregister des Amtsgerichts ...... unter Nr. HRB ......, zugelassen.
Die Sacheinlage hat dadurch zu erfolgen, dass die Y-GmbH sämtliche Geschäftsanteile im Gesamtnominalwert von ...... EUR an der mit einem Stammkapital von ...... EUR im Handelsregister des Amtsgerichts ...... unter Nr. HRB ...... eingetragenen Z-GmbH mit Sitz in ...... einschließlich des Gewinnbezugsrechts für das laufende Geschäftsjahr bis zum ...... an die Gesellschaft abtritt.

[Variante: gemischte Sacheinlage[1]:]
Für die vorstehende Sacheinlage wird der Y-GmbH zusätzlich zu den 2.000.000 neuen Inhaberstückaktien eine Vergütung in Höhe von EUR 3.500.000,– gewährt, die bis zum ...... an die Y-GmbH zu zahlen ist.

2.4. Die Zeichnung wird unverbindlich, wenn die Durchführung der Erhöhung des Grundkapitals nicht bis zum ...... in das Handelsregister der Gesellschaft eingetragen worden ist[7].
2.5. Die vorstehenden Festsetzungen sind in den Zeichnungsschein aufzunehmen.
3. Die vorstehenden Beschlüsse stehen unter der auflösenden Bedingung, dass die Zeichnung der aufgrund dieser Kapitalerhöhung entstehenden neuen Aktien nicht innerhalb einer Frist von ...... Wochen ab Fassung dieses Beschlusses erfolgt ist[8].
4. Die gesamten Kosten der Kapitalerhöhung werden von der Gesellschaft getragen.

......, den ......

......

[Unterschriften des Gesamtvorstandes[2]]

Anmerkungen

1. Sachverhalt. Das Formular schließt an Form. F.III.1 mit den beiden dortigen Alternativen für eine Ermächtigung durch die Hauptversammlung an – einerseits eine auf Sachkapitalerhöhungen im Zusammenhang mit Unternehmensakquisitionen beschränkte Ermächtigung unter Ausschluss des Bezugsrechtes bereits durch die Hauptversammlung und andererseits ein „klassisches" Genehmigtes Kapital II u. a. für (nicht näher definierte) Sacheinlagen mit bloßer Ermächtigung an die Verwaltung zum Ausschluss des Bezugsrechts im Zeitpunkt der Ausübung. Auf der Ausübungsseite unterscheiden sich die beiden Alternativen denn auch nur hinsichtlich der Behandlung des Bezugsrechtsausschlusses. Das Form. sieht keine Erhöhung um einen „bis-zu"-Betrag vor, da die Anzahl der als Gegenleistung für das Zielunternehmen zu gewährenden Aktien im Zeitpunkt des Vorstandsbeschlusses regelmäßig feststehen dürfte. Das Form. sieht in einer Variante (Ziff. 2.3 a. E.) neben der Gewährung der neuen Aktien eine Vergütung in bar für die von dem Inferenten zu erbringende Sacheinlage vor. Eine solche Kapitalerhöhung gegen sog. **gemischte Sacheinlage** (vgl. zum Begriff Form. F.I.1 Anm. 1) ist auch im Rahmen der Ausnutzung von genehmigtem Kapital möglich und bedarf keiner gesonderten Erwähnung in der Ermächtigung. Bei dieser Gestaltung müssen Vorstandsbeschluss und Zeichnungsschein zu der gewährten Vergütung Festsetzungen enthalten (vgl. Anm. 7 zu Form. F.II.1 m. w. N.); in der Registeranmeldung sollte diese ebenfalls offenbart werden.

2. Voraussetzungen, Inhalt, Unterzeichnung, Form. Der Beschluss des Vorstandes setzt Wirksamwerden der Ermächtigung voraus und kann daher **erst nach Eintragung der Ermächtigung in das Handelsregister** gefasst werden; aus diesem Grund kann die Anmeldung von Ermächtigung und Durchführung nie zusammen erfolgen. Der Inhalt der Ermächtigung muss in dem Beschluss nicht vollständig wiedergegeben werden, zumal auf die Satzungsvorschrift verwiesen wird. In Alternative 2 genügt daher die Wiedergabe der konkret herangezogenen Ermächtigungsgrundlage zum Bezugsrechtsausschluss bei Sacheinlagen. Für die Beschlussfassung des Vorstandes gelten die allg. Regeln für Geschäftsführungsmaßnahmen (§ 77 AktG);

dabei ist regelmäßig wegen der besonderen Bedeutung ein **einstimmiger Beschluss des Gesamtvorstandes** erforderlich, sofern nicht Satzung oder Geschäftsordnung Erleichterungen vorsehen (*Hüffer* § 202 Rdnr. 20). Nicht geklärt ist, ob der Beschluss auch nach Aufhebung der Aufbewahrungsvorschrift des (bislang über § 203 Abs. 1 S. 1 AktG anwendbaren) § 188 Abs. 5 a.F. AktG für Zwecke der Registereinreichung weiterhin zumindest **schriftlich** zu fassen ist, auch wenn hierfür etwa anwendbare allg. Regeln (Satzung, Geschäftsordnung) eine geringere Form, wie Mündlichkeit oder Textform, vorsehen (so zur bisherigen Rechtslage *Hüffer*[8] § 188 Rdnr. 19). Für die fortbestehenden Erfordernisse der Registerpublizität mag jede Form der Verkörperung ausreichen, solange sie in das elektronische Handelsregister einstellbar ist; bis zu einer Klärung durch die Rspr. sollte aber vorsichtshalber die Schriftform beachtet werden. Zur Frage, ob der Beschluss überhaupt zum Register einzureichen ist, vgl. Anm. 2 zu Form. F.III.8). Das Formular sieht Unterzeichnung durch alle Vorstandsmitglieder vor. Alternativ kann auch der nach der Geschäftsordnung des Vorstandes Ausfertigungsberechtigte ein Protokoll über den Beschluss erstellen und dieses „für die Richtigkeit" unterschreiben (das Protokoll sollte dann als solches betitelt werden („Protokoll über den Beschluss ......") sowie ggf. ein erleichtertes Abstimmungsverfahren bezeichnen und die daran Mitwirkenden namentlich aufführen, um Zweifel an der ordentlichen Beschlussfassung zu vermeiden).

3. Vorbehalt der Zustimmung des Aufsichtsrats. Üblich ist die Zustimmungserteilung im Wege nachfolgender Genehmigung durch den Aufsichtsrat. Möglich ist jedoch auch, dass der Aufsichtsrat vorab eine Einwilligung erteilt. Dann empfiehlt es sich, den zu fassenden Vorstandsbeschluss in dem Aufsichtsratsbeschluss als Entwurf komplett zu zitieren und die Einwilligung für den Fall seiner entwurfsgemäßen Beschlussfassung durch den Vorstand zu erteilen.

4. Ausgabebetrag. Zur parallel liegenden Frage der Notwendigkeit der Festsetzung eines Ausgabebetrages bei der regulären Kapitalerhöhung s. Anm. 7 zu Form. F.II.1.

5. Bezugsrechtsausschluss. Ein Beschluss über den Ausschluss des Bezugsrechts ist nur in Alternative 2 veranlasst. Bei Alternative 1 erfolgte der Bezugsrechtsausschluss bereits durch die Hauptversammlung bei Erteilung der Ermächtigung, so dass ein Beschluss des Vorstandes ins Leere ginge und auch ohne Ermächtigungsgrundlage wäre. Es genügt daher, wie in Ziff. 1 des Form. geschehen, auf den vorausgegangenen Beschluss der Hauptversammlung hinzuweisen.

6. Keine weitere Vorabberichtspflicht des Vorstands vor Ausübung der Ermächtigung. Aus der Begründung der Entscheidung des BGH in „Siemens/Nold" (BGH BGHZ 136, 133 ff., NJW 1997, 2815) wird von der h.M. (Überblick bei *Hüffer* § 203 Rdnr. 36 ff.; aus der Rspr: LG Frankfurt/M. ZIP 2001, 117; OLG Frankfurt/M. AG 2003, 438) geschlossen, dass *vor* Ausnutzung des genehmigten Kapitals eine – erneute – Berichtspflicht des Vorstandes entsprechend § 186 Abs. 4 S. 2 AktG im Sinne einer nunmehr auf den geplanten Sacheinlagevorgang konkretisierten Begründung des Bezugsrechtsausschlusses und der Höhe des Ausgabebetrages nicht besteht; vielmehr bewendet es in diesem Stadium mit dem Bericht, den der Vorstand bereits zur Vorbereitung des Ermächtigungsbeschlusses der Hauptversammlung erstattet hat. Hinzu tritt jedoch eine **nachträgliche Berichtspflicht** gegenüber der nächsten Hauptversammlung, die nach Ausübung der Ermächtigung stattfindet (BGH BGHZ 136, 133, 140). Das Form. sieht daher (auch in der Alternative 2) für den **Vorstandsbeschluss keine Begründung des Bezugsrechtsausschlusses oder des Ausgabebetrages** vor. Eine Begründung und nähere Darlegungen hierzu, insbesondere zu der strategischen Bedeutung des Unternehmenserwerbs sowie u.U. einer Beteiligung des Inferenten an der Gesellschaft, zu dem Verlauf der Verhandlungen, einer ggf. vorgenommenen due diligence, zu der Bewertung des Zielunternehmens sowie – im Hinblick auf die Frage einer wirtschaftlichen Verwässerung der Altaktionäre – der Bewertung der Gesellschaft selbst, können jedoch auf freiwilliger Basis sinnvoll sein, um die vom Vorstand angestellten relevanten Erwägungen aus der Perspektive bei Ausübung der Ermächtigung zeitnah zu dokumentieren; eine Aufnahme in den Beschluss (vgl. Muster bei *Happ/Ihrig* 12.05 lit. n)) präjudiziert freilich den Vorstand für seinen nachträglichen Bericht gegenüber der Hauptversammlung und belastet das Handelsregister.

7. Festsetzung des „Verfalldatums" gem. § 185 Abs. 1 S. 3 Nr. 4 AktG (zu diesem näher Anm. 4 zu Form. F.II.3) gehört nicht zu den zwingenden Bestandteilen des schriftlichen Vorstandsbeschlusses (*Hüffer* §§ 203 Rdnr. 5, 204 Rdnr. 2). Hat die Hauptversammlung (wie regelmäßig) dazu keine Festsetzung getroffen, so kann der Vorstand mit Zustimmung des Aufsichtsrats (§ 204 Abs. 1 AktG) hierüber auch erst bei Ausgabe des Zeichnungsscheins, der das Datum enthalten muss, entscheiden.

8. Zeichnungsfrist. Sie ist gesetzlich nicht vorgeschrieben und dient der Straffung der Kapitalerhöhung. Festsetzung trifft im Rahmen von § 204 Abs. 1 AktG der Vorstand mit Zustimmung des Aufsichtsrats. Die Frist wird bei einer Unternehmenserwerbssituation meist kurz sein, da der Beschluss regelmäßig unmittelbar vor dem beabsichtigen Erwerbsvorgang gefasst wird.

3. Vorstandsbericht zum Bezugsrechtsausschluss gem. §§ 203 Abs. 1 S. 1, 186 Abs. 3 und 4 S. 2 AktG

Bericht des Vorstands an die Hauptversammlung über den Ausschluss des Bezugsrechts zu Punkt 7 der Tagesordnung gem. §§ 203 Abs. 1 S. 1, 186 Abs. 3 und 4 S. 2 AktG

Zu Tagesordnungspunkt 7 der Hauptversammlung am ...... soll ein neues genehmigtes Kapital geschaffen werden, durch das *[ggf.: unbeschadet der im Übrigen bestehenden Genehmigten Kapitalia I (für Barkapitalerhöhungen ohne Bezugsrechtsausschluss) und II (für Bar- und Sachkapitalerhöhungen zu bestimmten Zwecken mit Ermächtigung zum Bezugsrechtsausschluss)]* die Verwaltung in die Lage versetzt wird, zum Zweck der Akquisition von Unternehmen, Unternehmensteilen und Beteiligungen an Unternehmen Aktien auszugeben, ohne dass jeweils die Hauptversammlung befasst werden muss. Damit die Verwaltung diese Möglichkeit dem Interesse der Gesellschaft entsprechend optimal und flexibel nutzen kann, ist der Ausschluss des gesetzlichen Bezugsrechtes der Aktionäre vorgesehen, und zwar bereits in dem von der Hauptversammlung erbetenen Ermächtigungsbeschluss. Mit anderen Worten: nach dem Beschlussvorschlag zu Tagesordnungspunkt 7 wird die Entscheidung über den Ausschluss des Bezugsrecht von der Hauptversammlung schon bei Erteilung der Ermächtigung und nicht erst durch die Verwaltung bei deren Ausübung getroffen. Der von der Hauptversammlung erbetene Bezugsrechtsausschluss rechtfertigt sich aus Folgendem:

Der Erwerb von Unternehmen oder Beteiligungen gegen Gewährung von Aktien ist eine immer üblicher werdende Form der Akquisition. Die Praxis zeigt, dass in vielen Fällen die Inhaber attraktiver Akquisitionsobjekte als Gegenleistung insbesondere für die Veräußerung eines Unternehmens oder ihrer Anteile daran die Verschaffung von Aktien der erwerbenden Gesellschaft verlangen. Um auch solche Akquisitionsobjekte erwerben zu können, muss die Gesellschaft die Möglichkeit haben, ihr Grundkapital unter Umständen sehr kurzfristig gegen Sacheinlagen unter Ausschluss des Bezugsrechts der Aktionäre zu erhöhen. Außerdem wird es der Gesellschaft ermöglicht, Unternehmen und Beteiligungen zu erwerben, ohne dabei über Gebühr die eigene Liquidität in Anspruch nehmen zu müssen. Dabei könnte die Gesellschaft im Einzelfall (z.B. für größere Übernahmen von Unternehmen bzw. Beteiligungen, insbesondere ihrerseits bereits börsennotierter Unternehmen) oder insgesamt ein sehr erhebliches Volumen an jungen Aktien benötigen, womit sich der beträchtliche Umfang des von der Hauptversammlung erbetenen Bezugsrechtsausschlusses rechtfertigt. Der Vorstand wird jeweils im Einzelfall sorgfältig prüfen, ob er von der Ermächtigung zu einer Kapitalerhöhung bei sich konkretisierenden Erwerbsmöglichkeiten Gebrauch machen soll.

Kapitalerhöhungen gegen Sacheinlagen erfordern in aller Regel und insbesondere beim Erwerb von Unternehmen oder Beteiligungen den Ausschluss des gesetzlichen Bezugsrechts der Aktionäre, weil naturgemäß nur der Inhaber des betreffenden Sacheinlagegegenstandes zu dessen Erbringung an die Gesellschaft in der Lage ist. Gerade bei Unternehmenserwerben stellt meist eine Barkapitalerhöhung unter Gewährung des gesetzlichen Bezugsrechts auch kein im Interesse der Gesellschaft tunliches alternatives Mittel zur Beschaffung von Akquisitionswährung dar, da ein solches Vorgehen selbst bei Verwendung genehmigten Kapitals in der Regel zu langwierig und unflexibel wäre, keine hinreichende Mittelbeschaffung sicher stellt und auch häufig dem ausdrücklichen Interesse des Unternehmensveräußerers an einer Vergütung in Aktien der erwerbenden Gesellschaft widerspricht. Untunlich sind regelmäßig auch kombinierte Bar- und Sachkapitalerhöhungen, die es den Aktionären erlauben würden, durch Teilnahme an dem Baranteil der Kapitalerhöhung einer Verwässerung entgegenzuwirken. Auch dieser Weg widerspräche dem Interesse der Gesellschaft an einem flexibel handhabbaren Erwerbsvorgang und häufig auch dem Interesse des Veräußerers an der Erlangung einer bestimmten Beteiligungsquote. Vor diesem Hintergrund soll für die hier nachgesuchte Spezialermächtigung für Sachkapitalerhöhungen die Entscheidung über den Ausschluss des Bezugsrechts nicht bis zum Zeitpunkt der Ausübung der Ermächtigung durch die Verwaltung aufgeschoben und dann dieser zugewiesen werden, sondern unmittelbar der Hauptversammlung zusammen mit der Entscheidung über die Ermächtigung verbleiben.
[ggf. bei konkret anstehender Ausnutzung der Ermächtigung: Ausführungen zu dem geplanten Unternehmenskauf etc.]
Aufgrund der vorstehenden Ausführungen ist der von der Hauptversammlung erbetene Bezugsrechtsausschluss erforderlich und im Interesse der Gesellschaft geboten.
Der Aufsichtsrat wird seine erforderliche Zustimmung zur Ausnutzung des genehmigten Kapitals nur dann erteilen, wenn die beschriebenen sowie sämtliche gesetzlichen Voraussetzungen erfüllt sind.

......, den ......
Der Vorstand:

......
[Unterschriften sämtlicher Vorstandsmitglieder]

Anmerkung

Sachverhalt: wie in Form. F. III.1 Alternative 1: Genehmigtes Kapital ist auf Sachkapitalerhöhungen zum Zwecke von Unternehmenskäufen u. ä. beschränkt; Ausschluss des Bezugsrechts erfolgt (daher) bereits durch Beschluss der Hauptversammlung (§§ 203 Abs. 1 S. 1, 186 Abs. 3 und 4 S. 2 AktG), nicht erst durch die hierzu zu ermächtigende Verwaltung. Hieraus ergeben sich Abweichungen zu dem in Form. F. III.4 enthaltenen Bericht gem. §§ 203 Abs. 2, 186 Abs. 4 S. 2 AktG, der sich entsprechend dem Sachverhalt in Form. F. III.1 Alternative 2 auf ein umfassend ausnutzbares Genehmigtes Kapital bezieht und eine Ermächtigung an die Verwaltung zum Ausschluss des Bezugsrechts vorsieht. Beide Berichtsarten können einander jedoch auch sehr ähneln, wenn sich der Unterschied in der Zuständigkeit für den Bezugsrechtsausschluss erschöpft. Jedoch ist im Form. aus Darstellungsgründen der bereits durch die Hauptversammlung zu beschließende Ausschluss des Bezugsrechts besonders erläutert, zumal dieser bei einem auf Sachkapitalerhöhungen begrenzten Genehmigten Kapital besonders nahe liegt. Ferner bietet es sich bei dieser Gestaltung zumindest eher an, schon in dem Bericht auf etwa konkret anstehende Ausnutzungen der Ermächtigung einzugehen (während es im Regelfall mit einer nachträglichen konkreten Berichtspflicht bewendet, vgl. Form. F. III.2 Anm. 6). Zu den Formalien (Auslegung, Bekanntmachung, Unterzeichnung) und etwaigem Verzicht auf Förmlichkeiten vgl. Form. F. II.1 Anm. 8 und 9.

4. Vorstandsbericht zum Bezugsrechtsausschluss gem. §§ 203 Abs. 2, 186 Abs. 4 S. 2 AktG

Bericht des Vorstands an die Hauptversammlung über die Ermächtigung zum Ausschluss des Bezugsrechts zu Punkt 7 der Tagesordnung gem. §§ 203 Abs. 2, 186 Abs. 4 S. 2 AktG

Zu Tagesordnungspunkt 7 der Hauptversammlung am …… soll *[ggf.: unter Aufhebung der bestehenden satzungsmäßigen Ermächtigung des Vorstands zu Kapitalerhöhungen (Genehmigtes Kapital II)] ein neues [ggf.: aufgestocktes]* genehmigtes Kapital geschaffen werden, womit die Verwaltung in die Lage versetzt wird, zum Zweck der Beschaffung weiterer finanzieller Mittel, zur Akquisition von Unternehmen, Unternehmensteilen und Beteiligungen an Unternehmen oder sonst aus Gründen des Gesellschaftsinteresses Aktien auszugeben, ohne dass jeweils die Hauptversammlung befasst werden muss. Damit die Verwaltung diese Möglichkeit dem Interesse der Gesellschaft entsprechend optimal und flexibel nutzen kann, soll der Beschluss für verschiedene in dem Beschlussvorschlag benannte Zwecke eine Ermächtigung vorsehen, das Bezugsrecht auszuschließen; im Einzelnen:

1. Der Bezugsrechtsausschluss nach Ziff. 1.1. der Ermächtigung (Ausschluss von Spitzen) dient dem Zweck, ein glattes und handhabbares Bezugsverhältnis bei Kapitalerhöhungen zu ermöglichen, wodurch die Abwicklung der Kapitalmaßnahmen erleichtert wird. Die Spitzenbeträge werden jeweils bestmöglich, mindestens aber zum Bezugskurs verwertet.
2. *[ggf., bei Einfügung einer Ermächtigung gem. Ziff. 1.2. in Form. F.III.1:) Der Bezugsrechtsausschluss nach Ziff. 1.2. der Ermächtigung (Ausschluss zugunsten von Inhabern von Options- oder Wandlungsrechten) soll es ermöglichen, den Inhabern von derartigen Rechten einen angemessenen Verwässerungsschutz im Falle von Kapitalerhöhungen zu gewähren. Die Inhaber von Options- oder Wandlungsrechten können durch Ermäßigung des jeweiligen Options- oder Wandlungspreises, der baren Zuzahlung oder durch Gewährung eines Bezugsrechts auf neue Aktien vor Verwässerung ihrer Umtausch- oder Optionsrechte geschützt werden. Welche der Möglichkeiten im Einzelfall sachgerecht ist, wird die Verwaltung zeitnah zur Ausnutzung des genehmigten Kapitals entscheiden. Um nicht von vornherein auf die Alternative der Verminderung des Options- oder Wandlungspreises oder der baren Zuzahlung beschränkt zu sein, wird üblicherweise eine Ermächtigung vorgesehen, das Bezugsrecht der Aktionäre auf neue Aktien insoweit auszuschließen, wie es erforderlich ist, um Inhabern von Options- oder Wandlungsrechten in dem Umfang ein Bezugsrecht einzuräumen, wie es ihnen zustünde, wenn sie von ihren Bezugsrechten vor der jeweiligen Beschlussfassung über die Kapitalerhöhung Gebrauch gemacht hätten.*
3. Der Ausschluss des Bezugsrechts bei Barkapitalerhöhungen unter Ziff. 1.3. der Ermächtigung soll die Verwaltung in die Lage versetzen, kurzfristig günstige Börsensituationen auszunutzen. Bezugsrechtsemissionen nehmen wegen der jeweils zu treffenden organisatorischen Maßnahmen und zu wahrenden Bezugsfrist sehr viel mehr Zeit in Anspruch als Platzierungen unter Bezugsrechtsausschluss. Auch können durch solche Platzierungen die bei Bezugsrechtsemissionen üblichen Abschläge vermieden werden. Die Eigenmittel der Gesellschaft können daher bei Ausschluss des Bezugsrechts in einem größeren Maße gestärkt werden, als dies bei einer Bezugsrechtsemission der Fall wäre. § 186 Abs. 3 S. 4 AktG erklärt den Bezugsrechtsausschluss unter den Voraus-

setzungen von Ziff. 1.3. des vorgeschlagenen Beschlusses zu Tagesordnungspunkt 7 gerade auch aufgrund dieser Erwägungen für zulässig. Der Umfang einer Barkapitalerhöhung unter Ausschluss des Bezugsrechts ist allerdings auf 10 v. H. des Grundkapitals beschränkt. Durch diese Beschränkung ist eine Verwässerung der alten Aktien und ein Einflussverlust für die Aktionäre praktisch nicht zu befürchten, zumal diesen die Möglichkeit verbleibt, durch verhältnismäßig geringe Zukäufe über die Börse ihre bisherige Beteiligungsquote zu erhalten.

4. Der Bezugsrechtsausschluss nach Ziff. 1.4. der Ermächtigung (Bezugsrechtsausschluss bei Kapitalerhöhungen gegen Sacheinlagen) soll der Gesellschaft insbesondere den Erwerb von Unternehmen, Unternehmensteilen oder Beteiligungen an Unternehmen gegen Gewährung von Aktien ermöglichen. Dies ist eine immer üblicher werdende Form der Akquisition. Die Praxis zeigt, dass in vielen Fällen die Inhaber attraktiver Akquisitionsobjekte als Gegenleistung insbesondere für die Veräußerung eines Unternehmens oder ihrer Anteile daran die Verschaffung von Aktien der erwerbenden Gesellschaft verlangen. Um auch solche Akquisitionsobjekte erwerben zu können, muss die Gesellschaft die Möglichkeit haben, ihr Grundkapital unter Umständen sehr kurzfristig gegen Sacheinlagen unter Ausschluss des Bezugsrechts der Aktionäre zu erhöhen. Außerdem wird es der Gesellschaft ermöglicht, Unternehmen, Beteiligungen sowie sonstige Vermögensgegenstände, wie z.B. auch Forderungen gegen die Gesellschaft, zu erwerben, ohne dabei über Gebühr die eigene Liquidität in Anspruch nehmen zu müssen. Dabei könnte die Gesellschaft im Einzelfall (z.B. für größere Übernahmen, insbesondere ihrerseits bereits börsennotierter Unternehmen) oder insgesamt ein sehr erhebliches Volumen an jungen Aktien benötigen, womit sich der beträchtliche Umfang des mit der Ermächtigung ermöglichten Bezugsrechtsausschlusses rechtfertigt. Der Vorstand wird jeweils im Einzelfall sorgfältig prüfen, ob er von der Ermächtigung zu einer Kapitalerhöhung unter Bezugsrechtsausschluss bei sich konkretisierenden Erwerbsmöglichkeiten Gebrauch machen soll. Er wird das Bezugsrecht nur dann ausschließen, wenn der Erwerb gegen Ausgabe von Aktien an der Gesellschaft im Interesse der Gesellschaft erforderlich ist.

Aufgrund der vorstehenden Ausführungen ist die Ermächtigung zum Bezugsrechtsausschluss in allen vorgenannten Fällen in den umschriebenen Grenzen erforderlich und im Interesse der Gesellschaft geboten.

Der Aufsichtsrat wird seine erforderliche Zustimmung zur Ausnutzung des genehmigten Kapitals unter Ausschluss des Bezugsrechts nur dann erteilen, wenn die beschriebenen sowie sämtliche gesetzlichen Voraussetzungen erfüllt sind.

......, den ......

Der Vorstand:

......

[Unterschriften sämtlicher Vorstandsmitglieder]

Anmerkungen

Sachverhalt. Wie in Form. F.III.1 Alternative 2: Ausschluss des Bezugsrechts erfolgt nicht schon durch Beschluss der Hauptversammlung, sondern erst durch die Verwaltung aufgrund entsprechender Ermächtigung (§§ 203 Abs. 2, 186 Abs. 4 S. 2 AktG). Zu den Abweichungen zu Form. F.III.3 vgl. dortige Anmerkung. Zu den Formalien (Auslegung, Bekanntmachung, Unterzeichnung) und etwaigem Verzicht auf Förmlichkeiten vgl. Form. F.II.1 Anm. 8 und 9.

5. Zustimmungsbeschluss des Aufsichtsrats zur Kapitalerhöhung aus genehmigtem Kapital

Protokoll über die Beschlussfassung des Aufsichtsrats der C-AG betreffend die Zustimmung zum Beschluss des Vorstands zur Ausgabe neuer Aktien aus genehmigtem Kapital[1]

Nach der am ...... durch den Vorsitzenden des Aufsichtsrats ...... gemäß § ...... der Satzung der C-AG getroffenen Anordnung einer Beschlussfassung des Aufsichtsrats durch per E-mail übermittelte Stimmabgabe haben sämtliche Mitglieder des Aufsichtsrats, namentlich: (i) ...... (Vorsitzender), (ii) ......, (iii) ...... *[ggf. weitere Mitglieder]* bis zum ......, ... Uhr durch Abgabe ihrer Stimme per E-mail unter Verzicht auf alle Form- und Fristerfordernisse für die Abhaltung einer Aufsichtsratssitzung und die Fassung von Aufsichtsratsbeschlüssen einstimmig über Folgendes Beschluss gefasst:

1. Der Aufsichtsrat hat sich bereits auf seiner Sitzung am ...... eingehend mit dem vom Vorstand beabsichtigten Erwerb sämtlicher Geschäftsanteile an der Z-GmbH mit Sitz in ...... befasst und seine Zustimmung im Grundsatz erteilt[2].
2. Der Aufsichtsrat erteilt hiermit seine Zustimmung zu dem als Anlage 1 beiliegenden Beschluss des Vorstands vom .... *[alternativ: textliche Zusammenfassung des Beschlusses des Vorstandes].*
3. Die Satzung der Gesellschaft wird mit Wirkung auf den Zeitpunkt der Eintragung der Kapitalerhöhung in § 3 wie folgt neu gefasst:
    3.1. § 3 Abs. 1 der Satzung lautet wie folgt:
    „1. Das Grundkapital der Gesellschaft beträgt 22.000.000,– EUR (in Worten: zweiundzwanzig Millionen Euro)."
    3.2. § 3 Abs. 2 der Satzung lautet wie folgt:
    „2. Es ist eingeteilt in 22.000.000 auf den Inhaber lautende Stückaktien."
    3.3. *[Alternative 1 aus Form. F.III.1:]*
    § 3 Abs. 5 der Satzung (Genehmigtes Kapital III) lautet nach teilweiser Ausnutzung der Ermächtigung wie folgt:
    „5. Der Vorstand ist bis zum ...... *[oder: von der Eintragung der Ermächtigung an für fünf Jahre]* ermächtigt, mit Zustimmung des Aufsichtsrats das Grundkapital der Gesellschaft ein- oder mehrmalig um bis zu insgesamt 500.000,– EUR zum Zwecke der Gewährung von Aktien als Gegenleistung für den Erwerb von Unternehmen, Unternehmensteilen oder Unternehmensbeteiligungen gegen Sacheinlagen durch Ausgabe von bis zu 500.000 neuen auf den Inhaber lautenden Stückaktien zu erhöhen (Genehmigtes Kapital III). Das gesetzliche Bezugsrecht der Aktionäre ist hierbei ausgeschlossen."
    [Alternative 2 aus Form. F.III.1:]
    § 3 Abs. 4 S. 1 der Satzung (Genehmigtes Kapital II) lautet nach teilweiser Ausnutzung der Ermächtigung wie folgt:
    „4. Der Vorstand ist bis zum ...... *[oder: von der Eintragung der Ermächtigung an für fünf Jahre]* ermächtigt, mit Zustimmung des Aufsichtsrats das Grundkapital der Gesellschaft ein- oder mehrmalig um bis zu insgesamt 5.500.000,– EUR gegen Bar- und/oder Sacheinlagen durch Ausgabe von bis zu 5.500.000 neuen auf den Inhaber lautenden Stückaktien zu erhöhen (Genehmigtes Kapital II). (......)"
    Im Übrigen bleibt § 3 Abs. 4 der Satzung unverändert.

......, den ......

Für die Richtigkeit:

......

[Unterschrift des Aufsichtsratsvorsitzenden]

Anmerkungen

1. **Allgemeines:** Zur Frage des Formbedürfnisses des Beschlusses zur Ermöglichung der Registerpublizität (vor Aufhebung von § 188 Abs. 5 a. F. AktG wurde Schriftformerfordernis bejaht) vgl. jeweils Anm. 2 zu Form. F. III.2 und F. III.8). Im Form. wird von einer Beschlussfassung in einem nach der Satzung zugelassenen E-Mail-Umlaufverfahren ausgegangen. Das schriftliche Protokoll wird dann allein vom Aufsichtsratsvorsitzenden ausgefertigt und „für die Richtigkeit" unterzeichnet. Möglich ist auch die Erstellung eines auf die Kapitalerhöhung und Satzungsanpassung bezogenen Auszugs aus einem umfassenderen Gesamtprotokoll (v.a. bei einer Beschlussfassung auf einer turnusmäßigen Sitzung von Aufsichtsräten größerer Gesellschaften), das ebenfalls von dem Vorsitzenden unterzeichnet werden kann. Hilfsweise kann auch der Notar eine beglaubigte auszugsweise Ablichtung aus einem Gesamtprotokoll fertigen. Denkbar, aber nicht erforderlich, ist ferner die Erstellung eines von allen (zustimmenden) Mitgliedern des Aufsichtsrats unterzeichneten Beschlusses. In jedem Falle sollte sich aus dem Protokoll bzw. dem Beschluss die Präsenz und die Beschlussfähigkeit ablesen lassen. Nach h. M. kann das Handelsregister aufgrund der vom Aufsichtsratsvorsitzenden mitzuunterzeichnenden Anmeldung der Durchführung der Kapitalerhöhung (§§ 203 Abs. 1 S. 1, 188 Abs. 1 AktG) auch ohne Vorlage des Aufsichtsratsbeschusses von der Zustimmung durch den Aufsichtsrat ausgehen (*Hüffer* §§ 202 Rdnr. 22, 203 Rdnr. 16).

2. **Beratung durch den Aufsichtsrat:** Vor dem Hintergrund, dass die Fassung des eigentlichen Zustimmungsbeschlusses des Aufsichtsrats zu dem Vorstandsbeschluss regelmäßig sehr kurzfristig und oft außerhalb von Präsenzsitzungen des Aufsichtsrats erfolgen wird, sollte der Aufsichtsratsbeschluss aus Darstellungsgründen ggf. erkennen lassen, dass sich der Aufsichtsrat im Vorfeld der formellen Beschlussfassung bereits gründlich mit dem Erwerbsvorgang befasst hat. Sofern der Vorstandsbeschluss (freiwillig) nähere Angaben zur Rechtfertigung des Bezugsrechtsausschlusses und zur Begründung des Ausgabebetrages macht (vgl. Anm. 6 zu Form. F. III.2), können auch diese in dem Aufsichtsratsbeschluss aufgegriffen werden.

6. Zeichnungsschein

Zweitschrift

Zeichnungsschein[1]

1. Der Vorstand der C-AG mit Sitz in ...... ist aufgrund Beschluss der Hauptversammlung vom ...... bis zum ...... *[oder: von der Eintragung der Ermächtigung an für fünf Jahre]* ermächtigt,

[Alternative 1 aus Form. F. III.1 – Bezugsrechtsausschluss schon durch die Hauptversammlung:]

...... mit Zustimmung des Aufsichtsrats das Grundkapital der Gesellschaft ein- oder mehrmalig um bis zu insgesamt 2.500.000,– EUR zum Zwecke der Gewährung von Aktien als Gegenleistung für den Erwerb von Unternehmen, Unternehmensteilen oder Unternehmensbeteiligungen gegen Sacheinlagen durch Ausgabe von bis zu 2.500.000

neuen auf den Inhaber lautenden Stückaktien zu erhöhen (Genehmigtes Kapital III). Das gesetzliche Bezugsrecht der Aktionäre ist hierbei bereits durch die Ermächtigung ausgeschlossen worden.
Vorstehende Ermächtigung wurde am ...... im Wege der Satzungsänderung als § 3 Abs. 5 der Satzung in das Handelsregister eingetragen[2].

[Alternative 2 aus Form. F.III.1 – Bezugsrechtsausschluss erst durch Vorstand aufgrund Ermächtigung:]

...... mit Zustimmung des Aufsichtsrats das Grundkapital der Gesellschaft ein- oder mehrmalig um bis zu insgesamt 7.500.000,– EUR gegen Bar- und/oder Sacheinlagen durch Ausgabe von bis zu 7.500.000 neuen auf den Inhaber lautenden Stückaktien zu erhöhen (Genehmigtes Kapital II). Der Vorstand ist ermächtigt, hierbei mit Zustimmung des Aufsichtsrates das gesetzliche Bezugsrecht der Aktionäre ein- oder mehrmalig auszuschließen, und zwar – unter anderem – bei Kapitalerhöhungen gegen Sacheinlagen.
Der Vorstand ist dabei berechtigt, die weiteren Einzelheiten der Durchführung der jeweiligen Kapitalerhöhung mit Zustimmung des Aufsichtsrats festzulegen.
Vorstehende Ermächtigung wurde am ...... im Wege der Satzungsänderung als § 3 Abs. 4 der Satzung in das Handelsregister eingetragen[2].

[ab hier wieder einheitlich in beiden Alternativen:]

2. Der Vorstand hat in Ausübung vorstehender Ermächtigung am ...... die Erhöhung des Grundkapitals der Gesellschaft von 20.000.000,– EUR um 2.000.000,– EUR auf 22.000.000,– EUR durch Ausgabe von 2.000.000 neuen auf den Inhaber lautenden Stückaktien mit einer rechnerischen Beteiligung am Grundkapital der Gesellschaft von je 1,– EUR zu einem Ausgabebetrag von 5,– EUR je Aktie, d. h. zu einem Gesamtausgabebetrag von 10.000.000,– EUR beschlossen.
3. Die Kapitalerhöhung erfolgt gegen Sacheinlagen.
Die neuen Aktien sind ab dem ...... gewinnberechtigt. Das gesetzliche Bezugsrecht der Aktionäre ist aufgrund *[Alternative 1:]* des genannten Beschlusses der Hauptversammlung vom ....../*[Alternative 2:]* der vorstehenden Beschlüsse von Vorstand und Aufsichtsrat ausgeschlossen.
4. Der Aufsichtsrat der Gesellschaft hat vorstehendem Beschluss des Vorstandes durch Beschluss vom ...... zugestimmt.
5. Zur Zeichnung sämtlicher neuer Aktien wurde die unterzeichnende Y-GmbH mit Sitz in ...... zugelassen. Die Sacheinlage hat dadurch zu erfolgen, dass die Y-GmbH sämtliche Geschäftsanteile im Gesamtnominalwert von ...... EUR an der mit einem Stammkapital von ...... EUR im Handelsregister des Amtsgerichts ...... unter Nr. HRB ...... eingetragenen Z-GmbH mit Sitz in ...... mit Gewinnberechtigung ab ...... bis zum ...... an die Gesellschaft abtritt.

[Variante: gemischte Sacheinlage:]
Für die vorstehende Sacheinlage wird der Y-GmbH zusätzlich zu den 2.000.000 neuen Inhaberstückaktien eine Vergütung in Höhe von 3.500.000,– EUR gewährt, die bis zum ...... an die Y-GmbH zu zahlen ist.

6. Die unterzeichnende Y-GmbH zeichnet hiermit 2.000.000 neue Inhaberstückaktien der Gesellschaft zu den vorstehenden Bedingungen.
7. Die Zeichnung wird unverbindlich, wenn die Durchführung der Erhöhung des Grundkapitals nicht bis zum ...... in das Handelsregister der Gesellschaft eingetragen worden ist.

......, den ......

......
[Unterschriften von für den Zeichner vertretungsberechtigten Personen unter Angabe von Namen und Funktion]

Anmerkungen

1. Allgemeines. Vgl. zunächst die allg. Ausführungen zu Form. F. II.3 zur regulären Sachkapitalerhöhung und dem Zeichnungsschein gem. § 185 AktG. Das Formular berücksichtigt auch die Variante aus Form. F. III.2 (gemischte Sacheinlage).

2. Inhalt; Besonderheiten bei genehmigtem Kapital. Zunächst wie Form. F. II.3 Anm. 2; anstelle des Datums des regulären Kapitalerhöhungsbeschlusses der Hauptversammlung tritt nach § 203 Abs. 1 S. 2 AktG jedoch das **Datum der Eintragung der Ermächtigung in das Handelsregister.** Dies wird häufig übersehen und rechtfertigt die Zurückweisung des Zeichnungsscheins durch das Handelsregister. Obwohl empfehlenswert, genügt es also nicht – und es ist nach dem Gesetz nicht einmal erforderlich – das Datum des Ermächtigungsbeschlusses der Hauptversammlung sowie der Ausübungsbeschlüsse von Vorstand und Aufsichtsrat zu zitieren. Anzugeben ist daneben der wesentliche Inhalt der Ermächtigung (*Hüffer* § 203 Rdnr. 4); in Alternative 2 genügt eine auf diejenigen Bestandteile der Ermächtigung verkürzte Wiedergabe, die für die konkrete Ausübung durch den Vorstand relevant sind. Bei **gemischter Sacheinlage** sind die zusätzlichen Festsetzungen zur Vergütung auch im Zeichnungsschein wiederzugeben.

7. Gerichtliche Bestellung des externen Sacherhöhungsprüfers, Prüfungsbericht

7.1. Neutralitätserklärung des vorgesehenen Prüfers

......-Wirtschaftsprüfungsgesellschaft
......-Straße ......, ...
......, den ......

An die
C-AG
– Vorstand –
......

Betr.: C-AG; Sacherhöhungsprüfung gemäß § 205 Abs. 5 AktG

Sehr geehrte Damen und Herren,

herzlichen Dank für Ihre Anfrage hinsichtlich der Übernahme einer Sacherhöhungsprüfung bei Ihrer Gesellschaft.

Hiermit bestätigen wir Ihnen, dass

- wir zur Übernahme der Prüfung bereit sind;
- wir bis jetzt weder für die Gesellschaft, noch für sonstige an der geplanten Kapitalerhöhung mittelbar oder unmittelbar beteiligte Personen (insbesondere deren Gesellschafter und Organe) tätig waren;
- uns bislang von keiner Seite ein entsprechender Prüfungsauftrag erteilt worden ist; und
- keine Ausschlussgründe gemäß § 143 Abs. 2 AktG gegen unsere Bestellung zum Sacherhöhungsprüfer vorliegen.

Mit freundlichen Grüßen

......

[Unterschriften]

7.2 Ersuchen an die Industrie- und Handelskammer um Erteilung einer Unbedenklichkeitsbescheinigung zur Prüferbestellung

C-AG
– der Vorstand –
……
……, den ……

An die
Industrie- und Handelskammer ……
……

Betr.: C-AG; Sacherhöhungsprüfung gemäß § 205 Abs. 5 AktG

Sehr geehrte Damen und Herren,

wir sind die gemeinschaftlich vertretungsberechtigten Mitglieder des Vorstands der C-AG mit dem Sitz in …… .

Gemäß § 205 Abs. 5 AktG ist für die geplante *[alternativ: am …… durch die Hauptversammlung beschlossene]* Sachkapitalerhöhung bei unserer Gesellschaft eine Prüfung durch einen Sacherhöhungsprüfer erforderlich.

Wir beabsichtigen, beim zuständigen Handelsregister anzuregen, die ……-Wirtschaftsprüfungsgesellschaft, ……, zum Sacherhöhungsprüfer zu bestellen. Diese hat ihre Bereitschaft mit dem in der Anlage in Kopie beigefügten Schreiben bekundet.

Für eine kurze Stellungnahme bzw. Ihre Einverständniserklärung zu dieser Bestellung wären wir dankbar.

Wir wären Ihnen verbunden, wenn Sie Ihre Stellungnahme unmittelbar an den die Kapitalerhöhung begleitenden Notar ……, …… senden könnten, der die Einreichung zum Handelsregister koordiniert.

[bei Prüferbestellung nach Kapitalerhöhungsbeschluss: Eine (auszugsweise) Abschrift der notariellen Urkunde vom …… über den Kapitalerhöhungsbeschluss bei der Gesellschaft haben wir diesem Schreiben als Anlage beigefügt.]

Mit freundlichen Grüßen
……
[Unterschriften]

7.3 Antrag auf Prüferbestellung zum Handelsregister

C-AG
– der Vorstand –
……

An das
Amtsgericht ……
– Handelsregister –
……

HRB …… – C-AG
Sacherhöhungsprüfung

Sehr geehrte Damen und Herren,

Gemäß § 205 Abs. 5 AktG ist für die *[geplante]* Sachkapitalerhöhung der Gesellschaft eine Prüfung durch einen Sacherhöhungsprüfer erforderlich.

Wir schlagen vor, die ......-Wirtschaftsprüfungsgesellschaft, ..., zum Sacherhöhungsprüfer zu bestellen.
Diese hat durch das in Anlage beigefügte Schreiben mitgeteilt, dass sie zur Übernahme der Gründungsprüfung bereit und in der Lage ist.
Die zuständige Industrie- und Handelskammer ......, deren Stellungnahme in Anlage beigefügt wird, ist mit der Bestellung einverstanden.
[bei Prüferbestellung nach Kapitalerhöhungsbeschluss: Eine beglaubigte Abschrift der notariellen Urkunde vom ...... über den Kapitalerhöhungsbeschluss bei der Gesellschaft ist diesem Schreiben ebenfalls als Anlage beigefügt.]
Die Mitteilung über die Bestellung des Sacherhöhungsprüfers erbitten wir zu Händen des Notars ......, ...

..., den ......

......

[Unterschriften von Vorstandsmitgliedern in vertretungsberechtigter Zahl]

7.4 Prüfungsbericht des gerichtlich bestellten Prüfers

Bericht über die Prüfung einer Kapitalerhöhung mit Sacheinlagen (genehmigtes Kapital)[1, 2]

C-AG, ...

Inhaltsverzeichnis

A. Prüfungsauftrag und Auftragsdurchführung
B. Prüfungsfeststellungen
    I. Allgemeines
    II. Ordnungsmäßigkeit des Beschlusses über die Erhöhung des Grundkapitals mit Sacheinlagen (§ 205 Abs. 1 AktG)
    III. Gegenstand und Bewertung der Sacheinlage
    IV. Ordnungsmäßigkeit der Festsetzungen in den Zeichnungsscheinen (§ 205 Abs. 2 Satz 1 AktG) und in der Satzung
C. Schlussbemerkung

Anlagen

1 Beschluss des Amtsgerichts ...... vom ...... zur Bestellung der ......, Wirtschaftsprüfungsgesellschaft, ..., zum Sachkapitalerhöhungsprüfer gemäß § 205 Abs. 3 AktG
2 Protokoll des Beschlusses des Vorstands der C-AG vom ......
3 Protokoll des Beschlusses des Aufsichtsrats der C-AG vom ......
4 Satzung der C-AG vom ......
5 Entwurf des Beschlusses des Haupt- und Prüfungsausschusses des Aufsichtsrats der C-AG zur Fassungsänderung der Satzung aufgrund der Kapitalerhöhung aus genehmigtem Kapital gegen (gemischte) Sacheinlage
6 Entwurf des Zeichnungsscheins zur Sachkapitalerhöhung
Allgemeine Auftragsbedingungen

A. Prüfungsauftrag und Auftragsdurchführung

Der Vorstand der C-AG, ..., (nachfolgend „C-AG" oder „Gesellschaft" genannt) beabsichtigt, das Grundkapital aus genehmigtem Kapital durch Sacheinlage aller Geschäftsanteile an der Z-GmbH, ..., von ...... EUR um ...... EUR auf ...... EUR zu erhöhen. Diesbezüglich hat uns das Amtsgericht ...... mit Beschluss vom ...... zum Sachkapitalerhöhungsprüfer bestellt (Anlage 1).

7.4 Prüfungsbericht des gerichtlich bestellten Prüfers   F.III.7

Gegenstand unserer Prüfung ist die Feststellung,
- ob der Wert der übernommenen Anteile der Z-GmbH, ..., den geringsten Ausgabebetrag der dafür gewährten neuen Aktien der C-AG zuzüglich der Barzahlung erreicht und
- ob die Festsetzungen in der Satzung und im Beschluss über die Erhöhung des Grundkapitals ordnungsgemäß erfolgt sind.

Die Prüfung wurde im Zeitraum vom ...... bis zum ...... in unserem Büro in ...... vorgenommen. Der Bericht wurde im Anschluss daran ebenfalls in unserem Büro erstellt.

Als Prüfungsunterlagen standen uns zur Verfügung:
- Protokoll der Hauptversammlung der C-AG vom ......
- Handelsregisterauszug der C-AG vom ......
- Beschluss des Vorstands der C-AG vom ...... (Anlage 2)
- Beschluss des Aufsichtsrats der C-AG vom ...... (Anlage 3)
- Satzung der C-AG vom ...... (Anlage 4)
- Entwurf des Beschlusses des Haupt- und Prüfungsausschusses des Aufsichtsrats der C-AG zur Fassungsänderung der Satzung aufgrund der Kapitalerhöhung aus genehmigtem Kapital gegen (gemischte) Sacheinlage (Anlage 5)
- Entwurf des Zeichnungsscheins zur Sachkapitalerhöhung (Anlage 6)
- Vertrag über den Verkauf und die Einbringung der Z-GmbH zwischen der Y-Holding GmbH, ..., als Verkäuferin und der C-AG, Hamburg, als Käuferin vom ......
- Legal Due Diligence Report der Rechtsanwaltssozietät ...... vom ......
- Strukturpapier zu steuerlichen- und gesellschaftsrechtlichen Fragen für die Akquisition von Anteilen an der Z-GmbH der Rechtsanwaltssozietät ...... vom ......
- Bericht über die Durchführung einer Financial und Tax Due Diligence durch ...... vom ......
- Indikative Ermittlung des Unternehmenswerts der Z-GmbH, ..., zum ...... der ...... vom ......
- Business Plan Z-GmbH ...... (als Anlage ...... des Vertrags über den Verkauf und die Einbringung der Z-GmbH)
- Bericht über die Prüfung des Konzernabschlusses der Z-GmbH zum ...... der ......, Wirtschaftsprüfungsgesellschaft
- Ermittlung des Earn-Out Q1 als Nettofinanzsaldo per ...... gemäß § ...... des Vertrags über den Verkauf und die Einbringung der Z-GmbH
- Beschluss des Vorstands der C-AG vom ...... zur Kapitalerhöhung um ...... EUR aus genehmigtem Kapital gegen Bareinlagen
- Beschluss des Aufsichtsrats der C-AG vom ...... zur Kapitalerhöhung um ...... EUR aus genehmigtem Kapital gegen Bareinlagen.

Darüber hinaus haben wir auf öffentlich zugängliche Informationen zurückgegriffen.

Alle von uns erbetenen Auskünfte und Nachweise wurden vom Vorstand der C-AG bereitwillig erteilt. Er hat uns eine Vollständigkeitserklärung mit dem Inhalt abgegeben, dass uns sämtliche für unsere Prüfung relevanten Informationen zur Verfügung gestellt wurden und diese richtig sind.

Für diesen Auftrag gelten, auch im Verhältnis zu Dritten, unsere als Anlage beigefügten „Allgemeinen Auftragsbedingungen für Wirtschaftsprüfer und Wirtschaftsprüfungsgesellschaften" vom .... Für unsere Verantwortlichkeit gilt § 49 AktG i.V.m. § 323 HGB entsprechend.

B. Prüfungsfeststellungen

I. Allgemeines

1. Unternehmensgegenstand

Unternehmensgegenstand der Y-Holding GmbH, ..., ist ......

2. Beteiligungsverhältnisse

Die Beteiligungsverhältnisse der Y-Holding GmbH, ……, stellen sich wie folgt dar:
Die Y-Holding GmbH, …… fungiert als Holding der Z-GmbH. Sie verkauft bzw. bringt Geschäftsanteile gemäß Vertrag über den Verkauf und die Einbringung der folgenden Gesellschaften in die C-AG ein.

Gesellschaft	Stamm-/ Kommanditkapital (nominal)	Gesellschafter	Geschäftsanteil
Z-GmbH, ……	……	Y-Holding GmbH, ……	100%
Z-Software GmbH, ……	……	Y-Holding GmbH, ……	10%
		Z-GmbH, ……	90%

3. Grundstruktur des Verkaufs und der Einbringungen der Z-GmbH

Gemäß § …… des Vertrags über den Verkauf und die Einbringung wird der Verkauf und die Einbringung der Geschäftsanteile der Z-GmbH in der folgenden zusammenfassenden Grundstruktur abgewickelt:

	Beteiligungsanteil	Geschäftsanteil
Z-GmbH, ……	100%	……
Z-Software GmbH, ……	10%	……

Der Kaufpreis für die verkauften Beteiligungen beträgt gemäß § …… des Verkaufs- und Einbringungsvertrags:

	TEUR
fester Betrag	……
pauschalisierter monatlicher Gewinn von …… TEUR p. m. für den Zeitraum vom …… bis zum Ende des Vollzugsmonats, maximal jedoch …… TEUR	……
Earn-Out Q1 als Nettofinanzsaldo zum ……	……
	……

Die Gegenleistung für die eingebrachten Beteiligungen setzt sich gemäß § …… des Verkaufs- und Einbringungsvertrags aus einer Aktienkomponente und einem erfolgsabhängigen Barbetrag zusammen. Zur Ermittlung und Bewertung der Gegenleistung verweisen wir auf unsere Darstellungen „III. Gegenstand und Bewertung der Sacheinlage".

4. Vorstandsbeschluss zur Ausübung des genehmigten Kapitals und Zustimmungsbeschluss des Aufsichtsrats

Der Vorstand hat am …… beschlossen (Anlage 2), das Grundkapital der C-AG unter Ausnutzung der Ermächtigung nach § …… der Satzung von …… EUR um …… EUR auf …… EUR durch Ausgabe von …… neuen, nennwertlosen Stückaktien, die auf den Inhaber lauten, gegen (gemischte) Sacheinlage und unter Berücksichtigung der oben beschriebenen weiteren Leistungen zu erhöhen. Der Ausgabebetrag der neuen Aktien wird auf …… EUR je Aktie festgesetzt, sodass sich der Ausgabebetrag bei …… Stückaktien auf …… EUR beläuft. Zur Zeichnung der …… neuen Aktien wird gemäß Vorstandsbeschluss die Y-Holding GmbH, ……, zugelassen.

Das gesetzliche Bezugsrecht der Aktionäre wird gemäß § …… der Satzung ausgeschlossen. Der Vorstand ist der Auffassung, dass der Bezugrechtsausschluss dem Interesse der Gesellschaft am Erwerb der Z-GmbH dient und hierfür erforderlich ist, da die Einbringung der Aktien nur durch Sachkapitalerhöhung unter Zulassung der Y-Holding GmbH, ……, erfolgen kann. Der Vorstand führt weiter aus, dass der Erwerb der Z-GmbH auch deshalb im Wege der (gemischten) Sacheinlage erfolgen muss, da die Gesellschafter der Y-Holding GmbH, ..., die Herren ......, ... und ......, die zugleich Geschäftsführer bzw. leitende Angestellte innerhalb der Z-GmbH sind und bleiben sollen, durch die teilweise Leistung des Kaufpreises durch neue Aktien der C-AG für die erfolgreiche Integration der Z-GmbH in die C-AG an die Gesellschaft gebunden werden müssen. Nur durch die Schaffung langfristiger Anreize für diesen Personenkreis der Z-GmbH in Form einer Beteiligung an der Gesellschaft sei die reibungslose Integration der Z-GmbH zu gewährleisten. Darüber hinaus kann nach Einschätzung des Vorstands durch die Gewährung von Aktien als Teil des Gesamtkaufpreises die Liquidität der Gesellschaft erheblich geschont werden. Der Bezugsrechtsausschluss sei auch verhältnismäßig, da der Erwerb der Z-GmbH und der dafür erforderliche Ausschluss des Bezugsrechts im ganz überwiegenden Interesse der Gesellschaft liegt, die Interessen der Aktionäre aber nicht wesentlich beeinträchtigt werden. Durch die neuen auszugebenden Aktien erhält die Verkäuferin der Z-GmbH lediglich eine Beteiligung von ca. ......% an der Gesellschaft, sodass dadurch nur eine geringfügige Verwässerung der Beteiligung der Altaktionäre eintritt.

Der Aufsichtsrat hat in seiner Sitzung am ...... (Anlage 3) seine Zustimmung zur Kapitalerhöhung aus dem genehmigten Kapital von ...... EUR um ...... EUR auf ...... EUR erteilt.

II. Ordnungsmäßigkeit des Beschlusses über die Erhöhung des Grundkapitals mit Sacheinlagen (§ 205 Abs. 1 AktG)

1. Hauptversammlungsermächtigung des genehmigten Kapitals

Die Hauptversammlung der C-AG hatte am ...... die Änderung der Satzung im § ...... Grundkapital unter Ziffer ...... wie folgt beschlossen:

„5.4 Der Vorstand ist ermächtigt, das Grundkapital bis zum ...... mit Zustimmung des Aufsichtsrats durch Ausgabe neuer auf den Inhaber lautender Stückaktien gegen Bar- oder Sacheinlagen einmalig oder mehrmals, insgesamt jedoch höchstens um ...... EUR zu erhöhen (genehmigtes Kapital). Dabei ist den Aktionären ein Bezugsrecht einzuräumen mit der Maßgabe, dass die neuen Aktien von einem Kreditinstitut mit der Verpflichtung zu übernehmen sind, sie den Aktionären zum Bezug anzubieten. Der Vorstand ist ermächtigt, mit Zustimmung des Aufsichtsrats das Bezugsrecht der Aktionäre ein- oder mehrmalig auszuschließen,

a) soweit es erforderlich ist, um etwaige Spitzenbeträge von dem Bezugsrecht auszunehmen,

b) soweit es erforderlich ist, um Inhabern der von der Gesellschaft ausgegebenen Options- oder Wandlungsrechte auf Aktien ein Bezugsrecht auf neue Aktien in dem Umfang zu gewähren, wie es ihnen nach Ausübung des Options- bzw. Wandlungsrechts zustehen würde,

c) bis zu einem rechnerischen Nennbetrag in Höhe von insgesamt ...... EUR gegen Bareinlagen, wenn der Ausgabepreis der neuen Aktien den Börsenpreis der bereits börsennotierten Aktien gleicher Ausstattung zum Zeitpunkt der endgültigen Festlegung des Ausgabepreises nicht wesentlich unterschreitet,

d) bis zu einem rechnerischen Nennbetrag in Höhe von insgesamt ...... EUR, wenn die neuen Aktien gegen Sacheinlage ausgegeben werden.

Der Aufsichtsrat wird ermächtigt, den § ...... der Satzung entsprechend der jeweiligen Inanspruchnahme des genehmigten Kapitals anzupassen."

Die Eintragung des genehmigten Kapitals in das Handelsregister erfolgte am ......

2. Bisher erfolgte Kapitalerhöhungen aus dem genehmigten Kapital

Mit Beschluss des Vorstands vom ...... und Zustimmung des Aufsichtsrats vom ...... (...... EUR) und mit Beschluss des Vorstands vom ...... und Zustimmung des Aufsichtsrats vom ...... und ...... (...... EUR) erfolgten zwei Erhöhungen des Grundkapitals aufgrund der von der Hauptversammlung am ...... erteilten Ermächtigung um insgesamt

…… EUR. Das genehmigte Kapital betrug nach dieser Teilausnutzung der Ermächtigung der Hauptversammlung vom …… noch …… EUR. Die Eintragungen in das Handelsregister erfolgten am …… und …….
Nach den unter a) bis ……) vorgenannten Anpassungen ist der § …… der Satzung gemäß des Aufsichtsratsbeschlusses vom …… in ……, ……, …… wie folgt neu gefasst:
„…… Das Grundkapital der Gesellschaft beträgt …… EUR (in Worten: ……)."
„…… Das Grundkapital ist eingeteilt in …… EUR (in Worten: ……) nennwertlose Stückaktien."
„…… Der Vorstand ist ermächtigt, das Grundkapital bis zum …… mit Zustimmung des Aufsichtsrats durch Ausgabe neuer auf den Inhaber lautender Stückaktien gegen Bar- oder Sacheinlagen einmalig oder mehrmals, um bis zu …… EUR zu erhöhen. Dabei ist den Aktionären ein Bezugsrecht einzuräumen mit der Maßgabe, dass die neuen Aktien von einem Kreditinstitut mit der Verpflichtung zu übernehmen sind, sie den Aktionären zum Bezug anzubieten. Der Vorstand ist jedoch ermächtigt, mit Zustimmung des Aufsichtsrats das Bezugsrecht der Aktionäre ein- oder mehrmalig auszuschließen,

a) soweit es erforderlich ist, um etwaige Spitzenbeträge von dem Bezugsrecht auszunehmen,
b) soweit es erforderlich ist, um Inhabern der von der Gesellschaft ausgegebenen Options- oder Wandlungsrechte auf Aktien ein Bezugsrecht auf neue Aktien in dem Umfang zu gewähren, wie es ihnen nach Ausübung des Options- bzw. Wandlungsrechts zustehen würde,
c) bis zu einem rechnerischen Nennbetrag in Höhe von insgesamt …… EUR gegen Bareinlagen, wenn der Ausgabepreis der neuen Aktien den Börsenpreis der bereits börsennotierten Aktien gleicher Ausstattung zum Zeitpunkt der endgültigen Festlegung des Ausgabepreises nicht wesentlich unterschreitet,
d) bis zu einem rechnerischen Nennbetrag in Höhe von insgesamt …… EUR, wenn die neuen Aktien gegen Sacheinlage ausgegeben werden.

Der Aufsichtsrat wird ermächtigt, den § …… der Satzung entsprechend der jeweiligen Inanspruchnahme des genehmigten Kapitals anzupassen."
Wir haben uns von der ordnungsgemäßen Eintragung des genehmigten Kapitals und der Satzungsänderung durch Abgleich mit dem aktuellen Handelsregisterauszug vom …… überzeugt. Die letzte Eintragung datiert vom …….

3. Beabsichtigte weitere Kapitalerhöhung aus dem genehmigten Kapital

Der Vorstand hat mit Beschluss vom …… die weiteren Einzelheiten der Durchführung der Kapitalerhöhung aus dem genehmigten Kapital um …… EUR festgelegt.
In dem Beschluss sind sämtliche Zeichnungsberechtigte (Y-Holding GmbH, ……), und die Zahl der gewährten Stückaktien (…… Stück) enthalten. Der Kauf- und Einbringungsvertrag und der Entwurf des Zeichnungsscheins zur Sachkapitalerhöhung (Anlage 6) liegen vor.
Der Aufsichtsrat hat in seiner Sitzung am …… (Anlage 3) seine Zustimmung zur Kapitalerhöhung aus dem genehmigten Kapital um …… EUR erteilt und im Entwurf des Beschlusses des Haupt- und Prüfungsausschusses des Aufsichtsrats der C-AG zur Fassungsänderung der Satzung aufgrund der Kapitalerhöhung aus genehmigtem Kapital gegen (gemischte) Sacheinlage (Anlage 5) eine entsprechende Änderung der Satzung vorgenommen.
§ …… der Satzung wird dann in ……, ……, …… wie folgt neu gefasst:
„…… Das Grundkapital der Gesellschaft beträgt …… EUR (in Worten: ……)."
„…… Das Grundkapital ist eingeteilt in …… (in Worten: ……) nennwertlose Stückaktien."

7.4 Prüfungsbericht des gerichtlich bestellten Prüfers F.III.7

„...... Der Vorstand ist ermächtigt, das Grundkapital bis zum ...... mit Zustimmung des Aufsichtsrats durch Ausgabe neuer auf den Inhaber lautender Stückaktien gegen Bar- oder Sacheinlagen einmalig oder mehrmals, insgesamt jedoch höchstens um ...... EUR zu erhöhen. Dabei ist den Aktionären ein Bezugsrecht einzuräumen mit der Maßgabe, dass die neuen Aktien von einem Kreditinstitut mit der Verpflichtung zu übernehmen sind, sie den Aktionären zum Bezug anzubieten. Der Vorstand ist ermächtigt, mit Zustimmung des Aufsichtsrats das Bezugsrecht der Aktionäre ein- oder mehrmalig auszuschließen,
 a) soweit es erforderlich ist, um etwaige Spitzenbeträge von dem Bezugsrecht auszunehmen,
 b) soweit es erforderlich ist, um Inhabern der von der Gesellschaft ausgegebenen Options- oder Wandlungsrechte auf Aktien ein Bezugsrecht auf neue Aktien in dem Umfang zu gewähren, wie es ihnen nach Ausübung des Options- bzw. Wandlungsrechts zustehen würde,
 c) bis zu einem rechnerischen Nennbetrag in Höhe von insgesamt ...... EUR gegen Bareinlagen, wenn der Ausgabepreis der neuen Aktien den Börsenpreis der bereits börsennotierten Aktien gleicher Ausstattung zum Zeitpunkt der endgültigen Festlegung des Ausgabepreises nicht wesentlich unterschreitet,
 d) bis zu einem rechnerischen Nennbetrag in Höhe von insgesamt ...... EUR, wenn die neuen Aktien gegen Sacheinlage ausgegeben werden.
Der Aufsichtsrat wird ermächtigt, § ...... der Satzung entsprechend der jeweiligen Inanspruchnahme des genehmigten Kapitals anzupassen."
Unseres Erachtens ist der Beschluss über die Erhöhung des Grundkapitals gegen Sacheinlagen (§ 205 Abs. 1 AktG) ordnungsgemäß erfolgt.

III. Gegenstand und Bewertung der Sacheinlage

1. Gegenstand der Sacheinlage

Gemäß Vorstandsbeschluss und gemäß Vertrag über den Verkauf und die Einbringung der Z-GmbH (sowie die Z-Software GmbH) sind folgende im Kauf- und Einbringungsvertrag definierten Geschäftsanteile der Z-GmbH und der der Z-Software GmbH Gegenstand der Sacheinlage:

	Geschäftsanteile
Z-GmbH, ...	[100%]
Z-Software GmbH, ...	[10%]

2. Gegenleistung der Sacheinlage

Als Gegenleistung erhält die Y-Holding GmbH, ..., ... neue Aktien der C-AG zuzüglich einer erfolgsabhängigen Barzahlung im Rahmen einer Earn-Out-Regelung. [Earn-Out-Regelung wird ausgeführt.]
Der Ausgabebetrag der neuen Aktien wird mit Beschluss des Vorstands und Zustimmung des Aufsichtsrats auf ...... EUR je Aktie festgesetzt, sodass sich der Ausgabebetrag bei ...... Stückaktien auf ...... EUR beläuft.
Der erfolgsabhängige Barbetrag (Earn-Out-Regelung) bestimmt sich zu ...... EUR bei Erreichung des geplanten EBIT der Z-GmbH für das Geschäftsjahr ...... (...... EUR). Sofern der EBIT des Geschäftsjahres ...... den Plan-EBIT überschreitet, wird der Earn-Out-Betrag um je ......% für jeden ganzen Prozentpunkt erhöht, um den das EBIT des Geschäftsjahres ...... den Plan-EBIT überschreitet. Der Earn-Out-Betrag ist auf maximal ...... EUR begrenzt.
Sofern der EBIT des Geschäftsjahres ...... den Plan-EBIT unterschreitet, reduziert sich der Earn-Out-Betrag um je ......% für jeden ganzen Prozentpunkt, um den das EBIT des Geschäftsjahres ...... den Plan-EBIT unterschreitet. Ein Earn-Out-Mindestbetrag ist

nicht vorgesehen. Unterschreitet der EBIT ...... einen Betrag von ...... EUR, fällt nach der Berechnungsformel kein erfolgsabhängiger Barbetrag mehr an.
Es ergibt sich insgesamt folgende maximale Gegenleistung von C-AG bei Bewertung der neuen Aktien der Gesellschaft mit ...... EUR je Aktie sowie maximalem Earn-Out-Betrag von ...... EUR.

	TEUR
...... Aktien der C-AG à ...... EUR	......
maximaler erfolgsabhängiger Barbetrag	......
	......

Gemäß § 205 Abs. 3 i. V. m. § 34 Abs. 1 Nr. 2 AktG erstreckt sich der Umfang der Prüfung einer Sacheinlage darauf, ob der Wert der Sacheinlage den geringsten Ausgabebetrag der dafür zu gewährenden Aktien oder den Wert der dafür zu gewährenden Leistungen erreicht.
Der geringste Ausgabebetrag der neuen Stückaktien der C-AG gemäß Beschluss der Hauptversammlung vom ...... beträgt [1,00] EUR je Aktie. Somit ergibt sich folgender Mindestbetrag der Gegenleistung:

	TEUR
Stückaktien der C-AG zum geringsten Ausgabebetrag à [1,00] EUR	......
maximaler erfolgsabhängiger Barbetrag	......
	......

Der Wert der eingebrachten Geschäftsanteile der Z-GmbH muss daher mindestens den vorstehend ermittelten Betrag von rund ...... EUR erreichen, sofern der EBIT der Z-GmbH im Geschäftsjahr ...... mindestens rund ...... EUR beträgt.

3. Bewertung der Sacheinlage
Da es sich bei der Sacheinlage um die Einbringung von Geschäftsanteilen der Z-GmbH handelt, sind die Grundsätze der Unternehmensbewertung anzuwenden. [Keine Berücksichtigung der Z-Software GmbH aufgrund fehlender Geschäftstätigkeit und Vermögensgegenstände]

a) Planungsrechnungen der Z-GmbH von ...... bis ......
Die Planungsrechnungen der Z-GmbH von ...... bis ...... (Business Plan Z-GmbH) [basieren auf ihrem wachstumsstarken Geschäft und] lassen sich in der Entwicklung wie folgt zusammenfassen:

in TEUR	2007 Ist	2008 Plan	2009 Plan	2010 Plan	2011 Plan
Umsatzerlöse	......	......	......	......	......
EBIT	......	......	......	......	......
Jahresüberschuss	......	......	......	......	......

Abgeleitet aus diesen Planungsrechnungen ergibt sich unter Anwendung des Ertragswertverfahrens auf der Basis des IDW Standard: Grundsätze zur Durchführung von Unternehmensbewertungen (IDW S 1) ein Wert oberhalb von rund ...... EUR für die eingebrachten Geschäftsanteile. Dieser Wert übersteigt den ermittelten Mindestbetrag der Gegenleistung von rund ...... EUR.

b) Alternative Planungs- und Bewertungsrechnungen
Wir haben zur weiteren Plausibilisierung der Bewertung der Sacheinlage zwei Worst-Case-Planungs- und Bewertungsrechnungen sowie eine ergänzende Berechung vorgenommen.

In einer ersten Rechnung haben wir den im Jahr ...... von der Z-GmbH erzielten EBIT von rund ...... EUR über den gesamten Planungszeitraum ...... bis ...... konstant fortgeschrieben. Der sich hieraus ergebende Ertragswert für die eingebrachten Geschäftsanteile liegt nach dem Ertragswertverfahren bei rund ...... EUR.

Da der EBIT in ...... in diesem Szenario unter ...... EUR liegt, entfällt der Earn-Out-Betrag ...... als zusätzliche Gegenleistung für die Sacheinlage, sodass der geringste Ausgabebetrag der gewährten Aktien von ...... EUR durch den Unternehmenswert von ...... EUR vollständig abgedeckt ist.

Ergänzend haben wir den Unternehmenswert basierend auf einem EBIT für ...... von ...... EUR berechnet, bei welchem der maximale Earn-Out-Betrag von ...... EUR als zusätzliche Gegenleistung der Sacheinlage zu berücksichtigen wäre. Es würde sich dann eine maximale Gegenleistung von insgesamt ...... EUR ergeben (für den Kauf ...... EUR gemäß Berechnung unter I. Allgemeines und für die im Rahmen der Einbringung gewährten Aktien ...... EUR sowie zusätzlich den Earn-Out für ...... von ...... EUR). Auch in diesem Fall deckt der berechnete Unternehmenswert von rund ...... EUR anteilig in Höhe von ...... EUR den Betrag der im Rahmen der Einbringung zu gewährenden Aktien von ...... EUR und den Earn-Out für ...... von ...... EUR.

Zusammenfassend ist für die alternativen Szenarien festzustellen, dass selbst bei Fortschreibung der Ergebniszahlen aus ...... (EBIT ...... EUR) der Wert der Sacheinlage nicht unter dem geringsten Ausgabebetrag der neuen Stückaktien der C-AG zurückbleibt. Die gesamte Gegenleistung für den Kauf und die Einbringung ist in diesem Szenario geringer als der rechnerische Unternehmenswert. Auch für den Fall des maximal zu zahlenden Earn-Out-Betrags für ...... von ...... EUR (EBIT ...... EUR) ist die Gesamtdeckung der dann bestehenden Gegenleistung für den Kauf und die Einbringung durch den Unternehmenswert der Z-GmbH gegeben.

c) Zusammenfassendes Bewertungsergebnis

Vor dem Hintergrund der gemachten Ausführungen halten wir die Bewertung der Sacheinlagen für angemessen und sachgerecht. Alle alternativen Bewertungsszenarien weisen einen Wert der Sacheinlage in Form der beschriebenen Geschäftsanteile der Z-GmbH auf, der deutlich oberhalb des geringsten Ausgabebetrags der dafür zu gewährenden neuen Aktien zuzüglich der baren Zuzahlung liegt.

IV. Ordnungsmäßigkeit der Festsetzungen in den Zeichnungsscheinen (§ 205 Abs. 2 Satz 1 AktG) und in der Satzung

In dem Entwurf des Zeichnungsscheins zur Sachkapitalerhöhung (Anlage 6) sind die Angaben § 205 Abs. 2 Satz 1 AktG enthalten und vom Vorstand festgesetzt worden:

- Gegenstand der Sacheinlage:

	Geschäftsanteile
Z-GmbH, ...	[100%]
Z-Software GmbH, ...	[10%]

Die Geschäftsanteile sind durch den auszugsweise als Anlage zum Zeichnungsschein beigefügten Vertrag über den Kauf und die Einbringung der Z-GmbH sowie der Z-Software GmbH definiert.

- Die Erwerber und die Zahl der bei der Sacheinlage zu gewährenden Aktien:

	Anzahl neuer Aktien
Y-Holding GmbH, ...	......

Die Festsetzungen in dem Entwurf des Zeichnungsscheins zur Sachkapitalerhöhung erfolgten demnach ordnungsgemäß.

Die gemäß Entwurf des Beschlusses des Haupt- und Prüfungsausschusses des Aufsichtsrats der C-AG zur Fassungsänderung der Satzung aufgrund der Kapitalerhöhung aus genehmigtem Kapital gegen (gemischte) Sacheinlage (Anlage 5) geänderte Satzung enthält die Festsetzung für das veränderte Grundkapital unter Berücksichtigung der Kapitalerhöhung richtig und vollständig.

C. Schlussbemerkung

„Nach dem abschließenden Ergebnis unserer pflichtgemäßen Prüfung nach § 205 Abs. 3 AktG aufgrund der uns vorgelegten Urkunden, Bücher, Schriften sowie der uns erteilten Aufklärungen und Nachweise bestätigen wir, dass der Wert der Sacheinlage in Form von Geschäftsanteilen der Z-GmbH, ..., den geringsten Ausgabebetrag der dafür zu gewährenden Aktien zuzüglich der baren Zuzahlungen erreicht.

Wir bestätigen ferner, dass der Beschluss über die Erhöhung des Grundkapitals vom ......, der diesbezügliche Ausführungsbeschluss des Vorstands vom ...... und des Aufsichtsrats vom ......, der Entwurf des Zeichnungsscheins zur Sachkapitalerhöhung und die gemäß Entwurf des Beschlusses des Haupt- und Prüfungsausschusses des Aufsichtsrats der C-AG zur Fassungsänderung der Satzung aufgrund der Kapitalerhöhung aus genehmigtem Kapital gegen (gemischte) Sacheinlage geänderte Satzung die gesetzlichen Festsetzungen enthalten."

......, den ......

......
Wirtschaftsprüfungsgesellschaft

....
Wirtschaftsprüfer   Wirtschaftsprüfer

Anmerkungen

1. Sachverhalt. Diesem Formular eines Prüfungsberichts des gerichtlich bestellten Sacheinlagenprüfers liegt der Sachverhalt zugrunde, dass die C-AG 100% der Geschäftsanteile der Z-GmbH, die ihrerseits 90% der Geschäftsanteile der inoperativen und keine Vermögensgegenstände haltenden Z-Software GmbH hält, sowie 10% der Geschäftsanteile jener Z-Software GmbH erwirbt, und zwar gegen Gewährung neuer Aktien und Barzahlung (sog. gemischte Sacheinlage; vgl. *Hüffer* § 27 Rdnr. 8; MünchKomm AktG/*Pentz* § 27 Rdnr. 67). Die neuen Aktien sollen – wie in der Praxis die Regel – durch eine Kapitalerhöhung aus genehmigtem Kapital (§§ 202 ff. AktG) geschaffen werden.

2. Rechtliche Aspekte. Bei einer ordentlichen Kapitalerhöhung mit Sacheinlagen hat eine Prüfung durch einen oder mehrere Prüfer stattzufinden (§ 183 Abs. 3 AktG); dies gilt auch für Sachkapitalerhöhungen aus dem genehmigten Kapital (§ 205 Abs. 3 S. 1 AktG). Das Registergericht des Satzungssitzes bestellt den Prüfer nach Anhörung der (Industrie- und) Handelskammer, und zwar auf Antrag der AG, vertreten durch den Vorstand (MünchKommAktG/*Peifer* § 183 Rdnr. 62; *Hüffer* § 183 Rdnr. 17). Die früher verbreitete Praxis von durchaus beachteten Prüfervorschlägen seitens der AG wird von einer Vielzahl von Registergerichten derzeit nicht mehr verfolgt. Als Prüfer sollen nur solche Personen bestellt werden, die in Buchführung ausreichend vorgebildet und erfahren sind (§ 33 Abs. 4 Nr. 1 AktG i. V. m. § 183 Abs. 3 S. 2 bzw. § 205 Abs. 3 S. 2 AktG); bei Bestellung einer Prüfungsgesellschaft soll mindestens einer der gesetzlichen Vertreter diese Kenntnis und Erfahrung aufweisen (§ 33 Abs. 4 Nr. 2 i. V. m. § 183 Abs. 3 S. 2 bzw. § 205 Abs. 3 S. 2 AktG). Wirtschaftsprüfer oder Wirtschaftsprüfungsgesellschaften sind regelmäßig ausreichend qualifiziert (vgl. §§ 2, 129 WPO) und werden in der Praxis auch fast ausschließlich bestellt.

Die Prüfung hat vor der Anmeldung der Durchführung der Kapitalerhöhung zu erfolgen (vgl. § 184 Abs. 1 S. 2 AktG). Die Prüfer haben über die Prüfung einen schriftlichen (§ 126

BGB: eigenhändige Namensunterschrift!) Prüfungsbericht anzufertigen, in dem der Gegenstand jeder Sacheinlage (insbesondere unter Berücksichtigung aller wertbestimmenden Faktoren) zu beschreiben sowie anzugeben ist, welche Bewertungsmethoden bei der Ermittlung des Wertes angewandt worden sind (§ 34 Abs. 2 i. V. m. § 183 Abs. 3 S. 2 bzw. § 205 Abs. 3 S. 2 AktG). Der Prüfungsbericht muss alle Umstände enthalten, die Gegenstand der Prüfung waren; allerdings dürfen Geschäfts- und Betriebsgeheimnisse nicht offenbart werden (vgl. *Hüffer* § 34 Rdnr. 5). Gegenstand der Sacheinlagenprüfung ist, ob der Wert der Sacheinlage den geringsten Ausgabebetrag der im Gegenzug gewährten Aktien erreicht (MünchKomm AktG/*Peifer* § 183 Rdnr. 64; *Hüffer* § 183 Rdnr. 16). Der geringste Ausgabebetrag richtet sich nach § 9 Abs. 1 AktG; unberücksichtigt bleibt also ein höherer Ausgabebetrag, da die Prüfung nur bezweckt, einen Verstoß gegen § 9 Abs. 1 AktG auszuschließen (KölnKommAktG/*Lutter* § 183 Rdnr. 52; MünchKommAktG/*Peifer* § 183 Rdnr. 64; *Hüffer* § 183 AktG Rdnr. 16). Bei einer gemischten Sacheinlage wie im vorliegenden Fall ist die Prüfung dahingehend zu erweitern, ob der Wert der Sacheinlage die Summe aus (i) dem geringsten Ausgabebetrag der im Gegenzug gewährten Aktien sowie (ii) den in Bar geleisteten Betrag erreicht. Diese Voraussetzungen werden auch vom Registergericht vor Eintragung der Durchführung der Kapitalerhöhung geprüft (§ 205 Abs. 3 S. 3 AktG).

Ein Exemplar des Prüfungsberichts ist bei Gericht und eines beim Vorstand einzureichen (§ 34 Abs. 3 S. 1 i. V. m. § 183 Abs. 3 S. 2 bzw. § 205 Abs. 3 S. 2 AktG). Jedermann kann den Prüfungsbericht bei Gericht einsehen (§ 34 Abs. 3 S. 2 i. V. m. § 183 Abs. 3 S. 2 bzw. § 205 Abs. 3 S. 2 AktG).

8. Zeichnerverzeichnis, Aufstellung der Kosten der Kapitalerhöhung aus genehmigtem Kapital

Anmerkungen

Form. F. II. 4 und 5 gelten grundsätzlich entsprechend. Bei den Kosten entstehen keine weiteren Notargebühren für den Kapitalerhöhungsbeschluss, da Vorstands- und Aufsichtsratsbeschluss nur der einfachen Schriftform bedürfen (ggf. fallen für diese jedoch Entwurfsgebühren des Noatrs an). Die Gebühren für die Beurkundung des Ermächtigungsbeschlusses der Hauptversammlung sind in der Kostenaufstellung nicht zu berücksichtigen. Zu den Gebühren der Registeranmeldung vgl. Anm. 5 zu Form. F. I. 5.

9. Handelsregisteranmeldung der Kapitalerhöhung aus genehmigtem Kapital (Durchführung[1]) bei der erwerbenden AG

An das
Amtsgericht ......
– Handelsregister –
......

HR B ......
C-AG

Wir, die unterzeichnenden gemeinschaftlich vertretungsberechtigten Mitglieder des Vorstandes und der Vorsitzende des Aufsichtsrates der vorstehend genannten Gesellschaft, übereichen hiermit:
- Beglaubigte Ablichtung des Beschlusses des Vorstands vom ......;
- Beglaubigte Ablichtung des Protokolls *[ggf.: Ausfertigung eines Protokollauszugs]* der Sitzung des Aufsichtsrats vom ...... betreffend die Zustimmung zu dem vorstehenden Vorstandsbeschluss und die Neufassung der Satzung;

- Zweitschrift des Zeichnungsscheins[3] der Y-GmbH vom ......;
- vom Vorstand unterschriebenes Verzeichnis der Zeichner;
- beglaubigte Ablichtung des Einbringungsvertrages vom ...... (UR-Nr. ....../...... des Notars ......, ...);
- Bericht der ......-Wirtschaftsprüfungsgesellschaft, ..., über die Prüfung der Sacheinlagen;
- Aufstellung der Kosten der Kapitalerhöhung[3];
- vollständigen Wortlaut der geänderten Satzung nebst notarieller Bescheinigung gemäß § 181 AktG[5].

Zur Eintragung in das Handelsregister melden wir an:
1. Der Vorstand hat in seiner Sitzung vom ...... in teilweiser Ausübung der durch die Hauptversammlung vom ...... erteilten und als § ...... der Satzung am ...... in das Handelsregister eingetragenen Ermächtigung (Genehmigtes Kapital ......) die Erhöhung des Grundkapitals der Gesellschaft von 20.000.000,– EUR um 2.000.000,– EUR auf 22.000.000,– EUR durch Ausgabe von 2.000.000 neuen auf den Inhaber lautenden Stückaktien beschlossen.
2. Die neuen Aktien werden zu einem Ausgabebetrag von 5,– EUR je Aktie, d.h. zu einem Gesamtausgabebetrag von 10.000.000,– EUR ausgegeben.
   Die Kapitalerhöhung erfolgt gegen Sacheinlagen.
   Das gesetzliche Bezugsrecht der Aktionäre *[Alternative 1:]* ...... ist gemäß § ...... der Satzung ausgeschlossen./*[Alternative 2:]* ...... wurde in Ausübung der Ermächtigung gemäß § ...... der Satzung durch vorstehenden Beschluss des Vorstandes ausgeschlossen.
3. Der Aufsichtsrat hat dem vorstehenden Beschluss des Vorstandes am ...... zugestimmt.
4. Wir versichern, dass keine Einlagen auf das bisherige Grundkapital ausstehen[6].
5. Die Kapitalerhöhung ist durchgeführt. Hierzu erklären wir:
   Die 2.000.000 neuen Inhaberstückaktien sind zum Gesamtausgabebetrag[7] von 10.000.000,– EUR von der Y-GmbH gezeichnet worden. Die Y-GmbH hat durch Einbringungsvertrag vom ...... sämtliche Geschäftsanteile im Gesamtnominalwert von ...... EUR an der mit einem Stammkapital von ...... EUR im Handelsregister des Amtsgerichts ...... unter Nr. HRB ...... eingetragenen Z-GmbH mit Sitz in ...... an die Gesellschaft abgetreten.
   Die Einlage steht damit zur freien Verfügung des Vorstandes[7].

   [Variante – gemischte Sacheinlage:]

   Für die vorstehende Sacheinlage wird der Y-GmbH zusätzlich zu den 2.000.000 neuen Inhaberstückaktien eine Vergütung in Höhe von EUR 3.500.000,– gewährt, die bis zum ...... an die Y-GmbH zu zahlen ist.

   Der Wert der Sacheinlage deckt den Gesamtausgabebetrag der neuen Aktien *[Variante – gemischte Sacheinlage: zuzüglich des Betrags der dem Einleger zusätzlich gewährten Vergütung]*.
   Somit sind die Voraussetzungen des § 36a Abs. 2 AktG erfüllt.
6. § 3 der Satzung der Gesellschaft wurde in Anpassung an die Erhöhung des Grundkapitals durch den Aufsichtsrat in Abs. 1 und 2 (Höhe des Grundkapitals und Einteilung in Aktien) und Abs. ...... (hinsichtlich des verbleibenden Umfangs der Ermächtigung) mit Wirkung zum Zeitpunkt der Eintragung der Durchführung der Kapitalerhöhung geändert.
7. Eintragungsnachrichten werden erbeten an ....
8. Nach erfolgter Eintragung wird um Übersendung von ...... beglaubigten und ...... unbeglaubigten Handelsregisterauszügen zu Händen des vorgenannten Notars gebeten.

9. Vollmacht an Notariatsangestellte und den Notar ...... [wie Form. F. I. 5]

......, den ......

......

[Unterschriften des Vorstands in vertretungsberechtigter Zahl und des Vorsitzenden des Aufsichtsrats]

[Beglaubigungsvermerk]

Anmerkungen

1. Allgemeines. Für die Anmeldung der **Durchführung** der Kapitalerhöhung aus genehmigtem Kapital (§§ 203 Abs. 1 S. 1, 188 Abs. 1 AktG) gelten die Anmerkungen zu Form. F. II. 6 (Anmeldung der regulären Sachkapitalerhöhung) weitgehend entsprechend. An die Stelle des Kapitalerhöhungsbeschlusses der Hauptversammlung treten hier die aufgrund Ermächtigung gefassten Beschlüsse von Vorstand und Aufsichtsrat (zu diesen Anm. 2); hinzu kommt die Satzungsneufassung durch den Aufsichtsrat. Zu den zusätzlichen Angaben im Falle einer **gemischten Sacheinlage** vgl. Anm. 1 zu Form. F. III. 2. Die Anmeldung der Durchführung ist jedoch **nicht mit der Anmeldung der Ermächtigung verbindbar**, da die Durchführung zwingend die vorgängige Eintragung der Ermächtigung in das Handelsregister voraussetzt (*Hüffer* § 203 Rdnr. 15). Die Ermächtigung selbst ist wie eine reguläre Satzungsänderung anzumelden und weist keine Besonderheiten auf. Der Aufsichtsratsvorsitzende muss hierbei nicht mitwirken.

2. Beschlüsse von Vorstand und Aufsichtsrat. S. Form. F. III. 2 und F. III. 5. Nach Happ/*Ihrig* 12.06 Rdnr. 34 und KK/*Lutter* § 203 Rdnr. 52 soll die Beifügung der Beschlüsse zur Anmeldung nicht erforderlich sein. Hierfür spricht, dass § 203 Abs. 1 S. 1 AktG auf § 188 Abs. 3 AktG verweist und dieser die Beschlüsse (naturgemäß) nicht nennt (in diese Richtung könnte man auch *Hüffer* § 203 Rdnr. 15 und MünchKommAktG/*Bayer* § 203 Rdnr. 27 verstehen), ferner, dass die Unterzeichnung der Handelsregisteranmeldung durch Vorstand und Aufsichtsratsvorsitzenden Zweifel an der Beschlussfassung nicht aufkommen lässt (so *Hüffer* §§ 202 Rdnr. 22, 203 Rdnr. 16 hinsichtlich des Aufsichtsratsbeschlusses). Dagegen sprechen jedoch zum einen Praktikabilitätsgründe, da der Hergang der Kapitalerhöhung ohne die Beschlüsse allein aus den sonstigen Unterlagen nur erschwert nachvollziehbar ist; ferner dass beim genehmigten Kapital die Beschlüsse der Verwaltung insoweit dem Hauptversammlungsbeschluss bei der regulären Kapitalerhöhung entsprechen bzw. an dessen Stelle treten, als sie die entscheidenden Festsetzungen enthalten. In jedem Fall sollte die örtliche Registerpraxis berücksichtigt werden. Bejaht man eine Einreichungspflicht, so sind die Beschlüsse in elektronisch beglaubigter Ablichtung der Urschrift oder einer Ausfertigung einzureichen (ob einfachere Form nach Aufhebung des § 188 Abs. 5 a.F. AktG genügt, ist offen; vgl. hierzu schon Anm. 2 zu Form F. III. 2). Dürfen Verwaltungsbeschlüsse nach der Satzung oder der jeweiligen Geschäftsordnung z. B. im Telefax- oder E-Mailumlaufverfahren gefasst werden, so dürften registerrechtlich keine strengeren Anforderungen zu stellen sein. Zu den in solchen Fällen sinnvollen Möglichkeiten der Protokollerstellung vgl. Anm. 1 zu Form. F. III. 5.

3. Zeichnungsschein. Vgl. Anm. 1 zu Form. F. II. 3.

4. Kostenaufstellung. Vgl. Form. F. II. 5.

5. Satzungsbescheinigung. Anm. 3 zu Form. F. II. 5 gilt entsprechend. Zu eher akademischen Streitfragen zur Einreichungspflicht vgl. MünchKommAktG/*Bayer* § 203 Rdnr. 28.

6. Angaben über Erbringung bisheriger Einlagen. Vgl. Anm. 5 zu Form. F. II. 6.

7. Ausgabebetrag; Angaben zur Kapitalaufbringung, Prüfungsumfang. Vgl. zunächst Anm. 7 zu Form. F. II. 1 und Anm. 6 zu Form. F. II. 6. Zum **Zeitpunkt der Einlagenerbringung:** vgl. Anm. 7 zu Form. F. II. 6. Das Formular geht von einer Abtretung der einzulegenden Beteiligung vor der Registeranmeldung aus. Zu den Formulierungen bei auf den Zeitpunkt der Registereintragung aufschiebend bedingter Abtretung oder bloßer Verpflichtung zu künftiger Abtretung vgl. Anm. 7 zu Form. F. II. 6.

8. Kosten. Zu Notar- und Registergebühren vgl. Anm. 5 zu Form. F. I. 5.

10. Einbringungsvertrag (Hinweise)

Anmerkungen

1. Allgemeines. Der Einbringungsvertrag entspricht in den Fallgestaltungen der Kapitalerhöhungen nach Form. F.II.1 bzw. F.III.1 (Einbringung von GmbH-Geschäftsanteilen) weitgehend dem Form. F.I.4 bei der GmbH; s. Anm. dort.

2. Besonderheiten bei der Aktiengesellschaft. Bei der Einbringung in die AG ergeben sich ggf. Besonderheiten v. a. unter drei Gesichtspunkten: (i) Zum einen ergeben sich aus § 112 AktG **Einschränkungen bei der Vertretung** der erwerbenden AG, wenn Inferent ein Vorstandsmitglied ist: § 112 AktG verbietet nämlich nicht nur ganz allgemein eine Befreiung von Vorstandsmitgliedern von den Beschränkungen des § 181 1. Alt. BGB, so dass das konkret betroffene Mitglied die AG bei der Einbringung nicht vertreten darf. Darüber hinaus schließt § 112 AktG in einem solchen Fall auch die übrigen, an sich nicht betroffenen Vorstandsmitglieder von der Vertretung aus; die AG muss dann durch den Aufsichtsrat, dieser wiederum regelmäßig durch dessen Vorsitzenden, vertreten werden. Hingegen darf ein Vorstandsmitglied bei Vorliegen einer Befreiung von den Beschränkungen des § 181 2. Alt BGB einen Dritt-Inferenten vertreten. Nicht unter § 112 AktG soll ferner das Vorstandsmitglied fallen, das am Inferenten maßgeblich beteiligt ist, selbst in Form einer Einmanngesellschaft (vgl. *Hüffer* § 112 Rdnr. 2; a. A. MünchKommAktG/*Semler* § 112 Rdnr. 37). (ii) Abweichungen zur Einbringung bei der GmbH ergeben sich auch aus **§ 36 a Abs. 2 AktG** bzgl. des **Zeitpunkts der Erbringung der Sacheinlage:** vgl. insoweit zur GmbH Form. F.I.1 Anm. 3 und zur AG Form. F.II.6 Anm. 7. Der Einbringungsvertrag kann demnach nach der überwiegend zu § 36 a Abs. 2 AktG vertretenen Auffassung die Abtretung auch nach Eintragung der Kapitalerhöhung vorsehen. (iii) Einen Sonderfall der Einbringung stellt das Zusammentreffen mit der **Nachgründung nach § 52 AktG** dar. Erfüllt die Sachkapitalerhöhung zugleich die Voraussetzungen der (entspr.) Anwendung von § 52 AktG (vgl. hierzu *Hüffer* § 52 Rdnr. 11; MünchKommAktG/*Pentz* § 52 Rdnr. 73–75), so wird der Einbringungsvertrag nur mit Zustimmung der Hauptversammlung und Eintragung in das Handelsregister wirksam und sind Ausführungshandlungen in der Schwebezeit unwirksam (§ 52 Abs. 1 AktG). Ein – wie häufig – bereits zuvor geschlossener Vertrag ist daher unter entsprechende **aufschiebende Bedingungen** zu stellen. Soll ein Grundstück eingebracht werden, so scheidet eine aufschiebende Bedingung der Auflassung jedoch wegen § 925 Abs. 2 BGB aus; es ist dann entweder die Einbringung insgesamt zurückzustellen (ggf. aber schon Erteilung von Vollmachten und Vollzugsanweisungen z. B. an Notarangestellte) oder die Auflassung zwar zu erklären, aber durch entsprechende Anweisungen an den Notar der Grundbuchvollzug der Auflassung aufzuschieben. § 52 Abs. 2 S. 1 AktG schreibt für den Nachgründungsvertrag zumindest **Schriftform** vor, selbst wenn ein normaler Einbringungsvertrag formfrei wäre. Zu den besonderen Formalien vor und in der Hauptversammlung vgl. § 52 Abs. 2 und 3 AktG. Der Nachgründungsvertrag unterliegt neben der Pflichtprüfung gem. § 183 Abs. 3 AktG auch der **Nachgründungsprüfung** nach § 52 Abs. 4 AktG, die neben der Werthaltigkeit der Einlage auch die Angemessenheit des Ausgabekurses der jungen Aktien umfasst (MünchKommAktG/*Pentz* § 52 Rdnr. 75).

3. Besonderheiten in Abhängigkeit vom Einlagegegenstand. Abgesehen vom Sonderfall des § 52 Abs. 1 AktG (mind. Schriftform) unterliegt der Einbringungsvertrag nur der **Form**, die sich aus dem Einlagegegenstand selbst ergibt, also z. B. bei Grundstücken und GmbH-Geschäftsanteilen der notariellen Beurkundung, bei Aktien oder beweglichen Sachen hingegen keiner besonderen Form. Aus § 188 Abs. 3 Nr. 2 i. V.m. Abs. 5 a. F. AktG ergab sich schon vor Aufhebung von Abs. 5 nichts anderes, da diese Vorschriften keine besonderen Formerfordernisse schufen sondern nur auf bestehende Bezug nahmen, m. a. W.: wenn die Einbringung materiellrechtlich aufgrund mündlichen Vertrags erfolgen darf, kann registerrechtlich nicht die Einreichung eines schriftlichen Vertrags verlangt werden. Bei der gleichzeitigen Einbringung von Anteilen an einer **GmbH & Co. KG** und deren Komplementärin dürfte sich aus § 15

10. Einbringungsvertrag (Hinweise) — F.III.10

Abs. 3 GmbHG regelmäßig keine Pflicht ergeben, auch die Einbringung der KG-Anteile mit zu beurkunden, solange der Einbringungsvertrag ein reines Verfügungsgeschäft ist. Die Rechtslage unterscheidet sich insoweit vom korrespondierenden schuldrechtlichen Kaufvertrag: Dass die Anteilsverkäufe betreffend die KG und ihre Komplementärin beurkundungsrechtlich eine Geschäftseinheit darstellen und daher aus § 15 Abs. 4 S. 1 GmbHG eine umfassende und einheitliche Beurkundungspflicht für den gesamten Kaufvertrag folgt, ist an sich unstreitig. Dass sich die Praxis freilich zur Vermeidung der auf die KG-Anteile entfallenden Notarkosten – jedenfalls in geeigneten Fällen – mit der Heilungswirkung der unmittelbar nachträglichen formgerechten GmbH-Geschäftsanteilsabtretung gem. § 15 Abs. 4 S. 2 GmbHG für den zunächst formunwirksam geschlossenen KG-Anteilskaufvertragvertrag behilft, steht auf einem anderen Blatt. Beim rein dinglichen Abtretungsvertrag ist hingegen beurkundungsrechtlich keine Geschäftseinheit anzunehmen (Abstraktionsprinzip!). Daher kann jeder Einlagegegenstand getrennt nach der für ihn jeweils geltenden Form eingebracht werden. Bei der GmbH & Co. KG gilt also nichts anderes als z.B. bei der parallelen Leistung von beurkundungspflichtiger Sach- und beurkundungsfreier Bareinlage. Anders dürfte es sein, wenn der Einbringungsvertrag auch wesentliche schuldrechtliche Inhalte hat, die sowohl die GmbH- als auch die KG-Anteile betreffen, etwa bei Vereinbarung von Gewährleistungen. Die Abgrenzung wird oft schwierig sein, so dass im Einzelfall eine Beurkundung der sichere Weg sein mag. Jedenfalls aus kostenrechtlicher Sicht dürfte es sich wohl empfehlen, schuldrechtliche Vereinbarungen nur an einer Stelle zu treffen (nämlich im Unternehmenskauf- bzw. Beteiligungsvertrag, wenn dieser ohnehin in beurkundeter Form geschlossen wird).

IV. Kapitalerhöhung bei einer erwerbenden GmbH & Co. KG – Handelsregisteranmeldung

An das
Amtsgericht ……
– Handelsregister –

……

HR A ……
C-GmbH & Co. KG

1. Zur Eintragung in das Handelsregister melden wir an:
Die Y-GmbH mit Sitz in ……, eingetragen im Handelsregister des Amtsgerichts …… unter Nr. HR B ……, ist mit einer Kommanditeinlage (= Hafteinlage) in Höhe von …… EUR mit Wirkung auf den Zeitpunkt der Eintragung in das Handelregister als weiterer Kommanditist in die Gesellschaft eingetreten.
2. Eintragungsnachrichten werden erbeten an …… .
3. Nach erfolgter Eintragung wird um Übersendung von …… beglaubigten und …… unbeglaubigten Handelsregisterauszügen zu Händen des vorgenannten Notars gebeten.
4. Vollmacht an Notariatsangestellte [wie Form. F.I.5]

……, den ……

……

[Unterschriften sämtlicher Gesellschafter, einschl. des eintretenden Kommanditisten]

[Beglaubigungsvermerk]

Anmerkungen

1. Sachverhalt. Tritt eine GmbH & Co. KG als Erwerberunternehmen auf und werden für das eingebrachte Zielunternehmen „neue Anteile" an der Kommanditgesellschaft an den Veräußerer „gewährt", unterscheidet sich die Registeranmeldung nicht von der bei einem sonstigen Beitritt zur Gesellschaft; der Unternehmenskaufhintergrund und die Erbringung der Gegenleistung durch den Veräußerer oder gar die Werthaltigkeit sind nicht zu verlautbaren oder gar zu belegen. Es sind keine besonderen Anlagen einzureichen.

2. Kosten. Zu Notar- und Registergebühren vgl. Anm. 5 zu Form. F.I.5; Geschäftswert ist gem. § 41a Abs. 1 Nr. 6 KostO die einzutragende Hafteinlage, nicht die ggf. höhere Kapitaleinlage oder der Verkehrswert des Einbringungsgegenstandes.

V. Beteiligungsvertrag, Gesellschaftervereinbarung – Investment Agreement, Shareholder Agreement

1. Beteiligungsvertrag (Beitritt eines Finanzinvestors, Venture Capital-typische Klauseln)

1. Investment Agreement (company entry by financial investor, standard contract clauses for venture capital transactions)

Beteiligungsvertrag[1, 2, 8]

von und zwischen

1. Herrn ...... [GF/Alt-Gesellschafter 1]
2. Herrn ...... [Alt-Gesellschafter 2]
([GF/Alt-Gesellschafter 1] und [Alt-Gesellschafter 2] im Folgenden gemeinsam als die „Gesellschafter" bezeichnet)

3. ...... [Venture Capital Investor]
(im Folgenden als der „Investor" bezeichnet)

und

4. ...... GmbH
(im Folgenden als die „Gesellschaft" bezeichnet)
(die Gesellschafter, der Investor und die Gesellschaft werden im folgenden kollektiv als die „Parteien" und jeder/jede einzeln als die „Partei" bezeichnet)

Vorbemerkungen

V.1. Die Gesellschafter sind daran interessiert, dass die Gesellschaft dadurch Zugang zu einer Finanzierungs- und kommerziellen Expertise erhält, dass der Investor in die Gesellschaft investiert.

V.2. Der Investor ist daran interessiert, in die Gesellschaft zu investieren, indem er eine Kapitalerhöhung und ein Wandeldarlehen zu den Bedingungen und Konditionen, dieses Vertrages ausgeführt, zeichnet.

V.3. Die Gesellschafter berufen hiermit eine Gesellschafterversammlung der Gesellschaft ein und fassen unter Verzicht auf alle satzungsmäßigen bzw. vertraglichen Erfordernisse hinsicht-

Investment Agreement

entered into by and between

1. Mr. ...... [MD/Current Shareholder 1]
2. Mr. ...... [Current Shareholder 2]
(hereinafter [MD/Current Shareholder 1] and [Current Shareholder 2] are individually referred to as a „Shareholder" and collectively as the „Shareholders")

3. ...... [Venture Capital Investor]
(hereinafter referred to as the „Investor")

and

4. ...... GmbH
(hereinafter the „Company")

(hereinafter the Shareholders, the Investor, and the Company are collectively referred to as the „Parties" and individually as a „Party")

Recitals

V.1 The Shareholders wish to provide the Company with access to financing and commercial expertise by allowing the Investor to invest in the Company.

V.2 The Investor wishes to invest in the Company by subscribing to a capital increase and making a convertible loan subject to the terms and conditions of this Agreement.

V.3 The Shareholders hereby call a Shareholders' Meeting of the Company and, waiving all form and notice requirements for calling a Shareholders' Meeting provided for in the Memo-

lich der Form und der Bekanntmachungsfrist für die Einberufung einer Gesellschafterversammlung einstimmig folgende Beschlüsse:

V.3.1 Die Gesellschafterversammlung genehmigt im erforderlichen Umfang alle Transaktionen, die mit diesem Vertrag beabsichtigt werden.

V.3.2 Herr ...... [GF/Alt-Gesellschafter 1] wird für alle Erklärungen, die er in dieser Urkunde im Namen der Gesellschaft abgibt, von den Beschränkungen des § 181 BGB befreit.

Die Gesellschafterversammlung ist damit beendet.

Dies vorausgeschickt, vereinbaren die Parteien was folgt:

§ 1 Gesellschaft, Struktur der Akquisition

1.1 Angaben zu der Gesellschaft

Bei dem Unternehmen handelt es sich um eine Gesellschaft mit beschränkter Haftung, die ordnungsgemäß nach deutschem Recht gegründet wurde, ihren eingetragenen Sitz in ...... hat und im Handelsregister beim Amtsgericht ...... unter der Nummer HRB ...... eingetragen ist.

1.2 Eingetragenes Stammkapital der Gesellschaft

Das eingetragene Stammkapital der Gesellschaft beträgt zur Zeit ...... EUR (in Worten: ......) (im Folgenden als das „eingetragene Stammkapital" bezeichnet). Das eingetragene Stammkapital ist vollständig bezahlt und nicht zurückgezahlt worden. Die in Anlage 1.2 aufgeführten Kapitalerhöhungen sind ebenfalls vollständig eingezahlt und nicht zurückgezahlt worden.

1.3 Geschäftsanteile

Die Gesellschafter halten nach Eintragung der in Anlage 1.2 auf-

randum and Articles of Association or by contract, hereby unanimously adopt the following resolutions:

V.3.1 The Shareholders' Meeting hereby approves, to the extent necessary, all transactions provided for in this Agreement.

V.3.2 Mr. ...... [managing director/ Current Shareholder 1] is hereby released from the restrictions of sec. 181 of the German Civil Code (Bürgerliches Gesetzbuch - BGB) for all declarations made by him in this Deed in the name of the Company.

The Shareholders' Meeting is hereby closed.

NOW, THEREFORE, in consideration of the foregoing, the Parties hereby agree as follows:

Section 1 Company, Structure of Acquisition

1.1 Information about the Company

The Company is a German limited liability company (*GmbH*) duly organized under German law, having its registered office in ......, and recorded in the Commercial Register at the Local Court of ...... under number HRB ....

1.2 Registered Share Capital of the Company

The registered share capital (*Stammkapital*) of the Company currently totals EUR ...... (...... euros) (hereinafter the „Registered Share Capital"). The Registered Share Capital is fully paid in and has not been repaid. The capital increases shown in Schedule 1.2 likewise are fully paid in and have not been repaid.

1.3 Shares

After the capital increases shown in Schedule 1.2 have been re-

1. Beteiligungsvertrag

geführten Kapitalerhöhungen im Handelsregister Geschäftsanteile an der Gesellschaft wie folgt:
- Herr ...... [GF/Alt-Gesellschafter 1] hält Geschäftsanteil Nr. 1 im Nennwert von ...... EUR (in Worten: ......)
- Herr ...... [Alt-Gesellschafter 2] hält Geschäftsanteil Nr. 2 im Nennwert von ...... EUR (in Worten: ......)

§ 2 Zeichnung von Geschäftsanteilen[3, 4]

2.1 Gesellschafterversammlung

2.1.1 Am Tag der Beurkundung dieses Vertrages wird die Gesellschaft eine außerordentliche Gesellschafterversammlung einberufen mit dem Ziel, die Satzung der Gesellschaft neu zu fassen und das Stammkapital der Gesellschaft von ...... EUR (in Worten: ......) um ...... EUR (in Worten: ......) auf ...... EUR (in Worten: ......) zu erhöhen; ausschließlich der Investor ist berechtigt, das erhöhte Kapital zu zeichnen[4], indem er eine Bareinlage in Höhe des Nominalwertes der übernommenen Kapitaleinlage von ...... EUR (in Worten: ......) leistet. Die Tagesordnung der Gesellschafterversammlung hat die Beschlussgegenstände zu umfassen, die gemäß § 2.1.2 zu erörtern sind.

2.1.2 In der in § 2.1.1 geregelten Gesellschafterversammlung haben die Gesellschafter dafür zu sorgen, dass alle im Entwurf der Niederschrift über die Gesellschafterversammlung, die als Anlage 2.1.2 beigefügt ist, behandelten Beschlussgegenstände – und zwar ausschließlich diese Beschlussgegenstände – erörtert und festgehalten werden. Die Gesellschafter haben für die in Anlage 2.1.2 dargelegten Beschlüsse mit dem positiven Stimmwert „Ja" zu stimmen und dafür zu sorgen, dass diese Beschlüsse durch die Gesell-

corded in the Commercial Register, the Shareholders will hold shares in the Company as follows:
- Mr. ...... [*MD/Current Shareholder 1*] will hold shares with a par value of EUR ...... (...... euros)
- Mr. ...... [*Current Shareholder 2*] will hold shares with a par value of EUR ...... (...... euros)

Section 2 Subscription of Shares

2.1 Shareholders' Meeting

2.1.1 On the date this Agreement is recorded by the officiating Notary, the Company shall call a Special Shareholders' Meeting for the purpose of amending the Company's Memorandum and Articles of Association and increasing the share capital of the Company by EUR ...... (...... euros), from EUR ...... (...... euros) to EUR ...... (...... euros); the Investor shall have the exclusive right to subscribe to shares from the capital increase by making a cash contribution in the amount of the par value of the subscribed share, EUR ...... (...... euros). The agenda of the Shareholders' Meeting shall include the proposed resolutions, which shall be discussed in accordance with Section 2.1.2.

2.1.2 At the Shareholders' Meeting provided for in Section 2.1.1, the Shareholders shall ensure that all proposed resolutions reflected in the draft minutes of the Shareholders' Meeting attached hereto as Schedule 2.1.2 – and only those proposed resolutions – shall be discussed and documented. The Shareholders shall vote „yes" on the resolutions shown in Schedule 2.1.2, and shall ensure that these resolutions are adopted by the Shareholders' Meeting.

schafterversammlung gefasst werden.

2.1.3 Die Satzung, über welche gemäß § 2.1.2 zu beschließen ist, hat der Form zu entsprechen, wie sie aus Anlage 2.1.3 ersichtlich ist.

2.2 Zeichnung³

2.2.1 Nachdem die in Anlage 2.1.2 dargelegten Gesellschafterbeschlüsse durch die Gesellschafterversammlung der Gesellschaft gefasst werden, wird der Investor die von der Gesellschafterversammlung gemäß § 2.1.2 beschlossene Kapitalerhöhung in der Form gemäß Anlage 2.2 zeichnen.

2.2.2 Der Investor hat das erhöhte Kapital in Höhe von ...... EUR (in Worten: ......) gemäß der in § 2.2.1 genannten Zeichnung an die Gesellschaft unverzüglich nach erfolgter Zeichnung zu zahlen.

2.2.3 Nach erfolgter Erhöhung des Grundkapitals der Gesellschaft gemäß § 2.1 wird das Stammkapital der Gesellschaft wie folgt gehalten:

Name des Gesellschafters	Nennwert des Geschäftsanteils (in EUR)	Lfd. Nr. des Geschäftsanteils	Beteiligung (in ca. %)
Gesellschafter: Herr ...... [GF/Alt-Gesellschafter 1]	...... (in Worten: ......)	1	74,7
Gesellschafter: Herr ...... [Alt-Gesellschafter 2]	...... (in Worten: ......)	2	8,3
Investor:	...... (in Worten: ......)	3	17

2.2.4 Innerhalb von einer Woche, nachdem der Investor von der Gesellschaft informiert wurde, dass die gemäß § 2.1 beschlossene Kapitalerhöhung in das Handelsregister der Gesellschaft eingetragen ist, hat der Investor eine sonstige Zuzahlung in die Kapitalrücklage der Gesellschaft im Sinne von § 272 Abs. 2 Nr. 4 HGB in Höhe von ...... EUR (in Worten: ......) zu leisten.³

2.1.3 The Memorandum and Articles of Association to be resolved upon in accordance with Section 2.1.2 shall be in the form shown in Schedule 2.1.3.

2.2 Subscription

2.2.1 After the shareholder resolutions shown in Schedule 2.1.2 have been adopted by the Shareholders' Meeting of the Company, the Investor shall, in the form shown in Schedule 2.2, subscribe to the capital increase approved by the Shareholders' Meeting in accordance with Section 2.1.2.

2.2.2 The Investor shall pay in the increased capital in the amount of EUR ...... (...... euros) to the Company promptly after subscription in accordance with Section 2.2.1.

2.2.3 After the share capital of the Company has been increased in accordance with Section 2.1, the share capital of the Company will be held as follows:

Name of shareholder	Par value of share (in EUR)	Share number in shareholders' list	Interest (approx. %)
Shareholder: Mr. ...... [MD/ Current Shareholder 1]	...... (......)	1	74.7
Shareholder: Mr. ...... [Current Shareholder 2]	...... (......)	2	8.3
Investor:	...... (......)	3	17

2.2.4 Within one week from the date on which the Investor is informed by the Company that the capital increase approved in accordance with Section 2.1 has been recorded in the Commercial Register for the Company, the Investor shall make a miscellaneous contribution to the capital reserves of the Company within the meaning of sec. 272 para. 2 no. 2 of the German Commercial Code (*Handelsgesetzbuch* – HGB) in the amount of EUR ...... (...... euros).

2.2.5	Der Investor hat innerhalb von drei Monaten nach dem Tag des Vertragsschlusses, nicht jedoch vor Eintragung der gemäß § 2.1 beschlossenen Kapitalerhöhung in das Handelsregister der Gesellschaft eine sonstige Zuzahlung in die Kapitalrücklage der Gesellschaft im Sinne von § 272 Abs. 2 Nr. 4 HGB in der Höhe zu leisten, in der die Kosten des Investors für die rechtliche, steuerliche und sonstige Beratung bei der Verhandlung dieser Vereinbarung sowie der Due Diligence Untersuchung der Gesellschaft den Betrag von ...... EUR (in Worten: ......) unterschreiten.	2.2.5	Within three months from the signing date of this Agreement, however not before the capital increase approved in accordance with Section 2.1 has been recorded in the Commercial Register for the Company, the Investor shall make a contribution to the capital reserves of the Company within the meaning of sec. 272 para. 2 no. 4 HGB, in the amount by which the costs incurred by the Investor for legal, tax and other professional advice for the negotiation of this Agreement and due diligence review of the Company falls short of the amount of EUR ...... (...... euros).
2.3	Eintragung Die Parteien werden alles Ihnen Zumutbare daran setzen, dass die gemäß § 2.1.2 beschlossene Kapitalerhöhung sowie die Änderung der Satzung schnellstmöglich in das Handelsregister der Gesellschaft eingetragen werden. Die Parteien werden Vereinbarungen treffen und Dokumente ausfertigen, die für einen solchen Eintrag erforderlich oder auf angemessene Weise dienlich sind.	2.3	Recording in Commercial Register The Parties shall make all reasonable efforts to have the capital increase approved in accordance with Section 2.1.2, as well as the amendment of the Memorandum and Articles of Association, recorded in the Commercial Register for the Company at the earliest possible date. The Parties shall make all agreements and execute all documents necessary or appropriate for recording.
2.4	Übergangsstichtag Der „Übergangsstichtag" ist derjenige Tag, an dem der Investor die Kapitalerhöhung gemäß § 2.3 zeichnet.	2.4	Transfer Effective Date The date on which the Investor subscribes to the capital increase in accordance with Section 2.3 shall be referred to as the „Transfer Effective Date."

§ 3 Wandeldarlehen[5]		**Section 3 Convertible Loan**	
3.1	Darlehen Zum Übergangsstichtag gewährt der Investor der Gesellschaft ein Darlehen (das „Wandeldarlehen") in Höhe von insgesamt ...... EUR (in Worten: ......) zu den Bedingungen und Konditionen wie in § 3.2 ausgeführt.	3.1	Loan On the Transfer Effective Date the Investor shall extend a loan in the total amount of EUR ...... (...... euros) to the Company (hereinafter the „Convertible Loan") subject to the terms and conditions of Section 3.2.
3.2	Aufnahme, Zinsen und Rückzahlung	3.2	Disbursement of Loan, Interest and Repayment
3.2.1	Der Investor zahlt den Kapitalbetrag des Wandeldarlehens an die	3.2.1	The Investor shall pay the principal amount of the Convertible

Gesellschaft wie folgt aus, ohne dass es hierfür einer weiteren Auszahlungsanforderung durch die Gesellschaft bedarf:
(a)...... EUR (in Worten: ......) werden innerhalb von ...... Werktagen (einschließlich Samstage) nach dem Übergangsstichtag ausbezahlt;
(b)...... EUR (in Worten: ......) werden am ...... ausbezahlt;
(c)...... EUR (in Worten: ......) werden am ...... ausbezahlt.

3.2.2 Das Wandeldarlehen wird mit einem Zinssatz von ......% p.a. verzinst. Die Zinsen für den gesamten Zeitraum ab dem Übergangsstichtag bis zum ...... sind am ...... zahlbar (für den Zeitraum vom ...... bis zum ...... als Vorauszahlung abgezinst in Höhe von ......% p.a.) und werden von der Tranche abgezogen, die der Investor am ...... zu zahlen hat (§ 3.2.1 (c)).

3.2.3 Der Investor ist nicht zur Zahlung der Tranchen gemäß § 3.2.1 (b) und (c), verpflichtet, falls die Gesellschaft zu diesem Zeitpunkt zahlungsunfähig ist oder dies aus Sicht eines verständigen Dritten zum jeweiligen Fälligkeitstermin innerhalb von sechs Monaten nach dem betreffenden Fälligkeitstermin dieser Tranchen sehr wahrscheinlich wird.

3.2.4 Sofern sich der Investor nicht dafür entscheidet, das Wandeldarlehen gemäß § 3.3 in eine Beteiligung umzuwandeln, ist der Kapitalbetrag des Wandeldarlehens (...... EUR) von der Gesellschaft in drei gleichen halbjährlichen Raten an den Investor zurück zu zahlen, wobei die erste Rate am ...... fällig wird. Die Zinsen auf den ausstehenden Betrag des Wandeldarlehens für die sechs Monate vor dem Fälligkeitstermin einer jeden Rate hat die Gesellschaft zusammen mit jeder Rate an den Investor zu zahlen.

Loan to the Company as follows, without the need for any further demand for disbursement by the Company:
(a) EUR ...... (...... euros) shall be disbursed within ...... business days (including Saturdays) from the Transfer Effective Date;
(b) ...... EUR ...... (...... euros) shall be disbursed on ......;
(c) ...... EUR ...... (...... euros) shall be disbursed on ....

3.2.2 The Convertible Loan shall bear interest at the rate of ...... percent p.a. Interest accruing for the entire time period from the Transfer Effective Date up to and including ...... shall be payable on ...... (for the time period from...... up to and including ......, interest shall be prepaid and discounted at rate of ...... % p.a.) and shall be deducted from the loan tranche payable by the Investor on ...... (Section 3.2.1 (c)).

3.2.3 The Investor shall have an obligation to disburse the loan tranches provided for in Section 3.2.1 (b) and (c), if the Company suffers from illiquidity at such time or if on the due date of a tranche it appears very likely, from the point of view of a knowledgeable third party, that the Company will become illiquid within six months from the due date.

3.2.4 If the Investor decides not to convert the Convertible Loan into an equity interest in accordance with Section 3.3, the principal amount of the Convertible Loan (EUR ......) shall be repaid to the Investor by the Company in three equal semi-annual installments, with the first installment being due on .... Interest accruing on the outstanding balance of the Convertible Loan for the six-month period preceding the due date of each installment shall be paid by the Company to the Investor together with each installment.

1. Beteiligungsvertrag

3.2.5 Für den Fall, dass sich der Investor entschließen sollte, das Wandeldarlehen nicht gemäß § 3.3 in eine Beteiligung umzuwandeln, hat die Gesellschaft fünf Wochen, nachdem der Investor eine Kopie des geprüften Jahresabschlusses der Gesellschaft für das Geschäftsjahr ...... erhalten hat, an den Investor eine Gebühr für die Nichtumwandlung in Höhe von ......% des nicht gemäß § 3.3 gewandelten Wandeldarlehens zu bezahlen.

3.3 Wandlung[5]

Falls der Investor alle Tranchen gemäß § 3.2.1 an die Gesellschaft gezahlt hat, hat der Investor die Wahl, den gesamten ausstehenden Kapitalbetrag des Wandeldarlehens, wie nachfolgend ausgeführt, in eine Beteiligung umzuwandeln; dies erfolgt, indem er zwischen dem ...... und dem Tag nach Ablauf eines Monats, nachdem der Investor eine Kopie des geprüften Jahresabschlusses der Gesellschaft für das Geschäftsjahr ...... erhalten hat, eine diesbezügliche schriftliche Mitteilung an die Gesellschafter und die Gesellschaft richtet.

3.3.1 Im Falle einer solchen Entscheidung wird die Gesellschaft unverzüglich eine außerordentliche Gesellschafterversammlung zu dem Zweck einberufen, die Satzung der Gesellschaft zu novellieren und das Stammkapital der Gesellschaft von ...... EUR (in Worten: ......) um einen gemäß § 3.4 berechneten Betrag zu erhöhen; es ist ausschließlich dem Investor gestattet, das erhöhte Kapital gegen eine Sacheinlage in Form einer Abtretung der Forderungen des Investors gegenüber der Gesellschaft auf Rückzahlung des Wandeldarlehens im Nennwert von ...... EUR (in Worten: ......) (die „Rückzahlungsansprüche") zu zeichnen, wobei der

3.2.5 If the Investor should decide not to convert the Convertible Loan into an equity interest in accordance with Section 3.3, the Company shall pay to the Investor, five weeks after the Investor has received a copy of the Company's audited year-end financial statements for fiscal year ......, a non-conversion fee in the amount of ...... % of the Convertible Loan not converted in accordance with Section 3.3.

3.3 Conversion

Provided that the Investor has disbursed all loan tranches to the Company in accordance with Section 3.2.1, the Investor shall have the option to convert the entire outstanding principal amount of the Convertible Loan into an equity interest as set forth below; to exercise the conversion option, the Investor shall in the time period from ...... to the first day after expiration of one month from the date the Investor received a copy of the audited year-end financial statements of the Company for fiscal year ......, provide written notice to the Shareholders and the Company that the Investor is exercising the conversion option.

3.3.1 In the event of such a decision, the Company shall promptly call a Special Shareholders' Meeting for the purpose of amending the Company's Memorandum and Articles of Association and increasing the share capital of the Company from EUR ...... (...... euros) by an amount to be calculated in accordance with Section 3.4; only the Investor shall have the right to subscribe to the increased share capital in exchange for a non-cash contribution in the form of an assignment of the claims for repayment of the Convertible Loan held by the Investor against the Company in the nominal amount of EUR ...... (...... euros) (hereinaf-

die Kapitalerhöhung übersteigende Betrag der Einlage in die Kapitalrücklage der Gesellschaft einzubringen ist. Die Tagesordnung der Gesellschafterversammlung hat die Punkte zu umfassen, die gemäß § 3.3.2 zu erörtern sind. Der Betrag der Kapitalerhöhung muss in der Einladung zu der außerordentlichen Gesellschafterversammlung festgesetzt sein. In dem Umfang, in dem (i) der faire Marktwert der Rückzahlungsansprüche den Nennwert der Kapitalerhöhung unterschreitet, oder (ii) es unmöglich oder schwierig ist, nachzuweisen, dass der Wert der Rückzahlungsansprüche den Nennwert der Kapitalerhöhung erreicht, ist der Investor berechtigt, einen solchen Fehlbetrag mittels einer Bareinlage in Höhe eines solchen Fehlbetrages bzw. angeblichen Fehlbetrages in die Gesellschaft auszugleichen.

3.3.2 In der in § 3.3.1 erwähnten Gesellschafterversammlung haben die Gesellschafter dafür zu sorgen, dass alle im Entwurf der Niederschrift über die Gesellschafterversammlung, der als Anlage 3.3.3 beigefügt ist, behandelten Punkte – und zwar ausschließlich diese Punkte – erörtert und beschlossen werden. Die Gesellschafter haben für die in Anlage 3.3.2 dargelegten Beschlüsse und damit für eine Erhöhung des Stammkapitals um einen gemäß § 3.4, unten, ermittelten Betrag zu stimmen und dafür zu sorgen, dass diese Beschlüsse durch die Gesellschafterversammlung gefasst werden.

3.3.3 Die gemäß § 3.3.1 beschlossene Satzung hat im wesentlichen der Form zu entsprechen, wie sie in Anlage 3.3.3 niedergelegt ist.

3.3.4 Nachdem alle in Ziff. 3.3.1 dargelegten Gesellschafterbeschlüsse durch die Gesellschafterversamm-

ter the „Claims for Repayment"), with any amount of the non-cash contribution exceeding the capital increase to be allocated to the Company's capital reserves. The agenda of the Shareholders' Meeting shall include the items to be discussed in accordance with Section 3.3.2. The amount of the capital increase must be stated in the invitation to the Special Shareholders' Meeting. To the extent that (i) the fair market value of the Claims for Repayment is less than the nominal value of the capital increase, or (ii) it is impossible or difficult to prove that the value of the Claims for Repayment is equal to or greater than the nominal amount of the capital increase, the Investor shall have the right to make up for such a shortfall by making a cash contribution to the Company in the amount of the shortfall or purported shortfall.

3.3.2 At the Shareholders' Meeting referenced in Section 3.3.1, the Shareholders shall ensure that all items reflected in the draft minutes of the Shareholders' Meeting attached hereto as Schedule 3.3.3–and only those items–will be discussed and approved. The Shareholders shall vote in favor of the resolutions shown in Schedule 3.3.2, thereby approving an increase of the share capital by an amount determined in accordance with Section 3.4 below, and they shall ensure that such resolutions will be adopted by the Shareholders' Meeting.

3.3.3 The Memorandum and Articles of Association approved in accordance with Section 3.3.1 shall, in substantial part, be in the form shown in Schedule 3.3.3 hereto.

3.3.4 After all shareholder resolutions shown in Section 3.3.1 have been adopted by the Shareholders' Meet-

1. Beteiligungsvertrag

lung der Gesellschaft gefasst wurden, wird der Investor eine solche Kapitalerhöhung gemäß der als Anlage 3.3.4, Blatt 1 beigefügten Übernahmeerklärung zeichnen; darüber hinaus werden der Investor und die Gesellschaft einen Einbringungsvertrag bezüglich der Einlage der Rückzahlungsansprüche schließen, die im wesentlichen der Form von Anlage 3.3.4, Blatt 2 entspricht und der Investor tritt damit solche Rückzahlungsansprüche an die Gesellschaft ab.

3.3.5 Die Parteien werden alles ihnen Zumutbare daran setzen, dass die gemäß § 3.3.2 beschlossene Kapitalerhöhung schnellstmöglich in das Handelsregister der Gesellschaft eingetragen wird. Die Parteien werden insbesondere dafür sorgen, dass alle notwendigen Bewertungen der Rückzahlungsansprüche als Sacheinlage und der Gesellschaft sowie alle erforderlichen Sachkapitalerhöhungsberichte schnellstmöglich in der nötigen Form zusammengestellt werden, damit die Kapitalerhöhung in das Handelsregister eingetragen werden kann. Die Parteien werden Vereinbarungen treffen und Dokumente ausfertigen, die für die Eintragung der Kapitalerhöhung im Handelsregister erforderlich oder hilfreich sind.

3.3.6 Für den Fall, dass sich der Investor dazu entscheidet, das Wandeldarlehen umzuwandeln, wird das Wandeldarlehen bis einschließlich ...... verzinst; für nachfolgende Zeiträume erfolgt keine Verzinsung mehr, unabhängig davon, zu welchem Termin die Rückzahlungsansprüche an die Gesellschaft abgetreten werden und ab wann die Kapitalerhöhung der Gesellschaft in Kraft tritt. Im Verhältnis zwischen den Parteien gilt die Abtretung der Rückzahlungsansprüche an die Gesellschaft sowie die Kapitalerhöhung der Gesell-

ing of the Company, the Investor shall subscribe to the capital increase using page 1 of the subscription agreement attached hereto as Schedule 3.3.4; in addition, the Investor and the Company shall enter into a contribution agreement with respect to transfer of the Claims for Repayment, which shall, in substantial part, be in the form shown on page 2 of Schedule 3.3.4, and the Investor shall thereby assign such Claims for Repayment to the Company.

3.3.5 The Parties shall make all reasonable efforts to have the capital increase approved in accordance with Section 3.3.2 recorded in the Commercial Register for the Company at the earliest possible date. The Parties shall, in particular, ensure that all necessary valuations of the Claims for Repayment as a non-cash capital contribution and of the Company, as well as all necessary non-cash capital increase reports shall be put together as quickly as possible in the required form, so as to allow the capital increase to be recorded in the Commercial Register. The Parties shall make all agreements and execute all documents necessary or appropriate for recording of the capital increase in the Commercial Register.

3.3.6 If the Investor decides to convert the Convertible Loan, the Convertible Loan shall bear interest up to and including ......; the Convertible Loan shall not bear interest for any time periods thereafter, regardless of the date on which the Claims for Repayment are assigned to the Company and regardless of when the capital increase of the Company takes effect. As between the Parties, the assignment of the Claims for Repayment to the Company and the capital increase of the Company shall take effect on ....

schaft als mit Wirkung zum ...... erfolgt.

3.4 **Umwandlungsformel**

3.4.1 Vorbehaltlich der §§ 3.4.2 und 3.4.3 wird der Betrag der Kapitalerhöhung für die Umwandlung des Wandeldarlehens in eine Beteiligung mittels der in § 3.3 dargelegten Kapitalerhöhung mit Hilfe nachstehender Formel berechnet:

$$CI = SC \times \frac{DVC\%}{1 - DVC\%} - [\text{Betrag Kapitalerhöhung}]$$

Wobei DVC% (prozentuale Gesamtbeteiligung des Investors) wie folgt definiert ist:

$$DVC\% = \frac{(0.17 \times R \times M + [\text{Betrag Wandeldarlehen}])}{(R \times M) + [\text{Betrag Wandeldarlehen}]}$$

Dabei ist folgendes zu beachten:

CI: Mit CI (Capital Increase = Kapitalerhöhung) ist der Betrag in Euro gemeint, um welchen das Stammkapital gemäß § 3.3 erhöht wird (dieser Betrag ist in die Tagesordnung, den Gesellschafterbeschluss, die Übernahmeerklärung und den Einbringungsvertrag mit aufzunehmen); CI ist kaufmännisch auf einen durch EUR 1,– teilbaren Betrag zu runden.

R: Mit R (Revenues = Umsatzerlöse) sind die Umsatzerlöse der Gesellschaft für das Geschäftsjahr ...... (die „Umsätze ......") in Euro im Sinne von § 275, Absatz 2, Nr. 1 bzw. § 275 Absatz 3, Nr. 1 HGB gemeint, abzüglich eines etwaigen Betrages, um welchen die Umsatzerlöse der Gesellschaft für das Geschäftsjahr ...... (die „Umsätze ......") im Sinne von § 275, Absatz 2, Nr. 1 bzw. § 275 Absatz 3, Nr. 1 HGB den Betrag von ...... EUR (in Worten: ......) unterschreiten.

3.4 **Conversion Formula**

3.4.1 Subject to the provisions of Sections 3.4.2 and 3.4.3, the amount of the capital increase for conversion of the Convertible Loan into an equity interest by means of the capital increase described in Section 3.3 shall be calculated according to the following formula:

$$CI = SC \times \frac{DVC\%}{1 - DVC\%} - [\text{amount of convertible loan}]$$

DVC % (total percentage interest of Investor) is defined as follows:

$$DVC\% = \frac{(0.17 \times R \times M + [\text{amount of convertible loan}])}{(R \times M) + [\text{amount of convertible loan}]}$$

The other variables are defined as follows:

CI: CI (capital increase) is the euro amount by which the Registered Share Capital is increased in accordance with Section 3.3 (this amount is to be included in the agenda, shareholder resolution, subscription agreement, and contribution agreement); the CI is to be commercially rounded to an amount divisible by EUR 1.00.

R: R (revenues) are the revenues of the Company for fiscal year ...... (hereinafter the „...... Revenues") in euros, within the meaning of sec. 275 para. 2 no. 1 and sec. 275 para. 3 no. 1 HGB, less any amount by which the revenues of the Company for fiscal year ...... (hereinafter the „...... Revenues") within the meaning of sec. 275 para. 2 no. 1 and sec. 275 para. 3 no. 1 HGB fall short of the amount of EUR ...... (...... euros). The ...... Revenues and ...... Revenues shall be

1. Beteiligungsvertrag

Die Umsätze ...... sowie die Umsätze ...... werden gemäß § 3.5 ermittelt;

M: Mit M (Multiple = Vielfaches) ist ein Vielfaches der Umsätze gemeint, das wie folgt berechnet wird:

$$M = \frac{R}{4.500.000} + \frac{1}{18}$$

S C: Mit S C (Stated Capital = Stammkapital) ist das Stammkapital der Gesellschaft vor der Kapitalerhöhung gemäß § 2 in Höhe von ...... EUR (in Worten: ......) gemeint.

3.4.2 Für den Fall, dass vor dem ...... entweder (i) ein Dritter mindestens 50% der dann ausstehenden Anteile der Gesellschaft erwirbt, (ii) ein Dritter von der Gesellschaft alle oder im Wesentlichen alle Vermögensteile erwirbt, oder (iii) einer der Gesellschafter, der Investor oder ein Dritter der Gesellschaft eine zusätzliche Finanzausstattung in Form (a) einer Kapitalerhöhung oder (b) eines Darlehens bzw. eine andere Form der Finanzierung zur Verfügung stellt, welche dem betreffenden Gesellschafter, den Investor oder diesen Dritten zu einer Gewinnbeteiligung, einer Zeichnung von Anteilen, einer Abtretung von Anteilen oder eine andere Art der Beteiligung an der Gesellschaft berechtigt, die über die Bestimmungen des Darlehens bzw. diejenigen einer anderen Finanzierungsform hinausgehen, hat der Investor das Recht sich zu entscheiden, nach Zahlung der noch ausstehenden Tranchen gemäß § 3.2.1 den gesamten ausstehenden Kapitalbetrag der Wandelanleihe mit Wirkung ab dem Tag eines solches Erwerbes, einer solchen Kapitalerhöhung bzw. Finanzierung gemäß den Bestimmungen des § 3.3 unter Anwendung der Umwandlungsformel umzuwandeln:

computed as shown in Section 3.5;

M: M (multiple) is a multiple of the revenues that is computed as follows:

$$M = \frac{R}{4.500.000} + \frac{1}{18}$$

S C: S C (share capital) is the share capital of the Company prior to the capital increase provided for in Section 2, in the amount of EUR ...... (...... euros).

3.4.2 In the event that prior to ...... (i) a third party acquires at least 50% of the then outstanding shares of the Company, (ii) a third party acquires all or substantially all of the assets of the Company, or (iii) a shareholder, the Investor, or a third party makes available additional funds to the Company in the form of (a) a capital increase or (b) a loan or other form of financing under which such shareholder, the Investor, or the third party has a right to a profit share, subscription of shares, assignment of shares or any other type of interest in the Company beyond the terms of the loan or other form of financing, the Investor shall have the right to decide, after disbursement of the loan tranches outstanding under Section 3.2.1, to convert the entire outstanding principal amount of the Convertible Loan effective as of the effective date of such acquisition, capital increase, or financing, subject to the terms of Section 3.3 and according to the following conversion formula:

$$CI = SC \times \frac{DVC\%}{1 - DVC\%} - [\text{Betrag Kapitalerhöhung}]$$

Wobei DVC% wie folgt definiert ist:

$$DVC\% = \frac{0{,}17 \times R_{03} \times 1{,}5 + \text{Wandeldarlehensbetrag}}{R_{03} \times 1{,}5 + \text{Wandeldarlehensbetrag}}$$

Dabei ist folgendes zu beachten: Mit R_{03} (Revenues = Umsatzerlöse) sind die Umsätze ...... gemeint.

3.4.3 Der Betrag der Kapitalerhöhung darf in keinen Fall ...... EUR (in Worten: ......) unterschreiten oder ...... EUR (in Worten: ......) überschreiten.

3.5 Ermittlung der Umsätze

3.5.1 Die Umsätze ...... sind anhand des geprüften Jahresabschlusses der Gesellschaft für das Geschäftsjahr ...... zu ermitteln.

3.5.2 Herr ...... *[GF/Alt-Gesellschafter 1]* hat den Investor mit Vorlage des geprüften Jahresabschlusses der Gesellschaft für das Geschäftsjahr ...... über die Umsätze ...... zu informieren.

§ 4 Leistungsanreiz-Plan für die Mitarbeiter[6]

Die Parteien vereinbaren, dass als Mittel zur Förderung der Motivation der Mitarbeiter der Gesellschaft sowie zu deren Identifizierung mit der Gesellschaft Geschäftsanteile oder ein Teilgeschäftsanteil im Nennwert von ...... EUR (in Worten: ......) (die „Mitarbeiteranteile"), die in Höhe von ...... EUR (in Worten: ......) von Herrn ...... *[GF/Alt-Gesellschafter 1]* und zu ...... EUR (in Worten: ......) von Herrn ...... *[Alt-Gesellschafter 2]* gehalten werden, für einen Beteiligungsplan für die Mitarbeiter verwendet werden sollen. Die Gesellschafter und der Investor werden in guter Absicht über einen solchen Beteiligungsplan für die Mitarbeiter verhandeln, insbesondere im Hinblick auf die Struktur, die Bedingungen und den Umfang eines solchen Plans.

§ 5 Garantien der Gesellschafter[7]

Die Gesellschafter und die Gesellschaft garantieren dem Investor hiermit in Form ei-

---

$$CI = SC \times \frac{DVC\%}{1 - DVC\%} - [\text{amount of capital increase}]$$

DVC% is defined as follows:

$$DVC\% = \frac{0{.}17 \times R_{03} \times 1{.}5 + \text{convertible loan amount}}{R_{03} \times 1{.}5 + \text{convertible loan amount}}$$

R_{03} (revenues) are the revenues of ....

3.4.3 The amount of the capital increase shall under no circumstances be less than EUR ...... (...... euros) or more than EUR ...... (...... euros).

3.5 Computation of Revenues

3.5.1 The ...... Revenues shall be computed based upon the audited year-end financial statements of the Company for fiscal year ....

3.5.2 Mr. ...... *[MD/Current Shareholder 1]* shall inform the Investor of the ...... Revenues by submitting to the Investor the audited year-end financial statements of the Company for fiscal year ....

Section 4 Employee Stock Option Plan

The Parties hereby agree that in order to provide incentives to the employees of the Company and to strengthen their identification with the Company, shares or a partial share with a par value of EUR ...... (...... euros) (hereinafter the „Employee Shares"), which in the amount of EUR ...... (...... euros) are held by Mr. ...... *[MD/Current Shareholder 1]* and in the amount of EUR ...... (...... euros) are held by Mr. ...... *[Current Shareholder 2]*, shall be used for an employee stock option plan. The Shareholders and the Investor shall negotiate such an employee stock option plan in good faith, including, without limitation, the structure, terms and conditions, and scope of the plan.

Section 5 Warranties by the Shareholders

The Shareholders of the Company hereby warrant to the Investor, in the form of an

nes selbstständigen Garantieversprechens im Sinne des § 311 Abs. 1 BGB (im Folgenden als die „Garantien" bezeichnet), dass die nachfolgend gemachten Angaben zum Zeitpunkt dieser Vereinbarung sowie zum Übergangsstichtag wahrheitsgemäß und zutreffend sind; es gilt als vereinbart, dass solche Angaben weder eine Beschaffenheitsvereinbarung i.S.d. § 434 Abs. 1 BGB noch eine Garantie für die Beschaffenheit der Sache i.S.d. §§ 443, 444 BGB darstellen:

5.1 Gesellschaftsrechtliche Verhältnisse

5.1.1 Die Gesellschaft und ...... [US-Tochtergesellschaft] Inc. (die „Tochtergesellschaft") sind gemäß den Bestimmungen der für sie geltenden Gesetze gegründet worden und existieren auf Grund derselben rechtskräftig. Die in der Vorbemerkung sowie in § 1 hinsichtlich der Gesellschaft, des eingetragenen Stammkapitals sowie der Anteile gemachten Angaben sind in jeder Hinsicht wahrheitsgemäß, zutreffend und vollständig. Die Gesellschaft und die Tochtergesellschaft verfügen über die körperschaftliche Befugnis und Kompetenz zur Weiterführung ihres jeweiligen Geschäftes, so wie dieses bisher ausgeübt worden ist und bis zum Übergangsstichtag ausgeübt werden wird. Sämtliche Beschlüsse und alle anderen Dokumente, die gemäß dem Anwendung findenden Gesetz bei dem zuständigen Handelsregister oder einer vergleichbaren Stelle (falls zutreffend) eingereicht werden müssen, sind ordnungsgemäß und rechtzeitig vorgelegt worden; sie waren zum Zeitpunkt ihrer Einreichung vollständig und korrekt. Es gibt außer den in der Vorbemerkung genannten Kapitalerhöhungsbeschlüssen keine Beschlüsse oder anderen Dokumente, die nicht eingetragen sind.

independent warranty within the meaning of sec. 311 para. 1 BGB (hereinafter the „Warranties"), that as of the date of this Agreement and the Transfer Effective Date, the following representations are true and correct; it is hereby agreed that such representations shall not be construed either as an agreement on quality within the meaning of sec. 434 para. 1 BGB or a warranty of quality within the meaning of sec. 443 and 444 BGB:

5.1 Corporate Matters

5.1.1 The Company and ...... [U.S. subsidiary], Inc. (hereinafter the „Subsidiary") are duly organized and existing under applicable law. The representations made in the Recitals and in Section 1 with respect to the Company, the Registered Share Capital, and the shares are in every respect true, correct and complete. The Company and the Subsidiary have the power and authority under corporate law to continue to operate their respective businesses as they were operated in the past and as they will be operated until the Transfer Effective Date. All resolutions and other documents that must be submitted to the appropriate Commercial Register or a comparable government office (if applicable) in accordance with applicable law have been duly and timely submitted; they were complete and correct as of the date of submission. Except for the capital increase resolutions referenced in the Recitals, there are no resolutions or other documents that have not been recorded in the Commercial Register.

5.1.2 Das eingetragene Stammkapital ist vollständig bezahlt und es besteht keine Nachschusspflicht; darüber hinaus sind keinerlei Rückzahlungen – weder offen noch verdeckt – erfolgt. Alle Anwendung findenden Bestimmungen des geltenden Rechts im Hinblick auf eine Erhöhung oder Herabsetzung des eingetragenen Stammkapitals sind ordnungsgemäß eingehalten worden. Die Anteile sowie die Anteile der Tochtergesellschaft existieren rechtsgültig, sie sind frei und bar jeglicher Pfandrechte, Rechte und Vorrechte von Dritten und sie sind nicht verpfändet, abgetreten, belastet bzw. anderweitig begeben oder als Sicherheit verwendet worden; der Gesellschafter kann frei und ohne jegliche Einschränkungen oder Beschränkungen über die Anteile sowie die Anteile der Tochtergesellschaft verfügen. Es existieren keinerlei Optionen, Vorkaufsrechte, Gesellschafterverträge oder anderweitige Vereinbarungen bezüglich der Anteile sowie der Anteile der Tochtergesellschaft.

5.1.3 Die Gesellschaft hält weder Aktien, Anteile oder Beteiligungsrechte von jeweils mehr als 5% (einschließlich stiller Beteiligungen) noch hat sie Vereinbarungen darüber geschlossen, irgendwelche Aktien, Anteile oder Beteiligungsrechte zu halten oder irgendwelche Eigentumsrechte zu begründen; sie ist weder Partei irgendeiner gesellschaftsrechtlichen Joint Venture-Vereinbarung noch hat sie eine Vereinbarung getroffen, eine solche zu werden.

5.1.4 Gegen die Gesellschafter, die Gesellschaft oder die Tochtergesellschaft ist kein Konkurs-, Insolvenz- oder gerichtliches Vergleichsverfahren eingeleitet oder gemäß geltendem Recht beantragt worden. Derzeit ist weder einer der Gesellschafter noch die Gesell-

5.1.2 The Registered Share Capital is fully paid in and no shareholders are obligated to make any additional capital contributions; moreover, there were no disclosed or undisclosed repayments. The Company and the Subsidiary are in compliance with all applicable laws with respect to an increase or decrease of the Registered Share Capital. The shares, as well as the shares of the Subsidiary, are valid and free from any pledge rights, rights, and preferred rights in favor of third parties, and they have not been pledged, assigned, encumbered or otherwise transferred or used as collateral; the Shareholders have the right to dispose of the shares and the shares of the Subsidiary without any limitations or restrictions. The shares and the shares of the Subsidiary are not subject to any options, rights of first refusal, shareholder agreements, or other agreements.

5.1.3 The Company holds no stock, shares or interests of more than 5% (including silent partnership interests) nor has the Company made any agreements to hold any stock, shares or interests, or to create any equity rights; the Company is not a party to any corporate joint venture agreements nor has it agreed to become a party to any corporate joint venture agreements.

5.1.4 No bankruptcy, insolvency or judicial composition proceeding has been instituted against the Shareholders, the Company or the Subsidiary, nor have any applications for the institution of such proceedings been filed. Neither any of the Shareholders nor the Company

1. Beteiligungsvertrag

schaft zahlungsunfähig. Hinsichtlich der Gesellschaft ist weder eine Schuldenvergleichs-Vereinbarung noch ein anderweitiger Kompromiss oder eine andere Übereinkunft zwischen der Gesellschaft und ihren Gläubigern vorgeschlagen oder gebilligt worden.

5.1.5 Die Erfüllung und Durchführung dieses Vertrages einschließlich der darin vorgesehenen Transaktionen durch den Gesellschafter stellt jetzt und künftig keinen Verstoß gegen irgendwelche Vereinbarungen oder Verpflichtungen der Gesellschafter bzw. der Gesellschaft dar.

5.2 Jahresabschlüsse

5.2.1 Die Jahresabschlüsse für das Geschäftsjahr ...... (die „Jahresabschlüsse") sowohl für die Gesellschaft als auch für die Tochtergesellschaft wurden dem Investor vorgelegt und sind nicht geprüft und testiert. Die Jahresabschlüsse (i) sind nach bestem Wissen der Gesellschaft und der Gesellschafter wahrheitsgemäß und genau und wurden in Übereinstimmung mit den allgemein anerkannten Bilanzierungsgrundsätzen erstellt und (ii) stellen ein den tatsächlichen Verhältnissen entsprechendes Bild der Vermögenswerte und Verbindlichkeiten (Vermögenslage), der Finanzlage sowie der Ertragslage sowohl der Gesellschaft als auch der Tochtergesellschaft hinsichtlich der darin genannten Zeiten und Zeiträume dar; jedwede Eventualverbindlichkeiten einschließlich Verbindlichkeiten auf Grund von Patronatserklärungen, die nicht auf der Passivseite der Bilanz eingetragen werden müssen, sind in den Jahresabschluss als Posten unter dem Strich aufgenommen oder in Anlage 5.2.1 einzeln aufgeführt worden.

5.2.2 Seit dem 31. Dezember ...... sind von der Gesellschaft bzw. der

are currently illiquid. No debt settlement agreement or other compromise or agreement between the Company and any of its creditors has been proposed or approved with respect to the Company.

5.1.5 The performance and execution of this Agreement, including the transactions provided for therein, by the Shareholders do not now violate any agreements or obligations of the Shareholders or the Company nor will they do so in the future.

5.2 Year-End Financial Statements

5.2.1 The year-end financial statements of the Company and the Subsidiary for fiscal year ...... (hereinafter the „Financial Statements") have been submitted to the Investor and have not been audited or certified. The Financial Statements (i) to the best knowledge of the Company and the Shareholders were prepared in accordance with generally accepted accounting principles and truthfully and accurately reflect the financial condition of the Company and the Subsidiary, and (ii) truthfully and fairly reflect the assets and liabilities (net worth), financial condition, and earnings position of the Company and the Subsidiary with respect to the times and time periods referenced in the Financial Statements; any contingent liabilities, including liabilities arising from letters of comfort, that were not required to be reported as liabilities in the balance sheet have been included in the Financial Statements as below-the-line items or are individually itemized in Schedule 5.2.1.

5.2.2 The Company or the Subsidiary has not resolved to pay any divi-

	Tochtergesellschaft keine Dividenden beschlossen oder an die Gesellschafter ausgeschüttet worden.		dends nor have any dividends been paid to the Shareholders since December 31, ……
5.3	Geistiges Eigentum, Informationstechnologie	5.3	Intellectual Property, Information Technology
5.3.1	Die Anlage 5.3.1 enthält nach bestem Wissen der Gesellschafter und der Gesellschaft eine vollständige und korrekte Liste sämtlicher wichtiger Lizenzen, die der Gesellschaft seitens Dritter zum Übergangsstichtag gewährt worden sind, mit Ausnahme der Verträge über Standardsoftware. Mit Ausnahme (i) derjenigen Vergütung, die in den in Anlage 5.3.1 aufgelisteten Lizenzvereinbarungen ausdrücklich vorgesehen ist, (ii) Vergütung für Standardsoftware und (iii) Zahlungen im Rahmen öffentlich geförderter Forschungsprogramme steht die Gesellschaft in keinerlei Verpflichtung, an irgendwelche Dritte Nutzungsgebühren, Lizenzgebühren, Kaufpreise oder eine anderweitige Vergütung für irgendwelche Rechte an geistigem Eigentum bzw. ähnliche Rechte zu bezahlen, die von der Gesellschaft erworben, in Lizenz übernommen oder von dieser genutzt werden bzw. die für die Gesellschaft entwickelt worden sind. „Rechte an geistigem Eigentum" bezeichnet sämtliche gewerblichen Schutzrechte einschließlich Know-how und Geschäftsgeheimnisse.	5.3.1	To the best knowledge of the Shareholders and the Company, Schedule 5.3.1 fully and accurately lists all important licenses which have been received by the Company from third parties as of the Transfer Effective Date, except for agreements for standard software. With the exception of (i) compensation expressly provided for in the license agreements itemized in Schedule 5.3.1, (ii) compensation for standard software, and (iii) payments for publicly subsidized research and development programs, the Company has no obligation to pay any user fees, license fees, purchase prices or other compensation for any Intellectual Property Rights or similar rights acquired, licensed or used by the Company or developed for the Company. As used herein, „Intellectual Property Rights" shall refer to any industrial property rights, including know-how and business secrets.
5.3.2	Nach bestem Wissen der Gesellschafter und der Gesellschaft sind sämtliche Rechte an geistigem Eigentum ordnungsgemäß gepflegt worden, sie sind gültig und bestehen weiter, haben volle Wirksamkeit, sind weder abgelaufen noch aufgehoben oder zurückgezogen worden. Insbesondere hat die Gesellschaft nach bestem Wissen der Gesellschafter und der Gesellschaft alle Rechte nach dem deutschen Arbeitnehmererfindungsgesetz oder einer ähn-	5.3.2	To the best knowledge of the Shareholders and the Company, all Intellectual Property Rights have been duly maintained, are valid and continue in full force and effect, have not expired and have not been canceled or revoked. In particular, the Company has, to the best knowledge of the Shareholders and the Company, duly exercised all rights under the German Act on Employee Inventions (*Arbeitnehmererfindungsgesetz*) or similar laws, with the ex-

	lichen Gesetzgebung ausgeübt, davon ausgenommen sind noch nicht verhandelte mögliche Ansprüche der Mitarbeiter Herr ...... und Herr		ception a potential claims by employees ...... and .... Which have not yet been negotiated.
5.3.3	Nach bestem Wissen der Gesellschafter und der Gesellschaft ist keines der Rechte an geistigem Eigentum von irgendeinem Dritten angefochten worden. Insbesondere liegt weder den Gesellschaftern noch der Gesellschaft von irgendeinem Dritten (ausgenommen den Mitarbeitern Herr ...... und Herr ......) eine Mitteilung mit irgendeiner Behauptung oder einem Anspruch vor, welche die Gültigkeit eines Rechts an geistigem Eigentum, das der Gesellschaft gehört bzw. von dieser genutzt wird, in Frage stellt und die Gesellschafter verfügen über keinerlei Erkenntnisse darüber, dass es eine begründete Basis für eine derartige Behauptung oder einen solchen Anspruch gibt.	5.3.3	To the best knowledge of the Shareholders and the Company, no Intellectual Property Rights have been challenged by any third parties. In particular, neither the Shareholders nor the Company have received notice from any third parties (with the exception of employees ...... and ......) of any claims or alleged claims that would call into question the validity of any Intellectual Property Rights held or used by the Company, and as far as the Shareholders are aware, there are no circumstances that would provide a basis for any such claims or alleged claims.
5.3.4	Nach bestem Wissen der Gesellschafter und der Gesellschaft hat die Gesellschaft im Zuge ihres Geschäftsbetriebes keine Rechte Dritter an geistigem Eigentum verletzt oder gegen solche verstoßen und tut dies auch derzeit nicht.	5.3.4	To the best knowledge of the Shareholders and the Company, the Company has not infringed or violated any Intellectual Property Rights of third parties in the operation of its business, nor is the Company currently infringing or violating any such third-party rights.
5.3.5	Es besteht nach bestem Wissen der Gesellschafter und der Gesellschaft bei keiner Vereinbarung über die Nutzung von Computer-Hardware, Software, Firmware, Netze und anderweitige Informationstechnologie, die von der Gesellschaft genutzt werden (im folgenden als die „Informationstechnologie" bezeichnet), das Risiko, dass innerhalb von sechs Monaten nach Vertragsschluss eine Betriebsunterbrechung aufgrund einer Kündigung oder Nichtverlängerung eines Vertrages droht.	5.3.5	To the best knowledge of the Shareholders and the Company, no agreement related to the use of computer hardware, software, firmware, networks, or other information technology used by the Company (hereinafter referred to as „Information Technology") is subject to a risk that operation may be disrupted within six months of the signing date of this Agreement as a result of termination or non-renewal of the Agreement.
5.4	Versicherungen Die Gesellschaft hat eine Betriebshaftpflichtversicherung abgeschlossen.	5.4	Insurance Policies The Company carries business liability insurance.

5.5	Wesentliche Vereinbarungen	5.5	Material Agreements
5.5.1	Die Anlage 5.5.1 listet nach bestem Wissen der Gesellschaft und der Gesellschafter vollständig und korrekt sämtliche noch nicht vollständig abgewickelten Vereinbarungen (ob ausdrücklich oder stillschweigend, ob schriftlich festgehalten oder mündlich verabredet, in ihrer jeweiligen novellierten Form) der Gesellschaft auf, die in eine oder mehrere der nachstehenden Kategorien fallen (im folgenden als die „Wesentlichen Vereinbarungen" bezeichnet):	5.5.1	To the best knowledge of the Company and the Shareholders, Schedule 5.5.1 fully and correctly lists all agreements (whether express or implied, written or oral, and in each case as last amended) of the Company that have not yet been fully performed and fall within one or several of the following categories (hereinafter the „Material Agreements"):

(a) Vereinbarungen über den Erwerb, den Verkauf oder die Belastung von Grundbesitz oder grundbesitzähnlichen Rechten;

(a) agreements for the purchase, sale or encumbrances of real property or rights equivalent to real property;

(b) Vereinbarungen über den Erwerb oder den Verkauf von Gütern des Anlagevermögens, einschließlich immaterieller Vermögensgegenstände und Sachanlagen sowie Finanzanlagen über einen Betrag von mindestens ...... EUR (in Worten: ......);

(b) agreements for the purchase or sale of fixed assets, including intangible assets and tangible assets, or of financial assets, with a value of at least EUR ...... (...... euros);

(c) Nießbrauch-, Miet- oder Leasingverträge, die im Einzelfall mit jährlichen nicht verbrauchsabhängigen Nutzungsvergütungen von ...... EUR (in Worten: ......) oder mehr verbunden sind;

(c) usufruct, rental or lease agreements associated with annual payments in the amount of EUR ...... (...... euros) or more each, where the amount of payment does not depend on usage;

(d) Lizenzverträge, die in der Funktion als Lizenzgeber oder Lizenznehmer abgeschlossen worden sind, mit Ausnahme von Lizenzvereinbarungen über Standard-Software und den in Anlage 5.3.1 aufgeführten Verträgen;

(d) license agreements under which the Company is the licensor or licensee, with the exception of license agreements for standard software and the agreements itemized in Schedule 5.3.1;

(e) Darlehens- oder anderweitige Kreditvereinbarungen, die in der Funktion als Darlehensgeber oder Darlehensnehmer abgeschlossen worden sind (mit Ausnahme üblicher Verlängerungen von Zahlungsterminen für Forderungen und Verbind-

(e) loan or other credit agreements under which the Company is the lender or borrower (with the exception of customary extensions of payment due dates for claims and liabilities granted to or by the Company in the ordinary course of busi-

lichkeiten, die im Rahmen der üblichen Geschäftstätigkeit gewährt oder eingeräumt werden sowie mit Ausnahme von Kontokorrentkrediten) sowie Factoring-Vereinbarungen;
(f) Verträge mit deutschen oder ausländischen Vertragshändlern oder Handelsvertretern;
(g) Anstellungsverträge, die eine jährliche Vergütung von ...... EUR (in Worten: ......) oder mehr vorsehen sowie Verträge mit Beratern oder Consultants, die im Einzelfall jährliche Zahlungen von ...... EUR (in Worten: ......) oder mehr erforderlich machen;
(h) Vereinbarungen hinsichtlich Pensionen, anderer sozialer Leistungen, Gewinn- oder Ertragsbeteiligungen, Aktienoptionen und ähnliche Vereinbarungen;
(i) kollektive Tarifverträge, die auf die Gesellschaft oder eine der Tochtergesellschaften Anwendung finden sowie Einzeltarifverträge, welche die Gesellschaft oder die Tochtergesellschaft abgeschlossen haben, ausgenommen solcher, die kraft einer Allgemeinverbindlichkeitserklärung gelten;

(j) Joint Venture-, Kooperations- oder ähnliche Vereinbarungen mit Dritten sowie jegliche Vereinbarungen, die ein Wettbewerbsverbot zu Lasten der Gesellschaft enthalten, ausgenommen Vertraulichkeitsverpflichtungen (Non-disclosure agreements);
(k) weitere Vereinbarungen und Verpflichtungen, die jährliche Zahlungen in Höhe von ...... EUR (in Worten: ......) oder mehr im Einzelfall mit sich bringen.

ness, and with the exception of open lines of credit), and factoring agreements;

(f) agreements with German or international dealers or sales representative;
(g) employment agreements providing for annual compensation in the amount of EUR ...... (...... euros) or more, and agreements with advisors or consultants requiring annual payments in the amount of EUR ...... (...... euros) or more each;
(h) agreements with respect to pension or other social benefits, agreements providing for the sharing of profits or earnings, stock options, and similar agreements;
(i) collective bargaining agreements applicable to the Company or any subsidiaries, as well as single-plant bargaining agreements of the Company or subsidiary, with the exception of those applicable by virtue of an agreement that a collective or individual bargaining agreement also covers employees who would otherwise not be subject to the bargaining agreement;
(j) joint venture, cooperation or similar agreements with third parties, and any agreements under which the Company is subject to a non-competition obligation, with the exception of non-disclosure agreements; and
(k) any other agreements or obligations associated with annual payments in the amount of EUR ...... (...... euros) or more each.

5.5.2 Alle Wesentlichen Vereinbarungen, auf die im Anlage 5.5.1 Bezug genommen wird, sind gültig, rechtsverbindlich und durchsetzbar. Keine von diesen ist oder wird demnächst – nach dem besten Wissen der Gesellschafter – gekündigt; insbesondere hat die Gesellschaft keine Mitteilung über eine ordentliche oder außerordentliche Kündigung hinsichtlich einer Wesentlichen Vereinbarung an eine Gegenseite geschickt noch von einer Gegenseite eine solche erhalten. Nach bestem Wissen der Gesellschafter und der Gesellschaft haben weder die Gesellschaft noch irgendein Vertragspartner einer Wesentlichen Vereinbarung irgendeine Bestimmung gemäß einer Wesentlichen Vereinbarung gebrochen noch sind sie mit irgendeiner Verpflichtung gemäß einer Wesentlichen Vereinbarung im Verzug, und keine der Wesentlichen Vereinbarungen enthält eine change-of-control Klausel, die aufgrund dieser Vereinbarung oder deren Umsetzung anwendbar wäre, ausgenommen der Vertrag mit ....

5.6 Personalangelegenheiten

5.6.1 Dem Investor sind vollständige und korrekte Kopien sämtlicher schriftlicher Einzel-Arbeitsverträge sämtlicher Geschäftsführer der Gesellschaft in der jeweils aktuellen Fassung vorgelegt worden. Daneben bestehen mündliche Absprachen hinsichtlich der Höhe der Vergütung.

5.6.2 Die Gesellschaft ist in jeder wesentlichen Hinsicht sämtlichen Zahlungen ihren jeweiligen Mitarbeitern sowie auch den Geschäftsführern gegenüber termingerecht nachgekommen.

5.6.3 Neben den Ansprüchen aus der Gesetzlichen Rentenversicherung hat die Gesellschaft mit Ausnahme der in Anlage 5.6.3 dargelegten Vereinbarungen keinerlei Pensi-

5.5.2 All Material Agreements referenced in Schedule 5.5.1 are valid, binding and enforceable. None of them has been terminated or will – to the best knowledge of the Shareholders – be terminated in the foreseeable future; in particular, the Company has not provided or received notice of termination with respect to any Material Agreement to or from any of its contract partners, whether for cause or no cause. To the best knowledge of the Shareholders and the Company, neither the Company nor any contract partner to a Material Agreement is in breach of any provision of such Material Agreement, nor are they in default with the performance of any obligation under any Material Agreement, and no Material Agreement contains any change-of-control clause that would be applicable as a result of this Agreement or its performance, with the exception of the agreement with ....

5.6 Human Resources

5.6.1 The Investor has been provided with complete and correct copies of all written individual employment agreements of the Company's managing directors, in each case as last amended. In addition, there are oral agreements with respect to the amount of compensation.

5.6.2 The Company has in all respects complied with its payment obligations to its employees and managing directors in a timely manner.

5.6.3 Aside from public pension benefits, the Company has, with the exception of the agreements shown in Schedule 5.6.3, offered no pension or retirement plans or

1. Beteiligungsvertrag

ons- oder Rentenpläne oder anderweitige ähnliche Zusagen bzw. Abmachungen mit irgendwelchen Geschäftsführern, vergleichbaren Führungskräften oder Mitarbeitern getroffen oder zugesagt.

5.7 Steuern und andere öffentliche Abgaben

5.7.1 Die Gesellschaft hat alle Steuererklärungen für Veranlagungszeiträume bis einschließlich ...... eingereicht. Die Steuererklärungen sind nach bestem Wissen der Gesellschaft und der Gesellschafter in Übereinstimmung mit den anwendbaren Gesetzen erstellt worden. Es bestehen keine laufenden Rechtsstreitigkeiten hinsichtlich Steuerangelegenheiten.

5.7.2 Die obigen Ausführungen gelten entsprechend für alle Sozialversicherungsbeiträge sowie andere öffentlich-rechtliche Gebühren und öffentliche Abgaben jeder Art, mit Ausnahme solcher Abgaben, die jeweils ...... EUR (in Worten: ......) im Einzelfall unterschreiten.

5.8 Öffentliche Zuschüsse

Die Gesellschaft hat alle öffentlichen Subventionen, Zuschüsse, Beihilfen und andere öffentliche Unterstützungen ausschließlich gemäß dem Anwendung findenden Gesetz sowie in Übereinstimmung mit allen Ausführungsvorschriften und -bedingungen beantragt, bekommen und genutzt. Diese Subventionen und Zuschüsse behalten ihre volle Kraft und Wirksamkeit und stehen zu denselben Bedingungen und Konditionen wie bisher zur Nutzung zur Verfügung; sie brauchen nicht in Folge der Umsetzung der kraft dieses Vertrages beabsichtigten Transaktion bzw. wegen anderer Umstände zurückgegeben zu werden, ausgenommen die im Jahresabschluss ...... der Gesellschaft ausgewiesene Rückforderung von Fördermitteln.

made any similar commitments or agreements with any managing directors or comparable management staff, or with any employees.

5.7 Taxes and Other Charges and Dues

5.7.1 The Company has filed all tax returns for tax assessment periods of up to and including .... To the best knowledge of the Company and the Shareholders, the tax returns were prepared in compliance with applicable laws. No legal actions are currently pending with respect to any tax matters.

5.7.2 The above shall apply, *mutatis mutandis*, to all social security contributions as well as other public fees, charges and use of any kind, with the exception of public fees, charges or dues totaling less than EUR ...... (...... euros) each.

5.8 Public Subsidies

The Company has applied for and received and used all public subsidies, contributions, financial aid, or other public assistance exclusively as provided by applicable law and in conformity with all regulatory provisions and conditions. The subsidies and contributions are in full force and effect and are available upon the same terms and conditions as before; the Company is under no obligation to repay any such subsidies or contributions as a result of the execution of the transaction contemplated in this Agreement or as a result of any other circumstances, except for a claim for repayment of subsidies reported in the Company's year-end financial statements for ....

| 5.9 | Gerichtsverfahren | 5.9 | Court Proceedings |

Mit Ausnahme der in Anlage 5.9 offen gelegten Fälle gibt es keine schwebenden oder drohenden Gerichts-, Arbitrage- oder Verwaltungsverfahren, bei denen die Gesellschaft eine Partei ist oder die anderweitig zu einer Verpflichtung oder Haftung (hierzu zählt ohne Einschränkung ein Rückgriffsrecht irgendeines Dritten) der Gesellschaft führt (im folgenden als die „Relevanten Verfahren" bezeichnet); darüber hinaus sind seit ...... keine Relevanten Verfahren anhängig gewesen. Es gilt jedoch als vereinbart, dass der Begriff „Relevante Verfahren" nicht so zu verstehen ist, dass er sich auch auf Verfahren hinsichtlich finanzieller Forderungen erstreckt, die ...... EUR (in Worten: ......) nicht überschreiten.

Except as disclosed in Schedule 5.9, no court, arbitration or administrative proceedings to which the Company is a party or which otherwise result in any obligation or liability (including, without limitation, any rights of recourse of third parties) of the Company are currently pending or threatened (hereinafter the „Relevant Proceedings"); moreover, no Relevant Proceedings have been pending since .... The Parties however agree that the term „Relevant Proceedings" shall not be construed as extending to proceedings related to financial claims not exceeding the amount of EUR ...... (...... euros).

| 5.10 | Produkthaftung | 5.10 | Product Liability |

Die Gesellschaft war in der Vergangenheit keinen Ansprüchen aus Gewährleistung oder Produkthaftung ausgesetzt. Nach bestem Wissen der Gesellschafter und der Gesellschaft hat die Gesellschaft keine Produkte oder Dienstleistungen in der Art hergestellt, verkauft oder geliefert, die Ansprüche Dritter aus Produkthaftung oder -gewährleistung zur Folge haben könnten.

No warranty or product liability claims were brought against the Company in the past. To the best knowledge of the Shareholders and the Company, the Company has produced, sold or delivered no products or services that may give rise to any product liability or warranty claims by third parties.

| 5.11 | Einhaltung der Gesetze | 5.11 | Compliance |

Die Gesellschaft hält sich jetzt, wie sie dies auch in der Vergangenheit praktiziert hat, an alle Anwendung findenden Gesetze, Richtlinien, Verordnungen, technischen Normen und anderen Vorschriften sowie an alle Gerichtsurteile, Verfügungen, Lizenzen und Genehmigungen und andere durch ein Gericht, ein Schiedsgericht oder eine andere Behörde getroffene Entscheidungen und Beschlüsse hinsichtlich des Baues und Betriebes aller derzeit oder früher von der

Now as before, the Company is in compliance with all applicable laws, directives, regulations, technical norms and other provisions, with all court decisions, orders, licenses, permits, and any other decisions or orders entered by a court, arbitration court or other authority with respect to the construction or operation of any buildings, systems or other facilities used by the Company now or in the past, as well as with all other aspects related to the run-

1. Beteiligungsvertrag F.V.1

Gesellschaft genutzten Gebäude, Anlagen und anderen Einrichtungen sowie bezüglich aller anderen Aspekte im Hinblick auf die Durchführung und die Fortsetzung ihrer derzeitigen oder früheren Geschäftsabläufe; dies bezieht sich – ohne die Allgemeingültigkeit der vorangegangenen Ausführungen zu schmälern – unter anderem auf Umweltangelegenheiten, Produktsicherheit, Vorschriften für Gesundheit und Sicherheit am Arbeitsplatz sowie branchenspezifische regulatorische Normen. Spezielle Garantien in diesem § 5 gehen dieser Garantie § 5.11 vor.

ning and continuation of the Company's current or past business operations; the foregoing relates – without limiting the general applicability of the foregoing provisions – among other things to environmental matters, product safety, occupational health and safety provisions, as well as industry-specific regulatory provisions. Any special warranties made in this Section 5 shall take precedence over the warranty made in this Section 5.11.

5.12 Führen der Geschäfte

Vom …… bis zum Tag des Inkrafttretens dieses Vertrages sind die Geschäftsvorgänge der Gesellschaft ausschließlich im Rahmen der gewöhnlichen Geschäftstätigkeit unter Anwendung einer vorsichtigen Handlungsweise und im wesentlichen in derselben Art und Weise wie zuvor abgewickelt worden; es sind keine gewichtigen negativen Änderungen in Bezug auf die Geschäftsvorgänge oder die finanzielle bzw. geschäftliche Situation oder hinsichtlich der wesentlichen Vermögensgegenstände oder Verträge der Gesellschaft eingetreten.

5.12 Business Management

From …… until the effective date of this Agreement, transactions of the Company shall be executed exclusively in the ordinary course of business and in the exercise of due care and in substantial part in the same manner as in the past. Neither any business transactions nor the financial or business situation nor any material assets or contracts of the Company have been subject to any important negative changes.

5.13 Informationen

Alle Informationen, die dem Investor und seinen Beratern von den Gesellschaftern oder von der Gesellschaft vor dem Vertragsdatum vorgelegt wurden, sind nach bestem Wissen der Gesellschafter und der Gesellschaft in jeder Hinsicht vollständig, korrekt und genau, nicht irreführend und lassen nichts bezüglich der Anteile, der Gesellschaft oder ihrer Geschäftsvorgänge aus, was ein besonnener Erwerber der Anteile bei seiner vernünftigen Beurteilung als wich-

5.13 Information

All information provided to the Investor and its advisors by the Shareholders or the Company prior to the date of this Agreement are, to the best knowledge of the Shareholders and the Company, in every respect complete, correct, accurate and not misleading, and do not omit anything with respect to the shares, the Company or its business transactions which a prudent purchaser of the shares would view as important to a proper evaluation of the risks and

tig betrachten würde, um die Chancen und Risiken, die mit dem Erwerb der Anteile verbunden sind, ordnungsgemäß bewerten zu können. Zum Vertragsdatum liegen nach dem besten Wissen der Gesellschafter und der Gesellschaft keine wesentlichen Fakten oder Umstände vor, die in Zukunft eine gravierend negative Auswirkung auf die Gesellschaft oder deren Geschäftsvorgänge haben könnten, mit Ausnahme der allgemeinen Wirtschaftsentwicklung oder der Marktsituation, und die nicht in diesem Vertrag offen gelegt sind oder dem Investor gegenüber anderweitig vor dem Vertragsdatum in schriftlicher oder mündlicher Form offen gelegt worden sind.

§ 6 Schadensersatz

6.1 Naturalrestitution, Schäden

6.1.1 Falls eine der in § 5 dargelegten Zusicherungen nicht in jeder Hinsicht wahrheitsgemäß, genau und vollständig ist, hat die Gesellschaft zunächst das Recht, den Zustand herzustellen, der bestehen würde, wenn die durch die Gesellschafter und die Gesellschaft abgegebene Zusicherung in jeder Hinsicht wahrheitsgemäß, genau und vollständig gewesen wäre (Naturalrestitution).

6.1.2 Falls eine Naturalrestitution wie in § 6.1.1 vorgesehen nicht erfolgt oder nicht ausreicht, um den Investor für alle infolge der Zusicherungsverletzung erlittenen Verluste voll zu entschädigen, hat der Investor das Recht zu verlangen, dass die Gesellschaft Schadensersatz in Geld gemäß den nachstehenden Regelungen an den Investor zahlt. Die Gesellschaft ist jedoch auf keinen Fall verpflichtet, an den Investor Schadensersatz zu leisten, wenn und soweit dadurch eine Verletzung der Kapitalerhaltungsvorschriften gemäß §§ 30, 31 GmbHG erfolgt. Für den Ersatz des Scha-

opportunities associated with a purchase of the shares. As of the date of this Agreement, there are, to the best knowledge of the Shareholders and the Company, no material facts or circumstances which may in the future have a serious negative effect on the Company or its business transactions, with the exception of general economic or market developments, other than those disclosed in this Agreement or otherwise disclosed to the Investor prior to the date of this Agreement by written or oral communication.

Section 6 Remedies

6.1 Specific Performance, Damages

6.1.1 If any of the Warranties made in Section 5 is not in every respect true, accurate and complete, the Company shall first have the right to cure the breach of warranty (specific performance).

6.1.2 If specific performance as provided in Section 6.1.1 is not rendered or is insufficient to compensate the Investor for all losses suffered as a result of the breach of warranty, the Investors shall have the right to demand that the Company pay monetary damages to the Investor in accordance with the following provisions. Under no circumstances, however, shall the Company have any obligation to pay damages to the Investor if and to the extent that this would violate the capital preservation provisions of sec. 30 and 31 of the German Limited Liability Com-

1. Beteiligungsvertrag

dens dürfen auch die durch das Wandeldarlehen zur Verfügung stehenden Mittel verwandt werden, solange eine Wandlung gemäß § 3.3 noch möglich ist.

6.1.3 Sofern und soweit die Gesellschaft den Schaden des Investors nicht innerhalb von sechs Monaten, nachdem der Schaden dem Investor gemäß nachfolgendem § 6.1.4, letzter Satz, bekannt wurde, in voller Höhe ersetzt (insbesondere, weil die Schadensersatzleistung durch die Gesellschaft durch § 6.1.2 letzter Satz beschränkt ist), hat der Investor das Recht, von den Gesellschaftern Schadensersatz zu verlangen. Die Gesellschafter haften dabei teilschuldnerisch im Rahmen der Höchstbeträge gemäß § 8.3.

6.1.4 Der Schaden des Investors, der nach diesem § 6 zu ersetzen wäre, beläuft sich auf den Schaden der Gesellschaft, der besteht im Vergleich zur Situation der Gesellschaft, die bestehen würde, wäre die von den Gesellschaftern und der Gesellschaft abgegebene Zusicherung in jeder Hinsicht wahrheitsgemäß, genau und vollständig gewesen, multipliziert mit der prozentualen Beteiligung des Investors an der Gesellschaft zu dem Zeitpunkt, zu dem der Schaden dem Investor bekannt wird, abzüglich eines Freibetrages von ...... EUR (in Worten: ......) pro Schadensfall. Ein Schaden gilt als dem Investor bekannt, wenn die Gesellschaft oder einer der Gesellschafter den Investor vom Risiko des Schadenseintritts oder der Geltendmachung eines Anspruchs gegen die Gesellschaft, der zu einem Schaden der Gesellschaft führen würde, dem Grunde nach eine Mitteilung macht.

6.1.5 Schadensersatz nach diesem § 6 ist nur dann zu leisten, wenn das

pany Act (*GmbHG*). For the payment of damages, the Company may also use funds from the Convertible Loan, as long as conversion in accordance with Section 3.3 is still possible.

6.1.3 If and to the extent that the Company fails to indemnify the Investor for the full amount damages within six months from discovery of the damages by the Investor in accordance with the last sentence of Section 6.1.4 below (in particular because indemnity by the Company is limited by Section 6.1.2, last sentence), the Investor shall have the right to demand that the Shareholders pay the damages. The Shareholders are subject to several liability to the Investor up to the maximum amount defined in Section 8.3.

6.1.4 The damages for which the Investor is to be indemnified in accordance with this Section 6 shall be equal to the amount of damages suffered by the Company as compared to the situation the Company would have been in, had the warranty made by the Shareholders and the Company been true, accurate and complete in every respect, multiplied by the percentage interest of the Investor in the Company at the time the damages are discovered by the Investor, less an exempt amount of EUR ...... (...... euros) per loss event. Damages are deemed to have been discovered by the Investor when the Company or one of the Shareholders notifies the Investor of the risk of damages or assertion of a claim against the Company that would result in damages for the Company, with or without quantifying the risk.

6.1.5 Damages shall be payable in accordance with this Section 6 only

schadensbegründende Ereignis vor oder spätestens am Übergangsstichtag vorliegt. Bei sukzessiv eintretenden Schadensereignissen wird nur der bis zum Übergangsstichtag entstandene Schaden ersetzt.

6.2 Anzeige eines Zusicherungsanspruches

Falls der Investor gemäß diesem § 6 Schadenersatz oder Naturalrestitution (einen „Zusicherungsanspruch") beanspruchen kann, hat der Investor der Gesellschaft und den Gesellschaftern, so schnell dies in der Praxis angemessen ist, eine Anzeige des Zusicherungsanspruches zukommen zu lassen; eine solche Anzeige hat eine Sachdarstellung darüber zu enthalten, worauf sich der Zusicherungsanspruch gründet.

6.3 Ausschluss eines Zusicherungsanspruches

Die Gesellschafter und die Gesellschaft tragen keine Haftung für und der Investor hat keine Berechtigung zum Vorbringen eines Zusicherungsanspruches im Zusammenhang mit diesem Vertrag, falls und in dem Maße wie:

(a) der Betrag des Zusicherungsanspruches hinsichtlich des Vorfalles, der den Anlass für die Erhebung des Zusicherungsanspruches gegeben hat, von einem Dritten oder auf Grund einer Versicherungspolice, beigebracht worden ist (vorausgesetzt jedoch, dass eine eventuelle Erhöhung der Versicherungsprämie infolge einer solchen Erlangung von Schadenersatz durch die Gesellschafter und die Gesellschaft getragen wird);

(b) der Zusicherungsanspruch davon herrührt, dass der Investor den Schaden nicht gemäß § 254 BGB gemindert hat.

6.2 Notice of Warranty Claims

If the Investor has a claim for damages or specific performance under this Section 6 (hereinafter the „Warranty Claims"), the Investor shall provide notice of the Warranty Claim to the Company and the Shareholders as quickly as is practicable and reasonable; such notice shall detail the facts providing the basis of the Warranty Claim.

6.3 Exclusion of Warranty Claims

The Shareholders and the Company shall not be liable to the Investor for any Warranty Claims, and the Investor shall have no right to assert any Warranty Claims, in connection with this Agreement, if and to the extent that

(a) the amount of a Warranty Claim related to the event that gave rise to the Warranty Claim has been paid by a third party or on the basis of an insurance policy (provided however that any increase in insurance premiums resulting from the collection of such insurance proceeds shall be paid by the Shareholders and the Company);

(b) the Warranty Claim is due to the fact that the Investor failed to mitigate damages in accordance with sec. 254 BGB.

1. Beteiligungsvertrag F.V.1

6.4	Ausschluss eines weitergehenden Schadensersatzes	6.4	Exclusion of Additional Damages

Die Parteien vereinbaren, dass der Schadensersatz, den der Investor gegenüber den Gesellschaftern oder der Gesellschaft infolge einer Verletzung von in diesem Vertrag festgehaltenen Zusicherungen beanspruchen kann, einzig und allein durch diesen Vertrag geregelt wird, und dass die in diesem Vertrag vorgesehenen Schadensersatzleistungen die ausschließlichen, dem Investor zur Verfügung stehenden Schadensersatzleistungen sind. Die Parteien vereinbaren weiterhin, dass die Zusicherungen der Gesellschafter und der Gesellschaft unter keinen Umständen als Darstellungen im Hinblick auf die Qualität der Geschäftsanteile im Sinne von § 443 BGB (Garantie für die Beschaffenheit der Sache) auszulegen sind; somit verzichtet der Investor ausdrücklich auf die Anwendung von § 444 BGB.

The Parties agree that the damages for which the Shareholders of the Company may be held liable by the Investor as a result of any breach of the Warranties made in this Agreement shall be governed solely and exclusively by this Agreement, and that the damages provided for in this Agreement shall be the sole damages available to the Investor. The Parties further agree that the Warranties made by the Shareholders and the Company shall under no circumstances be construed as representations with respect to the quality of the shares within the meaning of sec. 443 BGB (warranty of quality); the Investor expressly waives application of sec. 444 BGB.

6.5	Kenntnis des Investors	6.5	Knowledge of the Investor

§ 442 BGB und § 377 HGB sowie das in diesen Vorschriften zum Ausdruck gebrachte Rechtsprinzip sollen keine Anwendung finden, weder direkt noch entsprechend. Schadensersatzansprüche sind jedoch ausgeschlossen, wenn und soweit der Investor zum Zeitpunkt des Vertragsschlusses positive Kenntnis von der Unrichtigkeit der betreffenden Zusicherung hatte.

The provisions of sec. 442 BGB and sec. 377 HGB, as well as the legal principle expressed by those provisions, shall not apply, either directly or analogously. Any claims for damages shall be excluded, if and to the extent that the Investor positively knew at the time the Agreement was signed that a warranty was incorrect.

6.6	„Bestes Wissen"	6.6	„Best Knowledge"

Im Sinne dieses Vertrages wird jede Tatsache bzw. jeder Umstand dann als existent nach dem „bestem Wissen" der Gesellschafter oder der Gesellschaft betrachtet, wenn einer der Gesellschafter, die Herren/Damen ......, ... und irgendeine nicht bei der Gesellschaft angestellte Person, die für den Gesellschafter oder die Gesellschaft in einer beratenden Eigenschaft im Zusammenhang mit der Vorberei-

As used in this Agreement, „best knowledge" of the Shareholders or the Company means that one of the Shareholders, ..., and/or any non-employees of the Company who now advise or in the past advised the Shareholders or the Company in connection with the preparation, negotiation or drafting of this Agreement or the transactions provided for therein (including, without limitation, any

tung, Aushandlung und Ausfertigung dieses Vertrages bzw. der darin vorgesehenen Transaktionen (hierzu zählen ohne Einschränkung jeder Rechts-, Steuer-, Finanz- und technische Berater oder Buchprüfer) tätig ist oder tätig war diese Tatsache bzw. diesen Umstand kennt, kannte oder davon gewusst haben könnte oder wenn sie im Rahmen der gewöhnlichen Tätigkeit bzw. im Zuge der Erfüllung ihrer/seiner gewöhnlichen Pflichten Zugang zu jedem Dokument, jeder Akte und allen Unterlagen (ob in gedruckter, elektronischer oder anderweitiger Form) hat oder hatte, in denen auf eine solche Tatsache bzw. einen solchen Umstand besonders hingewiesen wird bzw. wurde.

legal, tax, financial or technical advisors, or auditors) knows, knew or reasonably should have known the facts or circumstances in question, or that such persons have or had access, in the ordinary course of business or in the course of the performance of their usual responsibilities, to all documents or files and to all documentation (whether in print, electronic or other form) that specifically discloses or disclosed such facts or circumstances.

§ 7 Haftungsbeschränkungen der Gesellschafter und der Gesellschaft

7.1 Verjährung

Sämtliche Ansprüche des Investors, die gemäß den §§ 5 bis 8 dieses Vertrages entstehen, verjähren nach sechsunddreißig (36) Monaten, gerechnet ab dem Übergangsstichtag, mit Ausnahme aller Ansprüche des Investors im Hinblick auf die Haftung für Rechtsmängel, die aus einer Verletzung hinsichtlich der §§ 6.1.1 bis 6.1.3 herrühren; diese verjähren am .... Sämtliche Ansprüche verjähren jedoch spätestens am Todestag der Herrn .... *[GF/Alt-Gesellschafter 1]*.

7.2 Hemmung

7.2.1 Die Verjährung der Ansprüche des Investors gemäß diesem Vertrag wird mit jeder rechtzeitigen Forderung nach Erfüllung gemäß § 203 BGB gehemmt, vorausgesetzt der Investor strengt innerhalb von sechs (6) Monaten nach Ablauf der relevanten zeitlichen Begrenzung eine gerichtliche Klage an.

7.2.2 Sofern die Verjährung von Ansprüchen gegen die Gesellschaft

Section 7 Limitation of the Shareholders' and Company's Liability

7.1 Limitation of Claims

Any claims of the Investor under Sections 5 through 8 of this Agreement shall be subject to a limitation period of thirty-six (36) months from the Transfer Effective Date, with the exception of any claims of the Investor involving liability for defects in title arising from a breach of Sections 6.1.1 through 6.1.3; such claims shall become time-barred on .... However, all claims shall at the latest be time-barred on the date of the death of Mr. .... *[MD/Current Shareholder 1]*.

7.2 Tolling of Limitation Period

7.2.1 The limitation period for any claims of the Investor under this Agreement shall be tolled by any timely claim for performance in accordance with sec. 203 BGB, provided that the Investor shall file legal action within six (6) months from expiration of the relevant time limit.

7.2.2 In the event that the limitation period for claims against the Com-

1. Beteiligungsvertrag

innerhalb der letzten sieben Monate der jeweiligen Verjährungsfrist gehemmt wird, wird auch die Verjährung von Ansprüchen des Investors gegen die Gesellschafter nach § 6 gehemmt, solange die Ansprüche gegen die Gesellschafter gemäß § 6.1.3 noch nicht geltend gemacht werden können.

7.3 Obergrenze

Die Gesamthaftung der Gesellschafter gemäß diesem Vertrag wird insgesamt ...... EUR (in Worten: ......) nicht übersteigen. Die Gesellschafter haften teilschuldnerisch; Herr ...... *[GF/Alt-Gesellschafter 1]* haftet dabei bis zu einem Höchstbetrag von ...... EUR (in Worten: ......); Herr ...... *[Alt-Gesellschafter 2]* haftet bis zu einem Höchstbetrag von ...... EUR (in Worten: ......).

§ 8 Gesellschaftsinterne Behandlung der Parteien

8.1 Die Gesellschafter und der Investor werden sich zwischen dem Übergangsstichtag und dem Tag, an dem die Kapitalerhöhung und die Neufassung der Satzung der Gesellschaft – wie in § 2.2 geregelt – in Kraft treten, so behandeln, als ob diese Kapitalerhöhung und die Novellierung der Satzung der Gesellschaft am Übergangsstichtag wirksam geworden wären.

8.2 Falls sich der Investor entscheidet, das Wandeldarlehen gemäß § 3.3 in eine Beteiligung umzuwandeln, werden sich die Gesellschafter und der Investor in der Zeit zwischen dem ...... und dem Tag, an dem die in § 3.3.2 beabsichtigte Kapitalerhöhung und Novellierung der Satzung der Gesellschaft in Kraft treten, so behandeln, als ob diese Kapitalerhöhung und die Novellierung der Satzung der Gesellschaft zum ...... wirksam geworden wären.

pany is tolled within the last seven months of the applicable limitation period, the limitation period for claims of the Investor against the Shareholders under Section 6 likewise shall be tolled as long as the claims against the Shareholders cannot yet be brought in accordance with Section 6.1.3.

7.3 Liability Cap

The total liability of the Shareholders under this Agreement shall be limited to EUR ...... (...... euros). The Shareholders shall be subject to several liability only; the liability of Mr. ...... *[MD/Current Shareholder 1]* shall be limited to a maximum amount of EUR ...... (...... euros); the liability of Mr. ...... *[Current Shareholder 2]* shall be limited to a maximum amount of EUR ...... (...... euros).

Section 8 Intracompany Treatment of the Parties

8.1 Between the Transfer Effective Date and the date on which the capital increase and the amended Memorandum and Articles of Association of the Company – as provided in Section 2.2 – take effect, the Shareholders and the Investor shall treat each other as if the capital increase and the amended Memorandum and Articles of Association of the Company had taken effect on the Transfer Effective Date.

8.2 If the Investor decides to convert the Convertible Loan into an equity interest in accordance with Section 3.3, the Shareholders and the Investor shall in the time period between ...... and the date, on which the capital increase provided for in Section 3.3.2 and the amended Memorandum and Articles of Association of the Company take effect, treat each other as if this capital increase and the amended Memorandum and Articles of Association of the Company had taken effect on ....

§ 9 Gesellschaftervertrag, sonstige Regelungen

9.1 Gesellschaftervertrag

Die Parteien schließen hiermit den als Anlage 9.1 beigefügten Gesellschaftervertrag.

9.2 Gesellschafterdarlehen

Das von Herrn ...... [GF/Alt-Gesellschafter 1] zur Zeit gegebene Gesellschafterdarlehen wird ab dem Übergangsstichtag mit ......% p. a. verzinst.

9.3 Versicherungen

9.3.1 Die Gesellschaft wird, soweit nach Einschätzung der Gesellschaft und des Investors wirtschaftlich sinnvoll, eine Betriebsunterbrechungsversicherung mit einer von der Gesellschaft und dem Investor festzulegenden Deckungssumme abschließen.

9.3.2 Die Gesellschaft wird auf Ersuchen des Investors, soweit nach Einschätzung der Gesellschaft und des Investors wirtschaftlich sinnvoll, zugunsten des Investors auf Kosten der Gesellschaft eine Lebensversicherung und Berufsunfähigkeitsversicherung auf das Leben von Herrn ...... [GF/Alt-Gesellschafter 1] mit einer Deckungssumme bei Tod oder vollständiger, dauernder Berufsunfähigkeit von bis zu ...... EUR (in Worten: ......) abschließen.

§ 10 Vertraulichkeit und Pressemitteilungen

10.1 Vertraulichkeit in Bezug auf diesen Vertrag und die Parteien

Die diesen Vertrag schließenden Parteien halten alle Informationen, die sie im Zusammenhang mit der Verhandlung und dem Abschluss dieses Vertrages im Hinblick auf diesen Vertrag, die damit beabsichtigten Transaktionen sowie die jeweiligen anderen Parteien sowie deren angegliederte Unternehmen erlangen, streng vertraulich, soweit die relevanten Fakten nicht öffent-

Section 9 Shareholder Agreement, Other Provisions

9.1 Shareholder Agreement

The Parties hereby enter into the shareholder agreement attached hereto as Schedule 9.1.

9.2 Shareholder Loan

The shareholder loan currently extended by Mr. ...... [MD/Current Shareholder 1] shall bear interest at the rate of...... percent p. a. from the Transfer Effective Date.

9.3 Insurance Policies

9.3.1 The Company shall, if and to the extent deemed financially appropriate by the Company and the Investor, procure a business disruption insurance policy with liability limits to be determined by the Company and the Investor.

9.3.2 Upon the request of the Investor, the Company shall, if and to the extent deemed financially appropriate by the Company and the Investor, at is own cost procure a life insurance policy and disability insurance policy on the life of Mr. ...... [MD/Current Shareholder 1] naming the Investor as the beneficiary and providing for a liability limit for death or complete, permanent disability of up to EUR ...... (...... euros).

Section 10 Confidentiality and Press Releases

10.1 Confidentiality with Respect to This Agreement and the Parties

The Parties to this Agreement shall keep strictly confidential all information they receive in connection with the negotiation and execution of this Agreement with respect to this Agreement, the transactions contemplated therein, and the other Parties and their affiliates, unless the relevant facts are in the public domain or disclosure is required by applicable law.

1. Beteiligungsvertrag

lich bekannt sind oder deren Offenlegung per Gesetz verlangt wird. Die Gesellschafter haben jedoch das Recht, alle Informationen, die zur Ausführung und Umsetzung dieses Vertrages sowie der damit beabsichtigten Transaktionen erforderlich sind, an die verbundenen Unternehmen der Gesellschaft weiterzugeben. Der Investor hat das Recht, jegliche Informationen an jedes seiner verbundenen Unternehmen oder an Dritte zwecks Ausführung und Umsetzung dieses Vertrages sowie der damit beabsichtigten Transaktionen weiterzugeben.

10.2 Presseerklärungen

Vor Abgabe einer Presseerklärung oder einer ähnlichen freiwilligen Ankündigung im Hinblick auf die hierin beabsichtigten Transaktionen haben sich die Parteien über den Inhalt einer solchen Pressemitteilung bzw. ähnlichen freiwilligen Ankündigung zu einigen (im Falle öffentlicher Mitteilungen, die durch das Anwendung findende Gesetz oder die Börsenregularien verlangt werden, sind die Parteien hierum nach besten Kräften bemüht).

§ 11 Kosten und Steuern

Alle Kosten und Auslagen im Zusammenhang mit der Vorbereitung, Ausführung und Umsetzung dieses Vertrages einschließlich der Honorare und Gebühren der Berater jeder der Parteien, der Kosten für die notarielle Beurkundung dieses Vertrages sowie aller Übertragungssteuern einschließlich der Grunderwerbsteuer, Stempelgebühren und ähnlicher Steuern und Gebühren infolge der Ausführung und Umsetzung dieses Vertrages sind von der Gesellschaft zu tragen. Dies gilt jedoch nicht für die Kosten der Gesellschaftervereinbarung (Anlage 9.1), der Übernahmeerklärungen und der Beratung des Investors im Zusammenhang mit dem Eingehen der Beteiligung sowie der Due Diligence.

The Shareholders shall however have the right to disclose to their respective affiliates any information necessary for the performance and implementation of this Agreement and the transactions contemplated therein. The Investor shall have the right to disclose to any of his affiliates or third parties any information for purposes of the performance and implementation of this Agreement and the transactions contemplated therein.

10.2 Press Releases

Prior to issuing any press release or making any similar voluntary announcement with respect to the transactions contemplated herein, the Parties shall agree on the contents of such press release or similar voluntary announcement (in case of public notices required by applicable law or securities exchange relations, the Parties shall make best efforts to do so).

Section 11 Costs and Taxes

The Company shall be responsible for all costs and expenses incurred in connection with the preparation, performance and implementation of this Agreement, including fees and charges of the advisors of each Party, the costs of notarial recording of this Agreement, and all transfer taxes, including real property transfer taxes, standard fees, and similar taxes or charges incurred as a result of the performance and implementation of this Agreement. The foregoing shall however not apply to costs of the shareholder agreement (Schedule 9.1) or subscription agreements, or to consulting services received by the Investor in connection with making the investment and performing the due diligence review.

§ 12 Abtretung von Rechten und Pflichten

12.1 Keine Abtretung ohne Zustimmung

Vorbehaltlich § 12.2 können dieser Vertrag und sämtliche aus ihr erwachsenden Rechte und Pflichten weder gänzlich noch teilweise ohne vorherige schriftliche Zustimmung der anderen Parteien übertragen oder abgetreten werden.

12.2 Abtretung einzelner Rechte

Der Investor kann einzelne Rechte aus diesem Vertrag, einschließlich von Ansprüchen aus den Zusicherungen gemäß den §§ 5 und 6 dieses Vertrages oder die Schadenersatzleistungen gemäß § 6 dieses Vertrages ohne Zustimmung der anderen Parteien an Dritte abtreten. Die Gesellschafter können ebenfalls einzelne Rechte aus diesem Vertrag ohne Zustimmung der anderen Parteien an Dritte abtreten.

§ 13 Schlussbestimmungen

13.1 Geltendes Recht

Dieser Vertrag soll nach deutschem Recht gelten und ausgelegt werden, wobei das Abkommen über Verträge für den internationalen Warenkauf (UN-Kaufrecht) ausgeschlossen wird.

13.2 Streitigkeiten

Alle Streitigkeiten, Meinungsverschiedenheiten oder Reklamationen, die auf Grund oder im Zusammenhang mit diesem Vertrag und dessen Umsetzung auftreten, werden ausschließlich durch die Gerichte in ...... entschieden.

13.3 Änderungen, Ergänzungen

Jede Änderung bzw. Ergänzung dieses Vertrages, einschließlich dieser Bestimmung, bedarf der schriftlichen Form, es sei denn, eine strengere Form (beispielsweise

Section 12 Assignment of Rights and Obligations

12.1 No Assignment without Consent

Subject to Section 12.2, neither this Agreement nor any rights or obligations arising from this Agreement shall be transferred or assigned in whole or in part, except with the prior written consent of the other Parties.

12.2 Assignment of Individual Rights

The Investor may assign individual rights under this Agreement, including Warranty Claims under Sections 5 and 6 of this Agreement or claims for damages under Section 6 of this Agreement, to third parties without the consent of the other Parties. The Shareholders likewise may assign individual rights under this Agreement to third parties without the consent of the other Parties.

Section 13 Miscellaneous

13.1 Governing Law

This Agreement shall be governed by and construed in accordance with German law, provided however that applicability of the UN Convention on Contracts for the International Sale of Goods (UN Commercial Law) is hereby excluded.

13.2 Jurisdiction

The Parties hereby submit to the exclusive jurisdiction of the courts of ...... for the determination of any disputes, differences of opinions or complaints arising from or in connection with this Agreement or the implementation thereof.

13.3 Modifications and Amendments

Any modifications or amendments to this Agreement, including any waiver of this clause, shall require written form for validity, unless more stringent form requirements

1. Beteiligungsvertrag F.V.1

eine notarielle Beurkundung) ist gesetzlich erforderlich.

13.4 Keine Nebenabreden

Dieser Vertrag stellt die vollständige Vereinbarung der Parteien und die komplette und ausschließliche Übersicht der Bedingungen und Konditionen der Abmachungen zwischen den Parteien in Bezug auf den Vertragsgegenstand dar und ersetzt alle früher getroffenen Vereinbarungen und Abmachungen, ob in schriftlicher oder in mündlicher Form erfolgt, die eventuell zwischen den Parteien bezüglich des Gegenstandes dieses Vertrages oder Teilen desselben existieren. Nebenabreden zu diesem Vertrag bestehen nicht.

13.5 Salvatorische Klausel

Sollte eine Bestimmung dieses Vertrages ganz oder teilweise ungültig, unwirksam oder nicht durchsetzbar sein oder werden, so wird hierdurch die Gültigkeit, Wirksamkeit oder Durchsetzbarkeit der übrigen Bestimmungen nicht beeinträchtigt. Jede solche ungültige, unwirksame oder nicht durchsetzbare Bestimmung ist, im gesetzlich zugelassenen Umfang, als durch eine gültige, wirksame und durchsetzbare Bestimmung ersetzt zu betrachten, die dieser ungültigen, unwirksamen oder nicht durchsetzbaren Bestimmung in ihrer wirtschaftlichen Absicht und Zielsetzung am nächsten kommt. Das Vorangehende gilt sinngemäß für jegliche unabsichtliche Lücke in diesem Vertrag.

13.6 Anlagen

13.6.1 Auf sämtliche Anlagen, insbesondere die Anlagen 5.2.1, 5.3.1, 5.5.1, 5.6.3 und 5.9 wird gemäß § 14 Abs. 1 Satz 1 BeurkG verwiesen. Der Inhalt dieser Anlagen ist den Beteiligten bekannt. Auf Vorlesen haben die Beteiligten verzichtet. Die Anlagen sind den Beteiligten zur Kenntnisnahme

are applicable under local law (e.g., notarial recording).

13.4 No Collateral Agreements

This Agreement reflects the entire agreement of the Parties with respect to the subject matter hereof, completely and exhaustively reflects all terms and conditions agreed upon by the Parties, and replaces all prior agreements and understandings, whether written or oral, that may exist between the Parties with respect to the subject matter hereof or any part thereof. The Parties have made no collateral agreements with respect to this Agreement.

13.5 Severability

If any provision of this Agreement is or becomes void, invalid or unenforceable in whole or in part, the validity and enforceability of the remaining provisions shall remain unaffected thereby. Any void, invalid or unenforceable provision shall automatically be replaced by such valid and enforceable provision as most closely reflects, to the extent permitted by law, the economic intent and purpose of the original provision. The foregoing shall apply, *mutatis mutandis*, if any provision has been inadvertently omitted from this Agreement.

13.6 Schedules

13.6.1 All Schedules, including, without limitation, Schedules 5.2.1, 5.3.1, 5.5.1, 5.6.3 and 5.9, are hereby incorporated by reference in accordance with sec. 14 para. 1 sent. 1 of the German Notarization Act (*BeurkG*). The Parties are familiar with the contents of these Schedules. The Parties have waived a

vorgelegt und von ihnen auf jeder Seite unterzeichnet worden.	reading aloud of these Schedules by the officiating Notary. These Schedules were submitted to the Parties for review and were signed by each of them on each page.
13.6.2 Auf die Anlagen 2.1.2, 2.1.3, 2.2, 3.3.2, 3.3.3, 3.3.4 sowie 10 wird gemäß § 9 Abs. 1 Satz 2 BeurkG verwiesen. Sie bilden einen wesentlichen Bestandteil dieser Urkunde und wurden mitverlesen.	13.6.2 Schedules 2.1.2, 2.1.3, 2.2, 3.3.2, 3.3.3, 3.3.4 and 10 are hereby incorporated by reference in accordance with sec. 9 para. 1 sent. 2 BeurkG. The Schedules are hereby made a part of this Deed and, along with the Agreement, were read aloud to the Parties by the officiating Notary.
13.6.3 Die Anlage A ist dieser Urkunde lediglich zu Beweiszwecken beigefügt.	13.6.3 Schedule A of this Deed is attached hereto for evidentiary purposes only.
......, den	Executed at ...... on ......
......	......
[Unterschriften]	[*signatures*]

Schrifttum: *Burwitz*, EU-Kommission zum MoRaKG, NZG 2009, 1221; *Golland/Gehlhaar/Grossmann/Eickhoff-Kley/Jänisch*, Mezzanine-Kapital, Beilage Nr. 5 zu BB Heft 13/2005; *Maidl/Kreifels*, Beteiligungsverträge und ergänzende Vereinbarungen, NZG 2003, 1091; *Kaserer/Achleitner/von Einem/Schiereck*, Private Equity in Deutschland, 2007; *Pfeifer*, Venture Capital als Finanzierungs- und Beteiligungsinstrument, BB 1999, 1665; *Regierer/Volkmann/Quentin*, Die Wagniskapitalbeteiligungsgesellschaft im Referentenentwurf des MoRaKG und steuerliche Konsequenzen für die Beteiligten, BB 2007, 1763; *Schüppen/Ehlermann*, Corporate Venture Capital, 2000; *Seibt/Raschke/Reiche*, Rechtsfragen der Haftungsbegrenzung bei Garantien (§ 444 BGB n. F.) und M&A-Transaktionen, NZG 2002, 256; *Watrin/Wittkowski/Pott*, Förderung von Wagniskapital im Visier des Gesetzgebers – Was erwartet Private Equity und Venture Capital Gesellschaften?, DB 2007, 1939; *Weitnauer*, Handbuch Venture Capital, 3. Aufl. 2007; *Winkler*, Rechtsfragen der Venture Capital-Finanzierung, 2004.

Anmerkungen

1. Überblick. Das Formular enthält einen Beteiligungsvertrag zwischen den (geschäftsführenden) Altgesellschaftern und einem Investor von Venture Capital (Wagniskapital). Dem Formular liegt hierbei der im Venture Capital-Bereich typische Sachverhalt zugrunde, bei dem sich der Investor an einem jungen Unternehmen in der Rechtsform der GmbH durch eine Kapitalerhöhung als Minderheitsgesellschafter beteiligt (vgl. *Kaserer/Achleitner/von Einem/Schiereck*, S. 91 f.). Die Förderung junger Unternehmen durch Bereitstellung von Wagniskapital sollte durch das Gesetz zur Modernisierung der Rahmenbedingungen für Kapitalbeteiligungen (MoRaKG, BGBl I 2008, 1672) vorangetrieben werden. Im Mittelpunkt steht hierbei die steuerliche Förderung von Investoren, die unter einem Anerkennungsvorbehalt der BaFin als Wagniskapitalbeteiligungsgesellschaften stehen, und des Zielunternehmens (vgl. im Überblick *Watrin/Wittkowski/Pott* DB 2007, 1939; *Regierer/Volkmann/Quentin* BB 2007, 1763). Die Europäische Kommission hat die steuerlichen Regelungen nach den EU-Beihilfevorschriften allerdings nur teilweise genehmigt (Entscheidung der EU-Kommission vom 30. 9. 2009, Abl. EU L 6/32 v. 9. 1. 2010). Demnach sind zwar die Steuervergünstigungen für Privatpersonen, die dem Zielunternehmen Risikokapital zur Verfügung stellen, beihilferechtskonform, nicht aber die Bestimmungen über Verlustvortrag und gewerbesteuerliche Privilegierung zugunsten von Wagniskapitalbeteiligungsgesellschaften und Zielgesellschaften (vgl. *Burwitz*, NZG 2009, 1221).

1. Beteiligungsvertrag   F.V.1

Den rechtlichen Rahmen für einen Beitritt stecken die Beteiligten (Altgesellschafter, Gesellschaft, Finanzinvestor) durch einen Beitrittsvertrag und eine Gesellschaftervereinbarung (vgl. Form. F. V.2) ab, wobei beide Regelungsebenen nicht selten auch in einem Dokument zusammengefasst werden (vgl. Weitnauer/*Weitnauer* F. Rdnr. 35). Die Gesellschaftervereinbarung regelt hierbei das rechtliche und wirtschaftliche Verhältnis der Anteilseigner untereinander, namentlich besondere Einfluss- und Informationsrechte des Investors sowie die Ausstiegsregelungen (sog. *Exit-Route*). Mit ersterer Vereinbarung hingegen, die zwischen allen drei Beteiligten geschlossen wird, werden die Konditionen des Einstiegs eines Finanzinvestors geregelt. Im Venture Capital-Bereich wird sich die Eigenkapitalbeteiligung eines Finanzinvestors an einem Unternehmen – i. d. R. eine GmbH – regelmäßig über eine Kapitalerhöhung unter Bezugsrechtsausschluss der Altgesellschafter vollziehen (Varianten wären die Beteiligung über eine Holding-Struktur oder über den – zusätzlichen – Kauf von Gesellschaftsanteilen von Altgesellschaftern). Es werden daher die Vereinbarungen über die zu beschließende Kapitalerhöhung, namentlich die Höhe der Eigenkapitalbeteiligung des Investors (insbesondere die Zahlung eines Agios oder anderer Zuzahlungen, vgl. § 272 Abs. 2 Nr. 1, Nr. 4 HGB, vgl. Anm. 3 f.) und die Bewertung seines Investitionsbetrages sowie ggf. über flankierende mezzanine Finanzierungsstrukturen, getroffen (vgl. Anm. 5). Ferner finden sich im Beteiligungsvertrag Garantien in der Form selbständiger Garantieversprechen der Gründungs-/Altgesellschafter oder der Gesellschaft selbst zugunsten des Beitretenden (vgl. Anm. 7).

2. Regelungstechnik, Verhältnis zum Gesellschaftsvertrag. Die angesprochenen Regelungen im Beteiligungsvertrag und der Gesellschaftervereinbarung werden außerhalb der Satzung, also schuldrechtlich *inter partes* getroffen, sollen diese doch nach dem Parteiwillen keine verbandsrechtlich-korporative Wirkung zeitigen (zu den Regelungsebenen von Schuldrecht und Verbandsorganisationsrecht vgl. *K. Schmidt* Gesellschaftsrecht § 5 I 1.).

Vielfach wird es sich hierbei – insbesondere i. R. d. Gesellschaftervereinbarung – um Stimmrechtsvereinbarungen handeln. Da mit diesen schuldrechtlichen Nebenabreden regelmäßig ein gemeinsamer Zweck verfolgt wird, führt ihr Abschluss zu Gründung einer GbR-Innengesellschaft nach §§ 705 ff. BGB (vgl. *Mayer* MittBayNot 2006, 282). Auch in der Verpflichtung der Gesellschafter im Beteiligungsvertrag, für den Kapitalerhöhungsbeschluss unter Bezugsrechtsausschluss zu stimmen, ist eine Stimmbindungsvereinbarung zu sehen. Diese ist, obwohl es sich dabei um einen strukturändernden Beschluss handelt, auch gegenüber dem Investor möglich, der noch nicht Gesellschafter ist (vgl. *Maidl/Kreifels* NZG 2003, 1091), wenn es sich um eine Bindung im Einzelfall hinsichtlich einer konkret umrissenen Satzungsänderung handelt (Scholz/*Priester* § 53 Rdnr. 36; Scholz/*K. Schmidt* § 47 Rdnr. 42). Ein ähnliches Resultat kann auch durch eine Stimmbindung der Gesellschafter in der Form eines Vertrages zugunsten eines Dritten erreicht werden (BGH DStR 1991, 1290).

Die Parteien sind demzufolge bei der Gestaltung des Beteiligungsvertrages grundsätzlich frei. Es sei denn, die Regelungen betreffen zwingende statutarische Vorgaben. Beabsichtigen die Parteien, dem Investor Sonderrechte i. S. d. § 35 BGB einzuräumen oder sonstiges materielles Organisationsrecht der Gesellschaft zu ändern, so unterliegt dies der notariellen Form nach § 2 GmbHG, ist also in den Gesellschaftsvertrag aufzunehmen. Dies gilt auch für den Fall, dass der Investor Sacheinlagen leisten soll, vgl. §§ 5 Abs. 4, 19, 56 GmbHG. Dem Grunde nach sind zwar auch Stimmbindungsvereinbarungen bzw. schuldrechtliche Nebenabreden im anlässlich des Beitritts zu ändernden GmbH-Gesellschaftsvertrag denkbar, allerdings spricht hiergegen die Publizität der Satzung (vgl. § 8 Abs. 1 Nr. 1 GmbHG i. V. m. § 9 HGB).

Auch die Verletzung von schuldrechtlichen Stimmrechtsvereinbarungen kann allerdings zur Anfechtung von Beschlüssen der Gesellschafterversammlung berechtigen (vgl. BGH NJW 1983, 1910 f.; BGH NJW 1987, 1890 ff.). Hierfür wird man aber zu fordern haben, dass sämtliche Gesellschafter auch Partei der Stimmrechtsvereinbarung sind (vgl. Baumbach/Hueck/*Zöllner* § 47 Rdnr. 118; *K. Schmidt* Gesellschaftsrecht § 5 I 5.; *Zetzsche* NZG 2002, 947).

3. Kapitalerhöhung, Zeichnung von Anteilen. Die Altgesellschafter verpflichten sich im Beteiligungsvertrag zur Erhöhung des Grundkapitals sowie zur ausschließlichen Zulassung des Investors (zum Ausschluss des Bezugsrechts der Altgesellschafter vgl. Anm. 4). Gleichzeitig verpflichten sich die Altgesellschafter zu einer Neufassung der Satzung. Dabei werden neben der Erhöhung des Grundkapitals häufig auch Sonderrechte des Investors (z.B. Zustimmungsrechte bei Gesellschafterbeschlüssen) verankert. Ferner wird die Satzung eine Vinkulierung der Anteile vorsehen, an die dann die speziellen Regeln der Gesellschaftervereinbarung zu Exit-Szenarien anknüpfen (vgl. hierzu Form. F.V.2 Anm. 7 ff.). Ebenso können vermögensmäßige Sonderrechte des Investors bzw. Nebenpflichten der Altgesellschafter (z.B. zur Einbringung von Know-how oder die Vereinbarung eines Wettbewerbsverbots für die Dauer der Beteiligung) in der Satzung vorgesehen werden. Aus dem zwischen Investor und der Gesellschaft geschlossenen Beteiligungsvertrag folgt kein Erfüllungsanspruch des Investors auf Verschaffung der Mitgliedschaft, denn der Erwerb dieser und der Beteiligungsvertrag stehen unter dem Vorbehalt des Wirksamwerdens der Kapitalerhöhung durch Eintragung im Handelsregister (BGH ZIP 1999, 310). Mithin können die Altgesellschafter den Kapitalerhöhungsbeschluss bis zur Eintragung auch wieder aufheben. Dies ändert jedoch nichts an der Wirksamkeit der Zusicherung seitens der Altgesellschafter im Rahmen des Beteiligungsvertrages (vgl. Weitnauer/*Weitnauer* F. Rdnr. 72; *Winkler* S. 239).

Der Investor verpflichtet sich seinerseits zur Zahlung einer der Bewertung des Unternehmens entsprechenden Beteiligungssumme. Die Unternehmensbewertung richtet sich in der Regel nach dem diskontierten Zukunftswert (vgl. hierzu Weitnauer/*Weitnauer* F. Rdnr. 7 f.). Auf der Grundlage des auf diese Weise berechneten Unternehmenswertes errechnet sich die Beteiligungsquote nach dem Kapitalbedarf des Unternehmens. Neben der Zahlung des erhöhten Kapitals durch den Investor geht das Formular von einer sonstigen Zuzahlung des Investors in die Kapitalrücklage der Gesellschaft i.S.v. § 272 Abs. 2 Nr. 4 HGB aus. Diese stellt eine freiwillige Leistung des Investors an die Gesellschaft ohne Gewährung von Vorzügen dar (ausführlich hierzu Weitnauer/*Weitnauer* F. Rdnr. 78).

4. Ausschluss des Bezugsrechts. Die Erhöhung des Grundkapitals führt zunächst zu einer Verringerung der Beteilung jedes einzelnen Gesellschafters. Um diese Verwässerung der Beteiligung auszugleichen, statuiert § 186 Abs. 1 AktG für die AG, dass alle Aktionäre grundsätzlich ein Bezugsrecht haben, also das Recht, die jungen Aktien aus der Kapitalerhöhung entsprechend ihrer bisherigen Beteiligungsquote zu zeichnen. Bei der GmbH ist die Situation vergleichbar. Zwar sieht das GmbHG kein ausdrückliches Bezugsrecht der Altgesellschafter vor, gleichwohl erkennt die h.M. unter dem Gesichtspunkt des Minderheitenschutzes ein Bezugsrecht der Altgesellschafter für die im Rahmen einer Kapitalerhöhung geschaffenen neuen Geschäftsanteile an (Lutter/Hommelhoff/*Lutter* § 55 Rdnr. 20; Baumbach/Hueck/*Zöllner* § 55 Rdnr. 20). Der Ausschluss des Bezugsrechts bedarf der in Gesetz und Satzung für den Kapitalerhöhungsbeschluss vorgesehenen Mehrheit (vgl. Lutter/Hommelhoff/*Lutter* § 55 Rdnr. 21; a.A. Baumbach/Hueck/*Zöllner* § 55 Rdnr. 25 – zusätzlich ¾ Kapitalmehrheit). Ferner verlangt die Rechtsprechung, dass der Ausschluss des Bezugsrechts durch einen im Gesellschaftsinteresse liegenden sachlichen Grund gerechtfertigt sein muss (vgl. Baumbach/Hueck/*Zöllner* § 55 Rdnr. 26; zur AG BGH NJW 1982, 2444). Der Beschluss muss analog § 186 Abs. 4 S. 4 AktG zur Tagesordnung angekündigt werden (Lutter/Hommelhoff/*Lutter* § 55 Rdnr. 21; Baumbach/Hueck/*Zöllner* § 55 Rdnr. 25). In der Praxis verzichten die Altgesellschafter in der Regel freiwillig auf ihr Bezugsrecht und nur der Investor wird – wie im vorliegenden Formular – zur Zeichnung der neuen Geschäftsanteile zugelassen, um die erforderliche Beteiligungsquote zu erhalten.

5. Mezzanine Finanzierung – Wandeldarlehen. Der hohe Finanzierungsbedarf von Gesellschaften, die auf Venture Capital angewiesen sind, führt nicht selten dazu, dass ein Investor neben seiner Eigenkapitalbeteiligung weitere hybride, also zwischen Eigen- und Fremdkapital anzusiedelnde Finanzierungsinstrumente zur Verfügung stellt. Diese als mezzanine bezeichnete Form der Finanzierung zeichnet sich vornehmlich dadurch aus, dass das Kapital gegenüber dem (gesamten) Fremdkapital nachrangig gestellt, aber vorrangig gegenüber dem haftenden Eigenkapital behandelt wird und für eine befristete Dauer überlassen wird (zu den Charakteristika dieses Sammelbegriffs ausführlich *Golland/Gehlhaar/Grossmann/Eickhoff-Kley/Jänisch* BB-Beilage Nr. 5 2005, 2 ff.). Das hohe Maß an Flexibilität bei der Ausgestaltung der einzelnen Finanzierungselemente führt dazu, dass sowohl dem Interesse des Investors als auch den Finanzierungsinteressen der Gesellschaft individualisiert Rechnung getragen werden kann. Bei noch jungen Unternehmen besteht aufgrund des geringen Unternehmenswerts einerseits und hohem Finanzierungsbedarf andererseits eine Finanzierungslücke, die durch die Kombination von Eigenkapitalbeteiligung und mezzaniner Finanzierung geschlossen werden kann, zumal sich der Fremdfinanzierungsspielraum für Unternehmen aufgrund der Nachrangigkeit mezzaniner Finanzierung gegenüber echtem Fremdkapital erhöht. Für Investoren sind diese Strukturen insbesondere deshalb reizvoll, weil das gegenüber einer Fremdkapitalfinanzierung übernommene höhere Risiko durch eine die laufende, nicht risikoadäquate Vergütung ergänzende Vergütungskomponente in Form eines Non-Equity oder Equity Kickers (s. sogleich) am Ende der Laufzeit der Finanzierung attraktiv wird, welche Investoren am wirtschaftlichen Erfolg des Unternehmens beteiligt.

Vorliegendes Formular sieht in § 3 mit dem Wandeldarlehen eine eigenkapitalnahe Form dieser Finanzierungsformen vor: Der Investor gibt der Gesellschaft ein Darlehen in mehreren Tranchen und hat ein Wahlrecht, ob er den Rückzahlungsanspruch geltend macht oder diesen dazu nutzt, das mezzanine in Eigenkapital umzuwandeln. Das Darlehen wird gemäß § 3.2 des Formulars in drei Tranchen zu bestimmten Zeitpunkten ausgezahlt. Alternativ kann die Auszahlung auch an das Erreichen bestimmter betriebswirtschaftlicher Kennzahlen (Milestones) geknüpft werden. Das Wandelungsrecht wird auch als Equity Kicker bezeichnet, dient es doch dazu, den Investor am Wertschöpfungspotential zu beteiligen. Für das Unternehmen bedeutet ein Equity Kicker, dass am Laufzeitende keine Liquiditätsbelastung durch Rückzahlungen besteht. Für den Investor wiederum bedeutet ein Equity Kicker nicht nur eine über die Zinszahlung hinausgehende weitere Vergütung. Vielmehr ist eine derartige Vereinbarung für ihn insbesondere dann sinnvoll, wenn die so erworbenen Anteile fungibel, also etwa über einen späteren Börsengang des Unternehmens veräußerbar sind (vgl. *Golland/Gehlhaar/Grossmann/Eickhoff-Kley/Jänisch* BB-Beilage Nr. 5 2005, 21 f.). Bei der vertraglichen Ausgestaltung dieser Finanzierungsstruktur besteht also eine enge Abhängigkeit zur in der Gesellschaftervereinbarung festgelegten Exit-Route (vgl. Form. F. V.2 Anm. 7 ff.).

Rechtstechnisch wird dies hier über eine Einbringung des Darlehensrückzahlungsanspruchs als Sacheinlage im Rahmen einer Kapitalerhöhung erreicht. Da das GmbH-Recht eine bedingte Kapitalerhöhung nicht kennt, verpflichten sich die Gesellschafter mittels Stimmrechtsvereinbarung zur Schaffung neuer Anteile und zur Zulassung des Optionsberechtigten. Alternativ kann vereinbart werden, dass dieses Wandelungsrecht durch Übertragung von Teilen ihrer Geschäftsanteile bedient wird (vgl. Scholz/*H. Winter/Seibt* § 14 Rdnr. 83; Weitnauer/*Weitnauer* F. Rdnr. 164).

Der Betrag für die Kapitalerhöhung und die Ausgabe der neuen Anteile wird mittels einer Formel berechnet, welche diesen von der Umsatzentwicklung des Unternehmens abhängig macht, vgl. § 3.4 des Formulars.

Für den auch hier vorliegenden Fall, dass ein beteiligter Investor zusätzliche mezzanine Finanzierungen begibt, kann in der Krise der Gesellschaft die Gefahr der Umqualifizierung dieser Beiträge als eigenkapitalersetzend bestehen (vgl. Weitnauer/*Weitnauer* Teil F. Rdnr. 158).

6. Leistungsanreiz-Klausel. Gerade junge Unternehmen, die sich durch Wagniskapital finanzieren lassen, sind an einer Bindung und Identifikation fähiger Mitarbeiter an das bzw. mit dem Unternehmen interessiert (vgl. ausführlich Weitnauer/*Weitnauer* G. Rdnr. 82 ff.). Alternativ können (und werden nicht selten) schon im Beteiligungsvertrag Einzelheiten zur rechtlichen und wirtschaftlichen Ausgestaltung geregelt (z.B. Tantiemen/Bonus, Geschäftsanteile, Restricted Stock, Optionen, virtuelle Programme). Dementsprechend finden sich nicht selten schon in Beteiligungsverträgen mit Investoren Grundzüge über ein Programm, mit dem Mitarbeiter am geschäftlichen Erfolg beteiligt werden sollen. Der Investor wird dabei darauf Acht geben, dass seine Beteiligung nicht zugunsten dieses Programms verwässert wird. § 4 des Vertrages enthält eine entsprechende Absichtsvereinbarung über Verhandlungen hinsichtlich einer Mitarbeiterbeteiligung.

7. Garantien und Haftung. Wie auch beim Share oder Asset Deal wird der sich im Wege einer Kapitalerhöhung unter Bezugsrechtsausschluss beteiligende Investor daran interessiert sein, sich die Vollständigkeit und Richtigkeit von grundlegenden Informationen über die Gesellschaft und ihre wirtschaftliche Situation im Wege selbständiger Garantieversprechen garantieren zu lassen. Im Grundsatz bestehen insofern keine Unterschiede gegenüber Unternehmens- oder Anteilskaufverträgen. Die Garantiegeber – die Altgesellschafter und/oder die Gesellschaft – werden auch in diesen Fällen ihre Haftung summenmäßig oder zeitlich begrenzen wollen. Im Rahmen des durch vertragliche Regelungen, namentlich selbständige Garantieversprechen der Altgesellschafter ersetzten gesetzlichen Haftungsregimes begegnen etwaige Haftungsbeschränkungen mit Blick auf § 444 BGB keinen Bedenken. Es handelt sich bei der neu geschaffenen und in der Person des Investors entstehenden Beteiligung schon nicht um einen kaufähnlichen Vorgang, zumal die Altgesellschafter auch keine unmittelbare Gegenleistung erhalten. Eine andere Beurteilung kann angezeigt sein, wenn die von dem Investor geleisteten Zuzahlungen i.S.d. § 272 Abs. 2 Nr. 4 HGB sogleich an die Altgesellschafter ausgeschüttet werden sollen, die Gesellschaft gleichsam nur als „Zahlstelle" für die Alt-Gesellschafter genutzt wird (vgl. ausführlich hierzu Seibt/Raschke/Reiche NZG 2002, 263).

Empfehlenswert ist jedenfalls klarzustellen, dass es sich um selbständige Garantieversprechen gemäß § 311 Abs. 1 BGB und nicht um Beschaffenheitsvereinbarungen i.S.d. § 434 Abs. 1 BGB oder Garantien für die Beschaffenheit einer Sache i.S.d. §§ 443, 444 BGB handelt.

8. Form. Die Stimmbindungsvereinbarung hinsichtlich der Kapitalerhöhung bedarf, auch wenn es sich hierbei um einen nach § 53 Abs. 2 GmbHG notariell zu beurkundenden Beschluss handelt, keiner besonderen Form (Scholz/*Priester* § 55 Rdnr. 116; ebenso Weitnauer/*Weitnauer* F. Rdnr. 41). Allerdings wird der Beteiligungsvertrag auch die Verpflichtung des Investors statuieren, die neu geschaffenen Anteile zu zeichnen. Diese Übernahmeverpflichtung bedarf hingegen analog § 55 Abs. 1 GmbHG der notariellen Unterschriftsbeglaubigung (Scholz/*Priester* § 55 Rdnr. 117 m.w.N.). Sollten Beteiligungsvertrag und Gesellschaftervereinbarung ein Dokument oder jedenfalls eine wirtschaftliche Einheit bilden und letztere bestimmte Drag along- und Tag along-Rechte sowie Call und Put Optionen beinhalten, so bedarf die Vereinbarung insgesamt der Form des § 15 Abs. 4 GmbHG (vgl. Form. F.V.2 Anm. 14). Die Unterzeichnung der Übernahmeverpflichtung ist lediglich notariell zu beglaubigen (Kostendifferenz!), vgl. § 55 Abs. 1 GmbHG, § 129 Abs. 2 BGB.

2. Gesellschaftervereinbarung (Beitritt eines Finanzinvestors, Venture Capital-typische Klauseln)

2. Shareholder Agreement (company entry by financial investor, standard contract clauses for venture capital transactions)

Gesellschaftervereinbarung[1, 2, 14]

zwischen
1. Herrn ...... [*GF/Alt-Gesellschafter 1*]
2. Herrn ...... [*Alt-Gesellschafter 2*]
([*GF/Alt-Gesellschafter 1*] und [*Alt-Gesellschafter 2*] nachfolgend (gemeinsam) bezeichnet als „Gesellschafter")

und

3. ...... [*Venture Capital Investor*]
(nachfolgend bezeichnet als „Investor")
(die Gesellschafter und der Investor werden nachfolgend gemeinsam bezeichnet als die „Parteien" und einzeln als eine „Partei")

Shareholder Agreement

entered into by and between
1. Mr. ...... [*MD Current Shareholder 1*]
2. Mr. ...... [*Current Shareholder 2*]
(hereinafter [*MD/Current Shareholder 1*] and [*Current Shareholder 2*] are individually referred to as a „Shareholder" and collectively as the „Shareholders")

and

3. .... [*Venture Capital Investor*]
(hereinafter referred to as the „Investor")
(hereinafter the Shareholders and the Investor are collectively referred to as the „Parties" and individually as a „Party")

Vorbemerkungen	Recitals
V.1 Die Parteien und die ...... GmbH (die „Gesellschaft") haben am heutigen Tag einen Beteiligungsvertrag geschlossen, der die Bedingungen ausführt, gemäß denen der Investor in die Gesellschaft investiert hat.	V.1 On the date hereof the Parties and ...... GmbH (hereinafter the „Company") entered into an investment agreement that defines the terms and conditions governing the investment made by the Investor in the Company.
V.2 Nach Durchführung der in der Vorbemerkung und in § ...... des Beteiligungsvertrages geregelten Kapitalerhöhung sind die Gesellschafter und der Investor Gesellschafter der Gesellschaft.	V.2 After implementation of the capital increase provided for in the recitals and section ...... of the investment agreement, the Shareholders and the Investor will be shareholders of the Company.
V.3 Die Parteien sind daran interessiert, die Beziehung zwischen den Parteien und die Beziehung zwischen den Parteien und der Gesellschaft bestimmten Regelungen zu unterstellen.[2]	V.3 The Parties wish to make the relationship between the Parties and the relationship between the Parties and the Company subject to certain terms and conditions.

Dies vorausgeschickt, vereinbaren die Parteien was folgt:

NOW, THEREFORE, in consideration of the foregoing, the Parties hereby agree as follows:

§ 1 Allgemeine Pflichten

1.1 Allgemeine Pflichten

Die Parteien werden ihre Befugnisse als Gesellschafter der Gesellschaft gemäß den Bedingungen dieser Gesellschaftervereinbarung[2] (diese „Vereinbarung") ausüben, insbesondere in Bezug auf (i) das Stimmrecht bei Gesellschafterversammlungen oder bei Gesellschafterbeschlüssen, die außerhalb von Gesellschafterversammlungen gefasst werden, und (ii) die Weisungsrechte an die Geschäftsführung. Es wird klargestellt, dass diese Vereinbarung auch künftige von den Gesellschaftern gehaltene Geschäftsanteile der Gesellschaft umfasst.

1.2 Widerspruch zum Gesellschaftsvertrag

Im Falle eines Widerspruchs zwischen dem Gesellschaftsvertrag der Gesellschaft und dieser Vereinbarung[2] werden die Parteien ihre Rechte als Gesellschafter der Gesellschaft dahingehend ausüben, dass die von dieser Gesellschafter-

Section 1 General Obligations

1.1 General Obligations

The Parties shall exercise their powers and authorities as shareholders of the Company, including, without limitation, (i) voting rights exercised at Shareholders' Meetings or with respect to shareholder resolutions adopted without a Shareholders' Meeting, and (ii) rights to issue instructions to the management, in accordance with the terms of this Shareholder Agreement (hereinafter the „Agreement"). For clarification purposes, it is hereby agreed that this Agreement shall also apply to any future shares of the Company held by the Shareholders.

1.2 Conflict with Memorandum and Articles of Association

In the event of any conflicts between the Company's Memorandum and Articles of Association and this Agreement, the Parties shall exercise their rights as shareholders of the Company such that the purposes of this Shareholder

vereinbarung bezweckten Ziele soweit wie rechtlich möglich erreicht werden.

§ 2 Wahl des neutralen Mitglieds des Beirats[3]

2.1 Nominierung des Neutralen Mitglieds

Gemäß dem Gesellschaftsvertrag der Gesellschaft werden die Gesellschafter der Gesellschaft gemeinsam das dritte Mitglied (das „Neutrale Mitglied") des Beirats wählen. Die Parteien werden versuchen, sich auf eine Person zu einigen, die als Neutrales Mitglied gewählt werden soll, und nachfolgend eine solche Person als Neutrales Mitglied nominieren und bei der Wahl einer solchen Person während der Gesellschafterversammlung der Gesellschaft entsprechend mit dem Stimmwert „Ja" abstimmen.

2.2 Wahl des Neutralen Mitglieds

Können sich die Parteien nicht auf das Neutrale Mitglied einigen, werden sowohl die Gesellschafter einerseits als auch der Investor andererseits jeweils drei Kandidaten für die Position des Neutralen Mitglieds nominieren. Wird keiner der nominierten Kandidaten in den Beirat der Gesellschaft gewählt, werden die Gesellschafter einerseits und der Investor andererseits jeweils einen der Kandidaten benennen, der von der betreffenden Partei nominiert wurde. Das Neutrale Mitglied wird dann zwischen den beiden benannten Kandidaten ausgelost. Die Gesellschafter und der Investor werden dann in dem Gesellschafterbeschluss über die Wahl des Neutralen Mitglieds für ein solches Neutrales Mitglied stimmen.

2.3 Zusätzliche Mitglieder des Beirats

2.3.1 Auf Antrag der Gesellschafter einerseits oder des Investors ande-

Agreement will be achieved to the greatest extent permitted by law.

Section 2 Election of Impartial Member of the Advisory Board

2.1 Nomination of Impartial Board Member

The Shareholders of the Company shall jointly elect the third member of the Advisory Board (hereinafter referred to as the „Impartial Board Member") in accordance with the provisions of the Company's Memorandum and Articles of Association. The Parties shall attempt to reach an agreement on the person to be elected as the Impartial Board Member, and then nominate such person as the Impartial Board Member and vote „yes" in the election of such person at the Company's Shareholders' Meeting.

2.2 Election of Impartial Board Member

If the Parties are unable to agree on the Impartial Board Member, the Shareholders, on the one hand, and the Investor, on the other hand, shall each nominate three candidates for the position of Impartial Board Member. If none of the nominated candidates are elected to the Advisory Board of the Company, the Shareholders, on the one hand, and the Investor, on the other hand, shall each designate one of the candidates previously nominated by them. Which of the two designated candidates will serve as the Impartial Board Member shall then be determined by lot. When voting on the shareholder resolution regarding election of the Impartial Board Member, the Shareholders and the Investor shall vote for the candidate so determined.

2.3 Additional Advisory Board Members

2.3.1 At the request of the Shareholders or the Investor, the Advisory

2. Gesellschaftervereinbarung

rerseits wird der Beirat auf fünf Mitglieder erweitert. Die Gesellschafter und der Investor werden je ein zusätzliches Mitglied gemäß den Bestimmungen aus § ...... des Gesellschaftsvertrages der Gesellschaft ernennen.

2.3.2 Umgehend nach Antrag gemäß § 2.3.1 werden die Parteien die Einberufung einer Gesellschafterversammlung veranlassen und der Gesellschaftsvertrag der Gesellschaft wird dahingehend abgeändert werden, dass der Beirat zukünftig aus fünf Mitgliedern besteht, wobei die Gesellschafter und der Investor jeweils zwei Mitglieder des Beirats ernennen. Die Parteien werden beste Anstrengungen aufwenden, um eine umgehende Eintragung einer solchen Abänderung des Gesellschaftsvertrages der Gesellschaft im Handelsregister zu veranlassen. Die Parteien werden einander so behandeln, als hätte die Abänderung des Gesellschaftsvertrages der Gesellschaft an dem Datum stattgefunden, an dem der Antrag einer der Parteien von der anderen Partei entgegengenommen wurde.

§ 3 Geschäftsführung

3.1 Weisungen an die Geschäftsführung[4]

Wird nichts Gegenteiliges einvernehmlich zwischen den Parteien vereinbart, so werden die Gesellschafter und der Investor davon Abstand nehmen, Weisungen an die Geschäftsführer der Gesellschaft zu erteilen, und werden ihr Stimmrecht bei Gesellschafterversammlungen oder bei Gesellschafterbeschlüssen, die außerhalb von Gesellschafterversammlungen gefasst werden, gegen jegliche Weisungen an Geschäftsführer einset-

Board shall be expanded to include five members. The Shareholders and the Investor shall each appoint one additional member to the Advisory Board in accordance with the provisions of section ...... of the Company's Memorandum and Articles of Association.

2.3.2 Following a request made in accordance with Section 2.3.1, the Parties shall promptly call a Shareholders' Meeting and amend the Company's Memorandum and Articles of Association to reflect that the Advisory Board will in the future include five members, with two members being appointed by the Shareholders and with two members being appointed by the Investor. The Parties shall make best efforts to have the amendment to the Company's Memorandum and Articles of Association promptly recorded in the Commercial Register. The Parties shall treat each other as if the Company's Memorandum and Articles of Association had been amended on the date on which the request by one of the Parties was received by the other Party.

Section 3 Management

3.1 Instructions to the Management

Unless otherwise agreed by the Parties, the Shareholders and the Investor shall refrain from issuing any instructions to managing directors of the Company, and when voting on shareholder resolutions adopted with or without a Shareholders' Meeting, the Shareholders and the Investor shall vote against any instructions to managing directors proposed by another shareholder of the Company.

	zen, die von einem anderen Gesellschafter der Gesellschaft vorgeschlagen werden.		
3.2	Gesellschafter als Geschäftsführer	3.2	Shareholders as Managing Directors
	In dem gesetzlich möglichen Maße werden die Parteien die Mitglieder des Beirats, die von jeder Partei gemäß § ...... des Gesellschaftsvertrages ernannt wurden, und in dem gesetzlich möglichen Maße gemeinsam das Neutrale Mitglied dazu veranlassen, davon Abstand zu nehmen, Herrn ...... *[GF/Alt-Gesellschafter 1]* als Geschäftsführer der Gesellschaft abzuberufen, es sei denn, es besteht ein wichtiger Grund für dessen Abberufung als Geschäftsführer oder die Gesellschaft hat die im zu dem Zeitpunkt gültigen und vom Beirat mit Zustimmung der Geschäftsführung genehmigten Unternehmensplan vorgesehenen Zielwerte wiederholt wesentlich verfehlt.		To the extent permitted by law, the Parties shall instruct the members of the Advisory Board appointed by each of them in accordance with section ...... of the Memorandum and Articles of Association and, to the extent permitted by law, shall jointly instruct the Impartial Board Member, to refrain from removing Mr. ...... *[MD/Current Shareholder 1]* as managing director of the Company, unless there is good cause for his removal or the Company has repeatedly and substantially failed to reach the targets defined in the business plan as last revised and approved by the Advisory Board with the consent of the management.
3.3	Informationspflichten[5]	3.3	Disclosure Obligations
	Bis zum ...... wird Herr ...... *[GF/Alt-Gesellschafter 1]* dafür Sorge tragen, dass die Gesellschaft dem Investor folgende Informationen zur Verfügung stellt: (i) monatlich (jeweils bis zum 10. des Folgemonats): • Auftragseingang und -bestand; • Gewinn- und Verlustrechnung; • Bilanz; • Finanzdaten über Investitionen und Personal; (ii) zusätzlich vierteljährlich (jeweils bis zum 15. des Folgemonats): • Bericht über wesentliche Ereignisse und die Wettbewerbssituation der Gesellschaft.		Until ...... Mr. ...... *[MD/Current Shareholder 1]* shall ensure that the Company shall provide the Investor with the following information: (i) Information to be provided for each month (on or before the 10th day of the following month): • Orders received and orders on hand; • Profit and loss statement; • Balance sheet; • Financial data on investments and personnel; (ii) Additional information to provided for each quarter (on or before the 15th day of the following month): • Report on material business developments and competition of the Company

2. Gesellschaftervereinbarung

§ 4 Kaufoption[6]

4.1 Angebot von Herrn ...... *[GF/Alt-Gesellschafter 1]*

Herr ...... *[GF/Alt-Gesellschafter 1]* bietet hiermit nach Maßgabe von § 4.3 dem Investor unwiderruflich den Abschluss eines Anteilskaufvertrages (der „AKV") zwischen Herrn ...... *[GF/Alt-Gesellschafter 1]* und dem Investor oder einer oder mehrerer von dem Investor benannten Person bzw. Personen für alle Geschäftsanteile an, die Herr ...... *[GF/Alt-Gesellschafter 1]* an der Gesellschaft hält (die „Optionsanteile").

4.2 Annahme des Angebots durch den Investor

4.2.1 Der Investor hat das Recht, dieses Angebot für den Abschluss eines AKV anzunehmen, falls beide der nachfolgenden aufschiebenden Bedingungen erfüllt sind:

(a) Die Annahme erfolgt zu einem jeglichen Zeitpunkt innerhalb von drei Jahren nach dem Übergangsstichtag durch Erklärung vor einem deutschen Notar (die „Annahmeerklärung"). Die Annahme wird als rechtzeitig erfolgt betrachtet, wenn die Annahmeerklärung innerhalb des Annahmezeitraums notariell beurkundet wird; das Datum des Empfangs der Annahmeerklärung durch Herrn ...... *[GF/Alt-Gesellschafter 1]* ist unerheblich. Der die Annahmeerklärung beurkundende Notar soll von dem Investor dahingehend angewiesen werden, Herrn ...... *[GF/Alt-Gesellschafter 1]* unverzüglich eine beglaubigte Kopie der Annahmeerklärung zukommen zu lassen.

(b) Herr ...... *[GF/Alt-Gesellschafter 1]* wird als Geschäftsführer abberufen, tritt von der Position als Geschäftsführer

Section 4 Call Option (Management Retention)

4.1 Offer by Mr. ...... *[MD/Current Shareholder 1]*

Mr. ...... *[MD/Current Shareholder 1]* hereby makes an irrevocable offer to the Investor, in accordance with Section 4.3, to enter into a SPA (hereinafter the „SPA") with the Investor or one or several other persons designated by the Investor, with respect to all shares held by Mr. ...... *[MD/Current Shareholder 1]* in the Company (hereinafter the „Option Shares").

4.2 Acceptance of Offer by the Investor

4.2.1 The Investor shall have the right to accept the above offer to enter into a SPA, provided that both of the following conditions precedent shall have been fulfilled:

(a) The Investor accepts the offer at any time within three years from the transfer effective date by declaring acceptance before a German notary (hereinafter the „Declaration of Acceptance"). Acceptance shall be deemed timely if it is recorded by a German notary within the stated acceptance period; the date the Declaration of Acceptance is received by Mr. ...... *[MD/Current Shareholder 1]* shall be irrelevant. The notary recording the Declaration of Acceptance shall be instructed by the Investor to provide Mr. ...... *[MD/Current Shareholder 1]* promptly with a certified copy of the Declaration of Acceptance.

(b) Mr. ...... *[MD/Current Shareholder 1]* has been removed from the office of managing

zurück oder bietet der Gesellschaft seine Dienste als Geschäftsführer nicht länger an, einschließlich aus Gründen der Berufsunfähigkeit oder des Todes von Herrn ...... [GF/Alt-Gesellschafter 1].

4.2.2 Der Investor kann eine oder mehrere Personen benennen, die das Recht hat bzw. haben, das obige Angebot anzunehmen, und zwar durch Benachrichtigung von Herrn ...... [GF/Alt-Gesellschafter 1] über eine solche Ernennung, die Identität eines solchen Dritten bzw. solcher Dritter und das Verhältnis, in dem solche Dritte zur schriftlichen Annahme des Angebots berechtigt sind. Das Angebot wird dann gemeinsam durch den Investor und einen solchen Dritten bzw. solche Dritte angenommen und ein AKV zwischen Herrn ...... [GF/Alt-Gesellschafter 1] und einem solchen Dritten bzw. solchen Dritten geschlossen (ein solcher Dritter ist für die Zwecke dieser Absätze 4.2 und 4.3 ebenfalls der „Investor"). Falls erforderlich werden Herr ...... [GF/Alt-Gesellschafter 1] und der Dritte bzw. die Dritten eine Abtretungsvereinbarung bezüglich der Geschäftsanteile schließen.

4.3 Anteilskaufvertrag

Mit Entgegennahme der Annahmeerklärung durch Herrn ...... [GF/Alt-Gesellschafter 1] nach § 4.2.1 (a) wird ein AKV nach Maßgabe der folgenden Bestimmungen geschlossen:

4.3.1 Mit Wirkung vom ersten Tag des zweiten Kalendermonats nach Entgegennahme der Annahmeerklärung des Investors durch Herrn ...... [GF/Alt-Gesellschafter 1] (der „Optionsstichtag"), verkauft Herr ...... [GF/Alt-Gesellschafter 1] dem Investor die Optionsanteile, einschließlich aller damit verbundenen Rechte und Pflichten,

director, has resigned from the position of managing director, or no longer offers his services as managing director to the Company for any reason, including any professional disability or death of Mr. ...... [MD/Current Shareholder 1].

4.2.2 The Investor may designate one or several persons authorized to accept the above offer on his behalf, by informing Mr. ...... [MD/Current Shareholder 1] of such designation, the identity or identities of the designated third party or parties, and the relative authority of each designated third party to accept the offer in writing. The offer shall then be accepted jointly by the Investor and such third party or parties, and a SPA shall result as between Mr. ...... [MD/current shareholder will 1] and such third party or parties (for purposes of subsections 4.2 and 4.3 such a third party shall likewise be deemed the „Investor"). If necessary, Mr. ...... [MD/Current Shareholder 1] and the third party or parties shall enter into an assignment agreement with respect to the shares.

4.3 Share Purchase Agreement

Receipt of the Declaration of Acceptance by Mr. ...... [MD/Current Shareholder 1] in accordance with Section 4.2.1 (a) shall result in a SPA subject to the following terms and conditions:

4.3.1 Effective from the first day of the second calendar month following receipt of the Investor's Declaration of Acceptance by Mr. ...... [MD/Current Shareholder 1] (hereinafter the „Option Effective Date"), Mr. ...... [MD/Current Shareholder 1] shall sell the Option Shares, including all rights and obligations associated there-

2. Gesellschaftervereinbarung

und – vorbehaltlich der aufschiebenden Bedingung der Zahlung des Kaufpreises für die Kaufoption (wie unten definiert) – tritt die Optionsanteile an den Käufer ab. Der Käufer nimmt einen solchen Verkauf und eine solche Abtretung an.

4.3.2 Wird oder wurde Herr ...... *[GF/ Alt-Gesellschafter 1]* als Geschäftsführer der Gesellschaft aus wichtigem Grund wegen seiner Person oder seines Verhaltens abberufen und rechtfertigt dieser Grund die Beendigung seiner Dienstvertrages mit der Gesellschaft, oder (ii) tritt er von seiner Position als Geschäftsführer der Gesellschaft ohne einen durch den Investor oder die Gesellschaft gesetzten wichtigen Grund zurück, beträgt der Kaufpreis für die Optionsanteile (der „Optionskaufpreis") den niedrigeren Betrag von (i) dem Marktwert, berechnet nach Maßgabe von § 4.3.4 oder (ii) der folgenden Formel:

Optionskaufpreis = M*E*B
wobei:
„M" ein Multiplikator mit folgendem Wert ist:
- Falls der Optionsstichtag innerhalb eines Jahres nach Übergangsstichtag liegt: 0,5;
- Falls der Optionsstichtag innerhalb von zwei Jahren, aber mehr als ein Jahr nach Übergangsstichtag liegt: 0,7, und
- Falls der Optionsstichtag mehr als zwei Jahre nach dem Übergangsstichtag liegt: 1,0.
„E" für die Umsatzerlöse der Gesellschaft im Sinne von Absatz 275, Absatz 2, Nr. 1 oder Absatz 3, Nr. 1 HGB während des letzten vor dem Optionsstichtag abgeschlossenen Geschäftsjahres steht;

with, to the Investor and – subject to the condition precedent that the purchase price for the Call Option (as defined below) is paid – shall assign the Option Shares to the Purchaser. The Purchaser shall accept such sale and assignment.

4.3.2 If Mr. ...... [MD/*Current Shareholder 1*] is or was removed as managing director of the Company for good cause related to his person or conduct and if such good cause justifies termination of his employment agreement with the Company, or (ii) Mr. ...... [MD/*Current Shareholder 1*] resigns from the position of managing director of the Company without any good cause cited by the Investor or the Company, the purchase price for the Option Shares (hereinafter the „Option Purchase Price") shall be equal to the fair market value of the shares (i) as calculated in accordance with Section 4.3.4, or (ii) as calculated in accordance with the following formula:

Option Purchase Price = M*E*B,
whichever amount is lower.
„M" is a multiplier with the following value:
- If the Option Effective Date falls within one year of the transfer effective date: 0.5;
- If the Option Effective Date falls within two years, but more than one year from the transfer effective date: 0.7; and
- If the Option Effective Date is more than two years from the transfer effective date: 1.0.
„E" stands for the Company's revenues within the meaning of sec. 275, para. 2, no. 1 or para. 3, no. 1 of the German Commercial Code (*Handelsgesetzbuch* – HBO) from the last full fiscal year preceding the Option Effective Date.

„B" für die Beteiligung von Herrn ...... *[GF/Alt-Gesellschafter 1]* an der Gesellschaft steht, ausgedrückt als Nominalwert der von Herrn ...... *[GF/Alt-Gesellschafter 1]* an der Gesellschaft gehaltenen Geschäftsanteile, geteilt durch das Stammkapital der Gesellschaft.

4.3.3 In allen anderen Fällen, entspricht der Optionskaufpreis dem Marktwert der Geschäftsanteile, die Herr ...... *[GF/Alt-Gesellschafter 1]* an der Gesellschaft hält, berechnet nach Maßgabe von § 4.3.4.

4.3.4 Der Marktwert der Geschäftsanteile, die Herr ...... *[GF/Alt-Gesellschafter 1]* an der Gesellschaft hält, wird gemäß den vom deutschen Institut für Wirtschaftsprüfer e. V. (IDW) aufgestellten Regeln zur Unternehmensbewertung IDW S-1 berechnet (bzw. den entsprechenden Nachfolgeregelungen des IDW). Können sich die Parteien nicht auf den Marktwert einigen, wird Herr ...... *[GF/Alt-Gesellschafter 1]* dem Investor innerhalb eines Monats nach Entgegennahme der Annahmeerklärung einen Marktwert vorschlagen; § 3.5.3 des Beteiligungsvertrages gilt sinngemäß.

§ 5 Veräußerungen von Geschäftsanteilen[7], IPO-Verfahren

5.1 Genehmigung der Veräußerungen von Geschäftsanteilen[7]

Die Gesellschafter sind verpflichtet, für die Genehmigung jeglicher Veräußerung, Übertragung oder Belastung von Geschäftsanteilen, die der Investor an der Gesellschaft hält, beim entsprechenden Beschlussantrag mit dem Stimmwert „Ja" zu stimmen, es sei denn, die Gesellschafter haben einen wichtigen Grund für die Verweigerung einer solchen Genehmigung.

„B" stands for the shares held by Mr. ...... *[MD/Current Shareholder 1]* in the Company, represented by the par value of the shares held by Mr. ...... *[MD/Current Shareholder 1]* in the Company divided by the Company's registered share capital.

4.3.3 In all other cases the Option Purchase Price shall correspond to the fair market value of the shares held by Mr. ...... *[MD/Current Shareholder 1]* in the Company as calculated in accordance with Section 4.3.4.

4.3.4 The fair market value of the shares held by Mr. ...... *[MD/Current Shareholder 1]* in the Company shall be calculated in accordance with business valuation standard IDW S-1 of Deutsches Institut für Wirtschaftsprüfer e. V. (IDW) (or any successor provisions of IDW). If the Parties are unable to agree on the fair market value, Mr. ...... *[MD/Current Shareholder 1]* shall propose a fair market value to the Investor within one month from receipt of the Declaration of Acceptance; the provisions of Section 3.5.3 of the investment agreement shall apply, *mutatis mutandis*.

Section 5 Share Sales, IPO Process

5.1 Approval of Share Sales

The Shareholders agree to approve, by voting „yes" on the proposed shareholder resolution, any sale, transfer or encumbrance of shares held by the Investor in the Company, unless the Shareholders have good cause for refusing approval. Prior to any sale of shares, Mr. ...... *[MD/Current Shareholder 1]* shall be informed of the basic terms and conditions of the sale.

2. Gesellschaftervereinbarung

Herr ...... *[GF/Alt-Gesellschafter 1]* ist vor dem Verkauf über die grundlegenden Bedingungen eines Verkaufs der Geschäftsanteile zu informieren.

5.2 Mitverkaufsverpflichtung[8]

5.2.1 Hat der Investor die Absicht, alle Geschäftsanteile, die der Investor an der Gesellschaft hält, an einen Dritten (vorstehend und nachfolgend der „Käufer") zu übertragen, kann der Investor von den Gesellschaftern verlangen, dass jeder der Gesellschafter einem solchen Käufer anbietet, alle Geschäftsanteile, die der betreffende Gesellschafter an der Gesellschaft hält, zu den Bedingungen zu verkaufen und zu übertragen, zu denen der Investor Geschäftsanteile an einen solchen Käufer verkauft und überträgt, jedoch werden der von dem Käufer an den betreffenden Gesellschafter zu zahlende Kaufpreis und alle anderen Geldbeträge bezüglich der Höhe der Beteiligung an der Gesellschaft, die unter einer solchen Vereinbarung verkauft und übertragen wird, einschließlich jeglicher Grenzwerte und Beschränkungen bezüglich Gewährleistungen und Zusicherungen, Garantieerklärungen und Freistellungen, für die Beteiligung an der Gesellschaft, die von dem betreffenden Gesellschafter verkauft und übertragen wird, im Verhältnis zu der Beteiligung an der Gesellschaft, die von dem Investor verkauft und übertragen wird, angepasst. Kein Dritter ist (i) ein mit dem Investor verbundenes Unternehmen, (ii) ein von dem Investor beratendes Unternehmen oder (iii) ein mit dem Investor kooperierendes Unternehmen (hierzu gehört auch die zukünftige Kooperation in Form einer Rückbeteiligung am Dritten oder ein vom Dritten gehaltenes Erwerbs-Vehikel).

5.2.2 Innerhalb von zwei Jahren nach dem Übergangsstichtag gilt § 5.2.1

5.2 Tag-Along Obligation

5.2.1 If the Investor intends to transfer all of the Investor's shares in the Company to a third party (heretofore and hereinafter referred to as the „Purchaser"), the Investor may demand from the Shareholders that each Shareholder offer to sell and assign to such Purchaser, subject to the same terms and conditions upon which the Investor's shares are sold and assigned to the Purchaser, all shares held by such Shareholder in the Company, provided however that the purchase price payable by the Purchaser to such Shareholder and all other monetary amounts related to the value of shares in the Company sold and assigned under such agreement, including any limitations and restrictions related to warranties and representations, guarantees and indemnities, for the shares in the Company sold and assigned by such Shareholder, shall be adjusted to reflect the proportion between the shareholdings in the Company sold and assigned by such Shareholder and the shareholdings in the Company sold and assigned by the Investor. The following are not third parties for purposes of this provision: (i) any affiliates of the Investor, (ii) any advisors of the Investor, or (iii) any companies cooperating with the Investor (including any future cooperations in the form of reinvestments in third parties, or acquisition vehicles held by third parties).

5.2.2 Within two years from the transfer effective date, the provisions of

nur, falls der an den Investor für den Verkauf aller Geschäftsanteile, die der Investor an der Gesellschaft hält, zu zahlende Kaufpreis ...... EUR (in Worten: ......) beträgt oder übersteigt.

5.3 Mitverkaufsrecht[9]

Haben die oder einer der Gesellschafter die Absicht, Geschäftsanteile zu einem Gesamtnennwert von über 50% des Stammkapitals der Gesellschaft an einen Käufer zu verkaufen und zu übertragen, der kein mit dem betreffenden Gesellschafter verbundenen Unternehmen ist, ist der Investor nicht verpflichtet, bei einem entsprechenden Beschlussantrag für die Genehmigung einer solchen Übertragung der Geschäftsanteile mit dem Stimmwert „Ja" zu stimmen, es sei denn, ein solcher Käufer bietet dem Investor an, alle Geschäftsanteile, die der Investor an der Gesellschaft hält, zu denselben Bedingungen zu kaufen und zu erwerben, zu denen der bzw. die Gesellschafter Geschäftsanteile an einen solchen Käufer verkauft und überträgt bzw. verkaufen und übertragen, jedoch werden der von dem Käufer an den Investor zu zahlende Kaufpreis und alle anderen Geldbeträge bezüglich der Höhe der Beteiligung an der Gesellschaft, die unter einer solchen Vereinbarung verkauft und übertragen wird, einschließlich jeglicher Grenzwerte und Beschränkungen bezüglich Gewährleistungen und Zusicherungen, Garantieerklärungen und Freistellungen, für die Beteiligung an der Gesellschaft, die von dem Investor verkauft und übertragen wird, im Verhältnis zu der Beteiligung an der Gesellschaft, die von dem bzw. den Gesellschaftern verkauft und übertragen wird bzw. werden, angepasst.

5.4 IPO-Verfahren[10]

Auf schriftlichen Antrag seitens des Investors werden die Gesell-

Section 5.2.1 shall apply only if the purchase price payable to the Investor for the sale of all shares held by the Investor in the Company is equal to or greater than EUR ...... (...... euros).

5.3 Tag-Along Right

If some or all of the Shareholders intend to sell and assign shares with a total par value in excess of 50% of the Company's registered share capital to a Purchaser not affiliated with the selling shareholder(s), the Investor shall have no obligation to approve such share transfer by voting „yes" on the proposed shareholder resolution, unless the Purchaser offers to purchase and acquire all shares held by the Investor in the Company subject to the same terms and conditions upon which shares are sold and assigned to the Purchaser by some or all of the Shareholders, provided however that the purchase price payable by the Purchaser to the Investor and all other monetary amounts related to the value of shares in the Company sold and assigned under such agreement, including any limitations and restrictions related to warranties and representations, guarantees and indemnities, for the shares in the Company sold and assigned by the Investor, shall be adjusted to reflect the proportion between the shareholdings in the Company sold and assigned by some or all Shareholders and the shareholdings in the Company sold and assigned by the Investor.

5.4 IPO Process

Upon written application by the Investor, the Shareholders and the

schafter und der Investor Verfahren einleiten und die Gesellschaft dazu veranlassen, Verfahren einzuleiten, für ein öffentliches Zeichnungsangebot der Anteile, mit der Absicht, die Gesellschaft in eine Aktiengesellschaft umzuwandeln und die Aktien der Gesellschaft an einer anerkannten Börse in der Europäischen Union, im Europäischen Wirtschaftsraum oder den Vereinigten Staaten von Amerika notieren zu lassen. Der Investor hat das Recht, die Finanz- und Rechtsberater der Gesellschaft für eine solche Umwandlung und ein solches öffentliches Zeichnungsangebot auszuwählen.

§ 6 Verkaufsoption (Put Option)[11]

6.1 Verkaufsoption

Die Gesellschafter bieten hiermit dem Investor an, alle Geschäftsanteile zu kaufen, die der Investor an der Gesellschaft nach einer Einziehung gemäß § ...... des Gesellschaftsvertrages noch hält. Das Angebot kann von dem Investor angenommen werden, indem er die Annahme vor einem deutschen Notar erklärt; der die Annahmeerklärung beurkundende Notar wird von dem Investor dahingehend angewiesen, den Gesellschaftern unverzüglich eine beglaubigte Kopie der Annahmeerklärung zukommen zu lassen.

6.2 Kaufpreis der Verkaufsoption

6.2.1 Der Verkauf und Kauf gemäß § 6.1 erfolgt gegen einen Kaufpreis in Höhe des höheren Betrages von (i) ...... EUR (in Worten: ......) zuzüglich jeglicher unbezahlter Dividende, multipliziert mit dem Nennwert der verkauften Anteile und geteilt durch den Nennwert der vor der Einziehung gemäß § ...... des Gesellschaftsvertrages vom Investor gehaltenen Anteile, und (ii) dem Verkehrswert der verkauften Anteile, bewertet nach den vom deutschen Institut für

Investor shall initiate processes, and cause the Company to initiate processes, for a public offering of the shares, with the intention to reorganize the Company into a German stock corporation (*Aktiengesellschaft*) and to list the shares of the Company on a recognized securities exchange in the European Union, the European Economic Area, or the United States. The Investor shall have the right to select the financial and legal advisors of the Company for such reorganization and public offering.

Section 6 Put Option

6.1 Put Option

The Shareholders hereby offer to purchase from the Investor all shares still held by the Investor in the Company after redemption in accordance with Section ...... of the Memorandum and Articles of Association. The Investor may accept the offer by declaring acceptance before a German notary; the Investor shall instruct the notary recording the Declaration of Acceptance to provide the Shareholders promptly with a certified copy of the Declaration of Acceptance.

6.2 Purchase Price of Put Option

6.2.1 The sale and purchase in accordance with Section 6.1 shall be made in exchange for payment of a purchase price in the amount of (i) EUR ...... (...... euros), plus any unpaid dividends, multiplied by the par value of the sold shares and divided by the par value of the shares held by the Investor prior to redemption in accordance with section ...... of the Memorandum and Articles of Association, or (ii) the fair market value of the sold shares as appraised in accordance

Wirtschaftsprüfer e. V. (IDW) aufgestellten Regeln zur Unternehmensbewertung IDW S-1 (bzw. den entsprechenden Nachfolgeregelungen des IDW).

6.2.2 In keinem Fall sind die Gesellschafter verpflichtet, einen Kaufpreis an den Investor zu bezahlen, der zusammen ...... EUR (in Worten: ......) übersteigt. Dabei sind B-Geschäftsanteile und C-Geschäftsanteile im gleichen Verhältnis zu kaufen. Ohne die Genehmigung der Gesellschafter werden keine Geschäftsanteile an die Gesellschafter verkauft, deren Kaufpreis den Betrag von ...... EUR (in Worten: ......) übersteigt.

§ 7 Erlöse aus Verkäufen von Geschäftsanteilen, Verkäufen von Vermögenswerten, Fusionen und ähnlichen Transaktionen (Sales/Liquidation Preference)[12]

7.1 Erlöse aus Anteilsverkäufen

Im Falle eines Verkaufs von mehr als 50% des Stammkapitals der Gesellschaft in einer einzigen Transaktion oder einer Reihe miteinander verbundener Transaktionen (und gemäß den unter § 5 dieser Vereinbarung vorgesehenen Mitverkaufsverpflichtungen und -rechten), werden die Erlöse nach Abzug anfallender Mehrwertsteuer und der Kosten des Verkaufs nach Rückzahlung aller Verbindlichkeiten, falls zutreffend, unter den Gesellschaftern wie folgt verteilt:

(a) Falls der Investor alle Geschäftsanteile verkauft, die er hält, wird der Investor – vor allen anderen Gesellschaftern – zuerst Zahlungen in Höhe von ...... EUR zzgl. jeglicher unbezahlter Vorzugsdividenden erhalten. Reichen die Erlöse nicht für die vollständige Zahlung zu Gunsten des Investors unter (a), erhält der Investor die gesamten Erlöse. Falls der Investor nur einen Teil seiner

with business valuation standard IDW S-1 of Deutsches Institut für Wirtschaftsprüfer e. V. (IDW) (or any successor provisions of IDW), whichever is higher.

6.2.2 In no case shall the Shareholders have any obligation to pay a purchase price in a total amount exceeding EUR ...... (...... euros) to the Investor. Class B shares and class C shares shall be purchased in the same proportion. Unless approved by a Shareholder, no shares whose purchase price exceeds the amount of EUR ...... (...... euros) shall be sold to the Shareholder.

Section 7 Proceeds from Share Sales, Asset Sales, Mergers and Similar Transactions (Sales/Liquidation Preference)

7.1 Proceeds from Share Sales

If more than 50% of the Company's registered share capital is sold in a single transaction or a series of related transactions (in accordance with the tag-along rights and obligations provided for in Section 5 of this Agreement), the proceeds, less any applicable VAT and the costs of sale after settlement of all liabilities, if applicable, shall be allocated among the Shareholders as follows:

(a) If the Investor sells all shares held by the Investor, the Investor shall – prior to all other Shareholders – receive payments in the amount of EUR ......, plus any unpaid preferred dividends, first. If the sales proceeds are not sufficient to cover the full amount of payment due to the Investor under this subsection (a), the Investor shall receive all sales proceeds. If the Investor sells only some of the

2. Gesellschaftervereinbarung

Geschäftsanteile verkauft, wird der im ersten Satz genannte Betrag anteilig gekürzt.

(b) Nachdem die Zahlungen an den Investor gemäß (a) erfolgt sind, wird jeglicher verbleibende Erlös an die Parteien gemäß ihrer jeweiligen Beteiligung an der Gesellschaft verteilt.

7.2 Liquidation und Verkäufe von Vermögenswerten

Die Regelungen in § 7.1 gelten sinngemäß im Falle einer Liquidation, Auflösung oder Abwicklung der Gesellschaft und im Falle einer Veräußerung aller oder im Wesentlichen aller (mindestens 75%, berechnet zum Marktwert) Vermögenswerte der Gesellschaft. Im Falle eines Verkaufs aller oder im Wesentlichen aller Vermögenswerte der Gesellschaft oder der Liquidation oder der Einleitung eines Insolvenzverfahrens bezüglich der Tochtergesellschaften der Gesellschaft, die im Wesentlichen alle Vermögenswerte der Gesellschaft darstellen, wird die Gesellschaft liquidiert.

7.3 Andere Transaktionen

Im Falle eines Anteilstauschs, Einbringung, einer Verschmelzung oder anderen Umwandlung im Sinne von § 1 UmwG, bei der es sich nicht um eine formwechselnde Umwandlung handelt, wird das Entgelt nach Maßgabe von § 7.1 verteilt, falls die Parteien infolge solcher Transaktionen 50% oder weniger an dem verbleibenden oder übernehmenden Rechtsträger halten. Die Vorzugsstellung bezüglich der Erlöse gemäß § 7.1 wird in einem solchen Fall durch eine Anteilsübertragung vor der Ausführung solcher Maßnahmen (Vorabausgleich) erfüllt. In dem Maße, in dem das Entgelt börsennotierte Aktien beinhaltet, gilt der

shares held by the Investor, the amount referenced in the first sentence shall be reduced proportionately.

(b) After the payments due to the Investor under subsection (a) have been made, any remaining proceeds shall be allocated among the Parties based upon their relative shareholdings in the Company.

7.2 Liquidation Proceeds and Asset Sales

The provisions of Section 7.1 shall apply, *mutatis mutandis*, if the Company is liquidated, dissolved or unwound, or if all assets or substantially all assets (at least 75% based upon fair market value) of the Company are sold. If all or substantially all assets of the Company are sold, or subsidiaries of the Company representing substantially all assets of the Company are in liquidation or insolvency, the Company shall be liquidated.

7.3 Other Transactions

In the event of any share exchange, transfer of shares by contribution in kind, merger, or other reorganization within the meaning of sec. 1 of the German Reorganization Act (*Umwandlungsgesetz – UmwG*) not involving a change of corporate form, proceeds shall be allocated in accordance with Section 7.1, provided that the Parties shall hold 50% or less of the transferor or transferee as a result of such a transaction. In such case the preferred rights of the Investor with respect to proceeds allocable in accordance with Section 7.1 shall be serviced by making a share transfer prior to the execution of such transactions (advance

zu dem Zeitpunkt der Übertragung gültige Aktienkurs für die Berechnung des Vorabausgleichs; falls die Anteile des erwerbenden Rechtssubjekts nicht börsennotiert sind, wird dieser Wert von den Abschlussprüfern der Gesellschaft für die sinngemäße Anwendung der Zwecke des § 7.1 berechnet und eine solche Berechnung ist für die Parteien verbindlich. Falls infolge der in Satz 1 genannten Transaktionen die Parteien mehr als 50% an dem verbleibenden oder übernehmenden Rechtsträger halten, bleiben die Rechte der Parteien unter dieser Vereinbarung und dem abgeänderten Gesellschaftsvertrag vollständig und unverändert bestehen; ansonsten gelten die vorstehenden Sätze 1 bis 3 entsprechend.

settlement). To the extent that compensation involves listed shares, the advance settlement shall be calculated on the basis of the share price on the date of transfer; if the shares of the transferee are not listed, the amount of the advance settlement shall be calculated by the auditors of the Company for analogous application of the purposes of Section 7.1 and such calculation shall be binding for the Parties. If as a result of any transaction within the meaning of sentence 1 the Parties hold more than 50% of the transferor or transferee, the rights of the Parties under this Agreement and the amended Memorandum and Articles of Association shall remain in effect to the full extent and without change; otherwise sentences 1 through 3 shall apply, *mutatis mutandis*.

§ 8 Verwässerungsschutz im Falle weiterer Erhöhungen des Stammkapitals[13]

Im Falle weiterer Erhöhungen des Stammkapitals der Gesellschaft hat der Investor das Recht neue Geschäftsanteile in dem Nominalwert zu zeichnen, der erforderlich ist, um seinen Anteil am Nominalkapital und an den Stimmrechten vor der Kapitalerhöhung zu erhalten (Verwässerungsschutz).

Section 8 Anti-Dilution Protection in the Event of Additional Increases of the Registered Share Capital

In the event of any additional increases of the Company's registered share capital, the Investor shall have the right to subscribe to shares resulting from the capital increase up to such total par value as is necessary to preserve the Investor's pre-capital increase shareholdings and voting rights (anti-dilution protection).

§ 9 Rechte und Verpflichtungen zukünftiger Gesellschafter

Die Parteien dieser Vereinbarung einigen sich darauf, dass jeder künftige Gesellschafter der Gesellschaft die Bedingungen dieser Vereinbarung als für ihn in seiner Rolle als Gesellschafter der Gesellschaft verbindlich akzeptieren muss. Ist dies nicht der Fall, können die Parteien ihre Zustimmung bei der Gesellschafterversammlung der Gesellschaft bezüglich der Anteilsübertragung verweigern, die andernfalls dazu führen würde, dass eine solche Partei Gesellschafter der Gesellschaft wird.

Section 9 Rights and Obligations of Future Shareholders

The Parties to this Agreement hereby agree that each future shareholder of the Company shall accept and agree to be bound by the terms and conditions of this Agreement as a shareholder of the Company. If this is not the case, the Shareholders may at the Company's Shareholders' Meeting refuse consent to the share transfer that would otherwise result in such party becoming a shareholder of the Company.

§ 10 Vertraulichkeit

Die Parteien verpflichten sich, die Inhalte dieser Vereinbarung gegenüber Dritten geheim und vertraulich zu behandeln, es sei denn, die betreffenden Tatsachen sind öffentlich bekannt oder eine derartige Offenlegung ist per Gesetz oder nach der geltenden Börsenordnung erforderlich.

§ 11 Schlussbestimmungen

11.1 Regelndes Gesetz, Gerichtsstand

11.1.1 Diese Vereinbarung unterliegt deutschem Recht und wird gemäß diesem ausgelegt, wobei das Abkommen über Verträge für den internationalen Warenkauf (UN-Kaufrecht) ausgeschlossen wird.

11.1.2 Im Falle jeglicher Streitigkeit zwischen den Parteien, die aus oder in Zusammenhang mit dieser Vereinbarung und deren Umsetzung entsteht, ist ...... ausschließlicher Gerichtsstand.

11.2 Abänderung, Salvatorische Klausel

11.2.1 Jegliche Abänderung oder Ergänzung dieser Vereinbarung, einschließlich dieser Bestimmung, bedarf der schriftlichen Form, es sei denn, eine strengere Form ist gesetzlich erforderlich.

11.2.2 Sollte eine Bestimmung dieser Vereinbarung ganz oder teilweise ungültig, unwirksam oder nicht durchsetzbar sein oder werden, so wird hierdurch die Gültigkeit, Wirksamkeit und Durchsetzbarkeit der verbleibenden Bestimmungen nicht beeinträchtigt. Jede solche ungültige, unwirksame oder nicht durchsetzbare Bestimmung ist, in dem gesetzlich möglichen Umfang, als durch eine solche gültige, wirksame und durchsetzbare Bestimmung ersetzt zu betrachten, die der wirtschaftlichen Absicht und Zielsetzung einer solchen ungültigen, unwirksamen und nicht

Section 10 Confidentiality

The Parties agree that they shall keep the terms and conditions of this Agreement confidential and that they shall not disclose the terms and conditions of this Agreement to any third parties, unless such information is in the public domain or disclosure is required by applicable laws or securities exchange regulations.

Section 11 Miscellaneous

11.1 Governing Law, Jurisdiction

11.1.1 This Agreement shall be governed by and construed in accordance with German law, provided however that applicability of the UN Convention on Contracts for the International Sale of Goods (UN Commercial Law) is hereby excluded.

11.1.2 The Parties hereby submit to the exclusive jurisdiction of ...... for the determination of any disputes arising from or in connection with this Agreement or the implementation thereof.

11.2 Modification, Severability

11.2.1 Any modifications or amendments to this Agreement, including any waiver of this clause, shall require written form for validity, unless more stringent form requirements must be satisfied under applicable law.

11.2.2 If any provision of this Agreement is or becomes void, invalid or unenforceable in whole or in part, the validity and enforceability of the remaining provisions shall remain unaffected thereby. Any void, invalid or unenforceable provision shall be replaced by such valid and enforceable provision as most closely reflects, to the extent permitted by law, the economic intent and purpose of the original provision. The foregoing shall apply, *mutatis mutandis*, if any provision has been inadvertently omitted from this Agreement.

durchsetzbaren Bestimmung am nächsten kommt. Das Vorangehende gilt sinngemäß für jegliche unabsichtliche Lücke in dieser Vereinbarung.

Schrifttum: Vgl. auch bereits das Schrifttum zu Form. F.V.1; *Hoffmann/Hölzle,* Die „Liquidation Preference" in VC-Verträgen nach deutschem Recht, FB 2003, 113; *Martinius/Stubert,* Venture-Capital-Verträge und das Verbot der Hinauskündigung, BB 2006, 1977; *Mayer,* Grenzen von Aktionärsvereinbarungen, MittBayNot 2006, 281; *Römermann/Seibt,* Münchener Anwaltshandbuch GmbH-Recht, 2. Aufl. 2009, § 2; *Seibt/Raschke/Reiche,* Rechtsfragen der Haftungsbegrenzung bei Garantien (§ 444 BGB n. F.) und M&A-Transaktionen, NZG 2002, 256.

Anmerkungen

1. Überblick. Das Formular enthält eine investorfreundliche Gesellschaftervereinbarung zwischen den (geschäftsführenden) Altgesellschaftern und einem sich im Wege einer Kapitalerhöhung unter Bezugsrechtsausschluss beteiligenden Investor von Venture Capital (Wagniskapital).

Den rechtlichen Rahmen für einen Beitritt stecken die Beteiligten (Altgesellschafter, Gesellschaft, Finanzinvestor) durch einen Beitrittsvertrag und eine Gesellschaftervereinbarung ab, wobei beide Regelungsebenen nicht selten auch in einem Dokument zusammengefasst werden (vgl. Weitnauer/*Weitnauer* F. Rdnr. 35). Mit ersterer Vereinbarung zwischen allen drei Parteien werden die Konditionen des Einstiegs eines Finanzinvestors geregelt (vgl. ausführlich Form. F.V.1). Die Gesellschaftervereinbarung regelt hingegen das rechtliche und wirtschaftliche Verhältnis der Anteilseigner untereinander. Venture Capital-Investoren werden das Risiko einer Eigenkapitalbeteiligung – zumal ihnen im Unterschied zu Fremdkapitalgebern keine Sicherheiten bestellt werden – im Regelfall nur dann übernehmen, wenn ihnen neben einer vermögensrechtlichen Besserstellung (vgl. Anm. 12) erweiterte Informations-, Kontroll- und Mitspracherechte (vgl. Anm. 5, 6) zugestanden werden, um die Wertsteigerung ihrer Beteiligung bis zum in Aussicht genommenen Exit-Zeitpunkt gewährleisten zu können. Dies gilt umso mehr, als im Venture Capital-Bereich regelmäßig nur Minderheitsbeteiligungen eingegangen werden. Gerade Mitsprache- und Kontrollrechte prägen insofern die Struktur von Venture Capital-Beteiligungen, als der Investor das in der Entwicklungsphase befindliche Unternehmen und dessen Management aktiv mit Know-how und der Vermittlung von wertvollen Kontaktnetzwerken unterstützt (vgl. *Pfeifer* BB 1999, 1669f.). Schließlich sind Regelungen zum Ausstieg des Finanzinvestors (sog. *Exit-Route*) integraler Bestandteil einer Gesellschaftervereinbarung.

2. Regelungstechnik, Verhältnis zum Gesellschaftsvertrag. Die Gesellschaftervereinbarung regelt o.g. Bereiche schuldrechtlich *inter partes,* überwiegend in Form von Stimmrechtsvereinbarungen, und soll nach dem Parteiwillen keine verbandsrechtlich-korporative Wirkung zeitigen (s. bereits Form. F.V.1 Anm. 2). Da mit diesen schuldrechtlichen Nebenabreden regelmäßig ein gemeinsamer Zweck verfolgt wird, führt ihr Abschluss zu Gründung einer GbR-Innengesellschaft nach §§ 705ff. BGB (vgl. *Mayer* MittBayNot 2006, 282).

Da die Gesellschaftervereinbarung nur schuldrechtlich wirkt, können die Parteien vorsehen, dass trotz inhaltlicher Widersprüchlichkeit mit dem Gesellschaftsvertrag zwischen ihnen erstere Vorrang haben soll und sie sich verpflichten, ihre Mitgliedsrechte derart auszuüben, dass deren Ziele möglichst erreicht werden (vgl. Weitnauer/*Weitnauer* F. Rdnr. 45). Überdies kann zur Sanktionierung eine Vertragsstrafe geregelt werden.

3. Beirat, Neutrales Mitglied. Nicht selten findet sich bei mit Venture Capital finanzierten GmbHs ein Beirat, der sich i.d.R. aus Vertretern der Altgesellschafter und des Finanzinvestors zu gleicher Zahl sowie einem Neutralen Mitglied zusammensetzt. Dieses Gremium soll die Geschäftsführung nicht lediglich überwachen, sondern in strategischen und geschäftspolitischen Fragen beratende und unterstützende Funktion wahrnehmen. Die organisationsrechtliche Implementierung des Beirats und seiner Funktion hat im Gesellschaftsvertrag zu erfolgen (zur Zulässigkeit von Beiräten bei der GmbH vgl. Baumback/Hueck/*Zöllner* § 45 Rdnr. 17 ff.). Einzelheiten zur Nominierung der Kandidaten für den Beirat müssen jedoch nicht im Gesellschaftsvertrag offengelegt werden, sondern können von den Parteien in der Gesellschaftervereinbarung geregelt werden. Dies bietet sich vor allem bezüglich der neutralen Beiratsmitglieder an, damit keine Seite Gefahr läuft, letztlich übervorteilt zu werden.

4. Einflussmöglichkeiten des Investors (insbes. Weisungen an die Geschäftsführung). Der Investor wird sich einerseits bestimmte Einflussmöglichkeiten ausbedingen wollen und die Gründungsgesellschafter bzw. die Gesellschaft sind andererseits daran interessiert, auch von den nichtfinanziellen Ressourcen des Venture Capital-Gebers zu profitieren (zu den Motiven vgl. bereits Anm. 1). Dies kann durch verschiedene Maßnahmen auf unterschiedlichen Regelungsebenen erreicht werden.

Es können qualifizierte Mehrheitserfordernisse oder bestimmte Zustimmungserfordernisse zugunsten des Investors sowohl für strukturelle Veränderungen der Gesellschaft – etwa Maßnahmen wie Veräußerung wesentlichen Unternehmensvermögens, Abschluss umfangreicher Finanzierungsverträge oder Aufnahme weiterer Gesellschafter – als auch für über den gewöhnlichen Geschäftsbetrieb hinausgehende Geschäftsführungsmaßnahmen statuiert werden (vgl. Baumbach/Hueck/*Zöllner/Noack* § 37 Rdnr. 17). Effektiver Einfluss ist dem Investor hierbei allerdings nur über eine gesellschaftsvertragliche Implementierung gesichert, die über die schuldrechtliche Verpflichtung zu einem bestimmen Abstimmungsverhalten hinausgeht. Nicht selten kommt es hierbei vor, dass derlei Zustimmungserfordernisse für besondere Geschäftsführungsmaßnahmen zugunsten eines anlässlich der Beteiligung des Finanzinvestors neu geschaffenen Beirats statuiert werden und vorgesehen wird, dass bei bestimmten Geschäften der Gremienvertreter des Investors jedenfalls zustimmen muss. Eine solche Regelung entlastet die Gesellschafterversammlung und konzentriert die geschäftspolitischen und strategischen Einflussmomente in dem Beirat (zu dessen Funktion vgl. Anm. 3).

Neben der Möglichkeit rein reaktiver Zustimmungsvorbehalte im Gesellschaftsvertrag ist es in praxi üblich, dass Altgesellschafter und Investor in einer Gesellschaftervereinbarung ihr Stimmverhalten bezüglich gewisser Geschäftsführungsmaßnahmen koordinieren, um aktiv durch Weisungen (vgl. § 37 Abs. 1 GmbHG) auf die Geschäftsführung einzuwirken. Alternativ ist auch eine negative Formulierung möglich, derzufolge sich die Gesellschafter jeglicher Weisung an die Geschäftsführung zu enthalten haben, vgl. § 3.1 des Formulars. Eine derartige Stimmrechtsbindung wird sich aus Investorensicht namentlich dann anbieten, wenn ihm im Gesellschaftsvertrag bereits hinreichende Zustimmungsvorbehalte bzw. Vetorechte zugestanden sind und der Weg der Beeinflussung der Geschäftsführung über Weisungen der Gesellschafterversammlung im Übrigen ausgeschlossen werden soll. Als Stimmrechtsvereinbarung wirkt die Regelung allerdings nur *inter partes*.

Um eine engere strategische Beziehung des Investors zur Geschäftsführung zu erreichen, besteht schließlich die Möglichkeit, Beraterverträge zwischen Gesellschaft und Investor abzuschließen. Dies bietet sich insbesondere in Fällen der Frühphasen- oder Seed-Finanzierung an. Hier ist unbedingt auf eine vertragliche Bestimmung der Gegenleistung zu achten, die einem Drittvergleich (mit Nichtgesellschaftern) standhält, setzt man sich doch andernfalls der Gefahr einer verdeckten Gewinnausschüttung aus.

5. Informationsrechte. Die in § 3.3 des Formulars enthaltene Verpflichtung des geschäftsführenden Altgesellschafters, für eine kontinuierliche Information des Investors Sorge zu tragen, die über die gesetzlichen Informationsrechte hinausgeht, ist Ausdruck des mit der Eigenkapitalfinanzierung junger Unternehmen einhergehenden intensiveren Kontrollbedürfnisses des Investors. Die monatliche Information über betriebswirtschaftliche Eckdaten, die dem Finanzinvestor einen Soll-/Ist-Vergleich über die wirtschaftliche Situation des Unternehmens ermöglichen, ist mittlerweile gängige Marktpraxis (Weitnauer/*Weitnauer* F. Rdnr. 93). Die Information bildet die Grundlage für ein rechtzeitiges strategisches und geschäftspolitisches Einlenken durch den Investor, welches sich über den Beirat vollzieht. Wirkungsvoller als eine schuldrechtliche Vereinbarung zur Information des Investors ist allerdings, monatliche und quartalsmäßige Informationspflichten zugunsten des Investors, die über § 51a GmbHG hinausgehen, in der Satzung zu verankern.

6. Management Retention. Für Venture Capital-Geber spielt es regelmäßig eine große Rolle bei der Investition, dass die geschäftsführenden Gründungsgesellschafter als Initiatoren und Ideengeber weiterhin an der Geschäftsführung mitwirken. Dies zu gewährleisten dient die Call Option in § 4 zugunsten des Investors. Die Kaufoption für den Fall, dass das Engagement des Altaktionärs als Geschäftsführer nicht mehr fortbesteht, sowie insbesondere die vertragliche Gestaltung des Kaufpreises soll bei diesem Anreize schaffen, jedenfalls nicht von sich aus sein Engagement in der Geschäftsführung zu beenden oder hierzu Anlass zu geben.

Typischerweise findet sich eine Differenzierung nach dem Beendigungsgrund bzw. dessen Vertretenmüssens (good leaver/bad leaver) (hierzu z. B. Eilers/Koffersen/Mackensen/*Mackensen*, Private Equity, 2009, Kap. VI Rdnr. 43 ff.). Dies kann sowohl bei der Gestaltung der aufschiebenden Bedingungen, unter denen die Option überhaupt ausgelöst wird, Berücksichtigung finden, als auch – wie im Formular unter § 4.3.2 – bei der Gestaltung des zu zahlenden Kaufpreises.

Das Ziel einer Management Retention kann entweder über die Vereinbarung einer Call Option wie im Formular zugunsten der Mitgesellschafter oder aber auch über ein Einziehungsrecht erreicht werden. Zwar hat das Einziehungsrecht für den Investor den Vorteil, dass bei Streit über die Voraussetzungen der Einziehung der betroffene Gesellschaftergeschäftsführer eine Anfechtungsklage bemühen muss (Weitnauer/*Weitnauer* F. Rdnr. 128). Vorteilhaft an der hier gewählten Variante ist allerdings, dass eine Call Option im Gegensatz zum Einziehungsrecht (vgl. § 34 Abs. 2 GmbHG) nicht in der Satzung verankert werden muss, folglich auch nicht publik wird. Dem Investor wird ferner daran gelegen sein, die Option in der Gesellschaftervereinbarung bereits als bindendes, freilich bedingtes Angebot auszugestalten, sodass es nur noch seiner Annahme bedarf (zu Formfragen vgl. Anm. 14).

7. Exit des Investors – Allgemeines. Der Beitritt eines Finanzinvestors ist von vornherein nicht auf unbestimmte Zeit angelegt. Demzufolge können sich in Gesellschaftervereinbarungen bereits bestimmte Vorgaben bezüglich der Dauer der Zusammenarbeit und ein bestimmter Exit-Zeitpunkt finden. Gerade bei mit Venture Capital geförderten Jungunternehmen besteht das Bedürfnis, mehrere alternative Exit-Varianten (vgl. im Überblick Weitnauer/*Weitnauer* F. Rdnr. 104 ff.) in die Gesellschaftervereinbarung aufzunehmen, ist doch in dieser Phase die erfolgreiche Entwicklung der Gesellschaft im Sinne des Investors nicht per se gesichert und er wird sicherstellen wollen, verschiedenen Entwicklungsszenarien mit unterschiedlichen, für ihn wirtschaftlich vorteilhaften Ausstiegsalternativen zu begegnen. Daher sind Exit-Vereinbarungen stets auch mit Blick auf eine Liquidation Preference-Regelung zu betrachten (vgl. Anm. 12). Werden zusätzlich noch mezzanine Finanzierungsinstrumente vereinbart und beinhalten diese einen Equity Kicker (z. B. Wandeldarlehen), so ist die Exit-Route auch mit Blick auf diese Regelungen zu gestalten (vgl. Form. F. V.1 Anm. 5). Nicht selten werden die Ausstiegsmöglichkeiten an das Nichterreichen bestimmter wirtschaftlicher Milestones geknüpft oder zeitlichen Beschränkungen unterworfen.

Die zeitliche Begrenzung des Verbleibs eines Investors in der Gesellschaft und insbesondere der Umstand, aufeinander angewiesen zu sein, führt zu einem starken Bedürfnis, im Zuge von Venture Capital-Beteiligungen durch statutarische Vinkulierungsvorschriften den Gesellschafterwechsel zu kontrollieren. Es bestehen dabei nach § 15 Abs. 5 GmbHG weitreichende Gestaltungsspielräume (vgl. ausführlich Scholz/H. Winter/*Seibt* § 15 Rdnr. 115 ff.). Ein Investor sollte jedoch für sämtliche Fälle, in denen er über die Geschäftsanteile disponieren will, eine positive Stimmpflicht der Mitgesellschafter vereinbaren, wenn zu deren Gunsten eine Vinkulierung besteht. Im Zusammenhang mit den statutarischen Veräußerungsbeschränkungen finden sich bei Private Equity-Beteiligungen häufig sogenannte Drag along- und Tag along-Rechte, die die Umlauffähigkeit von Geschäftsanteilen nicht einschränken, sondern unter bestimmten Voraussetzungen erleichtern (s. sogleich).

8. Exit via Drag along-Recht. In § 5.2 des Formulars findet sich eine Mitverkaufsverpflichtung zulasten der Altgesellschafter für den Fall, dass der Investor sich von seiner Beteiligung trennen will (Drag along-Recht). Diese Exit-Variante stellt sich für den Investor insbesondere dann als vorteilhaft dar, wenn Interessenten lediglich zum Erwerb einer 100 %igen Beteiligung bereit sind. In der Regel werden für die Veräußerungen von Geschäftsanteilen, die dieser

Pflicht unterliegen, dieselben Konditionen wie für die vom Investor veräußerten Gesellschaftsanteile gelten. Es ist auch möglich, diesen Verkaufszwang für Mitgesellschafter mit einem Vorkaufsrecht dieser zu kombinieren (vgl. für eine Formulierungsvorschlag MünchAnwHdb GmbH-Recht/*Seibt* § 2 Rdnr. 224). Das Drag along-Recht kann darüber hinaus befristet und/ oder an das Erreichen bestimmter Erlöse geknüpft werden.

9. Exit via Tag along-Recht. Eine weitere Exit-Variante findet sich in § 5.3 mit dem Mitverkaufsrecht (Tag along-Recht) des Veräußerers, wenn Altgesellschafter ihre Beteiligungen veräußern wollen. Insbesondere in Fällen, in denen etwa eine größere strategische Beteiligung veräußert werden soll, kann sich ein Finanzinvestor, der lediglich eine Minderheitsbeteiligung hält, auf diese Weise die Möglichkeit eines Exits sichern. Da für das Mitveräußerungsrecht regelmäßig dieselben Konditionen gelten werden wie für die Anteile des Mehrheitsgesellschafters, kann der Investor auf diese Weise am Verhandlungserfolg des i. d. R. wirtschaftlich stärkeren Mehrheitsgesellschafters partizipieren. In den Fällen, in denen keine Vinkulierung zugunsten des Investors besteht, ist der Venture Capital-Geber somit auch dagegen gewappnet, sich mit einem neuen Mehrheitsgesellschafter arrangieren zu müssen. Besteht eine Vinkulierung zugunsten des Investors, kann dem Investor eine Zustimmungspflicht auferlegt werden, wenn ein Mitverkaufsrecht besteht (ausführlich zum Tag along-Recht mit Formulierungsvorschlägen MünchAnwHdb GmbH-Recht/*Seibt* § 2 Rdnr. 222).

10. Exit via IPO. Die Möglichkeit des Exits durch Veräußerung der Anteile nach erfolgreichem Börsengang hängt von der Börsenreife der Gesellschaft ab. Demzufolge kann in einer Gesellschaftervereinbarung lediglich vereinbart werden, dass auf Veranlassung des Investors ein entsprechendes Verfahren (inklusive Umwandlung in eine AG) einzuleiten ist bzw. sich sämtliche Gesellschafter dazu verpflichten, nach Kräften auf die Realisierung des Börsengangs hinzuwirken (vgl. Weitnauer/*Weitnauer* F. Rdnr. 118).

11. Exit via Put Option. Mit der Verkaufsoption zugunsten des Investors in § 6 des Formulars wird ein weiteres Exit-Szenario geregelt: Werden Gesellschaftsanteile des Investors aufgrund des Vorliegens wichtiger Gründe (etwa Pfändung eines Geschäftsanteils, Veräußerung an bestimmte, nicht erwünschte Personen, vgl. *Raiser/Veil* § 30 Rdnr. 51) nach den Vorgaben des Gesellschaftsvertrages eingezogen, so gibt die Put Option dem Investor die Möglichkeit, die ihm noch verbleibenden Anteile an die Altgesellschafter zu verkaufen und somit sein Engagement gänzlich zu beenden. Die Wirtschaftlichkeit des Exits für den Investor wird durch § 6.2 gewährleistet, wohingegen den Interessen der Altgesellschafter an keiner übermäßigen finanziellen Belastung durch den Rückkauf durch § 6.2.2 Rechnung getragen wird.

Auch die Put Option ist als bindendes Erwerbsangebot der Altgesellschafter ausgestaltet, welches dem Investor den Ausstieg insofern erleichtert, als er dieses bei vorliegenden Voraussetzungen lediglich formwirksam annehmen muss (zu Formfragen vgl. Anm. 14).

12. Sachs/Liquidation Preference. Mit den dargestellten Exit-Möglichkeiten geht regelmäßig eine Regelung einher, die eine Besserstellung des Venture Capital-Gebers an den Veräußerungserlösen bewirkt (Sachs/Liquidation Preference; vgl. ausführlich *Hoffmann/Hölzle* FB 2003, 113). In § 7 ist folglich die Aufteilung von Erlösen zwischen den Gesellschaftern und dem Investor zugunsten des Letzteren geregelt: Er wird nicht nur vorrangig bedient, sondern erhält ggf. auch einen sein Gesamtinvestment übersteigenden Renditeaufschlag. Insbesondere der erste Aspekt wirkt für den Investor als Schutz seines Investments bei Verschlechterung der Unternehmenslage. Besonders vorteilhaft ist für den Investor die Vereinbarung des sog. double dipping, welche in § 7.1 (b) findet; nach der vorrangigen Zahlung aus dem Erlös an den Investor findet eine Aufteilung des verbleibenden Betrages pro rata unter den Parteien – also einschließlich des Investors – statt. Entgegen ihrer Benennung findet diese Regelung nicht nur im Falle der Auflösung und Abwicklung der Gesellschaft sondern auch in Fällen des Verkaufs der wesentlichen Assets, bei Umwandlungen sowie selbst beim Verkauf der Anteile Anwendung. Insbesondere die Kombination von Drag along-Klauseln und einer Liquidation Preference ist für den Investor vorteilhaft, kann er doch Mitgesellschafter zur Mitveräußerung zwingen, wobei er selbst vorrangig und in höherem Maße befriedigt wird (vgl. *Martinius/Stubert* BB 2006, 1978). Dass das Drag along-Recht faktisch ähnlich wie eine „Hinauskündigung" der Altgesellschafter nach freiem Ermessen wirken kann, ändert nichts an seiner

Zulässigkeit, da dessen Ausübung als Exitvariante von wirtschaftlichen Faktoren abhängt (*Martinius/Stubert* BB 2006, 1981 ff.).

13. Verwässerungsschutz. Insbesondere bei Gesellschaften, die Venture Capital in Anspruch nehmen, wird sich der Finanzierungsbedarf selten in dem Beitritt eines Investors erschöpfen. Es werden mit fortschreitender Unternehmensentwicklung weitere Finanzierungsrunden unter Beitritt weiterer Investoren erforderlich sein. Da sich auch diese zumeist über weitere Kapitalerhöhungen unter Bezugsrechtsausschluss vollziehen, besteht für den zuerst beigetretenen Investor die Gefahr, dass seine wirtschaftliche Beteiligung und sein Stimmrechtseinfluss verwässert wird; dies insbesondere dann, wenn ein neuer Investor (etwa aufgrund der zwischenzeitlichen geschäftlichen Entwicklung) lediglich bereit ist, zu einer niedrigeren Bewertung beizutreten, als sie bei seinem Beitritt zugrunde gelegt wurde. Hiergegen sichert sich der Investor ab, indem er sich in der Gesellschaftervereinbarung ein einseitiges Bezugsrecht bei weiteren Kapitalerhöhungen ausbedingt. Im Vergleich zur Alternative, in der sich Altgesellschafter verpflichten, in diesen Fällen unentgeltlich Anteile an den Investor zu übertragen, birgt diese Gestaltungsvariante keine schenkungs-/ertragssteuerlichen Risiken (Weitnauer/*Weitnauer* F. Rdnr. 67).

14. Form. Die Gesellschaftervereinbarung wird regelmäßig bestimmte Drag along- und Tag along-Rechte sowie Call und Put Optionen beinhalten, so dass die Vereinbarung insgesamt der Form des § 15 Abs. 4 GmbHG bedarf. Im Falle von Optionen ist auf die vertragliche Gestaltung Acht zu geben: Handelt es sich bei der Option bereits um einen lediglich durch die Ausübung der Option (und weitere Umstände) bedingten Vertrag, so bedarf nur dieser der Form des § 15 Abs. 4 GmbHG, nicht aber die Ausübung selbst. Ist die Option hingegen wie hier – lediglich als langfristiges bindendes Angebot ausgestaltet, so bedarf auch die spätere Annahme desselben der Form des § 15 Abs. 4 GmbHG (Scholz/*H. Winter/Seibt* § 15 Rdnr. 55). Zu Formfragen des Beteiligungsvertrages sowie bei einer Zusammenfassung desselben mit der Gesellschaftervereinbarung vgl. Form. F.V.1 Anm. 8.

Teil G. Gemeinschaftsunternehmen (Joint Venture)

I. Einleitung

Schrifttum: Arens, AnwaltFormulare Gesellschaftsrecht, 3. Aufl. 2007, § 29 Joint Venture-Vereinbarungen (Bearbeiter *Tepper*); Beck'sches Handbuch der Personengesellschaft, 3. Aufl. 2009, § 21 Joint Ventures (Bearbeiter *Stengel*); *Fett/Spiering*, Handbuch Joint Venture, 2010; *Fleischer/Schneider*, Zulässigkeit und Grenzen von Shoot-Out-Klauseln im Personengesellschafts- und GmbH-Recht, DB 2010, 2713; *Göthel*, Joint Ventures im Internationalen Privatrecht: ein Vergleich der Rechte Deutschlands und der USA, 1999; *Görgemanns*, Tracking Stocks bei der Joint Venture GmbH, GmbHR 2004, 170; *Hewitt*, Joint Ventures, 4rd ed. 2008; *Hoffmann-Becking*, Der Einfluß schuldrechtlicher Gesellschaftervereinbarungen auf die Rechtsbeziehungen in der Kapitalgesellschaft, ZGR 1994, 442; *Langefeld-Wirth*, Joint Ventures im internationalen Wirtschaftsverkehr, 1990; *Mankabady*, Joint Ventures in Europe, 3rd ed. 2008; *Micheler/Prentice* (eds.), Joint Ventures in English and German Law, 2000; Münchener Handbuch des Gesellschaftsrechts, Band 1, 3. Aufl. 2009, § 28 Joint Ventures (Bearbeiter *Baumanns/Wirbel*); *Prescott/Swartz* (eds.), Joint Ventures In The International Arena, 2nd ed. 2010; *Schaumburg*, Internationale Joint Ventures, 1999; *Schulte/Pohl*, Joint-Venture-Gesellschaften, 2. Aufl. 2008; *Schulte/Schwindt/Kuhn*, Joint Ventures, 2009; *Schulte/Sieger*, „Russian Roulette" und „Texan Shoot Out" – Zur Gestaltung von radikalen Ausstiegsklauseln in Gesellschaftsverträgen von Joint-Venture-Gesellschaften (GmbH und GmbH & Co. KG), NZG 2005, 24; *Wilde*, Joint Venture: Rechtliche Erwägungen für und wider die Errichtung eines Gemeinschaftsunternehmens, DB 2007, 269.

Ein Joint Venture im weiteren Sinn bezeichnet eine i. d. R. projektbezogene Kooperation zweier oder mehrerer rechtlich und wirtschaftlich unabhängiger Partner auf vertraglicher Grundlage. Im engeren Sinn wird der Begriff meist als Synonym für das Gemeinschaftsunternehmen gebraucht, mit dem die Partner ihr gemeinsames Vorhaben umsetzen (zum Begriff vgl. *Langefeld-Wirth* S. 34 f.; BeckPersGes-HB/*Stengel* § 21 Rdnr. 1 ff.; *Arens-Trepper* § 29 Rdnr. 4 ff.; *Schulte* in: Schulte/Schwindt/Kuhn § 1).

Vor Abschluss eines Joint Venture Vertrages ist zu prüfen, ob die Gründung eines Gemeinschaftsunternehmens *(„incorporated joint venture")* für die Joint Venture Partner die richtige Form der Zusammenarbeit ist. Als Alternativen kommen der Abschluss eines Kooperationsvertrages *(„unincorporated joint venture")*, eines Lizenz- oder Franchisevertrages, eines Vertriebsvertrages oder – wenn einer der Partner nicht auf eine dauerhafte Teilhabe festgelegt ist – die Übernahme von Vermögensgegenständen durch einen der Partner in Betracht.

Gemeinschaftsunternehmen sind geeignet, wenn beide Partner auf bestimmte Leistungen oder Vermögensgegenstände der anderen Seite angewiesen sind und ihre eigenen Leistungen einem fremden Unternehmen nicht nur zur Nutzung zur Verfügung stellen wollen oder können, sie gleichwohl aber nicht alleine auf dem Markt auftreten möchten, etwa weil sie mit dem regionalen Markt noch nicht vertraut sind oder weil ihnen die nötige Finanzkraft fehlt.

Nach der Entscheidung für die Gründung eines Gemeinschaftsunternehmens stellt sich die Frage nach der Rechtsform, den Beteiligungsverhältnissen und der Definition des Einflusses und der Verantwortlichkeit der Partner; zur Wahl der Rechtsform vgl. *Schulte/Pohl* Rdnr. 64 ff.; *Hewitt* Ch. 3; *Schulte* in: Schulte/Schwindt/Kuhn § 2 Rdnr. 16 ff. In Deutschland werden sie in der Regel die Rechtsform der GmbH oder der GmbH & Co. KG für das Gemeinschaftsunternehmen wählen, weil beide Rechtsformen gegenüber der Aktiengesellschaft den Vorteil haben, dass die Gestaltungsfreiheit für die Binnenorganisation und die Möglichkeiten der Einflussnahme auf das Management deutlich größer sind. Ob eine GmbH oder eine GmbH & Co. KG errichtet wird, werden regelmäßig steuerliche Gesichtspunkte entscheiden. Freilich stehen nach der Rechtsprechung des EuGH zur Niederlassungsfreiheit in den Entscheidungen „Centros", „Überseering" und „Inspire Art" grundsätzlich auch nach ausländischem Recht errichtete Gesellschaften – zu denken ist etwa an eine englische „Limited", eine niederländische BV oder eine französische oder luxemburgische SARL – für ein in Deutschland agierendes Joint Venture zur Verfügung (vgl. auch Hopt/*Volhard*, Vertrags- und Formularbuch zum Handels-, Gesellschafts- und Bankrecht, 3. Aufl. 2007, II.G.1 Anm. 3). Die mit der Wahl einer jedenfalls aus Sicht eines der Joint Venture Partner ausländischen Rechtsform für das Gemeinschaftsunternehmen (oder die Komplementärin einer deutschen KG) verbundenen Chancen und Risiken sind von den Parteien sorgsam abzuwägen (ausführlich zu den Vor- und Nachteilen des Einsatzes ausländischer (Kapital-)Gesellschaften in Deutschland *Hirte/Bücker*, Grenzüberschreitende Gesellschaften, 2. Aufl. 2006; *Mellert/Verfürth*, Wettbewerb der Gesellschaftsformen, 2005, S. 237 ff.; zu internationalen Joint Ventures *Mankabady* passim; *Prescott/Swartz* passim). Neben ausländischen Kapitalgesellschaften kann auch die supranationale Rechtsform SE zu Joint Venture Zwecken eingesetzt werden. Ein solches Vorgehen beinhaltet jedoch ebenfalls nicht nur Vor-, sondern auch Nachteile, insbesondere einen hohen Beratungsaufwand. Für und Wider sind daher auch hier eingehend zu prüfen (zusammenfassend *Waclawik* DB 2006, 1827).

Die Mehrheitsverhältnisse in der gemeinsamen Gesellschaft werden maßgeblich durch die Beiträge bestimmt werden, die die Gesellschafter leisten. Für die Ausgestaltung der Mehrheitsverhältnisse hinsichtlich Kapitalbeteiligung und Stimmrechten bieten sich bei einem Gemeinschaftsunternehmen verschiedene Möglichkeiten (vgl. *Langefeld-Wirth* S. 62 ff.). Zum einen kann beiden Partnern eine gleich große (paritätische) Beteiligung zugestanden werden. Diese Ausgestaltung verteilt Kapitalaufwand, mit dem Joint Venture verbundene Chancen und Risiken sowie Einflussmöglichkeiten auf die Geschäftsführung gleichmäßig auf die Partner, birgt allerdings auch die größere Gefahr einer Patt-Situation auf den verschiedenen Ebenen der Entscheidungsfindung (Geschäftsführung, Beirat, Verwaltungs- oder Aufsichtsrat und Gesellschafterversammlung). Bei einem paritätischen Joint Venture ist daher dringend zur Aufnahme effizienter Entscheidungs-, Konfliktlösungs- und (als *ultima ratio*) Beendigungs- bzw. Exit-Mechanismen in den Joint Venture Vertrag zu raten. Zum anderen kann eine Partei als Mehrheits-, die andere als Minderheitsgesellschafter des Gemeinschaftsunternehmens fungieren. Die Gründe für die Parteien, die eine oder die andere Position anzustreben, können vielfältig sein (einige Faktoren nennt *Görgemanns* GmbHR 2004, 170, 171) und hängen letztlich von den Umständen des Einzelfalls ab. Sind an einem Gemeinschaftsunternehmen ein oder mehrere Partner als Minderheitsgesellschafter beteiligt, werden diese regelmäßig auf die Aufnahme vertraglicher Schutzmechanismen in den Joint Venture Vertrag drängen, die noch über den gesetzlichen Minderheitenschutz hinausgehen (vgl. zu einigen typischen Aspekten *Ley/Schulte* Rdnr. 601 ff.).

Dem Abschluss eines Joint Venture Vertrages wird in der Regel die Unterzeichnung eines *Letter of Intent* oder eines *Memorandum of Understanding* vorausgehen, in dem die Parteien neben den Bedingungen ihrer beabsichtigten Zusammenarbeit die vertrauliche Behandlung und die Exklusivität ihrer Verhandlungen regeln (vgl. Form. B. VII). Gute Checklisten für übergangsrelevante Punkte in unterschiedlichen Phasen der Vorbereitung finden sich bei *Arens/Trepper* § 29 Rdnr. 21 ff.

Von großer Wichtigkeit ist es, die verschiedenen Verträge, insbesondere den Joint Venture Vertrag und den Gesellschaftsvertrag des Gemeinschaftsunternehmens, sorgfältig aufeinander abzustimmen, damit das „Zusammenspiel" der verschiedenen Regelungsebenen rechtlich wirksam und praktikabel ausgestaltet ist (vgl. auch *Schulte/Pohl* Rdnr. 79 ff.). Dabei ist zu beachten, dass die wesentlichen organisationsrechtlichen Fragen im Gesellschaftsvertrag zu regeln sind und zusätzlich in weiteren Dokumenten (Geschäftsordnungen für Geschäftsführung/Beirat, Einbringungsverträge etc.) näher ausgefüllt werden können. Die wesentlichen Aspekte der Zusammenarbeit zwischen den Parteien, soweit sie nicht zwingend im Gesellschaftsvertrag zu behandeln sind, sollten vorzugsweise im Joint Venture Vertrag (und nicht im Gesellschaftsvertrag des Gemeinschaftsunternehmens) geregelt werden, weil der Gesellschaftsvertrag – jedenfalls in dem für das Muster unterstellten und auch praktisch häufigen Fall, dass das Joint Venture in der Rechtsform der GmbH errichtet wird – im Gegensatz zum Joint Venture Vertrag dem Handelsregister einzureichen ist (§ 8 Abs. 1 Nr. 1 GmbHG) und damit gemäß § 9 Abs. 1 HGB von der Öffentlichkeit eingesehen werden kann. Aus demselben Grund kann es sich empfehlen, detaillierte, die grundlegenden Vorgaben des Gesellschaftsvertrags ausfüllende Regelungen für die Binnenorganisation der gemeinsamen Gesellschaft nicht in den Gesellschaftsvertrag, sondern in die Geschäftsordnungen für die Geschäftsführung und den Beirat aufzunehmen.

II. Joint Venture-Vereinbarung – Joint Venture Agreement

Joint-Venture-Vertrag[1]	**Joint Venture Agreement**
zwischen	between
......	......
(A)	*(A)*
und	and
......	......
(B)	*(B)*
(A und B werden zusammen auch *Parteien* und einzeln auch *Partei* genannt) vom	(A and B are also referred to collectively as *Parties* and individually also as a *Party*) dated ......
Inhaltsverzeichnis	**Table of contents**
Verzeichnis der Definitionen	Index of Definitions
Verzeichnis der Anlagen	Index of Appendices
Präambel	Preamble
§ 1 Status; Zielstruktur	§ 1 Status; target structure
§ 2 Unterzeichnungstag; Geplanter Vollzugstag; Vollzugstag; Stichtag	§ 2 Signing Date; Planned Closing Date; Closing Date; Effective Date
§ 3 Vollzugsbedingungen	§ 3 Closing conditions
§ 4 Rücktrittsrecht	§ 4 Right to withdraw
§ 5 Errichtung der JV-Gesellschaft; Sachkapitalerhöhung	§ 5 Formation of the JV Company, capital increase by way of contribution in kind
§ 6 Bewertung; Wertausgleich	§ 6 Valuation; value equalisation
§ 7 Selbständige Garantieversprechen in Bezug auf A-Tochter-GmbH, A-Geschäft und B-Geschäft	§ 7 Independent promises of guarantee in respect of A Subsidiary GmbH, A Business and B Business
§ 8 Rechtsfolgen der Verletzung von Garantieversprechen	§ 8 Remedies of a breach of promises of guarantee
§ 9 Weitere Verpflichtungen der Parteien	§ 9 Further obligations of the Parties
§ 10 Ausstattung der JV-Gesellschaft mit Liquidität	§ 10 Funding the JV Company
§ 11 Zukünftige Stärkung des Eigenkapitals der JV-Gesellschaft	§ 11 Future increases to the JV Company's equity
§ 12 Bilanzierung; Abschlussprüfung; Ausschüttungspolitik	§ 12 Accounting; audit of accounts; dividend distribution policies
§ 13 Leitung der JV-Gesellschaft; Geschäftsordnung für die Geschäftsführung	§ 13 Management of the JV Company; rules of procedure for management
§ 14 Beirat; Geschäftsordnung für den Beirat	§ 14 Advisory board; rules of procedure for the advisory board
§ 15 Entscheidungsfindung; Eskalationsverfahren bei Deadlock	§ 15 Decision-making; escalation procedure upon deadlock

§ 16	Wettbewerbsverbot während der Vertragsdauer	§ 16	Prohibition against competition for the term of the Agreement
§ 17	Übertragung von Geschäftsanteilen; Übertragung von Rechten und Pflichten aus diesem Vertrag	§ 17	Transfer of shares; transfer of rights and duties under this Agreement
§ 18	Verfahren bei Vertragsbeendigung	§ 18	Procedure upon termination
§ 19	Laufzeit; Kündigung	§ 19	Term; termination
§ 20	Anmeldung des Zusammenschlusses bei der Fusionskontrollbehörde	§ 20	Notification of the concentration to the merger control authority
§ 21	Vertraulichkeit und Pressemitteilungen	§ 21	Confidentiality and press releases
§ 22	Kosten und Verkehrssteuern	§ 22	Costs and transfer taxes
§ 23	Mitteilungen	§ 23	Notices
§ 24	Verschiedenes, Schlussbestimmungen	§ 24	Miscellaneous, final provisions

Verzeichnis der Definitionen

Index of Definitions

Begriff	Definiert in	Term	Defined in
A	Rubrum	A	Recitals
A-BEAV	§ 1.1	A Annual Accounts	sec. 6.1
A-Einbringungsvertrag	§ 5.5	A Business	Preamble (A)
A-Garantie/A-Garantien	§ 7.1	A Contribution Agreement	sec. 5.5
A-Geschäft	Präambel (A)	A DPTA	sec. 1.1
A-Geschäftsanteile	§ 5.5	A Effective Date Accounts	sec. 6.2
A-Jahresabschluss	§ 6.1	A Guarantee/A Guarantees	sec. 7.1
A-Stichtagsabschluss	§ 6.2	A Shares	sec. 5.5
A-Tochter-GmbH	§ 1.1	A Subsidiary GmbH	sec. 1.1
B	Rubrum	Arbitrator	sec. 11.5
Bankarbeitstage	§ 24.4	Authorised Party	sec. 18.4.4
B-Assets	§ 5.5	B	Recitals
B-Einbringungsvertrag	§ 5.5	B Assets	sec. 5.5
Berechtigte Partei	§ 18.4.4	B Business	Preamble (B)
B-Garantie/B-Garantien	§ 7.2	B Contribution Agreement	sec. 5.5
B-Geschäft	Präambel (B)	B Guarantee/B Guarantees	sec. 7.2
B-Gutachten	§ 6.1	B Opinion	sec. 6.1
Fairer Preis	§ 18.4.3	Banking Days	sec. 24.4
Fordernde Partei	§ 11.1	Claiming Party	sec. 11.1
Freigrenze	§ 8.4	Closing	sec. 5
Garantie/Garantien	§ 8.1	Closing Date	sec. 2.3
Garantieanspruch/ Garantieansprüche	§ 8.1	Effective Date	sec. 2.4
		Effective Date Auditor	sec. 6.2
Geplanter Vollzugstag	§ 2.2	Essential A Contracts	sec. 7.1.4
Geschäftsanteil/ Geschäftsanteile	§ 5.3	Exemption Threshold	sec. 8.4
		Fair Price	sec. 18.4.3
Gewerbliche Schutzrechte	§ 7.1.3 (a)	Guarantee Claim/ Guarantee Claims	sec. 8.1
JV-Gesellschaftsvertrag	§ 5.1	Guarantee/Guarantees	sec. 8.1
JV-Gesellschaft	Präambel (C)	Intellectual Property Rights	sec. 7.1.3 (a)
JV-Gruppe	§ 1.3	JV Agreement	Preamble (D)
JV-Vertrag	Präambel (D)	JV Articles	sec. 5.1
Kaufwillige Partei	§ 18.4	JV Company	Preamble (C)
Leistende Partei	§ 11.9	JV Group	sec. 1.3
Minderheitspartei	§ 11.10	Minority Party	sec. 11.10
Mitteilung/Mitteilungen	§ 23.1		

II. Joint Venture-Vereinbarung G.II

Begriff	Definiert in	Term	Defined in
Nennbetragswert	§ 11.11	Nominal Amount Value	sec. 11.11
Partei/Parteien	Rubrum	Notice/Notices	sec. 23.1
Schiedsgutachter	§ 11.5	Party Willing To Purchase	sec. 18.4
Stichtag	§ 2.4	Party Willing To Sell	sec. 18.4
Stichtags-Abschlussprüfer	§ 6.2	Party/Parties	Recitals
Unterzeichnungstag	§ 2.1	Paying Party	sec. 11.9
Verkaufswillige Partei	§ 18.4	Planned Closing Date	sec. 2.2
Verweigernde Partei	§ 11.9	Refusing Party	sec. 11.9
Vollzug	§ 5	Share/Shares	sec. 5.3
Vollzugstag	§ 2.3	Signing Date	sec. 2.1
Wesentliche A-Verträge	§ 7.1.4		

Verzeichnis der Anlagen / Index of Appendices

Anlage		Appendix	
Anlage 1.3	Schaubild JV-Gruppe	Appendix 1.3	JV Group diagram
Anlage 5.1	Gesellschaftsvertrag der JV-Gesellschaft	Appendix 5.1	JV Company articles
Anlage 5.2 a	Gesellschafterbeschluss betr. Geschäftsführerbestellung und Verabschiedung der Geschäftsordnungen für Geschäftsführung und Beirat	Appendix 5.2 a	Shareholder resolution re: appointment of managing directors and adoption of rules of procedure for management and the advisory board
Anlage 5.2 b	Geschäftsordnung für die Geschäftsführung	Appendix 5.2 b	Rules of procedure for management
Anlage 5.2 c	Geschäftsordnung für den Beirat	Appendix 5.2 c	Rules of procedure for the advisory board
Anlage 5.3	Beschluss über die Erhöhung des Stammkapitals	Appendix 5.3	Resolution concerning the increase of share capital
Anlage 5.5 a	A-Einbringungsvertrag	Appendix 5.5 a	A Contribution Agreement
Anlage 5.5 b	B-Einbringungsvertrag	Appendix 5.5 b	B Contribution Agreement
Anlage 6.1 a	A-Jahresabschluss	Appendix 6.1 a	A Annual Accounts
Anlage 6.1 b	B-Gutachten	Appendix 6.1 b	B Opinion
Anlage 7.1.2 (c)	Anlage- und Umlaufvermögen der A-Tochter-GmbH	Appendix 7.1.2 (c)	Fixed and current assets of A Subsidiary GmbH
Anlage 7.1.3 (a)	Gewerbliche Schutzrechte des A-Geschäfts	Appendix 7.1.3 (a)	A Business Intellectual Property Rights
Anlage 7.1.4	Wesentliche Verträge des A-Geschäfts	Appendix 7.1.4	A Business essential contracts
Anlage 7.1.5 (a)	Organmitglieder und Arbeitnehmer des A-Geschäfts	Appendix 7.1.5 (a)	Management and employees of the A Business
Anlage 7.2.2 (a)	Gewerbliche Schutzrechte des B-Geschäfts	Appendix 7.2.2 (a)	B Business Intellectual Property Rights
Anlage 9.1	Neue Satzung der A-Tochter-GmbH	Appendix 9.1	New articles of association of A Subsidiary GmbH

Anlage 9.2	A-Dienstleistungsvertrag	Appendix 9.2	A service agreement
Anlage 9.3	B-Dienstleistungsvertrag	Appendix 9.3	B service agreement
Anlage 11.9	Beispiel Berechnung des Nennbetragswertes	Appendix 11.9	Calculation example – Nominal Amount Value
Anlage 11.10	Beispiel Berechnung des Ausgleichsbetrages	Appendix 11.10	Calculation example – settlement amount
Anlage 12.1	Bilanzierungsrichtlinien für die JV-Gruppe	Appendix 12.1	JV Group accounting policies
Anlage 19.2 (c)	Personen/Gesellschaften mit beherrschendem Einfluss auf die Parteien	Appendix 19.2 (c)	Persons/Companies with controlling influence over the Parties

Präambel[2]

(A) A ist ein international operierender Hersteller von Softgetränken mit Sitz in ......, Deutschland. A betreibt am Standort ...... ein Werk, in dem Getränke hergestellt und abgefüllt werden; zu dem Geschäft von A an diesem Standort gehört außerdem ein Geschäftsbereich für den Vertrieb der hergestellten Produkte in Deutschland und Mittel- und Osteuropa (diese Aktivitäten nachfolgend zusammen *A-Geschäft* genannt). B ist ein u.a. auf dem Gebiet der Nahrungsmittel- und Getränkeherstellung tätiges Unternehmen mit Sitz in ......, Australien. B produziert unter Verwendung eigener Rezepturen unter der Marke ...... Nahrungsmittel, unter anderem Müsliriegel und Frühstückscerealien sowie sog. Energy-Drinks (nachfolgend zusammen *B-Geschäft* genannt).

(B) A und B planen eine langfristige Kooperation mit dem Ziel, eine gemeinsame Produktlinie für Energieriegel und Energy-Drinks zu entwickeln und diese in Deutschland und in Europa, insbesondere in Mittel- und Osteuropa, auf den Markt zu bringen. Die Kooperation soll die Entwicklung von Rezepturen, die Herstellung der Produkte sowie Marktforschungs- und Marketingaktivitäten umfassen. Ziel der Parteien ist es, im Rahmen eines Gemeinschaftsunternehmens ihr Know-How und ihre Erfahrung im Bereich der Getränke- und Nah-

Preamble

(A) A is an internationally-operating manufacturer of soft drinks with its registered office in ......, Germany. At its site in ......, A operates a plant at which beverages are produced and bottled; A's business at this site further includes a business department for the distribution of its manufactured products in Germany and central and eastern Europe (these activities are referred to collectively as *A Business*). B is, among other things, an enterprise active in the areas of foodstuffs and beverages manufacture with its registered office in ......, Australia. Using its own recipes, B produces foodstuffs under the brand ......, among other things, granola bars and breakfast cereals, as well as so-called 'energy drinks' (referred to collectively in the following as *B Business*).

(B) A and B are planning a long-term cooperation with the aim of developing a common product line for energy bars and energy drinks and bringing these to market in Germany and Europe, in particular, but not limited to, in central and eastern Europe. The cooperation should include the development of recipes, the manufacture of the products and market research and marketing activities. It is the aim of the Parties to combine their know-how and experience in the areas of beverages and foodstuffs production in the context of a joint ven-

II. Joint Venture-Vereinbarung

rungsmittelproduktion zu kombinieren, um gemeinsam neue Märkte zu erschließen.

(C) Zu diesem Zweck wollen die Parteien das A-Geschäft und das B-Geschäft in eine gemeinsame Gesellschaft in der Rechtsform einer Gesellschaft mit beschränkter Haftung (GmbH) nach deutschem Recht (die *JV-Gesellschaft*) einbringen, an der jede Partei 50% der Anteile halten wird.

(D) Dieser Vertrag (der *JV-Vertrag*) regelt die Errichtung und die Finanzierung der JV-Gesellschaft, die Grundsätze der Zusammenarbeit in der JV-Gesellschaft und die mögliche Beendigung dieser Zusammenarbeit.

Dies vorausgeschickt, vereinbaren die Parteien, was folgt:

§ 1 Status; Zielstruktur

1.1 Eigentümerin der zum A-Geschäft gehörenden Vermögensgegenstände und Verträge ist die ...... GmbH, eingetragen im Handelsregister beim Amtsgericht ...... unter HRB ...... (*A-Tochter-GmbH*). Die A-Tochter-GmbH ist eine 100%ige Tochtergesellschaft der A. [*A-Tochter-GmbH ist Eigentümerin des Grundstücks ...... in ......, ... Die Parteien halten fest, dass dieses Grundstück nicht Bestandteil des A-Geschäfts ist. A verpflichtet sich daher, dafür zu sorgen, dass dieses Grundstück unverzüglich nach dem Unterzeichnungstag zum Wert ...... an A oder einen von A zu benennenden Dritten veräußert wird.]*[3] *[Zwischen A und A-Tochter-GmbH besteht ein Beherrschungs- und Ergebnisabführungsvertrag vom ...... (A-BEAV). A verpflichtet sich, dafür zu sorgen, dass der A-BEAV unverzüglich nach dem Unterzeichnungstag ohne Kosten und sonstige Verpflichtungen für A-Tochter-GmbH beendet wird.]*[4]

ture enterprise, in order to jointly access new markets.

(C) For this purpose, the Parties wish to contribute the A Business and the B Business into a common company in the legal form of a limited liability company (GmbH) governed by German law (the *JV Company*), of which each Party shall hold 50% of the shares.

(D) This agreement (the *JV Agreement*) governs the formation and the financing of the JV Company, the principles of collaboration in respect of the JV Company and the potential termination of this collaboration.

In light of the above, the Parties agree as follows:

§ 1 Status; target structure

1.1 The owner of the assets and contracts belonging to the A Business is ...... GmbH, registered with the commercial register of the ...... Local Court under HRB ...... (*A Subsidiary GmbH*). A Subsidiary GmbH is a wholly-owned subsidiary of A. [*A Subsidiary GmbH is the owner of the ...... property in ......, ... The Parties confirm that this property is not a part of the A Business. A therefore undertakes to ensure that this property will be sold immediately after the Signing Date to A or a third party to be designated by A for the amount of ......]. [A domination and profit transfer agreement dated ...... exists between A and A Subsidiary GmbH (A DPTA). A undertakes to ensure that the A DPTA will be terminated immediately after the Signing Date at no cost or other obligations for A Subsidiary GmbH.]*

G.II G. Gemeinschaftsunternehmen (Joint Venture)

1.2	B ist Eigentümerin der zum B-Geschäft gehörenden Vermögensgegenstände und Verträge.	1.2	B is the owner of the assets and contracts belonging to the B Business.
1.3	Die Parteien werden am Geplanten Vollzugstag nach Maßgabe dieses Vertrags die JV-Gesellschaft errichten sowie die Anteile an der A-Tochter-GmbH bzw. das B-Geschäft im Wege der Einbringung durch Einzelrechtsnachfolge in die JV-Gesellschaft einbringen. Die so entstehende Gruppe wird die im Schaubild in Anlage 1.3 dargestellte Struktur haben und wird in diesem Vertrag *JV-Gruppe* genannt.	1.3	On the Planned Closing Date, the Parties shall found the JV Company in accordance with this Agreement and shall also contribute the shares of A Subsidiary GmbH and, respectively, the B Business to the JV Company as a contribution by way of singular succession. The group created as a result thereof shall have the structure shown in the diagram in Appendix 1.3 and shall be referred to in this Agreement as the *JV Group*.

§ 2 Unterzeichnungstag; Geplanter Vollzugstag; Vollzugstag; Stichtag

§ 2 Signing Date; Planned Closing Date; Closing Date; Effective Date

2.1	*Unterzeichnungstag* ist der Tag, an dem die Parteien den JV-Vertrag beurkunden.	2.1	The *Signing Date* is the date on which the Parties officially record the JV Agreement.
2.2	*Geplanter Vollzugstag* ist der Tag, an dem der Vollzug nach Maßgabe von § 3 stattfinden soll.	2.2	The *Planned Closing Date* is the date on which the Closing in accordance with § 3 is intended to take place.
2.3	*Vollzugstag* ist der Tag, an dem der Vollzug gemäß § 5 tatsächlich stattfindet.	2.3	The *Closing Date* is the date on which the Closing pursuant to § 5 actually takes place.
2.4	*Stichtag* ist der Vollzugstag und zugleich der Tag, auf den gemäß § 6.2 der A-Stichtagsabschluss aufzustellen ist.	2.4	The *Effective Date* is the Closing Date and also the date on which the A Effective Date Accounts pursuant to para. 6.2 are to be prepared.

§ 3 Vollzugsbedingungen

§ 3 Closing conditions

3.1	Die Parteien verpflichten sich, am letzten Tag des Monats, in dem die letzte der in § 3.2 genannten Vollzugsbedingungen eingetreten ist, den Vollzug (§ 5) vorzunehmen; tritt die letzte der in § 3.2 genannten Vollzugsbedingungen später als am *[dritten]* Tag vor dem Monatsletzten ein, findet der Vollzug am letzten Tag des Folgemonats statt. Der Vollzug wird um …… Uhr MEZ in den Räumen von …… in …… stattfinden, soweit sich die Parteien nicht auf einen anderen Ort einigen.	3.1	The Parties undertake to perform the Closing (§ 5) on the last day of the month in which the last of the Closing conditions set out in para. 3.2 is fulfilled; where the last of the Closing conditions set out in para. 3.2 is fulfilled later than on the *[third]* day prior to the last day of a month, Closing shall take place on the last day of the following month. Closing shall take place at …. am/pm CET at the offices of …… in …… unless the Parties agree on another location.
3.2	Die Verpflichtung zur Vornahme der in § 5 genannten Handlungen	3.2	The obligation to undertake the actions set out in § 5 is subject to

	steht unter den nachfolgend genannten aufschiebenden Bedingungen:		the following conditions precedent:
3.2.1	Die zuständige Kartellbehörde hat den in diesem Vertrag vereinbarten Zusammenschluss freigegeben.[5]	3.2.1	The competent competition authority has granted clearance to the concentration agreed on in this Agreement.
3.2.2	Der Aufsichtsrat von A hat diesem Vertrag und den darin vereinbarten Rechtsgeschäften zugestimmt. Diese Vollzugsbedingung gilt als eingetreten, sobald A der B schriftlich mitgeteilt hat, dass der Aufsichtsrat seine Zustimmung erteilt hat.	3.2.2	The supervisory board of A has approved this Agreement and the legal transactions agreed to herein. This Closing condition shall be deemed to be fulfilled upon A notifying B in writing that the supervisory board has granted its approval.
3.2.3	A-Tochter-GmbH hat *[das Grundstück ......]* wirksam zum Wert von mindestens ...... EUR (in Worten: ......) an A oder einen von A zu bestimmenden Dritten veräußert. Diese Vollzugsbedingung gilt als eingetreten, sobald A der B *[einen beglaubigten Auszug aus dem Grundbuch ...... vorlegt, aus dem hervorgeht, dass A bzw. der von A bestimmte Dritte als Eigentümer dieses Grundstücks eingetragen ist.]*[6]	3.2.3	A Subsidiary GmbH has effectively sold *[...... property]* at the value of at least EUR ...... (in words: ......) to A or a third party designated by A. This Closing condition shall be deemed to be fulfilled upon A providing B with *[a certified excerpt from the Land Registry ...... which shows that A or the third party designated by A has been registered as the owner of this property.]*
3.2.4	Der A-BEAV ist gemäß den Anforderungen in § 1.1 wirksam beendet worden. Diese Vollzugsbedingung gilt als eingetreten, sobald A der B eine beglaubigte Abschrift der Handelsregistereintragung vorlegt, aus der hervorgeht, dass die Beendigung des A-BEAV im Handelsregister der A-Tochter-GmbH eingetragen worden ist.	3.2.4	The A DPTA has been effectively terminated pursuant to the requirements contained in para. 1.1. This Closing condition shall be deemed to be fulfilled as soon as A provides B with a certified copy of the commercial register registration which shows that the termination of the A DPTA has been registered with the commercial register of A Subsidiary GmbH.

§ 4 Rücktrittsrecht

		§ 4	**Right to withdraw**
4.1	Jede Partei kann von diesem Vertrag durch schriftliche Erklärung gegenüber der anderen Partei zurücktreten, wenn die Vollzugsbedingung gemäß § 3.2.1 nicht bis zum ...... eingetreten ist.	4.1	Each Party may withdraw from this Agreement by way of written declaration to the other Party where the Closing condition pursuant to para. 3.2.1 has not been fulfilled by ....
4.2	B kann von diesem Vertrag durch schriftliche Erklärung gegenüber A zurücktreten, wenn eine der Vollzugsbedingungen gemäß § 3.2.2	4.2	B may withdraw from this Agreement by way of written declaration to A where one of the Closing conditions pursuant to para. 3.2.2

	bis § 3.2.4 nicht bis zum ...... eingetreten ist.		to para. 3.2.4 has not been fulfilled by ....
4.3	[A kann von diesem Vertrag durch schriftliche Erklärung gegenüber B zurücktreten, wenn am oder nach dem Unterzeichnungstag Veränderungen, Umstände oder Ereignisse eingetreten oder bekannt geworden sind, die – für sich allein oder im Zusammenwirken mit anderen Veränderungen, Umständen oder Ereignissen, auch soweit diese vor dem Unterzeichnungstag eingetreten sind – eine wesentlich nachteilige Auswirkung auf die Vermögens-, Finanz- oder Ertragslage, den Geschäftsbetrieb oder die Geschäftsaussichten des B-Geschäfts haben oder solche Auswirkungen erwarten lassen.]⁷	4.3	[A may withdraw from this Agreement by way of written declaration to B where on or after the Signing Date changes, circumstances or events have occurred or have become known which – on their own or together with other changes, circumstances or events, including where these have taken place prior to the Signing Date – which have a material adverse effect on the assets, financial or revenue position, the business operations or the business prospects of the B Business, or where such effects are to be expected.]
4.4	[B kann von diesem Vertrag durch schriftliche Erklärung gegenüber A zurücktreten, wenn am oder nach dem Unterzeichnungstag Veränderungen, Umstände oder Ereignisse eingetreten oder bekannt geworden sind, die – für sich allein oder im Zusammenwirken mit anderen Veränderungen, Umständen oder Ereignissen, auch soweit diese vor dem Unterzeichnungstag eingetreten sind – eine wesentlich nachteilige Auswirkung auf die Vermögens-, Finanz- oder Ertragslage, den Geschäftsbetrieb oder die Geschäftsaussichten des A-Geschäfts haben oder solche Auswirkungen erwarten lassen.]	4.4	[B may withdraw from this Agreement by way of written declaration to A where on or after the Signing Date changes, circumstances or events have occurred or have become known which – on their own or together with other changes, circumstances or events, including where these have taken place prior to the Signing Date – have a material adverse effect on the assets, financial or revenue position, the business operations or the business prospects of the A Business, or where such effects are to be expected.]
4.5	Eine Rücktrittserklärung gemäß § 4.1 muss der jeweils anderen Partei spätestens bis zum ...... zugegangen sein; danach ist ein Rücktritt gemäß § 4.1 ausgeschlossen.	4.5	A declaration of withdrawal pursuant to para. 4.1 must be received by the respective other Party by no later than ......; after this date, withdrawal pursuant to para. 4.1 is not permitted.
4.6	Eine Rücktrittserklärung gemäß § 4.2 muss A spätestens bis zum ...... zugegangen sein; danach ist ein Rücktritt gemäß § 4.2 ausgeschlossen.	4.6	A declaration of withdrawal pursuant to para. 4.2 must be received by A by no later than ......; after this date, withdrawal pursuant to para. 4.2 is not permitted.
4.7	Eine Rücktrittserklärung gemäß § 4.3 oder § 4.4 muss der jeweils	4.7	A declaration of withdrawal pursuant to para. 4.3 or para. 4.4

II. Joint Venture-Vereinbarung G.II

anderen Partei spätestens ...... (......) Bankarbeitstage vor dem Vollzugstag, spätestens aber bis zum ...... zugegangen sein; danach ist ein Rücktritt gemäß § 4.3 oder § 4.4 ausgeschlossen.

must be received by the respective other Party by no later than ...... (......) Banking Days prior to the Closing Date, but in no event later than ......; after this date, withdrawal pursuant to para. 4.3 or para. 4.4 is not permitted.

§ 5 Errichtung der JV-Gesellschaft; Sachkapitalerhöhung

Am Geplanten Vollzugstag haben die Parteien folgende Handlungen und Rechtsgeschäfte in der nachfolgend dargestellten Reihenfolge (zusammen *Vollzug* genannt) vorzunehmen:

5.1 Die Parteien errichten die JV-Gesellschaft im Wege der Bargründung nach Maßgabe der Gründungsurkunde und des Gesellschaftsvertrags für die JV-Gesellschaft gemäß Anlage 5.1 (der *JV-Gesellschaftsvertrag*).[8] Das Stammkapital der JV-Gesellschaft beträgt .... EUR (in Worten: ......). Es ist in zwei Geschäftsanteile mit einem Nennbetrag von jeweils .... EUR (in Worten: ......) aufgeteilt.[9] A und B übernehmen jeweils einen Geschäftsanteil.

5.2 Die Parteien fassen einen Gesellschafterbeschluss gemäß Anlage 5.2 a, mit dem sie Herrn ...... und Frau ...... zu gesamtvertretungsberechtigten Geschäftsführern der JV-Gesellschaft bestellen, die in Anlage 5.2 b beigefügte Geschäftsordnung für die Geschäftsführung sowie die in Anlage 5.2 c beigefügte Geschäftsordnung für den Beirat verabschieden.

5.3 Die Parteien fassen einen Beschluss über die Erhöhung des Stammkapitals der JV-Gesellschaft im Wege der Sachkapitalerhöhung von .... EUR (in Worten: ......) um .... EUR (in Worten: ......) auf .... EUR (in Worten: ......) gemäß Anlage 5.3, wobei jede Partei zur Übernahme eines weiteren Geschäftsanteils im Betrag von

§ 5 Formation of the JV Company; Capital increase by way of contribution in kind

On the Planned Closing Date, the Parties shall perform the following acts and legal transactions in the following sequence (collectively referred to as *Closing*):

5.1 The Parties form the JV Company by contribution in cash in accordance with the terms of the deed of formation and the articles of association for the JV Company pursuant to Appendix 5.1 (the *JV Articles*). The share capital of the JV Company amounts to EUR .... (in words: ......). It is divided into two capital shares, each with a respective nominal amount of EUR .... (in words: ......). A and B each subscribe for one capital share.

5.2 The Parties pass a shareholder resolution pursuant to Appendix 5.2 a appointing Mr ...... and Ms ...... as managing directors of the JV Company with joint authority to represent it, adopting the rules of procedure for management attached as Appendix 5.2 b, and adopting the rules of procedure for the advisory board attached as Appendix 5.2 c.

5.3 The Parties pass a resolution increasing the JV Company's share capital through a capital increase by way of a contribution in kind from EUR .... (in words: ......) by EUR .... (in words: ......) to EUR .... (in words: ......) pursuant to Appendix 5.3, whereby each Party is permitted to subscribe for an additional capital

.... EUR (in Worten: ....) zugelassen wird. Nach Durchführung der Sachkapitalerhöhung gemäß Anlage 5.3 halten die Parteien die folgenden Geschäftsanteile (die *Geschäftsanteile*, jeder einzeln der *Geschäftsanteil*):

A: je ein Geschäftsanteil im Nennbetrag von .... EUR (in Worten: ....) und .... EUR (in Worten: ....)

B: je ein Geschäftsanteil im Nennbetrag von .... EUR (in Worten: ....) und .... EUR (in Worten: ....)[10]

5.4 Jede Partei zahlt die von ihr geschuldete Bareinlage auf das von der JV-Gesellschaft eröffnete Konto bei der .... Bank in ...., Bankleitzahl ...., in voller Höhe und ohne Abzug von Bankspesen ein.

5.5 A schließt mit der JV-Gesellschaft den Einbringungsvertrag gemäß Anlage 5.5 a (*A-Einbringungsvertrag*) ab, der die Erbringung der Leistung der A auf den von ihr übernommenen Geschäftsanteil an der JV-Gesellschaft durch Abtretung ihrer Geschäftsanteile an der A-Tochter-GmbH (die *A-Geschäftsanteile*) an die JV-Gesellschaft zum Gegenstand hat. B schließt mit der JV-Gesellschaft den Einbringungsvertrag gemäß Anlage 5.5 b (*B-Einbringungsvertrag*) ab, der die Erbringung der Leistung der B auf den von ihnen übernommenen Geschäftsanteil an der JV-Gesellschaft durch Übertragung sämtlicher zum B-Geschäft gehörender Vermögensgegenstände und Vertragsverhältnisse auf die JV-Gesellschaft zum Gegenstand hat; die aufgrund dieses Vertrags übertragenen Vermögensgegenstände und Vertragsverhältnisse werden zusammen *B-Assets* genannt. Die Parteien sorgen dafür, dass der A-Einbringungsvertrag und der B-Einbrin-

share in the amount of EUR .... (in words: ....). After the implementation of the capital increase by way of a contribution in kind pursuant to Appendix 5.3, the Parties shall hold the following shares (the *Shares*, each individually a *Share*):

A: one Share in each of the nominal amounts of EUR .... (in words: ....) and EUR .... (in words: ....)

B: one Share in each of the nominal amounts of EUR .... (in words: ....) and EUR .... (in words: ....)

5.4 Each Party pays in the contribution in cash owed by it to the account opened by the JV Company with .... bank in ...., bank sort code ...., in full and without any deduction of banking charges.

5.5 A concludes the contribution agreement pursuant to Appendix 5.5 a (*A Contribution Agreement*) with the JV Company, which provides for A's payment of its capital contribution toward the capital share in the JV Company subscribed for by it by way of assignment of its shares in A Subsidiary GmbH (the *A Shares*) to the JV Company. B concludes the contribution agreement pursuant to Appendix 5.5 b (*B Contribution Agreement*) with the JV Company, which provides for B's payment of its capital contribution toward the capital share in the JV Company subscribed for by it by way of transferring to the JV Company all of the assets and the contracts belonging to the B Business; the assets and contracts transferred as a result of this Agreement are referred to collectively as the *B Assets*. The Parties shall ensure that the A Contribution Agreement and the B Contribution Agreement are signed by the JV Company.

II. Joint Venture-Vereinbarung

gungsvertrag von der JV-Gesellschaft unterzeichnet werden.

5.6 [A zahlt zum Zwecke des Wertausgleichs einen Betrag von .... EUR (in Worten: ......) in die freie Rücklage der JV-Gesellschaft gemäß § 272 Abs. 2 Ziffer 4 HGB ein.][11]

5.7 A und B schließen mit der JV-Gesellschaft die Verträge gemäß Anlage 9.2 und Anlage 9.3 über die Erbringung von Leistungen im Bereich ...... bzw. ...... an die JV-Gesellschaft ab. Die Parteien sorgen dafür, dass die Verträge gemäß Anlage 9.2 und Anlage 9.3 von der JV-Gesellschaft unterzeichnet werden.

§ 6 Bewertung; Wertausgleich

6.1 Auf der Basis des geprüften Jahresabschlusses der A-Tochter-GmbH zum ......, der diesem Vertrag als Anlage 6.1a beigefügt ist (A-Jahresabschluss), bewerten die Parteien das A-Geschäft mit .... EUR (in Worten: ......). Auf der Basis des von ...... erstellten Gutachtens über den Wert der B-Assets vom ...... (B-Gutachten), mit dessen Feststellungen beide Parteien einverstanden sind und das diesem Vertrag als Anlage 6.1b beigefügt ist, bewerten die Parteien das B-Geschäft mit .... EUR. A verpflichtet sich, zum Ausgleich des zwischen den Parteien vereinbarten Beteiligungsverhältnisses an der JV-Gesellschaft von je 50% am Geplanten Vollzugstag einen Betrag von ...... EUR (in Worten: ......) in bar in die freie Rücklage der JV-Gesellschaft gemäß § 272 Abs. 2 Ziffer 4 HGB zu zahlen.[12]

6.2 Die Parteien werden dafür sorgen, dass unverzüglich, spätestens jedoch ...... (......) Bankarbeitstage nach dem Vollzugstag, auf der Basis einer Inventur ein Zwischenabschluss für die A-Tochter-GmbH

5.6 [For the purpose of value equalisation, A shall pay the amount of EUR ...... (in words: ......) to the free reserves of the JV Company pursuant to sec. 272 para. 2 no. 4 HGB (German Commercial Code).]

5.7 A and B shall conclude the contracts with the JV Company pursuant to Appendix 9.2 and Appendix 9.3 concerning the contribution of services in the area of ......, or respectively ...... to the JV Company. The Parties shall ensure that the contracts pursuant to Appendix 9.2 and Appendix 9.3 are signed by the JV Company.

§ 6 Value; value equalisation

6.1 On the basis of the audited annual accounts of A Subsidiary GmbH as of ......, which are attached to this Agreement as Appendix 6.1 a (A Annual Accounts), the Parties value the A Business at EUR ...... (in words: ......). On the basis of the opinion prepared by ...... concerning the value of the B Assets as of ......, the conclusions of which are mutually agreeable to the Parties and which is attached to this Agreement as Appendix 6.1 b (B Opinion), the Parties value the B Business at EUR ...... In order to reconcile the participation proportions in the JV Company of 50% each as agreed to by the Parties, A undertakes to pay the amount of EUR ...... (in words: ......) in cash to the free reserves of the JV Company on the Planned Closing Date pursuant to sec. 272 para. 2 no. 4 HGB (German Commercial Code).

6.2 The Parties shall ensure that interim accounts on the basis of an inventory are prepared for A Subsidiary GmbH for the period of ...... until the Closing Date (A Effective Date Accounts) immedi-

für den Zeitraum vom ...... bis zum Vollzugtag aufgestellt wird (*A-Stichtagsabschluss*). Der A-Stichtagsabschluss ist unter Wahrung formeller und materieller Bilanzkontinuität, Beibehaltung aller Bewertungsmethoden und unveränderter Ausübung aller Aktivierungs- und Passivierungswahlrechte aus dem A-Jahresabschluss aufzustellen, wobei die zukünftigen Geschäftsaussichten der JV-Gesellschaft nicht zu berücksichtigen sind und von einer funktionsfähigen Einheit auf going-concern-Basis auszugehen ist. Der A-Stichtagsabschluss ist von der Geschäftsführung der A-GmbH aufzustellen, von ...... (*Stichtags-Abschlussprüfer*) zu prüfen und unverzüglich nach dem Abschluss der Prüfung den Parteien zu übersenden.

ately, and in no event later than ...... (......) Banking Days after the Closing Date. The A Effective Date Accounts shall be prepared in compliance with formal and material balance sheet consistency, maintaining all valuation methods and the exercise of all elections to treat items as assets or liabilities unchanged from those in the A Annual Accounts, whereby the future business prospects of the JV Company shall be disregarded and a functionally-capable business on a going-concern basis shall be assumed. The A Effective Date Accounts shall be prepared by the management of A GmbH, shall be audited by ...... (*Effective Date Auditor*), and shall be provided to the Parties immediately after the conclusion of the audit.

6.3 Ist nach Auffassung einer Partei auf der Basis des A-Stichtagsabschlusses zur Wahrung des zwischen den Parteien vereinbarten Beteiligungsverhältnisses von je 50% eine Anpassung der von A gemäß § 6.1 Satz 3 geleisteten Ausgleichszahlung erforderlich, hat sie dies der anderen Partei binnen *[zwei (2)]* Wochen nach Zugang des A-Stichtagsabschlusses unter Angabe der Gründe schriftlich mitzuteilen. Können sich die Parteien binnen weiterer *[zwei (2)]* Wochen über eine Ausgleichszahlung nicht einigen, entscheidet über die Höhe der Ausgleichszahlung ein unabhängiger Experte als Schiedsgutachter. Die Höhe der Ausgleichszahlung ist dergestalt festzusetzen, dass sich die Verpflichtung der A nach § 6.1 Satz 3 um den Betrag reduziert bzw. erhöht, um den der vom Schiedsgutachter auf Basis des A-Stichtagsabschlusses festgestellte Wert des A-Geschäfts den in § 6.1 Satz 1 genannten Wert übersteigt bzw. unterschreitet; sollte der vom Schiedsgutachter festge-

6.3 If an adjustment of the reconciliation payment paid by A pursuant to para. 6.1 sentence 3 is necessary in the view of one of the Parties on the basis of the A Effective Date Accounts in order to ensure the protection of the participation proportions of 50% each as agreed to by the Parties, this Party shall notify the other Party of this in writing within *[two (2)]* weeks of receiving the A Effective Date Accounts providing the reasons for this adjustment. Where the Parties are unable to agree within a further *[two (2)]* weeks on the reconciliation payment, an independent expert serving as arbitrator shall determine the amount of the reconciliation payment. The amount of the reconciliation payment shall be determined in such a manner that A's obligation pursuant to para. 6.1 sentence 3 is reduced or increased by that amount by which the value of the A Business as determined by the arbitrator on the basis of the A Effective Date Accounts exceeds or falls below the

II. Joint Venture-Vereinbarung   G.II

stellte Wert des A-Geschäfts den in § 6.1 Satz 2 genannten Wert des B-Geschäfts überschreiten, reduziert sich der von A geschuldete Wertausgleich auf „Null", B ist in diesem Fall zur Leistung eines Wertausgleichs nicht verpflichtet.[13]

value set out in para. 6.1 sentence 1. Where the amount of the A Business determined by the arbitrator exceeds the value of the B Business set out in para. 6.1 sentence 2, the reconciliation payment owed by A shall be reduced to „zero"; in this case, B is not obliged to pay any reconciliation amount.

6.4 Für die Bestellung sowie die Kosten und Auslagen des Schiedsgutachters gilt § 11.5 entsprechend. Der Schiedsgutachter hat innerhalb von *[zwanzig (20)]* Bankarbeitstagen ab Bestellung über die zwischen den Parteien streitigen Bewertungsfragen ein schriftliches Gutachten zu erstellen und an die Parteien zu übersenden, das für die Parteien verbindlich ist.

6.4 Para. 11.5 shall apply *mutatis mutandis* to the appointment as well as the costs and expenses of the arbitrator. Within *[twenty (20)]* Banking Days of his/her appointment, the arbitrator shall prepare a written opinion on the valuation issue disputed among the Parties and shall send this to the Parties; the opinion is binding upon the Parties.

§ 7 Selbstständige Garantieversprechen in Bezug auf A-Tochter-GmbH, A-Geschäft und B-Geschäft

§ 7 Independent promises of guarantee in respect of A Subsidiary GmbH, A Business and B Business

7.1 A garantiert hiermit in der Form selbstständiger Garantieversprechen gemäß § 311 BGB und nach Maßgabe von § 8 gegenüber B, dass die Aussagen gemäß § 7.1.1 bis § 7.1.6 (zusammen die *A-Garantien* und einzeln die *A-Garantie*) am Unterzeichnungstag und am Vollzugstag, soweit nachstehend nicht ein anderer Bezugszeitpunkt bestimmt ist, vollständig und zutreffend sind. Die Parteien sind sich darüber einig, dass die A-Garantien keine Garantien für die Beschaffenheit der Sache i. S. d. § 443 BGB darstellen.

7.1 A hereby guarantees in the form of independent promises of guarantee pursuant to sec. 311 BGB (German Civil Code) and in accordance with § 8 to B that the statements pursuant to para. 7.1.1 to para. 7.1.6 (collectively the *A Guarantees*, and individually an *A Guarantee*) are correct and complete on the Signing Date and on the Closing Date, provided that no other reference date is specified in the following. The Parties agree that the A Guarantees do not constitute guarantees for the fitness of the goods in terms of sec. 443 BGB.

7.1.1 Gesellschaftsrechtliche Verhältnisse
(a) Die A-Tochter-GmbH ist nach deutschem Recht ordnungsgemäß gegründet worden. Sie hat ihren Geschäftsbetrieb mit der Gründung aufgenommen und seitdem ununterbrochen aufrechterhalten. Sie existiert wirksam und hat in Deutsch-

7.1.1 Corporate law relationships
(a) A Subsidiary GmbH has been properly formed under German law. It commenced its business operations upon its formation and has since carried on these without interruption. It effectively exists and has its actual administrative

land ihren tatsächlichen Verwaltungssitz. Die A-Tochter-GmbH war und ist nach deutschem Recht berechtigt, ihren Geschäftsbetrieb so zu führen, wie er in der Vergangenheit geführt wurde und gegenwärtig geführt wird, und ist ferner berechtigt, ihn künftig in Art und Umfang unverändert fortzuführen. Die A-Tochter-GmbH ist rechtliche und wirtschaftliche Eigentümerin aller für den gegenwärtigen Betrieb des A-Geschäfts notwendigen und genutzten Vermögensgegenstände; diese befinden sich in einem gebrauchsfähigen Zustand.

(b) A ist unbeschränkt berechtigt, über die A-Geschäftsanteile zu verfügen. Die A-Geschäftsanteile bestehen wirksam und frei von jeglichen Rechten und Ansprüchen Dritter, und es existieren keine auf diese Geschäftsanteile bezogenen Optionen, Vorkaufsrechte, Gesellschaftervereinbarungen, Treuhandverhältnisse, Unterbeteiligungen oder sonstigen Abreden. Mit Vollzug des A-Einbringungsvertrags erwirbt die JV-Gesellschaft die A-Geschäftsanteile unbeschränkt und frei von Rechten Dritter und sonstigen Belastungen.

(c) Die A-Tochter-GmbH hält weder direkt noch indirekt (auch nicht über Treuhänder) Anteile, Mitgliedschaften oder Beteiligungen (einschließlich stiller Beteiligungen und Unterbeteiligungen) an anderen Gesellschaften oder Unternehmen, noch ist sie verpflichtet, solche Anteile, Mitgliedschaften oder Beteiligungen zu erwerben. Sie ist auch nicht verpflichtet, eine Gesellschaft oder ein Unternehmen zu gründen. Die A-Tochter-GmbH ist nicht Par-

centre in Germany. A Subsidiary GmbH was and is authorised under German law to carry on its business operations in the manner these have been carried on in the past and are presently carried on, and is also authorised to continue to carry on these in future unchanged in manner and scope. A Subsidiary GmbH is the legal and economic owner of all of the assets which are necessary and presently used for the present operation of the A Business; these are in serviceable condition.

(b) A is authorised to dispose of the A Shares without restriction. The A Shares effectively exist and are free of any third party rights and claims, and no options, rights of first refusal, shareholder agreements, trust arrangements, sub-participations or other agreements exist in relation to these Shares. Upon the implementation of the A Contribution Agreement, the JV Company shall acquire unrestricted title to the A Shares, free of rights of third parties and other encumbrances.

(c) A Subsidiary GmbH holds neither directly nor indirectly (and not by way of a trustee) any shares, membership rights or participations (including silent partnership participations and sub-participations) in other companies or enterprises, nor is it obliged to acquire such shares, membership rights or participations. It is also not obliged to form any company or enterprise. A Subsidiary GmbH is not a party to a joint venture, consortium or other

II. Joint Venture-Vereinbarung G.II

tei eines Joint Ventures, Konsortiums oder einer sonstigen Innengesellschaft und ist auch nicht zum Erwerb einer solchen Parteistellung verpflichtet.

(d) Die Angaben in § 1.1 sowie die Angaben in Anlage 19.2 (c) über die Personen und Gesellschaften, die am Unterzeichnungstag beherrschenden Einfluss im Sinne des § 17 AktG auf A haben, sind vollständig und richtig.

7.1.2 A-Jahresabschluss

(a) Der A-Jahresabschluss wurde nach HGB in Übereinstimmung mit den Grundsätzen ordnungsgemäßer Buchführung sowie, in deren Rahmen, unter Wahrung formeller und materieller Bilanzkontinuität erstellt; insbesondere sind alle Bewertungsmethoden beibehalten sowie alle Aktivierungs- und Passivierungswahlrechte unverändert ausgeübt worden.

(b) Die A-Tochter-GmbH hatte zum Stichtag des A-Jahresabschlusses keine Verbindlichkeiten (einschließlich ungewisser und unbekannter Verbindlichkeiten), die nicht im A-Jahresabschluss ausgewiesen und für die nicht in voller Höhe Rückstellungen gebildet sind. Vorstehendes gilt nicht für Erfüllungsverpflichtungen aus beidseits noch nicht erfüllten Verträgen (schwebende Geschäfte), soweit diese nicht bilanzierungsfähig sind.

(c) Die A-Tochter-GmbH ist die rechtliche und wirtschaftliche Eigentümerin und Besitzerin bzw. Inhaberin sämtlicher Vermögensgegenstände des in Anlage 7.1.2 (c) aufgelisteten An-

undisclosed partnership and is also not obliged to become such a party.

(d) The information contained in para. 1.1 as well as the information contained in Appendix 19.2 (c) with respect to the persons and companies which have controlling influence over A in terms of sec. 17 AktG (German Stock Corporation Act) on the Signing Date are complete and correct.

7.1.2 A Annual Accounts

(a) The A Annual Accounts were prepared in accordance with HGB in compliance with the German principles of proper accounting and subject to compliance with formal and material balance sheet consistency; in particular, but not limited thereto, all valuation methods have been maintained, and all elections to treat items as assets or liabilities have been exercised unchanged.

(b) At the effective date of the A Annual Accounts, A Subsidiary GmbH had no liabilities (including uncertain and unknown liabilities) which are not displayed in the A Annual Accounts and for which reserves were not created in the full amount thereof. The foregoing does not apply to performance obligations under agreements that have not yet been fulfilled by both Parties (pending transactions), provided these are not capable of being recorded in a balance sheet.

(c) A Subsidiary GmbH is the legal and economic owner and possessor or titleholder of all of the assets listed in Appendix 7.1.2 (c) as current and fixed assets as well as the current

Giesen   1137

lage- und Umlaufvermögens sowie der Gegenstände des Anlage- und Umlaufvermögens, die im A-Jahresabschluss ausgewiesen wurden, soweit sie nicht nach dem Bilanzstichtag im gewöhnlichen Geschäftsgang veräußert wurden. Diese Vermögensgegenstände sind frei von jeglichen Belastungen zugunsten sowie Ansprüchen und anderen Rechten Dritter. Ausgenommen von den beiden vorstehenden Sätzen sind Sicherungsübereignungen, Eigentumsvorbehalte und gesetzliche Pfandrechte, die im Rahmen des gewöhnlichen Geschäftsgangs der A-Tochter-GmbH begründet worden sind.

and fixed assets shown in the A Annual Accounts, to the extent that these have not been disposed of in the ordinary course of business after the balance sheet effective date. These assets are free of any encumbrances as well as claims and other rights to the benefit of third parties. The two foregoing sentences do not include security interests created, retention of title and statutory pledges which have been granted in the ordinary course of A Subsidiary GmbH's business.

7.1.3 Gewerbliche Schutzrechte
(a) Anlage 7.1.3 (a) enthält eine vollständige Liste aller zum A-Geschäft gehörenden Gewerblichen Schutzrechte. *Gewerbliche Schutzrechte* sind sämtliche gewerblichen Schutzrechte, ähnliche Rechte und Schutzformen mit vergleichbarer Wirkung, gleich in welchem Land sie gewährt und unabhängig davon, ob sie in einem öffentlichen Register eingetragen oder eintragungsfähig sind, einschließlich der Anmeldungen solcher Rechte, wie insbesondere Patente, Marken, Gebrauchsmuster, Geschmacksmuster, Halbleiterschutzrechte, Sortenschutzrechte, Domain-Namen, geschäftliche Bezeichnungen, geographische Herkunftsangaben, Urheberrechte und sonstige Leistungsschutzrechte.

7.1.3 Intellectual Property Rights
(a) Appendix 7.1.3 (a) contains a complete list of all of the Intellectual Property Rights belonging to the A Business. *Intellectual Property Rights* are all intellectual property rights, similar rights and means of protection with comparable effects, regardless of the country in which these have been granted and independent of whether these have been registered with a public register or are capable of being registered, including applications for such rights, such as, in particular, but not limited to, patents, trade marks, utility patents, design patents, semi-conductor rights, plant variety rights, domain names, trade designations, geographic origin specifications, copyrights and other performance protection rights.

(b) Die A-Tochter-GmbH ist ausschließliche und unbeschränkte Inhaberin der in Anlage 7.1.3 (b) aufgeführten Gewerblichen Schutzrechte oder, soweit die Inhaberschaft an einzelnen Gewerblichen

(b) A Subsidiary GmbH is the exclusive and unrestricted holder of the Intellectual Property Rights listed in Appendix 7.1.3 (b) or, to the extent that title to individual Intellectual Property Rights may not le-

II. Joint Venture-Vereinbarung

Schutzrechten rechtlich nicht übertragen werden kann, Inhaberin zeitlich, räumlich und sachlich unbeschränkter, ausschließlicher Nutzungsrechte an diesen Gewerblichen Schutzrechten.

7.1.4 Wesentliche A-Verträge
Anlage 7.1.4 enthält eine Aufstellung aller noch nicht beiderseits (auch hinsichtlich von Neben-, Nebenleistungs-, bedingten oder künftigen Pflichten) vollständig erfüllte Verträge, die von der A-Tochter-GmbH ausdrücklich oder stillschweigend, schriftlich, mündlich oder in sonstiger Form geschlossen worden sind und die mindestens einer der nachfolgend aufgeführten Kategorien unterfallen (zusammen die *Wesentlichen A-Verträge*), jeweils mit zutreffenden Angaben zu den Vertragspartnern, wesentlichen Vertragsleistungen und -gegenleistungen (insbesondere zur Höhe von Zahlungsverpflichtungen), Laufzeit und Kündigungsfristen:

(a) Verträge über den Erwerb, die Veräußerung oder die Belastung von Vermögensgegenständen des Anlagevermögens, die einen Wert von jeweils mindestens .... EUR (in Worten: ......) haben;

(b) Nießbrauch-, Pacht-, Miet- und Leasingverträge, (i) welche die A-Tochter-GmbH zu Zahlungen von jeweils mindestens .... EUR (in Worten: ......) pro Jahr verpflichten oder (ii) die von der A-Tochter-GmbH frühestens mit Wirkung zum ...... ordentlich gekündigt werden können bzw. deren Laufzeit frühestens am ...... endet;

(c) Darlehens-, Krediteröffnungs- und sonstige Kreditverträge, die von der A-Tochter-GmbH als Kreditgeber oder Kreditnehmer geschlossen worden

gally be transferred, the holder of exclusive rights of use to these Intellectual Property Rights, unlimited in time, geography or material content.

7.1.4 Essential A Contracts
Appendix 7.1.4 contains a list of contracts which A Subsidiary GmbH has concluded expressly or on an implied basis, in writing, orally or by other means which have not been completely fulfilled by both Parties (including with respect to ancillary duties or ancillary performance duties, conditional or future duties) and which fall within at least one of the following listed categories (collectively the *Essential A Contracts*), each with correct details in respect of the parties to the contract, essential contractual performance and consideration (in particular, but not limited to the amount of payment obligations), term and notice periods:

(a) contracts for the acquisition, sale or encumbrance of current assets which each have a value of at least EUR .... (in words: ......);

(b) usufruct, tenancy, rental and leasing contracts (i) which oblige A Subsidiary GmbH to make respective payments of at least EUR .... (in words: ......) per year or (ii) which may be terminated by A Subsidiary GmbH with effect no earlier than ...... by way of ordinary notice of termination or which have a term ending no earlier than ......;

(c) loan, credit facility agreements and other credit agreements which have been concluded by A Subsidiary GmbH as lender or borrower (with the excep-

sind (mit Ausnahme handelsüblicher und im gewöhnlichen Geschäftsgang vereinbarter Stundungen), sowie Factoringverträge;

(d) Garantien, Bürgschaften, Schuldübernahmen, Schuldbeitritte, Patronatserklärungen und ähnliche von der A-Tochter-GmbH übernommene Verpflichtungen;

(e) Anstellungsverträge, sonstige Dienstverträge sowie Beraterverträge, die jeweils eine jährliche Gesamtvergütung von mindestens ...... EUR (in Worten: ......) vorsehen;

(f) Gewinn- oder Umsatzbeteiligungen, Mitarbeiterbeteiligungen sowie ähnliche Verträge;

(g) Vereinbarungen, die die A-Tochter-GmbH in ihrer Geschäftstätigkeit einschränken oder ihr eine Geschäftstätigkeit verbieten oder die die A-Tochter-GmbH auf dem künftigen Geschäftsfeld der JV-Gruppe am Wettbewerb mit anderen Marktteilnehmern hindern oder darin beschränken;

(h) Verträge oder Verpflichtungen, die außerhalb des gewöhnlichen Geschäftsgangs eingegangen worden sind;

(i) Verträge zwischen der A-Tochter-GmbH einerseits und A und/oder anderen, mit A im Sinne von §§ 15 ff. AktG verbundenen Unternehmen andererseits;

(j) sonstige Verträge oder Verpflichtungen, (i) welche die A-Tochter-GmbH zu Zahlungen von jeweils mindestens ...... EUR (in Worten: ......) pro Jahr verpflichten, (ii) die von der A-Tochter-GmbH frühestens mit Wirkung zum ...... ordentlich gekündigt werden können bzw. deren Laufzeit frühestens am ...... endet oder (iii) die in sonstiger Weise von

tion of customary trade stays agreed to in the ordinary course of business), as well as factoring contracts;

(d) guarantees, suretyships, assumptions of debt, collateral assumptions of debt, comfort letters and similar obligations assumed by A Subsidiary GmbH;

(e) employment contracts, other service contracts and consultants' contracts which each provide for annual compensation of at least EUR ...... (in words: ......);

(f) profit or sales participations, employee participations and similar contracts;

(g) agreements which restrict the business activities of A Subsidiary GmbH or which prohibit it from carrying on a business activity or which hinder or restrict A Subsidiary GmbH from competing with other market participants in the future business sector of the JV Group;

(h) contracts or obligations which have been entered into outside of the ordinary course of business;

(i) contracts between A Subsidiary GmbH on the one hand and A and/or other enterprises affiliated with A in terms of secs. 15 et seq. AktG on the other hand;

(j) other contracts or obligations (i) which each oblige A Subsidiary GmbH to make payments of at least EUR ...... (in words: ......) per year, (ii) which may be terminated by way of ordinary notice of termination by A Subsidiary GmbH with effect no earlier than ...... or the term of which ends no earlier than ...... or (iii) which otherwise have es-

II. Joint Venture-Vereinbarung **G.II**

wesentlicher Bedeutung für die A-Tochter-GmbH oder die JV-Gruppe sind.	sential significance for A Subsidiary GmbH or the JV Group.
Alle Wesentlichen A-Verträge sind zu marktüblichen Bedingungen vereinbart worden und begründen wirksame und durchsetzbare Rechte der A-Tochter-GmbH. Die A-Tochter-GmbH hat alle Verpflichtungen aus diesen Verträgen vollständig und ordnungsgemäß erfüllt. Vor Ablauf von …… Monaten ab dem Unterzeichnungstag kann keiner der Wesentlichen A-Verträge ordentlich beendet werden, insbesondere nicht aufgrund des Abschlusses oder der Durchführung dieses JV-Vertrags. Es bestehen keine Umstände, aufgrund derer einer dieser Verträge vor Ablauf dieses Zeitraums aus wichtigem Grund gekündigt oder in sonstiger Weise außerordentlich beendet werden könnte; derartige Umstände sind auch nicht absehbar.	All Essential A Contracts have been agreed upon at customary market terms and create effective and enforceable rights on the part of A Subsidiary GmbH. A Subsidiary GmbH has fulfilled all of its obligations under these contracts completely and properly. None of the Essential A Contracts may be terminated with ordinary notice of termination, in particular, but not limited to on the basis of the conclusion or performance of this JV Agreement prior to the expiry of a period of …… months from the Signing Date. No circumstances exist on which basis one of these contracts may be terminated with good cause or otherwise terminated with extraordinary notice of termination prior to the expiry of this period in time; such circumstances are also not foreseeable.

7.1.5 Personalangelegenheiten

 (a) Anlage 7.1.5 (a) enthält eine per …… hinsichtlich sämtlicher Angaben vollständige und zutreffende Aufstellung aller Organmitglieder und Arbeitnehmer der A-Tochter-GmbH, jeweils mit Angaben zu Position/Tätigkeit, Geburtsdatum, Eintrittsdatum, Bruttojahresgehalt, Bruttojahresgesamtbezügen (einschließlich sämtlicher Boni und ähnlicher Zusatzleistungen), Gratifikationen, Ansprüchen aus Entgeltumwandlung, nicht in Anspruch genommenen Urlaubstagen, Wochenarbeitszeit und Laufzeit bzw. Kündigungsfrist. Arbeitnehmer mit besonderem Kündigungsschutz sind unter Angabe des Rechtsgrundes (z. B. Mutterschutz, Elternzeit, Schwerbehinderung) gekennzeichnet.

 (b) Seit dem …… hat die A-Tochter-GmbH keine Änderungen

7.1.5 Personnel matters

 (a) Appendix 7.1.5 (a) contains a list dated …… which is correct and complete with respect to all information on all members of management and employees of A Subsidiary GmbH, each listing their position/responsibilities, birth date, date on which service was commenced, gross annual salary, gross total annual benefits (including all bonuses and similar additional compensation), gratuities, claims under salary conversion programmes, vacation days not taken, weekly work hours and term or notice period. Employees with special employment protection are identified with information on the legal reason for this (e.g. maternity protection, parental leave, disability).

 (b) As of ……, A Subsidiary GmbH has made no changes to

Giesen

bei Gehältern oder anderen (auch erfolgsabhängigen) Vergütungen oder sonstigen Vertragsbedingungen gegenüber einem in Anlage 7.1.5 (a) genannten Organmitglied oder Arbeitnehmer vorgenommen oder außerhalb des gewöhnlichen Geschäftsbetriebs Boni gezahlt oder sonstige Sonderzahlungen, Pensionen oder Abfindungen gezahlt oder sich (auch bedingt) zu solchen Zahlungen verpflichtet.

7.1.6 Steuern, Abgaben
Alle Steuererklärungen der A-Tochter-GmbH, die sich auf den Zeitraum bis einschließlich ...... beziehen, sind in Übereinstimmung mit allen einschlägigen Rechtsvorschriften ordnungsgemäß erstellt sowie ordnungsgemäß und fristgerecht eingereicht worden bzw. werden bis zum Vollzugstag ordnungsgemäß und fristgerecht eingereicht. Alle den Finanzbehörden gegenüber zu machenden Angaben, die sich auf den Zeitraum bis einschließlich zum Stichtag beziehen, sind ordnungsgemäß und fristgerecht gemacht worden bzw. werden ordnungsgemäß und fristgerecht gemacht.[14]

7.2 B garantiert hiermit in der Form selbstständiger Garantieversprechen gemäß § 311 BGB und nach Maßgabe von § 8 gegenüber A, dass die Aussagen gemäß § 7.2.1 bis § 7.2.4 (zusammen die *B-Garantien* und einzeln die *B-Garantie*) am Unterzeichnungstag und am Vollzugstag, soweit nachstehend nicht ein anderer Bezugszeitpunkt bestimmt ist, vollständig und zutreffend sind. Die Parteien sind sich darüber einig, dass die B-Garantien keine Garantien für die Beschaffenheit der Sache i. S. d. § 443 BGB darstellen.

7.2.1 B-Assets
(a) Die B-Assets umfassen alle für den gegenwärtigen Betrieb des

salaries or other (including success-based) compensation or other contractual terms vis-à-vis any member of management or any employee set forth in Appendix 7.1.5 (a) and has neither paid bonuses outside of the ordinary course of business nor made any special payments, pension payments or severance payments nor obliged itself (including conditionally) to make such payments to these.

7.1.6 Taxes, levies
All of the tax returns of A Subsidiary GmbH which relate to the time period up to and including ...... have been properly prepared in compliance with all relevant legal regulations and have been properly filed on time or will be properly filed on time up until the Closing Date. All of the information required to be provided to the tax authorities which relates to the time period up to and including the Effective Date has been provided properly and on time or shall be provided properly and on time.

7.2 B hereby guarantees in the form of independent promises of guarantee pursuant to sec. 311 BGB and in accordance with § 8 to A that the statements contained in para. 7.2.1 to para. 7.2.4 (collectively the *B Guarantees* and individually a *B Guarantee*) are, on the Signing Date and on the Closing Date, unless another reference date is set out in the following, complete and correct. The Parties agree that the B Guarantees do not constitute guarantees for the fitness of goods in terms of sec. 443 BGB.

7.2.1 B Assets
(a) The B Assets encompass all of the assets necessary for and

B-Geschäfts notwendigen und genutzten Vermögensgegenstände und befinden sich in einem gebrauchsfähigen Zustand.

(b) B hat das Recht, über sämtliche B-Assets frei zu verfügen, ohne dass sie dazu die Zustimmung Dritter benötigen oder eine solche Verfügung die Rechte Dritter verletzen würde. B verfügt über das uneingeschränkte rechtliche und wirtschaftliche Eigentum an den B-Assets. Diese sind frei von jeglichen Belastungen sowie anderen zugunsten Dritter bestellten Rechten. Mit Vollzug des B-Einbringungsvertrags erwirbt die JV-Gesellschaft die B-Assets unbeschränkt und frei von Rechten Dritter.

(c) Die Angaben in § 1.2 sowie die Angaben in Anlage 19.2 (c) über die Personen und Gesellschaften, die am Unterzeichnungstag beherrschenden Einfluss im Sinne des § 17 AktG auf B haben, sind vollständig und richtig.

7.2.2 Gewerbliche Schutzrechte

(a) Anlage 7.2.2 (a) enthält eine vollständige Liste aller zum B-Geschäft gehörenden Gewerblichen Schutzrechte.

(b) Die B-Assets umfassen sämtliche der in Anlage 7.2.2 (a) aufgeführten Gewerblichen Schutzrechte. Nach dem Vollzug des B-Einbringungsvertrags ist die JV-Gesellschaft ausschließliche und unbeschränkte Inhaberin der in Anlage 7.2.2 (a) aufgeführten Gewerblichen Schutzrechte oder, soweit die Inhaberschaft an einzelnen Gewerblichen Schutzrechten rechtlich nicht übertragen werden kann, Inhaberin zeitlich, räumlich und sachlich unbeschränkter, ausschließlicher Nutzungsrechte

used in the present operation of the B Business and are in serviceable condition.

(b) B has the right to freely dispose of all B Assets without requiring the consent of third parties and without such disposal infringing on the rights of third parties. B has unrestricted legal and economic ownership of the B Assets. These are free of any encumbrances as well as other rights granted to third parties. Upon the implementation of the B Contribution Agreement, the JV Company shall acquire unlimited title to the B Assets free of third-party rights.

(c) The information contained in para. 1.2 as well as the information contained in Appendix 19.2 (c) with respect to the persons and companies which have controlling influence over B in terms of sec. 17 AktG on the Signing Date are complete and correct.

7.2.2 Intellectual Property Rights

(a) Appendix 7.2.2 (a) contains a complete list of all of the Intellectual Property Rights belonging to the B Business.

(b) The B Assets include all of the Intellectual Property Rights listed in Appendix 7.2.2 (a). Upon the implementation of the B Contribution Agreement, the JV Company will be the exclusive and sole holder of the Intellectual Property Rights listed in Appendix 7.2.2 (a) or, to the extent that title to individual Intellectual Property Rights may not legally be transferred, the holder of exclusive rights to use these Intellectual Property Rights, unlimited in time, geography or material content.

an diesen Gewerblichen Schutzrechten.

7.2.3 Personalangelegenheiten
Das B-Geschäft hat keinerlei eigene Arbeitnehmer, mit der Einbringung des B-Geschäfts in die JV-Gesellschaft findet kein Betriebsübergang im Sinne von § 613a BGB statt.[15]

7.2.4 Steuern, Abgaben
Alle auf das B-Geschäft bezogenen Steuererklärungen der B, die sich auf den Zeitraum bis einschließlich ...... beziehen, sind in Übereinstimmung mit allen einschlägigen Rechtsvorschriften ordnungsgemäß erstellt sowie ordnungsgemäß und fristgerecht eingereicht worden bzw. werden bis zum Vollzugstag ordnungsgemäß und fristgerecht eingereicht. Alle den Finanzbehörden gegenüber zu machenden Angaben, die sich auf den Zeitraum bis einschließlich zum Stichtag beziehen, sind ordnungsgemäß und fristgerecht gemacht worden bzw. werden ordnungsgemäß und fristgerecht gemacht. Sämtliche Zahlungen von Registrierungsgebühren und vergleichbaren Entgelten im Zusammenhang mit den in Anlage 7.2.2 (a) genannten Gewerblichen Schutzrechten sind in voller Höhe, ordnungsgemäß und fristgerecht erbracht worden.

§ 8 Rechtsfolgen der Verletzung von Garantieversprechen

8.1 Ist eine der A-Garantien oder B-Garantien (zusammen *Garantien* und einzeln *Garantie* genannt) verletzt, ist der jeweilige Garantiegeber verpflichtet, innerhalb einer Frist von ...... (......) Bankarbeitstagen, nachdem die Verletzung der Garantie von der anderen Partei oder von der JV-Gesellschaft mitgeteilt wurde, die JV-Gesellschaft so zu stellen, wie sie stehen würde, wenn die Garantie nicht verletzt wäre (Naturalrestitution). Resultiert die Verlet-

7.2.3 Personnel matters
The B Business has no employees of its own; no transfer of undertakings in terms of sec. 613a BGB occurs upon the contribution of the B Business to the JV Company.

7.2.4 Taxes, levies
All of the tax returns of B relating to the B Business which relate to the period of time up to and including ...... have been properly prepared in compliance with all relevant legal regulations and have been properly filed on time or will be properly filed on time up until the Closing Date. All of the information required to be provided to the tax authorities which relates to the time period up to and including the Closing Date has been provided properly and on time or shall be provided properly and on time. All payments of registration fees and similar charges in connection with the Intellectual Property Rights set out in Appendix 7.2.2 (a) have been paid properly in full and on time.

§ 8 Remedies for a breach of promises of guarantee

8.1 Where one of the A Guarantees or the B Guarantees (collectively the *Guarantees* and individually a *Guarantee*) is breached, the respective guarantor is obliged to place the JV Company in the same position as it would be in if the Guarantee had not been breached (specific performance) within ...... (......) Banking Days of receiving notice of the breach of the Guarantee by the other Party or the JV Company. Where the breach of the

II. Joint Venture-Vereinbarung

zung der Garantie aus dem Bestehen einer Verbindlichkeit, umfasst der Anspruch auf Naturalrestitution das Recht, Freistellung der JV-Gesellschaft von der betreffenden Verbindlichkeit zu verlangen. Soweit eine Naturalrestitution nicht möglich oder nicht genügend ist, hat der jeweilige Garantiegeber an die JV-Gesellschaft Schadensersatz in Geld zu leisten. Ist die Naturalrestitution vollständig unmöglich, tritt der Schadensersatz in Geld an die Stelle der Naturalrestitution, im übrigen ist er ergänzend zur Naturalrestitution geschuldet. Bewirkt der verpflichtete Garantiegeber die Naturalrestitution nicht innerhalb der Frist des § 8.1 S. 1, kann die andere Partei nach ihrer Wahl ganz oder teilweise an Stelle der Naturalrestitution verlangen, dass der verpflichtete Garantiegeber an die JV-Gesellschaft den zur Naturalrestitution erforderlichen Geldbetrag leistet. Bis zur vollständigen Erbringung der Leistung kann diese Wahl abgeändert werden. Ansprüche wegen Verletzung der Garantien (einzeln *Garantieanspruch* und zusammen *Garantieansprüche*) stehen nur der jeweils anderen Partei zu; ein eigener Anspruch der JV-Gesellschaft oder anderer Gesellschaften der JV-Gruppe wegen Verletzung der Garantien besteht nicht.

Guarantee consists in the existence of a liability, the claim for specific performance includes the right to demand that the JV Company be indemnified from the respective liability. Where specific performance is not possible or is insufficient, the respective guarantor shall pay monetary damages to the JV Company. Where specific performance is completely impossible, the monetary damages claim shall replace the claim for specific performance; otherwise, it is owed in supplement to specific performance. Where the guarantor owing specific performance fails to provide such performance within the period specified in para. 8.1 sentence 1, the other party may, at its choice, demand in part or in whole, instead of specific performance, that the guarantor owing specific performance pay to the JV Company the amount of money required for specific performance. This choice may be modified until performance is made in full. Only the respective other Party shall be entitled to claims based on a breach of the Guarantees (individually a *Guarantee Claim* and collectively *Guarantee Claims*); no claims on the part of the JV Company or other JV Group companies on the basis of a breach of the Guarantees exist.

8.2 Die Parteien sind nicht berechtigt, Garantieansprüche geltend zu machen, soweit sie am oder vor dem Unterzeichnungstag diejenigen Umstände kannten, auf die sie den geltend gemachten Garantieanspruch stützen. *[Die Umstände, die der jeweils anderen Partei oder ihren Beratern im Datenraum oder sonst im Rahmen der Due Diligence[16] oder der Verhandlungen über diesen JV-Vertrag zugänglich gemacht wurden, gelten als der jeweils anderen Partei bekannt.]*

8.2 The Parties are not entitled to assert any Guarantee Claims to the extent that on or prior to the Signing Date they were aware of those circumstances giving rise to the Guarantee Claim asserted. *[The circumstances that the respective other Party or its advisors were provided access to in the Dataroom or otherwise in the context of the Due Diligence or the negotiations on this JV Agreement shall be deemed to be known by that respective other Party.]*

Giesen

8.3	Die Parteien sind darin einig, dass dieser JV-Vertrag die Rechtsfolgen der Verletzung der Garantien abschließend regelt und den Parteien wegen der Verletzung einer Garantie nur die in diesem JV-Vertrag geregelten Ansprüche mit den in diesem JV-Vertrag geregelten Rechtsfolgen zustehen. Über die in diesem JV-Vertrag geregelten Ansprüche hinausgehende Ansprüche und Rechte der Parteien *[wegen der Verletzung einer Garantie]* *[aus oder im Zusammenhang mit diesem JV-Vertrag]*[17] sind ausgeschlossen. Dies gilt insbesondere, aber nicht ausschließlich, für Ansprüche wegen Verschuldens bei Vertragsverhandlungen gemäß § 311 Abs. 2 und 3 BGB *(culpa in contrahendo)*, wegen Verletzung einer Pflicht aus dem Schuldverhältnis, Ansprüche auf Minderung, Rücktrittsrechte und deliktische Ansprüche. Die Haftung der Parteien für Vorsatz bleibt unberührt.	8.3	The Parties agree that this JV Agreement conclusively regulates the remedies for a breach of the Guarantees and that, in the event of a breach of the Guarantees, the Parties are entitled to only those claims provided for in this JV Agreement with the remedies provided for in this JV Agreement. Claims and rights of the Parties beyond those claims provided for in this JV Agreement *[as a result of the breach of a Guarantee]* *[arising under or in connection with this JV Agreement]* are not permitted. This applies in particular, but not exclusively, to reliance claims as a result of pre-contractual liability pursuant to sec. 311 para. 2 and 3 BGB *(culpa in contrahendo)*, claims due to a breach of duty arising under the contractual relationship, claims for reduction of consideration, withdrawal rights and claims in tort. The liability of the Parties for intentional misconduct remains unaffected.
8.4	Ein Garantieanspruch gegen eine Partei besteht nur, wenn der Gesamtbetrag aller Garantieansprüche gegen eine Partei ...... EUR (in Worten: ......) übersteigt *(Freigrenze)*. Übersteigt der Gesamtbetrag aller Garantieansprüche gegen eine Partei die Freigrenze, haftet die betroffene Partei auf den Gesamtbetrag. Die Freigrenze gilt nicht für Garantieansprüche aus den A-Garantien in den §§ 7.1.1 (a) und 7.1.1 (b) sowie aus den B-Garantien in §§ 7.2.1 (a) und 7.2.1 (b); für diese haftet die garantierende Partei in jedem Einzelfall ohne Rücksicht auf die Höhe des Anspruchs. Die Freigrenze gilt weiterhin nicht für Garantieansprüche aus Garantien, welche der Garantiegeber vorsätzlich oder grob fahrlässig unvollständig oder unzutreffend abgegeben hat; in diesem Fall sind die	8.4	A Guarantee Claim against a Party shall only exist where the total amount of all Guarantee Claims against a Party exceeds EUR ...... (in words: ......) *(Exemption Threshold)*. Where the total amount of all Guarantee Claims against a Party exceeds the Exemption Threshold, the affected Party shall be liable for the total amount. The Exemption Threshold shall not apply to Guarantee Claims under the A Guarantees contained in para. 7.1.1 (a) and 7.1.1 (b) as well as under the B Guarantees in para. 7.2.1 (a) and 7.2.1 (b); the guarantor Party is liable for these in each individual case without regard to the amount of the claim. The Exemption Threshold shall further not apply to Guarantee Claims for incorrect or incomplete Guarantees provided intentionally or with gross

	Garantieansprüche stets in voller Höhe zu erfüllen.		negligence by the guarantor; in such cases, the Guarantee Claims shall be satisfied in full.
8.5	Eine Partei kann keine Garantieansprüche geltend machen, soweit ein Dritter, insbesondere eine Versicherung, in dem Umfang Leistungen an die JV-Gesellschaft erbringt, in dem die andere Partei zur Haftung nach diesem Vertrag verpflichtet wäre.	8.5	A Party may not assert any Guarantee Claims to the extent that a third party, in particular, an insurer, compensates the JV Company in the scope that the other Party itself would be liable to compensate it under this Agreement.
8.6	Ansprüche der Parteien aus diesem § 8 verjähren mit Ablauf von …… (……) Monaten ab dem Vollzugstag mit Ausnahme	8.6	The claims of the Parties under this § 8 shall become time-barred upon the expiry of a period of …… (……) months from the Closing Date with the exception of
	(a) etwaiger Ansprüche aus § 7.1.6 und § 7.2.4, die frühestens mit Ablauf von *[sechsunddreißig (36) Monaten]* ab dem Vollzugstag, jedoch nicht vor Ablauf von *[zwölf (12) Monaten]* ab Bestands- oder Rechtskraft des die jeweilige Steuer festsetzenden Bescheides verjähren;		(a) any claims under para. 7.1.6 and para. 7.2.4, which shall become time-barred no earlier than upon the expiry of a period of *[thirty-six (36) months]* from the Closing Date, but in no event prior to the expiry of a period of *[twelve (12) months]* from the assessment of the respective tax becoming legally-binding;
	(b) etwaiger Garantieansprüche, die daraus resultieren, dass eine Partei eine Garantie vorsätzlich oder grob fahrlässig unvollständig oder unzutreffend abgegeben hat; diese verjähren nach den §§ 195, 199 BGB, sofern sich aus dem Vorstehenden keine längere Verjährungsfrist ergibt.[18]		(b) any Guarantee Claims which result from a Party providing an incorrect or incomplete Guarantee intentionally or with gross negligence; these shall become time-barred in accordance with secs. 195 and 199 BGB, provided that no longer limitation period is provided for under the provisions above.

§ 9 Weitere Verpflichtungen der Parteien

§ 9 Further obligations of the Parties

9.1	Die Parteien verpflichten sich, dafür zu sorgen, dass die JV-Gesellschaft unverzüglich nach dem Wirksamwerden der Abtretung der A-Geschäftsanteile an sie einen Gesellschafterbeschluss bei der A-Tochter-GmbH fasst, mit dem der Gesellschaftsvertrag der A-Tochter-GmbH wie aus Anlage 9.1 ersichtlich neu gefasst wird.	9.1	The Parties undertake to ensure that upon the effectiveness of the assignment of the A Shares to it, the JV Company immediately passes a shareholder resolution in respect of A Subsidiary GmbH adopting the articles of association of A Subsidiary GmbH shown in Appendix 9.1.
9.2	A wird an die JV-Gruppe Leistungen im Bereich …… zu den Bedin-	9.2	A shall provide services to the JV Group in the area of …… at the

gungen des A-Dienstleistungsvertrags gemäß Anlage 9.2 zu den im A-Konzern üblichen Konzernverrechnungspreisen erbringen.

9.3 B wird an die JV-Gruppe Leistungen im Bereich ...... zu den Bedingungen des B-Dienstleistungsvertrags gemäß Anlage 9.3 zu den im B-Konzern üblichen Konzernverrechnungspreisen erbringen.[19]

9.4 A und B verpflichten sich, vom Unterzeichnungstag bis zum Vollzugstag das A-Geschäft bzw. das B-Geschäft im Rahmen des ordnungsgemäßen Geschäftsbetriebs mit der Sorgfalt eines ordentlichen Kaufmanns und in Übereinstimmung mit der bisherigen Geschäftspraxis fortzuführen. [*Insbesondere verpflichten sich die Parteien, dafür zu sorgen, dass*

(a) *für das A-Geschäft und das B-Geschäft keine Verbindlichkeiten (einschließlich bedingter und zurückzustellender Verbindlichkeiten) begründet werden, die den Betrag von ...... EUR (in Worten: ......) im Einzelfall übersteigen, mit Ausnahme laufender Verbindlichkeiten aus Lieferung und Leistung im Rahmen des gewöhnlichen Geschäftsgangs und in Übereinstimmung mit der bisherigen Geschäftspraxis;*

(b) *nicht die A-Tochter-GmbH, das A-Geschäft oder das B-Geschäft oder wesentliche Teile hiervon veräußert werden und dass in Bezug auf die A-Tochter-GmbH, das A-Geschäft und das B-Geschäft keine Maßnahmen nach dem Umwandlungsgesetz vorgenommen werden, Unternehmensverträge abgeschlossen werden oder satzungsändernde Gesellschafterbeschlüsse gefasst werden;*

(c) ......]^{20}

terms of the A service agreement pursuant to Appendix 9.2 at the group corporate rates which are customary for the A corporate group.

9.3 B shall provide services to the JV Group in the area of ...... at the terms of the B service agreement pursuant to Appendix 9.3 at the group corporate rates which are customary for the B corporate group.

9.4 A and B undertake to continue to carry on the A Business and, respectively, the B Business from the Signing Date until the Closing Date in the ordinary course of business with the care of a prudent businessperson and in accordance with previous business practices. [*In particular, but not limited thereto, the Parties undertake to ensure that*

(a) *no liabilities (including conditional and deferred liabilities) are created in respect of the A Business and the B Business which exceed EUR ...... (in words: ......) in the individual case, with the exception of ongoing liabilities for goods and services in the context of the ordinary course of business and in accordance with past business practices;*

(b) *neither the A Subsidiary GmbH, the A Business nor the B Business, nor essential parts thereof, are sold and that, with respect to the A Subsidiary GmbH, the A Business and the B Business, no measures are undertaken pursuant to the UmwG (German Transformation Act), no enterprise agreements are concluded and no shareholder resolutions amending the articles are passed;*

(c) ......]

II. Joint Venture-Vereinbarung G.II

9.5 Die Parteien sind verpflichtet, einander unverzüglich über jeden Umstand zu informieren, der den Vollzug dieses JV-Vertrags gefährden, beeinträchtigen oder verhindern oder ein Recht zum Rücktritt gemäß § 4 begründen könnte.

9.5 The Parties are obliged to notify one another of any circumstance that could endanger, adversely affect or prevent the implementation of this JV Agreement or which could give rise to a right to withdraw pursuant to § 4.

§ 10 Ausstattung der JV-Gesellschaft mit Liquidität

10.1 Zum Zwecke der Ausstattung der JV-Gesellschaft mit Liquidität verpflichtet sich jede Partei zu einer Zahlung jeweils in Höhe von ...... EUR (in Worten: ......) in die freie Rücklage der JV-Gesellschaft nach § 272 Abs. 2 Nr. 4 HGB nach Maßgabe dieses § 10.1.

10.1.1 Die Zahlungen sind in drei Tranchen zu je ...... EUR (in Worten: ......) zu leisten.

10.1.2 Die Tranchen sind innerhalb der folgenden Zeiträume zu zahlen:
(a) Tranche 1: innerhalb von neun (9) Monaten nach Eintragung der JV-Gesellschaft ins Handelsregister,
(b) Tranche 2: frühestens sechs (6) und spätestens vierundzwanzig (24) Monate nach Eintragung der JV-Gesellschaft ins Handelsregister;
(c) Tranche 3: frühestens zwölf (12) und spätestens sechsunddreißig (36) Monate nach Eintragung der JV-Gesellschaft ins Handelsregister.

10.1.3 Die Zahlung einer Tranche ist zehn (10) Bankarbeitstage nach schriftlicher Anforderung durch die Geschäftsführung der JV-Gesellschaft, frühestens aber zu den in § 10.1.2 (b) und (c) bestimmten Zeitpunkten fällig; die Geschäftsführung soll den Parteien die Einforderung mit einer Frist von einem (1) Monat ankündigen.

10.1.4 Die Verpflichtung zur Zahlung gemäß diesem § 10.1 entfällt, wenn die Zahlungen nicht bis zum

§ 10 Funding the JV Company

10.1 For the purpose of funding the JV Company, each Party undertakes to make a respective payment in the amount of EUR ...... (in words: ......) to the free reserves of the JV Company pursuant to sec. 272 para. 2 no. 4 HGB in accordance with this para. 10.1.

10.1.1 The payments shall be made in three equal tranches of EUR ...... (in words: ......).

10.1.2 The tranches shall be paid within the following periods:
(a) Tranche 1: within nine (9) months of the registration of the JV Company with the commercial register,
(b) Tranche 2: no earlier than six (6) and no later than twenty-four (24) months after the registration of the JV Company with the commercial register;
(c) Tranche 3: no earlier than twelve (12) and no later than thirty-six (36) months after the registration of the JV Company with the commercial register.

10.1.3 The payment of a tranche is due and payable ten (10) Banking Days after the written request by the management of the JV Company, but no earlier than at the dates set out in para. 10.1.2 (b) and (c); management shall give the Parties notice of the request one (1) month in advance.

10.1.4 The payment obligation pursuant to this para. 10.1 shall lapse where the payments have not been re-

Giesen

	Ablauf der in § 10.1.2 bestimmten Zeiträume angefordert worden sind.
10.1.5	Dieser § 10.1 verpflichtet nur die Parteien untereinander und begründet keine Ansprüche der JV-Gesellschaft gegen die Parteien.[21]
10.2	Kommt eine Partei ihrer Zahlungsverpflichtung aus § 10.1 ohne Zustimmung der anderen Partei nicht fristgerecht nach, so kann die andere Partei den Fehlbetrag ausgleichen und von der säumigen Partei den ausgeglichenen Fehlbetrag zuzüglich Zinsen in Höhe von …… Basispunkten über dem Basiszinssatz gemäß § 247 BGB vom Tag der Ausgleichung des Fehlbetrags bis zum Tag der Rückzahlung des Betrages durch die säumige Partei verlangen. Das Recht zur Kündigung gemäß § 19 sowie die Regelungen in § 11 dieses Vertrags bleiben unberührt.[22]

§ 11 Zukünftige Stärkung des Eigenkapitals der JV-Gesellschaft

11.1 Hält eine Partei die Stärkung des Eigenkapitals der JV-Gesellschaft für erforderlich, hat sie der anderen Partei eine Erhöhung des Eigenkapitals der JV-Gesellschaft unter Bezugnahme auf die Geschäfts- und Finanzplanung der JV-Gesellschaft in einer schriftlichen Stellungnahme, in der die für den erhöhten Kapitalbedarf wesentlichen Aspekte dargelegt werden, vorzuschlagen. Einigen sich die Parteien nicht innerhalb von vier (4) Wochen auf eine Stärkung des Eigenkapitals, kann die Partei, die die Stärkung des Eigenkapitals fordert (nachstehend in diesem § 11 die *Fordernde Partei*), gemäß nachfolgenden § 11.2 bis § 11.9 eine Erhöhung des Stammkapitals der JV-Gesellschaft verlangen.[23]

11.2 Auf Aufforderung durch die Fordernde Partei haben die Parteien unverzüglich einen Gesellschafter-

---

	quested by the expiry of the periods set out in para. 10.1.2.
10.1.5	This para. 10.1 shall only oblige the Parties as among themselves and creates no claims against the Parties on the part of the JV Company.
10.2	Where one of the Parties fails to fulfil its payment obligation under para. 10.1 when due without the consent of the other Party, the other Party may settle the outstanding amount and may demand from the Party in default the outstanding amount settled plus interest in the amount of …… basis points above the base interest rate pursuant to sec. 247 BGB from the date of the settlement of the outstanding amount to the date of the repayment of the amount by the Party in default. The termination right pursuant to § 19 and the provisions contained in § 11 of this Agreement shall remain unaffected.

§ 11 Future increases to the JV Company's equity

11.1 Where one of the Parties views the increase of the equity of the JV Company as necessary, it shall propose to the other Party that the equity of the JV Company be increased, making reference to the business and financial planning of the JV Company, in a written submission which presents the essential aspects of the need for increased capital. Where the Parties cannot agree within four (4) weeks on an increase to the equity, the Party requesting the increase (referred to in this § 11 as the *Requesting Party*) may demand pursuant to the following para. 11.2 to 11.9 that the share capital of the JV Company be increased.

11.2 At the request of the Requesting Party, the Parties shall immediately pass a shareholder resolution and

II. Joint Venture-Vereinbarung

beschluss zu fassen und die Geschäftsführung gemeinsam anzuweisen, unter Fortführung der bisher angewandten Grundsätze zur Geschäftsplanung einen außerordentlichen Geschäftsplan aufzustellen, der eine Finanz-, Investitions-, Personal-, und Absatzplanung für die nächsten ...... Geschäftsjahre enthält. Der außerordentliche Geschäftsplan soll detaillierte Angaben zu den in § 11.3 genannten Voraussetzungen, soweit einschlägig, unter Beifügung der dort genannten Unterlagen enthalten. Der Gesellschafterbeschluss hat weiter vorzusehen, dass für den Fall, dass unter den Geschäftsführern der JV-Gesellschaft keine Einigkeit besteht, der Geschäftsführer, nach dessen Ansicht ein höherer Kapitalbedarf besteht, den außerordentlichen Geschäftsplan und die Angaben zu den in § 11.3 genannten Voraussetzungen allein zu erarbeiten hat, und dass der außerordentliche Geschäftsplan sowie die Angaben zu den in § 11.3 genannten Voraussetzungen unverzüglich nach Fertigstellung beiden Parteien zu übersenden sind.[24]

shall mutually instruct management to prepare an extraordinary business plan, subject to continuance of the previously-applied principles of business planning, containing financing, investment, personnel and sales planning for the next ...... financial years. The extraordinary business plan shall contain detailed information on the conditions set out in para. 11.3, to the extent these apply, subject to providing the documents stated therein. The shareholder resolution shall further provide that in the event no agreement exists among the managing directors of the JV Company, the managing director who regards increased capital as necessary shall prepare the extraordinary business plan and the information on the conditions set out in para. 11.3 on his own and that the extraordinary business plan and that the information on the conditions set out in para. 11.3 shall be sent to the Parties immediately upon their completion.

11.3 Die JV-Gesellschaft hat Bedarf an weiterem Eigenkapital im Sinne dieser Vorschrift, wenn und soweit zwischen den Parteien nach Maßgabe von § 11.4 oder § 11.5 bindend festgestellt ist, dass

(a) die JV-Gesellschaft nach dem außerordentlichen Geschäftsplan gemäß § 11.2 Liquidität und/oder Kapital (i) zur kontinuierlichen Weiterentwicklung des Geschäfts (einschließlich des Haltens des Marktanteils in einem wachsenden Markt und zu ähnlichen nichtexpansiven Zwecken), (ii) zur Erhöhung ihres Marktanteils in einem konstanten oder wachsenden Markt, (iii) zur Expansion ihres Geschäfts in einen

11.3 The JV Company shall be deemed to require further equity in terms of this provision where and to the extent that it has been determined among the Parties on a binding basis in accordance with para. 11.4 or 11.5 that

(a) in accordance with the extraordinary business plan pursuant to para. 11.2, the JV Company requires funds and/or capital (i) for the continuing further development of its business (including the preservation of its market share in a growing market and for similar non-expansionary purposes), (ii) for the increase of its market share in a stable or growing market, (iii) for the expansion of its business in

anderen verwandten Markt für ähnliche Produkte oder in einen anderen räumlichen Markt oder zu ähnlichen expansiven Zwecken, oder (iv) zur Vermeidung eines Eröffnungsgrundes für ein Insolvenzverfahren gemäß §§ 16 ff. InsO benötigt; und

(b) (i) Fremdkapital nicht gewährt wird, oder (ii) Fremdkapital nur gegen Stellung von Sicherheiten der Parteien gewährt wird, oder (iii) Fremdkapital nur zu einem Zinssatz gewährt wird, der mindestens ......% über dem durchschnittlichen 6-Monats-EURIBOR der letzten ...... Monate vor der Feststellung des Eigenkapitalbedarfs liegt, oder (iv) die Eigenkapitalquote der JV-Gesellschaft im Zeitpunkt des letzten Abschlussstichtages unter ......% liegt. Die Feststellungen gemäß (i) bis (iii) sind durch entsprechende Angebote und/oder Absagen der Hausbank – hat die JV-Gesellschaft dauerhafte Verbindlichkeiten bei verschiedenen Banken, sind entsprechende Angebote und/oder Absagen von zweien dieser Banken vorzulegen – und einer weiteren Bank zu belegen.[25]

11.4 Der von der Geschäftsführung aufgestellte Geschäftsplan und die daraus folgende Feststellung des Kapitalbedarfs werden für die Parteien bindend, wenn nicht eine der Parteien dem Geschäftsplan oder der Feststellung des Kapitalbedarfs innerhalb von *[fünfzehn (15)]* Bankarbeitstagen ab Zugang durch schriftliche Erklärung gegenüber der anderen Partei widerspricht. Widerspricht eine Partei nach Maßgabe von Satz 1, werden die Parteien sich bemühen, innerhalb von weiteren *[fünfzehn (15)]*

another related market for similar products or in another geographic market or for similar expansive purposes, or (iv) for the purposes of avoiding giving rise to a reason to commence insolvency proceedings pursuant to secs. 16 *et seq.* InsO (German Insolvency Act); and

(b) (i) debt financing will not be made available, or (ii) debt financing will only be available in exchange for the granting of security by the Parties, or (iii) debt financing will only be available at an interest rate that is at least ......% above the average 6-month EURIBOR of the past ...... months prior to the determination of the need for equity, or (iv) the equity capital ratio of the JV Company at the date of the last accounts effective date is under ......%. The determinations pursuant to (i) to (iii) shall be evidenced by corresponding offers and/or refusals by the JV Company's customary bank – where the JV Company has ongoing liabilities with different banks, corresponding offers and/or refusals shall be provided from two of these banks – and another bank.

11.4 The business plan prepared by management and the determination of the need for capital resulting therefrom shall become binding upon the Parties where neither of the Parties objects to the business plan or the determination of the need for capital by way of written declaration to the other Party within *[fifteen (15)]* Banking Days of receipt of these. Where a Party objects in accordance with sentence 1, the Parties shall seek to reach an agreement on the business plan and the determination of

	Bankarbeitstagen eine Einigung über den Geschäftsplan und die Feststellung des Kapitalbedarfs zu erzielen. Erzielen die Parteien eine Einigung, sind der Geschäftsplan und die Feststellung mit den durch die Einigung bedingten Änderungen für die Parteien – und, nach einem entsprechenden Gesellschafterbeschluss, für die JV-Gesellschaft – verbindlich.[26]		the need for capital within a further *[fifteen (15)]* Banking Days. Where the Parties reach an agreement, the business plan and the determination shall be binding upon the Parties, subject to any modifications resulting from the agreement, and – upon a corresponding shareholder resolution – upon the JV Company.
11.5	Erzielen die Parteien innerhalb der Frist gemäß § 11.4 Satz 2 keine Einigung über den Geschäftsplan und die Feststellung des Kapitalbedarfs, so haben sie innerhalb von weiteren *[fünfzehn (15)]* Bankarbeitstagen gemeinsam einen unabhängigen Experten als Schiedsgutachter (*Schiedsgutachter*) zu bestellen, der Wirtschaftsprüfer mit mindestens fünf Jahren Erfahrung in der Branche der JV-Gesellschaft ist. Einigen sich die Parteien nicht innerhalb der Frist des Satzes 1 auf einen Schiedsgutachter, bestimmt der Sprecher des Vorstandes des Instituts der Wirtschaftsprüfer in Deutschland e. V. in Düsseldorf auf Antrag einer der Parteien den Schiedsgutachter. Im Falle einer wiederholten Bestellung liegt es im freien Ermessen des Sprechers des Vorstandes des Instituts der Wirtschaftsprüfer in Deutschland e. V. in Düsseldorf, einen bereits vorher in Bezug auf die JV-Gruppe tätigen Schiedsgutachter zu ernennen. Die Kosten und Auslagen für den Schiedsgutachter und das Schiedsgutachterverfahren werden zunächst von den Parteien je zur Hälfte verauslagt und getragen. Beide tragen ihre eigenen Kosten und die Kosten ihrer Berater selbst, es sei denn, der Schiedsgutachter trifft gemäß dem nachfolgenden Satz eine abweichende Entscheidung über die Verteilung der Kosten. Der Schiedsgutachter kann nach billigem Ermessen über die Verteilung seiner Kosten und Aus-	11.5	Where the Parties are unable to reach an agreement on the business plan and the determination of the need for capital within the period pursuant to para. 11.4 sentence 2, they shall mutually appoint an independent expert as an arbitrator (*Arbitrator*) within a further *[fifteen (15)]* Banking Days; the Arbitrator must be an accountant with at least five years of experience in the field of the JV Company. Where the Parties are unable to agree on an Arbitrator within the period set out in sentence 1, the chairperson of the board of the Institute of Public Auditors in Düsseldorf shall specify the Arbitrator upon the application of one of the Parties. In the event of a repeat in appointments, the chairperson of the board of the Institute of Public Auditors in Düsseldorf shall have discretion to nominate an Arbitrator who was already engaged in respect of the JV Group. The costs and expenses of the Arbitrator shall initially be disbursed and borne equally by the Parties. Both Parties shall bear their own costs and those of their advisors unless the Arbitrator makes a different decision on the allocation of costs pursuant to the following sentence. The Arbitrator may, at his discretion subject to reasonable judgment, conclusively decide upon the allocation of his costs and expenses and the costs of the arbitration proceedings, including reasonable fees and ex-

lagen und der Kosten für das Schiedsgutachterverfahren, einschließlich angemessener Gebühren und Auslagen der Parteien für ihre Berater, unter Berücksichtigung seiner Entscheidung und der ursprünglichen Standpunkte und Anträge der Parteien entsprechend § 91 ZPO abschließend entscheiden.

11.6 Der Schiedsgutachter prüft in entsprechender Anwendung der §§ 317 ff. BGB, ob der Geschäftsplan den in § 11.3 genannten Anforderungen entspricht und die Feststellung des Liquiditäts- und Kapitalbedarfs aufgrund dieses Geschäftsplans plausibel ist. Die Parteien weisen die Geschäftsführung der JV-Gesellschaft bereits jetzt an, dem Schiedsgutachter alle für seine Prüfung nach diesem § 11 erforderlichen Informationen und Unterlagen zur Verfügung zu stellen. Weiterhin hat der Schiedsgutachter Feststellungen darüber zu treffen, wie wahrscheinlich der Erfolg der gemäß § 11.3 angestrebten Maßnahmen ist. Wird die Feststellung des Liquiditäts- und Kapitalbedarfs auf den Tatbestand des § 11.3. (a) (i) oder § 11.3. (a) (iv) gestützt, gilt der Liquiditäts- und Kapitalbedarf als festgestellt, wenn der Schiedsgutachter den Erfolg der entsprechenden Maßnahme als wahrscheinlicher als den Misserfolg ansieht. Wird die Feststellung des Liquiditäts- und Kapitalbedarfs auf den Tatbestand des § 11.3. (a) (ii) oder § 11.3. (a) (iii) gestützt, gilt der Liquiditäts- und Kapitalbedarf nur dann als festgestellt, wenn der Schiedsgutachter eine deutlich überwiegende Wahrscheinlichkeit des Erfolgs feststellt; gleiches gilt, wenn die Feststellung des Liquiditäts- und Kapitalbedarfs auf den Tatbestand des § 11.3. (a) (iv) gestützt ist, falls es innerhalb der letzten 24 Monate vor Prüfung

penses of the Parties for their advisors, having regard to his decision on the merits and the Parties' original positions and applications of the Parties corresponding to sec. 91 ZPO (German Code of Civil Procedure).

11.6 Applying secs. 317 *et seq.* BGB *mutatis mutandis*, the Arbitrator shall examine whether the business plan corresponds to the requirements set out in para. 11.3 and whether the determination of the funding and capital needs is plausible on the basis of this business plan. The Parties hereby provide the management of the JV Company with an advance instruction to make available to the Arbitrator all of the information and documents required for his examination in accordance with this § 11. The Arbitrator shall further make determinations in respect of the probability of success of the measures sought pursuant to para. 11.3. Where the determination of the funding and capital need is based on the conditions contained in secs. 11.3 (a) (i) or 11.3 (a) (iv), the funding and capital need shall be deemed to be determined where the Arbitrator regards the success of the corresponding measure as more likely to occur than the failure thereof. Where the determination of the funding and capital need is based on the conditions contained in secs. 11.3 (a) (ii) or 11.3 (a) (iii), the funding and capital need is only deemed to be fulfilled where the Arbitrator determines that there is a clearly preponderant probability of success; the same shall apply where the determination of the funding or capital need is based on the condition contained in para. 11.3 (a) (iv), where within the past 24

II. Joint Venture-Vereinbarung

durch den Schiedsgutachter mindestens einen Sanierungsversuch unter Verwendung von Eigenkapital der Parteien gegeben hat. Der Schiedsgutachter hat hierzu innerhalb von [zwanzig (20)] Bankarbeitstagen ein schriftliches Gutachten, das für die Parteien verbindlich ist, zu erstellen und an die Parteien zu übersenden.[27]

11.7 Ist das Verfahren gemäß § 11.2 bis § 11.6 abgeschlossen worden, ist für einen Zeitraum von [zwölf (12)] Monaten ab Zugang des Schiedsgutachtens bei den Parteien eine Wiederholung des Verfahrens ausgeschlossen. Eine Wiederholung des Verfahrens ist für [achtzehn (18)] Monate ab Zugang des Schiedsgutachtens bei den Parteien ausgeschlossen, soweit eine Partei sich auf eine im Wesentlichen gleich gelagerte Begründung bezieht.[28]

11.8 Ist ein Liquiditäts- und Kapitalbedarf durch den Schiedsgutachter bindend festgestellt worden, hat jede Partei der anderen Partei innerhalb von [zehn (10)] Bankarbeitstagen ab Verbindlichkeit der Feststellung zum Liquiditäts- und Kapitalbedarf mitzuteilen, ob sie bereit ist, die Hälfte des festgestellten Liquiditäts- und Kapitalbedarfs aufzubringen. Hat eine Partei innerhalb dieser Frist keine Erklärung abgegeben, gilt dies als Weigerung dieser Partei, sich an der Kapitalaufbringung zu beteiligen.[29]

11.9 Teilt eine Partei mit, dass sie kein Kapital bereitstellen wird, oder gibt sie innerhalb der Frist des § 11.8 keine Erklärung ab (diese Partei nachfolgend in diesem § 11 die *Verweigernde Partei* genannt), kann die andere Partei nach ihrer Wahl erklären, auf die Bereitstellung von Kapital ihrerseits zu verzichten oder Kapital in Höhe des gesamten festgestellten Kapitalbe-

months prior to the examination by the Arbitrator, at least one restructuring attempt has occurred using equity provided by the Parties. In respect hereof, the Arbitrator shall prepare and send to the Parties a written opinion within [twenty (20)] Banking Days, which shall be binding upon the Parties.

11.7 Where the procedure pursuant to secs. 11.2 to 11.6 has been concluded, a repetition of the procedure is not permitted for the period of [twelve (12)] months from the date of the receipt of the arbitration opinion by the Parties. A repetition of the procedure is not permitted for the period of [eighteen (18)] months from receipt of the arbitration opinion by the Parties to the extent that a Party refers to a reason which is essentially similar in nature.

11.8 Where a funding and capital need has been determined by the Arbitrator on a binding basis, each Party shall notify the other Party within [ten (10)] Banking Days of the determination of the funding and capital need becoming binding as to whether it is prepared to contribute one half of the determined funding and capital need. Where a Party fails to provide a declaration within this period, this shall be deemed to constitute a refusal on the part of this Party to participate in the capital contribution.

11.9 Where a Party communicates that it will not make available any capital, or where it fails to provide a declaration within the period set out in para. 11.8 (this Party referred to in this § 11 as the *Refusing Party*), the other Party may declare – at its choice – that it itself will not make capital available or that it will make capital available in the amount of the total de-

darfs bereitzustellen (diese Partei in diesem Fall dann nachfolgend in diesem § 11 die *Leistende Partei* genannt). Die Leistende Partei hat das Recht, von der Verweigernden Partei durch schriftliche Erklärung zu verlangen, dass diese einer unverzüglich zu beschließenden Kapitalerhöhung zustimmt, bei der die Leistende Partei einen zusätzlichen Geschäftsanteil übernimmt. Der Nennbetrag des zusätzlichen Geschäftsanteils ist durch Teilung des Betrages der zu erbringenden Einlage durch den Nennbetragswert gemäß § 11.11 zu ermitteln, wobei dergestalt aufzurunden ist, dass der neue Geschäftsanteil einen durch einen (1) Euro teilbaren Nennbetrag hat. Der den Nennbetrag des neuen Geschäftsanteils übersteigende Teil der Einlage ist in die freie Rücklage der JV-Gesellschaft gemäß § 272 Abs. 2 Nr. 4 HGB einzuzahlen. Ein Beispiel für die Berechnung des Nennbetragswertes ist in Anlage 11.9 beigefügt.[30]

11.10 Hält eine Partei infolge einer Verwässerung ihrer Beteiligung nach § 11.9 einen Anteil am Stammkapital der JV-Gesellschaft zwischen 40% und 50% (in diesem § 11.10 die *Minderheitspartei* genannt), kann sie ihrerseits jederzeit durch schriftliche Erklärung gegenüber der anderen Partei verlangen, dass die andere Partei einer Kapitalerhöhung zustimmt, durch welche die Beteiligung der Minderheitspartei am Stammkapital der JV-Gesellschaft wieder auf 50% steigt. Die andere Partei hat der Kapitalerhöhung jedoch nur zuzustimmen, wenn der Kapitalerhöhungsbeschluss die Minderheitspartei zur Zahlung eines Ausgleichsbetrages in die freie Kapitalrücklage gemäß § 272 Abs. 2 Nr. 4 HGB verpflichtet, der folgendermaßen zu ermitteln ist:

termined capital need (in such case, this Party is then referred to in this § 11 as the *Paying Party*). The Paying Party has the right to demand of the Refusing Party by way of written declaration that this Party approve a capital increase which shall be passed immediately, in which the Paying Party subscribes for an additional share. The nominal amount of the additional share shall be determined by dividing the amount of the payable contribution by the Nominal Amount Value pursuant to para. 11.11, whereby a rounding up shall take place in such a manner such that the new share has a nominal amount divisible by (1) Euro. The portion of the contribution exceeding the nominal amount of the new share shall be paid to the free reserves of the JV Company pursuant to sec. 272 para. 2 no. 4 HGB. An example of the calculation of the Nominal Amount Value is attached in Appendix 11.9.

11.10 If one Party holds a share in the share capital of the JV Company between 40% and 50% as a result of a dilution of its participation in accordance with para. 11.9 (referred to in this para. 11.10 as the *Minority Party*), this Party may at any time demand by way of written declaration to the other Party that the other Party approve a capital increase by way of which the participation of the Minority Party in the share capital of the JV Company is increased again up to 50%. The other Party is, however, only obliged to approve the capital increase where the capital increase resolution obliges the Minority Party to pay a settlement amount to the free reserves pursuant to sec. 272 para. 2 no. 4 HGB, which shall be determined as follows:

II. Joint Venture-Vereinbarung

Nennbetrag des zusätzlichen Geschäftsanteils × Nennbetragswert gemäß § 11.11

./. *Nennbetrag des zusätzlichen Geschäftsanteils*

= *Ausgleichsbetrag*

Ein Beispiel für die Berechnung des Ausgleichsbetrages ist in Anlage 11.10 beigefügt.[31]

11.11 Soweit in diesem Vertrag auf den Nennbetragswert verwiesen wird, ist damit der vor einer Kapitalerhöhung gemäß § 11.9 oder § 11.10 auf einen EUR Stammkapital entfallende, nach dem *[DCF-Verfahren gemäß dem Konzept der gewogenen Kapitalkosten gemäß Ziffer 7.3.2 des IDW Standards S 1 vom 2. April 2008]* ermittelte, anteilige Unternehmenswert gemeint (der *Nennbetragswert*); soweit der so ermittelte Nennbetragswert kleiner als eins (1) ist, ist im Hinblick auf diesen Vertrag der Nennbetragswert mit eins (1) anzusetzen. Können sich die Parteien bei einer Kapitalerhöhung gemäß § 11.9 oder § 11.10 nicht binnen *[fünfzehn (15)]* Bankarbeitstagen auf einen Nennbetragswert einigen, ist dieser durch einen Schiedsgutachter zu ermitteln. Für die Bestellung des Schiedsgutachters und die Verteilung der Kosten und Auslagen für das Schiedsgutachterverfahren gilt § 11.5 entsprechend. Der Schiedsgutachter hat binnen *[dreißig (30)]* Bankarbeitstagen ab Beauftragung ein Gutachten über den Nennbetragswert zu erstellen und den Parteien zu übermitteln. Stichtag für die Ermittlung des Nennbetragswerts ist der Zugang der Erklärung gemäß § 11.9 Satz 2 bzw. § 11.10 Satz 1. Ist im betreffenden Kapitalerhöhungsverfahren bereits ein Schiedsgutachter gemäß § 11.6 tätig geworden, so soll dieser erneut beauftragt werden, wenn keine wichtigen Gründe dagegen sprechen. Die Feststellungen des

Nominal amount of the additional capital share × Nominal Amount Value pursuant to para. 11.11

./. *Nominal amount of the additional capital share*

= *Settlement amount*

An example of the calculation of the settlement amount is attached as Appendix 11.10.

11.11 To the extent that reference is made in this Agreement to the Nominal Amount Value, the proportionate business value attributed to one EUR of share capital prior to a capital increase pursuant to para. 11.9 or para. 11.10, as determined by the *[DCF procedure pursuant to the weighted capital costs pursuant to para. 7.3.2 of the IDW Standard S 1 dated 2 April 2008]* is meant (the *Nominal Amount Value*); where the Nominal Amount Value determined in this manner is less than one (1), the Nominal Amount Value shall be set with one (1) for the purpose of this Agreement. Where in the event of a capital increase pursuant to para. 11.9 or para. 11.10 the Parties are unable to agree on a Nominal Amount Value within *[fifteen (15)]* Banking Days, this shall be determined by an arbitrator. Para. 11.5 shall apply *mutatis mutandis* to the appointment of the arbitrator and the allocation of the costs and expenses for the arbitration proceeding. Within *[thirty (30)]* Banking Days of his appointment, the arbitrator shall prepare and send to the Parties an opinion on the Nominal Amount Value. The effective date for the determination of the Nominal Amount Value shall be the date of the receipt of the declaration pursuant to para. 11.9 sentence 2 or para. 11.10 sentence 1. Where an arbitrator has already been involved pursuant to para. 11.6 in the relevant

Schiedsgutachters sind für die Parteien bindend.[32]

capital increase procedure, this arbitrator shall be tasked once again, provided no important reasons exist for not doing so. The determinations of the arbitrator are binding upon the Parties.

§ 12 Bilanzierung; Abschlussprüfung; Ausschüttungspolitik

12.1 Das Geschäftsjahr der JV-Gruppen-Gesellschaften läuft vom [1. 1. bis zum 31. 12. eines Jahres]. Der Einzel-Jahresabschluss aller Gesellschaften der JV-Gruppe und der Konzernabschluss der JV-Gruppe ist nach [HGB] [IAS/IFRS] unter Berücksichtigung der in Anlage 12.1 enthaltenen Bilanzierungsrichtlinien aufzustellen. Die Parteien werden dafür sorgen, dass ...... zum Abschlussprüfer aller Gesellschaften der JV-Gruppe für das erste Rumpfgeschäftsjahr und das erste vollständige Geschäftsjahr bestellt wird.

12.2 Vorbehaltlich des Vorhandenseins der entsprechenden Liquidität streben die Parteien eine Vollausschüttung des jährlichen Bilanzgewinns der JV-Gesellschaft im Verhältnis ihrer Beteiligung an der JV-Gesellschaft an. [Soweit eine Partei eine Vorabausschüttung wünscht, wird die andere Partei zustimmen, sofern nicht ein wichtiger Grund entgegensteht.][33]

§ 13 Leitung der JV-Gesellschaft; Geschäftsordnung für die Geschäftsführung

13.1 Die JV-Gesellschaft hat zwei Geschäftsführer. Den Geschäftsführern ist Gesamtvertretungsmacht zu erteilen. [Eine Befreiung von § 181 BGB findet nicht statt.]

13.2 Jede Partei hat das Recht, nach Anhörung der anderen Partei einen Geschäftsführer vorzuschlagen. Die Parteien sind sich einig, dass zu den ersten Geschäftsführern der

§ 12 Accounting; audit of accounts; dividend distribution policy

12.1 The financial year of the JV Group Companies runs from [1 January to 31 December of a given year]. The individual annual accounts of all of the companies of the JV Group and the corporate group accounts of the JV Group shall be prepared in accordance with [HGB] [IAS/IFRS] in accordance with the accounting policies contained in Appendix 12.1. The Parties shall ensure that ...... is appointed as the auditor of all of the JV Group companies for the first short financial year and the first complete financial year.

12.2 Subject to the availability of liquidity, the Parties shall seek to provide for the full dividend distribution of the annual balance-sheet profit of the JV Company in proportion to their participation in the JV Company. [To the extent that a Party desires an advance dividend distribution, the other Party shall approve this unless there are compelling reasons opposing such an advance distribution.]

§ 13 Management of the JV Company; rules of procedure for management

13.1 The JV Company shall have two managing directors. The managing directors shall be granted authority to act jointly. [No exemption from the restrictions imposed by sec. 181 BGB shall be granted.]

13.2 Each Party shall have the right, after hearing the other Party, to suggest a managing director. The Parties agree that the first managing directors to be appointed shall be

II. Joint Venture-Vereinbarung G.II

	JV-Gesellschaft auf Vorschlag von A Herr ...... und auf Vorschlag von B Frau ...... bestellt werden.[34]			Mr. ...... at the suggestion of A and Ms. ...... at the suggestion of B.
13.3	Die Bestellung der Geschäftsführer erfolgt im übrigen nach Maßgabe des als Anlage 5.1 beigefügten JV-Gesellschaftsvertrags, soweit in diesem Vertrag nichts anderes geregelt ist.		13.3	The appointment of managing directors shall otherwise take place in accordance with the JV Articles attached as Appendix 5.1, provided this Agreement does not provide otherwise.
13.4	Die Parteien haben durch Gesellschafterbeschluss nach Maßgabe von § 5.2 die in Anlage 5.2 b beigefügte Geschäftsordnung für die Geschäftsführung zu verabschieden. Die Geschäftsordnung für die Geschäftsführung kann nur durch einstimmigen Gesellschafterbeschluss der JV-Gesellschaft geändert werden.		13.4	The Parties shall adopt the rules of procedure for management attached as Appendix 5.2 b by way of a shareholder resolution in accordance with para. 5.2. The rules of procedure for management may be amended only by way of a unanimous shareholder resolution of the JV Company.

§ 14 Beirat; Geschäftsordnung für den Beirat[35]   § 14 Advisory board; rules of procedure for the advisory board

14.1	Die JV-Gesellschaft hat einen aus vier Mitgliedern bestehenden Beirat. Der Beirat berät und überwacht die Geschäftsführung.		14.1	The JV Company shall have an advisory board consisting of four members. The advisory board shall advise and monitor management.
14.2	Die Mitglieder des Beirats werden von den Parteien ernannt, wobei jede Partei das Recht hat, zwei Mitglieder zu ernennen. Jede Partei hat vor der Ernennung die andere Partei über die von ihr vorgesehene Person zu informieren; die andere Partei kann der Ernennung widersprechen, wenn ein wichtiger Grund in der Person des Vorgesehenen liegt, der eine Zusammenarbeit mit dem Vorgesehenen unzumutbar macht.		14.2	The members of the advisory board shall be nominated by the Parties, whereby each Party has the right to nominate two members. Prior to such nomination, each Party shall inform the other Party of its intended member; the other Party may object to the designation where, in relation to the intended person, good cause is provided for such objection, which cause would make collaboration with that intended person unreasonable.
14.3	Die Parteien haben durch Gesellschafterbeschluss nach Maßgabe von § 5.2 die in Anlage 5.2 c beigefügte Geschäftsordnung für den Beirat zu verabschieden. Die Geschäftsordnung für den Beirat kann nur durch einstimmigen Gesellschafterbeschluss der JV-Gesellschaft geändert werden.		14.3	The Parties shall adopt the rules of procedure for the advisory board attached as Appendix 5.2 c by way of a shareholder resolution in accordance with sec. 5.2. The rules of procedure for the advisory board may be amended only by way of a unanimous shareholder resolution of the JV Company.

§ 15 Entscheidungsfindung; Eskalationsverfahren bei Deadlock   § 15 Decision-making; escalation procedure in the event of deadlock

15.1	Die Parteien verpflichten sich, im Rahmen des rechtlich Zulässigen		15.1	To the extent legally permitted, the Parties undertake to ensure

dafür zu sorgen, dass ihre Vertreter in der Gesellschafterversammlung und die jeweils auf ihren Vorschlag benannten Mitglieder des Beirats ihre Stimmrechte nach Maßgabe dieses Vertrags ausüben.

15.2 Die Entscheidungen der Gesellschafterversammlung der JV-Gesellschaft werden mit einfacher Mehrheit getroffen, soweit nicht nach dem JV-Gesellschaftsvertrag oder dem Gesetz eine höhere Mehrheit erforderlich ist.

15.3 Können sich die Geschäftsführer in einer Angelegenheit, in der ihnen die Befugnis zur Geschäftsführung nach der gemäß § 5.2 verabschiedeten Geschäftsordnung gemeinschaftlich zusteht, nicht innerhalb einer angemessenen Frist einigen, so haben sie den Beirat mit der streitigen Frage zu befassen. Trifft auch der Beirat in mindestens zwei getrennten Sitzungen – von denen die zweite frühestens zwei und höchstens fünf Wochen nach der ersten Sitzung stattzufinden hat – keine Entscheidung, so wird die Frage von den Geschäftsführern der JV-Gesellschaft den Vorsitzenden der geschäftsführenden Organe der Konzernobergesellschaften der Parteien zur Entscheidung vorgelegt. Einigen sich die Vorsitzenden der geschäftsführenden Organe der Konzernobergesellschaften der Parteien nicht innerhalb von [vier (4)] Wochen ab Vorlage, haben sie dies den Geschäftsführern der JV-Gesellschaft und den Parteien mitzuteilen. In diesem Fall beginnt das Verfahren gemäß § 18, wobei das auslösende Ereignis die Mitteilung des Scheiterns gegenüber beiden Parteien ist. Vorstehender Satz gilt nicht, wenn die Streitfrage eine von einer Partei geforderte Kapitalerhöhung betrifft; in diesem Fall gilt § 11 abschließend.[36]

that their representatives at the shareholder meeting and the respective members of the advisory board nominated in accordance with their suggestions exercise their voting rights in accordance with this Agreement.

15.2 The decisions of the shareholder meeting of the JV Company shall be passed with a simple majority except where the JV Articles or statutory law require a higher majority.

15.3 Where the managing directors are unable to reach an agreement within a reasonable period of time on a matter which they are entitled to decide upon jointly pursuant to the rules of procedure passed pursuant to para. 5.2, they shall request that the advisory board decide upon this matter. Where the advisory board is unable to decide upon this matter in at least two separate meetings – of which the second shall take place no earlier than two weeks and no later than five weeks after the first meeting – the matter shall be placed by the managing directors of the JV Company before the chairpersons of the management bodies of the corporate group parent companies of the Parties for decision. Where the chairpersons of the management bodies of the corporate group companies of the Parties are unable to agree on the matter within [four (4)] weeks from such decision being placed before them, they shall notify the managing directors of the JV Company and the Parties thereof. In such a case, the procedure contained in § 18 shall commence, whereby the triggering event shall be the notice of failure to both Parties. The foregoing sentence shall not apply where the issue in dispute is a capital increase requested by a Party; in this case, § 11 shall apply exclusively.

II. Joint Venture-Vereinbarung

§ 16 Wettbewerbsverbot während der Vertragsdauer

16.1 Die Parteien verpflichten sich, für die Dauer des JV-Vertrags in den geographischen Gebieten, in denen die JV-Gruppe tätig ist, jegliche Betätigung zu unterlassen, mit der sie unmittelbar oder mittelbar in Wettbewerb zum Geschäftsbetrieb der JV-Gruppe treten würden. Die Parteien werden auch kein Unternehmen, das mit den Aktivitäten der JV-Gruppe unmittelbar oder mittelbar in Wettbewerb steht, gründen oder erwerben oder sich an einem solchen Unternehmen unmittelbar oder mittelbar in irgendeiner Weise beteiligen. Ausgenommen von diesem Wettbewerbsverbot ist der Erwerb von bis zu …… (……)% der Aktien an börsennotierten Gesellschaften, sofern jeglicher Einfluss der Partei auf die Leitungsorgane dieser Gesellschaften ausgeschlossen ist. Die Parteien stehen dafür ein, dass auch von ihnen beherrschte Gesellschaften entsprechend den vorstehenden Regelungen nicht in Wettbewerb zu den Aktivitäten der JV-Gruppe treten werden.

16.2 Im Fall einer Zuwiderhandlung gegen eine Verpflichtung aus § 16.1 hat die abmahnende Partei die zuwiderhandelnde Partei zunächst schriftlich unter Setzung einer angemessenen Frist aufzufordern, die Zuwiderhandlung zu unterlassen bzw. für eine Unterlassung der Zuwiderhandlung durch die von ihr beherrschten Gesellschaften zu sorgen. Nach fruchtlosem Ablauf der Frist gemäß Satz 1 hat die zuwiderhandelnde Partei an die abmahnende Partei für jeden folgenden Fall der Zuwiderhandlung eine Vertragsstrafe in Höhe von …… EUR (in Worten: ……) zu zahlen. Im Falle eines fortgesetzten Verstoßes wird die Vertragsstrafe für jeden angefangenen Monat, in dem der Verstoß

§ 16 Prohibition against competition for the term of the Agreement

16.1 The Parties undertake for the term of the JV Agreement to refrain from any activity in the geographic territory in which the JV Group is active if and to the extent these would compete, directly or indirectly, with the business operations of the JV Group. The Parties shall also refrain from founding, acquiring or participating – directly or indirectly or otherwise – in such an enterprise which would compete, directly or indirectly, with the activities of the JV Group. This prohibition against competition shall not include the acquisition of up to …… (……)% of the shares of a listed stock corporation provided that any influence of the Party over the management bodies of these corporations is excluded. The Parties shall ensure that the companies controlled by them shall also refrain from competing with the JV Group in accordance with the above provisions.

16.2 In the event of a breach of an undertaking under para. 16.1, the Party notifying the other Party thereof shall initially demand in writing, setting a reasonable period, that the Party in breach cease the breach or ensure that the companies controlled by it cease the breach. Upon the fruitless expiry of the period pursuant to sentence 1, the Party in breach shall pay to the notifying Party a contractual penalty in the amount of EUR …… (in words: ……) for each subsequent event of a breach. In the event of a continuing breach, the contractual penalty shall be imposed anew for each month commenced in which the breach continues. A warning notice pursuant to sentence 1 is not required

Giesen

anhält, erneut verwirkt. Eine Abmahnung gemäß Satz 1 ist entbehrlich, wenn die zuwiderhandelnde Partei das Unterlassen der Zuwiderhandlung ernsthaft und endgültig verweigert.

16.3 Im Falle einer Zuwiderhandlung gegen eine Verpflichtung aus § 16.1 kann die abmahnende Partei darüber hinaus von der zuwiderhandelnden Partei verlangen, dass die JV-Gruppe so gestellt wird, als wäre das gegen § 16.1 verstoßende Geschäft auf ihre Rechnung geführt worden, insbesondere, dass der JV-Gruppe alle im Zusammenhang mit der Zuwiderhandlung stehenden Vorteile der zuwiderhandelnden Partei bzw. einer von ihr beherrschten Gesellschaft herausgegeben werden. Vorbehalten bleibt der Ersatz weitergehender Schäden, die der abmahnenden Partei oder der JV-Gruppe durch das verbotswidrige Verhalten entstehen.

where the Party in breach seriously and conclusively refuses to cease the breach.

16.3 In the event of a breach of an obligation under para. 16.1, the Party providing warning thereof may further demand from the Party in breach that the JV Group be placed in the position it would be in if the transaction in breach of para. 16.1 had taken place on its account, in particular, that the JV Group be provided with all of the advantages in connection with the breach realised by the Party in breach or a company controlled by it. Compensation for additional damages which are incurred by the warning Party or the JV Group by the behaviour in breach of the prohibition remains reserved.

§ 17 Übertragung von Geschäftsanteilen; Übertragung von Rechten und Pflichten aus diesem Vertrag

17.1 Nach dem JV-Gesellschaftsvertrag bedarf die Übertragung eines Geschäftsanteils der Zustimmung der Gesellschafterversammlung mit einstimmigem Beschluss. Die Parteien verpflichten sich zuzustimmen, wenn sämtliche der folgenden Voraussetzungen vorliegen:[37]

17.1.1 Es werden sämtliche Geschäftsanteile der übertragenden Partei übertragen.

17.1.2 Der Anteilsübertragungsvertrag enthält eine Bestimmung, wonach die Übertragung erst dann wirksam wird (§ 158 Abs. 1 BGB), wenn der Übertragungsempfänger die Rechte und Pflichten aus dem JV-Vertrag – gegebenenfalls, etwa bei einer anderen Gesellschaftsform des Übertragungsempfängers, mit sinngemäß anzuwenden-

§ 17 Transfer of Shares; transfer of rights and duties under this Agreement

17.1 In accordance with the JV Articles, the transfer of a Share requires the consent of the shareholder meeting to the transfer by way of a unanimous resolution. The Parties undertake to approve where all of the following conditions are met:

17.1.1 All of the Shares of the transferring Party are transferred.

17.1.2 The share transfer agreement contains a provision in accordance with which the transfer is only effective (sec. 158 para. 1 BGB) where the transferee assumes the rights and duties of the transferring Party under the JV Agreement – potentially, for example where the transferee has another legal form, with rights and duties which

den Rechten und Pflichten – schuldbefreiend anstelle der übertragenden Partei übernimmt.	shall be applied correspondingly – with discharge of the transferring Party.
17.1.3 Die übertragende Partei erklärt gegenüber der anderen JV-Partei in Form eines selbstständigen Garantieversprechens gemäß § 311 BGB, dass sie dafür einsteht, dass der Übertragungsempfänger den Pflichten aus dem JV-Vertrag (in der übernommenen Form) nachkommt.	17.1.3 The transferring Party guarantees to the other Party in the form of an independent promise of guarantee pursuant to sec. 311 BGB that it shall ensure that the transferee fulfils the duties under the JV Agreement (in the form assumed).
17.1.4 Die übertragende Partei ist an dem Übertragungsempfänger direkt oder indirekt mit mindestens 75% des Kapitals und der Stimmrechte beteiligt.	17.1.4 The transferring Party participates in the transferee directly or indirectly by way of at least 75% of the capital and the voting rights.
17.1.5 Der Anteilsübertragungsvertrag enthält eine Bestimmung, wonach die Übertragung des Geschäftsanteils sowie die Übernahme dieses Vertrags gemäß § 17.1.2 enden (§ 158 Abs. 2 BGB) und die übertragende Partei wieder Vertragspartei des JV-Vertrags und Gesellschafterin der JV-Gesellschaft wird, wenn die übertragende Partei nicht mehr direkt oder indirekt mit mindestens 75% des Kapitals und der Stimmrechte an dem Übertragungsempfänger beteiligt ist.	17.1.5 The share transfer agreement contains a provision in accordance with which the transfer of the Share and the assumption of this Agreement pursuant to para. 17.1.2 shall terminate (sec. 158 para. 2 BGB) and the transferring Party shall once again become a contractual party to the JV Agreement and a shareholder of the JV Company where the transferring Party no longer participates in the transferee directly or indirectly by way of 75% of the capital and the voting rights.
17.2 Vorbehaltlich einer Übertragung dieses Vertrags gemäß § 17.1.2 darf keine Partei Rechte und/oder Pflichten aus diesem Vertrag ohne vorherige schriftliche Zustimmung der jeweils anderen Partei ganz oder teilweise an Dritte abtreten oder Dritten Rechte an Rechten aus diesem Vertrag einräumen.	17.2 Subject to a transfer of this Agreement pursuant to para. 17.1.2, no Party may assign rights and/or duties under this Agreement in whole or in part to third parties or grant any third parties rights to rights under this Agreement without the prior written consent of the respective other Party.

§ 18 Verfahren bei Vertragsbeendigung[38] — § 18 Procedure upon termination

18.1 In den Fällen, bezüglich derer dieser Vertrag auf diesen § 18 verweist, haben die Parteien nach Eintritt des dieses Verfahren auslösenden Ereignisses *[fünfzehn (15)]* Bankarbeitstage Zeit, einvernehmlich über die Zukunft der JV-Gruppe zu entscheiden. Einigen sie sich nicht während dieser Zeit, kann	18.1 Where this Agreement refers to this § 18, the Parties shall mutually decide on the future of the JV Group within *[fifteen (15)]* Banking Days of the occurrence of the event triggering this procedure. Where they are unable to agree within this period, each Party may provide to the acting notary re-

jede Partei in den *[sechs (6)]* auf den Tag des Ablaufes der Frist gemäß Satz 1 folgenden Wochen bei dem diesen Vertrag beurkundenden Notar eine schriftliche Erklärung abgeben, in der sie (i) angibt, ob sie entweder ihre Geschäftsanteile verkaufen oder ob sie die Geschäftsanteile der anderen Partei ankaufen möchte; und (ii) einen Preis pro einem (1) EUR Stammkapital der JV-Gesellschaft nennt, zu dem sie zum Ankauf bzw. Verkauf nach diesem § 18 bereit ist. Die Erklärung hat sich auf sämtliche Geschäftsanteile der jeweiligen Partei zu beziehen. Erklärungen, die nicht vollständig diesen Anforderungen entsprechen, gelten als nicht abgegeben. Der Notar hat nach Ablauf der Sechs-Wochen-Frist jeder Partei beglaubigte Abschriften der bei ihm eingegangenen Erklärungen zu übersenden.

cording this Agreement in the *[six (6)]* weeks following the date of the expiry of the period pursuant to sentence 1 a written declaration in which it (i) states whether it wishes to sell its Shares or rather, to purchase the Shares of the other Party; and (ii) states a price per EUR one (1) of the share capital of the JV Company at which it is prepared to make such purchase or sale pursuant to this § 18. The declaration shall relate to all of the Shares of the respective Party. Declarations which fail to completely comply with these requirements shall be deemed to not have been provided. Upon the expiry of the six-week period, the notary shall provide each Party with certified copies of the declarations received by him.

18.2 Haben beide Parteien erklärt, dass sie ihre Geschäftsanteile verkaufen wollen, ist die Partei, die den niedrigeren Preis genannt hat, verpflichtet, ihre Geschäftsanteile an die andere Partei gegen Zahlung des von dieser genannten höheren Preises abzutreten. Die Partei, die den höheren Preis genannt hat, ist zur Zahlung des von ihr angebotenen Preises gegen Abtretung der Geschäftsanteile der anderen Partei verpflichtet. Haben beide Parteien denselben Preis genannt, ist die Partei, deren Angebot dem Notar zuerst zugegangen ist, verpflichtet, ihre Geschäftsanteile an die andere Partei gegen Zahlung des von dieser angebotenen Preises abzutreten. Die Partei, deren Angebot dem Notar später zugegangen ist, ist zur Zahlung des von ihr angebotenen Preises gegen Abtretung der Geschäftsanteile der anderen Partei verpflichtet.[39]

18.2 Where both Parties have declared that they wish to sell their Shares, the Party which has stated the lower price is obliged to assign its Shares to the other Party at the higher price stated by that Party. The Party which has stated the higher price is obliged to pay the price offered by it in exchange for the assignment of the Shares of the other Party. Where both Parties have stated the same price, the Party whose declaration was received first by the notary shall be obliged to assign its Shares to the other Party in exchange for the price offered by that Party. The Party whose offer was received later by the notary shall be obliged to pay the price offered by it in exchange for the assignment of the Shares of the other Party.

18.3 Haben beide Parteien erklärt, dass sie die Geschäftsanteile der jeweils anderen Partei kaufen wollen, ist

18.3 Where both Parties have declared that they wish to purchase the Shares of the respective other

die Partei, die den höheren Preis genannt hat, zur Zahlung des von ihr genannten Preises gegen Abtretung der Geschäftsanteile der anderen Partei verpflichtet. Die Partei, die den niedrigeren Preis genannt hat, ist zur Abtretung ihrer Geschäftsanteile gegen Zahlung des von der anderen Partei genannten höheren Preises verpflichtet. Haben beide Parteien denselben Preis genannt, ist die Partei, deren Angebot dem Notar zuerst zugegangen ist, zur Zahlung des von ihr genannten Preises gegen Abtretung der Geschäftsanteile der anderen Partei verpflichtet. Die Partei, deren Angebot dem Notar später zugegangen ist, ist zur Abtretung ihrer Geschäftsanteile verpflichtet.[40]

18.4 Hat eine Partei erklärt, dass sie kaufen will (diese Partei nachstehend in diesem § 18 die *Kaufwillige Partei*), und die andere, dass sie verkaufen will (diese Partei nachstehend in diesem § 18 die *Verkaufswillige Partei*), gilt Folgendes:

18.4.1 Nennt die Kaufwillige Partei einen Preis, der dem von der Verkaufswilligen Partei genannten Preis entspricht oder höher ist, so ist die Verkaufswillige Partei zur Abtretung aller ihrer Geschäftsanteile an die Kaufwillige Partei gegen Zahlung des von der Kaufwilligen Partei genannten Preises verpflichtet. Die Kaufwillige Partei ist zur Zahlung des von ihr genannten Preises gegen Abtretung der Anteile der Verkaufswilligen Partei verpflichtet.[41]

18.4.2 Nennt die Kaufwillige Partei einen Preis, der niedriger ist als der von der Verkaufswilligen Partei genannten Preis, haben die Parteien Gelegenheit, sich binnen *[zwanzig (20)]* Bankarbeitstagen auf einen Preis zu einigen, zu dem die Kaufwillige Partei die Geschäftsanteile der Verkaufswilligen Partei kaufen

Party, the Party which has stated the higher price shall be obliged to pay the price stated by it in exchange for the assignment of the Shares of the other Party. The Party which has stated the lower price shall be obliged to assign its Shares in exchange for the higher price stated by the other Party. Where both Parties have stated the same price, the Party whose offer was received first by the notary shall be obliged to pay the price stated by it in exchange for the assignment of the Shares of the other Party. The Party whose offer was received later by the notary is obliged to assign its Shares.

18.4 Where one Party has declared that it wishes to purchase (this Party is referred to in this § 18 as the *Party Willing to Purchase*), and the other has declared that it wishes to sell (this Party is referred to in this § 18 as the *Party Willing to Sell*), the following shall apply:

18.4.1 Where the Party Willing to Purchase states a price which matches or is higher than the price stated by the Party willing to Sell, the Party Willing to Sell shall be obliged to assign all of its Shares to the Party Willing to Purchase at the price stated by the Party Willing to Purchase. The Party Willing to Purchase shall be obliged to pay the price stated by it in exchange for the assignment of the Shares of the Party Willing to Sell.

18.4.2 Where the Party Willing to Purchase states a price which is lower than that stated by the Party Willing to Sell, the Parties shall have the opportunity to agree on a price within *[twenty (20)]* Banking Days, at which the Party Willing to Purchase wishes to purchase the Shares of the Party Willing to Sell

will und die Verkaufswillige Partei ihre Geschäftsanteile verkaufen will.

18.4.3 Einigen sich die Parteien nicht innerhalb der *[Zwanzig]*-Tage-Frist des § 18.4.2, so wird der faire Preis durch einen unabhängigen Experten als Schiedsgutachter bestimmt (der so bestimmte Preis nachfolgend *Fairer Preis* genannt). Für die Bestellung sowie die Kosten und Auslagen des Schiedsgutachters gilt § 11.5 entsprechend. Der Schiedsgutachter hat den Fairen Preis nach dem *[DCF-Verfahren gemäß dem Konzept der gewogenen Kapitalkosten gemäß Ziffer 7.3.2 des IDW Standards S 1 vom 2. April 2008]* (unter Berücksichtigung möglicher Ertragsveränderungen aufgrund der Auswirkungen eines Gesellschafterwechsels auf die Verträge gemäß § 9.2 und § 9.3) zu ermitteln. Er hat innerhalb von *[dreißig (30)]* Bankarbeitstagen ein schriftliches Gutachten zum Fairen Preis zu erstellen und an die Parteien zu übersenden, das für die Parteien verbindlich ist.

18.4.4 Liegt der Faire Preis nicht zwischen den von den Parteien genannten Preisen, ist die Partei, die mit ihrer Preisnennung näher an dem Fairen Preis liegt (nachfolgend die *Berechtigte Partei*), berechtigt und verpflichtet, entsprechend ihrem Angebot sämtliche Geschäftsanteile der anderen Partei anzukaufen oder sämtliche eigenen Geschäftsanteile an die andere Partei zu verkaufen. Die andere Partei ist zum Ankauf oder Verkauf nach diesem Absatz verpflichtet.

18.4.5 Liegt der Faire Preis zwischen den von den Parteien genannten Preisen, gilt: hat die Berechtigte Partei ein Ankaufsangebot abgegeben, so hat sie sämtliche Geschäftsanteile der anderen Partei zum Fairen Preis anzukaufen, es sei denn, sie

and the Party Willing to Sell wishes to sell its Shares.

18.4.3 Where the Parties fail to reach an agreement within the *[twenty]*-day period referred to in para. 18.4.2, the fair price shall be determined by an independent expert as an arbitrator (the price so determined is referred to in the following as the *Fair Price*). Para. 11.5 applies *mutatis mutandis* to the appointment as well as the costs and expenses of the arbitrator. The arbitrator shall determine the Fair Price in accordance with the *[DCF procedure pursuant to the principle of weighted capital costs pursuant to para. 7.3.2 of the IDW Standard S 1 dated 2 April 2008]* (subject to an accounting for possible revenue changes as a result of the effects of a change in shareholder upon the contracts pursuant to para. 9.2 and para. 9.3). Within *[thirty (30)]* Banking Days, he shall prepare and provide to the Parties a written opinion on the Fair Price which shall be binding upon the Parties.

18.4.4 Where the Fair Price does not fall between the prices stated by the Parties, the Party which stated a price closest to the Fair Price (referred to in the following as the *Authorised Party*) is authorised and obliged to purchase all of the Shares of the other Party in accordance with its offer or to sell all of its own Shares to the other Party. The other Party is obliged to purchase or sell in accordance with this paragraph.

18.4.5 Where the Fair Price falls between the prices stated by the Parties, the following shall apply: Where the Authorised Party submitted a purchase offer, it shall purchase all of the Shares of the Other Party at the Fair Price, unless it declares

erklärt, sämtliche eigenen Geschäftsanteile an die andere Partei zu dem Preis, den die Berechtigte Partei als Ankaufspreis genannt hat, zu verkaufen. Hat die Berechtigte Partei ein Verkaufsangebot abgegeben, so hat sie sämtliche eigenen Geschäftsanteile zum Fairen Preis an die andere Partei zu verkaufen, es sei denn, sie erklärt, sämtliche Geschäftsanteile der anderen Partei zu dem Preis, den die Berechtigte Partei als Verkaufspreis genannt hat, ankaufen zu wollen. Die Erklärungen nach den beiden vorstehenden Sätzen sind binnen [fünf (5)] Bankarbeitstagen nach Zugang der verbindlichen Feststellung des Fairen Preises bei den Parteien schriftlich gegenüber der anderen Partei erklären. Die andere Partei ist zum Ankauf oder Verkauf nach diesem Absatz verpflichtet.[42]

18.5 Hat eine Partei keine Erklärung nach § 18.1 abgegeben oder gilt ihre Erklärung gemäß § 18.1 als nicht abgegeben, gilt das Angebot der anderen Partei als von ihr angenommen.

18.6 Steht nach diesem § 18 fest, wer zum Kauf bzw. Verkauf verpflichtet ist und zu welchem Preis die Geschäftsanteile zu verkaufen sind, haben die Parteien binnen [fünf (5)] Bankarbeitstagen auf der Basis der Vorlage gemäß Anlage 18.6 einen notariellen Vertrag über den Verkauf und die Abtretung der Geschäftsanteile abzuschließen; die zur Zahlung verpflichtete Partei hat am Tag des Beurkundungstermins den vereinbarten Preis in bar ohne Abzüge für Spesen und Kosten mit gleichtägiger Wirkung auf ein von der anderen Partei zu benennendes Konto zu überweisen.[43]

18.7 Die kaufende Partei hat im unmittelbaren zeitlichen Zusammenhang

that it wishes to sell all of its own Shares to the other Party at the price that the Authorised Party stated as its purchase price. Where the Authorised Party submitted an offer to sell, it shall sell all of its own Shares to the other Party at the Fair Price, unless it declares that it wishes to purchase all of the shares of the other Party at the price that the Authorised Party stated as its sale price. The declarations in accordance with the two foregoing sentences shall be made in writing to the other Party within [five (5)] Banking Days upon receipt of the binding determination of the Fair Price by the Parties. The other Party shall be obliged to purchase or sell in accordance with this para.

18.5 Where a Party provided no declaration in accordance with para. 18.1 or where its declaration pursuant to para. 18.1 is deemed not to have been provided, the offer of the other Party shall be deemed to have been accepted by it.

18.6 Where it has been determined under this § 18 which Party shall be obliged to purchase or respectively sell and at which price the Shares shall be sold, the Parties shall conclude a notarised agreement within [five (5)] Banking Days on the basis of the template pursuant to Appendix 18.6 concerning the sale and assignment of the Shares; the Party obliged to make payment shall transfer the price agreed upon on the date of the notarisation with same-day effect in cash without deduction of expenses and costs to an account to be specified by the other Party.

18.7 The purchasing Party shall redeem at nominal value any shareholder

mit dem Erwerb der Geschäftsanteile etwaige von der verkaufenden Partei der JV-Gesellschaft gewährte Gesellschafterdarlehen zum Nennwert abzulösen. Die kaufende Partei hat die Wahl, zum Zwecke der Ablösung entweder (i) dafür zu sorgen, dass die Gesellschafterdarlehen einschließlich aufgelaufener Zinsen von der JV-Gesellschaft zurückgezahlt werden, oder (ii) die Ansprüche aus Gesellschafterdarlehen von der verkaufenden Partei gegen Zahlung des Nennbetrages der gewährten Darlehen einschließlich aufgelaufener Zinsen zu kaufen. Die verkaufende Partei ist verpflichtet, an der von der kaufenden Partei gewählten Ablösung mitzuwirken.[44]

loans granted to the JV Company by the selling Party immediately together with the acquisition of the Shares. For the purposes of such redemption, the purchasing Party may elect either (i) to ensure that the shareholder loans, including any interest accrued, are repaid by the JV Company or (ii) to acquire the claims under the shareholder loans from the selling Party in exchange for payment of the nominal value of the loans granted, including interest accrued. The selling Party shall be obliged to cooperate with such election made by the purchasing Party.

18.8 Die Parteien werden dafür Sorge tragen, dass die JV-Gesellschaft auf Anforderung sämtliche zur Durchführung dieses § 18 erforderlichen Informationen und Unterlagen den Parteien sowie dem Schiedsgutachter unverzüglich zur Verfügung stellt. Die Parteien haben weiterhin dafür zu sorgen, dass der Notar entsprechend dem Inhalt dieses § 18 beauftragt wird.

18.8 The Parties shall ensure that, upon request, the JV Company immediately makes available all of the information and documents to the Parties and the arbitrator necessary for the implementation of this § 18. The Parties shall further ensure that the notary will be instructed in accordance with the content of this § 18.

18.9 Ist eine Partei berechtigt, sämtliche Geschäftsanteile der anderen Partei nach § [20] des JV-Gesellschaftsvertrags einziehen zu lassen, so kann sie statt der Einziehung der Anteile der anderen Partei nach § [20] des JV-Gesellschaftsvertrags eine Auseinandersetzung nach diesem § 18 wählen. Dies hat sie der anderen Seite durch eingeschriebenen Brief zu erklären, in dem sie den Grund nach § [20] des JV-Gesellschaftsvertrags zu spezifizieren und zu erklären hat, dass sie die Frist gemäß § 18.1 Satz 1 dieses JV-Vertrags in Gang setzt.

18.9 Where one Party is authorised to redeem all of the Shares of the other Party in accordance with § [20] of the JV Articles, it may – instead of the redemption of the Shares of the other Party in accordance with § [20] of the JV Articles – elect the dispute procedure contained in this § 18. That Party shall notify the other Party thereof by way of registered mail specifying the grounds pursuant to § [20] of the JV Articles and must declare that it has triggered the commencement of the notice period pursuant to para. 18.1 sentence 1 of this JV Agreement.

§ 19 Laufzeit; Kündigung

19.1 Der JV-Vertrag wird auf eine Dauer von ...... (......) Jahren abge-

§ 19 Term; termination

19.1 The JV Agreement is concluded for a term of ...... (......) years. It

	schlossen. Er verlängert sich um jeweils ...... (......) weitere Jahre, wenn er nicht von einer Partei mit einer Frist von *[sechs (6)]* Monaten zu seinem jeweiligen Enddatum gekündigt wird. Die Kündigung ist durch eingeschriebenen Brief gegenüber der anderen Partei zu erklären. Eine ordentliche Kündigung bewirkt das Verfahren der Auseinandersetzung der Parteien gemäß § 18. Das Kündigungsrecht der Parteien nach § 723 Abs. 1 Satz 1 BGB ist ausgeschlossen.[45]		shall be extended by a respective ...... (......) further years where it is not terminated by a Party with a notice period of *[six (6)]* months to its respective termination date. Termination notice shall be served by way of registered mail to the other Party. Ordinary notice of termination shall trigger the dispute procedure of the Parties pursuant to § 18. The termination right of the Parties in accordance with sec. 723 para. 1 sentence 1 BGB is excluded.
19.2	Das Recht jeder Partei zur Kündigung dieses Vertrages aus wichtigem Grund bleibt unberührt.[46] Eine Kündigung aus wichtigem Grund ist insbesondere möglich, wenn[47]	19.2	The right of each Party to terminate this Agreement for good cause shall remain unaffected. Termination for good cause is in particular possible where
	(a) die andere Partei oder ein mit ihr verbundenes Unternehmen gemäß § 15 AktG eine wesentliche Pflicht aus diesem Vertrag oder aus einem auf Grundlage dieses Vertrages abgeschlossenen Vertrag (insbesondere einem der in § 9.2 oder § 9.3 genannten Verträge) verletzt und trotz schriftlicher Abmahnung, die die Verletzung spezifiziert, die Pflichtverletzung nicht innerhalb von *[vier (4)]* Wochen abstellt;		(a) the other Party or an enterprise affiliated with it pursuant to sec. 15 AktG breaches an essential duty under this Agreement or under an agreement concluded on the basis of this Agreement (in particular, but not limited to one of the contracts set out in para. 9.2 or para. 9.3) and, in spite of a written reminder which specifies the breach, fails to cease the breach of the duty within *[four (4)]* weeks;
	(b) über das Vermögen der anderen Partei und/oder eines mit ihr verbundenen Unternehmens gemäß § 15 AktG, das auf der Grundlage dieses Vertrages einen Vertrag mit einer Gesellschaft der JV-Gruppe geschlossen hat, ein Insolvenzverfahren eröffnet wird, die Eröffnung eines Insolvenzverfahrens beantragt wird, die Eröffnung eines Insolvenzverfahrens mangels Masse abgelehnt wird oder der Geschäftsanteil der anderen Partei gepfändet wird; ist ein verbundenes Unternehmen betroffen, so gilt dies nicht, wenn der JV-Ge-		(b) an insolvency proceeding is commenced in respect of the assets of the other Party and/or an enterprise affiliated with it pursuant to sec. 15 AktG which has concluded a contract with a JV Group company on the basis of this Agreement, the commencement of an insolvency proceeding is applied for, the commencement of an insolvency proceeding is rejected due to a lack of assets or the Share of the other Party is pledged; where an affiliated enterprise is affected, this shall not apply where the JV Company and the Party otherwise

sellschaft und der ansonsten kündigungsberechtigten Partei innerhalb von *[fünf (5)]* Bankarbeitstagen eine unbedingte und unbefristete Einstandserklärung der anderen Partei für die Verpflichtungen des mit der anderen Partei verbundenen Unternehmens gegenüber der Gesellschaft der JV-Gruppe zugegangen ist;

(c) eine Person oder eine Gesellschaft, die am Unterzeichnungstag keinen beherrschenden Einfluss im Sinne des § 17 Abs. 1 AktG auf die andere Partei ausübt, einen solchen beherrschenden Einfluss erlangt. Die Personen und Gesellschaften, die am Unterzeichnungstag beherrschenden Einfluss im Sinne von § 17 AktG auf die Parteien haben, sind in Anlage 19.2 (c) aufgeführt. Die Partei, die von der Änderung der Beherrschungsverhältnisse betroffen ist, ist verpflichtet, dies der anderen Partei unverzüglich mitzuteilen.

Eine Kündigung aus wichtigem Grund ist der anderen Partei innerhalb von *[zwei (2)]* Wochen nach Kenntnis des zur Kündigung berechtigenden Grundes zu erklären. Sie führt zur Einziehung der Geschäftsanteile des Kündigungsgegners nach § [20] des JV-Gesellschaftsvertrags.

§ 20 Anmeldung des Zusammenschlusses bei der Fusionskontrollbehörde[48]

20.1 Die Parteien werden das in diesem JV-Vertrag vereinbarte Vorhaben unverzüglich nach dem Unterzeichnungstag gemeinsam bei der/den zuständigen Fusionskontrollbehörde/n anmelden. Sie verpflichten sich, einander alle Dokumente, Daten und anderen Informationen zur Verfügung zu stellen, die notwendig sind, um die

authorised to terminate have received an unconditional declaration of assumption unlimited in time by the other Party for the obligations of the company affiliated with the other Party to the JV Group Company within *[five (5)]* Banking Days;

(c) a person or a company which – on the Signing Date – exercises no controlling influence in terms of sec. 17 para. 1 AktG over the other Party acquires such a controlling influence. The persons and companies which exercise a controlling influence in terms of sec. 17 para. 1 AktG on the Signing Date are listed in Appendix 19.2 (c). The Party which is affected by the change in the controlling relationships is obliged to notify the other Party immediately thereof.

Notice of termination for good cause shall be provided to the other Party within *[two (2)]* weeks upon becoming aware of the reason authorising termination. It shall lead to the redemption of the Shares of the Party against which termination is asserted pursuant to § [20] of the JV Articles.

§ 20 Notification of the concentration to the merger control authority

20.1 Immediately after the Signing Date, the Parties shall jointly notify the competent merger control authority/authorities of the undertaking agreed to in this JV Agreement. They undertake to make available to one another all documents, data and other information which are required to prepare, amend or supplement the merger

II. Joint Venture-Vereinbarung

kartellrechtliche Anmeldung vorzubereiten, zu ändern oder zu ergänzen. Weiterhin verpflichten sie sich, nach Treu und Glauben mit der/den Fusionskontrollbehörde/n zusammenzuarbeiten, soweit dies erforderlich wird.

20.2 Soweit die Fusionskontrollbehörde den in diesem Vertrag vereinbarten Zusammenschluss nur unter Bedingungen oder Auflagen freigibt, die von einer der Parteien oder jeweils mit ihnen verbundenen Unternehmen im Sinne von § 15 AktG zu erfüllen sind, ist keine Partei verpflichtet, diese Bedingungen oder Auflagen zu erfüllen oder deren Erfüllung sicherzustellen. Dies gilt nicht, wenn und soweit die von der Fusionskontrollbehörde erteilten Bedingungen oder Auflagen unwesentlicher oder untergeordneter Natur sind, ihre Erfüllung von der betreffenden Partei unter Berücksichtigung des damit verbundenen Aufwands einerseits und dem Interesse beider Parteien an einer Freigabe des in diesem Vertrag vereinbarten Zusammenschlusses andererseits nach Treu und Glauben nicht verweigert werden darf.

20.3 Soweit die Fusionskontrollbehörde den in diesem JV-Vertrag vereinbarten Zusammenschluss untersagt und eine Partei dagegen Rechtsmittel einlegen will, hat die andere Partei sie dabei nach Treu und Glauben zu unterstützen.

§ 21 Vertraulichkeit und Pressemitteilungen

21.1 Jede Partei wird die Informationen, die sie im Zusammenhang mit dem Abschluss dieses JV-Vertrags über dessen Inhalt, über die JV-Gruppe, die jeweils andere Partei sowie die mit dieser verbundenen Unternehmen im Sinne von § 15 AktG erhalten hat, streng vertraulich behandeln, vor dem Zugriff Dritter wirksam schützen und sol-

notification. They further undertake to collaborate in good faith with the merger control authority/authorities to the extent this will be required.

20.2 To the extent that the merger control authority grants clearance to the concentration agreed to in this Agreement conditional upon conditions or requirements which are to be fulfilled by one of the Parties or respective enterprises affiliated with it in terms of sec. 15 AktG, neither Party shall be obliged to fulfil these conditions or requirements or to ensure their fulfilment. This shall not apply where and to the extent that the conditions or requirements imposed by the merger control authority are insubstantial or secondary in nature; here, the affected Party shall fulfil these where good faith refusal would be unreasonable in light of the costs in connection therewith and the interests of both Parties in the clearance of the concentration agreed to in this Agreement.

20.3 Where the merger control authority prohibits the concentration agreed to in this JV Agreement, and one Party wishes to appeal this prohibition, the other Party shall support it in good faith.

§ 21 Confidentiality and press releases

21.1 Each Party shall keep strictly confidential the information which it has obtained in connection with the conclusion of this JV Agreement in respect of the JV Agreement's content, the JV Group, the respective other Party, as well as the enterprises affiliated therewith in terms of sec. 15 AktG and shall effectively prevent third parties

che vertraulichen Informationen nicht für eigene oder fremde Zwecke nutzen. Von der vorstehenden Verpflichtung nicht umfasst sind Tatsachen, die öffentlich bekannt sind oder ohne eine Verletzung dieser Verpflichtung öffentlich bekannt werden oder deren Offenlegung durch Gesetz oder durch für die Partei verbindliche kapitalmarktrechtliche Vorschriften vorgeschrieben oder zum Zwecke der Durchführung dieses Vertrags notwendig ist.[49]

21.2 Die Parteien werden sich über Form und Inhalt jeder Pressemitteilung oder ähnlicher freiwilliger Verlautbarung zu den in diesem Vertrag vereinbarten Rechtsgeschäften vor deren Veröffentlichung abstimmen. Sofern Veröffentlichungen durch Gesetz oder durch für die Partei verbindliche kapitalmarktrechtliche Vorschriften vorgeschrieben sind, werden sie sich um eine vorherige Abstimmung bemühen.[50]

21.3 Die Pflichten gemäß § 21.1 und § 21.2 bestehen auch nach Beendigung des JV-Vertrags unbefristet fort.

§ 22 Kosten und Verkehrsteuern

22.1 Jede Partei trägt ihre eigenen Kosten und Auslagen im Zusammenhang mit der Vorbereitung, Verhandlung und Durchführung dieses Vertrags, einschließlich der Honorare, Kosten und Auslagen ihrer Berater.

22.2 Die Kosten der notariellen Beurkundung dieses Vertrags und die Gebühren der zuständigen Kartellbehörden sowie etwaiger kartellrechtlicher Gerichtsverfahren im Zusammenhang mit dem Zusammenschlussvorhaben werden von den Parteien je zur Hälfte getragen.[51]

22.3 Alle Verkehrsteuern einschließlich der Grunderwerbsteuer und ähnlicher in- oder ausländischer Steuern, Gebühren oder Abgaben, die aufgrund des Abschlusses oder der

from gaining access to it and shall refrain from using such confidential information for its own or other purposes. The foregoing obligation does not include facts that are publicly-known or which become publicly-known without a breach of this duty or the disclosure of which is required by law or by capital markets provisions which are binding upon a Party or is necessary for the implementation of this Agreement.

21.2 The Parties shall agree on the form and content of each press release or similar voluntary announcement on the legal transactions agreed upon in this Agreement prior to their publication. To the extent that publications are required by law or by capital markets regulations which are binding upon a Party, the Parties shall seek to obtain prior agreement.

21.3 The duties pursuant to para. 21.1 and para. 21.2 shall also continue on an unlimited basis after the termination of the JV Agreement.

§ 22 Costs and transfer taxes

22.1 Each Party shall bear its own costs and expenses in connection with the preparation, negotiation and implementation of this Agreement, including the fees, costs and expenses of its advisors.

22.2 The costs of the official recording of this Agreement and the fees for the competent competition authorities as well as any competition law court proceedings in connection with the concentration undertaking shall be borne equally by the Parties.

22.3 All transfer taxes, including real property transfer tax and similar domestic or foreign taxes, fees or levies incurred as a result of the conclusion or implementation of

Durchführung dieses Vertrags anfallen, tragen die Parteien je zur Hälfte, soweit Steuer- oder Gebührenschuldner nicht die JV-Gesellschaft ist. Etwaige Steuern für die Maßnahmen im Vorfeld der Einbringung gemäß § 1.1 trägt A allein.

this Agreement shall be borne equally by the Parties, unless the party liable for the tax or fee is the JV Company. Any taxes incurred for the measures undertaken prior to the contribution pursuant to para. 1.1 shall be borne exclusively by A.

§ 23 Mitteilungen

23.1 Alle rechtsgeschäftlichen Erklärungen und andere Mitteilungen (zusammen *Mitteilungen* und einzeln *Mitteilung*) im Zusammenhang mit diesem JV-Vertrag bedürfen der Schriftform nach § 126 Abs. 1, 2 und 4 BGB, soweit nicht notarielle Beurkundung oder eine andere Form durch zwingendes Recht oder durch den JV-Vertrag vorgeschrieben ist. Der Schriftform genügt eine Übermittlung per Telefax (nicht aber eine sonstige telekommunikative Übermittlung) oder ein Briefwechsel. Die elektronische Form (z.B. E-Mail) ersetzt die Schriftform nicht, selbst wenn sie den Anforderungen des § 126a BGB entspricht.

23.2 Alle Mitteilungen an A im Zusammenhang mit diesem Vertrag sind zu richten an: ......
Alle Mitteilungen an B im Zusammenhang mit diesem Vertrag sind zu richten an: ......
Die Parteien haben Änderungen ihrer in diesem § 23.2 genannten Anschriften und Telefaxnummern der jeweils anderen Partei unverzüglich schriftlich mitzuteilen. Bis zu dieser Mitteilung ist die bisherige Anschrift maßgeblich.

§ 24 Verschiedenes, Schlussbestimmungen

24.1 Änderungen, Ergänzungen oder die Aufhebung dieses JV-Vertrags, einschließlich der Änderung dieser Bestimmung, bedürfen der Schriftform, sofern nicht nach zwingendem Recht eine strengere Form (z.B. notarielle Beurkundung) erforderlich ist.

§ 23 Notices

23.1 All legal declarations and other notices (collectively referred to as *Notices* and individually a *Notice*) in connection with this JV Agreement must be in writing in accordance with sec. 126 para. 1, 2 and 4 BGB, to the extent that official recording or another form is not required by mandatory applicable law or by the JV Agreement. Written form shall be satisfied by a transmission via facsimile (but not by another telecommunications transmission) or an exchange of letters. Electronic form (e. g. email) shall not replace written form even where it complies with the requirements of sec. 126a BGB.

23.2 All Notices to A in connection with this Agreement shall be addressed to: ......
All Notices to B in connection with this Agreement shall be addressed to: ......
The Parties shall immediately notify the other Party in writing of changes to their addresses and fax numbers stated in this para. 23.2. The prior address shall be determinative up until this notification.

§ 24 Miscellaneous, final provisions

24.1 Amendments, supplements or the cancellation of this JV Agreement, including the amendment of this provision, must be in writing unless mandatory applicable law requires a more strict form (e.g. official recording).

24.2	Der JV-Vertrag hat Vorrang vor allen Verträgen, die in Ausführung des JV-Vertrags abgeschlossen werden. Soweit ein Widerspruch zwischen dem JV-Vertrag und einem in Ausführung des JV-Vertrags geschlossenen Vertrag besteht oder entstehen sollte, sind die Parteien verpflichtet, den anderen Vertrag entsprechend dem JV-Vertrag auszulegen bzw. – wenn dies nicht möglich ist – zu ändern.[52]	24.2	The JV Agreement shall take priority over all other agreements that are concluded in the context of the implementation of the JV Agreement. To the extent a contradiction exists or arises between the JV Agreement and an agreement concluded in the context of the implementation of the JV Agreement, the Parties are obliged to interpret the other agreement in accordance with the JV Agreement or, where this is impossible, to amend the other agreement.
24.3	Dieser JV-Vertrag enthält sämtliche Vereinbarungen der Parteien zu seinem Gegenstand und ersetzt alle mündlichen oder schriftlichen Verhandlungen, Vereinbarungen und Abreden, die zuvor zwischen den Parteien im Hinblick auf den Vertragsgegenstand geschlossen wurden. Nebenabreden zu diesem Vertrag bestehen mit Ausnahme der in diesem Vertrag genannten Anlagen und den aufgrund dieses Vertrags abzuschließenden Verträgen nicht.	24.3	This JV Agreement contains all of the agreements of the Parties in respect of its subject matter and replaces all oral or written negotiations, agreements and arrangements which were previously concluded by the Parties with regard to the subject of the agreement. With the exception of the appendices and the agreements to be concluded on the basis of this Agreement, no ancillary agreements to this Agreement exist.
24.4	Bankarbeitstage im Sinne dieses Vertrags sind die Tage, an denen die Banken in Frankfurt a. M. zum gewöhnlichen Geschäftsverkehr geöffnet sind *(Bankarbeitstage)*. Alle Fristen in diesem Vertrag beginnen, soweit nicht ausdrücklich ein anderes bestimmt ist, jeweils am ersten Bankarbeitstag nach dem Zugang der Erklärungen bei dem Adressaten gemäß § 23.	24.4	Banking Days in terms of this Agreement are those days on which the banks in Frankfurt am Main are open for usual business *(Banking Days)*. Unless another day is expressly provided for, all of the periods in this Agreement shall respectively commence on the first Banking Day upon receipt of the declarations by the addressees pursuant to § 23.
24.5	Sollten Bestimmungen dieses JV-Vertrags ganz oder teilweise unwirksam oder undurchführbar sein oder werden oder sollte dieser JV-Vertrag eine Lücke enthalten, so wird hierdurch die Gültigkeit der übrigen Bestimmungen dieses JV-Vertrags nicht berührt. An die Stelle unwirksamer oder undurchführbarer Bestimmungen oder zur Ausfüllung der Lücke soll eine Regelung treten, die, soweit rechtlich möglich, wirtschaftlich dem am	24.5	Where provisions of this JV Agreement are or shall become ineffective or inoperable, in whole or in part, or where this JV Agreement fails to regulate a matter, the validity of the remaining provisions of this JV Agreement shall remain unaffected. A provision shall be included in the place of the ineffective or inoperable provision or to regulate the unregulated matter which, to the extent legally possible, most closely commer-

nächsten kommt, was die Parteien wollten oder nach dem Sinn und Zweck dieses JV-Vertrags gewollt hätten, wenn sie bei Abschluss dieses JV-Vertrags oder der späteren Aufnahme einer Bestimmung den Punkt bedacht hätten. Dies gilt auch dann, wenn die Unwirksamkeit einer Bestimmung auf einem in diesem JV-Vertrag normierten Maß einer Leistung oder einer Zeit (Frist oder Termin) beruht; es tritt in solchen Fällen ein dem Gewollten möglichst nahekommendes, rechtlich zulässiges Maß der Leistung und der Zeit (Frist oder Termin) an die Stelle des vereinbarten.[53]

24.6 Dieser JV-Vertrag unterliegt deutschem Recht.[54]

24.7 Alle Streitigkeiten, die sich im Zusammenhang mit diesem JV-Vertrag oder über seine Gültigkeit ergeben, werden nach der Schiedsgerichtsordnung der Deutschen Institution für Schiedsgerichtsbarkeit e.V. (DIS) unter Ausschluss des ordentlichen Rechtsweges endgültig entschieden. Das Schiedsgericht entscheidet mit drei (3) Schiedsrichtern. Das schiedsrichterliche Verfahren ist in ...... durchzuführen. Das schiedsrichterliche Verfahren wird in deutscher Sprache durchgeführt, wobei Beweismittel auch in englischer Sprache vorgelegt werden dürfen. Verlangt zwingendes Recht die Entscheidung einer Angelegenheit aus oder im Zusammenhang mit diesem Vertrag oder seiner Durchführung durch ein ordentliches Gericht, ist der Gerichtsstand ......[55]

cially resembles that which was intended by the Parties or which the Parties would have intended subject to the intent and purpose of this JV Agreement, if they had considered the matter upon concluding this JV Agreement or upon the later incorporation of a provision. This shall also apply where the ineffectiveness of a provision is based on a measure of performance or a time (period or date) provided for in this JV Agreement; in such cases, such a legally-permissible measure of performance or time (period or date) as most closely resembles that which was intended shall replace the agreed-to measure.

24.6 This JV Agreement is governed by German law.

24.7 All disputes arising in connection with this JV Agreement or in respect of its validity shall be conclusively resolved in accordance with the Arbitration Rules of the German Institution of Arbitration (DIS) excluding the ordinary courts. The arbitration court shall render its decision with three (3) arbitrators. The arbitration proceedings shall take place in ...... The arbitration proceedings shall take place in German, whereby evidentiary materials may also be submitted in English. Where mandatory applicable law requires that a decision on a matter arising under or in connection with this Agreement or its performance be decided by the ordinary courts, the venue shall be ......

......

[Unterschriften der Parteien/ Urkundenschluss]

......

[Signatures of the Parties/ final notarial clause]

Schrifttum: Vgl. das Schrifttum zu G.I.

Anmerkungen

1. Sachverhalt. Ein außereuropäisches Unternehmen benötigt einen deutschen Partner für den Zutritt zum deutschen und europäischen Markt. Der deutsche Partner sucht Know-How und Finanzkraft des ausländischen Partners. Das Gemeinschaftsunternehmen ist eine neu zu gründende GmbH, die zunächst Energieriegel und Energy Drinks produzieren und vermarkten wird. Nach Aufnahme seiner Geschäftstätigkeit soll das Gemeinschaftsunternehmen noch weitere Tochtergesellschaften errichten bzw. Beteiligungen erwerben. Gesellschafterin A ist eine deutsche Gesellschaft der Getränkeindustrie mit langjähriger Erfahrung auf dem deutschen Markt. Sie produziert in einem eigenen Werk einen Energy Drink, der über Handelsmarken verkauft wird, also nicht besonders marktstark ist. Gesellschafterin B ist eine australische Aktiengesellschaft, die in Australien Marktführerin in der Herstellung von Energy Drinks ist, die unter eigener Marke vertrieben werden, und ihre Tätigkeit auf den deutschen und europäischen Markt ausweiten will. A erwartet mit Hilfe der Marke der B einen deutlich erhöhten Absatz ihrer Produkte zu besseren Verkaufspreisen. B benötigt einen lokalen Partner im europäischen Markt und kann mit dem schon bestehenden Werk der A die Produktion wesentlich schneller aufnehmen. A hätte eine Lizenz an der Marke und der Rezeptur von B bevorzugt, wozu B aber nicht bereit ist. Das Gemeinschaftsunternehmen hat für A jedoch den Vorteil, dass sie das Kapital für die Ausweitung ihrer Aktivitäten nicht alleine aufbringen muss. Das Muster unterstellt, dass beide Gesellschafter jeweils die Hälfte der Anteile halten und gleichberechtigt sind. – Der Joint Venture Vertrag verpflichtet die Parteien zur Errichtung des Gemeinschaftsunternehmens, bestimmt die Grundsätze für die Zusammenarbeit im Gemeinschaftsunternehmen und für dessen Finanzierung und ermöglicht den Exit im Falle von unüberwindbaren Meinungsverschiedenheiten. Zum Joint Venture Vertrag gehört eine Reihe von Anlagen, u. a. der Gesellschaftsvertrag für das Gemeinschaftsunternehmen (s. hierzu Form. G. III) sowie (hier nicht mit abgedruckt) die Geschäftsordnungen für die Geschäftsführung und den Beirat, die Einbringungsverträge für die Einbringung der von A und B zu leistenden Sacheinlagen, Kooperationsverträge mit beiden Gesellschaftern und eine Vorlage für einen Anteilskauf- und Übertragungsvertrag für den Fall, dass ein Gesellschafter seine Anteile in einer Exit-Situation auf den anderen Gesellschafter überträgt. Damit wird deutlich, dass sich die Verhandlungen der Parteien keineswegs auf den Joint Venture Vertrag beschränken können, sondern dass im Zusammenhang mit dem Abschluss des Joint Venture Vertrages ein ganzes Paket von Verträgen zu verhandeln ist, die für die weitere Zusammenarbeit der Parteien ebenso wichtig sein können wie der Joint Venture Vertrag selbst.

2. Präambel. Die Präambel enthält keine unmittelbar verbindliche Regelung von Rechten und Pflichten, sondern beschreibt lediglich die Absichten der Parteien. Der letzte Satz „*... vereinbaren die Parteien, was folgt:*" macht deutlich, dass die eigentlichen Regelungen erst nach der Präambel kommen. Allerdings kann auch einer nicht bindenden Präambel wesentliche Bedeutung als Auslegungshilfe, zum Beispiel im Hinblick auf die Motivation der Parteien, zukommen. Es bleibt den Parteien freilich unbenommen, auch der Präambel Regelungswirkung zu verleihen. Weiterführend *Pilger* BB 2000, 368.

3. Einbringungsgegenstand. Das einzubringende Vermögen ist oftmals noch um Vermögensteile, etwa Grundstücke oder Beteiligungen an anderen Gesellschaften, zu bereinigen, die nicht der JV-Gesellschaft gehören sollen. Umgekehrt kann es auch vorkommen, dass einzelne Vermögensteile (wie etwa ein bislang nur gemietetes oder gepachtetes Grundstück) noch von einer der JV-Parteien hinzuerworben müssen, um diese in die JV-Gesellschaft einzubringen und ihr das Eigentum daran zu verschaffen. Wie die Umstrukturierung zu erfolgen hat, ist Sache des Einzelfalls. Der Vertrag sollte vorsehen, dass die Lasten aus dieser Bereinigung (Kosten, steuerliche Lasten, Haftungsfolgen) nicht die JV-Gesellschaft, sondern den entsprechenden Gesellschafter treffen; s. die Regelungen in § 22.1 und 22.3.

Nach Einbringung der jeweiligen Vermögensgegenstände in das Gemeinschaftsunternehmen partizipieren die JV-Parteien an dem von dem betreffenden Einbringungsgegenstand generierten Ertrag nur noch entsprechend ihrer – im Muster: hälftigen – Beteiligung an der JV-Gesellschaft. Dies wird insbesondere bei einem paritätischen Joint Venture regelmäßig auch gewollt sein. Ist ausnahmsweise eine der Parteien nicht willens, auf die mit „ihrem" Einbringungsgegenstand künftig erwirtschafteten Gewinne quotal zu verzichten oder das mit dem Einbringungsgegenstand der anderen Partei (tatsächlich oder vermeintlich) verbundene Verlustrisiko quotal mitzutragen, kann sich die Einrichtung einer (allerdings regelmäßig sehr komplizierten) Tracking-Stock-Struktur anbieten, bei der die Gewinnverteilungsregelungen auf Ebene der Gesellschafter des Joint Venture an den jeweiligen Einbringungsgegenstand gekoppelt sind (s. dazu *Görgemanns* GmbHR 2004, 170, 172 ff.).

4. Beendigung des Beherrschungs- und Ergebnisabführungsvertrages. Grundsätzlich ist die Beendigung eines bestehenden Beherrschungs- und Ergebnisabführungsvertrages zwischen der JV-Partei und ihrer Tochtergesellschaft vor Einbringung der Tochtergesellschaft in die JV-Gesellschaft Sache der betroffenen JV-Partei, und die Einzelheiten dieser Beendigung müssen in diesem Fall im Vertrag nicht geregelt werden.

Relevant wird das Thema jedoch beispielsweise dann, wenn der Unternehmensvertrag zum Zeitpunkt der Abtretung der Anteile an die JV-Gesellschaft beendet werden soll; dies kann der Fall sein, wenn der Unternehmensvertrag eine Kündigungsklausel enthält, die eine Beendigung bei Kontrollverlust der bisher herrschenden Gesellschaft gestattet. Ob die Einbringung in eine JV-Gesellschaft ein „Kontrollverlust" im Sinne der Kündigungsklausel ist, muss allerdings gesondert geprüft werden; dies wird auch von der Formulierung der Kündigungsklausel im Einzelfall abhängen. Hinsichtlich der Kündigung ist in diesem Fall zu beachten, dass diese erst ausgesprochen werden kann, wenn die Abtretung der Anteile bereits vollzogen ist, denn erst in diesem Augenblick entsteht der Kündigungsgrund; die einbringende Partei wird daher genaue Regelungen für diesen Fall treffen wollen. Alternativ zur Kündigung kann auch eine einvernehmliche Aufhebung des Unternehmensvertrags vor Einbringung der Anteile in die JV-Gesellschaft angestrebt werden. Diese ist allerdings nur zum Ende eines Geschäftsjahrs (§ 296 Abs. 1 S. 1 AktG) der abhängigen Gesellschaft möglich, so dass möglicherweise ein Rumpfgeschäftsjahr zu bilden ist; zur Beendigung von Unternehmensverträgen mit einer GmbH als abhängiger Gesellschaft vgl. *Paschos/Goslar,* Der Konzern 2006, 479. In jedem Fall sollte sorgfältig geprüft werden, ob sich aus einer (vorzeitigen) Beendigung eines Beherrschungs- und Ergebnisabführungsvertrages steuerschädliche Folgen ergeben. Ferner werden die Parteien bei einer unterjährigen Beendigung des Ergebnisabführungsvertrages bei der einzubringenden Gesellschaft eine bestmögliche Gestaltung hinsichtlich etwaiger Verlustausgleichs- oder Gewinnabführungsansprüche treffen müssen, die bei der Bewertung der Einbringungsgegenstände und der Festlegung der Beteiligungsverhältnisse „einzupreisen" sind.

5. Kartellrechtliche Freigabe als Vollzugsvoraussetzung. Die Vollzugsbedingung der kartell- bzw. fusionskontrollrechtlichen Freigabe ist in § 3.2.1 nur rudimentär geregelt (vgl. für eine detailliertere Klausel Form. C.II.1 § 6.2.2); die Modalitäten der Anmeldung des Zusammenschlussvorhabens bei der zuständigen Fusionskontrollbehörde sind in § 20 näher geregelt.

6. Nachweise für die Erfüllung der Vollzugsvoraussetzungen. An dieser Stelle sollte die Vorlage eines geeigneten Nachweises (etwa beglaubigte Abschrift des Grundbuchauszuges, des Handelsregisterauszuges o. Ä.) vereinbart werden. Welcher Nachweis jeweils geeignet ist, muss im Einzelfall entschieden werden.

7. MAC-Klausel. In Unternehmenskaufverträgen werden häufig sogenannte material-adverse-change-Klauseln – kurz „MAC-Klauseln" – aufgenommen, nach denen sich der Käufer bei einer wesentlichen Verschlechterung der wirtschaftlichen Lage der Zielgesellschaft zwischen Abschluss des Unternehmenskaufvertrages und dessen Vollzug vom Vertrag lösen kann (vgl. *Kindt/Stanek,* BB 2010, 1490; *Kuntz,* DStR 2009, 377). Auch im Rahmen eines Joint Venture Vertrags kann die Aufnahme derartiger Klauseln sinnvoll sein. Die Parteien sollten sich dies aber – nicht zuletzt wegen der mit ihnen u. U. verbundenen Auslegungsschwierigkeiten und gravierenden Rechtsfolgen – gut überlegen und besondere Sorgfalt auf die genaue Formulierung verwenden. Im Kontext eines Joint Venture Vertrages ist ferner anhand der Umstände des Einzelfalls zu entscheiden, ob die Voraussetzungen eines *material adverse change* bezüglich beider Parteien gleich sein sollen, oder ob insoweit eine Differenzierung geboten ist.

8. Form. Die Statuierung der Pflicht zur Gründung einer GmbH in § 5.1 führt dazu, dass auch der Joint Venture Vertrag notariell zu beurkunden ist (§ 2 Abs. 1 Satz 1 GmbHG analog). Aus bestimmten Klauseln des Joint Venture Vertrages können sich weitere, „versteckte" Formerfordernisse ergeben, vgl. *Fett/Spiering* in: Fett/Spiering Kap 7 Rdnr. 128 ff; *Sieger/Hasselbach* NZG 1999, 485. Konsequenz einer unterlassenen Beurkundung wäre nach §§ 125, 139 BGB die Nichtigkeit des gesamten Joint Venture Vertrages, da man davon ausgehen muss, dass die übrigen Regelungen des Joint Venture Vertrages mit der Verpflichtung zur Errichtung des Gemeinschaftsunternehmens stehen und fallen und somit kein Raum für die Aufrechterhaltung der übrigen Regelungen gemäß § 139 BGB bleibt. Der formnichtige Joint Venture Vertrag wird auch nicht durch die tatsächliche Errichtung des Gemeinschaftsunternehmens geheilt, da es an einer entsprechenden gesetzlichen Heilungsregel fehlt. Das trotz Nichtigkeit entstandene Anbahnungsverhältnis kann allenfalls Schadensersatzansprüche begründen, wenn eine Partei in zurechenbarer Weise Vertrauen in das Zustandekommen des Vertrages erweckt und die Verhandlungen dann ohne triftigen Grund abbricht (vgl. BGH NJW-RR 1988, 288, 289 zur damals noch nicht gesetzlich geregelten *culpa in contrahendo*, siehe jetzt § 311 Abs. 2 Nr. 2 BGB; enger OLG Stuttgart WM 2007, 1743, 1745 (rkr.), nur bei vorsätzlicher Treupflichtverletzung). Allerdings kann die Beurkundung des Joint Venture Vertrags unterbleiben, wenn dessen Wirksamkeit unter die aufschiebende Bedingung der tatsächlichen Gründung des Gemeinschaftsunternehmens gestellt wird (MünchHdbGesRI/*Baumanns*/*Wirbel* § 28 Rdnr. 31).

9. Einteilung des Stammkapitals. Zulässig ist jede beliebige Staffelung der Geschäftsanteile, solange der Nennbetrag auf volle Euro lautet, § 5 Abs. 2 GmbHG (Vorschrift neu eingeführt durch MoMiG, BGBl. 2008 I S. 2026). Die Geschäftsanteile können also zu je EUR 1,00 ausgegeben werden. Möglich ist zudem eine unterschiedliche Stückelung der Geschäftsanteile. Beides kann auch nachträglich durch Teilung der Geschäftsanteile geschehen, § 46 Nr. 4 GmbHG. Angesichts dessen wird für kleinere, mehrgliedrige GmbH bislang noch empfohlen, zunächst größere Geschäftsanteile zu schaffen und diese bei Bedarf per Gesellschafterbeschluss zu teilen (Lorz/Pfister/Gerber/*Haasen*, Beck'sches Formularbuch GmbH-Recht, 1. Aufl. 2010, Form. C I 1 Anm. 5).

10. Nennbetrag der Geschäftsanteile. Der Nennbetrag der Geschäftsanteile muss bei einer Sachkapitalerhöhung durch den tatsächlichen Wert der Sacheinlage gedeckt sein; eine Unterpariemission ist unzulässig. Eine Überpariemission, bei der der tatsächliche Wert der Sacheinlage höher ist als der Nennbetrag des Geschäftsanteils, ist hingegen zulässig. Hinsichtlich der bilanziellen Behandlung der Überpariemission ist jedoch umstritten, ob der den Nennbetrag überschießende Teil, wie im Muster in § 5.6 vorgesehen, in die Kapitalrücklage einzustellen ist oder ob eine stille Reserve gebildet werden kann (vgl. die Nachweise bei Baumbach/Hueck/*Fastrich* GmbHG, 19. Aufl. 2010, § 5 Rdnr. 33).

11. S. Anm. 12.

12. Bewertung der Einbringungsgegenstände. Wenn das JV, wie im hier unterstellten Fall, nicht allein durch Bargründung einer neuen Gesellschaft errichtet wird, die dann ihren Geschäftsbetrieb vollständig neu aufnimmt, sondern von beiden Parteien bereits vorhandene Betriebe bzw. **assets** in das JV eingebracht werden, müssen die Parteien das einzubringende Vermögen bewerten und gegebenenfalls für einen Wertausgleich sorgen.

Die Parteien werden die Bewertung auf der Basis von Zahlen und Abschlüssen vornehmen, die aus der Vergangenheit stammen. Damit haben beide Parteien eine Grundlage für die Gestaltung des Vertrages und eines etwaigen Wertausgleichs.

Im Einzelfall wird zu diskutieren sein, ob die Parteien zum Einbringungsstichtag die Bewertung verifizieren bzw. eine Wertanpassung (beispielsweise nach dem cash-free/debt-free-Modell) vornehmen wollen. Dies wird zum einen davon abhängen, wie aktuell die Zahlen sind, auf deren Basis der Wert der Beiträge der JV-Parteien festgelegt wurde. Zum anderen wird es aber auch darauf ankommen, ob die Parteien operativ tätige, „lebende" Betriebe einbringen, deren Finanzierungs- und Liquiditätssituation laufenden Änderungen unterliegt, oder ob die Einbringung sich auf Anlagevermögen beschränkt, das erst wieder im neuen Betrieb der JV-Gesellschaft zum Leben erweckt wird; im letzteren Fall wird man eher auf eine Bewertungsanpassung verzichten können.

Für das Muster wird der Einfachheit halber unterstellt, dass eine Bewertungsanpassung nicht stattfindet. Ausführliche Preisanpassungsklauseln (bezogen auf den Kaufpreis bei Unternehmenskaufverträgen) finden sich in den Mustern C. II. 1, C. II. 2, C. IV. 2, C. IV. 3.

13. Konfliktlösung. An dieser Stelle wird zur Konfliktlösung die Einleitung eines Schiedsgutachterverfahrens vorgeschlagen. Die Drohung mit der Einleitung des Exit-Verfahrens wäre demgegenüber ein übermäßig scharfes Schwert und allenfalls mit der Überlegung gerechtfertigt, dass das Gemeinschaftsunternehmen unter keinem guten Stern steht, wenn die Parteien sich bereits am Anfang über das wesentliche Thema der Bewertung der gegenseitigen Beiträge streiten. Die Einleitung eines Schiedsgutachterverfahrens ist demgegenüber ein milderes Mittel, weil es die Fortsetzung der JV-Gesellschaft ermöglicht. Eine endgültige Befriedung des Konflikts um die Bewertung vermag aber auch dieses Verfahren nicht zu garantieren. Weiterhin kann es dann unbefriedigend bleiben, wenn der Schiedsgutachter sich von den Kriterien, die die Parteien für die Bewertung ihrer gegenseitigen Einlagen angelegt haben, entfernt. Um dies zu verhindern, müssten die Bewertungskriterien bereits im JV-Vertrag verbindlich geregelt werden, damit auf diese Weise eine auch für den Schiedsgutachter verbindliche Vorgabe geschaffen wird, denn in der Streitsituation selbst wird man keine Einigung mehr über die Bewertungskriterien erzielen können. Als verbindliche Bewertungskriterien bieten sich berufsständische Regelwerke, etwa die IDW-Standards, an, auf die im Vertragstext Bezug genommen werden kann. Nach der Formulierung in § 6.3 soll B keine Pflicht zu einem zusätzlichen Wertausgleich treffen, wenn sich aufgrund der schiedsgutachterlichen Bewertung herausstellt, dass das A-Geschäft – entgegen der in § 6.1 zum Ausdruck gebrachten Einschätzung der Parteien – tatsächlich einen höheren Wert hat als das B-Geschäft. Dies erscheint deshalb gerechtfertigt, weil A den Wert der A-Tochter-GmbH jedenfalls bis zur Einbringung in das Gemeinschaftsunternehmen beeinflussen und somit verhindern kann, dass die Anteile an der A-Tochter-GmbH zum Zeitpunkt der Einbringung einen wesentlich höheren Wert haben, als von den Parteien zunächst übereinstimmend veranschlagt wurde.

14. Steuergarantie und Steuerfreistellung. Über die steuerlichen Gewährleistungen hinaus erfolgt üblicherweise eine Freistellung der JV-Gesellschaft für nicht gezahlte bzw. noch anfallende Steuern im Zusammenhang mit den erbrachten Einlagen, um die möglichen Haftungsfolgen von der JV-Gesellschaft abzuwenden. Auf die Aufnahme einer separaten Steuerfreistellung wurde in dem Muster verzichtet, vgl. insoweit Form. C.II.1 § 11.3.

15. Betriebsübergang. Siehe hierzu Form. D.I und III und Anm. ebd.

16. Due Diligence. Da mit dem Joint Venture Vertrag eine enge und auf einen längeren Zeitraum angelegte Zusammenarbeit zwischen den Parteien begründet wird und beide Parteien jeweils an den mit den jeweils anderen in das Gemeinschaftsunternehmen eingebrachten Geschäftsbetrieben, Anlagen, gewerblichen Schutzrechten etc. verbundenen Chancen und Risiken partizipieren, kann sich vor Abschluss des Joint Venture Vertrages die Durchführung einer wechselseitigen Due Diligence empfehlen. Dies würde auch dem Ziel dienen, die jeweils abgegebenen Garantien sowie etwaige Freistellungen auf die spezifischen Risiken der Parteien zuzuschneiden. Weiterführend zur Durchführung einer Due Diligence im Vorfeld eines Joint Venture *Schulte/Pohl* Rdnr. 171 ff.; ausführlich unter Teil B. VI sowie *Fett/Spiering* in: Fett/Spiering Kap 7 Rdnr. 67 ff.; *Liekefett*, Due Diligence bei M&A-Transaktionen, 2005.

17. Haftungsausschluss. Der Ausschluss des gesetzlichen Haftungsregimes kann eng (erste Alternative) oder weit (zweite Alternative) gefasst werden. In der ersten Alternative wird das gesetzliche Haftungsregime nur ausgeschlossen, soweit die garantierten Tatbestände betroffen sind; für Tatbestände außerhalb der Garantien bleibt das gesetzliche Haftungsregime bestehen. In der zweiten Alternative wird die Haftung auch für Tatbestände außerhalb der Garantien ausgeschlossen. In der Regel wird man mit Blick auf die künftige enge Zusammenarbeit die zweite Alternative wählen, insbesondere dann, wenn dem Abschluss des JV-Vertrages ausführliche Verhandlungen und eine Due Diligence vorangegangen sind. Typischerweise wird der Haftungsausschluss für beide Parteien kongruent gestaltet werden.

18. Verjährung; Behandlung von Ansprüchen aus der vorsätzlichen oder grob fahrlässigen Verletzung von Garantien. Die Verjährung der Ansprüche aus der Verletzung von Garantieversprechen wird üblicherweise abweichend von dem jeweils einschlägigen gesetzlichen Verjährungsregime geregelt. Die grundsätzliche Verjährungsfrist (§ 8.6 1. Hs.) sollte so festgelegt werden, dass noch der nächste, ggf. auch der übernächste Bilanzstichtag erreicht wird; die Vereinbarung einer längeren Frist ist eher unüblich. Das Muster sieht eine Sonderbehandlung von Ansprüchen wegen der vorsätzlich oder grob fahrlässig unvollständigen oder unzutreffenden Abgabe von Garantien vor. Diese sind zum einen von der betragsmäßigen Freigrenze ausgenommen (§ 8.4 Satz 4), zum anderen werden sie der (kenntnisabhängigen, § 199 BGB) dreijährigen Verjährung nach § 195 BGB unterworfen. Während eine solche Haftungsverschärfung bei Unternehmenskaufverträgen für die Käuferseite regelmäßig nur schwer durchsetzbar und daher eher unüblich ist, kann sie im Rahmen eines Joint Venture Vertrages angesichts des gesteigerten Maßes an Vertrauen zwischen den Parteien sinnvoll sein. Letztlich ist diese Frage – wie die Regelung der vertraglichen Verjährungsfristen oder weiterer Haftungserleichterungen und -verschärfungen insgesamt – Verhandlungssache der vertragschließenden Parteien.

19. Leistungstransfers von den Gesellschaftern an die JV-Gesellschaft. Da das Gemeinschaftsunternehmen mit Ausnahme der Produktion keine eigenen Ressourcen hat, ist es in einzelnen Bereichen auf Unterstützung durch seine Gesellschafter angewiesen. Der Regelung dieser Leistungstransfers dienen Kooperationsverträge, die zwischen jedem Gesellschafter und dem Gemeinschaftsunternehmen abzuschließen sind. Die Ausgestaltung von Leistung und Gegenleistung in diesen Verträgen ist entscheidend für die Planung im Gemeinschaftsunternehmen. Gleichzeitig ist sie wesentlicher Bestandteil der Kalkulation der Gesellschafter, da auf diesem Weg Gegenleistungen an die Gesellschafter zurückfließen. Bei der Ausgestaltung der Kooperationsverträge sind insbesondere steuerliche Gesichtspunkte und Aspekte des Kapitalschutzes zu beachten (nur teilweise klarstellend insofern BGH NJW 2009, 2375, wonach marktgerechte Zahlungen auf Dienstleistungen der Gesellschafter jedenfalls dann kapitalschutzrechtlich zulässig seien, wenn auf Seiten der Gesellschaft keine Abnahmepflicht bestehe; hierzu *Hentzen/Schwandtner* ZGR 2009, 1007).

20. Covenants. Je nach Komplexität der Transaktion und Umfang der gewollten Verpflichtungen kann dieser Katalog erweitert werden. Für Anregungen siehe den entsprechenden Katalog in Form. C.II.1 §§ 13, 14 und Form. C.II.2 § 13.

21. Liquiditätsausstattung. Damit das Gemeinschaftsunternehmen das erforderliche Eigenkapital erhält, um den Geschäftsbetrieb zu beginnen und am Markt aufzutreten, sind – wenn die Kapitalausstattung nicht schon vollständig zu Beginn aufgebracht werden soll – Nachschüsse zu bestimmen, zu denen die Parteien unbedingt verpflichtet sind. Da das nach dem Geschäftsplan vorgesehene Kapital in der Regel nicht schon am Anfang benötigt wird, empfiehlt sich eine zeitliche Staffelung, nach der die Geschäftsführung eine bestimmte Zahl an Tranchen innerhalb bestimmter Zeiträume anfordern kann. Damit können die Gesellschafter bis zur Leistung der Nachschüsse selbst mit der Liquidität arbeiten. Die Anforderung zusätzlicher Mittel kann auch vom Erreichen bestimmter Milestones abhängig gemacht werden. Durch die gestaffelte Zusage ist Rechtssicherheit für die Parteien gegeben, weil sie wissen, dass auch die Gegenseite bestimmte Einlagen zu leisten hat (für den Fall der Säumigkeit einer Partei vgl. § 10.2 und Anm. 22). Die zu leistende Summe aus Stammkapital und den weiteren Tranchen entspricht dem projizierten Eigenkapitalbedarf für die Anfangsphase. Die Formulierung in § 10.1.5 gewährleistet, dass die Parteien bei Insolvenz des Gemeinschaftsunternehmens noch nicht gezahlte Tranchen nicht zu leisten haben, weil das Gemeinschaftsunternehmen keinen eigenen Anspruch hat. Ferner können die Parteien diese Finanzierungsverpflichtung jederzeit einvernehmlich aufheben oder modifizieren.

22. Durch das Recht der einen Partei, bei Säumigkeit der anderen Partei an ihrer Stelle den fälligen Betrag zunächst an die JV-Gesellschaft zu leisten und anschließend bei der säumigen Partei Regress zu nehmen, kann die Ausstattung des Gemeinschaftsunternehmens mit der erforderlichen Liquidität innerhalb des von § 10 abgedeckten Zeitraums gewährleistet werden.

Insbesondere ist eine Versorgung der JV-Gesellschaft mit der benötigten Liquidität in diesen Fällen auch ohne Einhaltung des wesentlich komplexeren Verfahrens nach § 11 möglich (s. dazu Anm. 23).

23. Nachschusspflichten/Stärkung des Eigenkapitals. Über die *ex ante* zu regelnden Nachschusspflichten hinaus wird das Gemeinschaftsunternehmen jedenfalls bei erfolgreichem Marktauftritt und damit verbundener Expansion mit hoher Wahrscheinlichkeit weiteren Bedarf an Eigenkapital haben. Von den Parteien gemeinsam beschlossene und von diesen hälftig geleistete Einlagen sind in die freie Kapitalrücklage einzuzahlen. Der einvernehmliche Nachschuss ist der Idealfall der Kapitalerhöhung bei einem paritätischen Gemeinschaftsunternehmen. – Das Formular hält auch eine Lösung für den Fall bereit, dass nur eine Partei eine Kapitalerhöhung wünscht: In diesem Fall kann die kapitalerhöhungswillige Partei der anderen Partei eine Kapitalerhöhung mit der Folge einer Verwässerung von deren Beteiligung aufzwingen. Die einseitige Kapitalerhöhung ist an anspruchsvolle Voraussetzungen gebunden und führt erst dann zu einer Veränderung des Einflusses, wenn eine Seite mehr als 60% des Stammkapitals hält. Sie ist daher bewusst unattraktiv gestaltet. Es soll verhindert werden, dass eine Partei die andere mittels sachlich unbegründeter Kapitalerhöhungen in eine Minderheitsposition zwingt oder sogar aus dem Gemeinschaftsunternehmen herausdrängt. Der Anreiz für eine Einigung ist somit groß. – Von den Parteien verlangt die Einigung auf ein solches vertragliches Verwässerungskonzept die Bereitschaft, sich mit einem zukünftigen Konflikt auseinander zu setzen, von dem unklar ist, ob er jemals entstehen wird und welche Partei dabei welche Position einnehmen wird. Die Bereitschaft für derartige Überlegungen wird in einer Situation, in der alle Bemühungen darauf gerichtet sind, die Zusammenarbeit überhaupt erst zu begründen, mitunter nicht vorhanden sein. Weitere Kapitalaufbringung ist jedoch ein Thema, das häufig zu Meinungsverschiedenheiten der Parteien führt. Laut einer Studie von PWC und CFO Research Services war dies einer der häufigsten Gründe für das Scheitern eines Joint Ventures (zitiert bei *Hewitt* Gliederungspunkt A. 1–21). Daher sollte das Thema der weiteren Finanzierung des Gemeinschaftsunternehmens mit den Parteien jedenfalls besprochen und versucht werden, im Joint Venture Vertrag einen für beide Seiten akzeptablen Mechanismus zu verankern.

24. Erste Voraussetzung einer einseitigen Kapitalerhöhung ist nach § 11.3 ein von der Geschäftsführung zu erarbeitender außerordentlicher Geschäftsplan, nach dem Bedarf an zusätzlichem Eigenkapital besteht. Die keine Kapitalerhöhung fordernde Partei verpflichtet sich, der Anweisung an die Geschäftsführung zur Erarbeitung des Plans zuzustimmen.

25. Die beiden inhaltlichen Voraussetzungen nach § 11.3 (a) und § 11.3 (b) sollen gewährleisten, dass nur aus dem Blick des Gemeinschaftsunternehmens sinnvolle Kapitalerhöhungen verwirklicht werden und nicht von einer Partei primär versucht wird, den Kapitalanteil der anderen Partei zu verwässern. In der Alternative des § 11.3 (b) (iii), wonach Fremdkapital nur zu einem erhöhten Zinssatz erhältlich ist, wird der höhere Zinssatz relativ zum EURIBOR berechnet, so dass höhere Zinsen aufgrund eines allgemein steigenden Zinsniveaus nicht berücksichtigt werden.

26. Die JV-Parteien sollen die Kontrolle über das Kapitalerhöhungsverfahren behalten. Daher kann jede von ihnen dem von der Geschäftsführung erarbeiteten Geschäftsplan widersprechen und die Parteien können sich auf einen abweichenden Geschäftsplan einigen.

27. In § 11.6 wird hinsichtlich der Vorgaben für die schiedsgutachterliche Prüfung des Geschäftsplans nach den verschiedenen Gründen des Liquiditäts- bzw. Kapitalbedarfs des Gemeinschaftsunternehmens differenziert. Bei Kapitalbedarf zu nichtexpansiven Zwecken (insbesondere der kontinuierlichen Geschäftsentwicklung einschließlich des Haltens des Marktanteils in einem wachsenden Markt oder der Abwendung einer Insolvenz) ist gefordert, dass der Wirtschaftsprüfer eine überwiegende Erfolgswahrscheinlichkeit bestätigt. Bei einer Kapitalerhöhung zu Expansionszwecken oder einem Sanierungsversuch, dem mindestens ein weiterer unter Verwendung von Eigenkapital der Parteien innerhalb von 24 Monaten vorausgegangen ist, muss er eine deutlich höhere Wahrscheinlichkeit bestätigen. Wird Kapital erforderlich, um schon durch den Joint Venture Vertrag von den Parteien vereinbarte Ziele zu erreichen, genügt als Missbrauchskontrolle die vom Wirtschaftsprüfer gesehene überwiegende Wahrscheinlichkeit. Bei einer Kapitalerhöhung zu expansiven Zwecken wird der Geschäftsplan hingegen nur bestätigt, wenn eine deutlich erhöhte Erfolgswahrscheinlichkeit gegeben ist. Je nach dem konkreten Joint Venture spricht einiges auch dafür, Kapitalerhöhungen zu expansiven Zwecken nur unter Zustimmung beider Seiten vorzusehen. Auf eine Abhängigkeit der geforderten Erfolgswahrscheinlichkeit von der Höhe des projizierten Gewinns (dergestalt, dass eine geringere Erfolgswahrscheinlichkeit genügt, wenn ein höherer Gewinn zu erwarten ist) wurde bewusst verzichtet, weil es sich um ein Joint Venture von Industrieunternehmen ohne Beteiligung von Finanzinvestoren handelt. Ziel ist eine stetige Geschäftsentwicklung und nicht eine kurzfristige Maximierung bestimmter Kennzahlen bei ggf. höherer Risikobereitschaft. Bei Beteiligung von Finanzinvestoren läge eine solche Verknüpfung dagegen näher. Die formale Voraussetzung der Prüfung des Geschäftsplans durch Wirtschaftsprüfer verfolgt das gleiche Ziel wie die vorgehenden inhaltlichen Kriterien (vgl. oben Anm. 25): Die Parteien sollen sich auf eine wirtschaftlich angemessene Lösung einigen. Das Verfahren übt Druck auf die Fordernde Partei aus, nur eine sachlich gebotene Kapitalerhöhung zu fordern und nicht danach zu trachten, die andere Seite aus dem Gemeinschaftsunternehmen zu drängen. Druckmittel sind das (zeit-)aufwendige Verfahren und die Möglichkeit seines Scheiterns. Druckmittel für die andere Seite, erforderlichen Kapitalerhöhungen zuzustimmen, ist die Möglichkeit, letztlich dazu gezwungen zu werden. Der unabhängige Wirtschaftsprüfer bestimmt nach billigen Ermessen, zu welchen Anteilen die Parteien die Kosten des Verfahrens zu tragen haben. Auch dies soll dazu beitragen, beide Parteien zu angemessenem und kooperativem Verhalten zu bewegen.

28. Nach einer bindenden (positiven oder abschlägigen) Feststellung zum Kapitalbedarf gilt zunächst eine Ruhefrist von einem Jahr, innerhalb derer kein Kapitalbedarf einseitig angemeldet werden kann. Ist Kapitalbedarf bindend abgelehnt oder bestätigt worden, so darf aus dem selben Lebenssachverhalt 18 Monate lang keine weitere Kapitalerhöhung gefordert werden. Ein einmal abgelehntes oder befürwortetes Projekt soll somit erst nach geraumem Abstand zu einem neuen Verfahren nach Absätzen (2) bis (6) führen. Die Klausel kann auch so gestaltet werden, dass die Sperrwirkung nur für kürzere Zeit gilt, wenn der Kapitalbedarf bejaht wurde: Zeigt sich der Erfolg und wird zusätzliches Kapital benötigt, sollen einseitig geforderte Kapitalerhöhungen grundsätzlich möglich sein, damit das Gemeinschaftsunternehmen adäquat wachsen kann. Bei dieser Gestaltung drohen allerdings Auslegungsschwierigkeiten und Streit zwischen den Parteien hinsichtlich der Reichweite eines bestimmten „Lebenssachverhalts". Ob die vertraglich vorgesehenen Fristen danach differenzieren, ob der Kapitalbedarf von dem unabhängigen Experten bejaht oder verneint wurde, hängt letztlich davon ab, ob einer Ablehnung einer einmal von einem unabhängigen Experten geprüften Forderung nach einer Kapitalerhöhung eine zusätzliche Sperrwirkung verliehen werden soll oder nicht.

29. Steht der Kapitalbedarf fest, so hat auch die ihn ursprünglich nicht akzeptierende Partei nach § 11.8 S. 1 die Möglichkeit, die Kapitalerhöhung hälftig mitzutragen. Diese Regelung dient dem Ziel, die Aufrechterhaltung der hälftigen Beteiligung der Parteien an der Gesellschaft zu sichern.

30. Möchte eine Partei nicht an der Kapitalerhöhung teilnehmen, ist auch die andere nicht verpflichtet, den Kapitalbedarf allein aufzubringen. Wenn sie sich zur Kapitalerhöhung entscheidet, muss sie jedoch den gesamten nach den Abs. (2) bis (6) bindend festgestellten Betrag einlegen. Da sich der festgestellte Kapitalbedarf auf ein bestimmtes Projekt bezieht, wäre der Gesellschaft im Zweifel nicht geholfen, wenn nur ein Teil des erforderlichen Kapitals eingelegt würde.

Um zu verhindern, dass die Leistende Partei im Zuge der Kapitalerhöhung ihre Beteiligung an der JV-Gesellschaft überproportional aufstockt, ist die Herstellung einer Relation zwischen zu erbringender Einlageleistung und Nennbetrag des neuen Geschäftsanteils erforderlich, die sich an dem wahren Unternehmenswert orientiert. Diese Relation wird durch Ermittlung des „Nennbetragswerts" nach Maßgabe des § 11.11 gebildet. Ein einfaches Beispiel einer Berechnung ist: Die Gesellschaft hat ein Stammkapital von 500.000,– EUR. Der Nennbetragswert nach § 11.11 beträgt 5. Laut Gutachten des unabhängigen Experten beträgt der Kapitalbedarf 600.000,– EUR. Die die Kapitalerhöhung (allein) tragende Partei erhält einen zusätzlichen Geschäftsanteil in Höhe von (600.000,– EUR/5 =) 120.000,– EUR. Der überschießende Betrag der Einlage, im Beispiel also 480.000,– EUR, ist in die freie Kapitalrücklage einzuzahlen.

31. Wiederherstellung der paritätischen Beteiligung. § 11.10 ermöglicht einer Partei, die an einer vorangegangenen Kapitalerhöhung nicht teilgenommen hat, nachträglich ihren Kapitalanteil wieder auf 50% aufzustocken. Solange sie mindestens 40% der Geschäftsanteile hält, ist die andere Seite verpflichtet, dem zuzustimmen. Das Erfordernis, mindestens 40% des Stammkapitals zu halten, ist im Zusammenhang mit der Regelung des Gesellschaftsvertrages zu sehen, nach der das Gemeinschaftsunternehmen gleichberechtigt geführt wird, solange keine Partei mehr als 60% der Geschäftsanteile hält, die gleichberechtigte Führung jedoch endet, wenn eine Seite mehr als 60% hält (vgl. § 17 des Form. G. III). Die andere Partei hat allerdings nur zuzustimmen, wenn die Minderheitspartei für den Geschäftsanteil einen dem anteiligen Unternehmenswert entsprechenden Betrag einlegt. Der Nennbetragswert nach § 11.11 wird zu diesem Zweck neu errechnet. Dies kann die Partei bevorzugen, die zunächst einseitig einen neuen Geschäftsanteil erworben hat: Erhöht sich der Wert des Gemeinschaftsunternehmens nach der Kapitalerhöhung, so muss die Minderheitspartei ein entsprechend höheres Aufgeld zahlen. Andererseits profitiert die Minderheitspartei von einer nicht erfolgreichen Kapitalerhöhung dergestalt, dass sie zu einem günstigeren Preis nachziehen kann. Risiko und Chance einer einseitigen Kapitalerhöhung treffen daher primär die vorschießende Partei. – Denkbar ist auch, die Minderheitspartei – bei ansonsten gleicher Berechnung – dazu verpflichten, mindestens das Aufgeld zu zahlen, dass die andere Partei anlässlich ihrer Kapitalerhöhung gezahlt hat. Dadurch würde die Mehrheitspartei bei ihrer Kapitalerhöhung die Chancen einer erfolgreichen Expansion behalten, ihre Risiken wären insofern verringert, als die Minderheitspartei jedenfalls nicht ein geringeres Aufgeld zu zahlen hat, wenn sie ihren Kapitalanteil wieder auf 50% aufstocken möchte. Diese Alternative entspricht einem etwas expansiveren Ansatz, weil die Minderheitspartei – jedenfalls in Bezug auf die aufgrund von einseitigen Kapitalerhöhungen entstandenen Geschäftsanteile – nur die Risiken, nicht aber die Chancen einer Kapitalerhöhung trägt, wenn sie später ihren Anteil wieder aufstocken möchte.

In dem Muster ist hinsichtlich der Mehrheitsbeteiligung der vorschießenden Partei, die von der Minderheitspartei noch durch eine entsprechende einseitige Kapitalerhöhung aufgeholt werden kann, eine fixe Grenze von 60% gewählt worden. Dies beruht auf der Prämisse, dass nach dem Gesellschaftsvertrag der JV-Gesellschaft eine Partei, die mehr als 60% der Geschäftsanteile hält, wesentlich erweiterte Kompetenzen hat (vgl. § 17 des Form. G. III und dazu die Anm. 10). Haben sich die Gleichgewichte hinsichtlich der mit ihren jeweiligen Stimmanteilen verbundenen satzungsmäßigen Befugnisse verschoben, soll die Minderheitspartei ihren Anteil am Stammkapital nicht gegen den Willen der anderen Seite wieder aufstocken können. Denkbar ist es, der Minderheitspartei auch bei kleineren Beteiligungen diese Möglichkeit einzuräumen. Jedoch soll die Begrenzung auf 60% für die Fordernde Partei einen Anreiz schaffen: Ab einer gewissen Kapitalquote trägt sie nicht nur das größere unternehmerische Risiko, sondern hat auch bedeutend höhere Kontrollrechte an der Gesellschaft, die ihr die andere Seite nicht mehr nehmen kann. In jedem Fall sind bei der vertraglichen Ausgestaltung die Regeln des Gesellschaftsvertrages über die mit bestimmten Stimmanteilen verbundenen Befugnisse mit den (im JV-Vertrag geregelten) Mechanismen zur Wiederherstellung einer paritätischen Beteiligung abzustimmen.

32. Unternehmenswertberechnung. Nach § 11.11 wird der faire Wert eines jeden Euro des Stammkapitals berechnet und als Nennbetragswert bezeichnet. Damit wird der Unternehmenswert auf die Anteile am Stammkapital herunter gebrochen, um auf diese Weise zu berechnen, welchen Anteil der vorschießende Gesellschafter für seine Einlage zu bekommen hat bzw. welche Summe der nachziehende Gesellschafter für den neuen Anteil zu zahlen hat. Die Nennbetragswertbestimmung erfolgt nach dem Discounted Cash Flow-Verfahren gemäß dem Konzept der gewogenen Kapitalkosten nach Ziffer 7.3.2 des IDW Standards S 1 vom 2. 4. 2008. Möglich wäre auch eine Nennbetragswertbestimmung nach der Ertragswertmethode gemäß Ziffer 7.2 des IDW Standards S 1. Bei Beteiligung ausländischer Partner ist indes das Discounted Cash Flow-Verfahren vorzuziehen, weil es international gebräuchlicher und auch in Deutschland im Vordringen begriffen ist (s. *Großfeld*, Recht der Unternehmensbewertung, 5. Aufl. 2009, Rdnr. 193 ff., 966 ff.).

33. Gewinnverwendung. Nach § 29 GmbHG gilt der Grundsatz der Vollausschüttung, sofern nicht die Gesellschafter eine anderweitige Gewinnverwendung beschließen. Näheres ist üblicherweise im Gesellschaftsvertrag der JV-Gesellschaft zu regeln. Die Vorabausschüttung ist im GmbHG nicht geregelt und bedarf nach h. M. auch keiner Zulassung im Gesellschaftsvertrag. Wesentliche Voraussetzung ist die begründete Erwartung eines Gewinns für das laufende Geschäftsjahr (Baumbach/Hueck/*Fastrich* § 29 Rdnr. 60 f.). Ferner können in den JV-Vertrag Bestimmungen aufgenommen werden, wonach Gewinne ganz oder teilweise in Rücklagen einzustellen sind (Beck PersGes-HB/*Stengel* § 21 Rdnr. 139).

34. Leitung der JV-Gesellschaft; Besetzung der Geschäftsführung der JV-Gesellschaft. Die §§ 13 und 14 spiegeln die paritätische Gesellschafterstruktur in den Gremien der Gesellschaft wider: Sowohl die zweiköpfige Geschäftsführung als auch der vierköpfige Beirat werden durch die Parteien jeweils hälftig besetzt. Bei der Ausübung des Vorschlagsrechts hinsichtlich der Geschäftsführer sollen die Parteien durch die in § 13.2 Satz 1 statuierte Konsultationspflicht die jeweils andere Seite in die Auswahl des Führungspersonals einbinden. Die Bestellung – und die Abberufung – der Geschäftsführer erfolgt sodann durch die Gesellschafterversammlung, wobei jede Partei aufgrund des im JV-Vertrag verankerten Vorschlagsrechts auch verpflichtet ist, für die Bestellung des Kandidaten der jeweils anderen Seite zu stimmen (ein direktes Bestellungsrecht der JV-Partner ist dagegen vorgesehen bei Hopt/*Volhard* Form. II. G. 1 § 5 und dazu Anm. 12 ebd). Ein echtes Zustimmungserfordernis zum Kandidatenvorschlag der anderen Seite bereits auf Ebene des JV-Vertrages würde hingegen die Gefahr bergen, das Gemeinschaftsunternehmen bei Konfliktsituationen durch Verzögerungen lahm zu legen. Für die Geschäftsführer sollte aus Gründen der Praktikabilität eine Modifizierung der in § 35 Abs. 1 GmbHG angeordneten (echten) Gesamtvertretungsbefugnis vorgesehen werden, etwa durch eine „unechte" Gesamtvertretung (Vertretung der Gesellschaft durch einen Geschäftsführer mit einem Prokuristen) in den ihnen jeweils nach der Geschäftsordnung zugewiesenen Aufgabenbereichen. Der Gesellschaftsvertrag sollte überdies die übliche Formulierung enthalten, wonach den Geschäftsführern Einzelvertretungsbefugnis erteilt werden kann. Dies ist bereits aus Gründen der Flexibilität zu empfehlen: Fehlt diese Formulierung, muss im Bedarfsfall der Gesellschaftsvertrag erst geändert werden, weil die Erteilung von Einzelvertretungsbefugnis ohne satzungsmäßige Ermächtigung nicht zulässig ist, wenn mehr als ein Geschäftsführer vorhanden ist.

35. Beirat. Anders als bei der Aktiengesellschaft ist bei einer GmbH – außer bei Eingreifen mitbestimmungsrechtlicher Vorschriften, nach denen ein Aufsichtsrat einzurichten ist – die Bestellung eines Aufsichtsrats oder eines vergleichbaren Kontrollorgans gesetzlich nicht zwingend vorgesehen. Ist allerdings nach dem Gesellschaftsvertrag ein Aufsichtsrat zu bestellen, so erklärt § 52 GmbHG – vorbehaltlich abweichender Regelungen im Gesellschaftsvertrag – einige aktienrechtliche Vorschriften über Bestellung, Rechte und Pflichten des Aufsichtsrats für entsprechend anwendbar. Daneben haben die Gesellschafter einer GmbH aber auch die Möglichkeit, die Einrichtung eines Beirats vorzusehen und diesen mit bestimmten Beratungs- und/oder Kontrollbefugnissen auszustatten. Auch bei einem als Beirat o. Ä. bezeichneten Gremium kann es sich freilich der Sache nach um einen fakultativen Aufsichtsrat handeln.

Die Befugnisse eines Beirats können sehr weitgehend sein, sie können aber auch auf einen eher informatorischen Charakter beschränkt werden. Zu beachten ist jedenfalls, dass die wesentlichen Merkmale und materiellen Regelungen eines Beirats, seine Struktur und Kompetenzen im Gesellschaftsvertrag des Gemeinschaftsunternehmens selbst geregelt werden müssen (vgl. Roth/Altmeppen/*Altmeppen* § 52 Rdnr. 63; Baumbach/Hueck/*Zöllner* § 45 Rdnr. 19). Ferner sind der Kompetenzverlagerung von der Gesellschafterversammlung auf den Beirat oder ein vergleichbares Gremium Grenzen gesetzt und bei der Gesellschafterversammlung ist stets ein Kernbestand eigener Zuständigkeit zu belassen (vgl. Baumbach/Hueck/*Zöllner* § 45 Rdnr. 19 m.w.N.). So sind Änderungen des Gesellschaftsvertrages und der Struktur der Gesellschaft zwingend den Gesellschaftern vorbehalten, und die Geschäftsführer bilden stets das gesetzliche Vertretungsorgan der Gesellschaft mit bestimmten, nicht auf andere Organe delegierbaren Mindestverpflichtungen (Roth/Altmeppen/*Altmeppen* § 52 Rdnr. 61).

Für die Partner eines Joint Venture bietet sich insbesondere bei größeren Gemeinschaftsunternehmen oder solchen, die in technisch komplexen Bereichen tätig sind, die Einrichtung eines Beirats mit Beratungsfunktion an, da durch Entsendung geeigneter Fachleute in dieses Gremium deren Know-how für die JV-Gesellschaft nutzbar gemacht werden kann. Vgl. zum Beirat auch §§ 10 ff. Form. G.III.

36. Deadlock und Konfliktlösung. Konflikte (mit Ausnahme des Konfliktes über Kapitalerhöhungen, s. § 11) können letztlich nur durch Einigung der Parteien gelöst werden: Modelle mit letztentscheidenden unabhängigen Experten helfen im Regelfall nicht weiter, weil ihre Sachkunde oft ungewiss ist und sie jedenfalls nicht die wirtschaftlichen Folgen ihrer Entscheidung tragen müssen. Außerdem drohen häufig Interessenkonflikte. Gelingt den Parteien endgültig keine Einigung, bleibt letztlich nur die Auflösung des Gemeinschaftsunternehmens. Nach dem Muster muss eine Streitfrage zunächst von der Geschäftsführung erfolglos behandelt worden sein; dann muss der Beirat sich in zwei Sitzungen damit befassen. Gelingt auch dort keine Einigung (wenn auch nur dahin gehend, dass die Frage für eine weitere Eskalation zu unbedeutend ist), müssten sich die Vorstandsvorsitzenden der Parteien mit dem Thema befassen. Einigen sich diese nicht innerhalb von vier Wochen, so ist das Gemeinschaftsunternehmen zwingend in der Weise aufzulösen, dass eine Partei alle Geschäftsanteile übernimmt. Die lange Eskalationsfolge soll schon auf der Ebene der Geschäftsführung bewirken, dass eine Einigung ernsthaft angestrebt und möglichst erreicht wird. Dieser Druck steigt graduell an: Die Parteien werden versuchen, ihre Vorstandsvorsitzenden nur in absoluten Ausnahmefällen mit Problemen des Gemeinschaftsunternehmens zu befassen. Die Vorstandsvorsitzenden sind sich bewusst, dass das Gemeinschaftsunternehmen als solches aufhört zu existieren, wenn sie sich nicht einigen. Somit wird eine Einigung auf der letzten Eskalationsstufe nur scheitern, wenn mindestens auf einer Seite auch nach reiflicher Überlegung kein Wille mehr vorhanden ist, das Gemeinschaftsunternehmen fortzusetzen, und damit keine hinreichende Grundlage für dessen Fortführung mehr besteht. Aufgrund der komplizierten Auseinandersetzung nach § 18 kann keine Partei mit Sicherheit vorhersagen, ob sie danach selbst alle Geschäftsanteile übernehmen oder ihre Anteile abgeben wird. Dies soll zusätzlich zu einer Einigung motivieren und verhindern, dass eine Partei die Einigungsbemühungen aus taktischen Erwägungen scheitern lässt, um anschließend das Gemeinschaftsunternehmen alleine fortführen zu können (hierzu auch *Fleischer/Schneider*, DB 2010, 2713, 2719).

37. Vinkulierung der Geschäftsanteile. Die Übertragung von Geschäftsanteilen des Gemeinschaftsunternehmens ist gegen den Willen der anderen Partei nach § 17 nur möglich, wenn alle Geschäftsanteile der übertragenden Partei an ein von dieser beherrschtes Unternehmen, das dem Joint Venture Vertrag beitritt, übertragen werden. Die Regelung schafft damit Spielraum für die Umhängung der Beteiligung innerhalb eines Konzerns. Dass die Beteiligung auch nach der Übertragung innerhalb des Konzerns verbleibt, wird durch die Rückfallklausel in § 17.1.5 abgesichert; ergänzt wird diese Sicherung durch das Kündigungsrecht im Falle eines *change of control* gemäß § 19.2 (c). Durch eine aufschiebende und eine auflösende Bedingung sicherzustellen, dass die übernehmende Konzerngesellschaft sich an die vertraglichen Vereinbarungen hält und Konzerngesellschaft bleibt, ist äußerst einschneidend. Ein weniger hartes Vorgehen würde die Anforderungen nicht als Bedingungen, sondern als einklagbare Garantien ausgestalten. Bei Formulierung einer Übertragungsklausel ist jedoch zu bedenken, dass Bedingungen sehr effektiv sind, weil sie die andere Partei nicht nur schuldrechtlich absichern, sondern dinglich die Anteilsinhaberschaft an das Fortbestehen bestimmter Bedingungen binden. Dies birgt freilich auch Gefahren: So könnte der automatische Rückfall der Beteiligung zunächst unbemerkt bleiben und damit würden Gesellschafterbeschlüsse von Personen gefasst, die keine Gesellschafterstellung (mehr) innehaben.

38. Exit-Regelungen. Bedeutender Inhalt jedes Joint Venture Vertrages ist eine Exit-Regelung: Wie lösen die Parteien das Vertragsverhältnis, wenn eine weitere Zusammenarbeit nicht mehr in Frage kommt? – Die besten Exit-Regeln zeichnen sich dadurch aus, dass sie nicht zur Anwendung kommen: Vorzugswürdig ist stets die zeitnahe Einigung der Parteien unter Berücksichtigung der beidseitigen wirtschaftlichen Interessen. Komplizierte juristische Regelwerke riskieren, kaufmännisch unpraktikabel zu werden. Gleichwohl ist eine Regelung im JV-Vertrag erforderlich, um zu erreichen, dass die Parteien konstruktiv und ernsthaft verhandeln. – Es gibt eine ganze Reihe verschiedener denkbarer Beendigungsmöglichkeiten. Diese müssen regeln, wie die Parteien das Gemeinschaftsunternehmen auseinandersetzen – in den meisten Fällen erwirbt eine Partei 100% der Anteile, möglich sind aber auch ein Verkauf mit oder ohne Beteiligung des Managements, ein Börsengang oder eine Abwicklung – und, insbesondere im Falle der Anteilsübertragung auf eine Partei, unter welchen Bedingungen diese zu erfolgen hat. Hierzu gibt es wiederum eine Vielzahl von Gestaltungsmöglichkeiten: (i) Einer Partei kann das Recht eingeräumt werden, ihre Anteile an einen Dritten zu verkaufen, in welchem Fall die andere Partei ein Vorkaufsrecht hat. Problematisch an dieser Regelung ist, dass der anderen Partei damit ein möglicherweise unerwünschter Partner im Gemeinschaftsunternehmen aufgezwungen wird, wenn die Ausübung des Vorkaufsrechts für sie nicht machbar ist. Ein Vorkaufsrecht kann sehr gefährlich sein: Ist die verkaufswillige Partei finanzschwach, die andere Partei finanzstark und ist dies im Markt bekannt, so wird sich kaum ein Käufer finden lassen, weil er weiß, dass die finanzstarke andere Partei von ihrem Vorkaufsrecht Gebrauch machen wird, es sei denn, er hat vereinbart, einen zu hohen Preis zu zahlen. (ii) Es können Put-/Call-Optionen eingeräumt werden, nach denen eine Partei die andere zum An- oder Verkauf ihrer Anteile verpflichten kann. Der Preis kann dabei nach einer bereits im JV-Vertrag vereinbarten Formel oder durch Gutachten eines Wirtschaftsprüfers ermittelt werden. Dies empfiehlt sich unter Umständen, wenn eine Partei lediglich finanziell beteiligt ist und das Gemeinschaftsunternehmen allein nicht sinnvoll führen könnte. Sind beide Parteien am Geschäftsbetrieb des Gemeinschaftsunternehmens gleich „nahe dran", ist im voraus nur sehr schwer zu vereinbaren, wer später ausscheiden soll, insbesondere, da dies für die ausscheidende Partei mit unbilligen Folgen verbunden sein kann. (iii) Einfache, aber potenziell sehr willkürliche und gefährliche Ausstiegsproceduren bieten die „Shoot out"- oder „Russian Roulette"-Mechanismen (ausführlich zu derartigen Ausstiegsklauseln *Schulte/Sieger* NZG 2005, 24; *Fleischer/Schneider*, DB 2010, 2713; Überblick auch bei *Fett/Spiering* in: Fett/Spiering Kap. 7 Rdnr. 591 ff.; *Schulte/Pohl* Rdnr. 766 ff.). In ihrer einfachsten Variante bietet eine Partei der anderen an, deren sämtliche Anteile zu einem bestimmten Preis anzukaufen. Innerhalb einer bestimmten Frist hat die andere Partei zu wählen, ob sie gemäß dem Angebot verkaufen oder zu gleichen Bedingungen die Anteile der Gegenseite kaufen möchte. Dadurch ist zunächst die anbietende Partei gehalten, einen realistischen Preis anzubieten, weil sie möglicherweise nach Entscheidung der anderen Seite gezwungen ist, zu diesem Preis selbst zu verkaufen. Aus vielfältigen Gründen (steuerlicher, finanzieller oder unternehmensstrategischer Art) kann es jedoch sein, dass eine Partei wirtschaftlich zweckmäßig nicht an- oder verkaufen kann. In der Kenntnis, dass sie in jedem Fall an- oder verkaufen wird, kann die andere Partei den Preis für sich günstig gestalten und dem Joint Venture Partner dieses Ergebnis faktisch aufzwingen. Eine weitere „Shoot out"-Variante verpfichtet beide Parteien, ein versiegeltes Kaufangebot abzugeben, und sieht den Abschluss eines Kaufvertrages zu dem Angebot des höheren Bieters vor. Die Bedenken für den Fall, dass letztlich nur eine Partei in der Lage ist, die Anteile der anderen Partei zu kaufen, bleiben auch bei dieser Variante bestehen. – Das Muster sieht einen Verkauf der Geschäftsanteile von einer Seite an die andere als Mechanismus der Beendigung des Gemeinschaftsunternehmens vor, weil diese Art der Auseinandersetzung im JV-Vertrag als Ausweg am besten geregelt werden kann. Verkäufe an das Management und/oder Dritte sowie Börsengänge hängen dagegen von vielen Unabwägbarkeiten ab und können nur schlecht im voraus verbindlich geregelt werden. Einigen sich die Parteien später auf einen anderen als den im Vertrag vorgesehenen Exit, ist das ohnehin vorzugswürdig; wichtig ist, dass der vertragsmäßige Exit praktikabel und fair ist, so dass keine Partei Schwächen der Gegenseite ausnützen kann. – Hinsichtlich der Abwicklung schlägt das Muster eine neue Regelung des Exits vor, die die Parteien zur Abgabe von fairen Angeboten bewegt. Diese Lösung wird in den meisten Fällen die Einschaltung eines Bewertungsgutachters und den damit verbundenen Zeit- und Kostenaufwand nicht erfordern, weil den Interessen der Parteien aufgrund der abgegebenen Angebote hinreichend Rechnung getragen werden kann. § 18 regelt die Auseinandersetzung des Gemeinschaftsunternehmens bei Beendigung wegen Ablaufs der Vertragszeit oder nicht lösbarer Meinungsverschiedenheiten nach § 15.3. Besteht bezüglich einer Partei ein wichtiger Grund, der nach § 19.2 zur Kündigung berechtigt, so ist auf Wunsch der anderen Partei – neben der möglichen Einziehung der Anteile nach dem Gesellschaftsvertrag – auch eine Auseinandersetzung nach § 18 möglich. Auseinandergesetzt wird durch den Verkauf sämtlicher Geschäftsanteile einer Partei an die andere. Ziel des Verfahrens ist es einerseits, einen fairen Kaufpreis zu bestimmen, andererseits keiner Partei durch eine bestimmte Taktik zu ermöglichen, einseitig eine Call- oder Put-Option zu diesem Kaufpreis zu erlangen. Dazu haben beide Parteien zunächst anzugeben, ob sie kaufen oder verkaufen wollen und zu welchem Preis. Der Preis bezieht sich auf jeden Euro des Stammkapitals der Gesellschaft, weil eine Seite aufgrund einer Kapitalerhöhung nach § 11 mehr als die Hälfte der Anteile halten kann. Eine Berücksichtigung von in der Praxis des Beteiligungskaufs verbreiteten Auf- bzw. Abschlägen beim Kauf einer Mehrheits- bzw. Minderheitsbeteiligung erscheint im Rahmen der Preisfindung in der vorliegenden Konstellation verzichtbar, da der Erwerber in jedem Fall alleiniger Gesellschafter der JV-Gesellschaft wird.

39. Preisfindung bei Verkaufsbereitschaft beider Parteien. Wollen beide Seiten verkaufen, so setzt sich die Partei durch, die das niedrigere Angebot gemacht hat, wobei der Kaufpreis dem von der anderen Partei angebotenen höheren Verkaufspreis entspricht. Die Partei, die den für sich ungünstigeren, weil niedrigeren Verkaufspreis genannt hat, ist zum gewünschten Verkauf berechtigt und verpflichtet. Ziel dieser Regelung ist es, Druck auf die Parteien auszuüben, einen Verkaufspreis zu nennen, der möglichst nahe am fairen oder „wahren" Wert der angebotenen Geschäftsanteile liegt. Derjenige, der mit einer überhöhten Preisvorstellung in das Verfahren geht, muss nämlich damit rechnen, selbst die Anteile der anderen Partei zu teuer ankaufen zu müssen. Andererseits wird keine Partei ihre Anteile deutlich unter Wert verkaufen wollen, so dass die von den Parteien abgegebenen Gebote nicht oder nicht wesentlich unterhalb des fairen Werts der jeweiligen Geschäftsanteile liegen werden. Insgesamt werden die Parteien durch den in dieser Klausel vorgesehenen Mechanismus dahingehend diszipliniert, in ihrem Verkaufsangebot einen angemessenen Verkaufspreis zu nennen.

40. Preisfindung bei Kaufbereitschaft beider Parteien. Wollen beide Seiten ankaufen, so ist die Partei, die den für sich ungünstigeren, weil höheren Ankaufspreis genannt hat, zum gewünschten Ankauf zu dem von ihr genannten Preis berechtigt und verpflichtet. Die andere Seite ist zwar einerseits zum nicht gewünschten Verkauf verpflichtet, erhält jedoch andererseits einen Kaufpreis, der über dem Betrag liegt, den sie selbst der anderen Seite bezahlen wollte. Auch in dieser Konstellation wird für die Parteien ein Anreiz gesetzt, möglichst nahe am fairen Preis für die Geschäftsanteile zu bieten: Wer trotz eigener Kaufbereitschaft einen zu niedrigen Preis nennt, läuft Gefahr, entgegen seinem Interesse selbst verkaufen zu müssen. Deutlich über den als fair angesehenen Preis hinauszugehen, birgt das Risiko, zu diesem Preis tatsächlich ankaufen zu müssen und somit ein „schlechtes Geschäft" zu machen. – Möchten beide Seiten an- oder verkaufen, so ist es preisgünstig, fair und zeitsparend, nach den § 18.2 bzw. § 18.3 ohne Einschaltung eines unabhängigen Experten zur Preisberechnung die Partei an- oder verkaufen zu lassen, die das für sich ungünstigere Angebot gemacht hat. In beiden Konstellationen werden Anreize gesetzt, die eine gewisse Gewähr dafür bieten, dass die Geschäftsanteile zu einem Preis verkauft werden, der dem anteiligen fairen Unternehmenswert entspricht.

41. Angebotener Kaufpreis liegt über gefordertem Verkaufspreis. Gegenstand dieser Klausel ist gewissermaßen die „Idealsituation", dass die eine Partei kaufen, die andere verkaufen möchte und der von der Kaufwilligen Partei genannte Preis mindestens dem entspricht, was die Verkaufswillige Partei gefordert hat. Auch in diesem Fall ist es sachgerecht, die Kaufwillige Partei an dem von ihr genannten höheren Preis festzuhalten. Für sie besteht wiederum der Anreiz, möglichst nahe am fairen Wert zu bieten, um einerseits mit ihrer Kaufabsicht zum Zuge zu kommen, andererseits nicht überteuert ankaufen zu müssen. Die Verkaufswillige Partei ihrerseits hat ein Interesse, nicht mit überzogenen Preisvorstellungen in das Verfahren zu gehen: Nur dann, wenn sie den gleichen oder einen niedrigeren Preis nennt, als die Kaufwillige Partei zu zahlen bereit ist, greift der einfache Preisfindungs- und Verkaufsmodus des § 18.4.1, liegt die Verkaufswillige Partei hingegen über dem Kaufangebot der anderen Seite, greift der aufwändigere und mit erheblich größerer Unsicherheit verbundene Mechanismus der § 18.4.2 bis

§ 18.4.5. Es steht indes zu befürchten, dass nicht viele Gemeinschaftsunternehmen so auseinandergesetzt werden, dass beide Parteien ihre Anteile zu den von ihnen genannten oder besseren Bedingungen wunschgemäß an- oder verkaufen können.

42. Preisfindung durch Schiedsgutachter. Möchte eine der Parteien ankaufen und die andere verkaufen und entspricht der genannte Kaufpreis nicht mindestens dem genannten Verkaufspreis, so wird der Faire Preis – sofern die Parteien nicht innerhalb der in § 18.4.2 vorgesehenen Frist eine Einigung erzielen – durch einen Wirtschaftsprüfer nach dem Discounted Cash Flow Verfahren gemäß dem Konzept der gewogenen Kapitalkosten (s. o. Anm. 32) bestimmt. Dies ist der einzige Fall, bei dem die Angebote der Partei stärker vom jeweiligen Kauf- bzw. Verkaufsinteresse als von einer Orientierung am fairen Preis geprägt sind, so dass ein Festhalten an dem höheren der beiden genannten Kauf- bzw. Verkaufspreise nicht gerechtfertigt ist. Daher stellt die Einschaltung eines unabhängigen Experten, der den Preis bindend bestimmt, die am ehesten angemessene Methode dar. Liegt der Faire Preis zwischen den von den Parteien genannten Preisen, soll die Partei, deren Preisangebot am nächsten an dem vom Schiedsgutachter ermittelten Fairen Preis liegt, ein Wahlrecht haben. Gab sie ursprünglich ein Verkaufsangebot ab, so kann sie zu dem Fairen Preis verkaufen, kann aber auch zu dem von ihr selbst genannten Verkaufspreis ankaufen. Von der Möglichkeit, sie zum Verkauf zum Fairen Preis zu verpflichten, wurde Abstand genommen, weil sie dann zu einem Verkauf unterhalb des angebotenen Verkaufspreises, der ggf. eine absolute Untergrenze für sie darstellte, verpflichtet würde. Daher kann sie stattdessen zu dem von ihr ursprünglich genannten (stets höheren) Preis ankaufen. Gleichzeitig soll die Wahlmöglichkeit die realistischere Partei, deren Preisvorstellung näher am Fairen Preis lag, belohnen und so für die Parteien einen Anreiz setzen, nahe an einem fairen Preis zu bieten. Spiegelverkehrt gilt das Gleiche für die Berechtigte Partei, die ursprünglich ein Ankaufsangebot abgegeben hat. Sie kann zu dem Fairen Preis ankaufen oder zum von ihr selbst genannten (stets niedrigeren) Preis verkaufen, wenn ihr der Faire Preis zu hoch erscheint. Durch dieses Wahlrecht wird wiederum berücksichtigt, dass die Berechtigte Partei möglicherweise mit ihrem Kaufangebot bis an ihre absolute Obergrenze gegangen ist und daher nicht zu einem Kauf zu einem höheren Preis gezwungen werden soll. Liegt der Faire Preis hingegen nicht zwischen den beiden genannten Preisen, muss die Berechtigte Partei zu dem in ihrem Angebot genannten Preis an- bzw. verkaufen. Die Berechtigte Partei soll ihr Recht in dieser Konstellation nicht schikanös ausüben dürfen: Kann sie genau entsprechend ihrem Angebot ankaufen oder verkaufen, so hat sie sich an ihr eigenes Angebot zu halten. – Diese Bestimmungen schaffen insgesamt für die Parteien den Anreiz, eine Lösung auf dem Verhandlungswege anzustreben, mindestens aber nahe am Fairen Preis zu bieten.

43. Verkauf und Abtretung der Geschäftsanteile. In dem nach dieser Klausel abzuschließenden (notariell zu beurkundenden) Anteilskauf- und Übertragungsvertrag sind die üblichen Regelungsgegenstände beim Kauf einer Beteiligung an einer bereits operativ tätigen Gesellschaft zu behandeln, etwa das mit den übertragenen Geschäftsanteilen verbundene Gewinnbezugsrecht; vgl. Form. C. II.1 bzw. Form. C. II.2. Nicht auszuschließen und von den Parteien vor Eintritt in das vertraglich vorgesehene Exit-Verfahren zu bedenken und ggf. zu prüfen ist die Gefahr, dass der Verkauf der Geschäftsanteile der einen an die andere JV-Partei kartell- bzw. fusionskontrollrechtlich untersagt wird (vgl. *Schulte/Sieger* NZG 2005, 24, 27). In diesem Fall bleibt, wenn eine Fortsetzung des Joint Venture zwischen den ursprünglichen Parteien nicht möglich ist, regelmäßig nur der Verkauf der Geschäftsanteile an einen Dritten. Soweit aufgrund einer fusionskontrollrechtlichen Anmeldepflicht ein (vorübergehendes) Vollzugsverbot besteht, müsste dieses ggf. noch bei der Verfahrensgestaltung berücksichtigt werden.

44. Beendigung der Rechtsbeziehungen zur ausscheidenden Partei. Nach dem Ende der Auseinandersetzung wird sich die aus dem Gemeinschaftsunternehmen ausscheidende Partei davon vollständig lösen wollen. Nachdem ein unlösbarer Konflikt bei der Leitung des Gemeinschaftsunternehmens zu dessen Auflösung führte, kann eine Fortsetzung der Zusammenarbeit typischerweise keiner Partei mehr zugemutet werden. Neben der Ablösung der Gesellschafterdarlehen ist auch sicherzustellen, dass die nach § 9.2 bzw. § 9.3 abgeschlossenen Kooperationsverträge mit dem Ausscheiden der verkaufenden Partei beendet werden. Entweder kann in den JV-Vertrag selbst eine solche Regelung aufgenommen werden oder in den

Vertragsmustern für die Dienstleistungsverträge ein besonderes Kündigungsrecht der betreffenden Gesellschaft der JV-Gruppe für den Fall vorgesehen werden, dass die JV-Partei ihre Beteiligung aufgibt. Bei der Ausgestaltung dieser Regelungen ist allerdings zu bedenken, dass eine automatische Beendigung der Kooperationsverträge mit einer der JV-Parteien gravierende Nachteile für das Gemeinschaftsunternehmen mit sich bringen kann, etwa wenn dieses auf von dieser JV-Partei erbrachte Materiallieferungen, bestimmte Dienstleistungen, Lizenzen o. ä. angewiesen ist. Diese Erwägung kann ein einseitiges Kündigungsrecht der betreffenden Gesellschaft der JV-Gruppe *ex ante* als vorteilhafter erscheinen lassen als einen automatischen Beendigungsmechanismus im Falle des Ausscheidens einer JV-Partei. Andererseits werden sich die JV-Parteien jedenfalls bei bestimmten Vertragsgegenständen der Kooperationsverträge (z. B. gewerbliche Schutzrechte, Zusammenarbeit im Bereich Forschung und Entwicklung) nicht darauf einlassen, im Falle ihres Ausscheidens aus dem Joint Venture den Vertrag mit dem Gemeinschaftsunternehmen weiter erfüllen zu müssen – ggf. müssten geeignete Übergangsregelungen getroffen werden. Ob und wie eine Beendigung aller Rechtsbeziehungen der ausscheidenden Partei mit dem Gemeinschaftsunternehmen bereits im JV-Vertrag geregelt und wie diese Regelungen ausgestaltet werden, hängt somit vom Inhalt der betroffenen Vertragsbeziehungen sowie der Interessenlage und der Verhandlungsmacht der Parteien ab.

45. Kündigung von JV-Gesellschaft und Innengesellschaft. § 19 regelt die Beendigung des Gemeinschaftsunternehmens aus anderen Gründen als Uneinigkeit (§ 15.3). Grundsätzlich sollte die Dauer des Gemeinschaftsunternehmens und der durch den JV-Vertrag gebildeten Innengesellschaft (zur „Doppelstufigkeit" bei inkorporierten Joint Ventures vgl. *Fett/Spiering* in: Fett/Spiering Kap 7 Rdnr. 226, 535; *Schulte/Pohl*, Rdnr. 16, 719 ff.) nicht zeitlich beschränkt sein. Ohne zeitliche Begrenzung stünde jedoch jeder Partei das Kündigungsrecht des § 723 Abs. 1 S. 1 BGB zu. Da das Kündigungsrecht den Gesellschaftern auch bei einer zwar bestimmten, aber überlangen Zeit zusteht (s. Palandt/*Sprau* § 723 BGB Rdnr. 2; *Wertenbruch*, DB 2009, 1222), ist als Mindestdauer keinesfalls eine längere als die längste im deutschen Recht vorgesehene Frist von 30 Jahren zu empfehlen. Durch eine lange Kündigungsfrist lässt sich die ordentliche Kündigung zusätzlich erschweren. – Die Kündigungsregelungen im Gesellschaftsvertrag der JV-Gesellschaft sind insbesondere wegen der genannten „Doppelstufigkeit" von JV ((Außen-)Gesellschaft und der durch den Abschluss des JV-Vertrages begründeten Innengesellschaft) mit denjenigen im JV-Vertrag zu harmonisieren.

46. Kündigung aus wichtigem Grund. Das Recht der Gesellschaft zur Kündigung aus wichtigem Grund kann nicht ausgeschlossen werden (§ 723 Abs. 3 BGB) und wird daher zur Rechtsklarheit im JV-Vertrag erwähnt. Die einleitende Formulierung in § 19.2 S. 2 („insbesondere") stellt klar, dass die ausdrücklich im Vertrag genannten Kündigungsgründe nicht abschließend sind.

47. Einzelne Kündigungsgründe. Das unabdingbare Recht auf Kündigung aus wichtigem Grund erfährt in § 19.2 zusätzliche Konkretisierungen. Selbst die Verletzung wesentlicher Vertragspflichten ist nach § 19.2.1 erst Kündigungsgrund, wenn die andere Seite das pflichtwidrige Verhalten nach einer Abmahnung nicht innerhalb von vier Wochen abstellt. Einmalige Ereignisse sollen mithin nicht zur Kündigung der langfristig angelegten Zusammenarbeit berechtigen. Die Regelung in § 19.2.2 soll verhindern, dass durch Insolvenz einer Partei ein Dritter Partner im Gemeinschaftsunternehmen wird. Die andere Seite ist daher in Insolvenzsituationen kündigungsberechtigt. Solche Klauseln (die in der Praxis freilich häufig mit dem Wahlrecht des Insolvenzverwalters nach § 103 Abs. 1 InsO kollidieren, vgl. *Sieger/Hasselbach* NZG 1999, 485 m. Fn. 3) sind nach der Rechtsprechung zulässig, solange sie nicht allein darauf zielen, den Geschäftsanteil in der Hand eines Gläubigers der Partei wirtschaftlich auszuhöhlen und wenn sie das gleiche Entgelt auch bei Ausschließung eines Gesellschafters aus (sonstigem) wichtigem Grund vorsehen (BGHZ 65, 22, 26 = NJW 1975, 1835, 1836 f.; BGHZ 144, 365 = NJW 2000, 2819). Diese Voraussetzung ist hier erfüllt, da § 19.2 drei verschiedene Kündigungsgründe vorsieht. § 19.2.3 enthält eine **change-of-control**-Klausel. Komplementär zu § 19.2.2, der die Aufnahme eines neuen Partners in der Insolvenz verhindert, und zu § 17, der die Übertragung der Geschäftsanteile an dem Gemeinschaftsunternehmen erschwert, verhindert § 19.2.3 die indirekte Aufnahme eines neuen Partners durch Erlangung der Kontrolle an einer der Parteien. Dritte sollen nur mit Zustimmung der anderen Seite direkt oder indirekt Partei des JV-Vertrages werden. Allerdings ist zu berücksichtigen, dass jede solche **change-of-control**-Klausel für die Parteien ein zweischneidiges Schwert darstellt, da sie potentiell auch die eigene Seite einer Kündigung durch die andere Partei aussetzen kann. Daher ist je nach Fallgestaltung zu überlegen, ob eine derartige Regelung überhaupt vorgesehen bzw. bestimmte Kontrollwechsel im Voraus für zulässig erklärt werden sollen.

48. Fusionskontrollverfahren. Jedenfalls bei größerem wirtschaftlichen Gewicht des Gemeinschaftsunternehmens bzw. der JV-Partner ist regelmäßig eine kartell- bzw. -fusionskontrollrechtliche Freigabe nach entsprechender Anmeldung bei der zuständigen Wettbewerbsbehörde einzuholen (Überblick über die verschiedenen Regelungsregimes bei MünchVertragsHdB I/*Meister/Klöcker*, 6. Aufl. 2005, IV.25 Anm. 2. bis 2 e., ferner Münch-HdbGesR I/*Baumanns/Wirbel* § 28 Rdnr. 11 ff.; ausführlich zum gemeinschaftsrechtlichen Fusionskontrollverfahren bei Gemeinschaftsunternehmen *Mestmäcker/Schweitzer*, Europäisches Wettbewerbsrecht, 2. Aufl. 2004, § 24 Rdnr. 36 ff.). Üblicherweise werden sich die Parteien bereits vor Abschluss des JV-Vertrags nähere Gedanken über die Genehmigungsfähigkeit ihres Vorhabens machen und etwa eine Voranfrage bei der zuständigen Kartellbehörde stellen. Einzelheiten des Fusionskontrollverfahrens, insbesondere die behördliche Zuständigkeit und die nach dem einschlägigen Verfahrensrecht einzuhaltenden Schritte können dann bereits wesentlich detaillierter in dem JV-Vertrag als in dem Muster, das sich in § 20 auf eine recht rudimentäre Regelung beschränkt, geregelt werden. Wichtig ist es – sofern nicht aus Gründen des Einzelfalls allein eine Partei mit der Durchführung des Fusionskontrollverfahrens betraut werden soll – in dem JV-Vertrag sicher zu stellen, dass beide Partner im Rahmen der Anmeldung und des weiteren Verfahrens kooperieren, da mit der behördlichen Entscheidung über die wettbewerbsrechtliche Zulässigkeit regelmäßig das gesamte Vorhaben der Parteien steht und fällt. Parteien, die sich in einem umfangreichen Vertragswerk vertraglich verpflichten, ein Gemeinschaftsunternehmen zu gründen, würden widersprüchlich und letztlich treuwidrig handeln, wenn sie schon kleinere Auflagen der Fusionskontrollbehörde als Gelegenheit nutzten, von dem Gemeinschaftsunternehmen Abstand zu nehmen. In § 20.2 Satz 2 wird daher das Recht der Parteien, die Erfüllung nur an sie gerichteter Bedingungen oder Auflagen zu verweigern, entsprechend eingeschränkt.

49. Vertraulichkeitsverpflichtung. Die Verschwiegenheitsverpflichtung ist vor allem *vor* Unterzeichnung des JV-Vertrages bedeutsam. Sie ist daher bereits im *Letter of Intent* zu verankern, s. Einleitung.

50. Gesetzliche Veröffentlichungspflichten. Gesetzliche Veröffentlichungspflichten bestehen in Deutschland unter anderem im Bilanzrecht und nach dem Wertpapierhandelsgesetz. Daneben bestehen für börsennotierte Unternehmen weitere Veröffentlichungspflichten nach der Börsenzulassungsverordnung und den einschlägigen Regelwerken der jeweiligen Wertpapierbörse. Für die Parteien verbindliche Börsenzulassungsvorschriften sind nicht allein die ihrer Hauptnotierung, sondern ggf. auch Vorschriften weiterer Börsen, an denen Wertpapiere der Parteien zum Handel zugelassen sind.

Insbesondere für börsennotierte Gesellschaften ist es angesichts der Sensibilität der Kapitalmärkte für unternehmens- und branchenbezogene Information und deren Potential zur Kursbeeinflussung für beide Parteien von Interesse, sich über den Inhalt der entsprechenden Veröffentlichungen (etwa bei ad-hoc-Mitteilungen), wie im Muster vorgesehen, nach Möglichkeit abzustimmen. Andererseits kann die Veröffentlichung durch eine Partei in diesen Fällen nicht unter den Vorbehalt einer Zustimmung durch die jeweils andere Partei gestellt werden, da jede Partei den für sie einschlägigen Veröffentlichungsbestimmungen zur Vermeidung rechtlicher Sanktionen uneingeschränkt nachkommen können muss.

51. Kosten des Fusionskontrollverfahrens. Die Verpflichtung zur hälftigen Tragung der Kosten des Fusionskontrollverfahrens soll die Parteien zum Einlegen von Rechtsmitteln gegen Entscheidungen der Fusionskontrollbehörde ermutigen und damit zum Zustandekommen des Gemeinschaftsunternehmens beitragen. Die finanzielle Beitragspflicht ist komplementär zur inhaltlichen Mitwirkungspflicht während des Fusionskontrollverfahrens gemäß § 20.

52. Rangordnung der Verträge. Sollte ein Widerspruch zwischen dem Gesellschaftsvertrag und dem JV-Vertrag bestehen, haben die Parteien ersteren an letzteren anzupassen. Denn der JV-Vertrag ist die „Verfassung" für das Joint Venture, die den Inhalt aller anderen Verträge zum Joint Venture bestimmt. Dies entbindet die Parteien aber nicht davon, den Mindestbestand an organisationsrechtlichen Regelungen hinsichtlich der Verfassung und Struktur des Gemeinschaftsunternehmens in dessen Gesellschaftsvertrag zu verankern; zum Verhältnis der verschiedenen Regelungsebenen zueinander vgl. bereits die Einleitung.

53. Salvatorische Klausel. Zu beachten ist, dass salvatorische Klauseln nach der Rechtsprechung (zuletzt BGH NJW 2010, 1660) nicht automatisch zu einer Gültigkeit der übrigen Vertragsbestimmungen führen. Stattdessen kehrt sich die Beweislast um, so dass abweichend von § 139 BGB die Partei, die sich auf die Nichtigkeit des gesamten Vertrages berufen möchte, beweisen muss, dass anzunehmen ist, dieser wäre ohne die nichtige Klausel nicht abgeschlossen worden. Gleichwohl ist an dieser Klausel festzuhalten. Denn die Beweislastumkehr kann praktisch sehr bedeutsam werden, insbesondere wenn es um Fristen geht. Der Beweis, dass eine unter Umständen zulässige etwas kürzere Frist die Parteien zur Abstandnahme vom Vertrag gebracht hätte, dürfte nur schwer zu führen sein. Zudem werden die Parteien bei Lektüre des Vertrages an ihr Bestreben erinnert, ihn aufrechtzuerhalten.

54. Rechtswahlklausel. Insbesondere bei „internationalen" Joint Ventures zwischen Partnern aus verschiedenen Rechtsordnungen sollte das auf den JV-Vertrag und im Falle etwaiger Streitigkeiten hieraus anwendbare Recht durch eine Rechtswahlklausel festgelegt werden. Dies dient der Rechtssicherheit und vermeidet im Streitfalle eine zeit- und kostenintensive Ermittlung des anwendbaren Rechts (vgl. *Göthel* RIW 1999, 566, 571 ff.). Das Gesellschaftsstatut der JV-Gesellschaft, dem die Gesellschaftsverfassung und -struktur sowie Rechte und Pflichten der Gesellschafter unterliegen, ist zwar keiner Rechtswahl durch die JV-Partner zugänglich, wohl aber können jedenfalls diejenigen aus dem JV-Vertrag resultierenden Rechte und Pflichten der Parteien, die nicht den vom Gesellschaftsstatut erfassten Regelungsbereich betreffen – also etwa Wettbewerbsabreden, sonstige Kooperationspflichten der Parteien oder auch die Verpflichtung zur Errichtung der JV-Gesellschaft – einem anderen, von den Parteien gewähltem Recht unterstellt werden, als die JV-Gesellschaft selbst (vgl. *Langefeld-Wirth* S. 129 f.; *Göthel* RIW 1999, 566, 568 f.). Gründe der Rechtssicherheit und -einheitlichkeit sprechen dafür, auch den JV-Vertrag – wie im Muster geschehen – dem Recht des Gesellschaftsstatuts zu unterstellen. So wird die mitunter schwierige Abgrenzung vermieden, welche Fragen zwingend dem Gesellschaftsstatut und welche dem gewählten Recht unterliegen. Allerdings sind auch Konstellationen denkbar, in denen eine vom Gesellschaftsstatut abweichende Rechtswahl sach- und interessengerecht ist, etwa wenn keine der Parteien im Land der JV-Gesellschaft (dessen Recht meist das Gesellschaftsstatut ist) ansässig und mit dem dortigen Recht vertraut ist oder wenn sich der ausländische Partner nicht auf das „Heimatrecht" des inländischen Partners einlassen will und statt dessen ein „neutrales" Recht gewählt wird.

55. Schiedsklausel. Die Schiedsklausel entspricht dem von der Deutschen Institution für Schiedsgerichtsbarkeit e. V. (DIS) empfohlenen Wortlaut (vgl. www.dis-arb.de). Um das gesamte Vertragswerk, nicht nur den Joint Venture Vertrag, dem Schiedsverfahren zu unterwerfen, ist sie in jeden im Zusammenhang mit der Errichtung des Gemeinschaftsunternehmens abgeschlossenen Vertrag (vgl. oben Anm. 1) aufzunehmen. Auf die seit April 2008 bestehende Möglichkeit, in ein beschleunigtes Verfahren zu treten (vgl. Ergänzende Regeln für beschleunigte Verfahren), wurde im Muster verzichtet, da angesichts der Komplexität von JV-Verträgen der enge Zeitrahmen ohnehin kaum eingehalten werden kann.

III. Gesellschaftsvertrag des Joint Venture (GmbH) – Articles of Association of the Joint Venture (GmbH)

Gesellschaftsvertrag	Articles of Association
I. Allgemeine Bestimmungen	**I. General Provisions**
§ 1 Firma und Sitz	**§ 1 Business name and registered office**
1.1 Die Firma der Gesellschaft lautet:	1.1 The business name of the Company is: ......
1.2 Die Gesellschaft hat ihren Sitz in	1.2 The Company has its registered office in ......
§ 2 Gegenstand des Unternehmens	**§ 2 Enterprise purpose**
2.1 Gegenstand des Unternehmens sind die Herstellung und der Vertrieb von Energieriegeln und Energy-Drinks sowie alle im Zusammenhang damit stehenden Geschäfte.	2.1 The purpose of the enterprise is the manufacture and distribution of energy bars and energy drinks as well as all activities in connection therewith.
2.2 Die Gesellschaft ist befugt, in der Bundesrepublik Deutschland und im Ausland gleichartige und ähnliche Unternehmungen sowie Vertretungen und Niederlassungen zu errichten, zu erwerben oder sich an solchen zu beteiligen, soweit sie für den Gesellschaftszweck erforderlich oder dienlich erscheinen.	2.2 The Company is authorised to form, acquire or participate in similar business entities and those of the same type in the Federal Republic of Germany and elsewhere and to form representative offices and branch offices to the extent that these are required for or intended in support of the Company's purpose.
2.3 Die Gesellschaft kann in der Bundesrepublik Deutschland und im Ausland Schutzrechte erwerben und darüber verfügen.	2.3 The Company may acquire and dispose of intellectual property rights in the Federal Republic of Germany and elsewhere.
§ 3 Dauer der Gesellschaft und Geschäftsjahr	**§ 3 Term of the Company and financial year**
3.1 Die Dauer der Gesellschaft ist *[nicht auf eine bestimmte Zeit beschränkt] [auf eine Dauer von ...... (......) Jahren beschränkt. Die Dauer der Gesellschaft verlängert sich um jeweils ...... (......) Jahre, wenn sie nicht von einem Gesellschafter durch eingeschriebenen Brief gegenüber dem anderen Gesellschafter mit einer Frist von ...... (......) Monaten zu ihrem jeweiligen Enddatum gekündigt wird]*.[1]	3.1 The term of the Company is *[not limited to a specific time period] [limited to a term of ...... (......) years. The term of the Company shall be respectively extended by ...... (......) years where it is not terminated by a shareholder by way of registered mail to the other shareholder with a notice period of ...... (......) months to its respective termination date.]*.

III. Gesellschaftsvertrag des Joint Venture (GmbH) | **G.III**

3.2 Das Geschäftsjahr ist das Kalenderjahr. Das erste Geschäftsjahr endet am 31. Dezember des Jahres, in dem die Gesellschaft im Handelsregister eingetragen wird.	3.2 The financial year is the calendar year. The first financial year shall end on 31 December of the year in which the Company is registered with the commercial register.

II. Stammkapital / II. Share capital

§ 4 Stammkapital; Geschäftsanteile / **§ 4 Share capital; capital shares**

4.1 Das Stammkapital der Gesellschaft beträgt …… EUR (in Worten: ……). Es ist aufgeteilt in zwei Geschäftsanteile mit einem Nennbetrag von jeweils …… EUR (in Worten ……).

4.2 Auf das Stammkapital übernimmt A einen Geschäftsanteil zum Nennbetrag von …… EUR (in Worten: ……),
B einen Geschäftsanteil zum Nennbetrag von …… EUR (in Worten: ……).

4.3 Die Stammeinlagen sind sofort in voller Höhe einzuzahlen.[2]

4.1 The share capital of the Company amounts to EUR …… (in words: ……). It is divided into two capital shares, each with a respective nominal amount of EUR …… (in words: ……).

4.2 The share capital is subscribed for by A for one capital share in the nominal amount of EUR …… (in words: ……),
B for one capital share in the nominal amount of EUR …… (in words: ……).

4.3 The capital shares shall immediately be fully paid in.

III. Organe / III. Management bodies

§ 5 Organe / **§ 5 Management bodies**

Organe der Gesellschaft sind

5.1 die Geschäftsführung,
5.2 der Beirat und
5.3 die Gesellschafterversammlung.

The management bodies of the Company are

5.1 the management,
5.2 the advisory board and
5.3 the shareholder meeting.

IV. Geschäftsführer, Geschäftsführung und Vertretung / IV. Managing directors, management and representation

§ 6 Geschäftsführer / **§ 6 Managing directors**

6.1 Die Gesellschaft hat zwei Geschäftsführer.[3]

6.2 Die Geschäftsführer werden von der Gesellschafterversammlung bestellt und abberufen.

[6.3 *Bei Abschluss, Änderung oder Beendigung von Dienstverträgen mit Geschäftsführern wird die Gesellschaft durch den Beirat vertreten.*][4]

6.1 The Company has two managing directors.

6.2 The managing directors are appointed and revoked by the shareholder meeting.

[6.3 *The Company shall be represented by the advisory board in the conclusion, amendment or termination of service agreements with managing directors.*]

§ 7 Geschäftsführung / **§ 7 Management**

7.1 Die Geschäftsführer sind verpflichtet, die Geschäfte der Gesellschaft in Übereinstimmung mit dem Gesetz, diesem Gesellschaftsvertrag, der von der Gesellschafterversammlung ver-

7.1 The managing directors are obliged to carry on the business of the Company in compliance with the law, these articles of association, the rules of procedure for management

Giesen 1193

abschiedeten Geschäftsordnung für die Geschäftsführung sowie den Beschlüssen und Weisungen der Gesellschafterversammlung [und den Beschlüssen des Beirats] zu führen.

7.2 Die Geschäftsführer beschließen mit einfacher Mehrheit. Bei Stimmengleichheit gilt ein Antrag als abgelehnt.

7.3 Die Geschäftsführer bedürfen zur Durchführung der in § 12.2 genannten Maßnahmen der vorherigen Zustimmung durch Beschluss des Beirats.

§ 8 Vertretung[5]

8.1 Die Gesellschaft wird durch zwei Geschäftsführer gemeinschaftlich oder durch einen Geschäftsführer in Gemeinschaft mit einem Prokuristen vertreten.

8.2 Falls nur ein Geschäftsführer bestellt ist, wird die Gesellschaft allein von diesem vertreten.

8.3 Die Gesellschafterversammlung kann einem oder mehreren Geschäftsführern Einzelvertretungsbefugnis und Befreiung von den Beschränkungen gemäß § 181 BGB erteilen.

§ 9 Zustimmungsbedürftige Geschäftshandlungen[6]

9.1 Der oder die Geschäftsführer dürfen nicht ohne Zustimmung der Gesellschafterversammlung Geschäfte, die über den normalen Geschäftsbetrieb hinausgehen, abschließen. Dies gilt insbesondere, aber nicht ausschließlich, für:

(a) Erwerb, Erweiterung und Aufgabe von Beteiligungen an anderen Unternehmen;

(b) Erwerb, Veräußerung oder Belastung von Grundstücken, grundstücksgleichen Rechten;

(c) Pacht- und Mietverträge über Grundstücke und grundstücksgleiche Rechte oder Räume, die

adopted by the shareholder meeting as well as the resolutions and instructions of the shareholder meeting *[and the resolutions of the advisory board]*.

7.2 The managing directors shall pass resolutions with a simple majority. Upon a tie in the voting, a resolution shall be deemed to be defeated.

7.3 The managing directors shall require prior consent by way of a resolution of the advisory board before performing the actions set out in para. 12.2.

§ 8 Representation

8.1 The Company shall be represented by two managing directors acting jointly or by one managing director acting jointly with a prokurist (agent holding a prokura – special form of a general power of attorney under German law).

8.2 Where only one managing director is appointed, the Company shall be represented by this managing director alone.

8.3 The shareholder meeting may grant one or more managing directors the authority to act alone as legal representative and may exempt any managing directors from the restrictions imposed by sec. 181 BGB (German Civil Code).

§ 9 Transactions requiring consent

9.1 The managing director(s) may not conclude transactions which go beyond the ordinary course of business without the consent of the shareholder meeting. This shall apply in particular, but not exclusively, to:

(a) the acquisition, increase and cessation of participations in other enterprises;

(b) the acquisition, sale or encumbrance of property and rights equivalent to real property;

(c) tenancy and lease agreements for property and rights equivalent to real property or premises which

| III. Gesellschaftsvertrag des Joint Venture (GmbH) | G.III |

auf länger als ...... Jahre abgeschlossen sind und/oder eine Mietverpflichtung der Gesellschaft von mehr als ...... EUR je Monat beinhalten;
(d) [......];
[......]

9.2 Die Gesellschafterversammlung ist berechtigt, hinsichtlich der zu (a) bis ...... genannten Geschäftshandlungen generelle Zustimmungen für die Zukunft an die Geschäftsführung zu erteilen, die jederzeit widerruflich sind.

9.3 Die Geschäftsführer werden spätestens drei Monate vor dem Ende eines jeden Geschäftsjahres den Gesellschaftern den Entwurf eines Geschäftsplans für das folgende Geschäftsjahr vorlegen. Der Geschäftsplanentwurf soll insbesondere Angaben über anfallende Investitions- und Personalaufwendungen, Absatz- und Ergebnispläne, einen Finanzplan und den voraussichtlichen Kapitalbedarf der Gesellschaft enthalten. Der Geschäftsplan bedarf der Zustimmung der Gesellschafterversammlung. Eine Zustimmung zu den in § 9.1 genannten Geschäftshandlungen ist nicht erforderlich, soweit diese konkreter Bestandteil des von der Gesellschafterversammlung genehmigten Geschäftsplans sind.

V. Beirat[7]

§ 10 Beirat

Die Gesellschaft hat einen Beirat. § 52 GmbHG und die darin genannten Bestimmungen des AktG finden auf den Beirat keine Anwendung.

§ 11 Zusammensetzung und Amtszeit des Beirats

11.1 Der Beirat besteht aus vier Mitgliedern.

11.2 Die Mitglieder des Beirats werden von den Gesellschaftern ernannt, wobei jeder Gesellschafter das Recht hat, zwei Mitglieder zu ernennen. Jeder Gesellschafter hat vor der Er-

are concluded for more than ...... years and/or contain a lease obligation of the Company of more than EUR ...... per month;
(d) [......];
[......]

9.2 The shareholder meeting is authorised to grant general consents for the future to management with respect to the transactions contained in (a) to ...... which may be revoked at any time.

9.3 By no later than three months prior to the end of each financial year, management shall submit to the shareholders the draft of a business plan for the following financial year. The draft business plan shall contain, in particular but not limited to, information in respect of pending investments and personnel costs, sales and results plans, a financial plan and the likely capital needs of the Company. The business plan shall require the consent of the shareholder meeting. Consent to the transactions set out in para. 9.1 is not required to the extent that these are specifically set out in the business plan approved by the shareholder meeting.

V. Advisory board

§ 10 Advisory board

The Company has an advisory board. Sec. 52 GmbHG (German Limited Liability Companies Act) and the provisions of the AktG (German Stock Corporation Act) stated therein shall not apply to the advisory board.

§ 11 Composition and term of office of the advisory board

11.1 The advisory board consists of four members.

11.2 The members of the advisory board shall be nominated by the shareholders, whereby each shareholder has the right to nominate two members. Prior to nomination, each

nennung den anderen Gesellschafter über die von ihm vorgesehenen Personen zu informieren; der andere Gesellschafter kann der Ernennung widersprechen, wenn ein wichtiger Grund in der Person eines Vorgesehenen liegt, der eine Zusammenarbeit mit dem Vorgesehenen unzumutbar macht. Jedes Mitglied des Beirats kann nur von dem Gesellschafter abberufen werden, von dem es ernannt wurde.

11.3 Die Amtszeit der Mitglieder des Beirats läuft bis zur Beendigung der Gesellschafterversammlung, die über die Entlastung für das vierte Geschäftsjahr nach dem Beginn der Amtszeit des jeweiligen Mitglieds des Beirats beschließt. Das Geschäftsjahr, in dem die Amtszeit beginnt, wird dabei nicht mitgerechnet.

11.4 Geschäftsführer und Mitarbeiter der Gesellschaft oder einer ihrer Tochtergesellschaften können nicht Mitglied des Beirats sein.

11.5 Jedes Mitglied des Beirats kann sein Amt jederzeit ohne Angabe von Gründen mit einer Frist von ...... Wochen durch schriftliche Erklärung gegenüber der Gesellschaft *[oder dem Vorsitzenden des Beirats]* niederlegen.

11.6 Die Gesellschafterversammlung beschließt für den Beirat eine Geschäftsordnung. Die Geschäftsordnung für den Beirat kann nur durch einstimmigen Beschluss der Gesellschafterversammlung geändert werden.

§ 12 Zuständigkeit des Beirats

12.1 Der Beirat hat die folgenden Befugnisse und Aufgaben:
(a) Beratung und Überwachung der Geschäftsführung;
(b) Zustimmung zu den in § 12.2 genannten zustimmungspflichtigen Maßnahmen;
(c) [......][8]
[......].

shareholder shall inform the other shareholder of the person it intends to nominate; the other shareholder may object to the nomination where, in relation to the intended person, good cause is provided for such objection, which cause would make collaboration with this intended person unreasonable. Each member of the advisory board may be withdrawn only by that shareholder which nominated him.

11.3 The term of office of the members of the advisory board shall continue until the end of the shareholder meeting which passes a resolution on the formal approval of the respective advisory board member for the fourth financial year after the commencement of the respective term of office. The financial year in which the term of office commences is not included in the calculation.

11.4 Managing directors and employees of the Company or one of its subsidiaries may not be members of the advisory board.

11.5 Each member of the advisory board may resign from his office at any time without reason observing a notice period of ...... weeks by way of a written declaration to the Company *[or to the chairperson of the advisory board]*.

11.6 The shareholder meeting shall adopt rules of procedure for the advisory board. The rules of procedure for the advisory board may only be amended by way of a unanimous resolution of the shareholder meeting.

§ 12 **Responsibilities of the advisory board**

12.1 The advisory board has the following powers and responsibilities:
(a) advise and monitor management;
(b) provide consent to the actions requiring consent set out in para. 12.2;
(c) [......]
[......].

12.2 Die Geschäftsführer bedürfen zur Durchführung bestimmter Maßnahmen der vorherigen Zustimmung des Beirats. Die zustimmungsbedürftigen Maßnahmen werden in der von der Gesellschafterversammlung für die Geschäftsführung zu beschließenden Geschäftsordnung festgelegt.

12.3 Soweit Maßnahmen der Geschäftsführung nur mit Zustimmung des Beirats durchgeführt werden dürfen, gilt gleiches für die Durchführung derartiger Maßnahmen durch Tochtergesellschaften der Gesellschaft.

§ 13 Innere Ordnung des Beirats[9]

13.1 Der Beirat wählt aus seiner Mitte einen Vorsitzenden und einen stellvertretenden Vorsitzenden. Der Vorsitzende beruft die Sitzungen des Beirats ein und leitet sie. Der Vorsitzende vertritt den Beirat nach außen. Er wird im Fall seiner Verhinderung vom stellvertretenden Vorsitzenden vertreten. Die Amtszeit des Vorsitzenden und des stellvertretenden Vorsitzenden ist auf ...... Geschäftsjahre beschränkt. Eine Wiederwahl ist zulässig.

13.2 Sitzungen des Beirats finden statt, so oft es die Geschäfte der Gesellschaft erfordern, mindestens einmal im Quartal. Die näheren Modalitäten der Sitzungen und ihrer Einberufung ergeben sich aus der von der Gesellschafterversammlung für den Beirat beschlossenen Geschäftsordnung.

13.3 Der Beirat kann Ausschüsse bilden und deren Aufgaben und Befugnisse festlegen.

§ 14 Beschlüsse des Beirats

14.1 Beschlüsse des Beirats werden in Sitzungen gefasst. Sind sämtliche Mitglieder des Beirats anwesend, telefonisch oder per Videokonferenz zugeschaltet oder vertreten und mit der Beschlussfassung einverstanden, so können Beschlüsse auch dann gefasst werden, wenn die Vorschriften

12.2 Management shall require the prior consent of the advisory board in order to perform certain actions. The actions requiring consent shall be set out in the rules of procedure for management to be adopted by the shareholder meeting.

12.3 Where management's actions may only be performed with the consent of the advisory board, the same shall apply to the performance of such actions by subsidiaries of the Company.

§ 13 Internal organisation of the advisory board

13.1 The advisory board shall elect a chairperson and a deputy chairperson from among its members. The chairperson shall convene the meetings of the advisory board and shall chair these. The chairperson represents the advisory board externally. In the event he is incapacitated, the chairperson shall be represented by the deputy chairperson. The term of office of the chairperson and the deputy chairperson shall be limited to ...... financial years. Re-election is permitted.

13.2 Meetings of the advisory board shall occur as often as the business of the Company requires, but at least once quarterly. The further modalities of the meetings of the advisory board and the convocation thereof are contained in the rules of procedure for the advisory board adopted by the shareholder meeting.

13.3 The advisory board may form committees and may determine the responsibilities and powers of these.

§ 14 Advisory board resolutions

14.1 Advisory board resolutions shall be passed in meetings. Where all of the members of the advisory board are present, or are participating or represented via telephone or videoconferencing, and consent to resolutions as such, resolutions may also be passed where the regulations for

für die Einberufung und Ankündigung nicht eingehalten worden sind.

14.2 Eine Sitzung des Beirats ist nur beschlussfähig, wenn sämtliche seiner Mitglieder anwesend, telefonisch oder per Videokonferenz zugeschaltet oder vertreten sind. Sind nicht sämtliche Mitglieder des Beirats anwesend, telefonisch oder per Videokonferenz zugeschaltet oder vertreten, ist unter Beachtung der Vorschriften für die Einberufung und Ankündigung unverzüglich eine neue Sitzung des Beirats mit gleicher Tagesordnung einzuberufen.

14.3 Außerhalb von Sitzungen können Beschlüsse des Beirats durch schriftliche, mündliche, per Telefax, fernmündliche oder in vergleichbarer Form erfolgende Abstimmung gefasst werden, wenn sich jedes Mitglied des Beirats an der Abstimmung beteiligt.

14.4 Beschlüsse des Beirats bedürfen der Einstimmigkeit. Jedes Mitglied des Beirats hat eine Stimme. Stimmenthaltungen gelten als Nein-Stimmen.

§ 15 Haftung und Sorgfaltspflichten des Beirats

15.1 Die Mitglieder des Beirats üben ihre Tätigkeit mit der Sorgfalt eines ordentlichen und gewissenhaften Kaufmanns aus.

15.2 Die ordentliche Gesellschafterversammlung beschließt über die Entlastung der Mitglieder des Beirats für das abgelaufene Geschäftsjahr.

15.3 Soweit gesetzlich zulässig, ist die Haftung der Mitglieder des Beirats auf Vorsatz und grobe Fahrlässigkeit beschränkt.

VI. Gesellschafterversammlung; Gesellschafterbeschlüsse

§ 16 Gesellschafterversammlungen

16.1 Die ordentliche Gesellschafterversammlung soll jährlich, unverzüglich

convocation and notice have not been complied with.

14.2 A meeting of the advisory board shall only achieve quorum where all of its members are present, participating via telephone or videoconferencing or are otherwise represented. Where not all of the members of the advisory board are present, participating via telephone or videoconferencing or otherwise represented, a new meeting of the advisory board with the same agenda shall be convened immediately in compliance with the regulations for the convocation and notice.

14.3 Resolutions of the advisory board may be passed outside of meetings by voting taking place in writing, orally, via facsimile, via telephone or in similar form, provided all members of the advisory board participate in the voting.

14.4 Resolutions of the advisory board must be passed unanimously. Each member of the advisory board shall have one vote. Voting reservations shall be deemed to be no-votes.

§ 15 Liability and duty of care of the advisory board

15.1 The members of the advisory board shall perform their responsibilities with the care of a prudent businessperson.

15.2 The regular shareholder meeting shall pass a resolution on the formal approval of the acts of the members of the advisory board for the previous financial year.

15.3 To the extent permitted by law, the liability of the members of the advisory board shall be limited to intentional misconduct and gross negligence.

VI. Shareholder meeting; shareholder resolutions

§ 16 Shareholder meetings

16.1 The regular shareholder meeting shall be held annually immediately

nach Aufstellung und Prüfung des Jahresabschlusses für das abgelaufene Geschäftsjahr gemäß § 18.1 und § 18.2 abgehalten werden. Außerordentliche Gesellschafterversammlungen finden auf Veranlassung der Geschäftsführung statt oder wenn dies von einem Gesellschafter gegenüber der Geschäftsführung verlangt wird.

16.2 Alle Gesellschafterversammlungen werden von den Geschäftsführern mindestens zwei Wochen vor dem Versammlungstage, in dringenden Fällen – wie z. B. zur Wahrung von Fristen – mindestens eine Woche vor dem Versammlungstage einberufen. Die Einberufung erfolgt durch eingeschriebenen Brief; wird die Einberufungsfrist in dringenden Fällen auf weniger als zwei Wochen abgekürzt, so hat die Einberufung durch Telefax zu erfolgen. Für die Fristberechnung werden der Tag der Absendung der Einberufung und der Tag der Gesellschafterversammlung nicht mitgerechnet.

16.3 Die Gesellschafterversammlung ist beschlussfähig, wenn beide Gesellschafter rechtzeitig geladen und anwesend oder vertreten sind.

16.4 Auf die Einhaltung der Formen und Fristen für die Einberufung und/oder Durchführung einer Gesellschafterversammlung kann verzichtet werden, wenn alle Gesellschafter zustimmen.

§ 17 Beschlüsse der Gesellschafterversammlung; Stimmrechte

17.1 Die Beschlüsse der Gesellschafterversammlung werden mit einfacher Mehrheit der in der Versammlung abgegebenen Stimmen gefasst, soweit nicht das Gesetz oder dieser Gesellschaftsvertrag eine größere Mehrheit vorschreibt. Stimmenthaltungen gelten als Nein-Stimmen. Beschlussfassungen durch schriftliche oder telegrafische Stimmenabgaben, Stimmenabgabe durch Telekopie oder durch Stimmenab-

upon the preparation and auditing of the annual accounts for the previous financial year pursuant to para. 18.1 and para. 18.2. Extraordinary shareholder meetings shall take place upon being convened by management or where one shareholder demands that management convene a meeting.

16.2 All shareholder meetings shall be convened by the managing directors at least two weeks in advance of the meeting dates and in urgent cases, e. g. to comply with notice periods, at least one week in advance of the meeting dates. Convocation shall take place by way of registered mail; where the convocation notice period is shortened to less than two weeks in urgent cases, convocation shall take place by facsimile. The date of sending the convocation notice and the date of the shareholder meeting shall not be included in the calculation of the notice period.

16.3 The shareholder meeting has achieved quorum where both shareholders have been invited on time and are present or represented.

16.4 Where all of the shareholders consent, compliance with the formal and notice requirements for the convocation and/or holding of the shareholder meeting may be waived.

§ 17 Resolutions of the shareholder meeting; voting rights

17.1 The resolutions of the shareholder meeting shall be passed with the simple majority of the votes cast at the meeting, provided that no higher majority is required by law or these articles of association. Voting reservations shall be deemed to constitute no-votes. Resolutions passed by written or telegraphic voting and voting by way of telecopy or by way of votes cast by representatives are permitted.

gabe mittels Vertretung sind zulässig.

17.2 Solange beide Gesellschafter mit jeweils mindestens 40% des Stammkapitals an der Gesellschaft beteiligt sind, haben beide Gesellschafter in der Gesellschafterversammlung je eine Stimme.

17.3 Ist einer der Gesellschafter mit weniger als 40% des Stammkapitals an der Gesellschaft beteiligt, gewähren je nominal 1 EUR (in Worten: ein Euro) eines Geschäftsanteils eine Stimme.[10]

17.4 Die Gesellschafter sind von den Beschränkungen des § 47 Abs. 4 GmbHG – soweit zulässig – befreit.

17.2 Provided both of the shareholders each hold at least 40% of the share capital of the Company, both shareholders shall have one vote at the shareholder meeting.

17.3 Where one of the shareholders holds less than 40% of the share capital of the Company, each nominal EUR 1 (in words: one Euro) of a share shall grant one vote.

17.4 To the extent permissible, the shareholders are released from the restrictions imposed by sec. 47 para. 4 GmbHG.

VII. Jahresabschluss; Gewinnverwendung

§ 18 Jahresabschluss

18.1 Der Jahresabschluss und der Lagebericht sind von der Geschäftsführung innerhalb der gesetzlichen Fristen nach Abschluss eines Geschäftsjahres aufzustellen.

18.2 Der Jahresabschluss und der Lagebericht sollen von einem Wirtschaftsprüfer oder Buchprüfer, der durch die Gesellschafterversammlung bestimmt wird, geprüft werden, bevor sie der ordentlichen Gesellschafterversammlung zur Feststellung vorgelegt werden. Die Gesellschafterversammlung entscheidet über den Jahresabschluss und über die Gewinnverwendung. Sofern nichts anderes beschlossen wird, haben die Gesellschafter Anspruch auf den Jahresüberschuss zuzüglich eines Gewinnvortrags und abzüglich eines Verlustvortrags, soweit der sich ergebende Betrag nicht nach Gesetz oder diesem Gesellschaftsvertrag von der Verteilung unter die Gesellschafter ausgeschlossen ist. Im Beschluss über die Verwendung des Ergebnisses können die Gesellschafter jedoch *[mit einer Mehrheit von 75% der nach diesem Gesellschaftsvertrag*

VII. Annual accounts; appropriation of profits

§ 18 Annual accounts

18.1 The annual accounts and the management report shall be prepared by management within the statutory periods after the conclusion of a financial year.

18.2 The annual accounts and the management report shall be audited by an auditor or accountant, who shall be specified by the shareholder meeting, before these are submitted to the regular shareholder meeting for approval. The shareholder meeting shall approve the annual accounts and the appropriation of profits. To the extent not otherwise resolved, the shareholders shall be entitled to the annual net income plus any profit carried forward and minus any loss carried forward, to the extent that the resulting amount is not excluded from distribution among the shareholders by law or by these articles of association. However, in the resolution concerning the appropriation of profits, the shareholders may resolve *[with a majority of 75% of the votes provided for in accordance with these articles of association]* that amounts be con-

III. Gesellschaftsvertrag des Joint Venture (GmbH)

vorhandenen Stimmen] beschließen, dass Beträge in Gewinnrücklagen eingestellt oder als Gewinn vorgetragen werden.

18.3 Die Gesellschaft darf einem Gesellschafter oder einer sonstigen mit einem Gesellschafter verbundenen Person ohne ausdrückliche Zustimmung der Gesellschafterversammlung keine Vorteile gewähren, die im Geschäftsverkehr nicht üblich sind, insbesondere keine verdeckten Gewinnausschüttungen vornehmen. Im Fall der Zuwiderhandlung hat der betreffende Gesellschafter den Vorteil an die Gesellschaft zu erstatten. Die Geschäftsführer sind verpflichtet, derartige Erstattungsansprüche zu verfolgen und in den Jahresabschlüssen der Gesellschaft ordnungsgemäß auszuweisen.

VIII. Verfügungen über Geschäftsanteile; Kündigung; Einziehung von Geschäftsanteilen

§ 19 Verfügungen über Geschäftsanteile

Verfügungen jeglicher Art über einen Geschäftsanteil oder über Teile eines Geschäftsanteils, insbesondere die Übertragung, Veräußerung oder Verpfändung von Geschäftsanteilen oder von Teilen eines Geschäftsanteils, bedürfen der vorherigen Zustimmung durch einstimmigen Beschluss der Gesellschafterversammlung.[11]

§ 20 Kündigung[12]

Der Gesellschaftsvertrag kann von jedem Gesellschafter mit einer Frist von 12 Monaten zum Ende eines Geschäftsjahres durch eingeschriebenen Brief gegenüber dem anderen Gesellschafter gekündigt werden. Eine Kündigung ist erstmals zum Ende des Geschäftsjahres *[......]* möglich.[13]

§ 21 Einziehung von Geschäftsanteilen[14]

21.1 Die Gesellschafterversammlung kann durch einstimmigen Beschluss die Einziehung eines Geschäftsanteils beschließen.

21.2 Die Einziehung eines Geschäftsanteils ist ohne die Zustimmung des betroffenen Gesellschafters statthaft, wenn

---

tributed to revenue reserves or be carried forward as profit.

18.3 The Company may not grant advantages which are not customary in the normal course of business to any shareholder or other person affiliated with a shareholder without the express consent of the shareholder meeting, and in particular, may not undertake any deemed dividend distribution. In the event of a violation thereof, the affected shareholder must reimburse the Company for the advantage. The managing directors are obliged to pursue such reimbursement claims and to properly display these in the annual accounts of the Company.

VIII. Dispositions regarding shares; termination; redemption of shares

§ 19 Dispositions regarding shares

Dispositions of any kind of a share or parts of a share, in particular, but not limited to the transfer, sale or pledge of shares or parts of shares require the prior consent of the shareholder meeting provided by way of a unanimous resolution.

§ 20 Termination

The articles of association may be terminated by each shareholder with a notice period of 12 months to the end of a financial year by way of registered mail to the other shareholder. Termination is possible no earlier than the end of the *[......]* financial year.

§ 21 Redemption of shares

21.1 The shareholder meeting may resolve to redeem a share by way of a unanimous resolution.

21.2 The redemption of a share is permitted without the consent of the affected shareholder where

(a) über das Vermögen des Inhabers des Geschäftsanteils ein Insolvenzverfahren eröffnet wird, die Eröffnung eines Insolvenzverfahrens beantragt oder mangels Masse abgelehnt wird;

(b) der Geschäftsanteil gepfändet wird und die Pfändung nicht innerhalb eines Monats aufgehoben wird oder der Pfändungsgläubiger die Verwertung betreibt;

(c) der Inhaber des Geschäftsanteils die Gesellschaft nach § 20 kündigt;

(d) der andere Gesellschafter den zwischen den Gesellschaftern geschlossenen Joint-Venture-Vertrag vom …… aus wichtigem Grund gekündigt hat:

(e) [……];

[……].

21.3 Besteht nach Auffassung eines Gesellschafters ein Grund zur Einziehung der Geschäftsanteile des anderen Gesellschafters nach Maßgabe des § 21.2, so hat er dies dem anderen Gesellschafter unverzüglich schriftlich und unter Darlegung des zur Einziehung berechtigenden Grundes mitzuteilen.

21.4 Die Einziehung wird durch die Geschäftsführung aufgrund eines Gesellschafterbeschlusses erklärt. Sie wird wirksam mit Zugang dieser Erklärung bei dem betroffenen Gesellschafter, unabhängig davon, wann die Abfindung gemäß § 21.5 gezahlt wird. In den Fällen des § 21.2 hat der von der Einziehung betroffene Gesellschafter bei der Beschlussfassung über die Einziehung kein Stimmrecht. Die Gesellschafter sind verpflichtet, im Rahmen des Einziehungsbeschlusses die Nennbeträge der verbleibenden Geschäftsanteile so anzupassen, dass deren Summe mit dem Stammkapital der Gesellschaft übereinstimmt.

21.5 Die Einziehung erfolgt gegen Abfindung. Die Höhe der Abfindung be-

(a) an insolvency proceeding has been commenced in respect of the assets of the holder of the share, the commencement of an insolvency proceeding is applied for or is declined due to a lack of assets;

(b) the share is subjected to a charge by way of court enforcement proceedings and the charge is not cancelled within one month or enforcement of the charge is commenced;

(c) the holder of the share terminates the Company pursuant to § 20;

(d) the other shareholder has terminated the Joint Venture Agreement dated …… concluded between the shareholders for good cause:

(e) [……];

[……].

21.3 If, in the view of a shareholder, grounds for the redemption of the shares of the other shareholder exist in accordance with para. 21.2, that shareholder shall immediately notify the other shareholder thereof in writing, providing the reasons for the grounds authorising redemption.

21.4 Notice of redemption shall be issued by management on the basis of a shareholder resolution. The redemption shall become effective immediately upon recept of the notice of redemption by the respective shareholder regardless when the compensation pursuant to para. 21.5 is being paid. In the cases set out in para. 21.2, the shareholder affected by the redemption shall have no voting rights in respect of the resolution on the redemption. The shareholders shall as part of the redemption resolution, adjust the nominal value of the remaining shares to the effect that their aggregate amount equals the total share capital of the Company.

21.5 Redemption shall take place in exchange for compensation. The

stimmt sich nach dem Wert des eingezogenen Geschäftsanteils. Maßgeblich für die Wertermittlung sind die Verhältnisse der Gesellschaft am letzten dem Einziehungsbeschluss vorangegangenen Bilanzstichtag der Gesellschaft. Können sich die Gesellschafter innerhalb von *[zwei]* Wochen nach Zugang der Mitteilung gemäß § 21.3 bei dem von der Einziehung betroffenen Gesellschafter nicht auf die Höhe der Abfindung einigen, so wird die Abfindung durch einen von den Gesellschaftern innerhalb von weiteren *[zwei]* Wochen zu bestellenden unabhängigen Experten als Schiedsgutachter festgelegt, der Wirtschaftsprüfer mit mindestens fünf Jahren Erfahrung in der Branche der Gesellschaft ist. Der Schiedsgutachter hat den Wert des Geschäftsanteils nach dem *[DCF-Verfahren gemäß dem Konzept der gewogenen Kapitalkosten gemäß Ziffer 7.3.2 des IDW Standard S 1 vom 2. April 2008]* zu ermitteln. Einigen sich die Gesellschafter nicht innerhalb der Frist des Satzes 4 auf einen Schiedsgutachter, bestimmt der Sprecher des Vorstandes des Instituts der Wirtschaftsprüfer in Deutschland e. V. in Düsseldorf auf Antrag eines der Gesellschafter den Schiedsgutachter. Die Kosten und Auslagen für den Schiedsgutachter und das Schiedsgutachterverfahren werden von der Gesellschaft getragen. Der Schiedsgutachter hat innerhalb von ...... (......) Wochen ein schriftliches Gutachten über die Höhe der Abfindung für den einzuziehenden Geschäftsanteil zu erstellen, das für die Gesellschaft und die Gesellschafter verbindlich ist.

amount of compensation shall be determined by the value of the redeemed share. The Company's circumstances at the most recent balance sheet effective date prior to the redemption resolution shall be determinative for the valuation. Where the shareholders are unable to agree on the amount of compensation within *[two]* weeks of receipt of the notice pursuant to para. 21.3 by the shareholder affected by the redemption, compensation shall be determined within a further *[two]* weeks by an independent expert appointed as arbitrator by the shareholders, who must be an auditor with at least five years experience in the business sector of the Company. The arbitrator shall determine the value of the share in accordance with the *[DCF procedure pursuant to the principle of weighted capital costs pursuant to para. 7.3.2 of IDW Standard S 1 dated 2 April 2008]*. Where the shareholders are unable to agree on an arbitrator within the period set out in sentence 4, the chairperson of the board of the Institute of Public Auditors in Düsseldorf shall nominate the arbitrator upon the application of one of the shareholders. The costs and expenses for the arbitrator and the arbitration proceeding shall be borne by the Company. The arbitrator shall prepare a written opinion on the amount of the compensation for the share to be redeemed within ...... (......) weeks, which shall be binding upon the Company and the shareholders.

IX. Schlussbestimmungen

§ 22 Salvatorische Klausel[15]

Sollte eine Bestimmung dieses Gesellschaftsvertrages ganz oder teilweise unwirksam oder undurchführbar sein oder werden, oder sollte dieser Gesellschafts-

IX. Final provisions

§ 22 Severance

Where a provision of these articles of association is or shall become ineffective or inoperable, in whole or in part, or where these articles of association fail to regulate

vertrag eine Lücke enthalten, so wird hierdurch die Gültigkeit der übrigen Bestimmungen dieses Gesellschaftsvertrags nicht berührt. An Stelle unwirksamer oder undurchführbarer Bestimmungen oder zur Ausfüllung der Lücke soll eine Regelung gelten, die, soweit rechtlich möglich, wirtschaftlich dem am nächsten kommt, was mit der unwirksamen oder undurchführbaren Bestimmung bezweckt war bzw. was, im Fall von Lücken, nach dem Sinn und Zweck dieses Gesellschaftsvertrags bestimmt worden wäre.

a matter, the validity of the remaining provisions of these articles of association shall remain unaffected. A provision shall be included in the place of the ineffective or inoperable provision or to regulate the unregulated matter which, to the extent legally possible, most closely commercially resembles that which was intended by ineffective or inoperable provision or, in the event of an unregulated matter, which would have been intended subject to the intent and purpose of these articles of association.

§ 23 Änderungen des Gesellschaftsvertrags

Änderungen dieses Gesellschaftsvertrags können nur durch einen einstimmigen Beschluss der Gesellschafterversammlung unter Beteiligung beider Gesellschafter erfolgen.

§ 23 Amendments to the articles of association

Amendments to these articles of association may only take place by way of a unanimous resolution of the shareholder meeting in which both shareholders participate.

§ 24 Gründungskosten

Die Gründungskosten einschließlich der Kosten der notariellen Beurkundung dieses Gesellschaftsvertrags und der Eintragung der Gesellschaft werden bis zur Höhe von ...... EUR von der Gesellschaft getragen.

§ 24 Formation costs

The formation costs, including the costs of the official recording of these articles of association and the registration of the Company shall be borne by the Company up to the amount of EUR ....

§ 25 Zugang schriftlicher Erklärungen[16]

Für alle schriftlichen Erklärungen und Mitteilungen der Gesellschaft an die Gesellschafter und der Gesellschafter untereinander, insbesondere solche in diesem Vertrag vorgesehene, gilt jeweils:

§ 25 Receipt of written declarations

The following shall respectively apply to all written declarations and notices of the Company to the shareholders and of the shareholders to one another, in particular, but not limited to those provided for in these articles of association:

25.1 Jeder Gesellschafter hat der Gesellschaft die Anschrift anzugeben, unter der ihm gegenüber schriftliche Erklärungen und Mitteilungen aller Art abzugeben sind. Er hat jede Änderung dieser Anschrift unverzüglich mitzuteilen.

25.2 Erklärungen an die Gesellschafter sind an die der Gesellschaft zuletzt nach § 25.1 angegebenen Anschriften der Gesellschafter zu richten.

25.3 Teilt ein Gesellschafter eine Änderung nicht mit, so gilt ein bei der zuletzt angegebenen Anschrift zugegangenes Schriftstück nach Ablauf

25.1 Each shareholder shall notify the Company of the address to which written declarations and notices of all kinds shall be sent. Changes to this address must be notified immediately.

25.2 Declarations made to shareholders shall be sent to the addresses most recently provided to the Company in accordance with para. 25.1.

25.3 Where a shareholder fails to notify a change, a letter sent to the most recently notified address shall be deemed to have been received by

| III. Gesellschaftsvertrag des Joint Venture (GmbH) | G.III |

von ...... Tagen als an den Gesellschafter zugegangen.

§ 26 Bekanntmachungen
Die Bekanntmachungen der Gesellschaft erfolgen ausschließlich im elektronischen Bundesanzeiger.

§ 27 Schiedsklausel[17]
27.1 Alle Streitigkeiten, die sich zwischen den Gesellschaftern oder zwischen der Gesellschaft und ihren Gesellschaftern im Zusammenhang mit diesem Gesellschaftsvertrag oder über seine Gültigkeit ergeben, werden nach der Schiedsgerichtsordnung und den Ergänzenden Regeln für gesellschaftsrechtliche Streitigkeiten der Deutschen Institution für Schiedsgerichtsbarkeit e. V. (DIS) unter Ausschluss des ordentlichen Rechtsweges endgültig entschieden.

27.2 Die Wirkungen des Schiedsspruchs erstrecken sich auch auf die Gesellschafter, die fristgemäß als Betroffene benannt werden, unabhängig davon, ob sie von der ihnen eingeräumten Möglichkeit, dem schiedsrichterlichen Verfahren als Partei oder Nebenintervenient beizutreten, Gebrauch gemacht haben. Die fristgemäß als Betroffene benannten Gesellschafter verpflichten sich, die Wirkungen eines nach Maßgabe der Ergänzenden Regeln für gesellschaftsrechtliche Streitigkeiten ergangenen Schiedsspruchs anzuerkennen.

27.3 Ausgeschiedene Gesellschafter bleiben an diese Schiedsvereinbarung gebunden.

27.4 Die Gesellschaft hat gegenüber Klagen, die gegen sie vor einem staatlichen Gericht anhängig gemacht werden und Streitigkeiten betreffen, die gemäß § 27.1 der Schiedsvereinbarung unterfallen, stets die Einrede der Schiedsvereinbarung zu erheben.

27.5 Das Schiedsgericht entscheidet mit drei (3) Schiedsrichtern. Das schiedsrichterliche Verfahren ist in ...... durchzuführen. Das schiedsrichterliche Verfahren wird in deutscher Sprache durchgeführt, wobei Beweismittel

that shareholder upon the expiry of a period of ...... days.

§ 26 Announcements
The announcements of the Company shall be published exclusively in the electronic federal gazette.

§ 27 Arbitration
27.1 All disputes arising among the shareholders or between the Company and its shareholders in connection with these articles of association or in respect of the validity thereof shall be conclusively resolved in accordance with the Arbitration Rules and supplementary rules for corporate law disputes of the German Institution of Arbitration (DIS) subject to the exclusion of the ordinary courts.

27.2 The effects of the arbitration decision also extend to the shareholders which are designated on time as affected parties, irrespective of whether these have made use of the possibility granted to them to join the arbitration proceeding as a party or ancillary intervener. The shareholders which are designated on time as affected parties undertake to recognise the effects of an arbitration decision issued in accordance with the supplementary rules for corporate law disputes.

27.3 Departed shareholders remain bound by this arbitration agreement.

27.4 The Company shall always raise an objection based on an arbitration agreement in any actions which are filed against it in a state court and which relate to disputes which are covered by the arbitration agreement pursuant to para. 27.1.

27.5 The arbitration court shall render its decision with three (3) arbitrators. The arbitration proceedings shall take place in ...... The arbitration proceedings shall take place in German, whereby evidentiary materials

auch in englischer Sprache vorgelegt werden dürfen. Verlangt zwingendes Recht die Entscheidung einer Angelegenheit aus oder im Zusammenhang mit diesem Gesellschaftsvertrag oder seiner Durchführung durch ein ordentliches Gericht, ist der Gerichtsstand	may also be submitted in English. Where mandatory applicable law requires that a decision on a matter arising under or in connection with this Agreement or its performance be decided by the ordinary courts, the venue shall be ......
......	......
[Unterschriften der Gesellschafter/ Urkundenschluss]	[Signatures of the shareholders/ final notarial clause]

Anmerkungen

1. Dauer der Gesellschaft. Die JV-Partner müssen sicherstellen, dass die Dauer bzw. Laufzeit des JV-Vertrages einerseits und des Gemeinschaftsunternehmens andererseits aufeinander abgestimmt sind. Gesellschaftsverträge werden üblicherweise zeitlich unbefristet abgeschlossen. Dies gilt grundsätzlich auch für Gemeinschaftsunternehmen und ist im Muster auch als erste Alternative angeboten. Da der JV-Vertrag nur für eine bestimmte Dauer abgeschlossen wird (vgl. Form. G. II § 19 und die Anm. 45), greift am Ende der Laufzeit des JV-Vertrages der vertragliche Auseinandersetzungsmechanismus; die JV-Gesellschaft besteht hingegen zunächst fort, da sie von demjenigen Gesellschafter, der die Geschäftsanteile des anderen übernimmt, weitergeführt werden wird. Soll die Gesellschaft hingegen, wie in der zweiten Alternative in § 3.1 angeboten, von vornherein zeitlich befristet werden, hat der gewählte Zeitraum (sowie eventuelle Verlängerungsmöglichkeiten) der Vertragsdauer des JV-Vertrages zu entsprechen. Wird die Dauer der JV-Gesellschaft von vornherein begrenzt, sind die danach eingreifenden Regelungen mit denjenigen des JV-Vertrages (die im Muster bei einer ordentlichen Kündigung des JV-Vertrags die Einleitung des Auseinandersetzungsverfahrens vorsehen) abzustimmen, da mangels anderweitiger Regelung das Gemeinschaftsunternehmen mit Ablauf der gesellschaftsvertraglich bestimmten Dauer aufgelöst wird (§ 60 Abs. 1 Nr. 1 GmbHG).

2. Stammkapital der Gesellschaft. Zu den Kapitalverhältnissen der JV-Gesellschaft vgl. auch § 5 des JV-Vertrages. In § 4 des Gesellschaftsvertrages ist nur die erste Stufe der Kapitalausstattung (Bareinlage gemäß Form. G. II § 5.1) abgebildet und noch nicht die Sachkapitalerhöhung nach § 5.3 des JV-Vertrages.

3. Anzahl der Geschäftsführer. In § 13.1 des JV-Vertrages (Form. G. II) ist vorgesehen, dass die JV-Gesellschaft zwei Geschäftsführer haben soll. Gleichwohl könnte alternativ zu der Regelung in § 6.1 auch vorgesehen werden, dass die Gesellschaft „einen oder mehrere Geschäftsführer" hat. Dadurch wird eine größere Flexibilität erreicht und vermieden, dass die Geschäftsführung der Gesellschaft nicht entsprechend den gesellschaftsvertraglichen Vorgaben besetzt ist, wenn ein JV-Partner mit der (Neu-)Benennung eines Geschäftsführers in Verzug gerät (vgl. auch § 8.2).

4. Anstellungsverträge der Geschäftsführer. Hinsichtlich der Rechtsbeziehungen der Geschäftsführer zur Gesellschaft ist zwischen ihrer durch die Bestellung begründeten organschaftlichen und ihrer arbeits- bzw. dienstvertraglichen Rechtsstellung zu unterscheiden (vgl. Baumbach/Hueck/*Zöllner/Noack* GmbHG, 19. Aufl. 2010, § 35 Rdnr. 12 ff.). Grundsätzlich liegt die Zuständigkeit für den Abschluss des Anstellungsvertrages seitens der Gesellschaft beim Bestellungsorgan, i. d. R. also bei der Gesellschafterversammlung. Die Abschlusszuständigkeit kann aber auf ein anderes Organ übertragen werden. Eine Zuständigkeitszuweisung an den Beirat bietet sich v. a. dann an, wenn dem Beirat nach dem Gesellschaftsvertrag ohnehin eine starke Stellung zukommt und er maßgeblich in das operative Geschäft des Gemeinschaftsunternehmens involviert wird.

III. Gesellschaftsvertrag des Joint Venture (GmbH)

5. Vertretung der Gesellschaft. Zu den Vertretungsverhältnissen vgl. bereits Form. G. II Anm. 34. In der Geschäftsordnung für die Geschäftsführung (oder einem Anhang hierzu) können den Geschäftsführern jeweils Geschäftsbereiche zugewiesen werden, in denen sie die Gesellschaft jeweils gemeinsam mit einem Prokuristen vertreten können. Die Regelung in § 8.2 empfiehlt sich, um in Fällen, in denen ein Gesellschafter mit der (Neu-)Benennung eines Geschäftsführers in Verzug gerät, eine Lähmung der Gesellschaft zu vermeiden.

6. Zustimmungsbedürftige Geschäfte. Nach überwiegender Ansicht bedürfen die Geschäftsführer bei Geschäftshandlungen, die über den normalen Geschäftsbetrieb hinausgehen, der vorherigen Zustimmung der Gesellschafterversammlung (krit. Baumbach/Hueck/*Zöllner/ Noack* § 37 Rdnr. 7 m. w. N.). Ein detaillierter Katalog der zustimmungsbedürftigen Geschäfte erhöht die Einwirkungs- und Kontrollmöglichkeiten der Gesellschafter, kann aber die Handlungsfähigkeit der Gesellschaft einschränken, wenn die Geschäftsführer bei einer Vielzahl von Maßnahmen einen vorherigen Gesellschafterbeschluss einholen müssen. In jedem Fall ist der Katalog einer Zustimmung durch die Gesellschafter vorbehaltenen Geschäfte mit den Zustimmungsvorbehalten zugunsten des Beirats (vgl. §§ 7.3, 12.2) abzustimmen. Ist der Beirat mit Personen besetzt, die v. a. technischen und auf das Geschäft des Gemeinschaftsunternehmens bezogenen Sachverstand einbringen, bietet es sich an, wesentliche operative Maßnahmen einer Zustimmung durch den Beirat zu unterstellen und der Gesellschafterversammlung nur diejenigen Entscheidungen vorzubehalten, die für die Gesellschaft von grundlegender, über das operative Geschäft hinausgehender Bedeutung sind.

7. Beirat. Zur Einrichtung eines fakultativen Beirats als Organ des Gemeinschaftsunternehmens vgl. bereits Form. G. II Anm. 35.

8. Befugnisse des Beirats. Durch die Festlegung der Kompetenzen des Beirats im Gesellschaftsvertrag bestimmen die Gesellschafter das Kompetenzgefüge innerhalb des Gemeinschaftsunternehmens. Die Rolle des Beirats kann auf eine allgemeine Beratung und Überwachung der Geschäftsführung beschränkt werden, ihm können aber auch weitreichende Befugnisse bei einer Vielzahl von Geschäftsvorgängen übertragen werden (ausf. *Spindler/ Kepper* DStR 2005, 1775 ff. und 1738 ff.; für einen beispielhaften Katalog von Rechtsgeschäften, die der Zustimmung bzw. Beratung des Beirats unterstellt werden können, s. *H. Huber*, Der Beirat, 2004, Rdnr. 501). Ferner können der Geschäftsführung in Anlehnung an § 90 AktG bestimmte Berichts-, Vorlage- und Informationspflichten gegenüber dem Beirat zugewiesen werden. Der Katalog der Beiratsbefugnisse im Gesellschaftsvertrag der JV-Gesellschaft ist den jeweiligen Bedürfnissen und Vorstellungen der JV-Partner entsprechend zu fassen. Eine saubere Festlegung und Abgrenzung der Kompetenzen des Beirats im Gesellschaftsvertrag ist v. a. deshalb wichtig, weil diese gesetzlich nicht definiert sind und daher bei Fehlen oder bei Uneindeutigkeit der gesellschaftsvertraglichen Bestimmungen nicht auf eine gesetzliche Kompetenzordnung Rückgriff genommen werden kann (vgl. Baumbach/Hueck/*Zöllner* § 45 Rdnr. 19).

9. Innere Ordnung des Beirats. Die innere Ordnung des Beirats sollte (wegen der gegenüber dem Gesellschaftsvertrag fehlenden Registerpublizität, vgl. oben Einleitung) möglichst weitgehend in der von den Gesellschaftern zu beschließenden Geschäftsordnung geregelt werden. Mögliche Regelungsgegenstände der Geschäftsordnung sind etwa das Verfahren zur Wahl des Vorsitzenden sowie Einzelheiten zur Einberufung und zum Ablauf von Sitzungen und zur Beschlussfassung (vgl. beispielhaft das Muster bei *H. Huber*, Der Beirat, 2004, Rdnr. 503). Ein Mindestbestand an Regelungen zu Struktur, Aufgaben und Befugnissen ist allerdings im Gesellschaftsvertrag selbst zu vereinbaren.

10. Stimmrechte in der Gesellschafterversammlung. Die Regelung zur Verteilung der Stimmrechte der Gesellschafter in der Gesellschafterversammlung steht in Zusammenhang mit den Bestimmungen des JV-Vertrages zur Stärkung des Eigenkapitals der Gesellschaft durch weitere Kapitalerhöhungen (vgl. Form. G. II § 11 sowie Anm. 23 ff.), durch die sich die anfänglich hälftigen Beteiligungsverhältnisse zugunsten eines Gesellschafters verschieben können. Bis zu einem gewissen Grad soll der paritätische Charakter des Gemeinschaftsunternehmens auch dann erhalten bleiben, wenn die Kapitalbeteiligungen der beiden JV-Partner auseinander fallen. Solange der Minderheitsgesellschafter mit mindestens 40% des Stammkapitals beteiligt ist, haben daher beide Gesellschafter in der Gesellschafterversammlung gleiches Stimmrecht. Somit wird den Parteien des Joint Venture keine Gelegenheit gegeben, eine – auch nur verhältnismäßig geringfügige – einseitige Kapitalerhöhung zu einer Verschiebung der Machtverhältnisse innerhalb des Gemeinschaftsunternehmens auszunutzen. Andererseits soll ab einem bestimmten Punkt auch für die Minderheitspartei ein Anreiz gesetzt werden, sich an sachlich gebotenen Kapitalerhöhungen zu beteiligen, um damit eine weitere Verwässerung ihres Anteils zu verhindern. Dieser Anreiz wird nach dem Muster dadurch gesetzt, dass die Stimmrechte in der Gesellschafterversammlung entsprechend der jeweiligen Kapitalbeteiligung verteilt werden, wenn die Beteiligung der Minderheitspartei unter die Schwelle von 40% des Stammkapitals absinkt. Die Minderheitspartei ist auch nach Unterschreiten dieser Schwelle in angemessenem Umfang vor einer vollständigen Beherrschung durch die andere JV-Partei geschützt, da eine Reihe von wesentlichen Beschlussgegenständen nach dem Gesellschaftsvertrag einem Einstimmigkeitserfordernis unterstellt ist und sich auch an der paritätischen Besetzung von Geschäftsführung und Beirat nichts ändert. Um die Position des Mehrheitsgesellschafters weiter zu stärken – und indirekt für beide JV-Parteien einen größeren Anreiz zu setzen, sich an sachlich gebotenen Kapitalerhöhungen zu beteiligen, um eine Verwässerung ihrer Beteiligung zu verhindern – könnte dem Mehrheitsgesellschafter etwa das Benennungsrecht für ein weiteres Beiratsmitglied eingeräumt werden. Soll hingegen die Rechtsposition des Minderheitsgesellschafters über das im Muster vorgesehene Maß hinaus geschützt werden, kann in den Gesellschaftsvertrag ein expliziter Katalog mit (weiteren) Beschlussgegenständen aufgenommen werden, über welche die Gesellschafterversammlung stets nur mit Einstimmigkeit beschließen kann.

11. Vinkulierung der Geschäftsanteile. Um die Gesellschafter vor dem Eintritt einer fremden Partei in die JV-Gesellschaft zu schützen, wird die Übertragung der Geschäftsanteile von der einstimmigen Zustimmung der Gesellschafterversammlung abhängig gemacht. § 17 des JV-Vertrages (Form. G. II), der eine „Umhängung" der Beteiligung an dem Gemeinschaftsunternehmens innerhalb des jeweiligen Konzerns der JV-Partner erlaubt, nimmt auf dieses gesellschaftsvertragliche Zustimmungserfordernis Bezug und legt die Voraussetzungen fest, unter denen die Parteien zur Erteilung der Zustimmung verpflichtet sind.

12. Kündigung der Gesellschaft. Vgl. Form. G. II § 19. Insbesondere, wenn die JV-Gesellschaft auf unbestimmte Dauer errichtet wird, kann es sich anbieten, eine Regelung zur ordentlichen Kündigung der Gesellschaft aufzunehmen.

13. Ist, wie im Muster vorgesehen, der JV-Vertrag zunächst für einen festen Zeitraum abgeschlossen, ohne dass den Parteien ein ordentliches Kündigungsrecht zusteht, sollte auch nach dem Gesellschaftsvertrag eine ordentliche Kündigung nicht vor Ablauf dieser Frist zulässig sein.

14. Einziehung von Geschäftsanteilen. Die Einziehung (sog. Amortisation) von Geschäftsanteilen ist nur zulässig, wenn die Möglichkeit der Einziehung und, im Falle einer Einziehung ohne die Zustimmung des Anteilsberechtigten, deren Voraussetzungen im Gesellschaftsvertrag festgelegt sind (§ 34 Abs. 1, 2 GmbHG). Vorbehaltlich einer anderweitigen gesellschaftsvertraglichen Regelung hat der Gesellschafter, dessen Anteil eingezogen ist, einen Anspruch gegen die Gesellschaft auf Ersatz des vollen wirtschaftlichen Werts seiner Beteiligung, für dessen Berechnung der Verkehrswert des eingezogenen Anteils maßgeblich ist (vgl. Baumbach/Hueck/ *Hueck/Fastrich* § 34 Rdnr. 22). Die Aufnahme einer Klausel, mit der die Abfindung des ausscheidenden Gesellschafters beschränkt wird (zu Möglichkeiten und Grenzen einer solchen Beschränkung vgl. Baumbach/Hueck/*Hueck/Fastrich* § 34 Rdnr. 25 ff.), empfiehlt sich für den dem Muster zugrundeliegenden Sachverhalt nicht, da beide Parteien erhebliche Sachwerte in das Gemeinschaftsunternehmen einbringen und keine Seite die spätere Einziehung des eigenen Anteils von vornherein ausschließen kann. Das Muster sieht daher für den Fall, dass sich die Gesellschafter nicht einvernehmlich auf eine angemessene Abfindung einigen, die Einholung eines sachverständigen Schiedsgutachtens zur Ermittlung des Verkehrswertes des eingezogenen Anteils vor. Die in § 21.2 (a) und (b) genannten Gründe für eine zwangsweise Einziehung

III. Gesellschaftsvertrag des Joint Venture (GmbH)

sind typischerweise in derartigen Regelungen vorgesehen und im Falle eines Gemeinschaftsunternehmens von besonderer Bedeutung, da sie den Eintritt eines „fremden" Dritten in das Joint Venture verhindern sollen. Es steht den Parteien frei, weitere sachliche Einziehungsgründe vorzusehen (vgl. die Beispiele bei Baumbach/Hueck/*Hueck*/*Fastrich* § 34 Rdnr. 10). Aus Sicht des einziehungsberechtigten Gesellschafters kann es im Hinblick auf die Fortführung der Gesellschaft sinnvoll sein, statt der Einziehung (und der damit einhergehenden „Vernichtung" des eingezogenen Geschäftsanteils) die Anteile des anderen Gesellschafters selbst zu erwerben oder selbst durch Verkauf seiner eigenen Geschäftsanteile aus der Gesellschaft auszuscheiden. In § 18.9 des JV-Vertrags (Form. G. II) wird derjenigen Partei, die berechtigt ist, sämtliche Geschäftsanteile der anderen Partei nach dem Gesellschaftsvertrag einziehen zu lassen, das Recht gewährt, statt dessen eine Auseinandersetzung nach § 18 des JV-Vertrags zu wählen.

15. Salvatorische Klausel. Vgl. bereits Form. G. II Anm. 53.

16. Zugang schriftlicher Erklärungen. Das Muster sieht Regeln für den rechtlichen Verkehr der Gesellschaft mit den Gesellschaftern und der Gesellschafter untereinander vor. Zur Herbeiführung eines zweifelsfreien Zugangs, bedeutsam insbesondere in Gesellschafterauseinandersetzungen bzw. Auseinandersetzungen zwischen Gesellschaft und Gesellschaftern (siehe hierzu auch Anm. 17), ist die Aufnahme einer Zugangsfiktion ratsam.

17. Schiedsklausel. Um hinsichtlich der Streitschlichtungsmechanismen einen Gleichklang sämtlicher im Rahmen der Gründung des Gemeinschaftsunternehmens abgeschlossener Verträge zu erreichen, sollte in den Gesellschaftsvertrag der JV-Gesellschaft eine Schiedsklausel aufgenommen werden, die derjenigen im JV-Vertrag entspricht. Auf die seit April 2008 bestehende Möglichkeit, in ein beschleunigtes Verfahren zu treten (vgl. Ergänzende Regeln für beschleunigte Verfahren), wurde daher verzichtet, vgl. bereits Form. G. II Anm. 55. Da Streitigkeiten über Beschlüsse einer Gesellschafterversammlung heute als schiedsfähig angesehen werden (BGH NJW 2009, 1962), verweist die Schiedsklausel des Gesellschaftsvertrags zusätzlich auf die Ergänzenden Regeln für gesellschaftsrechtliche Streitigkeiten (gültig ab 15. 9. 2009). Die Musterklausel orientiert sich dabei an den Empfehlungen der DIS (befürwortend *Borris* SchiedsVZ 2009, 299, 311; krit. wegen fehlender, höchstrichterlich abgesegneter Regelung Hoffmann-Becking/Rawert/*Risse*, Beck'sches Formularbuch Bürgerliches, Handels- und Wirtschaftsrecht, 10. Aufl. 2010, Form. XII.4. Anm. 3).

Teil H. Privatisierungsverfahren

I. Überblick über Organisation und Ablauf eines Privatisierungsverfahrens[1]

1. Feststellung von Privatisierungsbedarf und -willen[2]
2. Auswahl der Privatisierungsmaßnahme[3]
2.1 Formelle Privatisierung
2.2 Materielle Privatisierung
2.3 Funktionale Privatisierung
2.4 Privatisierende Umwandlung
3. Projektorganisation, Einbeziehung betroffener Interessensvertreter[4]
3.1 Vorbereitende Gremienbeschlüsse politischer Entscheidungsträger
3.2 Bildung eines Lenkungsausschusses
3.3 Einsetzung von Arbeitsgruppen
3.4 Hinzuziehung sonstiger Interessensvertreter, ggf. Personalvertretungen
4. Auswahl von Beratern[5]
5. Rechtliche Anforderungen an die Auswahl des Erwerbers[6]
5.1 Prüfung der Anwendbarkeit des Vergaberechts[7]
5.2 Beachtung von Mindestanforderungen des europäischen Primärrechts hinsichtlich eines transparenten, nichtdiskriminierenden Verfahrens[8]
  (a) Mindestmaß an Transparenz (europaweite Bekanntmachung)
  (b) Inhalt der Bekanntmachung
  (c) Dokumentation und Begründung der Art und Weise, des Mediums sowie des Inhalts der Publikation
5.3 Beachtung beihilferechtlicher Anforderungen nach Art. 107 f. AEUV, Leitlinien der Kommission[9]
  (a) Ausnahmen von der Notifizierungspflicht bei börslicher Veräußerung, bestimmtem Ausschreibungsverfahren oder bei Ermittlung des Marktpreises durch unabhängiges Wertgutachten[10]
  (b) Marktpreis als zentrales Auswahlkriterium[11]
  (c) Taktische Überlegungen hinsichtlich Informationspolitik, Kontakt mit der Kommission, Einholung unabhängiger Wertgutachten[12]
6. Beachtung von Zustimmungs- und Genehmigungserfordernissen[13]
6.1 Behandlung des Privatisierungsvertrages im zuständigen Entscheidungsgremium, ggf. Beachtung kommunalrechtlicher Zustimmungserfordernisse durch Gemeindevertretung und Genehmigung der Rechtsaufsicht
6.2 Beachtung gesellschaftsrechtlicher Zustimmungserfordernisse
6.3 Beachtung haushaltsrechtlicher Vorgaben
6.4 Fusionskontrolle

Schrifttum: *Blanke/Fedder*, Privatisierung, 2. Aufl. 2010; *Braun*, Ausschreibungspflichtigkeit des Verkaufs von Gesellschaftsanteilen, VergabeR 2006 (Sonderheft 4a), 657; *Dreher*, Public Private Partnerships und Kartellvergaberecht. Gemischtwirtschaftliche Gesellschaften, In-house-Vergabe, Betreibermodelle und Beleihung Privater, NZBau 2002, 245; *Fabry/Augsten*, Handbuch Unternehmen der öffentlichen Hand,

2. Aufl. 2010; *Gabriel,* Die Kommissionsmitteilung zur öffentlichen Auftragsvergabe außerhalb der EG-Vergaberichtlinien, NVwZ 2006, 1262; *Heidenhain/Montag,* Handbuch des Europäischen Beihilfenrechts, 2003; *Hoppe/Uechtritz,* Handbuch kommunale Unternehmen, 2. Aufl. 2007; *König/Kühling,* Grundfragen des EG-Beihilfenrechts, NJW 2000, 1066; *Lübbig,* Die Bedeutung der europäischen Beihilfenaufsicht für die privatrechtliche Transaktions- und Privatisierungspraxis, EWS 2001, 519; *Opitz,* Kontraktive Privatisierung und Kartellvergaberecht. Zugleich ein Beitrag zur Auslegung des § 99 GWB, ZVgR 2000, 97; *Püttner,* Privatisierung, LKV 1994, 193; *Soltész/Bielesz,* Privatisierungen im Licht des Europäischen Beihilferechts. Von der Kommission gerne gesehen – aber nicht um jeden Preis, EuZW 2004, 391; *Steuck,* Die privatisierende Umwandlung – Zur Ausgliederung von Regie- und Eigenbetrieben der Gebietskörperschaften u. a. nach dem neuen Umwandlungsrecht, NJW 1995, 2887; *Zimmermann/Kröger,* Going Public für kommunale Unternehmen, Finanzbetrieb 1999, 88.

Anmerkungen

1. Die vorstehende Übersicht kann keine abschließende **Checkliste** für die im Rahmen von Privatisierungsverfahren zu behandelnden Fragen darstellen; die Erstellung einer solchen umfassenden Liste wäre im Hinblick auf die unterschiedlichen Erscheinungsformen von Privatisierungen (dazu sogleich Anm. 3) kaum möglich. Die Darstellung gibt aber einen skizzenhaften Überblick über wichtige Rechtsgebiete und Entscheidungsprozesse, die im Rahmen von Privatisierungsverfahren zu bedenken sind. Sie orientiert sich an einer materiellen Voll- oder Teilprivatisierung im Wege des Verkaufs von Gesellschaftsanteilen an von der öffentlichen Hand gehaltenen Gesellschaften in privater Rechtsform (insbesondere in der Rechtsform der GmbH oder AG). Diese Art der Privatisierung stellt in der Privatisierungspraxis den Regelfall dar (vgl. Fabry/Augsten/*Meininger,* Teil 9 Rdnr. 70). Aus diesem Grunde werden in diesem Kapitel – Privatisierungsverfahren – auch lediglich die Besonderheiten dieser Privatisierungsart für die Formularpraxis dargestellt. Ausführungen zu anderen Erscheinungsformen von Privatisierungen erfolgen lediglich in Gestalt kurzer Hinweise.

2. Die Feststellung der Notwendigkeit von Privatisierungsmaßnahmen obliegt der öffentlichen Hand bzw. dem jeweils betroffenen Hoheitsträger. Dabei werden häufig wirtschaftliche und (finanz-)politische Erwägungen im Vordergrund stehen. Der Bedarf wird in der Regel durch einen qualitativen, quantitativen und zeitlichen Vergleich des vorhandenen (Ist)-Zustands mit dem notwendigen/gewollten Soll- bzw. Planzustand ermittelt. Bei der Ermittlung des Sollzustands gilt es, gesetzliche Vorgaben an Versorgungsziele und Qualitätsstandards zu beachten. Ferner ist zu bedenken, ob bestimmte Aufgaben des zu privatisierenden Unternehmens nur auf Grundlage hoheitlicher Befugnisse erfüllt werden können; in diesem Fall ist zu überlegen, ob das zu privatisierende Unternehmen die betreffende Aufgabe ggf. als beliehener Unternehmer weiterführen kann oder ob die Aufgabe vor Durchführung der Privatisierung auf einen anderen Hoheitsträger übertragen werden muss. Schließlich gilt es, stets die gesetzlichen Grenzen der Privatisierung im Blick zu behalten (vgl. zum Verbot der vollständigen Entledigung von Aufgaben der kommunalen Selbstverwaltung BVerwG NVwZ 2009, 1305 m. Anm. *Katz* NVwZ 2010, 405).

3. Die Art und Weise der Privatisierung ist vorrangig auf das Erreichen der bei der Bedarfsfeststellung angestrebten Ziele und Standards ausgerichtet. Dies verlangt die Entscheidung darüber, wie der angestrebte Sollzustand am wirtschaftlichsten erreicht werden kann. Nach ihrer inhaltlichen Ausrichtung werden die für die Praxis wesentlichsten Erscheinungsformen von Privatisierungen üblicherweise in mehrere Gruppen untergliedert. Eine klare Grenzziehung innerhalb dieser Gruppen ist indes nicht immer möglich; vielmehr können sich durchaus Überschneidungen der verschiedenen Privatisierungsformen ergeben.
- Bei der **formellen** (auch: formalen) **Privatisierung** handelt es sich um keine Privatisierung im eigentlichen Sinne, da die Verwaltungsaufgabe nicht in private Hände überführt wird. Der Verwaltungsträger wechselt lediglich innerhalb seiner Organisationsgewalt die zur Ausübung der staatlichen Aufgabe gewählte Rechtsform und bedient sich künftig privatrechtlicher Rechtsformen und Instrumentarien. Deshalb wird auch von bloßer „Organisationsprivatisierung" gesprochen (vgl. *Püttner* LKV 1994, 193, 195).

I. Überblick über Organisation und Ablauf eines Privatisierungsverfahrens H.I

- Im Gegensatz dazu handelt es sich bei der **materiellen Privatisierung** um eine echte Privatisierung, bei der die staatliche Aufgabe vollständig (oder teilweise) aus dem staatlichen Gefüge ausgegliedert und unter privatwirtschaftlicher Verantwortung weiterbetrieben wird. Dies geschieht in der Vertragspraxis in der Regel mittels **Übertragung von Gesellschaftsanteilen** eines von der öffentlichen Hand gehaltenen Unternehmens an einen privaten **Erwerber**. Dabei können entweder von vornherein alle Anteile übertragen werden (sog. **Veräußerungsprivatisierung**) oder es erfolgt im Rahmen einer **Teilprivatisierung** ein schrittweiser Rückzug des Staates aus der Aktivität (sog. Rückzugsprivatisierung). Bei größeren Unternehmen erfolgt letzteres auch in Form von Börsengängen vormals allein oder überwiegend von der öffentlichen Hand gehaltener Aktiengesellschaften (vgl. etwa den **Börsengang** der Hamburger Hafen und Logistik AG im Jahre 2007, der Mannheimer Stadtwerke in Gestalt der MVV Energie AG aus dem Jahre 1999 oder die (Teil-)Privatisierung des Frankfurter Flughafens durch den Börsengang der Fraport AG im Jahre 2001; ausführlich insgesamt hierzu *Zimmermann/Kröger* Finanzbetrieb 1999, 88 ff. sowie Fabry/Augsten/*Tödtmann* Teil 10 VI Rdnr. 195 ff.). Zum Instrumentarium der Public-Private-Partnership vgl. den Abschnitt IV. sowie den ausführlichen Leitfaden unter http://www.freshfields.com/publications.
- Ein Zwischenmodell stellt die **funktionale** Privatisierung dar. Bei ihr kommt es zwar zu einer Entlassung einer öffentlichen Aufgabe aus dem hoheitlichen Einflussbereich und einer anschließenden Übernahme der Aufgabe durch Private; die Letztverantwortlichkeit für die Aufgabenerledigung verbleibt allerdings beim Staat, der sich vertraglich seine Einfluss- und Aufsichtsrechte, bspw. durch Abschluss eines **Konzessionsvertrages,** sichert. Auf längerfristige vertragliche Bindung durch sog. „contracting out" wird insbesondere dann zurückgegriffen, wenn bei pflichtigen Selbstverwaltungsaufgaben eine materielle Privatisierung der Aufgabe nicht möglich ist, die Verwaltung sich aber zur Aufgabenprivatisierung eines Privatisierungssubjekts bedienen darf (Blanke/Fedder/*Sterzel* Teil 2 Rdnr. 308).
- Schließlich sei noch auf die Möglichkeit einer **privatisierenden Umwandlung** hingewiesen. Das UmwG verhindert grundsätzlich nicht formwechselnde oder übertragende Umwandlungen von den Organisationsformen des öffentlichen Rechts in privatrechtliche Rechtsformen, regelt sie allerdings auch nicht in allen denkbaren Konstellationen. In Betracht kommen beispielsweise der **Formwechsel** einer Anstalt oder Körperschaft in eine Kapitalgesellschaft gemäß §§ 190 ff. UmwG (vgl. § 191 Abs. 1 Nr. 6, der Körperschaften und Anstalten ausdrücklich als formwechselnde Rechtsträger nennt), die **Verschmelzung** zweier Anstalten durch Bundes- oder Landesgesetz (vgl § 1 Abs. 2 UmwG) auf einen neuen Rechtsträger, etwa eine Aktiengesellschaft, gemäß § 2 Nr. 2 UmwG oder die **Ausgliederung** eines öffentlich-rechtlichen Unternehmens in ein privatrechtliches Unternehmen, vgl. §§ 168 ff. UmwG. Bei der Auswahl einer privatisierenden Umwandlung sind neben den jeweiligen umwandlungsrechtlichen Besonderheiten etwaige Restriktionen zu beachten, die sich aus anderslautendem Bundes- oder Landesrecht ergeben können, vgl. §§ 1 Abs. 2, 168, 301 Abs. 2 UmwG (insgesamt zu privatisierenden Umwandlungen siehe Blanke/Fedder/*Nagel* Teil 5 Rdnr. 354 ff. sowie *Pauli* BayVwBl 2008, 325, 327 ff. Zur Ausgliederung von Regie- und Eigenbetrieben im Wege der privatisierenden Umwandlung *Steuck* NJW 1995, 2887 ff.). Häufig werden durch privatisierende Umwandlungen nur formelle Privatisierungen bewirkt, weil an derartigen Umwandlungen meist nur Rechtsträger mit der öffentlichen Hand zuzuordnenden Gesellschaften beteiligt sind. Als Beispiel sei etwa die formwechselnde Verschmelzung der Hamburgischen Landesbank und der Landesbank Schleswig-Holstein (beides Anstalten des öffentlichen Rechts) zur HSH Nordbank AG genannt, deren sämtliche Aktionäre anfänglich aus dem öffentlichen Bereich stammten; vielfältige weitere Beispiele lassen sich der Praxis der Verschmelzung von Sparkassen entnehmen. Es ist jedoch grundsätzlich keineswegs ausgeschlossen, eine privatisierende Verschmelzung auch mit einer materiellen (Teil-)Privatisierung zu verbinden, etwa durch Verschmelzung einer Anstalt öffentlichen Rechts mit einer AG oder GmbH, an der (auch) Private beteiligt sind.

4. Die erfolgreiche Realisierung eines Privatisierungsprojekts setzt insbesondere eine effiziente **Projektorganisation** voraus. Eminent wichtig ist hierbei die Entwicklung einer geeigneten Aufgabenorganisation durch interne Aufgabenzuweisungen und Festlegung von

Entscheidungsfindungsmechanismen sowie Kommunikationsstrukturen. Dies erfordert wiederum, möglichst frühzeitig sämtliche Entscheidungsträger und Interessenvertreter zu involvieren, um das Privatisierungsvorhaben unter Einhaltung der politischen und gesetzlichen Richtlinien voranbringen zu können.

- Entscheidungen über das Privatisierungsvorhaben fällt letztendlich das zuständige politische **Entscheidungsgremium** (auf kommunaler Ebene etwa die Gemeindevertretung bzw. der Rat). Hierfür müssen entsprechende Beschlüsse vorbereitet, erörtert und verabschiedet werden. Dies muss vielfach bereits im Vorfeld geschehen, um überhaupt mit der Privatisierung beginnen zu können (vgl. auch Anm. 7).
- Der **Lenkungsausschuss** (häufig auch Steuerungsgruppe o. ä. genannt) fungiert als strategischer Richtungsgeber des Vorhabens. Er setzt sich in der Regel aus den führenden Vertretern der beteiligten Ministerien, Behörden oder sonstigen Verwaltungseinheiten zusammen (bspw. Politik, Verwaltung, Nutzer, etc.). Die Zusammenführung mehrerer Interessenvertreter soll zu einer Bündelung der verschiedenen Kompetenzen beitragen. Bisweilen wird auch eine sog. **Lenkungsgruppe** gebildet; hierbei handelt es sich um ein Gremium, in dem nur die Spitzenvertreter der politischen Verantwortungsträger (also etwa der Bürgermeister, Stadtkämmerer und Baudezernent oder die beteiligten Minister oder Staatssekretäre) vertreten sind.
- Die Bearbeitung einzelner Aufgaben kann intern auf **Arbeitsgruppen** delegiert werden. Diese unterliegen in der Regel der Aufsicht des Lenkungsausschusses. In den Arbeitsgruppen sind neben den Vertretern der beteiligten Ministerien, Behörden und sonstigen Verwaltungseinheiten auf der Arbeitsebene üblicherweise auch die beauftragten Berater präsent. Typischerweise befassen sich Arbeitsgruppen etwa mit den Bereichen strategische Ausrichtung des zu privatisierenden Unternehmens, Bewertung, Due Diligence (rechtliche, finanzielle usw.), rechtliche Dokumentation (Privatisierungsvertrag, Konsortialvertrag, Gesellschaftsverträge usw.) und Kommunikation.
- Schließlich sind Beteiligungsrechte und Handlungsmöglichkeiten Dritter zu beachten. Zu berücksichtigen sind insbesondere die Rechte der **Personalvertretungen** (hierzu Blanke/Fedder/*Baden* Teil 5 Rdnr. 1 ff.; *Hartmann*, Arbeitsvertragliche Gestaltungsmöglichkeiten bei Privatisierungen, 2008, S. 291 ff.; aus Personalrätesicht ausf. auch *Krenz*, Privatisierung öffentlicher Einrichtungen, 2009, S. 61 ff.) sowie spezialgesetzliche Mitwirkungsrechte, z. B. nach den Landesschulgesetzen.

5. Die frühzeitige **Auswahl von Beratern** (Rechtsanwälte, Investmentbanken, Wirtschaftsprüfer, Steuerberater sowie sonstige Fachberater) ist ratsam, damit diese das Privatisierungsvorhaben mit Blick auf die Vielzahl der aufkommenden Frage- und Problemstellungen mit ihrem fachlichen Know-how begleiten können. In aller Regel sind schon die Feststellung eines Privatisierungsbedarfs und die Wahl der konkreten Privatisierungsform ohne Fachberatung hinsichtlich aufkommender Rechts-, Steuer- und Finanzfragen sowie ggf. der Identifizierung und Lösung etwaiger technischer Umsetzungsschwierigkeiten kaum möglich. Aufgabe der involvierten Berater ist es in dieser Phase, etwaige Barrieren oder Hemmnisse zu erkennen, Lösungswege aufzutun und konkrete Verhandlungsziele abzustecken, anhand derer das Vorhaben angegangen werden soll.

6. Bei der Auswahl eines privaten Investors, der die Gesellschaftsanteile an einem von der öffentlichen Hand gehaltenen Unternehmen ganz oder teilweise erwerben soll, stellt sich die Frage, ob die Auswahl durch **Ausschreibung** erfolgen muss. Hier herrschen im einzelnen – abhängig von Unternehmensbranche und Höhe der geplanten Beteiligung – unterschiedliche Auffassungen. Im Grundsatz gilt jedoch, dass es sich beim Verkauf von Geschäftsanteilen nicht um einen Beschaffungsvorgang, sondern um einen Veräußerungsvorgang handelt, der nicht ausschreibungspflichtig ist (Fabry/Augsten/*Meininger* Teil 9 IV Rdnr. 70).

Die Auswahl des Dritten hat aber grundsätzlich in einem **wettbewerblichen Verfahren** (auch Bietungsverfahren oder Auktion genannt) zu erfolgen, das den Grundsätzen der Publizität und Transparenz sowie der Gleichbehandlung der Interessenten Rechnung trägt (Fabry/Augsten/*Fabry* Teil 4 I Rdnr. 16). Dies ergibt sich aus dem europäischen Primärrecht (dazu unten Anm. 8) sowie dem Beihilferecht (unten Anm. 9). Zuvor ist jedoch auch bei Privatisierungs-

I. Überblick über Organisation und Ablauf eines Privatisierungsverfahrens

verfahren im Wege von Anteilsveräußerungen zu prüfen, ob nicht ausnahmsweise doch ein förmliches Vergabeverfahren durchzuführen ist (Anm. 7).

7. Grundsätzlich unterliegt die Privatisierung von Unternehmen der öffentlichen Hand nicht dem Anwendungsbereich des **Vergaberechts**, ist Kennzeichen des Vergaberechts doch, dass der öffentliche Auftraggeber eine bestimmte Leistung *einkauft* (Beschaffungsvorgang). Die Veräußerung von Vermögensgegenständen durch die öffentliche Hand ist im Gegensatz dazu ein Rechtsgeschäft, bei dem Gesellschaftsanteile des zu privatisierenden Unternehmens *verkauft* werden. Zwar ist dieses Rechtsgeschäft auch entgeltlich, jedoch fließt kein Geld von der öffentlichen Hand an einen privaten Auftragnehmer, sondern umgekehrt ein Entgelt von dem privaten Erwerber an die öffentliche Hand. Ratio legis des Vergaberechts ist die Vermeidung einseitiger Bevorzugung von Lieferanten im Rahmen der wirtschaftlichen Beschaffung von Leistungen durch die öffentliche Hand sowie die Öffnung des wirtschaftlich bedeutenden Marktes für öffentliche Aufträge für einen europaweiten Wettbewerb. Diese Gesichtspunkte spielen bei der Veräußerung von Vermögensgegenständen durch die öffentliche Hand regelmäßig keine Rolle. Grundsätzlich fällt daher die Veräußerung von Vermögensgegenständen einschließlich der Veräußerung von Gesellschaftsanteilen nicht in den Anwendungsbereich des Vergaberechts nach §§ 97 ff. GWB (vgl. Vergabekammer Bad.-Württ. v. 21. 12. 2000 – 1 VK 32/00 – NZBau 2001, 406, 407; VÜA Niedersachsen – 34.2–35.66 – Tgb.-Nr. 11/97 S. 4). Rechtsprechung und Literatur ist allerdings zunehmend die Tendenz zu entnehmen, den Begriff des öffentlichen Auftrags nicht mehr allein nach formalen Kriterien, sondern funktionell zu bestimmen (VK Brandenburg v. 9. 4. 2001 – 2 VK 18/01; VK Köln v. 11. 12. 2001 – VK 20/2001; ausführlich hierzu *Dreher* NZBau 2002, 245, 248 ff.; *Opitz* ZVgR 2000, 97, 103; für eine Unterscheidung zwischen formaler und materieller Privatisierung einerseits (grundsätzlich vergaberechtsneutral) und funktionaler Privatisierung andererseits (stets vergaberechtsrelevant) *Behr* VergabeR 2009, 136 ff.) und damit die Anwendung des Vergaberechts nicht mehr nur auf Umgehungssachverhalte zu beschränken (hierzu ausführlich Hoppe/Uechtritz/*Otting*/*Ohler* § 14 Rdnr. 47 ff.; vgl. auch OLG Naumburg, B. v. 29. 4. 2010 – 1 Verg 2/10).

Unabhängig von diesen Tendenzen ist das Vergaberecht jedoch in jedem Falle dann zu beachten, wenn die ganz oder teilweise veräußerte (privatisierte) Gesellschaft auch nach der Privatisierung bestimmte Dienstleistungen für die öffentliche Hand erbringt und die Vergabe dieser Dienstleistungen ausschreibungspflichtig wäre. In diesem Fall werden die Dienstleistungen, die die öffentliche Hand bislang selbst als alleiniger Anteilsinhaber erbracht hat, nach der Privatisierung indirekt durch den Erwerber als privaten Dritten erbracht, ohne dass eine öffentliche Ausschreibung stattgefunden hat. Eine Ausschreibungspflicht für die (Teil-)Privatisierung von Unternehmen der öffentlichen Hand wird daher immer dann gegeben sein, wenn die öffentliche Hand das privatisierte Unternehmen und damit – indirekt – den privaten Erwerber nach der Veräußerung weiterhin für die Erbringung öffentlicher Dienstleistungen in Anspruch nimmt (so auch Hoppe/Uechtritz/*Otting*/*Ohler* § 14 Rdnr. 56 ff.).

In seiner jüngsten Rechtsprechung nimmt der EuGH demgegenüber nicht die Frage nach einer Pflicht zur Ausschreibung *der Privatisierung* in den Blick, sondern erkennt in der Beteiligung einer Privatperson am Eigenkapital einer zunächst rein öffentlichen Gesellschaft innerhalb der Gültigkeitsdauer des zunächst ohne Ausschreibung vergebenen Auftrags (sog. In-House-Geschäft) eine Änderung einer Bedingung dieses Auftrags, die eine Ausschreibung *des Auftrags* erfordere (EuGH Urt. v. 10. 9. 2009 – C-573/07 – „Se.T. Co. SpA", NVwZ 2009, 1421, 1423f. Rz. 53, *obiter dictum*; in dieselbe Richtung EuGH Urt. v. 19. 6. 2008 – C-454/06 – „pressetext", NJW 2008, 3341, 3343 Rz. 47, *obiter dictum*). Befand sich die Gesellschaft hingegen schon bei Auftragsvergabe zum Teil in öffentlicher und zum Teil in privater Hand (gemischtwirtschaftliche Gesellschaft) und wurde demgemäß bereits eine Ausschreibung vorgenommen, so bewirke eine (weitergehende) Veräußerung des Anteils der öffentlichen Hand an einen Privaten keine erneute Ausschreibungspflicht, sofern es sich nicht um einen Umgehungssachverhalt handele (OLG Naumburg B. v. 29. 4. 2010 – 1 Verg 2/10, juris).

8. Auch wenn eine Beteiligungsveräußerung an Gesellschaften im Eigentum der öffentlichen Hand nicht den vergaberechtlichen Vorschriften unterfällt (vgl. hierzu Anm. 7), so ergeben sich bereits aus **der Niederlassungs- und Dienstleistungsfreiheit** nach Art. 49, 56 AEUV sowie aus dem Diskriminierungsverbot (EuGH Urt. v. 9. 9. 1999 – Rs. C-108/98 – „RI.SAN ./. Commune di Ischia", Slg. 1999, I-5219, Rdnr. 20) gewisse Mindestanforderungen im Hinblick auf **Gleichbehandlung/Nichtdiskriminierung** interessierter Unternehmen sowie **Transparenz** und **Publizität** (vgl. EuGH Urt. v. 18. 11. 1999 – Rs. C-275/98 – „Unitron Scandinavia", Slg. 1999, I-8291, Rdnr. 31 bis 32; EuGH Urt. v. 7. 12. 2000 – Rs. C-324/98 – „Teleaustria", Slg. 2000, I-10.745, Rdnr. 60 bis 62; EuGH Urt. v. 3. 12. 2001 – Rs. C-59/00 – „Vestergaard", Slg. 2001, I-9505, Rdnr. 19 bis 20).

Zwar besteht keine grundsätzliche Pflicht zur Ausschreibung in einem bestimmten förmlichen Verfahren; doch dürfte das völlige Fehlen eines Bietungsverfahrens mit den genannten Grundfreiheiten und dem Diskriminierungsverbot nicht im Einklang stehen (EuGH, Urt. v. 13. 10. 2005 – Rs. C-458/03 – „Parking Brixen", Rdnr. 50). Dementsprechend wird ein Mindestmaß an Transparenz gefordert, durch welche Unternehmen, die in anderen Mitgliedstaaten niedergelassen sind, vor der Privatisierung die Kenntnisnahme angemessener Informationen ermöglicht wird, so dass sie ihr Interesse bekunden können (EuGH Urt. v. 21. 7. 2005 – Rs. C-231/03 – „Coname", Rdnr. 28).

Zur Herstellung der erforderlichen Publizität des Verkaufsverfahrens empfiehlt sich eine **europaweite Bekanntmachung,** die auch durch eine europaweit zugängliche Veröffentlichung auf der Homepage der verpflichteten Stelle erfolgen kann (vgl. Commission Interpretative Communication v. 25. 10. 2005 – CC/2005/11 – S. 7). Dies gilt insbesondere dann, wenn nicht auszuschließen ist, dass in anderen Mitgliedstaaten ansässige Unternehmen ebenfalls Erwerbsinteressen hegen können. Vorgeschrieben ist indes lediglich ein „für potentielle Bieter angemessener Grad von Öffentlichkeit" (EuGH Urt. v. 13. 10. 2005 – Rs. C-458/03 – „Parking Brixen", Rdnr. 46, 55). Von einer europaweiten Bekanntmachung sollte gleichwohl nur abgesehen werden, wenn auf Grund der „sehr geringfügigen wirtschaftlichen Bedeutung" des zu privatisierenden Unternehmens vernünftigerweise kein Interesse von Unternehmen anderer Mitgliedstaaten erwartet werden kann, so dass der Privatisierung keine europaweite Bedeutung zukommt (EuGH Urt. v. 21. 7. 2005 – Rs. C-231/03 – „Coname", Rdnr. 20). Dies wird nur in seltenen Ausnahmefällen mit der erforderlichen Sicherheit angenommen werden können.

Es ist zu empfehlen, die Art und Weise der Bekanntmachung (bzw. des Verzichts auf die Bekanntmachung) zu dokumentieren und sowohl dieses als auch die Wahl des Publikationsmediums und den Mindestinhalt zu begründen. Der Umfang der Bekanntmachung ist davon abhängig, inwieweit die Informationen für die Bieterentscheidung über die Abgabe eines Angebots erforderlich sind (vgl. insges. Schlussanträge der Generalanwältin Stix-Hackl v. 12. 4. 2005 – Rs. C-231/03 – „Coname", Rdnr. 94 ff.).

Im Übrigen sollte die Ausgestaltung des Verkaufsverfahrens nach den von der **Kommission im Juni 2006 veröffentlichten Leitlinien** über die Anwendbarkeit des Gemeinschaftsrechts auf Aufträge, die nicht oder nur teilweise von den Vergaberichtlinien erfasst sind, erfolgen (Mitteilung der Kommission zu Auslegungsfragen in Bezug auf das Gemeinschaftsrecht, das für die Vergabe öffentlicher Aufträge gilt, die nicht oder nur teilweise unter die Vergaberichtlinien fallen, vom 23. 6. 2006. Diese Leitlinien finden auch auf Anteilsveräußerungsverfahren Anwendung (dazu *Gabriel* NVwZ 2006, 1262, 1263).

9. Ob ein Privatisierungsverfahren den beihilferechtlichen Regelungen der Art. 107 f. AEUV unterliegt, ist in Anbetracht der unbestimmten Rechtsbegriffe der Vorschriften, namentlich des Merkmals der Begünstigung, sowie der in diesem Zusammenhang eminent wichtigen Praxis der über die Einhaltung wachenden Kommission nicht stets eindeutig. Aus diesem Grunde hat die Kommission 1993 als Hilfestellung **Leitlinien zur beihilferechtlichen Beurteilung von Privatisierungsmaßnahmen** veröffentlicht (XXIII. Bericht über die Wettbewerbspolitik der Kommission). Zu beachten ist, dass die Leitlinien – auch wenn sie sich bezüglich ihrer Anforderungen an Transparenz und Gleichbehandlung weitgehend mit den aus dem Primärrecht resultierenden Mindestanforderungen decken – zwar mittlerweile die ständige Praxis der Kommission widerspiegeln und bis heute gültig sind, allerdings selbst keine rechtsverbindlichen Regelungen darstellen (vgl. *Soltész/Bielesz* EuZW 2004, 392). Auch bezüglich der materiellen Vereinbarkeit von Umstrukturierungsmaßnahmen mit Art. 107 AEUV sind die Leitlinien nur

I. Überblick über Organisation und Ablauf eines Privatisierungsverfahrens

eingeschränkt hilfreich, zeigen sie doch lediglich auf, unter welchen *formellen* Verfahrensanforderungen die Kommission davon ausgeht, dass eine Transaktion keine beihilferechtlichen Elemente birgt und somit nicht der Notifizierungspflicht nach Art. 108 Abs. 3 AEUV unterfällt. Wann ein Vorhaben jedoch unter die Anmeldepflicht zu subsumieren ist, ist in positiver *materiell*rechtlicher Weise den Leitlinien nicht zu entnehmen (vgl. Heidenhain/*Montag*/Leibenath § 28 Rdnr. 7; vgl. auch *Koenig/Kühling* NJW 2000, 1066).

10. Die Kommission geht in drei Fallgruppen ohne weitere Prüfung davon aus, dass **keine Beihilfeelemente** vorhanden sind. Letztlich ist dies immer dann der Fall, wenn für das Privatisierungsobjekt ein marktwirtschaftlichen Maßstäben entsprechender Preis (Marktpreis) gezahlt wurde (vgl. Heidenhain/*Montag*/Leibenath § 28 Rdnr. 24; ebenso *Lübbig* EWS 2001, 519; sowie *Soltész/Bielesz* EuZW 2004, 392).
Zunächst sind dieses die Fälle **börslicher Veräußerungen**. Die Kommission geht davon aus, dass sich an der Börse der Marktpreis bildet (*Soltész/Bielesz* EuZW 2004, 392).
Ferner ist dies der Fall, wenn die Privatisierungstransaktion im Rahmen eines **Ausschreibungswettbewerbs** mit folgenden Parametern erfolgte:
- Der Ausschreibungswettbewerb muss allen Interessenten offen stehen, den Anforderungen an ein transparentes und nicht diskriminierendes Verfahren genügen und darf an keine weiteren Bedingungen geknüpft sein (etwa den Erwerb anderer Vermögenswerte, für die nicht geboten wird, oder Weiterführung bestimmter Geschäftstätigkeiten);
- die Veräußerung hat (grundsätzlich) an den Meistbietenden zu erfolgen;
- den Bietern ist ausreichend Zeit und Information zu geben, um eine adäquate Bewertung des zu veräußernden Unternehmens vornehmen und ihr Angebot angemessen vorbereiten zu können.

Schließlich erkennt die Kommission auch ohne öffentlich ausgeschriebenes Bietungsverfahren die Veräußerung öffentlicher Unternehmen im Wege direkter Verhandlungen als marktwirtschaftlichen Maßstäben entsprechend an, wenn mittels eines **unabhängigen Wertgutachtens** der Marktwert des Veräußerungsobjektes ermittelt wurde und der Erwerber mindestens diesen Preis gezahlt hat. Ein solches Bewertungsgutachten kann ferner auch zum Nachweis der Beihilfefreiheit in solchen Fällen dienen, in denen das Ausschreibungsverfahren den strengen Kommissionsanforderungen nicht genügt (*Lübbig* EWS 2001, 520).
Alle anderen Fälle, die den Anforderungen keiner dieser Fallgruppen genügen, sind der Kommission zu notifizieren, ohne dass damit schon das Vorliegen einer Beihilfe zu bejahen wäre. Dieser Frage wird im Rahmen des Prüfverfahrens erst nachgegangen (*Soltész/Bielesz* EuZW 2004, 392), an welches sich dann entweder eine Genehmigungs- bzw. Vereinbarkeitsentscheidung der Kommission oder die Einleitung des förmlichen Hauptprüfverfahrens anschließt, Art. 108 Abs. 3 S. 2 AEUV (umfassend hierzu Heidenhain/*Montag*/Quardt §§ 32 ff.). Bei den Vorschriften der Art. 107 AEUV handelt es sich um ein präventives Verbot mit Erlaubnisvorbehalt zugunsten der Kommission (vgl. *Koenig/Kühling* NJW 2000, 1065).
Mit ihren Leitlinien der Offenheit, Transparenz und Diskriminierungsfreiheit verfolgt die Kommission zunächst das Ziel der Verfahrensgerechtigkeit. Hierdurch wird der eigentliche Zweck des Beihilferechts umgesetzt, gemäß Art. 87 EGV eine Subventionierung desjenigen Bieters zu verhindern, der „zu wenig zahlt". In dieser Vorgehensweise tritt die Maxime der Kommission hervor, dass die Durchführung eines Bietungsverfahrens am Besten dazu geeignet ist, staatliche Ressourcen wettbewerbskonform zu verteilen. Abweichungen von diesem Grundsatz, die nicht auf strikt unternehmerischen Gesichtspunkten beruhen, beurteilt die Kommission äußerst kritisch.

11. Aus dem unter 10. Gesagten wird bereits der das EG-Beihilferecht beherrschende Grundsatz deutlich, dass sich die öffentliche Hand im Rahmen privatwirtschaftlicher Tätigkeiten so zu verhalten hat, wie ein **„umsichtiger marktwirtschaftlich handelnder Kapitalgeber"** es täte. Dem Grunde nach wird der öffentlichen Hand bei ihren Entscheidungen im Rahmen von Privatisierungsvorhaben dieser Art zwar ein breiter Entscheidungsspielraum gewährt. Jedoch wird dieser durch die Praxis der Kommission sowie die Rechtsprechung des EuGH auf nachvollziehbare unternehmerische (und damit notwendigerweise kapitalistische) Interessen eingegrenzt (*Koenig/Kühling* NJW 2000, 1067). Zwar ist auch seitens der Kommission durchaus erwünscht, dass allgemeine wirtschafts- bzw. standortpolitische Interessen und Maßnahmen der Mitgliedstaaten bei der Entscheidungsfindung eine Rolle spielen. Beihilferechtlich kritisch zu bewerten sind vor diesem Hintergrund aber solche standortpolitischen Erwägungen, die zur Begünstigung eines bestimmten Unternehmens führen und andere auf Grund eines nicht als marktkonform angesehenen Mechanismus von der Begünstigung ausschließen. Der öffentlichen Hand werden bei ihrer Entscheidungsfindung all diejenigen Überlegungen zugestanden, die auch ein privater Investor anstellen könnte und würde (vgl. *Soltész/Bielesz* EuZW 2004, 392). Unzulässig sind hingegen darüber hinausgehende Gesamtrentabilitätsüberlegungen, die im Sinne einer allgemeinen Standortpolitik auch andere Kosten oder Geldeinnahmen (z. B. der Arbeits- oder Steuerverwaltung) mit einbeziehen. Dies basiert auf der Überlegung, dass etwa Beschäftigungszusagen bieterseits sich regelmäßig in einer Reduzierung des gebotenen Preises niederschlagen (vgl. *Braun* VergabeR 2006, 657, 660).

Unbeschadet dieser Privatisierungsgrundsätze zeigt die Entscheidungspraxis, dass die Kommission im Rahmen einer Einzelfallprüfung Ausnahmen zulässt bzw. die skizzierten Leitlinien flexibel handhabt. So werden etwa legitime Anliegen der Veräußerer an einer **Einschränkung des Bieterkreises** durchaus berücksichtigt (vgl. zu einzelnen Verfahrensausgestaltungen insbes. Entscheidung der Kommission v. 7. 5. 2002, nicht im ABl. veröffentlicht, – DERA; Entscheidung der Kommission v. 8. 8. 2000, nicht im ABl. veröffentlicht, – GALP; Presseerklärung der Kommission v. 5. 6. 2001, Nr. IP/02/818, – KSG; Entscheidung der Kommission v. 8. 7. 1999, ABl. Nr. L 292/27 v. 13. 11. 1999; bestätigt durch EuGH – Rs. C-334/99 – Slg. 2003, I-1139 – Gröditzer Stahlwerke). Bei der Bewertung von Ausschreibungsverfahren, in denen neben dem Kaufpreisgebot auch **weitere Zusagen** (**Arbeitsplätze etc.**) in den Auswahlprozess eingeflossen sind, wird von der Kommission Wert darauf gelegt, dass diesen Zusagen in der gesamtwirtschaftlichen Bewertung des Gebots keine ausschlaggebende Bedeutung beigemessen wurde (vgl. nicht datierte und nicht im ABl. veröffentlichte Entscheidung der Kommission von 2003, – ChemiePark Bitterfeld-Wolfen GmbH; Entscheidung der Kommission v. 8. 8. 2000, nicht im ABl. veröffentlicht, – GALP; Entscheidung der Kommission v. 11. 4. 2000, ABl. Nr. L 265/15 v. 19. 10. 2000, – Centrale del Latte di Roma); der Nominal-Kaufpreis muss weiterhin als das ausschlaggebende Zuschlagskriterium identifiziert werden können.

Zu beachten ist schließlich, dass die Kommission in einer jüngeren Entscheidung ein – unter Privaten nicht unübliches – **Freistellungsversprechen** der öffentlichen Hand hinsichtlich einer etwaigen **Rückforderung rechtswidriger Beihilfen** in Privatisierungsverträgen für „per se" mit den Beihilfevorschriften unvereinbar erklärt hat, da es die praktische Wirksamkeit der Beihilfekontrolle aufhebe (Entscheidung der Kommission v. 2. 7. 2008, ABl. 2009, L 225/104 – „Hellenic Shipyards", Rz. 297 ff.; unzutreffend wiedergegeben bei *Soltész/Schädle*, BB 2008, 510, 511 mit Fn. 15).

12. Für die Kommission ist es faktisch unmöglich, sämtliche auf zentralstaatlicher, regionaler oder kommunaler Ebene realisierten Privatisierungsvorhaben, die alle dem Regime der Art. 107 f. AEUV unterliegen, einer Prüfung zu unterziehen; daher beschränkt sich die **Prüfung der Kommission** erfahrungsgemäß auf einige wenige Vorhaben pro Jahr, insbesondere solche Fälle, welche die Mitgliedstaaten vorsorglich anmelden oder Wettbewerber ihr durch Beschwerden zur Kenntnis bringen. Es wird also keineswegs jedes Privatisierungsverfahren von der Kommission untersucht. Dennoch ist schon wegen der einschneidenden Rechtsfolgen bei Verstößen gegen das EG-Beihilferecht eine sorgfältige Prüfung der beihilferechtlichen Implikationen zu empfehlen.

Nicht bei der Kommission angemeldete und somit nicht von ihr genehmigte Beihilfen sind rechtswidrig und vom Mitgliedstaat nach öffentlich-rechtlichen oder privatrechtlichen Regelungen zurückzufordern (vgl. EuGH Slg. 1973, 813 – Kommission/Deutschland; EuGH Slg. 1987, 901 – Deufil/Kommission; Heidenhain/Montag/*Jestaedt/Loest* § 52 Rdnr. 4). Auch die der Beihilfegewährung zu Grunde liegenden zivilrechtlichen Rechtsgeschäfte sind nach Art. 88 Abs. 3 S. 3 EGV i. V. m. § 134 BGB nichtig (BGH EuZW 2003, 444–446; Heidenhain/Montag/*Jestaedt/Loest* § 52 Rdnr. 45 ff., 56 ff.). Zwar soll es dem Erwerber – gerade im Rahmen zivilrechtlicher Rückabwicklung – freistehen, sich entweder auf die Nichtigkeit des Priva-

I. Überblick über Organisation und Ablauf eines Privatisierungsverfahrens H.I

tisierungsvertrages zu berufen und somit eine Rückabwicklung insgesamt herbeizuführen oder den Differenzbetrag zu zahlen (vgl. Heidenhain/Montag/*Jestaedt*/*Loest* § 52 Rdnr. 46; zur Ermittlung des Differenzbetrages *Soltész*/*Bielesz* EuZW 2004, 394). Damit es jedoch gar nicht erst soweit kommen muss, empfiehlt es sich, im vorhinein einige „taktische" Grundüberlegungen anzustellen, kann doch ein Privatisierungsverfahren schon dadurch, dass Wettbewerbern ein Anlass zu (wenn auch letztlich unbegründeten) Beschwerden gegeben oder dass beihilferechtlich schädliche Pressearbeit geleistet wird, jedenfalls erheblich erschwert werden.

Beschwerden, die durch Wettbewerber, aber auch von Teilnehmern des politischen Prozesses (Abgeordnete, Verbands-/Gewerkschaftsvertreter) eingereicht werden können, sind nach Art. 20 Abs. 2 VVO (Verfahrensverordnung 659/1999 über besondere Vorschriften für die Anwendung von Art. 93 des EG-Vertrages (nunmehr Art. 108 AEUV)) zulässig und können für die Frage, ob die Kommission ein Prüfverfahren einleitet, durchaus entscheidend sein (vgl. hierzu Heidenhain/Montag/*Sinnaeve* § 37 Rdnr. 7 ff.). Insofern sollte vermieden werden, der Kommission und dem Beschwerdeführer schon durch die Gestaltung der Ausschreibungsunterlagen Anlass für Beihilfevorwürfe zu geben. Diese Gefahr bestünde etwa dann, wenn in den Ausschreibungsunterlagen der Eindruck erweckt wird, dass der Zuschlag im Bieterverfahren vorrangig davon abhängig ist, dass das Angebot sich mit der von der öffentlichen Hand verfolgten gesamtunternehmerischen Entwicklung und Zielsetzung deckt, und nicht der Kaufpreis das entscheidende Auswahlkriterium darstellt. Ferner versteht sich von selbst, dass eine Ausschreibungsunterlage, die auf einen bestimmten Bieter und folglich dessen Begünstigung gleichsam zugeschnitten zu sein scheint, im Rahmen eines Privatisierungsverfahrens unbedingt vermieden werden sollte.

Neben den offiziellen Beschwerden kann ein Privatisierungsverfahren auch über weitere Kanäle angegriffen werden. Zunächst können Beschwerdeführer dieselben Verdachtsmomente gegen die Ausschreibungsunterlage auch durch **Presseerklärungen** verbreiten. Im Bereich des Möglichen ist auch, dass Beschwerdeführer zeitgleich Pressegespräche mit Kommissionsbeamten initiieren. Sollten sich letztere auch nur verhalten pessimistisch in Bezug auf die beihilferechtliche Konformität des Privatisierungsvorhabens äußern, so kann dies zu großer Verunsicherung bei den am Projekt beteiligten Mitbewerbern und vor allem deren finanzierenden Banken führen. Dieser Effekt ist in der Regel kaum reversibel.

Dementsprechend sollten in jeglichen Formen der Außendarstellung des Projekts (Ausschreibungsunterlage sowie sämtliche der Presse/Öffentlichkeit zugängliche Informationen) Hinweise auf die Entscheidungserheblichkeit eines anderen Kriteriums außer desjenigen des höchsten Kaufpreises vermieden werden. Statt dessen empfiehlt sich, die strikt unternehmerische Zielsetzung der öffentlichen Hand hervorzuheben.

Zu der unter 10. benannten Möglichkeit, durch **Wertgutachten** darzulegen, dass der Privatisierungserlös nicht unter dem Markwert der Beteiligung liege, sei bemerkt, dass dieses Mittel im Rahmen eines gleichwohl durchgeführten Bietungsverfahrens von zweifelhaftem Wert sein kann, wenn im Verfahren ein höherer Kaufpreis geboten wird. Dies indiziert nämlich, dass der gutachterlich genannte niedrigere Preis gerade nicht den Marktpreis abbildet. Auch in diesen Situationen können Wertgutachten aber nützlich sein, um die Beihilfekonformität des Verfahrens zu begründen, wenn zwar letztlich das höchste Gebot den Zuschlag bekam, das Bietungsverfahren allerdings nicht in allen Einzelheiten den Leitlinien der Kommission entsprach (vgl. Entscheidung der Kommission v. 11. 4. 2000, ABl. Nr. L 265/15 v. 19. 10. 2000, – Centrale del Latte di Roma). Im Einzelfall kann es sich auch empfehlen, direkt Kontakt mit der zuständigen Generaldirektion aufzunehmen, um zu erfahren, inwieweit neben dem Preis auf weitere Kriterien zur Entscheidung abgestellt werden kann.

13. Die Beteiligung Privater an Unternehmen der öffentlichen Hand kann vielfältigen **Zustimmungs- oder Genehmigungserfordernissen** unterliegen, die im Einzelfall genau zu prüfen und ggf. zu beachten sind.
- Die jeweiligen landesrechtlichen Kommunalverfassungen bestimmen durchweg, dass das politische Entscheidungsgremium der Veräußerung von Gesellschaftsanteilen von Unternehmen zuvor zustimmen muss, sofern es sich nicht um ein Geschäft der laufenden Verwaltung handelt, welches durch den gesetzlichen Vertreter (in der Regel der Bürgermeister) al-

leine abgeschlossen werden kann. Da die Veräußerung von Gesellschaftsanteilen fast durchweg kein Geschäft der laufenden Verwaltung darstellen wird, hat dementsprechend die **Behandlung des Privatisierungsvertrages im Entscheidungsgremium** des Verkäufers zu erfolgen.
- Darüber hinaus ist an etwaige Restriktionen zu denken, welche die **kommunale Rechtsaufsicht** mit sich bringen kann. Hier bedarf es nach Maßgabe der jeweiligen landesrechtlichen Bestimmungen meist entweder der Genehmigung der Rechtsaufsichtsbehörde oder jedenfalls einer vorherigen Anzeige der geplanten Beteiligungsveräußerung an die Aufsichtsbehörde (Fabry/Augsten/*Fabry* Teil 4 I Rdnr. 17).
- Die Satzung (bzw. der Gesellschaftsvertrag) des zu veräußernden Unternehmens der öffentlichen Hand kann die gleichen **gesellschaftsrechtlichen Zustimmungserfordernisse** vorsehen, wie sie auch bei von privater Hand betriebenen Unternehmen üblich sind, z.B. die Zustimmung der Gesellschaft (vertreten durch Geschäftsführung oder Vorstand), der Gesellschafterversammlung oder des Aufsichtsrats.
- Als Korrelat zu den kommunalrechtlichen Bestimmungen enthalten die **Haushaltsordnungen** auf Bundes- oder Landesebene ähnliche Vorgaben für die Anteilsveräußerung eines staatlich gehaltenen Unternehmens. Eine Zustimmung des jeweils zuständigen Finanzministeriums ist dabei namentlich für die Veräußerung und die Belastung von staatlichen Beteiligungen an privatrechtlichen Unternehmen erforderlich. Darüber hinaus kann die Einschaltung des Legislativorgans erforderlich sein, sofern den Anteilen an dem Unternehmen besondere Bedeutung beizumessen ist und deren Veräußerung im Haushaltsplan nicht vorgesehen ist (vgl. zur Veräußerung auf Bundesebene insgesamt § 65 BHO).
- Letztlich ist wie bei jedem Unternehmenskauf an Erwerbseinschränkungen mit Hinblick auf das **Kartellrecht** zu denken. Unterliegt der Beteiligungserwerb der (nationalen oder europäischen) Fusionskontrolle, so ist das Vorhaben bei der Europäischen Kommission oder beim Bundeskartellamt anzumelden und bedarf dessen Freigabe (hierzu ausführlich Teil J.).

II. Typische Privatisierungsklauseln in Anteilskaufverträgen

Vorbemerkung

Die Veräußerungsprivatisierung erfolgt in der Regel durch Verkauf von Geschäftsanteilen oder Aktien an den privaten Investor. Im Grundsatz gelten die gleichen Regeln wie für sonstige Unternehmenskäufe im Wege des Share Deal. Es ist daher zunächst generell auf die einschlägigen Formulare zum Share Deal zu verweisen. In diesem Abschnitt werden nur solche Klauseln dargestellt, die typischerweise zusätzlich in den Anteilskaufvertrag aufgenommen werden, um der besonderen Interessenlage bei Privatisierungen Rechnung zu tragen. Dabei werden im Abschnitt II. Klauseln behandelt, die meist im Rahmen solcher Privatisierungen zum Tragen kommen, bei denen sämtliche Gesellschaftsanteile des zu privatisierenden Unternehmens veräußert werden oder jedenfalls nach Durchführung der Privatisierung kein beherrschender Einfluss der öffentlichen Hand auf das zu privatisierende Unternehmen mehr besteht. Demgegenüber befasst sich Abschnitt III. mit typischen Privatisierungsklauseln in Konsortialverträgen, die im Rahmen von Teilprivatisierungen zwischen der öffentlichen Hand und dem neu hinzugetretenen Investor geschlossen werden.

1. Allgemeine Zielklausel[1]

1.1 Die Verkäuferin verfolgt mit der in diesem Vertrag geregelten Privatisierung der Gesellschaft das Ziel, die Finanz- und Innovationskraft und die Erfahrung der Käuferin auf liberalisierten Strommärkten für die Gesellschaft nutzbar zu machen. Von der Käuferin wird daher erwartet, dass sie die weitere Entwicklung der Gesellschaft als wettbewerbsfähiges Energiedienstleistungsunternehmen nachhaltig sichert und die Stellung der Gesellschaft im Rahmen der liberalisierten europäischen Strommärkte stärkt. Voraussetzung hierfür ist eine langfristige Bindung der Käuferin an die Gesellschaft, die ihre Marktunternehmungen mit denen der Gesellschaft verbindet, diese und sonstige Aktivitäten der Gesellschaft weiter ausbaut und dazu der Gesellschaft ihr Know-how und ihre Finanzkraft zur Verfügung stellt.[2]

1.2 Die Verkäuferin erwartet ferner, dass die Käuferin der gewachsenen Verantwortung der Gesellschaft gegenüber der Bevölkerung, den Arbeitnehmern und der Politik der Region gerecht wird. Die Käuferin wird daher nach Maßgabe der nachfolgenden Bestimmungen dieses Privatisierungsvertrages sicherstellen, dass die Gesellschaft als selbständige Rechtsperson und ihrem satzungsmäßigem Sitz und ihrer tatsächlichen Geschäftsleitung am derzeitigen Standort bestehen bleibt, bedeutender Arbeitgeber und Berufsausbilder bleibt und die Versorgung der Bevölkerung mit Strom, Erdgas und Fernwärme sowie Dienstleistungen auf dem Gebiet der Müllverbrennung, Wasserversorgung sowie Abwasserentsorgung zu angemessenen Bedingungen auch in Zukunft mindestens im bisherigen Umfang anbietet. Darüber hinaus wird mit der Privatisierung der Gesellschaft das wirtschaftspolitische Ziel verfolgt, in der Region neue Geschäftsaktivitäten durch die Käuferin zu veranlassen, die zur Stärkung der regionalen Wirtschaft und zum Ausbau von Beschäftigung beitragen.[3]

1.3 Die Käuferin teilt die von der Verkäuferin verfolgten Ziele und Erwartungen der Privatisierung in vollem Umfang. Diese Ziele und Erwartungen sind zentraler Bestandteil der geschäftlichen Planung der Käuferin. Sie werden von den Parteien als wesentlicher Bestandteil der Geschäftsgrundlage der in diesem Vertrag vereinbarten Transaktion anerkannt.[4]

Schrifttum: Horn, Die Durchführung der Privatisierungsverträge (I): Vertragsmanagement zwischen öffentlichem und privatem Recht, DB 1995, 309; *Horn,* Die Durchführung der Privatisierungsverträge (II): Vertragsanwendung und Vertragsanpassung, DB 1995, 359; *Preu,* Konflikte zwischen Treuhandanstalt und Investoren aus Privatisierungsverträgen. Teil 2: Arbeitsplatzzusagen in Privatisierungsverträgen der THA, DStR 1994, 1497.

Anmerkungen

1. Sachverhalt. Es handelt sich um die Privatisierung eines regional tätigen Energieversorgungsunternehmens, das in der Rechtsform einer GmbH betrieben wird. Die Gesellschaft hat mehrere Tochterunternehmen, zu deren Aufgaben u. a. Bereiche wie Stromerzeugung/-versorgung, Erdgas- und Fernwärmeversorgung, Müllverbrennung, Wasserversorgung sowie Abwasserentsorgung gehören. Die Gesellschaft ist ein wichtiger Arbeitgeber der Region und zugleich in hohem Maße für die regionale Daseinsvorsorge auf dem Energiesektor verantwortlich. Der Verkauf der Gesellschaft erfolgt über eine Holdinggesellschaft der Kommune. Die Käuferin ihrerseits ist die Holdinggesellschaft eines börsennotierten Unternehmens mit Umsatz in Milliardenhöhe, das expansiv neue Märkte im Bereich des Strom- und (Fern-)Wärmegeschäfts erschließen will.

2. Der **Zweck eines Privatisierungsvertrages** erschöpft sich aus Sicht des hoheitlichen Anteilseigners meist nicht in der Erzielung eines möglichst hohen Kaufpreises; vielmehr sollen in der Regel auch der **Fortbestand des veräußerten Unternehmens** auf Dauer (oder doch für absehbare Zeit) gesichert und die weitere Versorgung der Bevölkerung mit den auch bisher schon von dem zu privatisierenden Unternehmen erbrachten Dienstleistungen sichergestellt werden. Die Sicherung der langfristigen Überlebensfähigkeit des Unternehmens auf Grund eines bestimmten wirtschaftlichen Konzepts ist damit der Schlüssel zum Verständnis des Vertrages (*Horn* DB 1995, 309, 310). Der öffentlichen Hand als Verkäuferin der zu veräußernden Gesellschaft ist häufig daran gelegen, der für die regionale Wirtschaft und Daseinsvorsorge exponierten Bedeutung des Unternehmens vertraglich gerecht zu werden. Aus diesem Grunde werden in Privatisierungsverträgen zu Beginn teilweise sehr ausführliche Darstellungen zur wirtschaftlichen und gesellschaftspolitischen Stellung des Unternehmens status quo ante Vertragsschluss sowie zum Zwecke der Privatisierung insgesamt aufgenommen.

Derartige Ausführungen können sich anbieten, um das Verständnis für die vertraglichen Grundlagen der Privatisierung zu stärken. Sie vermögen aber grundsätzlich nicht darüber hinwegzutäuschen, dass sich **konkrete Rechte und Pflichten** der Vertragsparteien aus ihnen **kaum ableiten** lassen. Eine allgemeine Zielklausel sollte daher soweit wie irgend möglich durch konkrete Regelungen ergänzt werden, die spezifische Investitions-, sonstige Verhaltens- oder Unterlassungspflichten enthalten. Diese Pflichten sollten so konkret gefasst werden, dass sie einer Leistungsklage und ggf. einer Absicherung durch Schadensersatzpflichten, Vertragsstrafeversprechen und ggf. Rückkaufsrechte der öffentlichen Hand zugänglich sind. In diesem Zusammenhang muss davor gewarnt werden, eine allgemeine Zielklausel so zu verstehen, als eigne sie sich generell als Auffangregel, mit der eine alle Fälle abdeckende Sicherstellung für künftiges politisches Wohlverhalten erreicht werden könnte. Vielmehr lassen sich konkrete Rechtsfolgen aus derartigen Zielklauseln nur in äußerst krassen Fällen ableiten, wenn argumentiert werden kann, die geänderte Ausrichtung des privatisierten Unternehmens lasse die Geschäftsgrundlage des Privatisierungsvertrages entfallen (Anm. 4).

3. Abs. 1.2 betont u. a. die im Privatisierungsvertrag enthaltenen Investitionsverpflichtungen, Standort- und Arbeitsplatzgarantien. Wie schon in Anm. 2 dargelegt, bedarf es genauer Prüfung, ob aus der allgemeinen Zielklausel einklagbare Rechte und Pflichten folgen. Die Zielklausel ist so gestaltet, dass bestimmte investive und wirtschaftliche Zusagen, wie etwa hinsichtlich Arbeitsplätzen und Standortwahrung, eigenständigen Klauseln vorbehalten sind *(„nach Maßgabe der nachfolgenden Bestimmungen")*. Auch soweit die Klausel in Abs. 2 S. 1 ausdrücklich von *„erwartet"* spricht, liegt hierin lediglich eine programmatische Aufforderung an die Käuferin, künftig als private Anteilseignerin verantwortungsvoll die regional hohe Bedeutung des Unternehmens für Wirtschaft, Arbeitsmarkt und Politik zu beachten. Bedeutung können solche Erwartungen im Rahmen der Bestimmung der Geschäftsgrundlage des Privatisierungsvertrages gewinnen (Anm. 4). Soweit aber Ziele der Privatisierung lediglich in Bekundung einer Erwartung oder Absicht erfolgen, folgt hieraus grundsätzlich keine Verpflichtung zur Erfüllung (so *Preu* für Arbeitsplatzzusagen in Privatisierungsverträgen, DStR 1994, 1497, 1497).

4. Abs. 3 bezweckt, die zuvor vertraglich dargestellten wirtschaftlichen Ziele und Erwartungen der Privatisierung zur **Geschäftsgrundlage des Vertrages** zu erheben. Die Klausel soll damit etwaigen Beweisproblemen vorbeugen, die bestehen könnten, sollte eine Partei lediglich einseitig subjektive Erwartungen bekunden, ohne dass diese auch als wesentliche Geschäftsgrundlage zum Inhalt des Vertrages geworden sind (vgl. hierzu Palandt/*Grüneberg* § 313 Rdnr. 3f., 43). Mit dem Bezug auf die Geschäftsgrundlage ist es in engen Grenzen möglich, Veränderungen vertragswesentlicher Umstände ohne explizite Regelung zu erfassen, wobei das Primat der Vertragsanpassung vor einem etwaigen Rücktritt gemäß § 313 Abs. 3 BGB gilt. Vorrangig ist allerdings in einer solchen Situation stets zu fragen, ob eine vertraglich gewollte Risikoverteilung eingreift, welche die nachteiligen Folgen ganz oder teilweise der einen Partei zuweist (*Horn*, DB 1995, 359, 363f.). Dies folgt aus dem allgemeinen Grundsatz, dass die Auslegung gemäß §§ 133, 157 BGB dem Institut des Fehlens der Geschäftsgrundlage vorgeht (Palandt/*Grüneberg* § 313 Rdnr. 10).

2. Standort- und Bestandsgarantie, kurze Form

Die Käuferin und die Muttergesellschaft verpflichten sich hiermit gegenüber der Verkäuferin, ihre Gesellschafterrechte in Bezug auf die Gesellschaft jederzeit in der Weise auszuüben, und garantieren hiermit der Verkäuferin jeweils im Wege eines selbständigen Garantieversprechens, dass die nachfolgende Bestands- und Standortgarantie erfüllt wird[1]:

2.1 Der (satzungsmäßige und tatsächliche) Geschäftssitz der Gesellschaft verbleibt in X-Stadt. Dies gilt auch für den Sitz der direkten und indirekten Tochter- und Beteiligungsgesellschaften der Gesellschaft, soweit diese nicht bereits bei Abschluss dieses Privatisierungsvertrages außerhalb von X-Stadt angesiedelt waren oder aus der Natur der Sache heraus (z.B. weil sie die Energieversorgung in einer anderen Stadt betreiben) außerhalb von X-Stadt angesiedelt sein müssen. Eine Verlagerung von Betrieben oder Betriebsteilen der Gesellschaft und ihrer nach den vorstehenden Sätzen in X-Stadt ansässigen Tochter- und Beteiligungsgesellschaften aus X-Stadt heraus ist nur mit vorheriger schriftlicher Zustimmung der Verkäuferin zulässig.[2]

2.2 Die Gesellschaft bleibt als eigenständiges Unternehmen und Obergesellschaft des von der Gesellschaft geführten Konzerns erhalten. Unternehmens-, Betriebsführungs- und ähnlich weitreichende Verträge, welche die Gesellschaft insgesamt oder Teile der Gesellschaft betreffen, bedürfen der vorherigen schriftlichen Zustimmung der Verkäuferin. Die vorstehenden Regelungen dieser Ziff. 3.2 gelten für direkte und indirekte Tochter- und Beteiligungsgesellschaften der Gesellschaft entsprechend, soweit die Gesellschaft einen maßgeblichen Einfluss auf die betreffenden Tochter- und Beteiligungsgesellschaften auszuüben in der Lage ist.[3]

2.3 Die Verpflichtungen aus dieser Ziff. 2 enden mit Ablauf von zehn Jahren nach dem Übertragungsstichtag.[4]

2.4 Bei Verstößen gegen ihre Verpflichtungen aus dieser Ziff. 2 verwirkt die Käuferin eine verschuldensunabhängige Vertragsstrafe in Höhe von 500.000,– EUR für jeden einzelnen Verstoß. Bei andauernden Verstößen beträgt die Vertragsstrafe 500.000,– EUR für jeden angefangenen Monat, in dem ein Verstoß gegen die Verpflichtungen aus dieser Ziff. 2 nicht beseitigt worden ist, obwohl die Käuferin von der Verkäuferin schriftlich unter Hinweis auf die Verpflichtungen aus dieser Ziff. 2

aufgefordert worden ist, einen vertragsgemäßen Zustand wieder herzustellen. Auf eine etwaige Herabsetzung der Vertragsstrafe nach § 343 BGB wird vorsorglich verzichtet.

Anmerkungen

1. Anders als die allgemeine Zielklausel (siehe dazu oben 1.) enthält die Standort- und Bestandsgarantie eine konkrete, einer Leistungsklage zugängliche vertragliche Verpflichtung der Käuferin. Der Primäranspruch ist zunächst auf entsprechende Ausübung der Gesellschafterrechte der Käuferin bei der Gesellschaft gerichtet. Das **selbständige Garantieversprechen** der Käuferin und ihrer Muttergesellschaft (es handelt sich hier um einen Vertrag sui generis gemäß § 311 Abs. 1 BGB) flankiert den Primäranspruch und stellt klar, dass die Verpflichtungen in Bezug auf die Sicherstellung des Bestandes und die Erhaltung der Gesellschaft am gegenwärtigen Standort verschuldensunabhängig ausgestaltet sein sollen.

2. Ziffer 2.1 enthält die Standortgarantie für die Gesellschaft, ihre direkten und indirekten Tochter- und Beteiligungsgesellschaften sowie die von ihnen gehaltenen Betriebe und Betriebsteile.

3. Ziffer 2.2 soll verhindern, dass das zu privatisierende Unternehmen durch **Konzernierung** „ausgehöhlt" wird, mit der Folge, dass am Standort der Gesellschaft keine relevanten Entscheidungen mehr getroffen werden. Bei vollständiger Privatisierung des betreffenden Unternehmens werden sich derartige Klauseln selten durchsetzen lassen. In diesem Fall kann es sich aber empfehlen, im Privatisierungsvertrag solche Entscheidungsbereiche festzulegen, die zumindest für einen gewissen Zeitraum (siehe Ziff. 2.3) noch vor Ort aufrecht erhalten werden müssen.

4. Ziffer 2.3 stellt klar, dass die Verpflichtungen aus der Bestands- und Standortgarantie nach Ablauf eines gewissen Zeitraums enden. Aus Sicht der öffentlichen Hand wird hier meist eine Frist akzeptabel sein, nach deren Ablauf eine Verlagerung oder grundsätzliche Einschränkung in der Öffentlichkeit nicht mehr dem Privatisierungsverfahren, sondern geänderten wirtschaftlichen Rahmenbedingungen oder sonstigen „neutralen" Ereignissen zugeschrieben wird.

5. Die **Vertragsstrafeklausel** empfiehlt sich zur Flankierung des Primärleistungsanspruchs und der Schadensersatzansprüche aus der selbständigen Garantie, da der Primärleistungsanspruch oft zu spät kommen wird (da die Verkäuferin in den Gremien der zu veräußernden Gesellschaft nicht mehr vertreten ist) und Schadensersatzansprüche darunter leiden, dass ein bezifferbarer Schaden oft nur schwer identifiziert werden kann. Das Vertragsstrafeversprechen soll hier eine abschreckende Wirkung haben; es ist nicht beabsichtigt, der Höhe nach eine den tatsächlichen wirtschaftlichen Nachteilen der Verkäuferin entsprechende Vertragsstrafe zu vereinbaren. Vielmehr soll die Käuferin dazu angehalten werden, während der Laufzeit der Bestands- und Standortgarantie keinerlei Handlungen vorzunehmen, die diese Garantien konterkarieren könnten. Um die drakonische Wirkung der Vertragsstrafe abzufedern, kann es sich empfehlen, die vorgeschlagene Regelung um eine Klausel zu ergänzen, wonach die Vertragsstrafe erst dann fällig wird, wenn der vertragsgemäße Zustand nicht innerhalb einer gewissen Frist (z.B. vier Wochen) nach Empfang eines Beanstandungsschreibens der Käuferin wieder hergestellt wird (vgl. auch das ausführliche Vertragsstrafeformular H.II.10).

3. Bestands- und Standortgarantie, ausführlich[1]

3.1   Das Betriebsgrundstück und die aufstehenden Produktions-, Lager- und Verwaltungsgebäude sind in dem als Anlage ...... beigefügten Lageplan ...... gekennzeichnet.[2]

3.2   Zum Zweck der Sicherung des Bestandes der Gesellschaft und der Aufrechterhaltung des Standortes am Betriebsgrundstück in X-Stadt garantiert die Käuferin

3. Bestands- und Standortgarantie, ausführlich H.II.3

hiermit der Verkäuferin, dass sie mindestens bis zum ...... (nachfolgend die „Bestandschutzfrist")[3]

3.2.1 die Gesellschaft als selbstständiges Unternehmen in Übereinstimmung mit den §§ 3.3 und 3.4 und den Geschäftsbetrieb der Gesellschaft wenigstens im gleichen Umfang wie am Stichtag auf dem Betriebsgrundstück in Übereinstimmung mit § 3.4.) fortführt; und

3.2.2 über sämtliche zur Gewährleistung der Fortführung der Gesellschaft und des Geschäftsbetriebes in dem in lit. a) genannten Umfang erforderlichen Ressourcen verfügt, insbesondere über die notwendigen finanziellen Mittel einschließlich etwa erforderlichen weiteren Eigenkapitals, und diese Ressourcen in dem jeweils erforderlichen Umfang zugunsten der Gesellschaft einsetzen wird
(nachfolgend die „Bestandsgarantie"). Über die Bestandsgarantie hinaus beabsichtigt die Käuferin, den Geschäftsbetrieb der Gesellschaft auch nach dem Ablauf der Bestandsschutzfrist auf dem Betriebsgrundstück fortzuführen, sofern sie nicht aus dringenden betrieblichen oder marktbedingten Gründen anderweitig disponieren muss.

3.3 Eine Fortführung der Gesellschaft als selbständiges Unternehmen i. S. d. Ziff. 3.2.1 liegt im Sinne dieses Vertrages nur dann vor, wenn[4]

3.3.1 die Gesellschaft als selbständige Kapital- oder Personenhandelsgesellschaft fortbesteht;

3.3.2 der satzungsmäßige Sitz der Gesellschaft für die Dauer ihres Bestehens in X-Stadt erhalten bleibt und die Satzung der Gesellschaft insoweit nicht geändert wird;

3.3.3 der tatsächliche Verwaltungssitz mit allen wesentlichen Unternehmensfunktionen und die Geschäftsleitung der Gesellschaft für die Dauer ihres Bestehens in X-Stadt erhalten bleiben;

[3.3.4 *sofern erforderlich, weitere Bedingungen*].

3.4 Eine Fortführung der Gesellschaft als selbständiges Unternehmen sowie des Geschäftsbetriebes der Gesellschaft auf dem Betriebsgrundstück i. S. d. vorstehenden Abs. 2 lit. a) liegt insbesondere dann nicht vor, wenn vor dem Ablauf der Bestandsschutzfrist – entscheidend ist der Abschluss des schuldrechtlichen Geschäfts –[5]

3.4.1 das Betriebsgrundstück und/oder die aufstehenden Gebäude und baulichen Anlagen ganz oder zum Teil an Dritte verkauft, übertragen oder mit einem Erbbaurecht belastet oder im Wege eines langfristigen Miet- oder Pachtvertrages oder eines sonstigen Nutzungsverhältnisses Dritten überlassen wird, es sei denn, es liegt eine nach § 3.7 zulässige Verwertung von Teilen des Betriebsgrundstückes und/oder aufstehender Gebäude und Anlagen vor; langfristig in diesem Sinne ist jede Nutzungsüberlassung, die allein oder zusammen mit anderen Nutzungsüberlassungen eine Zeitdauer von sechs Monaten überschreitet; oder

3.4.2 wesentliche Betriebsgrundlagen der Gesellschaft wie die wesentlichen Gegenstände des Sachanlagevermögens der Gesellschaft (wie z.B. ......, ... und ......) an Dritte verkauft oder auf Dritte übertragen werden oder ihre Nutzung Dritten überlassen wird, es sei denn, dies geschähe im gewöhnlichen Geschäftsverlauf und gegen angemessenen Ersatz der veräußerten oder sonst überlassenen wesentlichen Betriebsgrundlagen; oder

3.4.3 der Geschäftsbetrieb der Gesellschaft gegenüber dem von der Gesellschaft am Stichtag betriebenen Umfang ganz oder zum Teil reduziert, eingestellt oder von dem Betriebsgrundstück an einen anderen Ort verlegt wird; unerheblich sind Schwankungen im gewöhnlichen Geschäftsverlauf; oder

3.4.4 die Geschäftsanteile an der Gesellschaft oder Teile hiervon an Dritte verkauft, veräußert, übertragen oder belastet oder Dritten auf sonstige Weise (insbesondere im Wege der Kapitalerhöhung) Stimmrechte oder Kapitalanteile an der Gesellschaft verschafft werden, es sei denn, es läge ein in Übereinstimmung mit § ......[6] zulässiger Vorgang mit Zustimmung der Verkäuferin vor; oder

3.4.5 andere Gestaltungen gewählt werden oder eintreten, die den in §§ 3.4.1 bis 3.4.4 beschriebenen Gestaltungen im Hinblick auf die Vereitelung oder Beeinträchtigung des mit der Bestandsgarantie von der Verkäuferin verfolgten Zieles wirtschaftlich gleichwertig sind.

3.5 Stellt die Verkäuferin eine Verletzung der Bestandsgarantie fest, so teilt sie dies der Käuferin schriftlich mit, verbunden mit der Aufforderung, die Verletzung innerhalb angemessener Frist, spätestens jedoch innerhalb von vier Wochen nach Empfang des Mitteilungsschreibens, zu beheben. Macht die Käuferin die Verletzung der Bestandsgarantie innerhalb des vorgenannten Zeitraums nicht rückgängig und weist dies der Verkäuferin nicht nach, so ist die Verkäuferin berechtigt, nach ihrer Wahl entweder die in § ......[7] bedungene Vertragsstrafe zu fordern oder von dem in § 3.6 Satz 1 bezeichneten Ankaufsrecht hinsichtlich des Betriebsgrundstückes Gebrauch zu machen, wobei (i) die Auswahl durch schriftliche Erklärung der Verkäuferin gegenüber der Käuferin zu treffen ist und (ii) das bezeichnete Ankaufsrecht nur ausgeübt werden darf, wenn eine schwerwiegende Verletzung der Bestandsgarantie (wie z.B. bei Schließung oder Verlegung des Geschäftsbetriebs oder bei einer so weitgehenden Reduzierung des Geschäftsbetriebes, dass diese im Hinblick auf die von der Verkäuferin mit der Bestandsgarantie verfolgten Zwecke einer Schließung oder Verlegung des Geschäftsbetriebes gleichkommt) vorliegt.[8]

3.6 Bei jeder schwerwiegenden Verletzung der Bestandsgarantie i. S. v. § 3.5 ist die Verkäuferin berechtigt, von der Gesellschaft unverzüglich den Abschluss eines Grundstückskauf- und Übertragungsvertrages über das Betriebsgrundstück im Wesentlichen in der Form des als Anlage ...... beigefügten Vertrages zu verlangen (das „Ankaufsrecht").[9] Macht die Verkäuferin von ihrem Ankaufsrecht Gebrauch, so erlischt der Erfüllungsanspruch der Verkäuferin auf Einhaltung der Bestandsgarantie im Hinblick auf die durch die Ausübung des Ankaufsrechts sanktionierte Verletzung derselben. Wenn die Verkäuferin bei einer schwerwiegenden Verletzung der Bestandsgarantie Zahlung der Vertragsstrafe wählt und daraufhin Zahlung an sie erfolgt, so ist bei einem weiteren schwerwiegenden Verstoß (im vorgenannten Sinne) gleichwohl die Ausübung des Ankaufsrechts zulässig. Auch in diesem Fall ist die Verkäuferin berechtigt, anstelle der Ausübung des Ankaufsrechts die Vertragsstrafe gemäß § ......[7] zu verlangen.

3.7 Unbeschadet der §§ 3.2 und 3.4.1 ist die Gesellschaft berechtigt, auch vor Ablauf der Bestandsschutzfrist Teile des Betriebsgrundstückes und seiner wesentlichen Bestandteile durch Vermietung oder Verpachtung an Dritte zu verwerten, wenn und soweit

a) die betreffenden Teile des Betriebsgrundstückes einschließlich der zugehörigen wesentlichen Bestandteile für den von der Gesellschaft betriebenen Geschäftsbetrieb nicht betriebsnotwendig sind und sichergestellt ist, dass das Betriebsgrundstück seinen gegenwärtigen, überwiegend durch ...... geprägten Charakter nicht verliert;

b) der von der Gesellschaft unterhaltene Geschäftsbetrieb durch die Räumung der betreffenden Teile des Betriebsgrundstückes einschließlich der zugehörigen wesentlichen Bestandteile weder finanziell noch organisatorisch wesentlich belastet wird; und

c) sichergestellt ist, dass der von der Gesellschaft erzielte Erlös (Miete oder Pacht) aus der Verwertung der betreffenden Teile des Betriebsgrundstückes einschließlich der zugehörigen wesentlichen Bestandteile während der Dauer der Bestandsgarantie vollumfänglich dem von der Gesellschaft betriebenen Geschäft zur Stärkung der Eigenkapitalbasis (z.B. durch Erhöhung des Nennkapitals der Gesellschaft, Bildung von Rücklagen oder Gewährung von nachrangigen Gesellschafterdarlehen) zugeführt wird.

3.8 Die vorstehenden Vorschriften gelten sinngemäß, wenn die Käuferin während des Laufs der Bestandsgarantie gesellschaftsrechtliche oder andere Restrukturierungsmaßnahmen durchführt; § 3.3 bleibt unberührt.

Anmerkungen

1. Sachverhalt. Es handelt sich um die Privatisierung eines in wirtschaftlichen Schwierigkeiten befindlichen Unternehmens. Der Geschäftsbetrieb der Gesellschaft befindet sich auf einem hochwertigen Betriebsgrundstück, das einen nicht unwesentlichen Teil des Vermögens der Gesellschaft ausmacht. Die Käuferin ist ein im Wettbewerb zur Gesellschaft stehendes Unternehmen mit eigenen Betriebsstätten, wohin die Produktion der zu privatisierenden Gesellschaft ohne Weiteres verlegt werden könnte. Die Klausel bezweckt den Erhalt der Gesellschaft als eigenständiges Unternehmen sowie die Absicherung des lokalen Standortes zumindest für einen absehbaren Zeitraum. Es soll gewährleistet werden, dass der Geschäftsbetrieb des Unternehmens jedenfalls während der Bestandsschutzfrist weiterhin auf dem vorhandenen Betriebsgrundstück fortgeführt wird. Insbesondere soll eine Verlagerung der Produktion auf einen anderen Betrieb der Käuferin verhindert werden. Die Klausel geht hierbei zudem auf die vertragliche Besonderheit ein, dass eine vollständige oder teilweise Verwertung des hochwertigen Betriebsgrundstücks nach Erwerb des Unternehmens ausgeschlossen sein soll. Neben einer Standortabsicherung soll damit zugleich verhindert werden, dass der Kaufpreis durch eine (teilweise) Veräußerung des hochwertigen Grundstücks refinanziert oder das Grundstück zu sonstigen Zwecken einem unbekannten Dritten zugeführt wird.

2. Eine Bezugnahme auf die örtlichen Lageverhältnisse in den Anlagen zum Privatisierungsvertrag ist sinnvoll, um hierdurch vertraglich abzusichern, welche Grundstücksflächen, Gebäude und Anlagen zum vertraglich definierten Betriebsgrundstück gehören sollen. Für den Fall, dass mehrere Grundstücke betroffen sind, könnte alternativ auf den Begriff „Betriebsflächen" zurückgriffen werden.

3. Der in § 3.2 normierte **Bestandsschutz** bewirkt eine doppelte Absicherung: Zum einen besteht nach § 3.2.1 die Verpflichtung, das Unternehmen als selbständige Einheit zu erhalten. Diese Pflicht wird wiederum durch die §§ 3.3 und 3.4 konkretisiert (hierzu sogleich). Zum anderen garantiert die Käuferin darüber hinaus gemäß § 3.2.2, dass sie finanziell in der Lage ist, die dauerhafte Fortführung der Gesellschaft und des Geschäftsbetriebs zu gewährleisten. Insbesondere folgt hieraus die Pflicht, der Gesellschaft im Bedarfsfalle frisches Kapital zuzuführen und damit das Unternehmen auch dann erhalten zu können, wenn die Gesellschaft auf Grund einer wirtschaftlichen Krise zu einer eigenständigen Fortführung nicht oder nicht mehr vollständig in der Lage ist.

4. Die §§ 3.3.1 bis 3.3.3 normieren die **Mindestanforderungen**, die **für die Bestandserhaltung** eines Unternehmens an einem bestimmten Standort zu erfüllen sind. Im Bedarfsfalle können hier weitere Kriterien angeführt werden. Nach § 3.3.1 ist das Unternehmen als selbständige Kapital- oder Personengesellschaft aufrecht zu erhalten. Das verbietet z. B. nicht den Wechsel der Rechtsform, bspw. durch Maßnahmen nach dem UmwG, verlangt jedoch bei Durchführung von Umstrukturierungsmaßnahmen die Wahrung einer selbständigen Unternehmenseinheit. §§ 3.3.2 und 3.3.3 sichern ab, dass sowohl der satzungsmäßige Sitz der Gesellschaft wie auch die tatsächliche Unternehmensleitung am bisherigen Sitz des Unternehmens verbleiben.

5. Die Bestimmung in § 3.4 dient im besonderen Maße der **Erhaltung des Unternehmensstandortes auf dem bisherigen Betriebsgrundstück** und beugt der Gefahr vor, dass die Käuferin das hochwertige Grundstück nach Durchführung der Privatisierung wirtschaftlich anderweitig als zur Betriebsfortführung verwertet. Dabei legt § 3.4 umfassend „negative" Tatbestandsmerkmale fest, bei deren Vorliegen eine Fortführung des Unternehmens als nicht mehr gegeben anzusehen ist. Unzulässig ist zunächst nach § 3.4.1 eine irgendwie geartete Veräußerung oder sonstige Verwertung des Grundstücks sowie aufstehender Gebäude und Anlagen. Dabei sind auch solche Abreden unzulässig, mit denen Dritten langfristig schuldrechtliche Nutzungsrechte eingeräumt werden, da solche Abreden ebenfalls die Fortführung des Geschäftsbetriebs auf dem Betriebsgrundstück gefährden können. § 3.4.2 regelt dies in vergleichbarer Weise für die für den Geschäftsbetrieb wesentlichen Betriebsgrundlagen, gestattet jedoch ausnahmsweise solche Vorgänge, die zum gewöhnlichen Geschäftsverlauf gehören und zu marktüblichen Konditionen vorgenommen werden. Ebenfalls unzulässig ist nach § 3.4.3 eine Einstellung, Reduktion oder Verlagerung des Geschäftsbetriebs.

6. § 3.4.4 nimmt Bezug auf das in der Haltefristklausel (Form. H.II.8) festgelegte schuldrechtliche **Veräußerungs- und Belastungsverbot.** Der Grund, dass hier erneut auf die Unzulässigkeit von Anteilsveräußerungen und -belastungen ohne Zustimmung der Verkäuferin verwiesen wird, liegt in der besonderen Rechtsfolge, die ein Verstoß gegen die Bestandsgarantie in dem Klauselbeispiel mit sich bringt. Der alleinige Verstoß gegen die Haltefristbestimmungen der separat dargestellten Haltefristklausel (vgl. hierzu Anm. 7 zu Form. H.II.8) würde die Verkäuferin lediglich dazu berechtigen, eine Vertragsstrafe von der Verkäuferin zu verlangen. Die Bestandsschutzklausel sieht in dem Fallbeispiel allerdings als zusätzliche Rechtsfolge die Möglichkeit vor, im Falle einer schwerwiegenden Verletzung der Bestandsgarantie das Betriebsgrundstück durch die öffentliche Hand zurückzuerwerben. Das Ankaufsrecht bezweckt in besonderem Maße den Schutz des Unternehmensstandortes. Diese mögliche Rechtsfolge soll der Verkäuferin im Klauselbeispiel daher auch im Falle eines Verstoßes gegen die Haltefristbestimmungen zustehen, weshalb hierzu eine Bezugnahme auf die Haltefristklausel erfolgt.

7. Hinsichtlich der Vertragsstraferegelung ist auf die ausführliche Vertragsstrafeklausel unter Form. H.II.10 zu verweisen.

8. Das **Ankaufsrecht** soll der hoheitlichen Verkäuferin nur zustehen, wenn gravierende Verletzungen der Bestandsschutzbestimmungen vorliegen. Es muss also eine merkliche Gefährdung der Fortführung des Geschäftsbetriebs zu befürchten sein, die in ihren Auswirkungen einer Schließung oder Stilllegung des Geschäftsbetriebs jedenfalls nahe kommen muss.

9. Auf eine Darstellung der Detailbestimmungen eines Ankaufsrechts wird hier aus Platzgründen verzichtet. Da das Ankaufsrecht eine alternative Sanktionierung gegenüber der Vertragsstrafe darstellt, sollte das Ankaufsrecht jedoch so gestaltet sein, dass so auch eine der Vertragsstrafe vergleichbare, ggf. sogar erhöhte Drohwirkung entfaltet. Zum einen bedeutet dies, dass der Kaufpreis so (niedrig) bemessen sein sollte, dass der private Investor es von vornherein nicht zu einer Ausübung des Ankaufsrechts durch die öffentliche Hand kommen lassen will, mithin die Pflichten zur Erhaltung des Unternehmensstandorts auch vertragsgemäß erfüllt. Zum anderen muss darauf geachtet werden, dass das Ankaufsrecht weitgehend „self-executing" ausgestaltet sein sollte. Daher sollten die einzelnen Bestimmungen des Ankaufsrechts möglichst genau festgelegt werden, um nicht im Falle des Verstoßes gegen die Standortklausel langwierigere Auseinandersetzungen führen zu müssen, wann und zu welchen Konditionen das Ankaufsrecht tatsächlich ausgeübt werden darf.

4. Investitionen zur Erhaltung der Versorgungs- und Servicestandards[1]

4.1 Die Käuferin und die Muttergesellschaft garantieren jeweils im Wege eines selbständigen Garantieversprechens, dass die Käuferin das sich aus Anlage ......[2] ergebende Investitionsprogramm für bauliche Maßnahmen durchführt. Die Käuferin und die Muttergesellschaft garantieren insbesondere, dass der Krankenhausgesellschaft innerhalb von zehn Jahren seit dem Übertragungstag mindestens ...... EUR für bauliche Maßnahmen zugeführt werden[3] (jedwede Zuschüsse aus öffentlicher Hand sowie Aufwendungen für Maßnahmen nach § 4.2 werden nicht angerechnet). Die Käuferin und die Muttergesellschaft garantieren ferner, dass die Käuferin der Krankenhausgesellschaft innerhalb von drei Jahren seit dem Übertragungstag mindestens 40% dieses Betrages zuführen wird.

4.2 Über das Investitionsprogramm hinaus garantieren die Käuferin und die Muttergesellschaft jeweils im Wege eines selbständigen Garantieversprechens, dass die Krankenhausgesellschaft innerhalb von zehn Jahren seit dem Übertragungstag in jedem Kalenderjahr (für das Übertragungsjahr pro rata temporis) (i) mindestens 1,5% (in den ersten drei Jahren 2,0%) der Netto-Umsatzerlöse der Krankenhausgesellschaft für bauliche Instandhaltungsmaßnahmen in den Klinikgebäuden nach Maßgabe des in Anlage ...... beigefügten Instandhaltungsplans verwendet und (ii) mindestens 1,5% der Netto-Umsatzerlöse der Krankenhausgesellschaft für Investitionen in Ausstattungen und Einrichtungen sowie medizinisches Gerät und IT-Infrastruktur in den Klinikgebäuden aufgebracht werden. Nach Ablauf des in Satz 1 genannten Zeitraumes wird die Krankenhausgesellschaft mindestens diejenigen Beträge aufwenden, die ein gewissenhafter Klinikbetreiber in vergleichbaren Fällen aufwenden würde.

4.3 Soweit die Krankenhausgesellschaft die zur Durchführung des Investitionsprogramms nach § 4.1 und/oder für Maßnahmen nach § 4.2 erforderlichen Mittel nicht selbst aufbringen kann, werden die Käuferin und erforderlichenfalls die Muttergesellschaft der Käuferin die erforderlichen Mittel zur Verfügung stellen.

4.4 Die Durchführung des Investitionsprogramms nach § 4.1 sowie der Maßnahmen nach § 4.2 ist der Verkäuferin für jedes Geschäftsjahr der Käuferin spätestens ...... Monate nach Ablauf des Geschäftsjahres nachzuweisen.[4]

4.5 Hat die Käuferin eine der vorgenannten Investitionsverpflichtungen gem. §§ 4.1 und 4.2 bei Ablauf der jeweiligen Frist nicht oder nicht vollständig erfüllt, so kann die Verkäuferin unter Setzung einer angemessenen Nachfrist die Käuferin mahnen und nach fruchtlosem Ablauf der Nachfrist von der Käuferin verlangen, dass diese ......%[5] des jeweils ausstehenden Betrages in bar als Vertragsstrafe an die Verkäuferin zahlt; der Erfüllungsanspruch bleibt neben diesem Anspruch bestehen. Des Nachweises eines Verschuldens bedarf es nicht.[6]

Schrifttum: Preu, Konflikte zwischen Treuhandanstalt und Investoren aus Privatisierungsverträgen. Teil 3: Investitionszusagen in Privatisierungsverträgen der THA, DStR 1994, 1777; *Wächter/Kaiser/Krause*, Klauseln in Unternehmenskaufverträgen mit der Treuhandanstalt, Teil I WM 1992, 293; *Messerschmidt*, Investitions- und Beschäftigungsgarantien in Treuhand- und Privatisierungsverträgen, WiB 1994, 377; *Weimar*, Haftungsrisiken aus Investitions- und Beschäftigungsgarantien bei privatisierten Unternehmen, DStR 1993, 63.

Anmerkungen

1. Sachverhalt: Es handelt sich um die Privatisierung einer Krankenhausgesellschaft, die mehrere Kliniken betreibt. Die Veräußerung erfolgt an eine private Käuferin, die Tochtergesellschaft eines größeren Unternehmens ist, das bundesweit privat Krankenhäuser betreibt (im Klauselbeispiel als „Muttergesellschaft" bezeichnet). Die Käuferin soll nach Durchführung der Privatisierung umfangreichere bauliche Investitionen tätigen, um die Gebäude der Kliniken zeitgemäß in Stand zu setzen. Schwerpunktmäßig sollen die erforderlichen Finanzmittel in den ersten drei Jahren aufgebracht werden, um einen raschen Sanierungseffekt zu erzielen. Neben konkreten baulichen Investitionsvorhaben sollen zugleich über einen längeren Zeitraum (hier 10 Jahre) garantierte prozentuale Anteile der erwirtschafteten Netto-Umsatzerlöse der dann privatisierten Krankenhausgesellschaft zur Aufrechterhaltung der Versorgungs- und Servicestandards in die Kliniken fließen. Um die vorgenannten Investitionsverpflichtungen abzusichern, verpflichtet sich die finanzkräftige Muttergesellschaft im Privatisierungsvertrag ihrerseits zur Erfüllung der garantierten Investitionszusagen.

2. Was **Inhalt der Investitionsverpflichtung** ist, bestimmt sich vorrangig nach dem Vertragstext. Es empfiehlt sich daher und entspricht üblicher Vertragspraxis, auf eine Beschreibung der konkreten Vorhaben in Anlagen Bezug zu nehmen (*Preu* DStR 1999, 1777). Den einzelnen Investitionsgütern sollte im Investitionsprogramm bestimmte Werte zugemessen werden, die in der Summe das geplante Gesamtinvestitionsvolumen ergeben. Andererseits sollte die Investitionsverpflichtung im Vertrag nicht zu stark untergliedert und spezifiziert werden, da sich im Rahmen der konkreten Umsetzung der Investition regelmäßig Verschiebungen ergeben, an deren Kontrolle oder gar Verhinderung die Verkäuferin meist kein Interesse hat. Es kann erforderlich werden, im Rahmen der Definitionen den **Begriff der „Investition"** als solchen näher zu erläutern, da es einen allgemeinverbindlichen Begriff von Investitionen nicht gibt (*Wächter/Krause* WM 1992, 293, 300). Meist wird man dabei auf die Beschaffung bestimmter Investitionsgüter abstellen, wie etwa Maschinen und Anlagen des Anlagevermögens, die über einen gewissen Mindestzeitraum abgeschrieben werden; in bestimmten Situationen kommen auch Investitionen in immaterielle Wirtschaftsgüter (z. B. IT-Programme, Patente, Lizenzen und dergleichen) in Betracht. Der Vertrag könnte auch die alleinige Bereitstellung von Finanzmitteln statuieren, wobei dies keine Investition im eigentlichen Sinne darstellt. Besteht dagegen die Verpflichtung darin, in das Unternehmen in bestimmtem Finanzumfang *„zu investieren"*, wird die Investitionszusage erst mit Verwendung für einen investiven Zweck erfüllt (*Preu* DStR 1994, 1777, 1779).

3. Indem klargestellt wird, dass die Käuferin die Mittel für die Investitionen der Gesellschaft aus Eigenmitteln *„zuführen"* muss, werden Streitigkeiten vermieden, ob auch eine **interne Investitionsfinanzierung** als ausreichend anerkannt werden muss (vgl. *Preu* DStR 1994, 1777, 1779). Sollte eine vertragliche Regelung fehlen, wird im Zweifel auch eine interne Finanzierung für zulässig gehalten (so *Preu* ebd. m.w.N. in Fn. 14). Daher ist eine eindeutige vertragliche Regelung zu schaffen, will die öffentliche Hand einer solchen Finanzierungsmethode des privaten Investors entgegenwirken.

4. Sofern dies erforderlich erscheint, bietet es sich an, an dieser Stelle nähere Bestimmungen hinsichtlich des **Nachweises** der Durchführung der zugesagten Investitionen aufzunehmen (bspw. Vorlage des geprüften Jahresabschlusses der Krankenhausgesellschaft, ferner Einsichtnahme in Unterlagen wie Geschäftsbücher, Kontoauszüge; Durchführung von Kontrollen, etc.). Im Rahmen des Vertragscontrollings von Privatisierungen seitens der Treuhandanstalt wurde folgende Formulierung vorgeschlagen: „Die Treuhandanstalt kann Einsichtnahme in die Geschäftsbücher, Testat eines Wirtschaftsprüfers oder sonstige Maßnahmen verlangen." (*Weimar* DStR 1993, 63).

5. Die Höhe der Pönale ist das Ergebnis der konkreten Vertragsverhandlungen. Soweit die Klausel insoweit der AGB-Kontrolle der §§ 307 ff. BGB unterliegen sollte, wird insbesondere bei größeren Investitionsvolumina die kritische Grenze bei 50 bis 80 % des vorgesehenen Investitionsvolumens gesehen, da diesen Beträgen, sofern sie als Vertragsstrafe gezahlt werden, keinerlei Gegenleistungen gegenüber stehen (*Preu* DStR 1194, 1782; s. zum Ganzen auch *Messerschmidt* WiB 1994, 377, 379).

6. Bei der Aufnahme einer verschuldensunabhängigen **Vertragsstrafe** ist Vorsicht geboten, ob diese auch **durchgesetzt werden kann**. Neben der Herabsetzungsmöglichkeit aus § 343 Abs. 1 S. 1 BGB (die allerdings nicht gegenüber Vollkaufleuten gilt, vgl. §§ 348, 351 HGB), besteht insbesondere bei Privatisierungen im Rahmen größerer Sanierungsprojekte die Gefahr, dass die Regelungen des Privatisierungsvertrages einschließlich der Vertragsstrafeklausel als **Allgemeine Geschäftsbedingungen** (AGB) zu qualifizieren sind. Sollte der Vertrag insoweit wegen der Unternehmereigenschaft der Käuferin nach § 310 Abs. 1 Satz 1 BGB nur der eingeschränkten Klauselkontrolle unterliegen, so strahlt das Klauselverbot des § 309 Nr. 6 BGB dergestalt auf die allgemeine Inhaltskontrolle nach § 307 Abs. 2 BGB ab, dass das Verschuldenserfordernis nur dann abbedungen werden kann, wenn hierfür bei dem betreffenden Vertragstyp gewichtige Gründe vorliegen. Dies soll etwa beim Verkauf von Unternehmen der

Treuhand mit entsprechenden Investitions- oder Arbeitsplatzgarantien zu bejahen gewesen sein (vgl. Palandt/*Grüneberg* § 309 Rdnr. 39). Wie dies für strafbewehrte Investitionszusagen bei Privatisierungen außerhalb der Treuhandveräußerungen zu sehen ist, ist bislang nicht geklärt. Jedenfalls dann, wenn dem Unternehmensverkauf ein vergleichbarer Sanierungs- und Investitionszweck zu Grunde liegt, dürfte die Parallele zu den Treuhandveräußerungen nahe liegen. Allerdings wird häufig ohnehin bereits kein Anwendungsfall der AGB-Inhaltskontrolle vorliegen, wenn es sich bei der Investitions- bzw. Arbeitsplatzzusage um ein individuell ausgehandeltes Vertragswerk handelt (vgl. hierzu *Messerschmidt* WiB 1994, 380; OLG Düsseldorf VIZ 1997, 437 ff.). Sollte es sich damit nicht um AGB handeln, ist aber die Vereinbarung einer verschuldensunabhängigen Vertragsstrafe, ähnlich einem Garantieversprechen, grundsätzlich möglich (Palandt/*Grüneberg* § 339 Rdnr. 15).

5. Verpflichtung zur Erhaltung bestehender und Schaffung neuer Arbeitsplätze mit Sanktionen (harte Arbeitsplatzklausel)[1]

5.1 Die Gesellschaft beschäftigt per ...... insgesamt ...... Arbeitnehmer und Arbeitnehmerinnen (die „Arbeitnehmer"). Diese Arbeitnehmer sind in der Anlage ...... namentlich aufgeführt (die „Beschäftigten Arbeitnehmer").

5.2 Die Käuferin garantiert der Verkäuferin im Wege eines selbständigen Garantieversprechens, dass die Gesellschaft für einen Zeitraum von ...... Jahren ab dem Übertragungstag auf betriebsbedingte Kündigungen, einschließlich betriebsbedingter Änderungskündigungen der Arbeitsverhältnisse der Beschäftigten Arbeitnehmer verzichten wird (die „Beschäftigungsgarantie").[2] Dieser § 5.2 gilt nicht zu Gunsten solcher Beschäftigter Arbeitnehmer, die einem gesetzlichen Übergang ihres Arbeitsverhältnisses gemäß § 613a Abs. 1 S. 1 BGB auf ein mit der Gesellschaft verbundenes Unternehmen widersprechen. Insoweit bleibt es bei den gesetzlichen Regelungen. Die Käuferin stellt sicher, dass die Gesellschaft innerhalb von ...... Wochen nach dem Übertragungstag gegenüber den Beschäftigten Arbeitnehmern, soweit diese nach dem Voranstehenden begünstigt werden sollen, jeweils durch Abgabe der als Anlage ...... beigefügten individuellen schriftlichen Erklärung auf ihr Recht zum Ausspruch betriebsbedingter Änderungs- und Beendigungskündigungen nach Maßgabe dieses § 5.2 verzichtet[3]. Innerhalb weiterer ...... Wochen wird die Käuferin der Verkäuferin schriftlich bestätigen, dass die Gesellschaft die schriftlichen Verzichtserklärungen ordnungsgemäß abgegeben hat.

5.3 Des Weiteren garantiert die Käuferin der Verkäuferin im Wege eines selbständigen Garantieversprechens, dass die Gesellschaft bis zum Ende des Kalenderjahres ...... mindestens ...... neue, unbefristete Vollzeitstellen in den Bereichen ......, ... und ...... zu den bei der Gesellschaft üblichen Konditionen schafft (die „Neuarbeitsplatzgarantie") und sich nach besten Kräften bemüht, eine entsprechende Anzahl von Arbeitnehmern unbefristet einzustellen (die „Einstellungsbemühungen"). Sollten die Einstellungsbemühungen nicht bis zum Ende des Kalenderjahres dazu geführt haben, dass die ...... neuen, unbefristeten Vollzeitstellen sämtlich besetzt sind, so ist die Käuferin berechtigt, der Verkäuferin gegenüber den Nachweis zu erbringen, dass die Einstellungsbemühungen trotz Schaffung der Neuarbeitsplätze ohne ihr Verschulden nicht erfolgreich waren. Dieser Nachweis gilt nur dann als erbracht, wenn durch Vorlage geeigneter Dokumente die Schaltung von mindestens zehn Inseraten in regionalen und überregionalen Tageszeitungen, die erfolglose Inanspruchnahme der Vermittlungsleistungen der zuständigen Agentur für Arbeit oder die fehlende Geeignetheit der Bewerber belegt wird.[4]

5.4 Die Käuferin ist verpflichtet, der Verkäuferin ohne Nachweis eines Verschuldens (i) im Falle eines Verstoßes gegen die Beschäftigungsgarantie für jedes unter Verstoß gegen die Beschäftigungsgarantie gekündigte Arbeitsverhältnis eine Vertragsstrafe von ...... EUR pro Monat,(ii) im Falle eines Verstoßes gegen die Neuarbeitsplatzgarantie für jede fehlende Vollzeitstelle eine Vertragsstrafe von ...... EUR pro Monat und (iii) im Falle der nicht nachvollziehbar nachgewiesenen, erfolglosen Einstellungsbemühungen für jede unterbliebene Einstellung eine Vertragsstrafe von ...... EUR pro Monat zu zahlen. Die vorgenannten Vertragsstrafen sind für jeden Monat des Verstoßes gegen die Beschäftigungsgarantie, die Neuarbeitsplatzgarantie bzw. die Einstellungsbemühungen zu zahlen, beginnend mit dem Übertragungstag (im Falle der Beschäftigungsgarantie) bzw. dem 1. Januar ...... (im Falle der Neuarbeitsplatzgarantie und der Einstellungsbemühungen), längstens jedoch bis zum 31. 12. ......

Schrifttum: Hohenstatt/Schramm, Vertragsregelungen beim Unternehmenskauf als Zusagen zu Gunsten der Belegschaft, NZA 2006, 251; *Messerschmidt*, Investitions- und Beschäftigungsgarantien in Treuhand- und Privatisierungsverträgen, WiB 1994, 377; *Preu*, Konflikte zwischen Treuhandanstalt und Investoren aus Privatisierungsverträgen. Teil 2: Arbeitsplatzzusagen in Privatisierungsverträgen der THA, DStR 1994, 1497; *Weimar*, Haftungsrisiken aus Investitions- und Beschäftigungsgarantien bei privatisierten Unternehmen, DStR 1993, 63.

Anmerkungen

1. Sachverhalt. Siehe zunächst Anm. 1 zu Form. H. II.1; die Veräußerung erfolgt durch separaten Abschluss des Anteilskaufvertrages („Signing") und späteren dinglichen Vollzug („Closing", hier als „Übertragungstag" bezeichnet). Die Gesellschaft beschäftigt einige hundert Arbeitnehmer. Der Verkauf an die private Käuferin soll nur unter der Bedingung erfolgen, dass die Beschäftigung der Arbeitnehmer der Gesellschaft längerfristig gesichert ist. Um dies zu erreichen, soll insbesondere vermieden werden, dass im Rahmen von Restrukturierungsmaßnahmen nach Durchführung der Privatisierung betriebsbedingte Kündigungen zu Lasten der Belegschaft ausgesprochen werden können. Des Weiteren soll eine gewisse Anzahl von neuen Arbeitsplätzen am Unternehmensstandort der Gesellschaft geschaffen werden, um den lokalen Arbeitsmarkt zu unterstützen.

2. Ist der öffentlichen Hand im Rahmen einer **Beschäftigungszusage** lediglich daran gelegen, dass das Unternehmen weiter eine bestimmte Mindestanzahl von Arbeitnehmern beschäftigt, so kann dies vertraglich dergestalt geregelt werden, dass die Käuferin vertraglich allein zusichert, eine bestimmte Anzahl von Arbeitsplätzen im Unternehmen zu erhalten. Dies entsprach einer verbreiteten Klauselpraxis im Rahmen von Privatisierungen der Treuhandanstalt (Klauselbeispiele bei *Preu* DStR 1994, 1497, 1498 ff.). Bei der bloßen Absicherung von Mindestarbeitsplätzen stellt sich aber die Frage, wie das Schicksal der im Zeitpunkt des Vertragsschlusses bereits angestellten Arbeitnehmer des Unternehmens zu bewerten ist. Das **Recht zu personen- und verhaltensbedingten Kündigungen** bleibt durch Arbeitsplatzzusagen nämlich grundsätzlich unberührt (*Preu* DStR 1994, 1498 m. w. N. in Fn. 12).

Umstritten ist allerdings, inwieweit bei derartigen Zusagen binnenorganisatorische Veränderungen das **Recht zu betriebsbedingten Kündigungen** eröffnen. Betriebsbedingte Kündigungen im Rahmen von Restrukturierungen könnten ggf. als Mittel eingesetzt werden, in größerem Maße den bereits vorhandenen Mitarbeiterstamm zu dezimieren, was in der Regel nicht im Interesse des veräußernden hoheitlichen Anteilseigners liegt. Im Rahmen der Treuhandprivatisierungsverträge wurde mit Blick auf eine vermeintlich nicht beabsichtigte Einschränkung der wirtschaftlichen Freiheit des Unternehmers vereinzelt vertreten, betriebsbedingte Kündigungen seien durch allgemein gehaltene Beschäftigungszusagen nicht ausgeschlossen, da eine Arbeitsplatzzusage nicht dem Schutz konkreter Arbeitsverhältnisse diene (vgl. *Preu*, aaO.). Nach anderer Auffassung (*Weimar* DStR 1993, 63, 66) sollen betriebsbedingte Kündigungen bereits auf Grund allgemeiner Beschäftigungszusagen ausgeschlossen sein, da der private Käufer die Anzahl der Beschäftigten kenne und seine Strukturmaßnahmen hierauf anpassen könne. Vor dem Hintergrund dieser Streitigkeiten bietet es sich insbesondere zur Vermeidung potentieller Auslegungsprobleme an, eine eindeutige sprachliche Regelung in den Vertragstext aufzunehmen, die den Ausschluss betriebsbedingter Kündigungen ausdrücklich vorsieht. Derartige Vertragsbestimmungen können nach Auffassung des BAG einen Vertrag zu Gunsten der Arbeitnehmer darstellen, mit der Folge, dass die Regelung gegenüber den jeweiligen Arbeitnehmern unmittelbar rechtliche Wirkung entfaltet (BAG NZA 2006, 281; vgl. dazu *Hohenstatt/Schramm* NZA 2006, 251). Im vorliegenden Fall ist die Abgabe einer Verzichtserklärung vorgesehen, um sicherzustellen, dass die Arbeitnehmer sich selbst und unmittelbar ggü. der Gesellschaft auf den Ausschluss der betriebsbedingten Kündigungen berufen können. Alternativ kommt der Abschluss einer befristeten Betriebsvereinbarung über die Kündigungsbeschränkungen in Betracht.

3. Der Klauselvorschlag geht davon aus, dass die Gesellschaft **erst nach dem Übertragungstag** mit Wirkung gegenüber den Beschäftigten Arbeitnehmern auf das Recht zur betriebsbedingten Kündigung verzichtet. Dem liegt die Überlegung zu Grunde, dass der öffentliche Anteilseigner in vielen Fällen keine Veranlassung sehen wird, seinerseits einen entsprechenden Verzicht zu erklären, bevor die Umsetzung der Transaktion tatsächlich erfolgt ist. Denkbar wäre jedoch auch eine Gestaltung, in der die Gesellschaft noch vor dem Übertragungstag die Verzichtserklärungen gegenüber den Beschäftigten Arbeitnehmern abgibt, nachdem zuvor sichergestellt ist, dass die Transaktion tatsächlich vollzogen werden wird. Dies wird regelmäßig nach Eingang aller ausstehenden Genehmigungen, wie insbesondere der fusionskontrollrechtlichen Freigabe, und Sicherstellung der Finanzierung des Kaufpreises der Fall sein.

4. Die vorliegende Klausel verpflichtet die Käuferin, für die **Schaffung neuer Vollzeitstellen** einzustehen. Eine Konkretisierung kann auf bestimmte Bereiche erfolgen. Weitere Konkretisierungen sind in Bezug auf den Qualifikationsgrad, die Gehaltsgruppe und ähnliche Arbeitsplatzmerkmale denkbar und in der Regel auch empfehlenswert. Weiter besteht die Verpflichtung sicherzustellen, dass die neugeschaffenen Stellen durch eine entsprechende Anzahl von Vollzeit- und/oder Teilzeitkräften besetzt werden. Die Neuarbeitsplatzgarantie kann also nicht dadurch erfüllt werden, dass die Käuferin die Arbeitsplätze lediglich vorhält oder nur teilweise besetzt (vgl. hierzu jeweils *Preu* DStR 1994, 1498). Insoweit sind vielmehr bestimmte Anforderungen an die Einstellungsbemühungen festgeschrieben, die allerdings dem Umstand Rechnung tragen, dass möglicherweise trotz entsprechender Anstrengungen eine Einstellung nicht erfolgen kann. Ferner müssen die Arbeitsverhältnisse unbefristet ausgestaltet sein. Die Neuarbeitsplatzgarantie kann also ebenfalls nicht dadurch erfüllt werden kann, dass der Investor zwar Vollzeitarbeitsstellen schafft und diese besetzt, die Arbeitnehmer jedoch auf Grund befristeter Verträge kurze Zeit später wieder aus dem Unternehmen ausscheiden. Alternativ zu unbefristeten Arbeitsverhältnissen wäre auch die Bemessung einer Mindestbeschäftigungsdauer der neuen Arbeitnehmer denkbar (hierzu *Messerschmidt* WiB 1994, 377, 378).

6. Absichtserklärung zur Erhaltung von Arbeitsplätzen (weiche Arbeitsplatzklausel)[1]

6.1 Die Parteien gehen davon aus, dass die Gesellschaft auch in Zukunft für ihre Unternehmensaufgaben einen qualifizierten Mitarbeiterstamm beibehält. Die Käuferin wirkt darauf hin, dass die Gesellschaft auch in Zukunft als qualifizierter Ausbildungsbetrieb tätig sein wird.[1]

6.2 Um den Anforderungen des Wettbewerbs Rechnung zu tragen, plant die Käuferin, die Bereiche ...... zu verstärken. Bei ggfls. neu zu besetzenden Arbeitsplätzen sollen bevorzugt Bewerber berücksichtigt werden, die bereits bei Abschluss dieses Vertrages in einem Arbeitsverhältnis zu der Gesellschaft stehen. Die Käuferin strebt an, interessierte und geeignete Arbeitnehmer und Arbeitnehmerinnen (die „Arbeitnehmer") der Gesellschaft auf die Anforderungen des Wettbewerbs im Energiemarkt fortzubilden.[2] Soweit auf Grund von Strukturanpassungen und/oder Aktivitäten zur Erhöhung der Produktivität Personalmaßnahmen erforderlich werden, wird die Käuferin darauf achten, dass die Geschäftsführung der Gesellschaft versucht, diese gemeinsam mit dem Betriebsrat sozialverträglich durchzuführen. Es ist Ziel der Käuferin, betriebsbedingte Kündigungen soweit wie wirtschaftlich vertretbar zu vermeiden. Insbesondere wird die Käuferin prüfen, ob wirtschaftlich tragfähige Arbeitsplätze geschaffen werden können, um einen Abbau von Arbeitsplätzen möglichst zu kompensieren.[3]

6.3 Zwischen den Parteien besteht Einvernehmen, dass aus den Bestimmungen dieses § 6 keine Ansprüche hergeleitet werden können und durch die Bestimmungen dieses § 6 insbesondere kein Vertrag zugunsten Dritter begründet werden soll.[4]

Schrifttum: Hohenstatt/Schramm, Vertragsregelungen beim Unternehmenskauf als Zusagen zu Gunsten der Belegschaft, NZA 2006, 251; *Preu,* Konflikte zwischen Treuhandanstalt und Investoren aus Privatisierungsverträgen. Teil 2: Arbeitsplatzzusagen in Privatisierungsverträgen der THA, DStR 1994, 1497.

Anmerkungen

1. Zum Sachverhalt siehe zunächst Anm. 1 zu Form. H.II.1. Soweit die öffentliche Hand durch den Anteilsverkauf ihren Einfluss auf die Personalpolitik verliert, ist ihr daran gelegen, möglichst den Erhalt der bestehenden Arbeitsplätze langfristig zu sichern und, wenn möglich, die Schaffung weiterer Arbeitsplätze vertraglich zu fördern. Im Rahmen der Vertragsgestaltung ist daher zu prüfen, ob eine verbindliche („harte") Beschäftigungszusage seitens des Käufers i. S. e. Beschäftigungsgarantie abgegeben werden soll, die eine Rechtspflicht zur Erhaltung oder Schaffung von Arbeitsplätzen begründet. Im Gegensatz dazu begründet eine **„weiche" Arbeitsplatzzusage,** die letztlich eine bloße Erwartungs- oder Absichtserklärung darstellt, **keine Pflicht zur Erhaltung von Arbeitsplätzen.** Deren Nichterfüllung bleibt folglich sanktionslos (*Preu* DStR 1994, 1497, 1497). Das vorliegende Klauselbeispiel ist bewusst nicht als harte Arbeitsplatzzusage gestaltet, auf Grund derer die Käuferin für die Erhaltung und Schaffung bestimmter Arbeitsplätze einzustehen hat, sondern ist als Kontrast zum vorherigen Form. H.II.5 „weich" gestaltet. Eine derartige Absichtsbekundung kann bspw. das Ergebnis von Vertragsverhandlungen sein, bei denen eine verbindliche Beschäftigungszusage des Investors als Vertragsposition nicht durchsetzbar war; vielfach sind „weiche" Arbeitsplatzzusagen aber auch dann anzutreffen, wenn in den zu privatisierenden Unternehmen sichtlich Restrukturierungsbedarf besteht und die Verkäuferin den Veräußerungsprozess nicht mit harten Arbeitsplatzzusagen belasten will. Eine „weiche" Arbeitsplatzzusage kann allenfalls bei der Bestimmung der Geschäftsgrundlage des Privatisierungsvertrags relevant werden (siehe aber *Preu,* aaO.).

2. Auch soweit die Klausel an dieser Stelle Aussagen im Hinblick auf die Rekrutierung von Personal für neue Arbeitsplätze trifft und eine Förderung eigener Mitarbeiter der Gesellschaft propagiert, handelt es sich nicht um rechtsverbindliche Pflichten der Käuferin, die ein klagbares Recht der Verkäuferin begründen könnten.

3. Den Parteien kann daran gelegen sein, im Rahmen des Vertrages zu dokumentieren, dass sich ein etwaiger Personalabbau unter Einhaltung sozialverträglicher Grundsätze und Beachtung der betrieblichen Mitbestimmung vollzieht. Auch insoweit gilt, dass weder die Verkäuferin noch die Arbeitnehmer der Gesellschaft (sei es individuell, sei es über den Betriebsrat) klagbare Rechte aus einer derartigen Absichtserklärung herleiten könnten. Gleichwohl begründen derartige Klauseln eine gewisse faktische Bindungswirkung, da es im Rahmen von Arbeitsplatzreduzierungsmaßnahmen zu schwierigen Verhandlungen mit dem Betriebsrat kommen wird, wenn sie unter Missachtung derartiger Absichtserklärungen in nicht sozialverträglicher Form durchgeführt werden sollten.

4. Nach Auffassung des BAG können Bestimmungen eines Unternehmenskaufvertrags einen **Vertrag zu Gunsten der Arbeitnehmer** darstellen, mit der Folge, dass die Regelung gegenüber den jeweiligen Arbeitnehmern unmittelbar rechtliche Wirkung entfaltet (BAG NZA 2006, 281; vgl. dazu *Hohenstatt/Schramm* NZA 2006, 251). Wenn die Drittbegünstigung nicht ausdrücklich geregelt ist, ist im Wege der Auslegung gemäß §§ 133, 157 BGB zu ermitteln, ob und welche Ansprüche zu Gunsten der Arbeitnehmer begründet worden sind (vgl. MünchKommBGB/*Gottwald* § 328 Rdnr. 24, 32; LAG Düsseldorf, NZA-RR 2007, 188, 191 ff.). Die Klausel soll einer derartigen Auslegung von vornherein entgegenwirken.

7. Sozialcharta[1]

7.1 Die Käuferin garantiert der Verkäuferin im Wege eines selbständigen Garantieversprechens, dass die Gesellschaft für die Dauer von ...... Jahren ihre Mitgliedschaft im Arbeitgeberverband ...... aufrecht erhalten wird.[1]

7.2 Des Weiteren garantiert die Käuferin der Verkäuferin im Wege eines selbständigen Garantieversprechens, dass für die Gesellschaft für die Dauer von ...... Jahren in der Satzung der Gesellschaft die Bildung eines fakultativen Aufsichtsrats vorgesehen wird und dass auf Wunsch der Verkäuferin ein von dieser zu bestimmender Vertreter in den Aufsichtsrat gewählt wird. Im übrigen ist die Käuferin bei der Gestaltung der Satzung der Gesellschaft frei.[2]

7.3 Die Käuferin garantiert der Verkäuferin im Wege eines selbständigen Garantieversprechens, dass die Gesellschaft die Bestimmungen bestehender Betriebsvereinbarungen, Tarifverträge, Gesamtzusagen und Einzelzusagen ordnungsgemäß einhält.

Schrifttum: Hohenstatt/Schramm, Vertragsregelungen beim Unternehmenskauf als Zusagen zu Gunsten der Belegschaft, NZA 2006, 251.

Anmerkungen

1. Zum Sachverhalt siehe zunächst Anm. 1 zu Form. H. II. 1. Der öffentlichen Hand wird – ggfls. auf Grund entsprechender Forderungen des Personalrats oder der Gewerkschaft – daran gelegen sein sicherzustellen, dass die **bestehenden Arbeitsbedingungen** nach der Privatisierung möglichst aufrechterhalten bleiben. Ist eine Mitgliedschaft der Gesellschaft im Arbeitgeberverband auch nach der Privatisierung weiterhin möglich, so kann der Privatisierungsvertrag vorsehen, dass die Käuferin sicherstellt, dass die Gesellschaft für einen bestimmten Zeitraum **im Arbeitgeberverband verbleibt.** Alternativ kann bestimmt werden, dass hinsichtlich der im Zeitpunkt des Abschlusses des Kaufvertrages beschäftigten Arbeitnehmer die zu diesem Zeitpunkt geltenden Tarifverträge sowie etwaige Änderungen und Ergänzungen diesbezüglich für einen bestimmten Zeitraum auch dann weiterhin dynamisch gelten, **wenn die Tarifbindung entfällt,** und dass erst nach Ablauf des vorgesehenen Zeitraums die gesetzlichen Bestimmungen gelten (zu den Folgen eines Austritts aus dem Arbeitgeberverband sowie zur Nachwirkung von Rechtsnormen eines Tarifvertrags *Löwisch/Rieble* Tarifvertragsgesetz § 4 Rdnr. 371 ff.; zur dynamischen Fortgeltung von Tarifverträgen bei Bezugnahmeklauseln in Arbeitsverträgen vgl. BAG NJW 2006, 718 und NJW 2006, 2571). Derlei Klauseln begründen möglicherweise als **Vertrag zu Gunsten Dritter** unmittelbar Ansprüche der Arbeitnehmer (vgl. NZA 2006, 281; dazu *Hohenstatt/Schramm* NZA 2006, 251; MünchKommBGB/*Gottwald* Rdnr. 43). Neben einer zeitlichen Befristung der dynamischen Tarifanwendung könnte zugunsten der Gesellschaft ein Widerrufsvorbehalt im Kaufvertrag eingeräumt werden, damit diese die Möglichkeit hat, sich z. B. im Falle unerwarteter wirtschaftlicher Schwierigkeiten von der weiteren tariflichen Entwicklung abzukoppeln.

Die Sozialcharta kann noch um weitere Schutzbestimmungen ergänzt werden. Zu denken ist an eine Fortführung der Beteiligung an **der Versorgungsanstalt des Bundes und der Länder** (zu den Voraussetzungen einer Fortführung der Beteiligung vgl. § 19 der Satzung der VBL, im Internet abrufbar). Bei Veräußerungen von Wohnungen kommen Mieterschutzklauseln in Betracht, die Luxussanierungen, Kündigungsmöglichkeiten und Mieterhöhungen einschränken. Ferner ist die Aufnahme einer Vertragsstrafe (vgl. Form. H.II.10) denkbar.

2. Die Vorschrift soll der öffentlichen Hand Einflussmöglichkeiten auf die Führung der Gesellschaft nach Abschluss der Anteilsveräußerung gewährleisten. Sofern die Bildung eines Aufsichtsrats nicht fakultativ ist, sondern gemäß Drittelbeteiligungsgesetz oder Mitbestimmungsgesetz 1976 zu erfolgen hat, ist die Vorschrift entsprechend anzupassen.

3. Möglicherweise ist den Vertragsparteien daran gelegen, im Anteilskaufvertrag zu dokumentieren, dass die Käuferin für die Einhaltung der bestehenden Arbeitsbedingungen durch die Gesellschaft einsteht.

8. Haltefrist für die erworbenen Geschäftsanteile, mit Sanktionen[1]

8.1 Die Käuferin verpflichtet sich, bis zum Ablauf des …… (nachfolgend die „Haltefrist") – entscheidend ist der Abschluss des schuldrechtlichen Geschäfts – die von ihr jeweils gehaltenen Geschäftsanteile an der Gesellschaft (einschließlich der Kauf-Geschäftsanteile) oder Teile hiervon nicht ohne vorherige schriftliche Zustimmung der Verkäuferin zu verkaufen, sonst wie zu veräußern, zu übertragen, zu belasten oder Dritten auf sonstige Weise (insbesondere im Wege der Kapitalerhöhung) Stimmrechte oder Geschäftsanteile an der Gesellschaft zu verschaffen.[2]

8.2 Bis zum Ablauf des …… (nachfolgend die „Basis-Haltefrist") ist die Verkäuferin berechtigt, ihre Zustimmung zu den in Abs. 1 genannten Geschäften ohne Angabe von Gründen zu verweigern.[3] Nach Ablauf der Basis-Haltefrist bis zum Ablauf der Haltefrist wird die Käuferin ihre Zustimmung erteilen, wenn der prospektive Käufer, sonstige Erwerber oder Dritte ihrer Überzeugung[4] nach in Bezug auf (i) Finanzkraft, (ii) Marktposition und (iii) einschlägiges Know-How [(iv) *sofern erforderlich, weitere Bedingungen*] dieselbe Gewähr für die Erfüllung sämtlicher in diesem Vertrag enthaltenen Verpflichtungen (insbesondere der Verpflichtungen in §§ ……) bietet wie die Käuferin.

8.3 Die Käuferin verpflichtet sich in jedem Falle, dem jeweiligen Käufer, sonstigen Erwerber oder Dritten sämtliche Verpflichtungen aus diesem Vertrag (einschließlich der Verpflichtung, sämtliche Verpflichtungen einem etwaigen weiteren Rechtsnachfolger aufzuerlegen) durch schriftliche Vereinbarung – erforderlichenfalls in notariell beurkundeter Form – aufzuerlegen, die sie selbst nach diesem Vertrag und seinen Anlagen eingegangen ist. Dies hat die Käuferin der Verkäuferin durch Übersendung der entsprechenden Urkunden nachzuweisen.[5]

8.4 Die Bestimmungen dieses § 8 gelten auch dann, wenn der prospektive Käufer, sonstige Erwerber oder Dritte ein mit der Käuferin verbundenes Unternehmen i.S.d. § 15 AktG darstellt.[6]

8.5 Verletzt die Käuferin die Verpflichtungen aus diesem § 8, verwirkt sie dadurch eine Vertragsstrafe nach Maßgabe der Bestimmungen des § ……[7] dieses Vertrages.

Anmerkungen

1. Sachverhalt. Es handelt sich um eine Klausel, die bei einer Vielzahl von Privatisierungsverträgen (auch Teilprivatisierungen) Bedeutung erlangen kann und grundsätzlich kein spezi-

8. Haltefrist für die erworbenen Geschäftsanteile, mit Sanktionen H.II.8

fisches Vertragsszenario voraussetzt. Mit der Klausel wird bezweckt, für einen vertraglich vereinbarten Mindestzeitraum eine Haltefrist der vom Käufer erworbenen Gesellschaftsanteile sicherzustellen. Damit will der hoheitliche Anteilseigner seinen Vertragspartner langfristig an das Unternehmen binden und einen Wechsel des Gesellschafterbestandes gegen seinen Willen nach Durchführung der Privatisierung verhindern. Häufig werden die Bestimmungen der Haltefristklausel unter dem Stichwort „Bestandschutz" kombiniert mit weiteren, auch in diesem Formularbuch dargestellten Bestimmungen, die dem Erhalt des Unternehmens als Ganzem dienen (vgl. Form. H.II.2).

2. Die Klausel sieht ein weitgehendes **Veräußerungs- und Belastungsverbot** der Anteile ohne vorherige Zustimmung der staatlichen Verkäuferin vor. Sofern die Satzung bzw. der Gesellschaftsvertrag nicht eine Vinkulierung der Anteile enthält, hat der Anteilseigner grundsätzlich das Recht, frei über seine Anteilsrechte zu verfügen. Die Klausel schränkt dieses Recht auf schuldrechtlicher Ebene ein, da § 137 S. 1 BGB ein Verfügungsverbot mit dinglicher Wirkung nicht gestattet. Bei der Abfassung des schuldrechtlichen Verfügungsverbots ist es wichtig, auch sonstige Maßnahmen, wie insbesondere Kapitalerhöhungen, von einer Zustimmung des hoheitlichen Anteilseigners abhängig zu machen, da ansonsten über anderweitige gesellschaftsrechtliche Maßnahmen die Möglichkeit bestünde, eine Änderung des Gesellschafterkreises gegen den Willen der öffentlichen Hand herbeizuführen.

3. Die Klausel sieht als Beispiel ein **zweistufiges Zustimmungsmodell**, getrennt nach Basis-Haltefrist und Haltefrist, vor. In der ersten Stufe (z.B. für einen Zeitraum von fünf Jahren) kann die Verkäuferin die Zustimmung ohne Weiteres verweigern (§ 7.2 S. 1). Im Anschluss daran bis zum Ablauf der endgültigen Haltefrist (bspw. nach weiteren fünf Jahren) besteht nur dann die Möglichkeit, Veräußerungen oder Verfügungen über die Anteile die Zustimmung zu versagen, wenn der künftige Erwerber oder Dritte nicht im gleichen Maße wie der ursprüngliche Käufer gewährleisten kann, die zur Absicherung des Erhalts des Unternehmens im Privatisierungsvertrag übernommenen besonderen Verpflichtungen (wie z.B. Arbeitsplatz-, Investitions- und/oder Standortzusagen etc.) zu erfüllen. Die unter § 8.2 S. 2 (i) bis (iii) genannten Kriterien erweisen sich hierbei als wesentliche Mindestkriterien, die der Dritte nach Überzeugung des Hoheitsträgers in gleicher Weise wie der ursprüngliche Käufer zu erfüllen hat. Soweit erforderlich, können weitere Kriterien aufgenommen werden.

4. Die Käuferin hat das Vorliegen der in (i) bis (iii) genannten Kriterien zur Überzeugung der Verkäuferin nachzuweisen. Damit wird klargestellt, dass die **Beweislast** für das Vorliegen dieser Voraussetzungen nicht beim Hoheitsträger liegen soll. Die Klausel sieht aus Gründen der thematischen Reduktion keine weiteren Bestimmungen vor, wie die Käuferin den erforderlichen Nachweis zur Überzeugung der Verkäuferin erbringen kann. Hier ist denkbar, ein bestimmtes Prüfungsverfahren festzuschreiben, das bei einer beabsichtigten Veräußerung seitens der Parteien zu beachten ist. Dabei kommt im Falle einer Verweigerung der Zustimmung zu der Veräußerung insbesondere in Betracht, eine gutachterliche Stellungnahme eines sachverständigen Dritten (z.B. einer angesehenen Wirtschaftsprüfungsgesellschaft, Unternehmensberatung, Anwaltssozietät und/oder Investmentbank) einholen zu lassen, der als gemeinschaftlicher, neutraler Schiedsgutachter tätig wird und bindend über das Vorliegen der in (i) bis (iii) genannten Bedingungen entscheidet.

5. Die besonderen Verpflichtungen des **Privatisierungsvertrages** wirken nur *inter partes*. Ein künftiger Erwerber oder sonstiger Dritter ist im Grundsatz nicht an den Privatisierungsvertrag gebunden. Daher besteht die Notwendigkeit, die vertraglichen Verpflichtungen, die der ursprüngliche Käufer mit dem Privatisierungsvertrag eingegangen ist, auch einem künftigen Dritten aufzuerlegen. Hier ist zusätzlich darauf zu achten, dem Dritten wiederum die Verpflichtung aufzuerlegen, einem weiteren Rechtsnachfolger diese Verpflichtungen aufzuerlegen. Ansonsten droht eine Aushebelung der besonderen Verpflichtungen aus dem Privatisierungsvertrag im Falle von Kettenveräußerungen (vgl. hierzu im Übrigen auch Form. H.III.7). Darüber hinaus muss sichergestellt werden, dass sich der Investor über die Verpflichtung, einem von ihm ausgewählten Dritten die Verpflichtungen aus dem Privatisierungsvertrag aufzuerlegen, nicht hinwegsetzen kann; zwar würden der öffentlichen Hand in diesem Fall Schadensersatzansprüche gegen den ursprünglichen Investor zustehen, doch könnte sich deren Durchsetzung schwierig gestalten und würden diese Schadensersatzansprüche im Übrigen nichts daran ändern, dass der Dritterwerber nicht an die Verpflichtungen des Privatisierungsvertrages gebunden wäre. Es sollte daher durch eine entsprechende Vinkulierung sichergestellt werden, dass der Dritte die Gesellschaftsanteile erst erwerben kann, nachdem er den entsprechenden Verpflichtungen aus dem Privatisierungsvertrag beigetreten ist.

6. Die Klausel stellt klar, dass Veräußerungsvorgänge innerhalb verbundener Unternehmen i.S.d. § 15 AktG ebenfalls dem Zustimmungserfordernis der Verkäuferin unterliegen. In der Privatisierungspraxis wird oft eine Weiterveräußerung von Anteilen während der Haltefrist nur an verbundene Unternehmen, nicht aber an sonstige Dritte zugelassen. Ein solches Modell kann z.B. dann sinnvoll sein, wenn der Käuferin konzerninterne Umstrukturierungen gestattet sein sollen. Dies wird insbesondere dann sinnvoll sein, wenn hinter der Käuferin eine finanzkräftige Muttergesellschaft steht, die wirtschaftlich in die Veräußerungsvorgänge integriert ist (siehe hierzu im Übrigen auch Form. H.III.7).

7. Hinsichtlich der Vertragsstrafregelung ist auf die ausführliche Vertragsstrafeklausel unter Form. H.II.10 zu verweisen.

9. Mehrerlösabführungsklausel[1]

9.1 Veräußert der Käufer Geschäftsanteile an der Gesellschaft (einschließlich der Kauf-Geschäftsanteile) innerhalb von zwei Jahren nach dem Übertragungstag, so ist er verpflichtet, einen etwa von ihm erzielten, über dem Vorläufigen Gesamtkaufpreis liegenden Mehrerlös in Höhe von 70% des jeweiligen Mehrerlöses nach Maßgabe der Bestimmungen dieses § 9 an den Verkäufer abzuführen. Im Falle einer Veräußerung innerhalb von weiteren drei Jahren hat der Käufer 40% des Mehrerlöses an den Verkäufer abzuführen.[2] Erreicht der erzielte Weiterverkaufspreis nicht den im Zeitpunkt der Weiterveräußerung festzustellenden, auf die weiterveräußerten Geschäftsanteile an der Gesellschaft entfallenden Ertragswert der Gesellschaft, so hat der Käufer – je nach dem Zeitpunkt der Weiterveräußerung – den in S. 1 bzw. S. 2 bezeichneten Prozentsatz der Differenz zwischen dem anteiligen Ertragswert der Gesellschaft zum Zeitpunkt der Weiterveräußerung und dem Vorläufigen Gesamtkaufpreis an den Verkäufer abzuführen.[3]

9.2 Als Veräußerung gelten neben der Abtretung von Geschäftsanteilen an der Gesellschaft (einschließlich der Kauf-Geschäftsanteile) alle Rechtsgeschäfte, die darauf gerichtet sind, Dritten direkt oder indirekt eine Position zu verschaffen, die wirtschaftlich im Wesentlichen der Position des Inhabers von Geschäftsanteilen an der Gesellschaft entspricht, wie insbesondere die Begründung von Nießbrauchsrechten, stillen Gesellschaften oder die Abtretung von Gesellschaftsanteilen an direkten oder indirekten Holding-Gesellschaften der Käuferin an einen Dritten.[4]

9.3 Nicht als Veräußerung im Sinne von § 9.2 dieses Vertrages gelten ein etwa beabsichtigter Sale-and-lease-back von Gegenständen des Anlagevermögens der Gesellschaft und eine Übertragung von Geschäftsanteilen an der Gesellschaft (einschließlich der Kauf-Geschäftsanteile) auf 100%ige Tochtergesellschaften der Muttergesellschaft des Käufers.[5]

9.4 Der nach § 9.1 S. 1 und 2 abzuführende Mehrerlös errechnet sich aus dem von dem Käufer (bzw. der Muttergesellschaft des Käufers) im Rahmen der Veräußerung erzielten Veräußerungserlös (wobei unbare Erlösbestandteile im Zeitpunkt der Veräußerung mit ihrem Börsenwert oder, soweit kein Börsenwert feststellbar ist, mit ihrem Ertragswert anzusetzen sind) abzüglich (i) aller von dem Käufer (bzw. der Muttergesellschaft des Käufers) im Rahmen der Weiterveräußerung tatsächlich getragener Kosten, (ii) aller von dem Käufer (bzw. der Muttergesellschaft des Käufers) im Rahmen der Weiterveräußerung tatsächlich zu tragenden Ertragsteuern und Verkehrssteuern und (iii) den von dem Käufer (bzw. der Muttergesellschaft des Käufers) im Zeitraum zwischen dem Übertragungstag und dem Wirksamwerden der Weiterveräußerung tatsächlich geleisteten Einlagen in das Eigenkapital der Gesellschaft.[6]

9.5 Ist der Verkäufer der Auffassung, dass der erzielte Weiterverkaufspreis nicht den im Zeitpunkt der Weiterveräußerung festzustellenden anteiligen Ertragswert der Gesellschaft erreicht (vgl. § 9.1 S. 3), so ist er berechtigt, dies dem Käufer innerhalb von zwei Monaten nach dem Zeitpunkt mitzuteilen, an welchem der Käufer den Verkäufer schriftlich über die Weiterveräußerung unter Übersendung einer beglaubigten Abschrift des Weiterveräußerungsvertrages informiert hat. Können sich der Verkäufer und der Käufer nicht innerhalb eines Monats seit Empfang der schriftlichen Mitteilung des Verkäufers durch den Käufer nach vorstehendem Satz auf den für die Zwecke des § 9.1 S. 3 zu Grunde zu legenden Ertragswert der Gesellschaft einigen, so wird der Ertragswert der Gesellschaft von einer neutralen Wirtschaftsprüfungsgesellschaft mit verbindlicher Wirkung für beide Parteien festgestellt. Können sich die Parteien nicht innerhalb weiterer zwei Wochen auf die neutrale Wirtschaftsprüfungsgesellschaft einigen, so wird diese auf Antrag einer Partei vom Präsidenten der Industrie- und Handelskammer von X-Stadt ernannt. Die Wirtschaftsprüfungsgesellschaft hat den Ertragswert der Gesellschaft auf den Zeitpunkt des Wirksamwerdens der Weiterveräußerung nach den jeweils gültigen Grundsätzen zur Durchführung von Unternehmensbewertungen des Instituts der Wirtschaftsprüfer, Düsseldorf (IDW S 1) durchzuführen; ihre Feststellungen sind für die Parteien nach Maßgabe des § 317 BGB verbindlich. Die Kosten der Wirtschaftsprüfungsgesellschaft werden von den Parteien je zur Hälfte getragen.[7]

9.6 Ein nach den Vorschriften dieses § 9 abzuführender Mehrerlös ist innerhalb einer Woche nach Empfang des Kaufpreises aus der Weiterveräußerung durch den Käufer (bzw. die Muttergesellschaft des Käufers) zur Zahlung an den Verkäufer fällig. Erfolgt die Zahlung nicht zu diesem Zeitpunkt, so ist der Betrag des abzuführenden Mehrerlöses im Zeitraum zwischen dem vorgenannten Fälligkeitszeitpunkt und dem tatsächlichen Eingang der Zahlung bei dem Verkäufer mit 5 Prozentpunkten über dem jeweiligen Basiszinssatz gemäß § 247 Abs. 1 BGB jährlich nachträglich zu verzinsen. Dem Verkäufer bleibt es unbenommen, einen höheren Verzugsschaden nachzuweisen oder sonstige gesetzliche oder vertragliche Rechte geltend zu machen.

Schrifttum: Arens, Rechtliche Beurteilung der Mehrerlösklauseln in Privatisierungsverträgen mit der BvS und zulässige Gestaltungsalternativen, VIZ 1997, 393; *Hormann*, Treuhandprivatisierungsverträge im Lichte der Rechtsprechung Teil 2, VIZ 1996, 71; *Kiethe*, Mehrerlösklauseln und Nachbewertungsklauseln in Treuhand- Musterverträgen – eine kritische Bestandsaufnahme, VIZ 1993, 471; *ders.*, Nachverhandlungen mit der Treuhandanstalt, 1994, S. 147 ff.; *ders.*, die Auslegung von Mehrerlösklauseln in Kaufverträgen der Treuhandanstalt/Bundesanstalt für vereinigungsbedingte Sonderaufgaben, VIZ 2003, 209; *Lehmann*, Unternehmenskauf von der Treuhandanstalt – Praktische Hinweise zur Vertragsgestaltung, DStR 1992, 1287; *Preu*, Konflikte zwischen BVS (ehemals Treuhandanstalt) und Investoren aus Privatisierungsverträgen – Teil 4: Nachbewertungs- und Mehrerlösklauseln, DStR 1995, 1390; *Wächter/Kaiser/Krause*, Klauseln in Unternehmenskaufverträgen mit der Treuhandanstalt Teil 1, WM 1992, 293.

Anmerkungen

1. Überblick. Mehrerlösabführungsklauseln in Privatisierungsverträgen richten sich primär gegen spekulative Absichten von Unternehmenserwerbern, indem sie an eine zukünftige Weiterveräußerung der erworbenen Gesellschaftsanteile oder Teile davon die Pflicht knüpfen, einen ggf. über dem Kaufpreis liegenden Mehrerlös anteilig an den Verkäufer abzuführen. Damit soll dem Käufer der Anreiz genommen werden, die Gesellschaft nur deshalb zu erwerben, um sie relativ kurze Zeit später ganz oder teilweise gewinnbringend weiterzuveräußern. Zu einer derartigen Situation kann es auch dann kommen, wenn der Unternehmenswert der privatisierten Gesellschaft in dem bei der ursprünglichen Privatisierung erzielten Kaufpreis angemessen abgebildet würde; nicht selten ist es nämlich der Fall, dass es einem neu hinzutretenden privaten Investor innerhalb kurzer Zeit gelingt, z. B. durch Restrukturierungen, Zurverfügungstellung von Know-how und andere positive Einflüsse den Unternehmenswert erheblich zu steigern. Zwar wird man kaum bestreiten können, dass die durch solche Maßnahmen erreichte Steigerung des Unternehmenswertes auf die Initiative und die Beiträge des Investors zurückzuführen sind; andererseits war die Steigerung des Unternehmenswertes eben auch nur auf Basis der vorhandenen Substanz des Unternehmens möglich, so dass es nicht unangemessen erscheint, die innerhalb eines überschaubaren Zeitrahmens nach Vollendung der Privatisierung realisierten Mehrerlöse zu teilen.

Aus Sicht der öffentlichen Hand ist die Vereinbarung einer Mehrerlösabführungsklausel vor allem im Hinblick darauf zu empfehlen, die öffentliche Hand vor **Vorwürfen seitens der Wählerschaft,** aber auch der Arbeitnehmer und der Gewerkschaften, das Unternehmen für einen zu niedrigen Preis verkauft zu haben, zu schützen. Darüber hinaus kann der abgeschöpfte Mehrerlös z. B. dazu dienen, die Folgen für die Arbeitnehmer durch etwa vorgenommene Umstrukturierungen seitens des nachfolgenden Käufers abzufedern (Gründung einer Auffanggesellschaft etc.), soweit dieser im Einzelfall nicht weiter an ggf. vorhandene Garantien zur Sicherung der Arbeitsplätze etc. gebunden ist. Solche Mehrerlösabführungsklauseln fanden sich in der Praxis bisher vor allem in Privatisierungsverträgen der Treuhandanstalt/Bundesanstalt für vereinigungsbedingte Sonderaufgaben. Angesichts der hohen Spekulationsgewinne, die Investoren mit dem Weiterverkauf von privatisierten Unternehmen der öffentlichen Hand erzielt haben, werden solche Klauseln zunehmend auch in sonstigen Privatisierungsverträgen der öffentlichen Hand und auch in Unternehmenskaufverträgen zwischen rein privaten Parteien als Ergänzung zu Haltefristen für die erworbenen Geschäftsanteile (siehe hierzu Form. H. II.8) vereinbart. Es bleibt jedoch festzustellen, dass sie nach wie vor keinesfalls zum Standardinhalt von Privatisierungsverträgen oder gar von Unternehmenskaufverträgen im Allgemeinen gehören.

Von den Mehrerlösabführungsklauseln zu unterscheiden sind die zum Teil als „Spekulationsklauseln" oder „Anti-Assetstripping-Klauseln" bezeichneten **Einzelverwertungsklauseln.** In ihrer Zielrichtung ähneln diese Klauseln den Mehrerlösabführungsklauseln, zielen jedoch nicht primär auf die Abschöpfung eines tatsächlich erzielten Mehrerlöses, sondern lösen eine Nachbewertung der privatisierten Gesellschaft bzw. von Teilen der Gesellschaft wie z. B. Immobilien oder Grundbesitz aus und führen zur Verpflichtung des Käufers, die Wertdifferenz – ggf. abzüglich eines bereits auf Grund einer Nachbewertungsklausel gezahlten Betrages – an den Verkäufer abzuführen (vgl. hierzu *Kiethe* S. 194 f., ein Muster für eine Einzelverwertungsklausel findet sich bei *Wächter/Kaiser/Krause* WM 1992, 293, 299).

2. Die Klausel sieht eine **degressive Staffelung** der Höhe des abzuführenden Mehrerlöses abhängig von der Dauer der Frist zwischen Vollendung der ursprünglichen Privatisierung und Weiterübertragung der Geschäftsanteile vor. Üblich sind zum Beispiel Regelungen dergestalt, dass innerhalb der ersten zwei bis drei Jahre 70 bis 80% des Mehrerlöses und später – meist bis zum Ablauf von vier bis fünf Jahren – 40 bis 50% an den Verkäufer abzuführen sind.

3. Der Käufer wird regelmäßig versuchen zu vereinbaren, dass nur ein tatsächlich erzielter Mehrerlös an den Verkäufer abzuführen ist. Um aber jegliche Manipulationsmöglichkeit des abzuführenden Mehrerlöses auszuschließen, empfiehlt es sich, bei einer **Veräußerung unter Verkehrswert** auf den Verkehrswert und nicht auf den tatsächlich erzielten Kaufpreis abzustellen. Im Extremfall kann daher auch eine unentgeltliche Veräußerung die Zahlungspflicht auslösen. Der Klausel kommt ein gewisser Sanktionscharakter zu, denn je geringer der tatsächliche Weiterveräußerungserlös ist, umso höher ist der Betrag, mit dem der Käufer auf Grund der Mehrerlösabführungspflicht effektiv belastet wird.

4. Da die Verpflichtung zur Abführung des Mehrerlöses durch eine Veräußerung ausgelöst wird, ist zu empfehlen, im Vertrag genau zu definieren, welche Rechtsgeschäfte als **Veräußerung im Sinne des Vertrages** anzusehen sind. In Bezug auf Mehrerlösabführungsklauseln in Verträgen mit der Treuhandanstalt wurde der Begriff der Veräußerung von der Literatur nicht einheitlich verstanden. Nach einer Ansicht war der Begriff der Veräußerung eng zu fassen, da eine Mehrerlösklausel nicht dazu führen solle, eine Einzelverwertung durch Vermietung, Verpachtung oder sonstige Nutzungsänderungen zu verhindern (*Wächter/Kaiser/Krause* WM 1992, 293, 299). Nach einer anderen Auffassung sollte der Begriff sehr weit zu fassen sein, so dass alle Rechtsgeschäfte, gleich ob entgeltlich oder unentgeltlich, durch die Dritte eigentumsähnliche Rechte erwerben, als Veräußerung anzusehen sind (*Kiethe* VIZ 1993, 471, 475; *Arens* VIZ 1997, 393, 396; *Hormann* VIZ 1996, 71, 72). Das Formular geht von einem weiten Verständnis des Veräußerungsbegriffs aus und definiert in § 9.3, welche Rechtsgeschäfte nicht als Veräußerung anzusehen sind. Unabhängig von § 9.3 wird allein der Abschluss des schuldrechtlichen Verpflichtungsgeschäfts (Kaufvertrag) regelmäßig noch nicht als Veräußerung anzusehen sein. Insofern ist auf den vertraglich vereinbarten Übergang von Eigentum, Besitz, Nutzen, Lasten etc. abzustellen.

5. Wie bereits in Anm. 4 erläutert, geht das Formular von einem weiten Verständnis des Veräußerungsbegriffs aus. Insofern ist es unerlässlich zu definieren, welche Rechtsgeschäfte nicht als Veräußerung im Sinne des Vertrages gelten sollen. Der Käufer wird in der Regel ein Interesse daran haben, dass vor allem im Wirtschaftsleben gebräuchliche und anerkannte Gestaltungsmöglichkeiten zur Erzielung von Liquiditäts- und Steuervorteilen wie z. B. **Sale-and-lease-back** oder Leasing nicht als Veräußerung anzusehen sind. Diese Ausnahmen sind – soweit akzeptabel – gegebenenfalls in den Vertrag aufzunehmen. Dasselbe gilt für die Möglichkeit zur Vermietung und Verpachtung.

6. Ermittlung des Mehrerlöses. Als Maßstab zur Ermittlung des erzielten Mehrerlöses wird der von dem Erstkäufer und dem End-Käufer vereinbarte Kaufpreis für die weiterveräußerten Geschäftsanteile an der Gesellschaft zu Grunde gelegt. Danach ist der Mehrerlös grundsätzlich der Differenzbetrag zwischen jenem Kaufpreis (dem Weiterveräußerungspreis) und dem im Rahmen der ursprünglichen Privatisierung bezahlten Kaufpreis, der hier als „Vorläufiger Gesamtkaufpreis" bezeichnet wird. Der Käufer wird in der Regel die anfallenden Steuern, Finanzierungskosten und die im Rahmen des Unternehmenskaufs anfallenden Kosten vom abzuführenden Mehrerlös abziehen wollen. Insoweit geht das Formular davon aus, dass jedenfalls etwa anfallende Ertragsteuern und die Kosten der Weiterveräußerung vom Mehrerlös abzuziehen sind. Möglich ist auch eine Vereinbarung dahingehend, dass die Parteien die anfallende Steuerlast untereinander aufteilen.

7. Für den Fall, dass der Weiterveräußerungserlös nicht den im Zeitraum der Veräußerung festzustellenden **Ertragswert des Unternehmens** erreicht und sich die Parteien nicht innerhalb eines gewissen Zeitraums auf den zu jenem Zeitpunkt bestehenden Ertragswert der Gesellschaft einigen können, sieht die Klausel vor, dass die Parteien eine Wirtschaftsprüfungsgesellschaft zur Bestimmung des Unternehmenswertes bestellen. Sofern der Käufer der ursprünglichen Privatisierung beim Weiterverkauf ein Auktionsverfahren durchgeführt hat, ist allerdings kaum anzunehmen, dass ein nach den Grundsätzen der Unternehmensbewertung gemäß IDW S 1 ermittelter Ertragswert zu einem höheren Unternehmenswert führen wird, als im Rahmen des wettbewerblichen Verfahrens geboten worden ist. Die Klausel soll damit eher den Situationen Rechnung tragen, in denen der ursprüngliche Käufer die erworbenen Geschäftsanteile an der Gesellschaft bewusst zu einem unter dem Verkehrswert liegenden Kaufpreis veräußert, um die Mehrerlösabführungspflicht zu umgehen, und auf andere Weise für den unter Verkehrswert erfolgenden Verkauf kompensiert wird.

10. Vertragsstrafeversprechen, verkäuferfreundlich, ausführlich[1]

10.1   Für jede der nachfolgend bezeichneten Verletzungen von Verpflichtungen aus §§ ...... verwirkt der Käufer eine verschuldensunabhängige Vertragsstrafe nach Maßgabe der nachfolgenden Vorschriften dieses § 10.

10.1.1 Unter Bezugnahme auf die Verpflichtungen nach § ......: Für den Fall, dass ......, verwirkt die Käufer eine Vertragsstrafe in Höhe von ...... EUR. Nach Zugang des in § 10.2 S. 1 bezeichneten Mitteilungsschreibens der Verkäuferin gilt je ein Monat einer fortgesetzten Verletzung als unabhängige und selbständige Verletzung, sodass für jeden Monat einer fortgesetzten Verletzung ein Betrag in Höhe von ...... EUR fällig wird, höchstens jedoch ein Betrag in Höhe von ...... EUR

10.1.2 [*weitere Vertragsstrafenregelungen, soweit erforderlich*]

10.2 Stellt die Verkäuferin eine Verletzung einer oder mehrerer der in §§ ...... genannten Verpflichtungen fest, so teilt sie dies der Käuferin schriftlich mit, verbunden mit der Aufforderung, die Verletzung unverzüglich, spätestens jedoch innerhalb von 4 (vier) Wochen nach Empfang des Mitteilungsschreibens, zu beheben. Gelingt es der Käuferin nicht, die Verletzung der betreffenden Verpflichtungen innerhalb des vorgenannten Zeitraums abzustellen bzw. rückgängig zu machen und dies der Verkäuferin nachzuweisen, so ist die Verkäuferin berechtigt, nach Maßgabe des § 10.1 die dort jeweils bedungene Vertragsstrafe zu fordern.

10.3 Die Verkäuferin hat das Recht, neben einer nach § 10.2 verwirkten Vertragsstrafe weiterhin Einhaltung der jeweils verletzten Verpflichtungen gemäß §§ ...... und insbesondere Unterlassung der die Verpflichtungen verletzenden Handlungen zu verlangen. Die Verkäuferin hat weiterhin das Recht, Schadensersatz von der Käuferin zu verlangen, und zwar neben dem fortbestehenden Anspruch auf Erfüllung der betreffenden Verpflichtungen. In diesem Fall kann die Verkäuferin eine etwa verwirkte Vertragsstrafe als Mindestbetrag des Schadens verlangen; die Geltendmachung eines weitergehenden Schadens ist nicht ausgeschlossen. In keinem Fall kann die Höhe der verwirkten Vertragsstrafe mit der Behauptung gemindert werden, dass der Verkäuferin ein geringerer Schaden entstanden sei. §§ 340 Abs. 1, 341 Abs. 3 BGB werden hiermit abbedungen.

Anmerkung

Es handelt sich um ein ausführliches – verkäuferfreundliches – Vertragsstrafemuster, das z. B. im Rahmen der Haltefristklausel (vgl. Form. H.II.8) oder der Bestandsschutzklausel (vgl. Form. H.II.2 und H.II.3) zum Erhalt des Unternehmens Anwendung finden kann. Da sich der hoheitliche Anteilseigner mit der (Voll-)Privatisierung der entscheidenden Einflussnahme auf das privatisierte Unternehmen begibt, bedarf es eines vertraglichen Absicherungsinstrumentariums, mit dem die öffentliche Hand die Einhaltung der politischen und wirtschaftlichen Ziele auch nach Vollzug der Privatisierung gewährleisten kann. Daher stellt sich im Rahmen von Privatisierungsvorhaben die Frage nach geeigneten Sanktionen, die den privaten Investor auf Grund der jeweiligen Präventivwirkung dazu anhalten, die vertraglichen Besonderheiten des Privatisierungsvorhabens auch tatsächlich einzuhalten. Regelmäßig wird dabei die Aufnahme von Vertragsstraferegelungen in Betracht zu ziehen sein. Gleichwohl sind auch alternative Sanktionsformen denkbar, wie bspw. eine Kaufpreisanpassungsklausel oder aber das unter Form. H.II.3 dargestellte Ankaufsrecht (zu Schwierigkeiten bei der Durchsetzung von Vertragsstrafen siehe auch Anmerkung 6 zu Form. H.II.4).

III. Typische Privatisierungsklauseln in Konsortialverträgen[1]

In diesem Abschnitt werden Besonderheiten von **Teilprivatisierungen** behandelt. Tritt neben den hoheitlichen Anteilseigner ein weiterer, privater Gesellschafter, so bedarf es, wie bei rein privatrechtlichen Gemeinschaftsunternehmen auch, bestimmter Regelungen hinsichtlich der Ziele der Gesellschaft, der allgemeinen Grundsätze der Zusammenarbeit, der Führung der Gesellschaft (Corporate Governance), der Aufrechterhaltung der Handlungsfähigkeit der Gesellschaft sowie zu sonstigen relevanten Fragestellungen. Die erforderlichen Absprachen zwischen den Gesellschaftern werden dabei neben den satzungsmäßig verankerten Rechten und Pflichten in der Regel in einer Grundlagenvereinbarung - dem Konsortialvertrag – vereinbart. Es ist sinnvoll, derartige Regelungen nicht in dem Anteilskaufvertrag zu treffen, weil dieser seiner Natur nach zunächst nur solche Regelungen enthält, die mit der Erfüllung des Kaufgeschäfts (also der Übertragung der verkauften Gesellschaftsanteile und ggf. der Abwicklung der abgegebenen Garantien) beendet sind, während der Konsortialvertrag auf Dauer die Rechtsverhältnisse zwischen den an der Gesellschaft beteiligten Anteilseignern regelt.

Der Konsortialvertrag weist in Teilen einen **satzungsähnlichen Charakter** auf. Gleich einer Satzung regelt er wesentliche Rechtsverhältnisse zwischen den Anteilseignern untereinander und zwischen den Anteilseignern und der Gesellschaft. Allerdings wirken Konsortialverträge nicht ipso jure für und gegen alle Gesellschafter des Gemeinschaftsunternehmens; viele Konsortialverträge enthalten daher Regelungen, wonach ein veräußerungswilliger Gesellschafter Gesellschaftsanteile nur übertragen darf, wenn er gleichzeitig einen Beitritt des Erwerbers zu dem Konsortialvertrag bewirkt. Es sollte durch entsprechende Gestaltungen im Konsortialvertrag – wie z.B. eine Vinkulierung der Gesellschaftsanteile – sichergestellt werden, dass diese Verpflichtung nicht umgangen werden kann. Gegenüber Satzungsregelungen haben konsortialvertragliche Regelwerke zwei Vorteile: Zum einen erlauben sie die Aufnahme aller gewünschten Regelungen, ohne an die Grenzen der Satzungsstrenge gebunden zu sein; so ist es z.B. bei der Aktiengesellschaft auf Grund der Vorschrift des § 23 Abs. 5 AktG ausgeschlossen, satzungsmäßige Wettbewerbsverbote festzulegen. Solche Regelungen sind daher Konsortialverträgen vorbehalten. Ein zweiter Vorteil des Konsortialvertrages besteht darin, dass er nicht zum Handelsregister eingereicht werden muss und daher die Möglichkeit eröffnet, auch auf Dauer vertrauliche Regelungen zu treffen.

Die notwendigen Regelungsbedürfnisse im Rahmen von Teilprivatisierungen unterscheiden sich im Grundsatz nicht wesentlich von solchen Bestimmungen, die allgemein in Joint Venture-Vereinbarungen oder Konsortialverträgen ausschließlich privater Anteilseigner aufgenommen werden. Insofern sei zunächst auf die für privatrechtliche Gemeinschaftsunternehmen allgemein üblichen Vertragsmuster verwiesen (vgl. Form. G. II; siehe auch MünchVertragsHdbI/*Meister/Klöcker* IV.25; Beck'sches Formularbuch Bürgerliches, Handels- und Wirtschaftsrecht/*Blaum/Scholz* VIII.A. 3 und 4 sowie *Stephan* IX.28). In diesem Abschnitt werden nur typische Interessenlagen von Privatisierungsverfahren – insbesondere das Zusammenspiel von hoheitlichem und privatem Anteilseigner – und die damit einhergehenden Klauseln dargestellt.

1. Grundsätze der Zusammenarbeit[1, 2]

1.1 Vertrauensvolle Zusammenarbeit[2]

1.1.1 Die Konsorten werden im Hinblick auf ihre gemeinsame Beteiligung an der Gesellschaft unter Beachtung der in diesem Konsortialvertrag und in der Satzung der Gesellschaft geregelten Rechte und Pflichten jederzeit vertrauensvoll und partnerschaftlich zusammenarbeiten.

1.1.2 Die Konsorten werden die Ausübung ihrer Gesellschaftsrechte, insbesondere die Ausübung des ihnen zustehenden Stimmrechtes in Gesellschafterversammlungen der Gesellschaft, sowie die Erfüllung der ihnen als Gesellschafter obliegenden Pflichten vornehmlich am Interesse der Gesellschaft nach Maßgabe der in dem Anteilskaufvertrag und diesem Konsortialvertrag einschließlich der jeweiligen Anlagen geregelten Zielstellungen ausrichten.

1.2 Entwicklung der Gesellschaft[2]

Die Konsorten sind sich einig, dass die Gesellschaft als ein ergebnisorientiertes, nach betriebswirtschaftlichen Grundsätzen handelndes Unternehmen geführt wird. Sie streben eine wettbewerbsgerechte Unternehmensentwicklung der Gesellschaft nach Maßgabe der folgenden Zielstellungen an:

1.2.1 Wirtschafts- und unternehmenspolitische Ziele[3]
(a) Nachfragegerechter Ausbau des Flughafens (u. a. Neubau einer weiteren Startbahn Ost) sowie Erhöhung der Kapazitäten auf Grundlage regelmäßig zu erstellender Projektionen
(b) Aufrechterhaltung der in diesem Konsortialvertrag definierten Service- und Technologiestandards
(c) Optimierung und Ausbau der Flugverbindungen (Ausbau von Auslandsdirektverbindungen und Intensivierung von Interkontinentalverbindungen) sowie Stärkung der Marktposition des Flughafens
(d) Ausweitung des land- wie luftseitigen Non-Aviation-Geschäfts durch verstärkte Öffnung für Gastronomie, Handel und sonstige Dienstleister
(e) Allgemeine Stärkung des Wirtschaftsstandortes in X-Stadt durch Unterstützung und Förderung der Tätigkeiten der Gesellschaft und anderer am Flughafen ansässiger Unternehmen

1.2.2 Arbeitsmarkt- und sozialpolitische Ziele
(a) Erhaltung langfristig sicherer, attraktiver und wettbewerbsfähiger Arbeitsplätze und Schaffung neuer Arbeitsplätze im Bereich des Flughafens nach Maßgabe der in § ...... bezeichneten Zusagen des Investors
(b) Faire Behandlung der Arbeitnehmerinteressen bei der Gesellschaft sowie deren Tochter- und Beteiligungsgesellschaften

1.2.2 Umweltpolitische Ziele
(a) Angemessene Berücksichtigung der umweltlichen Belange bei Betrieb, Entwicklung und Ausbau des Flughafens nach dem jeweiligen Stand der Technik
(b) Durchführung geeigneter Maßnahmen zur nachhaltigen Reduzierung von Lärm- und Schadstoffimmissionen durch den Flughafenbetrieb

Anmerkungen

1. Sachverhalt. Es handelt sich um die Teilprivatisierung eines Großflughafens, der in der Rechtsform einer GmbH bislang allein durch die öffentliche Hand betrieben wird. Die Teilprivatisierung erfolgt u. a., um gemeinsam mit einem privaten Investor größere Investitionsvorhaben am Flughafen durchzuführen, die als gemeinsame Ziele in den Konsortialvertrag aufzunehmen sind. Die Anteile an der zu privatisierenden Flughafengesellschaft werden durch eine hoheitliche Holdinggesellschaft gehalten (im Formular als „Holding" bezeichnet). Der Ablauf der Teilprivatisierung soll sich folgendermaßen vollziehen: Zunächst veräußert die öffentliche Hand an einen prospektiven Erwerber (im Muster als „Investor" bezeichnet) eine erste Tranche von Gesellschaftsanteilen, so dass die bei der öffentlichen Hand verbleibende Kapitalmehrheit ihr weiterhin entscheidenden Einfluss in den jeweiligen Gesellschaftsgremien sichert. Der Anteilserwerb unterliegt einem üblichen Geschäftsanteilskauf- und Übertragungsvertrag; hierfür sind ggf. die im Abschnitt II. dargestellten Klauseln zu beachten. Die Veräußerung der Geschäftsanteile erfolgt unter wirtschaftlicher Einbeziehung der finanzkräftigen

Konzernobergesellschaft des Investors (im Muster als „Muttergesellschaft" bezeichnet), die ihrerseits bestimmte (Finanzierungs-)Zusagen mit Hinblick auf die Verpflichtungen des Investors übernimmt. Längerfristig ist möglicherweise ein weiterer Rückzug der öffentlichen Hand aus der Gesellschaft beabsichtigt. Im Konsortialvertrag werden hierzu bestimmte Andienungsrechte und -pflichten (hierzu § 7.4 des Formulars) normiert, die einen sukzessiven Rückzug der öffentlichen Hand aus der Gesellschaft ermöglichen sollen. Die nachfolgenden Klauseln zu den Organen der Gesellschaft (Corporate Governance) stellen daher einen Kompromiss dar zwischen Durchsetzungsmöglichkeiten der öffentlichen Hand während der Zeit ihrer mehrheitlichen Anteilseignerschaft und der Gewährleistung bestimmter Vetorechte der öffentlichen Hand nach weiterer Rückzugsprivatisierung und Abgabe der Anteilsmehrheit.

2. Unmittelbare **Rechtsfolgen** ergeben sich aus der Klausel nicht. Vergleichbar der allgemeinen Zielklausel des Anteilskaufvertrages (vgl. Form. H.II.1, dort Anm. 2 ff.) dient sie der Feststellung der vertraglichen Grundlagen für die künftige Zusammenarbeit der Konsorten und enthält eine programmatische Verpflichtung, die gemeinschaftliche Zusammenarbeit am Gesellschaftsinteresse sowie den jeweils im Konsortialvertrag und im Anteilskaufvertrag festgelegten Zielstellungen auszurichten.

3. Die im Muster dargestellten **Zielstellungen** seien hier lediglich kurz beispielhaft für eine Flughafenprivatisierung angerissen und sollten bei der Vertragsgestaltung entsprechend den im konkreten Fall gegebenen Begebenheiten herausgearbeitet werden. Dies empfiehlt sich insbesondere dann, wenn die Teilprivatisierung u. a. deswegen vorgenommen wird, um gemeinschaftlich mit dem privaten Investor konkrete (Investitions-)Projekte der Gesellschaft durchzuführen (siehe im Übrigen die allgemeine Zielklausel in Form. H.II.1). Auch die Vereinbarung einer Standort- und Bestandsgarantie (vgl. oben Form. H.II.2 und 3) kann sich empfehlen, und zwar selbst dann, wenn die öffentliche Hand (einstweilen) noch Mehrheitsgesellschafter des zu privatisierenden Unternehmens bleibt. Zum einen wirken derartige allgemeine Zielklauseln bzw. Standort- und Bestandsgarantien klarstellend, wenn über die Ausübung der Gesellschafterrechte in den Organen der teilprivatisierten Gesellschaft einmal Streit entstehen sollte. Zum anderen empfehlen sich solche Regelungen jedenfalls dann, wenn – wie hier vorausgesetzt (vgl. oben Anm. 1) – die öffentliche Hand nach einer weiteren Rückzugsprivatisierung in eine Minderheitsposition gelangt und sich daher im Hinblick auf die weitere Entwicklung der Gesellschaft unter Umständen nicht mehr durchsetzen kann.

2. Organe[1, 2]

2.1 Aufsichtsrat[2]
2.1.1 Von den zwölf Anteilseignervertretern im Aufsichtsrat der Gesellschaft werden sieben Aufsichtsratsmitglieder auf Vorschlag der Holding und fünf Aufsichtsratsmitglieder auf Vorschlag des Investors gewählt. Die Konsorten verpflichten sich, ihr Stimmrecht bei der Wahl der Aufsichtsratsmitglieder in der Hauptversammlung der Gesellschaft im Einklang mit den gemäß den Regelungen dieses § 2 zu berücksichtigenden Wahlvorschlägen auszuüben. Dies gilt entsprechend für Ersatzmitglieder der betreffenden Aufsichtsratsmitglieder.
2.1.2 Jeder Konsorte hat das Recht zu verlangen, dass Aufsichtsratsmitglieder, die auf Grund eines von dem betreffenden Konsorten unterbreiteten Wahlvorschlages gewählt worden sind, auf Grund eines Vertrauensentzugs der Hauptversammlung abberufen werden, wenn der betreffende Konsorte kein Vertrauen mehr in die Amtsführung des betroffenen Aufsichtsratsmitglieds hat. § 2.1.1 Satz 2 und 3 gilt entsprechend. Legt ein Aufsichtsratsmitglied, das auf Grund eines Wahlvorschlages eines Konsorten gemäß § 2.1.1 gewählt worden ist, vorzeitig sein Amt nieder, so ist der betreffende Konsorte erneut zur Unterbreitung eines Wahlvor-

schlages für die betreffende Aufsichtsratsposition berechtigt; § 2.1.1 findet Anwendung.

2.1.3 Die Holding ist berechtigt, eines der von ihr benannten Mitglieder des Aufsichtrates für die jeweilige Dauer seiner Amtszeit zum Vorsitzenden des Aufsichtsrates und jedes Aufsichtsratsausschusses vorzuschlagen. Die Konsorten werden im Rahmen des gesetzlich Zulässigen die von ihnen benannten Aufsichtsratsmitglieder anhalten, die solchermaßen vorgeschlagenen Mitglieder zu wählen.[3]

2.1.4 Die Zuständigkeiten des Aufsichtsrates ergeben sich aus der Gesellschafts-Satzung und aus dem Gesetz. Die Konsorten werden im Rahmen des gesetzlich Zulässigen die von ihnen jeweils benannten Aufsichtsratsmitglieder anhalten, gegen Beschlussanträge im Aufsichtsrat zu stimmen, welche die Bestimmung weiterer, über die Gesellschafts-Satzung (§ ...... der Gesellschafts-Satzung) hinausgehender zustimmungspflichtiger Geschäftsführungsmaßnahmen gemäß § 111 Abs. 4 S. 2 AktG bezwecken.

2.1.5 Die Konsorten werden die von ihnen benannten Aufsichtsratsmitglieder im Rahmen des gesetzlich Zulässigen anhalten zu bewirken, dass sich der Aufsichtsrat in seiner ersten Sitzung nach dem Übertragungstag eine Geschäftsordnung gibt, die im Wesentlichen der in der Anlage ...... beigefügten Geschäftsordnung entspricht.[4] Nach Erlass der Geschäftsordnung des Aufsichtsrats nach Maßgabe von Satz 1 bedürfen Änderungen der Geschäftsordnung der Zustimmung aller Konsorten.[5]

2.1.6 Die Konsorten werden darauf hinwirken, dass im Aufsichtsrat der Gesellschaft folgende Ausschüsse gebildet werden: (i) ......-Ausschuss; (ii) ......-Ausschuss; (iii) ......-Ausschuss. Die Konsorten werden weiter darauf hinwirken, dass die vorgenannten Ausschüsse jeweils eine Gesamtstärke von sechs Mitgliedern erhalten, wovon in den Ausschüssen jeweils zwei Arbeitnehmervertreter, ein von dem Investor und drei von der Holding benannte Aufsichtsratsmitglieder vertreten sein sollen.[6] Die Bildung neuer sowie die Änderung von Umfang und Aufgaben bestehender Ausschüsse des Aufsichtsrats über das zuvor festgelegte Maß hinaus bedürfen der Zustimmung aller Konsorten.[5] Für Aufsichtsratsausschüsse gelten im Übrigen – soweit möglich – die in diesem Konsortialvertrag für den Aufsichtsrat geltenden Bestimmungen entsprechend.

2.1.7 Die Konsorten verpflichten sich, im Rahmen des gesetzlich Zulässigen auf die von ihnen benannten Mitglieder des Aufsichtsrates Einfluss zu nehmen, um deren Stimmverhalten entsprechend den Absprachen dieses Konsortialvertrages, den Beschlüssen der Gesellschafterversammlung sowie des Konsortialausschusses auszurichten. Setzt sich ein von den Anteilseignern gewähltes Aufsichtsratsmitglied der Gesellschaft nachhaltig in Widerspruch zu den vorgenannten Regelungen oder Beschlüssen, so ist ein solches Aufsichtsratsmitglied auf Verlangen eines Konsorten abzuberufen. Jeder Konsorte ist verpflichtet, an einem solchen Beschluss der Gesellschafterversammlung mitzuwirken.

2.1.8 Sämtliche Beschlussgegenstände des Aufsichtsrates und seiner Ausschüsse sollen – soweit einer der Konsorten dies verlangt und dies zeitlich möglich ist – vor Beschlussfassung im Aufsichtsrat im Konsortialausschuss besprochen werden.[7, 14]

2.1.9 Über die nachfolgend in lit. (a) und (b) bezeichneten Beschlussgegenstände darf im Aufsichtsrat und – soweit dort abschließend Beschluss gefasst wird – auch in den Aufsichtsratsausschüssen nur abgestimmt werden, wenn über diese Beschlussgegenstände zuvor der Konsortialausschuss einen Beschluss gemäß § 2.4.5 gefasst hat:[8]

(a) Beschlussgegenstände, für die im Falle der Nichteinigung gemäß § 2. 1. 10 S. 3 lit. (a) das Konfliktauflösungsverfahren gemäß § 3.1 zu durchlaufen ist, sind:[9]

2. Organe
H.III.2

 (i) Bildung neuer sowie Änderung von Aufgaben und Umfang bestehender Aufsichtsratsausschüsse über das in § 2.1.6 festgelegte Maß hinaus;

 (ii) Änderungen der Geschäftsordnung des Aufsichtsrates;

 (iii) Beschlussfassung über Wirtschaftspläne der Gesellschaft, d. h. Geschäfts-, Finanz-, Investitions-, Personal- und ähnliche Pläne (Jahres- und Mittelfristpläne, einschließlich etwaiger rollierend fortgeschriebener Mehrjahrespläne)

 (iv) Festsetzung allgemein gültiger Entgelte, insbesondere der Start- und Landeentgelte

 (v) Erlass, Änderung und Aufhebung der Flughafenbenutzungsordnung sowie Erlass oder Aufhebung allgemeiner Betriebs- und Verkehrsvorschriften

 [ggf. weitere Beschlussgegenstände]

(b) Beschlussgegenstände, für die im Falle der Nichteinigung gemäß § 2. 1. 10 S. 3 lit. (b) das Mediationsverfahren gemäß § 3.2 zu durchlaufen ist, sind:[9]

 (i) Gründung, Erwerb und Veräußerung von Unternehmen und von Beteiligungen an Unternehmen durch die Gesellschaft sowie die von ihr maßgeblich beeinflussten Beteiligungsgesellschaften und Tochtergesellschaften;

 (ii) Strukturelle Änderungen der Geschäftsbereiche und Betriebsorganisation der Gesellschaft sowie der von ihr maßgeblich beeinflussten Beteiligungsgesellschaften und Tochtergesellschaften.

 [ggf. weitere Beschlussgegenstände]

2.1.10 Zu den in § 2.1.9 genannten Beschlussgegenständen ist ein einstimmiger Beschluss des Konsortialausschusses herbeizuführen. Sofern zwischen den Konsorten Übereinstimmung erzielt werden kann, sind diese verpflichtet, die von ihnen benannten Aufsichtsratsmitglieder zu einer entsprechenden Stimmabgabe anzuhalten. Sofern zu den in § 2.1.9 genannten Beschlussgegenstände keine Übereinstimmung erzielt werden kann, gilt Folgendes:[10]

(a) Kann über einen Beschlussgegenstand gemäß § 2.1.9 lit. (a) im Konsortialausschuss keine Einigkeit erzielt werden, so sind die Konsorten verpflichtet, den Konfliktauflösungsmechanismus gemäß § 3.1 zu durchlaufen. Führt auch dies nicht zu einer Einigung, so sind die Konsorten verpflichtet, die von ihnen benannten Aufsichtsratsmitglieder im Rahmen des rechtlich Zulässigen dazu anzuhalten, den Beschlussvorschlag abzulehnen.

(b) Kann über einen Beschlussgegenstand gemäß § 2.1.9 lit. (b) im Konsortialausschuss keine Einigkeit erzielt werden, so sind die Konsorten verpflichtet, das Mediationsverfahren gemäß § 3.2 zu durchlaufen. Führt auch dies nicht zu einer Einigung, so sind der Investor und die Muttergesellschaft verpflichtet, die von ihnen benannten Aufsichtsratsmitglieder im Rahmen des gesetzlich Zulässigen dazu anzuhalten, den von der Holding bzw. den von ihr benannten Aufsichtsratsmitgliedern eingebrachten Beschlussvorschlag zu unterstützen und im Aufsichtsrat für diesen Beschlussvorschlag zu stimmen.

2.1.11 Hinsichtlich aller weder in § 2.1.4 S. 2 noch in § 2.1.10 genannter Beschlussgegenstände unterliegen die Konsorten – unbeschadet der vorherigen Beratung im Konsortialausschuss gemäß § 2.1.8 – weder Stimmbindungen noch Verpflichtungen, die von ihnen benannten Aufsichtsratsmitglieder zu einer Stimmabgabe in bestimmtem Sinne anzuhalten, soweit in diesem Konsortialvertrag nicht ausdrücklich abweichend geregelt. Vielmehr ist jeder Konsorte frei, die aus der von ihm gehaltenen Beteiligung folgenden Stimmrechte und Einflussmöglichkeiten nach eigenem Ermessen auszuüben.[11]

2.2 Geschäftsführung

2.2.1 Die Gesellschaft soll drei Geschäftsführer haben. Ein oder mehrere weitere Geschäftsführer können bestellt werden, wenn die Gesellschafterversammlung dies in Anbetracht des Geschäftsumfangs, der Aufgabenverteilung oder sonst aus sachlichen Gründen für angemessen erachtet.

2.2.2 Geschäftsführer werden von der Gesellschafterversammlung mit einfacher Mehrheit der abgegebenen Stimmen gewählt. Anforderungsprofil, Auswahlverfahren und Bestellung von Geschäftsführern werden zuvor im Konsortialausschuss erörtert. Der Investor ist berechtigt, der Berufung eines von der Holding vorgeschlagenen Geschäftsführers aus wichtigem Grund zu widersprechen. Ein wichtiger Grund in diesem Sinne liegt nur dann vor, wenn der von Holding vorgeschlagene Geschäftsführer nach seiner fachlichen Qualifikation (einschließlich seiner Fach-, Management- und Sozialkompetenz) für die ihm zu übertragenden Aufgaben nicht geeignet ist.[12] Erfolgt ein Widerspruch des Investors vor Bestellung des betreffenden Geschäftsführers, so ist das Mediationsverfahren gemäß § 3.2 zu durchlaufen. Bis zur Beendigung dieses Verfahrens ist die Holding verpflichtet, in der Gesellschafterversammlung von der Bestellung der betreffenden Person zum Geschäftsführer der Gesellschaft abzusehen.[13]

2.2.3 Die Zusammenarbeit innerhalb der Geschäftsführung sowie die Berichts- und Zustimmungserfordernisse gegenüber dem Aufsichtsrat – soweit nicht bereits in der Gesellschafts-Satzung geregelt – richten sich nach der in der Anlage ...... beigefügten Geschäftsanweisung für die Geschäftsführung. Die Konsorten verpflichten sich gegenseitig, diese Geschäftsanweisung unverzüglich nach dem Übertragungstag durch Gesellschafterbeschluss gegenüber der Geschäftsführung in Kraft zu setzen. Änderungen der Geschäftsanweisung bedürfen eines Gesellschafterbeschlusses mit einfacher Mehrheit der abgegebenen Stimmen, der zuvor im Konsortialausschuss zu erörtern ist. Kann im Konsortialausschuss über eine beantragte Änderung der Geschäftsanweisung keine Einigkeit erzielt werden, so ist das Mediationsverfahren gemäß § 3.2 zu durchlaufen. Bis zur Beendigung dieses Verfahrens ist die Holding verpflichtet, in der Gesellschafterversammlung von der Verabschiedung des die Geschäftsanweisung ändernden Beschlusses abzusehen.[13]

2.2.4 Im Abstand von ...... Monat(en) werden Managementgespräche zwischen Vertretern der Konsorten und der Geschäftsführung der Gesellschaft geführt. Ziel der Managementgespräche, zu denen weitere Fachkräfte hinzugezogen werden können, ist es, auf informeller Basis ausführliche Berichte von der Geschäftsführung über die Geschäftsentwicklung insgesamt, die Entwicklung der einzelnen Bereiche sowie über laufende Projekte zu erhalten, diesbezügliche Aktivitäten anzustoßen und deren Umsetzung zeitnah zu verfolgen sowie das Know-how der Konsorten angemessen einzubinden.

2.3 Gesellschafterversammlung

2.3.1 Sämtliche Beschlussgegenstände der Gesellschafterversammlung sollen – soweit einer der Konsorten dies verlangt und dies zeitlich möglich ist – vor Beschlussfassung der Gesellschafter im Konsortialausschuss besprochen werden.[8]

2.3.2 Über die nachfolgend jeweils in lit. a) und b) bezeichneten Beschlussgegenstände darf in der Gesellschafterversammlung nur abgestimmt werden, wenn über diese Beschlussgegenstände zuvor der Konsortialausschuss einen Beschluss gemäß § 2.4.5 gefasst hat:[8]

(a) Beschlussgegenstände, für die im Falle der Nichteinigung gemäß § 2.3.3 S. 3 lit. (a) das Konfliktauflösungsverfahren gemäß § 3.1 zu durchlaufen ist, sind:[9]

(i) Änderung des Gesellschaftsvertrages;

2. Organe H.III.2

        (ii) Auflösung der Gesellschaft;
        (iii) Verträge zwischen der Gesellschaft einerseits und Gesellschaftern und/ oder mit deren i. S. d. § 15 AktG verbundenen Unternehmen andererseits;
        [ggf. weitere Beschlussgegenstände]
    (b) Beschlussgegenstände, für die im Falle der Nichteinigung gemäß § 2.3.3 S. 3 lit. (b) das Mediationsverfahren gemäß § 3.2 zu durchlaufen ist, sind:[9]
        (i) Veräußerung und Ausgliederung von Betriebsteilen;
        (ii) Abschluss, wesentliche Änderung und Beendigung von Joint-Venture-Verträgen, Kooperationsvereinbarungen und strategischen Allianzen von wesentlicher Bedeutung
        (iii) Gründung, Erwerb und Veräußerung von Unternehmen und von Beteiligungen an Unternehmen durch die Gesellschaft oder deren Tochter- und Beteiligungsgesellschaften
        [ggf. weitere Beschlussgegenstände]

2.3.3 Zu den in § 2.3.2 genannten Beschlussgegenständen ist ein einstimmiger Beschluss des Konsortialausschusses herbeizuführen. Sofern zwischen den Konsorten Übereinstimmung erzielt werden kann, sind diese verpflichtet, ihre Stimmen in der Gesellschafterversammlung entsprechend abzugeben. Sofern zu den in § 2.3.2 genannten Beschlussgegenständen keine Übereinstimmung zwischen den Konsorten erzielt werden kann, gilt Folgendes:[10]
    (a) Kann über einen Beschlussgegenstand gemäß § 2.3.2 lit. (a) im Konsortialausschuss keine Einigkeit erzielt werden, so sind die Konsorten verpflichtet, den Konfliktauflösungsmechanismus gemäß § 3.1 zu durchlaufen. Führt auch dies nicht zu einer Einigung, so sind die Konsorten verpflichtet, den Beschlussvorschlag in der Gesellschafterversammlung abzulehnen.
    (b) Kann über einen Beschlussgegenstand gemäß § 2.3.2 lit. (b) im Konsortialausschuss keine Einigkeit erzielt werden, so sind die Konsorten verpflichtet, das Mediationsverfahren gemäß § 3.2 zu durchlaufen. Führt auch dies nicht zu einer Einigung, so ist jeder Konsorte frei, die aus der von ihm gehaltenen Beteiligung an der Gesellschaft folgenden Rechte, insbesondere die Stimmrechte, nach eigenem Ermessen auszuüben.

2.3.4 Hinsichtlich aller in § 2.3.3 lit. (a) nicht genannter Beschlussgegenstände unterliegen die Konsorten – unbeschadet der vorherigen Beratung im Konsortialausschuss gemäß § 2.3.1 – keinerlei Stimmbindungen, soweit in diesem Konsortialvertrag nicht ausdrücklich abweichend geregelt. Vielmehr ist jeder Konsorte frei, die aus der von ihm gehaltenen Beteiligung an der Gesellschaft folgenden Rechte, insbesondere die Stimmrechte, nach eigenem Ermessen auszuüben.[11]

2.4 Konsortialausschuss[14]

2.4.1 Die Konsorten bilden einen Konsortialausschuss. Die Holding entsendet drei Mitglieder und der Investor entsendet zwei Mitglieder in den Konsortialausschuss. Entsandte Mitglieder können jederzeit von dem Konsorten, der sie entsandt hat, wieder abberufen und durch andere Mitglieder ersetzt werden. Aufsichtsratsmitglieder können zu Mitgliedern des Konsortialausschusses berufen werden.

2.4.2 Der Konsortialausschuss dient der Zusammenarbeit der Vertragsparteien bei der Ausübung der ihnen als Anteilseigner der Gesellschaft zustehenden Rechte. In ihm sollen rechtzeitig alle die Parteien interessierenden Fragen im Hinblick auf die Gesellschafterstellung der Konsorten erörtert werden.

2.4.3 Der Konsortialausschuss ist zuständig für:
    (a) die Erörterung von Grundsatzfragen der Unternehmenspolitik, insbesondere
        (i) Unternehmensstrategie
        (ii) bedeutende Investitionen

(iii) Ausweitung oder Aufgabe von Geschäftsfeldern
(iv) überregionale und internationale Ausrichtung der Gesellschaft
(v) bedeutende Finanzierungsmaßnahmen
(vi) Erwerb und Veräußerung von wesentlichen Beteiligungen und Abschluss und Auflösung von wesentlichen operativen und strategischen Allianzen.
(b) Erörterung aller Tagesordnungspunkte und Beschlussgegenstände im Hinblick auf die Ausübung der Stimmrechte und sonstigen Einflussmöglichkeiten der Konsorten in der Gesellschafterversammlung der Gesellschaft, im Aufsichtsrat sowie in dessen Ausschüssen;
(c) Erörterung der Bestellung neuer Geschäftsführer im Hinblick auf die dem Investor nach § 2.2.2 zustehenden Rechte;
(d) Erörterung der Ausschüttungsbeschlüsse und Dividendenpolitik gemäß §§ 5.2 und 5.3;
(e) Erörterung und Abstimmung hinsichtlich der in § 2.1.9 genannten Beschlussgegenstände des Aufsichtsrates sowie der in § 2.3.2 genannten Beschlussgegenstände der Gesellschafterversammlung, hinsichtlich derer sich die Konsorten in den vorgenannten Vorschriften zur einheitlichen Ausübung ihrer Stimmrechte in der Gesellschafterversammlung sowie ihrer Einflussmöglichkeiten auf das Stimmverhalten im Aufsichtsrat verpflichtet haben;
(f) alle sonstigen Sachfragen im Zusammenhang mit der Gesellschaft und ihren Tochter- und Beteiligungsgesellschaften, soweit ein Konsorte deren Erörterung im Konsortialausschuss wünscht.

2.4.4 Hinsichtlich der Sitzungen des Konsortialausschusses gilt Folgendes:[15]
(a) Der Konsortialausschuss tagt in den Geschäftsräumen der Gesellschaft oder an einem anderen Ort am Sitz der Gesellschaft in ......, sofern die Konsorten nicht einstimmig etwas anderes beschließen. Der Konsortialausschuss wählt mit der Mehrheit der abgegebenen Stimmen einen Vorsitzenden.
(b) Der Konsortialausschuss tritt auf Wunsch eines Konsorten, mindestens jedoch alle ...... Monate, zusammen. Der Konsortialausschuss soll vor Sitzungen der Aufsichtsratsausschüsse und ggf. auch vor Sitzungen des Aufsichtsrates sowie vor Gesellschafterversammlungen rechtzeitig, d.h. jeweils mindestens ...... Tage vorher, zusammentreten, jedoch nur, wenn einer der Konsorten dies verlangt.
(c) Der Konsorte, der eine Sitzung des Konsortialausschusses wünscht, hat dies dem anderen Konsorten mindestens ...... Tage vorher unter Angabe der Tagesordnung und eines Terminvorschlages schriftlich mitzuteilen. Die Konsorten werden sich daraufhin unverzüglich über einen Termin verständigen. Gelingt dies nicht bis zum vorgeschlagenen Termin, so ist der Konsorte, der die Sitzung des Konsortialausschusses wünscht, zur Einberufung der Sitzung des Konsortialausschusses mit einer (weiteren) Frist von ...... Arbeitstagen berechtigt. Der Tag der Sitzung wird bei der Berechnung der Frist nicht mitgerechnet.
(d) Der Konsortialausschuss ist beschlussfähig, wenn mindestens ein von der Holding und ein vom Investor entsandtes Mitglied des Konsortialausschusses anwesend sind. Ist ein solches Quorum nicht gegeben, ist unter Beachtung von lit. (b) unverzüglich eine neue Sitzung einzuberufen. Diese ist ohne Rücksicht auf die vertretenen Mitglieder beschlussfähig, falls hierauf in der Einladung hingewiesen wurde. Sind sämtliche Mitglieder anwesend oder vertreten und mit der Beschlussfassung einverstanden, können Beschlüsse auch dann gefasst werden, wenn die für die Einladung gemäß lit. (b) geltenden Vorschriften nicht eingehalten wurden.
(e) Kommt eine Sitzung des Konsortialausschusses über Tagesordnungspunkte, die in einer bevorstehenden Gesellschafterversammlung oder Aufsichtsratssit-

2. Organe
H.III.2

zung behandelt werden sollen und die sich auf einen oder mehrere der in § 2.1.9, § 2.2.2 S. 2, § 2.2.3 S. 3 oder § 2.3.2 genannten Beschlussgegenstände beziehen, vor der betreffenden Versammlung oder Sitzung nicht zustande, so haben die Konsorten im Rahmen des gesetzlich Zulässigen eine Vertagung des Tagesordnungspunktes in der betreffenden Gesellschafterversammlung oder Aufsichtsratssitzung zu bewirken, wenn einer der Konsorten dies verlangt. Dies gilt nicht, soweit der Gesellschaft auf Grund der Vertagung schwerwiegende Nachteile drohen.

(f) Teilnahmeberechtigt an Sitzungen des Konsortialausschusses sind nur dessen Mitglieder. Diese können sich durch andere Mitglieder des Konsortialausschusses auf der Grundlage einer schriftlichen Vollmacht vertreten lassen.

(g) Über den Verlauf der Sitzung ist (zu Beweiszwecken und nicht als Wirksamkeitsvoraussetzung) durch einen vom Vorsitzenden zu bestimmenden Protokollführer eine Niederschrift anzufertigen, in welcher Ort und Tag der Sitzung, die Teilnehmer, die Gegenstände der Tagesordnung, der wesentliche Inhalt der Verhandlungen und die Beschlüsse der Mitglieder anzugeben sind. Die Niederschrift ist vom Vorsitzenden des Konsortialausschusses und vom Protokollführer zu unterzeichnen. Jedes Mitglied des Konsortialausschusses erhält unmittelbar nach der Sitzung eine Abschrift der Niederschrift.

(h) Über jeden außerhalb von Sitzungen im Umlaufverfahren gefassten Beschluss ist vom Protokollführer in entsprechender Anwendung von lit. (g) (zu Beweiszwecken und nicht als Wirksamkeitsvoraussetzung) unverzüglich eine Niederschrift anzufertigen, welche den Tag und die Form der Beschlussfassung, den Inhalt des Beschlusses und die Stimmabgaben anzugeben hat. Eine Abschrift der Niederschrift ist jedem Mitglied des Konsortialausschusses unverzüglich zu überreichen.

2.4.5 Der Konsortialausschuss fasst seine Entscheidungen durch Beschlüsse. Entscheidungen können auch im Umlaufverfahren gefasst werden, es sei denn, ein Konsorte widerspricht diesem Verfahren innerhalb einer Frist von ...... Tagen. Soweit in diesem Konsortialvertrag nicht abweichend geregelt, bedürfen Beschlüsse des Konsortialausschusses der Einstimmigkeit. Im Konsortialausschuss stehen der Holding drei Stimmen und dem Investor zwei Stimmen zu. Die nach dem vorstehenden Satz einem jeden der im Konsortialausschuss vertretenen Konsorten zustehenden Stimmen können von jedem durch den betreffenden Konsorten entsandten Mitglied des Konsortialausschusses bzw. dessen Stellvertreter abgegeben werden; die Anzahl der in der betreffenden Sitzung des Konsortialausschusses anwesenden Mitglieder ist insoweit unerheblich. Lässt sich Einstimmigkeit nicht feststellen, so ist jeder Konsorte hinsichtlich der Ausübung der ihm auf Grund seiner Gesellschafterstellung zustehenden Rechte, insbesondere bei der Ausübung von Stimmrechten, frei, soweit nicht ausdrücklich anders geregelt in diesem Konsortialvertrag.

2.4.6 Inhalt und Ergebnis der Verhandlungen des Konsortialausschusses sind streng vertraulich zu behandeln. Die Konsorten werden dafür Sorge tragen, dass die von ihnen in den Konsortialausschuss entsandten Mitglieder diese Vertraulichkeitsverpflichtung achten. Dies gilt auch für alle sonstigen mit Fragen des Konsortialausschusses befassten Personen.

2.5 Übergang der Anteilsmehrheit auf den Investor[16]

2.5.1 Erwirbt der Investor die Mehrheit des Stammkapitals und der Stimmrechte an der Gesellschaft, sei es infolge einer Ausübung der Put- oder Call-Option gemäß § 7.4 oder auf andere Weise, so gelten die Regelungen dieses § 2 mit folgenden Maßgaben fort:

(a) § 2.1.1 gilt mit der Maßgabe fort, dass der Investor berechtigt ist, sieben Anteilseignervertreter vorzuschlagen, und die Holding zum Vorschlag von fünf Anteilseignervertretern berechtigt ist.
(b) § 2.1.3 wirkt mit der Maßgabe fort, dass nunmehr der Investor berechtigt ist, eines der von ihm benannten Mitglieder des Aufsichtsrates zum Vorsitzenden des Aufsichtsrates und der jeweils gebildeten Aufsichtsratsausschüsse vorzuschlagen.
(c) § 2.1.6 wirkt mit der Maßgabe fort, dass in den Aufsichtsratsausschüssen nunmehr jeweils ein von der Holding und drei von dem Investor benannte Aufsichtsratsmitglieder vertreten sein sollen.
(d) § 2. 1. 10 lit. (b) S. 2 wird durch folgende Regelung ersetzt: „Führt auch dies nicht zu einer Einigung, so ist jeder Konsorte frei, die aus der von ihm gehaltenen Beteiligung an der Gesellschaft folgenden Rechte, insbesondere die Stimmrechte, nach eigenem Ermessen auszuüben; es besteht keinerlei Verpflichtung, die von den jeweiligen Konsorten benannten Aufsichtsratsmitglieder zu einer Stimmabgabe in bestimmtem Sinne anzuhalten."
(e) § 2.2.2 S. 3, 4 und 5 gelten mit der Maßgabe fort, dass die dort normierten Widerspruchsrechte fortan zu Gunsten der Holding bestehen und dass der Investor verpflichtet ist, bis zur Beendigung des Mediationsverfahrens von der Bestellung der betreffenden Person zum Geschäftsführer der Gesellschaft abzusehen.
(f) § 2.4.1 gilt mit der Maßgabe fort, dass die Holding zwei Mitglieder und der Investor drei Mitglieder in den Konsortialausschuss entsendet.
(g) § 2.4.5 S. 4 gilt mit der Maßgabe fort, dass die Holding fortan zwei Stimmen und der Investor drei Stimmen im Konsortialausschuss hat.

2.5.2 Der Investor ist berechtigt zu verlangen, dass die aus § 2.5.1 folgenden Änderungen in der Besetzung der Organe der Gesellschaft sowie im Konsortialausschuss unverzüglich nach Eintritt der in § 2.5.1 genannten Voraussetzungen herbeigeführt werden. Die Holding ist verpflichtet, an der Umsetzung dieser Änderungen mitzuwirken.

Anmerkungen

1. Zum **Sachverhalt** vgl. zunächst Anmerkung 1 zu Formular H.III.1. Danach besteht im vorliegenden Fall die Situation, dass die öffentliche Hand zunächst weiterhin Mehrheitsgesellschafter des teilprivatisierten Unternehmens ist. Die Bestimmungen zur Führung des teilprivatisierten Unternehmens (Corporate Governance) gehören zu den entscheidenden Regelungen des Konsortialvertrages. Die Frage, welche Einflussrechte der Investor erhält, bestimmt den Charakter der Teilprivatisierung (bloße Finanzbeteiligung oder mehr oder weniger weitgehende aktive Mitwirkung in der Führung der Gesellschaft), hat in vielen Fällen erhebliche Auswirkungen auf den Veräußerungserlös und bestimmt darüber hinaus, ob und wie das teilprivatisierte Unternehmen zukünftig (effizient) geführt werden kann. Im Rahmen der Teilprivatisierung gilt es aus Sicht des hoheitlichen Anteilseigners insbesondere, den zunächst noch bestehenden mehrheitlichen Einfluss der öffentlichen Hand auf das Unternehmen abzusichern. Dies wird im Konsortialvertrag u. a. dadurch gewährleistet, dass der hoheitliche Anteilseigner weiterhin maßgeblichen Einfluss auf die personelle Besetzung der Leitungsgremien der Gesellschaft erhält. Andererseits geht es der öffentlichen Hand im Rahmen von Teilprivatisierungen häufig darum, die Erfahrungen und das Know-how des privaten Investors für das teilprivatisierte Unternehmen nutzbar zu machen; dies setzt voraus, dass dem Investor durch entsprechende Regelungen auch die Möglichkeit eingeräumt wird, diese Beiträge effektiv einzubringen.

Bei der Gestaltung der Regelungen zur Corporate Governance ist darüber hinaus wichtig, die künftige Entwicklung der Anteilsverhältnisse angemessen zu berücksichtigen. Sollte bspw.

im Rahmen einer geplanten Rückzugsprivatisierung (wie hier, vgl. zunächst Anm. 1 zu Form. H. III. 1 sowie unten Anm. 16) damit zu rechnen sein, dass der hoheitliche Anteilseigner zukünftig nicht mehr über die Mehrheit in den Organen der Gesellschaft verfügt, so ist an bestimmten Stellen – etwa, soweit spezifisch öffentliche Interessen (Nutzungsentgelte, Versorgungsstandards, etc.) betroffen oder Grundfragen der Corporate Governance (wie z. B. Satzungsgestaltung, Geschäftsplanung usw.) angesprochen sind – an die vertragliche Verankerung von Minderheitsrechten zugunsten der öffentlichen Hand zu denken. Diese könnten in letzter Konsequenz auch so ausgestaltet sein, dass sie auch dann noch ausgeübt werden können, wenn die öffentliche Hand nur noch mit einer sog. „Golden Share" weiter am Unternehmen beteiligt ist. Die Absicherung von Minderheitsschutzrechten der öffentlichen Hand über die sog. „Golden Share" bedarf jedoch kritischer Prüfung mit Blick auf die Rechtsprechung des EuGH. Der Gerichtshof hat sich in drei Urteilen aus dem Jahre 2002 (EuZW 2002, 429, 433 und 437) kritisch in Bezug auf die Vereinbarkeit von Sonderrechten zugunsten des staatlichen Anteilseigners mit dem europäischen Primärrecht geäußert. Darin könne ein Verstoß gegen die Kapitalverkehrsfreiheit i. S. d. Art. 63 AEUV liegen. Der EuGH stellt fest, dass Direktinvestitionen in Form von Beteiligungen an einem Unternehmen durch den Erwerb von Aktien durch die Freiheit des Kapitalverkehrs i. S. v. Art. 63 AEUV geschützt sind. Sonderstimmrechte zugunsten von staatlichen Anteilseignern seien nur zu rechtfertigen, wenn die in Rede stehenden staatlichen Einflussmöglichkeiten Systeme sind, die auf objektiven und nicht diskriminierenden Kriterien beruhen, die den betroffenen Unternehmen im Voraus bekannt sind, und jedem, der von einer derartigen einschränkenden Maßnahme betroffen ist, Rechtsschutz bieten (zum Ganzen siehe *Ruge*, EuZW 2002, 421 ff.). Bei der Verankerung von Sonderstimmrechten, vornehmlich im Rahmen börsennotierter Aktiengesellschaften, gilt es daher anhand der Vorgaben des EuGH zu prüfen, ob ggf. Restriktionen zu Lasten Dritter bzw. Sonderrechte zugunsten der öffentlichen Hand einen Verstoß gegen europäische Grundfreiheiten begründen können.

2. Im Formular verfügt die Gesellschaft über einen Aufsichtsrat mit insgesamt 18 Mitgliedern, welcher der Mitbestimmung durch die Arbeitnehmerseite nach Maßgabe des **DrittelbG** unterliegt. Die Besetzung durch die Arbeitnehmerseite liegt außerhalb der Sphäre der Anteilseigner (vgl. § 5 DrittelbG sowie § 13 DrittelbG i. V. m. der Wahlordnung zum Drittelbeteiligungsgesetz – WODrittelbG). Der Konsortialvertrag enthält jedoch umfangreiche Bestimmungen darüber, wie hinsichtlich der von den Anteilseignern zu besetzenden Aufsichtsratsposten und Abstimmungen im Aufsichtsrat zu verfahren ist.

3. Die Absicherung des beherrschenden Einflusses des hoheitlichen Anteilseigners und seiner Holdinggesellschaft (im Formular als „Holding" bezeichnet, vgl. Anm. 1 zu Form. H. III.1) erfolgt im **Aufsichtsrat** u. a. über die Person des **Vorsitzenden.** Für diesen steht der Holding das Benennungsrecht zu. Der Einfluss des Vorsitzenden wird neben seiner Leitungsmacht und den allgemeinen Vorrechten des Aufsichtsratsvorsitzenden (wie z. B. die Entgegennahme von Berichten der Geschäftsleitung aus wichtigen Anlässen, § 90 Abs. 1 S. 3 AktG) darüber hinaus entscheidend gestärkt dadurch, dass im Falle der Stimmengleichheit im Aufsichtsrat die Stimme des Vorsitzenden den Ausschlag gibt. Zu achten ist darauf, dass es nach überwiegender Auffassung hierfür einer ausdrücklichen Satzungsregelung bedarf und die bloße Regelung in der Geschäftsordnung nicht ausreicht (vgl. zur AG MünchHdb. GesellschaftsR IV-AG/*Hoffmann-Becking* § 31 Rdnr. 64); bei Gesellschaften, die der paritätischen Unternehmensmitbestimmung unterliegen, besteht darüber hinaus das gesetzliche Zweitstimmrecht des Aufsichtsratsvorsitzenden nach § 31 Abs. 4 Satz 1 MitbestG.

4. Zu dem Muster einer **Geschäftsordnung** für einen mitbestimmungspflichtigen Aufsichtsrat vgl. Beck'sches Formularbuch Bürgerliches, Handels- und Wirtschaftsrecht/*Hoffmann-Becking* X.17, X.18.

5. Eine Änderung der an dieser Stelle im Konsortialvertrag und seinen Anlagen festgelegten Bestimmungen gegen den Willen der Holding wird dadurch unterbunden, dass eine solche Entscheidung der Zustimmung sämtlicher Konsorten bedarf. Damit ist eine langfristige Absicherung der festgelegten Bestimmungen auch dann möglich, wenn der hoheitliche Anteilseigner irgendwann nicht mehr Mehrheitsanteilseigner des Unternehmens sein sollte, siehe Anm. 1 sowie Anm. 16.

6. Das Muster geht davon aus, dass im Aufsichtsrat **Ausschüsse** zu bilden sind, die hier entsprechend den Gegebenheiten im Einzelfall noch bestimmt werden müssen (bspw. Finanz-, Personal- oder Prüfungsausschuss). Aufsichtsratsausschüsse müssen aus mindestens drei Mitgliedern bestehen, da sie wie das Aufsichtsratsplenum entsprechend § 108 Abs. 2 S. 3 AktG nur dann beschlussfähig sind, wenn sie aus mindestens drei Mitgliedern bestehen (vgl. BGHZ 65, 190 ff.).

7. Die Klausel verdeutlicht die exponierte Stellung des Konsortialausschusses (Anm. 14). Der Konsortialausschuss dient insbesondere der Zusammenarbeit der Vertragsparteien bei der Ausübung der ihnen als Anteilseigner der Gesellschaft zustehenden Rechte. Etwaige für die Konsorten relevanten Entscheidungen sollen daher vor der Beschlussfindung im Konsortialausschuss erörtert werden, um dort möglichst eine einheitliche Linie der Konsorten gewinnen zu können.

8. Die dargestellte Regelung zu den benannten Beschlussgegenständen ist im Zusammenhang mit den Bestimmungen zur Konfliktauflösung und Mediation in Form. H. III. 3 zu sehen. Inhaltlich wird in dem Muster zwischen solchen Beschlussgegenständen unterschieden, für die im Falle mangelnder Übereinstimmung im Konsortialausschuss das Konfliktauflösungsverfahren Anwendung finden soll, und solchen Beschlussgegenständen, bei denen im Falle mangelnder Übereinstimmung das Mediationsverfahren zu durchlaufen ist. Diese Differenzierung hat folgenden Grund: Das Konfliktauflösungs- und das Mediationsverfahren sehen für den Fall, dass eine Einigung nicht erzielt werden kann, unterschiedliche Rechtsfolgen vor. Führt das Konfliktauflösungsverfahren nicht zu einer einvernehmlichen Lösung, so sind die Konsorten verpflichtet, auf eine Ablehnung des Beschlussvorschlags hinzuwirken; in diesen Fällen steht dem nur mit einer Minderheit der Gesellschaftsanteile beteiligten Investor (bzw. der Holding, sobald der Investor durch Ausübung der Optionen in § 7.4 oder auf andere Weise die Stimmenmehrheit erlangt hat, vgl. unten Anm. 16) mithin ein Veto-Recht zu. Im Falle eines Scheiterns des Mediationsverfahrens hingegen kann sich der jeweilige Mehrheitsgesellschafter durchsetzen. Im Konsortialvertrag wird demnach von vornherein bestimmt, welche Rechtsfolgen eintreten, wenn sich die Parteien im Konsortialausschuss nicht über die Behandlung der einzelnen Beschlussgegenstände einigen können: Diejenigen Beschlussgegenstände, für die dem Investor ein Veto-Recht zugestanden werden soll (wie beispielsweise besonders wesentliche Entscheidungen betreffend die Geschäftsführung des teilprivatisierten Unternehmens, die Geschäftsplanung usw.) führen nach Durchführung des Konfliktauflösungsverfahrens zu einer Patt-Situation; insoweit besteht ein Einigungsdruck zwischen den Parteien. Nach Durchführung einer weiteren Rückzugsprivatisierung, auf Grund derer der öffentliche Anteilseigner in eine Minderheitsposition gelangt, wirken diese Beschlussgegenstände dann als Veto-Rechte zugunsten der öffentlichen Hand. Dagegen werden die weniger wichtigen Beschlussgegenstände, bezüglich derer sich der jeweilige Mehrheitsgesellschafter soll durchsetzen können, zunächst in das Mediationsverfahren verwiesen.

9. Im vorliegenden Muster werden beispielhaft einige Beschlussgegenstände genannt, für die im Falle fehlender Übereinstimmung entweder das Konfliktauflösungs- oder Mediationsverfahren durchlaufen werden soll. Hier ist ein Abgleich mit den in der Satzung bzw. im Gesellschaftsvertrag geregelten Kompetenzkatalogen der einzelnen Gesellschaftsorgane erforderlich. Anhand der dort und in einer etwaigen Geschäftsordnung für die Geschäftsführung geregelten Zustimmungsvorbehalte lässt sich auch unter Zuhilfenahme von Verweisungen festlegen, wann eine Entscheidung des Konsortialausschusses zwingend vor der jeweiligen Behandlung im zuständigen Organ der Gesellschaft zu erfolgen hat und welche Rechtsfolgen die fehlende Übereinstimmung im Konsortialausschuss nach sich ziehen soll. Dabei ist aus Sicht der öffentlichen Hand danach zu unterscheiden, ob der hoheitliche Anteilseigner nach wie vor die Anteilsmehrheit besitzt oder nicht: Solange die öffentliche Hand Mehrheitsgesellschafter ist, kann sie sich in den Organen der Gesellschaft letztlich durchsetzen und hat daher ein Interesse daran, dass die aus Ihrer Sicht besonders wesentlichen Beschlussgegenstände lediglich dem Mediationsverfahren (das im Ergebnis nicht zu einer Veto-Position des Minderheitsgesellschafters führt) unterliegen. Kommt die öffentliche Hand dagegen in eine Minderheitsposition, ist die Interessenlage gerade umgekehrt: Dann wird aus Sicht des hoheitlichen

Anteilseigners eine Veto-Position für alle aus ihrer Sicht besonders wesentlichen Beschlussgegenstände gewünscht sein. So wäre etwa bei der Privatisierung eines staatlichen Wasserversorgungsunternehmens daran zu denken, dass der öffentlichen Hand auch nach einem sukzessiven Rückzug aus dem Unternehmen weiterhin entscheidender Einfluss auf die Gestaltung der Wasserpreise zustehen soll. In diesem Fall wird daher zu regeln sein, dass eine Änderung der Wasserpreise der einstimmigen Entscheidung des Konsortialausschusses bedarf und im Falle von Streitigkeiten das Konfliktauflösungsverfahren zu durchlaufen ist. Eine vergleichbare Interessenlage ergibt sich immer dann, wenn der hoheitliche Anteilseigner auf die Preisgestaltung einer bestimmten öffentlich-rechtlich geprägten Leistung Einfluss nehmen will, bspw. im Muster die Festsetzung der Start- und Landeentgelte für den Flughafenbetrieb (siehe auch Anm. 1 zu Form. III.1).

10. Diese Klausel legt die bereits in Anm. 8 und 9 dargestellten unterschiedlichen **Rechtsfolgen** hinsichtlich der einzelnen Beschlussgegenstände fest, falls zwischen den Konsorten nach Durchlaufen von Konfliktauflösungs- oder Mediationsverfahren keine Übereinstimmung erzielt werden kann. Die Regelung in lit. (a) führt jeweils zu einem Veto-Recht des Minderheitsgesellschafters, die Regelung in lit. (b) verhilft dem Mehrheitsgesellschafter zur Durchsetzung. Hierzu ist im Aufsichtsrat – wegen der durch die Arbeitnehmervertreter beeinflussten Stimmverhältnisse – eine positive Unterstützung durch die von dem jeweiligen Minderheitsgesellschafter benannten Aufsichtsratsmitglieder erforderlich (§ 2.1.10 lit. (b)), während es in der Gesellschafterversammlung bei der Regel verbleiben kann, dass im Falle einer fehlenden Übereinstimmung zwischen den Konsorten jeder Konsorte in der Ausübung seiner Gesellschafterrechte frei ist (vgl. § 2.3.3 lit. (b)).

11. Die Klausel stellt klar, dass über die jeweils genannten Fälle hinaus zwischen den Konsorten keinerlei Stimmbindungspflichten bestehen. Die Aufnahme der Klausel empfiehlt sich, um Auslegungsschwierigkeiten für solche Beschlussgegenstände zu vermeiden, für die keine ausdrückliche Rechtsfolge bei Vorliegen fehlender Übereinstimmung zwischen den Konsorten vorgesehen ist.

12. Das Vorschlagsrecht hinsichtlich der zu bestellenden **Geschäftsführer** liegt bei der Holding. Der private Investor kann lediglich fachliche Einwände dagegen geltend machen; erfolgt ein Widerspruch, sind die Konsorten verpflichtet, das Mediationsverfahren zu durchlaufen, an dessen Ende sich mangels Überstimmung der jeweilige Mehrheitsgesellschafter durchsetzen kann. Ein „Veto-Recht" steht dem Minderheitsgesellschafter aber insoweit zu, als Geschäftsführer vorgeschlagen werden, die nicht die erforderliche Fach-, Management- und Sozialkompetenz aufweisen. Hierdurch soll dem privaten Investor, der sich zunächst in der Minderheitsposition befindet, Sicherheit gegeben werden, dass der öffentliche Anteilseigner die Geschäftsführung des zu privatisierenden Unternehmens nicht (z.B. aus politischen Gründen) mit ungeeigneten Personen besetzen wird. Nach Übergang der Anteilsmehrheit auf den Investor geht das Widerspruchsrecht auf die Holding über (vgl. Anm. 16).

13. Während des laufenden Mediationsverfahrens soll selbstverständlich von einer Ausübung der Gesellschafterrechte abgesehen werden, auch wenn im Falle des Scheiterns des Mediationsverfahrens der jeweilige Mehrheitsgesellschafter seine Rechte entsprechend den eigenen Vorstellungen durchsetzen kann.

14. Der Konsortialausschuss ist das zentrale Abstimmungsgremium zwischen den Parteien der Teilprivatisierung. In ihm sollen alle wesentlichen Themen auf möglichst informeller Basis unter Beteiligung der jeweiligen Wissens- und Entscheidungsträger besprochen werden. Im Konsortialausschuss sind ausschließlich Repräsentanten der Anteilseigner vertreten. Der Konsortialausschuss soll sich als vorgeschaltete Stelle mit sämtlichen für das (teil-)privatisierte Unternehmen wesentlichen Entscheidungen der Gesellschaftsorgane beschäftigen. Der Konsortialvertrag hat insofern umfassend zu regeln, wie hinsichtlich etwaiger Entscheidungen der Gesellschaftsgremien und der jeweiligen Behandlung aufkommender Fragestellungen innerhalb des Konsortialausschusses zu verfahren ist. Dabei geht das Formular von einem Konsensprinzip (vgl. § 2.4.5, der im Grundsatz Einstimmigkeit für alle Beschlüsse des Konsortialausschusses verlangt) aus. Die Entscheidungen des Konsortialausschusses sollen grundsätzlich im Rahmen des rechtlich Zulässigen bewirken, dass die jeweils verantwortlichen Personen in den Leitungs- und Verwaltungsgremien der Gesellschaft entsprechend der Beschlussfassung des Konsortialausschusses vorgehen. Zugleich muss bedacht werden, wie vorzugehen ist, sollte Einvernehmlichkeit unter den Ausschussmitgliedern nicht erzielt werden können. Im Muster geschieht dies durch eine Differenzierung zwischen solchen Beschlussgegenständen, bezüglich derer dem jeweiligen Minderheitsgesellschafter ein Veto-Recht zusteht, und solchen Beschlussgegenständen, bei denen sich der jeweilige Mehrheitsgesellschafter durchsetzen kann (vgl. bereits Anm. 8–9).

15. Denkbar wäre an dieser Stelle auch ein Verweis auf eine in der Anlage beigefügte Geschäftsordnung, welche die Einzelheiten der Sitzungen des Konsortialausschusses regelt. Grundsätzlich besteht, da es sich beim Konsortialausschuss um kein vorgeschriebenes Gesellschaftsorgan mit einschlägigen zwingenden verfahrensrechtlichen Regelungen handelt, Gestaltungsspielraum. Bei den im Klauselbeispiel gewählten verfahrensrechtlichen Vorschriften wurde bewusst darauf verzichtet, die Möglichkeiten fernmündlicher oder sonstiger kommunikationstechnisch gestützter Abstimmungsverfahren zuzulassen, da im Rahmen von teilprivatisierten Unternehmen auf Grund der in Teilen unterschiedlichen Interessenslagen von öffentlicher Hand und privatem Investor erwartungsgemäß die auftretenden Fragestellungen meist besser in einer real stattfindenden Sitzung geklärt werden können. Allerdings sieht § 2.4.5 ggf. die Möglichkeit einer Beschlussfassung im Umlaufverfahren vor, welches z.B. bei einfach gelagerten Abstimmungsvorgängen zum Einsatz kommen könnte. Sollte gleichwohl eine kommunikationstechnisch gestützte Abstimmung gewollt sein, können die Bestimmungen von § 3 Abs. 1, 4 Beck'sches Formularbuch Bürgerliches, Handels- und Wirtschaftsrecht/*Hoffmann-Becking* X.17 zu Beschlussfassungen innerhalb von Aufsichtsratssitzungen entsprechend herangezogen werden.

16. Die Vorschrift regelt die auf Ebene des Aufsichtsrates, der Geschäftsführung und des Konsortialausschusses eintretenden Änderungen, die sich ergeben, wenn die öffentliche Hand die Anteilsmehrheit an den Investor abgibt. Die Regelung basiert auf dem Grundgedanken, dass die vor dem Wechsel in der Anteilsmehrheit der Holding zustehenden Mehrheitsrechte nunmehr auf den Investor übergehen und die zuvor zugunsten des Investors bestehenden Minderheitenrechte nunmehr zugunsten der Holding wirken. Eine Ausnahme von diesem Grundsatz macht die Regelung in lit. (d) zu § 2.1.10 lit. (b). Danach sind die von dem öffentlichen Anteilseigner vorgeschlagenen Aufsichtsratsmitglieder nach Übernahme der Anteilsmehrheit durch den Investor nicht verpflichtet, den Vorgaben des Investors zur Durchsetzung zu verhelfen, obwohl umgekehrt die vom Investor benannten Aufsichtsratsmitglieder vor Übergang der Anteilsmehrheit verpflichtet waren, die Vorgaben der Holding im Aufsichtsrat umzusetzen. Dieses Ungleichgewicht basiert auf dem Gedanken, dass die öffentliche Hand es oft als unpassend zurückweisen wird, wenn die von ihr benannten Aufsichtsratsmitglieder auch im Streitfall die Vorstellungen des privaten Anteilseigners durchsetzen sollen. Im Übrigen basiert die Regelung auf der Annahme, dass die öffentliche Hand auch nach der weiteren Rückzugsprivatisierung (d.h. nach Übergang der Stimmenmehrheit auf den Investor) noch in substanzieller Höhe an der Gesellschaft beteiligt ist.

3. Konfliktauflösung und Mediation[1]

3.1 Konfliktauflösungsverfahren[2]

3.1.1 Wenn im Konsortialausschuss über einen der in § 2.1.10 lit. (a) oder in § 2.3.3 lit. (a) in Bezug genommenen Beschlussgegenstände oder über die Ergebnisverwendung gemäß § 5.2 keine Einigung erzielt werden kann, so ist jeder Konsorte berechtigt (aber nicht verpflichtet), durch Erklärung gegenüber dem jeweils anderen Konsorten zu verlangen, dass das Konfliktauflösungsverfahren nach Maßgabe dieses § 3.1 durchlaufen wird. In diesem Falle sind die Konsorten im Rahmen des

3. Konfliktauflösung und Mediation H.III.3

gesetzlich Zulässigen verpflichtet darauf hinzuwirken, dass der betreffende Beschlussgegenstand bis zum Abschluss des Konfliktauflösungsverfahrens nicht zum Gegenstand von Beschlüssen des Aufsichtsrates, seiner Ausschüsse oder der Gesellschafterversammlung gemacht wird.

3.1.2 Leitet ein Konsorte gemäß § 3.1.1 das Konfliktauflösungsverfahren ein, so hat zunächst innerhalb von zwei Woche(n) eine weitere Sitzung des Konsortialausschusses stattzufinden, die sich ausschließlich mit dem betreffenden Beschlussgegenstand bzw. dem betreffenden Widerspruch befasst. Die Parteien sind verpflichtet, innerhalb dieses Zeitraums intern sowie untereinander nach Treu und Glauben alle Möglichkeiten auszuschöpfen, um zu einem Kompromiss in Bezug auf den betreffenden Beschlussgegenstand bzw. den betreffenden Widerspruch zu kommen.

3.1.3 Wird auch in der gemäß § 3.1.2 einberufenen Sitzung des Konsortialausschusses keine Übereinstimmung zwischen den Konsorten erzielt, so soll die Frage je einer von der Holding und dem Investor benannten hochrangigen Persönlichkeit vorgelegt werden, die dem Aufsichtsrat der Gesellschaft angehören soll und innerhalb von einer Woche nach der in § 3.1.2 bezeichneten Sitzung des Konsortialausschusses gegenüber dem jeweils anderen Konsorten benannt werden muss. Die Vorgenannten werden sich nach Treu und Glauben um einen Kompromiss bemühen, der sich an den Zielvorgaben der Privatisierung und dieses Konsortialvertrages orientiert. Soweit tunlich, soll zu diesem Zweck ein persönliches Gespräch zwischen den Vorgenannten stattfinden, das durch den Konsortialausschuss entsprechend vorzubereiten ist.

3.1.4 Führen auch die in § 3.1.3 vorgesehenen Vermittlungsbemühungen nicht innerhalb von vier Wochen nach der in § 3.1.2 vorgesehenen Sitzung des Konsortialausschusses zu einem für beide Konsorten akzeptablen Kompromiss, so verbleibt es bei den in § 2.1.10 lit. (a), § 2.3.3 lit. (a) und § 5.3 für den Fall der Nichterreichung einer Übereinstimmung vorgesehenen Rechtsfolgen.

3.1.5 § 2.4.6 gilt entsprechend.[3]

3.2 Mediation[4]

3.2.1 Wenn im Konsortialausschuss (i) über einen oder mehrere der in § 2.1.10 lit. (b) oder § 2.3.3 lit. (b) in Bezug genommenen Beschlussgegenstände keine Übereinstimmung erzielt werden kann, oder (ii) ein Widerspruch des Investors gemäß § 2.2.2 Satz 5 gegen die Bestellung eines Geschäftsführers erfolgt oder (iii) über eine beantragte Änderung der Geschäftsanweisung für die Geschäftsführung keine Einigkeit erzielt werden kann (§ 2.2.3 Satz 4), so ist jeder Konsorte berechtigt (aber nicht verpflichtet), innerhalb von einer Woche nach der betreffenden Sitzung des Konsortialausschusses, in der Einigkeit zu den in Satz 1 bezeichneten Fragen nicht erzielt werden konnte, durch Erklärung gegenüber dem jeweils anderen Konsorten zu verlangen, dass das in diesem § 3.2 geregelte Mediationsverfahren durchlaufen wird. In diesem Falle sind die Konsorten im Rahmen des gesetzlich Zulässigen verpflichtet zu bewirken, dass der betreffende Beschlussgegenstand bis zum Abschluss des Mediationsverfahrens nicht zum Gegenstand von Beschlüssen des Aufsichtsrats, seiner Ausschüsse oder der Gesellschafterversammlung gemacht wird.

3.2.2 Leitet ein Konsorte gemäß § 3.2.1 das Mediationsverfahren ein, so ist die Frage dem Mediationsausschuss zur Abgabe einer Empfehlung nach Maßgabe der folgenden Vorschriften dieses § 3.2 vorzulegen. Der Mediationsausschuss besteht aus drei Mitgliedern. Der das Mediationsverfahren einleitende Konsorte ist verpflichtet, in der Erklärung gemäß § 3.1.1 S. 1 gleichzeitig gegenüber dem anderen Konsorten ein Mitglied des Mediationsausschusses zu benennen. Der andere Konsorte ist verpflichtet, innerhalb von einer Woche nach Zugang der Erklärung gemäß § 3.2.1 Satz 1 durch Erklärung gegenüber dem das Verfahren einleitenden Konsorten ein weiteres Mitglied des Mediationsausschusses zu benennen. Das dritte Mitglied des Mediationsausschusses (der „Mediator") soll ein hochrangiges Verwaltungsmitglied der/des ...... sein, das weder Mitglied des Aufsichtsrates der Gesellschaft noch sonst laufend mit den Angelegenheiten der Gesellschaft befasst ist. Unverzüglich nach dem Übertragungstag sowie jeweils bei Wegfall eines Mediators wird die Holding – unabhängig vom Vorliegen eines konkreten Mediationsfalles nach § 3.2.1 S. 1 – dem Investor die Person des Mediators (unter Beachtung der vorgenannten Kriterien) vorschlagen. Der Investor ist berechtigt, die als Mediator benannte Person innerhalb von zwei Wochen durch schriftliche Erklärung gegenüber der Holding abzulehnen. Geschieht dies, so ist die Holding berechtigt und verpflichtet, eine andere die vorgenannten Kriterien erfüllende Person als Mediator zu benennen. Dem Investor steht hiergegen ein Widerspruchsrecht nicht zu; vielmehr gilt die andere von der Holding benannte Person ohne Weiteres als von beiden Konsorten eingesetzter Mediator im Sinne dieses § 3.2. Ein einmal auf diese Weise bestellter Mediator bleibt im Amt, bis er von den Konsorten einvernehmlich abberufen wird, aus gesundheitlichen Gründen oder altersbedingt sein Amt nicht mehr auszuüben vermag oder seinerseits zurücktritt.

3.2.3 Der gemäß § 3.2.2 besetzte Mediationsausschuss tritt unverzüglich zu einer Sitzung zusammen, in der die den Mediationsfall gemäß § 3.2.1 S. 1 bildende Frage umfassend erörtert wird. Die Sitzung des Mediationsausschusses hat längstens innerhalb von vier Wochen seit der Sitzung des Konsortialausschusses, in der hinsichtlich der betreffenden Frage keine Einigkeit erzielt werden konnte, stattzufinden. Jeder Konsorte ist berechtigt (aber nicht verpflichtet), dem Mediator seinen Standpunkt zu der betreffenden Frage schriftlich (mit Kopie an den jeweils anderen Konsorten) darzulegen, wobei derartige Schriftsätze den jeweiligen Empfängern mindestens drei Werktage vor der Sitzung des Mediationsausschusses zugehen müssen. In der Sitzung des Mediationsausschusses soll sodann versucht werden, die Frage einer einvernehmlichen Lösung zuzuführen. Die von den Konsorten benannten Mitglieder des Ausschusses sowie der Mediator sind aufgerufen, nach Treu und Glauben auf Basis dieses Vertrages und unter besonderer Berücksichtigung der Zielvorgaben der Privatisierung und der in § ...... niedergelegten strategischen Geschäftsgrundsätze und sonstigen Regelungen sowie ggf. der in § 2.2.2 S. 4 bezeichneten Kriterien alle ihnen zur Verfügung stehenden Möglichkeiten auszuschöpfen, um zu einer einvernehmlichen Empfehlung zu gelangen. Kommt der Mediationsausschuss zu einer einstimmigen Empfehlung, so sind die Konsorten verpflichtet, die Frage in den Gremien der Gesellschaft entsprechend zu entscheiden bzw. die von ihnen benannten Mitglieder des Aufsichtsrats und seiner Ausschüsse im Rahmen des rechtlich Zulässigen zu einer entsprechenden Stimmabgabe anzuhalten.

3.2.4 Kommt der Mediationsausschuss nicht zu einer einstimmigen Empfehlung, so kann jedes von einem der Konsorten benannte Mitglied des Ausschusses den Mediator bitten, eine kurze schriftliche Empfehlung in Bezug auf die betreffende Frage abzugeben. Der Mediator soll die Empfehlung nebst einer kurzen Begründung den Konsorten innerhalb einer Woche nach der betreffenden Sitzung des Mediationsausschusses zuleiten. Ein jeder der Konsorten ist sodann aufgefordert zu prüfen, ob er der Empfehlung des Mediators Folge zu leisten bereit ist.

3.2.5 Mit Ausnahme der Verpflichtungen aus § 2.1.10 lit. (b), die unberührt bleiben, haben weder die Empfehlung des Mediators gemäß § 3.2.4 noch eine etwa nicht einstimmig abgegebene Empfehlung des Mediationsausschusses gemäß § 3.2.3 irgendwelche verbindlichen Wirkungen für die Konsorten in Bezug auf die Ausübung ihrer Gesellschafterrechte, insbesondere ihrer Stimmrechte in Bezug auf die Gesellschaft und deren Tochter- und Beteiligungsgesellschaften.

3.2.6 Die Kosten des Mediators tragen die Konsorten je zur Hälfte; im übrigen trägt ein jeder Konsorte die ihm im Zusammenhang mit dem Mediationsverfahren nach diesem § 3.2 entstehenden Kosten selbst. Werden die in diesem § 3.2 niedergelegten Fristen für den Ablauf des Mediationsverfahrens auf Grund von in der Sphäre des Investors liegenden Umstände nicht eingehalten, so ist die Holding berechtigt, das Verfahren nach Setzung einer einmaligen Nachfrist, die mindestens ...... Woche(n) beträgt, abzubrechen. Wird der Ablauf des Verfahrens dagegen auf Grund von Umständen aus der Sphäre der Holding verzögert, so verbleibt es bei den in § 3.2.1 S. 2 bezeichneten Rechtsfolgen; sonstige Rechte des Investors bleiben unberührt.

3.2.7 § 2.4.6 gilt entsprechend.[3]

Anmerkungen

1. Die Regelungen zur Konfliktauflösung und Mediation sind vor dem Hintergrund des zwischen den Anteilseignern vertraglich verankerten Konsensprinzips hinsichtlich bestimmter Beschlussgegenstände in den Entscheidungsgremien zu verstehen. Kann im Konsortialausschuss keine Einigkeit erzielt werden, so sollen weitere Konfliktbewältigungsmittel ausgeschöpft werden, um möglichst Übereinstimmung zwischen den Konsorten zu erzielen. Wie bereits in Anm. 8–10 zu Form. H.III.2 dargestellt, unterscheidet das Klauselbeispiel hinsichtlich der Rechtsfolgen von Konfliktauflösungs- und Mediationsverfahren. Die Bestimmungen im Formular III.3. enthalten lediglich die Details der einzelnen Verfahren. Generell lässt sich sagen, dass das Konfliktauflösungsverfahren in Form. H.III.3.1 das weniger aufwändige und das Mediationsverfahren in Form. H.III.3.2 das tiefergehende Verfahren darstellt.

2. Das Konfliktauflösungsverfahren ist zunächst dadurch geprägt, dass die Konsorten über den streitigen Punkt erneut verhandeln und sich hierbei nach Kräften darum bemühen sollen, eine einvernehmliche Lösung herbeizuführen. Das Verfahren muss hierfür allerdings durch einen der Konsorten in Gang gebracht werden, da eine Pflicht zur neuerlichen Verhandlung ansonsten nicht besteht. Bei Scheitern der Verhandlungen soll die Frage je einer von der öffentlichen Hand als auch vom privaten Investor benannten hochrangigen Persönlichkeit vorgelegt wird, die jeweils dem Aufsichtsrat der Gesellschaft angehören soll. Seitens der öffentlichen Hand wäre etwa daran zu denken, dass ein in den Aufsichtsrat berufener Minister, Staatssekretär oder sonstiger hochrangiger Verwaltungsbeamter für die Vermittlungsbemühungen benannt wird, der dann auf einen Kompromiss hinsichtlich des zur Entscheidung stehenden Beschlusses hinwirken soll.

3. Der Verweis bezieht sich auf das Form. H.II.2 (Verschwiegenheitsverpflichtung).

4. Wie auch das Konfliktauflösungsverfahren hängt die Durchführung des Mediationsverfahrens im Klauselbeispiel von der entsprechenden Einleitung des Verfahrens durch einen der Konsorten ab, ohne dass hierfür eine rechtliche Pflicht bestünde. Wird das Verfahren eingeleitet, so ist ein Mediationsausschuss bestehend aus drei Mitgliedern einzusetzen. Das dritte Ausschussmitglied (der Mediator) könnte im Klauselbeispiel ein Mitglied der Regierung des Landes X sein, das mit den Angelegenheiten der Gesellschaft nicht laufend befasst ist. Dabei basiert das Formular auf dem Gedanken, dass der jeweilige Mehrheitsgesellschafter letztlich auch den Mediator stellt, allerdings mit der Maßgabe, dass es sich bei dem Mediator um eine hochrangige Persönlichkeit handeln soll, die nicht in die täglichen Entscheidungen betreffend das teilprivatisierte Unternehmen einbezogen ist. Selbstverständlich lässt sich hier alternativ auch ein neutraler Dritter vorsehen, auf den sich die von den Parteien benannten Ausschussmitglieder einigen müssen. Auf diese Weise soll entsprechend des allgemeinen Mediationsgedankens erreicht werden, dass die Konsorten unter entsprechender Leitung einer neutralen Person Einvernehmen erreichen. Dabei besteht hier insofern nicht gänzliche Neutralität des Mediators, als dieser als hoheitliches Verwaltungsmitglied letztlich stets die Interessen der öffentlichen Hand in besonderem Maße beachten wird. Trotz dieser mittelbaren Absicherung der öffentlichen Interessen über die Person des Mediators dürfte das Mediationsverfahren häufig ein geeignetes Mittel darstellen, die Konfliktsituation zu lösen und unter Wahrung der gemeinschaftlichen Interessen ein für alle Seiten tragbares Ergebnis herbeizuführen, weil der von der öffentlichen Hand benannte Mediator jedenfalls dann, wenn es sich um ein hinreichend hochrangiges Mitglied der Landes- oder Bundesregierung handelt, bestrebt sein wird, ein langfristig tragfähiges Verhältnis zu dem Investor aufrecht zu erhalten.

4. Grundsätze der Unternehmensführung und Investitionsprojekte[1, 2]

4.1 Die Konsorten verpflichten sich, die Gesellschaft nach den folgenden strategischen Geschäftsgrundsätzen zu führen:[1]
   (a) bedarfsgerechter Ausbau des Flughafens; bauliche Umsetzung entsprechend der Entwicklung des Flugverkehrs und der Passagierzahlen bei gleichzeitig optimalem Terminalmanagement;
   (b) Sicherheit, Effizienz und Kundenfreundlichkeit des Flughafenbetriebes;
   (c) dauerhafte Sicherstellung der führenden Marktstellung unter den europäischen Großflughäfen; Steigerung und Verbesserung des Verkehrsangebotes, insbesondere durch Ausweitung von Interkontinentalverbindungen im Rahmen der jeweiligen luftverkehrsrechtlichen Genehmigungen;
   (d) Ausweitung des Non-Aviation-Geschäfts durch verstärkte Öffnung für Handel und Dienstleister bei gleichzeitiger Verbreiterung von Serviceangeboten zur Erhöhung des Kundennutzens und zur Erweiterung von Produktangeboten und Preisvielfalt;
   (e) Schaffung neuer, attraktiver und wettbewerbsfähiger Arbeitsplätze am Flughafen;
   [ggf. weitere strategische Geschäftsgrundsätze einfügen]
4.2 Zur Umsetzung der in § 4.1 normierten strategischen Geschäftsgrundsätze werden die Konsorten alsbald nach Wirksamwerden dieses Vertrages gemeinsam mit der Geschäftsführung der Gesellschaft geeignete Maßnahmen ergreifen, insbesondere im Hinblick auf:[1]
   (a) Optimierung der Investitionen in den Flughafen, insbesondere im Zusammenhang mit dem Ausbau von ......;
   (b) Optimierung der Luftverkehrskonzeption für den Flughafen ...... zur besseren Nutzung des Verkehrspotentials, insbesondere durch neue Flugverbindungen, höhere Flugfrequenzen, Gewinnung neuer Airlines, etc.;
   (c) Ausweitung und Verbesserung des Non-Aviation Geschäfts, insbesondere des luft- und landseitigen Handelsgeschäfts sowie des Gastronomiebetriebs
   [ggf. weitere geplante Maßnahmen]
4.3 Die Parteien beabsichtigen nach heutigem Planungsstand, die in der Anlage ...... beschriebenen Investitionsprojekte und Strukturmaßnahmen durchzuführen.[2] Sie werden dementsprechend in Konsortialausschuss, Aufsichtsrat und Gesellschafterversammlung allen zustimmungspflichtigen Geschäftsführungsmaßnahmen, die zur Umsetzung dieser Investitionsprojekte und sonstigen Strukturmaßnahmen erforderlich sind, zustimmen und die Umsetzung der betreffenden Projekte und Maßnahmen auch im Übrigen nach Kräften fördern.
4.4 Die Parteien werden sicherstellen, dass alle signifikanten Investitionsprojekte und Strukturmaßnahmen der Gesellschaft im Konsortialausschuss erörtert werden. Sie

5. Finanzierungs- und Ausschüttungspolitik H.III.5

werden weiter sicherstellen, dass über die Durchführung und Umsetzung dieser Projekte und Maßnahmen im Konsortialausschuss, im Aufsichtsrat der Gesellschaft (und in dessen Ausschüssen) sowie in der Gesellschafterversammlung nach den in diesem Konsortialvertrag enthaltenen Grundsätzen Beschluss gefasst wird.

4.5 Die zuvor genannten Vorschriften begründen keinerlei Verpflichtung der Parteien zur Leistung von Beiträgen finanzieller Art, die für die Umsetzung der in diesem § 4 niedergelegten Grundsätze und Pläne sowie der beschriebenen Projekte und sonstigen Maßnahmen etwa erforderlich sind, es sei denn, in diesem Konsortialvertrag oder seinen Anlagen wäre ausdrücklich etwas anderes vereinbart. Die Finanzierung der beschriebenen Projekte und sonstigen Maßnahmen soll vielmehr nach Konkretisierung der jeweiligen Planungen zwischen den Parteien auf Grundlage der Finanzierungsgrundsätze gemäß § 5.1 abgestimmt werden.

Anmerkungen

1. Die Klausel dient der vertraglichen Umsetzung der gemeinsamen Zielstellungen der Konsorten, indem sowohl strategische Geschäftsgrundsätze wie auch Maßnahmen zur Umsetzung der künftigen Strategie verbindlich festgehalten werden. Auch wenn das Klauselbeispiel so gewählt ist, dass grundsätzlich keine vertraglichen Verpflichtungen zur Erbringung finanzieller Leistungen (§ 4.5) bestehen sollen, sollte die vertragliche Regelung der strategischen Geschäftsgrundsätze und entsprechender Maßnahmen in ihrer Wirkung nicht unterschätzt werden. Derartige Klauseln bieten sich insbesondere an, um das Ausmaß des gemeinsamen Engagements einschließlich der hieraus ggf. im Zusammenhang mit sonstigen Bestimmungen ableitbaren konsortialen Pflichten zu illustrieren. Die Aufnahme der strategischen Geschäftsgrundsätze kann sich zudem als geeignete Interpretationshilfe erweisen, um die im Zusammenhang mit der Privatisierung bestehenden gesellschaftsrechtlichen Treuepflichten der Konsorten näher zu konkretisieren, vgl. hierzu auch die Anmerkungen zu Form. H.II.1.

2. Zur Abgrenzung einer verpflichtenden Investitionszusage siehe Form. H.II.4.

5. Finanzierungs- und Ausschüttungspolitik[1, 2]

5.1 Unbeschadet der nachstehenden Absätze sind sich die Konsorten einig, dass die Finanzierung der Gesellschaft einschließlich der Investitionen aus dem Cashflow der Gesellschaft sowie über die Aufnahme von Fremdkapital erfolgen soll. Die Fremdfinanzierung soll hierbei nach Möglichkeit auf „Non-Recourse-Basis", d.h. ohne Rückgriff auf die Konsorten oder von den Konsorten gestellte Sicherheiten erfolgen. Die Konsorten werden geeignete Maßnahmen ergreifen, um die jeweils bestehenden Möglichkeiten der Fremdkapitalaufnahme zu untersuchen und die für die Gesellschaft jeweils günstigsten Finanzierungsformen zu identifizieren.[1]

5.2 Die Parteien streben grundsätzlich eine Vollausschüttung der ausschüttungsfähigen Gewinne an. Nach Vorlage des geprüften Jahresabschlusses für ein jedes Geschäftsjahr werden die Konsorten in der nächstfolgenden Sitzung des Konsortialausschusses über die Ergebnisverwendung beraten, mit dem Ziel, Einigkeit über die Ergebnisverwendung zu erzielen. Falls Übereinstimmung erzielt wird, werden die Konsorten in der ordentlichen Gesellschafterversammlung eine entsprechende Ergebnisverwendung beschließen und auf die von ihnen benannten Aufsichtsratsmitglieder hinwirken, einen entsprechenden empfehlenden Aufsichtsratsbeschluss zu fassen.[2]

5.3 Wird über die Ergebnisverwendung keine Übereinstimmung erzielt, so haben die Konsorten Anspruch auf 75% des in einem jeden Geschäftsjahr erwirtschafteten Jahresüberschusses zuzüglich eines etwaigen Gewinnvortrages und abzüglich eines etwaigen Verlustvortrages für das betreffende Geschäftsjahr. Die Konsorten verpflichten sich, in der Gesellschafterversammlung einen entsprechenden Ergebnisverwendungsbeschluss herbeizuführen und auf die von ihnen benannten Aufsichtsratsmitglieder hinzuwirken, einen entsprechenden empfehlenden Aufsichtsratsbeschluss zu fassen.[2]

Anmerkungen

1. Das Klauselbeispiel geht davon aus, dass die Finanzierung ohne Rückgriff auf etwaige Sicherheiten oder Kapitalnachschüsse der Konsorten erfolgen „soll". Im Ausnahmefall wäre daher auch eine Pflicht zur Leistung von Nachschüssen oder Sicherheiten nicht gänzlich ausgeschlossen. In aller Regel bedarf ein zusätzliches Engagement der Gesellschafter jedoch eines einvernehmlichen Vorgehens der Konsorten, kann also nicht gegen den Willen des Minderheitsgesellschafters durchgesetzt werden. Eine Musterklausel für die Verpflichtung zur Stellung von Sicherheiten in der Höhe bis zur Stammeinlage enthält § 5 Abs. 3 des Form. Beck'sches Formularbuch/*Stephan* IX.9. Eine Musterklausel für eine Verpflichtung zur Leistung von Kapitalnachschüssen folgt in Form. H. III.6.

2. Über die Ergebnisverwendung hat in dem Klauselbeispiel der Konsortialausschuss zu beraten. Können sich die Konsorten hierüber nicht einigen, findet das Konfliktauflösungsverfahren statt, mit der Folge, dass nach dem hier gewählten Ansatz im Falle der Nichteinigung gemäß § 5.3 grundsätzlich eine Ausschüttung von 75% der erwirtschafteten Gewinne zu erfolgen hätte.

6. Finanzierungs- und Ausschüttungspolitik mit Kapitalnachschusspflicht[1]

6.1 Grundsätze der Unternehmensfinanzierung

Um der Gesellschaft im Rahmen eines Ratings die Einstufung als „Investment Grade" zu sichern, sind sich die Konsorten unbeschadet § 6.2 darüber einig, dass die Gesellschaft hinsichtlich der nachfolgend bestimmten finanzwirtschaftlichen Kennzahlen grundsätzlich die folgenden Werte aufweisen soll:

(a) Eigenkapitalquote (Verhältnis von Eigenkapital zu Bilanzsumme): 0,35 oder höher

(b) Funds from Operations (FFO) zu Verschuldung (entspricht der Summe des Ergebnisses vor Zinsen und Steuern, der Abschreibungen und Amortisationen zu der Summe der Finanzverschuldung und der Pensionsverbindlichkeiten): 0,30 oder höher

(c) EBIT zu Zinsdeckung (entspricht dem Verhältnis des Ergebnisses vor Zinsen und Steuern zu dem Bruttozinsaufwand): 4,00 oder höher

(d) Verschuldung zu EBITDA (entspricht dem Verhältnis der Summe der Finanzverschuldung, der Pensionsverbindlichkeiten und des kapitalisierten Operating Leasing zu dem Ergebnis vor Zinsen, Steuern, Abschreibungen und Amortisationen): 3,00 oder geringer

Anlage ...... enthält eine beispielhafte Ermittlung der vorgenannten Kennziffern anhand des Konzernabschlusses der Gesellschaft zum ....

6. Finanzierungs- und Ausschüttungspolitik H.III.6

6.2. Ausschüttungspolitik; Kapitalnachschusspflicht

6.2.1 Ausschüttungspolitik[2]

Unverzüglich nach Vorlage des geprüften Konzernabschlusses für ein jedes Geschäftsjahr wird im Rahmen einer Sitzung des Konsortialausschusses festgestellt, inwieweit die in § 6.1 genannten Kennzahlen im abgelaufenen Geschäftsjahr erreicht werden. Werden die in § 6.1 genannten Werte hinsichtlich einer oder mehrerer der genannten Kennzahlen nicht erreicht, so ist die Holding berechtigt zu verlangen, dass der in dem Jahresabschluss für das abgelaufene Geschäftsjahr der Gesellschaft ausgewiesene Jahresüberschuss insoweit thesauriert wird, wie dies erforderlich ist, um die Einhaltung der betreffenden Werte nach Maßgabe der aktuellen Planung für das laufende Geschäftsjahr im folgenden Konzernabschluss wieder zu sichern. Reicht der Jahresüberschuss nicht aus, um die Einhaltung der betreffenden Werte sicherzustellen, so kann die Holding die Thesaurierung des gesamten Jahresüberschusses verlangen und – nach ihrem Ermessen – die Rechte aus § 6.2.2 geltend machen. Soweit nach den vorstehenden Regelungen dieses § 6.2.1 keine Thesaurierung zu erfolgen hat, werden die Konsorten auf eine Ausschüttung des Jahresüberschusses hinwirken.

6.2.2 Kapitalnachschusspflicht

(a) Wenn (i) ausweislich der geprüften Konzernabschlüsse der Gesellschaft in zwei aufeinanderfolgenden Geschäftsjahren[3] nicht sämtliche in § 6.1 bezeichneten Kennzahlen erreicht werden und (ii) eine vollständige Thesaurierung des für das zweite Geschäftsjahr ausgewiesenen Jahresüberschusses der Gesellschaft nach Maßgabe der aktuellen Planung für das laufende Geschäftsjahr nicht ausreichend ist, um die Einhaltung sämtlicher Kennziffern gemäß § 6.1 im Konzernabschluss der Gesellschaft für das laufende und das darauf folgende Geschäftsjahr wieder zu sichern, so ist die Holding berechtigt zu verlangen, dass sich der Käufer an einer oder mehrerer auf schriftliche Anforderung der Holding zu beschließenden Barkapitalerhöhung(en) der Gesellschaft nach den Regelungen dieses § 6.2.2 beteiligt (die „Nachschusspflicht"). Die Nachschusspflicht besteht unabhängig davon, aus welchen Gründen nicht sämtliche Kennzahlen erreicht werden, insbesondere auch bei Verschlechterungen der Umsatz- oder Ertragssituation aus konjunkturellen, wettbewerbsbedingten oder sonstigen Gründen oder bei Entstehung von Kapitalbedarf auf Grund der in Abschnitt …… dieses Konsortialvertrages bezeichneten Investitionen und sonstigen Erweiterungsabsichten.[4]

(b) Der Gesamt-Ausgabebetrag der im Rahmen der jeweiligen Barkapitalerhöhung auszugebenden Gesellschaftsanteile soll denjenigen Betrag nicht überschreiten, der erforderlich ist, um die Einhaltung aller in § 6.1 bezeichneten Kennziffern nach Maßgabe der mittelfristigen Geschäftsplanung der Gesellschaft (d. h. der Geschäftsplanung für die folgenden 3–5 Jahre) nachhaltig sicherzustellen.

(c) Die Verpflichtung des Investors zur Teilnahme an der Barkapitalerhöhung, zur Zeichnung der jungen Aktien und zur Einlage des auf ihn entfallenden Ausgabebetrages steht unter dem Vorbehalt, dass sich die Holding anteilig zu identischen Konditionen an der Barkapitalerhöhung beteiligt.

(d) Vorbehaltlich der Regelungen dieses Konsortialvertrages im Allgemeinen und dieses § 6.2.2 im Besonderen ist die Holding berechtigt, die Konditionen der jeweiligen Barkapitalerhöhung nach ihrem Ermessen festzulegen. Die Holding ist berechtigt, die Teilnahme des Investors an derartigen Barkapitalerhöhungen innerhalb der zeitlichen und betragsmäßigen Grenzen der lit. (e) ein- oder mehrmalig zu verlangen.

(e) Die Verpflichtung des Käufers zur Teilnahme an Kapitalerhöhungen nach Maßgabe dieses § 6.2.2 besteht nur bis zur Höhe eines Gesamt-Ausgabebetrages der vom Investor zu übernehmenden jungen Geschäftsanteile für sämtliche Kapitalerhöhungen von ...... EUR und nur insoweit, als das jeweilige Verlangen zur Durchführung der Kapitalerhöhung von der Holding innerhalb eines Zeitraums von zehn Jahren ab dem Übertragungstag gestellt wird.[5]

Anmerkungen

1. Siehe zum **Sachverhalt** zunächst Anmerkung 1 zu Form. H.III.1. Im Unterschied zu Form. III. 5. liegt der vorliegenden Klausel die Annahme zu Grunde, dass die Parteien des Privatisierungsvertrages ein besonderes Interesse daran haben, der teilprivatisierten Gesellschaft ein Rating als „Investment Grade" zu sichern. Insbesondere in Fällen, in denen die Gesellschaft in absehbarer Zeit weitere erhebliche Investitionen tätigen muss, die Kapitalnachschüsse erfordern, um ein Rating als Investment Grade zu sichern, bietet sich eine Klausel mit Kapitalnachschusspflicht (siehe dazu § 6.2) an.

2. Das Formular geht davon aus, dass notwendige Stärkungen der Eigenkapitalbasis vorrangig durch eine Thesaurierung von Gewinnen vorgenommen werden sollen. Die Klausel ermöglicht es dabei der öffentlichen Hand, eine Thesaurierung des Jahresüberschusses zu verlangen, um die in § 6.1 bezeichneten Kennzahlen einzuhalten, oder eine Vollausschüttung zu bewirken.

3. Das Formular sieht eine Kapitalnachschusspflicht erst dann vor, wenn die Kennzahlen nach § 6.1 in zwei aufeinanderfolgenden Geschäftsjahren nicht erreicht werden. Die Nachschusspflicht trägt damit den Charakter einer ultima ratio. Selbstverständlich bleibt es den Konsorten unbenommen, einvernehmlich bereits zu einem früheren Zeitpunkt eine Kapitalerhöhung durchzuführen.

7. Veräußerungsbeschränkungen und -bedingungen[1]

7.1 Bindung von Rechtsnachfolgern[2]

7.1.1 Eine Übertragung von Geschäftsanteilen an der Gesellschaft auf einen Dritten ist nur zulässig, wenn der Erwerber diesem Konsortialvertrag schriftlich beitritt und in alle Rechte und Pflichten des übertragenden Konsorten eintritt sowie sich gegenüber den übrigen Parteien seinerseits verpflichtet, die Geschäftsanteile an der Gesellschaft nur an ein solches Unternehmen zu übertragen, das diesem Vertrag schriftlich beitritt und die Verpflichtungen aus diesem § 7 übernimmt.

7.1.2 Überträgt ein Konsorte seine Beteiligung an der Gesellschaft auf ein anderes Unternehmen, so garantiert der jeweils übertragende Konsorte gegenüber den jeweils anderen Konsorten, dass das erwerbende Unternehmen spätestens mit Erwerb der Gesellschafts-Geschäftsanteile diesem Konsortialvertrag beitritt und in alle Rechte und Pflichten des übertragenden Konsorten eintritt. Sofern der Investor seine Beteiligung auf ein mit dem Investor verbundenes Unternehmen i. S. d. § 15 AktG überträgt, garantiert der Investor auf Verlangen gegenüber der Holding die Erfüllung sämtlicher Verpflichtungen des beitretenden Unternehmens aus diesem Konsortialvertrag und aus dem Gesellschaftsverhältnis im Wege eines selbständigen Garantieversprechens.

7.1.3 Überträgt der übertragende Konsorte nur einen Teil seiner Geschäftsanteile auf ein anderes Unternehmen, so hat er zu bewirken, dass dieses neben den anderen Konsorten diesem Konsortialvertrag beitritt; der übertragende Konsorte und das erwerbende Unternehmen sind in diesem Fall Gesamtgläubiger bzw. -schuldner hinsichtlich der Rechte und Pflichten des übertragenden Konsorten aus diesem Konsortialvertrag.

7.2 Beschränkungen des Investors[3]
Verfügungen über Gesellschafts-Geschäftsanteile oder Teile hiervon, die nicht von der Holding gehalten werden, insbesondere deren Abtretung oder Belastung (etwa durch Nießbrauchbestellung oder Verpfändung) bedürfen nach Maßgabe von § ...... der Gesellschafts-Satzung der vorherigen schriftlichen Zustimmung der Holding. Diese Zustimmungsbedürftigkeit gilt auch für Verfügungen über Ansprüche aus und im Zusammenhang mit Gesellschafts-Geschäftsanteilen, insbesondere solche auf Gewinnausschüttung. Die Holding wird ihre Zustimmung erteilen, wenn die satzungsmäßigen Bestimmungen und die Bestimmungen dieses Konsortialvertrages eingehalten sind.

7.3 Beschränkungen der Muttergesellschaft des Investors[4]
7.3.1 Die alleinige Anteilseignerin des Investors (nachfolgend als „Muttergesellschaft" bezeichnet) verpflichtet sich, ohne die vorherige schriftliche Zustimmung der Holding (i) nicht über ihre Beteiligung am Investor zu verfügen und (ii) keinerlei Maßnahmen zu ergreifen noch derartige Maßnahmen zu dulden, die – unmittelbar oder mittelbar – dazu führen, dass der gegenwärtig bestehende maßgebliche Einfluss der Muttergesellschaft auf den Investor in einer Weise vermindert wird, dass der Muttergesellschaft die Erfüllung der in diesem Konsortialvertrag direkt und indirekt über den Investor übernommenen Verpflichtungen unmöglich gemacht oder nicht unwesentlich erschwert wird. Insbesondere wird die Muttergesellschaft ihre Beteiligung am Investor nicht unter 50,1% vermindern, die Mehrheit der Stimmrechte in der Gesellschafterversammlung des Investors behalten und keinerlei Rechtsgeschäfte abschließen, die dazu führen, dass die Muttergesellschaft ihren beherrschenden Einfluss auf den Investor verliert.

7.3.2 Die Holding wird ihre Zustimmung zu Maßnahmen gemäß § 7.3.1 erteilen, wenn die Muttergesellschaft die von ihr jeweils gehaltene Beteiligung am Investor auf ein mit der Muttergesellschaft verbundenes Unternehmen überträgt und (i) das verbundene Unternehmen diesem Konsortialvertrag beitritt und alle Rechte und Pflichten der Muttergesellschaft übernimmt (bzw., wenn die Muttergesellschaft ihre Anteile am Investor nur anteilig überträgt, den Rechten und Pflichten der Muttergesellschaft als Gesamtgläubiger bzw. -schuldner beitritt); (ii) die Muttergesellschaft auf Verlangen von der Holding die Erfüllung sämtlicher Verpflichtungen aus diesem Konsortialvertrag und aus dem Gesellschaftsverhältnis durch das verbundene Unternehmen im Wege eines selbständigen Garantieversprechens garantiert, (iii) kein wichtiger Grund vorliegt, der der Holding die Fortsetzung dieses Konsortialvertrages mit dem so verbundenen Unternehmen unzumutbar macht.

7.3.3 Nach Ablauf von ...... Jahren ab dem Übertragungstag wird die Holding ihre Zustimmung zu einer Übertragung von Anteilen an dem Investor an einen Dritten nur noch aus berechtigtem Grund i. S. d. § ...... der Gesellschafts-Satzung versagen.

7.3.4 Die Parteien sind sich darin einig, dass eine Verletzung der Verpflichtungen der Muttergesellschaft aus diesem § 7.3 eine wesentliche Verletzung von Gesellschafterpflichten seitens des Investors und einen wichtigen Grund nach Maßgabe von § ...... der Gesellschafts-Satzung darstellt, der nach der Gesellschafts-Satzung zur Einziehung von Geschäftsanteilen des Investors berechtigt. Weitergehende Rechte bleiben unberührt.

7.3.5 Überträgt der Investor seine Beteiligung an der Gesellschaft (oder Teile dieser Beteiligung) mit Zustimmung der Holding nach Maßgabe von § 7.2 auf ein mit dem Investor verbundenes Unternehmen, so bestehen die Verpflichtungen der Muttergesellschaft gemäß diesem § 7.3 in Bezug auf das verbundene Unternehmen mit der Maßgabe fort, dass an die Stelle des Investors das verbundene Unternehmen tritt.

7.4 Put- und Call-Optionen[5]

7.4.1 Nach Maßgabe der nachfolgenden Bestimmungen ist die Holding berechtigt bzw. verpflichtet, dem Investor aus ihrem Geschäftsanteil im Nennwert von ...... EUR (Teil-)Geschäftsanteile im Nennwert von insgesamt ...... EUR am Stammkapital der Gesellschaft (nach heutigem Stand entsprechend ......% des Stammkapitals; nachfolgend die „Optionsanteile") zum Kauf anzudienen.

7.4.2 Der Investor unterbreitet der Holding hiermit unwiderruflich und unbedingt das Angebot zum Abschluss des in der Anlage ...... beigefügten Geschäftsanteilskauf- und Übertragungsvertrages über die Optionsanteile (der „Put-Anteilskaufvertrag"). Die Muttergesellschaft garantiert hiermit die Erfüllung sämtlicher Verpflichtungen des Investors aus diesem unwiderruflichen Angebot sowie – nach dessen Annahme – aus dem Put-Anteilskaufvertrag gegenüber der Holding. Die Holding ist berechtigt, das Angebot zum Abschluss des Put-Anteilskaufvertrages jederzeit vor dem ...... (die „Put-Annahmefrist") durch Erklärung gegenüber einem deutschen Notar anzunehmen. Mit Zugang der Annahmeerklärung kommt der Put-Anteilskaufvertrag zustande, wobei für die Rechtzeitigkeit der Annahme die Beurkundung der Annahmeerklärung entscheidend ist. Der beurkundende Notar ist anzuweisen, den Investor unverzüglich von der Annahmeerklärung zu unterrichten.

7.4.3 Die Holding unterbreitet dem Investor hiermit unwiderruflich und unbedingt das Angebot zum Abschluss des in der Anlage ...... beigefügten Geschäftsanteilskauf- und Übertragungsvertrages über die Optionsanteile (der „Call-Anteilskaufvertrag"). Der Investor ist berechtigt, das Angebot zum Abschluss des Call-Anteilskaufvertrages jederzeit in der Zeit zwischen ...... und ...... durch Erklärung gegenüber einem deutschen Notar anzunehmen. § 7.4.2 S. 3 bis 5 gelten entsprechend.

7.4.4 Wird das Stammkapital der Gesellschaft vor Ausübung der vorstehend geregelten Rechte erhöht oder herabgesetzt mit der Folge, dass die Optionsanteile nicht mehr einem Anteil von ......% an dem dann gegebenen Stammkapital der Gesellschaft ausmachen, so beziehen sich die vorstehenden Rechte fortan auf (Teil-)Geschäftsanteile in einem Nennwert, die ......% am Stammkapital der Gesellschaft entsprechen. Der jeweilige Angebotsempfänger ist berechtigt und wird hiermit von dem jeweiligen Anbietenden unwiderruflich und unter Befreiung von den Beschränkungen des § 181 BGB ermächtigt, das ihm jeweils unterbreitete Angebot zum Abschluss des Put- bzw. Call-Anteilskaufvertrags wie folgt zu ändern: Der Kaufgegenstand wird so geändert, dass (Teil-)Geschäftsanteile in Höhe von insgesamt ......% des dann bestehenden Stammkapitals veräußert werden. Im Falle der Erhöhung des Stammkapitals erhöht sich der im Put- bzw. Call-Anteilskaufvertrag vereinbarte Kaufpreis um den auf die der Optionsanteile entfallenden Anteil sämtlicher Beträge, welche die Holding im Rahmen der Kapitalerhöhung geleistet hat, und zwar unabhängig davon, ob die betreffende Leistung auf die Stammeinlage oder als Aufgeld (Agio) erfolgte. Im Falle der Herabsetzung des Stammkapitals ermäßigt sich der Kaufpreis um den auf ......% der Optionsanteile entfallenden Anteil sämtlicher Beträge, welche die Holding auf Grund der Stammkapitalherabsetzung effektiv von der Gesellschaft zurückgezahlt erhalten hat. Im Übrigen bleiben die Bestimmungen über die Berechnung des Kaufpreises sowie die sonstigen Bestimmungen des Put- bzw. Call-Anteilskaufvertrags unberührt.

7.5 Rechtsfolgen bei Verletzungen der Verpflichtungen[6]

7.5.1 Übertragen die Konsorten ihre jeweilige Beteiligung an der Gesellschaft (oder Teile dieser Beteiligung) auf ein anderes Unternehmen, ohne den Beitritt dieses Unternehmens zu diesem Konsortialvertrag nach Maßgabe von § 7.1 zu bewirken, so

7. Veräußerungsbeschränkungen und -bedingungen H.III.7

stellt dies einen wichtigen Grund nach Maßgabe von § ...... der Gesellschafts-Satzung dar, der zur Einziehung von Geschäftsanteilen berechtigen kann.

7.5.2 Im Übrigen verwirken der Investor, die Muttergesellschaft und die Holding für jede Verletzung der ihnen in diesem § 7 auferlegten Pflichten eine Vertragsstrafe nach Maßgabe von § ......

Anmerkungen

1. Das Klauselbeispiel enthält umfangreiche Veräußerungsbeschränkungen und -bedingungen. Im Rahmen von Teilprivatisierungen wird oft in noch stärkerem Maße als bei rein privatwirtschaftlichen Gemeinschaftsunternehmen Wert auf eine langfristig stabile Gesellschafterstruktur gelegt. Die öffentliche Hand hat neben den wirtschaftlichen Interessen als Anteilseignerin an der Gesellschaft öffentliche Interessen zu wahren. Aus diesem Grunde kann sie ein erhöhtes Interesse daran haben, dass der von ihr ausgewählte private Kooperationspartner nicht gegen ihren Willen ausgetauscht wird. Oft besteht ein gesteigertes politisches Interesse an der Identität des einmal ausgewählten privaten Kooperationspartners. Dies führt dazu, dass Konsortialverträge im Rahmen von Teilprivatisierungen in Bezug auf die direkte oder indirekte Weiterübertragung der erworbenen Gesellschaftsanteile häufig einseitig belastende Bestimmungen zu Lasten des privaten Investors vorsehen. Im vorliegenden Klauselbeispiel werden hierzu einige mögliche Beschränkungen dargestellt.

2. Der Konsortialvertrag regelt in § 7.1 die erforderlichen Pflichten im Zusammenhang mit der Bindung von Rechtsnachfolgern bei Übertragungen von Geschäftsanteilen. Wie bereits in Anm. 5 zu Form. H.II.5 dargestellt, kann im Rahmen von Privatisierungen die Notwendigkeit bestehen, etwaige Rechtsnachfolger an die vertraglichen Bestimmungen der ursprünglichen Vertragsparteien zu binden. Diese Notwendigkeit besteht auch im Rahmen des Konsortialvertrages, um nicht das konsortialvertraglich festgelegte Zusammenspiel von hoheitlichem und privatem Anteilseigner durch etwaige Anteilsübertragungen auf Dritte auszuhebeln.

3. Das Klauselbeispiel geht hier davon aus, dass die Satzung der Gesellschaft eine Vinkulierung der Anteile vorsieht und folglich eine Zustimmungsbedürftigkeit zur Übertragung qua Gesellschaftsvertrag vorgesehen ist. Zudem erfolgt an dieser Stelle eine Verknüpfung mit etwaigen Restriktionen, die der zu Grunde liegende Anteilskaufvertrag vorsieht. Bspw. könnte die Haltefristklausel einen Katalog an Voraussetzungen regeln, bei deren Einhaltung eine Weiterveräußerung von Geschäftsanteilen durch den Investor zulässig ist.

4. Da die Privatisierung in dem gewählten Beispiel unter wirtschaftlichem Einbezug der finanzkräftigen Muttergesellschaft erfolgt, ist die Muttergesellschaft ihrerseits in dem Konsortialvertrag bestimmten Beschränkungen unterworfen, die den beherrschenden Einfluss der Muttergesellschaft absichern sollen. Daher ist es der Muttergesellschaft untersagt, frei über ihre Anteile an dem Investor zu verfügen. Um dennoch wirtschaftliche Transaktionen an der Tochtergesellschaft (dem Investor) zu ermöglichen, sieht das vorliegende Muster vor, dass eine Zustimmungspflicht der öffentlichen Hand besteht, wenn der beherrschende Einfluss der Muttergesellschaft gewährleistet ist und die Anteile seitens der Muttergesellschaft nicht an einen neuen Finanz-Investor abgegeben werden, der sich in Widerspruch zu den Interessen der hoheitlichen Holding und der öffentlichen Hand setzt (§ 7.3.2 S. 1).

5. § 7.4 regelt Andienungs- und Erwerbsrechte. Die Vereinbarung von Optionsrechten im Zusammenhang von Teilprivatisierungen kann ein geeignetes Gestaltungsmittel darstellen, um einen sukzessiven Rückzug der öffentlichen Hand aus dem zu privatisierenden Unternehmen zu ermöglichen. Auf diese Weise könnte bspw. zunächst ein erster „Grad" an Privatisierung erreicht werden, der dann anschließend durch die Andienungs- und/oder Erwerbsrechte weitergehend ausgebaut werden kann. Bsp.: Der hoheitliche Anteilseigner veräußert in einem ersten Schritt zunächst eine Beteiligung von 49,9 % an der Gesellschaft; zugleich unterbreitet der Investor für die Dauer von fünf Jahren der öffentlichen Hand das unwiderrufliche Angebot, weitere 25 % Optionsanteile zum Preis X zu erwerben. Hat sich die Teilprivatisierung als Erfolg herausgestellt und bestehen daher längerfristig keine Bedenken seitens der öffentlichen Hand gegen eine weitergehende Übernahme der Gesellschaft durch den privaten Investor, könnte der hoheitliche Anteilseigner so bspw. vor Ablauf der Optionsfrist („Put-Annahmefrist") das Angebot des Investors zum Erwerb der 25% Optionsanteile annehmen (vgl. § 7.4.2). Auf diese Weise könnte ein schrittweiser Rückzug der öffentlichen Hand aus dem Unternehmen erreicht werden, bei der es der hoheitliche Anteilseigner in der Hand hätte, ob und wann er weitere Anteile an den privaten Kooperationspartner abgeben will. Das Pendant zu diesem Optionsrecht der öffentlichen Hand wäre die Pflicht des hoheitlichen Anteilseigners, bestimmte Anteile dem privaten Investor zu veräußern. Eine solche Klausel sieht § 7.4.3 vor, deren Aufnahme sich insbesondere dann anbieten könnte, wenn dem Investor in jedem Falle die Möglichkeit eingeräumt werden soll, binnen eines vertraglich vorgesehenen Zeitrahmens (z. B. nach Ablauf der Put-Annahmefrist für ein halbes Jahr) weitere Anteile an der Gesellschaft zu erwerben. § 7.4.4 sieht zudem eine (einfache) Verwässerungsschutzklausel vor, die sicherstellt, dass sich die Optionsrechte auch bei zwischenzeitlich durchgeführten Kapitalmaßnahmen nach wie vor auf dieselbe Anteilshöhe (gemessen an der jeweils vermittelten Beteiligungsquote) beziehen.

6. § 7.6 legt die Rechtsfolgen bei Verstößen gegen die Bestimmungen in § 7 fest. Dabei verweist das Muster beispielhaft zunächst auf eine satzungsmäßig vorgesehene Möglichkeit zur Einziehung von Geschäftsanteilen im Falle eines wichtigen Grundes; hinsichtlich der Vertragsstrafenregelung kann hier wiederum auf die Formulierung des ausführlichen Vertragsstrafemusters in Form. H.II.10 verwiesen werden, wobei allerdings festzuhalten ist, dass Investor, Muttergesellschaft und Holding sowohl Schuldner als auch Gläubiger der Vertragsstrafe sein können.

8. Vertraulichkeit, Pressemitteilungen[1]

8.1 Die Parteien werden über den Inhalt dieses Konsortialvertrages und seiner Anlagen Dritten gegenüber strengstes Stillschweigen bewahren. Diese Verpflichtung besteht auch nach Beendigung dieses Konsortialvertrages bzw. nach Ausscheiden aus diesem Konsortialvertrag fort.

8.2 Die Parteien sowie die jeweils mit diesem Konsortialvertrag befassten Personen (einschließlich Regierungsmitgliedern, Abgeordneten, sonstigen politischen Entscheidungsträgern oder Verwaltungsmitgliedern, die Kenntnis über Abschluss und Inhalt dieses Konsortialvertrages haben) werden Presseerklärungen und andere Erklärungen über Abschluss oder Inhalt dieses Konsortialvertrages und seiner Anlagen nur nach gegenseitiger Abstimmung abgeben. Die Vertraulichkeitspflicht gilt nicht, soweit Erklärungen oder Veröffentlichungen durch Gesetz oder kapitalmarktbezogene Regularien vorgeschrieben sind; insoweit werden sich die Parteien jedoch um eine vorherige Abstimmung bemühen.

Anmerkungen

Wie auch bei sonstigen gemeinschaftlichen Aktivitäten mehrerer Unternehmen soll über den Vertragsinhalt in aller Regel Stillschweigen bewahrt werden, weshalb die Aufnahme einer Vertraulichkeitsklausel auch im Rahmen einer Teilprivatisierung geboten ist (siehe hierzu auch Form. B.I zur Notwendigkeit von vorvertraglichen Verschwiegenheitsvereinbarungen). Das Klauselbeispiel hebt zudem ausdrücklich für die auf Seiten der öffentlichen Hand mit der Sache befassten Personen hervor, Presse- oder sonstige Erklärungen nur nach gegenseitiger Abstimmung abzugeben. Dabei handelt es sich um eine rein deklaratorische Aufzählung; gleichwohl beruht die Hervorhebung etwaiger verantwortlicher Personen auf Seiten der öffentlichen Hand auf der Erwägung, dass einhergehend mit dem in aller Regel erhöhten medialen Interesse an den Privatisierungsvorgängen auch ggf. leichtere Anreize bestehen könnten, in der Öffentlichkeit Äußerungen zum Konsortialvertrag zu tätigen.

IV. Public Private Partnerships (Überblick, typische Vertragsklauseln)

1. Einleitung: Begriff und Struktur von Public Private Partnerships

Der Begriff „Public Private Partnership" (im Folgenden kurz „PPP" genannt) steht für unterschiedliche Kooperationsformen zwischen öffentlicher Hand und Privatwirtschaft. Auch wenn es sich dabei nicht um einen feststehenden Begriff handelt, hat sich mittlerweile weitgehend ein Begriffsverständnis durchgesetzt, wonach PPP durch die langfristige, ganzheitliche und vertraglich geregelte Zusammenarbeit zwischen einem öffentlichen Auftraggeber und einem privaten Auftragnehmer zur Erfüllung öffentlicher Aufgaben gekennzeichnet sind. Da im Rahmen von PPP bestimmte Aufgabenbereiche zur eigenständigen Wahrnehmung auf einen privaten Partner übertragen werden, stellen PPP einen Unterfall der Privatisierung dar.

Genutzt werden PPP Strukturen in der Praxis vor allem im Bereich des öffentlichen Hochbaus sowie bei der Bereitstellung von Verkehrsinfrastruktur (insbesondere Flughäfen, Autobahnen, sowie Tunnel im Zuge von Bundesfernstraßen). Realisierbar sind PPP-Modelle aber letztlich in allen Sektoren, in denen betriebliche Teilaufgaben zur eigenständigen Wahrnehmung auf einen privaten Vertragspartner übertragen werden können. Daher wurden entsprechende Kooperationsformen auch schon bei Justizvollzugsanstalten, in der Wasserver- und Entsorgung, bei Bereitstellung von IT-Infrastruktur und im Krankenhausbereich umgesetzt.

Mit den zuvor behandelten Fällen einer materiellen Privatisierung haben PPP-Vorhaben gemeinsam, dass der private Partner in größerem Umfang betriebliche Verantwortung und die damit einhergehenden wirtschaftlichen Risiken übernimmt. Im Gegensatz zur materiellen Privatisierung erfolgt die Aufgabenverlagerung allerdings weder vollständig noch endgültig.

PPP sind nämlich dadurch gekennzeichnet, dass der Höheitsträger den Kernbereich der öffentlichen Aufgabe weiterhin eigenständig wahrnimmt. Lediglich die zur Erfüllung dieser Aufgabe erforderlichen Unterstützungsprozesse, d.h. insbesondere die Beschaffung und Bereithaltung der erforderlichen Betriebsmittel, werden ganz oder teilweise von einem privaten Investor erbracht. Hierdurch unterscheiden sich PPP von der materiellen Privatisierung, bei der die Aufgabe idealtypisch vollständig aus dem hoheitlichen Bereich ausgegliedert wird. PPP stellen somit letztlich einen alternativen Ansatz bei Beschaffungsvorgängen der öffentlichen Hand dar. Durch die umfassende Einbindung eines Privaten sollen Effizienzvorteile genutzt werden, sodass die Kosten bei einem PPP-Projekt im Optimalfall geringer ausfallen als bei einer konventionellen Beschaffung. Effizienzpotenziale ergeben sich dabei insbesondere aus der Einbeziehung von privatem Know-how sowie aus einer kostengünstigen Verteilung der Projektrisiken. Um diese Effizienzvorteile möglichst umfassend nutzen zu können, sind PPP durch eine ganzheitliche Betrachtungsweise gekennzeichnet, d.h. die Leistungen, die notwendig sind, damit die Aufgabe durch den Hoheitsträger erbracht werden kann, und die damit verbundenen Kosten werden in ihrer Gesamtheit berücksichtigt. Typischerweise lassen sich dabei Planung, Herstellung bzw. Sanierung, Betrieb, Finanzierung und ggf. Verwertung eines Wirtschaftsguts als eigene Leistungsbereiche kennzeichnen (sog. Lebenszyklusansatz), die im Rahmen der Realisierung des PPP-Projekts vollständig oder teilweise auf den privaten Investor übertragen werden.

Neben der inhaltlich beschränkten Aufgabenübertragung unterscheiden sich PPP-Vorhaben auch durch die Dauer der Aufgabenverlagerung von einer materiellen Privatisierung. Zwar sind PPP-Projekte in aller Regel langfristig angelegt (Vertragslaufzeiten von 20 bis 30 Jahren sind durchaus üblich). Es erfolgt jedoch keine endgültige Aufgabenübertragung an den Privaten. Stattdessen fallen der Projektgegenstand und die damit zusammenhängenden Aufgaben am Ende der Vertragslaufzeit wieder vollständig in den Verantwortungsbereich des öffentlichen Auftraggebers. Die Kooperation zwischen öffentlicher Hand und Privatinvestor ist somit zeitlich befristet, während die Aufgabenübertragung bei einer materiellen Privatisierung regelmäßig dauerhafter Natur ist.

Das Kooperationsverhältnis zwischen öffentlichem Auftraggeber und privatem Investor kann sehr unterschiedlich ausgestaltet sein. Eine gemeinsame Beteiligung von öffentlicher Hand und privatem Investor an einer Projektgesellschaft (sog. Gesellschaftsmodell) stellt dabei allerdings eher die Ausnahme dar. Stattdessen beschränken sich die Vertragsparteien bei PPP in der Regel auf rein schuldrechtliche Beziehungen. Die sachgerechte und effiziente Ausgestaltung dieser Vertragsbeziehungen ist essentielle Voraussetzung für den Erfolg eines PPP-Projekts. Ziel der Vertragsparteien muss es daher sein, für jedes Projekt eine eigenständige Vertragsstruktur zu entwickeln, die den Eigenheiten des Projekts und den Zielsetzungen der Parteien bestmöglich Rechnung trägt. Trotz der Einzelfallbezogenheit dieser Faktoren haben sich in der Praxis gewisse Grundstrukturen entwickelt, die als Orientierungshilfe bei der Vertragsgestaltung herangezogen werden können. Es bleibt aber zu berücksichtigen, dass es sich dabei um typisierte Regelungsvorschläge handelt, die im Anwendungsfall – bezogen auf das jeweilige Projekt – einer näheren Konkretisierung bedürfen. Dies gilt nicht nur für die üblicherweise vorgenommene Differenzierung zwischen verschiedenen Vertragsmodellen sondern in besonderem Maße auch für die hier beispielhaft dargestellten Vertragsklauseln.

Vertragliche Grundstruktur eines PPP-Projekts am Beispiel eines Hochbauprojekts

Im Folgenden wird zunächst die vertragliche Grundstruktur eines PPP-Projekts (vereinfacht) dargestellt. Als Beispiel wurde hier ein PPP-Projekt im Hochbau gewählt. Dieses Vertragsmodell ist bereits mehrfach erfolgreich in der Praxis umgesetzt worden und kann deswegen auch als Referenzmodell für PPP in anderen Bereichen herangezogen werden.

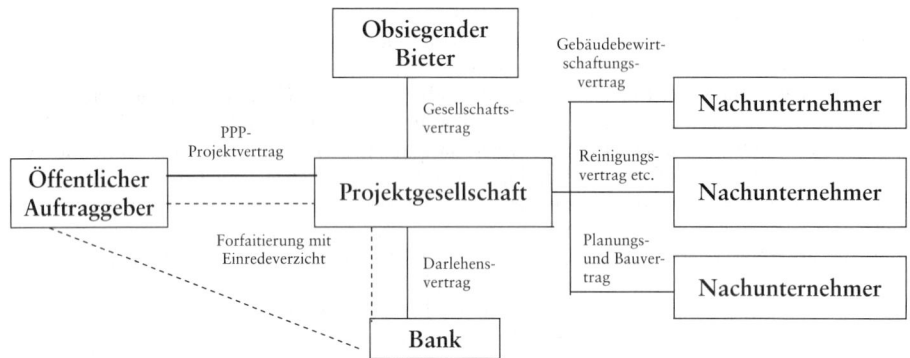

Verhältnis zwischen öffentlichem Auftraggeber und Privatinvestor

Die wesentlichen Akteure eines PPP-Projekts ergeben sich bereits aus dem Grundgedanken einer PPP, Private über einen längeren Zeitraum in die Erfüllung öffentlicher Aufgaben einzubeziehen. Zentraler Aufgabenträger ist daher neben dem öffentlichen Auftraggeber ein privater Investor, der in aller Regel zuvor durch ein öffentliches Vergabeverfahren ermittelt worden ist. Bei dem Investor kann es sich sowohl um ein einzelnes Unternehmen als auch um ein aus mehreren Unternehmen bestehendes Konsortium handeln. Der Investor wird allerdings regelmäßig nicht selbst unmittelbarer Vertragspartner der öffentlichen Hand. Stattdessen wird zur Realisierung des Projekts eine eigenständige Gesellschaft gegründet, an der sich der Investor als Gesellschafter und Eigenkapitalgeber beteiligt. Die Einbeziehung dieser selbständigen Projektgesellschaft dient insbesondere dem Zweck, die Haftungsrisiken und damit auch die Bilanzierungspflichten des privaten Investors zu begrenzen. Aus diesem Grund bieten sich vor allem die GmbH bzw. die GmbH & Co. KG als potentielle Rechtsformen für die Projektgesellschaft an. Die Gründung der Projektgesellschaft setzt einen Gesellschaftsvertrag voraus, dessen Regelungsgehalt von den Beteiligungsverhältnissen an der Gesellschaft abhängen sollte. Sofern lediglich ein Investor an der Projektgesellschaft beteiligt ist, kann sich der Gesellschaftsvertrag auf das Notwendige beschränken. Bei einer Beteiligung von mehreren Investoren ist dagegen anzuraten, weitere Einzelheiten im Gesellschaftsvertrag zu regeln, um das Konfliktpotenzial zu minimieren und so die partnerschaftliche Leistungserbringung zu gewährleisten. Diesem Zweck dient auch der Abschluss eines Konsortialvertrages, in dem weitere Rechte und Pflichten im Hinblick auf die Gesellschafterstellung unmittelbar zwischen den privaten Investoren geregelt werden. Noch größerer Regelungsbedarf besteht, wenn sich der öffentliche Auftraggeber selbst an der Projektgesellschaft beteiligt. In diesem Fall müssen auch die für Beteiligungen der öffentlichen Hand an Privatgesellschaften geltenden Vorgaben des öffentlichen Rechts berücksichtigt werden.

Häufig bestehen zwischen dem öffentlichen Auftraggeber und dem obsiegenden Bieter keine unmittelbaren Vertragsbeziehungen, da zum Zweck der Projektrealisierung eine eigenständige Projektgesellschaft gegründet und zwischengeschaltet wird. Dementsprechend stellt der PPP-Projektvertrag zwischen öffentlichem Auftraggeber und Projektgesellschaft das vertragliche Kernstück eines PPP-Projekts dar. Trotz der einheitlichen Bezeichnung handelt es sich bei dem Vertrag letztlich um einen Vertragskomplex, der dem vielfältigen Regelungsbedarf bei PPP Rechnung tragen muss. Teilweise werden daher auch mehrere Einzelverträge zwischen den Beteiligten geschlossen, die dann durch eine Rahmenvereinbarung miteinander in Bezug gesetzt werden. Der Inhalt des Projektvertrages hängt dabei maßgeblich von den Eigenheiten des Projekts und den Zielsetzungen der Parteien ab. Trotzdem lassen sich bestimmte Vertragselemente aufzeigen, die unabdingbarer Regelungsgegenstand eines Projektvertrages sind.

Dazu gehören Regelungen über die Leistungspflichten der Projektgesellschaft sowie über die vom öffentlichen Auftraggeber zu erbringende Vergütung. Dabei ist zu beachten, dass der Projektgesellschaft bei der Leistungserbringung genügend Handlungsspielraum verbleiben muss, um vorhandenes Know-how einbringen zu können. Nur so können bestehende Effizienzpotenziale optimal genutzt werden. Bereits die Ausschreibung im Vergabeverfahren und – darauf aufbauend – auch die Bestimmung der Leistungspflichten im Projektvertrag sollten daher so ausgestaltet werden, dass nur die Zielsetzung und nicht die konkrete Art und Weise der Leistungserbringung vorgegeben wird. Im Hinblick auf die Vergütungsregelungen ist u. a. zu klären, wer wirtschaftlich mit dem Entgelt belastet werden soll. Dies kann einerseits der öffentliche Auftraggeber sein, indem dieser monatlich oder jährlich ein pauschales Entgelt aus dem allgemeinen Haushalt an die Projektgesellschaft leistet. Denkbar ist aber auch, dass der öffentliche Auftraggeber der Projektgesellschaft lediglich das Recht einräumt, Einnahmen aus der Nutzung des Projektgegenstandes zu erzielen, sodass die Drittnutzer wirtschaftlich für die Refinanzierung der Projektgesellschaft aufkommen (sog. Konzessionsmodell). Diese Vorgehensweise kommt immer dann in Betracht, wenn der Projektgegenstand überwiegend von Dritten und nicht vom öffentlichen Auftraggeber genutzt wird. Entsprechende Realisierungskonzepte sind daher vor allem bei Verkehrsinfrastrukturprojekten denkbar.

Neben den eigentlichen Leistungspflichten enthält der Projektvertrag außerdem gewisse Rahmenregelungen, die vor allem das Vertragsmanagement und die Projektorganisation betreffen. Dazu gehört z. B., dass sich der öffentliche Auftraggeber bestimmte Informations- und Weisungsrechte zusichern lässt, um ein effektives Vertragscontrolling durchführen zu können. Als Ausdruck des partnerschaftlichen Gedankens empfiehlt es sich darüber hinaus, einen vertraglichen Deeskalationsmechanismus vorzusehen, der im Grundsatz die Beilegung von Meinungsverschiedenheiten ohne Inanspruchnahme staatlicher Gerichte ermöglicht.

Einschaltung von Nachunternehmern

Zwar verpflichtet sich die Projektgesellschaft durch den Projektvertrag gegenüber dem Auftraggeber zur Erbringung einer Gesamtleistung, die sich typischerweise aus Planungs-, Bau-, Betriebs- und Finanzierungselementen zusammensetzt. Zur tatsächlichen Erfüllung der vertraglichen Leistungspflichten bedient sich die Projektgesellschaft aber regelmäßig zumindest teilweise selbständiger Nachunternehmer, die als Erfüllungsgehilfen bestimmte Einzelleistungen erbringen (z. B. Architektenleistungen, Facility Management). Als Nachunternehmer kommen nicht nur Drittunternehmen, sondern auch der private Investor selbst in Betracht, sofern dieser – wie im Regelfall – in einer entsprechenden Branche tätig ist. Da sich der öffentliche

Auftraggeber häufig gewisse Mitentscheidungsbefugnisse in Bezug auf die Auswahl und Beaufsichtigung von Nachunternehmern vorbehalten will, sollte der Projektvertrag auch diesen Aspekt berücksichtigen. In Betracht kommen insoweit z. B. Eintrittsrechte des öffentlichen Auftraggebers sowie die Abtretung von Mängelgewährleistungsansprüchen.

Finanzierungsverträge

Da die Realisierung des Projekts im Regelfall ganz oder teilweise durch den privaten Investor vorfinanziert wird, muss ein Finanzierungskonzept für die Projektgesellschaft entwickelt werden. Häufig übernehmen Banken die Finanzierung, indem sie das benötigte Kapital gegen entsprechende Sicherheiten in Form von Darlehen zur Verfügung stellen. Um die Finanzierungskosten der Projektgesellschaft gering zu halten, kann es aber auch erwägenswert sein, den öffentlichen Auftraggeber im Rahmen eines Fortfaitierungsmodells mit in die Finanzierung einzubinden. Anders als bei einer reinen Darlehensfinanzierung kann sich die Projektgesellschaft dadurch zu Konditionen refinanzieren, die weitgehend denen eines Kommunalkredits entsprechen. Da der öffentliche Auftraggeber in diesem Zusammenhang auf vertragliche Einwendungen und Einreden verzichtet, müssen – zusätzlich zum Einredeverzicht – Regelungen in den Projektvertrag aufgenommen werden, die eine vertragsmäßige Leistungserbringung gewährleisten. Dies kann z. B. durch die Beibringung von Vertragserfüllungsbürgschaften durch die Projektgesellschaft geschehen. Ungeachtet dieser alternativen Sicherungsmöglichkeiten ist gleichwohl projektspezifisch genau zu prüfen, inwieweit ein Fortfaitierungsmodell mit der angestrebten Risikoübertragung auf den privaten Investor vereinbar ist.

Daneben kommt auch eine (anteilige) Finanzierung über einen entsprechenden Haushaltstitel oder öffentliche Fördermittel in Betracht, sofern das Projekt die jeweiligen Förderbedingungen erfüllt. Die Einbindung öffentlicher Fördermittel führt häufig zu zusätzlichem vertraglichen Regelungsbedarf, da die Details der Förderung zwischen dem Fördergeber und der Projektgesellschaft festgelegt werden müssen (z. B. vertragliche Regelungen über Förderzweck, Förderbedingungen und Rückerstattungsmodalitäten). Darüber hinaus sollte aber auch der Projektvertrag Bestimmungen enthalten, kraft derer die Einbeziehung von Fördermitteln in die Gesamtfinanzierung geregelt wird.

PPP bei Verkehrsinfrastrukturprojekten

Neben dem Hochbau sind Verkehrsinfrastrukturvorhaben ein wichtiger Anwendungsbereich von PPP. Eine Besonderheit dieser Projekte kann darin bestehen, dass die Finanzierung nicht (ausschließlich) durch ein vom öffentlichen Auftraggeber erbrachtes Entgelt erfolgt, sondern ganz oder teilweise durch Drittnutzer getragen wird. Dementsprechend müssen die Vergütungs- und Finanzierungsstrukturen anders ausgestaltet werden als bei PPP im Hochbau. PPP-Verkehrsinfrastrukturprojekte werden in der Praxis insbesondere im Bereich des Straßenbaus realisiert. Hier existieren mit dem F-Modell und dem A-Modell zwei verschiedene Konzepte, die zwar beide durch eine Drittnutzerfinanzierung gekennzeichnet sind, im Hinblick auf den konkreten Vergütungsmechanismus aber Unterschiede aufweisen.

Das F-Modell betrifft Projekte nach dem Fernstraßenbauprivatfinanzierungsgesetz (FStrPrivFinG). Dessen Anwendungsbereich ist auf den Bau von Brücken, Tunneln und Gebirgspässen im Zuge von Bundesautobahnen und Bundesstraßen sowie auf mehrstreifige Bundesstraßen mit getrennten Fahrbahnen für den Richtungsverkehr beschränkt. Aufgrund dieser Einschränkungen sind in der Praxis erst zwei Projekte in diesem Bereich umgesetzt worden (Warnowtunnel in Rostock und Herrentunnel in Lübeck), über weitere Vorhaben wird aber derzeit diskutiert (z. B. die Weserquerung in Bremen und die Hafenquerspange in Hamburg). Das F-Modell ist dadurch gekennzeichnet, dass der Betreiber der Infrastruktureinrichtung die Maut für die Nutzung direkt beim Nutzer erhebt, sodass in diesem Verhältnis unmittelbare Rechtsbeziehungen zwischen den Beteiligten bestehen. Der Betreiber kann dabei wählen, ob die Maut als öffentlich-rechtliche Gebühr oder als privatrechtliches Entgelt erhoben wird. Die Erhebung einer Gebühr setzt allerdings zusätzlich eine Beleihung des Betreibers durch die zuständige Landesbehörde voraus (§ 5 Abs. 1 FStrPrivFinG). Unabhängig von der gewählten rechtlichen Konstruktion unterliegt die Mauthöhe außerdem einer staatlichen Kontrolle.

Das A-Modell fällt dagegen nicht in den Anwendungsbereich des FStrPrivFinG, sondern wird durch die Erhebung einer streckenbezogenen Autobahnbenutzungsgebühr für schwere Nutzfahrzeuge nach dem Autobahnmautgesetz (ABMG) ermöglicht. Anders als beim F-Modell übernimmt der Privatinvestor hier nicht zugleich die Mauterhebung im Verhältnis zu den mautpflichtigen Nutzern. Diese Aufgabe wird stattdessen weiterhin durch das Bundesamt für Güterverkehr wahrgenommen, das sich dafür eines durch ein privates Betreiberkonsortium errichteten und betriebenen Mauterhebungssystems bedient. Die in diesem Zusammenhang erzielten Einnahmen werden durch die Verkehrsinfrastrukturfinanzierungsgesellschaft (VIFG) verwaltet, die wiederum den Privatinvestor auf Grundlage der vertraglichen Vereinbarungen im Projektvertrag vergütet.

Die bisher im Rahmen von vier Pilotprojekten realisierten A-Modelle sehen vor, dass der Private im Rahmen einer auf 30 Jahre befristeten Konzession den Ausbau einer bestimmten Autobahnteilstrecke sowie die Unterhaltung und den Betrieb dieser Strecke während des Konzessionszeitraums übernimmt. Die Tätigkeiten werden von dem Investor in eigener Verantwortung ausgeführt und müssen daher auch durch diesen (vor)finanziert werden. Als Gegenleistung erhält dieser während des Konzessionszeitraums eine vertraglich vereinbarte Vergütung, die zumindest im Grundsatz dem Mautaufkommen auf der Konzessionsstrecke entspricht. Bei den bisher realisierten Projekten richtet sich die Vergütung des Betreibers dementsprechend nach der Anzahl an Kilometern, die mautpflichtige Nutzer auf der Konzessionsstrecke zurückgelegt haben. Zusätzlich wird dem Investor eine Anschubfinanzierung aus dem allgemeinen Straßenbauhaushalt gewährt. Auf diese Weise wird der Umstand ausgeglichen, dass nicht alle Nutzer der jeweiligen Autobahnstrecke einer Mautpflicht unterliegen und somit nicht alle Kosten des Betreibers durch Einnahmen aus der Mautgebühr gedeckt werden.

Das A-Modell ist folglich durch ein Dreiecksverhältnis zwischen den mautpflichtigen Nutzern, der öffentlichen Mauterhebungsinstanz und dem privaten Investor gekennzeichnet. Da die Vergütung des Investors in den bisher realisierten Projekten von der von mautpflichtigen Nutzern zurückgelegten Kilometerzahl abhängig ist und somit nutzungsbasiert erfolgt, zeigt das Vergütungsmodell gewisse Parallelen zur Schattenmaut. Dementsprechend trägt der private Investor grundsätzlich das Risiko, dass tatsächlich so viele mautpflichtige Nutzer die Konzessionsstrecke befahren, wie der Betreiber dies in seinem Finanzierungskonzept zugrunde gelegt hat (sog. Verkehrsmengenrisiko). Es ist allerdings durchaus üblich, dass der öffentliche Auftraggeber dem privaten Investor eine Ausgleichszahlung gewährt, wenn das Verkehrsaufkommen auf der Strecke aus Gründen reduziert ist, die der Betreiber nicht zu vertreten hat (z. B. beim Neu- oder Ausbau von mautfreien Alternativstrecken). Die Besonderheit der A-Modelle im Gegensatz zur klassischen Schattenmaut besteht allerdings darin, dass auf der Konzessionsstrecke zumindest für bestimmte Nutzergruppen tatsächlich eine Maut erhoben wird, sodass neben dem Verkehrsmengenrisiko auch ein Mauterhebungs- und Mauthöhenrisiko besteht. Werden diese Risiken ebenfalls auf den privaten Investor übertragen, führt dies dazu, dass der Investor nur eine sehr beschränkte Kontrolle über die Einnahmeseite des Projekts hat, was zu nicht unwesentlichen Schwierigkeiten bei der Finanzierung des Projekts führen kann. Da die Vergütung des Privaten auf vertraglicher Grundlage erfolgt, ist eine solche Risikoverteilung allerdings nicht unumgänglich. Für künftige Projekte wird daher in Erwägung gezogen, den ganz überwiegend nutzungsbasierten Vergütungsmechanismus zu ergänzen, um die Finanzierbarkeit der Projekte auch in Zukunft gewährleisten zu können. So kann die Vergütung teilweise von solchen Parametern abhängig gemacht werden, deren Erfüllung durch den privaten Investor beeinflusst werden kann (z. B. die Verfügbarkeit des Streckenabschnitts für den Straßenverkehr).

2. Gliederung des Projektvertrages

Trotz des vielfältigen Regelungsbedarfs im Rahmen des Projektvertrages sollte versucht werden, die Vertragsbeziehungen zwischen dem öffentlichen Auftraggeber und der Projektgesellschaft möglichst in einem einheitlichen Vertrag zu regeln. Dies vereinfacht erfahrungsgemäß zum einen den Verhandlungsprozess im Rahmen des Vergabeverfahrens und zum anderen das spätere Vertragscontrolling in der Phase der Durchführung des Projekts.

So lassen sich Projektverträge im Hochbau typischerweise in vier Abschnitte gliedern: Der erste Abschnitt enthält Rahmenregelungen, die für alle Vertragsleistungen gelten. Dazu gehören insbesondere Bestimmungen zur Grundstruktur des Projekts, zur Fortschreibung und Neuvereinbarung von Vergütungsbestandteilen, zur Finanzierung, zur Projektorganisation sowie zur Beilegung von Meinungsverschiedenheiten. Im zweiten und dritten Abschnitt werden dann alle Einzelheiten geregelt, welche die von der Projektgesellschaft zu erbringenden Planungs- bzw. Bauleistungen betreffen. Entsprechende Regelungen finden sich z. B. auch in GU- bzw. GÜ-Verträgen und stellen somit keine Besonderheit eines PPP-Projektvertrages dar. Der vierte Teil behandelt schließlich die Betriebsleistungen, welche die Projektgesellschaft während der Vertragsdauer zu erbringen hat. Besonderheiten ergeben sich hier insbesondere in Bezug auf mögliche Bonus- und Malusregelungen, die eine effiziente Leistungserbringung über den gesamten Vertragszeitraum sicherstellen sollen.

Die nachfolgend dargestellten Vertragsmuster sind nach dieser Gliederung vor allem im ersten Abschnitt zu verorten. Dies ist dem Umstand geschuldet, dass vor allem durch die Rahmenregelungen ein einheitlicher Organisationszusammenhang für das Projekt geschaffen wird, der letztlich die Grundlage für die Zusammenarbeit von öffentlicher Hand und privatem Investor darstellt. Die Rahmenregelungen spiegeln daher in besonderer Weise den partnerschaftlichen Ansatz von PPP wider, wodurch zugleich die wesentlichen Unterschiede zwischen PPP-Projekten und anderen Privatisierungsvorgängen verdeutlicht werden.

3. Projektbeschreibung und Zielsetzungen[1]

3.1 Das PPP-Projekt[2]

Die Stadt und die Projektgesellschaft sind übereingekommen,
(a) die Planung,
(b) die Sanierung, Modernisierung und Erweiterung („Bauleistungen"),
(c) die Finanzierung,
(d) die Bauunterhaltung und Bewirtschaftung („Betriebsleistungen")
der Schulgebäude („die Projektleistungen") in einer öffentlich-privaten Partnerschaft nach Maßgabe der Bestimmungen dieses Projektvertrages durchzuführen („das PPP-Projekt"). Die Parteien werden zur Durchführung des PPP-Projektes nach Maßgabe der Bestimmungen dieses Projektvertrages, einschließlich seiner Anlagen, zusammenarbeiten.

3.2 Gegenstand des PPP-Projektes[3]

Das PPP-Projekt bezieht sich ausschließlich auf die Schulgebäude, die in Anlage 3.2 zu diesem PPP-Rahmenvertrag im Einzelnen aufgeführt und in dem Plan rot umrandet sind („Vertragsgegenstand"). Andere, insbesondere auf demselben Grundstück aufstehende Gebäude sowie sonstige Anlagen (z. B. die nicht im Plan umrandeten Außenanlagen) sind nicht Gegenstand des PPP-Projektes. Die Stadt überlässt der Projektgesellschaft die Schulgebäude ausschließlich zur Durchführung ihrer Pflichten gemäß diesem Projektvertrag zur unentgeltlichen Nutzung, und zwar ohne Einräumung dinglicher Rechte, insbesondere Erbbaurechte.

3.3 Zielsetzungen des PPP-Projektes[4]

Die Stadt und die Projektgesellschaft verfolgen mit der öffentlich-privaten Partnerschaft das Ziel, die gesetzliche Verpflichtung der Stadt als Schulträger zu erfüllen, für ausreichenden und angemessenen Schulraum zu sorgen und die zum PPP-Projekt gehörenden Schulen ordnungsgemäß zu sanieren und zu unterhalten, dazu zählt insbesondere

3. Projektbeschreibung und Zielsetzungen   H.IV.3

3.3.1   die fristgemäße und ordnungsgemäße Errichtung und Bereitstellung der vertragsgegenständlichen Schulgebäude,
3.3.2   nach Fertigstellung und Abnahme der Schulgebäude, deren mangelfreie und jederzeit betriebsbereite Erhaltung und Unterhaltung sicherzustellen,
3.3.3   die ordnungsgemäße und fachgerechte Unterbringung sämtlicher Gymnasialschüler unter fortlaufender Anpassung an die sich verändernde Bedarfssituation während der Laufzeit dieses PPP-Projektvertrages sicherzustellen,
3.3.4   die Funktionalität, Ausstattung und Qualität der Schulgebäude, einschließlich deren Bewirtschaftung, über den gesamten Lebenszyklus der Schulgebäude unter fortlaufender Anpassung an die sich verändernde Bedarfssituation zu sichern und stetig und fortlaufend zu verbessern, und zwar unter Berücksichtigung und Beachtung der der Stadt insbesondere gemäß den Vorschriften des Gemeinderechtes und des Schulrechtes obliegenden Aufgaben der Sicherstellung, Durchführung und Aufrechterhaltung eines ordnungsgemäßen Schulbetriebes,
3.3.5   das PPP-Projekt sozialverträglich umzusetzen und
3.3.6   regionale Unternehmen soweit als möglich in das PPP-Projekt einzubinden.
Ziel ist, die Bau- und Betriebsleistungen sicher, effizient, zügig und termingerecht sowie kosten- und wirtschaftlich optimiert durchzuführen, und zwar unter Erfüllung und Einhaltung aller gesetzlichen Vorschriften, untergesetzlichen Normen sowie behördlichen Bestimmungen, insbesondere Verwaltungsakten und Verwaltungsvorschriften.

Anmerkungen

1. Sachverhalt. Es handelt sich um ein kommunales PPP-Schulbauprojekt. Das Grundstück und die darauf errichteten Gebäude stehen bereits im Eigentum der Stadt. Die Schulgebäude sollen im Rahmen des Projekts umfassend saniert und im Zuge dessen weitgehend modernisiert werden. Die Projektgesellschaft wird daher mit der Sanierung, Modernisierung sowie der Bauunterhaltung und der Bewirtschaftung der Schulgebäude betraut. Die Leistungen werden von der Projektgesellschaft vorfinanziert, wobei der Finanzierungsbedarf der Projektgesellschaft mittels eines Fortfaitierugnsmodells gedeckt werden soll. Die Vergütung durch den öffentlichen Auftraggeber erfolgt über ein pauschales Entgelt, das in monatlichen Raten an die Projektgesellschaft zu entrichten ist. Die Vertragslaufzeit beläuft sich auf 25 Jahre.

2. Die Klausel soll einen ersten Überblick über die PPP-Maßnahme geben. Charakteristisch ist der ganzheitliche Ansatz, d.h. die Leistungspflichten der Projektgesellschaften erstrecken sich auf Planung, Sanierung, Betrieb und Finanzierung. Als Ausdruck des partnerschaftlichen Ansatzes von PPP wird im Vertragsmuster zudem ausdrücklich die Pflicht zur Zusammenarbeit statuiert. Dabei handelt es sich um eine Grundverpflichtung der Vertragsparteien im Rahmen des gesamten PPP-Projekts, die deshalb an zentraler Stelle hervorgehoben wird.

3. Das Schulgrundstück und damit auch die darauf errichteten Gebäude stehen im Eigentum der Stadt. Dementsprechend erwirbt die Stadt grundsätzlich mit Ausführung der Bauleistungen kraft Gesetzes Eigentum an den eingebrachten Gegenständen, sodass es keiner eigenständigen Verwertungsregelung bedarf. Der wesentliche Vorteil dieses sog. Inhabermodells liegt darin, dass der öffentliche Auftraggeber gegen das Insolvenzrisiko der Projektgesellschaft abgesichert ist. Um der Projektgesellschaft die Erfüllung ihrer Leistungspflichten zu ermöglichen, räumt die Stadt der Projektgesellschaft ein unentgeltliches Nutzungsrecht an den Schulgebäuden ein, die Gegenstand des PPP-Projekts sind. Das Nutzungsrecht ist rein schuldrechtlicher Natur, sodass das Grundstück nicht durch dingliche Rechte belastet wird. Um die permanente Verfügbarkeit der Schulgebäude gewährleisten zu können, sollte das Nutzungsrecht inhaltlich auf das zur Erfüllung der Leistungspflichten erforderliche Maß beschränkt bleiben. Hierdurch wird ausgeschlossen, dass die Projektgesellschaft anderweitige Nutzungen

(z. B. eigenständige Vermietung) aus den Gebäuden bzw. dem Grundstück ziehen kann, die den Schulbetrieb behindern könnten.

4. Es empfiehlt sich, im Projektvertrag die Zielsetzungen festzuschreiben, die von den Vertragsparteien im Rahmen des PPP-Projektes verfolgt werden. Außerdem sollte der Projektvertrag an zentraler Stelle die allgemeine Verpflichtung beinhalten , dass sich die Vertragsparteien bei sämtlichen durchzuführenden Maßnahmen an diesen Zielsetzungen orientieren. Dies erweist sich insbesondere im Falle von Regelungslücken, die sich häufig bei lang laufenden Verträgen aufgrund des Umstandes ergeben, dass bei Vertragsschluss nicht alle Eventualitäten vorhergesehen werden können, als nützlich und zweckdienlich. Denn die in diesem Fall vorzunehmende ergänzende Auslegung des Vertrages ist an diesen Zielsetzungen auszurichten. Daneben dient die Festschreibung der Zielsetzungen auch dem Zweck, die im Vergabeverfahren entwickelte funktionale Leistungsbeschreibung in Vertragsrecht umzusetzen. Der Projektgesellschaft werden dementsprechend nur die wesentlichen Ziele vorgegeben, die der Auftraggeber mit dem Projekt verfolgt, während die Entscheidung über die konkrete Art und Weise der Leistungserbringung soweit wie möglich bei der Projektgesellschaft verbleibt. Hierdurch können Effizienzvorteile realisiert werden, die u. a. aus dem projektspezifischen Know-how des privaten Investors resultieren.

4. Vergütung[1]

4.1 Die Stadt zahlt an die Projektgesellschaft über den gesamten fünfundzwanzigjährigen Vertragszeitraum ein monatliches Entgelt in [Anzahl der vereinbarten Raten einfügen] Raten als festen Pauschalpreis mit dem der gesamte Leistungsumfang abgegolten ist.[2] Das Gesamtentgelt umfasst das separat geschuldete Entgelt für Finanzierungsleistungen gem. Abschnitt [......] dieses Vertrages und außerdem folgende Entgeltbestandteile:[3]

4.1.1 Euro [......] für die Bauleistungen nach Abschnitt [......] dieses Projektvertrages, einschließlich der hierfür erforderlichen Architekten- und Ingenieurleistungen und der Planungsleistungen nach Abschnitt [......] dieses Projektvertrages,

4.1.2 Euro [......] für die Betriebsleistungen nach Abschnitt [......] dieses Projektvertrages

4.1.3 Euro [5% der Summe der Entgelte nach Ziff. 4.1.1 bis 4.1.4] als Bonus nach Maßgabe von Ziff. [......],[4]

4.1.4 Euro [......] als Tilgung für den in der Gewährung der Ratenzahlung nach Ziff. 4.1.1 liegenden Kredit.

4.2 Die Zahlungen erfolgen, soweit gesetzlich vorgesehen, zuzüglich Umsatzsteuer in gesetzlicher Höhe.[5]

4.3 Die erste Monatsrate wird fällig am [......]. Die folgenden Monatsraten werden fortlaufend in den darauffolgenden Monaten jeweils am dritten Werktag eines jeden Monats fällig.

4.4 Sofern der Stadt Einwendungen oder Einreden gegen Vergütungsansprüche der Projektgesellschaft zu stehen, erstrecken sich diese Einwendungen und Einreden in ihrer jeweiligen Höhe auf die gesamte Entgeltforderung (Ziff. 4.1.1 bis 4.1.4)

Anmerkungen

1. Zum Sachverhalt vgl. zunächst die Anmerkung 1 zu Formular H.IV.2. Danach soll die Vergütung der Projektgesellschaft in einem pauschalen Entgelt liegen, das die Stadt in monatlichen Raten an die Projektgesellschaft erbringt. Da durch das Entgelt grundsätzlich alle Leistungen der Projektgesellschaft abgegolten sind, bietet diese Vertragsgestaltung dem öffentlichen Auftraggeber größtmögliche Transparenz über die Gesamtkosten des Projekts. Die Höhe der Raten ist im Regelfall so bemessen, dass die Einnahmen der Projektgesellschaft nicht zu jedem Zeitpunkt die tatsächlichen Kosten decken. Insbesondere die kostenintensiven Bauleistungen müssen daher durch die Projektgesellschaft vorfinanziert werden. Die Refinanzierung der Projektgesellschaft erfolgt dadurch, dass die monatlichen Einnahmen zu einem anderen Zeitpunkt – insbesondere während der Betriebsphase – die tatsächlichen Kosten übersteigen. Die Ratenzahlung stellt sich somit bei wirtschaftlicher Betrachtung als Gewährung eines Kredits dar, dessen Tilgung sich über den gesamten Vertragszeitraum erstreckt. Für die Projektgesellschaft resultiert daraus ein erheblicher Finanzierungsbedarf, den diese vor allem durch eine Darlehensfinanzierung oder mittels eines Fortfaitierungsmodells decken kann. Als Sicherheit steht der Projektgesellschaft dabei in der Regel nur der aus den Nutzungsentgelten resultierende Cashflow zur Verfügung, da eine Belastung des im Eigentum der Stadt stehenden Grundstücks aus kommunalrechtlichen Gründen faktisch ausscheidet.

2. Die Anzahl der zu leistenden monatlichen Raten richtet sich danach, ob die erste Monatsrate bereits mit Beginn der Vertragslaufzeit oder erst zu einem späteren Zeitpunkt (z. B. nach Abschluss der Bauphase) fällig wird. Die Höhe der Raten muss so ausgestaltet sein, dass sich die Projektgesellschaft über den Vertragszeitraum vollständig refinanzieren und einen angemessenen Gewinn erwirtschaften kann. Im Einzelnen ist die Entgelthöhe Gegenstand der Vertragsverhandlungen, die im Rahmen des Vergabeverfahrens durchzuführen sind.

3. Die folgende Auflistung der Entgeltbestandteile ist nicht abschließend. Abhängig vom Projekt kann das gesamte Entgelt ggf. weiter unterteilt werden. So bietet es sich z.B. an, den jährlichen Gewinn der Projektgesellschaft auszuweisen, um auch insoweit Transparenz herzustellen. Darüber hinaus sind die Kosten der Kreditgewährung hier als eine von den Hauptleistungen gesonderte Leistung aufgeführt, um deren Umsatzsteuerfreiheit gem. § 4 Nr. 8 a UStG geltend machen zu können. Dies setzt voraus, dass Lieferung bzw. Leistung und Kreditgewährung mit den jeweiligen Entgelten bei Vertragsschluss gesondert vereinbart werden, die Jahreszinsen angegeben werden und eine getrennte Abrechnung der Leistungen erfolgt. Daher ist es anzuraten, für die Finanzierungskosten ggf. einen eigenständigen Vertragsabschnitt aufzunehmen, um die Einhaltung dieser Vorgaben gewährleisten zu können.

4. Die Entgeltregelung dient in der Regel zugleich als Anknüpfungspunkt für ein flexibles Bonus-Malus-System, das Anreize für eine effiziente Vertragserfüllung über die gesamte Vertragslaufzeit schaffen soll. Voraussetzung dafür ist, dass sich die Parteien auf einen bestimmtes Qualitätslevel einigen, das dann als vertragliches Minimum definiert wird. Dies erfolgt typischerweise in sog. Service-Level-Agreements (SLA), die dem Projektvertrag als Anlage beigefügt werden und somit einen eigenständigen Vertragsbestandteil bilden. Grundsätzlich enthalten die SLA ebenfalls nur bestimmte Zielvorgaben, damit für den Auftragnehmer ein ausreichender Spielraum bei der Leistungserbringung verbleibt. Festgelegt werden daher lediglich bestimmte ergebnisorientierte Kennzahlen, deren Einhaltung leicht überprüft sein sollte (z. B. Qualität, Quantität und Zeitvorgaben für die Erbringung der Leistung). Unter Bezugnahme auf diese SLA wird dann ein Teil des vertraglich vereinbarten Entgelts flexibel ausgestaltet, sodass die geschuldete Vergütung bei Übererfüllung oder Unterschreitung des vertraglich definierten Leistungsstandards entsprechend erhöht bzw. herabgesetzt werden kann. Das Vertragsmuster verweist auf eine solche Bonus-Malus-Regelung für Betriebsleistungen, die im entsprechenden Abschnitt im Einzelnen zu definieren wäre.

5. Bei den Bau- und Betriebsleistungen handelt es sich grundsätzlich um umsatzsteuerbare und umsatzsteuerpflichtige Lieferungen bzw. Leistungen. Dagegen ist die Finanzierungsleistung unter bestimmten Voraussetzungen von der Umsatzsteuer befreit (siehe Anmerkung 3). Da der öffentliche Auftraggeber in der Regel mangels umsatzsteuerlicher Unternehmereigenschaft nicht zum Vorsteuerabzug berechtigt ist, entstehen durch die Umsatzsteuerbelastung zusätzliche Kosten, die in der Regel durch den öffentlichen Auftraggeber getragen werden. Dementsprechend sieht Ziff. 4.2 vor, dass die Entgeltraten um die anfallende Umsatzsteuer zu

Schäfer

erhöhen sind, soweit diese nach den gesetzlichen Vorgaben anfällt. Zusätzliche Kosten können sich aber auch daraus ergeben, dass die Projektgesellschaft die Umsatzsteuer zu einem Zeitpunkt abführen muss, in dem sie das um die Umsatzsteuer erhöhte Entgelt noch nicht erhalten hat. In diesem Fall muss die Projektgesellschaft auch die Umsatzsteuer vorfinanzieren, sodass sich die Kreditsumme und damit auch die Zinskosten entsprechend erhöhen. Der Zeitpunkt, in dem die Umsatzsteuer anfällt, hängt davon ab, ob man in der Leistung der Projektgesellschaft mehrere Einzelleistungen oder eine Gesamtleistung sieht. Betrachtet man die Bau- und Betriebsleistungen jeweils als separate Einzelleistungen, entsteht die Umsatzsteuer für die Bauleistung bereits mit Überlassung des Bauwerks an den öffentlichen Auftraggeber. Da das Entgelt für die Bauleistung aber sukzessive über den gesamten Vertragszeitraum erbracht wird, muss die Projektgesellschaft die Umsatzsteuer in diesem Fall nahezu vollständig vorfinanzieren. Anders verhält es sich, wenn man die Leistung der Projektgesellschaft als eine einzige Dauerleistung bewertet. Diese könnte bei entsprechender Vertragsgestaltung in der Bereitstellung einer Funktionalität im Vertragszeitraum gesehen werden. Bei dieser Betrachtung erbringt die Projektgesellschaft monatlich eine Teilleistung, sodass auch die Umsatzsteuer pro rata temporis auf die jeweilige Teilleistung anfällt. Für die Projektgesellschaft entsteht daher kein zusätzlicher Finanzierungsbedarf. Da die Baukosten in der Regel den größten Teil der Projektkosten ausmachen, sollte daher darauf geachtet werden, eine Vertragsgestaltung zu wählen, die Spielräume im Umsatzsteuerrecht, soweit ggf. vorhanden, optimal ausnutzt, um so die Gesamtkosten zu reduzieren.

5. Fortschreibung und Neuvereinbarung[1]

5.1 Die Anpassung des Entgelts nach Ziff. 4.1.1 richtet sich ausschließlich nach Ziff. [......] dieses Projektvertrages. Daneben ist die Projektgesellschaft nach Ablauf eines jeden Vertragsjahres zur einseitigen Erhöhung der in Ziff. 4.1.2 festgelegten Monatsraten nach Maßgabe der folgenden Vorgaben berechtigt.[2]

5.1.1 Maßgeblich für die Neuberechnung ist der durch das statistische Bundesamt der Bundesrepublik Deutschland in Wiesbaden veröffentlichte Preisindex für die Lebenshaltung aller privaten Haushalte in Deutschland („Verbraucherpreisindex für Deutschland"). Basisjahr ist das Jahr ...... (= 100 Indexpunkte).[3]

5.1.2 Die Projektgesellschaft wird dem Auftraggeber zu Beginn eines jeden Kalenderjahres eine Neuberechnung des Entgelts vorlegen. Der Auftraggeber wird die Neuberechnung innerhalb von 14 Tagen prüfen und genehmigen. Die Genehmigung kann nur bei falscher Berechnung verweigert werden. Erfolgt eine ausdrückliche Genehmigung innerhalb von 14 Tagen nicht, gilt die Neuberechnung als genehmigt.[4]

5.1.3 Die vorgenannte Wertsicherungsklausel unterliegt dem Preisklauselgesetz (PreisKlG). Sollte die Unwirksamkeit der Wertsicherungsklausel aufgrund eines Verstoßes gegen das PreisKlG rechtskräftig festgestellt werden, tritt die Unwirksamkeit erst mit der rechtskräftigen Feststellung des Verstoßes ein. Die Rechtswirkungen der Wertsicherungsklausel bis zu diesem Zeitpunkt bleiben unberührt. Sollte die Unwirksamkeit der Wertsicherungsklausel rechtskräftig festgestellt worden sein, werden die Parteien, die Wertsicherungsklausel derart anpassen, dass sie die Voraussetzungen des PreisKlG erfüllt und wirtschaftlich der hier vereinbarten Klausel möglichst nahe kommt.[5]

5.2 Darüber hinaus dürfen die Entgeltbestandteile nach Ziff. 4.1.2 nur bei Eintritt einer der folgenden Änderungen und entsprechend ihrer wirtschaftlichen Auswirkungen fortgeschrieben (erhöht oder verringert) werden:[6]

5. Fortschreibung und Neuvereinbarung   H.IV.5

5.2.1 wenn sich der Umfang der Betriebsleistungen aufgrund verbindlicher Vorgaben der Stadt ändert, insbesondere wenn sich die Leistungen auf neue Standorte erstrecken sollen, der Zeitpunkt der geplanten Leistungsdurchführung sich ändert und/oder wenn neue Leistungen über die in diesem Vertrag vereinbarten Leistungen hinaus erbracht werden oder dort genannte Leistungen wegfallen. Ausgenommen sind solche Veränderungen des Leistungsumfangs, die bei Abschluss des Vertrages bereits bekannt waren und verbindlich festgelegt wurden;

5.2.2 wenn sich die gesetzlichen und technischen Standards für die Betriebsleistungen ändern und dies zu einer Kostenänderung führt;

5.2.3 wenn sich die Höhe der öffentlichen Abgaben mit Ausnahme der Ertragssteuer, welche die Projektgesellschaft im Zusammenhang mit der Erbringung der Betriebsleistungen zu tragen hat, um insgesamt mehr als [Prozentsatz einfügen]/Jahr ändert. Referenzzeitraum ist das Jahr des Abschlusses dieses Projektvertrages oder, wenn seitdem eine Anpassung der Vergütungsbestandteile erfolgt ist, das Jahr, in dem die Anpassung zuletzt erfolgt ist;

5.2.4 wenn sich der Marktpreis pro Mengeneinheit von Energie (Strom, Gas, Wärme), Wasser, Abwasser und Abfall gegenüber den gemäß Anlage 5.2.4 genannten Preisen verändert; für die Fortschreibung gelten die aktuellen vom Versorger in Rechnung gestellten Preise;

5.2.5 wenn eine von beiden Vertragsparteien übereinstimmend zugrunde gelegte Vertragsgrundlage entfällt;

5.2.6 wenn die Projektgesellschaft Zuwendungen Dritter für das PPP-Projekt erhält oder bereits erlangte Zuwendungen zurückzahlen muss, ohne dies vertreten zu müssen, es sei denn, die Parteien haben anderweitige Vereinbarungen getroffen;

5.2.7 wenn die Projektgesellschaft Kostensenkungen durch die Umsetzung von Optimierungen erzielt.
Die Fortschreibung der Entgelte nach dieser Ziff. 5.2 darf nicht zu dem Resultat führen, dass tatsächlich nicht eingetretene Ent- oder Belastungen einer Neuberechnung zugrunde gelegt werden.

5.3 Das separat geschuldete Entgelt für Finanzierungsleistungen nach Abschnitt [......] dieses Vertrages basiert auf einem Kalkulationszinssatz von [......] % über dem [Referenzzinssatz]. Die Berechnung ergibt sich aus Anlage 5.3. Das Entgelt wird zum 1. Juli und 1. Januar eines jeden Jahres an Veränderungen des [Referenzzinssatzes] angepasst.[7]

5.4 Die Anpassung der Entgeltbestandteile nach Ziff. Fehler! Verweisquelle konnte nicht gefunden werden. und 5.3 ist der Stadt einen Monat vor Ablauf des Vertragsjahres (Zugangsdatum) schriftlich anzuzeigen.

5.5 Die Fortschreibung und Neuvereinbarung der Entgeltbestandteile nach 5.2 wird jeweils aufgrund eines bis zum 1. September eines jeden Jahres von der Projektgesellschaft mit eingeschriebenem Brief an die Stadt zu richtenden Antrags für das folgende Jahr (Abrechnungsjahr) vorgenommen. Grundlage ist der Jahresabschluss der Projektgesellschaft. Bei der Anpassung sind die bekannten und geprüften Verhältnisse der ersten Hälfte des laufenden Kalenderjahres (im Vergleich zur ersten Hälfte des abgelaufenen Kalenderjahres) und eine begründete Prognose der weiteren Entwicklung für das Abrechnungsjahr zu berücksichtigen. Die Stadt ist berechtigt, den Antrag technisch und wirtschaftlich zu prüfen oder auf eigene Kosten durch von ihr beauftragte Sachverständige oder Wirtschaftsprüfer prüfen zu lassen. Dabei kann sie die ursprüngliche Kalkulation heranziehen, die die Projektgesellschaft bei einem im Gebiet der Bundesrepublik Deutschland ansässigen Notar zu hinterlegen hat. Über den Antrag entscheidet der Vertragsbeirat. Das sich aus der Entscheidung ergebene fortgeschriebene Entgelt gilt für das Abrechnungsjahr.

Anmerkungen

1. Zum Sachverhalt vgl. zunächst die Anmerkung 1 zu Formular H.IV.2. Die lange Laufzeit des Projektvertrages macht Regelungen erforderlich, die eine Anpassung der Vergütung der Projektgesellschaft zulassen. Als Grundsatz bleibt allerdings zu beachten, dass es sich bei dem Entgelt um einen Pauschalbetrag handelt, durch den grundsätzlich alle Leistungen der Projektgesellschaft vergütet werden sollen. Aus diesem Grund sind die Voraussetzungen für eine Anpassung der Vergütung möglichst genau vertraglich zu fixieren. Im Vertragsmuster erfolgt dies zum einen durch die Aufnahme einer Wertsicherungsklausel, die abhängig von der Entwicklung eines Referenzindexes eine Erhöhung der Vergütung für Betriebsleistungen vorsieht. Zum anderen werden bestimmte Fälle definiert, in denen der auf die Betriebsleistungen entfallende Vergütungsbestandteil fortgeschrieben wird. Letztlich geht es dabei um die Frage, welche Partei die Chance bzw. das Risiko tragen soll, dass eine Änderung der Sach- oder Rechtslage zu Änderungen in der Kostenstruktur führt.

2. Im Hinblick auf die Fortschreibung der Entgeltbestandteile differenziert das Vertragsmuster zwischen den Entgeltbestandteilen für Bauleistungen und denen für Betriebsleistungen. Die Anpassung des Entgeltbestandteils für Bauleistungen erfolgt nur unter besonderen Voraussetzungen, die im Abschnitt über Bauleistungen im Einzelnen definiert werden. Da die Betriebsleistungen über einen deutlich längeren Zeitraum erbracht werden, sieht das hier abgebildete Vertragsmuster eine Wertsicherungsklausel vor, die sich auf den Entgeltbestandteil für Betriebsleistungen bezieht. Die Klausel dient dem Zweck, einen Ausgleich für die durch die allgemeine Teuerungsrate bedingte Geldentwertung zu schaffen. Da die Anpassung nach Ablauf eines jeden Jahres erfolgt, sollte die Vertragsklausel so ausgestaltet werden, dass der Vollzug mit möglichst wenig Aufwand verbunden ist. Dies gilt sowohl für die Wahl des Referenzindexes als auch für das Verfahren. Wertsicherungsklauseln unterliegen regelmäßig einer besonderen Kontrolle durch das Preisklauselgesetz, weshalb dessen Vorgaben ebenfalls berücksichtigt werden müssen.

3. Als Referenzindex wird im Vertragsmuster der durch das statistische Bundesamt ermittelte Verbraucherpreisindex gewählt. Dies ist zum einen dadurch begründet, dass sich der Preisindex auch außerhalb der Verbraucherpreise als gutes Barometer der Preisentwicklung bewährt hat und deshalb auch bei PPP-Projekten bevorzugt verwendet wird. Zum anderen verweist § 3 Abs. 1 PreisKlG ausdrücklich auf entsprechende Preisindizi für die Gesamtlebenshaltung, sodass dadurch den Anforderungen des Preisklauselgesetzes regelmäßig entsprochen wird.

4. Um die jährliche Vergütungsanpassung möglichst reibungslos vollziehen zu können, bietet es sich an, auch Regelungen über das Anpassungsverfahren in die Klausel aufzunehmen. Der Beschleunigung dient vor allem die Fiktion der Genehmigung nach 14 Tagen, sofern der öffentliche Auftraggeber die Anpassung nicht innerhalb dieser Frist ausdrücklich genehmigt.

5. Das Preisklauselgesetz sieht keine präventive Kontrolle durch das Bundesamt für Wirtschaft und Ausfuhrkontrolle mehr vor. Stattdessen tragen die Parteien das Risiko, dass die vereinbarte Preisklausel nachträglich durch gerichtliche Entscheidung für unwirksam erklärt wird. § 8 S. 1 PreisKlG geht allerdings davon aus, dass die Unwirksamkeit grundsätzlich erst mit der rechtskräftigen Feststellung des Verstoßes eintritt, sofern die Parteien keine anderweitige Regelung treffen. Eine Ausübung dieses Optionsrechtes dürfte im Rahmen von PPP-Projekten in aller Regel nicht interessensgerecht sein, da die Rückabwicklung der Leistungen erhebliche Schwierigkeiten bereitet. Aus diesem Grund verzichtet das Vertragsmuster ausdrücklich auf eine von der Gesetzesregelung abweichende Parteivereinbarung.

6. Im Vertragsmuster werden darüber hinaus bestimmte Fälle aufgelistet, in denen der Entgeltbestandteil für Betriebsleistungen fortgeschrieben wird. Es handelt sich insbesondere um Kostenänderungen, die nicht im Einflussbereich des privaten Auftragnehmers liegen, weshalb dieser nicht das Risiko von Kostensteigerungen tragen soll. Umgekehrt soll er in entsprechenden Fällen aber auch nicht von Kostensenkungen profitieren, weshalb die Vergütung im Fall

6.4 Die Projektgesellschaft tritt an die Stadt sicherungshalber ihre sämtlichen künftigen Mängel- und Schadensersatzansprüche, aus den von ihr abgeschlossenen Nachunternehmerverträgen ab, die das PPP-Projekt betreffen, ohne dass dadurch die eigene Verantwortlichkeit der Projektgesellschaft nach diesem Vertrag berührt wird. Die Stadt ist jederzeit zur Anzeige dieser Abtretung an die Nachunternehmer berechtigt. Soweit und solange die Projektgesellschaft ihrer Haftung für Mängel nach diesem Vertrag vertragsgerecht nachkommt, bleibt sie im Innen- und Außenverhältnis ermächtigt, die abgetretenen Gewährleistungsansprüche gegenüber den Nachunternehmern im vollen Umfang auszuüben. Im Übrigen verpflichtet sich die Projektgesellschaft, die Stadt bei der Verfolgung der aus den abgetretenen Ansprüchen herrührenden Rechte in jeder Hinsicht zu unterstützen, insbesondere alle erforderlichen Unterlagen unverzüglich zu übergeben, alle erforderlichen Auskünfte unverzüglich zu erteilen und ggf. erforderliche Erklärungen abzugeben.[5]

6.5 Die Stadt ist berechtigt, die sofortige Ablösung eines Nachunternehmers oder den sofortigen Abzug von Leiharbeitskräften zu verlangen, sofern und soweit,[6]

6.5.1 der Nachunternehmer sich als nicht hinreichend fachkundig, leistungsfähig oder erfahren erweist;

6.5.2 der Nachunternehmer im Zusammenhang mit der Erbringung der Projektleistung gegen ausländer-, arbeits- oder sozialversicherungsrechtliche Vorschriften oder das Arbeitnehmerentsendegesetz verstößt;

6.5 3 oder sonst ein wichtiger Grund vorliegt.

Der Projektgesellschaft stehen in diesem Fall keine Ansprüche auf Schadensersatz, Verdienstausfall oder sonstige Zahlungen gegen die Stadt zu.

6.6 Die Bestimmungen dieser Ziff. 6 gelten auch bei einer Nachunternehmervergabe bzw. einem Leiharbeitereinsatz unterhalb der Ebene der Projektgesellschaft. Die Projektgesellschaft wird in dem Vertrag mit ihrem Nachunternehmer entsprechende Rechte zugunsten der Stadt sicherstellen und den Nachunternehmer zu einer Weitergabe für den Fall verpflichten, dass dieser seinerseits einen Nachunternehmer einschaltet.

Anmerkungen

1. Zum Sachverhalt vgl. zunächst die Anmerkung 1 zu Formular H.IV.2. Zwar verpflichtet sich die Projektgesellschaft im Verhältnis zum öffentlichen Auftraggeber typischerweise zur Erbringung einer Gesamtleistung. Die tatsächliche Leistungserbringung erfolgt aber in aller Regel zumindest teilweise unter Einbeziehung von selbständigen Nachunternehmern. Für den öffentlichen Auftraggeber resultiert daraus ein gewisses Risiko, da er auf die Auswahl der Nachunternehmer grundsätzlich keinen Einfluss hat. Im Projektvertrag werden daher häufig einige Maßstäbe aufgestellt, welche die Projektgesellschaft bei der Einschaltung von Nachunternehmern beachten muss. Darüber hinaus behält sich der öffentliche Auftraggeber in der Regel einige Informations- und Einwirkungsrechte vor, um im Bedarfsfall Einfluss auf die Auswahlentscheidung der Projektgesellschaft nehmen zu können.

2. Das Vertragsmuster enthält zunächst die prinzipielle Berechtigung der Projektgesellschaft, die vertraglich geschuldeten Leistungen durch Nachunternehmer erbringen zu lassen, sofern diese fachkundig, leistungsfähig, zuverlässig und erfahren sind. Die Projektgesellschaft ist dadurch im Wesentlichen an dieselben Grundsätze gebunden, die auch der öffentliche Auftraggeber gem. § 97 Abs. 4 S. 1 GWB im Regelfall bei der Auftragsvergabe beachten muss. Darüber hinaus sieht das Vertragsmuster die Verpflichtung vor, lokale sowie kleine und mittlere Unternehmen bei der Einschaltung von Nachunternehmern angemessen zu berücksichtigen. Die Privilegierung lokaler Unternehmen ist rechtlich nicht zwingend geboten, sondern er-

einer Kostenreduktion entsprechend herabzusetzen ist. Diesen Grundsatz unterstreicht der letzte des Satz des Vertragsmusters, wonach die Vergütungsanpassung nicht dazu führen darf, dass tatsächlich nicht angefallene Kosten bei der Neuberechnung berücksichtigt werden. Das Vertragsmuster ist als abschließende Regelung gedacht, sodass sonstige Änderungen in der Kostenstruktur keine Anpassung des pauschalen Entgelts nach sich ziehen. Die Chancen und Risiken trägt daher insoweit die Projektgesellschaft. Die Klausel stellt daher ein Beispiel für eine effiziente und damit kostengünstige Verteilung der Projektrisiken im Rahmen eines PPP-Projekts dar.

7. Für den Entgeltbestandteil, der die Projektgesellschaft für die Vorfinanzierung der Bauleistungen vergütet, sieht das Vertragsmuster eine eingeständige Anpassung des Vergütungsbestandteils vor. Da es sich bei wirtschaftlicher Betrachtung um Zinsen für die Inanspruchnahme eines Kredits handelt, bietet es sich an, diesen Vergütungsbestandteil in Anknüpfung an einen Referenzzinssatz fortzuschreiben. Ein solches Vorgehen setzt allerdings voraus, dass für den gesamten Vertragszeitraum ein einheitlicher Kalkulationszinssatz festgelegt werden kann. Dies ist aufgrund schwieriger Marktbedingungen nur noch bei kürzeren Vertragslaufzeiten der Fall. Bei längeren Vertragslaufzeiten muss dagegen häufig während der Vertragslaufzeit eine Anschlussfinanzierung zu veränderten Konditionen gefunden werden. In einem solchen Fall stellt sich insbesondere die Frage, wer das Risiko trägt, dass die Anschlussfinanzierung nur zu schlechteren Konditionen als im Zeitpunkt des Abschlusses des Projektvertrages erfolgen kann. In der Regel wird dieses Risiko vom öffentlichen Auftraggeber getragen, sodass die Projektgesellschaft berechtigt ist, das für die Finanzierungsleistung geschuldete Entgelt entsprechend anzupassen. Im Gegenzug ist es nicht unüblich, dass sich der öffentliche Auftraggeber das Recht vorbehält, innerhalb gewisser Zeitspannen den genauen Zeitpunkt zu bestimmen, in dem die Herstellung der Anschlussfinanzierung zu erfolgen hat. Mit der Risikoübernahme korrespondieren somit auch verstärkte Einflussmöglichkeiten auf die Finanzierungsverträge der Projektgesellschaft.

6. Nachunternehmerverträge[1]

6.1 Die Projektgesellschaft ist berechtigt, sich zur Erfüllung ihrer Pflichten Dritter zu bedienen, sofern sie im Hinblick auf die beauftragte Leistung fachkundig, leistungsfähig, zuverlässig und erfahren sind. Die Projektgesellschaft wird sicherstellen, dass im Rahmen der Erbringung der Projektleistungen

6.1.1 Lieferungs- und Leistungsaufträge unter Berücksichtigung des Grundsatzes der Wirtschaftlichkeit an Nachunternehmer vergeben werden,

6.1.2 – soweit rechtlich zulässig und wirtschaftlich sinnvoll – Nachunternehmer beauftragt werden, die im Gebiet der Stadt ansässig sind und

6.1.3 kleine und mittlere Unternehmen bei der Vergabe von Lieferungs- und Leistungsaufträgen an Nachunternehmer vornehmlich berücksichtigt werden. Zu diesem Zweck werden die Leistungen grundsätzlich in der Menge aufgeteilt bzw. nach Art oder Fachgebiet getrennt. Hiervon kann abgesehen werden, wenn technische oder wirtschaftliche Gründe dies erfordern.[2]

6.2 Bei der Beauftragung der Nachunternehmer handelt die Projektgesellschaft auf eigenen Namen und auf eigene Rechnung. Die vom Nachunternehmer durchgeführten Arbeiten gelten als von der Projektgesellschaft durchgeführt.[3]

6.3 Die Projektgesellschaft ist verpflichtet, der Stadt die Einschaltung der Nachunternehmer anzuzeigen. Die Stadt kann die angezeigten Nachunternehmer ablehnen, wenn ein Anlass für Zweifel besteht, dass der Nachunternehmer die ihm übertragenen Leistungen ordnungsgemäß und vertragsgerecht erbringt, insbesondere wenn Zweifel an seiner Fachkunde, Leistungsfähigkeit, Zuverlässigkeit und Erfahrung bestehen.[4]

gibt sich aus wirtschaftlichen Interessen des Auftraggebers. Dagegen muss ein Auftraggeber den Auftragnehmer nach der jüngsten GWB-Novelle gem. § 97 Abs. 3 S. 4 GWB verpflichten, mittelständische Interessen in gleicher Weise zu berücksichtigen, wie dies gem. § 97 Abs. 3 S. 1–3 GWB auch für den Auftraggeber selbst verpflichtend ist. Daher ist auch die Projektgesellschaft im Grundsatz verpflichtet, die Aufträge in Teil- und Fachlosen zu vergeben. Diese Vorgaben sollen durch das Vertragsmuster umgesetzt werden.

3. Die Einschaltung eines Nachunternehmers begründet lediglich ein Vertragsverhältnis zwischen der Projektgesellschaft und dem Nachunternehmer. Die Projektgesellschaft wird somit weder als unmittelbarer noch als mittelbarer Stellvertreter tätig, sondern handelt im eigenen Namen und auf eigene Rechnung. Die Leistungsbeziehungen zwischen dem öffentlichen Auftraggeber und der Projektgesellschaft werden dadurch nicht berührt. Da die Projektgesellschaft das Risiko für die Einschaltung eines Nachunternehmers trägt, ist es sachgerecht, wenn der Projektvertrag vorsieht, dass sich die Projektgesellschaft bzgl. der vom Nachunternehmer erbrachten Leistungen im Verhältnis zum Auftraggeber so stellen lassen muss, als hätte sie die vom Nachunternehmer erbrachte Leistung eigenständig erbracht.

4. Die im Vertragsmuster vorgesehene Anzeigepflicht bei der Einschaltung eines Nachunternehmers ist Grundvoraussetzung für die folgenden Eingriffsrechte des öffentlichen Auftraggebers. Zu diesen gehört insbesondere das Recht des Auftraggebers, die Einschaltung eines Nachunternehmers abzulehnen, wenn Zweifel daran bestehen, dass der Nachunternehmer fachkundig, leistungsfähig, zuverlässig oder erfahren ist.

5. Da Mängel- und Schadensersatzansprüche der Projektgesellschaft gegen Nachunternehmer im Falle einer Insolvenz der Projektgesellschaft in die Insolvenzmasse fallen, hat der Auftraggeber ein Interesse daran, sich den Zugriff auf diese Rechte zu sichern. Zudem kann er auf diese Weise etwaige Ansprüche ggf. im eigenen Namen geltend machen, wenn die Projektgesellschaft ihren vertraglichen Leistungspflichten gegenüber dem Auftraggeber nicht nachkommt. Rechtstechnisch erfolgt dies durch antizipierte Sicherungsabtretung der künftigen Ansprüche. Um den Auftraggeber nicht generell mit der Durchsetzung dieser Ansprüche zu belasten, ist es allerdings sinnvoll, diese Aufgabe weiterhin bei der Projektgesellschaft zu belassen, vorausgesetzt dass diese ihrer Mängelhaftung aus dem Projektvertrag weiterhin nachkommt. Solange das Sicherungsinteresse des Auftraggebers nicht berührt ist, kann die Projektgesellschaft die Ansprüche gegen Nachunternehmer daher eigenständig durchsetzen.

6. Der Auftraggeber lässt sich in der Regel von der Projektgesellschaft das Recht zu sichern, in bestimmten Fällen die Ablösung eines bereits beauftragten Nachunternehmers verlangen zu können. Dies ist vor allem üblich, wenn sich während der Leistungserbringung durch den Nachunternehmer herausstellt, dass dieser die eingangs beschriebenen Qualifikationen nicht erfüllt. Die Projektgesellschaft sollte sich daher in den Nachunternehmerverträgen entsprechende Möglichkeiten vorbehalten, um die Ablösung im Verhältnis zum Nachunternehmer durchsetzen zu können, ohne sich selbst haftbar zu machen. Eine Haftung des öffentlichen Auftraggebers im Verhältnis zur Projektgesellschaft wird nämlich durch das Vertragsmuster ausdrücklich ausgeschlossen. Auch diese Regelung bringt folglich zum Ausdruck, dass die Einschaltung von Nachunternehmern in die Risikosphäre der Projektgesellschaft fällt.

7. Eintritt des Auftraggebers in Nachunternehmerverträge[1]

7.1 Die Projektgesellschaft verpflichtet sich, mit allen Nachunternehmern im Wege eines echten Vertrages zugunsten Dritter (§ 328 BGB) folgende Regelungen zu vereinbaren, wobei mit der Bezeichnung „Hauptauftraggeber" die Stadt, mit der Bezeichnung „Hauptauftragnehmer" die Projektgesellschaft dieses Projektvertrages, mit der Bezeichnung „Hauptvertrag" dieser Projektvertrag, mit der Bezeichnung „Nachunternehmervertrag" der vom Hauptauftragnehmer mit dem jeweilgen

Nachunternehmern zu schließende Vertrag und mit der Bezeichnung „Nachauftragnehmer" der Auftragnehmer i. S. d. Nachunternehmervertrages gemeint und der entsprechende Vertrag mit dem Nachunternehmer demgemäß anzupassen ist: „Der Hauptauftraggeber ist berechtigt, von dem Nachauftragnehmer die weitere Erbringung (ganz oder teilweise) von im Rahmen dieses Nachunternehmervertrages vertraglich geschuldeten Leistungen gegen Zahlung des hieraus in entsprechender Anwendung der Vergütungsvorschriften dieses Nachunternehmervertrages entfallenden Entgelts zu verlangen. Mit Zugang dieser Aufforderung kommt insoweit ein unmittelbares Vertragsverhältnis zwischen dem Nachauftragnehmer und dem Hauptauftraggeber zustande, auf das die Bestimmungen dieses Nachunternehmervertrages entsprechende Anwendung finden. Es wird klargestellt, dass sich demzufolge hierdurch nichts daran ändert, dass die Abwicklung von bereits erbrachten Leistungen vollständig im Verhältnis Hauptauftragnehmer/ Nachauftragnehmer verbleibt und Ansprüche und Einreden diesbezüglich gegen den Hauptauftraggeber ausgeschlossen sind."[2]

7.2 Die Stadt verpflichtet sich gegenüber der Projektgesellschaft, von der unter Ziff. 7.1 vereinbarten Befugnis, die Leistungserbringung direkt vom Nachunternehmer zu fordern, nur im Fall der Beendigung dieses Projektvertrages Gebrauch zu machen.[3]

Anmerkungen

1. Zum Sachverhalt vgl. zunächst die Anmerkung 1 zu Formular H.IV.2. Für den Fall der vorzeitigen Beendigung des Projektvertrages bereits in der Investitionsphase hat die öffentliche Hand ein erhebliches Interesse daran, anstelle der Projektgesellschaft in die Nachunternehmerverträge eintreten zu können. Mit der Ausübung des Eintrittsrechts kann die öffentliche Hand die Fertigstellung der Investition gewährleisten, ohne erneute Vergabeverfahren durchführen zu müssen. Auf diese Weise lässt sich eine weitere, mitunter erhebliche Zeitverzögerung verhindern. Darüber hinaus kann die öffentliche Hand Nachunternehmer mit Eintritt in die Nachunternehmerverträge auch an dem Kostenrahmen festhalten, der ursprünglich Kalkulationsgrundlage des Angebots der Projektgesellschaft war.

2. Durch das Vertragsmuster wird die Projektgesellschaft verpflichtet, eine entsprechende Klausel in den Vertrag mit dem Nachunternehmer aufzunehmen. Diese bewirkt zunächst, dass der öffentliche Auftraggeber im Sinne eines echten Vertrages zugunsten Dritter unmittelbar das Recht erwirbt, die Erbringung der Leistung aus dem Nachunternehmervertrag vom Nachunternehmer fordern zu können. Die Klausel geht allerdings noch darüber hinaus, da durch die Ausübung dieses Rechts zugleich ein unmittelbares Vertragsverhältnis zwischen dem öffentlichen Auftraggeber und der Projektgesellschaft begründet wird, das inhaltlich dem mit der Projektgesellschaft geschlossenen Nachunternehmervertrag entspricht. Hierdurch wird der öffentliche Auftraggeber nicht nur in die Lage versetzt, die Leistung aus dem Nachunternehmervertrag zu fordern, sondern er kann eine umfängliche Vertragsposition begründen, wie sie auch der Projektgesellschaft nach dem Nachunternehmervertrag zukommt. Um die zügige Durchsetzung dieser Rechte des öffentlichen Auftraggebers zu gewährleisten, sollten zumindest solche Ansprüche sowie Einwendungen und Einreden, die aus einer bereits erfolgten Leistungserbringung im Verhältnis zwischen Projektgesellschaft und Nachunternehmer resultieren, auf dieses Vertragsverhältnis beschränkt werden.

3. Da die Vertragsklausel insbesondere den Sicherungsinteressen des Auftraggebers im Falle einer vorzeitigen Vertragsbeendigung dient, ist es angebracht, die Ausübung des Rechts im Verhältnis zwischen Auftraggeber und Projektgesellschaft auf entsprechende Konstellationen zu beschränken. Diese Abrede zeitigt zwar keine Wirkung im Außenverhältnis zum Nachunternehmer. Sollte der öffentliche Auftraggeber jedoch abredewidrig von seinem Recht Gebrauch machen, stellt dies eine Pflichtverletzung im Verhältnis zur Projektgesellschaft dar, die zur Schadensersatzpflicht führt. Darüber hinaus kann es mitunter erforderlich sein, das Ein-

trittsrecht der öffentlichen Hand in der Weise nachrangig auszugestalten, dass den finanzierenden Banken ein vorrangiges Eintrittsrecht zukommt. Denn auch im Fall einer vorzeitigen Beendigung des Vertragsverhältnisses in der Investitionsphase können vor allem bei einer reinen Darlehensfinanzierung sog. „Step in rights" der finanzierenden Banken bestehen.

8. Finanzierung[1]

8.1 Es besteht Einvernehmen zwischen den Vertragsparteien, dass die Projektgesellschaft die im Rahmen dieses Projektvertrages zu erbringenden Bauleistungen sowie die hierauf entfallenden Finanzierungskosten durch Forderungsverkäufe („Forfaitierung") finanzieren und in diesem Zusammenhang Forderungen gegen die Stadt auf Zahlung von Entgelten nach Maßgabe der Bestimmungen dieses Projektvertrages, einschließlich etwaiger Neben- und Schadensersatzansprüche sowie Ansprüche für den Fall der außerordentlichen Beendigung dieses Projektvertrages, nach Maßgabe des Forderungskaufvertrages, der im Entwurf in Anlage 8.1 beigefügt ist, abtreten wird. In diesem Zusammenhang wird die Stadt gegenüber der finanzierenden Bank in Höhe der von der Projektgesellschaft erbrachten Bauleistungen, zuzüglich darauf entfallender Finanzierungskosten, jeweils vierteljährlich Bautestate erteilen. Die Erteilung der Testate erfolgt ausschließlich zum Zwecke der Finanzierung und stellt keine Abnahme oder Teilabnahme der von der Projektgesellschaft erbrachten Bauleistungen dar. Die Stadt verpflichtet sich, in diesem Zusammenhang die Einredeverzichtserklärung abzugeben, die in Anlage 8.1 im Entwurf beigefügt ist.[2]

8.2 Es besteht Einvernehmen zwischen den Vertragsparteien, dass die Projektgesellschaft rechtzeitig vor Beginn der Bauleistungen ein Refinanzierungsdarlehen aus dem …… [Förderprogramm einfügen] der Kreditanstalt für Wiederaufbau (KfW) beantragt. Weiterhin werden die Vertragsparteien darauf hinwirken, dass

8.2.1 unverzüglich nach Vorlage der Refinanzierungszusage und auf der Grundlage der Bedingungen der Refinanzierungszusage die wirtschaftlichen Vorteile, die sich aus den KfW-Mitteln ergeben, kalkuliert werden,

8.2.2 die Projektgesellschaft unverzüglich etwaige Vorteile, die sich aus den KfW-Mitteln ergeben, gegenüber der Stadt offenlegen wird, und

8.2.3 ein etwaiger Zinsvorteil in der Form an die Stadt weitergegeben wird, dass die gemäß Ziff. 4.1 von der Stadt zu leistenden monatlichen Raten entsprechend ermäßigt werden und dieser Vertrag entsprechend angepasst wird; die Einzelheiten werden von den Vertragsparteien nachträglich vereinbart.[3]

8.3 Die Vertragsparteien werden sich nach besten Kräften bemühen, alle im Zusammenhang mit dem PPP-Projekt in Frage kommenden Zuwendungen Dritter zu erhalten. Sofern die Stadt Zuwendungen Dritter für das PPP-Projekt erhält, kann die Stadt die erhaltenen Mittel im Rahmen des rechtlich Möglichen nach Maßgabe einer noch abzuschließenden Vereinbarung der Projektgesellschaft zuwenden oder für die Zahlung der Entgelte an die Projektgesellschaft verwenden. Einzelheiten betr. die Zuwendung bleiben einer nachträglichen Vereinbarung zwischen der Stadt und der Projektgesellschaft vorbehalten, nach der sich die Projektgesellschaft verpflichtet, sämtliche mit der Zuwendung gestellten Anforderungen und Auflagen, insbesondere betr. die Mittelverwendung, zu erfüllen. Des Weiteren werden sich die Vertragsparteien gegenseitig im Rahmen des Verfahrens zur Erlangung von Zuwendungen Dritter nach besten Kräften unterstützen.

Anmerkungen

1. Zum Sachverhalt vgl. zunächst die Anmerkung 1 zu Formular H.IV.2. Bislang existiert kein Standardkonzept für die Finanzierung von PPP-Projekten. Sofern es nicht um die Realisierung eines Konzessionsmodells geht, kommen als Finanzierungsmöglichkeiten vor allem eine reine Darlehensfinanzierung sowie ein Fortfaitierungsmodell in Betracht. Die Wahl hat sich nach dem „Geschäftsmodell" zu richten, das dem jeweiligen Projekt zugrunde liegt. Dabei kommt der Aufgaben- und Risikoverteilung besondere Bedeutung zu. Hier wird von der Finanzierung mittels eines Fortfaitierungsmodells ausgegangen. Ziel dieses Modells ist es, das im Rahmen einer reinen Darlehensfinanzierung gegebene Projektrisiko der finanzierenden Banken durch das Kreditrisiko der Kommune, das in der Regel erheblich geringer einzustufen ist, zu ersetzen. Auf diese Weise lassen sich kommunalkreditähnliche Konditionen erreichen.

2. Das Vertragsmuster regelt die Einzelheiten des Fortfaitierungsmodells. Bei der Fortfaitierung handelt es sich um einen regresslosen Verkauf bestehender oder zukünftiger Einzelforderungen durch die Projektgesellschaft an die finanzierende Bank, die diese Forderungen im eigenen Namen einzieht. Die Stadt verzichtet zum einen auf ihre Einreden und Einwendungen aus dem Projektvertrag, die sich insbesondere aus Mängelrechten ergeben können. Zum anderen verpflichtet sie sich dazu, während der Bauphase vierteljährlich die Erbringung der Bauleistungen durch die Begebung von Bautestaten zu bestätigen. Das Vertragsmuster stellt insoweit klar, dass es sich dabei nicht um eine Abnahme im Sinne des Werkvertragsrechts handelt. Vielmehr bestätigt der öffentliche Auftraggeber nur den Umstand, dass die beschriebene Bauleistung erbracht wurde und dass somit auch die daraus resultierende Zahlungsverpflichtung zur Entstehung gelangt ist. Die finanzierende Bank erwirbt somit im Zusammenspiel mit dem Einrede- und Einwendungsverzicht Forderungen gegen die Stadt, deren Werthaltigkeit lediglich durch das Kreditrisiko der Stadt gemindert ist. Da die Auszahlung durch die Bank sukzessive in Höhe der jeweils testierten Beträge erfolgt, ist das Ausfallrisiko für die Bank somit im Regelfall deutlich geringer als bei einer reinen Darlehensfinanzierung. Dementsprechend gering fällt die Abzinsung im Rahmen des Forderungsverkaufs aus, wodurch sich die Finanzierungskosten der Projektgesellschaft entsprechend verringern. Da dem Sicherungsinteresse der Stadt wegen des Einwendungs- und Einredeverzichts nicht ausreichend Rechnung getragen ist, sollte der Projektvertrag weitere Vorkehrungen treffen, durch die das Risiko der Stadt minimiert wird. In Betracht kommt insoweit z.B. die Verpflichtung der Projektgesellschaft zur Beibringung von Vertragserfüllungsbürgschaften.

3. Für Investitionen in öffentliche Infrastruktur stehen häufig Finanzierungsmittel aus Förderprogrammen zu Verfügung. Der Projektvertrag sollte daher Regelungen über die Einbindung solcher Finanzierungsmittel in die Gesamtfinanzierung des Projekts enthalten. Hier geht es um ein Refinanzierungsdarlehen der KfW. In einem solchen Fall ist es vor allem erforderlich, den aus vergünstigten Kreditkonditionen resultierenden wirtschaftlichen Vorteil zu bepreisen, um eine entsprechende Reduzierung des vom Auftraggeber zu erbringenden Entgelts ermitteln zu können. Da der Umfang der Zuwendungen im Vorfeld häufig nicht absehbar ist, bleibt die Regelung der Einzelheiten oft einer nachträglichen Vereinbarung vorbehalten.

9. Städtischer Vertragsbeauftragter, Informationsrechte, Weisungs- und Kontrollrechte[1]

9.1 Die Stadt benennt einen städtischen Vertragsbeauftragten. Der städtische Vertragsbeauftragte fungiert gegenüber der Projektgesellschaft als Ansprechpartner für alle Belange des PPP-Projektes. Er hat zudem die Aufgabe, beratend, koordinierend und – neben dem Vertragsbeirat – ggf. vermittelnd zwischen der Stadt und der Projektgesellschaft zu wirken.[2]

9. Städtischer Vertragsbeauftragter, Informationsrechte   H.IV.9

9.2 Die Stadt stellt der Projektgesellschaft alle in ihrem Besitz befindlichen und für das Projekt relevanten, insbesondere die in Anlage 9.2 aufgeführten, Unterlagen und Daten über den Vertragsgegenstand zur Verfügung. Sie stellt der Projektgesellschaft unverzüglich weiter alle von ihr nach Vertragsschluss erlangten Informationen, die für die Erfüllung der Pflichten der Projektgesellschaft unter diesem Vertrag relevant sind, zur Verfügung.

9.3 Die Projektgesellschaft stellt der Stadt alle Informationen über die Erbringung der Projektleistungen zur Verfügung, insbesondere über Dauer und Umstände von Störungen des Schulbetriebs und die teilweise Aufhebung oder Minderung der Nutzbarkeit der Schule oder künftige Maßnahmen, die die Nutzbarkeit der Schule aufheben oder mindern.[3]

9.4 Die Projektgesellschaft erstellt eine betriebliche Dokumentation, die alle wesentlichen Umstände, Ereignisse und Daten der Erbringung der Projektleistungen einschließlich etwaiger Störungen sowie den Einsatz von Personal, Betriebsmitteln sowie von Energie und Wasser und den Anfall von Abwasser und Abfall enthält.

9.5 Auf Verlangen des städtischen Vertragsbeauftragen ist die Projektgesellschaft verpflichtet[4]

9.5.1 dem städtischen Vertragsbeauftragten die Auskunfts- und Einsichtsrechte entsprechend § 51a GmbHG sowie die Rechte gemäß § 53 Abs. 1 Nr. 1 und 2 und § 54 HGrG zu gewähren;

9.5.2 dem städtischen Vertragsbeauftragten bis spätestens zwei Monate vor Beginn eines jeden Geschäftsjahres folgende Informationen der Unternehmensplanung zukommen zu lassen:
(a) Planbilanz, Plangewinn- und -verlustrechnung sowie Investitions- und Liquiditätsplanung für das kommende Geschäftsjahr mit monatlicher Aufgliederung,
(b) Grobplanung von Umsatz, Kosten, Investitionen und Liquiditätsentwicklung der auf das kommende Geschäftsjahr folgenden zwei Geschäftsjahre;

9.5.3 den städtischen Vertragsbeauftragten unverzüglich über Umstände in angemessener und zumutbarer Weise zu informieren, die für die wirtschaftliche und finanzielle Lage und Entwicklung der Projektgesellschaft von wesentlicher und grundlegender Bedeutung sind;

9.5.4 dem städtischen Vertragsbeauftragten zu Beginn des zweiten Quartals des Folgegeschäftsjahres die geprüften und testierten Jahresabschlüsse der Projektgesellschaft des vorherigen Geschäftsjahres zuzuleiten.
Dabei besteht Einvernehmen zwischen den Vertragsparteien, dass sich der städtische Vertragsbeauftragte zur Wahrnehmung seiner Aufgaben auch Dritter bedienen kann, die aufgrund Gesetzes oder aufgrund gesonderter Vereinbarung zur Verschwiegenheit verpflichtet sind.

9.6 Die Parteien werden die nach den Ziff. 9.2 bis 9.5 erlangten Informationen auch über die Vertragsdauer hinaus vertraulich behandeln. Die Pflicht zur Vertraulichkeit gilt nicht im Falle einer gesetzlichen Verpflichtung zur Weitergabe der Informationen, der Einwilligung der anderen Vertragspartei und hinsichtlich allgemein zugänglicher Informationen sowie Informationen, die der anderen Vertragspartei bereits vor der Information durch den Vertragspartner bekannt waren.

9.7 Die Stadt ist weiterhin berechtigt, zur Sicherung der Erfüllung insbesondere ihrer hoheitlichen Aufgaben die Durchführung der Verpflichtungen der Projektgesellschaft zu überwachen und zu kontrollieren. Sie hat dazu das Recht,[5]

9.7.1 die Schulgebäude jederzeit zu betreten und in Augenschein zu nehmen,

9.7.2 die Erbringung der Projektleistungen, insbesondere den Zustand des Projektgegenstandes, die Organisation, die Wartung, die Inspektion und die Instandsetzung sowie die Sanierung, die Erneuerung und den Neubau der Schulgebäude und die Betriebsabläufe zu überwachen und

9.7.3 der Projektgesellschaft Weisungen zu erteilen, wenn und soweit dies zur Durchsetzung der Pflichten der Projektgesellschaft aus diesem Vertrag oder zur Einhaltung öffentlich-rechtlicher Pflichten der Stadt erforderlich ist.

Weisungen sollen schriftlich erfolgen; bei Gefahr im Verzug reicht eine Weisung in anderer Form, die unverzüglich schriftlich zu bestätigen ist. Besteht zwischen den Parteien Uneinigkeit über die Rechtmäßigkeit einer Weisung ist die Projektgesellschaft zur Ausführung der Weisung verpflichtet. Die Projektgesellschaft hat einen Anspruch auf Erstattung der ihr durch die Weisung entstehenden Mehrkosten, wenn die Weisung rechtswidrig war.

Anmerkungen

1. Zum Sachverhalt vgl. zunächst die Anmerkung 1 zu Formular H.IV.2. Ein Kennzeichen von PPP-Projekten ist, dass der öffentliche Auftraggeber und der private Investor die zur Projektrealisierung erforderlichen Ressourcen in einen gemeinsamen Organisationszusammenhang einstellen. Dieser gemeinsame Organisationszusammenhang kann sich daraus ergeben, dass der öffentlicher Auftraggeber und der private Investor gemeinsam als Gesellschafter an der Projektgesellschaft beteiligt sind. Häufig beschränken sich die Beteiligten aber auf rein schuldrechtliche Beziehungen. Auch in diesem Fall ist es aber geboten, Regelungen über die Projektorganisation in den Projektvertrag aufzunehmen, um eine effektive Durchführung des Vertrages gewährleisten zu können. Dazu gehören auch Informations- und Kontrollrechte, durch die die partnerschaftliche Leistungserbringung rechtlich abgesichert werden soll.

2. Der städtische Vertragsbeauftragte fungiert als zentraler Ansprechpartner der Projektgesellschaft für alle Belange des PPP-Projektes. Gleichzeitig nimmt er für den öffentlichen Auftraggeber wichtige Informations- und Kontrollrechte wahr. Der Vertragsbeauftragte dient somit als Schnittstelle zwischen dem öffentlichen Auftraggeber und der Projektgesellschaft. Sein Tätigkeitsfeld ist mit Beratungs-, Koordinierungs- und Vermittlungsfunktionen entsprechend weit gefasst. Da auf Seiten des Auftraggebers in der Regel schon frühzeitig ein Projektteam gebildet worden ist, das sich in allen Projektphasen mit den wesentlichen Fragestellungen auseinandergesetzt hat, bietet es sich an, personell auf ein oder mehrere Mitglieder dieses Teams zurückzugreifen, um einen entsprechenden Know-how-Transfer sicherzustellen.

3. Ausdruck der partnerschaftlichen Leistungserbringung im Rahmen eines PPP-Projekts sind die im Vertragsmuster vorgesehenen wechselseitigen Informationsrechte der Vertragspartner. Diese sind erforderlich, um der jeweils anderen Seite die Möglichkeit zu geben, die ihr im Rahmen des Projekts zukommenden Verpflichtungen ordnungsgemäß erfüllen zu können. Auf Seiten der Stadt ist dies insbesondere die Gewährleistung der schulischen Versorgung, weshalb die Projektgesellschaft über sämtliche Maßnahmen zu informieren hat, die möglicherweise die Nutzbarkeit der Gebäude und damit den Schuldbetrieb beeinträchtigen. Umgekehrt können aber auch Entscheidungen der Stadt (z.B. über die Klassenstärke) die Leistungserbringung durch die Projektgesellschaft beeinflussen, weshalb auch insoweit eine Informationspflicht besteht. Durch die Informationspflichten wird somit ein Maß an Transparenz hergestellt, das als Grundlage für die partnerschaftliche Zusammenarbeit unabdingbar ist.

4. Eine mögliche Insolvenz der Projektgesellschaft stellt ein besonderes Risiko für den Auftraggeber dar, da hierdurch nicht nur das PPP-Projekt sondern auch die Erfüllung der hoheitlichen Aufgaben insgesamt gefährdet wird. Aus diesem Grund hat der öffentliche Auftraggeber ein gesteigertes Interesse daran, über die wirtschaftliche Situation der Projektgesellschaft möglichst genau informiert zu sein. Diesem Zweck dienen die im Vertragsmuster aufgenom-

menen Informationsrechte der Stadt. Zu beachten ist aber, dass die hier angeführten Rechte teilweise nur Gesellschaftern bzw. Mehrheitsgesellschaftern zustehen. Beteiligt sich der Auftraggeber – wie im hier dargestellten Sachverhalt – nicht als Gesellschafter an der Projektgesellschaft, sind die Informationsrechte daher teilweise sehr weitgehend.

5. Der Erfolg eines PPP-Projekts hängt in großem Umfang davon ab, dass die tatsächliche Umsetzung der vertraglichen Leistungspflichten vertragsgemäß erfolgt. Dies setzt vor allem auf Seiten des öffentlichen Auftraggebers ein effektives Vertragscontrolling voraus, durch das die Leistungserbringung überwacht werden kann. Aus diesem Grund sollte der Projektvertrag neben organisatorischen Vorkehrungen auch Berechtigungen des Auftraggebers vorsehen, mittels derer die ordnungsgemäße Erfüllung der vertraglichen Leistungspflichten überwacht und – im Bedarfsfall – durch Weisungen sichergestellt werden kann. Diesem Zweck dienen insbesondere die im Vertragsmuster vorgesehenen Betretungs- und Weisungsrechte.

10. Vertragsbeirat, Schlichtung und Schiedsgerichtsklausel[1]

10.1 Der Vertragsbeirat wird von der Stadt und der Projektgesellschaft mit jeweils zwei Vertretern besetzt. Die Vertreter der Parteien wählen gemeinsam ein fünftes Beiratsmitglied, welches zugleich den Vorsitz ausübt. Können die Parteien sich auf keinen Vorsitzenden einigen, wird dieser von dem Präsidenten der Industrie- und Handelskammer [Name zu ergänzen] benannt.

10.2 Die Vertragsparteien sind berechtigt, dem Vertragsbeirat Unklarheiten und Unstimmigkeiten vorzutragen. Der Vertragsbeirat erörtert diese mit den Vertragsparteien und wirkt auf eine Klärung und einvernehmliche Lösung hin. Hierzu unterbreitet er Vorschläge und berät die Parteien. Der Vertragsbeirat ist von den Vertragsparteien beauftragt, auch innerhalb der jeweiligen Vertragspartei auf eine sachgerechte Lösung hinzuwirken.[2]

10.3 Der Vertragsbeirat hat das Recht zur letzten Entscheidung, wenn[3]

10.3.1 eine Vertragspartei der Empfehlung des Vertragsbeirats nicht zustimmt, obwohl sie zuvor ausreichende Gelegenheit zur Begründung ihrer Verweigerung hatte und der Vertragsbeirat an der Empfehlung festhält und

10.3.2 es sich um eine der nachfolgend aufgezählten Angelegenheiten handelt: [im Einzelfall zu ergänzen].

10.4 Die Entscheidungen des Vertragsbeirats sind mit Stimmenmehrheit herbeizuführen. Bei Stimmengleichheit gibt die Stimme des Vorsitzenden den Ausschlag. Entscheidungen zu folgenden Angelegenheiten sind einstimmig zu treffen:[4]

10.4.1 Veränderung des Umfangs der in diesem Vertrag vereinbarten Leistungen,

10.4.2 Veränderung der vereinbarten Entgelte.

10.5 Kommt eine einstimmige Entscheidung des Vertragsbeirats in diesen Punkten nicht zustande, ist eine erneuter Beratung und Abstimmung des Beirats binnen zwei Wochen zu wiederholen. Wird auch in dieser Beratung Einstimmigkeit nicht erreicht, ist jede Vertragspartei berechtigt, ein schlichtungs-, isoliertes Beweis- und ggf. schiedsrichterliches Verfahren nach der Schlichtungs- und Schiedsordnung für Baustreitigkeiten (SOBau) – Anlage 10.5 – der Arbeitsgemeinschaft für privates Bau- und Architektenrecht im Deutschen Anwaltsverein – ARGE Baurecht – einzuleiten. Alle Streitigkeiten zwischen den Vertragsparteien im Zusammenhang mit diesem Projektvertrag sollen unter Ausschluss des Rechtsweges zu den ordentlichen Gerichten durch ein Schiedsgericht auf der Grundlage der SOBau entschieden werden. Kommt es nicht zur Durchführung des schiedsrichterlichen Verfahrens, steht den Parteien wegen Ansprüchen auf

Kostenerstattung aus einem durchgeführten isolierten Beweisverfahren der Rechtsweg zu den ordentlichen Gerichten offen. Als Schlichter soll ein staatlicher Richter, der vom Präsidenten des Oberlandesgerichts [Name zu ergänzen] benannt wird, tätig werden. Ort des schiedsrichterlichen Verfahrens i. S. d. § 1043 ZPO ist [Ort zu ergänzen]. Das Schiedsgericht kann an jedem anderen geeigneten Ort tagen. Im isolierten Beweisverfahren getroffene tatsächliche Feststellungen sind für das schiedsrichterliche Verfahren bindend i. S. d. § 493 ZPO. Mit dem Zugang des Antrags auf Einleitung des isolierten Beweisverfahrens beim Schlichter/Schiedsrichter wird die Verjährung gehemmt. Die Projektgesellschaft wird ihre Nachunternehmer vertraglich verpflichten, sich dieser Vereinbarung zu unterwerfen. Für den Fall der Streitverkündung sind sie zu verpflichten, dem Verfahren mit allen Interventionswirkungen nach § 68 ZPO beizutreten. Der Nachunternehmer soll diese Verpflichtung auch seinen Nachunternehmern mit der Verpflichtung zur Weitergabe auferlegen.[5]

10.6 Die Vertragsparteien tragen die Kosten der von ihnen benannten Mitglieder des Vertragsbeirats. Die Kosten des Vertragsbeirats und des Vorsitzenden tragen die Vertragsparteien jeweils hälftig.

Anmerkungen

1. Zum Sachverhalt vgl. zunächst die Anmerkung 1 zu Formular H.IV.2. Für den Fall, dass sich Meinungsverschiedenheiten zwischen der Stadt und der Projektgesellschaft ergeben, erscheint eine gerichtliche Auseinandersetzung wenig empfehlenswert, da sie das Verhältnis der Vertragsparteien nachhaltig schädigen kann. Aufgrund der im Falle einer gerichtlichen Auseinandersetzung entstehenden zeitlichen Verzögerung sind darüber hinaus die finanziellen Risiken für alle Vertragsparteien nahezu unüberschaubar. Aus diesen Gründen sieht das Vertragsmuster einen mehrstufigen Deeskalationsmechanismus vor, durch den die Beilegung von Meinungsverschiedenheiten vor allem auf einen durch den Projektvertrag geschaffenen Vertragsbeirat übertragen wird. Darüber hinaus kann unter bestimmten Voraussetzungen nachrangig ein Schlichtungs- bzw. ein Schiedsgerichtsverfahren durchgeführt werden.

2. Der durch den im Vertragsmuster geschaffenen Vertragsbeirat soll als Schlichtungsorgan für Problemstellungen fungieren, die sich im Rahmen der Durchführung des Projektvertrages ergeben. Ziel ist es vor allem, die auftretenden Probleme durch Einschaltung des Verwaltungsbeirats zeitnah und einvernehmlich zu lösen. Dementsprechend ist jede Partei berechtigt, dem Vertragsbeirat Unklarheiten und Unstimmigkeiten formlos vorzutragen. Vorrangige Aufgabe des Verwaltungsbeirats ist es dann, beratend und vermittelnd tätig zu werden.

3. Der Vertragsbeirat hat vor allem Vermittlungsfunktionen. Durch das Vertragsmuster wird dem Vertragsbeirat aber darüber hinaus auch die Letztentscheidungskompetenz eingeräumt, wenn eine einvernehmliche Lösung der Vertragsparteien – auch nach Vermittlung durch den Vertragsbeirat – nicht zustande gekommen ist, weil eine Partei der Empfehlung des Beirats die Zustimmung verweigert. Hierdurch wird dem Vertragsbeirat nicht nur die Möglichkeit gegeben, die in solchen Situationen bestehende Schwebelage durch einseitigen Beschluss aufzuheben. Vielmehr verleiht dies den Empfehlungen des Beirats auch zusätzliches Gewicht, wodurch wiederum die Chancen einer vorherigen einvernehmlichen Lösung erhöht werden.

4. Im Interesse einer einfachen Entscheidungsfindung sieht das Vertragsmuster vor, dass Entscheidungen des Vertragsbeirats grundsätzlich mit Stimmenmehrheit getroffen werden. Hierdurch ist gewährleistet, dass keine Partei Entscheidungen im Vertragsbeirat blockieren kann. Betrifft die Entscheidung den Umfang der von der Projektgesellschaft zu erbringenden Leistungen bzw. die Höhe des vom Auftraggeber zu leistenden Entgelts, ist dagegen eine einstimmige Entscheidung erforderlich. Dadurch wird vermieden, dass die Hauptleistungspflichten des Projektvertrags gegen den Willen einer Vertragspartei geändert werden können.

5. Kommt eine einstimmige Entscheidung im Vertragsbeirat nicht zustande, greift nach dem Vertragsmeister die zweite Stufe des Deeskalationsmechanismusses. In diesem Fall ist jede Partei berechtigt, zunächst ein schlichtungs- und ggf. im Anschluss ein schiedsrichterliches Verfahren durchzuführen. Als Verfahrensregelwerk wurde hier die SOBau ausgewählt. Der Vorteil dieser Schlichtungs- und Schiedsordnung liegt vor allem darin, dass sie das Schlichtungs- und Schiedsgerichtsverfahren kombiniert und darüber hinaus ein selbständiges Beweisverfahren vorsieht, was insbesondere bei Streitigkeiten über Bauleistungen von Bedeutung sein kann. Daneben enthält das Vertragsmuster auch für alle anderen im Zusammenhang mit dem Projektvertrag auftretenden Streitigkeiten eine Schiedsgerichtsklausel. Auch insoweit wird der ordentliche Rechtsweg somit durch ein Schiedsverfahren ersetzt.

11. Folgen einer vorzeitigen Vertragsbeendigung[1]

11.1 Im Falle der Vertragsbeendigung ist die Stadt berechtigt, die Schulgebäude unverzüglich in den eigenen Besitz zu nehmen und die Projektgesellschaft von dem Besitz auszuschließen. Die Stadt hat ab dem Zeitpunkt der Vertragsbeendigung das Recht, Dritte mit der Durchführung der Sanierung, Unterhaltung und Bewirtschaftung der Schulgebäude zu beauftragen.[2]

11.2 Mit der Beendigung dieses Vertrages enden – soweit in diesem Vertrag nichts anderes bestimmt ist – alle wechselseitigen Pflichten aus diesem Vertrag einschließlich eventueller Nachtragsvereinbarungen. Die Vertragsparteien sind zur Abwicklung des Vertrages verpflichtet.

11.3 Die Projektgesellschaft hat der Stadt mit Beendigung des Vertrages auf erstes Anfordern sämtliche ihr an den Schulgebäuden zustehenden Rechte zu übertragen und der Stadt alle für die Bauunterhaltung und Bewirtschaftung erforderlichen Unterlagen unverzüglich herauszugeben.[3]

11.4 Die Schulgebäude müssen sich zum Zeitpunkt der Vertragsbeendigung in vertragsgemäßem Zustand befinden. Sie werden zum Zeitpunkt der Vertragsbeendigung einschließlich der für die Bauunterhaltung und Bewirtschaftung erforderlichen Roh-, Hilfs- und Betriebsstoffe durch die Projektgesellschaft an die Stadt übergeben. Die Stadt zahlt der Projektgesellschaft den Zeitwert für diese Roh-, Hilfs- und Betriebsstoffe.[4]

11.5 Im Falle der Kündigung aus wichtigem Grund gilt Folgendes:[5]

11.5.1 Ist die Kündigung aus wichtigem Grund keiner Vertragspartei bzw. beiden Vertragsparteien zu gleichen Teilen zuzurechnen, ist die Stadt gegenüber der Projektgesellschaft nach Maßgabe dieser Vorschrift zum Ausgleich verpflichtet:

(a) Die Stadt ist zur Zahlung eines Betrages in Höhe des bei der Projektgesellschaft ausstehenden Fremdkapitals verpflichtet. Maßgeblich für die Berechnung ist der Zeitpunkt, in dem die Kündigung Wirksamkeit erlangt. Als Fremdkapital gelten sämtliche der Projektgesellschaft zur Finanzierung des Projekts dienenden Finanzmittel mit Ausnahme des Eigenkapitals und der von der Stadt nach diesem Projektvertrag erbrachten Entgelte. Zum Fremdkapital zählt insbesondere der durch Abzinsung mit dem Finanzierungszinssatz ermittelte Barwert der zu diesem Zeitpunkt noch nicht getilgten Forderungen und Teilforderungen, die die Projektgesellschaft im Zuge der Fortfaitierung an die finanzierende Bank verkauft und abgetreten hat. Der Ausgleichsanspruch geht nicht über den Betrag hinaus, der nach den Vorgaben im Finanzierungsplan für den betreffenden Zeitpunkt als planmäßig ausstehendes Fremdkapital vorgesehen ist.

(b) Darüber hinaus kann die Projektgesellschaft Zahlung in Höhe des Betrages verlangen, der zur Rückführung des bis zum [......] in die Projektgesellschaft eingezahlten Eigenkapitals erforderlich ist. Dies gilt nicht, soweit dieses Eigenkapital bis zum Wirksamwerden der Kündigung bereits ganz oder teilweise an die Eigenkapitalgeber zurückgeflossen ist. Als Eigenkapital gelten sämtliche der Finanzierung des Projekts dienenden Finanzmittel in Form von Kapitalanteilen, gezeichnetem Kapital oder nachrangigen Gesellschaftdarlehen zuzüglich der Kapital- und Gewinnrücklagen, etwaiger Gewinn- und Verlustvorträge sowie der Jahresüberschüsse und Jahresfehlbeträge sowie von Dritten der Projektgesellschaft zur Verfügung gestelltes Kapital, das den gesicherten und ungesicherten Ansprüchen sonstiger Gläubiger und den Ansprüchen der Stadt nach diesem Vertrag nachrangig ist. Der Ausgleichsanspruch geht nicht über den Betrag hinaus, der bei Fortsetzung des Projekts bis zum Ende der Vertragslaufzeit zur Rückführung des Eigenkapitals zur Verfügung gestanden hätte. Maßgeblich sind die im Finanzierungsplan für die restliche Vertragslaufzeit vorgesehenen Beträge zur Bedienung des Eigenkapitals, es sei denn, dass die bisherige Entwicklung oder die künftig zu erwartenden Kosten und Einnahmen die im Finanzierungsplan zugrunde gelegte Berechnung nicht mehr tragen. In diesem Fall ist der Finanzierungsplan unter Berücksichtigung dieser Umstände entsprechend anzupassen.

(c) Die Stadt schuldet zusätzlich Ausgleich in Höhe der berechtigten Ansprüche, die den Vertragspartnern der Projektgesellschaft aufgrund der vorzeitigen Beendigung des Projektvertrages gegen diese zustehen. Dies gilt nicht, soweit die Stadt in das Vertragsverhältnis mit dem jeweiligen Vertragspartner eintritt.

(d) Der von der Stadt nach diesen Vorgaben zu leistende Betrag ist um den Verkehrswert des Sach- und Barvermögens sowie um den Nominalwert der Ansprüche, die der Projektgesellschaft gegen ihre Vertragspartner und Versicherungen zustehen, zu reduzieren.

11.5.2 Hat die Stadt die Kündigung aus wichtigem Grund zu vertreten, ist sie der Projektgesellschaft zum Ersatz des entstandenen Schadens einschließlich des entgangenen Gewinns nach Maßgabe der folgenden Vorgaben verpflichtet:.

(a) Die Stadt ist zur Zahlung eines Betrages in Höhe des bei der Projektgesellschaft ausstehenden Fremdkapitals verpflichtet. Maßgeblich für die Berechnung ist der Zeitpunkt, in dem die Kündigung Wirksamkeit erlangt. Für die Bestimmung des Fremdkapitals gilt Ziff. 11.5.1 (a) entsprechend.

(b) Darüber hinaus kann die Projektgesellschaft Zahlung in Höhe des Betrages verlangen, der zur Rückführung des bis zum Wirksamwerden der Kündigung in die Projektgesellschaft eingezahlten Eigenkapitals erforderlich ist. Dies gilt nicht, soweit das Eigenkapital bis zu diesem Zeitpunkt bereits ganz oder teilweise an die Eigenkapitalgeber zurückgeflossen ist.

(c) Die Projektgesellschaft hat zusätzlich Anspruch auf Zahlung eines angemessenen Gewinns. Maßgeblich für die Bestimmung des Gewinns sind die im Finanzierungsplan vorgesehenen Beträge, es sei denn, dass die bisherige Entwicklung oder die künftig zu erwartenden Kosten und Einnahmen die im Finanzierungsplan zugrunde gelegte Berechnung nicht mehr tragen. In diesem Fall ist der Finanzierungsplan unter Berücksichtigung dieser Umstände entsprechend fortzuschreiben.

(d) Die Stadt schuldet außerdem Ausgleich in Höhe der berechtigten Ansprüche, die den Vertragspartnern der Projektgesellschaft aufgrund der vorzeitigen Beendigung dieses Projektvertrages berechtigterweise gegen diese zustehen. Dies gilt nicht, soweit die Stadt in das Vertragsverhältnis mit dem jeweiligen Vertragspartner eintritt.

(e) Der von der Stadt nach diesen Vorgaben zu leistende Betrag ist um den Verkehrswert des Sach- und Barvermögens sowie um den Nominalwert der Ansprüche, die der Projektgesellschaft gegen ihre Vertragspartner und Versicherungen zustehen, zu reduzieren.

11.5.3 Hat die Projektgesellschaft die Kündigung aus wichtigem Grund zu vertreten, bestehen folgende Zahlungsansprüche:

(a) Der Projektgesellschaft steht ein Zahlungsanspruch in Höhe von [......]%, des bei der Projektgesellschaft ausstehenden Fremdkapitals gegen die Stadt zu. Maßgeblich für die Berechnung ist der Zeitpunkt, in dem die Kündigung Wirksamkeit erlangt. Für die Bestimmung des Fremdkapitals gilt Ziff. 11.5.1 (a) entsprechend. Bei der Berechnung wird ausstehendes Fremdkapital maximal in Höhe des Betrages berücksichtigt, der nach den Vorgaben im Finanzierungsmodell für den betreffenden Zeitpunkt als planmäßig ausstehendes Fremdkapital vorgesehen ist.

(b) Der von der Stadt nach diesen Vorgaben zu leistende Betrag ist um den Verkehrswert des Sach- und Barvermögens sowie um den Nominalwert der Ansprüche, die der Projektgesellschaft gegen ihre Vertragspartner und Versicherungen zustehen, zu reduzieren.

(c) Die Projektgesellschaft ist zum Ersatz sämtlicher Kosten und Aufwendungen verpflichtet, die der Stadt als Folge der Kündigung entstehen oder die bereits vor der Kündigung entstanden bzw. im Zeitpunkt der Kündigung nicht mehr abwendbar sind. Eine weitergehende Haftung der Projektgesellschaft für etwaige Schäden nach Maßgabe der gesetzlichen Vorschriften bleibt davon unberührt.[7]

Anmerkungen

1. Zum Sachverhalt vgl. zunächst die Anmerkung 1 zu Formular H.IV.2. Eine vorzeitige Beendigung des Projektvertrages widerspricht zwar im Grundsatz dem partnerschaftlichen Gedanken von PPP und ist deswegen auf wenige Ausnahmefälle zu beschränken. Insbesondere eine Kündigung aus wichtigem Grund kann aber nicht für jeden Fall ausgeschlossen werden. Der Projektvertrag sollte deshalb auch die Folgen einer vorzeitigen Vertragsbeendigung regeln. Angesichts der politischen und wirtschaftlichen Auswirkungen, die eine vorzeitige Vertragsbeendigung im Regelfall hat, werden diese Vertragsbestimmungen in der Praxis besonders intensiv verhandelt. Für den öffentlichen Auftraggeber geht es dabei zunächst darum, möglichst zeitnah die Kontrolle über das Projekt zu erlangen, um die Erfüllung der öffentlichen Aufgabe weiter gewährleisten zu können. Darüber hinaus muss aber vor allem das wirtschaftliche Risiko einer vorzeitigen Vertragsbeendigung zwischen den Parteien verteilt werden. Insbesondere eine Kündigung, die von der Projektgesellschaft selbst zu vertreten ist, birgt dabei in den Vertragsverhandlungen häufig erheblichen Diskussionsbedarf.

2. Das Vertragsmuster versetzt den öffentlichen Auftraggeber in die Lage, unmittelbar nach Vertragsbeendigung die tatsächliche Kontrolle über die Schulgebäude zu erlangen und ggf. die Projektgesellschaft vom Besitz auszuschließen. Hierdurch wird gewährleistet, dass die Gebäude auch nach der Vertragsbeendigung für den Schulbetrieb zur Verfügung stehen, sodass die Erfüllung der öffentlichen Aufgabe weiter gewährleistet ist. Darüber hinaus ist der öffentliche Auftraggeber berechtigt, das Projekt mit einem anderen Vertragspartner fortzusetzen, sodass auch die aus der Vertragsbeendigung resultierenden Verzögerungen bei der Projektrealisierung möglichst gering gehalten werden. Im engen Zusammenhang damit steht auch das Eintrittsrecht des Auftraggebers in Nachunternehmerverträge, das ebenfalls einer zeitnahen Projektrealisierung dient (vgl. dazu **Ziff. 7**). Die Regelung gilt unabhängig vom Beendigungsgrund und findet so nicht nur bei einer Kündigung sondern generell im Fall einer Vertragsbeendigung (z. B. auch bei einer einvernehmlichen Vertragsaufhebung) Anwendung.

3. Durch die Regelung wird die Projektgesellschaft rechtlich und tatsächlich in die Lage versetzt, die Projektrealisierung eigenständig oder in Zusammenarbeit mit einem neuen Vertragspartner fortzusetzen. Aus diesem Grund ist die Projektgesellschaft zum einen verpflichtet, sämtliche Rechte, die ihr an den Schulgebäuden zustehen, an den Auftraggeber zu übertragen. Dazu gehören z.B. das vertraglich eingeräumte Nutzungsrecht (vgl. Ziff. 3.2) oder das Recht zur Geltendmachung von Mängel- und Schadensersatzansprüchen im Verhältnis zu Nachunternehmern (vgl. Ziff. 6.4). Da das entsprechende Know-how in der Regel bei der Projektgesellschaft liegt, ist diese zum anderen verpflichtet, die zur Bauunterhaltung und Bewirtschaftung erforderlichen Unterlagen an die Stadt herauszugeben. Hierdurch soll gewährleistet werden, dass die Stadt auch tatsächlich in der Lage ist, das Projekt fortzusetzen.

4. Durch die Vertragsbeendigung entfallen die vertraglichen Pflichten lediglich mit Wirkung für die Zukunft. Bis zum Zeitpunkt der Vertragsbeendigung müssen die Leistungen daher grundsätzlich vertragsgemäß erbracht werden. Dies wird durch das Vertragsmuster in Bezug auf die Instandsetzung bzw. Instandhaltung der Schulgebäude ausdrücklich klargestellt. Sofern sich die Gebäude nicht im vertragsgemäßen Zustand befinden, stehen der Stadt daher auch nach Vertragsbeendigung die entsprechenden Erfüllungs- bzw. Gewährleistungsansprüche gegen die Projektgesellschaft zu. Zudem sieht die Klausel eine Übergabepflicht für die Gebäude sowie für die zur Bauunterhaltung und Bewirtschaftung erforderlichen Roh-, Hilfs- und Betriebsstoffe vor. Auch hierdurch wird sichergestellt, dass der Auftraggeber in der Lage ist, die Projektrealisierung zeitnah eigenständig fortzusetzen. Da die Projektgesellschaft mit der Vertragsbeendigung häufig ohnehin keine unmittelbare Verwendungsmöglichkeit für die Roh-, Hilfs- und Betriebsstoffe hat, stellt die Abnahme durch die Stadt gegen Vergütung des Zeitwertes einen gerechten Interessenausgleich zwischen den Parteien dar.

5. Die einseitige Kündigung aus wichtigem Grund dürfte den häufigsten Anlass für eine vorzeitige Beendigung des Projektvertrags darstellen. Im Interesse einer angemessenen Risikoverteilung sollte bei der Ausgestaltung der Rechtsfolgen einer solchen Kündigung danach differenziert werden, welcher Partei die Gründe für Kündigung zuzurechnen sind. Rechtstechnisch wird hier teilweise auf bereicherungsrechtliche Regelungen abgestellt, die allerdings den Vollzug einer entsprechenden Vertragsklausel nicht unbedingt vereinfachen. In der Praxis sind daher auch Vertragsklauseln anzutreffen, die auf den Substanzwert der geleisteten Investitionen (der dann durch Sachverständige ermittelt werden soll), auf einen Ertragswert oder auf einen bestimmten Prozentsatz des ausstehenden Fremdkapitals abstellen. In jedem Fall ist bei der Ausgestaltung der Kompensationsregelungen zu beachten, dass die hier geregelten Projektrisiken – insbesondere im Falle der durch die Projektgesellschaft zu vertretenen vorzeitigen Beendigung des Vertragsverhältnisses – unmittelbar finanzierungsrelevant sind, also erheblichen Einfluss auf die Höhe der Finanzierungskosten haben.

Teil J. Sektorenspezifische Vorgaben

I. Banken und Versicherungen

Schrifttum: Bähr, Handbuch des Versicherungsaufsichtsrechts: VAG-Handbuch, 2011; *Berger,* Die neue Aufsicht über Aufsichtsräte nach dem VAG, VersR 2010, 422; *Bitter,* Kreditverträge in Umwandlung und Umstrukturierung, ZHR 173, 379 (2009); *Boos/Fischer/Schulte-Mattler,* KWG, 3. Aufl. 2008; *Bürkle,* Auswirkungen staatlicher Schutzpflichten auf die Übertragung von Rückversicherungsbeständen, VersR 2008, 1590; *Domke/Sperlich,* Verkauf notleidender Kredite – zivilrechtliche und strafrechtliche Fragestellungen, BB 2008, 342; *Essers/Hartung,* Datenschutz bei Unternehmenstransaktionen, RDV 2002, 278; *Fahr/Kaulbach/Bähr,* VAG, 4. Aufl. 2007; *Gürtler/Kriese,* Die Umsetzung der Scoringtransparenz bei Banken, RDV 2010, 47; *Gabel/Steinhauer,* Neue aufsichtsrechtliche Anforderungen für das Outsourcing durch Versicherungsunternehmen, VersR 2010, 177; *Hasselbach,* Der Übergang von Bedeckungswerten im Rahmen der Bestandsübertragung nach § 14 VAG, VersR 2010, 429; *Hasselbach/Komp,* Die Bestandsübertragung als Maßnahme zur Restrukturierung von Versicherungsunternehmen, VersR 2005, 1651; *Kusserow/Dittrich,* Rechtsprobleme bei Asset-Backed Securities-Transaktionen deutscher Kreditinstitute unter besonderer Berücksichtigung datenschutzrechtlicher Aspekte, WM 1997, 1786; *Laseroff,* Bankgeheimnis und Datenschutzrecht, DSB 2009, 9; *Lüttringhaus,* Neue Wege zur internationalen Restrukturierung von Erst- und Rückversicherungsunternehmen – Die Erweiterung des gemeinschaftsrechtlichen Rahmens für grenzüberschreitende Umwandlungen und Bestandsübertragungen, VersR 2008, 1036; *Post,* Aufsicht über Unternehmensinhaber, in: Bundesamt für das Versicherungswesen (Hrsg.), 100 Jahre materielle Versicherungsaufsicht, 2001; *Prölss,* VAG, 12. Aufl. 2005; *Schäfer,* Handbuch Regionalbanken, 2. Aufl. 2007; *Schäfer,* Kompromisslösung in Sachen „Schrottimmobilien" – das neue Konzept des Bankrechtssenats zum finanziellen Immobilien- und Anteilserwerb (zugleich Anmerkung zu BGH v. 25. 4. 2006 – XI ZR 193/04, XI ZR 106/05 –), DStR 2006, 1753; *Schaffland,* Datenschutz und Bankgeheimnis bei Fusion – (k)ein Thema?, NJW 2002, 1539; *Schwennicke/Auerbach,* KWG, 2009; *Sester/Glos,* Keine Verletzung von Privatgeheimnissen gem. § 203 StGB, DB 2005, 375; *Trybus/Uitz,* Datenschutz als Stolperstein für elektronische Due Diligence Prüfungen?, Medien und Recht 2007, 341; *Vollborth,* Forderungsabtretung durch Banken im Lichte von Bankgeheimnis und Datenschutz, 2007.

1. Einleitung

Banken und Versicherungen werden in Deutschland weitreichend staatlich beaufsichtigt. Dies wirkt sich auch auf den Erwerb einer Beteiligung an einem Kreditinstitut, einem Finanzdienstleistungsinstitut oder einem Versicherungsunternehmen erheblich aus. So überprüft die Bundesanstalt für Finanzdienstleistungsaufsicht (*BaFin*) im Vorfeld eines Beteiligungserwerbs beispielsweise die Zuverlässigkeit des potentiellen Erwerbers, wenn dieser eine bedeutende Beteiligung zu erwerben oder bestimmte Beteiligungshöhen zu überschreiten beabsichtigt (Inhaberkontrollverfahren). Im Rahmen eines solchen Prüfungsverfahrens muss der potenzielle Erwerber der BaFin bestimmte Informationen mit zum Teil erheblicher Detaildichte zur Verfügung stellen.

Mit dem Inkrafttreten der neu gefassten § 2c KWG und § 104 VAG am 18. 3. 2009 (BGBl. I S. 470 v. 17. 3. 2009) sowie der Inhaberkontrollverordnung (*InhKontrollV*) am 25. 3. 2009 (BGBl. I S. 562 v. 20. 3. 2009) wurde die Inhaberkontrolle grundlegend geändert und harmonisiert. Die zugrundeliegende Beteiligungsrichtlinie 2007/44/EG des Europäischen Parlaments und des Rates vom 5. 9. 2007 (ABl. L 247/1 v. 21. 9. 2007) soll dazu dienen, die aufsichtsrechtliche Freigabepraxis transparenter zu machen und bei grenzüberschreitenden Transaktionen nationalen Protektionismus zu verhindern.

2. Absicht zum Erwerb einer bedeutenden Beteiligung

Ein Inhaberkontrollverfahren wird nach der geltenden Rechtslage ausgelöst, wenn der potentielle Erwerber eine „bedeutende Beteiligung" an der betreffenden Gesellschaft zu erwerben beabsichtigt und eine entsprechende Anzeige vorgenommen wird. Wann eine solche bedeutende Beteiligung vorliegt, ist in den jeweils einschlägigen Aufsichtsgesetzen näher bestimmt.

2.1 Banken

Nach § 1 Abs. 9 S. 1 KWG liegt eine bedeutende Beteiligung an einem Kreditinstitut oder Finanzdienstleistungsinstitut vor, wenn unmittelbar oder mittelbar über ein oder mehrere Tochterunternehmen oder ein gleichartiges Verhältnis oder im Zusammenwirken mit anderen Personen oder Unternehmen mindestens 10% des Kapitals oder der Stimmrechte eines Unternehmens gehalten werden. Gleiches gilt, wenn auf die Geschäftsführung eines solchen Unternehmens ein maßgeblicher Einfluss ausgeübt werden kann.

a) **Anteile an Kapital oder Stimmrechten.** Als Kapitalanteil ist bei Personengesellschaften das durch den Gesellschaftsvertrag festgelegte Beteiligungsverhältnis maßgebend, während sich die Anteilsbestimmung bei einer Aktiengesellschaft nach § 8 Abs. 4 AktG richtet: bei Nennbetragsaktien nach dem Verhältnis ihres Nennbetrags zum Grundkapital, bei Stückaktien nach der Zahl der Aktien (*Hüffer* § 8 Rdnr. 29).

Soweit die Kapital- oder Stimmrechtsanteile mittelbar gehalten werden, werden sie grundsätzlich beiden – dem mittelbar und dem unmittelbar Beteiligten – zu- bzw. angerechnet; damit kann ein und dasselbe Anteilspaket mehreren Beteiligten angerechnet werden (Prinzip der mehrfachen Anrechnung; Ausnahme u. a.: § 1 Abs. 9 S. 2 KWG i. V.m. § 22 Abs. 1 S. 1 Nr. 3 a. E. WpHG oder § 23 WpHG). Auf die Zielsetzung, die mit dem (beabsichtigten) Anteilsbesitz verbunden ist – z.B. Haltedauer, das Bestehen einer Beteiligungsabsicht i. S. v. § 271 Abs. 1 HGB, den Bilanzausweis der Anteile oder darauf, ob sie im Eigen- oder Fremdinteresse gehalten werden –, kommt es nicht an (BaFin, Merkblatt v. 22. 7. 2009 zu § 2c KWG u. § 104 VAG, Ziff. 3).

Die Anrechnung der Kapital- und Stimmrechtsanteile erfolgt nach § 1 Abs. 9 S. 2 KWG i.V.m. §§ 21 Abs. 1, 22 Abs. 1 bis 3a WpHG. Die Berechnungsmethode beschränkt sich, anders als der unmittelbare Anwendungsbereich des WpHG, nicht auf Aktien, sondern ist auf andere Beteiligungen entsprechend anzuwenden (Boos/Fischer/Schulte-Mattler/*Schäfer* § 1 Rdnr. 214). Auch Vermögenseinlagen stiller Gesellschafter sind bei der Frage nach einer bedeutenden Beteiligung heranzuziehen, soweit sie – gegebenenfalls zusammen mit Kapital- oder Stimmrechtsanteilen – wirtschaftlich mindestens 10% der Stimmrechte bei dem betreffenden Unternehmen oder die Möglichkeit eines maßgeblichen Einflusses auf dessen Geschäftsführung vermitteln (Schreiben des damaligen BAKred vom 27. 5. 1994 (I 3–271–12/93), abgedruckt in Boos/Fischer/Schulte-Mattler/*Schäfer* § 1 Rdnr. 213). Nach alldem werden einem mittelbar Beteiligten grundsätzlich zugerechnet:

- Anteile, die ein Tochterunternehmen unmittelbar hält oder diesem zugerechnet werden; Tochterunternehmen sind Unternehmen, die als Tochterunternehmen nach Maßgabe von § 290 HGB gelten oder auf die ein beherrschender Einfluss ausgeübt werden kann (§ 1 Abs. 7 S. 1 KWG).
- Anteile, welche die Gegenpartei im gleichartigen Verhältnis unmittelbar oder mittelbar hält (BaFin, Merkblatt v. 22. 7. 2009 zu § 2c KWG u. § 104 VAG, Ziff. 3); ein gleichartiges Verhältnis liegt vor, wenn die eine Partei auf die andere einen Einfluss ausüben kann, welcher der Einflussnahmemöglichkeit eines Mutterunternehmens auf ein Tochterunternehmen entspricht (z. B. Strohmannverhältnis);
- Anteile, die ein Dritter unmittelbar oder mittelbar hält, wenn beide in Bezug auf die Kapital- oder Stimmrechtsanteile zusammenwirken;

2. Absicht zum Erwerb einer bedeutenden Beteiligung　　　　J.I.2

- Anteile, die nach anderen Zurechnungsgründen (s. o.) berücksichtigt werden; insbesondere wird der vom Treuhänder gehaltene Anteil dem Treugeber zugerechnet (§ 1 Abs. 9 S. 2 KWG i. V. m. § 22 Abs. 1 Nr. 2 WpHG); umgekehrt wird der treuhänderische Anteilsbesitz auch dem Treuhänder angerechnet, wie der Wortlaut des § 1 Abs. 9 S. 1 KWG „im Eigen- oder Fremdinteresse" klarstellt (Boos/Fischer/Schulte-Mattler/*Schäfer* § 1 Rdnr. 212; Schwennicke/Auerbach/*Schwennicke* § 1 Rdnr. 208; BT-Drs. 14/9017, S. 112).

Jeder Zurechnungsgrund greift bereits ab dem ersten Anteil ein, also auch, wenn der Vermittelnde selbst weniger als 10 % des Kapitals oder der Stimmrechte unmittelbar oder mittelbar hält. Aufgrund des Prinzips der mehrfachen Anrechnung können Zurechnungsgründe mehrfach oder kombiniert zur Anwendung kommen. Für die Zurechnung kommt es nicht darauf an, ob der mittelbar Beteiligte tatsächlich Einfluss auf das Unternehmen nimmt bzw. zu nehmen beabsichtigt an (BaFin, Merkblatt v. 22. 7. 2009, a. a. O., Ziff. 3).

Ausnahmen gelten hier nach § 1 Abs. 9 S. 2 KWG i. V. m. §§ 22 Abs. 1 Satz 1 Nr. 3 a. E., Abs. 3 a (i. V. m. der Wertpapierhandelsanzeige- und Insiderverzeichnisverordnung – WpAIV), 23 WpHG sowie § 32 Abs. 2 und 3 InvG (i. V. m. der Transparenzrichtlinie-Durchführungsverordnung – TranspRLDV). Zudem werden solche Anteile nicht zugerechnet, die Institute im Rahmen des Emissionsgeschäfts halten, vorausgesetzt, diese Rechte werden (i) nicht ausgeübt oder anderweitig benutzt, um in die Geschäftsführung des Emittenten einzugreifen, und (ii) innerhalb eines Jahres nach dem Zeitpunkt des Erwerbs veräußert (§ 1 Abs. 9 S. 3 KWG).

b) Maßgeblicher Einfluss. Um den Begriff des „maßgeblichen Einflusses" im Sinne des § 1 Abs. 9 S. 1 KWG als weitere Zurechnungsmöglichkeit für eine Beteiligung zu konkretisieren, ist nach allgemeiner Ansicht § 311 HGB zur Auslegung heranzuziehen (Boos/Fischer/Schulte-Mattler/*Schäfer* § 1 Rdnr. 212). Der durch § 311 Abs. 1 S. 2 HGB bei einem Stimmrechtsanteil von 20 % vermutete maßgebliche Einfluss ist angesichts der für § 1 Abs. 9 KWG maßgeblichen Beteiligungsuntergrenze von 10 % weitgehend bedeutungslos. Im Ergebnis wird damit § 311 Abs. 1 S. 2 HGB lediglich mit Blick auf einen möglichen sonstigen (also nicht gesellschaftsrechtlich vermittelten) Einfluss bedeutsam. Dieser kann vorliegen, wenn beispielsweise eine finanzielle oder personelle Verflechtung, Kreditbeziehung oder technologische Abhängigkeit gegeben ist, die einen mindestens so starken Einfluss wie eine 20 %ige Beteiligung vermittelt (Baumbach/Hopt/*Merkt* § 311 Rdnr. 1).

2.2 Versicherungsunternehmen

a) Anteile an Kapital oder Stimmrechten. Die versicherungsaufsichtsrechtliche Definition einer bedeutenden Beteiligung stimmt mit der bankaufsichtsrechtlichen aus § 1 Abs. 9 KWG im Wesentlichen überein. So liegt nach § 7 a Abs. 2 S. 3 VAG eine bedeutende Beteiligung an einem Versicherungsunternehmen insbesondere dann vor, wenn mindestens 10 % des Kapitals einer Versicherungsaktiengesellschaft oder des Gründungsstocks eines VVaG gehalten werden. Die Aufzählung von „im Eigen- oder im Fremdinteresse, unmittelbar oder mittelbar über ein oder mehrere Tochterunternehmen oder ein gleichartiges Verhältnis oder durch Zusammenwirken mit anderen Personen oder Unternehmen" ist dabei lediglich beispielhaft und nicht abschließend zu verstehen. Letztlich kommt es darauf an, dass das Gewicht von 10 % der Stimmen in einer Hand gebündelt ist (Fahr/Kaulbach/Bähr/*Kaulbach* § 7 a Rdnr. 14 c).

Eine bedeutende Beteiligung liegt, entsprechend der bankaufsichtsrechtlichen Rechtslage, auch dann vor, wenn 10 % der Stimmrechte an einem Versicherungsunternehmen gehalten werden. Gemeint sind dabei nicht nur unmittelbar gehaltene Stimmrechte. Wie im bankaufsichtsrechtlichen Zusammenhang werden auch im Versicherungsaufsichtsrecht durch den Verweis von § 7 a Abs. 2 S. 4 VAG auf §§ 21 Abs. 1, 22 Abs. 1 bis 3 a WpHG Stimmrechte Dritter unter bestimmten Voraussetzungen zur Ermittlung einer bedeutenden Beteiligung hinzugerechnet; Ausnahmen gelten nach § 7 a Abs. 2 S. 4 VAG i. V. m. §§ 22 Abs. 1 Satz 1 Nr. 3 a. E., Abs. 3 a (i. V. m. WpAIV), 23 WpHG sowie § 32 Abs. 2 und 3 InvG (vgl. dazu die weitergehenden Ausführungen unter Ziffer 2.1 a)).

b) Maßgeblicher Einfluss. Eine bedeutende Beteiligung kann aber auch dann vorliegen, wenn ein maßgeblicher Einfluss auf die Geschäftsführung des Versicherungsunternehmens ausgeübt werden kann. Zwar wird das Tatbestandsmerkmal des „maßgeblichen Einflusses" gesetzlich nicht konkretisiert. In der amtlichen Begründung zu § 7a VAG wird aber auch im versicherungsaufsichtsrechtlichen Kontext auf § 311 Abs. 1 HGB verwiesen (BT-Drucks. 12/6959, S. 53). Hinsichtlich der Einzelheiten zu § 311 HGB kann ebenfalls die bankaufsichtsrechtliche Darstellung unter Ziffer 2.1 b) herangezogen werden.

3. Zuverlässigkeits- und Eignungsanforderungen im Kontext einer Akquisition

3.1 Banken

Für potentielle Erwerber einer bedeutenden Beteiligung sowie künftige Geschäftsleiter und Aufsichtsratsmitglieder gelten bestimmte Zuverlässigkeits- und Eignungsanforderungen.

Nach § 2c Abs. 1b S. 1 Nr. 1 KWG müssen **Erwerber bedeutender Beteiligungen** in erster Linie zuverlässig sein. Für die Zuverlässigkeit werden die Maßstäbe von § 33 Abs. 1 S. 1 Nr. 2 und 3 KWG herangezogen (Boos/Fischer/Schulte-Mattler/*Schäfer* § 2c Rdnr. 9), welche wiederum auf gewerberechtlichen Grundsätzen basieren (Boos/Fischer/Schulte-Mattler/*Fischer* § 33 Rdnr. 31). Diese gewerberechtliche Orientierung wird durch die zusätzliche Anforderung einer soliden und umsichtigen Führung des Instituts, die sich im Umkehrschluss aus § 2c Abs. 1b S. 1 Nr. 1 Teilsatz 1, 2. Alt. KWG ergibt, noch verstärkt. Nach § 35 GewO ist unzuverlässig, wer keine Gewähr dafür bietet, dass er sein Gewerbe in Zukunft ordnungsgemäß ausüben wird (Landmann/Rohmer/*Marcks*, GewO, 55. EL 2009, § 35 Rdnr. 29 m. w. N.). Aus dem Umstand, dass in § 33 Abs. 1 S. 1 Nr. 2 und 4 KWG Zuverlässigkeit und fachliche Eignung des Geschäftsleiters getrennt aufgeführt werden, wird gefolgert, dass bei dem (potentiellen) Erwerber einer bedeutenden Beteiligung, der nicht die Geschäfte des Unternehmens führen, sondern lediglich Stimmrechte ausüben wird, die persönliche Zuverlässigkeit im Vordergrund steht. Es ist dabei zudem zu berücksichtigen, dass der künftige Inhaber einer bedeutenden Beteiligung regelmäßig nur sehr begrenzten Einfluss auf das Geschäft des Institutes haben wird (Boos/Fischer/Schulte-Mattler/*Fischer* § 33 Rdnr. 74). Im Fall einer juristischen Person oder Personenhandelsgesellschaft gelten die Anforderungen aus § 2c Abs. 1 S. 5 KWG für deren gesetzliche oder satzungsmäßige Vertreter oder die persönlich haftenden Gesellschafter.

Neuerdings kann die BaFin den Erwerb auch dann untersagen, wenn der künftige **Geschäftsleiter** des Zielunternehmens nicht zuverlässig oder nicht fachlich geeignet ist (§ 2c Abs. 1b S. 1 Nr. 4 KWG). Die Anforderungen sind identisch mit denen des Erlaubnisverfahrens (vgl. § 33 Abs. 1 S. 1 Nr. 2 u. 4 KWG). Danach ist derjenige unzuverlässig, der nach dem Gesamtbild seines Verhaltens nicht die Gewähr dafür bietet, dass er das Gewerbe ordnungsgemäß ausüben kann (Schwennicke/Auerbach/*Schwennicke* § 33 Rdnr. 29 mit Verweis auf Rspr. u. Lit. zu § 35 Abs. 1 GewO). Fachlich geeignet ist, wer in ausreichendem Maße theoretische und praktische Kenntnisse in den betreffenden Geschäften sowie Leitungserfahrung hat (§ 33 Abs. 2 S. 1 KWG); dies ist eine Frage des Einzelfalls (Schwennicke/Auerbach/*Schwennicke* § 33 Rdnr. 78).

Auch die (künftigen) **Aufsichtsratsmitglieder** müssen zuverlässig sein und darüber hinaus die zur Wahrnehmung der Kontrollfunktion sowie zur Beurteilung und Überwachung der Geschäfte, die das Unternehmen betreibt, erforderliche Sachkunde besitzen; andernfalls kann die BaFin zwar nicht den Erwerb untersagen, aber die Abberufung und Tätigkeitsuntersagung verlangen (§ 36 Abs. 3 S. 1 KWG, eingefügt m. W. zum 1. 8. 2009). Das Aufsichtsratsmitglied gilt als unzuverlässig, wenn die sorgfältige und ordnungsgemäße Wahrnehmung des Kontrollmandats beeinträchtigt ist, insbesondere Interessenkonflikte bestehen (BaFin, Merkblatt v. 22. 2. 2010 zur Kontrolle v. Verwaltungs- u. Aufsichtsratsmitgliedern gem. KWG u. VAG, Ziff. I.2). Die erforderliche Sachkunde bemisst sich nach der Größe, Komplexität und systemischen Relevanz des Unternehmens und kann insbesondere durch Tätigkeiten in derselben

Branche, z. B. als Geschäftsführer oder Aufsichtsratsmitglied eines vergleichbaren beaufsichtigten Unternehmens, erworben werden (BaFin, Merkblatt v. 22. 2. 2010, a. a. O., Ziff. I.1).

3.2 Versicherungsunternehmen

Für potentielle Erwerber einer bedeutenden Beteiligung an einem Versicherungsunternehmen sowie deren künftige Geschäftsleiter und Aufsichtsratsmitglieder gelten vergleichbare Anforderungen.

Nach § 104 Abs. 1 b S. 1 Nr. 1 kann die BaFin den Erwerb untersagen, wenn der **Erwerber der bedeutenden Beteiligung** unzuverlässig ist oder aus anderen Gründen nicht einer soliden und umsichtigen Führung des Versicherungsunternehmens zu stellenden Ansprüchen genügt; insbesondere wenn er nicht darlegen kann, dass er über angemessene geschäftliche Pläne für die Fortsetzung und die Entwicklung der Geschäfte des Versicherungsunternehmens verfügt und die Belange der Versicherten oder die berechtigten Interessen der Vorversicherer ausreichend gewahrt sind. Das gleiche gilt für die gesetzlichen oder satzungsmäßigen Vertreter oder die persönlich haftenden Gesellschafter, falls der Inhaber eine juristische Person oder Personengesellschaft ist. Die normative Grundlage ist daher mit § 2c Abs. 1 b Nr. 1 KWG praktisch identisch. Wegen des Zusammenhangs mit der Qualifikation der Geschäftsleiter in § 7 a Abs. 1 Satz 1 VAG wird auch der versicherungsaufsichtsrechtliche Zuverlässigkeitsbegriff in Anlehnung an den Zuverlässigkeitsbegriff des § 35 GewO ausgelegt (vgl. *Post* S. 361, 363). Allerdings wird der gewerberechtliche Zuverlässigkeitsbegriff im Rahmen der versicherungsaufsichtsrechtlichen Inhaberkontrolle teleologisch reduziert. Es entspricht allgemeiner Ansicht, dass die Anforderungen an den Aktionär einer Versicherungs-Aktiengesellschaft geringer ausfallen müssen als an den Geschäftsleiter eines Versicherungsunternehmens. Dies wird – ähnlich wie im Bankaufsichtsrecht – damit begründet, dass der Aktionär, auch wenn er eine bedeutende Beteiligung hält, nur sehr beschränkt in die Geschäftsleitung eingreifen darf. Er wirkt meist nur kontrollierend und nur in gewissem Rahmen steuernd, da die Leitung des Versicherungsunternehmens allein dessen Vorstand unterliegt (so etwa Prölss/*Präve* § 7 a Rdnr. 42). Darüber hinaus wird – ähnlich wie im bankaufsichtsrechtlichen Schrifttum auf die entsprechende KWG-Regelung – auf § 7 a Abs. 2 Satz 1 VAG verwiesen, der für den Inhaber einer bedeutenden Beteiligung (aber nicht den Geschäftsleiter) anzuwenden ist und anders als § 7 a Abs. 1 VAG nicht ausdrücklich eine fachliche Eignung verlangt (Prölss/*Präve* § 7 a Rdnr. 44). Im Ergebnis geht die herrschende Ansicht daher davon aus, dass fachliche Kenntnisse der Versicherungswirtschaft und/oder des Versicherungsrechts nicht verlangt werden können. Maßgeblich sind daher vielmehr die wirtschaftliche Vertrautheit und das wirtschaftliche Urteilsvermögen unter Berücksichtigung der rechtlichen und faktischen Einflussmöglichkeiten (Missbrauchsgefahr).

Der Erwerb kann nach § 104 Abs. 1 b S. 1 Nr. 4 VAG n. F. auch dann untersagt werden, wenn der künftige **Geschäftsleiter** entgegen § 7 a Abs. 1 S. 1 VAG nicht zuverlässig oder nicht fachlich geeignet ist. Der Begriff „zuverlässig" entspricht dem gleichen Begriff in § 35 Abs. 1 GewO (Fahr/Kaulbach/Bähr/*Kaulbach* § 7 a Rdnr. 5; vgl. die Ausführungen unter Ziffer I.3.1). Fachliche Eignung setzt ausreichende theoretische und praktische Kenntnisse in Versicherungsgeschäften sowie Leitungserfahrung voraus (§ 7 a Abs. 1 S. 2 VAG) und ist bei einer dreijährigen leitenden Tätigkeit bei einem Versicherungsunternehmen von vergleichbarer Größe und Geschäftsart regelmäßig anzunehmen (§ 7 a Abs. 1 S. 3 VAG).

Die (künftigen) **Aufsichtsratsmitglieder** müssen nach § 7 a Abs. 4 S. 1 VAG (eingefügt m. W. zum 1. 8. 2009) zuverlässig sein und die zur Wahrnehmung der Kontrollfunktion sowie zur Beurteilung und Überwachung der Geschäfte, die das Unternehmen betreibt, erforderliche Sachkunde besitzen; andernfalls kann die BaFin die Abberufung und Tätigkeitsuntersagung verlangen (§§ 87 Abs. 8 S. 1, ggf. i. V. m. 121 c Abs. 6 S. 1 VAG) und – in extremen Ausnahmefällen (vgl. *Berger*, VersR 2010, 422, 427) – sogar die Erlaubnis widerrufen (§§ 8 Abs. 1 Nr. 5, 87 Abs. 1 Nr. 1, ggf. i. V. m. § 121 c Abs. 2 Nr. 1 VAG). Einzelheiten zu diesen Anforderungen hat die BaFin in ihrem Merkblatt zur Kontrolle von Mitgliedern von Verwaltungs- und Aufsichtsorganen vom 22. 2. 2010 ausgeführt.

4. Mitteilungspflichten im Kontext einer Akquisition

4.1 Banken

a) **Erwerb oder Erhöhung einer bedeutenden Beteiligung.** Nach § 2c Abs. 1 S. 1 KWG hat der potentielle Erwerber einer bedeutenden Beteiligung an einem Institut seine Erwerbsabsicht unverzüglich bei der BaFin und der Deutschen Bundesbank anzuzeigen. Dabei hat er die in § 2c Abs. 1 S. 2 KWG und der InhKontrollV genannten Unterlagen einzureichen und insbesondere anzugeben:
- Die für die Feststellung der „bedeutenden Beteiligung" (Höhe der Beteiligung und maßgeblicher Einfluss) wesentlichen Tatsachen;
- die für die Prüfung der Untersagungsgründe i.S.v. § 2c Abs. 1b S. 1 KWG wesentlichen Tatsachen; zu einem lückenlosen Nachweis für seine Zuverlässigkeit ist der interessierte Erwerber nicht verpflichtet (Boos/Fischer/Schulte-Mattler/*Schäfer* § 2c Rdnr. 5); trotz der Vermutungsregelung des § 33 Abs. 1 Nr. 2 KWG für die Zuverlässigkeit ist die BaFin jedoch befugt, eine individuelle Prüfung anhand aller Umstände des Einzelfalls vorzunehmen (vgl. *Buchholz*, Sammel- und Nachschlagwerk der Rechtsprechung des BVerwG, 451.61 KWG);
- den/die Veräußerer.

In der Praxis erweist es sich häufig als schwierig, den genauen Zeitpunkt zu bestimmen, ab dem die Erwerbsabsicht vorliegt. Entscheidend dürfte sein, dass die spezifische und unbedingte Absicht besteht, eine bedeutende Beteiligung zu erwerben. Im Schrifttum findet sich dazu der Hinweis, maßgeblicher Zeitpunkt bei einer Gesellschaft sei die Beschlussfassung der Geschäftsleitung und – soweit erforderlich – die Zustimmung des Aufsichtsrats zu dem betreffenden Beteiligungserwerb (Boos/Fischer/Schulte-Mattler/*Schäfer* § 2c Rdnr. 5). Angesichts des Schutzzwecks der Mitteilungspflicht (die BaFin soll durch einen Beteiligungserwerb angesichts der erforderlichen Zuverlässigkeitsprüfung nicht vor vollendete Tatsachen gestellt werden, andererseits aber auch nicht mit Anzeigen konfrontiert werden, die sich mit einer erheblichen Wahrscheinlichkeit wieder erledigen) erscheint dieser Zeitpunkt angemessen.

In der Praxis hat es sich im Rahmen von Bieterverfahren als hilfreich erwiesen, ein entsprechende Absichtserklärung abzugeben, wenn exklusive Verhandlungen zwischen Verkäufer und einem Bieter beginnen. Bei Parallelverhandlungen mit mehreren Erwerbsinteressenten dürfte der Zeitpunkt, zu dem eine derartige Erklärung abzugeben ist, deutlich später liegen. Dennoch bietet es sich aus Erwerbersicht auch hier an, zu Beginn derartiger Verhandlungen informell auf die BaFin zuzugehen und das weitere Vorgehen abzustimmen.

Eine Mitteilungspflicht besteht auch dann, wenn eine bereits bestehende bedeutende Beteiligung erhöht wird und dadurch die Schwellen von 20, 30 oder 50% der Stimmrechte oder des Kapitals erreicht oder überschritten werden oder das Institut unter eine Kontrolle i.S.d. § 1 Abs. 8 KWG kommt (§ 2c Abs. 1 S. 6 KWG). Der Anzeigeinhalt bestimmt sich dabei ebenfalls nach § 2c Abs. 1 S. 2 KWG; es ist dasselbe Formular zu verwenden (§ 6 Abs. 1 S. 1 InhKontrollV).

b) **Aufgabe oder Absenkung einer bedeutenden Beteiligung.** Bei Aufgabe oder Absenkung einer bedeutenden Beteiligung unter 20, 30 oder 50% der Stimmrechte oder des Kapitals sinken zwar eigentlich die mit der Beteiligung verbundenen Gefahren. Gleichwohl benötigt die Aufsichtsbehörde entsprechende Informationen, um die laufende Aufsicht weiterhin sicherzustellen. Gleiches gilt auch bei der Kontrollaufgabe über ein Institut. Daher sieht § 2c Abs. 3 S. 1 KWG auch für diese Fälle eine unverzügliche Anzeigepflicht des Inhabers vor. Der Unterschied gegenüber der Aufsicht über den Erwerb und die Erhöhung einer bedeutenden Beteiligung besteht lediglich darin, dass in diesem Zusammenhang keine Eingriffsmöglichkeiten gegen den Inhaber gegeben sind. Die BaFin kann den Anzeigerstatter der Absichtsmeldung lediglich dazu zwingen, nach Ablauf einer bestimmten Frist eine Anzeige über Vollzug oder Nichtvollzug der beabsichtigten Änderung abzugeben (§ 2c Abs. 3 S. 3 und 4 KWG).

4. Mitteilungspflichten im Kontext einer Akquisition

c) Anzeigepflicht des Zielunternehmens. Nach § 24 Abs. 1 Nr. 10 KWG unterliegt das betroffene Unternehmen ebenfalls einer (komplementären) Anzeigepflicht in allen nach § 2c KWG anzeigepflichtigen Fällen, sobald es von der bevorstehenden Änderung dieser Beteiligungsverhältnisse Kenntnis erlangt. Darüber hinaus hat es im Falle der Kenntnisnahme auch nach Änderung der Beteiligungsverhältnisse jährlich den Namen und die Anschrift des Inhabers sowie die Höhe der Beteiligung der Aufsichtsbehörde anzuzeigen (§ 24 Abs. 1a Nr. 3 KWG).

d) Untersagungsverfügungen und Beschränkungen. Ist die Anzeige vollständig, hat die BaFin den Erhalt der Anzeige umgehend – spätestens jedoch innerhalb von zwei Arbeitstagen nach Zugang – schriftlich zu bestätigen (§ 2c Abs. 1 S. 7 KWG). Mit dem Datum des Bestätigungsschreibens beginnt der 60-tägige Beurteilungszeitraum, innerhalb dessen die BaFin den beabsichtigen Erwerb/die beabsichtige Erhöhung zu prüfen hat; maßgeblich sind die Arbeitstage von Montag bis Freitag mit Ausnahme der in Nordrhein-Westfalen und Hessen (dort Sitz der BaFin) geltenden gesetzlichen Feiertage. Die BaFin kann nach § 2c Abs. 1a S. 3 KWG bis zum 50. Arbeitstag innerhalb des Beurteilungszeitraums Informationen anfordern, die sie für die Beurteilung als notwendig erachtet. Werden weitere Informationen angefordert, wird der Fristlauf für bis zu 20 oder – bei u. a. Anzeigepflichtigen mit Sitz außerhalb des EWR – 30 Arbeitstage gehemmt. Von der BaFin angeforderte Ergänzungen und Klarstellungen lassen den Lauf der Frist dagegen unberührt (BaFin, Merkblatt v. 22. 7. 2009, a. a. O., Ziff. 4.4). Ändern sich nach Absendung der Anzeige bis zum Ende des Beurteilungszeitraums die Angaben, hat sie der Anzeigepflichtige nach § 7 Abs. 3 S. 2 InhKontrollV unverzüglich aktualisiert einzureichen; unterlässt er dies oder geht die Aktualisierung so spät ein, dass der BaFin für deren Prüfung innerhalb des Beurteilungszeitraums nicht mindestens fünf Arbeitstage zur Verfügung stehen, gelten die Angaben in den eingereichten Unterlagen und Erklärungen als unrichtig.

Nach § 2c Abs. 1b S. 1 und 2 KWG kann die BaFin innerhalb des Beurteilungszeitraums den beabsichtigten Erwerb oder die beabsichtigte Anteilserhöhung untersagen. Dies setzt voraus, dass Tatsachen vorliegen, welche die Annahme rechtfertigen, dass (i) der Erwerber der bedeutenden Beteiligung unzuverlässig ist oder aus anderen Gründen nicht den im Interesse einer soliden und umsichtigen Führung des Instituts zu stellenden Ansprüchen genügt (S. 1 Nr. 1); (ii) das Institut nicht in der Lage sein oder bleiben wird, den Aufsichtsanforderungen über die angemessene Eigenkapitalausstattung zu genügen oder die Aufsicht wegen der künftigen Unternehmensstruktur bzw. künftiger mangelnder wirtschaftlicher Transparenz beeinträchtigt werden würde (S. 1 Nr. 2); (iii) das Institut Tochterunternehmen eines anderen Instituts mit Sitz in einem Nicht-EU/EWR-Staat würde, welcher das betreffende Mutterunternehmen nicht wirksam beaufsichtigt, oder die Aufsichtsstelle des betreffenden Nicht-EU/EWR-Staates zu einer befriedigenden Zusammenarbeit mit der BaFin nicht bereit ist (S. 1 Nr. 3); (iv) der künftige Geschäftsleiter nicht zuverlässig oder nicht fachlich geeignet ist (S. 1 Nr. 4); (v) im Zusammenhang mit dem beabsichtigten Erwerb oder der Erhöhung der Beteiligung Geldwäsche oder Terrorismusfinanzierung stattfinden, stattgefunden haben, diese Straftaten versucht wurden oder der Erwerb oder die Erhöhung das Risiko eines solchen Verhaltens erhöhen könnte (S. 1 Nr. 5); (vi) der Anzeigepflichtige nicht über die notwendige finanzielle Solidität verfügt (S. 1 Nr. 6); oder die Angaben in der Anzeige bzw. die zusätzlich angeforderten Informationen unvollständig oder nicht richtig sind oder nicht den Anforderungen der InhKontrollV entsprechen (S. 2).

Hat der Beteiligungserwerb bereits stattgefunden, so kann die BaFin nach § 2c Abs. 2 S. 1 KWG (i) unter den Voraussetzungen der Untersagungsverfügung nach § 2c Abs. 1b S. 1 und 2 KWG (Nr. 1), (ii) bei Verletzungen der Anzeigepflichten nach § 2c Abs. 1 KWG (Nr. 2) oder (iii) bei Verstößen gegen die Untersagung nach § 2c Abs. 1b S. 1 und 2 KWG (Nr. 3) die Stimmrechtsausübung untersagen. Sie kann außerdem anordnen, dass über die Anteile nur mit ihrer Zustimmung verfügt werden darf. Die Wirksamkeit des dinglichen Erwerbs wird durch eine etwaige Verletzung der Mitteilungspflicht nach § 2c KWG aber nicht berührt.

Schließlich hat die BaFin auf Grund eines entsprechenden Beschlusses der EU-Kommission oder des EU-Rats den Erwerb einer unmittelbaren oder mittelbaren Beteiligung an einem Institut, durch den das Institut zu einem Tochterunternehmen eines Nicht-EU/EWR-Unternehmens würde, vorläufig zu untersagen oder zu beschränken (§ 2c Abs. 4 S. 1 KWG).

Die Untersagung muss auf höchstens drei Monate befristet sein, es sei denn, die Frist wird auf Beschluss des EU-Rats verlängert.

e) Form der Anzeige. Die Anzeige einer bedeutenden Beteiligung an einem Institut muss nach der InhKontrollV in einer bestimmten Form erfolgen. Der InhKontrollV liegen die Formulare „Erwerb-Erhöhung", „Angaben zur Zuverlässigkeit", „Komplexe Beteiligungsstrukturen" und „Aufgabe-Verringerung" bei. Sie sind im Anhang dieses Kapitels beigefügt.

4.2 Versicherungsunternehmen

a) Erwerb oder Erhöhung einer bedeutenden Beteiligung. Nach § 104 Abs. 1 VAG hat der potentielle Inhaber einer bedeutenden Beteiligung an einem Erst- oder Rückversicherungsunternehmen (vgl. § 121 a Abs. 1 S. 2 VAG) seine Erwerbsabsicht unverzüglich bei der BaFin anzuzeigen. Der Anzeigeinhalt bestimmt sich nach § 104 Abs. 1 S. 2 VAG (identisch mit § 2c Abs. 1 S. 2 KWG) und der InhKontrollV; hierzu und zur erforderlichen Konkretisierung der Erwerbsabsicht kann auf die bankaufsichtsrechtlichen Ausführungen unter Ziffer 4.1 a) verwiesen werden. Auch der potentielle Erwerber eines Versicherungsunternehmens ist nicht dazu verpflichtet, einen lückenlosen Nachweis für seine Zuverlässigkeit zu liefern (Redlichkeitsvermutung). Vielmehr bleibt die Aufsichtsbehörde beweisbelastet für Tatsachen, aus denen sich die Unzuverlässigkeit ergeben soll (Fahr/Kaulbach/Bähr/*Bähr* § 104 Rdnr. 13; *Post* S. 361, 368).

Der Begriff „Erwerb" umfasst, was für den bankaufsichtsrechtlich relevanten Erwerb entsprechend gelten dürfte, sowohl den rechtsgeschäftlichen Erwerb als auch alle Rechtsgeschäfte, welche denselben wirtschaftlichen Erfolg hervorrufen wie ein Erwerb (Fahr/Kaulbach/*Bähr* § 104 Rdnr. 6). Gleiches gilt für gesetzliche Erwerbstatbestände, die auf Rechtsgeschäft beruhen, z. B. die Verschmelzung. Wird der Erwerb eines Versicherungskonzerns beabsichtigt, so reicht eine Sammelanzeige dann aus, wenn in dieser alle betroffenen Unternehmen aufgeführt werden (Fahr/Kaulbach//Bähr/*Bähr* § 104 Rdnr. 7).

Eine Mitteilungspflicht besteht gemäß § 104 Abs. 1 S. 6 VAG auch dann, wenn eine bereits bestehende bedeutende Beteiligung erhöht wird und dadurch die Schwellen von 20, 30 oder 50 % der Stimmrechte oder des Nennkapitals erreicht oder überschritten werden. Gleiches gilt, wenn jemand die Kontrolle an einem Versicherungsunternehmen dadurch erwirbt, dass das Versicherungsunternehmen zu einem kontrollierten Unternehmen i. S. v. § 7a Abs. 2 S. 8 VAG wird. Der Anzeigeinhalt bestimmt sich dabei ebenfalls nach § 104 Abs. 1 S. 2 VAG; es ist dasselbe Formular zu verwenden (§ 6 Abs. 1 S. 1 InhKontrollV).

b) Aufgabe oder Absenken einer bedeutenden Beteiligung. Bei Aufgabe oder Absenkung einer bedeutenden Beteiligung unter 20, 30 oder 50% der Stimmrechte oder des Kapitals sinken zwar eigentlich die mit der Beteiligung verbundenen Gefahren für die Versicherten. Gleichwohl benötigt die Aufsichtsbehörde Informationen, um die laufende Aufsicht weiterhin sicherzustellen. Gleiches gilt auch bei der Aufgabe der Kontrolle über ein Versicherungsunternehmen nach § 7a Abs. 2 S. 8 VAG. Daher sieht § 104 Abs. 3 S. 1 VAG auch für diese Fälle eine unverzügliche Anzeigepflicht des Inhabers vor. Wie bei den Banken besteht der wesentliche Unterschied gegenüber der Aufsicht über den Erwerb und die Erhöhung einer bedeutenden Beteiligung lediglich darin, dass in diesem Zusammenhang keine Eingriffsmöglichkeiten für die Aufsichtsbehörde gegeben sind. Sie kann den Anzeigeerstatter lediglich unter Angabe einer bestimmten Frist zu einer neuen Anzeige über Vollzug oder Nichtvollzug der beabsichtigten Änderung zwingen (§ 104 Abs. 3 S. 3 VAG).

c) Anzeigepflicht des Zielunternehmens. Nach § 13d Nr. 4 VAG (ggf. i. V. m. § 121 a Abs. 1 S. 1 bei Rückversicherungsunternehmen) unterliegt das Versicherungsunternehmen einer (komplementären) Anzeigepflicht. Die Voraussetzungen dafür liegen vor, wenn an dem betreffenden Versicherungsunternehmen eine bedeutende Beteiligung erworben oder aufgegeben oder eine Beteiligungsschwelle von 20, 30 oder 50 % erreicht, über- oder unterschritten wurde. Gleiches gilt, wenn das Versicherungsunternehmen die Stellung eines Tochterunternehmen erlangt oder verliert. Die Pflicht nach § 13d Nr. 4 VAG entsteht, sobald die Zielgesellschaft von der bevorstehenden Änderung dieser Beteiligungsverhältnisse Kenntnis erlangt. Schließlich hat das Versicherungsunternehmen, wenn es davon Kenntnis erhält, nach Änderung der Beteiligungsverhältnisse jährlich den Namen und die Anschrift des Inhabers sowie die Höhe der Beteiligung der Aufsichtsbehörde anzuzeigen (§ 13 d Nr. 5 VAG).

d) **Untersagungsverfügungen und Beschränkungen. aa) Untersagungsvoraussetzungen.** Nach § 104 Abs. 1 b S. 1 und 2 VAG (nahezu identisch mit § 2 c Abs. 1 b S. 1 und 2 KWG) kann die BaFin innerhalb des Beurteilungszeitraums von grundsätzlich 60 Arbeitstagen den beabsichtigten Erwerb oder die beabsichtigte Anteilserhöhung (Überschreiten von 20, 30 oder 50%) untersagen; zum Beurteilungszeitraum und zu den Untersagungsvoraussetzungen kann auf die bankaufsichtsrechtlichen Ausführungen unter Ziff. 4.1 d) verwiesen werden. Die Regelung orientiert sich an der Erlaubnisversagung nach § 8 Abs. 1 VAG, enthält aber nach einhelliger Meinung kein Erwerbsverbot (*Post* S. 361, 368 zur Vorgängerregelung).

bb) **Eingriffsmöglichkeiten der Aufsicht.** Bei einer bereits bestehenden Beteiligung kann die Aufsichtsbehörde nach § 104 Abs. 2 S. 2 VAG (i) unter den Voraussetzungen der Untersagungsverfügung nach § 104 Abs. 1 a S. 1 (Nr. 1), (ii) bei Verletzungen der Anzeigepflichten nach § 104 Abs. 1 S. 1 und 4 (Nr. 2) oder (iii) bei Verstößen gegen eine Untersagung nach § 104 Abs. 1 a S. 1 oder gegen die Anzeigepflicht gemäß § 104 Abs. 1 a Satz 3 VAG (Nr. 3) die Stimmrechtsausübung nachträglich untersagen oder anordnen, dass über die Anteile nur mit ihrer Zustimmung verfügt werden darf. Die Wirksamkeit des Erwerbs bleibt durch die vorgenannten Maßnahmen jedoch in jedem Fall unberührt. Die Maßnahmen zielen nur auf die Verhinderung schädlichen Einflusses ab, sollen aber nicht in die Beteiligungsstrukturen eingreifen (*Post* S. 361, 369).

Schließlich hat die Aufsichtsbehörde auf Grund eines entsprechenden Beschlusses der EU-Kommission oder des EU-Rats den Erwerb bis zu drei Monaten vorläufig zu untersagen oder zu beschränken, wenn die mittelbare oder unmittelbare Beteiligung die Zielgesellschaft zum Tochterunternehmen eines Nicht-EU/EWR-Unternehmens machen würde (§ 104 Abs. 4 VAG). Die vorgenannte Frist muss auf Wunsch des EU-Rats verlängert werden.

e) **Anteilseignerkontrolle bei Rückversicherungsunternehmen.** Während dies unter der Geltung des § 1 a Abs. 1 S. 2 VAG a. F. unklar war, hat der Gesetzgeber durch den neuen § 121 a Abs. 1 Satz 2 VAG klargestellt, dass § 104 VAG auch bei dem Erwerb einer wesentlichen Beteiligung an einem Rückversicherungsunternehmen entsprechend anzuwenden ist.

f) **Form der Anzeige.** Für die Anzeige nach § 104 VAG gelten dieselben Formerfordernisse wie für die Anzeige nach § 2 c KWG. Die Anzeigemuster der InhKontrollV sind im Anhang dieses Kapitels beigefügt.

5. Ausgewählte Besonderheiten bei der rechtlichen Due Diligence

5.1 Bank- und Versicherungsgeheimnis/Datenschutz

a) **Bankgeheimnis.** Das Bankgeheimnis schränkt die Möglichkeiten der rechtlichen und finanziellen Unternehmensprüfung bei Banken mit Blick auf bestimmte Daten erheblich ein. Nach dem bloßen Wortlaut der AGB Banken ist nämlich die Preisgabe von kundenbezogenen Daten zum Zwecke einer Unternehmensprüfung (Due Diligence) unzulässig. Selbst wenn man unterstellte, dass die betroffenen Kunden ein Interesse an der bevorstehenden Transaktion haben, kann eine mutmaßliche Einwilligung – da es sich nicht um eine gängige Bankpraxis handelt, hinsichtlich derer möglicherweise von einer stillschweigenden Einwilligung des Kunden ausgegangen werden kann – nicht angenommen werden.

Um trotz der Weite des Bankgeheimnisses auf der einen und des legitimen Informationsinteresses des Käufers auf der anderen Seite eine angemessene Lösung zu finden, verständigt man sich in der Praxis typischerweise auf die Einrichtung eines separaten Datenraums (so genannter „roter" Datenraum), welcher die dem Bankgeheimnis unterliegenden Informationen enthält, die nur von gesetzlich zur Berufsverschwiegenheit verpflichteten Wirtschaftsprüfern,

Rechtsanwälten und Steuerberatern eingesehen werden können. Sollen andere Personen als die genannten Berufsträger Einsicht nehmen, müssen die Dokumente so geschwärzt werden, dass insbesondere die Identität von Kunden nicht zu erkennen ist. Dies gilt nur dann nicht, wenn die betroffenen Kunden der Offenlegung der Informationen zuvor zustimmen, was regelmäßig aus praktischen Gründen ausscheidet.

Die rechtliche Begründung für die im Transaktionsgeschäft allgemein anerkannte Praxis von roten Datenräumen ist im Detail noch etwas diffus. Zunächst wurde auf Basis des ABS-Rundschreibens des damaligen BAKred (Rundschreiben 5/97 WiB 1997, 782 f.) von manchen im Schrifttum angenommen, beim Bankgeheimnis komme es letztlich auf eine Abwägung zwischen dem Geheimhaltungs- und dem Offenlegungsinteresse an (*Kusserow/Dittrich* WM 1997, 1786, 1792). Doch wird diese Ansicht inzwischen ganz überwiegend abgelehnt, zumal es nach anerkannter Meinung für das Bankgeheimnis allein auf den Willen und nicht das Interesse des Kunden ankommt (*Sichtermann* S. 136 f. m. w. N.).

Das Zugangsrecht des Wirtschaftsprüfers wird inzwischen vorwiegend mit dessen (klassischer) Funktion als Abschlussprüfer begründet. Bankkunden wissen, dass im Zuge der Prüfung des Jahresabschlusses sensible Daten von den Prüfern der Bank in Augenschein genommen werden (insbesondere im Rahmen der Kreditprüfung). Da es aber ebenso vorhersehbar sei, dass Anteilsveräußerungen an einer Bank stattfinden und der Berufsstand der Wirtschaftsprüfer auf Grund seiner offizieller Bestellung und Vereidigung eine besondere Vertrauensposition genieße (welche zudem durch die strafbewehrte Schweigepflicht nach § 203 StGB abgesichert sei), wird überwiegend davon ausgegangen, dass das Bankgeheimnis bei der Sichtung von kundenbezogenen Informationen durch einen Wirtschaftsprüfer im Kontext eines bevorstehenden Beteiligungserwerbs nicht verletzt wird (vgl. Bekanntmachung des baden-württembergischen Innenministeriums vom 18. 1. 2000 – 2–0552.1/14 mit Blick auf das Datenschutzrecht). Gleiches gelte für Rechtsanwälte (und wohl auch für Steuerberater). Da die gesetzliche Geheimhaltungspflicht des Wirtschaftsprüfers und des Rechtsanwaltes nicht gegenüber seinen Mandanten gilt, muss ein Wirtschaftsprüfer bzw. ein Rechtsanwalt, der kundenbezogene Daten für einen potentiellen Käufer sichtet, aber eine gesonderte Geheimhaltungsvereinbarung mit dem Zielunternehmen abschließen. Darüber hinaus hat er seinen Prüfbericht in streng anonymisierter Form zu verfassen, so dass dieser dem Mandanten keine Rückschlüsse auf die Identität der Bankkunden ermöglicht.

Da das Bankgeheimnis auf vertraglichen Verpflichtungen beruht, kann ein Verstoß gegen die oben geschilderten Regeln Schadensersatzpflichten sowie ein Sonderkündigungsrecht des Kunden aus wichtigem Grund hervorrufen (vgl. Nr. 18 Abs. 2 AGB-Banken bzw. Nr. 26 AGB-Sparkassen). Zudem kann ein solcher Verstoß zu einer strafrechtlichen Haftung nach § 203 Abs. 2 Nr. 1 StGB führen, soweit es sich bei den auf Seiten der Bank handelnden Personen um „Amtsträger" im Sinne von § 11 Abs. 1 Nr. 2 lit. c StGB handelt. Nach Ansicht von Rechtsprechung und Schrifttum gehören zu diesen Amtsträgern insbesondere auch Organe und leitende Angestellte von öffentlichen Sparkassen und Landesbanken (jedoch offen gelassen in BGH Z 183, 60, 63). Allerdings deutet die kürzlich im Zusammenhang mit der Veräußerung von Darlehensforderungen durch eine Sparkasse ergangene Entscheidung des BGH (BGHZ 183, 60, 64 ff.) darauf hin, dass die Rechtsprechung bei der Annahme eines „fremden Geheimnisses" i. S. d. § 203 Abs. 2 StGB zu Recht eher zurückhaltend sein dürfte (vgl. dazu auch *Domke/Sperlich*, BB 2008, 342; *Sester/Glos*, DB 2005, 375 f.; *Vollborth*, Forderungsabtretung durch Banken im Lichte von Bankgeheimnis und Datenschutz, 2007, S. 152 f.).

b) **Versicherungsgeheimnis.** Anders als das Bankgeheimnis ist das Versicherungsgeheimnis über § 203 Abs. 1 Nr. 6 StGB unmittelbar strafrechtlich geschützt. Angehörige von Kranken-, Unfall- und Lebensversicherungsunternehmen machen sich strafbar, wenn sie ein ihnen in Ausübung ihrer Berufstätigkeit bekannt gewordenes „fremdes Geheimnis" offenbaren. Dazu gehören nicht nur Angaben über die gesundheitlichen Verhältnisse der versicherten Person, ärztliche Befunde, Name behandelnder Ärzte und Krankenanstalten, sondern nach herrschender Meinung schon die bloße Tatsache, dass jemand überhaupt sich selbst oder eine andere Person versichert oder Kraft Bezugsrechts oder einer Abtretung etc. im Versicherungsfall eine Geldsumme zu erwarten hat (vgl. *Goll/Gilbert/Steinhaus*, Handbuch der Lebensversicherung, 11. Aufl. 1991, S. 140 f.).

Im Schrifttum ist umstritten, ob ein Verstoß gegen die Geheimhaltungspflicht bei Wahrnehmung berechtigter Interessen gerechtfertigt sein kann (vgl. MünchKommStGB/*Cierniak* § 203 Rdnr. 84 m.w.N.). Allerdings kann man den BGH so verstehen, dass eine Interessenabwägung zwischen den Interessen des zur Geheimhaltung Verpflichteten und des zur Geheimhaltung Berechtigten grundsätzlich denkbar ist (BGH NJW 1993, S. 1639f.). Das Schrifttum zieht es jedoch vor, eine solche Abwägung vor dem Hintergrund des § 34 StGB (Schutz eigener Rechtsgüter) vorzunehmen (MünchKommStGB/*Cierniak* § 203 Rdnr. 86 m.w.N.). Obwohl der BGH mit der Annahme einer Rechtfertigung im Kontext des § 203 StGB ganz allgemein zurückhaltend ist (vgl. BGH NJW 1993, 1639ff.), sollte die Offenlegung von Informationen in der Praxis nach Maßgabe der unter a) geschilderten Rechtslage zum Bankgeheimnis dann zulässig sein, wenn gesetzlich zur Verschwiegenheit verpflichtete Berufsträger im Rahmen eines „roten Datenraum"-Verfahrens Zugang zu den geschützten Daten erhalten. Will man angesichts der Strafbarkeitsandrohung des § 203 Abs. 1 Nr. 6 StGB besonders vorsichtig sein, müssen versicherungsnehmerbezogene Daten vor der Einsichtnahme durch einen Erwerbsinteressenten geschwärzt werden.

c) **Datenschutz.** Personenbezogene Daten werden durch das Datenschutzrecht nochmals gesondert geschützt und dürfen (ohne Zustimmung der betroffenen Person) grundsätzlich nicht an Dritte weitergegeben werden. Dies gilt auch für eine Unternehmensprüfung im Vorfeld eines Beteiligungserwerbs. Allerdings muss es sich um personenbezogene Daten i.S.v. § 3 Abs. 1 BDSG handeln, so dass nur Daten, die natürliche Personen betreffen, geschützt sind. Informationen über juristische Personen sind nur dann geschützt, wenn im Einzelfall Angaben, welche die Gesellschaft betreffen, sich auch auf die Gesellschafter beziehen und insoweit Rückschlüsse auf unmittelbar personenbezogene Informationen zulassen (bspw. Unterlagen, die eine „Ein-Mann-GmbH" betreffen). Nicht-öffentliche Stellen sind nicht an das Datenschutzrecht gebunden, soweit es sich nicht um elektronisch gespeicherte Informationen handelt. Allerdings gilt diese Einschränkung nicht, wenn beispielsweise Papierakten aus einer elektronischen Datei heraus erstellt wurden, was bei Datenraumunterlagen inzwischen die Regel sein dürfte.

Die personenbezogenen Daten dürfen jedoch ausnahmsweise nach § 28 Abs. 1 Nr. 2 BDSG an Dritte weitergegeben werden, wenn dies zur Wahrung berechtigter Interessen erforderlich ist und kein Grund zu der Annahme besteht, dass das schutzwürdige Interesse der Betroffenen am Ausschluss der Verarbeitung oder Nutzung der Daten überwiegt. Die Hürde für das berechtigte Interesse ist dabei nicht sehr hoch. Es genügt im Regelfall ein „nach vernünftiger Erwägung der Sachlage gerechtfertigtes Interesse" und damit, wie dem Schrifttum zu entnehmen ist, jedes von der Rechtsordnung gebilligte Interesse (vgl. *Essers/Hartung* RDV 2002, 278, 281 f.; *Schaffland* NJW 2002, 1539, 1541 f.). Allerdings muss bei der Interessenbewertung im Rahmen einer Transaktion im Banken- oder Versicherungsbereich auch die Wertung aus dem Schutz des vertraglichen Bankgeheimnisses oder strafrechtlichen Versicherungsgeheimnisses einbezogen werden. Im Ergebnis führt dies dazu, dass die Weitergabe personenbezogener Daten im Rahmen einer Transaktion bei Banken und Versicherungen auch aus datenschutzrechtlicher Sicht grundsätzlich unzulässig ist. Dem Informationsbedürfnis des potentiellen Erwerbers kann jedenfalls bei Bankentransaktionen durch die Anonymisierung der personenbezogenen Daten bzw. die Einsichtnahme von gesondert zur Vertraulichkeit verpflichteten Wirtschaftsprüfern oder Rechtsanwälten Rechnung getragen werden. Ein Verstoß gegen die vorgenannten Vorgaben begründet eine Ordnungswidrigkeit nach § 43 Abs. 2 Nr. 1 BDSG. Erfolgt eine unbefugte Datenübermittlung vorsätzlich und entweder gegen Entgelt oder in Bereicherungs- oder in Schädigungsabsicht, so macht sich die betreffende Person auch nach § 44 Abs. 1 BDSG strafbar.

5.2 Aufsichtsrechtliche Fragestellungen

Die Aufnahme von Bank- und Versicherungsgeschäften ist erlaubnispflichtig und ihr Betreiben unterliegt einer Vielzahl von aufsichtsrechtlichen Vorgaben, deren Einhaltung durch die BaFin überwacht wird. Angesichts dessen liegt ein wichtiger Teil der rechtlichen Unternehmensprüfung darin, sich davon zu überzeugen, dass die betreffende Gesellschaft die erforderlichen aufsichtsrechtlichen Erlaubnisse besitzt und in der Vergangenheit die aufsichtsrechtlichen Vorgaben eingehalten hat. Deutsche Kreditinstitute verfügen traditionell über eine sogenannte Vollbanklizenz, die sämtliche der in § 1 KWG genannten Bankgeschäfte (mit Ausnahme des Investmentgeschäfts) umfasst. Angesichts einer zunehmenden Spezialisierung im Bankensektor werden aber häufiger als früher auch beschränkte Bankerlaubnisse erteilt. Bei Versicherungsunternehmen wird die Erlaubnis für jede in der Anlage zum VAG aufgeführte Versicherungsart grundsätzlich gesondert erteilt, so dass schon deswegen regelmäßig mehrere Erlaubnisse vorliegen (§ 6 Abs. 2 VAG).

Ob das Zielunternehmen in der Vergangenheit im Einklang mit den wichtigsten aufsichtsrechtlichen Vorgaben operiert hat, lässt sich, sofern vorhanden, häufig an Berichten der Aufsichtsbehörden nach Durchführung einer Sonderprüfung (vgl. § 44 Abs. 1 S. 2 KWG oder § 83 Abs. 1 Nr. 2 VAG) bei dem jeweiligen Unternehmen ablesen (bei privaten Banken ggf. auch des Prüfungsverbandes deutscher Banken). Darüber hinaus empfiehlt es sich im Rahmen einer aufsichtsrechtlichen Unternehmensprüfung, sich mit der wesentlichen Korrespondenz zwischen BaFin und Zielunternehmen aus der jüngeren Vergangenheit vertraut zu machen.

Sofern bei der Zielgesellschaft, wie bei Banken und Versicherungen inzwischen regelmäßig der Fall, Outsourcing-Verträge (etwa mit Blick auf die Vermögensverwaltung oder bestimmte andere Dienstleistungen) bestehen, sind diese nicht nur auf vertragsrechtliche Besonderheiten zu untersuchen. Es muss auch geprüft werden, ob die zugehörigen aufsichtsrechtlichen Vorgaben aus § 25a Abs. 2 KWG und § 13 Abs. 1a VAG sowie den entsprechenden Rundschreiben eingehalten wurden und werden (vgl. R 11/2010 (BA) – Mindestanforderungen an das Risikomanagement (MaRisk) Banken sowie R 3/2009 (VA) – Mindestanforderungen an das Risikomanagement (MaRisk) Versicherungen; zu den neuen aufsichtsrechtlichen Anforderungen für das Outsourcing durch Versicherungsunternehmen vgl. *Gabel/Steinhauer*, VersR 2010, 177).

Bei Versicherungen ist auch auf die Einhaltung des neuen Vermittlerrechts (§§ 80 ff. VAG) sowie des zum 1. Januar 2008 weitgehend reformierten VVG, beispielsweise bei der Berechnung der Rückkaufswerte (§ 169 VVG), zu achten.

Schließlich wird man sich künftig davon überzeugen müssen, ob und inwieweit sich ein Versicherungsunternehmen auf die in 2013 in Kraft tretenden Anforderungen aus der Richtlinie 2009/138/EG des Europäischen Parlaments und des Rates vom 25. November 2009 betreffend die Aufnahme und Ausübung der Versicherungs- und der Rückversicherungstätigkeit (Solvency II) vorbereitet (hat). Solvency II stellt das europäische Aufsichtsregime für Versicherungsunternehmen auf neue Füße und führt in einigen Bereichen (Governance, Eigenmittel, Kapitalanlagen etc.) zu einer grundsätzlichen Neuausrichtung.

5.3 Ordnungsgemäße Beratungspraxis

Die Unternehmensprüfung sollte auch dazu dienen, sich einen Einblick in die anleger- und anlagebezogene Beratungspraxis der Bank zu verschaffen. Dabei ist insbesondere auch zu prüfen, ob in der Vergangenheit den Erfordernissen der Rechtsprechung zur Ausreichung von Immobiliendarlehen („Schrottimmobilien") bei Haustürgeschäften Rechnung getragen wurde oder ob die Bankkunden bei verbundenen Geschäften und unterbliebener Widerrufsbelehrung ihre sämtlichen Zahlungen von der Bank zurückverlangen können und im Gegenzug lediglich die erworbene Immobilie bzw. (beim Erwerb von Fondsanteilen) den Fondsanteil zur Verfügung stellen müssen (vgl. zu diesem verästelten Themenkomplex insbesondere BGH NJW 2006, 1788; BGH NJW 2006, 1952; BGH NJW 2006, 1955; BGH NJW 2006, 1957; BGH NJW 2006, 2099; vgl. dazu als Überblick *Schäfer* DStR 2006, 36). Die Rechtsprechung nimmt inzwischen an, dass auch ein Darlehens- und ein Restschuldversicherungsvertrag ein solches verbundenes Geschäft bilden können, jedenfalls wenn das Darlehen teilweise der Finanzierung der Restschuldversicherung dient und beide Verträge eine wirtschaftliche Einheit bilden (BGHZ 184, 1). Dies bedeutet, dass der Kunde bei Vorliegen eines verbundenen Geschäfts und wirksamem Widerruf des Darlehensvertrages auch nicht mehr an den Versicherungsvertrag gebunden ist.

Weiter ist zu untersuchen, ob das Kreditportfolio der Bank Darlehen enthält, die deshalb nichtig sind, weil auf Seiten des Kunden ein nicht als Rechtsanwalt zugelassener Vermittler tätig wurde. Nach der Rechtsprechung (BGH WM 2006, 1008; BGH ZIP 2006, 1622; BGHZ 159, 294) sind nämlich die dem Vermittler seitens der Kunden erteilten Vollmachten zum Abschluss von Darlehensverträgen wegen Verstoßes gegen das Rechtsberatungsgesetz gemäß § 134 BGB nichtig. Nicht selten haben Fondsverwalter Darlehen zur Finanzierung von Fondsanteilen auf Basis unwirksamer Vollmachten für die Fondszeichner aufgenommen. Das wirtschaftliche Risiko für die darlehensgebende Bank liegt dann zum einen darin, dass erhaltene Zins- und Tilgungsleistungen zurückgezahlt werden müssen und keine künftigen Zinszahlungen mehr zu erwarten sind. Zum anderen richtet sich der Anspruch auf Rückzahlung der Darlehenssumme nach der Rechtsprechung gegen den Fondsverwalter (und nicht den Darlehensnehmer), der meist vermögenslos ist.

Schließlich ist zu prüfen, ob sich das betreffende Unternehmen (dies kann mit Blick auf fondsgebundene Lebensversicherungen auch Versicherer betreffen) in der Vergangenheit an die Kick-Back-Rechtsprechung des BGH gehalten hat. Von Kick-Back-Provisionen spricht man, wenn Anlageberater nach der Vermittlung eines Finanzanlageprodukts von dem entsprechenden Finanzanlageunternehmen, beispielsweise Fondsanbieter, eine Provision rückvergütet bekommen. Der BGH hat bereits mehrfach (beginnend im Jahr 2000) entschieden, dass Anlageberater bzw. Banken oder Versicherungen ihre Kunden über solche verdeckten Rückvergütungen informieren müssen. Anderenfalls verletzen sie ihre Aufklärungspflicht und machen sich schadenersatzpflichtig (vgl. BGH, 19. 12. 2006 – XI ZR 56/05; 18. 1. 2007 – III ZR 44/06; 20. 1. 2009 – XI ZR 510/07; 12. 5. 2009 – XI ZR 586/07).

6. Besonderheiten bei der Formulierung eines Unternehmenskaufvertrages

Ob und in welchem Umfang der Verkäufer einer Beteiligung an einem Kreditinstitut oder einem Versicherungsunternehmen Kaufpreisanpassungsklauseln akzeptiert und/oder Gewährleistungen abgibt, hängt von einer Vielzahl von Umständen des Einzelfalls ab. So ist namentlich von Bedeutung, ob das zu veräußernde Unternehmen kerngesund oder ein Sanierungsfall ist, ob die Veräußerung im Wege eines Auktionsprozesses erfolgt, ob eine (evtl. qualifizierte) Mehrheitsbeteiligung oder nur eine Minderheitsbeteiligung zum Verkauf steht, etc. Die nachstehenden Ausführungen sind daher nicht generell, sondern stets mit Blick auf den konkreten Sachverhalt anzuwenden.

6.1 Banken

a) **Keine Untersagung des Beteiligungserwerbs durch die BaFin.** Angesichts der oben unter Ziffer 4.1 d) beschriebenen Befugnisse der BaFin empfiehlt sich eine Vereinbarung, wonach die Transaktion nur vollzogen werden muss, wenn die BaFin den Erwerb einer bedeutenden Beteiligung nicht nach § 2c Abs. 1b KWG untersagt hat und, bei Transaktionen mit internationalem Bezug, auch die Freigaben der weiteren Aufsichtsbehörden vorliegen.

In diesem Zusammenhang stellt sich häufig die Frage, ob die BaFin auch schon vor Ablauf der 60-tägigen Frist des § 2c Abs. 1a S. 1 KWG die Nichtuntersagung erklären kann und ob sie nach einer solchen Erklärung gehindert ist, die Transaktion innerhalb der genannten Frist noch zu untersagen. In der Praxis kommt es durchaus vor, dass die BaFin schon vor Ablauf der Frist eine Transaktion freigibt, etwa mit der Formulierung:

„...... Die mir vorliegenden Unterlagen geben keinen Anlass, im Rahmen der Prüfung nach § 2c KWG gegen die beabsichtigte Übernahme bedeutender Anteile an der A-Bank durch die B-Bank Einwände zu erheben."

Die Transaktionsbeteiligten betrachten ein solches Schreiben der BaFin regelmäßig als ausreichend, um die Transaktion noch vor Ablauf der 60-Arbeitstage-Frist zu vollziehen. Zwar beseitigt ein solches Schreiben mangels einer entsprechenden gesetzlichen Regelung wohl nicht die Untersagungsbefugnis der BaFin, wenn sich nachträglich innerhalb des Laufs der Frist herausstellt, dass ein Untersagungsgrund vorliegt. Doch dürfte ein solches Szenario wohl nur theoretischer Natur sein.

Aus Sicht des Verkäufers empfiehlt es sich, vom Käufer eine Zusicherung zu verlangen, dass in seiner Person keine Umstände vorliegen, die die Untersagung des in Rede stehenden Beteiligungserwerbs durch die BaFin begründen.

b) Kaufpreisanpassungsklauseln. Sofern bei der Veräußerung von Beteiligungen an Kreditinstituten überhaupt Kaufpreisanpassungsregelungen vereinbart werden, handelt es sich naturgemäß nicht um die in anderen Branchen gelegentlich anzutreffenden „cash free/debt free"-Mechanismen. Stattdessen entspricht eine Kaufpreisanpassung in Abhängigkeit von einem bestimmten Eigenmittelvolumen (§ 10 Abs. 2 KWG) bzw. (wohl am gebräuchlichsten) einer bestimmten Höhe des Kernkapitals (§ 10 Abs. 2a KWG) am Vollzugstag wesentlich besser den Besonderheiten des Kreditgewerbes. Denn zum einen ist die Bankbilanz in wesentlichem Umfang von „cash"- bzw. „debt"-Posten geprägt und zum anderen hängt die Fähigkeit, Bankgeschäfte zu betreiben, maßgeblich von der angemessenen Ausstattung des betreffenden Kreditinstituts mit Eigenmitteln ab (§ 10 Abs. 1 KWG i. V. m. den Grundsätzen über die Eigenmittel und die Liquidität der Kreditinstitute).

Weitere in der Praxis nicht seltene Anknüpfungspunkte für Kaufpreisanpassungen sind die Höhe der „Assets under Management", ein Mindestbestand an Kunden und die Höhe der Kundeneinlagen.

c) Erlaubnisse/Einhaltung aufsichtsrechtlicher Vorschriften/haftendes Eigenkapital. Das Kreditinstitut kann sein Geschäft in der gegenwärtigen Form nur dann verlässlich fortführen, wenn es die dazu notwendigen Erlaubnisse besitzt. Vor diesem Hintergrund ist es für einen Käufer, der bei seiner internen Unternehmensbewertung eine (teilweise) Fortführung des derzeitigen Geschäfts unterstellt, essentiell, sich vom Verkäufer garantieren zu lassen, dass diese Fortführung nicht wegen fehlender Genehmigungen in Frage gestellt ist. Darüber hinaus liegt es nahe, sich garantieren zu lassen, dass das für das Geschäftsvolumen der Bank maßgebliche haftende Eigenkapital eine bestimmte Höhe nicht unterschreitet.

d) Risiken aus dem Kreditgeschäft und dem Eigenhandel. Je nach dem Zuschnitt des zu veräußernden Kreditinstituts mag der Verkäufer im Einzelfall auch Gewährleistungen in Bezug auf das Kreditportfolio und/oder den Eigenhandel der Bank abgeben. Anstelle von Gewährleistungen kann im Einzelfall auch überlegt werden, dass der Veräußerer den Käufer bzw. das veräußerte Kreditinstitut von bestimmten Risiken (namentlich aus dem Kreditgeschäft) bis zu einer bestimmten Höhe und für einen bestimmten Zeitraum ganz oder teilweise freistellt. Derartige Regelungen sind allerdings recht komplex, binden den Verkäufer wirtschaftlich noch für längere Zeit an das Kreditinstitut und ihre ordnungsmäßige Handhabung ist für den Verkäufer typischerweise nur schwer zu kontrollieren. Er mag deshalb bei Vorhandensein greifbarer Anhaltspunkte für substantielle Kreditrisiken bereit sein, zur Vermeidung einer solchen nachlaufenden „Risikoteilung" einen pauschalen Kaufpreisabschlag hinzunehmen.

e) Einhaltung gesetzlicher Bestimmungen. Der Käufer wird häufig darauf Wert legen, eine Gewährleistung in Bezug auf die Einhaltung wesentlicher gesetzlicher Regelungen, namentlich hinsichtlich der Ordnungsmäßigkeit der Beratungspraxis der Bank, zu erhalten. Auch die Frage, ob das Kreditinstitut Wertpapierdienstleistungen in Übereinstimmung mit den Anforderungen der §§ 31 ff. WpHG erbringt und ob möglicherweise Risiken aus einer Prospekthaftung, insbesondere gemäß §§ 44 f. BörsG drohen, kann im Einzelfall Gegenstand vertraglicher Regelungen sein.

f) Informationstechnologie. Die Informationstechnologie (IT) ist für den Geschäftsbetrieb einer Bank (aber auch eines Versicherungsunternehmens) besonders bedeutsam. Viele Arbeitsabläufe wären ohne eine funktionstüchtige IT nicht denkbar. Nicht selten hängt die Funktionsfähigkeit der IT von Softwareprogrammen ab, welche durch das Zielunternehmen selbst entwickelt wurden. Vor diesem Hintergrund empfiehlt es sich aus Käufersicht, für diesen Bereich umfassende Garantien zu verlangen und sich dabei unter anderem gewährleisten zu las-

6. Besonderheiten bei der Formulierung eines Unternehmenskaufvertrages J.I.6

sen, dass das Zielunternehmen Inhaber aller wesentlichen Rechte an den für den Geschäftsbetrieb wichtigen Softwareprogrammen ist und sich in der jüngeren Vergangenheit keine schwerwiegenderen Systemunterbrechungen ereignet haben.

g) **Change-of-Control-Klauseln.** Im Bankenbereich enthalten viele Verträge typischerweise sogenannte „Change-of-Control-Klauseln" (insbesondere Derivatevereinbarungen), denen auch im Unternehmenskaufvertrag ein besonderes Augenmerk gelten muss. Derartige Klauseln erlauben es dem jeweiligen Vertragsgegner, sich von dem betreffenden Vertrag zu lösen. Der Käufer wird deshalb mit einiger Berechtigung eine Garantie fordern, wonach die von dem Zielunternehmen abgeschlossenen Verträge (mit Ausnahme derjenigen Verträge, die in einer Anlage zu dem Unternehmenskaufvertrag ausdrücklich aufgelistet werden) solche Klauseln nicht enthalten. Der Verkäufer wiederum muss das Zielunternehmen veranlassen, bei der Zusammenstellung dieser Anlage mit großer Sorgfalt vorzugehen, da die Anzahl und die Vielfalt der in Frage kommenden Verträge bei großen Unternehmen beachtlich sein kann. Ist die Aufstellung der Verträge in der betreffenden Anlage nicht vollständig oder unrichtig, so ist die entsprechende Garantie verletzt, was unter Umständen erhebliche Schadensersatzforderungen gegen den Verkäufer nach sich ziehen kann. Er wird deshalb diese Garantie (wie auch andere Gewährleistungen) häufig nur nach „bestem Wissen" abgeben.

h) **Einlagensicherungsfonds.** Nach § 5 Abs. 10 des Statuts des innerhalb des Bundesverbandes deutscher Banken e. V. bestehenden Einlagensicherungsfonds muss ein bisher nicht am Einlagensicherungsfonds mitwirkender Inhaber der Mehrheit der Anteile an einer Bank (gleiches gilt bei sonstigem unmittelbar oder mittelbar beherrschenden Einfluss auf die Bank), welche Mitglied des Einlagensicherungsfonds ist, gegenüber dem Bundesverband deutscher Banken eine Erklärung abgeben, wonach er sich verpflichtet, den Bundesverband von Verlusten freizustellen, welche diesem durch die Hilfeleistung zugunsten der betreffenden Bank entstanden sind. Der Käufer übernimmt deshalb mit Wirkung zum Vollzug des Anteilsübergangs die von dem Verkäufer gegenüber dem Einlagensicherungsfonds abgegebene Freistellung nach § 5 Abs. 10 des Statuts. Der Käufer wird wiederum nicht selten eine Garantie fordern, wonach die Zielgesellschaft in der Vergangenheit alle wesentlichen Pflichten gegenüber dem Einlagensicherungsfonds erfüllt hat und kein Grund für den Ausschluss der Gesellschaft von der Mitwirkung am Einlagensicherungsfonds vorliegt.

i) **Besonderheiten bei M&A-Transaktionen im Bereich der Sparkassen und Landesbanken.** Die öffentlich-rechtlichen Sparkassen und Landesbanken sind typischerweise als Anstalten des öffentlichen Rechts verfasst. Ihre konkrete Ausgestaltung ist Sache des Landesgesetzgebers. Nur der Bezeichnungsschutz des § 40 KWG obliegt dem Bundesgesetzgeber. Träger der Sparkassen sind herkömmlicherweise die Kommunen, Landkreise und Zweckverbände, Träger der Landesbanken die Bundesländer und Sparkassenverbände. Während die Beteiligung an einer Bank in der Rechtsform der Kapitalgesellschaft im Regelfall ohne weiteres übertragbar ist, bedarf die Fungibilität der Trägerstellung oder, sofern vorhanden, des Stammkapitals einer Sparkasse oder Landesbank stets einer ausdrücklichen landesgesetzlichen Grundlage. Nur wenn und soweit der Landesgesetzgeber die Fungibilität anordnet, kann die Trägerstellung bzw. die Beteiligung an einem etwa vorhandenen Stammkapital der Anstalt auf die landesgesetzlich bestimmten Erwerber übertragen werden (vgl. im Einzelnen Schäfer/*Wolfers* S. 63 ff.). In dieser Hinsicht zeichnet sich in den Sparkassengesetzen der Länder seit etwa 10 Jahren eine bedeutsame Entwicklung ab. Die Bildung von Träger- oder Stammkapital bzw. von Trägeranteilen bei Sparkassen wird mittlerweile in fünf Bundesländern (Bremen, Hessen, Nordrhein-Westfalen, Rheinland-Pfalz und Schleswig Holstein) ermöglicht. Damit können aus rechtlicher Sicht in fast der Hälfte aller deutschen Sparkassen (200 von 431) Träger- oder Stammkapital bzw. Trägeranteile gebildet werden. Dabei lassen die Landesgesetze regelmäßig nur eine Beteiligung der öffentlichen Träger am Stammkapital der Sparkasse zu. Diesen Gleichlauf von Trägerstellung des öffentlichen Sektors und Kapitalbeteiligung unterstreichen der hessische und der nordrhein-westfälische Landesgesetzgeber bildlich durch die Verwendung der Bezeichnung „Trägeranteil" und „Trägerkapital". Zwar erlaubt das schleswig-holsteinische Sparkassengesetz eine Minderheitsbeteiligung von „neben dem Träger am Stammkapital Beteiligten" in Höhe von bis zu 25,1% des Stammkapitals (§ 4 Abs. 5 LSpkG SH). Allerdings ist auch diese Öffnung auf Mitglieder des öffentlichen Sektors begrenzt. Für solche neben dem Träger am

Stammkapital Beteiligte sieht das holsteinische Sparkassengesetz in § 7 Abs. 3 und in § 27 Abs. 4 besondere Regelungen für die Mitbestimmung im Verwaltungsrat und für die Gewinnausschüttung vor.

Mit der Zulassung der Bildung von Stammkapital bei den Sparkassen ordnen die Landesgesetzgeber regelmäßig auch dessen Fungibilität an. Eine Ausnahme bildet insoweit das nordrhein-westfälische Sparkassengesetz, das eine Übertragung von Trägerkapital ausdrücklich ausschließt (§ 7 Abs. 1 Satz 4 SpkG NRW). Umgekehrt sehen die Sparkassengesetze in Sachsen und Baden-Württemberg zwar keine Bildung von Stammkapital vor, erlauben aber eine Übertragung der Sparkassenträgerschaft (§ 61 sächs. SpkG, § 9 SpkG BW). Es muß deshalb je nach Einzelfall und Landesgesetz ermittelt werden, auf wen die Trägerschaft bzw. Kapitalanteile übertragen werden können. Ungeachtet aller Unterschiede im Detail lassen alle Landessparkassengesetze eine Übertragung allein innerhalb der öffentlich-rechtlichen Sparkassenfamilie zu, wie sie in § 4 Abs. 5 SpkG SH beispielhaft definiert wird. Nach dieser Vorschrift kann das Stammkapital neben dem Träger (Gemeinde, Kreis oder Zweckverband) auch von „vergleichbaren Trägern" gehalten werden. Diese werden definiert als juristische Personen, die keine privaten Eigentümer, Mitglieder oder vergleichbare Berechtigte haben, an einer Sparkasse mehrheitlich beteiligt sind, unter staatlicher Aufsicht auf die Wahrung sparkassentypischer Aufgaben sowie darauf verpflichtet sind, etwaige Ausschüttungen und Liquidationserlöse gemeinnützigen oder mildtätigen Zwecken zuzuführen. Diese Definition erlaubt eine Veräußerung von Stammkapitalanteilen an formal privatrechtlich organisierte Träger von Sparkassen, die indes materiell Teil des öffentlichen Sektors sind und ihren Sitz in anderen Bundesländern haben können, z. B. die Haspa Finanzholding in Hamburg.

Privatpersonen können sich nach derzeitiger Rechtslage in wenigen Bundesländern und nur durch stille Einlagen am Kapital der öffentlich-rechtlichen Sparkassen beteiligen. Die privaten Kapitalgeber haben teilweise keine Mitwirkungsrechte in den Organen der Sparkassen (§ 26 Abs. 3 SpkG NRW, § 4 thür. SpkG). Teilweise wird ihnen aber die Mitwirkung im Verwaltungsrat gestattet (§ 23 Abs. 1 Satz 2 hess. SpkG, § 21a SpkG RP) und werden eigene Organe für ihre interne Willensbildung geschaffen („Versammlung der Beteiligten", § 24 hess. SpkG). Eine Besonderheit bildet das Berliner Sparkassengesetz: Es sieht eine Trägerstellung der beliehenen Landesbank Berlin AG an der Berliner Sparkasse (teilrechtsfähige Anstalt des öffentlichen Rechts) vor. Zwar ist diese Trägerstellung nicht übertragbar, jedoch können die Anteile an der Landesbank Berlin AG bzw. an deren Muttergesellschaft, der Landesbank Berlin Holding AG, im Markt frei übertragen werden. Bei Landesbanken und anderen öffentlich-rechtlichen Kreditinstituten (Immobilienbanken, Landesbausparkassen, Förderbanken) ist die Bildung und Übertragbarkeit von Stammkapital und der damit verbundenen Trägerstellung seit langem in den Gesetzen anerkannt und in der Praxis üblich. Im Falle der Bayerischen Landesbank und der Landesbank Baden-Württemberg wurden dabei auch Stammkapitalanteile auf beliehene juristische Personen des Privatrechts übertragen.

In der Sparkassenpraxis soll häufig nicht lediglich die Trägerstellung oder eine Beteiligung am Stammkapital übertragen, sondern eine Verschmelzung mit einer benachbarten Sparkasse herbeigeführt werden. Auch die Modalitäten einer solchen Verschmelzung unterliegen der Gestaltungsmacht des Landesgesetzgebers und entsprechen deshalb keineswegs durchgehend dem Modell der §§ 2 ff. UmwG. So ist z. B. in Nordrhein-Westfalen eine Verschmelzung bei weiterer Beteiligung der beiden Trägerkommunen derzeit nur über die Zwischenschaltung eines Zweckverbands möglich, dessen Mitglieder die bisherigen Träger der fusionierenden Sparkassen sind (§ 1 Abs. 1 i. V. m. § 27 SpkG NRW).

Bei der Etablierung von Holding-Modellen stellt sich häufig die Frage nach der Zulässigkeit von Unternehmensverträgen entsprechend dem Leitbild der §§ 291 ff. AktG. Der Abschluss derartiger Verträge mit einem öffentlich-rechtlichen Kreditinstitut als abhängigem Unternehmen setzt (neben der Beachtung des Bankaufsichtsrechts) voraus, dass das betreffende Landesgesetz ausdrücklich eine dahingehende Ermächtigung beinhaltet (vgl. z. B. § 6 Abs. 4 und 5 des Gesetzes über die Errichtung der Landesbank Berlin-Girozentrale – v. 3. 12. 1993).

In der Bundesrepublik Deutschland sind derzeit sechs Sparkassen privatrechtlich als Aktiengesellschaft organisiert. Auf diese Sparkassen findet zwar das Aktiengesetz Anwendung. Allerdings bestehen weiterhin öffentlich-rechtliche Bindungen, die zu berücksichtigen sind. So

6. Besonderheiten bei der Formulierung eines Unternehmenskaufvertrages

dürfen nach dem bremischen Sparkassengesetz nur vinkulierte Namensaktien ausgegeben werden; zudem ist die Kapitalbeteiligung anderer Anteilseigner als einer Stiftung des öffentlichen Rechts auf 49,9 % des Grundkapitals beschränkt (vgl. § 3 b brem. SpkG).

Bis zum Ablauf des 18. 7. 2005 kamen die öffentlich-rechtlichen Kreditinstitute in den Genuss von Anstaltslast und Gewährträgerhaftung ihres Trägers, was sich in Refinanzierungsvorteilen namentlich der Landesbanken am Kapitalmarkt niederschlug. Für die Träger war dies allerdings – je nach der wirtschaftlichen Verfassung des Kreditinstituts – mit teilweise erheblichen Risiken verbunden. Der Wegfall von Anstaltslast und Gewährträgerhaftung ab dem 19. 7. 2005 (vgl. Verständigung zwischen der EU-Kommission und der Bundesregierung vom 17. Juli 2001) hat diese Risiken nicht völlig entschärft. Zwar gibt es für ab diesem Datum begründete Verbindlichkeiten der Sparkasse oder Landesbank keine Anstaltslast oder Gewährträgerhaftung mehr. Doch sind Verbindlichkeiten, die bereits am 18. 7. 2001 bestanden, und Verbindlichkeiten, die zwar nach dem 18. 7. 2001, aber vor dem 19. 7. 2005 begründet wurden und deren Laufzeit nicht über den 31. 12. 2015 hinausgeht, auch weiterhin von der (nachlaufenden) Gewährträgerhaftung umfasst. Gibt der nachhaftende Träger nunmehr seinen kontrollierenden Einfluss über die Anstalt ab (sei es im Wege der Übertragung der Trägerstellung oder einer etwaigen Stammkapitalbeteiligung, sei es im Wege einer Verschmelzung), wird er auf eine Freistellung von seiner (nachlaufenden) Gewährträgerhaftung seitens des die Anstalt künftig kontrollierenden Vertragspartners in dem abzuschließenden Übertragungs- bzw. Verschmelzungsvertrag Wert legen.

j) **Sorgfaltspflichten der erwerbenden Bank.** Die Mindestanforderungen an das Risikomanagement (MaRisk) Banken (R 11/2010 (BA)) verlangen von einem Institut, welches die Übernahme eines anderen oder die Fusion mit einem anderen Unternehmen beabsichtigt, zuvor ein Konzept zu erarbeiten, in dem die wesentlichen strategischen Ziele, die voraussichtlichen wesentlichen Konsequenzen für das Management der Risiken und die wesentlichen Auswirkungen auf das Gesamtrisikoprofil des Instituts beziehungsweise der Gruppe dargestellt werden. Dies umfasst auch die mittelfristig geplante Entwicklung der Vermögens-, Finanz- und Ertragslage, die voraussichtliche Höhe der Risikopositionen, die notwendigen Anpassungen der Risikosteuerungs- und -controllingprozesse und der IT-Systeme sowie die Darstellung wesentlicher rechtlicher Konsequenzen (Bilanzrecht, Steuerrecht etc.).

Auch wenn die MaRisk die Einhaltung dieser Sorgfaltsstandards ausdrücklich nur für Banken anordnet, dürfte sich Gleiches aus allgemeinen Sorgfaltsanforderungen auch für Versicherungsunternehmen ergeben.

6.2 Versicherungsunternehmen

Hinsichtlich der Nichtuntersagung des Beteiligungserwerbs durch die BaFin, der versicherungsaufsichtsrechtlichen Erlaubnisse und der Einhaltung aufsichtsrechtlicher Vorschriften und der Berücksichtigung der großen Bedeutung der Informationstechnologie kann auf die Ausführungen zu den Kreditinstituten (oben 6.1 a), c) und f)) verwiesen werden.

a) **Kaufpreisanpassung.** Bei vielen Versicherungstransaktionen erweist es sich als problematisch, einen Kaufpreisanpassungsmechanismus mit Blick auf bestimmte Veränderungen am Eigenkapital nach Maßgabe von Stichtagsbilanzen zu vereinbaren. Der Grund liegt in den Besonderheiten des Versicherungsbilanzrechts. Das Versicherungsbilanzrecht eröffnet gerade im Hinblick auf die Rückstellungspolitik eine Vielzahl von Ermessensspielräumen (vgl. beispielsweise die Deckungsrückstellung nach § 341 f HGB oder die Schwankungsrückstellung nach § 341 h HGB). Ähnliches gilt für die Bewertung der Kapitalanlagen. Schreibt man die von Ermessensspielräumen geprägten Bilanzpositionen aber für die Zwecke der Stichtagsbilanz im Vorhinein fest, so „friert" man damit in den meisten Fällen wirtschaftlich bedeutenden Teil der Bilanz ein. Letztlich kann dann der mit der Stichtagsbilanz verfolgte Zweck, die Veränderung der Vermögenslage des Unternehmens seit Unterzeichnung des Unternehmenskaufvertrages bis zum Vollzug der Transaktion zu reflektieren (trotz des häufig sehr substantiellen Aufwandes bei der Erstellung der Stichtagsbilanzen) nicht erreicht werden. In der Praxis trifft man daher, anders als bei Unternehmenskäufen außerhalb des Versicherungssektors, regelmäßig keine derartige Kaufpreisanpassungsklausel an. Um sicherzustellen, dass der Vermögenswert der Zielgesellschaft sich zwischen der Unterzeichnung und dem Vollzug des Unternehmenskaufes nicht verringert, wird sich der Käufer detaillierte Zusicherungen mit Blick auf die Führung des Geschäfts seit Unterzeichnung des Kaufvertrags bis zum Vollzug der Transaktion geben lassen.

b) **Rückversicherung/Kapitalanlage.** Die Verlagerung von Risiken auf Rückversicherer ist ein wesentlicher Bestandteil des Geschäftsbetriebs der Erstversicherer und die Kapitalanlage gehört für Erst- und Rückversicherer ebenfalls zu den wichtigen Grundpfeilern des Versicherungsgeschäfts. Vor diesem Hintergrund hat der Käufer ein legitimes Interesse daran, sich die Wirksamkeit der Rückversicherungsverträge sowie im Rahmen der Geschäftsführung zwischen Unterzeichnung und Vollzug des Unternehmenskaufvertrages eine unveränderte Rückversicherungspolitik zusichern zu lassen. Letzteres gilt auch für die Kapitalanlagen, hinsichtlich derer es ausreichen sollte, wenn der Verkäufer zusichert, dass diese im vorgenannten Zeitraum im Wesentlichen nach Maßgabe der gültigen Kapitalanlagerichtlinien vorgenommen werden.

c) **Wirksamer Abschluss von Versicherungsverträgen/Versicherungsbedingungen.** Nach § 7 Abs. 1 VVG muss der Versicherer dem Versicherungsnehmer die Versicherungsbedingungen und die Verbraucherinformation nach § 7 Abs. 2 VVG übergeben. Geschieht dies nicht rechtzeitig vor Abgabe der Vertragserklärung durch den Versicherungsnehmer, so kann der Versicherungsnehmer seine Vertragserklärung noch bis zu 2 Wochen (bei Lebensversicherungen 30 Tage), nachdem er die betreffenden Unterlagen erhalten hat, in Textform widerrufen. Die Frist beginnt allerdings erst zu laufen, wenn der Versicherungsnehmer auch schriftlich auf sein Widerrufsrecht hingewiesen wurde. Anders als vor Inkrafttreten des VVG-Reformgesetzes am 1. Januar 2008 erlischt dieses Recht nicht mehr ein Jahr nach Zahlung der ersten Prämie; es dauert vielmehr fort. Die Wirksamkeit der Versicherungsverträge jüngeren Datums hängt damit nicht unerheblich davon ab, ob den Versicherungsnehmern die Versicherungsbedingungen und die Verbraucherinformation übergeben und die Versicherungsnehmer auf ihr Widerrufsrecht hingewiesen wurden. Aus diesem Grund sollte ein Käufer die bei der Zielgesellschaft verwendeten Dokumente genau prüfen und sich gegebenenfalls gegen entsprechende Risiken u. U. durch eine Gewährleistung absichern. Entsprechendes gilt hinsichtlich der Wirksamkeit der Allgemeinen Versicherungsbedingungen. Die (potentiell) flächendeckende Unwirksamkeit einzelner Klauseln in den Versicherungsbedingungen, die Allgemeine Geschäftsbedingungen darstellen, kann ein erhebliches Risiko darstellen.

d) **(Über-)Reservierung von Schadenreserven.** Gelegentlich tritt bei Versicherungtransaktionen im Schadenbereich der Fall auf, dass der Verkäufer an etwaigen Erlösen aus der Auflösung von Überreservierungen bei den Schadenreserven beteiligt werden möchte. Angesichts der hohen Ungewissheit über die tatsächlich angemessene Höhe der Schadenreserven empfiehlt es sich aus Sicht eines Käufers, wegen dieses Punktes nicht den Kaufpreis pauschal zu erhöhen. In vielen Fällen kann es für den Käufer vielmehr vorzugswürdig sein, einen Mechanismus zu entwickeln, der den Verkäufer an dem Risiko der Ungewissheit über die tatsächliche Höhe der Abwicklungsgewinne beteiligt. Dies kann beispielsweise geschehen, indem die zum Zeitpunkt des Unternehmenskaufes angemessene Höhe der Schadenreserven nach mehreren Jahren (ex post) durch einen Aktuar ermittelt und eine etwaige Überdotierung dem Verkäufer (teilweise) als Kaufpreiszuschlag ausgezahlt wird.

Ähnliche Ergebnisse lassen sich unter Umständen erreichen, wenn zwischen dem Verkäufer und der Zielgesellschaft ein Rückversicherungsvertrag abgeschlossen wird, nach dessen Maßgabe dem Verkäufer etwaige Abwicklungsgewinne zustehen und er im Gegenzug das Risiko etwaiger Unterdotierungen übernimmt. Nicht selten wird eine solche Lösung aber schon daran scheitern, dass die überwiegende Wahrscheinlichkeit von auftretenden Abwicklungserlösen zu einem Verstoß gegen das aktienrechtliche Verbot der Einlagenrückgewähr nach § 57 AktG führt.

e) **Sonstiges.** Soll im Rahmen einer Versicherungstransaktion eine Umwandlung vorgenommen werden, so ist als versicherungsspezifische Besonderheit § 14a VAG zu beachten. Danach bedarf die Umwandlung eines Versicherungsunternehmens nach den §§ 1, 122a UmwG der

Genehmigung der BaFin, die nach Maßgabe von § 14 Abs. 1 Satz 2, Abs. 2, 4 und 5 VAG zu erteilen ist.

7. Bestandsübertragung bei Versicherungsunternehmen

Im Rahmen des Erwerbs eines Versicherungsunternehmens können sich im Hinblick auf die Transaktionsstruktur insbesondere dann Besonderheiten ergeben, wenn das Unternehmen nicht im Wege eines Anteilserwerbs, sondern einer Vermögensübertragung (Asset Deal) erworben werden soll. In diesem Zusammenhang werden insbesondere die durch das betreffende Versicherungsunternehmen abgeschlossenen Versicherungsverträge übertragen. Eine Übertragung von einzelnen Versicherungsverträgen bedürfte nach § 415 Abs. 1 BGB der Zustimmung jedes einzelnen Versicherungsnehmers und ist vor diesem Hintergrund wenig praktikabel. Durch eine Bestandsübertragung nach § 14 VAG können aber ganze Versicherungsportfolien übertragen werden, ohne dass es dazu der Zustimmung der einzelnen Versicherungsnehmer bedürfte (vgl. dazu im Überblick *Hasselbach/Komp* VersR 2005, 1651 ff.). Allerdings sind von der Übertragungswirkung nach Ansicht der Aufsicht lediglich die Versicherungsverträge selbst erfasst. Die zum Portfolio gehörigen Vermögenswerte müssten weiter im Wege der Einzelübertragung transferiert werden.

7.1 Übertragungsvertrag

Im Rahmen einer Bestandsübertragung werden durch schriftlichen Vertrag bestimmte Versicherungsverträge auf den Erwerber übertragen. Bei diesem Vertrag handelt es sich nach allgemeiner Ansicht um einen privatrechtlichen Vertrag, bei dem nicht einzelne Rechte und Verbindlichkeiten, sondern vielmehr vollständige Vertragsverhältnisse übertragen werden (Prölss/*Präve* § 14 Rdnr. 4). Der Vertrag muss die in die Übertragung einbezogenen Versicherungsverträge ausreichend bestimmt kennzeichnen. Dies ist gerade dann sehr bedeutsam, wenn nicht der gesamte Versicherungsbestand eines Versicherungsunternehmens oder der gesamte Bestand einer bestimmten Produktsparte einbezogen werden sollen. Die zugehörigen als Bedeckungswerte dienenden Vermögenswerte sind ebenfalls genau zu bezeichnen. Sofern es sich dabei jedoch um Vertragsverhältnisse handelt, gehen diese erst mit Zustimmung des jeweiligen Vertragspartners über. Sie sind von der partiellen Gesamtrechtsnachfolge des § 14 VAG nach herrschender Ansicht und der Auffassung in der Verwaltungspraxis nicht erfasst.

7.2 Behördliche Genehmigung

Eine Bestandsübertragung nach § 14 VAG setzt eine Genehmigung dieses Vorgangs durch die zuständige Behörde, regelmäßig der BaFin, voraus. Der dafür notwendige Antrag, der gleichzeitig einen Antrag auf eine Geschäftsplanänderung darstellen kann, muss von dem übertragenden und dem übernehmenden Unternehmen gestellt werden. Dem Antrag muss nach Praxis der Aufsichtsbehörde eine Erklärung beigefügt werden, woraus sich ergibt, dass die Parteien keine Nebenabreden getroffen haben und ob und ggf. welche Provisionen oder ähnliche Leistungen im Zusammenhang mit der Bestandsübertragung bewirkt werden (Provisionszahlungen an das übertragende Unternehmen sind nur zu Lasten des eigenen Geschäfts, nicht aber zu Lasten des übernommenen Bestandes zulässig (GB 62, 29). Die materiellen Genehmigungsanforderungen wurden aufgrund einer jüngeren Entscheidung des BVerfG (NJW

2005, 2363) m. W. v. 1. 1. 2008 verschärft. Nach § 14 Abs. 1 S. 2 Hs. 1 VAG n. F. ist die Genehmigung zu erteilen, wenn die Belange der Versicherten gewahrt und die Verpflichtungen aus den Versicherungen als dauernd erfüllbar dargetan sind. Damit gilt im Gegensatz sowohl zu § 14 Abs. 3 S. 3 VAG a. F. als zum Erlaubnisverfahren nach § 8 Abs. 1 S. 1 Nr. 3 VAG ein positiver, also strengerer Prüfungsmaßstab, weil die Genehmigung der Bestandsübertragung – anders als die Erlaubnis zum Geschäftsbetrieb – vertrags- und aufsichtsrechtlich geschützte Positionen konkreter Versicherter betrifft (BVerfG NJW 2005, 2363, 2367 zur Übertragung eines Lebensversicherungsbestands). Zudem darf die Übertragung von Versicherungsverhältnissen mit Überschussbeteiligung und von Versicherungsverhältnissen eines VVaG nur genehmigt werden, wenn der Wert der Überschussbeteiligung zumindest gleich bleibt (§ 14 Abs. 4 S. 1 VAG n. F.) bzw. der Mitglied-Versicherungsnehmer angemessen abgefunden wird (§ 14 Abs. 3 VAG n. F.).

7.3 Information der Versicherungsnehmer

Die Genehmigung der Bestandsübertragung ist nach § 14 Abs. 7 S. 1 VAG im Bundesanzeiger zu veröffentlichen. Sobald die Bestandsübertragung wirksam geworden ist, hat das übernehmende Versicherungsunternehmen die Versicherungsnehmer über Anlass, Ausgestaltung und Folgen der Bestandsübertragung zu informieren (§ 14 Abs. 7 S. 2 VAG).

7.4 Folgen der Bestandsübertragung

Das übernehmende Unternehmen muss in seinem Geschäftsplan den durch die Übernahme der betreffenden Versicherungsverträge zusätzlich übernommenen versicherten Risiken Rechnung tragen. Insbesondere dann, wenn durch die Übernahme der übertragenen Versicherungsverträge das bisherige Geschäft (unter Beachtung des § 8 Abs. 1 a VAG) auf neue Versicherungssparten ausgeweitet wird, muss das Unternehmen nachweisen, dass es auch in der neuen Konstellation über eine angemessene Kapitalausstattung verfügen wird. Weiter besteht auf Basis der europäischen Rechts in einigen EU-Staaten die Möglichkeit, dass Versicherungsnehmer der Übertragung widersprechen.

7.5 Grenzüberschreitende Bestandsübertragungen

Werden im Rahmen einer Bestandsübertragung Versicherungsverträge auf ein ausländisches Unternehmen übertragen, so sind bestimmte Besonderheiten zu beachten.

a) Innerhalb des EWR. Sofern ein inländisches Versicherungsunternehmen ganz oder teilweise einen Bestand an Versicherungsverträgen, welche es nach § 13 a VAG in einem anderen EU-Mitgliedsstaat oder einem EWR-Vertragsstaat über eine Niederlassung oder im Dienstleistungsverkehr abgeschlossen hat, auf ein Unternehmen mit Sitz in der EU oder im EWR überträgt, bedarf es für die Wirksamkeit der Übertragung lediglich der Zustimmung der deutschen Aufsichtsbehörde. Allerdings wird die Zustimmung der deutschen Aufsichtsbehörde nur dann erteilt, wenn neben den bereits erläuterten Voraussetzungen u. a. auch die Zustimmung der Aufsichtsbehörden aus den Mitglieds- oder Vertragsstaaten vorliegt, in denen die Risiken des betreffenden Versicherungsbestandes belegen sind (§ 14 Abs. 2 VAG).

Wurde der auf ein EU/EWR-Unternehmen zu übertragene Versicherungsbestand im Inland geworben, so bedarf es zur Wirksamkeit der Übertragung ebenfalls nur der Zustimmung durch die deutsche Aufsichtsbehörde. Diese Zustimmung wird jedoch in diesem Fall auch

7. Bestandsübertragung bei Versicherungsunternehmen J.I.7

ohne die Zustimmung der Aufsichtsbehörden aus den Staaten, in denen die versicherten Risiken belegen sind, erteilt. Ausländische Aufsichtsbehörden sind nur insoweit involviert, als zuvor durch eine Bescheinigung der Aufsichtsbehörde des Sitzes der Nachweis geführt werden muss, dass das übernehmende Unternehmen nach der Übertragung Eigenmittel in Höhe der Solvabilitätsspanne besitzt (§ 14 Abs. 2 S. 3 Nr. 1 VAG).

Soll ein Versicherungsvertrag auf ein ausländisches EU/EWR-Unternehmen übertragen werden, der durch ein ausländisches EU/EWR-Unternehmen nach § 110a Abs. 1 VAG durch eine Niederlassung oder im Dienstleistungsverkehr in Deutschland geworben wurde, so bedarf es zur Genehmigung durch die für das übertragende Unternehmen zuständige ausländische Aufsichtsbehörde der Zustimmung der BaFin (§ 111d S. 1 VAG). Betrifft der Versicherungsbestand einer Niederlassung eines ausländischen EU/EWR-Unternehmens keine im Inland belegenen Risiken, so nimmt die BaFin zum Übertragungsvertrag lediglich Stellung (§ 111d S. 3 VAG). Äußert sich die BaFin nicht innerhalb von drei Monaten zu dem Ersuchen um Zustimmung oder Stellungnahme, so gilt dies als stillschweigende Zustimmung oder positive Stellungnahme.

Die vorgenannten Regelungen basieren auf dem Grundsatz, dass die Finanzaufsicht bei Versicherungsunternehmen ausschließlich durch die Aufsichtsbehörde des Herkunftsmitgliedstaates wahrgenommen wird. Entsprechend muss bei einer Bestandsübertragung auf ein Unternehmen im EU/EWR-Ausland der Nachweis der ausreichenden Solvabilität durch eine Bescheinigung der Aufsichtsbehörde aus dem Staat, in dem das betreffende Unternehmen seinen Sitz hat, erbracht werden. Die Aufsicht wird darüber hinaus aber durch die BaFin gemeinsam mit den Aufsichtsbehörden des jeweils anderen Staates wahrgenommen. Zwischen den Aufsichtsbehörden in der EU/aus dem EWR findet eine enge Zusammenarbeit statt, so dass bei einer grenzüberschreitenden Bestandsübertragung die deutschen und ausländischen Bestimmungen mit Hilfe der BaFin in effizienter Weise aufeinander abgestimmt werden können. In der Praxis ist es zu empfehlen, bei internationalen Bestandsübertragungen die deutsche Aufsicht so früh wie möglich einzuschalten.

b) **Außerhalb des EWR.** Nach § 105 Abs. 3 VAG gilt § 14 VAG auch entsprechend für Bestandsübertragung mit Beziehung zu einem Versicherungsunternehmen mit Sitz außerhalb der EU/des EWR (Fahr/Kaulbach/Bähr/*Fahr* § 105 Rdnr. 50). Unternehmen aus Drittstaaten müssen nach § 106 Abs. 2 VAG eine inländische Niederlassung eröffnen, wenn sie in Deutschland das Erstversicherungsgeschäft betreiben wollen. Eine Zulassung zum Dienstleistungsverkehr ist ausgeschlossen (Fahr/Kaulbach/Bähr/*Fahr* § 106 Rdnr. 2). Abweichend hiervon sieht § 105 II S. 2 VAG unter bestimmten Voraussetzungen für Versicherungsunternehmen aus Drittstaaten eine Erlaubnisfreiheit vor, wenn diese im Inland ausschließlich das Rückversicherungsgeschäft betreiben wollen.

Die Möglichkeit einer Bestandsübertragung zwischen den inländischen Niederlassungen von Drittstaats-Versicherungsunternehmen ergibt sich bereits aus der beschriebenen Anwendung von § 14 VAG nach Maßgabe von § 105 Abs. 3 VAG. § 108 Abs. 1 VAG regelt darüber hinaus noch den Sonderfall einer Bestandsübertragung zwischen inländischen Niederlassungen von Drittstaaten-Versicherungsunternehmen, bei welcher die Kapitalausstattung der Niederlassung des übernehmenden Unternehmens von einer anderen Aufsichtsbehörde der EU/des EWR überwacht wird. Im umgekehrten Fall, nämlich der Übertragung des Bestands eines Drittstaatsunternehmens auf eine inländische Niederlassung, ist mangels abweichender Regelungen § 14 VAG entsprechend anzuwenden (§ 105 Abs. 3 VAG).

7.6 Bestandsübertragung bei Rückversicherungsunternehmen

Nachdem die Möglichkeit einer Bestandsübertragung bisher nur für den Erstversicherungsbereich vorgesehen war, eröffnet nunmehr § 121f VAG auch Rückversicherern eine derartige Vermögensübertragung. Diese Vorschrift lehnt sich inhaltlich stark an § 14 VAG an (ausführlich zur Neuregelung vgl. *Bürkle*, VersR 2008, 1590).

J.I.8

I. Banken und Versicherungen

8. Muster: Anmeldung des Erwerbs oder der Erhöhung einer Beteiligung an einem Finanzdienstleister oder Versicherungsunternehmen

Adressatenfeld[1]

Eingangsdatum:
Ident-Nr. Zielunternehmen
Ident-Nr. Anzeigepflichtiger
Wird von der Behörde ausgefüllt

Hiermit zeige ich die/Hiermit zeigen wir die

☐ Absicht des Erwerbs einer bedeutenden Beteiligung

☐ Absicht der Erhöhung einer bedeutenden Beteiligung

an dem folgenden
    ☐ Kreditinstitut oder Finanzdienstleistungsinstitut
    ☐ Erstversicherungs-, Rückversicherungsunternehmen, Pensionsfonds oder Versicherungs-Holdinggesellschaft im Sinne des § 1 b VAG

an:

Firma	Firma Zeile 1
(laut Registereintragung)	Firma Zeile 2
Rechtsform	
Sitz mit Postleitzahl	
Anschrift der Hauptniederlassung	
Straße, Hausnummer	
Postleitzahl	
Ort	

Der Anzeigepflichtige hat nach dem Erwerb oder der Erhöhung Kontrolle über das Zielunternehmen:

☐ Ja. ☐ Nein.

8. Muster   **J.I.8**

1. Angaben zur Identität des Anzeigepflichtigen

1.1 Bitte nur ausfüllen, wenn Anzeigepflichtiger eine natürliche Person ist.

Familienname	
Geburtsname	
Vornamen	
Geburtsdatum	
Geburtsort, Geburtsland	
Staatsangehörigkeit	
Anschrift des Hauptwohnsitzes	
Straße, Hausnummer	
Postleitzahl	
Ort	
Land	
Angaben zur Firma, sofern vorhanden	
Firma (laut Registereintragung)	Firma Zeile 1
	Firma Zeile 2
Sitz mit Postleitzahl [2]	
Sitzstaat	
Wirtschaftszweig [3]	
Ordnungsmerkmale Registereintragung [4]	

1.2 Bitte nur ausfüllen, wenn der Anzeigepflichtige keine natürliche Person ist.

Firma (laut Registereintragung)	Firma Zeile 1
	Firma Zeile 2
Rechtsform	
Sitz mit Postleitzahl [2]	
Sitzland	
Anschrift der Hauptniederlassung	
Straße, Hausnummer	
Postleitzahl	
Ort	
Land	
Wirtschaftszweig [3]	
Ordnungsmerkmale Registereintragung [4]	

2. Angabe eines Empfangsbevollmächtigten im Inland, sofern der Anzeigepflichtige ohne Wohnsitz oder gewöhnlichen Aufenthalt, Sitz oder Geschäftsleitung im Inland ist:

(Hinweis: Wird ein Empfangsbevollmächtigter im Inland nicht benannt, gelten an den Anzeigepflichtigen gerichtete Schriftstücke am siebenten Tag nach der Aufgabe zur Post und ein elektronisch übermitteltes Dokument am dritten Tag nach der Absendung als zugegangen, § 15 Satz 2 VwVfG.)

2.1 Bitte nur ausfüllen, wenn Empfangsbevollmächtigter eine natürliche Person ist.

Familienname	
Vornamen	
Geburtsdatum	
Anschrift	
Straße, Hausnummer	
Postleitzahl	
Ort	

2.2 Bitte nur ausfüllen, wenn Empfangsbevollmächtigter keine natürliche Person ist.

Firma (laut Registereintragung)	Firma Zeile 1
	Firma Zeile 2
Rechtsform	
Sitz mit Postleitzahl	
Anschrift	
Straße, Hausnummer	
Postleitzahl	
Ort	
Land	
Ordnungsmerkmale Registereintragung [4]	

3. Die geplanten Kapital- oder Stimmrechtsanteile würden ganz oder teilweise noch einem anderen als dem Mutterunternehmen zugerechnet werden:

☐ Nein.   ☐ Ja.   Wenn „ja" angekreuzt wurde, ist diesem Formular eine Anlage mit der Nr. ......[5] beizufügen, in der unter Berücksichtigung des § 4 InKontrollV diejenigen, denen die Anteile zugerechnet werden würden, anzugeben sind. Der Grund der Zurechnung der Anteile ist ebenfalls anzugeben.

8. Muster   **J.I.8**

4. Weitere Angaben zum Anzeigepflichtigen

4.1 Der Anzeigepflichtige steht unter der Aufsicht der Bundesanstalt oder der zuständigen Landesaufsichtsbehörde:

☐ Nein, weiter mit 4.2
☐ Ja, nachfolgende Auswahl treffen und dann weiter mit 5.1
   Der Anzeigepflichtige ist:
   ☐ Kreditinstitut   ☐ Finanzdienstleistungsinstitut
   ☐ E-Geld-Institut   ☐ Kapitalanlagegesellschaft
   ☐ Investmentaktiengesellschaft   ☐ Versicherungs-Zweckgesellschaft
   ☐ Erstversicherungsunternehmen   ☐ Rückversicherungsunternehmen
   ☐ Versicherungs-Holdinggesellschaft   ☐ Pensionsfonds
   ☐ Finanzholding-Gesellschaft   ☐ gemischte Finanzholding-Gesellschaft

4.2 Der Anzeigepflichtige ist ein im Europäischen Wirtschaftsraum zugelassenes Unternehmen der Finanzbranche:

☐ Nein, weiter mit 4.3
☐ Ja, nachfolgende Auswahl treffen und dann weiter mit 4.3
   Der Anzeigepflichtige ist:
   ☐ Einlagenkreditinstitut   ☐ Wertpapierhandelsunternehmen
   ☐ Erstversicherungsunternehmen   ☐ Rückversicherungsunternehmen
   ☐ OGAW-Verwaltungsgesellschaft   ☐ sonstiges beaufsichtigtes Unternehmen

Die zuständige Aufsichtsbehörde hat folgende Bezeichnung:
Die Aufsichtsbehörde führt den Anzeigepflichtigen unter folgender Identitätsnummer:

4.3 Der Anzeigepflichtige hat Kontrolle über ein im Europäischen Wirtschaftsraum zugelassenes Einlagenkreditinstitut, Wertpapierhandelsunternehmen, Erst- o. Rückversicherungsunternehmen oder eine OGAW-Verwaltungsgesellschaft:

☐ Nein, weiter mit 5.1
☐ Ja. Wenn „ja" angekreuzt wurde, ist diesem Formular eine Anlage mit der Nr. ......[5] beizufügen, in der die kontrollierten Unternehmen aufzuführen sind. Neben den Angaben nach § 4 Abs. 2 InhKontrollV sind der Unternehmenstyp (Einlagenkreditinstitut, Wertpapierhandelsunternehmen, Erst- oder Rückversicherungsunternehmen oder OGAW-Verwaltungsgesellschaft), die Bezeichnung der zuständigen Aufsichtsbehörde jedes kontrollierten Unternehmens und die Identitätsnummer, unter der das Unternehmen bei der Aufsichtsbehörde geführt wird, anzugeben.

J.I.8 I. Banken und Versicherungen

5. **Angaben zur geplanten bedeutenden Beteiligung**

5.1 Auf die Geschäftsleitung des Zielunternehmens könnte, obwohl weniger als 20 % oder keine Kapital- oder Stimmrechtsanteile gehalten werden sollen, ein maßgeblicher Einfluss ausgeübt werden.

☐ Nein. ☐ Ja. Wenn „ja" angekreuzt wurde, ist diesem Formular eine Anlage mit der Nr. ......[5] beizufügen, in der die Gründe dafür anzugeben sind.

5.2 Darstellung der geplanten Beteiligungshöhe am Zielunternehmen[6, 7]

wird durch die Behörde ausgefüllt Ident-Nr. des Beteiligungsunternehmens	Firma[8], Rechtsform und Sitz (lt. Registereintragung) mit PLZ[2] und Sitzstaat; Ordnungsmerkmale Registereintragung[4], Wirtschaftszweig[3]; Ident-Nr. (falls bekannt), bei natürlichen Personen neben Firma (falls vorhanden) vollständiger Name[8] und Geburtsdatum	Kapitalanteil[9,10]		Kapital des Unternehmens[11]	Stimmrechtsanteil in Prozent[10,12]	Verhältnis zum Zielunternehmen[13]
		in Prozent	Tsd Euro	Tsd Euro		

6. **Beizufügende Anlagen**

6.1 Alle erforderlichen Anlagen liegen als fortlaufend nummerierte Anlage diesem Hauptformular bei:

☐ Ja. ☐ Nein. Wenn „nein" angekreuzt wurde, ist diesem Formular eine Anlage mit der Nr. ......[5] beizufügen, in der die betreffenden Anlagen aufzuzählen sind und die Gründe dafür anzugeben sind.

6.2 Auf die Einreichung von Anlagen kann der Anzeigepflichtige entsprechend § 16 Abs. 1 oder 2 InhKontrollV verzichten und reicht diese deshalb nicht ein:

☐ Nein. ☐ Ja. Wenn „ja" angekreuzt wurde, ist diesem Formular eine Anlage mit der Nr. ......[5] beizufügen, in der die betreffenden Anlagen aufzuzählen sind und jeweils anzugeben ist, welche Verzichtsregel in Anspruch genommen werden kann.

6.3 Liste der Anlagen

Kurzbezeichnung der Anlage	Anzahl	Anlage liegt bei
Aufzählung der nicht eingereichten Anlagen mit Angabe der Gründe nach Nummer 6.1 dieses Formulars		☐ nicht erforderlich ☐ ja ☐ wird nachgereicht
Aufzählung der nicht eingereichten, verzichtbaren Anlagen mit Angabe der Verzichtsregel nach Nummer 6.2 dieses Formulars		☐ nicht erforderlich ☐ ja ☐ wird nachgereicht
Erklärung nach § 2c Abs. 1 Satz 2 KWG oder § 104 Abs. 1 Satz 2 VAG, von welcher Person oder welchem Unternehmen die Kapital- oder Stimmrechtsanteile übernommen werden		☐ nicht erforderlich ☐ ja ☐ wird nachgereicht
Kopie der Bevollmächtigung des Empfangsbevollmächtigten im Inland nach § 3 Satz 2 InhKontrollV		☐ nicht erforderlich ☐ ja ☐ wird nachgereicht
Formular „Komplexe Beteiligungsstrukturen" nach § 6 Abs. 1 Satz 2 InhKontrollV oder nach Fußnote 6 dieses Formulars		☐ nicht erforderlich ☐ ja ☐ wird nachgereicht
Nachweis über die Identität oder Existenz des Anzeigepflichtigen nach § 8 Nr. 1 InhKontrollV		☐ nicht erforderlich ☐ ja ☐ wird nachgereicht
Amtlich beglaubigte Kopie der aktuellen Satzung, des aktuellen Gesellschaftsvertrages oder einer gleichwertigen Vereinbarung nach § 8 Nr. 2 InhKontrollV		☐ nicht erforderlich ☐ ja ☐ wird nachgereicht
Liste der persönlich haftenden Gesellschafter, Vertretungsberechtigten und der weiteren Personen nach § 8 Nr. 3 InhKontrollV		☐ nicht erforderlich ☐ ja ☐ wird nachgereicht
Darstellung der geschäftlichen Aktivitäten des Anzeigepflichtigen nach § 8 Nr. 4 InhKontrollV		☐ nicht erforderlich ☐ ja ☐ wird nachgereicht
Liste mit den wirtschaftlich Begünstigten des Anzeigepflichtigen nach § 8 Nr. 5 InhKontrollV		☐ nicht erforderlich ☐ ja ☐ wird nachgereicht
Erklärung über Untersuchungen anderer Behörden außerhalb der Finanzbranche im Zusammenhang mit dem beabsichtigten Erwerb nach § 8 Nr. 6 InhKontrollV		☐ nicht erforderlich ☐ ja ☐ wird nachgereicht
Erklärung zum beabsichtigten Austausch von Geschäftsleitern des Zielunternehmens nach § 8 Nr. 7 InhKontrollV		☐ nicht erforderlich ☐ ja ☐ wird nachgereicht

Kurzbezeichnung der Anlage	Anzahl	Anlage liegt bei
Formulare „Erklärungen und Unterlagen zur Zuverlässigkeit" nach § 9 InhKontrollV		☐ nicht erforderlich ☐ ja ☐ wird nachgereicht
Weitere Unterlagen und Erklärungen zu den Formularen nach § 9 InhKontrollV entsprechend § 9 Abs. 1 Satz 4 und Abs. 3 Satz 3 und 4 InhKontrollV		☐ nicht erforderlich ☐ ja ☐ wird nachgereicht
Lebensläufe nach § 10 InhKontrollV		☐ nicht erforderlich ☐ ja ☐ wird nachgereicht
Darstellung der Konzernstruktur nach § 11 Nr. 1 Buchstabe a InhKontrollV		☐ nicht erforderlich ☐ ja ☐ wird nachgereicht
Darstellung der Geschäftätigkeit des Konzerns nach § 11 Nr. 1 Buchstabe b InhKontrollV		☐ nicht erforderlich ☐ ja ☐ wird nachgereicht
Aufstellung der Konzernunternehmen der Finanzbranche nach § 11 Nr. 1 Buchstabe c InhKontrollV		☐ nicht erforderlich ☐ ja ☐ wird nachgereicht
Angaben zur Führung von Geschäften nach § 11 Nr. 1 Buchstabe d Doppelbuchstabe aa InhKontrollV		☐ nicht erforderlich ☐ ja ☐ wird nachgereicht
Angaben zu weiteren Unternehmen nach § 11 Nr. 1 Buchstabe d Doppelbuchstabe bb InhKontrollV		☐ nicht erforderlich ☐ ja ☐ wird nachgereicht
Liste sonstiger Anteilseigner etc. nach § 11 Nr. 1 Buchstabe e InhKontrollV		☐ nicht erforderlich ☐ ja ☐ wird nachgereicht
Liste nach § 11 Nr. 2 InhKontrollV		☐ nicht erforderlich ☐ ja ☐ wird nachgereicht
Liste über Anteilseigner etc. am Anzeigepflichtigen nach § 11 Nr. 3 InhKontrollV		☐ nicht erforderlich ☐ ja ☐ wird nachgereicht
Darstellung der finanziellen und sonstigen Interessen nach § 12 InhKontrollV		☐ ja ☐ wird nachgereicht
Darstellung der wirtschaftlichen Verhältnisse mit		☐ ja ☐ wird nachgereicht
den Jahresabschlüssen und Lageberichten der letzten drei Geschäftsjahre nach § 13 Abs. 2 Nr. 1 InhKontrollV		☐ nicht erforderlich ☐ ja ☐ wird nachgereicht

8. Muster

Kurzbezeichnung der Anlage	Anzahl	Anlage liegt bei
den Berichten über die Jahresabschlussprüfungen der letzten drei Geschäftsjahre nach § 13 Abs. 2 Nr. 2 InhKontrollV		☐ nicht erforderlich ☐ ja ☐ wird nachgereicht
den Kapitalflussrechnungen und Segmentberichterstattungen der letzten drei Geschäftsjahre nach § 13 Abs. 2 Nr. 3 InhKontrollV		☐ nicht erforderlich ☐ ja ☐ wird nachgereicht
einer Aufzählung und Beschreibung der Einkommensquellen des Anzeigepflichtigen nach § 13 Abs. 3 Nr. 1 InhKontrollV		☐ nicht erforderlich ☐ ja ☐ wird nachgereicht
Nachweisen nach § 13 Abs. 3 Nr. 1 InhKontrollV		☐ nicht erforderlich ☐ ja ☐ wird nachgereicht
einer Vermögensaufstellung nach § 13 Abs. 3 Nr. 2 InhKontrollV		☐ nicht erforderlich ☐ ja ☐ wird nachgereicht
Nachweisen nach § 13 Abs. 3 Nr. 2 InhKontrollV		☐ nicht erforderlich ☐ ja ☐ wird nachgereicht
den Jahresabschlüssen und Lageberichten der letzten drei Geschäftsjahre der vom Anzeigepflichtigen kontrollierten Unternehmen und der Unternehmen, deren Geschäfte der Anzeigepflichtige führt, nach § 13 Abs. 3 Nr. 3 InhKontrollV		☐ nicht erforderlich ☐ ja ☐ wird nachgereicht
den Berichten über die Jahresabschlussprüfungen der letzten drei Geschäftsjahre der vom Anzeigepflichtigen kontrollierten Unternehmen und der Unternehmen, deren Geschäfte der Anzeigepflichtige führt, nach § 13 Abs. 3 Nr. 4 InhKontrollV		☐ nicht erforderlich ☐ ja ☐ wird nachgereicht
den Konzernabschlüssen der letzten drei Geschäftsjahre nach § 13 Abs. 4 Nr. 1 InhKontrollV		☐ nicht erforderlich ☐ ja ☐ wird nachgereicht
den Berichten über die Konzernabschlüsse der letzten drei Geschäftsjahre nach § 13 Abs. 4 Nr. 2 InhKontrollV		☐ nicht erforderlich ☐ ja ☐ wird nachgereicht
den Ratings über die Bonität des Anzeigepflichtigen nach § 13 Abs. 6 Satz 1 InhKontrollV		☐ nicht erforderlich ☐ ja ☐ wird nachgereicht
den Ratings über die Bonität des Konzerns nach § 13 Abs. 6 Satz 2 InhKontrollV		☐ nicht erforderlich ☐ ja ☐ wird nachgereicht

Kurzbezeichnung der Anlage	Anzahl	Anlage liegt bei
den Ratings über die Bonität der einzelnen Konzernunternehmen nach § 13 Abs. 6 Satz 2 InhKontrollV		☐ nicht erforderlich ☐ ja ☐ wird nachgereicht
Darstellung der für den Erwerb erforderlichen Eigen- und Fremdmittel nach § 14 Halbsatz 1 InhKontrollV		☐ nicht erforderlich ☐ ja ☐ wird nachgereicht
Vereinbarungen und Verträge im Zusammenhang mit dem Erwerb nach § 14 Halbsatz 2 InhKontrollV		☐ nicht erforderlich ☐ ja ☐ wird nachgereicht
Geschäftsplan bzw. Darstellung strategischer Ziele und Pläne nach § 15 InhKontrollV		☐ nicht erforderlich ☐ ja ☐ wird nachgereicht
Anlage nach Nummer 3 dieses Formulars		☐ ja ☐ wird nachgereicht
Anlage nach Nummer 4.3 dieses Formulars		☐ ja ☐ wird nachgereicht
Anlage nach Nummer 5.1 dieses Formulars		☐ ja ☐ wird nachgereicht
ggf. weitere Anlagen: vom Anzeigepflichtigen auszufüllen		
ggf. weitere Anlagen: vom Anzeigepflichtigen auszufüllen		
ggf. weitere Anlagen: vom Anzeigepflichtigen auszufüllen		
ggf. weitere Anlagen: vom Anzeigepflichtigen auszufüllen		
ggf. weitere Anlagen: vom Anzeigepflichtigen auszufüllen		

7. Bitte geben Sie eine Kontaktperson für Rückfragen an:

Familienname	
Vorname	
Telefonnummer (mit Vorwahl)	
E-Mail-Adresse	

8. Unterschrift(en)

8.1 Mit der nachfolgenden Unterschrift/Mit den nachfolgenden Unterschriften wird bestätigt, dass
- der Anzeigepflichtige den Hinweis in Nummer 2 zur Kenntnis genommen hat und
- der Unterzeichnende, sofern er nicht der Anzeigepflichtige ist, bzw. die Unterzeichnenden entsprechend dem Umfang seiner/ihrer Vertretungsbefugnis berechtigt ist/sind, die Anzeige für den Anzeigepflichtigen abzugeben.

8. Muster

8.2 Der Anzeigepflichtige gibt die Anzeige selbst ab:

☐ Nein, bitte weiter mit 8.3

☐ Ja. Wenn „ja" angekreuzt wurde, bitte nachfolgend unterschreiben und die Anzeige einreichen.

Ort, Datum und Unterschrift des Anzeigepflichtigen

8.3 Personalien und Unterschriften der Person oder der Personen, die entsprechend ihrer Vertretungsbefugnis berechtigt sind, die Anzeige für den Anzeigepflichtigen abzugeben: [14]

Familienname	
Vornamen	
Geburtsdatum	

Ort, Datum und Unterschrift des Vertretungsberechtigten

Familienname	
Vornamen	
Geburtsdatum	

Ort, Datum und Unterschrift des Vertretungsberechtigten

Familienname	
Vornamen	
Geburtsdatum	

Ort, Datum und Unterschrift des Vertretungsberechtigten

Familienname	
Vornamen	
Geburtsdatum	

Ort, Datum und Unterschrift des Vertretungsberechtigten

Familienname	
Vornamen	
Geburtsdatum	

Ort, Datum und Unterschrift des Vertretungsberechtigten

Familienname	
Vornamen	
Geburtsdatum	

Ort, Datum und Unterschrift des Vertretungsberechtigten

Anmerkungen

1. Ist das Zielunternehmen ein Kredit- oder Finanzdienstleistungsinstitut, ist eine Ausfertigung an die Bundesanstalt für Finanzdienstleistungsaufsicht (BaFin) und eine Ausfertigung an die für das Institut zuständige Hauptverwaltung der Deutsche Bundesbank zu adressieren.

Handelt es sich bei dem Zielunternehmen um ein Versicherungsunternehmen, eine Versicherungs-Holdinggesellschaft im Sinne des § 1 b VAG oder einen Pensionsfonds, ist lediglich entweder eine Ausfertigung an die Bundesanstalt für Finanzdienstleistungsaufsicht (BaFin) oder eine Ausfertigung an die zuständige Länderaufsichtsbehörde zu adressieren.

Die entsprechende Adresse ist in dem Adressatenfeld einzutragen.

2. Die Postleitzahl ist nur von Inländern anzugeben.

3. Es ist die dreistellige Schlüsselnummer entsprechend der „Kundensystematik für die Bankenstatistik" einzutragen.

4. Nur anzugeben, sofern eine Eintragung vorliegt.

5. Die vom Anzeigepflichtigen vergebene Nummer der betreffenden Anlage zur Anzeige ist einzutragen.

6. Nummer 5.2 ist nicht auszufüllen
- bei komplexen Beteiligungsstrukturen,
- bei mittelbaren Beteiligungsverhältnissen über mehr als vier Ebenen und
- wenn sich die Tochtereigenschaft eines zwischengeschalteten Beteiligungsunternehmens nicht aus der Höhe des Kapital- und/oder Stimmrechtsanteils herleiten lässt.

Stattdessen ist das Formular „Komplexe Beteiligungsstrukturen" der Inhaberkontrollverordnung auszufüllen und als Anlage beizufügen.

7. Für beabsichtigte mittelbar gehaltene Beteiligungen gilt: Einzutragen ist die vollständige beabsichtigte Beteiligungskette mit den jeweiligen beabsichtigten unmittelbar gehaltenen Beteiligungsquoten zwischen den Beteiligungsunternehmen. Die Kette beginnt mit der beabsichtigten unmittelbar gehaltenen Beteiligung des Anzeigepflichtigen und endet mit dem Zielunternehmen.

8. Zu dem unter Nummer 1.1 angegebenen Anzeigepflichtigen muss hier lediglich dessen vollständiger Name (Vorname und Familienname) wiederholt werden. Zu dem unter Nummer 1.2 angegebenen Anzeigepflichtigen bzw. dem auf der Seite 1 angezeigten Zielunternehmen muss lediglich die Firma eingetragen werden.

9. Beteiligung am Nennwert (Nennkapital, Summe der Kapitalanteile); bei Personenhandelsgesellschaften und Gesellschaften des bürgerlichen Rechts ist auf das durch den Gesellschaftsvertrag festgelegte Beteiligungsverhältnis abzustellen. Angaben in Prozent mit einer Stelle nach dem Komma. Sofern der Nennwert nicht auf Euro lautet, ist zusätzlich der Nennwert in ausländischer Währung (in Tsd.) anzugeben. Der Nennwert ist zum Kurs des Meldestichtages umzurechnen. Sofern es sich bei dem Zielunternehmen um einen Versicherungsverein auf Gegenseitigkeit handelt, sind Prozentangaben in Bezug auf den Gründungsstock einzutragen.

10. Beabsichtigter unmittelbarer Anteil des vorhergehenden (Tochter-)Unternehmens der Beteiligungskette an dem hier genannten Zielunternehmen (keine durchgerechneten Quoten).

11. Sofern das Kapital des Unternehmens nicht auf Euro lautet, ist zusätzlich das Kapital in ausländischer Währung (in Tsd.) anzugeben. Das Kapital ist zum Kurs des Meldestichtages umzurechnen.

12. Nur auszufüllen, soweit vom Kapitalanteil abweichend; Angaben in Prozent mit einer Stelle nach dem Komma.

13. Ist der Anzeigepflichtige oder der die zukünftig gehaltenen Kapital- oder Stimmrechtsanteile Vermittelnde nach dem beabsichtigten Erwerb oder der beabsichtigten Erhöhung ein Mutterunternehmen des Zielunternehmens, ist „Mutter" einzutragen. Ist der die zukünftigen

Kapital- oder Stimmrechtsanteile Vermittelnde ein Schwesterunternehmen des Zielunternehmens, ist „Schwester" einzutragen.

14. Ist die in der ersten Tabelle genannte Person nur zusammen mit einer oder mehreren anderen Personen zur Vertretung des Anzeigepflichtigen berechtigt, hat diese bzw. haben diese weiteren Personen jeweils eine der nachfolgenden Tabellen auszufüllen. Fehlende Tabellen sind zu ergänzen; ggf. ist ein gesondertes Blatt dem Formular anzufügen, auf dem die Seitenzahlnummerierung des Formulars fortzusetzen ist.

II. Arzneimittel, Medizinprodukte, Lebensmittel

Schrifttum: Anhalt/Dieners, Handbuch des Medizinproduktrechts, 2003; *Cohen/Holland,* CCZ 2007; *Dettling,* Arzneimittelabverkauf nach Zulassungsübertragung; Anmerkung zu Jäkel, Pharma Recht 2002, 101 ff., Pharma Recht 2003, 12; *Dieners,* Handbuch Compliance im Gesundheitswesen, 2010; *Dieners/Reese,* Handbuch des Pharmarechts, 2010; *Hill/Schmidt,* Wiesbadener Kommentar Medizinprodukterecht, 2010; *Hiltl/Rose,* Rechtsprobleme beim Erwerb von Pharmaunternehmen, Pharma Recht 2004, 4; *Jäkel,* Arzneimittelabverkauf nach Bezeichnungsänderung, Zulassungsverzicht oder Zulassungsübertragung, Pharma Recht 2002, 101; *Kügel,* Arzneimittelrechtliche Auswirkungen der Umstrukturierung von Pharmaunternehmen, Pharma Recht 2005, 66; *Partsch,* The Foreign Corrupt Practices Act (FCPA) der USA, 2007; *Schorn,* Kommentar Medizinprodukterecht, 2010.

1. Einleitung

Transaktionen im Pharma-, Medizinprodukte- und Lebensmittelbereich bedürfen aufgrund der Technologieabhängigkeit der Unternehmen sowie der ausgeprägten Regulierung einer besonders sorgfältigen Vorbereitung. Dies wirkt sich bereits auf die Planung und Durchführung der Due Diligence aus. Ferner müssen die regulatorischen Besonderheiten auch bei der Strukturierung der Transaktion bedacht werden. Schließlich ist den sektorspezifischen Rahmenbedingungen bei einzelnen Vertragsklauseln Rechnung zu tragen. Auf diese Aspekte wird nachfolgend kurz eingegangen.

2. Prüfungsschwerpunkte im Rahmen der Due Diligence: Gewerbliche Schutzrechte

Die **gewerblichen Schutzrechte (Patente, Marken, Know-how etc.)** stellen bei technologieorientierten Unternehmen häufig die wesentlichen wertbildenden Faktoren dar. Im Rahmen der Due Diligence ist daher die Prüfung der gewerblichen Schutzrechte eine besonders wichtige Aufgabe (vgl. hierzu Anhalt/Dieners/*Lentz/Stohlmeier* § 26 Rdnr. 46). Von zentraler Bedeutung für den wirtschaftlichen Wert der Zielgesellschaft bzw. der von ihr vertriebenen Produkte ist insbesondere die Frage, inwieweit diese durch gewerbliche Schutzrechte abgesichert sind und hierdurch über eine (eingeschränkte) Monopolstellung verfügen. Die Kosten für die Entwicklung eines innovativen **Arzneimittels** werden heute bei konservativer Schätzung mit ca. 800 Mio. Dollar bewertet. Die Entwicklungszeit beträgt, gemessen von der Identifizierung eines geeigneten Targets bis zur Marktreife, durchschnittlich 12–14 Jahre. Der Entwicklungsprozess als solcher ist mit hohen Risiken behaftet. Aktuellen Schätzungen zufolge erreichen 92% der in der Phase 1 (Verträglichkeit und Unbedenklichkeit) getesteten medizinischen Wirkstoffe niemals die Marktreife (FDA, Critical Path Record, March 2004, www.fda.gov/oc/initiatives/criticalpath/). Zum Zeitpunkt der Markteinführung steht für die letztlich erfolgreichen Entwicklungen durchschnittlich nur noch eine Patent-Restlaufzeit von 7 bis 8 Jahren zur Verfügung. Selbst vor Ablauf des Patentschutzes sind diese Arzneimittel häufig einem nicht unerheblichen Wettbewerbsdruck ausgesetzt. Denn auch patentgeschützte Arzneimittel begründen nur in den seltensten Fällen eine neue Substanzklasse, sondern beruhen zumeist auf sog. „Analogwirkstoffen" einer bereits bestehenden Substanzklasse. Generell muss sichergestellt sein, dass die von der Zielgesellschaft vertriebenen Arzneimittel vermarktet werden können, ohne dass hierdurch **Rechte Dritter** verletzt werden. Dies gilt insbesondere für Generika, die regelmäßig auf einem (ursprünglich patentgeschützten) Wirkstoff eines Originalanbieters beruhen. Die Erteilung der Zulassung sagt hierüber nichts aus, da diese unbeschadet der Rechte Dritter erteilt wird. Bei Produkten, die die Zielgesellschaft eigenständig entwickelt hat, reduziert sich die Prüfung in der Regel auf die Frage, ob hierdurch ältere Rechte Dritter verletzt werden. Bei Produkten, die von Dritten auf die Zielgesellschaft übertragen worden sind, muss zusätzlich der entsprechende Übertragungsvertrag geprüft werden. Bei einlizensierten Produkten ist zu prüfen, ob der Fortbestand des Lizenzvertrages durch die Transaktion berührt wird.

Auch die nicht-registrierungsfähigen Rechte, insbesondere die im Rahmen von klinischen Prüfungen gewonnenen Daten und sonstiges produktspezifisches (verkörpertes und nicht verkörpertes) Know-how, müssen in die Prüfung einbezogen werden. Gleiches gilt für das Verfahren zur Meldung und Inanspruchnahme von Arbeitnehmererfindungen sowie bestehenden Forschungs- und Entwicklungskooperationen mit anderen Unternehmen oder universitären bzw. klinischen Einrichtungen. Soweit dieses Know-how aber nicht dokumentiert ist, ist es für den Käufer umso wichtiger sicherzustellen, dass Schlüsselmitarbeiter das Unternehmen nicht verlassen.

Dem Grundsatz nach ist in gleicher Weise bei **Medizinprodukten** zu verfahren. Allerdings stellt sich bei diesen die patentrechtliche Problematik nicht in gleicher Schärfe. Denn der Medizinproduktebereich ist überwiegend durch kürzere Produktlebenszyklen und weniger anspruchsvolle Zulassungsverfahren gekennzeichnet.

Im **Lebensmittelbereich** weisen die Produkte demgegenüber einen überdurchschnittlich langen Lebenszyklus auf. Wichtiges Know-how wird häufig ganz bewusst nicht patentiert, da es ansonsten in der Patentschrift offengelegt und so – nach Ablauf der Patentlaufzeit – dem Zugriff der Allgemeinheit ausgesetzt wäre (klassisches Beispiel: Die nach wie vor geheime Rezeptur von Coca-Cola). Dieses betriebsinterne Know-how wird der Verkäufer im Rahmen der Due Diligence häufig nicht offenbaren wollen. Umso wichtiger ist es für den Käufer, hierfür eine adäquate Absicherung im Kaufvertrag zu erhalten. Der Schwerpunkt der Due Diligence liegt bei Lebensmitteln hinsichtlich der gewerblichen Schutzrechte zumeist bei dem Marken-, Design- und Ausstattungsschutz. Von großer Bedeutung für die Vermarktungsmöglichkeiten von Lebensmitteln wird zudem die Verordnung 1924/2006 über Nährwert- und Gesundheitsbezogene Angaben über Lebensmittel (so genannte „Health-Claims"-Verordnung, veröffentlicht im Amtsblatt der Europäischen Union L 404/9 ff. v. 30. 12. 2006) sein. Danach dürfen nährwert- und gesundheitsbezogene Angaben nur noch gemacht werden, wenn sie der „Health-Claims"-Verordnung entsprechen. Da sich hieraus erhebliche Einschränkungen ergeben können, sollten die Produkte der Zielgesellschaft darauf überprüft werden, ob diese auch zukünftig in dem bisherigen Umfang vermarktet und beworben werden können.

3. Prüfungsschwerpunkte im Rahmen der Due Diligence: Regulatorische Aspekte

a) **Regulatorische Rahmenbedingungen.** Neben den gewerblichen Schutzrechten ist das **regulatorische Umfeld** genau zu untersuchen. Im Vordergrund steht dabei die Prüfung,
- wie die Produkte der Zielgesellschaft rechtlich zu qualifizieren sind,
- ob die für die Herstellung und den Vertrieb erforderlichen Zulassungen und Genehmigungen vorliegen und in ihrem (Fort-)Bestand gesichert sind,
- in welchem Stadium sich die Forschungs- und Entwicklungsprojekte befinden,
- ob für die Arzneimitteldossiers noch Unterlagenschutz besteht oder bereits Dritte auf die klinischen Daten für eigene Zulassungen Bezug nehmen können,
- wie die Vermarktung der Produkte durch Parallelimporte aus anderen Ländern beeinträchtigt werden kann,
- ob ein Produktrückruf droht oder bereits angeordnet/eingeleitet worden ist,
- ob und in welchem Umfang Produkthaftungsklagen anhängig sind oder drohen,

- ob der erfolgreichen Vermarktung der Produkte sonstige Hindernisse (fehlende Erstattungsfähigkeit durch die nationalen Gesundheitssysteme, Wettbewerbs- und Werbebeschränkungen etc.) entgegenstehen.

Die Frage, welche regulatorischen Vorgaben im Einzelnen zu beachten sind, hängt maßgeblich von dem **rechtlichen Produktstatus** ab. Dieser ist daher gedanklich vorrangig zu ermitteln. Auch wenn es sich auf den ersten Blick bei Arzneimitteln, Medizinprodukten und Lebensmitteln um deutlich verschiedene Produktkategorien zu handeln scheint, ist die Abgrenzung nicht immer leicht vorzunehmen. **Arzneimittel** sind Stoffe, die ihre heilende oder vorbeugende Wirkung grundsätzlich auf pharmakologischem, immunologischem oder metabolischem Weg entfalten (§ 2 Abs. 1 AMG). **Medizinprodukte** sind demgegenüber Instrumente, Apparate, Vorrichtungen, Stoffe oder andere Erzeugnisse, die für medizinische Zwecke, wie die Erkennung, Überwachung, Behandlung oder Linderung von Krankheiten bestimmt sind (eine kurze und gute Einführung findet sich auf der Homepage des BfArM: www.bfarm.de/cln_043/nn_424.276/DE/Medizinprodukte/medizinprodukte-node.html_nnn=true). Sie entfalten ihre Hauptwirkung auf physikalischem, mechanischem oder physikochemischem Weg. Entfaltet ein Produkt sowohl physikalische als auch pharmakologische Wirkung, ist die Abgrenzung nach einer Schwerpunktbetrachtung vorzunehmen. Die Grenzen können jedoch bisweilen durchaus fließend sein, wobei trotz der weitgehenden gemeinschaftsrechtlichen Harmonisierung in der EU die Beurteilungsmaßstäbe der Gerichte und Behörden bisweilen nicht unerheblich variieren. Es kann daher nicht ausgeschlossen werden, dass ein und dasselbe Produkt von den zuständigen Behörden/Gerichten in einem Mitgliedstaat der EU als Arzneimittel, in einem anderen jedoch als Medizinprodukt eingestuft wird. Dies muss seitens des Erwerbers bei der Konzeption und Umsetzung europaweiter Vermarktungsstrategien bedacht werden.

Lebensmittel unterscheiden sich von Arzneimitteln nach ihrer Zweckbestimmung dadurch, dass sie zum Zwecke der Ernährung aufgenommen werden. Durch das Auftreten neuer Produktkategorien (Novel Food/Diätetische Lebensmittel/ergänzende bilanzierte Diäten/Nahrungsergänzungsmittel) ist jedoch auch hier die Abgrenzung (insbesondere zu pflanzlichen Arzneimitteln) immer schwieriger geworden. Im Wesentlichen ist die Abgrenzung danach vorzunehmen, ob die Produkte eine pharmakologische Wirkung aufweisen (BGH ZLR 2000, 375, 379 – L-Carnitin; BGH ZLR 2002, 638 – Muskelaufbaupräparate). Da der Begriff der pharmakologischen Wirkung jedoch seinerseits unscharf ist, kommt es bei den im Grenzbereich angesiedelten „Borderline-Produkten" für die Statusbestimmung häufig auf die Dosierung sowie – unter dem Aspekt des Präsentationsarzneimittels – auch auf den Gesichtspunkt der Werbung und Kennzeichnung an. Nach Art. 2 Abs. 2 der Richtlinie 2001/83 (in der Fassung der Richtlinie 2004/27/EG) gilt in Zweifelsfällen, in denen ein Erzeugnis sowohl unter die Definition eines Arzneimittels als auch unter die Definition eines anderen Erzeugnisses fallen kann, das arzneimittelrechtliche Regime. Hierdurch hat sich der Geltungsbereich des Arzneimittelrechts zu Lasten des Lebensmittelrechts ausgedehnt. Vertreibt die Zielgesellschaft „Borderline-Produkte" und bewirbt diese gegebenenfalls auch noch in einer arzneimitteltypischen Weise, muss der Produktstatus besonders sorgfältig überprüft werden (vgl. zu den Abgrenzungsfragen auch Dieners/Reese/*Doepner*/*Hüttebräuker* § 3 Rdnr. 77 ff.).

b) Zulassungen für Herstellung und Vertrieb. Nach Ermittlung des zutreffenden Produktstatus ist zu untersuchen, ob die für die **Herstellung und den Vertrieb der Produkte** erforderlichen Zulassungen und Genehmigungen vorliegen. Dies gilt zunächst für die Herstellung der Produkte selbst.

Die **Herstellung von Arzneimitteln** ist von der Erteilung einer vorherigen Erlaubnis (§ 13 AMG) abhängig. Seit Inkrafttreten der 14. AMG-Novelle Anfang September 2005 ist – unabhängig von der physischen Produktion – schon die bloße Chargenfreigabe als Herstellungsvorgang anzusehen und bedarf einer entsprechenden Erlaubnis. Des Weiteren muss die Herstellung den maßgeblichen Qualitätsvorgaben (Good Manufacturing Practice – GMP) entsprechen. Die Zielgesellschaft muss eine sog. sachkundige Person (§ 14 Abs. 1 Nr. 1 AMG) benennen, die das ihrem Aufgabenbereich entsprechende Anforderungsprofil erfüllt (§§ 15, 19 AMG). Überdies müssen ein Herstellungs- und Kontrollleiter mit ausreichender fachlicher Qualifikation und praktischer Erfahrung vorhanden sein. Des Weiteren muss ein ordnungsgemäßes Qualitätssicherungssystem nach der – auf der Grundlage von § 54 AMG erlassenen – Arzneimittel- und Wirkstoffherstellungsverordnung (AMWHV) existieren. Ferner ist zu überprüfen, ob bei routinemäßigen Inspektionen Beanstandungen der Aufsichtsbehörden erfolgt sind. Im Rahmen der Eigenherstellung sind außerdem Zulieferverträge für die Rohstoffe zu untersuchen, dies insbesondere im Hinblick auf eine langfristige Konditionenbindung. Soweit das Unternehmen auch eine Großhandelstätigkeit ausübt, ist zu prüfen, ob hierfür eine gesonderte Großhandelserlaubnis erforderlich ist oder ob hierfür die Herstellungserlaubnis ausreicht (§§ 13, 52a AMG).

Erfolgt die **Produktion durch Dritte**, sind die Lohnherstellungs- und Verantwortungsabgrenzungsverträge zu prüfen. Gemäß § 9 Abs. 1 AMWHV muss ein schriftlicher Vertrag bestehen, in dem die Aufgaben und Verantwortlichkeiten jeder Seite klar festgelegt sind. Dabei hat sich der Auftraggeber zu vergewissern, dass der Auftragnehmer das Arzneimittel ordnungsgemäß und entsprechend der Herstellungs- und Prüfanweisung herstellt und prüft.

Auch bei Herstellern von **Medizinprodukten** und **Lebensmitteln** ist zu überprüfen,
- ob die erforderlichen Herstellungserlaubnisse vorliegen,
- ob es in der Vergangenheit zu Beanstandungen im Rahmen der behördlichen Überwachungspraxis gekommen ist
- und ob der Bestand der Erlaubnisse gesichert ist,

wobei die regulatorische Regelungsdichte allerdings insoweit nicht ganz so hoch ausgeprägt ist wie bei der Herstellung von Arzneimitteln.

c) **Produktbezogene Zulassungen und Zertifizierungen.** Neben den herstellungsbezogenen Genehmigungen müssen auch die **produktbezogenen Zulassungen/Zertifizierungen** vorliegen:

Die Verkehrsfähigkeit von **Arzneimitteln** hängt grundsätzlich von einer behördlich erteilten Zulassung ab (§ 21 AMG). Die Aufrechterhaltung und Pflege der Zulassungen setzt eine ordnungsgemäße Zulassungspflege voraus. Deshalb ist zu prüfen, ob die Zulassungen in der Vergangenheit beanstandungslos verlängert worden sind oder ob es umgekehrt unbeantwortete Mängelbescheide oder sogar Androhungen der Versagung, des Widerrufs oder der Rücknahme von Zulassungen gibt. Ist die Dokumentation unvollständig, kann schon aus formalen Gründen (Fristversäumnis) ein Rechtsverlust drohen.

Bei so genannten **Alt-Arzneimitteln**, die zum Zeitpunkt des Inkrafttretens des Arzneimittelgesetzes am 1. 1. 1978 bereits auf dem Markt gewesen sind und seitdem als fiktiv zugelassen gelten (§ 105 AMG), gelten besondere Prüfungsmaßstäbe. Diese Arzneimittel sind teilweise von der zuständigen Behörde noch nicht (abschließend) auf Wirksamkeit und Unbedenklichkeit geprüft worden und befinden sich aufgrund von Übergangs-/Bestandsschutzregelungen noch im Verkehr. In diesem Fall ist deshalb besonders sorgfältig zu untersuchen, in welchem Stadium sich das Nachzulassungsverfahren befindet und ob die entsprechenden Anforderungen und Taktaufrufe durch die Behörden ordnungsgemäß bedient worden sind. Bei einem weit gefassten Produkt-Portfolio wird sich typischerweise ein nicht unerheblicher Teil der Zulassungen und Zertifizierungen (Erstanträge und Verlängerungsanträge) noch im Stadium der Bearbeitung der zuständigen Behörde befinden. Der Käufer sollte sich daher vergewissern, wie viele Zulassungsverfahren sich noch im Stadium der Bearbeitung befinden und in welcher Größenordnung sich die hierfür anfallenden Gebühren (sowie die Kosten für etwaige noch erforderlich werdende Studien) bewegen werden (ausführlich zum deutschen Zulassungssystem Dieners/Reese/*Wagner* § 6 Rdnr. 1 ff.).

Auch bei noch in der **Entwicklung** befindlichen Arzneimitteln ist festzustellen, in welcher Phase der Entwicklung sich diese derzeit befinden und ob die hierfür erforderlichen gesetzlichen Anforderungen eingehalten werden. Hierzu zählt gemäß der Richtlinie 2001/20/EG über die Anwendung der Guten Klinischen Praxis bei der Durchführung der klinischen Prüfung mit Humanarzneimitteln die Genehmigung der Ethikkommission (§§ 40 ff. AMG). Darüber hinaus ist zu untersuchen, ob Anhaltspunkte dafür vorliegen, dass bei der Zusammenarbeit mit klinischen Einrichtungen und Forschungsinstituten für einen Verstoß gegen Antikorruptionsvorschriften (§§ 331 ff. StGB) sowie die berufsrechtlichen Regelungen (Musterberufsordnung der Ärzte) und industrielle Verhaltenskodizes (in Deutschland: Freiwillige Selbstkontrolle der Arzneimittelindustrie – FSA) bestehen. Dieser Aspekt gewinnt zunehmend an Bedeutung, zumal es in den letzten Jahren verstärkt zur Einleitung von publizitätsträchtigen (strafrechtlichen) Ermittlungsverfahren gekommen ist.

Medizinprodukte unterliegen demgegenüber keinem Zulassungsverfahren durch eine staatliche Behörde, sondern einem Konformitätsbewertungsverfahren durch von den Mitgliedsstaaten zu ernennende Zertifizierungsstellen (sog. „Benannte Stellen"/„notified bodies"). Medizinprodukte werden grundsätzlich in vier Risikoklassen I, II a, II b und III eingeteilt. Die EU-Kommission hat ausführliche Erläuterungen und Beispiele für Klassifizierungen in den Leitlinien (Guidelines) MEDDEV niedergelegt. Je nach Risikoklasse kann die Konformität durch den Hersteller selbst oder unter Einschaltung einer Benannten Stelle nachgewiesen werden. Zum Nachweis der Erfüllung der gesetzlichen Anforderungen kann sich der Hersteller im Rahmen des Konformitätsbewertungsverfahrens auf harmonisierte Normen und gleichgestellte Monographien des Europäischen Arzneibuchs berufen. Aufgrund der Konformitätsbescheinigung erhält der Medizinproduktehersteller das Recht, die Produkte mit der CE-Kennzeichnung (Conformité Européenne) auszustatten. Ein so gekennzeichnetes Medizinprodukt kann innerhalb der gesamten EU ohne zusätzliche nationale Zulassungs- oder Genehmigungsverfahren frei vermarktet werden. Im Rahmen der Due Diligence ist deshalb zu überprüfen, ob

- die Produkte eine ordnungsgemäße CE-Kennzeichnung aufweisen,
- die hierfür erforderlichen Konformitätsbewertungsverfahren durchgeführt worden sind,
- welchen Stand das im 5-Jahres-Turnus zu führende Verlängerungsverfahren (§ 17 MPG) aufweist und
- ob Anhaltspunkte dafür vorliegen, dass eine Einschränkung, Aussetzung oder Zurückziehung des Zertifikats droht (§ 18 MPG).

In Ausnahmekonstellationen kann das Bundesinstitut für Arzneimittel und Medizinprodukte (BfArM) das erstmalige Inverkehrbringen oder die Inbetriebnahme einzelner Medizinprodukte in Deutschland befristet zulassen, wenn dies im Interesse des Gesundheitsschutzes liegt und die Durchführung eines regulären Konformitätsbewertungsverfahrens nicht abgewartet werden kann. In diesem Fall muss jedoch nachgewiesen werden, dass keine medizinischen annähernd gleichwertigen Alternativprodukte oder -verfahren verfügbar sind. Derartige Medizinprodukte sind aus Erwerbersicht ambivalent: Einerseits können sie aufgrund der Sonderstellung ein nicht unerhebliches Marktpotential versprechen, andererseits ist in Ermangelung eines regulären Konformitätsbewertungsverfahrens die Verkehrsfähigkeit dieser Produkte mittel- bis langfristig nicht gesichert.

Anders als Arzneimittel und Medizinprodukte unterliegen **Lebensmittel** (Ausnahme „novel food") grundsätzlich keinem produktbezogenen Zulassungsverfahren. Der Schwerpunkt der Prüfung liegt deshalb darauf, ob die Zusammensetzung und Kennzeichnung der Produkte (Hauptumsatzträger) den gesetzlichen Vorschriften entsprechen. Soweit für einzelne Produktkategorien besondere Notifizierungspflichten bestehen (z.B. für bilanzierte Diäten, § 4a Abs. 1 DiätVO), ist zu überprüfen, ob diese eingehalten worden sind und welche behördlichen Reaktionen gegebenenfalls erfolgt sind.

d) **Produktbezogene Risiken.** Ein weiterer Prüfungsschwerpunkt sollte darauf gerichtet sein, wie die Zielgesellschaften **produktbezogene Risiken** identifizieren, dokumentieren und kommunizieren. Pharmaunternehmen sind gemeinschaftsrechtlich verpflichtet, nationale Arzneimittel-Überwachungssysteme zu etablieren sowie einen für die Arzneimittelüberwachung verantwortlichen qualifizierten Mitarbeiter im pharmazeutischen Unternehmen zu benennen (sog. Pharmakovigilanz – vgl. Art. 101 der Richtlinie 2001/83 Gemeinschaftskodex Humanarzneimittel). Entsprechende Meldepflichten von Arzneimittelrisiken sind in § 29 Abs. 1 S. 2 bis 8 AMG kodifiziert. Verantwortlich für die Sammlung und Meldung von Arzneimittelrisiken innerhalb eines pharmazeutischen Unternehmens ist der Stufenplanbeauftragte (§ 63a AMG). Im Rahmen der Due Diligence sollte deshalb überprüft werden, ob das Pharmakovigilanz-System den gesetzlichen Vorgaben entsprechend etabliert worden ist. Des Weiteren sollten die dokumentierten Meldungen unerwünschter Arzneimittelwirkungen (UAW) sowie unerwünschter Ereignisse (UE) ermittelt sowie die behördlicherseits eingeleiteten oder drohenden Maßnahmen (Stufenplanverfahren nach § 63 AMG) überprüft werden. Derartige Meldungen und Verfahren können sowohl den Zulassungsstatus gefährden als auch weitreichende produkthaftungsrechtliche Konsequenzen haben. Die von der Zielgesellschaft beschäftigten Außendienstmitarbeiter (Pharmaberater) müssen zudem die fachlichen Anforderungen

3. Prüfungsschwerpunkte im Rahmen der Due Diligence

nach den gesetzlichen Vorgaben erfüllen (§§ 75 ff. AMG). Schließlich muss die Zielgesellschaft auch über eine ausreichende Pflichtversicherung (§§ 84, 94 AMG) verfügen.

Bei **Medizinprodukten** ist dieser Bereich ähnlich wie bei Arzneimitteln geregelt. Meldungen zu Vorkommnissen betreffend In-vitro-Diagnostika, die zur Prüfung der Unbedenklichkeit oder -verträglichkeit von Blut- oder Gewebespenden bestimmt sind oder Infektionskrankheiten betreffen, nimmt in Deutschland das Paul-Ehrlich-Institut (PEI) entgegen. Für alle übrigen Medizinprodukte ist das BfArM zuständig. Gemeinsame Aufgabe von BfArM und PEI ist die zentrale Erfassung, Auswertung und Bewertung von Risiken sowie die Koordinierung der insoweit zu ergreifenden Maßnahmen. Die Verantwortlichen für das erstmalige Inverkehrbringen von Medizinprodukten (Hersteller, Bevollmächtigte oder Einführer) sind nach der Medizinprodukte-Sicherheitsplanverordnung (MPS V) verpflichtet, Vorkommnisse, die in Deutschland aufgetreten sind (sowie unter bestimmten Voraussetzungen auch Vorkommnisse, die sich in Drittländern zugetragen haben), sowie in Deutschland durchgeführte Rückrufe an das BfArM zu melden. Jeder Hersteller ist verpflichtet, einen Sicherheitsbeauftragten für Medizinprodukte zu benennen (§ 30 MPG), der bekannt gewordene Risikomeldungen zu sammeln, zu bewerten und gegebenenfalls anzuzeigen sowie notwendige Maßnahmen zu koordinieren hat. Der die Fachkreise informierende Medizinprodukteberater muss zudem eine adäquate Ausbildung aufweisen und regelmäßig geschult werden (§ 31 MPG). Die Einhaltung dieser Vorgaben sowie die einzelnen „Vigilance Reports" sollten daher im Rahmen der Due Diligence überprüft werden.

Im **Lebensmittelbereich** ist das Überwachungs- und Meldesystem aufgrund des herabgesetzten Risikopotentials von Lebensmitteln – abgesehen von Ausnahmekonstellationen – nicht ganz so streng ausgestaltet. Hier liegt der Schwerpunkt der Due Diligence zumeist weniger in einer produkt-, sondern vielmehr systembezogenen Rolle (Einhaltung von Hygienevorschriften etc.).

e) **Produkthaftung.** Generell spielt die **Produkthaftung** für alle drei Kategorien – Arzneimittel, Medizinprodukte und Lebensmittel – eine große Rolle. Die Frage, ob Produkthaftungsklagen anhängig gemacht worden sind oder Anhaltspunkte dafür vorliegen, dass derartige Ansprüche zukünftig geltend gemacht werden könnten, sollte daher einen Schwerpunkt der Due Diligence-Prüfung darstellen, dies unter Einbeziehung eines etwaigen Versicherungsschutzes (zur Pflichtversicherung im Arzneimittelrecht vgl. § 94 AMG). Verbleibende Risiken sollten so weit wie möglich im Kaufvertrag eingegrenzt werden. Neben den Garantien, die Sachverhalte erfassen sollen, die im Rahmen der Due Diligence nicht abschließend geklärt werden konnten, kann es sich empfehlen, identifizierte Risiken durch Freistellungen abzudecken, wenn diese nicht zuverlässig zu beziffern sind und daher nicht im Kaufpreis berücksichtigt werden können. Im Unterschied zu Garantien sehen Freistellungen Euro-für-Euro Erstattungen vor, die nicht durch De-minimis-Beträge und niedrige „Caps" beschränkt werden; zudem verjähren sie regelmäßig später.

Von zunehmender Bedeutung für die Vermarktungschancen eines Produktes ist die **Erstattungsfähigkeit** durch die nationalen Gesundheitssysteme. **Arzneimittel,** deren Erstattungsfähigkeit nicht oder nur teilweise anerkannt wird, können nur unter erschwerten Bedingungen vermarktet werden. Dies gilt inzwischen auch für patentgeschützte Arzneimittel. Durch das zum 1.1.2004 in Kraft getretene Gesundheitsreformgesetz haben die Träger der gesetzlichen Krankenversicherung die Möglichkeit, die Erstattung auch bei patentgeschützten Arzneimitteln auf einen bestimmten Festbetrag zu begrenzen (§ 35 Abs. 1 und Abs. 1a SGB V). Davon ausgenommen sind nur Innovationen i. S. v. § 35 Abs. 1 S. 2 Halbs. 2 SGB V oder Wirkstoffe, die eine therapeutische Verbesserung im Sinne von § 35 Abs. 1b SGB V darstellen. Vergleichbare Systeme zur Beschränkung der Erstattungsfähigkeit existieren auch in anderen Ländern, wobei die Regulierung teilweise durch den Staat, teilweise durch unabhängige Institutionen (so etwa in England durch das National Institute for Health and Clinical Excellence (NICE)) erfolgt. Nichtverschreibungspflichtige Arzneimittel sind nach der zum 1.1.2004 in Kraft getretenen Gesundheitsreform – von wenigen Ausnahmen abgesehen – innerhalb der gesetzlichen Krankenkassen (GKV) grundsätzlich nicht erstattungsfähig (§ 34 SGB V). Die Due Diligence sollte daher – zumindest hinsichtlich der Hauptumsatzträger und der wichtigsten Forschungsprojekte – auch eine Überprüfung umfassen, ob und in welchem Umfang eine Erstattungsfähigkeit besteht und mittel- bis langfristig gesichert ist.

Auch für **Medizinprodukte** ist die Frage der Erstattungsfähigkeit von großer Bedeutung. Im stationären Bereich erfolgt eine Erstattung durch die GKV im Rahmen der so genannten Fallkostenpauschale. Demgegenüber richtet sich die Erstattungsfähigkeit im ambulanten Bereich danach, ob die Medizinprodukte die Voraussetzungen des SGB V für die Erstattungsfähigkeit von Verband- und Hilfsmitteln sowie sonstigen Medizinprodukten (als Sachkosten) erfüllen. Auch diese Aspekte sind in die Due Diligence einzubeziehen.

Die Erstattungsfähigkeit spielt für **Lebensmittel** grundsätzlich keine Rolle. In Deutschland werden Lebensmittel nicht von der GKV erstattet. Ausnahmen existieren nach § 35 Abs. 1 S. 2 SGB V i. V. m. den Arzneimittelrichtlinien für bestimmte bilanzierte Diäten (z. B. sog. Trinknahrung).

Der **Abgabestatus** (verschreibungspflichtig/apothekenpflichtig/freiverkäuflich) ist relevant für die Frage, wie sich die zu erwerbenden Produkte in den Geschäftsbereich des Käufers einfügen. Da verschreibungspflichtige Arzneimittel in Deutschland gegenüber dem Laienpublikum nicht beworben werden dürfen (§ 10 Abs. 1 HWG), ist insoweit die Existenz bzw. der Aufbau von Vertriebslinien und der Kontakt zu den Fachkreisen von großer Bedeutung. Demgegenüber liegt bei nichtverschreibungspflichtigen Arzneimitteln der Schwerpunkt regelmäßig im Bereich der „Direct-to-Consumer"-Werbung. Auch das Medizinprodukterecht kennt die Unterscheidung zwischen verschreibungspflichtigen, apothekenpflichtigen und freiverkäuflichen Medizinprodukten. Anders als bei Arzneimitteln dürfen verschreibungspflichtige Medizinprodukte jedoch auch gegenüber dem Laienpublikum beworben werden. Ein Vertrieb über Apotheken ist für Medizinprodukte und Lebensmittel möglich, soweit es sich um apothekenübliche Ware im Sinne von § 25 Apothekenbetriebsordnung handelt.

f) **Compliance.** Die Zusammenarbeit der pharmazeutischen und medizintechnologischen Industrie mit Mitarbeitern medizinischer Einrichtungen und niedergelassenen Ärzten findet in einem schwierigen **Spannungsverhältnis** im Bereich des Gesundheitswesens statt. Einerseits ist eine enge Kooperation auch vom Staat gewollt, um klinische Forschung und Entwicklung und damit den hohen Stand der medizinischen Forschung und Gesundheitsversorgung in Deutschland zu gewährleisten. Dies betrifft insbesondere die Zusammenarbeit der pharmazeutischen und medizintechnologischen Industrie mit Klinikärzten. Das Strafrecht (insbesondere die Korruptionsdelikte), das öffentliche Dienstrecht sowie das ärztliche Berufsrecht ziehen auf der anderen Seite zu dieser Zusammenarbeit eine strikte Trennlinie. Hinzu treten noch sektorspezifische werbe- und sozialrechtliche Bestimmungen. Zahlreiche Unternehmen sind über die bestehenden gesetzlichen Regelungen hinaus an freiwillig auferlegte Verhaltensregelwerke gebunden. Diese Verhaltenskodizes wiederholen nicht nur die geltende Rechtslage, sondern gehen oft über gesetzliche Mindeststandards hinaus. So überwacht der Verein „Freiwillige Selbstkontrolle für die Arzneimittelindustrie e. V." die Einhaltung der Kodizes durch seine Mitgliedsunternehmen und sanktioniert ggf. Regelverstöße mit Geldstrafen (grundlegend zum gesamten Thema Dieners, S. 5).

Vor diesem rechtlichen Hintergrund kommt der Etablierung eines präventiv angelegten Compliance-Programms, das Regelverstößen nicht nur im Wege rückwärts gewandter Einzelmaßnahmen begegnet, eine besondere Bedeutung zu. Im Rahmen der Due Dilligence wird bei Unternehmen der pharmazeutischen und medizintechnologischen Industrie somit genau zu prüfen sein, inwieweit Compliance-Strukturen als Teil der allgemeinen Unternehmensorganisation bereits bestehen bzw. welche Risiken sich durch fehlende betriebliche Compliance-Organisation ergeben können (Dieners, S. 127 f.).

Geprüft werden sollte ebenso das Vorhandensein eines funktionierenden vorbeugenden Compliance-Programms auf dem Gebiet des **Heilmittelwerberechts**. Durch den starken Wettbewerb unter den Unternehmen bei einem hoch effektiven System des vorläufigen Rechtsschutzes muss das jeweilige Unternehmen sicherstellen können, dass seine Werbung nicht gegen die einschlägigen Vorschriften von HWG, AMG oder MPG bzw. gegen bereits abgegebene Unterlassungs- und Verpflichtungserklärungen verstößt.

Ein präventiv angelegtes Compliance-Programm ist aber vor allem notwendig, um **strafrechtlichen Risiken** zu begegnen, insbesondere wegen der Komplexität der Geschäftsbeziehungen zwischen den Unternehmen und den für die Beschaffung und Verordnung von Produkten zuständigen Personen (vor allem Ärzten). Hier besteht die Gefahr der Verwirklichung

3. Prüfungsschwerpunkte im Rahmen der Due Diligence

von korruptiven Situationen im Sinne der §§ 331 ff., 299 StGB oder von Vermögensdelikten zu Lasten von Kliniken oder Krankenkassen nach §§ 263, 266 StGB. Eine effektive innerbetriebliche Präventionsstrategie wirkt dabei nicht nur strukturellen Korruptionsrisiken entgegen, sondern erkennt und vermeidet auch Fälle „situativer Korruption" von Mitarbeitern. Im Rahmen der Due Dilligence von Bedeutung sind zudem Sanktionen gegenüber dem Unternehmen durch Verfallsanordnungen nach §§ 73 ff. StGB. Werden Schmiergeld- und Bestechungszahlungen eines erworbenen Unternehmens nicht erkannt, besteht die Gefahr, dass sich eine Verfallsanordnung gegenüber dem neuen Tochterunternehmen auch auf die Muttergesellschaft auswirken kann. Die Situation hat sich dadurch weiter verschärft, indem in jüngster Zeit sowohl die Rechtsprechung (OLG Braunschweig Beschluss vom 23. 2. 2010, Ws 17/10 = Pharma Recht 2010, 30 ff.) als auch gewichtige Stimmen in der Literatur (etwa Fischer, StGB, 56. Aufl. 2009, § 299 Rdnr. 10 b) dazu tendieren, auch niedergelassene Vertragsärzte unter die Regelung des § 299 StGB zu subsumieren. Sollte sich diese (umstrittene) Sichtweise durchsetzen, würde dies die bestehende Risikolage erheblich erweitern.

Für Unternehmen mit US-amerikanischen Muttergesellschaften oder für deutsche Unternehmen mit US-amerikanischer Börsennotierung oder anderen geschäftlichen Aktivitäten mit US-Bezug ist darüber hinaus auch der Umstand von Bedeutung, dass sich tatsächliche oder vermeintliche Korruptionshandlungen unter dem „Foreign Corrupt Practices Act" (FCPA) von 1977 auch auf die Muttergesellschaften auswirken können, bis hin zur Gefährdung der amerikanischen Börsennotierung (hierzu weiterführend *Cohen/Holland* CCZ 2008 7 ff.; *Partsch*, S. 22 ff).

Bei einer rechtswidrigen Ausgestaltung von Kooperationsbeziehungen mit Klinikärzten oder niedergelassenen Ärzten kommen zudem **zivilrechtliche Konsequenzen** in Betracht, insbesondere ein Verstoß gegen § 3 UWG bei unlauterer Zusammenarbeit. Dann kann es zur Geltendmachung von Unterlassungs- und Schadensersatzansprüchen von Wettbewerbern kommen.

Unabhängig von den rechtlichen Konsequenzen ist zu beachten, dass unlautere oder bereits auch nur als unethisch betrachtete Kontakte zwischen der Industrie und Ärzten regelmäßig zu hohen **Reputationsschäden und einem Imageverlust** führen können. Hier besteht die Gefahr eines hohen wirtschaftlichen Schadens bzw. Wertverlusts des zu erwerbenden Unternehmens, wodurch das Erfordernis einer eingehenden Prüfung im Rahmen der Due Diligence unter Compliance-Gesichtspunkten noch verdeutlicht wird (Dieners S. 127 ff., 136).

g) Zusammenfassung. Zusammengefasst sind somit im Rahmen der Due Diligence die folgenden Aspekte von besonderer Bedeutung:
- Rechtlicher Produktstatus der Produkte des Zielunternehmens
- Erforderliche produktbezogene Zulassungen, Zertifizierungen und Anzeigen
- Fortbestand der Zulassungen (Verlängerungen, Mängelbescheide, Rücknahme, Widerruf, Anordnung des Ruhens)
- Stand von Produktentwicklungen, Durchführung klinischer Prüfungen (Genehmigungen, Prüfverträge, etc.)
- Herkunft der Produktzulassungen (Eigenentwicklungen, Kauf, Lizenzierung)
- Absicherung der Hauptumsatzträger durch gewerbliche Schutzrechte
- Schutz des verkörperten/nicht verkörperten Know-hows der Zielgesellschaft
- Bestand der ein- und auslizenzierten Rechte
- Personelle und sachliche Voraussetzungen der Pharmakovigilanz
- Gerichtliche Auseinandersetzungen (insbesondere Patent- und Produkthaftungsfälle)
- Herstellungs-, Großhandels- und Gewerbeerlaubnis
- Lohnherstellungsverträge
- Erstattungsfähigkeit der Produkte im System der gesetzlichen Gesundheitsversorgung
- (Pflicht-)Versicherungen
- Compliance

Die vorstehend dargelegten regulatorischen Aspekte können von großer Bedeutung für die Frage sein, ob, mit welchem Aufwand und wie schnell die Zielgesellschaft in der Lage sein wird, nach Vollzug der Transaktion den bisherigen Geschäftsbetrieb fortzuführen. Sie sollten daher auch bei der Planung und Strukturierung der Transaktion bedacht werden.

4. Share Deal: Fortbestand von Zulassungen/Genehmigungen

Bei einem **Share Deal** ist die Weiterführung des bisherigen Geschäftsbetriebs zumeist mit einem verhältnismäßig geringen Aufwand möglich. Denn bei einem Share Deal bleiben die produktbezogenen Zulassungen und Herstellungserlaubnisse zumeist unberührt, vorausgesetzt die Strukturen und tatsächlichen Abläufe werden nicht verändert. Dies bezieht sich auch auf die Qualitätssicherungsmaßnahmen einschließlich der Verantwortlichkeitsverteilung für die Produktüberwachung in dem übernommenen Unternehmen (Anhalt/Dieners/*Lenz/Stohlmeier* § 26 Rdnr. 51). Ändert sich infolge eines Anteilserwerbs die Firmierung des Zielunternehmens, ist eine Anzeige an die zuständigen Stellen und Überwachungsbehörden erforderlich (Anhalt/Dieners/*Lenz/Stohlmeier* ebenda). **Umstrukturierungen** der Zielgesellschaft (Formwechsel, Verschmelzung oder Spaltung) können sich im Einzelfall durchaus auf bestehende Erlaubnisse auswirken. Dabei bereiten tendenziell personenbezogene oder höchstpersönliche Erlaubnisse (Herstellung, Einfuhr und Großhandel) größere Schwierigkeiten als produktbezogene Zulassungen (zu den sehr strittigen Einzelheiten vgl. näher *Kügel* Pharma Recht 2005, 66 ff.). Eine (zumeist steuerrechtlich motivierte) Re-Allokation der gewerblichen Schutzrechte ist aus regulatorischer Sicht demgegenüber zumeist unproblematisch, da die Genehmigungen und Zulassungen unbeschadeter gewerblicher Schutzrechte erteilt werden.

Sicherzustellen ist, dass die Zielgesellschaft nach Vollzug der Transaktion die regulatorischen Voraussetzungen erfüllt, um die Produkte als pharmazeutischer Unternehmer in den Verkehr bringen zu können. Gemäß § 9 Abs. 1 AMG müssen **Arzneimittel** die Firma und die Anschrift des **pharmazeutischen Unternehmers** tragen. Dieser muss seinen Sitz im Geltungsbereich des AMG, in einem anderen Mitgliedstaat der Europäischen Gemeinschaft oder in einem Vertragsstaat des Abkommens über den europäischen Wirtschaftsraum haben. Gem. § 4 Abs. 18 AMG ist pharmazeutischer Unternehmer, wer Arzneimittel unter seinem Namen in den Verkehr bringt. Hersteller und pharmazeutischer Unternehmer müssen daher nicht zwangsläufig identisch sein und fallen in der Praxis durchaus häufig auseinander (Beispiel: Lohnherstellung). Bei der Gestaltung der Transaktionsstruktur ist deshalb darauf zu achten, dass der pharmazeutische Unternehmer, der die Arzneimittel zukünftig unter seinem Namen in den Verkehr bringen soll, die territorialen Anforderungen des § 9 AMG erfüllt.

Gleiches gilt für das **Medizinprodukterecht**. Dieses differenziert zwischen dem Inverkehrbringer, dem Hersteller sowie dem Bevollmächtigten. Das erstmalige **Inverkehrbringen** ist die erste Abgabe von neuen oder als neu aufbereiteten Medizinprodukten an andere im Europäischen Wirtschaftsraum (§ 3 Nr. 11 MPG). **Hersteller** ist die natürliche oder juristische Person, die für die Auslegung, Herstellung, Verpackung und Kennzeichnung eines Medizinproduktes im Hinblick auf das erstmalige Inverkehrbringen in eigenem Namen verantwortlich ist, unabhängig davon, ob diese Tätigkeit durch ihn selbst oder für ihn von einer dritten Person ausgeführt wird (§ 3 Nr. 15 MPG). **Bevollmächtigter** ist die im Europäischen Wirtschaftsraum niedergelassene natürliche oder juristische Person, die vom Hersteller ausdrücklich dazu bestimmt wurde, im Hinblick auf seine Verpflichtungen nach dem MPG in seinem Namen zu handeln und den Behörden und zuständigen Stellen zur Verfügung zu stehen (§ 3 Nr. 16 MPG). Der Verantwortliche für das erstmalige Inverkehrbringen von Medizinprodukten ist der Hersteller oder sein Bevollmächtigter (§ 5 MPG). Nach den Vorgaben des MPG muss der Hersteller oder sein Bevollmächtigter seinen Sitz im Europäischen Wirtschaftsraum haben. Das MPG geht damit über das Gemeinschaftsrecht hinaus, da nach Anhang II Abschnitt 6.3 und Anhang III Abschnitt 7.4 der Richtlinie 93/42 EWG der Bevollmächtigte auch außerhalb des EWR ansässig sein kann. Es ist daher bei der Gestaltung der Transaktionsstruktur darauf zu achten, dass das Unternehmen, welches nach Vollzug der Transaktion als Hersteller oder Bevollmächtigter agieren soll, seinen Sitz im Europäischen Wirtschaftsraum hat.

Bei **Lebensmitteln** richtet sich die Verantwortlichkeit nach den allgemeinen Grundsätzen des Produkthaftungsrechts. Das Unternehmen, welches die Lebensmittel herstellt oder sich durch Anbringen seines Namens als Hersteller ausgibt, muss daher nicht zwingend seinen Sitz im Europäischen Wirtschaftsraum haben. In diesem Fall gilt dann aber als Hersteller auch derjenige, der das Lebensmittel erstmalig in den Europäischen Wirtschaftsraum einführt. Dies könnte die Absatzaktivitäten im Hinblick auf die hiermit verbundenen Haftungsfolgen nicht unerheblich erschweren, was ebenfalls im Vorfeld bedacht werden sollte.

5. Asset Deal: Übertragung von Zulassungen/Genehmigungen

Bei einem **Asset Deal** sind demgegenüber verschiedene Besonderheiten zu berücksichtigen: In Bezug auf Arzneimittel verdient die Frage, ob und wie die produktbezogenen Zulassungen auf den Erwerber übertragen werden können, besondere Aufmerksamkeit. Nach herrschender Auffassung stellt die produktbezogene **Zulassung nach dem AMG** lediglich ein unselbständiges Hilfsrecht dar. Dieses gewährt zwar dem Zulassungsinhaber das subjektiv-öffentliche Recht, das Arzneimittel in den Verkehr zu bringen (BGH NJW 1990, 2931 ff.). Die öffentlich-rechtliche Befugnis sagt jedoch nichts darüber aus, ob der Antragssteller auch privatrechtlich befugt ist, das Arzneimittel herzustellen und in den Verkehr zu bringen. Der in der Zulassung verkörperte Vermögenswert muss deshalb stets zusammen mit der privatrechtlichen Herstellungs- und Verfügungsbefugnis übertragen werden. Dies geschieht durch eine Übertragung entsprechend § 398 BGB. Die Änderungsanzeige gegenüber der zuständigen Behörde gem. §§ 29 Abs. 1 und 22 Abs. 1 AMG ist für das zugrunde liegende zivilrechtliche Übertragungsgeschäft ohne Bedeutung (BGH NJW 1990, 2931, 2932). Der Inhaber des privatrechtlichen Herstellungs- und Vertriebsrechts hat gegenüber demjenigen, der lediglich formal noch als Inhaber der öffentlich-rechtlichen Zulassung ausgewiesen wird, einen gesetzlichen Anspruch auf Abgabe einer Änderungsanzeige gem. § 29 Abs. 1 S. 1 AMG sowie in entsprechender Anwendung von § 1004 BGB (BGH ebenda). Dessen ungeachtet hat der Erwerber ein Interesse daran, dass diese Handlungen zum Closing vorgenommen werden.

Dieses Prinzip der Übertragung der Arzneimittel kraft Privatrechtsgeschäft kann jedoch nicht unbesehen auf andere Rechtsordnungen und andere Zulassungen übertragen werden. Für die auf der Grundlage der Verordnung Nr. 2309/93 EWG erteilten **Gemeinschaftszulassungen** gilt die Verordnung Nr. 2141/96 EWG. Diese Verordnung macht die Übertragung einer Gemeinschaftszulassung von einem Übertragungsantrag abhängig, der von dem Inhaber der Zulassung bei der europäischen Agentur einzureichen ist. Innerhalb von 30 Tagen nach Erhalt eines Antrags richtet die Agentur eine Stellungnahme an die Person, auf die die Zulassung übertragen werden soll sowie an die Kommission. Eine Ablehnungsbefugnis der Agentur besteht nur dann, wenn die mit dem Antrag vorgelegten Unterlagen unvollständig sind oder wenn die Person, auf die die Zulassung übertragen werden soll, nicht in der Gemeinschaft niedergelassen ist. Im Fall einer befürwortenden Stellungnahme durch die Agentur ändert die Kommission den Zulassungsbescheid, wobei die **Übertragung** der Zulassung **mit dem Datum der Notifizierung der Änderung der Kommissionsentscheidung wirksam** wird.

Auch in einigen anderen Ländern ist die Übertragung einer Zulassung als Rechtsakt ausgestaltet, der zu seiner Wirksamkeit der **konstitutiven Mitwirkung** seitens der Behörde bedarf. Bei Arzneimitteln, die parallel in mehreren Ländern vertrieben werden, kann die Zulassungsübertragung zum Closing deshalb häufig noch nicht vollständig bewirkt werden. In diesen Fällen müssen entsprechende Übergangsregelungen vorgesehen werden, die sicherstellen, dass der Erwerber den Geschäftsbetrieb ohne Unterbrechung fortsetzen kann. Hierfür müssen dem Veräußerer entsprechende Mitwirkungspflichten auferlegt werden, die ggfs. auch durch geeignete Instrumente abzusichern sind. Vor allem sollte der Verkäufer den Käufer weitestgehend bevollmächtigen, alle notwendigen Schritte zur Übertragung der Zulassungen für den Verkäufer zu veranlassen. In einigen Rechtsordnungen sind sogar Bevollmächtigungen des Verkäufers an den Käufer, die bestehenden Zulassungen für einen Übergangszeitraum zu nutzen, denkbar.

Ähnliche Überlegungen gelten für die **Übertragung von Medizinprodukten.** Die herrschende Auffassung qualifiziert das Handeln der Benannten Stellen im Rahmen der Zertifizierung unabhängig von ihrer Rechtsform ausschließlich privatrechtlich (so *Hill/Schmidt* § 3 Rdnr. 90;

Schorn § 3 Rdnr. 58). Die Gegenauffassung qualifiziert demgegenüber die Zertifizierungstätigkeit der Benannten Stellen als hoheitliche Tätigkeit kraft Beleihung (so etwa Anhalt/Dieners/*von Czettritz* § 15 Rdnr. 8–18). Für die Frage der Übertragbarkeit spielt der Meinungsstreit indes keine Rolle, da in jedem Fall die bestehende Zertifizierung – wie auch bei Arzneimitteln – als unselbstständiges Hilfsrecht zusammen mit dem privatrechtlichen Vertriebsrecht gem. § 398 BGB übertragen werden kann. Werden einzelne Betriebsstätten übernommen, ist dabei eine Anzeige an die Benannte Stelle und die Überwachungsbehörde erforderlich. Wird darüber hinaus der Produktions- oder Überwachungsprozess geändert oder verfügt der Erwerber bereits über ein eigenes Qualitätssicherungssystem, wird in den meisten Fällen ein neuer Antrag an die Benannte Stelle erforderlich sein (Anhalt/Dieners/*Lenz/Stohlmeier* § 26 Rdnr. 52).

Im Rahmen eines **Konzerns** wird es häufig sinnvoll sein, für die gesamte Gruppe eine **einheitliche Kooperationsvereinbarung** mit einer einzigen Benannten Stelle abzuschließen (Anhalt/Dieners/*Lenz/Stohlmeier* § 26 Rdnr. 54). In diesem Fall sollte eine dreiseitige Vereinbarung zwischen Hersteller, alter Benannter Stelle und neuer Benannter Stelle geschlossen werden, in der festgelegt wird, bis zu welchem Zeitpunkt das Inverkehrbringen des Medizinprodukts mit der Kennnummer der alten Benannten Stelle zulässig ist. Nach Ablauf der Frist dürfen dann Produkte nur mit einer neuen Konformitätsbewertung durch eine neue Benannte Stelle in den Verkehr gebracht werden. Dabei hat die neue Benannte Stelle die bereits vorliegenden Prüf- und Auditergebnisse angemessen zu berücksichtigen, wobei Mehrfachprüfungen zu vermeiden sind. Unter Entbindung der alten Stelle von ihrer Verpflichtung zur Vertraulichkeit sollten in dem dreiseitigen Vertrag deshalb folgende Punkte geregelt werden:

- Zeitpunkt der Ungültigkeit bestehender Bescheinigungen
- Informationspflichten (Unterrichtung der alten Benannten Stelle über den Zeitpunkt, zu dem das Inverkehrbringen der Produkte abgeschlossen ist; Verpflichtung des Herstellers der alten Benannten Stelle eine Kopie der neuen Benannten Stelle vorzulegen)
- Kennzeichnungspflichten (Verpflichtung des Herstellers, ab einem bestimmten Zeitpunkt die Produkte nur noch mit der Kennnummer der neuen Benannten Stelle zu kennzeichnen, dies unter Einschluss der Verwendung der Kennnummer in Prospekten und Werbematerialien)
- Verantwortlichkeiten und Haftungsabgrenzung (Festlegung eines Zeitpunkts, zu dem die neue Benannte Stelle alle Aufgaben, die sich aus dem Vertrags- und Zertifizierungsverhältnis ergeben sowie die Überwachung übernimmt)
- Eigentumsrechte (Festlegung, dass die zur Durchführung des Konformitätsbewertungsverfahrens eingereichten und erstellten Dokumente im Eigentum der bisher tätigen Benannten Stelle bleiben)
- Kostenregelung (Zuweisung der Kosten, die durch Anfragen nach Ablauf des Vertrages der bisher Benannten Stelle entstehen, an den Hersteller)

Auch hier kann jedoch keineswegs unterstellt werden, dass die Übertragung von Medizinprodukten in anderen Rechtsordnungen nach den gleichen Grundsätzen beurteilt wird. Teilweise bedürfen auch hier die Übertragungsakte der Zulassungen/Zertifizierungen der konstitutiven Mitwirkung von Behörden. Können diese bis zum Closing nicht herbeigeführt werden, müssen deshalb entsprechende Übergangsregelungen und Mitwirkungspflichten des Verkäufers vertraglich vereinbart werden, die ggfs. auch durch geeignete Instrumente abzusichern sind.

Da **Lebensmittel** grundsätzlich keinem staatlichen Zulassungsverfahren unterliegen, stellt sich bei diesen die Frage der Übertragung produktspezifischer Zulassungen oder Zertifizierungen von vornherein nicht. Grundsätzlich genügt es daher, das privatrechtliche Herstellungs- und Vertriebsrecht zu übertragen und die zuständigen Behörden über den Rechtsübergang im Wege der Anzeige zu unterrichten und dem Erwerber die notwendigen Unterlagen (insbesondere die Korrespondenz mit den Behörden) auszuhändigen.

Anders als die produktbezogene Zulassung sind die **Herstellungs- Großhandels- und Gewerbeerlaubnis unternehmens- bzw. personengebunden.** Sie können daher beim Asset Deal grundsätzlich nicht übertragen werden, so dass der Käufer selbst dann eine neue Erlaubnis beantragen muss, wenn sich an den physischen Abläufen und den verantwortlichen Personen nichts ändert. Auch hier sollten deshalb ggfs. Regelungen in dem Kaufvertrag vorgesehen werden, wonach der Verkäufer sich für eine etwaige Interimszeit verpflichtet, den Käufer bei der Fortführung des Geschäftsbetriebes in geeigneter Weise zu unterstützen.

Schließlich ist sicherzustellen, dass der **Kaufgegenstand hinreichend bestimmt und vollständig definiert** wird. Dabei muss gewährleistet sein, dass die Zielgesellschaft auch nach Vollzug der Transaktion über das notwendige technische Know-how für die Fortsetzung des Geschäftsbetriebs verfügt. Die sich hieraus ergebenden Anforderungen hinsichtlich der Dokumentation (insbesondere der Anlagen) sollten nicht unterschätzt werden. Das relevante Knowhow sollte so weit wie möglich schriftlich dokumentiert werden, damit ein direkter und unmittelbarer Zugriff möglich ist. Soweit das Know-how nur unverkörpert (etwa „in den Köpfen" von Mitarbeitern) vorhanden ist, muss entweder sichergestellt werden, dass diese dem übernommenen Geschäftsbereich erhalten bleiben (durch Incentivierung der Mitarbeiter oder entsprechende Bedingungen im Kaufvertrag) oder aber der Verkäufer dem Erwerber entsprechendes Schulungspersonal in einem definierten Umfang für den Zeitraum nach Closing zur Verfügung stellt.

Wenn der Kaufgegenstand in die Unternehmung des Verkäufers integriert ist und daher erst separiert werden muss (Carve-out), hat die Bestimmung des Kaufgegenstandes besondere Relevanz. Wenn der Käufer das erworbene Geschäft selbständig (stand-alone) betreiben will, muss er schon in der Due Diligence sicherstellen, dass der Kaufgegenstand vollständig ist und alles enthält, was der Käufer zum Betrieb des Unternehmens benötigt. Die Vollständigkeit des Kaufgegenstands kann durch Garantien im Kaufvertrag abgesichert werden. Außerdem sollte der Kaufvertrag beim Carve-out eine Regelung über Gegenstände enthalten, die bei der Bestimmung des Kaufgegenstandes falsch zugewiesen wurden und daher fälschlicherweise entweder nicht mitübertragen oder an den Käufer übertragen worden sind (vgl. zum Kaufvertrag auch Dieners/Reese/*Lentz/Witte* § 21 Rdnr. 78 ff.).

6. Abverkauf von Warenbeständen

Zu regeln ist auch, wie der **Abverkauf** der zum Zeitpunkt des Closings bereits konfektionierten Ware zu organisieren ist, die zum Closing noch beim Verkäufer verfügbar ist. Der Käufer ist an dem Abverkauf insbesondere deswegen interessiert, weil er ansonsten den Geschäftsbetrieb nicht ununterbrochen fortsetzen kann und zunächst neue Bestände erst noch aufbauen muss. Da der pharmazeutische Unternehmer das zugelassene Arzneimittel grundsätzlich nur mit den Angaben in den Verkehr bringen darf, die der Zulassung entsprechen, müssen die Arzneimittel nach der Umschreibung der Zulassung den neuen Zulassungsinhaber als pharmazeutischen Unternehmer ausweisen (vgl. hierzu näher *Jäkel* Pharma Recht 2002, 101 ff. einerseits sowie *Dettling* Pharma Recht 2003, 12 ff. andererseits). Das AMG sieht hinsichtlich der zu diesem Zeitpunkt bereits vorproduzierten Ware **keine Übergangsregelung** vor. In der Vergangenheit hat sich die Praxis häufig damit beholfen, dass dem Verkäufer ein Mitvertriebsrecht eingeräumt worden ist (aufgrund dessen dieser zum Abverkauf der vorgefertigten Ware befugt sein sollte). Nach der Rechtsprechung (BVerwG Pharma Recht 2004, 93 ff.) setzt jedoch ein Mitvertrieb voraus, dass Zulassungsinhaber und Mitvertreiber auf den Packungsmaterialien ausgewiesen werden. Auch bei der Konstruktion eines Mitvertriebs bestünde daher die Notwendigkeit einer Neukonfektionierung, da der Käufer mit dem Vollzug als neuer Zulassungsinhaber und der Verkäufer als Mitvertreiber in die Kennzeichnung aufgenommen werden müsste. Als Ausweg wird teilweise vorgeschlagen, dass der Verkäufer die Zulassung auch nach dem Closing noch so lange treuhänderisch hält, bis die vorproduzierte Ware in den Handel abgegeben worden ist und erst dann die Änderungsanzeige erfolgt (vgl. hierzu *Hiltl/Rose* Pharma Recht 2004, 4, 7). Diese Lösung hat allerdings den Nachteil, dass der Erwerber erst nach Closing in die öffentlich-rechtliche Position der Zulassungsinhaberschaft einrückt, obwohl bereits vorher der Kaufpreis entrichtet werden musste.

In der Praxis stehen die zuständigen Überwachungsbehörden pragmatischen Lösungen zumeist offen gegenüber, so dass auf Antrag des Erwerbers ein offen erfolgender Abverkauf vorhandener Warenbestände für einen begrenzten Zeitraum toleriert wird. Dafür muss allerdings die Zustimmung des Verkäufers – möglichst bereits im Kaufvertrag – eingeholt werden, da er hierdurch als verantwortlicher Unternehmer im Sinne der Produkt- und der Gefährdungshaftung weiterhin nach außen in Erscheinung tritt. Dieses Haftungsrisiko ist dem Verkäufer im Regelfall jedoch auch zuzumuten, da die Produkte unter seiner Verantwortung hergestellt worden sind. Ein Freistellungsanspruch des Verkäufers gegenüber dem Käufer könnte allerdings sachgerecht sein, wenn der Haftungsfall auf ein Handeln oder Unterlassen (unsachgemäße Lagerung etc.) des Käufers nach dem Closing zurückzuführen ist. Da der Abverkauf der bereits konfektionierten Ware nach dem Closing auf Rechnung des Käufers erfolgt, will der Käufer regelmäßig sicherstellen, dass er keine unverhältnismäßig großen Warenbestände übernimmt und dass die Waren eine Mindesthaltbarkeit haben, die einen problemlosen Abverkauf ermöglicht.

Bei den im **zentralen Verfahren** erteilten EU-Zulassungen ist die Übertragung demgegenüber als genehmigungspflichtiger Rechtsakt ausgestaltet. Nach Art. 7 Abs. 2 der Verordnung 2141/96 ist im Einvernehmen mit dem Verkäufer und Käufer ein **Stichtag** festzulegen, zu dem die Übertragung wirksam werden soll. Bei der Bestimmung des Stichtags müssen auch vorhandene Warenbestände adäquat berücksichtigt werden.

Bei **Medizinprodukten** ist die Abverkaufsproblematik im Rahmen eines ergänzenden dreiseitigen **Vertrages** zwischen dem Käufer, der alten Benannten Stelle und der neuen Benannten Stelle zu regeln.

7. Transitional Service Level Agreements

Bisweilen wird der Erwerber nicht in der Lage sein, die einzelnen Unternehmensbereiche nach dem Vollzug der Transaktion selbständig weiter zu führen, weil er nicht selbst über die erforderliche Infrastruktur verfügt. In diesem Fall bedarf es des Abschlusses entsprechender Transitional-**Service-Level-Agreements** (im Pharmabereich typischerweise Lohnherstellung/Logistik/Zulassungspflege). Soweit diese Verträge nicht vorliegen, wenn der Unternehmenskaufvertrag abgeschlossen wird, sollte ihr Abschluss aus Sicht des Käufers zu einer Vollzugsbedingung gemacht werden. Da das Verhandeln dieser Verträge durchaus zeitaufwendig sein kann, sollte dies bei der Transaktionsplanung von vornherein berücksichtigt werden. Es empfiehlt sich, eine Einigung zu den wirtschaftlichen Eckdaten (Term Sheet) bereits vor Abschluss des Unternehmenskaufvertrags herbeizuführen.

8. Vertragsübernahme

Generell gilt es zu beachten, dass eine **Übernahme wichtiger Verträge** regelmäßig der Zustimmung des jeweiligen Vertragspartners bedarf. Diese Zustimmung wird zum Zeitpunkt des Closing zumeist nicht vorliegen, zumal Verunsicherungen im operativen Geschäft zu vermeiden sind. Für diesen Fall sollten Klauseln vorgesehen werden, nach denen sich die Parteien für den Fall der Zustimmungsverweigerung im Innenverhältnis so zu stellen haben, als ob die Zustimmung erteilt worden wäre (*Hiltl/Rose* Pharma Recht 2004, 4, 6). Das Risiko, dass wichtige Vertragspartner wie Zulieferer oder große Kunden ihre Zustimmung verweigern, kann im Unternehmenskaufvertrag auch teilweise dem Verkäufer zugewiesen werden, indem sich bei Fehlen der Zustimmung besonders wichtiger Vertragspartner der Kaufpreis reduziert oder dem Käufer ein Recht zum Rücktritt vom Vertrag zusteht. Wenn viele Verträge übergehen sollen, kann der Kaufvertrag auch eine gestaffelte Regelung vorsehen, nach der sich der Kaufpreis je nach Anzahl der verweigerten Zustimmungen stufenweise reduziert.

9. Fortführung des Geschäftsbetriebs zwischen Signing und Closing

Im Übrigen sollte der Kaufvertrag möglichst genaue und umfassende **Regelungen für den Zeitraum zwischen Signing und Closing** vorsehen. Denn der Erwerber hat bei technologie- und forschungsintensiven Unternehmen ein nachhaltiges Interesse daran, dass der Verkäufer auch nach Signing den Geschäftsbetrieb so fortführt, dass keine „Schutzlücken" entstehen. Dies gilt insbesondere für die Fortführung von Studien und die „Pflege der Zulassungen" gegenüber den zuständigen Behörden. Da es sich hierbei durchaus um kostenintensive Mitwirkungshandlungen des Verkäufers handeln kann, sollten hierfür möglichst genaue Regelungen vorgesehen werden. In diesem Zusammenhang sind kartellrechtliche Grenzen zu beachten.

In der Praxis ist bisweilen zu beobachten, dass das veräußernde Unternehmen vor Closing den Großhändlern ungewöhnlich hohe Rabatte einräumt, um diese zu höheren Bezugsmengen zu bewegen (sog. „**Pipeline-Stuffing**", vgl. hierzu auch *Hiltl/Rose* Pharma Recht 2004, 4, 10). Der hierdurch überhöhte Lagerbestand aus der Großhandels- und Apothekenstufe kann dazu führen, dass nach dem Erwerb weitere Bestellungen ausbleiben oder sogar Retouren erfolgen. Je nach Ausgestaltung der Kaufpreisanpassung im Unternehmenskaufvertrag kann das Pipeline-Stuffing auch Auswirkungen auf die Höhe des Kaufpreises haben. Hier hat der Erwerber ein Interesse daran, im Kaufvertrag entsprechende – kartellrechtskonforme – Absatzhöchstgrenzen für einen definierten Zeitraum oder andere geeignete Sicherungsinstrumente zu vereinbaren.

10. Versicherungsschutz

Ferner muss sichergestellt werden, dass **keine Lücken bei dem Versicherungsschutz** bestehen. Dabei kann keineswegs unterstellt werden, dass die Versicherungsdeckung ausländischer Unternehmen stets den inländischen Pflichtversicherungen (§ 94 AMG) entspricht (vgl. *Hiltl/Rose* Pharma Recht 2004, 4, 9). Ist der Erwerber bereit, die bestehenden Versicherungspolicen zu übernehmen, muss geprüft werden, ob die Versicherung auch bereit ist, die bestehenden Risiken zu unveränderten Prämien abzudecken. Sollen demgegenüber unterschiedliche Versicherungen in Anspruch genommen werden oder gibt es Unterschiede in den einzelnen Versicherungsbedingungen (insbesondere hinsichtlich der zeitlichen bzw. sachlichen Anknüpfungspunkte „claims made" bzw. „occurrence based"), müssen entsprechende Abgrenzungsvereinbarungen getroffen werden. Bei anhängigen Verfahren und Auseinandersetzungen betreffend Produkthaftungsrisiken sind zudem Regelungen zu treffen, unter welchen Voraussetzungen und zu welchen Beträgen Vergleiche abgeschlossen werden können oder ob sich der Verkäufer auch an späteren freiwilligen industrieweiten Fonds beteiligen muss (*Hiltl/Rose* Pharma Recht 2004 4, 9). Der Asset Deal weist insoweit gegenüber dem Share Deal den Vorzug auf, dass eine Haftung des Erwerbers für Altverbindlichkeiten grundsätzlich nicht besteht, es sei denn, dass etwas Abweichendes vertraglich vereinbart wird. Jedoch muss auch hier darauf geachtet werden, dass die beim Verkäufer verbleibenden Risiken für Altfälle versicherungsrechtlich angemessen abgedeckt sind. Dies gilt insbesondere dann, wenn in den Versicherungspolicen zeitliche Beschränkungen (sog. Nachhaftungsklauseln) enthalten sind.

11. Garantie- und Haftungsregelungen

Die **Garantie- und Haftungsregelungen** stellen sowohl bei einem Share Deal als auch bei einem Asset Deal einen besonders kritischen Regelungskomplex dar. Aus Käufersicht besteht ein Interesse daran, alle Umstände, die er im Rahmen der Due Diligence nicht abschließend

beurteilen konnte, durch entsprechende Garantien abzudecken. Folgende Punkte sollten aus Erwerbersicht von einer entsprechenden Regelung umfasst werden:
- Alleinige Verfügungsberechtigung des Verkäufers hinsichtlich der produktbezogenen Zulassungen;
- keine Einräumung von Vertriebsrechten, Lizenzrechten oder Nutzungsrechten an Dritte, die nicht offengelegt worden sind;
- vollständige und ordnungsgemäße Führung der Dossiers zu den Zulassungen und Zertifizierungen;
- vollständige Dokumentation des Schriftverkehrs mit den zuständigen Behörden/Benannten Stellen;
- kein Verstoß gegen geltendes Recht (insbesondere Compliance);
- keine Kenntnis von Umständen, die eine Rücknahme/einen Widerruf oder ein Ruhen der Zulassungen/Zertifizierungen rechtfertigen würden;
- keine Kenntnis von Umständen, die einen Produktrückruf erwarten lassen;
- keine Kenntnis von Umständen, wonach durch die Fortsetzung des Geschäftsbetriebes die Rechte Dritter verletzt werden würden;
- keine Kenntnis von Umständen, die die Einleitung behördlicher oder gerichtlicher Verfahren im Zusammenhang mit Zuwendungen an Ärzte oder klinische Einrichtungen erwarten lassen;
- keine Kenntnis von Umständen, die die Geltendmachung von Ansprüchen aus Produkthaftung oder Patentverletzungen oder sonstiger Rechte Dritter erwarten lassen;
- ordnungsgemäße Pflege und Aufrechterhaltung der gewerblichen Schutzrechte und
- Vollständigkeit der im Rahmen der Due Diligence offengelegten Aktiv- und Passivprozesse.

III. Energiewirtschaft

Schrifttum: Scholz, Regulatorische Vorgaben, in: Bartsch/Röhling/Salje/Scholz, Stromwirtschaft – Ein Praxishandbuch, 2. Auflage 2008, Kapitel 7; *Schmidt-Preuß*, OU-ISO-ITO: Die Unbundling-Optionen des dritten EU-Liberalisierungspaketes, et 2009, S. 82; *Röhling* Lieferverträge, in: Horstmann/Cieslarczyk (Hrsg.), Energiehandel, Köln 2006, Kapitel 9; *Tomala/Törk*, Sonderverträge für Weiterverteiler, in: Schöne, Vertragshandbuch Stromwirtschaft, Frankfurt am Main 2008, Kapitel 4 E; *Sieberg*, Erhebung und Kalkulation von Netzentgelten, in: Bartsch/Röhling/Salje/Scholz, Stromwirtschaft – ein Praxishandbuch, 2. Auflage 2008, Kapitel 51.

Im Rahmen einer M&A-Transaktion ist die rechtliche und regulatorische Due Diligence von entscheidender Bedeutung. Grund dafür ist, dass es das eine Vertragsmuster für M&A-Transaktionen genauso wenig wie standardisierte Vertragsklauseln gibt. Wegen des Massengeschäftscharakters können z.B. unwirksame Preisanpassungsklauseln selbst bei der Anpassung einer Nachkommastelle von Cent-Beträgen ein wirtschaftliches Risiko für den Energieversorger in Millionenhöhe darstellen. Diese und sonstige Risiken gilt es für jeden Bereich der Energiewirtschaft separat zu identifizieren. Welche Bereiche dabei zu untersuchen sind, ist von der strukturellen Organisation des Energiewirtschaftssektors vorgegeben.

1. Strukturelle Organisation des Energiewirtschaftssektors

1.1 Funktionen auf den unterschiedlichen Wertschöpfungsstufen

Im Energiewirtschaftssektor lassen sich im Wesentlichen drei unterschiedliche Funktionen bzw. Wertschöpfungsstufen unterscheiden.
- Energie muss zunächst erzeugt (Elektrizität) bzw. gewonnen (Erdgas) werden (Erzeugung bzw. Gewinnung).
- Die erzeugte bzw. gewonnene Energie wird sodann an unterschiedlichen Marktplattformen gehandelt und/oder an Händler bzw. an Endkunden geliefert (Vertrieb).
- Zum Zwecke der Belieferung erfolgt der Transport der Energie von der Erzeugungs-/Gewinnungsstätte bis zum Endkunden über die Übertragungs-/Fernleitungs- und Verteilernetze (Netzbetrieb).

Da für jede dieser Funktionen bzw. Wertschöpfungsstufen unterschiedliche rechtliche Rahmenbedingungen gelten, ist bei einer M&A-Transaktion zunächst zu ermitteln, auf welcher bzw. auf welchen dieser Wertschöpfungsstufen das zu veräußernde Unternehmen tätig ist. Die Energieversorgung wurde früher klassischerweise von sog. vertikal integrierten Energieversorgungsunternehmen (EVU) wahrgenommen, die auf allen drei Wertschöpfungsstufen tätig waren. Insbesondere seit der Liberalisierung der Energiewirtschaft, die erstmals durch das EnWG 1998 eingeführt wurde, haben sich Unternehmen auch auf einzelne dieser Wertschöpfungsstufen spezialisiert.

Das Erfordernis, die unterschiedlichen Funktionen des Unternehmens zu bestimmen, ergibt sich auch daraus, dass der Netzbetrieb als ein natürlicher Monopolbetrieb angesehen wird und daher einer – insbesondere seit dem Inkrafttreten des EnWG 2005 – immer stärker werdenden Regulierung unterworfen ist. Dagegen ist der Erzeugungs-/Gewinnungs- und Vertriebsbereich weitestgehend den freien Kräften des Marktes überlassen.

1.2. Entflechtung

Ein Wesensmerkmal der Energiewirtschaft ist die Entflechtung der einzelnen Wertschöpfungsstufen. Wie bereits ausgeführt, ist der Netzbetrieb als natürliches Monopol ein regulierter Wirtschaftszweig, wohingegen Erzeugung/Gewinnung und Vertrieb reine Wettbewerbsbereiche sind. Zur Gewährleistung von Transparenz und diskriminierungsfreiem Netzbetrieb müssen EVU die Unabhängigkeit der Netzbetreiber von anderen Tätigkeitsbereichen der Energieversorgung – also der Erzeugung/Gewinnung und des Vertriebs – sicherstellen. Diese Entflechtungsvorgaben gehen zurück auf die Richtlinien 2003/54/EG (Elektrizität) bzw. 2003/55/EG (Erdgas). Diese gemeinschaftsrechtlichen Vorgaben wurden zwischenzeitlich durch die neuen Richtlinien 2009/72/EG (Elektrizitätsbereich) bzw. 2009/73/EG (Erdgas) des sog. dritten Richtlinienpaketes ersetzt, die durch Art. 2 des Gesetzes vom 28. 7. 2011 in das EnWG 2005 eingefügt worden sind.

Vor diesem Hintergrund sind die Entflechtungsanforderungen der novellierten §§ 6 ff. EnWG im Rahmen einer M&A-Transaktion zu beachten. Anhand der von der Bundesnetzagentur für Elektrizität, Gas, Telekommunikation, Post und Eisenbahnen (BNetzA) veröffentlichten Informationen kann davon ausgegangen werden, dass die Vorgaben der §§ 6 ff. EnWG 2005 bei den Unternehmen weitestgehend umgesetzt sind und die Einhaltung der Vorgaben beachtet wird. Dies schließt einen Verstoß im Einzelfall nicht aus. Grundsätzlich dürften hier jedoch keine grundlegenden Schwierigkeiten zu erwarten sein, die nicht bewältigt werden und daher eine M&A-Transaktion gefährden könnten.

a) **Allgemeine Anforderungen.** Vertikal integrierte EVU und rechtlich selbständige Netzbetreiber, die mit einem vertikal integrierten EVU verbunden sind, sind zur Gewährleistung von Transparenz sowie diskriminierungsfreier Ausgestaltung und Abwicklung des Netzbetriebs verpflichtet. Um dieses Ziel zu erreichen, müssen sie die Unabhängigkeit der Netzbetreiber von anderen Tätigkeitsbereichen der Energieversorgung (insbesondere Gewinnung/Erzeugung und Vertrieb) nach Maßgabe des EnWG sicherstellen (vgl. § 6 Abs. 1 EnWG). Alle Netzbetreiber haben die Vorgaben hinsichtlich des informatorischen und buchhalterischen Unbundling zu befolgen.

Diese Vorgaben werden in den §§ 6 a und 6 b EnWG weiter konkretisiert (vgl. zu den Vorgängerregelungen im Einzelnen *Scholz*, Rdnr. 72 ff., 104 ff.).

- Gem. § 6 a EnWG sind Informationen über Netzkunden bzw. Netzdaten vertraulich zu behandeln. Die Vorgaben des § 6 a EnWG haben weitreichende Folgen zB für die genutzten IT-Systeme.

Auch insoweit ist im Rahmen einer M&A-Transaktion auf die Einhaltung der insoweit geltenden Vorgaben zu achten. Dies gilt zunächst insoweit, als das EVU iSd § 6 a EnWG selbst bzw. die Wettbewerbsbereiche grundsätzlich keine Informationen iSd § 6 a EnWG erhalten dürfen, die der Netzbetreiber ansonsten auch vertraulich behandeln müsste. Dies kann es erforderlich machen, dass bei einer Veräußerung des Netzbereichs gewisse Informationen nur vom Netzbereich selbst und nicht vom EVU bzw. den Wettbewerbsbereichen beantwortet werden können. Ferner sollte der Veräußerer ohnehin netzrelevante Daten zunächst sehr restriktiv offenlegen, um jegliche Beeinträchtigung der Vorgaben des § 6 a EnWG zu vermeiden. Insofern bietet es sich an, zunächst die Namen von Netznutzern oder die einzelnen Vertragsdetails zu schwärzen bzw. lediglich aggregiert zur Verfügung zu stellen. Ferner ist zu prüfen, ob eine Offenlegung aller unter § 6 a EnWG fallenden Informationen für die wirtschaftliche Bewertung des Netzgeschäfts tatsächlich erforderlich sind. Nur wenn dies zu bejahen ist, sollten die Informationen einem dann stark eingegrenzten Bieterkreis (zB in einer „zweiten Runde") zur Verfügung gestellt werden. Dabei ist auf die Vertraulichkeit der Informationen hinzuweisen und die Bewerber zur mit § 6 a EnWG konformen Behandlung der Informationen zu verpflichten.

- Schließlich regelt § 6 b EnWG die Entflechtung in der Rechnungslegung und internen Buchführung. Dies dürfte regelmäßig keine Herausforderung im Rahmen einer M&A-Transaktion darstellen. Die bereits entflochtene Rechnungslegung und interne Buchführung sind separat fortzuführen. Insoweit ist auch auf eine sachgerechte Schlüsselung von Gemeinkos-

1. Strukturelle Organisation des Energiewirtschaftssektors J.III.1

ten zu achten, die nicht eindeutig einer Sparte bzw. einem Konzernunternehmen zuzuordnen sind.

b) Besondere Anforderungen an die Entflechtung von Verteilernetzbetreibern. Hinsichtlich der Verteilernetzbetreiber wird in §§ 7 ff. EnWG die rechtliche und operationelle Entflechtung vorgegeben. Die Vorschriften sind weitestgehend mit den Vorgängerregelungen im EnWG 2005 vergleichbar (vgl. dazu im Einzelnen *Scholz* Rdnr. 22 ff., 36 ff.).

- Gem. § 7 EnWG haben vertikal integrierte EVU, an deren Versorgungsnetz 100.000 Kunden oder mehr mittelbar oder unmittelbar angeschlossen sind, sicherzustellen, dass Netzbetreiber hinsichtlich ihrer Rechtsform unabhängig von den anderen Tätigkeitsbereichen in der Energieversorgung sind. Dies bedeutet, dass der Netzbetreiber in einer eigenständigen Gesellschaft auszugliedern ist. Insoweit bieten sich unterschiedliche Strukturierungsmodelle an. Die bekanntesten sind:
  - Holdingmodell, in dem der Netzbetreiber 100%-ige Tochter einer Konzernholding mit deren weiteren Tochtergesellschaften Erzeugung/Gewinnung und/oder Vertrieb ist;
  - Vertriebsmuttermodell, in dem in der Holding zugleich der Vertriebsbereich angesiedelt und der Netzbetreiber in einer 100%-igen Tochter ausgegliedert ist (Entsprechendes gilt für ein Modell, in dem der Erzeugungs-/Gewinnungsbereich in der Holding angesiedelt ist);
  - Netzmuttermodell, in dem der Netzbereich in der Holding angesiedelt und die anderen Tätigkeitsbereiche in Tochtergesellschaften ausgegliedert sind.

  Vor diesem Hintergrund verbieten sich in einer Transaktion Strukturierungsmodelle, die entgegen diesen Vorgaben eine Verbindung des Netzbetreibers mit den anderen Tätigkeitsbereichen der Energieversorgung in einer juristischen Person vorsehen.

- Gem. § 7a Abs. 1 EnWG haben vertikal integrierte EVU, an deren Versorgungsnetz 100.000 Kunden oder mehr mittelbar oder unmittelbar angeschlossen sind, die Unabhängigkeit des Netzbetreibers hinsichtlich der Organisation, der Entscheidungsgewalt und der Ausübung des Netzgeschäfts sicherzustellen. Dies bedeutet zunächst, dass Personen mit Leitungsaufgaben bzw. Letztentscheidungsbefugnissen für den Netzbetrieb beim Netzbetreiber angestellt sein müssen und keine Angestellten anderer Einrichtungen des vertikal integrierten EVU sein dürfen. Sofern Personen in anderen Teilen des vertikal integrierten EVU sonstige Tätigkeiten des Netzbetriebs ausüben, sind sie insoweit den fachlichen Weisungen des Netzbetreibers zu unterstellen. Ferner ist die Unabhängigkeit des Netzbetreibers dadurch sicherzustellen, dass er die für den Betrieb, die Wartung und den Ausbau des Netzes erforderlichen Vermögenswerte besitzt und insoweit auch unabhängig vom vertikal integrierten EVU die einzelne Tätigkeiten des Tagesgeschäfts ausüben kann. Dem vertikal integrierten EVU verbleibt nur die Möglichkeit, die Rentabilität zu kontrollieren und insoweit Vorgaben zB durch jährliche Finanzpläne zu machen.

  Auch diese Vorgaben sind bei der Strukturierung einer M&A-Transaktion zu beachten. Dabei hat sich gezeigt, dass weitreichende Auswirkungen auf die Corporate-Governance-Struktur (z.B. Verbot der parallelen Beschäftigung von Personen mit Leitungsaufgaben im Netzbereich zugleich auch in anderen Bereichen des EVU) möglich sind und eine sehr feinstreifige Prüfung des jeweilig angedachten Modells an diese Voraussetzungen erforderlich ist. Besonderes Augenmerk ist in Zukunft auf die Umsetzung des § 7a Abs. 6 EnWG zu legen, da die dort geregelten Anforderungen an das Kommunikationsverhalten und die Markenpolitik im Vergleich zum EnWG 2005 neu sind und auch im Rahmen einer Transaktion zu berücksichtigen sind.

c) Besondere Vorgaben für Transportnetzbetreiber. Die Vorgaben der Richtlinien 2009/72/EG bzw. 2009/73/EG zur Entflechtung sehen insbesondere auf Ebene der Transportnetzbetreiber eine weitere Verschärfung der Vorgaben zur konzerninternen Organisation vor. Sie sehen auf Ebene der Übertragungs- bzw. Fernleitungsnetzbetreiber drei Modelle für die Entflechtung vertikal integrierter EVU vor (*Schmidt-Preuß* S. 82). Der deutsche Gesetzgeber hat alle drei Modelle in das nationale Recht umgesetzt.

- Bei dem sog. Ownership-Unbundling-Modell (vgl. § 8 EnWG) ist es nicht mehr möglich, dass ein Unternehmen zugleich direkt oder indirekt Kontrolle über die Tätigkeitsbereiche Erzeugung/Versorgung (Vertrieb) und zugleich Kontrolle über einen Übertragungs-/Fernleitungsnetzbetreiber bzw. Rechte an diesem ausübt. Unter Rechten ist hier schon die

Befugnis zur Ausübung von Stimmrechten oder die Befugnis, Mitglieder des Aufsichtsrates, des Verwaltungsrates oder der zur gesetzlichen Vertretung berufenen Organe zu bestellen, oder das Halten einer Mehrheitsbeteiligung insbesondere zu verstehen. Das Gleiche gilt auch im umgekehrten Verhältnis, wenn also Kontrolle über den Übertragungs-/Fernleitungsnetzbetreiber ausgeübt wird und zugleich Rechte an einem Erzeugungs-/Vertriebsunternehmen besteht. Der deutsche Gesetzgeber will jedoch ausdrücklich Minderheitsbeteiligungen auch in größerem Umfang zulassen (nach Maßgabe der Gesetzesbegründung bis zu 25%).

Das Ownership-Unbundling-Modell führt also zu einer weitreichenden Aufspaltung von EVU, da der Betrieb eines Netzes und die gleichzeitige Wahrnehmung von Aufgaben im Erzeugungs-/Gewinnungsbereich bzw. im Vertriebsbereich nicht mehr möglich ist. Sollte ein Netzbetreiber aus strategischen Erwägungen den Erwerb eines weiteren Netzbetreibers erwägen, stellt dies vor dem Hintergrund des Regelungszwecks der Unbundling-Vorschriften jedoch kein rechtliches Hindernis dar, weil es hier zu keiner Verflechtung der Interessen von einerseits dem Netzbereich und andererseits den Wettbewerbsbereichen kommen kann.

- Im Falle des sog. unabhängigen Netzbetreibers (ISO; vgl. §§ 9 EnWG) hat der Eigentümer des Übertragungs-/Fernleitungsnetzes einen (konzernfremden) unabhängigen Netzbetreiber zu benennen. Dabei sind weitere, detaillierte Vorgaben an die Person des ISO und an die weitere Entflechtung zu erfüllen.
- Im Falle des unabhängigen Übertragungsnetzbetreibers (ITO, vgl. § 10 ff. EnWG) darf der Netzbetreiber im Konzern des vertikal integrierten EVU verbleiben. Aufgaben der Erzeugung/Gewinnung und des Vertriebs einerseits und des Netzbetriebs andererseits müssen danach auch weiterhin zwar unter Berücksichtigung strenger operationeller Vorgaben durch unterschiedliche juristische Personen wahrgenommen werden, dürfen aber konzernrechtlich verbunden bleiben. Die Übertragungsnetzbetreiber müssen Eigentümer der Netzanlagen sein und über alle personellen, technischen, materiellen und finanziellen Ressourcen verfügen, die zur Erfüllung der Pflichten aus dem EnWG und für den Transportnetzbetrieb erforderlich sind. Das vertikal integrierte EVU oder eines seiner Tochterunternehmen hat die Erbringung von Dienstleistungen durch eigene oder in seinem Auftrag handelnde Personen für den ITO zu unterlassen. Der ITO hat sicherzustellen, dass hinsichtlich seiner Firma, seiner Kommunikation mit Dritten sowie seiner Markenpolitik und Geschäftsräume eine Verwechslung mit dem vertikalen EVU oder einem seiner Tochterunternehmen ausgeschlossen ist. Im Gegensatz zur Ebene der Verteilernetzbetreiber ist es auf Ebene der Transportnetzbetreiber nicht möglich, dass das Tochterunternehmen des vertikal integrierten EVU, die die Funktion Erzeugung, Gewinnung oder Versorgung wahrnehmen, bzw. der Transportnetzbetreiber wechselseitig Anteile aneinander halten. Bei der Besetzung der Leitungsfunktionen des Netzbetreibers sind weitergehende Vorgaben zu beachten (z.B. cooling-on/off periods). diese Vorgaben haben weitreichende Auswirkungen auf die Corporate Governance und sind daher strikt zu beachten.

Im Rahmen einer M&A-Transaktion ist immer zu berücksichtigen, dass die besonderen Anforderungen an die Entflechtung insbesondere auf Transportnetzebene immer nach ihrem Regelungszweck auszulegen sind, und zwar Transparenz in vertikal integrierten EVUs zu schaffen und jegliche Form von Diskriminierung der Netznutzer zu vermeiden, so dass der Netzbetreiber als objektiver Dritter am Marktgeschehen teilnimmt. Insofern sind abweichende Strukturierungen in Fällen eines von vornherein vollständig entflochtenen Netzbetreibers denkbar.

2. Funktionen im Energiewirtschaftssektor

2.1. Erzeugung bzw. Gewinnung

a) **Genehmigung.** Ein genuin energiewirtschaftliches Genehmigungsverfahren gibt es für Energieerzeugungs- bzw. -gewinnungsanlagen nicht. Das Energierecht enthält im Wesentlichen keine anlagenbezogenen Anforderungen. Allein § 49 EnWG normiert Anforderungen an die technische Sicherheit u.a. von Erzeugungsanlagen. Allerdings wird diese Vorschrift durch die

2. Funktionen im Energiewirtschaftssektor

allgemeinen umweltrechtlichen Anlagengenehmigungsvoraussetzungen weitestgehend verdrängt und hat daher keine wesentliche eigenständige Bedeutung. Das umweltrechtliche Zulassungssystem für Energieerzeugungsanlagen ist dadurch geprägt, dass teilweise parallele Genehmigungserfordernisse (z. B. solche des Wasserrechts, des Emissionsschutzrechts oder des Atomrechts) bestehen. Mittelbar können die miteinander konkurrierenden Zielbestimmungen des EnWG oder solche anderer energiewirtschaftlicher Gesetze sowie deren Sonderregelungen (z. B. im Erneuerbaren-Energien-Gesetz und im Kraft-Wärme-Kopplungsgesetz) Auswirkungen auf das Genehmigungsverfahren haben, da z. B. dem Ziel einer umweltverträglichen Energieversorgung Rechnung zu tragen ist.

Sollte eine bereits betriebene Erzeugungsanlage veräußert werden, ist – wie üblich – hinsichtlich der vorliegenden Genehmigungen vor allem zu prüfen, ob sie (i) vollständig sind, (ii) welche Beschränkungen (z. B. Befristung, Auflagen) sie enthalten und (iii) ob sie auch auf den Erwerber übergehen. Auch diese Frage sind nicht genuin energiewirtschaftlich und werden daher hier nicht weiter vertieft.

b) Anschluss eines Kraftwerks an das Energieversorgungsnetz. Kraftwerksbetreiber haben gem. § 17 Abs. 1 EnWG einen Anspruch darauf, zu technischen und wirtschaftlichen Bedingungen an das Energieversorgungsnetz angeschlossen zu werden, die angemessen, diskriminierungsfrei, transparent und nicht ungünstiger sind, als sie von den Betreibern der Energieversorgungsnetze in vergleichbaren Fällen für Leistungen innerhalb ihres Unternehmens oder gegenüber verbundenen oder assoziierten Unternehmen angewendet werden.

Für den Anschluss von Anlagen zur Erzeugung von elektrischer Energie mit einer Nennleistung ab 100 MW sieht die Verordnung zur Regelung des Netzanschlusses von Anlagen zur Erzeugung von elektrischer Energie (Kraftwerks-Netzanschlussverordnung – KraftNAV) vom 26. 6. 2007 besondere Regelungen vor. Die KraftNAV gibt ein Verfahren vor, das Anschlussnehmer und Netzbetreiber vom Anschlussbegehren des Anschlussnehmers bis zum Netzanschluss durch den Netzbetreiber zu durchlaufen haben. Wenn ein Anschlussnehmer ein Netzanschlussbegehren an einen Netzbetreiber richtet, prüft dieser im Rahmen einer Machbarkeitsstudie die Realisierbarkeit des Netzanschlussbegehrens und teilt das Ergebnis dieser Studie dem Anschlussnehmer mit. Zugleich hat er, soweit kein Grund für eine Anschlussverweigerung vorliegt, dem Anschlussnehmer eine Anschlusszusage zu erteilen. Daraufhin erarbeiten beide Parteien einen Verhandlungsfahrplan zum Abschluss eines Netzanschlussvertrags und einen Realisierungsfahrplan hinsichtlich des physischen Netzanschlusses.

Die Konstruktion und Verlegung der Anbindungsleitungen macht die Durchführung eines öffentlich-rechtlichen Genehmigungsverfahrens erforderlich. Aus energierechtlicher Sicht stellt sich die Frage, ob bereits über die Art der Anbindungsleitung entschieden wurde (Erdkabel oder Hochspannungsfreileitung). Im Falle einer Hochspannungsfreileitung ab 110 kV, einer Gasversorgungsleitung mit einem Durchmesser von mehr als 300 Millimetern Offshore-Anbindungsleitungen und grenzüberschreitende Gleichstrom-Hochspannungsleitungen ist nach § 43 S. 1 EnWG grundsätzlich ein Planfeststellungsverfahren durchzuführen. Die Notwendigkeit zur Durchführung eines derartigen Planfeststellungsverfahrens würde nach § 43 S. 5 EnWG in Verbindung mit § 74 Abs. 7 VwVfG allerdings dann entfallen, wenn die Zustimmung aller Grundstückseigentümer vorliegt. Insofern wäre – je nach Art der Anbindungsleitung – eine frühzeitige Einbindung der betroffenen Grundstückseigentümer anzuraten. Sollte es sich hierbei um eine homogene Betroffenengruppe (z. B. Landwirte) handeln, würde sich ggf. eine Kontaktaufnahme mit dem zuständigen Bauernverband anbieten, um Gestattungsverträge einheitlich auszuhandeln zu können.

Eng mit dem vorstehenden Punkt geht die Frage nach möglichen Enteignungen (§ 45 EnWG) einher. Insoweit sollte eine rechtzeitige Einbindung der Enteignungsbehörden erfolgen. Im Hinblick auf die Verlegung von Leitungen ist zudem zu berücksichtigen, ob dabei öffentliche Wege gekreuzt werden müssen, weil dies jeweils eine Vereinbarung mit dem öffentlich Straßenbaulastträger (je nach Einstufung der Straße als Bundes-, Kreis- oder Gemeindestraße) erforderlich macht. Sollte eine dementsprechende Leitungsroute daher bereits feststehen, ist von Interesse, ob bereits an den betroffenen Straßenbaulastträger herangetreten wurde. Der Abschluss einer derartigen Vereinbarung richtet sich in der Regel nach einem vom Bundesverkehrsministerium entworfenen Mustervertrag (vgl. Anlage unter 24 a).

c) **Betrieb eines Kraftwerkes.** Vorgaben hinsichtlich des Betriebs eines Kraftwerkes ergeben sich regelmäßig aus den Betriebsgenehmigungen, die auf der Grundlage der jeweils zu beachtenden Rechtsgrundlagen Sonderregelungen enthalten können. Von großer operativer Bedeutung ist, ob das Kraftwerk über eine gesicherte Zulieferung der jeweiligen Brennstoffe verfügt, um mit der geplanten Kraftwerksauslastung Strom erzeugen zu können. Spiegelbildlich ist die Entsorgung der beim Brennvorgang entstehenden Rückstände bzw. Abfallprodukte sicherzustellen.

Die Vermarktung des erzeugten Stroms kann entweder über die Strombörse oder auch direkt an den Abnehmer (sog. OTC („over the counter")-Handel) erfolgen. Hinsichtlich der Preisermittlung spielt die Merit Order der Kraftwerke eine entscheidende Rolle. Darunter versteht man, dass der Preis für Strom durch das jeweils teuerste Kraftwerk mit den höchsten Grenzkosten bestimmt, das noch benötigt wird, um die Stromnachfrage zu befriedigen. Anders gewendet bestimmt das letzte Gebot, das noch einen Zuschlag an der Börse erhält, den Strompreis, der dann für alle zustande gekommenen Lieferverträge zu entrichten ist. Insofern stellt sich bei der Bewertung einer Erzeugungsanlage immer die Frage, welchen Rang diese in der Merit Order einnimmt. Grundsätzlich haben z.B. Kernkraftwerke geringere Grenzkosten als Braun- oder Steinkohlekraftwerke, die wiederum geringere Grenzkosten als Gasturbinenkraftwerke haben.

In dem Fall, in dem ein Kraftwerk von einem aus mehreren Gesellschaften bestehenden Konsortium durch eine gemeinsame Betreibergesellschaft betrieben wird, sind unterschiedlichste Betriebsmodelle denkbar, in denen z.B. einer der Betreiber die Betriebsführerschaft übernimmt und den anderen beteiligten Erzeugungsunternehmen Strom anteilig aus der Kapazität des Kraftwerks (anteilige Leistungsscheibe) oder entsprechend der Leistungsscheibe aus seinem Portfolio liefert. Diese unterschiedlichen Betriebsmodelle werden durch entsprechende Konsortial- und Betriebsführungsverträge begründet.

2.2. Vertrieb

a) **Anzeige.** Energieversorgungsunternehmen, die Haushaltskunden mit Energie beliefern, müssen gemäß § 5 EnWG die Aufnahme und Beendigung der Tätigkeit sowie Änderungen ihrer Firma bei der Regulierungsbehörde unverzüglich anzeigen (vgl. Anlage e unter 2.4 b); vgl. auch Anlage unter 2.4 c). Eine Liste der angezeigten Unternehmen wird von der Regulierungsbehörde laufend auf ihrer Internetseite veröffentlicht; veröffentlicht werden die Firma und die Adresse des Sitzes der angezeigten Unternehmen. Mit der Anzeige der Aufnahme der Tätigkeit ist das Vorliegen der personellen, technischen und wirtschaftlichen Leistungsfähigkeit sowie der Zuverlässigkeit der Geschäftsleitung darzulegen. Auch der Gesellschafterwechsel im Rahmen eines Share Deals kann eine Anzeigepflicht auslösen, wenn damit – was regelmäßig der Fall ist – zugleich auch ein Wechsel der Geschäftsleitung einhergeht. Die Regulierungsbehörde kann die Ausübung der Tätigkeit jederzeit ganz oder teilweise untersagen, wenn die personelle, technische oder wirtschaftliche Leistungsfähigkeit oder Zuverlässigkeit nicht gewährleistet ist.

b) **Tätigkeit des Vertriebsbereichs.** Auch wenn das Vertriebsgeschäft – anders als der Netzbereich – nicht reguliert ist, ist es gleichwohl einer Vielzahl von rechtlichen Beschränkungen ausgesetzt. Dazu zählen insbesondere folgende:

aa) **Langfristige Lieferverträge.** (1) **Rechtsprechung zu Ausschließlichkeitsrechten.** Der BGH entnahm der alten Gruppenfreistellungsverordnung für Vertikalverträge (Verordnung (EG) Nr. 2790/1999 der Kommission vom 22. Dezember 1999 über die Anwendung von Artikel 81 Absatz 3 des Vertrages auf Gruppen von vertikalen Vereinbarungen und aufeinander abgestimmten Verhaltensweisen) einen Maßstab dafür, wann ein über mehrere Jahre laufender Liefervertrag unter Art. 81 Abs. 1 EG und § 1 GWB fallen kann (siehe BGH, Beschl. v. 10. 2. 2009 – KVR 67/07 – NJW-RR 2009, 1635, 1639). Dabei bezog sich der BGH insbesondere darauf, dass die alte Gruppenfreistellungsverordnung davon ausging, dass einzelne (Austausch-)Verträge von Lieferanten, die lediglich über einen Marktanteil von bis zu 30% verfügen – und daher erheblichem Wettbewerb ausgesetzt sind –, (gleichwohl) in den Anwen-

2. Funktionen im Energiewirtschaftssektor J.III.2

dungsbereich des Art. 81 Abs. 1 EG fallen und nicht generell nach Art. 81 Abs. 3 EG freigestellt sind, wenn durch diese Verträge mehr als 80% des Gesamtbedarfs des jeweiligen Abnehmers gedeckt werden und deren Laufzeit fünf Jahre übersteigt (siehe *BGH*, Beschl. v. 10. 2. 2009 – KVR 67/07 – NJW-RR 2009, 1635, 1639, unter Bezugnahme auf Art. 3 und 5 i.V.m. Art. 1 lit. b Vertikal-GVO i.d. bis zum 31. 5. 2010 gültigen Fassung; für den Strom-Bereich entsprechend: Bundeskartellamt Beschl. v. 13. 1. 2006 – B 8–113/03 – 1; zur Bestätigung des Beschlusses siehe OLG Düsseldorf Beschl. v. 4. 10. 2007 – VI-2 Kart 1/06 (V), 2 Kart 1/06 (V) sowie BGH Beschl. v. 10. 2. 2009 – KVR 67/07). Bei einer Liefermenge bis einschließlich 50% des Gesamtbedarfs sah das genannte Mengen-Zeit-Gerüst keine zeitliche Grenze für den Liefervertrag vor (dazu *Röhling* Rdnr. 24 m.w.N.). Da die für diese Positionierung relevanten Normen der alten Gruppenfreistellungsverordnung auch in der neuen Gruppenfreistellungsverordnung (Verordnung (EU) Nr. 330/2010 der Kommission vom 20. April 2010 über die Anwendung von Artikel 101 Absatz 3 des Vertrags über die Arbeitsweise der Europäischen Union auf Gruppen von vertikalen Vereinbarungen und abgestimmten Verhaltensweisen – Vertikal-GVO) enthalten sind (siehe Art. 3 und 5 iVm Art. 1 lit. d Vertikal-GVO), ist nicht von einer Änderung dieser Positionierung des BGH auszugehen.

(2) **Sondersituation bei marktbeherrschender Stellung des Lieferanten.** Bei marktbeherrschender Stellung des Lieferanten ist Folgendes zu berücksichtigen:

Langfristige und bedarfsdeckende **Gas-Lieferverträge,** mit denen sich regionale und lokale Gasversorgungsunternehmen mit einem Gesamtvertriebsbedarf von mehr als 200 GWh pro Jahr verpflichten, ihren Erdgasbedarf über mehrere Jahre von einem einzigen marktbeherrschenden Lieferanten zu beziehen, können eine Marktabschottung bewirken und dementsprechend gegen europäisches und deutsches Wettbewerbsrecht verstoßen. Entsprechend erachtete das BKartA ab 2006 Gaslieferverträge lediglich für zulässig, welche bei einer Liefermenge von über 80% eine Vertragslaufzeit von höchstens zwei Jahren bzw. bei einer Liefermenge von über 50 bis 80% eine Laufzeit von höchstens vier Jahren vorsahen (Bundeskartellamt Beschl. v. 13. 1. 2006 – B 8–113/03 – 1; zur Bestätigung des Beschlusses siehe *OLG* Düsseldorf Beschl. v. 4. 10. 2007 – VI-2 Kart 1/06 (V), 2 Kart 1/06 (V) sowie *BGH* Beschl. v. 10. 2. 2009 – KVR 67/07; bei einer Liefermenge bis einschließlich 50% des Gesamtbedarfs sah das genannte Mengen-Zeit-Gerüsts keine zeitliche Grenze für den Liefervertrag vor.). Die Verbindlichkeit dieses Mengen-Zeit-Gerüstes wurde bis zum Ende des Gaswirtschaftsjahres 2009/2010 (30. 9. 2010) beschränkt (vgl. Punkt 4 des Beschlusses des Bundeskartellamtes vom 13. 1. 2006 – B 8–113/03 – 1; siehe auch Bundeskartellamt, Bericht über die Evaluierung der Beschlüsse zu langfristigen Gaslieferverträgen, 15. 6. 2010, S. 9).

Mit Blick auf die inzwischen eingetretenen Marktentwicklungen im Bereich des Gasvertriebs (insbesondere im Zusammenhang mit rechtlichen Entwicklungen, mit Entwicklungen auf der Gasnetzebene und mit Entwicklungen auf der Großhandelsebene) sieht das Bundeskartellamt gegenwärtig keine akute Notwendigkeit zur Verlängerung der Regelungen zur Begrenzung der Laufzeiten von Gaslieferverträgen über den 30. 9. 2010 hinaus. Dieser Verzicht auf eine unmittelbare Verlängerung der Mengen-Laufzeit-Vorgaben hat allerdings, wie das Bundeskartellamt betont, keinen endgültigen Charakter; d.h. das Bundeskartellamt könnte gegebenenfalls entsprechende Kartellverfahren nach § 1 GWB und Art. 101 AEUV bei Bedarf auch zu einem späteren Zeitpunkt einleiten.

Die zuvor für den Gas-Bereich dargestellten Laufzeitgrenzen für Lieferverträge wurden für den *Strom-Bereich* vom Bundeskartellamt zu keinem Zeitpunkt erzwungen. Aufgrund einer anderen Ausgangslage im Gas-Sektor und im Strom-Sektor erschien eine Eins-zu-Eins-Übernahme dieser Laufzeitgrenzen auch nicht statthaft (siehe *Tomala/Törk* Rdnr. 174 mwN). Nachdem das Bundeskartellamt für den Gasbereich angekündigt hat, auf eine unmittelbare Verlängerung der Mengen-Laufzeit-Vorgaben zu verzichten, dürfte sich die Debatte um eine mögliche Übertragung dieser Vorgaben auf den Strom-Bereich ohnehin erledigt haben.

bb) Preismissbrauchskontrolle nach § 29 GWB. Gem. § 29 S. 1 GWB ist es einem Unternehmen verboten, als Anbieter von Elektrizität oder leitungsgebundenem Gas auf einem Markt, auf dem es allein oder zusammen mit anderen Versorgungsunternehmen eine marktbeherrschende Stellung hat, diese Stellung missbräuchlich auszunutzen, indem es Entgelte oder sonstige Geschäftsbedingungen fordert, die ungünstiger sind als diejenigen anderer Versorgungsunternehmen oder von Unternehmen auf vergleichbaren Märkten, es sei denn, das Versorgungsunternehmen weist nach, dass die Abweichung sachlich gerechtfertigt ist. Die Umkehr der Darlegungs- und Beweislast gilt nur in Verfahren vor den Kartellbehörden. Ferner ist es verboten, Entgelte zu fordern, die die Kosten in unangemessener Weise überschreiten.

§ 29 GWB stellt eine Spezialvorschrift für die Preismissbrauchskontrolle auf dem Gebiet der Energiewirtschaft und eine Verschärfung der bisherigen Tatbestandsalternativen des § 19 GWB dar. § 29 GWB betrifft nur das Vertikalverhältnis zwischen marktbeherrschenden Versorgungsunternehmen und nachgelagerten Kunden. Von besonderer Bedeutung ist die zweite Alternative, nach der keine unangemessene Kosten-Preis-Relation bestehen darf. Hierdurch soll u. a. die durch § 1 Abs. 1 EnWG normierte Zielsetzung der preisgünstigen Energieversorgung sichergestellt werden.

Hinsichtlich der Ermittlung der Normadressatenstellung eines Energieversorgungsunternehmens ist zu beachten, dass die Versorgungsmärkte für Strom und Gas in mehrere sachliche Einzelmärkte zu unterteilen sind und eine weitere sachliche und räumliche Abgrenzung erforderlich ist.

- Im Strombereich ist der Markt für den Erstabsatz von Strom und die beiden Endkundenmärkte für die Belieferung von Großkunden und Kleinverbrauchern zu unterscheiden. In räumlicher Hinsicht sind die ersten beiden Märkte bundesweit und der Kleinverbrauchermarkt netzbezogen abzugrenzen.
- Hinsichtlich der Gasversorgung sind die sachlichen Einzelmärkte die beiden Märkte für die Belieferung von Weiterverteilern sowohl durch überregionale Ferngasunternehmen als auch durch regionale Verteiler und außerdem der Markt für die Belieferung großer industrieller und gewerblicher Endkunden sowie für die Belieferung von Kleinverbrauchern zu unterscheiden. In räumlicher Hinsicht werden die Märkte von den Kartellbehörden und Gerichten derzeit noch netzbezogen abgegrenzt. Aufgrund der Veränderungen beim Netzzugangsregime (Zwei-Vertrags-Modell in Marktgebieten) ist anzunehmen, dass sich eine weiträumigere – ggf. sogar bundesweite – räumliche Marktabgrenzung durchsetzen wird, bei der auf einzelne Netzgebiete zusammenfassende Marktgebiete abzustellen ist.

Hinsichtlich der Feststellung eines Missbrauchs findet das Vergleichsmarktkonzept in § 19 S. 1 Nr. 1 GWB und das Gewinnbegrenzungskonzept in § 29 Abs. 1 Nr. 2 GWB Anwendung. Die Kartellbehörden haben in der Vergangenheit auf Grundlage des § 29 GWB vereinzelt die Versorgungspreise der Energieversorger untersucht. Eine Analyse, ob die geforderten Energiepreise rechtsmissbräuchlich überhöht sind, ist daher angezeigt.

cc) Billigkeitskontrolle § 315 BGB. Energiepreise unterliegen, sofern sie einseitig vom Versorgungsunternehmen festgesetzt werden, der Billigkeitskontrolle gem. § 315 BGB. In den Fällen, in denen ein Endkunde sich jedoch auf einen anfänglich festgesetzten und damit vereinbarten Energiepreis einlässt oder eine spätere Erhöhung durch vorbehaltlose Zahlung hinnimmt, scheidet eine solche Überprüfung der Energiepreise aus (vgl. dazu BGH Urt. v. 28. 3. 2007 – VIII ZR 42/06 – RdE 2007, S. 310; Urt. v. 13. 6. 2007 – VIII ZR 36/06 – RdE 2007, S. 258). Da der Endkunde regelmäßig alternative Beschaffungsmöglichkeiten hat, ist er in diesen Fällen auch nicht schutzwürdig. Anders als der Netznutzer, der dem Netzbetreiber gegenübersteht (vgl. dazu 2. e)), kann er regelmäßig ohne weiteres auf andere Lieferanten zurückgreifen.

dd) Take-or-pay-Klauseln und Weiterveräußerungsverbot. Take-or-pay-Klauseln sind Klauseln, in denen sich der Käufer verpflichtet, eine festgelegte Energiemenge zu zahlen, unabhängig davon, ob er diese Menge auch tatsächlich abnimmt. Auch diese Verträge sind in den Fokus der Kartellbehörden gelangt, sofern sie in Verbindung mit einem Weiterveräußerungsverbot verbunden werden. Das Bundeskartellamt hat einen Großteil seiner Verfahren gegen Strom- und Gasversorger wegen missbräuchlicher Weiterverkaufsverbote für Mindestabnahmemengen bei Strom und/oder Gas abgeschlossen (BKartA, Pressemeldung vom 7. 7. 2010; vgl. auch Beschl. v. 5. 7. 2010 (B 10 – 10/10)). Während eine vertraglich vereinbarte Mindestabnahmeverpflichtung kartellrechtlich nicht zu beanstanden sei, ist es nach Auffassung des Bundeskartellamtes verboten, dem Kunden zugleich ein Weiterverkaufsverbot für diese Mindestabnahmemenge aufzuerlegen. In diesem Fall sei der Kunde daran gehindert, von ihm nicht benötigte aber gleichwohl zu bezahlende Energie an Dritte direkt oder über die Börse weiterzuverkaufen. Diese Vereinbarungen beschränkten den Wettbewerb auf den Vertriebsmärkten und behinderten den Handel mit Strom und Gas.

Die Unwirksamkeit von Take-or-pay-Klauseln mit Weiterveräußerungsverbot kann im Rahmen einer M&A-Transaktion einem Finanzierungsmodell die Grundlage entziehen.

ee) Preisanpassungsklauseln und rechtlicher Maßstab für AGB. Verträge über die Lieferung von Energie laufen regelmäßig über einen längeren Zeitraum. Zudem enthalten die meisten Verträge Klauseln, wonach sich der Vertrag automatisch verlängert, wenn er nicht zu einem bestimmten Stichtag von einer der beiden Parteien gekündigt worden ist. Wegen der Volatilität der Energiepreise ändern sich zwangsläufig auch die Kosten für die Energiebelieferung, so dass ein Bedürfnis besteht, in Energielieferverträgen Preisanpassungsklauseln vorzusehen.

In den letzten Jahren hat der BGH in einer Mehrzahl von Entscheidungen sich mit der Frage auseinander gesetzt, welche Anforderungen an die Wirksamkeit dieser Preisanpassungsklauseln zu stellen sind (BGH Urt. v. 24. 3. 2010 – VIII ZR 304/08 – RdE 2010, S. 215; Urt. v. 24. 3. 2010 – VIII ZR 178/08 – RdE 2010, S. 209; Urt. v. 28. 10. 2009 – VIII ZR 320/07 – ZNER 2010, S. 61). Die bisherigen Entscheidungen verwerfen unterschiedlichste Formulierungsansätze und grenzen damit negativ die unwirksamen Preisanpassungsklauseln ab. Dies führt allerdings auch dazu, dass weiterhin Unsicherheit hinsichtlich des Inhalts einer wirksamen Preisanpassungsklausel besteht. Der BGH hat bisher nur solche Preisanpassungsklauseln als wirksam angesehen, die den gesetzlichen Regelungen in § 5 Abs. 2 StromGVV/GasGVV nachgebildet sind (auch wenn deren inhaltlicher Aussagegehalt äußerst gering ist; BGH Urt. v. 15. 7. 2009 – VIII ZR 56/08 – RdE 2009, S. 281).

Maßstab für die Prüfung dieser Preisanpassungsklauseln ist § 307 ff. BGB, der die Anforderungen an allgemeine Geschäftsbedingungen normiert. Da insoweit immer einseitig vorgegebene Vertragsbedingungen erforderlich sind, ist hinsichtlich des Vertragstyps zu unterscheiden. Während mit größeren Industrieabnehmern Energielieferverträge zumeist individuell ausgehandelt werden, so dass sich eine AGB-rechtliche Problematik nicht stellt, scheidet ein Aushandeln im Massengeschäft bei der Belieferung von Haushaltskunden in der Regel aus. Erfolgt die Belieferung durch den Grundversorger, so findet § 5 Abs. 2 StromGVV/GasGVV Anwendung, der eine Ermächtigung zur Änderung des allgemeinen Tarifs enthält. Auch in diesem Fall unterliegt die Preisanpassungsklausel folglich nicht der ABG-rechtlichen Kontrolle. Oftmals haben Grundversorger jedoch mit ihren Kunden sog. Normsonderkundenverträge abgeschlossen, die den Kunden gegenüber dem Grundversorgungsvertrag in der Regel einen günstigeren Preis gewähren, im Gegenzug jedoch eine längere Vertragslaufzeit festlegen, da der Grundversorgungsvertrag durch den Kunden mit einer Monatsfrist gekündigt werden kann. Will das Versorgungsunternehmen den in einem solchen Normsonderkundenvertrag anfänglich vereinbarten Lieferpreis aufgrund gestiegener Kosten später anheben, muss der Vertrag folglich eine wirksame Preisanpassungsklausel enthalten. Insoweit müssen sie den Anforderungen des § 307 BGB in seiner Auslegung durch die Rechtsprechung standhalten.

Daher ist in jedem Fall anhand der Maßstäbe, die der BGH in seinen Entscheidungen aufgestellt hat, zu prüfen, ob die jeweils verwendete Preisanpassungsklausel einer AGB-rechtlichen Kontrolle standhalten würde. Ist dies nicht der Fall, besteht ein erhebliches wirtschaftliches Risiko, dass ein auf Grundlage einer unwirksamen Preisanpassungsklausel erhöhter Strom-/Gaspreis, der in dieser Höhe auch in das Finanzierungsmodell eingepreist wurde, in Zukunft nicht erzielt werden kann. Zugleich können sich für in der Vergangenheit liegende Zeiträume die Frage der Rückforderung stellen, sofern diese Ansprüche nicht nach der Regelverjährungsfrist von drei Jahren verjährt sind. Angesichts der – auch auf Endverbraucherebene geführten – bundesweiten Diskussion über erhöhte Strompreise dürfte der Verjährungsbeginn, der von der Kenntnis bzw. dem Kennenmüssen des Betroffenen abhängt, auf den Zeitpunkt der Strom-/Gaspreiszahlung fallen und nicht auf den der (ersten) BGH-Entscheidungen hinausgezögert sein. In jedem Fall empfiehlt es sich, dieses Risiko im M&A-Kaufvertrag abzubilden.

2.3. Netzbetrieb

a) **Genehmigung.** Die Aufnahme des Betriebs eines Energieversorgungsnetzes bedarf gem. § 4 Abs. 1 EnWG der Genehmigung durch die nach Landesrecht zuständige Behörde. Damit unterfällt nur der Beginn des Netzbetriebs der Genehmigungspflicht. Insofern ist die Vorschrift auf Netzbetreiber bzw. Energieversorgungsunternehmen, die bereits vor Inkrafttreten des EnWG den Netzbetrieb legal aufgenommen haben, nicht anwendbar. Insoweit ist zu berücksichtigen dass § 5 EnWG 1935 und § 3 EnWG 1998 Genehmigungspflichten für Energieversorgungsunternehmen vorsahen. Etwas anderes kann dann gelten, wenn der bisherige Netzbetrieb substantiell in sachlicher oder räumlicher Sicht erweitert wird. Ein Fall der Aufnahme liegt jedoch nach einer nicht unerheblichen Betriebsunterbrechung vor. Dies dürfte nicht schon dann der Fall sein, wenn aus Gründen der Wartung und Instandhaltung der Netzbetrieb lediglich unterbrochen wird, sondern erst dann, wenn die Geschäftstätigkeit als Netzbetreiber eingestellt wird.

Dagegen ist ein Personenwechsel auf Gesellschafterebene irrelevant, da die Existenz der juristischen Person des Netzbetreibers, der die Genehmigung erteilt worden ist, nicht berührt wird. Gemäß § 4 Abs. 3 EnWG geht die Genehmigung ferner im Falle der Gesamtrechtsnachfolge oder der Rechtsnachfolge nach dem Umwandlungsgesetz oder in sonstigen Fällen der rechtlichen Entflechtung des Netzbetriebs nach § 7 EnWG auf den Rechtsnachfolger über.

Die Genehmigung darf nur versagt werden, wenn der Antragsteller nicht die personelle, technische und wirtschaftliche Leistungsfähigkeit und Zuverlässigkeit besitzt, um den Netzbetrieb auf Dauer zu gewährleisten. Unter den gleichen Voraussetzungen kann auch der Netzbetrieb untersagt werden, für dessen Aufnahme keine Genehmigung erforderlich ist.

Die Energieaufsichtsbehörden der Länder – in der Regel im jeweiligen Wirtschaftsministerium angesiedelt – sind die zuständigen Stellen für die Genehmigung des Netzbetriebs (vgl. Merkblatt des Wirtschaftsministeriums des Landes Nordrhein-Westfalen in der Anlage unter 2.4 d).

Auf Ebene der Transportnetzbetreiber tritt neben die Genehmigung noch die Zertifizierung i. S. d. §§ 4 a ff. EnWG, die die BNetzA bei einer unbundling-konformen Unternehmensstruktur und -organisation erteilt.

b) **Wegenutzung und Konzessionsabgaben.** Für den Betrieb von Energieversorgungsnetzen ist die Nutzung privater Grundstücke bzw. öffentlicher Verkehrswege erforderlich. Das Energieversorgungsunternehmen bzw. der Netzbetreiber müssen sich insoweit Nutzungsrechte an diesen privaten Grundstücken bzw. den öffentlichen Verkehrswegen einräumen lassen. Dies erfolgt im Hinblick auf die privaten Grundstücke regelmäßig durch Gestattungsverträge (persönliche Dienstbarkeiten), die nach den allgemeinen Regeln des Sachenrechts zu bewerten sind. Im Hinblick auf öffentliche Verkehrswege sind sog. Wegenutzungsverträge i. S. d. § 46 EnWG mit den Gemeinden abzuschließen. Zum Abschluss dieser Verträge sind die Gemeinden verpflichtet, da sie ihre öffentlichen Verkehrswege für die Verlegung und den Betrieb von Energieversorgungsanlagen zur unmittelbaren Versorgung von Letztverbrauchern im Gemeindegebiet diskriminierungsfrei durch Vertrag zur Verfügung stellen müssen. Als Gegenleistung für die Einräumung einer Konzession sind Konzessionsabgaben i. S. d. § 48 EnWG iVm den Vorschriften der Konzessionsabgabenverordnung (KAV) zu zahlen.

aa) **Wegenutzung.** Wegenutzungsverträge bezüglich solcher Energieanlagen, die zu einem Energieversorgungsnetz der allgemeinen Versorgung im Gemeindegebiet gehören, dürfen gem. § 46 Abs. 2 EnWG höchstens über eine Laufzeit von 20 Jahren abgeschlossen werden. Die Gemeinden sind verpflichtet, spätestens 2 Jahre vor Ablauf der Wegenutzungsverträge das Vertragsende durch Veröffentlichung im (elektronischen) Bundesanzeiger bekannt zu machen und auf die zu veröffentlichenden Daten sowie den Ort der Veröffentlichung hinzuweisen. Daran schließt sich ein Vergabeverfahren an, in dem der geeignete Konzessionär ermittelt wird. Ergebnis dieses Verfahrens kann entweder die Verlängerung des Konzessionsvertrags mit dem Altkonzessionär oder der Neuabschluss mit einem Neukonzessionär sein. Im Rahmen einer M&A-Transaktion sollte daher immer auch die Wirksamkeit der Konzessionsverträge vor diesem rechtlichen Hintergrund geprüft werden.

Werden solche Verträge nach ihrem Ablauf nicht verlängert, so ist der bisher nutzungsberechtigte Altkonzessionär verpflichtet, seine für den Betrieb der Netze notwendigen Anlagen dem Neukonzessionär gegen Zahlung einer wirtschaftlich angemessenen Vergütung zu übereignen. Der Neukonzessionär kann alternativ auch die Besitzeinräumung verlangen. Die Überlassung erfolgt gegen angemessene Vergütung; allerdings hat der Gesetzgeber davon abgesehen zu regeln, wie die angemessene Vergütung berechnet wird. Die Gesetzesbegründung weist auf das Ertragswertverfahren als ein mögliches Bewertungsverfahren hin. Nach dem Sinn und Zweck des § 46 EnWG – Schaffung von Wettbewerb um die Energieversorgungsnetze – darf die Vergütung jedenfalls nicht prohibitiv überhöht sein. Nach Auffassung des BGH ist dies erst dann der Fall, wenn ein am Sachzeitwert orientierter Kaufpreis den Ertragswert nicht unerheblich übersteigt (BGH Urt. v. 16. 11. 1999 – KZR 12/97 („Kaufering-Entscheidung") – RdE 2000, S. 108; unklar ist derzeit, inwieweit diese Entscheidung in das System der regulierten Netzentgelte, insbesondere in das der Anreizregulierung einzuordnen ist).

bb) Konzessionsabgaben. Die Zulässigkeit und Bemessung der Zahlung von Konzessionsabgaben ist Regelungsgegenstand der KAV. Nach Maßgabe der KAV dürfen Konzessionsabgaben nur in Centbeträgen je gelieferter Kilowattstunde vereinbart werden. Dabei gelten – je nach Produkt und Energieart – unterschiedliche zulässige Höchstbeträge, die nicht überschritten werden dürfen. Zudem dürfen neben oder anstelle von Konzessionsabgaben nur in sehr eingeschränktem Umfang zusätzlich Leistungen vereinbart oder gewährt werden. Dabei kann es sich um Preisnachlässe für den Eigenverbrauch der Gemeinden, um die Vergütung notwendiger Kosten, die bei Bau- und Unterhaltungsmaßnahmen an öffentlichen Verkehrswegen der Gemeinden durch Versorgungsleitungen entstehen, oder um Verwaltungskostenbeiträge für Leistungen der Gemeinde handeln. Nicht vereinbart oder gewährt werden dürfen sonstige Finanz- und Sachleistungen, die unentgeltlich oder zu einem Vorteilspreis gewährt werden. Davon sind Leistungen ausgenommen, die im Zusammenhang mit dem ressourcenschonenden Umgang der vertraglich vereinbarten Energieart stehen. Genauso wenig ist eine Verpflichtung zur Übertragung von Versorgungseinrichtungen ohne wirtschaftlich angemessenes Entgelt unzulässig.

c) Investitionsverpflichtungen. Der Netzbetreiber ist einer Vielzahl von Investitionsverpflichtungen ausgesetzt. Wesentliche Aufgabe bei der Bewertung eines Kaufobjektes ist daher, welche Investitionsverpflichtungen grundsätzlich bestehen und ob und in welchem Umfang der Netzbetreiber diesen Investitionsverpflichtungen, die auch in der Erneuerung von Netzanlagen nach deren bestimmungsgemäßen Nutzungsdauer bestehen können, nachgekommen ist. Anderenfalls besteht die Gefahr eines Investitionsstaus und damit das Risiko verstärkter Investitionspflichten.

Investitionsverpflichtungen können sich z.B. ergeben aus § 11 Abs. 1 Satz 1 EnWG (bedarfsgerechter Ausbau, insbesondere wie er im Netzentwicklungsplan definiert ist), § 17 Abs. 2 EnWG (Netzanschluss von Dritten, insbesondere Kraftwerke nach Maßgabe der Kraftwerks-Netzanschlussverordnung (KraftNAV), § 17 Abs. 2a EnWG (Anbindung von Offshore-Anlagen) oder § 20 Abs. 2 EnWG (Netzzugang von Dritten). Neben diesen allgemeinen energiewirtschaftlichen Regelungen kann sich im Elektrizitätsbereich eine weitere Verpflichtung aus dem Recht der privilegierten Energieträger, also aus dem EEG und dem KWKG ergeben. Ferner enthalten zahlreiche Konzessionsverträge, aufgrund derer Gemeinden ihre öffentlichen Verkehrswege für die Verlegung und den Betrieb von Energieleitungen zur unmittelbaren Versorgung von Letztverbrauchern im Gemeindegebiet diskriminierungsfrei zur Verfügung stellen, vergleichbare Investitionsverpflichtungen.

Aufgrund dieser Investitionsverpflichtungen müssen Netzbetreiber jedes Jahr signifikante Beträge in ihr Netz investieren. Diese können – gerade im Hinblick auf den Anschluss von Offshore-Anlagen – eine Finanzierung in Milliardenhöhe erforderlich machen. Umso wichtiger ist, dass diese Finanzierungskosten in die Netzentgelte eingepreist werden können (vgl. dazu 2.3. d)).

Netzbetreiber haben die Möglichkeit, einen Netzausbau aufgrund wirtschaftlicher Unzumutbarkeit zu verweigern. Allerdings stellt die unzureichende Refinanzierung der Investitionskosten selbst keinen Verweigerungsgrund dar, solange die Anwendung der Kalkulationsgrundsätze als EnWG- und verfassungskonform angesehen werden. Nach Maßgabe der gesetzlichen Wertung wäre sie hinreichend und damit der Netzausbau zumutbar.

Die Investitionsverpflichtungen werden durch das EnWG weiter verschärft, da auch Zwangsmaßnahmen gegen ihre Behinderung und Verschleppung möglich sind. Die im Richtlinienpaket vorgesehenen Instrumente stellen den vorläufigen Abschluss einer sich seit Jahren abzeichnenden Entwicklung dar, sog. **strategic underinvestments** zu begegnen. Unter diesem Schlagwort wird das Verhalten eines Infrastrukturbetreibers verstanden, der die von ihm betriebene Infrastruktur nur unzureichend ausbaut, um eigenen Wettbewerbern – wenn dieser selbst die Infrastruktur nutzt – oder Wettbewerbern eines mit ihm verbundenen Unternehmens Nutzungs- und damit Wettbewerbsmöglichkeiten zu nehmen.

Im dritten Richtlinienpaket sind die wesentlichen Regelungen in Art. 22 RiLi 2009/72/EG bzw. 2009/73/EG enthalten, die sich mit dem sog. Netzentwicklungsplan befassen. Diese Regelungen werden durch §§ 12a ff. EnWG umgesetzt. Dessen Zweck ist es, insbesondere den Marktteilnehmern Angaben darüber zu liefern, welche wichtigen Übertragungsinfrastrukturen in den nächsten zehn Jahren errichtet oder ausgebaut werden müssen, sowie alle bereits beschlossenen Investitionen aufzulisten und die neuen Investitionen zu bestimmen, die in den nächsten drei Jahren durchgeführt werden müssen, sowie einen Zeitplan für alle Investitionsprojekte vorzugeben. Die nationalen Regulierungsbehörden müssen den Netzentwicklungsplan genehmigen. Sie erhalten zugleich weitreichende Kompetenzen, die Vorgaben des Netzentwicklungsplanes durchzusetzen. Die nationalen Regulierungsbehörden sollen dann z.B. den Übertragungsnetzbetreiber zur Durchführung der betreffenden Investition auffordern können oder Ausschreibungsverfahren zur Durchführung der betreffenden Investition einleiten können, das allen Investoren offen steht.

Netzinvestitionen werden damit immer weniger von einer unternehmerischen Entscheidung, sondern immer mehr von regulatorischen Vorgaben abhängig gemacht. Durch die Einflussnahme der Regulierungsbehörden bei Erstellung und Umsetzung der Netzentwicklungspläne ist der Netzbetreiber nicht mehr in der Lage, wesentlichen Einfluss auf die Investitionsentscheidungen zu nehmen.

d) **Refinanzierung der Kosten des Netzbetriebs über die Netzentgelte.** Netzbetreiber sind grundsätzlich berechtigt, die beim Netzbetrieb entstehenden operativen Kosten und Kapitalkosten über die Netzentgelte auf die Netznutzer umzulegen. Seit der Einführung der Netzentgeltregulierung durch das EnWG 2005 unterliegen die Netzentgelte allerdings einer behördlichen *ex ante*-Überprüfung, in der insbesondere solche Kosten identifiziert und herausgekürzt werden sollen, die sich nicht einstellen würden, wenn sich der Netzbetreiber im Wettbewerb mit anderen Netzbetreibern befände. Daher kann die Netzentgeltregulierung zu – teilweise erheblichen – Kürzungen der vom Netzbetreiber zum kostendeckenden Netzbetrieb errechneten Netzentgelte führen.

Hinsichtlich der Netzentgeltregulierung sind die kostenorientierte Entgeltbildung, die seit Inkrafttreten des EnWG 2005 bis zum 31. 12. 2008 Anwendung fand, und die Anreizregulierung, die seit dem 1. 1. 2009 Anwendung findet, zu unterscheiden. Die Vorschriften der Kostenorientierten Entgeltbildung bleiben auch für die Anreizregelung relevant und sollen aber ebenfalls kurz skizziert werden.

aa) **Kostenorientierte Entgeltbildung.** Bei der kostenorientierten Entgeltbildung werden die Netzentgelte gem. § 21 Abs. 2 EnWG auf der Grundlage der Kosten einer Betriebsführung, die denen eines effizienten und strukturell vergleichbaren Netzbetreibers entsprechen müssen, unter Berücksichtigung von Anreizen für eine effiziente Leistungserbringung und einer angemessenen, wettbewerbsfähigen und risikoangepassten Verzinsung des eingesetzten Kapitals gebildet. Wesentliche Bezugsgröße für die Kalkulation der Netzentgelte sind damit die beim Netzbetrieb anfallenden Kosten. Grundsätzlich kann der Netzbetreiber die Laufzeit der Genehmigung durch entsprechende Antragstellung bzw. durch erneute Antragstellung bestimmen. So kann er sich verändernden Kosten – z.B. aufgrund umfangreicher Investitionen – Rechnung tragen und eine entsprechende Anpassung der genehmigten Netzentgelte sicherstellen.

Kosten sind gem. § 4 Abs. 1 StromNEV/GasNEV nur insoweit anzusetzen, als sie den Kosten eines effizienten und strukturell vergleichbaren Netzbetreibers entsprechen. Diesen Grundsatz für die Anerkennung von Kosten hat die BNetzA zur Begründung für die Kürzung von

2. Funktionen im Energiewirtschaftssektor

einzelnen Kosten herangezogen, wenn die beantragten Kosten bzw. die kostenverursachenden Maßnahmen (z. B. Vorhaltung hoher liquider Mittel, die im Rahmen der Eigenkapitalverzinsung zu berücksichtigen wären) gewisse, von der BNetzA bestimmte Benchmarks (z. B. bei liquiden Mitteln: $1/12$ der Netzkosten) überschritten haben.

Im Wesentlichen lassen sich aufwandsgleiche Kosten von den kalkulatorischen Kosten unterscheiden. Aufwandsgleichen Kosten steht ein gleich hoher Aufwand gegenüber (vgl. dazu *Sieberg* Rdnr. 32 ff.). Dies sind z. B.:

- Fremdkapitalzinsen (begrenzt auf den marktüblichen Zins, der laut Verordnungsbegründung als der auf die letzten zehn abgeschlossenen Kalenderjahre bezogene Durchschnitt der Umlaufsrendite festverzinslicher Wertpapiere inländischer Emittenten angesehen werden kann; laut BGH ist dazu ein Risikozuschlag zu gewähren, dessen Höhe derzeit festgesetzt wird),
- Personalkosten, Materialkosten, Instandhaltungskosten,
- Kosten für die Beschaffung von Verlustenergie zum Ausgleich der Energiemengen, die aufgrund physikalischer Vorgänge (z. B. Erwärmung der Stromleitungen, Lichtbogen in Umspannstationen) bei der Durchleitung in andere Energie umgewandelt wird und nicht zur Entnahme zur Verfügung steht (vgl. dazu *Sieberg* Rdnr. 42 ff.).

Kalkulatorischen Kosten steht kein vergleichbar hoher Aufwand gegenüber. Dies sind:

- Kalkulatorische Abschreibungen der Netzanlagegüter. Insoweit ist weiter zu differenzieren. Bei den sog. Altanlagen (bis zum 31.12.2005 aktiviert) darf der eigenkapitalfinanzierte Anteil auf Tagesneuwertbasis abgeschrieben werden; dies dient dem Inflationsausgleich und führt dazu, dass die kalkulatorischen Abschreibungen (Kosten) über den handelsrechtlichen Buchwerten (Aufwand) liegen. Bei den sog. Neuanlagen (seit dem 1.1.2006 aktiviert) darf nur noch auf den Anschaffungs-/Herstellungswert abgeschrieben werden, da insoweit die höhere Eigenkapitalverzinsung den Inflationsausgleich erwirtschaftet. Beide Abschreibungsmethoden gelangen – betriebswirtschaftlich gesehen – zum gleichen Ergebnis.
- Kalkulatorische Eigenkapitalverzinsung, durch die der „Gewinn" des Netzbetreibers reguliert wird. Hierbei handelt es sich also auch um keine „echten" Kosten des Netzbetriebs; jedoch wird sichergestellt, dass für alle Netzbetreiber die gleichen Grundsätze für die „Gewinnerzielung" gelten. Auch hier ist hinsichtlich der anwendbaren Eigenkapitalzinssätze zu unterscheiden: Bis Ende 2008 waren 7,91 % (Strom) bzw. 9,21 % (Erdgas) für Neuanlagen und 6,5 % (Strom) bzw. 7,8 % (Erdgas) für Altanlagen anzusetzen. Dabei ist das maximal zulässige Eigenkapital, das der Verzinsung unterliegt, auf 40 % des Gesamtkapitals beschränkt. Das diese Schwelle übersteigende Eigenkapital wird wie Fremdkapital (vgl. oben) verzinst.
- Kalkulatorische Gewerbesteuer, durch die die Gewerbesteuerlast ausgeglichen und damit neutralisiert werden soll.

Im Rahmen des Genehmigungsverfahrens hat die BNetzA geprüft, welche Kosten der Netzbetreiber in die Kalkulation eingestellt und welche Netzentgelte er daraus errechnet hat. Genehmigt wurden die einzelnen Entgeltsätze, so wie sie sich aus dem Preisblatt des Netzbetreibers ergeben.

Die BNetzA hat die Eigenkapitalzinssätze immer als großzügig und vollkommen auskömmlich bezeichnet. Die Netzbetreiber haben dem entgegengehalten, dass die BNetzA viele Kostenpositionen z. B. aufgrund von Effizienzerwägungen nicht bzw. nicht voll anerkannt habe und nicht sachgerechte Berechnungsmethoden angewandt habe (auf Einzelheiten kann hier nicht eingegangen werden). Die auf diese Weise ungedeckten Kosten hätten aus der Eigenkapitalverzinsung finanziert bzw. von dieser abgezogen werden müssen. Daher würde sich ein bereinigter Eigenkapitalzinssatz von deutlich unterhalb der gesetzlichen Eigenkapitalzinssätze ergeben. Dies sei als investitionshemmend zu bezeichnen, da eine mittel-/langfristige Kapitalanlage zumindest die gleichen Erträge erwirtschaften würde. Im Rahmen einer M&A-Transaktion ist daher immer auch eine um den nicht gedeckten Kostenaufwand bereinigte Eigenkapitalverzinsung zu berechnen. Anderenfalls könnten Fehlvorstellungen hinsichtlich der tatsächlich erzielbaren Eigenkapitalverzinsung entstehen und einem Finanzierungsmodell fälschlicherweise zugrunde gelegt werden.

bb) Anreizregulierung. Im Rahmen der seit dem 1. 1. 2009 anwendbaren Anreizregulierungsverordnung (ARegV) werden für den Netzbetreiber nicht mehr Netzentgelte, sondern sog. Erlösobergrenzen von den Regulierungsbehörden festgelegt.

Die Erlösobergrenzen definieren den maximalen Betrag, den ein Netzbetreiber aus Netzentgelten in einem bestimmten Jahr verdienen darf. Die Regulierungsbehörden legen die Erlösobergrenzen jeweils für eine sog. Regulierungsperiode fest, die sich über einen Zeitraum von fünf Jahren erstreckt (Ausnahme erste Regulierungsperiode für Erdgas: vier Jahre). Dies bedeutet zunächst, dass Netzinvestitionen im Laufe einer Regulierungsperioden bis zur Geltung der nächsten Erlösobergrenzen zunächst unberücksichtigt bleiben. Die ARegV sieht jedoch Instrumente vor, die eine zwischenzeitliche Anpassung der Erlösobergrenzen ermöglichen. Erlösobergrenzen werden auf Grundlage zweier Parameter bestimmt:

(1) **Kosten.** Zunächst werden die Kosten eines sog. Basisjahres herangezogen und nach Maßgabe der Kalkulationsprinzipien der StromNEV/GasNEV (vgl. dazu oben aa)) berücksichtigt. Besonderheiten ergeben sich hier insoweit, als von der BNetzA für die erste Regulierungsperiode neue Eigenkapitalzinssätze festgelegt wurden (9,29% für Neuanlage-n) und 7,56% für Altanlagen). Weitere Besonderheiten enthält die ARegV (z. B. hinsichtlich Plankosten und Einmaleffekten).

Für die laufende Regulierungsperiode (Strom: 2009–2013; Gas: 2009–2012) war das Jahr 2006 das Basisjahr, da die Bestimmung der Erlösobergrenzen immer im vorletzten Jahr (2007) vor Beginn einer Regulierungsperiode (2009) auf Grundlage der Daten des letzten abgeschlossenen Geschäftsjahres (2006) erfolgt. Da die Daten des Jahres 2006 auch der letzten Netzentgeltgenehmigung für das Jahr 2008 zugrunde lagen, wurde die Kostenprüfung aus dem damaligen Genehmigungsverfahren herangezogen. Das nächste Basisjahr ist das Jahr 2011 (Strom) bzw. 2010 (Erdgas), da die nächste Regulierungsperiode im Jahr 2014 (Strom) bzw. 2013 (Erdgas) beginnt und die Erlösobergrenzen im Jahr 2012 (Strom) bzw. 2011 (Erdgas) bestimmt werden.

(2) **Effizienz.** Ferner wirkt sich die persönliche Effizienz des Netzbetreibers auf die Bestimmung der Erlösobergrenzen aus, die in einem bundesweiten bzw. europaweiten Effizienzvergleich ermittelt wird. Anhand bestimmter Parameter (z. B. Zahl der Anschlusspunkte, Leitungslänge usw.) wird die Effizienz der Netzbetreiber in einem komplizierten Verfahren anhand unterschiedlicher Effizienzbewertungsmethoden ermittelt. Der am wenigsten effiziente Netzbetreiber erhält den Effizienzwert 60%, der effizienteste Netzbetreiber den Effizienzwert 100%. Gemäß § 21a Abs. 5 Satz 4 EnWG müssen die Effizienzvorgaben so gestaltet und über die Regulierungsperiode verteilt sein, dass der betroffene Netzbetreiber oder die betroffene Gruppe von Netzbetreibern die Vorgaben unter Nutzung der ihm oder ihnen möglichen und zumutbaren Maßnahmen erreichen und übertreffen kann.

Der persönliche Effizienzwert eines Netzbetreibers bestimmt zugleich, in welchem Umfang er seine Kosten in die Netzentgelte einpreisen darf. So ist ein Netzbetreiber mit einem Effizienzfaktor von 80% und damit 20% ineffizienten Kosten nur berechtigt, 80% seiner Kosten auf die Netzkunden umzulegen. Für den Abbau seiner Ineffizienzen von z. B. 100 GE auf 80 GE verbleiben ihm jedoch fünf Jahre, also die Dauer einer Regulierungsperiode, wobei die Erlösobergrenzen schrittweise abgesenkt werden. Dies führt dazu, dass der Netzbetreiber im ersten Jahr noch berechtigt ist, 96 GE zu verdienen, im zweiten 92 GE, im dritten 88 GE und im vierten 84 GE. Durch diese gleichmäßige Reduzierung ist einerseits sichergestellt, dass der Netzbetreiber schließlich im fünften Jahr nur noch 80 GE (also seine effizienten Kosten) verdient, andererseits, dass er den Abbau der ineffizienten Kosten nicht sofort vornehmen muss. Dies könnte seine wirtschaftliche Leistungsfähigkeit überfordern.

Von diesem Effizienzvergleich ausgenommen sind die sog. dauerhaft nicht beeinflussbaren Kosten (dnbK). Hierbei handelt es sich um solche Kostenanteile, die unabhängig von der Effizienz eines Netzbetreibers in unbeeinflussbarer Höhe anfallen. DnbK können mit einem Verzug von zwei Jahren in voller Höhe auf die Erlösobergrenzen aufaddiert werden (z. B. die dnbK des Jahres 2010 auf die EOG 2012).

Zu den dnbK zählen z. B. gesetzliche Abnahme- und Vergütungspflichten, Konzessionsabgaben oder die Kosten für die Inanspruchnahme vorgelagerter (da ebenfalls regulierter) Netzebenen sein. Ferner gehören zu den dnbK bestimmte Investitionskosten, so dass ein

Netzbetreiber mit deren Refinanzierung – wie bereits angedeutet – bereits während einer Regulierungsperiode beginnen kann. Zu unterscheiden sind insoweit Investitionsbudgets nach § 23 ARegV (für Übertragungs-/Fernleitungsnetzbetreiber) und der pauschalierte Investitionszuschlag nach § 25 ARegV (für Verteilernetzbetreiber), bei deren Anwendung derzeit noch viele Rechtsfragen heftig umstritten sind. Es gilt, hierauf ein besonderes Augenmerk zu legen. Insbesondere bei dem Investitionsbankgesetz gibt es Abweichungen von den bisher dargestellten Prinzipien (z.B. Berechnung des zulässigen Fremdkapitalzinssatzes, zeitgleiche Anpassung der Erlösobergrenze).

cc) **Resümee.** Die vorstehenden Ausführungen zeigen, dass die Refinanzierung von Investitionen erheblichen Einschränkungen ausgesetzt ist. Zwar stehen die meisten Investitionsverpflichtungen unter dem Vorbehalt der Zumutbarkeit (vgl. §§ 17 Abs. 2, 20 Abs. 2 EnWG). Allerdings sind von dem Begriff der Zumutbarkeit regulierungsimmanente Kürzungen nicht erfasst. Ein Netzbetreiber kann also notwendige Investitionen nicht mit dem Argument ablehnen, dass ihm aufgrund seiner Ineffizienz keine vollständige Refinanzierung möglich sein wird.

e) **Billigkeit der Netzentgelte.** Auch bei der Erhebung von Netzentgelten handelt es sich um einseitig festgelegte Entgelte, die damit der Billigkeitsprüfung der Gerichte iSd § 315 BGB unterliegen. Im Hinblick auf die regelmäßig fehlende Ausweichmöglichkeit der Netznutzer sieht der BGH einen vereinfachten Zugang zur Billigkeitsprüfung vor. Auch in den Fällen, in denen der Netzkunde es versäumt hat, einen Vorbehalt zu erklären bzw. beanstandungslos die überhöhten Netzentgelte gezahlt hat oder sich auf ein anfänglich „vereinbartes" Netzentgelt eingelassen hat, bleibt ihm die Überprüfung der Netzentgelte über § 315 BGB möglich (*BGH* Urt. v. 20.7.2010 – EuZR 23/09 (Stromnetznutzungsentgelt IV) – RdE 2010, S. 385; Urt. v. 4.3.2008 – KZR 29/06 (Stromnetznutzungsentgelt III) – RdE 2008, S. 173; Urt. v. 7.2.2006 – KZR 8/05 (Stromnetznutzungsentgelt II) – RdE 2006, S. 242; Urt. v. 18.10.2005 – KZR 36/04 (Stromnetznutzungsentgelt) – RdE 2006, S. 81). Die Netzbetreiber haben ihre Kalkulationen offenzulegen. Es bleibt abzuwarten, wie die Zivilgerichte mit der Überprüfung bereits regulierter Netzentgelte, die seit der Einfügung der Netzentgeltgenehmigung durch das EnWG 2005 erhoben werden, umgehen. Aufgrund des aufwendigen Prüfungsverfahrens und der detaillierten Vorgaben der Regulierungsbehörden zur Netzentgeltkalkulation sollte das regulierte Netzentgelt, das gem. § 30 Abs. 1 S. 1 Nr. 5 EnWG im Rahmen der Missbrauchskontrolle als sachlich gerechtfertigt gilt, auch als billig iSd § 315 BGB gelten. Andererseits wird die Netzentgeltgenehmigung ausgehöhlt und ihres Sinns beraubt, regulierungskonforme Netzentgelt zu bestimmen.

2.4 Formblätter und Muster zum Energiewirtschaftsrecht

a) Muster eines Straßenbenutzungsvertrages für Leitungen der öffentlichen Versorgung in Bundesfernstraßen (MuV 87) Neufassung des Musters eines Straßenbenutzungsvertrages für Leitungen der öffentlichen Versorgung bei Hinzukommen der Straße (Gegenvertrag)

Allgemeines Rundschreiben Straßenbau Nr. 7/1987 vom 27.4.1987 des Bundesministers für Verkehr – StB 17/08.33.00/19 Va 87 – an die obersten Straßenbaubehörden der Länder
– VkBl. 87, 398 ff.

I.

Mit Rundschreiben vom 3.12.1968 (BMV – StB 13 – LVme – 75/Vms 68) hatte ich das Muster eines Straßenbenutzungsvertrages für Leitungen der öffentlichen Versorgung in Bundesfernstraßen, veröffentlicht in VkBl 69, 1 ff., und mit Allgemeinem Rundschreiben Nr. 17/1984 vom 15.6.1984 (BMV – StB 17/08.33.00/17.018) die Muster eines Entschädigungsvertrages und eines Straßenbenutzungsvertrages für Leitungen der öffentlichen Versorgung bei Hinzukommen der Straße (Gegenvertrag), veröffentlicht in VkBl 84, 295, eingeführt.

Sowohl zum Mustergestattungsvertrag 1968 wie auch zum Muster-Gegenvertrag 1984 wurde in Zusammenarbeit mit den Ländern in dem paritätisch von der Straßenbauverwaltung und den Verbänden der Versorgungswirtschaft besetzten Gremium (Paritätische Kommission) wechselbezügliche Änderungen beschlossen, die zur Neufassung der als Anlagen 1 und 2 beigefügten Musterverträge führten.
Die für beide Musterverträge inhaltsgleichen Technischen Bestimmungen wurden vom Muster des Rahmenvertrages übernommen. Sinngemäß gelten sie auch im Rahmen des Entschädigungsvertrages bei der erstmaligen Herstellung.
Ich bitte, sofern ein Rahmenvertrag nicht zustande kommt, Verträge über neue Anlagen bzw. über die künftige Mitbenutzung bei Hinzukommen der Straße nach diesen Mustern abzuschließen. Bestehende Verträge bleiben unberührt. Fehlen solche Verträge oder sonstige rechtliche Regelungen oder sind sie außer Kraft getreten, sollen Verträge nach dem neuen Muster für Gestattungsverträge – MuV 1987 – abgeschlossen werden.
Die Technischen Bestimmungen sind bei künftigen Baumaßnahmen auch auf bestehende Gestattungsverträge bzw. bestehende Gegenverträge anzuwenden.
Die Rundschreiben des BMV vom 3. 12. 1968 (VkBl 69, 1ff.), vom 19. 1. 1970 (VkBl 70, 102), vom 7. 2. 1972 (VkBl 72, 94), vom 7. 7. 1981 (VkBl 81, 340) und vom 3. 6. 1981 (StB 17/08.33.01/17.043 NW 80), sind gegenstandslos geworden.
Das Allgemeine Rundschreiben Nr. 17/1984 ist in seinem Absatz 4 gegenstandslos geworden und wird insoweit aufgehoben.
Für die in der Baulast der Länder (Landschaftsverbände) stehenden Straßen empfehle ich dieselben Regelungen. Auf seiten der Versorgungswirtschaft wurden die zuständigen Gremien, auf seiten der Straßenbauverwaltung der Länderfachausschuß Straßenbaurecht eingeschaltet.

II.

1. Zur Neufassung des Muster-Gestattungsvertrages – MuV 1987 – bemerke ich:
Vereinbarungen über die Erstattung des Verwaltungsaufwandes im Zusammenhang mit dem Abschluß des Vertrages bleiben der Auftragsverwaltung überlassen.

Zu § 10 Abs. 1 letzter Satz und Abs. 2 Buchstabe b

Die Aufforderung zur Änderung oder Sicherung der Anlage wegen des Neubaus der Straße eines anderen Baulastträgers darf nur ausgesprochen werden, wenn sichergestellt ist, daß der Bundeshaushalt nicht – auch nicht vorübergehend – belastet wird.

Zu § 10 Abs. 2 Buchstabe a

Eine zusätzliche Kreuzung entsteht, wenn neben der neuen Kreuzung die bisherige Kreuzungsanlage im Straßenbereich bestehen bleiben soll. Das muß sich aus dem Planfeststellungsbeschluß, bei Bauvorhaben, für die ein Planfeststellungsbeschluß nicht herbeigeführt wird, aus den von der obersten Straßenbaubehörde genehmigten Bauplänen ergeben. Wesentlich ist, ob neben der neuen Kreuzung die bisherige Kreuzungsanlage im Straßenbereich bestehen bleiben soll. Der Bund übernimmt die Kosten für die zusätzliche Kreuzungsanlage auch dann, wenn die Straßenstrecke, in der sich die bisherige Anlage befindet, abgestuft wird. Das Versorgungsunternehmen hat die Kosten zu tragen, wenn diese Straßenstrecke entsprechend den festgestellten oder genehmigten Straßenbauplänen eingezogen wird.

Zu § 10 Abs. 2 Buchstabe c

Unter den „jeweiligen bisherigen Straßengrundstücken" sind die Flurstücke (Parzellen) zu verstehen, auf denen die Straße unmittelbar vor der Änderung lag.
Werden die Anlagen außerhalb der jeweiligen bisherigen Straßengrundstücke geändert, weil die Straße innerhalb dieser Grundstücke erhöht oder abgesenkt wird, hat das Versorgungs-(Abwasser)unternehmen die Kosten zu tragen. Wird die Straße gleichzeitig

über die bisherigen Grundstücksgrenzen hinaus verbreitert, trägt das Versorgungs-(Abwasser)unternehmen die Kosten, die sich ergeben hätten, wenn die Erhöhung oder Absenkung der Straße allein durchgeführt worden wäre.

Zu § 13
Bei der Kostenermittlung für Leistungen, die von der Straßenbauverwaltung im Wege der Ersatzvornahme erbracht werden, ist § 4 entsprechend anzuwenden.

Zu § 15
Der Bundesminister der Finanzen hat dieser Regelung zugestimmt (§ 5 der Anlage 3 RWB).
Die Straßenbauverwaltung wird bemüht sein, das Versorgungsunternehmen auf die Einziehung eines Straßenteils rechtzeitig hinzuweisen, übernimmt jedoch keine Haftung, wenn dieser Hinweis versehentlich unterbleibt.
2. Zur Neufassung des Muster-Gegenvertrages – GegV 1987 – bemerke ich:
Der Gegenvertrag 1987 wird unabhängig vom Entschädigungsvertrag und damit von der Beurteilung der Herstellungskosten abgeschlossen, wenn
- die Straße zu einer Leitung hinzukommt
- eine Mitbenutzung der Straße entsteht
- weder ein Rahmenvertrag besteht noch die Mitbenutzung durch Vertrag nach dem Mustergestattungsvertrag (§ 10 Abs. 4 MuV) geregelt ist.

Wenn ein Versorgungsunternehmen ausnahmsweise jedoch wünscht, künftige Benutzungen beim Hinzukommen der Straße zur Leitung nach dem MuV 1987 zu regeln, habe ich dagegen keine Bedenken. Weist ein Unternehmen den GegV für derartige künftige Benutzungen zurück und ist es für diesen Fall auch nicht bereit, den MuV 1987 anzuerkennen, ist mir zu berichten.
Ist künftig die Leitung straßenbaubedingt zu ändern, regeln sich die Folgekosten nach § 4 Abs. 2 GegV 1987. Beim Abschluß des Gegenvertrages ist eine der beiden Alternativen zu streichen, je nach dem, ob die Straße auf eine dinglich gesicherte Leitung trifft oder eine dingliche Sicherung fehlt.

Zu § 4 Abs. 1 Satz 2
Die Bemerkung zu § 10 Abs. 1 letzter Satz und Abs. 2 Buchstabe b MuV 1987 gilt auch hier.

Zu § 4 Abs. 2 Ziffer 1
Zu den Leitungen, die wegen der Versorgung der Anliegergrundstücke die Ortsdurchfahrt benutzen und nicht nur Durchleitungszwecken dienen, gehören auch solche, die das Versorgungsgut zu einer Verteilerstation führen.

Zu § 4 Abs. 2 Ziffer 1 Sätze 2 und 3
Diese Regelungen unterscheiden zwischen Baumaßnahmen innerhalb (Satz 2) und außerhalb (Satz 3) der bisherigen Anbaubeschränkungszonen im Sinne der Straßengesetze. Wenn die Straßenbaumaßnahme innerhalb Anbaubeschränkungszonen durchgeführt wird, gehören die hierdurch verursachten Folgekosten zur Kostenteilungsmasse, auch wenn die Anlage außerhalb dieses Bereiches zu ändern oder zu sichern ist.

Zu § 8
Die Bemerkung zu § 15 MuV 1987 gilt auch hier.

Im Auftrag
Stoll

Anlage zum Allgemeinen Rundschreiben Nr. 7/1987
vom 24. 4. 1987
BMV StB 17 – 08.33.00-19 Va 87

Straßenbenutzungsvertrag für Leitungen der öffentlichen Versorgung in Bundesfernstraßen

– MuV 1987 –
zwischen
der Bundesrepublik Deutschland, Bundesstraßenverwaltung,
vertreten durch das Land ......,
dieses vertreten durch ......,
im folgenden „Straßenbauverwaltung" genannt,
und
in ...... Straße Nr ......,
im folgenden „Versorgungs-(Abwasser-)unternehmen" genannt, über die Benutzung von Straßeneigentum zum Bau und zum
Betrieb einer ......,
im folgenden als „Anlage" bezeichnet.

§ 1 Benutzungsrecht

Die Straßenbauverwaltung gestattet dem Versorgungs-(Abwasser-)unternehmen, nach Maßgabe der beigefügten Technischen Bestimmungen die Bundesstraße ....../
die Bundesautobahn ......
zu benutzen.

§ 2 Dauer des Benutzungsrechts

Das Recht auf Benutzung wird auf unbestimmte Zeit, beginnend mit dem ...... eingeräumt.

§ 3 Arbeiten des Versorgungsunternehmens

(1) Ist für die Herstellung der Anlage eine behördliche Genehmigung, Erlaubnis oder dergl. oder eine privatrechtliche Zustimmung Dritter erforderlich, so holt das Versorgungs-(Abwasser-)unternehmen sie ein. Vor Beginn der Bauarbeiten erkundigt sich das Versorgungs-(Abwasser-)unternehmen, ob im Bereich der geplanten Anlage bereits Fernmeldeanlagen, Versorgungsleitungen oder dergl. verlegt sind. Den Beginn der Bauarbeiten zeigt es der Straßenbauverwaltung rechtzeitig an, ebenso dem zuständigen Fernmeldeamt, wenn Fernmeldeanlagen im Bereich der Baustelle liegen.

(2) Die Bauarbeiten werden so durchgeführt, daß die Sicherheit des Verkehrs nicht und die Leichtigkeit des Verkehrs möglichst wenig beeinträchtigt werden. Das Versorgungs-(Abwasser-)unternehmen trifft im Benehmen mit der Straßenbauverwaltung alle zum Schutz der Straße und des Straßenverkehrs erforderlichen Vorkehrungen; Baustellen sind abzusperren und zu kennzeichnen.

(3) Durch die Bauarbeiten dürfen die Zugänge zu den angrenzenden Grundstücken sowie der Anliegerverkehr nicht mehr als unvermeidbar beschränkt werden.

(4) Nach Beendigung/in sich abgeschlossener Teile der Bauarbeiten an der Straße/ der Bauarbeiten an der Straße/findet eine gemeinsame Besichtigung statt. Über die Besichtigung wird eine Niederschrift angefertigt, in die etwaige Vorbehalte wegen festgestellter Mängel aufgenommen werden. Bei wesentlichen Mängeln findet nach deren Beseitigung eine nochmalige Besichtigung statt. Die Straßenbauverwaltung kann auf die Besichtigung verzichten.

(5) Das Versorgungs-(Abwasser-)unternehmen verpflichtet sich, die Straße nachzubessern, wenn die Straßenbauverwaltung auftretende Mängel innerhalb einer Frist von

3 Jahren rügt, es sei denn, daß die Notwendigkeit der Nachbesserung nicht auf die Anlage zurückzuführen ist. Die Frist beginnt mit der Abnahme der Arbeiten durch die Straßenbauverwaltung. Ist auf Besichtigung verzichtet worden, beginnt die Frist mit dem Eingang einer schriftlichen Anzeige des Versorgungs-(Abwasser-)unternehmens über die Beendigung der Arbeiten.

§ 4 Herstellungskosten

Zu den von dem Versorgungs-(Abwasser-)unternehmen zu tragenden Herstellungskosten gehören auch
a) die Kosten der gleichwertigen Wiederherstellung und der Änderungen der Straße sowie derjenigen Nachbesserungen, die innerhalb der in § 3 Abs. 5 aufgeführten Frist(en) entstehen;
b) die Aufwendungen zur Aufrechterhaltung des Straßenverkehrs während der Bauarbeiten;
c) die Aufwendungen zum Schutz der Straße und des Verkehrs;
d) die Kosten der Sicherung oder Wiederherstellung von Grenzzeichen;
e) die Kosten der Änderungen von Betriebseinrichtungen der Straßenbauverwaltung;
f) die Verwaltungskosten,
soweit diese Kosten und Aufwendungen durch die Herstellung der Anlage verursacht sind.

§ 5 Lage- und Bestandspläne

(1) Das Versorgungs-(Abwasser-)unternehmen übergibt der Straßenbauverwaltung spätestens sechs Monate nach Fertigstellung der Anlage genaue und vollständige Lage- und Höhenpläne (Bestandspläne) in dreifacher Ausfertigung von den Teilen der Anlagen, die sich innerhalb der Straße befinden. In diesen Unterlagen sind der Verlauf der Leitung und ihr Sicherungs- und Betriebseinrichtungen der Lage und der Höhe nach einzutragen und durch auf Bauwerke oder Festpunkte bezogene eingeschriebene Maße zu ergänzen.

(2) Je eine Ausfertigung der in Absatz 1 beschriebenen Unterlagen wird zu den beiden Vertragsausfertigungen genommen und bildet einen Bestandteil des Vertrages.

(3) Mit der Änderung der Anlage gelten die Absätze (1) und (2) entsprechend.

§ 6 Unterhaltung der Anlage, Duldungspflicht des Versorgungsunternehmens

(1) Jeder Vertragspartner unterhält seine Anlage in ordnungsgemäßem Zustand und trägt die Kosten der Unterhaltung auch insoweit als sie durch das Vorhandensein der anderen Anlage verursacht werden.

(2) Das Versorgungs-(Abwasser-)unternehmen duldet die Einwirkungen, die sich bei Erfüllung der Aufgaben aus der Straßenbaulast, der Verkehrssicherung und aus dem Straßenverkehr ergeben, und nimmt etwa hieraus entstehende Nachteile hin. Ansprüche des Versorgungs-(Abwasser-)unternehmens gegen Dritte bleiben unberührt.

§ 7 Durchführung von Baumaßnahmen durch das Versorgungsunternehmen

(1) Trägt die Straßenbauverwaltung nach § 10 Abs. 2 die Kosten, so gehören hierzu auch die notwendigen Aufwendungen
a) für die Änderung und gleichzeitige Wiederherstellung der Anlagen,
b) zur Aufrechterhaltung der Versorgung während der Bauarbeiten,
c) zum Schutz der Anlagen,
d) für Planung, Vermessung, Statik, Vergabe, Bauüberwachung sowie für allgemeine Verwaltungstätigkeiten einschließlich Abnahme, Rechnungsprüfung, Kassendienst und dergl.
zu den Kosten gehört auch der Zuschlag nach Abs. 2.
Das Versorgungs-(Abwasser-)unternehmen übernimmt es, die zur Durchführung der Baumaßnahmen erforderlichen Arbeiten vorzubereiten und an geeignete Firmen zu Prei-

sen zu vergeben, die in der Regel im Wettbewerb ermittelt worden sind. Es führt die Bauaufsicht und wird dafür Sorge tragen, daß die Arbeiten entsprechend den einschlägigen technischen Bestimmungen ordnungsgemäß durchgeführt und abgerechnet werden.

(2) Dem Versorgungs-(Abwasser-)unternehmen bleibt es überlassen, die Arbeiten ganz oder teilweise selbst auszuführen. Für Eigenleistungen werden nur die reinen Selbstkosten ohne Zuschläge für Wagnis und Gewinn berechnet; Kosten für die verwandten Materialien werden auf der Grundlage der für sie gültigen Netto-Tagespreise berechnet. Auf die Tagespreise wird zur Deckung der Beschaffungsnebenkosten einschließlich Lagerhaltung ein Zuschlag von 10% gewährt. Für den Einsatz eigener Geräte und Fahrzeuge werden die Dritten gegenüber üblichen Verrechnungssätze oder die nachweisbaren Selbstkosten, jedoch jeweils ohne Anteile für Wagnis und Gewinn, berechnet. Es ist unbedeutend, ob die Materialien in Eigenleistung oder durch Unternehmer eingebaut werden.

(3) Die Durchführung der Arbeiten ist mit dem zuständigen Straßenbauamt abzustimmen. Das Versorgungs-(Abwasser-)unternehmen wird dem Straßenbauamt den Beginn der Arbeiten so rechtzeitig mitteilen, daß dieses die Richtigkeit der Lieferungen und Leistungen an Ort und Stelle durch gemeinsames Aufmaß feststellen kann.

§ 8 Zustimmungen der Straßenbauverwaltung zu Arbeiten an der Anlage

(1) Das Versorgungs-(Abwasser-)unternehmen holt vor jeder Änderung der Anlage oder vor Unterhaltungsmaßnahmen an der Anlage die Zustimmungen der Straßenbauverwaltung ein, wenn die Änderungen oder die Unterhaltungsmaßnahmen sich auf die Straße oder den Gemeingebrauch auswirken können. Die Straßenbauverwaltung stimmt zu, wenn und soweit die Sicherheit des Verkehrs nicht und die Leichtigkeit des Verkehrs nur kurzfristig und geringfügig beeinträchtigt werden und straßenbauliche oder sonstige öffentliche Belange nicht entgegenstehen, §§ 3 bis 5 gelten sinngemäß.

(2) Bei Unterhaltungsmaßnahmen bedarf es bei Gefahr im Verzuge keiner vorherigen Zustimmung; jedoch ist das Versorgungs-(Abwasser-)unternehmen verpflichtet, die Straßenbauverwaltung unverzüglich zu unterrichten.

§ 9 Änderungen der Straße

Die Straßenbauverwaltung gibt dem Versorgungs-(Abwasser-)unternehmen von einer beabsichtigten Änderung der Straße oder einzelner Teile, die auch eine Änderung der Anlage des Versorgungs-(Abwasser-)unternehmens bedingt oder die Anlage des Versorgungs-(Abwasser-)unternehmens gefährden kann, möglichst so rechtzeitig Kenntnis, daß die Änderung oder Sicherung der Anlage ohne wesentliche Beeinträchtigung der Versorgung durchgeführt werden kann.

§ 10 Folgepflicht und Folgekosten

(1) Das Versorgungs-(Abwasser-)unternehmen führt Änderungen oder Sicherungen der Anlage, die die Straßenbauverwaltung wegen einer Verlegung, Verbreiterung oder sonstigen Änderung der Straße oder wegen einer Unterhaltungsmaßnahme nach pflichtgemäßem Ermessen für erforderlich hält, nach schriftlicher Aufforderung durch die Straßenbauverwaltung unverzüglich durch, damit Straßenbaumaßnahmen nicht behindert werden (Folgepflicht). Dies gilt auch, wenn die Änderung oder Sicherung der Anlage ausschließlich durch den Neubau einer anderen Straße oder durch die Änderung oder Unterhaltung einer kreuzenden Straße veranlaßt wird.

(2) Das Versorgungs-(Abwasser-)unternehmen trägt die Kosten dieser Änderungen oder Sicherungen der Anlage (Folgekosten). Die Straßenbauverwaltung trägt jedoch die Kosten, wenn und soweit

a) bei einer kreuzenden Leitung durch Verlegung der Straße eine zusätzliche Kreuzung entsteht,

b) die Änderung oder Sicherung der Anlage ausschließlich durch den Neubau einer anderen Straße veranlaßt wird.
c) Anlagen des Versorgungs-(Abwasser-)unternehmens, die außerhalb der jeweiligen bisherigen Straßengrundstücke liegen, wegen einer Verbreiterung der Straße geändert oder gesichert werden und die Änderung oder Sicherung nicht Folge einer Niveauänderung der Straße innerhalb des bisherigen Straßengrundstücks ist.

(3) Kostenerstattungsansprüche gegen Dritte bleiben unberührt. Wertverbesserungen werden ausgeglichen.

(4) Werden durch die Verlegung oder Verbreiterung der Straße weitere Teile der Anlage von der Straße gekreuzt, gilt der Vertrag auch für diese Teile der Anlage.

§ 11 Kündigung

(1) Die Straßenbauverwaltung kann diesen Vertrag erstmals zum Ablauf von 20 Jahren und dann jeweils zum Ablauf von weiteren 10 Jahren mit einer Frist von mindestens zwei Jahren kündigen, um ihn an geänderte Verhältnisse anzupassen. Bei der Entscheidung über die Kündigung sind die Belange der öffentlichen Versorgung und der Abwasserwirtschaft angemessen zu berücksichtigen.

(2) Das Versorgungs-(Abwasser-)unternehmen kann den Vertrag jederzeit kündigen.

(3) Die Kündigung bedarf der Schriftform.

§ 12 Beseitigung der Anlage nach Wegfall des Benutzungsrechts

Nach dem Wegfall des Benutzungsrechts beseitigt das Versorgungs-(Abwasser-)unternehmen die Anlage nach den Weisungen der Straßenbauverwaltung und stellt den ordnungsgemäßen Zustand wieder her; die §§ 3 und 4 gelten sinngemäß. Die Straßenbauverwaltung wird die Beseitigung der stillgelegten Anlage nicht verlangen, solange keine technischen Bedenken bestehen und wenn das Versorgungs-(Abwasser-)unternehmen die von der Straßenbauverwaltung geforderten Maßnahmen unverzüglich durchführt. Das Versorgungs-(Abwasser-)unternehmen wird insbesondere nachträglich auftretende Schäden beseitigen. Wird die Beseitigung der Anlage später erforderlich, so kann sie auch von der Straßenbauverwaltung durchgeführt werden; das Versorgungs-(Abwasser-)unternehmen erstattet die Kosten.

§ 13 Ersatzvornahme

Kommt das Versorgungs-(Abwasser-)unternehmen einer Verpflichtung, die sich aus diesem Vertrag ergibt, trotz vorheriger schriftlicher Aufforderung innerhalb einer ihm gesetzten angemessenen Frist nicht nach, so ist die Straßenbauverwaltung berechtigt, das nach ihrem Ermessen Erforderliche auf Kosten des Versorgungs-(Abwasser-)unternehmens zu veranlassen. Die Straßenbauverwaltung kündigt dem Versorgungs-(Abwasser-) unternehmen die beabsichtigten Maßnahmen an. Wird die Sicherheit des Verkehrs gefährdet, können Aufforderung, Fristsetzung und Ankündigung unterbleiben. In diesen Fällen setzt die Straßenbauverwaltung das Versorgungs-(Abwasser-)unternehmen von den Maßnahmen unverzüglich in Kenntnis.

§ 14 Benutzungsentgelt

Die Benutzung der Straße durch die Versorgungs-(Abwasser-)leitung ist unentgeltlich, solange für eine derartige Straßenbenutzung bei anderen öffentlichen Straßen nach dem Konzessionsabgaberecht kein Entgelt erhoben werden darf.

§ 15 Sicherung der Rechte des Versorgungsunternehmens nach Einziehung der Straße

(1) Wird die benutzte Grundfläche ihrer Zweckbestimmung als öffentliche Straße entzogen, so wird die Straßenbauverwaltung auf Antrag des Versorgungs-(Abwasser-)unternehmens eine beschränkte persönliche Dienstbarkeit eintragen lassen, bevor sie das Eigentum an dem für die Anlage in Anspruch genommenen Grundstück einem Dritten

– mit Ausnahme eines früheren Straßenbaulastträgers – überträgt. Auf Antrag des Versorgungs-(Abwasser-) unternehmens wird die Straßenbauverwaltung an der benutzten Grundfläche eine Vormerkung im Grundbuch bewilligen.

(2) Die Kosten der Eintragung der Dienstbarkeit und der Vormerkung sowie die der Straßenbauverwaltung dadurch entstehenden Verwaltungskosten, ferner die Kosten der katastermäßigen Aussonderung der belasteten Teilfläche des Straßengrundstücks und die Kosten der Löschung der Vormerkungen nach Wegfall des Benutzungsrechts trägt das Versorgungs-(Abwasser-)unternehmen.

(3) Das Versorgungs-(Abwasser-)unternehmen leistet der Straßenbauverwaltung eine einmalige angemessene Entschädigung für eine Wertminderung des Grundstücks durch die Belastung mit der Dienstbarkeit. Die Entschädigung ist mit der Eintragung der Dienstbarkeit im Grundbuch fällig.

§ 16 Änderungen des Vertrages

Änderungen des Vertrages bedürfen der Schriftform. Dies gilt insbesondere für Abweichungen von der vereinbarten Lage und den vereinbarten Abmessungen der Anlage, für Vereinbarungen über die Einbeziehung später hinzukommender Anlagen des Versorgungs-(Abwasser-)unternehmens sowie bei Beseitigung oder Stillegung von Anlagen.

§ 17 Übertragung der Rechte und Pflichten des Versorgungsunternehmens

Das Versorgungs-(Abwasser-)unternehmen kann die Rechte und Pflichten aus dem Vertrag mit Zustimmung der Straßenbauverwaltung auf einen anderen übertragen. Bei Übertragung der Rechte und Pflichten auf ein anderes Versorgungs-(Abwasser-)unternehmen kann die Zustimmung nur aus wichtigem Grunde verweigert werden.

§ 18 Gerichtsstand

Für Streitigkeiten aus diesem Vertrag ist der Gerichtsstand ...... vereinbart.

§ 19

Jeder Vertragsteil erhält eine Ausfertigung dieses Vertrages

(Ort, Datum)   (Ort, Datum)
(Straßenbauverwaltung)   (Versorgungs-(Abwasser-)unternehmen)

Technische Bestimmungen

zum Muster eines Vertrages über die Benutzung von Straßeneigentum durch Leitungen der öffentlichen Versorgung – Gas, Wasser, Elektrizität, Abwasser, Fernwärme –

A

Die in § 1 gestattete Benutzung der ...... -Straße ...... Bundesautobahn ...... erfolgt nach Maßgabe der anliegenden Planunterlagen. Die Anlage wird wie folgt hergestellt:

I. Kreuzung

Versorgungsleitung/ Hausanschlußleitung	in km					
mit Fahrbahnkreuzung						
ohne Fahrbahnkreuzung						
mit teilweiser Fahrbahnkreuzung						
Verlegung in offener Bauweise						
Verlegung im Verdrängungs-/ Bohr/Preßverfahren						
......						

2. Funktionen im Energiewirtschaftssektor J.III.2

Arbeitsgrube im Seitenstreifen	
Arbeitsgrube außerhalb des Seitenstreifens	
Arbeitsgrube im Straßengrundstück	
Arbeitsgrube außerhalb des Straßengrundstücks	
Besondere Einrichtungen und Maßnahmen[1]	
......	
......	
Rohrleitungen	
a) Durchmesser der Leitung	in mm
b) Material der Leitung	
c) Scheitelüberdeckung	in m
Kabel	
a) Leitungsart	
b) Verlegungstiefe	in m
c)	
a) Leitungsart	
b) lichte Mindesthöhe	in m
c) Abstand neuer Mast vom Fahrbahnrand	in m
......	in m
d) Abgang vom vorhandenen Mast	

[1] Hier kommen z. B. in Betracht: pass. Korrosionsschutz, akt. Korrosionsschutz, größere Wanddicke, besonders geprüfte Rohre, Mantelrohr, Abdecksteine, Platten, Montagegerüst.

I. Kreuzung	
Versorgungsleitung/Hausanschlußleitung	in km
mit Fahrbahnkreuzung	
ohne Fahrbahnkreuzung	
mit teilweiser Fahrbahnkreuzung	
Verlegung in offener Bauweise	
Verlegung im Verdrängungs-/Bohr/Preßverfahren	
......	
Arbeitsgrube im Seitenstreifen	
Arbeitsgrube außerhalb des Seitenstreifens	
Arbeitsgrube im Straßengrundstück	
Arbeitsgrube außerhalb des Straßengrundstücks	
Besondere Einrichtungen und Maßnahmen[2]	
......	
......	
Rohrleitungen	
a) Durchmesser der Leitung	in mm
b) Material der Leitung	
c) Scheitelüberdeckung	in m
Kabel	
a) Leitungsart	
b) Verlegungstiefe	in m
c)	
a) Leitungsart	

J.III.2   III. Energiewirtschaft

b) lichte Mindesthöhe	in m						
c) Abstand neuer Mast vom Fahrbahnrand	in m						
......	in m						
d) Abgang vom vorhandenen Mast							

II. Längsleitung

Versorgungsleitung/ Hausanschlußleitung	von km						
	bis km						
I. Verlegung – in der Fahrbahn							
– in der Mehrzweckspur							
– im Bürgersteig							
– im Radweg							
– im Seitenstreifen							
– in feldseitiger Grabenböschung							
– in straßenseitiger Grabenböschung							
–							
2. Abstand von der Straßenachse/ Fahrbahnrand	in m						
3. Besondere Einrichtungen und Maßnahmen²							
......							
......							
4. Rohrleitung							
a) Durchmesser der Leitung	in mm						
b) Material der Leitung							
c) Scheitelüberdeckung	in m						
5. Kabel							
a) Leitungsart							
b) Verlegungstiefe	in m						
c)							
6. Freileitung							
a) Leitungsart							
b) lichte Mindesthöhe	in m						

² Hier kommen z. B. in Betracht: pass. Korrosionsschutz, akt. Korrosionsschutz, größere Wanddicke, besonders geprüfte Rohre.

II. Längsleitung							
Versorgungsleitung/Hausanschlußleitung	von km						
	bis km						
I. Verlegung – in der Fahrbahn							
– in der Mehrzweckspur							
– im Bürgersteig							
– im Radweg							
– im Seitenstreifen							
– in feldseitiger Grabenböschung							
–							
2. Abstand von der Straßenachse/Fahrbahnrand	n m						

2. Funktionen im Energiewirtschaftssektor J.III.2

3. Besondere Einrichtungen und Maßnahmen 3					
4. Rohrleitung					
a) Durchmesser der Leitung	n mm				
b) Material der Leitung					
c) Scheitelüberdeckung	n m				
5. Kabel					
a) Leitungsart					
b) Verlegungstiefe	n m				
c)					
6. Freileitung					
a) Leitungsart					
b) lichte Mindesthöhe	in m				

Nach Durchführung der Arbeiten an der Anlage wird die Verfüllung der Baugrube/ Wiederherstellung der Straßenbefestigung wie folgt vorgenommen:

......
......
......
......
......
......
......
......
......

Sonstige Vereinbarungen:

......
......
......
......
......

Zuständige Stelle:
– Unternehmen:
  Telefon:
– Straßenverwaltung:
  Telefon:

B

1

(1) Die Anlagen und Straßen werden nach den anerkannten Regeln der Technik gebaut, unterhalten und geändert. Für die Arbeiten an der Straße sind auch die für den Straßenbau geltenden technischen Bestimmungen, Richtlinien und Merkblätter zu beachten.

(2) Kreuzungen zwischen Straßen und unterirdischen Leitungen sollen möglichst kurz ausgeführt werden. Außerhalb geschlossener Ortslagen sollen Kreuzungen neu zu bauender Leitungen mit vorhandenen Straßen nach Möglichkeit außerhalb des Kreuzungsbereiches von Straßen verlegt werden.

(3) Sicherungs- und Betriebseinrichtungen (z.B. Einsteigeschächte, Absperreinrichtungen, Dehnungstücke) sind außerhalb der Straßenkrone[4] einzubauen. Wenn sie aus zwingenden Gründen nicht außerhalb der Straßenkrone eingebaut werden können, sind sie, soweit möglich, außerhalb der Fahrbahn und der befestigten Seitenstreifen anzulegen.

(4) Die Einrichtungen müssen verkehrssicher sein. Abdeckungen sind gegen ein unbeabsichtigtes Abheben zu sichern; innerhalb des befestigten Teiles der Straße müssen sie mit der Straßenoberfläche auf gleicher Höhe liegen und in der Ebene der Straßenoberfläche gehalten werden.

2

Die Standsicherheit der Anlage und der Straße sowie der angrenzenden Grundstücke und Bauwerke muß gewahrt bleiben

3

(1) Ob und welche besonderen Einrichtungen und Maßnahmen bei kreuzenden Anlagen vorzusehen sind, wird in Teil A festgelegt.

(2) Bei kreuzenden Anlagen sind grundsätzlich Schutzmaßnahmen erforderlich. Welche Maßnahmen erforderlich sind, hängt von den Umständen des Einzelfalles ab.

(2a) Bei kreuzenden Rohrleitungen aus Metall mit ausreichendem kathodischen Korrosionsschutz kann auf ein Schutzrohr verzichtet werden, wenn
– die Verkehrsbelastung der Straße eine Verlegung sowie Reparatur- und Unterhaltungsarbeiten in offener Baugrube zuläßt
– oder im Falle eines Rohrvortriebes durch einen unabhängigen Sachverständigen nachgewiesen wird, daß die Schutzwirkung der Rohrumhüllung nicht beeinträchtigt worden ist.

(3) Soweit es die örtlichen Verhältnisse zulassen, werden Mantelrohre und Kanäle um das 1,5fache ihrer Scheitelüberdeckung über den Böschungsfuß hinausführt. Liegt die Straße auf einem Damm, so gilt als Scheitelüberdeckung der Abstand bis zur Oberfläche des Geländes am Böschungsfuß; liegt die Straße im Einschnitt, so gilt als Scheitelüberdeckung der Abstand bis zur Fahrbahnoberkante.

(4) Mantelrohre von Gasleitungen dürfen nicht gasdicht verschlossen sein.

4

Soweit Sicherheit oder Leichtigkeit des Verkehrs bzw. Sicherheit oder Gewährleistung der Versorgung es erfordern, kann verlangt werden, daß bestimmte Bau-und Unterhaltungsarbeiten in verkehrsschwachen Stunden bzw. Schwachlastzeiten, zur Nachtzeit, im Mehrschichtenbetrieb oder innerhalb bestimmter Fristen durchgeführt werden; ebenso können zeitsparende Bauweisen verlangt werden.

5

Wenn Grenzabmarkungen in ihrer Lage gefährdet, beschädigt oder beseitigt werden, ist die zuständige Vermessungsdienststelle einzuschalten, oder die ordnungsgemäße Wiederherstellung der Grenzabmarkung durch Einschaltung eines öffentlich bestellten Vermessungsingenieurs durchzuführen.

6

(1) Es ist sicherzustellen, daß die Straße mit ihrem Zubehör außerhalb des Aufbruchbereiches nicht beschädigt wird. Ergibt sich im Verlauf der Baumaßnahme unerwartet eine Gefährdung oder Beschädigung, so ist die Straßenbauverwaltung zu benachrichtigen.

(2) Baustoffe, Aushub und alle Teile der Baustelleneinrichtung sind im Einvernehmen mit der Straßenbauverwaltung so zu lagern bzw. zu errichten, daß der Verkehr auf der Straße nicht mehr als nötig behindert wird.

(3) Die Absätze 1 und 2 gelten sinngemäß hinsichtlich der Beeinträchtigung von Anlagen bei Maßnahmen der Straßenbauverwaltung.

2. Funktionen im Energiewirtschaftssektor

7

Die Straßenbepflanzung ist zu schonen. Die Richtlinien für die Anlage von Straßen (RAS)
Teil: Landschaftsgestaltung (RAS-LG)
Abschnitt 4: Schutz von Bäumen und Sträuchern im Bereich von Baustellen RAG-LG 4[5] sind zu beachten.

8

(1) Die Entwässerung der Straße muß während der Bauarbeiten gewährleistet sein. Straßenentwässerungsanlagen sind nach Möglichkeit vor Verunreinigungen zu schützen.

(2) Den Weisungen der für die Entwässerungsanlagen zuständigen Stellen sowie der Wasserbehörden ist Folge zu leisten. Auf § 22 des Wasserhaushaltsgesetzes wird verwiesen.

9

Verschmutzungen der Straße, die im Zusammenhang mit den Arbeiten entstehen, sind laufend zu beseitigen. Schnee und Eis im Bereich der Aushub- und Ablagerungsstellen sind zu entfernen, soweit es aus Gründen der Sicherheit oder Leichtigkeit des Straßenverkehrs erforderlich ist.

10

(1) Die Baugrube ist unverzüglich nach Beendigung der Bauarbeiten an der Anlage zu verfüllen.

(2) Der Füllboden ist so einzubauen und zu verdichten, daß möglichst keine Setzung im Bereich der Straße auftreten und die Anlage nicht beschädigt wird. Das „Merkblatt für das Verfüllen von Leitungsgräben"[6] und die „Zusätzlichen Technischen Vorschriften und Richtlinien für Erdarbeiten im Straßenbau"[7] (ZTVE-StB) sind zu beachten. Erforderlichenfalls ist der Aushub durch geeignetes Material zu ersetzen.

11

Die Straßenbauverwaltung kann während der Bauausführung abweichend von der Vereinbarung im Einzelfall zusätzliche Anforderungen stellen, wenn sie bei der Wiederherstellung der Straßenbefestigung notwendig werden.

12

(1) Nach Beendigung der Bauarbeiten sind die restlichen Baustoffe und die Baustelleneinrichtung sobald wie möglich zu entfernen. Die Straße ist im Baustellenbereich zu reinigen und wieder in einen ordnungsgemäßen Zustand zu versetzen. Das gleiche gilt für alle Teile der Straße, die durch die Arbeiten in Mitleidenschaft gezogen worden sind.

(2) Die beim Bau freiwerdenden Bodenmassen sind abzufahren.

13

Die Lage erdverlegter und sonstiger nicht anderweitig erkennbarer Anlagen des Unternehmens ist auf Verlangen der Straßenbauverwaltung jederzeit durch Übergabe von Plänen oder Kennzeichnung in der Örtlichkeit nachzuweisen.

14

(1) Für Baumaßnahmen, die nach den geltenden Bestimmungen und Normen Standsicherheitsberechnungen erfordern, muß vor Beginn eine statische Berechnung aufgestellt und soweit erforderlich, von einem zugelassenen Prüfungsingenieur geprüft werden. Die statische Berechnung ist der Straßenbauverwaltung bzw. dem Unternehmen vorzulegen.

(2) Die Partner werden auf Verlangen auch Planunterlagen und Berechnungen für Bauteile und Baubehelfe vorlegen.

15
Das Unternehmen unterrichtet die Straßenbauverwaltung über die Stillegung von Rohrleitungen ab NW 200.
Anlage 2 zum Allgemeinen Rundschreiben Nr. 7/1987
vom 27. 4. 1987
BMV StB 17 – 08.33.00–19 VA 87

Anmerkungen

1. Pauschale Abgeltung ist zulässig.
2. Hier kommen z. B. in Betracht: pass. Korrosionsschutz, akt. Korrosionsschutz, größere Wanddicke, besonders geprüfte Rohre, Mantelrohr, Abdecksteine, Platten, Montagegerüst.
3. Hier kommen z. B. in Betracht: pass. Korrosionsschutz, akt. Korrosionsschutz, größere Wanddicke, besonders geprüfte Rohre.
4. S. „Begriffsbestimmungen – Straßenplanung und Straßenverkehrstechnik", Herausgeber: Forschungsgesellschaft für Straßen- und Verkehrswesen, 5000 Köln 21, Alfred-Schütte-Allee 10.
5. S. „Begriffsbestimmungen – Straßenplanung und Straßenverkehrstechnik", Herausgeber: Forschungsgesellschaft für Straßen- und Verkehrswesen, 5000 Köln 21, Alfred-Schütte-Allee 10.
6. S. „Begriffsbestimmungen – Straßenplanung und Straßenverkehrstechnik", Herausgeber: Forschungsgesellschaft für Straßen- und Verkehrswesen, 5000 Köln 21, Alfred-Schütte-Allee 10.
7. S. „Begriffsbestimmungen – Straßenplanung und Straßenverkehrstechnik", Herausgeber: Forschungsgesellschaft für Straßen- und Verkehrswesen, 5000 Köln 21, Alfred-Schütte-Allee 10.

2. Funktionen im Energiewirtschaftssektor

J.III.2

b) Anzeige nach § 5 EnWG (Quelle: Bundesnetzagentur)

Bundesnetzagentur

Anzeige der Energiebelieferung von Haushaltskunden nach § 5 EnWG

A | Angaben zum Unternehmen

Name und Sitz des Unternehmens

Name mit Rechtsform:

Straße, Haus-Nr.:

PLZ, Ort:

Name des/der Geschäftsführer(in):

Strom ☐

Gas ☐

Telefon:		Ansprechpartner:	
Internet:		Telefon:	
		eMail:	

B | Grund der Anzeige

☐ Aufnahme der Tätigkeit ⇨ weiter zu Punkt D, E und F

☐ Beendigung der Tätigkeit ⇨ Seit : _____

☐ Änderung der Firma ⇨ weiter <u>nur</u> zu Punkt C

☐ Aufnahme in die Liste auf der Internetseite der Bundesnetzagentur für **Energieversorgungsunternehmen, die vor dem 13.07.2005 tätig waren** ⇨ weiter zu Punkt D und G

C | Änderung der Firma

(Änderung des Namens, Verlegung des Sitzes, Änderung der Rechtsform u. ä.)

<u>Alt</u>	<u>Neu</u>
Name: _____	Name: _____
Rechtsform: _____	Rechtsform: _____
Sitz: _____	Sitz: _____

J.III.2   III. Energiewirtschaft

 Bundesnetzagentur

Anzeige der Energiebelieferung von Haushaltskunden nach § 5 EnWG

D   Art der zu beliefernden Haushaltskunden nach § 3 Nr. 22 EnWG

☐ Letztverbraucher, die Energie überwiegend für den Eigenverbrauch im Haushalt kaufen.

☐ Letztverbraucher, die Energie für den einen Jahresverbrauch von 10.000 Kilowattstunden nicht übersteigenden Eigenverbrauch für berufliche, landwirtschaftliche oder gewerbliche Zwecke kaufen.

E   Darlegung der personellen, technischen und wirtschaftlichen Leistungsfähigkeit
(Vorlage folgende Unterlagen ist zwingend)

☐ Aktueller Auszug aus dem zuständigen Handelsregister mit dem Eintrag des Unternehmens

☐ Organigramm des gesamten Energieversorgungsunternehmens + Zahl der fest angestellten Mitarbeiter

☐ Allgemeine Geschäftsbedingungen für die Belieferung von Haushaltskunden mit Energie
(nicht gemeint hier sind die AVBEltV* und/oder die AVBGasV**, sondern die Geschäftsbedingungen des EVU)

☐ Vorlage eines aktuellen Auszuges aus dem Gewerbezentralregister nach § 150 Gewerbeordnung

☐ Eröffnungsbilanz des Energieversorgungsunternehmens + Jahresabschluss des letzten Geschäftsjahres

Wird die Funktion des Grundversorgers nach § 36 EnWG wahrgenommen?

☐ Ja, bitte Versorgungsgebiet angeben :_____
☐ Nein

F   Darlegung der Zuverlässigkeit der Geschäftsleitung
(Vorlage folgende Unterlagen ist zwingend)

☐ Vorlage des Führungszeugnisses zur Vorlage bei einer Behörde nach § 30 Abs. 5 Bundeszentralregistergesetz für jedes Mitglied der Geschäftsführung (zu beantragen bei Ihrer örtlichen Meldestelle mit Formular BZR 3 Belegart 0, Geschäftsnummer 604, § 5 EnWG Anzeigepflicht, Verwendungszweck: Ihre Unternehmensbezeichnung)

☐ Vorlage der aktuellen Schufa-Auskunft für jedes Mitglied der Geschäftsführung

G   Darlegung der personellen, technischen und wirtschaftlichen Leistungsfähigkeit
(Vorlage folgende Unterlagen ist zwingend)

☐ Aktueller Auszug aus dem zuständigen Handelsregister

☐ Organigramm des gesamten Energieversorgungsunternehmens + Zahl der fest angestellten Mitarbeiter

☐ Jahresabschluss des letzten abgelaufenen Geschäftsjahres

☐ Kopie der Genehmigung zur Aufnahme der Energieversorgung Anderer nach dem Energiewirtschaftsgesetz alter Fassung (soweit eine Genehmigung erteilt wurde)

2. Funktionen im Energiewirtschaftssektor J.III.2

Bundesnetzagentur

Anzeige der Energiebelieferung von Haushaltskunden nach § 5 EnWG

H | **Verzichtserklärung des Energieversorgungsunternehmens auf eine Veröffentlichung in der Liste der Bundesnetzagentur**

☐ Nach § 5 EnWG ist die Veröffentlichung einer Liste der angezeigten Unternehmen auf der Internetseite der Bundesnetzagentur vorgesehen. Falls Ihr Unternehmen auf die Aufnahme in diese Liste verzichten möchte, bitte nebenstehendes Feld ankreuzen. Dies könnte dann der Fall sein, wenn sich ein Energieversorgungsunternehmen von vorne herein nur an einen beschränkten oder speziellen Kreis von Haushaltskunden, wendet.

_____ _____
Ort, Datum   Unterschrift / Firmenstempel

* **AVBEltV** = Verordnung über Allgemeine Geschäftsbedingungen für die Elektrizitätsversorgung von Tarifkunden vom 21. Juni 1979.
** **AVBGasV** = Verordnung über Allgemeine Bedingungen für die Gasversorgung von Tarifkunden vom 21. Juni 1979.

Erläuterungen

Die Bundesnetzagentur weist darauf hin, dass die Pflicht zur Anzeige für die Energieversorgungsunternehmen besteht, die die Belieferung von Haushaltskunden nach dem Inkrafttreten des EnWG am 13.07.2005 aufnehmen oder beenden oder nach diesem Zeitpunkt ihre Firma ändern.

Energieversorgungsunternehmen, die vor diesem Datum bereits Haushaltskunden mit Energie beliefert haben, können durch die Anzeige nach § 5 ebenfalls in die Veröffentlichung der Bundesnetzagentur aufgenommen werden.

(1) Wer Haushaltskunden mit Energie beliefert, muss die Aufnahme, Änderung und Beendigung seiner Tätigkeit sowie Änderungen seiner Firma bei der Regulierungsbehörde unverzüglich anzeigen.
Die Anzeige bedarf der Schriftform. Die **oben genannten Unterlagen sind der Anzeige beizufügen.**

(2) Die Regulierungsbehörde veröffentlicht regelmäßig die Liste der angezeigten Unternehmen auf ihrer Internetseite. Die Veröffentlichung ist gebührenfrei.

(3) Die Bundesnetzagentur ist auch telefonisch unter der Rufnummer (0228)14-5831 mit Auskünften zu § 5 EnWG behilflich.
Energieversorgungsunternehmen, die Haushaltskunden mit Energie beliefern, richten die Anzeige über Aufnahme oder Beendigung der Tätigkeit sowie Änderungen ihrer Firma bitte an folgende Adresse:

> Bundesnetzagentur für Elektrizität, Gas, Telekommunikation
> Post und Eisenbahnen
> Referat 604
> Stichwort: Anzeige nach § 5 EnWG
> Tulpenfeld 4
> 53113 Bonn

c) Zulassung zu den Märkten der EEX (Quelle: European Energy Exchange AG)

EEX-Gruppe | Zulassung

Zulassung zu den Märkten der EEX

Um Börsenteilnehmer der EEX zu werden, sind verschiedene Zulassungsvoraussetzungen nachzuweisen. Diese sind in den §§ 14 ff. der EEX-Börsenordnung sowie im § 19 (4) BörsG geregelt. Die Zulassung kann für die einzelnen Märkte der Börse separat beantragt werden. Erst nach erfolgreicher Zulassung als Börsenteilnehmer darf ein Unternehmen an den Märkten der EEX handeln und OTC-Geschäfte registrieren lassen. Für die ordnungsgemäße Abwicklung und Besicherung ist die Anerkennung als Handelsteilnehmer durch die European Commodity Clearing AG (ECC), dem Clearinghaus der EEX, erforderlich.

EEX-Spotmärkte			EEX-Terminmärkte		
Erdgas	Emissionsrechte	Strom (D/F)	Erdgas	Emissionsrechte	Kohle

Die Beantragung und Zulassung zum Handel am Spotmarkt für Strom erfolgen bei der EPEX Spot SE, die von der EEX AG und der Powernext SA gegründet wurde. Weitere Informationen erhalten Sie auf der Internetseite der EPEX Spot (www.epexspot.com).

Zulassungsprozess ⟩

Kontaktaufnahme mit der EEX: Telefon +49 341 2156-255 oder E-Mail: admission@eex.com

Zusendung aller Formulare durch die EEX oder Download unter www.eex.com bzw. www.ecc.de

1. EEX-Zulassungsformulare ausfüllen
2. Fachlich geeigneten und persönlich zuverlässigen Händler benennen (ggf. Börsenhändlerprüfung ablegen)
3. Technische Anbindung an die Handelssysteme der Börse herstellen

1. Clearingbank auswählen
2. ECC-Zulassungsformulare ausfüllen
3. Gegebenenfalls Bilanzkreisvertrag/ Hubvertrag abschließen

Einreichung der Zulassungsformulare der EEX und ECC per Post an: EEX AG · Augustusplatz 9 · 04109 Leipzig

⟩ Prüfung der Unterlagen durch die EEX

⟩ Prüfung, ob Anerkennung als Handelsteilnehmer durch die ECC vorliegt

⟩ **Zulassung als Handelsteilnehmer an der EEX**

2. Funktionen im Energiewirtschaftssektor

Zulassungsvoraussetzungen ›

- Haftendes Eigenkapital von mindestens 50.000 €
- Nachweis der persönlichen Zuverlässigkeit und der beruflichen Eignung von der/den geschäftsführungsberechtigten Person/-en
- Zulassung mindestens eines Händlers, der persönlich zuverlässig ist und die erforderliche/-n EEX-Händlerprüfung/-en abgelegt hat
- Technische Einrichtung für Handel und Abwicklung der Börsengeschäfte
- Anerkennung als Handelsteilnehmer durch die European Commodity Clearing AG (ECC)

Formulare und Unterlagen ›

A01	Antrag auf Zulassung als Börsenteilnehmer an den Märkten der European Energy Exchange
A04	Fragebogen „Know your customer"
E01	Erklärung über die persönliche Zuverlässigkeit (geschäftsführungsberechtigte Person/-en)
E02	Erklärung über die berufliche Eignung (geschäftsführungsberechtigte Person/-en)
E03	Antrag auf Einrichtung/Änderung von User IDs
E04	Erklärung über die persönliche Zuverlässigkeit (Börsenhändler)
T01–T09	Formulare zur Bestellung der technischen Anbindung EEX-Spot- und -Terminmarkt

Zusätzlich einzureichende Unterlagen

- Beglaubigte Kopie des aktuellen Handelsregisterauszuges oder adäquater Unterlagen (bei ausländischen Börsenteilnehmern; deutsch oder englisch)
- Aktueller Geschäfts- oder Prüfbericht (deutsch oder englisch)
- Ausweis- oder Passkopien der im Antragsformular A01 benannten geschäftsführungsberechtigten Person/-en sowie der Händler
- Benennung eines Zustellungsbevollmächtigten (nur Ausländer / Formular E07)

(Download: siehe https://www.eex.com/de/Downloads/Zulassungsformulare)

Anerkennung als Handelsteilnehmer durch die ECC ›

Voraussetzungen

- Abschluss einer NCM-Vereinbarung mit einem an der ECC zugelassenen Clearingmitglied und der ECC
- Durch kontoführende Bank in Deutschland bestätigter Abbuchungsauftrag zugunsten der ECC
- Nachweis der Fähigkeit zur physischen Erfüllung der Geschäfte für die entsprechenden Produkte (z. B. Bilanzkreisvertrag/Hubvertrag) oder eine Verpflichtungserklärung über den Ausschluss der physischen Erfüllung durch Glattstellung der Positionen

Formulare und Anträge

NCM01	Antrag auf Zulassung als Nicht-Clearingmitglied (inkl. Unterschriften- und Berechtigungsnachweis von den Personen, die die Verträge rechtsverbindlich unterschreiben)
NCM02	NCM-Vereinbarung (in dreifacher Ausführung erforderlich)
NCM03	Erteilung eines Abbuchungsauftrages
NCM04	Antrag auf Einrichtung von Benutzerkonten in den Clearing- und Abwicklungssystemen der ECC
TP07	Angaben zur Umsatzsteuer

Als Nachweis der physischen Erfüllung für einzelne Produkte sind gesonderte Handelsteilnehmerformulare (TP-Formulare) einzureichen. Weiterhin ist eine beglaubigte Kopie des aktuellen Handelsregisterauszuges (deutsch oder englisch) einzureichen.

(Download: siehe http://www.ecc.de/Downloads/Forms)

Stand: Januar 2011

European Energy Exchange AG
Augustusplatz 9
04109 Leipzig
www.eex.com

Admission
Tel.: +49 341 2156-255
Fax: +49 341 2156-559
admission@eex.com

d) Merkblatt nach § 4 Abs. 1 EnWG (Quelle: Wirtschaftsministerium NRW)

Ministerium für Wirtschaft,
Mittelstand und Energie
des Landes Nordrhein-Westfalen

Januar 2010

**Merkblatt zur Genehmigung
für die Aufnahme des Betriebs eines Energieversorgungsnetzes
nach § 4 Abs. 1 EnWG**

Der Antrag gemäß § 4 Abs. 1 EnWG ist formlos zu stellen. Neben einer genauen räumlichen und technischen Umschreibung des Netzes, dessen Betrieb aufgenommen werden soll, sind die personelle, technische und wirtschaftliche Leistungsfähigkeit und Zuverlässigkeit für eine dauerhafte Gewährleistung eines störungsfreien Netzbetriebes darzulegen.

Dem Antrag sind folgende Anlagen beizufügen:

- Handelsregisterauszug des Antragstellers
- Darstellung der Organisationsstruktur des Antragstellers und Übersicht des tätig werdenden Personals mit Ausbildungsbeschreibungen, gegebenenfalls auch für Dienstleister
- gegebenenfalls Pachtvertrag oder andere Nutzungsvereinbarung, Dienstleistungs- bzw. Geschäftsführungsvertrag (je nach vertraglicher Ausgestaltung des Netzbetriebs)
- gegebenenfalls Wartungsvertrag mit Drittunternehmen
- Kartographische Darstellung des Netzverlaufs
- Übersicht / Beschreibung der technischen Anlagen
- Darlegung des Risikomanagements für den Netzbetrieb (Störungsüberwachung, Störungsbehebung)
- gegebenenfalls Vorlage einer Zertifizierung auf Grundlage der VDN-Richtlinie S1000 oder der DVGW-Richtlinien S1000 und GW1200
- gegebenenfalls Zusicherung, dass die technischen Regeln des Verbandes der Elektrotechnik Elektronik Informationstechnik e.V. oder der Deutschen Vereinigung des Gas- und Wasserfachs e.V. eingehalten wurden (§ 49 Abs. 2 EnWG)
- Vorlage eines aktuellen Jahresabschlusses (bei Neugründung: Eröffnungsbilanz, Wirtschaftsplan und mittelfristige Finanzplanung)

Die Entscheidung nach § 4 Abs. 1 EnWG ist **gebührenpflichtig**, wobei der Gebührenrahmen sich auf 500 € bis 100.000 € beläuft.

IV. Medien und Telekommunikation

1. Einführung

Medien- und Telekommunikationsunternehmen unterliegen einer sektorspezifischen Regulierung. Die Kenntnis der regulatorischen Vorgaben und die Prüfung, ob die betroffenen Unternehmen diese Vorgaben auch einhalten (Compliance), ist ein wichtiger Bestandteil jeder M&A-Transaktion in diesen Sektoren. Auch beeinflusst das regulatorische Umfeld den Gestaltungsspielraum der Unternehmen und ist damit ein wesentlicher Faktor bei der Beurteilung der Werthaltigkeit einer Unternehmung im Bereich Medien und Telekommunikation. Die regulatorischen Vorgaben, die bei M&A-Projekten typischerweise besondere Aufmerksamkeit verdienen, sollen nachfolgend kurz beschrieben werden.

2. Telekommunikation

Unter Telekommunikation wird in rechtlicher Hinsicht der technische Vorgang der Signalaussendung und -übermittlung sowie des Signalempfangs verstanden. Das Telekommunikationsrecht reguliert diejenigen Unternehmen, die Telekommunikationsanlagen betreiben oder Telekommunikationsdienste anbieten. Hingegen sind die Inhalte, die mittels der elektromagnetischen oder optischen Signale übertragen werden, nicht Gegenstand des Telekommunikationsrechts, sondern des Medien- oder Multimediarechts.

Das Telekommunikationsrecht ist technologieneutral gefasst. Die Bandbreite der heute verfügbaren Telekommunikationsdienste reicht vom herkömmlichen Sprachtelefondienst über drahtlose Kommunikation, die Verteilung von Rundfunkprogrammsignalen in Kabelnetzen und über Satellit bis hin zum Transport von IP-Signalen für Internetdienste.

Das Telekommunikationsgesetz (TKG) reguliert Unternehmen zunächst unabhängig von ihrer Marktstellung, wenn es zum Beispiel um die Inanspruchnahme von öffentlichen Wegen, die Nutzung von Rufnummern, den Kundenschutz oder die Überwachung der Telekommunikation geht (sog. nicht-ökonomische Regulierung). Weiterhin können Unternehmen in Abhängigkeit von ihrer Marktstellung dazu verpflichtet werden, anderen Unternehmen Zugang zu ihren Telekommunikationsnetzen oder -diensten zu bestimmten Entgelten zu gewähren (sog. Marktregulierung).

Die für die Regulierung der Unternehmen zuständige Behörde ist die Bundesnetzagentur für Elektrizität, Gas, Telekommunikation, Post und Eisenbahnen (BNetzA) mit Sitz in Bonn.

2.1 Nicht-ökonomische Regulierung

a) **Lizenzen und Anmeldung.** Seit der Novellierung des TKG im Jahr 2004 ist für den Betrieb eines Telekommunikationsnetzes oder das Angebot von Telekommunikationsdiensten keine Lizenz mehr erforderlich. Es genügt eine Meldung an die BNetzA unverzüglich nach der Aufnahme oder Änderung der Tätigkeit des Unternehmens unter zwingender Verwendung eines von der BNetzA zu diesem Zweck bereitgestellten Formulars (§ 6 TKG). Die Änderung von Beteiligungsverhältnissen an einem Telekommunikationsunternehmen muss der BNetzA im Rahmen der Meldung nach § 6 TKG nicht angezeigt werden.

Sind bei einem Unternehmen noch Lizenzen aus der Zeit vor 2004 vorhanden, so haben diese trotz des Wegfalls der Lizenzpflicht in folgenden Fällen weiterhin Bedeutung: Zum einen wurden oftmals Wegerechte mit der Erteilung der Lizenz verbunden. Diese Wegerechte behalten ihre Gültigkeit, auch wenn die Lizenz selbst nicht mehr erforderlich ist. Zum anderen bleiben Lizenzen und Frequenznutzungsrechte dann bestehen, wenn sie im Rahmen eines Auswahlverfahrens („beauty contest" oder Versteigerung) vergeben worden sind. Dies gilt insbesondere für die GSM- und UMTS-Mobilfunklizenzen und die damit verbundenen Frequenznutzungsrechte.

b) Zuteilung und Übertragung von Frequenznutzungsrechten. Zur Nutzung einer Frequenz bedarf es grundsätzlich einer vorherigen Frequenzzuteilung durch die BNetzA (§ 55 TKG). Die Zuteilung erfolgt frequenzbezogen, d. h. für eine bestimmte Frequenz oder einen bestimmten Frequenzbereich, nach Maßgabe eines Frequenzbereichszuweisungs- und Frequenznutzungsplans. Die Frequenzzuteilung hat zu erfolgen, wenn verschiedene subjektive und objektive Frequenzzuteilungsvoraussetzungen erfüllt sind (§ 55 Abs. 5 TKG). Als subjektive Voraussetzungen muss der Antragsteller seine Zuverlässigkeit, Leistungsfähigkeit und Fachkunde nachweisen.

- **Zuverlässigkeit:**
Ein Betreiber gilt als zuverlässig, wenn er die Gewähr dafür bietet, dass er als Zuteilungsinhaber die anzuwendenden Rechtsvorschriften einhalten wird. Indizien für die Unzuverlässigkeit sind insbesondere der (anhaltende) Verstoß gegen Rechtsvorschriften in der Vergangenheit.

- **Leistungsfähigkeit:**
Die Leistungsfähigkeit des Antragstellers ist gegeben, wenn er gewährleistet, dass ihm die für den Aufbau und den Betrieb des Unternehmens notwendigen Produktionsmittel zur Verfügung stehen werden. Abgestellt wird auf die mittelfristige geschäftliche Planung. In der Regel müssen Nachweise für die Finanzierung vorgelegt werden (Bürgschaften, Eigenmittel, Kredite, Garantien, Finanzierungszusagen, etc.).

- **Fachkunde:**
Der Antragsteller gilt als fachkundig, wenn er über die erforderlichen Kenntnisse, Erfahrungen und Fertigkeiten zur Ausübung der Rechte aus der Frequenzzuteilung verfügt. Nachgewiesen wird die Fachkunde über einschlägige Referenzen im Umgang mit den einschlägigen Technologien.

Die objektiven Frequenzzuteilungsvoraussetzungen orientieren sich an der Verfügbarkeit der Frequenzen und der Nutzung im Rahmen der Frequenzpläne. Ist eine Knappheit der Frequenzen zu befürchten, kann die BNetzA auch ein öffentliches Vergabeverfahren (§ 61 TKG) einleiten. Die Frequenzen werden dann versteigert (so geschehen z. B. beim Vergabeverfahren für die UMTS-Mobilfunkfrequenzen).

Findet ein Wechsel der Eigentumsverhältnisse innerhalb des Unternehmens statt, das zur Frequenznutzung berechtigt ist, besteht eine Anzeigepflicht gegenüber der BNetzA, sofern Auswirkungen auf die Entscheidungsprozesse im Unternehmen zu erwarten sind (§ 55 Abs. 6 TKG). Dies wird regelmäßig beim Wechsel des Aktienbestandes von mehr als 10% oder dem Wechsel eines persönlich haftenden Gesellschafters der Fall sein.

Sollen Frequenzen im Rahmen einer Einzelrechtsnachfolge übertragen werden, so kann dies im Wege der Abtretung geschehen. Hierbei ist die Zustimmung der BNetzA zum dinglichen Verfügungsgeschäft erforderlich (einzuholen im Wege eines Änderungsantrages, § 55 Abs. 7 TKG). Liegt die Zustimmung nicht vor, darf die Frequenz nicht genutzt werden. Die Zustimmung der BNetzA kann im Voraus eingeholt werden. Anderenfalls empfiehlt es sich, den schuldrechtlichen Vertrag unter die aufschiebende Bedingung der Zustimmung zu stellen. Auch für die Fälle des Unternehmensübergangs im Wege der Gesamtrechtsnachfolge, insbesondere auch für alle Formen der Umwandlung nach dem Umwandlungsgesetz (UmwG), sowie eine Übertragung der Frequenzen auf ein verbundenes Unternehmen bedarf es einer Zustimmung der BNetzA zum Übergang der Frequenznutzungsrechte.

Der Zustimmungsantrag ist schriftlich einzureichen. Die Zustimmung ist zu erteilen, wenn die subjektiven Frequenzzuteilungsvoraussetzungen auch in der Person des neuen Inhabers erfüllt sind und keine Verzerrung des Wettbewerbs zu befürchten ist. Die Frequenznutzung ist bis zur Entscheidung über den Änderungsantrag gestattet.

Die BNetzA kann nach Anhörung der betroffenen Telekommunikationsunternehmen bestimmte Frequenzbereiche für den Frequenzhandel freigeben, sowie die Rahmenbedingungen für das Verfahren des Handels festlegen (§ 62 TKG). Das Frequenzhandelsverfahren muss hierbei unter anderem die Effizienz der Frequenznutzung garantieren und eine Verzerrung des Wettbewerbs vermeiden. Bisher hat die BNetzA noch keinen Frequenzbereich für den Handel freigegeben. Die Erlöse aus einem solchen Handelsverfahren abzüglich der Verwaltungskosten stünden dem bisherigen Frequenzzuteilungsempfänger als Verkäufer der Frequenzen zu.

Hat ein Unternehmen, das Funkfrequenzen aufgrund von Einzelzuteilungen nutzt, mit anderen TK-Anbietern Verträge über die gemeinsame Nutzung von Infrastruktur abgeschlossen, ist im Rahmen der Due Diligence zu beachten, dass für solche Kooperationen besondere Beschränkungen gelten. Um die wettbewerbliche Unabhängigkeit der TK-Anbieter sicherzustellen, machen die Zuteilungsbescheide (häufig in Verbindung mit den Vergabebedingungen) sowie Leitlinien der BNetzA Vorgaben dazu, wie eine zulässige Zusammenarbeit der Wettbewerber etwa bei der gemeinsamen Nutzung von Funkmasten auszugestalten ist und welche Kooperationen (etwa bei gemeinsamer Nutzung aktiver Übertragungstechnik oder nationalem Roaming) wettbewerblichen Bedenken begegnen.

c) Zuteilung und Übertragung von Nummern. Die BNetzA ist auch für die Zuteilung von Nummern an Endverbraucher, Netzbetreiber und Diensteanbieter zuständig (§ 66 Abs. 1 TKG). Einzelheiten zur Vergabe der Rufnummern sind in der Telekommunikations-Nummerierungs-Verordnung (TNV) geregelt.

Die Zuteilung von Nummern kann als Einzelzuteilung oder im Rahmen einer Zuteilung von Nummernblöcken durch einen Verwaltungsakt der BNetzA an die Netzbetreiber oder Diensteanbieter erfolgen. Die Netzbetreiber oder Diensteanbieter können diese Rechte dann an den Endnutzer weitergeben (§ 4 Abs. 2 Nr. 3 TNV).

Wird ein Unternehmen im Wege der Rechtsnachfolge Inhaber einer Nummernzuteilung, muss unverzüglich und schriftlich die Bestätigung der Zuteilung durch die BNetzA beantragt werden (§ 4 Abs. 6 TNV). Als Rechtsnachfolge gelten insoweit auch der Erwerb einer Mehrheitsbeteiligung sowie jede Form der Umwandlung nach dem UmwG. Die Bestätigung kann verweigert werden, wenn der Anbieter nicht gewährleistet, die Nummer entsprechend ihrer Nutzungsbestimmung zu nutzen, oder Verstöße des Anbieters gegen Rechtspflichten im Zusammenhang mit der Nummernnutzung bekannt sind (§ 6 TNV: z.B. falsche Preisansagen bei Servicerufnummern, fehlende Adresshinterlegung etc.).

Wird eine juristische Person, der Nummern zugeteilt waren, ohne Rechtsnachfolger aufgelöst, trifft den Auflösenden die Verpflichtung, die Nummern unverzüglich durch schriftliche Mitteilung an die BNetzA zurückzugeben (§ 4 Abs. 7 TNV).

d) Zuteilung und Übertragung von Wegerechten. Der Bund hat das Recht, im Rahmen des geltenden Widmungszweckes, Verkehrswege für Telekommunikationslinien, die öffentlichen Zwecken dienen, unentgeltlich zu nutzen (sog. Nutzungsberechtigung). Darunter fallen alle (ober- und unterirdischen) Maßnahmen, durch die die Verkehrswege im Zusammenhang mit Arbeiten an Telekommunikationslinien in Anspruch genommen werden, z.B. durch Verlegung, Wartung und Reparatur.

Dieses Nutzungsrecht kann der Bund – vertreten durch die BNetzA – an die Betreiber von Telekommunikationsnetzen übertragen. Die Nutzungsberechtigung wird erteilt, wenn der Betreiber die notwendigen persönlichen Voraussetzungen der Zuverlässigkeit, Leistungsfähigkeit und Fachkunde erfüllt (§ 69 Abs. 2 TKG). Sollen Telekommunikationslinien neu verlegt oder vorhandene Telekommunikationslinien verändert werden, so ist die schriftliche Zustimmung des Trägers der Wegebaulast (z.B. einer Kommune), der nach den Regelungen des Straßenrechts zu ermitteln ist, erforderlich (§ 68 Abs. 3 S. 1 TKG).

Wird ein Unternehmen, das ein Wegerecht innehat, identitätswahrend umgewandelt, ist dies der BNetzA unverzüglich mitzuteilen (§ 69 Abs. 3 TKG). Gleiches gilt für den Beginn oder das Ende einer Nutzung. Eine Übertragung der Wegerechte im Rahmen einer nicht identitätswahrenden Rechtsnachfolge ist nicht möglich. Das neue Unternehmen muss selbst eine neue Nutzungsberechtigung bei der BNetzA beantragen.

Bei Grundstücken, die keine öffentlichen Verkehrswege darstellen, kann sich ein Nutzungsrecht des Telekommunikationsanbieters – und eine Duldungspflicht des privaten Eigentümers

– daraus ergeben, dass einer der folgenden Tatbestände erfüllt ist: Entweder wird das Grundstück durch die Benutzung nicht oder nur unwesentlich eingeschränkt oder es besteht bereits eine durch ein Recht (z.B.) gesicherte Leitung oder Anlage eines Dritten (z.B. eines Energieversorgers), die nun auch für Zwecke der Telekommunikation genutzt werden kann, ohne dass die Nutzbarkeit des Grundstücks dauerhaft zusätzlich eingeschränkt wird. Ist keiner der beiden Fälle einschlägig, bedarf es einer Vereinbarung mit dem Eigentümer.

e) **Kosten für die Zuteilungen.** Für die Zuteilung von Frequenzen, Nummern und Wegerechten fallen Gebühren und Auslagen der BNetzA an. Wird eine Frequenz im Wege der öffentlichen Versteigerung zugeteilt, ist der Zuschlagspreis vom erfolgreichen Bieter zu zahlen. Hinzu kommt bei Frequenzen ein jährlicher Frequenznutzungsbetrag (§ 143 TKG), der die Kosten der Behörden für die Verwaltung und Kontrolle der Zuteilungen abdeckt.

f) **Öffentliche Sicherheit und Fernmeldegeheimnis.** Das TKG erlegt den Telekommunikationsunternehmen bestimmte Pflichten bezüglich der Bereithaltung von Notfallnummern, technischer Vorrichtungen zum Schutz des Fernmeldegeheimnisses und des Datenschutzes sowie zur Umsetzung staatlicher Telekommunikationsüberwachung und sonstiger Auskunftsersuchen auf. Insbesondere folgende Pflichten müssen ohne Kostenerstattung erfüllt werden:

Unternehmen, die Telekommunikationsdienste für die Öffentlichkeit erbringen, müssen technische Vorrichtungen bereit halten, die staatlichen Stellen die Möglichkeit der Umsetzung von Überwachungsmaßnahmen und die Abfrage von Auskünften ermöglichen (§ 110 TKG). Hierzu zählen z.B. technische Geräte, die Abhörmaßnahmen oder die Aufzeichnung von Verbindungsdaten der Teilnehmer ermöglichen. Die Kosten für die konkrete Ermittlungsmaßnahme werden von den Ermittlungsbehörden übernommen. Die Kosten für die Anschaffung und Wartung der entsprechenden Technik tragen die Telekommunikationsdienstleister.

Jeder Anbieter von Telefondiensten für die Allgemeinheit ist ferner verpflichtet, jedem Nutzer kostenlose Notrufe unter der europaweiten Notrufnummer 112 sowie eventuell weiteren nationalen Notrufnummern zu ermöglichen. Hierbei muss er der Notrufzentrale die Daten, die zur Ermittlung des Standortes des Hilfesuchenden erforderlich sind, übermitteln (§ 108 TKG).

Des weiteren haben die Anbieter die Verpflichtung, auf eigene Kosten technische Vorkehrungen zu treffen oder sonstige Maßnahmen zu ergreifen, die den Schutz des Fernmeldegeheimnisses und sonstiger personenbezogener Daten der Teilnehmer gegen unerlaubte Zugriffe ermöglichen (§ 109 TKG).

g) **Frequenzen, Nummernzuteilungen und Wegerechte zur Kreditsicherung.** Bei Telekommunikationsunternehmen stellt sich die Frage, inwieweit Frequenzen, Nummernzuteilungen und Wegerechte als Kreditsicherungsmittel genutzt werden können.

- **Frequenzen:**
Die Nutzungsrechte an Frequenzen können nach Maßgabe des TKG übertragen werden. Die Verpfändung einer Frequenz zur Besicherung eines Kredits ist daher grundsätzlich als Rechtspfändung möglich (§§ 1204 Abs. 1, 1274 Abs. 1 S. 1 BGB).
Die Verpfändung bedarf nicht der Genehmigung (§ 55 Abs. 7 TKG) durch die BNetzA, da die Frequenzzuteilung nicht geändert wird. Frequenznutzer bleibt weiterhin das Telekommunikationsunternehmen, nicht aber der Pfandnehmer. Auch besteht keine Anzeigepflicht gegenüber der BNetzA, da sich die Eigentumsverhältnisse des Unternehmens, dem die Frequenznutzung zugesprochen wurde, nicht geändert haben. Die Genehmigung der BNetzA ist allerdings im Eintritt des Sicherungsfalls einzuholen, wenn der Pfandnehmer versucht, das Pfand zu verwerten.
Eine Sicherungsübereignung wäre theoretisch denkbar, stellt aber eine Gesamtrechts- oder Einzelrechtsübertragung der Frequenzen an den Sicherungsnehmer dar, deren Wirksamkeit von der Genehmigung durch die BNetzA abhängt. Diese wird nur dann erteilt werden, wenn der Sicherungsnehmer die persönlichen Voraussetzungen für die Genehmigung, insbesondere der Fachkunde, erfüllt. Eine Bank scheidet also regelmäßig als Sicherungsnehmer aus.

- **Nummern:**
Eine Verpfändung oder Sicherungsübereignung von Nummern ist nicht möglich, da die rechtsgeschäftliche Weitergabe oder Veräußerung von Nummern nur im Rahmen einer Zu-

teilung von Nummern aus einem Nummernkontingent an den Endverbraucher möglich ist. Jede andere Form der Weitergabe wird durch § 4 Abs. 5 TNV ausgeschlossen.
- **Wegerechte:**
Die Verpfändung oder Sicherungsübereignung von Wegerechten ist ebenfalls nicht möglich. Wegerechte sind nach der Neufassung des § 68 TKG nur im Rahmen einer identitätswahrenden Umwandlung des Telekommunikationsunternehmens übertragbar. Jede andere rechtsgeschäftliche Übertragung ist ausgeschlossen.

2.2 Marktregulierung

Die Marktregulierung des TKG ist ein besonderes Kartellrecht, das auf die Bedürfnisse und Besonderheiten des Telekommunikationssektors zugeschnitten ist. Dieser Sektor zeichnet sich insbesondere durch die eingeschränkte Duplizierbarkeit der technischen Infrastruktur, natürliche Monopole und die starke Marktstellung ehemals staatlicher Monopolunternehmen aus. Das TKG sieht daher zahlreiche Möglichkeiten der ökonomischen Regulierung marktmächtiger Unternehmen insbesondere in Form von Zugangsregulierung und Entgeltregulierung vor. Die kommerziellen Handlungsmöglichkeiten auch der nicht regulierten Unternehmen werden von diesen Regulierungsmaßnahmen stark beeinflusst.

Das TKG unterscheidet zwischen verschiedenen Telekommunikationsmärkten und lässt eine Regulierung nur dann zu, wenn die BNetzA feststellt, dass auf einem bestimmten Markt eine (telekommunikations-)sektorspezifische Regulierung notwendig ist. Die Telekommunikationsmärkte, auf denen eine Regulierung nicht nötig ist, unterfallen keinen sektorspezifischen, sondern nur den allgemeinen wettbewerbsrechtlichen Vorschriften nach dem Gesetz gegen Wettbewerbsbeschränkungen.

a) **Abgrenzung der Marktsegmente.** In einem Vorabverfahren legt die BNetzA zunächst fest, welche Märkte der telekommunikationsrechtlichen Regulierung unterliegen. Die einzelnen Marktsegmente müssen zu diesem Zweck voneinander abgegrenzt werden. Die Marktabgrenzung der Telekommunikationsmärkte erfolgt im Einvernehmen mit dem Bundeskartellamt (§ 121 TKG) und unter Berücksichtigung der von der EU-Kommission erlassenen Leitlinien und Empfehlungen (§ 10 Abs. 1 TKG).

b) **Feststellung der Regulierungsbedürftigkeit.** Die so festgelegten Märkte überprüft die BNetzA anschließend auf ihre Regulierungsbedürftigkeit (§ 10 Abs. 2 TKG). Hierbei wird entweder festgestellt, dass der Wettbewerb im Markt so selbsttragend ist, dass keine sektorspezifische Regulierung nötig ist, oder dass rechtliche oder tatsächliche Marktzutrittsschranken bestehen, die eine Regulierung geboten erscheinen lassen. Auch diesbezüglich hat die EU-Kommission Empfehlungen veröffentlicht (ABl. EG Nr. L 344 vom 18. 12. 2007, S. 65 ff.), die nach § 10 Abs. 2 S. 3 TKG weitestgehend zu berücksichtigen sind.

c) **Marktanalyse.** Ist ein Markt regulierungsbedürftig, muss die BNetzA eine Marktanalyse durchführen (§ 11 Abs. 1 TKG). Mit der Marktanalyse wird festgestellt, welche Unternehmen über eine beträchtliche Marktmacht (Significant Market Power – SMP) verfügen. Nur gegenüber diesen Unternehmen kann die BNetzA Regulierungsmaßnahmen ergreifen.

Zu beachten ist, dass die EU-Kommission an allen Entscheidungen zu beteiligen ist. Will die BNetzA einen Markt nicht mehr sektorspezifisch regulieren, der in der Empfehlung der EU-Kommission aufgeführt ist, oder einen Markt regulieren, der dort nicht aufgeführt ist, so hat die EU-Kommission diesbezüglich ein Vetorecht, das für die BNetzA bindend ist (§ 12 Abs. 2 S. 3 TKG).

Einem Unternehmen mit beträchtlicher Marktmacht können durch eine Regulierungsverfügung der BNetzA insbesondere Pflichten zur Gewährung von Netzzugang auferlegt werden. Zudem können die Entgelte, die das Unternehmen von seinen Endkunden oder seinen Wettbewerbern für Zugangsleistungen verlangt, einer ex ante- oder ex post-Kontrolle unterworfen werden.

d) **Zugangsregulierung.** Um einen wirksamen Wettbewerb auf den Telekommunikationsmärkten herzustellen, kann es notwendig sein, dass ein Unternehmen mit marktmächtiger Stellung kleineren Mitbewerbern Zugang zu seinen Infrastrukturen (Telekommunikationsnetzen oder Teilen davon, Masten, Gebäuden, Leitungen, etc.) ermöglicht. Deshalb kann die BNetzA solchen Unternehmen auferlegen, anderen Unternehmen Zugang zu ihren Einrichtungen und Diensten zu gewähren (§ 21 TKG). Die im einzelnen zu gewährenden Zugangsvarianten reichen vom Zugang zu bestimmten Netzkomponenten, über den Zugang zu Systemen für die Betriebsunterstützung bis zum Zugang zur einheitlichen Rechnungsstellung (§ 21 Abs. 2 und 3 TKG).

Hat die BNetzA ein Unternehmen zur Zugangsgewährung verpflichtet, muss das Unternehmen unverzüglich, spätestens aber binnen 3 Monaten, Nachfragern ein Angebot über einen entsprechenden Zugang vorlegen (§ 22 Abs. 1 TKG). Das TKG sieht insofern also einen Vorrang der individuellen Vertragsverhandlungen zwischen den Konkurrenten vor. Kommt aber aufgrund der asymmetrischen Verhandlungsmacht der Parteien eine Zugangsvereinbarung nicht zustande, kann die BNetzA nach Anrufung eines Beteiligten binnen zehn Wochen den Zugang anordnen (§ 25 TKG). Die Zugangsanordnung ersetzt den Vertrag und regelt alle wesentlichen kommerziellen Elemente des Zugangs, die sonst in einem Vertrag enthalten wären.

e) Entgelte. Ziel der Entgeltregulierung ist es, eine missbräuchliche Ausbeutung, Behinderung oder Diskriminierung von Endnutzern oder Wettbewerbern durch preispolitische Maßnahmen eines mit beträchtlicher Marktmacht agierenden Unternehmens zu verhindern (§ 27 Abs. 1 TKG).

Das TKG sieht Regulierungsmöglichkeiten sowohl in Bezug auf die Entgelte für Zugangsleistungen (§§ 30–38 TKG) als auch die Entgelte für Endnutzerleistungen (§ 39 TKG) vor. Grundsätzlich hat die BNetzA zwei Möglichkeiten der Entgeltregulierung:
- Im Rahmen einer ex-ante-Regulierung kann die Forderung eines Entgelts von der vorherigen Genehmigung der BNetzA abhängig gemacht werden.
- Im Rahmen der ex-post-Regulierung können bereits bestehende Entgelte nachträglich überprüft werden.

aa) Regulierung der Zugangsentgelte. Die Entgelte für die Zugangsgewährung nach § 21 TKG unterliegen in der Regel einer ex-ante-Regulierung (§ 30 Abs. 1 TKG). Eine ex-post-Regulierung soll nach dem Willen des Gesetzgebers aber ausnahmsweise dann genügen, wenn der regulierte Netzbetreiber nicht gleichzeitig auch auf dem entsprechenden Markt für Endkundenleistungen über beträchtliche Marktmacht verfügt (sog. Doppelmarktbeherrschung), die beträchtliche Marktmacht erstmals nach dem 25. 6. 2004 (also nach Inkrafttreten des TKG 2004) von der BNetzA festgestellt wurde und diese Maßnahme zur Erreichung der Regulierungsziele nach § 2 Abs. 2 TKG ausreicht.
- ex-ante-Regulierung:

Ist ein Entgelt einer ex-ante-Regulierung unterworfen, so darf es nur genehmigt werden, wenn es die Kosten der effizienten Leistungsbereitstellung nicht übersteigt (§ 31 Abs. 1 TKG). Hiermit soll sichergestellt werden, dass nur solche Kosten erfasst werden, die für die Produktion und Bereitstellung der erbrachten Leistung unverzichtbar sind, wobei sowohl die Faktorpreise für die Produktion der jeweiligen Leistung, als auch Kapitalkosten und langfristige Gemeinkosten des Unternehmens zu berücksichtigen sind. Ergänzend sollen die Maßstäbe der §§ 27–29 TKG berücksichtigt werden.

In begründeten Einzelfällen kann die BNetzA auch das sog. Vergleichsmarktverfahren des § 35 Abs. 1 S. 1 Nr. 1 TKG anwenden. Ein solcher begründeter Einzelfall kann insbesondere dann vorliegen, wenn sich die Kosten der effizienten Leistungsbereitstellung nicht ermitteln lassen. Beim Vergleichsmarktverfahren werden in erster Linie die Preise anderer Anbieter im Markt als Maßstab herangezogen.
- ex-post-Regulierung

Im Rahmen einer ex-post-Regulierung bleibt ein vom regulierten Unternehmen festgelegtes Entgelt solange gültig, bis es von der BNetzA aufgehoben wird. Der Prüfungsmaßstab an die Entgelte ist im Vergleich zur ex-ante-Regulierung abgeschwächt. Entgelte werden nur dahingehend überprüft, ob sie den Maßstäben des § 28 TKG genügen, also nicht als missbräuchlich anzusehen sind.

bb) Regulierung der Endkundenentgelte. Endkundenentgelte sollen im Allgemeinen nur einer ex-post-Regulierung unterworfen werden (§ 39 Abs. 3 TKG). Nur wenn die Regulierungsziele

2. Telekommunikation

des § 2 TKG – also insbesondere die Herstellung des chancengleichen Wettbewerbs und des Endkundenschutzes – nicht bereits durch andere Maßnahmen erreicht werden können, soll die BNetzA auch Endkundenentgelte einer ex-ante-Regulierung unterwerfen (§ 39 Abs. 1 TKG).

2.3 Datenschutz

Das Telekommunikationsgesetz (TKG) regelt in den §§ 91 ff. TKG bereichsspezifisch für TK-Unternehmen den Umgang mit personenbezogenen Daten (definiert in § 3 Abs. 1 BDSG). Daneben, und soweit nicht durch die Regelungen des TKG verdrängt, gelten für TK-Unternehmen die Vorschriften des Bundesdatenschutzgesetzes (BDSG). Es gilt insbesondere der Grundsatz des § 4 Abs. 1 BDSG, dass die Erhebung, Verarbeitung und Nutzung personenbezogener Daten nur zulässig sind, soweit das BDSG oder eine andere Rechtsvorschrift dies erlaubt oder anordnet oder der Betroffene eingewilligt hat. Im Folgenden werden die im Rahmen einer Due Diligence häufig zu prüfenden Punkte herausgegriffen und kurz erläutert.

Auch im Rahmen der Due Diligence selbst werden regelmäßig personenbezogene Daten von Dritten, etwa der Beschäftigten des Zielunternehmens, verarbeitet und genutzt. Vor Beginn der Due Diligence ist zu prüfen, ob eine Verarbeitung und Nutzung in diesem Zusammenhang datenschutzrechtlich zulässig ist.

a) Organisatorische Anforderungen. Zu den wesentlichen Anforderungen an die Datenschutzorganisation, wobei Verstöße gegen die Anforderungen häufig bußgeldbewehrt sind, gehören nach den Vorgaben des BDSG:
- Bestellung eines betrieblichen Datenschutzbeauftragten

Unternehmen, die personenbezogene Daten automatisiert verarbeiten, haben grundsätzlich einen Beauftragten für den Datenschutz schriftlich zu bestellen. Diese Pflicht besteht für jedes rechtlich selbstständige Unternehmen in Deutschland innerhalb eines Konzerns, wobei auch ein Angestellter eines anderen Konzernunternehmens oder eines Dienstleisters als Datenschutzbeauftragter bestellt werden kann. Hiervon darf nur abgesehen werden, wenn die Voraussetzungen für eine Ausnahme nach § 4 f BDSG vorliegen.
- Meldepflicht

Datenverarbeitungsvorgänge sind grundsätzlich der zuständigen Aufsichtsbehörde zu melden. Für Telekommunikationsunternehmen ist der Bundesbeauftragte für Datenschutz und die Informationsfreiheit zuständige Aufsichtsbehörde. Die Meldepflicht entfällt aber regelmäßig dann, wenn das datenverarbeitende Unternehmen als verantwortliche Stelle einen betrieblichen Datenschutzbeauftragten bestellt hat.
- Verfahrensverzeichnis und Verfahrensübersicht

Dem betrieblichen Datenschutzbeauftragten ist vom Unternehmen eine Übersicht u. a. über die Datenverarbeitungsvorgänge im Unternehmen zu übergeben, sog. Verfahrensübersicht. Der Datenschutzbeauftragte macht jedermann auf Antrag gewisse Angaben aus der Verfahrensübersicht zugänglich, sog. öffentliches Verfahrensverzeichnis.
- Verpflichtungserklärung nach § 5 BDSG

Unternehmen müssen ihre Mitarbeiter auf die Einhaltung des Datengeheimnisses nach § 5 BDSG verpflichten.

Ferner sollten im Rahmen einer M&A-Transaktion folgende Dokumente erfragt und geprüft werden:
- Interne Anweisungen, Richtlinien und Verhaltensregeln des Unternehmens zum Umgang mit personenbezogenen Daten
- Betriebsvereinbarungen zum Umgang mit Beschäftigtendaten
- Korrespondenz mit Datenschutzbehörden, etwa im Zusammenhang mit Bußgeld- oder Strafverfahren gegen Mitarbeiter der Gesellschaft wegen Verletzung datenschutzrechtlicher Vorschriften

b) Verwendung von Kunden- und Beschäftigtendaten eines TK-Anbieters. Personenbezogene Daten dürfen grundsätzlich nur zu dem Zweck verarbeitet und genutzt werden, zu dem sie erhoben wurden (sog. Zweckbindungsgrundsatz). Im Bereich des TK-Datenschutzes ist darüber hinaus zu beachten, dass TK-Anbieter Daten von juristischen Personen und Personenvereinigungen, die mit dem Telekommunikationsvorgang in Zusammenhang stehen (z. B. Zeitpunkt und Dauer eines Telefonanrufes, angerufene Nummer, IP-Adressen) gleichermaßen wie personenbezogene Daten natürlicher Personen zu schützen haben. Gemäß § 91 Abs. 1 Satz 2 TKG stehen dem Fernmeldegeheimnis unterliegende Einzelangaben über Verhältnisse einer bestimmten oder bestimmbaren juristischen Person oder Personengesellschaft personenbezogenen Daten gleich.

Bestandsdaten von Kunden dürfen nach § 95 TKG nur eingeschränkt für Werbezwecke genutzt werden. Vielfach ist für die Nutzung personenbezogener Daten eine Einwilligung des Betroffenen notwendig, die nach § 94 TKG auch elektronisch erteilt werden kann. Im Rahmen einer Due Diligence sollte daher überprüft werden, ob und auf welchem Weg (d.h. schriftlich oder elektronisch) und zu welchem Zweck das zu erwerbende Unternehmen Einwilligungen der Kunden eingeholt hat. Zu prüfen ist im Rahmen einer M&A-Transaktion zudem, ob etwaige Einwilligungserklärungen in die Verarbeitung und Nutzung personenbezogenen Daten auch nach Abschluss der Transaktion gültig sind. Im Rahmen von Asset deals dürfte dies regelmäßig problematisch sein, während beim vollständigen Erwerb eines Unternehmens im Wege eines Anteilskaufs regelmäßig keine Probleme zu erwarten sind.

In diesem Zusammenhang ist zu beachten, dass auch konzernverbundene Unternehmen jeweils zueinander Dritte im Sinne des BDSG sind. Eine Weitergabe etwa von Kundendaten einer Konzerntochter an die Konzernmutter oder ein Schwesterunternehmen ist grundsätzlich unzulässig. Hierfür bedarf es im Regelfall einer Einwilligung der Betroffenen oder einer Rechtfertigung nach §§ 28, 29 BDSG.

c) **Auftragsdatenverarbeitung.** Unternehmen können sich für Datenverarbeitungsvorgänge eines Auftragsdatenverarbeiters bedienen, der die Daten des Unternehmens im Auftrag und weisungsgebunden verarbeitet. Voraussetzung für eine Auftragsdatenverarbeitung ist zunächst ein schriftlicher Vertrag, der inhaltlich den Vorgaben des § 11 Abs. 2 BDSG entsprechen muss, die der Gesetzgeber zum September 2009 verschärft hat. Zunächst muss der Auftragnehmer die Daten in einem Mitgliedstaat der EU oder des EWR verarbeiten. Der Auftraggeber muss sich vor Beginn der Verarbeitung und danach regelmäßig von der Einhaltung der beim Auftragnehmer getroffenen technischen und organisatorischen Maßnahmen überzeugen und hat dies zu dokumentieren. Bei der Durchsicht bestehender Auftragsdatenverarbeitungsverträge sind daher insbesondere folgende Punkte zu beachten:
- Datenverarbeitung innerhalb der EU bzw. des EWR
- Anpassungen an die neuen Anforderungen seit September 2009
- Dokumentation der Überprüfung des Auftragnehmers

d) **Datenübermittlung ins Ausland.** Die Übermittlung personenbezogener Daten an ein Unternehmen, das seinen Sitz in einem Land hat, das nicht über ein sog. adäquates Datenschutzniveau verfügt, ist grundsätzlich unzulässig. Über ein adäquates Datenschutzniveau verfügen alle Mitgliedstaaten der EU und des EWR sowie weitere Staaten, denen die EU-Kommission ein adäquates Datenschutzniveau attestiert hat. Die Übermittlung an Unternehmen etwa in den USA, Indien oder China ist daher grundsätzlich nicht zulässig, es sei denn zwischen dem Daten übermittelnden und dem empfangenden Unternehmen sind Standardvertragsklauseln nach den Vorgaben der EU-Kommission abgeschlossen worden, es liegen genehmigte Corporate Binding Rules vor, der Betroffene hat in die Datenübermittlung in den Drittstaat ausdrücklich und wirksam eingewilligt oder das Unternehmen in den USA hat sich im Safe Harbor Programm registrieren lassen. Das Safe Harbor Program ist eine Datenschutz-Vereinbarung zwischen der EU und den USA, die es europäischen Unternehmen ermöglicht, personenbezogene Daten in Übereinstimmung mit den EU-Datenschutzvorgaben an ein Unternehmen in den USA zu übermitteln, sofern dieses Unternehmen sich zur verbindlichen Einhaltung der Safe-Harbor-Principles verpflichtet hat.

e) **Datensicherheit.** TK-Anbieter haben nach § 109 TKG besondere technische Vorkehrungen und sonstige Maßnahmen zu treffen, um die Sicherheit des Fernmeldegeheimnisses und der sonstigen personenbezogenen Daten zu gewährleisten. Die Telekommunikations- und Datenverarbeitungssysteme sind vor unerlaubtem Zugriff zu schützen. Insbesondere ist im Rahmen einer Due Diligence zu prüfen, ob ein Sicherheitsbeauftragter benannt ist und ein Sicherheitskonzept besteht, das die gesetzlichen Vorgaben adäquat umsetzt.

3. Medien

Bei der sektorspezifischen Regulierung des Medienbereiches ist zwischen Rundfunk, Online-(Telemedien) und Printmedien zu unterscheiden. Die regulatorischen Vorgaben, auf die im Rahmen von M&A-Transaktionen regelmäßig ein besonderes Augenmerk zu richten ist, sollen nachfolgend kurz dargestellt werden.

3.1 Rundfunk

Rundfunk ist nach § 2 Abs. 1 Satz 1 und 2 Staatsvertrag für Rundfunk und Telemedien (Rundfunkstaatsvertrag – RStV) die für die Allgemeinheit und zum zeitgleichen Empfang bestimmte Veranstaltung und Verbreitung von Angeboten in Bewegtbild oder Ton entlang eines Sendeplans unter Benutzung elektromagnetischer Schwingungen (also Fernsehen und Radio). Der Begriff schließt Angebote ein, die verschlüsselt verbreitet oder nur gegen besonderes Entgelt empfangbar sind. Mediendienste auf Abruf unterfallen grundsätzlich nicht dem Rundfunkbegriff. Kein Rundfunk sind gemäß § 2 Abs. 3 RStV Angebote, die nicht journalistisch-redaktionell gestaltet sind oder die aus Sendungen bestehen, die jeweils gegen Einzelentgelt freigeschaltet werden.

a) **Einführung.** Das deutsche Rundfunksystem unterliegt einer dualen Rundfunkordnung. Öffentlich-rechtlicher und privater Rundfunk stehen parallel nebeneinander und sind – jedenfalls zum Teil – unterschiedlichen Regulierungsregimes unterworfen. Der Marktzugang für private Rundfunkveranstalter steht unter einem Zulassungsvorbehalt.

b) **Aufsicht und Rechtsgrundlagen.** Die Aufsicht über den privaten Rundfunk obliegt den vierzehn Landesmedienanstalten (LMA). Maßgebliche Rechtsgrundlage für die Rundfunkregulierung ist der RStV. Daneben sind insbesondere die Mediengesetze der Länder von Bedeutung, welche u.a. das Zulassungsverfahren regeln. Überdies erwähnenswert sind der Rundfunkgebührenstaatsvertrag, der Rundfunkfinanzierungsstaatsvertrag, das Telemediengesetz (TMG), der Jugendmedienschutzstaatsvertrag und die Richtlinien der LMA. Als Aufsichtsorgane dienen den LMA die folgenden gesetzlich in §§ 35 f. RStV geregelten Kommissionen und Gremien:

- Verantwortlich für die abschließende Beurteilung von Fragen der Medienkonzentration bei bundesweiter Veranstaltung von Fernsehprogrammen ist die 12-köpfige Kommission zur Ermittlung der Konzentration im Medienbereich (KEK; § 35 Abs. 5 RStV). Die KEK ist insbesondere zuständig für die Beurteilung von Veränderungen von Beteiligungsverhältnissen und für Maßnahmen bei vorherrschender Meinungsmacht. Zu ihren Aufgaben gehört auch die Berechnung der maßgeblichen Zuschaueranteile.
- Die Kommission für Zulassung und Aufsicht (ZAK), bestehend aus den gesetzlichen Vertretern der LMA, hat insbesondere Zulassungs- und Regulierungsentscheidungen in Bezug auf bundesweit tätige Rundfunkveranstalter zu treffen. Daneben ist sie auch für die Aufsicht über Plattformbetreiber im Sinne von § 52 RStV und die Zuweisung von Übertragungskapazitäten zuständig.
- Die Gremienvorsitzendenkonferenz (GVK) ist zuständig für Auswahlentscheidungen bei der Zuweisung von Übertragungskapazitäten an private Anbieter, für die Entscheidung über die Belegung von Plattformen und für Fragen der Medienpolitik und Medienethik.
- Die Kommission für Jugendmedienschutz (KJM) beurteilt Rundfunkangebote nach den Regelungen des Staatsvertrages über den Schutz der Menschenwürde und den Jugendschutz in Rundfunk und Telemedien (Jugendmedienschutzstaatsvertrag – JMStV).

Daneben gibt es als Selbstkontrolleinrichtung die Freiwillige Selbstkontrolle Fernsehen (FSF), die Filme und andere Sendungen vor Ausstrahlung auf ihre Sendefähigkeit, insbesondere mit Blick auf den Jugendschutz, prüft.

c) Zulassung. Die Zulassung des privaten Rundfunkunternehmens besteht zum einen aus der Zulassung der Veranstaltung des Programms; zum anderen wird die dafür erforderliche Übertragungskapazität zugeteilt.

Gemäß § 20 RStV benötigen private Rundfunkveranstalter eine Zulassung. Handelt es sich um bundesweit veranstalteten Rundfunk, richtet sich die Zulassung nach § 20a RStV; im Übrigen gelten die Zulassungsregelungen der Landesmediengesetze.

aa) Zulassungskriterien. Sowohl der RStV als auch die Landesmediengesetze geben persönliche und sachliche Zulassungskriterien vor. Gemäß § 20a RStV darf eine Zulassung nur an eine natürliche oder juristische Person erteilt werden, die

1. unbeschränkt geschäftsfähig ist
2. die Fähigkeit, öffentliche Ämter zu bekleiden, nicht durch Richterspruch verloren hat,
3. das Grundrecht der freien Meinungsäußerung nicht nach Art. 18 GG verwirkt hat
4. als Vereinigung nicht verboten ist
5. ihren Wohnsitz oder Sitz in der Bundesrepublik Deutschland, einem sonstigen Mitgliedstaat der EU oder dem EWR hat und gerichtlich verfolgt werden kann und
6. die Gewähr dafür bietet, dass sie unter Beachtung der gesetzlichen Vorschriften und der auf dieser Grundlage erlassenen Verwaltungsakte Rundfunk veranstaltet.

Nr. 1 bis 3 und 6 müssen bei juristischen Personen von den gesetzlichen oder satzungsmäßigen Vertretern erfüllt sein. Bei einer Aktiengesellschaft muss in der Satzung der Aktiengesellschaft bestimmt sein, dass die Aktien nur als Namensaktien oder als Namensaktien und stimmrechtslose Vorzugsaktien ausgegeben werden. Ähnliche Kriterien finden sich in den Landesmediengesetzen. Weitere Zulassungsvoraussetzung ist die Festlegung einer Programmkategorie als Voll- oder Spartenprogramm.

Sind alle Zulassungsvoraussetzungen erfüllt, hat der Veranstalter einen Anspruch auf Zulassung. Zu beachten ist dabei jedoch, dass die LMA bei der Prüfung der Zulassungsvoraussetzungen einen Beurteilungsspielraum haben, soweit Fragen der Sicherung der Meinungsvielfalt betroffen sind.

Zulassungsfrei ist gemäß § 20b RStV Hörfunk, der ausschließlich über das Internet verbreitet wird. Hier besteht lediglich eine Anzeigepflicht bei der zuständigen LMA.

Der zugelassene Veranstalter und die an ihm unmittelbar oder mittelbar Beteiligten müssen einen jährlichen Bericht über Veränderungen bei den Beteiligungs- und Zurechnungstatbeständen verfassen und ihn der zuständigen LMA zukommen lassen (§ 21 Abs. 7 RStV). Daneben besteht gemäß § 23 RStV eine Pflicht zur Bekanntmachung des Jahresabschlusses und eines Lageberichts sowie zur Vorlage der Programmbezugsquellen bei der zuständigen LMA.

bb) Anbieter eines elektronischen IuK-Dienstes. Gemäß § 20 Abs. 2 RStV bedarf auch der Anbieter eines elektronischen Informations- und Kommunikationsdienstes (IuK-Dienstes) einer Zulassung, wenn und soweit dieser Dienst dem Rundfunk zuzuordnen ist. Stellt die zuständige Landesmedienbehörde dies fest, muss der Anbieter nach Kenntnisnahme unverzüglich einen Zulassungsantrag stellen oder innerhalb von drei Monaten den Dienst so anbieten, dass er nicht mehr dem Rundfunk zuzuordnen ist.

Die Feststellung der Landesmedienbehörde kann auf dem Verwaltungsrechtsweg angegriffen werden. Zudem kann der Anbieter bei der LMA einen Antrag auf rundfunkrechtliche Unbedenklichkeit stellen.

cc) Vereinfachtes Zulassungsverfahren. Überdies gibt es Fälle, in denen nur ein vereinfachtes Zulassungsverfahren erforderlich ist. Ein vereinfachtes Zulassungsverfahren ist – sofern nach Landesrecht vorgesehen – gemäß § 20 Abs. 3 Satz 1 RStV möglich, wenn Sendungen im örtlichen Bereich einer öffentlichen Veranstaltung und im zeitlichen Zusammenhang damit veranstaltet und verbreitet werden (etwa Sendungen im Rahmen von Sportereignissen, Ausstellungen, Tagungen) oder Sendungen nur für gleichartige Einrichtungen angeboten und nur dort empfangen werden können und im funktionellen Zusammenhang mit den in diesen Einrichtungen zu erfüllenden Aufgaben stehen (z. B. Hotels, Kaufhäuser, Krankenhäuser).

dd) Versagung oder Widerruf bei Auslandsrundfunk. Mit Versagung oder Widerruf einer Zulassung hat ein Veranstalter zu rechnen, wenn er sich gezielt in Deutschland niederlässt, um Regelungen eines anderen Staates, welcher ebenfalls das Europäische Übereinkommen über das grenzüberschreitende Fernsehen ratifiziert hat und an dessen Bevölkerung sich das Programm richtet, zu umgehen (§ 20 Abs. 4 RStV).

d) **Zuweisung von Übertragungskapazitäten.** Die Entscheidung über die Zuordnung, Zuweisung und Nutzung der Übertragungskapazitäten, die zur Verbreitung von Rundfunk und vergleichbaren Telemedien dienen, erfolgt nach Maßgabe des RStV und der jeweiligen Landesmediengesetze (§ 50 RStV).

Zunächst entscheiden die Ministerpräsidenten über die Zuordnung von Übertragungskapazitäten an die öffentlich-rechtlichen Sendeanstalten und an die LMA als Vertreter der privaten Rundfunkanstalten (§ 51 RStV). Dann schreiben die LMA ihnen zugeordnete Übertragungskapazitäten versehen mit einer Ausschlussfrist aus, innerhalb derer die Rundfunkveranstalter Zuweisungsanträge stellen können. Schließlich erfolgt die Zuweisung der Kapazitäten durch die LMA (§ 51 a RStV).

Verfügt das Rundfunkunternehmen also nicht bereits selbst über Übertragungsmöglichkeiten (etwa in Form angemieteter Satellitenübertragungswege) und handelt es sich stattdessen um eine Verbreitung über terrestrische Frequenzen (z. B. DVB-T), muss das Rundfunkunternehmen einen Antrag auf Zuweisung einer Übertragungskapazität stellen. Als Kriterien für die Zuweisungsentscheidung dienen etwa die wirtschaftliche und organisatorische Leistungsfähigkeit und die Art des Programmangebots im Hinblick auf Meinungsvielfalt. Die Zuweisung wird in der Regel für einen Zeitraum von 10 Jahren erteilt. Eine Verlängerung ist einmalig möglich; nach Ablauf der Verlängerung ist die Erteilung einer neuen Zuweisung möglich. Bei den Belegungsentscheidungen handelt es sich um Verwaltungsakte mit Drittwirkung. Der nicht berücksichtigte Veranstalter kann mit Widerspruch und Anfechtungsklage bzw. im Verfahren des einstweiligen Rechtsschutzes auf dem Verwaltungsrechtsweg die (rechtswidrige) Zulassung seiner Konkurrenten angreifen.

e) **Programminhalte.** Der private Rundfunkveranstalter hat grundsätzlich die Pflicht, die Vielfalt der Meinungen im Wesentlichen zum Ausdruck zu bringen, § 25 Abs. 1 S. 1 RStV. Besondere Aufmerksamkeit ist bei der Programmgestaltung einem ausreichenden Jugendschutz zu widmen. Der JMStV enthält dafür detaillierte Vorschriften zum Schutz Minderjähriger vor entwicklungs- und erziehungsbeeinträchtigenden Angeboten. Zudem sind die detaillierten inhaltsbezogenen Vorschriften des RStV und der Landesmediengesetze zu beachten.

f) **Medienrechtliche Konzentrationskontrolle: §§ 25 ff. RStV.** Die §§ 25 ff. RStV sehen ein medienspezifisches Konzentrationskontrollrecht vor, das auch dann anzuwenden ist, wenn es sich um Zusammenschlüsse mit gemeinschaftsweiter Bedeutung handelt (arg ex Art. 21 Abs. 4 Satz 1, Satz 2 FKVO).

Gemäß § 26 RStV darf ein Unternehmen grundsätzlich eine unbegrenzte Anzahl von Fernsehprogrammen veranstalten, es sei denn, es erlangt dadurch vorherrschende Meinungsmacht. Der Begriff der vorherrschenden Meinungsmacht orientiert sich dabei an dem sog. Zuschaueranteilsmodell. Danach liegt vorherrschende Meinungsmacht insbesondere vor, wenn die dem Unternehmen zurechenbaren Programme im Jahresdurchschnitt einen Zuschaueranteil von 30% erreichen. Gleiches gilt bei einem Zuschaueranteil von 25%, sofern das Unternehmen auf einem „medienrelevanten verwandten Markt" eine marktbeherrschende Stellung hat oder eine Gesamtbeurteilung seiner Aktivitäten im Fernsehen und auf medienrelevanten verwandten Märkten ergibt, dass der dadurch erzielte Meinungseinfluss dem eines Unternehmens mit einem Zuschaueranteil von 30% im Fernsehen entspricht. Bei der Berechnung werden im letzteren Fall 2% vom tatsächlichen Zuschaueranteil abgezogen, wenn in dem Vollprogramm mit dem höchsten Zuschaueranteil regionale Fensterprogramme gemäß § 25 Abs. 4 RStV aufgenommen sind; bei gleichzeitigem Einräumen von Sendezeit für unabhängige Dritte nach § 26 Abs. 5 RStV sind weitere 3% abzuziehen.

In Einzelfällen kann es jedoch auch vorkommen, dass eine vorherrschende Meinungsmacht bereits bei einem Zuschaueranteil unterhalb von 30% seitens der KEK angenommen wird. Maßgeblich für die Einordnung sind die drei dem Rundfunk eigenen Merkmale der Aktualität, Breitenwirkung und Suggestivkraft, anhand derer die KEK die jeweilige Nähe eines Mediums zu bundesweitem Fernsehen feststellt. Liegt der Zuschaueranteil unter 25% kann jedoch grundsätzlich davon ausgegangen werden, dass eine Änderung von Beteiligungsverhältnissen unbedenklich ist.

Der Begriff der „marktbeherrschende Stellung" ist wie im allgemeinen Kartellrecht (§ 19 Abs. 2, 3 GWB) zu bestimmen. Als medienrelevante Märkte kommen in erster Linie Märkte für Werbung, Hörfunk, Presse, Rechte und Produktion in Betracht.

Hat ein Unternehmen mit den ihm zurechenbaren Programmen eine vorherrschende Meinungsmacht erlangt, so wird für weitere diesem Unternehmen zurechenbare Programme keine Zulassung erteilt oder der Erwerb weiterer zurechenbarer Beteiligungen an Veranstaltern nicht als unbedenklich eingestuft werden (§ 26 Abs. 3 RStV). Bei einer Änderung der Beteiligungsverhältnisse hat dies den Widerruf der Zulassung zur Folge (§ 29 RStV).

Eine zentrale Vorschrift im Zusammenhang mit dem Erwerb eines Rundfunkunternehmens ist § 29 RStV. Er verpflichtet den Veranstalter und die an dem Veranstalter Beteiligten, jede geplante Veränderung von Beteiligungsverhältnissen oder sonstigen Einflüssen bei der zuständigen LMA vor ihrem Vollzug anzumelden. Anmeldepflichtig sind der Veranstalter und die an dem Veranstalter unmittelbar oder mittelbar Beteiligten.

Um als unbedenklich bestätigt zu werden, müssen unter Zugrundelegung der veränderten Sachlage die Zulassungsvoraussetzungen gegeben sein. Ist dies nicht der Fall, wird die Zulassung – im Einzelnen nach landesrechtlichen Regelungen – widerrufen. Das Vorliegen einer Unbedenklichkeitsbestätigung muss daher im Anteilskaufvertrag zur unabdingbaren Voraussetzung für das Wirksamwerden des Erwerbsvorgangs gemacht werden. Die Anzeige der Beteiligungsveränderung sollte dabei so früh wie möglich erfolgen.

Ist eine vorherrschende Meinungsmacht festgestellt, schlägt die zuständige LMA durch die KEK dem Unternehmen Maßnahmen zur Änderung mit dem Ziel einer Einigung vor. Andernfalls werden Zulassungen von so vielen dem Unternehmen zurechenbaren Programmen widerrufen, bis keine vorherrschende Meinungsmacht mehr vorliegt.

Nach § 26 Abs. 5 RStV sind Fernsehveranstalter mit Voll- oder Spartenprogrammen und einem Zuschaueranteil von 10% (Programm mit Schwerpunkt Information) bzw. 20% (sonstige Programme) verpflichtet, unabhängigen Dritten Sendezeit einzuräumen. Zugerechnet werden einem Unternehmen nach § 28 RStV alle Programme, die es selbst veranstaltet oder die von einem anderen Unternehmen veranstaltet werden, an dem es unmittelbar mit mindestens 25% an dem Kapital oder an den Stimmrechten beteiligt ist. Ferner werden alle Programme von Unternehmen zugerechnet, an denen es mittelbar beteiligt ist, sofern diese Unternehmen zu ihm im Verhältnis eines verbundenen Unternehmens im Sinne von § 15 AktG stehen und diese Unternehmen am Kapital oder an den Stimmrechten eines Veranstalters mit mindestens 25% beteiligt sind. Auf diese Art verbundene Unternehmen werden als einheitliches Unternehmen angesehen; ihre Anteile am Kapital oder an den Stimmrechten werden zusammengefasst.

In Nordrhein-Westfalen können sich nach §§ 33a ff. LMG NRW marktbeherrschende Presseunternehmen im eigenen Verbreitungsgebiet an einem Rundfunkveranstalter mit bis zu 100% beteiligen, wenn gewisse Vorkehrungen zur Verhinderung vorherrschender Meinungsmacht getroffen werden. Als wirksame Vorkehrungen gelten die Einräumung von Sendezeiten für unabhängige Dritte, die Einrichtung eines Programmbeirats oder eine Verpflichtungszusage hinsichtlich sonstiger gleich wirksamer Mittel.

g) Besonderheiten der kartellrechtlichen Fusionskontrolle. Aufgrund ihrer unterschiedlichen Schutzzwecke sind GWB (Ziel: Sicherung ökonomischen Wettbewerbs) und RStV (Ziel: Sicherung von Meinungsvielfalt und publizistischem Wettbewerb) unstreitig nebeneinander anwendbar. Bei Zusammenschlüssen im Medienbereich sind mit Blick auf die kartellrechtliche Fusionskontrolle mehrere Sonderregelungen zu beachten.

Grundsätzlich unterscheidet die wettbewerbsrechtliche Beurteilung nach
- Märkten für den Absatz von Werbung (Werbemärkte) und
- Märkten, auf denen die Medienunternehmen um die Rezipienten konkurrieren (Rezipientenmärkte).

Vorgelagert sind Märkte für den Erwerb von Senderechten und für die Produktion von Rundfunkprogrammen, nachgelagert sind die Verbreitungswege der Programme zum Endkunden über Terrestrik, Satellit oder Kabel (bei Breitbandkabelnetzen trennt das Bundeskartellamt zwischen Endkundenmarkt, Einspeisemarkt und Signallieferungsmarkt).

Bei der Ermittlung der Umsatzerlöse bzw. -schwellenwerte wird für Unternehmen, deren Geschäftsbetrieb in der Herstellung, dem Vertrieb und der Veranstaltung von Rundfunkpro-

3. Medien **J.IV.3**

grammen und im Absatz von Rundfunkwerbezeiten besteht, das Zwanzigfache der eigentlichen Umsatzerlöse angesetzt. Die kartellrechtliche Fusionskontrolle greift also schon dann ein, wenn seitens der beteiligten Medienunternehmen gemeinsam ein weltweiter Erlös von über EUR 25 Mio. (statt 500 Mio.; § 35 Abs. 1 Nr. 1 GWB) und seitens eines Unternehmens ein inländischer Erlös von über EUR 1,25 Mio. (statt 25 Mio., § 35 Abs. 1 Nr. 2 GWB) erzielt wird. Entsprechend der Regelung des § 38 Abs. 3 GWB ist im Rahmen der Bagatellmarktklausel des § 35 Abs. 2 Satz 1 Nr. 2 zu beachten, dass der Schwellenwert auf $^1/_{20}$ reduziert wird, mithin statt 15 Mio. Euro bei Medienzusammenschlüssen nur EUR 750.000 beträgt.

h) **Verträge.** Im Rahmen der Due Diligence eines Rundfunkunternehmens stehen regelmäßig die folgenden Vertragstypen im Mittelpunkt: Satelliten- und Kabeleinspeiseverträge, Lizenzverträge mit Produzenten und Studios sowie etwaigen anderen Rechteinhabern, Produktionsverträge, Werbeverträge (airtime sales agreements) und die Verträge mit Verwertungsgesellschaften. Geprüft werden sollte auch, ob das Unternehmen die Markenrechte und weitere IP-Rechte sowie die Rechte an den genutzten Domainnamen innehat.

i) **Sonderstellung: Plattform-Anbieter.** Für Plattformanbieter gelten besondere Regelungen im RStV. Anbieter einer Plattform ist gemäß § 2 Abs. 2 Nr. 13 RStV, wer auf digitalen Übertragungskapazitäten oder digitalen Datenströmen Rundfunk und vergleichbare Telemedien (Telemedien, die an die Allgemeinheit gerichtet sind) auch von Dritten mit dem Ziel zusammenfasst, diese Angebote als Gesamtangebot zugänglich zu machen oder wer über die Auswahl für die Zusammenfassung entscheidet. Kein Plattformanbieter ist, wer Rundfunk oder vergleichbare Telemedien ausschließlich vermarktet. Die regulatorischen Vorgaben an Plattformanbieter finden sich im fünften Abschnitt des RStV. § 53 RStV ermächtigt zudem die LMA zum Erlass von Satzungen und Richtlinien zur näheren Ausgestaltung der Regelungen dieses Abschnitts. Von dieser Ermächtigung haben die LMA auch in Form der Satzung über die Zugangsfreiheit zu digitalen Diensten und zur Plattformregulierung (Zugangs- und Plattformsatzung, kurz ZPS) Gebrauch gemacht.

Von der Anwendung der §§ 52 ff. RStV ausgeschlossen sind Plattformen in offenen Netzen wie dem Internet, denen keine marktbeherrschende Stellung zukommt (§ 52 Abs. 1 Nr. 1 RStV), Plattformen, die ein Gesamtangebot lediglich unverändert weiterleiten (Nr. 2), unabhängige Kabelnetzbetreiber mit weniger als 10.000 Empfangshaushalten (Nr. 3) sowie kleine drahtlose, sprich Satellit- und Terrestrik-Plattformen mit weniger als 20.000 Nutzern (Nr. 4).

Der Betrieb einer Plattform ist grundsätzlich zulassungsfrei, ist aber an die Erfüllung der Kriterien einer Rundfunkzulassung nach § 20 a Abs. 1, 2 RStV gebunden (§ 52 Abs. 2 RStV). Zudem müssen private Anbieter mindestens einen Monat zuvor die geplante Inbetriebnahme der Plattform der zuständigen LMA anzeigen (§ 52 Abs. 3 RStV).

Risiken birgt die Regelung des § 52 a Abs. 2 RStV, wonach Plattformanbieter für fremde Inhalte zwar nicht verantwortlich sind, jedoch Verfügungen der Aufsichtsbehörde gegen Inhalte Dritter umzusetzen haben. Sie können zudem dann in Anspruch genommen werden, wenn Maßnahmen gegenüber dem Verantwortlichen nicht durchführbar oder nicht Erfolg versprechend sind. Zu denken ist dabei insbesondere an Fälle einer Weiterverbreitung rechtswidriger internationaler Angebote, bei denen eine Verfolgung der primär Verantwortlichen im Ursprungsland nicht möglich ist.

Gemäß § 52 b RStV werden Plattformbetreibern Belegungspflichten für digitale Rundfunkprogramme auferlegt. Im Rahmen der technischen Kapazitäten des Plattformanbieters besteht im Umfang von höchstens einem Drittel der Gesamtkapazität grundsätzlich eine Must-carry-Regelung, d. h. eine konkrete Belegungspflicht. Zusätzlich ist ein Can-carry-Bereich, d. h. eine relative Belegungsfreiheit, normiert, wonach der Plattformbetreiber im Umfang eines weiteren Drittels der Gesamtkapazität die Entscheidung über die Belegung mit in digitaler Technik verbreiteten Fernseh- bzw. Hörfunkprogrammen und Telemedien trifft. Er hat dabei unter Einbeziehung der Interessen der angeschlossenen Teilnehmer ein vielfältiges Programmangebot sowie eine Vielzahl von Anbietern zu berücksichtigen (§ 52 b Abs. 1 Nr. 3, Abs. 2 Nr. 2 RStV). Die Belegung hat der Plattformanbieter der zuständigen LMA spätestens einen Monat vor ihrem Beginn anzuzeigen (§ 52 b Abs. 4).

Von den Belegungsverpflichtungen kann sich der Plattformanbieter nur dann befreien, wenn er der zuständigen LMA nachweist, dass er selbst oder ein Dritter den Empfang der entsprechenden Angebote auf einem gleichartigen Übertragungsweg und demselben Endgerät unmittelbar und ohne zusätzlichen Aufwand ermöglicht, oder das Gebot der Meinungs- und Angebotsvielfalt bereits im Rahmen der Zuordnungs- oder Zuweisungsentscheidung nach den §§ 51 oder 51a berücksichtigt wurde (§ 52b Abs. 3 RStV).

Die Verbreitung von Angeboten nach § 52b Abs. 1 Nr. 1 und 2 oder § 52b Abs. 2 i.V.m. Abs. 1 Satz 1 RStV hat zu angemessenen und diskriminierungsfreien Bedingungen zu erfolgen. Die vom Plattform-Anbieter verlangten Entgelte dürfen die Must-carry-Regelungen nicht aushebeln. Sie sind daher der LMA vorzulegen, die Einspruch erheben kann.

3.2 Internet Service Provider (ISPs)/Telemedien

Maßgebliche regulatorische Vorschriften für einen Internet Service Provider (ISP) finden sich im Telemediengesetz (TMG) sowie im sechsten Abschnitt des RStV.

Gemäß § 1 TMG sind Telemedien alle elektronischen Informations- und Kommunikationsdienste, die nicht Telekommunikations- oder telekommunikationsgestützte Dienste im Sinne des § 3 Nr. 24 und Nr. 25 TKG und nicht Rundfunk nach § 2 RStV sind.

Gemäß § 4 TMG und § 54 RStV sind Telemedien zulassungs- und anmeldungsfrei.

a) Regelungen des TMG. In Deutschland niedergelassene Diensteanbieter und ihre Telemedien unterliegen dem deutschen Recht auch dann, wenn sie in einem anderen EU-Mitgliedstaat angeboten werden. In einem anderen EU-Mitgliedstaat niedergelassene Privatanbieter, die ihr Angebot in Deutschland verbreiten, unterliegen deutschem Recht gemäß § 3 Abs. 5 TMG hingegen nur, soweit es um den Schutz der öffentlichen Sicherheit und Ordnung, der Gesundheit und des Verbraucherschutzes geht (Herkunftslandprinzip).

Inhalteanbieter (Content Provider), die eigene Informationen zur Nutzung bereithalten, sind für diese unbeschränkt verantwortlich (§ 7 Abs. 1 TMG). Diensteanbieter, die fremde Inhalte für einen Nutzer speichern (Host Provider), sind für diese Informationen nur bei Kenntnis verantwortlich bzw. dann, wenn sie nach Kenntnisnahme nicht unverzüglich tätig geworden sind, um die Informationen zu entfernen oder zu sperren (§ 10 TMG). Diensteanbieter, die fremde Informationen in einem Kommunikationsnetz übermitteln oder den Zugang zur Nutzung dieser Inhalte vermitteln (Zugangsanbieter bzw. Access Provider), sind grundsätzlich nicht für diese Informationen verantwortlich, es sei denn, sie haben die Übermittlung veranlasst, den Adressaten der übermittelten Informationen oder die übermittelten Informationen selbst ausgewählt bzw. verändert (§ 8 TMG).

Eine Überwachungs- oder Nachforschungspflicht für Host oder Access Provider hinsichtlich der von ihnen gespeicherten oder übermittelten Informationen besteht gemäß § 7 Abs. 2 TMG ausdrücklich nicht. Möglich ist jedoch eine Pflicht zur Entfernung oder Sperrung von Informationen nach den allgemeinen Gesetzen.

b) Regelungen des RStV und JMStV. Telemedienanbieter müssen für eine den gesetzlichen Vorgaben entsprechende Anbieterkennzeichnung sorgen (§ 55 RStV). Telemedien mit journalistisch-redaktionell gestalteten Angeboten haben – insbesondere bei Wiedergabe von Inhalten periodischer Druckerzeugnisse – den anerkannten journalistischen Grundsätzen zu entsprechen (§ 54 RStV). Zudem gilt es die inhaltlichen Regelungen des § 58 RStV für Werbung, Sponsoring und Gewinnspiele, insbesondere das rundfunkrechtliche Trennungsgebot, sowie die Vorschriften des JMStV, insbesondere §§ 11 und 12, zu beachten. Verantwortliche Aufsichtsbehörde ist die jeweils zuständige LMA bzw. die Kommission für Jugendschutz der LMA (KJM).

c) Aufsicht. § 59 RStV trennt zwischen der Aufsicht über den Datenschutz im Internet und der Aufsicht über die Einhaltung der übrigen telemedienspezifischen Bestimmungen.

Die Aufsichtsbehörde wird grundsätzlich nach Landesrecht bestimmt. Zuständig ist die Aufsichtsbehörde des Landes, in dem der betroffene Anbieter seinen Sitz hat. Die Aufsicht über die Einhaltung der datenschutzrechtlichen Bestimmungen des TMG sowie des § 57 RStV (Datenschutz bei journalistisch-redaktionellen Zwecken) obliegt den allgemeinen Datenschutzbehörden. Die Aufsicht über die Einhaltung der sonstigen Bestimmungen obliegt nach Landesrecht den LMA oder den Innenministerien. Die Aufsichtsbehörde kann insbesondere die Untersagung oder die Sperrung der betreffenden Angebote anordnen (§ 59 Abs. 3 RStV). Bei der Auswahl der Mittel hat die Behörde das Verhältnismäßigkeitsprinzip zu beachten.

Ständige Pflicht des Unternehmens bzw. Anbieters ist es, den Abruf der (entgeltlichen) Angebote durch die Aufsichtsbehörde auf unentgeltlichem Wege zu ermöglichen. Ein Verstoß kann als Ordnungswidrigkeit geahndet werden.

d) **Fernabsatzrecht.** Bei einem Vertrag zwischen einem Unternehmer und einem Verbraucher über die Lieferung von Waren oder die Erbringung von Dienstleistungen unter ausschließlicher Verwendung von sog. Fernkommunikationsmitteln (dem „Internetshopping") sind die Vorschriften über das deutsche Fernabsatzrecht (§§ 312 b ff. BGB) zu beachten. Diese beinhalten unter anderem besondere Informationspflichten für den Unternehmer, insbesondere die Pflicht zur Mitteilung einer Widerrufsbelehrung in der gesetzlich vorgeschriebenen Form. Fehlt eine Widerrufsbelehrung oder ist sie unrichtig, kann ein Verbraucher seine Willenserklärung zum Vertragsabschluss unter Umständen noch nach Monaten oder sogar Jahren widerrufen.

3.3 Printmedien

Der Presse- und Printbereich ist weniger reguliert als der Rundfunk- und Telekommunikationssektor. Neben dem allgemeinem Kartellrecht unterliegen Presseunternehmen Beschränkungen durch die Landespressegesetze. Zusätzlich gibt der Deutsche Pressekodex Richtlinien für die publizistische Arbeit vor.

a) **Landespressegesetze.** Die Pressetätigkeit einschließlich der Errichtung eines Verlagsunternehmens oder eines sonstigen Betriebes des Pressegewerbes ist in allen Bundesländern zulassungsfrei.

Eine Sorgfaltspflicht der Presse besteht dergestalt, dass alle Nachrichten vor ihrer Verbreitung mit der gebotenen Sorgfalt auf Wahrheit, Inhalt und Herkunft zu prüfen sind. Besondere, strafbewehrte Anforderungen gelten hinsichtlich der Person des verantwortlichen Redakteurs. Dieser muss seinen ständigen Aufenthalt innerhalb des Geltungsbereichs des Grundgesetzes haben, nicht infolge Richterspruchs die Fähigkeit, öffentliche Ämter zu bekleiden, Rechte aus öffentlichen Wahlen zu erlangen oder in öffentlichen Angelegenheiten zu wählen oder zu stimmen, verloren haben, 18 bzw. 21 Jahre alt und unbeschränkt bzw. mindestens beschränkt geschäftsfähig sein.

Neben Impressums-, Offenlegungs- und Kennzeichnungspflichten besteht schließlich die Pflicht des verantwortlichen Redakteurs und Verlegers eines periodischen Druckwerkes, eine Gegendarstellung der Person oder Stelle zum Abdruck zu bringen, die durch eine in dem Druckwerk aufgestellte Tatsachenbehauptung betroffen ist. Bei einem periodischen Druckwerk handelt es sich um Zeitungen, Zeitschriften und andere in ständiger, wenn auch unregelmäßiger Folge im Abstand von nicht mehr als sechs Monaten erscheinende Druckwerke.

b) **Besonderheiten der kartellrechtlichen Fusionskontrolle.** Im Rahmen der Fusionskontrolle sind bei Zusammenschlüssen im Pressebereich besondere Regelungen zu beachten.

Die sog. de minimis-Klausel des § 35 Abs. 2 S. 1 Nr. 1 GWB gilt nicht, soweit der Zusammenschluss zu Beschränkungen des Wettbewerbs beim Verlag, bei der Herstellung oder beim Vertrieb von Zeitungen oder Zeitschriften oder deren Bestandteilen führt (§ 35 Abs. 2 S. 2 GWB). Bei der Ermittlung der Umsatzerlöse bzw. -schwellenwerte wird für Unternehmen, deren Geschäftsbetrieb im Verlag, in der Herstellung und dem Vertrieb von Zeitungen, Zeitschriften und deren Bestandteilen besteht, das Zwanzigfache der eigentlichen Umsatzerlöse angesetzt. Die kartellrechtliche Fusionskontrolle greift also schon dann ein, wenn seitens der beteiligten Presse- bzw. Printunternehmen gemeinsam ein weltweiter Erlös von über EUR 25 Mio. (statt 500 Mio.; § 35 Abs. 1 Nr. 1 GWB) und seitens eines Unternehmens ein inländischer Erlös von über EUR 1,25 Mio. (statt 25 Mio., § 35 Abs. 1 Nr. 2 GWB) erzielt wird. Entsprechend der Regelung des § 38 Abs. 3 GWB ist im Rahmen der Bagatellmarktklausel des § 35 Abs. 2 Satz 1 Nr. 2 zu beachten, dass der Schwellenwert auf $1/20$ reduziert wird, mithin statt EUR 15 Mio. bei Presse- und Printzusammenschlüssen nur EUR 750.000,– beträgt.

Teil K. Kartellrecht

I. Das Fusionskontrollverfahren in Deutschland

1. Anmeldung an das BKartA (ausführlich)

Per Kurier
Bundeskartellamt
...... Beschlussabteilung
z. H. der/des Vorsitzenden
Herrn/Frau ......
Kaiser-Friedrich-Straße 16
D-53113 Bonn
......, den ......

Anmeldung eines Zusammenschlussvorhabens gemäß § 39 Abs. 1 GWB[1]

Erwerb sämtlicher Anteile der ...... [*Name der Zielgesellschaft*] durch die ...... [*Name des erwerbenden Unternehmens*]

Sehr geehrte(r) ......,

namens und im Auftrag der ...... [*Name und Adresse des Firmensitzes des erwerbenden Unternehmens*] (im Folgenden: die Erwerberin),[2] und im Einverständnis mit ...... [*Name und Adresse des Firmensitzes des Veräußerers*] (im Folgenden: der Veräußerer), melden wir hiermit das im Folgenden näher beschriebene Zusammenschlussvorhaben gemäß § 39 Abs. 1 GWB an.[3] Eine Vollmacht werden wir nachreichen, falls Sie dies wünschen sollten.[4] Der Veräußerer und das Zielunternehmen werden von Herrn Rechtsanwalt ...... vertreten. Herr ...... wird sich dieser Anmeldung mit gesondertem Schreiben anschließen.[5]

Diese Anmeldung enthält Informationen, die Geschäftsgeheimnisse der beteiligten Unternehmen darstellen. Wir bitten daher um eine vertrauliche Behandlung insbesondere der unternehmens- und marktbezogenen Daten und Schätzwerte.[6]

Die Transaktion als solche ist bislang auch weder allgemein innerhalb des Zielunternehmens noch generell am Markt bekannt geworden. Wir bitten daher, insbesondere angesichts der Börsenkursrelevanz dieser Tatsachen, das Vorhaben als solches sowie insbesondere auch die Tatsache dieser Anmeldung vertraulich zu behandeln. Sollte die Beschlussabteilung Markterhebungen für erforderlich halten, wären wir für einen kurzen Hinweis dankbar, um unternehmensseitig entsprechende Veröffentlichungen vorzunehmen.[7]

I. Zum Zusammenschlussvorhaben

1. Die Erwerberin beabsichtigt, über ihre 100%-ige Tochtergesellschaft ...... [*Name und Adresse des Unternehmens*], sämtliche Anteile an der ...... [*Name und Geschäftsadresse des Zielunternehmens*] (im Folgenden: das Zielunternehmen), und damit die Kontrolle über das Zielunternehmen von dem Veräußerer zu erwerben.
   - Zusammenschlusstatbestand gemäß § 37 Abs. 1 Nr. 2 GWB.[8]
2. Das Zusammenschlussvorhaben unterliegt der deutschen Fusionskontrolle.[9] Die Erwerberin (einschließlich verbundener Unternehmen) und das Zielunternehmen erzielte

im letzten abgeschlossenen Geschäftsjahr einen gemeinsamen weltweiten Gesamtumsatz in Höhe von ...... Mio. EUR, von dem mehr als ..... Mio. EUR im Inland anfielen. Das Zielunternehmen erzielte insgesamt Umsatzerlöse von rund ..... Mio. EUR; hiervon entfielen Umsatzerlöse von insgesamt ...... Mio. EUR auf das Inland. Damit liegen die relevanten Umsatzwerte über den finanziellen Schwellwerten des § 35 Abs. 1 GWB.

Der Zusammenschluss fällt nicht in den Anwendungsbereich der europäischen Fusionskontrolle.[10] Der Gesamtumsatz des Zielunternehmens in der EU betrug im letzten abgelaufenen Geschäftsjahr weniger als 100 Mio. EUR. Das Vorhaben erreicht somit die finanziellen Schwellenwerte des Art. 1 EU FKVO nicht; ihm fehlt es mithin an einer gemeinschaftsweiten Bedeutung im Sinne dieser Vorschrift.

II. Zu den beteiligten Unternehmen[11]

1. Informationen zu der Erwerberin

a) Allgemeines: Die Erwerberin (http://www.erwerberin.com) ist Obergesellschaft einer weltweit tätigen Unternehmensgruppe mit Hauptsitz in ...... Die Geschäftstätigkeiten dieser Gruppe richten sich vor allem auf die Herstellung und den Vertrieb von ...... In untergeordnetem Maße ist die Gruppe auch in der Herstellung und dem Vertrieb von ...... sowie in der Erbringung damit verbundener Serviceleistungen tätig. Die Erwerberin ist dem BKartA bereits aus früheren Verfahren bekannt. Zur näheren Darstellung der Gruppe verweisen wir auf diese Verfahren, insbesondere auf das zuletzt geführte Verfahren in Sachen ...... (Geschäftszeichen B...... – ....../10).[12]

b) Umsatzerlöse: Die Erwerberin erzielte unter Einbeziehung mit ihr verbundener Unternehmen im letzten abgelaufenen Geschäftsjahr (endete am ...... 2010) weltweit konsolidierte Umsatzerlöse[13] in Höhe von ...... EUR. Hiervon entfielen Umsatzerlöse in Höhe von ...... EUR auf Tätigkeiten innerhalb der Europäischen Union. Die inländischen Umsätze beliefen sich in diesem Zeitraum auf insgesamt ...... EUR. Zur näheren Erläuterung dieser finanziellen Eckwerte sowie der allgemeinen Darstellung der Erwerberin und der von ihr geführten Unternehmensgruppe überreichen wir ergänzend den Geschäftsbericht der Erwerberin für deren letztes abgeschlossenes Geschäftsjahr ...... als

Anlage 1

c) Angaben zu Tochtergesellschaften: Die Erwerberin betreibt ihre geschäftlichen Tätigkeiten über eine Reihe von Tochtergesellschaften, insbesondere die ...... und ......, welche als Spartenobergesellschaften für die jeweiligen Produktbereiche Verantwortung tragen. Die Unternehmensstruktur ergibt sich im Wesentlichen aus der Darstellung der Beteiligungsverhältnisse auf Seite ...... der Anlage 1. In Deutschland ist die Erwerberin vor allem über die folgenden Konzerngesellschaften tätig:[14]

Name	Unternehmensgegenstand und -sitz	Umsatz (in Mio. EUR)	Inlandsumsatz (in Mio. EUR)

Die Erwerberin verfolgt ihre geschäftlichen Aktivitäten zum Teil über eine Reihe von Gemeinschaftsunternehmen an denen sie in einer Weise beteiligt ist, die ihr die alleinige oder zusammen mit Dritten ausgeübte Kontrolle über diese Unternehmen vermittelt.[15] In dem von der vorliegenden Transaktion betroffenen Geschäftsbereich, na-

1. Anmeldung an das BKartA (ausführlich) K.I.1

mentlich der ......, bestehen solche Gemeinschaftsunternehmen allerdings nicht. Hier ist die Erwerberin ausschließlich über die ...... tätig.

d) Angaben zu den Gesellschaftern der Erwerberin: Bei der Erwerberin handelt es sich um eine börsennotierte Gesellschaft, deren Aktien an der ...... Börse gehandelt werden. Die Aktien befinden sich weitestgehend in Streubesitz; jedenfalls verfügen weder ein einzelner Aktionär noch eine Gruppe von Aktionären über die Möglichkeit, einen bestimmenden Einfluss auf die Erwerberin auszuüben.[16]

2. Informationen zu dem Zielunternehmen

Das Zielunternehmen ist derzeit eine 100%ige Tochtergesellschaft des Verkäufers. Es ist derzeit innerhalb der Verkäufergruppe für die Herstellung und den Vertrieb von ...... und ...... zuständig, wobei im letztgenannten Bereich auch Produkte Dritter – insbesondere der Firmen ...... und ...... – zur Abrundung des Produktprogramms vertrieben werden. Insoweit ist der Zugriff des Zielunternehmens auf die jeweiligen Drittprodukte nicht ausschließlich ausgestaltet. Zur weiteren Information der Beschlussabteilung überreichen wir als

Anlage 2

eine Unternehmens- und Produktbroschüre, die ihre Aktivitäten in geographischer wie sachlicher Hinsicht umfassend darstellt. Weitere aktuelle Informationen über das Zielunternehmen finden sich auf deren Webseite (http://www.zielunternehmen.de).
Im letzten abgelaufenen Geschäftsjahr, für das Finanzdaten vorliegen (endete am ....),[17] erzielte das Zielunternehmen weltweit konsolidierte Umsatzerlöse in Höhe von ...... Mio. EUR. Die gemeinschaftsweiten Umsätze beliefen sich in diesem Zeitraum auf ...... Mio. EUR. Hiervon entfielen rund ...... Mio. EUR auf inländische Umsätze. Setzt man die mit dem Handel mit Drittprodukten erzielten Umsätze mit lediglich 75% ihres Wertes an,[18] ergeben sich rechnerisch Gesamtumsätze von ...... Mio. EUR (weltweit), ... Mio. EUR (EU) und ...... Mio. EUR (Deutschland). Zur weiteren Information der Beschlussabteilung fügen wir als

Anlage 3

den Geschäftsbericht des Zielunternehmens für das letzte abgeschlossene Geschäftsjahr bei. Dort findet sich auf Seite ...... die konsolidierte Gewinn- und Verlustrechnung des Zielunternehmens. Seite ...... lässt sich eine umfassende Aufstellung der Beteiligungsgesellschaften entnehmen.

3. Informationen zu dem Verkäufer

Nach Vollzug des hier angemeldeten Zusammenschlussvorhabens wird der Verkäufer weder mit dem Zielunternehmen noch mit der Erwerberin in irgendeiner fusionskontrollrechtlich relevanten Weise verbunden sein. Wir sehen daher von einer näheren Darstellung des Verkäufers ab.

III. Marktdaten

Das Zielunternehmen ist, wie bereits im Einzelnen dargestellt, in der Herstellung und dem Vertrieb von ...... und ...... tätig. Die Darstellung der Zusammenschlussbeteiligten hat gezeigt, dass es insoweit nur in dem Bereich ...... zu wettbewerblichen Überschneidungen kommen wird. Das Zusammenschlussvorhaben betrifft daher primär den Markt für ...... Auf dem Markt für ...... wird das Vorhaben angesichts des völligen Fehlens irgendwelcher Verstärkungswirkungen wenn überhaupt nur Auswirkungen von völlig untergeordneter Bedeutung haben.

1. Zu den vom Zusammenschluss betroffenen Märkten

a) Der sachlich und räumlich relevante Markt[19]: Beide Zusammenschlussbeteiligte sind in der Herstellung und dem Vertrieb von ...... tätig. Das Amt hat sich bislang in keiner veröffentlichten Entscheidung[20] zur sachlichen oder geographischen Marktabgrenzung geäußert. Die Kommission grenzt insoweit einen eigenständigen sachlichen Markt für ...... ab (so zuletzt Entscheidung vom ...... in Sachen ....../......, DG COMP M. ......). Das BKartA scheint dem in seiner Verwaltungspraxis zu folgen (siehe z.B. Tätigkeitsbericht ...... S......).

Nach Ansicht der Zusammenschlussbeteiligten müssten in den sachlich relevanten Markt allerdings auch die Produkte ...... miteinbezogen werden. Zwar sind diese nicht völlig mit den von den Zusammenschlussbeteiligten hergestellten Produkten identisch. Für Kunden wäre es allerdings ein Leichtes, ihren Bedarf von ...... auf ...... umzustellen. Die preisliche Reaktionsverbundenheit beider Produktgruppen in der Vergangenheit sowie die Fähigkeit der meisten namhaften Anbieter, ihre Produktion von ...... auf ...... umzustellen (die Zusammenschlussbeteiligten, die aufgrund des Einsatzes der ...... -technologie eine solche Umstellung nicht vollziehen könnten, stellen insoweit eine echte Ausnahme dar) und das Vorhandensein entsprechender Kapazitäten sprechen eigentlich für eine erweiterte Marktabgrenzung. Letztlich kann die Frage der konkreten Marktabgrenzung im vorliegenden Fall dahingestellt bleiben, da die Zusammenschlussbeteiligten selbst bei Zugrundelegung einer engen Marktabgrenzung keine wettbewerblich herausragende Stellung einnehmen werden.

Geographisch handelt es sich bei dem hier betroffenen Markt heute wahrscheinlich bereits um einen europaweiten Markt. Hierfür sprechen erhebliche grenzüberschreitende Aktivitäten auf Anbieter- wie auch auf Nachfragerseite ebenso wie ein sehr ähnliches Preisniveau in den verschiedenen Mitgliedstaaten. Dies gilt jedenfalls für das Gebiet der bisherigen ‚alten' Mitgliedstaaten, wo sich die Wettbewerbsbedingungen als weitgehend harmonisch darstellen. Historisch gesehen stellt sich das Wettbewerbsgeschehen allerdings eher national dar, da sich bis vor einiger Zeit Angebot und Nachfrage im Wesentlichen auf nationaler Ebene trafen. Selbst wenn sich diese Umstände allerdings seit einiger Zeit nachhaltig wandeln und die Beteiligten davon ausgehen, mittlerweile auf einem europäischen Markt (gegebenenfalls unter Ausblendung der neuen Mitgliedstaaten) im Wettbewerb zu stehen, kann die Frage der konkreten geographischen Marktdefinition vorliegend offen bleiben. Selbst bei Betrachtung eines eng abgegrenzten deutschen Marktes für ...... kommt den beteiligten Unternehmen keine herausragende wettbewerbliche Stellung zu.

Für die Zwecke der folgenden Darstellung gehen die beteiligten Unternehmen daher von einer für sie in doppelter Hinsicht nachteiligen, engen, Marktabgrenzung aus. Die Marktdaten beziehen sich auf einen angenommenen deutschen Markt für ......

b) Marktvolumen und Marktanteile: Für einen solchen Markt liegen keine amtlichen Marktvolumendaten vor. Eine – auszugsweise als

Anlage 4

überreichte – Studie des deutschen Industrieverbandes ...... geht für das Kalenderjahr 2010[21] von einem inländischen Gesamtmarktvolumen von rund ...... Mrd. EUR aus. Den Zusammenschlussbeteiligten scheint dieser Wert allerdings deutlich zu niedrig. Sie vermuten, dass den Schätzungen lediglich die dem Verband gemeldeten inländischen Produktionsmengen zugrunde liegen. Darüber hinaus dürften allerdings erhebliche Importmengen zu verzeichnen sein. Dies gilt vor allem für den Anbieter ......, dessen Werk in ...... zwar im – grenznahen – Ausland belegen, aber im Wesentlichen auf die Belieferung des inländischen Marktes ausgerichtet ist. Vor diesem Hintergrund scheint den Beteiligten die in anderem Zusammenhang erstellte und hier – auszugsweise – als

Anlage 5

überreichte, Studie des Marktforschungsinstituts ...... plausibler, die das jährliche Gesamtmarktvolumen für 2010 auf rund ...... Mrd. EUR schätzt.

1. Anmeldung an das BKartA (ausführlich)   K.I.1

Die Erwerberin erzielte auf diesem Markt im Kalenderjahr 2010 in Deutschland Umsatzerlöse in Höhe von ...... Mio. EUR. Sie hielt damit einen Marktanteil von rund ......%. Das Zielunternehmen erwirtschaftete seinerseits in dem Kalenderjahr 2010 in diesem Bereich einen inländischen Umsatz von ...... Mio. EUR, der ihm einen Marktanteil von rund ......% vermittelte. Rein rechnerisch – und ohne Berücksichtigung sich aus der Transaktion unweigerlich ergebende Abschmelzeffekte – ergibt sich somit ein gemeinsamer Marktanteil von nur ......%.

c) Wesentliche Wettbewerber: Auf dem relevanten Markt ist eine Reihe bedeutender Anbieter tätig. Die wesentlichen Wettbewerber und die von ihnen nach Einschätzung der beteiligten Unternehmen im Inland gehaltenen Marktpositionen sind in der folgenden Tabelle zusammengefasst:

Name	Geschätzter Umsatz (in Mio. EUR)	Geschätzter Marktanteil (in %)

d) Wettbewerbliche Situation: Das Marktgeschehen in dem hier relevanten Bereich ist von lebhaftem Wettbewerb gekennzeichnet. Das reflektiert sich in schwankenden Marktanteilen, die vorstoßenden Wettbewerb und das ständige Ringen um jeden Auftrag belegen. ......[22]

2. Sonstige Märkte

Sowohl die Erwerberin als auch das Zielunternehmen haben Aktivitäten auf anderen Märkten, ohne dass es dabei zwischen den Beteiligten zu Überschneidungen kommt. Der Vollständigkeit halber sei auf diese Märkte kurz eingegangen.

a) Tätigkeitsgebiet des Zielunternehmens. Wie bereits erwähnt ist das Zielunternehmen auch auf dem Markt für ...... tätig. Dessen Gesamtvolumen schätzen die Beteiligten auf jährlich ...... Mio. EUR. Das Zielunternehmen erwirtschaftete hier inländische Umsätze in Höhe von ...... Mio. EUR und hielt damit einen Marktanteil von ......%. Die Erwerberin ist weder auf diesem Markt, einem benachbarten Markt noch auf einem diesem Markt vor- oder nachgelagerten Markt tätig. Wesentliche Wettbewerber des Zielunternehmens sind ......, ... und ....

b) Tätigkeitsgebiet der Erwerberin. Auch die Erwerberin ist neben dem hier betroffenen Markt noch auf einer Reihe anderer Märkte aktiv. Bezüglich dieser Märkte liegen den Parteien derzeit keine verlässlichen Marktdaten vor. Es kann zwar nicht ausgeschlossen werden, dass die Erwerberin und ihre Gruppenunternehmen im Inland Marktanteile von 20% oder mehr auf einem Produktmarkt halten. Die Zusammenschlussbeteiligten sind jedenfalls der Ansicht, dass die auf diesen Märkten gehaltenen Positionen keinen Einfluss auf die wettbewerblichen Verhaltensspielräume der Parteien in dem hier primär betroffenen Bereich haben. Diesbezügliche Informationen dürften daher ohne Einfluss auf die wettbewerbliche Beurteilung sein, sodass wir von näheren Ausführungen zu diesem Thema absehen. Wir bitten die Beschlussabteilung um einen ergänzenden Hinweis, falls nähere Angaben zu solchen Märkten für die Vollständigkeit der Anmeldung für erforderlich gehalten werden.[23]

IV. Kartellrechtliche Bewertung nach § 36 Abs. 1 GWB[24]

Aus den vorstehenden Angaben ergibt sich, dass das angemeldete Vorhaben keinesfalls zur Begründung oder gar Verstärkung einer marktbeherrschenden Stellung im Sinne des § 36 Abs. 1 GWB führt. Insbesondere wird der Erwerberin hier nicht die Möglichkeit eröffnet, von Wettbewerbern nicht mehr hinreichend kontrollierte Verhaltensspielräume zu entwickeln. Auch wird es der Erwerberin angesichts nachhaltiger wettbewerblicher Einflussnahme der ebenfalls an diesem Markt tätigen Unternehmen nicht möglich sein, bei Aufrechterhaltung ihrer Profitabilität die Preise signifikant zu erhöhen, bei der Produktqualität Abstriche zu machen oder in sonstiger Weise ihre Wettbewerbsanstrengungen zu vermindern. Das Zusammenschlussvorhaben hat im Gegenteil wettbewerbsfördernde Wirkungen, indem es der zusammengeschlossenen Einheit die kritische Masse vermittelt, auch weiterhin aktiv am Wettbewerbsgeschehen teilzunehmen.

Unter diesen Umständen bestehen offensichtlich keine Gründe für eine Untersagung des vorliegenden Zusammenschlussvorhabens. Wir ersuchen die Beschlussabteilung daher um eine schnelle Prüfung und Freigabe der angemeldeten Transaktion. Sollten Sie noch weitere Fragen haben, stehen wir Ihnen selbstverständlich jederzeit telefonisch oder im Rahmen eines in Ihrem Hause zu führenden Gesprächs zur Verfügung.

Mit freundlichen Grüßen

......

(Rechtsanwalt)

Anlagen

Schrifttum: Ahlert, Relevante Absatzmärkte, Marktbeherrschung und Fusionskontrolle im Lebensmittelhandel, DB 1987, Heft 16, Beilage 9, 1–16; *ders.*, Kartellgesetz, Gesetz gegen Wettbewerbsbeschränkungen: Kommentar, 3. Aufl. 2002; *ders.*, Das neue Kartellgesetz, NJW 1998, 2769; *ders.*, Fusionskontrolle im EG-Binnenmarkt – Zum Spannungsverhältnis zwischen europäischem und deutschem Recht in der Fusionskontrolle, Festschrift für Gaedertz, S. 45; *Bechtold/Schockenhoff*, Die Bedeutung finanzieller und sonstiger Ressourcen in der Fusionskontrolle, DB 1990, 1549; *Berg*, Geschäftsgeheimnisse, Akteneinsicht und Drittbeteiligung im Kartellverwaltungs- und Beschwerdeverfahren, 1984; *Canenbley*, Der Zusammenschlussbegriff in der deutschen und europäischen Fusionskontrolle, am Beispiel des Anteilserwerbs, Festschrift für Lieberknecht, S. 277; *Dreher*, Anmerkung zum Beschluss des BGH-Kartellsenats im Backofenmarkt-Fall, JZ 1996, 1025; *Ebenroth/Lange*, Die Auswirkungen der Europäischen Fusionskontrollverordnung auf das bundesdeutsche Recht der Unternehmenszusammenschlüsse, BB 1991, 845; *Immenga/Mestmäcker*, Gesetz gegen Wettbewerbsbeschränkungen: Kommentar, 4. Aufl. 2007; *Imgrund*, Optionen in der Fusionskontrolle, WuW 2010, 753; *Kantzenbach/Krüger*, Zur Frage der richtigen Abgrenzung des sachlich relevanten Marktes bei der wettbewerbspolitischen Beurteilung von Unternehmenszusammenschlüssen, WuW 1990, 472; *Kleinmann*, Geringfügige Erhöhung hoher Marktanteile eines Marktbeherrschers bei Fusionen: Rechenexempel oder wertende Gesamtschau? BB 1999, 965; *Langen/Bunte*, Kommentar zum deutschen und europäischen Kartellrecht, 10. Aufl. 2006; *Paschke*, Die räumliche Marktabgrenzung in der GWB-Fusionskontrolle nach dem Backofenmarktbeschluss des BGH vom 24. 10. 1995, ZHR 160 (1996) 673; *Schütz*, Der räumlich relevante Markt in der Fusionskontrolle, WuW 1996, 286; *ders.*, Die Anwendung des Zusammenschlussbegriffs auf Personengesellschaften, 1989; *Treis/Lademann*, Abgrenzung des sachlich relevanten Marktes im Lebensmitteleinzelhandel, GRUR 1987, 262; *Wiedemann*, Personengesellschaften in der Fusionskontrolle, ZHR 146 (1982), 296; *Witt*, Käuferschicht-bezogene Abgrenzung des relevanten Marktes und Marktanteilsbetrachtung nach §§ 22 ff. GWB bei Handelsunternehmen, WRP 1990, 143.

Anmerkungen

1. Inhalt der Anmeldung gemäß § 39 GWB. Nach § 39 GWB müssen Zusammenschlüsse, die der deutschen Fusionskontrolle unterfallen (vgl. dazu Anmerkung 3), vor dem Vollzug beim Bundeskartellamt angemeldet werden. Eine Frist, innerhalb derer eine Anmeldung erfolgen muss, gibt es nicht (siehe Langen/Bunte/*Ruppelt* § 39 Rdnr. 8).

§ 39 Abs. 3 legt fest, welche Angaben in der Anmeldung enthalten sein müssen. Zunächst ist die Form des Zusammenschlusses (im Sinne des § 37 GWB) anzugeben. Darüber hinaus müssen für jedes der beteiligten Unternehmen die folgenden Angaben gemacht werden:
• Die Firma oder die sonstige Bezeichnung und der Ort der Niederlassung oder des Sitzes;
• die Art des Geschäftsbetriebes;

1. Anmeldung an das BKartA (ausführlich)

- die Umsatzerlöse im Inland, in der Europäischen Union und weltweit (anstelle der Umsatzerlöse sind bei Kreditinstituten, Finanzinstituten und Bausparkassen der Gesamtbetrag der Erträge, bei Versicherungsunternehmen die Prämieneinnahmen anzugeben);
- die Marktanteile einschließlich der Grundlagen für ihre Berechnung oder Schätzung, wenn diese im Geltungsbereich des GWB oder in einem wesentlichen Teil desselben für die beteiligten Unternehmen zusammen mindestens 20% erreichen;
- beim Erwerb von Anteilen an einem anderen Unternehmen die Höhe der erworbenen und der insgesamt gehaltenen Beteiligungen; und schließlich
- eine zustellungsbevollmächtigte Person im Inland, sofern sich der Sitz des Unternehmens im Ausland befindet.

Trotz dieses sehr eingeschränkten Katalogs hat sich in der Praxis eingebürgert, in der Anmeldung über das gesetzlich definierte Mindestmaß hinausgehende Informationen beizubringen, um dem BKartA die Arbeit zu erleichtern und eine schnelle Freigabe sicherzustellen. Dieses Anmeldungsmuster trägt dem Rechnung; eine lediglich die gesetzlichen Mindestanforderungen reflektierende Version findet sich im Formular J.I.3.

2. Gruppenweite Betrachtung – Identifikation des ‚Erwerbenden Unternehmens'. Das Gesetz ordnet in § 36 Abs. 2 GWB an, dass verbundene Unternehmen als einheitliches Unternehmen zu behandeln sind. Sinnvollerweise ist daher bei der Vorbereitung der Anmeldung zunächst die Konzernobergesellschaft zu ermitteln und dann der Konsolidierungskreis abzustecken. Bei dem Erwerber ist dementsprechend auf die gesamte Unternehmensgruppe, zu der er gehört, abzustellen. Bei dem Zielunternehmen sind sämtliche unmittelbar oder mittelbar (mit-)beherrschten Gesellschaften mit einzubeziehen; eine Aufwärtskonsolidierung erfolgt allerdings nicht. Der Veräußerer ist nur in besonderen Fällen ein „beteiligtes Unternehmen" (siehe hierzu Anm. 6).

Bei der Identifikation des für die Darstellung relevanten ‚erwerbenden Unternehmens' ist daher nicht unbedingt auf den Rechtsträger abzustellen der unmittelbar an dem Erwerbsvorgang beteiligt ist. Dieses Unternehmen – bei dem es sich häufig um eine allein für die Durchführung der Transaktion gegründete Gesellschaft ohne eigenen Geschäftsbetrieb handeln wird – stellt keinen wirklich sinnvollen Anknüpfungspunkt für die Darstellung des Vorhabens dar. Daher hat es sich in der Praxis eingebürgert, für die Zwecke der Anmeldung in der Gruppenhierarchie nach dem Unternehmen zu suchen, das für Zwecke der Anmeldung als Erwerber auftritt und einen nachvollziehbaren Gang der Darstellung ermöglicht. Das unmittelbar beteiligte Unternehmen wird dann – zusammen mit seinem gesellschaftsrechtlichen Verhältnis zu dem anmeldenden Unternehmen – lediglich bei der Darstellung des Zusammenschlussvorhabens erwähnt.

Das Prinzip der gruppenweiten Betrachtung eines Unternehmens wirkt sich auch auf den Umfang der zu übermittelnden Informationen aus: Sofern ein beteiligtes Unternehmen ein verbundenes Unternehmen ist, sind die in Anmerkung 1 genannten Angaben auch für die gesamte Gruppe mitzuteilen (§ 39 Abs. 3 Satz 3 GWB).

3. Anmeldepflichtige Unternehmen gemäß § 39 Abs. 2 GWB. Anmeldepflichtige Unternehmen sind gemäß § 39 Abs. 2 Nr. 1 und 2 GWB die materiellrechtlich am Zusammenschluss beteiligten Unternehmen und in den Fällen des Vermögens- und Anteilserwerbs, nicht aber im Fall des Kontrollerwerbs, auch der Veräußerer (siehe dazu Anmerkung 6). Die Anmeldepflicht trifft grundsätzlich das Unternehmen als solches. In den Fällen des Anteils- und Kontrollerwerbs kann der Veräußerer jedoch auch eine natürliche Person sein. In diesem Fall trifft die Anmeldepflicht auch die natürliche Person. Grundsätzlich sind alle beteiligten Unternehmen zur Anmeldung verpflichtet (BGH WuW/E 1533, 1534 – Erdgas Schwaben).

In der Praxis ist es für das BKartA entscheidend, ob alle nach § 39 Abs. 3 GWB erforderlichen Informationen vorliegen. Die Behörde lässt es dann auch ausreichen, wenn die insofern vollständige Anmeldung von einem der beteiligten Unternehmen eingereicht wird (Immenga/Mestmäcker/*Mestmäcker/Veelken* § 39 Rdnr. 12; *Bechtold* § 39; Wiedemann/*Richter* § 21 Rdnr. 4). Denkbar – aber aus standesrechtlichen Gründen mit potenziellen Folgewirkungen – ist insofern auch, dass ein Bevollmächtigter die Anmeldung als ‚counsel to the project' für alle beteiligten Unternehmen einreicht.

4. Vollmacht. Bei anwaltlicher Vertretung verlangt das BKartA in der Regel nicht, dass der Anmeldung eine schriftliche Vollmacht beigefügt wird (obwohl es natürlich nicht ausgeschlossen ist, eine solche beizufügen). Die Vollmacht wird allerdings in der Regel eingefordert, wenn das Amt sich zur Eröffnung des Hauptprüfverfahrens entschließt – insbesondere um eine wirksame Zustellung von Dokumenten sicherzustellen.

Zur Sicherstellung der wirksamen Zustellung von Entscheidungen des BKartA an Unternehmen mit Sitz im Ausland muss ein Zustellungsbevollmächtigter angegeben werden (§ 39 Abs. 3 Satz 2 Nr. 6 GWB). Der Bevollmächtigte muss bereits in der Anmeldung identifiziert werden. Eine entsprechende Versicherung ist – ebenso wie bei der Verfahrensvollmacht – zunächst ausreichend.

5. Anschlussschreiben. Wie oben bereits erwähnt, reicht es in der Praxis aus, wenn eines der in § 39 Abs. 2 Nr. 1 und 2 GWB identifizierten beteiligten Unternehmen die Anmeldung einreicht. Sind auch das oder die anderen Unternehmen anwaltlich vertreten, kommt es häufig dazu, dass zwar eine Partei federführend die Anmeldung und Verfahrensführung übernimmt, jedoch die anderen Beteiligten eine förmliche und unmittelbare Beteiligung am Verfahren suchen. Diese kommt (entgegen Wagner, WuW 2010, 38, 44) nicht bereits dadurch zustande, dass die Anmeldung mit den anderen Unternehmen ‚abgestimmt' oder ‚mit Wirkung für alle zur Anmeldung verpflichteten Unternehmen' vorgenommen wird (OLG Düsseldorf WuW/E DE-R 1881 E.I. du Pont/Pedex). In solchen Fällen reicht es allerdings aus, wenn sich die anderen Unternehmen der Anmeldung des federführenden Unternehmens mit einem formlosen Schreiben anschließen.

6. Wahrung von Geschäftsgeheimnissen. Geschäftsgeheimnis ist jede im Zusammenhang mit dem Geschäftsbetrieb des Unternehmens stehende, nicht offenkundige Tatsache, die für seine Wettbewerbsfähigkeit relevant ist und nach dem für das Unternehmen bekundeten Willen geheim gehalten werden soll (siehe *Berg* S. 2 ff. m. w. N.). Die hier gewählte Formulierung ist als eine solche Willensäußerung zu verstehen. Das BKartA ist insoweit schon aufgrund allgemeiner verwaltungsrechtlicher Grundsätze (siehe §§ 29 f. VwVfG und die Anmerkungen zum Formular Antrag auf Akteneinsicht) verpflichtet, Geschäftsgeheimnisse zu schützen. Im Kartellverwaltungsverfahren kommt diesen Vorschriften besondere Bedeutung zu. Eine Offenlegung wettbewerblich relevanter Daten – bei in das Fusionskontrollverfahren eingeführten Informationen wird es sich häufig um solche handeln – kann für sich genommen nicht nur das die Angabe machende Unternehmen nachteilig treffen, sondern auch für sich gesehen zu Wettbewerbsverzerrungen führen (siehe Langen/Bunte/*Ruppelt* § 56 Rdnr. 18).

Allerdings gilt der Schutz von Geschäftsgeheimnissen nicht absolut. Er kann mit den ebenfalls gesetzlich verbürgten Beteiligungsrechten Dritter (siehe hierzu § 59 GWB) kollidieren. Das macht im Konfliktfall eine Güterabwägung erforderlich, dies unter Einbeziehung des öffentlichen Interesses an der Durchführung des Verfahrens (siehe Langen/Bunte/*Ruppelt* § 56 Rdnr. 17). Auch die hier geäußerte Bitte kann somit nicht zum absoluten Schutz führen. Sie erfüllt neben der bereits genannten Aufgabe, das Geheimhaltungsinteresse des betroffenen Unternehmens zu dokumentieren, vor allem eine Erinnerungsfunktion.

7. Öffentlichkeit des Verfahrens. Zu beachten ist, dass die Tatsache der Anmeldung sowie Durchführung eines Fusionskontrollverfahrens kein Geschäftsgeheimnis der beteiligten Unternehmen darstellt. Dies gilt selbst dann, wenn die Transaktion bislang noch nicht am Markt (oder innerhalb der betroffenen Unternehmen) bekannt geworden ist. Das Fusionskontrollverfahren ist ein öffentliches Verwaltungsverfahren. Insofern werden amtsseitig Anfragen nach der Anmeldung eines konkreten Vorhabens wahrheitsgemäß beantwortet. Das BKartA ist – in Angleichung an die Praxis auf Ebene der EU – zudem dazu übergegangen, einen Hinweis auf bei ihm angemeldete Transaktionen auf seiner Homepage anzugeben (zu erreichen unter http://www.bundeskartellamt.de/wDeutsch/zusammenschluesse/zusammenschluesseW3Dnavid W2646.php). Die Behörde ist sich allerdings auch der potenziellen negativen Auswirkungen einer vorzeitigen Veröffentlichung solcher Tatsachen bewusst. Sie ist daher durchaus bereit, Anmeldungen zunächst vertraulich zu behandeln, dies jedoch mit der Maßgabe auf konkrete Fragen wahrheitsgemäß zu antworten und eigene Marktuntersuchungen anzustellen, wenn dies zur Ermittlung des relevanten Sachverhalts erforderlich sein sollte. In dem letztgenannten

1. Anmeldung an das BKartA (ausführlich)   K.I.1

Fall ist das Amt jedoch bereit, die beteiligten Unternehmen ‚vorzuwarnen' und ihnen so die Möglichkeit zu geben, entweder selbst eine Mitteilung herauszugeben, oder die Anmeldung zurückzuziehen (und so die Grundlage für die Ermittlungshandlungen zu beseitigen). Im letztgenannten Fall ist allerdings darauf zu achten, dass eine – wenn auch um 50% ermäßigte – Anmeldegebühr fällig wird (§ 80 Abs. 1 Nr. 1 GWB). Bei Neuanmeldung der Transaktion zeigt sich das Amt jedoch in der Regel bereit, die ursprüngliche Anmeldegebühr anzurechnen.

8. Arten des Zusammenschlusses gemäß § 37 GWB. § 37 GWB definiert vier verschiedene Zusammenschlusstypen:

Der **Erwerb des Vermögens** eines anderen Unternehmens ganz oder zu einem wesentlichen Teil (§ 37 Abs. 1 Nr. 1 GWB).

Der Vermögenserwerb setzt den Übergang des Vollrechts voraus. Der Erwerb obligatorischer oder beschränkt dinglicher Nutzungsrechte (Handrecht, Nießbrauch) reicht für den Vermögenserwerb nicht aus (Immenga/Mestmäcker/*Mestmäcker/Veelken* § 37 Rdnr. 15 m.w.N.), kann jedoch – die Dauerhaftigkeit unterstellt – einen Kontrollerwerb darstellen. Der Begriff des Vermögens erfasst alle Aktiva eines Unternehmens ohne Rücksicht auf Art, Verwendung und Verwertbarkeit (KG WuW/E 4771, 4775 – Folien und Beutel). Die bisherige oder geplante Nutzungsart ist unerheblich (KG WuW/E OLG 3591, 3593 – Coop Schleswig-Holstein-Deutscher Supermarkt; Immenag/Mestmäcker/*Mestmäcker/Veelken* § 37 Rdnr. 14; a. A. *Bechtold* § 37 Rdnr. 5: nur unternehmerisch genutzte Vermögensgegenstände, typischerweise Betriebs- und Unternehmensteile, die schon vor dem Erwerb unternehmerisch genutzt worden sind). Das Vermögen eines Unternehmens kann sowohl im Ganzen als auch nur zum Teil erworben werden. Beim Erwerb des Vermögens im Ganzen kann es sich um die Übernahme eines rechtlich unselbstständigen Unternehmens einer natürlichen oder juristischen Person handeln; es kann sich aber auch um Fälle handeln, in denen der Rechtsträger des Unternehmens voll im Erwerber aufgeht, also auch um alle Fälle einer wirtschaftlichen und rechtlichen Fusion (Verschmelzung, Umwandlung).

Der Vermögenserwerb zum Teil umfasst jedenfalls Vermögensteile, die im Verhältnis zum Gesamtvermögen des Veräußerers „quantitativ ausreichend hoch" sind (vgl. BGH WuW/E 1377 ff., 1379 – Zementmalanlage I). Daneben erfasst dieser Begriff nach der Rechtsprechung auch jeden Vermögenswert, der „die Stellung des Erwerbers auf dem Markt zu verändern in der Lage ist" (BGH WuW/E 1570 ff., 1573; BGHZ 74, 172 – Kettenstichnähmaschine; BGH WuW/E 1763 ff., 1771 – Bituminöses Mischgut; BGH WuW/E 2783 ff., 2786 – Warenzeichenerwerb; KG WuW/E 4771 ff., 4775 f. – Folien und Beutel). Als Beispiele für einen „wesentlichen" Vermögensteil können aufgeführt werden: Produktions- und Vertriebsprogramm für Industrienähmaschinen (BGH WuW/E 1570 ff., 1574 – Kettenstichnähmaschinen); abgegrenzter Geschäftsbereich mit gesonderten Betriebseinrichtungen für organische Pigmente (KG WuW/E 1993 ff., 1994 – organische Pigmente, bestätigt durch BGH WuW/E 1613 ff.); drei Lebensmitteleinzelhandelsfilialen (BKartA WuW/E 2114 ff., 2115 und KG WuW/E 3591 ff., 3594 – co-op Schleswig-Holstein/Deutscher Supermarkt, Zeitungs- und Zeitschriftentitel).

Unter **Kontrollerwerb** ist der Erwerb der unmittelbaren oder mittelbaren Kontrolle durch ein oder mehrere Unternehmen über die Gesamtheit oder Teile eines oder mehrerer Unternehmen zu verstehen. Die Kontrolle wird dabei durch Rechte, Verträge oder andere Mittel begründet, die die Möglichkeit gewähren, einen „bestimmenden Einfluss" auf das Unternehmen auszuüben. Dies kann insbesondere erfolgen durch

- die Übertragung von Eigentums- oder Nutzungsrechten an einer Gesamtheit oder an Teilen des Vermögens des Unternehmens (§ 37 Abs. 1 Nr. 2 Buchst. a) GWB) oder
- durch Rechte oder Verträge, die einen bestimmenden Einfluss auf die Zusammensetzung, die Beratung oder Beschlüsse der Organe des Unternehmens gewähren (§ 37 Abs. 1 Nr. 2 Buchst. b) GWB).

Alleinige Kontrolle durch den Erwerber liegt in der Regel vor, wenn er die Mehrheit des Kapitals und damit der Stimmrechte erwirbt (Erwerb einer gesicherten Hauptversammlungsmehrheit durch Minderheitsbeteiligung reicht bei börsennotierten Gesellschaften aus). Selbst bei einem solchen Mehrheitserwerb liegt jedoch dann keine alleinige Kontrolle vor, wenn einem Minderheitsgesellschafter in den wesentlichen strategischen Angelegenheiten des Unter-

Reysen   1401

nehmens (z. B. Verabschiedung des jährlichen Geschäftsplans) besondere Vetorechte eingeräumt wurden, die zu einem Einigungszwang führen. Dann liegt möglicherweise gemeinsame Kontrolle durch den Erwerber und den Minderheitsgesellschafter (und damit ein Zusammenschluss, an dem auch der zukünftige Minderheitsgesellschafter beteiligt ist) vor.

Gemeinsame Kontrolle des Zielunternehmens wird regelmäßig dann begründet, wenn zwischen den zukünftigen Gesellschaftern des Zielunternehmens, die gemeinsam einen wesentlichen Einfluss auf seine Geschäftspolitik nehmen können, eine einheitliche Stimmabgabe vereinbart wird (etwa durch einen Stimmbindungsvertrag). Sie liegt auch dann vor, wenn gegenseitige Blockademöglichkeiten zu einem faktischen Einigungszwang führen. Letzteres gilt vor allem in einem paritätischen Gemeinschaftsunternehmen mit zwei Gesellschaftern (Immenga/Mestmäcker/*Mestmäcker/Veelken* § 37 Rdnr. 26). Gemeinsame Kontrolle wird schließlich auch dann begründet, wenn der Erwerber nur eine Minderheitsbeteiligung erwirbt, jedoch in wesentlichen Angelegenheiten des Zielunternehmens – häufig genannt werden z. B. Verabschiedung des jährlichen Geschäftsplans oder die Bestellung der Geschäftsführung – ein Vetorecht und damit eine Mitbestimmungsmöglichkeit erhält (Immenga/Mestmäcker/*Mestmäcker/Veelken* § 37 Rdnr. 26). Entsprechendes gilt natürlich auch für den umgekehrten Fall (der Erwerber erwirbt die Mehrheit, räumte aber dem veräußernden Minderheitsgesellschafter solche Vetorechte ein).

Keine Kontrolle liegt im Regelfall vor, wenn der Erwerber lediglich eine Minderheitsbeteiligung erwirbt und keine über den gesetzlichen Minderheitenschutz bei sog. Grundlagenentscheidungen (z. B. Satzungsänderungen) hinausgehenden Rechte bzw. Einflussmöglichkeiten erhält.

Gemäß § 37 Abs. 1 Nr. 3 GWB stellt auch der **Erwerb von Anteilen** an einem anderen Unternehmen einen Zusammenschluss dar, wenn die Anteile allein oder zusammen mit sonstigen dem Unternehmen bereits gehörenden Anteilen

- 25% des Kapitals oder der Stimmrechte des anderen Unternehmens oder
- 50% des Kapitals oder der Stimmrechte des anderen Unternehmens erreichen.

Insoweit wird der derivative Erwerb von Anteilen an einem bestehenden Unternehmen ebenso berücksichtigt wie der originäre Erwerb von Anteilen an einem anderen Unternehmen im Rahmen der Gründung einer neuen Gesellschaft. Ob ein Zusammenschlusstatbestand erfüllt ist, richtet sich im Übrigen nicht nach der Rechtsform des Zielunternehmens. Selbst wenn Anteile (oder Stimmrechte) an einem Unternehmen erworben werden, das kein Gesellschaftskapital hat, kann die Aufnahme in die Gesellschaft einen Zusammenschlusstatbestand darstellen.

Auch bei der Berechnung der Beteiligungsquoten gilt das in § 36 Abs. 2 Satz 1 GWB niedergelegte Prinzip der gruppenweiten Betrachtung. Anteile, die anderen Gruppenunternehmen gehören, sind dem Erwerber zuzurechnen. Ebenso sind Anteile, die Dritten für Rechnung des erwerbenden Unternehmens gehören, den Anteilen des Erwerbers zuzurechnen (§ 37 Abs. 1 Nr. 3 Satz 2 GWB).

Erwerben mehrere Unternehmen gleichzeitig oder nacheinander in dem oben genannten Umfang Anteile an einem anderen Unternehmen, gilt dies auch als Zusammenschluss der sich beteiligenden Unternehmen untereinander im Hinblick auf die Märkte, auf denen das Zielunternehmen tätig ist (Gemeinschaftsunternehmen, § 37 Abs. 1 Nr. 3 Satz 3 GWB). Das kann für die Frage der Anmeldepflichtigkeit eines Vorhabens im Rahmen der Umsatzberechnung ebenso relevant werden, wie im Hinblick auf die materielle Bewertung der Transaktion.

Selbst wenn eine Verbindung von Unternehmen die in den vorangegangenen Abschnitten beschriebenen Kriterien nicht erfüllt, kann auch ein Anteilserwerb unter 25% einen Zusammenschlusstatbestand darstellen, sofern durch die Verbindung ein oder mehrere Unternehmen unmittelbar oder mittelbar einen **wettbewerblich erheblichen Einfluss** auf ein anderes Unternehmen ausüben können (vgl. § 37 Abs. 1 Nr. 4 GWB). Die Reichweite dieser Vorschrift ist unklar und bedarf grundsätzlich einer detaillierten Analyse – in der Regel wird ein solcher Zusammenschluss vor allem dann in Betracht kommen, wenn neben einer gesellschaftsrechtlichen Beteiligung von weniger als 25% so genannte „Plusfaktoren" hinzukommen. Hierbei kann es sich um verschiedene rechtliche oder wirtschaftliche Faktoren handeln, die ein unabhängiges Handeln des Zielunternehmens unwahrscheinlich machen. Auch Optionen auf den

1. Anmeldung an das BKartA (ausführlich) K.I.1

Erwerb weiterer Anteile können hier eine Rolle spielen (siehe jüngst Imgrund WuW 2010, 753, 759 ff.). Relevanz erhält der Zusammenschlusstatbestand – angesichts des Erfordernisses der ‚wettbewerblichen Erheblichkeit' des Einflusses – insbesondere bei Minderheitsbeteiligungen von weniger als 25% an Wettbewerbern, Kunden oder Lieferanten.

Sukzessive Transaktionen können verschiedene Zusammenschlusstatbestände erfüllen. Erwirbt ein Unternehmen, das zuvor 25% der Anteile eines anderen Unternehmens erworben hat (1. Zusammenschlusstatbestand), nunmehr weitere Geschäftsanteile, die – zusammen mit den bereits gehaltenen Geschäftsanteilen – ihm Kontrolle über die Zielgesellschaft vermitteln (2. Zusammenschlusstatbestand), sind erneut die Voraussetzungen eines Zusammenschlusses zu prüfen. Nur wenn die nachfolgende Transaktion nicht zu einer wesentlichen Verstärkung der bereits bestehenden Unternehmensverbindung führt (§ 37 Abs. 2 GWB), fehlt es in einer solchen Situation an der Erfüllung eines – ggf. anmeldepflichtigen – Zusammenschlusstatbestandes.

Konzerninterne Neugründungen (z.B. die Gründung einer 100%-Vertriebstochter) oder **konzerninterne Restrukturierungen** (z.B. Fusion zweier 100%-Tochtergesellschaften) erfüllen grundsätzlich keinen Zusammenschlusstatbestand, selbst wenn dessen Voraussetzungen bei formaler Betrachtung vorliegen. Die Fusionskontrolle betrachtet Konzerne grundsätzlich als „ein" Unternehmen (vgl. § 36 Abs. 2 Satz 1 GWB), sodass es insoweit an einem „anderen" Unternehmen fehlt. Das so genannte „Konzernprivileg" basiert auf der Überlegung, dass eine – jedenfalls potenziell vorhandene – einheitliche Leitungsmacht die Zusammenfassung verschiedener juristischer Personen zu „einem" Unternehmen im Sinne der Fusionskontrollregeln rechtfertigt (BGH WuW/E BGH 1608, 1610 – WAZ; BGH WuW/E DE-R 243, 244). Im Ergebnis wird das gleiche Ziel erreicht, wenn man in solchen Situationen das Fehlen einer wesentlichen Verstärkung der Unternehmensverbindung konstatiert (so etwa Langen/Bunte/*Ruppelt* § 37 Rdnr. 59).

9. Umsatz-Schwellenwerte für die deutsche Fusionskontrolle. Zusammenschlussvorhaben von Unternehmen unterliegen nur dann der Anmeldepflicht der deutschen Fusionskontrolle, wenn
- die beteiligten Unternehmen im letzten abgeschlossenen Geschäftsjahr insgesamt einen weltweiten Gesamtumsatz von mindestens 500 Mio. Euro erzielten, und
- mindestens ein beteiligtes Unternehmen im letzten abgeschlossenen Geschäftsjahr einen inländischen Umsatz von mindestens 25 Mio. Euro erzielte und
- mindestens ein anderes beteiligtes Unternehmen im letzten abgeschlossenen Geschäftsjahr einen inländischen Umsatz von mindestens 5 Mio. Euro erzielte.

Der Konsolidierungskreis bestimmt sich nach dem Zeitpunkt der Entscheidung über das Vorhaben gemäß § 36 Abs. 1 GWB (siehe Langen/Bunte/*Ruppelt* § 35 Rdnr. 19), faktisch also den Zeitpunkt des Vollzugs. Entscheidend ist also nicht unbedingt der für das vergangene Geschäftsjahr testierte Konzernumsatz. Vielmehr sind Hinzuerwerbe und Abverkäufe seit dem Abschluss des Geschäftsjahrs zu berücksichtigen. Das kann eine pro-forma Konsolidierung erforderlich machen.

Bei der Veräußerung von Unternehmensteilen ist lediglich der auf den Gegenstand der Transaktion entfallende Umsatzanteil in Ansatz zu bringen (Langen/Bunte/*Ruppelt* § 35 Rdnr. 19).

Zu beachten ist – neben der in Formular J.I.4 behandelten ‚Bagatellmarktklausel' – auch die ‚de minimis-Klausel' des § 35 Abs. 2 Satz 1 Nr. 1 GWB. Diese Vorschrift nimmt Transaktionen von der Fusionskontrollpflichtigkeit aus, sofern sich ein Unternehmen, das nicht abhängig ist und im letzten abgeschlossenen Geschäftsjahr Umsatzerlöse von weniger als 10 Mio. Euro hatte, mit einem anderen Unternehmen zusammenschließt. Nach der Praxis des BKartA bleibt auch der Erwerb eines – abhängigen – Unternehmens aus einem Kleinkonzern fusionskontrollfrei, wenn der veräußernde Kleinkonzern insgesamt weniger als 10 Mio. Euro erwirtschaftete.

10. Vorrang der Europäischen Fusionskontrolle. Die europäische Fusionskontrollverordnung Nr. 139/2004 („FKVO") findet auf in ihren Anwendungsbereich fallende Zusammenschlussvorhaben ausschließliche Anwendung (Art. 21 Abs. 3 FKVO). Sie geht damit anderen

nationalen Fusionskontrollregimes der Mitgliedstaaten der Europäischen Gemeinschaft, so auch der Fusionskontrolle nach dem GWB, vor. Das ist der Fall, wenn die beabsichtigte Transaktion einen Zusammenschluss von gemeinschaftsweiter Bedeutung darstellt.
Nach Art. 3 Abs. 1 FKVO wird ein **Zusammenschluss** dadurch bewirkt, dass
- zwei oder mehr bisher voneinander unabhängige Unternehmen fusionieren oder
- ein oder mehrere Unternehmen durch den Erwerb von Anteilsrechten oder Vermögenswerten, durch Vertrag oder in sonstiger Weise die unmittelbare oder mittelbare Kontrolle über die Gesamtheit oder über Teile eines oder mehrerer anderer Unternehmen erwerben (Parallele zu § 37 Abs. 1 Nr. 1 und Nr. 2 GWB).

Gemäß Art. 1 Abs. 2 FKVO hat ein Zusammenschluss **gemeinschaftsweite Bedeutung**, wenn folgende Umsätze erzielt werden:
- ein weltweiter Gesamtumsatz aller beteiligten Unternehmen zusammen von mehr als 5 Mrd. EUR und
- ein gemeinschaftsweiter Gesamtumsatz von mindestens zwei beteiligten Unternehmen von jeweils mehr als 250 Mio. EUR,
- es sei denn, die am Zusammenschluss beteiligten Unternehmen erzielen jeweils mehr als zwei Drittel ihres gemeinschaftsweiten Gesamtumsatzes in einem und demselben Mitgliedsstaat.

Nach Art. 1 Abs. 3 FKVO hat ein Zusammenschluss auch dann gemeinschaftsweite Bedeutung, wenn
- der weltweite Gesamtumsatz aller beteiligten Unternehmen zusammen mehr als 2,5 Mrd. EUR beträgt und
- der Gesamtumsatz aller beteiligten Unternehmen in mindestens drei Mitgliedstaaten jeweils 100 Mio. EUR übersteigt und
- in jedem der von mindestens drei der hiernach erfassten Mitgliedstaaten der Gesamtumsatz von mindestens zwei beteiligten Unternehmen jeweils mehr als 25 Mio. EUR beträgt und
- der gemeinschaftsweite Gesamtumsatz von mindestens zwei beteiligten Unternehmen jeweils 100 Mio. EUR übersteigt,
- es sei denn, die beteiligten Unternehmen erzielen jeweils mehr als zwei Drittel ihres gemeinschaftsweiten Gesamtumsatzes in einem und demselben Mitgliedstaat.

Eine gemeinschaftsweite Bedeutung wird nach Art. 4 Abs. 5 FKVO auch dann vermutet, wenn die betroffenen Mitgliedstaaten einem dahingehenden Antrag auf Prüfung eines Vorhabens, das in drei Mitgliedstaaten fusionskontrollrechtlich geprüft werden könnte, durch die Kommission nicht widersprechen.

Es gibt insbesondere keine Bagatellklauseln, die eine Transaktion aus dem Anwendungsbereich der FKVO wieder herausnehmen.

11. Verweis auf frühere Anmeldungen/Konzernakten. Gesetzlich nicht vorgesehen, aber in der Praxis durchaus üblich ist der Verweis auf frühere Verfahren und Konzernakten, insbesondere für eine allgemeine Beschreibung des Unternehmens und für die angemeldete Transaktion nicht unmittelbar relevanter Geschäftsbereiche. Dabei ist allerdings zu beachten, dass ein solcher Verweis auch ins Leere gehen kann, dies insbesondere wenn Konzernakten nicht regelmäßig oder zeitnah aktualisiert werden. Der Verweis auf eine insoweit unvollständige Konzernakte kann insofern auch die Anmeldung selbst unvollständig machen. Aus diesem Grunde ist es ratsam, jedenfalls die nach § 39 Abs. 3 GWB zur Vollständigkeit der Anmeldungen erforderlichen „Kerndaten" in den Anmeldungstext aufzunehmen.

12. Angaben zu den beteiligten Unternehmen. An dieser Stelle sind die bereits in Anmerkung 1 erwähnten Informationen über die beteiligten Unternehmen anzugeben. Hinsichtlich der beteiligten Unternehmen im materiellrechtlichen Sinne ist je nach Art des Zusammenschlusses zu differenzieren:
- Beim Vermögenserwerb nach § 37 Abs. 1 Nr. 1 GWB ist auf das erwerbende Unternehmen und den veräußerten Vermögensteil abzustellen, nicht aber auf den Veräußerer (vgl. dazu insbesondere BGH WuW/E 1570 ff., 1571 Kettenstichnähmaschinen). Dementsprechend ist das veräußerte Vermögen oder der veräußerte Vermögensteil wie ein selbstständiges Unternehmen zu behandeln, also mit den anteiligen Umsätzen und Marktanteilen in die Berechnung gemäß § 38 GWB wie auch die Bewertung gemäß § 36 GWB einzubeziehen.

1. Anmeldung an das BKartA (ausführlich) — K.I.1

- Beim Kontrollerwerb des § 37 Abs. 1 Nr. 2 GWB umfasst der Kreis der Beteiligten sämtliche Unternehmen, die an der Kontrolle teilhaben. Bei der Begründung alleiniger Kontrolle handelt es sich also um das zukünftig allein kontrollierende Unternehmen sowie das Unternehmen, das zukünftig kontrolliert wird. Wird eine bisherige Alleinkontrolle in eine gemeinsame Kontrolle umgewandelt oder der Kreis, der an der gemeinsamen Kontrolle teilhabenden Unternehmen erweitert, sind auch die schon bisher allein oder mitkontrollierenden Unternehmen als Beteiligte in diesem Sinne anzusehen (*Bechtold* § 35 Rdnr. 24).
- Beim Anteilserwerb des § 37 Abs. 1 Nr. 3 GWB sind der Erwerber und das Unternehmen, an dem Anteile erworben werden, beteiligte Unternehmen. Der Veräußerer ist hier nicht beteiligtes Unternehmen. In dem von § 37 Abs. 1 Nr. 3 Satz 3 GWB geregelten Fall des Erwerbs von Anteilen an einem Gemeinschaftsunternehmen gelten die (mit mindestens 25%) am Gemeinschaftsunternehmen beteiligten Unternehmen ebenfalls als beteiligte Unternehmen im materiellrechtlichen Sinne (*Bechtold* § 35 Rdnr. 24).
- Im Falle des Erwerbs eines wettbewerblich erheblichen Einflusses im Sinne von § 37 Abs. 1 Nr. 4 GWB ist ebenfalls zwischen dem Erwerb alleinigen und dem Erwerb gemeinsamen wettbewerblich erheblichen Einflusses zu differenzieren. Handelt es sich um den wettbewerblich erheblichen Einfluss eines einzelnen Unternehmens, sind dieses und das beeinflusste Unternehmen beteiligte Unternehmen im materiellrechtlichen Sinne. Bei wettbewerblich erheblichem Einfluss durch mehrere Unternehmen liegen rechtlich gesehen verschiedene Zusammenschlüsse vor, an denen jeweils ein den Einfluss nehmendes und das beeinflusste Unternehmen beteiligt sind. Anders als im Fall des § 37 Abs. 1 Nr. 3 Satz 3 ist in diesem Fall kein „Horizontalzusammenschluss" der Muttergesellschaften untereinander anzunehmen, daher erfolgt in diesem Fall keine entsprechende Ausweitung des Beteiligten-Begriffes (*Bechtold* § 35 Rdnr. 24).

Nicht unmittelbar beteiligt sind hingegen Unternehmen, die beteiligte Unternehmen beherrschen oder die von ihnen abhängig sind. Das gilt unabhängig von der Tatsache, dass deren Umsätze und Marktanteile den beteiligten Unternehmen nach § 36 Abs. 2, § 38 Abs. 1 zugerechnet werden (*Bechtold* § 35 Rdnr. 24).

13. Umsatzberechnung. In die Umsatzberechnung mit einzubeziehen sind die konsolidierten Umsätze des Erwerbers, inklusive seiner Muttergesellschaften und der Gesellschaften, die von diesen beherrscht oder mitbeherrscht werden, und des Zielunternehmens bzw. die zu übernehmenden Vermögenswerte. Konzerninterne Umsätze bleiben unberücksichtigt (Langen/Bunte/*Ruppelt* § 38 Rdnr. 6). Ebenfalls mit einzubeziehen sind unter Gesichtspunkten der Begründung eines Gemeinschaftsunternehmens (in den Fällen, in denen der Erwerber die 25%-Schwelle überschreitet) auch der Veräußerer oder ein Dritter, sofern diese 25% oder mehr der Anteile bzw. Stimmrechte an den Zielunternehmen behalten (Langen/Bunte/*Ruppelt* § 38 Rdnr. 16).

Soweit Kredit- und sonstige Finanzinstitute von der beabsichtigten Transaktion betroffen sind, treten gemäß § 38 Abs. 4 GWB die folgenden Ertragsposten (definiert in § 34 Abs. 2 Nr. 1 lit. a–e der Verordnung über die Rechnungslegung der Kreditinstitute vom 10. 2. 1992) an die Stelle der Umsätze:
- Zinserträge und ähnliche Erträge,
- Erträge aus Wertpapieren,
- Erträge aus Aktien, anderen Anteilsrechten und nichtfestverzinslichen Wertpapieren,
- Erträge aus Beteiligungen,
- Erträge aus Anteilen an verbundenen Unternehmen,
- Provisionserträge,
- Nettoerträge aus Finanzgeschäften,
- sonstige betriebliche Erträge.

Soweit Versicherungsunternehmen betroffen sind, tritt gemäß § 38 Abs. 4 GWB die Summe der Bruttoprämien an die Stelle der Umsätze. Diese Summe umfasst alle vereinnahmten sowie alle noch zu vereinnahmenden Prämien aufgrund von Versicherungsverträgen, die von diesen Unternehmen oder für deren Rechnung abgeschlossen worden sind. Dies gilt unter Einschluss etwaiger Rückversicherungsprämien und abzüglich der aufgrund des Betrags der Prämie oder des gesamten Prämienvolumens berechneten Steuern und Abgaben.

In jedem Fall ist von dem Nettoumsatz – bzw. seinem Äquivalent – auszugehen; Umsatz- und andere Verbrauchssteuern sind mithin in Abzug zu bringen. Zu diesen gehört vor allem die Mehrwertsteuer. Die Mineralölsteuer und die Tabaksteuer sind weitere prominente Beispiele. Ungenau ist die gesetzliche Formulierung allerdings im Hinblick auf die dort erwähnten „Ertragssteuern". Gemeint sind insofern nicht diejenigen ‚Ertragssteuern' (vor allem die Kapitalertragssteuer), die sich als Teil der Einkommens- und Körperschaftssteuer darstellen, sondern auch sämtliche Steuern, die unmittelbar auf die erbrachte Dienstleistung erhoben werden (siehe auch Langen/Bunte/*Ruppelt* § 38 Rdnr. 12).

14. Angabe zu den inländischen Tochtergesellschaften. Auch hierbei handelt es sich wieder um einen Akt der Höflichkeit, der dem BKartA eine schnelle und umfassende Prüfung des Vorhabens ermöglichen soll. Gesetzlich vorgeschrieben ist eine solche Darstellung nicht.

15. Behandlung von Gemeinschaftsunternehmen bei der Umsatzberechnung. Die Behandlung gemeinsam beherrschter Unternehmen bei der Zurechnung von Umsätzen kann gegenüber den Rechnungslegungsvorschriften erheblichen Anpassungsbedarf hervorrufen. Das gilt insbesondere, wenn ein beteiligtes Unternehmen seine geschäftlichen Aktivitäten in nennenswertem Umfang über solche Gemeinschaftsunternehmen abwickelt. Nach der so genannten ‚Mehrmütterklausel' des § 36 Abs. 2 S. 2 GWB sind die Umsätze (wie auch die wettbewerblichen Ressourcen) eines gemeinsam beherrschten Unternehmens jeder Mutter voll (und nicht, wie im Bereich der europäischen Fusionskontrolle, nach Köpfen verteilt) zuzurechnen. Diese gesetzliche Wertentscheidung kann tatsächlich dazu führen, dass die Umsätze eines Unternehmens (und möglicherweise einer gesamten Branche) deutlich höher ausfallen, als im Falle der Konsolidierung nach Rechnungslegungsvorschriften.

16. Gesellschafter der Erwerberin. Das Erfordernis einer gruppenweiten Betrachtung erfordert die Behandlung sämtlicher die Erwerberin beherrschender Unternehmen in diesem Zusammenhang. Endet die Darstellung bei der Erwerberin, impliziert dieser Umstand, dass weder ein Unternehmen alleine noch eine Mehrzahl von Unternehmen gemeinsam eine sie beherrschende Einflussmöglichkeit haben. Anderenfalls müssten auch diese Unternehmen in die Umsatzberechnung miteinbezogen werden. Eine Klarstellung und Erläuterung des Fehlens eines Beherrschungsverhältnisses bietet sich jedoch an und beschleunigt die Prüfung durch die Behörde.

17. Referenzzeitraum für die Umsatzberechnung. Nach § 35 Abs. 1 GWB ist für die Erhebung der relevanten Umsatzdaten auf das letzte abgeschlossene Geschäftsjahr abzustellen. Bei Zusammenschlussvorhaben, die kurz nach Abschluss eines Geschäftsjahres zur Anmeldung gebracht werden, liegen diese Informationen häufig noch nicht in förmlich testierter Form vor. Nach dem Wortlaut des Gesetzes ist es auch nicht erforderlich, die Angaben auf den testierten Jahresabschluss zu stützen. Ausreichend ist vielmehr eine unternehmensinterne Schätzung der relevanten Umsätze. Rückt der für die Beurteilung der Anmeldepflichtigkeit relevante Zeitpunkt des Vollzugs allerdings nahe an den Abschluss des Geschäftsjahres heran, liegen möglicherweise selbst interne Daten noch nicht in endgültiger Form vor. Unter diesen Umständen begnügt sich das BKartA möglicherweise auch mit auf das vorletzte Geschäftsjahr bezogenen Daten. In diesem wie im vorgenannten Fall liegt allerdings das mit materiellen Fehlern bei der Umsatzschätzung verbundene Risiko (etwa betreffend die fehlerhafte Beurteilung der Anmeldepflichtigkeit eines Vorhabens) bei den Parteien.

18. Besondere Regeln für die Umsatzberechnung. Während im Ausland erzielte Umsätze grundsätzlich ebenso erfasst werden wie inländische Umsätze der beteiligten Unternehmen (siehe KG WuW/E OLG 3367, 3383 – Metro/Kaufhof) gelten für die Erfassung der durch einige vom Gesetz identifizierte Aktivitäten erwirtschafteten Umsätze besondere Regeln. So werden Handelsumsätze nur mit 75% des eigentlichen Umsatzes erfasst (§ 38 Abs. 2 GWB), bei Presse- und Rundfunkunternehmen ist das Zwanzigfache der Umsatzerlöse in Ansatz zu bringen (§ 38 Abs. 3 GWB). Diese Rechenregeln gelten für die Erfassung individueller Umsätze ebenso wie für die Berechnung der Marktvolumina. Daher wirken sie sich grundsätzlich nicht auf die Höhe der von den Beteiligten gehaltenen Marktanteile aus.

§ 38 Abs. 1 GWB verweist für die Umsatzberechnung auf § 277 Abs. 1 HGB. Dementsprechend werden Erlöse aus Verkauf, Vermietung oder Verpachtung von betriebstypischen Er-

1. Anmeldung an das BKartA (ausführlich)   K.I.1

zeugnissen und Waren sowie aus betriebstypischen Dienstleistungen erfasst. Unberücksichtigt bleiben dagegen dem eigenen Geschäft nicht zuzurechnende Nebenerlöse. Häufig genutzte Beispiele für solche Umsätze sind Mieten für Werkswohnungen, Pacht für vorläufig nicht benötigte Grundstücke, Kantinenerlöse und Beteiligungserträge – letzteres jedenfalls dann nicht, wenn die Erzielung solcher Erlöse nicht als typischer Betriebszweck des Unternehmens angesehen werden kann (siehe Langen/Bunte/*Ruppelt* § 38 Rdnr. 5).

19. Marktabgrenzung. Die Abgrenzung der relevanten Märkte erfolgt nach dem Bedarfsmarktkonzept, auch wenn sich das BKartA zunehmend dem SSNIP-Test (oder auch Hypothetischer Monopolisten-Test) bedient (dazu *Klein* WuW 2010.169, 175). Für die sachliche Marktabgrenzung kommt es danach entscheidend auf die Austauschbarkeit von Waren oder Dienstleistungen aus der Sicht des Abnehmers im Hinblick auf die Deckung eines bestimmten Bedarfs an (Wiedemann/*Richter* § 20 Rdnr. 7ff. m. w. N.). Der räumlich relevante Markt ist das Hauptabsatzgebiet eines Produktes oder einer Dienstleistung; bislang handelte es sich dabei grundsätzlich um das gesamte Bundesgebiet (Wiedemann/*Richter* § 20 Rdnr. 27). Selbst wenn eine realitätsnahe Marktabgrenzung zu einem europaweiten oder sogar einem weltweiten Markt führen sollte, beschränkte sich die Betrachtung des BKartA nach höchstrichterlichen Vorgaben bisher auf das wettbewerbliche Geschehen in Deutschland (BGH WuW/E BGH 3026 ff. – Backofenmarkt). Ausländischer Wettbewerb wurde lediglich im Rahmen der Bewertung des aktuellen oder potenziellen Wettbewerbs in Deutschland in die Betrachtung einbezogen. Diesen Ansatz hat der BGH jedoch aufgegeben (siehe Entscheidung vom 5. 10. 2004 KVR 14/03 – Melitta/Schultink; BGH WuW/E DE-R 1355, 1359 f. – Staubsaugerbeutelmarkt) und klargestellt, dass der räumlich relevante Markt auch über Deutschland hinausgehen kann. Dies wurde nunmehr auch durch die 7. GWB-Novelle in § 19 Abs. 2 S. 3 GWB ausdrücklich klargestellt (Wiedemann/*Richter* § 20 Rdnr. 32). Nach neuerer Auffassung muss der Markt auch in geographischer Hinsicht nach ökonomischen Gesichtspunkten abgegrenzt werden. Das kann durchaus zu der Abgrenzung eines relevanten europäischen – oder sogar weltweiten – Marktes führen. Allerdings kann der relevante geographische Markt auch enger sein: Für einige Produkte (etwa im Lebensmitteleinzelhandel, dem Tankstellengeschäft oder bei transportkostenintensiven oder verderblichen Gütern) sind regionale Märkte anzunehmen (Wiedemann/*Richter* § 20 Rdnr. 28 m. w. N.).

20. Veröffentlichung von Entscheidungen, die zur Marktabgrenzung herangezogen werden können. Das BKartA veröffentlicht seit einiger Zeit jedenfalls die in einem Hauptprüfungsverfahren im Wege der förmlichen Entscheidung ergangenen Freigaben und Untersagungen. Darüber hinaus ist das Amt in der jüngeren Vergangenheit dazu übergegangen, in Verfahren, die vor Eröffnung des Hauptprüfungsverfahrens abgeschlossen werden, jedoch für Dritte interessante Informationen zur Amtspraxis enthalten, so genannte „Fallberichte" zu veröffentlichen. Für förmliche Entscheidungen älteren Datums muss gegebenenfalls auf die Tätigkeitsberichte zurückgegriffen werden. Obwohl Entscheidungen der EU Kommission in Fusionskontrollverfahren unter der FKVO das BKartA nicht förmlich binden, haben sie doch – jedenfalls in den Fällen, in denen die EU Kommission die Definition des relevanten Marktes einmal nicht offen lässt – eine gewisse Überzeugungswirkung auch in Verfahren vor der deutschen Behörde. Ein Verweis auf die – unter http://europa.eu.int/comm/competition/mergers/cases/ abrufbaren – Entscheidungen kann daher auch im deutschen Fusionskontrollverfahren angezeigt sein.

21. Zeitliche Bezugsgröße für die Ermittlung der Marktanteile. Idealerweise wäre für die Ermittlung der Marktanteile – die lediglich der Abbildung der wettbewerblichen Potenz der Beteiligten dienen – auf die Situation im Zeitpunkt der Entscheidung über das Vorhaben abzustellen. Dieser Ansatz dürfte allerdings an der Verfügbarkeit von Marktdaten mit einer solchen Aktualität scheitern. Insbesondere von Dritten (Marktforschungsinstituten, Industrieverbänden etc.) erhobene Daten beziehen sich in der Regel auf das Kalenderjahr. Daher stellt auch das BKartA für die Ermittlung der Marktanteile regelmäßig auf das letzte Kalenderjahr – oder bei einer Betrachtung der Marktanteilsentwicklung auf eine Reihe von Kalenderjahren – ab (siehe z. B. Langen/Bunte/*Ruppelt* § 38 Rdnr. 18). Vorsicht ist insoweit geboten, als sich die für die Parteien erhobenen Umsatzangaben auf deren letztes abgeschlossenes Geschäftsjahr – das nicht unbedingt dem Kalenderjahr entsprechen muss – beziehen. Gerade bei einem

Reysen

sich dynamisch entwickelnden Geschäft kann der Bezug auf Umsätze in unterschiedlichen Referenzzeiträumen möglicherweise zu erheblichen Verzerrungen führen. Dementsprechend sind für die Zusammenschlussbeteiligten möglicherweise entsprechende Umsatzangaben für das Kalenderjahr zu erheben.

22. Wettbewerbliche Situation auf dem relevanten Markt. Hier kommt eine – der wettbewerblichen Bedeutung der Marktbeteiligten angepasste – Darstellung der Wettbewerbsbedingungen in Betracht. Traditionell wählt das BKartA einen stark auf Marktstrukturen ausgerichteten Beurteilungsansatz. Insofern spielen folgende Faktoren eine potenziell bedeutende Rolle:
- Angebotsstrukturen (Zahl der Wettbewerber, selbst wenn Sie auf Lohnfertiger zurückgreifen, wenn die Fertigung durch eigene Mitarbeiter und unter Einsatz eigenen Know Hows erfolgt; BKartA WuW DE-V 1853, 1858, Ticona/FACT), relative Marktbedeutung;
- Nachfragestrukturen und Nachfragemacht (insbesondere der Einsatz strategischen Beschaffungsverhaltens – gezieltes double sourcing etc.);
- Marktzutritte und -austritte in den vergangenen Jahren;
- vorhandene Produktionskapazitäten und deren Auslastung;
- rechtliche oder sachliche Marktzutrittschranken;
- Bedeutung von Forschung und Entwicklung; Innovationen in den vergangenen Jahren.

23. Angaben für sonstige Märkte. § 39 Abs. 3 GWB sieht vor, dass die Anmeldung diejenigen Märkte identifizieren und Marktanteilsschätzungen für diejenigen Märkte enthalten muss, auf denen die beteiligten Unternehmen einen Marktanteil von 20% oder mehr halten. Dies gilt unabhängig davon, ob es auf diesen Märkten zu Überschneidungen kommt. Für das Zielunternehmen sollten diese Märkte tatsächlich kurz dargestellt werden. Selbst wenn das Vorhaben keine Zusammenführung von Marktpositionen verursacht, gewinnt hier doch der Erwerber neue Wettbewerbspotentiale hinzu. Die Darstellung sollte dementsprechend größere Detailschärfe aufweisen, wenn der Erwerber zwar nicht auf dem von dem Zielunternehmen bedienten Markt, jedoch in einem benachbarten, vor- oder nachgelagerten Markt tätig ist. Schwieriger gestaltet sich die Entscheidung über die Darstellungstiefe im Hinblick auf den Erwerber. Gerade wenn es sich dabei um ein diversifiziertes Unternehmen mit Aktivitäten in den verschiedensten Bereichen handelt, können sich bei wörtlicher Gesetzesanwendung recht umfassende Darstellungspflichten ergeben. In der Praxis handhabt das BKartA dieses Thema pragmatisch. Es erwartet auch hier eine Darstellung derjenigen Aktivitäten, die im weiteren wettbewerblichen Umfeld der Transaktion angesiedelt sind. Ansonsten akzeptiert die Behörde jedoch einen relativ pauschalen Verweis auf die Möglichkeit des Bestehens solcher Marktpositionen und das Angebot, soweit erforderlich und vom Amt gewünscht weitere Daten beizubringen. Eine solche Formulierung macht die Anmeldung zwar nicht technisch vollständig, dürfte aber dazu führen, dass es der Behörde später unter Gesichtspunkten des *venire contra factum proprium* verwehrt ist, sich aus diesem Grunde auf die Unvollständigkeit zu berufen. Das gilt natürlich dann nicht, wenn hier für die Entscheidung wesentliche Informationen bewusst oder zumindest grob fahrlässig nicht mitgeteilt wurden.

24. Materieller Prüfungsmaßstab gemäß § 36 Abs. 1 GWB. Das BKartA muss ein Zusammenschlussvorhaben untersagen, wenn es zur Begründung oder Verstärkung einer marktbeherrschenden Stellung führt, es sei denn, die beteiligten Unternehmen weisen nach, dass durch den Zusammenschluss auch Verbesserungen der Wettbewerbsbedingungen eintreten und dass diese Verbesserungen die Nachteile der Marktbeherrschung überwiegen. Die Behörde muss im Rahmen ihrer Prüfung eine Prognose über die weitere Entwicklung der Marktstruktur innerhalb eines noch zu überschauenden Zeitraumes infolge des Zusammenschlusses vornehmen. Dabei sind die Wettbewerbsverhältnisse auf den von dem Zusammenschluss betroffenen Märkten vor und nach dem Zusammenschluss zu vergleichen (*Bechtold* § 36 Rdnr. 3). Auch im Rahmen der jüngsten Novellierung hat es der Gesetzgeber abgelehnt, den Prüfungsmaßstab von der – aus deutscher Sicht – ‚klassischen' Marktbeherrschungsprüfung auf einen ökonomischeren Prüfungsansatz – etwa die nunmehr im europäischen Recht verankerte Prüfung der ‚erheblichen Behinderung wirksamen Wettbewerbs' – umzustellen.

Zentraler Begriff der Prüfung ist damit weiterhin die **marktbeherrschende Stellung**. Nach § 19 Abs. 2 GWB liegt eine marktbeherrschende Stellung eines Anbieters oder Nachfragers vor, wenn dieser ohne Wettbewerber ist oder keinem wesentlichen Wettbewerb ausgesetzt ist oder eine im Verhältnis zu seinen Wettbewerbern überragende Marktstellung hat. Kriterien für die Bewertung der Marktstellung sind z. B. Marktanteil, Finanzkraft, Zugang zu Beschaffungs- oder Absatzmärkten, Verflechtungen mit anderen Unternehmen oder Marktzutrittsschranken für andere Unternehmen. Nach dieser Vorschrift gelten auch mehrere Unternehmen gemeinsam als marktbeherrschend (im Sinne eines Oligopols), wenn zwischen ihnen kein wesentlicher Wettbewerb besteht und sie in ihrer Gesamtheit keinem wesentlichen Außenwettbewerb ausgesetzt sind oder eine überragende Marktstellung inne haben.

Für die Prüfung der Marktmacht auf den von einem Zusammenschluss betroffenen Märkten sind die – widerleglichen – Marktbeherrschungsvermutungen des § 19 Abs. 3 GWB zu beachten. Diese Vermutungen liefern auch gewisse tatsächliche Anhaltspunkte für eine erste Einschätzung der wettbewerblichen Beurteilung eines Zusammenschlussvorhabens. Nach diesen Vermutungen ist ein Unternehmen marktbeherrschend, wenn
- es einen Marktanteil von mindestens einem Drittel hat.

Eine Gesamtheit von Unternehmen gilt als marktbeherrschend, wenn
- die drei führenden Unternehmen einen Marktanteil von 50% oder
- die fünf führenden Unternehmen einen Marktanteil von zwei Dritteln auf sich vereinigen.

Für die Widerlegung der Vermutungen ist zu beachten, dass selbst bei ungünstiger Marktstruktur (etwa einem marktanteilsmäßig ausgewogenen, engen Oligopol) durchaus Wettbewerb herrschen kann. Dieser ist auch dann für die Beurteilung relevant, wenn aufgrund hoher Markttransparenz die Reaktionsverbundenheit der Unternehmen hoch ist (BGH DE-R 2905, 2917 Phonak / GN Store).

Bestand schon vor dem Zusammenschluss eine marktbeherrschende Stellung, ist grundsätzlich jede Verstärkung dieser Marktstellung geeignet, eine Untersagung zu rechtfertigen (BGH WuW/E BGH WuW/E 1685, 1691 – Springer-Elbe Wochenblatt; BGH WuW/E BGH 1854, 1858 – Zeitungsmarkt München; Lange/Bunte/*Ruppelt* § 36 Rdnr. 37). Bereits ein kleiner Marktanteilszuwachs wird hiervon erfasst, ebenso der Hinzugewinn von Ressourcen (finanzieller Natur oder in Form von Know-how, gewerblichen Schutzrechten etc.).

Der **Abwägungsklausel** in § 36 Abs. 1 GWB kommt nur geringe Bedeutung zu. Lediglich solche Fälle, in denen Marktstrukturverschlechterungen auf dem einen Markt Verbesserungen auf einem anderen Markt gegenüberstehen, können in der Praxis relevant werden. Praktische Bedeutung hat dieses Kriterium jedoch bislang nicht entwickelt.

2. Anmeldung an das BKartA (Gemeinschaftsunternehmen)

Bundeskartellamt
...... Beschlussabteilung
z. H. der/des Vorsitzenden
Herrn/Frau ......
Kaiser-Friedrich-Straße 16
D-53113 Bonn
......, den ......

Anmeldung eines Zusammenschlussvorhabens gemäß § 39 Abs. 1 GWB

Gründung eines im Bereich der Forschung und Entwicklung tätigen Gemeinschaftsunternehmens[1] zwischen ...... [*Name des GU Partners 1*] und ...... [*Name des GU Partners 2*]

Sehr geehrte(r) ......,

namens und im Auftrag der ...... [*Name und Adresse des Firmensitzes des ersten Partners*] (im Folgenden: die GUP1), und der ...... [*Name und Adresse des Firmensitzes des zweiten Partners*] (im Folgenden: GUP2), melden wir hiermit das im Folgenden näher beschriebene Zusammenschlussvorhaben gemäß § 39 Abs. 1 GWB an. Vollmachten werden wir nachreichen, falls Sie dies wünschen sollten. Für Zwecke dieses Verfahrens sind wir zudem als Zustellungsbevollmächtigte der im Inland nicht vertretenen GUP2 benannt.[2] Dem Unternehmen zuzustellende Dokumente bitten wir an unsere Kanzleiadresse zu richten.

Diese Anmeldung enthält Informationen, die Geschäftsgeheimnisse der beteiligten Unternehmen darstellen. Wir bitten daher um eine vertrauliche Behandlung insbesondere der unternehmens- und marktbezogenen Daten und Schätzwerte.

I. Zum Zusammenschlussvorhaben

1. GUP1 und GUP2 beabsichtigen, ein paritätisches Gemeinschaftsunternehmen (im Folgenden: GU) zu gründen. Das GU wird seinen Sitz in ...... haben; seine Aktivitäten werden darauf ausgerichtet sein, für beide Gesellschafter im Bereich der ...... eine gemeinsame Forschungs- und Entwicklungsabteilung aufzubauen. Zu diesem Zweck werden GUP1 und GUP2 die zu ihren derzeitigen – denkbar kleinen – Entwicklungsabteilungen gehörenden Sach- und Betriebsmittel auf das GU übertragen. Ebenso sollen insgesamt ...... Beschäftigungsverhältnisse auf das GU übergehen.

- Zusammenschlusstatbestände gemäß § 37 Abs. 1 Nr. 3 lit a i. V.m.S. 3 GWB.[3]

Das Zusammenschlussvorhaben unterliegt der deutschen Fusionskontrolle. GUP1 und GUP2 erzielten (einschließlich ihrer jeweils verbundenen Unternehmen) im letzten abgeschlossenen Geschäftsjahr einen gemeinsamen weltweiten Gesamtumsatz, der auch unter Beachtung der Rechenklausel für Handelsumsätze knapp über 500 Mio. EUR liegt. GUP1 erzielte darüber hinaus inländische Umsatzerlöse von mehr als 25 Mio. EUR, während GUP 2 mehr als 5 Mio. EUR im Inland erwirtschaftete. Damit sind die finanziellen Schwellwerte des § 35 Abs. 1 GWB erreicht.

Der Zusammenschluss fällt nicht in den Anwendungsbereich der europäischen Fusionskontrolle.[4] Das GU wird die Ergebnisse seiner Tätigkeit jedenfalls nach derzeitiger Planung dauerhaft praktisch nur seinen Gesellschaftern zur Verfügung stellen. Ein eigenständiger Auftritt auf einem denkbaren Technologiemarkt ist derzeit jedenfalls nicht geplant. Damit handelt es sich vorliegend nicht um die Gründung eines Gemeinschaftsunternehmen mit Vollfunktion im Sinne des Art. 3 Abs. 4 EU FKVO. Die EU Fusionskontrolle findet daher keine Anwendung.

II. Zu den beteiligten Unternehmen

Bei GUP1 und GUP2 handelt es sich um mittelständische Unternehmen, die im Wesentlichen im Vertrieb von ...... tätig sind. Dabei hat GUP1 seinen geographischen Schwerpunkt bislang fast ausschließlich in ......, während GUP2 praktisch nur in ...... tätig war. Insoweit haben für GUP2 trotz ihrer grenznahen Ansiedlung sprachliche Barrieren eine effektive grenzüberschreitende Tätigkeit erschwert. Bislang wurden lediglich in geringem Umfang Verkäufe nach Deutschland realisiert. Die jeweiligen Vertriebsgebiete der beiden Partner überschneiden sich daher praktisch nicht. In ihren jeweiligen Tätigkeitsgebieten verfügen sie über einen eigenen Außendienst, der auch für die Erbringung der bei ...... wichtigen Serviceleistungen zuständig ist.

Beide Unternehmen vertrieben im Wesentlichen Drittprodukte, vor allem von im Inland sonst nicht präsenten Herstellern aus ...... Sowohl GUP1 und GUP2 haben allerdings in der jüngsten Vergangenheit in beschränktem Umfang jeweils eigene Produktionstätigkeiten aufgenommen. Hiermit ergänzen sie teilweise die inländischen Bedürfnisse nicht vollständig abdeckenden Produktpaletten ihrer Lieferanten. Ihre Produktion basiert vor allem auf dem Nachbau der nur selten durch gewerbliche Schutzrechte geschützten ...... Eine eigene Entwicklungstätigkeit hat bislang nur in sehr engem Rahmen stattgefunden. Eigene Forschungsaktivitäten hat bis heute keines der Unternehmen betrieben.

2. Anmeldung an das BKartA (Gemeinschaftsunternehmen) K.I.2

1. Informationen zu GUP1

GUP1 ist im Wesentlichen im Handel mit ...... tätig. Hierzu verfügt sie über ein Team von ...... im Außendienst tätigen Mitarbeitern. GUP1 hat auch einen eigenen Internetauftritt (http://www.gup1.de), der aufgrund der Beratungsintensität der betroffenen Produkte allerdings eher der Selbstdarstellung des Unternehmens und nicht primär als Verkaufsplattform dient.

GUP1 verfügt über keine weiteren Tochtergesellschaften oder sonstige Unternehmensbeteiligungen. Das Unternehmen erzielte im letzten abgelaufenen Geschäftsjahr (endete am ...... 2010) ausschließlich im Inland Umsatzerlöse in Höhe von ...... Mio. EUR. Hiervon entfielen insgesamt ...... Mio. EUR auf Handelsumsätze mit Drittprodukten, sodass sich für Zwecke der deutschen Fusionskontrolle ein rechnerischer Gesamtumsatz in Höhe von ...... Mio. EUR ergibt. Zur näheren Information der Beschlussabteilung überreichen wir den Jahresabschluss der GUP1 für deren letztes abgeschlossenes Geschäftsjahr ...... als

Anlage 1

Gesellschafter der GUP1 sind ausschließlich Mitglieder der Familie ...... Dabei hält Herr ...... mit einer Beteiligung in Höhe von ......% die Mehrheit der Geschäftsanteile. Weder Herr ...... noch ein anderes der an GUP1 beteiligten Familienmitglieder verfolgt irgendwelche anderen geschäftlichen Aktivitäten oder verfügt über ihnen die Kontrolle über dritte Unternehmen vermittelnde Beteiligungen.

2. Informationen zu GUP2

Auch GUP2 (http://www.gup2.be) handelt ebenfalls mit ...... Der Schwerpunkt seiner Tätigkeit liegt jedoch im Handel mit dem, zwar ebenfalls in dem Sektor ...... eingesetzten, mit den hier betroffenen Produkten jedoch nicht austauschbaren Produkt ...... Sein Team von ...... Außendienstmitarbeitern ist in der – aus deutscher Sicht grenznahen – Region ...... tätig. Ausländische Umsätze erzielte das Unternehmen allerdings angesichts sprachlicher Gemeinsamkeiten vor allem in ...... Zur dortigen Verkaufsförderung hat GUP2 eine kleine Tochtergesellschaft in ...... gegründet. Zudem ist die eigene Produktion auf die ebenfalls 100%ige Tochtergesellschaft ...... ausgelagert. Weitere Beteiligungen hält GUP2 nicht.

GUP2 erzielte im letzten abgelaufenen Geschäftsjahr (endete am ...... 2010) konsolidierte Umsatzerlöse in Höhe von ...... Mio. EUR, dies ausschließlich in Mitgliedstaaten der Europäischen Union. Hiervon entfielen insgesamt ...... Mio. EUR auf Handelsumsätze mit Drittprodukten, sodass sich ein rechnerischer Gesamtumsatz in Höhe von ...... Mio. EUR ergibt. Davon entfielen insgesamt nur ...... Mio. EUR auf das hier betroffene Produkt ......, dagegen ...... Mio. EUR auf das Produkt ...... Umsätze in Deutschland, die ausschließlich mit dem hier interessierenden Produkt ...... erwirtschaftet wurden, beliefen sich auf lediglich ...... Mio. EUR (...... Mio. EUR bei Anwendung der Rechenklausel für Inlandsumsätze). Zur näheren Information der Beschlussabteilung überreichen wir den Jahresabschluss der GUP2 für deren letztes abgeschlossenes Geschäftsjahr ...... als

Anlage 2

Die konsolidierte Gewinn- und Verlustrechnung findet sich dort auf Seite ...... Eine Aufstellung der eben dargestellten Beteiligungsverhältnisse an weiteren Unternehmen ist Seite ...... zu entnehmen.

Alleingesellschafter der GUP2 ist Herr ......, der ebenfalls sämtliche Anteile an der ...... hält. Einziger Zweck dieses Unternehmens ist das Eigentum und die Verwaltung einer Industrieimmobilie die langfristig an GUP2 verpachtet ist. Darüber hinaus verfügt Herr ...... über keine weiteren Unternehmensbeteiligungen.

3. Das Gemeinschaftsunternehmen

Das Gemeinschaftsunternehmen soll noch gegründet werden. Es hat daher bislang noch keine Aktivitäten entfaltet und insbesondere noch keine Umsatzerlöse erzielt.[5]

III. Marktdaten und wettbewerbliche Beurteilung

1. Fusionskontrollrechtliche Analyse

a) Gegenstand des Gemeinschaftsunternehmens soll, wie bereits näher ausgeführt, die Forschungs- und Entwicklungstätigkeit für seine beiden Gesellschafter sein. Ein eigenständiger Marktauftritt – etwa durch Vermarktung der Forschungsergebnisse an Dritte – des GU ist innerhalb des Prognosezeitraums nicht geplant. Auf einem potenziellen Technologiemarkt für die Vermarktung von Know-how und gewerblichen Schutzrechten zur Herstellung von …… wird sich das Vorhaben somit nicht auswirken.

b) GUP1 und GUP2 sind beide im Wesentlichen als Vertriebshändler von …… tätig. Diese Produkte werden von …… für den Einsatz in …… nachgefragt. Hierzu können ebenso …… eingesetzt werden, die preislich und funktional ohne weiteres mit den von den Parteien vertriebenen Produkten austauschbar sind. …… Zusammen mit …… bilden …… daher einen sachlich relevanten Produktmarkt. Geographisch dürfte es sich hierbei um einen zumindest nationalen Markt handeln. Das Marktgeschehen und die Wettbewerbsbedingungen werden im Wesentlichen von den deutschlandweit präsenten inländischen Herstellern ……, …… und …… bestimmt und sind deutschlandweit hinreichend homogen. Regionale Nachfragepräferenzen bestehen praktisch nicht. Auch für die hier beteiligten Unternehmen hat bislang lediglich die Ressourcenknappheit die Ausweitung der Vertriebsaktivitäten auf …… und einen deutschlandweiten Marktauftritt verhindert.

Die Beteiligten schätzen auf der Grundlage der von …… im Jahre …… erstellten Studie das inländische Marktvolumen für …… im Jahre …… auf rund …… Mio. EUR. Hiervon entfielen auf GUP1 insgesamt …… Mio. EUR, was ihr einen Marktanteil von nicht mehr als ……% vermittelte. GUP2 erzielte, obwohl im Ausland größer, in Deutschland einen Umsatz von gerade einmal …… Mio. EUR und hielt damit einen inländischen Marktanteil von nur ……%.

Die wesentlichen Wettbewerber sind ……, …… und …… Ihre auf der Basis der ……-Studie geschätzten Marktanteile dürften 2010 bei rund ……%, ……% und ……% gelegen haben. Damit vereinigen sie zusammen mehr als ……% des auf dem Markt erzielten Geschäftsvolumens auf sich. Die verbleibenden Marktanteile sind auf eine Reihe von Vertriebsunternehmen verteilt. Direktimporte kommen wegen der Beratungs- und Serviceintensität der …… praktisch nicht vor.

Die fusionskontrollrechtliche Beurteilung der Transaktion ist von der Marktstärke der bereits benannten Marktführer geprägt. Bei ihnen handelt es sich um Unternehmen mit erheblichen inländischen Produktionskapazitäten, die ihrerseits Teil von weltweit tätigen, ressourcenstarken Großkonzernen sind. Über diese Konzernanbindung verfügen sie in Deutschland über breit aufgestellte Vertriebsnetze, die ihnen eine besondere Kundennähe vermitteln. Auf der Marktgegenseite übt eine kleine Gruppe von Nachfragern, die einen erheblichen Teil des Gesamtbedarfs repräsentieren, allerdings eine erhebliche Nachfragemacht aus. Durch ihr strategisches Einkaufsverhalten und ihre Dual-sourcing-Strategie konnten sie bislang das Entstehen wettbewerblicher Verhaltensspielräume auf Anbieterseite verhindern. Allerdings hat das Zusammengehen von …… und …… auf Anbieterseite die wettbewerblichen Gewichte zu Lasten der Nachfrager verschoben. Unter diesen Umständen stehen gerade die kleineren Anbieter unter einem erheblichen Wettbewerbsdruck. Die erstmalige Zugänglichmachung realistischer Forschungs- und Entwicklungskapazitäten dürfte sich positiv auf die Wettbewerbsfähigkeit der Zusammenschlussbeteiligten auswirken. Die Kooperation er-

2. Anmeldung an das BKartA (Gemeinschaftsunternehmen) K.I.2

laubt ihnen erstmals, mit Produkten aus eigener Entwicklung auf dem deutschen Markt aufzutreten und den für diese Region aufgrund ...... Gegebenheiten spezifischen Bedarf besser zu bedienen. Keinesfalls aber wird das Vorhaben ihnen die Möglichkeit eröffnen, sich vom Wettbewerb unabhängig auf dem Markt zu verhalten.

c) Weder GUP1 noch GUP2 haben irgendwelche Aktivitäten auf anderen Märkten im Geltungsbereich des GWB und halten daher auch ansonsten keine Marktanteile von 20% oder mehr.

2. Kartellrechtliche Analyse

Das Vorhaben begegnet auch unter kartellrechtlichen Aspekten keinen Bedenken.

a) Weder GUP1 noch GUP2 wären für sich genommen in der Lage gewesen, das hier gemeinsam in Angriff genommene Projekt alleine zu realisieren. Damit ist davon auszugehen, dass die Kooperation auch nicht von dem Verbot des Art. 101 Abs. 1 AEUV erfasst wird.[6] Zwar findet diese Bestimmung auf das Vorhaben grundsätzlich Anwendung. Insbesondere die grenzüberschreitende Tätigkeit von GUP2 belegt die Berührung des zwischenstaatlichen Handels. Insofern erfüllen die Beteiligten nicht die Bedingungen des von der Kommission in ihren Leitlinien (ABl. 2004/C 101/07) aufgestellten NAAT (not appreciably affecting trade) – Tests, da die Unternehmen zwar in keinem Markt einen Marktanteil von mehr als 5% erzielen, jedoch mit den hier betroffenen Produkten insgesamt Umsatzerlöse von mehr als 40 Mio. EUR erwirtschaften.

Allerdings dürfte das Vorhaben angesichts der konkreten Umstände nicht zu einer spürbaren Wettbewerbsbeschränkung führen. Dementsprechend dürfte das Verbot keine Anwendung finden: Zwar betrifft die gemeinsame Forschung- und Entwicklung durchaus produktnahe Bereiche. Jedoch ist hier – insbesondere unter Zugrundelegung der Leitlinien der Kommission zur Anwendung des Art. 101 AEUV auf Vereinbarungen über die horizontale Zusammenarbeit – davon auszugehen, dass sich keine spürbaren wettbewerbsbeschränkenden Wirkungen einstellen werden. Die überragende Marktstellung der sowohl in Deutschland als auch in Europa insgesamt führenden Anbieter, der von ihnen ausgehende Innovationswettbewerb, die relative Schwäche der beteiligten Unternehmen sowie die Begrenztheit der ihnen zur Verfügung stehenden Ressourcen belegen, dass das geplante GU keine Schwächung der Wettbewerbsintensität bewirken wird. Das gilt auch angesichts der Tatsache, dass sich die natürlich gewachsenen Vertriebsgebiete der Beteiligten bislang praktisch nicht überschneiden. Im Gegenteil steht somit zu erwarten, dass durch dieses Projekt der ohnehin lebhafte Wettbewerb noch weiter belebt wird und sich für Kunden zusätzliche Alternativen bieten werden. Daher kann das Verbot des Art. 101 Abs. 1 AEUV auf das hier angemeldete Vorhaben keine Auswirkungen haben.[7]

Selbst wenn man die Anwendbarkeit des Art. 101 Abs. 1 AEUV unterstellte, wäre das Vorhaben von der Gruppenfreistellungsverordnung 2659/2000 erfasst[8], zumindest aber einer individuellen Anwendung der Freistellungsregelung des Art. 101 Abs. 3 EGV[9] zugänglich. Der niedrige Marktanteil der Beteiligten und das Fehlen von Kernbeschränkungen[10] im Sinne des Art. 5 VO 2659/2000 stellen die Freistellungsfähigkeit sicher. Das gilt vor allem für den Zugang zu den Forschungsergebnissen des GU: Die unter den Gesellschaftern getroffenen Regelungen stellen sicher, dass sowohl GUP1 als auch GUP2 freien Zugang zu den Resultaten der Forschungs- und Entwicklungsaktivitäten des GU haben werden. Darüber hinaus ist durch die Vereinbarung effektiver Chinese Walls zwischen den Gesellschaftern sichergestellt, dass das Vorhaben keine Auswirkungen auf ihre Vertriebstätigkeiten haben wird und die Parteien auch weiterhin völlig selbstständig am Markt auftreten werden.

b) Auch eine Anwendung deutschen Kartellrechts führt zu keinem anderen Ergebnis. Tatsächlich bestimmt das im Rahmen der Prüfung nach europäischem Kartellrecht gefundene Ergebnis auch die Analyse nach deutschem Recht. Gemäß Art. 3 Abs. 2

VO 1/2003 darf nationales Recht bekanntlich nicht die Wirksamkeit des europäischen Rechts in Frage stellen, wenn und soweit – was hier der Fall ist – die betreffende Vereinbarung den Handel zwischen den Mitgliedstaaten der EU berührt und damit in den Anwendungsbereich des EU Kartellrechts fällt.

Aus dem Vorstehenden ergibt sich, dass das angemeldete Vorhaben weder fusionskontrollrechtlichen noch kartellrechtlichen Bedenken begegnet. Insbesondere führt es nicht zur Begründung oder gar Verstärkung einer marktbeherrschenden Stellung im Sinne des § 36 Abs. 1 GWB.[11] Auch kartellrechtliche Bedenken sind im Hinblick auf die zugrunde liegenden Vereinbarungen weder unter Aspekten des deutschen noch des EU Kartellrechts ersichtlich. Das Vorhaben hat im Gegenteil wettbewerbsfördernde Wirkungen, indem es den Partnern die Möglichkeit eröffnet, im Wettbewerb zu den großen Anbietern ihre Produktpalette um Produkte aus eigener Entwicklung zu ergänzen und so Nachfragern neue Wahlmöglichkeiten zu eröffnen.

Unter diesen Umständen bestehen offensichtlich keine Gründe für eine Untersagung des angemeldeten Vorhabens. Wir ersuchen die Beschlussabteilung daher um deren schnelle Prüfung und Freigabe. Sollten Sie noch weitere Fragen haben, stehen wir Ihnen selbstverständlich jederzeit telefonisch oder im Rahmen eines in Ihrem Hause zu führenden Gesprächs zur Verfügung.

Mit freundlichen Grüßen

……

(Rechtsanwalt)

Anlagen

Schrifttum: Axster, Gemeinschaftsunternehmen als Kooperations- oder Konzentrationstatbestand im EG-Recht, Festschrift für Gaedertz, 1992, S. 1; *Bechtold,* Kartellgesetz, Gesetz gegen Wettbewerbsbeschränkungen: Kommentar, 5. Aufl. 2008; *ders.,* Zur Fusionskontrolle über Gemeinschaftsunternehmen, BB 1980, 344; *Feldkamp,* Gemeinschaftsunternehmen – als Kartelle verboten? Zu den Grenzen der Anwendbarkeit des § 1 GWB neben den §§ 23 ff. GWB, 1991; *Fischer,* Gruppeneffekt und Fusionskontrolle über Gemeinschaftsunternehmen, in Gemeinschaftsunternehmen, Deutsches und EG-Kartellrecht, FIW 122, 1987, S. 57; *v. Gamm,* Das Gemeinschaftsunternehmen im Kartell- und Fusionskontrollrecht unter Berücksichtigung kartellbehördlicher Unbedenklichkeitserklärungen und allgemeiner Verwaltungsgrundsätze, AG 1987, 329; *Immenga/Mestmäcker,* Gesetz gegen Wettbewerbsbeschränkungen: Kommentar, 4. Aufl. 2007; *Kilian,* Kartellrechtliche Beurteilung von Gemeinschaftsgründungen, DB 1981, 1965; *Klaue,* Einige Bemerkungen über die Zukunft der Zweischrankentheorie, Festschrift für Steindorff, 1990, S. 979; *Knöpfle,* Zur Unterscheidung zwischen konzentrativen und kooperativen Gemeinschaftsunternehmen bei der kartellrechtlichen Beurteilung von Gemeinschaftsgründungen BB 1980, 654; *Köhler,* Gemeinschaftsunternehmen und Kartellverbot, ZGR 1987, 271; *Langen/Bunte,* Kommentar zum deutschen und europäischen Kartellrecht, 9. Aufl. 2001; *Löffler,* Kommentar zur europäischen Fusionskontrollverordnung, 2001; *Mälzer,* Die Stellung von Gemeinschaftsunternehmen im europäischen Wettbewerbsrecht, WuW 1992, 705; *Scherf,* Konzentrative und kooperative Gemeinschaftsunternehmen im Kartellrecht, AG 1992, 245; *Mestmäcker,* Gemeinschaftsunternehmen im deutschen und europäischen Konzern- und Kartellrecht, in Recht und ökonomisches Gesetz, 2. Aufl. 1984; *Schmidt, K.,* Gemeinschaftsunternehmen im Recht der Wettbewerbsbeschränkungen, AG 1987, 333; *Steindorff,* Wettbewerb durch Gemeinschaftsunternehmen, BB-Beilage 1/1988; *Weitbrecht,* Zusammenschlusskontrolle im Europäischen Binnenmarkt, EuZW 1990, 18; *Wertenbruch,* Die Rechtsfolgen der Doppelkontrolle von Gemeinschaftsunternehmen nach dem GWB, 1990; *Wiedemann,* Gemeinschaftsunternehmen im deutschen Kartellrecht, 1981; *ders.,* Kartellverbot und Fusionskontrolle bei kooperativen Gemeinschaftsunternehmen, BB 1980, 955; *ders.,* Aktuelle Entwicklungen bei der kartellrechtlichen Beurteilung von Gemeinschaftsunternehmen, BB 1984, 285.

Anmerkungen

1. Gemeinschaftsunternehmen. Gemeinschaftsunternehmen (GU) entstehen durch gemeinschaftliche Gründung eines neuen Unternehmens oder durch gleichzeitige oder sukzessive gemeinsame Beteiligung an einem bereits bestehenden Unternehmen. GUs können einer doppel-

2. Anmeldung an das BKartA (Gemeinschaftsunternehmen)   K.I.2

ten Kontrolle unterliegen. Zum einen können sie der Fusionskontrolle nach § 37 Abs. 1 Nr. 2 (durch die Begründung oder Veränderung der gemeinsame Kontrolle) oder Nr. 3 Satz 3 (durch den Erwerb von Anteilen oder Stimmrechten in Höhe von 25% oder mehr) unterfallen (dazu Anmerkung 3). Zum anderen können sie in den Anwendungsbereich des in Art. 101 AEUV, bzw. den entsprechenden Bestimmungen des GWB enthaltenen Kartellverbots fallen (dazu Anmerkung 9).

2. Inlandsvertreter. Die Benennung einer zustellungsbevollmächtigten Person im Inland ist nach § 39 Abs. 3 Nr. 6 GWB immer dann erforderlich, soweit sich der Sitz eines der am Zusammenschlussvorhaben beteiligten Unternehmen nicht in Deutschland befindet. Diese Verpflichtung gilt für alle Unternehmen, die in erheblicher Weise am Verfahren beteiligt und denen daher eventuelle Verfügungen zuzustellen sind. Die Pflicht gilt also nicht nur für das anmeldende Unternehmen. Sie erfasst grundsätzlich Erwerber und Zielunternehmen und – in den Fällen des § 37 Abs. 1 und 3 GWB – auch den Veräußerer.

Bei verbundenen Unternehmen im Sinne des § 36 Abs. 2 GWB ist davon auszugehen, dass das aktiv in das Verfahren involvierte Konzernunternehmen die Interessen des Gesamtkonzerns wahrnimmt (*Bechtold* § 39 Rdnr. 15). Meldet also ein ausländisches Unternehmen des Konzernverbundes den Zusammenschluss an, so ist für dieses Unternehmen eine zustellungsbevollmächtigte Person zu benennen; meldet dagegen ein inländisches Unternehmen an, so reicht eine Zustellung an dieses Unternehmen auch mit Wirkung für die anderen, ggf. ausländischen Unternehmen des Konzernverbundes aus (*Bechtold* § 39 Rdnr. 15). Zustellungsbevollmächtigte Person kann auch eine juristische Person sein; es ist nicht erforderlich, dass der Bevollmächtigte eine natürliche Person ist (*Bechtold* § 39 Rdnr. 15).

3. Gemeinsame Kontrolle/Fiktion des Zusammenschlusses. Ein anmeldungspflichtiges GU liegt zum einen dann vor, wenn mehrere Unternehmen gleichzeitig oder nacheinander Anteile des Kapitals oder der Stimmrechte an einem anderen Unternehmen – nicht notwendigerweise einer juristischen Person – in Höhe von 25% oder mehr erwerben. Solche Vorgänge erfüllen nicht nur einen Zusammenschlusstatbestand im – vertikalen – Verhältnis der Erwerberin zu dem Zielunternehmen. Das Gesetzt fingiert in § 37 Abs. 1 Nr. 3 Satz 3 GWB auch einen – horizontalen – Zusammenschluss der in dieser Höhe beteiligten Gesellschafter untereinander. Diese Fiktion bezieht sich jedenfalls auf deren Aktivitäten im Tätigkeitsgebiet des GU. Die Beteiligung mehrerer Unternehmen kann bei der Gründung, bei einer Kapitalerhöhung oder durch den Erwerb vorhandener Anteile zustande kommen (Langen/Bunte/*Ruppelt* § 37 Rdnr. 42). Zwischen den einzelnen Erwerbsvorgängen kann eine unbegrenzte Zeitspanne liegen. Nicht der Ablauf des Zusammenschlusses, sondern sein Bestand ist wettbewerbsrelevant (z.B. die Beteiligung eines Unternehmens an einer seit längerem bestehenden Tochtergesellschaft eines anderen). Die bloße Beteiligung reicht aus; eine besondere Interessensgleichrichtung oder Koordinierung zwischen den Gesellschaftern ist nicht erforderlich (*Bechtold* § 37 Rdnr. 30; Immenga/Mestmäcker/*Mestmäcker*/*Veelken* § 37 Rdnr. 71; Langen/Bunte/*Ruppelt* § 37 Rdnr. 43).

§ 37 Abs. 1 Nr. 3 Satz 3 GWB erweitert den Prüfungsumfang der formellen Fusionskontrolle. Erfasst werden danach die Auswirkungen paralleler Beteiligungen auch auf den Wettbewerb der Gesellschafter untereinander, sog. Gruppeneffekt (BKartA WuW/E DE-V 473 (478) – Burgmann/Freudenberg Holding GmbH). Materiell gilt der Prüfungsmaßstab des § 36 Abs. 1 GWB (dazu Anm. 13).

4. Anwendbarkeit der FKVO/Vollfunktionsunternehmen. Nach Art. 3 Abs. 4 FKVO erfasst die europäische Fusionskontrolle GUs, wenn diese auf Dauer die Funktionen einer selbstständigen wirtschaftlichen Einheit erfüllen, sog. Vollfunktionsunternehmen. Nach Ansicht des Gemeinschaftsgesetzgebers haben nur diese GUs hinreichend strukturelle Auswirkungen auf die Marktverhältnisse. Die Gründung eines GU, das die Funktionen einer selbständig wirtschaftlichen Einheit nicht auf Dauer erfüllt, fällt nicht in den Anwendungsbereich der europäischen Fusionskontrolle (*Löffler* Art. 3 Rdnr. 36). Entscheidend ist dabei, ob das GU lediglich als reines Hilfsinstrument für die Gründer fungiert und in seiner Tätigkeit von seinen Gründern abhängig ist (*Mälzer* WuW 1992, 710). Entscheidend ist, ob das GU als selbständige wirtschaftliche Einheit am Markt tätig wird. Dafür bedarf es nicht der Übernahme sämtlicher Aktivitäten der Gesellschafter, soweit der auf das GU übertragene Geschäftsbereich diesem ein eigenständiges Überleben auf dem Markt ermöglicht (EG Kommission WuW/E EV 1542 – Renault/Volvo).

Werden nur einzelne Teilfunktionen (etwa Produktion, Vertrieb, Einkauf, Verkauf, Transport usw.) auf das GU übertragen, ist das der Einstufung des GU als selbstständige wirtschaftliche Einheit abträglich (*Scherf* AG 1992, 248). Ausschlaggebend ist, ob die finanzielle, sachliche und personelle Ausstattung eine ausreichende eigenständige Lebensfähigkeit des GU gewährleistet (dazu, mit Beispielen aus der Praxis, *Löffler* Art. 3 Rdnr. 38 ff.).

Weitere Voraussetzung für die Bejahung eines unter der FKVO anmeldepflichtigen Zusammenschlussvorhabens ist, dass sich die Strukturveränderung dauerhaft vollzieht. Das GU darf also nicht nur für einen begrenzten, kurzen Zeitraum gegründet werden. Negativbeispiel ist ein GU, das nur zur Durchführung eines bestimmten Projekts gegründet wird, wie etwa für den Bau eines Kraftwerks. Die EU Kommission erwartet auch eine zeitliche Mindestdauer. GUs, deren Lebensdauer von den Beteiligten mit weniger als 5 Jahren veranschlagt wird, werden kaum zu der von der EU Kommission geforderten strukturellen Veränderung führen (siehe dazu *Löffler* Art. 3 Rdnr. 42 f., mit zahlreichen Fällen aus der Kommissionspraxis).

5. Umsatzberechnung. § 37 Abs. 1 Nr. 3 Satz 3 GWB fingiert den Zusammenschluss der Muttergesellschaften auf den Märkten, auf denen das GU tätig ist. Bei einer Neugründung bezieht sich die Fiktion auf die Märkte, auf denen das GU tätig werden soll (Lange/Bunte/*Ruppelt* § 37 Rdnr. 44). Die Einschränkung wirkt sich allerdings nur auf den Umfang der fusionskontrollrechtlichen Prüfung aus. Für Zwecke der Umsatzberechnung gelten die Muttergesellschaften uneingeschränkt als beteiligte Unternehmen. Daher ist nicht nur der im Überschneidungsbereich erwirtschaftete, sondern ihr konsolidierter Gesamtumsatz in die Betrachtung einzubeziehen (*Bechtold* § 37 Rdnr. 31; Lange/Bunte/*Ruppelt* § 37 Rdnr. 44).

6. Das Kartellverbot des Art. 101 AEUV/§ 1 GWB. Die Gründung oder Erweiterung eines GU kann nach der so genannten „Zweischrankentheorie" möglicherweise einer doppelten Kontrolle unterliegen. Zum einen wird das Vorhaben unter den Voraussetzungen des § 37 Abs. 1 Nr. 2 oder Nr. 3 GWB von der Fusionskontrolle erfasst. Zum anderen kann der Vorgang in den Anwendungsbereich des Kartellverbots fallen (BGH WuW/E BGH 2169 – Mischwerke; KG WuW/E DE-R 227 – Ostfleisch). Bei der Fusionskontrolle und dem Kartellverbot handelt es sich um zwei verschiedene Regelungsfelder, die in diesen Fällen parallel berührt sein können (BGH WuW/E BGH 1810 – Transportbeton Sauerland; BGH WuW/E DE-R 115, 116 – Carpartner).

Das BKartA ist für die Anwendung des deutschen und (über Art. 5 VO 1/2003 und § 50 Abs. 1 GWB) auch des EU Kartellrechts zuständig. Angesichts der anstehenden Angleichung der deutschen Vorschriften an das Gemeinschaftsrecht, ist – grob gesprochen – richtunggebendes Element im Wesentlichen die Vorschrift des Art. 101 AEUV. Dieser verbietet alle Vereinbarungen zwischen Unternehmen, Beschlüsse von Unternehmensvereinigungen und aufeinander abgestellte Verhaltensweisen, die eine Verhinderung, Einschränkung oder Verfälschung des Wettbewerbs innerhalb des Gemeinsamen Marktes bezwecken oder bewirken und geeignet sind, den Handel zwischen den Mitgliedsstaaten zu beschränken. Erfasst wird damit grundsätzlich jede Form der Koordinierung zwischen Unternehmen, die bewusst eine praktische Zusammenarbeit an die Stelle des mit Risiken verbundenen Wettbewerbs treten lässt. Für die Anwendung des Gemeinschaftsrechts ist Voraussetzung, dass die Maßnahme geeignet ist, den Handel zwischen Mitgliedstaaten spürbar zu berühren (konkretisierend die Leitlinien der Kommission über den Begriff des zwischenstaatlichen Handels, ABl. 2004/C 101/07). Ferner muss auch die durch die Vereinbarung beabsichtigte oder bewirkte Beeinträchtigung des Wettbewerbs spürbar sein, reine Bagatellkartelle werden nicht erfasst. Nach der Bagatellbekanntmachung der Kommission (ABl. 2001/C 368/13) ist dabei das Marktanteilskriterium allein entscheidend.

Unter den in Art. 101 Abs. 3 AEUV genannten Bedingungen findet das Verbot des Art. 101 Abs. 1 AEUV keine Anwendung. Diese Vorschrift wird für bestimmte Typen von Vereinbarungen durch so genannte Gruppenfreistellungsverordnungen konkretisiert (siehe dazu Anm. 10). Auch wenn keine GVO einschlägig ist, kann Art. 101 Abs. 3 AEUV im Einzelfall unmittelbare Wirksamkeit entfalten und eine Legalisierung der dem Vorhaben zugrunde liegenden Vereinbarungen bewirken (siehe dazu Anm. 11).

2. Anmeldung an das BKartA (Gemeinschaftsunternehmen) K.I.2

Verhaltensweisen, die nach Art. 101 AEUV verboten und nicht „freigestellt" sind, sind nach Art. 101 Abs. 2 AEUV nichtig. Außerdem kann die Wettbewerbsbehörde (empfindliche) Bußgelder verhängen.

7. Horizontale Vereinbarungen. Bei den Vereinbarungen der Mütter eines GU handelt es sich in der Regel um Vereinbarungen zwischen auf derselben Wirtschaftsstufe angesiedelten Unternehmen (sog. horizontale Zusammenarbeit). Zur Bewertung dieser Vereinbarungen kann als Orientierungshilfe auf die Leitlinien der Kommission zu horizontalen Vereinbarungen zurückgegriffen werden (ABl. 2001/C 3/02), die auf die üblichsten Erscheinungsformen dieser Vereinbarungen eingehen. Die Leitlinien weisen Vereinbarungen einer von drei Kategorien zu:
- Vereinbarungen, die grundsätzlich nicht unter Art. 101 Abs. 1 AEUV fallen: Dazu gehören die Zusammenarbeit zwischen Nichtwettbewerbern, die Zusammenarbeit zwischen Wettbewerbern, wenn diese die von der Zusammenarbeit erfasste Tätigkeit nicht eigenständig durchführen könnten und die Zusammenarbeit bei einer Tätigkeit, welche die relevanten Wettbewerbsparameter nicht beeinflusst.
- Vereinbarungen, die so genannte Kernbeschränkungen enthalten. Diese Vereinbarungen fallen grundsätzlich unter Art. 101 Abs. 1 AEUV. Zu diesen Kernbeschränkungen zählen die Festsetzung von Preisen, Produktionsbeschränkungen und die Aufteilung von Märkten oder Kunden.
- Eine dritte Gruppe von Vereinbarungen enthält zwar keine Kernbeschränkungen, erfasst aber auch nicht die per se unproblematischen Fälle der ersten Gruppe. In diesen Fällen ist eine genauere Analyse erforderlich. Grundsätzlich fehlt es hier an der wettbewerbsbeschränkenden Wirkung einer Zusammenarbeit, wenn der gemeinsame Marktanteil der Beteiligten gering ist und eine Reihe struktureller Faktoren (etwa dem Bestehen einer Vielzahl paralleler Vereinbarungen, die die Marktstruktur insgesamt prägen) fehlen.

Die Leitlinien gehen insbesondere auch auf die Zusammenarbeit im Bereich Forschung und Entwicklung („F&E") ein. Für eine positive Bewertung der Zusammenarbeit in diesem Bereich spricht, dass die technische Innovationen, die Fort- und Neuentwicklung von Produkten sowie die Anwendung verbesserter und kostengünstigerer Herstellungsmethoden den Wettbewerb grundsätzlich steigern. Gerade für kleinere Unternehmen ist F&E häufig mit hohem finanziellen und personellen Aufwand verbunden, dies verbunden mit einem möglicherweise erheblichen Erfolgs- und Vermarktungsrisiko. Für solche Unternehmen lassen sich durch Zusammenarbeit in diesem Bereich unnötige Doppelkosten vermeiden (siehe dazu Leitlinien Rdnr. 40 ff.). Vor diesem Hintergrund geht die Kommission davon aus, dass eine Zusammenarbeit nicht von Art. 101 AEUV verboten ist, die auf reine F&E beschränkt ist, oder einen von einer möglichen Verwertung noch entfernten Bereich betrifft (Leitlinien Rdnr. 56), sofern die Vereinbarung keine Kernbeschränkungen (hierzu Anm. 13) enthält.

8. Anwendbarkeit einer Gruppenfreistellungsverordnung. Sofern die der Gründung eines GU zugrunde liegenden Vereinbarungen in den Anwendungsbereich des Art. 101 Abs. 1 AEUV fallen, bieten Gruppenfreistellungsverordnungen (GVO) eine attraktive Möglichkeit, in den Bereich der kartellrechtlichen Unbedenklichkeit zurückzukehren. Im Anwendungsbereich einer GVO findet das Kartellverbot von Gesetzes wegen keine Anwendung. Eine der im Zusammenhang mit der Gründung von GUs häufiger relevanten Regelungen ist die GVO 2659/2004 über F&E Vereinbarungen (ABl. 2004 L 123/11). Daher sei an dieser Stelle die Wirkungsweise solcher Regeln exemplarisch an dieser GVO nachgezeichnet.

Die F&E GVO stellt im Grundsatz alle F&E-Vereinbarungen unter bestimmten Bedingungen und mit Ausnahmen einiger Kernbeschränkungen von dem Verbot des Art. 101 Abs. 1 AEUV frei. Die GVO definiert dabei zunächst F&E-Arbeiten in einem weiten Sinne (erfasst wird der Erwerb von Know-how und die Durchführung theoretischer Analysen, systematischer Studien oder Versuche, die Errichtung der dafür notwendigen Anlagen und die Erlangung von Rechten und geistigen Erzeugnissen in Bezug auf Produkte oder Verfahren: Art. 2 Nr. 4 F&E GVO). Anwendbar ist die F&E GVO auf Unternehmen, die nicht miteinander im Wettbewerb stehen (sofern ihre Vereinbarung überhaupt eine wettbewerbsbeschränkende Wirkung haben kann), oder wenn der kumulierte Marktanteil mindestens zwei der an der Vereinbarung beteiligten, miteinander im Wettbewerb stehender Unternehmen nicht mehr als

25% beträgt (Art. 4 F&E GVO). Die F&E GVO erfasst Kooperationsvereinbarungen, mit denen die beteiligten Unternehmen eines der folgenden Ziele verfolgen:
- die gemeinsame F&E von Erzeugnissen und Verfahren sowie die Verwertung der dabei erzielten Ergebnisse,
- die gemeinsame F&E von Erzeugnissen und Verfahren ohne die gemeinsame Verwertung der Ergebnisse (soweit diese ausnahmsweise unter Art. 101 AEUV fallen),
- die gemeinsame Verwertung der Ergebnisse früherer F&E-Vereinbarungen durch dieselben Unternehmen.

Weiterhin müssen die in Art. 3 festgelegten Bedingungen erfüllt sein, insbesondere müssen die FuE-Ergebnisse nach Art. 3 Abs. 2 GVO FuE allen Vertragspartnern für die weitere Forschung und grundsätzlich auch zur Verwertung zugänglich sein. Ferner muss es nach Art. 3 Abs. 3 GVO FuE jeder Vertragspartei freistehen, die dabei erzielten Ergebnisse und vorher bestehendes, für die Verwertung notwendiges Know-how zu verwerten. Ausgeschlossen sind die in Art. 5 GVO FuE aufgezählten Kernbeschränkungen (siehe Anm. 12).

9. Die individuelle Anwendung des Art. 101 Abs. 3 AEUV. Fällt die Vereinbarung nicht in den Anwendungsbereich einer GVO, kann sie gegebenenfalls nach Art. 101 Abs. 3 AEUV freigestellt sein. Die individuelle Bewertung der Vereinbarung wird vor allem dann relevant, wenn eine GVO – etwa wegen Überschreitung der dort festgelegten Marktanteilsschwellen – nicht einschlägig ist. Voraussetzung für die Anwendung der Vorschrift ist, dass die Vereinbarung unter angemessener Beteiligung der Verbraucher an dem entstehenden Gewinn zur Verbesserung der Warenerzeugung oder -verteilung oder zur Förderung des technischen oder wirtschaftlichen Fortschritts beiträgt, ohne dass den beteiligten Unternehmen Beschränkungen auferlegt werden, die für die Verwirklichung dieser Ziele unerlässlich sind, oder Möglichkeiten eröffnet werden, für einen wesentlichen Teil der betreffenden Waren den Wettbewerb auszuschalten.

Art. 101 Abs. 3 AEUV ist seit dem 1. Mai 2004 unmittelbar anwendbar (Art. 3 Abs. 2, Art. 6 VO Nr. 1/2003). Daraus folgt, dass es einer förmlichen Freistellung der Vereinbarung nicht – mehr – bedarf. Im Normalfall obliegt es nun den beteiligten Unternehmen, selbst einzuschätzen, ob ihre Vereinbarung die Voraussetzungen des Art. 101 Abs. 3 AEUV erfüllt. Allerdings wird das BKartA angesichts seiner Zuständigkeit auch zur kartellbehördlichen Durchsetzung des Art. 101 AEUV, in einem ihm nach den Fusionskontrollregeln vorgelegten Fall auch regelmäßig die Frage nach der kartellrechtlichen Zulässigkeit des Vorhabens stellen. Insofern wird es hier für die beteiligten Unternehmen nicht bei der internen Selbsteinschätzung bleiben. Erforderlich ist im Zweifel vielmehr, auch die wesentlichen Elemente der kartellrechtlichen Analyse unter Art. 101 abs. 3 AEUV darzustellen.

In dem hier beispielhaft dargestellten Fall einer Kooperation im Bereich der F&E sind bei der individuellen Beurteilung nach Art. 101 Abs. 3 AEUV grundsätzlich die Wertungen zu berücksichtigen, die der F&E GVO zugrunde liegen. Tendenziell zeigt sich die Kommission in ihrer Praxis angesichts der von ihr anerkannten positiven Auswirkungen einer Kooperation bei F&E-Vereinbarungen großzügig. Kernbeschränkungen, wie sie in Art. 5 VO FuE aufgezählt sind (siehe dazu Anmerkung 13), stehen aber in der Regel einer Anwendung des Art. 101 Abs. 3 AEUV entgegen.

10. Kernbeschränkungen. So genannte Kernbeschränkungen – für jeden von einer GVO erfassten Vereinbarungstyp neu definiert – schließen die gruppenweise Freistellung aus. Für den hier behandelten Beispielsfall findet sich die entsprechende Regelung in Art. 5 F&E GVO. Diese Kernbeschränkungen umfassen:
- zu weitgehende Beschränkungen der Handlungsfreiheit der Beteiligten im Bereich von F&E,
- Nichtangriffsklauseln nach Ablauf der Kooperation,
- Produktions- und Absatzbeschränkungen,
- die Festsetzung von Preisen für den Verkauf des Vertragsprodukts an Dritte,
- die Einschränkung der zu beliefernden Kunden nach Ablauf von sieben Jahren,
- das Verbot passiver Verkäufe in anderen Vertragsparteien vorbehaltenen Gebieten,
- das Verbot aktiver Verkäufe nach Ablauf von sieben Jahren,
- das Verbot der Lizenzerteilung an Dritte, wenn die Verwertung nicht durch die Vertragsparteien erfolgt,

- die Verpflichtung zur Nichtbelieferung von Kunden, die das Vertragsprodukt in anderen Gebieten des Gemeinsamen Markts in Verkehr bringen wollen,
- die Verpflichtung, den Bezug von Vertragsprodukten bei anderen Wiederverkäufern zu erschweren.

Die Ausnahme von der Freistellung gilt nach Art. 5 Abs. 2 allerdings nicht für die Aufstellung von Produktionszielen, wenn die Verwertung der F&E-Ergebnisse die gemeinsame Produktion einschließt. Sie gilt überdies auch nicht für die Aufstellung von Verkaufszielen und die Festlegung von Preisen, wenn die Verwertung den eigenen Vertrieb umfasst.

11. Materieller Prüfungsmaßstab. Die materielle Prüfung auch der Gründung eines GU erfolgt nach § 36 Abs. 1 GWB. Die Fiktion des § 37 Abs. 1 Nr. 3 GWB gilt allerdings nur für die Frage der Anmeldepflicht. Sie hat keine unmittelbaren Auswirkungen auf die materielle Prüfung (*Bechtold* § 37 Rdnr. 34). Ob eine Mehrzahl der Gesellschafter und das GU materiell als wettbewerbliche Einheit zu betrachten sind, ist jeweils anhand der Umstände des Einzelfalls gesondert festzustellen (*Bechtold* § 36 Rdnr. 13; Langen/Bunte/*Ruppelt* § 36 Rdnr. 11 mit jeweils unterschiedlichen Schwerpunktsetzungen im Hinblick auf den Umfang des erforderlichen Nachweises). Zu prüfen ist dabei, in welcher Art und in welchem Ausmaß einem beteiligten Unternehmen Leistungsmacht zukommt (BGH WuW/E BGH 1533, 1538 – Erdgas Schwaben). Eine Ressourcenzurechnung ist dann möglich, wenn über den gesetzlich fingierten Zusammenschlusstatbestand hinaus die Möglichkeit eröffnet ist, die Ressourcen des anderen Anteilseigners entweder im Wettbewerb einzusetzen oder deren Einsatz im Verhältnis zur eigenen Tätigkeit auszuschließen und damit eine Ausweitung des vom Wettbewerb nicht mehr kontrollierten Verhaltensspielraums stattfindet (KG WuW/E OLG 2093, 2095 – Bitumöses Mischgut; KG WuW/E OLG 3917, 3922 – Coop-Wandmaker).

Daneben ist allerdings zu beachten, dass sich die Gründung eines GU auch auf benachbarten Märkten, auf denen das GU überhaupt nicht aktiv ist, auswirken kann. Eine solche überschießende Wettbewerbsbeschränkung zwischen den Gesellschaftern ist allerdings im Einzelfall konkret nachzuweisen (BKartA WuW/E DE-V 473, 478 – Burgmann/Freudenberg Holding GmbH). Die durch diesen Gruppeneffekt möglicherweise bewirkte Einschränkung der Wettbewerbsintensität kann auch die Marktposition eines Gesellschafters auf einem von dem Zusammenschlussvorhaben nicht unmittelbar betroffenen Markt bewirken. Sie ist allerdings vom BKartA konkret nachzuweisen (BKartA WuW/E BKartA 2445, 2450 – Daimler-Benz/MAN-ENASA).

3. Anmeldung an das BKartA (knapp)

Bundeskartellamt
...... Beschlussabteilung[1]
z. H. des/der Vorsitzenden
Herrn/Frau ......
Kaiser-Friedrich-Straße 16
D-53113 Bonn
......, den ......

Anmeldung eines geplanten Auslandszusammenschlusses gemäß § 39 Abs. 1 GWB

Erwerb sämtlicher Anteile der ...... [*Name der Zielgesellschaft*] durch die ...... [*Name der Erwerberin*]

Sehr geehrte(r) ......,

namens und im Auftrag der ...... [*Name und Adresse des Firmensitzes des erwerbenden Unternehmens*] (im Folgenden: die Erwerberin), und im Einverständnis mit den Veräußerern melden wir hiermit das im Folgenden näher beschriebene Zusammenschlussvorhaben gemäß § 39 Abs. 1 GWB an. Eine Vollmacht werden wir nachreichen, falls Sie dies wünschen sollten. Bei der Erwerberin handelt es sich um ein ausländisches Unternehmen ohne eigene Präsenz im Inland. Die Erwerberin hat uns dementsprechend als Zustellungsbevollmächtigten im Sinne des § 39 Abs. 3 Nr. 6 GWB benannt. Zuzustellende Dokumente bitten wir daher an unsere Kanzleiadresse ...... zu richten. Entsprechende Vollmachten werden wir nachreichen, falls Sie dies wünschen sollten.[2]

Diese Anmeldung enthält Informationen, die Geschäftsgeheimnisse der beteiligten Unternehmen darstellen. Wir bitten daher um eine vertrauliche Behandlung insbesondere der unternehmens- und marktbezogenen Daten und Schätzwerte.

Die beabsichtigte Transaktion ist bislang am Markt noch nicht bekannt. Angesichts der Bedeutung des Vorhabens, insbesondere für die Beziehungen zu Kunden und Mitarbeitern, bitten wir daher vor allem im Interesse der Zielunternehmen, das Vorhaben sowie vor allem die Anmeldung als solche zunächst vertraulich zu behandeln. Sollte die Beschlussabteilung Markterhebungen für erforderlich halten, wären wir für einen kurzen Hinweis und eine entsprechende Vorlaufzeit dankbar, um unternehmensseitig entsprechende Veröffentlichungen vornehmen zu können.

I. Zum Zusammenschlussvorhaben

1. Die Erwerberin beabsichtigt, über die von ihr mittelbar beherrschte Fondsgesellschaft[3] ...... [*Name und Adresse des Unternehmens*], sämtliche Gesellschaftsanteile an der ...... [*Name und Geschäftsadresse des Zielunternehmens1*], und sämtliche Kommanditanteile an der ...... [*Name und Geschäftsadresse des Zielunternehmens2*] (im Folgenden gemeinsam: die Zielunternehmen), von den in

Anlage 1

mit ihren jeweiligen Beteiligungsquoten aufgeführten Veräußerern zu erwerben. Im Folgenden werden in beschränktem Umfang Anteile an verschiedene Mitglieder der Geschäftsführung der Zielunternehmen übertragen. Diese Beteiligungen werden diesen nicht unternehmerisch tätigen Personen allerdings keine fusionskontrollrechtlich relevanten Mitspracherechte vermitteln. Insbesondere werden ihnen keine über die aus dem Eigentum an den Geschäftsanteilen hinausgehenden Rechte eingeräumt. Die Erwerberin wird also mit einer Beteiligungsquote von letztlich ...... % die alleinige Kontrolle über die Zielunternehmen erwerben.

- Zusammenschlusstatbestand gemäß § 37 Abs. 1 Nr. 2 GWB.

2. Das Zusammenschlussvorhaben unterliegt der deutschen Fusionskontrolle. Die Erwerberin (einschließlich verbundener Unternehmen) und das Zielunternehmen erzielten im letzten abgeschlossenen Geschäftsjahr zusammengenommen weltweite Gesamtumsätze in Höhe von ...... Mio. EUR. Die geschäftlichen Aktivitäten der Zielunternehmen generierten inländische Umsatzerlöse von insgesamt ...... Mio. EUR. Damit liegen die relevanten Umsatzwerte über den finanziellen Schwellenwerten des § 35 Abs. 1 GWB.

Der Zusammenschluss fällt nicht in den Anwendungsbereich der europäischen Fusionskontrolle. Der Gesamtumsatz der Zielunternehmen in der Europäischen Union betrug im letzten abgeschlossenen Geschäftsjahr weniger als 100 Mio. EUR. Das Vorhaben erreicht somit die finanziellen Schwellenwerte des Art. 1 VO 169/2004 nicht. Ihm fehlt es mithin an einer gemeinschaftsweiten Bedeutung im Sinne dieser Vorschrift.

II. Zu den beteiligten Unternehmen

1. Informationen zu der Erwerberin

Die Erwerberin (http://www.erwerberin.com) ist die Führungsgesellschaft einer Reihe von Investmentfonds. Ihre geschäftlichen Aktivitäten sind vor allem darauf gerichtet, bislang vor allem mit Fokus auf ...... notleidende oder unterbewertete Unternehmen über

3. Anmeldung an das BKartA (knapp)   **K.I.3**

eine Reihe von ihr beherrschter Fondsgesellschaften – meist Gesellschaften nach dem Recht des US Staates ...... – zu erwerben, diese zu sanieren und dann das Engagement im Wege der Desinvestition über deren Verkauf an einen Dritten oder durch ihren Börsengang zu beenden. Bisherige Investitionen der Erwerberin bezogen sich ausschließlich auf im Ausland tätige Unternehmen. Der hier angemeldete Erwerbsvorgang stellt mithin das erste Engagement mit Inlandsbezug dar.

Die Erwerberin hält an den jeweiligen Fondsgesellschaften in der Regel nur eine geringe direkte Kapitalbeteiligung. Sie erhält jedoch durch ihre Stellung als „General Partner" (im weitesten Sinne ähnlich dem persönlich haftenden Gesellschafter einer deutschen KG) in den Obergesellschaften eine den jeweiligen Fonds letztlich beherrschende Stellung. Dies gilt vor allem im Hinblick auf die Auswahl der Investitionsobjekte sowie die dem Erwerb folgende strategische Ausrichtung der Beteiligungsgesellschaften. Zur Illustration dieser gesellschaftsrechtlichen Struktur fügen wir als

Anlage 2

ein Organigramm des in den hier angemeldeten Erwerbsvorgang involvierten ......-Fund bei. Zur allgemeinen Darstellung der Erwerberin und der von ihr geführten Investmentfonds überreichen wir eine Kopie des Geschäftsberichts für deren letztes abgeschlossenes Geschäftsjahr ...... als

Anlage 3

Die Erwerberin erzielte unter Einbeziehung von ihren Fondsgesellschaften beherrschter Unternehmen im letzten abgelaufenen Geschäftsjahr für das bereits verlässliche Umsatzdaten vorliegen (endete am ...... 2010) weltweit konsolidierte Umsatzerlöse in Höhe von ...... EUR. Hiervon entfielen Umsatzerlöse in Höhe von ...... EUR auf Tätigkeiten innerhalb der Europäischen Union. Inländische Umsätze wurden bislang nicht identifiziert. Die Erwerberin hat in der Zwischenzeit bereits ihr Geschäftsjahr ...... (endete am ......) abgeschlossen. Geprüfte Finanzdaten oder gar ein Geschäftsbericht liegen derzeit allerdings noch nicht vor. Angesichts der dezentralen Organisationsstruktur wird die Erhebung von Umsatzdaten für fusionskontrollrechtliche Zwecke auch noch eine gewisse Zeit in Anspruch nehmen. In der Zusammensetzung des Beteiligungsportfolios haben sich allerdings seit dem hier als Anknüpfungspunkt gewählten Zeitpunkt keine wesentlichen Veränderungen ergeben. Die Erwerberin geht daher davon aus, dass die hier genannten Werte wahrscheinlich im Großen und Ganzen auch die Situation im letzten abgeschlossenen Geschäftsjahr reflektieren.[4]

Die Erwerberin engagiert sich mit Investitionen vor allem im ......-Bereich. Eine Aufstellung der Gesellschaften, an denen die Erwerberin über von ihr geführte Fonds mehrheitlich beteiligt ist, fügen wir als

Anlage 4

bei.[5] Keines dieser Unternehmen ist bislang in spürbarer Weise im Inland geschäftlich in Erscheinung getreten.

Gesellschafter der Erwerberin sind verschiedene Mitglieder des Managements, welche die Gesellschaft im Jahre ...... von ihrem damaligen Eigentümer übernommen haben. Keiner der Gesellschafter verfügt allein oder mit Mitgesellschaftern über die Möglichkeit, einen bestimmenden Einfluss auf die Erwerberin auszuüben.

2. Informationen zu den Zielunternehmen

Die Zielunternehmen (http://www.zielunternehmen.de) sind im Bereich der Herstellung und dem Vertrieb von ...... und ...... aktiv. Dabei ist ...... [Zielunternehmen1] lediglich als persönlich haftende Gesellschafterin für die Geschäftsführung der ...... [Zielunternehmen2] zuständig; Außenumsätze erwirtschaftet diese Gesellschaft nicht. Auf dem Markt präsent ist lediglich ...... [Zielunternehmen2]. Deren Außenumsätze beliefen sich im letzten abgelaufenen Geschäftsjahr (endete am ...... 2010) auf weltweit insgesamt ...... Mio. EUR. Die in der EU erzielten Umsätze beliefen sich in diesem Zeitraum auf ...... Mio. EUR. Hiervon entfielen rund ...... Mio. EUR auf inländische Umsätze. Zur weiteren Information der Beschlussabteilung fügen wir als

Anlagen 5 und 6

die Jahresabschlüsse der Zielunternehmen für das letzte abgeschlossene Geschäftsjahr bei.

3. Informationen zu den Veräußerern

Bei den Veräußerern handelt es sich um Mitglieder der Familie ......, die derzeit, wie aus Anlage 1 ersichtlich, an den Zielunternehmen beteiligt sind. Nach Vollzug des hier angemeldeten Zusammenschlussvorhabens werden sie weder mit dem Zielunternehmen noch mit der Erwerberin in irgendeiner fusionskontrollrechtlich relevanten Weise verbunden sein. Wir sehen daher von näheren Angaben zu den Verkäufern ab.

III. Marktdaten und wettbewerbliche Analyse

Die Zielunternehmen sind in der Herstellung und dem Vertrieb von ...... tätig. Die Beteiligten gehen davon aus, dass der relevante Markt für ...... angesichts unterschiedlicher Kundenpräferenzen in den verschiedenen Mitgliedstaaten und den daraus resultierenden national unterschiedlichen Wettbewerbsstrukturen bislang noch national geprägt ist. Die Beteiligten schätzen auf der Grundlage eigener Marktbeobachtungen der Zielunternehmen das Marktvolumen in Deutschland im Jahre 2010 auf rund ...... Mio. EUR. Eigene Inlandsumsätze in Höhe von rund ...... Mio. EUR vermittelten den Zielunternehmen einen geschätzten Marktanteil von rund ......%. Die Marktposition ist mithin weit von einer Stärke entfernt, die nach § 39 Abs. 3 Ziff. 4 GWB berichtspflichtig wäre. Die Erwerberin ist in diesem Bereich weder selbst noch über eine ihrer Beteiligungsgesellschaften tätig. Auch geographisch oder sachlich benachbarte Aktivitäten sind nicht zu verzeichnen. Daher wird das angemeldete Zusammenschlussvorhaben auch nicht zu einer Marktanteilsaddition und einer Zusammenführung wettbewerblicher Positionen führen. Der Markt weist insgesamt eine Vielzahl ressourcenstarker Wettbewerber auf. Hierzu zählen unter anderem ......, ... und ......, deren Marktanteile schätzungsweise bei ......%, ...% und ......% liegen dürften.

Beteiligungsunternehmen der Erwerberin sind bislang jedenfalls nicht in wettbewerblich wahrnehmbarem und für die Erwerberin nachvollziehbarem Umfang in Deutschland tätig geworden. Selbst wenn vereinzelte Verkäufe an inländische Kunden stattgefunden haben sollten, scheint ausgeschlossen, dass diese auf irgendeinem Markt inländische Marktanteile von 20% vermittelten.

Unter diesen Umständen ist offensichtlich, dass die angemeldete Transaktion unter keinem denkbaren Gesichtspunkt zur Begründung oder gar Verstärkung einer marktbeherrschenden Stellung im Sinne des § 36 Abs. 1 GWB führen kann. Untersagungsgründe liegen offensichtlich nicht vor. Wir wären daher für eine schnelle Prüfung und Freigabe der angemeldeten Transaktion dankbar. Sollten Sie noch weitere Fragen haben, stehen wir Ihnen selbstverständlich jederzeit telefonisch oder im Rahmen eines in Ihrem Hause zu führenden Gesprächs zur Verfügung.

Mit freundlichen Grüßen

......
(Rechtsanwalt)

Anlagen

3. Anmeldung an das BKartA (knapp) K.I.3

Anmerkungen

1. Zuständigkeiten. Für die Durchführung von Fusionskontrollverfahren zuständig ist das BKartA (§§ 48 Abs. 2, 36 Abs. 1 GWB). Diese Behörde ist – in dem für die Anmeldung von Zusammenschlussvorhaben relevanten Bereich – in insgesamt 12 Beschlussabteilungen gegliedert (zur Organisation der Behörde im Einzelnen: Langen/Bunte/*Schultz* § 51 Rdnr. 3). Diese sind nach Sachbereichen organisiert. Derzeit bestehen die folgenden Zuständigkeitsbereiche:

1. BA:
   - Gewinnung von Erzen, Steinen und Erden
   - Bauindustrie und verbundene Dienstleistungen
   - Immobilien und verbundene Dienstleistungen
   - Holzgewerbe
2. BA:
   - Land- und Forstwirtschaft
   - Ernährungsindustrie
   - Leder- und Lederwaren, Schuhe
   - Reinigungs- und Körperpflegemittel
   - Groß- und Einzelhandel mit Nahrungsmitteln und Getränken
3. BA:
   - Gesundheit
   - Chemie
   - Textilgewerbe
4. BA:
   - Entsorgungswirtschaft
   - Finanzdienstleistungen
   - Sonstige Dienstleistungen
5. BA:
   - Maschinen und Anlagenbau
   - Metallindustrie
   - Eisen und Stahl
   - Elektrotechnik
   - Mess- und Regeltechnik
   - Patente und Lizenzen
6. BA:
   - Medien
   - Kultur, Sport und Unterhaltung
   - Werbewirtschaft
   - Messen
   - Papier
7. BA:
   - Telekommunikation
   - Rundfunktechnik
   - EDV
   - Haushaltsgeräte
8. BA:
   - Gas, Strom, Mineralöl, Wasser
   - Fernwärme
   - Kohlebergbau
   - Elektrotechnik
9. BA:
   - Touristik und Gastgewerbe
   - Verkehr
   - Post
   - Fahrzeugbau
10. BA: • Gas, Strom, Fernwärme-Missbrauchsaufsicht und Kartelle
11. BA: • Verfolgung von Ordnungswidrigkeiten (Kartelle)
12. BA: • Verfolgung von Ordnungswidrigkeiten (Kartelle)

......

Anmeldungen können unmittelbar an die für die von dem Zusammenschlussvorhaben betroffene Branche (in der Regel die Branche, in der das Zielunternehmen tätig ist) zuständige Beschlussabteilung übermittelt werden. Ist mehr als eine Branche betroffen, ist sinnvollerweise auf den Schwerpunkt der Transaktion abzustellen. In echten Zweifelsfällen kann man sich auch an die Grundsatzabteilung G 4 wenden. Auch eine Anmeldung bei der „falschen" Beschlussabteilung führt lediglich zur zeitlichen Verzögerung. Sofern sich der Adressat für unzuständig hält, wird die Sache im Wege der internen Verweisung an die eigentlich „zuständige" Beschlussabteilung weitergeleitet.

2. Zustellungsvollmacht. Sofern die beteiligten Unternehmen über keine Zustelladresse im Inland verfügen, ist nach § 39 Abs. 3 Nr. 6 ein Zustellungsbevollmächtigter im Inland zu benennen.

3. Darstellung der Beteiligungsverhältnisse. Wie bereits an früherer Stelle erwähnt, werden verbundene Unternehmen für Zwecke der fusionskontrollrechtlichen Prüfung als einheitliches Unternehmen behandelt (§ 36 Abs. 2 GWB). Rechtlich erfordert dies eine Bewertung bestehender Abhängigkeitsverhältnisse. Diese kann sich allerdings – insbesondere bei ausländischen Unternehmensgruppen – als schwierig darstellen. Praktisch erwartet das BKartA keine umfassende Analyse und Darstellung der Unternehmensstruktur. Dies gilt unabhängig von der Frage, ob die Anmeldung namens des unmittelbar erwerbenden Unternehmens (unter Verweis auf die Verbindung zu der Obergesellschaft) oder – wie in diesem Beispiel – namens der Obergesellschaft (unter Hinweis auf das tatsächlich an dem Erwerbsvorgang beteiligte Unternehmen) durchgeführt wird. Jedenfalls wenn die Zurechnung von dem anmeldenden Unternehmen nicht in Frage gestellt wird, reicht üblicherweise ein Hinweis auf die Beherrschungs- bzw. Abhängigkeitsverhältnisse aus.

4. Umsatzdaten für das letzte Geschäftsjahr vor dem Zusammenschluss. Um die Anmeldepflichtigkeit eines Vorhabens bestimmen zu können sind die Umsätze der beteiligten Unternehmen anzugeben. § 35 Abs. 1 GWB stellt insoweit auf das „letzte Geschäftsjahr vor dem Zusammenschluss" ab, sodass die nach § 39 Abs. 3 Nr. 3 GWB darzustellenden Umsätze eigentlich für dieses Geschäftsjahr erhoben werden müssten (obwohl diese Vorschrift nicht noch einmal explizit das betroffene Geschäftsjahr in Bezug nimmt). Das kann insbesondere bei weit verzweigten Konzernen oder – vor allem – bei dezentral organisierten Fondsgesellschaften (die häufig Umsätze nur für Zwecke der fusionskontrollrechtlichen Prüfung konsolidieren) zu erheblichen Problemen führen. Vor allem wenn eine Transaktion kurz nach Abschluss des jeweiligen Geschäftsjahres der Obergesellschaft angemeldet wird, sind entsprechende Daten häufig noch nicht erhoben. Das Problem wird häufig noch dadurch verschärft, dass die für die Rechnungslegung der Beteiligungsgesellschaften relevanten Zeiträume von dem Geschäftsjahr der Fondsgesellschaft abweichen. Hier wird eine – möglicherweise relativ aufwendige – pro forma Konsolidierung erforderlich. Unter solchen Umständen sind die beteiligten Unternehmen häufig gezwungen, auf die Daten für das Vorjahr zurückzugreifen, die im Zeitpunkt der Anmeldung verfügbar sind. Unter solchen Umständen ist das BKartA in der Vergangenheit durchaus schon bereit gewesen, auf solche Daten zurückzugreifen. Wenn die beteiligten Unternehmen der Behörde erklären, die in der Anmeldung enthaltenen Umsatzdaten dürften nach unternehmensinternen Schätzungen in etwa auch den Werten für das letzte abgeschlossene Geschäftsjahr entsprechen. Auf jeden Fall ist unter solchen Umständen eine informelle Abklärung der eingesetzten Methodologie mit der zuständigen Beschlussabteilung sinnvoll. Auf diese Weise lässt sich auch abklären, wie seit dem für die Umsatzberechnung relevanten Stichtag erfolgte Hinzuerwerbe und Abverkäufe aus dem Portfolio umsatzmäßig zu behandeln sind.

5. Angaben über die verbundenen Unternehmen. Nach der Rechtsprechung des BGH ist neben der Nennung der Umsätze eine unabdingbare Voraussetzung, dass die mit der Erwerberin verbundenen Unternehmen aufgelistet werden (BGH WuW/E BGH 1533, 1534 – Erdgas Schwaben). Dabei fordert § 39 Abs. 3 Satz 3 GWB, dass nicht nur die verbundenen Unternehmen genannt, sondern auch das Bestehen von Konzernbeziehungen sowie Abhängigkeits- und Beteiligungsverhältnisse dargestellt werden. In der Regel begnügt sich das Amt allerdings mit einem die Unternehmensstruktur darstellenden Organigramm.

4. Anmeldung an das BKartA (potenzieller Bagatellmarkt)

Bundeskartellamt
...... Beschlussabteilung
z. Hd. Herrn/Frau ......
Kaiser-Friedrich-Straße 16
D-53113 Bonn
......, den ......

Zusammenschlussvorhaben ...... AG/...... GmbH

Information über ein ausschließlich einen Bagatellmarkt im Sinne des § 35 Abs. 2 Nr. 2 GWB betreffendes Vorhaben

Sehr geehrte(r) ......,

namens und im Auftrag der ...... AG, (im Folgenden: ......), erlauben wir uns, Ihnen folgendes Vorhaben zur Kenntnis und – soweit dies aus Ihrer Sicht für erforderlich gehalten werden sollte – fusionskontrollrechtlichen Freigabe zur Kenntnis zu bringen. Eine auf uns lautende Vollmacht werden wir nachreichen, falls Sie dies wünschen sollten.

Dieses Schreiben enthält Informationen, die Geschäftsgeheimnisse der beteiligten Unternehmen darstellen. Wir bitten daher um eine vertrauliche Behandlung insbesondere der unternehmens- und marktbezogenen Daten und Schätzwerte.

Die Transaktion als solche ist bislang auch nicht am Markt bekannt geworden. Wir bitten daher, insbesondere angesichts der Börsenkursrelevanz der hier dargelegten Tatsachen, das Vorhaben als solches sowie insbesondere auch die Tatsache dieser Anmeldung vertraulich zu behandeln.

I. Zum Zusammenschlussvorhaben

1. Das Zusammenschlussvorhaben

Die ...... AG beabsichtigt, durch ihre mittelbare Tochtergesellschaft ...... GmbH mit Sitz in ......, sämtliche Anteile an der ...... GmbH, ... (im Folgenden: ......), zu erwerben und damit die Kontrolle über das Zielunternehmen zu erlangen.

- Zusammenschlusstatbestand gemäß § 37 Abs. 1 Nr. 2 GWB.

2. Anwendbarkeit der deutschen Fusionskontrolle

Nach Einschätzung der Erwerberin unterfällt dieses Vorhaben nicht der deutschen Fusionskontrolle. Die Transaktion wird sich lediglich auf einen relevanten Produktmarkt auswirken. Hierbei handelt es sich um den Markt für ...... Bei diesem Markt handelt es sich um einen Bagatellmarkt im Sinne des § 35 Abs. 2 Nr. 2 GWB.[1] Die ......-Produkte, die das wesentliche Element dieses Marktes darstellen, werden von der Firma ...... bereits seit ...... – also mithin seit mehr als 5 Jahren – angeboten.[2] Die beteiligten Unternehmen schätzen das Marktvolumen im letzten Kalenderjahr auf rund ...... Mio. EUR – also deutlich unterhalb der Bagatellschwelle von 15 Mio. EUR.[3] Zu dieser Einschätzung gelangen die Beteiligten auf der Grundlage ihrer eigenen Marktbeobachtungen, vor allem aber der Marktstudie für den übergeordneten Bereich ......, die das Gesamtvolumen des hier betroffenen Marktes auf jährlich rund ...... Mio. EUR schätzt. Zur Illustration überreichen wir insoweit als

Anlage 1

eine Kopie der einschlägigen Marktstudie.

Vor diesem Hintergrund geht die Erwerberin davon aus, dass dieses Schreiben lediglich informatorischen Zwecken dient. Sollte das BKartA diese Auffassung nicht teilen und von der Fusionskontrollpflichtigkeit des hier dargestellten Vorhabens ausgehen, bitten wir, diesen Schriftsatz als Anmeldung im Sinne des § 39 Abs. 1 GWB anzusehen.[4] Das Vorhaben unterfällt angesichts der in den zu übernehmenden Vermögenswerten verkörperten geringen Umsätze nicht den Vorschriften der europäischen Fusionskontrollverordnung, da jedenfalls wegen Verfehlens der finanziellen Aufgreifkriterien das Vorhaben keine gemeinschaftsweite Bedeutung aufweist.

II. Zu den beteiligten Unternehmen

1. Informationen zu der Erwerberin

Die Erwerberin (http://www.erwerberin.com) ist Obergesellschaft einer weltweit tätigen Unternehmensgruppe mit Hauptsitz in ...... Die Geschäftstätigkeiten dieser Gruppe richten sich vor allem auf die Herstellung und den Vertrieb von ...... In untergeordnetem Maße ist die Gruppe auch in der Herstellung und dem Vertrieb von ...... sowie in der Erbringung damit verbundener Serviceleistungen tätig. Die Erwerberin ist dem BKartA bereits aus früheren Verfahren bekannt. Zur näheren Darstellung der Gruppe verweisen wir auf diese Verfahren, insbesondere auf das zuletzt geführte Verfahren in Sachen ....../...... (Geschäftszeichen B...... – ....../07).

Die Erwerberin erzielte unter Einbeziehung mit ihr verbundener Unternehmen im letzten abgelaufenen Geschäftsjahr (endete am ...... 2010) weltweit konsolidierte Umsatzerlöse in Höhe von ...... Mio. EUR. Hiervon entfielen Umsatzerlöse in Höhe von ...... Mio. EUR auf Tätigkeiten innerhalb der Europäischen Union. Die inländischen Umsätze beliefen sich in diesem Zeitraum auf insgesamt ...... Mio. EUR. Zur näheren Erläuterung dieser finanziellen Eckwerte sowie der allgemeinen Darstellung der Erwerberin und der von ihr geführten Unternehmensgruppe überreichen wir ergänzend den Geschäftsbericht der Erwerberin für deren letztes abgeschlossenes Geschäftsjahr ...... als

Anlage 2

Die Erwerberin betreibt ihre geschäftlichen Tätigkeiten über eine Reihe von Tochtergesellschaften, in Deutschland sind insbesondere die ......, die ...... und die ...... aktiv. Die Unternehmensstruktur ergibt sich im Wesentlichen aus der Darstellung der Beteiligungsverhältnisse auf Seite ...... der Anlage 2.

2. Informationen zu dem Zielunternehmen

Das Zielunternehmen ist derzeit eine 100%ige Tochtergesellschaft des Verkäufers. Es ist innerhalb der Verkäufergruppe für die Herstellung und den Vertrieb von ...... zuständig. Zur weiteren Information der Beschlussabteilung überreichen wir als

Anlage 3

eine Unternehmens- und Produktbroschüre, die ihre Aktivitäten in geographischer wie sachlicher Hinsicht umfassend darstellt. Weitere aktuelle Informationen über das Zielunternehmen finden sich auf deren Webseite (http://www.zielunternehmen.de).
Im letzten abgelaufenen Geschäftsjahr, für das Finanzdaten vorliegen (endete am ...... 2010), erzielte das Zielunternehmen weltweit konsolidierte Umsatzerlöse in Höhe von ...... Mio. EUR. Die gemeinschaftsweiten Umsätze beliefen sich in diesem Zeitraum auf ...... Mio. EUR. Hiervon entfielen rund ...... Mio. EUR auf inländische Umsätze. Zur weiteren Information der Beschlussabteilung fügen wir als

Anlage 4

den Geschäftsbericht des Zielunternehmens für das letzte abgeschlossene Geschäftsjahr bei.

3. Informationen zu dem Verkäufer

Nach Vollzug des hier angemeldeten Zusammenschlussvorhabens wird der Verkäufer weder mit dem Zielunternehmen noch mit der Erwerberin in irgendeiner fusionskontrollrechtlich relevanten Weise verbunden sein. Wir sehen daher von einer näheren Darstellung des Verkäufers ab.

4. Anmeldung an das BKartA (potenzieller Bagatellmarkt) K.I.4

III. Marktdaten

Das Zielunternehmen ist, wie bereits im Einzelnen dargestellt, in der Herstellung und dem Vertrieb von ...... tätig. Diese Produkte stellen einen eigenständigen Produktmarkt dar. Die von ihnen erfüllte Aufgabe, nämlich die ......, ist angesichts ihres höchst spezifischen Charakters technisch praktisch nicht durch andere Produkte zu erfüllen. Es gibt also rein tatsächlich keine anderen Produkte, die als Ausweichalternativen für die Kunden in Betracht kommen und somit eine weitere Produktmarktdefinition rechtfertigen könnten. Das Zielunternehmen hat außerhalb des Marktes für ...... keine weiteren eigenen Aktivitäten. Die sonstigen Aktivitäten der Erwerberin entwickeln sich auf völlig anderen Märkten, die zu dem hier betroffenen Markt in keinerlei Verbindung stehen. Dementsprechend wird das hier dargestellte Vorhaben auch nur auf dem Markt für ...... zu wettbewerblichen Überschneidungen führen und sich ausschließlich auf diesen Markt auswirken. Es ist praktisch ausgeschlossen, dass das Vorhaben wettbewerbliche Auswirkungen auf anderen Märkten haben könnte.[5]

Im Jahre ...... wurden ausweislich der Markterhebung auf dem hier relevanten Markt in Deutschland lediglich ...... Mio. EUR umgesetzt. Die Beteiligten gehen davon aus, dass der Markt auch im letzten Jahr ein Umsatzvolumen in dieser Größenordnung aufwies. Grund für die Annahme ist, dass auf diesem Markt lediglich eine kleine Zahl von Abnehmern tätig ist. Deren Gesamtbedarf ist für die Beteiligten relativ gut zu überblicken. Gleichzeit ist – nicht zuletzt aus den Jahresgesprächen mit den Kunden – offensichtlich, dass die Abgabepreise der Hersteller von ...... in jüngster Vergangenheit unter erheblichem Druck standen und im Zweifel eine negative Entwicklung vollzogen haben. Unter diesen Umständen scheint den Beteiligten eine Marktvolumenschätzung in Höhe von ...... Mio. EUR die Ergebnisse des Jahres 2010 im Zweifel zu überschätzen. Es scheint daher – nicht zuletzt angesichts des (selbst bei einer für die Beteiligten „nachteiligen" Schätzung) enormen Abstands zu der 15 Mio. EUR-Schwelle – sicher, dass es sich hierbei um einen Bagatellmarkt im Sinne des § 35 Abs. 2 Nr. 2 GWB handelt.

Die Erwerberin erzielte auf diesem Markt im Kalenderjahr 2010 in Deutschland Umsatzerlöse in Höhe von ...... Mio. EUR. Sie hielt damit einen Marktanteil von rund ......%. Das Zielunternehmen erwirtschaftete seinerseits in dem Kalenderjahr 2010 in diesem Bereich einen inländischen Umsatz von ...... Mio. EUR, der ihr einen Markanteil von rund ......% vermittelte. Rein rechnerisch ergibt sich somit ein gemeinsamer Marktanteil von gerade einmal ......%.

Wesentliche Wettbewerber in diesem engen Markt sind die Unternehmen ...... und ...... mit Marktanteilen von ......% und ......%.

IV. Fusionskontrollrechtliche Bewertung

Trotz dieses sehr kleinen und hoch spezialisierten Marktes sind die Parteien in diesem Bereich erheblichem Wettbewerb ausgesetzt. Das reflektiert sich in schwankenden Marktanteilen, die vorstoßenden Wettbewerb und das ständige Ringen um jeden Auftrag belegen. ......[6]

Selbst wenn die Beschlussabteilung eine Fusionskontrollpflichtigkeit dieses Vorhabens annehmen sollte, wären daher die Untersagungsvoraussetzungen des § 36 Abs. 1 GWB keinesfalls gegeben. Wir wären Ihnen daher dankbar, wenn Sie uns kurzfristig die fehlende Fusionskontrollpflichtigkeit bestätigen oder – bei Annahme eines der deutschen Fusionskontrolle unterfallenden Zusammenschlussvorhabens – eine fusionskontrollrechtliche Freigabe erteilen könnten. Sollten sich insofern noch weitere Fragen ergeben, stehen wir Ihnen natürlich gerne jederzeit zur Verfügung.

Mit freundlichen Grüßen

......

(Rechtsanwalt)

Anlagen

Schrifttum: Bechtold, Kartellgesetz, Gesetz gegen Wettbewerbsbeschränkungen: Kommentar, 5. Aufl. 2008, § 35; Immenga/*Mestmäcker*/*Veelken*, Gesetz gegen Wettbewerbsbeschränkungen: Kommentar, 4. Aufl. 2007, § 35; Langen/Bunte/*Ruppelt*, Kommentar zum deutschen und europäischen Kartellrecht, 10. Aufl. 2006, § 35; Wiedemann/*Richter*, Handbuch des Kartellrechts, 1999, § 19 D II 2.

Anmerkungen

1. Der Bagatellmarkt. Eine – im internationalen Vergleich relativ ungewöhnliche Ausnahmevorschrift findet sich in § 35 Abs. 1 Satz 1 Nr. 2 GWB. Zweck dieser Ausnahme ist es, die deutsche Fusionskontrolle auf das Wettbewerbsgeschehen auf Märkten mit einer gewissen gesamtwirtschaftlichen Mindestbedeutung zu konzentrieren. Das Entstehen oder die Verstärkung einer marktbeherrschenden Stellung auf einem angesichts seiner geringen Größe grundsätzlich gesamtwirtschaftlich unbedeutendem Markt wird vom Gesetzgeber im Sinne einer effizienten Fusionskontrolle hingenommen (Immenga/*Mestmäcker*/*Veelken* § 35 Rdnr. 33). Ein Einschreiten der Behörde sofern nur solche Märkte betroffen sind, würde zudem gegen den Verhältnismäßigkeitsgrundsatz verstoßen (siehe BGH WuW/E BGH 3037, 3043 – Raiffeisen) Soweit die Voraussetzungen dieser Vorschrift erfüllt sind, finden die Vorschriften der Zusammenschlusskontrolle keine Anwendung. Das bedeutet nicht nur ein Fehlen der Untersagungsbefugnis. Da die Zusammenschlusskontrolle als solche keine Anwendung findet, gilt vor allem auch die Anmeldepflicht des § 39 Abs. 1 GWB und das Vollzugsverbot des § 40 Abs. 1 GWB nicht. Soweit ein Vorhaben ausschließlich einen oder mehrere Bagatellmärkte betrifft, kann es also vollzogen werden, ohne dass es einer vorherigen Anmeldung (oder auch nachträglichen Vollzugsanzeige) beim BKartA bedürfte (siehe auch Immenga/*Mestmäcker*/*Veelken* § 35 Rdnr. 38).

2. Junge Märkte. Auf junge, wachsende Märkte, die noch keine fünf Jahre alt sind, findet die Bagatellmarktklausel keine Anwendung. Die Untersagung kann somit auch dann auf das Entstehen oder die Verstärkung einer marktbeherrschenden Stellung auf einem solchen Markt gegründet werden, wenn das Bagatellvolumen nicht überschritten ist. Grund dieser Einschränkung ist es, dem BKartA die Möglichkeit zu verschaffen, eine übermäßige Vermachtung auf jungen Innovationsmärkten möglichst verhindern zu können (siehe dazu Immenga/*Mestmäcker*/*Veelken* § 35 Rdnr. 34).

3. Marktvolumensberechnung und Teilmärkte. Der Gesetzgeber hat sich entschieden, die gesamtwirtschaftlich fehlende Bedeutung eines Vorhabens anhand der Volumina der durch die Transaktion betroffenen Märkte zu ermitteln. Das **Marktvolumen** besteht aus der Gesamtheit der auf einem sachlich oder räumlich relevanten Markt getätigten Umsätze – die Berechnung folgt also den gleichen Grundsätzen, wie die Feststellung der Marktanteile. Es werden die Umsätze der am Zusammenschluss beteiligten Unternehmen und die ihrer Wettbewerber im letzten abgeschlossenen Kalenderjahr auf dem relevanten Markt zusammengerechnet. Zur Ermittlung des Marktvolumens muss dementsprechend zunächst der relevante Markt nach den allgemeinen Regeln abgegrenzt werden. Sodann ist festzustellen, welche Unternehmen auf diesem Markt tätig sind. Der von diesen Unternehmen auf dem relevanten Markt insgesamt erzielte Umsatz ergibt das Marktvolumen.

Die Bagatellmarktklausel gilt grundsätzlich auch im Presse- und Rundfunkbereich. Die Einschränkung des § 35 Abs. 2 Satz 2 GWB gilt nur für die de minimis-Fälle der Nr. 1. Allerdings gelten auch in diesem Zusammenhang die besonderen Umsatzberechnungsregeln des § 38 Abs. 3 GWB (näher dazu Immenga/*Mestmäcker*/*Veelken* § 35 Rdnr. 35).

Führt die Marktabgrenzung zu dem Ergebnis, dass innerhalb eines größeren Bereichs gesondert abzugrenzende **Teilmärkte** zu bilden sind – vor allem in Fällen, in denen die funktionale Austauschbarkeit der betroffenen Produkte bei einem Teil der Abnehmer nicht gegeben ist – ist die Vorschrift grundsätzlich jeweils auf die einzelnen Teilmärkte anwendbar (BGH WuW/E BGH 1711, 1714 – Mannesmann-Brueninghaus).

Das BKartA neigt allerdings dazu, als Folge seiner sehr engen Marktabgrenzung häufig kleinvolumige Märkte durch deren Zusammenfassung im Wege der „Bündelung" zu Einhei-

4. Anmeldung an das BKartA (potenzieller Bagatellmarkt)   K.I.4

ten zusammenzufassen, auf welche die Bagatellmarktklausel keine Anwendung findet. Diese Methode ist gerichtlicherseits grundsätzlich abgelehnt (KG WuW/E OLG 3917, 3921 – Coop/Wandmaker; KG WuW/E OLG 3577, 3591 – Hussel/Mara; KG WuW/W OLG 4379, 4383 – Schleswig-Holsteinischer Zeitungsverlag), vom BGH aber für den Fall geographisch benachbarter Märkte akzeptiert worden (siehe BGH WuW/E BGH 3037, 3042 – Raiffeisen).

Eine Zusammenfassung ist dementsprechend geboten, wenn Großunternehmen im Rahmen einer wettbewerbsbeschränkenden Strategie systematisch künstlich gegeneinander abgeschottete Teilmärkte schaffen, deren Umsatzvolumina unter 15 Mio. EUR liegen (BGH WuW/E BGH 1810, 1812 – Transportbeton Sauerland). Allerdings werden an den Nachweis einer solchen Strategie hohe Anforderungen gestellt (KG WuW/E OLG 2655, 2657f. – Transportagentur Sauerland).

Darüber hinaus kommt nach der Praxis des BKartA eine Zusammenfassung auch dann in Betracht, wenn eine Mehrzahl benachbarter Märkte betroffen sind, die in einem engen wirtschaftlichen Verhältnis zueinander stehen und die in ihrer Gesamtheit eine gesamtwirtschaftliche Bedeutung haben. Insofern kommen zunächst sachlich identische und räumlich benachbarte Märkte in Betracht. Ein klassisches Beispiel hierfür sind Lebensmittelmärkte. Eine gesamtwirtschaftliche Bedeutung besteht zumindest dann, wenn ein Zusammenschlussvorhaben den Bereich mehrerer Bundesländer durch flächendeckende Organisationsstrukturen der an dem Vorhaben beteiligten Parteien abdeckt und Umsätze auf diesen sachlich relevanten Märkten von „mehreren 100 Mio. DM" erwirtschaftet werden (siehe etwa BGH WuW/E BGH 3037, 3043 – Raiffeisen; die in diesem Fall betroffenen Umsätze lagen bei 432 Mio. EUR bzw. 388 Mio. EUR). In einem solchen Fall ist die Bagatellmarktklausel nach Auffassung des BGH nicht anwendbar. Ob dies immer schon dann gilt, wenn der zusammengefasste Umsatz der sachlich identischen und räumlich benachbarten Märkte den Schwellenwert von 15 Mio. EUR erreicht, hat der BGH offen gelassen. Das BKartA nimmt das an (siehe WuW/E KG OLG 2161, 2163 – Coop/Wandmaker; Immenga/*Mestmäcker/Veelken* § 35 Rdnr. 37). Die Instanzgerichte sprechen sich dagegen aus (siehe KG WuW/E OLG 3917, 3921 – Coop/Wandmaker; KG WuW/E OLG 4379, 4383 – Schleswig-Holsteinischer Anzeigenverlag; KG WuW/E OLG 5364, 5371 – HaGe Kiel).

Ob diese Rechtsprechung auch auf sachlich nicht identische aber eng benachbarte Märkte übertragbar ist, ist umstritten. Das BKartA votiert – kaum überraschend – für Fälle einer Reihe sachlich eng benachbarter Märkte und einer einheitlichen Unternehmenspolitik positiv (siehe BKartA WuW/E DE-V 201, 205 – Krautkräuter/Nutronik; Immenga/*Mestmäcker/Veelken* § 35 Rdnr. 37; das Schrifttum ist tendenziell ablehnend, siehe Wiedemann/*Richter* § 19 Rdnr. 51, da der sachliche Marktbegriff ein einheitlicher sei). Eine Zusammenfassung soll jedenfalls geboten sein, wenn eine Reihe von Voraussetzungen erfüllt ist:
- moderate Angebotsumstellungsflexibilität auf den benachbarten Märkten;
- das Marktgeschehen prägende Anbieter und Nachfrager sind im Wesentlichen identisch;
- die Produkte werden über die gleichen Vertriebswege abgesetzt und
- die Produkte werden einheitlich vermarktet (siehe insgesamt BKartA WuW/E DE-V 527, 529 – Marzipanrohmasse).

4. Hilfsweise Anmeldung. § 35 Abs. 1 Satz 1 Nr. 2 GWB begründet eine gesetzliche, ohne weiteres wirksame Ausnahme von der Fusionskontrolle. Es bedarf also insbesondere keines Beschlusses des BKartA, mit dem die Nichtanwendbarkeit der Fusionskontrolle festgestellt wird. Allerdings tragen die an dem Zusammenschlussvorhaben beteiligten Unternehmen damit auch das volle Subsumptionsrisiko. Das gilt vor allem für die Frage der ‚richtigen' Marktabgrenzung und Marktvolumenschätzung. Daher kann es sinnvoll sein, ein solches Vorhaben dem BKartA zu ‚präsentieren' – und gegebenenfalls hilfsweise anzumelden. Das gilt insbesondere angesichts der erheblichen Auswirkungen, die eine unzutreffende Selbsteinschätzung nach sich ziehen kann (vor allem im Hinblick auf die potenzielle Unwirksamkeit von Vollzugsakten), und da die relevanten Daten (insbesondere die Umsätze der Wettbewerber) den Beteiligten nicht ohne weiteres zugänglich sein könnten. Die Erfahrung zeigt, insbesondere im Hinblick auf das letztgenannte Element, dass die – ehrlich gemeinten – Schätzungen über die Stärke der Wettbewerber nicht unbedingt mit den Informationen übereinstimmen, die das

BKartA im Rahmen einer Markterhebung ermittelt. Insbesondere wenn die Marktvolumenschätzung auf internen Marktbeobachtungen der an dem Vorhaben beteiligten Unternehmen beruht, externe Daten zum Marktvolumen nicht verfügbar sind und sich das geschätzte Marktvolumen am Rande der Bagatellgrenze bewegt, lohnt es sich, über eine Kontaktaufnahme mit dem BKartA – und aus zeitlichen Effizienzgründen gegebenenfalls eine hilfsweise Anmeldung – nachzudenken.

5. Keine Auswirkung auf weitere Märkte. Die Ausnahmevorschrift des § 35 Abs. 2 Satz 1 Nr. 2 GWB findet ausweislich ihres Wortlauts nur insoweit Anwendung, als der Zusammenschluss ausschließlich zu Veränderungen auf einem oder mehreren Bagatellmärkten führt. Werden durch den Zusammenschluss weitere Märkte mit höheren Umsatzvolumina als 15 Mio. EUR betroffen, bleibt die Ausnahmeregelung insoweit unanwendbar (Immenga/*Mestmäcker/Veelken* § 35 Rdnr. 38). Insofern findet die Zusammenschlusskontrolle auch weiterhin Anwendung. Zeigt das Vorhaben Auswirkungen auf solchen Märkten, besteht insoweit das Anmeldeerfordernis und Vollzugsverbot (siehe auch *Bechtold* § 35 Rdnr. 35). Das Anmeldeerfordernis ‚im Übrigen' schafft allerdings keine Kompetenzen des Amtes auf den in den Anwendungsbereich der Bagatellmarktklausel fallenden Produktmärkten: Die Prüfungsbefugnis erstreckt sich auf solche Märkte nicht und eine Untersagung kann nicht auf Veränderungen des Bagatellmarktes gestützt werden (BKartA WuW/E DE-V 203, 208 – Krautkräuter/Nutronik). Dieser Befund kann in zwei Konstellationen relevant werden:

- Das Zusammenschlussvorhaben betrifft unmittelbar einen Bagatellmarkt; mittelbar folgt daraus aber auch eine gestärkte Marktposition des Erwerbers auf einem benachbarten Markt (z.B. Zusammenschlussvorhaben betrifft unmittelbar den Glasfasermarkt, berührt aber auch die Marktposition auf dem downstream gelegenen Markt für Fernmeldkabel; BKartA WuW/E BKartA 2143, 2144 – Glasfaserkabel).
- Das Zusammenschlussvorhaben betrifft neben einem Bagatellmarkt auch noch andere – volumenmäßig über dem Schwellenwert von 15 Mio. EUR liegende – Märkte, auf denen Zielunternehmen und Erwerberin tätig sind.

6. Darstellung der wettbewerblichen Gegebenheiten. Hier kommt eine – der wettbewerblichen Bedeutung der Marktbeteiligten und der potenziell involvierten Märkte angepasste – Darstellung der Wettbewerbsbedingungen in Betracht. Traditionell wählt das BKartA einen stark auf Marktstrukturen ausgerichteten Beurteilungsansatz. Insofern spielen folgende Faktoren eine potenziell bedeutende Rolle:

- Angebotsstrukturen;
- Nachfragestrukturen und Nachfragemacht;
- Marktzutritte und -austritte;
- rechtliche oder sachliche Marktzutrittsschranken;
- Bedeutung von Forschung und Entwicklung.

Der Gegenstand der Darstellung und deren Tiefe hängen von der Frage ab, welche Alternativszenarien die Notwendigkeit einer solchen Darstellung begründen. Ist der von den Parteien als Unsicherheitsfaktor erkannte Umstand lediglich in der Berechnung bzw. Schätzung des Marktvolumens zu finden, dürfte sich die Darstellung im Rahmen des hier beschriebenen halten. Steht allerdings zu befürchten, dass das Amt seine Prüfungsbefugnis durch die Anwendung seiner Bündeltheorie ableitet, ist gegebenenfalls ein größerer Markt darzustellen. Wahrscheinlich sind es solche Zweifelsfälle, in denen eine informelle Voranfrage beim BKartA die anmeldenden Unternehmen frühzeitig vor (aus der Sicht der Behörde) materiellen Fehleinschätzungen bewahren kann.

5. Angebot untersagungsabwendender Veräußerungszusagen

Bundeskartellamt
...... Beschlussabteilung
z. H. des/der Vorsitzenden
Herrn/Frau ......
Kaiser-Friedrich-Straße 16
D-53.113 Bonn
......, den ......

      Zusammenschlussvorhaben ....../......; Gesch.Z.: ...... Zusagenangebot

Sehr geehrte(r) ......,
wir beziehen uns auf die in der oben genannten Sache am ...... in Ihrem Hause durchgeführte Besprechung. Wir hatten in diesem Zusammenhang über die Möglichkeit gesprochen, die wettbewerblichen Bedenken der Beschlussabteilung hinsichtlich der aus dem Zusammenschlussvorhaben folgenden Marktposition im Bereich ...... durch das Angebot, bestimmte geschäftliche Aktivitäten an einen unabhängigen Dritten zu veräußern, auszuräumen.[1] Die Zusammenschlussbeteiligten sind in ihrer auf diesen Hinweis folgenden Analyse der wettbewerblichen Gegebenheiten zu dem Ergebnis gelangt, dass ein Abverkauf des ...... geeignet wäre, die Bedenken der Beschlussabteilung zu beseitigen. Mit der Veräußerung würde die Überlappung der geschäftlichen Aktivitäten in diesem von dem Vorhaben besonders betroffenen Marktbereich beseitigt und damit eine Zusammenführung wettbewerblicher Positionen vermieden. Somit wäre dem zusammengeschlossenen Unternehmen auch nur der Marktanteil des Zielunternehmens (in Höhe von ......%) zuzurechnen. Dass dabei der diesbezügliche Geschäftsbereich der Erwerberin veräußert werden soll,[2] erhöht die Attraktivität dieses Zusagenangebots für einen Dritten.[3] Tatsächlich dürften die diesen Aktivitäten zugrunde liegenden Vermögenswerte in der Hand eines Erwerbers sogar wettbewerblich effektiver einsetzbar sein, als die entsprechenden Aktivitäten des Zielunternehmens. ......

Vor diesem Hintergrund unterbreiten die Zusammenschlussbeteiligten dem BKartA folgendes Zusagenangebot:

1. Gegenstand der Veräußerungszusage

1.1   Veräußerungszusage

...... (im Folgenden: „die Erwerberin") verpflichtet sich, die in der ......, (im Folgenden „X"), zusammengefassten, Aktivitäten betreffend ...... zum Einsatz im ...... (im Folgenden: „das zu übertragende Geschäft") an einen Dritten zu veräußern.[4]

1.2   Konkretisierung des zu übertragenden Geschäfts

Das zu übertragende Geschäft betrifft die Entwicklung, Herstellung und den weltweiten Vertrieb von ...... zum Einsatz im ...... (im Folgenden: „die Produkte"). Das zu übertragende Geschäft erwirtschaftete im letzten abgeschlossenen Geschäftsjahr Umsätze von rund ...... Mio. EUR. Es umfasst zum ...... im Wesentlichen folgende (in der Anlage 1 individuell benannten) Mitarbeiter und Vermögensgegenstände:

- Mit dem zu veräußernden Geschäft verbundene Personen
  - ...... Mitarbeiter in dem Bereich Produktentwicklung;
  - ...... in der Produktion tätige Mitarbeiter;
  - ...... Mitarbeiter in der Allgemeinen Verwaltung;
  - ...... Vertriebsmitarbeiter;
  - ......

- betriebliche Sachmittel, zur Ausführung der Forschungs- und Entwicklungs-, der Herstellungs- sowie der Vertriebsaktivitäten, insbesondere die Produktionsstätte in ......
- Kundenlisten (umfassend rund ...... aktiv ständig betreute Kunden);
- Rahmenverträge mit rund ...... Kunden.

2. Anforderungen an potenzielle Erwerber/Zustimmungserfordernis des BKartA[5]

2.1 Bei dem Erwerber des zu übertragenden Geschäfts muss es sich um ein Unternehmen handeln, an dem die Erwerberin einschließlich aller verbundenen Unternehmen weder personell noch durch Kapitalbeteiligung (gleich in welcher Höhe) beteiligt ist [und die über keine weiteren Kapitalanteile oder Stimmrechte (gleich in welcher Höhe) gemeinsam mit der Erwerberin einschließlich aller verbundenen Unternehmen in anderen Unternehmen verfügt][6].

2.2 Erwerber darf nur ein Unternehmen sein, das bereits heute über Aktivitäten (nicht notwendigerweise in Deutschland) in dem hier sachlich relevanten Bereich (......) oder einem benachbarten Markt tätig ist. Alternativ muss der Erwerber über die für einen Marktzutritt nötigen finanziellen und personellen Ressourcen verfügen und einen Geschäftsplan darlegen können, der einen dauerhaften Verbleib auf dem relevanten Markt wahrscheinlich macht.

2.3 Der Erwerber bedarf der Zustimmung des Bundeskartellamtes. Dazu übermittelt die Erwerberin der ...... Beschlussabteilung sämtliche für den potenziellen Erwerber von der Beschlussabteilung anzufordernden Informationen, soweit diese für die Erwerberin verfügbar sind. Die Zustimmung darf nur aus den unter Ziff. 2.1 und 2.2 genannten Gründen oder aus sonstigen fusionskontrollrechtlichen Gründen versagt werden.

3. [Wettbewerbsverbot und] Abwerbeverbot[7]

3.1 [*Die Erwerberin vereinbart auf Wunsch des Erwerbers mit diesem ein Wettbewerbsverbot, das sachlich auf das zu übertragende Geschäft, räumlich auf dessen aktuellen geographischen Tätigkeitsbereich und zeitlich auf 12 Monate nach vollständigem Abschluss des Übertragungsvorgangs zu begrenzen ist.*]

3.2 Für eine Zeit von 12 Monaten nach vollständigem Abschluss des Übertragungsvorgangs verpflichtet sich die Erwerberin auf Wunsch des Erwerbers, keine Mitarbeiter des zu übertragenden Geschäfts aktiv abzuwerben.

4. Fristen

4.1 Veräußerungsfrist

Die Erwerberin verpflichtet sich, die erforderliche Veräußerung unter 1.1 innerhalb von sechs Monaten nach Zustellung des Freigabebeschlusses durch Abschluss eines bindenden Kaufvertrags (im Folgenden: „Vollzug") zu vollziehen.[8] Diese Frist kann von der ...... Beschlussabteilung auf begründeten Antrag der Erwerberin verlängert werden. Dabei wird die ...... Beschlussabteilung neben der Ernsthaftigkeit der Veräußerungsanstrengungen der Erwerberin auch den Stand etwaiger Verhandlungen mit potenziellen Käufern einerseits und die von dem andauernden Schwebezustand ausgehende Gefahr für den Bestand und die wettbewerbliche Werthaltigkeit des zu übertragenden Geschäfts andererseits in die Abwägung miteinbeziehen.

Innerhalb dieses Zeitraums ist der ...... Beschlussabteilung mindestens zwei Wochen Zeit zur Erklärung der Zustimmung oder zur Ablehnung eines Erwerbers aus den in 2.1 oder 2.2 genannten Gründen zu geben. Die Stellungnahmefrist der Beschlussabteilung sowie die oben genannte Frist von sechs Monaten verlängert sich um die Dauer der für ein gegebenenfalls erforderliches eigenständiges Fusionskontrollverfahren benötigten Zeit. Sind der ...... Beschlussabteilung, die gemäß 2.3 zu

5. Angebot untersagungsabwendender Veräußerungszusagen   **K.I.5**

übermittelnden Informationen über den Erwerber nicht innerhalb von fünf Arbeitstagen nach Anforderung zugegangen, verlängert sich die Stellungnahmefrist der ...... Beschlussabteilung um die Zahl der Arbeitstage, die die Informationen später eingegangen sind. Die Veräußerungsfrist bleibt in diesem Fall unverändert.

4.2 Frist für die Benennung eines Überwachungstreuhänders

Der Überwachungstreuhänder gemäß Ziff. 7.2 ist der ...... Beschlussabteilung innerhalb von einer Woche nach Zustellung des Freigabebeschlusses zu benennen. Die ...... Beschlussabteilung verpflichtet sich, innerhalb einer Woche ihre Zustimmung oder Ablehnung zu erklären. Grund für eine Ablehnung kann nur die fehlende Eignung des Treuhänders oder ein bei dem Treuhänder bestehender Interessenkonflikt hinsichtlich der zu übernehmenden Aufgabe sein. Bei einer Zustimmung hat der Treuhänder seine Überwachungsfunktion innerhalb einer weiteren Woche nach Zugang der schriftlichen Zustimmung aufzunehmen und dies der ...... Beschlussabteilung anzuzeigen. Sollte die ...... Beschlussabteilung den Treuhänder ablehnen, hat die Erwerberin innerhalb einer Woche nach Zugang der schriftlichen Ablehnung einen weiteren Treuhänder zu benennen. Sollte auch dieser von der ...... Beschlussabteilung abgelehnt werden, hat ein von der ...... Beschlussabteilung benannter Treuhänder die Überwachungsaufgaben zu übernehmen.

4.3 Frist für die Benennung eines Veräußerungstreuhänders

Der Veräußerungstreuhänder gemäß Ziff. 5.1 ist der ...... Beschlussabteilung spätestens vier Wochen vor Ablauf der (gegebenenfalls im Einverständnis mit der ...... Beschlussabteilung verlängerten) Veräußerungsfrist gemäß Ziff. 4.1 dieser Zusage zu benennen. Die ...... Beschlussabteilung verpflichtet sich, innerhalb einer Woche ihre Zustimmung oder Ablehnung zu erklären. Grund für eine Ablehnung kann nur die fehlende Eignung des Treuhänders oder ein bei dem Treuhänder bestehender Interessenkonflikt hinsichtlich der zu übernehmenden Aufgabe sein. Bei einer Zustimmung übernimmt der Treuhänder mit dem Ablauf der Veräußerungsfrist seine auf die Veräußerung des betroffenen Geschäfts gerichtete Funktion und zeigt dies der Beschlussabteilung an. Sollte die ...... Beschlussabteilung den Treuhänder ablehnen, hat die Erwerberin innerhalb einer Woche nach Zugang der schriftlichen Ablehnung einen weiteren Treuhänder zu benennen. Sollte auch dieser von der ...... Beschlussabteilung abgelehnt werden, hat ein von der ...... Beschlussabteilung benannter Treuhänder die Überwachungsaufgaben zu übernehmen.

4.4 Frist für die Sicherstellung der weiteren Trennung des zu übertragenden Geschäfts von der Erwerberin

Bei dem zu übertragenden Geschäft handelt es sich derzeit um ein selbstständiges Unternehmen innerhalb der Unternehmensgruppe der Erwerberin. Hieran wird sich – insbesondere im Hinblick auf die Ziff. 6.1.1 dieser Zusage – bis zu deren Vollzug nichts ändern.

Sollte die Erwerberin allerdings die formale Herauslösung des zu übertragenden Geschäfts aus ihrer Unternehmensgruppe durch Einsetzung eines Treuhänders und Übertragung der Geschäftsanteile auf diesen bevorzugen, ist der ...... Beschlussabteilung ein dahingehender Vorschlag ebenfalls innerhalb von einer Woche nach Zustellung des Freigabebeschlusses zu benennen. Die ...... Beschlussabteilung verpflichtet sich dann ihrerseits auch, innerhalb einer Woche ihre Zustimmung oder Ablehnung zu erklären. Bei einer Zustimmung hat der Treuhänder seine Überwachungsfunktion innerhalb einer weiteren Woche nach Zugang der schriftlichen Zustimmung aufzunehmen und dies der ...... Beschlussabteilung anzuzeigen. Sollte die ...... Beschlussabteilung den Treuhänder ablehnen, hat die Erwerberin innerhalb einer Woche nach Zugang der schriftlichen Ablehnung einen weiteren Treuhänder zu benennen. Sollte auch dieser von der ...... Beschlussabteilung abgelehnt werden, hat ein von der ...... Beschlussabteilung benannter Treuhänder die Überwachungsaufgaben zu übernehmen.

5. Veräußerungstreuhänder

5.1 Einsetzung eines Veräußerungstreuhänders[9]

Die Erwerberin verpflichtet sich, mit Ablauf der Veräußerungsfrist gemäß Ziff. 4.1 dieser Zusage das zu übertragende Geschäft und insbesondere die Geschäftsanteile an dem zu übertragenden Geschäft auf einen unabhängigen und sachkundigen Treuhänder (im Folgenden: „Veräußerungstreuhänder") zu übertragen. Sie wird darüber hinaus dem Veräußerungstreuhänder den unwiderruflichen Auftrag zur Veräußerung des zu übertragenden Geschäfts an einen von der ...... Beschlussabteilung zu akzeptierenden Dritten erteilen. Der Veräußerungstreuhänder verpflichtet sich zu einer schnellstmöglichen Veräußerung des zu übertragenden Geschäftsbereichs. Dabei hat er dem Interesse der Erwerberin an der Erzielung eines dem Wert des zu übertragenden Geschäfts entsprechenden Veräußerungserlöses in hinreichender, jedoch nicht das primäre Interesse an einer zügigen Veräußerung gefährdender Weise Rechnung zu tragen. Einen negativen Veräußerungserlös darf der Veräußerungstreuhänder allerdings nur mit Zustimmung der Erwerberin akzeptieren. Ein etwaiger Veräußerungserlös steht weiterhin der Erwerberin zu.

Die Ernennung des Überwachungstreuhänders bedarf der Zustimmung der ...... Beschlussabteilung gemäß Ziff. 7.2 dieser Zusage. Die Kosten für die Bestellung und Tätigkeit des Überwachungstreuhänders trägt die Erwerberin. Der Veräußerungstreuhänder kann identisch mit einem gegebenenfalls nach Ziff. 7.2 einzusetzenden Treuhänder sein.

6. Verhaltenspflichten während der Übergangszeit

6.1 Verhaltenspflichten vor Veräußerung

6.1.1 Aufrechterhaltung der Trennung des zu übertragenden Geschäfts von der Erwerberin bis zur Übertragung[10]

Das zu übertragende Geschäft ist derzeit in einem selbstständigen Unternehmen innerhalb der Unternehmensgruppe der Erwerberin angesiedelt. Zwar bestimmen Vertreter der Erwerberin den Willensbildungsprozess in der Gesellschafterversammlung dieser Gesellschaft, jedoch genießt die Geschäftsführung der Gesellschaft innerhalb der gesteckten Rahmenbedingungen weitestgehende wettbewerbliche Autonomie. Darüber hinaus sind Mitglieder der Geschäftsführung des zu veräußernden Geschäfts in keinen anderen Gesellschaften der Unternehmensgruppe der Erwerberin in Aufsichtsorganen oder leitenden Positionen vertreten. Die Erwerberin verpflichtet sich, an diesem Zustand keine Veränderungen vorzunehmen und so die Trennung des zu übertragenden Geschäfts von der Erwerberin im Sinne der Ziff. 1.2 dieser Zusage durch dessen Veräußerung an einen Erwerber im Sinne von Ziff. 2 bis zu deren Vollzug aufrechtzuerhalten.

Darüber hinaus verpflichtet sich die Erwerberin durch Errichtung effektiver *Chinese Walls* dafür Sorge zu tragen, dass in diesem Zeitraum keine wettbewerblich relevanten Informationen zwischen dem zu übertragenden Geschäft und den übrigen Unternehmen der Erwerberin ausgetauscht werden.

Sofern die Erwerberin sich zur Einsetzung eines von ihr unabhängigen und sachkundigen Treuhänders entschließt, wird sie diesen ihr gegenüber verpflichten, das zu übertragende Geschäft bis zu seiner endgültigen Übertragung mit der Sorgfalt eines ordentlichen Kaufmannes im Rahmen der bisherigen Geschäftsgrundsätze weiter zu betreiben. Die Erwerberin verpflichtet sich in diesem Fall, jegliche Einflussnahme auf das zu übertragende Geschäft zu unterlassen. Die Ernennung des Treuhänders und Übergabe des zu übertragenden Geschäfts bedarf der vorherigen

Zustimmung der ...... Beschlussabteilung. Voraussetzung für diese Zustimmung ist, dass der Treuhänder die hier aufgeführten Verpflichtungen übernimmt.

6.1.2 Aufrechterhaltung des vollen Wertes des zu übertragenden Geschäfts

Die Erwerberin verpflichtet sich, den vollen wirtschaftlichen Wert des zu übertragenden Geschäfts bis zum Vollzug der hier abgegebenen Zusagen zu wahren. Dies beinhaltet die Verpflichtung zur Weiterbelieferung des zu übertragenden Geschäfts mit ......, den zur Herstellung der Produkte erforderlichen Vorprodukten, in einem Umfang und zu Konditionen, die eine sinnvolle Weiterführung dieses Geschäfts ermöglichen.

6.2 Verhaltenspflichten nach Veräußerung

Um dem Erwerber ausreichende Möglichkeit zu geben, (i) die Produktion des zu übertragenden Geschäfts auf den Einsatz von Vorprodukten aus dritter Quelle umzustellen und (ii) bestehende Verpflichtungen gegenüber derzeitigen Kunden des zu übertragenden Geschäfts bis zu deren Ende zu erfüllen, verpflichtet sich die Erwerberin, das zu veräußernde Geschäft auch über den Vollzug der Veräußerungszusage gemäß Ziff. 5.1 hinaus für weitere 6 Monate mit Vorprodukten zu beliefern. Die Konditionen werden dem im Rahmen von Ziff. 1.2 von der ...... Beschlussabteilung akzeptierten entsprechen. Der Umfang der Belieferung wird sicherstellen, dass eine Umstellung der derzeitigen Produktion auf Vorprodukte aus dritter Quelle im Rahmen des normalen Geschäftsgangs möglich ist. Sie wird allerdings nicht darüber hinaus gehen.

7. Berichtspflichten/Überwachungstreuhänder

7.1 Berichtspflichten

Die Erwerberin verpflichtet sich, die ...... Beschlussabteilung bis zum Vollzug und darüber hinaus bis zum Ablauf der Weiterbelieferungspflicht gemäß Ziff. 6.2 dieser Zusage über den Stand der Umsetzung dieser Zusage zu unterrichten. Diese Berichte sollen im Abstand von drei Monaten, beginnend mit der Zustellung des Freigabebeschlusses erfolgen und die wesentlichen Maßnahmen der Umsetzung dieser Aufgabe darstellen. Nach Erfüllung sämtlicher Verpflichtungen aus dieser Zusage ist der ...... Beschlussabteilung ein Abschlussbericht vorzulegen, der die getroffenen Maßnahmen zusammenfassend darstellt. Die hier dargestellten Berichtspflichten können auch durch den nach Ziff. 7.2 einzusetzenden Treuhänder erfüllt werden.

7.2 Einsetzung und Aufgaben des Überwachungstreuhänders

Die Erwerberin verpflichtet sich, für die Zeit bis zum Vollzug einen unabhängigen und sachkundigen Treuhänder (im Folgenden: „Überwachungstreuhänder") mit der Überwachung der Einhaltung der sich aus dieser Zusage ergebenden Verhaltenspflichten zu beauftragen.[11] Die Ernennung des Überwachungstreuhänders bedarf der Zustimmung der ...... Beschlussabteilung. Die Kosten für die Bestellung und Tätigkeit des Überwachungstreuhänders trägt die Erwerberin. Der Überwachungstreuhänder kann identisch mit einem gegebenenfalls nach Ziff. 5.1 einzusetzenden Treuhänder sein.

7.3 Einholung von Auskünften bei dem Überwachungstreuhänder

Die ...... Beschlussabteilung ist bis zur vollständigen Erfüllung der aus dieser Zusage folgenden Pflichten berechtigt, jederzeit von der Erwerberin oder dem Überwachungstreuhänder Auskünfte über den Stand der Umsetzung dieser Zusagen einzuholen. Etwaige Kosten hierfür trägt die Erwerberin.
Wir gehen davon aus, dass mit diesem Zusageangebot die wettbewerblichen Bedenken der Beschlussabteilung ausgeräumt werden können und keine Gründe für eine Untersagung des angemeldeten Vorhabens mehr bestehen. Angesichts der

Zeit, die seit Anmeldung des Vorhabens bereits vergangen ist, wären wir für eine schnelle Prüfung des Angebots und Freigabe des Vorhabens dankbar. Sollten Sie noch weitere Fragen haben, stehen wir Ihnen selbstverständlich jederzeit zur Verfügung.

Mit freundlichen Grüßen

......

(Rechtsanwalt)

Schrifttum: Uhlig, Auflagen und Bedingungen in der deutschen Fusionskontrolle, WuW 2000, 574.

Anmerkungen

1. Möglichkeit Untersagungsabwendender Zusagen. Bis zur 6. GWB-Novelle war es höchst fraglich, ob fusionskontrollrechtliche Bedenken des BKartA im Wege der Zusage ausgeräumt werden konnten. Dies galt jedenfalls für den Fall, in dem die Zusage erst nach Vollzug der Transaktion erfüllt werden soll. Die Vorschrift des § 24 Abs. 1 GWB a. F. ließ in ihrer Alternativität nur die Untersagung oder Nichtuntersagung, nicht jedoch die Freigabe unter Auflagen oder Bedingungen zu. Der seit dem 1. Januar 1999 geltende § 40 Abs. 3 GWB ermöglicht nunmehr ausdrücklich die Freigabe unter Auflagen oder Bedingungen. Dies gilt allerdings nur für Freigaben im Hauptprüfverfahren. Während der ersten Monatsfrist findet das Fusionskontrollverfahren weiterhin durch behördeninternen Einstellungsbeschluss (und dessen Mitteilung im Wege des sog. ‚Freigabeschreibens') seinen Abschluss. Hier bleibt es angesichts des Fehlens einer nach außen gerichteten Verfügung weiterhin dabei, dass sich für Auflagen und Bedingungen kein rechter Anknüpfungspunkt findet. Kommen in diesen Fällen untersagungsabwendende Zusagen in Betracht – etwa weil das Vorhaben zwar wettbewerblich nicht völlig unbedenklich, gleichwohl extrem eilbedürftig aber einer Lösung über eine Befreiung vom Vollzugsverbot nicht zugänglich ist – bleibt es bei der alten Zusagenpraxis des BKartA (siehe hierzu im Einzelnen Wiedemann/*Richter* § 21 Rdnr. 52 ff.).

Obwohl das Verfahren im Hauptprüfverfahren somit durch eine Freigabe unter Auflagen oder Bedingungen beendet wird, liegt solchen Nebenbestimmungen regelmäßig eine entsprechende Zusage der Zusammenschlussbeteiligten zugrunde. Dies hat vor allem praktische Gründe. Das BKartA ist nicht daran interessiert, ein wettbewerbliche Probleme aufwerfendes Zusammenschlussvorhaben unter häufig komplexen Auflagen und/oder Bedingungen freizugeben, wenn die Zusammenschlussbeteiligten nicht daran interessiert sind, das Vorhaben auch unter solchen Modifikationen zu vollziehen. Daher wird das Amt in der Regel nur das in die Entscheidung aufnehmen, was die Parteien zuvor im Rahmen der Verhandlungen mit der Behörde akzeptiert haben. Die Zusage ist auch weiterhin ein probates Mittel, diese Willensübereinstimmung sicherzustellen. Vor allem aber zeigt sich das Amt jedenfalls in der Außendarstellung sehr zurückhaltend, die Konzeption und Ausgestaltung der jeweiligen Modifikationen selbst in die Hand zu nehmen. Die Beamten überlassen es vielmehr den Parteien, Angebote zu unterbreiten, die aus ihrer Sicht geeignet wären, die Bedenken des Amtes auszuräumen. Das Amt hat allerdings in der Regel eine ziemlich genaue Vorstellung davon, was zur Abwendung der Untersagung erforderlich ist. Es ist daher nicht auszuschließen, dass die Diskussionen um die Zusage sich als Verhandlungen darstellen, in denen die Parteien so lange ‚nachlegen' bis dem Amt ein aus dessen Sicht ‚adäquater' Vorschlag vorliegt.

Auswirkungen dürfte ein Zusagenangebot allerdings auch auf die Anfechtungsmöglichkeiten der Parteien haben. Jedenfalls wenn einer Auflage oder Bedingung in der Endentscheidung ein solches Angebot zugrunde liegt, dürfte es insoweit an einer materiellen Beschwer der Beteiligten fehlen (so auch *Bechtold* § 40 Rdnr. 26; GemK/*Bosch* § 40 Rdnr. 24) und eine Anfechtungsmöglichkeit der Entscheidung daher ausgeschlossen sein.

2. Gegenstand der Zusage. Die Zusagen müssen sich nicht unbedingt auf das zu übernehmende Geschäft beziehen. Denkbar (obwohl aus Sicht des Erwerbers emotional häufig schwieriger zu akzeptieren) sind durchaus auch Zusagen, die sich auf das Geschäft des Erwerbers beziehen (etwa den Abverkauf eines bestimmten Geschäftsbereichs betreffen). Das kann durchaus unternehmerischer Logik entsprechen – etwa in einem Fall, in dem die eigenen Anlagen älteren Datums sind und man mit der Transaktion eine Modernisierung seiner Produktion bezweckt. Aus der Sicht eines Dritten kann das Angebot solcher Aktivitäten durchaus eine attraktive Chance für den Markteintritt zu einem günstigen Preis zu sehen sein. Vor diesem Hintergrund empfiehlt es sich bei der Konzeption der Zusage, sämtliche potenziell in Betracht kommenden Aktivitäten in die Überlegungen mit einzubeziehen. Die Zusage muss sich nicht unbedingt auf den Produktmarkt beziehen, auf dem das Vorhaben zu wettbewerblichen Bedenken führt. Denkbar ist auch eine Zusage, die einen vorgelagerten Markt betrifft, jedoch Wettbewerbern eine effektive Teilnahme am Wettbewerbsgeschehen auf dem nachgelagerten Markt ermöglicht (so etwa BKartA B2–71/10 Van Drie/Alpuro).

3. Markttest. Das BKartA verlässt sich bei der Entgegennahme von Zusagen nicht ausschließlich auf die eigene Analyse. Vielmehr werden Zusagenangebote regelmäßig einem so genannten ‚Markttest' unterworfen. Hierzu bedarf das BKartA einer nichtvertraulichen Fassung oder eine Zusammenfassung des Zusagenangebots. Diese muss zumindest den Veräußerungsgegenstand sowie etwaige Nebenangebote (wie etwa weiter geltende Belieferungspflichten) hinreichend konkret umschreiben, kann jedoch auf vertrauliche, für die Bewertung der Tragfähigkeit des Angebots nicht unbedingt erforderliche Elemente (vor allem die zur Veräußerung eingeräumten Fristen) verzichten.

Der Markttest dient dazu, von Dritten zu erfahren, ob durch die Zusage eine wettbewerblich bedenkliche Konzentration von Marktmacht vermieden werden kann; auch heute wendet sich das BKartA dabei häufiger an Wettbewerber als an die primär betroffenen Kunden. Offensichtlich spielt hier eine Vielzahl unterschiedlicher Interessen eine Rolle, die im Einzelfall zu höchst komplexen Verhandlungen führen kann. Das gilt insbesondere, wenn (was häufig der Fall sein dürfte) einer der befragten Dritten als potenzieller Erwerber in Betracht kommt. Die Eingaben eines solchen Dritten sind natürlich von einem gewissen Eigeninteresse geprägt. Das Amt ist sich dem Umstande durchaus bewusst und versucht, Äußerungen entsprechend zu bewerten. Dennoch besteht die Gefahr, dass Aushandlung und Umfang der konkreten Zusage stark von den Interessen solcher Dritter bestimmt werden.

4. Veräußerungszusage. Nach dem Wortlaut des § 40 Abs. 3 Satz 2 GWB dürfen sich Auflagen und Bedingungen nicht darauf richten, die Zusammenschlussbeteiligten einer laufenden Verhaltenskontrolle zu unterstellen. Daraus ist geschlossen worden, dass lediglich Zusagen (und darauf aufbauende Auflagen und Bedingungen) in Betracht kommen, die das Zusammenschlussvorhaben in seiner Struktur betreffen (siehe *Bechtold* § 40 Rdnr. 24). Selbst wenn die Mehrzahl der Zusagen auf Veräußerungszusagen entfällt, wäre es falsch zu behaupten, dass nur solche Zusagen akzeptabel seien. Die Abgrenzung, was eine „laufende Verhaltenskontrolle" darstellt (und damit nicht mehr akzeptabel ist) und was die Marktstrukturen betrifft, ist schwierig. Die Grenze des Zulässigen lässt sich im Einzelfall letztlich aus der Begründung der gesetzlichen Regelung ableiten. Da die Fusionskontrolle die Bewertung marktstruktureller Konzentrationsvorgänge betrifft, sollten sämtliche in diese Prüfung aufgenommenen Elemente einen Bezug zur Marktstruktur haben. Motivierendes Element ist angesichts der Vielzahl von Fusionskontrollverfahren auch, den fortdauernden Prüfungsaufwand der Behörde in überschaubaren Grenzen zu halten.

Vor diesem Hintergrund akzeptiert das Amt in seiner Praxis richtigerweise auch Zusagen, die nicht den Zusammenschlussvorgang als solchen betreffen. Das gilt jedenfalls, sofern die Zusagen die marktstrukturellen Probleme effektiv zu beseitigen geeignet sind, und einen begrenzten Prüfungsaufwand erfordern. Obwohl auf ein bestimmtes Verhalten bezogen, werden auf die Erteilung von Technologie- und Markenlizenzen bezogene Zusagen häufig akzeptiert (siehe auch *Bechtold* § 40 Rdnr. 24). Entsprechendes dürfte für sog. Know-how-Zusagen gelten, die sich darauf beziehen, Dritten bestimmte technische Kenntnisse zugänglich zu machen (siehe hierzu TB 1981/82 S. 106 – Mannesmann/Kienzle; Wiedemann/*Richter* § 21 Rdnr. 64). Sie haben unmittelbare Auswirkungen auf die Marktstruktur, da sie – ebenso wie der Verkauf bestimmter Geschäftsbereiche – unmittelbar weitere Wettbewerber in die Lage versetzen, eine eigene Tätigkeit aufzunehmen. Gleichzeitig beschränkt sich der Kontrollaufwand im Wesentlichen auf die öffentliche Bekanntmachung der Absicht, solche Rechte einzuräumen. Gleiches gilt im Bereich netzgebundener Industrien für die Veröffentlichung von Netzzugangsbedingungen und -entgelten, detaillierter Netzkarten oder die Erteilung einer Erlaubnis zur Herstellung von Physischen Verbindungen zwischen Netzen der Zusammenschlussbeteiligten und den Netzen Dritter (siehe hierzu TB 1999/2000 S. 23). Häufig werden bestimmte Verhaltenspflichten als Nebenaspekt zur Absicherung einer primär strukturellen Veräußerungszusage verwendet (siehe z. B. jüngst BKartA B2–71/10 Van Drie/Alpuro, bezüglich des Verbots des künftigen Abschlusses von Kälbermastverträgen zur Absicherung der Effektivität einer Veräußerung von Betrieben, die diesem Zweck dienten). Am anderen Ende des Spektrums stehen reine Belieferungszusagen, die von ihrem Inhalt und der Dauer der Abwicklung (hier ist ggf. nicht nur die einmalige Lizenzerteilung, sondern ein dauerndes Belieferungsverhältnis zu überwachen) einen marktstrukturellen Bezug vermissen lassen und einen beachtlichen Überwachungsaufwand mit sich bringen. Solche Zusagen wird das BKartA kaum akzeptieren.

5. Potenzielle Erwerber. In der Praxis akzeptiert das BKartA nur solche Erwerber, die nicht nur von den Zusammenschlussbeteiligten hinreichend unabhängig sind, sondern auch über finanzielle und sachliche Ressourcen sowie das ggf. notwendige fachliche Know-how verfügen, um das zu übernehmende Geschäft erfolgreich am Markt weiterzuführen. Bei branchenfremden Investoren – insbesondere bei Finanzinvestoren – prüft die Behörde besonders kritisch, ob die Umsetzung der Zusage/Auflage tatsächlich dazu führen wird, einen Wettbewerber dauerhaft auf dem Markt zu etablieren (und damit die erwünschten marktstrukturellen Wirkungen herbeizuführen). Das BKartA schreckt nicht davor zurück, detaillierte Geschäftspläne für die Fortentwicklung des zu übertragenden Geschäfts einzufordern und sie mit dem behördlichen Sachverstand auf ihre Belastbarkeit hin zu überprüfen.

6. Keine gemeinsamen Beteiligungen an dritten Unternehmen. Diese Voraussetzung, obwohl kartellbehördlicherseits – insbesondere von der EU Kommission – häufig gefordert, kann einen substantiellen Einfluss auf den Kreis potenzieller Erwerber haben. Dies gilt insbesondere für Industrien (wie etwa die chemische Industrie), in denen Konzentrationsprozesse oder das Erfordernis der Produktionsoptimierung ein gemeinsames Handeln durchaus üblich machen. Bestehen solche Beteiligungen in Bereichen, die keine unmittelbare wettbewerbliche Beziehung zu dem zu veräußernden Geschäftsbereich aufweisen, ist auch das durch sie bedingte Risiko einer Verhaltenskoordination gering. In einem solchen Fall ist die zusätzliche Einschränkung des Erwerberkreises eigentlich nicht gerechtfertigt. Die beteiligten Unternehmen sollten daher darauf drängen, einen solchen Zusatz nicht in das Zusagenangebot aufzunehmen. Besteht aus Sicht der Kartellbehörde im konkreten Fall dennoch ein erhöhtes Koordinationsrisiko, kann dieses in der – begründeten – Ablehnung des Erwerbers geltend gemacht werden.

7. Wettbewerbsverbot und Abwerbeverbot. Ein Abwerbeverbot hinsichtlich der bei dem zu veräußernden Geschäft beschäftigten Mitarbeiter liegt auf der Hand, wenn sich diese Aktivitäten als eigenständiges Geschäft am Markt etablieren sollen. Anders sieht es bezüglich des Wettbewerbsverbots aus: Eine Zusage wird häufig in Betracht kommen, um die Zusammenführung wettbewerblicher Positionen des Erwerbers und des Zielunternehmens zu vermeiden. In einem solchen Fall ergibt es keinen rechten Sinn, ein Wettbewerbsverbot zu vereinbaren, denn es würde dem Erwerber die Nutzung auch der bei ihm verbleibenden Aktivitäten untersagen. Sofern das zu übertragende Geschäft alle Voraussetzungen für einen effektiven eigenständigen Marktauftritt auch unter einem neuen Eigentümer mitbringt, ist eigentlich auch ein Wettbewerbsverbot überflüssig. Denkbar und sinnvoll kann aber auch in einer solchen Situation die Verpflichtung sein, Informationen zu bestehenden Kundenkontakten effektiv dem Zugriff der Zusammenschlussbeteiligten zu entziehen und auf den Dritten zu übertragen.

8. Umsetzungsfrist. Teil der kartellbehördlichen Auflage ist in der Regel auch eine Frist für die Erfüllung der Zusage. Diese wird grundsätzlich knapp bemessen und dürfte 6 Monate nur in Ausnahmefällen überschreiten. Bislang hat sich der aus der US-amerikanischen Behördenpraxis bekannte Ansatz, einen „upfront-buyer" – also einen Erwerber, der das betroffene Geschäft noch vor Freigabe übernimmt – zu verlangen, nicht durchgesetzt. Rechtstechnisch wäre ein solches Vorgehen (durch einverständliche Fristverlängerungen) zwar denkbar, es würde jedoch dem Charakter des deutschen Fusionskontrollverfahrens – und insbesondere seiner Ausrichtung an knappen Fristvorgaben – widersprechen. Daher geht die Behörde richtigerweise den Weg, die Freigabeverfügung unter die Bedingung des Vollzugs der Zusage zu stellen. Dabei dürfte die auflösende Bedingung das richtige Mittel darstellen. Zwar vermittelt die aufschiebende Bedingung eine größere Sicherheit für ihre Erfüllung (immerhin darf das Vorhaben nicht vollzogen werden, bis die Zusage erfüllt ist), sie widerspricht jedoch dem Sinn und Zweck des Fusionskontrollverfahrens, das den beteiligten Unternehmen den Vollzug ihres Vorhabens innerhalb überschaubarer Fristen ermöglichen soll (siehe aber auch BKartA B4–1002/06, Remmondis/SAS Schwerin, wo sich das Amt der aufschiebenden Bedingung bedient, und jüngst ebenso BKartA B2–71/10 Van Drie/Alpuro).

Veräußerungsfristen werden bewusst kurz gehalten, um – auch angesichts der Sanktionen bei Fristversäumung – einen Anreiz für die schnelle Umsetzung der Zusagen zu geben. Gestalten sich die Verhandlungen schwierig, kann das Amt einer Fristverlängerung zustimmen. Das gilt insbesondere für die Fälle, in denen ein potenzieller Erwerber die Verhandlungen hinzieht, um den zeitlichen und damit wirtschaftlichen Druck auf die Zusammenschlussbeteiligten zu erhöhen. Gelingt zumindest die Glaubhaftmachung einer solchen Taktik, sollte eine Fristverlängerung eigentlich möglich sein. Es ist allerdings auch zu beachten, dass das Amt Hinhaltetaktiken der Zusammenschlussbeteiligten ungnädig aufnimmt. Fristverlängerungen sind die Ausnahme und nicht die Regel.

9. Veräußerungstreuhänder. Die Bestellung eines Veräußerungstreuhänders ist – obwohl im europäischen Fusionskontrollrecht absolut üblich – im Verfahren vor dem BKartA noch immer die Ausnahme. Soweit im Rahmen der Zusage (und dementsprechend auch in der Freigabeentscheidung) überhaupt Regelungen für den Fall der Nichterfüllung durch den Erwerber getroffen werden, ist es üblicher, an die Nichterfüllung der Verpflichtung zum fristgerechten Verkauf „lediglich" die Sanktion der auflösenden Bedingung zu knüpfen.

Sofern ein Veräußerungstreuhänder zum Einsatz kommt, muss sichergestellt werden, dass er gegenüber den Zusammenschlussbeteiligten eine hinreichende Unabhängigkeit verfügt. Keinesfalls kann es sich bei ihm um ein verbundenes Unternehmen oder ein sonstiges Beteiligungsunternehmen handeln. Ebenso wenig dürfte es nach den im europäischen Kontext gesammelten Erfahrungen in Betracht kommen, den mit der Testierung des Jahresabschlusses der Erwerberin beauftragten Wirtschaftsprüfer für diese Aufgabe vorzusehen. Zu weitgehend dürfte es jedoch sein, in Anlehnung an die Brüsseler Praxis zu fordern, dass ein mit dieser Aufgabe betrauter Wirtschaftsprüfer seinerseits innerhalb der folgenden 5 Jahre keine Prüfungsaufträge für die Gruppenunternehmen der Zusammenschlussbeteiligten annimmt.

10. Trennung des zu übertragenden Geschäfts von den übrigen Aktivitäten der Zusammenschlussbeteiligten. Wesentliches Element bei einer Veräußerungszusage ist die Trennung des zu übertragenden Geschäfts von den sonstigen Aktivitäten der Zusammenschlussbeteiligten. Damit soll vermieden werden, dass der Erwerber den wirtschaftlichen Wert und das wettbewerbliche Potential dieses Geschäfts auf sich überträgt und auf diese Weise der Veräußerung ihre wesentliche Bedeutung nimmt. Zu diesem Zwecke kommen vor allem die gesellschaftsrechtliche Isolierung dieser Aktivitäten (etwa durch Übertragung in eine eigenständige Gesellschaft oder Belassung in einer solchen), zumindest jedoch deren organisatorische Trennung von dem bei den Zusammenschlussbeteiligten verbleibenden Aktivitäten in Betracht.

Darüber hinaus ist durch die Errichtung sog. Chinese Walls dafür Sorge zu tragen, dass dem Erwerber keine wettbewerblich relevanten Informationen (mehr) zukommen können. Dies gilt natürlich insbesondere aber nicht nur für den Fall, in dem das zu veräußernde Geschäft beim Zielunternehmen angesiedelt ist, der Erwerber also bislang noch keine detaillierten Informationen über diese Aktivitäten hat. Auch für den Fall, in dem bei dem Erwerber angesiedelte Aktivitäten zu veräußern sind, sollte für die Zukunft eine möglichst weitgehende Isolierung des relevanten Geschäfts erfolgen. Eine wesentliche Maßnahme ist es, bestehende Doppelmitgliedschaften der für das zu übertragende Geschäft tätigen Personen in anderen Organen der Zusammenschlussbeteiligten zu beenden. Darüber hinaus ist es nahe liegend, die Mitarbeiter des zu übertragenden Geschäftsbereichs durch geeignete Verschwiegenheitsverpflichtungen an der Weitergabe wettbewerbsrelevanter Informationen zu hindern. Schließlich kommt auch –

soweit relevant – die Wahrnehmung der Gesellschafterrechte in den Gremien des zu übertragenden Geschäftsbereichs durch einen zur Verschwiegenheit verpflichteten Treuhänder oder sogar die Übertragung der Geschäftsanteile an eine solche Person in Betracht. Letztlich liegen solche Maßnahmen auch im Interesse der Zusammenschlussbeteiligten. Indem sie sichtbar die Eigenständigkeit des zu übertragenden Geschäfts belegen, erhöhen sie die Werthaltigkeit des Veräußerungsgegenstandes und damit wahrscheinlich auch den erzielbaren Veräußerungserlös.

11. Überwachungstreuhänder. Ebenso wie der Veräußerungstreuhänder ist auch der Überwachungstreuhänder eine in der deutschen Fusionskontrolle noch relativ seltene Erscheinung. In der Regel vertraut die Behörde auf die effektive Berichterstattung durch die Zusammenschlussbeteiligten selbst. Ein *Überwachungstreuhänder* – wie er im europäischen Kontext genannt wird – ist daher eher noch eine Ausnahmeerscheinung. Ihn in eine Zusage mit einzubeziehen, dürfte sich wahrscheinlich immer dann anbieten, wenn die effektive Trennung des zu übertragenden Geschäfts von dem Erwerber schwierig oder komplex ist. Das kann vor allem dann der Fall sein, wenn das zu übertragende Geschäft nicht in einer deutlich abgegrenzten Einheit verortet ist, sondern zunächst aus dem Gesamtzusammenhang einer wirtschaftlichen Einheit herausgelöst werden muss. In solchen Fällen kann die Behörde Wert darauf legen, die effektive Trennung durch einen unabhängigen Dritten überwachen zu lassen.

6. Antrag auf Beiladung zum Verfahren

Beiladungsantrag[1]

Bundeskartellamt[2]
...... Beschlussabteilung
z. H. des/der Vorsitzenden
Herrn/Frau ......
Kaiser-Friedrich-Straße 16
D-53113 Bonn

......, den ......

Zusammenschlussvorhaben ....../......; GeschZ.: B......-....../07[3]
Beiladungsantrag

Sehr geehrte(r) ......,

wir vertreten die ...... (im Folgenden: Beizuladende).[4] Namens und in Vollmacht unserer Mandantin beantragen wir,
    die Beizuladende im oben genannten Fusionskontrollverfahren gemäß § 54 Abs. 2 Nr. 3 GWB beizuladen.[5]
Die Beizuladende ist der Beschlussabteilung bekannt. Sie ist – ebenso wie die an dem Zusammenschlussvorhaben beteiligten Unternehmen – auf dem Markt für ...... tätig. Ihre wettbewerbliche Stellung auf diesem von dem angemeldeten Zusammenschlussvorhaben besonders nachhaltig betroffenen Markt wurde von der Beschlussabteilung im Rahmen der Befragung von Wettbewerbern bereits in groben Zügen erhoben. Danach dürfte es offensichtlich sein, dass die Beizuladende im Bereich ...... zu den wenigen dort noch verbliebenen Wettbewerbern der Zusammenschlussbeteiligten gehört.
Ihre unternehmerischen Interessen würden durch den Vollzug des angemeldeten Zusammenschlussvorhabens erheblich berührt. Jedes der an dem Vorhaben beteiligten Unternehmen verfügt bereits heute über eine starke Marktposition, die insbesondere durch ......, ... und – im Falle von ...... – durch ...... begründet ist und sich in entsprechend hohen Marktanteilen widerspiegelt. Aus Sicht der Beizuladenden besteht die Gefahr, dass

6. Antrag auf Beiladung zum Verfahren — K.I.6

sich diese starken Marktpositionen durch den Zusammenschluss noch weiter verstärken würden. Die auf diese Weise begründete überragende Marktstellung würde die wettbewerblichen Chancen der übrigen Wettbewerber noch weiter verringern und – so steht zu befürchten – auf Dauer zu weiteren Marktaustritten (und einer damit einhergehenden Verschlechterung der Marktstrukturen) führen.[6] Das begründet die konkrete Gefahr von durch den Wettbewerb nicht hinreichend kontrollierter Verhaltensspielräumen der beteiligten Unternehmen auf dem Markt für ......

Selbstverständlich ist die Beizuladende angesichts ihrer – auf langjähriger Tätigkeit in diesem Bereich basierenden – Marktkenntnisse bereit und in der Lage, an dem Fusionskontrollverfahren in verfahrensfördernder Weise mitzuwirken.[7] Vor diesem Hintergrund erscheint die Beiladung unserer Mandantin sinnvoll und geboten.

Sollten Sie hierzu noch Fragen haben, stehen wir Ihnen selbstverständlich gerne zur Verfügung.

Mit freundlichen Grüßen

......

(Rechtsanwalt)

Schrifttum: Bechtold, Kartellgesetz, Gesetz gegen Wettbewerbsbeschränkungen: Kommentar, 5. Aufl. 2008, § 54; *Dorrmann*, Drittklagen im Recht der Zusammenschlusskontrolle, 2000; Immenga/Mestmäcker/*Karsten Schmidt*, Gesetz gegen Wettbewerbsbeschränkungen: Kommentar, 4. Aufl. 2007, § 54; *Kevekordes*, Zur Rechtsstellung des Beigeladenen im Kartellrecht, WuW 1987, 365; Langen/Bunte/*Schultz*, Kommentar zum deutschen und europäischen Kartellrecht, 10. Aufl. 2006, § 54; *Karsten Schmidt*, Notwendige Beiladung betroffener Dritter im Kartellverwaltungsverfahren, BB 1981, 758; *ders.*, Die Stellung des Dritten im Kartellverfahren, in: Schwerpunkte des Kartellrechts 1983/84, 1985, S. 33; Wiedemann/*Klose*, Handbuch des Kartellrechts, 2. Aufl 2008, § 53.

Anmerkungen

1. Funktion/Wesen/Bedeutung. Der Beiladungsantrag ist darauf gerichtet, einen Dritten, der nicht **ipso iure** (also nach § 54 Abs. 2 Nr. 1, 2 und 4 GWB) am Fusionskontrollverfahren beteiligt ist (also der Erwerber, das Zielunternehmen und – in den Fällen des Vermögenserwerbs auch der Veräußerer), in dieses Verfahren förmlich einzubeziehen. In Betracht kommen hier vor allem Kunden, Wettbewerber und Lieferanten der an dem Zusammenschluss beteiligten Unternehmen (siehe *Bechtold* § 54 Rdnr. 5). Bei der Beiladung handelt es sich um einen Verwaltungsakt im Sinne des § 54 Abs. 2 Nr. 3 GWB (vgl. § 13 Abs. 1 Satz 2 VwVfG für das allgemeine Verwaltungsrecht).

Ziel der Beiladung ist die verfahrensmäßige Wahrung von Drittinteressen oder Drittrechten sowie die möglichst umfassende und effiziente Sachverhaltsermittlung durch das BKartA (Immenga/Mestmäcker/*Karsten Schmidt* § 54 Rdnr. 35). Die Behörde bezieht regelmäßig Unternehmen auch informell in das Verfahren mit ein; dies etwa durch telefonische Kontaktaufnahme oder Übermittlung von Fragebögen. Dritte (Kunden, Lieferanten und Wettbewerber) können ihrerseits formlos an das BKartA herantreten, um auf das Verfahren einzuwirken – etwa um Hinweise auf weitere Ermittlungsansätze zu geben. Auch solche formlosen Kontakte sind aus der Sicht der Behörde wichtig: Angesichts nur begrenzter eigener Marktkenntnisse ist das Amt auf die Unterstützung durch Dritte angewiesen. Aus Sicht des Dritten empfiehlt sich ein solches Vorgehen strategisch, wenn die eigene Identität nicht aufgedeckt werden soll (etwa um bestehende Geschäftsbeziehungen zu den Zusammenschlussbeteiligten nicht über Gebühr zu belasten).

Eine förmliche Beiladung hat allerdings auch Vorzüge: Sie verschafft dem Dritten zusätzlich die Rechte eines Verfahrensbeteiligten und ist Voraussetzung für die Wahrnehmung wesentlicher Rechtsschutzgarantien. Die Rechtsprechung scheint allerdings anzunehmen, dass in Ausnahmefällen eine Verfahrensbeteiligung auch aufgrund nur faktischer Beteiligung in Betracht kommt. Dies setzt aber voraus, dass die Kartellbehörde ein drittes Unternehmen materiell zu

Unrecht als förmlich am Verfahren Beteiligten behandelt (KG v. WuW/E OLG 3137, 3138 – Rheinmetall-WMF; KG WuW/E OLG 4811, 4819 – Radio NRW). Dafür genügt ein informelles Miteinbeziehen, etwa durch Anhörung oder Erwähnung, z. B. in einer Bekanntmachung im Bundesanzeiger, nicht.

Zu unterscheiden ist die notwendige von der einfachen Beiladung. Im Fall einer notwendigen Beiladung besteht ein Anspruch auf Verfahrensbeteiligung, während diese im Fall der einfachen Beiladung im pflichtgemäßen Ermessen der Kartellbehörde steht (siehe zu den Einzelheiten auch Anmerkung 5).

Die Verfahrensrechte des (notwendig oder einfach) Beigeladenen ergeben sich insbesondere aus § 55 GWB (Vorabentscheidung über Zuständigkeit), § 56 GWB (rechtliches Gehör, Akteneinsicht), § 61 GWB (Zustellung von Verfügungen) und vor allem § 63 Abs. 2 GWB (Beschwerdebefugnis). Das rechtliche Gehör eines einfach Beigeladenen kann aufgrund des Geheimhaltungsinteresses eines anderen an dem Verfahren Beteiligten beschränkt werden. Die Beiladungsentscheidung ist eine Verfügung mit gestaltender Wirkung. Der Beginn der Beiladungswirkung tritt mit Wirksamwerden der Beiladungsverfügung ein. Der Beigeladene tritt in das Verfahren ein, wie es steht, und muss daher den vorgefundenen Stand des Verfahrens hinnehmen (Wiedemann/*Klose* § 53 Rdnr. 85).

Die Ablehnung einer Beiladung kann nach § 63 Abs. 1 GWB mit der Beschwerde angefochten werden. Im Fall einer einfachen Beiladung wird das Hauptverfahren trotz der Beschwerde weitergeführt (Immenga/Mestmäcker/*Karsten Schmidt* § 54 Rdnr. 51 m. w. N.). Über eine notwendige Beiladung muss dagegen vor der Entscheidung in der Hauptsache entschieden werden (Immenga/Mestmäcker/*Karsten Schmidt* § 54 Rdnr. 51).

2. Zuständigkeit. Für die Bescheidung des Beiladungsantrags zuständig ist die mit der Hauptsache befasste Kartellbehörde. Im Fusionskontrollverfahren handelt es sich dabei um das Bundeskartellamt (§ 48 Abs. 2 Satz 1 i. V. m. § 36 Abs. 1 GWB; siehe hierzu *Bechtold* § 48 Rdnr. 6).

3. Zeitpunkt/Statthaftigkeit. Im Verfahren der Zusammenschlusskontrolle ist eine Beiladung schon im Vorprüfverfahren (der so genannten „Phase 1") möglich. Dieser Verfahrensschritt stellt sich bereits als Teil des Verwaltungsverfahrens in der Hauptsache dar. Auch nach dem Erlass einer behördlichen Verfügung ist die Beiladung noch möglich. Solange die Verfügung weder bestandskräftig geworden noch Beschwerde gegen sie eingelegt ist, kann das Bundeskartellamt die Beiladung noch aussprechen (BGH WuW/E BGH 2077, 2078 – Coop-Supermagazin), wobei es nach der Rspr. ausreichen soll, wenn der Antrag vor Beschwerdeeinlegung gestellt wurde, selbst wenn die behördliche Entscheidung erst danach erfolgt (so KG WuW/E OLG 4363, 4364 f. – Wieland/Langenberg).

Eine Beiladung ist nach dem rechtskräftigen Abschluss des Hauptverfahrens unzulässig. Dies gilt selbst dann, wenn der Beiladungsantrag noch vor Rechtskraft gestellt wird. Anders als im Beschwerdeverfahren (welches das Verwaltungsverfahren vor dem OLG fortsetzt) ist in diesem Falle das Verwaltungsverfahren beendet. Eine Beiladung kommt daher grundsätzlich nicht mehr in Betracht. Problematisch ist der Fall, in dem eine notwendige Beiladung unterlassen wurde, und das Verfahren nunmehr rechtskräftig abgeschlossen ist. In diesem Fall kommt es zu einem Konflikt zwischen Rechtsschutz und Rechtssicherheit. Die unterlassene Beiladung macht die Verfügung der Kartellbehörde nicht generell nichtig. Das betroffene Unternehmen kann aber nachträglich beigeladen werden (*Bechthold* § 63 Rdnr. 5a m. w. N.). Ferner ist es entgegen dem (zu engen) Wortlaut des § 63 Abs. 2 auch ohne Beiladung wegen Art. 19 IV GG zur Anfechtungsbeschwerde befugt (KG WuW/E OLG 2720, 2722 – Gepäckstreifenanhänger, dort wird von der Notwendigkeit eines vorherigen Antrags auf Beiladung abgesehen, um Verzögerungen zu vermeiden; KG WuW/E OLG 4811, 4820 – Radio NRW).

Die Beteiligung hat auch für die Teilnahme am weiteren Verfahrensgang erhebliche Bedeutung: Die Beiladung gilt auch im Beschwerdeverfahren weiter, kann aber in diesem Zeitpunkt nicht mehr nachgeholt werden; auch das Beschwerdegericht ist nicht in der Lage, eine Beiladung zu verfügen (*Bechtold* § 54 Rdnr. 5a). Während Dritte also ihren Standpunkt bis zur Entscheidung des BKartA in der Sache immer in das Verfahren einbringen können auch ohne

6. Antrag auf Beiladung zum Verfahren   K.I.6

förmlichen Beteiligtenstatus zu genießen, bestehen im Beschwerdeverfahren kaum entsprechende Einwirkungsmöglichkeiten für den nicht förmlich beteiligten Dritten.

Eine Beiladung ist nur für das gesamte Verfahren, nicht für bloße Teile des Verfahrens zulässig. Mit dem Hauptverfahren erfasst die Verfahrensbeteiligung dementsprechend auch etwaige Zwischenverfahren, insbesondere solche vor dem Erlass einstweiliger Anordnungen. Nicht erfasst sind dagegen reine Nebenverfahren für die es keine Beiladung gibt (so zum Beispiel in einem Auskunftsverlangen gegenüber Dritten, s. *Bechtold* § 54 Rdnr. 6).

4. Beteiligungsfähigkeit. Beiladungsfähig sind nach § 77 GWB natürliche und juristische Personen, sowie nichtrechtsfähige Personenvereinigungen. Unternehmen werden nicht genannt und sind dementsprechend auch nicht beteiligungsfähig. Diese Rolle übernehmen die hinter ihnen stehenden juristischen Personen. Die Beteiligungsfähigkeit unterscheidet nicht nach der Staatsangehörigkeit oder dem Sitz der betroffenen Person. Somit stehen eine ausländische Staatsangehörigkeit bzw. der Sitz einer beizuladenden Gesellschaft im Ausland einer Beteiligung nicht entgegen (Immenga/Mestmäcker/*Karsten Schmidt* § 54 Rdnr. 36 m. w. N.).

Nichtrechtsfähige Personenvereinigungen sind ebenfalls beteiligungsfähig. § 77 GWB will die Beteiligungsfähigkeit gegenüber anderen materiellen und verfahrensrechtlichen Vorschriften erweitern, um eine möglichst weitgehende Einbeziehung der Betroffenen zu gewährleisten, wenn das Verfahren Interessen nicht rechtsfähiger Unternehmensvereinigungen berühren kann (*Bechtold* § 77 Rdnr. 2). An die Organisation werden keine zu hohen Anforderungen gestellt. Eine feste, auf Dauer gerichtete körperschaftliche Struktur ist nicht notwendig, ein zufälliges Zusammentreffen von Interessen reicht aber nicht aus (Wiedemann/*Klose* § 53 Rdnr. 56). Beteiligungsfähig sind daher vor allem der nichtrechtsfähige Verein, Erbengemeinschaft, oHG, KG, nicht eingetragene Genossenschaft, Partenreederei, Europäische Interessensvereinigung, Kartelle, Wirtschafts- und Berufsvereinigungen; bei Gesellschaften bürgerlichen Rechts sind nur Außengesellschaften beteiligungsfähig (Wiedemann/*Klose* § 53 Rdnr. 56). Die Gesellschafter sind in Aktiv- und Passivprozessen Partei, also auch im Fusionskontrollverfahren. Unternehmensgruppen sind als solche nicht beteiligungsfähig. Grund hierfür ist, dass sie letztlich nur einzelne nebeneinander bestehende Gesellschaften sind. Auch werdende juristische Personen (insbes. Vor-Verein, Vor-AG, Vor-GmbH, Vor-eG) dürften beteiligungsfähig sein (so jedenfalls Wiedemann/*Klose* § 53 Rdnr. 56). Entscheidend wird in diesen Fällen jedoch regelmäßig die Frage sein, ob die für die Beiladung erforderliche „erhebliche Interessenberührung" (siehe hierzu Anm. 6) zu bejahen ist.

5. Antrag/Entscheidung. Im Falle einer notwendigen Beiladung besteht ein Anspruch auf Verfahrensbeteiligung. Eine solche liegt vor, wenn der Ausgang des Verfahrens den Beizuladenden in seinen Rechten verletzen kann. Das ist immer dann der Fall, wenn die Entscheidung nicht wirksam ergehen kann, ohne dass die Rechte des Beizuladenden gestaltet, bestätigt, verändert oder aufgehoben werden können (Immenga/Mestmäcker/*Karsten Schmidt* § 54 Rdnr. 46). Nicht notwendig beizuladen, weil regelmäßig bereits durch das abhängige Unternehmen hinreichend repräsentiert, ist ein nach § 36 Abs. 2 mittelbar fusionsbeteiligtes herrschendes Unternehmen (KG WuW/E OLG 2663, 2664 – Texaco-Zerssen).

Entscheidend ist in entsprechender Anwendung des § 13 Abs. 2 Satz 2 VwVfG, dass die in Aussicht genommene Verfügung unmittelbar rechtsgestaltend in bestehende Rechtsbeziehungen eingreift (vgl. KG WuW/E OLG 2193, 2194 – Basalt Union; KG WuW/E OLG 2247, 2257 – Parallellieferteile; KG WuW/E OLG 3217, 3219, KG WuW/E OLG 4753, 4759 – VW Leasing; siehe auch § 71 Abs. 1 Satz 4 GWB). Diesbezüglich genügt die Darlegung von Tatsachen, aufgrund derer eine Rechtsverletzung wahrscheinlich erscheint, wobei sich die Wahrscheinlichkeit nicht auf den voraussichtlichen Ausgang des Verfahrens, sondern auf die Rechtsverletzung im Fall eines für den Antragsteller ungünstigen Ausgangs bezieht (Immenga/Mestmäcker/*Karsten Schmidt* § 54 Rdnr. 46).

6. Erhebliche Interessenberührung. Voraussetzung für die Beiladung nach § 54 Abs. 2 Nr. 3 GWB ist, dass der Antragsteller durch die Entscheidung des BKartA erheblich in seinen aktuellen oder zukünftigen Interessen berührt wird. Während die Beiladung im allgemeinen Verwaltungsverfahrensrecht die Berührung rechtlicher Interessen voraussetzt, reichen im Rahmen des § 54 Abs. 2 Nr. 3 GWB wirtschaftliche Interessen aus (KG WuW/E OLG 2686, 2687;

OLG Düsseldorf WuW/E DE-R 523, 525 – SPNV). Insoweit ist die Regelung weiter gefasst als die entsprechenden Regelungen in § 13 Abs. 2 Satz 1 VwVfG und § 65 Abs. 1 VwGO. Es müssen stets konkrete Marktinteressen – sei es von Unternehmen oder auch von Abnehmern – dargelegt werden, allgemeine Verbraucherinteressen oder Arbeitnehmerinteressen reichen dagegen nicht aus (KG WuW/E OLG 339 – IG Bergbau; Wiedemann/*Klose* § 53 Rdnr. 72).

Potenziell erhebliche Bedeutung kommt auch beiladungswilligen Verbänden zu. Auch diese können beiladungsfähig sein. Genau zu prüfen ist hier allerdings, ob die für eine Beiladung erforderliche Interessenberührung vorliegt wobei durch die 7. GWB-Novelle klargestellt wurde, dass auch Verbraucherverbände beigeladen werden können, wenn die Interessen des Verbandes bzw. der von ihm vertretenen Verbraucher erheblich berührt sind. Dies kann auch der Fall sein, wenn sich eine Entscheidung zwar nicht erheblich auf eine Vielzahl von Verbrauchern auswirkt, die Interessen jedoch wegen der Vielzahl der Verbraucher insgesamt erheblich berührt werden.(*Bechtold* § 54 Rdnr. 10). Dabei kann es sich zum einen um eigene wirtschaftliche Interessen handeln, zum anderen können jedoch auch die Interessen – jedenfalls eines Teils – seiner Mitglieder relevant sein. Voraussetzung ist im letztgenannten Fall allerdings, dass der Verband befugt ist, die Interessen seiner Mitglieder geltend zu machen (*Bechtold* § 54 Rdnr. 10). Ferner müssen alle Mitglieder des Verbandes betroffen sein (KG WuW/E OLG 1072, 1073 – Triest-Klausel). Insofern können nach der Rechtsprechung nur Verbände mit vollständig kongruentem Aufgabenbereich beigeladen werden. Die Kartellbehörde kann die Beiladung der Einzelmitglieder ablehnen, wenn die Beiladung des Verbandes für ihre Interessenwahrnehmung genügt. Anderes gilt allerdings, wenn die Interessen eines Einzelmitglieds durch den Verband nicht wirksam vertreten werden (Immenga/Mestmäcker/*Karsten Schmidt* § 54 Rdnr. 41). Sofern es sich um eine notwendige Beiladung handelt, gilt dies zumindest für die Nichtmitglieder eines Verbandes (WuW/E OLG 4759).

Die Interessensberührung muss keine unmittelbare sein. Mittelbare Folgen eines bestimmten Verfahrensausgangs genügen (siehe KG WuW/E OLG 3730, 3731; OLG Düsseldorf WuW/E DE-R 523, 525 – SPNV), allerdings vorausgesetzt, dass sie ‚erheblich' ist (siehe hierzu sogleich). Hierzu kann der Einfluss auf die Verwirklichung wettbewerbsrechtlicher Absichten oder die nicht nur denkbare Beeinträchtigung auf einem Drittmarkt gehören, soweit sie erheblich sind (KG WuW/E OLG 3211, 3212 – WZ-WAZ).

Schließlich muss die ‚Erheblichkeit' der betroffenen Interessen dargelegt werden. Hier kommen in erster Linie alle auf die Wettbewerbslage bezogenen Interessen in Betracht, die Bezug zum Verfahren haben. Der Antragsteller muss aufzeigen, dass ein in Betracht kommendes Verfahrensergebnis die Wettbewerbslage des beiladungswilligen Unternehmens (oder mit ihm verbundenen Unternehmen) spürbar verschlechtert und wirtschaftlich Reaktionen erforderlich macht (siehe KG WuW/E OLG 3211, 3212 – WZ-WAZ; KG WuW/E OLG 3730, 3731; KG WuW/E OLG 5355, 5357 – Großverbraucher). Dabei ist zu beachten, dass nicht auf den Gesamtumsatz des die Beiladung beantragenden Unternehmens, sondern auf den Teilumsatz in dem Marktbereich abgestellt werden muss, auf den sich der Verfahrensgegenstand bezieht (Wiedemann/*Klose* § 53 Rdnr. 73). Bei einem Zusammenschlussverfahren kann auch auf die Beeinträchtigung von Drittmärkten hingewiesen werden, wenn gewichtige Anhaltspunkte dargetan werden, dass trotz fehlender Nähe zum Verfahrensgegenstand nicht nur mit einer theoretisch denkbaren Beeinträchtigung zu rechnen ist (KG WuW/E OLG 3211, 3212 – WZ-WAZ).

7. Ermessensentscheidung bei einfacher Beiladung. Bei einer einfachen Beiladung steht die Verfahrensbeteiligung im pflichtgemäßen Ermessen des Bundeskartellamts. Da in diesem Fall kein Anspruch auf Verfahrensbeteiligung besteht, sollte in dem Antragsschreiben nicht nur die erhebliche Interessensberührung dargelegt, sondern auch Umstände aufgezeigt werden, welche die Behörde im Rahmen ihrer Ermessensentscheidung berücksichtigen wird. Das BKartA muss hier die Interessen der an dem Zusammenschlussvorhaben beteiligten Unternehmen, des Antragstellers und die Verfahrensökonomie berücksichtigen. Angesichts der knappen Fristen des Fusionskontrollverfahrens muss die Behörde hier den Grundsätzen der Konzentration und Beschleunigung des Verfahrens ein erhebliches Gewicht beimessen. Daher empfiehlt sich ein Hinweis auf die Kooperationsbereitschaft des Antragstellers. Dies ist besonders für den Fall von Bedeutung, in dem zahlreiche Anträge unterschiedlicher Antragsteller vorliegen, die dieselben Interessen berühren. In einer solchen Situation hat die Kartellbehörde ein Auswahlermessen (siehe KG WuW/E OLG 2356, 2359 – Sonntag Aktuell) und kann sich möglicherweise sogar auf die Auswahl je eines Vertreters der sich im Verfahrens gegenüberstehenden Interessen beschränken (siehe KG WuW/E OLG 2021, 2022 – Bahnhofsbuchhandel).

7. Antrag auf Akteneinsicht

Bundeskartellamt
...... Beschlussabteilung
z. H. des/der Vorsitzenden
......
Kaiser-Friedrich-Straße 16
D-53113 Bonn

......, den ......

Zusammenschlussvorhaben ....../......; Gesch.Z.:[1]
Antrag auf Akteneinsicht

Sehr geehrte(r) ......,

namens und in Vollmacht unserer Mandantin[2] beantragen wir,
    dem anmeldenden Unternehmen gemäß § 29 VwVfG im oben genannten Fusionskontrollverfahren Einsicht in die Verfahrensakten zu gewähren.[3]
Am ...... beschloss die ...... Beschlussabteilung in dieser Sache das Hauptprüfungsverfahren zu eröffnen und führte in der darauf folgenden Woche mittels eines detaillierten Fragebogens eine umfassende Wettbewerber- und Kundenbefragung durch. Im Gespräch vom ...... teilten Sie mit, dass mittlerweile die weit überwiegende Zahl der Befragten ihre Antworten übermittelt haben.
Es ist davon auszugehen, dass die Beschlussabteilung ihre Entscheidung in der Sache auch auf die Ergebnisse dieser Marktbefragungen gründen wird. Um sich auch weiterhin sinnvoll in das Verfahren einbringen zu können und um ihr Recht auf rechtliches Gehör in angemessener Weise wahrnehmen zu können[4], ist nunmehr eine umfassende[5] Einsicht unserer Mandantin in die beim Bundeskartellamt geführten Verfahrensakten[6] erforderlich[7]. Wir wären Ihnen für eine Übermittlung eines Kopiensatzes der Verfahrensakte dankbar, stehen jedoch auch gerne zur persönlichen Akteneinsicht in Ihrem Hause zur Verfügung.[8]

Mit freundlichen Grüßen

......
(Rechtsanwalt)

Schrifttum: Werner, Der Konflikt zwischen Geheimnisschutz und Sachaufklärung im Kartellverfahren, Festschrift für Pfeiffer, 1998, S. 822.

Anmerkungen

1. Zeitpunkt. Ein Recht auf Akteneinsicht besteht nur während des anhängigen Verfahrens, nicht mehr nach dessen Abschluss (*Stelkens/Bonk/Sachs* § 29 Rdnr. 33 m. w. N.; Wiedemann/ *Klose* § 53 Rdnr. 101). Das gilt für die anmeldenden Unternehmen ebenso wie für Dritte Unternehmen.

2. Anspruchsinhaber. Nur formell Verfahrensbeteiligte können einen eigenen Anspruch auf Akteneinsicht geltend machen (BVerwGE 61, 15, 24; BVerwGE 67, 300, 303 f.; BVerwG DVBl

1990, 707). Die in § 56 Abs. 2 genannten „von dem Verfahren berührten Wirtschaftskreise" haben keinen Anspruch auf rechtliches Gehör (siehe *Bechtold* § 56 Rdnr. 5) und dementsprechend auch keinen Anspruch auf eine dieses vorbereitende Akteneinsicht. Obwohl das BKartA ihnen häufig Gelegenheit zur formlosen Stellungnahme gibt, sollte daher im Vorfeld ein Antrag auf Beiladung gestellt werden, wenn auch die Kenntnis des Akteninhalts für eine sinnvolle Stellungnahme erforderlich ist (siehe auch *Stelkens/Bonk/Sachs* § 53 Rdnr. 32).

3. Rechtliche Grundlage. Das Recht auf Akteneinsicht ist im GWB nur für das Beschwerdeverfahren geregelt. Im Fusionskontrollverfahren ergibt es sich aus § 29 VwVfG (*Bechtold* § 56 Rdnr. 4).

4. Rechtliches Interesse. § 29 VwVfG gewährt einen Anspruch auf Akteneinsicht nur, soweit die Kenntnis der Akten zur Geltendmachung oder Verteidigung der rechtlichen Interessen des Beteiligten in dem vorliegenden Verfahren erforderlich ist. Ein solches liegt vor, wenn durch die Einsicht möglicherweise größere Klarheit über den bisherigen Sach- und Streitstand entsteht und aus der Sicht eines verständigen Betrachters die weitere Rechtsverfolgung oder -verteidigung erleichtert wird (KG WuW/E 3908, 3916 – L'Air Liquide). Im Rahmen der Fusionskontrolle ist vornehmlich das Interesse relevant, das weitere Verhalten im Rahmen des Verfahrens nach dem Ergebnis der Einsichtnahme zu richten (*Stelkens/Bonk/Sachs* § 29 Rdnr. 42). Besondere Bedeutung erlangt die Akteneinsicht insbesondere angesichts der Tatsache, dass die Behörde darauf angewiesen ist, ihre Entscheidung auf die Sachbeiträge der Beteiligten und solcher Dritter zu stützen, die entweder im Rahmen von Markterhebungen um sachliche Angaben gebeten werden, oder ihre Einschätzung des Marktes unaufgefordert an das Amt übermitteln. Gerade die wertende Natur vieler Elemente eines solches Vortrags macht es erforderlich, den an der Transaktion beteiligten Unternehmen die Möglichkeit zur Stellungnahme (und diese vorbereitend zur Akteneinsicht) zu geben.

Das jeweilige Interesse muss glaubhaft gemacht werden. Die Behörde muss in der Lage sein, auf Grund der vorgebrachten Begründung die Relevanz des Interesses und dessen Berührung durch die Akteneinsicht zu bewerten. Dafür reicht es aus, dass das geltend gemachte rechtliche Interesse bei überschlägiger Prüfung nicht offensichtlich rechtsmissbräuchlich wahrgenommen wird (siehe zum Umfang des Vortrags auch unten zur **Erforderlichkeit**).

5. Umfang. Die Kartellbehörde hat dem Antragsteller Einsicht in die das Verfahren betreffenden Akten zu gewähren, soweit deren Kenntnis zur Geltendmachung oder Verteidigung ihrer Interessen erforderlich ist (§ 29 Abs. 1 S. 1 VwVfG).

Nach §§ 29 Abs. 2, 30 VwVfG hat die Kartellbehörde bei der Auswahl der zugänglich zu machenden Informationen die insoweit berührten berechtigten Interessen der Beteiligten oder dritter Personen zu berücksichtigen. Das betrifft vor allem die Frage, ob und inwieweit Fabrikations-, Betriebs- und Geschäftsgeheimnisse im Rahmen der Akteneinsicht zugänglich zu machen sind. Solche Geheimnisse sind alle auf ein Unternehmen bezogenen Tatsachen, Umstände und Vorgänge, die nicht offenkundig, sondern nur einem begrenzten Personenkreis zugänglich sind und an deren Nichtverbreitung der Rechtsträger ein berechtigtes Interesse hat (Vgl. mit Unterschieden im Einzelnen KG WuW/E OLG 3908, 3911; OLD Düsseldorf WuW/E OLG 1881, 1887; *Knemeyer* NJW 1984, 2243). Im Wesentlichen handelt es sich bei den Fabrikations- und Betriebsgeheimnissen um technisches Wissen im weitesten Sinne (Produktionsverfahren, betriebliches Know-how usw.), bei den Geschäftsgeheimnissen um kaufmännisches Wissen wie Kalkulationen, Konditionen, Umsätze, Gewinnspannen, Marktstrategien usw. (*Werner* S. 822 ff. m. w. N.). Keine *schützenswerten* Geschäfts- oder Betriebsgeheimnisse sind Tatsachen, die zwar noch nicht nach außen gedrungen sind, deren Offenbarung aber dem betroffenen Unternehmen keinen rechtserheblichen Nachteil zufügt (ähnlich KG WuW/E OLG 3539, 3540).

Diese Geheimnisse genießen allerdings keinen absoluten Schutz. Bei der Abwägung zwischen dem Recht auf Akteneinsicht und dem auf Geheimnisschutz gelten zunächst die Grundsätze der §§ 29, 30 VwVfG. Die in den §§ 71 Abs. 1 S. 3 f. und 72 Abs. 2 GWB niedergelegten Prinzipien gelten unmittelbar nur für das Beschwerdeverfahren. Sie können aber – vor allem wegen der ‚Justizähnlichkeit des Verfahrens' (*Bechtold* § 56 Rdnr. 4) – im Rahmen der hier erforderlichen Abwägung herangezogen werden. Das Wort „soweit" in § 29 Abs. 1 Satz 1

VwVfG macht deutlich, dass die Akteneinsicht unter den genannten Gesichtspunkten auch beschränkt gewährt werden kann. Allerdings ist zu beachten, dass eine Beschränkung der Akteneinsicht nur insoweit beschränkt werden kann, als an der Geheimhaltung der betroffenen Tatsachen auch im Kartellverwaltungsverfahren ein erhebliches Interesse besteht (siehe KG WuW/E OLG; 3908, 3911 – L'Air Liquide; *Kevekordes* WuW 1987, 365, 369 ff.). Sachlich ist wohl zwischen dem Antrag auf Akteneinsicht eines einfach Beigeladenen und dem eines notwendig Beigeladenen zu unterscheiden. Dem einfachen Beigeladenen steht ein Informationsrecht nur mit der Maßgabe zu, dass die berechtigten Geheimhaltungsinteressen der anderen Beteiligten grundsätzlich Vorrang haben. Anderes gilt für die Beteiligten § 54 Abs. 2 Nr. 1 und 2 GWB und den notwendig Beizuladenden nach § 54 Nr. 3 GWB. Tatsachen, die diesen Beteiligten nicht durch Einsicht oder durch Aktenvortrag zugänglich gemacht werden dürfen, dürfen der Entscheidung der Kartellbehörde nicht zugrunde gelegt werden (*Bechtold* § 56 Rdnr. 4). In der Sache kann dies zu schwierigen Abgrenzungsfragen führen. Das gilt insbesondere für die Frage der Marktvolumensberechnung und der ihr zugrunde liegenden Umsatzangaben der einzelnen Wettbewerber. Solche Daten macht das Amt auch den an dem Vorhaben beteiligten Unternehmen nicht zugänglich, nutzt sie jedoch – in aggregierter Form – zur Ermittlung der für die Bewertung eines Vorhabens relevanten Marktanteile. Den Beteiligten ist somit die Möglichkeit genommen, zu den Ergebnissen der Markterhebung des Amtes spezifisch vorzutragen.

Die zunehmende Ökonomisierung der kartellbehördlichen Prüfung zeigt auch in diesem Bereich Auswirkungen: Viele Elemente, die für die wirtschaftswissenschaftliche Bewertung eines Vorhabens relevant sind, werden sich als Betriebsgeheimnisse der betroffenen Unternehmen darstellen (etwa spezifische Produktionskosten, Margen etc.). Hier geht die EU Kommission mittlerweile soweit, den ökonomischen Beratern der an dem Vorhaben beteiligten Unternehmen Zugang auch zu detaillierten Informationen Dritter zu gewähren, dies allerdings mit der Maßgabe, diese Informationen im Detail auch gegenüber ihren Auftraggebern weiterhin vertraulich zu behandeln. Ein solches Vorgehen erlaubt es den Vertretern der beteiligten Unternehmen, eine sinnvolle Analyse der relevanten Daten vorzunehmen, ohne diese Daten einem in einem Horizontal- oder Vertikalverhältnis stehenden Unternehmen zugänglich zu machen. Der Behörde erlaubt diese Vorgehensweise, ihre Entscheidung auf Daten zu stützen, die sie den Unternehmen direkt nicht zugänglich machen kann und die sie daher ansonsten auch nicht zur Entscheidungsfindung heranziehen könnte. Ob sich eine entsprechende Praxis auch in Verfahren vor dem Bundeskartellamt etabliert, bleibt abzuwarten.

Erfolgt eine förmliche Beweiserhebung im Sinne des § 57 GWB ist für die Verfahrensbeteiligten von einem uneingeschränkten Akteneinsichtsrecht auszugehen (§ 299 ZPO entsprechend, siehe KG WuW/E OLG 2140, 2141 – Einbauküchen). Hiervon umfasst ist auch eine schriftliche Zeugenvernehmung durch Fragebögen.

6. Einsicht/Kopien. Die Einsicht erfolgt grundsätzlich bei der Behörde, welche die Akten führt (§ 29 Abs. 3 VwVfG). Ein Anspruch auf Übermittlung von Akten oder einzelner Schriftsätze im Original oder in Kopie besteht nach dem Wortlaut der Vorschrift nicht. Die Übersendung ist aber oft zweckmäßig und wird vom Bundeskartellamt – durch Übermittlung einer Kopie der Akte – in der Regel auch praktiziert. Das gilt vor allem auch für den weiteren Verlauf des Verfahrens. Insofern ist es durchaus üblich, den beteiligten Unternehmen – sofern die grundsätzliche Entscheidung über Akteneinsicht gefallen ist – auch unaufgefordert um Geschäftsgeheimnisse bereinigte Kopien der Eingaben Dritter zuzuleiten. Kostenschuldner für Fotokopien ist der Mandant, nicht der Rechtsanwalt.

7. Verfahrensakten. Das Akteneinsichtsrecht erstreckt sich nicht nur auf die eigentliche Verfahrensakte, sondern auf alle Akten, die mit dem Gegenstand des Verfahrens im Zusammenhang stehen und für die Entscheidung von Bedeutung sein können (KG WuW/E OLG 3908, 3916 – L'Air Liquide; *Bechtold* § 56 Rdnr. 4). Hierzu gehören neben beigezogenen Akten auch Vorakten. Nicht nur beschriebenes Papier unterliegt der Einsicht, sondern auch Fotos, Karten, Filme, Ton- und Videobänder sowie ggf. auch Computerdateien. Entscheidungsentwürfe und andere rein behördeninterne Arbeiten zur unmittelbaren Vorbereitung von Entscheidungen unterliegen dagegen nicht dem Einsichtsrecht (§ 29 Abs. 1 S. 2 VwVfG).

8. Erforderlichkeit. Nach § 29 Abs. 1 VwVfG muss die Akteneinsicht erforderlich sein. Verfahrensrechtlich muss dies glaubhaft gemacht werden. Dafür genügt, dass bei überschlägiger Prüfung kein offensichtlicher Rechtsmissbrauch vorliegt und ohne die Akteneinsicht eine Beeinträchtigung rechtlicher Interessen möglich (nicht etwa sicher oder wahrscheinlich) erscheint (*Stelkens/Bonk/Sachs* § 29 Rdnr. 43). Für die unmittelbar am Verfahren beteiligten Unternehmen – insbesondere für die anmeldenden Parteien – dürfte grundsätzlich von der Erforderlichkeit der Akteneinsichtnahme auszugehen sein. Hier müssten schon besondere Umstände vorliegen, um ein auf Akteneinsicht gerichtetes Begehr als rechtsmissbräuchlich zurückzuweisen.

8. Vollzugsanzeige[1]

Bundeskartellamt
...... Beschlussabteilung
z. H. des/der Berichterstatters/Berichterstatterin
Herrn/Frau ......
Kaiser-Friedrich-Straße 16
D-53113 Bonn

......, den ......

Zusammenschluss in Sachen ....../......;
Gesch.Z.: ......;
Vollzugsanzeige gemäß § 39 Abs. 6 GWB

Sehr geehrte(r) ......,

namens und im Auftrag der am Zusammenschluss beteiligten Unternehmen[2] zeigen wir Ihnen hiermit an, dass das oben bezeichnete und von der Beschlussabteilung mit Schreiben vom ...... [*Datum der Freigabeentscheidung*] freigegebene Zusammenschlussvorhaben inzwischen entsprechend der Anmeldung vollzogen wurde.[3]
Hinsichtlich der näheren Darstellung der Transaktion beziehen wir uns auf unsere Anmeldung vom ......, die darin gemachten Angaben und die dazu überreichten Unterlagen.[4]

Mit freundlichen Grüßen

......
(Rechtsanwalt)

Schrifttum: Bechtold, Kartellgesetz, Gesetz gegen Wettbewerbsbeschränkungen: Kommentar, 5. Aufl. 2008; *Immenga/Mestmäcker*, Gesetz gegen Wettbewerbsbeschränkungen: Kommentar, 4. Aufl. 2007; *Kevekordes*, Auslandszusammenschlüsse im internationalen und materiellen Kartellrecht, Diss. Münster 1986; *Langen/Bunte*, Kommentar zum deutschen und europäischen Kartellrecht, 10. Aufl. 2006; *Mestmäcker*, Die Prävention in der Fusionskontrolle, Festschrift für Coing Bd. 2, 1982, S. 373; *Niederleithinger*, Zur Problematik einer Präventivkontrolle von Auslandszusammenschlüssen, WuW 1981, 469; *Schaub*, Zur Problematik einer Präventivkontrolle von Auslandszusammenschlüssen, WuW 1981, 472.

Anmerkungen

1. Anzeigepflicht. Nach § 39 Abs. 6 GWB ist ein Zusammenschluss dem BKartA unverzüglich nach seinem Vollzug anzuzeigen. Die Anzeigepflicht besteht unabhängig von der Anmeldung und der darauf folgenden Freigabe. Die Vollzugsanzeige dient im Wesentlichen der Information der Behörde über tatsächlich erfolgte Konzentrationsvorgänge. Das präventive Fusionskontrollverfahren vermittelt diese Information nicht zwingend: Auch nach der Freigabe sind die Parteien frei, den Zusammenschluss nicht zu vollziehen. Wird die Anzeige „nicht, nicht richtig, nicht vollständig oder nicht rechtzeitig" vorgenommen, stellt dies nach §§ 81 Abs. 1 Nr. 4, 82 GWB eine bußgeldbewehrte Ordnungswidrigkeit dar. Ferner kann das Bundeskartellamt die Erstattung der Anzeige nach §§ 6 ff. VwVG erzwingen. Zwar wird das Amt sich nach bestimmten Fristen regelmäßig bei den Parteien bzw. ihren Verfahrensbevollmächtigen melden, um sich nach dem Stand der Sache zu erkundigen. Die Anwendung von Verwaltungszwang dürfte im Fall eines bereits freigegebenen Vorhabens allerdings nur bei besonders obstinaten Parteien in Betracht kommen.

2. Adressaten der Anzeigepflicht. Adressaten der Anzeigepflicht sind nach § 39 Abs. 6 GWB die am Zusammenschluss beteiligten Unternehmen. Diese sind grundsätzlich mit den nach § 39 Abs. 2 Nr. 1 GWB anmeldepflichtigen Unternehmen identisch. Nach dem Wortlaut des Gesetzes muss die Anzeige zwar von sämtlichen am Zusammenschluss beteiligten Unternehmen abgegeben werden. Die Erstattung durch nur ein beteiligtes Unternehmen lässt die Verpflichtung der anderen Beteiligten zur Erstattung der Vollzugsanzeige jedenfalls insoweit erlöschen, als sie ‚vollständig' bewirkt worden ist (*Bechtold* § 39 Rdnr. 15; GemK/*Bosch* § 39 Rdnr. 22). In einem solchen Fall treten alle daran geknüpften Rechtsfolgen selbst dann ein, wenn einzelne eigentlich zur Anmeldung verpflichtete Unternehmen untätig geblieben sind. Wird die Anmeldung allerdings nicht oder inhaltlich unrichtig erstattet, können sich die untätig gebliebenen Unternehmen nicht darauf berufen, die Erfüllung der Anzeigepflicht einem anderen Unternehmen übertragen zu haben. Für die Erfüllung der gesetzlichen Pflichten haftet jeder Anzeigepflichtige selbstständig.

3. Vollständiger Vollzug des Zusammenschlusses/Unverzüglichkeit der Anzeige. Die Anzeigepflicht entsteht mit dem Vollzug eines Zusammenschlusses im Sinne von § 37 Abs. 1 GWB. Wann Vollzug eintritt, muss für jeden Zusammenschlusstatbestand gesondert ermittelt werden. Maßgeblich ist der Eintritt der zivilrechtlichen Folgen, insbesondere der Übergang des Eigentums an Anteilen oder Vermögenswerten oder bei eintragungspflichtigen Zusammenschlüssen die Handelsregistereintragung (Immenga/Mestmäcker/*Karsten Schmidt* § 39 Rdnr. 37). Eine Vollzugsanzeige ist auch dann erforderlich, wenn die Beteiligten zuvor gemäß § 41 Abs. 2 GWB eine Befreiung vom Vollzugsverbot erwirkt hatten (Wiedemann/*Richter* § 21 Rdnr. 47). Auch eine auf den Vollzug folgende Auflösung des Zusammenschlusses (etwa durch Rückübertragung der Geschäftsanteile auf den Veräußerer) lässt die Anzeigepflicht grundsätzlich nicht entfallen (Wiedemann/*Richter* § 21 Rdnr. 47). Gleiches gilt für den Fall der Weiterveräußerung der Anteile. Auch hier bleibt die Verpflichtung zur Anzeige des Erstzusammenschlusses weiterhin bestehen (Langen/Bunte/*Ruppelt* § 39 Rdnr. 21).

Die Anzeige muss unverzüglich nach dem Zusammenschluss erfolgen. Nach der Definition in § 121 Abs. 1 Satz 1 BGB heißt das „ohne schuldhaftes Zögern". Das BKartA legt hier in der Praxis allerdings keinen allzu engen Maßstab an. Tatsächlich wird es noch als ausreichend angesehen, wenn die Anzeige innerhalb von 6 bis 8 Wochen nach Vollzug an die Behörde übermittelt wird (*Bechtold* § 39 Rdnr. 22). Praktisch gesehen dürfte es allerdings sinnvoll sein, die Beteiligten zu einer möglichst zeitnahen Anzeige zu bewegen. Erfahrungsgemäß verlieren die Zusammenschlussbeteiligten mit dem Vollzug ihrer Transaktion das Interesse an fusionskontrollrechtlichen Fragen. Sofern die Vollzugsanzeige nicht in engem zeitlichem Zusammenhang mit dem Vollzug erfolgt, ist es wahrscheinlich, dass sie in Vergessenheit gerät. Eine verzögerte Anzeige bringt den Beteiligten auch keine besonderen Vorteile. Es ist daher praktisch sinnvoll, das Unverzüglichkeitsgebot jedenfalls im Innenverhältnis streng zu handhaben.

4. Inhalt. Mindestinhalt der Vollzugsanzeige ist die Angabe, dass und in welcher Form der Zusammenschluss vollzogen wurde, selbst wenn auch die Praxis in der Regel (wie hier) aus Höflichkeit über das gesetzlich erforderliche Mindestmaß hinausgeht. Ob zu den gesetzlichen Mindestangaben auch Angaben über den Zeitpunkt des Vollzugs gehören, ist umstritten (gegen eine solche Verpflichtung *Bechtold* § 39 Rdnr. 21; bejahend allerdings Immenga/Mestmäcker/*Karsten Schmidt* § 39 Rdnr. 40). Richtigerweise ist davon auszugehen, dass eine solche Pflicht nicht mehr besteht. § 39 Abs. 6 GWB spricht lediglich von der Verpflichtung, den Vollzug des Vorhabens anzuzeigen. Anders als bei seinen Vorgängerregelungen (siehe § 24a Abs. 3 GWB und § 23 Abs. 5 GWB a. F.) fehlt es der Regelung heute an der Festsetzung inhaltlicher Mindestanforderungen, die über die Mitteilung des Vollzugs hinausgehen. Das scheint folgerichtig, da die Anzeige dem Amt nach der heutigen Regelung keinerlei inhaltliche Prüfungsmöglichkeiten mehr eröffnet. Zur Information des BKartA über Konzentrationsbewegungen reicht die schlichte Meldung des Vollzugs aus. Eine Aktualisierung der nach § 39 Abs. 3 GWB im Rahmen der Anmeldung zu machenden Angaben ist dabei ebenso wenig erforderlich wie die Angabe des Vollzugsdatums (*Bechtold* § 39 Rdnr. 21). Zwei Alternativen kommen für eine Zusammenschlussanzeige in Betracht:

- Ist vor dem Vollzug des Zusammenschlusses eine Anmeldung erfolgt, so genügt die knappe schriftliche Mitteilung, dass der Zusammenschluss wie angemeldet vollzogen worden ist. Das gilt jedenfalls, wenn zwischen der Freigabe und dem Vollzug keine Änderungen des angemeldeten Zusammenschlusses eingetreten sind. Weicht die Form der vollzogenen Transaktion von dem angemeldeten (und freigegebenen) Vorhaben ab, ist zu differenzieren: Erfüllt der Zusammenschluss auch in seiner neuen Form denselben Zusammenschlusstatbestand (etwa der Erwerb von 29 % der Geschäftsanteile statt des angemeldeten Erwerbs einer 25 %igen Beteiligung), sind weitere Angaben nicht zwingend erforderlich. Stand zum Zeitpunkt der Anmeldung (und Freigabe) des Vorhabens noch nicht genau fest, in welcher Form das Vorhaben vollzogen würde, ist eine Konkretisierung ohnehin erforderlich (siehe auch Langen/Bunte/ *Ruppelt* § 39 Rdnr. 20). In der täglichen Praxis erfolgt jedoch in der Regel eine präzisierende Klarstellung im Rahmen der Vollzugsanzeige. Weicht die Transaktion substanziell von dem angemeldeten Vorhaben ab (etwa Erwerb der Mehrheit der Anteile und damit der Kontrolle über das Zielunternehmen statt des Erwerbs der einen „wettbewerblich erheblichen Einfluss" vermittelnden Minderheitsbeteiligung), muss – noch vor dem Vollzug – sorgfältig geprüft (und gegebenenfalls mit der zuständigen Beschlussabteilung diskutiert) werden, ob die zu vollziehende Transaktion tatsächlich noch von der Anmeldung (und der Freigabe) gedeckt ist. Gegebenfalls muss hier eine neue Anmeldung erfolgen.
- Ist, aus welchem Grunde auch immer, noch kein Fusionskontrollverfahren durchgeführt worden, erscheint es zweckmäßig, die gemäß § 39 Abs. 6 GWB erforderliche Anzeige des Vollzugs mit der gemäß § 39 Abs. 1 GWB erforderlichen Anmeldung zu verbinden. Der Vollzug eines Vorhabens lässt nämlich nicht die Anmeldepflicht als solche entfallen. Die Notifizierung muss dann alle Angaben enthalten, die nach § 39 Abs. 3 GWB für die Anmeldung erforderlich sind. Diese Ausgestaltung wird vor allem dann besonders relevant, wenn man mit Teilen der Literatur bei reinen Auslandszusammenschlüssen davon ausgeht, dass eine präventive Fusionskontrollpflichtigkeit nicht besteht (siehe *Bechtold* § 39 Rdnr. 26). In diesem Fall löst erst die Anzeige nach § 39 Abs. 6 GWB die materielle Prüfung durch das BKartA aus. Die Angaben in diesem Dokument müssen demgemäß dem entsprechen, was der Gesetzgeber für eine Anmeldung für erforderlich gehalten hat.

9. Beschwerde zum OLG[1]

Bundeskartellamt[2]
...... Beschlussabteilung
Kaiser-Friedrich-Straße 16
D-53113 Bonn

......, den ......

In dem Verwaltungsverfahren
1. ......
 – Verfahrensbevollmächtigte: ......

– Beteiligte zu 1. –

2. ......
 – Verfahrensbevollmächtigte: ......

– Beteiligte zu 2. –

3. ......
 – Verfahrensbevollmächtigte: ......
                                                                  – Beigeladene zu 1. –
4. ......
 – Verfahrensbevollmächtigte: ......
                                                                  – Beigeladene zu 2. –
wegen der Prüfung des Zusammenschlusses ....../...... nach § 36 Abs. 1 des Gesetzes gegen Wettbewerbsbeschränkungen (GWB).

Gesch.-Z.: ......

bestellen wir uns zu Verfahrensbevollmächtigten der Beteiligten zu 2. Namens und in Vollmacht der Beteiligten zu 2. legen wir hiermit gegen den Beschluss des Bundeskartellamtes vom ......, unserer Mandantin zugestellt am ......,[3]

Beschwerde[4]

ein. Begründung und Antrag bleiben einem gesonderten Schriftsatz vorbehalten. Beglaubigte Abschriften für das Bundeskartellamt und für die anderen Beteiligten sind beigefügt.

......

(Rechtsanwalt)[5]

Schrifttum: Bechtold, Kartellgesetz, Gesetz gegen Wettbewerbsbeschränkungen: Kommentar, 3. Aufl. 2002; *Boekhoff/Franßen*, Zur Beschwerdebefugnis eines Dritten, insbes. eines Verbandes, bei Beschwerden gegen Fusionsfreigaben, WuW 2002, 668; *Dormann*, Die Bedeutung subjektiver Rechte für das Kartellbeschwerdeverfahren, WuW 2000, 245; *Immenga/Mestmäcker*, Gesetz gegen Wettbewerbsbeschränkungen: Kommentar, 3. Aufl. 2001; *Langen/Bunte*, Kommentar zum deutschen und europäischen Kartellrecht, 9. Aufl. 2001; *Westermann*, Beiladung und Rechtsschutzmöglichkeiten Dritter in der deutschen Fusionskontrolle, WuW 2007, 577.

Anmerkungen

1. Allgemeines und Schriftform. Die Beschwerde gegen eine Feigabe oder Untersagung des Vorhabens im Hauptprüfverfahren ist gemäß § 66 GWB innerhalb einer Frist von einem Monat nach Zustellung der Entscheidung bei der Kartellbehörde, deren Verfügung angefochten wird, schriftlich einzureichen.

2. Zuständige Behörde. Die Beschwerde ist grundsätzlich bei der Kartellbehörde einzulegen. Allerdings wird die Monatsfrist auch durch eine Einlegung der Beschwerde beim zuständigen Beschwerdegericht (zuständig ist heute das OLG Düsseldorf) gewahrt. Damit soll dem BKartA Gelegenheit gegeben werden, seine Verfügung noch einmal zu überdenken und eventuell aufzuheben, um auf diese Weise der Beschwerde abzuhelfen (*Bechtold* § 66 Rdnr. 3). Das BKartA ist insoweit – insbesondere bei Anfechtung einer Freigabeentscheidung – allerdings an die Fristen des § 40 GWB gebunden. Die Kartellbehörde leitet die Beschwerde anderenfalls zusammen mit den Akten an das Beschwerdegericht weiter.

3. Frist. Die Monatsfrist, binnen derer die Beschwerde bei der Behörde eingelegt werden muss, beginnt mit der Zustellung der Verfügung der Kartellbehörde an die jeweiligen Beteiligten (§ 66 Abs. 1 S. 2 GWB). Für jeden Verfahrensbeteiligten ist daher die Beschwerdefrist gesondert zu prüfen (siehe auch Langen/Bunte/*Kollmorgen* § 66 Rdnr. 1). Für die Einhaltung der Frist reicht es aus, wenn die Beschwerde innerhalb der Frist bei dem OLG Düsseldorf als dem zuständigen Beschwerdegericht eingeht.

In den seltenen Fällen eines Antrags auf Erteilung einer Ministererlaubnis nach § 42 Abs. 1 GWB – für dessen Stellung ebenfalls die Monatsfrist gilt (siehe § 42 Abs. 3 GWB) – beginnt die Beschwerdefrist erst mit der Zustellung der Verfügung des Bundesministeriums für Wirtschaft und Technologie (§ 66 Abs. 1 S. 3 GWB).

Fehlt die Rechtsmittelbelehrung oder erweist sie sich als fehlerhaft, hemmt das den Fristlauf. Ein solcher Fehler ist allerdings wie andere Mängel der förmlichen Zustellung heilbar (siehe BGH WuW/E BGH 2389, 2390 – Coop Schleswig-Holstein/Deutscher Supermarkt). In Fällen fehlerhafter Rechtsmittelbelehrung greift allerdings wohl die Begrenzung auf ein Jahr in entsprechender Anwendung des § 58 VwGO, §§ 32 Abs. 3, 48 Abs. 4 VwVfG (so auch KG WuW/E OLG 1967, 1968 – Westdeutsche Allgemeine Zeitungsverlagsgesellschaft).

Für die Fristberechnung gilt über § 73 Nr. 2 GWB der § 222 ZPO. Diese Vorschrift verweist ihrerseits auf die §§ 187–189 BGB. Der Fristlauf beginnt mit der Zustellung der Verfügung an die Parteien. Sie endet mit dem Ablauf des Tages des Folgemonats mit entsprechendem Zähler (z. B. Zustellung 14. Juli, Fristende 14. August); handelt es sich dabei um einen Sonn- oder Feiertag, fällt das Fristende gemäß § 222 Abs. 2 ZPO auf den nächsten folgenden Werktag. Die Frist zur Einlegung der Beschwerde ist eine Notfrist (in analoger Anwendung des § 517 ZPO, siehe *Bechtold* § 66 Rdnr. 1) und kann grundsätzlich nicht verlängert werden.

4. Form. Dem Gesetz ist nicht zu entnehmen, wie die Beschwerde zu formulieren ist. Es ist nicht notwendig, dass der Begriff „Beschwerde" verwendet wird, es muss jedoch hinreichend deutlich gemacht werden, dass der Beschwerdeführer ein bestimmtes Verhalten (des Bundeskartellamtes) angreift und beim zuständigen Gericht um eine Entscheidung diesbezüglich nachsucht (*Bechtold* § 66 Rdnr. 3). Zur Wahrung der Schriftlichkeit reicht Einreichung per Telegramm, Fernschreiben und Telekopie aus, sofern diese unmittelbar an die Stelle gerichtet sind, bei der die Beschwerde eingereicht werden kann (BGH BB 1987, 1628). Nach § 66 Abs. 4 GWB gehört ein bestimmter Antrag nicht zum notwendigen Inhalt der Beschwerde, sondern stellt vielmehr ein notwendiges Element der Beschwerdebegründung dar.

5. Unterschrift. Nach § 66 Abs. 5 GWB muss die Beschwerdeschrift von einem bei einem deutschen Gericht zugelassenen Rechtsanwalt eigenhändig unterschrieben werden, nicht ausreichend ist die „Unterschrift" mittels eines Faksimilestempels oder gar eine nur maschinenschriftliche Unterschrift (*Bechtold* § 66 Rdnr. 3).

10. Verhaltensrichtlinien bis zum Vollzug der Transaktion

......

Herrn/Frau Dr. ......
Leiter(in) der Rechtsabteilung

......

......, den ......

Projekt ......

Verhaltensrichtlinien für die Zeit zwischen Vertragsschluss und Vollzug der Transaktion

Sehr geehrte(r) ......,

im Zusammenhang mit der Prüfung der mit Projekt ...... einhergehenden Fusionskontrollerfordernisse haben wir auch über die Thematik der vorläufigen Weitergeltung der kartellrechtlichen Verhaltensanforderungen sowie die parallele Anwendung des fusionskontrollrechtlichen Vollzugsverbots gesprochen.[1] Sie baten uns insoweit, kurz die wesentlichen Aspekte zusammenzufassen und den Mitarbeitern Ihres Unternehmens einige grundsätzliche Verhaltensrichtlinien für die Zeit zwischen der Unterzeichnung des Anteilskaufvertrages mit ...... und dem Vollzug des Vorhabens an die Hand zu geben. Dieser Bitte kommen wir mit dem folgenden Entwurf gerne nach. Wir wären Ihnen für eine kritische Durchsicht im Hinblick auf die Frage, ob die zugrunde liegenden Annahmen bezüglich Ihres Unternehmens zutreffen, dankbar. Bitte lassen Sie uns wissen, wenn Sie zu diesen Verhaltensrichtlinien noch Fragen haben. Um das Verhältnis zum BKartA

10. Verhaltensrichtlinien bis zum Vollzug der Transaktion   K.I.10

nicht zu belasten und ein potenzielles Bußgeldrisiko möglichst zu vermeiden,[2] wäre es sinnvoll, wenn Sie sich in Zweifelsfällen möglichst frühzeitig an uns wenden, damit wir das mit den Maßnahmen verbundene Risiko gemeinsam analysieren und gegebenenfalls entsprechende Alternativen gestalten können.

1. Grundsätze

...... (im Folgenden: der Erwerber) darf weder die Kontrolle über das Management der ...... (im Folgenden: das Zielunternehmen) übernehmen oder das Management des Zielunternehmens in einer Weise beeinflussen, die dessen Unabhängigkeit in Frage stellt.

Erwerber und Zielunternehmen dürfen ihre geschäftlichen Aktivitäten weder förmlich noch informell koordinieren. Beide Unternehmen müssen in dieser Übergangszeit ihre Geschäfte führen, als würde das Zielunternehmen auf absehbare Zeit unabhängig auf dem Markt tätig bleiben.

Ein Austausch wettbewerbsrelevanter Informationen darf nur erfolgen, soweit er für Zwecke der Bewertung des Unternehmens (Due Diligence) oder der Planung einer zukünftigen Integration erforderlich ist und sichergestellt ist, dass diese Informationen nicht vor Vollzug der Transaktion in die wettbewerblichen Entscheidungsprozesse des Empfängers einfließen.

Es ist grundsätzlich zulässig, gemeinsame Projektteams zu gründen. Allerdings müssen die Aktivitäten dieser Projektteams sich darauf beschränken, die integrierten Aktivitäten für die Zeit nach dem Vollzug des Zusammenschlusses zu planen. Es ist unzulässig, bereits vor Abschluss der Fusionskontrollverfahren solche Planungen umzusetzen.

Die hier dargestellten Verhaltensgrundsätze gelten für Erwerber und Zielunternehmen in der gleichen Weise wie für sämtliche mit ihnen verbundenen Unternehmen.

2. Maßgaben für das wettbewerbliche Verhalten der Beteiligten[3]

Aus den oben genannten Grundsätzen folgen verschiedene konkrete Verhaltensanweisungen für die Mitarbeiter der an dem Projekt ...... beteiligten Unternehmen. Insbesondere dürfen die Mitarbeiter des Erwerbers und des Zielunternehmens folgende Maßnahmen nicht ergreifen:

- Koordination der Preisfestsetzung, Rabattgewährung oder sonstige Geschäftsbedingungen;
- Festlegung gemeinsamer Ein- oder Verkaufspraktiken;
- Abstimmung der jeweiligen Vertriebsbemühungen,
- Koordination von Marketingmaßnahmen, Anzeigenkampagnen und sonstigen Absatzförderungsmaßnahmen.
- Aufteilung oder Zuordnung bestimmter Kunden(gruppen) oder Märkte,
- Mitteilungen an ihre Kunden, dass der jeweils andere Zusammenschlussbeteiligte sich in Zukunft von bestimmten Märkten zurückziehen wird,
- Benennung gemeinsamer Kontaktpersonen oder Key Account Manager für von beiden Zusammenschlussbeteiligten bediente Kunden,
- Koordiniertes Phasing Out existierender Produktlinien oder abgestimmte Einführung neuer Produkte auf den Markt,
- Abstimmung aktueller Investitionspläne und -strategien,
- Abstimmung aktueller Forschungs- und Entwicklungstätigkeiten und -ausgaben,
- Implementierung gegenseitiger Belieferungsverhältnisse, es sei denn dies geschieht zu marktüblichen Bedingungen.

3. Maßgaben für Zusammenstellung und Verhalten gemeinsamer Projektteams zur Vorbereitung der Integration

Die oben dargestellten Grundsätze wirken sich auch auf die Bildung und Arbeitsweise gemeinsamer Projektteams aus, die zur Vorbereitung der Integration nach dem Vollzug der Transaktion ins Leben gerufen werden.

Gemeinsame Projektteams dürfen gegründet werden und zur zukünftigen Integration erforderliche Maßnahmen, Zeitpläne und Strategien diskutieren. Das gilt unter der Bedingung, dass bei Austausch wettbewerbsrelevanter Daten die unter Ziffer 4 näher dargestellten Rahmenbedingungen zur Beibehaltung der Vertraulichkeit eingehalten werden.

Die Aktivitäten dieser Projektteams müssen sich auf die Planung von Maßnahmen beschränken, die nach Vollzug der Transaktion erfolgen sollen. Jedes Unternehmen ist zwar weiterhin frei, einseitig für sich bestimmte wettbewerbsrelevante Maßnahmen zu beschließen und umzusetzen. Grundsätzlich ist es unzulässig, vor fusionskontrollrechtlicher Freigabe solche Maßnahmen zu koordinieren und damit die Integration der beiden Unternehmen bereits umzusetzen.

Nur ausnahmsweise können bestimmte Vorbereitungshandlungen zulässig sein. Das gilt etwa für Handlungen, welche die Wettbewerbsposition der Beteiligten völlig unberührt lassen (so möglicherweise die Harmonisierung bestimmter IT bezogener Protokolle etc.). Gemeinsame Projektteams müssen sich auf die Planung der Integration beschränken und dürfen nicht tatsächlich Managementaufgaben wahrnehmen. Eine gemeinsame Managementstruktur darf vor Freigabe des Vorhabens durch die zuständige Kartellbehörde nicht eingeführt werden.

Gemeinsame Projektteams sollten möglichst mit Mitarbeitern aus dem Bereich der strategischen Planung besetzt werden, die keine Verantwortung für das tägliche Geschäft ihrer jeweiligen Unternehmen haben. Insbesondere Mitarbeiter der jeweiligen Einkaufs- und Vertriebsabteilungen sollten in solche Gruppen nur aufgenommen werden, wenn sie von ihren aktuellen Aufgaben entbunden werden können. Gleichzeitig sollte für den Fall des Scheiterns des Projektes sichergestellt werden, dass sie solche Aufgaben erst dann wieder wahrnehmen, wenn die im Planungsprozess erlangten Informationen ihre wettbewerbliche Relevanz verloren haben.

4. Verhaltensregeln zum Informationsaustausch[4]

Es ist ratsam, mit dem Veräußerer über die Due Diligence hinaus auch für die dem Vertragsschluss folgende Planungsphase eine umfassende Vertraulichkeitsvereinbarung zu schließen. Diese sollte den Zugang zu vertraulichen, nicht-öffentlichen Informationen möglichst auf einen Personenkreis beschränken, der diese Informationen für Zwecke der Integrationsplanung auch wirklich benötigt. Gegebenenfalls sollten Arbeitsgruppen mit spezifischen Aufgaben und einem genau definierten Teilnehmerkreis gebildet werden.

Ausgetauschte Dokumente sollten eindeutig gekennzeichnet und katalogisiert werden, um deren Erlangung im Geltungsbereich der Vertraulichkeitsvereinbarung zu dokumentieren und die Dokumentenvernichtung bzw. -rückführung im Falle des Scheiterns des Projektes zu vereinfachen.

Die Anforderung spezifischer Informationen sollte ausreichend begründet und sorgfältig dokumentiert werden. Der Austausch vertraulicher Informationen sollte auf das für Zwecke der Integrationsplanung zwingend erforderliche beschränkt werden.

Personen, die zu vertraulichen Informationen Zugang haben, sollten eindeutig individualisiert werden: Die Gruppe dieser Personen sollte – ebenso wie der Umfang der ausgetauschten Informationen – auf den für Zwecke der Integrationsplanung zwingend erforderlichen Kreis beschränkt bleiben.

Im Rahmen der Integrationsplanung ist es – ebenso wie bei der Due Diligence – für gemeinhin zulässig, historische Umsatzdaten und Gewinn- und Verlustrechnungen sowie Informationen zu den Themen ‚Arbeitnehmer', ‚Steuern', ‚Umwelt', ‚Gesundheit und Sicherheit' zum Zwecke der Integrationsplanung auszutauschen.

Die Beteiligten sollten soweit wie möglich den Austausch vertraulicher Informationen zu einzelnen Produkten vermeiden, soweit sich diese auf aktuelle, oder zukünftige
- Kosten der Herstellung und Vermarktung,
- Preise und Konditionen (soweit diese nicht allgemein öffentlich bekannt sind),

10. Verhaltensrichtlinien bis zum Vollzug der Transaktion K.I.10

- Profitabilität,
- Marketing-Strategien, Produktenwicklungspläne oder Planungen zur Erweiterung oder Reduzierung bestehender Kapazitäten

beziehen.

Vertreter des Erwerbers sollten keine Veranstaltungen (etwa Vorstandssitzungen oder Mitarbeitertreffen) des Zielunternehmens besuchen. Dies gilt insbesondere dann, wenn auf solchen Treffen wettbewerbsrelevante Informationen diskutiert oder das aktuelle wettbewerbliche Verhalten des Zielunternehmens geplant wird.

Wir hoffen, Ihnen damit einige Anhaltspunkte für das Verhalten zwischen Unterzeichnung der Verträge und dem Vollzug des Vorhabens an die Hand gegeben zu haben. Dabei ist uns klar, dass die oben dargestellten Grundsätze nur einen sehr allgemeinen Überblick geben können. Wir würden daher vorschlagen, uns kurzfristig noch einmal gemeinsam über die konkret anstehenden Maßnahmen zu unterhalten und die Verhaltensregeln dementsprechend weiter zu präzisieren. Die Erfahrung lehrt, dass gerade unter denjenigen, die für die Umsetzung des Vorhabens Verantwortung zeichnen, ein verständlicher Drang besteht, so schnell wie möglich mit der Implementierung zu beginnen. Hier wären wir gerne bereit, anhand konkreter Planungen über die Zulässigkeit bestimmter Maßnahmen zu diskutieren und die Grenzen des kartellrechtlich Zulässigen aufzuzeigen. Für Rückfragen zu diesem Thema stehen wir selbstverständlich jederzeit zur Verfügung.

Mit freundlichen Grüßen

......

(Rechtsanwalt)

Schrifttum: Reysen und *Gaspers* Kartellrechtliche Vorgaben für die Transaktions- und Integrationsplanung im M&A-Geschäft, WuW 2006, 602; *Basedow*, Gemeinschaftsrechtliche Grenzen der Ministererlaubnis in der Fusionskontrolle, EuZW 2003, 44; *Gottschalk*, Gunjumping – Zum Fusionsvollzug trotz Vollzugsverbots, RIW 2005, 905.

Anmerkungen

1. Hintergrund für Verhaltensmaßregeln. Sowohl nach § 41 Abs. 1 GWB als auch nach Art. 7 der EU Fusionskontrollverordnung (**EU FKVO**) ist es verboten, Zusammenschlussvorhaben zu vollziehen, bevor das BKartA oder die EU Kommission die fusionskontrollrechtliche Freigabe erklärt haben oder die anwendbaren Prüfungsfristen ohne Erlass einer Entscheidung in der Sache abgelaufen sind. Dementsprechend ist es unzulässig, die wesentlichen Schritte zum Vollzug des Projekts vor Erhalt einer entsprechenden Freigabeerklärung rechtlich oder tatsächlich umzusetzen. Darüber hinaus verbieten allgemeine kartellrechtliche Regelungen den Austausch vertraulicher Daten zwischen Wettbewerbern. Wenn der Erwerber und das Zielunternehmen sich überschneidende Tätigkeitsbereiche aufweisen, sind sie – bis zum Vollzug der Transaktion – als Wettbewerber zu betrachten. Die dementsprechenden Verhaltensanforderungen der Artikel 101 AEUV und § 1 GWB finden auf sie bis zum Vollzug des Vorhabens weiter Anwendung.

Kartellbehörden können substantielle Geldbußen gegen Unternehmen festsetzen, die sich über die kartellrechtlichen oder fusionskontrollrechtlichen Verbote hinwegsetzen. Darüber hinaus sind Verstöße gegen das Vollzugsverbot – insbesondere im Anwendungsbereich des deutschen Rechts – mit einer zivilrechtlichen Unwirksamkeitssanktion versehen. Praktisch gesehen können sich Zuwiderhandlungen während des laufenden Fusionskontrollverfahrens sehr nachteilig auf das Verhältnis von Behörde zu den beteiligten Unternehmen auswirken. Glaubwürdigkeit, die durch einen Fehlstart der Beteiligten am Markt verloren geht, ist in einem laufenden Verfahren nur sehr schwer wieder herzustellen.

2. Bußgeldrisiko bei kartellrechtswidrigem Verhalten. Sowohl Verstöße gegen das in § 41 Abs. 1 GWB verankerte Vollzugsverbot als auch kartellrechtswidriges Verhalten im Sinne der §§ 1 ff. GWB stellen sich als bußgeldbewährte Ordnungswidrigkeiten im Sinne des § 81 Abs. 1

Nr. 1 bzw. Nr. 7 GWB dar. Für das BKartA haben allerdings ebenso wie die EU Kommission in der Vergangenheit Rechtsverstöße rund um das Fusionskontrollverfahren nicht im Zentrum der behördlichen Rechtsdurchsetzung gestanden. Allerdings bieten sich insbesondere im Rahmen des Informationsaustauschs bei der Due Diligence und der Integrationsplanung vielfältige Möglichkeiten, gegen geltendes Recht zu verstoßen. US amerikanische Behörden, die in kartellrechtlichen Dingen derzeit häufig Vordenker auch gegenüber ihren europäischen Kollegen sind, haben eine deutlich aggressivere Amtspraxis entwickelt. Es scheint durchaus nahe liegend, dass Behörden wie die EU Kommission oder das BKartA diese Vorbilder zum Anlass nehmen, entsprechendes Verhalten in der Zukunft selbst zu verfolgen. Daher ist auch bei bislang praktisch nicht erfolgter Rechtsdurchsetzung für die Zukunft von einem durchaus spürbaren Bußgeldrisiko auszugehen.

3. Maßgaben für das wettbewerbliche Verhalten. Tatsächlich berühren die hier behandelten Themen sowohl die Frage des Vollzugsverbots als auch das Verbot einer Verhaltenskoordination gemäß §§ 1 ff. GWB/Art. 101 AEUV. Letzteres greift allerdings nur dann ein, wenn es sich bei den beteiligten Unternehmen um aktuelle oder zumindest potenzielle Wettbewerber handelt. Im Einzelfall wird also genau zu prüfen sein, in welchem Umfang die – die beteiligten Unternehmen naturgemäß in der Freiheit gemeinsamen Handelns beschränkenden – Verhaltensrichtlinien Anwendung finden.

Eine differenzierte Betrachtung ist vor allem dann erforderlich, wenn die Unternehmen sich nur in einzelnen Bereichen wettbewerblich berühren. Dann ist zwischen Regeln, die durch das Vollzugsverbot motiviert auf alle Bereiche Anwendung finden (so vor allem die in Ziffer 3 dargestellten Regeln), und solchen, die kartellrechtlich begründet und daher nur in den Überschneidungsbereichen relevant sind (so im Wesentlichen die in Ziffer 4 dargestellten Regeln), zu unterscheiden (Ziffer 2 führt beide Regelungskomplexe zusammen). Als grobe Richtschnur kann die Überlegung dienen, dass das Vollzugsverbot den Zweck verfolgt, vor Abschluss der fusionskontrollrechtlichen Prüfung die Schaffung vollendeter Tatsachen zu vermeiden. Unter diesen Aspekten kritisch sind daher alle Maßnahmen, die auf die rechtliche oder faktische Eingliederung des Zielunternehmens in die Entscheidungsfindungsstrukturen oder den Marktauftritt des Erwerbers abzielen. Daraus kann eine weit reichende Verpflichtung des Erwerbers folgen, in der Zeit bis zur fusionskontrollrechtlichen Freigabe auf Einflussnahme – die im Übrigen auch durch Vereinbarung von bestimmten Zustimmungserfordernissen im Kaufvertrag erfolgen kann – zu verzichten. Das gilt im Übrigen auch für die nur mittelbare Einflussnahme – etwa durch weit reichende Einsichtnahme-/Überwachungsrechte, die dem Zielunternehmen zwar formal die Möglichkeit autonomer Entscheidungen geben, aber faktisch sicherstellen, dass das Management sich im Sinne des künftigen Gesellschafters, der ihm dauernd ‚über die Schulter schaut', verhält.

4. Grenzen des Informationsaustauschs. Die hier dargestellten Grundsätze erscheinen auf den ersten Blick weit reichende Verhaltensanforderungen zu stellen. In der Praxis wird man auch hier im Rahmen einer Risikoanalyse überlegen müssen, welche Verhaltensanforderungen an die Unternehmen gestellt werden sollen. Dabei wird die wettbewerbliche Nähe der Beteiligten zueinander den Umfang der zu treffenden Maßnahmen bestimmen. Je ausgeprägter das Wettbewerbsverhältnis ist, desto schärfer sollten die Sicherheitsvorkehrungen sein.

Dabei ist im Übrigen auch die Möglichkeit eines Scheiterns der Transaktion auch in einer relativ späten Phase in die Überlegungen miteinzubeziehen. Gerade die involvierten Mitarbeiter sind verständlicherweise sehr zurückhaltend, gerade diese Möglichkeit als realistisches Szenario in die Betrachtungen miteinzubeziehen. Sie sind häufig von der „Machbarkeit" einer Transaktion, die sie gerade unternehmensintern ‚verkauft' haben, überzeugt und nicht bereit, insoweit Bedenken zu akzeptieren. Dennoch kann es auch aus unternehmerischen Überlegungen sinnvoll sein, bezüglich des Informationsaustauschs Vorsicht walten zu lassen. Gerade bei direkten Wettbewerbern kann ein allzu lockerer Umgang mit wettbewerbsrelevanten Informationen in der Vorbereitungsphase zu schwerwiegenden wettbewerblichen Nachteilen führen, wenn die Transaktion letztlich nicht zustande kommt. Vor diesem Hintergrund ist es durchaus sinnvoll, genaues Augenmerk auf die Ausgestaltung von Vertraulichkeitsvereinbarungen und ihre konkrete Umsetzung zu richten.

II. Die Fusionskontrolle in der Europäischen Union

1. Informal Guidance Memorandum

Europäische Kommission
Generaldirektion Wettbewerb
Abteilung ......
z. Hd. Herrn/Frau ......
Rue Joseph II, 80
1040 Brüssel

......, den ......

Zusammenschlussvorhaben ...... /......
Informal Guidance Memorandum[1]

Sehr geehrte(r) ......,

namens und im Auftrag der ...... (im Folgenden: „die Erwerberin") und wie telefonisch bereits angekündigt,[2] übermitteln wir der Europäischen Kommission hiermit die folgenden Informationen zur Vorbereitung der „Informal Guidance"-Besprechung am ....[3] Die von den beteiligten Unternehmen gewählte Verfahrenssprache ist Deutsch.
Zur näheren Darstellung dieser Transaktion verweisen wir auf die Pressemitteilung der beteiligten Unternehmen, die als

Anlage 1

beigefügt ist. [*Alternativ etwa:* Die an der Transaktion beteiligten Unternehmen haben sich bereits auf die wesentlichen Eckpunkte der Transaktion geeinigt. Sie sind momentan dabei, einige letzte Details aus zu verhandeln und stehen kurz vor dem Abschluss des Kaufvertrages. In dieser Phase der Verhandlungen ist das Vorhaben allerdings bislang nicht am Markt bekannt geworden. Wir bitten daher vor allem im Interesse des Zielunternehmens und des Veräußerers, das Vorhaben zunächst noch vertraulich zu behandeln.]
Wir verweisen ferner auf die folgenden, als

Anlagenkonvolut 2

beigefügten Dokumente, die weitere Hintergrundinformationen zu dem Zusammenschlussvorhaben enthalten.[4]
Wir machen die Europäische Kommission darauf aufmerksam, dass dieses Schreiben Informationen enthält, die Geschäftsgeheimnisse der beteiligten Unternehmen darstellen. Wir bitten daher um eine vertrauliche Behandlung insbesondere der unternehmens- und marktbezogenen Daten und Schätzwerte.

I. Das Zusammenschlussvorhaben

Die Erwerberin beabsichtigt, über ihre 100%ige Tochtergesellschaft ...... [*Name und Adresse der Tochtergesellschaft*] sämtliche Anteile an der ...... [*Name und Geschäftsadresse des Zielunternehmens*] (im Folgenden: „das Zielunternehmen") und damit die Kontrolle über das Zielunternehmen von dem Veräußerer zu erwerben.

II. Die beteiligten Unternehmen

1. Die Erwerberin

Die Erwerberin (http://www.erwerberin.com) ist Obergesellschaft einer weltweit tätigen Unternehmensgruppe mit Hauptsitz in ...... Die Geschäftstätigkeiten dieser Gruppe richten sich vor allem auf die Herstellung und den Vertrieb von ...... In untergeordnetem Maße ist die Gruppe auch in der Herstellung und dem Vertrieb von ...... sowie in der Erbringung damit verbundener Serviceleistungen tätig.

Die Erwerberin erzielte unter Einbeziehung mit ihr verbundener/abhängiger Unternehmen im letzten abgelaufenen Geschäftsjahr (endete am ......) weltweit konsolidierte Umsatzerlöse in Höhe von ...... EUR. Hiervon entfielen Umsatzerlöse in Höhe von ...... EUR auf Tätigkeiten innerhalb der Europäischen Union. Der Gesamtumsatz im EFTA Raum betrug ...... Für die Umsatzzahlen in jedem einzelnen Mitgliedsstaat der Europäischen Union verweisen wir auf

Anlage 3

2. Das Zielunternehmen

Das Zielunternehmen ist derzeit eine 100 %ige Tochtergesellschaft des Verkäufers (http://www.verkäufer.com). Es ist innerhalb der Verkäufergruppe für die Herstellung und den Vertrieb von ...... zuständig, wobei auch Produkte Dritter – insbesondere der Firmen ...... und ...... – zur Abrundung des Produktprogramms vertrieben werden.

Der weltweite Umsatz des Zielunternehmens im letzten Geschäftsjahr (endete am ......) betrug ...... EUR. Der gemeinschaftsweite Umsatz betrug ...... EUR, der Umsatz im EFTA Raum ...... EUR. Für die Umsätze in jedem einzelnen Mitgliedsstaat verweisen wir auf

Anlage 4

III. Zuständigkeit der Europäischen Kommission

Wie aus den dargelegten Umsätzen ersichtlich, ist das Zusammenschlussvorhaben von gemeinschaftsweiter Bedeutung im Sinne des Art. 1 VO 139/2004 (im Folgenden: FKVO) und fällt somit in die ausschließliche Zuständigkeit der Europäischen Kommission.

IV. Die von dem Zusammenschluss betroffenen Märkte

Beide Zusammenschlussbeteiligte sind in der Herstellung und im Vertrieb von ...... tätig. Es kommt somit nur in diesem Bereich zu wettbewerblichen Überschneidungen. Nach Ansicht der Zusammenschlussbeteiligten müssten in den sachlich relevanten Markt allerdings auch die Produkte ...... mit einbezogen werden. Zwar sind diese nicht völlig mit den von den Zusammenschlussbeteiligten hergestellten Produkten identisch, für Kunden wäre es allerdings ein leichtes, ihren Bedarf von ...... auf ...... umzustellen. Ferner besitzen die meisten namhaften Anbieter die Fähigkeit, ihre Produktion von ...... auf ...... umzustellen. Schließlich sprechen das Vorhandensein entsprechender Kapazitäten sowie die preisliche Reaktionsverbundenheit beider Produktgruppen in der Vergangenheit für die Abgrenzung eines umfassenden Marktes.

Geographisch handelt es sich bei dem hier betroffenen Markt um einen europaweiten Markt. Hierfür sprechen erhebliche grenzüberschreitende Aktivitäten auf der Anbieter- wie auch auf Nachfragerseite ebenso wie ein sich zunehmend angleichendes Preisniveau und im Wesentlichen ähnliche Marktanteilsstrukturen in den verschiedenen Mitgliedstaaten.

1. Marktdaten

Die beteiligten Unternehmen schätzen das Gesamtvolumen des europäischen Marktes für ...... im Jahre ...... auf rund ...... Mio. EUR. Die Erwerberin erzielte auf diesem Markt im Kalenderjahr ...... in Europa Umsatzerlöse in Höhe von ...... Mio. EUR. Sie hielt damit einen Marktanteil von rund ......%. Das Zielunternehmen erwirtschaftete in dem Kalenderjahr ...... in diesem Bereich einen europäischen Umsatz von ...... Mio. EUR, was einem Marktanteil von rund ......% entspricht. Rein rechnerisch, ohne Berücksichtigung

1. Informal Guidance Memorandum K.II.1

der sich aus der Transaktion unweigerlich ergebenen Abschmelzeffekte, ergibt sich somit ein gemeinsamer Marktanteil von ......%. Auf dem relevanten Markt sind eine Reihe bedeutender Anbieter tätig. Die wesentlichen Wettbewerber und die nach Einschätzung der beteiligten Unternehmen in Europa gehaltenen Marktpositionen sind in der folgenden Tabelle zusammengefasst:

Name	Geschätzter Umsatz (in Mio. EUR)	Geschätzter Marktanteil (in %)

2. Wettbewerbsrechtliche Bewertung

Der Markt ist von einer gesunden Wettbewerbsstruktur gekennzeichnet, was sich nicht zuletzt in der Präsenz einer Vielzahl von Wettbewerbern mit im Wesentlichen ähnlichen Marktanteilen widerspiegelt. Auf dem Markt herrscht lebhafter Wettbewerb, vor allem im Hinblick auf die Preisgestaltung und Produktinnovation. Dementsprechend entwickeln sich Marktanteile dynamisch; das hat insbesondere ...... erfahren müssen. Dieses Unternehmen war lange deutlicher Marktführer, verlor seinen Vorsprung jedoch in jüngerer Zeit vor allem an innovative jüngere Unternehmen.

Das Zusammenschlussvorhaben führt rein rechnerisch zu einem nicht völlig unbedeutsamen Marktanteil für das zusammengeschlossene Unternehmen. Dieser ist jedoch noch weit von einem Schwellenwert entfernt, der Marktmacht indizieren könnte. Insgesamt ist klar, dass das anzumeldende Vorhaben keinesfalls zu einer erheblichen Behinderung wirksamen Wettbewerbs und schon gar nicht zur Begründung oder gar Verstärkung einer marktbeherrschenden Stellung im Sinne des Art. 2 Abs. 3 FKVO führen wird. Insbesondere wird der Erwerberin nicht die Möglichkeit eröffnet, von Wettbewerbern und der Marktgegenseite nicht mehr hinreichend kontrollierte Verhaltensspielräume zu entwickeln. Weder wird es der Erwerberin möglich sein, die Preise signifikant zu erhöhen, noch bei der Produktqualität Abstriche zu machen oder in sonstiger Weise ihre Wettbewerbsanstrengungen zu vermindern.

Im Gegenteil hat das Zusammenschlussvorhaben pro-kompetitive Wirkungen, indem es der zusammengeschlossenen Einheit erst kritische Masse vermittelt, auch weiterhin aktiv am Wettbewerbsgeschehen teilzunehmen.

V. Sonstige Märkte

1. Überblick

Sowohl die Erwerberin als auch – allerdings in eingeschränktem Umfang – das Zielunternehmen haben Aktivitäten auf anderen Märkten, ohne dass es dabei zwischen den Beteiligten zu Überschneidungen kommt. Der Vollständigkeit halber sei auf diese Märkte kurz eingegangen.
a) Tätigkeitsgebiet des Zielunternehmens: ......
b) Tätigkeitsgebiet der Erwerberin: ......

2. Wettbewerbsrechtliche Bewertung

Wie dargestellt liegen die Tätigkeitsgebiete des Zielunternehmens und der Erwerberin in den in diesem Abschnitt dargestellten Bereichen weder auf demselben Markt, noch auf benachbarten Märkten oder auf vor- oder nachgelagerten Märkten. Das Zusammenschlussvorhaben wird sich auf die von den Zusammenschlussbeteiligten auf diesen Märkten gehaltenen Wettbewerbspositionen nicht auswirken. Insbesondere wird es auch aus Sicht des Zielunternehmens nicht zu einer signifikanten Ressourcenverstärkung kommen, da die dem Erwerber zur Verfügung stehenden Ressourcen diejenigen des Veräußerers kaum überwiegen dürften.

Wir hoffen, mit diesen Informationen gedient zu haben. Da die Sache eine gewisse Dynamik aufweist, wären wir für die kurzfristige Anberaumung eines Termins für ein Treffen dankbar. Wir sollten diese Gelegenheit auch nutzen, Details zum Umfang der in der Anmeldung zu liefernden Informationen zu konkretisieren. Natürlich stehen wir Ihnen auch in der Zwischenzeit bei eventuellen Rückfragen gern zur Verfügung.

Mit freundlichen Grüßen

......

(Rechtsanwalt)

Anmerkungen

1. Inhalt, Zweck. Das Confidential Guidance Memorandum soll es der Kommission ermöglichen, einen ersten Überblick über die geplante Transaktion zu erhalten und ein geeignetes Case Team (ggf. mit sektorspezifischen Vorkenntnissen und möglichst passenden sprachlichen Fähigkeiten) zusammenzustellen. Wesentliche Angabe ist daher auch die von den Parteien gewählte Verfahrenssprache. Das Memorandum soll darüber hinaus das Zusammenschlussvorhaben, die betroffenen Sektoren und Märkte und die zu erwartenden Auswirkungen des Vorhabens auf den Wettbewerb umreißen. Neben der Projektion der auf den Fall anzusetzenden Ressourcen sollen diese Angaben auch als Grundlage für die Diskussion des Umfangs der in der Anmeldung erwarteten Informationen dienen. Statt eines Informal Guidance Memorandum kann auch ein Entwurf des Formblatts CO eingereicht werden (siehe dazu nachfolgend unter J.II.2).

Bislang wurden die Case Teams für neue Fusionskontrollfälle am Montagnachmittag, in der wöchentlich stattfindenden Management-Besprechung der Generaldirektion Wettbewerb zusammengestellt. Damit ein Informal Guidance Memorandum – und damit zusammenhängend die Bitte um die Benennung eines entsprechenden case teams – in einer solchen Montagbesprechung berücksichtigt werden kann, ist erforderlich, dass dieses bis *spätestens 12:00 Uhr Mittags am vorhergehenden Freitag* bei der Registratur der Generaldirektion Wettbewerb eingeht. Sofern terminlich nicht anders darstellbar, kann die Bitte um Benennung eines case teams auch in einem knapperen Schriftsatz vorgetragen werden. Ein solches Dokument muss allerdings einen gewissen Mindestinhalt aufweisen. Zu benennen sind hier die Parteien (gegebenenfalls einschließlich ihres Konzernhintergrundes), die betroffenen Wirtschaftsbereiche sowie die gewählte Verfahrenssprache. Idealerweise nutzt man den Vordruck aus der Textsammlung der Kommission zur Fusionskontrolle (siehe http://ec.europa.eu/competition/mergers/legislation/merger_compilation.pdf) unter H.4 (S. 343). Das Informal Guidance Memo (oder der Entwurf einer Anmeldung) können dann später nachgereicht werden.

2. Erste Kontakte vor Anmeldung. Kontakte mit der Kommission sollten mindestens zwei Wochen vor dem geplanten Datum der Anmeldung stattfinden; in komplexen Fällen sollte dieser Zeitrahmen noch großzügiger bemessen werden. Angesichts knapper Prüfungsfristen tendiert die Kommission dazu, das informelle Vorverfahren bereits für einen Einstieg in die Prüfung des Falles zu nutzen. Daher ist es durchaus möglich, dass bereits an dieser Stelle materielle wettbewerbliche Themen diskutiert werden und der Inhalt der Anmeldung inhaltlich einem gewissen Wandel ausgesetzt ist. Die Kommission hat deutlich gemacht (siehe ihre Best Practice Guidelines Rdnr. 10), dass der Kontakt so früh wie möglich hergestellt werden sollte.

3. Treffen. Sämtliche Dokumentation sollte mindestens drei Arbeitstage vor dem Treffen mit der Kommission eingereicht werden; es sei denn, ein anderer Zeitrahmen ist mit dem Case Team vereinbart. Im Fall von umfangreichen Einreichungen ist mehr Zeit einzurechnen (vgl. Best Practice Guidelines Rdnr. 14).

An einem etwaigen Treffen mit der Kommission sollten auf Unternehmensseite sowohl die rechtlichen Berater als auch die Unternehmensvertreter mit Managementverantwortung teilnehmen (vgl. Best Practice Guidelines Rdnr. 9). Das erlaubt es, sachliche Fragen, schnell klären und gegebenenfalls auf umfangreiche Ausführungen in der Anmeldung selbst verzichten zu können.

Inhalt der Diskussion mit der Europäischen Kommission in einem solchen Treffen sind typischerweise insbesondere die folgenden Themen:

Zuständigkeit der Europäischen Kommission, etwa zu Themen wie der Erfüllung eines Zusammenschlusstatbestands oder der Umsatzberechnung;

Verfahrensfragen, etwa zum Zeitpunkt der Einreichung der Form CO, einem potenziellen Antrag auf eine Befreiung vom Vollzugsverbot (vgl. dazu nachfolgend unter ......), oder zur Möglichkeit von Verweisen von oder zu nationalen Behörden in den verschiedenen Mitgliedstaaten der EU (vgl. Best Practice Guidelines Rdnr. 25);

Ob die Parteien einen Dispens für die Beibringung bestimmter Informationen für das Formblatt CO benötigen und erhalten, um die Vollständigkeit der Anmeldung sicherzustellen (vgl. Best Practice Guidelines Rdnr. 19);

Materielle Themen, so etwa ob die Kommission bereits zu diesem Zeitpunkt bestimmte wettbewerbsrechtliche Themenstellungen identifiziert und wie im Rahmen der Anmeldung darauf einzugehen ist. In diesem Zusammenhang können frühzeitige Kontakte mit der Kommission dazu beitragen, etwaige Bedenken frühzeitig auszuräumen und so eine Phase 2-Prüfung zu vermeiden;

Die Frage, ob die Transaktion in Ländern außerhalb der EU anzumelden ist, insbesondere in den USA. In einem solchen Fall erwartet die Kommission von den Parteien regelmäßig einen Dispens der es ihr ermöglicht, mit den Wettbewerbsbehörden dritter Staaten zusammenzuarbeiten und vor allem Informationen auszutauschen (vgl. Best Practice Guidelines Rdnr. 25).

4. Anlagen. Die Kommission empfiehlt den Zusammenschlussbeteiligten, der Kommission eine Reihe interner Dokumente so früh wie möglich, und so weit vorhanden, zur Verfügung stellen. Hierzu gehören Präsentationen an den Aufsichtsrat, Studien, Analysen und Berichte, insbesondere zu folgenden Themen:
- Die Bewertung des Zusammenschlussvorhabens;
- Die wirtschaftlichen Beweggründe für das Zusammenschlussvorhaben;
- Die Bedeutung des Zusammenschlussvorhabens für den Wettbewerb;
- Die mit dem Zusammenschlussvorhaben in Zusammenhang stehenden Märkte.

Soweit einschlägig wird ebenfalls empfohlen, dass die Zusammenschlussbeteiligten so früh wie möglich Dokumente vorlegen, die demonstrieren, dass das Zusammenschlussvorhaben zu im Fusionskontrollverfahren berücksichtigungsfähigen Effizienzen führt (vgl. Best Practice Guidelines Rdnr. 17 f.).

2. Anmeldung gemäß Formblatt CO[1]

Vertraulichkeit

Dieses Formblatt CO (einschließlich seiner Anhänge und beigefügten Unterlagen) enthält Geschäftsgeheimnisse im Sinne des Abschnitts 1.5 des Anhanges I zur Verordnung der Kommission (EG) Nr. 802/2004. Diese Geschäftsgeheimnisse[2] sind im Formblatt selber durch eckige Klammern gekennzeichnet; zu den vertraulichen Anlagen gehören die Anlagen ...... und ......

Die in dieser Anmeldung enthaltenen Informationen werden der Kommission der Europäischen Gemeinschaften ausschließlich zum Zwecke der Prüfung des angemeldeten Zusammenschlussvorhabens gemäß der Verordnung des Rates (EG) Nr. 139/2004 zugänglich gemacht. Die Veröffentlichung dieser Daten und Informationen oder ihre Weitergabe an dritte Personen würde den Geschäftsinteressen der anmeldenden Parteien schaden. Dementsprechend dürfen die als vertraulich gekennzeichneten Daten nicht ohne die vorherige schriftliche Zustimmung der beteiligten Unternehmen veröffentlicht oder Dritten zugänglich gemacht werden.

Abschnitt 1. Beschreibung des Zusammenschlusses
1.1. Die angemeldete Transaktion

A. Das Zusammenschlussvorhaben[3]

Mit der hier angemeldeten Transaktion beabsichtigt die ...... (nachfolgend: die Erwerberin), mittelbar über ihr eigens zu diesem Zwecke gegründetes Gruppenunternehmen ...... (im Folgenden: SPV) sämtliche Anteile an der ...... (nachfolgend: das Zielunternehmen) zu übernehmen. Auf diese Weise beabsichtigt die Erwerberin, die alleinige Kontrolle über das Zielunternehmen zu begründen.[4] Der Kaufpreis beträgt ...... Mio. EUR in bar sowie insgesamt ...... Aktien an der Erwerberin (mit einem Marktwert von ...... Mio. EUR am ......). Das entspricht einer Beteiligung in Höhe von ...... % an der Erwerberin.

B. Die Tätigkeitsbereiche der beteiligten Unternehmen[5]

Bei der Erwerberin (www.erwerberin.com) handelt es sich um die börsennotierte Obergesellschaft einer weltweit, jedoch mit geographischem Schwerpunkt in ...... tätigen Unternehmensgruppe. Die Gruppe ist insbesondere in der ......-Industrie tätig, unter anderem auch in der Herstellung und Vermarktung von ...... (im Folgenden: Produkt A) und ...... (im Folgenden: Produkt B). Die Aktien der Erwerberin werden an der ...... Börse gehandelt und befinden sich weitestgehend im Streubesitz. Soweit dies der Erwerberin überhaupt bekannt ist, handelt es sich bei der Aktionärin mit dem größten Anteilsbesitz um die ......, deren Beteiligungsquote gerade einmal ......% des ausgegebenen Aktienkapitals beträgt. Nach Kenntnissen der Erwerberin gibt es auch keine Absprachen unter den Aktionären über eine koordinierte Ausübung der Stimmrechte. Die Erwerberin geht daher davon aus, dass weder ein einzelner Aktionär noch eine Gruppe von Aktionären über die Möglichkeit verfügen, einen bestimmenden Einfluss auf die Erwerberin auszuüben.

Das Zielunternehmen ist heute Teil der ......-Unternehmensgruppe. Innerhalb des Konzernzusammenhangs ist sie für die Herstellung und Vermarktung von Produkt A und Produkt B zuständig. In geographischer Hinsicht ist ihre Tätigkeit bislang auf die Region ...... beschränkt gewesen; die unternehmerische Tätigkeit hat sich insoweit schwerpunktmäßig auf die Mitgliedstaaten ...... und ...... beschränkt.

Die Geschäftsanteile an dem Zielunternehmen werden derzeit von der ...... (im Folgenden: Veräußerer) gehalten. Nach Vollzug der hier angemeldeten Transaktion wird der Veräußerer weder mit der Erwerberin noch mit dem Zielunternehmen in irgendeiner fusionskontrollrechtlichen Weise verbunden sein, insbesondere wird ihr die Beteiligung an der Erwerberin keinen strategisch relevanten Einfluss auf dieses Unternehmen vermitteln. Wir sehen daher von der Schilderung weiterer Details zu dem Veräußerer ab.

C. Die von dem Zusammenschluss generell und schwerpunktmäßig betroffenen Märkte

Die oben stehende Darstellung hat gezeigt, dass sich die Aktivitäten der an dem Zusammenschlussvorhaben beteiligten Unternehmen bei den Produkten A und B überschneiden. Von dem Vorhaben sind daher als relevante Produktmärkte[6] die A- und B-Märkte betroffen. Nur mittelbare Auswirkungen wird das Vorhaben auf dem Markt für ...... haben. In diesem, dem Produkt A vorgelagerten Bereich ist lediglich die Erwerberin tätig und beliefert neben der eigenen Produktion in sehr begrenztem Umfang auch Dritte, so auch heute schon, allerdings nur in begrenztem Umfang, auch das Zielunternehmen.

Der geographische Markt[7] für die Produkte A und B umfasst das Gebiet der gesamten Europäischen Union. Die zusammengeschlossenen Unternehmen konkurrieren mit anderen europaweit tätigen Unternehmen. Die angebotenen Produkte unterliegen keinen unterschiedlichen nationalen Regelungen, so dass ein grenzüberschreitender Austausch problemlos möglich ist. Auch das Preisniveau unterscheidet sich nicht wesentlich von Mitgliedstaat zu Mitgliedstaat.

2. Anmeldung gemäß Formblatt CO   K.II.2

D. Die strategischen und wirtschaftlichen Beweggründe für den Zusammenschluss
Mit dem Zusammenschluss verfolgen die beteiligten Unternehmen das Ziel, Produktion und teilweise auch den Vertrieb der Produkte A und B effizienter zu gestalten. Die Umstrukturierung wird primär die Kosten der Produktion und letztendlich auch der vertriebenen Produkte senken, was sich vorteilhaft auf die Endverbraucher auswirken wird. Derzeit nutzen beide Parteien jeweils eine Anlage, um die Produkte A und B herzustellen. Das bedingt die Notwendigkeit einer aufwendigen Produktionsumstellung, gleichzeitig wäre es aber aufgrund der hier relevanten Skaleneffekte nicht rentabel, kleinere Anlagen für nur jeweils ein Produkt zu betreiben. Mit der Transaktion erreichen die beteiligten Unternehmen die kritische Masse, um jeweils eine Anlage wirtschaftlich effizient mit der Produktion eines Produktes auszulasten. Damit schließen sie zu ihren wesentlichen Wettbewerbern ...... und ...... auf, die bereits heute über entsprechende Produktionsvolumina und daher die Möglichkeit zu effizientem Arbeiten verfügen. Alleine könnte keines der beteiligten Unternehmen diese Effizienzvorteile erarbeiten, da diese im Wesentlichen von den bewegten Produktvolumina abhängen. Eine schlichte Verdoppelung der Produktionsmengen ließe sich – nicht zu letzt angesichts erheblicher Überkapazitäten in dieser Branche – für keines der beteiligten Unternehmen darstellen. ......
Der Zusammenschluss wird die wirtschaftliche Stabilität des zusammengeschlossenen Unternehmens stärken und dadurch Arbeitnehmern, Lieferanten und Kunden den langfristigen Erhalt dieses Unternehmens sichern. Durch die realistischerweise zu erwartenden Effizienzgewinne sollte es dem zusammengeschlossenen Unternehmen weiterhin möglich sein, an dem in diesem Geschäft herrschenden Preiswettbewerb effektiv teilzunehmen. Darüber hinaus sollte die durch den Zusammenschluss bewirkte vertriebsseitige Abdeckung der wesentlichen Regionen Europas einen weiteren auf dem Gesamtmarkt agierenden Wettbewerber etablieren.

1.2. Erstellen Sie eine Zusammenfassung (bis zu 500 Worte) zu den Angaben unter Punkt 1.1. Diese Zusammenfassung soll am Tag der Anmeldung auf der Website der Kommission veröffentlicht werden und darf keine vertraulichen Informationen oder Geschäftsgeheimnisse enthalten.

Mit der angemeldeten Transaktion wird ...... (im Folgenden: die Erwerberin) die alleinige Kontrolle im Sinne von Art. 3 Abs. 1 (b) FKVO über die ...... (im Folgenden: das Zielunternehmen) erwerben.
Die unternehmerischen Aktivitäten der beiden Gesellschaften stellen sich wie folgt dar:
– Erwerberin : ......
– Zielunternehmen: ......
Das Vorhaben betrifft die gemeinschaftsweiten Märkte für die Produkte A und B. Die Erwerberin ist mit den von dem Vorhaben betroffenen Produkten zwar bereits im gesamten Gebiet der EU präsent, jedoch mit Schwerpunkt in ...... und ...... Der räumliche Geschäftsbereich des Zielunternehmens beschränkte sich bisher auf die Region ...... Mit dem Zusammenschluss werden bestehende Lücken in dem Vertriebsnetz der Erwerberin geschlossen, so dass den – häufig ebenfalls europaweit tätigen – Kunden ein weiterer Anbieter mit gemeinschaftsweiter Marktpräsenz zur Verfügung stehen wird.

Abschnitt 2. Angaben zu den beteiligten Unternehmen
2.1. Angaben zu der Erwerberin (anmeldendes Unternehmen)

2.1.1 ...... [*Vollständige Firma,
      Straße und Hausnummer,
      Postleitzahl und Ort des Hauptsitzes der Erwerberin*]
2.1.2 Die Erwerberin ist hauptsächlich im Bereich der ...... tätig.

2.1.3 Als Kontaktperson für das vorliegende Verfahren bei der Erwerberin wird benannt:
...... [*Name der Kontaktperson,*
Berufliche Stellung,
Straße und Hausnummer,
Postleitzahl und Ort,
Telefonnummer,
Faxnummer,
E-Mail-Anschrift]

2.1.4 Die Zustelladresse für Korrespondenz mit der Kommission lautet:
...... [*Firma des Unternehmens,*
Name der zustellungsbevollmächtigten Person,
Straße und Hausnummer,
Postleitzahl und Ort.
Telefonnummer,
E-Mail-Adresse]

2.2. Angaben zu anderen an dem Zusammenschluss beteiligten Unternehmen:

2.1.1 ...... [*Vollständige Firma,*
Straße und Hausnummer,
Postleitzahl und Ort des Hauptsitzes des Zielunternehmens]

2.1.2 Das Zielunternehmen ...... ist hauptsächlich im Bereich der ...... tätig.

2.1.3 Als Kontaktperson für das vorliegende Verfahren beim Zielunternehmen wird benannt:
...... [*Name der Kontaktperson,*
Berufliche Stellung,
Straße und Hausnummer,
Postleitzahl und Ort,
Telefonnummer,
Faxnummer,
E-Mail-Anschrift]

Die Zustelladresse für Korrespondenz mit der Kommission lautet:
...... [*Firma des Unternehmens,*
Name der zustellungsbevollmächtigten Person,
Straße und Hausnummer,
Postleitzahl und Ort.
Telefonnummer,
E-Mail-Adresse]

2.3. **Bestellung von Vertretern**

(a) Für die Erwerberin
...... [*Name der Kanzlei,*
Namen der mit der Transaktion befassten Rechtsanwälte,
Strasse und Hausnummer
Postleitzahl und Ort
Telefonnummer
Faxnummer
E-Mail-Anschrift]

(b) Für das Zielunternehmen
...... [*Name der Kanzlei,*
Namen der mit der Transaktion befassten Rechtsanwälte,
Straße und Hausnummer
Postleitzahl und Ort
Telefonnummer

2. Anmeldung gemäß Formblatt CO K.II.2

Faxnummer
E-Mail-Anschrift]
Schriftliche Vollmachten für die Verfahrensbevollmächtigten sind als Anlage 2.3.a – für die Erwerberin – und Anlage 2.3.b – für das Zielunternehmen – beigefügt. Wir bitten, sämtlichen Schriftverkehr mit den beteiligten Unternehmen über die unter (a) und (b) angegebenen Adressen abzuwickeln.

Abschnitt 3. Einzelheiten des Zusammenschlusses

3.1. Art des angemeldeten Zusammenschlusses

a) *Art des Zusammenschlusses*
Mit dem hier angemeldeten Vorhaben beabsichtigt die Erwerberin, die alleinige Kontrolle über das Zielunternehmen zu begründen. Die Transaktion erfüllt damit einen Zusammenschlusstatbestand im Sinne von Art. 3 Abs. 1 (b) FKVO. Dieses Ziel wird durch die Übernahme sämtlicher Geschäftsanteile an dem Zielunternehmen durch das eigens zu diesem Zwecke gegründete SPV, eine mittelbare Tochtergesellschaft der Erwerberin, erreicht.

b) *Umfang der Betroffenheit*
Das Vorhaben betrifft die beteiligten Unternehmen in ihrer Gesamtheit.

c) *Wirtschafts- und Finanzstruktur des Zusammenschlusses*
Der Kaufpreis für sämtliche Geschäftsanteile des Zielunternehmens beträgt insgesamt ...... Mio. EUR. Hiervon werden bei Vollzug rund ...... Mio. EUR in bar entrichtet; der Kaufpreisrest wird durch Übertragung von insgesamt ...... Aktien der Erwerberin (mit einem Marktwert von ...... Mio. EUR am ......) beglichen. Auf diese Weise erhält der Veräußerer eine Beteiligung in Höhe von ......% an der Erwerberin.

d) *Findet ein öffentliches Angebot die Unterstützung der Aufsichtsorgane oder eines anderen vertretungsberechtigten Organs des Zielunternehmens?*
Bei dem angemeldeten Vorhaben handelt es sich nicht um ein öffentliches Übernahmegebot.

e) *Zeitplan für den Vollzug des Zusammenschlusses unter Angabe der wichtigsten Teilschritte*
Die Parteien haben am ...... einen bindenden Vorvertrag geschlossen, in dem sie die wesentlichen Eckpunkte und Rahmenbedingungen für die Übernahme des Zielunternehmens vereinbart haben. Der zwischen den Beteiligten abgestimmte Zeitplan sieht vor, dass der Hauptvertrag bis spätestens ...... unterschrieben wird. Dabei steht das Zustandekommen des Vertrages nicht wirklich in Frage. Die Vertragspunkte, hinsichtlich derer noch Einigungsbedarf besteht, sind weder wettbewerblich noch wirtschaftlich von entscheidender Relevanz, sondern betreffen vor allem ...... Das Vorhaben bedarf letztlich noch der Zustimmung der Aufsichtsgremien der Erwerberin und des Veräußerers. Deren Erforderlichkeit stellt die Transaktion allerdings nicht ernsthaft in Frage, da sie bereits von dem Aufsichtsrat der Erwerberin (in seiner Sitzung vom ......) und von dem Beirat des Veräußerers (in seiner Sitzung vom ......) positiv bewertet wurde.
Die Übertragung der Geschäftsanteile an dem Zielunternehmen wird unter der aufschiebenden Bedingung stehen, dass die Kommission den Zusammenschluss gemäß Art. 2 Abs. 2 FKVO für vereinbar mit dem Gemeinsamen Markt erklärt.

f) *Voraussichtliche Eigentumsverhältnisse und Kontrollverhältnisse nach Vollendung des Zusammenschlusses*
Mit der Transaktion wird die Erwerberin umfassendes wirtschaftliches Eigentum an dem Zielunternehmen begründen.

g) *Art und Umfang etwaiger finanzieller oder sonstiger Hilfen, die die beteiligten Unternehmen aus irgendwelchen Quellen gleich welchen Ursprungs (einschließlich der Öffentlichen Hand) erhalten haben*

Die Erwerberin finanziert das Vorhaben aus vorhandenen Barmitteln und im Eigenbestand gehaltenen Aktien. Sie erhält in diesem Zusammenhang keinerlei private oder öffentliche Finanzhilfen.

h) V*on dem Zusammenschluss berührte Wirtschaftssektoren*
Das Zusammenschlussvorhaben betrifft die im Wesentlichen die Herstellung und den Vertrieb der Produkte A und B und somit den Wirtschaftsbereich ......

3.2. Wert der Transaktion

Der Wert der Transaktion beträgt etwa ...... Mio. EUR (voraussichtlicher Kaufpreis).

3.3. Finanzielle Angaben für jedes an dem Zusammenschluss beteiligte Unternehmen für das letzte Geschäftsjahr:

3.3.1 weltweiter Gesamtumsatz[9],

	Erwerberin Umsatz in Mio. EUR	Zielunternehmen Umsatz in Mio. EUR
Weltweit		

3.3.2 gemeinschaftsweiter Gesamtumsatz,

	Erwerberin Umsatz in Mio. EUR	Zielunternehmen Umsatz in Mio. EUR
Gemeinschaftsweit		

Der Zusammenschlusstatbestand des Art. 1 Abs. 2 FKVO ist erfüllt, da der weltweite Gesamtumsatz der beteiligten Unternehmen 5 Mrd. EUR und ihr gemeinschaftsweiter Gesamtumsatz 250 EUR übersteigt.

3.3.3 Gesamtumsatz im EFTA[10]*-Gebiet,*

	Erwerberin Umsatz in Mio. EUR	Zielunternehmen Umsatz in Mio. EUR
EFTA-weit		

3.3.4 Gesamtumsatz in jedem Mitgliedstaat,

	Erwerberin Umsatz in Mio. EUR	Zielunternehmen Umsatz in Mio. EUR
Belgien		
Bulgarien		
Dänemark		
Deutschland		
Estland		
Finnland		
Frankreich		
Griechenland		
Irland		
Italien		
Lettland		
Litauen		
Luxemburg		
Malta		

2. Anmeldung gemäß Formblatt CO

	Erwerberin Umsatz in Mio. EUR	Zielunternehmen Umsatz in Mio. EUR
Niederlande		
Österreich		
Polen		
Portugal		
Rumänien		
Schweden		
Slowakei		
Slowenien		
Spanien		
Tschechien		
Ungarn		
Vereinigtes Königreich		
Zypern		

3.3.5 Gesamtumsatz in jedem EFTA-Staat,

	Erwerberin Umsatz in Mio. EUR	Zielunternehmen Umsatz in Mio. EUR
Island		
Liechtenstein		
Norwegen		

3.3.6 Mitgliedstaat, in dem mehr als zwei Drittel des gemeinschaftsweiten Gesamtumsatzes erzielt werden
Weder der Erwerber noch das Zielunternehmen erwirtschaften zwei Drittel ihres gemeinschaftsweiten Gesamtumsatzes in ein und demselben Mitgliedstaat.

3.3.7 EFTA-Staat, in dem mehr als zwei Drittel des EFTA-weiten Gesamtumsatzes erzielt werden
Weder der Erwerber noch das Zielunternehmen erwirtschaften zwei Drittel ihres EFTA-Gesamtumsatzes in ein und demselben EFTA-Staat.

3.4. Angaben zum Erreichen der Schwellenwerte im Sinne des Artikels 1 Absatz 3 FKVO

Die beteiligten Unternehmen erreichen die in Artikel 1 Absatz 2 FKVO dargestellten Schwellenwerte nicht. Das Vorhaben hat allerdings – wie sich aus der oben stehenden Tabelle ergibt – unter Zugrundelegung der in Artikel 1 Absatz 3 FKVO festgelegten Schwellenwerte eine gemeinschaftsweite Bedeutung:

3.4.1 Mitgliedstaaten, in denen der kumulierte Gesamtumsatz aller an dem Zusammenschluss beteiligten Unternehmen je 100 Mio. EUR übersteigt
Mitgliedstaaten, in denen der kumulierte Gesamtumsatz aller am Zusammenschluss beteiligten Unternehmen jeweils 100 Mio. EUR übersteigt sind ……, ……, …… und ……

3.4.2 Mitgliedstaaten, in denen der individuelle Gesamtumsatz von mindestens zwei beteiligten Unternehmen jeweils mehr als 25 Mio. EUR beträgt
Mitgliedstaaten, in denen der individuelle Gesamtumsatz von mindestens zwei der am Zusammenschluss beteiligten Unternehmen jeweils 25 Mio. EUR übersteigt sind ……, ……, …… und ……

3.5. Angaben, die die Feststellung eines Kooperationsfalls mit der EFTA ermöglichen

3.5.1 Beläuft sich der Gesamtumsatz der beteiligten Unternehmen im EFTA-Gebiet auf 25% oder mehr ihres Gesamtumsatzes im EWR?

Die beteiligten Unternehmen haben im letzten abgeschlossen Geschäftsjahr im EFTA-Raum deutlich weniger als 25% ihrer Gesamtumsätze im EWR erzielt.

3.5.2 Erzielen mindestens zwei der beteiligten Unternehmen im EFTA-Gebiet jeweils einen Gesamtumsatz von über 250 Mio. EUR?

Keines der beteiligten Unternehmen erzielte im letzten abgeschlossenen Geschäftsjahr einen individuellen Gesamtumsatz von mehr als 250 Mio. EUR.

3.6. Erläutern Sie die wirtschaftlichen Beweggründe für den Zusammenschluss.

Mit dem angemeldeten Vorhaben beabsichtigen die beteiligten Unternehmen die Schaffung von Effizienzgewinnen. Ziel ist es, eine unter Beachtung wirtschaftlich sinnvoller Anlagengrößen möglichst optimale Auslastung bestehender Produktionsanlagen zu erreichen und – mit der Zusammenführung der in den hier betroffenen Produktbereichen noch lückenhaften Vertriebsnetze – eine gemeinschaftsweite Präsenz aufzubauen, um die häufig ebenfalls gemeinschaftsweit tätigen Kunden besser versorgen zu können.

Abschnitt 4. Eigentumsverhältnisse und Kontrolle

4.1. Fügen Sie für jedes der am Zusammenschluss beteiligten Unternehmen eine Liste sämtlicher demselben Konzern angehörenden Unternehmen bei.

4.1.1 Herrschende Unternehmen

Die Erwerberin ist eine Aktiengesellschaft, deren Aktien an der ......-Börse gehandelt werden. Die Erwerberin wird von keinem anderen Unternehmen beherrscht.

Das Zielunternehmen ist derzeit Teil der ......-Unternehmensgruppe. Sie wurde daher mittelbar von der ......, der Obergesellschaft dieser Gruppe beherrscht. Mit der Übertragung der Geschäftsanteile an dem Zielunternehmen wird dieses Teil der Unternehmensgruppe der Erwerberin.

4.1.2 Beherrschte Unternehmen

Eine schematische Darstellung der Gruppenstruktur der Erwerberin ist als Anlage 4.1.2 beigefügt. Diese zeigt die wesentlichen Gruppenunternehmen zusammen mit der jeweils gehaltenen Beteiligungshöhe und einem Verweis auf sonstige Verhältnisse, die es erlauben würden, Kontrolle über diese Unternehmen auszuüben.

Das Zielunternehmen übt keinerlei Kontrolle über andere Unternehmen aus.

4.2. Nähere Angaben zu den verbundenen Unternehmen

Die an dem Zusammenschluss beteiligten Unternehmen haben an keinem anderen Unternehmen auf den in Abschnitt 6 näher definierten betroffenen Märkten 10% oder mehr der Stimmrechte, des Aktienkapitals oder sonstiger Anteile. Daher ist eine Auflistung der Anteilseigner mitsamt ihrer Beteiligung nicht erforderlich.

4.2.2 alle Unternehmen, die auf den betroffenen Märkten tätig sind und an denen die Unternehmen oder Personen des Konzerns einzeln oder gemeinsam 10% oder mehr der Stimmrechte, des Aktienkapitals oder sonstiger Anteile halten;

Kein Geschäftsführer der an dem Zusammenschluss beteiligten Unternehmen ist in der Geschäftsführung oder im Aufsichtsrat eines ebenfalls auf den in Abschnitt 6 näher definierten betroffenen Märkten tätigen Unternehmens tätig. Kein Mitglied der Aufsichtsorgane der an dem Zusammenschluss beteiligten Unternehmen ist Geschäftsführer eines anderen auf den betroffenen Märkten tätigen Unternehmens. Daher können solche Personen hinsichtlich Name und Position nicht näher benannt werden.

4.2.3 Beteiligungen, die in den vergangenen drei Jahren von den unter Ziffer 4.1 genannten Unternehmen an anderen Unternehmen in den betroffenen Märkten erworben wurden.

Die Erwerberin hat am ...... die ...... erworben. Die Einzelheiten hinsichtlich der Übernahme sind Anlage 4.2.3. zu entnehmen. Das Vorhaben wurde angesichts des Nichter-

2. Anmeldung gemäß Formblatt CO K.II.2

reichens der finanziellen Aufgreifkriterien der FKVO seinerzeit vom BKartA (Gesch.Z. ......) geprüft und freigegeben. Darüber hinaus haben die unter 4.1. genannten Unternehmen in den letzten drei Jahren keine weiteren Unternehmen erworben.

Abschnitt 5. Erläuternde Unterlagen

Die Anmelder müssen folgende Unterlagen beifügen[11]:

5.1. Zusammenschlussrelevante Dokumente

Die Dokumente, welche die Grundlage des hier angemeldeten Zusammenschlusses bilden, sind in der Anlage 5.1 zusammengefasst.

5.2. im Falle eines öffentlichen Übernahmeangebots eine Kopie der Angebotsunterlagen

Da vorliegend kein öffentliches Übernahmeangebot ausgebracht wurde, findet dieser Unterabschnitt keine Anwendung.

5.3. Kopien der letzten Jahresabschlüsse und -berichte aller beteiligten Unternehmen

Die Jahresabschlüsse- und -berichte der Erwerberin befinden sich Anlage 5.3.a, die des Zielunternehmens in der Anlage 5.3.b.

5.4. Kopien aller Analysen, Berichte, Studien, Erhebungen und sonstigen vergleichbaren Unterlagen, die für ein Mitglied oder von einem Mitglied der Geschäftsführung oder der Aufsichtsorgane, für oder von einer Person, die ähnliche Funktionen ausübt (oder der solche Funktionen übertragen oder anvertraut wurden), oder für die Hauptversammlung mit dem Ziel erstellt worden sind, den Zusammenschluss im Hinblick auf Marktanteile, Wettbewerbsbedingungen, vorhandene und potenzielle Wettbewerber, Beweggründe, Möglichkeiten der Absatzsteigerung oder Eroberung anderer Produktmärkte oder Absatzgebiete und/oder allgemeine Marktbedingungen zu analysieren und zu bewerten.

Die parteivertrauliche Anlage 5.4. enthält eine Präsentation, die für die Sitzung des Aufsichtsrats der Erwerberin am ...... vorbereitet und den Mitgliedern dieses Gremiums vorgestellt wurde. Neben der allgemeinen Vorstellung des Vorhabens skizziert sie übersichtsartig die ökonomischen Beweggründe und effizienzsteigernden Zielprojektionen für diese Transaktion.

Abschnitt 6. Marktdefinitionen[12]

I. Relevante Produktmärkte

Beide Zusammenschlussbeteiligten sind in der Herstellung und dem Vertrieb der Produkte A und B tätig. In ihrer Fallpraxis grenzt die Kommission traditionell jeweils einen eigenständigen sachlichen Produktmarkt für beide Produkte A und B ab (so zuletzt Entscheidung vom ...... in Sachen ....../......, IV. ......). Die an dem Zusammenschlussvorhaben beteiligten Unternehmen gehen davon aus, dass eine solche Marktabgrenzung trotz der Ähnlichkeit der beiden Produkte in chemischer Hinsicht angesichts unterschiedlicher Einsatzzwecke auf Seiten der Kunden, kaum überlappender Kundengruppen und der daraus folgenden Unterschiede in den jeweiligen Wettbewerbsbedingungen bei der Vermarktung dieser Produkte der wettbewerblichen Realität weitgehend entspricht.

Der sachlich relevante A-Markt ist nach Auffassung der Zusammenschlussbeteiligten allerdings nicht auf das Produkt A beschränkt. Nach ihren Erfahrungen bei der Vermarktung von Produkt A steht dieses Produkt in unmittelbarer Wettbewerbsbeziehung zu Produkt C. Daher gehen sie davon aus, dass auch dieses Produkt einen Teil des relevanten Produktmarktes darstellt und in die Marktbetrachtung miteinbezogen werden muss. Zwar ist Produkt C nicht völlig mit dem von den Zusammenschlussbeteiligten hergestellten Produkt A identisch. Für Kunden ist es allerdings ein leichtes, ihre Produktion des Folgeproduktes X und damit ihren Bedarf an Einsatzstoffen von Produkt A auf Produkt C umzustellen; eine Reihe von Beispielen in der Vergangenheit zeigt, dass Kunden nicht davor zurückschrecken, diesen Wechsel auch tatsächlich zu vollziehen. ...... Zudem zeigen sich die Produkte A und C auch in preislicher Hinsicht reaktionsverbunden. Die Entwicklung der Verkaufspreise im 5 Jahres-Überblick zeigt die enge Parallelität der Entwicklung der Abgabepreise für die beiden Produkte. Dabei erklärt sich ein durchgängig etwas höherer Verkaufspreis pro kg für das Produkt C mit seiner größeren Ergiebigkeit in der Produktion des Produktes X. Der Austauschbarkeit auf Kundenseite steht die Fähigkeit der meisten namhaften Anbieter gegenüber, ihre Produktion von Produkt A auf das chemisch ohnehin eng verwandte Produkt C umzustellen. Die Zusammenschlussbeteiligten, die aufgrund des Einsatzes der ......-technologie eine solche Umstellung nicht vollziehen könnten, stellen insoweit eine echte Ausnahme dar. Die anbieterseitige Verfügbarkeit entsprechender Kapazitäten spricht für eine erweiterte Marktabgrenzung. In der Fallpraxis der Kommission ist die Möglichkeit der Zusammenfassung beider Produkte zu einem einheitlichen Produktmarkt bereits anerkannt worden (siehe z. B. die Entscheidung vom ...... in Sachen ....../......, IV. ......). Die Kommission hat jedoch bislang eine abschließende Marktabgrenzung nicht für nötig erachtet. Angesichts der klaren Austauschverhältnisse gehen die an dem Zusammenschluss beteiligten Unternehmen im Folgenden von einem A-Markt aus, der auch Verkäufe des Produkts C umfasst.

II. Relevante geographische Märkte

Geographisch umfassen beide von dem Zusammenschlussvorhaben betroffenen Märkte heute sämtliche Mitgliedstaaten der EU sowie Norwegen und die Schweiz. Hierfür sprechen erhebliche grenzüberschreitende Aktivitäten auf Anbieter- und Nachfragerseite ebenso wie die Tatsache, dass sich das Preisniveau in den einzelnen Mitgliedstaaten heute weitestgehend homogen zeigt.

Historisch gesehen stellte sich das Wettbewerbsgeschehen national dar, da sich bis etwa Anfang der 90er Jahre Angebot und Nachfrage im Wesentlichen auf nationaler Ebene trafen. Dementsprechend ging auch die Kommission in ihrer Entscheidung in Sachen ....../...... (Fall IV. ......) noch vom Bestehen nationaler Märkte aus. Die strukturellen und wirtschaftlichen Veränderungen der letzten 15 Jahre in Produktion und Vertrieb dieser Produkte machen jedoch eine Neubewertung erforderlich. Die grenzüberschreitende Konsolidierung sowohl auf Anbieter- als auch Nachfragerseite hat dafür gesorgt, dass sich der Wettbewerb heute auf europäischem Niveau entfaltet. Im Vergleich zum Abgabepreis relativ geringe Transportkosten erlauben Anbietern heute, bei Bestehen ausreichender Kapazitäten gemeinschaftsweit tätig zu sein. Insbesondere die Geschichte der beiden größten Anbieter auf diesen Märkten, der ...... und ...... beeinflusste und reflektiert diese Entwicklung. Stellten sich beide Unternehmen vor zehn Jahren noch als Anbieter mit eindeutig regionalem Schwerpunkt dar, hat eine Reihe von Zukäufen die Internationalisierung beider Unternehmen vorangetrieben und ihren Umsatz vervielfacht. Diese Entwicklung wird eindrucksvoll von einer jüngst veröffentlichten Marktanalyse der ...... (beigefügt als Anlage 6.1) nachgezeichnet. Dieses Dokument belegt eindrücklich, dass die Beteiligten und ihre Konkurrenten mittlerweile in einem europäischen Wettbewerb stehen.

III. Betroffene Märkte

Im letzten abgeschlossenen Kalenderjahr erreichte die Erwerberin auf dem A-Markt in der Gemeinschaft (unter Einbeziehung der Schweiz und Norwegens) einen Marktanteil von ......%, der Marktanteil des Zielunternehmens betrug ......%. Rein rechnerisch betrachtet überschreitet der gemeinsame Marktanteil 15%. Bei dem A-Markt handelt es sich folglich um einen betroffenen Markt im Sinne der im Formblatt CO enthaltenen Definition.

Auf dem geographisch relevanten B-Markt hielt die Erwerberin bisher einen Marktanteil von ......%, das Zielunternehmen erzielte einen Marktanteil von ......%. Demnach stellt

2. Anmeldung gemäß Formblatt CO K.II.2

sich auch der B-Markt als von dem Zusammenschluss betroffener Markt im Sinne des Formblatts CO dar. Detailliertere Informationen über die Marktanteile in den einzelnen Mitgliedstaaten sind Anlage 6.2 zu entnehmen.

Aus Anlage 6.2. ergibt sich, dass – sollte die Kommission entgegen der Auffassung der an dem Zusammenschluss beteiligten Unternehmen – die räumlichen Produktmärkte als national ansehen – die Transaktion auch in folgenden Mitgliedstaaten zu einer Marktanteilsaddition führt und die 15%-Schwelle überschreitet: ......, ... und ......

Die Unternehmen stehen im Wesentlichen in einem horizontalen Verhältnis zueinander. Die Erwerberin ist zwar auch in der Herstellung des für die Herstellung des Produktes A erforderlichen Vorproduktes X tätig. Die Herstellung dieses Produktes erfolgt allerdings fast ausschließlich für den eigenen Bedarf. Dementsprechend setzt die Erwerberin nur geringe Mengen dieses Vorproduktes auf dem freien Markt ab – was im Übrigen auch geringfügige Verkäufe an das Zielunternehmen umfasst. Angesichts des Bagatellcharakters dieser nach außen gerichteten Aktivitäten (die im Jahre ...... einen Umsatz von gerade einmal ...... Mio. EUR erzeugten) gehen die beteiligten Unternehmen davon aus, dass sich der „Marktanteil" der Erwerberin an diesem Geschäft (wenn von einem solchen überhaupt realistischerweise gesprochen werden kann) deutlich unter ......% darstellt.

IV. Sonstige Märkte, auf die der angemeldete Zusammenschluss nennenswerte Auswirkungen hat

Das angemeldete Zusammenschlussvorhaben berührt keine weiteren benachbarten Produktmärkte in wettbewerbsrelevanter Weise. Wie dargestellt haben das Zielunternehmen und die Erwerberin Produktmarktüberschneidungen in den Bereichen der Produkte A und B. Räumlich kommt es zu den oben beschriebenen Überschneidungen praktisch nur in ...... und vereinzelt auch in ...... Zwar hat das Zielunternehmen in der Vergangenheit vereinzelt darüber nachgedacht, seine Tätigkeit in andere europäische Länder auszuweiten, diese Pläne konnten jedoch aufgrund der geringen Finanzkraft von dem Zielunternehmen nicht aus eigener Kraft verwirklicht werden. Das Zielunternehmen kann daher für Zwecke der wettbewerblichen Würdigung nur sehr eingeschränkt als potenzieller Wettbewerber der Erwerberin in Ländern außerhalb von ...... und ...... angesehen werden.

Abschnitt 7. Angaben zu den betroffenen Märkten[13]

Geben Sie für jeden betroffenen relevanten Produktmarkt und jedes der letzten drei Geschäftsjahre
a) für den EWR[14]
b) für die Gemeinschaft insgesamt
c) für das gesamte EFTA-Gebiet,
d) einzeln für jeden Mitgliedstaat und EFTA-Staat, in dem die beteiligten Unternehmen tätig sind, sowie
e) für jeden anderen geographischen Markt, der nach Ansicht der Anmelder relevant ist,
Folgendes an:[15]

7.1. die geschätzte Gesamtgröße des Marktes nach Umsatzerlösen (in EUR) und Absatzvolumen (Stückzahlen). Geben Sie die Grundlage und Quellen für Ihre Berechnungen an und fügen Sie, sofern vorhanden, Unterlagen bei, die diese Berechnungen bestätigen.

Die in Abschnitt 7.1. abgefragten Informationen zur Marktgröße sind für die geographisch relevanten Produktmärkte A und B auf europäischer Ebene, sowie heruntergebrochen auf die in diesem Abschnitt abgefragten geographischen Einheiten in Anlage 7.1.a bis Anlage 7.1.e zusammengefasst.

Muster für Anlage 7.1

Umsatz- und Absatzzahlen für den Markt für ...... im EWR/2010 in dem Gebiet				
	Umsatz (in Mio. EUR)	Marktanteil in Prozent	Absatz (in Mio. Stück/ kg ......)	Marktanteil in Prozent
Erwerberin				
Zielunternehmen				
Wettbewerber 1				
Wettbewerber 2				
Wettbewerber 3				
Wettbewerber 4				
Wettbewerber 5				
......				
Gesamt		100%		100%

7.2. die Umsätze gemessen am Erlös und am Volumen sowie die geschätzten Marktanteile eines jeden an dem Zusammenschluss beteiligten Unternehmens,

Auch die in Abschnitt 7.2 abgefragten Daten finden sich bereits in der in Anlage 7.1.a bis Anlage 7.1.e enthaltenen Übersicht.

7.3. die geschätzten Marktanteile (gemessen am Umsatz, und gegebenenfalls am Volumen) sämtlicher Wettbewerber (einschließlich Importeure) mit einem Marktanteil von wenigstens 5% in dem betreffenden geographischen Markt. Berechnen Sie hiervon ausgehend den HHI-Index[16] vor und nach dem Zusammenschluss sowie die Differenz zwischen beiden Werten (Delta). Geben sie an, anhand welcher Marktanteile Sie den HHI berechnet haben und worauf Sie sich bei deren Berechnung gestützt haben. Fügen Sie gegebenenfalls Unterlagen bei, die diese Berechnungen bestätigen.

Auch die in Abschnitt 7.3 abgefragten Daten finden sich bereits in der in Anlage 7.1.a bis Anlage 7.1.e enthaltenen Übersicht. Aus diesen Angaben ergibt sich für die relevanten Produktmärkte für die Situation vor Vollzug des Zusammenschlusses ein HHI Index von ...... (A-Markt) und ...... (B-Markt). Bei mechanischer Zusammenfassung der an dem Vorhaben beteiligten Unternehmen ergibt sich ein rechnerischer Konzentrationsgrad von ...... (A-Markt) und ...... (B-Markt). Das rechnerische Delta der Konzentrationsindizes beträgt somit ...... (A-Markt) und ...... (B-Markt).

Ausgangspunkt dieser Berechnungen war sowohl für den A-Markt als auch für den B-Markt die bereits als Anlage 6.1 überreichten Marktstudie der ...... Diese wurde, wo offensichtlich von der Realität abweichend (zum Beispiel angesichts völlig überhöhter Absatzvolumina, die von den Autoren für das an der Studie nicht beteiligte Zielunternehmen in Ansatz gebracht wurden), durch die Erkenntnisse aus der Marktbeobachtung der beteiligten Unternehmen ergänzt.

7.4. Kontaktdetails für den Leiter der Rechtsabteilung (oder einer anderen Person in ähnlicher Funktion) für jeden der in Ziffer 7.3. genannten Wettbewerber.

Die in Abschnitt 7.4 abgefragten Daten finden sich in der Anlage 7.4.

2. Anmeldung gemäß Formblatt CO K.II.2

Muster für Anlage 7.4[17]

Unternehmen	Kontakt	Straße	Country Code	PLZ	Stadt	Land	Telefon	Fax	E-Mail

7.5. den geschätzten Gesamtwert und -umfang sowie die Herkunft der Einfuhren von außerhalb des EWR unter Angabe des Anteils der Einfuhren, der voraussichtlichen Wirkungen von Zöllen, nichttarifären Handelshemmnissen auf diese Einfuhren und der voraussichtlichen Auswirkungen von Beförderungskosten und sonstigen Kosten auf diese Einfuhren;

Weder auf dem A-Markt noch auf dem B-Markt haben Einfuhren von außerhalb des EWR eine wesentliche Bedeutung. Die geringe Menge an Einfuhren (mit einem geschätzten Umsatzvolumen von ...... Mio. EUR und einem geschätzten Absatzvolumen von ......) stammt aus ...... Diese Einfuhren stammen im Wesentlichen aus der Produktion der Unternehmensgruppe ......, der keines der beteiligten Unternehmen angehört. Der Zolltarif für die Einfuhr des Produktes ...... beträgt ...... EUR pro t. Die Produkte müssen dem ...... Standard genügen, der im Jahre ...... europaweit eingeführt wurde. Dieser Standard stellt andere Anforderungen an die Produktbeschaffenheit als dies in anderen Regionen, in denen ein nennenswerter Verbrauch der Produkte A und B zu verzeichnen ist, beispielsweise in ...... und ......, der Fall ist. Es bestehen keine andersartigen nichttarifären Handelshemmnisse.[18]

Weitere Einzelheiten zu den interkontinentalen Warenströmen ergeben sich aus der bereits als Anlage 6.1 überreichten Marktstudie.

7.6. die Auswirkungen von Transportkosten, sonstigen Kosten und nichttarifären Handelshemmnissen auf den Zwischenstaatlichen Handel im EWR;

Innerhalb Europas stellen sich die Transportkosten für die Produkte A und B im Verhältnis zum Abgabepreis dieser Produkte als gering dar. Das folgt aus ihrem niedrigen Volumen und Gewicht und ihrer transporttechnischen Unempfindlichkeit. Aus denselben Gründen ergeben sich auch keine besonderen Lagerkosten, wenn es darum geht, beim Hersteller oder Kunden zur Sicherstellung einer ständigen Lieferfähigkeit in bestimmten Umfang Mindestmengen der Produkte vorzuhalten. Aufgrund der europaweiten Einführung des ...... Standards im Jahre ...... ergeben sich für den zwischenstaatlichen Handel im EWR keine nichttarifären Handelshemmnisse.

7.7. auf welche Weise die beteiligten Unternehmen die Produkte und/oder Dienstleistungen herstellen, verkaufen und deren Preis bestimmen;

Weder das Zielunternehmen noch die Erwerberin haben unmittelbare Kundenbeziehungen zu privaten Endverbrauchern. Ihre Kunden sind vielmehr Weiterverarbeiter, die aus ...... unter Einsatz des Produktes A das Produkt X und unter Verwendung des Produktes B das Produkt Y herstellen. In geringem Umfang beliefern die beteiligten Unternehmen auch eine Anzahl großer Handelsunternehmen, die für die Distribution der Produkte – vor allem an kleinere Weiterverarbeiter – sorgen. Nach Durchführung des hier angemeldeten Vorhabens wird die Erwerberin eine produktionsseitige Spezialisierung vornehmen, wonach die Anlage in ...... ausschließlich der Produktion des Produktes A und die Anlage in ...... der Produktion des Produktes B dienen soll.

Die Preise für die in den verschiedenen Anlagen hergestellten Produkte werden auf Grundlage der gleichen Faktoren berechnet. Die Preise variieren entsprechend der unterschiedlichen Kosten für Rohstoffe und Personal.

7.8. eine vergleichende Preisübersicht über das Preisniveau in den einzelnen Mitgliedstaaten und EFTA-Staaten für jedes beteiligte Unternehmen und über die Preise in der Gemeinschaft, den EFTA-Staaten und anderen Gebieten, in denen die Erzeugnisse hergestellt werden; sowie

Beide Parteien verfolgen eine harmonisierte Preispolitik auf dem Europäischen Markt, da die Preise für eine große Zahl von Produkten schon auf der Vertriebsebene harmonisiert sind. Allerdings kann keine vollständige Preisangleichung erreicht werden, insbesondere weil die Mehrwertssteuer in jedem Mitgliedsstaat unterschiedlich ist. Zum Beispiel ...... Grundsätzlich werden die Preise mit den Abnehmern individuell ausgehandelt; Abschläge werden je nach Art und Umfang der Produkte gewährt, die von einem Kunden erworben werden. Angesichts der Komplexität des Kundenspektrums ist ein genereller Vergleich der Preisstufen in jedem Mitgliedsstaat kaum möglich. Eine generelle Übersicht über die Preisentwicklung ist in Anlage 7.8. beigefügt.

Aus denselben Gründen ist ein Preisvergleich im Hinblick auf die Regionen außerhalb des EWR-Marktes nicht möglich. Generell wird man allerdings sagen können, dass sich das Preisniveau in den großen Wirtschaftsregionen Asien und Nordamerika bei im Hinblick auf Menge und Qualität vergleichbaren Abnahmesituationen ähnlich dem europäischen Niveau darstellt.

7.9. Art und Umfang der vertikalen Integration aller an dem Zusammenschluss beteiligten Unternehmen im Vergleich zu ihren Hauptwettbewerbern

Die Erwerberin ist heute – ähnlich wie ihre Hauptwettbewerber – in die Herstellung des Vorproduktes X rückwärtsintegriert. Bei X handelt es sich allerdings um ein allgemein erhältliches Produkt, das neben den Herstellern der Produkte A und B auch von einer Vielzahl anderer in dieser Branche tätiger Unternehmen produziert wird. Das Zielunternehmen hatte daher in der Vergangenheit – ebenso wie andere nicht-integrierte Wettbewerber – niemals Schwierigkeiten, die für ihre Tätigkeit benötigten Ausgangsstoffe auf dem freien Markt zu beziehen.

Abschnitt 8. Angebotsstruktur auf den betroffenen Märkten[19]

8.1. Nennen Sie die fünf größten unabhängigen Zulieferer mit Kontaktdetails des Leiters der Rechtsabteilung

Die wichtigsten fünf Lieferanten der Erwerberin ergeben sich im Hinblick auf das Produkt A aus Anlage 8.1.a. und auf das Produkt B aus Anlage 8.1.b. Diesen Anlagen ist auch zu entnehmen, welchen Anteil an den Gesamtbezügen die Einkäufe bei dem einzelnen Lieferanten ausmachen. Ferner sind die Namen, Anschriften, Telefon- und Telefaxnummern sowie eine Kontaktperson für jeden dieser Lieferanten genannt.

Für die entsprechenden Angaben bezüglich des Zielunternehmens verweisen wir auf Anlage 8.1.c(v) und 8.1.d(v).

8.2. Beschreiben Sie die Vertriebssysteme und Kundendienstnetze in den betroffenen Märkten

a) Die Erwerberin und das Zielunternehmen vertreiben die Produkte A und B unmittelbar an Weiterverarbeiter sowie in der Branche aktive Großhändler. Vertriebsaktivitäten beschränken sich auf die Erstellung von Angeboten im Vorfeld einer Bestellung oder Ausschreibung beziehungsweise der Beteiligung an – in letzter Zeit immer häufigeren – Auktionen über eine der zahlreichen Internetplattformen.

b) Da es sich bei den Produkten A und B um Verbrauchsmaterialien handelt, sind mit ihrem Vertrieb keine Wartungsarbeiten und Servicedienstleistungen verbunden. Anwendungsspezifisches Know-how wird vom Vertriebspersonal vermittelt.

2. Anmeldung gemäß Formblatt CO   K.II.2

8.3. Schätzen Sie die in der Gemeinschaft und den EFTA-Staaten installierten Kapazitäten. Welcher Anteil entfiel dabei auf die beteiligten Unternehmen und wie hoch war die jeweilige Kapazitätsauslastung?

Eine Gesamtkapazität für die Herstellung der Produkte A und B lässt sich nicht genau angeben. Die Erwerberin und das Zielunternehmen sowie ihre großen Wettbewerber verfügen über ausreichende Kapazitäten, um die möglicherweise akquirierten Aufträge termingerecht ausführen zu können. Im Bereich des Produkts A können konjunkturelle Spitzen zu einer Verlängerung der Lieferzeiten führen.

8.4. Geben Sie an, ob die beteiligten Unternehmen oder ein Wettbewerber über neue Produkte kurz vor der Marktreife verfügen, oder die Absicht haben, Produktions- oder Verkaufskapazitäten auszuweiten (oder neu zu schaffen). Wenn ja, veranschlagen sie die voraussichtlichen Marktanteile der beteiligten Unternehmen für die kommenden drei bis fünf Jahre.

Die beteiligten Unternehmen verfügen über keinerlei weitere Produkte, die in einer Austauschbeziehung zu den Produkten A und B sowie kurz vor der Marktreife stehen. Bei den hier betroffenen Produkten handelt es sich um homogene Massengüter, die in ihrer chemischen Zusammensetzung weitgehend standardisiert sind; Fort- und Neuentwicklungen gibt es höchstens noch in Randbereichen, die sich auf eine vereinfachte oder verbesserte Anwendung dieser Produkte in den folgenden Produktionsschritten beziehen.

Wie bereits dargestellt, verfolgen die beteiligten Unternehmen mit dem hier angemeldeten Vorhaben den Plan, ihre vorhandenen Kapazitäten effektiver auszunutzen. Daher gibt es auch keine Pläne, die Produktions- oder Verkaufskapazitäten auszuweiten oder neue Kapazitäten zu schaffen. Mithin können auch keine aus solchen Erweiterungen folgenden Verkaufs- und Marktanteile der Beteiligten für die kommenden drei bis fünf Jahre angegeben werden.

Den beteiligten Unternehmen ist nicht bekannt, dass Wettbewerber über neue marktreife Produkte verfügen. Absichten der Wettbewerber, ihre Produktions- oder Verkaufskapazitäten auszuweiten oder neu zu schaffen, sind weder der Erwerberin noch dem Zielunternehmen bekannt.

8.5. Erläutern Sie gegebenenfalls sonstige Faktoren auf der Angebotsseite, die ihnen wichtig erscheinen

Andere Faktoren spielen hinsichtlich der Angebotsstruktur keine Rolle.

Nachfragestruktur auf den betroffenen Märkten

8.6. Nennen Sie die fünf größten unabhängigen Abnehmer jedes beteiligten Unternehmens mit Kontaktdetails des Leiters der Rechtsabteilung

Die wichtigsten fünf Kunden der Erwerberin für die Produkte ......(A) und ......(B) ergeben sich aus den Anlagen 8.6.a. und 8.6.b.(v). Diesen Anlagen sind auch die erforderlichen Informationen über den Gesamtabsatz der von jedem einzelnen dieser Kunden abgenommenen Erzeugnisse, Name, Anschrift, Telefon-/Telefaxnummern der Kunden einschließlich einer Kontaktperson zu entnehmen.

Die entsprechenden Angaben bezüglich des Zielunternehmens für die Produkte A und B ergeben sich aus den Anlagen 8.6.c. und 8.5.d.(v).

8.7. Beschreiben Sie die Nachfragestruktur anhand folgender Faktoren

a) Entwicklungsphase des Marktes: Der Markt für das Produkt A hat sich in den vergangenen Jahren rückläufig entwickelt. Für die Zukunft wird jedoch mit einer Verbesserung der Marktsituation gerechnet. Wachstumsfaktoren sind in erster Linie die allgemeinen Konjunkturzyklen, die das Investitionsverhalten der Industriekunden bei langlebigen Investitionen beeinflussen. Bedeutende Nachfrageimpulse werden nicht erwartet. Die beteiligten Unternehmen gehen insgesamt von einer deutlichen Marktsättigung aus.

Der Markt für das Produkt B ist in den letzten Jahren kontinuierlich moderat um jährlich schätzungsweise ...... % gewachsen.

b) Bedeutung von Kundenpräferenzen: Die Abnehmer der Produkte A und B stellen bei der Auswahl ihrer Lieferanten in erster Linie auf die Qualität und den Preis der gelieferten Produkte ab. Regelmäßig ist auch die Liefertreue in der Vergangenheit ein mitentscheidendes Kriterium, da die Produktion der Abnehmer von der rechtzeitigen Belieferung mit Ausgangsprodukten abhängt. Markentreue oder sonstige Kundenpräferenzen spielen praktisch keine Rolle.

c) Bedeutung der Produktdifferenzierung: Sowohl Produkt A als auch Produkt B sind homogene Massengüter, die von einer Vielzahl von Unternehmen produziert werden. Produkt A ist – wie bereits in Abschnitt 6 ausführlich dargelegt – auch durch Produkt X zu substituieren; dieser Vorgang erfordert zwar bei den Abnehmern eine Neukalibrierung ihrer Produktionsanlagen. Diese ist jedoch ohne nennenswerten Aufwand in etwa ...... Schichten durchzuführen. Während daher ein ständiger Wechsel praktisch nicht vorkommt, ist es für den Abnehmer ein Leichtes (und kostenmäßig geringer Aufwand), von dem einen Einsatzstoff auf den anderen zu wechseln.

d) Zeitlicher und finanzieller Aufwand bei Wechsel des Anbieters: Bei den Produkten A und B handelt es sich um homogene Massengüter, die anhand allgemein bekannter Produktstandards hergestellt werden. Der Wechsel eines Kunden von einem Anbieter zu einem anderen lässt sich ohne jeglichen zeitlichen und finanziellen Aufwand vollziehen.

e) Konzentrationsgrad auf Kundenseite: Kundenseitig hat sich in den letzten Jahren ein bemerkenswerter Konzentrationsprozess vollzogen. Während es vor ...... Jahren noch keinen wirklich überregional aufgestellten Weiterverarbeiter gegeben hat, sind nur regional tätige Kunden heute eher die Ausnahme. So entfallen auf die zehn größten Abnehmer des Produkts A rund ...... % der weltweiten Gesamtabsätze. Bei Produkt B machen die zehn größten Abnehmer immerhin noch rund ...... % der Gesamtabsätze aus.

f) Unterteilung der Kunden in einzelne Segmente/typische Kunden: Kunden für die Produkte A und B fallen in zwei große Kategorien: Die Gruppe der Weiterverarbeiter umfasst solche Kunden, die – meist überregional tätig – einen erheblichen eigenen Bedarf haben, der die Direktbelieferung durch den Hersteller wirtschaftlich macht. Beispiele für diesen Kundentyp sind etwa die ...... oder die ...... Diese Kunden nehmen jährlich üblicherweise mindestens ...... t der betreffenden Produkte ab. Umsätze dieser Weiterverarbeiter dürften sich regelmäßig bei mindestens rund ...... Mio. EUR bewegen. Handelt es sich bei ihnen um Unternehmen, die – wie etwa die ...... – zu größeren Unternehmensgruppen gehören, können die konsolidierten Umsätze schnell ein Vielfaches hiervon erreichen.

Weiterverarbeiter, die nur geringe Mengen der betroffenen Produkte benötigen, werden üblicherweise nicht direkt von den Herstellern beliefert. Insofern übernehmen regelmäßig regional tätige Zwischenhändler die Feinverteilung. Diese treten dementsprechend gegenüber den Herstellern als Abnehmer auf und bündeln die in ihrer Region nachgefragten Mengen. Beispiele für diesen Kundentyp sind die ...... und die ...... Obwohl meistens regional nur in begrenztem Umfang tätig, entfalten diese Unternehmen in ihrem Gebiet doch eine beachtliche Nachfragemacht, da sie über exzellente Marktkenntnisse verfügen, und die Nachfrage nach Produkten A und B häufig mit dem Bedarf an anderen Produkten bündeln und so Preiszugeständnisse erwirken können.

g) Bedeutung von Alleinvertriebsverträgen oder anderen langfristigen Verträgen: Verträge, mit denen sich ein Kunde über einen längeren Zeitraum hinweg verpflichtet, seinen Bedarf ausschließlich bei einem bestimmten Hersteller zu decken, sind in der Praxis absolut unüblich. Bereits der Abschluss eines einjährigen Rahmenvertrages wird in der Branche bereits als großer Erfolg gefeiert. In der Regel decken Kunden ihren Bedarf für bestimmte Produktionszyklen bei wechselnden Anbietern. Internetplattfor-

2. Anmeldung gemäß Formblatt CO K.II.2

men und die dort eingerichteten Auktionsfunktionen bestimmen das Marktgeschehen zunehmend.

h) Ausmaß der Nachfrage durch staatliche Stellen oder öffentliche Unternehmen: Die Produkte A und B werden von Behörden, Regierungsstellen, staatlichen Unternehmen oder ähnlichen Einrichtungen praktisch nicht nachgefragt.

Markteintritt

8.8. Ist in den letzten fünf Jahren ein nennenswerter Markteintritt auf einem der betroffenen Märkte erfolgt?

In den letzten fünf Jahren sind einige wenige Zutritte auf den europäischen Markt dadurch erfolgt, dass Anbieter mit Tätigkeitsschwerpunkt in den USA oder Asien Vertriebsaktivitäten auch in Europa entwickelt haben. Dies geschah regelmäßig in der Folge bestimmter Konsolidierungsschritte auf Seiten der Kunden. So nahm etwa der US-amerikanische Anbieter ...... im Jahre ...... Lieferungen nach Europa auf, nachdem sein Kunde ...... den europäischen Weiterverarbeiter ...... übernommen hatte. Auf diese neu hinzugekommenen Anbieter dürfte ein gemeinschaftsweiter Marktanteil von rund ......% entfallen. Genauere Informationen, insbesondere bezüglich Namen, Anschrift, Telefon-/ Telefaxnummern und Kontaktpersonen dieser neu auf dem europäischen Markt tätigen Anbieter sowie ihres gegenwärtigen Marktanteils sind in Anlage 8.7. zusammengefasst.

8.9. Gibt es Ihrer Ansicht nach Unternehmen (einschließlich solcher, die gegenwärtig nur auf Märkten außerhalb der Gemeinschaft bzw. außerhalb des EWR tätig sind), von denen ein Markteintritt zu erwarten ist? Erläutern Sie, warum ein solcher Markteintritt wahrscheinlich ist, und nennen Sie den voraussichtlichen Zeitpunkt, zu dem er zu erwarten ist.

Nach Ansicht der an dem Zusammenschlussvorhaben beteiligten Unternehmen sind weitere Marktzutritte von Unternehmen derzeit nicht zu erwarten. Das gilt auch für Unternehmen, die außerhalb der Gemeinschaft bzw. außerhalb des EWR tätig sind. Tatsächlich dürften sämtliche wesentlichen Wettbewerber mittlerweile in Europa vertreten sein. Es steht zu vermuten, dass die verbleibenden Anbieter nicht die kritische Maße aufweisen, um den Schritt in die Globalisierung zu wagen. Dementsprechend können auch Namen, Anschrift, Telefon- und Telefaxnummern sowie Kontaktpersonen für erwartete Marktzutritte nicht angegeben werden.

8.10. Beschreiben Sie die verschiedenen Faktoren, die den Eintritt in die betroffenen Märkte aus räumlicher und produktmäßiger Sicht beeinflussen, dies insbesondere anhand folgender Faktoren:

a) Gesamtkosten des Markteintritts: Eine exakte Berechnung der Gesamtkosten für einen Neuzutritt auf die gemeinschaftsweiten Märkte für die Produkte A und B ist nicht möglich. Diese Kosten hängen davon ab, in welchem sachlich und räumlich relevanten Gebiet das in den Markt eintretende Unternehmen bisher tätig war und auf welchen Kompetenzen oder vorhandenen Kundenbeziehungen es aufbauen kann. So sind die mit einer Ausweitung des Tätigkeitsgebiets zusammenhängenden Kosten für ein bereits in einer anderen Region tätiges Unternehmen praktisch inexistent. Das gilt vor allem, wenn dieses Unternehmen in seiner Heimatregion bereits über ausreichende Kapazitäten verfügt. Das gilt vor allem, wenn die Expansion anlässlich der Ausdehnung der Aktivitäten des eigenen Kunden – wie bereits oben anhand des Beispiels der Firma ...... dargestellt – erfolgt. In einem solchen Fall beschränken sich die Kosten des Markteintritts auf die Neueinstellung von ein oder zwei Vertriebsmitarbeitern.
Ein Marktneuzutritt eines in diesem Bereich bislang überhaupt nicht tätigen Unternehmens scheint den am Zusammenschlussvorhaben beteiligten Unternehmen derzeit fern liegend.

b) Etwaige rechtliche oder behördliche Eintrittsschranken: Rechtliche oder behördliche Marktzutrittschranken stehen Lieferungen in den EWR hinein nicht entgegen. Bei den

Produkten handelt es sich um Standardprodukte, die sich an dem innerhalb des gesamten EWR geltenden ......-Standard orientieren. Für den Vertrieb dieser Produkte ist keine behördliche Genehmigung zulässig.

Die Aufnahme einer Produktion der Produkte A und B erfordert die Einholung der in diesem Zusammenhang üblichen baupolizeilichen, gewerberechtlichen und umweltrechtlichen Genehmigungen.

c) Beschränkungen durch Patente, Know-how und andere geistige Eigentumsrechte: Sowohl die Erwerberin als auch das Zielunternehmen halten – ebenso wie praktisch alle anderen namhaften Wettbewerber – bestimmte Patente, Know-how und andere Schutzrechte. Hierbei handelt es sich allerdings in der Regel nicht um produktbezogene, sondern vielmehr um verfahrensbezogene Rechte, die häufig von im Anlagenbau tätigen Ingenieurfirmen gehalten werden. Bei den Produkten A und B handelt es sich grundsätzlich um gemeinfreie Produkte, deren Rezeptur und Zusammensetzung für sämtliche Hersteller frei verfügbar ist. Lediglich in einigen Randbereichen mögen heute Schutzrechte für kundenspezifische Weiterentwicklungen bestehen (so z.B. ......), die jedoch wirtschaftlich gesehen praktisch keine Bedeutung haben. Insbesondere stellen sie keine Marktzutrittsschranken dar.

d) Beteiligten Unternehmen als Inhaber, Lizenznehmer oder Lizenzgeber von Patenten, Know-how und sonstigen Schutzrechten: Sowohl die Erwerberin als auch das Zielunternehmen sind Lizenznehmer der Firma ......, einem weltweit tätigen Anlagenbauer im Hinblick auf die im Produktionsprozess eingesetzte ......-Technologie. Die Erwerberin hält darüber hinaus ein Patent für eine spezielle Abart des Produktes A, die im ...... eingesetzt wird. Auf diese Sonderform des Produktes A entfielen im vergangenen Jahr nur ......% ihrer mit dem Produkt A erwirtschafteten Umsätze.

e) Bedeutung von Größenvorteilen: Bei der Herstellung und dem Vertrieb der Produkte A und B haben Größenvorteile die in den Abschnitten 1.1. und 3.6 näher dargestellte Bedeutung.

f) Zugang zu Bezugsquellen: Beschränkungen beim Zugang zu den Rohstoffen oder der für die Produktion oder den Vertrieb der hier relevanten Produkte erforderlichen Infrastrukturen sind den an dem Vorhaben beteiligten Unternehmen nicht bekannt.

Forschung und Entwicklung

8.11. Erläutern Sie die Bedeutung von Forschung und Entwicklung für die Fähigkeit, auf Dauer im Wettbewerb bestehen zu können. Schildern Sie, welche Art der Forschung und Entwicklung die an dem Zusammenschluss beteiligten Unternehmen auf den betroffenen Märkten betreiben.

a) Forschungs- und Entwicklungstrends: Forschung und Entwicklung haben bei den Produkten A und B nur eine eingeschränkte Bedeutung. Es handelt sich um ausgereifte Produkte, die nur noch in bestimmten Einzelaspekten weiter verfeinert werden können. Für die Standardanwendungen, auf die mehr als ......% des Gesamtabsatzes entfallen, sind solche Weiterentwicklungen irrelevant.

Der Aufwand von der Erwerberin und dem Zielunternehmen für Forschung und Entwicklung beträgt weniger als ......% des mit diesen Produkten erwirtschafteten Umsatzes. Wesentliches Ziel solcher Ausgaben ist in der Regel die Optimierung der unternehmenseigenen Produktionsabläufe.

b) Verlauf der technischen Entwicklung: Die technische Entwicklung hat für die Produkte A und B schon vor Jahren ein Endstadium erreicht, in dem nur noch marginale Verbesserungen erzielbar sind.

c) Wichtigste Innovationen: Auf den relevanten Märkten sind in den vergangenen ...... Jahren keine wirklich wichtigen Innovationen mehr zu verzeichnen gewesen.

d) Innovationszyklen: Bestimmte Innovationszyklen sind bei den Produkten A und B nicht erkennbar.

2. Anmeldung gemäß Formblatt CO K.II.2

Kooperationsvereinbarungen

8.11. In welchem Umfang gibt es auf den betroffenen Märkten Kooperationsvereinbarungen?

Den an dem Zusammenschlussvorhaben beteiligten Unternehmen sind auf den betroffenen Märkten weder horizontale noch vertikale Kooperationsvereinbarungen bekannt. Vereinzelt kommt es zu Querlieferungen zwischen verschiedenen Anbietern. Diese Kollegenlieferungen erfolgen aber nach Marktbeobachtungen der Beteiligten grundsätzlich *ad hoc* und nicht auf der Grundlage einer spezifischen Kooperationsvereinbarung.

8.12. Machen Sie Angaben zu den wichtigsten Kooperationsvereinbarungen, die von den beteiligten Unternehmen geschlossen wurden

Wie auch die übrigen Marktbeteiligten sind auch weder die Erwerberin noch das Zielunternehmen Parteien vertikaler oder horizontaler Kooperationsvereinbarungen.

Verbände

8.13. Nennen Sie aufgeschlüsselt nach betroffenen Märkten:

Die wichtigsten Verbände mit inhaltlichem Bezug zu den betroffenen Märkten, in denen die Erwerberin und das Zielunternehmen Mitglieder sind, wurden in der als Anlage 8.13.a. mit Name, Anschrift, Telefon- und Telefaxnummer sowie Email-Adresse der Kontaktperson des jeweiligen Verbandes zusammengestellt. Entsprechende Informationen enthalten Anlagen 8.13.b. und 8.13.c. für die Lieferanten und Kunden der beteiligten Unternehmen.

Abschnitt 9. Gesamtsituation des Marktes und Effizienzgewinne[20]

9.1. Beschreiben Sie das Zusammenschlussvorhaben im weltweiten Kontext und geben Sie die Stellung jedes der beteiligten Unternehmen außerhalb des EWR nach Größe und Wettbewerbsstärke an.

9.2. Beschreiben Sie die zu erwartenden Auswirkungen des Zusammenschlussvorhabens auf Zwischen- und Endverbraucher sowie auf die Entwicklung des technischen und wirtschaftlichen Fortschritts.

Durch den geplanten Zusammenschluss wird der wirksame Wettbewerb auf dem gemeinsamen Markt nicht spürbar beeinträchtigt. Insbesondere wird keine marktbeherrschende Stellung begründet oder verstärkt. Das Zusammenschlussvorhaben wird sich auf Weiterverarbeiter und damit letztlich auch auf die Endverbraucher positiv auswirken. Die mit dem Vorhaben verfolgten Effizienzgewinne werden es den beteiligten Unternehmen ermöglichen, auf dem schon heute äußerst kompetitiven Markt die Preise weiter zu senken. Ferner werden die Produkte des zusammengeschlossenen Unternehmens erstmals europaweit flächendeckend erhältlich sein. Die gemeinsame Wettbewerbskraft des Zielunternehmens und der Erwerberin wird gestärkt, was den unmittelbaren und mittelbaren Abnehmern zugute kommen wird.

9.3. Sollten Sie darauf Wert legen, dass die Kommission von Anfang an speziell prüft, ob fusionsbedingte Effizienzvorteile die Fähigkeit und Bereitschaft des fusionierten Unternehmens zu einem wettbewerbsfördernden, für die Verbraucher profitablen Verhalten verbessern, müssen die erwarteten Vorteile (z. B. Kosteneinsparungen, Einführung neuer Produkte, Verbesserung der Produkte oder Serviceleistungen) für jedes relevante Produkt einzeln beschrieben und durch entsprechende Unterlagen belegt werden.

Die beteiligten Unternehmen verfolgen mit dem Zusammenschlussvorhaben das Ziel, positive Effizienzvorteile, die den Wettbewerb fördern und sich auf die Verbraucher positiv auswirken, zu heben. Die vor allem durch eine Spezialisierung mögliche Effizienzsteigerung im Rahmen der Produktion führt letztendlich zu einem niedrigeren Preis der Endprodukte. Ohne den Zusammenschluss ließen sich diese Effizienzgewinne nicht realisieren, denn sie setzen angesichts der für die Produktionsanlagen erforderlichen Minimalgröße einen – für die beteiligten Unternehmen allein nicht erreichbare – Mindestabsatz der hier relevanten Produkte voraus. Ohne den Zusammenschluss bliebe es daher bei dem heutigen Zustand, bei dem jeder der Beteiligten auf seiner Anlage sowohl Produkt A als auch Produkt B fertigt und damit relativ hohe – völlig unproduktive – Kosten für die jeweilige Umrüstung einsetzen muss.

Der Zusammenschluss führt in erster Linie zu Kosteneinsparungen durch eine optimale Auslastung der existierenden Produktionsanlagen. Dies ergibt sich im Einzelnen aus dem Vergleich der als Anlage 9.3.a. und Anlage 9.3.b. übermittelten Modellkalkulationen, in denen die Kostenberechnungen des Zielunternehmens und der Erwerberin vor dem Zusammenschluss aufgeführt sind, mit der als Anlage 9.3.c. dargestellten Kostenberechnungen für die Situation nach dem Zusammenschluss.

Die erwarteten Effizienzgewinne sind in der als Anlage 9.3.d. überreichten Management-Präsentation dargestellt und abgeleitet, welche die Unternehmensstrategie der Erwerberin konzeptionell zusammenfasst.

Abschnitt 10. Kooperative Wirkungen eines Gemeinschaftsunternehmens[21]

Abschnitt 10 entfällt, da das Zusammenschlussvorhaben nicht die Gründung eines Gemeinschaftsunternehmens zum Gegenstand hat.

Abschnitt 11. Erklärung

Der Vertreter der Erwerberin als Anmelderin erklärt für diese nach bestem Wissen und Gewissen, dass die Angaben in dieser Anmeldung wahr, richtig, und vollständig sind, dass vollständige Kopien der nach dem Formblatt CO vorzulegenden Unterlagen beigefügt wurden, dass alle Schätzungen als solche kenntlich gemacht und nach bestem Ermessen anhand der zugrunde liegenden Tatsachen abgegeben wurden und dass alle geäußerten Ansichten der aufrichtigen Überzeugung der Unterzeichneten entsprechen.[22]

Den Unterzeichneten sind die Bestimmungen von Artikel 14 Absatz 1 Buchstabe a) der EU-Fusionskontrollverordnung bekannt.

......, den ......

[*Unterschriften:*][23]

[*Name und Stellung:*]

Im Namen der ...... [*Name der Erwerberin*]

Schrifttum: Bergmann/Burholt, „Nicht Fisch und nicht Fleisch – Zur Änderung des materiellen Prüfkriteriums in der Europäischen Fusionskontrollverordnung", EuZW 2004, 161; *Bartosch/Nollau*, „Die zweite Generalüberholung der europäischen Fusionskontrolle – das Grünbuch der Kommission vom 11. 12. 2001", EuZW 2002, 197; Wiedemann/*Wagemann/Wiedemann*, Handbuch des Kartellrechts, 2. Aufl. 2008 §§ 15 ff.

Anmerkungen

1. Verfahren/Vollständigkeit/Sprachregelung. Notwendigkeit der Kontaktaufnahme mit der Kommission:

Die Kommission legt in ihren so genannten best practice–Richtlinien („BPRL" – DG Competition Best Practices on the conduct of EC merger proceedings – hinterlegt bei http://ec.europa.eu/competition/mergers/legislation/proceedings.pdf) den beteiligten Unternehmen nachdrücklich nahe, selbst in unkomplizierten Fällen die Gelegenheit zu informellen Kontakten vor der Anmeldung zu nutzen. Ziel dieser Kontakte ist es, Einzelheiten zu dem Zusammenschlussvorhaben formlos und vertraulich zu besprechen. Dabei geht es neben Fragen der Zuständigkeit im Wesentlichen um den Inhalt der Anmeldung: Zum einen ist die Kommission bereit, materielle Fragen bereits vor der förmlichen Anmeldung zu diskutieren, um den Beteiligten die

2. Anmeldung gemäß Formblatt CO K.II.2

Chance zu geben, bereits in der Anmeldung zu den von der Behörde identifizierten Themenstellungen vorzutragen. Darüber hinaus ist es möglich und gegebenenfalls erforderlich, von der Kommission zu einigen Fragestellungen des Formblatts einen Dispens zu erhalten. Die Behörde macht unmissverständlich deutlich, dass ein Überspringen dieses Verfahrensschritts die Gefahr der späteren Unvollständigkeitserklärung erheblich erhöht (siehe Tz. 7 und 16 BPRL).

Verfahrensschritte vor der förmlichen Anmeldung:
Offizieller Ansprechpartner für den ersten Kontakt – und auch die spätere Korrespondenz – ist der „Greffe" der Registratur für Zusammenschlussvorhaben (Merger Registry) bei der Generaldirektion Wettbewerb (DG COMP). Die Telefonnummer der Merger Registry ist +32 22965577 oder +32 22956827, die Faxnummer +32 22964301. In einem ersten Anlauf sind zumindest die Namen der beteiligten Unternehmen, die wahrscheinliche Verfahrenssprache und der betroffene Industriesektor anzugeben sowie das Vorhaben und seine wettbewerblichen Auswirkungen kurz darzustellen (siehe Tz. 11 BPRL); ergänzt werden die BPRL aus dem Jahre 2004 heute durch das Formular in Abschnitt H.4 der Sammlung fusionskontrollrelevanter Texte (erhältlich unter http://ec.europa.eu/competition/mergers/legislation/merger_compilation.pdf). Auf der Grundlage dieser Informationen stellt die Kommission ein vorläufiges Team zusammen, das sich des Falles jedenfalls bis zur Anmeldung annimmt. Die Parteien erhalten dann meistens direkt Rückmeldung von einem Mitglied des Teams, mit dem dann die weiteren Details besprochen werden. Hierbei geht es um den weiteren Zeitplan und die einzelnen Schritte bis zur förmlichen Anmeldung. Vor allem in komplexeren Fällen reichen die Beteiligten ein umfangreiches Memorandum oder bereits den ersten Entwurf der Anmeldung ein (siehe Tz. 13 BPRL), der dann – nach einer Prüfungsfrist der Kommission von mindestens 3 Arbeitstagen (siehe Tz. 14 BPRL) – mit den Mitgliedern des Teams besprochen wird. Selbst bei vorhergehenden Besprechungen mit ihren Beamten empfiehlt die Kommission die Einreichung eines möglichst endgültigen Entwurfs der Anmeldung und beansprucht eine Bedenkfrist von bis zu fünf Arbeitstagen vor der förmlichen Einreichung der Anmeldung (Tz. 15 BPRL). In der Praxis wird diese Frist jedoch jedenfalls dann nicht ausgeschöpft, wenn der Entwurf bereits vorhergehende Kommentare des Teams aufnimmt.

Verwendung des Formblatts CO:
Die beteiligten Unternehmen sind verpflichtet, ihr Zusammenschlussvorhaben unter Zugrundelegung des Formblatts CO bei der Kommission anzumelden (Art. 3 Abs. 1 VO 802/2004, ABl. v. 30. 4. 2004 L 133/1). Das Formblatt findet sich im Anhang I zu der VO 802/2004. Sind die für das vereinfachte Verfahren aufgestellten Voraussetzungen erfüllt, kann die Anmeldung unter Zugrundelegung des „vereinfachten Formblatts" eingereicht werden (siehe hierzu insgesamt Anhang II zu der VO 802/2004).

Beabsichtigen die beteiligten Unternehmen, einen Antrag auf Verweisung eines Zusammenschlussvorhabens, das keine gemeinschaftsweite Bedeutung hat, an die Kommission gemäß Art. 4 Abs. 4 und 5 VO 139/2004 („FKVO", ABl. v. 29. 1. 2004, L 24/1) zu stellen, ist diesem Antrag das Formblatt RS (siehe Anhang III zu der VO 802/2004) zugrunde zu legen.

Sprachregelung:
Das Formblatt CO muss in einer offiziellen Sprache der Gemeinschaft ausgefüllt werden. Mit der Anmeldung wird auch die Verfahrenssprache für das gesamte Verfahren festgelegt.

2. Geschäftsgeheimnis. Die Kommission ist verpflichtet, Geschäftsgeheimnisse zu schützen (Art. 287 EUV und Art. 17 Abs. 2 FKVO). Dabei obliegt es der anmeldenden Partei, Geschäftsgeheimnisse als solche zu identifizieren. Bevor die Anmeldung eingereicht wird, sollten daher Geschäftsgeheimnisse durch den Mandanten identifiziert und diese als solche in der Anmeldung kenntlich gemacht werden. Regelmäßig werden die betreffenden Seiten mit dem Wort „Geschäftsgeheimnisse" markiert und die relevanten Informationen als solche kenntlich gemacht – etwa durch Verwendung eckiger Klammern (z. B. „....... *erzielte das Unternehmen X mit dem Produkt Y insgesamt Umsätze von [Geschäftsgeheimnis: 225 Mio. EUR]. Damit* ......"). Die Bitte um vertrauliche Behandlung ist zu begründen, wobei in der Regel der Hinweis darauf ausreicht, dass die relevanten Informationen nicht öffentlich zugänglich sind. Die Kommission behält sich vor, exakte Werte durch Bandbreiten zu ersetzen. Sollen Geschäftsgeheimnisse – etwa aus kartellrechtlichen Gründen – auch vor anderen an dem Vorhaben beteiligten Unternehmen geschützt werden, sollten die entsprechenden Informationen in einer separaten, klar als parteivertraulich gekennzeichneten Anlage untergebracht werden.

3. Zusammenschluss. Ob ein bestimmtes Vorhaben einen Zusammenschluss im Sinne des Art. 3 FKVO darstellt, richtet sich noch heute in erster Linie nach der Auslegung dieses Begriffs in der Mitteilung der Kommission über den Begriff des Zusammenschlusses der Verordnung (EWG) Nr. 4064/89 des Rates über die Kontrolle von Unternehmenszusammenschlüssen („Mitteilung über den Zusammenschlussbegriff" oder „MZB", ABl. v. 2. 3. 1998, C 66/02).

Ein Zusammenschluss im Sinne des Art. 3 FKVO erfolgt entweder durch Fusion zweier Unternehmen oder den Erwerb der Kontrolle über ein anderes Unternehmen. Wichtig ist, dass nur Zusammenschlüsse von bisher voneinander unabhängigen Unternehmen unter die FKVO fallen. Der Zusammenschluss im Sinne der FKVO muss insbesondere von rein gruppeninternen Reorganisationsmaßnahmen abgegrenzt werden, die wettbewerbsrechtlich keine Rolle spielen (Schröter/Jakob/Mederer/*Bruhn* Art. 3 Rdnr. 16).

Fusion. Eine Fusion liegt vor, wenn zwei oder mehrere bisher voneinander unabhängige Unternehmen zu einer neuen Einheit verschmelzen. Eine rechtliche Fusion ist das Verschmelzen zwei oder mehr bisher voneinander unabhängigen Unternehmen zu einer Einheit, die eine neue, eigene Rechtspersönlichkeit hat (Tz. 6 MZB). Hier spricht man von Verschmelzung durch Neugründung (*Löffler* Art. 3 Rdnr. 4).

Eine rechtliche Fusion liegt auch in der Verschmelzung eines Unternehmens in ein anderes, wenn letzteres Unternehmen seine Rechtspersönlichkeit behält, während das erste seine Eigenschaft als juristische Person durch den Zusammenschluss verliert (Rdnr. 6 Satz 2 der Mitteilung über den Zusammenschlussbegriff). Diese Art der Fusion wird Verschmelzung durch Aufnahme bezeichnet (*Löffler* Art. 3 Rdnr. 4).

Von einer faktischen/wirtschaftlichen Fusion spricht man, wenn die Unternehmen eigenständige Rechtspersonen bleiben, aber gemeinsam eine neue Wirtschaftseinheit darstellen (Rdnr. 12 Mitteilung Zusammenschlussbegriff). Beispielsweise soll eine wirtschaftliche Einheit vorliegen, wenn zwei Unternehmen sich unter gemeinsame Leitung stellen, einen internen Gewinn- und Verlustausgleich, eine gesamtschuldnerische Haftung nach außen oder eine Kapitalverflechtung vereinbaren.

Kontrollerwerb. Kontrolle im Sinne des Art. 3 Abs. 3 FKVO ist die Möglichkeit, einen bestimmenden Einfluss auf die Tätigkeit eines Unternehmens auszuüben. Die Möglichkeit der bestimmenden Einflussnahme ist maßgebliches Kriterium des Kontrollerwerbs. Die Möglichkeit muss für eine gewisse Dauer gegeben sein, da ein Zusammenschluss eine dauerhafte Veränderung der Unternehmensstrukturen der Beteiligten voraussetzt (20. Erwägungsgrund der FKVO). An dieser Dauerhaftigkeit kann es fehlen, wenn mehrere Unternehmen ein drittes Unternehmen gemeinsam erwerben, um es unmittelbar nach dem Erwerb unter den Beteiligten aufzuteilen. Was insoweit noch als „unmittelbar" gelten kann, lässt sich kaum randscharf definieren. Die Aufteilung innerhalb einer logischen Sekunde nach der Durchführung des Erwerbs (so die Kommission in Tz. 24 der Mitteilung über den Begriff der beteiligten Unternehmen, ABl. 1998 C 66/14) ist sicherlich ein denkbarer Fall. Jedoch wird man den Erwerbern einen etwas größeren zeitlichen Spielraum zubilligen müssen, vorausgesetzt die Einigung über die Aufteilung der Vermögenswerte ist bereits zuvor erfolgt und die zeitliche Verzögerung stellt sich lediglich als abwicklungstechnische Aufgabe dar (so wohl auch Wiedemann/Wagemann/*Wiedemann* § 15 Rdnr. 45).

Art. 3 Abs. 3 FKVO erfasst nicht nur die erstmalige Begründung alleiniger oder gemeinsamer Kontrolle: Auch der Wechsel von gemeinsamer zu alleiniger Kontrolle und die Aufstockung des Anteils eines Minderheitsbeteiligten auf eine Mehrheitsbeteiligung stellen einen Kontrollerwerb dar (*Ford/Mazda* IV/M.741 Tz. 6).

Der Kontrollbegriff der FKVO bezieht sich nur auf Unternehmen, nicht auf staatliche Handlungen. Letztere liegen vor, wenn der Staat nicht als Gesellschafter eines Unternehmens auftritt, sondern hoheitliche Aufgaben zum Schutz der Gemeininteressen wahrnimmt (Schröter/Jakob/Mederer/*Bruhn* Art. 3 Rdnr. 23; *Tractebel/Distrigaz II*, IV/M.493 Tz. 17).

Der Kontrollerwerb kann unmittelbar oder mittelbar, durch ein oder mehrere Unternehmen und über die Gesamtheit oder Teile eines oder mehrerer Unternehmen erfolgen. Die Kontrolle

2. Anmeldung gemäß Formblatt CO K.II.2

kann sich ferner auch auf das Unternehmensvermögen oder dessen Teile beziehen, wenn die Vermögenswerte ein Geschäft bilden, dem eindeutig ein Marktumsatz zugewiesen werden kann (Tz. 11 MZB). Er kann durch Rechte, Verträge oder andere Mittel begründet werden (Art. 3 Abs. 2 FKVO). Der Kontrollerwerb kann insbesondere erfolgen durch

- die Übertragung von Eigentums- oder Nutzungsrechten an dem Vermögen des Unternehmens (Art. 3 Abs. 2 lit. a FKVO)

oder

- durch Rechte oder Verträge, die einen bestimmenden Einfluss auf die Zusammensetzung, die Beratung oder Beschlüsse der Organe des Unternehmens gewähren (Art. 3 Abs. 2 lit. b FKVO).

Kontrolle erwirbt, wer aus diesen Rechten oder Verträgen selbst berechtigt wird oder zu ihrer Ausübung befugt ist (Art. 3 Abs. 3 FKVO). Dabei sind mehrstöckige Konstruktionen durchaus üblich: in diesen Fällen wird die zur Kontrolle führende Beteiligung von einem Vehikel gehalten, die Kontrolle aber durch das dahinter stehende Unternehmen ausgeübt. In diesen Fällen schaut die Kommission durch das Vehikel und betrachtet das effektiv handelnde Unternehmen – so genannter Kontrollerwerb durch ein Vehikel (Schröder/Jakob/Mederer/ *Bruhn* Art. 3 Rdnr. 19). Zur näheren Darstellung der für die Begründung alleiniger Kontrolle relevanten Umstände siehe Anmerkung 4.

Gemeinschaftsunternehmen. Nach Art. 3 Abs. 4 FKVO werden Gemeinschaftsunternehmen (GU) von dem Anwendungsbereich der europäischen Fusionskontrolle dann erfasst, wenn sie auf Dauer alle Funktionen einer selbstständigen wirtschaftlichen Einheit erfüllt. Die Verordnung erfasst somit nur Vollfunktionsunternehmen. (Für Einzelheiten siehe Form-CO Muster für Gemeinschaftsunternehmen.)

4. Kontrollerwerb. Alleinige Kontrolle durch den Erwerber ist grundsätzlich immer dann gegeben, wenn dieser 100% (siehe z.B. *Deutsche Bank/Banco de Madrid* IV/M.341 Tz. 5; *Löffler* Art. 3 Rdnr. 7) oder jedenfalls die Mehrheit der Stimmrechte erwirbt. Er liegt ebenso beim Vermögenserwerb vor (siehe Wiedemann/*Wagemann/Wiedemann* § 15 Tz. 40).

In besonderen Fallkonstellationen kann auch bei *paritätischen* (50 : 50%) Beteiligungen eines der beteiligten Unternehmen die alleinige Kontrolle ausüben. Voraussetzung ist das Bestehen von Zusatzvereinbarungen, die einem der Gesellschafter die Befugnis zur Letztentscheidung zuweisen. Dies ist etwa der Fall, wenn die Stimmrechtsanteile von den Kapitalanteilen abweichen (*Banco Santander/British Telecom* IV/M.425 WuW/E EV 2136 Rdnr. 2 u. 26) oder ein Verwaltungsrat im Verhältnis 3: 2 besetzt ist und eine einfache Mehrheit zur Beschlussfassung ausreicht (*SGB/Rentenanstalt* WuW 1996, 214).

Ein Mehrheitserwerb führt nicht zur alleinigen Kontrolle, wenn einem Minderheitsgesellschafter vertraglich in den wesentlichen strategischen Angelegenheiten des Unternehmens (z.B. Verabschiedung des jährlichen Geschäftsplans, Besetzung der Geschäftsführung, Investitionsplanung) besondere Vetorechte eingeräumt wurden. In solchen Fällen liegt möglicherweise eine – fusionskontrollrechtlich gesehen – gemeinsame Kontrolle durch den Erwerber und dem Minderheitsgesellschafter vor. Die Vollkonsolidierung des Zielunternehmens durch den Mehrheitsgesellschafter steht dem nicht entgegen (*Continental Kaliko/DB-Bank/Benecke* IV M.363, Tz. 9). Geben die konsortialvertraglich oder gesellschaftsvertraglich geregelten Zusatzrechte dem Minderheitsgesellschafter die Möglichkeit, ohne Rücksichtnahme auf die Interessen des Mehrheitsgesellschafters die strategische Positionierung des Zielunternehmens zu betreiben, liegt hierin die Begründung alleiniger Kontrolle durch diesen Gesellschafter (siehe Tz. 14 MZB).

In besonderen Fällen kann selbst der Erwerb einer Minderheitsbeteiligung ohne die Vereinbarung zusätzlicher Rechte zur Begründung alleiniger Kontrolle führen. Voraussetzung ist, dass dem einen Minderheitsanteil erwerbenden Unternehmen die Möglichkeit zur Ausübung faktischer Kontrolle über das Zielunternehmen eröffnet wird. Das kann vor allem bei Zielgesellschaften der Fall sein, deren Anteile öffentlich gehandelt werden und sich zu einem guten Teil im Streubesitz befinden, da die Teilnahme aller Kleinaktionäre an der Hauptversammlung unwahrscheinlich ist (siehe *Arjomari/Wiggins Teape* IV/M.025, Tz. 6). Die Begründung faktischer Kontrolle ist in solchen Fällen anzunehmen, wenn die zu erwerbende Beteiligung dem Erwerber auf der Grundlage der historischen Präsenz auf den Hauptversammlungen der letzten drei Jahre eine gesicherte Stimmrechtsmehrheit vermittelt hätte (siehe *Société Générale de Belgique/Générale de Banque* IV/M.343, Tz. 7 und Tz. 14 MZB).

Zwei oder mehr Unternehmen oder Personen begründen gemeinsame Kontrolle, wenn ihnen die Transaktion die Möglichkeit eröffnet, einen entscheidenden Einfluss auf das Zielunternehmen auszuüben und zwischen ihnen Einigkeit hinsichtlich aller wesentlichen, das Zielunternehmen betreffende Entscheidungen vorliegen muss (Tz. 19 MZB). Wesentliche Entscheidungen in diesem Sinne sind die strategischen unternehmerischen Entscheidungen, welche die wettbewerbliche Positionierung des Zielunternehmens am Markt betreffen. Ein Einigungszwang besteht immer dann und insoweit, als die beteiligten Gesellschafter die Entscheidungsfindung blockieren können. Nicht erforderlich für die Annahme gemeinsamer Kontrolle ist dagegen die Möglichkeit eines Gesellschafters, das wettbewerbliche Handeln des Zielunternehmens im Sinne der Steuerung des aktiven Tagesgeschäfts selbst positiv zu lenken (siehe Wiedemann/*Wagemann*/Wiedemann § 15 Rdnr. 49).

Bei einer paritätischen Beteiligung von jeweils 50% der Stimmrechte ist die gemeinsame Kontrolle der Regelfall. Auch Unternehmen mit Beteiligungen in unterschiedlicher Höhe oder Beteiligungen unterhalb der 50%-Schwelle können gemeinsam Kontrolle ausüben. Hier ist besonderes Augenmerk auf die faktischen Verhältnisse und die vertraglichen Vereinbarungen zu legen (*Löffler* Art. 3 Rdnr. 15). Insbesondere wenn jeder Gesellschafter unabhängig von seiner Anteilshöhe ein Vetorecht hat oder bestimmte Mehrheitserfordernisse die Zustimmung mehrerer Hauptgesellschafter erfordert, wird gemeinsame Kontrolle begründet (siehe etwa *Elf/BC/CEPSA* IV/M.98 Tz.4 sowie Tz. 23 und 25 MZB).

Keine Kontrolle liegt im Regelfall vor, wenn der Erwerber lediglich eine Minderheitsbeteiligung erwirbt und keine über den gesetzlichen Minderheitenschutz bei so genannten Grundlagenentscheidungen (z. B. Satzungsänderungen) hinausgehenden Rechte bzw. Einflussmöglichkeiten erhält.

5. Beteiligte Unternehmen. Art. 3 FKVO erfasst Zusammenschlussvorgänge, an denen Unternehmen oder Personen, die bereits ein anderes Unternehmen kontrollieren, beteiligt sind.

Unternehmen. Der FKVO liegt ein funktionaler Unternehmensbegriff zugrunde, der natürliche und juristische Personen gleichermaßen berücksichtigt (Schröter/Jakob/Mederer/*Bruhn* Art. 3 Rdnr. 8). Maßgeblicher Bezugspunkt für die Unternehmensdefinition ist die wirtschaftliche Tätigkeit, während die formale Bezeichnung unerheblich ist (*Löffler* Art. 3 Rdnr. 3). Die Kommission sieht ein Unternehmen als „organisatorische Zusammenfassung von personellen und sachlichen Mitteln, mit denen auf Dauer ein bestimmter wirtschaftlicher Zweck verfolgt wird" (Bekanntmachung über Konzentrations- und Kooperationstatbestände vom 4. 8. 1992, ABl. C 203/10). Der Unternehmensbegriff wird unter anderem vom EuGH mit dem Begriff der wirtschaftlichen Einheit gleichgesetzt (EuGH Rs. 170/83 *Hydrotherm/Compact* Slg. 1984, 2999, 3016 Rdnr. 11). Eine wirtschaftliche Einheit kann selbst aus mehreren juristischen oder natürlichen Personen bestehen, wenn zwischen diesen Personen Interessengleichheit besteht. Ob eine wirtschaftliche Einheit von zwei (juristischen) Personen vorliegt, ist danach zu beurteilen, ob die Firmen ihre Entscheidungen eigenständig treffen können (EuGH 107/82 *AEG-Telefunken/Kommission* 1983, 3151 Rdnr. 49; EuGH 48/69 *Imperial Chemical Industries* 1972, 619 Rdnr. 132). Kontrolliert eine Person die andere derart, dass letztere nicht frei ihr Marktverhalten steuern kann, liegt eine wirtschaftliche Einheit vor. Für die Zwecke der Umsatzberechnung enthält Art. 5 Abs. 4 FKVO eine Regel zur Erfassung des fusionskontrollrechtlichen Konsolidierungskreises. Die näheren Umstände der Erfassung des insoweit relevanten Konzernumsatzes finden sich in Tz. 36 ff. der Mitteilung über die Berechnung des Umsatzes im Sinne der VO 4064/89 (ABl. 1998 C66/25).

Beteiligte Unternehmen. Durch die Relevanz für Zwecke der Umsatzberechnung – und damit der Anwendbarkeit der FKVO (siehe Art. 1 Abs. 2, 5 FKVO) – hat der Begriff der beteiligten Unternehmen eine besondere Bedeutung. Allerdings findet sich in der FKVO keine Definition des Begriffs. Wesensmäßig sollen diejenigen Personen erfasst werden, die Teil der wirtschaftlichen Struktur der durch den Zusammenschluss neu entstandenen wirtschaftlichen Einheit sind (Wiedemann/*Wagemann*/Wiedemann § 15 Rdnr. 70). Beteiligte sind daher zumindest der Erwerber und das zu erwerbende Unternehmen, während der Veräußerer bei der

Beurteilung des Zusammenschlusses keine Rolle spielt: Letzteres gilt jedenfalls, sofern das Vorhaben nicht die Gründung eines Gemeinschaftsunternehmens betrifft (*Löffler* Art. 1 Rdnr. 17). Weitere definitorische Klarheit bringt die Mitteilung der Kommission über den Begriff der beteiligten Unternehmen („MBU" ABl. 1998 C 66/12).

Bei einer Fusion sind die beteiligte Unternehmen die fusionierenden Unternehmen selbst (Tz. 6 MBU).

Handelt es sich um einen Kontrollerwerb, stehen auf der Erwerberseite entweder ein oder mehrere Unternehmen (Tz. 7 MBU). Beteiligtes Unternehmen auf Seiten des Zielunternehmens ist entweder ein Unternehmen in seiner Gesamtheit oder nur ein Teil eines Unternehmens. Als erwerbsfähiger Unternehmensteil sind getrennte Rechtspersonen, Geschäftsbereiche des Veräußerers oder besondere Vermögenswerte anzusehen, denen ein Umsatz auf dem Markt eindeutig zugeordnet werden kann. Handelt es sich um den Erwerb eines solchen Unternehmensteils, sind nur dieser Teil und der oder die Erwerber als beteiligte Unternehmen anzusehen (Tz. 14 MBU).

Handeln Einheiten einer größeren Unternehmensgruppe, ist zu differenzieren: Grundsätzlich wird das handelnde Gruppenunternehmen selbst als beteiligtes Unternehmen anzusehen sein. Nur wenn das unmittelbar in den Erwerbsvorgang involvierte Unternehmen lediglich als Erwerbsvehikel dient, ist das dahinter stehende Gruppenunternehmen als beteiligtes Unternehmen zu betrachten. Sachlich ergeben sich keine wesentlichen Unterschiede: Nach der Zurechnungsregel des Art. 5 Abs. 4 FKVO ist für Zwecke der Zuständigkeitsbestimmung der Umsatz der gesamten Gruppe zu berücksichtigen (Tz. 20 MBU). Darüber hinaus kann auch in der erstgenannten Fallkonstellation sowohl das handelnde Unternehmen als auch dessen Mutergesellschaft die Anmeldung einreichen (siehe Tz. 18 MBU).

Sind Gemeinschaftsunternehmen in eine Transaktion eingebunden, ergeben sich ähnliche Abgrenzungsprobleme: Auch hier gilt, dass grundsätzlich das unmittelbar in die Transaktion involvierte Unternehmen als beteiligtes Unternehmen zu behandeln ist. Ist das handelnde Unternehmen allerdings lediglich ein Werkzeug für die dahinter stehenden Gesellschafter, sind diese jeweils als beteiligte Unternehmen zu behandeln (*Löffler* Art. 1 Rdnr. 20) – die Kommission lüftet in diesen Fällen den Schleier des zwischengeschalteten Unternehmens (Tz. 26 MBU). Ersteres wird vor allem dann der Fall sein, wenn das handelnde Unternehmen selbst ein vollfunktionsfähiger Marktteilnehmer ist (Tz. 27 MBU). Andererseits ist vor allem dann auf die hinter dem Erwerbsvehikel stehenden Gesellschafter abzustellen, wenn das Unternehmen erst für Zwecke dieser Transaktion gegründet wurde, keine sonstigen geschäftlichen Aktivitäten aufweist beziehungsweise nur bestimmte Hilfsfunktionen für seine Gesellschafter ausübt, oder deutlich ist, dass die Gesellschafter die eigentlich treibende (und finanzierende) Kraft hinter der Transaktion sind (siehe Tz. 28 MBU).

6. Sachlich relevanter Produktmarkt. Der sachliche Markt umfasst sämtliche Erzeugnisse und/oder Dienstleistungen, die von den Verbrauchern hinsichtlich ihrer Eigenschaften, Preise und ihres vorgesehenen Verwendungszwecks als austauschbar oder substituierbar angesehen werden. Entscheidend für die Austauschbarkeit des Produkts ist die Sicht des Abnehmers (Wiedemann/*Wagemann*/*Wiedemann* § 16 Rdnr. 24). Wie sich aus Abschnitt 6 des Formblatts CO ergibt, sind im Rahmen der Marktabgrenzung auch die Wettbewerbsbedingungen sowie die Kreuzpreiselastizität der Nachfrage zu berücksichtigen. Besondere Relevanz haben außerdem Beispiele der Substitution in jüngster Vergangenheit, Äußerungen von Kunden und Wettbewerbern, Verbraucherpräferenzen sowie Schranken und Kosten der Nachfragesubstitution. Die Kommission gibt mit ihrer Bekanntmachung über die Definition des relevanten Marktes im Sinne des Wettbewerbsrechts („BDRM" ABl. 1997 C 372/5, dort vor allem Tz. 36 ff.) einige wichtige Hinweise für das Vorgehen bei der Abgrenzung der relevanten Märkte im Detail (siehe auch Wiedemann/*Wagemann*/*Wiedemann* § 16 Rdnr. 29 ff. und *Löffler* Art. 2 Rdnr. 29 ff. mit zahlreichen Beispielen).

Für den Umfang der erforderlichen Darstellungstiefe ist entscheidend, ob die – sachlich und geographisch korrekt abgegrenzten – relevanten Märkte im Sinne der in Abschnitt 6 des Formblatts CO enthaltenen Definition betroffen sind. Ob dies der Fall ist, richtet sich im Wesentlichen nach den dort gehaltenen Marktanteilen. Ein Produktmarkt ist in zwei Fallkonstellationen betroffen: Ein horizontal betroffener Markt liegt vor, wenn mindestens zwei der Zusammenschlussbeteiligten auf diesem Markt tätig sind und der gemeinsame historische Marktanteil mindestens 15% beträgt. Ein vertikal betroffener Markt liegt vor, wenn eines oder mehrere der beteiligten Unternehmen auf einem Markt tätig sind, der dem von einem anderen Beteiligten bearbeiteten Markt nach- oder vorgeschaltet ist, und auf diesem Markt ein Marktanteil von mindestens 25% gehalten wird. Dabei versteht man unter einem vorgelagerten Markt einen Produktmarkt auf einer vorhergehenden Produktionsstufe; ein nachgelagerter Markt verweist dementsprechend auf die nachfolgenden Produktions- oder Vertriebsstufen.

7. Geographisch relevanter Produktmarkt. Nach Art. 9 Abs. 7 FKVO besteht der räumliche Referenzmarkt aus einem Gebiet, auf dem die beteiligten Unternehmen als Anbieter oder Nachfrager von Waren oder Dienstleistungen auftreten, in dem die Wettbewerbsbedingungen hinreichend homogen sind und das sich von den benachbarten Gebieten im Hinblick auf die dort herrschenden Wettbewerbsbedingungen deutlich abgrenzen lässt. Ob eine hinreichende Homogenität der Wettbewerbsbedingungen und eine ausreichende Unterscheidbarkeit vorliegen, ist insbesondere durch die Untersuchung der Art und Eigenschaften der betroffenen Waren oder Dienstleistungen, der Verbrauchergewohnheiten, der Marktanteile der Unternehmen und Preise zu ermitteln. Bestehen insoweit nennenswerte Unterschiede und sind effektive Zutrittsschranken (etwa hohe Transportkosten oder das Erfordernis lokaler Vertriebssysteme) erkennbar, die einer Ausdehnung des geographischen Tätigkeitsgebiets entgegenstehen, spricht dies für getrennte Märkte (Art. 9 Abs. 7 S. 2 FKVO). Auch für die Bestimmung des räumlichen Marktes ist für die Kommission die Austauschbarkeit aus der Sicht des Abnehmers entscheidend. Daher ist im Rahmen der Definition des räumlichen Marktes zu ermitteln, ob Unternehmen für die Kunden an unterschiedlichen Standorten tatsächlich eine alternative Lieferquelle darstellen (Wiedemann/*Wagemann*/*Wiedemann* § 16 Rdnr. 41). Dabei sind die Bedeutung nationaler oder regionaler Präferenzen, gegenwärtiges Käuferverhalten, Produkt- und Markendifferenzierungen und Hindernisse für die Ausweitung des Absatzes zu untersuchen (Tz. 30 BDRM). Anders als im nationalen Recht spielt auf Gemeinschaftsebene der Gedanke der Marktintegration auch bei der geographischen Marktabgrenzung noch immer eine bedeutende Rolle – so rechtfertigt die Behörde eine erweiterte Marktabgrenzung mit dem Hinweis auf die Beseitigung von Hindernissen für das Zusammenwachsen regionaler Märkte innerhalb der Gemeinschaft (Tz. 32 BDRM). Dieser Ansatz ist auf Kritik gestoßen. Diese bezieht sich darauf, dass zukünftige Entwicklungen der Wettbewerbslandschaft eigentlich Teil der materiellen Analyse eines Vorhabens sein sollten (so z. B. Wiedemann/*Wagemann*/*Wiedemann* § 16 Rdnr. 43). Obwohl das richtig ist, sollte doch auch bereits bei der Marktabgrenzung beachtet werden, dass die üblicherweise herangezogenen historischen Daten (Marktanteile etc.) möglicherweise nur bedingte Aussagekraft haben und von aktuellen Entwicklungen weitgehend entwertet werden können. Das gilt insbesondere im Rahmen der Fusionskontrolle, die nicht rückwärtsgerichtet ist, sondern die Auswirkungen eines Vorhabens in der Zukunft zu prognostizieren unternimmt. Sofern sich die relevanten Märkte aktuell in einem Prozess des Zusammenwachsens befinden, bietet es sich an, die Chance zur erweiterten Marktabgrenzung zu nutzen und entsprechende Informationen vorzulegen.

Die Auswirkungen der geographischen Marktabgrenzung für die materielle Beurteilung des Zusammenschlussvorhabens sind offensichtlich: Je enger bei einem nur beschränkten räumlichen Tätigkeitskreis der beteiligten Unternehmen die Grenzen des relevanten Marktes gezogen werden, desto höher sind die in diesem Gebiet gehaltenen Marktanteile; dies jedenfalls, wenn durch die Verengung des Marktes andere Anbieter der relevanten Produkte wegfallen und sich die Tätigkeitsgebiete der beteiligten Unternehmen überschneiden. Damit steigt auch die Wahrscheinlichkeit für das Vorliegen einer marktbeherrschenden Stellung (siehe dazu *Löffler* Art. 2 Rdnr. 29 ff. mit zahlreichen Beispielen).

8. Anmeldepflichtige Unternehmen. Stellt sich das Zusammenschlussvorhaben als Fusion zweier unabhängiger Unternehmen zu einem neuen Unternehmen dar, muss die Transaktion von beiden Unternehmen angemeldet werden. Auch bei dem Erwerb gemeinsamer Kontrolle durch mehrere Unternehmen trifft sämtliche nach Vollzug an der Kontrolle teilhabenden Unternehmen die Anmeldepflicht. Das gilt auch bei einem Wechsel in der Gruppe der gemeinsam kontrollierenden Gesellschafter; auch hier trifft die Anmeldepflicht wohl auch den verbleibenden Gesellschafter. Bei einem einfachen Unternehmenskauf trifft die Anmeldepflicht den Erwerber (Art. 4 Abs. 2 FKVO). Weder das Zielunternehmen noch den Veräußerer trifft eine eigene Anmeldepflicht.

9. Umsatzberechnung. Die FKVO findet nur auf Zusammenschlussvorhaben von gemeinschaftsweiter Bedeutung Anwendung. Ob die Transaktion eine solche Bedeutung aufweist, richtet sich ausschließlich nach dem Umsatz der beteiligten Unternehmen. Eine gemeinschaftsweite Bedeutung ist gegeben, wenn die in Art. 1 Abs. 2 und 3 FKVO niedergelegten Schwellenwerte erreicht sind. Liegt der zugrunde zu legende Umsatz unter diesen Schwellenwerten, richtet sich der Zusammenschluss nach den nationalen Vorschriften und nur eine Verweisung an die Kommission kann deren Zuständigkeit begründen.

Schwellenwerte. Gemäß Art. 1 Abs. 2 FKVO hat ein Zusammenschluss gemeinschaftsweite Bedeutung, wenn

- der weltweite Gesamtumsatz aller beteiligten Unternehmen zusammen mehr als 5 Mrd. EUR und
- der gemeinschaftsweite Gesamtumsatz von mindestens zwei beteiligten Unternehmen jeweils mehr als 250 Mio. EUR beträgt;
- es sei denn, die am Zusammenschluss beteiligten Unternehmen erzielen jeweils mehr als zwei Drittel ihres gemeinschaftsweiten Gesamtumsatzes in einem und demselben Mitgliedstaat.

Nach Art. 1 Abs. 3 FKVO hat ein Zusammenschluss auch dann gemeinschaftsweite Bedeutung, wenn

- der weltweite Gesamtumsatz aller beteiligten Unternehmen zusammen mehr als 2,5 Mrd. EUR beträgt und
- der Gesamtumsatz aller beteiligten Unternehmen in mindestens drei Mitgliedstaaten jeweils 100 Mio. EUR übersteigt und
- der Gesamtumsatz von mindestens zwei beteiligten Unternehmen in diesen drei Mitgliedstaaten jeweils mehr als 25 Mio. EUR beträgt und
- der gemeinschaftsweite Gesamtumsatz von mindestens zwei beteiligten Unternehmen jeweils 100 Mio. EUR übersteigt,
- es sei denn, die beteiligten Unternehmen erzielen jeweils mehr als zwei Drittel ihres gemeinschaftsweiten Gesamtumsatzes in einem und demselben Mitgliedstaat.

Stellt die beabsichtigte Transaktion ein Zusammenschlussvorhaben von gemeinschaftsweiter Bedeutung dar, ist in aller Regel eine Anmeldung der Transaktion bei der Kommission erforderlich. Zu beachten ist dabei, dass die Schwellenwerte bei der Begründung gemeinsamer Kontrolle durchaus auch von den Gesellschaftern erreicht werden können; für das Zielunternehmen gibt es insoweit keine Mindestgröße und keine Bagatellausnahme. Allerdings greift in solchen Fällen die EU Fusionskontrolle nur dann, wenn das Vorhaben spürbare Auswirkungen in der EU zu zeitigen geeignet ist. Das ist insbesondere dann sorgfältig zu prüfen, wenn das Zielunternehmen in der EU keine eigenen Aktivitäten entfaltet.

Umsatzberechnung. Art. 5 FKVO enthält eine Reihe von Regeln für die Berechnung des zugrunde zu legenden Umsatzes. Auszugehen ist insofern von den im letzten Geschäftsjahr erzielten Umsätzen der beteiligten Unternehmen (Art. 5 Abs. 1 FKVO). Insofern ist allerdings nicht ausschließlich auf den Umsatz des beteiligten Unternehmens selbst abzustellen. Der ihm zuzurechnende Umsatz ergibt sich durch die Anwendung der in Art. 5 Abs. 4 FKVO beschriebenen Konsolidierungsregel. Grob gesagt, ist eine konzernweite Konsolidierung vorzunehmen: Bei der Berechnung des Umsatzes müssen die Umsätze der Tochtergesellschaften der beteiligten Unternehmen, ihrer Muttergesellschaften sowie die Umsätze aller anderen Tochtergesellschaften der Mutterunternehmen berücksichtigt werden. Gruppeninterne Innenumsätze müssen zur Vermeidung von Doppelzählungen unberücksichtigt bleiben. Die Entscheidung über die Gruppenzugehörigkeit erfolgt dabei anhand formaler Kriterien: Abzustellen ist auf das Bestehen einer Mehrheitsbeteiligung, das Halten der Mehrheit der Stimmrechte, die Möglichkeit, mehr als die Hälfte des Aufsichtsrats oder zur Vertretung der Gesellschaft berufenen Organs bestellen zu können oder das Recht, die Geschäfte des Unternehmens zu führen.

Details der Umsatzberechnung erläutert die Kommission in ihrer Mitteilung über die Berechnung des Umsatzes („MüBU" ABl. 1998 C 66/25). Das gilt etwa für die Notwendigkeit, Erlösschmälerungen in Abzug zu bringen (Tz. 19 ff. BüBU), die Berücksichtigung nur der mit ihren „üblichen Tätigkeiten" erzielten Umsätze (Tz. 17 MüBU) oder die Wahl des richtigen Referenzzeitraumes (das letzte abgeschlossene Geschäftsjahr, siehe Tz. 25 MüBU). Die Behandlung von Bestandsveränderungen (Unternehmenskäufe und -verkäufe) innerhalb der Unternehmensgruppe ist dahingehend geregelt, dass auch nach Abschluss des letzten Geschäftsjahrs erfolgte Änderungen berücksichtigt werden müssen (Tz. 27 MüBU). Insofern ist es notwendig (und erlaubt) eine pro-forma Konsolidierung vorzunehmen; ansonsten verlangt die Kommission grundsätzlich die Verwendung geprüfter oder zumindest endgültiger Jahresabschlüsse (Tz. 26 MüBU).

Die Zuständigkeitsregel des Art. 1 FKVO stellt auf die Umsätze der beteiligten Unternehmen in Euro ab. Basieren die Jahresabschlüsse auf einer anderen Währung, so ist für die Umrechnung in Euro der Jahresdurchschnittskurs zugrunde zu legen (Tz. 49 MüBU). Das gilt im Übrigen auch, sofern die beteiligten Unternehmen ein von dem Kalenderjahr abweichendes Geschäftsjahr haben. In diesem Fall ist zunächst anhand der von der EZB veröffentlichten Daten der Jahresdurchschnittskurs für den relevanten 12-Monats-Zeitraum zu ermitteln und die Umsätze auf dieser Grundlage in Euro umzurechnen. Eine Leitlinie sowie Links zu den Seiten der EZB bietet die Kommission unter: http://europa.eu.int/comm/competition/mergers/others/exchange_rates.html.

Der Umsatz eines Gemeinschaftsunternehmens besteht aus dem jeweiligen Umsatz der das Unternehmen gemeinsam beherrschenden Muttergesellschaften und dem eigenen Umsatz des Gemeinschaftsunternehmens (Tz. 38 MüBU). Innerhalb dieser Gruppe bleiben allerdings Umsätze mit Waren und Dienstleistungen zwischen dem Gemeinschaftsunternehmen und jedem der beteiligten Unternehmen oder mit einem Unternehmen, das mit diesen im Sinne von Absatz 4 (b) bis (e) verbunden ist, unberücksichtigt (Art. 5 Abs. 1 und 7 FKVO).

Grundsätzlich erfahren staatlich kontrollierte Unternehmen keine Sonderbehandlung. Bei ihnen richtet sich die Frage der Zugehörigkeit zu einer „Unternehmensgruppe" danach, ob sie innerhalb der staatlichen Organisation eine mit einer unabhängigen Entscheidungsbefugnis ausgestattete unabhängige wirtschaftliche Einheit bilden oder nicht. Ein staatliches Unternehmen bildet dann eine Unternehmensgruppe mit anderen staatlichen Unternehmen, wenn diese Unternehmen unter einer Holdinggesellschaft oder in ähnlicher Weise die Willensbildung koordinierenden Einheit zusammengefasst sind (Tz. 44 MüBU).

Geographische Umsatzzuordnung. Ein wichtiges Kriterium für die Ermittlung der gemeinschaftsweiten Bedeutung ist die geographische Zuordnung des Umsatzes. Diese richtet sich grundsätzlich danach, wo sich der Kunde zur Zeit der Transaktion befindet. Das wird in der Regel der Standort des Kunden sein; es kann aber auch davon abweichen, wenn der Kunde zum Abschluss der Transaktion (etwa des Kaufs eines Gegenstands) an einen anderen Ort begibt (Tz. 46 MüBU). Das gilt im Übrigen auch, wenn Großkunden ihren Gesamtbedarf zentral decken, selbst wenn die Lieferung an die einzelnen Standorte des Kunden erfolgt (siehe hierzu insgesamt Schröder/Jakob/Mederer/*Fries* Art. 5 Rdnr. 27). Für Banken gilt allerdings die Sonderregel, dass die in Ansatz zu bringenden Ertragsposten geographisch der Zweig- oder Geschäftsstelle zuzurechnen sind, die diese Beträge verbucht hat (Tz. 54 MüBU).

Branchenspezifische Sonderregeln. Die FKVO geht davon aus, dass die von Finanzinstituten und Versicherungen erzielten Umsätze keine wesentliche Aussagekraft für die Bestimmung der gemeinschaftsweiten Bedeutung eines Vorhabens haben. Daher gilt für solche Unternehmen die Sonderregelung des Art. 5 Abs. 3 (b) FKVO. Danach treten bei Kredit- und Finanzinstituten eine Reihe bestimmter Ertragstypen an die Stelle des Umsatzes (Art. 5 Abs. 3 lit. a FKVO). Diese umfassen Zinserträge, Erträge aus Wertpapieren, Provisionserträge; Nettoerträge aus Finanzgeschäften und sonstige betriebliche Erträge. Bei Versicherungsunternehmen werden die Umsätze durch die Summe der Bruttoprämien (also ohne Hinausrechnung der für die Rückversicherung aufgewendeten Prämien) ersetzt.

10. EFTA. Die EFTA (European Free Trade Association) besteht aus Island, Liechtenstein, Norwegen und der Schweiz. Sie wurde 1960 gegründet. Für Zwecke der Fusionskontrolle ist allerdings nicht das EFTA-Abkommen, sondern vielmehr das Abkommen über den Europäischen Wirtschaftsraum (EWR) relevant, das eine Kooperation der verschiedenen Behörden vorsieht. Aus diesem Grund sind EFTA-Staaten im Sinne des Formblatts CO die Vertragsparteien des EWR-Abkommens, nämlich Island, Liechtenstein und Norwegen.

11. Erläuternde Unterlagen. Die am Zusammenschlussvorhaben beteiligten Unternehmen unterschätzen häufig den Umfang der Dokumente, die im Rahmen des Fusionskontrollverfahrens offen zu legen sind. Das Formblatt CO enthält insofern eine relativ weitgehende Definition der Dokumente, die von den Beteiligten vorgelegt werden müssen. Insoweit ist zu bemerken, dass eine bislang relativ laxe Haltung der Kommission zur Vorlagepflicht in der jüngeren Vergangenheit eine deutliche Verschärfung erfahren hat. Die Kommission folgt auch insofern dem US-amerikanischen Vorbild, das den Beteiligten unter Section 4 (c) des HSR Acts weitgehende Pflichten auferlegt und eine effektive Durchsetzung dieser Bestimmung durch die Federal Trade Commission und das Department of Justice kennt. Die Gefährlichkeit solcher Bestimmungen rührt aus der Tatsache, dass die Autoren der hier genannten Dokumente, vor allem Projektverantwortliche bei den beteiligten Unternehmen und Investment Banker, in der Regel ein starkes Interesse daran haben, die Transaktion unternehmensintern „zu verkaufen". Das führt häufig dazu, dass die wettbewerblichen Auswirkungen manchmal etwas überzeichnet werden. Aus Sicht der Kartellbehörde kommt solchen Dokumenten ein besonderes Gewicht zu, sprechen hier doch die Unternehmen ehrlich zu sich selbst. Die Unternehmen haben daher ein besonderes eigenes Interesse daran, die Anfertigung solcher Dokumente sorgfältig und von einem möglichst frühen Zeitpunkt an fusionskontrollrechtlich begleitet zu sehen.

Erläuternde Unterlagen müssen in ihrer offiziellen Sprache eingereicht werden. Sind sie in einer Sprache abgefasst, die nicht zu den offiziellen Sprachen der Gemeinschaft zählt, sind Übersetzungen in die Verfahrenssprache beizufügen (Art. 3 Abs. 4 VO 802/2004).

12. Marktdefinitionen. Siehe Anmerkungen 4 und 5.

13. Erforderliche Angaben. Sobald in Abschnitt 6 ein oder mehrere betroffene Märkte identifiziert werden, löst dies umfangreiche Informationspflichten der beteiligten Unternehmen aus. Art und Umfang der relevanten Informationen werden vom Formblatt CO selbst definiert. Die Verwendung des Formblatts ist verpflichtend, und die Marktinformationen sollten in der Reihenfolge wiedergegeben werden, wie sie das Formblatt vorgibt. Die Kommission zeigt sich allerdings bereit, ein Abweichen von der Darstellungsfolge zu tolerieren, wenn dies aus sachlichen Gründen gerechtfertigt ist. Ein solches Vorgehen sollte allerdings auf jeden Fall mit der Kommission vorab besprochen werden.

Auch wenn die Beantwortung bestimmter Fragen besondere Schwierigkeiten aufwirft, sollte die Kommission möglichst frühzeitig kontaktiert und das weitere Vorgehen mit ihr abgesprochen werden. Die Behörde hat ihr Verfahren der Informal Guidance während der Vornotifikationsphase (siehe Anmerkung 1) gerade zur Abklärung solcher Problemfälle konzipiert. Entsprechendes gilt bei Zweifeln darüber, ob die Angaben die Anforderungen des Formblatts CO erfüllen.

In diesem Zusammenhang stellt sich auch die Frage nach der optimalen Darstellung. Bei umfangreichen Informationen drängt es sich auf, diese auch zur Wahrung der „Lesbarkeit" der Anmeldung selbst in Anlagen auszulagern. Allerdings legt die Kommission wert darauf, dass die wesentlichen Informationen auch weiterhin im Text der Anmeldung selbst enthalten sind. Maßgabe ist, dass Anlagen nur als Ergänzung zu den im Formblatt selbst gelieferten Angaben zu verwenden sind. Eine als übermäßig empfundene Auslagerung kann zu behördlichen Zweifeln an der Vollständigkeit der Anmeldung führen. Auch insoweit empfiehlt es sich, Einzelheiten mit dem Team zu besprechen.

Die Kommission legt Wert auf möglichst weitgehende Objektivität der den Angaben zugrunde gelegten Daten. Soweit möglich, sollte daher auf Marktanalysen und Studien unabhängiger Marktforschungsinstitute zurückgegriffen werden. Hat sich in einer Branche ein Quasi-Standard für die Darstellung des wettbewerblichen Umfelds etabliert, erwartet die Kommission entsprechend aufbereitete Daten in der Anmeldung. Sofern externe Daten nicht verfügbar sind, muss auf unternehmensinterne Marktanalysen zurückgegriffen werden. Insofern ist es ratsam, mit den Angaben zusammen auch die der Datenerhebung und -auswertung zugrunde liegende Methodologie darzustellen.

14. EWR. Der EWR (Europäische Wirtschaftsraum) besteht aus drei der EFTA-Staaten (Island, Liechtenstein und Norwegen), der Europäischen Gemeinschaft und ihren nunmehr 27 Mitgliedstaaten.

15. Angaben zur Gesamtgröße des Marktes. Siehe zunächst Anmerkung 13. In den meisten Fällen ist es zweckmäßig, die unter 7.1 bis 7.3 anzugebenden Informationen für die unter (a)–(e) aufgeführten geographischen Märkte in tabellarischer Form entsprechend dem oben abgebildeten Muster wiederzugeben. Folgt man dem Muster, müssen entsprechende Tabellen für jedes der drei letzten Geschäftsjahre und für jeden unter (a) bis (e) genannten Markt angefertigt werden. Zur Umsatzberechnung siehe Anmerkung 9. Das Marktvolumen ergibt sich aus einer Addition der (geschätzten) Umsätze aller auf dem Markt tätigen Unternehmen.

16. Herfindahl-Hirschmann-Index. Der Herfindahl-Hirschmann Index (HHI) wird durch die Summe des Quadrats der jeweiligen Marktanteile aller auf dem relevanten Markt tätiger Unternehmen ermittelt. Dabei sollten idealerweise sämtliche auf dem Markt tätigen Unternehmen in die Berechnung miteinbezogen werden. Da jedoch die Hinzuzählung der für kleinere Wettbewerber ermittelten Werte das Gesamtergebnis nur unwesentlich verändert, ist es unschädlich, diese nicht miteinzubeziehen. Der HHI gibt Auskunft über den Konzentrationsgrad auf einem bestimmten Markt. Entgegen der Kommission (siehe insoweit Tz. 16 der Leitlinien zur Bewertung horizontaler Zusammenschlüsse, „LBHZ" ABl. 2004 C 31/5), sagt dieser Wert noch nichts über die Intensität des Wettbewerbs auf dem betroffenen Markt aus. Auch bei einem hohen Konzentrationsgrad können die beteiligten Unternehmen erheblichem Wettbewerbsdruck ausgesetzt sein – das Ergebnis hängt von der Analyse einer Reihe von Faktoren ab, die insgesamt das Wettbewerbsgeschehen prägen.

Die Differenz zwischen dem HHI vor und nach der Transaktion wird als „Delta" bezeichnet. Sie gibt Aufschluss über die Veränderungen der Marktstruktur als Folge des Vorhabens. Insgesamt gibt die Kommission einige Richtgrößen für die – notwendigerweise krude und höchst vorläufige – Bewertung von Vorhaben unter Zuhilfenahme des HHI:

- Liegt der Wert des HHI nach Vollzug der Transaktion unterhalb von 1.000, stellt sich der betroffene Markt als unkonzentriert und die Transaktion nach Auffassung der Kommission als unproblematisch dar (siehe Tz. 19 LBHZ).
- Liegt der Wert des HHI nach Vollzug der Transaktion zwischen 1.000 und 2.000 und das Delta unterhalb von 250, oder liegt der Wert des HHI nach Vollzug der Transaktion oberhalb von 2.000 und das Delta unterhalb von 150 wird die Transaktion üblicherweise keine wettbewerblichen Bedenken aufwerfen. Das gilt allerdings nicht, wenn
  - an dem Zusammenschluss ein potenzieller Wettbewerber oder ein kürzlich neu auf den Markt gekommenes Unternehmen beteiligt sind,
  - die Marktanteile das Wettbewerbspotential der beteiligten Unternehmen nur unvollständig widerspiegeln,
  - zwischen den Marktteilnehmern nennenswerte Überkreuzbeteiligungen bestehen,
  - eines der beteiligten Unternehmen ein Einzelgänger ist, der das Wettbewerbsgeschehen zu beleben geneigt gewesen wäre,
  - Anzeichen für ein koordiniertes Verhalten auf dem Markt (Kartell) vorliegen, oder
  - der Marktanteil eines der beteiligten Unternehmen 50% oder mehr beträgt (siehe Tz. 20 LBHZ).

17. Adressen. Die Befragung von Kunden, Wettbewerbern und gegebenenfalls auch Lieferanten gehört zu den Kernaktivitäten der Kommission im Fusionskontrollverfahren. Entsprechendes Gewicht wird der Verpflichtung beigemessen, an den relevanten Stellen des Formblatts CO hinreichend konkrete Kontaktadressen anzugeben. Von ihrem Ablauf her sind die Befragungsaktionen dabei weitgehend standardisiert. Die Behörde erwartet daher, dass diese Daten in dem von ihr vorgegebenen Format übermittelt werden. Hierzu hat sie eine Formatvorlage konzipiert, deren aktuelle Version bei dem Team im Rahmen des Vorverfahrens abgerufen werden sollte. Zwar ist es heute noch nicht möglich, als anmeldendes Unternehmen seinen Berichtspflichten durch elektronische Übermittlung dieser Daten nachzukommen. Es ist vielmehr erforderlich, die ausgefüllte Tabelle in das Formblatt CO (oder vielmehr die Anlagen dazu) aufzunehmen. Dennoch bittet das Team in der Regel um parallele Übermittlung der Daten auch in Dateiform (siehe auch Tz. 21 BPG).

Die Kommission misst der Vollständigkeit der hier abgefragten Daten ein erhebliches Gewicht zu. Angesichts eines gerade in der Anfangsphase relativ dicht gedrängten behördeninternen Zeitplans ist dies auch kaum verwunderlich. Mit Nachdruck verweist sie darauf, dass eine Unvollständigkeit oder Fehlerhaftigkeit dieser Daten dazu führen kann, dass die gesamte Anmeldung für unvollständig erklärt wird (Tz. 20 BPG). Es erscheint daher ratsam, sämtliche Informationen vor Einreichung der Anmeldung zu verifizieren.

18. Nichttarifäre Handelshemmnisse. Nichttarifäre Handelshemmnisse sind gesetzliche Regelungen, die nicht ausdrücklich die Einfuhr bestimmter Güter erschweren, deren Anwendung jedoch den Handel behindert. Nichttarifäre Handelshemmnisse, die die Beschränkung des Handels bezwecken, sind Importverbote, Importquoten, Exportverbote, Exportquoten, Local-Content-Vorschriften und das Erfordernis von Importdepots. Zu nichttarifären Handelshemmnissen, die Begleiterscheinung einer nicht die Abschottung von Märkten bezweckenden Regelung sind, gehören Importhemmnisse, Verbraucherschutznormen, Produktsubventionen für mit den Importen konkurrierende heimische Anbieter und beschränkte berufliche Anerkennung (für eine übersichtsartige Einführung siehe Karlshans Sauernheimer „Nicht-Tarifäre Handelshemmnisse: Analyse der Auswirkungen auf den Außenhandel", www.aussenwirtschaft.vwl.uni-mainz.de/downloads/, unter dem Stichwort „Theorie der internationalen Handelsbeziehungen").

19. Allgemeine Bedingungen. Siehe hierzu auch die Erläuterungen in Anmerkung 11. Die Informationen, die in dieser Sektion verlangt werden, beinhalten Details der bedeutenden Anbieter, der Angebots- und Nachfragestruktur, dem Markteintritt, der Bedeutung von Forschung und Entwicklung, der Relevanz kooperativer Abkommen und von Verbänden, die auf dem Markt tätig sind.

20. Beeinträchtigung des Wettbewerbs/Berücksichtigung von Effizienzgewinnen.
Beeinträchtigung des Wettbewerbs. Gemäß Art. 2 Abs. 3 FKVO sind Zusammenschlüsse, durch die wirksamer Wettbewerb im Gemeinsamen Markt oder in einem wesentlichen Teil desselben erheblich behindert würde, insbesondere durch Begründung oder Verstärkung einer den relevanten Markt beherrschenden Stellung, für mit dem Gemeinsamen Markt unvereinbar zu erklären. Die jetzige Formulierung dieser Bestimmung stellt einen Kompromiss dar. Der Ministerrat hat sich bei der Neufassung der FKVO für den Test des Significant Impediment of Effective Competition (SIEC), eine Mischform aus dem alten *Marktbeherrschungstest* und dem aus dem US-amerikanischen Kontext bekannten, mittlerweile auch in Großbritannien und Irland eingeführten *Substantial Lessening of Competition Test (S LC)*, entschieden. Die Prüfung durch die Kommission erfolgte bisher alleine aufgrund des Marktbeherrschungstests, auf den jetzt nur noch im Rahmen eines Regelbeispiels (insbesondere) verwiesen wird.
Der SIEC-Test, S LC-Test und Marktbeherrschungstest haben gemeinsam, dass zunächst die relevanten Märkte, auf denen die Zusammenschlussbeteiligten tätig sind, mit Hilfe der Bestimmung der Nachfragesubstitution aufgrund kleiner und dauerhafter Änderungen bei den relativen Preisen definiert werden (*Bartosch/Nollau* EuZW 2002, 197, 205). Der S LC-Test verweist in einem nächsten Schritt zur Bemessung der Marktkonzentration auf den bereits oben (siehe Anm. 16) näher dargestellten Hirschman-Herfindahl-Index (HHI). Die Marktkonzentration wird in der US-amerikanischen Praxis in drei Kategorien eingeteilt, die von den oben dargestellten Kriterien der Kommission spürbar abweicht:
- Unkonzentrierte Märkte sind Märkte, deren HHI auch nach Vollzug des Vorhabens unter 1.000 liegt. Zusammenschlüsse sind hier angesichts des niedrigen Konzentrationsgrads und der damit vermutlich einhergehenden Wettbewerbsintensität und Wahlmöglichkeiten der Kunden regelmäßig wettbewerbsrechtlich unbedenklich;
- in mäßig konzentrierten Märkten liegt der HHI über 1.000 jedoch unter 1.800. Fusionsrechtliche Bedenken gegen Zusammenschlüsse bestehen in solchen Märkten, wenn das Delta des Index über 100 Punkte liegt;

- hochgradig konzentrierte Märkte sind solche, in denen der HHI mehr als 1.800 beträgt. Ein Delta von 50 Punkten reicht aus, um fusionsrechtliche Bedenken gegen den Zusammenschluss hervorzurufen (US Horizontal Merger Guidelines, para. 1.51 General Standards).

Der Marktbeherrschungstest richtet den Blick – jedenfalls bei Prüfung einer marktbeherrschenden Alleinstellung – im Gegensatz zu dem US amerikanischen Ansatz primär auf die Marktanteile der Zusammenschlußbeteiligten. Von der Indizwirkung, die vom Marktanteil für das wettbewerbliche Potential der beteiligten Unternehmen ausgeht, erfolgt die Prüfung, ob die wirtschaftliche Machtstellung der Zusammenschlussbeteiligten ihnen die Möglichkeit vermittelt, sich Wettbewerbern, Abnehmern und letztlich Verbrauchern gegenüber unabhängig verhalten zu können und so effektiven Wettbewerb zu verhindern (*Bartosch/Nollau* EuZW 2002, 197, 205).

Die jüngste Entwicklung hat gezeigt, dass die Neuformulierung des materiellen Prüfungsauftrags keine signifikante praktische Auswirkung gehabt hat. Richtig ist, dass Zusammenschlussvorhaben, die zu einem marktbeherrschenden Oligopol führen, auch dann untersagt werden können, wenn eine Koordinierung zwischen den Oligopolmitglieder unwahrscheinlich ist (*Bergmann/Burholt* EuZW 2004, 161). Tatsächlich hat die Kommission bislang keine ausgeprägte Neigung gezeigt, auch unterhalb der traditionell für das Vorliegen wettbewerblicher Bedenken relevanten Schwelle von 40% Marktanteil bei fehlender Koordinationsgefahr aufgrund eines drohenden Absinkens der Wettbewerbsintensität gegen Vorhaben vorzugehen.

Hinsichtlich der Frage, ob (insbesondere) eine Begründung oder Verstärkung einer beherrschenden Stellung vorliegt, kann auf die bisherigen Kommissionsentscheidungen zurückgegriffen werden (26. Begründungserwägung der FKVO), die sich wiederum an die EuGH-Rechtsprechung anlehnen (*Löffler* Art. 2 Rdnr. 116). Nach dem EuGH ist eine marktbeherrschende Stellung gegeben, wenn ein Unternehmen sich seinen Wettbewerbern, seinen Abnehmern und letztlich dem Verbraucher gegenüber in einem wesentlichen Umfang unabhängig verhalten kann (EuGH 85/76 *Hoffmann-La Roche* Slg. 1979, 461, 520 Rdnr. 39 – näher mit zahlreichen Beispielen aus der EuGH- und Kommissionspraxis, *Löffler* Art. 2 Rdnr. 117ff.). Neben dem Marktanteil (der als wesentliches Indiz für den wirtschaftlichen Erfolg – und damit letztlich die Alternativlosigkeit der Stellung – des Unternehmens angesehen wird) werden strukturelle Marktmerkmale auf Angebots- und Nachfrageseite sowie potentielle Wettbewerbs- und Marktzutrittsschranken in eine komplexe Gesamtwürdigung des Einzelfalls einbezogen (Wiedemann/*Wagemann/Wiedemann* § 16 Rdnr. 9). Ein gemeinsamer Marktanteil von nicht mehr als 25% indiziert auch nach der neuen Regelung die Vereinbarkeit des Zusammenschlusses mit dem Gemeinsamen Markt (32. Begründungserwägung der FKVO).

Berücksichtigung von Effizienzgewinnen. Wirft ein Zusammenschlußvorhaben keine wettbewerblichen Probleme auf, können sich die Anmelder bei der Darstellung der durch das Vorhaben zu erwartenden Effizienzgewinne auf einige wenige Bemerkungen beschränken. Es reicht insoweit darauf hinzuweisen, dass durch den Zusammenschluss der wirksame Wettbewerb auf dem gemeinsamen Markt nicht erheblich behindert wird, dies insbesondere weil keine marktbeherrschende Stellung begründet oder verstärkt wird. In diesem Fall sind auch nähere Ausführungen im Rahmen des Abschnitts 9.3 eigentlich entbehrlich.

Die Kommission hat allerdings in jüngeren Verlautbarungen die Bedeutung der Darstellung durch das Vorhaben beabsichtigter Effizienzgewinne betont. Ein besonderes Interesse der Behörde richtet sich dabei auf die Auswirkungen des Vorhabens auf Zwischen- und Endverbraucher sowie auf die Entwicklung des technischen und wirtschaftlichen Fortschritts. Sofern die anmeldenden Parteien beabsichtigen, in der Anmeldung hierauf nicht näher einzugehen, sollte dies aber in der Vornotifikationsphase mit dem Team abgesprochen werden.

21. Vollständigkeit/Förmlichkeiten der Anmeldung.
Vollständigkeit: Das Formblatt CO stellt erhebliche Anforderungen an die Parteien, dies insbesondere im Hinblick auf Informationen, die Definition der betroffenen Märkte sowie deren Abgrenzung sowie das Marktumfeld. Insbesondere angesichts relativ kurzer Prüfungsfristen und der Aufwendigkeit des Prüfungsverfahrens legt die Kommission größten Wert darauf, dass die Anmeldung vollständige und sachlich zutreffende Daten enthält.

Falsche oder irreführende Angaben können mit erheblichen Nachteilen für die beteiligten Unternehmen verbunden sein. Formal gesehen hat die Kommission die Möglichkeit, die betroffenen Unternehmen mit einem Bußgeld von bis zu 1% der Höhe des Gesamtumsatzes zu sanktionieren. Daneben wird die Kommission bei erheblichen Mängeln die Anmeldung für unvollständig erklären. In diesem Fall beginnen die Prüfungsfristen erst mit Vervollständigung der Anmeldung zu laufen.

Teil der Aufgabe der beratenden Anwälte ist es daher, dem Mandanten die Bedeutung der Vollständigkeit und Richtigkeit der in die Anmeldung aufgenommenen Information hinreichend deutlich zu machen. Das gilt nicht nur für vorsätzliche Falschdarstellungen; auch fahrlässige Fehlinformationen (etwa falsche Telefaxnummern bei den abgefragten Kontaktadressen) können erhebliche nachteilige Wirkungen (insbesondere die Unvollständigkeitserklärung) hervorrufen. Es empfiehlt sich daher, die Anmeldung und die in ihr enthaltenen Informationen vor förmlicher Einreichung noch einmal auf ihre Stimmigkeit hin zu überprüfen und durch den Mandanten verifizieren zu lassen. Das gilt im Übrigen auch und vor allem für die Kontaktadressen. Gerade in diesem Bereich reagiert die Kommission scharf auf unrichtige Angaben, selbst wenn teilweise nicht recht einsehbar ist, wie genaue Details über die Erreichbarkeit von Wettbewerbern den beteiligten Unternehmen bekannt sein sollten.

Die Kommission kann die beteiligten Unternehmen von bestimmten Angaben befreien, wenn Seitens der Unternehmen überzeugend dargelegt wird, dass diese Informationen nicht zur Verfügung stehen oder nur mit größtem Aufwand beschafft werden können. Ein solcher Dispens wird von der Kommission regelmäßig erteilt, wenn die betreffenden Informationen für die Beurteilung des Zusammenschlussvorhabens nicht unbedingt erforderlich sind. Handelt es sich dagegen allerdings um Informationen von zentraler Bedeutung, wird die Kommission die beteiligten Unternehmen nur in Ausnahmefällen von der Verpflichtung zur Beibringung entsprechender Daten befreien. In Zweifelsfällen ist es sinnvoller, unternehmensinterne Schätzwerte in die Anmeldung aufzunehmen (und diese als solche kenntlich zu machen), als überhaupt keine Daten mitzuteilen.

Förmlichkeiten der Anmeldung. Insgesamt müssen das Original und 37 (Papier-)Kopien der Anmeldung sowie 36 (Papier-)Kopien der erläuternden Dokumente bei der Kommission hinterlegt werden. Alternativ können neben dem Original auch 5 Papierkopien sowie 32 Kopien auf CD oder DVD eingereicht werden. Häufig wird – zusätzlich – auch eine elektronische Version auf CD-ROM/DVD-ROM eingefordert.

Die Kopien der Anmeldung, zusammen mit einem Begleitbrief müssen bei der „Merger Registry", Rue Joseph II/Jozef II-Straat 70, B-1000 Brüssel abgegeben werden. Es ist notwendig, das Team und den zuständigen Registerbeamten (unter 0032. 2. 296.55.77) über die bevorstehende Einreichung zu benachrichtigen. Sicherheitserwägungen wirken sich heute auch auf die förmliche Notifizierung von Zusammenschlussvorhaben aus. Vor Ablieferung einer Anmeldung müssen die geschätzte Lieferzeit, der Name der (natürlichen) Person, die die Dokumente hinterlegen wird, sowie eine genaue Beschreibung der abzuliefernden Gegenstände (etwa die Anzahl der Pakete oder Kisten) angegeben werden. Die abzuliefernden Pakete und Umschläge müssen deutlich den Namen der Kanzlei tragen, welche sich für die Anmeldung verantwortlich zeichnet (siehe auch den Hinweis auf der Internetseite der Kommission http://ec.europa.eu/competition/contacts/mergers_mail.html).

22. Unterschrift. Das Formblatt CO erfordert eine Vielzahl sachlicher Informationen, für deren Richtigkeit der Unterzeichner umfassend einsteht. Den anwaltlichen Vertretern wird es häufig nicht möglich sein, die Angaben auf mehr als deren Plausibilität zu prüfen. Daher wird die Anmeldung häufig nicht von den anwaltlichen Vertretern, sondern von dem Mandanten selbst, und zwar regelmäßig von der in Abschnitt 2.1. genannten Person, unterschrieben. Zwingend erforderlich ist dies jedoch nicht und kann unter praktischen Gesichtspunkten (das einzureichende Original der Anmeldung muss die tatsächliche Unterschrift enthalten; Stempel oder eingescannte Unterschriften werden nicht akzeptiert) zu Problemen führen. In einem solchen Fall steht der Unterschrift durch die – förmlich bevollmächtigten – anwaltlichen Vertreter nichts entgegen.

III. Fusionskontrollverfahren in Drittstaaten

1. Einleitung

Regelungen zur Fusionskontrolle spielen in der M&A-Praxis eine immer größere Rolle. In den letzten Jahrzehnten sind viele Staaten den Beispielen in Westeuropa und den USA gefolgt und haben eine eigene Fusionskontrolle eingeführt. Heute gibt es weltweit an die 100 Jurisdiktionen mit Regelungen zur Fusionskontrolle. Die allermeisten Fusionskontrollregime sind in ihrem Anwendungsbereich nicht auf rein nationale Vorgänge beschränkt, sondern beanspruchen unter näher bestimmten Voraussetzungen auch Geltung für Zusammenschlüsse im Ausland. Entsprechend kann eine M&A-Transaktion in den Anwendungsbereich mehrerer Fusionskontrollregime fallen und damit bei mehreren Wettbewerbsbehörden kontrollpflichtig sein. Der Arbeits-, Zeit- und Kostenaufwand dafür ist kaum zu überschätzen. Er macht eine besonders sorgfältige Planung und Umsetzung auch dieses Teils einer M&A-Transaktion erforderlich. Dabei ist auch zu beachten, dass Fusionskontrollanmeldungen in einigen Jurisdiktionen innerhalb einer bestimmten Frist nach Unterzeichnung der relevanten Verträge bei den zuständigen Behörden einzureichen sind.

2. Festlegung der Verantwortlichkeiten

Die Vorbereitung und Durchführung der fusionskontrollrechtlichen Verfahren fällt üblicherweise in den Verantwortungsbereich des Erwerbers. Dies folgt bereits aus dem Umstand, dass der Erwerber (ggf. zusammen mit dem Veräußerer) in vielen Jurisdiktionen zur Anmeldung berechtigt und verpflichtet ist, nicht jedoch der Veräußerer, wenn sich dieser vollständig von dem Zielunternehmen trennt (so z.B. in der EU-Fusionskontrolle). Darüber hinaus sprechen Vertraulichkeitsaspekte ebenso für die Verfahrenskoordination durch den Erwerber wie der Umstand, dass er als künftiger Eigentümer in größerer sachlicher „Nähe" zu dem operativen Geschäft steht. Denn für die Vorbereitung und Durchführung der Fusionskontrolle sind teils intime Kenntnisse über die Geschäftsdaten der beteiligten Unternehmen notwendig und der Erwerber wird im Allgemeinen nicht bereit sein, derartige Daten mit dem Veräußerer zu teilen. Dem Veräußerer, der sich ohnehin von dem Zielunternehmen trennt, kann die Preisgabe solcher Informationen eher zugemutet werden. In Einzelfällen kann es jedoch auch vorkommen, dass der Veräußerer die Leitung des Verfahrens übernimmt, beispielsweise wenn er weiterhin an dem Zielunternehmen beteiligt bleibt oder wenn er über größere Erfahrungen mit bzw. Ressourcen für die Durchführung von Fusionskontrollverfahren verfügt. In seltenen Fällen kommt es auch vor, dass Erwerber und Veräußerer die Fusionskontrolle gemeinsam koordinieren, insbesondere durch die gemeinsame Beauftragung eines Anwalts („Counsel to the Project"). Einige Jurisdiktionen geben vor, dass sowohl der Erwerber als auch das Zielunternehmen oder der Veräußerer jeweils eine eigene Anmeldung einreichen müssen. So ist es insbesondere in den USA, wo die Parteien jeweils Informationen und Unterlagen zu „ihrer Seite" der Transaktion beibringen müssen. In diesem Fall erübrigt sich zwar das Erstellen einer gemeinsamen Anmeldung. Die Parteien müssen sich dennoch in Bezug auf den Inhalt und den Zeitpunkt ihrer Kommunikation mit den Behörden koordinieren.

Da Vorbereitung und Durchführung der fusionskontrollrechtlichen Verfahren den Austausch vertraulicher Geschäftsdaten erfordern, sollten die Beteiligten – sofern nicht bereits geschehen (s. oben Teil B.I) – Vereinbarungen zum Schutz der Vertraulichkeit dieser Daten schließen. Ein besonderer Schutz kann aus kartellrechtlichen Gründen erforderlich sein, wenn die Beteiligten in einem aktuellen oder potenziellen Wettbewerbsverhältnis stehen. Denn das Kartellrecht steht einem Austausch wettbewerblich sensibler Daten (insbesondere bzgl. Preisen und Absatzmengen) zwischen Wettbewerbern grundsätzlich entgegen. Jedenfalls für diesen Fall ist die Einschaltung eines Dritten zu empfehlen, bei dem die betreffenden Informationen zusammengeführt werden. Letzteres lässt sich bei anwaltlicher Vertretung beider Seiten praktisch dadurch erreichen, dass beide Seiten den Austausch vertraulicher Daten zwischen ihren Anwälten autorisieren, die Weitergabe der vertraulichen Daten an die jeweiligen Mandanten jedoch einschränken („Counsel to Counsel"). Lediglich das nicht mehr vertrauliche Arbeitsergebnis wird den jeweiligen Mandanten zugänglich gemacht.

3. Ermittlung der Anmeldepflichten

Bei der Prüfung, ob eine Transaktion dem Fusionskontrollrecht in einer bestimmten Jurisdiktion unterliegt, geht es in der Regel um drei eng miteinander verwobene, sich teils überschneidende Fragestellungen: Zunächst ist zu prüfen, ob und ggf. welche Transaktionsschritte der fusionskontrollrechtlichen Prüfung unterfallen. Maßgeblich ist hierfür der Begriff des „Zusammenschlusses" (dazu unter 1). Daran knüpft die Frage an, welche Unternehmen an dem Zusammenschluss beteiligt sind (dazu unter 2). Die Kontrollpflichtigkeit eines Zusammenschlusses hängt in der Regel davon ab, dass die Finanzdaten der beteiligten Unternehmen bestimmte Aufgreifschwellen erreichen (dazu unter 3). Bei allen drei Fragestellungen ist zu berücksichtigen, dass die Kriterien zur Definition des Anwendungsbereichs der Fusionskontrolle in den einzelnen Jurisdiktionen erheblich voneinander abweichen können. Um zu vermeiden, dass die Kontrollpflichtigkeit der Transaktion in einer Jurisdiktion vorschnell ausgeschlossen wird, sollten im ersten Schritt nur solche Jurisdiktionen aussortiert werden, bei denen eine Kontrollpflicht selbst bei weitester Auslegung der relevanten Kriterien sicher ausscheidet (gemäß einer Art „Vorsichtsprinzip"). Die so getroffene Vorauswahl ist dann in einem zweiten Schritt unter Berücksichtigung der Besonderheiten des jeweiligen nationalen Rechts weiter einzugrenzen. Letztlich muss die Feststellung, dass eine Anmeldepflicht nicht vorliegt, in Zweifelsfällen den lokalen Anwälten und ggf. der nationalen Wettbewerbsbehörde vorbehalten sein.

3.1. Definition des der Fusionskontrolle unterfallenden Vorgangs („Zusammenschluss")

In praktisch allen Jurisdiktionen erfasst die Fusionskontrolle jedenfalls den Erwerb aller Geschäftsanteile („Share Deal") an oder aller Vermögenswerte („Asset Deal") von einem anderen Unternehmen. Sofern allerdings der Erwerb von Geschäftsanteilen oder Vermögenswerten nicht zur Folge hat, dass das Unternehmen bzw. seine wirtschaftliche Substanz vollständig einen neuen Eigentümer findet, stellt sich die Frage, ob die nationale Fusionskontrolle auch bei anteiligen Erwerbsvorgängen Anwendung findet:

a) Kontrollerwerb: Eine Vielzahl von Jurisdiktionen definiert den äußersten Anwendungsbereich ihrer Fusionskontrolle mit dem Kontrollbegriff (so insbesondere die Europäische Union und die meisten Mitgliedstaaten der EU). Kontrolle bedeutet die rechtliche oder faktische Möglichkeit, einen bestimmenden Einfluss auf ein anderes Unternehmen ausüben zu können. Ein Kontrollerwerb wird regelmäßig mit der Übernahme der Stimmrechtsmehrheit in einem Unternehmen verwirklicht. Kontrolle ist jedoch nicht an eine bestimmte Beteiligungshöhe geknüpft. Vielmehr kann auch eine Beteiligung von weniger als 50 % Kontrolle vermitteln, wenn der Minderheitsgesellschafter aufgrund von rechtlichen oder faktischen Umständen einen bestimmenden Einfluss auf das Unternehmen ausüben kann. Es genügt ein Einfluss auf solche strategischen Entscheidungen, die für das Wirtschaftsverhalten des Unternehmens von besonderer Bedeutung sind (insbesondere: Besetzung der Unternehmensleitung, Genehmigung von Geschäftsplan und Budget, Entscheidung über marktstrategische Investitionen). Der Einfluss kann positiv in der Macht bestehen, entsprechende Entscheidungen allein herbeizuführen, oder negativ in der Möglichkeit, entsprechende Entscheidungen allein zu blockieren. Halten mehrere Unternehmen Blockadepositionen in Bezug auf strategisch wichtige Entscheidungen, besteht Mitkontrolle. Zu beachten ist, dass der Wechsel von Mitkontrolle zu Alleinkontrolle (oder umgekehrt) ebenso einen Kontrollerwerb darstellt wie der erstmalige Erwerb von Kontrolle.

b) **Erwerb einer Minderheitsbeteiligung:** In einer Reihe von Jurisdiktionen ist die Fusionskontrolle auch auf den Erwerb von Minderheitsbeteiligungen anwendbar, die mit keinem Kontrollerwerb verbunden sind. In vielen Staaten definiert das nationale Recht einen Schwellenwert, der an der Höhe der Kapitalbeteiligung, der Stimmrechte und/oder der Gewinnbeteiligung anknüpft. So wird beispielsweise in Deutschland der Erwerb von Anteilen an einem anderen Unternehmen als ein Zusammenschluss definiert, wenn die zu erwerbenden Anteile allein oder zusammen mit sonstigen, dem Erwerber bereits gehörenden Anteilen die Schwellenwerte von 25% oder 50% des Kapitals oder der Stimmrechte des anderen Unternehmens erreichen. Darüber hinaus wird der Anwendungsbereich der nationalen Fusionskontrolle in einigen Staaten an bestimmte Einflussmöglichkeiten unterhalb der Kontrollschwelle geknüpft. In diesem Fall müssen neben der Beteiligungshöhe zusätzliche „Plus-Faktoren" untersucht werden. Von großer praktischer Bedeutung ist hier der deutsche Zusammenschlusstatbestand des Erwerbs „wettbewerblich erheblichen" Einflusses, der solche Unternehmensverbindungen erfassen soll, die einer Beteiligung in Höhe von 25% gleichwertig erscheinen. Einen ähnlichen Zusammenschlusstatbestand kennt das Vereinigte Königreich mit dem Begriff des „material influence", wobei sich die Unsicherheiten, die mit einer solchen Definition verbunden sind, in Großbritannien in Grenzen halten, weil die Durchführung der Fusionskontrolle dort für die Beteiligten freiwillig ist, also keine Anmeldepflicht besteht. Einen anderen Weg gehen schließlich die USA. Nach dem Hart-Scott-Rodino Antitrust Improvements Act unterliegt ein Beteiligungserwerb unabhängig von seiner Höhe der vorbeugenden Fusionskontrolle, wenn der Wert der Beteiligung, die der Erwerber nach Durchführung der Transaktion halten wird, oberhalb eines jährlich angepassten Schwellenwerts liegt (2011: USD 66 Mio.). Von diesem Grundsatz existieren allerdings viele Ausnahmen. Insbesondere sind Transaktionen unterhalb einer Beteiligungshöhe von 50% von der Fusionskontrolle ausgenommen, wenn es sich bei dem Erwerber und dem Zielunternehmen (jeweils einschließlich aller Gruppenunternehmen) um nicht-amerikanische Unternehmen handelt („Foreign-to-Foreign Mergers"). Die nachfolgende Tabelle gibt einen Überblick über die Beteiligungsschwellen in einigen ausgewählten in der Praxis besonders relevanten Jurisdiktionen. Jedenfalls erlaubt der Zusammenschlussbegriff beim Erwerb einer nicht-kontrollierenden Minderheitsbeteiligung bereits eine Vorauswahl der Jurisdiktionen, die für eine Fusionskontrolle überhaupt in Frage kommen. So wird beispielsweise der bloße Erwerb von 15 % der Stimm- und Kapitalanteile an einem anderen Unternehmen in Europa nur in Deutschland kontrollpflichtig sein können.

Fusionskontrolle beim Erwerb von nicht-kontrollierenden Minderheitsbeteiligungen

Beteiligungshöhe	Beispiele
35 %	• Kanada • Mexiko
ein Drittel	• Russische Föderation • Taiwan (Republik China)
25 %	• Deutschland • Israel • Österreich

3. Ermittlung der Anmeldepflichten K.III.3

Beteiligungshöhe	Beispiele
	• Russische Föderation (bei Beteiligung an einer börsennotierten Gesellschaft) • Ukraine • In Litauen unterfällt zwar nur ein Kontrollerwerb der Fusionskontrolle, ein solcher wird aber bereits bei einer Beteiligung von 25 % (widerleglich) vermutet.
20 %	• Kanada (bei Beteiligung an einer börsennotierten Gesellschaft) • Weißrussland • Japan • Südkorea (Republik Korea)
15 %	• Südkorea (bei Beteiligung an einer börsennotierten Gesellschaft)
Ohne feste Beteiligungshöhe	• Deutschland („wettbewerblich erheblicher Einfluss") • Südafrika („material influence") • USA (abhängig vom Transaktionswert)
	Nur freiwillige Fusionskontrolle (keine Anmeldepflicht): • Australien (Erwerb führt zu Wettbewerbsbeschränkung im Inland) • Neuseeland (Erwerb führt zu Wettbewerbsbeschränkung im Inland) • Norwegen (Einzelfallentscheidung der Behörde) • Vereinigtes Königreich („material influence")

c) **Erwerb wesentlicher Vermögenswerte**: Auch der Erwerb bloß eines Teils des Vermögens eines anderen Unternehmens ist in vielen Jurisdiktionen anmeldepflichtig, vorausgesetzt das zu erwerbende Vermögen hat eine ausreichende Bedeutung, um die Anwendung der Fusionskontrolle zu rechtfertigen. Typischerweise wird die Grenze danach gezogen, ob mit den Zielvermögensteilen eine Marktpräsenz verbunden ist bzw. ob ihr Erwerb einen Marktanteilsübergang bewirkt. Dementsprechend wird praktisch in allen Jurisdiktionen der Erwerb eines ganzen Geschäftsbereichs, einer Produktionsanlage oder Betriebsstätte einen kontrollpflichtigen Zusammenschluss bilden können. Darüber hinaus wird in einigen Jurisdiktionen (z. B. EU und Deutschland) auch der Erwerb einzelner immaterieller Vermögenswerte wie Marken, Patente, Urheberrechte oder Exklusivlizenzen als Zusammenschluss angesehen, wenn diesen Rechten ein eigener Marktanteil zugerechnet werden kann. Nach denselben Kriterien kann auch die Übertragung eines Kundenstamms einen Zusammenschluss darstellen. Andere Jurisdiktionen stellen wiederum auf Schwellenwerte der unterschiedlichsten Art ab, so z. B. die USA (Wert des Vermögens übersteigt einen jährlich angepassten Schwellenwert; er liegt 2011 bei USD 66 Mio.), Japan (den Zielvermögenswerten kann ein Umsatz von JPY 3 Mrd. zugerechnet werden), Mexiko (Erwerb von 35 % des Vermögens einer wirtschaftlichen Einheit in Mexiko) oder Russland (Erwerb von mehr als 20 % des bilanzierten Werts der Produktionsanlagen; Erwerb von mehr als 10 % des bilanzierten Vermögens bei Finanzinstituten).

d) **Zusammenfassung mehrerer Erwerbsakte**: Bei der Beurteilung, ob ein Zusammenschluss vorliegt, kann die Frage auftauchen, ob einzelne Transaktionen zu einem einzigen Zusammenschlussvorgang zusammenzufassen sind, z. B. wenn ein Unternehmen parallel mehrere Vermögensteile von demselben Veräußerer oder wenn es Anteile an demselben Zielunternehmen von mehreren Veräußerern erwirbt. Auch die Zusammenfassung zeitlich versetzter Erwerbsschritte zu einem einzigen Zusammenschluss kommt in Betracht, z. B. wenn die Beteiligung eines Unternehmens an einem anderen Unternehmen nach dem Willen der Beteiligten sukzessive erhöht werden soll. Die Frage der Zusammenfassung von mehreren Einzelschritten zu einem Zusammenschluss kann entscheidend für die Kontrollpflichtigkeit dieser Schritte sein, weil möglicherweise erst die Zusammenrechnung der einzelnen Transaktionsgegenstände dazu führt, dass die für die Fusionskontrolle in den jeweiligen Jurisdiktionen maßgeblichen Aufgreifschwellen erreicht werden. In vielen Jurisdiktionen ist dieser Sachverhalt dennoch nicht explizit geregelt. Es lässt sich aber wohl die Regel aufstellen, dass es – unabhängig von der gewählten rechtlichen Konstruktion – grundsätzlich auf eine wirtschaftliche Betrachtung ankommen muss. Eine Zusammenfassung einzelner Erwerbsakte zu einem einheitlichen Zusammenschluss ist deshalb jedenfalls dann in Betracht zu ziehen, wenn die Erwerbsakte nach dem wirtschaftlichen Gesamtzusammenhang und der von den Beteiligten verfolgten Zielsetzung als einheitlicher Vorgang erscheinen. Die Vereinbarung mehrerer Rechtsakte in einem einzelnen Vertragsdokument, eine zeitliche Parallelität der Vertragsabschlüsse bei gleichzeitiger Identität der handelnden Personen oder eine gegenseitige Bezugnahme auf den jeweils anderen Erwerbsakt in den Vertragsunterlagen können starke Indizien für eine Zusammenrechnung sein. Nach der Praxis der Europäischen Kommission kommt es für die Annahme eines einheitlichen Zusammenschlusses darauf an, ob die einzelnen Transaktionen in einem gegenseitigen Abhängigkeitsverhältnis stehen, so dass die Beteiligten die eine Transaktion nicht ohne die andere durchführen würden. Darüber hinaus sind nach der Fiktion des Art. 5 Abs. 2 Unterabs. 2 der europäischen Fusionskontrollverordnung, zwei oder mehr Erwerbsvorgänge, die innerhalb von zwei Jahren zwischen denselben Personen oder Unternehmen getätigt werden, unabhängig vom Willen der Beteiligten als ein einziger Zusammenschluss anzusehen (ebenso z. B. in Kroatien).

e) **Interne Restrukturierungen**: Die Fusionskontrolle wird in der Regel nicht ausgelöst, wenn sich ein Zusammenschluss zwischen zwei Unternehmen vollzieht, die demselben Konzern angehören („Konzernprivileg"). Der Grund hierfür ist, dass zwischen Konzernunternehmen ohnehin kein (schutzwürdiger) Wettbewerb besteht, so dass für die Kontrolle konzerninterner Umstrukturierungen kein wettbewerbspolitisches Bedürfnis besteht. Interne Restrukturierungen, bei denen sämtliche Anteile an den betroffenen Unternehmen (unmittelbar oder mittelbar) in der Hand ein und derselben Obergesellschaft bleiben, werden deshalb heute in nahezu allen Jurisdiktion als kontrollfreie Vorgänge angesehen. (Eine Ausnahme bildet bislang die russische Fusionskontrolle, die auch konzerninterne Restrukturierungen erfassen kann. Die Kontrollpflichtigkeit konzerninterner Vorgänge soll nach einer derzeit geplanten Gesetzesänderung 2011 abgeschafft werden.) Unterschiede können allerdings bei der Frage auftauchen, ob zwei Unternehmen noch demselben Konzern zuzurechnen sind bzw. ob ein Zusammenschluss zwischen ihnen noch als ein rein interner Vorgang angesehen werden kann, wenn die Anteile an den betreffenden Unternehmen nicht zu 100 % bei derselben Obergesellschaft liegen. In der EU-Fusionskontrolle wird darauf abgestellt, ob eine Anteilsverschiebung zu einer Änderung der Kontrollverhältnisse bei den beteiligten Unternehmen führt. In Deutschland kann darüber hinaus wegen der weiteren Definition des Zusammenschlussbegriffs selbst dann ein kontrollpflichtiger Zusammenschluss vorliegen, wenn das veräußernde Unternehmen und das erwerbende Unternehmen von derselben Konzernobergesellschaft beherrscht werden, sich die (unmittelbaren oder mittelbaren) Beteiligungsstrukturen bei Veräußerer und Erwerber jedoch unterscheiden (z. B. Erwerb mittelbar wettbewerblichen Einflusses auf das Zielunternehmen).

3.2. Definition der beteiligten Unternehmen

Für die Kontrollpflichtigkeit eines Zusammenschlusses ist entscheidend, welche Unternehmen als „beteiligte Unternehmen" dieses Zusammenschlusses angesehen werden. Denn die jurisdiktionellen Aufgreifschwellen der verschiedenen nationalen Fusionskontrollrechte knüpfen regelmäßig an den Finanzdaten der beteiligten Unternehmen an. Darüber hinaus müssen in der Fusionskontrollanmeldung detaillierte Angaben zu den beteiligten Unternehmen gemacht werden. Schließlich kann die prozessuale Verfahrensstellung eines Unternehmens davon abhängen, ob es als „beteiligtes Unternehmen" gilt:

a) **Erwerber**: An einem Zusammenschluss ist jedenfalls immer der Erwerber beteiligt. Dabei ist es wegen der das Kartellrecht prägenden wirtschaftlichen Betrachtungsweise unerheblich, ob der Erwerber selbst oder über ein oder mehrere noch zu gründende Transaktionsvehikel den Erwerb durchführt.

b) **Zielunternehmen/-vermögen und/oder Veräußerer**: Zu den beteiligten Unternehmen gehören regelmäßig auch das Zielunternehmen bzw. die zu erwerbenden unternehmerischen Vermögensteile. Da das Zielunternehmen bzw. das Zielvermögen bis zum Zeitpunkt des Zusammenschlusses mit dem Veräußerer verbunden ist, wird in einigen Jurisdiktionen darüber hinaus auch der Veräußerer für die Ermittlung der Anmeldepflicht und/oder für die inhaltlichen Angaben in der Anmeldung als beteiligtes Unternehmen angesehen (so insbes. – teils mit Abweichungen – in Brasilien, Polen, Kanada, der Russische Föderation, Südkorea und der Ukraine). In der Europäischen Union und in den meisten Mitgliedstaaten findet sich eine vermittelnde Lösung. Danach ist nur das Zielunternehmen ein materiell beteiligtes Unternehmen, dessen Finanzdaten für die Anmeldepflicht maßgeblich sind, für das detaillierte Angaben in der Anmeldung gemacht werden müssen und auf das es für die materielle Bewertung ankommt. Der Veräußerer wird jedoch mit eigenen Rechten und Pflichten am Verfahren beteiligt.

c) **Weitere Beteiligte**: Darüber hinaus können weitere Unternehmen an dem Zusammenschluss beteiligt sein. Dies gilt insbesondere dann, wenn das Zielunternehmen ein Gemeinschaftsunternehmen ist, an dem auch nach dem Zusammenschluss noch weitere Gesellschafter beteiligt sein werden. In diesem Fall können die Mitgesellschafter beteiligte Unternehmen sein, insbesondere wenn sie Mitkontrolle über das Zielunternehmen ausüben (in Deutschland genügt bereits eine Beteiligung von 25 % oder mehr). Weitere Beteiligte können auch dann ins Spiel kommen, wenn auf der Erwerberseite eine Vielzahl von Unternehmen steht.

Zu beachten ist, dass der Begriff der beteiligten Unternehmen wegen der im Kartellrecht vorherrschenden wirtschaftlichen Betrachtungsweise regelmäßig nicht nur die am Zusammenschluss direkt beteiligten Gesellschaften erfasst, sondern ebenso alle mit ihnen verbundenen Unternehmen („Konzernbetrachtung"). Für die Zugehörigkeit zu einer Unternehmensgruppe genügt typischerweise bereits die Möglichkeit der Kontrolle oder das Bestehen einer einheitlichen Leitung. In der europäischen Fusionskontrolle existiert eine Unternehmensverbindung, wenn ein Unternehmen in einem anderen Unternehmen entweder
1. mehr als die Hälfte des Kapitals oder des Betriebsvermögens besitzt oder
2. über mehr als die Hälfte der Stimmrechte verfügt oder
3. mehr als die Hälfte der Mitglieder des Aufsichtsrats, des Verwaltungsrats oder der zur gesetzlichen Vertretung berufenen Organe bestellen kann oder
4. das Recht hat, die Geschäfte des Unternehmens zu führen.

Die europäischen Wettbewerbsbehörden sind bei der Annahme einer Konzernverbindung meist großzügig. Dies gilt insbesondere bei Investmentfonds. Unabhängig von der Rechtsform (z. B. Limited Partnership im angelsächsischen Rechtsraum, SICAV in Luxemburg oder Frankreich), wird das Gesellschaftskapital bei Investmentfonds normalerweise von einer Vielzahl von Investoren gehalten, die jeweils nur relativ kleine Anteile haben und den Fonds weder einzeln noch zusammen kontrollieren. Die Verwaltung des Fonds liegt im Normalfall bei der Investmentgesellschaft, die den Fonds aufgelegt hat, mit ihm strukturell (z. B. durch Beherrschung des General Partner) und/oder durch Beraterverträge verbunden ist und die Investitionstätigkeit des Fonds steuert. Die Entscheidungsbefugnisse der Investmentgesellschaft genügen nach der Praxis der Europäischen Kommission (und der Wettbewerbsbehörden vieler Mitgliedstaaten) regelmäßig, um sämtliche von der Investmentgesellschaft verwalteten Fonds als verbundene Unternehmen anzusehen. Einige Jurisdiktionen gründen die Unternehmensverbindung demgegenüber auf andere Kriterien. So wird das Vorliegen von Kontrolle in den USA davon abhängig gemacht, dass ein Unternehmen in einem anderen Unternehmen über mindestens die Hälfte der Stimmrechte verfügt, einen Anspruch auf die Hälfte der Gewinne hat oder die Hälfte der Mitglieder der Geschäftsführung nominieren darf. Für Investmentfonds hat dies zur Folge, dass sie, weil an ihnen meist kein Investor zu 50 % oder mehr beteiligt ist, regelmäßig als von niemandem kontrolliert gelten. Die von einer Investmentgesellschaft aufgelegten Fonds werden deshalb für die Zwecke der Fusionskontrolle in den USA als eigenständige Unternehmen betrachtet, obwohl sie nach europäischer Sicht über das verbindende Glied der Investmentgesellschaft zusammenzufassen sind.

3.3. Jurisdiktionelle Aufgreifschwellen

Die Anwendbarkeit der nationalen Fusionskontrolle hängt in den meisten Jurisdiktionen von Aufgreifschwellen ab, die sich an der wirtschaftlichen Bedeutung des Zusammenschlusses und den möglichen Auswirkungen im Inland orientieren. In nahezu allen Jurisdiktionen wird in der einen oder anderen Form an die Umsatzerlöse angeknüpft, die den beteiligten Unternehmen zuzurechnen sind. In der Europäischen Union und ihren Mitgliedstaaten sind die Umsatzerlöse sogar das wichtigste Kriterium zur Ermittlung der Kontrollpflicht. Die wirtschaftliche Bedeutung des Zusammenschlusses wird an der Summe der weltweiten Gesamtumsätze aller beteiligten Unternehmen gemessen (z. B. EU: min. EUR 5 Mrd. bzw. 2,5 Mrd.; Deutschland: mindestens EUR 500 Mio.). Für die Feststellung des lokalen Nexus ist darüber hinaus erforderlich, dass einzelne Unternehmen gewisse Mindestumsätze im Inland erzielen (z. B. EU: mindestens zwei beteiligte Unternehmen mit je EUR 250 Mio. in der EU bzw. mit je min. EUR 100 Mio. in der EU bei gleichzeitigem Erreichen weiterer Mindestumsätze in einzelnen Mitgliedstaaten; Deutschland: ein Unternehmen mit Umsätzen in Deutschland von wenigstens EUR 25 Mio. und ein anderes Unternehmen mit Umsätzen in Deutschland von wenigstens EUR 5 Mio.). Neben Umsatzschwellen gibt es in einigen Jurisdiktionen weitere Kriterien zur Bestimmung der Anmeldepflicht, z. B. die Marktanteile der beteiligten Unternehmen, der Wert ihres Vermögens oder der Wert, den die Beteiligten der Transaktion zumessen. Die nachfolgende Tabelle gibt einen Überblick über einige ausgewählte, in der Praxis besonders relevante Jurisdiktionen, die (zusätzlich zu Umsatzschwellen) derartige Aufgreifkriterien verwenden.

Typisierung von Aufgreifkriterien

Aufgreifkriterien	Jurisdiktionen
Marktanteil	• Griechenland (nachträgliche Kontrolle) • Lettland • Portugal • Spanien • Taiwan • Ukraine
Vermögenswert	• Kanada • Mexiko • Russische Föderation • Südafrika • Südkorea • USA
Transaktionswert	• Argentinien • USA
Sonstiges	• Schweiz: frühere behördliche Feststellung der Marktbeherrschung • Russische Föderation: Registrierung als marktbeherrschend

Eine Eingrenzung der für die Fusionskontrolle in Betracht kommenden Jurisdiktionen erlaubt das völkerrechtlich verankerte und in den meisten Staaten anerkannte Auswirkungsprinzip. Dieses Prinzip begrenzt den Anwendungsbereich der Fusionskontrolle auf Zusammenschlüsse, die geeignet sind, eine Änderung der Marktstrukturen im Inland herbeizuführen, was wiederum voraussetzt, dass die beteiligten Unternehmen auch auf Märkten tätig sind, die im Inland liegen oder (zumindest teilweise) in das Inland hineinreichen. Zudem können die

3. Ermittlung der Anmeldepflichten K.III.3

Staaten hoheitliche Befugnisse nur auf ihrem eigenen Territorium ausüben. Die Anwendung der nationalen Fusionskontrolle muss demnach ausgeschlossen sein, wenn die beteiligten Unternehmen in dem betreffenden Staat weder niedergelassen noch in irgendeiner Form tätig sind. Es bietet sich vor diesem Hintergrund an, von den beteiligten Unternehmen jeweils eine geografisch aufgegliederte Aufstellung ihrer Umsatzerlöse anzufordern, die einen Überblick über ihre weltweiten Aktivitäten verschafft. Zugleich genügen die Umsatzzahlen der beteiligten Unternehmen in den Jurisdiktionen, die mit Umsatzschwellen arbeiten, oft schon zur Beantwortung der Frage, ob eine Anmeldepflicht nach nationalem Recht überhaupt in Betracht zu ziehen ist. Allerdings ist zu beachten, dass sich die Regeln über die Berechnung, Zuordnung und geografische Verteilung der Umsätze wiederum deutlich in den verschiedenen Jurisdiktionen unterscheiden können. Um den vorschnellen Schluss auf die fehlende Kontrollpflicht in einer Transaktion zu vermeiden, ist es deshalb geboten, die Umsätze der Beteiligten bei Zweifelsfragen zunächst eher zu hoch als zu niedrig anzusetzen. Die Umsatzzahlen können dann in einem zweiten Schritt ggf. an die Regeln der jeweiligen Jurisdiktion angepasst werden. Ausgehend von diesem „Vorsichtsprinzips" sollte sich die Umsatzermittlung nach den folgenden Grundsätzen richten:

a) **Finanzabschlüsse**: Für die Umsatzberechnung ist grundsätzlich der letzte testierte Jahresabschluss eines Unternehmens heranzuziehen. Entsprechend gelten die Rechnungslegungsstandards die auf das jeweilige Unternehmen anwendbar und für das jeweilige Steuerjahr vorgeschrieben sind (z. B. HGB, US-GAAP, IFRS). Die relevanten Umsätze sind die in dem Jahresabschluss als Umsätze bezeichneten Erlöse aus dem Verkauf von Waren oder dem Erbringen von Dienstleistungen im Rahmen der gewöhnlichen Geschäftstätigkeit. Abzuziehen sind Erlösschmälerungen sowie Umsatz- und Verbrauchsteuern. Auch außergewöhnliche Erlöse (z. B. aus der Veräußerung von Anlagevermögen) bleiben außer Betracht. Im Übrigen ist der gesamte von den Kunden gezahlte Betrag zu berücksichtigen, selbst wenn Teilbeträge sogleich an Dritte weitergegeben werden („durchgereichte Posten"). Etwas anderes mag bei der Vermittlung von Dienstleistungen gelten. Im europäischen Recht ist anerkannt, dass auch dann, wenn der Vermittler dem Kunden die vermittelte Dienstleistung voll in Rechnung stellt, nur seine Provision als Umsatz zu berücksichtigen ist, soweit er dem vermittelten Geschäft keinen Wert hinzufügt (z. B. Reisebüros, Werbeagenturen). Im Sinne des „Vorsichtsprinzips" sollte auf derartige Anpassungen jedoch zunächst (bis zu einer Prüfung nach dem Recht der relevanten Jurisdiktionen) verzichtet werden.

b) **Konsolidierung**: Für die Umsatzberechnung sind die Umsätze aller verbundenen Unternehmen zusammenzurechnen. Innenumsätze zwischen den verbundenen Unternehmen bleiben außer Betracht. Für die Frage, ob eine Unternehmensverbindung besteht, sollte es im Sinne des „Vorsichtsprinzips" jedenfalls ausreichen, dass ein Unternehmen an einem anderen wenigstens 50% der Anteile hält oder über die Möglichkeit der (alleinigen oder gemeinsamen, rechtlichen oder tatsächlichen) Kontrolle verfügt. In einigen Jurisdiktionen wird der Konzernkreis jedoch noch weiter gezogen. So genügt in Südkorea für das Bestehen einer Unternehmensverbindung bereits eine Beteiligung in Höhe von 30% der Stimmrechte, es sei denn ein anderer Gesellschafter hält einen höheren Stimmrechtsanteil. Auch bei Gemeinschaftsunternehmen, die zusammen mit Dritten kontrolliert werden, sollten die Umsätze zunächst zu 100% zugerechnet werden. Denn nicht alle Jurisdiktionen sehen eine lediglich anteilige Zurechnung vor (z. B. volle Zurechnung in Deutschland gegenüber einer Zurechnung nach Kopfteilen der mitbeherrschenden Gesellschafter in der EU).

c) **Letztes Geschäftsjahr**: Relevant sind grundsätzlich die Umsatzerlöse im letzten abgeschlossenen Geschäftsjahr. (In einigen Jurisdiktionen wird demgegenüber auf das letzte Kalenderjahr abgestellt.) Die Umsatzzahlen sind jedoch anzupassen, sofern sich der Bestand des Unternehmensverbundes seither geändert hat. Die Umsätze von Unternehmen(steilen), die seit dem Ende des letzten Geschäftsjahres hinzuerworben wurden, müssen mit Wirkung zum Beginn des letzten abgeschlossenen Geschäftsjahres zu den relevanten Umsätzen hinzugerechnet werden. Umgekehrt sind rückwirkend die Umsätze von Unternehmen(steilen) herauszurechnen, die seit dem Ende des letzten abgeschlossenen Geschäftsjahres abverkauft wurden. Liegen für das letzte abgeschlossene Geschäftsjahr noch keine testierten Zahlen vor, sollten vorsichtshalber die untestierten Zahlen neben den testierten Zahlen aus dem vorangegangenen

Jahr herangezogen werden. Im Sinne des „Vorsichtsprinzips" sollten vorläufig die jeweils höheren Zahlen unter dem Vorbehalt der späteren Anpassung verwendet werden.

d) **Geografische Zuordnung:** Besondere Schwierigkeiten kann die geografische Zuordnung der Umsätze machen, weil die Umsätze in Jahresabschlüssen üblicherweise nicht nach Ländern aufgegliedert werden. Aus kartellrechtlicher Sicht sollte sich die geografische Zuordnung nach dem Ort richten, an dem der Wettbewerb um die betreffenden Waren oder Dienstleistungen stattfindet. Dies ist im Normalfall der Sitz des Kunden, der sich meist anhand der Rechnungsanschrift identifizieren lässt. Allerdings kommen gerade bei Dienstleistungen, die mit einem Ortswechsel des Kunden verbunden sind, auch andere geografische Zuordnungsmöglichkeiten in Betracht. Die Europäische Kommission hat – im Gegensatz zu den meisten nationalen Wettbewerbsbehörden – in ihrer Konsolidierten Mitteilung zu Zuständigkeitsfragen (EU-Amtsblatt vom 21. 2. 2009 Nr. C 43/10) ausführlich zu der Frage der geografischen Zuordnung Stellung genommen. Diese Mitteilung kann als Orientierungshilfe dienen. Allerdings ist zu beachten, dass in einigen Jurisdiktionen neben den Umsätzen, die mit Importen an Kunden in dem jeweiligen Staat generiert werden, zusätzlich alle Umsätze als vor Ort erwirtschaftet gelten, die von nationalen Tochtergesellschaften getätigt werden (so z.B. in Kanada, Rumänien, Südafrika, Ungarn und den USA). Teilweise kommt es auch ausschließlich auf den Sitz des Unternehmens an (so z.B. in Mexiko).

e) **Sonderregeln für die Umsatzberechnung:** Sonderregeln bestehen in den meisten Jurisdiktionen bei der Berechnung der Umsatzerlöse im Finanzsektor. Bei Kredit- und sonstigen Finanzinstituten ist nach europäischem Recht auf die Summe verschiedener Ertragsposten abzustellen (Zinserträge und ähnliche Erträge, Erträge aus Wertpapieren, Provisionserträge, Nettoerträge aus Finanzgeschäften und sonstige betriebliche Erträge). Dabei kommt es grundsätzlich auf die Bruttoerlöse an (außer bei den Nettoerträgen aus Finanzgeschäften), so dass Aufwendungen zur Gegenfinanzierung nicht abgezogen werden dürfen (z.B. kein Abzug von Zinsaufwendungen). Für die geografische Zuordnung ist entgegen den allgemeinen Regeln nicht auf den Kundensitz abzustellen, sondern auf den Ort, an dem die Erträge verbucht werden. Bei Versicherungsunternehmen ist die Summe der vereinnahmten Bruttoprämien maßgeblich (ohne Abzug von Entschädigungsleistungen oder Rückversicherungsausgaben). In einigen Jurisdiktionen gibt es darüber hinaus Sonderregelungen für die Umsatzberechnung in weiteren Wirtschaftsbereichen, so insbesondere in Deutschland (Presse, Rundfunk und Handel) und Österreich (Medien).

3.4. Auswahl möglicher Kontrollpflichten

Mit Hilfe der von den beteiligten Unternehmen abgefragten Umsatzinformationen lassen sich die Jurisdiktionen eingrenzen, die für eine Anmeldepflicht in Betracht kommen. In der Praxis hat es sich bewährt, die Umsatzdaten in eine nach Jurisdiktionen unterteilte Tabelle einzustellen, in der sie mit den relevanten Aufgreifschwellen abgeglichen werden. Auf diese Weise lässt sich übersichtlich darstellen, wo (1) eine Kontrollpflicht wahrscheinlich ausgelöst wird oder (2) mit Sicherheit ausgeschlossen werden kann oder (3) weitere Informationen für die Prüfung benötigt werden. Für solche Jurisdiktionen, die andere Aufgreifkriterien als Umsatzschwellen verwenden, können nun spezifische Fragen (z.B. zu Marktanteilen, Vermögenswerten, Transaktionswert oder lokalen Niederlassungen) an die beteiligten Unternehmen gestellt werden.

3. Ermittlung der Anmeldepflichten

Übersicht zu Anmeldepflichten

Jurisdiktion	Relevante Aufgreifschwellen*	Umsatz in Mio. € Erwerber	Umsatz in Mio. € Zieluntern.	Ergebnis/Anmerkungen
Umsatz weltweit		1.450	650	
Europäische Union	• weltweiter Umsatz von allen BU zusammen > € 5 Mrd. UND • Umsatz in der EU von min. zwei BU jeweils > € 250 Mio. ODER • weltweiter Umsatz von allen BU zusammen > € 2,5 Mrd. UND • Umsatz in der EU von min. zwei BU zusammen > € 100 Mio. UND • In min. 3 Mitgliedstaaten gilt: – lokaler Umsatz von allen BU zusammen > € 100 Mio. UND – lokaler Umsatz von min. zwei BU jeweils > € 25 Mio. Ausnahme: EU nicht zuständig, wenn alle BU jeweils mehr als ⅔ ihrer EU-weiten Umsätze in ein und demselben Mitgliedstaat erzielen.	870	430	Keine Anmeldepflicht (Summe der weltweiten Umsätze von Erwerber und Zielunternehmen < € 2,5 Mrd.)
Belgien	• Umsatz in Belgien von allen BU zusammen > € 100 Mio. UND • Umsatz in Belgien von min. zwei BU jeweils ≥ € 40 Mio.	63	39	Umsatzschwellen nur knapp verfehlt ⇒ Nachprüfung Umsätze!
Estland	• Umsatz in Estland von allen BU zusammen > EEK 100 Mio. (ca. € 6,4 Mio.) UND • Umsatz in Estland von min. zwei BU zusammen > EEK 30 Mio. (ca. € 1,9 Mio.)	5	7	Anmeldepflicht!
Spanien	• Marktanteil in Spanien ≥ 30% ODER • Umsatz in Spanien von allen BU zusammen > € 240 Mio. • Umsatz in Spanien von min. 2 BU jeweils > € 60 Mio. Anm.: Die Marktanteilsschwelle kann das Zielunternehmen allein erreichen werden.	233	55	• Marktanteile des Zielunternehmens in Spanien? • Marktanteile des Erwerbers in Spanien?
...	...	...	...	...

* BU = Beteiligte Unternehmen

a) **Anwendbares Fusionskontrollrecht:** Informationen zum anwendbaren Recht in den einzelnen Jurisdiktionen werden mittlerweile von den meisten Wettbewerbsbehörden im Internet veröffentlicht. Das International Competition Network veröffentlicht auf seiner Internetseite (www.internationalcompetitionnetwork.org) Links zu den einschlägigen Seiten der Behörden sowie hilfreiche Übersichten, die von den jeweiligen Wettbewerbsbehörden verfasst sind und die wichtigsten Regelungen nach Stichpunkten sortiert zusammenfassen („ICN Templates"). Ähnliche Informationen sind bei kommerziellen Anbietern erhältlich. Zu nennen ist insbesondere die Publikation „Getting the Deal Through: Merger Control", die von Rechtsanwälten verfasst ist und jährlich aktualisiert wird. Dennoch ist eine laufende Überwachung von geschriebenem Recht und Behördenpraxis unabdingbar. Viele international beratenden Kanzleien bedienen sich dazu ausgeklügelter Dateibanken.

b) **Freiwillige Fusionskontrolle:** In einigen Jurisdiktionen ist die Anwendbarkeit der Fusionskontrolle nicht gleichbedeutend mit dem Bestehen einer Anmeldepflicht (z. B.: Australien, Chile, Neuseeland, Vereinigtes Königreich). Vielmehr hat die nationale Wettbewerbsbehörde die Befugnis, Zusammenschlüsse im Anwendungsbereich des nationalen Rechts von Amts wegen zu untersuchen und ggf. (nachträglich) zu untersagen und zu entflechten. Alternativ können die beteiligten Unternehmen bei der Wettbewerbsbehörde einen Antrag auf eine behördliche Entscheidung stellen. Machen sie von diesem Recht Gebrauch, erhalten sie Rechtssicherheit, weil ein einmal geprüfter und freigegebener Zusammenschluss nicht noch einmal zum Gegenstand eines behördlichen Kontrollverfahrens gemacht werden kann. Andernfalls gehen sie mit dem Vollzug des ungeprüften Zusammenschlusses das Risiko der nachträglichen Untersagung ein, dessen Höhe von einer inhaltlichen Bewertung des Zusammenschlusses abhängt. Bei Zusammenschlüssen, die offensichtlich keine Wettbewerbsbedenken aufwerfen, wird eine Anmeldung in der Regel verzichtbar sein. In anderen Fällen kann die Durchführung eines freiwilligen Fusionskontrollverfahrens durchaus sinnvoll sein. Gleiches gilt in Jurisdiktionen, in denen die Wettbewerbsbehörden auch Zusammenschlüsse aufgreifen dürfen, die die nationalen Aufgreifschwellen nicht erreichen, und die beteiligten Unternehmen ein korrespondierendes Recht auf freiwillige Anmeldung haben (z. B. Irland, Kanada, Mexiko, Norwegen, Schweden, Südafrika).

c) **Nachträgliche Fusionskontrolle/Befreiung von einem Vollzugsverbot:** Eine Anmeldepflicht kann auch auf bereits vollzogene Zusammenschlüsse begrenzt sein. Einige Jurisdiktionen sehen – parallel zu einem System der präventiven Kontrolle – für bestimmte (meist weniger bedeutsame) Zusammenschlüsse eine lediglich nachträgliche Anmeldepflicht vor (z. B. Argentinien, Griechenland, Russische Föderation, Südkorea). In diesen Fällen besteht naturgemäß kein Vollzugsverbot und die Transaktionsplanung wird durch die Kontrollpflichtigkeit des Zusammenschlusses nicht negativ beeinflusst. Allerdings muss die notwendige Anmeldung innerhalb einer bestimmten Frist bei der Behörde eingereicht werden und die Transaktion steht unter dem Risiko der nachträglichen Untersagung, sofern die Anzeigepflicht nicht lediglich informatorischen Zwecken dient (so in Griechenland; ähnlich die Anzeigepflicht für vollzogene Zusammenschlüsse in Deutschland). Eine vergleichbare Situation besteht, wenn das anwendbare Recht ausnahmsweise die (begrenzte) Abweichung von einem generellen Vollzugsverbot erlaubt (z. B. in der EU bei öffentlichen Übernahmeangeboten oder dem Erwerb von Wertpapieren von einer Mehrheit von Veräußerern, solange Stimmrechte nicht ausgeübt werden).

d) **Sonderregeln für bestimmte Sektoren:** Besonders zu beachten ist, dass es in vielen Jurisdiktionen Sonderregeln für die Fusionskontrolle von Zusammenschlüssen in bestimmten Wirtschaftsbereichen gibt. Diese Regeln betreffen typischerweise Unternehmen, die einer sektorspezifischen Aufsicht unterliegen, z. B. Banken und Versicherungen, Medien, Telekommunikations-, Versorgungs- (Elektrizität, Wasser) oder Transportunternehmen (Luftfahrt, Eisenbahnen). Teilweise bestehen für die betreffenden Branchen niedrigere Aufgreifschwellen (z. B. Frankreich: niedrigere Umsatzschwellen für Unternehmen des Einzelhandels und in den französischen Überseegebieten). Teilweise bestehen Besonderheiten im Verfahren. So ist in manchen Jurisdiktionen vorgesehen, dass die für den jeweiligen Sektor zuständige Aufsichtsbehörde in das Kontrollverfahren einbezogen wird (z. B. Stellungnahmerecht der für die Regulierung im Energiebereich zuständigen Behörde in Österreich).

e) **Investitionskontrolle:** Neben der Fusionskontrolle existieren mittlerweile in zahlreichen Staaten Regelungen zur Kontrolle von ausländischen Investitionen. Das Ziel dieser Regelungen ist – anders als in der Fusionskontrolle – nicht in erster Linie der Schutz wettbewerblicher Marktstrukturen. Vielmehr stehen sicherheits- oder industriepolitische Interessen im Vordergrund. So soll beispielsweise verhindert werden, dass infolge der Übernahme eines inländischen Unternehmens durch einen ausländischen Investor strategisch wichtiges Know-how unwiederbringlich ins Ausland abgezogen wird. Dementsprechend sind die Regelungen vielfach nicht auf bestimmte Industriezweige oder Unternehmen einer bestimmten Größe beschränkt, sondern gelten universell für die Beteiligung eines ausländischen Investors an einem inländischen Unternehmen (so z.B. die 2009 in Deutschland eingeführte Prüfungsmöglichkeit des Bundeswirtschaftsministeriums nach § 53 AWV, die die rein rüstungsspezifische Prüfungsmöglichkeit des § 52 AWV ergänzt). Teilweise wird die Prüfung der betreffenden wirtschafts- oder sicherheitspolitischen Interessen auch noch – zusätzlich! – in die Fusionskontrolle integriert (so z.B. in China). Die Zuständigkeit für die Kontrollverfahren ist meist unmittelbar bei der Regierung angesiedelt, was den politischen Charakter der Verfahren noch unterstreicht. Die nachfolgende Tabelle gibt einen Überblick über die Investitionskontrolle in ausgewählten Jurisdiktionen.

Kontrolle ausländischer Investitionen

Jurisdiktion	Anwendungsbereich	Vollzugsverbot	Anmelde-/ Anzeigepflicht
Australien	Erwerb von Anteilen/Vermögen an australischen Unternehmen/Land	JA	JA
China	Alle ausländischen Direktinvestitionen	JA	JA
Deutschland	Erwerb von Anteilen an deutschen Unternehmen	NEIN	teilweise
Frankreich	Erwerb von Anteilen an französischen Unternehmen in strategischen Sektoren	teilweise	JA
Indien	Erwerb von Anteilen an indischen Unternehmen	JA	JA
Japan	Erwerb von Anteilen an japanischen Unternehmen in bestimmten Sektoren	JA	JA
Kanada	Erwerb von Kontrolle über kanadische Unternehmen	teilweise	JA
Russland	Erwerb von Kontrolle über russische Unternehmen	JA	JA
USA	Erwerb von Anteilen an US-amerikanischen Unternehmen	teilweise	teilweise

4. Instruktion der lokalen Anwälte

Für alle Jurisdiktionen, für die nach dem eigenen Prüfungsergebnis eine Kontrollpflicht vorläufig bejaht oder nicht sicher ausgeschlossen werden kann, wird die Einschaltung eines lokalen mit dem Kartellrecht der jeweiligen Jurisdiktion vertrauten Anwalts unumgänglich. Aufgabe dieses Anwalts wird neben der rechtlichen Beratung zu den regulatorischen Anforderungen der jeweiligen Jurisdiktion auch die umfassende Interessenvertretung des eigenen Unternehmens bzw. Mandanten gegenüber den Behörden vor Ort sein. Dementsprechend ist vorab die **Mandatsbeziehung** zu regeln. Folgende Fragen sind zu klären:

4.1 **Verfügbarkeit und Konfliktklärung:** Im ersten Kontakt ist sicherzustellen, dass der lokale Anwalt im voraussichtlichen Verfahrenszeitraum tatsächlich verfügbar und zur Übernahme des Mandats in der Lage ist. Weiter ist zu prüfen, ob er etwa wegen einer vorherigen rechtlichen Beratung eines anderen beteiligten Unternehmens an der Annahme des Mandats gehindert ist. Im Interesse der Vertraulichkeit sollten bis zum erfolgreichen Abschluss der Konfliktprüfung möglichst keine weiteren Informationen zu dem Vorhaben ausgetauscht werden. Für die Konfliktprüfung dürfte es auf Erwerberseite im Allgemeinen genügen, die Namen von Veräußerer und Zielunternehmen zu nennen.

4.2 **Mandats- und Vergütungsvereinbarung:** Auch wenn der Kontakt zum lokalen Anwalt über externe Anwälte hergestellt wird, die die Fusionskontrollverfahren koordinieren, ist es im Allgemeinen ratsam, dass der lokale Anwalt unmittelbar mit dem beteiligten Unternehmen eine Mandats- und Vergütungsvereinbarung trifft. Das Mandatsverhältnis sollte möglichst frühzeitig geklärt werden, um von Anfang an die notwendige Transparenz herzustellen. Gleichzeitig sollte auch die Vergütung des lokalen Anwalts möglichst frühzeitig angesprochen werden, da nationale Gepflogenheiten stark voneinander abweichen können. Aus demselben Grund sollte eine Kostenschätzung angefordert werden. Geklärt werden sollte außerdem, ob Vergütungs- und Rechnungsfragen durch den externen Koordinator der Fusionskontrollverfahren zu klären sind oder im direkten Verhältnis zwischen dem Unternehmen und dem lokalen Anwalt besprochen werden.

4.3 **Schutz der Vertraulichkeit:** Wenn die Transaktion geheimhaltungsbedürftig ist, ist auch dies frühzeitig mit dem lokalen Anwalt zu besprechen. Wenn darüber hinaus geheimhaltungsbedürftige Informationen ausgetauscht werden müssen, ist auch der Abschluss einer Vertraulichkeitsvereinbarung zu erwägen.

Zur **Kontrollpflichtigkeit der Transaktion** und zur **Durchführung des Verfahrens** sollten folgende Punkte mit dem lokalen Anwalt besprochen werden:

4.4 **Anwendbarkeit der nationalen Fusionskontrolle:** Der lokale Anwalt wird den vorläufigen Befund einer möglichen Anmeldepflicht überprüfen müssen. Ihm sollte die eigene Prüfung zugänglich gemacht werden unter Erläuterung der Methodik zur Informationsbeschaffung. Der lokale Anwalt erhält damit die Möglichkeit der Kontrolle, ob die zu den beteiligten Unternehmen gelieferten Informationen den Anforderungen des lokalen Rechts entsprechen.

4.5 **Anmeldepflicht/Anmeldefähigkeit:** Zu klären ist, wann ein Vorhaben frühestens zur Fusionskontrolle angemeldet werden kann. In einigen Jurisdiktionen genügt hierfür die bloße Absicht der Beteiligten, das Verfahren durchzuführen (z.B. EU, Deutschland); in anderen Jurisdiktionen ist ein unterzeichneter Vertrag oder wenigstens eine unterzeichnete Absichtserklärung Voraussetzung. Umgekehrt gibt es in einer Reihe von Jurisdiktionen eine Pflicht der beteiligten Unternehmen, das Vorhaben innerhalb einer gewissen Frist bei der Behörde anzumelden. Häufig wird an das Datum der Unterzeichnung der ersten bindenden Vereinbarung angeknüpft (vgl. Tabelle zu gesetzliche Anmeldefristen, unten unter 5.).

4.6 **Vollzugsverbot:** Zu klären ist, ob und ggf. unter welchen Bedingungen die beteiligten Unternehmen mit dem Vollzug der Transaktion warten müssen, wenn die nationale Fusionskontrolle Anwendung findet. Die meisten Jurisdiktionen sehen insofern eine Wartefrist vor, wenn die Behörde den Zusammenschluss nicht zuvor freigibt. Im Einzelfall gibt es jedoch viele Abweichungen. So ist in einigen Staaten eine Entscheidung der Behörde die Regel (z.B. EU, Deutschland), in anderen Staaten kommt es dagegen auf einen Fristablauf an (z.B. USA, China, Österreich). Weitere Möglichkeiten sind: Das Gesetz sieht kein automatisches Vollzugsverbot vor, die Behörde kann jedoch eins anordnen (z.B. Mexiko), das Vollzugsverbot gilt nur bis zu dem Zeitpunkt, in dem die Anmeldung bei der Behörde eingereicht wird (z.B. Italien). Ein Vollzugsverbot besteht per definitionem

4. Instruktion der lokalen Anwälte

nicht in Jurisdiktionen, in denen die Fusionskontrolle freiwillig ist oder nur nachträglich erfolgt.

4.7 **Reichweite eines Vollzugsverbots:** Wenn ein Vollzugsverbot eingreift, sollte weiter geprüft werden, wie weit das Verbot reicht und welche Sanktionen bei einem Verstoß vorgesehen sind. Mögliche Sanktionen können Geldbußen, zivilrechtliche Unwirksamkeitsfolgen und behördliche Entflechtungsmaßnahmen sein. Bei der Reichweite stellt sich die Frage, ob das nationale Recht den Vollzug des Zusammenschlusses im Ausland erlaubt, wenn durch geeignete Maßnahmen sichergestellt wird, dass sich die Marktstruktur im Inland nicht ändert („Carve-out"). Letzteres könnte beispielsweise so strukturiert werden, dass der Veräußerer diejenigen Unternehmen(steile) vorläufig zurückbehält, die in dem betreffenden Land tätig sind, während alle übrigen Unternehmen bereits an den Erwerber übergehen. Es bestehen große Unterschiede in der Praxis der nationalen Wettbewerbsbehörden zur Zulässigkeit eines solchen Carve-out.

4.8 **Vollzugsbedingung:** Abhängig von der Relevanz eines Vollzugsverbots für die Transaktion kann das erfolgreiche Durchlaufen des nationalen Fusionskontrollverfahrens (Freigabe oder Fristablauf) zu einer Vollzugsbedingung im Kaufvertrag gemacht werden. Der lokale Anwalt sollte die entsprechende Klausel angepasst an die Besonderheiten des nationalen Systems entwerfen bzw. überprüfen. Typischerweise wird die Regelung die Möglichkeit vorsehen, dass das Vollzugsverbot durch eine positive Entscheidung der Wettbewerbsbehörde oder durch Fristablauf entfällt oder dass die Wettbewerbsbehörde ihre Unzuständigkeit bzw. die Nichtanwendbarkeit der lokalen Fusionskontrolle feststellt. Zusätzlich sollten die Parteien vereinbaren, dass sie durch übereinstimmende Erklärung auf die Vollzugsbedingung verzichten können. Damit kann dem Fall Rechnung getragen werden, dass die Parteien die fehlende Anwendbarkeit der lokalen Fusionskontrolle erst nachträglich feststellen.

4.9 **Verfahrensübersicht:** Der lokale Anwalt sollte eine Übersicht zum typischen Ablauf eines Fusionskontrollverfahrens in seiner Jurisdiktion geben, z.B. zu Notwendigkeit und Dauer von informellen Vorgesprächen mit der Behörde, Aufgliederung des Verfahrens in mehrere Phasen, etwaige Zuständigkeit von mehreren Behörden oder Gerichten, Entscheidungsfristen und Möglichkeiten zur Aussetzung oder Verlängerung dieser Fristen. Von besonderer Wichtigkeit ist, dass der lokale Anwalt ein möglichst getreues Bild der geübten Verfahrenspraxis zeichnet, denn in nicht wenigen Jurisdiktionen weicht diese Praxis sehr deutlich vom geschriebenen Recht ab.

4.10 **Mitwirkungspflichten weiterer Beteiligter:** Zu klären ist, ob über den Erwerber hinaus weitere Beteiligte an dem Verfahren mitwirken können. In manchen Jurisdiktionen ist es notwendig, dass der Veräußerer oder das Zielunternehmen eine eigene Anmeldung einreichen müssen (z.B. USA).

4.11 **Anmeldegebühr:** In vielen Jurisdiktionen fällt für die Durchführung des Verfahrens eine Gebühr an. Häufig muss diese Gebühr vor oder gleichzeitig mit der Anmeldung eingezahlt werden, um eine ordnungsgemäße Bearbeitung und den Fristenlauf zu gewährleisten. Höhe und Zahlungsmodalitäten sollten frühzeitig geklärt werden, um die dafür notwendigen Schritte einleiten zu können.

4.12 **Publizität:** In vielen Jurisdiktionen veröffentlicht die Behörde Informationen zu einem angemeldeten Zusammenschluss, z.B. im Internet oder in einem amtlichen Anzeiger. Hierdurch soll Dritten die Möglichkeit zur Stellungnahme gegeben werden. In manchen Jurisdiktionen wird darüber hinaus die Anmeldung nahezu vollständig der Öffentlichkeit zugänglich gemacht und es kann nur für wenige Daten ein Schutz als Geschäftsgeheimnis geltend gemacht werden (z.B. Brasilien).

Im Interesse der Übersicht sollten die Ergebnisse aus der Befragung der lokalen Anwälte in einer Tabelle konsolidiert werden:

Übersicht zu nationalen Verfahren

Jurisdiktion	Verfahrensart	Vollzugsverbot	Anmeldefrist	Verfahrensdauer	Anmerkungen
Polen	Fusionskontrolle	JA	–	• 2 Monate nach vollständiger Anmeldung, verlängerbar durch Auskunftsersuchen • Die Behörde entscheidet in einfachen Fällen häufig vor Fristablauf.	
Ungarn	Fusionskontrolle	NEIN: nur schwebende Unwirksamkeit	30 Kalendertage	• Phase 1: Frist von 35 Arbeitstagen nach vollständiger Anmeldung (verlängerbar um bis zu 15 Arbeitstage) • Phase 2: Frist von 4 Monaten nach vollständiger Anmeldung (verlängerbar um bis zu 45 Arbeitstage) • Fristenlauf wird in der Praxis häufig durch Auskunftsersuchen der Behörde unterbrochen/gehemmt.	
Australien	Investitionskontrolle	JA	–	40 Kalendertage nach Anmeldung, verlängerbar auf insgesamt 130 Kalendertage	
Mexiko	Fusionskontrolle	In der Regeln behördlich angeordnet	–	• 35 Arbeitstage nach Anmeldung, verlängerbar um 40 Arbeitstage • Frist für vereinfachtes Verfahren: 15 Arbeitstage • In der Praxis beträgt die Frist meist zwischen 3 und 6 Monaten abhängig von Komplexität des Falles.	„Carve-out" ggf. möglich, selbst wenn Vollzugsverbot angeordnet wird
Russland	Fusionskontrolle (nachträglich)	NEIN	45 Kalendertage nach Vollzug	Keine gesetzliche Frist	
…	…	…	…	…	…

sen Zweck eignet sich insbesondere eine Form CO bei der Europäischen Kommission, weil diese auf Englisch erstellt werden kann und einen Großteil der üblicherweise abgefragten Angaben abdeckt. In jedem Fall sollten das Infomemo bzw. die Musteranmeldung mindestens die folgenden Angaben enthalten:

5.1 **Beschreibung des Zusammenschlussvorhabens**: Die Transaktionsstruktur sollte möglichst klar und unter Berücksichtigung des wirtschaftlichen Hintergrunds dargestellt werden, wobei erkennbar sein muss, welche (möglichen) Zusammenschlusstatbestände verwirklicht werden (z. B. Kontrollerwerb, Überschreiten einer Beteiligungsschwelle). Es muss eindeutig erkennbar sein, welche Unternehmen Erwerber, Veräußerer und Zielunternehmen sind. Unwesentliche Zwischenschritte (z. B. Gründung von Akquisitionsvehikeln) brauchen in der Regel nicht dargestellt zu werden. Bei komplexen Sachverhalten ist das Beifügen von Schaubildern („pre-merger" gegenüber „post-merger") ratsam.

5.2 **Darstellung der beteiligten Unternehmen**: Für sämtliche am Zielunternehmen vor und nach Durchführung der Transaktion beteiligten Unternehmen sollte eine Darstellung aufgenommen werden. Zwar stehen der Erwerber und das Zielunternehmen in den meisten Fällen im Vordergrund des Interesses, viele Jurisdiktionen verlangen jedoch auch zum Veräußerer und zu etwaigen sonstigen Beteiligten Angaben in der Anmeldung, auch wenn diese keinen eigenen Zusammenschlusstatbestand verwirklichen. Für jedes beteiligte Unternehmen sollten angegeben werden: Name/Geschäftsbezeichnung, Anschrift, Kontaktdaten eines Ansprechpartners, kurze Beschreibung der Geschäftsbereiche. Gehört das beteiligte Unternehmen einer Unternehmensgruppe an, sollten die Angaben für die gesamte Gruppe bzw. für die Obergesellschaft gemacht werden. Für das Zielunternehmen, den Erwerber und etwaige sonstige einen Zusammenschlusstatbestand verwirklichenden Unternehmen sind noch weitere Angaben erforderlich. Bei ihnen sollte zusätzlich angegeben werden: eine Liste aller zur Unternehmensgruppe gehörenden Gesellschaften einschließlich Beteiligungshöhe (ggf. Konzerndiagramm), Umsatzerlöse des letzten abgeschlossenen Geschäftsjahres weltweit, bei Europa auch EU-/EWR-weit sowie für die Jurisdiktionen, in denen eine Anmeldung erfolgt; sofern vorhanden, der letzte Jahresabschluss der Unternehmensgruppe. Außerdem sollten die geschäftlichen Aktivitäten der beteiligten Unternehmen ausführlich beschrieben werden, sofern sie in einem horizontalen Wettbewerbsverhältnis stehen oder sich vertikal als Kunden oder Lieferanten am Markt begegnen.

5.3 **Marktdefinition**: Von entscheidender Bedeutung für die inhaltliche Konsistenz der einzelnen Anmeldungen ist, dass alle Angaben zu den Marktverhältnissen auf der Grundlage einer einheitlichen und gut fundierten Marktdefinition stehen. Hinweise auf die richtige Bestimmung des sachlich und räumlich relevanten Marktes können Gespräche mit den im operativen Geschäft tätigen Mitarbeitern, Marktstudien und eine Auswertung der Entscheidungspraxis der Wettbewerbsbehörden liefern. Insbesondere der Entscheidungspraxis der Europäischen Kommission kommt hier eine große Bedeutung zu, weil ihre Entscheidungen im Internet leicht verfügbar sind, meist auf Englisch veröffentlicht werden und auch außerhalb Europas wegen der Sachkunde der Behörde Autorität genießen.

5.4 **Marktangaben**: Auf Grundlage der gefundenen Marktdefinition sind die folgenden Angaben zu machen: geschätzte Marktgröße, Umsätze der Beteiligten, die sich daraus für sie errechnenden Marktanteile, Marktanteilsschätzungen für die wichtigsten Wettbewerber. Viele Jurisdiktionen verlangen diese Marktangaben für die letzten drei Kalenderjahre. Darüber hinaus verlangen viele Jurisdiktionen Angaben für einen (hypothetischen) nationalen Markt, auch wenn der relevante geografische Markt größer ist als national. Es empfiehlt sich daher, von vornherein Marktangaben für die Einteilung weltweit, national und (für die europäischen Jurisdiktionen) europaweit zu machen.

5.5 **Angabe der wirtschaftlichen Beweggründe ("economic rationale")**: In der Musteranmeldung bzw. dem Infomemo sollten auch die wirtschaftlichen Ziele der Beteiligten erläutert werden, da diese Information in vielen Jurisdiktionen gefordert oder erwartet wird. Wenn mit der Transaktion Effizienzvorteile verbunden sein können, die letztlich den

5. Vorbereitung der Anmeldungen

Die Vorbereitung von mehreren parallelen nationalen Fusionskontrollanmeldungen fordert einen sehr hohen Aufwand, der mit der Anzahl der Anmeldungen exponentiell ansteigt. In den meisten Jurisdiktionen müssen große Datenmengen für die Anmeldung beigebracht werden. Häufig müssen sehr detaillierte Anmeldeformulare ausgefüllt und mit umfangreichen Anlagen versehen werden. Die Anmeldung, teils auch Anlagen wie insbesondere der Kaufvertrag, müssen in die Landessprache übersetzt werden; teilweise ist eine Apostillierung oder Legalisierung erforderlich. Ferner müssen die verschiedenen Anmeldungen auch inhaltlich miteinander koordiniert werden. Nicht zuletzt weil die Wettbewerbsbehörden zunehmend in internationalen Netzwerken miteinander kooperieren und sich auch über angemeldete Vorhaben austauschen, muss die inhaltliche Konsistenz der Anmeldungen gewährleistet sein. Dieses Ziel ist nicht leicht zu erreichen angesichts der Unterschiede bei den nach nationalem Recht jeweils zu machenden Angaben und möglicherweise auch der geschäftlichen Tätigkeit der beteiligten Unternehmen vor Ort.

Die Komplexität wird meist zusätzlich durch die engen Fristen gesteigert, innerhalb deren die Anmeldungen – entweder aufgrund einer Selbstverpflichtung der Parteien oder kraft Gesetz – bei den nationalen Kartellbehörden bewirkt werden müssen. Dort, wo das nationale Fusionskontrollrecht eine Frist zur Anmeldung setzt, drohen bei verspäteter Anmeldung Geldbußen. Dabei ist zusätzlich zu beachten, dass der Lauf der gesetzlichen Anmeldefristen nicht notwendigerweise erst mit der Vertragsunterzeichnung in Gang gesetzt wird. Teilweise kann bereits die gemeinsame Unterschrift unter unverbindliche Absichtserklärungen („Memorandum of Understanding", „Term Sheet") als „triggering event" genügen. Die nachfolgende Tabelle gibt einen Überblick über die Anmeldefristen in einigen ausgewählten Jurisdiktionen.

Gesetzliche Anmeldefristen (ab „triggering event")

Frist	Jurisdiktionen
7 Tage	• Argentinien • Finnland • Island • Zypern
7 Werktage	• Portugal
10 Werktage	• Griechenland (für vorherige Kontrolle)
15 Tage	• Serbien
15 Werktage	• Malta
30 Tage	• Ungarn • Japan • Slowenien
1 Monat	• Irland
Anzeigefristen nach Vollzug	• Argentinien (bei Aktienkauf): 7 Tage • Griechenland: 1 Monat • Südkorea: 30 Tage • Russland: 45 Tage • Deutschland: „unverzüglich"

In der Praxis hat es sich bewährt, für die lokalen Anwälte ein Informationsmemorandum zu erstellen, das als Grundlage für die nationalen Anmeldungen dient. Alternativ kann natürlich auch eine bereits vervollständigte nationale Anmeldung als Musteranmeldung dienen. Für die-

Verbrauchern zugute kommen, sollte auch das erwähnt werden, weil dies die Prüfung durch die Behörden positiv beeinflussen kann.

Die von den lokalen Anwälten zurückkommenden Anmeldungsentwürfe müssen inhaltlich geprüft und vervollständigt werden. Zu entscheiden ist, ob die Fragen der lokalen Anwälte vor der Weitergabe an die zuständigen Personen in den beteiligten Unternehmen zunächst in Fragebögen konsolidiert oder ob sie nach Eingang unmittelbar weitergegeben werden. Die Konsolidierung in Fragebögen hat zwar den Vorteil einer größeren Übersichtlichkeit und führt damit möglicherweise zu einem geringeren Bearbeitungsaufwand im Unternehmen. Da die Fragen aber erst abgeschickt werden können, wenn die Anmeldungsentwürfe aller lokalen Anwälte vorliegen, birgt diese Vorgehensweise auch ein Risiko der zeitlichen Verzögerung. In zeitkritischen Fällen wird es daher unumgänglich sein, die Fragen unmittelbar nach Eingang an die beteiligten Unternehmen weiterzugeben.

Dokumente, die für die Erstellung der lokalen Anmeldungen angefordert werden, sind typischerweise:
- Vollmacht für die lokalen Anwälte
- Registerauszüge der beteiligten Gesellschaften
- Jahresabschlüsse der beteiligten Gesellschaften für die letzten drei Geschäftsjahre
- Dokumente, die von der oder für die Geschäftsführung der beteiligten Unternehmen mit Blick auf die Transaktion erstellt wurden (entsprechend Abschnitt 5.4 der europäischen Form CO)

6. Durchführung der behördlichen Verfahren

In vielen Jurisdiktionen ist es mittlerweile üblich, vor der Anmeldung eines Zusammenschlusses mit der Behörde informellen Kontakt aufzunehmen, um die Modalitäten des Verfahrens zu besprechen. Der Prototyp hierfür ist das Verfahren bei der Europäischen Kommission, bei der eine Anmeldung praktisch nur dann als vollständig akzeptiert wird, wenn die Anmelder zuvor Inhalt und Umfang anhand von Entwürfen mit der Kommission besprochen haben. Ein solches informelles Vorverfahren erfordert von den Anmeldern zuweilen einen höheren organisatorischen Aufwand als das sich anschließende behördliche Verfahren. Dies ist bei der Zeitplanung zu berücksichtigen.

Wenn die Anmeldungen schließlich vollständig sind und bei den Behörden eingereicht werden können, gilt es, den Zeitpunkt der Anmeldung abzustimmen. Da die Wettbewerbsbehörden zunehmend bestrebt sind, miteinander zu kooperieren, erwarten sie, dass die Verfahren weitgehend parallel laufen. So kann möglicherweise Ermittlungsaufwand auf Seiten der Behörden eingespart bzw. können konfligierende Entscheidungen vermieden werden. (Beispiel: Eine Anmeldung in der Schweiz sollte einer Anmeldung bei der Europäischen Kommission mit ausreichendem zeitlichen Abstand nachfolgen, so dass die Schweizer Wettbewerbskommission das Ergebnis des EU-Verfahrens in ihrer Entscheidung berücksichtigen kann.) Zu berücksichtigen ist ferner, dass die Tatsache der Anmeldung in den meisten Jurisdiktionen von der Wettbewerbsbehörde publiziert wird. Die Anmeldung sollte daher so lange aufgeschoben werden, wie die Transaktion noch nicht öffentlich gemacht werden darf.

Während der behördlichen Verfahren kann es vorkommen, dass sich die Behörden mit Rückfragen an die Anmelder wenden. Für einen solchen Fall muss gewährleistet sein, dass die Fragen schnellstmöglich bei den beteiligten Unternehmen bearbeitet werden. Eine Verzögerung bei der Bearbeitung kann eine Hemmung oder Unterbrechung der Entscheidungsfristen zur Folge haben mit entsprechenden Folgen für den gesamten Zeitplan. Dies gilt natürlich erst recht, wenn eine Behörde wegen etwaiger Wettbewerbsbedenken eine vertiefte Prüfung („Phase 2") einleitet oder von den Beteiligten Zusagen fordert, um solche Wettbewerbsbedenken zu beseitigen.

Idealerweise sollte, wenn Zusagenverhandlungen erforderlich werden, eine von den Beteiligten angebotene Zusage zur Lösung der Wettbewerbsbedenken in allen betroffenen Jurisdiktionen geeignet sein. In der Praxis treten jedoch nicht selten Komplikationen auf, weil es bei der Zusagenpraxis der nationalen Behörden durchaus Unterschiede gibt. So akzeptieren einige Wettbewerbsbehörden im Grundsatz nur strukturelle Zusagen (z. B. Abverkauf von Unternehmensteilen, so insbesondere in Deutschland), während in anderen Jurisdiktionen auch Verhaltenszusagen (z. B. Verpflichtungen zur Belieferung interessierter Dritter) als adäquates Mittel zur Beseitigung von Wettbewerbsbedenken anerkannt sind (so unter Umständen in der EU oder in den USA). Darüber hinaus können deutliche verfahrensrechtliche Unterschiede bestehen, so erfolgt z. B. die Prüfung von Zusagen in den USA in einem komplizierten und zeitaufwändigen Verfahren, während die Behörden in vielen anderen Jurisdiktionen relativ formlos mit den Beteiligten über die Tragfähigkeit eines Zusagenangebots sprechen.

Im Interesse der Übersicht bietet es sich an, eine Tabelle zu führen, in die alle wichtigen Verfahrensschritte eingetragen werden:

6. Durchführung der behördlichen Verfahren K.III.6

Übersicht zum Verfahrensgang

Jurisdiktion	Lokale Anwälte	Kontaktdaten	Verfahrensart	Anmeldepflicht bestätigt	Infomemo versand	1. Entwurf erhalten	Kommentare versand	2. Entwurf erhalten	...
Polen	......	E-Mail: ...... Tel.: ...... Fax:	Fusionskontrolle	7. 10. 10	7. 10. 10	19. 10. 10	21. 10. 10		...
Ungarn	......	E-Mail: ...... Tel.: ...... Fax:	Fusionskontrolle	12. 10. 10	11. 10. 10	18. 10. 10	21. 10. 10		...
Australien	......	E-Mail: ...... Tel.: ...... Fax:	Investitionskontrolle	8. 10. 10	11. 10. 10	15. 10. 10	18. 10. 10	20. 10. 10	...
Mexiko	......	E-Mail: ...... Tel.: ...... Fax:	Fusionskontrolle	ausstehend	11. 10. 10	ausstehend (erneut angefragt am 20. 10. 10)			...
Russland	Eigenes Büro	E-Mail: ...... Tel.: ...... Fax:	Fusionskontrolle (nachträglich)	11. 10. 10	11. 10. 10	ausstehend			...
...	...	...	...	...	...	...	...	...	...

IV. Außenwirtschaftsrecht – Antrag auf Unbedenklichkeitsbescheinigung nach § 53 Abs. 3 AWV[1, 6–10]

Bundesministerium für Wirtschaft und Technologie
Referat V B 3
Scharnhorststraße 34–37
10115 Berlin

Sehr geehrte Damen und Herren,
wir zeigen an, dass wir ......, eine Gesellschaft mit Sitz in ...... mit Geschäftsanschrift ...... (nachfolgend „*Erwerbergesellschaft*") anwaltlich vertreten. Das Vorliegen einer ordnungsgemäßen Bevollmächtigung wird anwaltlich versichert.
Namens und im Auftrag der Erwerbergesellschaft beantragen wir die Erteilung einer Unbedenklichkeitsbescheinigung nach § 53 Abs. 3 Außenwirtschaftsverordnung hinsichtlich des mit ihr geplanten Erwerbs einer [mittelbaren] Beteiligung in Höhe von ...... % an der ...... mit Sitz in ......, eingetragen im Handelsregister des Amtsgerichts ...... unter ...... (nachfolgend „*Zielgesellschaft*").
Zum Sachverhalt:

1. Erwerbergesellschaft und deren Geschäftsfeld

Angaben zur Erwerbergesellschaft (Gründung, Sitz, Registrierung, ggf. Börsennotierung)
Die Erwerbergesellschaft wurde am ...... nach dem Recht von ...... gegründet. Sie ist ...... eingetragen.
Angaben zum Geschäftsfeld (Unternehmensgegenstand, tatsächliche Geschäftstätigkeit)
[......] Weitere Informationen zum Geschäftsfeld finden sich im in der Anlage beigefügten Geschäftsbericht ...... sowie auch auf der Website der Erwerbergesellschaft unter www. ......

2. Zur Transaktion

Darstellung des Stimmrechtserwerbs[2, 3]

3. Zielgesellschaft

Die ......, ist eine Gesellschaft deutschen Rechts, eingetragen im Handelsregister des Amtsgerichts ...... unter ...... (*Zielgesellschaft*). (*Angaben zu Grund-/Stammkapital, Stimmrechtsverteilung, ggf. Börsenzulassung*).
Unternehmensgegenstand ist ......; das tatsächliche Geschäftsfeld der Zielgesellschaft ist ......
Weitere Informationen zum Geschäftsfeld der Zielgesellschaft finden sich im in der Anlage beigefügten Geschäftsbericht ...... sowie auch auf der Website der Zielgesellschaft unter www. ......
Zur Rechtsfrage:

4. Kein Untersagungsgrund

Wir gehen davon aus, dass keinerlei Untersagungsgründe nach § 7 Absatz 1 oder 2 AWG bestehen. Insbesondere liegt keine Gefährdung der öffentlichen Ordnung oder Sicherheit der Bundesrepublik Deutschland vor. Ein Grundinteresse der Gesellschaft wird durch die dargestellte Transaktion nicht berührt[4, 5]: [*Rechtsausführungen*]

Bedenken im Hinblick auf die öffentliche Ordnung oder Sicherheit der Bundesrepublik Deutschland stehen dem Erwerb einer [mittelbaren] Beteiligung in Höhe von ...... % an der Zielgesellschaft durch die Erwerbergesellschaft daher offensichtlich nicht entgegen. Wir bitten darum, eine Unbedenklichkeitsbescheinigung an die Unterzeichnerin zu übersenden.

Mit freundlichen Grüßen

......

Schrifttum: Berg/Simon, Auswirkungen der Änderungen des Außenwirtschaftsgesetzes auf die M&A-Vertragspraxis, M&A Review 2009, 159; *Kiem*, M&A-Transaktionen ausländischer Investoren in Deutschland, CFL 2011, 179; *Schalast*, Staatsfonds: Debatte und Regulierung in Deutschland, M&A Review 2009, 107; *Seibt*, Mehr Transparenz bei Cash-Equity-Swaps, Börsenzeitung v. 13. August 2008, 2; *ders*, Rechtschutz im Übernahmerecht – Gesellschaftsrechtliche und öffentlich-rechtliche Grundsätze, in: RWS-Forum Bd. 25: Gesellschaftsrecht 2003, 337; *Seibt/Wollenschläger*, Unternehmenstransaktionen mit Auslandsbezug nach der Reform des Außenwirtschaftsrechts, ZIP 2009, 833; *Traugott/Strümpell*, Die Novelle des Außenwirtschaftsgesetzes: Neue Regeln für den Erwerb deutscher Unternehmen durch ausländische Investoren AG 2009, 186; *Weller*, Ausländische Staatsfonds zwischen Fusionskontrolle, Außenwirtschaftsrecht und Grundfreiheiten, ZIP 2008, 857.

Anmerkungen

1. Überblick. Mit Wirkung zum 24. 4. 2009 hat der Gesetzgeber eine Änderung des Außenwirtschaftsgesetzes (AWG) und der Außenwirtschaftsverordnung (AWV) beschlossen (BGBl I 2009, 770). Nach der Neuregelung darf das Bundesministerium für Wirtschaft und Technologie (BMWi) den Erwerb von gebietsansässigen Unternehmen oder von Anteilen an solchen Unternehmen durch gemeinschaftsfremde Erwerber prüfen und im Einzelfall – mit Zustimmung der Bundesregierung – untersagen bzw. in sonstiger Weise beschränken, soweit dies unerlässlich ist, um die öffentliche Sicherheit und Ordnung in der Bundesrepublik Deutschland im Sinne von Art. 46 und Art. 58 EG zu gewährleisten (§ 7 Abs. 1 Nr. 4 AWG). Die Vorschrift des § 7 Abs. 2 AWG wurde entsprechend um eine Nr. 6 ergänzt: Danach können insbesondere Rechtsgeschäfte über den Erwerb gebietsansässiger Unternehmen oder von Anteilen an solchen Unternehmen durch einen gemeinschaftsfremden Erwerber beschränkt werden, wenn infolge des Erwerbs die öffentliche Ordnung und Sicherheit der Bundesrepublik Deutschland gemäß § 7 Abs. 1 Nr. 4 AWG gefährdet ist. Dazu muss eine tatsächliche und hinreichend schwere Gefährdung vorliegen, die ein Grundinteresse der Gesellschaft berührt (*Seibt/Wollenschläger*, ZIP 2009, 833 f.; *Kiem*, CFL 2011, 179, 182; *Hocke/Friedrich*, Außenwirtschaftsrecht, § 53 AWV Rn. 22). Die einzelnen Voraussetzungen der staatlichen Ermittlungs- und Eingriffsbefugnisse, wie etwa die das behördliche Verfahren auslösenden Beteiligungsschwellenwerte, und das Verfahren für die Prüfung und Beschränkung werden sodann auf Verordnungsebene näher geregelt (§ 53 AWV). Das Prüf- und Beschränkungsrecht der Bundesregierung wird durch § 31 Abs. 3 AWV abgesichert: Danach steht der Eintritt der Rechtswirkungen des schuldrechtlichen Rechtsgeschäfts über den Unternehmens- oder Beteiligungserwerb bis zum Ablauf des Prüfverfahrens unter der auflösenden Bedingung (§ 158 Abs. 2 BGB), dass das BMWi den Erwerb innerhalb der gesetzlichen Fristen untersagt (siehe hierzu *Weller*, ZIP 2008, 857, 861; zu bisherigen Beschränkungen nach der sogenannten „Rüstungsklausel" vgl. *Seibt/Wollenschläger*, ZIP 2009, 833 f.).

2. Verfahren im Rahmen der Prüf- und Beschränkungsbefugnis. Die Vorschrift des § 53 AWV sieht ein zweistufiges Verwaltungsverfahren vor: Das BMWi entscheidet zunächst auf der ersten Stufe, ob es den betreffenden Erwerbsvorgang überprüfen will (§ 53 Abs. 1 AWV). Auf der zweiten Stufe kann es den Erwerb durch Untersagung oder den Erlass von Anordnungen beschränken (§ 53 Abs. 2 AWV). Für die Entscheidung, ob der betreffende Erwerbsvorgang überprüft werden soll, steht dem BMWi eine Prüffrist von 3 Monaten zur Verfügung. Die Frist beginnt bei allgemeinen Unternehmenskäufen mit dem Abschluss des schuldrechtlichen Vertrages, bei Investitionen, die unter die Vorschriften des WpÜG fallen, mit der Entscheidung zur Abgabe eines Angebots nach § 10 Abs. 1 S. 1 WpÜG oder der Erlangung der Kontrolle nach § 35 Abs. 1 S. 1 WpÜG. Die Prüffrist läuft unabhängig davon an, ob das BMWi tatsächlich vom Erwerbsgeschäft Kenntnis erlangt hat oder hätte erlangen können. Dabei trifft weder den Erwerber noch den Veräußerer des Unternehmens eine Pflicht zur Offenlegung der Transaktion (*Traugott/Strümpell*, AG 2009, 186, 1899). Allerdings ist die Bundesanstalt für Finanzdienstleistung (BaFin) nach dem im Zuge der Gesetzesnovelle neu gefassten § 7 WpÜG dem BMWi gegenüber zur Mitteilung verpflichtet, wenn ein Gebietsfremder die Kontrollschwelle über eine gebietsansässige Gesellschaft erlangt oder ein freiwilliges Erwerbs- oder Übernahmeangebot im Hinblick auf eine solche Gesellschaft abgegeben hat. Besondere Vertraulichkeitsregelungen – wie sie etwa gemäß § 9 WpÜG für die BaFin gelten – binden das BMWi indes nicht. Es bleibt damit im Hinblick auf das BMWi beim allgemeinen Schutz des Betriebs- und Geschäftsgeheimnisses. Übt das BMWi sein Prüfrecht nicht innerhalb der Dreimonatsfrist aus, so ist eine nachfolgende Untersagung des Erwerbs oder der Erlass von sonstigen Anordnungen ausgeschlossen.

Entscheidet sich das BMWi für die Einleitung eines Prüfverfahrens, so teilt es seine Entscheidung durch Verwaltungsakt dem Erwerber mit (vgl. im Einzelnen *Seibt/Wollenschläger*, ZIP 2009, 833 f.). Innerhalb von zwei Monaten nach Eingang der *vollständigen* Unterlagen kann das BMWi mit Zustimmung der Bundesregierung den Erwerb untersagen oder beschränkende Anordnungen erlassen (zur mangelnden Konturierung des Merkmals *Seibt/Wollenschläger*, ZIP 2009, 833, 834 f.).

3. **Relevante Erwerbstatbestände.** Das staatliche Prüf- und Beschränkungsrecht setzt voraus, dass ein gebietsansässiges Zielunternehmen von einem gemeinschaftsfremden Investor aufgrund eines bestimmten Rechtsgeschäfts ganz oder zu einem bestimmten Anteil unmittelbar oder mittelbar erworben wird. Aber auch der Erwerb eines gebietsansässigen Unternehmens durch einen in der EU ansässigen Investor, an dem ein Gemeinschaftsfremder mit mindestens 25% beteiligt ist, unterliegt unter bestimmten einschränkenden Voraussetzung dem staatlichen Prüfverfahren. (zu den einzelnen Voraussetzungen vgl. *Seibt/Wollenschläger*, ZIP 2009, 833, 839 ff.).

4. **Gewährleistung der öffentlichen Ordnung oder Sicherheit.** Beschränkungen des Erwerbs von gebietsansässigen Unternehmen oder Anteilen an Unternehmen müssen erforderlich sein, um die öffentliche Ordnung oder Sicherheit in Deutschland zu gewährleisten. Eine Beschränkung ist nur möglich, wenn eine tatsächliche und hinreichend schwere Gefährdung vorliegt, die ein Grundinteresse der Gesellschaft berührt (Anm. 1). Die so verstandene öffentliche Ordnung und Sicherheit betrifft mithin einen Kernbereich der Staatlichkeit und damit die Sicherung der Bundesrepublik Deutschland nach außen und ist damit wesentlich enger als das traditionelle sicherheitsrechtliche Verständnis vom Begriff der öffentlichen Sicherheit und Ordnung etwa nach den Polizeigesetzen der Bundesländer (vgl. zu den erfassten außenwirtschaftsrechtlichen Schutzgütern *Seibt/Wollenschläger*, ZIP 2009, 833, 839 f.; *Weller*, ZIP 2008, 857, 861). Obwohl sich die Gesetzesformulierung am Wortlaut des EG-Vertrages und der dazu ergangenen Rechtsprechung des EuGH anlehnt, gibt es insbesondere wegen der Unbestimmtheit der Regelung europarechtliche Bedenken im Hinblick auf die auch gegenüber Drittstaatsangehörigen geltende Kapitalverkehrsfreiheit und den für Beschränkungen maßgeblichen Grundsatz der Verhältnismäßigkeit (vgl. *Seibt/Wollenschläger*, ZIP 2009, 833, 839 f.). Diese Bedenken erscheinen umso begründeter, als es an einer verordnungsrechtlichen Konkretisierung einzelner Gefahrentatbestände und -situationen fehlt (*Seibt*, Börsenzeitung v. 13. August 2008, 2; *Schalast*, M&A Review 2009, 107, 112). Um dem Verdikt der Europarechtswidrigkeit zu entgehen, ist auf jeden Fall eine einschränkende Auslegung der Eingriffsermächtigung angezeigt. Erfasst sind z.B. Infrastrukturunternehmen (Telekommunikation, Eisenbahn, Häfen/Flughäfen, Wasser, Energie, Finanz- und Versicherungsunternehmen) mit systemischer Relevanz (*Seibt/Wollenschläger*, ZIP 2009, 833, 835; etwas enger *Kiem*, CFL 2011, 179, 182).

5. **Beschränkungsinstrumente.** Als Beschränkungsmöglichkeiten kommt die Untersagung und – als milderes Mittel – der Erlass von Anordnungen in Frage. Das BMWi besitzt nicht nur ein Entschließungsermessen, ob es eingreifen will, sondern auch ein Auswahlermessen, welche Maßnahmen ergriffen werden sollen. Die behördliche Ermessensentscheidung ist gerichtlich

IV. Außenwirtschaftsrecht

nur eingeschränkt auf Ermessensfehler überprüfbar (§ 114 VwGO). Die Untersagung muss als schärfstes Schwert der dem Staat verfügbaren außenwirtschaftsrechtlichen Handlungsinstrumente die seltene Ausnahme bleiben. Anstatt eine beschränkende Anordnung zu erlassen, kann das BMWi auch einen öffentlich-rechtlichen Vertrag mit dem Erwerber schließen (§§ 54 ff. VwVfG), in dem nach dem Vorbild einer Investorenvereinbarung Rechte und Pflichten des Erwerbers geregelt werden (vgl. *Seibt/Wollenschläger*, ZIP 2009, 833, 840). Insbesondere bei der Regelung von Dauerrechtsbeziehungen erscheint der öffentlich-rechtlich Vertrag zur Erzielung interessengerechter Ergebnisse eher geeignet als der auf punktuelles Verwaltungshandeln zugeschnittene Verwaltungsakt.

6. Zivilrechtliche Folge: Auflösende Bedingtheit des schuldrechtlichen Vertrags. Das Prüf- und Beschränkungsrecht der Bundesregierung wird zivilrechtlich dadurch flankiert, dass gemäß § 31 Abs. 3 AWV der Eintritt der Rechtswirkungen des schuldrechtlichen Rechtsgeschäfts bis zum Ablauf des *gesamten* Prüfverfahrens unter der auflösenden Bedingung (§ 158 Abs. 2 BGB) steht, dass das BMWi den Erwerb innerhalb der Frist untersagt (hierzu *Seibt/Wollenschläger*, ZIP 2009, 833, 840f.; *Kiem*, CFL 2011, 179, 182f.; *Weller*, ZIP 2008, 857, 861). Aus Sicht des Erwerbers bietet es sich bei Unternehmenskäufen in sicherheitsrelevanten Bereichen wegen des Rückabwicklungsrisikos an, den schuldrechtlichen Vertrag zusätzlich unter die aufschiebende Bedingung zu stellen, dass (i) eine Unbedenklichkeitsbescheinigung erteilt oder fingiert wird, (ii) die Dreimonatsfrist des § 53 Abs. 1 AWV verstrichen ist, ohne dass die Behörde das Prüfverfahren angeordnet hat, oder (iii) im Falle der Anordnung einer Prüfung nach § 53 Abs. 2 AWV die Frist von zwei Monaten abgelaufen ist, ohne dass die Behörde den Erwerb beschränkt hat (näher zur Vertragsgestaltung *Berg/Simon*, M&A Review 2009, 159, 162ff.; zu Rückabwicklungsproblemen und Besonderheiten bei Übernahmen s. *Seibt/Wollenschläger*, ZIP 2009, 833, 841f.).

7. Bedeutung der Unbedenklichkeitsbescheinigung für den Erwerber. Anders als im Anwendungsbereich der „Rüstungsklausel" (§ 52 AWV) hat der Gesetzgeber bewusst keine Pflicht des Erwerbers verankert, den Erwerb anzuzeigen. Allerdings werden das Risiko der auflösenden Bedingung nach § 31 Abs. 3 AWG und insbesondere die gerade dargestellten übernahmerechtlichen Besonderheiten den Erwerber faktisch dazu veranlassen, eine Unbedenklichkeitsbescheinigung nach § 53 Abs. 3 S. 1 AWV zu beantragen und damit um der Rechtssicherheit willen die geplante Investition letztlich freiwillig anzeigen (*Seibt/Wollenschläger*, ZIP 2009, 833, 842). Die Unbedenklichkeitsbescheinigung wird auf schriftlichen Antrag erteilt, in dem der geplante Erwerb, der Erwerber und dessen Geschäftsfeld in den Grundzügen darzustellen sind (§ 53 Abs. 3 S. 1 AWV). Zuständig für die Erteilung der Bescheinigung ist das BMWi, das die Unbedenklichkeitsbescheinigung zu erteilen hat, wenn dem Erwerb keine Bedenken im Hinblick auf die öffentliche Sicherheit oder Ordnung der Bundesrepublik Deutschland entgegenstehen. Im Unterschied zum Entwurf der Bundesregierung steht dem BMWi bei der Erteilung der Unbedenklichkeitsbescheinigung kein Ermessen zu. Aus Gründen der Transaktionssicherheit enthält § 53 Abs. 3 S. 2 AWV eine Fiktion: Die Unbedenklichkeitsbescheinigung gilt als erteilt, wenn nicht das BMWi innerhalb eines Monats nach Eingang des Antrags ein Prüfverfahren eröffnet. In der Praxis ist eine Unbedenklichkeitsbescheinigung bei materiell unproblematischen Fällen innerhalb von etwa 10 Tagen zu erlangen (so auch *Kiem*, CFL 2011, 179, 183).

8. Zeitpunkt für Antragsstellung. Unklar ist, ab welchem Zeitpunkt der Erwerber einen Antrag auf Erteilung der Unbedenklichkeitsbescheinigung stellen kann. Denkbar ist es, auf den Beginn der Prüffrist des § 53 Abs. 3 S. 1 AWV abzustellen, mithin den Abschluss des schuldrechtlichen Vertrages über den Erwerb der Anteile oder des Unternehmens bzw. bei der Übernahme börsennotierter Unternehmen auf die Veröffentlichung der Entscheidung zur Abgabe eines Angebots oder der Kontrollerlangung. Allerdings dürfte der Antrag auf Erteilung einer Unbedenklichkeitsbescheinigung – und damit auch das Anlaufen der Fiktionsfrist des § 53 Abs. 3 S. 2 AWV – jedenfalls bei Unternehmenskäufen außerhalb des WpÜG-Anwendungsbereichs bereits zu einem früheren Zeitpunkt zulässig sein. Zunächst ergibt sich aus dem Wortlaut des § 53 Abs. 3 S. 2 AWV kein Gleichlauf des Anlaufens der Prüffrist nach § 53

Abs. 1 AWV und der Zulässigkeit der Antragsstellung nach § 53 Abs. 3 S. 1 AWV. Auch die Gesetzesbegründung geht davon aus, dass der Antrag auf Erteilung einer Unbedenklichkeitsbescheinigung schon vor Anlaufen der Prüffrist gestellt werden darf (vgl. BT-Drs. 16/10.730, S. 15; *Seibt/Wollenschläger,* ZIP 2009, 833, 843; ebenso *Traugott/Strümpell,* AG 2009, 186, 189; *Berg/Simon,* M&A Review 2009, 159, 162.). Ausreichend ist es, wenn die geplante Unternehmenstransaktion (insbesondere Erwerber, Beteiligungshöhe und Geschäftsfeld) bereits in den Grundzügen feststeht, so dass das BMWi auf hinreichender Tatsachengrundlage die Beeinträchtigung der öffentlichen Ordnung oder Sicherheit prüfen kann (*Seibt/Wollenschläger,* ZIP 2009, 833, 843).

9. Rechtsschutz. Gegen die belastenden Maßnahmen des BMWi kommt nur verwaltungsgerichtlicher Rechtsschutz in Frage (§ 40 Abs. 1 S. 1 VwGO; Zum vergleichbaren Rechtsschutz im Übernahmerecht *Seibt,* RWS-Forum Bd. 25: Gesellschaftsrecht 2003, 337 ff.). Statthafter Gegenstand einer Anfechtungsklage sind ohne weiteres die Untersagung und Anordnung nach § 53 Abs. 2 AWV als belastende Verfügungen (ausführlich zum Rechtsschutz *Seibt/Wollenschläger,* ZIP 2009, 833, 844 m. w. N.).

10. Durchsetzung des Verbots. § 53 Abs. 4 AWV sieht in Anleihe an § 41 Abs. 4 GWB vor, dass das BMWi ggf. erforderliche Maßnahmen anordnen kann, um die Rückabwicklung eines bereits vollzogenen Erwerbs sicherzustellen. Insbesondere kann es die Ausübung von Stimmrechten des Erwerbers untersagen oder einen Treuhänder zur Rückabwicklung bestellen (vgl. im Einzelnen *Seibt/Wollenschläger,* ZIP 2009, 833, 845). Von den Befugnissen des BMWi nach § 53 Abs. 4 AWV unberührt bleibt das zwischen den Vertragsparteien bestehende zivilrechtliche Rückgewährschuldverhältnis. Soweit die Parteien sich um eine unverzügliche und reibungslose Rückabwicklung des Vertrages ernsthaft bemühen, scheiden Maßnahmen nach § 53 Abs. 4 AWV in der Regel als unverhältnismäßig aus (*Seibt/Wollenschläger,* ZIP 2009, 833, 845).

Teil L. Umwandlungen von Unternehmen

I. Einleitung

Umwandlung ist der im Umwandlungsgesetz vom 28. 10. 1994 (BGBl. I 1994 S. 3210, zuletzt geändert durch Art. 5 des Gesetzes zur Erleichterung elektronischer Anmeldungen zum Vereinsregister und anderer vereinsrechtlicher Änderungen vom 24. September 2009 (BGBl. I S. 3145, 3147)) verwendete Oberbegriff für die vier in diesem Gesetz geregelten Möglichkeiten zur Umstrukturierung von Unternehmen, nämlich die Verschmelzung (§§ 2 ff. UmwG), die Spaltung (§§ 123 ff. UmwG), die Vermögensübertragung (§§ 174 f. UmwG) sowie den Formwechsel (§§ 190 ff. UmwG). Vor dem Inkrafttreten des UmwG waren Vorschriften zur Verschmelzung und zum Formwechsel in fünf Gesetzen enthalten, welche diese Umwandlungsvorgänge trotz der im Wesentlichen identischen Interessenlagen unterschiedlich behandelten; Regelungen zur Spaltung von Rechtsträgern fehlten gänzlich. Mit der Reform des Umwandlungsrechts verfolgte der Gesetzgeber zwei wesentliche Regelungsziele: Zum Einen sollten Umstrukturierungen von Unternehmen generell vereinfacht werden, um dem Bedürfnis der Unternehmen Rechnung zu tragen, ihre rechtliche Struktur schnell und möglichst ohne formelle und steuerliche Hürden an veränderte wirtschaftliche Verhältnisse anzupassen. Zum Anderen orientierte sich der Gesetzgeber in stärkerem Maße an den Schutzbedürfnissen der Anteilseigner, Gläubiger und Arbeitnehmer der Unternehmen. Das am 19. April 2007 in Kraft getretene Zweite Gesetz zur Änderung des Umwandlungsgesetzes (BGBl. I 2007 S. 542; RegE in BT-Drucks. 16/2919) enthält in Umsetzung der Richtlinie zur grenzüberschreitenden Verschmelzung von Kapitalgesellschaften (RL 2005/56/EG v. 26. 10. 2005, ABl. v. 25. 11. 2005 Nr. L 310 S. 1; dazu etwa *Bayer/J. Schmidt* NJW 2006, 401; *Neye/Timm* DB 2006, 488; *Drinhausen/Keinath* RIW 2006, 81) die Einfügung eines neuen 10. Abschnitts in das Umwandlungsgesetz (§§ 122 a bis 122 l UmwG), zum anderen finden sich dort aber auch eine Reihe bedeutsamer Reformänderungen des nationalen Umwandlungsrechts (vgl. hierzu *Bayer* NZG 2006, 841; *Handelsrechtsausschuss des DAV* NZG 2006, 737).

Seit der Vorauflage wurde das Umwandlungsgesetz durch das MoMiG vom 23. Oktober 2008, das FGG-Reformgesetz vom 17. Dezember 2008, das BilMoG vom 25. Mai 2009, das ARUG vom 30. Juli 2009 sowie durch das Gesetz zur Erleichterung elektronischer Anmeldungen zum Vereinsregister und anderer vereinsrechtlicher Änderungen (VereinRÄndG) vom 24. September 2009 geändert. Die Änderungen durch das FGG-Reformgesetz, das BilMoG und das MoMiG erforderten kleinere Anpassungen bei den Formulartexten der Vorauflage. Das ARUG modernisiert unter anderem die umwandlungsrechtlichen Informationspflichten (vgl. *Schmidt* NZG 2008, 734) und lässt beispielsweise ein „Zugänglichmachen" der für die Umwandlung maßgeblichen Unterlagen über die Internetseite der Gesellschaft ausreichen. Eine umfassende Übersicht der gesetzlichen Neuerungen findet sich bei *Bosse* NZG 2009, 807.

Am 22. 10. 2009 trat die Änderungsrichtlinie 2009/109/EG in Kraft, die der Steigerung der Wettbewerbsfähigkeit der in der Gemeinschaft ansässigen Unternehmen durch Verringerung des Verwaltungsaufwands dient. Sie nimmt Änderungen an Richtlinien vor, die dem deutschen Umwandlungsrecht zugrunde liegen, und wurde vom deutschen Gesetzgeber am 11. 7. 2011 mit dem Dritten Gesetz zur Änderung des Umwandlungsgesetzes (BGBl. I 2011 S. 1338 vom 14. 7. 2011) umgesetzt (hierzu *Simon/Merkelbach* DB 2011, 1317 ff. m. w. N.; zu den Richtlinienvorgaben *Neye/Jäckel* AG 2010, 237). Das dritte Umwandlungsänderungsgesetz trat am 15. Juli 2011 in Kraft und sieht insbesondere für Verschmelzungen und Spaltungen unter Beteiligung von Aktiengesellschaften Vereinfachungen und Modernisierungen vor (vgl. *Wagner* DStR 2010, 1629 ff.). Die bedeutendste Neuerung ist die Einführung eines Verschmelzungsrechtlichen Squeeze out, der im Zusammenhang mit der Verschmelzung einer Tochtergesellschaft auf die Muttergesellschaft (upstream merger) eine Beteiligung von 90% ausreichen lässt (vgl. hierzu Teil M). Die Änderungen durch das Dritte Gesetz zur Änderung des Umwandlungsgesetzes sind in den Formulartexten so weit wie möglich berücksichtigt.

3.10 Stichtag/Verschmelzungsstichtag/Bewertungsstichtag/Steuerlicher Übertragungsstichtag/Stichtag der Schlussbilanz/Behandlung der Sonderrechte
3.11 Sonderrechtsinhaber der übertragenden Gesellschaft, soweit vorhanden/Behandlung der Sonderrechte
3.12 Besondere Vorteile für Vorstand, Aufsichtsrat, Abschlussprüfer und/oder Verschmelzungsprüfer
3.13 Abfindungsangebot (§ 29 Abs. 1 S. 2 UmwG)
3.14 Folgen der Verschmelzung für die Arbeitnehmer und ihre Vertretungen
3.15 Kosten
3.16 Sonstige Vereinbarungen
3.17 Notarielle Beurkundung
4. Verschmelzungsbericht
4.1 Notariell beurkundeter Verzicht bei Fehlen außenstehender Aktionäre (§ 8 Abs. 3 UmwG)
4.2 Gemeinsamer Bericht der Vorstände von übertragender und übernehmender Gesellschaft möglich (§ 8 Abs. 1 UmwG)
4.3 Eingehende rechtliche und wirtschaftliche Erläuterung des Umtauschverhältnisses und der Höhe der Barabfindung (§ 8 Abs. 1 UmwG) unter Hinweis auf besondere Schwierigkeiten bei der Bewertung
4.4 Sonstige Hintergründe
4.5 Erläuterungen im Hinblick auf eine materielle Überprüfung der Verschmelzungsbeschlüsse hinsichtlich sachlicher Angemessenheit, Verhältnismäßigkeit/Schutzinteresse außenstehender Aktionäre
4.6 Vorlage eines Entwurfs
5. Verschmelzungsprüfung und Prüfungsbericht
5.1 Notariell beurkundeter Verzicht bei Fehlen außenstehender Aktionäre (§§ 12 Abs. 3, 8 Abs. 3 UmwG)
5.2 Pflicht zur Verschmelzungsprüfung auch bei Verschmelzung von Konzern-Schwestergesellschaften
5.3 Je ein Verschmelzungsprüfer für jede beteiligte Gesellschaft/Gemeinsamer Verschmelzungsprüfer auf Antrag durch das zuständige Gericht zu bestellen (§ 60 i. V. m. §§ 9 ff. UmwG)
5.4 Vorlage des Bewertungsgutachtens und Ermittlung des Umtauschverhältnisses durch Abschlussprüfer
5.5 Inhalt des Prüfungsberichts: (1) Methoden für die Ermittlung des Umtauschverhältnisses, (2) Angemessenheit der Methoden, (3) Ergebnis der verschiedenen Methoden, Angemessenheit, Gewichtung (§ 12 Abs. 2 UmwG)
6. Bekanntmachung des Verschmelzungsvertrages und Zuleitung des Verschmelzungsvertrages zu den Betriebsräten
6.1 Einreichung des Entwurfs des Verschmelzungsvertrages zum Handelsregister (§ 61 UmwG)
6.2 Zuleitung des Entwurfs an den Betriebsrat der übertragenden Gesellschaft gegen Empfangsquittung
6.3 Zuleitung des Entwurfs an den Betriebsrat der übernehmenden Gesellschaft gegen Empfangsquittung
7. Vorbereitung der Hauptversammlung der übertragenden Gesellschaft
7.1 Beschluss des Aufsichtsrates/Tagesordnung und Beschlussvorschläge
7.2 Einberufung der Hauptversammlung/Veröffentlichung im elektronischen Bundesanzeiger, etc. oder Universalversammlung beim Fehlen außenstehender Aktionäre
7.3 Einberufungsfrist (§ 123 Abs. 1 AktG)

II. Verschmelzung

1. Checkliste

Die folgende Checkliste dient als Überblick für die Verschmelzung einer Aktiengesellschaft auf eine andere Aktiengesellschaft zur Aufnahme (siehe hierzu Form. L. II.3):

1. Vorbereitung des Gesamtkonzepts
1.1 Verschmelzung durch Aufnahme oder anderweitige Lösungen wie Ausgliederung/Spaltung/Einzelübertragungen, etc.
1.2 Unternehmensbewertung durch Wirtschaftsprüfungsgesellschaft/Feststellung des Umtauschverhältnisses/Notwendigkeit der Kapitalerhöhung/Kapitalausstattung/Sonderproblem bei verlusttragenden Gesellschaften
1.3 Zeitplan/Vorbereitung der Aufsichtsratssitzungen und Hauptversammlungen
1.4 Dokumentation bei Publikumsgesellschaften/Präventive Vermeidung von Anfechtungs- und Nichtigkeitsklagen durch Information und Begründung/Präventive Maßnahmen zur etwaig erforderlichen Überwindung der Registersperre
1.5 Kosten und Steuern verschiedener Alternativen
1.6 Folgen für die Arbeitnehmer/Mitbestimmung
1.7 Ermittlung sonstiger organisatorischer und/oder betriebswirtschaftlicher Vor- und Nachteile
2. Jahresabschlüsse
2.1 Geprüfte und testierte Bilanz der übertragenden Gesellschaft zum letzten Bilanzstichtag als Schlussbilanz (§ 17 Abs. 2 UmwG), wenn der Stichtag nicht länger als acht Monate vor der Anmeldung oder Verschmelzung zum Handelsregister liegt, oder
2.2 Geprüfte und testierte Zwischenbilanz der übertragenden Gesellschaft bei späterer Anmeldung zum Handelsregister
2.3 Anhang, Lageberichte
2.4 Bilanzen der vergangenen zwei Geschäftsjahre aller beteiligten Gesellschaften zur Auslegung in der Hauptversammlung
2.5 Zwischenbilanzen aller beteiligten Gesellschaften zur Auslegung in den Hauptversammlungen, wenn der Bilanzstichtag der letzten regulären Bilanz länger als sechs Monate vor Abschluss des Verschmelzungsvertrages oder Aufstellung des Entwurfs liegt.
3. Entwurf des Verschmelzungsvertrages
3.1 Formalisierter Inhalt des Verschmelzungsvertrages (§ 5 UmwG)
3.2 Übertragung des Vermögens als Ganzes/Notwendigkeit der Ausgliederung nichtbetriebsnotwendiger Teile vor der Verschmelzung
3.3 Übertragung gegen Gewährung von Aktien/Kapitalerhöhung oder Abfindung in eigenen Aktien der übernehmenden Gesellschaft (§ 68 Abs. 1 S. 2 UmwG)
3.4 Bewertung und Festlegung des Umtauschverhältnisses
3.5 Höhe etwaiger barer Zuzahlungen
3.6 Aktiengattungen/Problematik der Gewährung von Aktien gleicher oder anderer Gattungen
3.7 Bestellung eines Treuhänders zur Übernahme von Aktien (§ 71 Abs. 1 S. 2 UmwG)
3.8 Inhaber- und Namensaktien
3.9 Dividendenberechtigung

1. Checkliste L.II.1

- 7.4 Bekanntmachung der Tagesordnung (§ 124 AktG)
- 7.5 Auslegung/elektronische Veröffentlichung folgender Unterlagen: (1) Verschmelzungsvertrag oder sein Entwurf, (2) Jahresabschlüsse und Lageberichte der beteiligten Gesellschaften für die letzten drei Geschäftsjahre, (3) falls sich der letzte Jahresabschluss auf ein Geschäftsjahr bezieht, das mehr als sechs Monate vor Abschluss des Verschmelzungsvertrages oder Aufstellung des Entwurfs abgelaufen ist: Zwischenbilanz, (4) Verschmelzungsberichte (§ 8 UmwG), (5) Prüfungsberichte (§ 60 i.V.m. § 12 UmwG)
- 7.6 Auf Wunsch Übersendung von Abschriften der vorangegangenen Unterlagen an jeden Aktionär
- 8. Hauptversammlung der übertragenden Gesellschaft
- 8.1 Notarielle Beurkundung
- 8.2 Niederschrift
- 8.3 Informationsrechte/Mündliche Erläuterung des Verschmelzungsvertrages durch den Vorstand; Auf Verlangen Auskunft über alle für die Verschmelzung wesentlichen Angelegenheiten der beteiligten Rechtsträger (§ 64 Abs. 1 und 2 UmwG)
- 8.4 Beschlussmehrheit (einfache Mehrheit der abgegebenen Stimmen und Mehrheit von ³/₄ des vertretenden Grundkapitals)
- 8.5 Sonderbeschlüsse bei Aktien verschiedener Gattungen (§ 65 Abs. 2 UmwG)
- 8.6 Zustimmung von Sonderrechtsinhabern (Wandelschuldverschreibungen/Gewinnschuldverschreibungen/Genussscheine, § 23 UmwG)
- 8.7 Verzicht auf Klagemöglichkeit beim Fehlen außenstehender Aktionäre
- 9. Vorbereitung der Hauptversammlung der übernehmenden Gesellschaft
- 9.1 Beschluss des Aufsichtsrates/Tagesordnung und Beschlussvorschläge
- 9.2 Einberufung der Hauptversammlung/Veröffentlichung im elektronischen Bundesanzeiger, etc. oder Universalversammlung beim Fehlen außenstehender Aktionäre
- 9.3 Einberufungsfrist (§ 123 Abs. 1 AktG)
- 9.4 Bekanntmachung der Tagesordnung (§ 124 AktG)
- 9.5 Auslegung/elektronische Veröffentlichung folgender Unterlagen: (1) Verschmelzungsvertrag oder sein Entwurf, (2) Jahresabschlüsse und Lageberichte der beteiligten Gesellschaften für die letzten drei Geschäftsjahre, (3) falls sich der letzte Jahresabschluss auf ein Geschäftsjahr bezieht, das mehr als sechs Monate vor Abschluss des Verschmelzungsvertrages oder Aufstellung des Entwurfs abgelaufen ist: Zwischenbilanz, (4) Verschmelzungsberichte (§ 8 UmwG), (5) Prüfungsberichte (§ 60 i.V.m. § 12 UmwG)
- 9.6 Auf Wunsch Übersendung von Abschriften der vorangegangenen Unterlagen an jeden Aktionär
- 10. Hauptversammlung der übernehmenden Gesellschaft
- 10.1 Notarielle Beurkundung
- 10.2 Niederschrift
- 10.3 Informationsrechte/Mündliche Erläuterung des Verschmelzungsvertrages durch den Vorstand; Auf Verlangen Auskunft über alle für die Verschmelzung wesentlichen Angelegenheiten der beteiligten Rechtsträger (§ 64 Abs. 1 und 2 UmwG)
- 10.4 Beschlussmehrheit (einfache Mehrheit der abgegebenen Stimmen und Mehrheit von ³/₄ des vertretenen Grundkapitals)
- 10.5 Sonderbeschlüsse bei Aktien verschiedener Gattungen (§ 65 Abs. 2 UmwG)
- 10.6 Zustimmung von Sonderrechtsinhabern (Wandelschuldverschreibungen/Gewinnschuldverschreibungen/Genussscheine, § 23 UmwG)
- 10.7 Kein Beschluss notwendig bei 90% Tochtergesellschaft (§ 62 UmwG)
- 10.8 Verzicht auf Klagemöglichkeit beim Fehlen außenstehender Aktionäre

L.II.1

11. Kapitalerhöhung bei der übernehmenden Gesellschaft

11.1 Vereinfachtes Verfahren zur Kapitalerhöhung bei Verschmelzung gegen Sacheinlage unter Ausschluss des Bezugsrechts (§ 69 UmwG)
11.2 Verbindung von Kapitalerhöhungs- und Verschmelzungsbeschluss möglich
11.3 Sacheinlagenprüfung (§§ 69 Abs. 1 UmwG, 183 Abs. 2 AktG) unter den dort genannten Voraussetzungen, insbesondere bei Nicht-Fortführung der Buchwerte und Neubewertung der Vermögensgegenstände der übertragenden Gesellschaft

12. Beachtung der Nachgründungsvorschriften

12.1 Abschluss des Verschmelzungsvertrages in den ersten zwei Jahren
12.2 Vorlage eines Entwurfs des Nachgründungsberichts

13. Aktienübernahme durch Treuhänder

13.1 Auswahl und Bestellung des Treuhänders
13.2 Vergütung des Treuhänders
13.3 Übernahmeerklärung/Anzeige des Treuhänders zur Vorlage beim Handelsregister

14. Handelsregisteranmeldung bei der übertragenden Gesellschaft

14.1 Notariell beglaubigte Abschrift des Verschmelzungsvertrages
14.2 Notariell beglaubigte Abschrift des Hauptversammlungsprotokolls der übertragenden Gesellschaft
14.3 Notariell beglaubigte Abschrift des Hauptversammlungsprotokolls der übernehmenden Gesellschaft
14.4 Schlussbilanz der übertragenden Gesellschaft
14.5 Verzicht auf die Klage gegen den Verschmelzungsbeschluss, soweit erklärt und nicht bereits im Protokoll der Hauptversammlung enthalten
14.6 Übernahmeerklärung/Anzeige des Treuhänders
14.7 Empfangsbestätigung des Vorsitzenden des Betriebsrates betreffend den Entwurf des Verschmelzungsvertrages

15. Anmeldung der Verschmelzung, Kapitalerhöhung und Satzungsänderung bei der übernehmenden Gesellschaft

15.1 Notariell beglaubigte Abschrift des Verschmelzungsvertrages
15.2 Notariell beglaubigte Abschrift des Hauptversammlungsprotokolls der übertragenden Gesellschaft
15.3 Notariell beglaubigte Abschrift des Hauptversammlungsprotokolls der übernehmenden Gesellschaft
15.4 Verzicht auf die Klage gegen den Verschmelzungsbeschluss, soweit erklärt und nicht bereits im Protokoll der Hauptversammlung enthalten
15.5 Übernahmeerklärung/Anzeige des Treuhänders
15.6 Notariell beglaubigte Abschrift des Kapitalerhöhungsbeschlusses als Teil des Hauptversammlungsprotokolls
15.7 Berechnung der Kosten für die Ausgabe der neuen Aktien (§§ 69 Abs. 1 UmwG, 188 Abs. 3 Nr. 2 AktG)
15.8 Neufassung der Satzung nebst notarieller Vollständigkeitsbescheinigung nach § 181 Abs. 1 AktG
15.9 Empfangsbestätigung des Vorsitzenden des Betriebsrates betreffend den Entwurf des Verschmelzungsvertrages

16. Umtausch der Aktien der übertragenden Gesellschaft

16.1 Aufforderung zum Umtausch (§ 72 UmwG i.V.m. § 73 Abs. 1 UmwG)
16.2 Aushändigung der neuen Aktien der übernehmenden Gesellschaft oder Hinterlegung

17. Sicherheitsleistung
17.1 Abklärung möglicher Ansprüche auf Sicherheitsleistung vor Durchführung der Verschmelzung
17.2 Vorsorge für Art und Weise der Sicherheitsleistung
17.3 Abklärung bei streitigen oder Eventualverbindlichkeiten oder langfristigen Verträgen/Sozialplänen/Pensionsverbindlichkeiten
18. Handelsregisteranmeldungen
19. Einzelprobleme nach Wirksamwerden der Verschmelzung
19.1 Wirksamwerden/Registersperre/Gerichtliches Verfahren zur Überwindung der Registersperre nach § 16 Abs. 3 UmwG/Offensichtliche Unzulässigkeit/Unbegründetheit der Klage oder Interessenabwägung
19.2 Schadensersatzansprüche gegen Verwaltungsmitglieder wegen Nichtbeachtung gesetzlicher Schutzbestimmungen
19.3 Gesamtrechtsnachfolge/Berichtigung der Grundbücher/Patentregister etc./Auswirkungen auf bestehende Verträge und Verpflichtungen/Mitteilung und Berichtigungen
19.4 Vertragsanpassungen
19.5 Auswirkungen auf Unternehmensverträge und steuerliche Organschaften/Neuabschluss von Beherrschungs- und Gewinnabführungsverträgen
20. Steuern
20.1 Steuerliche Behandlung/Stichtag/Rückwirkung
20.2 Ertragssteuern/Stille Reserven und Offenlegung/Aufdeckung von Buchwerten/Buchwertfortführung nach UmwStG
20.3 Verlustvorträge/Übertragbarkeit/Keine Einstellung des Geschäftsbetriebes
20.4 Grunderwerbsteuer
21. Kosten
21.1 Notarielle Kosten
21.2 Registerkosten
21.3 Sonstige Kosten
21.4 Kostentragung

Verschmelzung einer AG auf eine AG zur Aufnahme
(mit Kapitalerhöhung)

2. Grundsatzvereinbarung über den Zusammenschluss zweier AG – Memorandum of Understanding on Merger of Two German Stock Corporations (*AG*) (Business Combination Agreement)

zwischen[2]	entered into by and between
1. A-AG	1. A-AG
– nachfolgend als „A-AG" bezeichnet –	– hereinafter „A-AG" –
	and
2. B-AG	2. B-AG
– nachfolgend als „B-AG" bezeichnet –	– hereinafter „B-AG" –

– A-AG und B-AG werden nachstehend auch als die „Parteien" oder jede von ihnen als „Partei" bezeichnet –

unter Beitritt von

3. C-GmbH
  – nachfolgend als „C-GmbH" bezeichnet –

und

4. D-GmbH
  – nachfolgend als „D-GmbH" bezeichnet –

– C-GmbH und D-GmbH werden nachstehend auch als die „Hauptgesellschafter" oder jede von ihnen als ein „Hauptgesellschafter" bezeichnet –

Vorbemerkungen

V.1 Die A-AG ist zusammen mit ihren unmittelbaren und mittelbaren Tochterunternehmen im Bereich ...... [Beschreibung der wesentlichen Geschäftsbereiche der A-AG] tätig.[3]

V.2 Die B-AG ist zusammen mit ihren unmittelbaren und mittelbaren Tochterunternehmen im Bereich ...... [Beschreibung der wesentlichen Geschäftsbereiche der B-AG] tätig.

V.3 Die C-GmbH ist Hauptaktionärin der A-AG und hält zusammen mit ihren unmittelbaren und mittelbaren Tochterunternehmen ...... Stückaktien (...... %).

V.4 Die D-GmbH ist Hauptaktionärin der B-AG und hält zusammen mit ihren unmittelbaren und mittelbaren Tochterunternehmen ...... Stückaktien (...... %).

V.5 Die Vorstände der Parteien sowie die Hauptgesellschafter sind übereingekommen, dass eine Zusammenführung der beiden Unternehmen erhebliche Synergien ermöglichen und die Leistungsfähigkeit beider Unternehmen im Bereich ...... erhöhen würde. Ein Verbund der beiden Unternehmen würde beiden ausgezeichnete Perspektiven zur ...... bieten. Die Parteien und die Hauptgesellschafter sind sich daher grundsätzlich darüber einig, dass die A-AG und die B-AG nach Maß-

– Hereinafter A-AG and B-AG shall collectively also be referred to as the „Parties" and individually as a „Party." –

and

3. C-AG
  hereinafter „C-AG"

and

4. D-AG
  hereinafter „D-AG"

– Hereinafter C-AG and D-AG shall collectively also be referred to as the „Majority Shareholders" and individually shall be referred to as a „Majority Shareholder" –

Recitals

V.1 A-AG and its direct and indirect subsidiaries are in the ...... business [describe major business divisions of A-AG].

V.2 B-AG and its direct and indirect subsidiaries are in the ...... business [describe major business divisions of B-AG].

V.3 C-AG is a majority shareholder of A-AG and, together with its direct and indirect subsidiaries, holds ...... no par value shares (...... percent).

V.4 D-AG is a majority shareholder of B-AG and, together with its direct and indirect subsidiaries, holds ...... no par value shares (...... percent).

V.5 The management boards of the Parties and the Majority Shareholders have agreed that a merger of the two companies would create substantial synergies, boosting the performance of both companies in the ...... business. A merger of the two companies would offer excellent prospects for .... The Parties and that Majority shareholders therefore are principally in agreement that A-AG and B-AG shall be merged into a single company in accordance with the terms and

gabe der in dieser Grundsatzvereinbarung niedergelegten Bedingungen verschmolzen werden sollen.
Dies vorausgeschickt, wird hiermit vereinbart was folgt:

Teil I. Zusammenführung von A-AG und B-AG

§ 1 Verschmelzung[4] der A-AG auf die B-AG

1.1 Die Parteien beabsichtigen zur Zusammenführung der Unternehmen der A-AG und der B-AG, die A-AG mit ihren sämtlichen bei Abschluss dieser Grundsatzvereinbarung vorhandenen Aktiva und Passiva sowie ihren (direkten und indirekten) Tochter- und Beteiligungsgesellschaften einschließlich deren sämtlicher bei Abschluss dieser Grundsatzvereinbarung vorhandenen Aktiva und Passiva, sämtlichen sonstigen Wirtschaftsgütern und dem Gesamtpersonalbestand, jedoch jeweils mit Ausnahme der Abgänge und zuzüglich der Zugänge im gewöhnlichen Geschäftsverlauf bis zum Eintragungsstichtag (nachfolgend zusammen das „A-Geschäft" genannt) auf die B-AG zu übertragen.

1.2 Zur Durchführung der Übertragung gemäß § 1.1 wird die A-AG als übertragender Rechtsträger im Wege der Verschmelzung durch Aufnahme nach den § 2 Nr. 1, §§ 4ff., 60ff. UmwG auf die B-AG als übernehmender Rechtsträger unter Übertragung des gesamten Vermögens der A-AG gegen Gewährung von Aktien der B-AG an die Aktionäre der A-AG verschmolzen. Die Parteien streben an, die Verschmelzung zum ...... (der „Verschmelzungsstichtag") auf der Grundlage einer Bilanz der A-AG auf den ...... als Schlussbilanz durchzuführen.

1.3 Die im Rahmen der Verschmelzung nach § 1.1 stattfindende Übertra-

conditions of this Memorandum of Understanding.

NOW, THEREFORE, in consideration of the foregoing, it is hereby agreed as follows:

Part I. Merger of A-AG and B-AG

Section 1 Merger of A-AG into B-AG

1.1 To combine the companies of A-AG and B-AG, the Parties intend to transfer A-AG, including all of its assets and liabilities present on the signing date of this Memorandum of Understanding, as well as all of its (direct and indirect) subsidiaries and affiliates, including all of their assets and liabilities present on the signing date of this Memorandum of Understanding, and all other assets and personnel, but in each case excluding old assets retired and including new assets acquired in the ordinary course of business on or before the Recording Date, (hereinafter collectively the „A Business") to B-AG.

1.2 To execute the transfer provided for in Section 1.1, A-AG, the transferor, shall be merged into B-AG, the transferee, by acquisition (*Verschmelzung durch Aufnahme*) in accordance with sec. 2 no. 1, sec. 4 et seq., and sec. 60 et seq. of the German Reorganization Act (*Umwandlungsgesetz – UmwG*), by transferring all of A-AG's assets to B-AG and, in consideration thereof, transferring shares of B-AG to A-AG's shareholders. The Parties intend to execute the merger effective as of ...... (the „Merger Effective Date") on the basis of a balance sheet of A-AG dated ......, which shall serve as the closing balance sheet.

1.3 The transfer of all assets of A-AG to B-AG for purposes of the merger

gung sämtlicher Wirtschaftsgüter der A-AG auf die B-AG erfolgt steuerlich zu Buchwerten nach den §§ 11 ff. UmwStG. Die B-AG als übernehmender Rechtsträger wird steuerlich wie handelsrechtlich die in der Schlussbilanz von der A-AG ausgewiesenen Buchwerte fortführen.⁵

provided for in Section 1.1 shall be based on book values in accordance with sec. 11 et seq. of the German Reorganization Tax Act (*Umwandlungssteuergesetz – UmwStG*). B-AG, the transferree, shall continue to carry the assets of A-AG in its tax balance sheet as well as commercial balance sheet at the book values shown in the closing balance sheet of A-AG.

1.4 Die Parteien verpflichten sich einander gegenüber [in wirtschaftlich vernünftigem Umfang] alle erforderlichen Maßnahmen zu ergreifen, Rechtsgeschäfte abzuschließen, Beschlüsse zu fassen, Versammlungen abzuhalten bzw. vorzubereiten und sonst etwa erforderliche Dinge zu tun, um die in diesem § 1 beschriebene Verschmelzung nach den in dieser Grundsatzvereinbarung getroffenen Regelungen und innerhalb des in § 7 vorgesehenen Zeitrahmens durchzuführen. Sie werden sich dabei laufend wechselseitig über den Stand der jeweiligen Umsetzungsschritte unterrichten und über die Einzelheiten der erforderlichen Rechtsgeschäfte, Rechtsakte, rechtsgeschäftsähnlichen Handlungen und tatsächlichen Handlungen abstimmen, soweit keine geltenden Gesetze entgegenstehen oder in dieser Grundsatzvereinbarung abweichende Regelungen getroffen sind.

1.4 The Parties mutually agree to take [to the extent economically reasonable] all necessary actions for the execution of transactions, adoption of resolutions, and holding and preparation of meetings, and to take any other actions necessary to consummate the merger described in this Section 1 in accordance with the terms of this Memorandum of Understanding and within the timeframe defined in Section 7. The Parties shall continuously inform each other of the status of each step implementing the contemplated merger, and of the details of all necessary legal transactions, legal acts, acts similar to legal transactions, and practical acts, unless otherwise provided by applicable law or this Memorandum of Understanding.

1.5 Soweit dies rechtlich zulässig ist und mit der Maßgabe, dass eine solche Verpflichtung keine bindende Verpflichtung zur Ausübung von Stimmrechten nach Maßgabe der Weisungen der A-AG und/oder der B-AG oder deren Vorstand oder Aufsichtsrat darstellt, verpflichten sich die Hauptgesellschafter jeweils untereinander sowie gegenüber jeder der Parteien, die Umsetzung der Transaktion nach Maßgabe der vorstehenden Ziffer 1.4 [und in wirtschaftlich vernünftigem Umfang] zu fördern.⁶

1.5 To the extent permitted by law and subject to the proviso that such obligation shall not be a binding obligation to exercise voting rights in accordance with instructions from A-AG and/or B-AG or their respective management board or supervisory board, the Majority Shareholders hereby promise to each other and to each of the Parties, to support implementation of the transaction in accordance with Section 1.4 above [to the extent economically reasonable].

2. Verschmelzung einer AG auf eine AG zur Aufnahme — L.II.2

1.6	Die Parteien werden durch geeignete Maßnahmen, insbesondere durch Abstimmung mit den beteiligten Registergerichten, darauf hinwirken, dass die Verschmelzung gemäß diesem § 1 unverzüglich eingetragen wird (nachfolgend der „Eintragungstag").	1.6	The Parties shall take appropriate steps to arrange for the merger effected in accordance with this Section 1 to be recorded promptly in the Commercial Register (hereinafter the „Recording Date"), in particular by making the necessary arrangements with the appropriate Commercial Register courts.
§ 2	**Bewertung; Verschmelzungsprüfung**		**Section 2 Valuation; Merger Audit**
2.1	Die Parteien werden mit sachverständiger Unterstützung der von ihnen beauftragten Wirtschaftsprüfungsgesellschaften zur Ermittlung des Umtauschverhältnisses[7] auf gemeinsam erarbeiteter und abgestimmter Grundlage jeweils eine Bewertung beider Unternehmen vornehmen und einen gemeinsamen Verschmelzungsbericht erstatten. Die Bewertungen sollen unter Beachtung der anerkannten Grundsätze des Instituts der Wirtschaftsprüfer in Deutschland e. V. (IDW) mit Sitz in Düsseldorf (derzeit Standard IDW S 1 i. d. F. 2008) und der höchstrichterlichen Rechtsprechung zur Unternehmensbewertung nach dem Ertragswertverfahren erfolgen.[8]	2.1	With professional assistance from their respective accounting firms, the Parties shall for the purpose of determining the share conversion ratio perform a valuation of both companies on a jointly developed and agreed basis, and prepare a joint merger report. The valuations shall be prepared in accordance with the generally accepted valuation principles of Institut der Wirtschaftsprüfer in Deutschland e. V. (IDW), Düsseldorf, (currently standard IDW S-1 as last amended in 2008) and with controlling case law on business valuations using the discounted earnings method.
2.2	Die Bewertung der A-AG und der B-AG für die Zwecke der in § 1 vorgesehenen Verschmelzung der A-AG auf die B-AG erfolgt auf den Tag der Hauptversammlung der A-AG, die über die Zustimmung zu dem Verschmelzungsvertrag zwischen der A-AG und der B-AG Beschluss fasst („Bewertungsstichtag").	2.2	The valuation of A-AG and B-AG for purposes of the merger of A-AG into B-AG in accordance with Section 1 shall be made as of the date of the A-AG Shareholders' Meeting voting on approval of the merger agreement between A-AG and B-AG (the „Valuation Date").
2.3	Auf der Grundlage der Unternehmensbewertungen nach Maßgabe von § 2.1 und § 2.2 werden die Vorstände der A-AG und der B-AG das im Verschmelzungsvertrag gemäß § 5 Abs. 1 Nr. 3 UmwG anzugebende Umtauschverhältnis abschließend festlegen. Jeder Partei steht es frei, für eigene Zwecke eine oder mehrere Fairness Opinions einer Geschäfts-	2.3	On the basis of the business valuations performed in accordance with Sections 2.1 and 2.2, the management boards of A-AG and B-AG shall make a final determination with respect to the conversion ratio to be defined in the merger agreement in accordance with sec. 5 para. 1 no. 3 UmwG. Each Party may decide to obtain, for its own

oder Investmentbank zum Umtauschverhältnis einzuholen.

2.4 Die Parteien werden einvernehmlich die Bestellung eines gemeinsamen gerichtlichen Verschmelzungsprüfers beantragen.

2.5 Zwischen dem Abschluss dieser Grundsatzvereinbarung und der Eintragung der Verschmelzung der A-AG auf die B-AG gemäß § 1 werden sich die Parteien über alle für die Bewertung bedeutenden Maßnahmen, Vorgänge oder Geschäfte unterrichten.

2.6 Um Verzerrungen bei der Bewertung der A-AG zu vermeiden, verpflichten sich die Parteien wechselseitig, bis zum Eintragungstag Aktien an der A-AG sowie Optionen oder Bezugsrechte auf oder Wertpapiere mit Wandlungsrechten in A-AG-Aktien weder zu erwerben noch zu veräußern, insbesondere nicht von der durch die Hauptversammlung der A-AG am ...... erteilten Ermächtigung zum Erwerb eigener Aktien ohne vorherige schriftliche Zustimmung der B-AG in irgendeiner Weise Gebrauch zu machen. Diese Verpflichtung gilt auch für alle mit den Parteien i. S. v. § 15 AktG verbundenen Unternehmen sowie für den Erwerb und die Veräußerung von Aktien an der A-AG (oder von Rechten oder Wertpapieren der vorgenannten Art) durch Dritte für Rechnung der Parteien oder der mit ihnen verbundenen Unternehmen. Die A-AG sichert hiermit zu, von der durch die Hauptversammlung am ...... erteilten Ermächtigung zum Erwerb eigener Aktien bisher keinen Gebrauch gemacht zu haben. Die B-AG besitzt gegenwärtig keine Aktien an der A-AG und sichert hiermit zu, seit dem Anfang dieses Jahres Aktien an der A-AG weder erworben noch veräußert zu haben (wie-

internal purposes, one or several opinions on the fairness of the conversion ratio from a commercial or investment bank.

2.4 The Parties shall by mutual agreement apply for court-appointment of a merger auditor.

2.5 In the time period from the signing date of this Memorandum of Understanding to the date the merger of A-AG into B-AG in accordance with Section 1 is recorded in the Commercial Register, the Parties shall inform each other of all measures, events or transactions relevant to the valuation.

2.6 To avoid a distorted valuation of A-AG, the Parties each agree that until the Recording Date, they shall neither purchase nor sell any shares of A-AG or any options or subscription rights for A-AG shares or any securities with conversion rights for A-AG shares, in particular by purchasing treasury shares of A-AG as authorized by A-AG's Shareholders' Meeting on ......, except with the prior written consent of B-AG. This obligation shall also apply to all affiliates of the Parties within the meaning of sec. 15 of the German Stock Corporation Act (*Aktiengesetz – AktG*), as well as to the purchase and sale of shares of A-AG (or of any rights or securities of the aforementioned kind) by any third parties for the account of the Parties or any of their affiliates.

A-AG hereby represents that, as of the date hereof, A-AG has not purchased treasury shares as authorized by the Shareholders' Meeting on .... B-AG currently owns no shares of A-AG and represents that since the beginning of this year, B-AG (including its affiliates and any third parties acting for the account of B-AG) has neither purchased nor sold any shares of A-AG.

derum einschließlich verbundener Unternehmen sowie Dritter für Rechnung der B-AG).[9]

§ 3 Due Diligence[10]

3.1 Die Parteien werden vor Festlegung des Umtauschverhältnisses wechselseitig eine Due Diligence und Befragungen des Top-Managements (Q&A Sessions) durchführen. Über Einzelheiten der Due Diligence sowie der Befragungen des Top-Managements werden sich die Parteien noch verständigen. Es besteht Einvernehmen, dass alle für das Vorhaben rechtlich, steuerlich oder wirtschaftlich wesentlichen Umstände einbezogen werden sollen.

3.2 Des Weiteren wird jede Partei das Recht haben, ... von ihr benannte Mitglieder des Managements der anderen Partei (Vorstandsmitglieder, Vorstände/Geschäftsführer von abhängigen Unternehmen, leitende Angestellte) in angemessenem Umfang über die Lage und Entwicklung der Gesellschaft, insbesondere erkennbare bewertungsrelevante Risiken, zu befragen.

3.3 Die Parteien sind sich einig, dass im Rahmen der Due Diligence neben eigenen Mitarbeitern insbesondere auch Rechtsanwälte, Steuerberater, Wirtschaftsprüfer sowie Mitarbeiter von mandatierten Geschäfts- oder Investmentbanken eingesetzt werden dürfen.

3.4 Die Ergebnisse der Due Diligence und, soweit bewertungsrelevant, der Management-Befragungen, werden wechselseitig von den Parteien und den Hauptgesellschaftern ausgetauscht sowie jeweils den mit der Bewertung beauftragten Wirtschaftsprüfungsgesellschaften zur Verfügung gestellt.

§ 4 Integration[11]

Die Parteien sind sich darüber einig, dass der Zusammenschluss unter fairer Integra-

Section 3 Due Diligence Review

3.1 Prior to determining the conversion ratio, the Parties shall mutually perform due diligence reviews as well as Q&A sessions of the top management. The Parties shall determine the details of the due diligence reviews and top management Q&A sessions at a later date. The Parties agree that this determination shall be made in consideration of all legal, tax or economic circumstances relevant to the contemplated transaction.

3.2 In addition, each Party shall have the right to question, within reasonable limits, ... members of the management of the other Party (members of the management board, CEOs/managing directors of subsidiaries, executive employees) as designated by the questioning party, about the situation and development of the company, including, without limitation, any reasonably apparent risks relevant for valuation purposes.

3.3 The Parties agree that for purposes of the due diligence review of each Party, such Party may, in addition to its own employees, also be assisted by attorneys, tax advisors, accountants, as well as staff of any commercial or investment banks retained by such Party.

3.4 The results of each due diligence review and, to the extent relevant for valuation purposes, the results of the management Q&A sessions, shall be exchanged reciprocally between the Parties and the Majority Shareholders and made available to the accounting firms retained by each of them for valuation purposes.

Section 4 Integration

The Parties agree that the merger shall be consummated by fair integration of the A

tion des A-Geschäfts in die B-AG erfolgt. Als Anlage 4 zu dieser Grundsatzvereinbarung ist ein Integrationsfahrplan beigefügt, für dessen Umsetzung die Parteien nach Unterzeichnung dieser Vereinbarung sorgen werden.

§ 5 Beteiligung der Arbeitnehmervertretungen[12]

Die jeweils zuständigen Arbeitnehmervertretungen werden, soweit gesetzlich geboten, unterrichtet, und in anstehende Planungen einbezogen, sobald die Vorüberlegungen der Parteien zu einer gewissen Reife gelangt sind.

§ 6 Geschäftsführung bis zum Eintragungstag

6.1 Die Parteien werden dafür Sorge tragen, dass das A-Geschäft und das Geschäft der B-AG in der Zeit ab Unterzeichnung dieser Grundsatzvereinbarung nach unveränderten Grundsätzen, allerdings unter Berücksichtigung der Änderungen, die für die Vorbereitung der Verschmelzung der A-AG auf die B-AG erforderlich werden, fortgeführt werden.

6.2 Über außergewöhnliche Geschäftsführungsmaßnahmen und sonstige außergewöhnliche Ereignisse in Bezug auf das A-Geschäft bzw. das Geschäft der B-AG werden die Parteien sich jeweils gegenseitig unverzüglich (d.h. in Bezug auf die Vornahme außergewöhnlicher Geschäftsführungsmaßnahmen in jedem Falle rechtzeitig vor Durchführung der Maßnahme) unterrichten; sobald es den Parteien fusionskontrollrechtlich erlaubt ist, das Zusammenschlussvorhaben zu vollziehen, werden die Parteien [und im Rahmen ihrer rechtlichen Möglichkeiten die Hauptgesellschafter] dafür Sorge tragen, dass außergewöhnliche Maßnahmen in Bezug auf das A-Geschäft und das Geschäft der B-AG nur mit der vorherigen schriftlichen Zustimmung der jeweils anderen Partei erfolgen.[13]

Business into B-AG. Attached to this Memorandum of Understanding as Schedule 4 is an integration schedule, which the Parties agree to implement after this Agreement has been signed.

Section 5 Participation by Employee Representative Bodies

To the extent required by law, the employee representative bodies of each Party shall be notified and included in the future planning process, as soon as the preliminary plans of the Parties have reached a certain level of specificity.

Section 6 Operation until the Recording Date

6.1 The Parties shall ensure that in the time period from the signing date of this Memorandum of Understanding, the A Business and the business of B-AG shall continue to be operated in accordance with the same principles as in the past, taking into account however any changes necessary for preparing the merger of A-AG into B-AG.

6.2 The Parties shall mutually inform each other of any management measures or other events outside the ordinary course of business with respect to the A Business and business of B-AG, respectively, without undue delay (i.e., if management measures outside the ordinary course of business are involved, in due time prior to implementation of the measure); as soon as the Parties have received approval for consummation of the contemplated merger, the Parties [and, to the extent permitted by law, the Majority Shareholders] shall ensure that no measures outside the ordinary course of business and related to the A Business or the business of B-AG shall be implemented except with the prior consent of the other Party.

2. Verschmelzung einer AG auf eine AG zur Aufnahme

6.3 Soweit es in der Zeit bis zum Eintragungstag in einer Hauptversammlung der A-AG zu Vorschlägen von Vorstand und Aufsichtsrat der A-AG zur Verwendung des Bilanzgewinns kommt, werden Vorstand und Aufsichtsrat der A-AG gemäß § 124 Abs. 3 S. 1 i.V.m. § 170 Abs. 2 AktG vorschlagen, keine Dividende auszuschütten.[14]

6.4 Solange der Vollzug fusionskontrollrechtlich noch nicht erlaubt ist, werden die Parteien [und im Rahmen ihrer rechtlichen Möglichkeiten die Hauptgesellschafter] dafür Sorge tragen, dass das A-Geschäft und das Geschäft der B-AG betreffende Entscheidungen, die die Bewertungen nach Maßgabe von § 2.1 und § 2.2 nachträglich wesentlich ändern können, nicht ohne Konsultation der jeweils anderen Partei getroffen werden.

§ 7 Zeitplan

7.1 Die Parteien und die Hauptgesellschafter werden alle erforderlichen und zweckdienlichen Maßnahmen ergreifen, um die wirtschaftlichen, finanziellen und rechtlichen Voraussetzungen für die Zusammenführung des A-Geschäfts und des Geschäfts der B-AG nach den Regelungen dieser Grundsatzvereinbarung so kurzfristig wie möglich zu schaffen und alle Maßnahmen treffen, die zur Umsetzung der in dieser Grundsatzvereinbarung vereinbarten Schritte erforderlich sind.

7.2 Auf Grundlage des bei Abschluss dieser Grundsatzvereinbarung erreichten Standes streben die Parteien und die Hauptgesellschafter die Einhaltung des folgenden Zeitplanes an:
Verschmelzungsstichtag: ......
Bewertungsstichtag/
Hauptversammlung beider Unternehmen, die über die Verschmelzung beschließt: ......
Eintragungstag: ......

6.3 If in the time period preceding the Recording Date the Management Board and Supervisory Board of A-AG make any proposals regarding the use of net profits at a Shareholders' Meeting of A-AG, the Management Board and Supervisory Board of A-AG shall propose, in accordance with sec. 124 para. 3 sentence no. 1 in conjunction with sec. 170 para. 2 AktG, to pay no dividend.

6.4 As long as merger approval has not been received, the Parties [and, to the extent permitted by law, the Majority Shareholders] shall ensure that any decisions related to the A Business or the business of B-AG shall, to the extent that they may substantially change the valuations made in accordance with Sections 2.1 and 2.2, not be made without consultation of the other Party.

Section 7 Timetable

7.1 The Parties and the Majority Shareholders shall take all necessary and appropriate measures to fulfill as soon as possible the economic, financial and legal requirements for combining the A Business and the business of B-AG in accordance with the terms and conditions of this Memorandum of Understanding, and to take all other actions necessary to implement the steps provided for in this Memorandum of Understanding.

7.2 On the basis of the status on the signing date of this Memorandum of Understanding, the Parties and the Majority Shareholders strive to meet the following timetable:
Merger effective date: ......
Valuation Date/
Shareholders' Meetings of the companies voting on approval of the merger: ......
Recording date: ......

§ 8 Exklusivität[18]

8.1 Bis zum früheren der beiden Zeitpunkte des Wirksamwerdens der Verschmelzung oder der Beendigung dieses Vertrages nach § 12 dieses Vertrages verpflichten sich die Parteien und die Hauptgesellschafter, keine Gespräche mit Dritten zu führen in Bezug auf ein Geschäft oder eine Mehrzahl von Geschäften, die mit der Transaktion identisch oder dieser ähnlich sind. oder die dazu führen würden, dass ein Dritter die Kontrolle über die betreffende Partei ausübt.

8.2 Für den Fall, dass eine der Parteien oder einer der Hauptgesellschafter nach dem Wirksamkeitsstichtag von einem Dritten auf ein solches Geschäft kontaktiert wird, wird die betroffene Partei oder der betroffene Hauptgesellschafter, soweit dies nach deren gesetzlichen Geheimhaltungspflichten (ohne Einschluss vertraglicher Geheimhaltungsverpflichtungen) zulässig ist, die andere Partei bzw. Hauptgesellschafter unverzüglich darüber informieren, dass sie einen solchen Vorschlag von einem Dritten erhalten hat.

Section 8 Exclusivity

8.1 Until the effective date of the merger or termination of this Agreement in accordance with Section 12 of this Agreement, whichever occurs first, the Parties and the Majority Shareholders shall enter into no negotiations with any third parties with respect to any transaction or transactions that are identical or similar to the transaction provided for herein or that would have the result that a third party acquires control over the relevant Party.

8.2 In the event that either of the Parties or Majority Shareholders is contacted by any third party with respect to such a transaction after the merger effective date, the relevant Party or Majority Shareholder shall, to the extent not in breach of their legal duties of confidentiality (excluding any contractual duties of confidentiality), promptly inform the other Party or Majority Shareholder that such a proposal has been received from a third party.

Teil II. Struktur der B-AG nach erfolgtem Zusammenschluss[15]

§ 9 Standorte; Geschäftsbereiche; Markenauftritt; Unternehmenssprache

9.1 In der Anlage 9.1 sind die zukünftigen Hauptstandorte für die einzelnen Geschäftsbereiche nach dem erfolgten Zusammenschluss, die Namen der jeweiligen (ersten) Geschäftsbereichsleiter sowie die Aufgabenbereiche der Hauptverwaltung mit Sitz in ...... aufgeführt.

9.2 Die einzelnen Geschäftsbereiche werden unter Führung der in vorstehender Anlage 9.1 bezeichneten Geschäftsbereichsleiter nach Maßgabe der in vorgenannter Anlage niedergelegten Grundsätze geführt und fortentwickelt.

Part II. Structure of B-AG after Merger

Section 9 Locations; Business Divisions; Names, Trademarks and Logos; Corporate Language

9.1 The future principal places of business for the various divisions after the merger, the names of the (initial) division managers, and the responsibilities of the head office in ...... are set forth in Schedule 9.1.

9.2 The various divisions shall be operated and continued to be developed under the management of the division managers named in Schedule 9.1, in accordance with the principles set forth in that schedule.

2. Verschmelzung einer AG auf eine AG zur Aufnahme — L.II.2

9.3 (ausführliche Angaben zu den mit dem gleichberechtigten Zusammenschluss verfolgten Ziele und erwarteten Synergien sowie der vereinbarten Maßnahmen zur Umsetzung dieser Ziele)

9.4 (ausführliche Angaben zum (Marken-)Auftritt der B-AG nach erfolgter Verschmelzung)

9.5 Die Unternehmenssprache in den Führungskreisen 1 und 2 ist Englisch.

§ 10 Corporate Governance[16]; Führungskräftebeteiligung

10.1 Der Vorstand der B-AG besteht aus sechs Mitgliedern. Die Parteien werden sich nach erfolgter fusionskontrollrechtlicher Freigabe im Rahmen des rechtlich Zulässigen bemühen, dass die Herren ...... und ...... vom Aufsichtsrat der B-AG zu Vorstandsmitgliedern der B-AG bestellt werden. Die derzeitigen Vorstandsmitglieder der B-AG, Herr ...... und Herr ......, haben bereits gegenüber dem Vorstandsvorsitzenden der B-AG angekündigt, ihr Vorstandsmandat mit Wirkung zum Ablauf der Hauptversammlung, die über die Verschmelzung beschließt, schriftlich niederzulegen. Die Parteien werden sich im Rahmen des rechtlich Zulässigen bemühen, dass Herrn ...... das Vorstandsressort ...... und Herrn ...... das Vorstandsressort ...... übertragen wird.

10.2 Der Aufsichtsrat der B-AG setzt sich derzeit aus insgesamt zwölf Mitgliedern nach den Regelungen des Mitbestimmungsgesetzes zusammen und besteht mithin aus sechs Arbeitnehmervertretern und sechs Anteilseignervertretern. Die Hauptgesellschafter werden sich nach erfolgter fusionskontrollrechtlicher Freigabe im Rahmen des rechtlich Zulässigen bemühen, dass Frau ...... und Herr ...... als Anteilseignervertreter der B-AG für eine

9.3 (detailed information about the objectives and expected synergies of the merger providing equal rights to both parties, and about the agreed measures to achieve those objectives)

9.4 (detailed information about the use of names, trademarks and logos by B-AG after the merger)

9.5 The corporate language at management levels 1 and 2 shall be English.

Section 10 Corporate Governance; Management Stock Option Plan

10.1 The Management Board of A-AG shall have six board members. After merger approval, the Parties shall make reasonable efforts, to the extent permitted by law, to appoint Mssrs. ...... and ...... from the Supervisory Board of A-AG as members of the Management Board of A-AG. The current members of the Management Board of A-AG, Mr. ...... and Mr. ......, have already notified the Chairman of the Management Board of A-AG that they will resign in writing as members of the Management Board effective as of the end of the Shareholders' Meeting voting on approval of the merger. The Parties shall make reasonable efforts, to the extent permitted by law, to assign Mr. ...... responsibility for ...... on the Management Board, and to assign Mr. ...... responsibility for ....

10.2 The Supervisory Board of A-AG currently has a total of twelve members in compliance with the provisions of the German Co-Determination Act (Mitbestimmungsgesetz). Six members are employee representatives and six members are shareholder representatives. After merger approval the Majority Shareholders shall make reasonable efforts, to the extent permitted by law, to cause the Shareholders' Meeting of A-AG

ordentliche Amtsperiode von der Hauptversammlung der B-AG, die über den Abschluss des Verschmelzungsvertrages mit der A-AG beschließt, gewählt werden. Die derzeitigen Anteilseignervertreter des Aufsichtsrats der B-AG, Herr ...... und Herr ......, haben bereits angekündigt, ihr Aufsichtsratsmandat mit Wirkung zum Ablauf der Hauptversammlung, die über die Verschmelzung beschließt, schriftlich niederzulegen.

Die Hauptgesellschafter werden sich, soweit gesetzlich zulässig und ihnen rechtlich zumutbar, nach besten Kräften bemühen, dass Frau ...... als Anteilseignervertreterin einen Sitz im Prüfungsausschuss (Audit Committee) des Aufsichtsrates der B-AG und Herr ...... als Anteilseignervertreter einen Sitz im Personalausschuss des Aufsichtsrats der B-AG erhalten werden.

10.3 (ausführliche Angaben zum einheitlichen Beteiligungsprogramm für Führungskräfte)

Teil III. Sonstige Bestimmungen

§ 11 Fusionskontrolle und sonstige behördliche Anmeldeverfahren

11.1 Die Parteien werden nach besten Kräften zusammenwirken, um gemeinsam die erforderlichen fusionskontrollrechtlichen Freigaben [insbesondere bei der EU-Kommission/beim Bundeskartellamt] zu erlangen. Sie verpflichten sich, alle dazu notwendigen Unterlagen und Informationen zur Verfügung zu stellen.

11.2 Soweit zulässig, werden die erforderlichen fusionskontrollrechtlichen Verfahren unverzüglich nach der Unterzeichnung dieser Grundsatzvereinbarung und Bekanntmachung des Zusammenschlussvorhabens eingeleitet.

11.3 Sollten die zuständigen Kartellbehörden in einem Land den Zusam-

voting on approval of the merger agreement with B-AG to elect Mrs. ...... and Mr. ...... as shareholder representatives of B-AG for a regular term of office. The current shareholder representatives of the Supervisory Board of B-AG, Mr. ...... Mr. ......, have already announced that they will resign in writing as members of the Supervisory Board effective as of the end of the Shareholders' Meeting voting on approval of the merger.

The Majority Shareholders shall make reasonable efforts, to the extent permitted by law and not associated with undue legal burden, to ensure that Mrs. ......, a shareholder representative, will receive a seat on the Audit Committee of the Supervisory Board of B-AG, and that Mr. ......, the other shareholder representative, will receive a seat on the Personnel Committee of the Supervisory Board of B-AG.

10.3 (detailed information about a uniform stock option plan for management)

Part III. Miscellaneous

Section 11 Merger Control and Other Administrative Registration Proceedings

11.1 The Parties shall cooperate to the best of their abilities in order to jointly receive the necessary merger approvals [including, without limitation, approval from the EU Commission/Federal Cartel Office]. The Parties agree to make available all necessary documentation and information for this purpose.

11.2 To the extent permitted, the Parties shall initiate the necessary merger control proceedings promptly after the signing date of this Memorandum of Understanding and announcement of the contemplated merger.

11.3 If the merger should not be approved by the responsible cartel au-

menschluss nicht oder nur unter Auflagen genehmigen, so werden die Parteien einvernehmlich über die Einlegung von Rechtsbehelfen entscheiden, wobei eine solche Zustimmung nicht unbillig verweigert werden darf. Sie werden erforderlichenfalls solche Bedingungen und Auflagen akzeptieren, die mit dem Ziel des vorgesehenen Zusammenschlusses vereinbar und für jede Partei zumutbar sind.

11.4 Die vorstehenden Bestimmungen gelten entsprechend für alle notwendigen aufsichtsrechtlichen und sonstigen behördlichen Anmelde- und Genehmigungsverfahren.

§ 12 Durchführungsvoraussetzungen

12.1 Das Inkrafttreten dieser Grundsatzvereinbarung steht unter der aufschiebenden Bedingung der Zustimmung des Aufsichtsrates der A-AG sowie des Aufsichtsrates der B-AG. Die Parteien werden einander unverzüglich über die Entscheidung ihrer jeweiligen Aufsichtsräte unterrichten.

12.2 Die Durchführung des in dieser Grundsatzvereinbarung vereinbarten Zusammenschlusses der A-AG und der B-AG setzt voraus, dass

(i) die Hauptversammlung der A-AG der in dieser Grundsatzvereinbarung vorgesehenen Verschmelzung der A-AG auf die B-AG zustimmt;

(ii) die Hauptversammlung der B-AG der in dieser Grundsatzvereinbarung vorgesehenen Verschmelzung der A-AG auf die B-AG zustimmt und

(iii) der Vollzug des Zusammenschlusses nach [der EU-Fusionskontrollverordnung sowie den sonstigen einschlägigen Kartellgesetzen] zulässig ist.

thorities of a country or should be approved only subject to certain conditions, the Parties shall decide by mutual agreement whether to appeal from such a decision, provided that consent shall not be withheld unreasonably. If necessary, the Parties shall accept such conditions or requirements as are reconcilable with the objective of the contemplated merger and are not unduly burdensome for either Party.

11.4 The foregoing provisions shall apply, *mutatis mutandis*, to all necessary regulatory and other administrative registration and approval proceedings.

Section 12 Conditions for Consummation of the Merger

12.1 This Memorandum of Understanding shall take effect only if it is approved by the Supervisory Board of A-AG and the Supervisory Board of B-AG (condition precedent). The Parties shall inform each other promptly of the decision made by their respective Supervisory Board.

12.2 Consummation of the merger of A-AG and B-AG in accordance with this Memorandum of Understanding shall be subject to the following conditions:

(i) the merger of A-AG into B-AG as provided for in this Memorandum of Understanding shall have been approved by the Shareholders' Meeting of A-AG;

(ii) the merger of A-AG into B-AG as provided for in this Memorandum of Understanding shall have been approved by the Shareholders' Meeting of B-AG; and

(iii) consummation of the merger shall be lawful under [the EU merger control regulations and other applicable cartel laws].

§ 13 Rücktrittsrechte[17], Break Fee-Vereinbarung[19]

13.1 Jede Partei und jeder Hauptgesellschafter ist zum Rücktritt von dieser Grundsatzvereinbarung berechtigt, wenn

(i) es endgültig feststeht, dass eine wesentliche behördliche oder sonstige Zustimmung, Bewilligung oder Genehmigung nicht oder nur unter solchen Auflagen oder Bedingungen erteilt wird, dass eine für eine Partei oder einen Hauptgesellschafter unzumutbare Änderung des Konzepts des Zusammenschlusses erforderlich wäre; oder

(ii) der Eintragungstag nicht bis zum ...... eingetreten ist.

13.2 Die A-AG bzw. die B-AG ist zum Rücktritt von dieser Grundsatzvereinbarung berechtigt, sofern nach Abschluss dieser Grundsatzvereinbarung der A-AG bzw. der B-AG Tatsachen oder Umstände über die rechtlichen, finanziellen oder wirtschaftlichen Verhältnisse des A-Geschäfts bzw. des Geschäfts der B-AG bekannt werden, die eine so schwerwiegende Verschlechterung der Vermögens-, Finanz- oder Ertragslage oder der künftigen Ertragskraft des A-Geschäfts bzw. des Geschäfts der B-AG gegenüber dem bei Abschluss dieser Grundsatzvereinbarung bekannten Zustand bedeuten, dass ein Festhalten an dem vereinbarten Zusammenschlussvorhaben unzumutbar ist. Das Rücktrittsrecht aus Satz 1 besteht auch dann, wenn Tatsachen oder Umstände der vorbezeichneten Art zwar schon bei Abschluss dieser Grundsatzvereinbarung bekannt waren, aber ihre Bedeutung und Tragweite für die in dieser Grundsatzvereinbarung geregelten Transaktionen auch bei sorgfältiger und umsichtiger Vorgehensweise sowie verständiger Würdigung seinerzeit nicht absehbar waren.

Section 13 Rights of Rescission, Break Fee

13.1 Each Party and Majority Shareholder shall have the right to rescind this Memorandum of Understanding, if

(i) it is certain that a material regulatory or other consent or approval will not be granted or will be granted only subject to requirements or conditions that would change the concept of the merger in such a way as to render the merger unduly burdensome for one of the Parties or Majority Shareholders; or

(ii) the merger has not been recorded in the Commercial Register by ....

13.2 A-AG or B-AG shall have the right to rescind this Memorandum of Understanding, if after the signing date of this Memorandum of Understanding A-AG or B-AG discover any facts or circumstances about the legal, financial or economic condition of the A Business or the business of B-AG that indicate such a negative development of the asset, financial or earnings position, or future profitability of the A Business or the business of B-AG, as compared to the status known on the signing date of this Memorandum of Understanding, that consummation of the agreed merger would be unduly burdensome for the other Party. A party shall have a right of rescission under sentence 1 even if facts or circumstances of the aforementioned kind were known on the signing date of this Memorandum of Understanding, but their significance and scope were not reasonably foreseeable at that time even in the exercise of due care and upon reasonable consideration.

2. Verschmelzung einer AG auf eine AG zur Aufnahme

13.3 Die B-AG ist zum Rücktritt von dieser Grundsatzvereinbarung berechtigt, wenn die A-AG unter Verstoß gegen die Verpflichtung aus § 2.6 direkt oder indirekt eigene Aktien erwirbt.

13.4 Der Rücktritt von dieser Grundsatzvereinbarung nach den vorstehenden Regelungen ist nur bis zu dem letzten dem Eintragungstag vorangehenden Werktag zulässig. Rücktrittserklärungen bedürfen der Schriftform und sind per Einschreiben gegen Rückschein, vorab per Telefax, an die jeweils andere Partei zu richten. Die Rücktrittserklärung gilt mit erfolgreicher Übermittlung per Telefax als zugegangen.

13.5 Für den Fall, dass die B-AG nach Maßgabe von § 13.1 bis § 13.3 zum Rücktritt von dieser Grundsatzvereinbarung berechtigt ist und sie ihr Rücktrittsrecht wirksam ausgeübt hat, [sowie für den Fall, dass die A-AG ihre in dieser Grundsatzvereinbarung niedergelegten sonstigen Pflichten schuldhaft verletzt hat,] ist die A-AG verpflichtet, an die B-AG einen Betrag in Höhe von ...... EUR (in Worten: ......) als pauschalierten Kostenersatz zu zahlen (der „Kostenersatz" bzw. „Break Fee"[19]). Der Kostenersatz dient allein dem Ersatz der der B-AG im Zusammenhang mit der Strukturierung der in dieser Grundsatzvereinbarung beschriebenen Transaktion, der Durchführung einer Due Diligence sowie der Vornahme sonstiger Vorbereitungsmaßnahmen entstandenen und voraussichtlich noch entstehenden Kosten einschließlich Beratungskosten. Ein gesonderter Nachweis für die der B-AG tatsächlich entstandenen Kosten ist nicht notwendig. Die Zahlung des Kostenersatzes ist neben dem in diesem § 13 niedergelegten Rücktrittsrecht der ausschließliche Rechtsbehelf der B-AG in diesem Zusammenhang; die Gel-

13.3 B-AG shall have the right to rescind this Memorandum of Understanding, if A-AG directly or indirectly purchases any treasury shares in violation of Section 2.6 of this Memorandum of Understanding.

13.4 This Memorandum of Understanding may be rescinded in accordance with the foregoing provisions only on or before the last business day preceding the Recording Date. Any notice of rescission must be in written form and shall be transmitted to the other Party by registered mail with return receipt requested, with an advance copy to be sent by telefax. Notice of rescission shall be deemed to have been received upon successful transmission by telefax.

13.5 In the event that B-AG has a right to rescind this Memorandum of Understanding in accordance with Sections 13.1 through 13.3 and B-AG validly exercises its right of rescission, [or in the event that A-AG has wrongfully breached any other obligations under this Memorandum of Understanding], A-AG shall pay to B-AG an amount of EUR ...... (...... euros) as liquidated damages (hereinafter the „Liquidated Damages" or „Break Fee"). The sole purpose of the Liquidated Damages shall be to reimburse B-AG for costs that have been or are expected to be incurred by B-AG in connection with structuring the transaction described in this Memorandum of Understanding, with performance of the due diligence review, and with other preparations, including costs of professional advisors. No separate proof of the costs actually incurred by B-AG shall be required. Payment of the Liquidated Damages shall, aside from the right of rescission provided for in this Section 13, be the sole remedy for B-AG in this connection; all other claims for performance or for additional damages by B-AG are hereby excluded.

tendmachung von Erfüllungsansprüchen oder eines weiteren Schadens durch die B-AG ist ausgeschlossen.

§ 14 Veröffentlichung des Zusammenschlussvorhabens[20]

14.1 Nach Unterzeichnung und Inkrafttreten dieser Grundsatzvereinbarung gemäß § 12.1 soll das Zusammenschlussvorhaben unverzüglich veröffentlicht werden. Die Parteien werden sich über den Inhalt dieser Veröffentlichung und der von ihnen abzugebenden Ad hoc-Mitteilung zuvor abstimmen.

14.2 Die Parteien und Hauptgesellschafter werden sich auf eine Sprachregelung verständigen, in deren Rahmen sich alle weiteren Erklärungen gegenüber Mitarbeitern der A-AG und der B-AG und der Öffentlichkeit bewegen sollen. Die Parteien und Hauptgesellschafter werden sich gegenseitig über ihre jeweiligen Verlautbarungen gegenüber dem Kapitalmarkt, Investoren und Analysten informieren.

§ 15 Vertraulichkeit[21]

Die Parteien und Hauptgesellschafter sind sich darüber einig, dass das zwischen ihnen im Zusammenhang mit dem in dieser Grundsatzvereinbarung vereinbarte Zusammenschlussvorhaben streng vertraulich zu behandeln ist. Einzelheiten sind in der gesonderten Vertraulichkeitsvereinbarung vom ...... geregelt.

§ 16 Kosten

16.1 Jede Vertragspartei trägt die ihr im Zusammenhang mit der Vorbereitung und Durchführung dieser Grundsatzvereinbarung entstandenen bzw. entstehenden Kosten grundsätzlich selbst.

16.2 Gemeinsam veranlasste Kosten werden von den Vertragsparteien zu gleichen Teilen getragen.

16.3 Im Falle des Rücktritts von dieser Grundsatzvereinbarung gemäß § 13 aus einem Grund, den die die Rücktrittserklärung empfangene Partei

Section 14 Announcement of Contemplated Merger

14.1 The contemplated merger shall be announced promptly after this Memorandum of Understanding is signed and takes effect in accordance with Section 12.1. The Parties shall agree on the contents of the announcement and the required *ad hoc* notice prior to publication.

14.2 The Parties and the Majority Shareholders shall agree on rules of communication governing all future communications to employees of A-AG and B-AG and to the public. The Parties and the Majority Shareholders further shall mutually inform each other of announcements made by each of them to the capital market, investors and analysts.

Section 15 Confidentiality

The Parties and the Majority Shareholders agree to keep the contemplated merger provided for in this Memorandum of Understanding strictly confidential. The specific terms and conditions are set forth in the separate confidentiality agreement dated ....

Section 16 Costs

16.1 Each contracting party shall generally be responsible for its own costs that have or will be incurred in connection with the preparation and performance of this Memorandum of Understanding.

16.2 Costs incurred by the contracting parties jointly shall be borne by them in equal parts.

16.3 In the event that this Memorandum of Understanding is rescinded in accordance with Section 13 due to any fault of the Party receiving no-

in vorwerfbarer Weise gesetzt hat, ist letztgenannte Partei verpflichtet, der das Rücktrittsrecht ausübenden Partei die ihr im Zusammenhang mit der Vorbereitung, Durchführung und Abwicklung dieser Vereinbarung entstandenen Kosten in bar zu ersetzen. Der Anspruch ist mit Wirksamwerden des Rücktritts fällig; die Geltendmachung eines weitergehenden Schadens bleibt der rücktrittsberechtigten Partei unbenommen.

tice of rescission, that Party shall reimburse the rescinding Party in cash for all costs incurred in connection with the preparation, performance and settlement of this Agreement. The claim shall be due on the date of rescission takes effect; the rescinding Party reserves the right to claim additional damages.

§ 17 Scheitern des Zusammenschlussvorhabens

Sollte einer Partei oder einem Hauptgesellschafter erkennbar werden, dass die Durchführung des in dieser Grundsatzvereinbarung vereinbarten Zusammenschlussvorhabens oder die Einhaltung des angestrebten Zeitplans gefährdet ist, so ist sie verpflichtet, dies den übrigen Vertragsparteien unverzüglich schriftlich mitzuteilen.

Section 17 Failure of Contemplated Merger

If it should become reasonably apparent to one of the Parties or Majority Shareholders that consummation of the merger provided for in this Memorandum of Understanding or compliance with the contemplated timetable is jeopardized, such contracting party shall provide the other contracting parties with prompt written notice thereof.

§ 18 Schiedsverfahren

18.1 Alle Streitigkeiten, die sich im Zusammenhang mit dieser Grundsatzvereinbarung oder über ihre Gültigkeit ergeben, werden nach der Schiedsgerichtsordnung der Deutschen Institution für Schiedsgerichtsbarkeit e.V. (DIS) unter Ausschluss des ordentlichen Rechtswegs endgültig entschieden. Das Schiedsgericht entscheidet mit drei Schiedsrichtern. Ort des schiedsrichterlichen Verfahrens ist ...... Das schiedsrichterliche Verfahren wird in deutscher Sprache durchgeführt [, wobei Beweismittel auch in [englischer] Sprache vorgelegt werden dürfen].

18.2 Verlangt zwingendes Recht die Entscheidung einer Angelegenheit aus oder im Zusammenhang mit dieser Grundsatzvereinbarung oder ihrer Durchführung durch ein ordentliches Gericht, ist der Gerichtsstand ......

Section 18 Arbitration

18.1 Any disputes arising from or in connection with this Memorandum of Understanding or its validity shall be settled exclusively by arbitration in accordance with the arbitration rules of the German Arbitration Institute (DIS). The Parties agree that arbitration decisions shall be final and binding, and they hereby waive any right to adjudicate disputes in a court of law. The arbitration court shall be comprised of three arbitrators. The place of arbitration shall be .... The arbitration proceeding shall be conducted in the German language [, provided however that evidence may also be submitted in the [English] language].

18.2 If any disputes arising from or in connection with this Memorandum of Understanding or its performance must under applicable law be decided by a court of law, the Parties agree to submit to the jurisdiction of ......

§ 19 Schlussbestimmungen

19.1 Die Parteien und Hauptgesellschafter werden nach besten Kräften alle Handlungen vornehmen oder veranlassen und alle Informationen erteilen, die für eine unverzügliche Umsetzung und Wirksamkeit der in dieser Vereinbarung vorgesehenen Transaktion erforderlich sind. Sie werden insbesondere mit den ihnen zur Verfügung stehenden Mitteln, u. a. durch Ausübung von Stimmrechten, dafür sorgen, dass die in dieser Vereinbarung vorgesehenen Maßnahmen wie vereinbart umgesetzt werden. Die Parteien und Hauptgesellschafter werden Kontakte gegenüber Behörden und der Öffentlichkeit betreffend den Zusammenschluss koordinieren und abstimmen und sich gegenseitig vertrauensvoll unterstützen.

19.2 Sollte eine Bestimmung dieser Vereinbarung unwirksam oder undurchführbar sein oder werden oder sollte sich in dieser Vereinbarung eine ausfüllungsbedürftige Lücke herausstellen, so bleibt die Wirksamkeit und Durchführbarkeit der sonstigen Bestimmungen dieser Vereinbarung hierdurch unberührt. Anstelle der unwirksamen oder undurchführbaren Bestimmung oder zur Ausfüllung der Lücke gilt eine angemessene Regelung als vereinbart, die, soweit rechtlich möglich, dem am nächsten kommt, was die Parteien gewollt haben oder gewollt haben würden, wenn sie den Punkt bedacht hätten.

19.3 Änderungen, Abweichungen und Ergänzungen zu bzw. von dieser Grundsatzvereinbarung bedürfen der Schriftform, soweit nicht gesetzlich notarielle Form vorgeschrieben ist. Dieses Schriftformerfordernis gilt auch für eine Änderung oder Abweichung von diesem § 19.3.

Section 19 Final Provisions

19.1 The Parties and the Majority Shareholders shall make best efforts to take or arrange for all actions and to provide all information necessary for prompt implementation and legal effect of the transactions provided for in this Agreement. In particular, the Parties shall use all means available to them, including the exercise of voting rights, to ensure that measures provided for in this Agreement will be implemented as agreed. The Parties and the Majority Shareholders shall coordinate and agree upon all communications to authorities and the public, and the Parties shall support one another based upon mutual trust.

19.2 If any provision of this Agreement is or becomes invalid or impracticable, or if any provision has been inadvertently omitted from this Agreement, the validity and practicability of the remaining provisions of this Agreement shall remain unaffected thereby. Any invalid, impracticable or omitted provision shall be replaced by such reasonable provision as most closely reflects, to the extent permitted by law, what the Parties intended or would have intended, had they considered the matter from the outset.

19.3 Any modifications or amendments to this Memorandum of Understanding, as well as any departures from the terms of this Memorandum of Understanding, must be in written form, unless notarial recording is required by applicable law. This requirement of written form shall also apply to any modification of or departure from the provisions of this Section 19.3.

2. Verschmelzung einer AG auf eine AG zur Aufnahme L.II.2

Schrifttum: Aha, Vorbereitung des Zusammenschlusses im Wege der Kapitalerhöhung gegen Sacheinlage durch ein „Business Combination Agreement", BB 2001, 2225; *Banerjea*, Der Schutz von Übernahme- und Fusionsplänen. Überlegungen zur Zulässigkeit und Gestaltung sog. Deal-Protection-Abreden, DB 2003, 1489; *Decher*, Grenzüberschreitende Umstrukturierungen jenseits von SE und Verschmelzungsrichtlinie, Der Konzern 2006, 805; *Drygala*, Deal Protection in Verschmelzungs- und Unternehmenskaufverträgen – eine amerikanische Vertragsgestaltung auf dem Weg ins deutsche Recht, (1), WM 2004, 1413; *ders.*, Deal Protection in Verschmelzungs- und Unternehmenskaufverträgen – eine amerikanische Vertragsgestaltung auf dem Weg ins deutsche Recht, (2), WM 2004, 1457; *Guinomet*, Break fee-Vereinbarungen, 2003; *Hilgard*, Break-up Fees beim Unternehmenskauf, BB 2008, 286; *Hoffmann*, Die Bildung der Aventis S. A. – ein Lehrstück des europäischen Gesellschaftsrechts, NZG 1999, 1077; *Horn*, Verträge über internationale Unternehmenszusammenschlüsse, Festschrift für Lutter, 2000, S. 1113; *Maidl/Kreifels*, Beteiligungsverträge und ergänzende Vereinbarungen, NZG 2003, 1091; *Mayer*, Grenzen von Aktionärsvereinbarungen, MittBayNot 2006, 281; *Seibt*, Takeover Panel belebt Debatte zum Übernahmerecht, Börsen-Zeitung Nr. 237 vom 8.12. 2010; *Seibt/Raschke/Reiche*, Rechtsfragen der Haftungsbegrenzung bei Garantien (§ 444 BGB n. F.) und M&A-Transaktionen, NZG 2002, 256; *Seibt/Wunsch*, Investorenvereinbarungen bei öffentlichen Übernahmen, Der Konzern 2009, 195; *Sieger/Hasselbach*, Break Fee-Vereinbarungen bei Unternehmenskäufen. Im Blickpunkt: Zulässigkeit und Vertragsgestaltung nach deutschem Gesellschaftsrecht, BB 2000, 625; *Ziegler/Stancke*, Kostenersatz beim Abbruch von Vertragsverhandlungen im M&A-Transaktionen, M&A Review 2008, 28.

Anmerkungen

1. Zweck. Das Formular enthält eine Grundsatzvereinbarung über den Zusammenschluss zweier börsennotierter Aktiengesellschaften. Häufig werden diese Vereinbarungen auch als Zusammenschlussvereinbarung oder, da sie aus dem angloamerikanischen Rechtskreis stammen, als *Business Combination Agreement* (kurz: BCA) bezeichnet.

Als Zusammenschlussvereinbarungen kann man alle schuldrechtlichen Vereinbarungen bezeichnen, welche die Bedingungen und Ziele eines Unternehmenszusammenschlusses von Kapitalgesellschaften im Vorfeld verbindlich strukturieren und festschreiben (vgl. etwa Horn, FS Lutter, S. 1113, 1114; *Aha* BB 2001, 2225). Insbesondere bei Transaktionen mit Unternehmen oder Hauptaktionären aus unterschiedlichen Jurisdiktionen sind vielfältige Herausforderungen zu bewältigen, sodass frühzeitige Vereinbarungen hier eine verbreitete Praxis darstellen (vgl. z.B. BCA zwischen Demag Cranes AG und Terex Industrial Holding AG v. 16. 6. 2011; BCA zwischen bwin Interactive Entertainment AG und PartyGaming PLC v. 29. 7. 2010; BCA zwischen NTT Communications Corp. und Integralis AG v. 30. 6. 2009; BCA zwischen Agennix Inc. und GPC Biotech AG v. 18. 2. 2009; BCA zwischen UCB S. A. und Schwarz Pharma AG v. 25. 9. 2006; BCA zwischen UniCredit S,p. A. und Bay. HypoVereinsbank AG v. 12. 6. 2005; BCA zwischen Adecco SA und jobpilot AG v. 6. 2. 2002; BCA zwischen Rhône-Poulenc S. A. und Hoechst AG v. 20. 5. 1999; BCA zwischen Daimler-Benz AG und Chrysler Corp. v. 7. 5. 1998). Solche Vereinbarungen werden von den Unternehmensleitungen der involvierten Unternehmen oder einem Teil hiervon ausgehandelt, sind für sich jedoch regelmäßig noch nicht geeignet, den beabsichtigten Zusammenschluss herbeizuführen. Hierzu bedarf es vielmehr noch weiterer gesellschaftsrechtlicher Maßnahmen, z.B. weiterer Organbeschlüsse (insbes. des Aufsichtsrats und der Hauptversammlung bei Aktiengesellschaften bzw. der Gesellschafterversammlung bei GmbHs), eines Übernahmeangebots und/oder des Abschlusses eines Verschmelzungsvertrages, gegebenenfalls fusionskontrollrechtliche Freigaben und Handelsregistereintragungen von Verschmelzungsbeschlüssen.

Hinsichtlich Unternehmenszusammenschlüssen kann grundsätzlich zwischen zwei Erscheinungsformen unterschieden werden. Zum einen gibt es den Regelfall des Unternehmenszusammenschlusses, bei dem ein Unternehmen die Anteilsmehrheit an einem anderen Unternehmen erwirbt, das andere Unternehmen also quasi nur Objekt der Übernahme ist (vgl. hierzu *Horn*, FS Lutter, S. 1113, 1114). Solche Unternehmenszusammenschlüsse erfolgen häufig – insbesondere wenn ausländische Rechtsträger beteiligt sind – in einem ersten Schritt im Wege eines öffentlichen Übernahmeverfahrens nach dem Wertpapiererwerbs- und Übernahmegesetz (WpÜG) und, sofern hierdurch eine ausreichende Mehrheit an der Zielgesellschaft erlangt wurde, in einem zweiten Schritt mittels einer Verschmelzung der Zielgesellschaft auf die übernehmende Gesellschaft (vgl. ausführlich zu grenzüberschreitende Umstrukturierungen: *Decher* Der Konzern 2006, 805 ff.). Im Rahmen solcher Unternehmenszusammenschlüsse werden, sofern es sich um freundliche, d.h. vom Management der Zielgesellschaft unterstützte, Übernahmen bzw. Zusammenschlüsse handelt, zwischen der Verwaltung der Zielgesellschaft und der übernehmenden Gesellschaft häufig Zusammenschlussvereinbarungen geschlossen, welche insbesondere die Eckpunkte des Übernahmeverfahrens regeln (vgl. Hölters/ *Bouchon/Müller-Michaels* XI Rdnr. 72).

Zum anderen gibt es Unternehmenszusammenschlüsse „unter Gleichen", sog. *merger among equals* (bekannte Beispiele sind insoweit der Zusammenschluss von Daimler/Chrysler und Hoechst/Rhône-Poulenc; vgl. hierzu *Hoffmann*, NZG 1999, 1077). Um einen solchen Zusammenschluss handelt es sich nach dem Verständnis der beteiligten Parteien, wenn der erwogene Zusammenschluss durch beide Parteien gleichberechtigt gestaltet wird und hierdurch ein Unternehmen oder Konzern entsteht, der diese Gleichberechtigung in seiner Organisation und Struktur widerspiegelt und fortsetzt (vgl. hierzu *Horn*, FS Lutter, S. 1113 f.). Dem vorliegenden Muster liegt ein solches Szenario zugrunde.

Zur Erreichung eines Unternehmenszusammenschlusses, insbesondere wenn dieser (zunächst) im Wege eines Übernahmeverfahrens durchgeführt wird, sind Zusammenschlussvereinbarungen nicht unbedingt erforderlich. In der Praxis werden sie gleichwohl ganz überwiegend geschlossen. Gerade wenn ein gleichberechtigter Zusammenschluss beabsichtigt wird, sollte eine Zusammenschlussvereinbarung abgeschlossen werden, da hierin die gemeinsamen Grundsätze und Ziele und deren Umsetzung zum Ausdruck gebracht und verwirklicht werden können (vgl. hierzu noch ausführlich Anm. 15). Die Praxisrelevanz beweist die nachstehende Übersicht exemplarischer BCA seit 1998 (Daimler/Chrisler) (zur jüngsten Praxis s. *Seibt* CFL 2011, 213, 220 f.):

Übersicht wesentlicher Business Combination Agreements seit 1998:

Jahr	Beteiligte Unternehmen	Geplante Transaktionsstruktur	Beitritt von Großaktionären	Corporate Governance Regelungen Konzernunabhängigkeit, Besetzung der Geschäftsleitungsorgane	Break Fee Regelung
2011	Terex Industrial Holding/Demag Cranes	Übernahmeangebot	./.		./.
2011	NYSE Euronext/ Deutsche Börse	Verschmelzung	./.	Satzung und Besetzung der Geschäftsleitungsorgane der Holding	Scheitert die Transaktion wegen eines konkurrierenden Angebotes, sind der erfolglosen Partei € 250 Mio. zu erstatten
2010	PartyGaming/bwin Interactive Entertainment	Verschmelzung	1	Umwandlung der PartyGaming in eine SE, Sitz in Gibraltar, *One-tier board*, bisherige Geschäftsleiter werde Co-CEOs der neuen Gesellschaft, weitere Zusammensetzung des Leitungsorgans	Scheitert die Transaktion wegen eines konkurrierenden Angebotes bzw. wegen fehlender Unterstützung sei

2. Verschmelzung einer AG auf eine AG zur Aufnahme — L.II.2

Jahr	Beteiligte Unternehmen	Geplante Transaktionsstruktur	Beitritt von Großaktionären	Corporate Governance Regelungen Konzernunabhängigkeit, Besetzung der Geschäftsleitungsorgane	Break Fee Regelung
2011	Terex Industrial Holding/Demag Cranes	Übernahmeangebot	./.		./. tens einer Partei, sind der erfolglosen Partei € 12 Mio. zu erstatten
2009	SCM Microsystems/Bluehill ID	Übernahmeangebot	./.	Größe und Zusammensetzung des Verwaltungsrates, Erhalt der bestehenden Marken	n.b.
2009	NTT Communications/Integralis	Übernahmeangebot	1	Geschäftsführung und -aktivitäten der Integralis bleiben unverändert, Abschluss von Unternehmensverträgen iSv. § 291 AktG beabsichtigt	n.b.
2009	Agennix/GPC Biotech	Sachkapitalerhöhung	2	Bildung eines gemeinsamen Integrationsteams, Zusammensetzung der Leitungsorgane der NewCo	./.
2008	TDK/EPCOS	Übernahmeangebot	./.	Bildung eines gemeinsamen Integrationsteams, Strukturierung des Konzerns	./.
2007	Swiss Life/AWD Holding	Übernahmeangebot	1	Sitz und Vorstand der AWD bleiben unverändert	n.b.
2007	Alcon/WaveLight	Übernahmeangebot	./.	Bildung eines gemeinsamen Integrationsteams, Vorstandsleitung von WaveLight bleibt unverändert	./.
2006	aap Implantate AG/Fame Holding	Sachkapitalerhöhung		Strukturierung des Konzerns	n.b.
2006	adesso/BOV	Verschmelzung	./.	Firma und Sitz der neuen Gesellschaft,	Rechtmäßig zurück-

Seibt

Jahr	Beteiligte Unternehmen Terex Industrial Holding/Demag Cranes 2011	Geplante Transaktionsstruktur Übernahmeangebot	Beitritt von Großaktionären ./.	Corporate Governance Regelungen Konzernunabhängigkeit, Besetzung der Geschäftsleitungsorgane	Break Fee Regelung ./.
				Besetzung der Geschäftsleitungsorgane	tretende Partei hat Anspruch auf Erstattung der Beraterkosten
2006	UCB/Schwarz Pharma	Übernahmeangebot	1	Mitarbeiter der Zielgesellschaft sollen in das Management der Bieterin berufen werden	n.b.
2006	Dowslake Microsystems/Pandatel	Sachkapitalerhöhung		Verlagerung der Produktion nach Shanghai	./.
2005	UniCredit/Bay. HypoVereinsbank	Übernahmeangebot	./.	Temporärer Ausschluss von Beherrschungsverträgen (§ 291 AktG), Bildung eines Integrationsteams, Zusammensetzung und Geschäftsordnungen der Leitungsorgane, Verlegung der Standorte	./.
2003	Open Text/IXOS	Übernahmeangebot	1	Regionale Strukturierung des Unternehmens, neue Funktion für den Vorstandsvorsitzenden der Zielgesellschaft	Bei Erfolg eines konkurrierenden Angebotes sind dem Bieter € 4 Mio. zu erstatten
2002	Adecco/jobpilot	Übernahmeangebot	1	Keine Änderung des Vorstandsvorsitzenden von jobpilot	n.b.
2000	Deutsche Bank/Dresdner Bank *(nicht vollzogen)*	Verschmelzung	./.	Zusammensetzung des Leitungsorgans, Firma der neuen Bank	n.b.
1999	Hoechst/Rhône-Poulenc	Übernahmeangebot[3]	1	*Two-tier board* bei Aventis, Zusammensetzung von	€ 75 Mio. plus Beraterkosten,

2. Verschmelzung einer AG auf eine AG zur Aufnahme

Jahr 2011	Beteiligte Unternehmen Terex Industrial Holding/Demag Cranes	Geplante Transaktionsstruktur Übernahmeangebot	Beitritt von Großaktionären ./.	Corporate Governance Regelungen Konzernunabhängigkeit, Besetzung der Geschäftsleitungsorgane	Break Fee Regelung ./.
				Vorstand und Aufsichtsrat, Gesellschaftssitz	falls eine Partei die Transaktion wegen eines konkurrierenden Angebots nicht länger unterstützt
1998	Daimler/Chrysler	Übernahmeangebot/Sachkapitalerhöhung[4]	./.	Bildung eines gemeinsamen Integrationsteams, Zusammensetzung von Vorstand und Aufsichtsrat, Gesellschaftssitz	./.

Anmerkungen:
1   Einbeziehung der Aktionäre mittels Irrevocable Undertakings bzw. anderer externer Absprachen
2   Einbeziehung der Aktionäre im BCA und mittels Irrevocable Undertakings
3   Öffentliches Umtauschangebots durch Aventis S. A.
4   Öffentliches Umtauschangebots durch die neugegründete Daimler Chrysler AG an die Aktionäre der Daimler-Benz AG/Einbringung von Chrysler in Daimler Chrysler mittels Sachkapitalerhöhung
n. b.   Nicht bekannt (nicht veröffentlichte Information)

2. Parteien. Parteien der vorliegenden Grundsatzvereinbarung sind zwei börsennotierte deutsche Aktiengesellschaften unter Beitritt von je einem Großaktionär der Gesellschaften. Das Formular geht davon aus, dass die aufnehmende Gesellschaft etwa doppelt so groß ist wie das zu übernehmende Unternehmen.

Die Vereinbarung ist grundsätzlich von Vorstandsmitgliedern in vertretungsberechtigter Zahl zu unterzeichnen. Da die hierin geregelte Transaktion nach dem zugrunde liegenden Szenario aber für beide Gesellschaften von grundlegender Bedeutung ist, bedarf der Abschluss der Vereinbarung zwar nicht im Außenverhältnis, wohl aber im Innenverhältnis grundsätzlich eines Beschlusses des Gesamtvorstandes.

Zur Erhöhung der Erfolgschancen des Zusammenschlussvorhabens werden die beteiligten Unternehmen frühzeitig versuchen, auch ihre Großaktionäre und/oder wesentlich beteiligten Aktionäre hierfür zu gewinnen. Insoweit kann es sich anbieten, diese Aktionäre – wie im Formular – bereits zur Partei der Grundsatzvereinbarung zu machen und ihnen die Verpflichtung aufzuerlegen, den beabsichtigten Zusammenschluss zu unterstützen, insbesondere ihr Stimmrecht in der Hauptversammlung dahingehend auszuüben, dass die den Zusammenschluss vollziehende Verschmelzung beschlossen wird (vgl. z.B. Einbeziehung der Hauptaktionärin der GPC Biotech im BCA v. 18. 2. 2009 mit Agennix; Einbeziehung der Aktionäre der Dowslake Microsystems Corp. im BCA mit Pandatel AG v. 6. 2. 2006; vgl. auch *Aha* BB 2001, 2225). Hierbei ist allerdings die Bestimmung des § 136 Abs. 2 S. 1 AktG zu beachten, derzufolge ein Vertrag nichtig ist, durch den sich ein Aktionär verpflichtet, nach Weisung der Gesellschaft, des Vorstandes oder des Aufsichtsrates der Gesellschaft oder nach Weisung eines abhängigen Unternehmens sein Stimmrecht auszuüben. Dies gilt ebenso für eine Vereinbarung, für die jeweiligen Vorschläge des Vorstands oder des Aufsichtsrats der Gesellschaft zu stimmen (vgl.

§ 136 Abs. 2 S. 2 AktG). Als alternative oder zusätzliche Gestaltung zur Einbindung der Aktionäre der Zielgesellschaft bietet sich im Vorfeld von Übernahmen auch der Abschluss von *Irrevocable Undertakings* an (so etwa anlässlich des BCA zwischen bwin Interactive Entertainment AG und PartyGaming PLC v. 29. 7. 2010; BCA zwischen NTT Communications Corp. und Integralis AG v. 30. 6. 2009; BCA zwischen Swiss Life Beteiligungs GmbH und AWD Holding AG v. 3. 12. 2007; BCA zwischen UCB S. A. und Schwarz Pharma AG v. 25. 9. 2006; BCA zwischen Adecco S. A. und jobpilot AG v. 6. 2. 2002 sowie BCA zwischen Agennix Inc. und GPC Biotech AG v. 18. 2. 2009; vgl. hierzu ausführlich Form. E.I).

Ferner ist bei einer Beteiligung von Aktionären darauf zu achten, dass die insiderrechtlichen Bestimmungen (§§ 12 ff. WpHG) eingehalten werden, denn der Plan der beteiligten Unternehmen, sich zu einem Unternehmen zusammenschließen zu wollen, kann eine Insiderinformation im Sinne von § 13 Abs. 1 WpHG darstellen. Dennoch wird die Verwendung einer solchen Information in der Regel nicht gegen das Insiderhandelsverbot der §§ 14, 38 WpHG verstoßen, soweit es bei der Durchführung des ursprünglichen Plans bleibt (vgl. *BaFin*, Emittentenleitfaden mit Stand vom 28. April 2009, Abschnitte III. 2.2.1.4.2 und III. 2.2.2.1 jeweils zum Paketerwerb). Darüber hinaus ist in diesem Zusammenhang zu beachten, dass die Aufnahme einer entsprechenden Stimmbindung durch den oder die Aktionäre unter bestimmten Umständen zu einer wechselseitigen Stimmrechtszurechnung nach § 30 Abs. 2 S. 1 WpÜG, § 22 Abs. 2 S. 1 WpHG führen kann (vgl. zu § 30 Abs. 2 WpÜG: Assmann/Pötzsch/Uwe H. Schneider/*Uwe H. Schneider* § 30 Rdnr. 109; zu § 22 Abs. 2 WpHG: Assmann/Uwe H. Schneider/*Uwe H. Schneider* § 22 Rdnr. 172 ff.). Eine entsprechende Stimmrechtszurechnung kann bei Überschreiten der in § 21 Abs. 1 S. 1 WpHG bestimmten Schwellenwerte (3, 5, 10, 15, 20, 25, 30, 50, 75% der Stimmrechte) eine Mitteilungspflicht sowohl des Aktionärs als auch eines oder gegebenenfalls beider Unternehmen nach §§ 21 ff. WpHG auslösen bzw. bei Erreichen der Kontrollschwelle von 30% der Stimmrechte einer der Gesellschaften (§ 29 Abs. 2 WpÜG) gar die Parteien verpflichten, ein Pflichtangebot nach §§ 35 ff. WpÜG abzugeben.

Sofern ein Zusammenschluss im Wege der Gründung einer neuen (Ober-)Gesellschaft erfolgen soll (zu grenzüberschreitenden Fällen *Decher* Der Konzern 2006, 805 ff.; vgl. auch Anm. 4) und diese bereits zum Zeitpunkt des Abschlusses dieser Vereinbarung wirksam gegründet oder zumindest errichtet worden ist, sollte zweckmäßigerweise auch diese als Partei in die Grundsatzvereinbarung mit einbezogen werden. Dies gilt zumindest dann, wenn der Zusammenschluss den Untergang eines oder beider der bestehenden Unternehmen als Kapitalgesellschaft zur Folge hat und bestimmte Pflichten über den Zeitpunkt des Wirksamwerdens der Verschmelzung hinaus fortbestehen sollen.

In seltenen Ausnahmefällen kann sich z. B. zur Vermeidung etwaiger rechtlicher Bedenken zudem anbieten, die Wirksamkeit der Grundsatzvereinbarung unter die Bedingung ihrer Billigung durch die Hauptversammlung zu stellen (vgl. hierzu noch ausführlicher Anm. 16). Insoweit wäre in § 12.2 des Musters als weitere Durchführungsvoraussetzung aufzunehmen, dass die Hauptversammlung der A-AG und/oder der B-AG dieser Grundsatzvereinbarung mit der entsprechenden Mehrheit zustimmt.

3. Ausgliederung bestimmter Unternehmensteile. In einigen Fällen von Unternehmenszusammenschlüssen wird es beispielsweise aus fusionskontroll- oder sonstiger wettbewerbsrechtlicher oder aus operativer Sicht geboten sein, vor dem Wirksamwerden des Zusammenschlusses einige Unternehmensteile und/oder sonstige Wirtschaftsgüter aus dem zu übertragenden Unternehmen „auszugliedern" (sog. *carve out*). Entsprechende Regelungen hierüber könnten dann ebenfalls in der Grundsatzvereinbarung niedergelegt und der Vollzug eines solchen *carve out* als aufschiebende Bedingung für die Wirksamkeit des Zusammenschlusses aufgenommen werden. Eine Ausgliederung einzelner Tochtergesellschaften und Beteiligungen bietet sich auch an, um diese bei einer der anderen Parteien anschließend „anzugliedern", etwa um sich durch die Umstrukturierung stärker auf die jeweiligen Kernmärkte und -segmente konzentrieren zu können (vgl. z. B. BCA zwischen UniCredit und Bay. HypoVereinsbank v. 12. 6. 2005).

4. Verschmelzung. Das vorliegende Muster geht von einem Zusammenschluss beider Unternehmen im Wege einer Verschmelzung nach dem deutschen Umwandlungsrecht (UmwG) aus. Das UmwG unterscheidet grundsätzlich zwischen zwei Arten der Verschmelzung, nämlich

2. Verschmelzung einer AG auf eine AG zur Aufnahme L.II.2

der Verschmelzung zur Aufnahme (vgl. § 2 Nr. 1 UmwG) und der Verschmelzung zur Neugründung (vgl. § 2 Nr. 2 UmwG).

Für eine Verschmelzung auf eine neu zu gründende gemeinsame Gesellschaft (sog. NewCo Merger) spricht im Fall eines gleichberechtigten Zusammenschlusses zumindest der psychologische Aspekt, dass beide Parteien von Anfang an in einem ausgewogenen Verhältnis an dieser Gesellschaft beteiligt sind und auch gemeinsam deren Corporate Governance-Struktur entwickeln können. Zudem sind dann die Aktionäre beider Unternehmen nicht berechtigt, die Verschmelzung mit der Begründung anzufechten, das Umtauschverhältnis der Anteile sei zu niedrig bemessen (§ 14 Abs. 2 UmwG). Für eine Verschmelzung auf einen der beteiligten Rechtsträger spricht allerdings die einfachere Struktur, da hier – mit Ausnahme der Verschmelzung – grundsätzlich keine weiteren Strukturmaßnahmen erforderlich sind und häufig auch grunderwerbsteuerliche Erwägungen. Das vorliegende Muster geht von einer Verschmelzung zur Aufnahme, d. h. der übertragenden auf die aufnehmende Gesellschaft aus.

Der dem Muster zugrunde liegende Unternehmenszusammenschluss im Wege einer Verschmelzung setzt jeweils die Abhaltung einer Hauptversammlung der beteiligten Rechtsträger voraus, die über die Verschmelzung, d. h. den Verschmelzungsvertrag beschließt (vgl. §§ 13 Abs. 1, 62 ff. UmwG). Die Vorbereitung der erforderlichen Hauptversammlungen bedarf regelmäßig eines erheblichen zeitlichen Vorlaufs, während dessen die Parteien häufig schon zwecks Planungssicherheit und Steigerung der Erfolgschancen eine rechtliche Bindung wünschen (vgl. auch *Aha* BB 2001, 2225). Hierzu können die Parteien, wie in der Praxis überwiegend üblich, eine rechtsverbindliche Zusammenschlussvereinbarung schließen, oder aber alternativ, einen Letter of Intent oder *Memorandum of Understanding* (hierzu ausführl. in Form. B. VII), welches grundsätzlich einen unverbindlichen Charakter hat.

Die Grundsatzvereinbarung in der vorgeschlagenen Form ersetzt im Übrigen nicht den für eine Verschmelzung gemäß § 4 UmwG erforderlichen Verschmelzungsvertrag, der zwischen den beteiligten Unternehmen noch gesondert abzuschließen ist. Sofern zum Zeitpunkt des Abschlusses dieser Vereinbarung bereits ein Verschmelzungsvertrag in einem fortgeschrittenen Entwurfsstadium vorliegt, empfiehlt sich, diesen als Anlage zur Vereinbarung zu nehmen und zu vereinbaren, dass die Verschmelzung im Wesentlichen entsprechend dem vereinbarten Entwurf des Verschmelzungsvertrages den Hauptversammlungen zur Entscheidung vorgeschlagen und durchgeführt werden soll.

5. Wertansätze in der Steuerbilanz. Bei einer Verschmelzung einer Kapitalgesellschaft auf eine andere Kapitalgesellschaft sind gemäß § 11 Abs. 1 UmwStG grundsätzlich die übergehenden Wirtschaftsgüter, einschließlich nicht entgeltlich erworbener oder selbst geschaffener immaterieller Wirtschaftsgüter, in der steuerlichen Schlussbilanz der übertragenden Körperschaft mit dem gemeinen Wert anzusetzen. Auf Antrag können die übergehenden Wirtschaftsgüter abweichend gemäß § 11 Abs. 2 UmwStG aber auch einheitlich mit dem Buchwert oder dem höheren Wert, höchstens jedoch mit dem Wert gemäß § 11 Abs. 1 UmwStG angesetzt werden, wenn bestimmte Bedingungen erfüllt sind. Die übernehmende Körperschaft ihrerseits hat die auf sie übergegangenen Wirtschaftsgüter mit dem in der steuerlichen Schlussbilanz der übertragenden Körperschaft enthaltenen Wert zu übernehmen.

Das Muster geht davon aus, dass ein Ansatz des Buchwertes gemäß § 11 Abs. 2 UmwStG möglich und für die Parteien vorteilhaft ist und die Parteien sich daher hierauf geeinigt haben. Welcher steuerliche Ansatz im Einzelfall empfehlenswert ist, ist jeweils von den die Transaktion begleitenden Wirtschaftsprüfern/Steuerberatern zu ermitteln.

6. Förderungspflicht. In dieser Bestimmung des Formulars ist die wesentliche Pflicht jeder Partei festgeschrieben, die erforderlichen Zusammenschlussschritte durchzuführen und nach besten Kräften zu fördern, soweit dies überhaupt in ihrer Macht steht. Insbesondere die Zustimmung zu der Verschmelzung durch die jeweiligen Hauptversammlungen kann von den Vorständen der Gesellschaften nicht beeinflusst werden. Diese können aber im wohlverstandenen Interesse der Gesellschaft und des gemeinsamen Zusammenschlussvorhabens die betreffenden Hauptversammlungen durch entsprechende Tagesordnungspunkte und begleitende informatorische Maßnahmen vorbereiten. Insoweit handelt es sich um Bemühensverpflichtungen der Vertragsparteien. Solche vertraglichen Förderpflichten des Vorstandes sind grundsätzlich auch im Rahmen des § 76 AktG rechtlich unproblematisch, da die endgültige Entscheidung über die Verschmelzung und somit die Umsetzung des beabsichtigten Zusammenschlussvorhabens den Aktionären im Rahmen des die Verschmelzung beschließenden Hauptversammlungsbeschlusses obliegt (vgl. *Drygala* WM 2004, 1457, 1458, 1461).

Anderes gilt für die Großaktionäre der Gesellschaften, die ebenfalls Parteien der Vereinbarung sind. Sie sollen verpflichtet werden, die Transaktion durch die Wahrnehmung ihrer Stimmrechte in der Hauptversammlung zu fördern. Zum möglichen Konflikt mit § 136 Abs. 2 AktG s. schon Anm. 2.

Darüber hinaus sind die letztlich von den Vorständen der involvierten Gesellschaften nicht (voll) beherrschbaren Voraussetzungen eines Unternehmenszusammenschlusses als Bedingungen der Vertragsdurchführung festgelegt (vgl. § 12.2 des Musters) und im Rahmen besonderer Rücktrittsrechte berücksichtigt (vgl. § 13.1 des Musters).

7. Umtauschverhältnis. Besondere Bedeutung kommt regelmäßig der Ermittlung und der Festsetzung des Wertverhältnisses der beiden beteiligten Unternehmen zu, denn dieses entscheidet über die Anzahl der den Aktionären des übertragenden Rechtsträgers für ihre Aktien anzubietenden Aktien des übernehmenden Rechtsträgers. Grundsätzlich steht es den Parteien der Zusammenschlussvereinbarung frei, das Wertverhältnis für den Umtausch der Aktien auszuhandeln. Da durch diese Festlegung aber die Rechte der (außenstehenden) Aktionäre betroffen werden, muss ein faires Wertverhältnis zugrunde gelegt werden – nicht zuletzt, um etwaige Anfechtungsrisiken zu minimieren. Es empfiehlt sich daher, das Wertverhältnis durch eine oder mehrere unabhängige Wirtschaftsprüfungsgesellschaften selbst dann ermitteln und feststellen zu lassen, wenn die Parteien wirtschaftlich unabhängig voneinander sind und aufgrund der insoweit gegenläufigen Interessen von einem ausgehandelten fairen Wertverhältnis ausgegangen werden könnte (vgl. auch *Aha* BB 2001, 2225, 2228). Das Formular geht daher davon aus, dass die Parteien mit sachverständiger Unterstützung der von ihnen beauftragten Wirtschaftsprüfungsgesellschaften das Umtauschverhältnis unter Beachtung der anerkannten Grundsätze für Unternehmensbewertungen ermitteln und festlegen werden.

Sollte zum Zeitpunkt des Abschlusses dieser Vereinbarung bereits ein oder mehrere Wertgutachten bzw. Entwürfe hierzu von den beauftragten Wirtschaftsprüfern vorliegen, empfiehlt es sich, in der Vereinbarung bereits den insoweit ermittelten Unternehmenswert der beiden Unternehmen oder zumindest eine Bandbreite als Indikation aufzunehmen. Für den Fall, dass sich Abweichungen von diesen Bewertungen infolge späterer Aktualisierungen der Wertgutachten oder im Rahmen der Verschmelzungsprüfung nach §§ 9 ff. UmwG ergeben, sollten in der Vereinbarung Anpassungsmechanismen und/oder weitere Rücktrittsrechte (vgl. auch § 13.2 des Musters) vorgesehen werden.

8. Bewertungen. Das Formular sieht vor, dass die zur Bestimmung des Umtauschverhältnisses, d. h. den Aktionären des übertragenden Rechtsträgers anzubietende Anzahl von Aktien des übernehmenden Rechtsträgers zuzüglich einer etwaigen Zuzahlung in bar, vorzunehmende Bewertung der beiden Unternehmen nach den allgemein anerkannten Grundsätzen zur Unternehmensbewertung und unter Beachtung der insoweit bestehenden höchstrichterlichen Rechtsprechung (z. B. jeweiliger Börsenkurs als Untergrenze der Bewertung) erfolgen soll. Soweit bereits möglich, sollte in der Grundsatzvereinbarung niedergelegt werden, nach welchen Parametern und unter Beachtung welcher etwaigen Besonderheiten eine Bewertung der Unternehmen jeweils zu erfolgen hat. Als anerkannte Bewertungsmethode bietet sich neben dem Ertragswertverfahren insbesondere die Discounted-Cash-Flow Methode (DCF) an; das Institut der Wirtschaftsprüfer sieht beide Verfahren – die richtig angewandt ohnehin zum identischen Ergebnis führen – als gleichwertig an (vgl. IDW S 1 (2008) Tz. 101 ff.). Es kommen aber auch Multiplikatorenbewertungen mit aus vergangenen Transaktionen ermittelten Multiplikatoren und bestimmten Finanzkennziffern (z. B. EBIT, EBITDA) in Betracht. In der Praxis sind daher Vereinbarungen nicht ungewöhnlich, wonach der Unternehmenswert zur Verifizierung der Ergebnisse nach verschiedenen Methoden zu ermitteln ist (vgl. z. B. BCA zwischen aap Implantate AG und Fame Holding B. V. v. 14. 9. 2006).

9. Vermeidung von Verzerrungen bei der Bewertung. Die in § 2.6 des Musters niedergelegte Bestimmung soll Verzerrungen bei der Unternehmensbewertung der beteiligten Unternehmen

2. Verschmelzung einer AG auf eine AG zur Aufnahme L.II.2

vermeiden, die durch ein Handeln in Aktien der beteiligten Unternehmen, insbesondere des übertragenden Rechtsträgers, sowie durch Ausnutzung einer bestehenden Ermächtigung der übertragenden Gesellschaft zum Erwerb eigener Aktien entstehen können. In diesen Fällen würde die übernehmende Gesellschaft für die von der übertragenden Gesellschaft gehaltenen eigenen Aktien im Umtausch Aktien an sich gewähren müssen, was ihre Liquidität unnötig belasten würde. Diese Bestimmung ist des Weiteren im Zusammenspiel mit der in § 6.3 niedergelegten Regelung über Ausschüttungen zu sehen, die denselben Zweck verfolgt (vgl. Anm. 14).

10. Due Diligence. Zur Schaffung einer endgültigen Entscheidungsgrundlage über die Durchführung des Zusammenschlussvorhabens, zur Vermeidung einer etwaigen Haftung der Verwaltungen der involvierten Aktiengesellschaften sowie zur Beschaffung der für die Unternehmensbewertung erforderlichen Informationen wird sich eine wechselseitige Due Diligence regelmäßig empfehlen (umfassend zur Due Diligence Teil B.VI).

11. Integration. Die in § 4 des Musters enthaltene Bestimmung über die faire Integration des übertragenden Rechtsträgers in das übernehmende Unternehmen und den zwischen den Parteien abzustimmenden Integrationsfahrplan verdeutlicht und verwirklicht den gleichberechtigten Zusammenschluss beider Unternehmen.

Da häufig von beiden Unternehmen ein Integrationsprojektteam gebildet wird, kann sich aus Praktikabilitätsgründen anbieten, einen gemeinsamen Integrationsausschuss zu bilden und diesem bestimmte Aufgaben und Befugnisse zu übertragen (so etwa in den Vereinbarungen zwischen TDK Corp. und EPCOS AG v. 31. 7. 2008 und Alcon Inc. und WaveLight AG v. 16. 7. 2007, die allerdings – mutmaßlich aus Fusionskartellgründen – jeweils ein Integrationsteam erst für die Zeit nach Vollzug der Transaktion vorsehen; sowie BCA zwischen Agennix Inc. und GPC Biotech AG v. 18. 2. 2009). Die in § 4 des Musters niedergelegte Bestimmung könnte insoweit noch um folgende Bestimmungen ergänzt werden:

„4.2 Zur Überwachung der Vorbereitung des Zusammenschlusses nach den Vorschriften dieser Grundsatzvereinbarung bilden die Parteien (im Einzelfall auch unter Einbeziehung der Hauptgesellschafter) einen Integrationsausschuss, der aus je ...... Vertretern der A-AG einerseits und der B-AG andererseits besteht. Beide Gesellschaften sind jeweils durch ihren jeweiligen Vorstandsvorsitzenden sowie jeweils zwei weitere Mitglieder in dem Integrationsausschuss vertreten. Der Integrationsausschuss nimmt seine Arbeit unverzüglich nach Inkrafttreten dieser Grundsatzvereinbarung auf und bleibt bis zum Eintragungstag bestehen.

4.3 Soweit rechtlich zulässig, obliegen dem Integrationsausschuss die ihm in dieser Grundsatzvereinbarung ausdrücklich zugewiesenen Aufgaben sowie die Entscheidung sämtlicher im Rahmen der Zusammenführung der A-AG und der B-AG bis zum Eintragungstag auftretenden Einzelfragen von grundsätzlicher Bedeutung.

4.4 Der Integrationsausschuss trifft seine Entscheidungen einvernehmlich, jedenfalls aber mit einer Mehrheit von 75% der Stimmen seiner Mitglieder. Jedes Mitglied hat eine Stimme. Wird die erforderliche Mehrheit im Bezug auf eine dem Integrationsausschuss vorgelegte Frage nicht erreicht, so wird die Frage nach den sonstigen Regelungen dieser Grundsatzvereinbarung sowie nach dem Gesetz von den jeweils zuständigen Organen entschieden."

Sofern ein solcher Integrationsausschuss vorgesehen werden soll, empfiehlt sich, in der Vereinbarung die ihm ausdrücklich zugewiesenen Aufgaben niederzulegen. Dies könnten beispielsweise die folgenden sein: Unterrichtung über und Zustimmung zur Durchführung außergewöhnlicher Maßnahmen (§ 6.2 des Musters); Entscheidung über die Durchführung bewertungsrelevanter Maßnahmen (§ 6.4 des Musters); Sicherstellung einer einheitlichen Kommunikationspolitik (§ 14.2 des Musters); Harmonisierung der Unternehmenskulturen (vgl. Anm. 15).

12. Beteiligung der Arbeitnehmervertretungen. Ob im Vorfeld eines Unternehmenszusammenschlusses die Durchführung eines Interessenausgleichs- und Sozialplanverfahrens gemäß §§ 111, 112 BetrVG erforderlich ist, hängt davon ab, ob neben dem Unternehmenszusammenschluss auf gesellschaftsrechtlicher Ebene auch tatsächliche Veränderungen auf betrieblicher Ebene (z. B. Verlagerung oder Zusammenschluss betrieblicher Einheiten) vorgenommen werden sollen. Sofern dies nicht der Fall ist, löst der Unternehmenszusammenschluss keine Mitbestimmungsrechte des Betriebsrats gem. §§ 111 ff. BetrVG aus. Weitere Beteiligungsrechte der Arbeitnehmervertretungen können sich bei Unternehmenszusammenschlüssen insbesondere aus § 106 Abs. 3 Ziff. 8 BetrVG (Unterrichtung des Wirtschaftsausschusses) und § 5 Abs. 3 UmwG (Zuleitungserfordernis gegenüber dem zuständigen Betriebsrat bei Verschmelzungen) ergeben.

13. Außergewöhnliche Geschäftsführungsmaßnahmen. Das Formular verpflichtet die Parteien, sich über außergewöhnliche Geschäftsführungsmaßnahmen sowie bewertungsrelevante Maßnahmen zu unterrichten und nach fusionskontrollrechtlicher Freigabe des Zusammenschlussvorhabens diese nicht ohne die Zustimmung der anderen Partei vorzunehmen. In vielen Fällen wird sich anbieten, einen Katalog von zustimmungsbedürftigen Geschäften in die Grundsatzvereinbarung mit aufzunehmen. Ein solcher Zustimmungskatalog könnte unter anderem die folgenden Maßnahmen enthalten: (i) Abschluss von Vereinbarungen über den Erwerb oder die Veräußerung von Unternehmen und Beteiligungen, die für das jeweilige Geschäft von Bedeutung sind; (ii) den Erwerb, die Veräußerung und die Belastung von Grundstücken; (iii) Joint Venture-Vereinbarungen, (iv) Abschluss neuer Kooperationsverträge sowie (v) bestimmte Investitionen, die einen festzulegenden Schwellenwert überschreiten, etc.

14. Ausschüttungen. Zur Vermeidung von Verzerrungen bei der Unternehmensbewertung der beteiligten Unternehmen für die Bestimmung des Umtauschverhältnisses sieht § 6.3 des Musters vor, dass die Verwaltung der übertragenden Gesellschaft, soweit ihr möglich, dafür sorgen soll, dass keine Dividenden ausgeschüttet werden. Diese Bestimmung hängt eng mit der durch die beauftragen Wirtschaftsprüfungsgesellschaften vorzunehmende Unternehmensbewertung zusammen und unterstellt, dass der von der übertragenden Gesellschaft im betreffenden Geschäftsjahr erwirtschaftete Bilanzgewinn werterhöhend im Rahmen der Unternehmensbewertung berücksichtigt wurde.

15. Grundsätze und Ziele des Zusammenschlusses. Einer der Kernbereiche jeder Zusammenschlussvereinbarung sind die Regelungen über die künftige Organisation des zusammengeführten Unternehmens. An dieser Stelle sind die zwischen den Verhandlungsführern beider Parteien vereinbarten Regelungen über die Corporate Governance des zusammengeführten Unternehmens, über die organisatorischen Strukturen unterhalb der gesellschaftsrechtlich vorgegebenen Organe (d.h. beispielsweise erste Führungsebene unterhalb des Vorstands), über die industrielle Logik und Zielsetzung des Zusammenschlusses und die sonstigen Grundsätze des Zusammenschlusses niederzulegen.

Häufig werden gerade diese Themen im Vorfeld des Abschlusses dieser Vereinbarung vielfältige Diskussionen bieten, da es nicht „nur" um die Belange der betreffenden Gesellschaften, sondern auch um die persönlichen Belange der an den Verhandlungen dieser Vereinbarung beteiligten Personen geht (Thema: Weiterbeschäftigung, Funktion und Stellung im zusammengeführten Unternehmen, etc.). In der Praxis zeigt sich, dass viele Zusammenschlussvorhaben häufig gerade an persönlichen Belangen einzelner Personen scheitern oder sich zumindest verzögern (können).

Ein entscheidender Aspekt für den Erfolg eines jeden Unternehmenszusammenschlusses ist die Harmonisierung der jeweils bestehenden Unternehmenskulturen. Dies gilt insbesondere, wenn Unternehmen aus unterschiedlichen Rechtsordnungen und Kulturkreisen involviert sind; dies ist aber ebenfalls zutreffend, wenn zwei deutsche Unternehmen zusammengeführt werden sollen. Die Harmonisierung der Unternehmenskulturen (einschließlich z.B. Führungsstil, Arbeits- und Entgeltbedingungen, Einstellungs- und Weiterbeschäftigungsvoraussetzungen sowie allgemeine Personalpolitik, etc.) stellt daher eine wichtige und in vielen Fällen schwierige Aufgabe dar. Die Grundsätze und Rahmenbedingungen hierzu können und sollten in der Grundsatzvereinbarung niedergelegt werden, wenngleich sie eine solche Harmonisierung allein nicht herbeiführen können. Insbesondere hierfür kann es sich im Einzelfall anbieten, im Vorfeld des Unternehmenszusammenschlusses einen Integrationsausschuss zu bilden und in der Vereinbarung vorzusehen (vgl. hierzu ausführlich Anm. 11).

16. Corporate Governance. Regelmäßig enthält die Zusammenschlussvereinbarung Bestimmungen hinsichtlich der Zusammensetzung des Aufsichtsrates und des Vorstandes der übernehmenden Gesellschaft nach erfolgtem Zusammenschluss. Das Muster sieht insoweit vor, dass die Organe, d.h. der Vorstand und bezüglich des mitbestimmten Aufsichtsrates dessen Anteilseignerseite, entsprechend der Größenverhältnisse der am Zusammenschluss beteiligten Rechtsträger zueinander (vgl. Anm. 2) durch Personen beider Unternehmen besetzt werden sollen.

Insoweit die Vereinbarung aber von den Vorständen der beteiligten Gesellschaften unterzeichnet wird (vgl. Anm. 2), kann sie hinsichtlich der Wahl von Vorstandsmitgliedern durch den Aufsichtsrat (vgl. § 84 Abs. 1 AktG) und der Bestellung von Aufsichtsratsmitgliedern durch die Hauptversammlung (vgl. § 101 Abs. 1 AktG) keine verbindliche gesellschaftsrechtliche Wirkung entfalten, d.h. die gesellschaftsrechtlich zuständigen Organe binden; ein solcher Vertrag würde gegen ein gesetzliches Verbot verstoßen und wäre gemäß § 134 BGB nichtig (vgl. MünchKommAktG/*Habersack* § 101 Rdnr. 12). Die Vereinbarung einer unverbindlichen Bemühensregelung findet sich hingegen in der Praxis nicht selten und ist unschädlich (siehe sogleich).

Die beteiligten Aktionäre können sich hingegen zur Stimmabgabe in der Hauptversammlung für bestimmte Personen verpflichten, solange § 136 Abs. 2 S. 1 AktG und der Grundsatz von Treu und Glauben nicht verletzt werden (vgl. Lutter/*Drygala* § 101 Rdnr. 5 ff. und bereits unter Anm. 2). Aus einem abgestimmten Vorgehen allein bei der Besetzung des Aufsichtsrates resultiert aus § 30 Abs. 2 WpÜG in der Regel keine wechselseitige Zurechnung der Aktionärsstimmrechte (BGH NZG 2006, 945, 947; Geibel/*Süßmann* § 30 WpÜG Rdnr. 33). Dennoch wird zur Klarstellung die Übernahme jeglicher Verpflichtungen im Hinblick auf die Wahl zukünftiger Aufsichtsratsmitglieder teilweise ausdrücklich ausgeschlossen (vgl. z.B. BCA zwischen Agennix und GPC Biotech v. 18. 2. 2009).

Wenn die Grundsatzvereinbarung nur durch die Vorstände der beteiligten Gesellschaften geschlossen wird, werden die Regelungen über die zukünftige Zusammensetzung der Verwaltungsorgane nur als Ziel formuliert und die Beschlüsse der aktienrechtlich zuständigen Organe vorbehalten. Es handelt sich dann um in der Praxis weit verbreitete Bemühensverpflichtungen, denen kein Erfüllungsanspruch gegenüber steht (vgl. etwa Baumbach/Hueck/*Zöllner* § 55 Rdnr. 38 zur Verpflichtung, für eine zügige und ordnungsgemäße Durchführung einer Kapitalerhöhung zu sorgen); die Bestimmung ist insofern lediglich ein gemeinsamer Programmsatz im Geiste der partnerschaftlichen Umsetzung des Unternehmenszusammenschlusses (hierzu ausf. *Seibt*/*Wunsch*, Der Konzern 2009, 195, 204 f.).

Sofern zum Zeitpunkt des Abschlusses dieser Vereinbarung noch keine Mitglieder des Aufsichtsrates und/oder des Vorstandes der übernehmenden Gesellschaft erklärt haben, ihr Amt für Vertreter der übertragenden Gesellschaft jeweils mit Wirkung zum Ablauf der Hauptversammlung, die über die Verschmelzung beschließt, niederzulegen, kann dies zur weiteren Durchführungsvoraussetzung gemäß § 12.2 des Musters gemacht werden.

Etwaigen Bedenken, ob ein Vorstand einer deutschen Aktiengesellschaft – auch in Form einer Bemühensklausel – überhaupt berechtigt ist, eine so weitreichende Vereinbarung hinsichtlich der Zusammensetzung der Verwaltung und somit gegebenenfalls eine seinen Kompetenzrahmen überschreitende Vereinbarung wirksam abzuschließen (vgl. zu Bemühensklauseln im Zusammenhang mit der Besetzung von Organen in Investorenvereinbarungen: *Seibt*/*Wunsch*, Der Konzern 2009, 195, 204 f. – und in Aktionärsvereinbarungen und deren Grenzen: Schüppen/Schaub/*Sickinger* § 11 Rdnr. 29; *Mayer* MittBayNot 2006, 281, 288), kann dadurch begegnet werden, dass die Grundsatzvereinbarung der Hauptversammlung zur Billigung vorgelegt wird; in diesem Fall sollte der Billigungsbeschluss der Hauptversammlung vorzugswürdig eine Mehrheit von mindestens 75% des bei der Beschlussfassung vertretenen Grundkapitals entsprechend den Erfordernissen eines Verschmelzungsbeschlusses (vgl. § 65 Abs. 1 UmwG) verlangen. Ein entsprechender Hauptversammlungsbeschluss ist indes nicht gesetzlich vorgeschrieben und nur ausnahmsweise zwingend erforderlich, wenn die höchstrichterlich entwickelten Grundsätze der Holzmüller/Gelatine-Doktrin einschlägig sind (vgl. hierzu ausführlich *Hüffer* § 119 Rdnr. 16 ff.; MünchHdbGesR IV/*Semler* § 34 Rdnr. 34 ff.).

17. Rücktrittsrechte; Gewährleistungen. Das vorliegende Muster enthält keine Regelungen über wechselseitige Garantien der Parteien hinsichtlich ihrer eigenen rechtlichen und wirtschaftlichen Verhältnisse. Hinsichtlich börsennotierter Unternehmen wird der Schutz über die allgemeinen kapitalmarktrechtlichen Informationspflichten sowie die veröffentlichte Rechnungslegung der jeweiligen Gesellschaft gewährleistet. Gleichwohl finden sich in der Praxis in vielen Zusammenschlussvereinbarungen entsprechende (wechselseitige) Garantieversprechen, deren Umfang sich an den Garantiekatalogen orientiert, die in der Regel bei Unternehmenskäufen vereinbart werden (vgl. auch *Aha* BB 2001, 2225, 2230; vgl. zu dem Aspekt, dass einer Übernahme von Garantien durch eine Aktiengesellschaft bzw. deren Inanspruchnahme im Einzelfall zwingendes Kapitalerhaltungsrecht gemäß § 57 Abs. 1 AktG entgegenstehen kann: *Seibt/Raschke/Reiche* NZG 2002, 256, 262; *Maidl/Kreifels* NZG 2003, 1091, 1093 f.).

Sofern Garantieversprechen vereinbart werden, sollte für den Fall, dass sich ein Garantieversprechen einer Partei als unrichtig erweist, der anderen Partei das Recht zustehen, von der Durchführung des Vertrages, mithin vom Zusammenschlussvorhaben, Abstand nehmen zu können, ohne sich einer vertraglichen Haftung ausgesetzt zu sehen und ohne die Kosten für die Vorbereitung, Durchführung und Abwicklung der Vereinbarung zu tragen (vgl. § 16.3 des Musters). Solche Garantieversprechen erlöschen jedoch spätestens mit der Vertragsdurchführung, d. h. mit dem Vollzug des Zusammenschlusses, infolge der Vereinigung von Forderung und Schuldnerschaft (sog. Konfusion, vgl. Palandt/*Grüneberg* Überbl. v. § 362 Rdnr. 4).

Das Muster sieht in § 13.2 eine Rücktrittsmöglichkeit vor, wenn sich zwischen dem Abschluss der Grundsatzvereinbarung und der Eintragung der Verschmelzung bei einer der beteiligten Gesellschaften deren rechtliche, finanzielle oder wirtschaftliche Verhältnisse wesentlich verschlechtern (sog. MAC-Klausel oder *material adverse change*-Klausel). Solche Umstände können insbesondere im Rahmen der (wechselseitig) durchgeführten Due Diligence zu Tage kommen. Die Parteien sollten sich die Aufnahme einer solchen Klausel allerdings – nicht zuletzt wegen der hiermit unter Umständen verbundenen Auslegungsschwierigkeiten und den gravierenden Folgen – gut überlegen und besondere Sorgfalt auf die genaue Formulierung verwenden.

In Zusammenschlussvereinbarungen ist es darüber hinaus in der Praxis nicht unüblich, neben Rücktrittsrechten (und Garantien) der Parteien für den Fall einer Verletzung der vertraglichen Pflichten eine Vertragsstrafe vorzusehen. Allerdings können solche Sanktionen – gerade im diesem Muster zugrunde liegenden Fall eines gleichberechtigten Unternehmenszusammenschlusses – die Atmosphäre der konstruktiven Zusammenarbeit belasten. Dies ist der Grund, warum vorliegend auf die Aufnahme einer Vertragsstraferegelung verzichtet wurde.

18. Exklusivitätsvereinbarung Die Vereinbarung sieht vor, dass die Parteien bis zum erfolgreichen Abschluss oder endgültigen Scheitern der Transaktion exklusiv miteinander verhandeln. Solche Klauseln sollen dazu dienen, den erfolgreichen Abschluss der Verhandlungen angesichts der erheblichen Transaktionskosten zu fördern. Zum einen wird die Konzentration auf das avisierte Geschäft sichergestellt, zum anderen wird das wechselseitige Vertrauen zwischen den Parteien gestärkt. Zu sog. No Shop-Vereinbarungen (keine aktive Suche nach konkurrierendem Partner) und sog. No Talk-Vereinbarungen (keine Verhandlung oder Informationsversorgung eines Dritten) ausf. *Seibt/Wunsch*, Der Konzern 2009, 195, 203.

Handelt es sich bei dem Zusammenschluss nicht, wie im Formular, um einen *„merger among equals"*, wird der Erwerber der Zielgesellschaft die Exklusivitätsvereinbarung oft „abkaufen" müssen. Schließlich wird insbesondere verhindert, dass ein für die Verkäuferseite wünschenswertes Wettbieten mehrerer Interessenten stattfinden kann (*Hilgard* BB 2008, 286, 287). Eine etwas offenere Alternative stellt die Verpflichtung des Veräußerers dar, bei Aufgabe der Verhandlungsexklusivität einen festgeschriebenen Geldbetrag zu zahlen (*Hilgard* BB 2008, 286, 287).

19. Break Fee-Vereinbarung. In den Vereinigten Staaten und im Vereinigten Königreich werden im Rahmen von Unternehmenszusammenschlüssen im Wege von Verschmelzungen sowie bei freundlichen, d. h. vom Management der Zielgesellschaft unterstützten Übernahmen bislang nicht selten in den Zusammenschlussvereinbarungen (vgl. hierzu schon Anm. 1) sog. Break Fee-Vereinbarungen aufgenommen (vgl. hierzu ausführlich Übersicht in Anm. 1 und *Sieger/Hasselbach* BB 2000, 625 ff.; *Ziegler/Stancke* M&A Review 2008, 28, 30 ff.; *Hilgard* BB 2008, 286 ff.; *Seibt/Wunsch*, Der Konzern 2009, 195, 203 f.; Assmann/Pötzsch/Uwe H. Schneider/*Krause* § 22 Rdnr. 74 ff.; Semler/Volhard/*Schlitt* Bd. 1, § 6 Rdnr. 82 f.; *Banerjea* DB 2003, 1489 ff.; *Drygala* WM 2004, 1413 ff., 1457 ff.). Im Rahmen solcher Break Fee-

Vereinbarungen verpflichtet sich die Zielgesellschaft für den Fall eines Scheiterns des Unternehmenszusammenschlusses bzw. des Übernahmeverfahrens zur Zahlung einer Geldleistung (häufig *break fee*, *break-up fee*, *termination fee* oder *inducement fee* genannt) an die andere Partei. Derartige Regelungen werden zunehmend auch in der deutschen Unternehmenspraxis getroffen und hierbei vorwiegend von ausländischen Investoren gefordert. Indes zeichnet sich im Vereinigten Königreich unter dem Eindruck der 2010 erfolgten Übernahme des traditionsreichen Nahrungsmittelherstellers Cadbury durch Kraft Foods eine Änderung des City Code on Takeovers and Mergers (City Code) ab (hierzu *Seibt* Börsen-Zeitung Nr. 237 vom 8. 12. 2010, 2). So sollen Break Fee-Vereinbarungen ebenso wie andere *Deal Protection Measures* zukünftig nur noch in den seltenen Fällen eines von der Zielgesellschaft initiierten Auktionsverfahrens erlaubt sein, um die Position der Zielgesellschaft und ihrer Stakeholder gegenüber Finanzinvestoren zu stärken. Obwohl die BaFin selbstverständlich nicht an die Vorgaben des *Takeover Panels* gebunden ist, ist eine Belebung der übernahmerechtlichen Diskussion und mittelfristig möglicherweise auch eine Angleichung an die in Änderung begriffene Marktpraxis zu erwarten (siehe aber noch BCA zwischen Deutsche Börse und NYSE Euronext v. 15. 2. 2011).

Da die Planung und Vorbereitung eines Unternehmenszusammenschlusses, insbesondere wenn er (zunächst) im Wege eines öffentlichen Übernahmeverfahrens nach dem WpÜG erfolgt (vgl. hierzu Anm. 1), erhebliche Kosten (z. B. Beratungs- und Due Diligence-Kosten) verursacht, liegt der Zweck von Break Fee-Vereinbarungen regelmäßig darin, dem übernehmenden Rechtsträger zumindest einen Teil seiner aufgewendeten Kosten zu ersetzen, wenn das Zusammenschluss- bzw. Übernahmeverfahren scheitert (vgl. *Sieger/Hasselbach* BB 2000, 625; *Ziegler/Stancke* M&A Review 2008, 28, 30; Ehricke/Ekkenga/Oechsler/*Oechsler* § 13 Rdnr. 30; Assmann/Pötzsch/Uwe H. Schneider/*Krause* § 22 Rdnr. 75; Semler/Volhard/*Schlitt* Bd. 1, § 6 Rdnr. 83). In dieser Funktion haben Break Fees durchaus Relevanz für den Kaufpreis, den ein interessierter Bieter für eine Übernahme zu entrichten bereit ist. So hätte etwa die Bayer AG für die Übernahme der Schering AG einen höheren Übernahmepreis geboten, wenn deren Vorstand zur Zusage einer Break Fee bereit gewesen wäre (vgl. Angebotsunterlage v. 13. 4. 2006, S. 37). Rechtstechnisch handelt es sich um eine Schadens- bzw. Kostenpauschale, wenn die *Break Fee* allein oder zumindest ganz überwiegend der Kostenpauschalierung, d. h. dem Ersatz der der anderen Partei entstandenen Kosten dient (vgl. *Sieger/Hasselbach* BB 2000, 625, 627; *Banerjea* DB 2003, 1489, 1492 f.; *Hilgard* BB 2008, 286, 287 f.). Die Annahme einer entsprechenden Pauschalierung setzt allerdings grundsätzlich voraus, dass die Parteien erkennbar die voraussichtlich anfallenden Kosten geschätzt und diese Schätzung der Bemessung der *Break Fee* zugrunde gelegt haben (vgl. *Sieger/Hasselbach* BB 2000, 625, 627; vgl. zur Abgrenzung einer Pauschalierung zur Vertragsstrafe: Palandt/*Grüneberg* § 276 Rdnr. 26). Um diesbezügliche Beweisschwierigkeiten zu vermeiden, empfiehlt es sich für den Begünstigten, den mit der Break Fee-Vereinbarung beabsichtigten Zweck zu dokumentieren.

Darüber hinaus wird durch eine Break Fee-Vereinbarung teilweise auch bezweckt, die Zielgesellschaft zur Durchführung der Transaktion, insbesondere zur Unterstützung eines Übernahmeangebots im Rahmen der Stellungnahme der Verwaltung der Zielgesellschaft nach § 27 WpÜG, anzuhalten bzw. bestimmte Verhaltensweisen (z. B. Vertragsbrüchigkeit, Erteilung unrichtiger oder irreführender Informationen im Rahmen der Due Diligence, etc.) zu pönalisieren (vgl. *Sieger/Hasselbach* BB 2000, 625; Assmann/Pötzsch/Uwe H. Schneider/*Krause* § 22 Rdnr. 75). Abhängig von der Höhe der *Break Fee* kann sie zudem dazu dienen, das Risiko eines konkurrierenden Angebots zu verringern, denn ein konkurrierender Bieter hätte nicht nur die Übernahme der Zielgesellschaft, sondern mittelbar auch die Zahlung der *Break Fee* durch die Zielgesellschaft an den anderen Erwerbsinteressenten zu finanzieren (vgl. die vorgesehene *Break Fee* i. H. v. € 250 Mio. in der Vereinbarung zwischen NYSE Euronext und Deutsche Börse, die ein an sich erwartbares gemeinsames Angebot der Wettbewerber NASDAQ und Intercontinental Exchange erheblich verteuern würde; vgl. auch *Sieger/Hasselbach* BB 2000, 625; Assmann/Pötzsch/Uwe H. Schneider/*Krause* § 22 Rdnr. 75; Ehricke/Ekkenga/Oechsler/ *Oechsler* § 22 Rdnr. 13). Sollte die Vereinbarung jedoch primär darauf abzielen, das Rücktrittsrecht der Aktionäre im Falle eines konkurrierenden Angebots nach § 22 Abs. 3 WpÜG faktisch auszuschließen, wird sie unzulässig sein (vgl. Ehricke/Ekkenga/Oechsler/*Oechsler*

§ 22 Rdnr. 13). Sofern die *Break Fee* (zumindest auch) den vorgenannten Zwecken dient, handelt es sich rechtstechnisch um ein selbständiges Vertragsstrafeversprechen (vgl. *Sieger/Hasselbach* BB 2000, 625, 627; *Banerjea* DB 2003, 1489, 1492 f.), welches in Abgrenzung zur Kostenpauschalierung nicht nur den Schadensbeweis erleichtern bzw. entbehrlich machen soll, sondern zudem als Zwangsmittel dazu dient, die vereinbarungsgemäße Durchführung der Transaktion als Hauptverbindlichkeit zu sichern (vgl. zur Vertragsstrafe: Palandt/*Grüneberg* § 276 Rdnr. 26).

In der Praxis werden – abhängig von der Zwecksetzung der Vereinbarung – verschiedene die Zahlungspflicht der Zielgesellschaft auslösende Ereignisse (sog. *trigger events*) diskutiert bzw. von einem Bieter gefordert. Grundsätzlich kann hierbei unterschieden werden zwischen Ereignissen, die von der Zielgesellschaft beeinflusst werden können und solchen, die außerhalb der Einflusssphäre der Parteien liegen. Sofern für die Fälligkeit der *Break Fee* (auch) auf von der Zielgesellschaft beeinflussbare Ereignisse abgestellt wird, stellt die Break Fee-Vereinbarung regelmäßig ein selbständiges Vertragsstrafeversprechen dar. Werden allein außerhalb der Einflusssphäre der Parteien liegende Ereignisse als Fälligkeitsvoraussetzungen in Bezug genommen, wird es sich bei der Vereinbarung in der Regel um eine reine Kostenpauschalierung handeln. Häufig diskutierte und von der Zielgesellschaft beeinflussbare Ereignisse sind z. B.: absprachewidrige Stellungnahmen der Zielgesellschaft, insbesondere an die Aktionäre gerichtete Aussagen, den Zusammenschluss nicht zu unterstützen; Ergreifen von Abwehrmaßnahmen, insbesondere die Suche nach einem sog. *White Knight* oder nach sog. *White Squires*; die Vornahme bestimmter Maßnahmen, wie z. B. Kapitalerhöhung, Erwerb eigener Aktien; die Erteilung von unrichtigen oder irreführenden Informationen im Rahmen der Due Diligence und der Q&A Sessions. Zu den von der Zielgesellschaft nicht beeinflussbaren Ereignissen gehören z. B.: Erhalt von fusionskontrollrechtlichen Freigaben oder von sonstigen behördlichen Erlaubnissen und Genehmigungen; das Auftreten eines konkurrierenden Bieters (ohne dass die Zielgesellschaft diesen gesucht hat); das Erreichen einer bestimmten, vom Bieter festgelegten Mindest-Annahmeschwelle; die Zustimmung der Hauptversammlungen der Parteien zu der beabsichtigten Verschmelzung; das Ausbleiben von wesentlichen Verschlechterungen des wirtschaftlichen Marktumfeldes der Gesellschaft oder bestimmter Kapitalmarkt-Indizes.

Bisher noch nicht geklärt ist, bis zu welcher betragsmäßigen Höhe *Break Fees* nach deutschem Recht zulässig sind. In den Vereinigten Staaten liegen *Break Fees* in der Regel zwischen 2 und 5% des auf Grundlage der vom Bieter angebotenen Gegenleistung ermittelten Transaktionsvolumens (vgl. *Drygala* WM 2004, 1413, 1414 m. w. N.; *Banerjea* DB 2003, 1489, 1491; Assmann/Pötzsch/Uwe H. Schneider/*Krause* § 22 Rdnr. 74; *Ziegler/Stancke* M&A Review 2008, 28, 31), in der UK-Praxis haben in der Vergangenheit *Break Fees* zwischen 0,5 und 1% des Transaktionsvolumens betragen (vgl. *Sieger/Hasselbach* BB 2000, 625, 629; *Ziegler/Stancke* M&A Review 2008, 28, 31). Dies entspricht der bislang im englischen City Code on Takeovers and Mergers (City Code) statuierten Grenze, derzufolge *Break Fees* normalerweise nicht mehr als 1% des Kaufpreises betragen dürfen (vgl. Rule 21.2 (inducement fees) City Code; zu einer bevorstehenden Änderung des City Code vgl. *Seibt*, Börsen-Zeitung Nr. 237 vom 8. 12. 2010, S. 2). Zwar wurde diese 1%-Grenze des englischen City Code nicht in das deutsche Wertpapiererwerbs- und Übernahmegesetz übernommen, gleichwohl werden im Schrifttum in Anlehnung an das englische Recht *Break Fees*, die maximal einem Betrag entsprechen, der 1% des gesamten Transaktionswertes nicht überschreitet, grundsätzlich für zulässig gehalten (vgl. *Sieger/Hasselbach* BB 2000, 625, 628; *Banerjea* DB 2003, 1489, 1491 f.; *Ziegler/Stancke* M&A Review 2008, 28, 35). Das entspricht wohl auch der derzeitigen, überwiegenden Beratungspraxis in Deutschland. In Einzelfällen (z. B. bei *Venture Capital*-abhängigen Unternehmen) kann aber auch eine höhere *Break Fee* zulässig sein. Vereinzelt werden unter Verweis auf die amerikanische Rechtsprechung, nach der 2% des Transaktionsvolumens als pauschaler Kostenersatz akzeptiert werden, *Break Fees* bis zu einer Höhe von 2% des Transaktionsvolumens generell für zulässig erachtet (vgl. *Drygala* WM 2004, 1457, 1461). Im Ergebnis wird man die Angemessenheit und damit auch die zulässige Höhe einer *Break Fee* in jedem Einzelfall unter Würdigung aller Umstände sorgfältig prüfen müssen. In vielen Fällen dürfte jedoch eine Maximalgrenze von 1% des gesamten Transaktionsvolumens eine zulässige Höhe für *Break Fees* darstellen (vgl. *Hilgard* BB 2008, 286, 292).

2. Verschmelzung einer AG auf eine AG zur Aufnahme L.II.2

Break Fee-Vereinbarungen sind in formeller Hinsicht zunächst daraufhin zu prüfen, ob ihr Abschluss insbesondere wegen der Höhe der *Break Fee* noch – wie im Regelfall – in die Geschäftsführungskompetenz des Vorstandes fällt (hierzu *Sieger/Hasselbach* BB 2000, 625, 627; *Ziegler/Stancke* M&A Review 2008, 28, 32; Semler/Volhard/*Schlitt* Bd. 1, § 6 Rdnr. 83; sowie vorstehend Anm. 16). Zwar führt infolge des Grundsatzes der Unbeschränkbarkeit der Vertretungsmacht des Vorstandes gemäß § 82 Abs. 1 AktG ein Überschreiten seiner Geschäftsführungsbefugnis grundsätzlich nicht dazu, dass die abgeschlossene Break Fee-Vereinbarung im Außenverhältnis unwirksam ist. Etwas anderes kann jedoch gelten, wenn ausnahmsweise die Grundsätze des Missbrauchs der Vertretungsmacht eingreifen, z. B. weil für die andere Partei infolge der Ausgestaltung der Break Fee-Vereinbarung und/oder der vereinbarten Höhe der *Break Fee* ein entsprechender Missbrauch (und eine Hauptversammlungskompetenz) evident ist (so auch *Ziegler/Stancke* M&A Review 2008, 28, 32; ausführlich zu den Grundsätzen des Missbrauchs der Vertretungsmacht: *Hüffer* § 82 Rdnr. 6 f.; Palandt/*Ellenberger* § 164 Rdnr. 13 ff.). Darüber hinaus handelt der Vorstand bei Überschreiten seiner Geschäftsführungsbefugnis pflichtwidrig und kann der Gesellschaft zum Schadensersatz verpflichtet sein (vgl. § 93 AktG).

Von besonderer Bedeutung ist regelmäßig die Frage, ob der Abschluss einer Break Fee-Vereinbarung und die damit mögliche finanzielle Verpflichtung der Gesellschaft im Unternehmensinteresse der Gesellschaft liegt. Aus der allgemeinen Pflicht des Vorstandes einer Aktiengesellschaft, das Unternehmen gemäß § 76 Abs. 1 AktG grundsätzlich allein im Unternehmensinteresse zu leiten, wird in Zusammenschau mit dem in § 53a AktG normierten Gleichbehandlungsgebot der Aktionäre die besondere Pflicht des Vorstands hergeleitet, keinen sachlich nicht gerechtfertigten Einfluss auf die Zusammensetzung des Aktionärskreises zu nehmen (vgl. KölnKommAktG/*Mertens/Cahn* § 76 Rdnr. 26 f.; GroßkommAktG/*Hopt* § 93 Rdnr. 122; *Hopt* ZGR 1993, 534, 545; *Banerjea* DB 2003, 1489, 1490 f.). Hieraus folgt, dass der Unternehmenszusammenschluss bzw. das Übernahmeverfahren im Allgemeinen und die Break Fee-Vereinbarung im Besonderen nach Abwägung der jeweiligen Interessen im wohlverstandenen Interesse der Gesellschaft sein, ihr mithin Vorteile (z. B. Synergie- oder Skaleneffekte, den Zugang zu neuen Märkten oder Finanzmitteln, etc.) bringen muss (vgl. *Sieger/ Hasselbach* BB 2000, 625, 628; Assmann/Pötzsch/Uwe H. Schneider/*Krause* § 22 Rdnr. 83; *Ziegler/Stancke* M&A Review 2008, 28, 32 f.). Unter diesen vorgenannten Aspekten können insbesondere solche Klauseln problematisch sein, die nicht allein der pauschalierten Kostenerstattung dienen, sondern (zudem) einen Straf- und/oder Abwehrzweck verfolgen. In diesen Fällen wird der Vorstand durch Abschluss der Break Fee-Vereinbarung häufig seine Geschäftsführungsbefugnis überschreiten und/oder die Vereinbarung nicht im Unternehmensinteresse liegen (vgl. *Hopt* ZGR 2002, 333, 363). Aus diesem Grund sollte die Geschäftsleitung in der Regel allenfalls eine Break Fee-Vereinbarung akzeptieren, die den pauschalierten Kostenersatz der anderen Partei zum Gegenstand hat. Pflichtwidrig handelt der Vorstand jedenfalls, wenn er eine solche Break Fee-Vereinbarung akzeptiert, die ihn in seiner künftigen freien Ermessensentscheidung dahingehend einschränkt, dass er bestimmte Entscheidungen (insbesondere seine Stellungnahme gemäß § 27 WpÜG) nur noch zugunsten des Erwerbsinteressenten treffen kann, obwohl das Unternehmensinteresse – ohne Berücksichtigung der Break Fee-Vereinbarung – eigentlich eine andere Entscheidung gebieten würde (vgl. Assmann/ Pötzsch/Uwe H. Schneider/*Krause* § 22 Rdnr. 83; *Hopt* ZGR 2002, 333, 363).

Darüber hinaus wird im Schrifttum diskutiert, ob eine Break Fee-Vereinbarung gegen das Verbot der finanziellen Unterstützung des Aktienerwerbs gemäß § 71a Abs. 1 AktG *(financial assistance)* verstößt. Dies ist in der Regel nicht der Fall, da nach der Break Fee-Vereinbarung die Zahlungsverpflichtung der Gesellschaft gerade nur entsteht, wenn der Unternehmenszusammenschluss (im Wege einer Übernahme) scheitert und mithin ein Erwerb der Aktien durch die andere Partei gerade nicht erfolgt (vgl. *Banerjea* DB 2003, 1489, 1493), die Sanktion des § 71a AktG aber gerade voraussetzt, dass der Erwerber Aktien an der Gesellschaft erwirbt (vgl. hierzu Assmann/Pötzsch/Uwe H. Schneider/*Krause* § 22 Rdnr. 79). Etwas anderes kann nur dann gelten, wenn die andere Partei während der Vorbereitungsphase Aktien an der Zielgesellschaft erwirbt und diese unabhängig vom Ausgang des Unternehmenszusammenschlusses bzw. des Übernahmeverfahrens behalten soll (vgl. Assmann/Pötzsch/Uwe H. Schneider/

Seibt

Krause § 22 Rdnr. 80). Allerdings wird vertreten, dass die Vorschrift des § 71a AktG nach ihrem Sinn und Zweck nicht nur die Gewährung von Vorschüssen, Darlehen und Sicherheiten, sondern auch sonstige Zuwendungen aus dem Gesellschaftsvermögen erfasst, die mit dem Erwerb von Aktien an der Gesellschaft in einem funktionalen Zusammenhang stehen (vgl. *Hüffer* § 71a Rdnr. 2; MünchKommAktG/*Oechsler* § 71a Rdnr. 14). Insoweit sei bereits eine Kostenübernahme durch die Gesellschaft nach Maßgabe einer Break Fee-Vereinbarung eine Unterstützungshandlung im Sinne der *financial assistance*-Regeln, wenn diese zu einer Zahlungspflicht der Gesellschaft führen kann, die über eine solche nach den Grundsätzen der Haftung wegen Abbruchs von Vertragsverhandlungen *(culpa in contrahendo)* hinausgeht. In diesem Fall nämlich mildere eine solche Break Fee-Vereinbarung das Risiko der anderen Partei an einem Scheitern der Transaktion und stelle daher bei wirtschaftlicher Betrachtung eine Sicherheit im Sinne von § 71a AktG dar (vgl. MünchKommAktG/*Oechsler* § 71a Rdnr. 29; wohl auch *Sieger/Hasselbach* BB 2000, 625, 629). Indes wird eine Break Fee-Vereinbarung auch nach dieser wirtschaftlichen Betrachtung wohl erst dann als Sicherheit im Sinne von § 71a AktG qualifizieren, wenn durch sie das finanzielle Risiko des Scheiterns der Transaktion auf die Zielgesellschaft abgewälzt wird oder wenn der Aktienerwerb und damit der Unternehmenszusammenschluss ohne eine solche Vereinbarung für die andere Partei infolge ihrer sonst nicht ausreichenden Finanzkraft ausgeschlossen oder zumindest wesentlich erschwert wäre (vgl. Assmann/Pötzsch/Uwe H. Schneider/*Krause* § 22 Rdnr. 79; *Sieger/Hasselbach* BB 2000, 625, 629; *Ziegler/Stancke* M&A Review 2008, 28, 34). Ein rein pauschalierter Kostenersatz ist daher mit dem Kapitalerhaltungszweck des § 71a AktG noch vereinbar, sofern die finanziellen Risiken eines Scheiterns der Transaktion ganz überwiegend bei der anderen Partei liegen. Hiervon wird man im Regelfall ausgehen können, wenn die Höhe der etwaig zu zahlenden *Break Fee* den Betrag nicht überschreitet, der 1% des gesamten Transaktionswertes entspricht (i. E. auch *Sieger/Hasselbach* BB 2000, 625, 629; Assmann/Pötzsch/Uwe H. Schneider/*Krause* § 22 Rdnr. 79; *Ziegler/Stancke* M&A Review 2008, 28, 35).

Eine Break Fee-Vereinbarung wird in der Regel auch nicht gegen das Verbot der Einlagenrückgewähr nach § 57 Abs. 1 AktG verstoßen, da zum einen eine Zahlungsverpflichtung der Gesellschaft eben nur für den Fall entsteht, dass ein Unternehmenszusammenschluss (im Wege einer Übernahme) scheitert, ein Erwerb der Aktien durch die andere Partei gerade nicht erfolgt und diese somit auch nicht Aktionär der Gesellschaft wird; zum anderen deshalb bzw. sofern, sie bzw. die ihr zugrunde liegende Transaktion im wohlverstandenen Interesse der Gesellschaft liegt und der Höhe nach angemessen ist (vgl. *Sieger/Hasselbach* BB 2000, 625, 629; Assmann/Pötzsch/Uwe H. Schneider/*Krause* § 22 Rdnr. 82; *Ziegler/Stancke* M&A Review 2008, 28, 33).

In seltenen Ausnahmefällen können Break Fee-Vereinbarungen gegen das übernahmerechtliche Verhinderungsverbot des § 33 Abs. 1 WpÜG verstoßen, wenn sie nicht durch die Ausnahmetatbestände des § 33 Abs. 2 WpÜG legitimiert werden (vgl. hierzu Assmann/Pötzsch/Uwe H. Schneider/*Krause* § 22 Rdnr. 84f.; *Banerjea* DB 2003, 1489, 1495f.; *Hopt* ZGR 2002, 333, 363). Da das übernahmerechtliche Verhinderungsverbot aber erst Anwendung findet, nachdem ein Bieter seine Entscheidung zur Abgabe eines Übernahmeangebots veröffentlicht hat, kann ein Verstoß gegen die Regelung des § 33 Abs. 1 WpÜG nur vorliegen, wenn die Break Fee-Vereinbarung ein konkurrierendes Angebot oder eine Abwehrfusion flankiert und derart massiv in das Gesellschaftsvermögen eingreift, dass den Aktionären vernünftiger Weise keine andere Wahl bleibt, als das konkurrierende Angebot anzunehmen bzw. für die Abwehrfusion zu stimmen (vgl. Assmann/Pötzsch/Uwe H. Schneider/*Krause* § 22 Rdnr. 85; *Drygala* WM 2004, 1457, 1465; *Banerjea* DB 2003, 1489, 1497; a.A. wohl *Hopt* ZGR 2002, 333, 363, der auch § 33 Abs. 1 WpÜG für „tangiert" hält, wenn der Vorstand verspricht, Handlungen nach Veröffentlichung der Entscheidung zur Abgabe eines Angebots vorzunehmen, durch die der Erfolg des Angebots verhindert werden könnte).

Die Vereinbarung einer *Break Fee* kann darüber hinaus zu besonderen Publizitäts- und Offenlegungspflichten führen. Manifestiert sich im Abschluss der Break Fee-Vereinbarung der Entschluss eines Bieters, ein Übernahmeangebot abgeben zu wollen, wird hierdurch die Veröffentlichungspflicht des § 10 Abs. 1 WpÜG ausgelöst. Darüber hinaus kann der Abschluss einer Break Fee-Vereinbarung eine Insiderinformation im Sinne von § 13 WpHG darstellen, die gemäß § 15 Abs. 1 S. 1 WpHG grundsätzlich vom Bieter, sofern es sich bei ihm ebenfalls um eine börsennotierte Gesellschaft handelt, und der Zielgesellschaft im Wege einer Ad hoc-Mitteilung zu veröffentlichen ist, wenn nicht die Voraussetzungen einer Selbstbefreiung nach § 15 Abs. 3 WpHG – keine Irreführung der Öffentlichkeit und Gewährleistung der Vertraulichkeit der Insiderinformation – vorliegen (vgl. hierzu Assmann/Pötzsch/Uwe H. Schneider/ *Krause* § 22 Rdnr. 87 f.; *Sieger/Hasselbach* BB 2000, 625, 630; *Banerjea* DB 2003, 1489, 1497). Ob darüber hinaus Break Fee-Vereinbarungen von einem Bieter in seiner Angebotsunterlage und von der Verwaltung der Zielgesellschaft in ihrer begründeten Stellungnahme nach § 27 WpÜG offen zu legen sind, ist gesetzlich nicht ausdrücklich bestimmt. Die Angebotsunterlage des Bieters muss gemäß § 11 Abs. 1 S. 2 und 3 WpÜG allerdings die richtigen und vollständigen Angaben enthalten, die notwendig sind, um in Kenntnis der Sachlage über das Angebot entscheiden zu können. Hierzu wird in der Regel auch eine Break Fee-Vereinbarung zählen, die daher in der Angebotsunterlage offen zu legen ist (so auch *Hopt* ZGR 2002, 333, 363; Baums/Thoma/*Thoma* § 11 Rdnr. 25; Assmann/Pötzsch/Uwe H. Schneider/*Krause* § 22 Rdnr. 87 f.). Gemäß § 27 Abs. 1 S. 2 Nr. 2 WpÜG muss die Verwaltung der Zielgesellschaft im Rahmen ihrer begründeten Stellungnahme insbesondere auf die voraussichtlichen Folgen eines *erfolgreichen* Angebots für die Zielgesellschaft eingehen. Eine *Break Fee* ist jedoch regelmäßig gerade nicht im Fall eines erfolgreichen Angebots von der Zielgesellschaft zu zahlen, sondern wenn dieses scheitert. Allerdings sind Vorstand und Aufsichtsrat im Rahmen ihrer Stellungnahme verpflichtet, auf für die Entscheidung der Aktionäre bedeutsame Aspekte näher einzugehen, damit diese das Angebot und die Stellungnahme zutreffend beurteilen können (vgl. Assmann/Pötzsch/Uwe H. Schneider/*Krause/Pötzsch* § 27 Rdnr. 57). Hierzu gehört auch die Tatsache, dass der Vorstand mit einem bestimmten Bieter für den Fall des Scheiterns dessen Übernahmeverfahrens eine Break Fee-Vereinbarung geschlossen hat (*Hopt* ZGR 2002, 333, 363 f.; KölnKommWpÜG/*Hirte* § 27 Rdnr. 34; Assmann/Pötzsch/Uwe H. Schneider/*Krause* § 22 Rdnr. 86; Assmann/Pötzsch/Uwe H. Schneider/*Krause/Pötzsch* § 27 Rdnr. 57).

20. Veröffentlichung des Zusammenschlussvorhabens. Abhängig vom Verfahrensstand, in dem sich das Zusammenschlussvorhaben zum Zeitpunkt des Abschlusses dieser Grundsatzvereinbarung befindet, kann es für die Parteien ratsam oder gar verpflichtend sein, das Zusammenschlussvorhaben zu veröffentlichen (vgl. §§ 15 Abs. 1 S. 1, 13 Abs. 1 WpHG). In diesem Fall kann es sich anbieten, bereits eine zwischen den Parteien abgestimmte Ad-hoc-Mitteilung und Presseerklärung als Anlage der Vereinbarung beizufügen. Sofern die Grundsatzvereinbarung in einem frühen Stadium des Zusammenschlussvorhabens geschlossen wird, zu dem noch keine Veröffentlichung hierüber erfolgen soll bzw. muss, kann es insbesondere, wenn wie im vorliegenden Muster börsennotierte Gesellschaften beteiligt sind, empfehlenswert sein, bereits frühzeitig eine sogenannte Leakage-Strategie, d. h. eine Verhaltensstrategie zu besprechen und festzulegen, wie auf das Auftreten allgemeiner Marktgerüchte und Spekulationen reagiert werden soll. Bei einer börsennotierten Gesellschaft ist allerdings beim Auftreten entsprechender Gerüchte oder Spekulationen jeweils im Einzelfall zu prüfen, ob hinsichtlich des beabsichtigten Zusammenschlussvorhabens bereits eine Insiderinformation gegeben und ob die Einhaltung der Voraussetzungen einer gegebenenfalls nach § 15 Abs. 3 WpHG in Anspruch genommenen Befreiung von der Veröffentlichungspflicht nach § 15 Abs. 1 WpHG (keine Irreführung der Öffentlichkeit und Gewährleistung der Vertraulichkeit der Insiderinformation) noch gewährleistet ist. Soweit eine Insiderinformation vorliegt und die Befreiungsvoraussetzungen nicht mehr erfüllt sind, ist die Gesellschaft verpflichtet, die betreffende Insiderinformation zu veröffentlichen und kann nicht mehr an einer möglicherweise zwischen den Parteien vereinbarten „kein Kommentar"-Strategie festhalten.

21. Vertraulichkeit. Das vorliegende Muster geht davon aus, dass vor dem Abschluss dieser Grundsatzvereinbarung bereits eine Vertraulichkeitsvereinbarung zwischen den Parteien geschlossen wurde. Sofern es sich bei den Parteien um börsennotierte Aktiengesellschaften handelt, ist dies unumgänglich (vgl. bereits Form. B.I). Sollte vor Abschluss dieser Vereinbarung noch keine Vertraulichkeitsvereinbarung zwischen den Parteien geschlossen worden sein, so wären die typischen, in einer Vertraulichkeitsvereinbarung aufzunehmenden Regelungen an dieser Stelle niederzulegen.

3. Verschmelzungsvertrag nach § 5 UmwG

UR-Nr. ......

Verschmelzungsvertrag[1, 2]

Heute, den ......
erschienen vor mir, ..., Notar in ...... in meinen Amtsräumen in ......
1. Frau ......,
2. Herr ......,
beide nach Angabe hier handelnd nicht im eigenen Namen, sondern in ihrer Eigenschaft als gemeinsam vertretungsberechtigte Mitglieder des Vorstands der X-AG mit dem Sitz in ......, eingetragen im Handelsregister des Amtsgerichts ...... unter HRB ......

– nachfolgend der „übertragende Rechtsträger" –

Hierzu bescheinige ich, Notar, gemäß § 21 BNotO aufgrund heutiger Einsicht in das elektronische Handelsregister des Amtsgerichts ...... vom ......, HRB ......, dass der vorgenannte Rechtsträger dort eingetragen ist und von Frau ...... und Herrn ...... als gemeinsam vertretungsberechtigten Mitgliedern des Vorstands vertreten wird.

3. Frau ......,
4. Herr ......,
beide nach Angabe hier handelnd nicht im eigenen Namen, sondern in ihrer Eigenschaft als gemeinsam vertretungsberechtigte Mitglieder des Vorstands der Y-AG mit dem Sitz in ......, eingetragen im Handelsregister des Amtsgericht ...... unter HRB ......

– nachfolgend der „übernehmende Rechtsträger" –

Hierzu bescheinige ich, Notar, gemäß § 21 BNotO aufgrund heutiger Einsicht in das elektronische Handelsregister des Amtsgerichts ...... vom ......, HRB ......, dass der vorgenannte Rechtsträger dort eingetragen ist und von Frau ...... und Herrn ...... als gemeinsam vertretungsberechtigten Mitgliedern des Vorstands vertreten wird.
Auf Befragen des Notars verneinten die Erschienenen eine, die Beurkundung ausschließende, Vorbefassung im Sinne von § 3 Abs. 1 Nr. 7 BeurkG.
Die Erschienenen wiesen sich aus durch Vorlage ihrer amtlichen Lichtbildausweise. Die Erschienenen baten, handelnd wie angegeben, um die Beurkundung des folgenden Vertrages:

Verschmelzungsvertrag

zwischen der

X- AG

mit dem Sitz in ......, als übertragendem Rechtsträger

und der
Y- AG
mit dem Sitz in ......, als übernehmendem Rechtsträger.

Präambel

(1) Die X-AG mit dem Sitz in ...... ist eingetragen in das Handelsregister des Amtsgerichts ...... unter HRB .... Das Grundkapital der X-AG beträgt ...... EUR (in Worten: ......) und ist eingeteilt in ...... auf den Inhaber lautenden Stückaktien mit einem auf die einzelne Aktie entfallenden rechnerischen Anteil am Grundkapital von je ...... EUR. Die Einlagen auf die Aktien sind voll erbracht.

(2) Die Y-AG mit dem Sitz in ...... ist eingetragen in das Handelsregister des Amtsgerichts ...... unter HRB .... Das Grundkapital der Y-AG beträgt ...... EUR (in Worten:

3. Verschmelzungsvertrag nach § 5 UmwG

......) und ist eingeteilt in ...... auf den Inhaber lautende Stückaktien mit einem auf die einzelne Aktie entfallenden anteiligen Betrag des Grundkapitals von ...... EUR. Die Einlagen auf die Aktien sind voll erbracht.[3]

(3) Mit diesem Vertrag wird die X-AG als übertragender Rechtsträger auf die Y-AG als übernehmenden Rechtsträger verschmolzen. Der Verschmelzungsvertrag hat zum Zweck, ...[4]

(4) Es ist vorgesehen, dass folgende Maßnahmen vor Eintragung der Verschmelzung wirksam werden: ......[5]

Dies vorausgeschickt, vereinbaren die Parteien was folgt:

§ 1 Vermögensübertragung[6]

1.1 Die X-AG überträgt ihr Vermögen als Ganzes mit allen Rechten und Pflichten unter Auflösung ohne Abwicklung gemäß § 2 Nr. 1 UmwG auf die Y-AG gegen Gewährung von Aktien der Y-AG (Verschmelzung durch Aufnahme).

1.2 Der Verschmelzung wird die mit dem uneingeschränkten Bestätigungsvermerk der ...... versehene Bilanz der X-AG zum 31. 12. 2010 als Schlussbilanz zugrunde gelegt.[7]

1.3 Die Übernahme des Vermögens der X-AG erfolgt im Innenverhältnis mit Wirkung zum Ablauf des 31. 12. 2010. Vom Beginn des 1. 1. 2011, 00:00:00 Uhr („Verschmelzungsstichtag")[8] an gelten alle Handlungen und Geschäfte der X-AG als für Rechnung der Y-AG vorgenommen.[9]

1.4 Die Y-AG wird die in der Schlussbilanz der X-AG angesetzten Werte der übergehenden Vermögensgegenstände und Schulden in ihrem Jahresabschluss fortführen (Buchwertfortführung).[7]

§ 2 Gegenleistung[10]

2.1 Die Y-AG gewährt mit Wirksamwerden der Verschmelzung den Aktionären der X-AG als Gegenleistung für die Übertragung des Vermögens der X-AG kostenfrei Aktien an der Y-AG nach Maßgabe des folgenden Umtauschverhältnisses:[11]

Eine auf den Inhaber lautende Stückaktie der X-AG mit einem auf die einzelne Aktie entfallenden rechnerischen Anteil am Grundkapital von je 50,– EUR wird gegen ...... auf den Inhaber lautende Stückaktien der Y-AG mit einem auf die einzelne Aktie entfallenden rechnerischen Anteil am Grundkapital von je ...... EUR umgetauscht.[12]

Außerdem leistet die Y-AG eine bare Zuzahlung in Höhe von ...... EUR (in Worten: ......) je auf den Inhaber lautender Stückaktie der X-AG.[13]

2.2 Die als Gegenleistung gewährten neuen Aktien der Y-AG sind ab dem 1. 1. 2011 gewinnberechtigt.[14]

2.3 Die Y-AG wird die Zulassung ihrer Aktien zum amtlichen Handel an der Frankfurter Wertpapierbörse beantragen.[15]

§ 3 Kapitalerhöhung[16]

3.1 Zur Durchführung der Verschmelzung wird die Y-AG ihr Grundkapital von ...... EUR (in Worten: ......) um ...... EUR (in Worten: ......) auf ...... EUR (in Worten: ......) durch Ausgabe von ...... Stück neuen, auf den Inhaber lautenden Stückaktien mit einem rechnerischen Anteil am Grundkapital von je ...... EUR und mit Gewinnberechtigung ab 1. 1. 2011 erhöhen.

3.2 Von den von der Y-AG gehaltenen, auf den Inhaber lautenden Stückaktien mit einem rechnerischen Anteil am Grundkapital von je ...... EUR werden ...... ebenfalls zur Erbringung der Gegenleistung gemäß § 2.1 verwendet.[17]

§ 4 Besondere Vorteile und Rechte

4.1 Es werden keine besonderen Rechte im Sinne des § 5 Abs. 1 Nr. 7 UmwG für einzelne Aktionäre oder Inhaber besonderer Rechte gewährt, und es sind auch keine besonderen Maßnahmen für solche Personen vorgesehen.

4.2 Ebenso werden – vorbehaltlich der aus Gründen rechtlicher Vorsorge aufgenommenen Regelungen in § 4.3[18] – keine besonderen Vorteile für Vorstandsmitglieder, Aufsichtsratsmitglieder und Abschlussprüfer der beteiligten Gesellschaften oder für den Verschmelzungsprüfer gewährt.

4.3 Im Hinblick auf die vorgesehene Verschmelzung hat der Aufsichtsrat der Y-AG den Beschluss gefasst, die bisherigen Mitglieder des Vorstands der X-AG, die Herren ......, mit Wirkung ab Rechtswirksamkeit der Verschmelzung zu Mitgliedern des Vorstands der Y-AG zu bestellen. Die Anstellungsverhältnisse gehen mit Wirksamwerden der Verschmelzung unverändert im Wege der Gesamtrechtsnachfolge auf die Y-AG über.

4.4 Unbeschadet der aktienrechtlichen Zuständigkeit der Hauptversammlung und des Vorschlagsrechts des Aufsichtsrates der Y-AG streben die Vertragsparteien folgende Besetzung des Aufsichtsrats an: ......

§ 5 Treuhänder

5.1 Die X-AG hat ...... als Treuhänder für den Empfang der zu gewährenden Aktien der Y-AG und eventueller barer Zuzahlungen bestellt.[19]

5.2 Die Y-AG wird die als Gegenleistung an die Aktionäre der X-AG zu gewährenden Aktien dem Treuhänder vor der Eintragung der Verschmelzung in das für die Y-AG zuständige Handelsregister übergeben und ihn anweisen, die Aktien nach Eintragung der Verschmelzung an die Aktionäre der X-AG auszuliefern, wobei die Auslieferung Zug um Zug gegen Einlieferung der Aktien an die X-AG erfolgt.[20]

§ 6 Folgen der Verschmelzung für die Arbeitnehmer und ihre Vertretungen[21]

6.1 Mit Wirksamwerden der Verschmelzung gehen sämtliche Arbeitsverhältnisse der zu diesem Zeitpunkt bei der X-AG beschäftigten Arbeitnehmer mit allen Rechten und Pflichten auf die Y-AG über.

6.2 Hinsichtlich der aufgrund dieses Verschmelzungsvertrages der X-AG auf die Y-AG übergehenden Arbeitsverhältnisse ergeben sich durch die Verschmelzung individualrechtlich keine Veränderungen. Die übergehenden Arbeitsverhältnisse werden unter voller Anrechnung der Betriebszugehörigkeitszeiten und einschließlich der Vereinbarungen über Direktversicherungen zur Altersvorsorge unverändert zu den bisherigen Bedingungen mit der Y-AG fortgesetzt.

6.3 Die Y-AG wird mit Wirksamwerden der Verschmelzung neuer Arbeitgeber der zu diesem Zeitpunkt bei der X-AG beschäftigten Arbeitnehmer. Gemäß § 324 UmwG findet auf die Verschmelzung § 613a Abs. 1 und 4 bis 6 BGB Anwendung; die Verschmelzung führt zum Betriebsübergang gemäß § 613a BGB.[22] Die Arbeitnehmer sind vor dem Betriebsübergang gemäß § 613a Abs. 5 BGB in Textform über den Grund und den geplanten Zeitpunkt des Übergangs sowie die in diesem § 6 aufgeführten Folgen und in Aussicht genommenen Maßnahmen zu informieren.

6.4 Die Verschmelzung führt zu keinen Veränderungen der betrieblichen Struktur und der betrieblichen Organisation in den Betrieben. Die Identität der Betriebe wird durch die Verschmelzung nicht berührt. Eine Betriebsänderung, die Verhandlungen mit dem Betriebsrat der X-AG erforderlich machen würde, wird durch die Verschmelzung selbst nicht bewirkt. Dasselbe gilt für die derzeitigen Arbeitsverhältnisse und -plätze, die sämtlich durch die Verschmelzung selbst nicht verändert oder berührt werden.

6.5 Die derzeit bei der X-AG geltenden Betriebsvereinbarungen gelten als kollektivrechtliche Regelungen normativ fort.[23]

6.6 Der Betriebsrat der X-AG im Betrieb ...... bleibt auch nach der Verschmelzung im Amt und wird mit dem Wirksamwerden der Verschmelzung gleichzeitig zum Betriebsrat der Y-AG.

6.7 Mit dem Wirksamwerden der Verschmelzung enden die Mandate aller Mitglieder des Aufsichtsrates der X-AG. Nach dem Übergang ihrer Arbeitsverhältnisse auf die Y-AG sind die Arbeitnehmer der X-AG bei den nächsten Wahlen zum Aufsichtsrat der Y-AG aktiv und passiv wahlberechtigt.

6.8 Nach dem Wirksamwerden der Verschmelzung sind gesellschaftsrechtliche und organisatorische Umstrukturierungen bei einer Reihe von Tochterunternehmen geplant, die sich aus der Zusammenlegung der entsprechenden Abteilungen, Bereiche bzw. Unternehmen ergeben. Im einzelnen wird dies voraussichtlich die Zusammenführung der folgenden Abteilungen, Bereiche bzw. Unternehmen betreffen: ......

§ 7 Kosten[24]

7.1 Die durch den Abschluss dieses Vertrages und seine Ausführung entstehenden Kosten (mit Ausnahme der Kosten der Hauptversammlung der X-AG, die über die Verschmelzung beschließt) trägt die Y-AG.

7.2 Die für die Vorbereitung dieses Vertrages entstandenen Kosten trägt jede Vertragspartei selbst.

7.3 Diese Regelungen gelten auch, falls die Verschmelzung wegen des Rücktritts einer Vertragspartei oder aus einem sonstigen Grund nicht wirksam wird.

§ 8 Stichtagsänderung

8.1 Falls die Verschmelzung nicht bis zum Ablauf des 31. 3. 2012 in das Handelsregister der Y-AG eingetragen wird, wird abweichend von § 1.2 der Verschmelzung eine Bilanz der X-AG zum 31. 12. 2011 als Schlussbilanz zugrundegelegt und abweichend von § 1.3 der Beginn des 1. 1. 2012, 00:00:00 Uhr als Stichtag für die Übernahme des Vermögens der X-AG bzw. den Wechsel der Rechnungslegung angenommen. Bei einer weiteren Verzögerung über den 31. März des Folgejahres hinaus verschieben sich die Stichtage entsprechend der vorstehenden Regelung jeweils um ein weiteres Jahr.[25]

8.2 Falls die Verschmelzung nicht bis zum Ablauf des 31. 3. 2012 in das Handelsregister der Y-AG eingetragen wird, soll die Eintragung erst nach den ordentlichen Hauptversammlungen der X-AG bzw. der Y-AG stattfinden, die über die Verwendung des Bilanzgewinns für das Geschäftsjahr 2011 beschließen. Die X-AG und die Y-AG werden dies gegebenenfalls durch einen Nachtrag zur Registeranmeldung sicherstellen. Entsprechendes gilt, wenn sich die Eintragung über den 31. März des Folgejahres hinaus weiter verzögert.

8.3 Falls die Verschmelzung erst nach den ordentlichen Hauptversammlungen der X-AG und der Y-AG, die über die Verwendung des Bilanzgewinns für das Geschäftsjahr 2011 beschließen, in das Handelsregister der Y-AG eingetragen wird, sind die als Gegenleistung gewährten Aktien der Y-AG abweichend von § 2.2 erst für das Geschäftsjahr ab dem 1. 1. 2012 gewinnberechtigt.[26] Bei einer weiteren Verzögerung der Eintragung über die folgenden ordentlichen Hauptversammlungen der X-AG und der Y-AG, die über die Verwendung des Bilanzgewinns für das Geschäftsjahr 2012 beschließen, hinaus, verschiebt sich die Gewinnberechtigung jeweils um ein weiteres Jahr.

§ 9 Rücktrittsvorbehalt[27]

Jede Vertragspartei kann von diesem Verschmelzungsvertrag mit sofortiger Wirkung zurücktreten, wenn einer der folgenden Fälle eingetreten ist:
- Die Verschmelzung ist nicht bis zum Ablauf des ...... durch Eintragung in das Handelsregister der Y-AG wirksam geworden.
- Aufsichtsrat/Vorstand wurden nicht bis zum ...... wie in § 4.3 des Verschmelzungsvertrages vorgesehen besetzt.

Dem diesen Vertrag beurkundenden Notar und den beteiligten Registergerichten ist der Rücktritt unverzüglich schriftlich mitzuteilen. Eine vertragliche Verpflichtung zum Rücktritt besteht nicht.

§ 10 Schlussbestimmungen

10.1 Sollten Bestimmungen dieses Vertrages unwirksam sein oder werden, soll dadurch die Gültigkeit der übrigen Bestimmungen dieses Vertrages nicht berührt werden. Das Gleiche gilt, soweit sich herausstellen sollte, dass der Vertrag eine Regelungslücke enthält. Anstelle der unwirksamen oder der undurchführbaren Bestimmungen oder zur Ausfüllung der Lücke verpflichten sich die Parteien, eine angemessene Ersatzregelung zu vereinbaren, die dem Inhalt der nichtigen oder unwirksamen Bestimmung möglichst nahe kommt.

10.2 Der übertragende Rechtsträger verfügt über folgenden Grundbesitz: …… Die Berichtigung des Grundbuches nach Wirksamkeit der Verschmelzung wird hiermit beantragt. Der Notar wird beauftragt und bevollmächtigt, die Grundbuchberichtigung zu veranlassen.[28]

10.3 Dieser Verschmelzungsvertrag wird nur wirksam, wenn ihm die Hauptversammlung der Y-AG und der X-AG durch Verschmelzungsbeschluss nach §§ 13 Abs. 1, 65 Abs. 1 UmwG zustimmen.

10.4 Der Entwurf dieses Verschmelzungsvertrages ist nach § 61 UmwG zum Handelsregister eingereicht worden.

Vollmachten[29]

Die Erschienenen bevollmächtigen hiermit
- Frau ……,
- Herrn ……,

Mitarbeiter(innen) des amtierenden Notars
– je einzeln –, ohne jede persönliche Haftung,
sämtliche Erklärungen und Rechtshandlungen vorzunehmen, die für den Vollzug des Verschmelzungsvertrages erforderlich oder zweckdienlich sind. Die Vollmacht ist jederzeit widerruflich; sie endet mit Eintragung der Verschmelzung im Handelsregister der beteiligten Rechtsträger. Jede(r) Bevollmächtigte ist von den Beschränkungen des § 181 BGB befreit. Dem Handelsregister gegenüber ist die Vollmacht unbeschränkt. Die Wirksamkeit der vorstehenden Vollmacht ist unabhängig von der Wirksamkeit dieser Urkunde im Übrigen.

Hinweise, Belehrungen

Der Notar hat die Erschienenen über den weiteren Verfahrensablauf bis zum Wirksamwerden der Verschmelzung, auf den Wirksamkeitszeitpunkt sowie die Rechtsfolgen der Verschmelzung hingewiesen. Insbesondere wies der Notar auf Folgendes hin:

1. Der Verschmelzungsvertrag bedarf zu seiner Wirksamkeit der Zustimmung der Hauptversammlung der X-AG und der Y-AG in notarieller Form.

2. Die Verschmelzung wird erst wirksam, nachdem sie in das Handelsregister aller beteiligten Rechtsträger eingetragen ist. Die Eintragung der Verschmelzung in das Handelsregister kann gemäß §§ 66, 71 Abs. 1 S. 2 UmwG erst erfolgen, wenn die Durchführung der Erhöhung des Grundkapitals im Handelsregister des übernehmenden Rechtsträgers eingetragen worden ist und der von dem übertragenden Rechtsträger bestellte Treuhänder dem Registergericht des Sitzes des übernehmenden Rechtsträgers angezeigt hat, dass er im Besitz der gemäß § 2.1 dieses Vertrages zu gewährenden Aktien ist.[30]

3. Mit Wirksamwerden der Verschmelzung haftet die Y-AG für alle Verbindlichkeiten der X-AG, die im Zeitpunkt der Verschmelzung begründet waren. Gläubigern der beteiligten Gesellschaften ist auf Anmeldung und Glaubhaftmachung ihrer Forderung hin nach Maßgabe des § 22 UmwG Sicherheit zu leisten.

3. Verschmelzungsvertrag nach § 5 UmwG   L.II.3

Von dieser Urkunde erhalten

beglaubigte Abschriften:
- jeder Beteiligte je ......
- das zuständige Finanzamt[31]

Ausfertigungen:
- jeder Beteiligte je ......
- das Registergericht ......
- das Registergericht ......
- das Grundbuchamt ......

Vorstehende Niederschrift wurde den Erschienenen vom Notar vorgelesen, von ihnen genehmigt und wie folgt eigenhändig unterschrieben:

......

[Unterschriften der Beteiligten][32, 33]

Schrifttum: Baums, Die Auswirkungen der Verschmelzung von Kapitalgesellschaften auf die Anstellungsverhältnisse der Geschäftsleiter, ZHR 156 (1992), 248; *Budde/Förschle/Winkeljohann,* Sonderbilanzen, 4. Aufl. 2008; *Bungert,* Darstellungsweise und Überprüfbarkeit der Angaben über Arbeitnehmerfolgen im Umwandlungsvertrag, DB 1997, 560; *Bungert/Henzen,* Kapitalerhöhung zur Durchführung von Verschmelzung oder Abspaltung bei parallelem Rückkauf eigener Aktien durch die übertragenden Gesellschaft, DB 1999, 2501; *Drygala,* Die Reichweite der arbeitsrechtlichen Angaben im Verschmelzungsvertrag, ZIP 1996, 1365; *Engelke,* Arbeitnehmerbeteiligung bei Verschmelzungsverträgen, GmbHReport 1996, R 29; *Grunewald/Winter,* Die Verschmelzung von Kapitalgesellschaften, in: Lutter, Kölner Umwandlungsrechtstage 1995, 19; *Henssler,* Arbeitnehmerinformation bei Umwandlungen und ihre Folgen im Gesellschaftsrecht, Festschrift für Kraft, 1998, 219; *Hjort,* Der notwendige Inhalt eines Verschmelzungsvertrages aus arbeitsrechtlicher Sicht, NJW 1999, 750; *Hüffer,* Der Schutz besonderer Rechte in der Verschmelzung, Festschrift für Lutter, 2000, 1127; *Ihrig,* Gläubigerschutz durch Kapitalaufbringung bei Verschmelzung und Spaltung nach neuem Umwandlungsrecht, GmbHR 1995, 622; *Joost,* Arbeitsrechtliche Angaben im Umwandlungsvertrag, ZIP 1995, 976; *Kiem,* Die schwebende Umwandlung, ZIP 1999, 173; *Kiem/Uhrig,* Der umwandlungsbedingte Wechsel des Mitbestimmungsstatuts am Beispiel der Verschmelzung durch Aufnahme zwischen AG's, NZG 2001, 680; *Körner/Rodewald,* Bedingungen, Befristungen, Rücktritts- und Kündigungsrechte in Verschmelzungs- und Spaltungsverträgen, BB 1999, 853; *Müller,* Die Zuleitung des Verschmelzungsvertrages an den Betriebsrat nach § 5 Abs. 3 Umwandlungsgesetz, DB 1997, 713; *Neye/Jäckel,* Umwandlungsrecht zwischen Brüssel und Berlin, AG 2010, 237; *Rödder/Herlinghaus/van Lishaut,* Umwandlungssteuergesetz, 2008; *Schaub,* Das Abfindungsangebot nach § 29 UmwG, NZG 1998, 626; *Schütz/Fett,* Variable oder starre Stichtagsregelungen in Verschmelzungsverträgen?, DB 2002, 2696; *Sieger/Hasselbach,* Break-Fee Vereinbarungen bei Unternehmenskäufen, BB 2000, 625; *Simon/Weninger,* Betriebsübergang und Gesamtrechtsnachfolge: Kein Widerspruch – keine Unterrichtung? BB 2010, 117; *Wagner,* Der Regierungsentwurf für ein Drittes Gesetz zur Änderung des Umwandlungsgesetzes, DStR 2010, 1628; *Willemsen,* Die Beteiligung des Betriebsrats im Umwandlungsverfahren, RdA 1998, 23; *M. Winter,* Die Anteilsgewährung – zwingendes Prinzip des Verschmelzungsrechts?, Festschrift für Lutter, 2000, 1279; *Wlotzke,* Arbeitsrechtliche Aspekte des neuen Umwandlungsrechts, DB 1995, 40.

Anmerkungen

1. Überblick. Verschmelzung ist die Übertragung des gesamten Vermögens eines Rechtsträgers auf einen anderen, entweder schon bestehenden („Verschmelzung durch Aufnahme") oder neu gegründeten Rechtsträger („Verschmelzung zur Neugründung") im Wege der Gesamtrechtsnachfolge unter Auflösung ohne Abwicklung gegen Gewährung von Anteilen des übernehmenden Rechtsträgers an die Anteilsinhaber des übertragenden und erlöschenden Rechtsträgers im Wege des Anteilstausches (§ 2 UmwG). Jede Verschmelzung, auch innerhalb eines Konzerns, erfordert den Abschluss eines Verschmelzungsvertrags, der der Zustimmung der Hauptversammlungen der beteiligten Gesellschaften bedarf (§ 13 UmwG) und dessen Mindestinhaltinhalt in § 5 UmwG geregelt ist. Gemäß § 4 Abs. 1 UmwG sind zum Abschluss des Verschmelzungsvertrages die Vertretungsorgane der beteiligten Rechtsträger zuständig. Der Abschluss durch einen Prokuristen gemeinschaftlich mit einem Vorstandsmitglied ist insoweit zulässig, als die jeweilige Satzung eine entsprechende gesetzliche Vertretung vorsieht. Der Verschmelzungsvertrag bedarf der notariellen Beurkundung (§ 6 UmwG). Zur Zulässigkeit einer Beurkundung im Ausland siehe Kallmeyer/*Zimmermann* § 6 Rdnr. 10 f. Wird der Verschmelzungsvertrag in den ersten zwei Jahren seit Eintragung der übernehmenden Gesellschaft in das Handelsregister geschlossen, sind gemäß § 67 S. 1 UmwG die Vorschriften über die Nachgründung gemäß § 52 AktG entsprechend anzuwenden. Erfolgt die Verschmelzung wie in Form. L.II.3 unter der Beteiligung von Aktiengesellschaften, ist der Verschmelzungsvertrag bzw. sein Entwurf vor der Einberufung der Hauptversammlung, die gemäß § 13 Abs. 1 UmwG über die Zustimmung zu beschließen hat, zum Handelsregister einzureichen (§ 61 Abs. 1 UmwG). Die Verschmelzung ist gemäß § 16 UmwG von den Vertretungsorganen jedes der beteiligten Rechtsträger zur Eintragung in das Handelsregister anzumelden. Mit der Eintragung der Verschmelzung in das Register des übernehmenden Rechtsträgers treten die Wirkungen der Verschmelzung ein (§ 20 UmwG). Gläubigern der beteiligten Rechtsträger ist ggf. Sicherheit zu leisten (§ 22 UmwG). Zu den betriebswirtschaftlichen Motiven zur Durchführung einer Verschmelzung gehören die Erzielung von Synergieeffekten sowohl auf der Umsatz- als auch auf der Kostenseite sowie die Bündelung von Ressourcen, wenn z.B. regional diversifizierte Unternehmen zusammengeführt werden und damit über Marktpräsenz und Größeneffekte Synergien erzielt werden (Konzentrationsfunktion). Eine Verschmelzung innerhalb eines Konzerns nach oben (sog. upstream-merger) oder nach unten (sog. downstream-merger) bildet häufig den Abschluss einer stufenweise intensivierten Unternehmensverbindung (vgl. hierzu *Küting* BB 1994, 1383; Sagasser/Bula/Brünger/*Sagasser/Ködderitzsch* I Rdnr. 2). Ziel dieser konzerninternen Verschmelzungen ist vielfach das Bestreben, die Verwaltungskosten mehrstufiger Strukturen zu reduzieren und verbleibende Minderheitsgesellschafter auf einer höheren Gesellschafterebene zusammenzufassen. Der Regierungsentwurf für ein Drittes Gesetz zur Änderung des Umwandlungsgesetzes (BT-Drucks. 17/3122) sieht mit dem Wegfall des Beschlusserfordernisses auf Seiten der übertragenden Gesellschaft (§ 62 Abs. 4 UmwG n. F.) eine weitere Vereinfachung von Konzernverschmelzungen vor.

2. Formular. Bei dem Muster handelt es sich um einen Verschmelzungsvertrag zwischen zwei Aktiengesellschaften, von denen keine an der anderen beteiligt ist. Das Vermögen der X-AG soll als Ganzes auf die Y-AG im Wege der Verschmelzung durch Aufnahme (§ 2 Nr. 1 UmwG) übergehen. Die übernehmende AG verfügt über eigene Anteile, weswegen die im Rahmen der Verschmelzung zu gewährende Gegenleistung zum Teil im Wege der Kapitalerhöhung und zum Teil im Wege der Ausgabe der eigenen Aktien erbracht wird. Das Muster betrifft eine Verschmelzung, die nicht unter die Zusammenschlusskontrolle der Kartellbehörden fällt.

3. Wenn, anders als in dem hier gewählten Muster, eine der Gesellschaften an der anderen oder sogar beide Gesellschaften aneinander beteiligt sind, sollte an dieser Stelle in der Präambel zu Klarstellungszwecken ein entsprechender Hinweis auf die vor Verschmelzung bestehenden Beteiligungsverhältnisse erfolgen. Eine solche Hinweis-Klarstellung ist im Hinblick auf das Anteilsgewährungsverbot nach § 20 Abs. 1 Nr. 3 i. V. m. § 68 UmwG hilfreich, aber auch dann wenn die übernehmende AG mindestens ⁹/₁₀ des Grundkapitals der übertragenden AG hält, so dass ein Fall der erleichterten Konzernverschmelzung nach § 62 UmwG vorliegt.

4. Angaben über den Hintergrund der Verschmelzung sind zwar nicht erforderlich, aber in der Regel zweckmäßig. Dies gilt insbesondere dann, wenn die Gesellschaften bereits eine Grundsatzvereinbarung über die Zusammenführung der Gesellschaften abgeschlossen haben (Business Combination Agreement, vgl. Form. L.II.2), in dem wesentliche wirtschaftliche und rechtliche Eckdaten der Verschmelzung festgelegt wurden. In diesem Fall könnte in der Präambel ein Hinweis erfolgen, dass dieser Verschmelzungsvertrag zur Ausführung der Verschmelzung nach Maßgabe der betreffenden Bestimmungen der Zusammenschlussvereinbarung abgeschlossen wird. Wird kein Business Combination Agreement abgeschlossen, finden sich im Verschmelzungsvertrag häufig Regelungen zur Ausgestaltung der zukünftigen Satzung der übernehmenden Gesellschaft, insbesondere zu Firma, Sitz und Unternehmensgegenstand.

5. Bei größeren Umstrukturierungen gehen der Verschmelzung häufig weitere Maßnahmen voraus, die vor Verschmelzung wirksam geworden sein müssen. In diesem Fall könnte in der Präambel eine Klarstellung erfolgen, welche sonstigen Umstrukturierungsmaßnahmen vor der Verschmelzung abgeschlossen sein sollen. Eine solche Regelung könnte zusätzlich mit der Verpflichtung der Vertragsparteien einhergehen, eine Anmeldung der Verschmelzung zum Handelsregister erst dann vorzunehmen, wenn Nachweis über den Abschluss der vorhergehenden Maßnahmen geführt werden konnte.

6. Vermögensübertragung. Ist die Verschmelzung, anders als in dem für dieses Muster gewählten Sachverhalt, von den Kartellbehörden freizugeben, so ist der Verschmelzungsvertrag unter eine entsprechende aufschiebende Bedingung zu stellen. Als Formulierung für die Zusammenschlusskontrolle durch das Bundeskartellamt kommt in Betracht: „Der Vollzug der Verschmelzung steht unter der aufschiebenden Bedingung der Nichtuntersagung des Zusammenschlusses durch das Bundeskartellamt. Die Bedingung tritt mit Ablauf des Tages ein, an dem der anmeldenden Partei die Freigabeerklärung (Mitteilung der Nichtuntersagung oder Freigabeverfügung gemäß § 40 Abs. 2 GWB) des Bundeskartellamts zugeht. Die Bedingung tritt ersatzweise mit Ablauf des Tages ein, an dem die für das Vorhaben laufende Untersagungsfrist abläuft, ohne dass eine Untersagungsverfügung ergangen ist."

7. Schlussbilanz: Gemäß § 17 Abs. 2 UmwG hat der übertragende Rechtsträger der Anmeldung der Verschmelzung eine (Schluss-)Bilanz beizufügen. Durch § 17 Abs. 2 UmwG wird keine eigenständige Pflicht zur Rechnungslegung begründet. Vielmehr haben nur diejenigen Rechtsträger eine Schlussbilanz aufzustellen, die entweder ohnehin bereits nach § 238 Abs. 1 S. 1 HGB zur Rechnungslegung verpflichtet sind oder wenn sie zwar nicht gemäß § 238 Abs. 1 S. 1 HGB zur handelsrechtlichen Rechnungslegung verpflichtet sind, die Satzung aber eine solche Pflicht vorsieht. Sie dient dem Register als Nachweis über das vorhandene Vermögen und kann wie im vorliegenden Falle einer Verschmelzung gegen Kapitalerhöhung eine gesonderte Prüfung der Kapitalerhöhung ersetzen (vgl. § 69 Abs. 1 UmwG). Gem. § 24 UmwG können die Wertansätze der Schlussbilanz des übertragenden Rechtsträgers übernommen werden. Eine Korrektur findet dann erst im darauf folgenden ordentlichen Jahresabschluss statt (vgl. Kallmeyer/*Müller* § 24 Rdnr. 12). Eine Prüfung der Schlussbilanz der übertragenden AG ist nur dann nicht erforderlich, wenn es sich bei dieser Gesellschaft um eine kleine Kapitalgesellschaft im Sinne von § 267 Abs. 1 HGB handelt (vgl. § 316 Abs. 1 S. 1 HGB). Der Stichtag der Schlussbilanz darf höchstens acht Monate vor der Anmeldung der Verschmelzung zum Register der übertragenden Gesellschaft liegen (§ 17 Abs. 2 S. 4 UmwG). Die Frist berechnet sich nach §§ 186 ff. BGB. Dieser Zeitraum ermöglicht es den übertragenden Rechtsträgern i.d.R. die Bilanz des letzten Geschäftsjahres als Schlussbilanz einzureichen. Die Schlussbilanz muss aber nicht notwendig mit der letzten Jahresbilanz übereinstimmen. Wird die Schlussbilanz auf einen anderen als den Stichtag des vorausgehenden Jahresabschlusses aufgestellt, handelt es sich um eine Zwischenbilanz, für die alle Vorschriften über die Jahresbilanz gelten. Diese Zwischenbilanz braucht nicht bekanntgemacht zu werden (§ 17 Abs. 2 S. 3 UmwG). Gem. § 63 Abs. 2 S. 5 i.V.m. § 8 Abs. 3 S. 1 Nr. 1, S. 2. UmwG n. F. können alle Anteilsinhaber durch notariell beurkundete Erklärung auf die Erstellung einer Zwischenbilanz verzichten.

Nach § 63 Abs. 2 S. 6, 7 UmwG n. F. ist die Aufstellung der Zwischenbilanz auch entbehrlich, wenn die Gesellschaft seit dem letzten Jahresabschluss einen Halbjahresfinanzbericht gem. § 37w WpHG veröffentlicht hat. Dabei darf es sich auch um einen konzernbezogenen Halbjahresfinanzbericht nach § 37y Nr. 2 i.V.m. § 37w WpHG handeln (vgl. *Wagner* DStR 2010, 1629, 1630).

8. Verschmelzungsstichtag. Der Verschmelzungsstichtag legt den Zeitpunkt fest, von dem an die Handlungen des übertragenden Rechtsträgers im Innenverhältnis als für Rechnung der übernehmenden Gesellschaft vorgenommen gelten (§ 5 Abs. 1 Nr. 6 UmwG). Der Verschmelzungsstichtag muss mit dem Tag der Gewinnberechtigung nicht notwendig identisch sein (MünchVertragsHdB I/*Hoffmann-Becking* X.1 Anm. 7; Lutter/*Lutter/Drygala* § 5 Rdnr. 46; a. A. *Priester* NJW 1983, 1459, 1461), wohl aber nach h.M. mit dem Stichtag der Schlussbilanz (Lutter/*Lutter/Drygala* § 5 Rdnr. 46; *Hoffmann-Becking*, FS Fleck, S. 105, 111; Budde/

Förschle/Winkeljohann/*Budde/Zerwas*, H Rdnr. 39 ff.; a.A. Kallmeyer/*Müller* § 5 Rdnr. 34; *Müller* WPg 1996, 857, 859, der eine Verlegung des Verschmelzungsstichtages sowohl vor als auch nach dem Stichtag der Schlussbilanz zulassen will; *Aha* BB 1996, 2559 ff.). Bei Beteiligung mehrerer übertragender Rechtsträger ist es zweckmäßig, aber nicht zwingend, einen einheitlichen Verschmelzungsstichtag zu wählen. Enden die Geschäftsjahre der übertragenden Rechtsträger an verschiedenen Terminen, kann die Festlegung mehrerer Verschmelzungsstichtage sinnvoll sein. Zur Stichtagsänderung bei Verzögerung der Eintragung siehe Anm. 25.

9. Häufig findet sich in Verschmelzungsverträgen an dieser Stelle noch der Hinweis, dass die übernehmende Gesellschaft die in der Schlussbilanz der übertragenden Gesellschaft angesetzten Werte der durch die Verschmelzung übergehenden Aktiva und Passiva in ihrer Rechnungslegung fortführt. Eine solche Regelung ist unter Umständen dann schädlich, wenn zur Vermeidung von Verschmelzungsverlusten nach § 24 UmwG eine Aufstockung der Werte erfolgen soll.

10. Gegenleistung. Der Verschmelzungsvertrag muss gemäß § 5 Abs. 1 Nr. 2 UmwG zwingend vorsehen, dass das Vermögen als Ganzes gegen Gewährung von Anteilen an dem übernehmenden Rechtsträger an die Anteilsinhaber des übertragenden Rechtsträgers übergeht. Die Pflicht zur Anteilsgewährung entfällt, wenn eine 100%ige Tochtergesellschaft auf das Mutterunternehmen verschmolzen wird (§ 5 Abs. 2 UmwG; sog. upstream-merger). Nach § 68 Abs. 1 S. 3 UmwG kann die übernehmende Gesellschaft von einer Anteilsgewährung auch absehen, wenn alle Anteilsinhaber des übertragenden Rechtsträgers eine notariell beurkundete Verzichtserklärung abgegeben haben. Umstritten ist, ob als Gegenleistung Aktien der gleichen Gattung zu gewähren sind, oder es auch zulässig ist, Aktien anderer Gattung (z.B. Vorzugsaktien ohne Stimmrecht gegen Stammaktien bzw. umgekehrt oder Namensaktien gegen Inhaberaktien) zu gewähren (vgl. hierzu Lutter/*Lutter/Drygala* § 5 Rdnr. 12; Kallmeyer/*Marsch-Barner* § 5 Rdnr. 6; Sagasser/Bula/Brünger/*Sagasser/Ködderitzsch* J Rdnr. 27; *Lutter*, FS Mestmäcker, S. 943 ff.; *Timm/Schöne*, FS Kropff, S. 316 ff.; *Kiem* ZIP 1997, 1627 ff.). Soweit den Aktionären der übertragenden Gesellschaft Aktien an der übernehmenden Gesellschaft gewährt werden, die Verfügungsbeschränkungen unterliegen, müsste der Verschmelzungsvertrag nach § 29 Abs. 1 S. 2 UmwG eine Barabfindung vorsehen. Diese könnte etwa wie folgt lauten:

„Jedem Aktionär der X-AG, der gegen den Verschmelzungsbeschluss Widerspruch zur Niederschrift erklärt hat, wird gemäß § 29 Abs. 1 S. 2 UmwG eine Barabfindung in Höhe von ...... EUR für eine Aktie an der Y-AG angeboten, die aus dem Umtausch von ...... Aktien an der X-AG hervorgegangen ist. Das Angebot ist befristet. Es kann nur binnen zwei Monaten nach dem Tag angenommen werden, an dem die Eintragung der Verschmelzung im Handelsregister des übernehmenden Rechtsträgers nach § 19 Abs. 1 UmwG als bekannt gemacht gilt. Die Kosten der Übertragung trägt die Y-AG."

Auch im Falle der Verschmelzung einer börsennotierten AG auf eine nicht börsennotierte AG („kaltes Delisting") ergibt sich seit der Änderung des § 29 Abs. 1 S. 1 UmwG durch das Zweite Gesetz zur Änderung des Umwandlungsgesetzes (BGBl. I 2007 S. 542) eine Angebotspflicht der erwerbenden Gesellschaft. Zweck dieser Regelung ist der Schutz der Aktionäre vor der mangels Börsennotierung erschwerten Veräußerbarkeit ihrer Anteile.

11. Umtauschverhältnis. Das Umtauschverhältnis bestimmt sich ebenso wie die Höhe der Ausgleichszahlungen nach der Bewertung der an der Verschmelzung beteiligten Rechtsträger. Damit ist die Festlegung des Umtauschverhältnisses mit all jenen Unwägbarkeiten verbunden, die die Unternehmensbewertung bzw. die Bewertung von Mitgliedschaften mit sich bringt. Aus § 12 Abs. 2 UmwG folgt jedoch, dass das Umtauschverhältnis lediglich „angemessen" sein muss. Entscheidend ist somit nicht, ob die jeweiligen Unternehmenswerte exakt berechnet werden, sondern allein die richtige Ermittlung der Relation der Unternehmenswerte (vgl. Lutter/*Lutter/Drygala* § 5 Rdnr. 21). Für die Bewertung aller beteiligten Gesellschaften ist von einem einheitlichen Bewertungsstichtag auszugehen. Dies ist weder der Tag der Wirksamkeit der Verschmelzung (§ 20 UmwG) noch analog § 305 Abs. 3 S. 2 AktG der Tag des Wirksamwerdens des Verschmelzungsvertrages bei Vorliegen aller Zustimmungsbeschlüsse oder der Tag der Hauptversammlung der übertragenden Gesellschaft. Vielmehr ist mit der h. M. davon

3. Verschmelzungsvertrag nach § 5 UmwG   L.II.3

auszugehen, dass es mangels gesetzlicher Regelung den Parteien überlassen bleibt, den Bewertungsstichtag frei zu wählen. Der gewählte Bewertungsstichtag muss allerdings vor dem Zeitpunkt der Beschlussfassung durch die Aktionäre liegen. Andernfalls läge keine Grundlage für die Beschlussfassung vor (vgl. Lutter/*Lutter/Drygala* § 5 Rdnr. 24 m.w.N.; ähnlich Sagasser/Bula/Brünger/*Bula/Schlösser* J. Rdnr. 30). Zu den einzelnen Bewertungsmethoden vgl. Sagasser/Bula/Brünger/*Bula/Schlösser* J. Rdnr. 31 ff. Nach Berechnung der jeweiligen Unternehmenswerte müssen zur Bestimmung des Umtauschverhältnisses zunächst die Unternehmenswerte zu den Nennbeträgen des gezeichneten Kapitals bzw. der Anzahl der Mitgliedschaften ins Verhältnis gesetzt werden. Hieraus ergibt sich der Wert eines Anteils. Aus dem Wertverhältnis der auf den gleichen Nennbetrag berechneten Anteile aller beteiligten Gesellschaften ergibt sich dann das Umtauschverhältnis. Verbleibende Spitzenbeträge können in Höhe von 10% des Gesamtnennbetrages der gewährten Anteile durch bare Zuzahlungen ausgeglichen werden (vgl. §§ 54 Abs. 4, 68 Abs. 3 UmwG). Soweit eine der Gesellschaften, anders als in dem hier gewählten Muster, unmittelbar an der anderen Gesellschaft beteiligt ist, sollte hier wegen des bestehenden Anteilsgewährungsverbots etwa folgende Klarstellung erfolgen:

„Soweit die Y-AG zum Zeitpunkt des Abschlusses dieses Verschmelzungsvertrags an der X-AG beteiligt ist, erfolgt die Übertragung des Vermögens der X-AG ohne Gegenleistung, d.h. die Y-AG erhält für ihre bisherige Beteiligung an der X-AG keine neuen Aktien (vgl. §§ 20 Abs. 1 Nr. 3, 68 Abs. 1 S. 1 Nr. 1 UmwG)."

12. Gemäß § 5 Abs. 1 Nr. 2 und 4 UmwG müssen Angaben über die als Gegenleistung zu gewährenden Anteile gemacht werden. Sind die Anteilsinhaber des übertragenden Rechtsträgers im einzelnen bekannt, so sollten die Angaben darüber, welcher Anteilsinhaber eines übertragenden Rechtsträgers welche Aktien an der übernehmenden AG erhält, so genau wie möglich gemacht werden. Sind (kapitalmarktnahe) Aktiengesellschaften an einer Verschmelzung beteiligt, sind die Aktionäre aber häufig zumindest zum Teil unbekannt. Im Rahmen einer Verschmelzung einer (kapitalmarktnahen) AG auf eine (kapitalmarktnahe) AG wird also erst im Rahmen des Umtausches der Aktien der Anteilsinhaber der übertragenden AG in Aktien der übernehmenden AG endgültig feststehen, wer welche Anteile erhält. Genauere Angaben als die in dem vorliegenden Muster gemachten Angaben sind daher in der Regel nicht möglich.

13. Eine Regelung zur baren Zuzahlung ist dann erforderlich, wenn sich aufgrund der Unternehmenswerte der beiden Gesellschaften kein Umtauschverhältnis errechnet, das zu ganzen Stückzahlen der zu gewährenden Aktien führt. In diesem Fall kann und muss eine Ausgleichung der Differenz durch bare Zuzahlung erfolgen. Dies kann zwischen den Anteilsinhabern auch in anderen Fällen vereinbart werden, wobei der Grundsatz der Gleichbehandlung gewahrt bleiben muss (KölnKommUmwG/*Simon* § 68 Rdnr. 62). Bei der Verschmelzung unter Beteiligung von Kapitalgesellschaften sind solche Zuzahlungen allerdings auf 10% des Gesamtnennbetrages der gewährten Anteile begrenzt (§§ 54 Abs. 4, 56, 68 Abs. 3, 73, 78 UmwG).

14. An dieser Stelle finden sich in Verschmelzungsverträgen häufig Formulierungen, denenzufolge eine in einem der Verschmelzung nachfolgenden Spruchstellenverfahren angeordnete bare Zuzahlung auch allen anderen Aktionären gewährt werden soll, die keinen eigenen Antrag im Spruchstellenverfahren gestellt haben. Eine solche Regelung ist heute nicht mehr erforderlich, da sich die Inter Omnes-Wirkung bereits aus § 13 S. 2 SpruchG ergibt. Die Erstreckung der baren Zuzahlung auf alle Aktionäre wurde früher in Verschmelzungsverträge aufgenommen, als nach der gesetzlichen Regelung für den Erhalt der baren Zuzahlung noch die weitere Voraussetzung bestand, dass der betreffende Anteilsinhaber dem Verschmelzungsbeschluss widersprochen bzw. gegen ihn gestimmt haben muss. Um vorsorgliche Widersprüche zu vermeiden, haben die Gesellschaften damals die Verpflichtung vorgesehen, eine vom Gericht etwa festgesetzte Zuzahlung auch den nicht am Spruchstellenverfahren beteiligten Aktionären zu zahlen. Gleiches gilt, soweit sich die Gesellschaft zu einer Erhöhung der Barabfindung gegenüber allen abfindungsberechtigten Aktionären verpflichtet, die keinen eigenen Antrag im Spruchstellenverfahren gestellt haben. Auch im Hinblick auf eine Barabfindung ist eine solche Erstreckungsregelung nicht erforderlich. Diejenigen Aktionäre, die das Barabfindungsangebot (vorbehaltlos) angenommen haben, verlieren nämlich nur ihr eigenes Antragsrecht auf Einleitung eines Spruchverfahrens, nehmen aber auch weiter an der Inter Omnes-Wirkung des § 13 S. 2 SpruchG teil. Diese führt dazu, dass diejenigen Aktionäre, die das Barabfindungsangebot bereits angenommen haben, bei entsprechender gerichtlicher Feststellung die Auszahlung der Differenz verlangen können. Diejenigen (abfindungsberechtigten) Aktionäre, die das Barabfindungsangebot nicht angenommen haben, können nach der gerichtlichen Erhöhung der Barabfindung erneut über eine Annahme entscheiden, da die Zwei-Monats-Frist zur Annahme des Barabfindungsangebots nach § 31 S. 2 UmwG an dem Tag neu zu laufen beginnt, an dem die Entscheidung im Spruchstellenverfahren im elektronischen Bundesanzeiger bekannt gemacht worden ist. Abfindungsberechtigt wäre dabei jeder Anteilsinhaber, der in der Verfügung beschränkte Aktien an der Y-AG erhält und Widerspruch zur Niederschrift erklärt hat. Gesetzliche Anhaltspunkte dafür, dass sich die Inter Omnes-Wirkung des § 311 UmwG im Hinblick auf eine Erhöhung der Barabfindung auch auf solche Anteilsinhaber erstreckt, die in eigener Person keinen Widerspruch eingelegt haben, bestehen nicht.

15. Eine solche Regelung ist umwandlungsrechtlich nicht erforderlich, stellt aber die Absichten der Parteien klar.

16. Kapitalerhöhung. Zur Schaffung der den Anteilsinhabern des übertragenden Rechtsträgers zu gewährenden Anteile an dem übernehmenden Rechtsträger bedarf es regelmäßig einer Kapitalerhöhung, da im Regelfall vor der Verschmelzung keine ausreichende Zahl von auskehrbaren (eigenen) Anteilen an dem übernehmenden Rechtsträger zur Verfügung steht. Für die AG regeln die §§ 66–69 UmwG die verschmelzungsbedingte Kapitalerhöhung, deren Durchführung durch § 69 Abs. 1 UmwG erleichtert wird. Im Regelfall wird es sich um eine gewöhnliche Kapitalerhöhung gegen Sacheinlage handeln (§§ 182 ff. AktG). Soll die Kapitalerhöhung zur Vorbereitung der Verschmelzung erfolgen und steht die Zahl der Bezugsaktien noch nicht fest, kommt eine bedingte Kapitalerhöhung in Betracht (§ 192 Abs. 2 Nr. 2 AktG). Der Nennbetrag der Bezugsaktien darf den Wert des übertragenen Vermögens abzüglich barer Zuzahlungen nicht überschreiten. Gemäß § 183 Abs. 3 AktG hat grundsätzlich eine Sacheinlageprüfung zu erfolgen, diese ist jedoch auf bestimmte Einzelfälle beschränkt. Diese eingeschränkte Sacheinlageprüfung beruht auf der Überlegung, dass der Anmeldung der Verschmelzung bereits eine geprüfte Schlussbilanz zugrunde liegt (vgl. § 17 Abs. 2 UmwG). Danach ist eine Prüfung nur erforderlich, wenn Vermögensgegenstände in der Schlussbilanz des übertragenden Rechtsträgers höher bewertet worden sind als in der letzten Jahresbilanz oder wenn das durch die Verschmelzung übertragene Vermögen bei der übernehmenden Gesellschaft nicht zu Buchwerten fortgeführt wird, sondern zu den Anschaffungskosten angesetzt wird (vgl. § 24 UmwG). Schließlich ist bei Zweifeln des Gerichts, ob der Wert der Sacheinlage den geringsten Ausgabebetrag der zu gewährenden Aktien erreicht, eine Sacheinlageprüfung durchzuführen. Nach § 69 Abs. 1 S. 4 UmwG n. F. darf, wenn eine übernehmende AG oder KGaA zur Durchführung der Verschmelzung oder Spaltung ihr Grundkapital erhöht, der durch § 183 Abs. 3 AktG vorgeschriebene Prüfer der Sacheinlage personenidentisch mit dem Verschmelzungsprüfer sein. Dies führt nicht nur zu einem vereinfachten Verfahrensablauf, sondern auch zu Kostenvorteilen (vgl. *Neye/Jäckel* AG 2010, 237, 241; *Wagner* DStR 2010, 1628, 1631, der in unkomplizierten Fällen eine Pflicht des Gerichts zur Bestellung desselben Prüfers annimmt). Die Prüferbestellung erfolgt in diesem Fall nach §§ 11 Abs. 1 UmwG, §§ 319 Abs. 1–4, 319 a Abs. 1 HGB (vgl. BT-Drucks. 17/3122). Der Antrag auf Prüferbestellung kann bereits mit dem Antrag auf Bestellung des Umwandlungsprüfers erfolgen (vgl. *Wagner* DStR 2010, 1628, 1631).

Besitzt die übernehmende Gesellschaft Aktien der übertragenden Gesellschaft oder eigene Aktien, ist eine Kapitalerhöhung unzulässig (vgl. § 68 UmwG). Erwirbt die übertragende AG nach dem Kapitalerhöhungsbeschluss eigene Aktien, muss der Betrag der Kapitalerhöhung entsprechend reduziert werden. Es bietet sich daher an, die Kapitalerhöhung von vornherein auf einen Bis-zu Betrag zu beschließen, um etwaige Anpassungen zu ermöglichen (vgl. hierzu *Bungert/Hentzen* DB 1999, 2501, 2502). Ist die übertragende Gesellschaft eine 100%ige Tochter der übernehmenden Gesellschaft, ist eine Kapitalerhöhung ausgeschlossen und auch nicht erforderlich (vgl. *Kallmeyer/Marsch-Barner* § 68 Rdnr. 5; BayObLG WM 1984, 553, 555; BayObLG AG 1984, 22, 23; BayObLG WM 1989, 1930, 1931). Besitzt der übertragende Rechtsträger nicht voll eingezahlte Aktien der übernehmenden Gesellschaft, so ist eine Kapitalerhöhung insoweit unzulässig (§ 68 Abs. 1 S. 1 Nr. 3 UmwG). Diese Aktien gehen mit Wirksamwerden der Verschmelzung auf die übernehmende Gesellschaft über (vgl. § 71 Abs. 1 Nr. 5, Abs. 2 S. 3 AktG). Die Einlagepflicht besteht bei der übernehmenden Gesellschaft fort. Der übernehmenden Gesellschaft steht es frei, die nicht voll eingezahlten Aktien für den Umtausch zu verwenden.

17. Die übernehmende AG besitzt im vorliegenden Fall eigene Aktien. Daher steht es der übernehmenden AG frei, ob sie diese eigenen Aktien zur Ausgabe an die Anteilsinhaber des übertragenden Rechtsträgers als Gegenleistung im Rahmen der Verschmelzung verwenden oder die auszugebenden Aktien in vollem Umfang im Wege der Kapitalerhöhung bereitstellen will (vgl. § 68 Abs. 1 S. 2 Nr. 1 UmwG). Das vorliegende Muster geht davon aus, dass die eigenen Aktien der übernehmenden AG an die Anteilsinhaber der übertragenden AG ausgegeben werden.

18. Angesichts der unterschiedlichen Zuständigkeit für die Bestellung von Organen und für den Abschluss des Verschmelzungsvertrages ist unklar, ob Angaben über zukünftige Personalentscheidungen erforderlich sind. Zwar ersetzt die Zusage der Aufnahme in das Vertretungsorgan des übernehmenden Rechtsträgers nicht die tatsächliche Bestellung. Allerdings sollen die Anteilsinhaber über alle auch nur faktisch gewährten Vorteile informiert werden, die die Interessenlage der Begünstigten möglicherweise beeinflussen. Daher ist es anzuraten, auch Zusagen über zukünftige Organfunktionen in den Vertrag aufzunehmen (Lutter/*Lutter/Drygala* § 5 UmwG Rdnr. 53; Kallmeyer/*Marsch-Barner* § 5 Rn. 44). Angaben über den genauen Inhalt der Verträge, insbesondere über die Vergütungen, sind jedenfalls dann erforderlich, wenn sie wesentlich von den bisherigen Bedingungen abweichen und für die neue Position unangemessen hoch sind. Abfindungen sind ebenfalls aufzuführen, soweit es sich bei ihnen nicht um die Abgeltung vertraglicher Ansprüche handelt (Kallmeyer/*Marsch-Barner* § 5 Rdnr. 44; vgl. auch OLG Hamburg ZIP 2004, 906, 908 zur Abfindung von Aktienoptionen; LAG Nürnberg ZIP 2005, 398, 399 f. zur Vereinbarung von Vorruhestandsbezügen).

19. Treuhänder. Gemäß § 71 Abs. 1 S. 1 UmwG hat jeder übertragende Rechtsträger im Falle einer Verschmelzung auf eine übernehmende AG einen Treuhänder zu bestellen. Rechtlich gesehen steht der häufig zweckmäßigen Bestellung eines gemeinsamen Treuhänders nichts entgegen (vgl. Kallmeyer/*Marsch-Barner* § 71 Rdnr. 2 m.w.N.). Treuhänder kann jede natürliche oder juristische Person sein. In Betracht kommen hierfür vor allem Banken, Treuhandgesellschaften, Wirtschaftsprüfer, Notare und Rechtsanwälte. Der Treuhänder muss nicht unabhängig von den an der Verschmelzung beteiligten Rechtsträgern sein. Durch die Erwähnung im Verschmelzungsvertrag kommen aber noch keine vertraglichen Beziehungen zwischen dem übertragenden Rechtsträger und dem Treuhänder zustande. Hierzu bedarf es des Abschlusses eines gesonderten Vertrages in der Form eines Auftrages oder einer Geschäftsbesorgung (§§ 662, 611, 675 BGB). Aufgabe des Treuhänders ist es, die von der übernehmenden AG zur Durchführung der Verschmelzung ausgegebenen Aktienurkunden sowie bare Zuzahlungen entgegenzunehmen und an die neuen Aktionäre weiterzugeben. Bare Zuzahlungen, die gem. § 15 Abs. 1 UmwG in einem Spruchstellenverfahren festgesetzt wurden, sind hiervon nicht erfasst (Lutter/*Grunewald* § 71 Rdnr. 10; Kallmeyer/*Marsch-Barner* § 71 Rdnr. 11; a.A.: Widmann/Mayer/*Rieger* § 71 Rdnr. 15).

20. Führt das Umtauschverhältnis zur Entstehung von Spitzenbeträgen, könnte im Verschmelzungsvertrag klargestellt werden, welches Verfahren in diesem Fall angewendet wird. Eine Formulierung könnte etwa wie folgt lauten:

„Soweit die eingelieferten Aktien der X-AG nicht die nötige Anzahl zur Gewährung neuer Aktien an die Y-AG erreichen, erhält der einreichende Aktionär keine neue Beteiligung an der Y-AG. Ferner wird von der gesetzlich eingeräumten Möglichkeit Gebrauch gemacht, diese Aktienurkunden für kraftlos zu erklären (§ 72 UmwG i.V.m. §§ 73, 226 AktG). Die auf die eingereichten Aktienurkunden entfallenden Aktienspitzen an der Y-AG werden zusammengelegt und auf Rechnung des einreichenden Aktionärs veräußert; der Erlös wird gemäß § 72 Abs. 2 UmwG i.V.m. §§ 73 Abs. 4, 226 Abs. 3 AktG hinterlegt."

Erforderlich ist eine solche Regelung im Verschmelzungsvertrag jedoch nicht. Üblicherweise erfolgen daher Ausführungen lediglich im Verschmelzungsbericht.

21. Folgen für die Arbeitnehmer. Nach § 5 Abs. 1 Nr. 9 UmwG hat der Verschmelzungsvertrag Angaben über die Folgen der Verschmelzung für die Arbeitnehmer und ihre Vertretungen sowie die insoweit vorgesehenen Maßnahmen zu enthalten. Sinn und Zweck dieser Vorschrift ist es, die Arbeitnehmer und ihre Vertretungen (Betriebsräte/Gesamtbetriebsräte/Konzernbetriebsräte) möglichst frühzeitig über die individual- und kollektivarbeitsrechtlichen Folgen der Verschmelzung zu informieren (RegBegr BT-Drucks. 12/6699 S. 83). Inwieweit auch sog. mittelbare Folgen der Verschmelzung, also solche rechtlichen und faktischen Auswirkungen für die Arbeitnehmer, die sich nicht direkt aus der Verschmelzung ergeben, einzubeziehen sind, ist sehr umstritten (vgl. hierzu jeweils m. w. N. Lutter/*Lutter/Drygala* § 5 Rdnr. 69 ff.; Kallmeyer/*Willemsen* § 5 Rdnr. 50 ff.). Gemäß § 5 Abs. 3 UmwG muss der Verschmelzungsvertrag bzw. sein Entwurf spätestens einen Monat vor der Hauptversammlung jedes beteiligten Rechtsträgers dem zuständigen Betriebsrat der Gesellschaft zugeleitet werden. Welcher Betriebsrat zuständig ist, ergibt sich aus den allgemeinen betriebsverfassungsrechtlichen Bestimmungen (§§ 50, 58 BetrVG). Um unnötige Risiken aus § 17 Abs. 1 UmwG zu vermeiden, empfiehlt sich im Zweifel vorsorglich eine Übersendung an alle möglicherweise zuständigen Betriebsräte.

22. § 613a Abs. 6 BGB sieht für die Arbeitnehmer ein Widerspruchsrecht vor. Abs. 6 ist in Umsetzung der RL 98/50/EG vom 29. 6. 1998 durch Art. 4 des Gesetzes v. 23. 3. 2002 (BGBl. I, 1163) eingefügt worden und kodifiziert im Wesentlichen die bisherige Rechtsprechung des BAG, die dem Arbeitnehmer im Hinblick auf Art. 1 und 2 GG ein Recht zum Widerspruch gegen den Übergang seines Arbeitsverhältnisses auf den neuen Rechtsträger zugesteht (Widmann/Mayer/*Vollrath* § 324 Rdnr. 16; Hölters/*Bauer/v. Steinau-Steinrück/Thees* V Rdnr. 128 ff.; Lutter/*Joost* § 324 Rdnr. 65; Altenburg/*Leister* NZA 2005, 15 ff.). Da die übertragende Gesellschaft als bisheriger Arbeitgeber mit Wirksamwerden der Verschmelzung erlischt, kann das bisherige Arbeitsverhältnis nicht weiterbestehen. In solchen Fällen war bislang umstritten, ob ein Widerspruch des Arbeitnehmers zur Beendigung des Arbeitsverhältnisses führt, oder ob in diesen Fällen ein außerordentliches Kündigungsrecht besteht. Das BAG hat mittlerweile entschieden, dass kein Widerspruchsrecht besteht, wenn der übertragende Rechtsträger im Zuge der gesellschaftsrechtlichen Gesamtrechtsnachfolge erlischt. Dabei ist ein eventuell erklärter Widerspruch auch nicht in eine Kündigungserklärung umzudeuten, da die Rechtsfolge über das gewünschte Ergebnis einer Weiterbeschäftigung beim bisherigen Arbeitgeber hinausginge (BAG ZIP 2008, 1296; dazu *Simon/Weninger* BB 2010, 117). Der Übergang des Arbeitsverhältnisses stellt jedoch einen wichtigen Grund im Sinne des § 626 Abs. 1 BGB dar, weil die Vertrags- und Berufsfreiheit des Arbeitnehmers ansonsten verletzt wäre. Daher hat dieser die Möglichkeit, binnen zwei Wochen (§ 626 Abs. 2 BGB) ab Kenntnis der Eintragung der Umwandlung außerordentlich zu kündigen (BAG ZIP 2008, 1296, 1300; Kallmeyer/*Willemsen* § 324 Rdnr. 44).

23. Zur Fortgeltung von kollektivrechtlichen Regelungen siehe Kallmeyer/*Willemsen* § 324 Rdnr. 23 ff. Entfällt eine kollektivrechtliche Fortgeltung ist folgende Formulierung in den Vertrag aufzunehmen:

„Die bei der X-AG und der Y-AG bestehenden Betriebsvereinbarungen werden gemäß § 613a Abs. 1 S. 2 BGB zum Inhalt der auf die Z-AG übergegangenen Arbeitsverhältnisse."

24. Kostenregelung. Nur für den Fall, dass die Verschmelzung scheitert, ist eine Kostenregelung sinnvoll. Erfolgt die Verschmelzung dagegen, trägt die übernehmende AG ohnehin im Ergebnis sämtliche Kosten, weil die ggf. von der übertragenden Gesellschaft getragenen Kosten bei Wirksamwerden der Verschmelzung letztlich das auf die übernehmende Gesellschaft übergehende Vermögen mindern.

25. Stichtagsänderung. Wurde die Verschmelzung nicht bis zu den in § 8 Abs. 1 des vorliegenden Musters genannten Zeitpunkten eingetragen, so hat die übertragende AG jedenfalls dann, wenn es sich nicht um eine kleine Kapitalgesellschaft im Sinne von § 267 Abs. 1 HGB handelt, innerhalb von drei Monaten einen Jahresabschluss auf das Ende des letzten Geschäftsjahres aufzustellen (vgl. § 264 Abs. 1 S. 2 HGB). In diesem Fall erscheint es sinnvoll, der Verschmelzung die neue Bilanz zugrunde zu legen und auch den maßgeblichen Zeitpunkt für die Übernahme des Vermögens neu zu bestimmen, sobald die neue Bilanz vorliegt. In der Praxis ergeben sich hieraus allerdings gewisse Folgewirkungen. Das Registergericht darf die Verschmelzung nach den in § 8 Abs. 1 des vorliegenden Musters genannten Daten nicht eintragen, solange die neue Bilanz noch nicht beim Handelsregister vorliegt, weil nunmehr die neue Bilanz Schlussbilanz i. S. v. § 17 Abs. 2 S. 1 UmwG ist. Die an der Verschmelzung beteiligten Rechtsträger ihrerseits müssen dafür Sorge tragen, dass die nach § 8 Abs. 1 des vorliegenden Musters maßgebliche Bilanz unmittelbar nach Erstellung und ggf. Prüfung durch einen Abschlussprüfer beim Handelsregister eingereicht wird.

26. Aus den in Anm. 25 genannten Gründen empfiehlt es sich, im Falle einer Verschiebung der maßgeblichen Stichtage auch den Beginn der Gewinnbezugsberechtigung zu verschieben.

27. Rücktrittsvorbehalt. Für den Fall, dass die Verschmelzung der Zusammenschlusskontrolle der Kartellbehörden unterliegt, bietet es sich an, die fehlende bzw. nur unter weiteren Zusagen, Auflagen oder Bedingungen mögliche Zustimmung der Kartellbehörden als weiteren Rücktrittsgrund in den Vertrag aufzunehmen. Eine entsprechende Formulierung könnte wie folgt lauten:

„Die erforderliche Freigabe durch die zuständigen Kartellbehörden liegt nicht bis zum ...... vor oder ist nur unter Zusagen, Auflagen oder Bedingungen möglich, die zu wesentlichen nachteiligen Auswirkungen auf das zukünftige gemeinsame Unternehmen führen würden."

Als weiterer Rücktrittsgrund kommt eine Vornahme von weiteren Kapital- oder Umwandlungsmaßnahmen einer der Gesellschaften in Betracht. Denkbar wäre auch, einen Rücktritt dann zu ermöglichen, wenn die Vorstände der Gesellschaften den jeweiligen Hauptversammlungen einen Gewinnverwendungsvorschlag für das letzte Geschäftsjahr vor Verschmelzung und – soweit es gemäß § 8 dieses Mustervertrages zu einer Verschiebung des Verschmelzungsstichtages kommt – für die nachfolgenden Geschäftsjahre unterbreitet, der eine Ausschüttung vorschlägt, die von den durchschnittlichen Dividendenzahlungen der letzten Jahre erheblich abweicht. An dieser Stelle ließe sich zudem eine sogenannte *material adverse change* (MAC)-Klausel einfügen, die im Falle einer unvorhergesehenen Verschlechterung der rechtlichen, finanziellen oder wirtschaftlichen Verhältnisse bei einer der beteiligten Gesellschaften zum Rücktritt berechtigt (vgl. hierzu schon Form. L.II.2 § 12.2 und Anm. 17).

28. Verschiedenes. Mit Eintragung der Verschmelzung in das Handelsregister des Sitzes der übernehmenden AG erlischt die übertragende AG und ihr Vermögen geht auf die übernehmende AG über. Soweit die übertragende AG Grundbesitz hat, werden die Grundbücher unrichtig, in denen die übertragende AG als Eigentümerin von Grundstücken oder grundstücksgleichen Rechten bzw. als Inhaberin beschränkter dinglicher Rechte an Grundstücken oder grundstücksgleichen Rechten eingetragen ist. Zu beachten ist, dass beschränkte dingliche Rechte, als deren Inhaberin die übertragende AG im Grundbuch ausgewiesen ist, nicht im Wege der Vermögensübertragung gemäß § 5 Abs. 1 Nr. 2 UmwG auf die übernehmende AG übergehen, sondern mit Eintragung der Verschmelzung im Handelsregister des Sitzes der übernehmenden AG erlöschen, wenn bei ihrer Bestellung der Übergang ausgeschlossen wurde.

29. Vollmachten. Die Erteilung einer Vollmacht an Notarangestellte des beurkundenden Notars empfiehlt sich, um Änderungen und Ergänzungen, die nach Auffassung eines beteiligten Registergerichts bzw. einer beteiligten Industrie- und Handelskammer erforderlich sind, ohne Beteiligung von Mitgliedern der Vorstände der beteiligten Gesellschaften und damit möglichst unkompliziert und ohne zeitliche Verzögerung vornehmen zu können. Bei der Bevollmächtigung ist § 181 BGB zu beachten. Die in dem vorliegenden Muster vorgesehene Unabhängigkeit der Wirksamkeit der Vollmachten von der Wirksamkeit des Verschmelzungsvertrags im Übrigen dient dazu, sicherzustellen, dass die Bevollmächtigten gerade solche Änderungen und Ergänzungen vornehmen können, die erforderlich werden, um eine evtl. Unwirksamkeit des Verschmelzungsvertrages zu beseitigen.

30. Werden im Verschmelzungsvertrag auch bare Zuzahlungen festgesetzt, so hat der Treuhänder gemäß § 71 Abs. 1 S. 2 UmwG auch die Inbesitznahme dieser im Verschmelzungsvertrag festgesetzten baren Zuzahlungen anzuzeigen. Zuzahlungen, die nach § 15 Abs. 1 UmwG festgesetzt werden, hat der Treuhänder zwar ebenfalls in Besitz zu nehmen; die Anzeigepflicht des § 71 Abs. 1 S. 2 UmwG bezieht sich aber nur auf die im Verschmelzungsvertrag festgesetzten Zuzahlungen (vgl. Kallmeyer/*Marsch-Barner* § 71 Rdnr. 11).

31. Zu Mitteilungspflichten gegenüber dem Finanzamt vgl. § 54 EStDV.

32. Steuern. Die §§ 11 bis 13 UmwStG sowie § 19 UmwStG regeln die ertragsteuerlichen Auswirkungen einer Verschmelzung. Danach werden stille Reserven im übertragenen Vermögen auf Antrag nicht besteuert. Denn obwohl § 11 Abs. 1 UmwStG vorsieht, dass der übertragende Rechtsträger die übergehenden Wirtschaftsgüter in seiner steuerlichen Schlussbilanz zum Übertragungsstichtag (§ 2 Abs. 1 UmwStG) mit dem gemeinen Wert ansetzt, erlaubt § 11 Abs. 2 S. 2 UmwStG die Wirtschaftsgüter wahlweise mit dem Buchwert oder mit einem zischen dem Buchwert und dem gemeinen Wert liegenden Wert (Zwischenwert) anzusetzen. Das Wahlrecht besteht jedoch nur, soweit sichergestellt ist, dass die in dem übertragenen Vermögen enthaltenen stillen Reserven später bei dem übernehmenden Rechtsträger der Körperschaftssteuer unterliegen, das Recht der Bundesrepublik Deutschland hinsichtlich der Besteuerung des Gewinns aus der Veräußerung der übertragenen Wirtschaftsgüter bei der übernehmenden Körperschaft nicht ausgeschlossen oder beschränkt wird und soweit eine Gegenleistung nicht gewährt wird oder in Gesellschaftsrechten besteht. Der sich bei dem Ansatz mit dem gemeinen Wert bzw. einem Zwischenwert ergebende Übertragungsgewinn unterliegt der Körperschaftsteuer. Wird der Buchwert angesetzt, entsteht kein Übertragungsgewinn. Gemäß § 12 Abs. 1 S. 1 UmwStG hat der übernehmende Rechtsträger die auf ihn übergegangenen Wirtschaftsgüter mit den in der steuerlichen Schlussbilanz enthaltenen Bilanzansätzen zu übernehmen (Wertverknüpfung). Stockt der übertragende Rechtsträger die Buchwerte in der steuerlichen Schlussbilanz also auf, hat der übernehmende Rechtsträger diese aufgestockten Buchwerte zu übernehmen (BMF, Entwurf UmwSt-E, Tz. 12.01). Bei der übernehmenden Gesellschaft bleibt das Übernahmeergebnis im Sinne des § 12 Abs. 2 S. 1 UmwStG als Differenz zwischen dem Buchwert der Anteile an dem übertragenden Rechtsträger und dem Wert mit dem die übergegangenen Wirtschaftsgüter zu übernehmen sind, abzüglich der Kosten für den Vermögensübergang außer Ansatz. Nach dem Erlassentwurf zum Umwandlungssteuergesetz soll dies nicht nur dann gelten, wenn der übernehmende Rechtsträger zum Übertragungsstichtag Anteile an der übertragenden Gesellschaft hält, sondern in allen Verschmelzungsvarianten ungeachtet einer Beteiligung an der übertragenden Körperschaft (BMF, Entwurf UmwSt-E v. 2. 5. 2011, Tz. 12.05). Bei einer Aufwärtsverschmelzung kommt es nach § 12 Abs. 2 S. 2 UmwStG nur im Rahmen der pauschalierten 5%igen Steuerpflicht nach § 8b Abs. 3 S. 1 KStG zu einer Besteuerung: dies gilt allerdings nur soweit der anteilige – d. h. auf die Beteiligungsquote des übernehmenden Rechtsträgers an dem übertragenden Rechtsträger beschränkte – Wert, mit dem die übergegangenen Wirtschaftsgüter gemäß § 12 Abs. 1 S. 1 UmwStG zu übernehmen sind, den Buchwert der Anteile an dem übernehmenden Rechtsträger übersteigt (abzüglich der anteiligen Kosten für den Vermögensübergang, vgl. BMF, Entwurf UmwSt-E v. 2. 5. 2011, Tz. 12.06). Die Anwendung des § 8b KStG wird also auf den Übernahmegewinn beschränkt, soweit dieser dem Anteil des übernehmenden Rechtsträgers an dem übertragenden Rechtsträger entspricht (Rödder/Herlinghaus/van Lishaut/*Rödder* § 12 UmwStG Rdnr. 84). Für die Aktionäre der übernehmenden AG ergeben sich keine steuerlichen Folgen aus der Verschmelzung. Die Aktionäre der übertragenden AG haben die ihnen gewährten Anteile an der übernehmenden Gesellschaft mit dem gemeinen Wert ihrer bisherigen Beteiligung (§ 13 Abs. 1 UmwStG) bzw. unter den Voraussetzungen des § 13 Abs. 2 UmwStG und auf Antrag mit dem Buchwert ihrer bisherigen Beteiligung anzusetzen. In diesem Fall entsteht auch für die Aktionäre der übertragenden AG kein Gewinn. Eine im Verschmelzungsvertrag festgesetzte bare Zuzahlung ist hingegen als sonstiger Bezug aus Kapitalvermögen nach § 20 Abs. 1 Nr. 1 EStG wie eine Dividende zu versteuern (hierzu Schmitt/Hörtnagl/Stratz/*Schmitt* § 13 UmwStG Rdnr. 15). Wird eine Barabfindung gegen Ausscheiden aus der Gesellschaft gewährt, findet § 13 Abs. 2 UmwStG keine Anwendung. Der ausscheidende Anteilsinhaber erzielt in Höhe der Differenz zwischen dem Buchwert der Anteile und der erhaltenen Barabfindung einen Veräußerungserlös (Rödder/Herlinghaus/van Lishaut/*Trossen* § 13 UmwStG Rdnr. 11; Lutter/*Schaumburg/Schumacher* Anh. 1 nach § 122l Rdnr. 115; Schmitt/Hörtnagl/Stratz/*Schmitt* § 13 UmwStG Rdnr. 14 m.w.N.). Dieser unterliegt, je nachdem ob der ausscheidende Anteilsinhaber eine natürliche Person oder eine Körperschaft ist, der Steuer nach dem Teileinkünfteverfahren bzw. der Abgeltungssteuer oder ist nach § 8 b Abs. 2 KStG grundsätzlich steuerfrei. Die vorstehend genannten Grundsätze gelten auch für die Ermittlung des Gewerbeertrags (§ 19 Abs. 1 UmwStG; vgl. hierzu Schmitt/Hörtnagl/Stratz/*Schmitt* § 19 UmwStG Rdnr. 1 ff. sowie die entsprechenden Kommentierungen zu den §§ 11 ff. UmwStG). Zu den verkehrsteuerlichen Auswirkungen der Verschmelzung siehe Schmitt/Hörtnagl/Stratz/*Schmitt* Verkehrsteuern Rdnr. 1 ff. Zu beachten ist, dass für Grundstücke im Vermögen des übertragenden Rechtsträgers gemäß § 1 Abs. 1 Nr. 3 GrEStG durch die Verschmelzung eine Grunderwerbsteuerpflicht mit der Bemessungsgrundlage nach § 8 Abs. 2 S. 1 Nr. 2 GrEStG ausgelöst wird, es sei denn, dass die sog. Konzernklausel nach § 6 a GrEStG zur Anwendung kommt.

33. Kosten und Gebühren. *Notargebühren:* Nach 36 Abs. 2 KostO fällt für die Beurkundung des Verschmelzungsvertrags eine $^{20}/_{10}$ Gebühr an. Als Geschäftswert (§ 39 Abs. 1 S. 1 KostO) ist das Aktivvermögen des übertragenden Rechtsträgers nach der Verschmelzungsbilanz gem. § 18 Abs. 3 KostO ohne Schuldenabzug oder ausnahmsweise der Wert der zu gewährenden Anteilsrechte an der übernehmenden Gesellschaft anzusetzen. Der höhere Wert von beiden ist maßgebend (§ 39 Abs. 2 KostO). Nach § 39 Abs. 5 KostO ist der Geschäftswert bei Umwandlungen jedoch auf höchstens 5.000.000,– EUR begrenzt.

4. Verschmelzungsbericht nach § 8 UmwG

Gemeinsamer Verschmelzungsbericht nach § 8 UmwG[1, 2]

der

X-AG

– nachfolgend „X" genannt –

und der

Y-AG

– nachfolgend „Y" genannt –

Die Vorstände der X und der Y haben den Vertrag über die Verschmelzung der X mit der Y durch Aufnahme der X in die Y abgeschlossen. Es ist vorgesehen, dass die Hauptversammlungen der X und der Y am ...... über die Zustimmung zu diesem Vertrag beschließen. Am ...... soll entsprechend § ...... der Satzung und §§ 63 Abs. 1, 64 Abs. 1 S. 1 UmwG die Hauptversammlung einberufen werden. Die Vorstände der X und Y haben beim LG ...... am ...... den Antrag auf Bestellung von Verschmelzungsprüfern gemäß § 10 Abs. 1 UmwG gestellt. Das LG ...... hat mit Beschluss vom ...... die ...... Wirtschaftsprüfungsgesellschaft mit Sitz in ...... und die ...... Wirtschaftsprüfungsgesellschaft mit Sitz in ...... zu Verschmelzungsprüfern bestellt. Zur Unterrichtung der Anteilsinhaber und zur Vorbereitung ihrer Beschlussfassung erstatten die Vorstände von X und Y den folgenden gemeinsamen Verschmelzungsbericht nach § 8 UmwG.

1. Die Arbeitsgebiete der X decken oder ergänzen sich im Wesentlichen mit den Gebieten, in denen die Y tätig ist. Demgemäß hat sich die Kooperation der beiden Gesellschaften immer stärker verdichtet.
[Es folgt nun eine Skizzierung der wirtschaftlichen Vorteile, die sich aus der Verschmelzung der X auf die Y ergeben werden. Es sind die Alternativlösungen und deren Vor- und Nachteile darzustellen].
2. Die Verschmelzung soll in der Weise vollzogen werden, dass die X ihr Vermögen als Ganzes mit allen Rechten und Pflichten – und vor allem unter Ausschluss einer Liquidation – auf die Y überträgt. Die Übertragung erfolgt im Innenverhältnis mit Wirkung zum Beginn des Geschäftsjahres und auf der Grundlage des Jahresabschlusses der X zum 31. 12. 2010 als Schlussbilanz.

3. Der Verschmelzungsvertrag enthält folgende Bestimmungen, die wie folgt im einzelnen erläutert werden:
   [Es folgt eine Einzelerläuterung der Bestimmungen des Verschmelzungsvertrags].
4. Das im Verschmelzungsvertrag festgelegte Umtauschverhältnis beruht auf einer vergleichenden Bewertung der beiden Unternehmen. Die Wirtschaftsprüfer der X und der Y, die ...... Wirtschaftsprüfungsgesellschaft in ...... und die ...... Wirtschaftsprüfungsgesellschaft in ......, haben in einem gemeinsamen Gutachten die Angemessenheit des Umtauschverhältnisses bestätigt. Bei der Bewertung sind die Gutachter nach den folgenden Methoden verfahren: ...... Mit besonderer Sorgfalt haben die Gutachter den Wert des nicht betriebsnotwendigen Vermögens der X ermittelt und hierbei Folgendes berücksichtigt: ...... Abgesehen von den vorstehend genannten Besonderheiten haben sich bei der Bewertung der Unternehmen keine besonderen Schwierigkeiten ergeben.
5. Das oben genannte Umtauschverhältnis erläutern wir rechtlich und wirtschaftlich wie folgt:
   Grundlage für die Pflicht zur Anteilsgewährung an die Anteilsinhaber der X-AG sind §§ 2, 5 Abs. 1 S. 3 UmwG, wobei das Ziel war, den Anteilsinhabern einen angemessenen Ausgleich für ihre durch die Verschmelzung untergehenden Beteiligungen an der X zu gewähren. Die Unternehmenswerte, aufgrund derer das Umtauschverhältnis berechnet wurde, haben die genannten Wirtschaftsprüfungsgesellschaften ermittelt unter Berücksichtigung der „Grundsätze zur Durchführung von Unternehmensbewertungen" (Stellungnahme IDW S 1 i.d.F. 2008 des Instituts der Wirtschaftsprüfer e. V., Düsseldorf).
   Die Notwendigkeit und Angemessenheit des Barabfindungsgebotes an die Anteilsinhaber der X-AG ergibt sich aus Folgendem: ......
   In der Anlage 1 zu diesem Bericht werden die wesentlichen Daten, aus denen sich bei der Anwendung der vorgenannten Bewertungsgrundsätze der Unternehmenswert ergibt, wiedergegeben. Es sind hier einerseits die erwarteten Zukunftsergebnisse für die dort genannten Zeiträume und andererseits der auf Basis der Substanzwertmethode entwickelte Wert des nicht betriebsnotwendigen Vermögens angegeben. Als Kapitalisierungszinssatz wurden ......% angesetzt. Die Entwicklung der Umtauschrelation aus dieser Bewertung ergibt sich aus Anlage 2. Zu den Anlagen geben wir noch folgende Einzelerläuterungen ab:
   ......
6. Für die Arbeitnehmer der X und der Y ergeben sich durch die Verschmelzung folgende Konsequenzen[3]:
6.1 Y übernimmt sämtliche Arbeitnehmer der X. Alle Arbeitnehmer der X werden zu den bei X geltenden Konditionen bei Y weiterbeschäftigt. Für die Arbeitnehmer der X gelten bei X zurückgelegte Dienstzeiten als bei Y erbrachte Dienstzeiten. Gemäß § 324 UmwG findet auf die Verschmelzung § 613a Abs. 1, 4 bis 6 BGB Anwendung; die Verschmelzung führt zum Betriebsübergang gemäß § 613a BGB. Die Arbeitnehmer der X sind gemäß § 613a Abs. 5 BGB vor dem Betriebsübergang in Textform über den Grund, den geplanten Zeitpunkt sowie die in dieser Ziff. 6 dargestellten Folgen und in Aussicht genommenen Maßnahmen zu informieren.
6.2 Die Rechtsposition der Arbeitnehmer der Y wird durch die Verschmelzung nicht berührt.
6.3 Bei X und Y bestehende Betriebsvereinbarungen bleiben unverändert in Kraft. Durch die Verschmelzung ergeben sich keine tarifvertraglichen Änderungen für die Arbeitnehmer bei X und bei Y.
6.4 Hinsichtlich der Arbeitnehmervertretungen gilt Folgendes:
   - Da der beim übertragenden Rechtsträger bestehende Betrieb auch nach der Verschmelzung seine Identität beibehält, sich also seine arbeitstechnisch-organisato-

4. Verschmelzungsbericht nach § 8 UmwG

rische Zusammensetzung nicht bzw. nur unwesentlich ändert, besteht das Mandat des bisherigen Betriebsrates bis zum Ablauf der regulären Amtszeit fort.
- Die vorstehende Regelung gilt entsprechend für den Betriebsrat beim übernehmenden Rechtsträger. Da nach der Verschmelzung zwei Betriebsräte in einem Unternehmen entstehen, ist gem. § 47 Abs. 1 BetrVG ein Gesamtbetriebsrat zu bilden.

6.5 Beim übernehmenden Rechtsträger besteht ein nach den Bestimmungen des DrittelbG zusammengesetzter Aufsichtsrat. Dieser bleibt unverändert bestehen. Auch nach Wirksamwerden der Verschmelzung beschäftigt der übernehmende Rechtsträger nicht mehr als 2.000 Arbeitnehmer, so dass eine Änderung der Zusammensetzung des Aufsichtsrates unterbleibt. Nach dem Übergang ihrer Arbeitsverhältnisse sind die Arbeitnehmer des übertragenden Rechtsträgers bei den nächsten Wahlen zum Aufsichtsrat des übernehmenden Rechtsträgers aktiv und passiv wahlberechtigt.

......, den ......

X-AG   Y-AG

....

Anlagen

Schrifttum: Kallmeyer, Die Auswirkungen des neuen Umwandlungsrechts auf die mittelständische GmbH, GmbHR 1993, 461; *Keil,* Der Verschmelzungsbericht nach § 340a AktG, 1990; *Mertens,* Die Gestaltung von Verschmelzungs- und Verschmelzungsprüfungsberichten, AG 1990, 20; *Messer,* Die Kausalität von Mängeln des Verschmelzungsberichts als Voraussetzung für die Anfechtbarkeit des Verschmelzungsbeschlusses, Festschrift für Quack, 1991, S. 321; *K. J. Müller,* Unterzeichnung des Verschmelzungsberichts, NJW 2000, 2001, *Nirk,* Der Verschmelzungsbericht nach § 340a AktG, Festschrift für Steindorff, 1990, S. 187; *Priester,* Das neue Umwandlungsrecht aus notarieller Sicht, DNotZ 1995, 427; *Rodewald,* Zur Ausgestaltung von Verschmelzungs- und Verschmelzungsprüfungsbericht, BB 1992, 237; *Schöne,* Das Aktienrecht als „Maß aller Dinge" im neuen Umwandlungsrecht?, GmbHR 1995, 325.

Anmerkungen

1. Überblick. Gemäß § 8 Abs. 1 UmwG haben die Vertretungsorgane jedes der an der Verschmelzung beteiligten Rechtsträger einen ausführlichen schriftlichen Bericht zu erstatten. In diesem Bericht sind die Verschmelzung, der Verschmelzungsvertrag oder sein Entwurf im Einzelnen und insbesondere das Umtauschverhältnis der Anteile sowie die Höhe einer anzubietenden Barabfindung nach § 29 UmwG rechtlich und wirtschaftlich zu erläutern und zu begründen. Gemäß § 8 Abs. 1 S. 2 und 3 UmwG sind diese Ausführungen durch konkrete Hinweise zur Bewertung, den Folgen für die Anteilsinhaber sowie durch Angaben über verschmelzungsrelevante Angelegenheiten bei verbundenen Unternehmen zu ergänzen. Weiterhin ist auf besondere Schwierigkeiten der Bewertung hinzuweisen (zu den inhaltlichen Anforderungen des Verschmelzungsberichtes vgl. Kallmeyer/*Marsch-Barner* § 8 Rdnr. 6 ff.; Lutter/*Lutter/Drygala* § 8 Rdnr. 13 ff.). Der Verschmelzungsbericht dient dem Schutz der Anteilsinhaber. Sie sollen sich vor ihrer Beschlussfassung über die Verschmelzung und ihre rechtlichen und wirtschaftlichen Folgen informieren können. Eine Verletzung der Berichtspflicht bzw. jeder erhebliche Mangel des Berichtes, der sich nicht auf die Abfindung bezieht, begründet die Anfechtbarkeit des Verschmelzungsbeschlusses (vgl. § 243 Abs. 1 AktG i. V.m. § 14 UmwG) und damit die Möglichkeit, über die Eintragungssperre des § 16 Abs. 2 S. 2 UmwG die Verschmelzung zu blockieren. Seit der Novellierung des § 243 Abs. 4 AktG durch das UMAG (Gesetz zur Unternehmensintegrität und Modernisierung des Anfechtungsrechts v. 22. 9. 2005, BGBl. I 2005, 2802) gilt ein Beschlussmangel nur noch dann als kausal für die Beschlussfassung, wenn der Beschluss bei wertender Betrachtung durch den Informationsmangel an einem Legitimationsdefizit leidet (vgl. Lutter/*Lutter/Drygala* § 8 Rdnr. 55; *Hüffer* § 243 Rdnr. 47a). Eine Heilung durch mündliche Nachholung der Information läuft dem

Zweck des Berichtes, die Anteilsinhaber auf die Beschlussfassung vorzubereiten, zuwider und kommt somit grundsätzlich nicht in Betracht (vgl. Lutter/*Lutter/Drygala* § 8 Rdnr. 56 m. w. N.).

2. **Verfahren.** Der Bericht ist schriftlich zu erstatten. Dies setzt die eigenhändige Unterschrift jedes Mitglieds des Vertretungsorgans voraus (vgl. § 126 Abs. 1 BGB). Es reicht jedoch die eigenhändige Unterzeichnung eines Originals; der Bericht kann dann, wie in der Praxis häufig, in gedruckter Form vorgelegt werden, die nur Faksimile-Unterschriften trägt oder durch einen Hinweis (z. B. „Der Vorstand") erkennen lässt, dass es sich um einen Bericht des verantwortlichen Vertretungsorgans handelt (vgl. Lutter/*Lutter/Drygala* § 8 Rdnr. 6; Kallmeyer/*Marsch-Barner* § 8 Rdnr. 3; jeweils m. w. N.). Nach § 8 Abs. 1 S. 1 Hs. 2 UmwG ist die Erstellung eines gemeinsamen Berichtes ausdrücklich zulässig und als umfassendere Information für die Anteilsinhaber i. d. R. auch zweckmäßig. Da der Bericht ausschließlich dem Schutz der Anteilsinhaber dient, können alle Anteilsinhaber der beteiligten Rechtsträger auf die Erstattung des Berichtes verzichten § 8 Abs. 3 S. 1 UmwG. Die einzelnen Verzichtserklärungen bedürfen der notariellen Beurkundung (§ 8 Abs. 3 S. 2 UmwG). Weiterhin ist bei der Verschmelzung einer 100%igen Tochtergesellschaft auf die Muttergesellschaft ein Verschmelzungsbericht entbehrlich (§ 8 Abs. 3 S. 1 Hs. 2 UmwG). Der Bericht muss von der Einberufung der Hauptversammlung an sowie in der Hauptversammlung zur Einsicht ausliegen (§§ 63 Abs. 1 Nr. 4, 64 Abs. 1 S. 1 UmwG) und den Aktionären auf Verlangen unverzüglich und kostenlos als Abschrift zur Verfügung gestellt werden (§ 63 Abs. 3 UmwG). Nach § 63 Abs. 3 S. 2 UmwG n. F. kann dies mit Einwilligung der Aktionäre künftig auch auf elektronischem Wege in druckbarem Format (vgl. BT-Drucks. 17/3122 S. 13) erfolgen. Seit Einführung des ARUG (Gesetz zur Umsetzung der Aktionärsrechterichtlinie, BGBl. I S. 2479) genügt es auch, wenn der Bericht über denselben Zeitraum über die Internetseite der Gesellschaft zugänglich ist (§ 63 Abs. 4 UmwG). In solchen Fällen ist sicherzustellen, dass die Aktionäre den Bericht auch auf der Hauptversammlung einsehen können (vgl. Kallmeyer/*Marsch-Barner* § 64 Rdnr. 1).

3. Siehe hierzu Form. L. II.3 Anm. 22.

5. Verschmelzungsprüfung nach §§ 9, 60 UmwG

Verschmelzungsprüfung nach §§ 9, 60 UmwG[1]

I. Prüfungsauftrag

1. Mit Beschluss des Landgerichts in ...... vom ...... sind wir gemäß §§ 9ff. UmwG auf gemeinsamen Antrag der Vorstände der X und der Y zum Verschmelzungsprüfer für die beiden beteiligten Rechtsträger bestellt worden.[2]
2. Bei der Prüfung haben uns die folgenden Unterlagen vorgelegen:
2.1 Entwurf des Verschmelzungsvertrages, der als Anlage diesem Prüfungsbericht beigefügt ist;
2.2 Verschmelzungsbericht der Vorstände der X und der Y;
2.3 gemeinsames Gutachten der ...... Wirtschaftsprüfungsgesellschaft und der ...... Wirtschaftsprüfungsgesellschaft vom ...... zur Angemessenheit des Umtauschverhältnisses;
2.4 geprüfte und festgestellte Jahresabschlüsse der X und der Y mit den Geschäftsberichten für das Geschäftsjahr ...... sowie für die vier vorangegangenen Geschäftsjahre.
Die Vorstände beider beteiligter Rechtsträger haben während unserer Untersuchungen alle von uns gewünschten Auskünfte erteilt und zu einzelnen Aspekten der Bewertung weitere schriftliche Unterlagen zur Verfügung gestellt.
3. Der Inhalt unseres Prüfungsauftrags und -umfangs ergibt sich aus §§ 9 und 12 UmwG. Gegenstand unserer Prüfung war die Vollständigkeit des Verschmelzungs-

vertrages unter Berücksichtigung von § 5 UmwG und die Richtigkeit der darin enthaltenen Angaben sowie auf die Angemessenheit des vorgeschlagenen Umtauschverhältnisses.[3]

II. Prüfungsergebnis[3]

1. Der als Anlage beigefügte Entwurf des Verschmelzungsvertrages enthält die gemäß der §§ 4, 5 UmwG geforderten Angaben und entspricht damit den gesetzlichen Anforderungen. Die im Vertrag enthaltenen Angaben sind nach unseren Feststellungen richtig. Das Formerfordernis des § 6 UmwG ist beachtet.
2. Das vorgeschlagene Umtauschverhältnis wurde wie folgt ermittelt:
2.1 Bei der vergleichenden Bewertung der Unternehmen sind die beiden Wirtschaftsprüfungsgesellschaften in ihrem gemeinsamen Gutachten, dessen Ergebnisse sich die Vorstände zu eigen gemacht haben, nach den „Grundsätzen zur Durchführung von Unternehmensbewertungen" (Stellungnahme IDW S 1 i.d.F. 2008 des Instituts der Wirtschaftsprüfer e.V., Düsseldorf) verfahren. Beide beteiligten Rechtsträger wurden nach der gleichen Bewertungsmethode bewertet. Die Berücksichtigung dieser weithin angewendeten Grundsätze stellt eine sachgerechte Unternehmensbewertung sicher. Im einzelnen sind die Gutachter in folgenden Schritten vorgegangen: .... Die Wahl des Kapitalisierungszinssatzes ist nachvollziehbar begründet und angemessen.
2.2 Zutreffend wurde das nicht betriebsnotwendige Vermögen mit dem dafür angemessenen Wert von ...... EUR angesetzt. Die Gutachter wären bei Anwendung der nachfolgend kurz skizzierten Methoden zu folgenden Umtauschverhältnissen gelangt ....
Besondere Schwierigkeiten bei der Bewertung des nicht betriebsnotwendigen Vermögens sind dargelegt, detailliert behandelt und angemessen gelöst.

III. Erklärung gem. § 12 Abs. 2 UmwG[4]

Nach unseren Feststellungen ist aus den dargelegten Gründen das vorgeschlagene Umtauschverhältnis, nach dem die Anteilsinhaber der X für Anteile der X im Nennbetrag von je ...... EUR Anteile der Y im Nennbetrag von ...... EUR erhalten, unter Berücksichtigung des unterschiedlich hohen Stammkapitals auf der Grundlage der Verschmelzungswertrelation zum ...... angemessen. Als bare Zuzahlung erhalten die Anteilsinhaber der X-AG .... EUR. Die Höhe der baren Zuzahlung ist angemessen.

......, den ......

Wirtschaftsprüfungsgesellschaft   Wirtschaftsprüfungsgesellschaft
....

Anmerkungen

1. Überblick. Der Verschmelzungsprüfungsbericht stellt eine den Verschmelzungsbericht ergänzende Maßnahme dar (vgl. BGH ZIP 1990, 168 ff. = DB 1990, 317 ff.). Er dient dem Schutz der Anteilsinhaber der beteiligten Rechtsträger. Die Anteilsinhaber sollen vor der Beschlussfassung von einem unabhängigen Sachverständigen ein zuverlässiges Urteil über die Angemessenheit des Umtauschverhältnisses und etwaiger zu gewährenden Barzahlungen erhalten. § 9 Abs. 3 bzw. § 12 Abs. 3 UmwG verweist auf die Regelung des § 8 Abs. 3 UmwG. Danach ist ein Prüfungsbericht entbehrlich, wenn eine 100%ige Tochtergesellschaft auf die Muttergesellschaft verschmolzen wird, oder wenn alle Anteilsinhaber aller beteiligten Rechtsträger auf seine Erstattung verzichten. Die Verzichtserklärung bedarf der notariellen Beurkundung.

2. Bestellung der Verschmelzungsprüfer. Der für die Verschmelzungsprüfung zuständige Prüfer ist auf Antrag des Vertretungsorgans durch das für den jeweiligen Rechtsträger örtlich zuständige Landgericht auszuwählen und zu bestellen (§ 10 Abs. 1 S. 1, Abs. 2 UmwG). Auf gemeinsamen Antrag der Vertretungsorgane können die Prüfer für mehrere oder alle beteiligten Rechtsträger gemeinsam bestellt werden (§ 10 Abs. 1 S. 2 UmwG). Der Wortlaut spricht zwar nur von einer gemeinsamen Bestellung, damit ist jedoch ein gemeinsamer Prüfer für alle beteiligten Rechtsträger gemeint (Kallmeyer/*Müller* § 10 Rdnr. 20; Widmann/Mayer/*Fronhöfer* § 10 Rdnr. 11.1). Der Verschmelzungsprüfer darf gem. § 69 Abs. 1 S. 4 UmwG n. F. gleichzeitig Sacheinlagenprüfer einer AG oder KGaA sein, die zur Durchführung der Verschmelzung ihr Kapital erhöht (vgl. Form. L. II.3 Anm. 16).

3. Prüfungsergebnis. Der Inhalt sowie der Aufbau des Prüfungsberichtes sind ansatzweise in § 12 Abs. 2 UmwG gesetzlich normiert (vgl. im Einzelnen WP Handbuch Bd. II D Rdnr. 77 ff.). Die Prüfung erstreckt sich zunächst darauf, ob der Verschmelzungsvertrag bzw. dessen Entwurf den Anforderungen von § 5 Abs. 1 UmwG entspricht. Im Mittelpunkt der Prüfung steht die Erklärung über die Angemessenheit des Umtauschverhältnisses sowie etwaiger barer Zuzahlungen. Der Prüfungsbericht hat gemäß § 2 Abs. 2 Nr. 1 und 2 UmwG anzugeben, nach welchen Methoden das Umtauschverhältnis ermittelt worden ist und aus welchen Gründen die Anwendung dieser Methode angemessen ist (zur Frage, was als Methode i. S. d. § 12 UmwG anzusehen ist, vgl. Kallmeyer/*Müller* § 12 Rdnr. 7; Lutter/*Lutter/Drygala* § 12 Rdnr. 4). Sofern verschiedene Methoden angewandt worden sind, ist anzugeben, welches Umtauschverhältnis bzw. welcher Gegenwert sich ergeben würde, wenn die einzelnen Methoden allein angewandt worden wären und welches Gewicht der einzelnen Methode bei der Berechnung des Umtauschverhältnisses oder des Gegenwertes beigemessen worden ist (§ 12 Abs. 2 S. 2 Nr. 3 UmwG). Schließlich hat der Bericht auf eventuell aufgetretene besondere Schwierigkeiten der Unternehmensbewertung besonders hinzuweisen. Innerhalb des gesetzlich vorgegebenen Rahmens ist der Umfang der Berichtspflicht umstritten (vgl. hierzu Kallmeyer/*Müller* § 12 Rdnr. 5; Lutter/*Lutter/Drygala* § 12 Rdnr. 7; Schmitt/Hörtnagl/Stratz/*Stratz* § 12 Rdnr. 12 ff.). Nicht zum Gegenstand der Prüfung gehört die wirtschaftliche Zweckmäßigkeit der Verschmelzung (RegBegr. z. § 340 AktG a. F., BT-Drucks. 9/1065, 16; Lutter/*Lutter/Drygala* § 9 Rdnr. 12 m. w. N.).

4. Erklärung gem. § 12 Abs. 2 UmwG. Der Bericht ist mit einer Erklärung darüber zu versehen, ob das Umtauschverhältnis der Anteile, gegebenenfalls auch die Höhe der baren Zuzahlung, als Gegenwert angemessen ist. Diese Erklärung wird Testat genannt.

6. Zustimmung der Hauptversammlung der übertragenden AG zur Verschmelzung nach §§ 13, 65 UmwG

UR-Nr. ......

vom ......

Hauptversammlungsprotokoll der X-AG[1]

mit dem Sitz in ......

Der unterzeichnende Notar

......

mit dem Amtssitz in ......, nahm heute in ......, wohin er sich auf Ersuchen des Vorstands der X-AG begeben hatte, die Niederschrift über die

außerordentliche Hauptversammlung

der

X-Aktiengesellschaft

auf.

6. Zustimmung der HV des übertragenden Rechtsträgers L.II.6

Zu der Hauptversammlung waren erschienen:
I. Vom Aufsichtsrat der Gesellschaft, dem folgende Damen und Herren angehören:
   1. ......, Vorsitzender
   2. ......, stellvertretender Vorsitzender
   3. ......
   4. ......
   5. ......
   6. ......

   – die zu 1. bis 6. Genannten –

II. Vom Vorstand der Gesellschaft, dem folgende Damen und Herren angehören:
   1. ......, Vorsitzender
   2. ......, stellvertretender Vorsitzender
   3. ......

   – die zu 1. bis 3. Genannten –

III. Die aus dem Verzeichnis in Anlage 1 ersichtlichen Aktionäre bzw. Aktionärsvertreter, die ihre Berechtigung zur Teilnahme an der außerordentlichen Hauptversammlung und zur Ausübung des Stimmrechts ordnungsgemäß nachgewiesen haben.

Den Vorsitz in der Hauptversammlung führte gem. § ...... der Satzung der Gesellschaft Herr ...... als Vorsitzender des Aufsichtsrats. Er eröffnete die Versammlung um ...... Uhr. Er teilte mit, dass der amtierende Notar mit der Protokollierung beauftragt sei. Der Vorsitzende stellte fest, dass die heutige Hauptversammlung gemäß § ...... der Satzung der Gesellschaft form- und fristgerecht einberufen wurde. Dies wurde nachgewiesen durch Auszug des elektronischen Bundesanzeigers vom ......, Nr. ......, in welchem die Einberufung der heutigen außerordentlichen Hauptversammlung auf den Seiten ...... veröffentlicht ist. Die Veröffentlichung im elektronischen Bundesanzeiger ist dieser Niederschrift als Anlage 2 beigefügt.[2]

Der Vorsitzende stellte fest, dass die in § 125 AktG vorgesehenen Mitteilungen durch den Vorstand form- und fristgerecht verteilt wurden. Ergänzungsanträge zur Tagesordnung oder Gegenanträge seien nicht zugegangen.

Der Vorsitzende stellte weiterhin fest, dass die Einreichung des Entwurfs des Verschmelzungsvertrags gem. § 61 S. 1 UmwG ordnungsgemäß erfolgt ist, die gem. § 63 Abs. 1 UmwG auszulegenden Unterlagen in den Geschäftsräumen beider beteiligten Gesellschaften sowie gem. § 64 Abs. 1 S. 1 UmwG im Versammlungssaal ordnungsgemäß ausgelegt sind und den Aktionären auf Verlangen Abschriften der in § 63 Abs. 1 UmwG bezeichneten Unterlagen unverzüglich und kostenlos erteilt wurden (§ 63 Abs. 3 UmwG). [Alternative: Der Vorsitzende stellte weiterhin fest, dass die Gesellschaft gem. § 63 Abs. 4 UmwG von der Verpflichtung, die in § 63 Abs. 1 UmwG bezeichneten Unterlagen auszulegen, befreit ist, da diese seit dem Zeitpunkt der Einberufung der Hauptversammlung auf der Internetseite der Gesellschaft zugänglich sind. Während der Versammlung werden den Aktionären Abschriften der Unterlagen zur Verfügung gestellt.][3] Eine Ausfertigung des Verschmelzungsvertrages ist dieser Niederschrift als Anlage 3 beigefügt.

Das nach § 129 Abs. 1 S. 2 AktG aufgenommene Verzeichnis der erschienenen Aktionäre und Aktionärsvertreter wurde im Lauf der Debatte vom Vorsitzenden unterschrieben und vor der ersten Abstimmung der Hauptversammlung zur Einsicht ausgelegt.[4] Wie sich aus dem Verzeichnis, das dieser Niederschrift als Anlage 1 beigefügt ist, ergibt und wie der Vorsitzende bekannt gab, sind vom Grundkapital in Höhe von nominal insgesamt ...... EUR Aktien im Gesamtnennbetrag von ...... EUR sowie mit ...... Stimmen, mithin ......% des Grundkapitals und ......% der Stimmen anwesend bzw. vertreten.

Der Vorsitzende bestimmte für das Abstimmungsverfahren, dass die Abstimmung durch Handaufheben erfolgt und dass zunächst die Nein-Stimmen und dann die Stimmenthaltungen aufgerufen werden; daraufhin wird nach der Differenzmethode anhand des Aktionärsverzeichnisses das Abstimmungsergebnis ermittelt. Dementsprechend zählt jede Stimme, soweit sie nicht bei Aufruf der Nein-Stimmen oder Enthaltungen durch Handaufheben abgegeben wird, als Ja-Stimme. Die Stimmen können nur im Versammlungssaal abgegeben werden, es erfolgt eine laufende Präsenzkontrolle.[5]

Der Vorsitzende stellte sodann den einzigen Tagesordnungspunkt wie folgt zur Diskussion und Beschlussfassung:

Tagesordnungspunkt
Beschlussfassung über die Verschmelzung der X-AG
als übertragendem Rechtsträger auf die Y-AG
als übernehmenden Rechtsträger

Vorstand und Aufsichtsrat schlagen vor, dem im Entwurf als Anlage 4 beigefügten Verschmelzungsvertrag zwischen der X-AG als übertragendem Rechtsträger und der Y-AG als übernehmendem Rechtsträger zuzustimmen und den Vorstand zu ermächtigen, die für die Durchführung erforderlichen Einzelheiten festzulegen und Maßnahmen zu ergreifen.[6]

Der Vorsitzende erteilte daraufhin das Wort dem Mitglied des Vorstands, Herrn ......, der den Entwurf des Verschmelzungsvertrages, das Umtauschverhältnis sowie die sonstigen rechtlichen Fragen im Zusammenhang mit der Verschmelzung im Einzelnen erläuterte. Herr ...... wies dabei insbesondere auf Folgendes hin:[7]

Durch den Verschmelzungsvertrag soll die X-AG als übertragender Rechtsträger auf die Y-AG als übernehmenden Rechtsträger verschmolzen werden. Aufgrund des Bewertungsgutachtens der Wirtschaftsprüfungsgesellschaft ......, ... vom ...... wurde das Umtauschverhältnis wie in § 2 S. 1 des Entwurfs des Verschmelzungsvertrages vorgesehen so festgelegt, dass für je eine Aktie der X-AG mit rechnerischem Anteil am Grundkapital von je ...... EUR rechnerisch eine Aktie an der Y-AG mit rechnerischem Anteil am Grundkapital von je ...... EUR und mit Gewinnberechtigung ab dem Verschmelzungsstichtag gewährt wird. Die hierfür erforderlichen Geschäftsanteile werden durch Erhöhung des Stammkapitals der Y-AG um nominal ...... EUR geschaffen. Als Verschmelzungsstichtag ist der 1.1.2011 vorgesehen. Bei Verzögerung der Eintragung sind Stichtagsänderungen sowie eine Rücktrittsmöglichkeit vorgesehen. Der Vertrag wird nur mit Zustimmung der Hauptversammlung der X-AG und der Hauptversammlung der Y-AG wirksam.

Herr ...... ging überdies ausführlich auf den Zusammenschluss der X-AG und der Y-AG ein und erläuterte die hierdurch entstehenden Wettbewerbsvorteile des zusammengeführten Unternehmens. Dabei legte er insbesondere die strategischen Vorteile einer Zusammenführung beider Unternehmen dar.

Herr ...... beantwortete außerdem sämtliche Fragen der Aktionäre und Aktionärsvertreter zu der geplanten Verschmelzung der X-AG auf die Y-AG.[8]

Der Vorsitzende wies anschließend darauf hin, dass sich Einzelheiten der Verschmelzung und insbesondere ihre Auswirkungen auch aus den gem. §§ 63 Abs. 1 i.V.m. 64 Abs. 1 S. 1 ausgelegten [Alternative: ... aus den gem. §§ 63 Abs. 1, 4 i.V.m. 64 Abs. 1 S. 1 UmwG zugänglichen] Unterlagen ergeben.

Der Vorstand hat weiterhin dargelegt, dass in der Zeit zwischen dem Abschluss des Vertrages und der Hauptversammlung keine wesentlichen Veränderungen des Vermögens der an der Aufspaltung beteiligten Rechtsträger eingetreten sind.[9]

Nachdem sich kein Teilnehmer mehr zu Wort meldete, schloss der Vorsitzende die Debatte zum einzigen Tagesordnungspunkt und ließ über den Antrag des Vorstands und des Aufsichtsrats, der Verschmelzung der X-AG auf die Y-AG zuzustimmen und den Vorstand zu ermächtigen, die für die Durchführung erforderlichen Einzelheiten festzulegen und Maßnahmen zu ergreifen, abstimmen.[10]

Die Hauptversammlung beschloss
    gegen ...... Nein-Stimmen

6. Zustimmung der HV des übertragenden Rechtsträgers   L.II.6

bei ...... Stimmenthaltungen
mit ...... Ja-Stimmen
bei einer Präsenz von .... EUR oder ...... Stimmen
entsprechend dem Antrag zum einzigen Tagesordnungspunkt. Der Vorsitzende stellte das Beschlussergebnis zum einzigen Tagesordnungspunkt fest und verkündete, dass die Hauptversammlung in Form der Abstimmung durch Handaufheben mit ...... Ja-Stimmen bei ...... Stimmenthaltungen und ...... Nein-Stimmen dem Entwurf des Verschmelzungsvertrags zwischen der X-AG und der Y-AG zugestimmt hat, und dass damit die erforderliche Stimm- und Kapitalmehrheit erreicht wurde.
Ein Widerspruch zum Protokoll des Notars wurde von keinem der anwesenden Aktionäre und Aktionärsvertreter eingelegt.
Nachdem sich auf ausdrückliche Nachfrage des Vorsitzenden kein Teilnehmer mehr zu Wort meldete, schloss der Vorsitzende die Versammlung um ...... Uhr.
Diese bei dem beurkundenden Notar verbleibende Niederschrift wurde von dem Notar wie folgt eigenhändig unterschrieben:

......

[Unterschrift des Notars][11]

Schrifttum: Bayer, Informationsrechte bei der Verschmelzung von Aktiengesellschaften, AG 1988, 323; *Gross*, Zuständigkeit der Hauptversammlung bei Erwerb und Veräußerung von Unternehmensbeteiligungen, AG 1994, 266; *Heckschen*, Das Dritte Gesetz zur Änderung des Umwandlungsgesetzes in der Fassung des Regierungsentwurfs, NZG 2010, 1041; *Hirte*, Bezugsrechtsausschluss und Konzernbildung, 1986; *Krieger*, Der Konzern in Fusion und Umwandlung, ZGR 1990, 517; *Wagner*, Der Regierungsentwurf für ein Drittes Gesetz zur Änderung des Umwandlungsgesetzes, DStR 2010, 1629; *Wiedemann*, Rechtsethische Maßstäbe im Unternehmens- und Gesellschaftsrecht, ZGR 1980, 147.

Anmerkungen

1. Überblick. Der Verschmelzungsbeschluss bedarf der Zustimmung der Hauptversammlungen beider Rechtsträger mit einer Mehrheit von mindestens drei Vierteln des bei der Beschlussfassung vertretenen Grundkapitals (§ 65 Abs. 1 UmwG). Sind mehrere Gattungen von Aktien vorhanden, bedarf der Verschmelzungsbeschluss weiterhin der Zustimmung der Aktionäre jeder Gattung (§ 65 Abs. 2 UmwG). Die Sonderbeschlüsse treten neben den Verschmelzungsbeschluss (LG Hamburg AG 1996, 281 f.). Besondere Zustimmungserfordernisse können sich im Konzern bei der Verschmelzung einer Tochtergesellschaft ergeben. Ist wegen der besonderen wirtschaftlichen Bedeutung der Verschmelzung diese auch als eine Angelegenheit der Muttergesellschaft anzusehen, kann unter Umständen eine Zustimmungspflicht der Anteilseignerversammlung der Muttergesellschaft bestehen. In diesem Fall besteht auch bei einer AG als Muttergesellschaft entsprechend den vom BGH in der Holzmüller-Entscheidung (BGH BGHZ 83, 122 f.; hierzu *Timm* ZIP 1993, 114, 117; *Gross* AG 1994, 266, 271 ff. m. w. N.) aufgestellten Grundsätzen für die Beteiligung der Hauptversammlung an wichtigen Strukturmaßnahmen im Konzern eine ungeschriebene Zuständigkeit der Hauptversammlung (vgl. Lutter/*Lutter*/*Drygala* § 13 Rdnr. 42). Ein Beschluss ist bei einer AG oder KGaA als übernehmendem Rechtsträger nicht erforderlich, wenn die Voraussetzungen des § 62 Abs. 1 UmwG vorliegen und kein Minderheitsverlangen gestellt wurde. Gegenstand der Beschlussfassung ist der von allen beteiligten Rechtsträgern vereinbarte Verschmelzungsvertrag bzw. sein Entwurf nebst allen Anlagen. Die zeitliche Reihenfolge, in der die Verschmelzungsbeschlüsse gefasst werden, ist unerheblich. Umstritten ist, ob zur Wirksamkeit des Beschlusses weitere materielle Voraussetzungen erfüllt sein müssen. Zum Teil wird verlangt, dass der Beschluss zum Schutze der Minderheit entsprechend der im Aktienrecht zur Kapitalerhöhung mit Bezugsrechtsausschluss vertretenen Ansicht (BGHZ 71, 40, 46) sachlich gerechtfertigt, d.h. im Interesse der Gesellschaft liegen, mithin zur Erreichung des beabsichtigten Zwecks geeignet, erforderlich und verhältnismäßig sein muss (so *Wiedemann* ZGR 1980, 147, 157 f.; *Hirte*,

Bezugsrechtsausschluss und Konzernbildung, 1986, S. 148 ff.). Die h. M. hingegen lässt zur Recht den ordnungsgemäß zustande gekommenen Mehrheitsbeschluss genügen (Kallmeyer/*Zimmermann* § 13 Rdnr. 12; *Westermann*, FS Semler, S. 651 ff.; differenzierend Lutter/*Lutter*/*Drygala* § 13 Rdnr. 31 ff.). Der Verschmelzungsbeschluss bedarf zur Wirksamkeit der notariellen Beurkundung (§ 13 Abs. 3 S. 1 UmwG). Die Beurkundung erfolgt wie im vorliegenden Muster in Protokollform (§§ 130 AktG, 36, 37 BeurkG).

2. Sieht die Satzung der Gesellschaft vor, dass Veröffentlichungen der Gesellschaft nicht nur im elektronischen Bundesanzeiger, sondern z. B. in bestimmten Tageszeitungen als Veröffentlichungsblättern zu erfolgen haben, muss zum Nachweis der ordnungsgemäßen Einberufung der außerordentlichen Hauptversammlung auch jeweils ein Exemplar dieser anderen Veröffentlichungsblätter vorliegen.

3. Verfahrensfeststellungen. Die Feststellungen zur Einhaltung des ordnungsgemäßen Verfahrens gem. §§ 61, 63 und 64 UmwG sind nicht erforderlich. Sie haben auch trotz der später im vorliegenden Muster erfolgenden Feststellung, dass zu den Feststellungen des Vorsitzenden kein Widerspruch aus der Hauptversammlung erhoben wurde, keine heilende Wirkung. In der Regel empfehlen sich aber Feststellungen zur Einhaltung des Verfahrens, um möglichst an dieser Stelle schon feststellen zu können, ob sich insoweit Widerspruch aus dem Aktionärskreis ergibt. Seit Inkrafttreten des ARUG (Gesetz zur Umsetzung der Aktionärsrechterichtlinie, BGBl. I S. 2479) besteht die Möglichkeit, die Auslegung der in § 63 Abs. 1 UmwG genannten Unterlagen durch deren Veröffentlichung im Internet zu ersetzen. Diese müssen gem. § 64 Abs. 1 S. 1 UmwG auch auf der Hauptversammlung selbst zugänglich sein (vgl. Kallmeyer/*Marsch-Barner* § 64 Rdnr. 1). Der neue § 63 Abs. 3 S. 2 UmwG ermöglicht es zudem, den Aktionären die Unterlagen mit deren Einwilligung in druckbarem Format (vgl. BT-Drucks. 17/3122 S. 13) auf elektronischem Wege zur Verfügung zu stellen.

4. Teilnehmerverzeichnis. Nach der neuen Fassung des § 129 Abs. 4 AktG ist eine Unterzeichnung des Teilnehmerverzeichnisses nicht mehr erforderlich, dient aber möglicherweise der Überprüfbarkeit der Angaben. Handelt es sich um eine große Publikumsgesellschaft, muss die Präsenz erneut vor der ersten Abstimmung festgestellt und bekannt gegeben werden. Änderungen der Präsenz werden dabei in Nachträgen zu dem Teilnehmerverzeichnis festgehalten und zur Einsicht der Aktionäre ausgelegt.

5. Abstimmungsverfahren. Soweit das Abstimmungsverfahren nicht bereits in der Satzung der Gesellschaft festgelegt (Ausnahme) ist, bestimmt der Vorsitzende das Abstimmungsverfahren (vgl. *Hüffer* § 130 Rdnr. 17).

6. Liegt der Verschmelzungsvertrag bereits in beurkundeter Form vor, wäre hier auf den „Verschmelzungsvertrag vom ......" Bezug zu nehmen.

7. Erläuterung des Verschmelzungsvertrags. Die Pflicht zur Erläuterung des Verschmelzungsvertrags bzw. seines Entwurfs ergibt sich aus § 64 Abs. 1 S. 2 UmwG. Allgemein genügt eine zusammenfassende Wiedergabe der im Verschmelzungsbericht enthaltenen Erläuterungen. Zur Erläuterung gehört neben einer Darlegung des wesentlichen Vertragsinhalts auch die Angabe der Gründe für eine Verschmelzung und ihrer wesentlichen wirtschaftlichen und rechtlichen Folgen für die Gesellschaft. Weiterhin muss das Umtauschverhältnis erläutert werden. Hierzu genügt aber grundsätzlich die relative Bewertung der Vermögen beider Rechtsträger zueinander. Nicht erforderlich ist, auf das im Verschmelzungsbericht bereits erläuterte Zahlenmaterial näher einzugehen (vgl. Lutter/*Grunewald* § 64 Rdnr. 3; Kallmeyer/*Marsch-Barner* § 64 Rdnr. 3). Die mündliche Erläuterung ergänzt die schriftliche Vorab-Information durch den Verschmelzungsbericht nach § 8 UmwG und kann ggf. dazu dienen, den Verschmelzungsbericht im Hinblick auf den Zeitpunkt der Anteilseignerversammlung zu aktualisieren. Eine Verlesung des Textes ist nicht erforderlich.

8. § 64 Abs. 2 UmwG erweitert das Auskunftsrecht der Aktionäre, das sich für die eigene Gesellschaft aus § 131 AktG ergibt, auf alle für die Verschmelzung wesentlichen Angelegenheiten der anderen beteiligten Rechtsträger. Die in § 131 Abs. 4 AktG aufgezählten Auskunftsverweigerungsgründe sowie § 132 AktG gelten auch im Rahmen des § 64 Abs. 2 UmwG (vgl. Kallmeyer/*Marsch-Barner* § 64 Rdnr. 6; Lutter/*Grunewald* § 64 Rdnr 8; *Bayer*

6. Zustimmung der HV des übertragenden Rechtsträgers　　　　　　　　　　L.II.6

AG 1988, 323, 329). Verweigert sich der Vorstand einem berechtigten Auskunftsverlangen, macht dies den Beschluss anfechtbar (vgl. Lutter/*Grunewald* § 64 Rdnr. 10). Handelt es sich bei den anderen beteiligten Rechtsträgern um konzernverbundene Unternehmen, so erstreckt sich das Auskunftsrecht auch auf die für die Verschmelzung wesentlichen Angelegenheiten der weiteren verbundenen Unternehmen (Kallmeyer/*Marsch-Barner* § 64 Rdnr. 6; Lutter/*Grunewald* § 64 Rdnr. 6; *Krieger* ZGR 1990, 517, 526).

9. Die Beschlussempfehlung des Rechtsausschusses zum Dritten Gesetz zur Änderung des Umwandlungsgesetzes (BT-Drucks. 17/3122) sieht in ihrem neuen § 64 Abs. 1 S. 3 UmwG eine Berichtpflicht der Vorstände an Verschmelzungen beteiligter Aktiengesellschaften hinsichtlich sämtlicher wesentlicher Veränderungen des Vermögens der Gesellschaft vor, die zwischen dem Abschluss des Verschmelzungsvertrages bzw. der Aufstellung des Entwurfs und dem Zeitpunkt der Beschlussfassung eingetreten sind. Damit wird diese bislang in § 143 UmwG nur für Spaltungen unter Beteiligung von Aktiengesellschaften normierte Pflicht auf jede Verschmelzung und (über § 125 S. 1 UmwG) Spaltung ausgeweitet (vgl. ausführlich *Heckschen* NZG 2010, 1041, 1042, der indes noch von einer Verankerung in § 8 Abs. 3 UmwG ausgeht). Mangels Änderung des § 192 Abs. 1 S. 2 UmwG sind Formwechsel nicht betroffen. Zu unterrichten sind sowohl die Anteilseigner des beteiligten Rechtsträgers, als auch die Vertretungsorgane anderer beteiligter Rechtsträger, welche ihrerseits deren Anteilseigner zu informieren haben.

Dem Wortlaut nach bezieht sich diese Verpflichtung lediglich auf Vermögensveränderungen auf Seiten der übertragenden Gesellschaft selbst. Indes wird zu Recht darauf verwiesen, dass der Vorschrift ein allgemeiner Rechtsgedanke zugrunde liegt, wonach den Anteilsinhabern der an der Umwandlung beteiligten Gesellschaften ein Votum aufgrund sich zwischen Vertragsschluss bzw. Entwurfserstellung und Beschlussfassung ändernder, folglich veralteter Informationsgrundlage nicht zugemutet werden kann (vgl. zu § 143 UmwG Schmitt/Hörtnagl/Stratz/*Hörtnagl* § 143 Rdnr. 1). Insofern ist der Gegenstand der Informationspflicht vorsichtshalber weit zu handhaben: Es ist über jede Vermögensänderung des betreffenden Rechtsträgers zu berichten, die eine Änderung des Umtauschverhältnisses oder des Abfindungsbetrages nach § 29 UmwG besorgen lässt (vgl. *Wagner* DStR 2010, 1629, 1631; zur bisherigen Rechtslage Lutter/*Schwab* § 143 Rdnr. 12 ff.; Kallmeyer/*Kallmeyer/Sickinger* § 143 Rdnr. 2).

Die Regierungsbegründung lässt offen, in welcher Form die Nachinformation zu erfolgen hat. Hinsichtlich des inhaltsgleichen bisherigen § 143 UmwG überwiegt die Ansicht, dass eine mündliche Unterrichtung in der Anteilseignerversammlung ausreicht (vgl. Schmitt/Hörtnagl/Stratz/*Hörtnagl* § 143 Rdnr. 4 f.; Widmann/Mayer/*Rieger* § 143 Rdnr. 6; KölnKommAktG/*Simon* § 143 Rdnr. 5; für Beibehaltung *Wagner* DStR 2010, 1629, 1632). Die Gegenansicht verlangt einen schriftlichen Nachtragsbericht, der wie der eigentliche Umwandlungsbericht zu übermitteln und bereitzustellen ist (Lutter/*Schwab* § 143 Rdnr. 15 f.). Der Bericht ist gem. § 8 Abs. 4 RegE UmwG entbehrlich, wenn sämtliche Anteilseigner durch notariell beurkundete Erklärung auf den Bericht verzichten oder wenn sich alle Anteile des übertragenden Rechtsträgers in der Hand des übernehmenden Rechtsträgers befinden (upstream-merger).

10. Sollten sich Änderungen der Präsenz ergeben haben, wäre vor Durchführung der Abstimmung erneut ein Nachtrag zur Präsenz zu erstellen und das aktualisierte Teilnehmerverzeichnis zur Einsicht der Aktionäre auszulegen.

11. Kosten und Gebühren. *Notargebühren:* Für die Beurkundung des Verschmelzungsbeschlusses ist eine $20/10$ Gebühr nach § 47 S. 1 KostO zu entrichten. § 47 S. 2 KostO sieht insoweit jedoch eine Höchstgebühr von EUR 5.000,– vor. Der Geschäftswert richtet sich nach § 41c Abs. 2 KostO. Die Beschlüsse der Anteilsinhaber des übertragenden und übernehmenden Rechtsträgers können zusammen beurkundet werden und gelten dann als gegenstandsgleich (§§ 41c Abs. 3, 44 Abs. 1 KostO). Die Höchstgebühr nach § 47 S. 2 KostO gilt dann für sämtliche beurkundete Beschlüsse (vgl. auch Korintenberg/*Bengel/Tiedtke* § 39 Rdnr. 145). Bei getrennter Beurkundung, wo Zusammenfassung möglich gewesen wäre, ist § 16 KostO einschlägig. Geben die Anteilsinhaber ggf. Verzichtserklärungen ab, so fällt für deren Beurkundung eine $10/10$-Gebühr an (§ 36 Abs. 1 KostO). Der Wert ist gem. § 30 KostO zu bestim-

Seibt

men (im Regelfall sind 10% des Geschäftswerts des Verschmelzungsbeschlusses angemessen). Mitbeurkundete Verzichte sind mit dem Verschmelzungsvertrag gegenstandsgleich, § 44 Abs. 1 KostO, nicht aber mit den Verschmelzungsbeschlüssen (*Tiedke* ZIP 2001, 226, 228).

7. Zustimmung der Hauptversammlung der übernehmenden AG zur Verschmelzung nach §§ 13, 65 UmwG

UR-Nr ......
vom ......

Hauptversammlungsprotokoll[1]

der Y-AG

mit dem Sitz in ......

Der unterzeichnende Notar

......

mit dem Amtssitz in ......, nahm heute in ......, wohin er sich auf Ersuchen des Vorstands der Y-AG begeben hatte, die Niederschrift über die

außerordentliche Hauptversammlung

der

Y-Aktiengesellschaft

auf.

Zu der Hauptversammlung waren erschienen:
I. Vom Aufsichtsrat der Gesellschaft, dem folgende Damen und Herren angehören:
   1. ......, Vorsitzender
   2. ......, stellvertretender Vorsitzender
   3. ......
   4. ......
   5. ......
   6. ......
   – die zu 1. bis 6. Genannten –
II. Vom Vorstand der Gesellschaft, dem folgende Damen und Herren angehören:
   1. ......, Vorsitzender
   2. ......, stellvertretender Vorsitzender
   3. ......
   – die zu 1. bis 3. Genannten –
III. Die aus dem Verzeichnis in Anlage 1 ersichtlichen Aktionäre bzw. Aktionärsvertreter, die ihre Berechtigung zur Teilnahme an der außerordentlichen Hauptversammlung und zur Ausübung des Stimmrechts ordnungsgemäß nachgewiesen haben.

Den Vorsitz in der Hauptversammlung führte gem. § ...... der Satzung der Gesellschaft Herr ...... als Vorsitzender des Aufsichtsrats. Er eröffnete die Versammlung um ...... Uhr. Er teilte mit, dass der amtierende Notar mit der Protokollierung beauftragt sei. Der Vorsitzende stellte fest, dass die heutige Hauptversammlung gemäß § ...... der Satzung der Gesellschaft form- und fristgerecht einberufen wurde. Dies wurde nachgewiesen durch Auszug des elektronischen Bundesanzeigers vom ......, Nr. ......, in welchem die Einberufung der heutigen außerordentlichen Hauptversammlung auf Seiten ...... veröffentlicht ist. Die Veröffentlichung im elektronischen Bundesanzeiger ist dieser Niederschrift als Anlage 2 beigefügt.

7. Zustimmung der HV der übernehmenden AG

Der Vorsitzende stellte fest, das die in § 125 AktG vorgesehenen Mitteilungen durch den Vorstand form- und fristgerecht verteilt wurden. Ergänzungsanträge zur Tagesordnung oder Gegenanträge seien nicht zugegangen.

Der Vorsitzende stellte weiterhin fest, dass die Einreichung des Entwurfs des Verschmelzungsvertrags gem. § 61 Abs. 1 UmwG ordnungsgemäß erfolgt ist die gem. § 63 Abs. 1 UmwG auszulegenden Unterlagen in den Geschäftsräumen beider beteiligter Rechtsträger sowie gem. § 64 Abs. 1 S. 1 UmwG im Versammlungssaal ordnungsgemäß ausgelegt sind und den Aktionären auf Verlangen Abschriften der in § 63 Abs. 1 UmwG bezeichneten Unterlagen unverzüglich und kostenlos erteilt wurden (§ 63 Abs. 3 UmwG).

[Alternative: Der Vorsitzende stellte fest, dass die Einreichung des Entwurfs des Verschmelzungsvertrags gem. § 61 Abs. 1 UmwG ordnungsgemäß erfolgt ist und die Gesellschaft gem. § 63 Abs. 4 UmwG von der Verpflichtung, die in § 63 Abs. 1 UmwG bezeichneten Unterlagen auszulegen, befreit ist, da diese seit dem Zeitpunkt der Einberufung der Hauptversammlung auf der Internetseite der Gesellschaft zugänglich sind. Während der Hauptversammlung werden den Aktionären Abschriften der Unterlagen zur Verfügung gestellt.] Eine Ausfertigung des Verschmelzungsvertrages ist dieser Niederschrift als Anlage 3 beigefügt.

Der Vorstand legte weiterhin dar, dass in der Zeit zwischen dem Abschluss des Vertrages und der Hauptversammlung keine wesentlichen Veränderungen des Vermögens der an der Aufspaltung beteiligten Rechtsträger eingetreten sind.[3]

Das nach § 129 Abs. 1 S. 2 AktG aufgenommene Verzeichnis der erschienenen Aktionäre und Aktionärsvertreter wurde im Lauf der Debatte vom Vorsitzenden unterschrieben und vor der ersten Abstimmung der Hauptversammlung zur Einsicht ausgelegt. Wie sich aus dem Verzeichnis, das dieser Niederschrift als Anlage 1 beigefügt ist, ergibt und wie der Vorsitzende bekannt gab, sind vom Grundkapital in Höhe von nominal insgesamt .... EUR Aktien im Gesamtnennbetrag von .... EUR sowie mit ...... Stimmen, mithin ......% des Grundkapitals und ......% der Stimmen anwesend bzw. vertreten.

Der Vorsitzende bestimmte für das Abstimmungsverfahren, dass die Abstimmung durch Handaufheben erfolgt und dass zunächst die Nein-Stimmen und dann die Stimmenthaltungen aufgerufen werden; daraufhin wird nach der Differenzmethode anhand des Aktionärsverzeichnisses das Abstimmungsergebnis ermittelt. Dementsprechend zählt jede Stimme, soweit sie nicht bei Aufruf der Nein-Stimmen oder Enthaltungen durch Handaufheben abgegeben wird, als Ja-Stimme. Die Stimmen können nur im Versammlungssaal abgegeben werden, es erfolgt eine laufende Präsenzkontrolle.

Der Vorsitzende stellte sodann die Tagesordnungspunkte wie folgt zur Diskussion und Beschlussfassung:

Tagesordnungspunkt 1
Beschlussfassung über die Verschmelzung der X-AG
als übertragendem Rechtsträger auf die Y-AG
als übernehmenden Rechtsträger

Vorstand und Aufsichtsrat schlagen vor, dem im Entwurf als Anlage 4 beigefügten Verschmelzungsvertrag zwischen der X-AG als übertragendem Rechtsträger und der Y-AG als übernehmendem Rechtsträger zuzustimmen und den Vorstand zu ermächtigen, die für die Durchführung erforderlichen Einzelheiten festzulegen und Maßnahmen zu ergreifen.

Der Vorsitzende erteilte daraufhin das Wort dem Mitglied des Vorstands, Herrn ......, der den Entwurf des Verschmelzungsvertrags, das Umtauschverhältnis sowie die sonstigen rechtlichen Fragen im Zusammenhang mit der Verschmelzung im Einzelnen erläuterte. Herr ...... wies dabei insbesondere auf Folgendes hin:

Durch den Verschmelzungsvertrag soll die X-AG als übertragender Rechtsträger auf die Y-AG als übernehmenden Rechtsträger verschmolzen werden. Aufgrund des Bewertungsgutachtens der Wirtschaftsprüfungsgesellschaft ......, ... vom ...... wurde das Umtauschverhältnis wie in § 2 Abs. 1 des Entwurfs des Verschmelzungsvertrages vorgesehen so festgelegt, dass für je eine Aktie der X-AG mit rechnerischem Anteil am Grundkapital von je ...... EUR eine Aktie der Y-AG mit rechnerischem Anteil am Grundkapital von je ...... EUR und mit Gewinnberechtigung ab dem Verschmelzungsstichtag gewährt werden. Die auszugebenden Aktien werden in Höhe eines rechnerischen Anteils am Grundkapital von ...... EUR durch Kapitalerhöhung geschaffen; in Höhe eines rechnerischen Anteils am Grundkapital von ...... EUR werden eigene Aktien, deren Inhaberin die Y-AG bereits ist, ausgegeben. Als Verschmelzungsstichtag ist der 1. 1. 2011 vorgesehen. Zum Treuhänder gem. § 71 UmwG wurde ...... bestellt. Bei Verzögerung der Eintragung sind Stichtagsänderungen sowie eine Rücktrittsmöglichkeit vorgesehen. Der Vertrag wird nur mit Zustimmung der Hauptversammlungen der X-AG und der Y-AG wirksam.

Herr ...... ging überdies ausführlich auf den Zusammenschluss der X-AG und der Y-AG ein und erläuterte die hierdurch entstehenden Wettbewerbsvorteile des zusammengeführten Unternehmens. Dabei legte er insbesondere die strategischen Vorteile einer Zusammenführung beider Unternehmen dar.

Herr ...... beantwortete außerdem sämtliche Fragen der Aktionäre und Aktionärsvertreter zu der geplanten Verschmelzung der X-AG auf die Y-AG.

Der Vorsitzende wies anschließend darauf hin, dass sich Einzelheiten der Verschmelzung und insbesondere ihre Auswirkungen auch aus den gem. §§ 63 Abs. 1 i.V.m. 64 Abs. 1 S. 1 UmwG ausgelegten [Alternative: zugänglichen] Unterlagen ergeben.

Nachdem sich kein Teilnehmer mehr zu Wort meldete, schloss der Vorsitzende die Debatte zum einzigen Tagesordnungspunkt und ließ über den Antrag des Vorstands und des Aufsichtsrats, der Verschmelzung der X-AG auf die Y-AG zuzustimmen und den Vorstand zu ermächtigen, die für die Durchführung erforderlichen Einzelheiten festzulegen und Maßnahmen zu ergreifen, abstimmen.

Die Hauptversammlung beschloss
    gegen ...... Nein-Stimmen
    bei ...... Stimmenthaltungen
    mit ...... Ja-Stimmen
bei einer Präsenz von ...... EUR oder ...... Stimmen

entsprechend dem Antrag zum Tagesordnungspunkt 1. Der Vorsitzende stellte das Beschlussergebnis zum Tagesordnungspunkt 1 fest und verkündete, dass die Hauptversammlung in Form der Abstimmung durch Handaufheben mit ...... Ja-Stimmen bei ...... Stimmenthaltungen und ...... Nein-Stimmen dem Entwurf des Verschmelzungsvertrags zwischen der X-AG und der Y-AG zugestimmt hat, und dass damit die erforderliche Stimm- und Kapitalmehrheit erreicht wurde.

Tagesordnungspunkt 2[2]
Beschlussfassung über die Kapitalerhöhung gem. § 69 UmwG und
Beschlussfassung über die Änderung von § ...... der Satzung der Gesellschaft
(Anpassung an die Kapitalerhöhung)

Vorstand und Aufsichtsrat schlagen vor, das Grundkapital der Gesellschaft gem. § 69 UmwG von ...... EUR um ...... EUR auf ...... EUR zu erhöhen durch Ausgabe von insgesamt ...... neuen auf den Inhaber lautenden Aktien mit rechnerischem Anteil am Grundkapital von je ...... EUR und § ...... der Satzung der Gesellschaft (Grundkapital und Aktien) wie folgt zu ändern:

„§ ...... *Grundkapital und Aktien*
1. Das Grundkapital der Gesellschaft beträgt EUR ...... und ist eingeteilt in ...... Aktien mit rechnerischem Anteil am Grundkapital von je EUR ...... Die Aktien lauten auf den Inhaber."

sowie den Vorstand zu ermächtigen, die für die Durchführung erforderlichen Einzelheiten festzulegen und Maßnahmen zu ergreifen.

7. Zustimmung der HV der übernehmenden AG   L.II.7

Der Vorsitzende erteilte daraufhin dem Mitglied des Vorstands, Frau ......, das Wort, die das Erfordernis der Kapitalerhöhung im Rahmen der Verschmelzung erläuterte und insbesondere darauf hinwies, dass im Rahmen der Verschmelzung insgesamt ...... Aktien mit rechnerischem Anteil am Grundkapital von insgesamt ...... EUR an die Aktionäre der X-AG auszugeben sind. Hiervon sollen im Wege der Kapitalerhöhung ...... Aktien mit rechnerischem Anteil am Grundkapital von insgesamt ...... EUR geschaffen werden; außerdem werden ...... eigene Aktien der Y-AG mit rechnerischem Anteil am Grundkapital von insgesamt ...... EUR an die Aktionäre der X-AG ausgegeben.
Frau ...... beantwortete außerdem sämtliche Fragen der Aktionäre und Aktionärsvertreter zur geplanten Kapitalerhöhung.
Nachdem sich kein Teilnehmer mehr zu Wort meldete, schloss der Vorsitzende die Debatte zum Tagesordnungspunkt 2 und ließ über den Antrag des Vorstands und des Aufsichtsrats, der Kapitalerhöhung sowie der Änderung von § ...... der Satzung der Gesellschaft zuzustimmen und den Vorstand zu ermächtigen, die für die Durchführung erforderlichen Einzelheiten festzulegen und Maßnahmen zu ergreifen, abstimmen.
Die Hauptversammlung beschloss
    gegen ...... Nein-Stimmen
    bei ...... Stimmenthaltungen
    mit ...... Ja-Stimmen
bei einer Präsenz von EUR ...... oder ...... Stimmen
entsprechend dem Antrag zum Tagesordnungspunkt 2. Der Vorsitzende stellte das Beschlussergebnis zum Tagesordnungspunkt 2 fest und verkündete, dass die Hauptversammlung in Form der Abstimmung durch Handaufheben mit ...... Ja-Stimmen bei ...... Stimmenthaltungen und ...... Nein-Stimmen der Erhöhung des Grundkapitals der Gesellschaft von ...... EUR um ...... EUR auf ...... EUR sowie der Änderung von § ...... der Satzung der Gesellschaft wie nachfolgend wiedergegeben zugestimmt hat und damit die erforderliche Mehrheit erreicht wurde.
§ ...... der Satzung der Gesellschaft wird wie folgt neu gefasst:
„*§ ...... Grundkapital und Aktien*
1. Das Grundkapital der Gesellschaft beträgt EUR ...... und ist eingeteilt in ...... Aktien mit rechnerischem Anteil am Grundkapital von je EUR .... Die Aktien lauten auf den Inhaber."
Ein Widerspruch zum Protokoll des Notars wurde von keinem der anwesenden Aktionäre und Aktionärsvertreter eingelegt.
Nachdem sich auf ausdrückliche Nachfrage des Vorsitzenden kein Teilnehmer mehr zu Wort meldete, schloss der Vorsitzende die Versammlung um ...... Uhr.
Diese bei dem beurkundenden Notar verbleibende Niederschrift wurde von dem Notar wie folgt eigenhändig unterschrieben:

......
[Unterschrift des Notars][4]

Anmerkungen

1. Siehe Anmerkungen Form. L.II.6.
2. Zur Kapitalerhöhung vgl. Form. L.II.3 Anm. 16. u. 17.
3. Zur Pflicht der Vertretungsorgane aus § 64 Abs. 1 S. 3 UmwG n. F., über Vermögensänderungen zwischen Vertragsschluss und Beschlussfassung zu berichten vgl. Form. L.II.6 Anm. 9.
4. *Kosten und Gebühren. Notargebühren:* Vgl. zunächst Form. L.II.6 Anm. 11. Als Geschäftswert für den Kapitalerhöhungsbeschluss gilt der Nennbetrag, um den das Stammkapital erhöht wird. Dieser ist zum Geschäftswert des Verschmelzungsvertrages hinzuzurechnen (§§ 41c Abs. 2, 3 KostO).

8. Anmeldung der Verschmelzung nach §§ 16, 17 UmwG und der Kapitalerhöhung nach § 69 Abs. 2 UmwG zum Handelsregister der übernehmenden AG

UR-Nr. ......

An das
Amtsgericht ......
– Handelsregister –
......[1, 2]

Y-AG, ..., HRB ......

Verschmelzung mit der X-AG, ...

I. In der Anlage[3] überreichen wir, die gemeinsam vertretungsberechtigten Mitglieder des Vorstands sowie der Vorsitzende des Aufsichtsrats[4] der Y-AG:
   1. notariell beglaubigte Abschrift des Verschmelzungsvertrags vom ...... (URNr. ...... des Notars ......, ...)
   2. notariell beglaubigte Abschrift der Niederschrift über die außerordentliche Hauptversammlung der X-AG vom ...... mit dem Beschluss der Hauptversammlung über die Zustimmung zum Verschmelzungsvertrag (URNr. ...... des Notars ......, ...)
   3. notariell beglaubigte Abschrift der Niederschrift über die außerordentliche Hauptversammlung der Y-AG vom ...... mit
      3.1 dem Beschluss der Hauptversammlung der Y-AG über die Zustimmung zum Verschmelzungsvertrag
      und
      3.2 dem Beschluss über die Erhöhung des Grundkapitals und die entsprechende Änderung von § ...... der Satzung der Y- AG
   (URNr. ...... des Notars ......, ...)
   4. den gemeinsamen Verschmelzungsbericht der Vorstände der X-AG und der Y-AG vom ......
   5. den Prüfungsbericht des gemeinsam bestellten Verschmelzungsprüfers vom ......
   6. den Nachweis über die rechtzeitige Zuleitung des Entwurfs des Verschmelzungsvertrages an den Betriebsrat der X-AG[5]
   7. den Nachweis über die rechtzeitige Zuleitung des Entwurfs des Verschmelzungsvertrages an den Betriebsrat der Y-AG
   8. Erklärung des Treuhänders gem. § 71 Abs. 1 S. 2 UmwG[6]
   9. Neufassung der Satzung der Y-AG mit Notarbescheinigung
   10. eine Berechnung der Kosten, die für die Gesellschaft durch die Ausgabe der neuen Aktien entstehen werden.[7]
II. Wir erklären gem. § 16 Abs. 2 S. 1 UmwG, dass eine Klage gegen die Wirksamkeit des Verschmelzungsbeschlusses der Hauptversammlung der Y-AG nicht erhoben worden ist.[8]
III. Wir melden zur Eintragung in das Handelsregister an:
   1. Die X-AG ist aufgrund des Verschmelzungsvertrages vom ......, des Beschlusses der außerordentlichen Hauptversammlung der X-AG mit Sitz in ...... vom ...... und des Beschlusses der außerordentlichen Hauptversammlung der Gesellschaft vom ...... mit der Gesellschaft als übernehmendem Rechtsträger durch Aufnahme gemäß § 2 Nr. 1 UmwG verschmolzen.[9]

2. Die Hauptversammlung der Gesellschaft vom ...... hat zum Zwecke der Durchführung der Verschmelzung die Erhöhung des Grundkapitals der Gesellschaft von ...... EUR um ...... EUR auf insgesamt ...... EUR beschlossen. Die Erhöhung des Grundkapitals ist durchgeführt. § ...... der Satzung (Grundkapital und Aktien) wurde entsprechend geändert.[10]

IV. Wir bitten, im Hinblick auf § 66 UmwG zunächst die Kapitalerhöhung, ihre Durchführung und die damit verbundene Satzungsänderung einzutragen sowie dann – nach erfolgter Eintragung der Verschmelzung bei der übertragenden Gesellschaft – die Eintragung der Verschmelzung bei dem übernehmenden Rechtsträger vorzunehmen.[11]

V. Nach Vollzug bitten wir um Eintragungsnachricht und Übermittlung je eines beglaubigten Handelsregisterauszugs an die Gesellschaft und an den beglaubigenden Notar.

VI. Die Herren ...... und jeder einzeln und unabhängig voneinander werden hiermit bevollmächtigt, alle Anmeldungen zum Handelsregister vorzunehmen, die im Zusammenhang mit der Eintragung der hier angemeldeten und aus den dieser Anmeldung beigefügten Unterlagen ersichtlichen Tatsachen in das Handelsregister erforderlich oder zweckmäßig sind. Die Vollmacht ist jederzeit widerruflich. Jeder Bevollmächtigte darf auch für alle Beteiligten gleichzeitig handeln. Dem Handelsregister gegenüber ist die Vollmacht unbeschränkt.[12]

......, den ......
......

[Unterschriften des Vorstandes der Y-AG in vertretungsberechtigter Zahl und des Vorsitzenden der Aufsichtsrates der Y-AG]

[Unterschriftsbeglaubigung][13]

Anmerkungen

1. Überblick. Gemäß § 16 Abs. 1 hat die Anmeldung durch das Vertretungsorgan jedes beteiligten Rechtsträgers zu erfolgen, wobei die Anmeldung in vertretungsberechtigter Zahl genügt. Das Vertretungsorgan des übernehmenden Rechtsträgers ist zur Verfahrensbeschleunigung zudem berechtigt, die Verschmelzung auch bei dem übertragenden Rechtsträger anzumelden (§ 16 Abs. 1 S. 2 UmwG). Mit Eintragung der Verschmelzung in das Handelsregister der übernehmenden Gesellschaft wird diese wirksam. Die notariell beglaubigte Handelsregisteranmeldung ist in elektronischer Form zum Handelsregister einzureichen (§ 12 Abs. 1 HGB).

2. Zuständiges Registergericht. Jeder Rechtsträger hat die Verschmelzung bei dem für seinen (Satzungs-)Sitz zuständigen Registergericht zur Eintragung anzumelden, bei Doppelsitz bei beiden Registern.

3. Einzureichende Unterlagen. Zu den einzureichenden Unterlagen vgl. § 17 UmwG.

4. Anmeldung der Kapitalerhöhung. Der Kapitalerhöhungsbeschluss und dessen Durchführung ist vom Vorstand in vertretungsberechtigter Zahl und dem Vorsitzenden des Aufsichtsrats (bei dessen Verhinderung von seinem Stellvertreter, § 107 Abs. 1 S. 2 AktG) zur Eintragung in das Handelsregister anzumelden (§§ 184 Abs. 1 S. 1, 188 Abs. 1 AktG). Die Anmeldung des Kapitalerhöhungsbeschlusses kann mit der Anmeldung der Durchführung der Kapitalerhöhung verbunden werden (§ 188 Abs. 4 AktG). In der Praxis ist es üblich, mit diesen Anmeldungen weiterhin die Anmeldung der Verschmelzung und der Satzungsänderung zu verbinden.

5. § 17 Abs. 1 UmwG spricht lediglich vom „Nachweis über die rechtzeitige Zuleitung (...) an den *zuständigen* Betriebsrat". Dementsprechend ist unklar, ob der Anmeldung auch der

Nachweis über die Zuleitung an den Betriebsrat der anderen beteiligten Gesellschaft beigefügt werden muss. In der Praxis wird es sich aber zur Vermeidung von Schwierigkeiten empfehlen, auch den Nachweis über die Zuleitung an den Betriebsrat der anderen beteiligten Gesellschaft beizufügen. Hat eine der beteiligten Gesellschaften keinen Betriebsrat, so sollte in der Handelsregisteranmeldung versichert werden, dass insoweit kein Betriebsrat vorhanden ist.

6. Zu Beschleunigungszwecken könnte auch vorgesehen werden, dass die Anzeige des Treuhänders nach § 71 Abs. 1 S. 2 UmwG unmittelbar von dem Treuhänder an das Registergericht weitergeleitet wird.

7. Zu den für die Anmeldung der Kapitalerhöhung zum Register beizufügenden Unterlagen vgl. § 69 Abs. 2 UmwG i. V. m. § 188 Abs. 3 Nr. 2 und 3 AktG. Kommen für die Kapitalerhöhung zusätzlich die Vorschriften über die Nachgründung zur Anwendung, wären ferner die nach §§ 67 UmwG, 52 AktG erforderlichen Unterlagen einzureichen.

8. Im Formular ist vorgesehen, dass die Aktionäre nicht auf das Klagerecht verzichtet haben. Die Erklärung gem. § 16 Abs. 2 S. 1 UmwG kann daher erst nach Ablauf der Anfechtungsfrist des § 14 Abs. 1 UmwG abgegeben werden. Dabei verlangen die Gerichte in der Regel einen „Puffer" von einigen Tagen nach Ablauf der Klagefrist, um sicherzustellen, dass rechtzeitig eingegangene Klagen auch bekannt geworden sind. Soll zu Beschleunigungszwecken eine Einreichung der Handelsregisteranmeldung bereits vor Ablauf dieses Zeitraumes erfolgen, wäre in der Handelsregisteranmeldung vorzusehen, dass die Erklärung nach § 16 Abs. 2 S. 1 UmwG nachgereicht wird. Dies kann zudem den Vorteil mit sich bringen, dass ein Jahresabschluss zum Zweck der Umwandlung eingereicht werden kann, bevor seine Erstellung über acht Monate zurück liegt (vgl. Kallmeyer/*Marsch-Barner* § 16 Rdnr. 25). Bis die Voraussetzungen des § 16 Abs. 2 UmwG erfüllt sind, tritt eine Registersperre ein. Eine fristgerecht erhobene Anfechtungsklage gegen den Verschmelzungsbeschluss blockiert sowohl beim übertragenden als auch beim übernehmenden Rechtsträger die Eintragung (§ 16 Abs. 2 S. 2 UmwG). Allerdings kann der Vorstand der Gesellschaft, gegen deren Verschmelzungsbeschluss die Anfechtungsklage erhoben worden ist, im Freigabeverfahren nach § 16 Abs. 3 UmwG die Feststellung beantragen, dass die Klage der Eintragung nicht entgegensteht (vgl. zum Freigabeverfahren Kallmeyer/*Marsch-Barner* § 16 Rdnr. 32 ff. m. w. N.).

9. Unterliegt der Verschmelzungsvertrag zusätzlich den Nachgründungsvorschriften, wäre ferner zu beantragen, dass der Verschmelzungsvertrag als Nachgründungsvertrag in das Handelsregister eingetragen wird. Außerdem könnte an dieser Stelle klargestellt werden, ob eine Eintragung erst nach Abschluss von weiteren Strukturmaßnahmen erfolgen soll.

10. Satzungsänderung. Erfolgen im Zusammenhang mit der Verschmelzung weitere Satzungsänderungen, so wären auch diese gesondert zum Handelsregister anzumelden. Gleiches gilt für Prokuristen der übertragenden Gesellschaft, die zukünftig Prokura der übernehmenden Gesellschaft haben sollen.

11. Reihenfolge der Eintragung. Die Kapitalerhöhung (Beschluss und Durchführung) muss vor der Eintragung der Verschmelzung bei der übernehmenden Gesellschaft eingetragen werden (§ 66 UmwG). Die Eintragung der Verschmelzung bei der übernehmenden Gesellschaft darf erst nach Eintragung der Verschmelzung in das Register der übertragenden Gesellschaft erfolgen (§ 19 Abs. 1 S. 1 UmwG). Insofern ist es ratsam, das für die Eintragung zuständige Registergericht darauf hinzuweisen, dass die Verschmelzung nicht vor Eintragung der Durchführung der Kapitalerhöhung und nicht vor Eintragung der Verschmelzung bei der übertragenden Gesellschaft eingetragen werden darf. Nach § 19 Abs. 1 S. 2 UmwG ist die Eintragung im Register des Sitzes jedes der übertragenden Rechtsträger mit dem Vermerk zu versehen, dass die Verschmelzung erst mit Eintragung im Register des Sitzes des übernehmenden Rechtsträgers wirksam wird. Erfolgen die Eintragungen am selben Tag, kann der Vorläufigkeitsvermerk jedoch unterbleiben (§ 19 Abs. 1 S. 2 letzter Hs. UmwG).

12. Bevollmächtigung. Eine Bevollmächtigung erscheint sinnvoll, um sicherzustellen, dass eine zeitnahe Änderung bzw. Ergänzung der Anmeldung erfolgen kann, ohne dass das Erscheinen von Mitgliedern des Vorstands der beteiligten Gesellschaften in vertretungsberechtigter Zahl erforderlich ist.

13. Kosten und Gebühren. *Notargebühren:* Für die Beglaubigung $^{2,5}/_{10}$ Gebühr (§ 45 Abs. 1 S. 1 KostO), höchstens jedoch EUR 130,– (§ 45 Abs. 1 S. 1 Halbs. 2 KostO). Hat der Notar die Anmeldung entworfen, erhält er für deren Beglaubigung eine $^{5}/_{10}$ Gebühr (§ 145 Abs. 1 S. 1 i. V. m. § 38 Abs. 2 Nr. 7 KostO). Die volle Gebühr berechnet sich nach dem Geschäftswert (§ 32 Abs. 1 KostO), für dessen Bestimmung § 41a Abs. 4 Nr. 1 KostO maßgeblich ist. § 39 Abs. 5 KostO begrenzt den Geschäftswert jedoch auf einen Höchstwert von EUR 500.000,–. *Registerkosten:* Gemäß § 79a KostO i. V. m. der HRegGebV gelten aufwandsbezogene Gebühren nach dem der HRegGebV beigefügten Gebührenverzeichnis. *Bekanntmachungskosten:* Gemäß § 10 HGB hat das Registergericht die Eintragungen in das Handelsregister in dem von der jeweiligen Landesjustizverwaltung bestimmten elektronischen Informations- und Kommunikationssystem bekannt zu machen. Verauslagte Kosten sind dem Registergericht nach § 137 Nr. 5 KostO zu erstatten.

9. Anmeldung der Verschmelzung nach §§ 16, 17 UmwG zum Handelsregister der übertragenden AG[1]

UR-Nr. ......

An das
Amtsgericht ......
– Handelsregister –
......[2]

X-AG, ..., HRB ......

Verschmelzung mit der Y-AG, ...

I. In der Anlage[3] überreichen wir, die gemeinsam vertretungsberechtigten Mitglieder des Vorstands der X-AG:
  1. notariell beglaubigte Abschrift des Verschmelzungsvertrages vom ...... (URNr. ...... des Notars ......, ...)
  2. notariell beglaubigte Abschrift der Niederschrift über die außerordentliche Hauptversammlung der X-AG vom ...... mit dem Beschluss der Hauptversammlung über die Zustimmung zum Verschmelzungsvertrag (URNr. ...... des Notars ......, ...)
  3. notariell beglaubigte Abschrift der Niederschrift über die außerordentliche Hauptversammlung der Y-AG vom ...... mit
    3.1 dem Beschluss der Hauptversammlung der Y-AG über die Zustimmung zum Verschmelzungsvertrag
    und
    3.2 dem Beschluss über die Erhöhung des Grundkapitals und die entsprechende Änderung von § ...... der Satzung der Y-AG
    (URNr. ...... des Notars ......, ...)
  4. den gemeinsamen Verschmelzungsbericht der Vorstände der X-AG und der Y-AG vom ......
  5. den Prüfungsbericht des gemeinsam bestellten Verschmelzungsprüfers vom ......
  6. den Nachweis über die rechtzeitige Zuleitung des Entwurfs des Verschmelzungsvertrages an den Betriebsrat der X-AG
  7. den Nachweis über die rechtzeitige Zuleitung des Entwurfs des Verschmelzungsvertrages an den Betriebsrat der Y-AG[4]
  8. die Schlussbilanz der X-AG zum 31.12.2010

9. beglaubigten Handelsregisterauszug der Y-AG, aus dem sich ergibt, dass die zur Durchführung der Verschmelzung beschlossene Erhöhung des Grundkapitals der Y-AG im Handelsregister des Sitzes der Y-AG eingetragen ist[5]
10. Erklärung des Treuhänders gem. § 71 Abs. 1 S. 2 UmwG.[6]
II. Wir erklären gem. § 16 Abs. 2 S. 1 UmwG, dass eine Klage gegen die Wirksamkeit des Verschmelzungsbeschlusses der Hauptversammlung der X-AG nicht erhoben worden ist.[7]
III. Wir melden zur Eintragung in das Handelsregister an:
Die Gesellschaft ist aufgrund des Verschmelzungsvertrages vom ......, des Beschlusses der außerordentlichen Hauptversammlung der Gesellschaft vom ...... und des Beschlusses der außerordentlichen Hauptversammlung der Y-AG mit Sitz in ...... vom ...... mit der Y-AG, ... als übernehmendem Rechtsträger durch Aufnahme gemäß § 2 Nr. 1 UmwG verschmolzen.
IV. Nach Vollzug bitten wir um Eintragungsnachricht und Übermittlung je eines beglaubigten Handelsregisterauszugs an die Gesellschaft und an den beglaubigenden Notar.
V. Die Herren ...... und jeder einzeln und unabhängig voneinander werden hiermit bevollmächtigt, alle Anmeldungen zum Handelsregister vorzunehmen, die im Zusammenhang mit der Eintragung der hier angemeldeten und aus den dieser Anmeldung beigefügten Unterlagen ersichtlichen Tatsachen in das Handelsregister erforderlich oder zweckmäßig sind. Die Vollmacht ist jederzeit widerruflich. Jeder Bevollmächtigte darf auch für alle Beteiligten gleichzeitig handeln. Dem Handelsregister gegenüber ist die Vollmacht unbeschränkt.[8]

......, den ......

......

[Unterschriften des Vorstandes der X-AG in vertretungsberechtigter Zahl]

[Unterschriftsbeglaubigung]

Anmerkungen

1. Überblick. Bei der Eintragung in das Handelsregister der übertragenden Gesellschaft muss besonders vermerkt werden, dass die Verschmelzung erst mit Eintragung der Verschmelzung im Register der übernehmenden Gesellschaft wirksam wird (§ 19 Abs. 1 S. 2 UmwG). Die Eintragung bei der Verschmelzung bei der übertragenden Gesellschaft zeitigt noch keine Rechtswirkungen (§ 20 Abs. 1 UmwG). Im Übrigen siehe Form. L. II. 8 Anm. 1.

2. Zuständiges Registergericht. Vgl. Form. L. II. 8 Anm. 2.

3. Einzureichende Unterlagen. Zu den einzureichenden Unterlagen vgl. § 17 UmwG.

4. Vgl. Form. L. II. 8 Anm. 5.

5. Gemäß § 66 UmwG darf die Verschmelzung erst eingetragen werden, wenn die Durchführung der Erhöhung des Grundkapitals eingetragen ist. Nach der hier vertretenen Auffassung betrifft § 66 UmwG zwar nur die Eintragung der Verschmelzung im Register des Sitzes der übernehmenden AG (vgl. Widmann/Mayer/*Rieger* § 66 Rdnr. 9, Kallmeyer/*Zimmermann* § 66 Rdnr. 20). Sind die beteiligten Gesellschaften bei unterschiedlichen Handelsregistern eingetragen, sollte zur Sicherheit aber dennoch der Anmeldung zum Handelsregister des Sitzes der übertragenden AG ein beglaubigter Handelsregisterauszug der übernehmenden AG beigefügt werden, um nachzuweisen, dass die Durchführung der Kapitalerhöhung dort bereits eingetragen ist. Alternativ wäre denkbar, das die Durchführung der Kapitalerhöhung eintragende Handelsregister zu bitten, unmittelbar das für die Eintragung der Verschmelzung bei der übernehmenden Gesellschaft zuständige Handelsregister zu informieren. In jedem Fall ist darauf zu achten, dass die Anmeldung zum Handelsregister innerhalb der 8-Monatsfrist des § 17

Abs. 2 S. 4 UmwG erfolgt. Gegebenenfalls ist der Nachweis über die Eintragung der Kapitalerhöhung nachzureichen.

6. Vgl. Form. L. II.8 Anm. 6.
7. Vgl. Form. L. II.8 Anm. 8.
8. Bevollmächtigung. Vgl. Form. L. II.8 Anm. 12.
9. Kosten und Gebühren. Vgl. Form. L. II.8 Anm. 13.

Verschmelzung einer AG mit einer AG zur Neugründung

10. Verschmelzungsvertrag nach § 5 UmwG

UR-Nr. ......

Verschmelzungsvertrag[1,2]

Heute, den ......
erschienen vor mir, ... Notar in ...... in meinen Amtsräumen in ......
1. Frau ......,
2. Herr ......,
beide nach Angabe hier handelnd nicht im eigenen Namen, sondern in ihrer Eigenschaft als gemeinsam vertretungsberechtigte Mitglieder des Vorstands der X-AG mit dem Sitz in ......, eingetragen im Handelsregister des Amtsgerichts ...... unter HRB ....
Hierzu bescheinige ich, Notar, gemäß § 21 BNotO aufgrund heutiger Einsicht in das elektronische Handelsregister des Amtsgerichts ...... vom ......, HRB ......, dass der vorgenannte Rechtsträger dort eingetragen ist und von Frau ...... und Herrn ...... als gemeinsam vertretungsberechtigten Mitgliedern des Vorstands vertreten wird.
3. Frau ......,
4. Herr ......,
beide nach Angabe hier handelnd nicht im eigenen Namen, sondern in ihrer Eigenschaft als gemeinsam vertretungsberechtigte Mitglieder des Vorstands der Y-AG mit dem Sitz in ......, eingetragen im Handelsregister des Amtsgericht ...... unter HRB ....
Hierzu bescheinige ich, Notar, gemäß § 21 BNotO aufgrund heutiger Einsicht in das elektronische Handelsregister des Amtsgerichts ...... vom ......, HRB ......, dass der vorgenannte Rechtsträger dort eingetragen ist und von Frau ...... und Herrn ...... als gemeinsam vertretungsberechtigten Mitgliedern des Vorstands vertreten wird.
Auf Befragen des Notars verneinen die Erschienenen eine, die Beurkundung ausschließende, Vorbefassung im Sinne von § 3 Abs. 1 Nr. 7 BeurkG.
Die Erschienenen weisen sich aus durch Vorlage ihrer amtlichen Lichtbildausweise. Die Erschienenen baten, handelnd wie angegeben, um die Beurkundung des folgenden Vertrages:

I. Verschmelzungsvertrag

zwischen der
X- AG
mit dem Sitz in ......
und der
Y- AG
mit dem Sitz in ....

Präambel

(1) Die X-AG mit Sitz in ...... ist eingetragen in das Handelsregister des Amtsgerichts ...... unter HRB ...... Das Grundkapital der X-AG beträgt ...... EUR (in Worten: ......) und ist eingeteilt in ...... auf den Inhaber lautenden Stückaktien mit einem auf die einzelne Aktie entfallenden rechnerischen Anteil am Grundkapital von je .... EUR. Die Einlagen auf die Aktien sind voll erbracht.

(2) Die Y-AG mit Sitz in ...... ist eingetragen in das Handelsregister des Amtsgerichts ...... unter HRB ...... Das Grundkapital der Y-AG beträgt ...... EUR (in Worten: ......) und ist eingeteilt in ...... auf den Inhaber lautende Stückaktien mit einem auf die einzelne Aktie entfallenden anteiligen Betrag des Grundkapitals von ...... EUR. Die Einlagen auf die Aktien sind voll erbracht.[3]

(3) Mit diesem Vertrag werden die X-AG und die Y-AG auf die neu zu gründende Z-AG verschmolzen. Der Verschmelzungsvertrag hat zum Zweck, ...[4]

(4) Es ist vorgesehen, dass folgende Maßnahmen vor Eintragung der Verschmelzung wirksam werden: ......[5]

Dies vorausgeschickt, vereinbaren die Parteien was folgt:

§ 1 Vermögensübertragung[6]

1.1 Die X-AG und die Y-AG als übertragende Rechtsträger übertragen jeweils ihr Vermögen als Ganzes mit allen Rechten und Pflichten unter Auflösung ohne Abwicklung gemäß § 2 Nr. 2 UmwG auf die neue, von ihnen dadurch gegründete Z-AG mit Sitz in ...... gegen Gewährung von Anteilen des neuen Rechtsträgers an die Anteilsinhaber der übertragenden Rechtsträger (Verschmelzung durch Neugründung).

1.2 Der Verschmelzung werden die mit dem uneingeschränkten Bestätigungsvermerk der ...... versehenen Bilanzen der X-AG und der Y-AG zum 31.12.2010 als Schlussbilanzen im Sinne von § 17 Abs. 2 UmwG zugrunde gelegt.[7]

1.3 Die Übernahme des Vermögens der X-AG und der Y-AG durch die Z-AG erfolgt im Innenverhältnis mit Wirkung zum Ablauf des 31.12.2010. Vom Beginn des 1.1.2011, 00:00:00 Uhr („Verschmelzungsstichtag")[8] an gelten alle Handlungen und Geschäfte der X-AG und der Y-AG als für Rechnung der Z-AG vorgenommen.[9]

§ 2 Gegenleistung[10]

2.1 Die Z-AG als neuer Rechtsträger gewährt mit Wirksamwerden der Verschmelzung den Aktionären der X-AG und der Y-AG als Gegenleistung für die Übertragung des Vermögens der X-AG und der Y-AG kostenfrei Aktien an der Z-AG nach Maßgabe des folgenden Umtauschverhältnisses:[11]

Eine auf den Inhaber lautende Stückaktie der X-AG mit einem auf die einzelne Aktie entfallenden rechnerischen Anteil am Grundkapital von je ...... EUR wird gegen eine auf den Inhaber lautende Stückaktie der Z-AG mit einem auf die einzelne Aktie entfallenden rechnerischen Anteil am Grundkapital von je ...... EUR umgetauscht.[12]

Eine auf den Inhaber lautende Stückaktie der Y-AG mit einem auf die einzelne Aktie entfallenden rechnerischen Anteil am Grundkapital von je ...... EUR wird gegen eine auf den Inhaber lautende Stückaktien der Z-AG mit einem auf die einzelne Aktie entfallenden rechnerischen Anteil am Grundkapital von je ...... EUR umgetauscht.

Außerdem leistet die Z-AG eine bare Zuzahlung in Höhe von ...... EUR (in Worten: ......) je auf den Inhaber lautender Stückaktie der X-AG und der Y-AG.[13]

2.2 Die als Gegenleistung gewährten neuen Aktien der Z-AG sind ab dem 1.1.2011 gewinnberechtigt.[14]

2.3 Für den Fall, dass die Z-AG einem Aktionär der X-AG oder der Y-AG eine bare Zuzahlung zum Ausgleich eines zu niedrig bemessenen Umtauschverhältnisses gewährt, wird die Z-AG auch alle übrigen Aktionäre der X-AG und der Y-AG durch eine entsprechende bare Zuzahlung gleichstellen.

2.4 Die Z-AG wird die Zulassung ihrer Aktien zum amtlichen Handel an der Frankfurter Wertpapierbörse beantragen.[15]

§ 3 Feststellung der Satzung und Übernahme der Aktien

3.1 Für die durch Neugründung entstehende Z-AG wird die dieser Urkunde als Anlage (......) beigefügte Satzung festgestellt.[16] Das Grundkapital der Z-AG beträgt ...... EUR.

3.2 In die Satzung der neu gegründeten Z-AG sind die Festsetzungen über Sondervorteile, Gründungsaufwand, Sacheinlagen und Sachübernahmen, soweit solche in den Satzungen der X-AG oder der Y-AG enthalten waren, übernommen worden, soweit diese gemäß § 26 Abs. 4 und 5 AktG, § 74 Abs. 2 UmwG zu übernehmen waren.[17]

3.3 Von dem Grundkapital der Z-AG, dass gemäß § ...... der Satzung der Gesellschaft in ...... auf den Inhaber lautende Stückaktien eingeteilt ist, übernehmen gemäß Ziff. 2.1 dieses Vertrages die Aktionäre der X-AG ...... Aktien und die Aktionäre der Y-AG ...... Aktien.

§ 4 Treuhänder[18]

4.1 Die X-AG und die Y-AG haben ...... als Treuhänder für den Empfang der zu gewährenden Aktien der Z-AG und eventueller barer Zuzahlungen bestellt.

4.2 Die Z-AG wird die als Gegenleistung an die Aktionäre der X-AG und der Y-AG zu gewährenden Aktien dem Treuhänder vor der Eintragung der Verschmelzung in das für die Z-AG zuständige Handelsregister übergeben und ihn anweisen, die Aktien nach Eintragung der Verschmelzung an die Aktionäre der X-AG und der Y-AG auszuliefern, wobei die Auslieferung Zug um Zug gegen Einlieferung ihrer Aktien an der X-AG bzw. der Y-AG erfolgt.[19]

§ 5 Besondere Vorteile und Rechte

5.1 Es werden keine besonderen Rechte im Sinne des § 5 Abs. 1 Nr. 7 UmwG für einzelne Aktionäre oder Inhaber besonderer Rechte gewährt, und es sind auch keine besonderen Maßnahmen für solche Personen vorgesehen.

5.2 Ebenso werden keine besonderen Vorteile für Vorstandsmitglieder, Aufsichtsratsmitglieder und Abschlussprüfer der beteiligten Gesellschaften oder für den Verschmelzungsprüfer gewährt.

§ 6 Folgen der Verschmelzung für die Arbeitnehmer und ihre Vertretungen[20]

6.1 Mit Wirksamwerden der Verschmelzung gehen sämtliche Arbeitsverhältnisse der zu diesem Zeitpunkt bei der X-AG und Y-AG beschäftigten Arbeitnehmer gemäß § 613a BGB mit allen Rechten und Pflichten auf die Z-AG über.

6.2 Hinsichtlich der aufgrund dieses Verschmelzungsvertrages von der X-AG und der Y-AG auf die Z-AG übergehenden Arbeitsverhältnisse ergeben sich durch die Verschmelzung individualrechtlich keine Veränderungen. Die übergehenden Arbeitsverhältnisse werden unter voller Anrechnung der Betriebszugehörigkeitszeiten und einschließlich der Vereinbarungen über Direktversicherungen zur Altersvorsorge unverändert zu den bisherigen Bedingungen mit der Z-AG fortgesetzt.

6.3 Die Z-AG wird mit Wirksamwerden der Verschmelzung neuer Arbeitgeber der zu diesem Zeitpunkt bei der X-AG und der Y-AG beschäftigten Arbeitnehmer. Gemäß § 324 UmwG findet auf die Verschmelzung § 613a Abs. 1 und 4 bis 6 BGB Anwendung; die Verschmelzung führt zum Betriebsübergang gemäß § 613a BGB. Die Arbeitnehmer haben kein Widerspruchsrecht, da die X-AG und die Y-AG durch die Verschmelzung als Rechtsträger ohne Abwicklung aufgelöst werden und erlöschen.[21] Die Arbeitnehmer sind vor dem Betriebsübergang gemäß § 613a Abs. 5

BGB in Textform über den Grund und den geplanten Zeitpunkt des Übergangs sowie die in diesem § 6 aufgeführten Folgen und in Aussicht genommenen Maßnahmen zu informieren.

6.4 Die derzeit bei der X-AG und der Y-AG geltenden Betriebsvereinbarungen gelten als kollektivrechtliche Regelungen normativ fort.[22]

6.5 Die Ämter der Mitglieder der bei der X-AG und der Y-AG bestehenden Gesamtbetriebsräte erlöschen. Die Betriebsräte der Betriebe der X-AG und der Y-AG werden künftig Mitglieder in den zu errichtenden Gesamtbetriebsrat der Z-AG entsenden.

6.6 Mit dem Wirksamwerden der Verschmelzung enden die Mandate aller Aufsichtsratsmitglieder der X-AG und der Y-AG. Nach dem Übergang ihrer Arbeitsverhältnisse auf die Z-AG sind die Arbeitnehmer der X-AG und der Y-AG bei den Wahlen zum Aufsichtsrat der Z-AG, der gemäß den auf ihn anwendbaren Bestimmungen des MitbestG 1976/DrittelbG zusammengesetzt sein wird, aktiv und passiv wahlberechtigt.

6.7 Nach dem Wirksamwerden der Verschmelzung sind gesellschaftsrechtliche und organisatorische Umstrukturierungen geplant. Im Anschluss an die Verschmelzung ist vorgesehen, wesentliche zentrale Funktionen der beiden bislang getrennten Unternehmen in ...... [Ort] zusammenzufassen. Im Einzelnen wird dies voraussichtlich die Zusammenführung der folgenden Abteilungen, Bereiche bzw. Unternehmen betreffen: ...... Auch ist nach derzeitigem Planungsstand mit ca. ...... [Zahl] betriebsbedingten Kündigungen in den vorgenannten Betrieben zu rechnen. Hierüber werden zu gegebener Zeit Verhandlungen mit dem Gesamtbetriebsrat aufgenommen.

§ 7 Kosten[23]

7.1 Die durch den Abschluss dieses Vertrages und seine Ausführung entstehenden Kosten einschließlich der Kosten des Treuhänders und der Gründungskosten (mit Ausnahme der Kosten der Hauptversammlungen, die über die Verschmelzung beschließen) werden von beiden Vertragspartnern je zur Hälfte getragen.

7.2 Die für die Vorbereitung dieses Vertrages entstandenen Kosten trägt jede Vertragspartei selbst.

7.3 Diese Regelungen gelten auch, falls die Verschmelzung wegen des Rücktritts einer Vertragspartei oder aus einem sonstigen Grund nicht wirksam wird.

§ 8 Stichtagsänderung

8.1 Falls die Verschmelzung nicht bis zum Ablauf des 31.3.2012 in das Handelsregister der Z-AG eingetragen wird, werden abweichend von § 1.2 der Verschmelzung Bilanzen der X-AG und der Y-AG zum 31.12.2011 als Schlussbilanzen zugrundegelegt und abweichend von § 1.3 der Beginn des 1.1.2012, 00:00:00 Uhr als Stichtag für die Übernahme des Vermögens der X-AG und der Y-AG bzw. den Wechsel der Rechnungslegung angenommen. Bei einer weiteren Verzögerung über den 31. März des Folgejahres hinaus verschieben sich die Stichtage entsprechend der vorstehenden Regelung jeweils um ein weiteres Jahr.[24]

8.2 Falls die Verschmelzung nicht bis zum Ablauf des 31.3.2012 in das Handelsregister der Z-AG eingetragen wird, soll die Eintragung erst nach den ordentlichen Hauptversammlungen der X-AG bzw. der Y-AG stattfinden, die über die Verwendung des Bilanzgewinns für das Geschäftsjahr 2011 beschließen. Die X-AG und die Y-AG werden dies gegebenenfalls durch einen Nachtrag zur Registeranmeldung sicherstellen. Entsprechendes gilt, wenn sich die Eintragung über den 31. März des Folgejahres hinaus weiter verzögert.

8.3 Falls die Verschmelzung erst nach den ordentlichen Hauptversammlungen der X-AG und der Y-AG, die über die Verwendung des Bilanzgewinns für das Geschäftsjahr 2011 beschließen, in das Handelsregister der Z-AG eingetragen wird, sind die als Gegenleistung gewährten Aktien der Z-AG abweichend von § 2.2 erst für das

Geschäftsjahr ab dem 1.1.2012 gewinnberechtigt.[25] Bei einer weiteren Verzögerung der Eintragung über die folgenden ordentlichen Hauptversammlungen der X-AG und der Y-AG, die über die Verwendung des Bilanzgewinns für das Geschäftsjahr 2012 beschließen, hinaus, verschiebt sich die Gewinnberechtigung jeweils um ein weiteres Jahr.

§ 9 Rücktrittsvorbehalt

Jede Vertragspartei kann von diesem Verschmelzungsvertrag mit sofortiger Wirkung zurücktreten, wenn die Verschmelzung nicht bis zum Ablauf des ...... durch Eintragung in das Handelsregister der Z-AG wirksam geworden ist.[26] Dem diesen Vertrag beurkundenden Notar und den beteiligten Registergerichten ist der Rücktritt unverzüglich schriftlich mitzuteilen. Eine vertragliche Verpflichtung zum Rücktritt besteht nicht.

§ 10 Schlussbestimmungen

10.1 Sollten Bestimmungen dieses Vertrages unwirksam sein oder werden, soll dadurch die Gültigkeit der übrigen Bestimmungen dieses Vertrages nicht berührt werden. Das Gleiche gilt, soweit sich herausstellen sollte, dass der Vertrag eine Regelungslücke enthält. Anstelle der unwirksamen oder der undurchführbaren Bestimmungen oder zur Ausfüllung der Lücke verpflichten sich die Parteien, eine angemessene Ersatzregelung zu vereinbaren, die dem Inhalt der nichtigen oder unwirksamen Bestimmung möglichst nahe kommt.

10.2 Die übertragende X-AG verfügt über folgenden Grundbesitz: ...... Die Berichtigung des Grundbuches nach Wirksamkeit der Verschmelzung wird hiermit beantragt. Der Notar wird beauftragt und bevollmächtigt, die Grundbuchberichtigung zu veranlassen.[27]

10.3 Dieser Verschmelzungsvertrag wird nur wirksam, wenn ihm die Hauptversammlungen der X-AG und der Y-AG durch Verschmelzungsbeschluss nach §§ 13 Abs. 1, 36 Abs. 1 UmwG zustimmen.

10.4 Der Entwurf dieses Verschmelzungsvertrages ist nach §§ 61, 73 UmwG zum Handelsregister eingereicht worden.

II. Bestellung des Aufsichtsrates der Z-AG[28]

Vorbehaltlich der Zustimmung der Hauptversammlungen der X-AG und der Y-AG werden zu Mitgliedern des ersten Aufsichtsrates der Z-AG bestellt:
1. ......
2. ......
3. ......
......

III. Bestellung des Abschlussprüfers der Z-AG[29]

Zum Abschlussprüfer der Z-AG für das erste Geschäftsjahr wird ...... bestellt.

IV. Vollmachten

Die Erschienenen bevollmächtigen hiermit
- Frau ......,
- Herrn ......,

Mitarbeiter(innen) des amtierenden Notars
– je einzeln –, ohne jede persönliche Haftung,
sämtliche Erklärungen und Rechtshandlungen vorzunehmen, die für den Vollzug des Verschmelzungsvertrages erforderlich oder zweckdienlich sind. Die Vollmacht ist jederzeit widerruflich; sie endet mit Eintragung der Verschmelzung im Handelsregister der beteiligten Rechtsträger. Jede(r) Bevollmächtigte ist von den Beschränkungen des § 181 BGB befreit. Dem Handelsregister gegenüber ist die Vollmacht unbeschränkt. Die Wirksamkeit der vorstehenden Vollmacht ist unabhängig von der Wirksamkeit dieser Urkunde im Übrigen.[30]

V. Hinweise, Belehrungen

Der Notar hat die Erschienenen über den weiteren Verfahrensablauf bis zum Wirksamwerden der Verschmelzung, auf den Wirksamkeitszeitpunkt sowie die Rechtsfolgen der Verschmelzung hingewiesen. Insbesondere wies der Notar auf Folgendes hin:

1. Der Verschmelzungsvertrag bedarf zu seiner Wirksamkeit der Zustimmung der Hauptversammlungen der X-AG und der Y-AG in notarieller Form.
2. Die Verschmelzung wird erst wirksam, nachdem sie in das Handelsregister aller beteiligten Rechtsträger eingetragen ist (§§ 73, 36, 37, 19 UmwG), und der von dem übertragenden Rechtsträger bestellte Treuhänder dem Registergericht des Sitzes der Z-AG als neu zu gründendem Rechtsträger angezeigt hat, dass er im Besitz der gemäß § 2.1 dieses Vertrages zu gewährenden Aktien ist.[31]
3. Mit Wirksamwerden der Verschmelzung haftet die Z-AG für alle Verbindlichkeiten der X-AG und der Y-AG, die im Zeitpunkt der Verschmelzung begründet waren. Gläubigern der beteiligten Gesellschaften ist auf Anmeldung und Glaubhaftmachung ihrer Forderung hin nach Maßgabe des § 22 UmwG Sicherheit zu leisten.

Von dieser Urkunde erhalten

beglaubigte Abschriften:
- jeder Beteiligte je ......
- das zuständige Finanzamt[32]

Ausfertigungen:
- jeder Beteiligte je ......
- das Registergericht ......
- das Registergericht ......
- das Grundbuchamt ......

Vorstehende Niederschrift wurde den Erschienenen vom Notar vorgelesen, von ihnen genehmigt und wie folgt eigenhändig unterschrieben:

......

[Unterschriften][33, 34]

Schrifttum: Vgl. bereits Schrifttum zu Form. L. II.3.

Anmerkungen

1. Überblick. Bei der Verschmelzung zur Neugründung übertragen zwei oder mehr Rechtsträger unter Auflösung ohne Abwicklung ihr Vermögen jeweils als Ganzes auf einen neu zu gründenden Rechtsträger (§ 2 Nr. 2 UmwG). Das UmwG regelt die Verschmelzung zur Aufnahme (§ 2 Nr. 1 UmwG) als Grundfall. Die Verschmelzung zur Neugründung (§ 2 Nr. 2 UmwG) wird im Wesentlichen durch Verweisung auf die Regeln zur Verschmelzung zur Aufnahme geregelt (§§ 36 Abs. 1, 73 UmwG). In der Praxis ist die Verschmelzung zur Neugründung aufgrund der mit der Gründung eines neuen Rechtsträgers verbundenen Kosten die weniger häufig vorkommende Variante. So fällt die Grunderwerbsteuer beispielsweise zweifach an und eventuell vorhandene Börsenzulassungen der übertragenden Gesellschaften gehen verloren. Zudem gehen bei den übertragenden Rechtsträgern bestehende Verlustvorträge gem. §§ 12 Abs. 3 Hs. 2 i.V.m. 4 Abs. 2 S. 2 UmwStG verloren (Kallmeyer/*Marsch-Barner* § 2 Rdnr. 7). Auch die Notargebühr ist bei einer Verschmelzung zur Neugründung höher, da bei ihrer Berechnung die Unternehmenswerte addiert werden (Lutter/*Lutter/Drygala* § 2 Rdnr. 24).

Gemäß § 36 Abs. 2 UmwG sind auf die Gründung des neuen Rechtsträgers die für seine Rechtsform geltenden Gründungsvorschriften anzuwenden. Bei einer AG oder KGaA sind dies die §§ 1 bis 53, 278 bis 288 AktG. Soweit sich aus den Vorschriften des UmwG Abweichungen ergeben, gehen diese den Gründungsvorschriften vor. Handelt es sich bei dem neu zu gründenden Rechtsträger um eine Kapitalgesellschaft, stellt sich die Gründung im Zuge der Verschmelzung als Sachgründung dar (vgl. Kallmeyer/*Marsch-Barner* § 36 Rdnr. 10; *Ihrig* GmbHR 1995, 622, 624f.). Daher ist das Vermögen der übertragenden Rechtsträger als Sacheinlage in der Satzung der AG festzusetzen (vgl. § 27 Abs. 1 AktG). Weiterhin ist sicherzustellen, dass der Wert der Sacheinlagen im Zeitpunkt der Eintragung in das Handelsregister des neu zu gründenden Rechtsträgers mindestens dem Nennwert der neuen Aktien entspricht (Verbot der Unter-pari-Emission, § 36 a Abs. 2 S. 3 AktG). Vorstand und Aufsichtsrat der übertragenden Rechtsträger haben grundsätzlich gem. § 36 Abs. 2 S. 1 UmwG i. V. m. §§ 33 Abs. 1, 37 Abs. 4 Nr. 4 AktG den Hergang der Gründung zu prüfen und hierüber Bericht zu erstatten und diesen der Handelsregisteranmeldung beizufügen. Nach § 75 Abs. 2 UmwG gilt dies jedoch nicht, wenn die übertragenden Gesellschaften – wie hier – Kapitalgesellschaften oder eingetragene Genossenschaften sind. Die übertragenden Rechtsträger schließen, vertreten durch ihre Vertretungsorgane, den Verschmelzungsvertrag ab. Der neue Rechtsträger ist nicht beteiligt, da er erst im Zuge der Verschmelzung entsteht. In dem Verschmelzungsvertrag muss die Satzung des neuen Rechtsträgers festgestellt werden (§ 37 UmwG). Die Vorstände der übertragenden Rechtsträger melden die neue Gesellschaft zur Eintragung in das Handelsregister an (§ 38 Abs. 2 UmwG). Mit der Eintragung der Verschmelzung in das Handelsregister des neu zu gründenden Rechtsträgers geht das Vermögen der übertragenden Rechtsträger auf den neuen Rechtsträger über (§ 36 Abs. 1 S. 2 i. V. m. § 20 Abs. 2 UmwG). Die übertragenden Rechtsträger erlöschen. Im Unterschied zur Verschmelzung durch Aufnahme ist die Verschmelzung zur Neugründung unter Beteiligung von Aktiengesellschaften nur zulässig, wenn die übertragenden Rechtsträger im Zeitpunkt der Beschlussfassung ihrer Hauptversammlungen mindestens zwei Jahre im Handelsregister eingetragen sind (§ 76 Abs. 1 UmwG).

2. Formular. Bei dem Formular handelt es sich um einen Verschmelzungsvertrag zwischen zwei Aktiengesellschaften, von denen keine an der anderen beteiligt ist. Die Vermögen der X-AG und der Y-AG sollen jeweils als Ganzes auf die neu zu gründende Z-AG im Wege der Verschmelzung zur Neugründung übergehen (§ 2 Nr. 2 UmwG). Das Formular betrifft eine Verschmelzung, die nicht unter die Zusammenschlusskontrolle der Kartellbehörden fällt und ist aus dem Form. L.II.3 entwickelt worden, so dass auf die Anmerkungen hierzu verwiesen wird.

3. Vgl. Form. L.II.3 Anm. 3.

4. Vgl. Form. L.II.3 Anm. 4.

5. Vgl. Form. L.II.3 Anm. 5.

6. Vermögensübertragung. Vgl. Form. L.II.3 Anm. 6.

7. Vgl. Form. L.II.3 Anm. 7.

8. Verschmelzungsstichtag. Vgl. Form. L.II.3 Anm. 8.

9. Vgl. Form. L.II.3 Anm. 9.

10. Gegenleistung. Der Verschmelzungsvertrag muss gemäß § 5 Abs. 1 Nr. 2 UmwG zwingend vorsehen, dass das Vermögen als Ganzes gegen Gewährung von Anteilen an dem neu zu gründenden Rechtsträger an die Anteilsinhaber des übertragenden Rechtsträgers übergeht. Siehe hierzu Form. L.II.3 Anm. 10.

11. Umtauschverhältnis. Zur Berechnung des Umtauschverhältnisses vgl. Form. L.II.3 Anm. 11.

12. Vgl. Form. L.II.3 Anm. 12.

13. Ebenso wie der übertragende Rechtsträger kann auch der neu zu gründende Rechtsträger zu einer baren Zuzahlung verpflichtet werden. Eine solche ist dann erforderlich, wenn sich aufgrund der Unternehmenswerte der beiden Gesellschaften kein Umtauschverhältnis errechnet, das zu ganzen Stückzahlen der zu gewährenden Aktien führt, oder der Wegfall von Sonderrechten zu kompensieren ist. In diesem Fall kann und muss eine Ausgleichung der Differenz durch bare Zuzahlung erfolgen. Gemäß § 73 UmwG gilt § 68 Abs. 3 UmwG auch für die

Verschmelzung zur Neugründung, so dass bei der Verschmelzung unter Beteiligung von Kapitalgesellschaften solche Zuzahlungen allerdings auf 10% des Gesamtnennbetrages der gewährten Anteile begrenzt sind.

14. Vgl. Form. L.II.3 Anm. 14.

15. Eine solche Regelung ist umwandlungsrechtlich nicht erforderlich, stellt aber die Absichten der Parteien klar.

16. Feststellung der Satzung. Gemäß § 37 UmwG muss in dem Verschmelzungsvertrag die Satzung der zu gründenden AG durch die den Verschmelzungsvertrag schließenden Vorstände der übertragenden Rechtsträger festgestellt werden. Die Satzung kann, muss aber nicht in den Verschmelzungsvertrag aufgenommen werden. Es genügt, wenn in dem Verschmelzungsvertrag auf die Satzung verwiesen wird (vgl. § 9 Abs. 1 S. 2 BeurkG). Die Satzung ist dann mit vollständigem Inhalt dem Verschmelzungsvertrag als Bestandteil beizufügen und wie dieser notariell zu beurkunden (§ 6 UmwG; siehe auch Kallmeyer/*Marsch-Barner* § 37 Rdnr. 2). Als Bestandteil des Verschmelzungsvertrages ist die Satzung auch Gegenstand des Zustimmungsbeschlusses der Anteilsinhaber. Dabei genügt es, wenn mit dem Entwurf des Verschmelzungsvertrages zunächst auch nur der Entwurf der Satzung der zu gründenden AG vorliegt. Die notarielle Beurkundung kann dem Verschmelzungsbeschluss nachfolgen (vgl. § 4 Abs. 2 UmwG). Bei der Eintragung der neuen AG ist der Tag der Feststellung der Satzung in das Register einzutragen (§ 39 Abs. 1 AktG).

17. Diese Klausel stellt klar, dass in der Satzung der neu zu gründenden Z-AG die nach § 74 S. 1 UmwG und § 26 Abs. 4 und 5 AktG, § 74 Abs. 3 UmwG zu übernehmenden Angaben enthalten sind. Diese Klarstellung ist in der Praxis als Arbeitshilfe nicht zuletzt für das Registergericht hilfreich.

18. Treuhänder. Gemäß §§ 71 Abs. 1 S. 1, 73 UmwG hat jeder übertragende Rechtsträger im Falle einer Verschmelzung auf eine neu zu gründende AG einen Treuhänder zu bestellen. Im Übrigen siehe Form. L.II.3 Anm. 19.

19. Vgl. Form. L.II.3 Anm. 20.

20. Folgen für die Arbeitnehmer. Vgl. Form. L.II.3 Anm. 21.

21. Siehe zu dieser Klausel Form. L.II.3 Anm. 22.

22. Vgl. Form. L.II.3 Anm. 23.

23. Kostenregelung. Vgl. Form. L.II.3 Anm. 24.

24. Stichtagsänderung. Vgl. Form. L.II.3 Anm. 25.

25. Vgl. Form. L.II.3 Anm. 26.

26. Rücktrittsvorbehalt. Wie bereits in Anm. 2 erläutert, betrifft das Muster eine Verschmelzung, die nicht unter die Zusammenschlusskontrolle der Kartellbehörden fällt. Ist die Verschmelzung von den Kartellbehörden freizugeben, bietet sich die Aufnahme folgenden weiteren Rücktrittsgrundes in den Vertragstext an:

„...... oder die erforderliche Freigabe durch die zuständigen Kartellbehörden nicht bis zum ...... vorliegt bzw. nur unter Zusagen, Auflagen oder Bedingungen möglich ist, die zu wesentlichen nachteiligen Auswirkungen auf das zukünftige gemeinsame Unternehmen führen würden."

27. Verschiedenes. Vgl. Form. L.II.3 Anm. 28.

28. Bestellung des Aufsichtsrats der Z-AG. Gemäß §§ 30, 31 AktG, 36 Abs. 2 UmwG haben die übertragenden Gesellschaften als Gründer die Mitglieder des ersten Aufsichtsrates der neugegründeten Z-AG zu bestellen. Da die Verschmelzung zur Neugründung eine Sachgründung darstellt, ist bei der Bestellung auch § 31 AktG zu beachten. Die Zahl der zu bestellenden Aufsichtsratsmitglieder richtet sich nach §§ 36 Abs. 2 UmwG, 31 Abs. 1 AktG. Die Bestellung der Aufsichtsratsmitglieder bedarf zu ihrer Wirksamkeit der Zustimmung durch Verschmelzungsbeschluss (vgl. § 76 Abs. 2 S. 2 UmwG). Umstritten ist, ob die Bestellung der Aufsichtsratsmitglieder Bestandteil des Verschmelzungsvertrages sein muss (Kallmeyer/*Zimmermann* § 76 Rdnr. 7) oder ob auch eine getrennte Beschlussfassung möglich ist. Der

Wortlaut scheint gegen die Möglichkeit einer getrennten Beschlussfassung zu sprechen, doch sind für eine solche Einschränkung keine vernünftigen Gründe ersichtlich (Lutter/*Grunewald* § 76 Rdnr. 8). Ist bei der Fassung der Verschmelzungsbeschlüsse noch nicht über die Personen der Aufsichtsratsmitglieder entschieden worden, spricht nichts dagegen, dies später unter Einhaltung der gleichen Verfahrensvorschriften sowie den gleichen Mehrheitserfordernissen nachzuholen. Die Eintragung der Gesellschaft erfolgt allerdings in jedem Fall erst nach der Bestellung (§ 37 Abs. 4 Nr. 3 UmwG). Weiterhin ist die Bestellung notariell zu beurkunden (§§ 36 Abs. 2 UmwG, 30 Abs. 1 AktG). Bei Einberufung der Hauptversammlungen haben die übertragenden Rechtsträger in der Tagesordnung Namen, Beruf und Wohnort der Aufsichtsratsmitglieder bekannt zu machen (§§ 36 Abs. 2 S. 3 UmwG, 124 Abs. 3 S. 3 AktG).

29. Bestellung des Abschlussprüfers der Z-AG. Weiterhin haben die Gründer in notarieller Urkunde den Abschlussprüfer für das erste (Rumpf-)Geschäftsjahr zu bestellen (vgl. §§ 36 Abs. 2 UmwG, 30 Abs. 1 AktG). Die Bestellung bedarf nicht der Zustimmung der Hauptversammlung (vgl. MünchVertragsHdB I/*Hoffmann-Becking* X.6 Anm. 19).

30. Vollmachten. Vgl. Form. L. II.3 Anm. 29.

31. Vgl. Form. L. II.3 Anm. 30.

32. Zu Mitteilungspflichten gegenüber dem Finanzamt vgl. § 54 EStDV.

33. Steuern. Vgl. Form. L. II.3 Anm. 32.

34. Kosten und Gebühren. Vgl. Form. L. II.3 Anm. 33.

11. Anmeldung der Verschmelzung zum Handelsregister bei jeder übertragenden AG

UR-Nr. ......

An das
Amtsgericht ......
– Handelsregister –
...... [1,2]

X-AG, ..., HRB ......

Verschmelzung zur Neugründung mit der Y-AG, ...

I. In der Anlage[3] überreichen wir, die gemeinsam vertretungsberechtigten Mitglieder des Vorstands der X-AG:
   1. notariell beglaubigte Abschrift des Verschmelzungsvertrages mit der Feststellung der Satzung der Z-AG, der Bestellung der Mitglieder des ersten Aufsichtsrates der Z-AG und der Bestellung des Abschlussprüfers der Z-AG vom ...... (URNr. ...... des Notars ......, ...)
   2. notariell beglaubigte Abschrift der Niederschrift über die außerordentliche Hauptversammlung der X-AG vom ...... mit dem Beschluss der Hauptversammlung über die Zustimmung zum Verschmelzungsvertrag, die Bestellung des Aufsichtsrates der Z-AG und die Bestellung des Abschlussprüfers der Z-AG (URNr. ...... des Notars ......, ...)
   3. notariell beglaubigte Abschrift der Niederschrift über die außerordentliche Hauptversammlung der Y-AG vom ...... mit dem Beschluss der Hauptversammlung über die Zustimmung zum Verschmelzungsvertrag, die Bestellung des Aufsichtsrates der Z-AG und die Bestellung des Abschlussprüfers der Z-AG (URNr. ...... des Notars ......, ...)

4. den gemeinsamen Verschmelzungsbericht der Vorstände der X-AG und der Y-AG vom ......
5. den Prüfungsbericht des gemeinsam bestellten Verschmelzungsprüfers vom ......
6. den Nachweis über die rechtzeitige Zuleitung des Entwurfs des Verschmelzungsvertrages an den Betriebsrat der X-AG
7. den Nachweis über die rechtzeitige Zuleitung des Entwurfs des Verschmelzungsvertrages an den Betriebsrat der Y-AG[4]
8. die Schlussbilanz der X-AG zum 31. Dezember 2010
9. Erklärung des Treuhänders gem. § 71 Abs. 1 S. 2 UmwG.[5]

II. Wir erklären gem. § 16 Abs. 2 S. 1 UmwG, dass eine Klage gegen die Wirksamkeit des Verschmelzungsbeschlusses der Hauptversammlung der X-AG nicht erhoben worden ist.[6]

III. Wir melden zur Eintragung in das Handelsregister an:
Die Gesellschaft ist aufgrund des Verschmelzungsvertrages vom ......, des Beschlusses der außerordentlichen Hauptversammlung der Gesellschaft vom ...... und des Beschlusses der außerordentlichen Hauptversammlung der Y-AG mit Sitz in ...... vom ...... mit der Y-AG zur Neugründung der Z-AG mit Sitz in ...... gemäß § 2 Nr. 2 UmwG verschmolzen.

IV. Nach Vollzug bitten wir um Eintragungsnachricht und Übermittlung je eines beglaubigten Handelsregisterauszugs an die Gesellschaft und an den beglaubigenden Notar.

V. Die Herren ...... und jeder einzeln und unabhängig voneinander werden hiermit bevollmächtigt, alle Anmeldungen zum Handelsregister vorzunehmen, die im Zusammenhang mit der Eintragung der hier angemeldeten und aus den dieser Anmeldung beigefügten Unterlagen ersichtlichen Tatsachen in das Handelsregister erforderlich oder zweckmäßig sind. Die Vollmacht ist jederzeit widerruflich. Jeder Bevollmächtigte darf auch für alle Beteiligten gleichzeitig handeln. Dem Handelsregister gegenüber ist die Vollmacht unbeschränkt.[7]

......, den ......

......

[Unterschriften des Vorstandes der X-AG in vertretungsberechtigter Zahl]

[Unterschriftsbeglaubigung]

Anmerkungen

1. Überblick. Gemäß § 38 Abs. 1 UmwG ist die Verschmelzung zum Handelsregister jedes der übertragenden Rechtsträger anzumelden. Die Anmeldung hat durch die jeweiligen Vertretungsorgane zu erfolgen. Das Vertretungsorgan des in Gründung befindlichen neuen Rechtsträgers ist nicht zur Anmeldung der Verschmelzung berechtigt (§ 36 Abs. 1 S. 1 UmwG, der § 16 Abs. 1 für nicht entsprechend anwendbar erklärt). Weiterhin kann einer der übertragenden Rechtsträger nicht die Verschmelzung zur Eintragung beim Register eines anderen übertragenden Rechtsträgers anmelden (Kallmeyer/*Zimmermann* § 38 Rdnr. 2). Die Eintragung ist mit dem Vermerk zu versehen, dass die Verschmelzung erst mit Eintragung im Handelsregister des Sitzes des neuen Rechtsträgers wirksam wird (vgl. §§ 36 Abs. 1 S. 2, 19 Abs. 1 S. 2 UmwG). Die notariell beglaubigte Handelsregisteranmeldung ist in elektronischer Form zum Handelsregister einzureichen (§ 12 Abs. 1 HGB).

2. Zuständiges Registergericht. Jeder Rechtsträger hat die Verschmelzung bei dem für seinen (Satzungs-)Sitz zuständigen Registergericht zur Eintragung anzumelden, bei Doppelsitz bei beiden Registern.

3. Einzureichende Unterlagen. Zu den einzureichenden Unterlagen vgl. § 17 UmwG.

4. Vgl. Form. L. II.8 Anm. 5.

5. Vgl. Form. L. II.8 Anm. 6.

6. Die Verschmelzung darf bei einer übertragenden Gesellschaft erst eingetragen werden, wenn die Erklärung des Vorstands nach § 16 Abs. 2 S. 1 UmwG vorliegt. Für den Fall, dass die Aktionäre nicht auf die Erhebung einer Anfechtungsklage verzichtet haben, kann die Erklärung gem. § 16 Abs. 2 S. 1 UmwG erst nach Ablauf der Anfechtungsfrist des § 14 Abs. 1 UmwG abgegeben werden. Dabei verlangen die Gerichte in der Regel einen „Puffer" von einigen Tagen nach Ablauf der Klagefrist, um sicherzustellen, dass rechtzeitig eingegangene Klagen auch bekannt geworden sind. Soll zu Beschleunigungszwecken eine Einreichung der Handelsregisteranmeldung bereits vor Ablauf dieses Zeitraumes erfolgen, wäre in der Handelsregisteranmeldung vorzusehen, dass die Erklärung nach § 16 Abs. 2 S. 1 UmwG nachgereicht wird.

7. Bevollmächtigung. Vgl. Form. L. II.8 Anm. 12.

8. Kosten und Gebühren. Vgl. Form. L. II.8 Anm. 13.

12. Anmeldung der neuen AG zum Handelsregister nach § 38 UmwG

UR-Nr. ......

An das
Amtsgericht ......
– Handelsregister –
...... [1,2]

X-AG, ..., HRB ......

Anmeldung der neuen Gesellschaft Z-AG, ...

I. Wir, die gemeinsam vertretungsberechtigten Mitglieder des Vorstands der sich gemäß § 2 Abs. 2 UmwG zur Neugründung verschmelzenden X-AG mit Sitz in ...... und Y-AG mit Sitz in ...... überreichen als Anlage:[3]

1. notariell beglaubigte Abschrift des Verschmelzungsvertrags mit der Feststellung der Satzung der Z-AG, der Bestellung der Mitglieder des ersten Aufsichtsrats der Z-AG und der Bestellung des Abschlussprüfers der Z-AG vom ...... (URNr. ...... des Notars ......, ...)

2. notariell beglaubigte Abschrift der Niederschrift über die außerordentliche Hauptversammlung der X-AG vom ...... mit dem Beschluss der Hauptversammlung über die Zustimmung zum Verschmelzungsvertrag, die Bestellung des Aufsichtsrats der Z-AG und die Bestellung des Abschlussprüfers der Z-AG (URNr. ...... des Notars ......, ...)

3. notariell beglaubigte Abschrift der Niederschrift über die außerordentliche Hauptversammlung der Y-AG vom ...... mit dem Beschluss der Hauptversammlung über die Zustimmung zum Verschmelzungsvertrag, die Bestellung des Aufsichtsrats der Z-AG und die Bestellung des Abschlussprüfers der Z-AG (URNr. ...... des Notars ......, ...)

4. den gemeinsamen Verschmelzungsbericht der Vorstände der X-AG und der Y-AG vom ......

5. Prüfungsbericht des gemeinsam bestellten Verschmelzungsprüfers vom ......

6. Schlussbilanz der X-AG zum ......

7. Schlussbilanz der Y-AG zum ......

8. Nachweis über die rechtzeitige Zuleitung des Entwurfs des Verschmelzungsvertrages an den Betriebsrat der X-AG
9. Nachweis über die rechtzeitige Zuleitung des Entwurfs des Verschmelzungsvertrages an den Betriebsrat der Y-AG[4]
10. Erklärung des Treuhänders gem. § 71 Abs. 1 S. 2 UmwG[5]
11. beglaubigte Handelsregisterauszüge der X-AG und der Y-AG, aus denen sich ergibt, dass jede der Gesellschaften bereits zwei Jahre im Handelsregister eingetragen ist[6]
12. Niederschrift über die Bestellung des Vorstands[7]
13. Berechnung des Gründungsaufwands (§ 36 UmwG i. V. m. § 37 AktG).

II. Wir erklären gem. § 16 Abs. 2 S. 1 UmwG, dass eine Klage gegen die Wirksamkeit des Verschmelzungsbeschlusses der Hauptversammlung der X-AG nicht erhoben worden ist.[8]

III. Wir melden zur Eintragung in das Handelsregister an:
1. Die Z-AG in ...... entsteht aufgrund des Verschmelzungsvertrages vom ......, des Beschlusses der Hauptversammlung der X-AG vom ...... und des Beschlusses der Hauptversammlung der Y-AG vom ...... durch Neugründung (§ 2 Nr. 2 UmwG).
2. Sitz der Z-AG ist ...... Die Geschäftsräume des neuen Rechtsträgers befinden sich in ......
3. Mitglieder des ersten Aufsichtsrats sind:[9]
   1. ......
   2. ......
   3. ......
4. Mitglieder des Vorstands sind:[9]
   1. ......
   2. ......
   3. ......

Die Gesellschaft wird durch zwei Mitglieder des Vorstands oder durch ein Mitglied des Vorstands in Gemeinschaft mit einem Prokuristen vertreten. Ist nur ein Mitglied des Vorstands im Amt, vertritt es die Gesellschaft allein.[10] Die Vorstandsmitglieder versichern mit ihren nachfolgenden Unterschriften folgendes:[11]

Es liegen keine Umstände vor, die ihrer Bestellung nach § 76 Abs. 3 S. 2 Nr. 2 und 3 sowie S. 3 AktG entgegenstehen. Weder ist einem von ihnen durch gerichtliches Urteil oder durch vollziehbare Entscheidung einer Verwaltungsbehörde die Ausübung eines Berufs, Berufszweiges, Gewerbes oder Gewerbezweiges untersagt worden, noch wurde während der letzten fünf Jahre einer von ihnen rechtskräftig wegen einer oder mehrerer vorsätzlich begangener Straftaten des Unterlassens der Stellung eines Antrags auf Eröffnung eines Insolvenzverfahrens (Insolvenzverschleppung), nach den §§ 283 bis 283d StGB (Insolvenzstraftaten), wegen falscher Angaben nach § 82 GmbHG oder § 399 AktG oder wegen unrichtiger Darstellung nach § 400 AktG, § 331 HGB, § 313 UmwG oder § 17 PublG verurteilt. Außerdem wurde keiner von ihnen nach den §§ 263 bis 264a StGB oder den §§ 265b bis 266a StGB oder im Ausland wegen einer mit diesen Taten vergleichbaren Tat zu einer Freiheitsstrafe von mindestens einem Jahr verurteilt. Ebenso wenig wurden sie aufgrund einer behördlichen Anordnung in einer Anstalt verwahrt. Sie sind über ihre unbeschränkte Auskunftspflicht gegenüber dem Gericht durch den Notar ...... belehrt worden.

IV. Nach Vollzug bitten wir um Eintragungsnachricht und Übermittlung je eines beglaubigten Handelsregisterauszugs an die Gesellschaft und an den beglaubigenden Notar.

V. Die Herren ...... und jeder einzeln und unabhängig voneinander werden hiermit bevollmächtigt, alle Anmeldungen zum Handelsregister vorzunehmen, die im Zusam-

12. Anmeldung der neuen AG zum Handelsregister L.II.12

menhang mit der Eintragung der hier angemeldeten und aus den dieser Anmeldung beigefügten Unterlagen ersichtlichen Tatsachen in das Handelsregister erforderlich oder zweckmäßig sind. Die Vollmacht ist jederzeit widerruflich. Jeder Bevollmächtigte darf auch für alle Beteiligten gleichzeitig handeln. Dem Handelsregister gegenüber ist die Vollmacht unbeschränkt.[13]

......, den ......

......

[Unterschriften des Vorstandes der X-AG in vertretungsberechtigter Zahl]
[Unterschriften des Vorstandes der Y-AG in vertretungsberechtigter Zahl][12]
[Unterschriftsbeglaubigung][14]

Anmerkungen

1. Überblick. Gemäß § 38 Abs. 2 UmwG ist der neue Rechtsträger anstelle der nach dem Gründungsrecht des jeweiligen Rechtsträgers zur Anmeldung Berechtigten (vgl. hierzu Kallmeyer/*Zimmermann* § 38 Rdnr. 4) von den Vertretungsorganen aller übertragenden Rechtsträger bei dem Handelsregister, in dessen Bezirk er seinen Sitz haben soll, zur Eintragung anzumelden. Eine Vertretung durch Vollmacht ist zulässig. Die Anmeldung und die Vollmacht sind dann öffentlich zu beglaubigen (§ 12 HGB, § 129 BGB). Zu beachten ist, dass der Bevollmächtigte nicht die Erklärung nach § 16 Abs. 2 UmwG abgeben kann (Kallmeyer/*Zimmermann* § 38 Rdnr. 4; Semler/Stengel/*Stengel* § 38 Rdnr. 3). Obwohl es sich formal um die Anmeldung einer Gründung und nicht einer Verschmelzung handelt, sind sicherheitshalber neben § 37 AktG (über § 36 Abs. 2 UmwG) auch die §§ 16 Abs. 2, 17 Abs. 1 UmwG zu beachten (siehe dazu Form. L.II.8). Die notariell beglaubigte Handelsregisteranmeldung ist in elektronischer Form zum Handelsregister einzureichen (§ 12 Abs. 1 HGB).

2. Zuständiges Registergericht. Siehe Form. L.II.8 Anm. 2.

3. Einzureichende Unterlagen. Der Anmeldung des neuen Rechtsträgers sind zusätzlich zu den in § 17 Abs. 1 UmwG genannten Dokumenten die Anlagen beizufügen, die das Gründungsrecht des jeweiligen Rechtsträgers für die normale Gründung verlangt (vgl. hierzu Kallmeyer/*Zimmermann* § 38 Rdnr. 13 ff.). Gründungsbericht und Gründungsprüfung sind gem. § 75 Abs. 2 UmwG nicht erforderlich, weil sich bei beiden übertragenden Rechtsträgern um Kapitalgesellschaften handelt.

4. Vgl. Form. L.II.8 Anm. 5.

5. Treuhänder. Vgl. Form. L.II.8 Anm. 6.

6. Für den Nachweis, dass beide übertragenden Gesellschaften bereits länger als zwei Jahre im Handelsregister eingetragen sind (§ 76 Abs. 1 UmwG), ist es sinnvoll, dass beglaubigte Handelsregisterauszüge der übertragenden Gesellschaften beigefügt werden.

7. Bestellung des Vorstands. Der Anmeldung ist der Beschluss des Aufsichtsrats über die Bestellung des Vorstands als Anlage beizufügen (§ 37 Abs. 4 Nr. 3 AktG). Die Bestellung des Aufsichtsrats selbst erfolgt im Verschmelzungsvertrag (vgl. § 76 Abs. 2 S. 1 UmwG; siehe hierzu Form. L.II.10 Anm. 28.).

8. Vgl. Form. L.II.8 Anm. 8.

9. Mitglieder des ersten Aufsichtsrats. Die Mitglieder des ersten Aufsichtsrates müssen mit Name, Beruf und Wohnort angegeben werden (§ 40 Abs. 1 Nr. 4 AktG), die Mitglieder des Vorstandes mit Name, Wohnort und Geburtsdatum (§ 43 HRV).

10. Vertretungsbefugnis. Gemäß § 37 Abs. 3 AktG ist in der Anmeldung die Vertretungsbefugnis der Vorstandsmitglieder anzugeben.

11. Weiterhin muss die Anmeldung die Versicherung der Vorstandsmitglieder enthalten, dass keine Bestellungshindernisse i.S.v. § 76 Abs. 3 S. 2 Nr. 2 und 3 sowie S. 3 AktG bestehen (§ 37 Abs. 2 AktG). Zu den wortgleichen §§ 8 Abs. 3, 6 Abs. 2 S. 2 Nr. 3 und S. 3 GmbHG hat der BGH entschieden, dass die Versicherung genügt, „noch nie, weder im Inland noch im

Ausland, wegen einer Straftat verurteilt worden" zu sein (BGH NZG 2010, 829, dazu NJW Spezial 2010, 368). Um eine korrekte Aufklärung des Versichernden sicherzustellen, bietet sich dennoch die aufzählende Verneinung der Bestellungshindernisse an.

12. **Zeichnung der Namensunterschrift.** Das Erfordernis zur Zeichnung der Namensunterschrift nach § 37 Abs. 5 AktG ist mit Inkrafttreten des EHUG (Gesetz über elektronische Handelsregister und Genossenschaftsregister sowie das Unternehmensregister, BGBl. I 2006 S. 2553) am 1. 1. 2007 aufgehoben worden (vgl. Art. 9 Nr. 1 lit. b) EHUG; *Malzer* DNotZ 2006, 9, 14; *Schlotter* BB 2007, 1, 2).

13. **Bevollmächtigung.** Vgl. Form. L.II.8 Anm. 12.

14. **Kosten und Gebühren.** Vgl. Form. L.II.8 Anm. 13.

Verschmelzung einer 100%igen Tochter-GmbH auf eine AG zur Aufnahme

13. Verschmelzungsvertrag und Verschmelzungsbeschluss

UR-Nr. ......

Verhandelt in dieser Freien und Hansestadt Hamburg
am ......

Vor mir,
dem Hamburgischen Notar
......
mit Amtssitz in ......, Hamburg

erschienen heute in den Räumen der Kanzlei ......, wohin ich mich auf Ersuchen begeben hatte,

1. a) Herr ......, geboren am ......
   wohnhaft in: ......
   b) Herr ......, geboren am ......
   wohnhaft in: ......
   handelnd nicht im eigenen Namen, sondern als gemeinsam vertretungsberechtigte Mitglieder des Vorstands der M-AG mit Sitz in ......, eingetragen im Handelsregister des Amtsgerichts ...... unter HRB .... Die Vertretungsberechtigung folgt aus dem beglaubigten Handelsregisterauszug vom ......, der dieser Urkunde in Abschrift beigefügt ist; sowie

2. Frau ......, geboren am ......
   wohnhaft in: ......
   handelnd nicht im eigenen Namen, sondern als alleinvertretungsberechtigte Geschäftsführerin der T-GmbH mit Sitz in ......, eingetragen im Handelsregister des Amtsgerichts ...... unter HRB .... Die Vertretungsberechtigung wird vom beurkundenden Notar aufgrund heutiger Einsichtnahme gemäß § 21 BNotO in das Handelsregister bestätigt.

Auf Befragen des Notars verneinten die Erschienenen eine, die Beurkundung ausschließende, Vorbefassung im Sinne von § 3 Abs. 1 Nr. 7 BeurkG.

Die Erschienenen haben sich ausgewiesen durch Vorlage ihrer jeweiligen Bundespersonalausweise.

I. Verschmelzungsvertrag

Die Erschienenen baten um Beurkundung des als Anlage A beigefügten Verschmelzungsvertrages.[1,2]

13. Verschmelzungsvertrag und Verschmelzungsbeschluss L.II.13

II. Berichtigung des Grundbuches,[3] Hinweise

1. Die T-GmbH verfügt über folgenden Grundbesitz: AG ......, Grundbuch von ......, Blatt ......, Flurstück ......
2. Der Notar wies darauf hin, dass mit der Eintragung der Verschmelzung in das Handelsregister des Sitzes der M-AG das Vermögen der T-GmbH einschließlich der Verbindlichkeiten auf die M-AG übergeht und die T-GmbH erlischt. Dies hat zur Folge, dass die Grundbücher unrichtig werden, in denen die T-GmbH als Eigentümerin von Grundstücken/Gebäuden bzw. als Inhaberin beschränkter dinglicher Rechte an Grundstücken/Gebäuden eingetragen ist. Soweit die T-GmbH im Grundbuch als Inhaberin solcher beschränkter dinglicher Rechte ausgewiesen ist, die im Wege der Vermögensübertragung gemäß § 5 Abs. 1 Nr. 2 UmwG nicht mitübertragen werden können, erlöschen diese mit Eintragung der Verschmelzung in das Handelsregister des Sitzes der M-AG.
Der Notar wies weiter darauf hin, dass der Nachweis der Unrichtigkeit gegenüber dem Grundbuchamt durch Vorlage eines beglaubigten, die Eintragung der Verschmelzung enthaltenden Handelsregisterauszuges der M-AG erbracht werden kann. Schließlich wies der Notar noch darauf hin, dass dem Grundbuchamt die steuerliche Unbedenklichkeitsbescheinigung des Finanzamtes vorzulegen ist.[4]
3. Die Erschienenen beantragen hiermit die Berichtigung des Grundbuches nach Wirksamkeit der Verschmelzung. Nach Belehrung über die Kostenfolgen wird der Notar beauftragt und bevollmächtigt, die Berichtigung des Grundbuches vorzunehmen.
4. Der Notar hat die Erschienenen über den weiteren Verfahrensablauf bis zum Wirksamwerden der Verschmelzung, auf den Wirksamkeitszeitpunkt sowie die Rechtsfolgen der Verschmelzung hingewiesen, insbesondere auf Folgendes:
4.1 Der Verschmelzungsvertrag bedarf zu seiner Wirksamkeit der Zustimmung der Gesellschafterversammlung der T-GmbH in notarieller Form, eine Zustimmung der Hauptversammlung der M-AG ist grundsätzlich nicht erforderlich (§ 62 Abs. 1 UmwG).
4.2 Gläubigern beider Parteien ist auf Anmeldung und Glaubhaftmachung ihrer Forderungen hin nach Maßgabe des § 22 UmwG Sicherheit zu leisten.

III. Vollmachten

Die Erschienenen bevollmächtigen hiermit
Frau ......
Herrn ......,
beide geschäftsansässig am Amtssitz des beurkundenden Notars, sämtliche Erklärungen und Rechtshandlungen vorzunehmen, die im Zuge des Verschmelzungsvertrages erforderlich und zweckmäßig sind. Die Vollmacht ist jederzeit widerruflich. Jede(r) Bevollmächtigte darf jede Partei einzeln vertreten und ist von den Beschränkungen der Mehrfachvertretung gemäß § 181 Alt. 2 BGB befreit. Dem Handelsregister gegenüber ist die Vollmacht unbeschränkt.
Vorstehende Niederschrift einschließlich Anlage A dazu wurde den Erschienenen vom Notar vorgelesen, von ihnen genehmigt und von ihnen sowie dem Notar wie folgt unterschrieben:[15]

Anlage A

Verschmelzungsvertrag
zwischen

1. der M-AG mit Sitz in ...... als übernehmendem Rechtsträger

– nachfolgend „M" –

und

2. der T-GmbH mit Sitz in ...... als übertragendem Rechtsträger

– nachfolgend „T" –

Seibt

Vorbemerkung

Mit diesem Vertrag wird die T-GmbH auf die M-AG verschmolzen. Ausweislich der letzten in das Handelsregister aufgenommenen Gesellschafterliste vom ...... ist alleinige Gesellschafterin der T-GmbH, deren Stammkapital in Höhe von ...... EUR voll eingezahlt ist, die M-AG mit einem Gesellschaftsanteil in Höhe von ...... EUR (Geschäftsanteil Nr. 1).[5]

Dies vorausgeschickt, vereinbaren die Parteien was folgt:

§ 1 Vermögensübertragung/Bilanzstichtag

1.1 Die T-GmbH überträgt ihr Vermögen als Ganzes mit allen Rechten und Pflichten unter Auflösung ohne Abwicklung gemäß § 2 Nr. 1 UmwG auf die M-AG im Wege der Verschmelzung durch Aufnahme.[6]

1.2 Der Verschmelzung wird die mit dem uneingeschränkten Bestätigungsvermerk der ...... Wirtschaftsprüfungs- und Steuerberatungsgesellschaft, ..., versehene Bilanz der T-GmbH zum 31.12.2010 als Schlussbilanz i.S.v. § 17 Abs. 2 UmwG zugrunde gelegt.[7]

§ 2 Gegenleistung

Eine Gegenleistung wird nicht gewährt. Die Verschmelzung findet gemäß § 68 Abs. 1 S. 1 Nr. 1 UmwG ohne Kapitalerhöhung bei der M-AG statt.[8]

§ 3 Verschmelzungsstichtag

Die Übernahme des Vermögens der T-GmbH erfolgt im Innenverhältnis mit Wirkung zum Ablauf des 31.12.2010. Vom 1.1.2011, 0:00 Uhr (Verschmelzungsstichtag) an bis zum Zeitpunkt des Erlöschens der T-GmbH gemäß § 20 Abs. 1 Nr. 2 UmwG gelten alle Handlungen und Geschäfte der T-GmbH als für Rechnung der M-AG geführt.

§ 4 Abweichende Bilanz- und Verschmelzungsstichtage

4.1 Wird die Verschmelzung nicht bis zum 31.12.2011 in das Handelsregister der M-AG eingetragen, verschieben sich Bilanz- und Verschmelzungsstichtag wie folgt:
 (a) Bilanzstichtag: Der Verschmelzung wird abweichend von § 1.2 dieses Vertrages die Schlussbilanz der T-GmbH zum 31.12.2011 zugrunde gelegt;[9]
 (b) Verschmelzungsstichtag: Als Verschmelzungsstichtag gilt abweichend von § 3 der 1.1.2012, 0.00 Uhr.

4.2 Sollte die Verschmelzung auch nicht bis zum 31.12.2012 oder bis zum 31. Dezember eines der Folgejahre in das Handelsregister der M-AG eingetragen worden sein, so verschieben sich Bilanz- und Verschmelzungsstichtag analog § 4.1.[10]

§ 5 Rücktrittsrecht[11]

Beide Parteien sind zum Rücktritt von diesem Verschmelzungsvertrag berechtigt, wenn die Verschmelzung nicht bis zum 30.6.2012] in das Handelsregister der M-AG eingetragen worden ist. Der Rücktritt ist der anderen Partei gegenüber durch eingeschriebenen Brief mit Rückschein zu erklären und dem Notar schriftlich mitzuteilen. Die Rechtsfolgen des Rücktritts richten sich nach den §§ 346 ff. BGB. Die Vertragskosten tragen die Parteien in diesem Fall je zur Hälfte.

§ 6 Mitgliedschaft bei dem übernehmenden Rechtsträger

Mitgliedschaftsrechte werden nicht gewährt.

§ 7 Keine besonderen Rechte und Vorteile

7.1 Die Satzung der M-AG gewährt einzelnen Aktionären keine besonderen Rechte oder Vorteile.

7.2 Weder einem Mitglied der Vertretungsorgane, der Aufsichtsorgane der an der Verschmelzung beteiligten Rechtsträger, einem geschäftsführenden Gesellschafter, einem

13. Verschmelzungsvertrag und Verschmelzungsbeschluss   L.II.13

Abschlussprüfer, noch einem Verschmelzungsprüfer werden besondere Vorteile im Sinne des § 5 Abs. 1 Nr. 8 UmwG gewährt.

§ 8 Folgen der Verschmelzung für Arbeitnehmer und ihre Vertretungen[12]

Die Folgen der Verschmelzung für die Arbeitnehmer und ihre Vertretungen richten sich nach §§ 324 UmwG, 613a Abs. 1 und 4 bis 6 BGB. Im Einzelnen:

8.1 Die M-AG übernimmt sämtliche Arbeitnehmer der T-GmbH. Alle Arbeitnehmer der T-GmbH werden zu den bei der T-GmbH geltenden Konditionen bei der M-AG weiterbeschäftigt. Für die Arbeitnehmer der T-GmbH gelten die bei der T-GmbH zurückgelegten Dienstzeiten als bei der M-AG erbrachte Dienstzeiten. Gemäß § 324 UmwG findet auf die Verschmelzung § 613a Abs. 1, 4 bis 6 BGB Anwendung; die Verschmelzung führt zum Betriebsübergang gemäß § 613a BGB. Die Arbeitnehmer der T-GmbH sind gemäß § 613a Abs. 5 BGB vor dem Betriebsübergang in Textform über den Grund sowie den geplanten Zeitpunkt des Übergangs und die in diesem § 8 dargestellten Folgen und in Aussicht genommenen Maßnahmen zu informieren.

8.2 Durch die Verschmelzung werden die Rechtspositionen der Arbeitnehmer der M-AG nicht berührt.

8.3 Bei der M-AG und der T-GmbH bestehende Betriebsvereinbarungen bleiben unverändert in Kraft. Durch die Verschmelzung ergeben sich keine tarifvertraglichen Änderungen für die Arbeitnehmer bei der M-AG und bei der T-GmbH.

8.4 Der Betriebsrat der T-GmbH im Betrieb ...... bleibt auch nach der Verschmelzung im Amt und wird zu einem Betriebsrat der M-AG. Die bestehenden Betriebsräte der M-AG bleiben unverändert im Amt. Die Arbeitnehmer der T-GmbH werden bei der nächsten Wahl des Gesamtbetriebsrats der M-AG wahlberechtigt sein.

§ 9 Weitere Regelungen im Zusammenhang mit der Verschmelzung

9.1 Die Firma der M-AG wird ohne Änderung fortgeführt.

9.2 Die Vertretungsorgane der M-AG als übernehmendem Rechtsträger ändern sich nicht, insbesondere wird kein Geschäftsführer der T-GmbH anlässlich der Verschmelzung zum Mitglied des Vorstands der M-AG bestellt.

9.3 Die Verschmelzung bedarf nach § 62 Abs. 1 S. 1 UmwG keines Verschmelzungsbeschlusses des übernehmenden Rechtsträgers, da sich 100% und damit mehr als neun Zehntel des Stammkapitals des übertragenden Rechtsträgers in der Hand des übernehmenden Rechtsträgers befinden, es sei denn, dass Aktionäre des übernehmenden Rechtsträgers nach § 62 Abs. 2 S. 1 UmwG einen solchen Beschluss mit der erforderlichen Mehrheit verlangen.

9.4 Die Verschmelzung bedarf nach § 62 Abs. 4 UmwG keines Verschmelzungsbeschlusses des übertragenden Rechtsträgers, da sich 100% des Stammkapitals des übertragenden Rechtsträgers in der Hand des übernehmenden Rechtsträgers befinden.[13]

§ 10 Kosten[14]

Die durch diesen Vertrag und seinen Vollzug entstehenden Kosten trägt die M-AG. Falls die Verschmelzung nicht wirksam werden sollte, haben die beteiligten Gesellschaften die Notarkosten je zur Hälfte zu tragen.

Schrifttum: Vgl. bereits Schrifttum zu Form. L.II.3. *Keller/Klett,* Geplante Änderung des Umwandlungsgesetzes – eine Evaluierung für die Praxis, GWR 2010, 415.

Anmerkungen

1. Überblick. Bei einer Verschmelzung unter Beteiligung einer GmbH als übertragendem bzw. übernehmendem Rechtsträger finden neben den allgemeinen Bestimmungen die besonderen Vorschriften der §§ 46 bis 55 UmwG (Verschmelzung durch Aufnahme) bzw. §§ 56 bis 59

UmwG (Verschmelzung zur Neugründung) Anwendung. Ebenso wie bei der Verschmelzung zweier AGs bedarf es des Abschlusses eines notariell beurkundeten Verschmelzungsvertrags, dessen Mindestinhalt sich aus § 5 UmwG ergibt; ergänzend ist jedoch § 46 Abs. 1 S. 1 UmwG als Sondervorschrift zu § 5 Abs. 1 Nr. 3 UmwG zu beachten. Danach reicht die bloße Angabe des Umtauschverhältnisses der Anteile nicht aus, vielmehr ist die Angabe, welche nach ihrem Betrag bezeichneten Geschäftsanteile jeder bestimmte Anteilsinhaber eines übertragenden Rechtsträgers erhält, erforderlich. Soweit möglich, müssen die Anteilsinhaber des übertragenden Rechtsträgers namentlich genannt werden (vgl. Widmann/Mayer/*Mayer* § 46 Rdnr. 9; Lutter/*Winter* § 46 Rdnr. 5). Hauptversammlung und Gesellschafterversammlung der sich verschmelzenden Gesellschaften müssen dem Verschmelzungsvertrag zustimmen, es sei denn, die AG hält mindestens neun Zehntel des Stamm- oder Grundkapitals der übertragenden Gesellschaft (§ 62 Abs. 1 UmwG) und es wird kein Minderheitsverlangen i.S.v. § 62 Abs. 2 UmwG gestellt. Für diesen Fall ist ein Verschmelzungsbeschluss der übernehmenden AG nicht erforderlich. Der Vorstand der übernehmenden AG hat einen Monat vor dem Tage der Gesellschafterversammlung der übertragenden Gesellschaft, die gemäß § 13 Abs. 1 UmwG über die Zustimmung zum Verschmelzungsvertrag beschließen soll, einen Hinweis auf die bevorstehende Verschmelzung in den Gesellschaftsblättern der übernehmenden AG bekannt zu machen und den Verschmelzungsvertrag bzw. den Entwurf zum Handelsregister der übernehmenden Gesellschaft einzureichen (vgl. § 62 Abs. 3 S. 2 UmwG). Weiterhin sind die in § 63 UmwG genannten Unterlagen zur Einsicht der Aktionäre auszulegen und die Aktionäre in der Bekanntmachung auf ihr Recht zu einem Minderheitsverlangen nach § 62 Abs. 2 UmwG hinzuweisen (vgl. § 63 Abs. 3 S. 1, 3 UmwG). Nach § 63 Abs. 3 S. 2 UmwG n.F. kann die Übermittlung der Unterlagen mit Einwilligung der Aktionäre künftig auch auf elektronischen Wege in druckbarem Format (vgl. BT-Drucks. 17/3122 S. 13) erfolgen. Seit Einführung des § 62 Abs. 3 S. 7 UmwG durch das ARUG (Gesetz zur Umsetzung der Aktionärsrechterichtlinie, BGBl. I S. 2479) genügt es außerdem, wenn diese Informationen über denselben Zeitraum auf der Internetseite der Gesellschaft zugänglich sind. In solchen Fällen ist sicherzustellen, dass die Aktionäre die Unterlagen auch auf der Hauptversammlung einsehen können (vgl. Kallmeyer/*Marsch-Barner* § 64 Rdnr. 1).

Nach § 62 Abs. 4 UmwG n.F. ist auch auf Seiten einer übertragenden Kapitalgesellschaft ein Verschmelzungsbeschluss entbehrlich, wenn sich sämtliche Geschäftsanteile in der Hand der übernehmenden AG oder KGaA befinden. Die Informationsrechte der Aktionäre der übernehmenden Gesellschaft gem. § 62 Abs. 3 UmwG bleiben bestehen, wobei hinsichtlich des Beginns der Monatsfrist gem. § 62 Abs. 4 S. 2 UmwG n.F. der Abschluss des Verschmelzungsvertrages an die Stelle der Gesellschafterversammlung tritt. Praktisch problematisch ist, dass es sich dabei laut der Regierungsbegründung (BT-Drucks. 17/3122 S. 14) um eine Ereignisfrist gem. § 187 Abs. 1 BGB handelt. Demnach hätte die Hinweisbekanntmachung in den Gesellschaftsblättern und dem elektronischen Bundesanzeiger (§ 25 S. 1 AktG) bereits ab Beginn des auf den Abschlusstag folgenden Tages zu erfolgen. Aufgrund der dort üblichen Vorlaufzeit von zwei Publikationstagen (vgl. *Freytag* BB 2010, 1611, 1614) ließe sich dies nur dadurch realisieren, dass die Informationen bereits vor Vertragsschluss an den Betreiber übermittelt werden (vgl. *Keller/Klett* GWR 2010, 415, 417 f.; *Wagner* DStR 2010, 1629, 1630 f., der von einem Versehen ausgeht und eine Erfüllung der Informationspflichten für die Dauer eines Monats ab Vertragsschluss ausreichen lassen möchte, wobei es der Gesellschaft frei stehen soll, wann sie die Frist durch Veröffentlichung in Gang setzt). Bis zur Klärung der Frage empfiehlt es sich, die rechtzeitige Veröffentlichung im elektronischen Bundesanzeiger durch detaillierte zeitliche Abstimmung im Vorfeld sicherzustellen.

Die Verschmelzung ist von den gesetzlichen Vertretern jeder der beteiligten Gesellschaften zur Eintragung in das Handelsregister anzumelden. Mit der Eintragung der Verschmelzung in das Handelsregister der übernehmenden AG wird die Verschmelzung wirksam. Besteht die AG im Zeitpunkt der Verschmelzung weniger als zwei Jahre, sind gemäß § 67 UmwG die Nachgründungsvorschriften des § 52 AktG anzuwenden, außer auf die zu gewährenden Aktien entfällt nicht mehr als der zehnte Teil des Grundkapitals, oder die Gesellschaft hat ihre Rechtsform durch Formwechsel einer GmbH erlangt, die zuvor bereits seit mindestens zwei Jahren im Handelsregister eingetragen war. Ein Verschmelzungsbericht ist gemäß § 8 UmwG zu er-

13. Verschmelzungsvertrag und Verschmelzungsbeschluss   L.II.13

statten, es sei denn, alle Anteilsinhaber haben auf seine Erstattung durch notariell beurkundete Erklärung verzichtet oder alle Anteile der übertragenden GmbH befinden sich in der Hand der übernehmenden AG (§ 8 Abs. 3 UmwG). Eine Verschmelzungsprüfung ist im vorliegenden Fall ebenfalls entbehrlich (vgl. §§ 48, 9 Abs. 2 und § 9 Abs. 3 i. V. m. § 8 Abs. 3 UmwG). In Fällen der Mischverschmelzung schreibt § 29 UmwG grundsätzlich vor, dass der übernehmende Rechtsträger den dem Verschmelzungsbeschluss widersprechenden Anteilsinhabern des übertragenden Rechtsträgers den Erwerb ihrer Anteile gegen Barabfindung anbieten muss. Im vorliegenden Falle der Verschmelzung einer 100%igen Tochtergesellschaft auf die Muttergesellschaft ist ein solches Abfindungsangebot mangels Anteilstausch jedoch nicht erforderlich (vgl. Lutter/*Grunewald* § 29 Rdnr. 19; Kallmeyer/*Marsch-Barner* § 29 Rdnr. 17; *Schaub* NZG 1998, 626, 628). In der Praxis ist der upstream-merger einer Tochter-GmbH auf die Mutter AG eine häufig gebrauchte Form der Verschmelzung, stellt die GmbH doch insbesondere aufgrund ihrer Gestaltungsfreiheit eine häufig gewählte Rechtsform für eine Tochtergesellschaft dar.

2. Wahl des Formulars. Das Formular betrifft den Fall, dass eine 100%ige Tochter-GmbH im Konzern auf die Muttergesellschaft in der Rechtsform einer AG verschmolzen wird (upstream-merger). Die AG besteht länger als zwei Jahre, eine Gegenleistung wird nicht gewährt und es kommt zu keiner Kapitalerhöhung beim übernehmenden Rechtsträger (vgl. § 68 Abs. 1 Nr. 1 UmwG). Ein Beschluss der Hauptversammlung der übernehmenden Mutter-AG über die Zustimmung zum Verschmelzungsvertrag ist nach 62 Abs. 1 S. 1 UmwG nicht erforderlich, da ein Minderheitsverlangen i. S. v. § 62 Abs. 2 UmwG nicht gegeben ist. Eine Gesellschafterversammlung auf Seiten der übertragenden GmbH ist aufgrund des § 62 Abs. 4 UmwG n. F. ebenfalls entbehrlich (s. schon Anm. 1).

3. Grundbuchberichtigung. Bei der Verschmelzung geht das Vermögen des übertragenden Rechtsträgers im Wege der Gesamtrechtsnachfolge auf den übernehmenden Rechtsträger über. Das bedeutet, dass der übernehmende Rechtsträger mit Wirksamkeit der Verschmelzung auch Eigentümer des Grundbesitzes des übertragenden Rechtsträgers wird, ohne dass es dazu einer Umschreibung des Eigentums im Grundbuch bedarf. Das Grundbuch sollte lediglich berichtigt werden, damit es den nunmehr korrekten Eigentümer M-AG bezeichnet.

4. Der Erwerb des Grundbesitzes der T-GmbH im Wege der Gesamtrechtsnachfolge durch die M-AG unterliegt der Grunderwerbsteuer (§ 1 Abs. 1 Ziff. 3 GrEStG). Das Grundbuchamt wird eine Berichtigung des Grundbuches erst dann vornehmen, wenn ihm durch die Unbedenklichkeitsbescheinigung die Zahlung der Grunderwerbsteuer nachgewiesen worden ist.

5. Vorbemerkung Verschmelzungsvertrag. In der Vorbemerkung können zusätzlich Angaben über den Hintergrund der Verschmelzung gemacht werden. Dies kann insbesondere dann hilfreich sein, wenn die Verschmelzung Teil einer größeren Umstrukturierung ist. Z. B. könnte hier bei Verschmelzung unabhängiger, nicht verbundener Unternehmen ein Hinweis auf ein zwischen den beteiligten Gesellschaften bereits abgeschlossenes Business Combination Agreement (siehe Form. L.II.2) oder weitere, vor Wirksamwerden der Verschmelzung durchzuführende Maßnahmen erfolgen.

Für den Fall, dass bei der übertragenden GmbH die Einlagen auf die Geschäftsanteile noch nicht voll erbracht sind, sieht § 51 Abs. 1 S. 2 UmwG vor, dass der Verschmelzungsbeschluss jedes übertragenden Rechtsträgers von allen (erschienenen bzw. ordnungsgemäß vertretenen sowie nicht erschienen) Anteilsinhabern einstimmig gefasst werden muss.

6. Vermögensübertragung. Ein Ausschluss einzelner Gegenstände von der Gesamtrechtsnachfolge ist unwirksam. Sollten einzelne Vermögensgegenstände vor Wirksamwerden der Verschmelzung auf Dritte übertragen werden, so kann dies im Verschmelzungsvertrag aufgeführt werden.

7. Schlussbilanz. Hinsichtlich der Schlussbilanz des übertragenden Rechtsträgers gelten die Vorschriften des HGB über die Prüfung der Jahresbilanz (§ 17 Abs. 2 S. 2 UmwG). Eine Prüfung des Jahresabschlusses ist gemäß § 316 Abs. 1 S. 1 HGB daher nur bei kleinen Kapitalgesellschaften entbehrlich.

8. Gegenleistung. Eine Kapitalerhöhung zur Durchführung der Verschmelzung ist unzulässig, soweit die übernehmende AG Anteile an der übertragenden Gesellschaft hält (vgl. § 68 Abs. 1 S. 1 Nr. 1 UmwG). Andernfalls wäre die übernehmende AG sich selbst gegenüber umtauschberechtigt. Dies ist jedoch nach der Konzeption des UmwG unerwünscht (vgl. § 20 Abs. 1 Nr. 3 Hs. 2 1. Alt. UmwG). Ferner stünde ein Erwerb neuer eigener Aktien auch im Widerspruch zu § 56 Abs. 1 AktG (Semler/Stengel/*Diekmann* § 68 Rdnr. 5; Schmitt/Hörtnagl/Stratz/*Stratz* § 68 Rdnr. 6).

9. Abweichende Bilanz- und Verschmelzungsstichtage. Hier ist zu beachten, dass dem Handelsregister die geprüfte Bilanz des übertragenden Rechtsträgers zum neuen Bilanzstichtag vorgelegt werden muss, damit eine Eintragung der Verschmelzung erfolgen kann, weil nunmehr die neue Bilanz Schlussbilanz im Sinne von § 17 Abs. 2 S. 1 UmwG ist.

10. Die Anfechtung eines Verschmelzungsbeschlusses hindert vorläufig die Eintragung der Verschmelzung und damit deren Wirksamwerden. Daher werden üblicherweise, wie im Muster vorgeschlagen, rollierende Stichtagsregelungen aufgenommen. Dies ist jedoch nicht immer unproblematisch: Verschieben sich die Stichtage, so können die beteiligten Rechtsträger sich unterschiedlich entwickeln; unter Umständen ist das festgelegte Umtauschverhältnis nicht mehr zutreffend. § 5 enthält daher ein Rücktrittsrecht für beide beteiligten Rechtsträger, falls die Verschmelzung nicht innerhalb eines angemessenen Zeitraumes eingetragen ist (Anm. 15).

11. Rücktrittsrecht. Sind mit der Verschmelzung noch andere Transaktionen verbunden, sind an dieser Stelle des Vertrages weitere Rücktrittsrechte für den Fall aufzunehmen, dass diese mit der Verschmelzung im Zusammenhang stehenden Transaktionen nicht durchgeführt werden.

12. Folgen der Verschmelzung für die Arbeitnehmer und ihre Vertretungen. Welche genauen inhaltlichen Anforderungen an die Darstellung der Folgen der Verschmelzung für die Arbeitnehmer und ihre Vertretungen zu stellen sind, ist umstritten, siehe hierzu Form. L.II.3 Anm. 21. Aus Vorsichtsgründen und auch im Hinblick auf die gegenüber den einzelnen Arbeitnehmern ohnehin bestehenden Informationspflichten nach § 613a Abs. 5 BGB sollten die Folgen hier ausführlich aufgeführt werden. Im Übrigen siehe auch Form. L.II.3 Anm. 22.

13. Siehe Anm. 1 und 2.

14. Kosten. Wichtig ist die Regelung der Kostentragung nur bei einem Scheitern der Verschmelzung. Im Falle der Wirksamkeit der Verschmelzung sind sämtliche Kosten ohnehin wirtschaftlich vom übernehmenden Rechtsträger zu tragen.

15. Kosten und Gebühren. Vgl. Form. L.II.3 Anm. 33 (Verschmelzungsvertrag) und Form. L.II.6 Anm. 11 (Verschmelzungsbeschluss).

14. Anmeldung der Verschmelzung zum Handelsregister der übernehmenden AG

UR-Nr. ......

An das
Amtsgericht ......
– Handelsregister –

......

M-AG, ..., HRB ......[1]
Verschmelzung mit der T-GmbH
    I. Wir, die sämtlichen Mitglieder des Vorstandes der M-AG, überreichen als Anlage:
        1. notariell beglaubigte Abschrift des Verschmelzungsvertrages
        2. Auszug des elektronischen Bundesanzeigers vom ......, Seite ...... als Nachweis über die rechtzeitige Bekanntmachung der bevorstehenden Verschmelzung gemäß § 62 Abs. 3 S. 2 UmwG;[2]

14. Anmeldung der Verschmelzung zum HR der übernehmenden AG L.II.14

3. Nachweis über die rechtzeitige Zuleitung des Entwurfes des Verschmelzungsvertrages an den Betriebsrat der M-AG;
4. Nachweis über die rechtzeitige Zuleitung des Entwurfes des Verschmelzungsvertrages an den Betriebsrat der T-GmbH;

Ein Verschmelzungsbericht ist gemäß § 8 Abs. 3 Alt. 2 UmwG nicht erforderlich. Die Durchführung einer Verschmelzungsprüfung ist gemäß §§ 9 Abs. 2, 9 Abs. 3 i. V. m. § 8 Abs. 3 Alt. 2 UmwG ebenfalls nicht erforderlich.[3]
Die M-AG ist einzige Gesellschafterin der T-GmbH. Ein zustimmender Beschluss der Hauptversammlung der M-AG sowie der Gesellschafterversammlung der T-GmbH zum Verschmelzungsvertrag war daher nach § 62 Abs. 1 S. 1, Abs. 4 S. 1 UmwG entbehrlich.

II. Wir melden zur Eintragung in das Handelsregister an:
Die T-GmbH als übertragende Gesellschaft ist aufgrund des Verschmelzungsvertrages vom ...... und des Beschlusses der Gesellschafterversammlung vom ...... mit der M-AG mit Sitz in ...... als übernehmender Rechtsträger durch Aufnahme gemäß § 2 Nr. 1 UmwG verschmolzen.

III. Es wird unter Bezugnahme auf den vorgelegten Verschmelzungsbeschluss des übertragenden Rechtsträgers gem. § 16 Abs. 2 S. 2 letzter Halbs. UmwG erklärt, dass im Hinblick auf die dort abgegebene Verzichtserklärung eine Anfechtung ausgeschlossen und daher eine Negativerklärung nach § 16 Abs. 2 S. 1 UmwG entbehrlich ist.

IV. Es wird weiterhin gemäß § 62 Abs. 3 S. 5 UmwG erklärt, dass kein Aktionär der Gesellschaft einen Antrag nach § 62 Abs. 2 S. 1 UmwG auf Beschlussfassung der Hauptversammlung der M-AG über die Zustimmung zum Verschmelzungsvertrag gestellt hat.[4] Der Verschmelzungsvertrag sowie die in § 63 Abs. 1 Nr. 2 und 3 aufgeführten sonstigen Unterlagen haben einen Monat ab Fassung des Verschmelzungsbeschlusses in den Geschäftsräumen der Gesellschaft zur Einsicht ausgelegen.
[Alternative: Der Verschmelzungsvertrag sowie die in § 63 Abs. 1 Nr. 2 und 3 aufgeführten sonstigen Unterlagen waren einen Monat ab Fassung des Verschmelzungsbeschlusses auf der Internetseite der Gesellschaft zugänglich.][5]

V. Frau ...... sowie Herr ...... werden bevollmächtigt, alle Anmeldungen zum Handelsregister vorzunehmen, die im Zuge der Eintragung der hier angemeldeten und aus den dieser Anmeldung beigefügten Unterlagen ersichtlichen Tatsachen in das Handelsregister erforderlich oder zweckmäßig sind. Die Vollmacht ist jederzeit widerruflich. Jede(r) Bevollmächtigte darf allein handeln. Dem Handelsregister gegenüber ist die Vollmacht unbeschränkt.
Nach Vollzug des Antrages auf Eintragung der Verschmelzung bitten wir um Eintragungsnachricht an die Gesellschaft und an den beglaubigenden Notar sowie um Übermittlung von drei beglaubigten Handelsregisterauszügen an die Gesellschaft und einem beglaubigten Handelsregisterauszug an den beglaubigenden Notar.

......, den ......

......

[Unterschriften der Vorstandsmitglieder der M-AG]

[Unterschriftsbeglaubigung][6]

Anlagen

Anmerkungen

1. Überblick. Das Formular betrifft die Anmeldung zum Handelsregister der übernehmenden Gesellschaft. Siehe hierzu auch die Anm. zur Anmeldung der übernehmenden AG in Form. L.II.8.

2. Um sicherzustellen, dass die Aktionäre ordnungsgemäß unterrichtet worden sind, hat der Vorstand den Nachweis der Hinweisbekanntmachung (vgl. hierzu Form. L.II.10 Anm. 1) beizufügen (vgl. § 62 Abs. 3 S. 4 UmwG). Daher ist es sinnvoll, einen Auszug des elektronischen Bundesanzeigers (bzw. des sonstigen Gesellschaftsblattes), in welchem die bevorstehende Verschmelzung gem. § 62 Abs. 3 S. 2 UmwG bekannt gemacht wurde, einzureichen. Diese Bekanntmachung dient der Ermöglichung eines Antrages von Aktionären i.S.v. § 62 Abs. 2 UmwG. Ohne den Nachweis der rechtzeitigen Bekanntmachung wird das Handelsregister die Verschmelzung nicht eintragen.

3. Siehe hierzu Form. L.II.15 Anm. 3.

4. **Erklärung nach § 62 Abs. 3 S. 5 UmwG.** Der Vorstand hat bei der Anmeldung zu erklären, ob ein Minderheitsverlangen nach § 62 Abs. 2 UmwG gestellt worden ist (vgl. § 62 Abs. 3 S. 5 UmwG). Das Form. geht davon aus, dass eine solcher Antrag nicht gestellt worden ist. Ist ein solches Minderheitsverlangen gestellt worden, vom Vorstand aber z.B. mangels Erreichen des erforderlichen Quorums i.H.v. 5% nicht befolgt worden, ist dies dem Registergericht zu erläutern. Wird ein Minderheitsverlangen mit dem erforderlichen Quorum gestellt, wird der Anmeldung regelmäßig die Niederschrift über den Verschmelzungsbeschluss der Hauptversammlung der übernehmenden Gesellschaft beigefügt sein (§ 17 Abs. 1 UmwG).

5. **Erleichterte Aktionärsinformation.** Seit Inkrafttreten des ARUG (Gesetz zur Umsetzung der Aktionärsrechterichtlinie, BGBl. I S. 2479) besteht die Möglichkeit, die Auslegung der in § 63 Abs. 1 UmwG genannten Unterlagen durch deren Veröffentlichung im Internet zu ersetzen. Der neue § 63 Abs. 3 S. 2 UmwG ermöglicht es zudem, den Aktionären die Unterlagen mit deren Einwilligung in druckbarem Format (vgl. BT-Drucks. 17/3122 S. 13) auf elektronischem Wege zur Verfügung zu stellen.

6. **Kosten und Gebühren.** Vgl. Form. L.II.8 Anm. 13.

15. Anmeldung der Verschmelzung zum Handelsregister der übertragenden GmbH

UR-Nr. ......

An das
Amtsgericht ......
– Handelsregister –

......

T-GmbH, ..., HRB ......[1]

Verschmelzung mit der M-AG

I. Ich, die einzige und alleinvertretungsberechtigte Geschäftsführerin der T-GmbH, überreiche als Anlage[2]:
   1. Notariell beglaubigte Abschrift des Verschmelzungsvertrages vom ...... (UR-Nr. ...... des Notars ......);
   2. Nachweis über die rechtzeitige Zuleitung des Entwurfes des Verschmelzungsvertrages an den Betriebsrat der T-GmbH;
   3. Nachweis über die rechtzeitige Zuleitung des Entwurfes des Verschmelzungsvertrages an den Betriebsrat der M-AG;
   4. Schlussbilanz der T-GmbH zum 31.12.2010.
   Ein Verschmelzungsbericht ist gemäß § 8 Abs. 3 Alt. 2 UmwG nicht erforderlich. Die Durchführung einer Verschmelzungsprüfung ist gemäß §§ 9 Abs. 2, 9 Abs. 3 i.V.m. § 8 Abs. 3 Alt. 2 UmwG ebenfalls nicht erforderlich.[3]

15. Anmeldung der Verschmelzung zum HR der übertragenden GmbH L.II.15

Ein Verschmelzungsbeschluss der Hauptversammlung der M-AG ist gemäß § 62 Abs. 1 S. 1 UmwG nicht erforderlich, da die M-AG einzige Gesellschafterin der T-GmbH ist. Keiner der Aktionäre der M-AG hat gemäß § 62 Abs. 2 S. 1 UmwG einen Antrag auf Fassung eines Verschmelzungsbeschlusses durch die Hauptversammlung der M-AG gestellt.[4]

Ein Verschmelzungsbeschluss der Gesellschafterversammlung der T-GmbH ist gemäß § 62 Abs. 4 UmwG nicht erforderlich, da sich das gesamte Stammkapital der T-GmbH in der Hand der M-AG befindet.

II. Ich melde zur Eintragung in das Handelsregister an:
Die T-GmbH als übertragende Gesellschaft ist aufgrund des Verschmelzungsvertrages vom ...... und des Beschlusses der Gesellschafterversammlung vom ...... mit der M-AG mit Sitz in ...... als übernehmender Rechtsträger durch Aufnahme gemäß § 2 Nr. 1 UmwG verschmolzen.

III. Es wird gem. § 16 Abs. 2 S. 2 letzter Halbs. UmwG erklärt, dass die M-AG als einziger Gesellschafter auf eine Anfechtung verzichtet und daher eine Negativerklärung nach § 16 Abs. 2 S. 1 UmwG entbehrlich ist.[5]

IV. Frau ...... sowie Herr ...... werden bevollmächtigt, alle Anmeldungen zum Handelsregister vorzunehmen, die im Zuge der Eintragung der hier angemeldeten und aus den dieser Anmeldung beigefügten Unterlagen ersichtlichen Tatsachen in das Handelsregister erforderlich oder zweckmäßig sind. Die Vollmacht ist jederzeit widerruflich. Jede(r) Bevollmächtigte darf allein handeln. Dem Handelsregister gegenüber ist die Vollmacht unbeschränkt.

Nach Vollzug bitten wir um Eintragungsnachricht an die Gesellschaft und an den beglaubigenden Notar sowie um Übermittlung je eines beglaubigten Handelsregisterauszuges an die Vorgenannten.

......, den ......

......

[Unterschrift der Geschäftsführerin]

[Unterschriftsbeglaubigung][6]

Anlagen

Anmerkungen

1. Überblick. Das Formular beinhaltet die Anmeldung zum Handelsregister der übertragenden GmbH. Siehe hierzu auch die Anm. zur Anmeldung der übertragenden AG in Form. L.II.9.

2. Einzureichende Unterlagen. Siehe hierzu Form. L.II.8 Anm. 3.

3. Die Erstattung eines Verschmelzungsberichts ist nicht erforderlich, wenn sich alle Anteile der übertragenden GmbH in der Hand der übernehmenden AG befinden (vgl. § 8 Abs. 3 UmwG). Aus demselben Grund ist auch eine Verschmelzungsprüfung nicht erforderlich, soweit sie die Aufnahme dieser Gesellschaft betrifft (vgl. §§ 48, 9 Abs. 2, § 9 Abs. 3 i.V.m. § 8 Abs. 3 UmwG).

4. Vgl. hierzu Form. L.II.13 Anm. 1.

5. Alternativ kann nach Ablauf der Klagefrist die Negativerklärung des § 16 Abs. 2 S. 1 UmwG abgegeben werden. Im vorliegenden Fall eines sog. upstream merger stellt der Klageverzicht nach § 16 Abs. 2 S. 2 UmwG jedoch das praktischere Vorgehen dar.

6. Kosten und Gebühren. Vgl. Form. L.II.8 Anm. 13.

Verschmelzung einer GmbH auf eine GmbH zur Aufnahme

16. Verschmelzungsvertrag nach § 5 UmwG

UR-Nr. ......

Verhandelt in dieser Freien und Hansestadt Hamburg
am ......

Vor mir,
dem Hamburgischen Notar
......
mit Amtssitz in ......, ...

erschienen heute in den Räumen der Kanzlei ......, wohin ich mich auf Ersuchen begeben hatte,
1. a) Herr ......, geboren am ......
    wohnhaft in: ......
   b) Frau ......, geboren am ......
    wohnhaft in: ......
    beide handelnd nicht im eigenen Namen, sondern als gemeinsam vertretungsberechtigte Geschäftsführer der Y-GmbH mit Sitz in ......, eingetragen im Handelsregister des Amtsgerichts ...... unter HRB .... Die Vertretungsberechtigung wird vom beurkundenden Notar aufgrund heutiger Einsichtnahme gem. § 21 BNotO in das Handelsregister bestätigt; sowie
2. Herr ......, geboren am ......
    wohnhaft in: ......
    handelnd nicht im eigenen Namen, sondern als alleinvertretungsberechtigter Geschäftsführer der Z-GmbH mit Sitz in ......, eingetragen im Handelsregister des Amtsgerichts ...... unter HRB .... Die Vertretungsberechtigung folgt aus dem beglaubigten Handelsregisterauszug vom ......, der dieser Urkunde in Abschrift beigefügt ist.

Auf Befragen des Notars verneinten die Erschienenen eine, die Beurkundung ausschließende, Vorbefassung im Sinne von § 3 Abs. 1 Nr. 7 BeurkG.
Die Erschienenen haben sich ausgewiesen durch Vorlage ihrer jeweiligen Bundespersonalausweise.

I. Verschmelzungsvertrag

Die Erschienenen baten um Beurkundung des als Anlage A beigefügten

Verschmelzungsvertrags.[1, 2]

II. Berichtigung des Grundbuchs,[3] Hinweise

1. Die Z-GmbH verfügt über folgenden Grundbesitz: AG ......, Grundbuch von ......, Blatt ......, Flurstück ......
2. Der Notar wies darauf hin, dass mit der Eintragung der Verschmelzung in das Handelsregister des Sitzes der Y-GmbH das Vermögen der Z-GmbH einschließlich der Verbindlichkeiten auf die Y-GmbH übergeht und die Z-GmbH erlischt. Dies hat zur Folge, dass die Grundbücher unrichtig werden, in denen die Z-GmbH als Eigentümerin von Grundstücken/Gebäuden bzw. als Inhaberin beschränkter dinglicher Rechte an Grundstücken/Gebäuden eingetragen ist. Soweit die Z-GmbH im Grundbuch als Inhaberin solcher beschränkter dinglicher Rechte ausgewiesen ist, die im Wege der Vermögensübertragung gemäß § 5 Abs. 1 Nr. 2 UmwG nicht mitübertragen werden können, erlöschen diese mit Eintragung der Verschmelzung in das Handelsregister des Sitzes der Y-GmbH.

16. Verschmelzungsvertrag nach § 5 UmwG L.II.16

Der Notar wies weiter darauf hin, dass der Nachweis der Unrichtigkeit gegenüber dem Grundbuchamt durch Vorlage eines beglaubigten, die Eintragung der Verschmelzung enthaltenden Handelsregisterauszugs der Y-GmbH erbracht werden kann. Schließlich wies der Notar noch darauf hin, dass dem Grundbuchamt die steuerliche Unbedenklichkeitsbescheinigung des Finanzamtes vorzulegen ist.[4]

3. Die Erschienenen beantragen hiermit die Berichtigung des Grundbuches nach Wirksamkeit der Verschmelzung. Nach Belehrung über die Kostenfolgen wird der Notar beauftragt und bevollmächtigt, die Berichtigung des Grundbuches vorzunehmen.

4. Der Notar hat die Erschienenen über den weiteren Verfahrensablauf bis zum Wirksamwerden der Verschmelzung, auf den Wirksamkeitszeitpunkt sowie die Rechtsfolgen der Verschmelzung hingewiesen, insbesondere auf Folgendes:
    a) Der Verschmelzungsvertrag bedarf zu seiner Wirksamkeit der Zustimmung der Gesellschafterversammlung beider beteiligter Parteien in notarieller Form.
    b) Gläubigern beider Parteien ist auf Anmeldung und Glaubhaftmachung ihrer Forderungen hin nach Maßgabe des § 22 UmwG Sicherheit zu leisten.

III. Vollmachten

Die Erschienenen bevollmächtigen hiermit
Frau ...... sowie
Herrn ....,
beide geschäftsansässig am Amtssitz des beurkundenden Notars, sämtliche Erklärungen und Rechtshandlungen vorzunehmen, die im Zuge des Verschmelzungsvertrages erforderlich und zweckmäßig sind. Die Vollmacht ist jederzeit widerruflich. Jede(r) Bevollmächtigte darf jede Partei einzeln vertreten und ist von den Beschränkungen der Mehrfachvertretung gemäß § 181 Alt. 2 BGB befreit. Dem Handelsregister gegenüber ist die Vollmacht unbeschränkt.

Vorstehende Niederschrift einschließlich Anlage A wurde den Erschienenen vom Notar vorgelesen, von ihnen genehmigt und von ihnen sowie dem Notar wie folgt unterschrieben:[20]

Anlage A

Verschmelzungsvertrag

zwischen

1. der Y-GmbH mit Sitz in ...... als übernehmendem Rechtsträger,

– nachfolgend „Y" –

und

2. der Z-GmbH mit Sitz in ...... als übertragendem Rechtsträger,

– nachfolgend „Z" –.

Vorbemerkung

Mit diesem Vertrag wird die Z auf die Y verschmolzen. An der Z, deren Stammkapital von [120.000,– EUR] nach Angabe voll eingezahlt ist, sind ausweislich der letzten in das Handelsregister aufgenommenen Gesellschafterliste vom ...... die W-AG mit Sitz in ...... mit einem Geschäftsanteil von [80.100,– EUR] (Geschäftsanteil Nr. 1) und die X-GmbH mit Sitz in ...... mit einem Geschäftsanteil von [39.900,– EUR] (Geschäftsanteil Nr. 2) beteiligt. Die Einlagen auf die Geschäftsanteile sind voll erbracht.[5]

§ 1 Vermögensübertragung, Bilanzstichtag

1.1 Die Z überträgt ihr Vermögen als Ganzes mit allen Rechten und Pflichten unter Ausschluss der Abwicklung gem. §§ 2 ff. UmwG i.V.m. §§ 46 ff. UmwG auf Y im Wege der Verschmelzung durch Aufnahme.[6] Als Gegenleistung gewährt Y den Gesellschaftern der Z Geschäftsanteile an der Y.

1.2 Der Verschmelzung wird die mit dem uneingeschränkten Bestätigungsvermerk der ...... Wirtschaftsprüfungs- und Steuerberatungsgesellschaft, ..., versehene Bilanz der Z zum 31.12.2010 als Schlussbilanz in Sinne von § 17 Abs. 2 UmwG zugrunde gelegt.[7]

§ 2 Gegenleistung[8]

2.1 Y als übernehmender Rechtsträger gewährt den Gesellschaftern von Z als Gegenleistung für die Übertragung des Vermögens der Z kostenfrei Geschäftsanteile an Y mit Gewinnbezugsberechtigung ab dem 1.1.2011, und zwar

(a) der Gesellschafterin W-AG
einen Geschäftsanteil im Nennbetrag von   [20.000,– EUR]
und

(b) der Gesellschafterin X-GmbH
einen Geschäftsanteil im Nennbetrag von   [10.000,– EUR]

2.2 Die zu gewährenden Geschäftsanteile werden dadurch geschaffen, dass Y ihr Stammkapital von bislang [500.000,– EUR] um [30.000,– EUR] auf [530.000,– EUR] erhöht[9] durch Bildung

(a) eines Geschäftsanteils Nr. 3 im Nennbetrag von [20.000,– EUR] und

(b) eines Geschäftsanteils Nr. 4 im Nennbetrag von [10.000,– EUR].

2.3 Als bare Zuzahlung erhält die W-AG einen Betrag von [3.000,– EUR].

§ 3 Verschmelzungsstichtag

Die Übernahme des Vermögens der Z erfolgt im Innenverhältnis mit Wirkung zum Ablauf des 31.12.2010. Vom 1.1.2011, 0:00 Uhr (Verschmelzungsstichtag) an bis zum Zeitpunkt des Erlöschens der Z gem. § 20 Abs. 1 Nr. 2 UmwG gelten alle Handlungen und Geschäfte der Z als auf Rechnung der Y geführt.

§ 4 Abweichende Bilanz- und Verschmelzungsstichtage

4.1 Wird die Verschmelzung nicht bis zum 31.12.2011 in das Handelsregister der Y eingetragen, verschieben sich Bilanz- und Verschmelzungsstichtag sowie der Stichtag der Gewinnbezugsberechtigung wie folgt:

(a) Bilanzstichtag: Der Verschmelzung wird abweichend von § 1.2 dieses Vertrages die Schlussbilanz der Z zum 31.12.2011 zugrunde gelegt;[10]

(b) Verschmelzungsstichtag: Als Verschmelzungsstichtag gilt abweichend von § 3 der 1.1.2012, 0:00 Uhr;

(c) Stichtag der Gewinnbezugsberechtigung: Den Gesellschaftern der Z sind abweichend von § 2.1 Geschäftsanteile an Y mit Gewinnbezugsberechtigung ab dem 1.1.2012 zu gewähren.

4.2 Sollte die Verschmelzung auch nicht bis zum 31.12.2012 oder bis zum 31. Dezember eines der Folgejahre in das Handelsregister der Y eingetragen worden sein, so verschieben sich Bilanz- und Verschmelzungsstichtag sowie der Stichtag der Gewinnbezugsberechtigung analog § 4.1.[11]

§ 5 Rücktrittsrecht[12]

Beide Parteien sind zum Rücktritt von diesem Verschmelzungsvertrag berechtigt, wenn die Verschmelzung nicht bis zum [30.6.2012] in das Handelsregister der Y eingetragen worden ist. Der Rücktritt ist der anderen Partei gegenüber durch eingeschriebenen Brief mit Rückschein zu erklären und dem Notar schriftlich mitzuteilen. Die Rechtsfolgen des Rücktritts richten sich nach den §§ 346 ff. BGB. Die Vertragskosten tragen die Parteien in diesem Fall je zur Hälfte.

§ 6 Mitgliedschaft bei dem übernehmenden Rechtsträger

Die Mitgliedschaftsrechte in der Y entsprechen den Mitgliedschaftsrechten in der Z;[13] der Gesellschaftsvertrag der Y sieht insoweit keine von dem Gesellschaftsvertrag der Z inhaltlich abweichenden Regelungen vor.

§ 7 Keine besonderen Rechte und Vorteile[14]

7.1 Der Gesellschaftsvertrag der Y gewährt einzelnen Gesellschaftern keine besonderen Rechte oder Vorteile.

7.2 Weder einem Mitglied der Vertretungsorgane, der Aufsichtsorgane der an der Verschmelzung beteiligten Rechtsträger, einem geschäftsführenden Gesellschafter, einem Abschlussprüfer, noch einem Verschmelzungsprüfer werden besondere Vorteile im Sinne des § 5 Abs. 1 Nr. 8 UmwG gewährt.

§ 8 Folgen der Verschmelzung für Arbeitnehmer und ihre Vertretungen[15]

Die Folgen der Verschmelzung für die Arbeitnehmer und ihre Vertretungen richten sich nach §§ 324 UmwG, 613a Abs. 1 und 4 bis 6 BGB. Im Einzelnen:

8.1 Die Y übernimmt sämtliche Arbeitnehmer der Z. Alle Arbeitnehmer der Z werden zu den bei der Z geltenden Konditionen bei Y weiterbeschäftigt. Für die Arbeitnehmer der Z gelten bei Z zurückgelegte Dienstzeiten als bei Y erbrachte Dienstzeiten. Gemäß § 324 UmwG findet auf die Verschmelzung § 613a Abs. 1, 4 bis 6 BGB Anwendung; die Verschmelzung führt zum Betriebsübergang gemäß § 613a BGB. Die Arbeitnehmer der Z sind gemäß § 613a Abs. 5 BGB vor dem Betriebsübergang in Textform über den Grund sowie den geplanten Zeitpunkt des Übergangs und die in diesem § 8 dargestellten Folgen und in Aussicht genommenen Maßnahmen zu informieren.

8.2 Durch die Verschmelzung wird die Rechtsposition der Arbeitnehmer der Y nicht berührt.

8.3 Bei Y und Z bestehende Betriebsvereinbarungen bleiben unverändert in Kraft. Durch die Verschmelzung ergeben sich keine tarifvertraglichen Änderungen für die Arbeitnehmer bei Y und bei Z.

8.4 Hinsichtlich der Arbeitnehmervertretungen gilt Folgendes:[16]

8.4.1 Da der beim übertragenden Rechtsträger bestehende Betrieb auch nach der Verschmelzung seine Identität beibehält, sich also seine arbeitstechnisch-organisatorische Zusammensetzung nicht bzw. nur unwesentlich ändert, besteht das Mandat des bisherigen Betriebsrates bis zum Ablauf der regulären Amtszeit fort.

8.4.2 Die Regelung zu § 8.4.1 gilt entsprechend für den Betriebsrat beim übernehmenden Rechtsträger. Da nach der Verschmelzung zwei Betriebsräte in einem Unternehmen entstehen, ist gem. § 47 Abs. 1 BetrVG ein Gesamtbetriebsrat zu bilden.

8.5 Beim übernehmenden Rechtsträger besteht ein nach den Bestimmungen des Drittelbeteiligungsgesetzes zusammengesetzter Aufsichtsrat. Dieser bleibt unverändert bestehen. Auch nach Wirksamwerden der Verschmelzung beschäftigt der übernehmende Rechtsträger regelmäßig nicht mehr als 2.000 Arbeitnehmer, so dass eine Änderung der Zusammensetzung des Aufsichtsrates unterbleibt. Nach dem Übergang ihrer Arbeitsverhältnisse sind die Arbeitnehmer des übertragenden Rechtsträgers bei den nächsten Wahlen zum Aufsichtsrat des übernehmenden Rechtsträgers aktiv und passiv wahlberechtigt.[17]

§ 9 Weitere Regelungen im Zusammenhang mit der Verschmelzung

9.1 Die Firma der Y wird geändert in:

YZ-GmbH.

9.2 Die Geschäftsführung in der Y als übernehmendem Rechtsträger ändert sich nicht, insbesondere wird kein Geschäftsführer der Z anlässlich der Verschmelzung zum

Geschäftsführer der YZ bestellt. Die Geschäftsführung der Y wird zur Geschäftsführung der künftigen YZ-GmbH.

[Ggf. § 10 Bedingungen[18]
Der Vollzug der Verschmelzung steht unter der aufschiebenden Bedingung der Nichtuntersagung des Zusammenschlusses durch das Bundeskartellamt. Die Bedingung tritt mit Ablauf des Tages ein, an dem der anmeldenden Partei die Freigabeerklärung (Mitteilung der Nichtuntersagung oder Freigabeverfügung gemäß § 40 Abs. 2 GWB) des Bundeskartellamts zugeht. Die Bedingung tritt ersatzweise mit Ablauf des Tages ein, an dem die für das Vorhaben laufende Untersagungsfrist abläuft, ohne dass eine Untersagungsverfügung ergangen ist.]

§ 11 Kosten[19]
Die durch diesen Vertrag und seinen Vollzug entstehenden Kosten trägt die Y. Falls die Verschmelzung nicht wirksam werden sollte, haben die beteiligten Gesellschaften die Notarkosten je zur Hälfte zu tragen.

......

(Unterschriften der Beteiligten)

......

(Notarielle Beglaubigung)

Schrifttum: Vgl. bereits Schrifttum zu Form. L.II.3.

Anmerkungen

1. Überblick. Bei der Verschmelzung zweier GmbH durch Aufnahme finden die besonderen Vorschriften der §§ 46 bis 55 UmwG Anwendung. Im Übrigen gelten die allgemeinen Vorschriften der § 2 bis 38 UmwG, siehe hierzu Form. L.II.13 Anm. 1. Der Inhalt des Verschmelzungsvertrages ergibt sich unverändert aus 5 UmwG.

2. Wahl des Formulars. Bei dem Formular handelt es sich um einen Verschmelzungsvertrag zwischen zwei GmbH, von denen keine an der anderen beteiligt ist. Der übernehmende Rechtsträger verfügt über keine eigenen Geschäftsanteile; die zu gewährende Gegenleistung erfolgt im Wege der Kapitalerhöhung. Ein Gesellschafter des übertragenden Rechtsträgers erhält eine bare Zuzahlung. Beide Rechtsträger haben einen Betriebsrat. Der übernehmende Rechtsträger hat einen Aufsichtsrat mit Drittelparität nach dem DrittelbG; das Mitbestimmungsstatut ändert sich durch die Verschmelzung nicht. Das Formular betrifft eine Verschmelzung, die nicht unter die Zusammenschlusskontrolle der Kartellbehörden fällt.

3. Grundbuchberichtigung. Vgl. Form. L.II.13 Anm. 3.

4. Vgl. Form. L.II.13 Anm. 4.

5. Vorbemerkung Verschmelzungsvertrag. Die Anteilsinhaber des übertragenden Rechtsträgers übernehmen mit ihrem Beitritt zu einer GmbH, deren Einlagen noch nicht voll eingezahlt worden sind, das Risiko, in Zukunft für nicht erbrachte Einlagen einstehen zu müssen (Ausfallhaftung vgl. § 24 GmbHG) (vgl. hierzu Lutter/*Winter* § 51 Rdnr. 5; Schmitt/Hörtnagl/Stratz/*Stratz* § 51 Rdnr. 4, Kallmeyer/*Zimmermann* § 51 Rdnr. 2; *Ihrig* GmbHR 1995, 642). Zum Schutz der Anteilsinhaber sehen § 51 Abs. 1 S. 3 i.V.m. § 51 Abs. 1 S. 1 und 2 UmwG daher vor, dass der Verschmelzungsbeschluss jedes übertragenden Rechtsträgers der Zustimmung aller (erschienenen bzw. ordnungsgemäß vertretenen und nicht erschienenen) Anteilsinhaber bedarf. Gemäß § 51 Abs. 1 S. 3 UmwG ist in solchen Fällen auch auf Seiten der übernehmenden Gesellschaft die Zustimmung aller Gesellschafter erforderlich. Im Übrigen siehe Form. L.II.13 Anm. 5.

6. Vermögensübertragung. Vgl. Form. L.II.13 Anm. 6.

7. Schlussbilanz. Vgl. Form. L.II.13 Anm. 7.

8. Gegenleistung. Zu den Grundsätzen zur Festlegung des Umtauschverhältnisses aufgrund einer vergleichenden Bewertung beider Gesellschaften siehe Form. L.II.3 Anm. 11. Es bietet sich an, im Verschmelzungsvertrag konkret zu bestimmen, welcher Geschäftsanteil mit welchem Nennbetrag an welchen Gesellschafter gewährt wird. Jeder Gesellschafter des übertragenden Rechtsträgers hat die Möglichkeit, die Angemessenheit des Umtauschverhältnisses und der Gesellschafterstellung bei dem übernehmenden Rechtsträger im Spruchverfahren nach den § 15 UmwG, § 1 SpruchG überprüfen zu lassen. Bis zur Reform des GmbH-Rechts durch das MoMiG (Gesetz zur Modernisierung des GmbH-Rechts und zur Bekämpfung von Missbräuchen vom 23. Oktober 2008 (BGBl. I S. 2026)) mussten Geschäftsanteile stets durch 50,– EUR teilbar sein, so dass Spitzenbeträge im Umtauschverhältnis oft durch eine bare Zuzahlung auszugleichen waren. Obwohl diese Vorschrift nun weggefallen ist, können bare Zuzahlungen weiterhin vereinbart werden. Dabei können sie dem Ausgleich von Spitzenbeträgen dienen, oder aus anderen Gründen vereinbart werden (vgl. Lutter/*Winter* § 54 Rdnr. 33; Kallmeyer/*Kallmeyer* § 54 Rdnr. 20), dürfen jedoch 10% des Gesamtnennbetrags der gewährten Geschäftsanteile nicht übersteigen (§ 54 Abs. 4 UmwG; vgl. zur AG § 68 Abs. 3 UmwG). Da bei der Verschmelzung zweier GmbH keine Inhaberpapiere ausgehändigt werden, ist die Bestellung eines Treuhänders (§ 71 UmwG) nicht erforderlich. Gem. § 53 Abs. 1 S. 3 UmwG ist die übernehmende Gesellschaft von der Verpflichtung zu einer Gegenleistung befreit, wenn alle Anteilsinhaber der übertragenden Gesellschaft in notariell beurkundeter Form darauf verzichten.

9. Kapitalerhöhung. Soweit einer der Rechtsträger (anders als hier) unmittelbar am anderen Rechtsträger beteiligt ist, sollte hier wegen des bestehenden Anteilsgewährungsverbotes eine Klarstellung erfolgen:

„Soweit Y zum Zeitpunkt des Abschlusses dieses Verschmelzungsvertrages an Z beteiligt ist, erfolgt die Übertragung des Vermögens der Z ohne Gegenleistung, d.h. Y erhält für ihre bisherige Beteiligung an Z keine neuen Geschäftsanteile (vgl. §§ 20 Abs. 1 Nr. 3, 54 Abs. 1 S. 1 Nr. 1 UmwG)."

Der Sache nach handelt es sich um eine Kapitalerhöhung gegen Sacheinlagen. Diese ist jedoch durch § 55 Abs. 1 UmwG dadurch erleichtert, dass §§ 55 Abs. 1, 56a und 57 Abs. 2, Abs. 3 Nr. 1 GmbHG keine Anwendung finden (im Einzelnen vgl. Lutter/*Winter* § 55 Rdnr. 19 ff.).

10. Abweichende Bilanz- und Verschmelzungsstichtage. Vgl. Form. L.II.13 Anm. 9.

11. Vgl. Form. L.II.13 Anm. 10.

12. Rücktrittsrecht. Sind mit der Verschmelzung noch andere Transaktionen verbunden, sind an dieser Stelle des Vertrages weitere Rücktrittsrechte für den Fall aufzunehmen, dass diese mit der Verschmelzung im Zusammenhang stehenden Transaktionen nicht durchgeführt werden.

13. Mitgliedschaft bei dem übernehmenden Rechtsträger. Sofern Gesellschafter des übertragenden Rechtsträgers Sonderrechte inne hatten, sind diese Sonderrechte bei der Ausgestaltung der entsprechenden Rechte beim übernehmenden Rechtsträger zu berücksichtigen. Regelmäßig wird dabei die Gewährung gleichartiger Rechte in Betracht kommen, was in § 7.1 im einzelnen aufzuführen wäre. Dies ist jedoch nicht zwingend; abzustellen ist auf die wirtschaftliche Gleichwertigkeit (vgl. § 23 UmwG). So können Sonderrechte vor allem durch eine Verbesserung des Umtauschverhältnisses oder bare Zuzahlungen vergütet werden.

14. Vgl. Form. L.II.3 Anm. 18.

15. Folgen der Verschmelzung für die Arbeitnehmer und ihre Vertretungen. Siehe hierzu Form. L.II.13 Anm. 12.

16. Wenn im Zusammenhang mit der Verschmelzung die Zusammenlegung von Betrieben geplant ist, hätte dies hier auszuführende Auswirkungen auf die entsprechenden Betriebsräte. Besteht beim übertragenden Rechtsträger ein Gesamtbetriebsrat oder ein Konzernbetriebsrat, so würde dieser mit der Verschmelzung erlöschen. Die Interessen der Arbeitnehmer des übertragenden Rechtsträgers würden vom beim übernehmenden Rechtsträger bestehenden Gesamtbetriebsrat und eventuell Konzernbetriebsrat wahrgenommen. Entsprechendes gilt für einen eventuellen Wirtschaftsausschuss.

17. Ändert sich durch die Verschmelzung das Mitbestimmungsstatut des übertragenden Rechtsträgers, wäre dies hier auszuführen. In diesem Fall müsste der übertragende Rechtsträger ein Statusverfahren (vgl. hierzu Willemsen/Hohenstatt/Schweibert/Seibt/*Seibt* F Rdnr. 140 ff.) durchführen. Aufgrund der langen Dauer für die Vorbereitung einer Wahl von Arbeitnehmervertretern in den Aufsichtsrat ist zu überlegen, ob mit diesen Vorbereitungen nicht bereits vor Wirksamwerden der Verschmelzung begonnen werden kann.

18. Bedingungen. Das Formular betrifft eine Verschmelzung, die nicht unter die Zusammenschlusskontrolle der Kartellbehörden fällt. Ist die Verschmelzung von den Kartellbehörden freizugeben, so ist der Verschmelzungsvertrag unter eine entsprechende aufschiebende Bedingung zu stellen.

19. Steuern. Vgl. Form. L.II.3 Anm. 32.

20. Kosten und Gebühren. Vgl. Form. L.II.3 Anm. 33.

17. Zustimmungsbeschluss der übernehmenden GmbH

UR-Nr. ......

Verhandelt in dieser Freien und Hansestadt Hamburg
am ......

Vor mir,
dem Notar
......
mit Amtssitz in ......, ...

erschienen heute in den Räumen der Kanzlei ......, wohin ich mich auf Ersuchen begeben hatte,

1. Herr ......, geboren am ......
   wohnhaft in: ......
   handelnd nicht im eigenen Namen, sondern als alleinvertretungsberechtigter Geschäftsführer der Q-GmbH mit dem Sitz in, eingetragen im Handelsregister des Amtsgerichts ...... unter HRB ...... Die Vertretungsberechtigung wird vom beurkundenden Notar aufgrund heutiger Einsichtnahme in das Handelsregister gem. § 21 BNotO bestätigt; sowie

2. Herr ......, geboren am ......
   wohnhaft in: ......
   handelnd nicht im eigenen Namen, sondern als alleinvertretungsberechtigter Geschäftsführer der P-GmbH mit dem Sitz in ......, eingetragen im Handelsregister des Amtsgerichts ...... unter HRB. Die Vertretungsberechtigung folgt aus dem beglaubigten Handelsregisterauszug vom, der dieser Urkunde in Abschrift beigefügt ist.

Die Erschienenen haben sich ausgewiesen durch Vorlage ihrer jeweiligen Bundespersonalausweise.

Die Erschienenen erklärten:

Vorbemerkung[1]

Wir sind ausweislich der letzten in das Handelsregister aufgenommenen Gesellschafterliste vom ..... die sämtlichen Gesellschafter der Y-GmbH mit Sitz in ......, eingetragen im

17. Zustimmungsbeschluss der übernehmenden GmbH L.II.17

Handelsregister des Amtsgerichts ...... unter HRB ...... (nachfolgend die „Gesellschaft"), deren Stammkapital i. H. v. [500.000,– EUR] voll eingezahlt ist. An der Gesellschaft sind die Q-GmbH mit [100.000,– EUR] (Geschäftsanteil Nr. 1) sowie die P-GmbH mit [400.000,– EUR] (Geschäftsanteil Nr. 2) beteiligt.

Unter Verzicht auf alle durch Gesetz oder Gesellschaftsvertrag vorgeschriebenen Formen und Fristen für die Abhaltung einer Gesellschafterversammlung und die Fassung von Gesellschafterbeschlüssen sowie auf Informationsrechte[2] halten wir hiermit eine

Gesellschafterversammlung

der Y-GmbH ab und beschließen einstimmig was folgt:

1. Dem Verschmelzungsvertrag zwischen der Gesellschaft und der Z-GmbH mit dem Sitz in ...... vom ...... (UR-Nr. des Notars ......) gemäß anliegendem Entwurf wird hiermit zugestimmt.
2. Zur Durchführung der Verschmelzung wird das Stammkapital der Gesellschaft von [500.000,– EUR] um [30.000,– EUR] auf [530.000,– EUR] erhöht, und zwar durch Bildung zweier neuer Geschäftsanteile im Nennbetrag von [20.000,– EUR] (Geschäftsanteil Nr. 3) und [10.000,– EUR] (Geschäftsanteil Nr. 4). Die neuen Geschäftsanteile sind gewinnberechtigt nach Maßgabe der §§ 2.1 bzw. 4 des beigefügten Verschmelzungsvertrages. Sie werden als Gegenleistung für die Übertragung des Vermögens der Z-GmbH im Wege der Verschmelzung an Gesellschafter der Z-GmbH ausgegeben, und zwar
   (a) der Geschäftsanteil Nr. 3 im Nennbetrag von [20.000,– EUR] an die W-AG,
   (b) der Geschäftsanteil Nr. 4 im Nennbetrag von [10.000,– EUR] an die X-GmbH.
3. § 3 des Gesellschaftsvertrages (Stammkapital) wird aufgehoben und erhält folgende Fassung:

„§ 3 Stammkapital

Das Stammkapital beträgt [530.000,– EUR]."

4. § 1.1 des Gesellschaftsvertrages (Firma und Sitz) wird aufgehoben und erhält folgende Fassung:

„§ 1 Firma und Sitz

1.1 Die Firma lautet YZ-GmbH."

5. [Ggf. Herr ...... wird zum Geschäftsführer der Gesellschaft bestellt.][3]
6. [Ggf. Die Beschlüsse zu 2., 3., 4. und 5. werden nur wirksam, wenn der gem. Ziff. 1 dieses Beschlusses zu schließende Verschmelzungsvertrag zwischen der Gesellschaft und der Z-GmbH mit dem Sitz in ...... [Ort] gemäß anliegendem Entwurf zum Handelsregister der Gesellschaft angemeldet wird.][4]
7. Auf die Klageerhebung gegen die Wirksamkeit des Verschmelzungsbeschlusses sowie die weiteren heute gefassten Beschlüsse wird ausdrücklich verzichtet.[5]
8. Die Kosten dieser Urkunde trägt die Gesellschaft.

Damit ist die Gesellschafterversammlung beendet.

Die Beteiligten bevollmächtigen hiermit

Frau ...... sowie

Herrn ......

beide geschäftsansässig am Amtssitz des beurkundenden Notars, sämtliche Erklärungen und Rechtshandlungen vorzunehmen, die im Zuge des Verschmelzungsbeschlusses erforderlich und zweckmäßig sind. Die Vollmacht ist jederzeit widerruflich. Jede(r) Bevollmächtigte darf jede Partei einzeln vertreten und ist von den Beschränkungen der Mehrfachvertretung gemäß § 181 Alt. 2 BGB befreit. Dem Handelsregister gegenüber ist die Vollmacht unbeschränkt.

Der Notar belehrte über die Unwiderruflichkeit abgegebener Verzichtserklärungen und den weiteren Gang des Verfahrens bis zur Wirksamkeit der Verschmelzung.
Eine Ausfertigung des Verschmelzungsvertrages ist dieser Niederschrift als Anlage beigefügt.
Vorstehende Niederschrift wurde den Erschienenen in Gegenwart des Notars vorgelesen, von ihnen genehmigt und wie folgt unterschrieben:[6]

Schrifttum: Vgl. bereits Schrifttum zu Form. L.II.3. *Engl,* Formularbuch Umwandlungen, 2. A. 2008.

Anmerkungen

1. Überblick. Das Formular enthält die Niederschrift über die Gesellschafterversammlung des übernehmenden Rechtsträgers, die über die Zustimmung zum Verschmelzungsvertrag und die Kapitalerhöhung beschließt. Der Zustimmungsbeschluss bedarf einer Mehrheit von mindestens 75% der abgegebenen Stimmen (§ 50 Abs. 1 UmwG).

2. Die Gesellschafterversammlung verzichtet auf Form und Frist für Einladung und Abhaltung von Gesellschafterversammlungen. Ob dieser Verzicht auch die Informationsrechte nach §§ 47, 48 UmwG umfasst, ist umstritten (vgl. *Engl/Kraus* A. 2 Rdnr. 156), so dass sich eine Klarstellung empfiehlt. Bei Anwesenheit und Einverständnis aller Gesellschafter empfiehlt sich ein Verzicht auf die Einladungsvorschriften auch dann, wenn ordnungsgemäß eingeladen wurde. Ansonsten müsste ein Vorsitzender der Gesellschafterversammlung bestimmt werden, der die Versammlung leitet und Ordnungsmäßigkeit der Einladung und der jeweiligen Beschlussfassungen feststellt.

3. Bestellung der Geschäftsführer. Das Formular geht davon aus, dass in Folge der Verschmelzung keine neuen Geschäftsführer bestellt werden, vielmehr werden die Geschäftsführer der Y als übernehmende Gesellschaft Geschäftsführer der künftigen YZ-GmbH. Soll im Rahmen der Verschmelzung ein Geschäftsführer der übertragenden Gesellschaft zum Geschäftsführer der künftigen YZ-GmbH bestellt werden, so erfolgt die Bestellung regelmäßig durch Beschluss der Gesellschafter in der Gesellschafterversammlung, die über die Zustimmung zum Verschmelzungsvertrag zu beschließen hat (vgl. §§ 6 Abs. 3 S. 2, 46 Nr. 5 GmbHG).

4. Für den Fall, dass Gegenstand der Beschlussfassung nur der Entwurf des Verschmelzungsplans ist bzw. die Gesellschafter nicht auf ihr Recht zur Klage gegen die Wirksamkeit der Zustimmungsbeschlüsse (§ 14 UmwG) verzichtet haben, ist es ratsam, die Kapitalerhöhung sowie die Satzungsänderungen unter die aufschiebende Bedingung zu stellen, dass die Verschmelzung zum Handelsregister der Gesellschaft angemeldet wird. Dadurch wird eine Kapitalerhöhung in dem Fall vermieden, dass der Verschmelzungsvertrag nicht abgeschlossen oder gegen den Zustimmungsbeschluss Anfechtungsklage erhoben wird. Da bei Anmeldung der Kapitalerhöhung zum Handelsregister die vorgenannten aufschiebenden Bedingungen eingetreten sein werden (und das Registergericht dies nachprüfen kann), sind die Bedingungen möglich.

5. Die Gesellschafterversammlung verzichtet auf Anfechtungsklagen gegen sämtliche Beschlüsse. Erfolgt ein solcher Verzicht nicht, so kann die Verschmelzung und Kapitalerhöhung erst nach Ablauf einer Anfechtungsfrist von einem Monat zum Handelsregister angemeldet werden unter Versicherung der Geschäftsführer, dass keine Anfechtungsklage erhoben wurde.

6. Kosten und Gebühren. Vgl. Form. L.II.6 Anm. 11.

18. Anmeldung der Verschmelzung zum Handelsregister der übernehmenden GmbH

UR-Nr. ......

An das
Amtsgericht ......
– Handelsregister –
......

Y-GmbH ......, HRB ......[1]
Verschmelzung mit der Z-GmbH
I. Wir, die sämtlichen Geschäftsführer der Y-GmbH, überreichen als Anlage:
  1. notariell beglaubigte Abschrift des Verschmelzungsvertrages vom ...... (UR-Nr. ...... des Notars ......);
  2. gemeinsamen Verschmelzungsbericht der Geschäftsführung der Y-GmbH und der Z-GmbH;
  3. gemeinsamen Verschmelzungsprüfungsbericht der ...... Wirtschaftsprüfungsgesellschaft und der ...... Wirtschaftsprüfungsgesellschaft;
  4. Nachweise über die Zuleitung des Verschmelzungsvertrags an die Betriebsräte der Y-GmbH und der Z-GmbH;[2]
  5. notariell beglaubigte Abschrift der Niederschrift über die Gesellschafterversammlung vom ...... (UR-Nr. ...... des Notars ......) nebst Anlagen mit
     (a) dem Beschluss der Gesellschafterversammlung über die Zustimmung zu dem Verschmelzungsvertrag,
     (b) dem Beschluss über die Änderung der Firma und über die entsprechende Änderung von § 1.1 des Gesellschaftsvertrages;
     (c) dem Beschluss über die Erhöhung des Stammkapitals und über die entsprechende Änderung von § 3 des Gesellschaftsvertrages;
     (d) [ggf. dem Beschluss über die Bestellung des Herrn ...... zum Geschäftsführer sowie der Versicherung des Geschäftsführers gem. § 6 Abs. 2 S. 2 Nr. 2, 3 GmbHG;]
  6. notariell beglaubigte Abschrift der Niederschrift über die Gesellschafterversammlung der Z-GmbH vom ...... (UR-Nr. ...... des Notars ...... mit dem Beschluss der Gesellschafterversammlung über die Zustimmung zu dem Verschmelzungsvertrag;
  7. Liste der Übernehmer (§ 57 Abs. 3 Nr. 2 GmbHG);
  8. vollständigen Wortlaut des Gesellschaftsvertrages mit der Bescheinigung des Notars gem. § 54 Abs. 1 zweiter Halbs. GmbHG.
II. Wir erklären gem. § 16 Abs. 2 S. 2 UmwG unter Bezug auf die vorgelegten Zustimmungsbeschlüsse und die dort abgegebenen Klageverzichtserklärungen, dass eine Klage gegen die Wirksamkeit des Beschlusses ausgeschlossen ist.
III. Wir melden zur Eintragung in das Handelsregister an:
  1. Die Z-GmbH in ...... ist aufgrund des Verschmelzungsvertrages vom ......, des Beschlusses der Gesellschafterversammlung der Z-GmbH vom ...... und des Beschlusses der Gesellschafterversammlung vom ...... mit der Y durch Aufnahme verschmolzen.
  2. Das Stammkapital ist zum Zwecke der Durchführung der Verschmelzung von [500.000,– EUR] um [30.000,– EUR] auf [530.000,– EUR] erhöht worden.
     § 3 des Gesellschaftsvertrages (Stammkapital) ist entsprechend geändert und lautet nunmehr:

„§ 3 Stammkapital

Das Stammkapital beträgt [530.000,– EUR]."

3. Die Firma der Gesellschaft ist geändert in:

YZ-GmbH.

§ 1.1 des Gesellschaftsvertrages (Firma und Sitz) ist entsprechend geändert und lautet nunmehr:

„§ 1 Firma und Sitz

Die Firma lautet YZ-GmbH."

[Die Bedingungen zur Wirksamkeit der Kapitalerhöhungen und Satzungsänderung zu 2. und 3. sind mit der Anmeldung der Verschmelzung zu 1. eingetreten.][2]

IV. Wir bitten, im Hinblick auf § 53 UmwG zunächst nur die Kapitalerhöhung einzutragen.

Die Firmenänderung und die Satzungsänderungen bitten wir mit Wirksamwerden der Verschmelzung einzutragen. Wir werden sodann zur Vervollständigung der Anmeldung der Verschmelzung noch einreichen einen beglaubigten Handelsregisterauszug der Z-GmbH, aus dem sich ergibt, dass die Verschmelzung in das Handelsregister des Sitzes der Z-GmbH eingetragen ist.

V. Frau ...... sowie Herr ...... werden bevollmächtigt, alle Anmeldungen zum Handelsregister vorzunehmen, auch etwaige Änderungen des Gesellschaftsvertrages, die im Zuge der Eintragung der hier angemeldeten und aus den dieser Anmeldung beigefügten Unterlagen ersichtlichen Tatsachen in das Handelsregister erforderlich oder zweckmäßig sind. Die Vollmacht ist jederzeit widerruflich. Jede(r) Bevollmächtigte darf allein handeln. Dem Handelsregister gegenüber ist die Vollmacht unbeschränkt. Nach Vollzug des Antrages auf Eintragung der Kapitalerhöhung und schließlich nach Vollzug der Anträge auf Eintragung der Verschmelzung und Satzungsänderung bitten wir jeweils um Eintragungsnachricht an die Gesellschaft und an den beglaubigenden Notar sowie um Übermittlung von 3 beglaubigten Handelsregisterauszügen an die Gesellschaft und 1 beglaubigten Handelsregisterauszug an den beglaubigenden Notar.

......, den ......

......

[Unterschriften sämtlicher Geschäftsführer]   Anlagen

......

[Unterschriftsbeglaubigung]

Y-GmbH
AG ......
HRB ......

Liste der Übernehmer
gemäß § 57 Abs. 3 Nr. 2 GmbHG

Gesellschafter	übernommener Geschäftsanteil
W-AG	20.000,– EUR (Geschäftsanteil Nr. 3)
X-GmbH	10.000,– EUR (Geschäftsanteil Nr. 4)

......, den ......
Y-GmbH

......

[Unterschriften der Geschäftsführer]

Anmerkungen

1. Für die Anmeldung der Verschmelzung einer GmbH auf eine GmbH gelten wie bei einer Anmeldung der Verschmelzung einer AG mit einer AG die §§ 16, 17 UmwG. Siehe hierzu die Anm. zu Form. L.II.8.

Gem. § 52 Abs. 2 UmwG hatten die Geschäftsführer der Anmeldung zum Handelsregister stets eine berichtigte Gesellschafterliste beizufügen. Seit Einführung des MoMiG war diese Pflicht allerdings mit der Pflicht des Notars nach § 40 Abs. 2 S. 1 GmbHG redundant (vgl. KölnKommUmwG/*Simon/Nießen* § 52 Rdnr. 20; *Lutter/Winter* § 52 Rdnr. 8), wobei die Vorschrift aus Vorsichtsgründen trotzdem erfüllt werden sollte. Der Regierungsentwurf zum Dritten Gesetz zur Änderung des Umwandlungsgesetzes (BT-Drucks. 17/3122) reagiert auf Stimmen aus der Literatur und sieht eine Streichung des § 52 Abs. 2 UmwG vor, so dass keine Gesellschafterliste mehr beizufügen ist.

2. Vgl. Form. L.II.8 Anm. 5.
3. Kosten und Gebühren. Vgl. Form. L.II.8 Anm. 13.

19. Anmeldung der Verschmelzung zum Handelsregister der übertragenden GmbH

UR-Nr. ......

An das
Amtsgericht ......
– Handelsregister –
......

Z-GmbH ......, HRB ....
Verschmelzung mit der Y-GmbH

I. Ich, der einzige und alleinvertretungsberechtigte Geschäftsführer der Z-GmbH, überreiche als Anlage:
  1. notariell beglaubigte Abschrift des Verschmelzungsvertrages vom ...... (UR-Nr. ...... des Notars ......);
  2. gemeinsamen Verschmelzungsbericht der Geschäftsführungen der Y-GmbH und der Z-GmbH;
  3. gemeinsamen Verschmelzungsprüfungsbericht der ...... – Wirtschaftsprüfungsgesellschaft und der ...... – Wirtschaftsprüfungsgesellschaft;
  4. Nachweise über die Zuleitung des Verschmelzungsvertrages an die Betriebsräte der Y-GmbH und der Z-GmbH;
  5. notariell beglaubigte Abschrift der Niederschrift über die Gesellschafterversammlung der Z-GmbH vom ...... mit dem Beschluss über die Zustimmung zu dem Verschmelzungsvertrag (UR-Nr. ...... des Notars ......);
  6. Schlussbilanz zum 31.12.2010;
  7. notariell beglaubigte Abschrift der Niederschrift über die Gesellschafterversammlung der Y-GmbH vom ...... mit den Beschlüssen über die Zustimmung zu dem Verschmelzungsvertrag und die Erhöhung des Stammkapitals der Y-GmbH (UR-Nr. ...... des Notars ......);
  8. beglaubigten Handelsregisterauszug der Y-GmbH in ......, aus dem sich ergibt, dass die zur Durchführung der Verschmelzung beschlossene Erhöhung des Stammkapitals im Handelsregister eingetragen worden ist.

II. Ich erkläre, gem. § 16 Abs. 2 S. 2 letzter Halbs. UmwG, dass alle Gesellschafter beider beteiligten Gesellschaften auf Klageerhebung gegen die Wirksamkeit der Verschmelzung verzichtet haben.
III. Ich melde zur Eintragung in das Handelsregister an:
Die Gesellschaft ist aufgrund des Verschmelzungsvertrages vom ......, des Beschlusses der Gesellschafterversammlung vom ...... und des Beschlusses der Gesellschafterversammlung der Y-GmbH in ...... vom ...... mit der Y-GmbH durch Aufnahme verschmolzen.
Frau ...... sowie Herr ...... werden bevollmächtigt, alle Anmeldungen zum Handelsregister vorzunehmen, die im Zuge der Eintragung der hier angemeldeten und aus den dieser Anmeldung beigefügten Unterlagen ersichtlichen Tatsachen in das Handelsregister erforderlich oder zweckmäßig sind. Die Vollmacht ist jederzeit widerruflich. Jede(r) Bevollmächtigte darf allein handeln. Dem Handelsregister gegenüber ist die Vollmacht unbeschränkt.
Nach Vollzug bitte ich um Eintragungsnachricht an die Gesellschaft und an den beglaubigenden Notar sowie um Übermittlung je eines beglaubigten Handelsregisterauszuges an die Vorgenannten.
......, den ......

......
[Unterschrift des Geschäftsführers]
[Unterschriftsbeglaubigung]
Anlagen

Anmerkung

Für die Anmeldung der Verschmelzung einer GmbH auf eine GmbH gelten wie bei einer Anmeldung der Verschmelzung einer AG auf eine AG die §§ 16, 17 UmwG. Siehe hierzu die Anm. zu Form. L.II.9.

Verschmelzung einer AG auf eine GmbH zur Aufnahme

20. Verschmelzungsvertrag nach § 5 UmwG

UR-Nr. ......

Verschmelzungsvertrag[1, 2]

Heute, den ......
erschienen vor mir,

......
Notar in ......

in meinen Amtsräumen in ......
1. Frau ......,
2. Herr ......,
beide nach Angabe hier handelnd nicht im eigenen Namen, sondern in ihrer Eigenschaft als gemeinsam vertretungsberechtigte Mitglieder des Vorstands der X-AG mit dem Sitz in ......, eingetragen im Handelsregister des Amtsgerichts ...... unter HRB ......
– nachfolgend der „übertragende Rechtsträger" –.

20. Verschmelzungsvertrag nach § 5 UmwG L.II.20

Hierzu bescheinige ich, Notar, gemäß § 21 BNotO aufgrund heutiger Einsicht in das elektronische Handelsregister des Amtsgerichts ......, HRB ......, dass die vorgenannte Gesellschaft dort eingetragen ist und von Frau ...... und Herrn ...... als gemeinsam vertretungsberechtigten Mitgliedern des Vorstands vertreten wird.
3. Frau ......,
4. Herr ......,
beide nach Angabe hier handelnd nicht im eigenen Namen, sondern in ihrer Eigenschaft als gemeinsam vertretungsberechtigte Geschäftsführer der Y-GmbH mit dem Sitz in ......, eingetragen im Handelsregister des Amtsgerichts ...... unter HRB ......

– nachfolgend der „übernehmende Rechtsträger" –.

Hierzu bescheinige ich, Notar, gemäß § 21 BNotO aufgrund heutiger Einsicht in das elektronische Handelsregister des Amtsgerichts ......, HRB ......, dass die vorgenannte Gesellschaft dort eingetragen ist und von Frau ...... und Herrn ...... als gemeinsam vertretungsberechtigten Mitgliedern des Vorstands vertreten wird.
Auf Befragen des Notars verneinten die Erschienenen eine, die Beurkundung ausschließende, Vorbefassung im Sinne von § 3 Abs. 1 Nr. 7 BeurkG.
Die Erschienenen wiesen sich aus durch Vorlage ihrer amtlichen Lichtbildausweise. Die Erschienenen baten, handelnd wie angegeben, um die Beurkundung des folgenden Vertrages:

Verschmelzungsvertrag

zwischen der

X-AG

mit dem Sitz in ......, als übertragendem Rechtsträger
und der

Y-GmbH

mit dem Sitz in ......, als übernehmendem Rechtsträger.

Präambel

(1) Die X-AG mit dem Sitz in ...... ist eingetragen in das Handelsregister des Amtsgerichts ...... unter HRB ...... Das Grundkapital der X-AG beträgt ...... EUR (in Worten: ......) und ist eingeteilt in ...... auf den Inhaber lautende Stückaktien mit einem auf die einzelne Aktie entfallenden rechnerischen Anteil am Grundkapital von je 1,– EUR. Die Einlagen auf die Aktien sind voll erbracht.
(2) Die Y-GmbH mit dem Sitz in ...... ist eingetragen in das Handelsregister des Amtsgerichts ...... unter HRB ...... Das Stammkapital der Y-GmbH beträgt ...... EUR (in Worten: ......) und wird von ...... mit Geschäftsanteilen zu ...... EUR gehalten. Die Einlagen auf die Geschäftsanteile sind voll erbracht.[3, 4]
(3) Mit diesem Vertrag wird die X-AG als übertragender Rechtsträger auf die Y-GmbH als übernehmender Rechtsträger verschmolzen. Der Verschmelzungsvertrag hat zum Zweck, ...[5]
(4) Es ist vorgesehen, dass folgende Maßnahmen vor Eintragung der Verschmelzung wirksam werden: ......[6]
Dies vorausgeschickt, vereinbaren die Parteien was folgt:

§ 1 Vermögensübertragung

1.1 Die X-AG überträgt ihr Vermögen als Ganzes mit allen Rechten und Pflichten unter Auflösung ohne Abwicklung gem. § 2 Nr. 1 UmwG gegen Gewährung von Geschäftsanteilen der Y-GmbH (Verschmelzung durch Aufnahme).

1.2 Der Verschmelzung wird die mit dem uneingeschränkten Bestätigungsvermerk der ...... versehene Bilanz der X-AG zum 31.12.2010 als Schlussbilanz zugrundegelegt.[7]

1.3 Die Übernahme des Vermögens der X-AG erfolgt im Innenverhältnis mit Wirkung zum Ablauf des 31.12.2010. Vom Beginn des 1.1.2011, 00:00:00 Uhr („Verschmelzungsstichtag") an gelten alle Handlungen und Geschäfte der X-AG als für Rechnung der Y-GmbH vorgenommen.[8]

§ 2 Gegenleistung

2.1 Die Y-GmbH gewährt mit Wirksamwerden der Verschmelzung den Aktionären der X-AG als Gegenleistung für die Übertragung des Vermögens der X-AG kostenfrei Geschäftsanteile an der Y-GmbH nach Maßgabe des folgenden Umtauschverhältnisses: ......[9]

Für eine auf den Inhaber lautende Stückaktie der X-AG mit einem auf die einzelne Aktie entfallenden rechnerischen Anteil am Grundkapital von je 1,– EUR wird rechnerisch ein Geschäftsanteil an der Y-GmbH im Nennbetrag von je 1,– EUR gewährt.[10]

Danach werden den Aktionären der X-AG folgende Geschäftsanteile gewährt:
- Herrn ...... ein Geschäftsanteil im Nennbetrag von ...... EUR
- Firma Z-AG ein Geschäftsanteil im Nennbetrag von ...... EUR
- den unbekannten Inhabern der Aktien mit den laufenden Nummern ...... Geschäftsanteile im Nennbetrag von insgesamt ...... EUR.[11]

Außerdem leistet die Y-GmbH eine bare Zuzahlung in Höhe von ...... EUR (in Worten: ......) je auf den Inhaber lautender Stückaktie der X-AG.

2.2 Die als Gegenleistung gewährten Geschäftsanteile an der Y-GmbH sind ab dem ...... gewinnberechtigt.[12]

§ 3 Kapitalerhöhung

Zur Durchführung der Verschmelzung wird die Y-GmbH ihr Stammkapital von ...... EUR (in Worten: ......) um ...... EUR (in Worten: ......) auf ...... EUR (in Worten: ......) durch Ausgabe von Geschäftsanteilen im Gesamtnennbetrag von ...... EUR und mit Gewinnberechtigung ab dem 1.1.2011 erhöhen.

§ 4 Besondere Vorteile und Rechte

4.1 Es werden keine besonderen Rechte im Sinne des § 5 Abs. 1 Nr. 7 UmwG für einzelne Anteilsinhaber oder Inhaber besonderer Rechte gewährt, und es sind auch keine besonderen Maßnahmen für solche Personen vorgesehen.

4.2 Ebenso werden – vorbehaltlich der aus Gründen rechtlicher Vorsorge aufgenommenen Regelungen in § 4.3[13] – keine besonderen Vorteile für Vorstandsmitglieder, Mitglieder der Geschäftsführung, Aufsichtsratsmitglieder und Abschlussprüfer der beteiligten Rechtsträger oder für den Verschmelzungsprüfer gewährt.

4.3 Im Hinblick auf die vorgesehene Verschmelzung haben die Gesellschafter der Y-GmbH den Beschluss gefasst, die bisherigen Mitglieder des Vorstands der X-AG, die Herren ......, mit Wirkung ab Rechtswirksamkeit der Verschmelzung zu Mitgliedern der Geschäftsführung der Y-GmbH zu bestellen. Die Anstellungsverhältnisse gehen mit Wirksamkeit der Verschmelzung unverändert im Wege der Gesamtrechtsnachfolge auf die Y-GmbH über.

§ 5 Folgen der Verschmelzung für die Arbeitnehmer und ihre Vertretungen[14]

5.1 Mit Wirksamwerden der Verschmelzung gehen sämtliche Arbeitsverhältnisse der zu diesem Zeitpunkt bei der X-AG beschäftigten Arbeitnehmer mit allen Rechten und Pflichten auf die Y-GmbH über.

5.2 Hinsichtlich der aufgrund dieses Verschmelzungsvertrages der X-AG auf die Y-GmbH übergehenden Arbeitsverhältnisse ergeben sich durch die Verschmelzung individualrechtlich keine Veränderungen. Die übergehenden Arbeitsverhältnisse werden unter voller Anrechnung der Betriebszugehörigkeitszeiten und einschließlich der Vereinbarungen über Direktversicherungen zur Altersvorsorge unverändert zu den bisherigen Bedingungen mit der Y-GmbH fortgesetzt.

5.3 Die Y-GmbH wird mit Wirksamwerden der Verschmelzung neuer Arbeitgeber der zu diesem Zeitpunkt bei der X-AG beschäftigten Arbeitnehmer. Gemäß § 324 UmwG findet auf die Verschmelzung § 613 a Abs. 1 und 4 bis 6 BGB Anwendung; die Verschmelzung führt zum Betriebsübergang gemäß § 613 a BGB. Die Arbeitnehmer sind vor dem Betriebsübergang gemäß § 613 a Abs. 5 BGB in Textform über den Grund und den geplanten Zeitpunkt des Übergangs sowie die in diesem § 5 aufgeführten Folgen und in Aussicht genommenen Maßnahmen zu informieren.

5.4 Die Verschmelzung führt zu keinen Veränderungen der betrieblichen Struktur und der betrieblichen Organisation in den Betrieben. Die Identität der Betriebe wird durch die Verschmelzung nicht berührt. Eine Betriebsänderung, die Verhandlungen mit dem Betriebsrat der X-AG erforderlich machen würde, wird durch die Verschmelzung selbst nicht bewirkt. Dasselbe gilt für die derzeitigen Arbeitsverhältnisse und -plätze, die sämtlich durch die Verschmelzung selbst nicht verändert oder berührt werden.

5.5 Die derzeit bei der X-AG geltenden Betriebsvereinbarungen gelten als kollektivrechtliche Regelungen normativ fort.

5.6 Der Betriebsrat der X-AG im Betrieb ...... bleibt auch nach der Verschmelzung im Amt und wird mit dem Wirksamwerden der Verschmelzung gleichzeitig zum Betriebsrat der Y-GmbH.

5.7 Nach dem Wirksamwerden der Verschmelzung sind gesellschaftsrechtliche und organisatorische Umstrukturierungen bei einer Reihe von Tochterunternehmen geplant, die sich aus der Zusammenlegung der entsprechenden Abteilungen, Bereiche bzw. Unternehmen ergeben. Im Einzelnen wird dies voraussichtlich die Zusammenführung der folgenden Abteilungen, Bereiche bzw. Unternehmen betreffen:
......

§ 6 Kosten[15]

6.1 Die durch den Abschluss dieses Vertrages und seine Ausführung entstehenden Kosten (mit Ausnahme der Kosten der Hauptversammlung der X-AG, die über die Verschmelzung beschließt) trägt die Y-GmbH.

6.2 Die für die Vorbereitung dieses Vertrages entstandenen Kosten trägt jede Vertragspartei selbst.

6.3 Diese Regelungen gelten auch, falls die Verschmelzung wegen des Rücktritts einer Vertragspartei oder aus einem sonstigen Grund nicht wirksam wird.

§ 7 Stichtagsänderung

7.1 Falls die Verschmelzung nicht bis zum Ablauf des 31.3.2012 in das Handelsregister der Y-GmbH eingetragen wird, wird abweichend von § 1 Abs. 2 der Verschmelzung eine Bilanz der X-AG zum 31.12.2011 als Schlussbilanz zugrundegelegt und abweichend von § 1 Abs. 3 der Beginn des 1.1.2012, 00:00:00 Uhr als Stichtag für die Übernahme des Vermögens der X-AG bzw. den Wechsel der Rechnungslegung angenommen. Bei einer weiteren Verzögerung über den 31. März des Folgejahres hinaus verschieben sich die Stichtage entsprechend der vorstehenden Regelung jeweils um ein weiteres Jahr.[16]

7.2 Falls die Verschmelzung nicht bis zum Ablauf des [31.3.2012] in das Handelsregister der Y-GmbH eingetragen wird, soll die Eintragung erst nach der ordentlichen Hauptversammlung der X-AG bzw. der Gesellschafterversammlung der Y-GmbH stattfinden, die über die Verwendung des Bilanzgewinns bzw. über die Feststellung des Jahresabschlusses und die Verwendung des Ergebnisses für das Geschäftsjahr

2011 beschließen. Die X-AG und die Y-GmbH werden dies gegebenenfalls durch einen Nachtrag zur Registeranmeldung sicherstellen. Entsprechendes gilt, wenn sich die Eintragung über den 31. März des Folgejahres hinaus weiter verzögert.

7.3 Falls die Verschmelzung erst nach der ordentlichen Hauptversammlung der X-AG und der Gesellschafterversammlung der Y-GmbH, die über die Verwendung des Bilanzgewinns bzw. über die Feststellung des Jahresabschlusses und die Verwendung des Ergebnisses für das Geschäftsjahr 2011 beschließen, in das Handelsregister der Y-GmbH eingetragen wird, sind die als Gegenleistung gewährten Geschäftsanteile der Y-GmbH abweichend von § 2 Abs. 2 erst für das Geschäftsjahr ab dem 1.1.2012 gewinnberechtigt.[17] Bei einer weiteren Verzögerung der Eintragung über die folgende ordentliche Hauptversammlung der X-AG und die folgende Gesellschafterversammlung der Y-GmbH hinaus, verschiebt sich die Gewinnberechtigung jeweils um ein weiteres Jahr.

§ 8 Rücktrittsvorbehalt

Jede Vertragspartei kann von diesem Verschmelzungsvertrag mit sofortiger Wirkung zurücktreten, wenn einer der folgenden Fälle eingetreten ist:

- Die Verschmelzung ist nicht bis zum Ablauf des ...... durch Eintragung in das Handelsregister der Y-GmbH wirksam geworden.
- Die Geschäftsführung wurde nicht bis zum ...... wie in § 4 Abs. 3 des Verschmelzungsvertrages vorgesehen besetzt.
- Die erforderliche Freigabe durch die zuständigen Kartellbehörden liegt nicht bis zum ...... vor oder ist nur unter Zusagen, Auflagen oder Bedingungen möglich, die zu wesentlichen nachteiligen Auswirkungen auf das zukünftige gemeinsame Unternehmen führen würden.[18]

Dem diesen Vertrag beurkundenden Notar und den beteiligten Registergerichten ist der Rücktritt unverzüglich schriftlich mitzuteilen. Eine vertragliche Verpflichtung zum Rücktritt besteht nicht.

§ 9 Abfindungsangebot[19]

9.1 Die Y-GmbH macht den Aktionären der X-AG für den Fall, dass diese gegen den Verschmelzungsbeschluss der Hauptversammlung des übertragenden Rechtsträgers Widersprüche zur Niederschrift erklären, folgendes Abfindungsangebot im Sinne des § 29 Abs. 1 S. 1 UmwG:

Die Y-GmbH erwirbt die Aktien bzw. die mit Eintragung der Verschmelzung erworbenen Geschäftsanteile der Anteilsinhaber der X-AG, die gegen den Verschmelzungsbeschluss der Hauptversammlung der X-AG Widerspruch zur Niederschrift erklärt haben; als Gegenleistung erhalten die Aktionäre der X-AG für jede auf den Inhaber lautende Stückaktie mit einem auf die einzelne Aktie entfallenden rechnerischen Anteil am Grundkapital von je 1,– EUR an der X-AG bzw. einen entsprechenden rechnerischen Teil des Geschäftsanteils eine Barabfindung in Höhe von ...... EUR. Die Y-GmbH hat jeweils die Kosten der Übertragung zu tragen.

Die jeweilige Barabfindung ist nach Ablauf des Tages, an dem die Eintragung der Verschmelzung in das Handelsregister des Sitzes der Y-GmbH nach § 19 Abs. 3 S. 2 UmwG als bekanntgemacht gilt, mit jährlich fünf von Hundert über dem jeweiligen Basiszinssatz nach § 247 BGB zu verzinsen.

9.2 Dem Widerspruch zur Niederschrift nach § 9.1 steht es gleich, wenn ein nicht erschienener Anteilsinhaber zu der die Zustimmung zum Verschmelzungsvertrag beschließenden Hauptversammlung zu Unrecht nicht zugelassen worden ist oder die Hauptversammlung der X-AG nicht ordnungsgemäß einberufen oder der Gegenstand der Beschlussfassung nicht ordnungsgemäß bekannt gemacht worden ist (§ 29 Abs. 2 UmwG).

§ 10 Schlussbestimmungen

10.1 Sollten Bestimmungen dieses Vertrages unwirksam sein oder werden, soll dadurch die Gültigkeit der übrigen Bestimmungen dieses Vertrages nicht berührt werden. Das Gleiche gilt, soweit sich herausstellen sollte, dass der Vertrag eine Regelungslücke enthält. Anstelle der unwirksamen oder der undurchführbaren Bestimmungen oder zur Ausfüllung der Lücke verpflichten sich die Parteien, eine angemessene Ersatzregelung zu vereinbaren, die dem Inhalt der nichtigen oder unwirksamen Bestimmung möglichst nahe kommt.

10.2 Der übertragende Rechtsträger verfügt über folgenden Grundbesitz: .... Die Berichtigung des Grundbuches nach Wirksamkeit der Verschmelzung wird hiermit beantragt. Der Notar wird beauftragt und bevollmächtigt, die Grundbuchberichtigung zu veranlassen.[20]

10.3 Dieser Verschmelzungsvertrag wird nur wirksam, wenn ihm die Hauptversammlung der X-AG und die Gesellschafterversammlung der Y-GmbH durch Verschmelzungsbeschluss nach §§ 13 Abs. 1, 50 Abs. 1, 65 Abs. 1 UmwG zustimmen.

10.4 Der Entwurf dieses Verschmelzungsvertrages ist nach § 61 UmwG zum Handelsregister eingereicht worden.

Vollmachten

Die Erschienenen bevollmächtigen hiermit
- Frau ......,
- Herrn ......,

Mitarbeiter(innen) des amtierenden Notars
– je einzeln –, ohne jede persönliche Haftung,
sämtliche Erklärungen und Rechtshandlungen vorzunehmen, die für den Vollzug des Verschmelzungsvertrages erforderlich oder zweckdienlich sind. Die Vollmacht ist jederzeit widerruflich; sie endet mit Eintragung der Verschmelzung im Handelsregister der beteiligten Rechtsträger. Jede(r) Bevollmächtigte ist von den Beschränkungen des § 181 BGB befreit. Dem Handelsregister gegenüber ist die Vollmacht unbeschränkt. Die Wirksamkeit der vorstehenden Vollmacht ist unabhängig von der Wirksamkeit dieser Urkunde im Übrigen.[21]

Hinweise, Belehrungen

Der Notar hat die Erschienenen über den weiteren Verfahrensablauf bis zum Wirksamwerden der Verschmelzung, auf den Wirksamkeitszeitpunkt sowie die Rechtsfolgen der Verschmelzung hingewiesen. Insbesondere wies der Notar auf Folgendes hin:

1. Der Verschmelzungsvertrag bedarf zu seiner Wirksamkeit der Zustimmung der Hauptversammlung der X-AG und der Gesellschafterversammlung der Y-GmbH in notarieller Form.
2. Die Verschmelzung wird erst wirksam, nachdem sie in das Handelsregister aller beteiligten Rechtsträger eingetragen ist. Die Eintragung der Verschmelzung in das Handelsregister kann gemäß § 53 UmwG erst erfolgen, wenn die Durchführung der Erhöhung des Stammkapitals im Handelsregister des übernehmenden Rechtsträgers eingetragen worden ist.
3. Mit Wirksamwerden der Verschmelzung haftet die Y-GmbH für alle Verbindlichkeiten der X-AG, die im Zeitpunkt der Verschmelzung begründet waren. Gläubigern der beteiligten Gesellschaften ist auf Anmeldung und Glaubhaftmachung ihrer Forderung hin nach Maßgabe des § 22 UmwG Sicherheit zu leisten.

Von dieser Urkunde erhalten

beglaubigte Abschriften:
- jeder Beteiligte je ......
- das zuständige Finanzamt[22]

Ausfertigungen:
- jeder Beteiligte je ......
- das Registergericht ......
- das Registergericht ......
- das Grundbuchamt ......

Vorstehende Niederschrift wurde den Erschienenen vom Notar vorgelesen, von ihnen genehmigt und wie folgt eigenhändig unterschrieben:

......

[Unterschriften][23]

Schrifttum: Vgl. bereits Schrifttum zu Form. L.II.3. *Bayer/Schmidt,* Der Regierungsentwurf zur Änderung des Umwandlungsgesetzes. Eine kritische Stellungnahme, NZG 2006, 841; *Drinhausen,* Regierungsentwurf eines Zweiten Gesetzes zur Änderung des Umwandlungsgesetzes – ein Gewinn für die Praxis, BB 2006, 2313; *Handelsrechtsausschuss des DAV:* Stellungnahme zum Regierungsentwurf eines Zweiten Gesetzes zur Änderung des Umwandlungsgesetzes, NZG 2006, 737; *Kallmeyer,* Stellungnahme der Zentrale für GmbH Dr. Otto Schmidt vom 18. 3. 2006 zum Reformentwurf eines Zweiten Gesetzes zur Änderung des Umwandlungsgesetzes, GmbHR 2006, 418.

Anmerkungen

1. Überblick. Bei einer Verschmelzung einer AG auf eine GmbH zur Aufnahme finden in Ergänzung zu den allgemeinen Vorschriften der §§ 2 bis 38 UmwG sowohl die §§ 46 bis 55 UmwG als auch die §§ 60 bis 72 UmwG Anwendung. In den Fällen einer Mischverschmelzung ist insbesondere § 29 UmwG zu beachten (siehe hierzu Anm. 19).

2. Wahl des Formulars. Bei dem Formular handelt es sich um einen Verschmelzungsvertrag zwischen einer Aktiengesellschaft als übertragender und einer GmbH als übernehmender Gesellschaft. Die übernehmende GmbH besitzt keine eigenen Geschäftsanteile. Die Verschmelzung unterliegt der Zusammenschlusskontrolle der Kartellbehörden.

3. Die Anteilsinhaber des übertragenden Rechtsträgers übernehmen mit ihrem Beitritt zu einer GmbH, deren Einlagen noch nicht voll eingezahlt worden sind, das Risiko, in Zukunft für nicht erbrachte Einlagen einstehen zu müssen (Ausfallhaftung, vgl. § 24 GmbHG) (vgl. hierzu Lutter/*Winter* § 51 Rdnr. 5; Schmitt/Hörtnagl/Stratz/*Stratz* § 51 Rdnr. 4; Kallmeyer/*Zimmermann* § 51 Rdnr. 2; *Ihrig* GmbHR 1995, 622). Zum Schutz der Anteilsinhaber sieht § 51 Abs. 1 S. 1 UmwG daher vor, dass der Verschmelzungsbeschluss jedes übertragenden Rechtsträgers von allen bei Beschlussfassung anwesenden (erschienenen bzw. ordnungsgemäß vertretenen) Anteilsinhabern einstimmig gefasst werden muss. Stimmenthaltungen sind als Nein-Stimmen zu werten und verhindern eine positive Beschlussfassung.

4. Wenn, anders als in dem hier gewählten Formular, eine der Gesellschaften an der anderen oder sogar beide Gesellschaften aneinander beteiligt sind, könnte an dieser Stelle in der Präambel zu Klarstellungszwecken ein entsprechender Hinweis auf die vor Verschmelzung bestehenden Beteiligungsverhältnisse erfolgen. Eine solche Klarstellung ist im Hinblick auf das Anteilsgewährungsverbot nach §§ 20 Abs. 1 Nr. 3 i. V. m. 54 UmwG hilfreich.

5. Vgl. Form. L.II.3 Anm. 4.

6. Vgl. Form. L.II.3 Anm. 5.

7. Schlussbilanz. Eine Prüfung der Schlussbilanz der übertragenden AG ist nur dann nicht erforderlich, wenn es sich bei dieser Gesellschaft um eine kleine Kapitalgesellschaft im Sinne von § 267 Abs. 1 HGB handelt (vgl. § 316 Abs. 1 S. 1 HGB).

8. Häufig findet sich in Verschmelzungsverträgen an dieser Stelle noch der Hinweis, dass die übernehmende Gesellschaft die in der Schlussbilanz der übertragenden Gesellschaft angesetzten Werte der durch die Verschmelzung übergehenden Aktiva und Passiva in ihrer Rechnungslegung fortführt. Eine solche Regelung ist unter Umständen dann schädlich, wenn zur

Vermeidung von Verschmelzungsverlusten nach § 24 UmwG eine Aufstockung der Werte erfolgen soll.

9. Gegenleistung. Soweit eine der Gesellschaften, anders als in dem hier gewählten Formular, unmittelbar an der anderen Gesellschaft beteiligt ist, sollte hier wegen des bestehenden Anteilsgewährungsverbots etwa folgende Klarstellung erfolgen:

„Soweit die Y-GmbH zum Zeitpunkt des Abschlusses dieses Verschmelzungsvertrags an der X-AG beteiligt ist, erfolgt die Übertragung des Vermögens der X-AG ohne Gegenleistung, d. h. die Y-GmbH erhält für ihre bisherige Beteiligung an der X-AG keine neuen Aktien (vgl. §§ 20 Abs. 1 Nr. 3, 54 Abs. 1 S. 1 Nr. 1 UmwG)."

Die Anteilsgewährungspflicht der übernehmenden Gesellschaft entfällt gem. § 54 Abs. 1 S. 3 UmwG, wenn alle Anteilsinhaber des übertragenden Rechtsträgers hierauf in materiell beurkundeter Form verzichten (vgl. Form. L.II.3 Anm. 16).

10. Jeder Gesellschafter der übertragenden AG, der mehrere Anteile hält, hat Anspruch auf Gewährung einer entsprechenden Anzahl von Geschäftsanteilen an der übernehmenden GmbH (Lutter/*Winter* § 46 Rdnr. 17). Dies ist im Hinblick auf § 5 Abs. 2 GmbHG nunmehr unproblematisch.

11. Gem. § 5 Abs. 1 Nr. 2 und 4 UmwG müssen Angaben über die als Gegenleistung zu gewährenden Anteile gemacht werden. Sind die Anteilsinhaber des übertragenden Rechtsträgers im einzelnen bekannt, so sollten die Angaben darüber, welcher Anteilsinhaber eines übertragenden Rechtsträgers welchen Geschäftsanteil an der übernehmenden GmbH erhält, so genau wie möglich gemacht werden. Insbesondere wenn Aktiengesellschaften an einer Verschmelzung beteiligt sind, sind die Aktionäre aber häufig zumindest zum Teil unbekannt. Im Rahmen einer Verschmelzung einer AG auf eine GmbH wird also häufig erst zu einem späteren Zeitpunkt endgültig feststehen, wer welche Anteile erhält. Genauere Angaben als die in dem vorliegenden Muster Gemachten sind daher in der Regel nicht möglich und gem. § 35 S. 1 UmwG auch nicht erforderlich. Es ist zulässig, unbekannte Aktionäre durch die Angabe des insgesamt auf sie entfallenden Teils des Grundkapitals der AG und der auf sie nach der Verschmelzung entfallenden Anteile zu bezeichnen, vorausgesetzt, deren Anteile überschreiten zusammen nicht 5 % des Grundkapitals der übertragenden AG. Diese durch das Zweite Gesetz zur Änderung des Umwandlungsgesetzes (BGBl. I 2007 S. 542) eingeführte Regelung ist im Grundsatz zu begrüßen, jedoch ist die vorgesehene 5 % Grenze zu eng. Vielmehr sollte sie in Anlehnung an §§ 71 Abs. 1 S. 1 Nr. 8, 186 Abs. 3 S. 4 AktG auf 10 % angehoben werden (so auch *Bayer/Schmidt* NZG 2006, 841, 845; *Kallmeyer* GmbHR 2006, 418, 419).

Bis zum Erlass des MoMiG (Gesetz zur Modernisierung des GmbH-Rechts und zur Bekämpfung von Missbräuchen vom 23. Oktober 2008, BGBl. I S. 2026) waren Stückelungs- und Teilbarkeitserleichterungen vorgesehen, um die Gewährung von Geschäftsanteilen der übernehmenden Gesellschaft einfacher zu gestalten. Der novellierte § 46 Abs. 1 S. 3 UmwG lässt eine Anteilsgröße von einem Euro zu, so dass diese Notwendigkeit entfällt (vgl. Lutter/*Winter* § 46 Rdnr. 11). Soweit möglich, sind die den einzelnen Aktionären der übertragenden AG zu gewährenden Geschäftsanteile genau zu bezeichnen. Dabei wird im vorliegenden Formular davon ausgegangen, dass die namentlich bekannten Aktionäre mit der Ausgabe je eines Geschäftsanteils für alle von jedem von ihnen gehaltenen Aktien einverstanden sind.

12. Vgl. Form. L.II.3 Anm. 14.

13. Vgl. Form. L.II.3 Anm. 18.

14. Folgen für die Arbeitnehmer und ihre Vertretungen. Vgl. Form. L.II.3 Anm. 21–23.

15. Kosten. Vgl. Form. L.II.3 Anm. 24.

16. Stichtagsänderung. Vgl. Form. L.II.3 Anm. 25.

17. Vgl. Form. L.II.3 Anm. 26.

18. Rücktrittsvorbehalt. Siehe hierzu die entsprechenden Anmerkungen in Form. L.II.3 Anm. 27.

19. Abfindungsangebot. In Fällen der Mischverschmelzung schreibt § 29 UmwG vor, dass der übernehmende Rechtsträger den dem Verschmelzungsbeschluss widersprechenden Anteilsinhabern des übertragenden Rechtsträgers den Erwerb ihrer Anteile gegen Barabfindung anbieten muss. Damit wird der Tatsache Rechnung getragen, dass jede Veränderung der Rechtsform erhebliche Auswirkungen auf die Rechtstellung des Anteilsinhabers hat und diesem insofern die Mitgliedschaft in dem übernehmenden Rechtsträger nicht ohne weiteres zumutbar ist (vgl. Lutter/*Grunewald* § 29 Rdnr. 2). Die Verpflichtung zur wahlweisen Barabfindung anstelle der Gewährung von Geschäftsanteilen besteht jedoch nur gegenüber denjenigen Aktionären, die gemäß § 245 Nr. 1 AktG gegen den Verschmelzungsbeschluss Widerspruch zum notariellen Protokoll erklärt haben.

Durch das ARUG (Gesetz zur Umsetzung der Aktionärsrechterichtlinie, BGBl. I S. 2479) wurde § 15 Abs. 2 UmwG dahingehend geändert, dass die bare Zuzahlung ab dem Tag der Registereintragung der Verschmelzung künftig mit fünf statt früher zwei Prozent über dem Basiszinssatz (§ 247 BGB) zu verzinsen ist.

20. Verschiedenes. Siehe hierzu Form. L. II.3 Anm. 28.

21. Vollmacht. Vgl. Form. L. II.3 Anm. 29.

22. Zu Mitteilungspflichten gegenüber dem Finanzamt vgl. § 54 EStDV.

23. Kosten und Gebühren. Vgl. Form. L. II.3 Anm. 33.

21. Zustimmung der Hauptversammlung der übertragenden AG zur Verschmelzung nach §§ 13, 65 UmwG

UR-Nr. ......

vom ......

Hauptversammlungsprotokoll[1] der X-AG

mit dem Sitz in ......

Der unterzeichnende Notar

......

mit dem Amtssitz in ......, nahm heute in ......, wohin er sich auf Ersuchen des Vorstands der X-AG begeben hatte, die Niederschrift über die

außerordentliche Hauptversammlung

der

X-Aktiengesellschaft

auf.

Zu der Hauptversammlung waren erschienen:
I. Vom Aufsichtsrat der Gesellschaft, dem folgende Damen und Herren angehören:
   1. ......, Vorsitzender
   2. ......, stellvertretender Vorsitzender
   3. ......
   4. ......
   5. ......
   6. ......

– die zu 1. bis 6. Genannten –

II. Vom Vorstand der Gesellschaft, dem folgende Damen und Herren angehören:
   1. ......, Vorsitzender
   2. ......, stellvertretender Vorsitzender
   3. ......

– die zu 1. bis 3. Genannten –

21. Zustimmung der HV der übertragenden AG zur Verschmelzung L.II.21

III. Die aus dem Verzeichnis in Anlage 1 ersichtlichen Aktionäre bzw. Aktionärsvertreter, die ihre Berechtigung zur Teilnahme an der außerordentlichen Hauptversammlung und zur Ausübung des Stimmrechts ordnungsgemäß nachgewiesen haben.

Den Vorsitz in der Hauptversammlung führte gem. § ...... der Satzung der Gesellschaft Herr ...... als Vorsitzender des Aufsichtsrats. Er eröffnete die Versammlung um ...... Uhr. Er teilte mit, dass der amtierende Notar mit der Protokollierung beauftragt sei. Der Vorsitzende stellte fest, dass die heutige Hauptversammlung gemäß § ...... der Satzung der Gesellschaft form- und fristgerecht einberufen wurde. Dies wurde nachgewiesen durch Auszug des elektronischen Bundesanzeigers vom ......, Nr. ......, in welchem die Einberufung der heutigen außerordentlichen Hauptversammlung auf den Seiten ...... veröffentlicht ist. Die Veröffentlichung im elektronischen Bundesanzeiger ist dieser Niederschrift als Anlage 2 beigefügt.[2]

Der Vorsitzende stellte fest, dass die in § 125 AktG vorgesehenen Mitteilungen durch den Vorstand form- und fristgerecht verteilt wurden. Ergänzungsanträge zur Tagesordnung oder Gegenanträge seien nicht zugegangen.

Der Vorsitzende stellte weiterhin fest, dass die Einreichung des Entwurfs des Verschmelzungsvertrags gem. § 61 S. 1 UmwG ordnungsgemäß erfolgt ist, die gem. § 63 Abs. 1 UmwG auszulegenden Unterlagen in den Geschäftsräumen beider beteiligten Gesellschaften sowie gem. § 64 Abs. 1 S. 1 UmwG im Versammlungssaal ordnungsgemäß ausgelegt sind und den Aktionären auf Verlangen Abschriften der in § 63 Abs. 1 UmwG bezeichneten Unterlagen unverzüglich und kostenlos erteilt wurden (§ 63 Abs. 3 UmwG).
[Alternative: ...ordnungsgemäß erfolgt ist und die nach § 63 Abs. 1 UmwG auszulegenden Unterlagen gem. § 63 Abs. 4 UmwG seit der Einberufung der Hauptversammlung auf der Internetseite der Gesellschaft zugänglich sind.][3]

Eine Ausfertigung des Verschmelzungsvertrages ist dieser Niederschrift als Anlage 3 beigefügt.

Der Vorstand hat weiterhin dargelegt, dass in der Zeit zwischen dem Abschluss des Vertrages und der Hauptversammlung keine wesentlichen Veränderungen des Vermögens der an der Aufspaltung beteiligten Rechtsträger eingetreten sind.[4]

Das nach § 129 Abs. 1 S. 2 AktG aufgenommene Verzeichnis der erschienenen Aktionäre und Aktionärsvertreter wurde im Lauf der Debatte vom Vorsitzenden unterschrieben und vor der ersten Abstimmung der Hauptversammlung zur Einsicht ausgelegt.[5] Wie sich aus dem Verzeichnis, das dieser Niederschrift als Anlage 1 beigefügt ist, ergibt und wie der Vorsitzende bekannt gab, sind vom Grundkapital in Höhe von nominal insgesamt ...... EUR Aktien im Gesamtnennbetrag von ...... EUR sowie mit ...... Stimmen, mithin ......% des Grundkapitals und ......% der Stimmen anwesend bzw. vertreten.

Der Vorsitzende bestimmte für das Abstimmungsverfahren, dass die Abstimmung durch Handaufheben erfolgt und dass zunächst die Nein-Stimmen und dann die Stimmenthaltungen aufgerufen werden; daraufhin wird nach der Differenzmethode anhand des Aktionärsverzeichnisses das Abstimmungsergebnis ermittelt. Dementsprechend zählt jede Stimme, soweit sie nicht bei Aufruf der Nein-Stimmen oder Enthaltungen durch Handaufheben abgegeben wird, als Ja-Stimme. Die Stimmen können nur im Versammlungssaal abgegeben werden, es erfolgt eine laufende Präsenzkontrolle.[6]

Der Vorsitzende stellte sodann den einzigen Tagesordnungspunkt wie folgt zur Diskussion und Beschlussfassung:

Tagesordnungspunkt
Beschlussfassung über die Verschmelzung der X-AG
als übertragendem Rechtsträger auf die Y-GmbH
als übernehmenden Rechtsträger

Vorstand und Aufsichtsrat schlagen vor, dem als Anlage 4 beigefügten Verschmelzungsvertrag[7] zwischen der X-AG als übertragendem Rechtsträger und der Y-GmbH als über-

nehmendem Rechtsträger zuzustimmen und den Vorstand zu ermächtigen, die für die Durchführung erforderlichen Einzelheiten festzulegen und Maßnahmen zu ergreifen.
Der Vorsitzende erteilte daraufhin das Wort dem Mitglied des Vorstands, Herrn ......, der den Entwurf des Verschmelzungsvertrags, das Umtauschverhältnis sowie die sonstigen rechtlichen Fragen im Zusammenhang mit der Verschmelzung im einzelnen erläuterte.
Herr ...... wies dabei insbesondere auf Folgendes hin:[8]
Durch den Verschmelzungsvertrag soll die X-AG als übertragender Rechtsträger auf die Y-GmbH als übernehmenden Rechtsträger verschmolzen werden. Aufgrund des Bewertungsgutachtens der Wirtschaftsprüfungsgesellschaft ......, ... vom ...... wurde das Umtauschverhältnis wie in § 2.1 des Verschmelzungsvertrags vorgesehen so festgelegt, dass für je eine Aktie der X-AG mit rechnerischem Anteil am Grundkapital von je 1,– EUR rechnerisch ein Geschäftsanteil an der Y-GmbH im Nennbetrag von je 1,– EUR und mit Gewinnberechtigung ab dem Verschmelzungsstichtag gewährt wird. Die hierfür erforderlichen Geschäftsanteile werden durch Erhöhung des Stammkapitals der Y-GmbH um nominal ...... EUR geschaffen. Als Verschmelzungsstichtag ist der 1.1.2011 vorgesehen. Bei Verzögerung der Eintragung sind Stichtagsänderungen sowie eine Rücktrittsmöglichkeit vorgesehen. Der Vertrag wird nur mit Zustimmung der Hauptversammlung der X-AG und der Gesellschafterversammlung der Y-GmbH wirksam.
Herr ...... ging überdies ausführlich auf den Zusammenschluss der X-AG und der Y-GmbH ein und erläuterte die hierdurch entstehenden Wettbewerbsvorteile des zusammengeführten Unternehmens. Dabei legte er insbesondere die strategischen Vorteile einer Zusammenführung beider Unternehmen dar.
Herr ...... beantwortete außerdem sämtliche Fragen der Aktionäre und Aktionärsvertreter zu der geplanten Verschmelzung der X-AG auf die Y-GmbH.[9]
Der Vorsitzende wies anschließend darauf hin, dass sich Einzelheiten der Verschmelzung und insbesondere ihre Auswirkungen auch aus den gem. §§ 63 Abs. 1 i.V.m. 64 Abs. 1 S. 1, Abs. 4 UmwG zugänglichen Unterlagen ergeben.
Nachdem sich kein Teilnehmer mehr zu Wort meldete, schloss der Vorsitzende die Debatte zum einzigen Tagesordnungspunkt und ließ über den Antrag des Vorstands und des Aufsichtsrats, der Verschmelzung der X-AG auf die Y-GmbH zuzustimmen und den Vorstand zu ermächtigen, die für die Durchführung erforderlichen Einzelheiten festzulegen und Maßnahmen zu ergreifen, abstimmen.[10]
Die Hauptversammlung beschloss
    gegen ...... Nein-Stimmen
    bei ...... Stimmenthaltungen
    mit ...... Ja-Stimmen
bei einer Präsenz von ...... EUR oder ...... Stimmen

entsprechend dem Antrag zum einzigen Tagesordnungspunkt. Der Vorsitzende stellte das Beschlussergebnis zum einzigen Tagesordnungspunkt fest und verkündete, dass die Hauptversammlung in Form der Abstimmung durch Handaufheben mit ...... Ja-Stimmen bei ...... Stimmenthaltungen und ...... Nein-Stimmen dem Entwurf des Verschmelzungsvertrags zwischen der X-AG und der Y-GmbH zugestimmt hat, und dass damit die erforderliche Stimm- und Kapitalmehrheit[11] erreicht wurde.
Ein Widerspruch zum Protokoll des Notars wurde von keinem der anwesenden Aktionäre und Aktionärsvertreter eingelegt.
Nachdem sich auf ausdrückliche Nachfrage des Vorsitzenden kein Teilnehmer mehr zu Wort meldete, schloss der Vorsitzende die Versammlung um ...... Uhr.
Diese bei dem beurkundenden Notar verbleibende Niederschrift wurde von dem Notar wie folgt eigenhändig unterschrieben:

......

[Unterschrift des Notars][12]

21. Zustimmung der HV der übertragenden AG zur Verschmelzung   L.II.21

Schrifttum: Vgl. bereits Schrifttum zu Form. L.II.3.

Anmerkungen

1. Überblick. Bei einer Verschmelzung unter Beteiligung einer AG finden neben den allgemeinen Vorschriften ergänzend die §§ 60 ff. UmwG Anwendung. In Bezug auf die Vorbereitung und Durchführung der Hauptversammlung, die über die Zustimmung zum Verschmelzungsvertrag zu beschließen hat, sind insbesondere die §§ 63 und 64 UmwG zu beachten. Im Übrigen siehe die Anm. zu Form. L.II.6.

2. Sieht die Satzung der Gesellschaft vor, dass Veröffentlichungen der Gesellschaft nicht nur im elektronischen Bundesanzeiger, sondern z. B. in bestimmten Tageszeitungen als Veröffentlichungsblättern zu erfolgen haben, muss zum Nachweis der ordnungsgemäßen Einberufung der außerordentlichen Hauptversammlung auch jeweils ein Exemplar dieser anderen Veröffentlichungsblätter vorliegen.

3. Verfahrensfeststellungen. Die Feststellungen zur Einhaltung des ordnungsgemäßen Verfahrens gem. §§ 61, 63 und 64 UmwG sind nicht erforderlich. Sie haben auch trotz der später im vorliegenden Formular erfolgenden Feststellung, dass zu den Feststellungen des Vorsitzenden kein Widerspruch aus der Hauptversammlung erhoben wurde, keine heilende Wirkung. In der Regel empfehlen sich aber Feststellungen zur Einhaltung des Verfahrens, um möglichst an dieser Stelle schon feststellen zu können, ob sich insoweit Widerspruch aus dem Aktionärskreis ergibt.

Nach § 63 Abs. 3 S. 2 UmwG n. F. können die Unterlagen den Aktionären mit deren Einwilligung auch auf elektronischem Wege in druckbarem Format (vgl. BT-Drucks. 17/3122 S. 13) zur Verfügung gestellt werden. Seit Einführung des ARUG (Gesetz zur Umsetzung der Aktionärsrechterichtlinie, BGBl. I S. 2479) genügt es auch, wenn der Bericht über denselben Zeitraum über die Internetseite der Gesellschaft zugänglich ist (§ 63 Abs. 4 UmwG); von dieser Möglichkeit macht die Praxis bislang jedoch kaum Gebrauch.

4. Zur Pflicht der Vertretungsorgane aus § 64 Abs. 1 S. 3 des Entwurfs zum dritten UmwÄndG i. d. F. des Rechtsausschusses (BT-Drucks. 17/5930), über Vermögensänderungen zu berichten, die zwischen Vertragsschluss und Beschlussfassung eingetreten sind, vgl. Form. L.II.6 Anm. 9.

5. Teilnehmerverzeichnis. § 129 Abs. 1 S. 2 AktG begründet die Pflicht zur Aufstellung eines Teilnehmerverzeichnisses. Nach h. M. besteht diese Pflicht auch bei einer Vollversammlung (*Hüffer* § 129 Rdnr. 5; MünchKommAktG/*Kubis* § 129 Rdnr. 15; GroßKommAktG/*Werner* § 129 Rdnr. 4). Nach der Neufassung des § 129 Abs. 4 AktG durch Art. 1 Nr. 11 lit. d) NaStraG ist eine Unterzeichnung des Teilnehmerverzeichnisses nicht mehr erforderlich, dient aber möglicherweise der Überprüfbarkeit der Angaben. Handelt es sich um eine große Publikumsgesellschaft, muss die Präsenz erneut vor der ersten Abstimmung festgestellt und bekannt gegeben werden. Änderungen der Präsenz werden dabei in Nachträgen zu dem Teilnehmerverzeichnis festgehalten und zur Einsicht der Aktionäre ausgelegt.

6. Abstimmungsverfahren. Soweit das Abstimmungsverfahren nicht bereits in der Satzung der Gesellschaft festgelegt ist (Ausnahme), bestimmt der Vorsitzende das Abstimmungsverfahren (vgl. *Hüffer* § 130 Rdnr. 17). In Betracht kommen z. B. Stimmkarten, Zuruf, namentlicher Aufruf oder wie im vorliegenden Formular Handzeichen. Vgl. im Übrigen Form. F.II.1 Anm. 10.

7. Liegt der Verschmelzungsvertrag nur im Entwurf vor, wäre hier auf den „Entwurf des Verschmelzungsvertrags" Bezug zu nehmen.

8. Erläuterung des Verschmelzungsvertrags. Die Pflicht zur Erläuterung des Verschmelzungsvertrags bzw. seines Entwurfs ergibt sich aus § 64 Abs. 1 S. 2 UmwG. Eine Verlesung des Textes ist dafür nicht erforderlich. Zur Erläuterung gehört neben einer Darlegung des wesentlichen Inhalts des Verschmelzungsvertrages die Angabe der Gründe für die Verschmelzung sowie ihrer rechtlichen und wirtschaftlichen Folgen (vgl. hierzu Kallmeyer/*Marsch-Barner* § 64 Rdnr. 3 ff.; Lutter/*Grunewald* § 64 Rdnr. 3 ff.).

9. Vgl. hierzu § 64 Abs. 2 UmwG.

10. Sollten sich Änderungen der Präsenz ergeben haben, wäre vor Durchführung der Abstimmung erneut ein Nachtrag zur Präsenz zu erstellen und das aktualisierte Teilnehmerverzeichnis zur Einsicht der Aktionäre auszulegen.

11. **Mehrheitserfordernisse.** Nach § 65 Abs. 1 UmwG bedarf der Verschmelzungsbeschluss einer Mehrheit von mindestens drei Vierteln des bei der Beschlussfassung vertretenen Grundkapitals, soweit die Satzung nicht eine größere Kapitalmehrheit vorsieht und weitere Erfordernisse bestimmt.

12. **Kosten und Gebühren.** Vgl. Form. L.II.6 Anm. 11.

22. Zustimmungsbeschluss der Gesellschafterversammlung der übernehmenden GmbH

UR-Nr. ......

Niederschrift über eine Gesellschafterversammlung

Heute, den ......
erschienen vor mir, ...

Notar in ......

in meinen Amtsräumen in ......
1. Frau ......
2. Frau ......
3. Frau ......
4. Herr ......
5. Herr ......
letzterer nach Angabe hier handelnd nicht im eigenen Namen, sondern für die Firma A-GmbH mit Sitz in ......, ..., eingetragen im Handelsregister des Amtsgerichts ...... unter HRB ......,
als deren einzelvertretungsberechtigter, von den Beschränkungen des § 181 BGB befreiter Geschäftsführer.
Hierzu bescheinige ich, Notar, gemäß § 21 BNotO aufgrund heutiger Einsicht in das elektronische Handelsregister des Amtsgerichts ...... vom ......, HRB ......, dass die vorgenannte Gesellschaft dort eingetragen ist und von Herrn ...... als einzelvertretungsberechtigtem, von den Beschränkungen des § 181 BGB befreitem Geschäftsführer vertreten wird.
Die Erschienenen weisen sich aus durch Vorlage ihrer amtlichen Lichtbildausweise. Auf Antrag der Erschienenen beurkunde ich aufgrund ihrer vor mir mündlich abgegebenen Erklärungen was folgt:

Präambel

Im Handelsregister des Amtsgerichts ...... ist unter HRB ...... die Firma

Y-GmbH

mit dem Sitz in ......

– im Folgenden die „Gesellschaft" genannt –

eingetragen. Das Stammkapital der Gesellschaft beträgt ...... EUR (in Worten: ......).
Die Beteiligten zu 1. bis 5. sind die alleinigen Gesellschafter der Gesellschaft. Sie sind ausweislich der letzten in das Handelsregister aufgenommenen Gesellschafterliste wie folgt an der Gesellschaft beteiligt:

22. Zustimmungsbeschluss der Gesellschafter V der übernehmenden GmbH   L.II.22

a) die Beteiligte zu 1. mit
   Geschäftsanteil Nr. 1 im Nominalwert von ...... EUR
b) die Beteiligte zu 2. mit
   Geschäftsanteil Nr. 2 im Nominalwert von ...... EUR
c) die Beteiligte zu 3. mit
   Geschäftsanteil Nr. 3 im Nominalwert von ...... EUR
d) der Beteiligte zu 4. mit
   Geschäftsanteil Nr. 4 im Nominalwert von ...... EUR
e) der Beteiligte zu 5. mit
   Geschäftsanteil Nr. 5 im Nominalwert von ...... EUR
Insgesamt ...... EUR

Die vorgenannten Gesellschafter halten hiermit unter Verzicht auf sämtliche Form- und Fristvorschriften für die Einberufung und Abhaltung einer Gesellschafterversammlung sowie sämtliche Informationsrechte eine Gesellschafterversammlung der Gesellschaft ab und stellen fest, dass die Gesellschafterversammlung als Vollversammlung beschlussfähig ist.

Sie beschließen mit allen Stimmen was folgt:

1. Dem Verschmelzungsvertrag vom ...... (UR-Nr. ...... des beurkundenden Notars) zwischen der X-AG mit dem Sitz in ...... als übertragendem Rechtsträger und der Gesellschaft als übernehmendem Rechtsträger wird mit allen Stimmen[1] vorbehaltlos zugestimmt.
   Eine Ausfertigung dieses Verschmelzungsvertrags ist dieser Niederschrift als Anlage beigefügt.[2]

2. Zur Durchführung der Verschmelzung wird das Stammkapital der GmbH von ...... EUR um ...... EUR auf ...... EUR erhöht.

2.1 Es werden folgende neue Geschäftsanteile gebildet, die ab 1.1.2010 gewinnberechtigt sind:
   • ein Geschäftsanteil Nr. 6 im Nennbetrag von ...... EUR
   • ein Geschäftsanteil Nr. 7 im Nennbetrag von ...... EUR
   • Geschäftsanteile im Nennbetrag von insgesamt ...... EUR.

2.2 Die neuen Geschäftsanteile werden den Aktionären der X-AG mit dem Sitz in ...... als Gegenleistung für die Übertragung des Vermögens der X-AG als Ganzes im Wege der Verschmelzung durch Aufnahme auf die Gesellschaft wie folgt gewährt:
   • der Geschäftsanteil Nr. 6 im Nennbetrag von ...... EUR an Herrn ......
   • der Geschäftsanteil Nr. 7 im Nennbetrag von ...... EUR an die Z-AG mit Sitz in ......;
   • die Geschäftsanteile im Nennbetrag von insgesamt ...... EUR an die unbekannten Inhaber der auf den Inhaber lautenden Aktien der X-AG mit den laufenden Nummern ...... nach Maßgabe des im Verschmelzungsvertrag festgelegten Umtauschverhältnisses.[3]

3. § ...... des Gesellschaftsvertrags (Stammkapital) der Gesellschaft erhält folgende Fassung:
   „§...... *Stammkapital*
   Das Stammkapital der Gesellschaft beträgt ...... EUR."

4. Herr ...... wird zum Geschäftsführer der Y-GmbH bestellt; er vertritt die Gesellschaft stets allein.[4]

5. Auf das Recht zur Anfechtung der vorstehenden Beschlüsse wird ausdrücklich verzichtet.[5]
   Eine Verschmelzungsprüfung gem. § 48 UmwG wird nicht verlangt.
   Der Notar belehrte die Erschienenen über die Unwiderruflichkeit der Verzichtserklärungen und deren Wirkungen sowie darüber, dass durch diese Erklärungen die Ausübung von Gesellschafterrechten bei der bevorstehenden Verschmelzung beeinträchtigt werden kann.

Seibt

6. Die Kosten dieser Urkunde trägt die Gesellschaft.
7. Die Beteiligten zu 1. bis 5. bevollmächtigen hiermit Herrn ...... sowie Frau ...... und jeden von ihnen einzeln und unabhängig voneinander, sämtliche Erklärungen und Rechtshandlungen vorzunehmen, die im Zuge des Verschmelzungsbeschlusses erforderlich und zweckmäßig sind. Die Vollmacht ist jederzeit widerruflich. Jeder Bevollmächtigte darf auch für alle Beteiligten gleichzeitig handeln. Dem Handelsregister gegenüber ist die Vollmacht unbeschränkt.[6]
8. Von dieser Urkunde erhalten
Ausfertigungen:
- die Gesellschafter [...fach]
- die Gesellschaft [...fach]
- die übertragende X-AG [...fach]

beglaubigte Abschriften:
- das Amtsgericht ......
- das Amtsgericht ......

Vorstehende Niederschrift wurde den Erschienenen vorgelesen, von ihnen genehmigt und wie folgt eigenhändig unterschrieben:

......

[Unterschriften][7]

Schrifttum: Vgl. bereits Schrifttum zu Form. L.II.3.

Anmerkungen

1. Mehrheitserfordernisse. Bei der Verschmelzung unter Beteiligung einer GmbH findet ergänzend zu § 13 Abs. 1 UmwG § 50 Abs. 1 UmwG Anwendung. Danach bedarf der Verschmelzungsbeschluss zu seiner Wirksamkeit einer Mehrheit von mindestens drei Vierteln der abgegebenen Stimmen. Gezählt werden nur die abgegebenen gültigen Ja- und Nein-Stimmen. Stimmenthaltungen werden nicht berücksichtigt. Im Unterschied zur AG, KGaA wird eine Kapitalmehrheit nicht verlangt.

2. Gemäß § 13 Abs. 3 S. 2 UmwG ist der Verschmelzungsvertrag bzw. sein Entwurf dem Verschmelzungsbeschluss als Anlage beizufügen.

3. Soweit die Aktionäre der übertragenden AG und der Umfang ihres Aktionärsbesitzes unbekannt sind, kann der Umfang der zu bildenden Geschäftsanteile – wie hier geschehen – nur abstrakt bestimmt werden. Vgl. hierzu Form. L.II.20 Anm. 11.

4. Bestellung des Geschäftsführers. Die Bestellung eines neuen Geschäftsführers der Y-GmbH ist nicht erforderlich, da das vorliegende Formular davon ausgeht, dass kein neuer Geschäftsführer beim übernehmenden Rechtsträger bestellt wird. In der Praxis werden aber häufig einzelne Mitglieder des Vertretungsorgans eines übertragenden Rechtsträgers zu Geschäftsführern der übernehmenden GmbH bestellt. In diesem Fall kann die Bestellung eines neuen Geschäftsführers dann unmittelbar im Verschmelzungsbeschluss vorgenommen werden, wie hier vorgesehen.

5. Der Verzicht auf das Recht zur Anfechtung des Verschmelzungsbeschlusses ist, wenn von allen Anteilsinhabern der beteiligten Rechtsträger erklärt, im Hinblick auf § 16 Abs. 2 S. 1 Halbs. 1 UmwG hilfreich.

6. Vollmacht. Die Vollmacht ist sinnvoll, um sicherzustellen, dass evtl. erforderlich werdende Änderungen oder Ergänzungen des Beschlusses ohne zeitliche Verzögerung erfolgen können, ohne dass erneut alle Gesellschafter vor dem Notar erscheinen müssen.

7. Kosten und Gebühren. Vgl. Form. L.II.6 Anm. 11.

23. Anmeldung der Verschmelzung zum Handelsregister der übernehmenden GmbH

UR-Nr. ......

An das
Amtsgericht ......
– Handelsregister –
......

Y-GmbH, ..., HRB ......

Verschmelzung mit der X-AG, ...[1]

I. In der Anlage überreichen wir, die sämtlichen Mitglieder der Geschäftsführung der Y-GmbH:
1. notariell beglaubigte Abschrift des Verschmelzungsvertrages vom ...... (URNr. ...... des Notars ......, ...)
2. notariell beglaubigte Abschrift der Niederschrift über die außerordentliche Hauptversammlung der X-AG vom ...... mit dem Beschluss der Hauptversammlung über die Zustimmung zum Verschmelzungsvertrag (URNr. ...... des Notars ......, ...)
3. notariell beglaubigte Abschrift der Niederschrift über die Gesellschafterversammlung der Y-GmbH vom ...... mit
    (a) dem Beschluss der Gesellschafterversammlung der Y-GmbH über die Zustimmung zum Verschmelzungsvertrag
    (b) dem Beschluss der Gesellschafterversammlung der Y-GmbH über die Erhöhung des Stammkapitals und die entsprechende Änderung von § ...... der Satzung der Y- GmbH
    (c) dem Beschluss der Gesellschafterversammlung der Y-GmbH über die Bestellung von Herrn ...... zum alleinvertretungsberechtigten Geschäftsführer der Y-GmbH
    und
    (d) den Verzichtserklärungen der Gesellschafter der Y-GmbH betreffend die Anfechtung des Verschmelzungsbeschlusses
    (URNr. ...... des Notars ......, ...)
4. den gemeinsamen Verschmelzungsbericht des Vorstands der X-AG und der Geschäftsführung der Y-GmbH vom ......
5. den Prüfungsbericht des Verschmelzungsprüfers vom ......
6. den Nachweis über die rechtzeitige Zuleitung des Entwurfs des Verschmelzungsvertrages an den Betriebsrat der X-AG
7. den Nachweis über die rechtzeitige Zuleitung des Entwurfs des Verschmelzungsvertrages an den Betriebsrat der Y-GmbH
8. Neufassung der Satzung der Y-GmbH mit Notarbescheinigung
9. eine von den Anmeldern unterschriebene Liste der Personen, welche die neuen Geschäftsanteile übernommen haben.

II. Wir erklären gem. § 16 Abs. 2 S. 1 UmwG und unter Bezugnahme auf den vorgelegten Verschmelzungsbeschluss sowie die dort abgegebenen Klageverzichtserklärungen, dass sämtliche Gesellschafter der Y-GmbH auf das Klagerecht gegen die Wirksamkeit des Verschmelzungsbeschlusses verzichtet haben und eine Klage gegen die Wirksamkeit des Verschmelzungsbeschlusses der Gesellschafter der Y-GmbH dementsprechend ausgeschlossen ist.

III. Wir melden zur Eintragung in das Handelsregister an:
1. Die X-AG ist aufgrund des Verschmelzungsvertrages vom ......, des Beschlusses der außerordentlichen Hauptversammlung der X-AG mit Sitz in ...... vom ...... und des Beschlusses der außerordentlichen Hauptversammlung der Gesellschaft vom ...... mit der Gesellschaft als übernehmendem Rechtsträger durch Aufnahme gemäß § 2 Nr. 1 UmwG verschmolzen.
2. Die Gesellschafterversammlung der Gesellschaft vom ...... hat zum Zwecke der Durchführung der Verschmelzung die Erhöhung des Stammkapitals der Gesellschaft von ...... EUR um ...... EUR auf ...... EUR beschlossen. § ...... der Satzung (Stammkapital, Geschäftsanteile) ist entsprechend geändert.
3. Herr ......, ..., geboren am ......, wohnhaft in ......, ist zum Geschäftsführer der Y-GmbH bestellt.[2, 3]
Herr ...... vertritt die Gesellschaft stets allein.
Sodann gibt Herr ...... folgende Versicherung ab:
„Ich versichere, dass mir nicht durch gerichtliches Urteil oder durch vollziehbare Entscheidung einer Verwaltungsbehörde die Ausübung eines Berufs, Berufszweiges, Gewerbes oder Gewerbezweiges untersagt worden ist und dass ich während der letzten fünf Jahre nicht rechtskräftig wegen einer oder mehrerer vorsätzlich begangener Straftaten des Unterlassens der Stellung eines Antrags auf Eröffnung eines Insolvenzverfahrens (Insolvenzverschleppung), nach den §§ 283 bis 283d StGB (Insolvenzstraftaten), wegen falscher Angaben nach § 82 GmbHG oder § 399 AktG oder wegen unrichtiger Darstellung nach § 400 AktG, § 331 HGB, § 313 UmwG oder § 17 PublG verurteilt wurde. Ich versichere weiterhin, dass ich während der letzten fünf Jahre nicht rechtskräftig nach den §§ 263 bis 254a StGB oder den §§ 265b bis 266a StGB oder im Ausland wegen einer mit diesen Taten vergleichbaren Tat zu einer Freiheitsstrafe von mindestens einem Jahr verurteilt wurde. Ebenso wenig wurde ich aufgrund einer behördlichen Anordnung in einer Anstalt verwahrt. Ich bin von dem beglaubigenden Notar darüber belehrt worden, dass ich zur uneingeschränkten Auskunft hierüber verpflichtet bin und dass falsche Angaben insofern strafbar nach § 82 Abs. 1 Nr. 5 GmbHG (Freiheitsstrafe oder Geldstrafe) sind. Ich bin gegenüber dem Gericht voll auskunftspflichtig im Sinne des Bundeszentralregistergesetzes."
IV. Wir bitten, im Hinblick auf § 53 UmwG zunächst die Kapitalerhöhung, ihre Durchführung und die damit verbundene Satzungsänderung einzutragen sowie dann – nach erfolgter Eintragung der Verschmelzung bei dem übertragenden Rechtsträger – die Eintragung der Verschmelzung bei dem übernehmenden Rechtsträger vorzunehmen.
V. Nach Vollzug bitten wir um Eintragungsnachricht und Übermittlung je eines beglaubigten Handelsregisterauszugs an die Gesellschaft und an den beglaubigenden Notar.
VI. Die Herren ...... und jeder einzeln und unabhängig voneinander werden hiermit bevollmächtigt, alle Anmeldungen zum Handelsregister vorzunehmen, die im Zusammenhang mit der Eintragung der hier angemeldeten und aus den dieser Anmeldung beigefügten Unterlagen ersichtlichen Tatsachen in das Handelsregister erforderlich oder zweckmäßig sind. Die Vollmacht ist jederzeit widerruflich. Jeder Bevollmächtigte darf auch für alle Beteiligten gleichzeitig handeln. Dem Handelsregister gegenüber ist die Vollmacht unbeschränkt.

......, den ......

......
[Unterschriften sämtlicher der Geschäftsführer der Y-GmbH]
[Unterschriftsbeglaubigung][4]

Anmerkungen

1. Für die Anmeldung der Verschmelzung einer AG mit einer GmbH zur Aufnahme gelten dieselben Vorschriften wie für die Anmeldung der Verschmelzung einer AG mit einer AG (§§ 16, 17 UmwG). Vgl. daher die entsprechenden Anm. zu Form. L.II.8.

2. Wird, anders als im vorliegenden Formular, im Verschmelzungsbeschluss der übernehmenden GmbH ein neuer Geschäftsführer bestellt und soll dieser zusammen mit der Anmeldung der Verschmelzung zum Handelsregister angemeldet werden, so muss jedenfalls der neu bestellte Geschäftsführer wegen der von ihm abzugebenden Versicherung die Anmeldung zum Handelsregister zeichnen.

3. Zeichnung der Namensunterschrift. Das Erfordernis zur Zeichnung der Namensunterschrift nach § 39 Abs. 4 GmbHG ist mit Inkrafttreten des EHUG (Gesetz über elektronische Handelsregister und Genossenschaftsregister sowie das Unternehmensregister, BGBl. I 2006 S. 2553) am 1. 1. 2007 aufgehoben worden (vgl. Art. 10 Nr. 4 lit. b) EHUG; *Malzer* DNotZ 2006, 9, 14; *Schlotter* BB 2007, 1, 2).

4. Kosten und Gebühren. Vgl. Form. L.II.8 Anm. 13.

24. Anmeldung der Verschmelzung zum Handelsregister der übertragenden AG

UR-Nr. ......

An das
Amtsgericht ......
– Handelsregister –
......

X-AG, ..., HRB ......

Verschmelzung mit der Y-GmbH, ...

I. In der Anlage überreichen wir, die gemeinsam vertretungsberechtigten Mitglieder des Vorstands der X-AG:
  1. notariell beglaubigte Abschrift des Verschmelzungsvertrages vom ...... (URNr. ...... des Notars ......, ...)
  2. notariell beglaubigte Abschrift der Niederschrift über die außerordentliche Hauptversammlung der X-AG vom ...... mit dem Beschluss der Hauptversammlung über die Zustimmung zum Verschmelzungsvertrag (URNr. ...... des Notars ......, ...)
  3. notariell beglaubigte Abschrift der Niederschrift über die Gesellschafterversammlung der Y-GmbH vom ...... mit
      3.1 dem Beschluss der Gesellschafterversammlung der Y-GmbH über die Zustimmung zum Verschmelzungsvertrag
      3.2 dem Beschluss der Gesellschafterversammlung der Y-GmbH über die Erhöhung des Stammkapitals und die entsprechende Änderung von § ...... der Satzung der Y-GmbH
      3.3 den Verzichtserklärungen der Gesellschafter der Y-GmbH betreffend die Anfechtung des Verschmelzungsbeschlusses
      (URNr. ...... des Notars ......, ...)
  4. den gemeinsamen Verschmelzungsbericht des Vorstandes der X-AG und der Geschäftsführung der Y-GmbH vom ......
  5. den Prüfungsbericht des Verschmelzungsprüfers vom ......

6. den Nachweis über die rechtzeitige Zuleitung des Entwurfs des Verschmelzungsvertrages an den Betriebsrat der X-AG
7. den Nachweis über die rechtzeitige Zuleitung des Entwurfs des Verschmelzungsvertrages an den Betriebsrat der Y-GmbH
8. die Schlussbilanz der X-AG zum 31.12.2010
9. beglaubigter Handelsregisterauszug der Y-GmbH, aus dem sich ergibt, dass die zur Durchführung der Verschmelzung beschlossene Erhöhung des Grundkapitals der Y-GmbH im Handelsregister des Sitzes der Y-GmbH eingetragen ist.

II. Wir erklären gem. § 16 Abs. 2 S. 1 UmwG, dass eine Klage gegen die Wirksamkeit des Verschmelzungsbeschlusses der Hauptversammlung der X-AG nicht erhoben worden ist.

III. Wir melden zur Eintragung in das Handelsregister an:
Die Gesellschaft ist aufgrund des Verschmelzungsvertrages vom ......, des Beschlusses der außerordentlichen Hauptversammlung der Gesellschaft vom ...... und des Beschlusses der Gesellschafterversammlung der Y-GmbH mit Sitz in ...... vom ...... mit der Y-GmbH, ... als übernehmendem Rechtsträger durch Aufnahme gemäß § 2 Nr. 1 UmwG verschmolzen.

IV. Nach Vollzug bitten wir um Eintragungsnachricht und Übermittlung je eines beglaubigten Handelsregisterauszugs an die Gesellschaft und an den beglaubigenden Notar.

V. Die Herren ...... und jeder einzeln und unabhängig voneinander werden hiermit bevollmächtigt, alle Anmeldungen zum Handelsregister vorzunehmen, die im Zusammenhang mit der Eintragung der hier angemeldeten und aus den dieser Anmeldung beigefügten Unterlagen ersichtlichen Tatsachen in das Handelsregister erforderlich oder zweckmäßig sind. Die Vollmacht ist jederzeit widerruflich. Jeder Bevollmächtigte darf auch für alle Beteiligten gleichzeitig handeln. Dem Handelsregister gegenüber ist die Vollmacht unbeschränkt.

......, den ......

......
[Unterschriften des Vorstandes der X-AG in vertretungsberechtigter Zahl]
[Unterschriftsbeglaubigung]

Anmerkungen

Für die Anmeldung der Verschmelzung einer AG mit einer GmbH zur Aufnahme gelten dieselben Vorschriften wie für die Anmeldung der Verschmelzung einer AG mit einer AG (§§ 16, 17 UmwG). Vgl. daher die entsprechenden Anm. zu Form. L.II.9.

Verschmelzung einer ausländischen AG auf eine deutsche AG zur Entstehung einer Societas Europaea (SE)

25. Übersicht: Strukturierungsvarianten zur grenzüberschreitenden Verschmelzung

	SE-Verschmelzung	Richtlinien-Verschmelzung	SEVIC-Verschmelzung
Anwendungsbereich	Verschmelzung von Aktiengesellschaften (und Unternehmen ver-	Verschmelzung von Kapitalgesellschaften innerhalb der EU/EWR	• Hinein-Verschmelzung von Unternehmensträgern

25. Strukturierungsvarianten zur grenzüberschreitenden Verschmelzung L.II.25

	SE-Verschmelzung	Richtlinien-Verschmelzung	SEVIC-Verschmelzung
	gleichbarer Rechtsform) innerhalb der EU/EWR		jeglicher Rechtsform innerhalb der EU/EWR • Heraus-Verschmelzung in Abgrenzung zur Daily Mail-Rechtsprechung ungeklärt
Transaktionssicherheit	• hohe Durchführungssicherheit auf Basis der EU-Rechtsgrundlagen und nationalen Umsetzungsgesetze • Bestehen von Praxisfällen (Allianz SE; Conrad Electronic)	• hohe Durchführungssicherheit auf Basis der EU-Rechtsgrundlagen und nach erfolgter nationalgesetzlicher Umsetzung • Bestehen von Praxisfällen	• keine Durchführungssicherheit wegen fehlender Detailregelungen • Bestehen von vereinzelten, atypischen Praxisfällen
Corporate Identity/ Außendarstellung	• European Corporate Identity als Markenzeichen dynamischer Unternehmensstruktur • Verschmelzung mit gleichzeitigem Rechtsformwechsel des übernehmenden Rechtsträgers in SE entspricht „Merger of Equals-Modell"	• keine Sonderstellung, nationale Rechtsform bleibt bestehen • Verschmelzung entspricht „Übernahme-Modell"	• keine Sonderstellung • Verschmelzung entspricht „Übernahme-Modell"
Unternehmensmobilität	• keine Zulässigkeit eines Auseinanderfallens von Satzungssitz und tatsächlichem Verwaltungssitz (Art. 7 S. 1 SE-VO) • ausdrückliche Zulässigkeit einer Sitzverlegung innerhalb der EU	• Zulässigkeit eines Auseinanderfallens von Satzungssitz und tatsächlichem Verwaltungssitz • keine Zulässigkeit einer Sitzverlegung innerhalb der EU (außerhalb der SEVIC-Rechtsprechung)	• Zulässigkeit eines Auseinanderfallens von Satzungssitz und tatsächlichem Verwaltungssitz nur aufgrund der Inspire Art-Rechtsprechung • Zulässigkeit einer Sitzverlegung innerhalb der EU nur aufgrund der SEVIC-Rechtsprechung
Corporate Governance	• Wahlpflichtrecht zwischen monistischem und dualistischem Leitungssystem • Zulässigkeit der statutarischen Bestimmung der Aufsichtsratsgröße trotz Unternehmensmitbe-	• keine Sonderregelungen für Ausgestaltung des Leitungssystems • Zulässigkeit der statutarischen Bestimmung der Aufsichtsratsgröße trotz Unternehmensmitbestimmung (Gremien-	• keine Sonderregelungen

	SE-Verschmelzung	Richtlinien-Verschmelzung	SEVIC-Verschmelzung
	stimmung (Gremienverkleinerung zulässig)	verkleinerung zulässig; Nagel, NZG 2007, 57, 58)	
Arbeitnehmermitbestimmung und -informationen	• Primat der Verhandlungslösung (Vorbehalt zugunsten der Anteilseignerversammlung zulässig) • Nachverhandlungspflicht (nur) bei strukturellen Änderungen der SE (§ 18 III SEBG); ansonsten Einfrieren des mitbestimmungsrechtlichen Status • keine Zulässigkeit eines einseitigen Verzichts seitens der Unternehmensleitung auf Verhandlung mit BVG • 25%-Arbeitnehmergrenze für Anwendbarkeit des deutschen Unternehmensmitbestimmungsrechts als Ausfallregelung • Ausfallregelung mit internationaler Zusammensetzung der Arbeitnehmervertreter • Regelung eines SE-Betriebsrats	• Primat der Verhandlungslösung (Vorbehalt zugunsten der Anteilseignerversammlung zulässig) • Nachverhandlungspflicht (nur) bei strukturellen Änderungen der übernehmenden Gesellschaft (§ 22 II MgVG); ansonsten Einfrieren des mitbestimmungsrechtlichen Status • Zulässigkeit eines einseitigen Verzichts seitens der Unternehmensleitung auf Verhandlung mit BVG (ggf. Zeitersparnis) • 33,3%-Arbeitnehmergrenze für Anwendbarkeit des deutschen Unternehmensmitbestimmungsrechts als Ausfallregelung • Ausfallregelung mit internationaler Zusammensetzung der Arbeitnehmervertreter • bei Heraus-Verschmelzung auf monistisch strukturiertes Unternehmen ggf. Beschränkung auf $1/3$-Parität zulässig (abhängig von nationalem Recht) (Art. 16 IV c RL) • Bestandsschutz nur für drei Jahre bei nachfolgender Umstrukturierung (§ 30 MgVG)	Fehlen von Durchführungsbestimmungen (jdf. keine Sonderregelungen)

25. Strukturierungsvarianten zur grenzüberschreitenden Verschmelzung

	SE-Verschmelzung	Richtlinien-Verschmelzung	SEVIC-Verschmelzung
		• Umwandlungsbericht mit Erläuterung der Auswirkungen der Verschmelzung auf die Arbeitnehmer der beteiligten Gesellschaften • kein neues Betriebsverfassungsgremium (§ 29 MgVG)	
Anteilseignerschutz/Verfahren	• Beschluss der Anteilseignerversammlung erforderlich • allgemeiner Rechtsschutz gegen Beschlussfassungen; Freigabeverfahren möglich • Spruchverfahren nur anwendbar, wenn im ausländischen Recht vergleichbares Verfahren anwendbar ist oder ausländisches Unternehmen im Verschmelzungsplan verzichtet	• Beschluss der Anteilseignerversammlung erforderlich • allgemeiner Rechtsschutz gegen Beschlussfassungen; Freigabeverfahren möglich • Bei Heraus-Verschmelzung Barabfindungsanspruch widersprechender Aktionäre (§ 122 i UmwG)	• Beschluss der Anteilseignerversammlung erforderlich • allgemeiner Rechtsschutz gegen Beschlussfassungen • keine Durchführungsbestimmungen
Gläubigerschutz/Verfahren	• bei Heraus-Verschmelzung: Anspruch von Gläubigern der übertragenden Gesellschaft auf Sicherheitsleistung bzw. Befriedigung vor Vollzug der Verschmelzung (§ 8 Satz 1, § 13 SEAG; Europarechtskonformität wegen Art. 24 Abs. 2 SE-VO probl.) • Anspruch von Gläubigern der übernehmenden Gesellschaft auf Sicherheitsleistung	• bei Heraus-Verschmelzung: Anspruch von Gläubigern der übertragenden Gesellschaft auf Sicherheitsleistung bzw. Befriedigung vor Vollzug der Verschmelzung (§ 122 j UmwG) • Anspruch von Gläubigern der übernehmenden Gesellschaft auf Sicherheitsleistung bzw. Befriedigung (§ 122 a Abs. 2, § 22 UmwG)	• Fehlen von Durchführungsbestimmungen
Ertragsteuerneutralität	• Buchwertfortführung bei aufnehmender Gesellschaft möglich	• Buchwertfortführung bei aufnehmender Gesellschaft möglich	• Buchwertfortführung bei aufnehmender Gesellschaft möglich

26. Checkliste zur Verschmelzung einer ausländischen AG auf eine deutsche AG zur Entstehung einer SE

Checkliste/Ablaufplan

Die folgende Checkliste dient als Überblick für die Verschmelzung einer österreichischen Tochter-Aktiengesellschaft auf eine deutsche Aktiengesellschaft zur Entstehung einer Societas Europaea (SE) (siehe hierzu Form. L.II.27; zum allgemeinen Ablauf einer Verschmelzung schon Form. L.II.1):

1. **Entwurf Verschmelzungsplan und SE-Satzung**
   - Verschmelzungsprüfung und Verschmelzungsbericht sind entbehrlich

2. **Beschlüsse von Vorstand und Aufsichtsrat der aufnehmenden AG betreffend Zustimmung Verschmelzungsplan und SE-Satzung**

3. **Beschlüsse von Vorstand und AR der übertragenden AG bezüglich Zustimmung Verschmelzungsplan und SE-Satzung**

4. **Informelle Abstimmung des Verschmelzungsplans mit Register der übertragenden AG**
   - Ausreichen einer ausländischen Beurkundung?
   - Besondere Formerfordernisse?
   - Gleichlautende Verschmelzungspläne oder gemeinsamer Verschmelzungsplan?
   - Anmeldeverpflichtete?

5. **Unterrichtung Führungskräfte, Betriebsrat (inkl. Zuleitung des Verschmelzungsplans), Mitarbeiter der aufnehmenden AG und der übertragenden AG, Presse**
   - Information des Betriebsrats mindestens einen Monat vor Durchführung der Hauptversammlung (Art. 18 SE-VO, § 5 Abs. 3 UmwG)
   - Rechtzeitigkeit der Zuleitung ist nachzuweisen (Art. 18 SE-VO, § 17 Abs. 1 UmwG), daher Empfangsbekenntnis durch Betriebsrat anfordern

6. **Antrag auf Bekanntmachung des Verschmelzungsplans beim Register der aufnehmenden AG (Art. 21 SE-VO, § 5 SEAG, § 61 S. 2 UmwG)**
   - Nach h. M. ist sowohl Verschmelzungsplan als auch gesondertes Dokument gem. Art. 21 SE-VO einzureichen
   - Verschmelzungsplan ist vor Einberufung der HV zum Handelsregister einzureichen (§ 61 S. 1 UmwG), also mindestens einen Tag vor Erscheinen der Einladung in den Gesellschaftsblättern

7. **Einreichung Verschmelzungsplan beim Register der übertragenden AG und Bekanntmachung**

8. **Bekanntmachung der Einladung zur Hauptversammlung der aufnehmenden AG**

9. **Arbeitnehmerinformationsschreiben mit Aufforderung zur Bildung eines besonderen Verhandlungsgremiums (BVG), § 4 Abs. 2, 3 SEBG**
   - Hat unverzüglich nach Bekanntmachung i. S. d. § 21 SE-VO zu erfolgen, nach h. M. ist auch frühere Information möglich
   - Bei <10 Arbeitnehmern oder Arbeitnehmern in nur einem Mitgliedstaat ist Bildung eines BVG entbehrlich (vgl. Form. L. II.30 Anm. 10)
   - Europäische Belegschaften bilden BVG

26. Checkliste L.II.26

- BVG verhandelt mit Unternehmensleitung(en); Verhandlungsdauer mindestens 6 Monate, verlängerbar auf ein Jahr
  - Bei Einigung: Mitbestimmung gem. Mitbestimmungsvereinbarung
  - Keine Einigung: Mitbestimmung gem. gesetzlicher Auffanglösung

10. **Kontaktaufnahme mit Finanzamt der übertragenden AG und Absprache**

11. **Hauptversammlung der aufnehmenden AG mit Zustimmung Verschmelzungsplan**
    - Beachtung von Einberufungsform- und Frist oder Abhalten einer Universalversammlung unter Verzicht auf Einberufungsformalien und -fristen
    - Storyline und Q&A zur SE-Umwandlung
    - Mündliche Erläuterung des Verschmelzungsplans durch Vorstand
    - Zustimmung zum Verschmelzungsplan
    - Bei überschaubarem Gesellschafterkreis ggf. Verzichtserklärungen:
      - Verzicht auf Erstellung der Zwischenbilanzen
      - Verzicht auf Form- und Fristerfordernisse bei der Einladung
      - Anfechtungsverzichtserklärungen

12. **Beurkundung des Verschmelzungsplans in Deutschland**
    - Kann während der Hauptversammlung erfolgen

13. **Aufstellung Schlussbilanz der übertragenden AG**

14. **Feststellung/Genehmigung Schlussbilanz der übertragenden AG durch den Aufsichtsrat**

15. **Beurkundung Verschmelzungsplan Ausland**
    - Art. 26 Abs. 3 SE-VO: gleichlautende Verschmelzungspläne erforderlich (vgl. Form. L. II.25 Anm. 2)

16. **Hauptversammlung der übertragenden AG (insbes. Zustimmung Verschmelzungsplan)**
    - Beachtung von Einberufungsform- und Frist oder Abhalten einer Universalversammlung unter Verzicht auf Einberufungsformalien und -fristen
    - Beschlussfassung über die Verschmelzung
    - Bei überschaubarem Gesellschafterkreis ggf. Verzichtserklärungen
      - Bericht des Vorstands
      - Verschmelzungsbilanz
      - Zwischenbilanz
      - Anfechtung oder Feststellung der Nichtigkeit der Beschlüsse

17. **Konstituierende Sitzung des Aufsichtsrats in neuer Rechtsform SE (Vorstandsbestellung)**
    - Vgl. hierzu Form. L. II.30 Anm. 12

18. **Beantragung einer Unbedenklichkeitsbescheinigung beim Finanzamt der übertragenden AG**

19. **Anmeldung der beabsichtigten Verschmelzung zum Erhalt der ausländischen Rechtmäßigkeitsbescheinigung (Art. 25 Abs. 2 SE-VO)**
    - Gericht, Notar oder andere zuständige Behörde des jeweiligen Mitgliedstaates
    - Nachweis der Sicherstellung der Gläubiger und Erklärung, dass sich andere als die befriedigten oder sichergestellten Gläubiger innerhalb der Monatsfrist nicht gemeldet haben
    - Ggf. Bilanz der aufnehmenden AG zur Überprüfung des Nichtvorliegens einer Überschuldung

L.II.27   II. Verschmelzung

> 20. Anmeldung der Verschmelzung beim HReg der aufnehmenden AG zum Erhalt der deutschen Rechtmäßigkeitsbescheinigung (Art. 25 Abs. 2, 18 SE-VO, §§ 16, 17 UmwG)
> 21. Anmeldung der (zukünftigen) SE zum HReg (Art. 12 Abs. 1, 15 Abs. 1, 26 Abs. 2 SE-VO, § 3 SEAG, §§ 36 ff., 81 AktG)
>   • Zu Anmeldungsverpflichteten vgl. Form. L. II.30
> 22. Eintragung neue SE um HReg und Erlöschen der übertragenden AGs
> 23. Anmeldung Neubestellung Vorstand in neuer Rechtsform SE
> 24. Anmeldung der erfolgten Verschmelzung und Erlöschen (deklaratorisch) der übertragenden AG bei deren Register
> 25. Anzeige Löschung der übertragenden AG beim ausländischen Finanzamt

27. Verschmelzungsplan einer ausländischen AG auf eine deutsche AG zur Entstehung einer Societas Europaea (SE) – Verschmelzungsplan nach Art. 20 Abs. 1 SE-VO – Merger Plan in accordance with Art. 20 para. 1 of the SE Regulation

UR-Nr.	Deed no. ......
Heute, den ...... erschienen vor mir,	Today, on ......, there appeared before me,
...... Notar in	......, a notary registered in ......,
in meinen Amtsräumen in ...... 1. Herr ......, 2. Frau ......, beide nach Angabe hier handelnd nicht im eigenen Namen, sondern in ihrer Eigenschaft als gemeinsam vertretungsberechtigte Mitglieder des Vorstands der Y-AG mit dem Sitz in ......, eingetragen im Handelsregister des Amtsgerichts ...... unter HRB	at my offices located at ......: 1. Mr. ......, 2. Mrs. ......, acting herein, according to their own representations, not in their own names, but rather as members of the management board of X-AG, a German stock corporation with its registered office in ...... and recorded in the Commercial Register at the Local Court of ...... under number HRB ...... , each authorized to represent the company jointly with the other.
Hierzu bescheinige ich, Notar, gemäß § 21 BNotO aufgrund heutiger Einsicht in das elektronische Handelsregister des Amtsgerichts ...... vom ......, HRB ......, dass der vorgenannte Rechtsträger dort eingetragen ist und von Herrn ...... und Frau ...... als gemeinsam vertretungsberechtigten Mitgliedern des Vorstands vertreten wird.	The undersigned Notary hereby certifies, in accordance with § 21 of the Federal Notary Regulations (*BNotO*), having inspected the Online Commercial Register at the Local Court of ...... under number HRB ...... on ......, that the aforementioned company is duly recorded in the Commercial Register and is represented jointly by Mr. ...... and Mrs. ....
Auf Befragen des Notars verneinten die Erschienenen eine, die Beurkundung aus-	When asked by the Notary, the Deponents stated that the Notary had no prior in-

schließende, Vorbefassung im Sinne von § 3 Abs. 1 Nr. 7 BeurkG.

Die Erschienenen wiesen sich aus durch Vorlage ihrer amtlichen Lichtbildausweise. Die Erschienenen baten, handelnd wie angegeben, um die Beurkundung des folgenden Plans:

Verschmelzungsplan[1, 2, 3]

zwischen der
X-AG[4]

mit dem Sitz in ......, ..., als übertragendem Rechtsträger
und der

Y-AG

mit dem Sitz in ......, Bundesrepublik Deutschland, als übernehmendem Rechtsträger.

Präambel

(1) Die X-AG mit dem Sitz in ......, ...[5], ist eingetragen in das ...... [6], ... unter der Registernummer .... Das Grundkapital der X-AG beträgt ...... EUR (in Worten: ......) und ist eingeteilt in ...... auf den Inhaber lautenden Stückaktien mit einem auf die einzelne Aktie entfallenden rechnerischen Anteil am Grundkapital von je ...... EUR.

(2) Die Y-AG mit dem Sitz in ......, ... ist eingetragen in das Handelsregister des Amtsgerichts ...... unter HRB .... Das Grundkapital der Y-AG beträgt ...... EUR (in Worten: ......)[7] und ist eingeteilt in ...... auf den Inhaber lautende Stückaktien mit einem auf die einzelne Aktie entfallenden anteiligen Betrag des Grundkapitals von ...... EUR. Die Y-AG wird zur Durchführung der Verschmelzung ihr Grundkapital erhöhen.

(3) Mit diesem Plan wird die X-AG als übertragender Rechtsträger auf die Y-AG als übernehmenden[8] Rechtsträger verschmolzen. Die übernehmende Gesellschaft behält ihren Satzungssitz bei und nimmt mit der Eintragung in das zuständige Handelsregister die Rechtsform einer Societas Europaea an (Art. 16 Abs. 1, Art. 29 Abs. 1 lit. d) Verordnung (EG)

volvement within the meaning of § 3 para. 1 no. 7 of the German Notarization Act (*BeurkG*) that would preclude the Notary from recording this Deed.
The Deponents each identified themselves by submitting an official picture ID. Acting as set forth above, the Deponents then requested notarial recording of the following plan:

Merger Plan

entered into by and between
X-AG

with its registered office in ......, ..., as the transferor
and

Y-AG

a company with its registered office in ......, Federal Republic of Germany, as the transferee.

Recitals

(1) X-AG with its registered office in ......, ..., is recorded in the ......, ... under number .... The registered share capital of X-AG totals EUR ...... (...... euros) and is divided into ...... no par value bearer shares, each share representing EUR ...... of the registered share capital.

(2) Y-AG with its registered office in ......, ..., is recorded in the ......, ... under number .... The registered share capital of Y-AG totals EUR ...... (...... euros) and is divided into ...... no par value bearer shares, each share representing EUR ...... of the registered share capital. Y-AG will increase its registered share capital to implement the merger.

(3) X-AG, the transferor, shall be merged into Y-AG, the transferee, in accordance with this Plan. The transferee shall retain the registered office provided for in its Memorandum and Articles of Association and upon recording in the appropriate Commercial Register shall change corporate form and become a *Societas Europaea* (Art. 16 para. 1, Art. 29

Nr. 2157/2001, ABl. EG Nr. L 294 v. 10. 11. 2001 (im Folgenden SE-VO).

Dies vorausgeschickt, vereinbaren die Parteien was folgt:

§ 1 Vermögensübertragung

1.1 Die X-AG überträgt ihr Vermögen als Ganzes mit allen Rechten und Pflichten unter Auflösung ohne Abwicklung gemäß Art. 2 Abs. 1, Art. 17 Abs. 2 lit. a), Art. 29 Abs. 1 SE-VO auf die Y-AG gegen Gewährung von Aktien der Y-AG (Verschmelzung durch Aufnahme).

1.2 Der Verschmelzung wird die mit dem uneingeschränkten Bestätigungsvermerk der ...... versehene Bilanz der X-AG zum 31.12.2010 als Schlussbilanz zugrunde gelegt.

1.3 Die Übernahme des Vermögens der X-AG erfolgt im Innenverhältnis mit Wirkung zum Ablauf des 31.12.2010. Vom Beginn des 1.1.2011, 00:00:00 Uhr („Verschmelzungsstichtag") an gelten alle Handlungen und Geschäfte der X-AG als für Rechnung der Y-AG vorgenommen.

1.4 Die Y-AG wird die in der Schlussbilanz der X-AG angesetzten Werte der übergehenden Aktiva and Passiva in ihrer Rechnungslegung fortführen.

§ 2 Gegenleistung

2.1 Die Y-AG gewährt mit Wirksamwerden der Verschmelzung den Aktionären der X-AG als Gegenleistung für die Übertragung des Vermögens der X-AG kostenfrei Aktien an der Y-AG nach Maßgabe des folgenden Umtauschverhältnisses:
Eine auf den Inhaber lautende Stückaktie der X-AG mit einem auf die einzelne Aktie entfallenden rechnerischen Anteil am Grundkapital von je ...... EUR wird gegen eine auf den In-

para. 1 (d) of Regulation (EC) No. 2157/2001, Official Gazette EC No. L 294 of November 10, 2001 (hereinafter the „SE Regulation").

NOW, THEREFORE, the parties hereby agree as follows:

Section 1 Transfer of Assets

1.1 X-AG hereby transfers all of its assets, including all related rights and obligations, to Y-AG by dissolution without liquidation (*unter Auflösung ohne Abwicklung*) in exchange for shares of Y-AG, in accordance with SE Regulation Art. 2 para. 1, Art. 17 para. 2 (a) and Art. 29 para. 1 (merger by acquisition).

1.2 The merger shall be based upon the balance sheet of X-AG dated December 31, 2010, which shall have received an unqualified audit opinion by ...... and which shall serve as the closing balance sheet for purposes of the merger.

1.3 As between the parties, the transfer of the assets of X-AG shall take effect at the end of December 31, 2010. Beginning on January 1, 2011, 00:00 (hereinafter the „Merger Effective Date"), all actions and transactions of X-AG shall be deemed to have been performed or made for the account of Y-AG.

1.4 Y-AG shall report the transferred assets and liabilities of X-AG in its own accounts at the amounts reported in the closing balance sheet of X-AG.

Section 2 Consideration

2.1 On the effective date of the merger, Y-AG shall at no cost to the shareholders of X-AG deliver shares of Y-AG to the shareholders of X-AG in consideration of the transfer of the assets of X-AG, based upon the following exchange ratio:
Each no par value bearer share of X-AG representing EUR ...... of the registered share capital shall be exchanged for one no par value bearer share of Y-AG representing EUR ......

haber lautende Stückaktie der Y-AG mit einem auf die einzelne Aktie entfallenden rechnerischen Anteil am Grundkapital von je ...... EUR umgetauscht. Das Umtauschverhältnis beträgt demgemäß ...... (rechnerischer Nennwert/Nennbetrag der Aktien der X-AG geteilt durch rechnerischer Nennwert/Nennbetrag der Aktien der Y-AG).

Außerdem leistet die Y-AG eine bare Zuzahlung[9] in Höhe von ...... EUR (in Worten: ......) je auf den Inhaber lautender Stückaktie der X-AG. Für auf den Inhaber lautende Stückaktien der X-AG mit höherem Nennbetrag werden entsprechend mehr auf den Inhaber lautende Stückaktien der Y-AG und eine entsprechend höhere bare Zuzahlung gewährt.

2.2 Die als Gegenleistung gewährten neuen Aktien der Y-AG sind ab dem 1.1.2011 gewinnberechtigt.

2.3 Sollte die Y-AG einem Aktionär der X-AG eine weitere – über die in diesem Plan bereits vorgesehene hinausgehende – bare Zuzahlung gewähren, um eine zu niedrige Bemessung des Umtauschverhältnisses auszugleichen, wird die Y-AG alle übrigen Aktionäre der X-AG durch eine entsprechende bare Zuzahlung gleichstellen.

§ 3 Kapitalerhöhung[10]

Zur Durchführung der Verschmelzung wird die Y-AG ihr Grundkapital von ...... EUR (in Worten: ......) um ...... EUR (in Worten: ......) auf ...... EUR (in Worten: ......) durch Ausgabe von ...... Stück neuen, auf den Inhaber lautenden Stückaktien mit einem rechnerischen Anteil am Grundkapital von je ...... EUR und mit Gewinnberechtigung ab dem 1.1. 2011 erhöhen.

§ 4 Besondere Vorteile und Rechte

4.1 Es werden keine besonderen Rechte für einzelne Aktionäre oder Inhaber besonderer Rechte gewährt, und es

of the registered share capital. Accordingly, the exchange ratio is ...... (notional value of the shares of X-AG divided by notional value of the shares of Y-AG).

In addition, Y-AG shall pay a cash premium in the amount of EUR ...... (...... euros) per no par value bearer share of X-AG. For no par value bearer shares of X-AG with a higher notional value, a correspondingly greater number of no par value bearer shares of Y-AG shall be delivered and a correspondingly higher cash premium shall be paid.

2.2 The new shares of Y-AG delivered to the shareholders of X-AG in consideration of the transfer shall carry dividend rights as of January 1, 2011.

2.3 If Y-AG pays a cash premium to a shareholder of X-AG, in addition to the one provided for in this Plan, to compensate for the fact that the exchange ratio is too low, Y-AG shall pay the same cash premium to each of the other shareholders of X-AG.

Section 3 Capital Increase

To implement the merger, Y-AG shall increase its registered share capital by EUR ...... (...... euros), from EUR ...... (...... euros) to EUR ...... (...... euros), by issuing ...... new no par value bearer shares, each share representing EUR ...... of the registered share capital and carrying dividend rights from January 1, 2011.

Section 4 Special Rights and Privileges

4.1 No special rights or privileges shall be granted to any individual shareholders or holders of special rights,

sind auch keine besonderen Maßnahmen für solche Personen vorgesehen.

4.2 Ebenso werden – vorbehaltlich der aus Gründen rechtlicher Vorsorge aufgenommenen Regelungen in § 4.3 dieses Plans – keine besonderen Vorteile für Vorstandsmitglieder, Aufsichtsratsmitglieder und Abschlussprüfer der beteiligten Gesellschaften oder für den Verschmelzungsprüfer gewährt.

4.3 ......

[Ggf. § 5 Treuhänder[11]

5.1 Die X-AG hat ...... als Treuhänder für den Empfang der zu gewährenden Aktien der Y-AG und eventueller barer Zuzahlungen bestellt.

5.2 Die Y-AG wird die als Gegenleistung an die Aktionäre der X-AG zu gewährenden Aktien dem Treuhänder vor der Eintragung der Verschmelzung in das für die Y-AG zuständige Handelsregister übergeben und ihn anweisen, die Aktien nach Eintragung der Verschmelzung an die Aktionäre der X-AG auszuliefern, wobei die Auslieferung Zug um Zug gegen Einlieferung der Aktien an die X-AG erfolgt.]

§ 6 Folgen der Verschmelzung für die Arbeitnehmer und ihre Vertretungen

6.1 Die Leitungsorgane der beteiligten Gesellschaften haben gemäß den aufgrund von Art. 3 Abs. 1 SE-RL erlassenen nationalen Vorschriften die Arbeitnehmer (-vertretungen) zur Bildung des besonderen Verhandlungsgremiums schriftlich aufgefordert. Die Verhandlungen über die Beteiligung der Arbeitnehmer sind bereits aufgenommen worden.[12]

6.2 Mit Wirksamwerden der Verschmelzung gehen sämtliche Arbeitsverhältnisse gemäß den Vorschriften der jeweiligen Mitgliedstaaten, deren Recht die beteiligten Gesellschaften

nor are any special measures planned for such persons.

4.2 Likewise – subject to the provisions of Section 4.3, which have been included in this Plan as a legal precaution – no special rights or privileges shall be granted to any members of the management board or supervisory board or to any auditors of the companies involved in the merger or to the auditor of the merger.

4.3 ......

[If applicable, Section 5   Trustee

5.1 X-AG has appointed ...... as a trustee authorized to receive the shares and cash premiums, if any, to be delivered or paid by Y-AG.

5.2 Y-AG shall deliver to the trustee prior to recording of the merger in the appropriate Commercial Register for Y-AG the shares to be delivered to the shareholders of X-AG, and instruct the trustee to deliver the shares to the shareholders of X-AG after the merger has been recorded, with shares to be delivered to the shareholders concurrently with and in consideration of delivery of the shares to X-AG.]

Section 6   Consequences of the Merger for Employees and Their Representative Bodies

6.1 In compliance with provisions of national law promulgated in accordance with Art. 3 para. 1 of the SE Directive, the governing bodies of the companies involved in the merger have served a written demand upon the employees (employee governing bodies) to create the special labor-management negotiation committee. Negotiations regarding participation of the employees in the SE have already commenced.

6.2 When the merger takes effect, all employment agreements shall transfer to the SE in accordance with the provisions of the member state to whose law each company involved in

unterliegen, auf die SE über.[13] Das Gleiche gilt für die betrieblichen Vertretungen der Arbeitnehmer. Im Übrigen gilt Folgendes:
......

§ 7 Societas Europaea (SE)

7.1 Mit Eintragung der Verschmelzung im Handelsregister am Sitz der Y-AG nimmt die Y-AG gemäß Art. 17 Abs. 2 S. 2, Art. 29 Abs. 1 lit. d) SE-VO *ipso iure* die Rechtsform einer Societas Europaea (SE) an.

7.2 Die Firma der Societas Europaea (SE) lautet ...... SE.[14]

7.3 Sitz der ...... SE ist ......, Bundesrepublik Deutschland.

7.4 Die ...... SE erhält die diesem Plan als Anlage (......) beigefügte Satzung. Die Satzung bestimmt, dass die SE ein dualistisches/monistisches Leitungssystem erhält.[15]

[Ggf. § 8 Abfindungsangebot[16]

8.1 Die Y-AG macht jedem Aktionär der X-AG, der gegen den Verschmelzungsbeschluss Widerspruch zur Niederschrift erklärt, folgendes Abfindungsangebot im Sinne von § 7 Abs. 1 S. 1 SEAG:
......

8.2 Die Barabfindung ist mit Ablauf des Tages, an dem die Eintragung der Verschmelzung in das zuständige Register des Sitzes der SE nach den dort geltenden Vorschriften erfolgt mit jährlich fünf vom hundert über dem jeweils gültigen Basiszinssatz zu verzinsen.

8.3 Das Angebot kann nur binnen zwei Monaten nach dem Tage, an dem die Verschmelzung im Sitzstaat der SE nach den dort geltenden Vorschriften eingetragen und bekannt gemacht worden ist, angenommen werden (§ 7 Abs. 4 SEAG). Ist nach § 7

the merger is subject. The same shall apply to the employee representative bodies. In addition, the following shall apply:
......

Section 7 Societas Europaea (SE)

7.1 On the date the merger is recorded in the Commercial Register at the registered office of Y-AG, Y-AG shall change corporate form and become a *Societas Europaea* (SE) by operation of law in accordance with Art. 17 para. 2 sentence 2 and Art. 29 para. 1 (d) of the SE Regulation.

7.2 The name of the *Societas Europaea* (SE) shall be ...... SE.

7.3 The registered office of ...... SE shall be located at ......, Federal Republic of Germany.

7.4 ...... SE shall be subject to the Memorandum and Articles of Association attached hereto as Schedule (......). The Memorandum and Articles of Association provide for a dualistic/monistic management system.

[If applicable: Section 8   Settlement Offer

8.1 Each shareholder of X-AG who objects to the merger resolution on the record shall receive the following settlement offer from Y-AG in accordance with § 7 para. 1 sent. 1 of the German Act for Implementation of SE Regulation (SEAG; hereinafter the (SE Act"):
......

8.2 From the date on which the merger is recorded in the appropriate register at the registered office of the SE in accordance with local law, interest on the cash settlement shall accrue at the rate of 5% per annum above the applicable base interest rate.

8.3 The offer may be accepted only within two months from the date on which the merger is recorded and published in the SE's country of domicile in accordance with local law (SE Act § 7 para. 4). If an application for judicial determination of

Abs. 7 SEAG ein Antrag auf Bestimmung der Abfindung durch das Gericht gestellt worden, so kann das Angebot binnen zwei Monaten nach dem Tage, an dem die Entscheidung im elektronischen Bundesanzeiger bekannt gemacht worden ist, angenommen werden.

8.4 Dem Widerspruch nach § 7 Abs. 1 SEAG steht es gleich, wenn ein nicht erschienener Aktionär zu der die Zustimmung zum Verschmelzungsbeschluss beschließenden Hauptversammlung zu Unrecht nicht zugelassen worden ist oder die Hauptversammlung nicht ordnungsgemäß einberufen oder der Gegenstand der Beschlussfassung nicht ordnungsgemäß bekannt gemacht worden ist.]

[Ggf. § 9 Gläubigerschutz[17]

Gläubigern, die Ansprüche gegen die Gesellschaft haben, wird Sicherheit in Form von ...... geleistet. Soweit Sie Ansprüche geltend machen wollen, müssen sie ihre Forderungen binnen zwei Monaten nach Offenlegung des Verschmelzungsplans schriftlich bei der Gesellschaft geltend machen. Ferner müssen sie glaubhaft machen, dass durch die Verschmelzung der Gesellschaft ihre Ansprüche gefährdet werden. Das Recht auf Gewährung einer Sicherheit ist beschränkt auf Forderungen, die vor oder bis zu 15 Tage nach Offenlegung des Verschmelzungsplans entstanden sind.]

§ 10 Kosten

10.1 Die durch den Abschluss dieses Plans und seine Ausführung entstehenden Kosten (mit Ausnahme der Kosten der Hauptversammlung der X-AG, die über die Verschmelzung beschließt) trägt die Y-AG.

10.2 Die für die Vorbereitung dieses Plans entstandenen Kosten trägt jede Partei selbst.

10.3 Diese Regelungen gelten auch, falls die Verschmelzung wegen des Rücktritts einer Partei oder aus einem sonstigen Grund nicht wirksam wird.

the settlement amount has been made in accordance with SE Act § 7 para. 7, the offer may be accepted within two months from the date on which the decision is published in the Online Federal Gazette.

8.4 If a shareholder is unlawfully refused admission to the shareholders' meeting that votes on approval of the merger or if the shareholders' meeting is not properly called or the resolution to be voted on by the shareholders' meeting is not duly published in advance, this shall be deemed equivalent to an objection made in accordance with SE Act § 7 para. 1.]

[If applicable: Section 9 Creditor Protection

Creditors with claims against the company shall be provided with security in the form of .... Creditors who intend to enforce claims against the company must provide the company with written notice of such claims within two months from disclosure of the Merger Plan. In addition, creditors must submit *prima facie* evidence that the merger of the company will jeopardize their claims. Creditors shall be entitled to security only for claims that accrued prior to or up to 15 days after disclosure of the Merger Plan.]

Section 10 Costs

10.1 All costs incurred in connection with execution and implementation of this Plan (except for costs of the shareholders' meeting of X-AG voting on the merger) shall be paid by Y-AG.

10.2 Each party shall pay its own cost incurred in connection with preparation of this Plan.

10.3 The foregoing provisions shall also apply if the merger does not take effect as a result of rescission by a party or for any other reason.

§ 11 Stichtagsänderung[18]

11.1 Falls die Verschmelzung nicht bis zum Ablauf des 31.3.2012 in das Handelsregister der Y-AG eingetragen wird, wird abweichend von § 1.2 der Verschmelzung eine Bilanz der X-AG zum 31.12.2011 als Schlussbilanz zugrundegelegt und abweichend von § 1.3 der Beginn des 1.1.2012, 00:00:00 Uhr als Stichtag für die Übernahme des Vermögens der X-AG bzw. den Wechsel der Rechnungslegung angenommen. Bei einer weiteren Verzögerung über den 31. März des Folgejahres hinaus verschieben sich die Stichtage entsprechend der vorstehenden Regelung jeweils um ein weiteres Jahr.

11.2 Falls die Verschmelzung nicht bis zum Ablauf des 31.3.2012 in das Handelsregister der Y-AG eingetragen wird, soll die Eintragung erst nach den ordentlichen Hauptversammlungen der X-AG bzw. der Y-AG stattfinden, die über die Verwendung des Bilanzgewinns für das Geschäftsjahr 2011 beschließen. Die X-AG und die Y-AG werden dies gegebenenfalls durch einen Nachtrag zur Registeranmeldung sicherstellen. Entsprechendes gilt, wenn sich die Eintragung über den 31. März des Folgejahres hinaus weiter verzögert.

11.3 Falls die Verschmelzung erst nach den ordentlichen Hauptversammlungen der X-AG und der Y-AG, die über die Verwendung des Bilanzgewinns für das Geschäftsjahr 2011 beschließen, in das Handelsregister der Y-AG eingetragen wird, sind die als Gegenleistung gewährten Aktien der Y-AG abweichend von § 2.2 erst für das Geschäftsjahr ab dem 1.1.2012 gewinnberechtigt. Bei einer weiteren Verzögerung der Eintragung über die folgenden ordentlichen Hauptversammlungen der X-AG und der Y-AG, die über die Verwendung des Bilanzgewinns für das Geschäftsjahr 2012 beschließen, hinaus, verschiebt

Section 11 Change of Cut-Off Dates

11.1 If the merger has not been recorded in the Commercial Register for Y-AG by the end of March 31, 2012, the closing balance sheet for the merger shall, notwithstanding Section 1.2, be a balance sheet of X-AG dated December 31, 2011, and the cut-off date for the transfer of the assets of X-AG and for the switchover of the accounting system shall, notwithstanding Section 1.3, be the beginning of January 1, 2012, 00:00. In the event of any additional delay beyond March 31 of the following year, the cutoff dates shall each be postponed by one additional year by analogous application of the foregoing provisions.

11.2 If the merger has not been recorded in the Commercial Register for Y-AG by the end of March 31, 2012, the merger shall be recorded only after the dates of the annual shareholders' meetings of X-AG and Y-AG resolving upon the use of net profits for fiscal year 2011. If applicable, X-AG and Y-AG shall each ensure that this is the case by making an appropriate amendment to the Commercial Register application. The same shall apply, *mutatis mutandis*, if recording in the Commercial Register is delayed beyond March 31 of the following year.

11.3 If the merger is recorded in the Commercial Register for Y-AG only after the dates of the annual shareholders' meetings of X-AG and Y-AG resolving upon the use of net profits for fiscal year 2011, the shares of Y-AG delivered in consideration of the transfer of assets shall, notwithstanding Section 2.2, not carry dividend rights until the fiscal year starting on January 1, 2012. If recording in the Commercial Register is delayed beyond the dates of the next annual shareholders' meetings of X-AG and Y-AG resolving upon the use of net profits for fiscal year 2012, dividend rights shall in each

sich die Gewinnberechtigung jeweils um ein weiteres Jahr.

§ 12 Schlussbestimmungen

12.1 Sollten Bestimmungen dieses Plans unwirksam sein oder werden, soll dadurch die Gültigkeit der übrigen Bestimmungen dieses Plans nicht berührt werden. Das Gleiche gilt, soweit sich herausstellen sollte, dass der Plan eine Regelungslücke enthält. Anstelle der unwirksamen oder der undurchführbaren Bestimmungen oder zur Ausfüllung der Lücke verpflichten sich die Parteien, eine angemessene Ersatzregelung zu vereinbaren, die dem Inhalt der nichtigen oder unwirksamen Bestimmung möglichst nahe kommt.

12.2 Der übertragende Rechtsträger verfügt über folgenden Grundbesitz: ...... Die Berichtigung des Grundbuches nach Wirksamkeit der Verschmelzung wird hiermit beantragt. Der Notar wird beauftragt und bevollmächtigt, die Grundbuchberichtigung zu veranlassen.[19]

12.3 Dieser Verschmelzungsplan wird nur wirksam, wenn ihm die Hauptversammlungen der Y-AG und der X-AG durch Verschmelzungsbeschluss zustimmen.

Vollmachten

Die Erschienenen bevollmächtigen hiermit
- Frau ......,
- Herrn ......,

Mitarbeiter(innen) des amtierenden Notars

– je einzeln –, ohne jede persönliche Haftung,

sämtliche Erklärungen und Rechtshandlungen vorzunehmen, die für den Vollzug des Verschmelzungsplans erforderlich oder zweckdienlich sind. Die Vollmacht ist jederzeit widerruflich; sie endet mit Eintragung der Verschmelzung im Handelsregister der beteiligten Rechtsträger. Jede(r) Bevollmächtigte ist von den Beschränkungen des § 181 BGB befreit. Dem Handelsregister gegenüber ist die Vollmacht unbeschränkt. Die Wirksamkeit der vorstehenden Vollmacht ist unabhängig von

case be postponed by one additional year.

Section 12 Miscellaneous

12.1 If any provisions of this Plan are or become invalid, the validity of the remaining provisions shall remain unaffected thereby. The same shall apply, if any provisions have been inadvertently omitted from this Plan. Any invalid, impracticable or omitted provisions shall be replaced by such reasonable provisions as most closely reflect the intent and purpose of the original provision.

12.2 The transferor owns the following real property: ...... The parties hereby apply for amendment of the Land Register after the effective date of the merger. The Notary is hereby instructed and authorized to arrange for amendment of the Land Register.

12.3 This Merger Plan shall be valid only if the merger is approved by the shareholders' meetings of Y-AG and X-AG.

Powers of attorney

The Deponents hereby authorize
- Mrs. ......,
- Mr. ......,

employees of the officiating Notary,

– each individually – and without any personal liability,

to make all declarations and perform all legal acts necessary or appropriate for consummation of the Merger Plan. This power of attorney is subject to revocation at any time and shall expire on the date the merger is recorded in the Commercial Register for both parties. Each authorized agent is hereby exempted from the limitations of German Civil Code (*BGB*) § 181. This power of attorney is unlimited in relation to the Commercial Register. The validity of the foregoing power of attorney

27. Verschmelzungsplan nach Art. 20 Abs. 1 SE-VO L.II.27

der Wirksamkeit dieser Urkunde im Übrigen.

Hinweise, Belehrungen

Der Notar hat die Erschienenen über den weiteren Verfahrensablauf bis zum Wirksamwerden der Verschmelzung, auf den Wirksamkeitszeitpunkt sowie die Rechtsfolgen der Verschmelzung hingewiesen. Insbesondere wies der Notar auf Folgendes hin:

1. Die Verschmelzungspläne bedürfen zu ihrer Wirksamkeit der Zustimmung der Hauptversammlungen der X-AG und der Y-AG. Die Verschmelzungspläne müssen nach den Vorgaben der SE-VO den gleichen Wortlaut haben.
2. Die Angemessenheit der angebotenen Barabfindung ist durch einen Verschmelzungsprüfer zu prüfen, soweit die Berechtigten nicht durch notariell beurkundete Verzichtserklärungen hierauf verzichtet haben.
3. Die Eintragung der Verschmelzung in das Handelsregister kann erst erfolgen, wenn der von dem übertragenden Rechtsträger bestellte Treuhänder dem Registergericht des Sitzes des übernehmenden Rechtsträgers angezeigt hat, dass er im Besitz der gemäß § 2.1 dieses Plans zu gewährenden Aktien sowie der zu leistenden baren Zuzahlungen ist.
4. Das Handelsregister darf die Eintragung der SE erst vornehmen, wenn eine Vereinbarung über die Beteiligung der Arbeitnehmer gemäß der SE-RL abgeschlossen worden ist. Die Eintragung der SE kann unter den Vorbehalt der Genehmigung der Hauptversammlungen der beteiligten Rechtsträger zu der getroffenen Vereinbarung über die Beteiligung der Arbeitnehmer gestellt werden.[21]
5. Bei der Anmeldung der SE zur Eintragung ist neben den üblichen Unterlagen eine Rechtmäßigkeitsbescheinigung i. S. d. Art. 25 Abs. 2 SE-VO einzureichen.
6. Die Rechtsordnungen, denen die ausländischen Gründungsgesellschaften unterliegen, können Gläubigerschutzvor-

shall not be conditional upon the validity of the remaining provisions of this Deed.

Notices and Advice by the Notary

The Notary advised the Deponents of the future course of the merger process until the effective date of the merger, of the date when the merger will take effect, and of the legal consequences of the merger. In particular, the Notary advised the Deponents as follows:

1. The validity of the merger plans is subject to approval by the shareholders' meetings of X-AG and Y-AG. Under the provisions of the SE Regulation the Merger Plans must have identical provisions.
2. The reasonableness of the offered cash settlement is subject to review by a merger auditor, unless the parties entitled to such an audit have signed notarially recorded waivers.
3. The merger cannot be recorded in the Commercial Register unless and until the trustee appointed by the transferor has provided the Commercial Register Court at the location of the registered office of the transferree with notice that the trustee is in receipt of the shares to be delivered and the additional cash premiums to be paid in accordance with Section 2.1 of this Plan.
4. The Commercial Register may not record the SE until an agreement regarding participation of the employees has been signed in accordance with the SE Directive. Recording of the SE may be made subject to approval of the agreement on employee participation by the shareholders' meetings of the parties to the merger.
5. The application for recording of the SE in the Commercial Register must, in addition to the standard documentation, include a certificate of compliance within the meaning of Art. 25 para. 2 of the SE Regulation.
6. The jurisdictions of international merging companies may include laws for the protection of creditors. If the company

schriften enthalten. Behält die Gesellschaft ihren Sitz in Deutschland ist den Gläubigern auf Anmeldung und Glaubhaftmachung ihrer Forderung hin nach Maßgabe des Art 24. Abs. 1 a) SE-VO i. V. m. § 22 UmwG Sicherheit zu leisten.

7. Die Annahme des Abfindungsangebots ist befristet; das Angebot kann nur binnen zwei Monaten nach dem Tag angenommen werden, an dem die Verschmelzung im Sitzstaat der SE nach den dort geltenden Vorschriften eingetragen und bekannt gemacht worden ist (§ 7 Abs. 4 SEAG).[20]

Von dieser Urkunde erhalten

beglaubigte Abschriften:
- jeder Beteiligte je ......
- das zuständige Finanzamt

Ausfertigungen:
- jeder Beteiligte je ......
- das Registergericht ......
- das Registergericht ......
- das Grundbuchamt ......

Vorstehende Niederschrift wurde den Erschienenen vom Notar vorgelesen, von ihnen genehmigt und wie folgt eigenhändig unterschrieben:
...... [22, 23]

continues to have its registered office in Germany, creditors must, upon application and submission of *prima facie* evidence of their claims, be provided with security in accordance with SEC Regulation Art. 24 para. 1 (a) in conjunction with sec. 22 German Reorganization Act (*UmwG*).

7. The settlement offer is valid only for a limited time period and can be accepted only within two months from the date on which the merger is recorded and published in the SE's country of domicile in accordance with local law (SE Act § 7 para. 4).

The following parties shall receive copies of this Deed:

Certified copies:
- the Parties to the merger: ...... copy(ies) each
- the appropriate Tax Office: ...... copy(ies)

Executed copies:
- the Parties to the merger: ...... copy(ies) each
- Commercial Register Court: ...... copy(ies)
- Commercial Register Court: ...... copy(ies)

Land Register Office: ...... copy(ies)
The foregoing Record was read aloud to the Deponents by the Notary, whereupon it was approved and personally signed by each of them as follows:
......

Schrifttum: Bungert/Beier, Die Europäische Aktiengesellschaft, EWS 2002, 1; *Geyrhalter/Weber,* Transnationale Verschmelzungen – im Spannungsfeld zwischen SEVIC Systems und der Verschmelzungsrichtlinie, DStR 2006, 146; *Heckschen,* Die Europäische AG aus notarieller Sicht, DNotZ 2003, 251; *ders.,* Europäische Gesellschaft in: Widmann/Mayer, Umwandlungsgesetz/Umwandlungssteuergesetz; Loseblattsammlung, Anhang 14; *Hirte,* Die Europäische Aktiengesellschaft, NZG 2002, 1; *ders.,* Die Europäische Aktiengesellschaft – ein Überblick nach In-Kraft-Treten der deutschen Ausführungsgesetzgebung, Teil I und II, DStR 2005, 653 bzw. 700; *Jannott/Frodermann,* Handbuch der Europäischen Aktiengesellschaft, 2005; *Kallmeyer,* Das monistische System in der SE mit Sitz in Deutschland, ZIP 2003, 1531; *Kalss/Hügel,* Europäische Aktiengesellschaft, 2004; *Köstler,* Die Mitbestimmung in der SE, ZGR 2003, 800; *Lutter/Hommelhoff,* Die Europäische Aktiengesellschaft, 2005; *Manz/Mayer/Schröder* (Hrsg.), Europäische Aktiengesellschaft SE, 2. Aufl. 2010; *Meilicke/Rabback,* Die EuGH-Entscheidung in der Rechtssache Sevic und die Folgen für das deutsche Umwandlungsrecht nach Handels- und Steuerrecht, GmbHR 2006, 123; *Merkt,* Die monistische Unternehmensverfassung für die Europäische Aktiengesellschaft aus deutscher Sicht, ZGR 2003, 650; *Müller,* Der Schutz der Minderheitsgesellschafter bei der grenzüberschreitenden Verschmelzung, Der Konzern 2007, 81; *Neye,* Die Europäische Aktiengesellschaft, 2005; *Neye/Teichmann,* Der Entwurf für das Ausführungsgesetz zur Europäischen Aktiengesellschaft, AG 2003, 169;

27. Verschmelzungsplan nach Art. 20 Abs. 1 SE-VO L.II.27

Oplustil/Schneider, Zur Stellung der Europäischen Aktiengesellschaft im Umwandlungsrecht NZG 2003, 13; *Scheifele*, Die Gründung der Europäischen Aktiengesellschaft, 2004; *Schwarz*, Beck'scher Kommentar SE-VO, 2006; *Seibt*, Arbeitnehmerlose Societas Europaea, ZIP 2005, 2248; *Teichmann*, Die Einführung der Europäischen Aktiengesellschaft, ZGR 2002, 383; *ders.*, Gestaltungsfreiheit im monistischen Leitungssystem der Europäischen Aktiengesellschaft, BB 2004, 53; *Theisen/Wenz*, Die Europäische Aktiengesellschaft, 2. Aufl. 2005; *Van Hulle/Maul/Drinhausen*, Handbuch zur Europäischen Gesellschaft (SE), 2007; *Wenz*, Einsatzmöglichkeiten einer Europäischen Aktiengesellschaft in der Unternehmenspraxis aus betriebswirtschaftlicher Sicht, AG 2003, 185.

Anmerkungen

1. Wahl des Formulars. Dem Verschmelzungsplan liegt der Fall zugrunde, dass zwei Aktiengesellschaften gemäß Art. 2 Abs. 1, Art. 17 Abs. 2 a) SE-VO durch Aufnahme zu einer Societas Europaea (SE) verschmolzen werden. Die übertragende Gesellschaft unterliegt dem Recht eines anderen Mitgliedstaats. Die übernehmende Gesellschaft ist eine deutschem Recht unterliegende Aktiengesellschaft. Aus deutscher Sicht handelt es sich mithin um den Fall einer „Hereinverschmelzung".

2. Verschmelzungsplan. Gemäß Art. 20 Abs. 1 SE-VO haben die Leitungs- oder Verwaltungsorgane der beteiligten Rechtsträger (Gründungsgesellschaften) jeweils einen Verschmelzungsplan aufzustellen, der inhaltlich übereinstimmen muss, was sich nicht nur bereits aus der Natur der Sache, sondern ausdrücklich auch aus Art. 26 Abs. 3 SE-VO („gleich lautender Verschmelzungsplan") ergibt. Ein gemeinsamer Verschmelzungsplan oder ein Verschmelzungsvertrag ist hingegen nicht erforderlich. Um eine inhaltliche Übereinstimmung der Verschmelzungspläne zu gewährleisten, werden diese in der Praxis im Regelfall aber gemeinsam entwickelt werden. Das Problem, dass die Verschmelzungspläne zwar inhaltlich übereinstimmen müssen, aber regelmäßig in unterschiedlichen Sprachen gefasst werden, lässt sich dadurch lösen, dass von vornherein eine zweisprachige Fassung zur Abstimmung vorgelegt wird und bei Eintragung in das jeweils zuständige Register die Version des Sitzstaates für maßgeblich erklärt wird. Der zwingende Mindestinhalt des Verschmelzungsplans ergibt sich aus Art. 20 Abs. 1 SE-VO, wobei ergänzend Art. 11 SE-VO zu beachten ist.

3. Form. Die SE-VO enthält keine Formvorschrift für den Verschmelzungsplan. Dennoch ist dieser notariell zu beurkunden (Lutter/Hommelhoff/*Bayer*, Die Europäische Gesellschaft, 2005, S. 34; *Heckschen* DNotZ 2003, 251, 257ff.; Lutter/*Lutter/Drygala*, § 6 Rdnr. 11; Lutter/Hommelhoff/*Bayer* Art. 20 SE-VO Rdnr. 6f.; *Teichmann* ZGR 2002, 383, 420f.; Widmann/Mayer/*Vossius*, § 20 Rdnr. 426 Fn. 3). Dies ergibt sich aus dem Verweis von Art. 18 SE-VO auf das deutsche Recht und damit auf § 6 UmwG. Diese Vorschrift erfasst in entsprechender Anwendung nicht nur den Verschmelzungsvertrag, sondern auch den Verschmelzungsplan. Dies folgt bereits daraus, dass auch die Dritte Richtlinie 78/855/EWG des Rates vom 9. Oktober 1978 gemäß Art. 54 Abs. 3 Buchstabe g) des Vertrages betreffend die Verschmelzung von Aktiengesellschaften (ABl. EG Nr. L 295 v. 20. 10. 1978, S. 36 ff.) diesen Begriff verwendet und § 6 UmwG hierauf aufbaut. Zudem geht der deutsche Gesetzgeber in der Begründung zu § 7 SEAG des RegE selbstverständlich von einer Beurkundungspflicht für den Verschmelzungsplan aus. Insofern ist es nur konsequent, dass der Gesetzgeber den Verweis in Art. 18 SE-VO als ausreichend erachtet und auf eine Klarstellung im Gesetz verzichtet hat. Im Gegensatz hierzu bedarf der Umwandlungsplan im Rahmen des Formwechsels in eine Societas Europaea (SE) nicht der notariellen Beurkundung (vgl. hierzu Form. L.IV.30 Anm. 2).

4. AG steht hier nur stellvertretend für die Bezeichnung der Aktiengesellschaft in den anderen Mitgliedstaaten (vgl. Anh. I zur SE-VO).

5. Die Angabe des Herkunftsstaats erleichtert dem Registerrichter die Prüfung, ob die beteiligten Rechtsträger dem Recht verschiedener Mitgliedstaaten unterliegen.

6. Die Register werden in Europa nicht einheitlich bei Gericht geführt, sondern auch bei anderen Behörden.

7. Das Mindestgrundkapital der SE beträgt EUR 120.000,– (Art. 4 Abs. 2 SE-VO).

8. Gemäß Art. 17 SE-VO kann die Verschmelzung sowohl durch Aufnahme (Abs. 2 a)) als auch durch Neugründung (Abs. 2 b)) erfolgen. Im ersten Fall nimmt die aufnehmende Gesellschaft mit Eintragung in das zuständige Register die Rechtsform der Societas Europaea (SE) an. Bei einer Verschmelzung zur Neugründung entsteht die neue Gesellschaft als Societas Europaea (SE) (vgl. Art. 29 SE-VO).

9. Bare Zuzahlung. Art. 20 Abs. 1 b) SE-VO schreibt lediglich die Angabe einer Ausgleichsleistung vor. Hieraus kann jedoch nicht geschlossen werden, dass grundsätzlich auch ein Ausgleich durch Sachleistungen oder in Anteilen möglich ist. Art. 20 lit. b) SE-VO statuiert lediglich die Pflicht zur Aufnahme einer entsprechenden Regelung in den Verschmelzungsplan, sagt aber nichts über die Zulässigkeit und Umfang bzw. Form der Ausgleichsleistung aus. Die Zulässigkeit unbarer Ausgleichleistungen bestimmt sich ausschließlich nach nationalem Recht (vgl. MünchKommAktG/*Schäfer* Art. 20 SE-VO Rdnr. 14). Der deutsche Gesetzgeber spricht ausdrücklich nur von baren Zuzahlungen (vgl. § 6 SEAG). Ferner verweist die SE-VO in Art. 17 Abs. 2 lit. a) SE-VO auf Art. 3 Abs. 1 RL 78/855/EWG zurück, wonach ein Ausgleich nur durch bare Zuzahlung geleistet werden darf (vgl. *Schwarz* Art. 20 SE-VO Rdnr. 29; *Scheifele*, Die Gründung der Europäischen Aktiengesellschaft, S. 157 f.). Daher gilt: Wird die SE, wie im vorliegenden Fall, in Deutschland errichtet, sind Ausgleichsleistungen nur durch bare Zuzahlung bis zur Höhe von 10% des auf die gewährten Aktien der SE entfallenden anteiligen Betrags des Grundkapitals zulässig (vgl. Art. 15 SE-VO i. V. m. §§ 68 Abs. 3, 73 UmwG).

10. Kapitalerhöhung. Im Falle einer Verschmelzung durch Aufnahme wird regelmäßig eine Kapitalerhöhung bei der aufnehmenden Gesellschaft durchzuführen sein. Da es sich insoweit um einen Vorgang handelt, der noch der jeweiligen Gründungsgesellschaft zuzuordnen ist, finden über Art. 18 SE-VO die jeweiligen nationalen Vorschriften Anwendung (vgl. §§ 66 ff. UmwG, §§ 182 ff. AktG). Von der Kapitalerhöhung zur Durchführung der Verschmelzung ist die Kapitalerhöhung beim übernehmenden Rechtsträger zu unterscheiden, die ggf. erforderlich ist, um das Grundkapital der SE in Höhe von 120.000,– EUR (Art. 4 Abs. 2 SE-VO) zu erreichen. Diese ist vor der Verschmelzung durchzuführen und richtet sich nach den allgemeinen Kapitalerhöhungsvorschriften des nationalen Aktienrechts.

11. Treuhänder. Für den dem Formular zugrundeliegenden Sachverhalt, dass die deutsche Gesellschaft die übernehmende Gesellschaft ist, ist die Bestellung eines Treuhänders (aus Sicht der deutschen Gesellschaft) nicht notwendig. § 5 ist nur für den Fall aufzunehmen, dass die deutsche Gesellschaft die übertragende Gesellschaft ist oder die Rechtsordnung, der die übertragende Gesellschaft unterliegt, ebenfalls die Bestellung eines Treuhänders vorsieht. Die Übertragung der Aktien ist in der SE-VO nicht geregelt. Insofern finden die jeweiligen nationalen Vorschriften Anwendung.

12. Folgen für die Arbeitnehmer. Nach der Offenlegung des Verschmelzungsplans (§ 5 SEAG i. V. m § 61 S. 2 UmwG) müssen die Leitungsorgane der beteiligten Rechtsträger unverzüglich alle erforderlichen Schritte für die Aufnahme der Verhandlungen über die Beteiligung der Arbeitnehmer einleiten. Der Vorstand muss die Arbeitnehmer(-vertretungen) über die Absicht der Gründung einer Societas Europaea (SE) informieren. Da der Abschluss der Verhandlungen über die Beteiligung der Arbeitnehmer Eintragungsvoraussetzung ist, sollte eine zügige Information der Arbeitnehmer(-vertretungen) im Interesse der formwechselnden AG liegen. Die Tatsache, dass in einer der beteiligten Gesellschaften keine Arbeitnehmervertretung besteht und die Gesellschaft auch nicht der Mitbestimmung unterliegt, entbindet nicht von der Informationspflicht gegenüber den Arbeitnehmern (vgl. Art. 4 Abs. 2 S. 2 SEBG) und auch nicht von der Pflicht zur Bildung eines besonderen Verhandlungsgremiums. Der Vorstand muss zur Bildung des besonderen Verhandlungsgremiums schriftlich auffordern. Zur Entbehrlichkeit der Bildung eines besonderen Verhandlungsgremiums in Sonderfällen vgl. Form. L. II.32 Anm. 10.

13. Ist die deutsche AG – anders als in dem diesem Formular zugrundeliegenden Sachverhalt – die übertragende Gesellschaft, bietet sich folgende Formulierung an:
„Sämtliche individualvertraglichen Arbeitsverhältnisse gehen gemäß §§ 324 UmwG, 613a BGB kraft Gesetzes auf den übernehmenden Rechtsträger über, ohne dass es hierzu irgend-

welcher rechtsgeschäftlicher Erklärungen bedarf. Jedem Arbeitnehmer steht das Recht zu, hiergegen Widerspruch zu erheben, der im Falle der Verschmelzung das Erlöschen des Arbeitsverhältnisses zur Folge hat, sofern der Arbeitnehmer dies mit dem Widerspruch bezweckt. Andernfalls bleibt der Widerspruch ohne Rechtsfolgen. Eine Kündigung des Arbeitsverhältnisses „wegen Betriebsübergangs" ist unwirksam und auch nicht vorgesehen (vgl. § 613a Abs. 4 BGB)."

14. Firma und Sitz. Gemäß Art. 11 Abs. 1 SE-VO muss der Firma der Zusatz „SE" vor- oder nachgestellt werden. Die geplante Firmenbezeichnung muss im Verschmelzungsplan ebenso wie der Sitz enthalten sein (Art. 20 Abs. 1 lit. a) SE-VO). Nach überwiegender Ansicht ist es zulässig, dass die SE ihren Sitz nicht an dem der aufnehmenden Gesellschaft, sondern in einem Drittstaat nimmt (vgl. Van Hulle/Maul/Drinhausen/*Teichmann* 4 § 2 Rdnr. 34; zur Problematik des dann nicht geregelten Austrittsrechts der Minderheitsgesellschafter *Müller* Der Konzern 2007, 81 ff.).

15. Satzung. Anders als bei einer Verschmelzung nach deutschem Umwandlungsrecht muss die Satzung nicht nur bei einer Verschmelzung zur Neugründung, sondern auch bei einer Verschmelzung durch Aufnahme in den Verschmelzungsplan aufgenommen werden, da der übernehmende Rechtsträger gleichzeitig in eine SE umgewandelt wird (Art. 20h) SE-VO).

16. Abfindungsangebot. Ein Abfindungsangebot ist nur dann in den Verschmelzungsplan aufzunehmen, wenn die deutschem Recht unterliegende AG als übertragende Gesellschaft aus Deutschland herausverschmilzt (vgl. §§ 7, 13 SEAG) oder die Rechtsordnung, der der andere beteiligte Rechtsträger unterliegt, ein Abfindungsangebot vorsieht. Die Möglichkeit zum Verzicht auf das Abfindungsangebot ist zwar gesetzlich nicht vorgesehen (vgl. 7 Abs. 3 SEAG), doch sollte ein solcher Verzicht zumindest dann möglich sein, wenn von vornherein feststeht, dass kein Aktionär aus der Gesellschaft ausscheiden möchte. Durch das ARUG (Gesetz zur Umsetzung der Aktionärsrechterichtlinie, BGBl. I S. 2479) wurde § 7 Abs. 2 SEAG dahingehend geändert, dass die bare Zuzahlung ab dem Tag der Registereintragung der Verschmelzung künftig mit fünf statt früher zwei Prozent über dem Basiszinssatz (§ 247 BGB) zu verzinsen ist.

17. Gläubigerschutz. Im Falle der – hier nicht vorliegenden! – Herausverschmelzung ist den Gläubigern nach Maßgabe der §§ 8, 13 SEAG Sicherheit zu leisten. Die Gläubiger sind im Verschmelzungsplan auf dieses Recht hinzuweisen. Daher sind zumindest in diesem Fall Angaben zum Gläubigerschutz in den Verschmelzungsplan aufzunehmen (vgl. §§ 8, 13 Abs. 1 a.E. SEAG). Verbleibt die Gesellschaft in Deutschland, reicht der nachgelagerte Schutz der Gläubiger gemäß § 22 UmwG aus (vgl. *Neye/Teichmann* AG 2003, 169, 175).

18. Stichtagsänderung. Bei der SE empfiehlt es sich, eine bedingte Klausel in den Verschmelzungsplan aufzunehmen. Während bei einer Verschmelzung nach UmwG dem Verschmelzungsbeschluss die Anmeldung zur Eintragung in das Handelsregister folgt und die Anmeldung allenfalls durch möglicherweise erhobene Anfechtungsklagen verzögert werden kann, ist eine Verzögerung bei der SE nach der Konzeption der SE-VO mehr oder weniger wahrscheinlich. So beginnen die Verhandlungen über die Art der Beteiligung der Arbeitnehmer erst nach Offenlegung des Verschmelzungsplans und können bis zu 12 Monate andauern. Weiterhin kann sich die Hauptversammlung die Genehmigung der getroffenen Vereinbarung vorbehalten, so dass deren Nichterteilung zum Scheitern der gesamten Verschmelzung führt.

19. Auch wenn die übernehmende Gesellschaft ihren Sitz in Deutschland hat und im Grundbuch eingetragen ist, wird das Grundbuch in Folge der Verschmelzung unrichtig. Jedenfalls ändert sich der Rechtsformzusatz der Firma in „SE". Daher sollte auch bei Änderung der Rechtsform ein Antrag auf Grundbuchberichtigung gestellt werden.

20. Dieser Hinweis ist nur insoweit erforderlich, als den Aktionären ein Abfindungsgebot zu machen ist.

21. Angesichts des langen Zeitraums, der für die Verhandlungen über die Beteiligung der Arbeitnehmer zur Verfügung steht, werden die Verhandlungen im Zeitpunkt der Beschlussfassung durch die Hauptversammlung wohl häufig noch nicht abgeschlossen sein. Daher sieht

Art. 23 Abs. 2 S. 2 SE-VO einen Genehmigungsvorbehalt vor. Zweck der Regelung ist der Schutz der Aktionäre, die auf der Grundlage umfassender Informationen über die Zustimmung zum Verschmelzungsplan entscheiden sollen. Ohne einen solchen Genehmigungsvorbehalt könnte eine Mitbestimmungsregelung getroffen werden, die die Aktionäre eigentlich nicht mittragen würden. Ist ein Genehmigungsvorbehalt beschlossen worden, muss die Hauptversammlung nach Abschluss der Verhandlungen erneut abstimmen, wobei Beschlussgegenstand nur die getroffene Vereinbarung über die Beteiligung der Arbeitnehmer ist.

22. Der Verschmelzungsplan ist von den Mitgliedern des Vorstands in vertretungsberechtigter Zahl zu unterzeichnen. Der Verschmelzungsplan ist zwar von den Leitungs- oder Verwaltungsorganen aufzustellen, doch ist im Gegensatz zu den §§ 4 ff. UmwG ein gemeinsames Handeln der Leitungs- oder Verwaltungsorgane der beteiligten Gesellschaften nicht zwingend vorgeschrieben. Dem Verschmelzungsplan fehlt gerade das schuldrechtliche Element eines nach deutschem Recht aufgestellten Verschmelzungsvertrages (vgl. *Teichmann* ZGR 2002, 383, 418 ff.). Daher müssen bei Beurkundung des Verschmelzungsplans nur die vertretungsberechtigten Mitglieder des Leitungs- oder Verwaltungsorgans der jeweiligen AG anwesend sein und in der Urkunde genannt werden, während hingegen die beteiligten Gesellschaften alle im Verschmelzungsplan aufzuführen sind.

23. **Kosten und Gebühren.** Da es sich bei dem Verschmelzungsplan um eine einseitige Erklärung handelt, bemessen sich die Kosten für die Beurkundung des Verschmelzungsplans nach §§ 141, 36 Abs. 1 KostO. Danach wird eine $^{10}/_{10}$ Gebühr für die Beurkundung erhoben. Die Gebühren richten sich nach dem Geschäftswert (§ 32 KostO), der nach § 39 Abs. 2 KostO zu bemessen ist. Der Begriff Austauschverträge ist nicht im zivilrechtlichen Sinne, zu verstehen, sondern im Sinne des Gebührenrechts (vgl. Korintenberg/*Bengel*/*Tiedtke* § 39 KostO Rdnr. 5). Die Leistung wird dabei nur um die Leistung der anderen willen erbracht. Dies ist auch beim Verschmelzungsplan der Fall, da eine einseitige Leistungserbringung nicht erfolgt. Dies gilt sowohl für die Verschmelzung durch Aufnahme als auch zur Neugründung (vgl. dazu Korintenberg/*Bengel*/*Tiedtke* § 39 KostO Rdnr. 145). Der Geschäftswert beträgt gem. § 39 Abs. 5 KostO mindestens 25.000 und höchstens 5.000.000 EUR.

28. Mitbestimmungsvereinbarung über die Beteiligung der Arbeitnehmer in der Societas Europaea (SE)

Vorbemerkungen[1, 2]

V.1 Die Y-AG wird als übernehmende Gesellschaft im Zuge der grenzüberschreitenden Verschmelzung mit der X-SA/NV mit Sitz in ...... Belgien (nachfolgend „X-AG") die Rechtsform einer Europäischen Gesellschaft (*Societas Europaea* – SE) umwandeln. Dieser Zusammenschluss ist für die Y-Gruppe ein wichtiger Schritt, um ihre Marktposition als ...... in Europa zu festigen und auszubauen.

V.2 Die wirtschaftlichen und strategischen Chancen, die sich aus dieser Transaktion ergeben, können nur dann vollständig für die Stärkung der Y-Gruppe genutzt werden, wenn die bestehenden und sich aus der Bildung der Y-SE ergebenden Verpflichtungen gegenüber den Arbeitnehmern in den einzelnen Gruppengesellschaften verantwortlich wahrgenommen werden. Deshalb wird die Bildung der Y-SE auch von der Überzeugung getragen, dass der wirtschaftliche Erfolg der Unternehmensgruppe eng mit dem Engagement und der Zufriedenheit ihrer Arbeitnehmer verbunden ist.

V.3 Diese Y-Gruppe bekennt sich ausdrücklich zu folgenden Zielen:
   (i) Förderung der Chancengleichheit auf allen Ebenen der Gesellschaft; Unterschiede in Herkunft, Geschlecht, Rasse, Alter und persönlichem Erfahrungshin-

tergrund der Mitarbeiterinnen und Mitarbeiter werden zur Weiterentwicklung des Unternehmens dann beitragen, wenn gleiche Behandlung, gleiche Chancen und Integration als wichtige Anliegen verstanden werden (Diversity);
(ii) Unterstützung des lebenslangen Lernens der Arbeitnehmer;
(iii) Betrieb eines aktiven Arbeits- und Gesundheitsschutzes am Arbeitsplatz in Zusammenarbeit mit den Arbeitnehmervertretungen [und mit dem Ziel, die geltenden Standards zu übertreffen];
(iv) Beachtung und Umsetzung der Kernarbeitsnormen der Internationalen Arbeitsorganisation (ILO) sowie der Prinzipien des Global Impact und der OECD-Leitsätze für multinationale Unternehmen, insbesondere folgende Erklärungen der ILO:
(a) zur Vereinigungsfreiheit und zum Recht auf Tarifverhandlungen;
(b) zu den Verboten von Zwangs- und Kinderarbeit;
(c) zum Verbot von Diskriminierung in Beschäftigung und Beruf.

V.4 Im Sinne der vorgenannten Ziele wird auf der Grundlage der Richtlinie des Rates der Europäischen Gemeinschaften zur Ergänzung des Statuts der Europäischen Gesellschaft hinsichtlich der Beteiligung der Arbeitnehmer (Richtlinie 2001/86/EG vom 8. Oktober 2001) und auf der Grundlage des SE-Beteiligungsgesetzes („SEBG") die nachfolgende Vereinbarung hinsichtlich der Beteiligung der Arbeitnehmerinnen und Arbeitnehmer über die Bildung des SE-Betriebsrates und die Unternehmensmitbestimmung im SE Aufsichtsrat geschlossen. Wesentliche Inhalte der Regelungen sind Informations-, Anhörungs- und Mitbestimmungsrechte der Arbeitnehmer der Y-SE. Dabei soll sich nach dem Willen der vertragsschließenden Parteien die Beteiligung und Mitbestimmung nach dieser Vereinbarung ausdrücklich auf die Mitgliedstaaten der EU, die Vertragsstaaten des Europäischen Wirtschaftsraums (EWR) sowie die Schweiz erstrecken.

V.5 Zwischen den vertragsschließenden Parteien besteht Einigkeit, dass neben dem SE-Betriebsrat kein weiteres europäisches Arbeitnehmergremium gebildet wird, das Anspruch auf Unterrichtung und Anhörung bei grenzüberschreitenden Sachverhalten hat.

V.6 Die getroffene Vereinbarung beeinträchtigt weder die Eigenständigkeit der Unternehmensführung der einzelnen europäischen Y-Gesellschaften noch die Beteiligungs- und Mitbestimmungsrechte der Arbeitnehmer und ihrer Vertretungen in den einzelnen europäischen Unternehmen, die sich unverändert nach den nationalen Bestimmungen richten. Davon unbeschadet vereinbaren die Vertragspartner, die ihnen zur Verfügung stehenden Möglichkeiten auszuschöpfen, um die gemeinsamen Zielvorstellungen und die sich aus der Vereinbarung ergebenden Rechte und Pflichten auf allen Ebenen umzusetzen.

Teil A: SE-Betriebsrat

1. Geltungsbereich und Zuständigkeit[3]

1.1 Geltungsbereich

Der SE-Betriebsrat ist eine Vertretung der Arbeitnehmer der Y-SE und ihrer Tochtergesellschaften im Sinne von § 2 Abs. 3 SEBG („Tochtergesellschaften") mit Sitz in den Mitgliedstaaten der EU, den Vertragsstaaten des EWR sowie der Schweiz („Y-Gruppe"), soweit diese in diesen Ländern („Betroffene Länder") beschäftigt sind („Y-Arbeitnehmer"). Als Y-Arbeitnehmer gelten solche Arbeitnehmer nicht, die von Tochtergesellschaften der Y-Gruppe beschäftigt werden, an denen die Y-Gruppe eine Beteiligung ausschließlich aus Gründen der Kapitalanlage hält („Finanzbeteiligung"). Unter einer Finanzbeteiligung im Sinne dieser Vereinbarung ist eine Beteiligung an einer Gesellschaft oder Gesellschaftsgruppe zu verstehen, die zum Zwecke der Kapitalanlage ausschließlich mit dem Ziel der kurz- bis mittelfristig erfolgenden Weiterveräußerung eingegangen wird.

1.2 Zuständigkeit

Der SE-Betriebsrat ist nach Maßgabe der folgenden Regelungen zuständig für die Beteiligung der Y-Arbeitnehmer in Angelegenheiten innerhalb der Y-Gruppe, die sich auf mindestens zwei Betroffene Länder erstrecken oder die über die Befugnisse der zuständigen Organe der Y-Gruppe auf der Ebene des einzelnen Mitgliedstaats hinausgehen („Grenzüberschreitende Angelegenheiten"). Diese Zuständigkeit erstreckt sich auch auf die Information der Arbeitnehmer in Betrieben und Betriebsteilen der Y-Gruppe, die in nicht Betroffene Länder ausgelagert sind.

1.3 Zuständigkeit kraft Ermächtigung

Der SE-Betriebsrat kann in Grenzüberschreitenden Angelegenheiten durch die nationalen Arbeitnehmervertretungen in den Betroffenen Ländern ermächtigt werden, deren etwaige Verhandlungs- und Mitbestimmungsrechte wahrzunehmen, soweit die Unternehmensleistungen der Tochtergesellschaften in den Betroffenen Ländern dem nicht widersprochen haben und zwingendes nationales Recht dem nicht entgegensteht.

2. Zusammensetzung, Mitgliedschaft und Sitzverteilung[4]

2.1 Zusammensetzung

Der SE-Betriebsrat setzt sich aus den Ländervertretern, dem Regionalvertreter Osteuropa (Ziffer 2.2) und den Unternehmensvertretern (Ziffer 2.3) zusammen.

2.2 Ländervertreter und Regionalvertreter Osteuropa

Im SE-Betriebsrat werden die Y-Arbeitnehmer in den Betroffenen Ländern, in denen mindestens 100 Y-Arbeitnehmer beschäftigt sind, durch einen Arbeitnehmer vertreten, der in dem Land, das er vertritt, bei der Y-Gruppe beschäftigt ist („Ländervertreter").
Die Länder Bulgarien, Rumänien und Russland entsenden einen gemeinsamen Vertreter („Regionalvertreter Osteuropa"). Der Ländervertreter bzw. der Regionalvertreter Osteuropa vertritt die Interessen aller in seinem Land bzw. seiner Region beschäftigten Y-Arbeitnehmer.

2.3 Unternehmensvertreter

Soweit die Y-SE oder eine Tochtergesellschaft in einem Betroffenen Land mehr als 2.000 Arbeitnehmer beschäftigt, werden sie zusätzlich durch einen dieser Arbeitnehmer vertreten („Unternehmensvertreter"). Für je weitere volle 2.000 Mitarbeiter wird die Y-SE bzw. die jeweilige Tochtergesellschaft unter Festlegung der Zuordnung zu den je vollen 2.000 Mitarbeitern durch einen weiteren Unternehmensvertreter vertreten.

2.4 Maßgebliche Anzahl der Y-Arbeitnehmer für die Sitzverteilung

Maßgeblich für die Mitgliedschaft eines Ländervertreters (Ziffer 2.2) oder eines Unternehmensvertreters (Ziffer 2.3) ist – unbeschadet Ziffer 2.6 – jeweils die Anzahl der Y-Arbeitnehmer in dem von ihnen vertretenen Land bzw. Unternehmen am Ende des Geschäftsjahres der Y-SE. Zur Bestimmung der Anzahl der Y-Arbeitnehmer wird – soweit möglich – auf die veröffentlichten Daten (insbesondere Geschäftsberichte) der Y-SE, des Y-Konzerns bzw. der übrigen Unternehmen der Y-Gruppe abgestellt, die dem Geschäftsführenden Ausschuss (Ziffer 4) durch die Unternehmensleitung der Y-SE mitzuteilen sind.

Innerhalb von drei Monaten nach Ablauf eines jeden Geschäftsjahres ist die Zusammensetzung des SE-Betriebsrats nach Maßgabe des vorstehenden Absatzes erforderlichenfalls anzupassen. Für die Bestellung oder Wahl eines neuen Ländervertreters oder Unternehmensvertreters gilt Ziffer 2.5.
Für die erste Amtszeit (zur Amtszeit vgl. Ziffer 2.8) erhält Belgien – unabhängig von den vorangehenden Regelungen – zwei Ländervertreter und einen Unternehmensvertreter im SE-Betriebsrat.

2.5 Bestellung oder Wahl der Mitglieder des SE-Betriebsrats; Benennung

Die Ländervertreter und Unternehmensvertreter werden gemäß dem in den jeweils Betroffenen Ländern vorgesehenen Verfahren zur Bestellung oder Wahl der Mitglieder eines Vertretungsorgans kraft Gesetzes im Sinne des Anhangs zu Art. 7 der Richtlinie 2001/86/EG bestimmt, sofern diese Vereinbarung nichts Abweichendes regelt. Soweit die einschlägigen nationalen Regelungen in den jeweils Betroffenen Ländern dies vorsehen, werden Gewerkschaften bei der Bestellung oder Wahl der Mitglieder des SE-Betriebsrats beteiligt. Wenn die Rechtsordnungen der Betroffenen Länder keine Verfahren zur Bestellung oder Wahl des Mitglieds zum SE-Betriebsrat vorsehen, sind die entsprechenden nationalen Bestimmungen der jeweiligen Betroffenen Länder zur Wahl des Vertreters im Besonderen Verhandlungsgremium anzuwenden.

Der Regionalvertreter Osteuropa wird von den Arbeitnehmervertretungen in den von ihm repräsentierten Ländern gewählt. Kommt eine Wahl nicht binnen einer Frist von zehn Wochen zustande, wird er von den durch ihn repräsentierten Arbeitnehmern in direkter Wahl gewählt. Für den ersten SE-Betriebsrat beginnt die Zehnwochenfrist ab Mitteilung der Unternehmensleitung gegenüber dem Besonderen Verhandlungsgremium über die Eintragung der Y-SE im Handelsregister beim Amtsgericht ......, für jeden weiteren SE-Betriebsrat mit dem Beginn des vierten Monats vor Ablauf der regulären Amtszeit, bei vorzeitiger Mandatsbeendigung mit Eintritt des Mandatsendes. Vertreter der Schweiz (Ländervertreter und Unternehmensvertreter) werden auf Vorschlag der Unternehmensleitungen der Tochtergesellschaften der Y-Gruppe in der Schweiz durch den Geschäftsführenden Ausschuss (Ziffer 4.) bestimmt. Sofern sich in der Schweiz die Grundlagen der betrieblichen Vertretung der Y-Arbeitnehmer ändern, werden die Unternehmensleitung der Y-SE und der Geschäftsführende Ausschuss (Ziffer 4.) sich über ein entsprechend angepasstes Verfahren zur Bestimmung der Vertreter der Schweiz verständigen.

Der Unternehmensleitung der Y-SE sind unverzüglich die Namen der bestellten oder gewählten Mitglieder des SE-Betriebsrats mitzuteilen (Benennung).

2.6 Anfängliche Sitzverteilung

Unter Zugrundelegung der Ziffern 2.2 und 2.3 ergibt sich die aus der Anlage 2.6 ersichtliche Sitzverteilung im SE-Betriebsrat zum Zeitpunkt der Unterzeichnung dieser Vereinbarung.

2.7 Ersatzmitglieder

Für jedes Mitglied wird ein Ersatzmitglied entsprechend Ziffer 2.5 bestimmt.

2.8 Dauer der Mandate

Die Mandatszeit beginnt mit dem Tag der Konstituierung des SE-Betriebsrats, für den das Mandat besteht. Die regelmäßige Dauer des Mandats beträgt vier Jahre. Die Mandatszeit endet mit dem Tag der Konstituierung des neuen SE-Betriebsrats. Wiederbestellung oder Wiederwahl sind zulässig.

Das Mandat endet vorzeitig, unbeachtet weiterer in dieser Vereinbarung und gesetzlich (einschließlich der nationalen Regelungen) vorgesehener Fälle,
(i) durch Rücktritt;

(ii) beim Ländervertreter bei Anpassung der Sitzverteilung gemäß Ziffer 2.4 oder wenn sein Arbeitsverhältnis endet und kein neues Arbeitsverhältnis zu einem Arbeitgeber der Y-Gruppe in dem von ihm vertretenen Land begründet wird. Dies gilt entsprechend für den Regionalvertreter Osteuropa;

(iii) beim Unternehmensvertreter bei Anpassung der Sitzverteilung gemäß Ziffer 2.4 oder mit Ausscheiden des betreffenden Unternehmens aus der Y-Gruppe oder mit Beendigung seines Arbeitsverhältnisses zu seinem Arbeitgeber der Y-Gruppe in dem Land, für das er sein Unternehmen vertritt.

Das für das vorzeitig ausscheidende Mitglied des SE-Betriebsrats bestellte oder gewählte Ersatzmitglied tritt für die Restdauer der Amtszeit an dessen Stelle, sofern nicht das Ausscheiden auf einer Anpassung der Sitzverteilung nach vorstehenden (ii) oder (iii) beruht.

2.9 Anfechtung der Bestellung oder Wahl; Geltendmachung der Nichtigkeit

Die Bestellung oder Wahl eines Mitglieds oder eines Ersatzmitglieds des SE-Betriebsrats kann angefochten werden, wenn gegen wesentliche Vorschriften zur Bestellung oder Wahl der Mitglieder des SE-Betriebsrats verstoßen worden und eine Berichtigung nicht erfolgt ist, es sei denn, dass durch den Verstoß das Ergebnis der Bestellung oder Wahl nicht geändert oder beeinflusst werden konnte. Zur Anfechtung berechtigt sind die in § 37 Abs. 1 S. 2 SEBG Genannten, der SE-Betriebsrat und die Unternehmensleitung der Y-SE. Die Klage muss innerhalb eines Monats nach der Bekanntgabe des Ergebnisses der Bestellung oder Wahl erhoben werden; für die Geltendmachung der Nichtigkeit besteht keine Frist. Ausschließlich zuständig ist das Arbeitsgericht ....

2.10 Ausschluss von Mitgliedern

Die Unternehmensleitung der Y-SE oder der SE-Betriebsrat können beim Arbeitsgericht ...... den Ausschluss eines Mitglieds aus dem SE-Betriebsrat wegen grober Verletzung seiner gesetzlichen Pflichten oder von Pflichten aus dieser Mitbestimmungsvereinbarung beantragen. Die Mitgliedschaft endet mit dem rechtskräftigen Ausspruch des Ausschlusses des Mitglieds durch das Arbeitsgericht.

3. Sitzungen des SE-Betriebsrats[5]

3.1 Turnusmäßige Sitzungen; Einladung zur konstituierenden Sitzung

Die Sitzungen des SE-Betriebsrats finden zweimal jährlich statt („Turnusmäßige Sitzungen"); davon soll eine Sitzung zeitnah im Anschluss an die ordentliche Hauptversammlung der Y-SE stattfinden.

Nach Benennung der Mitglieder des SE-Betriebsrats (Ziffer 2.5 UAbs. 3) lädt die Unternehmensleitung der Y-SE unverzüglich zur konstituierenden Sitzung des SE-Betriebsrats ein.

3.2 Außerordentliche Sitzungen

Außerordentliche Sitzungen des SE-Betriebsrats können nach vorheriger Konsultation mit der Unternehmensleitung der Y-SE durch den Geschäftsführenden Ausschuss einberufen werden. Die Gesamtzahl der Sitzungen – turnusmäßige und außerordentliche – sollte vier Sitzungen im Kalenderjahr nicht überschreiten.

3.3 Teilnahme der Unternehmensleitung der Y-SE

Vertreter der Unternehmensleitung der Y-SE nehmen an den Sitzungen des SE-Betriebsrats teil, soweit es in dieser Vereinbarung – insbesondere in Ziffern 6. und 7. – vorgesehen ist oder sofern dies vom SE-Betriebsrat gewünscht wird.

3.4 Teilnahme der Arbeitnehmervertreter des Aufsichtsrats der Y-SE

Die Arbeitnehmervertreter im Aufsichtsrat der Y-SE nehmen auf Einladung des SE-Betriebsrats an einzelnen Sitzungen des SE-Betriebsrats teil.

3.5 Recht auf Hinzuziehung von Sachverständigen [und eines Vertreters europäischer Gewerkschaften]

Soweit zur Erfüllung seiner Aufgaben erforderlich, hat der SE-Betriebsrat das Recht, nach vorheriger [Information der/Abstimmung mit der] Unternehmensleitung der Y-SE zu einzelnen Punkten der Tagesordnung Sachverständige hinzuzuziehen. Die hierfür angemessenen Kosten sind von der Y-SE zu tragen. [Der SE-Betriebsrat kann einen Vertreter europäischer Gewerkschaften zu Sitzungen des SE-Betriebsrats als Gast (ohne weitere Rechte als das Teilnahmerecht) einladen, wenn diese Gewerkschaften in der Y-Gruppe vertreten sind.]

3.6 Nichtöffentlichkeit der Sitzungen des SE-Betriebsrats

Die Sitzungen des SE-Betriebsrats sind nicht öffentlich.

4. Geschäftsführender Ausschuss[6]

4.1 Zusammensetzung

Der Geschäftsführende Ausschuss („Geschäftsführender Ausschuss") besteht aus dem Vorsitzenden (Vorsitzender des SE-Betriebsrats) und zwei weiteren Mitgliedern des SE-Betriebsrats. Der Geschäftsführende Ausschuss soll sich aus Mitgliedern zusammensetzen, die Arbeitnehmer aus mindestens zwei Betroffenen Ländern repräsentieren.

4.2 Aufgaben

Zu den Aufgaben des Geschäftsführenden Ausschusses gehören insbesondere:
 (i) die Vor- und Nachbereitung der Sitzungen des SE-Betriebsrats;
 (ii) die Entgegennahme und Weiterleitung von Informationen der Unternehmensleitung der Y-SE, insbesondere Informationen im Rahmen der Unterrichtung und Anhörung gemäß Ziffern 6. und 7. dieser Vereinbarung;
 (iii) die Wahrnehmung aller sonstigen Aufgaben, die vom SE-Betriebsrat auf den Geschäftsführenden Ausschuss übertragen werden.

4.3 Geschäftsführung und Vertretung

Die Geschäftsführung und Vertretung des SE-Betriebsrats erfolgt durch den Geschäftsführenden Ausschuss. Der Geschäftsführende Ausschuss wird vertreten durch den Vorsitzenden des SE-Betriebsrats (siehe Ziffer 4.1) bzw. im Verhinderungsfall durch das Mitglied, das der Geschäftsführende Ausschuss in einer Geschäftsordnung abstrakt oder ansonsten konkret bestimmt. Dies gilt entsprechend für die Entgegennahme von Erklärungen, die gegenüber dem SE-Betriebsrat abzugeben sind.

5. Weitere Ausschüsse

5.1 Grundsatz

Der SE-Betriebsrat hat das Recht, neben dem Geschäftsführenden Ausschuss weitere Ausschüsse zu bilden.

5.2 Hinzuziehung von Nichtmitgliedern

Nichtmitglieder können zur sachkundigen Information in Abstimmung mit dem Geschäftsführenden Ausschuss im Einzelfall hinzugezogen werden, soweit dies zur angemessenen Erfüllung der Aufgaben des Ausschusses erforderlich ist.

6. Unterrichtung und Anhörung in Turnusmäßigen Sitzungen[7]

6.1 Grundsatz

Die Unternehmensleitung der Y-SE hat den SE-Betriebsrat in seinen Turnusmäßigen Sitzungen (Ziffer 3.1) über die Geschäftslage und der Perspektiven des Y-Kon-

zerns unter rechtzeitiger Vorlage der erforderlichen Unterlagen zu unterrichten und ihn anzuhören. Zu den erforderlichen Unterlagen gehören insbesondere:
(i) der Geschäftsbericht der Y-Gruppe in deutscher [und englischer] Fassung;
(ii) die Tagesordnungen aller Sitzungen des Aufsichtsrats der Y-SE, soweit Angelegenheiten betroffen sind, bei denen eine Unterrichtungs- und Anhörungspflicht nach Maßgabe dieser Vereinbarung besteht;
(iii) die Kopien aller Unterlagen, die der Hauptversammlung der Aktionäre der Y-SE vorgelegt werden, in deutscher und englischer Fassung.
Die Unterlagen können in elektronischer Form vorgelegt werden.

6.2 Regelbeispiele für Unterrichtung und Anhörung

Zu der Entwicklung der Geschäftslage und den Perspektiven im Sinne von Ziffer 6.1 gehören insbesondere:
(i) wesentliche Veränderungen in der Struktur/Organisation oder der wirtschaftlichen und finanziellen Lage der Y-Gruppe;
(ii) die voraussichtliche Entwicklung der Geschäfts-, Produktions-, Absatz- und Beschäftigungslage;
(iii) Investitionen (Investitionsprogramme);
(iv) die Einführung neuer Arbeits- und Fertigungsverfahren;
(v) Zusammenschlüsse oder Spaltungen von Unternehmen oder Betrieben;
(vi) Verlegung von Unternehmen, Betrieben oder wesentlichen Betriebsteilen sowie Verlagerung der Produktion;
(vii) wesentliche Einschränkungen oder Stilllegung von Unternehmen, Betrieben, oder wesentlichen Betriebsteilen;
(viii) Massenentlassungen.

7. Unterrichtung und Anhörung bei außergewöhnlichen Umständen

7.1 Grundsatz

Über außergewöhnliche Umstände, die erhebliche Auswirkungen auf die Interessen der Arbeitnehmer haben, hat die Unternehmensleitung der Y-SE den Geschäftsführenden Ausschuss und die von diesen außergewöhnlichen Umständen unmittelbar betroffenen Länder- und Unternehmensvertreter oder Regionalvertreter Osteuropa rechtzeitig unter Vorlage der erforderlichen Unterlagen umfassend zu unterrichten und anzuhören. Die Unterrichtung und Anhörung soll so rechtzeitig durch die Unternehmensleitung erfolgen, dass die Unternehmensleitung die Sichtweise des SE-Betriebsrats im Rahmen der Entscheidungsfindung berücksichtigen kann. Ist in Ausnahmefällen die Gesellschaft aufgrund gesetzlicher Bestimmungen oder Marktusuancen gezwungen, eine Vorabveröffentlichung vorzunehmen, wird der Geschäftsführende Ausschuss möglichst zeitgleich über den Sachverhalt und den Veröffentlichungsinhalt unterrichtet. Wenn die Unternehmensleitung beschließt, nicht entsprechend der vom Geschäftsführenden Ausschuss abgegebenen Stellungnahme zu handeln, wird die Unternehmensleitung hierüber unverzüglich den Geschäftsführenden Ausschuss unterrichten. Erfolgen Unterrichtung und Anhörung im Rahmen einer Sitzung des Geschäftsführenden Ausschusses, sind die unmittelbar betroffenen Länder- und Unternehmensvertreter oder der Regionalvertreter Osteuropa zur Teilnahme an der Sitzung berechtigt.

7.2 Regelbeispiele für außergewöhnliche Umstände

Als außergewöhnliche Umstände gelten insbesondere:
(i) die Verlegung, Verlagerung oder Stilllegung von für die Y-Gruppe wesentlichen Unternehmen, Betrieben oder Betriebsteilen;

(ii) der Zusammenschluss, die Umwandlung oder Spaltung von Unternehmen oder Betrieben mit erheblichen Auswirkungen auf die Interessen wesentlicher Teile der Arbeitnehmer der Y-Gruppe;
(iii) Massenentlassungen.

8. Initiativrecht für länderübergreifende Maßnahmen

Der SE-Betriebsrat und die Unternehmensleitung der Y-SE können für die Betroffenen Länder Initiativen zu länderübergreifenden Maßnahmen ergreifen, mit dem Ziel, Leitlinien in den folgenden Bereichen zu definieren:
(i) Chancengleichheit;
(ii) Arbeits- und Gesundheitsschutz;
(iii) Datenschutz;
(iv) Aus- und Weiterbildungspolitik.

9. Arbeitsbedingungen des SE-Betriebsrats[8]

9.1 Allgemeines

Die Unternehmensleitung der Y-SE gewährleistet dem SE-Betriebsrat Arbeitsbedingungen nach Maßgabe der nachfolgenden Vorschriften, soweit diese für die ordnungsgemäße Erfüllung seiner Aufgaben erforderlich sind. Die Unternehmensleitung der Y-SE und der SE-Betriebsrat werden das Gebot der Wirtschaftlichkeit und Kosten-Effizienz beachten.

Soweit dies der SE-Betriebsrat und die Unternehmensleitung der Y-SE für zweckmäßig halten, wird hinsichtlich der Kosten für die Tätigkeit der Mitglieder des SE-Betriebsrats am Ende eines Geschäftsjahres für das kommende Geschäftsjahr zwischen dem Geschäftsführenden Ausschuss und der Unternehmensleitung der Y-SE ein Budget einvernehmlich geplant. Fallen weitergehende Kosten an, die über das festgelegte Budget hinausgehen, wird der Geschäftsführende Ausschuss dies der Unternehmensleitung der Y-SE mit dem Ziel einer frühzeitigen Verständigung mitteilen.

9.2 Bereitstellung von Personal- und Sachmitteln

Den Mitgliedern des SE-Betriebsrats und dem Büro des SE-Betriebsrats sind die erforderlichen Personal- und Sachmittel bereit zu stellen. Dazu gehört auch der Zugang zu einer angemessenen Kommunikations-Infrastruktur (z. B. Telefon, Fax, E-Mail, Internet und Intranet) und auf Wunsch ein Laptop. [Für den Vorsitzenden des SE-Betriebsrats ist eine Arbeitskraft zur administrativen Unterstützung der Wahrnehmung seiner Aufgaben zur Verfügung zu stellen[, und zwar in einem Umfang von 10 Zeitstunden/Woche].]

9.3 Regelungen zur Freistellung von der Arbeit

Der Vorsitzende des SE-Betriebsrats ist – unbeschadet der jeweiligen nationalen Regelungen – von der beruflichen Tätigkeit freizustellen. Die Mitglieder des SE-Betriebsrats sind von ihrer beruflichen Tätigkeit ohne Minderung des Arbeitsentgelts zu befreien, soweit dies zur ordnungsgemäßen Durchführung ihrer Aufgaben (einschließlich der Teilnahme an Schulungs- und Bildungsveranstaltungen gemäß Ziffer 9.7) erforderlich ist.

9.4 Kommunikation

Der SE-Betriebsrat, die Mitglieder des SE-Betriebsrats sowie der Geschäftsführende Ausschuss können unter Beachtung von Ziffer 12.2 und Ziffer 12.3 die Arbeitnehmervertreter der Y-Gruppe über den Inhalt und die Ergebnisse der Unterrichtungs- und Anhörungsverfahren informieren. Arbeitnehmervertreter in Betroffenen Ländern, die nicht durch einen Länder-, Unternehmensvertreter oder den Regionalvertreter Osteuropa im SE-Betriebsrat vertreten sind, können durch den Geschäftsführenden Ausschuss informiert werden. Sind keine Arbeitnehmervertreter in diesen Ländern vorhanden, können diese Arbeitnehmer durch den Geschäftsführenden Ausschuss informiert werden. In diesen Fällen teilen die Arbeitnehmer in dem jeweiligen Land dem Geschäftsführenden Ausschuss mit, wer von ihnen der Ansprechpartner ist.

Der SE-Betriebsrat kann sich zur Information eines für ihn vorgesehenen Bereichs des Intranets der Y-SE, öffentlicher Aushänge und vorhandener unternehmensinterner E-Mailverteiler bedienen. Der SE-Betriebsrat stellt sicher, dass die ihm zur Verfügung gestellten Kommunikationsmittel nicht zweckwidrig genutzt werden. Die Unternehmensleitung der Y-SE kann verlangen, dass Äußerungen entfernt werden, deren Inhalt außerhalb des Aufgabenbereichs und der Zuständigkeit des SE-Betriebsrats liegt oder sonst gegen ein Gesetz verstößt.

9.5 Zutrittsrecht der Mitglieder des SE-Betriebsrats zu allen Bereichen

Mitglieder des SE-Betriebsrats haben das Zutrittsrecht zu allen Betrieben der Y-Gruppe im Geltungsbereich dieser Vereinbarung sowie zu Betrieben und Betriebsteilen der Y-Gruppe, die in nicht Betroffene Länder ausgelagert sind. Der Zutritt zum Betrieb ist der Betriebsleitung zuvor anzuzeigen.

9.6 Bereitstellung von Übersetzungs- und Dolmetscherkapazitäten

Zu den notwendigen Kosten für die Arbeit des SE-Betriebsrats gehören auch die Kosten für die Dolmetschung der Sitzungen des SE-Betriebsrats sowie für die Übersetzung von Unterlagen (ausschließlich in die englische Sprache). Bei erheblichem Umfang der Unterlagen soll sich die Übersetzung auf wesentliche Teile beschränken, sofern insgesamt ein Verständnis sichergestellt ist.

9.7 Anspruch auf Fortbildungsmaßnahmen

Mitglieder des SE-Betriebsrats haben, unbeschadet der jeweiligen nationalen Regelungen, nach vorheriger Information der Unternehmensleitung der Y-SE und Benennung der entstehenden Kosten, Anspruch auf Teilnahme an Schulungs- und Bildungsveranstaltungen (einschließlich Sprachkurse in englischer und deutscher Sprache), soweit diese für die Arbeit des SE-Betriebsrats erforderliche Kenntnisse vermitteln. Die angemessenen Kosten dieser Veranstaltungen werden von der Y-SE getragen.

9.8 Reisekosten/Spesen

Reisekosten und Spesen im Zusammenhang mit der Teilnahme an Sitzungen werden erstattet. Die Abrechnung erfolgt nach den örtlichen Regelungen grundsätzlich durch die jeweilige Personalabteilung.

10. Benachteiligungsverbot von SE-Betriebsratsmitgliedern[9]

Mitglieder des SE-Betriebsrats dürfen auf Grund ihrer Tätigkeit weder bevorzugt noch benachteiligt werden. Sie dürfen in der Ausübung ihrer Tätigkeit nicht gestört oder behindert werden.

11. Kündigungsschutz[10]

Unbeschadet des Benachteiligungsverbotes gemäß Ziffer 10 genießen Mitglieder des SE-Betriebsrats Kündigungsschutz nach den auf sie jeweils anwendbaren Bestimmungen. Beabsichtigte Kündigungen von Mitgliedern des SE-Betriebsrats sind dem Geschäftsführenden Ausschuss vorab mit einer angemessenen Frist anzuzeigen. In den Fällen, in denen die Wirksamkeit der Maßnahme an verkürzte Fristerfordernisse gebunden ist, kann hiervon abgewichen werden.

12. Compliance und Geheimhaltung[11]

12.1 Informationspflichten

Informationspflichten der Unternehmensleitung der Y-SE bestehen nur, soweit bei Zugrundelegung objektiver Kriterien dadurch nicht Betriebs- oder Geschäftsgeheimnisse der Y-SE und ihrer Tochtergesellschaften gefährdet werden.

12.2 Compliance, Geheimhaltung

Für alle Mitglieder und Ersatzmitglieder des SE-Betriebsrats gelten die für die Mitarbeiter der Y-Gruppe jeweils gültigen Compliance-Regeln der Y-SE.

Für die Kommunikation vertraulicher Informationen per E-Mail werden die Parteien die vorhandenen Verschlüsselungstechniken nutzen.

Die Mitglieder und Ersatzmitglieder des SE-Betriebsrats sind insbesondere verpflichtet, Betriebs- oder Geschäftsgeheimnisse, die ihnen wegen ihrer Zugehörigkeit zum SE-Betriebsrat bekannt geworden und von der Unternehmensleitung der Y-SE ausdrücklich als geheimhaltungsbedürftig bezeichnet worden sind, nicht zu offenbaren und nicht zu verwerten. Die Pflicht zur Geheimhaltung gilt auch nach dem Ausscheiden aus dem SE-Betriebsrat. Der SE-Betriebsrat und die Unternehmensleitung der Y-SE tragen gemeinsam dafür Sorge, dass sich Dolmetscher und Sachverständige, die gemäß Ziffer 3.6 zu den Beratungen des SE-Betriebsrats hinzugezogen werden, sowie Gäste des SE-Betriebsrats und seiner Ausschüsse nach Ziffer 5.2 einer entsprechenden Verpflichtung gegenüber der Y-SE unterwerfen.

12.3 Ausnahme von der Pflicht zur Geheimhaltung des SE-Betriebsrats

Die Pflicht zur Geheimhaltung des SE-Betriebsrats nach Ziffer 12.2 gilt nicht gegenüber den Mitgliedern des SE-Betriebsrats, Arbeitnehmervertretern des Aufsichtsrats der Y-SE sowie den zur Geheimhaltung verpflichteten Arbeitnehmervertretern der von der Angelegenheit betroffenen Tochtergesellschaften und Betriebe der Y-Gruppe. Des weiteren gilt die Pflicht zur Geheimhaltung des SE-Betriebsrats nach Ziff. 12.2 nicht gegenüber Dolmetschern und Sachverständigen (Ziffer 3.6).

Vorbehaltlich einer anderweitigen Festlegung durch die Unternehmensleitung der Y-SE im begründeten Einzelfall gilt die Pflicht zur Geheimhaltung auch nicht gegenüber Gästen des SE-Betriebsrats und seiner Ausschüsse nach Ziffer 5.2.

Teil B: Unternehmensmitbestimmung

1. Geltungsbereich[12]

Die Y-SE hat sich gemäß § 4 der Satzung für das dualistische System mit Vorstand und Aufsichtsrat entschieden. Dementsprechend regelt Teil B dieser Vereinbarung die Mitbestimmung der Y-Arbeitnehmer in der Y-Gruppe im Vorstand (siehe Ziffer 7.) sowie vor allem im Aufsichtsrat der Y-SE. Der Aufsichtsrat der Y-SE ist paritätisch zusammengesetzt, d.h. die Hälfte seiner Mitglieder ist auf Vorschlag der Arbeitnehmer zu bestellen („Arbeitnehmervertreter"). Gemäß der im Zeitpunkt der Unterzeichnung dieser Vereinbarung in der Satzung der Y-SE niedergelegten Regelungen gehören dem Aufsichtsrat der Y-SE sechs Arbeitnehmervertreter an.

2. Verfahren zur Bestimmung des Vorschlags zur Bestellung der Arbeitnehmervertreter durch die Hauptversammlung der Y-SE[13]

2.1 Grundsatz

Arbeitnehmervertreter im Aufsichtsrat der Y-SE sind Y-Arbeitnehmer oder Vertreter einer in der Y-Gruppe vertretenen Gewerkschaft.

2.2 Erster Aufsichtsrat der Y-SE

Die Arbeitnehmervertreter des ersten Aufsichtsrats der Y-SE („Erster Aufsichtsrat") werden gerichtlich bestellt bis zur Beendigung der Hauptversammlung, die über die Entlastung für das erste Geschäftsjahr der Y-SE beschließt, längstens jedoch für drei Jahre.

Arbeitnehmervertreter des Ersten Aufsichtsrats und Ersatzmitglieder sind:

Vorname, Name	Vertretenes Land	Ersatzmitglied (Vorname, Name)

Die Verteilung der Sitze der Arbeitnehmervertreter für den nach dem Ersten Aufsichtsrat, d.h. für den voraussichtlich durch die Hauptversammlung der Y-SE im Frühjahr 2011 zu bildenden Aufsichtsrat, wird hiermit festgelegt und bestimmt sich wie folgt:

    Deutschland: drei Sitze;
    Belgien: zwei Sitze;
    Italien: ein Sitz.

2.3 Bestimmungen des Vorschlags der Arbeitnehmervertreter

Vorbehaltlich der Regelung in Ziffer 2.2 richtet sich die Verteilung der Sitze der Arbeitnehmervertreter im Aufsichtsrat der Y-SE auf die Betroffenen Länder nach dem jeweiligen Anteil der in den Betroffenen Ländern beschäftigten Y-Arbeitnehmer wie in § 36 SEBG in der jeweils gültigen Fassung geregelt. Maßgeblich ist dabei die Anzahl der Y-Arbeitnehmer zum 31. Dezember des Jahres, das der ordentlichen Hauptversammlung vorangeht, in der die Arbeitnehmervertreter auf Vorschlag der Arbeitnehmer zu bestellen sind.

Vorbehaltlich anderweitiger Regelungen in dieser Vereinbarung erfolgt die Besetzung der Betroffenen Ländern zugewiesenen Sitze nach den eigenen Regelungen der Betroffenen Länder. Sofern solche nicht bestehen, bestimmt der SE-Betriebsrat die Arbeitnehmervertreter des jeweiligen Betroffenen Landes.

Um eine ordnungsgemäße Einladung zur Hauptversammlung sicherzustellen, ist der Vorschlag für die durch die Hauptversammlung zu bestellenden Arbeitnehmervertreter vom Geschäftsführenden Ausschuss an die Unternehmensleitung der Y-SE drei Monate vor der terminierten Hauptversammlung zu richten. Sofern diese Frist nicht eingehalten wird, steht dem SE-Betriebsrat das Recht zu, den von dem jeweiligen Land zu benennenden Arbeitnehmervertreter zu benennen.

Für jeden Arbeitnehmervertreter soll ein Ersatzmitglied benannt werden.

2.4 Widerruf der Bestellung, Abberufung und Anfechtung

Ein Arbeitnehmervertreter oder ein Ersatzmitglied kann vor Ablauf der Amtszeit abberufen werden. Für die Abberufung gelten die jeweiligen nationalen Regelungen; falls solche nicht bestehen, gilt § 37 SEBG entsprechend.

Die Wahl eines Arbeitnehmervertreters kann angefochten werden, wenn gegen wesentliche Vorschriften über das Wahlrecht, die Wählbarkeit oder das Wahlverfahren verstoßen worden oder eine Berichtigung nicht erfolgt ist, es sei denn, dass durch den Verstoß das Wahlergebnis nicht geändert oder beeinflusst werden konnte. Für die Antragsberechtigung gelten die jeweiligen nationalen Regelungen. Zusätzlich sind der SE-Betriebsrat und die Unternehmensleitung der Y-SE antragsberechtigt. Die Klage muss innerhalb eines Monats nach dem Bestellungsbeschluss der Hauptversammlung erhoben werden. Ausschließlich zuständig ist das Arbeitsgericht ......

3. Amtszeit der Arbeitnehmervertreter[14]

3.1 Grundsatz

Vorbehaltlich der Regelungen für den Ersten Aufsichtsrat in Ziffer 2.2 erfolgt die Bestellung der Mitglieder des Aufsichtsrats gemäß der Satzungsregelung der Y-SE für einen Zeitraum bis zur Beendigung der Hauptversammlung, die über die Entlastung für das vierte Geschäftsjahr nach Beginn der Amtszeit beschließt, wobei das Geschäftsjahr, in dem die Amtszeit beginnt, nicht mitgerechnet wird, längstens jedoch für sechs Jahre. Wiederbestellungen sind zulässig.

3.2 Ausscheiden aus Aufsichtsrat

Eine Veränderung der Arbeitnehmerzahlen während der Amtszeit führt nicht zu einer Veränderung der Verteilung der Sitze der Arbeitnehmervertreter im Aufsichtsrat der Y-SE und somit auch nicht zu einem Ausscheiden von Arbeitnehmervertretern vor Ablauf ihrer Amtszeit.

Vor Ablauf seiner Amtszeit scheidet ein Arbeitnehmervertreter aus dem Aufsichtsrat aus, sofern er als Arbeitnehmer der Y-Gruppe in dem von ihm vertretenen Land nicht mehr tätig ist.

Soweit Ersatzmitglieder benannt werden, rücken diese nach dem Ausscheiden vor Ablauf der Amtszeit eines Arbeitnehmervertreters in den Aufsichtsrat nach. Scheidet ein Mitglied vor Ablauf seiner Amtszeit aus dem Aufsichtsrat aus, ohne dass ein Ersatzmitglied nachrückt, wird ein Nachfolger für die restliche Amtszeit des ausgeschiedenen Mitglieds gemäß Ziffer 2.3 benannt. Dabei wird die Verteilung der Sitze der Arbeitnehmervertreter im Aufsichtsrat der Y-SE zugrunde gelegt, wie dies bei der Bestellung des ausgeschiedenen Aufsichtsratsmitglieds erfolgt ist.

4. Rechte der Arbeitnehmervertreter[15]

4.1 Grundsatz

Die Arbeitnehmervertreter haben die gleichen Rechte und Pflichten wie die Mitglieder im Aufsichtsrat, die die Anteilseigner vertreten. Dies gilt auch für die aktienrechtliche Verpflichtung zur Vertraulichkeit.

4.2 Benachteiligungsverbot

Arbeitnehmervertreter dürfen auf Grund ihrer Tätigkeit als Arbeitnehmervertreter weder bevorzugt noch benachteiligt werden, sie dürfen in der Ausübung ihrer Tätigkeit nicht gestört oder behindert werden.

[4.3 Kündigungsschutz

Unbeschadet des Benachteiligungsverbotes in Ziffer 4.2 genießen Arbeitnehmervertreter Kündigungsschutz nach den auf sie jeweils anwendbaren Bestimmungen. Beabsichtigte Kündigungen von Arbeitnehmervertretern sind dem Geschäftsführenden Ausschuss des SE-Betriebsrats vorab mit einer angemessenen Frist anzuzeigen. Falls die Wirksamkeit der Maßnahme an verkürzte Fristerfordernisse gebunden ist, kann hiervon abgewichen werden.]

4.4 Sonstige Rechte

Die Arbeitnehmervertreter sind von ihrer beruflichen Tätigkeit in der Y-Gruppe ohne Minderung des Arbeitsentgelts zu befreien, soweit dies zur ordnungsgemäßen Durchführung ihrer Aufgabe als Arbeitnehmervertreter (einschließlich der Teilnahme an Sitzungen des SE-Betriebsrats und an Schulungs- und Bildungsmaßnahmen gemäß nachstehendem Absatz) erforderlich ist.

Sie haben, unbeschadet der jeweiligen nationalen Regelung, nach vorheriger Information der Unternehmensleitung der Y-SE und Benennung der entstehenden Kosten (einschließlich Sprachkurse in englischer und deutscher Sprache), Anspruch auf Teilnahme an Schulungs- und Bildungsveranstaltungen, soweit diese für die Arbeit als Arbeitnehmervertreter im Aufsichtsrat der Y-SE erforderliche Kenntnisse vermitteln. Die angemessenen Kosten dieser Veranstaltungen werden von der Y-SE getragen.

5. Unterrichtung des Aufsichtsrats[16]

Unbeschadet bestehender Zustimmungsvorbehalte des Aufsichtsrats und der in Art. 41 SE-Verordnung festgelegten Berichtspflichten unterrichtet der Vorstand nach vorheriger Absprache mit dem Aufsichtsratsvorsitzenden den Aufsichtsrat über alle wesentlichen geschäftlichen Vorgänge, denen aufgrund ihrer besonderen Auswirkungen auf die allgemeine Unternehmenspolitik[,/und] die Finanzlage [oder auf die Interessen der Arbeitnehmer] eine herausragende Bedeutung zukommt.

6. Aufsichtsratsvorsitzender und Stellvertreter[17]

Der Aufsichtsrat wählt aus seiner Mitte einen Vorsitzenden sowie zwei Stellvertreter für die Dauer ihrer Amtszeit im Aufsichtsrat. Vorbehaltlich des Selbstorganisationsrechts des Aufsichtsrats soll in der Geschäftsordnung des Aufsichtsrats festgelegt werden, dass der Vorsitzende sowie einer der Stellvertreter auf Vorschlag der Anteilseignervertreter und einer der Stellvertreter auf Vorschlag der Arbeitnehmervertreter gewählt wird; dem Aufsichtsratsvorsitzende (indes keiner seiner Stellvertreter) soll ein Zweitstimmrecht entsprechend § 29 Abs. 2 MitbestG zukommen.

7. Vorstandsmitglied für den Bereich „Arbeit und Soziales"[18]

Ein Mitglied im Vorstand der Y-SE ist für den Bereich „Arbeit und Soziales" verantwortlich. [Der Aufsichtsrat hat der Benennung des für den Bereich „Arbeit und Soziales" zuständigen Mitglieds des Vorstands zuzustimmen. Eine entsprechende Bestimmung soll in der Geschäftsordnung des Vorstands der Y-SE enthalten sein.]

Teil C: Schlussbestimmungen

1. Geltungsdauer[19]

1.1 Inkrafttreten

Die Vereinbarung tritt in Kraft mit Eintragung der Verschmelzung der X-AG auf die Y-AG im Handelsregister der X-AG und Eintragung der Umwandlung der Y-AG in die Rechtsform einer SE in das Handelsregister der Y-AG.

1.2 Laufzeit und Kündigung

Die Vereinbarung kann von beiden Seiten mit einer Frist von einem Jahr, erstmalig fünf Jahre nach ihrem Inkrafttreten, schriftlich gekündigt werden. Eine Kündigung nur eines der Teile A und B der Vereinbarung ist zulässig. In Teil A oder B verwandte Begriffe gelten unbeschadet einer etwaigen Teilkündigung für den nicht gekündigten Teil fort. Wird die Vereinbarung nicht gekündigt, verlängert sich jeweils um ein Jahr, wenn sie nicht mindestens sechs Monate vor Ablauf des jeweiligen Verlängerungszeitraums gekündigt wird.

1.3 Rechtsfolgen der Kündigung

1.3.1 Teil A der Vereinbarung

Wird nach einer Kündigungserklärung (Ziffer 1.2) von Teil A dieser Vereinbarung (sei es in Form einer Teilkündigung oder in Form der Kündigung der gesamten Vereinbarung) bis zum Ablauf der Kündigungsfrist keine neue Vereinbarung abgeschlossen, tritt an die Stelle von Teil A dieser Vereinbarung die gesetzliche Auffangregelung gemäß den Bestimmungen des SEBG in seiner jeweils geltenden Fassung. Bis zur Konstituierung des nach der gesetzlichen Auffanglösung zu bildenden SE-Betriebsrats hat der nach Teil A gebildete SE-Betriebsrat ein Übergangsmandat.

1.3.2 Teil B der Vereinbarung
Wird nach einer Kündigungserklärung (Ziffer 1.2) von Teil B dieser Vereinbarung (sei es in Form einer Teilkündigung oder in Form der Kündigung der gesamten Vereinbarung) bis zum Ablauf der Kündigungsfrist keine neue Vereinbarung abgeschlossen, tritt an die Stelle von Teil B dieser Vereinbarung die gesetzliche Auffangregelung gemäß den Bestimmungen des SEBG in seiner jeweils geltenden Fassung bzw. die neue Vereinbarung, jedoch erst mit Ablauf der Amtszeit der nach Teil B dieser Vereinbarung bestellten Arbeitnehmervertreter im Aufsichtsrat der Y-SE. Für den qualitativen Maßstab der gesetzlichen Auffangregelung (Satz 1) sind die Verhältnisse zum Zeitpunkt der Kündigungserklärung heranzuziehen.

2. Neuaufnahme der Verhandlungen[20]

Die Parteien sind gemeinsam der Auffassung, dass eine strukturelle Änderung im Sinne von § 18 Abs. 3 SEBG nur in folgenden Fällen vorliegt: ......

Im Falle der Neuaufnahme der Verhandlungen nach § 18 Abs. 3 SEBG sind die Verhandlungen zwischen der Unternehmensleitung der Y-SE sowie – anstelle des neu zu bildenden besonderen Verhandlungsgremiums – mit dem SE-Betriebsrat gemeinsam mit Vertretern der von den geplanten strukturellen Änderungen betroffenen Arbeitnehmer, die bisher nicht von dem SE-Betriebsrat vertreten waren, zu führen.

3. Deutsches Recht, Sprache, Streitbeilegung und Gerichtsstand[21]

Soweit nicht ausdrücklich anders vereinbart, findet auf diese Vereinbarung deutsches Recht Anwendung. Maßgeblich ist die deutsche Fassung der Vereinbarung.
Zur Beilegung von Meinungsverschiedenheiten zwischen der Unternehmensleitung der Y-SE und dem SE-Betriebsrat über Inhalt, Auslegung und Anwendung dieser Vereinbarung werden die Unternehmensleitung der Y-SE sowie der SE-Betriebsrat mit dem ernsten Willen zur Herbeiführung einer Verständigung in nochmalige Beratungen eintreten.
Für sämtliche Anträge und Streitigkeiten aus oder im Zusammenhang mit dieser Vereinbarung ist ausschließlich das Landgericht ...... zuständig.

Schrifttum: Reich/Lewerenz, Das neue Mitbestimmungsgesetz, AuR 1976, 261; *Fitting/Wlotzke/Wissmann* (Begr.), Mitbestimmungsrecht, 4. Aufl. 2011; *Hommelhoff/Hopt/v. Werder*, Handbuch Corporate Governance, 2. A. 2009; *Raiser/Veil*, Mitbestimmungsgesetz und Drittelbeteiligungsgesetz, 5. A. 2009; *Seibt*, Privatautonome Mitbestimmungsvereinbarungen: Rechtliche Grundlagen und Praxishinweise, AG 2005, 413; *ders.*, Größe und Zusammensetzung des Aufsichtsrats in der SE, ZIP 2010, 1057.

Anmerkungen

1. Wahl des Formulars. Dieser Mitbestimmungsvereinbarung liegt der Fall der Gründung einer Societas Europaea durch Verschmelzung einer belgischen Aktiengesellschaft auf eine deutsche Aktiengesellschaft (Y-AG) zugrunde. Die belgische SA ist eine Holdinggesellschaft mit operativen Tochtergesellschaften in Belgien, Italien und Osteuropa; die Y-AG hat zwei inländische Tochtergesellschaften sowie eine im Vereinigten Königreich. Die jeweiligen Gruppenstrukturen vor und nach der Verschmelzung mit Umwandlung der Y-AG in die Rechtsform der Societas Europaea stellen sich graphisch wie folgt dar:

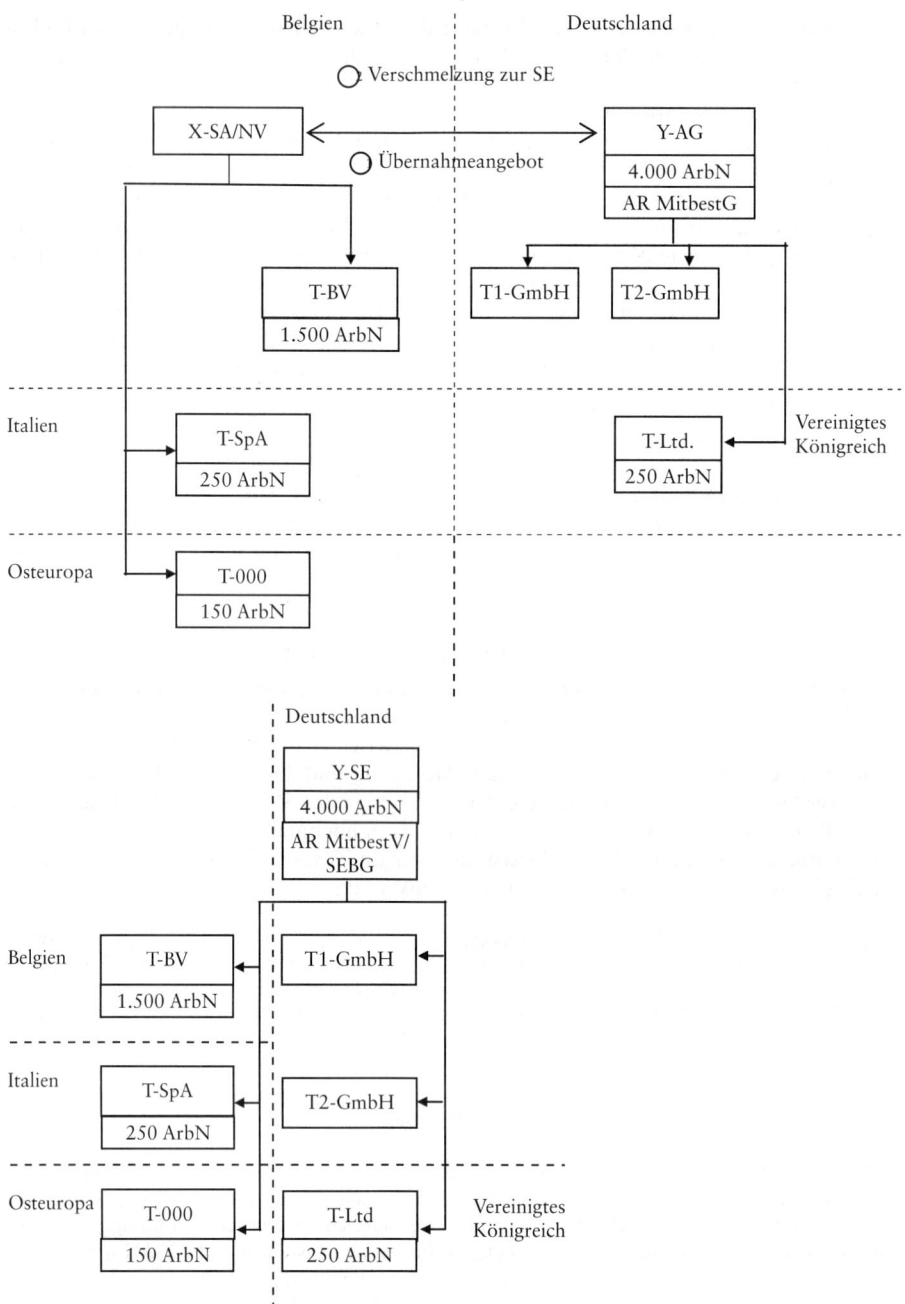

2. Vorbemerkungen. In den Vorbemerkungen können insbesondere die mit der grenzüberschreitenden Verschmelzung bei gleichzeitiger SE-Umwandlung verfolgten Ziele (hier V.1), die von der neuen Unternehmensgruppe anerkannten Leitlinien der Arbeits- und Sozialpolitik (die häufig auch in einem *Code of Ethics* niedergelegt sind) (hier V.3) sowie das Verhältnis dieser Mitbestimmungsvereinbarung zu den nationalen Vorschriften betreffend die Kompetenzen, Rechte und Pflichten der Betriebsverfassungsorgane sowie der Unternehmensmitbestimmung (hier V.4 bis V.6) niedergelegt worden. In diesen Muster-Vorbemerkungen sind keine wechselseitigen Rechte oder Verpflichtungen geregelt, insbesondere keine allgemeine Beratungs- oder Verhandlungspflicht zur Verfolgung der Unternehmensleitlinien zur Arbeits- und Sozialpolitik (siehe hierzu die Präambel der Mitbestimmungsvereinbarung über die Beteiligung der Arbeitnehmer in der Allianz SE vom 20.9.2006, abrufbar unter http://mitbestimmung.verdi.de/europaeischer_betriebsrat/dateien_zum_newsletter/data/Allianz-Mitbestimmungsvereinbarung.pdf).

3. Geltungsbereich und Zuständigkeit. Nach § 21 Abs. 1 Nr. 1 SEBG ist im Hinblick auf den SE-Betriebsrat *„der Geltungsbereich der Vereinbarung [festzulegen], einschließlich der außerhalb des Hoheitsgebiets der Mitgliedstaaten liegenden Unternehmen und Betriebe, sofern diese in den Geltungsbereich einbezogen werden"*. In Ziffer 1.1 wird der Geltungsbereich auf die Vertreter der Arbeitnehmer der Y-SE und ihrer Tochtergesellschaften in bestimmten Ländern festgelegt. Ausgenommen sind nur solche Arbeitnehmer, die von Tochtergesellschaften der Y-Gruppe beschäftigt werden, an denen die Y-Gruppe eine Beteiligung ausschließlich aus Gründen der Kapitalanlage hält, also eine kurz- oder mittelfristige Veräußerung beabsichtigt wird. Bei solchen Finanzbeteiligungen bleibt es bei den nationalstaatlichen Regelungen des Betriebsverfassungs- und Unternehmensmitbestimmungsrechts. Der SE-Betriebsrat sollte ausschließlich für bestimmte grenzüberschreitende Angelegenheiten zuständig sein (Ziffern 1.2 und 1.3); eine Kompetenzabgrenzung wird regelmäßig zum Konzernbetriebsrat (vgl. § 58 BetrVG) zweckmäßig sein.

4. Zusammensetzung, Mitgliedschaft, Sitzverteilung. Nach § 21 Abs. 1 Nr. 2 SEBG ist in der Mitbestimmungsvereinbarung *„die Zusammensetzung des SE-Betriebsrats, die Anzahl seiner Mitglieder und die Sitzverteilung, einschließlich der Auswirkungen wesentlicher Änderungen der Zahl der in der SE beschäftigten Arbeitnehmer"* zu regeln. Dies regelt Ziffer 2 ebenso wie die Bestellung oder Wahl der Mitglieder des SE-Betriebsrats (Ziffern 2.5 und 2.7) und die Dauer der Mandatszeit (Ziffern 2.8 und 2.9).

5. Sitzungen des SE-Betriebsrats. Nach § 21 Abs. 1 Nr. 4 SEBG ist *„die Häufigkeit des Sitzungen des SE-Betriebsrats"* in der Mitbestimmungsvereinbarung niederzulegen. Ziffer 3.1 regelt die turnusmäßigen Sitzungen des SE-Betriebsrats (hier zweimal jährlich, eine hiervon zeitnah im Anschluss an die ordentliche Hauptversammlung der Y-SE) und Ziffer 3.2 die außerordentlichen Sitzungen. Dem Gebot der Wirtschaftlichkeit entspricht es, die Gesamtzahl der turnusmäßigen und außerordentlichen Sitzungen zahlenmäßig zu beschränken (Ziffer 3.2 Satz 2: maximal vier Sitzungen). Ziffern 3.3 bis 3.5 regeln die Rechte zur Hinzuziehung von Gästen und Sachverständigen zu Sitzungen; von Gewerkschaftsseite wird nicht selten eine ausdrückliche Regelung zur Teilnahmemöglichkeit eines Vertreters europäischer Gewerkschaften gefordert (siehe hierzu Mitbestimmungsvereinbarung über die Beteiligung der Arbeitnehmer in der Allianz SE vom 20. 9. 2006, Teil A. Ziffer 3.5).

6. Geschäftsführender Ausschuss. Es entspricht dem allgemeine Organisationsprinzip, dass Gremien ihre innere Organisation autonom festlegen können. Ziffer 4 und 5 der Mitbestimmungsvereinbarung bilden hierfür einen Rahmen, in dem sie einen geschäftsführenden Ausschuss mit drei Mitgliedern vorsehen, der die Geschäftsführung und Vertretung des SE-Betriebsrats übernimmt (Ziffer 4.3) und insbesondere die Vor- und Nachbereitung der Sitzungen des SE-Betriebsrats sowie die Informationsstrukturierung übernimmt (Ziffer 4.2); das entspricht § 23 Abs. 4 SEBG. Ziffer 5 regelt deklaratorisch die Befugnis zur Einrichtung weiterer Ausschüsse.

7. Unterrichtung und Anhörung. Nach § 21 Abs. 1 Nr. 3 SEBG sind *„die Befugnisse und das Verfahren zur Unterrichtung und Anhörung des SE-Betriebsrats"* in der Mitbestimmungsvereinbarung festzulegen. Entsprechend der in dieser Mitbestimmungsvereinbarung vorgesehenen Binnenstruktur des SE-Betriebsrats wird unterschieden zwischen der Unterrichtung und Anhörung in turnusmäßigen Sitzungen (Ziffer 6) und bei außergewöhnlichen Umständen (Ziffer 7). Die Regelbeispiele für die turnusmäßige Unterrichtung und Anhörung orientieren sich an § 28 Abs. 2 SEBG, derjenigen für außergewöhnliche Umstände an § 29 Abs. 1 SEBG (wobei die Maßnahmen unter (ii) dort nicht aufgeführt sind). Über den Mindestgehalt der Mitbestimmungsvereinbarung hinaus gilt das in Ziffer 8 geregelte Initiativrecht für länderübergreifende Maßnahmen (vgl. Mitbestimmungsvereinbarung über die Beteiligung der Arbeitnehmer in der Allianz SE vom 20. 9. 2006, Teil A. Ziffer 8).

8. Arbeitsbedingungen des SE-Betriebsrats. Nach § 21 Abs. 1 Nr. 5 SEBG sind ferner in der Mitbestimmungsvereinbarung *„die für den SE-Betriebsrat bereitzustellenden finanziellen und materiellen Mittel"* zu regeln. Die allgemeine Kostentragungspflicht des Unternehmens ergibt sich aus § 33 SEBG, das Fortbildungsrecht aus § 31 SEBG. Ziffer 9 enthält hierzu ausführliche Regelungen, wobei Vorsorge zur Einhaltung des Gebots der Wirtschaftlichkeit und Kosteneffizienz zu treffen sind. Das Muster geht davon aus, dass die Kommunikation im SE-Betriebsrat und zwischen den Unternehmensorganen und dem SE-Betriebsrat entweder in der deutschen oder in den englischen Sprache und keine Dolmetschung bzw. Übersetzung in andere Sprachen erfolgt. Die hierdurch faktische Beschränkung des Kreises der SE-Betriebsratsmitglieder ist nicht unverhältnismäßig.

9. Benachteiligungsverbot. Das in Ziffer 10 geregelte Benachteiligungsverbot zugunsten von SE-Betriebsratsmitgliedern entspricht § 42 SEBG.

10. Kündigungsschutz. Der in Ziffer 11 geregelten Kündigungsschutz entspricht § 42 SEBG.

11. Compliance und Geheimhaltung. Die in Ziffer 12 niedergelegte Verpflichtung zur Compliance und Geheimhaltung entspricht gesetzlichen Vorschriften, insbesondere § 41 SEBG.

12. Leitungsstruktur. Ziffer 1 beschreibt deklaratorisch das in der Satzung festgelegte Leitungssystem (monistisch mit Verwaltungsrat oder dualistisch mit Vorstand und Aufsichtsrat) sowie die Zahl der Aufsichtsratsmitglieder sowie den Anteil der Arbeitnehmervertreter. – Teil B enthält – wie regelmäßig in der Praxis wegen noch ungeklärter Rechtsfragen – keine Regelungen zur Unternehmensmitbestimmung bei Konzernunternehmen.

13. Bestellungsverfahren der Arbeitnehmervertreter. Nach § 21 Abs. 3 Nr. 2 SEBG sind in der Mitbestimmungsvereinbarung *„das Verfahren, nach dem die Arbeitnehmer diese Mitglieder wählen oder bestellen oder deren Bestellung empfehlen oder ablehnen können"* festzulegen. Dies regelt Ziffer 2 (Teil B) einschließlich der Fragen zum Widerruf der Bestellung, Abberufung und Anfechtung des Wahlverfahrens (Ziffer 2.4). In der Regel werden die Arbeitnehmervertreter des ersten Aufsichtsrats gerichtlich zu bestellen sein (§ 104 AktG); zur Vorbereitung werden die vom Vorstand für die gerichtliche Bestellung vorzuschlagenden Personen namentlich aufgeführt werden (Ziffer 2.2). Nach Ansicht des LG Nürnberg-Fürth (ZIP 2010, 372) soll eine vom Dreiteilungsgrundsatz des § 17 Abs. 1 S. 3 SEAG abweichende Regelung der Größe des Aufsichtsorgans kraft Mitbestimmungsvereinbarung zulässig sein, da der Mitbestimmungsvorbehalt in § 17 Abs. 2 SEAG diesbezüglich eine teleologische Reduktion erfordert (hierzu zust. *Seibt* ZIP 2010, 1057 ff.).

14. Amtszeit der Arbeitnehmervertreter. Die Amtszeit der Aufsichtsratsmitglieder (und damit auch der Arbeitnehmervertreter) ist in der Satzung zu regeln. Es ist wie im nationalen Unternehmensmitbestimmungsrecht nicht zwingend, dass die Amtsperioden der Anteilseigner- und Arbeitnehmervertreter zeitlich parallel liegen müssen (HWK/*Seibt* §§ 9–18 MitbestG Rdnr. 44; *Raiser/Veil*, Mitbestimmungsgesetz und Drittelbeteiligungsgesetz *§* 15 MitbestG Rdnr. 31; a. A. GroßKommAktG/*Hopt/Roth/Peddinghaus* § 102 AktG Rdnr. 58, 64). Die Einbeziehung der Arbeitnehmervertreter in ein System des *Staggered Board* (gleichlange, jedoch gestaffelte Amtszeiten für Aufsichtsratsmitglieder ohne Differenzierung nach Anteilseigner- oder Arbeitnehmervertreter) ist erst recht zulässig (HWK/*Seibt* § 5 DrittelbG Rdnr. 8 und §§ 9–18 MitbestG Rdnr. 44). In Anlehnung an § 24 MitbestG regelt Ziffer 3.2 das Ausscheiden eines Arbeitnehmervertreters aus dem Aufsichtsrat.

15. Rechte der Arbeitnehmervertreter. Nach § 21 Abs. 3 Nr. 3 SEBG sind in der Mitbestimmungsvereinbarung auch *„die Rechte dieser Mitglieder"* zu regeln. Dies ist in Ziffer 4 vorgesehen, wobei entsprechend § 38 Abs. 1 SEBG und deklaratorisch der Grundsatz vorangestellt wird, dass die Arbeitnehmervertreter die gleichen Rechte und Pflichten wie die Anteilseignervertreter besitzen. Das in Ziffer 4.2 geregelte Benachteiligungsverbot entspricht § 42 SEBG (sowie § 26 MitbestG). Nur optional [eckige Klammern] geregelt ist über die Rechtslage im deutschen Unternehmensmitbestimmungsrecht hinaus, dass den Arbeitnehmervertretern im Aufsichtsrat ein absoluter Kündigungsschutz zukommt (anders Mitbestimmungsvereinbarung über die Beteiligung der Arbeitnehmer in der Allianz SE vom 20. 9. 2006, Teil B. Ziffer 5.3). Nach zutreffender Auffassung ergibt sich ein solcher absoluter Kündigungsschutz weder aus § 26 MitbestG noch aus einer analogen Anwendung von § 15 KSchG (BAG DB 1974, 1067, 1068; HWK/*Seibt* § 26 MitbestG Rdnr. 6; ErfK/*Oetker* § 26 MitbestG Rdnr. 7; *Raiser/Veil* Mitbestimmungsgesetz und Drittelbeteiligungsgesetz, § 26 MitbestG Rdnr. 8; a. A. *Reich/Lewerenz* AuR 1976, 353, 365). Allerdings ist eine ordentliche Kündigung dann nach dem allgemeinen Benachteiligungsverbot (Ziffer 4.2) unzulässig, wenn mit ihr ausschließlich die Absicht verfolgt wird, einen Arbeitnehmervertreter aus dem Aufsichtsrat hinauszudrängen oder für seine Tätigkeit dort zu maßregeln (zu § 26 MitbestG HWK/*Seibt* § 26 MitbestG Rdnr. 6). Ein in Ziffer 4.4 insbesondere geregelte Anspruch auf entgeltliche Arbeitsfreistellung zur Erfüllung der Aufsichtsratspflicht ist entsprechend der Üblichkeit vorgesehen; aus dem Gesetz ergibt sich ein solcher Anspruch nicht (vgl. HWK/*Seibt* § 26 MitbestG Rdnr. 3; ErfK/*Oetker* § 26 MitbestG Rdnr. 3; *Raiser/Veil* Mitbestimmungsgesetz und Drittelbeteiligungsgesetz § 26 MitbestG Rdnr. 6; a.A. (Analogie zu § 37 Abs. 2 BetrVG) Fitting/Wlotzke/Wißmann/*Wißmann* § 26 MitbestG Rdnr. 9 *Reich/Lewerenz* AuR 1976, 353, 366).

16. Unterrichtung des Aufsichtsrats. Anders als bei der Aktiengesellschaft (vgl. § 111 Abs. 4 S. 2 AktG) sind bei der SE nicht zwingend bestimmte Geschäfte einem Zustimmungsvorbehalt zugunsten des Aufsichtsrats zu unterlegen, sondern Art. 48 Abs. 1 S. 2 SE-VO, § 19 SEAG weist dem Aufsichtsrat ein solches *Recht* zu. Ziffer 5 ändert hieran nichts. Ziffer 5 (Teil B) hält den in Art. 41 SE-VO, § 90 AktG geregelten Pflichtinformationsfluss von Vorstand an Aufsichtsrat deklaratorisch fest und konkretisiert insbesondere die Informationspflicht des Vorstands gegenüber dem Aufsichtsratsvorsitzenden. Die nähere Bestimmung einer Informationsordnung (hierzu ausführlich Hommelhoff/Hopt/v. Werder/*Seibt*, S. 391, 407 ff.) obliegt dem Selbstorganisationsrecht des Aufsichtsrats und sollte in der Geschäftsordnung des Aufsichtsrats festgelegt werden.

17. Aufsichtsratsvorsitzender und Stellvertreter. Die Regelung des § 27 MitbestG zur Wahl des Aufsichtsratsvorsitzenden und seines Stellvertreters gilt bei einer Gründung der Societas Europaea im Wege der grenzüberschreitenden Verschmelzung weder unmittelbar noch über § 21 Abs. 6 SEBG. Art. 42 und 50 SE-VO (und subsidiär über Art. 9 Abs. 1 lit. c SE-VO gelten die §§ 107–110 AktG) bestimmt den Wahlmodus und insbesondere den Grundsatz der einfachen Beschlussmehrheit im Aufsichtsrat sowie die Vorgabe, dass der Aufsichtsratsvorsitzende aus dem Kreis der Anteilseignervertreter stammen muss. Vorbehaltlich des Selbstorganisationsrechts des Aufsichtsrats wird zum Zwecke einer Meinungsvorbildung festgelegt, dass der Aufsichtsrat einen Vorsitzenden sowie zwei Stellvertreter wählen soll, wobei die Anteilseignervertreter den Vorsitzenden (dies ist zwingend!) sowie einen Stellvertreter und die Arbeitnehmervertreter einen weiteren Stellvertreter stellen sollten. Dem Aufsichtsratsvorsitzenden kommt entsprechend Art. 50 Abs. 2 S. 2 SE-VO ein Zweitstimmrecht bei Pattsituationen zu.

18. Vorstand mit Ressortzuständigkeit „Arbeit und Soziales". § 38 Abs. 2 SEBG bestimmt, dass einer der Vorstandsmitglieder für den „Bereich Arbeit und Soziales", der als Merkmal die Funktion des Arbeitsdirektors konkretisiert, zuständig ist; im Unterschied zu §§ 33 MitbestG, 13 MontanMitbestG, 13 MitbestErgG gibt es aber keine Pflicht zur Bestellung eines Arbeitsdirektors. Ziffer 7 (Teil B) sieht ein Zustimmungsrecht für die Ressortzuweisung vor.

19. Geltungsdauer. Ziffer 1 (Teil C) regelt im Grundsatz einheitlich die Geltungsdauer für die Teile A (SE-Betriebsrat) und Teil B (Unternehmensmitbestimmung) den Zeitpunkt des Inkrafttretens sowie die Laufzeit. Da eine zwingende inhaltliche Verkoppelung von SE-Betriebsrat und Unternehmensmitbestimmung nicht besteht, sollten die Vereinbarungsteile isoliert kündbar sein (Ziffern 1.2 und 1.3).

20. Neuaufnahme der Verhandlungen. Nach zutr. Ansicht können die Parteien in der Mitbestimmungsvereinbarung die Fälle struktureller Änderungen im Sinne von § 18 Abs. 3 SEBG näher bestimmen (*Seibt* AG 2005, 413, 427; siehe auch *AAK* ZIP 2010, 2221, 2226f. [Klarstellung durch § 21 Abs. 4 S. 2 SEBG-E]). Diese Konturierung ist im Formular vorgesehen. – Nach § 21 Abs. 1 Nr. 6 2. Halbs. (SE-Betriebsrat) sowie § 21 Abs. 4 SEBG sollen die Fälle geregelt werden, in denen die Vereinbarung neu verhandelt werden soll. Darüber hinaus sollte aus Zweckmäßigkeitsgründen bereits in dieser Ursprungsvereinbarung verankert werden, welches Gremium für die Arbeitnehmerseite diese Verhandlungen führt (*Seibt* AG 2005, 413, 428). Dem Gebot der Wirtschaftlichkeit und Sachnähe entspricht es, den SE-Betriebsrat hierfür vorzusehen, ggf. gemeinsam mit Vertretern der von den geplanten strukturellen Änderungen betroffenen Arbeitnehmern, die bisher nicht von dem SE-Betriebsrat vertreten waren.

21. **Anwendbares Recht, Sprache, Streitbeilegung und Gerichtsstand.** In den Schlussbestimmungen sind schließlich die Fragen des anwendbaren Rechts, der verbindlichen Sprache, der Streitbeilegung und des Gerichtsstands zu regeln. Wegen der größeren Sachnähe zum Statusverfahren gem. § 98 f. AktG ist vorgesehen, dass Streitigkeiten über die Mitbestimmungsvereinbarung nicht vor dem Arbeitsgericht (§ 2 a Abs. 1 Nr. 3 d ArbGG), sondern vor dem Landgericht am Sitz der SE stattfinden (so de lege ferenda mit weiteren Reformvorschlägen *AAK*, ZIP 2010, 2221, 2225).

29. Einreichung des Verschmelzungsplans zum Handelsregister

An das
Amtsgericht ...... [1, 2]
– Handelsregister –
......

X-AG, ..., HRB ......
Es ist beabsichtigt, die X-AG in Firma ...... mit Sitz in ......, ..., auf die Y-AG in Firma ...... mit Sitz in ......, Bundesrepublik Deutschland, gemäß Art. 2 Abs. 1, Art. 17 Abs. 2 a) der Verordnung (EG) NR. 2157/2001, ABl. EG Nr. L 294 vom 10. 11. 2001 (im Folgenden SE-VO) zu einer Societas Europaea (SE) zu verschmelzen.
Wir bitten um die entsprechende Bekanntmachung und teilen Folgendes mit:[3, 4]
1. An der Gründung der SE durch Verschmelzung sind folgende Rechtsträger beteiligt:
1.1 Firma ......, Rechtsform ......, Sitz der Gesellschaft ......, ...
 – als übertragender Rechtsträger
1.2 Firma ......, Rechtsform ......, Sitz der Gesellschaft ......, Bundesrepublik Deutschland
 – als übernehmender Rechtsträger.
2. Die in Art. 3 Abs. 2 der RL 68/151/EWG (Publizitätsrichtlinie) genannten Urkunden sind für die oben unter 1. aufgeführten Rechtsträger wie folgt hinterlegt:
2.1 Firma ......, Register ......, ..., unter der Registernummer ......
2.2 Firma ......, Register ......, ..., unter der Registernummer ......
3. Gläubigern, die einen Anspruch gegen die Gründungsgesellschaft haben, wird Sicherheit geleistet, wenn sie binnen sechs Monaten (Art. 24 Abs. 1 SE-VO i. V. m. § 22 UmwG) nach Offenlegung der Eintragung (Art. 15 Abs. 2 SE-VO) ihre Forderung dem Grunde und der Höhe nach schriftlich geltend machen. Der Anspruch steht den Gläubigern nur insoweit zu, als dass sie glaubhaft machen können, dass ihre Ansprüche durch die Verschmelzung gefährdet sind und sie nicht bereits Befriedigung verlangen können.[5] Die Anmeldung der Forderung ist an folgende Adresse zu richten:
 ......
4. Die Firma der Societas Europaea (SE) lautet ...... SE.
Anliegend überreichen wir den notariell beurkundeten Verschmelzungsplan (UR-Nr. ...... des Notars ......) (Art. 21 SE-VO i. V. m. §§ 5 SEAG, 61 Satz 1 UmwG).

......, den ......

......[6, 7]

[Unterschriften des Vorstandes der X-AG in vertretungsberechtigter Zahl]

Schrifttum: Vgl. bereits Schrifttum zu Form. L. II.27.

29. Einreichung des Verschmelzungsplans zum Handelsregister L.II.29

Anmerkungen

1. Überblick. Über Art. 18 SE-VO richtet sich hinsichtlich der beteiligten deutschen Rechtsträger die Bekanntmachung des Verschmelzungsplans nach § 61 UmwG. Danach ist der Verschmelzungsplan bzw. dessen Entwurf vor Einberufung der Hauptversammlung, die gemäß Art. 23 Abs. 1 SE-VO über die Zustimmung zur Verschmelzung zu beschließen hat, zum Handelsregister einzureichen. Die Einreichung ist Aufgabe des Vorstandes. Das zuständige Registergericht hat einen Hinweis zu veröffentlichen, dass der Verschmelzungsplan bzw. dessen Entwurf gemäß §§ 5 SEAG, 61 S. 2 UmwG zum Register eingereicht worden ist. Alle Dokumente sind in elektronischer Form zum Handelsregister einzureichen (§ 12 Abs. 2 HGB).

2. Zuständigkeit des Handelsregisters. Die Zuständigkeit des Handelsregisters richtet sich nach Art. 21 SE-VO i. V. m. § 61 S. 1 UmwG und § 5 SEAG.

3. Inhalt der Bekanntmachung. Zusätzlich zum Hinweis, dass der Verschmelzungsplan bzw. dessen Entwurf zum Registergericht eingereicht worden sind, sind gemäß Art. 21 SE-VO i. V. m. § 5 SEAG für jede der sich verschmelzenden Gesellschaften im Amtsblatt des jeweiligen Mitgliedstaats, dessen Recht sie unterliegen, folgende Angaben vom Registergericht bekannt zu machen:
a. Rechtsform, Firma und Sitz der sich verschmelzenden Gesellschaften;
b. das Register, bei dem die in Art. 3 Abs. 2 der RL 68/151/EWG genannten Urkunden für jede der sich verschmelzenden Gesellschaften hinterlegt worden sind, sowie die Nummer der Eintragung in das Register;
c. ein Hinweis auf die Modalitäten für die Ausübung der Rechte der Gläubiger der betreffenden Gesellschaft gemäß Art. 24 SE-VO sowie die Anschrift, unter der erschöpfende Auskünfte über diese Modalitäten kostenlos eingeholt werden können;
d. ein Hinweis auf die Modalitäten für die Ausübung der Rechte der Minderheitsaktionäre der betreffenden Gesellschaft gemäß Art. 24 SE-VO sowie die Anschrift, unter der erschöpfende Auskünfte über diese Modalitäten kostenlos eingeholt werden können;
e. die für die SE vorgesehene Firma und ihr künftiger Sitz.

Nach § 5 S. 1 SEAG sind die vorstehend genannten Angaben dem Registergericht bei Einreichung des Verschmelzungsplans mitzuteilen. Es reicht nicht aus, nur den Verschmelzungsplan einzureichen, aus dem sich diese Angaben ergeben.

4. Angaben zum Minderheitenschutz. Angaben zum Minderheitenschutz nach Art. 21 lit. d) SE-VO sind entbehrlich, wenn die aufnehmende AG, wie im dem Formular zugrundeliegenden Sachverhalt, deutschem Recht unterliegt und die SE ihren Sitz in Deutschland haben soll. Der in § 6 SEAG geregelte Anspruch auf Verbesserung des Umtauschverhältnisses steht nur den Aktionären der übertragenden Gesellschaft zur Verfügung (vgl. § 6 Abs. 1 und 2 SEAG). § 7 SEAG sieht ein Abfindungsangebot nur insoweit vor, als die SE ihren Sitz im Ausland haben soll.

5. Angaben zum Gläubigerschutz. Gemäß Art. 21 lit. c) SE-VO muss die Bekanntmachung Angaben zum Gläubigerschutz enthalten. Unterliegt die aufnehmende Gesellschaft deutschem Recht, richtet sich der Gläubigerschutz nach Art. 24 Abs. 1 lit. a) SE-VO i. V. m. § 22 UmwG. Insoweit besteht nur ein *a-posteriori*-Schutz, der den Übergang der Verbindlichkeit auf die SE im Wege der Gesamtrechtsnachfolge (vgl. Art. 29 Abs. 1 lit. a) und Abs. 2 lit. a) SE-VO) nicht verhindern kann. Den Gläubigern steht das Recht zu, von der übernehmenden Gesellschaft Sicherheitsleistung zu verlangen. Ist die deutschem Recht unterliegende AG übertragende Gesellschaft und wird die SE ihren Sitz in einem anderen Mitgliedstaat haben, ist gemäß §§ 8, 13 SEAG bereits vor Vollzug der Sitzverlegung Sicherheit zu leisten.

6. Form. Die Einreichung des Verschmelzungsplans zum Handelsregister bedarf nicht der öffentlichen Beglaubigung, da es sich nicht um eine Anmeldung i. S. v. § 12 Abs. 1 HGB handelt (vgl. hierzu MünchKommHGB/*Krafka* § 12 HGB Rdnr. 1).

7. Kosten und Gebühren. Notargebühren fallen nicht an, da die Einreichung des Verschmelzungsplans zum Handelsregister nicht durch einen Notar erfolgen muss. Die Kosten für die Entgegennahme des Verschmelzungsplans bei Gericht betragen gemäß §§ 79 Abs. 1, 79a KostO i. V. m. HRegGebV 20,– EUR (Gebührenverzeichnis Nr. 5006 zur HRegGebV analog). Für Registervorgänge fehlt es zur Zeit noch an einem speziellen Gebührentatbestand für die SE, so dass insofern die Gebühren nach den Vorschriften für die Gebühren der Eintragung einer Aktiengesellschaft zu bemessen sind. Das Registergericht hat die Einreichung der Unterlagen in dem von der jeweiligen Landesjustizverwaltung bestimmten elektronischen Informations- und Kommunikationssystem bekannt zu machen (§ 10 Abs. 1 HGB). Verauslagte Kosten sind dem Registergericht nach § 137 Nr. 5 KostO zu erstatten. Der Verschmelzungsplan ist nicht im Amtsblatt der Europäischen Union zu veröffentlichen.

30. Zustimmungsbeschluss der Hauptversammlung der übernehmenden AG zur Verschmelzung nach Art. 23 Abs. 1 SE-VO[1, 2]

UR-Nr. ......

Auf Ersuchen des Vorstands der Y-AG habe ich, der unterzeichnende

Notar ......

mit dem Amtssitz in ......, ...,

mich heute, am ......, in die Räumlichkeiten ......, ... begeben, um über die Verhandlung und Beschlüsse der dorthin auf heute, ... Uhr einberufenen

außerordentlichen Hauptversammlung
der
Y-AG

mit Sitz in ......, ...
das Protokoll aufzunehmen.

I.

Ich traf dort an:
1. vom Aufsichtsrat, dem die nachstehend bezeichneten Mitglieder angehören,
   1.1 Herr ......, Aufsichtsratsvorsitzender
   1.2 Herr ......, stellv. Aufsichtsratsvorsitzender
   1.3 Herr ......
   ......
   die unter Ziff. ...... bis ...... genannten Mitglieder;
2. sämtliche Mitglieder des Vorstands
   2.1 Herr ......, geboren am ......
       wohnhaft in: ......
   2.2 Frau ......, geboren am ......
       wohnhaft in: ......
3. die in dem dieser Niederschrift als Anlage (......) beigefügten Teilnehmerverzeichnis[3] aufgeführten Aktionäre und Aktionärsvertreter, die ihre Berechtigung zur Teilnahme an der Hauptversammlung sowie zur Ausübung des Stimmrechts im Sinne von Satzung und Einladung ordnungsgemäß nachgewiesen haben.
Die Erschienenen haben sich ausgewiesen durch Vorlage ihrer jeweiligen Bundespersonalausweise.

II.

Der Vorsitzende des Aufsichtsrats, Herr ......, eröffnete die Hauptversammlung um ...... und übernahm satzungsgemäß den Vorsitz.
Nach Begrüßung der Anwesenden stellte der Vorsitzende die form- und fristgerechte Einberufung der Hauptversammlung durch Bekanntmachung im elektronischen Bun-

30. Zustimmungsbeschluss der HV der übernehmenden AG
L.II.30

desanzeiger Nr. ...... vom ...... fest. Ein Belegexemplar ist dieser Niederschrift als Anlage (......) beigefügt. Die Bekanntmachung enthielt folgende Tagesordnung:
[Alternative Universalversammlung:[4] Der Vorsitzende stellte nach Prüfung der vorgelegten Vollmachten von Aktionärsvertretern zur Anfangspräsenz fest, dass ausweislich des ihm vorgelegten Teilnehmerverzeichnisses, das vor der ersten Abstimmung zur Einsicht ausgelegt war, das gesamte Grundkapital der Gesellschaft in der Versammlung ordnungsgemäß vertreten ist. Sodann erklärte der Vorsitzende, dass er die außerordentliche Hauptversammlung in der Form einer Universalversammlung unter Verzicht auf die Einhaltung der gesetzlichen und satzungsmäßigen Form- und Fristvorschriften abhalte, und zwar mit der nachstehenden hierdurch fest gelegten Tagesordnung. Widerspruch hiergegen sowie gegen die Feststellung der Tagesordnung wurde von Seiten der Aktionäre nicht erhoben.] Die Tagesordnung lautete:

TOP 1
Zustimmung zum Verschmelzungsplan vom ...... (UR-Nr. ...... des Notars ......), der die Verschmelzung der Y-AG als übernehmende Gesellschaft und der X-AG[5] als übertragende Gesellschaft zur ...... SE zum Inhalt hat

TOP 2
Kapitalerhöhung gemäß Art. 18 SE-VO, § 69 UmwG von ...... EUR um ...... EUR auf ...... EUR durch Ausgabe von ...... Stück neuen, auf den Inhaber lautenden Stückaktien mit einem rechnerischen Anteil am Grundkapital von je ...... EUR

TOP 3
Änderung der Satzung

Der Vorsitzende stellte weiter fest, dass nach der Erklärung des Vorstandes die Mitteilungen gemäß Art. 18 SE-VO i. V. m. §§ 125 bis 127 AktG, soweit erforderlich, fristgemäß gemacht worden und Anträge zur Tagesordnung innerhalb der gesetzlichen Frist nicht eingegangen sind.
(Ggf. bei Gegenantrag) Der Gegenantrag des Aktionärs ...... zu TOP ...... ist gemäß § 125 AktG allen Kreditinstituten und Vereinigungen von Aktionären, die in der letzten Hauptversammlung Stimmrechte für Aktionäre ausgeübt haben, mindestens 21 Tage vor der Versammlung mitgeteilt worden. Eine entsprechende Mitteilung wurde sämtlichen Aktionären übersandt, die entweder Aktien bei der Gesellschaft hinterlegt haben oder im Aktienregister der Gesellschaft eingetragen sind, ihr Stimmrecht in der letzten Hauptversammlung jedoch nicht durch ein Kreditinstitut haben ausüben lassen.
Der Vorsitzende gab die Anwesenheit gemäß dem Teilnehmerverzeichnis der erschienenen bzw. vertretenen Aktionäre sowie der Aktionärsvertreter vor der ersten Abstimmung bekannt (ggf. und unterzeichnete das Teilnehmerverzeichnis). Das Teilnehmerverzeichnis wurde von der ersten Abstimmung für die gesamte Dauer der Hauptversammlung für alle Teilnehmer zur Einsicht ausgelegt (Art. 18 SE-VO i. V. m. § 129 Abs. 4 S. 1 AktG). Bei Änderungen der Anwesenheit fertigte der Vorsitzende vor jeder Abstimmung Nachträge, die ebenfalls für die restliche Dauer der Hauptversammlung zur Einsicht ausgelegt wurden. Der Vorsitzende stellte Änderungen jeweils vor der nächsten Abstimmung fest.
Um zu gewährleisten, dass das Teilnehmerverzeichnis auf dem Laufenden gehalten werden kann, bat der Vorsitzende die Aktionäre, die die Hauptversammlung verlassen, jedoch weiterhin vertreten sein wollten, einen Mitaktionär zur Stimmrechtsausübung mittels Stimmrechtsvollmacht zu bevollmächtigen und die Vollmacht an der Ausgangskontrolle abzugeben, in jedem Fall aber das Verlassen der Hauptversammlung anzuzeigen. Der Vorsitzende machte vorsorglich darauf aufmerksam, dass die von den Aktionären bevollmächtigten Kreditinstitute und Aktionärsvereinigungen, die hier in ...... eine Niederlassung hätten, Dritten, die nicht ihre Angestellten seien, keine Untervollmacht erteilen dürften.

Seibt 1689

Wortmeldungen zu den jeweiligen Tagesordnungspunkten waren formlos durch Handzeichen anzuzeigen.

Der Vorsitzende legte sodann das Abstimmungsverfahren[6] wie folgt fest: Abstimmungen zu den einzelnen Beschlussgegenständen erfolgen nach dem Subtraktionsverfahren unter Abgabe von mit Barcodes versehenen Abschnitten der den Aktionären an der Eingangskontrolle ausgehändigten Stimmkarten. Einen Stimmabschnitt solle hierbei nur derjenige abgeben, der zu einem Beschlussvorschlag mit „Nein" stimmen oder sich der Stimme enthalten wolle; in diesem Falle erfolge die Stimmabgabe durch Einwurf des betreffenden Stimmabschnittes in die mit „Nein" bzw. „Stimmenthaltung" gekennzeichneten Stimmbehälter. Wer dem jeweiligen Beschlussvorschlag der Verwaltung zustimmen wolle, müsse nichts tun. Bei der EDV-gestützten Auszählung der Stimmen ergebe sich nach Abzug der Enthaltungen und ggf. der ungültigen Stimmen von der vorher festgestellten Präsenz die Zahl der abgegebenen Stimmen; nach Abzug der Nein-Stimmen von den demnach abgegebenen Stimmen ergebe sich der Anteil der Zustimmung zu einem Vorschlag. Der Vorsitzende erklärte den Versammlungsraum „A" sowie das Foyer einschließlich aller von diesem ohne Durchschreiten der Zugangskontrolle erreichbaren Räume zum Präsenzbereich und wies darauf hin, dass eine Stimmabgabe technisch nur im Versammlungsraum „A" möglich sei. Wer mit „Nein" stimmen oder sich der Stimme enthalten wolle, müsse sich hierzu rechtzeitig zu Beginn der Abstimmung in den Versammlungsraum „A" begeben. Wer nach Aufruf zur Stimmabgabe zu einem Beschlussgegenstand mit „Nein" stimmen oder sich enthalten wolle, möge durch deutlich sichtbares Handzeichen auf sich aufmerksam machen, damit die Abstimmungshelfer der Gesellschaft die betreffenden Stimmabschnitte in den hierfür vorgesehenen Stimmbehältern bei ihm/ihr einsammeln können.

Der Vorsitzende gab daraufhin bekannt, dass das Teilnehmerverzeichnis nunmehr vorliege und führte dazu Folgendes aus:

Das Grundkapital der Gesellschaft beträgt ...... EUR. Das Grundkapital war zum ...... eingeteilt in ...... Stück auf den Inhaber lautenden Stückaktien mit einem rechnerischen Nennbetrag am Grundkapital von je ...... EUR. Je ...... EUR Nennbetrag einer Aktie gewähren eine Stimme.

Das Teilnehmerverzeichnis wurde von dem Vorsitzenden unterzeichnet und dem beurkundenden Notar übergeben, der dieses zur Einsicht auslegte. Gemäß dem Teilnehmerverzeichnis sind von den Aktionären anwesend bzw. vertreten:

...... EUR auf den Inhaber lautende Stückaktien mit einem Stimmrecht von zusammen ...... Stimmen, mithin ......% des stimmberechtigten Kapitals.

III.

Die Tagesordnung wurde wie folgt erledigt:

Zu TOP 1:

Der Vorsitzende stellte fest:

1. Der Verschmelzungsplan vom ...... (UR-Nr. ...... des Notars ......) wurde ordnungsgemäß zum Handelsregister eingereicht (Art. 18 SE-VO i. V. m. § 61 S. 1 UmwG);
2. In den Geschäftsräumen der Y-AG lagen seit der Einberufung der Hauptversammlung aus [Alternative: Auf der Internetseite der Gesellschaft sind seit Einberufung der Hauptversammlung zugänglich]:[7]

    2.1 der Verschmelzungsplan;

    2.2 die Jahresabschlüsse und Lageberichte der Y-AG und der X-AG der letzten drei Jahre;

    2.3 der gemeinsame Verschmelzungsbericht der Vorstände der Y-AG und der X-AG;

    2.4 der Prüfungsbericht des gerichtlich bestellten Verschmelzungsprüfers, der ......;
3. (Ggf. Die Aktionäre aller beteiligten Rechtsträger haben auf die Erstellung eines Verschmelzungsberichts durch notariell beurkundete Erklärung verzichtet. Die Durchfüh-

30. Zustimmungsbeschluss der HV der übernehmenden AG L.II.30

rung der Verschmelzungsprüfung wurde von keinem Aktionär der beteiligten Rechtsträger verlangt;)[8]

4. Die unter 2. genannten Unterlagen liegen auch in der heutigen Hauptversammlung zur Einsicht der Aktionäre aus. Ferner seien auf Wunsch jedem Aktionär unverzüglich und kostenlos Abschriften der unter 2. genannten Unterlagen erteilt worden. Schließlich befinde sich jeweils ein gedrucktes Exemplar der unter 2. genannten Unterlagen auf jedem Platz im Sitzungssaal, weitere Exemplare seien am Wortmeldetisch (alternativ: beim Notar) verfügbar.

[Alternative: Die Gesellschaft ist von der Verpflichtung, die unter 2. bezeichneten Unterlagen auszulegen, befreit, da diese seit dem Zeitpunkt der Einberufung der Hauptversammlung auf der Internetseite der Gesellschaft zugänglich sind. Während der Hauptversammlung werden den Aktionären Abschriften der Unterlagen zur Verfügung gestellt.]

Vorstand und Aufsichtsrat stellten folgenden Antrag:

Zustimmung zum Verschmelzungsplan vom ...... (UR-Nr. ...... des Notars ......), der die Verschmelzung der Y-AG als übernehmende Gesellschaft und der X-AG als übertragende Gesellschaft zur ...... SE zum Inhalt hat.

(Ggf. Dieser Zustimmungsbeschluss steht unter dem Vorbehalt, dass die Hauptversammlung auch der Vereinbarung über die Beteiligung der Arbeitnehmer gemäß RL 2001/86/EG (ABl. EG L 294/22 v. 10. 11. 2001) zustimmt.)[9]

[Alternative 1: Auf Bitten des Vorsitzenden erläuterte Herr ...... für den Vorstand im Anschluss daran den Entwurf des Verschmelzungsplans. Über den Entwurf des Verschmelzungsplans sowie die Erläuterungen des Vorstands fand eine eingehende Aussprache statt.]

[Alternative 2: Die Aktionäre bzw. deren Vertreter erklärten, dass von Seiten der Aktionäre auf die Erläuterung des Entwurfs des Verschmelzungsplans durch den Vorstand der Gesellschaft verzichtet wird.]

Der Vorsitzende wies darauf hin, dass der Verschmelzungsbeschluss neben der gemäß § 133 Abs. 1 AktG erforderlichen einfachen Mehrheit der Stimmen gemäß § 65 Abs. 1 UmwG (jeweils i. V. m. Art. 18 SE-VO) einer Mehrheit der Stimmen, die mindestens drei Viertel des bei der Beschlussfassung vertretenen Grundkapitals umfasst, bedürfe. Die Satzung sehe darüber hinaus keine weitergehenden Stimmmehrheiten vor (§ 65 Abs. 1 S. 2 UmwG).[10] Ferner bedürfe es mangels verschiedener Aktiengattungen keiner Sonderbeschlüsse nach § 65 Abs. 2 UmwG.

Die Abstimmung ergab folgendes Ergebnis:

Enthaltungen: ......

Nein-Stimmen: ......

Somit Ja-Stimmen: ......, entsprechend ......% des vertretenen Grundkapitals.

Der Vorsitzende gab das Ergebnis der Abstimmung bekannt und stellte fest, dass für den Verschmelzungsplan ...... EUR des vertretenen Grundkapital bzw. ......% und gegen dem Formwechsel ...... EUR des vertretenen Grundkapitals bzw. ......% gestimmt haben. Der vorstehende Antrag ist somit mit der nach § 65 Abs. 1 UmwG erforderlichen Mehrheit angenommen worden.

Folgende Aktionäre haben gegen den Zustimmungsbeschluss Widerspruch zum Protokoll erklärt:

......

[Alternative: Es wird festgestellt, dass kein Aktionär gegen den Zustimmungsbeschluss Widerspruch zum notariellen Protokoll erklärt hat. Auf das Recht zur Klage gegen die Wirksamkeit des Verschmelzungsbeschlusses wird verzichtet (Art. 18 SE-VO i. V. m. § 16 Abs. 2 UmwG).]

Zu TOP 2:

Vorstand und Aufsichtsrat stellten folgenden Antrag:

Das Grundkapital der Gesellschaft wird zur Durchführung der Verschmelzung gemäß Art. 18 SE-VO, § 69 UmwG von ...... EUR um ...... EUR auf ...... EUR durch Ausgabe von ...... Stück neuen, auf den Inhaber lautenden Stückaktien mit einem rechnerischen Anteil am Grundkapital von je ...... EUR erhöht.[11] Die neuen Aktien sind ab dem ...... gewinnberechtigt.
Die neuen Aktien werden als Gegenleistung für die Übertragung des Vermögens der X-AG mit Sitz in ......, ..., im Wege der Verschmelzung durch Aufnahme an die Aktionäre der X-AG ausgegeben, und zwar im Verhältnis von ...... Aktien der X-AG zu ...... Aktien der Y-AG.
Der Vorstand wird ermächtigt, die weiteren Einzelheiten der Kapitalerhöhung sowie ihrer Durchführung festzusetzen.
Die Abstimmung ergab folgendes Ergebnis:
Enthaltungen: ......
Nein-Stimmen: ......
Somit Ja-Stimmen: ......, entsprechend ......% des vertretenen Grundkapitals.
Der Vorsitzende gab das Ergebnis der Abstimmung bekannt und stellte fest, dass damit der Kapitalerhöhungsbeschluss entsprechend dem Vorschlag der Verwaltung mit der erforderlichen Mehrheit[12] angenommen worden ist.
Folgende Aktionäre haben gegen den Kapitalerhöhungsbeschluss Widerspruch zum Protokoll erklärt:
......
[Alternative: Es wird festgestellt, dass kein Aktionär gegen den Kapitalerhöhungsbeschluss Widerspruch zum notariellen Protokoll erklärt hat.]

Zu TOP 3:
Vorstand und Aufsichtsrat stellten den Antrag, die Satzung der Y-AG wie folgt neu zu fassen:
„§ ...... (Grundkapital, Aktien)
Das Grundkapital der Gesellschaft beträgt ...... EUR und ist eingeteilt in ...... auf den Inhaber lautende Stückaktien mit einem rechnerischen Anteil am Grundkapital von je ...... EUR."
„§ ...... (Firma)
Die Firma der Gesellschaft lautet ...... SE."[13]
(Ggf. „§ ...... (Leitungssystem)
Die Gesellschaft erhält ein monistisches Leitungssystem mit einem Verwaltungsrat/ dualistisches Leitungssystem.")
Die Abstimmung ergab folgendes Ergebnis:
Enthaltungen: ......
Nein-Stimmen: ......
Somit Ja-Stimmen: ......, entsprechend ......% des vertretenen Grundkapitals.
Der Vorsitzende gab das Ergebnis der Abstimmung bekannt und stellte fest, dass damit die o. g. Satzungsänderungen mit der erforderlichen Mehrheit angenommen worden sind.
Folgende Aktionäre haben gegen den Beschluss Widerspruch zum Protokoll erklärt:
......
[Alternative: Es wird festgestellt, dass kein Aktionär gegen den Beschluss Widerspruch zum notariellen Protokoll erklärt hat.]
Nach Erledigung der Tagesordnung beendete der Vorsitzende die außerordentliche Hauptversammlung um ....

IV.[14]

Bei den vorangegangen Abstimmungen wurden die abgegebenen Stimmkarten jeweils unter notarieller Aufsicht in den Einsammelbehältern eingesammelt. Dazu begab sich der

30. Zustimmungsbeschluss der HV der übernehmenden AG   L.II.30

Notar während der Abstimmung vom Podium in den Saal und überwachte durch eigene Wahrnehmung das Einsammeln der Stimmkartenabschnitte in den Einsammelbehältern. Der Vorsitzende fragte anschließend, ob die Aktionäre und Aktionärsvertreter Gelegenheit hatten, ihre Stimmkarten abzugeben. Er stellte fest, dass dies der Fall war.

Nachdem sich der Vorsitzende davon überzeugt hat, dass alle abzugebenden Stimmkartenabschnitte eingesammelt wurden, beendete er den Abstimmungsvorgang und schloss die Abstimmung. Er bat, die Ein- und Ausgangskontrolle wieder zu öffnen.

Anschließend bat er um einige Minuten Geduld, bis unter Verwendung der EDV-Anlage die Abstimmungsergebnisse ermittelt worden seien. Er teilte mit, die Abstimmungsergebnisse zu verkünden, sobald die Auswertung aus dem Rechenzentrum vorläge. Bis dahin werde eine Pause eingelegt.

Der Notar ging in der Zwischenzeit mit den zum Einsammeln bestimmten und die Einsammelbehälter verwahrenden Personen zur Auszählung in einen separaten Raum. Die Auszählung wurde dort in Anwesenheit des Notars elektronisch mittels der in die Stimmkartenabschnitte eingearbeiteten Barcodes vorgenommen.

Sodann wurden in Anwesenheit des Notars die Abstimmungsergebnisse ermittelt. Diesen Vorgang überwachte der Notar wiederum im Hinblick auf das Auszählen der Stimmen, die richtige Zählweise und die Übereinstimmung der Abstimmung mit der vorausgegangenen Bekanntgabe des Abstimmungsverfahrens durch den Vorsitzenden. Der Notar überbrachte sodann dem Vorsitzenden die Abstimmungsergebnisse.

Nach kurzer Pause und Rückkehr des Notars auf das Podium teilte der Vorsitzende mit, dass die Abstimmungsergebnisse vorlägen und gab sie wie vorstehend bekannt.

Hinweise

Der Notar belehrte die Erschienenen über die Unwiderruflichkeit der Verzichtserklärungen und über deren Wirkungen sowie darüber, dass durch diese Erklärungen die Ausübung von Gesellschafterrechten bei der bevorstehenden Verschmelzung beeinträchtigt werden kann.

Vollmachten

Die Erschienenen bevollmächtigen hiermit
Frau ...... sowie
Herrn ......,
beide geschäftsansässig am Amtssitz des beurkundenden Notars, sämtliche Erklärungen und Rechtshandlungen vorzunehmen, die im Zuge des Verschmelzungsbeschlusses erforderlich und zweckmäßig sind. Die Vollmacht ist jederzeit widerruflich. Jede(r) Bevollmächtigte darf jede Partei einzeln vertreten und ist von den Beschränkungen der Mehrfachvertretung gemäß § 181 Alt. 2 BGB befreit. Dem Handelsregister gegenüber ist die Vollmacht unbeschränkt.

Hierüber habe ich heute das vorstehende Protokoll aufgenommen und wie folgt unterschrieben und gesiegelt.

......
(Unterschrift des Notars)[15, 16]

Schrifttum: Vgl. bereits Schrifttum zu Form. L. II.27.

Anmerkungen

1. Überblick. Gemäß Art. 23 Abs. 1 SE-VO bedarf der Verschmelzungsplan der Zustimmung der Hauptversammlung jeder der sich verschmelzenden Rechtsträger. § 62 Abs. 1 S. 2 UmwG ist nicht anwendbar. Da die SE-VO neben Art. 23 SE-VO keine weiteren Regelungen zum Zustimmungsbeschluss enthält, finden für die beteiligten deutschen Rechtsträger über Art. 18 SE-VO die nationalen Regelungen Anwendung.

2. Form. Gemäß Art. 18 SE-VO i. V. m. § 13 Abs. 3 S. 1 UmwG bedarf der Zustimmungsbeschluss der notariellen Beurkundung. Siehe hierzu Form. L. II.6 Anm. 1.

3. Vgl. Form. L. II.6 Anm. 4.

4. Vgl. Form. F.II.1 Anm. 4.

5. AG steht hier stellvertretend für die Bezeichnung der Rechtsform der Aktiengesellschaft in den verschiedenen Mitgliedstaaten (vgl. hierzu Anh. I SE-VO).

6. Abstimmungsverfahren. Das Formular sieht eine Abstimmung unter Anwendung des Subtraktionsverfahrens und der Verwendung von Barcodes zur Stimmauszählung vor. Sollen andere Abstimmungsverfahren Anwendung finden, können die entsprechenden Formulierungen den Mustern für der Verschmelzungsbeschluss nationaler Aktiengesellschaften entnommen werden.

7. Der Verschmelzungsplan, die Jahresabschlüsse und die Lageberichte der an der Verschmelzung beteiligten Rechtsträger für die Jahre letzten drei Jahre, der Verschmelzungsbericht sowie der Verschmelzungsprüfungsbericht sind von der Einberufung der Hauptversammlung an in den Geschäftsräumen der Gesellschaft zur Einsicht der Aktionäre auszulegen und überdies jedem Aktionär auf dessen Verlangen abschriftlich zur Verfügung zu stellen (Art. 18 SE-VO i. V. m. § 63 Abs. 1 UmwG). Nach § 63 Abs. 3 S. 2 UmwG n. F. können diese Unterlagen den Aktionären mit deren Einwilligung auch auf elektronischem Wege in druckbarem Format zur Verfügung gestellt werden. Die Unterlagen sind auch während der Hauptversammlung auszulegen. Seit Einführung des ARUG (Gesetz zur Umsetzung der Aktionärsrechterichtlinie, BGBl. I S. 2479) genügt es, wenn der Bericht über denselben Zeitraum über die Internetseite der Gesellschaft zugänglich ist (§ 63 Abs. 4 UmwG). In solchen Fällen ist sicherzustellen, dass die Aktionäre die Unterlagen auch auf der Hauptversammlung einsehen können (vgl. Kallmeyer/*Marsch-Barner* § 64 Rdnr. 1).

8. § 7 Abs. 3 SEAG sieht ausdrücklich nur Verzichtsmöglichkeiten im Hinblick auf die Abfindung für die Prüfung und den Prüfungsbericht vor. Die Verzichtserklärung bedarf der notariellen Beurkundung. Trotz fehlender ausdrücklicher Regelung ist nicht ersichtlich, warum nicht auch insgesamt in notariell beurkundeter Form auf die Verschmelzungsprüfung sowie den Verschmelzungsbericht verzichtet werden können sollte.

9. Art. 23 Abs. 2 S. 2 SE-VO sieht die Möglichkeit vor, den Zustimmungsbeschluss unter den Vorbehalt der Genehmigung der Vereinbarung über die Beteiligung der Arbeitnehmer durch die Hauptversammlung zu stellen. Für diesen Fall muss die Hauptversammlung nach Abschluss der Verhandlungen über die Beteiligung der Arbeitnehmer erneut Beschluss fassen. Gegenstand des Beschlusses ist jedoch nur die getroffene Vereinbarung bzw. die vereinbarte Auffangregelung, wenn keine Mitbestimmungsvereinbarung getroffen wird.

10. Mehrheitserfordernis. Da die SE-VO neben Art. 23 SE-VO keine Regelungen zum Zustimmungsbeschluss enthält, gilt für das Mehrheitserfordernis Art. 18 SE-VO i. V. m. § 65 UmwG. Danach bedarf der Verschmelzungsbeschluss einer Mehrheit von mindestens drei Vierteln des bei der Beschlussfassung vertretenen Grundkapitals, wobei die Satzung eine größere Kapitalmehrheit sowie weitere Erfordernisse bestimmen kann. Sind mehrere Aktiengattungen vorhanden, bedarf der Verschmelzungsbeschluss zustimmender Sonderbeschlüsse der stimmberechtigten Aktionäre jeder Aktiengattung (vgl. § 65 Abs. 2 UmwG).

11. Kapitalerhöhung. Im Falle einer Verschmelzung durch Aufnahme wird regelmäßig eine Kapitalerhöhung bei der aufnehmenden Gesellschaft durchzuführen sein. Da es sich insoweit um einen Vorgang handelt, der noch der jeweiligen Gründungsgesellschaft zuzuordnen ist, finden über Art. 18 SE-VO die jeweiligen nationalen Vorschriften Anwendung (vgl. §§ 66 ff. UmwG, §§ 182 ff. AktG).

12. Der Kapitalerhöhungsbeschluss bedarf gemäß § 182 Abs. 1 AktG einer Mehrheit von mindestens drei Vierteln des bei der Beschlussfassung vertretenen Grundkapitals. Sind mehrere stimmberechtigte Aktiengattungen vorhanden, bedarf der Kapitalerhöhungsbeschluss gemäß §§ 138, 182 Abs. 2 AktG zustimmender Sonderbeschlüsse der stimmberechtigten Aktionäre jeder Aktiengattung.

13. Firma. Gemäß Art. 11 Abs. 1 SE-VO muss der Firma der Zusatz „SE" vor- oder nachgestellt werden.

14. Die Ausführungen unter IV. zur notariellen Überwachung erfolgen vorsichtshalber und können den tatsächlichen Gegebenheiten entsprechend modifiziert werden (z.B. keine Unterbrechung der Versammlung zwecks Teilnahme des Notars bei der Auszählung im Back Office, stattdessen ggf. „Inspektion" des Back Office durch den Notar vor Beginn der Versammlung – vgl. näher Form. F.II.1 Anm. 10).

15. Die Niederschrift des Protokolls ist vom Notar eigenhändig zu unterzeichnen (§§ 37 Abs. 3, 13 Abs. 3 BeurkG).

16. Kosten und Gebühren. Vgl. Form. L.II.6 Anm. 11.

31. Antrag auf Bescheinigung nach Art. 25 Abs. 2 SE-VO[1, 2, 3]

UR-Nr. ......

An das
Amtsgericht ......
– Handelsregister –
......[4]
X-AG, ..., HRB ......

Bescheinigung nach Art. 25 Abs. 2 SE-VO

I. Wir, der Vorstand der X-AG[5] mit Sitz in ......, eingetragen im Handelsregister des Amtsgerichts ...... unter HRB ......, überreichen in der Anlage folgende Unterlagen (Art. 25 Abs. 2, Art. 18 SE-VO i.V.m. § 17 UmwG):
   1. beglaubigte Abschrift des notariell beurkundeten Verschmelzungsplans vom ...... (UR-Nr. ...... des Notars ......);
   2. beglaubigte Abschriften der Niederschriften über die außerordentliche Hauptversammlung der X-AG vom ...... (UR-Nr. ...... des Notars ......) mit Zustimmungsbeschluss zu dem Verschmelzungsplan der X-AG, der Satzung[6] der künftigen Societas Europaea (im folgenden SE) sowie der Bestellung des ersten Aufsichts-/Verwaltungsrats[7];
   3. Verschmelzungsbericht der Vorstände der X-AG vom ......;
   4. Prüfungsberichte der Prüfer vom ......;
   5. Schlussbilanz der Gesellschaft zum ......;
   6. Nachweis über die rechtzeitige Zuleitung des Entwurfs des Verschmelzungsplans an den Betriebsrat der X-AG (Art. 18 SE-VO i.V.m. § 5 Abs. 3 UmwG);
   7. (Ggf. Zustimmungserklärung der Aktionäre der ausländischen Gründungsgesellschaft zur Anwendung des Spruchverfahrens);[8]
   8. (Ggf. Zustimmungserklärung einzelner Anteilsinhaber);[9]
   9. (Ggf. Nachweis über die Erbringung einer Sicherheitsleistung an die Gläubiger);[10]
   10. (Ggf. Anzeige des als Treuhänder bestellten ......, dass er im Besitz der Aktien und der im Verschmelzungsplan festgesetzten baren Zuzahlung ist)[11]
   und beantragen die Ausstellung der Bescheinigung nach Art. 25 Abs. 2 SE-VO für die Verschmelzung der X-AG[5] mit Sitz in ......, ..., eingetragen in das ......, ... unter der Registernummer ...... mit der Y-AG mit Sitz in ......, Bundesrepublik Deutschland, eingetragen im Handelsregister des Amtsgerichts ...... unter HRB ......, die mit Eintragung in das zuständige Register nach Art. 29 SE-VO die Rechtsform einer Societas Europaea (SE) annimmt.

II. Wir versichern,
1. dass innerhalb der Frist des Art. 18 SE-VO i. V. m. § 14 Abs. 1 UmwG keine Klage gegen die Wirksamkeit des Verschmelzungsbeschlusses erhoben worden ist;[12] [alternativ: eine Klage gegen die Wirksamkeit des Verschmelzungsbeschlusses ist innerhalb der Frist des Art. 18 SE-VO i. V. m. § 14 Abs. 1 UmwG erhoben worden. Diese Klage ist jedoch rechtskräftig abgewiesen/zurückgenommen worden;]
2. dass den anspruchsberechtigten Gläubigern i. S. d. § 8 i. V. m. § 13 Abs. 1 und 2 SEAG Sicherheit geleistet wurde.[10]

III. Die Herren ...... und jeder einzeln und unabhängig voneinander werden hiermit bevollmächtigt, alle Anmeldungen zum Handelsregister vorzunehmen, die im Zusammenhang mit der Eintragung der hier angemeldeten und aus den dieser Anmeldung beigefügten Unterlagen ersichtlichen Tatsachen in das Handelsregister erforderlich oder zweckmäßig sind. Die Vollmacht ist jederzeit widerruflich. Jeder Bevollmächtigte darf auch für alle Beteiligten gleichzeitig handeln. Dem Handelsregister gegenüber ist die Vollmacht unbeschränkt.

......, den ......

......[13]

[Unterschriften des Vorstandes der X-AG in vertretungsberechtigter Zahl]
[Öffentliche Beglaubigung][14, 15]

Schrifttum: Heckschen, Die Europäische AG aus notarieller Sicht, DNotZ 2003, 251; *Schwarz*, Beck'scher Kommentar SE-VO, 2006; *Priester*, ECLR: EU-Sitzverlegung – Verfahrensablauf, ZGR 1999, 36.

Anmerkungen

1. Überblick. Die SE-VO sieht eine zweistufige Rechtmäßigkeitskontrolle des Gründungsverfahrens vor, nämlich sowohl auf der Ebene der jeweiligen Gründungsgesellschaft (Art. 25 SE-VO) als auch auf der Ebene der in Gründung befindlichen SE (Art. 26 SE-VO). Jede der sich verschmelzenden Gesellschaften hat sich der Rechtmäßigkeitskontrolle nach Art. 25 Abs. 1 SE-VO zu unterziehen, unabhängig davon, ob es sich um eine Verschmelzung durch Aufnahme oder zur Neugründung handelt. Auf der ersten Ebene prüft das zuständige Registergericht die formellen Eintragungsvoraussetzungen, insbesondere die Vollständigkeit der Eintragungsunterlagen, sowie in materieller Hinsicht die Wirksamkeit des Verschmelzungsplans, die Verschmelzungsfähigkeit der betreffenden Gesellschaft sowie die Rechtmäßigkeit des Verschmelzungsbeschlusses. Erfüllt die betreffende Gesellschaft alle Eintragungsvoraussetzungen, stellt das Registergericht nach Art. 25 Abs. 2 SE-VO eine Rechtmäßigkeitsbescheinigung aus. Diese Bescheinigung hat Bindungswirkung für die auf der zweiten Ebene zuständige Kontrollbehörde. Die zweite Ebene der Rechtmäßigkeitskontrolle ist in Art. 26 SE-VO geregelt und betrifft die Durchführung der Verschmelzung sowie die Gründung der SE.

Allerdings ist es unter Zweckmäßigkeitsgesichtspunkten fraglich, ob es notwendig ist, auch dann eine gesonderte Rechtmäßigkeitsbescheinigung zu beantragen, wenn das Register der deutschen AG zugleich das Register der späteren SE ist, also die aufnehmende deutsche AG im Zuge der Verschmelzung ihren Sitz nicht verlegt. Einige Registergerichte pflegen übergeugender Weise die Praxis, die Bescheinigung nach Art. 25 Abs. 2 SE-VO in einem solchen Fall (konkludent) mit der Eintragung mitzuerteilen, ohne dass es zweier Anträge bedürfte. Als sicherer Weg ist jedoch zu empfehlen, die Anträge unabhängig voneinander zu stellen oder zuvor eine Absprache mit dem Registerrichter zu treffen.

2. Wahl des Formulars. Das vorliegende Formular ist sowohl für die übernehmende als auch für die übertragende Gesellschaft verwendbar.

3. Art. 25 SE-VO schreibt für die Rechtmäßigkeitsbescheinigung keine bestimmte Form vor. Insofern dürfte es ausreichen, wenn sich die Bescheinigung auf die bloße Feststellung der Rechtmäßigkeit der Verschmelzung nach dem jeweiligen Recht des Gründungsstaats beschränkt (vgl. MünchKommAktG/*Schäfer* Art. 25 SE-VO Rdnr. 6; *Schwarz* Art. 25 SE-VO Rdnr. 20).

4. Gemäß Art. 68 Abs. 2 SE-VO bleibt es den Mitgliedstaaten überlassen, die zuständige Behörde zu bestimmen. Deutschland hat von dieser Ermächtigung in § 4 SEAG Gebrauch gemacht. Danach ist für die Prüfung und Erteilung der Bescheinigung das vom Amtsgericht geführte Handelsregister am Sitz der Gründungsgesellschaft zuständig.

5. AG steht hier nur stellvertretend für die Bezeichnung der Rechtsform der Aktiengesellschaft in den Mitgliedstaaten (vgl. Anh. I SE-VO).

6. Satzung. Gemäß Art. 20 Abs. 1 lit. h) SE-VO muss der Verschmelzungsplan die Satzung der SE enthalten. Daher muss diese bereits für die Ausstellung der Rechtmäßigkeitsbescheinigung mit eingereicht werden.

7. Bestellung des Aufsichts-/Verwaltungsrats. Die Bestellung der ersten Aufsichtsratsmitglieder bzw. Verwaltungsratsmitglieder erfolgt regelmäßig in der Satzung der SE. Dies ist aber nicht zwingend, so dass die Bestellung auch gesondert erfolgen kann. Im letzteren Fall genügt die Einreichung der Niederschrift über die Bestellung.

8. Spruchverfahren. Nach Art. 25 Abs. 3 SE-VO bedarf die Anwendung des Spruchverfahrens nach deutschem Recht (vgl. § 15 Abs. 1 S. 2 bzw. § 34 S. 1 UmwG i. V. m. SpruchG) der Zustimmung der Hauptversammlung(en) der Gründungsgesellschaft(en), deren Rechtsordnung kein solches Verfahren vorsieht. Sinn und Zweck der Regelung ist es, eine mögliche Ungleichbehandlung der Aktionäre der anderen Gründungsgesellschaften zu beseitigen. Die Ausstellung der Bescheinigung wird durch ein anhängiges Spruchverfahren nicht gehindert (Art. 25 Abs. 3 S. 2 SE-VO). Allerdings ist auf ein laufendes Spruchverfahren ausdrücklich hinzuweisen (Art. 25 Abs. 3 S. 3 SE-VO).

9. Vgl. Form. L. II.30 Anm. 10.

10. Liegt der künftige Sitz der SE in einem anderen Mitgliedstaat, darf das zuständige Registergericht die Bescheinigung nur ausstellen, wenn die Vorstandsmitglieder die Versicherung abgeben, dass allen anspruchsberechtigten Gläubigern eine angemessene Sicherheit geleistet wurde (vgl. § 8 S. 2 SEAG). Als Nachweis für das Registergericht bietet sich die Einreichung der Belege über die Sicherheitsleistung an. Liegt der künftige Sitz der SE in Deutschland, gelten gemäß Art. 24 Abs. 1 SE-VO die §§ 22 f. UmwG.

11. Art. 20 Abs. 1 SE-VO verwendet nicht den Begriff der baren Zuzahlung, sondern spricht allgemeiner von einer Ausgleichsleistung. Hieraus kann aber nicht geschlossen werden, dass Ausgleichsleistungen auch in anderer Form als durch bare Zuzahlung erbracht werden können, vgl. Form. L. II.27 Anm. 9.

12. Gibt der Vorstand die Versicherung bereits innerhalb der Frist des § 14 Abs. 1 UmwG ab, muss er spätere fristgemäß erhobene Anfechtungsklagen nachmelden (vgl. § 16 Abs. 2 S. 1 UmwG).

13. Gemäß § 78 AktG ist der Vorstand gemeinschaftlich zur Vertretung befugt, soweit die Satzung nichts anderes bestimmt.

14. Form. Der Antrag auf Ausstellung der Bescheinigung ist öffentlich zu beglaubigen und in elektronischer Form zum Handelsregister einzureichen (§ 12 HGB).

15. Kosten und Gebühren. *Notargebühren:* Hat der Notar den Antrag entworfen, erhält er eine $5/_{10}$ Gebühr für die Unterschriftsbeglaubigung (§ 145 Abs. 1 S. 1 i. V. m. § 38 Abs. 2 Nr. 7 KostO). Die Gebühr richtet sich nach dem Geschäftswert (§ 32 Abs. 1 KostO), für dessen Bestimmung § 41a Abs. 4 Nr. 1 KostO maßgeblich ist (Höchstwert 500.000,– EUR, § 39 Abs. 5 KostO). Erhöht die aufnehmende Kapitalgesellschaft zur Durchführung der Verschmelzung ihr Grundkapital, erhöht sich der Geschäftswert nach §§ 41a Abs. 1 Nr. 3, 44 Abs. 2 lit. a) KostO. *Registerkosten:* Die HRegGebV enthält bisher noch keinen gesonderten Gebührentatbestand für die Anmeldung bzw. den Antrag auf Ausstellung der Rechtmäßigkeitsbescheinigung. Da die §§ 79, 79a KostO aber auch von Gebühren für die „Prüfung von zum Handelsregister einzureichenden Unterlagen" sprechen und die Bescheinigung nach Art. 25 Abs. 2 SE-VO mit der Eintragungsnachricht nach nationalem Recht vergleichbar ist (vgl. *Priester* ZGR 1999, 36, 44; *Heckschen* DNotZ 2003, 251, 259), spricht insofern viel dafür, das Gebührenverzeichnis Nr. 2403 zur HRegGebV anzuwenden.

32. Anmeldung der Verschmelzung zum Handelsregister nach Art. 26 SE-VO[1]

UR-Nr. ......

An das
Amtsgericht ......
– Handelsregister –
......[2]

Y-AG, ..., HRB ......

Verschmelzung der X-AG[3] mit Sitz in ......, ... mit der Y-AG mit Sitz in ......, ... zur Entstehung einer Societas Europaea gemäß Art. 2 Abs. 1, Art. 17 Abs. 2 lit. a), Art. 29 Abs. 1 SE-VO

I. Wir, der Vorstand[4] des übernehmenden Rechtsträgers Y-AG mit Sitz in ...... und eingetragen im Handelsregister des Amtsgerichts ...... unter HRB ....../die Mitglieder des Verwaltungsrats, die geschäftsführenden Direktoren sowie die gesetzlichen Vertreter der Gründungsgesellschaften[5] überreichen in der Anlage folgende Unterlagen:

1. beglaubigte Abschriften der gleichlautenden Verschmelzungspläne der
   1.1 X-AG vom ...... (UR-Nr. ...... des Notars ......)
   1.2 Y-AG vom ......
   die als Anlage (......) die Festsetzung der Satzung der ...... SE enthalten;
2. (Ggf. beglaubigte Abschrift des Verschmelzungsbeschlusses vom ...... (UR-Nr. ...... des Notars ......);)[6]
3. Bescheinigung nach Art. 25 Abs. 2 SE-VO, dass die X-AG[7] die der Verschmelzung vorangegangenen Rechtshandlungen durchgeführt hat und die notwendigen Formalitäten eingehalten wurden;[8]
4. Bescheinigung nach Art. 25 Abs. 2 SE-VO, dass die Y-AG die der Verschmelzung vorangegangenen Rechtshandlungen durchgeführt hat und die notwendigen Formalitäten eingehalten wurden;[8]
5. Vereinbarung zwischen dem besonderen Verhandlungsgremium der Arbeitnehmer und den Leitungsorganen der beteiligten Rechtsträger über die Beteiligung der Arbeitnehmer vom ...... gemäß der RL 2001/86/EG, ABl. EG Nr. L 294/22 ff. v. 10.11.2001;[9]
   [Alternative 1: Hinweis: Sowohl die beteiligten Gründungsgesellschaften als auch die SE beschäftigen keine bzw. weniger als 10 Arbeitnehmer.]
   [Alternative 2: Die Bildung eines besonderen Verhandlungsgremiums der Arbeitnehmer ist entbehrlich, da die Gründungsgesellschaften nur in einem Mitgliedstaat Arbeitnehmer beschäftigen.][10]
6. (Ggf. beglaubigte Abschrift der Niederschrift über die Bestellung der Mitglieder des ersten Verwaltungsrats/Aufsichtsrats;)[11]
7. (Ggf. beglaubigte Abschrift der Niederschrift über die Bestellung der geschäftsführenden Direktoren/des ersten Vorstands.)[12]
8. Versicherung der Mitglieder des ersten Leitungsorgans der zur Entstehung gelangenden SE (ggf. sowie der geschäftsführenden Direktoren), dass in ihrer Person keine Bestellungshindernisse im Sinne des Art. 47 Abs. 2 SE-VO vorliegen.[13]

32. Anmeldung der Verschmelzung zum Handelsregister nach Art. 26 SE-VO L.II.32

II. Wir versichern, dass eine Klage gegen die Wirksamkeit des Verschmelzungsbeschlusses nicht erhoben worden ist bzw. sämtliche Aktionäre auf Klagen gegen den Verschmelzungsbeschluss durch notariell beurkundete Erklärungen verzichtet haben[14].

III. Wir melden zur Eintragung in das Handelsregister an:
1. Die X-AG als übertragende Gesellschaft ist auf Grund des Zustimmungsbeschlusses ihrer Hauptversammlung vom ...... zum Verschmelzungsplan vom ...... sowie des Zustimmungsbeschlusses der Hauptversammlung der Y-AG als übernehmende Gesellschaft vom ...... gemäß Art. 17 Abs. 2 lit. a) SE-VO mit der Y-AG verschmolzen.
2. Sitz der neuen Gesellschaft ist ......, Bundesrepublik Deutschland. Die Geschäftsräume der neuen Gesellschaft befinden sich in ....
3. Die Firma der neuen Gesellschaft lautet ...... SE. § ...... (Firma) der Satzung der Gesellschaft wurde entsprechend neu gefasst.
4. (Ggf. Zu ersten Mitgliedern des Verwaltungsrats des neuen Rechtsträgers wurden bestellt:
Herr ......
Adresse: ......,
Herr ......
Adresse: ......,
Frau ......
Adresse: ......,
......
§ ...... (Leitungssystem) der Satzung der Gesellschaft wurde entsprechend neu gefasst)
5. Die Vertretungsbefugnis des Vorstands/der geschäftsführenden Direktoren ist wie folgt geregelt:
Die Mitglieder des Vorstands/die geschäftsführenden Direktoren vertreten die Gesellschaft jeweils stets allein, auch wenn weitere Mitglieder/geschäftsführende Direktoren bestellt sind [Alternative: gemeinsam mit einem weiteren Mitglied des Organs oder einem Prokuristen].
6. (Ggf. Die Hauptversammlung der Gesellschaft vom ...... hat zum Zwecke der Durchführung der Verschmelzung die Erhöhung des Grundkapitals der Gesellschaft von ...... EUR (in Worten: ......) um ...... EUR (in Worten: ......) auf ...... EUR (in Worten: ......) beschlossen. Die Erhöhung des Grundkapitals ist durchgeführt worden. § ...... der Satzung (Grundkapital und Aktien) wurde entsprechend neu gefasst.)[15]
7. Die derzeit bei der Y-AG bestehenden Prokuren sollen bei der ...... SE fortbestehen.[16]

IV. Die Herren ...... und jeder einzeln und unabhängig voneinander werden hiermit bevollmächtigt, alle Anmeldungen zum Handelsregister vorzunehmen, die im Zusammenhang mit der Eintragung der hier angemeldeten und aus den dieser Anmeldung beigefügten Unterlagen ersichtlichen Tatsachen in das Handelsregister erforderlich oder zweckmäßig sind. Die Vollmacht ist jederzeit widerruflich. Jeder Bevollmächtigte darf auch für alle Beteiligten gleichzeitig handeln. Dem Handelsregister gegenüber ist die Vollmacht unbeschränkt.

V. Nach Vollzug bitten wir um Eintragungsnachricht und Übermittlung je eines beglaubigten Handelsregisterauszugs an die Gesellschaft[en] und an den beglaubigenden Notar

......, den ......

......

[Unterschriften der zur Anmeldung verpflichteten Personen]

[Öffentliche Beglaubigung][17, 18, 19]

Schrifttum: *Fleischhauer/Preuß*, Handelsregisterrecht, 2. Aufl. 2009; *Krafka/Willer/Kühn*, Registerrecht, 8. Aufl. 2010; *Lutter/Hommelhoff*, Die europäische Gesellschaft, 2005; *Schwarz*, Beck'scher Kommentar SE-VO, 2006; *Seibt/Reinhard*, Umwandlung der Aktiengesellschaft in die Europäische Gesellschaft (Societas Europaea), Der Konzern 2005, 407; *Priester*, ECLR: EU-Sitzverlegung – Verfahrensablauf, ZGR 1999, 36.

Anmerkungen

1. Überblick. Gegenstand des vorliegenden Musters ist die Anmeldung der Gründung einer SE durch Verschmelzung durch Aufnahme (Art. 2 Abs. 1, Art. 17 Abs. 2 lit. a) SE-VO) zur Eintragung in das zuständige Register. Gemäß Art. 12 Abs. 1 SE-VO ist die SE in ihrem Sitzstaat in ein nach dem Recht dieses Staates bestimmtes Register einzutragen. Mit Eintragung der Verschmelzung durch Aufnahme geht das gesamte Aktiv- und Passivvermögen jeder übertragenden Gesellschaft auf die übernehmende Gesellschaft über (Art. 29 Abs. 1 lit. a) SE-VO). Bei der Verschmelzung durch Neugründung geht das gesamte Aktiv- und Passivvermögen der sich verschmelzenden Gesellschaften auf die SE über (Art. 29 Abs. 1 lit. b) SE-VO). In beiden Fällen tritt Gesamtrechtsnachfolge kraft Gesetzes ein. Die notariell beglaubigte Handelsregisteranmeldung ist in elektronischer Form zum Handelsregister einzureichen (§ 12 Abs. 1 HGB).

2. Zuständiges Registergericht. Die Zuständigkeit des Handelsregisters richtet sich im deutschen Recht nach § 4 SEAG i. V. m. §§ 376, 377 FamFG. Danach ist das vom Amtsgericht geführte Handelsregister am Sitz der SE zuständig.

3. AG steht hier nur stellvertretend für die Bezeichnung der Rechtsform der Aktiengesellschaft in den jeweiligen Rechtsordnungen der Mitgliedstaaten.

4. Auf der zweiten Stufe der Gründung, der Entstehung der SE, findet über Art. 15 SE-VO das für Aktiengesellschaften geltende Recht des jeweiligen Sitzstaats der SE Anwendung. Mithin sind im deutschen Recht die Vertretungsorgane der sich verschmelzenden Rechtsträger zur Anmeldung verpflichtet (so auch Fleischhauer/Preuß/*Heckschen* L. Rdnr. 60 Anm. 3, 4; Krafka/Willer/*Kühn* Rdnr. 1757; a. A.: abschließende Anwendbarkeit des Art. 26 Abs. 2 SE-VO und damit Anmeldung durch die Vertretungsorgane sämtlicher an der Gründung beteiligten Gesellschaften KölnKommAktG/*Kiem* Art. 12 SE-VO Rdnr. 10). In einer dualistisch strukturierten SE ergeben sich gegenüber dem deutschen Aktienrecht keine Abweichungen. Mithin ist die Anmeldung vom Vorstand des übernehmenden Rechtsträgers in vertretungsberechtigter Zahl vorzunehmen (vgl. § 16 Abs. 1 UmwG).

5. Wurde für die SE eine monistische Leitungsstruktur vorgesehen, muss die Gesellschaft gemäß § 21 Abs. 1 SEAG von allen Gründern, Mitgliedern des Verwaltungsrats sowie geschäftsführenden Direktoren zur Eintragung angemeldet werden. Im deutschen Aktienrecht sind Gründer der Gesellschaft die Aktionäre, die die Satzung festgestellt haben (§ 28 AktG). Die Gründung einer SE durch natürliche Personen ist jedoch nicht möglich, so dass die SE von den gesetzlichen Vertretern der Gründungsgesellschaften anzumelden ist (vgl. Lutter/Hommelhoff/*Kleindieck,* Die Europäische Gesellschaft, S. 97 f.; *Schwarz* Art. 26 SE-VO Rdnr. 5).

6. Mit Rücksicht auf die Prüfungspflicht gemäß Art. 26 Abs. 3 SE-VO ist auch eine Niederschrift des Verschmelzungsbeschlusses der jeweiligen Gründungsgesellschaft vorzulegen (vgl. § 17 Abs. 1 UmwG). Fremdsprachige Beschlüsse sind in deutscher Übersetzung einzureichen. Soweit sich diese Unterlagen bei der Verschmelzung durch Aufnahme bereits bei demselben Registergericht im Hinblick auf die nach Art. 25 SE-VO vorzunehmende Prüfung befinden, erscheint ihre erneute Vorlage jedoch entbehrlich.

7. Vgl. Anm. 3. Hier ist die Bezeichnung der Rechtsform der ausländischen Aktiengesellschaft i. S. v. Anh. I SE-VO einzutragen.

8. Gemäß Art. 26 Abs. 2 SE-VO dürfen die Bescheinigungen am Tag der Anmeldung nicht älter als 6 Monate sein.

9. Gemäß Art. 12 Abs. 2 setzt die Eintragung u. a. voraus, dass die Verhandlungen über die Beteiligung der Arbeitnehmer beendet sind (Eintragungsvoraussetzung), dass also entweder eine Vereinbarung gemäß Art. 4 SE-RL (§ 21 SEBG) getroffen, ein Beschluss nach Art. 3 Abs. 6 SE-RL (§ 16 SEBG) gefasst wurde oder die Verhandlungsfrist nach Art. 5 SE-RL (§ 20 SEBG) ergebnislos verstrichen ist. Falls das Verfahren über die Beteiligung der Arbeitnehmer auf andere Weise als durch eine Vereinbarung gemäß Art. 4 SE-RL (§ 21 SEBG) beendet worden ist, ist anstelle der Vereinbarung eine beglaubigte Abschrift der Niederschrift des Beschlusses nach Art. 3 Abs. 6 SE-RL bzw. der Fristablauf gemäß Art. 5 SE-RL durch Beifügen geeigneter Unterlagen nachzuweisen (vgl. MünchKommAktG/*Schäfer* Art. 26 SE-VO Rdnr. 8).

10. Beschäftigen die Gründungsgesellschaften keine bzw. insgesamt weniger als zehn Arbeitnehmer, ist das SEBG zwar grundsätzlich anwendbar, die Gründung jedoch mangels Arbeitnehmer beteiligungsfrei. Insofern ist auch kein Verfahren über die Beteiligung der Arbeitnehmer einzuleiten. Denn in einem solchen Fall kann er bereits nicht zur Einsetzung eines mindestens zehnköpfigen besonderen Verhandlungsgremiums (vgl. § 5 Abs. 1 SEBG) und damit auch nicht zu Verhandlungen über eine Mitbestimmungsvereinbarung kommen (vgl. OLG Düsseldorf, ZIP 2009, 918; *Seibt* ZIP 2005, 2248; *Frodermann/Jannott* ZIP 2005, 2251; MünchKommAktG/*Jacobs* § 3 SEBG Rdnr. 2).

Entsprechendes gilt, wenn die Gründungsgesellschaften Arbeitnehmer in nur einem Mitgliedstaat beschäftigen. Zwar ist die Bildung eines besonderen Verhandlungsgremiums in solchen Fällen möglich. Der Zweck des SE-Verhandlungsverfahrens – d. h. die Bestimmung eines dem grenzüberschreitenden Charakters entsprechenden Mitbestimmungsregimes vor dem Hintergrund unterschiedlicher nationaler Modell sowie die Bildung eines SE-Betriebsrats – lässt sich indes nicht erreichen. Folglich kommt die gesetzliche Auffangregelung ohne vorherige Verhandlungen zur Geltung (vgl. jüngst Willemsen/Hohenstatt/Schweibert/Seibt/*Seibt* F Rdnr. 181; MünchKommAktG/*Jacobs* 3. A. 2011 Art. 3 SEBG Rdnr. 2d). In beiden Fällen ist gegenüber dem Handelsregister kein Nachweis nach Art. 12 Abs. 2 SE-VO abzugeben, sondern ein entsprechendes Negativattest.

11. Der beim Formwechsel herrschende Grundsatz der Organkontinuität (§ 203 UmwG) ist bei der SE-Gründung nach überwiegender Ansicht selbst dann nicht anwendbar, wenn es sich um eine Verschmelzung zur Aufnahme handelt, da sich jedenfalls die Grundlage der Arbeitnehmermitbestimmung ändert (vgl. MünchKommAktG/*Reichert/Brandes* Art. 40 SE-VO Rdnr. 47; *Seibt/Reinhard* Der Konzern 2005, 407, 421; a. A.: Jannott/Frodermann/*Jannott* 3 Rdnr. 254; Fleischhauer/Preuß/*Heckschen* L. I. Rdnr. 60 Anm. 13).

Die Niederschrift über die Bestellung der Mitglieder des ersten Verwaltungsrats ist der Anmeldung beizufügen, wenn für die SE eine monistische Leitungsstruktur vorgesehen ist und die Bestellung der ersten Mitglieder des Verwaltungsrats nicht bereits in der Satzung erfolgt ist. Für den Fall einer dualistischen Leitungsstruktur kann der Aufsichtsrat gem. Art. 40 Abs. 2 S. 2 SE-VO ebenfalls direkt in der Satzung oder in der Hauptversammlung bestellt werden.

12. Die Niederschrift über die Bestellung der geschäftsführenden Direktoren ist ebenfalls der Anmeldung beizufügen, wenn die SE eine monistische Leitungsstruktur erhalten soll. Wurde eine dualistische Leitungsstruktur gewählt, ist die Vorstandsbestellung durch ein Protokoll der ersten Sitzung des Aufsichtsrates nachzuweisen. Da die SE erst mit Eintragung entsteht und dementsprechend auch ihre Organe erst von diesem Zeitpunkt an existieren, ist der Aufsichtsratsbeschluss zur Bestellung des ersten Vorstandes aus Gründen rechtlicher Vorsicht gegebenenfalls zu bestätigen.

13. Nach Art. 47 Abs. 2 lit. a) SE-VO gelten für Organmitglieder der SE die nationalen Ausschlusstatbestände des § 76 Abs. 3 S. 2 und 3 AktG (vgl. hierzu Form. L.III.10 Anm. 5). Zudem ist nach lit. b) auch darauf abzustellen, ob die Person infolge einer Gerichts- oder Verwaltungsentscheidung, die in einem Mitgliedstaat ergangen ist, dem Leitungs- oder Aufsichtsorgan einer dort ansässigen Aktiengesellschaft nicht angehören darf. Eine den §§ 37 Abs. 2 und 81 Abs. 3 AktG entsprechende Versicherung bietet sich daher an (vgl. *Krafka/Willer/Kühn* Rdnr. 1756).

14. Negativerklärung. Gemäß Art. 15 Abs. 1 SE-VO i. V. m. § 16 Abs. 2 und 3 UmwG haben die Vorstände bzw. die geschäftsführenden Direktoren bei der Anmeldung entweder zu erklären, dass keine Klage gegen die Wirksamkeit des Verschmelzungsbeschlusses anhängig ist, oder einen rechtskräftigen Beschluss des Prozessgerichts vorzulegen, demzufolge die Klage der Eintragung der Umwandlung nicht entgegensteht. Alternativ können, um die Eintragung zu ermöglichen, notariell beurkundete Verzichtserklärungen i. S. d. § 16 Abs. 2 S. 2 UmwG sämtlicher klageberechtigter Aktionäre vorgelegt werden.

15. Kapitalerhöhung. Ist zur Durchführung der Verschmelzung eine Kapitalerhöhung bei der übernehmenden Gesellschaft durchgeführt worden, empfiehlt es sich, diese zusammen mit der Verschmelzung anzumelden, da die Kapitalerhöhung vor der Verschmelzung einzutragen ist.

16. Wegen der Identität des Rechtsträgers handelt es sich insoweit um eine deklaratorische Bestimmung.

17. Form. Gemäß § 12 Abs. 1 S. 1 HGB ist die Handelsregisteranmeldung elektronisch in öffentlich beglaubigter Form (§ 129 BGB, §§ 39, 40 BeurkG) einzureichen.

18. Gemäß Art. 14 SE-VO muss die Eintragung der SE im Amtsblatt der Europäischen Union veröffentlicht werden.

19. Kosten und Gebühren. Vgl. Form. L. II. 8 Anm. 13.

Grenzüberschreitende Verschmelzung einer ausländischen AG auf eine deutsche GmbH

33. Gemeinsamer Verschmelzungsplan – Joint Merger Proposal[1, 2]

UR-Nr.	Deed no. ......
Heute[3], den ...... erschienen vor mir,	Today, on ......, there appeared before me,
......,	......,
Notar[4] in	a notary registered in ......,
in meinen Amtsräumen in	at my offices located at ......:
1. Herr ......, geschäftsansässig ......, nicht handelnd im eigenen Namen, sondern unter Ausschluss jeglicher persönlicher Haftung für die X-GmbH aufgrund mir im Original vorgelegter und dieser Urkunde in hiermit beglaubigter Abschrift beigefügter notariell beglaubigter Vollmacht vom ......;	1. Mr. ...... with his business address at ......, who is not acting in his own name, but, excluding any personal liability, as attorney in fact of X-GmbH and on the basis of a certified power of attorney dated ......, submitted in the original, a herewith certified copy of which is attached to this document;
2. Frau ......, geschäftsansässig ......, nicht handelnd im eigenen Namen, sondern unter Ausschluss jeglicher persönlicher Haftung für die Y-N. V. aufgrund mir im Original vorgelegter und dieser Urkunde in hiermit beglaubigter Abschrift beigefügter notariell beglaubigter Vollmacht vom	2. Mrs. ...... with her business address at ......, who is not acting in her own name, but, excluding any personal liability, as attorney in fact of Y-N. V. and on the basis of a certified power of attorney dated ......, submitted in the original, a herewith certified copy of which is attached to this document.

33. Gemeinsamer Verschmelzungsplan

Aufgrund heute erfolgter Einsichtnahme in das elektronische Handelsregister (*Kamer van Koophandel*) für ...... zur Nr. ...... bescheinige ich hiermit gem. § 21 BNotO, dass Herr ...... (Unterzeichner der Vollmacht) in seiner Eigenschaft als Vorstandsmitglied (*directeur*) berechtigt ist, die Y.-N.V., ..., stets einzeln zu vertreten.	Upon today's inspection of the electronical Commercial Register (*Kamer van Koophandel*) for ...... No. ...... I hereby confirm that Mr. ...... (signatory of the power of attorney) in his capacity as member of the board of directors (*directeur*) is authorized to represent Y.-N.V., ..., always alone.
Der Notar erläuterte das Mitwirkungsverbot des § 3 Abs. 1 Nr. 7 BeurkG. Die Erschienenen verneinten die Frage, ob ein Mitwirkungsverbot des Notars im Sinne dieser Vorschrift vorliege.	The notary explained that according to sec. 3 para. 1 no. 7 of the Notarisation Act (*BeurkG*), he is prima facie not permitted to act in the event of a prior involvement in the matter. The persons appearing denied the notary's question as to whether he is banned from acting within the meaning of this provision.
Die Erschienenen baten um Beurkundung in deutscher und in englischer Sprache. Der beurkundende Notar, welcher der englischen Sprache mächtig ist, stellte fest, dass die Erschienenen der englischen Sprache ebenfalls hinreichend mächtig sind.	The persons appearing requested notarisation in German and in English. The officiating notary, who has a good command of the English language, confirmed that the persons appearing also have a good command of the English language.
Die Erschienenen baten um Beurkundung des folgenden:	The persons appearing requested notarisation of the following:

Gemeinsamer Verschmelzungsplan[4]   **Joint Terms of Cross-Border Merger**

für die Verschmelzung   concerning the merger

zwischen[6] der   between

X-GmbH

mit Sitz in ......, Deutschland,   with registered office in ......, Germany,

als übernehmender Gesellschaft   as acquiring company

und der   and

Y-N.V.

mit Sitz in ......, Niederlande,   with registered office in ......, Netherlands,

als übertragender Gesellschaft   as company ceasing to exist

Die Geschäftsführung der X-GmbH und der Vorstand (*directie*) der Y.-N.V. stellen den folgenden Verschmelzungsplan auf:	The management of X-GmbH and the board of directors (*directie*) of Y.-N.V. have drawn up the following Joint Terms of Cross-Border Merger:

Präambel[7]   **Recitals**

V.1 Die X-GmbH (im Folgenden: *X-GmbH*), übernehmende Gesellschaft, ist eine Gesellschaft mit beschränkter Haftung deutschen Rechts mit Sitz in ......, Deutschland, eingetragen im	V.1 X-GmbH (hereinafter: *X-GmbH*), the acquiring company, is a limited liability company (*Gesellschaft mit beschränkter Haftung*) incorporated under German law with registered of-

Handelsregister des Amtsgerichts ...... unter HRB .... Ihre Geschäftsadresse lautet .... Das Stammkapital der X-GmbH beträgt EUR ...... (in Worten: ......) und ist vollständig eingezahlt.

V.2 Die Y-N.V. (im Folgenden: Y-NV), übertragende Gesellschaft, ist eine Aktiengesellschaft niederländischen Rechts (naamloze vennootschap), mit Sitz in ......, Niederlande, eingetragen im Handelsregister der Handelskammer ......, Niederlande, unter der Nummer .... Ihre Geschäftsadresse lautet ....

V.3 Das Grundkapital der Y-NV beträgt EUR ...... (in Worten: ......). Es ist eingeteilt in ...... (in Worten: ......) auf den Namen lautende Aktien mit einem Nennbetrag von ...... (in Worten: ......). Alleinige Aktionärin der Y-NV ist die X-GmbH. Alleinige Geschäftsaktivität der Y-NV ist das Halten und Verwalten ihrer Beteiligung an der Z-AG mit Sitz in .... Sowohl die Y-NV als auch die X-GmbH sind arbeitnehmerlos.

V.4 Die Geschäftsführung der X-GmbH und der Vorstand der Y-NV beabsichtigen, die Y-NV auf die X-GmbH zu verschmelzen. Ziel der Verschmelzung ist die Beseitigung der Y-NV als mittlerweile funktionslos gewordener Zwischenholding und damit die Vereinfachung der Beteiligungsstruktur im Rahmen eines im vergangenen Jahr begonnenen Umstrukturierungsprozesses.

V.5 Die Verschmelzung wird auf der Grundlage der Richtlinie 2005/56/EG des Europäischen Parlaments und des Rates vom 26. Oktober 2005 über die Verschmelzung von Kapitalgesellschaften aus verschiedenen Mitgliedstaaten (die *EU-Verschmelzungsrichtlinie*) durchgeführt. Auf die Verschmelzung finden – soweit deutsches Recht anwendbar ist – die §§ 122a ff. des deutschen Umwand-

fice in ......, Germany, registered in the Commercial Register (*Handelsregister*) of the Local Court (*Amtsgericht*) of ...... under HRB .... The business address of X-GmbH is .... The registered share capital of X-GmbH amounts to EUR ...... (in words: ......) and is fully paid in.

V.2 Y-N. V. (hereinafter: *Y-NV*), the company ceasing to exist, is a stock corporation incorporated under Dutch law (*naamloze vennootschap*) with registered office in ......, Netherlands, registered in the Commercial Register of the Chamber of Commerce ......, Netherlands, under the number .... The business address of Y-NV is ....

V.3 The registered share capital of Y-NV amounts to EUR ...... (in words: ......). It is divided into ...... (in words: ......) registered shares with a nominal value of EUR ...... (in words: ......) each. The sole shareholder of Y-NV is X-GmbH. The sole business activity of Y-NV is the holding and administration of its participation in Z-AG with seat in .... Neither Y-NV nor X-GmbH has any employees.

V.4 The management of X-GmbH and the board of directors of Y-NV intend to merge Y-NV into X-GmbH. Purpose of the merger is the elimination of Y-NV as intermediate holding company which no longer has a purpose and thus to streamline the holding structure in the context of a restructuring process initiated last year.

V.5 The merger will be implemented on the basis of Directive 2005/56/EC of the European Parliament and of the Council of 26 October 2005 on cross-border mergers of limited liability companies (the *EU Merger Directive*). The merger will be governed – to the extent German law is applicable – by Secs. 122a et seq. of the German Transformation Act (*Umwandlungsgesetz*, hereinafter: *UmwG*)

lungsgesetzes (im Folgenden: *UmwG*), die die EU-Verschmelzungsrichtlinie in deutsches Recht umgesetzt haben und – soweit niederländisches Recht anwendbar ist – die Abschnitte (*afdelingen*) 2.7.1–2.7.3A des niederländischen Bürgerlichen Gesetzbuches (*Boek 2 van het Burgerlijk Wetboek*, im Folgenden: *BW2*), die die EU-Verschmelzungsrichtlinie in niederländisches Recht umgesetzt haben, Anwendung.

V.6 Nach den Bestimmungen des niederländischen Rechts wird dieser Verschmelzungsplan durch sämtliche Mitglieder der Geschäftsführung der X-GmbH sowie durch sämtliche Vorstandsmitglieder der Y-NV unterzeichnet.[3]

§ 1 Vermögensübertragung durch Verschmelzung[8, 9, 10]

1.1 Die Y-NV als übertragende Gesellschaft wird gemäß § 122a Absatz 2 i.V.m. § 2 Nr. 1 UmwG, und gemäß den Artikeln 333b ff. BW2 unter Auflösung ohne Abwicklung durch Übertragung ihres Vermögens als Ganzes auf die X-GmbH als übernehmende Gesellschaft verschmolzen (Verschmelzung zur Aufnahme).

1.2 Da sämtliche Geschäftsanteile an der Y-NV von der X-GmbH gehalten werden, wird das Stammkapital der X-GmbH zur Durchführung der Verschmelzung gemäß § 122a Abs. 2 i.V.m. § 54 Abs. 1 S. 1 Nr. 1 UmwG und Artikel 311 Abs. 2 BW2 nicht erhöht. Daher werden im Rahmen der Verschmelzung keine Geschäftsanteile der X-GmbH geschaffen oder ausgegeben. Ferner entfallen gemäß den anwendbaren deutschen Vorschriften die Angaben über den Umtausch von Anteilen, insbesondere (i) die Angaben zum Umtauschverhältnis der Anteile und zur Höhe etwaiger barer Zuzahlungen (§ 122c Abs. 2 Nr. 2 UmwG), (ii) die Angaben hinsichtlich

by means of which the EU Merger Directive was implemented into German law and – to the extent Dutch law is applicable – by Sections (*afdelingen*) 2.7.1–2.7.3A of the Dutch Civil Code (*Boek 2 van het Burgerlijk Wetboek*, hereinafter *BW2*) by means of which the EU Merger Directive was implemented into Dutch law.

V.6 In accordance with the provisions of Dutch law, these Joint Terms of Cross-Border Merger will be signed by all members of the management of X-GmbH and all members of the board of directors of Y-NV.

§ 1 Asset Transfer through Merger

1.1 Y-NV as company ceasing to exist will be merged into X-GmbH as acquiring company in accordance with Sec. 122a para. 2 in conjunction with Sec. 2 no. 1 UmwG and in accordance with Articles 333b et seq. BW2 by means of dissolution without liquidation and transfer of all of its assets and liabilities (*Vermögen als Ganzes*) to X-GmbH as acquiring company (merger by absorption – *Verschmelzung zur Aufnahme*).

1.2 Since all shares in Y-NV are held by X-GmbH, the registered share capital of X-GmbH will not be increased for the purpose of the merger in accordance with Sec. 122a para. 2 in conjunction with Sec. 54 para. 1 sent. 1 no. 1 UmwG and Article 311 para. 2 BW2. Accordingly, no shares of X-GmbH will be created or granted in the context of the merger. Furthermore, in accordance with the applicable provisions of German law, no details relating to the exchange of shares are required, in particular (i) details on the exchange ratio for the shares and the amount of any additional cash payments (Sec. 122c para. 2 no. 2 UmwG), (ii) details on

der Übertragung oder Ausgabe von neuen Geschäftsanteilen an der X-GmbH (§ 122c Abs. 2 Nr. 3 UmwG) und (iii) die Angabe des Zeitpunkts, von dem an neu geschaffene Geschäftsanteile das Recht auf Beteiligung am Gewinn gewähren (§ 122c Abs. 2 Nr. 5 UmwG) sowie eine Verschmelzungsprüfung (§ 122f S. 1 i.V.m. § 9 Abs. 2 UmwG). Nach den anwendbaren niederländischen Vorschriften entfallen insbesondere (i) die Angaben über ein Umtauschverhältnis und zur Höhe etwaiger barer Zuzahlungen (Artikel 333 Abs. 1 i.V.m. Artikel 326 lit. a BW2), (ii) die Angabe des Zeitpunkts, von dem an neu geschaffene Geschäftsanteile das Recht auf Beteiligung am Gewinn gewähren (Artikel 333 Abs. 1 i.V.m. Artikel 326 lit. b BW2), und (iii) die Erstattung eines Berichts durch die Geschäftsführung der Y-NV über die Verschmelzung (Artikel 313 Abs. 3 i.V.m. Artikel 333 Abs. 1 BW2) und (iv) eine Verschmelzungsprüfung (Artikel 333 Abs. 1 i.V.m. Artikel 328 BW2).

the transfer or granting of new shares in X-GmbH (Sec. 122c para. 2 no. 3 UmwG), and (iii) the indication of the date as of which newly created shares confer the right to profit participation (Sec. 122c para. 2 no. 5 UmwG), and a merger audit (Sec. 122f sent. 1 in conjunction with Sec. 9 para. 2 UmwG). In accordance with the applicable provisions of Dutch law, in particular the following details are not required: (i) details on an exchange ratio and the amount of any additional cash payments (Article 333 para. 1 in conjunction with Article 326 lit. a BW2), (ii) an indication of the date as of which newly created shares confer the right to profit participation (Article 333 para. 1 in conjunction with Article 326 lit. b BW2), and (iii) preparation of a report by the management of Y-NV on the merger (Article 313 para. 3 in conjunction with Article 333 para. 1 BW2), and (iv) a merger audit (Article 333 para. 1 in conjunction with Article 328 BW2).

1.3 Die Verschmelzung wird rechtlich mit der Eintragung in das Handelsregister des Amtsgerichts ...... als dem für die X-GmbH zuständigen Handelsregister wirksam. Mit dem Wirksamwerden der Verschmelzung geht das Vermögen der Y-NV von Gesetzes wegen im Wege der Gesamtrechtsnachfolge als Ganzes auf die X-GmbH über. Gleichzeitig erlischt die Y-NV. Nach ihrem Erlöschen werden alle Einträge der Y-NV im Handelsregister der Handelskammer für ...... (Kamer van Koophandel voor ......), Niederlande, gelöscht.

1.3 The merger will become legally effective upon its registration in the Commercial Register (*Handelsregister*) of the Local Court (*Amtsgericht*) in ...... as the competent commercial register for X-GmbH. Upon the merger becoming effective, all assets and liabilities of Y-NV will be transferred under universal title by operation of law to X-GmbH. At the same time, Y-NV will cease to exist. After its dissolution, all entries of Y-NV in the commercial register of the Chamber of Commerce for ...... (*Kamer van Koophandel voor* ......), Netherlands, will be deleted.

§ 2 Verschmelzungsstichtag, Bewertung des zu übertragenden Vermögens, Bilanzen[11]

2.1 Die Übernahme des Vermögens der Y-NV durch die X-GmbH erfolgt im Innenverhältnis mit Wirkung zum 1. Januar 2011, 0.00 Uhr (Verschmel-

§ 2 Merger Effective Date, Valuation of Assets and Liabilities to be Transferred, Balance Sheets

2.1 As between the merging companies, the assumption of Y-NV's assets and liabilities by X-GmbH will occur as from 1 January 2011, 0.00 hrs (mer-

33. Gemeinsamer Verschmelzungsplan

zungsstichtag). Die Y-NV und X-GmbH sind sich darin einig, dass von diesem Zeitpunkt an unter dem Gesichtspunkt der Rechnungslegung sämtliche Handlungen und Geschäfte der Y-NV als für Rechnung der X-GmbH vorgenommen gelten. Das letzte Geschäftsjahr der Y-NV endet zum 31. Dezember 2010. Der 31. Dezember 2010 ist gleichzeitig der Übertragungsstichtag nach deutschem Steuerrecht.

2.2 Die X-GmbH wird die im Rahmen der Verschmelzung von der Y-NV auf die X-GmbH übergehenden Aktiva und Passiva zu Verkehrswerten übernehmen und zu diesen Werten in ihrer handels- und steuerrechtlichen Rechnungslegung ansetzen (§ 122 c Abs. 2 Nr. 11 UmwG).

2.3 Der Stichtag der Bilanzen, die die Y-NV und die X-GmbH zur Festlegung der Bedingungen der Verschmelzung verwenden, ist jeweils der 31. Dezember 2010 (§ 122 c Abs. 2 Nr. 12 UmwG). Die X-GmbH wird die im Rahmen der Verschmelzung übertragenen Aktiva und Passiva erstmals in ihrer Bilanz zum 31. Dezember 2011 ausweisen.

2.4 Die Verschmelzung wird keine Auswirkungen auf den Firmenwert (Goodwill) und keine wesentlichen Auswirkungen auf die ausschüttbaren Rücklagen der X-GmbH haben.

§ 3 Verfahren zur Festlegung der Mitbestimmungsrechte[11]

Weder die übertragende Gesellschaft noch die übernehmende Gesellschaft beschäftigt Arbeitnehmer und keine der zu verschmelzenden Gesellschaften ist mitbestimmt. Durch die Verschmelzung ändert sich der Umfang an Mitbestimmung gegenüber dem bestehenden Umfang daher nicht. Ein Verfahren zur Beteiligung der Arbeitnehmer an der Festlegung ihrer Mitbestimmungsrechte im Sinne der §§ 6 ff. des Gesetzes über die Mitbestimmung der Arbeitnehmer bei einer grenzüberschreitenden Verschmelzung (MgVG) ist daher nicht durchzuführen (vgl. § 5 MgVG).

ger effective date – *Verschmelzungsstichtag*). Y-NV and X-GmbH agree that from this date for accounting purposes any and all actions or transactions of Y-NV will be considered as being those of X-GmbH. The last financial year of Y-NV ends on 31 December 2010. 31 December 2010 will also be the effective transfer date under German tax law.

2.2 X-GmbH will assume the assets and liabilities which will be transferred by Y-NV to X-GmbH by way of the merger at fair market value (*Verkehrswert*) and record such assets and liabilities in its commercial and tax accounts at such value (Sec. 122 c para. 2 no. 11 UmwG).

2.3 The date of the balance sheets which Y-NV and X-GmbH use to determine the conditions of the merger shall be 31 December 2010, respectively (sec. 122 c para. 2 no. 12 UmwG). X-GmbH will record the assets and liabilities which are transferred by way of the merger for the first time in its balance sheet as of 31 December 2011.

2.4 The merger will have no impact on the goodwill and no material impact on the distributable reserves of X-GmbH.

§ 3 Arrangements for the Determination of Employee Participation Rights

Neither the company ceasing to exist nor the acquiring company has any employees and neither of the merging companies operates under an employee participation system. Therefore, the merger will have no impact on the level of employee participation. As a consequence, no arrangements for employee participation as provided for in Sec. 6 et seq. of the Act on Employee Participation in case of Cross-Border Mergers (*Gesetz über die Mitbestimmung der Arbeitnehmer bei einer grenzüberschreitenden Verschmelzung, MgVG*) are required (Sec. 5 MgVG). Pursuant to

Nach § 4 MgVG gelten für die Mitbestimmung die Regelungen des Sitzstaates der übernehmenden Gesellschaft. Da kein Verfahren zur Beteiligung der Arbeitnehmer nach §§ 6 ff. MgVG durchzuführen ist, entfallen auch die diesbezüglichen Angaben im Verschmelzungsplan.

Sec. 4 MgVG employee participation is governed by the rules of the Member State in which the acquiring company has its seat. Since no arrangements for employee participation as provided for in Sec. 6 et seq. MgVG are required, no information on such arrangements is needed in the Joint Terms of Cross-Border Merger.

§ 4 Voraussichtliche Auswirkungen der Verschmelzung auf die Beschäftigung[13]

Da weder die Y-NV noch die X-GmbH Arbeitnehmer beschäftigt, hat die Verschmelzung der Y-NV auf die X-GmbH keinerlei Folgen für Arbeitnehmer oder Arbeitnehmervertretungen dieser Gesellschaften und insoweit sind keine Maßnahmen vorgesehen.

§ 4 Expected Effects of the Merger on Employment

Since neither Y-NV nor X-GmbH has any employees, the merger of Y-NV into X-GmbH will not have any effect on employees or employee representation bodies of such companies. No related measures are contemplated.

§ 5 Gewährung von Rechten an Gesellschafter, die mit Sonderrechten ausgestattet sind oder an Inhaber von anderen Wertpapieren als Gesellschaftsanteilen[14]

Weder bei der Y-NV noch bei der X-GmbH gibt es mit Sonderrechten ausgestattete Aktionäre oder Inhaber von anderen Wertpapieren als Geschäftsanteilen, insbesondere keine Inhaber von Wandelschuldverschreibungen, Genussrechten oder ähnlichen Instrumenten. Daher ist keine Gewährung von Rechten an solche Personen und auch keine Durchführung von anderen Maßnahmen für solche Personen i. S. v. § 122 c Abs. 2 Nr. 7 UmwG und Art. 312 Abs. 2 lit. c BW2 erfolgt bzw. vorgesehen.

§ 5 Granting of Rights to Shareholders who Enjoy Special Rights or to Holders of Securities other than Shares

Neither in Y-NV nor in X-GmbH there are shareholders enjoying special rights or holders of securities other than shares, in particular holders of convertible bonds, profit participation rights or similar instruments. Therefore, no rights have been granted or are proposed to be granted to such persons and no other measures have been taken or are proposed to be taken for the benefit of such persons in accordance with Sec. 122 c para. 2 no. 7 UmwG and Art. 312 para. 2 lit. c BW2.

§ 6 Vorteile für unabhängige Sachverständige oder Organmitglieder[15]

Weder den Mitgliedern der Verwaltungs-, Leitungs-, Aufsichts- oder Kontrollorgane der X-GmbH und der Y-NV noch unabhängigen Sachverständigen wurden besondere Vorteile im Sinne des § 122 c Abs. 2 Nr. 8 UmwG und Artikel 312 Abs. 2 lit. d BW2 gewährt. Diese werden auch künftig im Zusammenhang mit der Verschmelzung nicht gewährt werden.

§ 6 Benefits Granted to Independent Experts or Members of Corporate Bodies

No special benefits within the meaning of Sec. 122 c para. 2 no. 8 UmwG and Article 312 para. 2 lit. d BW2 have been granted to members of the management, direction, supervisory or controlling bodies of X-GmbH and Y-NV or to independent experts and no such benefits will be granted in connection with the merger.

§ 7 Zusammensetzung der Geschäftsführung der X-GmbH (Artikel 312 Abs. 2 lit. e BW2)[16]	**§ 7 Composition of the Management of X-GmbH (Article 312 para. 2 lit. e BW2)**
Die Geschäftsführung der X-GmbH besteht derzeit aus Herrn .... Eine Änderung der Zusammensetzung der Geschäftsführung der X-GmbH anlässlich der Verschmelzung ist nicht vorgesehen, insbesondere wird kein Geschäftsführer der Y-NV zum Geschäftsführer der X-GmbH bestellt.	The management of X-GmbH currently consists of Mr. .... It is not intended to change the composition of the management of X-GmbH in connection with the merger. In particular no board member of Y-NV will be appointed as managing director of X-GmbH.
§ 8 Zustimmung zum Verschmelzungsbeschluss (Art. 312 Abs. 2 lit. i BW2)	**§ 8 Consent to Merger Resolution (Art. 312 para. 2 lit. i BW2)**
Der Beschluss der Hauptversammlung der Y-NV zur Verschmelzung benötigt zu seiner Wirksamkeit nicht die Zustimmung einer dritten Partei.	The resolution of the shareholders' meeting of Y-NV approving the merger does not require the consent of any third party to become effective.
§ 9 Satzung der X-GmbH[17]	**§ 9 Articles of Association of X-GmbH**
Die X-GmbH behält bis auf Weiteres die als Anlage beigefügte Satzung.	The Articles of Association of X-GmbH attached hereto as Annex will remain unchanged.
§ 10 Kosten	**§ 10 Costs**
Die X-GmbH und die Y-NV tragen die ihnen im Zusammenhang mit der Vorbereitung und Durchführung der Verschmelzung sowie die im Zusammenhang mit diesem Verschmelzungsplan entstehenden Kosten selbst. Die gemeinsam veranlassten Kosten werden von der X-GmbH und der Y-NV jeweils zur Hälfte getragen. Anlage: Satzung der X-GmbH	X-GmbH and Y-NV will each bear its own costs and expenses incurred in connection with the preparation and implementation of the merger and these Joint Terms of Cross-Border Merger. Costs and expenses that have been jointly incurred will be borne equally between X-GmbH and Y-NV. Annex: Articles of Association of X-GmbH

Schrifttum: Dzida/Schramm, Arbeitsrechtliche Pflichtangaben bei innerstaatlichen und grenzüberschreitenden Verschmelzungen, NZG 2008, 521; *Kallmeyer,* Der gemeinsame Verschmelzungsplan für grenzüberschreitende Verschmelzungen, AG 2007, 472; *Krauel/Mense/Wind,* Praxisfragen der grenzüberschreitenden Verschmelzung, Der Konzern 2010, 541; *Louven,* Umsetzung der Verschmelzungsrichtlinie, ZIP 2006, 2021; *Neye/Timm,* Die geplante Umsetzung der Richtlinie zur grenzüberschreitenden Verschmelzung von Kapitalgesellschaften im Umwandlungsgesetz, DB 2006, 489; *Müller-Bonanni/Müntefering,* Grenzüberschreitende Verschmelzung ohne Arbeitnehmerbeteiligung?, NJW 2009, 2347; *Simon/Rubner* Die Umsetzung der Richtlinie über grenzüberschreitende Verschmelzungen ins deutsche Recht, Der Konzern 2006, 835; *Vetter,* Die Regelung der grenzüberschreitenden Verschmelzung im UmwG, AG 2006, 613; *Winter,* Planung und Vorbereitung einer grenzüberschreitenden Verschmelzung, Der Konzern 2007, 24.

Anmerkungen

1. Überblick. Die grenzüberschreitende Verschmelzung von Kapitalgesellschaften ist in den §§ 122a–122l UmwG geregelt, die zur Umsetzung der Richtlinie 2005/56/EG (ABl. EU v. 25. 11. 2005, im Folgenden EU-Verschmelzungsrichtinie) durch das Zweite Gesetz zur Änderung des Umwandlungsgesetzes vom 19. 4. 1997 (BGBl. I S. 542) eingeführt wurden. Mit der Gesetzesänderung wollte der Gesetzgeber ausdrücklich auch den Anforderungen des Sevic-Urteils (EuGH Slg. 2005, I-10.825 = NJW 2006, 425) gerecht werden (vgl. RegBegr. BR-Drucks. 548/06, 19). Die allgemeinen Verschmelzungsvorschriften kommen gem. § 122a Abs. 2 UmwG subsidiär zur Geltung. Für deutsche Gesellschaften sind dies die §§ 2–38 UmwG sowie §§ 46–49 (GmbH), §§ 60–76 (AG), und § 78 UmwG (KGaA). Insoweit kann grundsätzlich auf die Erläuterungen in Form. L.II.3 und L.II.13 verwiesen werden. Eine Besonderheit gegenüber dem nationalen Verschmelzungsvertrag ist, dass zusätzliche Angaben gemacht werden müssen (Auswirkung auf die Beschäftigung, Verfahren der Arbeitnehmermitbestimmung, Bewertung des Aktiv- und Passivvermögens, Stichtag der zugrunde gelegten Jahresabschlüsse) und die Satzung des aufnehmenden Rechtsträgers beizufügen ist. Zudem ist ein Verzicht auf die Erstattung des Verschmelzungsberichts gem. § 122e S. 3 UmwG unzulässig.

Die Verfahrensvorschriften beteiligter ausländischer Gesellschaften sind gesondert einzuhalten (vgl. Widmann/Mayer/*Heckschen* § 122a UmwG Rdnr. 91; Lutter/*Bayer* § 122a Rdnr. 16). Zur Sicherstellung eines ordnungsgemäßen Ablaufs ist das Rechtmäßigkeitskontrollverfahren daher zweistufig aufgebaut: Zunächst wird im Sitzstaat der übertragenden Gesellschaft geprüft, ob der gemeinsame Verschmelzungsplan ordnungsgemäß aufgestellt und publiziert wurde und eine entsprechende Bescheinigung ausgestellt (in Deutschland: § 122k UmwG). Auf der zweiten Stufe wird die Bescheinigung der zuständigen Stelle im Sitzstaat der übernehmenden bzw. neuen Gesellschaft vorgelegt, die prüft, ob alle beteiligten Gesellschaften einem gleichlautenden Verschmelzungsplan zugestimmt haben und ob eine Mitbestimmungsvereinbarung abgeschlossen wurde (§ 122l Abs. 2 UmwG, ausf. *Neye/Timm* DB 2006, 488, 489 f.; Limmer/*Limmer* Rdnr. 3144 f.).

2. Wahl des Formulars. Das Formular geht von dem Fall aus, dass eine niederländische Aktiengesellschaft (N. V.: *naamloze vennootschap*) auf eine deutsche GmbH verschmolzen werden soll. Beide Gesellschaften sind arbeitnehmerlos (zu den Folgen siehe unten Anm. 11). Die GmbH ist alleinige Anteilseignerin der N. V. (upstream-merger). Daher wird keine Gegenleistung gewährt und eine Kapitalerhöhung bei der aufnehmenden Gesellschaft ist ebenso wie eine Verschmelzungsprüfung entbehrlich. Aus demselben Grund ist ein Verschmelzungsbeschluss seitens der übernehmenden Gesellschaft gem. § 62 Abs. 1 S. 1 UmwG verzichtbar. Wenn Art. 15 Abs. 1 der EU-Verschmelzungsrichtlinie im Staat der übertragenden Gesellschaft umgesetzt wurde, bedarf es auch dort keines gesonderten Beschlusses (zur Vorbereitung des Verschmelzungsbeschlusses vgl. Lutter/*Bayer* § 122g UmwG Rdnr. 4 ff.). In den Niederlanden muss ein Verschmelzungsbeschluss dennoch gefasst werden.

3. Sprache. Weder in der EU-Verschmelzungsrichtlinie noch im UmwG ist ausdrücklich geregelt, in welcher Sprache der Verschmelzungsplan aufzustellen ist. Aus § 122d UmwG, § 5 Abs. 1 BeurkG sowie § 488 Abs. 3 FamFG i. V. m. § 184 GVG wird indes gefolgert, dass das Dokument dem Registerrichter zumindest auch auf Deutsch vorliegen muss (vgl. KölnKommUmwG/*Simon/Rubner* § 122c Rdnr. 38; *Winter* Der Konzern 2007, 24, 33). Dabei darf es sich um ein Original oder eine beglaubigte Übersetzung handeln, die gem. § 50 Abs. 1 BeurkG auch vom Notar erstellt werden kann. Die notarielle Urkunde muss nicht notwendigerweise in deutscher Sprache verfasst sein. Wenn sowohl der Notar als auch die teilnehmenden Personen einer fremden Sprache mächtig sind, kann die Beurkundung auch in dieser erfolgen, § 5 Abs. 2 BeurkG. Die im Formular vorgesehene Beurkundung eines zwei- oder mehrsprachig abgefassten Verschmelzungsplans ist demnach ebenfalls zulässig und in der Praxis empfehlenswert (*Krauel/Mense/Wind* Der Konzern 2010, 541, 544; Schmitt/Hörtnagl/Stratz/*Hörtnagl* § 122c Rdnr. 42). Oft wird sich hier neben Deutsch die Gerichtssprache des Landes der übertragenden Gesellschaft anbieten (vgl. KölnKommUmwG/*Simon/Rubner* § 122c Rdnr. 39). Abhängig von den Voraussetzungen im Sitzstaat der übertragenden Gesellschaft kann aber auch eine andere Sprache gewählt werden. Im Falle der Herausverschmelzung aus den Niederlanden, wie sie dem Formular zugrunde liegt, ist beispielsweise die Vorlage eines englisch-deutschen Verschmelzungsplans ausreichend, um von dem zuständigen Notar (nach Vorlage sämtlicher beizufügender Dokumente) die erforderliche Verschmelzungsbescheinigung zu erhalten. Auslegungsproblemen kann durch die Vereinbarung einer in Zweifelsfällen

33. Gemeinsamer Verschmelzungsplan   L.II.33

vorrangigen Sprache vorgebeugt werden (vgl. Limmer/*Limmer* Rdnr. 3085). In der Praxis empfiehlt sich eine Abstimmung mit dem Registerrichter, auch hinsichtlich der Frage, ob die Übereinstimmung zweier Sprachfassungen von einem gerichtlich vereidigten Übersetzer bestätigt werden muss.

4. Form, besondere Bekanntmachung. Gem. § 122 c Abs. 4 UmwG ist der Verschmelzungsplan notariell zu beurkunden. Eine Beurkundung im Ausland ist laut BGH nur bei Erfüllung des strengen Gleichwertigkeitserfordernisses ausreichend, das sich auf die Stellung des Notars, seine unbeschränkte Haftung und die Verlesung im Beurkundungsverfahren erstreckt (ausf. Widmann/Mayer/*Mayer* § 122 c Rdnr. 193 ff.; kritisch Lutter/*Lutter/Drygala* § 6 Rdnr. 8 f.). Auch in ausländischen Rechtsordnungen kann eine Pflicht zur Inlandsbeurkundung bestehen, was eine doppelte Beurkundung in vielen Fällen unumgänglich macht (vgl. *Vetter* AG 2006, 613, 617 f.; *Kraul/Mense/Wind* Der Konzern 2010, 541, 542 f.; Limmer/*Limmer* Rdnr. 3088).

Weitere Erfordernisse nach ausländischem Recht sind teils schwierig in die Dogmatik des deutschen Rechts einzuordnen und ziehen erhebliche praktische Folgen nach sich. In den Niederlanden genügt beispielsweise die Schriftform des Dokuments, allerdings muss es durch alle Mitglieder der Vertretungs- und Aufsichtsorgane sämtlicher beteiligter Gesellschaften unterschrieben werden. Wenn es sich bei diesem Erfordernis um eine Vertretungsregelung handeln würde, müssten folglich alle Vorstände und Aufsichtsratsmitglieder zu einem deutschen Notar kommen. Im Ergebnis lässt sich dieser Aufwand vermeiden, da es sich lediglich um eine Formvorschrift des niederländischen Registerverfahrens handelt. Der Verschmelzungsplan kann in Deutschland also in Stellvertretung beurkundet werden, solange die beglaubigte niederländische Übersetzung des Verschmelzungsplans, die zum niederländischen Handelsregister eingereicht wird, von allen Vorständen/Geschäftsführern und Aufsichtsratsmitgliedern der beteiligten Rechtsträger unterzeichnet wird.

Der Verschmelzungsplan oder sein Entwurf (hierzu *Kraul/Mense/Wind* Der Konzern 2010, 542 f.) ist gem. § 122 d S. 1 UmwG spätestens einen Monat vor der Versammlung der Anteilsinhaber, die über die Zustimmung zum Verschmelzungsplan beschließen soll, zum Handelsregister einzureichen. Dieses macht nach § 122 d S. 2 UmwG einen Hinweis im elektronischen Bundesanzeiger bekannt, der im Vergleich zu § 61 UmwG zusätzliche Angaben enthalten muss: (i) Rechtsform, Firma und Sitz der an der grenzüberschreitenden Verschmelzung beteiligten Gesellschaften, (ii) Register bei denen die beteiligten Gesellschaften eingetragen sind, sowie Nummer und Eintragung, (iii) Hinweis auf die Modalitäten für die Ausübung der Rechte der Gläubiger und der Minderheitsgesellschafter der beteiligten Gesellschaften sowie die Anschrift, unter der vollständige Auskünfte über diese Modalitäten kostenlos eingeholt werden können (vgl. Kallmeyer/*Marsch-Barner* § 122 d Rdnr. 2; Limmer/*Limmer* Rdnr. 3117 f.). Nach herrschender Ansicht sind dabei auch Rechte nach ausländischem Recht zu beschreiben. Daher empfiehlt es sich, den Bekanntmachungstext zunächst mit dem zuständigen Registerrichter abzustimmen.

5. Verschmelzungsplan. Der gemeinsame Verschmelzungsplan nach § 122 c UmwG entspricht bis auf einige richtlinienbedingte Besonderheiten dem Verschmelzungsvertrag gem. § 5 UmwG (vgl. Form. L.II.3). Ob es sich dabei um einen schuldrechtlichen Vertrag oder einen rein gesellschaftsrechtlichen Organisationsakt handelt, ist umstritten (ausf. *Kallmeyer* AG 2007, 472, 474; Lutter/*Bayer* § 122 c Rdnr. 3). Im Hinblick auf die Terminologie ist auf nationale Unterschiede zu achten, da der Verschmelzungsplan in anderen Rechtsordnungen nicht zwingend das zentrale Dokument darstellt. Dies kann zu grundlegenden Missverständnissen führen. In den Niederlanden wird der Verschmelzungsplan (englischer Begriff in der EU-Verschmelzungsrichtlinie: „Merger Proposal") beispielsweise nur als Beschreibung der Bedingungen verstanden. Die Verschmelzung selbst wird durch eine davon zu unterscheidende und notariell zu beurkundende Verschmelzungsurkunde (Organisationsakt) vollzogen. In Fällen der „Hinausverschmelzung" einer deutschen Gesellschaft ins Ausland ist widersprechenden Anteilsinhabern gem. § 122 i UmwG ein Abfindungsangebot zu unterbreiten (vgl. hierzu Limmer/*Limmer* Rdnr. 3109 ff.; Lutter/*Bayer* § 122 i Rdnr. 1 ff.). Im vorliegenden Formular ist dies nicht erforderlich.

6. Parteien. Verschmelzungsfähige deutsche Gesellschaften sind gem. § 122 b UmwG AG, KGaA, GmbH und SE. Die Zulässigkeit grenzüberschreitender Verschmelzungen von Personengesellschaften sowie grenzüberschreitender Spaltungen oder Formwechsel richtet sich weiterhin nach der Sevic-Entscheidung (vgl. Lutter/*Bayer* § 122 a Rdnr. 12, 15). Fusionen unter Beteiligung von Gesellschaften, die dem Recht eines Staates außerhalb der EU oder des EWR unterliegen, sind von den Vorschriften ebenfalls nicht erfasst (vgl. Limmer/*Limmer* Rdnr. 3077).

In § 122 c Abs. 1 UmwG ist das Erfordernis gemeinsamer Aufstellung durch die Vertretungsorgane sämtlicher beteiligter Gesellschaften festgelegt, so dass es zumindest zweckmäßig ist, auch die notarielle Urkunde unter Beteiligung der Vertreter des ausländischen Rechtsträgers zu erstellen (vgl. KölnKommUmwG/*Simon/Rubner* § 122 c Rdnr. 3, 36).

7. Angaben über den Hintergrund der Verschmelzung und die jeweils anwendbaren Vorschriften sind zwar nicht erforderlich, aber in der Regel zweckmäßig. Dies gilt insbesondere dann, wenn die Gesellschaften bereits eine Grundsatzvereinbarung über die Zusammenführung der Gesellschaften abgeschlossen haben (Business Combination Agreement, vgl. Form. L.II.2), in dem wesentliche wirtschaftliche und rechtliche Eckdaten der Verschmelzung festgelegt wurden.

8. Vermögensübertragung. Das Vermögen der übertragenden Gesellschaft geht gem. § 122 a Abs. 2 i.V.m. § 2 Nr. 1 UmwG auf die übernehmende Gesellschaft über. Vgl. im Übrigen Form. L.II.3 Anm. 6.

9. Kapitalerhöhung. Eine Kapitalerhöhung bei der übernehmenden Gesellschaft ist gem. § 122 a Abs. 2 i.V.m. § 54 Abs. 1 S. 1 Nr. 1 UmwG entbehrlich, da sie sämtliche Anteile der übertragenden Gesellschaft hält. Zur Kapitalerhöhung zum Zwecke der Verschmelzung vgl. bereits Form. L.II.3 Anm. 16.

10. Gegenleistung. Im vorliegenden Fall einer Konzernverschmelzung findet gem. § 122 a Abs. 2 i.V.m. § 20 Abs. 1 Nr. 3 S. 1 UmwG kein Aktientausch statt, sodass eine Gegenleistung nicht erforderlich ist. Dementsprechend entfällt gem. § 122 c Abs. 3 UmwG die Pflicht, Angaben über den Umtausch der Anteile gem. § 122 c Abs. 2 Nr. 2 (bare Zuzahlungen), Nr. 3 (Übertragung und Ausgabe neuer Geschäftsanteile) und Nr. 5 UmwG (Zeitpunkt der Gewinnberechtigung) zu machen. Sollte kein Fall der Konzernverschmelzung vorliegen, entsprechen die erforderlichen Angaben weitgehend den in § 5 Nr. 3 und 4 UmwG Geforderten (vgl. Lutter/*Bayer* § 122 c Rdnr. 14 ff. sowie Form. L.II.3. Anm. 10 ff.). Zur Klarstellung enthält der Formulartext Hinweise auf die entbehrlichen Angaben, auch nach niederländischem Recht. Dort sind aufgrund des Konzernsachverhalts Angaben zu baren Zuzahlungen und zur Gewinnberechtigung ausgegebener Anteile entbehrlich. Ebenso wenig bedarf es eines Berichts der Geschäftsführung über die Verschmelzung oder einer Verschmelzungsprüfung.

11. Schlussbilanzen, Verschmelzungsstichtag. Der Verschmelzungsplan muss den Verschmelzungsstichtag (§ 122 c Abs. 2 Nr. 6 UmwG), den verwendeten Wertansatz (§ 122 c Abs. 2 Nr. 11 UmwG) sowie die Stichtage der zugrunde gelegten Bilanzen (§ 122 c Abs. 2 Nr. 12 UmwG) angeben. Die Pflicht zur Offenlegung der Bewertungsmethode des zu übertragenden Aktiv- und Passivvermögens ist aus deutscher Sicht ein Novum. Sie erfordert entgegen dem ersten Anschein keine Wertangabe der einzelnen zu übertragenden Vermögensgegenstände, was aufgrund der stattfindenden Universalsukzession auch sinnlos wäre (vgl. *Vetter*, AG 2006, 613, 618; Lutter/*Bayer* § 122 c Rdnr. 26). Es muss lediglich ersichtlich werden, zu welchen handelsrechtlichen Werten (Teil- oder Zwischenwerten) die Gegenstände angesetzt werden (vgl. Widmann/Mayer/*Heckschen* § 122 a UmwG Rdnr. 125; *Louven* ZIP 2006, 2021, 2025). Zum Teil wird ein Hinweis darauf, dass die Angabe dieser Bilanzentscheidungen (wie im Recht der nicht-grenzüberschreitenden Verschmelzungen) im Rahmen der Feststellung des Jahresabschlusses der übernehmenden oder neuen Gesellschaft erfolgen wird, für ausreichend gehalten (vgl. Limmer/*Limmer* Rdnr. 3102 f.; *Vetter* AG 2006, 613, 619). Der eindeutige Wortlaut der Vorschrift und das Ziel, den Gesellschaftern Klarheit über die Ausübung von Bewertungswahlrechten und die daraus folgende Ertragslage der Gesellschaft zu verschaffen, sprechen aber gegen eine solche Erleichterung (Lutter/*Bayer* § 122 c Rdnr. 27; Kallmeyer/*Müller* § 122 c Rdnr. 34).

33. Gemeinsamer Verschmelzungsplan L.II.33

Eine weitere Besonderheit gegenüber der nationalen Verschmelzung (hierzu schon Form. L.II.3 Anm. 8) ist, dass die Stichtage der Bilanzen *sämtlicher* an der Verschmelzung beteiligter Gesellschaften anzugeben sind (vgl. Lutter/*Bayer* § 122 c Rdnr. 28). Falls eine Verzögerung der Verschmelzung zu befürchten ist, empfiehlt sich eine variable Stichtagsregelung (hierzu Form. L.II.3. Anm. 25).

12. Verhandlungen über die Mitbestimmung. Wenn die Voraussetzungen des § 5 MgVG (Gesetz über die Mitbestimmung der Arbeitnehmer bei einer grenzüberschreitenden Verschmelzung, BGBl. I S. 3332) erfüllt sind, müssen nach § 122 c Abs. 2 Nr. 10 Angaben zum Verfahren der Arbeitnehmerbeteiligung gemacht werden (hierzu *Dzida/Schramm* NZG 2008, 521 ff.; *Müller-Bonanni/Müntefering* NJW 2009, 2347 ff.; Widmann/Mayer/*Mayer* § 122 c UmwG Rdnr. 135). Im Formular beschäftigt keine der beteiligten Gesellschaften Arbeitnehmer, so dass ein Verfahren nach §§ 6 ff. MgVG nicht durchgeführt werden muss. Im Verschmelzungsplan empfiehlt sich eine dahingehende Klarstellung.

13. Auswirkungen der Verschmelzung für die Beschäftigung. Gem. § 122 c Abs. 2 Nr. 4 UmwG sind die voraussichtlichen Auswirkungen der Verschmelzung auf die Beschäftigung anzugeben. Die Konzeption dieser Vorschrift beruht auf Art. 5 lit. c der EU-Verschmelzungsrichtlinie und weicht in mehreren Punkten von § 5 Abs. 1 Nr. 9 UmwG ab. So besteht keine Verpflichtung, dem Betriebsrat den Verschmelzungsplan zuzuleiten, stattdessen ist ihm der Verschmelzungsbericht zugänglich zu machen (§ 122 e S. 2 UmwG). Daraus wird in der Literatur überwiegend gefolgert, dass die Auswirkungen nur im für die Gesellschafter relevanten Umfang skizziert werden müssen, beispielsweise Mitarbeiterzahlen und die mit ggf. geplanten Maßnahmen verbundenen Kosten (vgl. *Simon/Rubner* Der Konzern 2006, 835, 837 f.; Lutter/*Bayer* § 122 c Rdnr. 19; a. A.: Widmann/Mayer/*Mayer* § 122 c UmwG Rdnr. 98). Das Formular geht davon aus, dass beide beteiligten Gesellschaften arbeitnehmerlos sind, sodass sich eine Angabe der voraussichtlichen Auswirkungen erübrigt.

14. Besondere Rechte und Vorteile für Gesellschafter und Wertpapierinhaber. Die Angabepflicht aus § 122 c Abs. 2 Nr. 7 UmwG unterscheidet sich von derjenigen aus § 5 Abs. 1 Nr. 7 UmwG (hierzu Form. L.II.3 Anm. 18) dadurch, dass nach ihrem Wortlaut auch solche Sonderrechte erfasst werden, die allen Gesellschaftern bzw. Anteilsinhabern gleichermaßen gewährt werden (eine teleologische Reduktion ablehnend Lutter/*Bayer* § 122 c Rdnr. 23).

15. Besondere Rechte und Vorteile für Sachverständige und Organmitglieder. Auch besondere Vorteile für sonstige an der Verschmelzung Beteiligte sind anzugeben, § 122 c Abs. 2 Nr. 8 UmwG. Durch die Vorschrift soll Aktionärsschutz durch Information sichergestellt werden. Im Gegensatz zu der Parallelvorschrift in § 5 Abs. 1 Nr. 8 UmwG gehört der Abschlussprüfer nicht zur Gruppe der erfassten Personen (vgl. Widmann/Mayer/*Heckschen* § 122 a UmwG Rdnr. 120). Als „besonderer Vorteil" gilt jede Art von Vergünstigung, die anlässlich der Verschmelzung gewährt wird und nicht Gegenleistung für eine erbrachte Tätigkeit ist (vgl. Widmann/Mayer/*Mayer* § 122 c UmwG Rdnr. 117).

16. Nach niederländischem Recht erforderliche Angaben. Weitere Angaben im Verschmelzungsplan richten sich nach dem Recht der übertragenden Gesellschaft. In den Niederlanden wird die Verschmelzung in Art. 308–334 Siebter Abschnitt des Zweiten Buchs BW (Burgerlijk Wetboek) geregelt (vgl. hierzu Widmann/Mayer/*Viergever/Stollenwerck/de Vries* NL 47 ff.; zur Rechtslage in Großbritannien Widmann/Mayer/*Thömmes/Tomsett* GB 16 ff.).

17. Satzung der übernehmenden GmbH. Unabhängig davon, ob anlässlich der Verschmelzung Änderungen vorgenommen wurden, ist die Satzung der übernehmenden bzw. neuen Gesellschaft beizufügen, § 122 c Abs. 2 Nr. 9 UmwG.

18. Registerverfahren. Nach § 122 l Abs. 1 S. 1 UmwG ist im Fall der Verschmelzung durch Aufnahme das Vertretungsorgan der übernehmenden Gesellschaft zur Anmeldung verpflichtet. Im Laufe des Verfahrens ist eine Vielzahl von Dokumenten in deutscher und ausländischer Sprache einzureichen. Neben dem Nachweis über ein erforderlichenfalls durchgeführtes Verfahren zur Arbeitnehmerbeteiligung sind dies insbesondere die Verschmelzungsbescheinigungen für sämtliche übertragende Gesellschaften, die nicht älter als sechs Monate sein dürfen, § 122 l Abs. 1 S. 3 Hs. 1 UmwG (hierzu schon oben Anm. 1; vgl. im Übrigen Widmann/

Mayer/*Vossius* § 122 l UmwG Rdnr. 14). Ob ausländisches Recht eingehalten wurde, prüft das deutsche Registergericht nicht. Das Wirksamwerden der Verschmelzung richtet sich nach den allgemeinen Vorschriften (vgl. Form. L. II.8). Da die Registerrichter bislang zumeist wenig praktische Erfahrung im Zusammenhang mit grenzüberschreitenden Verschmelzungen gesammelt haben, sollte die gesamte Dokumentation eng abgestimmt werden, um Zeitverzug und Auseinandersetzungen zu vermeiden.

19. Steuern. Gem. § 1 Abs. 1 Nr. 1 UmwStG gilt deutsches Umwandlungssteuerrecht für grenzüberschreitende Verschmelzungen, wenn der Vorgang mit einer inländischen Verschmelzung vergleichbar ist und es sich bei den beteiligten Gesellschaften um Kapitalgesellschaften mit Sitz innerhalb der EU oder des EWR handelt.

Das Vorliegen eines vergleichbaren Vorgangs wird an folgenden Strukturelementen gemessen: (i) Übertragung des gesamten Aktiv- und Passivvermögens des/der Rechtsträger auf den übernehmenden Rechtsträger; (ii) Erlöschen des übertragenden Rechtsträgers ohne Abwicklung; (iii) Gewährung von Anteilen am übernehmenden oder neuen Rechtsträger an die Anteilsinhaber des übertragenden Rechtsträgers, sofern hierauf nicht verzichtet wird, dies zur Herstellung der Vermögensneutralität der Umwandlung nicht erforderlich ist, oder elementare Grundsätze des jeweiligen Gesellschaftsrechts dem entgegenstehen (vgl. Schmitt/Hörtnagl/Stratz/*Hörtnagl* § 1 UmwStG Rdnr. 31 ff.). Damit unterfällt die hier vorliegende Hineinverschmelzung (ebenso wie die Hinausverschmelzung) den §§ 11–13 UmwStG. Eine Steuerpflicht der übertragenden Gesellschaft ist jedoch nur denkbar, wenn diese schon vor der Umstrukturierung über steuerverstricktes (inländisches) Betriebsvermögen verfügte (vgl. Limmer/*Bilitewski* Rdnr. 3499 ff. mit weiteren Ausführungen zum bei erstmaliger Steuerpflicht anwendbaren Wertansatz).

III. Spaltung

1. Checkliste

1. **Vorbereitung des Gesamtkonzepts**
1.1 Auswahl der Transaktionsstruktur: (i) Spaltung zur Aufnahme, (ii) Spaltung zur Neugründung oder (iii) Ausgliederung Einzelübertragungen nach Ziff. 1.2 bis 1.8
1.2 Ermittlung der Vorteile der Gesamtrechtsnachfolge/keine Zustimmung von Vertragspartnern notwendig, aber Prüfung wesentlicher Verträge auf Change-of-Ownership-Klauseln und Sonderkündigungsrechte
1.3 Konkretisierung der Vermögensgegenstände wie bei Einzelübertragung erforderlich
1.4 Information der Betriebsräte bei Spaltung im Gegensatz zur Einzelrechtsübertragung
1.5 Erforderlichkeit einer geprüften und testierten Schlussbilanz oder Zwischenbilanz oder eines Halbjahresfinanzberichts (§§ 63 Abs. 2 S. 5 i. V. m. 8 Abs. 3 S. 1 Nr. 1, 2 UmwG)
1.6 Kapitalausstattung/Kapitalerhöhung bei der übernehmenden Gesellschaft, ggf. möglicherweise auch Kapitalherabsetzung bei der übertragenden Gesellschaft
1.7 Notarielle Gebühren und Kosten
1.8 Steuerfragen/Ertragsneutralität/Haltefristen der Anteile an allen beteiligten Gesellschaften (15 Abs. 2 UmwStG)/Aufteilung der Verlustvorträge/Gliederung des verwendbaren Eigenkapitals

2. **Jahresabschlüsse**
2.1 Geprüfte und testierte Schlussbilanz der übertragenden Gesellschaft mit Bilanzstichtag nicht älter als acht Monate vor der Handelsregisteranmeldung oder
2.2 Geprüfte und testierte Zwischenbilanz oder Halbjahresfinanzbericht anstelle einer Schlussbilanz
2.3 Spaltungsbilanz zur Konkretisierung der Vermögensgegenstände, soweit nicht auf die Schlussbilanz/Zwischenbilanz zuzüglich aller Zugänge und abzüglich aller Abgänge im ordnungsgemäßen Geschäftsgang zurückgegriffen werden kann

3. **Spaltungs- und Übernahmevertrag**
3.1 Firma und Sitz der beteiligten Gesellschaften
3.2 Vereinbarung über die Übertragung der Teile des Vermögens des übertragenden Rechtsträgers jeweils als Gesamtheit gegen Gewährung von Anteilen an den übernehmenden Rechtsträger
3.3 Umtauschverhältnis der Anteile und Negativerklärung
3.4 Einzelheiten für die Übertragung der Anteile an dem übernehmenden Rechtsträger
3.5 Zeitpunkt, von dem an diese Anteile einen Anspruch auf Bilanzgewinn gewähren
3.6 Spaltungsstichtag
3.7 Etwaige Sonderrechte einzelner Gesellschafter oder Negativerklärung
3.8 Etwaige einzelnen Gesellschaftern gewährte besondere Vorteile oder Negativerklärung
3.9 Genaue Bezeichnung und Aufteilung der Gegenstände des Aktiv- und Passivvermögens, die an die übernehmende Gesellschaft übertragen werden, sowie der übergehenden Betriebe und Betriebsteile unter Zuordnung zu der übernehmenden Gesellschaft; insoweit kann auch auf Urkunden wie Bilanzen und

Inventare Bezug genommen werden, wenn deren Inhalt eine Zuweisung des einzelnen Gegenstandes ermöglicht; die Urkunden sind dem Spaltungs- und Übernahmevertrag beizufügen
- 3.10 Aufteilung der Anteile jeder übernehmenden Gesellschaft auf die Gesellschafter der übertragenden Gesellschaft sowie den Maßstab für die Aufteilung
- 3.11 Folgen der Spaltung für die Arbeitnehmer und ihre Vertretungen sowie etwaige insoweit vorgesehene Maßnahmen
- 3.12 Kosten
- 3.13 Sonstige Vereinbarungen
- 3.14 Notarielle Beurkundung

4. Zuleitung des Spaltungsvertrages an den Betriebsrat
- 4.1 Zuleitung des Spaltungsvertrages im Entwurf an den zuständigen Betriebsrat der übertragenden Gesellschaft
- 4.2 Zuleitung des Spaltungsvertrages im Entwurf an den zuständigen Betriebsrat der übernehmenden Gesellschaft
- 4.3 Empfangsquittung der Vorsitzenden der Betriebsräte zur Vorlage bei dem Handelsregister

5. Spaltungsbericht
- Soweit kein Verzicht sämtlicher Gesellschafter vorliegt

6. Spaltungsprüfung
- Soweit kein Verzicht sämtlicher Gesellschafter vorliegt

7. Zustimmungsbeschluss der Gesellschafterversammlung der übertragenden Gesellschaft
- 7.1 Zustimmungsbeschluss
- 7.2 Verzicht auf Spaltungsbericht und Spaltungsprüfung
- 7.3 Verzicht auf Klagemöglichkeit gegen den Beschluss
- 7.4 Ggf. Herabsetzung des Stammkapitals, soweit dies nach der Spaltung nicht mehr gedeckt ist
- 7.5 Zustimmung der Inhaber von Sonderrechten oder Zustimmung der betroffenen Gesellschafter bei nicht-verhältniswahrender Spaltung

8. Zustimmungsbeschluss der Gesellschafterversammlung der übernehmenden Gesellschaft und Beschluss über die Erhöhung des Stammkapitals
- 8.1 Zustimmungsbeschluss
- 8.2 Verzicht auf Spaltungsbericht und Spaltungsprüfung
- 8.3 Verzicht auf Klagemöglichkeit gegen den Beschluss
- 8.4 Kapitalerhöhung und Ausgabe eines neuen Geschäftsanteils
- 8.5 Gewinnberechtigung
- 8.6 Sacheinlage
- 8.7 Sachkapitalerhöhungsbericht
- 8.8 Zustimmung der Inhaber von Sonderrechten oder Zustimmung der betroffenen Gesellschafter bei nicht-verhältniswahrender Spaltung

9. Handelsregisteranmeldung der übertragenden Gesellschaft
- 9.1 Beglaubigte Abschrift des Spaltungsvertrages
- 9.2 Beglaubigte Abschrift des Protokolls der Gesellschafterversammlung der übertragenden Gesellschaft
- 9.3 Beglaubigte Abschrift des Protokolls der Gesellschafterversammlung der übernehmenden Gesellschaft
- 9.4 Schlussbilanz der übertragenden Gesellschaft

2. Spaltungs- und Übernahmevertrag (Aufspaltung GmbH auf GmbHs) L.III.2

9.5 Empfangsbestätigung des Vorsitzenden des Betriebsrates oder Negativerklärung der Geschäftsführung
9.6 Ggf. Neufassung der Satzung nach Durchführung der Kapitalherabsetzung
9.7 Ggf. Gesellschafterliste neuesten Standes

10. Handelsregisteranmeldung der übernehmenden Gesellschaft
10.1 Beglaubigte Abschrift des Spaltungsvertrages
10.2 Beglaubigte Abschrift des Protokolls der Gesellschafterversammlung der übertragenden Gesellschaft
10.3 Beglaubigte Abschrift des Protokolls der Gesellschafterversammlung der übernehmenden Gesellschaft
10.4 Empfangsbestätigung des Vorsitzenden des Betriebsrates oder Negativerklärung der Geschäftsführung
10.5 Neufassung der Satzung nach Durchführung der Kapitalerhöhung ggf. nebst notarieller Bescheinigung gemäß § 56 GmbHG
10.6 Liste der Übernehmer
10.7 Ggf. Gesellschafterliste neuesten Standes
10.8 Ggf. Gesellschafterliste nach Durchführung der Kapitalerhöhung

11. Eintragung im Handelsregister

12. Einzelprobleme nach Wirksamwerden der Verschmelzung
12.1 Gesamtrechtsnachfolge/Berichtigung der Grundbücher/Patentregister etc./ Auswirkungen auf bestehende Verträge und Verpflichtungen/Mitteilung und Berichtigungen
12.2 Vertragsanpassungen
12.3 Sicherheitsleistung/Zustimmung von Gläubigern/Pensionsverbindlichkeiten etc.

13. Steuern und Kosten
13.1 Ertragssteuern/Buchwertfortführung
13.2 Spaltung von Verlustvorträgen
13.3 Gliederung des verwendbaren Eigenkapitals
13.4 Grunderwerbssteuer
13.5 Notarielle Kosten/Keine Auslandsbeurkundung
13.6 Registerkosten
13.7 Sonstige Kosten
13.8 Kostentragung

Aufspaltung einer GmbH zur Aufnahme durch zwei bestehende GmbH

2. Spaltungs- und Übernahmevertrag

Notarielle Urkunde[1–2, 36]

Verhandelt[3] in ...... am ......[4].
Vor mir, dem unterzeichnenden Notar[37]
...... [Name des Notars]
erschienen heute in ...... [Adresse], wohin ich mich auf Ersuchen begeben habe
1. Herr ...... („G1"), Geschäftsführer der A-GmbH, geboren am ......, geschäftsansässig ......, dem Notar von Person bekannt,

Seibt 1717

handelnd nicht in eigenem Namen, sondern als einzelvertretungsberechtigter Geschäftsführer der A-GmbH,

sowie

2. Herr ...... („G2"), Geschäftsführer der A-GmbH, geboren am ......, geschäftsansässig ......, dem Notar von Person bekannt,
handelnd nicht in eigenem Namen, sondern als einzelvertretungsberechtigter Geschäftsführer der A-GmbH,

sowie

3. Herr ...... („G3"), Geschäftsführer der B-GmbH, geboren am ......, geschäftsansässig ......, dem Notar von Person bekannt,
handelnd nicht in eigenem Namen, sondern als einzelvertretungsberechtigter Geschäftsführer der B-GmbH,

sowie

4. Herr ...... („G4"), Geschäftsführer der C-GmbH, geboren am ......, geschäftsansässig ...... dem Notar von Person bekannt,
handelnd nicht in eigenem Namen, sondern als einzelvertretungsberechtigter Geschäftsführer der C-GmbH.

Die Erschienenen legten zum Nachweis ihrer Vertretungsmacht beglaubigte Auszüge aus den Handelsregistern der von ihnen vertretenen Gesellschaften vor.

Auf Befragen des Notars verneinten die Erschienenen eine, die Beurkundung ausschließende, Vorbefassung im Sinne von § 3 Abs. 1 Nr. 7 BeurkG.

Die Erschienenen baten, handelnd wie angegeben, um die Beurkundung[5] des Folgenden:

Spaltungs- und Übernahmevertrag

zwischen

A-GmbH
(nachfolgend „......")
als übertragende Gesellschaft einerseits

und

B-GmbH
(nachfolgend „......")

und

C-GmbH
(nachfolgend „......")
als übernehmende Gesellschaften andererseits

Inhaltsverzeichnis

§ 1 Rechts- und Beteiligungsverhältnisse
§ 2 Spaltung
§ 3 Gegenleistung, Umtauschverhältnis
§ 4 Stichtag
§ 5 Sonderrechte und Sondervorteile
§ 6 Vermögensübertragung auf die B-GmbH
§ 7 Vermögensübertragung auf die C-GmbH
§ 8 Surrogate; nicht zugeordnete Gegenstände und Verbindlichkeiten
§ 9 Erlöschen von Rechten, Rechtsverhältnissen; mögliche Rechte Dritter
§ 10 Freistellungsverpflichtung
§ 11 Folgen der Spaltung für die Arbeitnehmer und ihre Vertretungen sowie die insoweit vorgesehenen Maßnahmen

2. Spaltungs- und Übernahmevertrag (Aufspaltung GmbH auf GmbHs) L.III.2

- § 12 Wettbewerbsverbot
- § 13 Einlagevereinbarung
- § 14 Spaltungsbericht; Spaltungsprüfung; Zustimmungen
- § 15 Verzögerung der Abwicklung
- § 16 Kosten und Steuern
- § 17 Schlussbestimmungen

§ 1 Rechts- und Beteiligungsverhältnisse

1.1 Die A-GmbH (übertragende Gesellschaft) mit Sitz in ...... ist eingetragen im Handelsregister des Amtsgerichts ...... unter HRB .... Das Stammkapital der A-GmbH ist ausweislich der letzten in das Handelsregister aufgenommenen Gesellschafterliste vom ...... eingeteilt in drei Geschäftsanteile und beträgt insgesamt nominal ...... EUR (in Worten: ......). Herr ...... („A") hält Geschäftsanteil Nr. 1 im Nennbetrag von ...... EUR (in Worten: ......). Herr ...... („B") hält Geschäftsanteil Nr. 2 im Nennbetrag von ...... EUR (in Worten (......). Herr ...... („C") hält Geschäftsanteil Nr. 3 im Nennbetrag von ...... EUR (in Worten: ......). Sämtliche Geschäftsanteile sind voll einbezahlt. Der Geschäftsanteil des Herrn ...... („C") ist an die ...... Bank verpfändet[8, 14].

1.2 Gemäß § ...... der Satzung der A-GmbH in der Fassung vom ...... ist deren wesentlicher Unternehmensgegenstand ...... [Angabe des Unternehmensgegenstandes]. Der Geschäftsbetrieb der A-GmbH ist in zwei Teilbetriebe getrennt, nämlich in den (i) sog. [Teilbetrieb 1] und in den (ii) sog. [Teilbetrieb 2], wobei unter den [Teilbetrieb 2] folgende Untergruppen fallen: ...... [Konkretisierung der Untergruppen] [Alternative: Die A-GmbH umfasst verschiedenartige geschäftliche Aktivitäten, die ......]

1.3 Die B-GmbH (übernehmende Gesellschaft) mit Sitz in ...... ist im Handelsregister des Amtgerichtes ...... unter HRB ...... eingetragen. Das Stammkapital der B-GmbH beträgt insgesamt nominal ...... EUR (in Worten: ......). Sämtliche Geschäftsanteile sind voll einbezahlt. Frau ...... hält Geschäftsanteil Nr. 1 und ist damit alleinige Gesellschafterin der B-GmbH.

1.4 Die C-GmbH (übernehmende Gesellschaft) mit Sitz in ...... ist im Handelsregister des Amtgerichtes ...... unter HRB ...... eingetragen. Das Stammkapital der C-GmbH beträgt insgesamt nominal ...... EUR (in Worten: ......). Sämtliche Geschäftsanteile sind voll einbezahlt. Herr ...... hält Geschäftsanteil Nr. 1 und ist damit alleiniger Gesellschafter der C-GmbH.

§ 2 Spaltung

2.1 Die A-GmbH überträgt hiermit ihr Vermögen unter Auflösung ohne Abwicklung durch gleichzeitige Übertragung der in § 6 und § 7 dieses Vertrages bezeichneten Vermögensteile jeweils als Gesamtheit gemäß §§ 123 Abs. 1 Nr. 1, 131 Abs. 1 UmwG auf die B-GmbH und C-GmbH gegen Gewährung der in § 3 dieses Vertrages bezeichneten Anteile dieser Gesellschaften an die Gesellschafter der A-GmbH (Aufspaltung zur Aufnahme).

2.2 Die B-GmbH und die C-GmbH nehmen alle damit verbundenen Rechts-, Besitz- und sonstigen Übertragungen hiermit an.

2.3 Der Aufspaltung wird die mit dem uneingeschränkten Bestätigungsvermerk der ...... [Wirtschaftsprüfungsgesellschaft], ..., versehene Bilanz der A-GmbH zum ...... (Schlussbilanz)[7] zugrundegelegt.

2.4 Mit Wirksamwerden der Spaltung erlischt die A-GmbH (§ 131 Abs. 1 Nr. 2 UmwG).

§ 3 Gegenleistung, Umtauschverhältnis[8–14]

3.1 Zur Durchführung der Aufspaltung wird das Stammkapital der übernehmenden Gesellschaft B-GmbH von gegenwärtig nominal ...... EUR (in Worten: ......) um nominal ...... EUR (in Worten: ......) auf insgesamt nominal ...... EUR (in Worten: ......) erhöht[9]. Herrn A wird als Gegenleistung für die Übertragung des aufgespalteten Vermögens der A-GmbH ein Geschäftsanteil Nr. 2 im Nennwert von ...... EUR (in Worten: ......), Herrn B wird als Gegenleistung für die Übertragung des aufgespalteten Vermögens der A-GmbH ein Geschäftsanteil Nr. 3 im Nennwert von ...... EUR (in Worten: ......) gewährt. Das Umtauschverhältnis für Herrn A beträgt somit ...... [Zahlenverhältnis]; für Herrn B beträgt das Umtauschverhältnis ...... [Zahlenverhältnis]. Die Zahlungen auf die Geschäftsanteile werden durch die Übertragung der in § 6 dieses Vertrages aufgeführten Aktiva und Passiva erbracht. Die B-GmbH wird den Herren A und B eine bare Zuzahlung[11] in Höhe von ...... EUR (in Worten: ......) je EUR 100,– des neuen Geschäftsanteils zahlen. Die baren Zuzahlungen sind innerhalb von drei Banktagen nach Wirksamwerden der Spaltung fällig und zahlbar. Die Verzugszinsen betragen 6% p. a.

3.2 Zur Durchführung der Aufspaltung wird das Stammkapital der übernehmenden Gesellschaft C-GmbH von gegenwärtig nominal ...... EUR (in Worten: ......) um nominal ...... EUR (in Worten: ......) auf insgesamt nominal ...... EUR (in Worten: ......) erhöht[8]. Herrn C wird als Gegenleistung für die Übertragung des aufgespalteten Vermögens der A-GmbH ein Geschäftsanteil Nr. 2 im Nennwert von ...... EUR (in Worten: ......), Herrn A wird als Gegenleistung für die Übertragung des aufgespalteten Vermögens der A-GmbH ein Geschäftsanteil Nr. 3 im Nennwert von ...... EUR (in Worten: ......), Herrn B wird als Gegenleistung für die Übertragung des aufgespalteten Vermögens der A-GmbH ein Geschäftsanteil Nr. 4 im Nennwert von ...... EUR (in Worten: ......) gewährt. Das Umtauschverhältnis für Herrn A beträgt somit ...... [Zahlenverhältnis]; für Herrn B beträgt das Umtauschverhältnis ...... [Zahlenverhältnis]; für Herrn C beträgt das Umtauschverhältnis ...... [Zahlenverhältnis]. Die Zahlungen auf die Geschäftsanteile werden durch die Übertragung der in § 7 dieses Vertrages aufgeführten Aktiva und Passiva erbracht. Die von Herrn A und Herrn B übernommenen Geschäftsanteile gewähren kein Stimmrecht[10].

3.3 Die Aufspaltung erfolgt nicht verhältniswahrend, sondern in der Form, dass von den drei Gesellschaftern A, B und C der übertragenden Gesellschaft lediglich die Gesellschafter A und B, nicht jedoch C an der übernehmenden B-GmbH beteiligt werden, an der übernehmenden C-GmbH allerdings sowohl A, B als auch C beteiligt werden. Der Spaltungs- und Übernahmevertrag bedarf daher der Zustimmung aller Anteilsinhaber der übertragenden Gesellschaft (§ 128 UmwG).[16]

3.4 Die Gesellschafter der B-GmbH und C-GmbH sind ab dem ...... am Gewinn[12] der jeweiligen Gesellschaft beteiligt.

3.5 Ein Abfindungsangebot[13] (§§ 125, 29 UmwG) ist nicht erforderlich, da alle an der Aufspaltung beteiligten Gesellschaften dieselbe Rechtsform haben und die an den übernehmenden Gesellschaften gewährten Anteile keinen Verfügungsbeschränkungen unterworfen sind.

§ 4 Stichtag[15]

Spaltungsstichtag im Sinne von § 126 Abs. 1 Nr. 6 UmwG ist der ......, 0:00 Uhr. Mit Wirkung vom ......, 0:00 Uhr, gelten alle Handlungen der übertragenden Gesellschaft A-GmbH als für Rechnung der den jeweiligen Vermögensteil übernehmenden Gesellschaft vorgenommen.

§ 5 Sonderrechte und Sondervorteile

5.1 Sonderrechte, die einzelnen Anteilsinhabern oder den Inhabern besonderer Rechte wie Anteile ohne Stimmrecht, Vorzugsanteile, Mehrstimmanteile, Schuldverschreibungen und Genussrechte zu gewähren wären, bestehen nicht.

5.2 Besondere Vorteile werden weder einem Mitglied des Vertretungsorgans oder Aufsichtsrats oder eines Aufsichtsorgans der an der Spaltung beteiligten Gesellschaften noch einem geschäftsführenden Gesellschafter, einem Abschlussprüfer oder Spaltungsprüfer gewährt.

§ 6 Vermögensübertragung auf die B-GmbH[16–23]

6.1 Die A-GmbH überträgt hiermit die nachstehend näher bezeichneten Vermögensteile[19] als Gesamtheit mit allen Rechten und Pflichten im Wege der Aufspaltung zur Aufnahme gem. §§ 123 Abs. 1 Nr. 1, 131 Abs. 1 UmwG auf die B-GmbH.

6.2 Die A-GmbH überträgt ihren Betrieb[17, 18] in ...... („Betrieb 1") mit allen Aktiva und Passiva, einschließlich der diesem Betrieb zuzuordnenden Beteiligungen an in- und ausländischen Unternehmen (Ziff. 6.3.4) sowie die in Ziff. 6.5 dieses Vertrages besonders aufgeführten Gegenstände auf die B-GmbH. Die Verträge mit den Geschäftsführern[22] Herrn ...... und Herrn ...... der A-GmbH werden auf die B-GmbH übertragen (Ziff. 6.6).

6.3 Die A-GmbH überträgt auf die B-GmbH sämtliche unmittelbar oder mittelbar dem Betrieb 1 rechtlich oder wirtschaftlich zuzuordnenden Gegenstände des Aktivvermögens unabhängig davon, ob diese bilanzierungsfähig sind oder nicht, insbesondere

6.3.1 die materiellen und immateriellen Wirtschaftsgüter des Anlagevermögens sowie die Vorräte und sonstige Vermögensgegenstände gemäß der als Anlage ...... beigefügten Teilbilanz der A-GmbH in Bezug auf den Betrieb 1;

6.3.2 alle Forderungen, gleich aus welchem Rechtsgrund, insbesondere aus Leistungen des Betriebs 1 und auf Kostenerstattung und dergleichen gemäß der als Anlage ...... beigefügten Teilbilanz der A-GmbH in Bezug auf den Betrieb 1;

6.3.3 sämtliche Verträge und Vereinbarungen des Betriebs 1 mit allen sich daraus ergebenden Rechten und Pflichten, insbesondere Miet-, Leasing-, Lieferanten- und Händlerverträge, Gewährleistungsbürgschaften, Angebote, aus Gewährleistung und einschließlich solcher aus erhaltenen und aufgegebenen Bestellungen/Aufträgen, sowie alle sich hieraus ergebenden Kunden- und sonstigen Geschäftsbeziehungen; die wesentlichen Verträge und Vereinbarungen unter Einschluss von öffentlich-rechtlichen Verträgen, Erlaubnisse und Bewilligungen sind in Anlage ...... aufgeführt;

6.3.4 sämtliche dem Betrieb 1 zuzuordnenden Beteiligungen an anderen Unternehmen, insbesondere
......

6.3.5 sämtliche Grundstücke der A-GmbH wie in Anlage ...... aufgeführt, die sämtlich dem Betrieb 1 zuzuordnen sind, einschließlich der in Abteilung II und III des jeweiligen Grundbuchs eingetragenen Belastungen.

6.4 Alle am Stichtag und seit dem Stichtag begründeten Verpflichtungen und Verbindlichkeiten des Betriebs 1, auch soweit sie nicht in der Spaltungsbilanz enthalten sein sollten, insbesondere die in der als Anlage ...... beigefügten Teilbilanz der A-GmbH in Bezug auf den Betrieb 1 enthaltenen Rückstellungen und Verbindlichkeiten einschließlich Eventualverbindlichkeiten, unabhängig davon, ob diese Verbindlichkeiten bilanzierungsfähig sind oder nicht, werden auf die B-GmbH übertragen; dies schließt alle Pensionsverpflichtungen ein.

6.5 Die A-GmbH überträgt auf die B-GmbH zusätzlich zu den in Ziff. 6.3 dieses Vertrages genannten Gegenständen

6.5.1 die Rechte aus dem Mietvertrag mit der Z-GmbH vom ...... über die von der Hauptverwaltung der A-GmbH in ...... gemieteten Räumlichkeiten;

6.5.2 die Betriebs- und Geschäftsausstattung, die sich in diesen Räumen befindet;

6.5.3 ......

Die B-GmbH übernimmt sämtliche Verbindlichkeiten, die unmittelbar oder mittelbar den vorgenannten Gegenständen zuzuordnen sind, insbesondere sämtliche Verpflichtungen aus den vorgenannten Vertragsverhältnissen.

6.6 Der Geschäftsführervertrag[22] zwischen der A-GmbH und Herrn ...... vom ...... sowie der Geschäftsführervertrag zwischen der A-GmbH und Herrn ...... werden auf die B-GmbH übertragen. Entsprechendes gilt für den zwischen der A-GmbH und Herrn ...... geschlossenen Pensionsvertrag vom ...... nebst Änderungen und Ergänzungen sowie für alle anderen zwischen der A-GmbH und Herrn ...... bestehenden Vereinbarungen. Entsprechendes gilt ebenso für den zwischen der A-GmbH und Herrn ...... geschlossenen Pensionsvertrag vom ...... nebst Änderungen und Ergänzungen sowie für alle anderen zwischen der A-GmbH und Herrn ...... bestehenden Vereinbarungen. Die Herren ...... und ...... haben der Übertragung der vorgenannten Vertragsverhältnisse unbedingt und unwiderruflich zugestimmt.

6.7 Alle im Betrieb 1 am Stichtag bestehenden Arbeitsverhältnisse, wie sie in Anlage ...... aufgeführt sind, gehen nach § 613a Abs. 1 S. 1 BGB auf die B-GmbH über.[21]

§ 7 Vermögensübertragung auf die C-GmbH[16–23]

7.1 Die A-GmbH überträgt hiermit die nachstehend näher bezeichneten Vermögensteile[19] als Gesamtheit mit allen Rechten und Pflichten im Wege der Aufspaltung zur Aufnahme gem. §§ 123 Abs. 1 Nr. 1, 131 Abs. 1 UmwG auf die C-GmbH.

7.2 Die A-GmbH überträgt ihren Betrieb[17, 18] in ...... („Betrieb 2") mit allen Aktiva und Passiva auf die C-GmbH.

7.3 Die A-GmbH überträgt auf die C-GmbH sämtliche unmittelbar oder mittelbar dem Betrieb 2 rechtlich oder wirtschaftlich zuzuordnenden Gegenstände des Aktivvermögens unabhängig davon, ob diese bilanzierungsfähig sind oder nicht, insbesondere

7.3.1 die materiellen und immateriellen Wirtschaftsgüter des Anlagevermögens sowie die Vorräte und sonstige Vermögensgegenstände gemäß der als Anlage ...... beigefügten Teilbilanz der A-GmbH in Bezug auf den Betrieb 2;

7.3.2 alle Forderungen, gleich aus welchem Rechtsgrund, insbesondere aus Leistungen des Betriebs 1 und auf Kostenerstattung und dergleichen gemäß der als Anlage ...... beigefügten Teilbilanz der A-GmbH in Bezug auf den Betrieb 2;

7.3.3 sämtliche Verträge und Vereinbarungen des Betriebs 2 mit allen sich daraus ergebenden Rechten und Pflichten, insbesondere Miet-, Leasing-, Lieferanten- und Händlerverträge, Gewährleistungsbürgschaften, Angebote, aus Gewährleistung und einschließlich solcher aus erhaltenen und aufgegebenen Bestellungen/Aufträgen, sowie alle sich hieraus ergebenden Kunden- und sonstigen Geschäftsbeziehungen; die wesentlichen Verträge und Vereinbarungen unter Einschluss von öffentlich-rechtlichen Verträgen, Erlaubnisse und Bewilligungen sind in Anlage ...... aufgeführt;

7.3.4 sämtliche Grundstücke der A-GmbH wie in Anlage ...... aufgeführt, die sämtlich dem Betrieb 2 zuzuordnen sind, einschließlich der in Abteilung II und III des jeweiligen Grundbuchs eingetragenen Belastungen.

7.4 Alle am Stichtag und seit dem Stichtag begründeten Verpflichtungen und Verbindlichkeiten des Betriebs 2, auch soweit sie nicht in der Spaltungsbilanz enthalten sein sollten, insbesondere die in der als Anlage ...... beigefügten Teilbilanz der A-GmbH in Bezug auf den Betrieb 2 enthaltenen Rückstellungen und Verbindlichkeiten einschließlich Eventualverbindlichkeiten, unabhängig davon, ob diese Verbindlichkeiten bilanzierungsfähig sind oder nicht, werden auf die C-GmbH übertragen; dies schließt alle Pensionsverpflichtungen ein.

7.5 Alle im Betrieb 2 am Stichtag bestehenden Arbeitsverhältnisse, wie sie in Anlage ...... aufgeführt sind, gehen nach § 613a Abs. 1 S. 1 BGB auf die C-GmbH über.[21]

2. Spaltungs- und Übernahmevertrag (Aufspaltung GmbH auf GmbHs) L.III.2

7.6 Die Arbeitsverhältnisse der in der ......-Verwaltung der A-GmbH beschäftigten und in Anlage ...... aufgeführten Arbeitnehmer werden auf die C-GmbH übertragen. Die betroffenen Arbeitnehmer haben der Übertragung ihrer Arbeitsverhältnisse auf die C-GmbH unbedingt und unwiderruflich zugestimmt.[21]

§ 8 Surrogate; nicht zugeordnete Gegenstände und Verbindlichkeiten[24]

8.1. Soweit ab dem Stichtag Vermögensteile, Aktiva und Passiva oder Rechte und Pflichten durch den übertragenden Rechtsträger im regelmäßigen Geschäftsverkehr veräußert worden sind, treten die Surrogate an deren Stelle.

[*Alternative 1*[25]:

8.2 Vermögensgegenstände, Aktiva und Passiva, Rechte und Pflichten sowie Arbeits- und sonstige Rechtsverhältnisse, die nicht in den beigefügten Anlagen aufgeführt sind, gehen entsprechend der in § 6 und § 7 getroffenen Zuordnung auf die durch die Spaltung entstehenden Rechtsträger B-GmbH und C-GmbH über, soweit sie dem ...... [Teilbetrieb 1 bzw. Teilbetrieb 2] unter wirtschaftlicher Betrachtungsweise zuzuordnen sind. Dies gilt insbesondere auch für immaterielle oder bis zur Eintragung der Aufspaltung in das Handelsregister am Sitz des übertragenden Rechtsträgers erworbene Vermögensgegenstände, begründete Arbeitsverhältnisse und entstandene Verbindlichkeiten.

8.3 Für den Fall, dass sich die Parteien dieses Vertrages über die Zuordnung einer der in Ziff. 8.2 genannten Positionen nach wirtschaftlicher Betrachtungsweise nicht einigen können, entscheidet ein auf Antrag einer Partei von der Industrie- und Handelskammer in ...... bestellter Schiedsrichter. Die Entscheidung des Schiedsrichters ist endgültig. Die Kosten des Schiedsverfahrens tragen die Parteien je zur Hälfte.]

[*Alternative 2*[26]:

8.2 Ist ein Vermögensgegenstand in diesem Vertrag keiner der beiden übernehmenden Gesellschaften zugeordnet worden und lässt sich die Zuordnung auch nicht durch Auslegung dieses Vertrages ermitteln, so geht der Gegenstand abweichend von § 131 Abs. 3 UmwG auf die C-GmbH über. Die C-GmbH ist verpflichtet, der B-GmbH eine Entschädigung in Höhe von ......% des gemeinen Wertes des übergegangenen Vermögensgegenstandes in bar zu leisten.

8.3 Ist eine Verbindlichkeit in diesem Vertrag keiner der beiden übernehmenden Gesellschaften zugeordnet worden und lässt sich die Zuordnung auch nicht durch Auslegung dieses Vertrages ermitteln, so geht die Verbindlichkeit auf die C-GmbH über. Die C-GmbH ist berechtigt, von der B-GmbH eine Entschädigung in Höhe von ......% des gemeinen Wertes der übergegangenen Verbindlichkeit in bar zu fordern.

8.4 Für den Fall, dass sich die Parteien dieses Vertrages über den Wert des in Ziff. 8.2 bezeichneten Vermögensgegenstandes oder der in Ziff. 8.3 bezeichneten Verbindlichkeit nicht einigen können, entscheidet ein auf Antrag einer Partei von der Industrie- und Handelskammer in ...... bestellter Schiedsrichter. Die Entscheidung des Schiedsrichters ist endgültig. Die Kosten des Schiedsverfahrens tragen die Parteien je zur Hälfte.]

§ 9 Erlöschen von Rechten, Rechtsverhältnissen; mögliche Rechte Dritter[20]

Sollte ein Recht oder Rechtsverhältnis, das aufgrund der §§ 6 und 7 dieses Vertrages einer übernehmenden Gesellschaft zugeordnet worden ist, erlöschen, da es nicht übertragbar ist bzw. nicht übertragen werden kann oder sollte einem Dritten aufgrund der Spaltung und Übertragung eines Rechts oder Rechtsverhältnisses ein (außerordentliches) Anpassungs- oder Lösungsrecht zustehen, kann die übernehmende Gesellschaft, der das Recht oder Rechtsverhältnis zugeordnet worden ist, gegen die andere übernehmende Gesellschaft keinerlei Rechte, gleich aus welchem Rechtsgrund, geltend machen.

§ 10 Freistellungsverpflichtung[27]

Wird eine übernehmende Gesellschaft für Verbindlichkeiten, die ihr nach diesem Vertrag nicht zugeordnet worden sind, in Anspruch genommen (§ 133 Abs. 1, Abs. 2 S. 1 UmwG), so ist die andere übernehmende Gesellschaft verpflichtet, die in Anspruch genommene Gesellschaft von der geltend gemachten Verbindlichkeit unverzüglich freizustellen [Alternative: oder ihr insoweit Sicherheit zu leisten]. Die in Anspruch genommene Gesellschaft kann Ersatz der ihr durch die Inanspruchnahme entstandenen Aufwendungen verlangen.

§ 11 Folgen der Spaltung für die Arbeitnehmer und ihre Vertretungen sowie die insoweit vorgesehenen Maßnahmen[28–31]

11.1 Die Arbeitsverhältnisse, die bei der übertragenden Gesellschaft A-GmbH bestehen, gehen nach Maßgabe von § 613a BGB auf die B-GmbH (Ziff. 6.7) und C-GmbH (Ziff. 7.5 und 7.6) über (§ 324 UmwG). Sämtliche Arbeitgeberpflichten aus diesen Arbeitsverhältnissen einschließlich sämtlicher Pensionsverpflichtungen gehen auf die übernehmenden Gesellschaften über. Eine Betriebszugehörigkeit wird durch den Übergang des Arbeitsverhältnisses nicht unterbrochen. Für Ansprüche aus dem Arbeitsverhältnis, die vor Wirksamwerden der Aufspaltung entstanden sind, haften die B-GmbH und die C-GmbH gemäß § 133 UmwG. § 10 dieses Vertrages bleibt unberührt.

11.2 Der auf die B-GmbH übertragene Betrieb 1 (§ 6 dieses Vertrages) sowie der auf die C-GmbH übertragene Betrieb 2 (§ 7 dieses Vertrages) verfügen über einen eigenen Betriebsrat. Der Betriebsübergang der ...... [Teilbetriebe 1 bzw. 2] aus der A-GmbH auf die B-GmbH bzw. die C-GmbH durch Aufspaltung hat keine rechtlich erhebliche Änderung der bisherigen Betriebsorganisation zur Folge; die Betriebsräte bleiben unverändert bestehen[30]. Ein Gesamtbetriebsrat bestand nicht.

11.3 Die Parteien werden im Zusammenhang mit dem Übergang der Arbeitsverhältnisse der Arbeitnehmer der A-GmbH, soweit in diesem Vertrag nicht ausdrücklich etwas anderes vorgesehen ist, keine Maßnahmen irgendwelcher Art treffen, die sich auf die Arbeitnehmer der A-GmbH oder deren Vertretungen auswirken. Die abgeschlossenen Betriebsvereinbarungen gelten daher kollektivrechtlich fort[30].

11.4. Die A-GmbH ist Partei eines mit der Gewerkschaft ...... [Name der Gewerkschaft] abgeschlossenen Firmentarifvertrages. Soweit sich die Rechte und Pflichten derjenigen Arbeitnehmer, die auf die übernehmenden Gesellschaften übergehen, nach diesem Tarifvertrag bestimmen, gelten jene nach Maßgabe von § 613a Abs. 1 S. 2 BGB individualrechtlich[31] fort.

§ 12 Wettbewerbsverbot[32]

12.1 Die B-GmbH und die C-GmbH verpflichten sich gegenseitig, auf den sachlichen und örtlichen Märkten, auf denen sie bei Wirksamwerden der Spaltung aufgrund des von der A-GmbH übernommenen Vermögens tätig werden, für die Dauer von zwei Jahren ab Wirksamwerden der Spaltung weder unmittelbar noch mittelbar miteinander in Wettbewerb zu treten.

12.2 Die B-GmbH und die C-GmbH sichern sich gegenseitig zu, dass die von ihnen bei Wirksamwerden der Spaltung oder zu einem späteren Zeitpunkt abhängigen Unternehmen die in Ziff. 12.1 dieses Vertrages enthaltenen Verpflichtungen als auch für sie verbindlich erachten.

§ 13 Einlagevereinbarung[33]

Die Gesellschafter der A-GmbH einerseits und die B-GmbH und C-GmbH andererseits beabsichtigen, gesonderte Einlagevereinbarungen abzuschließen, die insbesondere Vorschriften über die Haftung der Gesellschafter der übertragenden A-GmbH für den rechtlichen und tatsächlichen Bestand der von der A-GmbH nach den §§ 6 und 7 dieses Vertrages übertragenen Vermögensteile enthalten. Die Einlagevereinbarungen sollen zusammen mit diesem Vertrag wirksam werden und sind notariell zu beurkunden.

§ 14³⁴ Spaltungsbericht, Spaltungsprüfung, Zustimmungen

14.1 Ein Spaltungsbericht der beteiligten Rechtsträger ist nach §§ 127, 8 Abs. 3 UmwG nicht erforderlich, da alle Anteilsinhaber aller beteiligten Rechtsträger auf seine Erstattung durch notariell beurkundete Erklärung verzichten.

14.2 Eine Spaltungsprüfung ist nach §§ 125, 48[, 8 Abs. 3] UmwG nicht erforderlich, da binnen der gesetzlichen Frist keiner der Anteilseigner ein entsprechendes Verlangen stellen wird[, jedenfalls aber alle Anteilseigner durch notariell beurkundete Erklärung auf eine Prüfung verzichten].

14.3 Dieser Spaltungs- und Übernahmevertrag bedarf der Zustimmung der Gesellschafterversammlungen aller beteiligten Rechtsträger³⁵.

§ 15 Verzögerung der Abwicklung¹⁵

15.1 Sollte die Spaltung nicht bis zum ...... wirksam geworden sein, wird der Spaltung, abweichend von Ziff. 2.3 dieses Vertrages, die Bilanz der A-GmbH zum ...... als Schlussbilanz zugrunde gelegt, gilt abweichend von § 4 dieses Vertrages der ......, 0:00 Uhr als Spaltungsstichtag und beginnt die Gewinnbeteiligung, abweichend von Ziff. 3.5 dieses Vertrages, am .... Bei einer weiteren Verzögerung der Eintragung über den ...... des Folgejahres hinaus verschieben sich die Stichtage jeweils um ein weiteres Jahr.

[Optional:

15.2. Sollte die Spaltung nicht bis zum ...... wirksam geworden sein (Eintragung im Handelsregister), ist die A-GmbH berechtigt, von diesem Vertrag zu jedem Zeitpunkt mit sofortiger Wirkung zurückzutreten.]

§ 16 Kosten und Steuern³⁷, ¹⁸

16.1 Die Notargebühren dieser Niederschrift tragen die übernehmenden Gesellschaften zu gleichen Teilen.

16.2 Die anlässlich der Durchführung der Vermögensübertragungen anfallenden Kosten und Steuern werden von demjenigen Rechtsträger übernommen, der den jeweiligen Vermögensteil übernimmt.

16.3 Die mit der Kapitalerhöhung einhergehenden Kosten tragen die jeweiligen Gesellschaften, deren Stammkapital erhöht wird.

§ 17 Schlussbestimmungen

17.1 Dieser Vertrag unterliegt dem Recht der Bundesrepublik Deutschland.

17.2 Änderungen und Ergänzungen dieses Vertrages bedürfen der Schriftform und der ausdrücklichen Bezugnahme auf diesen Vertrag, soweit nicht weitergehende Formerfordernisse notwendig sind.

17.3 Gerichtsstand für alle Streitigkeiten aus und im Zusammenhang mit diesem Vertrag und seiner Durchführung ist ....

17.4 Sollten Bestimmungen dieses Vertrages ganz oder teilweise nichtig, unwirksam oder undurchführbar sein oder werden, wird die Wirksamkeit der übrigen Bestimmungen dadurch nicht berührt. An die Stelle der nichtigen, unwirksamen oder undurchführbaren Regelung tritt eine Bestimmung, die nach Ort, Zeit, Maß und Geltungsbereich dem am nächsten kommt, was von den Vertragsparteien mit der nichtigen, unwirksamen oder undurchführbaren Bestimmung wirtschaftlich gewollt war. Gleiches gilt für etwaige Lücken in diesem Vertrag.

Schrifttum: Bayer/Schmidt, Der Regierungsentwurf zur Änderung des Umwandlungsgesetzes. Eine kritische Stellungnahme, NZG 2006, 841; *Engl,* Formularbuch Umwandlungen, 2. Aufl. 2008; *Habersack,* Grundfragen der Spaltungshaftung nach § 133 Abs. 1 S. 1 UmwG, Festschrift für Bezzenberger, 2000, 93;

Habersack/Koch/Winter, Die Spaltung im neuen Umwandlungsrecht und ihre Rechtsfolgen, ZHR-Beiheft 68, 1999; *Handelsrechtsausschuss des DAV,* Stellungnahme zum Regierungsentwurf eines Zweiten Gesetzes zur Änderung des Umwandlungsgesetzes, NZG 2006, 737; *Heckschen,* Die Reform des Umwandlungsrechts, DNotZ 2007, 444; *Heckschen/Simon* Umwandlungsrecht, 2003; *Heckschen/Hagedorn,* Übertragung von Rechten an Grundstücken im Wege der Spaltung; Vereinbarkeit einer sog. „All-Klausel" mit § 126 Abs. 2 S. 1 UmwG, § 28 GBO, NotBZ 2010, 101; *Heidenhain,* Partielle Gesamtrechtsnachfolge bei der Spaltung. Bemerkungen zu § 132 Umwandlungsgesetz, ZHR 168 (2004), 468; *Hoffmann-Becking,* Das neue Verschmelzungsrecht in der Praxis, Festschrift für Fleck, 1988, 105; *Hügel* (Hrsg.), Beck'scher Online-Kommentar GBO, 10. Ed. 2010; *Leitzen,* „All-Klauseln" und die Ausgliederung, ZNotP 2010, 91; *Mayer/Weiler,* Aktuelle Änderungen des Umwandlungsrechts aus Sicht der notariellen Praxis, MittBayNot 2007, 368; *Müller,* Die gesamtschuldnerische Haftung bei der Spaltung nach §§ 133, 134 UmwG, DB 2001, 2637; *Schöne,* Die Spaltung unter Beteiligung von GmbH gem. §§ 123 ff. UmwG, 1998; *Tiedtke,* Kostenrechtliche Behandlung von Umwandlungsvorgängen nach dem Umwandlungsgesetz, ZNotP 2001, 226 (Teil I), 260 (Teil II); *Wagner,* Der Regierungsentwurf für ein Drittes Gesetz zur Änderung des Umwandlungsgesetzes, DStR 2010, 1629; *Wochinger,* Nichtverhältniswahrende Spaltung, Festschrift Widmann, 2000, 639; *Wolf,* Interessenkonflikte bei der Unternehmensteilung durch Spaltung, Der Konzern 2003, 661.

Anmerkungen

1. Überblick – Spaltung. Das Spaltungsrecht ist in den §§ 123–173 UmwG geregelt. Der Systematik des UmwG folgend ist auch hier ein allgemeiner Teil vorangestellt, bevor sich rechtsformspezifisch besondere Regelungen finden. Die Verweisungsnorm des § 125 UmwG verweist zudem auf die dort bezeichneten Verschmelzungsvorschriften.

Wie ein Blick auf § 123 UmwG erhellt, kennt das Spaltungsrecht sechs Arten der Spaltung, nämlich die Aufspaltung, die Abspaltung sowie die Ausgliederung jeweils zur Aufnahme, d. h. auf bereits bestehende Rechtsträger, oder zur Neugründung.

Bei der in § 123 Abs. 1 UmwG normierten Aufspaltung überträgt ein Rechtsträger sein gesamtes hierdurch geteiltes Vermögen im Wege der teilweisen Gesamtrechtsnachfolge auf mindestens zwei (bestehende oder neu zu gründende) Rechtsträger. Diese Übertragung erfolgt unter Auflösung des Rechtsträgers, jedoch ohne dessen Abwicklung; insofern könnte man sagen, die Aufspaltung ist die Umkehrung der Verschmelzung, unterscheiden sich doch beide nur insofern, als dass bei ersterer die Vermögensübertragung nicht auf einen sondern auf zwei Rechtsträger erfolgt (Sagasser/Bula/Brünger/*Sagasser/Sickinger* N Rdnr. 3).

Die Abspaltung ist nach § 123 Abs. 2 UmwG dadurch charakterisiert, dass ein Rechtsträger Teile seines Vermögens abspaltet und diese auf einen/mehrere (bestehende oder neu zu gründende) Rechtsträger übergehen. Im Gegensatz zur Aufspaltung bleibt der übertragende Rechtsträger bei der Abspaltung bestehen.

Bei Auf- und Abspaltung erfolgt die Übertragung des Vermögens gegen Gewährung von Anteilen der übernehmenden Rechtsträger an die Anteilsinhaber des übertragenden Rechtsträgers.

Bei der Ausgliederung nach § 123 Abs. 3 UmwG hingegen werden die für die ansonsten mit der Abspaltung identische Vermögensübertragung gewährten Anteile an den fortbestehenden übertragenden Rechtsträger und nicht an dessen Gesellschafter gewährt.

Allen Spaltungsvarianten ist gemein, dass die teilweise Vermögensübertragung sich im Wege der partiellen, also gegenständlich beschränkten Gesamtrechtsnachfolge gemäß § 131 Abs. 1 Nr. 1 UmwG vollzieht. Daraus resultiert der augenfälligste Unterschied zu Verschmelzung, nämlich die Notwendigkeit der vertraglichen Bestimmung, welche Vermögensteile übergehen sollen.

Die Attraktivität der Spaltung als Umstrukturierungsform basiert auf diesem Prinzip der partiellen Gesamtrechtsnachfolge (im Gegensatz zu ansonsten notwendigen Einzelrechtsübertragungen mit Zustimmung einzelner Gläubiger und Vertragspartner) sowie der Möglichkeit, nach § 124 UmwG Rechtsträger verschiedener Rechtsform einzubinden und vor allem einzelne Spaltungsvarianten kombinieren zu können (einen guten bebilderten Überblick geben Sagasser/Bula/Brünger/*Sagasser/Sickinger* N Rdnr. 2 ff., 21).

2. Spaltungs- und Übernahmevertrag (Aufspaltung GmbH auf GmbHs) L.III.2

2. Wahl des Formulars. Das Formular betrifft eine Aufspaltung einer GmbH auf zwei vorhandene übernehmende GmbHs (Aufspaltung zur Aufnahme, § 123 Abs. 1 Nr. 1 UmwG). Die übertragende A-GmbH hat mit A, B und C drei Gesellschafter. Nach der Spaltung sollen A und B an der bereits mit einem Gesellschafter bestehenden B-GmbH, beteiligt werden; an der ebenfalls bereits mit einem Gesellschafter bestehenden C-GmbH sollen hingegen sowohl A und B als auch C beteiligt werden. Es handelt sich mithin um eine nichtverhältniswahrende Spaltung, wird doch Gesellschafter C der übertragenden GmbH an der übernehmenden B-GmbH nicht beteiligt. Hieraus ergibt sich die Besonderheit des Zustimmungserfordernisses aller Gesellschafter nach § 128 UmwG. Zudem ist zu beachten, dass der Geschäftsanteil des C zugunsten einer Bank verpfändet wurde, woraus als weitere Besonderheit das Erfordernis auch ihrer Zustimmung resultiert. Da alle an der Spaltung beteiligten Gesellschaften dieselbe Rechtsform haben und die Anteile keinen Verfügungsbeschränkungen unterworfen sind, bedarf es keines Abfindungsangebotes im Spaltungs- und Übernahmevertrag, vgl. §§ 125, 29 UmwG. Allerdings sollen die qua Kapitalerhöhung geschaffenen von A und B an der C-GmbH übernommenen Anteile stimmrechtslos sein, weshalb weitere Angaben nach §§ 125, 46 UmwG obligatorisch sind. Bei der Übertragung der Vermögensteile werden die beiden Betriebe der A-GmbH auf jeweils eine der übernehmenden Gesellschaften übertragen. Bei der Umstrukturierung von Betrieben/Betriebsteilen ist dabei insbesondere auf die Auswirkungen auf die Verträge mit den Arbeitnehmern und ihre Vertretungen zu achten (Übergang der Arbeitsverhältnisse, Weitergeltung von Betriebsvereinbarungen, (Firmen-)Tarifverträgen). Die wenn auch nur deklaratorischen Angaben hierzu gehören zum Mindestinhalt des Spaltungsvertrages. Ferner können sich mangels expliziter Bestimmung im Vertrag Zuordnungsprobleme von einigen Aktiva und Passiva ergeben. Auch hierfür sind spezielle vertragliche Regelungen in den vorliegenden Vertrag aufgenommen worden.

Zu den einzelnen bei der Spaltung erforderlichen Dokumenten und einem Ablauf des Spaltungsverfahrens vgl. vorstehende Checkliste (Form. L. III.1).

3. Vertragsschluss. Der Spaltungs- und Übernahmevertrag ist gemäß §§ 125, 4 UmwG von den Vertretungsorganen der beteiligten Rechtsträger abzuschließen. Hierbei ist eine Mitwirkung von vertretungsberechtigten Personen in für die Vertretung erforderlicher Anzahl notwendig. Unechte Gesamtvertretung in Gemeinschaft mit einem Prokuristen ist zulässig, wenn dies im Gesellschaftsvertrag vorgesehen ist (so Sagasser/Bula/Brünger/*Sagasser/Sickinger* N Rdnr. 109; Sagasser/Bula/Brünger/*Sagasser/Ködderitzsch* J Rdnr. 24; Lutter/*Priester* § 126 Rdnr. 12), gehört doch der Abschluss eines Spaltungs- und Übernahmevertrags als Grundlagengeschäft nicht zu den Geschäften, die der Betrieb des Handelsgewerbes mit sich bringt, § 49 HGB. Ein Abschluss durch Bevollmächtigte ist ebenfalls zulässig, wobei die Vollmacht nach § 167 Abs. 2 BGB zwar formfrei erteilt werden kann, zum Nachweis ordnungsgemäßer Bevollmächtigung vor dem Registergericht indes wohl unabdingbar ist (Lutter/*Priester* § 126 Rdnr. 13). Anders verhält sich dies bei der Spaltung zur Neugründung, vgl. §§ 135 Abs. 2 UmwG, § 2 Abs. 2 GmbHG (vgl. Form. L.III.8 Anm. 4).

4. Der Zeitpunkt des Vertragsschlusses ist im Verhältnis zu den Zustimmungsbeschlüssen der Anteilsinhaber der beteiligten Gesellschaften nicht festgelegt, §§ 125, 4 Abs. 2 UmwG. Soll der Vertrag erst nach einem der Zustimmungsbeschlüsse geschlossen werden, so ist vorher ein schriftlicher Entwurf des Vertrages aufzustellen. Dies kommt in praxi insbesondere dann in Betracht, wenn mit einer uneingeschränkten Zustimmung nicht gerechnet werden kann. In diesem Falle bedürfte ein bereits beurkundeter Vertrag mit den übereinstimmend beschlossenen Änderungen nämlich einer erneuten Beurkundung (Lutter/*Priester* § 126 Rdnr. 11, Lutter/*Lutter/Drygala* § 4 Rdnr. 14 f.). Der Entwurf ist nach Zustimmung dann materiell in der vorliegenden Form zu beurkunden und zu vollziehen. Da Abweichungen hiervon einen erneuten Zustimmungsbeschluss erfordern, ist anzuraten, dass sich die beteiligten Parteien über den Entwurf sorgsam abstimmen (Lutter/*Priester* § 126 Rdnr. 11). Wann Gesellschaftern und Betriebsräten der Vertrag oder der Entwurf spätestens zugehen muss, regeln §§ 125, 47 UmwG bzw. § 126 Abs. 3 UmwG.

5. Form. Der Vertrag bedarf der notariellen Beurkundung, §§ 125, 6 UmwG. Diese Form gilt für den Mindestinhalt des Vertrages nach § 126 Abs. I UmwG sowie für sämtliche (Neben-)Vereinbarungen, die nach dem Willen der Parteien mit dem Vertrag stehen und fallen sollen (daher auch für sog. Einlagevereinbarungen, s. Anm. 33; zu einzelnen Beispielen s. MünchVertragsHdb I/*Heidenhain* XII.1 Anm. 5). Auch über § 126 Abs. 2 S. 3 UmwG in Bezug genommene Bilanzen und Inventare unterfallen diesem Formerfordernis; hinzuweisen ist jedoch auf die Erleichterung durch § 14 BeurkG (Verlesungsverzicht, Abzeichnen).

Ferner bedürfen auch Vereinbarungen zwischen den an der Spaltung Beteiligten und Dritten dieser Form, wenn sie nach dem Willen der Beteiligten mit dem Spaltungs- und Übernahmevertrag ein einheitliches Ganzes bilden sollen (MünchVertragsHdb I/*Heidenhain* XII.1 Anm. 5).

Die Nichtbeachtung der Form wird durch Eintragung der Spaltung im Handelsregister der übertragenden Gesellschaft geheilt, sodass der nicht beurkundete Vertrag mit dem der Beschlussfassung zugrunde liegenden Inhalt und die nicht beurkundeten (Neben-)Vereinbarungen insoweit gelten, als sie den Anteilsinhabern zum Zeitpunkt des Spaltungsbeschlusses bekannt waren, vgl. § 131 Abs. 1 Nr. 4 UmwG (Lutter/*Teichmann* § 131 Rdnr. 78, Lutter/ *Grunewald* § 20 Rdnr. 67 ff.; MünchVertragsHdb I/*Heidenhain* XII.1 Anm. 5). Die Heilung soll auch für eine unzulässigerweise im Ausland geschehene Beurkundung gelten (so Lutter/ *Grunewald* § 20 Rdnr. 67; a. A. Widmann/Mayer/*Vossius* § 20 Rdnr. 370).

Die Beurkundung des Spaltungsvertrages durch einen ausländischen Notar ist zwar höchstrichterlich als formwahrend anerkannt worden, wenn die Anforderungen an seine Person und die Anforderungen an das Verfahren denjenigen eines deutschen Notars gleichwertig sind (mit Hinweis auf die Disponibilität der Prüfungs- und Belehrungsfunktion der Beurkundung BGHZ 80, 76, 78 = NJW 1981, 1160, zu Satzungsänderung bei GmbH, zustimmend LG Kiel MittBayNot 1997, 247, ebenso OLG München BB 1998, 119). Die Gleichwertigkeit wird durch die Instanz-Rechtsprechung und Literatur jedoch zunehmend verneint (teils aufgrund vorgeblich nicht gleichwertiger juristischer Beratung mit Hinweis auf die durch die Supermarktentscheidung des BGH (BGHZ 105, 324, 338 – MittRhNotK 1988, 261) geforderte materielle Richtigkeitsgewähr der notariellen Beurkundung, so etwa LG Augsburg DB 1996, 1666, vgl. auch Lutter/*Priester* § 126 Rdnr. 13, teils unter Hinweis auf fehlende Gleichwertigkeit im Bereich der Notarhaftung; vgl. Lutter/Lutter/*Drygala* § 6 Rdnr. 8 f.; zum Streitstand insgesamt s. Kallmeyer/*Zimmermann* § 6 Rdnr. 10 ff. sowie Palandt/*Thorn* Art. 11 EGBGB Rdnr. 8 ff. jew. m.w.N.). Es empfiehlt sich daher, mit dem zuständigen Registergericht vorher zu klären, ob eine – oft kostengünstigere – ausländische Beurkundung als gleichwertig anerkannt wird (Kallmeyer/*Zimmermann* § 6 Rdnr. 11; Schmitt/Hörtnagl/Stratz/*Stratz* § 6 Rdnr. 12).

6. Verbindung der Spaltungsbeschlüsse mit dem Spaltungs- und Übernahmevertrag. Der Vertrag und die zu seiner Wirksamkeit erforderlichen Beschlüsse können nicht nur gleichzeitig beurkundet werden, sondern auch in einer Urkunde zusammengefasst werden. Letzteres hat insbesondere niedrigere Notargebühren zur Folge, vgl. § 44 KostO. Dafür müssen allerdings alle Anteilseigner von den sonst gesetzlich bzw. gesellschaftsvertraglich erforderlichen Vorgaben (insbes. Fristen und Formen) zur ordnungsgemäßen Ankündigung und Einberufung einer Gesellschafterversammlung dispensieren. Dies gilt ebenso für die umwandlungsspezifischen Erfordernisse der §§ 125, 47, 49 UmwG in diesem Zusammenhang sowie für die Erstattung des Spaltungsberichts, §§ 125, 8 Abs. 3 UmwG, falls letzterer nicht aufgrund des Entwurfs des Vertrages erstattet worden ist, §§ 125, 8 Abs. 1 UmwG. Des Weiteren muss der Entwurf den Betriebsräten der beteiligten Gesellschaften einen Monat vor den Gesellschafterversammlungen zugegangen sein, § 126 Abs. 3 UmwG.

In der Folge wird der Notar den Abschluss des Spaltungs- und Übernahmevertrages dem Finanzamt zur Kenntnis bringen, § 18 GrEStG.

7. Schlussbilanz und Wertansätze. Die Erwähnung der Schlussbilanz der übertragenden Gesellschaft gehört nicht zum gesetzlich vorgeschriebenen Mindestinhalt des Spaltungs- und Übernahmevertrages, ein Hinweis (hier unter Ziff. 2.3 des Formulars) scheint jedoch sinnvoll (so MünchVertragsHdb I/*Heidenhain* XII.1 Anm. 27). Mit der Anmeldung der Spaltung zum Handelsregister des übertragenden Rechtsträgers ist nach §§ 125, 17 UmwG auch die Schlussbilanz vorzulegen. Eine Eintragung steht gemäß §§ 125, 17 Abs. 2 S. 4 UmwG unter dem Vorbehalt, dass die Bilanz auf einen höchstens acht Monate vor der Anmeldung liegen-

2. Spaltungs- und Übernahmevertrag (Aufspaltung GmbH auf GmbHs) L.III.2

den Stichtag aufgestellt ist. Wenn – wie im Formular – eine Aktiengesellschaft als übertragender oder übernehmender Rechtsträger auftritt, muss eine Zwischenbilanz aufgestellt werden, falls sich der letzte Jahresabschluss auf ein Geschäftsjahr bezieht, das mehr als sechs Monate vor Aufstellung des Spaltungsplans abgelaufen ist (§§ 125 S. 1, 63 Abs. 1 Nr. 3 UmwG).
§ 63 Abs. 2 S. 5 i. V. m. § 8 Abs. 3 S. 1 Nr. 1, S. 2 UmwG i. d. F. Drittes Gesetz zur Änderung des Umwandlungsgesetzes sieht nun vor, dass durch notariell beurkundete Erklärungen sämtlicher Anteilsinhaber aller beteiligten Rechtsträger auf die Aufstellung der Zwischenbilanz verzichtet werden kann. Nach § 63 Abs. 2 S. 6, 7 UmwG n. F. ist die Aufstellung einer Zwischenbilanz zudem entbehrlich, wenn die Gesellschaft seit dem letzten Jahresabschluss einen Halbjahresfinanzbericht gem. § 37w WpHG veröffentlicht hat. Dabei darf es sich auch um einen konzernbezogenen Halbjahresfinanzbericht nach § 37y Nr. 2 i. V. m. § 37w WpHG handeln (vgl. *Wagner* DStR 2010, 1629, 1630).

Bezüglich des Ansatzes der übernommenen Vermögensgegenstände in der Handelsbilanz besteht für die übernehmende Gesellschaft ein Wahlrecht, ob dies mit dem Buchwert, dem Teilwert oder einem Zwischenwert geschieht. Eine Festlegung diesbezüglich im Spaltungsvertrag ist nicht erforderlich, das Wahlrecht wird mit Aufstellung der Handelsbilanz ausgeübt.

8. Anteilsgewährung. Mit der Gewährung von Anteilen an den übernehmenden Gesellschaften erhalten die Anteilseigner der übertragenden Gesellschaft eine Gegenleistung für die Übertragung der Vermögensteile. Die Gestaltung der Anteilsgewährung ist weitgehend frei. Das Umtauschverhältnis wird grundsätzlich durch ein auf den Nennbetrag bezogenes Zahlenverhältnis ausgedrückt. Grundlage für die Berechnung des Umtauschverhältnisses sind die Unternehmenswerte, die grds. durch dieselben Berechnungsmethoden zu ermitteln sind, wie bei der Verschmelzung (vgl. Form. L.II.3 Anm. 11; hierzu auch Widmann/Mayer/*Mayer* § 126 Rdnr. 126 ff.). Möglich ist zum einen sowohl eine verhältniswahrende (Anteile an den übernehmenden Gesellschaften werden entsprechend der Beteiligung am spaltenden Rechtsträger gewährt) als auch eine nichtverhältniswahrende Spaltung mit beliebiger anderer Zuteilung, zum anderen können beide Varianten der Zuteilung von Anteilen an den übernehmenden Rechtsträgern auch kombiniert werden. Sogar eine „Spaltung zu Null" ist zulässig, d. h. es können bei nichtverhältniswahrender Spaltung einzelne Anteilsinhaber von der Zuteilung ausgeschlossen werden (Kallmeyer/*Kallmeyer/Sickinger* § 123 Rdnr. 3 ff.). Die Unterscheidung nach verhältniswahrender und nichtverhältniswahrende Spaltung richtet sich allein nach der Aufteilung der gewährten Anteile unter den Anteilseignern der übertragenden Gesellschaft (vgl. Schmitt/Hörtnagl/Stratz/*Hörtnagl* § 128 Rdnr. 2). Da Gesellschafter C im Formular an der B-GmbH nicht beteiligt wird, handelt es sich um eine nichtverhältniswahrende Spaltung in einer der Varianten der „Spaltung zu Null" (zu den einzelnen Konstellationen s. Schmitt/Hörtnagl/Stratz/*Hörtnagl* § 128 Rdnr. 12 ff.). Im Falle nichtverhältniswahrender Spaltungen ist indes eine Zustimmung aller Anteilseigner der übertragenden Gesellschaft erforderlich, § 128 S. 1 UmwG. Darüber hinaus bedarf es der Zustimmung der an einem Gesellschaftsanteil dinglich Berechtigten, da durch die nichtverhältniswahrende Spaltung in ihr Recht eingegriffen wird (vgl. Schmitt/Hörtnagl/Stratz/*Hörtnagl* § 128 Rdnr. 29; Lutter/*Priester* § 128 Rdnr. 18 m. w. N.). Da bei der nichtverhältniswahrenden Spaltung zur Trennung von Gesellschaftern die Gleichwertigkeit der gewährten Anteile oft schwierig zu erreichen ist, empfiehlt sich die Vereinbarung von Ausgleichsleistungen der Gesellschafter untereinander (Lutter/*Priester* § 128 Rdnr. 16).

Mit Wirksamwerden der Spaltung durch Eintragung im Register der übertragenden Gesellschaft erwerben die Gesellschafter nach § 131 Abs. 1 Nr. 3 UmwG die Anteilsinhaberstellung kraft Gesetzes jedoch inhaltlich entsprechend den vertraglichen Vorgaben (vgl. hierzu Schmitt/Hörtnagl/Stratz/*Hörtnagl* § 131 Rdnr. 93 ff.).

9. Kapitalerhöhung. Damit Anteile an einem übernehmenden Rechtsträger gewährt werden können, ist grundsätzlich eine Kapitalerhöhung erforderlich. Zu den erforderlichen Angaben bei der Bestimmung des Nennbetrages im Spaltungs- und Übernahmevertrag bei Beteiligung einer GmbH vgl. §§ 125, 46 Abs. 1.

In den Fällen des §§ 125, 54 Abs. 1 S. 2 UmwG besteht ein Wahlrecht bezüglich der Durchführung einer Kapitalerhöhung. Dieses kann ausgeübt werden, um bestehende voll eingezahlte

Seibt

Anteile, die die übernehmende Gesellschaft innehat oder im Zuge der Aufspaltung erhält, abzubauen. Über den Wortlaut hinaus ist eine Kapitalerhöhung ferner nicht notwendig, wenn Dritte Geschäftsanteile zur Gewährung an die Anteilseigner des übertragenden Rechtsträgers zur Verfügung stellen (vgl. Kallmeyer/*Kallmeyer* § 54 Rdnr. 13).

In den Fällen des §§ 125, 54 Abs. 1 S. 1 UmwG ist eine Kapitalerhöhung aus Gründen der Kapitalaufbringung und -erhaltung ausgeschlossen (vgl. hierzu Lutter/*Winter* § 54 Rdnr. 3 ff.; instruktive Beispiele zu diesem Fragenkomplex hält bereit MünchVertragsHdb I/*Heidenhain* XI.1 Anm. 22).

Nach § 54 Abs. 1 S. 3 UmwG kann unter notariell beurkundeter Erklärung aller Anteilsinhaber des übertragenden Rechtsträgers auf die Anteilsgewährung verzichtet werden, so dass eine Kapitalerhöhung entbehrlich ist. Über den Verweis in § 125 S. 1 UmwG findet diese Regelung auch für die Aufspaltung Anwendung.

10. Hinzuweisen ist besonders auf die etwaigen Angaben, ob die im Wege der Kapitalerhöhung geschaffenen und gewährten Anteile mit anderen Rechten und Pflichten ausgestattet sind, §§ 125, 46 II UmwG (Lutter/*Priester* § 126 Rdnr. 84). So wird unter Ziff. 3.2 deutlich, dass die den Herren A und B an der C-GmbH gewährten Anteile stimmrechtslos sind. Dieser Hinweis erfüllt indes lediglich die Warnfunktion für jeweils betroffene Anteilsinhaber und bedarf zur Wirksamkeit dieser Sonderpflichten selbstverständlich noch der entsprechenden Satzungsänderung bei der übernehmenden Gesellschaft und deren Eintragung, vgl. § 54 Abs. 3 GmbHG. Der jeweilige Satzungsänderungsbeschluss wird regelmäßig zusammen mit dem Kapitalerhöhungs- und dem Zustimmungsbeschluss zum Spaltungs- und Übernahmevertrag gefasst werden.

Zudem hat der jeweils betroffene Anteilsinhaber dem so gefassten Beschluss zum Spaltungsvertrag zu dessen Wirksamwerden zuzustimmen (vgl. hierzu insges. Lutter/*Winter* § 46 Rdnr. 21 ff., 27).

11. Bare Zuzahlungen. Gegebenenfalls bedarf es zum Zwecke des Wertausgleichs beim Anteilsumtausch der Festlegung einer von der übernehmenden Gesellschaft zu gewährenden baren Zuzahlung nach §§ 126 Abs. 1 Nr. 3, 125, 54 Abs. 4, 68 Abs. 3 UmwG. Es soll unzulässig sein, einen übersteigenden Betrag über den der begrenzten baren Zuzahlung gemäß §§ 125, 54 Abs. 4 UmwG hinaus zu vergüten (vgl. MünchVertragsHdb I/*Heidenhain* XII.1 Anm. 20).

12. Beteiligung am Bilanzgewinn. Wie es § 126 Abs. 1 Nr. 5 UmwG fordert, ist unter Ziff. 3.4 des Formulars festgelegt, ab welchem Zeitpunkt die neuen Anteile am Gewinn der übernehmenden Gesellschaften teilnehmen. Dieser Zeitpunkt wird regelmäßig mit dem Stichtag der Spaltung nach § 126 Abs. 1 Nr. 6 UmwG übereinstimmen (vgl. Form. § 4), was jedoch nicht notwendig ist. Es kann etwa auch ein späterer Termin für den Gewinnbezug gewählt werden, um etwa ein andernfalls zu günstiges Umtauschverhältnis auszugleichen (vgl. Lutter/*Priester* § 126 Rdnr. 38).

13. Abfindungsangebot. Ein Abfindungsangebot nach §§ 125, 29 UmwG ist grundsätzlich obligatorischer Bestandteil des Spaltungs- und Übernahmevertrages, wenn eine Spaltung zur Aufnahme oder zur Neugründung durch einen Rechtsträger anderer Rechtsform vorliegt. Der übernehmende Rechtsträger hat jedem Anteilsinhaber, der gegen den Spaltungsbeschluss Widerspruch zur Niederschrift erklärt, den Erwerb seiner Anteile gegen angemessene Barabfindung anzubieten. Nach § 29 Abs. 1 S. 2 UmwG steht dem der Fall gleich, dass die neu zu gewährenden Anteile der übernehmenden Gesellschaft gleicher Rechtsform Verfügungsbeschränkungen unterworfen sind. Wären also im Formular die Anteile an der B-GmbH oder C-GmbH etwa vinkuliert, so wäre ein entsprechendes Angebot in den Vertrag aufzunehmen, wenn es sich zudem um eine verhältniswahrende Spaltung handelte. Bei einer nichtverhältniswahrenden Spaltung wird es als Schutzinstrument aufgrund des Einstimmigkeitserfordernisses nach § 128 UmwG nicht benötigt und ist folglich entbehrlich (vgl. Widmann/Mayer/*Mayer* § 126 Rdnr. 288). Hingewiesen sei in diesem Zusammenhang auf die Schwierigkeit, die Angemessenheit festzulegen (vgl. zu den einzelnen Bewertungsmethoden Kallmeyer/*Müller* § 30 Rdnr. 4 ff.). Bei nicht angemessenem oder fehlendem Angebot ist zwar die Anfechtung des Spaltungsbeschlusses ausgeschlossen und Mängel der Barabfindung stehen der Spaltung nicht entgegen, jedoch findet eine Überprüfung im Spruchverfahren statt, §§ 125, 34 UmwG i. V. m. § 1 Nr. 4 SpruchG.

Zwar ist gesetzlich eine Möglichkeit zum Verzicht auf die Unterbreitung eines Abfindungsangebots nicht vorgesehen, jedoch wird weitgehend angenommen, dass dies zur Disposition der Anteilseigner steht, ist es doch allein zu ihrem Schutz gedacht. Es sollten allerdings in diesem Falle vor Abfassung des Vertrages oder Entwurfs entsprechende Verzichtserklärungen aller (!) Anteilsinhaber eingeholt werden. Diese bedürfen zwar keiner spezifischen Form, es bietet sich aber eine notarielle Beurkundung des Verzichts an, wird dieser doch auch für andere Verzichtserklärungen gefordert (etwa bezüglich des Spaltungsberichts, der Spaltungsprüfung, §§ 125, 8 Abs. 3 S. 2, 9 Abs. 3 UmwG, so auch in Ziff. 3.2 des Form. L.III.6). Vgl. zum Ganzen Lutter/*Grunewald* § 29 Rdnr. 17 ff.

14. Rechte Dritter und deren Fortbestand. § 131 Abs. 1 Nr. 3 S. 2 UmwG sieht vor, dass Rechte Dritter, die an Anteilen des spaltenden Rechtsträgers bestehen, sich an den an deren Stelle tretenden Anteilen der übernehmenden Rechtsträger fortsetzen. Dementsprechend besteht das Pfandrecht der Bank am Geschäftsanteil des C an der A-GmbH qua dinglicher Surrogation am Geschäftsanteil des C an der C-GmbH weiter (zu quantitativen und qualitativen Problemen in diesem Zusammenhang und zur Behandlung von Treuhandverhältnissen und schuldrechtlichen Ansprüchen vgl. Lutter/*Teichmann* § 131 Rdnr. 68 ff.). Empfehlenswert ist, derlei Rechte Dritter explizit im Vertrag zu benennen, kann dies für die übrigen Gesellschafter doch entscheidungsrelevant sein (s. Ziff. 1.1).

15. Spaltungsstichtag. Der Stichtag legt, wie es § 126 Abs. 1 Nr. 6 UmwG vorsieht, zwischen den Parteien obligatorisch fest, ab wann Handlungen des übertragenden Rechtsträgers als für Rechnung der übernehmenden Rechtsträger vorgenommen gelten. Damit ist quasi der Zeitpunkt des Wechsels der Rechnungslegung markiert.

Es besteht auch die Möglichkeit variabler Stichtagsregelungen (etwa in Anknüpfung an den Vollzug), welche in Fällen vorteilhaft sind, in denen sich die Eintragung der Spaltung und somit ihr Wirksamwerden verzögert (vgl. hierzu umfänglich *Hoffmann-Becking*, FS Fleck, S. 105 ff.). Eine solche Regelung findet sich in § 15 des Formulars.

Optional kann durch Regelung (und Ausübung) eines Rücktrittsrechts verhindert werden, dass das Verfahren zu lange in der Schwebe bleibt. Ein solcher Schwebezustand ist insbesondere problematisch, wenn sich wirtschaftliche Umstände wesentlich geändert haben, oder einzelne Gesellschafter gegen die Transaktion vorgehen und so die Eintragung auf unbestimmte Zeit verzögern.

16. Mindestinhalt, Gestaltungsfreiheit. Der Spaltungsvertrag entspricht in seinem Mindestinhalt nahezu dem des Verschmelzungsvertrages (vgl. § 126 Abs. 1 und § 5 Abs. 1 UmwG) (dazu s. Form. L.II.3); allein die Nrn. 9 und 10 des § 126 Abs. 1 finden keine Entsprechung. Von größter Wichtigkeit sind hierbei die Vereinbarungen über die Zuordnung der einzelnen Vermögensgegenstände unter den übernehmenden Gesellschaften sowie die Maßnahmen und Folgen für die Arbeitnehmer und deren Vertretung in der sich aufspaltenden Gesellschaft. In der Bedeutsamkeit dahinter zurück bleiben in der Regel die Vereinbarungen über den Spaltungsstichtag, den Beginn der Gewinnbezugsrechte sowie über besondere Vorteile bzw. Rechte. Hinzuweisen ist darauf, dass die Verpflichtung zur Leistung barer Zuzahlung (s. § 15 UmwG) explizit im Vertrag selbst zu erwähnen ist. Auch die Festlegung eines nach §§ 125, 29 UmwG erforderlichen Abfindungsangebots gehört ebenso zum Mindestinhalt, wie Regelungen nach §§ 125, 23 und 46 UmwG.

Bei der Ausgestaltung des Spaltungs- und Übernahmevertrags sind die Parteien – unter Berücksichtigung des Mindestinhalts nach § 126 Abs. 1 UmwG – weitestgehend frei. Insbesondere finden sich nicht selten einleitende Passagen, die das Ziel und die Absichten der Parteien beschreiben (vgl. Lutter/*Priester* § 126 Rdnr. 86). Namentlich die Aufteilung der einzelnen Aktiva und Passiva sowie der dafür gewährten Anteile obliegt gänzlichen ihnen; sie können „grundsätzlich jeden Gegenstand jedem beliebigen übernehmenden Rechtsträger zuweisen" (BT-Drucks. 12/6699 S. 118). Bestehen also grundsätzlich keine Beschränkungen, so ist doch im Einzelnen zweifelhaft, ob und inwieweit die Parteien einzelne Rechte und Verbindlichkeiten aufteilen und deren Teile verschiedenen Rechtsträgern zuordnen können. Für bestimmte Konstellationen wird die Rechtsmissbräuchlichkeit diskutiert (vgl. im Einzelnen Lutter/ *Priester* § 126 Rdnr. 72 m.w.N.). Es ist zwar z.B. die Aufteilung eines Darlehensrückzahlungsanspruchs ebenso unproblematisch möglich wie die einer Darlehensverbindlichkeit. Ein Splitting von Rechten und dazugehörigen Sicherungsrechten bzw. von vertraglichen Ansprüchen und dazugehörigen Nebenforderungen bzw. -ansprüchen hingegen ist nur in Ausnahmefällen möglich. Da auch Einzelgegenstände qua Spaltung übertragen werden können, eröffnet sich folglich ein erheblicher Gestaltungsspielraum, wobei die Möglichkeit der Zuweisung spezifischer Risiken und Eventualverbindlichkeiten an einen bestimmten Rechtsträger nicht abschließend geklärt ist (Sagasser/Bula/Brünger/*Sagasser/Sickinger* N Rdnr. 38). Zu ebensolchen Gestaltungsmöglichkeiten lädt auch die Verweisung des § 125 UmwG auf § 21 UmwG ein, wonach dem übernehmenden Rechtsträger möglicherweise die Anpassung eines gegenseitigen Vertrages, ggf. sogar die Kündigung gestattet ist, wenn mit dessen Zuweisung eine ihn unbillig belastende Erfüllungsverpflichtung einher geht. Aus diesem Grunde kann die Zuweisung von Vertragspositionen im Einzelfall zweifelhaft sein (vgl. hierzu Lutter/*Grunewald* § 21 Rdnr. 2 ff., Sagasser/Bula/Brünger/*Sagasser/Sickinger* N Rdnr. 39).

Insbesondere im Falle der nichtverhältniswahrenden Spaltung ist nach § 126 Abs. 1 Nr. 10 UmwG die Aufteilung der Anteile jeder der beteiligten Gesellschaften auf die Anteilsinhaber der übertragenden Gesellschaft sowie der Maßstab für die Aufteilung anzugeben (zu Einzelheiten vgl. Schmitt/Hörtnagl/Stratz/*Hörtnagl* § 126 Rdnr. 103 ff.; Engl/*Sommer* B. 2 Rdnr. 21 ff.).

17. In der Praxis ergibt sich eine wesentliche faktische Einschränkung dieser Parteiautonomie bei der Zuordnung aus steuerrechtlichen Gründen. Eine Spaltung kann lediglich im Falle der Übertragung eines Teilbetriebs auf die übernehmende Gesellschaft steuerneutral durchgeführt werden, §§ 15 Abs. 1 S. 1, 11, 13 UmwStG. Als Teilbetrieb gilt dabei nach § 15 Abs. 1 S. 3 UmwStG auch ein Mitunternehmeranteil oder die das gesamte Nennkapital umfassende Beteiligung an einer Kapitalgesellschaft (vgl. hierzu im Einzelnen BMF, Entwurf UmwSt-E v. 2.5.2011, Tz. 15.02 ff.; Schmitt/Hörtnagl/Stratz/*Hörtnagl* § 15 UmwStG Rdnr. 44 ff.).

18. Steuern. Die Spaltung kann sowohl bei der übertragenden Gesellschaft als auch bei ihren Gesellschaftern steuerneutral durchgeführt werden. Diese Steuerneutralität gilt auch für die GewSt, vgl. § 19 UmwStG. Wie schon unter Anm. 17 angedeutet erfordert dies jedoch die Übertragung von Teilbetrieben im Sinne des § 15 UmwStG auf die übernehmenden Gesellschaften. Es muss in der auf den steuerlichen Übertragungsstichtag aufzustellenden Steuerbilanz das zu bilanzierende Betriebsvermögen mit dem Buchwert ausgewiesen werden; die Buchwerte werden von den übernehmenden Gesellschaften fortgeführt, vgl. §§ 15 Abs. 1, 12 Abs. 1 S. 1 UmwStG. Etwaige Verlust-, Zins- sowie EBITDA-Vorträge gehen trotz grundsätzlichen Eintritts in die steuerliche Rechtsstellung der übertragenden Körperschaft nicht auf die übernehmen Rechtsträger über (§§ 15 Abs. 1 S. 1, 12 Abs. 3, 4 Abs. 2 S. 2 UmwStG; vgl. hierzu auch Schmitt/Hörtnagl/Stratz/*Hörtnagl* § 15 UmwStG Rdnr. 276).

Allerdings geht die Steuerneutralität verloren, wenn innerhalb von fünf Jahren nach dem steuerlichen Spaltungsstichtag Anteile an einer an der Spaltung beteiligten Gesellschaften veräußert werden und diese mehr als 20% der Anteile des übertragenden Rechtsträgers ausmachen (vgl. zur Berechnung Schmitt/Hörtnagl/Stratz/*Hörtnagl* § 15 UmwStG Rdnr. 177 ff., BMF, Entwurf UmwSt-E v. 2.5.2011, Tz. 15.29 f.); es kann in diesem Falle zur Aufdeckung stiller Reserven kommen. Um dies zu verhindern können – jedenfalls bei überschaubarem Gesellschafterkreis – Anteilsvinkulierungen oder schuldrechtliche Verpflichtungen mit entsprechendem Inhalt vereinbart werden (vgl. Lutter/*Priester* § 126 Rdnr. 92). Jedoch bleibt die Steuerneutralität erhalten, falls ein Dritter im Rahmen einer Kapitalerhöhung eine Beteiligung an einer der Gesellschaften übernimmt und die der Gesellschaft dadurch zugeführten Mittel nicht innerhalb der Fünf-Jahres-Frist des § 15 Abs. 2 UmwStG an die bisherigen Anteilseigner ausgekehrt werden (s. BMF, Entwurf UmwSt-E v. 2.5.2011, Tz. 15.25).

19. Übertragung des Vermögens. Die durch § 126 Abs. 1 Nr. 9 geforderte „genaue Aufteilung der [zu übertragenden] Gegenstände des Aktiv- und Passivvermögens" erfordert eine hinreichend klare Formulierung, die eine zweifelsfreie Zuordnung zu den einzelnen übernehmenden Gesellschaften ermöglicht, denn nach § 126 Abs. 2 UmwG gilt auch der allgemeine sachenrechtliche Bestimmtheitsgrundsatz. Im Ergebnis wird dies einem üblichen Vertrag zur Übertragung eines Betriebs bzw. Betriebsteiles im Wege der Einzelrechtsnachfolge entsprechen (ebenso MünchVertragsHdb I/*Heidenhain* XI.1 Anm. 10). Laut BT-Drucks. 12/6699 S. 119

2. Spaltungs- und Übernahmevertrag (Aufspaltung GmbH auf GmbHs)   L.III.2

wird es bei der Übertragung von Betrieben bzw. Betriebsteilen „häufig ausreichen, dass bei betriebswirtschaftlicher Betrachtung ein Gegenstand oder eine Verbindlichkeit dem Geschäftsbetrieb eines bestimmten Unternehmensteils zuzurechnen ist". Möglich ist in diesem Zusammenhang die Bezugnahme auf Inventare und Urkunden, aus denen sich eine Zuweisung ergibt (zum Beurkundungserfordernis vgl. Anm. 4), § 126 Abs. 2 S. 3 UmwG. Bei Grundstücken hingegen ist nach § 126 Abs. 2 S. 2 UmwG i. V. m. § 28 GBO eine Bezeichnung in Übereinstimmung mit dem Grundbuch oder durch Hinweis auf das Grundbuchblatt erforderlich. Hierzu hat das OLG Schleswig jüngst entschieden, dass eine sogenannte „All-Klausel", die sich auf alle Gründstücke, Rechte an Grundstücken, grundstücksbezogene Rechte und Rechte an Grundstücksrechten bezieht, ausreicht (vgl. OLG Schleswig DNotZ 2010, 66; BeckOK GBO/*Wilsch* § 28 Rdnr. 173). Die Entscheidung widerspricht der bisherigen BGH-Rechtsprechung (vgl. BGH DNotZ 2008 m. Anm. *Limmer*; BGH NJW-RR 2008, 756), so dass es sich bis zur endgültigen Klärung empfiehlt, die Vermögensgegenstände unter Beachtung des § 28 GBO zu bezeichnen (vgl. *Heckschen/Hagedorn* NotBZ 2010, 100, 101; *Leitzen* ZNotP 2010, 91, 95).

20. Partielle Gesamtrechtsnachfolge. Seit der Aufhebung des § 132 UmwG durch das Zweite Gesetz zur Änderung des Umwandlungsgesetzes (BGBl. I 2007 S. 542) findet die Sonderrechtsnachfolge im Wege „partieller" Gesamtrechtsnachfolge (zum Begriff Lutter/*Teichmann* § 123 Rdnr. 5) uneingeschränkt statt. Mithin geht das gesamte im Spaltungsvertrag konkretisierte Vermögen einschließlich der Verbindlichkeiten mit allen Rechten und Pflichten – ausgenommen solche höchstpersönlicher Natur – uneingeschränkt qua Gesetz und nicht kraft rechtsgeschäftlicher Übertragung über (kritisch zu dadurch möglichen Gestaltungsvarianten *Mayer/Weiler* MittBayNot 2007, 368, 372; *Heckschen* DNotZ 2007, 444, 451). Soll damit die Gesamtrechtsnachfolge bei Verschmelzung und Spaltung denselben Grundsätzen unterworfen werden (vgl. Begr. RegE BT-Drucks. 16/2919 S. 19), so gilt diesbezüglich dasselbe wie zu § 20 Abs. 1 Nr. 1 UmwG, sodass etwa die Zustimmung Dritter zum Rechtsübergang nicht erforderlich ist. Ebensowenig bedarf es etwaiger staatlicher Zustimmungen zum Rechtsübergang (so zu § 20 UmwG bei der Verschmelzung Widmann/Mayer/*Vossius* § 20 Rdnr. 200, 247; de lege ferenda zu §§ 131, 132 UmwG auch schon *Heidenhain* ZHR 168 (2004), 481). Etwaige salvatorische Klauseln oder hilfsweise Vereinbarungen für den Fall der Unwirksamkeit einer Rechtsübertragung sind jedenfalls für diese Fälle nunmehr unnötig (zu bisherigen Konstruktionen Kallmeyer/*Kallmeyer/Sickinger* § 126 Rdnr. 57).

Dennoch bleibt im Einzelfall zu prüfen, ob die Spaltung Vermögensgegenstände oder Rechtsverhältnisse betrifft, „die ihrer Natur nach oder kraft bestehender gesetzlicher Vorschriften nicht auf den Gesamtrechtsnachfolger übergehen (können)" (vgl. *Heidenhain* ZHR 168 (2004), 481 m. w. N.). Es sind also wie bei der entsprechenden Verschmelzungsvorschrift gerade mit Blick darauf, dass Dritten nur ein finanzieller Ausgleich nach § 22 UmwG zusteht, (wenige) Ausnahmen vom Grundsatz der (partiellen) Gesamtrechtsnachfolge denkbar, wobei sich diese insbesondere aus der Auslegung der einzelnen Rechtsverhältnisse mit Dritten ergeben können (vgl. Lutter/*Grunewald* § 20 Rdnr. 12; Schmitt/Hörtnagl/Stratz/*Stratz* § 20 Rdnr. 84). Allerdings ist für höchstpersönliche Rechte zu beachten, dass bei rechtlichen Verhältnissen zu juristischen Personen der persönliche Charakter selten vordergründig sein wird (vgl. Schmitt/Hörtnagl/Stratz/*Stratz* § 20 Rdnr. 84). Gerade wenn aber Unsicherheiten darüber bestehen, ob im Einzelfall ein Ausnahmefall vorliegt und eine Position ggf. nicht der Gesamtrechtsnachfolge unterliegen könnte, mag sich empfehlen, eine entsprechende Wertausgleichsklausel oder einen Ausschluss desselben zwischen den übernehmenden Rechtsträgern zu vereinbaren (vgl. § 9 des Formulars). Da im Übrigen beeinträchtigten Interessen Dritter entsprechend der Auffassung zur Gesamtrechtsnachfolge bei Verschmelzungen mit Vertragsanpassungen oder Kündigungsmöglichkeiten nach Übergang auf den neuen Rechtsträger begegnet werden kann bzw. muss (*Heidenhain* ZHR 168 (2004), 481; Lutter/*Grunewald* § 20 Rdnr. 12, 50), sollten auch diese Rechtsfolgen in einer etwaigen Regelung zwischen den Spaltungsvertragsparteien Berücksichtigung finden. Dies gilt namentlich für Lösungsrechte von Vertragspartnern der übertragenden Gesellschaft, die ihnen im Fall eines Kontrollwechsels (Change of Control) zustehen, kann dieser doch auch mit einer Aufspaltung einhergehen. Es ist also jedenfalls vorzugswürdig, sich schon vorab mit den entsprechenden Dritten ins Benehmen zu setzen.

Der Übergang von Unternehmensverträgen hingegen, die zwischen der übertragenden Gesellschaft und ihren Anteilsinhabern oder Dritten bestehen, erfordert aufgrund ihres organisationsrechtlichen Charakters eine andere Handhabung als normale Schuldverträge (vgl. hierzu Lutter/*Priester* § 126 Rdnr. 65; Kallmeyer/*Kallmeyer/Sickinger* § 126 Rdnr. 26; Heckschen/Simon/*Simon* § 12 Rdnr. 66 ff. jew. m. w. N.).

21. Eine weitere wesentliche Einschränkung des Grundsatzes der Teilungsfreiheit und der Sonderrechtsnachfolge wird durch § 613 a Abs. 1 S. 1 BGB (vgl. § 324 UmwG) statuiert, der dafür sorgt, dass beim Übergang eines Betriebes oder Betriebsteils die zu diesem gehörigen Arbeitsverhältnisse automatisch qua Gesetz übergehen; dass sie in einer Anlage, auf die Ziff. 6.7 des Formulars verweist, aufgelistet sind, ist hingegen rechtlich bedeutungslos. Konstitutive Wirkung kann eine Zuordnung im Spaltungs- und Übernahmevertrag allerdings für solche Arbeitsverhältnisse haben, die etwa wegen eines übergreifenden Tätigkeitsbereichs nicht einem einzigen Betriebsteil zugeordnet sind (Lutter/*Priester* § 126 Rdnr. 69; Schmitt/Hörtnagl/Stratz/*Hörtnagl* § 131 Rdnr. 59). In solchen Fällen überbetrieblicher Leitungsfunktionen kann ein Arbeitsverhältnis (außerhalb des § 613 a BGB) aufgrund der Zuordnung im Spaltungs- und Übernahmevertrag (vgl. Ziff. 7.6 des Formulars) übergehen, allerdings nur dann, wenn der jeweilige Arbeitnehmer zustimmt (insges. ausführlich hierzu und zu Abgrenzungsproblemen s. Kallmeyer/*Willemsen* § 324 Rdnr. 54 ff., 57). Diese Arbeitsverhältnisse sind dann individualisiert im Vertrag auszuweisen.

22. Nicht erfasst von dieser Norm sind hingegen die Anstellungsverhältnisse der Geschäftsführer, diese gehen im Zweifel nicht über, vgl. § 613 S. 2 BGB (s. BAG NJW 2003, 2473), sodass es einer ausdrücklichen Vereinbarung mit Zustimmung der jeweiligen Person bedarf. Fehlt diese, erlischt das Dienstverhältnis. Auch eine vertragliche Klausel für das Anstellungsverhältnis (vgl. Ziff. 6.6) ändert jedoch nichts daran, dass eine erneute organschaftliche Bestellung qua Beschluss der Gesellschafterversammlung der übernehmenden Gesellschaft erforderlich ist (vgl. Lutter/*Priester* § 126 Rdnr. 88).

23. Firma. Auch bei der Spaltung besteht unter den Voraussetzungen der §§ 125, 18 Abs. 1 UmwG die Möglichkeit für einen übernehmenden Rechtsträger, die Firma des übertragenden weiterzuführen. Neben der Spaltung der Vermögensmasse kommt auch eine entsprechende Aufspaltung der Firma in Betracht (zweifelnd MünchVertragsHdb I/*Heidenhain* XII.1 Anm. 34).

24. Nicht zugeteilte Gegenstände, Erlöschen von Rechten. Die dispositive Vorschrift des § 131 Abs. 3 UmwG, welche die Zuordnung von nicht explizit im Vertrag zugeteilten Gegenständen regelt, ist nicht leicht zu handhaben (vgl. Lutter/*Teichmann* § 131 Rdnr. 82 ff. m. w. N.), sodass sich insoweit vertragliche Regelungen empfehlen.

Dass sich eine Zuordnung von Posten, bezüglich derer sich keine explizite Erwähnung im Vertrag findet, zunächst an der Vertragsauslegung nach §§ 133, 157 BGB zu orientieren hat, bedarf eigentlich keiner gesonderten (gesetzlichen) Erwähnung in § 131 Abs. 3 UmwG. Führt dieses Mittel indes nicht weiter, sind zur Klärung der Zuordnungsfrage im Formular zwei Regelungsvorschläge unterbreitet (s. sogleich).

25. Alternative 1 statuiert eine Zuordnung nach wirtschaftlicher Betrachtungsweise (zum Kriterium der wirtschaftlichen Zusammengehörigkeit als Teil der Auslegung vgl. Schmitt/Hörtnagl/Stratz/*Hörtnagl* § 131 Rdnr. 118) und, soweit hierüber Streit besteht, die Schlichtung durch einen benannten Schiedsrichter.

26. Alternative 2 hingegen sieht anstelle der wirtschaftlichen Betrachtungsweise eine feste Zuordnung an die C-GmbH vor, die jedoch zu prozentualem Wertausgleich verpflichtet ist. Die Schiedsklausel bezieht sich bei dieser Variante dann allein auf den Wert des Vermögensgegenstandes bzw. der Verbindlichkeit.

27. Gesamtschuldnerische Haftung. § 133 Abs. 1 UmwG statuiert für die Verbindlichkeiten des übertragenden Rechtsträgers und somit zum Schutze von dessen Gläubigern eine gemeinsame Haftung aller an der Spaltung beteiligten Rechtsträger, sofern diese Verbindlichkeiten vor Wirksamkeit der Spaltung begründet worden sind. Zwar spricht das Gesetz in diesem Zusammenhang von einer Haftung „als Gesamtschuldner". Zu differenzieren ist hier richtiger-

2. Spaltungs- und Übernahmevertrag (Aufspaltung GmbH auf GmbHs) L.III.2

weise jedoch zwischen dem Hauptschuldner, welchem die Verbindlichkeit im Spaltungs- und Übernahmevertrag zugewiesen ist, und den nur mithaftenden beteiligten Rechtsträgern. Die gesamtschuldnerische Haftung gilt nur für die Mithaftenden untereinander; im Verhältnis zu den Verbindlichkeiten des Hauptschuldners haften die Mithafter akzessorisch (so grundlegend *Habersack*, FS Bezzenberger, S. 93, 96; Lutter/*Schwab* § 133 Rdnr. 24 ff.; Kallmeyer/*Kallmeyer/Sickinger* § 133 Rdnr. 3; anders die früher h. M., die Gesamtschuld zwischen Hauptschuldner und Mithaftenden annimmt; etwa Semler/Stengel/*Maier-Reimer* § 133 Rdnr. 31 ff.). Dies bedeutet insbesondere, dass im Verhältnis der Mithaftenden zum Hauptschuldner § 129 Abs. 1 bis 3 HGB analog anzuwenden ist und § 425 BGB in diesem Verhältnis keine Anwendung findet. Im Verhältnis der Mithafter untereinander gelten hingegen die Regeln über die Gesamtschuld, insbesondere § 426 BGB. Der Gläubiger hingegen ist nach beiden Auffassungen nicht verpflichtet, sich vorrangig an den Hauptschuldner zu halten: Nach der Gesamtschuldsauffassung folgt dies aus § 421 BGB, nach der hier befürworteten Akzessorietätslösung aus dem Rechtsgedanken der §§ 128 f. HGB. Die Mithaftenden haften nach § 133 Abs. 3 UmwG lediglich zeitlich befristet.

Bei einer Aufspaltung, bei der – wie in diesem Falle – lediglich zwei übernehmende Rechtsträger unter Wegfall des übertragenden Rechtsträgers fortbestehen, ergibt sich folglich keine gesamtschuldnerische Haftung zwischen beiden, soweit Forderungen betroffen sind, die entweder dem einen oder dem anderen übernehmenden Rechtsträger im Spaltungsvertrag als Hauptschuldner zugewiesen wurden. Anders kann dies für Verbindlichkeiten sein, die gemäß § 131 Abs. 3 UmwG nicht zugewiesen wurden; im Sinne eines optimalen Gläubigerschutzes sind bei der Aufspaltung in diesem Falle alle übernehmenden Rechtsträger als Hauptschuldner zu betrachten (Lutter/*Schwab* § 133 Rdnr. 87 f.). Bei der Vertragsgestaltung ist also die Haftung nach § 133 UmwG im Zusammenhang mit den Regelungsvarianten in Ziff 8.2 ff. zu sehen und ggf. eine Zuordnung an einen Hauptschuldner auf diesem Wege vorzunehmen. Da die (gesamtschuldnerische) Haftung für einem Rechtsträger nicht zugewiesene Verbindlichkeiten nach § 133 Abs. 3 UmwG zeitlich begrenzt ist, kann eine zeitlich begrenzte Haftung einer der übernehmenden Gesellschaften für im Vertrag nicht individualisiert zugewiesene Verbindlichkeiten dadurch erreicht werden, dass der/einer anderen Gesellschaft diese Verbindlichkeiten zugewiesen werden. Hierfür ist dann Variante 2 der Ziff. 8.2 vorzugswürdig.

Eine dem § 10 des Formulars entsprechende Freistellungsklausel des nur Mithaftenden im Verhältnis zum Hauptschuldner empfiehlt sich allerdings zur Vermeidung von Streitigkeiten in jedem Fall unabhängig davon, ob man der Gesamtschulds- oder Akzessorietätslösung folgt (Lutter/*Schwab* § 133 Rdnr. 150; Kallmeyer/*Kallmeyer/Sickinger* § 133 Rdnr. 11). Auch im Falle, dass mehrere übernehmende Rechtsträger gesamtschuldnerisch (mit)haften, sind derlei Freistellungsklauseln und Regelungen über das Haftungsverhältnis in Abweichung von § 426 Abs. 1 BGB für das Verhältnis der Gesamtschuldner untereinander anzuraten. Gerade im – hier nicht vorliegenden – Fall mehrerer mithaftender übernehmender Gesellschaften sollte für den Fall eines insolventen Primärschuldners das Haftungsverhältnis dieser zueinander vertraglich vereinbart werden (vgl. hierzu Kallmeyer/*Kallmeyer/Sickinger* § 126 Rdnr. 58). Die Aufnahme von Freistellungsklauseln – sowohl bezüglich des Verhältnisses der Gesamtschuldner untereinander als auch des Verhältnisses dieser zum Hauptschuldner – hat zwar lediglich deklaratorischen Charakter, ergibt sich der Regelungsinhalt doch entweder schon aus § 426 BGB oder aus dem Spaltungsvertrag (vgl. Lutter/*Schwab* § 133 Rdnr. 148 ff.; MünchKommBGB/*Bydlinski* § 426 Rdnr. 70 ff.), eine Wiedergabe im Vertrag hat aber nicht selten hilfreiche klarstellende Wirkung.

Eine weitere gesamtschuldnerische Haftung sieht § 134 UmwG für Fälle der Betriebsaufspaltung vor (vgl. hierzu ausführlich Schmitt/Hörtnagl/Stratz/*Hörtnagl* § 134).

Problematisch kann die gesamtschuldnerische Haftung zudem werden, wenn etwa Anteile an der übernehmenden Gesellschaft vor Ablauf der Frist des § 133 Abs. 3 UmwG auf Dritte übertragen werden bzw. sich Dritte an einem übernehmenden Rechtsträger beteiligen (hierzu MünchVertragsHdb I/*Heidenhain* XII.1 Anm. 31).

Das weitere Instrument zur Sicherung der Altgläubiger der übertragenden Gesellschaft in Form der Sicherheitsleistung nach §§ 125, 22 UmwG trifft hingegen nur denjenigen übernehmenden Rechtsträger, gegen den sich der entsprechende Anspruch richtet, vgl. § 133 Abs. 1

S. 2 UmwG (keine analoge Anwendung zugunsten der Altgläubiger der übernehmenden Gesellschaften, vgl. Lutter/*Schwab* § 133 Rdnr. 142 ff.).

28. Übergang von Arbeitsverhältnissen und Vertretungen der Arbeitnehmer. Nach § 126 Abs. 1 Nr. 11 UmwG wird die Angabe der Folgen der Spaltung für die Arbeitnehmer und ihre Vertretung sowie der diesbezüglich vorgesehenen Maßnahmen gefordert. Dies wird vor allem davon abhängen, inwieweit die Spaltung zu einer Neustrukturierung der Betriebe und Betriebsteile kommt und somit Auswirkungen auf die Betriebsräte hat (Kallmeyer/*Willemsen* § 126 Rdnr. 43). Im Einzelnen ist jedoch weitgehend und in vielerlei Hinsicht umstritten, welche Anforderungen an die Darlegung der (auch nur mittelbar aus der Spaltung resultierenden) Folgen und Maßnahmen zu stellen sind (vgl. ausführlich Kallmeyer/*Willemsen* § 5 Rdnr. 47 ff.). Der Vorschrift ist jedoch lediglich Informationsfunktion zugewiesen und durch auf ihr basierende Angaben im Spaltungsvertrag können weder individualvertragliche noch kollektivrechtliche Rechte begründet oder ausgeschlossen werden. Allein die geltenden arbeitsrechtlichen Vorschriften finden Anwendung; die Angaben im Vertrag haben somit allein deskriptiven Charakter und werden nicht Inhalt der vertraglichen Regelung. Sie sollten aber ihrem Telos entsprechend, die Arbeitnehmer und ihre Vertretungen frühzeitig über die Folgen der Spaltung zu informieren, umso ernster genommen werden, als auch die Rechtsfolgen ihrer Nichtbeachtung noch nicht hinreichend geklärt sind (Kallmeyer/*Willemsen* § 5 Rdnr. 48 f., 57 ff.).

29. Wenn ein Betrieb von dem übernehmenden Rechtsträger als solcher weitergeführt wird, bleibt der gewählte Betriebsrat im Amt. Wird hingegen ein Betrieb im Zuge der Spaltung geändert, d. h. insbesondere aufgeteilt oder mit anderen Betrieben zusammengelegt, so gelten die Regeln des § 21a bzw. § 1 Abs. 2 Nr. 2 BetrVG (Zu einer „Gesamtskizze" der arbeitsrechtlichen Auswirkungen bei Umwandlungen vgl. Kallmeyer/*Willemsen* Vor § 322). Es sei darauf hingewiesen, dass die Regelungen zur Beibehaltung der Mitbestimmung gemäß § 325 Abs. 1 UmwG nur den mitbestimmten Aufsichtsrat des übertragenden Rechtsträgers bei Ausgliederung und Abspaltung erfasst, wird doch bei Aufspaltung der übertragende Rechtsträger aufgelöst.

Den Arbeitnehmern steht qua Gesetz ein Widerspruchsrecht zur Spaltung nach § 613a Abs. 6 BGB zu. Zur Dogmatik, seiner Ausübung und den Rechtsfolgen vgl. schon Form. L. II.3 Anm. 22.

30. Ziff. 11.3 des Formulars enthält ein Beispiel einer sog. Negativerklärung bezüglich geplanter Änderungen der Betriebsorganisation. Diese sollte der Informationsfunktion des § 126 Abs. 1 Nr. 11 UmwG entsprechend aufgenommen werden, wenn aktuell keine Planungen diesbezüglicher Umstrukturierungen vorliegen. Behält der jeweilige Betrieb unbeschadet der Spaltung seine Identität, so gilt eine für ihn abgeschlossene Betriebsvereinbarung mit normativer Wirkung i. S. d. § 77 Abs. 4 S. 1 BetrVG (kollektivrechtlich) fort, da deren Geltung ihren Grund in der Einheit der arbeitstechnischen Organisation des jeweiligen Betriebes findet, für den sie abgeschlossen wurde (vgl. Kallmeyer/*Willemsen* Vor § 322 Rdnr. 69).

31. Die Regelung unter Ziff. 11.4 trägt dem Umstand Rechnung, dass bei Geltung eines Firmentarifvertrages sich dieser durch Aufspaltung und Zuordnung der verschiedenen Arbeitnehmer zu mehreren übernehmenden Gesellschaften nicht „vervielfachen" kann, sondern spaltungsvertraglich nur einem Rechtsträger zugewiesen werden kann. Demnach gilt der Firmentarifvertrag zwar nicht kollektivrechtlich, jedoch aufgrund der durch § 324 UmwG in Bezug genommenen Regelung des § 613a Abs. 1 S. 2 BGB (vgl. Kallmeyer/*Willemsen* § 324 Rdnr. 24).

32. Wettbewerbsverbot. Sollte es örtlich, sachlich und zeitlich angezeigt sein, um die Aufspaltung des auf die übernehmenden Rechtsträger überführten Unternehmens in zwei unabhängige Unternehmen zu perpetuieren, dürfte ein Wettbewerbsverbot der übernehmenden Rechtsträger, welches sich wie hier in Ziff. 12.1 des Formulars nicht auf einen längeren Zeitraum als zwei Jahre erstreckt, zulässig sein (vgl. BGH NJW 1994, 384 ff. m. w. N.). Überschreitet ein vereinbartes Wettbewerbsverbot den durch das Urteil gesetzten Rahmen in zeitlicher, örtlicher oder sachlicher Hinsicht, wird dieses geltungserhaltend reduziert (vgl. insgesamt hierzu MünchVertragsHdb I/*Heidenhain* XII.1 Anm. 35).

33. Differenzhaftung, Einlagevereinbarungen. Nach §§ 125, 55 UmwG finden für den Fall der Spaltung zur Aufnahme die Vorschriften der §§ 56 Abs. 2, 9 GmbHG zur Differenzhaftung Anwendung. Indes ist nicht eindeutig, inwieweit bei Spaltung zur Aufnahme der übertragende Rechtsträger als Sacheinleger (bzw. Gründer) haftet, erlischt er doch mit Wirksamwerden der Spaltung, § 131 Abs. 1 Nr. 2 UmwG. Man wird allerdings von einer Haftung der Anteilsinhaber dieses Rechtsträgers auszugehen haben, welchen Anteile an den übernehmenden Rechtsträgern gewährt werden (s. MünchVertragsHdb I/*Heidenhain* XII.1 Anm. 37). Für die bisherigen Gesellschafter der übernehmenden Gesellschaften kommt allenfalls die Ausfallhaftung nach § 24 GmbHG in Betracht (insges. ausführlich Lutter/*Winter* § 55 Rdnr. 12 ff.; zur Differenzhaftung bei Kapitalerhöhungen Baumbach/Hueck/*Hueck/Fastrich* § 24 Rdnr. 5). Gerade bei einer nichtverhältniswahrenden Spaltung – wie im Formular – empfehlen sich indes besondere Einlagevereinbarungen, sind doch nicht alle Gesellschafter gleichermaßen an den übernehmenden Gesellschaften beteiligt. Diese Vereinbarungen enthalten dann insbesondere Vorgaben über die Haftung der Anteilsinhaber des übertragenden Rechtsträgers für den rechtlichen und tatsächlichen Bestand der eingebrachten Vermögensteile und deren Wert entsprechend den Vereinbarungen eines Unternehmenskaufvertrages.

Es ist nicht erforderlich, dass diese Vereinbarungen in den Spaltungs- und Übernahmevertrag mit aufgenommen werden. So beinhaltet auch das Formular unter § 13 lediglich eine Absichtserklärung zum Abschluss derlei Vereinbarungen. Sollten sie allerdings in den Vertrag aufgenommen werden, so ist zu beachten, dass die Gesellschafter der übertragenden Gesellschaft grundsätzlich nicht Partei dieses Vertrages werden (§§ 125, 4 Abs. 1 S. 1 UmwG) und die diesem Vertrag zustimmenden Gesellschafter die gegen ihn Votierenden insoweit nicht binden können. Die Einlagevereinbarungen sind ferner notariell zu beurkunden (zum Ganzen vgl. MünchVertragsHdb I/*Heidenhain* XII.1 Anm. 38).

34. Verzicht auf Spaltungsbericht und Spaltungsprüfung. Nach §§ 125, 8 und 9 UmwG gilt auch für die Spaltung die Berichtspflicht sowie die Pflicht zur Spaltungsprüfung (ein Muster für den Spaltungsbericht findet sich in Form. L.III.3). Nach § 127 S. 2 i.V.m. § 8 Abs. 3 UmwG ist der Bericht jedoch entbehrlich, wenn alle Anteilsinhaber aller beteiligten Rechtsträger auf dessen Erstattung verzichten. Diese notariell zu beurkundende Verzichtserklärung wird i.d.R. nicht nur aus Kostengründen jeweils zusammen mit den Beschlüssen der Anteilseigner abgegeben werden (vgl. Form. L.III.4, 5). Ein Verzicht wird vielmehr auch erst auf einer gewissen Informationsgrundlage abgegeben werden können, sodass eine allzu weite Vorverlagerung der Verzichtserklärung ins Vorfeld der Transaktion auch nicht anzuraten ist (vgl. Lutter/*Lutter/Drygala* § 8 Rdnr. 52; Lutter/*Schwab* § 127 Rdnr. 52). Ein Verzicht der Anteilsinhaber im Spaltungs- und Übernahmevertrag selbst ist schon deshalb nicht möglich, weil diese selbst nicht Vertragsparteien desselben sind. Ziff. 14.1 des Formulars enthält allerdings eine Klausel, die klarstellt, dass sämtliche Anteilsinhaber den Verzicht beabsichtigen und hat somit rein informativen Charakter. Eine solche Klausel sollte aber nur dann aufgenommen werden, wenn sich die Vertragsparteien schon im Vorfeld der Verzichtsabsicht ihrer Anteilsinhaber versichert haben.

Eine Spaltungsprüfung ist im Falle der Beteiligung von GmbHs nach §§ 125, 48 UmwG ohnehin nur auf Verlangen der Anteilseigner erforderlich. Die Möglichkeit eines notariell beurkundeten Verzichts durch den Verweis auf §§ 9–12 UmwG tritt deshalb in den Hintergrund. Zur zeitlichen Einschränkung der Möglichkeit die Prüfung zu verlangen, vgl. Form. L.III.4 Anm. 8. Ziff. 14.2 des Formulars enthält hinsichtlich der Spaltungsprüfung ebenfalls eine die Absicht der beteiligten Anteilseigner klarstellende Klausel. Auch hier empfiehlt es sich, frühzeitig mit den Anteilseignern ins Benehmen zu setzen.

35. Wirksamwerden, Bedingungen. Die Wirksamkeit des Vertrages hängt von der Zustimmung der Anteilseigner aller beteiligten Rechtsträger durch Beschluss ab, vgl. §§ 125, 13 Abs. 1 S. 1 UmwG. Zwar kann der Vertrag unter Bedingungen gestellt werden (vgl. § 7 UmwG), jedoch müssen diese vor Anmeldung und Eintragung der Kapitalerhöhung der neuen Gesellschaften und der Spaltung eingetreten sein (s. Lutter/*Priester* § 126 Rdnr. 94). Zum Zustimmungserfordernis von Sicherungsgläubigern, die an Geschäftsanteilen der übertragenden Gesellschaft Sicherungsrechte haben, als Wirksamkeitsvoraussetzung im Falle der nichtverhältniswahrenden Spaltung nach § 128 UmwG (hier Pfandrecht der Bank am Anteil des C) vgl. bereits unter Anm. 8.

Die Spaltung insgesamt wird mit Eintragung im Handelsregister des übertragenden Rechtsträgers wirksam, § 131 Abs. 1 UmwG. Mit dieser Eintragung erlischt derselbe, ohne dass es einer Auflösung und Löschung bedarf, § 131 Abs. 1 Nr. 3 UmwG.

36. Kartellrecht. Sollte der Erwerb von Anteilen im Zuge einer Spaltung ein anmeldepflichtiger Zusammenschluss i. S. v. §§ 37, 39 GWB sein, sind die hieraus resultierenden Besonderheiten zu beachten (vgl. umfassend zur Fusionskontrolle unter Teil K.).

37. Kosten und Gebühren. S. hierzu bereits Form. L. II.3 Anm. 33.

3. Spaltungsbericht

Gemeinsamer Spaltungsbericht[1] nach § 127 UmwG

der
A-GmbH
– nachfolgend „A" genannt –,
der B-GmbH
– nachfolgend „B" genannt –,
und der
C-GmbH
– nachfolgend „C" genannt –

Die Geschäftsführer der A, der B und der C haben am ...... einen notariell beurkundeten Vertrag über die Aufspaltung der A zur Aufnahme durch die B und die C geschlossen. Der Vertrag ist dem Bericht in Abschrift (Anlage ......) beigefügt. Es ist vorgesehen, dass die Gesellschafterversammlungen der A, B und C am ...... über die Zustimmung zu dem Vertrag befinden. Hierfür sind gemäß §§ 49, 51 GmbHG [alternativ: § ...... des Gesellschaftsvertrages der A (wegen § 45 Abs. 2 GmbHG ggf. entsprechendes für die B und C)] die Gesellschafterversammlungen einzuberufen. Die Geschäftsführer der beteiligten Gesellschaften haben beim LG ...... am ...... den Antrag auf Bestellung von Verschmelzungsprüfern gemäß § 10 Abs. 1 UmwG gestellt. Das LG ...... hat mit Beschluss vom ...... die ...... [Firma, Anschrift] mit Sitz in ...... und die ...... [Firma, Anschrift] mit Sitz in ...... zu Spaltungsprüfern bestellt.

Gemäß § 127 UmwG erstatten die Geschäftsführer der an der Spaltung beteiligten Gesellschaften nun wie folgt Bericht:

1. Gründe[2] für die Spaltung

Die Zusammenfassung der durch die Betriebe 1 und 2 bearbeiteten Arbeitsgebiete unter A als einer juristischen Person hat sich in betriebswirtschaftlicher Hinsicht als nicht mehr sinnvoll und dem Marktgeschehen angemessen erwiesen.

Es bietet sich aus folgenden Gründen daher eine Umstrukturierung hin zu einer divisionalen Struktur in Form einer Aufspaltung zur Aufnahme an.

Aufgrund in der Vergangenheit beobachteter unüberbrückbarer Differenzen ist es ferner dienlich, den Gesellschafterkreis im Zuge der Spaltung zu trennen. Gesellschafter C wird aus folgenden Gründen nur an der C beteiligt sein.

......

2. Durchführung der Spaltung[3]

Aus unter den in Ziffer 1. benannten Erwägungen wird die Spaltung wie folgt vollzogen. Die A wird unter gleichzeitiger Auflösung ihren Betrieb 1 auf die B und Betrieb 2 auf die

3. Spaltungsbericht   L.III.3

C übertragen. Als Gegenleistung werden den Gesellschaftern der A Anteile an den übernehmenden Gesellschaften in folgendem Verhältnis gewährt ......
Die bisherigen Geschäftsführer der A, die Herren ......, werden zu Geschäftsführern der übernehmenden B bestellt.
......

3. Erläuterung einzelner Bestimmungen des Spaltungs- und Übernahmevertrages

3.1 Gegenleistung, Umtauschverhältnis[4]

Die im Spaltungs- und Übernahmevertrag vorgesehene Gegenleistung für die Gesellschafter der A in Form von Geschäftsanteilen der B und C bzw. baren Zuzahlungen basiert auf gutachterlichen Vorschlägen, die von den Wirtschaftsprüfungsgesellschaften ...... [Firma, Anschrift] unterbreitet wurden und die Angemessenheit des Umtauschverhältnisses bestätigen. Eine eingehende Erläuterung mit den Geschäftsführern der beteiligten Gesellschaften hat stattgefunden. In Anlage ...... werden die wesentlichen Daten, aus denen sich bei der Anwendung der vorgenannten Bewertungsgrundsätze der Unternehmenswert ergibt, wiedergegeben.
Gesellschafter C wird im Zuge der Spaltung lediglich ein Geschäftsteil an der C gewährt, sodass eine nichtverhältniswahrende[5] Spaltung vorliegt. Die Umtauschverhältnisse beruhen im Einzelnen auf nachfolgend aufgeführten Erwägungen und Berechnungen. ......
Aufgrund folgender sich aus der Bewertung ergebenden Erwägungen kamen die Parteien überein, den den Gesellschaftern A und B gewährten Gesellschaftsanteilen an der C kein Stimmrecht[5] beizumessen. ......
Die Gutachten der Wirtschaftsprüfungsgesellschaften sind dem Bericht beigefügt (Anlage ......). Im Einzelnen haben sich die Wirtschaftsprüfer bei den Bewertungen folgender Methoden bedient. ...... Die Wirtschaftsprüfer haben bestätigt, dass sich besondere Schwierigkeiten bei der Bewertung, soweit nicht im Bericht genannt, nicht gezeigt haben.

3.2 Barabfindungsangebot

Ein Barabfindungsangebot ist mangels Vorliegen der Voraussetzungen der §§ 125, 29 UmwG nicht erforderlich.

3.3 Konsequenzen für die Arbeitnehmer und deren Vertretungen[6]

3.3.1 Arbeitsverträge

Mit der Aufspaltung gehen sämtliche Arbeitsverhältnisse nach § 613a BGB auf die übernehmenden Gesellschaften über, vgl. § 324 UmwG. Selbiges gilt ebenso für damit verbundenen Arbeitgeberpflichten.
Des Weiteren ist zu erwähnen, dass den Arbeitnehmern ein Widerspruchsrecht nach § 613a Abs. 6 BGB zusteht. Dieses gibt den Arbeitnehmern faktisch das Recht, sich anlässlich der Spaltung vom Arbeitsvertrag zu lösen.
......

3.3.2 Betriebsräte und Betriebsvereinbarungen

Eine Änderung in der Betriebsorganisation ist nicht vorgesehen, da die Betriebe 1 und 2 identitätswahrend auf die übernehmenden Gesellschaften übergehen. Daher bleiben die gewählten Betriebsräte im Amt.
Da sich die Betriebsorganisation nicht ändert, gelten auch die bestehenden Betriebsvereinbarungen kollektivrechtlich fort.
......

3.3.3 Firmentarifvertrag

Der bestehende Firmentarifvertrag gilt individualvertraglich fort, vgl. § 324 UmwG, § 613a Abs. 1 S. 2 BGB. Demnach dürfen diese ein Jahr nach Betriebsübergang nicht zum Nachteil der Arbeitnehmer geändert werden.
......

3.3.4 Unternehmensmitbestimmung
......

3.4 Zuordnung von Verbindlichkeiten, Haftungsrisiken[7]

Aus der Spaltung resultierende Haftungsrisiken für vor Wirksamwerden der Spaltung begründete Verbindlichkeiten ergeben sich aus der Haftung nach § 133 UmwG. Mit Blick auf die darzulegende Liquidität und Ertragskraft der übernehmenden Gesellschaften hat eine Aufteilung der Verbindlichkeiten wie im Spaltungs- und Übernahmevertrag vorgesehen stattgefunden. Die sich daraus ergebenden Haftungsrisiken werden anschließend dargestellt.
......

3.5 Steuerneutralität, bilanzielle Folgen[8]

Die Spaltung wird aufgrund der Übertragung von Teilbetrieben nach § 15 UmwStG steuerneutral erfolgen. Wie nachfolgend erläutert sind die Voraussetzungen diesbezüglich gegeben.
......

4. Unternehmensdaten und deren Vertraulichkeit[9]

Dieser Bericht enthält mit Bedacht keine Angaben zu Investitionen, Forschungs- und Entwicklungsprogrammen oder bisher in diesem Zusammenhang erzielten Fortschritten. Tatsachen dieser Art sind geeignet, einem der beteiligten Rechtsträger einen nicht unerheblichen Nachteil zuzufügen. Alle diese Bereiche betreffenden Informationen werden von den vertragschließenden Parteien aus folgenden Gründen als streng vertraulich angesehen.
......

...... [Ort, Datum]

A

......

[Namen der Geschäftsführer]

B   C

....

[Namen der Geschäftsführer]   [Namen der Geschäftsführer]

Anlagen

Schrifttum: Vgl. auch bereits das Schrifttum zu Form. L.III.2; *Heckschen/Simon,* Umwandlungsrecht, 2003; *Schöne,* Die Spaltung unter Beteiligung von GmbH gem. §§ 123 ff. UmwG, 1998; *Schöne,* Das Aktienrecht als „Maß aller Dinge" im neuen Umwandlungsrecht? Zugleich Anmerkungen zu den Kölner Umwandlungsrechtstagen, GmbHR 1995, 325.

Anmerkungen

1. Überblick. Rechtsgrundlage für den Spaltungsbericht ist § 127 UmwG gemäß dessen S. 1 Hs. 2 auch eine gemeinsame Berichterstattung der Vertretungsorgane aller an der Spaltung beteiligten Rechtsträger möglich ist. Dieser Fall ist auch im Formular abgebildet. Der Bericht dient ausschließlich der Information und somit dem Schutz der Anteilseigner, denen er spätestens mit Einladung zur Gesellschafterversammlung, die über die Spaltung befinden soll, zu übersenden ist, s. §§ 125, 47 UmwG (vgl. zur Informationsfunktion Schmitt/Hörtnagl/Stratz/*Stratz* § 8 Rdnr. 1 ff.). Nach Funktion und inhaltlichen Anforderungen entspricht der Bericht für Spaltungen dem Verschmelzungsbericht nach § 8 UmwG, sodass vorbehaltlich hier genannter spaltungsspezifischer Besonderheiten auf das entsprechende Formular verwiesen wird; insbesondere zum Verfahren der Berichterstattung, dessen Disponibilität durch die Gesellschafter sowie zu den Rechtsfolgen fehlerhafter Berichte vgl. Anmerkungen bei L.II.4, vgl. auch Form. L.III.2 Ziff. 14.2.

Der Bericht hat den Spagat zwischen ausreichender Information als Entscheidungsgrundlage für die Gesellschafter einerseits und Vermeidung eines „abstrakten Formularberichts" oder eines „information overflow" andererseits durch Benennung zu vieler Details zu meistern. Nutzbringend ist insofern der Hinweis auf die Funktion des Berichts als Grundlage für eine Plausibilitätskontrolle zur Rechtmäßigkeit und Wirtschaftlichkeit für die Anteilsinhaber (vgl. Lutter/*Lutter/Drygala* § 8 Rdnr. 12).

Als Spezifikum der Spaltung unter Beteiligung von GmbHs ist erwähnenswert, dass die Gesellschafterversammlung den Geschäftsführern bezüglich des Umstandes, gemeinsam Bericht zu erstatten, Weisungen erteilen kann, vgl. § 37 GmbHG, wobei diese bei der Berichtserstattung selbst frei von Weisungen handeln (hierzu Lutter/*Schwab* § 127 Rdnr. 16; *Schöne,* S. 298 ff.).

Grundsätzlich ist der gesamte Spaltungsvertrag zu erläutern (vgl. zu nicht erläuterungsbedürftigen Klauseln Lutter/*Lutter/Drygala* § 8 Rdnr. 17). Das Formular kann naturgemäß lediglich einen groben (beispielhaften) Rahmen für die in Abhängigkeit vom Einzelfall erforderlichen Ausführungen geben.

Zu Fragen des Verzichts auf den Bericht vgl. Form. L.III.2 Anm. 34; Form. L.III.4 Anm. 7.

2. Gründe. Es ist schlüssig und nachvollziehbar zu begründen, warum eine Spaltung in der jeweils gewählten Variante die für die Erreichung der (betriebswirtschaftlichen) Zielvorstellungen zielführendste Umstrukturierungsmaßnahme ist und ein geeignetes Mittel zur Verfolgung des Unternehmenszwecks der beteiligten Gesellschaften ist (vgl. Kallmeyer/*Kallmeyer/Sickinger* § 127 Rdnr. 5). Insbesondere bei Abspaltungen und Ausgliederungen sollte hier darauf eingegangen werden, weshalb Alternativen zur Umstrukturierung durch Spaltung, etwa im Wege der Übertragung von einzelnen Vermögensteilen qua Einzelrechtsnachfolge nicht in gleicher Weise zielführend sind (zum Konkurrenzverhältnis der Regelungen des UmwG und der Einzelrechtsnachfolge s. Form. L.IV.21 Anm. 1 sowie Heckschen/Simon/*Heckschen* § 7 Rdnr. 5 ff.).

3. Die Darstellung des wesentlichen Inhalts des Spaltungs- und Übernahmevertrages in Verbindung mit den ihm zugrundeliegenden wirtschaftlichen und rechtlichen Erwägungen ist zweckmäßig, um der Funktion des Berichts gerecht zu werden und den Anteilseignern eine solide Entscheidungsgrundlage zu bereiten.

4. Umtauschverhältnis, Aufteilung. Die Erläuterung des Umtauschverhältnisses und der Vermögensaufteilung stellt den Schwerpunkt der Berichtspflicht dar (Schmitt/Hörtnagl/Stratz/ *Stratz* § 8 Rdnr. 18).

5. Neben den ebenfalls beim Verschmelzungsbericht erforderlichen Angaben zur Erläuterung und Begründung des Umtauschverhältnisses (vgl. hierzu insgesamt schon Form. und Anmerkungen L.II.4) bedarf es bei der Spaltung einer besonderen rechtlichen und wirtschaftlichen Erläuterung der Aufteilung der gewährten Anteile unter den Gesellschaftern der übertragenden Gesellschaft (Schmitt/Hörtnagl/Stratz/*Hörtnagl* § 127 Rdnr. 5 ff.). Auf Schwierigkeiten bei der Bewertung ist nach §§ 127 S. 2, 8 Abs. 1 S. 2 UmwG hinzuweisen. Die Erläuterungs- und Begründungspflicht gilt insbesondere für den – im Formular gegebenen – Fall der nichtverhältniswahrenden Spaltung. Geht mit dieser nicht nur eine von den bisherigen Beteiligungsverhältnissen abweichende Beteiligung an den übernehmenden Rechtsträgern einher, sondern stellt dies zugleich auch eine Veränderung der Wertverhältnisse dar, so sind die Gründe hierfür ausführlich darzulegen (vgl. insgesamt hierzu Schmitt/Hörtnagl/Stratz/ *Hörtnagl* § 127 Rdnr. 5 ff.). In diesem Zusammenhang ist nach §§ 127 S. 2, 8 Abs. 1 S. 2 UmwG auch auf die Folgen für die Beteiligung der Anteilsinhaber einzugehen. Dementsprechend sind im Formular Erläuterungen bezüglich des Stimmrechtsausschlusses der den Gesellschaftern A und B an der C gewährten Geschäftsanteile (vgl. zu diesen Erläuterungspflichten Kallmeyer/*Kallmeyer/Sickinger* § 127 Rdnr. 12 f.).

6. Arbeitnehmer und deren Vertretungen. Auch wenn die Anteilseigner, nicht aber Arbeitnehmer und ihre Vertretungen Adressaten des Spaltungsberichts sind, so können die Auswirkungen der Spaltung auf dieses Themenfeld für die Gesellschafter entscheidungserheblich sein, weshalb es auch hier einer Erläuterung bedarf (vgl. Schmitt/Hörtnagl/*Stratz/Hörtnagl* § 127 Rdnr. 1, § 8 Rdnr. 14).

7. Haftungsrisiken. Besondere Bedeutung kommt bei der Spaltung der zeitlich befristeten Haftung nach §§ 133, 134 UmwG zu. Da letztlich die Anteilseigner über die Aufteilung der Einstands- und Haftungspflichten entscheiden, dient der Bericht insofern einer vorbeugenden Kontrolle über die diesbezüglich vorgesehenen vertraglichen Vorgaben (s. Lutter/*Schwab* § 127 Rdnr. 21). Hieraus ergeben sich eingehende Erläuterungspflichten.

Um die Haftungsrisiken letztlich nachvollziehen zu können, bedarf es einer ausführlichen Erläuterung der spaltungsvertraglichen Zuweisung der einzelnen Verbindlichkeiten zu den übernehmenden Rechtsträgern. Hierzu sind – mit Blick auch auf die Übertragung von Aktiva – auch Erläuterungen zur Ertragskraft und Liquidität erforderlich, die letztlich in eine Prognose zur Erfüllbarkeit der jeweiligen Verbindlichkeiten im Zeitpunkt ihrer Fälligkeit erlauben. Eine bloße statistische Gegenüberstellung der übertragenen Aktiva und Passiva ist nicht ausreichend. Die Erläuterung hat sich daran zu orientieren, welche Risiken der jeweils beteiligten Gesellschaft als Hauptschuldner oder als akzessorisch Mithaftender (zum Haftungsregime des § 133 UmwG bereits ausf. Form. L.III.2 Anm. 27) durch die Aufteilung der Aktiva und Passiva sowie eine Ausgestaltung von Freistellungs- und Regressansprüchen im Spaltungs- und Übernahmevertrag übertragen werden (vgl. Lutter/*Schwab* § 127 Rdnr. 21 ff.; Schmitt/Hörtnagl/Stratz/*Hörtnagl* § 127 Rdnr. 11 f.).

8. Steuerneutralität und bilanzielle Folgen. Da Spaltungen im Vergleich zu Verschmelzungen nicht selten steuerrechtlich motiviert aber daher auch riskanter sind, bedarf es insbesondere genauer Ausführungen für den Fall der steuerneutralen Spaltung. Es ist im Einzelnen darzulegen, warum die Voraussetzungen erfüllt sind. Auch auf bilanzielle Folgen ist einzugehen (zum Ganzen Schmitt/Hörtnagl/Stratz/*Hörtnagl* § 127 Rdnr. 13 ff.).

9. Vertraulichkeit. Nach §§ 127 S. 2, 8 Abs. 2 UmwG kann unter benannten Voraussetzungen von der Angabe geheimnisschutzwürdiger Tatsachen abgesehen werden (vgl. im Einzelnen Lutter/*Schwab* § 127 Rdnr. 48 f.). Die Vertraulichkeit ist jedoch im Einzelnen zu begründen, ein pauschaler Hinweis auf die Schädlichkeit der Publizität weitergehender Ausführungen oder ein generelles Geheimhaltungsinteresse ist nicht ausreichend (so BGH NJW-RR 1991, 358 f.; vgl. hierzu auch MünchVertragsHdb I/*Heidenhain* XII. 1 Anm. 4). Aufgrund dieser Begründungspflicht ist durchaus fraglich, inwiefern nicht schon aus einer derartigen Begründung durch Dritte auf sensible Informationen geschlossen werden kann, ist doch der Spaltungsbericht nach § 17 Abs. 1 UmwG der Handelsregisteranmeldung beizufügen (vgl. hierzu auch *Schöne* GmbHR 1995, 325, 334).

4. Beschluss der Anteilsinhaber der übertragenden GmbH über die Zustimmung zum Spaltungs- und Übernahmevertrag

UR-Nr. ....../......

Notarielle Urkunde[1]

Verhandelt in ...... am ......

Vor mir, dem unterzeichnenden Notar

......

erschienen heute in ...... [Adresse], wohin ich mich auf Ersuchen begeben habe

1. Herr ...... („A"), ... [Berufsbezeichnung], geboren am ......, geschäftsansässig ......, dem Notar von Person bekannt,

sowie

4. Beschluss der übertragenden GmbH über die Zustimmung   L.III.4

2. Herr ...... („B"), ... [Berufsbezeichnung], geboren am ......, geschäftsansässig ......, dem Notar von Person bekannt,

sowie

3. Herr ...... („C"), ... [Berufsbezeichnung], geboren am ......, geschäftsansässig ......, dem Notar von Person bekannt,

sowie

4. Herr ...... („G1"), Geschäftsführer der A-GmbH, geboren am ......, geschäftsansässig ...... dem Notar von Person bekannt,

sowie

5. Herr ...... („G2"), Geschäftsführer der A-GmbH, geboren am ......, geschäftsansässig ...... dem Notar von Person bekannt,

Die Erschienenen baten, handelnd wie angegeben[5], um die Beurkundung[6] des Folgenden:

I. Spaltungs- und Übernahmevertrag

Die A-GmbH als übertragende Gesellschaft und die B-GmbH und C-GmbH als übernehmende Gesellschaften schließen den als Anlage ...... zu dieser Urkunde beigefügten Spaltungs- und Übernahmevertrag.

II. Gesellschafterversammlung der A-GmbH

1. **Beteiligungsverhältnisse**

1.1 Das Stammkapital der A-GmbH beträgt insgesamt nominal ...... EUR (in Worten: ......) und ist wie folgt eingeteilt: Herr ...... hält Geschäftsanteil Nr. 1 im Nennbetrag von ...... EUR (in Worten: ......), Frau ...... hält Geschäftsanteil Nr. 2 im Nennbetrag von ...... EUR (in Worten: ......), Herr ...... hält Geschäftsanteil Nr. 3 im Nennbetrag von ...... EUR (in Worten: ......).

1.2 Die vorgenannten Geschäftsanteile sind voll eingezahlt. Eine Nachschusspflicht besteht nicht.

2. **Beschlüsse und Erklärungen**

2.1 [*Alternative 1:*[2] Die Gesellschafter der A-GmbH sind zu der heutigen Gesellschafterversammlung form- und fristgerecht unter Angabe der Tagesordnung geladen worden. Einziger Tagesordnungspunkt ist die Beschlussfassung über den als Anlage ...... beigefügten Spaltungs- und Übernahmevertrag zwischen der A-GmbH als übertragende Gesellschaft und der B-GmbH und C-GmbH als übernehmende Gesellschaften. Eine beglaubigte Abschrift des Spaltungs- und Übernahmevertrages war der Tagesordnung als Anlage beigefügt.
Die Jahresabschlüsse sowie die Lageberichte der letzten drei Geschäftsjahre der an der Spaltung beteiligten Rechtsträger waren von der Einberufung der Gesellschafterversammlung an in den Geschäftsräumen der Gesellschaft zur Einsicht ausgelegt. Die Geschäftsführung der Gesellschaft und die von ihr beauftragten Personen haben den Gesellschaftern wiederholt Auskunft über alle für die Spaltung wesentlichen Angelegenheiten der übernehmenden Gesellschaften B-GmbH und C-GmbH gegeben. Die Geschäftsführung hat weiterhin dargelegt, dass in der Zeit zwischen dem Abschluss des Vertrages und der Gesellschafterversammlung keine wesentlichen Veränderungen des Vermögens der an der Aufspaltung beteiligten Rechtsträger eingetreten sind.[2a]
Die Erschienenen zu 1. bis 3. beschließen, was folgt:]

2.1 [*Alternative 2:*
Unter Verzicht auf alle durch Gesetz oder Gesellschaftsvertrag vorgeschriebenen Form- und Fristerfordernisse für die Einberufung und Durchführung von Gesell-

schafterversammlungen sowie auf Informationsrechte treten die Erschienenen zu 1. bis 3. hiermit zu einer außerordentlichen Gesellschafterversammlung der A-GmbH zusammen und beschließen, was folgt:]

2.2 Dem Spaltungs- und Übernahmevertrag zwischen der A-GmbH als übertragender Gesellschaft und der B-GmbH und C-GmbH als übernehmenden Gesellschaften nach Maßgabe der Anlage ...... wird hiermit zugestimmt[1, 3, 4].

2.3 Die Herren A, B und C als Gesellschafter der A-GmbH verzichten hiermit auf die Erstellung eines Spaltungsberichts[7], die Prüfung der Spaltung[8] und einen Spaltungsprüfungsbericht [ggf.: sowie auf die Unterbreitung und Prüfung eines Abfindungsangebots[10]] [und auf etwaige sonstige nach dem UmwG oder dem GmbHG und/oder der Satzung erforderlichen Erfordernisse unter Einschluss des Verzichts auf die Einhaltung sämtlicher Form- und Fristbestimmungen]. Soweit nach dem UmwG sonstige Zustimmungen der Gesellschafter der A-GmbH erforderlich sein sollten, werden diese hiermit erteilt.

2.4 Die Herren A, B und C als Gesellschafter der A-GmbH verzichten hiermit für sich und ihre Rechtsnachfolger auf die Geltendmachung der Nichtigkeit und/oder Anfechtbarkeit sämtlicher Beschlüsse und Erklärungen nach Maßgabe dieser Niederschrift (§§ 125, 16 Abs. 2 UmwG)[9, 10].

III. Kosten[12]; Schlussbestimmungen

1. Die notariellen Kosten dieser Urkunde trägt die A-GmbH.
2. Der Notar weist die Erschienenen darauf hin,
   - dass die Aufspaltung zum Handelsregister anzumelden ist,
   - dass die Spaltung in das Handelsregister der Gesellschaft einzutragen ist, jedoch erst nach Eintragung der Spaltung in die jeweiligen Handelsregister der übernehmenden Gesellschaften eingetragen werden darf,
   - dass die Spaltung erst mit der Eintragung im Handelsregister der Gesellschaft wirksam wird,
   - dass eine etwaige Kapitalerhöhung bei den übernehmenden Gesellschaften vor Eintragung der Spaltung in das jeweilige Handelsregister dieser Gesellschaften einzutragen ist,
   - dass die Gesellschafter, denen Anteile an den übernehmenden Gesellschaften zuteil werden, für die Vollwertigkeit der auf diese Gesellschaften im Gegenzug übertragenen Vermögensteile der A-GmbH haften[11].
3. Nach Angabe waren der beurkundende Notar und Personen im Sinne von § 3 Abs. 1 Nr. 4 BeurkG außerhalb ihrer Amtstätigkeit nicht für die Beteiligten tätig.

Die vorstehende Urkunde nebst Anlage ...... wurde den Erschienenen in Gegenwart des Notars vorgelesen, von ihnen genehmigt und von ihnen und dem Notar wie folgt eigenhändig unterschrieben:

......

Anmerkungen

1. Beschluss. Die Wirksamkeit des Spaltungs- und Übernahmevertrages hängt von der Zustimmung der Gesellschafter aller beteiligten Gesellschaften ab, §§ 125, 13 Abs. 1 S. 1 UmwG. Eine Beschlussfassung ist sowohl über den Vertrag selbst als auch über seinen Entwurf möglich (zur Frage des Beschlusszeitpunktes vgl. bereits Form. L.III.2 Anm. 3). Eine materielle Inhaltskontrolle des Spaltungsbeschlusses wird in Anbetracht der im UmwG existierenden Schutzvorschriften der Anteilseigner zu Recht überwiegend abgelehnt (s. Schmitt/Hörtnagl/Stratz/*Stratz* § 13 Rdnr. 23 m.w.N.; allg. zum richterrechtlich ursprünglich zum Aktienrecht entwickelten Institut der materiellen Beschlusskontrolle im GmbH-Recht vgl. Baumbach/Hueck/*Zöllner* Anh. § 47). Der Vertrag (bzw. Entwurf) ist nach § 13 Abs. 3 S. 2 UmwG dem Beschluss beizufügen und

4. Beschluss der übertragenden GmbH über die Zustimmung   L.III.4

den Anteilsinhabern steht auf ihre Kosten das Recht zu, eine Abschrift des Vertrages (bzw. Entwurfs) und der Beschlussniederschrift zu verlangen, § 13 Abs. 3 S. 3 UmwG.

Hinzuweisen ist aber auf den Umstand, dass die Wirksamkeit des Spaltungs- und Übernahmevertrages ungeachtet eines Zustimmungsbeschlusses der Anteilsinhaber nicht eintritt, wenn im Falle einer nichtverhältniswahrenden Spaltung ein an einem Geschäftsanteil des übertragenden Rechtsträgers dinglich Berechtigter nicht zustimmt (so die Bank als Pfandgläubigerin am Anteil des Herrn C in Form. L.III.2, vgl. dort Anm. 14). Es empfiehlt sich daher, dessen notariell zu beurkundende Zustimmung schon vor Abhaltung der Gesellschafterversammlung einzuholen.

2. Einberufung. Wie § 13 Abs. 1 S. 2 UmwG deutlich macht, kommt nur eine Beschlussfassung in einer Versammlung in Betracht. Daher ist – insbesondere bei Beteiligung einer GmbH wichtig – eine Beschlussfassung im schriftlichen Umlaufverfahren oder nach abweichenden Vorgaben des Gesellschaftsvertrages nicht zulässig (Lutter/*Lutter/Drygala* § 13 Rdnr. 9). Zudem sind die GmbH-spezifischen Anforderungen der §§ 125, 47 ff. UmwG zu wahren. So ist spätestens mit der Einberufung auch der Vertrag (bzw. sein Entwurf) und Spaltungsbericht an die Gesellschafter zu übersenden, § 47 UmwG, sowie zeitgleich die Spaltung als Gegenstand der Beschlussfassung anzukündigen, § 49 Abs. 1 UmwG. Zudem sind von der Einberufung an die Jahresabschlüsse und Lageberichte der letzten drei Jahre der and der Spaltung beteiligten Gesellschaften auszulegen, § 49 Abs. 2 UmwG.

3. Verzicht auf Form- und Fristerfordernisse. Trotz der ausdrücklichen Regelungen über die Vorbereitung der Gesellschafterversammlung bleibt es möglich, den Spaltungsbeschluss unter Verzicht auf sämtliche (gesetzlichen oder statutarischen) Formen und Fristen der Einberufung sowie Informationsrechte zu fassen, wenn alle Gesellschafter erschienen sind und niemand der Beschlussfassung widersprochen hat (s. Lutter/*Lutter/Drygala* § 13 Rdnr. 6). Der Verzicht ist gem. § 8 Abs. 3 S. 2 UmwG notariell zu beurkunden. Vgl. im Übrigen Form. L.II.6 Anm. 9.

Die Möglichkeit des Verzichts bedeutet nicht, dass schon im Gesellschaftsvertrag für alle zukünftigen umwandlungsrechtlichen Beschlüsse von diesen Erfordernissen dispensiert werden kann; allein der ad hoc-Verzicht durch alle Gesellschafter ist ausreichend (dies gilt ebenso im Rahmen der §§ 47, 49 UmwG, vgl. Lutter/*Winter* § 49 Rdnr. 2). Der allseitige Verzicht sollte, wie hier in Variante 2 für Ziff. 2.1 des Formulars geschehen, im notariellen Protokoll niedergelegt werden.

4. Zustimmungsquorum. Für die Zustimmung sind nach §§ 125, 50 Abs. 1 S. 1 UmwG 75% der abgegebenen Stimmen erforderlich. Der Gesellschaftsvertrag darf im Rahmen der bei der GmbH gewährten Autonomie zwar strengere bzw. weitere Erfordernisse vorsehen, nicht jedoch geringere (vgl. § 50 Abs. 1 S. 1 UmwG „mindestens"). Sind die qua Kapitalerhöhung zu schaffenden Anteile mit Sonderpflichten bzw. Belastungen versehen, in diesem Falle etwa der Ausschluss des Stimmrechts für die Gesellschafter A und B bei der übernehmenden C-GmbH, so bedarf der Spaltungsvertrag der Zustimmung aller hiervon Betroffenen (s. Lutter/*Winter* § 46 Rdnr. 27). Da es sich in diesem Falle um eine nichtverhältniswahrende Spaltung handelt (vgl. Form. L.III.2 Anm. 1 und 2), bedarf es nach § 128 UmwG jedoch ohnehin der Zustimmung aller Gesellschafter.

5. Vertretung. Bezüglich der Stimmabgabe und der Widerspruchserklärung ist Vertretung durch Bevollmächtigte oder vollmachtlose Vertreter zulässig; es ist bei der GmbH jedoch das Schriftformerfordernis nach § 47 Abs. 3 GmbHG zu beachten. Sollten sich Anteilsinhaber untereinander bevollmächtigen, ist stets auf § 181 BGB Acht zu geben, wobei eine Befreiung konkludent in der Vollmachtserteilung enthalten sein kann (s. Schmitt/Hörtnagl/Stratz/*Stratz* § 13 Rdnr. 25).

6. Form. Nach §§ 125, 13 Abs. 3 S. 1 UmwG bedürfen der Beschluss sowie alle ihn betreffenden Zustimmungserklärungen einzelner Anteilsinhaber (§§ 13 Abs. 2, 50 Abs. 2, 51, 128 UmwG; auch solche nicht erschienener Anteilsinhaber, vgl. Lutter/*Lutter/Drygala* § 13 Rdnr. 11 f.) der notariellen Beurkundung. Für die Beurkundung kommt entweder die Form der §§ 8 ff. BeurkG oder die der §§ 36 ff. BeurkG in Betracht; letztere werden indes wohl nur in Ausnahmefällen anwendbar sein, kommen bei einer Gesellschafterversammlung, in der

Seibt   1745

gleichzeitig rechtsgeschäftliche und zu beurkundende Erklärungen abgegeben werden nur die §§ 8 ff. in Betracht (s. MünchVertragsHdb I/*Heidenhain* XII.3 Anm. 4). Zur Auslandsbeurkundung vgl. bereits Form. L. III.2 Anm. 4. Eine Heilung der nicht beachteten Form bei Zustimmungserklärungen (nicht hingegen bei der Beurkundung des Zustimmungsbeschlusses, vgl. Kallmeyer/*Kallmeyer/Sickinger* § 131 Rdnr. 15) ist durch Eintragung der Spaltung nach § 131 Abs. 1 Nr. 4 UmwG möglich.

7. Spaltungsbericht. Auf die Erstattung eines Spaltungsberichtes wird im Formular unter Ziff. 2.3 wirksam, da gemäß §§ 125 S. 2, 8 Abs. 3 UmwG notariell beurkundet, verzichtet (zur Disponibilität vgl. schon Anmerkungen bei Form. L. II.4).

8. Spaltungsprüfung. Eine Prüfung der Spaltung hat nach §§ 125, 48, 9 UmwG zu erfolgen, wenn es einer der Gesellschafter innerhalb einer Frist von einer Woche verlangt, nachdem er die in § 47 UmwG genannten Unterlagen erhalten hat.. Im Formular hingegen haben alle Gesellschafter in Ziff. 2.3 gemäß §§ 125, 9 Abs. 3, 8 Abs. 3 UmwG notariell beurkundet und damit wirksam auf die Spaltungsprüfung verzichtet.

9. Klagemöglichkeiten. Eine gegen die Wirksamkeit des Spaltungsbeschlusses gerichtete (Anfechtungs- oder Nichtigkeits-)Klage muss nach §§ 125, 14 Abs. 2 UmwG binnen der materiell-rechtlichen Ausschlussfrist (daher Berechnung nach §§ 186 ff. BGB, keine Hemmung, vgl. insges. Lutter/*Bork* § 14 Rdnr. 4 ff.) von einem Monat nach Beschlussfassung erhoben werden. Zum Ausschluss der Klagemöglichkeiten aufgrund eines nicht angemessenen bzw. nicht (ordnungsgemäß) angebotenen Abfindungsangebots nach §§ 125, 32 UmwG vgl. bereits Form. L. III.2 Anm. 13. Auch mit der Begründung eines unangemessenen Umtauschverhältnisses oder damit, dass die Mitgliedschaft in übernehmenden Rechtsträgern keine ausreichende Gegenleistung sei, kann nach § 14 Abs. 2 UmwG eine Klage nicht begründet werden. Hierfür bietet nach § 15 Abs. 1 S. 2 UmwG, § 1 Nr. 4 SpruchG alleine das Spruchverfahren Rechtsschutz (vgl. umfänglich Schmitt/Hörtnagl/Stratz/*Stratz* § 15 Rdnr. 3 ff.). Zudem sei darauf hingewiesen, dass auch in den Fällen möglicher Klageerhebung die mit einer rechtzeitigen Klage einhergehende Registersperre (vgl. § 16 Abs. 2 UmwG) wegen des Freigabeverfahrens nach § 16 Abs. 3 UmwG die Eintragung der Spaltung nicht hindern muss (vgl. hierzu umfassend Lutter/*Bork* § 16 Rdnr. 15 ff.). Mit Eintragung der Spaltung genießt diese durch § 16 Abs. 3 S. 10 Hs. 2 UmwG gewissen Bestandsschutz, trotz eventueller Begründetheit der Klage. Eine unter Ziff. II.2.4 im Formular enthaltene Verzichtserklärung auf jegliche Möglichkeit der Geltendmachung der Nichtigkeit oder Anfechtbarkeit ist zulässig, bedarf allerdings nach §§ 125, 16 Abs. 2 UmwG der notariellen Form.

10. Abfindungsangebot, Widerspruch. Zur Erforderlichkeit eines Abfindungsangebots s. Form. L. III.2 Anm. 13. Um sich die Rechte aus §§ 125, 29 Abs. 1 UmwG zu erhalten, muss ein Gesellschafter in der Versammlung Widerspruch zur Niederschrift des Notars erklären. Eine Erklärung außerhalb der Versammlung genügt den Anforderungen daher nicht. Auch eine bloße Zustimmungsverweigerung ist ebenso wenig ausreichend, wie allein eine Gegenstimme; letztere muss jedoch kumulativ zum Widerspruch vorliegen (h. A. vgl. Lutter/*Grunewald* § 29 Rdnr. 10; Schmitt/Hörtnagl/Stratz/*Stratz* § 29 Rdnr. 16; a. A. Kallmeyer/*Marsch-Barner* § 29 Rdnr. 13). Eine Begründung des Widerspruchs ist für seine Wirkung ebenso wenig erforderlich wie eine tatsächlich erfolgte Niederschrift (Kallmeyer/*Marsch-Barner* § 29 Rdnr. 12). Vgl. auch die Ausnahmen von der Widerspruchspflicht in § 29 Abs. 2 UmwG. Von der Unterbreitung eines Abfindungsangebots kann durch Verzichtserklärung aller Gesellschafter – wie hier unter Ziff. II.2.3 des Formulars geschehen – dispensiert werden (s. hierzu Form. L. III.2 Anm. 13).

11. Differenzhaftung. Wie in Anm. 27 des Form. L. III.2 dargelegt wird man von einer Haftung der Anteilseigner für die Vollwertigkeit der erbrachten Einlagen ausgehen müssen, weshalb eine notarielle Belehrung hierüber notwendig ist (MünchVertragsHdb I/*Heidenhain* XII.4 Anm. 10).

12. Kosten und Gebühren. Vgl. hierzu Form. L. II.6 Anm. 11.

5. Beschlüsse der Anteilsinhaber der übernehmenden GmbH über die Zustimmung zum Spaltungs- und Übernahmevertrag und die Erhöhung des Stammkapitals

UR-Nr. ...../......

Notarielle Urkunde

Verhandelt in ...... am ......

Vor mir, dem unterzeichnenden Notar

......

erschienen heute in ......, wohin ich mich auf Ersuchen begeben habe

Frau ......, ... [Berufsbezeichnung], geboren am ......, geschäftsansässig ......, dem Notar von Person bekannt,

Die Vertretungsberechtigung wird vom beurkundenden Notar aufgrund heutiger Einsichtnahme gem. § 21 BNotO in das Handelsregister bestätigt

Das Stammkapital der B-GmbH beträgt insgesamt nominal ...... EUR (in Worten: ......) und ist wie folgt eingeteilt: Frau ...... hält als alleinige Gesellschafterin den Geschäftsanteil Nr. 1 im Nennbetrag von ...... EUR (in Worten: ......).

Der vorgenannte Geschäftsanteil ist voll eingezahlt. Eine Nachschusspflicht besteht nicht.

Unter Verzicht auf alle durch Gesetz oder Gesellschaftsvertrag vorgeschriebenen Form- und Fristerfordernisse für die Einberufung und Durchführung von Gesellschafterversammlungen sowie auf Informationsrechte hält die Erschienene hiermit eine außerordentliche Gesellschafterversammlung der B-GmbH ab und beschließt, was folgt:

I. Spaltungs- und Übernahmevertrag[1, 2]

1. Dem als Anlage ...... zu dieser Urkunde beigefügten Spaltungs- und Übernahmevertrag zwischen der A-GmbH als übertragender Gesellschaft und der B-GmbH und C-GmbH als übernehmenden Gesellschaften vom ...... wird hiermit zugestimmt[2].

2. Die Erschienene als Gesellschafterin der B-GmbH verzichtet hiermit auf die Erstellung eines Spaltungsberichts, die Prüfung der Spaltung und einen Spaltungsprüfungsbericht sowie auf etwaige sonstige nach dem UmwG oder dem GmbHG und/oder der Satzung erforderlichen Erfordernisse unter Einschluss des Verzichts auf die Einhaltung sämtlicher Form- und Fristbestimmungen. Soweit nach dem UmwG sonstige Zustimmungen der Gesellschafterin der B-GmbH erforderlich sein sollten, werden diese hiermit erteilt.

3. Die Erschienene als Gesellschafterin der B-GmbH verzichtet hiermit für sich und ihre Rechtsnachfolger auf die Geltendmachung der Nichtigkeit und/oder Anfechtbarkeit sämtlicher Beschlüsse und Erklärungen nach Maßgabe dieser Niederschrift (§§ 125, 16 Abs. 2 UmwG).

II. Erhöhung des Stammkapitals der B-GmbH[3, 4]

1. Zur Durchführung der unter Ziff. I dieser Urkunde genannten Aufspaltung wird das Stammkapital der übernehmenden Gesellschaft B-GmbH von gegenwärtig nominal ...... EUR (in Worten: ......) um nominal ...... EUR (in Worten: ......) auf insgesamt nominal ...... EUR (in Worten: ......) erhöht. Herrn A wird als Gegenleistung für die Übertragung des aufgespaltenen Vermögens der A-GmbH ein Geschäftsanteil im Nennwert von ...... EUR (in Worten: ......), Herrn B wird als Gegenleistung für die Übertragung des aufgespaltenen Vermögens der A-GmbH ein Geschäftsanteil im Nennwert von ...... EUR (in Worten: ......) gewährt. Die Einzahlungen auf die Ge-

schäftsanteile werden durch die Übertragung der in § 6 des als Anlage ...... beigefügten Spaltungs- und Übernahmevertrages aufgeführten Aktiva und Passiva erbracht.
2. Die Gesellschaft ist verpflichtet, den Herrn A und B eine bare Zuzahlung in Höhe von ...... EUR je 100,– EUR des neuen Geschäftsanteils zu zahlen. [Alternative: Die Gesellschaft ist nicht verpflichtet, einen den Nennwert der neuen Geschäftsanteile übersteigenden Wert der erbrachten Einlagen den Gesellschaftern oder Dritten zu vergüten.]
3. Die neuen Geschäftsanteile sind ab dem ...... am Gewinn der Gesellschaft beteiligt.
4. § ...... des Gesellschaftsvertrages der B-GmbH wird wie folgt geändert:
„§ ...... Stammkapital
Das Stammkapital der Gesellschaft beträgt ...... EUR (in Worten: ......)."

III. Kosten[5]; Schlussbestimmungen

1. Die notariellen Kosten dieser Urkunde trägt die B-GmbH.
2. Der Notar weist die Erschienene darauf hin,
   - dass die Erhöhung des Stammkapitals erst mit Eintragung im Handelsregister der Gesellschaft wirksam wird,
   - dass die Aufspaltung zur Eintragung in das jeweilige Handelsregister aller beteiligten Rechtsträger anzumelden ist,
   - dass die Aufspaltung in das Handelsregister der Gesellschaft erst nach Eintragung der Erhöhung des Stammkapitals in das Handelsregister der Gesellschaft eingetragen wird,
   - dass die Aufspaltung erst mit der Eintragung im Handelsregister der übertragenden Gesellschaft wirksam wird,
   - dass sowohl die alten wie die neuen Gesellschafter für die Vollwertigkeit der zu erbringenden Sacheinlagen haften.
3. Nach Angabe waren der beurkundende Notar und Personen im Sinne von § 3 Abs. 1 Nr. 4 BeurkG außerhalb ihrer Amtstätigkeit nicht für die Beteiligten tätig.

Die vorstehende Urkunde nebst Anlage ...... wurde der Erschienenen in Gegenwart des Notars vorgelesen, von ihr genehmigt und von ihr und dem Notar wie folgt eigenhändig unterschrieben:
......

Anmerkungen

1. Beschlüsse. Der Zustimmungsbeschluss zum Spaltungs- und Übernahmevertrag ist mit demjenigen über die Kapitalerhöhung in den übernehmenden Gesellschaften verbunden. Dementsprechend kann bezüglich der Zustimmung zu ersterem (Regelungen in der Einleitung sowie in Ziff. I. des Formulars) auf die Anm. zu Form. L.III.4 verwiesen werden.

2. Zustimmungserfordernis in Sonderfällen. Zu beachten ist, dass gem. § 51 Abs. 1 S. 3 UmwG bei einer Spaltung zur Aufnahme einer GmbH, auf deren Anteile nicht alle Einlagen in voller Höhe bewirkt sind, der Spaltungsbeschluss bei einer aufnehmenden GmbH der Zustimmung aller Gesellschafter bedarf.

3. Kapitalerhöhung (und Satzungsänderung). Vgl. grds. schon Form. L.III.2 Anm. 9f. Die für die Kapitalerhöhung in der GmbH grundsätzlich anwendbaren Vorschriften der §§ 55 bis 57b GmbHG werden durch §§ 125 S. 1, 55 UmwG den umwandlungsrechtlichen Besonderheiten entsprechend modifiziert.

Einer Übernahmeerklärung nach § 55 Abs. 1 GmbHG und deren Beifügung bei der Anmeldung nach § 57 Abs. 3 Nr. 1 GmbHG bedarf es nach §§ 125 S. 1, 55 Abs. 1 UmwG deshalb nicht, weil Grundlage des Erwerbs ihrer Anteile der Spaltungs- und Übernahmevertrag samt der Zustimmungsbeschlüsse ist und dieser Erwerb mit Eintragung nach §§ 131 Abs. 1 Nr. 1 und Nr. 3 UmwG kraft Gesetzes wirksam wird.

Auch die Vorschriften über die vor Anmeldung der Kapitalerhöhung zu leistenden Einlagen bzw. Sicherheitsleistungen bei der Einmann-GmbH nach §§ 56a, 7 GmbH sind nach §§ 125 S. 1, 55 Abs. 1 UmwG unanwendbar, weil die Anteilsinhaber bei der Spaltung nicht Schuldner einer Einlage sind, sondern die Deckung des erhöhten Stammkapitals durch die Übertragung im Wege der Spaltung gewährleistet wird. Dementsprechend bedarf es nach §§ 125 S. 1, 55 Abs. 1 UmwG auch nicht der Versicherung des Geschäftsführers nach § 57 Abs. 2 GmbHG (vgl. Lutter/*Winter* § 55 Rdnr. 19 f.).

Der spaltungsbedingten Kapitalerhöhung ist ein Bezugsrechtsausschluss zu Lasten der Altgesellschafter der übernehmenden Gesellschaften inhärent, ist diese doch nur insoweit zulässig, als die neuen Anteile zur Gewährung an die im Zuge der Spaltung neu hinzutretenden Gesellschafter erforderlich sind (Lutter/*Winter* § 55 Rdnr. 25).

Für den Fall, dass in einer übernehmenden Gesellschaft die qua Kapitalerhöhung geschaffenen Geschäftsanteile mit Sonderpflichten (etwa Stimmrechtsausschluss, vgl. Form. L.III.2 Anm. 9) für Anteilseigner der übertragenden Gesellschaft versehen werden sollen, bedarf es neben der Kapitalerhöhung eines entsprechenden Satzungsänderungsbeschlusses (s. Lutter/*Winter* § 46 Rdnr. 23).

4. Differenzhaftung. Die Anteilseigner der übertragenden Gesellschaft – auch diejenigen, die gegen die Spaltung gestimmt haben (vgl. hierzu Lutter/*Winter* § 55 Rdnr. 12 ff.) – unterliegen der nicht durch §§ 125, 55 UmwG ausgenommenen Differenzhaftung nach §§ 56 Abs. 2, 9 GmbHG. Für die bisherige Alleingesellschafterin der aufnehmenden B-GmbH kommt jedoch allenfalls die Ausfallhaftung nach § 24 GmbHG in Betracht (s. schon Form. L.III.2 Anm. 33; hierzu auch Kallmeyer/*Kallmeyer* § 55 Rdnr. 5 ff.).

5. Kosten und Gebühren. Vgl. bereits Form. L.II.6 Anm. 11.

6. Anmeldung der Kapitalerhöhung und Spaltung zum Handelsregister der übernehmenden GmbH[1]

UR-Nr. ......

An das
Amtsgericht
– Handelsregister –
......

B-GmbH, ..., HRB ......
Aufspaltung der A-GmbH

I. Als alleinige und gemeinsam vertretungsberechtigte Geschäftsführer vorstehender Gesellschaft überreichen[3, 7] wir in der Anlage:
  1. notariell beglaubigte Abschrift der Urkunde vom ...... (UR-Nr. ......) des Notars ...... [Name, Ort] mit
    1.1 dem Spaltungs- und Übernahmevertrag zwischen der A-GmbH als übertragende Gesellschaft und der B-GmbH und C-GmbH als übernehmende Gesellschaften vom ...... gemäß Anlage ...... der vorgenannten notariellen Urkunde;
    1.2 dem Zustimmungsbeschluss der Gesellschafterversammlung der B-GmbH zu dem vorgenannten Spaltungs- und Übernahmevertrag gemäß Ziff. I.1 der vorgenannten notariellen Urkunde sowie dem Beschluss über die Erhöhung des Stammkapitals der Gesellschaft gemäß Ziff. II der vorgenannten notariellen Urkunde;
    1.3 der Erklärung von Frau ...... als alleinige Gesellschafterin der B-GmbH gemäß Ziff. I.2 der vorgenannten notariellen Urkunde, auf die Erstellung eines

Spaltungsberichts, einer Spaltungsprüfung und die Erstellung eines Spaltungsprüfungsberichts zu verzichten;
  - 1.4 der Erklärung von Frau ...... als alleinige Gesellschafterin der B-GmbH gemäß Ziff. I.3 der vorgenannten notariellen Urkunde, auf die Geltendmachung der Nichtigkeit und/oder die Anfechtung des Gesellschafterbeschlusses zu verzichten;
2. notariell beglaubigte Abschrift der Urkunde vom ...... (UR-Nr. ......) des Notars ...... [Name, Ort] mit
  - 2.1 dem Zustimmungsbeschluss der Gesellschafterversammlung der C-GmbH zu dem vorgenannten Spaltungs- und Übernahmevertrag gemäß Ziff. I.1 der vorgenannten notariellen Urkunde sowie dem Beschluss über die Erhöhung des Stammkapitals der Gesellschaft gemäß Ziff. II der vorgenannten notariellen Urkunde;
  - 2.2 der Erklärung von Herrn ...... als alleiniger Gesellschafter der C-GmbH gemäß Ziff. I.2 der vorgenannten notariellen Urkunde, auf die Erstellung eines Spaltungsberichts, einer Spaltungsprüfung und die Erstellung eines Spaltungsprüfungsberichts zu verzichten;
  - 2.3 der Erklärung von Herrn ...... als alleiniger Gesellschafter der C-GmbH gemäß Ziff. I.3 der vorgenannten notariellen Urkunde, auf die Geltendmachung der Nichtigkeit und/oder die Anfechtung des Gesellschafterbeschlusses zu verzichten;
3. notariell beglaubigte Abschrift der Urkunde vom ...... (UR-Nr. ......) des Notars ...... [Name, Ort] mit
  - 3.1 dem Zustimmungsbeschluss der Gesellschafterversammlung der A-GmbH zu dem vorgenannten Spaltungs- und Übernahmevertrag gemäß Ziff. II.2.2 der vorgenannten notariellen Urkunde;
  - 3.2 der Erklärung der Herren ......, ... und ...... als Gesellschafter der A-GmbH gemäß Ziff. II.2.3 der vorgenannten notariellen Urkunde, auf die Erstellung eines Spaltungsberichts, einer Spaltungsprüfung und die Erstellung eines Spaltungsprüfungsberichts [ggf.: sowie auf die Unterbreitung und Prüfung eines Abfindungsangebots] zu verzichten;
  - 3.3 der Erklärung der Herren ......, ... und ...... als Gesellschafter der A-GmbH gemäß Ziff. II.2.4 der vorgenannten notariellen Urkunde, auf die Geltendmachung der Nichtigkeit und/oder die Anfechtung des Gesellschafterbeschlusses zu verzichten;
4. vollständiger Wortlaut des Gesellschaftsvertrages mit Bescheinigung des Notars gemäß § 54 Abs. 1 S. 2 GmbHG;
5. Liste der Übernehmer der neuen Geschäftsanteile;
6. aktualisierte Gesellschafterliste[8] nach Durchführung der Aufspaltung;
7. Empfangsbestätigung des Vorsitzenden des Betriebsrats[9] vom ...... über den Erhalt des Entwurfs des Spaltungs- und Übernahmevertrages nebst darin bezeichneter Anlagen;
8. [ggf. Sachkapitalerhöhungsbericht[4] der B-GmbH;]
9. Werthaltigkeitstestat der ...... [Name der Wirtschaftsprüfungsgesellschaft] vom ......;
10. notariell beglaubigte Abschrift des Einlagevertrages[5] zwischen den Anteilsinhabern der A-GmbH und der Gesellschaft vom ...... (UR ...... des Notars ......);
11. notariell beglaubigte Zustimmungserklärung der ......, welcher ein Pfandrecht am Geschäftsanteil des Herrn C an dem übertragenden Rechtsträgers zusteht.
II. Zur Eintragung[1] in das Handelsregister melden wir an:
  1. Das Stammkapital der Gesellschaft ist zur Durchführung der Spaltung von gegenwärtig nominal ...... EUR (in Worten: ......) um nominal ...... EUR (in Wor-

6. Anmeldung zum HR der übernehmenden GmbH — L.III.6

ten: ......) auf insgesamt nominal ...... EUR (in Worten: ......) erhöht[2] worden, und zwar durch Ausgabe ...... neuer Geschäftsanteile im Nennwert von ...... EUR (in Worten: ......). § ...... des Gesellschaftsvertrages wurde entsprechend neu gefasst,

2. Die A-GmbH mit Sitz in ......, eingetragen im Handelsregister des Amtsgerichts ...... unter HRB ...... hat aufgrund des Spaltungs- und Übernahmevertrages vom ...... ihr Vermögen unter Auflösung ohne Abwicklung durch gleichzeitige Übertragung der in den §§ 6 und 7 des vorgenannten Spaltungs- und Übernahmevertrages bezeichneten Vermögensteile jeweils als Gesamtheit gemäß §§ 123 Abs. 1 Nr. 1, 131 Abs. 1 UmwG auf die B-GmbH und die C-GmbH mit Sitz in ......, eingetragen im Handelsregister des Amtsgerichts ...... unter HRB ......, gegen Gewährung von Anteilen dieser Gesellschaften an die Gesellschafter der A-GmbH übertragen (Aufspaltung zur Aufnahme)[6].

III. Wir erklären ferner Folgendes:

1. Die Voraussetzungen der §§ 125, 51 Abs. 1 S. 1 und S. 3 UmwG liegen nicht vor; auf die bestehenden Geschäftsanteile der übernehmenden und der übertragenden Gesellschaft sind alle Einlagen in voller Höhe erbracht[9].
2. Wir erklären[10] gemäß § 16 Abs. 2 UmwG, dass zum Zeitpunkt dieser Anmeldung Klagen gegen die Wirksamkeit der Spaltungsbeschlüsse nicht erhoben worden sind. Die Gesellschafter der übertragenden und der übernehmenden Gesellschaften haben außerdem ausweislich der beigefügten notariellen Urkunden auf das Recht verzichtet, gegen die Spaltungsbeschlüsse Klage zu erheben.
3. Eine Spaltungsprüfung ist nicht vorgenommen worden, da alle Gesellschafter ausweislich der beigefügten notariellen Urkunden auf die Prüfung verzichtet haben.
4. Eintragungsnachrichten werden erbeten an:
......
5. Nach erfolgter Eintragung bitten wir um Übersendung von drei beglaubigten und zwei unbeglaubigten Handelsregisterauszügen zu Händen von Herrn Rechtsanwalt ....
6. Die Kosten[11] der Eintragung in das elektronische Handelsregister und der Handelsregisterauszüge trägt die B-GmbH.

......, den ......
......

[Unterschriften sämtlicher Geschäftsführer der A-GmbH]

[Unterschriftsbeglaubigung]

Anmerkungen

1. Überblick; Reihenfolge der Eintragungen. Alle Geschäftsführer der an der Spaltung beteiligten Gesellschaften haben die Spaltung zur Eintragung ins Handelsregister ihrer jeweiligen Gesellschaft anzumelden, vgl. §§ 125, 16 Abs. 1 S. 1 UmwG. Zu beachten ist, dass die notariell beglaubigte Handelsregisteranmeldung nach § 12 Abs. 1 HGB zwingend in elektronischer Form erfolgen muss. Für mit einzureichende Dokumente vgl. § 12 Abs. 2 HGB.

Bei der Anmeldung ist folgende Reihenfolge zu beachten: Zunächst haben die Eintragungen im Handelsregister der übernehmenden Gesellschaften zu erfolgen, § 130 Abs. 1 UmwG. Hierbei muss die Eintragung etwaiger Kapitalerhöhungen zum Zwecke der Spaltung bei den übernehmenden Gesellschaften vor der Eintragung der Spaltung geschehen, §§ 125, 53 UmwG. Erst nach diesen Eintragungen bei den übernehmenden Rechtsträgern kann die Eintragung im Handelsregister der übertragenden Gesellschaft erfolgen. Auch wenn die Anmeldungen – zum Zwecke der Zeitersparnis mangels Erforderlichkeit mehrfacher Vorlage – miteinander verbunden werden können, haben sich die Registergerichte an diese Reihenfolge zu halten. Im Formular wird die Anmeldung der Kapitalerhöhung mit der Anmeldung der Spaltung für eine der übernehmenden Gesellschaften verbunden.

Die Spaltung wird nach § 131 Abs. 1 UmwG erst mit Eintragung im Handelsregister der übertragenden Gesellschaft wirksam.

2. Anmeldung Kapitalerhöhung. Zur Anmeldung einer Kapitalerhöhung bei einer GmbH gemäß § 57 GmbHG vgl. bereits Form. F.I.5, 6. Es sind jedoch die umwandlungsspezifischen Besonderheiten aus §§ 125, 55 UmwG zu beachten (s. Form. L.III.5 Anm. 3). Die Anmeldung nach § 78 GmbHG ist von sämtlichen Geschäftsführern zu tätigen, wobei eine Bevollmächtigung unzulässig ist (Baumbach/Hueck/*Haas* § 78 Rdnr. 4).

3. Beizufügende Unterlagen. Es sind der Anmeldung folgende Unterlagen beizufügen:
- Spaltungs- und Übernahmevertrag, §§ 125, 55 Abs. 2 UmwG
- Niederschrift des Beschlusses über die Kapitalerhöhung
- Niederschrift der Spaltungsbeschlüsse, §§ 125, 55 Abs. 2 UmwG
- der Leistung der Sacheinlage zugrunde liegende oder zu ihrer Ausführung geschlossene notariell zu beurkundende (vgl. Form. L.III.2 Anm. 33) Verträge, § 57 Abs. 3 Nr. 3 GmbHG, namentlich Einlagevereinbarungen

jeweils in Ausfertigung oder in öffentlich beglaubigter Abschrift;
- vollständiger Wortlaut des Gesellschaftsvertrages mit Bescheinigung des Notars nach § 54 Abs. 1 S. 2 GmbHG;
- Liste derjenigen, die neue Geschäftsanteile übernehmen, § 57 Abs. 3 Nr. 2 GmbHG
- Sachkapitalerhöhungsbericht, § 138 UmwG analog (vgl. auch Anm. 4)

jeweils in Schriftform (vgl. Baumbach/Hueck/*Zöllner* § 57 Rdnr. 19; Lutter/*Priester* § 138 Rdnr. 5).

Wie bereits in Form. L.III.5 Anm. 3 ausgeführt, bedarf es keiner vorzulegenden Übernahmeerklärungen und Versicherungen der Geschäftsführer über die Leistung der Einlagen. Eine Versicherung entsprechend § 8 Abs. 2 S. 1 GmbHG darüber, dass dem Übergang der im Spaltungs- und Übernahmevertrag bezeichneten Vermögensgegenstände keine Hindernisse entgegenstehen und diese mit Wirksamwerden der Spaltung endgültig zur freien Verfügung der Geschäftsführer stehen, ist auch schlechterdings von den Geschäftsführern nicht zu leisten (vgl. MünchVertragsHdb I/*Heidenhain* XII.5 Anm. 5).

4. Sachgründungsbericht. Die h.M. fordert für die Aufspaltung zur Aufnahme keinen Sachgründungsbericht nach § 138 UmwG, der dem Registergericht mit einzureichen wäre. Es sei jedoch darauf hingewiesen, dass einige Registergerichte in analoger Anwendung die Einreichung eines Sachkapitalerhöhungsberichts bei der Aufspaltung zur Aufnahme einfordern (so Semler/Stengel/*Reichert* § 138 Rdnr. 2; vgl. auch Schmitt/Hörtnagl/Stratz/*Hörtnagl* § 138 Rdnr. 3). Auch in der Literatur wird diese Ansicht teilweise vertreten, was durchaus im Einklang mit der Systematik der Spaltungsvorschriften (keine Differenzierung im Zweiten Teil, Erster Abschnitt nach Spaltung zur Aufnahme oder zur Neugründung) und jedenfalls nicht dem Wortlaut des Umwandlungsgesetzes (vgl. § 138 UmwG „stets erforderlich") entgegen steht. Es empfiehlt sich daher, dies vorher beim entsprechenden Gericht in Erfahrung zu bringen. Zu einem Beispiel für einen derartigen Bericht vgl. Hopt/*Volhard* Form. J.II.5 Anm. 19.

5. Weitere Vereinbarungen, insbes. Einlageverträge. Haben die Beteiligten außer dem Spaltungs- und Übernahmevertrag hinsichtlich der Übertragung des Vermögens weitere Vereinbarungen geschlossen, so sind auch diese Vereinbarungen bei der Anmeldung vorzulegen (MünchVertragsHdb I/*Heidenhain* XII.5 Anm. 3). Erfasst sind insbesondere die sog. Einlageverträge/-vereinbarungen (vgl. hierzu schon Form. L.III.2 Anm. 33).

6. Anmeldung der Spaltung. Die Anmeldung der Spaltung zum Handelsregister aller beteiligten Gesellschaften richtet sich nach §§ 125, 16, 17 UmwG. Dies hat grundsätzlich durch die Geschäftsführer jeder Gesellschaft in vertretungsberechtigter Anzahl zu geschehen. Wie § 129 UmwG indes klarstellt, kann die Spaltung von einem übernehmenden Rechtsträger auch beim Handelsregister der übertragenden Gesellschaft angemeldet werden (nicht aber auch umgekehrt, Schmitt/Hörtnagl/Stratz/*Hörtnagl* § 129 Rdnr. 2).

Die Anmeldung der Spaltung kann auch im Wege der unechten Gesamtvertretung oder von mit notariell beglaubigter Vollmacht (§ 12 Abs. 1 HGB) Ermächtigten erfolgen, wenn bezüglich der Spaltungsanmeldung keine höchstpersönlichen (strafbewehrten) Erklärungen abzugeben sind. Einer Mitwirkung aller Geschäftsführer nach § 78 GmbHG bedarf es nur, wenn zugleich die Kapitalerhöhung angemeldet wird (Kallmeyer/*Zimmermann* § 16 Rdnr. 4 f.).

7. Der Spaltungsanmeldung beizufügende Unterlagen. Nach §§ 125, 17, 16, 52 Abs. 2 UmwG sind der Spaltungsanmeldung folgenden Unterlagen beizufügen:
- Spaltungs- und Übernahmevertrag,
- Niederschriften der Spaltungsbeschlüsse
- erforderliche Zustimmungserklärungen einzelner Anteilsinhaber, einschließlich der Zustimmungserklärungen nicht erschienener Anteilsinhaber
- ggf. (im Falle nichtverhältniswahrender Spaltungen) Zustimmungserklärung von an Geschäftsanteilen des übertragenden Rechtsträgers dinglich Berechtigten (vgl. Form. L.III.4 Anm. 1)
- Verzicht auf Spaltungsbericht, Spaltungsprüfung und Prüfungsbericht
- Klageverzicht nach § 16 Abs. 2 UmwG

jeweils als notarielle Ausfertigung (§ 49 BeurkG) oder in öffentlich beglaubigter Abschrift (§ 42 BeurkG);
- Spaltungsbericht (wenn nicht verzichtet)
- Prüfbericht (wenn nicht verzichtet)

jeweils in Urschrift oder in Abschrift;
- Nachweis rechtzeitiger Zuleitung an Betriebsrat bzw. -räte
- Negativerklärung nach § 16 Abs. 2 UmwG (wenn nicht Klageverzicht vorliegt)
- Gesellschafterliste nach § 52 Abs. 2 UmwG

jeweils formlos;
Seit der Änderung des § 17 Abs. 1 UmwG durch das ARUG (Gesetz zur Umsetzung der Aktionärsrechterichtlinie, BGBl. I S. 2479) müssen staatliche Genehmigungsurkunden der Anmeldung nicht mehr beigefügt werden.

8. Gesellschafterliste. Die nach §§ 125, 52 Abs. 2 UmwG einzureichende Gesellschafterliste hat den Gesellschafterstand anzugeben, wie er sich mit Wirksamkeit der Spaltung darstellt. Im Übrigen entspricht diese Liste bezüglich ihrer Formalia den Anforderungen im Rahmen des § 40 GmbHG (vgl. Lutter/*Winter* § 52 Rdnr. 7 f.).

9. Empfangsbestätigung des Betriebsrates. Es ist eine schriftliche und datierte Empfangsbestätigung des zuständigen Betriebsrates einzuholen und (jedenfalls in Kopie) einzureichen, ist doch die Rechtzeitigkeit der Zuleitung des Vertrages an den Betriebsrat, welche sie bestätigt, nach §§ 125, 17 Abs. 1 UmwG Eintragungsvoraussetzung (vgl. Kallmeyer/*Willemsen* § 126 Rdnr. 68); dem Registergericht wird somit die Prüfung dieser Voraussetzung ermöglicht. § 17 Abs. 1 UmwG spricht lediglich vom „Nachweis über die rechtzeitige Zuleitung (......) an den zuständigen Betriebsrat". Demnach ist nicht klar, ob ebenfalls der Nachweis über die Zuleitung an die Betriebsräte der anderen beteiligten Rechtsträger beizufügen ist (dafür Kallmeyer/*Zimmermann* § 17 Rdnr. 3; dagegen Widmann/Mayer/*Fronhöfer* § 17 Rdnr. 31). In Praxi empfiehlt es sich zur Vermeidung von Schwierigkeiten, auch den Nachweis über die Zuleitung an die Betriebsräte der anderen beteiligten Gesellschaften beizufügen. Für den Fall, dass dort kein Betriebsrat besteht, empfiehlt sich, eine Versicherung hierüber in die Handelsregisteranmeldung aufzunehmen.

10. Erklärungen der Geschäftsführer. Die Geschäftsführer der übernehmenden Gesellschaften haben grundsätzlich die Erklärung nach §§ 125, 16 Abs. 2 UmwG (Negativattest) sowie im Falle des §§ 125, 51 Abs. 1 UmwG die nach §§ 125, 52 Abs. 1 UmwG erforderlichen Erklärungen abzugeben. Stellvertretung ist bezüglich beider – persönlicher – Erklärungen nicht zulässig (s. Lutter/*Bork* § 16 Rdnr. 9; Lutter/*Winter* § 52 Rdnr. 4).

Wird eine GmbH, auf deren Geschäftsanteile nicht alle zu leistenden Einlagen in voller Höhe bewirkt sind, von einer GmbH im Zuge der Spaltung aufgenommen, haben die Geschäftsführer der übernehmenden Gesellschaft auch zu erklären, dass alle Gesellschafter der übernehmenden Gesellschaft dem Spaltungsbeschluss zugestimmt haben.

Ein Nichtvorliegen der Voraussetzungen muss zwar gemäß der Vorschriften nicht erklärt werden. Jedoch erleichtert eine solche im Formular enthaltene Erklärung dem Registergericht die Prüfung (zum Zweck der Erklärungspflicht s. Lutter/*Winter* § 52 Rdnr. 3).

11. Kosten und Gebühren. Vgl. bereits Form. L.II.8 Anm. 13.

7. Anmeldung der Spaltung zum Handelsregister der übertragenden GmbH[1]

UR-Nr. ......

An das
Amtsgericht ......
– Handelsregister –

......

A-GmbH, ..., HRB ......
Aufspaltung der A-GmbH

I. Als alleinige und gemeinsam vertretungsberechtigte Geschäftsführer vorstehender Gesellschaft überreichen wir in der Anlage:
1. notariell beglaubigte Abschrift der Urkunde vom ...... (UR-Nr. ......) des Notars ...... [Name, Ort] mit
    1.1 dem Spaltungs- und Übernahmevertrag zwischen der A-GmbH als übertragende Gesellschaft und der B-GmbH und C-GmbH als übernehmende Gesellschaften vom ...... gemäß Anlage ...... der vorgenannten notariellen Urkunde;
    1.2 dem Zustimmungsbeschluss der Gesellschafterversammlung der A-GmbH zu dem vorgenannten Spaltungs- und Übernahmevertrag gemäß Ziff. II.2.2 der vorgenannten notariellen Urkunde;
    1.3 der Erklärung der Herren ......, ... und ...... als Gesellschafter der A-GmbH gemäß Ziff. II.2.3 der vorgenannten notariellen Urkunde, auf die Erstellung eines Spaltungsberichts, einer Spaltungsprüfung und die Erstellung eines Spaltungsprüfungsberichts [ggf.: sowie auf die Unterbreitung und Prüfung eines Abfindungsangebots] zu verzichten;
    1.4 der Erklärung der Herren ......, ... und ...... als Gesellschafter der A-GmbH gemäß Ziff. II.2.4 der vorgenannten notariellen Urkunde, auf die Geltendmachung der Nichtigkeit und/oder die Anfechtung des Gesellschafterbeschlusses zu verzichten;
2. notariell beglaubigte Abschrift der Urkunde vom ...... (UR-Nr. ......) des Notars ...... [Name, Ort] mit
    2.1 dem Zustimmungsbeschluss der Gesellschafterversammlung der B-GmbH zu dem vorgenannten Spaltungs- und Übernahmevertrag gemäß Ziff. I.1 der vorgenannten notariellen Urkunde sowie dem Beschluss über die Erhöhung des Stammkapitals der Gesellschaft gemäß Ziff. II der vorgenannten notariellen Urkunde;
    2.2 der Erklärung von Frau ...... als alleinige Gesellschafterin der B-GmbH gemäß Ziff. I.2 der vorgenannten notariellen Urkunde, auf die Erstellung eines Spaltungsberichts, einer Spaltungsprüfung und die Erstellung eines Spaltungsprüfungsberichts zu verzichten;
    2.3 der Erklärung von Frau ...... als alleinige Gesellschafterin der B-GmbH gemäß Ziff. I.3 der vorgenannten notariellen Urkunde, auf die Geltendmachung der Nichtigkeit und/oder die Anfechtung des Gesellschafterbeschlusses zu verzichten;

7. Anmeldung der Spaltung zum HR der übertragenden GmbH L.III.7

3. notariell beglaubigte Abschrift der Urkunde vom ...... (UR-Nr. ......) des Notars ...... [Name, Ort] mit
   3.1 dem Zustimmungsbeschluss der Gesellschafterversammlung der C-GmbH zu dem vorgenannten Spaltungs- und Übernahmevertrag gemäß Ziff. I.1 der vorgenannten notariellen Urkunde sowie dem Beschluss über die Erhöhung des Stammkapitals der Gesellschaft gemäß Ziff. II der vorgenannten notariellen Urkunde;
   3.2 der Erklärung von Herrn ...... als alleiniger Gesellschafter der C-GmbH gemäß Ziff. I.2 der vorgenannten notariellen Urkunde, auf die Erstellung eines Spaltungsberichts, einer Spaltungsprüfung und die Erstellung eines Spaltungsprüfungsberichts zu verzichten;
   3.3 der Erklärung von Herrn ...... als alleiniger Gesellschafter der C-GmbH gemäß Ziff. I.3 der vorgenannten notariellen Urkunde, auf die Geltendmachung der Nichtigkeit und/oder die Anfechtung des Gesellschafterbeschlusses zu verzichten;
4. Empfangsbestätigung des Vorsitzenden des Betriebsrats vom ...... über den Erhalt des Entwurfs des Spaltungs- und Übernahmevertrages nebst darin bezeichneter Anlagen;
5. notariell beglaubigte Zustimmungserklärung der ......, welcher ein Pfandrecht am Geschäftsanteil des Herrn C an dem übertragenden Rechtsträgers zusteht;
6. Schlussbilanz[2] der A-GmbH zum ...... mit dem uneingeschränkten Bestätigungsvermerk der ...... [Name der Wirtschaftsprüfungsgesellschaft] vom ......

II. Zur Eintragung[3] in das Handelsregister melden wir an:
Die Gesellschaft hat aufgrund des Spaltungs- und Übernahmevertrages vom ...... [Datum] ihr Vermögen unter Auflösung ohne Abwicklung durch gleichzeitige Übertragung der in den §§ 6 und 7 des vorgenannten Spaltungs- und Übernahmevertrages bezeichneten Vermögensteile jeweils als Gesamtheit gemäß §§ 123 Abs. 1 Nr. 1, 131 Abs. 1 UmwG auf die B-GmbH mit Sitz in ......, eingetragen im Handelsregister des Amtsgerichts ...... unter HRB ...... und die C-GmbH mit Sitz in ......, eingetragen im Handelsregister des Amtsgerichts ...... unter HRB ......, gegen Gewährung von Anteilen dieser Gesellschaften an die Gesellschafter der A-GmbH übertragen (Aufspaltung zur Aufnahme).

III. Wir erklären ferner Folgendes:
1. Wir erklären gemäß § 16 Abs. 2 UmwG, dass zum Zeitpunkt dieser Anmeldung Klagen gegen die Wirksamkeit der Spaltungsbeschlüsse nicht erhoben worden sind. Die Gesellschafter der übertragenden und der übernehmenden Gesellschaften haben außerdem ausweislich der beigefügten notariellen Urkunden auf das Recht verzichtet, gegen die Spaltungsbeschlüsse Klage zu erheben.
2. Eine Spaltungsprüfung ist nicht vorgenommen worden, da alle Gesellschafter ausweislich der beigefügten notariellen Urkunden auf die Prüfung verzichtet haben.
3. Eintragungsnachrichten werden erbeten an:
   ......
4. Nach erfolgter Eintragung bitten wir um Übersendung von drei beglaubigten und zwei unbeglaubigten Handelsregisterauszügen zu Händen von Herrn Rechtsanwalt ......
5. Die Kosten[4] der Eintragung in das Handelsregister und der Handelsregisterauszüge trägt die ...... [Firma] GmbH.

......, den ......
......
[Unterschriften der Geschäftsführung der A-GmbH in vertretungsberechtigter Zahl]
[Unterschriftsbeglaubigung]

Anmerkungen

1. Allgemeines, Eintragungszeitpunkt. Vorbehaltlich nachfolgend genannter Besonderheiten gelten die Anmerkungen zu Form. L.III.6 entsprechend. Die Eintragung im Handelsregister der übertragenden Gesellschaft darf erst erfolgen, nachdem die Spaltung im Handelsregister aller übernehmenden Gesellschaften eingetragen worden ist, § 130 Abs. 1 S. 1 UmwG. Damit aus dem Register einer jeden an der Spaltung beteiligten Gesellschaft der Tag des Wirksamwerdens der Spaltung ersichtlich wird, teilt das Register des übertragenden Rechtsträgers den übrigen beteiligten Registergerichten von Amts wegen den Tag der Eintragung mit, § 130 Abs. 2 S. 2 UmwG. Zu beachten ist auch hier, dass die notariell beglaubigte Handelsregisteranmeldung nach § 12 Abs. 1 HGB in elektronischer Form erfolgen muss. Für mit einzureichende Dokumente vgl. § 12 Abs. 2 HGB.

2. Schlussbilanz der übertragenden Gesellschaft. Gemäß §§ 125, 17 Abs. 2 S. 1, 4 UmwG ist bei der Anmeldung der Spaltung zum Handelsregister der übertragenden Gesellschaft zusätzlich eine Schlussbilanz einzureichen, welche auf einen höchstens acht Monate vor der Anmeldung liegenden Stichtag aufgestellt ist.

3. Wirkungen der Eintragung, Mängel. Die Wirkungen der Eintragung im Handelsregister der übertragenden Gesellschaft statuiert § 131 Abs. 1 UmwG (vgl. hierzu allg. schon Form. L.III.2).

Zu beachten ist, dass die Möglichkeit der Heilung qua Eintragung nach § 131 Abs. 1 Nr. 4 UmwG lediglich die mangelhafte Beurkundung des Spaltungs- und Übernahmevertrages oder ggf. erforderlicher Zustimmungs- und Verzichtserklärungen einzelner Anteilsinhaber betrifft, nicht aber die der Beurkundung der Spaltungsbeschlüsse (vgl. Kallmeyer/*Kallmeyer/ Sickinger* § 131 Rdnr. 15). Zwar wird es aufgrund registergerichtlicher Prüfung kaum je zu einer Eintragung trotz fehlender Beurkundung des Spaltungs- und Übernahmevertrags kommen. Von großer Relevanz ist aber, dass mit Eintragung auch Nebenabreden rechtswirksam werden, die der Beurkundung bedurft hätten (ebenso Schmitt/Hörtnagl/Stratz/*Stratz* § 20 Rdnr. 120).

Mängel, welche nicht die Beurkundung betreffen, sondern bei der Durchführung der Spaltung aufgetreten sind, nimmt § 131 Abs. 2 UmwG in den Blick. Dementsprechend berühren derlei Mängel die Wirksamkeit der Spaltung nach Eintragung nicht mehr, solange dies nicht Grundvoraussetzungen sind, die etwa den Kernbereich des Mitgliedschaftsrechts betreffen. Trotz der durch Abs. 2 bewirkten Bestandsfestigkeit der Spaltung bleibt die Möglichkeit, aufgrund der Mangelhaftigkeit Schadensersatzansprüche geltend zu machen, freilich unberührt (insges. hierzu umfassend Lutter/*Teichmann* § 131 Rdnr. 79 ff.; Lutter/*Grunewald* § 20 Rdnr. 71 ff.).

§ 131 Abs. 2 UmwG ist auch für den Fall zu beachten, dass bei einer nichtverhältniswahrenden Spaltung nach § 128 UmwG an einem Geschäftsanteil der übertragenden Gesellschaft ein dingliches Sicherungsrecht bestellt ist (s. Form. L.III.2 Anm. 8). In diesem Fall bedarf es der Zustimmung des dinglich Berechtigten. Wird diese nicht eingeholt, so mangelt es an einer Wirksamkeitsvoraussetzung des Spaltungsvertrages, dieser ist schwebend unwirksam. Soll das Zustimmungserfordernis den Sicherungsnehmer vor eventueller wertmäßiger Verringerung seiner Sicherheit schützen, so kann bezüglich seines Fehlens nichts anderes gelten als bei mangelnder Zustimmung von Gesellschaftern (vgl. Lutter/*Priester* § 128 Rdnr. 18 ff.); die Interessenlage ist insofern gleich. Ist der Spaltungsvertrag mithin schwebend unwirksam, so steht dies einer Eintragung entgegen. Indes kann die mangelnde Zustimmung eines an einem Geschäftsanteil der übertragenden Gesellschaft dinglich berechtigten Sicherungsnehmers die Spaltung nicht gänzlich ihrer Wirksamkeit berauben, weshalb diese – sollte eine Eintragung dennoch erfolgt sein – wirksam wird und bleibt (vgl. KölnKommUmwG/*Simon* § 128 Rdnr. 44). Der Sicherungsnehmer ist auf Schadensersatzansprüche verwiesen.

4. Kosten und Gebühren. Vgl. bereits Form. L.II.8 Anm. 13.

Aufspaltung einer GmbH zur Neugründung zweier GmbH

8. Spaltungsplan

Notarielle Urkunde[1-4]

Verhandelt in ...... am ....
Vor mir, dem unterzeichnenden Notar[14]
...... [Name des Notars]
erschienen heute in ......, wohin ich mich auf Ersuchen begeben habe

1. Herr ...... („G1"), Geschäftsführer der A-GmbH, geboren am ......, geschäftsansässig ......, dem Notar von Person bekannt,
   handelnd nicht in eigenem Namen, sondern als einzelvertretungsberechtigter Geschäftsführer der A-GmbH,

sowie

2. Herr ...... („G2"), Geschäftsführer der A-GmbH, geboren am ......, geschäftsansässig ......, dem Notar von Person bekannt,
   handelnd nicht in eigenem Namen, sondern als einzelvertretungsberechtigter Geschäftsführer der A-GmbH.

Die Erschienenen legten zum Nachweis ihrer Vertretungsmacht beglaubigte Auszüge aus den Handelsregistern der von ihnen vertretenen Gesellschaften vor.
Auf Befragen des Notars verneinten die Erschienenen eine, die Beurkundung ausschließende, Vorbefassung im Sinne von § 3 Abs. 1 Nr. 7 BeurkG.
Die Erschienenen baten, handelnd wie angegeben, um die Beurkundung[4] des Folgenden:

Spaltungsplan[1-3]

aufgestellt durch die A-GmbH – übertragende Gesellschaft

Inhaltsverzeichnis:

§ 1   Rechts- und Beteiligungsverhältnisse
§ 2   Spaltung
§ 3   Gewährung von Anteilen
§ 4   Stichtag
§ 5   Sonderrechte und Sondervorteile
§ 6   Vermögensübertragung auf die B-GmbH
§ 7   Vermögensübertragung auf die C-GmbH
§ 8   Surrogate: nicht zugeordnete Gegenstände und Verbindlichkeiten
§ 9   Erlöschen von Rechten, Rechtsverhältnissen; mögliche Rechte Dritter
§ 10 Freistellungsverpflichtung
§ 11 Folgen der Spaltung für die Arbeitnehmer und ihre Vertretungen sowie die insoweit vorgesehenen Maßnahmen
§ 12 Wettbewerbsverbot
§ 13 Gründung der neuen Gesellschaften
§ 14 Spaltungsbericht; Spaltungsprüfung; Zustimmungen
§ 15 Verzögerung der Abwicklung
§ 16 Kosten und Steuern
§ 17 Schlussbestimmungen

§ 1 Rechts- und Beteiligungsverhältnisse

1.1 Die A-GmbH (übertragende Gesellschaft) mit Sitz in ...... ist eingetragen im Handelsregister des Amtsgerichts ...... unter HRB .... Das Stammkapital der A-GmbH beträgt insgesamt nominal ...... EUR (in Worten: ......). Sämtliche Geschäftsanteile sind voll einbezahlt. Ausweislich der letzten in das Handelsregister aufgenommenen Gesellschafterliste vom ...... ist das Stammkapital in drei Geschäftsanteile wie folgt aufgeteilt: Herr ...... („A") hält Geschäftsanteil Nr. 1 im Nennbetrag von ...... EUR (in Worten: ......), Herr ...... („B") hält Geschäftsanteil Nr. 2 im Nennbetrag von ...... EUR (in Worten: ......), Herr ...... („C") hält Geschäftsanteil Nr. 3 im Nennbetrag von ...... EUR (in Worten: ......). Der Geschäftsanteil des Herrn ...... („C") ist an die ...... Bank verpfändet.

1.2 Gemäß § ...... der Satzung der A-GmbH in der Fassung vom ...... ist deren wesentlicher Unternehmensgegenstand .... Der Geschäftsbetrieb der A-GmbH ist in zwei Teilbetriebe getrennt, nämlich in den (i) sog. [Teilbetrieb 1] und in den (ii) sog. [Teilbetrieb 2], wobei unter den [Teilbetrieb 2] folgende Untergruppen fallen: ...... [Konkretisierung der Untergruppen]
[Alternative:
Die A-GmbH umfasst verschiedenartige geschäftliche Aktivitäten, die ......]

§ 2 Spaltung

2.1 Die A-GmbH überträgt hiermit ihr Vermögen unter Auflösung ohne Abwicklung durch gleichzeitige Übertragung der in § 6 und § 7 dieses Vertrages bezeichneten Vermögensteile jeweils als Gesamtheit gemäß §§ 123 Abs. 1 Nr. 2, 131 Abs. 1 UmwG auf die von ihr neu zu gründenden Gesellschaften B-GmbH und C-GmbH gegen Gewährung der in § 3 dieses Vertrages bezeichneten Anteile dieser Gesellschaften an die Gesellschafter der A-GmbH (Aufspaltung zur Neugründung).

2.2 Der Aufspaltung wird die mit dem uneingeschränkten Bestätigungsvermerk der ...... [Wirtschaftsprüfungsgesellschaft], ..., versehene Bilanz der A-GmbH zum [31. Dezember 2010] (Schlussbilanz) zugrundegelegt.

2.3 Mit Wirksamwerden der Spaltung erlischt die A-GmbH (§ 131 Abs. 1 Nr. 2 UmwG).

§ 3 Gewährung von Anteilen[5]

3.1 Das Stammkapital[11] der neu zu gründenden B-GmbH wird ...... EUR (in Worten: ......) betragen. Herrn A wird als Gegenleistung für die Übertragung des aufgespalteten Vermögens der A-GmbH ein Geschäftsanteil Nr. 1 im Nennwert von ...... EUR (in Worten: ......), Herrn B wird als Gegenleistung für die Übertragung des aufgespalteten Vermögens der A-GmbH ein Geschäftsanteil Nr. 2 im Nennwert von ...... EUR (in Worten: ......) gewährt. Die Leistungen auf die Geschäftsanteile werden durch die Übertragung der in § 6 dieses Vertrages aufgeführten Aktiva und Passiva erbracht.

3.2 Das Stammkapital[11] der neu zu gründenden C-GmbH wird ...... EUR (in Worten: ......) betragen. Herrn C wird als Gegenleistung für die Übertragung des aufgespalteten Vermögens der A-GmbH ein Geschäftsanteil Nr. 1 im Nennwert von ...... EUR (in Worten: ......), Herrn B wird als Gegenleistung für die Übertragung des aufgespalteten Vermögens der A-GmbH ein Geschäftsanteil Nr. 2 im Nennwert von ...... EUR (in Worten: ......) gewährt. Die Leistungen auf die Geschäftsanteile werden durch die Übertragung der in § 7 dieses Vertrages aufgeführten Aktiva und Passiva erbracht. Der von Herrn B übernommene Geschäftsanteil gewährt kein Stimmrecht.

3.4 Die Aufspaltung erfolgt nicht verhältniswahrend, sondern in der Form, dass von den drei Gesellschaftern A, B und C der übertragenden Gesellschaft lediglich die

8. Spaltungsplan (Aufspaltung GmbH auf GmbHs (neu))   L.III.8

Gesellschafter A und B, nicht jedoch C an der übernehmenden B-GmbH beteiligt werden, an der übernehmenden C-GmbH wiederum nur die Gesellschafter B und C, nicht jedoch A beteiligt werden. Der Spaltungs- und Übernahmevertrag bedarf daher der Zustimmung aller Anteilsinhaber der übertragenden Gesellschaft (§ 128 UmwG).

3.5 Die den Gesellschaftern der A-GmbH gewährten Geschäftsanteile an den neu zu gründenden Gesellschaften B-GmbH und C-GmbH sind ab dem [1. Januar 2011], 0:00 Uhr am Gewinn der jeweiligen Gesellschaft beteiligt.

3.6 Ein Abfindungsangebot (§§ 135 Abs. 1, 125, 29 UmwG) ist nicht erforderlich, da alle an der Aufspaltung zur Neugründung beteiligten Gesellschaften dieselbe Rechtsform haben und die an den übernehmenden, neu zu gründenden Gesellschaften gewährten Anteile keinen Verfügungsbeschränkungen unterworfen sind.

§ 4 Stichtag

Spaltungsstichtag im Sinne von § 126 Abs. 1 Nr. 6 UmwG ist der [1. Januar 2011], 0:00 Uhr. Mit Wirkung vom ...... [1. Januar 2011], 0:00 Uhr, gelten alle Handlungen der übertragenden Gesellschaft A-GmbH als für Rechnung der den jeweiligen Vermögensteil übernehmenden Gesellschaft vorgenommen.

§ 5 Sonderrechte und Sondervorteile

5.1 Sonderrechte, die einzelnen Anteilsinhabern oder den Inhabern besonderer Rechte wie Anteile ohne Stimmrecht, Vorzugsanteile, Mehrstimmanteile, Schuldverschreibungen und Genussrechten zu gewähren wären, bestehen nicht.

5.2 Besondere Vorteile werden weder einem Mitglied des Vertretungsorgans oder Aufsichtsrats oder eines Aufsichtsorgans der an der Spaltung beteiligten Gesellschaften noch einem geschäftsführenden Gesellschafter, einem Abschlussprüfer oder Spaltungsprüfer gewährt.

§ 6 Vermögensübertragung auf die B-GmbH

6.1 Die A-GmbH überträgt hiermit die nachstehend näher bezeichneten Vermögensteile als Gesamtheit mit allen Rechten und Pflichten im Wege der Aufspaltung zur Neugründung gem. §§ 123 Abs. 1 Nr. 2, 131 Abs. 1 UmwG auf die B-GmbH.

6.2 Die A-GmbH überträgt ihren Betrieb in ...... („Betrieb 1") mit allen Aktiva und Passiva, einschließlich der diesem Betrieb zuzuordnenden Beteiligungen an in- und ausländischen Unternehmen (Ziff. 6.3.4) sowie die in Ziff. 6.5 dieses Vertrages besonders aufgeführten Gegenstände auf die B-GmbH. Alle im Betrieb 1 zu dem in § 4 dieses Vertrages genannten Zeitpunkt bestehenden Arbeitsverhältnisse gehen nach § 613a Abs. 1 S. 1 BGB auf die B-GmbH über.

6.3 Die A-GmbH überträgt auf die B-GmbH sämtliche unmittelbar oder mittelbar dem Betrieb 1 rechtlich oder wirtschaftlich zuzuordnenden Gegenstände des Aktivvermögens unabhängig davon, ob diese bilanzierungsfähig sind oder nicht, insbesondere

6.3.1 die materiellen und immateriellen Wirtschaftsgüter des Anlagevermögens sowie die Vorräte und sonstige Vermögensgegenstände gemäß der als Anlage ...... beigefügten Teilbilanz der A-GmbH in Bezug auf den Betrieb 1;

6.3.2 alle Forderungen, gleich aus welchem Rechtsgrund, insbesondere aus Leistungen des Betriebs 1 und auf Kostenerstattung und dergleichen gemäß der als Anlage ...... beigefügten Teilbilanz der A-GmbH in Bezug auf den Betrieb 1;

6.3.3 sämtliche Verträge und Vereinbarungen des Betriebs 1 mit allen sich daraus ergebenden Rechten und Pflichten, insbesondere Miet-, Leasing-, Lieferanten- und Händlerverträge, Gewährleistungsbürgschaften, Angebote, aus Gewährleistung und einschließlich solcher aus erhaltenen und aufgegebenen Bestellungen/Aufträgen, sowie alle sich hieraus ergebenden Kunden- und sonstigen Geschäftsbeziehungen; die wesentlichen Verträge und Vereinbarungen unter Einschluss von öffentlich-rechtlichen Verträgen, Erlaubnisse und Bewilligungen sind in Anlage ...... aufgeführt;

6.3.4 sämtliche dem Betrieb 1 zuzuordnenden Beteiligungen an anderen Unternehmen, insbesondere
......

6.3.5 sämtliche Grundstücke der A-GmbH wie in Anlage ...... aufgeführt, die sämtlich dem Betrieb 1 zuzuordnen sind, einschließlich der in Abteilung II und III des jeweiligen Grundbuchs eingetragenen Belastungen.

6.4 Alle am Stichtag und seit dem Stichtag begründeten Verpflichtungen und Verbindlichkeiten des Betriebs 1, auch soweit sie nicht in der Spaltungsbilanz enthalten sein sollten, insbesondere die in der als Anlage ...... beigefügten Teilbilanz der A-GmbH in Bezug auf den Betrieb 1 enthaltenen Rückstellungen und Verbindlichkeiten einschließlich Eventualverbindlichkeiten, unabhängig davon, ob diese Verbindlichkeiten bilanzierungsfähig sind oder nicht, werden auf die B-GmbH übertragen; dies schließt alle Pensionsverpflichtungen ein.

6.5 Die A-GmbH überträgt auf die B-GmbH zusätzlich zu den in Ziff. 6.3 dieses Vertrages genannten Gegenständen

6.5.1 die Rechte aus dem Mietvertrag mit der Z-GmbH vom ...... über die von der Hauptverwaltung der A-GmbH in ...... gemieteten Räumlichkeiten;

6.5.2 die Betriebs- und Geschäftsausstattung, die sich in diesen Räumen befindet;

6.5.3 ......

Die B-GmbH übernimmt sämtliche Verbindlichkeiten, die unmittelbar oder mittelbar den vorgenannten Gegenständen zuzuordnen sind, insbesondere sämtliche Verpflichtungen aus den vorgenannten Vertragsverhältnissen.

6.6 Alle im Betrieb 1 am Stichtag bestehenden Arbeitsverhältnisse, wie sie in Anlage ...... aufgeführt sind, gehen nach § 613a Abs. 1 S. 1 BGB auf die B-GmbH über.

§ 7 Vermögensübertragung auf die C-GmbH

7.1 Die A-GmbH überträgt hiermit die nachstehend näher bezeichneten Vermögensteile als Gesamtheit mit allen Rechten und Pflichten im Wege der Aufspaltung zur Neugründung gem. §§ 123 Abs. 1 Nr. 2, 131 Abs. 1 UmwG auf die C-GmbH.

7.2 Die A-GmbH überträgt ihren Betrieb in ...... („Betrieb 2") mit allen Aktiva und Passiva auf die C-GmbH. Alle im Betrieb 2 zu dem in § 4 dieses Vertrages genannten Zeitpunkt bestehenden Arbeitsverhältnisse gehen nach § 613a Abs. 1 S. 1 BGB auf die C-GmbH über. Die Arbeitsverhältnisse der in der Hauptverwaltung der A-GmbH beschäftigten Arbeitnehmer werden auf die C-GmbH übertragen (Ziff. 7.6).

7.3 Die A-GmbH überträgt auf die C-GmbH sämtliche unmittelbar oder mittelbar dem Betrieb 2 rechtlich oder wirtschaftlich zuzuordnenden Gegenstände des Aktivvermögens unabhängig davon, ob diese bilanzierungsfähig sind oder nicht, insbesondere

7.3.1 die materiellen und immateriellen Wirtschaftsgüter des Anlagevermögens sowie die Vorräte und sonstige Vermögensgegenstände gemäß der als Anlage ...... beigefügten Teilbilanz der A-GmbH in Bezug auf den Betrieb 2;

7.3.2 alle Forderungen, gleich aus welchem Rechtsgrund, insbesondere aus Leistungen des Betriebs 2 und auf Kostenerstattung und dergleichen gemäß der als Anlage ...... beigefügten Teilbilanz der A-GmbH in Bezug auf den Betrieb 2;

7.3.3 sämtliche Verträge und Vereinbarungen des Betriebs 2 mit allen sich daraus ergebenden Rechten und Pflichten, insbesondere Miet-, Leasing-, Lieferanten- und Händlerverträge, Gewährleistungsbürgschaften, Angebote, aus Gewährleistung und einschließlich solcher aus erhaltenen und aufgegebenen Bestellungen/Aufträgen,

8. Spaltungsplan (Aufspaltung GmbH auf GmbHs (neu))   L.III.8

sowie alle sich hieraus ergebenden Kunden- und sonstigen Geschäftsbeziehungen; die wesentlichen Verträge und Vereinbarungen unter Einschluss von öffentlich-rechtlichen Verträgen, Erlaubnisse und Bewilligungen sind in Anlage ...... aufgeführt;

7.3.4 sämtliche Grundstücke der A-GmbH wie in Anlage ...... aufgeführt, die sämtlich dem Betrieb 2 zuzuordnen sind, einschließlich der in Abteilung II und III des jeweiligen Grundbuchs eingetragenen Belastungen.

7.4 Alle am Stichtag und seit dem Stichtag begründeten Verpflichtungen und Verbindlichkeiten des Betriebs 2, auch soweit sie nicht in der Spaltungsbilanz enthalten sein sollten, insbesondere die in der als Anlage ...... beigefügten Teilbilanz der A-GmbH in Bezug auf den Betrieb 2 enthaltenen Rückstellungen und Verbindlichkeiten einschließlich Eventualverbindlichkeiten, unabhängig davon, ob diese Verbindlichkeiten bilanzierungsfähig sind oder nicht, werden auf die C-GmbH übertragen; dies schließt alle Pensionsverpflichtungen ein.

7.5 Alle im Betrieb 2 am Stichtag bestehenden Arbeitsverhältnisse, wie sie in Anlage ...... aufgeführt sind, gehen nach § 613a Abs. 1 S. 1 BGB auf die C-GmbH über.

7.6 Die Arbeitsverhältnisse der in der ......-Verwaltung der A-GmbH beschäftigten und in Anlage ...... aufgeführten Arbeitnehmer werden auf die C-GmbH übertragen. Die betroffenen Arbeitnehmer haben der Übertragung ihrer Arbeitsverhältnisse auf die C-GmbH unbedingt und unwiderruflich zugestimmt.

§ 8 Surrogate; nicht zugeordnete Gegenstände und Verbindlichkeiten

8.1. Soweit ab dem Stichtag Vermögensteile, Aktiva und Passiva oder Rechte und Pflichten durch den übertragenden Rechtsträger im regelmäßigen Geschäftsverkehr veräußert worden sind, treten die Surrogate an deren Stelle.

[*Alternative 1:*

8.2 Vermögensgegenstände, Aktiva und Passiva, Rechte und Pflichten sowie Arbeits- und sonstige Rechtsverhältnisse, die nicht in den beigefügten Anlagen aufgeführt sind, gehen entsprechend der in § 6 und § 7 getroffenen Zuordnung auf die durch die Spaltung entstehenden Rechtsträger B-GmbH und C-GmbH über, soweit sie dem ...... [Teilbetrieb 1 bzw. Teilbetrieb 2] unter wirtschaftlicher Betrachtungsweise zuzuordnen sind. Dies gilt insbesondere auch für immaterielle oder bis zur Eintragung der Aufspaltung in das Handelsregister am Sitz des übertragenden Rechtsträgers erworbenen Vermögensgegenstände, begründete Arbeitsverhältnisse und entstandene Verbindlichkeiten.

8.3 Für den Fall, dass sich die durch die Spaltung entstehenden Rechtsträger B-GmbH und C-GmbH über die Zuordnung einer der in Ziff. 8.2 genannten Positionen nach wirtschaftlicher Betrachtungsweise nicht einigen können, entscheidet ein auf Antrag einer dieser Rechtsträger von der Industrie- und Handelskammer in ...... bestellter Schiedsrichter. Die Entscheidung des Schiedsrichters ist endgültig. Die Kosten des Schiedsverfahrens tragen die Rechtsträger je zur Hälfte.]

[*Alternative 2*[25]:

8.2 Ist ein Vermögensgegenstand in diesem Spaltungsplan keiner der beiden übernehmenden Gesellschaften zugeordnet worden und lässt sich die Zuordnung auch nicht durch Auslegung dieses Planes ermitteln, so geht der Gegenstand abweichend von § 131 Abs. 3 UmwG auf die C-GmbH über. Die C-GmbH ist verpflichtet, der B-GmbH eine Entschädigung in Höhe von ......% des gemeinen Wertes des übergegangenen Vermögensgegenstandes in bar zu leisten.

8.3 Ist eine Verbindlichkeit in diesem Spaltungsplan keiner der beiden übernehmenden Gesellschaften zugeordnet worden und lässt sich die Zuordnung auch nicht durch Auslegung dieses Planes ermitteln, so geht die Verbindlichkeit auf die C-GmbH über. Die C-GmbH ist berechtigt, von der B-GmbH eine Entschädigung in Höhe von ......% des gemeinen Wertes der übergegangenen Verbindlichkeit in bar zu fordern.

8.4 Für den Fall, dass sich die durch die Spaltung entstehenden Rechtsträger B-GmbH und C-GmbH dieses Vertrages über den Wert des in Ziff. 8.1 bezeichneten Vermögensgegenstandes oder der in Ziff. 8.2 bezeichneten Verbindlichkeit nicht einigen können, entscheidet ein auf Antrag einer dieser Rechtsträger von der Industrie- und Handelskammer in ...... bestellter Schiedsrichter. Die Entscheidung des Schiedsrichters ist endgültig. Die Kosten des Schiedsverfahrens tragen die Rechtsträger je zur Hälfte.]

§ 9 Erlöschen von Rechten, Rechtsverhältnissen; mögliche Rechte Dritter
Sollte ein Recht oder Rechtsverhältnis, das aufgrund der §§ 6 und 7 dieses Spaltungsplans einer übernehmenden Gesellschaft zugeordnet worden ist, erlöschen, da es nicht übertragbar ist bzw. nicht übertragen werden kann oder sollte einem Dritten aufgrund der Spaltung und Übertragung eines Rechts oder Rechtsverhältnisses ein (außerordentliches) Anpassungs- oder Lösungsrecht zustehen, kann die übernehmende Gesellschaft, der das Recht oder Rechtsverhältnis zugeordnet worden ist, gegen die andere übernehmende Gesellschaft keinerlei Rechte, gleich aus welchem Rechtsgrund, geltend machen.

§ 10 Freistellungsverpflichtung[6]
Wird eine übernehmende Gesellschaft für Verbindlichkeiten, die ihr nach diesem Spaltungsplan nicht zugeordnet worden sind, in Anspruch genommen (§ 133 Abs. 1, Abs. 2 S. 1 UmwG), so ist die andere übernehmende Gesellschaft verpflichtet, die in Anspruch genommene Gesellschaft von der geltend gemachten Verbindlichkeit unverzüglich freizustellen [Alternative: oder ihr insoweit Sicherheit zu leisten]. Die in Anspruch genommene Gesellschaft kann Ersatz der ihr durch die Inanspruchnahme entstandenen Aufwendungen verlangen.

§ 11 Folgen der Spaltung für die Arbeitnehmer und ihre Vertretungen sowie die insoweit vorgesehenen Maßnahmen

11.1 Die Arbeitsverhältnisse, die bei der übertragenden Gesellschaft A-GmbH bestehen, gehen nach Maßgabe von § 613a BGB auf die B-GmbH (Ziff. 6.7) und C-GmbH (Ziff. 7.5 und 7.6) über (§ 324 UmwG). Sämtliche Arbeitgeberpflichten aus diesen Arbeitsverhältnissen einschließlich sämtlicher Pensionsverpflichtungen gehen auf die übernehmenden Gesellschaften über. Eine Betriebszugehörigkeit wird durch den Übergang des Arbeitsverhältnisses nicht unterbrochen. Für Ansprüche aus dem Arbeitsverhältnis, die vor Wirksamwerden der Aufspaltung entstanden sind, haften die die B-GmbH und die C-GmbH gemäß § 133 UmwG. § 10 dieses Spaltungsplans bleibt unberührt.

11.2 Der auf die B-GmbH übertragene Betrieb 1 (§ 6 dieses Vertrages) sowie der auf die C-GmbH übertragene Betrieb 2 (§ 7 dieses Vertrages) verfügen über einen eigenen Betriebsrat. Der Betriebsübergang der [Teilbetriebe 1 bzw. 2] aus der A-GmbH auf die B-GmbH bzw. die C-GmbH durch Aufspaltung hat keine rechtlich erhebliche Änderung der bisherigen Betriebsorganisation zur Folge; die Betriebsräte bleiben unverändert bestehen. Ein Gesamtbetriebsrat bestand nicht.

11.3 Die Parteien werden im Zusammenhang mit dem Übergang der Arbeitsverhältnisse der Arbeitnehmer der A-GmbH, soweit in diesem Spaltungsplan nicht ausdrücklich etwas anderes vorgesehen ist, keine Maßnahmen irgendwelcher Art treffen, die sich auf die Arbeitnehmer der A-GmbH oder deren Vertretungen auswirken. Die abgeschlossenen Betriebsvereinbarungen gelten daher kollektivrechtlich fort.

11.4 Die A-GmbH ist Partei eines mit der Gewerkschaft IG ...... [Name der Gewerkschaft] abgeschlossenen Firmentarifvertrages. Soweit sich die Rechte und Pflichten derjenigen Arbeitnehmer, die auf die übernehmenden Gesellschaften übergehen, nach diesem Tarifvertrag bestimmen, gelten jene nach Maßgabe von § 613a Abs. 1 S. 2 BGB individualrechtlich fort.

§ 12 Wettbewerbsverbot

12.1 Die B-GmbH und die C-GmbH verpflichten sich gegenseitig, auf den sachlichen und örtlichen Märkten, auf denen sie bei Wirksamwerden der Spaltung aufgrund des von der A-GmbH übernommenen Vermögens tätig werden, für die Dauer von zwei Jahren ab Wirksamwerden der Spaltung weder unmittelbar noch mittelbar miteinander in Wettbewerb zu treten.

12.2 Die B-GmbH und die C-GmbH sichern sich gegenseitig zu, dass die von ihnen bei Wirksamwerden der Spaltung oder zu einem späteren Zeitpunkt abhängigen Unternehmen die in Ziff. 12.1 dieses Spaltungsplans enthaltenen Verpflichtungen als auch für sie verbindlich erachten.

§ 13 Gründung der neuen Gesellschaften[7-12]

13.1 Die A-GmbH errichtet hiermit eine Gesellschaft mit beschränkter Haftung unter der Firma B-GmbH. Der dieser Urkunde als Anlage ...... beigefügte Gesellschaftsvertrag der B-GmbH wird hiermit festgestellt. Herr ...... [Name, Beruf, Adresse] wird zum Geschäftsführer[12] bestellt. Herr ...... ist berechtigt, die Gesellschaft allein zu vertreten.

13.2 Die A-GmbH errichtet hiermit eine Gesellschaft mit beschränkter Haftung unter der Firma C-GmbH. Der dieser Urkunde als Anlage ...... beigefügte Gesellschaftsvertrag der C-GmbH wird hiermit festgestellt. Herr ...... [Name, Beruf, Adresse] wird zum Geschäftsführer[12] bestellt. Herr ...... ist berechtigt, die Gesellschaft allein zu vertreten.

13.3 Die B-GmbH und C-GmbH sind nicht verpflichtet, einen den Nennwert der neuen Geschäftsanteile übersteigenden Wert der erbrachten Einlagen zu vergüten.

13.4 Die als Anlage ...... dieser Urkunde beigefügten Gesellschaftsverträge der B-GmbH und C-GmbH bedürfen zu ihrer Wirksamkeit der Zustimmung aller Gesellschafter der A-GmbH durch Spaltungsbeschluss.

§ 14 Spaltungsbericht; Spaltungsprüfung;[13] Zustimmungen

14.1 Ein Spaltungsbericht ist nach §§ 127, 8 Abs. 3 UmwG nicht erforderlich, da alle Anteilsinhaber des übertragenden Rechtsträgers auf seine Erstattung durch notariell beurkundete Erklärung verzichten.

14.2 Eine Spaltungsprüfung ist nach §§ 125, 48[, 8 Abs. 3] UmwG nicht erforderlich, da binnen der gesetzlichen Frist keiner der Anteilseigner ein entsprechendes Verlangen stellen wird[, jedenfalls aber alle Anteilseigner durch notariell beurkundete Erklärung auf eine Prüfung verzichten].

14.3 Dieser Spaltungsplan bedarf der Zustimmung der Gesellschafterversammlung der A-GmbH.

§ 15 Verzögerung der Abwicklung

Sollte die Spaltung nicht bis zum ...... wirksam geworden sein, wird der Spaltung, abweichend von Ziff. 2.3 dieses Vertrages, die Bilanz der A-GmbH zum ...... als Schlussbilanz zugrundegelegt, gilt abweichend von § 4 dieses Spaltungsplanes der ......, 0:00 Uhr als Spaltungsstichtag und beginnt die Gewinnbeteiligung, abweichend von Ziff. 3.4 dieses Spaltungsplanes, am ....

§ 16 Kosten und Steuern[14]

16.1 Die Notargebühren dieser Niederschrift tragen die übernehmenden Gesellschaften zu gleichen Teilen.

16.2 Die anlässlich der Durchführung der Vermögensübertragungen anfallenden Kosten und Steuern werden von demjenigen Rechtsträger übernommen, der den jeweiligen Vermögensteil übernimmt.

§ 17 Schlussbestimmungen

17.1 Dieser Spaltungsplan unterliegt dem Recht der Bundesrepublik Deutschland.

17.2 Änderungen und Ergänzungen dieses Spaltungsplanes bedürfen der Schriftform und der ausdrücklichen Bezugnahme auf diesen Spaltungsplan, soweit nicht weitergehende Formerfordernisse notwendig sind.

17.3 Gerichtsstand für alle Streitigkeiten aus und im Zusammenhang mit diesem Spaltungsplan und seiner Durchführung ist .....

17.4 Sollten Bestimmungen dieses Spaltungsplanes ganz oder teilweise nichtig, unwirksam oder undurchführbar sein oder werden, wird die Wirksamkeit der übrigen Bestimmungen dadurch nicht berührt. An die Stelle der nichtigen, unwirksamen oder undurchführbaren Regelung tritt eine Bestimmung, die nach Ort, Zeit, Maß und Geltungsbereich dem am nächsten kommt, was von den Vertragsparteien mit der nichtigen, unwirksamen oder undurchführbaren Bestimmung wirtschaftlich gewollt war. Gleiches gilt für etwaige Lücken in diesem Spaltungsplan.

Schrifttum: Vgl. bereits das Schrifttum zu Form. L. III.2; *Heckschen*, Das Dritte Gesetz zur Änderung des Umwandlungsgesetzes in der Fassung des Regierungsentwurfs, NZG 2010, 1041; *Heidenhain*, Spaltungsvertrag und Spaltungsplan, NJW 1995, 2873; *Wilken*, Zur Gründungsphase bei der Spaltung zur Neugründung, DStR 1999, 677.

Anmerkungen

1. Überblick. Bei der Aufspaltung zur Neugründung ersetzt der einseitig vom übertragenden Rechtsträger aufgestellte Spaltungsplan nach § 136 UmwG den Spaltungs- und Übernahmevertrag. Abgesehen von der Aufnahme des Gesellschaftsvertrages der neu zu gründenden übernehmenden Rechtsträger unterscheidet sich der Spaltungsplan bezüglich seines notwendigen Inhalts materiell nicht vom Spaltungs- und Übernahmevertrag. In der Natur der Sache der Spaltung zur Neugründung liegt es, dass nach § 135 Abs. 2 UmwG grundsätzlich die Gründungsvorschriften für die jeweils neu zu gründenden übernehmenden Gesellschaften anwendbar sind. Weitere Besonderheiten ergeben sich bei der Anmeldung und Eintragung zum Handelsregister nach § 137 UmwG, der anstelle der §§ 129, 130 UmwG gilt. Zunächst meldet das Vertretungsorgan des übertragenden Rechtsträgers die übernehmenden Rechtsträger zur Eintragung an. Nachfolgend wird von ihm die Spaltung zum Handelsregister aller beteiligten Gesellschaften angemeldet. Schließlich kann die Eintragung der Spaltung erst erfolgen, wenn alle übernehmenden Rechtsträger ins Handelsregister eingetragen wurden. Dies bedeutet freilich nicht, dass etwa bis zur Eintragung der Spaltung vermögens- und subjektlose Kapitalgesellschaften bestünden (vgl. hierzu *Wilken* DStR 1999, 677). Abweichend von § 11 Abs. 1 GmbHG entstehen die neuen Gesellschaften zwar nicht schon mit deren Eintragung, sondern erst mit Wirksamkeit der Spaltung. Der Ablauf der Eintragungen dient nämlich allein dem gleichzeitigen Wirksamwerden der Eintragung der neuen Rechtsträger und der Spaltung insgesamt (vgl. hierzu Sagasser/Bula/Brünger/*Sagasser/Sickinger* N Rdnr. 28). Jedoch werden mit Zustimmungsbeschluss zum Spaltungsplan die neuen Rechtsträger in Form der Vor-GmbH bereits errichtet, sodass auch Organe des künftigen Rechtsträgers bestellt werden und für diesen tätig sein können (vgl. hierzu und zur Handelndenhaftung nach § 11 Abs. 2 GmbHG Lutter/*Teichmann* § 135 Rdnr. 6 f.). Die Spaltung wird erst mit der zuletzt erfolgenden Eintragung im Handelsregister der übertragenden Gesellschaft wirksam. Bezüglich der Vermögensübertragung, der Anteilsgewährung sowie des Erlöschens des übertragenden Rechtsträgers gilt von dem in Form. L. III.2 Gesagten nichts Abweichendes.

Wird – anders als im Formular – eine verhältniswahrende Spaltung zur Neugründung durchgeführt, bei der es sich sowohl beim übertragenden als auch bei den übernehmenden Rechtsträgern um AG handelt, erklärt § 143 UmwG n. F. die §§ 8 bis 12 sowie 63 Abs. 1 Nr. 3 UmwG für unanwendbar. Folglich sind in diesem Fall Spaltungsbericht, Sachverständigenprüfung und Zwischenbilanz entbehrlich (vgl. *Heckschen*, NZG 2010, 1041, 1046; *Wagner*,

8. Spaltungsplan (Aufspaltung GmbH auf GmbHs (neu))   L.III.8

DStR 2010, 1629, 1631, der die fehlende Erstreckung der Ausnahme auf § 127 S. 1 UmwG als offensichtliches Redaktionsversehen wertet).

2. Wahl des Formulars. Das Formular enthält eine Aufspaltung zur Neugründung unter ausschließlicher Beteiligung von Gesellschaften mbH, vgl. § 123 Abs. 1 Nr. 2 UmwG. Die A-GmbH überträgt ihr gesamtes Vermögen durch Aufspaltung zur Neugründung unter Auflösung ohne Liquidation auf die im Zuge der Spaltung neu gegründeten B- und C-GmbH. Die an der A-GmbH beteiligten Gesellschafter A, B und C werden an den neuen übernehmenden Gesellschaften in nichtverhältniswahrender Weise beteiligt: C wird nicht an der B-GmbH beteiligt, wohingegen A nicht an der C-GmbH beteiligt wird. Dementsprechend ist auch hier wie in Form. L.III.2 das Zustimmungserfordernis aller Gesellschafter nach § 128 UmwG zu beachten. Ferner ist auch im hier zugrunde gelegten Sachverhalt der Geschäftsanteil des C an eine Bank verpfändet. Die sich hieraus ergebenden Besonderheiten in Form. L.III.2 gelten hier entsprechend (vgl. dort Anm. 8). Auch im Übrigen gleichen sich die Sachverhalte, weswegen diesbezüglich umfänglich auf die Anm. des Form. L.III.2 verwiesen wird.

3. Spaltungsplan. Mangels Vertragspartners für einen Spaltungs- und Übernahmevertrag stellen die Geschäftsführer einen Spaltungsplan als einseitige nicht empfangsbedürftige Willenserklärung der übertragenden Gesellschaft auf, vgl. § 136 UmwG (s. Lutter/*Priester* § 136 Rdnr. 4). Da der Spaltungsplan den Spaltungsvertrag ersetzt und Grundlage für die Rechtswirkungen des § 131 UmwG ist, gilt für seinen obligatorischen Inhalt nach § 126 Abs. 1, 2 UmwG insoweit nichts Abweichendes; dies gilt auch für die Zuleitung an den Betriebsrat nach § 126 Abs. 3 UmwG und für die Erstellung eines Spaltungsberichts und grundsätzlich einer Spaltungsprüfung sowie für deren Verzichtbarkeit.

Soweit nicht nachfolgend Besonderheiten der Spaltung zur Neugründung genannt sind, wird umfassend auf die Anm. zu Form. L.III.2 verwiesen.

4. Form. Auch der Spaltungsplan bedarf nach §§ 125, 5 UmwG der notariellen Beurkundung. Zu Formfragen vgl. insgesamt Form. L.III.2 Anm. 5.

Da jedoch die Gründung der übernehmenden Gesellschaften mbH unmittelbar im Zusammenhang mit dem Spaltungsplan steht, bedarf eine etwaige Vollmacht zur Errichtung des Spaltungsplans nach § 135 Abs. 2 S. 1 UmwG, § 2 Abs. 2 GmbHG der notariellen Beurkundung oder Beglaubigung.

5. Gewährung von Anteilen. Die Anteile werden grundsätzlich den Anteilseignern der übertragenden Gesellschaft gewährt. Ob ein Beitritt bislang unbeteiligter Dritter möglich ist, war lange Zeit umstritten. Relevant wird diese Frage insbesondere, wenn im Zuge der Spaltung einer Einmann-Kapitalgesellschaft eine Personenhandelsgesellschaft oder eine PartG errichtet werden soll, die mindestens zwei Gesellschafter umfassen muss (vgl. Lutter/*Priester* § 136 Rdnr. 14). Mit seiner Entscheidung für die Zulässigkeit des Beitritts eines Dritten im Zuge des Formwechsels einer AG in eine GmbH & Co. KG hat der BGH sich für diese Möglichkeit entschieden (BGH II ZR 29/03 = AG 2005, 613; hierzu Lutter/*Decher* § 202 Rdnr. 12 und im Einzelnen Form. L.IV.1 Anm. 3). Zwar gibt es bei der Aufspaltung zur Neugründung kein klassisches Umtauschverhältnis, werden den Anteilseignern der übertragenden Gesellschaft doch alle Anteile der übernehmenden neu gegründeten Gesellschaften zuteil. Jedoch treten an die Stelle des Umtauschverhältnisses Angaben über die Beteiligung der Anteilsinhaber an der neuen Gesellschaft (vgl. Lutter/*Priester* § 136 Rdnr. 8). Auch bei der Aufspaltung zur Neugründung sind bare Zuzahlungen zulässig und müssen ggf. im Spaltungsplan angegeben werden. Anders herum ist stets das Verbot der Unterpari-Emission zu beachten (vgl. Lutter/*Winter* § 56 Rdnr. 13).

Im dem Formular zugrundeliegenden Fall handelt es sich um eine nichtverhältniswahrende Spaltung (s. Anm. 2), weshalb das Zustimmungserfordernis aller Gesellschafter nach § 128 UmwG gilt. Auch ist – aufgrund der Pfandrechtsbestellung an einem Geschäftsanteil – an das Zustimmungserfordernis des Pfandgläubigers in diesem Falle zu erinnern (vgl. bereits Form. L.III.2 Anm. 8).

Wenn an den von einer neu gegründeten übernehmenden Gesellschaft gewährten Geschäftsanteilen etwa kein Stimmrecht besteht (vgl. Ziff. 3.2 des Formulars), bedarf es eines entspre-

Seibt   1765

chenden Hinweises im Spaltungsplan, vgl. §§ 135 Abs. 1, 125 S. 1, 56, 46 Abs. 2 UmwG. Die Wirksamkeit des Stimmrechtsausschlusses hängt davon ab, ob eine dementsprechende Gestaltung des neuen Gesellschaftsvertrages nach allgemeinen Grundsätzen vorgenommen wurde (vgl. zur Satzungsgestaltung bei Neugründung Limmer/*Limmer* Rdnr. 1648 ff.; allg. zum Stimmrechtsausschluss kraft Satzungsbestimmung s. Baumbach/Hueck/*Zöllner* § 47 Rdnr. 33, 69 ff.). Die betroffenen Gesellschafter müssen daher nicht nur dem Spaltungsplan sondern auch dieser Gestaltungsvariante explizit zustimmen (vgl. Lutter/*Winter* § 46 Rdnr. 27).

6. Gesamtschuldnerische Haftung. Zur gesamtschuldnerischen Haftung vgl. bereits Form. L.III.2 Anm. 27; da es bei lediglich zwei übernehmenden Rechtsträgern bezüglich aller Verbindlichkeiten jeweils einen Primärschuldner und einen mithaftenden Rechtsträger gibt, kommt eine gesamtschuldnerische Haftung auch hier nicht in Betracht. Neben den gesondert zu treffenden Regelungen über die Haftung der neuen Rechtsträger im Innenverhältnis (vgl. § 10 des Formulars) können es die Umstände erfordern, dass die Gesellschafter der übertragenden Gesellschaften die übernehmenden Gesellschaften von der (gesamtschuldnerischen) Haftung freistellen (vgl. hierzu MünchVertragsHdb I/*Heidenhain* XII.7 Anm. 11).

7. Gründung der übernehmenden Gesellschaften. Die übernehmenden Gesellschaften werden durch die übertragende Gesellschaft gegründet, § 135 Abs. 2 S. 2 UmwG (Einpersonengründung; zur Errichtung der übernehmenden Gesellschaften mbH vgl. bereits Anm. 1). Als weiterer obligatorischer Inhalt des Spaltungsplans tritt bei der Spaltung zur Neugründung hinzu, dass dieser die Gesellschaftsverträge der neuen Gesellschaften enthalten muss, §§ 125, 37 UmwG. Die Wirksamkeit der Verträge und somit die Gründung der Gesellschaften, also die Feststellung der Gesellschaftsverträge hängt jedoch von der Zustimmung durch die Gesellschafter der übertragenden GmbH ab, §§ 125, 59 UmwG.

8. § 135 Abs. 2 S. 1 UmwG erklärt vorbehaltlich abweichender Regelungen die für die jeweilige Rechtsform geltenden Gründungsvorschriften für anwendbar; zu beachten ist, dass es sich um eine Sachgründung handelt. Damit sind für die GmbH-Gründung jedenfalls die §§ 1–6 sowie 9–11 GmbH anwendbar (s. MünchVertragsHdb I/*Heidenhain* XII.7 Anm. 6, vgl. zu diesen Vorschriften ausführlich Widmann/Mayer/*Mayer* § 135 Rdnr. 29 ff.). Entbehrlich ist demgegenüber der separate Abschluss des Gesellschaftsvertrages, erfolgt die Gründung doch im Spaltungsplan, deren notwendiger Bestandteil der Gesellschaftsvertrag ist, §§ 135 Abs. 1 S. 1, 125 S. 1, 37 UmwG. Die sonst erfolgenden Festsetzungen über die Sacheinlage und entsprechende Einlageverträge werden ebenfalls bereits im Spaltungsplan geregelt. Ein Sachgründungsbericht nach § 5 Abs. 4 S. 2 GmbHG ist nach § 138 UmwG jedenfalls erforderlich. Unklar war bisher, ob jedenfalls eine Versicherung durch die Geschäftsführer entsprechend des § 8 Abs. 2 S. 1 Hs. 2 GmbHG darüber abzugeben ist, dass dem Vermögensübergang keine Hindernisse entgegenstehen. Befürwortet wurde dies mit Blick auf den bisher geltenden § 132 UmwG (Widmann/Mayer/*Mayer* § 135 Rdnr. 61). Im Zuge der ersatzlosen Streichung des § 132 UmwG scheint es für (die wenigen) eventuell von dieser Versicherung nach wie vor erfassten Fälle (vgl. ausführlich Form. L.III.2 Anm. 20) umso unrealistischer, dem Geschäftsführer mit Blick auf die Strafbarkeit falscher Angaben nach § 82 Abs. 1 Nr. 1 GmbHG eine solche Erklärung abzuverlangen (vgl. auch Kallmeyer/*Kallmeyer*/*Sickinger* § 135 Rdnr. 12). Aufgrund des Anteilserwerbs qua Gesetz nach § 135 Abs. 1, 131 Abs. 1 Nr. 3 UmwG sind schließlich auch ansonsten erforderliche Übernahmeerklärungen verzichtbar.

Es sind darüber hinaus Festsetzungen über Sondervorteile, Gründungsaufwand, Sacheinlagen und Sachübernahmen gemäß §§ 125, 57 UmwG aus dem Gesellschaftsvertrag des übertragenden Rechtsträgers zu übernehmen.

9. Da es sich um eine Sachgründung handelt, müssen die in den neuen Rechtsträger eingebrachten Vermögensteile nach § 126 Abs. 1 Nr. 9 UmwG nicht nur im Spaltungsplan sondern als Sacheinlagen auch im Gesellschaftsvertrag (schlagwortartig) festgesetzt werden, § 5 Abs. 4 GmbHG (vgl. *Heidenhain* NJW 1995, 2873, 2876).

10. Die Vorschriften über die Gründerhaftung nach § 9a GmbHG sind anwendbar und treffen als Gründerin die übertragende Gesellschaft (Kallmeyer/*Kallmeyer*/*Sickinger* § 135

Rdnr. 15). Für die Anteilseigner dieser Gesellschaft besteht zudem die Gefahr einer Differenzhaftung nach § 9 GmbHG. Zur Handelndenhaftung bereits handlungsfähiger bestellter Organe der übernehmenden (Vor-)Gesellschaften nach § 11 Abs. 2 GmbHG vgl. Widmann/Mayer/*Mayer* § 135 Rdnr. 75 f.

11. Stammkapital der neuen Gesellschaften. Nach § 135 Abs. 2 S. 1 UmwG, § 5 Abs. 1 GmbHG hat die Höhe des Stammkapitals mindestens EUR 25.000,– zu betragen. Es ist nicht erforderlich, dass bei der Aufspaltung zur Neugründung die Summe der Kapitalia der neuen Gesellschaften der Kapitalziffer des übertragenden Rechtsträgers entspricht (Widmann/Mayer/*Mayer* § 135 Rdnr. 46). Ergibt sich eine Differenz zwischen dem Wert der eingebrachten Vermögensteile und dem Nennbetrag des Stammkapitals, so kann diese Differenz nicht durch die Gewährung von Darlehen an die Gesellschaft ausgefüllt werden (s. Widmann/Mayer/*Mayer* § 135 Rdnr. 38). Allerdings ist es möglich, eine etwaige Differenz in Form barer Zuzahlungen abzudecken.

12. Bestellung von Geschäftsführern. Ziff. 13.1 und 13.2 des Spaltungsplans enthalten die Bestellung von Geschäftsführern. Die Bestellung der Geschäftsführer hat notwendigerweise vor Anmeldung der neuen Gesellschaft zur Eintragung zu erfolgen, darf eine handlungsunfähige GmbH durch das Registergericht doch nicht eingetragen werden. Diese erfolgt abweichend vom Gründungsrecht der GmbH durch den übertragenden Rechtsträger als Gründer handelnd durch seine Organe, ist jedoch in ihrer Wirksamkeit durch den Spaltungsbeschluss bedingt. Letzteres legt § 59 S. 2 UmwG nieder, welcher über §§ 135 Abs. 1, 125 S. 1 UmwG auch auf die Spaltung zur Neugründung anwendbar ist (s. auch Lutter/*Priester* § 136 Rdnr. 15; vgl. insges. hierzu Widmann/Mayer/*Mayer* § 135 Rdnr. 50 ff.).

13. Spaltungsbericht und Spaltungsprüfung. Ziff. 14.1 und 14.2 stellen klar, dass auf einen Spaltungsbericht und eine Spaltungsprüfung verzichtet werden soll (vgl. hierzu schon Form. L. III.2 Anm. 34, Form. L. III.4 Anm. 7, 8). Die Notwendigkeit einer Verzichtserklärung auch der Anteilseigner der übernehmenden Gesellschaften, wie es § 8 Abs. 3 S. 1 UmwG fordert, kommt für den Fall der Spaltung zur Neugründung nicht in Betracht, existieren doch vor Wirksamwerden der Spaltung nicht schon übernehmende Gesellschaften mit anderen Anteilseignern. Dies gilt sowohl hinsichtlich des Berichts als auch hinsichtlich der Prüfung.

14. Kosten und Gebühren. Die Notargebühr richtet sich für den Spaltungsplan als einseitiger Erklärung nach § 36 Abs. 1 KostO. Für den zu ermittelnden Geschäftswert der Übertragung des Vermögens ist besonders § 39 Abs. 5 KostO zu beachten. Für den Geschäftswert der Gründung der neuen Gesellschaften ist der Nennbetrag des Stammkapitals maßgeblich. Beide Werte sind sodann zu summieren (vgl. hierzu insges. MünchVertragsHdb I/*Heidenhain* XII.7 Anm. 16).

9. Beschluss der Gesellschafter der übertragenden GmbH über die Zustimmung zum Spaltungsplan und die Gründung der neuen GmbH

UR-Nr. ......

Verhandelt in ......

am ......

Vor mir, dem unterzeichnenden Notar
...... [Name des Notars]

mit Amtssitz in ......

erschienen heute in den Räumen ...... wohin ich mich auf Ersuchen begeben hatte,

1. Herr ...... („A"), ... [Berufsbezeichnung], geboren am ......, geschäftsansässig ......, handelnd im eigenen Namen,

sowie

2. Herr ...... („B"), ... [Berufsbezeichnung], geboren am ......, geschäftsansässig ......, handelnd im eigenen Namen sowie im Namen des Herrn ...... („C") aufgrund notariell beglaubigter Vollmacht[3] vom ...... (UR-Nr. ...... des Notars ...... [Vorname, Name, Amtssitz]). Die Vollmachtsurkunde lag im Original bei der Beurkundung vor und ist dieser Urkunde in beglaubigter Abschrift beigefügt.

Die Erschienenen haben sich ausgewiesen durch Vorlage ihrer Bundespersonalausweise.

Die Erschienenen, handelnd wie zuvor angegeben, ersuchten um die Beurkundung des nachfolgenden

Gesellschafterbeschlusses[1]
der
A-GmbH

I. Vorbemerkung

Das Stammkapital der Gesellschaft in Firma A-GmbH mit Sitz in ......, eingetragen im Handelsregister des Amtsgerichts ...... unter HRB ...... (nachfolgend „......" genannt) beträgt insgesamt nominal ...... EUR (in Worten. ......) und ist ausweislich der letzten in das Handelsregister aufgenommenen Gesellschafterliste vom ...... wie folgt eingeteilt: Herr ...... („A") hält Geschäftsanteil Nr. 1 im Nennbetrag von ...... EUR (in Worten: ......), Herr ...... („B") hält Geschäftsanteil Nr. 2 im Nennbetrag von ...... EUR (in Worten: ......), Herr ...... („C") hält Geschäftsanteil Nr. 3 im Nennbetrag von ...... EUR (in Worten: ......). Die Geschäftsanteile sind vollständig einbezahlt.

Unter Verzicht[2] auf alle gesetzlichen und gesellschaftsvertraglichen Form- und Fristbestimmungen für die Einberufung und Abhaltung einer Gesellschafterversammlung und die Fassung von Gesellschafterbeschlüssen sowie auf Informationsrechte halten die Erschienenen zu 1. und 2., handelnd wie angegeben, als Gesellschafter der A-GmbH eine außerordentliche Gesellschafterversammlung der Gesellschaft ab und beschließen einstimmig was folgt:

II. Gesellschafterbeschlüsse[4-5]

Aufspaltung

1. Die Erschienenen zu 1. und 2., handelnd wie angegeben, bestätigen zunächst, dass sie rechtzeitig vor dieser Gesellschafterversammlung Kenntnis vom Spaltungsplan betreffend die Aufspaltung der A-GmbH und alle dieser Aufspaltung zugrundeliegenden Unterlagen hatten.

2. Dem Spaltungsplan vom ...... (UR-Nr. ...... des Notars ...... [Vorname, Name, Amtssitz]) wird zugestimmt. Die Erschienenen zu 1. und 2., handelnd wie angegeben, verzichten auf eine Klage gegen die Wirksamkeit des Spaltungsplans.

3. Den im Spaltungsplan als Anlage ...... bzw. Anlage ...... enthaltenen Gesellschaftsverträgen[4] der B-GmbH und C-GmbH wird ebenfalls vorbehaltlos zugestimmt.

4. Schließlich wird die im Spaltungsplan vorgenommene Geschäftsführerbestellung sowohl von Herrn ...... zum Geschäftsführer der B-GmbH als auch von Herrn ...... zum Geschäftsführer der C-GmbH vorbehaltlos bestätigt[5]. Herr ...... und Herr ...... sind berechtigt, die jeweilige Gesellschaft allein zu vertreten.

5. Die Erschienen zu 1. und 2., handelnd wie oben angegeben, verzichten hiermit ausdrücklich auf die Erstattung eines Spaltungsberichts, einer Spaltungsprüfung und eines Prüfungsberichts (§ 125 i.V.m. §§ 8 Abs. 3, 9 Abs. 3, 12 Abs. 3 UmwG).

Auf den Spaltungsplan vom ...... (UR-Nr. ...... des Notars ...... [Vorname, Name, Amtssitz], (nachfolgend der „Spaltungsplan") wird verwiesen. Die Erschienen erklärten, dass ihnen der Inhalt des Spaltungsplanes, von dem eine beglaubigte Abschrift während des gesamten Beurkundungsvorganges zur Einsicht ausgelegen hat, in vollem Umfang bekannt sei. Die Erschienenen verzichteten darauf, den Spaltungsplan verlesen zu lassen und ihn dieser Urkunde beizufügen.

Schlussbestimmungen

6. Auf eine Anfechtung der vorstehenden Beschlüsse wird ausdrücklich verzichtet.

III. Kosten[6]

Die Kosten dieser Urkunde trägt die A-GmbH.
Hierüber ist diese Niederschrift aufgenommen, den Erschienenen vorgelesen, von ihm genehmigt und eigenhändig, wie folgt, unterschrieben, auch von mir, dem Notar, unterschrieben und besiegelt worden.

Anmerkungen

1. Überblick. Dem Grunde nach gleicht der Zustimmungsbeschluss der Anteilsinhaber der übertragenden Gesellschaft zu einem Spaltungsplan demjenigen zu einem Spaltungs- und Übernahmevertrag. Auch der Spaltungsplan wird nur wirksam, wenn ihm alle Anteilsinhaber der übertragenden Gesellschaft zustimmen, §§ 135 Abs. 1, 125, 13 Abs. 1 S. 1 UmwG; einer weiteren Zustimmung derselben Anteilsinhaber als (personenidentische) zukünftige Gesellschafter der übernehmenden Gesellschaft ist nicht erforderlich (vgl. MünchVertragsHdb I/ *Heidenhain* XII.9 Anm. 1).

Sofern im Folgenden nicht Abweichungen genannt sind, wird bezüglich der Anmerkungen auf Form. L.III.4 verwiesen.

Der Spaltungsplan bedarf zu seiner Wirksamkeit ggf. weiterer Zustimmungserfordernisse von Gesellschaftern (s. Anm. 4), welche nach §§ 135 Abs. 1, 125, 13 Abs. 3 S. 1 UmwG notariell zu beurkunden sind.

2. Verzicht auf Form- und Fristerfordernisse. Auf die Einhaltung der Vorschriften über die Einberufung und Vorbereitung der Gesellschaftsversammlung, insbes. auch §§ 125, 47, 49, kann wie im Formular vorgesehen verzichtet werden. Im Übrigen vgl. hierzu schon Form. L.III.4 Anm. 2, 4.

3. Form der Vollmacht. Wird ein Gesellschafter qua Vollmacht vertreten, so bedarf diese einer notariellen Beurkundung bzw. Beglaubigung, vgl. §§ 135 Abs. 2 S. 1 UmwG, 2 Abs. 2 GmbHG (s. bereits Form. L.III.8 Anm. 4).

4. Zustimmungsbeschluss zu neuen Gesellschaftsverträgen. Nach §§ 135 Abs. 1, 125, 59 S. 1 UmwG bedürfen die Gesellschaftsverträge der neu zu gründenden Gesellschaften der Zustimmung der Anteilsinhaber der übertragenden Gesellschaft. Hingewiesen sei darauf, dass eine entsprechende Vertragsgestaltung für den Fall notwendig ist, dass – wie in Form. L.III.8 – einzelne Geschäftsanteile ohne Stimmrecht gewährt werden sollen. In diesem Fall bedarf es neben dem Zustimmungsquorum nach §§ 135 Abs. 1, 125, 50 Abs. 1 S. 1 UmwG (im Falle der nichtverhältniswahrenden Spaltung ist § 128 UmwG anwendbar, vgl. Form. L.III.8 Anm. 2) der Zustimmung derjenigen Gesellschafter, die dies betrifft (vgl. Lutter/*Winter* § 46 Rdnr. 28, der zutreffenderweise auf den Rechtsgedanken des § 53 Abs. 3 GmbHG verweist).

5. Bestellung der Geschäftsführer. In Form. L.III.8 Anm. 12 wurde bereits dargelegt, dass die Bestellung der Geschäftsführer der neuen Gesellschaften durch die übertragende Gesellschaft als Gründerin erfolgt. Es empfiehlt sich aus Klarstellungsgründen, die Bestellung nochmals bestätigend aufzuführen, obwohl diese bereits durch Zustimmung zum Spaltungsplan erfolgt ist und es keines separaten Bestellungsbeschlusses bedarf (vgl. Kallmeyer/*Zimmermann* § 59 Rdnr. 6).

6. Kosten und Gebühren. Vgl. bereits Form. L.II.6 Anm. 11.

10. Anmeldung der Gründung der übernehmenden GmbH zum Handelsregister[1, 6]

UR-Nr. ......

An das
Amtsgericht ......
– Handelsregister –
......
B-GmbH, ...

Neugründung der B-GmbH mit Sitz in ...... im Wege der Aufspaltung zur Neugründung i. S. v. § 123 Abs. 1 Nr. 2 UmwG

I. Die jeweils alleinvertretungsberechtigten Geschäftsführer des übertragenden Rechtsträgers[2] A-GmbH mit Sitz in ...... und eingetragen im Handelsregister des Amtsgerichts ...... unter Nr. HRB ......, Herr ...... sowie Herr ...... überreichen in der Anlage folgende Unterlagen[3]:
  1. beglaubigte Abschrift des notariell beurkundeten Spaltungsplans vom ...... (UR-Nr. ...... des Notars ...... [Vorname, Name, Amtssitz]), der als Anlage ...... den Gesellschaftsvertrag der Gesellschaft sowie unter Ziff. 13.1 die Bestellung des Geschäftsführers enthält;
  2. beglaubigte Abschrift des notariellen beurkundeten Zustimmungsbeschlusses der Gesellschafterversammlung des übertragenden Rechtsträgers mit Verzichtserklärungen der Gesellschafter zum Spaltungsbericht, zur Spaltungsprüfung und zum Prüfungsbericht gemäß § 125 i. V. m. §§ 8 Abs. 3, 9 Abs. 3, 12 Abs. 3 UmwG vom ...... (UR-Nr. ...... des Notars ...... [Vorname, Name, Amtssitz]);
  3. Liste der Gesellschafter;
  4. Sachgründungsbericht;
  5. Werthaltigkeitsbescheinigung der ...... [Wirtschaftsprüfungsgesellschaft] vom ...... betreffend das in die neue Gesellschaft eingebrachte Vermögen;
  6. (ggf.) notariell beglaubigte Zustimmungserklärung der ......, welcher ein Pfandrecht am Geschäftsanteil des Herrn C an dem übertragenden Rechtsträgers zusteht.
II. Zur Eintragung in das Handelsregister melden wir an:[1]
  1. Die A-GmbH hat im Wege der Aufspaltung zur Neugründung i. S. v. § 123 Abs. 1 Nr. 2 UmwG eine Gesellschaft mit beschränkter Haftung in Firma B-GmbH gegründet.
  2. Sitz des neuen Rechtsträgers ist .... Die Geschäftsräume des neuen Rechtsträgers befinden sich in ......
  3. Zum ersten Geschäftsführer des neuen Rechtsträgers wurde bestellt:
    Herr ......
    Adresse: ......
  4. Die Vertretungsbefugnis[4] der Geschäftsführer ist abstrakt wie folgt geregelt:
    Die Gesellschaft hat einen oder mehrere Geschäftsführer. Ist nur ein Geschäftsführer bestellt, vertritt er die Gesellschaft allein. Sind mehrere Geschäftsführer bestellt, wird die Gesellschaft durch zwei Geschäftsführer gemeinschaftlich oder durch einen Geschäftsführer in Gemeinschaft mit einem Prokuristen vertreten. Durch Gesellschafterbeschluss kann einzelnen Geschäftsführern die Befugnis zur alleinigen Vertretung sowie die Befreiung von den Beschränkungen des § 181 BGB erteilt werden.

Die Vertretungsbefugnis des Geschäftsführers ...... ist konkret wie folgt geregelt: Der Geschäftsführer ...... ist berechtigt, die Gesellschaft stets alleine zu vertreten. Er ist von den Beschränkungen des § 181 BGB befreit.
5. Der Geschäftsführer ...... gibt folgende Versicherungen ab:
„Ich versichere[5], dass mir nicht durch gerichtliches Urteil oder durch vollziehbare Entscheidung einer Verwaltungsbehörde die Ausübung eines Berufs, Berufszweiges, Gewerbes oder Gewerbezweiges untersagt worden ist und dass ich während der letzten fünf Jahre nicht rechtskräftig wegen einer oder mehrerer vorsätzlich begangener Straftaten des Unterlassens der Stellung eines Antrags auf Eröffnung eines Insolvenzverfahrens (Insolvenzverschleppung), nach den §§ 283 bis 283d StGB (Insolvenzstraftaten), wegen falscher Angaben nach § 82 GmbHG oder § 399 AktG oder wegen unrichtiger Darstellung nach § 400 AktG, § 331 HGB, § 313 UmwG oder § 17 PublG verurteilt wurde. Ich versichere weiterhin, dass ich während der letzten fünf Jahre nicht rechtskräftig nach den §§ 263 bis 254a StGB oder den §§ 265b bis 266a StGB oder im Ausland wegen einer mit diesen Taten vergleichbaren Tat zu einer Freiheitsstrafe von mindestens einem Jahr verurteilt wurde. Ebenso wenig wurde ich aufgrund einer behördlichen Anordnung in einer Anstalt verwahrt.
Ich bin über die Strafdrohung des § 82 GmbHG, über die Verpflichtung zur Einreichung einer Gesellschafterliste gemäß § 40 GmbHG und schließlich über meine unbeschränkte Auskunftspflicht gegenüber dem Gericht durch den diese Anmeldung beglaubigenden Notar belehrt worden."
III. Der unterzeichnende Geschäftsführer erklärt[2] unter Bezug auf die im Zustimmungsbeschluss der A-GmbH abgegebenen Anfechtungsverzichtserklärungen der Gesellschafter, dass eine Anfechtung ausgeschlossen ist und daher eine Negativerklärung nach §§ 135 Abs. 1, 16 Abs. 2 S. 1 UmwG entbehrlich ist.
IV. Die Herren ......, ... und jeder einzeln und unabhängig voneinander werden hiermit bevollmächtigt, alle Anmeldungen zum Handelsregister vorzunehmen, die im Zusammenhang mit der Eintragung der hier angemeldeten und aus den dieser Anmeldung beigefügten Unterlagen ersichtlichen Tatsachen in das Handelsregister erforderlich oder zweckmäßig sind. Die Vollmacht ist jederzeit widerruflich. Jeder Bevollmächtigte darf auch für alle Beteiligten gleichzeitig handeln. Dem Handelsregister gegenüber ist die Vollmacht unbeschränkt.
V. Nach Vollzug bitten wir um Eintragungsnachricht und Übermittlung je eines beglaubigten Handelsregisterauszugs an die Gesellschaft und an den beglaubigenden Notar.

......, den ......

......

[Unterschriften der Geschäftsführung der A-GmbH in vertretungsberechtigter Zahl]
[Unterschrift des Geschäftsführers der B-GmbH]
[Unterschriftsbeglaubigung]

Schrifttum: Vgl. auch bereits das Schrifttum zu Form. L.III.2; *Brambring/Jerschke*, Beck'sches Notarhandbuch, 5. Aufl. 2009.

Anmerkungen

1. Anmeldungsreihenfolge, Eintragungen. Die speziellen Anmeldungs- und Eintragungserfordernisse der Spaltung zur Neugründung regelt § 137 UmwG.
Hierbei ist folgende Reihenfolge zu beachten: Nach § 137 Abs. 1 UmwG sind zunächst die neuen Rechtsträger durch die Geschäftsführer des übertragenden Rechtsträgers zur Eintragung in das für diese zuständige Register anzumelden. Der Eintragung ist ein Hinweis beizufügen, dass

der neue Rechtsträger erst mit Eintragung der Spaltung im Register des übertragenden Rechtsträgers entsteht, vgl. §§ 135, 130 Abs. 1 S. 2 UmwG (Lutter/*Priester* § 137 Rdnr. 14). Zum normalen Gründungsrecht der GmbH ergibt sich daher insofern eine Abweichung, als eine neue GmbH bereits ins Handelsregister eingetragen wird, bevor entsprechende Einlagen erbracht oder Anteile übernommen wurden (vgl. § 7 Abs. 2 S. 1, Abs. 3 GmbHG), tritt dies doch erst mit Eintragung der Spaltung nach § 131 Abs. 1 Nr. 1, 3 UmwG ein. Die Eintragung der Spaltung ins Handelsregister der übertragenden Gesellschaft nach § 137 Abs. 2 UmwG darf erst erfolgen, wenn alle neuen Gesellschaften auf diese Weise eingetragen wurden. Dies ergibt sich aus §§ 130 Abs. 1 i. V. m. § 135 Abs. 1, dessen Satz 2 überdies verdeutlicht, dass die Spaltung im Falle einer Spaltung zur Neugründung nur in das Register des übertragenden Rechtsträgers eingetragen wird, wird doch die Anwendbarkeit des § 16 Abs. 1 UmwG zugleich ausgeschlossen.

Die Spaltung wird auch bei der Variante zur Neugründung erst mit ihrer Eintragung im Register der übertragenden Gesellschaft wirksam, §§ 135 Abs. 1, 131 Abs. 1 UmwG; zum gleichen Zeitpunkt entstehen auch die übernehmenden Rechtsträger. Diese Eintragung ist von Amts wegen den Registern der übernehmenden Gesellschaften mitzuteilen, damit auch bei diesen der exakte Zeitpunkt des Wirksamwerdens der Spaltung und der Entstehung der neuen Rechtsträger ersichtlich wird, § 137 Abs. 3 S. 2, 3 UmwG.

Ein Verstoß gegen die Eintragungsreihenfolge, etwa in der Art, dass vor Eintragung der neuen Gesellschaften die Spaltung beim übertragenden Rechtsträger eingetragen wird, bewirkt dennoch den Eintritt der Spaltungswirkung, vgl. § 131 Abs. 2 UmwG. Die übernehmenden Gesellschaften entstehen diesen Falls auch ohne Eintragung (vgl. hierzu Schmitt/Hörtnagl/Stratz/*Hörtnagl* § 137 Rdnr. 9).

2. Anmeldung, Abgabe von Erklärungen. Die Anmeldung zur Eintragung der neuen Gesellschaften wird nach § 137 Abs. 1 von den Geschäftsführern der übertragenden Gesellschaft vorgenommen, entsteht doch der neue Rechtsträger erst mit Wirksamwerden der Spaltung. Hierbei haben diese nach §§ 135 Abs. 1, 16 Abs. 2 UmwG die entsprechende Negativerklärung abzugeben, sofern nicht wie im Formular ein wirksamer Verzicht vorliegt. Zu beachten ist, dass die notariell beglaubigte Handelsregisteranmeldung nach § 12 Abs. 1 HGB in elektronischer Form erfolgen muss. Für mit einzureichende Dokumente vgl. § 12 Abs. 2 HGB.

3. Einzureichende Unterlagen. Nach § 135 Abs. 1 UmwG bleibt § 17 Abs. 1 UmwG anwendbar, sodass die dort genannten Unterlagen einzureichen sind. Zudem müssen nach § 135 Abs. 2 S. 1 die in § 8 Abs. 1 GmbHG bezeichneten Unterlagen sowie nach § 138 UmwG der Sachgründungsbericht eingereicht werden; sie sind nicht etwa wegen der ohnehin nach § 17 Abs. 1 UmwG beizubringenden Unterlagen entbehrlich (MünchVertragsHdb I/*Heidenhain* XII.9 Anm. 3). Nach §§ 135 Abs. 1, 125 S. 1, 56 Abs. 1, 52 Abs. 2 UmwG ist auch bei der Aufspaltung zur Neugründung eine Gesellschafterliste nach § 40 GmbHG einzureichen.

4. Vertretungsbefugnis. Anzugeben ist ferner die Vertretungsbefugnis der Geschäftsführer. Wenn – wie im Formular – eine generelle Regelung der Vertretungsbefugnis erfolgt aber dennoch für einzelne Geschäftsführer davon abgewichen wird, so ist dies explizit zu vermerken. Dies gilt auch für den Fall der Befreiung vom Verbot des Selbstkontrahierens nach § 181 BGB (vgl. hierzu insges. Scholz/H. *Winter/Veil* § 8 Rdnr. 27).

5. Abgabe von Versicherungen, keine Unterschriftszeichnung. Die prospektiven Geschäftsführer der neuen Gesellschaften haben die höchstpersönlichen Erklärungen nach § 8 Abs. 3 GmbHG abzugeben. Eine Versicherung nach § 8 Abs. 2 S. 1 GmbHG bezogen auf die Einbringung der Sacheinlagen ist nicht zu fordern (vgl. bereits Form. L.III.5 Anm. 3). Gleiches gilt für Versicherung, dass das Vermögen der Gesellschaft nicht vorbelastet ist (s. MünchVertragsHdb I/*Heidenhain* XII.9 Anm. 5). Der BGH hat jüngst entschieden, dass die Versicherung genügt, „noch nie, weder im Inland noch im Ausland, wegen einer Straftat verurteilt worden" zu sein (BGH NZG 2010, 829, dazu NJW Spezial 2010, 368). Um eine korrekte Aufklärung des Versichernden sicherzustellen, bietet sich dennoch die aufzählende Verneinung der Bestellungshindernisse an.

Auch wenn eine Versicherung bezüglich der Strafbarkeit falscher Aussagen nach § 82 GmbH gesetzlich nicht erforderlich ist, so wird regelmäßig doch eine notarielle Belehrung hierüber erfolgen (s. Beck'sches Notarhandbuch/*Mayer/Weiler* D.I. Rdnr. 13 f.). Um dem Registergericht darzulegen, dass die Relevanz und Tragweite der Angaben nach § 8 Abs. 3 GmbHG verstanden wurde, ist daher ein entsprechender Hinweis durchaus dienlich.

Es sei ferner darauf hingewiesen, dass eine Versicherung über eine Belehrung bezüglich der Gründungshaftung nach § 9a GmbH im Rahmen dieser Anmeldung seitens der neu zu bestellenden Geschäftsführer der übernehmenden GmbH nicht angezeigt ist. Die Gründungshaftung trifft bei der Entstehung einer GmbH im Wege der Spaltung zur Neugründung die Mitglieder des Vertretungsorgans der übertragenden Gesellschaft sowie ebendiese selbst (s. Scholz/ H. Winter/Veil § 9a Rdnr. 25).

6. **Kosten und Gebühren.** Vgl. bereits Form. L.II.8 Anm. 13.

11. Anmeldung der Spaltung zum Handelsregister der übertragenden GmbH

UR-Nr. ......

An das
Amtsgericht ......
– Handelsregister –
......

A-GmbH, ..., HRB ......
Anmeldung einer Aufspaltung zur Neugründung nach §§ 123 Abs. 1 Nr. 2 UmwG

I. Die jeweils alleinvertretungsberechtigten Geschäftsführer der A-GmbH mit Sitz in ...... und eingetragen im Handelsregister des Amtsgerichts ...... unter der Nummer HRB ......, Herr ...... sowie Herr ......, überreichen in der Anlage:
   1. beglaubigte Abschrift des notariell beurkundeten Spaltungsplans vom ...... (UR-Nr. ...... des Notars ...... [Vorname, Name, Amtssitz]), der als Anlage ...... den Gesellschaftsvertrag der Gesellschaft sowie unter Ziff. 12.2 die Bestellung der Geschäftsführer enthält;
   2. beglaubigte Abschrift des notariell beurkundeten Zustimmungsbeschlusses der Gesellschafterversammlung des übertragenden Rechtsträgers A-GmbH mit Verzichtserklärungen der Gesellschafter zum Spaltungsbericht, zur Spaltungsprüfung und zum Prüfungsbericht gemäß § 125 i.V.m. §§ 8 Abs. 3, 9 Abs. 3, 12 Abs. 3 UmwG (UR-Nr. ...... des Notars ...... [Vorname, Name, Amtssitz]);
   3. Schlussbilanz des übertragenden Rechtsträgers zum ......;
   4. Erklärung des Betriebsrates der Gesellschaft über den rechtzeitigen Erhalt einer beglaubigten Abschrift des Spaltungsplans;
   5. (ggf.) notariell beglaubigte Zustimmungserklärung der ......, welcher ein Pfandrecht am Geschäftsanteil des Herrn C an dem übertragenden Rechtsträgers zusteht.

II. Wir melden zur Eintragung in das Handelsregister an:
   Die A-GmbH hat nach Maßgabe des eingereichten Spaltungsplans vom ...... ihr Vermögen unter Auflösung ohne Abwicklung durch gleichzeitige Übertragung der im Spaltungsplan bezeichneten Vermögensteile jeweils als Gesamtheit im Wege der Aufspaltung zur Neugründung gemäß § 123 Abs. 1 Nr. 2 UmwG auf die von der Gesellschaft gegründete B-GmbH/C-GmbH mit Sitz in ...... übertragen.

III. Wir versichern gemäß §§ 135 Abs. 1, 16 Abs. 2 UmwG, das eine Klage gegen die Wirksamkeit des Zustimmungsbeschlusses der Gesellschafter des übertragenden Rechtsträgers zur Abspaltung nicht erhoben worden ist und aufgrund der im Zustimmungsbeschluss enthaltenen Anfechtungsverzichtserklärung der Gesellschafter auch nicht erhoben werden kann.

IV. Die Herren ...... und ...... jeder einzeln und unabhängig voneinander werden hiermit bevollmächtigt, alle Anmeldungen zum Handelsregister vorzunehmen, die im Zusammenhang mit der Eintragung der hier angemeldeten und aus den dieser Anmeldung beigefügten Unterlagen ersichtlichen Tatsachen in das Handelsregister erforderlich oder zweckmäßig sind. Die Vollmacht ist jederzeit widerruflich. Jeder Bevollmächtigte darf auch für alle Beteiligten gleichzeitig handeln. Dem Handelsregister gegenüber ist die Vollmacht unbeschränkt.
V. Nach Vollzug bitten wir um Eintragungsnachricht und Übermittlung je eines beglaubigten Handelsregisterauszugs an die Gesellschaft und an den beglaubigenden Notar.
......, den ......

......

[Unterschriften der Geschäftsführung der A-GmbH in vertretungsberechtigter Zahl]
[Unterschriftsbeglaubigung]

Anmerkungen

Überblick. Die Anmeldung der Spaltung zum Handelsregister der übertragenden Gesellschaft bei der Aufspaltung zur Neugründung unterscheidet sich grundsätzlich nicht von derjenigen bei der Aufspaltung zur Aufnahme, weshalb umfänglich – insbesondere auch bezüglich der Wirkungen der Eintragung – auf die Anm. zu Form. L.III.7 verwiesen wird. Zu den einzureichenden Unterlagen vgl. Form. L.III.6 Anm. 7.

Die Eintragung der Spaltung im Handelsregister der übertragenden Gesellschaft darf erst erfolgen, nachdem die Gründung der neuen übernehmenden Gesellschaften ins Handelsregister eingetragen wurden, vgl. §§ 135 Abs. 1 S. 2, 130 Abs. 1 S. 1 UmwG bzw. § 137 Abs. 3 S. 2 UmwG. Zur Anmeldungsreihenfolge s. schon Form. L.III.10 Anm. 1.

Aufspaltung einer AG zur Aufnahme durch eine bestehende AG und zur Neugründung einer AG bzw. einer GmbH & Co. KG

12. Spaltungs- und Übernahmevertrag – Spaltungsplan[1]

Notarielle Urkunde

Verhandelt in ...... am ......

Vor mir, dem unterzeichnenden Notar

...... [Name des Notars]

erschienen heute in ......, wohin ich mich auf Ersuchen begeben habe

1. Herr ...... („V1"), Vorstand der ABC-AG, geboren am ......, geschäftsansässig ......, dem Notar von Person bekannt,
handelnd nicht in eigenem Namen, sondern als einzelvertretungsberechtigter Vorstand der ABC-AG,

sowie

2. Herr ...... („V2"), Vorstand der X-AG, geboren am ......, geschäftsansässig ......, dem Notar von Person bekannt,
handelnd nicht in eigenem Namen, sondern als einzelvertretungsberechtigter Vorstand der X-AG.

Die Erschienenen legten zum Nachweis ihrer Vertretungsmacht beglaubigte Auszüge aus den Handelsregistern der von ihnen vertretenen Gesellschaften vor.

12. Spaltungsplan

Auf Befragen des Notars verneinten die Erschienenen eine, die Beurkundung ausschließende, Vorbefassung im Sinne von § 3 Abs. 1 Nr. 7 BeurkG.
Die Erschienenen baten, handelnd wie angegeben, um die Beurkundung des Folgenden:

Spaltungs- und Übernahmevertrag

zwischen

ABC-Aktiengesellschaft
(nachfolgend „......")
als übertragende Gesellschaft einerseits
und
A-Aktiengesellschaft
(nachfolgend „......")
als übernehmende Gesellschaft andererseits
verbunden[2] mit dem

Spaltungsplan
aufgestellt durch die ABC-Aktiengesellschaft

Inhaltsverzeichnis

§ 1   Rechts- und Beteiligungsverhältnisse
§ 2   Spaltung
§ 3   Gewährung von Anteilen
§ 4   Stichtag
§ 5   Sonderrechte und Sondervorteile
§ 6   Vermögensübertragung auf die X-AG
§ 7   Vermögensübertragung auf die Y-AG
§ 8   Vermögensübertragung auf die Z-GmbH & Co. KG
§ 9   Nicht zugeordnete Gegenstände und Verbindlichkeiten/Surrogate
§ 10 Abfindungsangebot
§ 11 Folgen der Spaltung für die Arbeitnehmer und ihre Vertretungen sowie die insoweit vorgesehenen Maßnahmen
§ 12 Gründung der neuen Gesellschaften
§ 13 Spaltungsbericht, Zustimmungen
§ 14 Stichtagsänderung
§ 15 Kosten und Steuern
§ 16 Schlussbestimmungen

§ 1 Rechts- und Beteiligungsverhältnisse

1.1 Die ABC-AG (übertragende Gesellschaft) mit Sitz in ...... ist eingetragen im Handelsregister des Amtsgerichts ...... unter HRB .... Das Grundkapital der ABC-AG beträgt insgesamt nominal ...... EUR (in Worten: ......) und ist in ...... Stückaktien eingeteilt. Sämtliche Aktien lauten auf den Inhaber und sind voll einbezahlt. Die Aktionäre der ABC-AG sind die Gesellschaften A-AG, B-GmbH und C-GmbH, die Aktien im Nennbetrag von zusammen ...... EUR (in Worten: ......) halten. Aktionäre, die Inhaberaktien im Nennbetrag von insgesamt ...... EUR (in Worten: ......) halten, sind nicht bekannt.

1.2 Die X-AG (übernehmende Gesellschaft) mit Sitz in ...... ist eingetragen im Handelsregister des Amtsgerichts ...... unter HRB .... Das Grundkapital der X-AG beträgt insgesamt nominal ...... EUR (in Worten: ......) und ist in ...... Stückaktien eingeteilt. Sämtliche Aktien lauten auf den Namen und sind voll einbezahlt. Die Aktionäre der X-AG sind ......

§ 2 Spaltung

2.1 Die ABC-AG überträgt hiermit ihr Vermögen unter Auflösung ohne Abwicklung durch gleichzeitige Übertragung der in §§ 6, 7 und 8 dieses Vertrages/Planes bezeichneten Vermögensteile mit allen Rechten und Pflichten jeweils als Gesamtheit gemäß §§ 123 Abs. 1 Nr. 1 und 2, 131 Abs. 1 UmwG auf die X-AG sowie die von ihr neu zu gründenden Gesellschaften Y-AG und Z-GmbH & Co. KG gegen Gewährung der in § 3 dieses Vertrages/Planes bezeichneten Anteile dieser Gesellschaften an die Aktionäre der ABC-AG (Aufspaltung zur Aufnahme und zur Neugründung).

2.2 Der Aufspaltung wird die mit dem uneingeschränkten Bestätigungsvermerk der ...... [Name der Wirtschaftsprüfungsgesellschaft], ..., versehene Bilanz der ABC-AG zum [31. Dezember 2010] (Schlussbilanz) zugrundegelegt.

2.3 Mit Wirksamwerden der Spaltung erlischt die ABC-AG (§ 131 Abs. 1 Nr. 2 UmwG).

§ 3 Gewährung von Anteilen

3.1 Zur Durchführung der Aufspaltung wird die X-AG ihr Grundkapital von gegenwärtig nominal ...... EUR (in Worten: ......) um nominal ...... EUR (in Worten: ......) auf insgesamt nominal ...... EUR (in Worten: ......) erhöhen[5]. Die Kapitalerhöhung erfolgt gegen Sacheinlage durch Übertragung der in § 6 dieses Vertrages/Planes aufgeführten Aktiva und Passiva. Den Aktionären der ABC-AG werden je ...... Inhaberaktie[n] im Nennbetrag von je ...... EUR (in Worten: ......) ...... neue Inhaberaktien im Nennbetrag von je ...... EUR (in Worten: ......) gewährt.

3.2 Das Grundkapital der neu zu gründenden Y-AG[6] wird ...... EUR (in Worten: ......) betragen und in ...... Inhaberaktien im Nennbetrag von je ...... EUR (in Worten: ......) eingeteilt sein. Die Einlagen werden durch Übertragung der in § 7 dieses Vertrages/Planes bezeichneten Aktiva und Passiva erbracht. Den Aktionären der ABC-AG werden je ...... Inhaberaktie[n] im Nennbetrag von je ...... EUR (in Worten: ......) ...... neue Inhaberaktien der Y-AG im Nennbetrag von je ...... EUR (in Worten: ......) gewährt.

3.3 Das Gesellschaftskapital [Summe der zu leistenden Einlagen] der neu zu gründenden Z-GmbH & Co. KG wird ...... EUR (in Worten: ......) betragen. Die dementsprechend zu leistende Einlage der Komplementärin und die Hafteinlagen der Kommanditisten (vgl. Ziff. 12.2), die betragsmäßig zugleich den jeweiligen festen Kapitalanteil (Kapitalkonto I) bezeichnen, werden durch Übertragung der in § 8 dieses Vertrages/Planes aufgeführten Aktiva und Passiva erbracht. Den Aktionären der ABC-AG werden je ...... Inhaberaktie[n] im Nennbetrag von je ...... (in Worten: ......) ...... (Teil-)Gesellschaftsanteil[e] der Z-GmbH & Co. KG im Wert von ...... EUR (in Worten: ......) gewährt.

3.4 Die den Aktionären der ABC-AG gewährten Anteile an der X-AG sowie an den neu zu gründenden Gesellschaften Y-AG und Z-GmbH & Co. KG sind ab dem [1. Januar 2011], 0:00 Uhr am Gewinn der jeweiligen Gesellschaft beteiligt.

3.5 Die ABC-AG bestellt die ...... [Bank], ..., als Treuhänder[4] für den Empfang der zu gewährenden Aktien der X-AG und Y-AG und deren Aushändigung an die Aktionäre der ABC-AG. Die ABC-AG wird den Treuhänder anweisen, die Aktien der X-AG und der Y-AG nach Wirksamwerden der Spaltung den Aktionären der ABC-AG entsprechend dem in diesem Vertrag/Plan vorgesehenen Umtauschverhältnis Zug um Zug gegen Aushändigung ihrer Aktien an der ABC-AG zu übergeben. Die X-AG wird dem Treuhänder vor Eintragung der Aufspaltung in das Handelsregister der X-AG Besitz an den Aktien der X-AG verschaffen.

§ 4 Stichtag

Vgl. Form. L.III.2 § 4.

§ 5 Sonderrechte und Sondervorteile

Vgl. Form. L.III.2 § 5.

§ 6 Vermögensübertragung auf die X-AG

Vgl. Form. L.III.2 §§ 6 und 7.

§ 7 Vermögensübertragung auf die Y-AG

Vgl. Form. L.III.2 §§ 6 und 7.

§ 8 Vermögensübertragung auf die Z-GmbH & Co. KG

Vgl. Form. L.III.2 §§ 6 und 7.

§ 9 Nicht zugeordnete Gegenstände und Verbindlichkeiten/Surrogate

9.1. Soweit ab dem Stichtag Vermögensteile, Aktiva und Passiva oder Rechte und Pflichten durch den übertragenden Rechtsträger im regelmäßigen Geschäftsverkehr veräußert worden sind, treten die Surrogate an deren Stelle.

[*Alternative 1:*

9.2 Vermögensgegenstände, Aktiva und Passiva, Rechte und Pflichten sowie Arbeits- und sonstige Rechtsverhältnisse, die nicht in den beigefügten Anlagen aufgeführt sind, gehen entsprechend der in §§ 6, 7 und 8 getroffenen Zuordnung auf die X-AG sowie die durch die Spaltung entstehenden Rechtsträger Y-AG und Z-GmbH & Co. KG über, soweit sie dem ...... jew. unter wirtschaftlicher Betrachtungsweise zuzuordnen sind. Dies gilt insbesondere auch für immaterielle oder bis zur Eintragung der Aufspaltung in das Handelsregister am Sitz des übertragenden Rechtsträgers erworbenen Vermögensgegenstände, begründete Arbeitsverhältnisse und entstandene Verbindlichkeiten.

9.3 Für den Fall, dass sich die übernehmenden Rechtsträger über die Zuordnung einer der in Ziff. 9.2 genannten Positionen nach wirtschaftlicher Betrachtungsweise nicht einigen können, entscheidet ein auf Antrag von einem der übernehmenden Rechtsträger von der Industrie- und Handelskammer in ...... bestellter Schiedsrichter. Die Entscheidung des Schiedsrichters ist endgültig. Die Kosten des Schiedsverfahrens tragen die Parteien zu gleichen Teilen.]

[*Alternative 2:*

9.2 Ist ein Vermögensgegenstand in diesem Vertrag/Plan keiner der übernehmenden Gesellschaften zugeordnet worden und lässt sich die Zuordnung auch nicht durch Auslegung dieses Vertrages/Planes ermitteln, so geht der Gegenstand abweichend von § 131 Abs. 3 UmwG auf die X-AG über. Die X-AG ist verpflichtet, der Y-AG und der Z-GmbH & Co. KG jeweils eine Entschädigung in Höhe von ......% des gemeinen Wertes des übergegangenen Vermögensgegenstandes in bar zu leisten.

9.3 Ist eine Verbindlichkeit in diesem Vertrag/Plans keiner der übernehmenden Gesellschaften zugeordnet worden und lässt sich die Zuordnung auch nicht durch Auslegung dieses Vertrages/Planes ermitteln, so geht die Verbindlichkeit auf die X-AG über. Die X-AG ist berechtigt, jeweils von der Y-AG und der Z-GmbH & Co. KG eine Entschädigung in Höhe von ......% des gemeinen Wertes der übergegangenen Verbindlichkeit in bar zu fordern.

9.4 Für den Fall, dass sich die übernehmenden Rechtsträger über den Wert des in Ziff. 9.2 bezeichneten Vermögensgegenstandes oder der in Ziff. 9.3 bezeichneten Verbindlichkeit nicht einigen können, entscheidet ein auf Antrag von einem der übernehmenden Rechtsträger von der Industrie- und Handelskammer in ...... bestellter Schiedsrichter. Die Entscheidung des Schiedsrichters ist endgültig. Die Kosten des Schiedsverfahrens tragen die Parteien zu gleichen Teilen.]

§ 10 Abfindungsangebote[3]

10.1 Die Z-GmbH & Co. KG macht allen Aktionären der ABC-AG, die gegen den Spaltungsbeschluss der ABC-AG Widerspruch zur Niederschrift erklären, das Angebot, gegen eine in bar zu leistende Abfindung in Höhe von ...... EUR (in Worten: ......) für je einen Kommanditanteil an der Gesellschaft im Nennbetrag von ...... EUR (in Worten: ......), der für ...... Aktie(n) an der ABC-AG im Nennbetrag von ...... EUR (in Worten: ......) gewährt worden ist, aus der Z-GmbH & Co. KG auszuscheiden.

10.2 Die X-AG macht allen Aktionären der ABC-AG, die gegen den Spaltungsbeschluss der ABC-AG Widerspruch zur Niederschrift erklären, das Angebot, gegen eine in bar zu leistende Abfindung in Höhe von ...... EUR (in Worten: ......) für je eine Aktie an der AG im Nennbetrag von ...... EUR (in Worten: ......), welche für ...... Aktie(n) an der ABC-AG im Nennbetrag von ...... EUR (in Worten: ......) gewährt worden ist, aus der X-AG, welche die entsprechenden Aktien erwirbt, auszuscheiden.

10.3 Die Y-AG macht allen Aktionären der ABC-AG, die gegen den Spaltungsbeschluss der ABC-AG Widerspruch zur Niederschrift erklären, das Angebot, gegen eine in bar zu leistende Abfindung in Höhe von ...... EUR (in Worten: ......) für je eine Aktie an der AG im Nennbetrag von ...... EUR (in Worten: ......), welche für ...... Aktie(n) an der ABC-AG im Nennbetrag von EUR ...... (in Worten: ......) gewährt worden ist, aus der Y-AG, welche die entsprechenden Aktien erwirbt, auszuscheiden.

§ 11 Folgen der Spaltung für die Arbeitnehmer und ihre Vertretungen sowie die insoweit vorgesehenen Maßnahmen

Vgl. Form. L.III.2 § 11.

§ 12 Gründung der neuen Gesellschaften[4–7]

12.1 Die ABC-AG errichtet hiermit eine Aktiengesellschaft unter der Firma Y-AG. Die dieser Urkunde als Anlage ...... beigefügte Satzung der Y-AG wird hiermit festgestellt. Die Herren

...... [Name, Beruf, Adresse],

...... [Name, Beruf, Adresse],

...... [Name, Beruf, Adresse],

werden für die Zeit bis zur Beendigung der Hauptversammlung, die über die Entlastung des Aufsichtsrates für das am ...... endende Rumpfgeschäftsjahr beschließt, zu Mitgliedern des ersten Aufsichtsrats bestellt. Die ...... [Name der Wirtschaftsprüfungsgesellschaft], ..., wird zum Abschlussprüfer für das am ...... endende Rumpfgeschäftsjahr bestellt.

12.2 Die ABC-AG errichtet ferner hiermit eine Kommanditgesellschaft unter der Firma Z-GmbH & Co. KG. Der dieser Urkunde als Anlage ...... beigefügte Gesellschaftsvertrag der Z-GmbH & Co. KG wird hiermit festgestellt. Die B-GmbH, die Aktien der ABC-AG im Nennbetrag von insgesamt nominal ...... EUR (in Worten: ......) hält, ist die einzige persönlich haftende Gesellschafterin (Komplementärin) der Z-GmbH & Co. KG. Die übrigen Aktionäre der ABC AG werden Kommanditisten der Z-GmbH & Co. KG.

12.3 Die als Anlage ...... dieser Urkunde beigefügte Satzung der Y-AG sowie der als Anlage ...... dieser Urkunde beigefügte Gesellschaftsvertrag der Z-GmbH & Co. KG bedürfen zu ihrer Wirksamkeit der Zustimmung der Hauptversammlung der ABC-AG durch Spaltungsbeschluss. Der Gesellschaftsvertrag der Z-GmbH & Co. KG bedarf zur Wirksamkeit ferner der Zustimmung der Gesellschafter der B-GmbH.

§ 13 Spaltungsbericht[8]; Zustimmungen

13.1 Die jeweiligen Vertretungsorgane aller an der Spaltung beteiligten Gesellschaften erstatten gemeinsam einen Spaltungsbericht gemäß §§ 127 Abs. 1 Hs. 2., 8 UmwG.

13.2 Dieser Vertrag/Plan bedarf der Zustimmung der Hauptversammlungen der ABC-AG und der X AG.

§ 14 Verzögerung der Abwicklung

Vgl. Form. L.III.2 § 15.

§ 15 Kosten und Steuern

Vgl. Form. L.III.2 § 16.

§ 16 Schlussbestimmungen

Vgl. Form. L.III.2 § 17.

Schrifttum: Vgl. auch bereits das Schrifttum zu Form. L.III.2; *Adolff/Tieves,* Über den rechten Umgang mit einem entschlossenen Gesetzgeber: Die aktienrechtliche Lösung des BGH für den Rückzug von der Börse, BB 2003, 797; *Bruski,* Die Gründungsphase der Aktiengesellschaft bei der Spaltung zur Neugründung, AG 1997, 17; *Drinhausen,* Regierungsentwurf eines Zweiten Gesetzes zur Änderung des Umwandlungsgesetzes – ein Gewinn für die Praxis, BB 2006, 2313; *Groß,* Rechtsprobleme des Delisting, ZHR 165 (2001), 141; *Handelsrechtsausschuss des DAV,* Stellungnahme zum Regierungsentwurf eines Zweiten Gesetzes zur Änderung des Umwandlungsgesetzes, NZG 2006, 737; *Seibold,* Die Spaltung von AG nach dem Umwandlungsgesetz, 2001; *Wagner,* Der Regierungsentwurf für ein Drittes Gesetz zur Änderung des Umwandlungsgesetzes, DStR 2010, 1629.

Anmerkungen

1. Überblick und Wahl des Formulars. § 123 Abs. 4 UmwG erlaubt Mischformen der Spaltung, bei denen sowohl bestehende als auch neu zu gründende Rechtsträger beteiligt sind. Weitere Gestaltungsmöglichkeiten ergeben sich dadurch, dass §§ 124 Abs. 2, 3 Abs. 4 UmwG auch für die Spaltung die Beteiligung von Rechtsträgern unterschiedlicher Rechtsformen gestattet. § 124 Abs. 1 UmwG präzisiert, welche Rechtsträger einer Spaltung fähig sind.

Das Formular nimmt beide Gestaltungsvarianten auf, indem die börsennotierte ABC AG sich aufspaltet und mithin ihr gesamtes Vermögen unter Auflösung ohne Abwicklung auf die bereits bestehende nicht börsennotierte X-AG sowie die im Wege der Neugründung entstehenden Gesellschaften Y-AG und Z-GmbH & Co. KG überträgt.

An der übertragenden ABC AG sind bisher die A-AG, die B-GmbH, die C-GmbH sowie einige außenstehende Dritte beteiligt. Für den vorliegenden Fall, in dem außenstehende Dritte nicht erreichbar sind oder der Spaltung nicht zustimmen, ist nur eine verhältniswahrende Spaltung möglich, erfordert doch die nichtverhältniswahrende Spaltung eine Zustimmung aller Anteilsinhaber, § 128 UmwG.

Soweit im Folgenden nicht etwas anderes genannt ist, wird bezüglich des obligatorischen, aber auch des fakultativen Inhalts (insbes. etwa Regelungen zum Erlöschen von Rechtsverhältnissen und Freistellungsverpflichtungen, vgl. Form. L.III.2 §§ 9, 10) des Spaltungs- und Übernahmevertrages/-planes auf die Anm. zu Form. L.III.2, § 8 verwiesen. Gleiches gilt für die Besonderheiten, die im Falle der Beteiligung einer GmbH an einer Aufspaltung zu beachten sind.

2. Kombination von Spaltungs- und Übernahmevertrag und Spaltungsplan. Im Falle der Kombination aus Aufspaltung zur Aufnahme und zur Neugründung wie in diesem Formular sind Spaltungs- und Übernahmevertrag und Spaltungsplan in einer Niederschrift zu verbinden, stellen doch beide gemeinsam die Grundlage der Spaltung und der Spaltungsbeschlüsse dar (vgl. BT-Drucks. 12/6699 S. 117). Demnach ist vorliegendes Formular eine Kombination aus vertraglichen Elementen zwischen der ABC AG und der X AG und einseitigen Willenserklärungen der ABC AG (bezüglich der Y AG und der Z-GmbH & Co. KG).

3. Abfindungsangebote. Nach § 29 Abs. 1 S. 1 UmwG hat ein übernehmender Rechtsträger anderer Rechtsform den Anteilsinhabern der übertragenden Gesellschaft ein Abfindungsangebot zu unterbreiten. Für den Fall, dass der übernehmende Rechtsträger anderer Rechtsform – wie hier die GmbH & Co. KG als übernehmende Personengesellschaft – keine eigenen Anteile erwerben kann (vgl. zu diesem Strukturunterschied MünchKommBGB/*Ulmer* Vorb. § 705 Rdnr. 13), ist das Angebot dahingehend zu unterbreiten, dass es unter Ausscheiden aus dem übernehmenden Rechtsträger angenommen werden kann, §§ 125, 29 Abs. 1 S. 3 UmwG. Erforderlich ist allerdings, dass diejenigen Anteilsinhaber, die sich die Möglichkeit eines Austritts offen halten wollen, nicht nur Widerspruch zur Niederschrift erklären, sondern auch gegen den Spaltungsvertrag/-plan stimmen. Gleiches gilt nach § 29 Abs. 1 S. 2 UmwG auch in dem Falle, dass die neuen Anteile Verfügungsbeschränkungen unterworfen sind. Allerdings sind die an der X-AG und Y-AG gewährten Anteile ebenso wie diejenigen der ABC-AG Inhaberaktien, sodass insoweit die Voraussetzungen im Formular nicht gegeben sind (vgl. zum Abfindungsangebot insges. schon Form. L.III.2 Anm. 13 sowie Form. L.III.4 Anm. 11).

Dem Formular liegt wie unter Anm. 1 dargelegt der Sachverhalt zu Grunde, in dem eine börsennotierte AG auf (u. a.) nicht börsennotierte AGs aufgespalten werden soll. Aufgrund der Beteiligung einer KG als übernehmendem Rechtsträger ist von dieser ein Angebot nach § 29 Abs. 1 S. 1 UmwG zu unterbreiten. Auch hinsichtlich der X-AG und der Y-AG als weiteren übernehmenden und im Gegensatz zur ABC-AG nicht börsennotierten Rechtsträgern ist aufgrund der mit dem Rückzug von der Börse verbundenen Einschränkung der Veräußerungsmöglichkeit der Aktien („kaltes Delisting") gem. § 29 Abs. 1 S. 1 Hs. 1 UmwG ein Abfindungsangebot erforderlich. Für eine teleologische Reduktion, wenn im Zuge der Umwandlung eine Börsennotierung geplant ist, plädiert zu Recht *Drinhausen* BB 2006, 2313, 2314. Sind also an der Aufspaltung (mehrere) Rechtsträger verschiedener Rechtsform bzw. börsennotierte und nicht notierte Gesellschaften beteiligt, ist seitens jeder übernehmenden Gesellschaft, auf die dies zutrifft, ein Abfindungsangebot bezüglich der von ihr zu gewährenden Anteile erforderlich. Der Zweck des § 29 UmwG, aufgrund der weitgehenden Änderungen bei der rechtsformwechselnden Umwandlung die Möglichkeit eines Austritts zu eröffnen, greift insofern für jede übernehmende Gesellschaft anderer Rechtsform bzw. im Falle der Börsennotierung, an der Anteilseigner der übertragenden Gesellschaft qua Aufspaltung beteiligt werden sollen. Dass es den Anteilseignern auf diese Weise faktisch frei steht, nicht an allen übernehmenden Rechtsträgern gleichermaßen beteiligt zu werden und ganz und gar an der Spaltung zu partizipieren, sondern bspw. das Abfindungsangebot nur eines übernehmenden Rechtsträgers anzunehmen, steht in Übereinstimmung mit der auch für die Verschmelzung anerkannten Möglichkeit, lediglich hinsichtlich eines Teiles seiner ursprünglich am übertragenden Rechtsträger gehaltenen Anteile das Abfindungsangebot anzunehmen (vgl. nur Lutter/*Grunewald* § 31 Rdnr. 4). Es ist aber zu berücksichtigen, dass bei solcher Beteiligung von mehreren Rechtsträgern, auf die diese Voraussetzungen zutreffen, die für die Spaltung erforderliche Mehrheit leichter verfehlen kann, wenn mehrere Anteilsinhaber aus verschiedenen übernehmenden Rechtsträgern ausscheiden wollen, ist doch für die Anteilsinhaber des übertragenden Rechtsträger lediglich eine einheitliche Abgabe des Widerspruchs und der Gegenstimme möglich.

Jede der übernehmenden Gesellschaften, auf die die Voraussetzungen des § 29 Abs. 1 UmwG zutrifft, ist zur Abgabe eines individuellen Angebots im Vertrag/Plan verpflichtet. Die verschiedenen Abfindungsangebote werden sich im Betrage auch kaum je entsprechen, da diese letztlich auch davon abhängen, in welchem Verhältnis das Vermögen der übertragenden auf die verschiedenen übernehmenden Rechtsträger verteilt wurde.

4. Rechtsformspezifische Besonderheiten: AG. Im Falle, dass eine AG als übernehmender Rechtsträger fungiert, ist nach §§ 125 S. 1, 71 Abs. 1 UmwG für den Empfang der zu gewährenden Aktien und der baren Zuzahlung seitens der übertragenden Gesellschaft ein Treuhänder zu bestellen. Auf diese Weise soll sichergestellt werden, dass die Aktien und Zuzahlungen im Zeitpunkt der Eintragung der Spaltung und dem damit einhergehenden Erlöschen des übertragenden Rechtsträgers für die neuen Aktionäre bereitgehalten werden (vgl. Lutter/*Grunewald* § 71 Rdnr. 2). Die Treuhänderbestellung ist indes nicht Teil des obligatorischen Inhaltes des Spaltungs- und Übernahmevertrages/Spaltungsplanes, vgl. § 126 UmwG. Aus dem Wesen der AG als Publikumsgesellschaft resultiert allerdings nach §§ 125 S. 1, 35 S. 1 UmwG als zwingendes Inhaltserfordernis für den Vertrag/Plan, dass ggf. namentlich nicht bekannte Aktionäre (vgl. Ziff. 1.1 des Formulars) durch Angabe der Aktienurkunden zu bezeichnen sind. Aus demselben Grunde ist gemäß §§ 125, 61 S. 1 UmwG der Spaltungs- und Übernah-

12. Spaltungsplan
L.III.12

mevertrag/Spaltungsplan vor Einberufung der Hauptversammlung zum Handelsregister einzureichen und seitens des Gerichts in der Bekanntmachung hierauf hinzuweisen, sodass den Aktionären die Möglichkeit der Einsichtnahme zur Kenntnis gelangt (vgl. Lutter/*Grunewald* § 61 Rdnr. 3). Schließlich ist zu beachten, dass einer noch nicht zwei Jahre ins Handelsregister eingetragenen AG die Aufspaltung verwehrt ist, § 141 UmwG.

5. Ob bei einer übernehmenden AG eine Kapitalerhöhung zur Spaltungsdurchführung erfolgen darf, folgt aus §§ 125 S. 1, 68 Abs. 1 S. 1, 2 UmwG. Ist demzufolge eine Kapitalerhöhung angezeigt, so modifiziert §§ 125 S. 1, 69 Abs. 1 UmwG die grundsätzlich geltenden §§ 182–191 AktG. Erleichterung wird hierdurch insofern geschaffen, als die Vorschriften über die Zeichnung neuer Aktien der §§ 185, 188 Abs. 3 Nr. 1 AktG ebenso wenig anwendbar sind wie diejenigen über das Bezugsrecht der Aktionäre nach §§ 186, 187 Abs. 1 AktG. Darüber hinaus entfallen die Vorschriften über Leistung von Einlagen vor Anmeldung und über die Erklärungen in der Handelsregisteranmeldung diesbezüglich, §§ 188 Abs. 2 AktG. Auch § 182 Abs. 4 S. 1 AktG ist unanwendbar. Hingegen ist die Prüfung der Sacheinlage nach § 183 Abs. 3 AktG gemäß § 142 Abs. 1 UmwG stets erforderlich. Insgesamt entsprechen die anwendbaren Vorschriften den auf die Kapitalerhöhung bei einer übernehmenden GmbH anwendbaren Regelungen nach §§ 125 S. 1, 55 Abs. 1 UmwG (vgl. MünchVertragsHdb I/ *Heidenhain* XII.11 Anm. 10).

6. Auf die Neugründung einer übernehmenden AG finden vorbehaltlich abweichender Regelungen gemäß § 135 Abs. 2 S. 1 UmwG die Gründungsvorschriften der §§ 23 bis 53 AktG Anwendung. Zu beachten sind aber besonders der Satzungsinhalt nach §§ 125 S. 1, 74 UmwG sowie der Gründungsbericht und die Gründungsprüfung gemäß §§ 125 S. 1, 75 UmwG. Nach § 75 Abs. 1 S. 2 UmwG n. F. darf der Gründungsprüfer künftig personenidentisch mit dem Spaltungsprüfer sein (vgl. Form. L.III.17 Anm. 4). Die befreiende Wirkung des § 75 Abs. 2 UmwG tritt aufgrund der Sperrwirkung des § 144 UmwG nicht ein. Die Bestellung der ersten Aufsichtsratsmitglieder der neuen Gesellschaft durch die Gründer nach §§ 30, 31 AktG bedarf der Bestätigung der Anteilsinhaber der übertragenden Gesellschaft, §§ 125 S. 1, 76 Abs. 2 S. 2 UmwG. Dieses Erfordernis resultiert aus dem Umstand, dass im Falle der Neugründung einer AG im Zuge einer Umwandlung der übertragende Rechtsträger und nicht die späteren Aktionäre die Gründer sind, § 36 Abs. 2 S. 2 UmwG.

7. Rechtsformspezifische Besonderheiten: Personengesellschaft. Für den Fall einer Personengesellschaft als übernehmendem Rechtsträger ist hervorzuheben, dass Gesellschaftern einer übertragenden Gesellschaft, die für deren Verbindlichkeiten nicht persönlich haften (im Formular Aktionäre der ABC AG), in der übernehmenden Gesellschaft eine Kommanditistenstellung einzuräumen ist, vgl. §§ 125 S. 1, 40 Abs. 2 UmwG. Allerdings ist auch insofern eine abweichende Regelung im Spaltungsvertrag/-plan unter Zustimmung aller betroffenen Anteilseigner zulässig (vgl. Schmitt/Hörtnagl/Stratz/*Stratz* § 40 Rdnr. 8). Da im Formular der B-GmbH die Komplementärstellung in der Z-GmbH & Co. KG eingeräumt werden soll, ist deren Zustimmung durch Spaltungsbeschluss erforderlich.

Bei den Angaben über die Beteiligung der Aktionäre des übertragenden Rechtsträgers an der neu zu gründenden GmbH & Co. KG ist zu beachten, dass eine KG kein Stammkapital aufweist. Es bietet sich daher an, die Summe der Einlagen bei der übernehmenden KG anzugeben (vgl. auch Lutter/*Priester* § 136 Rdnr. 9). Hierbei empfiehlt sich eine gesellschaftsvertragliche Gestaltung, die ein betragsmäßig der Einlage entsprechendes festes Kapitalkonto (im Formular Kapitalkonto I) für alle Gesellschafter vorsieht (allg. zu Kapitalanteilen und -konten vgl. Baumbach/Hopt/*Hopt* § 120 Rdnr. 12 ff.). Die Unterrichtung der Gesellschafter erfolgt nach Maßgabe v. §§ 125 S. 1, 42 UmwG.

8. Spaltungsbericht und Spaltungsprüfung. Die Möglichkeit eines Verzichts auf den Spaltungsbericht nach §§ 125 S. 1, 8 Abs. 3 S. 1 UmwG ist bei Beteiligung einer börsennotierten AG wohl faktisch unmöglich. Für diese Publikumsgesellschaften hat sich in praxi die gemeinsame Berichterstattung weitgehend durchgesetzt (s. Lutter/Lutter/*Drygala* § 8 Rdnr. 8). Als Vertretungsorgan der AG handelt der Vorstand, welcher jedoch hinsichtlich der Berichtspflicht einem Zustimmungserfordernis des Aufsichtsrats unterworfen sein kann, vgl. § 111 Abs. 4 S. 2 (Lutter/*Schwab* § 127 Rdnr. 16).

Bei Beteiligung von Rechtsträgern unterschiedlicher Rechtsform ist bezüglich der Publizität von Spaltungsvertrag und -bericht auf die unterschiedlichen Vorschriften zu achten, vgl. für Personenhandelsgesellschaft und GmbH §§ 125, 42, 47, 49 UmwG. Für eine beteiligte AG ist die Auslegung in den Räumen und die Zusendung auf Verlangen nach §§ 125, 63 Abs. 1 Nr. 4 UmwG gesetzlich vorgesehen (vgl. Lutter/*Grunewald* § 64 Rdnr. 10; hierzu insges. Widmann/Mayer/*Mayer* § 127 Rdnr. 11). Nach § 63 Abs. 3 S. 2 UmwG n.F. kann die Zusendung der Unterlagen mit Einwilligung der Aktionäre künftig auch auf elektronischem Wege in druckbarem Format (vgl. BT-Drucks. 17/3122 S. 13) erfolgen. Seit Einführung des ARUG (Gesetz zur Umsetzung der Aktionärsrechterichtlinie, BGBl. I S. 2479) genügt es bereits, wenn die Unterlagen über die Internetseite der Gesellschaft zugänglich sind (§ 63 Abs. 4 UmwG), weswegen die bevorstehende Neuerung für Publikumsgesellschaften von wenig Bedeutung sein dürfte (*Wagner* DStR 2010, 1629 f.). In solchen Fällen ist sicherzustellen, dass die Aktionäre die Unterlagen auch auf der Hauptversammlung einsehen können (vgl. Kallmeyer/*Marsch-Barner* § 64 Rdnr. 1).

Eine Spaltungsprüfung ist bei Spaltungen unter Beteiligung einer AG nach §§ 125 S. 1, 60 UmwG grundsätzlich unumgänglich, ein Verzicht unter bestimmten Voraussetzungen allerdings möglich (vgl. hierzu Schmitt/Hörtnagl/Stratz/*Stratz* § 60 Rdnr. 2).

Es ist ferner darauf zu achten, dass im Falle der Notwendigkeit eines Abfindungsangebots nach § 29 UmwG dessen Angemessenheit nach § 30 Abs. 2 S. 1 UmwG zu überprüfen ist (vgl. hierzu Lutter/*Grunewald* § 30 Rdnr. 5 ff.). Ein notariell zu beurkundender Verzicht der jeweils Berechtigten ist allerdings nach § 30 Abs. 2 S. 3 UmwG möglich.

13. Beschluss der Hauptversammlung der übertragenden AG[1, 7]

Auszug aus der notariellen Niederschrift[5] über die außerordentliche Hauptversammlung der ABC Aktiengesellschaft

Tagesordnungspunkt 1: Spaltungsbeschluss[1]

Der Vorstand und der Aufsichtsrat der ABC-AG schlagen vor, dem Spaltungs- und Übernahmevertrag verbunden mit dem Spaltungsplan vom ......, UR ...... des Notars ...... (im Folgenden: „Vertrag") sowie den darin enthaltenen Festsetzungen der Satzung der Y-AG und des Gesellschaftsvertrages der Z-GmbH & Co. KG zuzustimmen.

Der Vorsitzende wies zunächst auf Folgendes hin[2-3]:

1. Der Vertrag ist vor Einberufung der außerordentlichen Hauptversammlung zum Handelsregister eingereicht worden. Das Register hat einen Hinweis über die Einreichung des Vertrages zum Handelsregister im elektronischen Bundesanzeiger veröffentlicht.

2. Der Vertrag, die Jahresabschlüsse und die Lageberichte der an der Spaltung beteiligten Rechtsträger für die letzten drei Geschäftsjahre sowie die Spaltungs- und Prüfungsberichte[6] waren von der Einberufung der außerordentlichen Hauptversammlung an in den Geschäftsräumen der Gesellschaft zur Einsicht der Aktionäre ausgelegt.
[Alternative: Der Vertrag, die Jahresabschlüsse und die Lageberichte der an der Spaltung beteiligten Rechtsträger für die letzten drei Geschäftsjahre sowie die Spaltungs- und Prüfungsberichte sind seit der Einberufung der außerordentlichen Hauptversammlung über die Internetseite der Gesellschaft zugänglich. Während der Hauptversammlung werden den Aktionären Abschriften der Unterlagen zur Verfügung gestellt.]

Der Vorstand hat darauf den Vertrag eingehend mündlich erläutert und auf Anfragen der Aktionäre Auskunft über alle für die Aufspaltung wesentlichen Angelegenheiten der Gesellschaft sowie der anderen an der Spaltung beteiligten Rechtsträger erteilt. Er hat weiterhin dargelegt, dass in der Zeit zwischen dem Abschluss des Vertrages und der

13. Beschluss der Hauptversammlung der übertragenden AG L.III.13

Hauptversammlung keine wesentlichen Veränderungen des Vermögens[3] der an der Aufspaltung beteiligten Rechtsträger eingetreten sind.
Nach eingehender Aussprache bat der Vorsitzende, über den oben genannten Vorschlag des Vorstandes und Aufsichtsrates abzustimmen. Der Vorsitzende wies darauf hin, dass die Annahme des Vorschlages gemäß §§ 125, 65 Abs. 1 S. 1 UmwG einer Mehrheit von mindestens drei Viertel des bei der Beschlussfassung vertretenen Grundkapitals bedarf.
Der Vorschlag wurde mit ...... Ja-Stimmen, ... Nein-Stimmen und ...... Enthaltungen angenommen.
Folgende Aktionäre erklärten Widerspruch zur Niederschrift:
...... [Name],
...... [Name],
...... [Name],
......
Der Vorsitzende stellte Folgendes fest:
Die Hauptversammlung der ABC-AG hat dem Vertrag sowie den darin enthaltenen Festsetzungen der Satzung der Y-AG und des Gesellschaftsvertrages der Z-GmbH & Co. KG mit der gesetzlich erforderlichen Mehrheit im Sinne von §§ 125, 65 Abs. 1 S. 1 UmwG zugestimmt.
Eine beglaubigte Abschrift des Vertrages ist dieser Niederschrift als Anlage ...... beigefügt.

Tagesordnungspunkt 2: Zustimmung zur Bestellung des ersten Aufsichtsrats[4]

Der Aufsichtsrat schlägt weiterhin vor, der im Vertrag unter § 12 Ziff. 1 erfolgten Bestellung der Herren
...... [Name, Beruf, Adresse],
...... [Name, Beruf, Adresse],
...... [Name, Beruf, Adresse],
zu Mitgliedern des ersten Aufsichtsrates der Y-AG zuzustimmen.
Nach eingehender Aussprache bat der Vorsitzende, über den Vorschlag abzustimmen.
Der Vorschlag wurde mit ...... Ja-Stimmen, ... Nein-Stimmen und ...... Enthaltungen angenommen [Alternative: Der Vorschlag wurde einstimmig angenommen.]
Der Vorsitzende stellte Folgendes fest:
Die Hauptversammlung der ABC-AG hat der im Vertrag erfolgten Bestellung der Herren ......, ... und ...... zu Mitgliedern des ersten Aufsichtsrats der Y-AG mit der gesetzlich erforderlichen Mehrheit im Sinne von §§ 125, 65 Abs. 1 S. 1 UmwG zugestimmt.

Anmerkungen

1. Beschluss über Spaltung. Die Zustimmung der Anteilsinhaber der übertragenden Gesellschaft qua Beschluss ist Wirksamkeitserfordernis für den Spaltungs- und Übernahmevertrag/-plan, §§ 125 S. 1, 13 Abs. 1 S. 1 UmwG. Dasselbe gilt nach §§ 125 S. 1, 76 Abs. 2 S. 1 UmwG für die im Spaltungs- und Übernahmevertrag/Spaltungsplan festgelegte Satzung der übernehmenden neu zu gründenden AG. Für eine neu zu gründende Personengesellschaft fehlt eine entsprechende Regelung. Allerdings ergibt sich mit Blick auf § 37 UmwG i.V.m. § 13 UmwG nichts Abweichendes: Ist der Gesellschaftsvertrag nach §§ 135 Abs. 1 S. 1, 125 S. 1, 37 notwendiger Inhalt des Spaltungsplans, so wird mit dem Spaltungsbeschluss auch dem Gesellschaftsvertrag zugestimmt. § 76 Abs. 2 S. 1 (und für die GmbH § 59 S. 1) UmwG haben insofern nur klarstellenden Charakter (ebenso Widmann/Mayer/*Rieger* § 76 Rdnr. 13).

2. Rechtsformspezifische Besonderheiten: AG. Für den Spaltungsbeschluss einer AG sind folgende Besonderheiten zu beachten. Nach §§ 135 Abs. 1 S. 1, 125 S. 1, 61 UmwG ist der Spaltungs- und Übernahmevertrag/-plan vor Einberufung der Hauptversammlung zum Handelsregister einzureichen, worauf seitens des Registergerichts durch Bekanntmachung hinzuweisen ist.

Erforderlich ist zudem im Zuge der Vorbereitung der Hauptversammlung, die in §§ 135 Abs. 1 S. 1, 125 S. 1, 63 Abs. 1 genannten Unterlagen von der Einberufung an (und nach §§ 135 Abs. 1 S. 1, 125 S. 1, 64 Abs. 1 UmwG auch während der Hauptversammlung) in den Geschäftsräumen auszulegen. Nach § 63 Abs. 3 S. 2 UmwG n. F. kann die Zusendung der Unterlagen mit Einwilligung der Aktionäre künftig auch auf elektronischem Wege in druckbarem Format (vgl. BT-Drucks. 17/3122 S. 13) erfolgen. Seit Einführung des ARUG (Gesetz zur Umsetzung der Aktionärsrechterichtlinie, BGBl. I S. 2479) genügt es bereits, wenn die Unterlagen über die Internetseite der Gesellschaft zugänglich sind (§ 63 Abs. 4 UmwG), weswegen die bevorstehende Neuerung für Publikumsgesellschaften von wenig Bedeutung sein dürfte (*Wagner* DStR 2010, 1629 f.). In solchen Fällen ist sicherzustellen, dass die Aktionäre die Unterlagen auch auf der Hauptversammlung einsehen können (vgl. Kallmeyer/*Marsch-Barner* § 64 Rdnr. 1). Zu beachten ist jedoch, dass der Bericht über die Prüfung eines eventuellen Abfindungsangebots nach § 29 UmwG weder vor noch während der Hauptversammlung auszulegen ist (vgl. Lutter/*Grunewald* § 30 Rdnr. 6 f.). Dem Vorstand obliegt es zudem, den Vertrag/Plan sodann in der Hauptversammlung mündlich zu erläutern, sowie auf Verlangen Auskunft über alle für die Spaltung wesentlichen Angelegenheiten der anderen beteiligten Rechtsträger Auskunft zu geben, §§ 135 Abs. 1 S. 1, 125 S. 1, 64 UmwG.

Erst anschließend kann mit der in §§ 135 Abs. 1 S. 1, 125 S. 1, 65 Abs. 1 UmwG genannten Dreiviertelmehrheit des vertretenen Grundkapitals über die Spaltung beschlossen werden.

3. Bislang stellte § 143 UmwG eine spezielle Berichtspflicht dar, nach der der Vorstand den Aktionären (S. 1) und den Vertretungsorganen der übernehmenden Rechtsträger (S. 2) über Vermögensveränderungen zu berichten hat. Nach § 64 Abs. 1 S. 3 RegE-UmwG i. d. F. des Rechtsausschusses (BT-Drucks. 17/5930) soll diese Pflicht künftig für sämtliche Verschmelzungen und Spaltungen mit Beteiligung von Aktiengesellschaften gelten. Zu den Einzelheiten der Informationspflicht vgl. daher nun Form. L.II.7 Anm. 9.

4. Beschluss über Bestellungsbestätigung von Aufsichtsratsmitgliedern. Eine weitere rechtsformspezifische Besonderheit bei Beteiligung einer AG findet sich darin, dass die Bestellung der Mitglieder des ersten Aufsichtsrats der neu zu gründenden AG der Bestätigung durch Beschluss bedarf (vgl. bereits Form. L.III.13 Anm. 6). Umstritten ist jedoch, ob diese Zustimmung bereits durch den Beschluss über den Spaltungsvertrag/-plan erteilt wird (so Kallmeyer/*Zimmermann* § 76 Rdnr. 7) oder ob auch eine getrennte (spätere) Beschlussfassung möglich ist (hierfür Lutter/*Grunewald* § 76 Rdnr. 8). Auch wenn der Wortlaut eine Zustimmung durch Umwandlungsbeschluss (vgl. S. 1) nahe legt, so sprechen nicht nur praktische Bedürfnisse für die Möglichkeit einer getrennten Beschlussfassung (Lutter/*Grunewald* § 76 Rdnr. 8). Darüber hinaus ergäbe auch der Verweis des § 76 Abs. 2 S. 3 UmwG auf § 124 Abs. 3 S. 1, S. 3 AktG wenig Sinn, wenn die Zustimmung über die Aufsichtsratsbestellung schon keinen eigenen Beschlussgegenstand darstellen könnte. Der Aufsichtsrat der übertragenden AG hat somit einen Wahlvorschlag für die Mitglieder des Aufsichtsrats der neuen AG zu unterbreiten. Über diesen Wahlvorschlag sollte allerdings – es sei denn praktische Umstände erfordern dies – schon deshalb in derselben Hauptversammlung, die auch über die Spaltung entscheidet, Beschluss gefasst werden, würde doch andernfalls die Eintragung der übernehmenden AG (vgl. § 37 Abs. 4 Nr. 3 AktG) und somit die Spaltung insgesamt verzögert.

5. Form. Zum Beurkundungserfordernis für die Spaltungsbeschlüsse vgl. bereits Form. L.III.4 Anm. 7.

6. (Verzicht auf) Spaltungsbericht, Spaltungsprüfung samt Bericht, Prüfung der Barabfindung samt Bericht. Ein Verzicht auf den Spaltungsbericht (§§ 127, 8 UmwG) und ebenso auf die Spaltungsprüfung und deren Bericht nach §§ 135 Abs. 1 S. 1, 125 S. 1, 60, 9–12 UmwG wird bei Beteiligung einer börsennotierten AG kaum je realisiert werden können. Ungeachtet praktischer Probleme in echten Publikumsgesellschaften besteht zudem die Möglichkeit für die Berechtigten, auf die Prüfung und (/oder) den Prüfbericht bezüglich einer anzubietenden Barabfindung durch notariell beurkundete Erklärung zu verzichten, § 30 Abs. 2 S. 3 UmwG.

Eine solche Prüfung hat vor der Hauptversammlung zu erfolgen, die über die Spaltung zu beschließen hat, ist doch die Prüfung bzw. deren Bericht Informationsgrundlage für die Erhebung des Widerspruchs und Annahme des Abfindungsangebots nach § 29 UmwG. Es empfiehlt sich daher mit Blick auf die Verzichtsmöglichkeit bereits weit im Vorfeld der Hauptversammlung von den Berechtigten notariell zu beurkundende Verzichtserklärungen einzuholen (zur Frage, wer zu diesem Zeitpunkt als Berechtigter gilt vgl. Lutter/*Grunewald* § 30 Rdnr. 8 f.).

7. **Kosten und Gebühren.** Vgl. bereits Form. L. II.6 Anm. 11.

14. Beschluss der Hauptversammlung der übernehmenden AG

Auszug aus der notariellen Niederschrift über die außerordentliche Hauptversammlung der X Aktiengesellschaft

Tagesordnungspunkt 1: Spaltungsbeschluss

Der Vorstand und der Aufsichtsrat der X-AG schlagen vor, dem Spaltungs- und Übernahmevertrag verbunden mit dem Spaltungsplan vom ......, UR ...... des Notars ...... (im Folgenden: „Vertrag") zuzustimmen.

Der Vorsitzende wies zunächst auf Folgendes hin:

1. Der Vertrag ist vor Einberufung der außerordentlichen Hauptversammlung zum Handelsregister eingereicht worden. Das Register hat einen Hinweis über die Einreichung des Vertrages zum Handelsregister im elektronischen Bundesanzeiger veröffentlicht.
2. Der Vertrag, die Jahresabschlüsse und die Lageberichte der an der Spaltung beteiligten Rechtsträger für die letzten drei Geschäftsjahre sowie die Spaltungs- und Prüfungsberichte waren von der Einberufung der außerordentlichen Hauptversammlung an in den Geschäftsräumen der Gesellschaft zur Einsicht der Aktionäre ausgelegt.

[Alternative: Der Vertrag, die Jahresabschlüsse und die Lageberichte der an der Spaltung beteiligten Rechtsträger für die letzten drei Geschäftsjahre sowie die Spaltungs- und Prüfungsberichte sind seit Einberufung der außerordentlichen Hauptversammlung über die Internetseite der Gesellschaft zugänglich. Während der Hauptversammlung werden den Aktionären Abschriften der Unterlagen zur Verfügung gestellt.]

Der Vorstand hat darauf den Vertrag eingehend mündlich erläutert und auf Anfragen der Aktionäre Auskunft über alle für die Aufspaltung wesentlichen Angelegenheiten der Gesellschaft sowie der anderen an der Spaltung beteiligten Rechtsträger erteilt. Der Vorstand hat weiterhin dargelegt, dass in der Zeit zwischen dem Abschluss des Vertrages und der Hauptversammlung keine wesentlichen Veränderungen des Vermögens der an der Aufspaltung beteiligten Rechtsträger eingetreten sind.

Nach eingehender Aussprache bat der Vorsitzende, über den oben genannten Vorschlag des Vorstandes und Aufsichtsrates abzustimmen. Der Vorsitzende wies darauf hin, dass die Annahme des Vorschlages gemäß §§ 125, 65 Abs. 1 S. 1 UmwG einer Mehrheit von mindestens drei Viertel des bei der Beschlussfassung vertretenen Grundkapitals bedarf.

Der Vorschlag wurde mit ...... Ja-Stimmen, ... Nein-Stimmen und ...... Enthaltungen angenommen.

Folgende Aktionäre erklärten Widerspruch zur Niederschrift:

...... [Name],
...... [Name],
...... [Name],
......

Der Vorsitzende stellte Folgendes fest:
Die Hauptversammlung der X-AG hat dem Vertrag mit der gesetzlich erforderlichen Mehrheit im Sinne von §§ 125, 65 Abs. 1 S. 1 UmwG zugestimmt.
Eine beglaubigte Abschrift des Vertrages ist dieser Niederschrift als Anlage ...... beigefügt.

Tagesordnungspunkt 2: Zustimmung zur Kapitalerhöhung

Der Vorstand und Aufsichtsrat schlagen weiterhin vor, folgende Beschlüsse zu fassen:
1. Zur Durchführung der Aufspaltung wird die X-AG ihr Grundkapital von gegenwärtig nominal ...... EUR (in Worten: ......) um nominal ...... EUR (in Worten: ......) auf insgesamt nominal ...... EUR (in Worten: ......) durch Ausgabe von ...... neuen Inhaberaktien im Nennbetrag von je ...... EUR (in Worten: ......) erhöhen. Die Kapitalerhöhung erfolgt gegen Sacheinlage durch Übertragung der in § 6 des Vertrages aufgeführten Aktiva und Passiva. Die neuen Aktien sind ab dem [1. Januar 2011], 0:00 Uhr am Gewinn der Gesellschaft beteiligt. Den Aktionären der ABC-AG werden als Gegenleistung für die Übertragung von Vermögensteilen der ABC-AG aufgrund des Vertrages je ...... Inhaberaktie[n] im Nennbetrag von je ...... EUR (in Worten: ......) ...... neue Inhaberaktien im Nennbetrag von je ...... EUR (in Worten: ......) gewährt. Der Vorstand wird ermächtigt, die Einzelheiten der Kapitalerhöhung sowie ihrer Durchführung festzusetzen.
2. § ...... der Satzung wird wie folgt neu gefasst:
„Das Grundkapital der Gesellschaft beträgt ...... EUR (in Worten: ......) und ist eingeteilt in ...... auf den Namen lautende Aktien im Nennbetrag von je ...... EUR (in Worten: ......) sowie ...... auf den Inhaber lautende Aktien im Nennbetrag von je ...... EUR (in Worten: ......)".

Nach eingehender Aussprache bat der Vorsitzende, über den Vorschlag abzustimmen.
Der Vorschlag wurde mit ...... Ja-Stimmen, ... Nein-Stimmen und ...... Enthaltungen angenommen (Alternative: Der Vorschlag wurde einstimmig angenommen.)
Der Vorsitzende stellte Folgendes fest:
Die Hauptversammlung der X-AG hat die vorstehend genannten Beschlüsse über die Kapitalerhöhung mit der gesetzlich erforderlichen Mehrheit gefasst.

Anmerkungen

Überblick. Grundsätzlich gilt bezüglich des Zustimmungsbeschlusses einer übernehmenden AG nichts anderes als bezüglich desjenigen einer übertragenden AG. Insofern kann vorbehaltlich nachstehend genannter Besonderheiten weitgehend auf die Anm. zu Form. L.III.13 verwiesen werden.

Zu den Besonderheiten eines Kapitalerhöhungsbeschlusses und der daraus resultierenden Satzungsänderung im Zuge einer Umwandlung bei einer aufnehmenden AG vgl. bereits die Anmerkungen zu Form. L.II.3.

Da es sich bei der übernehmenden X-AG um eine nicht börsennotierte Gesellschaft handelt, mag ein Verzicht auf die Spaltungsprüfungen und Berichte hier im Einzelfall eher zu bewerkstelligen sein, als bei einer börsennotierten Gesellschaft (vgl. Form. L.III.13 Anm. 6).

15. Anmeldung der Kapitalerhöhung und Spaltung zum Handelsregister der übernehmenden AG[1, 7]

UR-Nr. ......

An das
Amtsgericht ......
– Handelsregister –
......

X-AG, ..., HRB ......
Aufspaltung der ABC-AG

I. Als Alleinvorstand und Vorsitzender des Aufsichtsrats der X-AG überreichen wir in der Anlage[3]
   1. notariell beglaubigte Abschrift des Spaltungs- und Übernahmevertrages verbunden mit dem Spaltungsplan vom ......, UR ......, des Notars ......;
   2. notariell beglaubigte Abschrift der Niederschrift über die außerordentliche Hauptversammlung der X-AG vom ......, UR ...... mit dem Zustimmungsbeschluss der Hauptversammlung der X-AG zu dem vorgenannten Spaltungs- und Übernahmevertrag verbunden mit dem Spaltungsplan, dem Beschluss über die Erhöhung des Grundkapitals der Gesellschaft und der darauf beruhenden Satzungsänderung sowie dem Verzicht auf die Erstattung eines Spaltungsberichts;
   3. notariell beglaubigte Abschrift der Niederschrift über die außerordentliche Hauptversammlung der ABC-Aktiengesellschaft vom ......, UR ......, des Notars ...... mit dem Zustimmungsbeschluss der Hauptversammlung der ABC-AG zu dem vorgenannten Spaltungs- und Übernahmevertrag verbunden mit dem Spaltungsplan [ggf.: sowie dem Verzicht auf die Erstattung eines Spaltungsberichts];
   4. Abschrift des Spaltungsberichts und des Prüfungsberichts vom ......;
   5. Empfangsbestätigung des Vorsitzenden des Betriebsrats vom ...... über den rechtzeitigen Erhalt einer beglaubigten Abschrift des Spaltungs- und Übernahmevertrages verbunden mit dem Spaltungsplan;
   6. Bericht über die Prüfung der Sacheinlagen;
   7. Berechnung der Kosten, die für die Gesellschaft durch die Ausgabe der neuen Aktien entstehen werden;
   8. den vollständigen Wortlaut der Satzung der X-AG mit der Bescheinigung des Notars nach § 181 Abs. 1 S. 2 AktG.
II. Zur Eintragung in das Handelsregister melden wir an:
   1. Zur Durchführung der Aufspaltung ist das Grundkapital der X-AG von gegenwärtig nominal ...... EUR (in Worten: ......) um nominal ...... EUR (in Worten: ......) auf insgesamt nominal ...... EUR (in Worten: ......) durch Ausgabe von ...... neuen Inhaberaktien im Nennbetrag von je ...... EUR (in Worten: ......) erhöht worden[2]. Die Kapitalerhöhung ist auch in benannter Höhe durchgeführt[2], die erforderlichen Spaltungsbeschlüsse und Zustimmungsbeschlüsse zum notariell beurkundeten Spaltungs- und Übernahmevertrag/Spaltungsplan liegen vor. § ...... der Satzung wurde entsprechend geändert.
   2. Die ABC-AG mit Sitz in ......, eingetragen im Handelsregister des Amtsgerichts ...... unter HRB ...... hat aufgrund des Spaltungs- und Übernahmevertrages verbunden mit Spaltungsplan vom ...... ihr Vermögen unter Auflösung ohne Abwicklung durch gleichzeitige Übertragung der in den §§ 6, 7 und 8 des vorgenannten

Spaltungs- und Übernahmevertrages verbunden mit dem Spaltungsplan bezeichneten Vermögensteile jeweils als Gesamtheit gemäß §§ 123 Abs. 1 Nr. 1 und 2, 131 Abs. 1 UmwG auf die X-AG, die neu gegründete Y-AG mit Sitz in ...... sowie die neu gegründete Z-GmbH & Co. KG mit Sitz in ......, gegen Gewährung von Anteilen dieser Gesellschaften an die Aktionäre der ABC-AG übertragen (Aufspaltung zur Aufnahme und zur Neugründung)[4].

III. Wir erklären gemäß § 16 Abs. 2 UmwG, dass zum Zeitpunkt dieser Anmeldung Klagen gegen die Wirksamkeit der Spaltungsbeschlüsse nicht erhoben worden sind[5].

IV. Eintragungsnachrichten werden erbeten an:
......

Nach erfolgter Eintragung bitten wir um Übersendung von drei beglaubigten und zwei unbeglaubigten Handelsregisterauszügen zu Händen von Herrn Rechtsanwalt ......

Die Kosten der Eintragung in das elektronische Handelsregister und der Handelsregisterauszüge trägt die X-AG.

V. Die Anzeige der als Treuhänderin für den Empfang der Aktien der X-AG bestellten ...... [Bank][6], dass sie im Besitz der Aktien der X-AG ist, wird dem Gericht unmittelbar durch die Treuhänderin übersandt.

......, den ......

......

[Unterschriften des Vorstandes und des Vorsitzenden des Aufsichtsrats der X-AG]

[Unterschriftsbeglaubigung]

Anmerkungen

1. Überblick. In welcher Reihenfolge die Anmeldungen und Eintragungen zu erfolgen haben, regelt § 130 UmwG unabhängig von der Rechtsform der beteiligten Gesellschaften (vgl. Form. L.III.6 Anm. 1). Demnach hat zunächst die in vorliegendem Formular enthaltene Anmeldung und Eintragungen der Kapitalerhöhung und der Spaltung im Handelsregister der übernehmenden Gesellschaft (zur Reihenfolge s. §§ 125, 66 UmwG) sowie die Anmeldung und Eintragung der neu gegründeten Gesellschaften (Form. L.III.16, 17) zu erfolgen. Sodann kann die Anmeldung und Eintragung der Spaltung im Handelsregister der übertragenden Gesellschaft erfolgen (Form. L.III.18). Zu beachten ist, dass die notariell beglaubigte Handelsregisteranmeldung in elektronischer Form erfolgen muss. Für mit einzureichende Dokumente vgl. § 12 Abs. 2 HGB.

2. Anmeldung der Kapitalerhöhung. Die Anmeldung der unter den rechtsformspezifischen Besonderheiten der §§ 125, 69 UmwG erfolgenden Sachkapitalerhöhung (s. Form. L.III.12 Anm. 5) wird vom Vorstand der AG nach § 12 Abs. 1 HGB in öffentlich beglaubigter Form vorgenommen, §§ 184 Abs. 1 S. 1, 188 AktG. Anzumelden ist sowohl der Kapitalerhöhungsbeschluss als auch dessen Durchführung. Die Kapitalerhöhung zum Zwecke der Spaltung ist durchgeführt, wenn der Spaltungsvertrag wirksam ist, er also beurkundet und die zu seiner Wirksamkeit erforderlichen Spaltungsbeschlüsse und Zustimmungsbeschlüsse vorliegen. Inhaltlich ist hierbei anzumelden, dass und in welcher Höhe die Kapitalerhöhung durchgeführt ist (vgl. insgesamt hierzu Kallmeyer/*Zimmermann* § 66 Rdnr. 9 ff.).

3. Beizufügende Unterlagen. Der Anmeldung sind folgende Unterlagen beizufügen:
- Niederschrift über die Hauptversammlung der Gesellschaft mit den Beschlüssen über die Erhöhung des Grundkapitals und die entsprechende Satzungsänderung,
- Niederschrift über den Spaltungs- und Übernahmevertrag/Spaltungsplan, §§ 125, 69 Abs. 2 UmwG,
- Niederschriften über die Spaltungsbeschlüsse, §§ 125, 69 Abs. 2 UmwG jeweils in Ausfertigung oder notariell beglaubigter Abschrift;

- Verträge, die den Festsetzungen der Sacheinlage zugrunde liegen oder zu ihrer Ausführung geschlossen wurden, § 188 Abs. 3 Nr. 2 AktG,
- Berechnung der Kosten, die für die Gesellschaft durch die Ausgabe der neuen Aktien entstehen werden, § 188 Abs. 3 Nr. 3 AktG,
- vollständiger Wortlaut der Satzung der Gesellschaft mit der Bescheinigung des Notars nach § 181 AktG;
- Bericht über die Prüfung der Sacheinlagen nach § 183 Abs. 3 AktG, § 142 Abs. 1 UmwG, § 184 Abs. 2 AktG.

Eine Vorlage von Zeichnungsscheinen ist nicht erforderlich. Auch eine Versicherung über die Leistung der Sacheinlage muss der Vorstand nicht abgeben, §§ 125, 69 Abs. 1 UmwG (s. Form. L. III.12 Anm. 5). Durch das ARUG (Gesetz zur Umsetzung der Aktionärsrechterichtlinie, BGBl. I S. 2479) wurden § 188 Abs. 3 Nr. 4, Abs. 5 AktG aufgehoben, so dass auch staatliche Genehmigungsurkunden nicht mehr beizufügen sind.

4. Anmeldung der Spaltung. Die Spaltungsanmeldung erfolgt gemäß § 129, 125, 16, 17 UmwG. Mangels rechtsformspezifischer Besonderheiten wird auf Form. L. III.6 Anm. 6, 7 mit dem Hinweis verwiesen, dass es im Falle einer übernehmenden AG der Einreichung einer Gesellschafterliste nach § 52 Abs. 2 UmwG nicht bedarf.

5. Negativattest. Vgl. bereits Form. L. III.6 Anm. 10.

6. Anzeige des Treuhänders. Nach §§ 124, 71 Abs. 1 S. 2 UmwG hat der vom übertragenden Rechtsträger bestellte Treuhänder dem Registergericht der übernehmenden AG anzuzeigen, dass er im Besitz der zu gewährenden Aktien und ggf. der baren Zuzahlung ist. Die Anzeige bedarf keiner besonderen Form. Allerdings wird die Spaltung erst eingetragen, wenn die Anzeige erfolgt ist (vgl. Lutter/*Grunewald* § 71 Rdnr. 12).

7. Kosten und Gebühren. Vgl. Form. L. II.8 Anm. 13.

16. Anmeldung der Gründung der übernehmenden AG zum Handelsregister[1, 8]

UR-Nr. ......

An das
Amtsgericht ......
– Handelsregister –
......

Neugründung der Y-AG mit Sitz in ...... im Wege der Aufspaltung zur Neugründung i. S. v. § 123 Abs. 1 Nr. 2 UmwG

I. Als Alleinvorstand des übertragenden Rechtsträgers ABC-AG mit Sitz in ...... und eingetragen im Handelsregister des Amtsgerichts ...... unter HRB ......, Herr ...... überreiche ich in der Anlage folgende Unterlagen[3]:
1. beglaubigte Abschrift des notariell beurkundeten Spaltungs- und Übernahmevertrages verbunden mit dem Spaltungsplan vom ...... (UR-Nr. ...... des Notars ...... [Vorname, Name, Amtssitz]), der als Anlage ...... die Festsetzung der Satzung sowie unter Ziff. 12.1 die Bestellung der Mitglieder des ersten Aufsichtsrates der Gesellschaft enthält;
2. beglaubigte Abschriften der Niederschriften über die außerordentliche Hauptversammlung der ABC-AG vom ...... (UR-Nr. ...... des Notars ...... [Vorname, Name, Amtssitz]) und der X-AG vom ...... (UR-Nr. ...... des Notars ...... [Vorname, Name, Amtssitz]) jeweils mit dem Spaltungsbeschluss [ggf.: sowie den Verzichtserklärungen der Aktionäre zum Spaltungsbericht];

3. Abschrift des Spaltungsberichts und des Prüfungsberichts vom ......;
4. Niederschrift über die Bestellung des Vorstandes;
5. Gründungsbericht sowie die Prüfungsberichte der Mitglieder des Vorstandes, des Aufsichtsrats sowie der Gründungsprüfer[4];
6. Berechnung des Gründungsaufwandes.

II. Ich melde zur Eintragung in das Handelsregister an:
1. Die ABC-AG hat im Wege der Aufspaltung zur Aufnahme und Neugründung i. S. v. § 123 Abs. 1 Nr. 1 und 2 UmwG eine Aktiengesellschaft in Firma Y-AG gegründet[2].
2. Sitz des neuen Rechtsträgers ist .... Die Geschäftsräume des neuen Rechtsträgers befinden sich in ....
3. Das Grundkapital der Gesellschaft beträgt ...... EUR (in Worten: ......) und ist in ...... Inhaberaktien im Nennbetrag von je ...... EUR (in Worten: ......).[5]
4. Zu ersten Mitgliedern des Aufsichtsrates des neuen Rechtsträgers wurden bestellt:
Herr ......
Adresse: ......,
Herr ......
Adresse: ......,
Herr ......
Adresse: ....
5. Zu ersten Mitgliedern des Vorstandes des neuen Rechtsträgers wurden bestellt:
Herr ......
Adresse: ....
und
Herr ......
Adresse: ....
6. Die Vertretungsbefugnis[6] des Vorstandes ist abstrakt wie folgt geregelt:
Die Gesellschaft hat einen oder mehrere Vorstände. Ist nur ein Vorstand bestellt, vertritt er die Gesellschaft allein. Sind mehrere Vorstände bestellt, wird die Gesellschaft durch zwei Vorstände gemeinschaftlich oder durch einen Vorstand in Gemeinschaft mit einem Prokuristen vertreten.
Die Vertretungsbefugnis der Vorstände ...... und ...... ist konkret wie folgt geregelt:
Die Vorstände ...... und ...... sind berechtigt, die Gesellschaft stets alleine zu vertreten. Sie sind beide von den Beschränkungen des § 181 BGB befreit.
7. Die Mitglieder des Vorstandes geben folgende Versicherungen[7] ab:
„Wir versichern, dass uns nicht durch gerichtliches Urteil oder durch vollziehbare Entscheidung einer Verwaltungsbehörde die Ausübung eines Berufs, Berufszweiges, Gewerbes oder Gewerbezweiges untersagt worden ist und dass wir während der letzten fünf Jahre nicht rechtskräftig wegen einer oder mehrerer vorsätzlich begangener Straftaten des Unterlassens der Stellung eines Antrags auf Eröffnung eines Insolvenzverfahrens (Insolvenzverschleppung), nach den §§ 283 bis 283 d StGB (Insolvenzstraftaten), wegen falscher Angaben nach § 82 GmbHG oder § 399 AktG oder wegen unrichtiger Darstellung nach § 400 AktG, § 331 HGB, § 313 UmwG oder § 17 PublG verurteilt wurden. Wir versichern weiterhin, dass wir während der letzten fünf Jahre nicht rechtskräftig nach den §§ 263 bis 254a StGB oder den §§ 265b bis 266a StGB oder im Ausland wegen einer mit diesen Taten vergleichbaren Tat zu einer Freiheitsstrafe von mindestens einem Jahr verurteilt wurden. Ebenso wenig wurden wir aufgrund einer behördlichen Anordnung in einer Anstalt verwahrt.
Wir wurden über die Strafdrohung des § 399 AktG sowie unsere unbeschränkte Auskunftspflicht gegenüber dem Gericht durch den diese Anmeldung beglaubigenden Notar belehrt."

16. Anmeldung der Gründung der übernehmenden AG zum HR L.III.16

III. Als Alleinvorstand der ABC-AG erkläre ich ferner:
1. Die ABC Aktiengesellschaft mit Sitz in ......, eingetragen im Handelsregister des Amtsgerichts ......, HRB ......, hat auf Grund des Spaltungs- und Übernahmevertrages verbunden mit dem Spaltungsplan vom ...... (UR-Nr. ...... des Notars ...... [Vorname, Name, Amtssitz]) ihr Vermögen unter Auflösung ohne Abwicklung durch gleichzeitige Übertragung der in den §§ 7 bis 9 des Spaltungs- und Übernahmevertrags verbunden mit dem Spaltungsplan bezeichneten Vermögensteile jeweils als Gesamtheit gemäß § 123 Abs. 1 Nr. 1 und 2 UmwG auf die Y-AG sowie auf die X-AG mit Sitz in ...... und die Z-GmbH & Co. KG mit Sitz in ...... gegen Gewährung von Anteilen an diesen Gesellschaften übertragen (Aufspaltung zur Aufnahme und Neugründung).
2. Neben dem Spaltungs- und Übernahmevertrag verbunden mit dem Spaltungsplan bestehen keine weiteren Verträge, die den Festsetzungen der Sacheinlagen zugrunde liegen oder zu ihrer Ausführung geschlossen worden sind.
3. Es ist gegen die Wirksamkeit der Spaltungsbeschlüsse innerhalb der gesetzlichen Frist keine Klage erhoben worden.
IV. Die Herren ...... und ...... jeder einzeln und unabhängig voneinander werden hiermit bevollmächtigt[2], alle Anmeldungen zum Handelsregister vorzunehmen, die im Zusammenhang mit der Eintragung der hier angemeldeten und aus den dieser Anmeldung beigefügten Unterlagen ersichtlichen Tatsachen in das Handelsregister erforderlich oder zweckmäßig sind. Die Vollmacht ist jederzeit widerruflich. Jeder Bevollmächtigte darf auch für alle Beteiligten gleichzeitig handeln. Dem Handelsregister gegenüber ist die Vollmacht unbeschränkt.
V. Nach Vollzug bitte ich um Eintragungsnachricht und Übermittlung je eines beglaubigten Handelsregisterauszugs an die Gesellschaft und an den beglaubigenden Notar.

......, den ......

......

[Unterschrift des Alleinvorstandes der ABC-AG]

......

[Unterschriften der Mitglieder des Vorstandes der Y-AG]

[Unterschriftsbeglaubigung]

Anmerkungen

1. Überblick. Zur Reihenfolge der Eintragungen bei der Spaltung zur Neugründung und deren Besonderheiten insgesamt vgl. bereits Form. L.III.15 Anm. 1, Form. L.III.10 Anm. 1. Die Spaltung selbst wird lediglich im Handelsregister des übertragenden Rechtsträgers nicht aber des übernehmenden, neu gegründeten eingetragen. Die notariell beglaubigte Handelsregisteranmeldung hat nach § 12 Abs. 1 HGB in elektronischer Form zu erfolgen. Für mit einzureichende Dokumente vgl. § 12 Abs. 2 HGB.

2. Anmeldung der Gründung. Die Anmeldung der neu gegründeten AG hat als Sachgründung nach §§ 135 Abs. 2 S. 1 UmwG, 36 f. AktG zu erfolgen. Als Gründer fungiert bei der Aufspaltung zur Neugründung abweichend von § 36 Abs. 1 AktG die organschaftlich vertretene übertragende Gesellschaft, vgl. § 135 Abs. 2 S. 2 UmwG. Die Anmeldung hat in öffentlich beglaubigter Form zu erfolgen, § 137 Abs. 1 UmwG, § 12 Abs. 1 HGB. Dies gilt auch für eine erteilte Vollmacht zur Anmeldung wie sie das Formular am Ende enthält. Zu beachten ist, dass der Bevollmächtigte jedoch nicht die höchstpersönliche und nach § 313 Abs. 2 UmwG strafbewehrte Negativerklärungen nach § 16 Abs. 2 UmwG abgeben kann (vgl. Kallmeyer/*Zimmermann* § 137 Rdnr. 5). Seit Änderung des § 37 Abs. 3 Nr. 1 AktG durch das MoMiG (Gesetz zur Modernisierung des GmbH-Rechts und zur Bekämpfung von Missbräuchen vom 23. Oktober 2008 (BGBl. I S. 2026)), ist klargestellt, dass die Anmeldung auch eine inländische Gesellschaftsanschrift enthalten muss.

3. Beizufügende Unterlagen. Gemäß § 135 Abs. 1 UmwG bleibt § 17 UmwG anwendbar, sodass die dort genannten Unterlagen einzureichen sind (vgl. Form. L.III.10 Anm. 3). Es sind zudem über § 135 Abs. 2 UmwG die in § 37 Abs. 4 AktG genannten Unterlagen beizufügen. Zur Erleichterung der registergerichtlichen Prüfung ist es ggf. empfehlenswert klarzustellen, dass keine dem § 37 Abs. 4 Nr. 2 AktG unterfallenden weiteren Verträge mit Bezug auf die Einlage vorliegen.

4. Gemäß § 144 UmwG ist – in Abweichung zum privilegierten Falle der Verschmelzung zur Neugründung nach § 75 Abs. 2 UmwG – ein Gründungsbericht der Gründer (s. § 135 Abs. 2 S. 2 UmwG) nach § 32 AktG sowie in den Fällen einer Gründung als Sachgründung (s. Lutter/*Schwab* § 144 Rdnr. 9 ff.) eine Gründungsprüfung durch externe Prüfer nach § 33 Abs. 2 AktG erforderlich. Beides dient dem Schutz der Aktionäre, Gläubiger und Inhaber anderer Rechte der an der Spaltung beteiligten Gesellschaften vor Schäden, etwa aus einer Unter-Pari-Emission (vgl. Lutter/*Schwab* § 144 Rdnr. 5 f.). Es sei darauf hingewiesen, dass abweichend von der Gründungsvorschrift des § 32 AktG der Gründungsbericht über §§ 135, 125 UmwG zusätzlich die Angaben über den Geschäftsverlauf und die Lage des übertragenden Rechtsträgers zu beinhalten hat, § 75 UmwG (vgl. Schmitt/Hörtnagl/Stratz/*Hörtnagl* § 144 Rdnr. 2). Die entsprechenden Berichte sind einzureichen, § 37 Abs. 4 Nr. 4 AktG.

Nach §§ 125 S. 1 i. V. m. 75 Abs. 1 S. 2 UmwG n. F. darf der durch § 33 Abs. 2 AktG vorgeschriebene Gründungsprüfer personenidentisch mit dem Spaltungsprüfer sein. Dies führt nicht nur zu einem vereinfachten Verfahrensablauf, sondern auch zu Kostenvorteilen (vgl. *Neye/Jäckel* AG 2010, 237, 241; *Wagner* DStR 2010, 1628, 1631, der daraus unter Umständen eine Pflicht des Gerichts zur Bestellung desselben Prüfers ableitet). Die Prüferbestellung erfolgt in diesem Fall nach §§ 11 Abs. 1 UmwG, §§ 319 Abs. 1–4, 319a Abs. 1 HGB (vgl. BT-Drucks. 17/3122 S. 17). Der Antrag auf Prüferbestellung kann bereits mit dem Antrag auf Bestellung des Umwandlungsprüfers erfolgen (vgl. *Wagner* DStR 2010, 1628, 1631).

5. Eine Anmeldung der zukünftigen Anteilseigner gegenüber dem Registergericht ist im Falle einer neu zu gründenden AG nicht erforderlich (s. Widmann/Mayer/*Wälzholz*, § 35 Rdnr. 13).

6. Vertretungsbefugnis, keine Unterschriftszeichnung. Nach §§ 135 Abs. 2 S. 1 UmwG, 37 Abs. 3 Nr. 2 AktG ist die Vertretungsbefugnis der Vorstandsmitglieder anzugeben. Hierbei gilt, dass diese jedenfalls in abstrakter Formulierung anzugeben ist; im Falle, dass einzelne Mitglieder unterschiedliche Vertretungskompetenzen haben, sind diese konkret unter Namensnennung anzugeben (s. hierzu *Hüffer* § 37 Rdnr. 8). Die Befreiung des Vorstands vom Verbot des § 181 BGB kann sich aufgrund der Vertretungskompetenz des Aufsichtsrates nach § 112 AktG nur auf den Fall der Mehrvertretung beziehen und ist nach § 78 Abs. 3 AktG analog möglich (vgl. MünchKommAktG/*Spindler* § 78 Rdnr. 111 f., 118). Eine Zeichnung der Namensunterschrift ist seit Inkrafttreten des EHUG (BGBl. I 2006 S. 2553) obsolet, vgl. Form. L.II.12 Anm. 12.

7. Erklärungen, Versicherungen. Zwar entfallen die Versicherungen des § 37 Abs. 1 AktG, soweit sie sich auf die Leistung der Sacheinlage beziehen (vgl. MünchVertragsHdb I/*Heidenhain* XII.17 Anm. 7). Jedoch haben die Vorstände bezüglich der in Abs. 2 genannten Umstände eine Versicherung abzugeben, dass diese einer Bestellung nicht entgegenstehen.. Zu den wortgleichen §§ 8 Abs. 3, 6 Abs. 2 S. 2 Nr. 3 und S. 3 GmbHG hat der BGH entschieden, dass die Versicherung genügt, „noch nie, weder im Inland noch im Ausland, wegen einer Straftat verurteilt worden" zu sein (BGH NZG 2010, 829, dazu NJW Spezial 2010, 368). Um eine korrekte Aufklärung des Versichernden sicherzustellen, bietet sich dennoch die aufzählende Verneinung der Bestellungshindernisse an. Zur Belehrung und Versicherung über die Strafdrohung bezüglich dieser Angaben vgl. bereits Form. L.III.10. Anm. 5, hier gilt Entsprechendes.

Zur Abgabe des sog. Negativattests nach §§ 125, 16 Abs. 2 UmwG vgl. bereits Form. L.III.6 Anm. 10.

8. Kosten und Gebühren. Vgl. bereits Form. L.II.8 Anm. 13.

17. Anmeldung der Gründung der übernehmenden GmbH & Co. KG zum Handelsregister[1, 6]

UR-Nr. ......

An das
Amtsgericht ......
– Handelsregister –
......

Neugründung der Z-GmbH & Co. KG mit Sitz in ...... im Wege der Aufspaltung zur Neugründung i. S. v. § 123 Abs. 1 Nr. 2 UmwG

I. Als Alleinvorstand des übertragenden Rechtsträgers ABC-AG mit Sitz in ...... und eingetragen im Handelsregister des Amtsgerichts ...... unter HRB ......, Herr ...... überreiche ich in der Anlage folgende Unterlagen:
  1. beglaubigte Abschrift des notariell beurkundeten Spaltungs- und Übernahmevertrages verbunden mit dem Spaltungsplan vom ...... (UR-Nr. ...... des Notars ......), der als Anlage ...... die Festsetzung des Gesellschaftsvertrages enthält;
  2. beglaubigte Abschriften der Niederschriften über die außerordentliche Hauptversammlung der ABC-AG vom ...... (UR-Nr. ...... des Notars ......) und der X-AG vom ...... (UR-Nr. ...... des Notars ......) jeweils mit dem Spaltungsbeschluss [ggf.: sowie den Verzichtserklärungen der Aktionäre zum Spaltungsbericht];
II. Ich melde zur Eintragung in das Handelsregister an[2–5]:
  1. Die ABC-AG hat im Wege der Aufspaltung zur Aufnahme und Neugründung i. S. v. § 123 Abs. 1 Nr. 1 und 2 UmwG eine Kommanditgesellschaft in Firma Z-GmbH & Co. KG gegründet[2].
  2. Sitz des neuen Rechtsträgers ist ...... Die Geschäftsräume des neuen Rechtsträgers befinden sich in ......
  3. Gegenstand der Gesellschaft ist ......
  4. Gesellschafter der Gesellschaft[3] sind die
     a) B-GmbH mit Sitz in ......, eingetragen im Handelsregister des Amtsgerichts ......, HRB ......, als alleinige persönlich haftenden Gesellschafterin (Komplementärin). Ein beglaubigter Auszug aus dem Handelsregister der B-GmbH ist dieser Anmeldung beigefügt;
     b) A-AG und C-GmbH als Kommanditisten mit einem Anteil am Gesellschaftskapital der Gesellschaft (Kommanditanteil, Hafteinlage) im Nennbetrag von je ...... EUR (in Worten: ......);
     c) namentlich nicht bekannten Aktionäre der ABC-AG, welche Aktien im Gesamtbetrag von ...... EUR (in Worten: ......) halten, als Kommanditisten mit Anteilen am Gesellschaftskapital im Betrag von zusammen ...... EUR (in Worten: ......). Den Aktionären der ABC-AG wird für je eine Aktie an der ABC-AG im Nennbetrag von ...... EUR (in Worten: ......) ein Anteil am Gesellschaftskapital der Gesellschaft (Kommanditanteil, Hafteinlage) im Nennbetrag von ...... EUR (in Worten: ......) gewährt.
  5. Die Vertretungsbefugnis[4] der Gesellschafter ist wie folgt geregelt: ......
III. Als Alleinvorstand der ABC-AG erkläre ich ferner:
  1. Die ABC-Aktiengesellschaft mit Sitz in ......, eingetragen im Handelsregister des Amtsgerichts ......, HRB ......, hat auf Grund des Spaltungs- und Übernahmevertrages verbunden mit dem Spaltungsplan vom ...... (UR-Nr. ...... des Notars ......)

ihr Vermögen unter Auflösung ohne Abwicklung durch gleichzeitige Übertragung der in den §§ 7 bis 9 des Spaltungs- und Übernahmevertrags verbunden mit dem Spaltungsplan bezeichneten Vermögensteile jeweils als Gesamtheit gemäß § 123 Abs. 1 Nr. 1 und 2 UmwG auf die Z-GmbH & Co. KG sowie auf die X-AG mit Sitz in ...... und die neu gegründete Y-AG mit Sitz in ...... gegen Gewährung von Anteilen an diesen Gesellschaften übertragen (Aufspaltung zur Aufnahme und Neugründung).
2. Eine Klage gegen die Wirksamkeit der Spaltungsbeschlüsse ist innerhalb der gesetzlichen Frist nicht erhoben worden.
IV. Die Herren ...... und ...... jeder einzeln und unabhängig voneinander werden hiermit bevollmächtigt[2], alle Anmeldungen zum Handelsregister vorzunehmen, die im Zusammenhang mit der Eintragung der hier angemeldeten und aus den dieser Anmeldung beigefügten Unterlagen ersichtlichen Tatsachen in das Handelsregister erforderlich oder zweckmäßig sind. Die Vollmacht ist jederzeit widerruflich. Jeder Bevollmächtigte darf auch für alle Beteiligten gleichzeitig handeln. Dem Handelsregister gegenüber ist die Vollmacht unbeschränkt.
V. Nach Vollzug bitte ich um Eintragungsnachricht und Übermittlung je eines beglaubigten Handelsregisterauszugs an die Gesellschaft und an den beglaubigenden Notar.
......, den ......
......

[Unterschrift des Alleinvorstandes der ABC-AG]

[Unterschriftsbeglaubigung]

Schrifttum: Vgl. auch bereits das Schrifttum zu Form. L.III.2; *Binz/Sorg,* Die GmbH & Co. KG, 11. Aufl. 2010.

Anmerkungen

1. Überblick. Dem Grunde nach gilt für die Anmeldung der Gründung der übernehmenden GmbH & Co. KG nichts Anderes als bei der Neugründung anderer übernehmender Rechtsträger; insofern wird vorbehaltlich nachfolgend genannter Abweichungen und Besonderheiten umfänglich auf die Anm. zu Form. L.III.10 und L.III.16 verwiesen. Zu beachten ist daher auch hier, dass die notariell beglaubigte Handelsregisteranmeldung nach § 12 Abs. 1 HGB in elektronischer Form erfolgen muss. Für mit einzureichende Dokumente vgl. § 12 Abs. 2 HGB. Besondere Vorschriften zur Spaltung unter Beteiligung von Personenhandelsgesellschaften hält der zweite Teil des dritten Buches des UmwG nicht vor.

2. Anmeldung der Gründung. Es gelten für die Anmeldung nach § 135 Abs. 2 S. 1 UmwG grundsätzlich die Vorschriften der §§ 161 Abs. 2, 106, 108, 162 Abs. 1 HGB. Allein von § 108 Abs. 1 HGB wird dadurch abgewichen, dass nach § 137 Abs. 1 UmwG das Vertretungsorgan der übertragenden Gesellschaft, nicht hingegen sämtliche Gesellschafter die Gründung der übernehmenden GmbH & Co. KG anmelden. Die Anmeldung und eine etwaige Bevollmächtigung bedürfen der Form öffentlicher Beglaubigung, § 12 Abs. 1 HGB.

3. Die Anmeldung muss nach § 135 Abs. 2 S. 1 UmwG i.V.m. §§ 106 Abs. 2, 162 Abs. 1 HGB die Gesellschafter angeben, hierbei die Kommanditisten unter zusätzlicher Nennung ihrer Hafteinlage. Soweit Letztere namentlich nicht bekannt sind, erleichtern §§ 135 Abs. 1, 125 S. 1, 35 S. 1 UmwG die Bezeichnung. Demnach können unbekannte Aktionäre durch die Angabe des insgesamt auf sie entfallenden Teils des Grundkapitals bezeichnet werden, solange ihr Anteil insgesamt 5% des Grundkapitals der übertragenden AG nicht überschreitet (vgl. hierzu Widmann/Mayer/*Wälzholz* § 35 Rdnr. 20 ff.; Lutter/*Grunewald* § 35 Rdnr. 1, 10). Bei späterem Bekanntwerden ist das Handelsregister entsprechend von Amts wegen zu berichtigen, § 35 S. 2 UmwG. Solange die Liste oder das Register nicht berichtigt wurde, ruht das Stimmrecht aus den betroffenen Anteilen, § 35 S. 3 UmwG.

4. Vertretungsbefugnis, keine Unterschriftszeichnung. Die organschaftliche Vertretungsbefugnis steht ex lege nur den Komplementären zu, § 170 HGB. Den Kommanditisten kann rechtsgeschäftlich Vertretungsmacht (etwa Prokura) erteilt werden (vgl. Baumbach/Hopt/ *Hopt* § 170 Rdnr. 3). Ist diese zum Handelsregister anzumelden, so empfiehlt sich, dies bereits im Rahmen der Gründungsanmeldung vorzunehmen. Es kann insbesondere bei der GmbH & Co. KG eine Befreiung vom Verbot des § 181 BGB ggf. sowohl im Gesellschaftsvertrag der KG als auch in der Satzung der Komplementär-GmbH angezeigt sein, vertritt der Geschäftsführer letzterer doch ebenso „mittelbar" die KG (vgl. insgesamt hierzu *Binz/Sorg* § 4 Rdnr. 10 ff.). Eine Unterschriftszeichnung der Geschäftsführer ist seit Inkrafttreten des EHUG (BGBl. I 2006 S. 2553) nicht mehr erforderlich.

5. Weitere Angaben. Die übrigen Angaben der Anmeldung betreffend etwa den Sitz und die Firma resultieren aus dem Inhaltserfordernis nach §§ 161 Abs. 2, 106 HGB, da für eine KG grundsätzlich der Gesellschaftsvertrag keinem Schriftform- und Einreichungserfordernis unterliegt, aus dem diese Angaben ersichtlich wurden. Für Angaben zur Lage der Geschäftsräume sowie des Unternehmensgegenstandes gilt § 24 Abs. 2, 4 HRV. In vorliegendem Falle finden sich dieselben Angaben zwar schon im als Anlage beigefügten Gesellschaftsvertrag, so dass die Ausnahme des § 25 Abs. 2 S. 2 HRV greift; es ist trotzdem zu empfehlen, benannte Angaben auch in der Anmeldung zu nennen, um dem Handelsregister die Prüfung und Eintragung zu erleichtern.

6. Kosten und Gebühren. Vgl. bereits Form. L. II.8 Anm. 13.

18. Anmeldung der Spaltung zum Handelsregister der übertragenden AG

UR-Nr. ......

An das
Amtsgericht ......
– Handelsregister –
......
ABC-AG, ..., HRB ......
Aufspaltung der ABC-AG

I. Als Alleinvorstand des übertragenden Rechtsträgers ABC-AG mit Sitz in ...... und eingetragen im Handelsregister des Amtsgerichts ...... unter HRB ......, Herr ...... überreiche ich in der Anlage folgende Unterlagen:
 1. beglaubigte Abschrift des notariell beurkundeten Spaltungs- und Übernahmevertrages verbunden mit dem Spaltungsplan vom ...... (UR-Nr. ...... des Notars ......);
 2. beglaubigte Abschrift der Niederschrift über die außerordentliche Hauptversammlung der ABC-AG vom ...... (UR-Nr. ...... des Notars ......) mit dem Spaltungsbeschluss sowie den Verzichtserklärungen der Aktionäre zum Spaltungsbericht;
 3. beglaubigte Abschrift der Niederschrift über die außerordentliche Hauptversammlung der X-AG vom ...... (UR-Nr. ...... des Notars ......) mit dem Spaltungsbeschluss [ggf.: sowie den Verzichtserklärungen der Aktionäre zum Spaltungsbericht];
 4. Abschrift des Spaltungsberichts und des Prüfungsberichts vom ......;
 5. Empfangsbestätigung des Vorsitzenden des Betriebsrats vom ...... über den Erhalt des Entwurfs des Spaltungs- und Übernahmevertrages verbunden mit dem Spaltungsplan nebst darin bezeichneter Anlagen;
 6. Schlussbilanz der A-GmbH zum ...... mit dem uneingeschränkten Bestätigungsvermerk der ...... [Wirtschaftsprüfungsgesellschaft] vom ......

II. Ich melde zur Eintragung in das Handelsregister an:
Die ABC-Aktiengesellschaft mit Sitz in ......, eingetragen im Handelsregister des Amtsgerichts ......, HRB ......, hat auf Grund des Spaltungs- und Übernahmevertrages verbunden mit dem Spaltungsplan vom ...... (UR-Nr. ...... des Notars ......) ihr Vermögen unter Auflösung ohne Abwicklung durch gleichzeitige Übertragung der in den §§ 7 bis 9 des Spaltungs- und Übernahmevertrags verbunden mit dem Spaltungsplan bezeichneten Vermögensteile jeweils als Gesamtheit gemäß § 123 Abs. 1 Nr. 1 und 2 UmwG auf die X-AG mit Sitz in ......, HRB ......, die neu gegründete Y-AG mit Sitz in ......, HRB ......, sowie die neu gegründete Z-GmbH & Co. KG mit Sitz in ......, HRB ......, gegen Gewährung von Anteilen dieser Gesellschaften an die Aktionäre der ABC-AG übertragen (Aufspaltung zur Aufnahme und Neugründung).

III. Eine Klage gegen die Wirksamkeit der Spaltungsbeschlüsse ist innerhalb der gesetzlichen Frist nicht erhoben worden.

IV. Die Anzeige der als Treuhänderin für den Empfang der Aktien der X-AG bestellten ...... [Bank], dass sie im Besitz der Aktien der X-AG ist, wird dem Gericht unmittelbar durch die Treuhänderin übersandt.

V. Die Herren ...... und ...... jeder einzeln und unabhängig voneinander werden hiermit bevollmächtigt, alle Anmeldungen zum Handelsregister vorzunehmen, die im Zusammenhang mit der Eintragung der hier angemeldeten und aus den dieser Anmeldung beigefügten Unterlagen ersichtlichen Tatsachen in das Handelsregister erforderlich oder zweckmäßig sind. Die Vollmacht ist jederzeit widerruflich. Jeder Bevollmächtigte darf auch für alle Beteiligten gleichzeitig handeln. Dem Handelsregister gegenüber ist die Vollmacht unbeschränkt.

Nach Vollzug bitte ich um Eintragungsnachricht und Übermittlung je eines beglaubigten Handelsregisterauszugs an die Gesellschaft und an den beglaubigenden Notar.

......, den ......

......

[Unterschrift des Alleinvorstandes der ABC-AG]

[Unterschriftsbeglaubigung]

Anmerkungen

Da sich die Anmeldungen der Spaltung zum Handelsregister der übertragenden Gesellschaft im Falle der Spaltung zur Aufnahme und im Falle der Spaltung zur Neugründung nicht unterscheiden, ergibt sich insofern auch für den vorliegen Fall, der eine Kombination aus beiden darstellt, keine Abweichung gegenüber den Form. L.III.7 und 11 auf deren Kommentierung demnach grds. verwiesen wird.

Die Anmeldung der Spaltung zum Handelsregister der übertragenden Gesellschaft hat als letztes zu erfolgen, vgl. bereits Form. L.III.11. Mit dieser Eintragung entstehen zum einen die neu gegründeten, übernehmenden Rechtsträger, zum anderen wird die Spaltung wirksam und der übertragende Rechtsträger erlischt zugleich, vgl. bereits ausführlich Form. L.III.8 Anm. 1 sowie zu den Möglichkeiten der Heilung qua Eintragung Form. L.III.7 Anm. 3.

Der Anmeldung der Spaltung zum Handelsregister der übertragenden Gesellschaft ist nach §§ 125 S. 1, 17 Abs. 2 UmwG eine Schlussbilanz beizufügen.

Abspaltung von einer AG zur Aufnahme durch eine bestehende AG und zur Neugründung einer GmbH

19. Spaltungs- und Übernahmevertrag – Spaltungsplan

Notarielle Urkunde[1–2, 8]

Verhandelt in ...... am ......

Vor mir, dem unterzeichnenden Notar

...... [Name des Notars]

erschienen heute in ......, wohin ich mich auf Ersuchen begeben habe

1. Herr ......, Vorstand der ABC-AG, geboren am ......, geschäftsansässig ......, dem Notar von Person bekannt,

    handelnd nicht in eigenem Namen, sondern als einzelvertretungsberechtigter Vorstand der ABC-AG

sowie

2. Herr ......, Vorstand der B-AG, geboren am ......, geschäftsansässig ......, dem Notar von Person bekannt,

    handelnd nicht in eigenem Namen, sondern als einzelvertretungsberechtigter Vorstand der B-AG,

Die Erschienenen legten zum Nachweis ihrer Vertretungsmacht beglaubigte Auszüge aus den Handelsregistern der von ihnen vertretenen Gesellschaften vor.

Auf Befragen des Notars verneinten die Erschienenen eine, die Beurkundung ausschließende, Vorbefassung im Sinne von § 3 Abs. 1 Nr. 7 BeurkG.

Die Erschienenen baten, handelnd wie angegeben, um die Beurkundung des folgenden:

Spaltungs- und Übernahmevertrages

zwischen

ABC-Aktiengesellschaft

(nachfolgend „......")

als übertragender Gesellschaft einerseits

und

B-Aktiengesellschaft

(nachfolgend „......")

als übernehmender Gesellschaft andererseits

verbunden mit dem

Spaltungsplan
aufgestellt durch die ABC-Aktiengesellschaft

Inhaltsverzeichnis

§ 1   Rechts- und Beteiligungsverhältnisse
§ 2   Spaltung
§ 3   Stichtag
§ 4   Vermögensübertragung auf die B-AG
§ 5   Vermögensübertragung auf die C-GmbH
§ 6   Hindernisse bei der Übertragung, Mitwirkungsverpflichtung
§ 7   Gewährung von Anteilen; Treuhänder

§ 8 Sonderrechte und Sondervorteile
§ 9 Folgen der Spaltung für die Arbeitnehmer und ihre Vertretungen sowie die insoweit vorgesehenen Maßnahmen
§ 10 Vereinfachte Kapitalherabsetzung
§ 11 Freistellungsverpflichtung
§ 12 Abfindungsangebot
§ 13 Gründung der neuen Gesellschaft
§ 14 Stichtagsänderung
§ 15 Kosten und Steuern
§ 16 Schlussbestimmungen

§ 1 Rechts- und Beteiligungsverhältnisse

1.1 Die ABC-AG (übertragende Gesellschaft) mit Sitz in ...... ist eingetragen im Handelsregister des Amtsgerichts ...... unter HRB .... Das Grundkapital der ABC-AG beträgt insgesamt nominal ...... EUR (in Worten: ......) und ist in ...... Stückaktien eingeteilt. Sämtliche Aktien lauten auf den Inhaber und sind voll einbezahlt. Die Aktionäre der ABC-AG sind die Gesellschaften A-AG und B-GmbH, die Aktien im Nennbetrag von zusammen ...... EUR (in Worten: ......) halten. Aktionäre, die Inhaberaktien im Nennbetrag von insgesamt ...... EUR (in Worten: ......) halten, sind nicht bekannt.

1.2 Die B-AG (übernehmende Gesellschaft) mit Sitz in ...... ist eingetragen im Handelsregister des Amtsgerichts ...... unter HRB .... Das Grundkapital der B-AG beträgt insgesamt nominal ...... EUR (in Worten: ......) und ist in ...... Stückaktien eingeteilt. Sämtliche Aktien lauten auf den Inhaber und sind voll einbezahlt. Die Aktionäre der B-AG sind ......

§ 2 Spaltung

2.1 Die ABC-AG überträgt im Wege der Abspaltung[3] zur Aufnahme und Neugründung die in den §§ 4 und 5 dieses Vertrages/Planes bezeichneten Vermögensteile jeweils als Gesamtheit gemäß §§ 123 Abs. 2 Nr. 1 und 2, 131 Abs. 1 Nr. 1 UmwG auf die B-AG sowie auf die von ihr neu zu gründende C-GmbH gegen Gewährung der in § 7 dieses Vertrages/Planes bezeichneten Anteile dieser Gesellschaften an die Aktionäre der ABC-AG.

2.2 Der Abspaltung wird die mit dem uneingeschränkten Bestätigungsvermerk der ...... [Wirtschaftsprüfungsgesellschaft], ..., versehene Bilanz der ABC-AG zum [31. Dezember 2010] (Schlussbilanz) zugrundegelegt.

§ 3 Stichtag

Vgl. Form. L.III.2 § 4.

§ 4 Vermögensübertragung auf die B-AG[4]

Vgl. Form. L.III.2 §§ 6 und 7.

§ 5 Vermögensübertragung auf die C-GmbH[4]

Vgl. Form. L.III.2 §§ 6 und 7.

§ 6 Hindernisse bei der Übertragung[5]. Mitwirkungsverpflichtung

6.1 Soweit einzelne der in den §§ 4 und 5 dieses Vertrages/Planes aufgeführten Gegenstände – gleich aus welchem Grunde – nicht auf die übernehmenden Gesellschaften übergehen, verpflichten sich die übertragende und die betroffene übernehmende Gesellschaft, eine rechtsgeschäftliche Übertragung entsprechend der in den §§ 4 und 5 vorgesehenen Aufteilung vorzunehmen, sollte hierfür die Mitwirkung Dritter erforderlich sein jedoch jedenfalls auf diese hinzuwirken.

6.2 Ist diese Übertragung nicht oder nur mit unverhältnismäßig hohem Aufwand möglich oder unzweckmäßig, werden sich die ABC-AG und die jeweilige übernehmende Gesellschaft wirtschaftlich so stellen, als wäre die Übertragung des Gegenstands mit Wirkung zum Vollzugsdatum erfolgt.

6.3 Die übernehmenden Gesellschaften erhalten sämtliche Unterlagen, die zur Geltendmachung der auf sie übergegangenen Rechte erforderlich sind. Bei Rechtsstreitigkeiten und behördlichen Verfahren, die sich auf den Zeitraum bis zum Vollzug der Abspaltung beziehen, werden sich die Vertragsparteien wechselseitig unterstützen und erforderliche Informationen und Unterlagen zur Verfügung stellen.

6.4 Die übertragende Gesellschaft wird über die abzuspaltenden Teile ihres Vermögens intern in der Weise getrennt Rechnung legen, als wäre die Abspaltung bereits zum Spaltungsstichtag wirksam geworden.[5a]

§ 7 Gewährung von Anteilen, Treuhänder

7.1 Zur Durchführung der Abspaltung wird die B-AG ihr Grundkapital von gegenwärtig nominal ...... EUR (in Worten: ......) um nominal ...... EUR (in Worten: ......) auf insgesamt nominal ...... EUR (in Worten: ......) erhöhen. Die Kapitalerhöhung erfolgt durch Ausgabe von ...... auf den Inhaber lautenden Aktien im Nennbetrag von je ...... EUR (in Worten: ......). Die Einlagen werden durch Übertragung der in § 4 dieses Vertrages/Planes aufgeführten Aktiva und Passiva erbracht. Den Aktionären der ABC-AG werden je ...... Inhaberaktie[n] im Nennbetrag von je ...... EUR (in Worten: ......) ...... neue Inhaberaktien im Nennbetrag von je ...... EUR (in Worten: ......) gewährt.

7.2 Das Stammkapital der neu zu gründenden C-GmbH wird ...... EUR (in Worten: ......) betragen. Die Einlagen werden durch Übertragung der in § 5 dieses Vertrages/Planes aufgeführten Aktiva und Passiva erbracht. Den Aktionären der ABC-AG werden je ...... Inhaberaktie[n] im Nennbetrag von je ...... EUR (in Worten: ......) ...... ein Stammanteil am Stammkapital der C-GmbH im Nennwert von ...... (in Worten: ......) EUR gewährt.

7.3 Die den Aktionären der ABC-AG gewährten Anteile an der B-AG sowie an der neu zu gründenden C-GmbH sind ab dem ...... am Gewinn der jeweiligen Gesellschaft beteiligt.

7.4 Die den Aktionären der ABC-AG gewährten Anteile an der B-AG sowie die Mitgliedschaften an der C-GmbH stellen die Gegenleistung für die Übertragung der in den §§ 6 und 7 dieses Vertrages/Planes aufgeführten Vermögensteile der ABC-AG dar. Die übernehmenden Gesellschaften sind nicht verpflichtet, einen den Nennwert der Einlagen übersteigenden Wert zu vergüten. Ein den Nennwert der Einlagen übersteigender Wert wird in die Kapitalrücklage eingestellt.

7.5 Die ABC-AG bestellt die ...... [Bank], ..., als Treuhänder für den Empfang der zu gewährenden Aktien der B-AG und deren Aushändigung an die Aktionäre der ABC-AG. Die ABC-AG wird den Treuhänder anweisen, die Aktien der B-AG nach Wirksamwerden der Spaltung den Aktionären der ABC-AG entsprechend dem in diesem Vertrag/Plan vorgesehenen Umtauschverhältnis Zug um Zug gegen Aushändigung ihrer Aktien an der ABC-AG zu übergeben. Die B-AG wird dem Treuhänder vor Eintragung der Aufspaltung in das Handelsregister der B-AG Besitz an den Aktien der B-AG verschaffen.

§ 8 Sonderrechte und Sondervorteile

Vgl. Form. L.III.2 § 5.

§ 9 Folgen der Spaltung für die Arbeitnehmer und ihre Vertretungen sowie die insoweit vorgesehenen Maßnahmen

Vgl. Form. L.III.2 § 11.

§ 10 Vereinfachte Kapitalherabsetzung[6]

Die ABC-AG wird zur Durchführung der Abspaltung ihr Grundkapital nach den §§ 229 ff. AktG von ...... EUR (in Worten: ......) um ...... EUR (in Worten: ......) auf ...... EUR (in Worten: ......) herabsetzen.

§ 11 Freistellungsverpflichtung[7]

11.1 Wird eine an der Abspaltung beteiligte Gesellschaft für Verbindlichkeiten in Anspruch genommen, deren Primärschuldner nicht sie, sondern ein anderer an der Abspaltung beteiligter Rechtsträger ist, so hat dieser die in Anspruch genommene Gesellschaft von der geltend gemachten Verbindlichkeit unverzüglich freizustellen [Alternative: oder ihr insoweit Sicherheit zu leisten]. Die in Anspruch genommene Gesellschaft kann Ersatz der ihr durch die Inanspruchnahme entstandenen Aufwendungen verlangen.

11.2 Ein freistellungsberechtigter Rechtsträger hat den freistellungsverpflichteten Rechtsträger umgehend und vollständig über Umstände zu informieren, die zu seiner Inanspruchnahme führen könnten. Weiterhin hat der freistellungsberechtigte Rechtsträger sämtliche Handlungen vorzunehmen, die zur Verteidigung gegen eine Haftung im Sinne der Freistellungsverpflichtung erforderlich sind.

11.3 Die an der Abspaltung beteiligten Rechtsträger treffen für das Verhältnis der gesamtschuldnerischen Haftung in Abweichung von § 426 Abs. 1 S. 1 BGB folgende Regelungen: ...... Soweit ein Gesamtschuldner dieser Haftungsquote entsprechend bei einer Inanspruchnahme nicht haftet, kann er von den mit ihm gesamtschuldnerisch Haftenden entsprechend deren Haftungsquote Freistellung verlangen.

§ 12 Abfindungsangebot
Vgl. Form. L.III.12 § 10.

§ 13 Gründung der neuen Gesellschaft
Vgl. Form. L.III.12 § 12.

§ 14 Stichtagsänderung
Vgl. Form. L.III.2 § 15.

§ 15 Kosten und Steuern
Vgl. Form. L.III.8 § 16.

§ 16 Wirksamkeit
Dieser Vertrag/Plan bedarf zu seiner Wirksamkeit der Zustimmung der Hauptversammlungen der ABC-AG und der B-AG.

[ggf. § 17 Gewährleistungsausschluss]
Der übertragende Rechtsträger schuldet den übernehmenden Rechtsträgern keine Gewährleistung für die Beschaffenheit des abzuspaltenden Vermögens.

§ 18 Schlussbestimmungen
Vgl. Form. L.III.2 § 17.

Anmerkungen

1. **Überblick – Abspaltung.** Wie bereits im Überblick zur Spaltung bei Form. L.III.2 dargestellt, beschreibt die Abspaltung nach § 123 Abs. 2 UmwG den Fall der teilweisen Vermögensübertragung im Wege der partiellen Gesamtrechtsnachfolge auf einen oder mehrere bereits bestehende (zur Aufnahme, Nr. 1) oder neu zu gründende (zur Neugründung, Nr. 2) Rechtsträger. Der Unterschied zur Aufspaltung liegt hierbei darin, dass der übertragende Rechtsträger nicht erlischt, wohingegen der Unterschied zur Ausgliederung nach § 123 Abs. 3

UmwG darin besteht, dass bei der Abspaltung die im Gegenzug zur Vermögensübertragung zu gewährenden Anteile den Anteilsinhabern des übertragenden Rechtsträgers und nicht diesem selbst zugeteilt werden. Zum Zwecke der Vermögensübertragung ist bei der übertragenden Gesellschaft eine vereinfachte Herabsetzung des Stamm-/Grundkapitals möglich.

Auch die Abspaltung kann sowohl die Alternativen zur Aufnahme und zur Neugründung kombinieren als auch Rechtsträger verschiedener Rechtsnatur beteiligen (mit bebilderten Beispielen zu möglichen Konstruktionen vgl. Sagasser/Bula/Brünger/*Sagasser/Sickinger* N Rdnr. 9 ff.).

Da die §§ 123–173 UmwG sowohl die Aufspaltung als auch die Abspaltung sowie die Ausgliederung erfassen, die Abweichungen der für die beiden ersteren geltenden Vorschriften jedoch gering sind, können die vorstehenden Formulare zur Aufspaltung cum grano salis auch für die Abspaltung Verwendung finden.

2. Wahl des Formulars. Das Formular enthält eine Kombination der Abspaltung zur Aufnahme und zur Neugründung, an welcher mit der übertragenden ABC-AG, der übernehmenden B-AG und C-GmbH Rechtsträger unterschiedlicher Rechtsform teilnehmen, vgl. §§ 124 Abs. 2, 3 Abs. 4 UmwG. Zu diesem Zwecke wird die übertragende ABC-AG eine vereinfachte Kapitalherabsetzung nach §§ 229 ff. AktG durchführen.

Soweit im Folgenden nichts Abweichendes ausgeführt ist, gelten insbesondere für den Inhalt der vorliegenden Kombination aus Spaltungsvertrag und Spaltungsplan die Form. L.III.2, 8 und 13 mit den jeweiligen Anm. entsprechend, enthält das Dritte Buch des UmwG doch nur wenige speziell für die Abspaltung geltende Regelungen.

3. Fortbestehender übertragender Rechtsträger. Wie sich aus §§ 123 Abs. 2, 131 Abs. 1 Nr. 2 UmwG ergibt, bleibt der übertragende Rechtsträger bestehen und wird im Zuge der Abspaltung nicht aufgelöst. Allerdings hat die Abspaltung nicht nur ggf. erhebliche Auswirkungen auf die Kapitalstruktur desselben, sondern kann in Abhängigkeit davon, welche Vermögensteile der Rumpfgesellschaft nach Abspaltung noch verbleiben, u. U. auch eine Zweckänderung nach sich ziehen (vgl. Lutter/*Teichmann* § 123 Rdnr. 23).

4. Gesamtrechtsnachfolge. Durch die Aufhebung des § 132 UmwG und des § 131 Abs. 1 Nr. 1 S. 2 UmwG durch das Zweite Gesetz zur Änderung des Umwandlungsgesetzes (BGBl. I 2007 S. 542) wurde die Vermögensübertragung bei der Spaltung derjenigen bei der Verschmelzung angepasst. Es gehen demnach bei der Abspaltung (und Ausgliederung) grds. alle vertraglich bezeichneten Vermögensgegenstände (Aktiva und Passiva) – unabhängig von § 399 BGB oder anderen (privatrechtlichen oder öffentlich-rechtlichen) Übertragungsvoraussetzungen – gesetzlich über. Zur Gesetzesänderung und verbleibenden Ausnahmen ausf. Form. L.III.2 Anm. 20.

5. Sollten dennoch einzelne Rechte nicht übergehen, so erlöschen diese zwar aufgrund des Fortbestandes des übertragenden Rechtsträgers bei der Abspaltung nicht. Für diese (wenigen) möglichen Ausnahmefälle vom Grundsatz der (partiellen) Gesamtrechtsnachfolge (vgl. bereits Form. L.III.2 Anm. 20), empfiehlt sich nun im Gegensatz zur Aufspaltung hilfsweise zum einen die Vereinbarung, eine rechtsgeschäftliche Übertragung zu versuchen ggf. etwa dadurch, mit einem betroffenen Dritten ein Einvernehmen bezüglich des Übergangs herzustellen, zum anderen jedenfalls aber höchstvorsorglich eines Binnenausgleichs/-regresses der beteiligten Rechtsträger, vgl. § 6 des Form. Alternativ kann auch ein Ausgleichsausschluss vorgesehen werden.

§ 131 Abs. 3 UmwG, der sich mit im Spaltungsvertrag nicht zugeordneten Gegenständen befasst, ist auf die Abspaltung nicht anwendbar; diese Gegenstände verbleiben beim übertragenden Rechtsträger.

6. Getrennte interne Rechnungslegung. Soll der tatsächliche Vollzug der Abspaltung erst nach dem Spaltungsstichtag (vgl. Form. L.III.2 Anm. 15) erfolgen, ist der Aufbau jeweils gesonderter Buchungskreise durch den übertragenden Rechtsträger erforderlich, damit die übernehmenden Rechtsträger die Rechnungslegung nach dem Wirksamwerden der Abspaltung fortführen können.

7. Vereinfachte Kapitalherabsetzung. Für die beteiligte ABC-AG erlaubt § 145 UmwG eine vereinfachte Kapitalherabsetzung zum Zwecke der Abspaltung (dem entspricht § 139 UmwG für die GmbH). Diese Regelung trägt dem Umstand Rechnung, dass bei der Abspaltung Nettoaktivvermögen bei der übertragenden Gesellschaft abfließen muss, um das Stamm-/Grundkapital bei den übernehmenden Kapitalgesellschaften zu decken. Wenn infolgedessen ihr Grundkapital nicht mehr gedeckt ist, ist eine Kapitalherabsetzung i. S. d. § 145 UmwG „erforderlich". Aus Gläubigerschutzgesichtspunkten ist diese Erforderlichkeit für eine einfache Kapitalherabsetzung dann nicht gegeben, wenn die Unterbilanz anderweitig kompensiert werden kann und eine Kapitalherabsetzung eben nur wirtschaftlich geboten und vernünftig erscheint (Lutter/*Schwab* § 145 Rdnr. 9 f.). Letzteres lässt sich nach wie vor durch eine ordentliche Kapitalerhöhung erreichen. Durch die Gewährung der Möglichkeit zu einer vereinfachten Kapitalherabsetzung soll vermieden werden, dass dieses umwandlungsrechtliche Instrument aufgrund des mit ordentlichen Kapitalherabsetzungen einhergehenden Zeit- und Kostenaufwandes in praxi scheitert (vgl. hierzu insges. Lutter/*Schwab* § 145 Rdnr. 5 ff.). Die Eintragungsreihenfolge von Kapitalherabsetzung und Abspaltung regelt § 145 S. 2 (hierzu Widmann/Mayer/*Rieger* § 145 Rdnr. 24).

8. Gesamtschuldnerische Haftung. Zur gesamtschuldnerischen Mithaftung vgl. grundsätzlich schon Form. L. III.2 Anm. 27. Bei der Abspaltung sind sowohl die im Rahmen der Spaltung übergehenden als auch die beim übertragenden Rechtsträger verbleibenden Verbindlichkeiten von § 133 Abs. 1 S. 1 erfasst. Daraus ergibt sich die Besonderheit, dass als Hauptschuldner bei der Abspaltung sowohl der übertragende als auch ein übernehmender Rechtsträger in Betracht kommen, was wiederum Auswirkungen auf die Haftungsmodalitäten hat, denn die Gesellschaften, gegen die sich der Anspruch nicht richtet, haften nur untereinander, nicht aber im Verhältnis zum Hauptschuldner gesamtschuldnerisch (ausführlich schon unter Form. L. III.2 Anm. 27; vgl. Kallmeyer/*Kallmeyer/Sickinger* § 133 Rdnr. 2 f.; Lutter/*Schwab* § 133 Rdnr. 21 ff.; a. A. Semler/Stengel/*Maier-Reimer* § 133 Rdnr. 31 ff.). Für die gesamtschuldnerische Haftung sieht das Formular unter Ziff. 11.2 eine von § 426 Abs. 1 S. 1 BGB abweichende Regelung vor; das Haftungsverhältnis wird sich regelmäßig am Verhältnis des zugeordneten Vermögens orientieren. Dies empfiehlt sich insbesondere dann, wenn ein abgespaltener Vermögensteil im Verhältnis zu den anderen abgespaltenen Teilen bzw. dem dem übertragenden Rechtsträger verbleibenden Vermögen relativ gering ist. Für den Fall, dass ein Rechtsträger, der nicht Primärschuldner einer Verbindlichkeit ist, in Anspruch genommen wird (Ziff 11.1) sowie für den Fall, dass ein Gesamtschuldner auf den gesamten Betrag überproportional in Anspruch genommen wird (Ziff. 11.2 S. 2), empfiehlt sich klarstellend die Aufnahme von Freistellungsansprüchen (vgl. MünchKommBGB/*Bydlinski* § 426 Rdnr. 70 ff.).

9. Erklärungen bei Anmeldung zum Handelsregister. Im Falle einer Abspaltung unter Beteiligung einer AG/KGaA als übertragendem Rechtsträger (für die GmbH s. § 140 UmwG) haben die jeweils vertretungsberechtigten Organe die in § 146 Abs. 1 UmwG geregelte Erklärung abzugeben, dass die durch Gesetz und Satzung statuierten Voraussetzungen für die Gründung der Gesellschaft unter Berücksichtigung der Abspaltung vorliegen. Mit dieser „Soliditätserklärung" ist neben weiteren flankierenden Angaben insbesondere die Erklärung gemeint, dass das der Rumpfgesellschaft verbleibende Nettoaktivvermögen das Grundkapital der Gesellschaft zumindest abdeckt (s. Lutter/*Schwab* § 146 Rdnr. 9 f.). Im Falle einer Kapitalherabsetzung (s. Formular) hat die Erklärung auch zu beinhalten, dass das gesetzliche Mindestgrundkapital nach § 7 AktG von EUR 50.000,– nach wie vor erreicht wird (s. Schmitt/Hörtnagl/Stratz/*Hörtnagl* § 146 Rdnr. 4, zu weiteren Angaben vgl. *ders.* § 146 Rdnr. 5). Insgesamt soll es dem Registergericht hierdurch erleichtert werden, Zweifeln an der Vermögenslage der verbleibenden übertragenden Gesellschaft nach der Abspaltung nachzugehen (Schmitt/Hörtnagl/Stratz/*Hörtnagl* § 146 Rdnr. 1). Der Anmeldung der Abspaltung sind ferner der Spaltungsbericht nach § 127 UmwG sowie der Prüfungsbericht nach §§ 125, 12 UmwG beizufügen, § 146 Abs. 2 UmwG, was sich schon aus §§ 135, 125, 17 UmwG ergeben hätte (vgl. Schmitt/Hörtnagl/Stratz/*Hörtnagl* § 146 Rdnr. 9).

10. Kosten. Bei der Abspaltung zur Aufnahme berechnen sich die Kosten wie bei der Verschmelzung durch Aufnahme, vgl. hierzu Form. L. II.3 Anm. 33. Bei der Abspaltung zur Neugründung tritt der Spaltungsplan an die Stelle des Spaltungs- und Übernahmevertrags (§ 136 UmwG). Für die Beurkundung dieser einseitigen Erklärung fällt gemäß § 36 Abs. 1 KostO eine $^{10}/_{10}$-Gebühr an. Geschäftswert ist der Wert des auf den oder die neu gegründeten Rechtsträger übergehenden Aktivvermögens; bei Abspaltung mehrerer Rechtsträger ist die Gesamtsumme der übergehenden Aktivvermögen maßgebend. Gemäß § 39 Abs. 5 KostO beträgt der Geschäftswert höchstens 5 Mio. EUR. Bei gegenstandsverschiedenen Abspaltungen kommt diese Beschränkung für jeden Vorgang in Betracht. Gegenstandsverschiedenheit liegt vor, wenn es sich um rechtlich selbständige Vorgänge handelt, die Wirksamkeit der Abspaltung des einen Vermögensteils nicht von der Wirksamkeit der übrigen Abspaltungen abhängt. Werden die gegenstandsverschiedenen Abspaltungen zusammen beurkundet, sind die Geschäftswerte gemäß § 44 Abs. 2a) KostO zu addieren. Werden eine Abspaltung zur Aufnahme und zur Neugründung zusammen beurkundet, sind die Bewertungsgrundsätze des § 44 Abs. 2a) KostO zu beachten (getrennte Berechnung der 20/10-Gebühr für den Abspaltungsvertrag und 10/10-Gebühr für den Abspaltungsplan, höchstens jedoch 20/10-Gebühr aus dem Gesamtwert).

Ausgliederung aus einer AG zur Aufnahme durch eine bestehende GmbH und zur Neugründung einer AG

20. Ausgliederungs- und Übernahmevertrag – Ausgliederungsplan

UR-Nr. ....../......

Verhandelt in ...... am ......
Vor mir, dem unterzeichnenden Notar
...... [Vorname, Name]
mit Amtssitz in ......

erschienen heute in den Räumen ......, wohin ich mich auf Ersuchen begeben hatte,

1. Herr ......, geboren am ......
   wohnhaft in: ......
   handelnd nicht im eigenen Namen, sondern als alleinvertretungsberechtigtes Vorstandsmitglied der A-AG mit dem Sitz in ......, eingetragen im Handelsregister des Amtsgerichts ...... unter HRB .... Die Vertretungsberechtigung wird vom beurkundenden Notar aufgrund heutiger Einsichtnahme gem. § 21 BNotO in das Handelsregister bestätigt; sowie

2. Herr ......, geboren am ......
   wohnhaft in: ......
   handelnd nicht im eigenen Namen, sondern als alleinvertretungsberechtigter Geschäftsführer der B-GmbH mit dem Sitz in ......, eingetragen im Handelsregister des Amtsgerichts ...... unter HRB .... Die Vertretungsberechtigung folgt aus dem beglaubigten Handelsregisterauszug vom ......, der dieser Urkunde in Abschrift beigefügt ist.

Die Erschienenen haben sich ausgewiesen durch Vorlage ihrer jeweiligen Bundespersonalausweise.

Auf Befragen des Notars verneinten die Erschienenen eine, die Beurkundung ausschließende, Vorbefassung im Sinne von § 3 Abs. 1 Nr. 7 BeurkG.

Die Erschienenen baten um Beurkundung des folgenden

Ausgliederungs- und Übernahmevertrages[1-4]

zwischen

der A-AG mit Sitz in ......
(nachfolgend „A-AG")
als übertragendem Rechtsträger einerseits

und

der B-GmbH mit Sitz in ......
(nachfolgend „B-GmbH")
als übernehmendem Rechtsträger andererseits
verbunden mit dem

Ausgliederungsplan der A-AG

Inhaltsverzeichnis

§ 1 Rechts- und Beteiligungsverhältnisse
§ 2 Ausgliederung
§ 3 Gewährung von Anteilen
§ 4 Ausgliederungsstichtag
§ 5 Sonderrechte und Sondervorteile
§ 6 Vermögensübertragung auf die B-GmbH
§ 7 Vermögensübertragung auf die C-AG
§ 8 Hindernisse bei der Übertragung
§ 9 Freistellungsverpflichtung
§ 10 Folgen der Ausgliederung für die Arbeitnehmer und ihre Vertretungen sowie die insoweit vorgesehenen Maßnahmen
§ 11 Gründung der C-AG
§ 12 Kosten und Steuern
§ 13 Schlussbestimmungen

§ 1 Rechts- und Beteiligungsverhältnisse

1.1 Die A-AG mit Sitz in ...... ist eingetragen in das Handelsregister des Amtsgerichts ...... unter HRB .... Das Grundkapital des übertragenden Rechtsträgers beträgt ...... EUR (in Worten: ......) und ist eingeteilt in ...... auf den Inhaber lautende Stückaktien mit einem auf die einzelne Aktie entfallenden rechnerischen Anteil am Grundkapital von je ...... EUR (in Worten: ......). Die Einlagen auf die Aktien sind nach Angabe voll erbracht.

1.2 Die B-GmbH mit dem Sitz in ...... ist eingetragen in das Handelsregister des Amtsgerichts ...... unter HRB .... Das Stammkapital des übernehmenden Rechtsträgers beträgt ...... EUR (in Worten: ......). Die Einlagen auf die Geschäftsanteile sind nach Angabe voll erbracht und werden nach Angabe von der W-AG mit Sitz in ...... mit einem Geschäftsanteil von ...... EUR (in Worten: ......) und der X-GmbH mit Sitz in ...... mit einem Geschäftsanteil von ...... EUR (in Worten: ......) gehalten.

1.3 Gemäß § ...... der Satzung der A-AG in der Fassung vom ...... ist deren wesentlicher Unternehmensgegenstand ...... [Angabe des Unternehmensgegenstandes].
Der Geschäftsbetrieb des übertragenden Rechtsträgers ist in mehrere Teilbetriebe getrennt, unter Anderem in den (i) sog. ...... [Teilbetrieb A] und in den (ii) sog. ...... [Teilbetrieb B], wobei unter den ...... [Teilbetrieb A] folgende Untergruppen fallen: ...... [Konkretisierung der Untergruppen]. Unter den ...... [Teilbetrieb B] fallen folgende Untergruppen: ...... [Konkretisierung der Untergruppen].

1.4 Der übertragende Rechtsträger hat sich entschlossen, den ...... [Teilbetrieb A] zum Zweck der Nutzung von Synergieeffekten und zur Trennung der ...... [Teilbetrieb A und B] von dem übertragenden Rechtsträger gemäß §§ 123 Abs. 3 Nr. 1 und 2, 131 Abs. 1 Nr. 1 UmwG auf den übernehmenden Rechtsträger zur Aufnahme, sowie den ...... [Teilbetrieb B] auf die von ihr neu zu gründende C-AG auszugliedern (Ausgliederung zur Aufnahme und zur Neugründung)

§ 2 Ausgliederung

2.1 Die A-AG überträgt die nachfolgend in §§ 6 und 7 bezeichneten Vermögensteile jeweils als Gesamtheit mit allen Rechten und Pflichten im Wege der Ausgliederung

20. Ausgliederungs- und Übernahmevertrag – Ausgliederungsplan L.III.20

zur Aufnahme und zur Neugründung unter Fortbestand des übertragenden Rechtsträgers auf die B-GmbH sowie die von ihr neu zu gründende Gesellschaft C-AG und zwar gegen Gewährung von Gesellschaftsrechten an den übertragenden Rechtsträger (§§ 123 Abs. 3 Nr. 1 und 2, 131 Abs. 1 UmwG). Die Ausgliederung erfolgt unter Anwendung der §§ 123 ff. UmwG.

2.2 Der Ausgliederung wird die mit dem uneingeschränkten Bestätigungsvermerk der ...... [Wirtschaftsprüfungsgesellschaft], ..., versehene Bilanz der A-AG zum ...... (Schlussbilanz) zugrunde gelegt.

§ 3 Gewährung von Anteilen

3.1 Die B-GmbH gewährt dem übertragenden Rechtsträger als Gegenleistung für die Ausgliederung des ...... [Teilbetriebs A], vgl. § 6, kostenfrei einen Geschäftsanteil an dem übernehmenden Rechtsträger mit Gewinnbezugsberechtigung ab dem Ausgliederungsstichtag (§ 4), und zwar einen Geschäftsanteil im Nennbetrag von ...... EUR (in Worten: ......). Der zu gewährende Geschäftsanteil wird dadurch geschaffen, dass der übernehmende Rechtsträger sein Stammkapital von bislang ...... EUR (in Worten: ......) um ...... EUR (in Worten: ......) auf ...... EUR (in Worten: ......) erhöht durch Bildung eines Geschäftsanteils im Nennbetrag von ...... EUR (in Worten: ......). Eine bare Zuzahlung ist nicht zu leisten.

3.2 Das Grundkapital der neu zu gründenden C-AG wird ...... EUR (in Worten: ......) betragen und in ...... Inhaberaktien im Nennbetrag von je ...... EUR (in Worten: ......) eingeteilt sein. Die Einlagen werden durch Übertragung der in § 7 dieses Vertrages/Planes bezeichneten Aktiva und Passiva erbracht. Der A-AG als übertragender Gesellschaft werden sämtliche Inhaberaktien gewährt.

3.3 Die der A-AG gewährten Anteile an der B-GmbH und der C-AG sind ab dem ...... am Gewinn der jeweiligen Gesellschaft beteiligt.

§ 4 Ausgliederungsstichtag

Vgl. Form. L.III.2 § 4.

§ 5 Sonderrechte und Sondervorteile

Vgl. Form. L.III.2 § 5.

§ 6 Vermögensübertragung auf die B-GmbH

6.1 Die A-AG überträgt auf der Grundlage des Jahresabschlusses zum ...... aus ihrem Vermögen im Wege der partiellen Gesamtrechtsübertragung gemäß §§ 123 ff. UmwG sämtliche Vermögensteile, alle Aktiva und Passiva sowie Rechte und Pflichten, die zum ...... [Teilbetrieb A] gehören, auf die B-GmbH. Für die Übertragung dieser Vermögensteile, Aktiva und Passiva sowie Rechte und Pflichten gilt im Einzelnen Folgendes:

6.1.1 Der übertragende Rechtsträger überträgt folgenden Grundbesitz, der dem ...... [Teilbetrieb A] zuzuordnen ist, auf den übernehmenden Rechtsträger:

(a) AG ......, Grundbuch von ......, Blatt ......, Flurstück ......

(b) AG ......, Grundbuch von ......, Blatt ......, Flurstück ......

Die vorstehend genannten Grundstücke sind in Abteilung II des Grundbuchs wie folgt belastet:

......

Die vorstehend genannten Grundstücke sind in Abteilung III des Grundbuchs wie folgt belastet:

......

6.1.2 Auf die B-GmbH wird das gesamte Anlagevermögen, das rechtlich und/oder wirtschaftlich dem ...... [Teilbetrieb A] zuzuordnen ist und im Anlagenspiegel per ...... (Anlage ......) aufgeführt ist, übertragen. Weiterhin werden durch die B-GmbH diejenigen Vermögensgegenstände des Umlaufvermögens übernommen, die dem ...... [Teilbetrieb A] rechtlich und/oder wirtschaftlich zuzuordnen sind und die in der Umlaufvermögens-Übersicht nebst beigefügten Inventarlisten (Vorräte), Debitorenlisten und Saldenbestätigungen per ...... (Anlage ......) aufgeführt sind; soweit sonstige Vermögensgegenstände des Umlaufvermögens nicht bilanzierungspflichtig bzw. bilanzierungsfähig sind, sind sie in Anlage 1 oder Anlage 2 allgemein beschrieben. Der von der B-GmbH übernommene Kassenbestand, die übernommenen Postbankguthaben und Guthaben bei Kreditinstituten, die dem ...... [Teilbetrieb A] rechtlich und/oder wirtschaftlich zuzuordnen sind, ergeben sich aus der Übersicht nebst beigefügten Kassenabrechnungen/-protokollen per (Anlage ......).

6.1.3 Die B-GmbH übernimmt ferner diejenigen Verbindlichkeiten, die rechtlich und/oder wirtschaftlich dem ...... [Teilbetrieb A] zuzuordnen und in der Verbindlichkeiten-Übersicht nebst Kreditoren-, Saldenlisten und Saldenbestätigungen per ...... (Anlage ......) aufgeführt sind.

6.1.4 Von B-GmbH werden ferner alle dem ...... [Teilbetrieb A] zuzuordnenden Verträge übernommen, insbesondere Miet-, Leasing-, Lieferanten- und Händlerverträge, Gewährleistungsbürgschaften, Angebote und sonstige Rechtsstellungen, die in Anlage ...... aufgeführt sind.

6.2 Alle im ...... [Teilbetrieb A] am Ausgliederungsstichtag bestehenden Arbeitsverhältnisse, wie sie in Anlage ...... aufgeführt sind, gehen nach § 613a Abs. 1 S. 1 BGB auf die B-GmbH über.

6.3 Soweit ab dem Ausgliederungsstichtag (§ 4) Vermögensteile, Aktiva und Passiva oder Rechte und Pflichten durch die A-AG im regelmäßigen Geschäftsverkehr veräußert worden sind, treten die Surrogate an deren Stelle. Vermögensgegenstände, Aktiva und Passiva, Rechte und Pflichten sowie Arbeits- und sonstige Rechtsverhältnisse, die nicht in den beigefügten Anlagen aufgeführt sind, gehen entsprechend der in § 6.2 und § 6.3 getroffenen Zuordnung auf die B-GmbH über, soweit sie dem ...... [Teilbetrieb A] unter wirtschaftlicher Betrachtungsweise zuzuordnen sind. Dies gilt insbesondere auch für immaterielle oder bis zur Eintragung der Abspaltung in das Handelsregister am Sitz der A-AG erworbenen Vermögensgegenstände, begründete Arbeitsverhältnisse und entstandene Verbindlichkeiten.

§ 7 Vermögensübertragung auf die C-AG
Vgl. Form. L.III.2 §§ 6 und 7.

§ 8 Hindernisse bei der Übertragung, Mitwirkungsverpflichtung
Vgl. Form. L.III.19 § 6.

§ 9 Freistellungsverpflichtung
Vgl. Form. L.III.19 § 11.

§ 10 Folgen der Ausgliederung für die Arbeitnehmer und ihre Vertretungen sowie die insoweit vorgesehenen Maßnahmen
Vgl. Form. L.III.2 § 11.

§ 11 Gründung der C-AG
Vgl. Form. L.III.12 § 12.

§ 12 Kosten und Steuern
Vgl. Form. L.III.8 § 16.

§ 13 Schlussbestimmungen
Vgl. Form. L.III.2 § 17.

20. Ausgliederungs- und Übernahmevertrag – Ausgliederungsplan L.III.20

Berichtigung des Grundbuches, Hinweise[5]

1. Der Notar wies darauf hin, dass mit der Eintragung der Ausgliederung des ...... [Teilbetriebs A] in das Handelsregister des Sitzes der B-GmbH das Vermögen des ...... [Teilbetriebs A] einschließlich der Verbindlichkeiten auf die B-GmbH übergeht. Dies hat zur Folge, dass die Grundbücher unrichtig werden, in denen die A-AG als Eigentümerin von dem ...... [Teilbetrieb A] zuzurechnenden Grundstücken/Gebäuden bzw. als Inhaberin der dem ...... [Teilbetrieb A] zuzurechnenden beschränkten dinglichen Rechten an Grundstücken/Gebäuden eingetragen ist. Soweit die A-AG im Grundbuch als Inhaberin solcher beschränkten dinglichen Rechte ausgewiesen ist, die im Wege der Vermögensübertragung gemäß § 126 Abs. 1 Nr. 2 UmwG nicht mitübertragen werden können, erlöschen diese mit Eintragung der Ausgliederung in das Handelsregister des Sitzes der B-GmbH.
Der Notar wies weiter darauf hin, dass der Nachweis der Unrichtigkeit gegenüber dem Grundbuchamt durch Vorlage eines beglaubigten, die Eintragung der Ausgliederung enthaltenden Handelsregisterauszuges der B-GmbH sowie einer auszugsweisen beglaubigten Abschrift dieses Ausgliederungs- und Übernahmevertrages/-Planes erbracht werden kann. Schließlich wies der Notar noch darauf hin, dass dem Grundbuchamt die steuerliche Unbedenklichkeitsbescheinigung des Finanzamtes vorzulegen ist.
2. Die Erschienenen beantragen hiermit die Berichtigung des Grundbuches nach Wirksamkeit der Ausgliederung. Nach Belehrung über die Kostenfolgen wird der Notar beauftragt und bevollmächtigt, die Berichtigung des Grundbuches vorzunehmen.
3. Der Notar hat die Erschienenen über den weiteren Verfahrensablauf bis zum Wirksamwerden der Ausgliederung, auf den Wirksamkeitszeitpunkt sowie die Rechtsfolgen der Ausgliederung hingewiesen, insbesondere auf Folgendes:
a) Der Ausgliederungs- und Übernahmevertrag/-Plan bedarf zu seiner Wirksamkeit der Zustimmung der Hauptversammlung der A-AG und der Zustimmung der Gesellschafterversammlung der B-GmbH in notarieller Form.
b) Gläubigern beider Parteien ist auf Anmeldung und Glaubhaftmachung ihrer Forderungen hin nach Maßgabe der §§ 125 i.V.m. 22 UmwG Sicherheit zu leisten.

Schrifttum: Vgl. auch bereits das Schrifttum zu Form. L.III.2; *Aha*, Einzel oder Gesamtrechtsnachfolge bei der Ausgliederung, AG 1997, 345; *Feddersen/Kiem*, Die Ausgliederung zwischen „Holzmüller" und neuem Umwandlungsrecht, ZIP 1994, 1078; *Heckschen/Simon*, Umwandlungsrecht, 2003; *Lettl*, Das Holding-Konzept als Instrument zur erfolgreichen Neuausrichtung von Unternehmen, DStR 1996, 2020; *Lutter/Leinekugel*, Kompetenzen von Hauptversammlung und Gesellschafterversammlung beim Verkauf von Unternehmensteilen, ZIP 1998, 225; *Priester*, Die klassische Ausgliederung – ein Opfer des Umwandlungsgesetzes 1994? ZHR 163 (1999), 187; *Veil*, Aktuelle Probleme im Ausgliederungsrecht, ZIP 1998, 361.

Anmerkungen

1. Überblick – Ausgliederung. Die Ausgliederung beschreibt nach § 123 Abs. 3 UmwG den Vorgang der Vermögensübertragung im Wege (partieller) Gesamtrechtsnachfolge auf einen bestehenden (zur Aufnahme) oder neu zu gründenden Rechtsträger gegen Gewährung von Anteilen dieser übernehmenden Gesellschaften an den übertragenden Rechtsträger selbst, s. § 131 Abs. 1 Nr. 3 S. 3 UmwG. In letzterem Umstand liegt der wesentliche Unterschied zur Abspaltung (s. Form. L.III.19); von der Aufspaltung unterscheidet sich die Ausgliederung dadurch, dass der übertragende Rechtsträger nicht aufgelöst wird, § 131 Abs. 1 Nr. 2 UmwG. Es ist darauf hinzuweisen, dass § 124 Abs. 1 UmwG den Kreis der einer Ausgliederung fähigen Rechtsträger erweitert. Nicht eingegangen wird im Folgenden auf die Ausgliederung aus dem Vermögen eines Einzelkaufmannes nach §§ 152–160 UmwG (vgl. hierzu umfänglich MünchVertragsHdb I/*Heidenhain* XII.20).

Da bei der Ausgliederung die im Gegenzug für die Vermögensübertragung zu gewährenden Anteile dem übertragenden Rechtsträger zuteil werden, kann sich eine Gesellschaft durch Ausgliederung (nicht aber durch Abspaltung) ihres gesamten Vermögens zu einer Holding umwandeln. Eine missbräuchliche Nutzung der Möglichkeiten des UmwG ist darin nicht zu erblicken (vgl. Semler/Stengel/*Stengel/Schwanna* § 123 Rdnr. 17). Es ist indes zu beachten, dass in diesen Fällen regelmäßig eine Änderung des statutarischen Unternehmensgegenstandes unabdingbar sein dürfte (vgl. *Lettl* DStR 1996, 2022).

Nach § 123 Abs. 4 UmwG sollen nicht nur die Spaltungsvarianten zur Neugründung und zur Aufnahme, sondern auch die Spaltungsvorgänge kumulativ angewendet werden können (vgl. Lutter/*Teichmann* § 123 Rdnr. 30; zu bebildeten Beispielen vgl. Sagasser/Bula/Brünger/ *Sagasser/Sickinger* N Rdnr. 15 ff.). Im Folgenden sind einige in der Praxis genutzte Konstruktionen kurz dargestellt.

Darüber hinaus können Ausgliederung und Abspaltung durchaus miteinander kombiniert werden. Dementsprechend kann die Gesellschaft Teile ihres Vermögens auf andere Rechtsträger gegen Gewährung von Anteilen an ihre Anteilsinhaber abspalten, andere Teile hingegen ausgliedern, als deren Gegenleistung sie selbst Anteile der übernehmenden Gesellschaft erwirbt (Semler/Stengel/*Bärwaldt* § 135 Rdnr. 8).

Umstritten ist hingegen, ob eine Verquickung beider Instrumente derart möglich ist, dass Anteile teilweise den Anteilsinhabern der übertragenden Gesellschaft und teilweise dieser selbst aufgrund ein und derselben Transaktion gewährt werden können (die überwiegende Meinung erlaubt dies zu Recht, vgl. nur Kallmeyer/*Kallmeyer/Sickinger* § 123 Rdnr. 13; Semler/Stengel/ *Bärwaldt* § 135 Rdnr. 8; Lutter/*Teichmann* § 123 Rdnr. 30; a.A. MünchVertragsHdb I/ *Heidenhain* XII.19 Anm. 4; Schmitt/Hörtnagl/Stratz/*Hörtnagl* § 123 Rdnr. 17 jew. m. w. N.).

Ferner ist umstritten, ob eine Kombination einer Aufspaltung mit einer Ausgliederung möglich ist, erlischt doch der übertragende Rechtsträger bei der Aufspaltung, nicht hingegen bei der Ausgliederung (dafür Kallmeyer/*Kallmeyer/Sickinger* § 123 Rdnr. 12; dagegen Semler/Stengel/*Stengel* § 135 Rdnr. 8; Lutter/*Teichmann* § 123 Rdnr. 30).

In der kautelar-juristischen Praxis ist stets auch die Ausgliederung im Vergleich mit der Einzelübertragung von Vermögensgegenständen und Verbindlichkeiten (Asset-Deal, vgl. hierzu ausführlich Teil D.; Heckschen/Simon/*Heckschen* § 2 Rdnr. 110, § 7 Rdnr. 5 ff.) als Umstrukturierungsmaßnahme zu vergleichen. Welches Verfahren sich im Einzelfall empfiehlt und praktikabel ist, sollte stets eben im konkreten Einzelfall durch sorgfältige Gegenüberstellung beider rechtlichen Voraussetzungen entschieden werden. Im Folgenden werden die wichtigsten Unterschiede zwischen Ausgliederung und Asset Deal aufgezeigt.

Zwar wird sich der Ausgliederungsvertrag/-plan in der Regel kaum von einem Vertrag zur Übertragung eines Teilbetriebes unterscheiden. Rechtstechnisch bestehen aber erhebliche Unterschiede. Im Gegensatz zur Einzelrechtsnachfolge wird die Ausgliederung von der (partiellen) Gesamtrechtsnachfolge geprägt. Dies hat insbesondere Folgen für die im Gegensatz zur Einzelrechtsnachfolge erleichterte Übertragung von Verbindlichkeiten. Dem entspricht allerdings auch ein strengeres Haftungsmodell der an der Ausgliederung beteiligten Rechtsträger nach § 133 UmwG. Dieses kann problematisch werden, wenn etwa der ausgegliederte Vermögensteil im Vergleich zu dem dem übertragenden Rechtsträger verbleibenden relativ gering ist oder Anteile ganz oder teilweise an Dritte übertragen werden sollen (vgl. Form. L.III.2 Anm. 27) bzw. sich Dritte am übernehmenden Rechtsträger beteiligen sollen. Es ist ferner darauf hinzuweisen, dass es sich bei der Einzelrechtsnachfolge dem Grunde nach um eine Geschäftsführungsmaßnahme des übertragenden Rechtsträgers handelt, die allenfalls und ausnahmsweise nach den durch die Gelatine-Rechtsprechung (BGH NZG 2004, 571 – Gelatine I; BGH NZG 2004, 575 – Gelatine II) erneuerten Holzmüller-Grundsätzen (BGH NJW 1982, 1703 – Holzmüller; s. auch speziell zu ausgliederungsrechtlichen Fragen in diesem Zusammenhang *Feddersen/Kiem* ZIP 1994, 1078) der Zustimmung der Hauptversammlung einer AG bedarf, wohingegen die Ausgliederung in jedem Falle die Zustimmung der Anteilseigner der übertragenden Gesellschaft erfordert, §§ 125, 65 UmwG. Hiermit korrespondiert, dass die Umstrukturierung im Wege der Einzelrechtsnachfolge grundsätzlich, insbesondere in den Fällen, in denen keine Zustimmungspflicht nach richterrechtlichen Grundsätzen besteht, nicht durch Anteilseigner aufgehalten werden kann. Darüber hinaus ist allerdings auch zu bemer-

20. Ausgliederungs- und Übernahmevertrag – Ausgliederungsplan

ken, dass sich jedenfalls dem Grunde nach beide Varianten bezüglich ihrer möglichen Steuerneutralität nach § 20 Abs. 1 UmwStG nicht unterscheiden, sofern die Übertragung auf eine (unbeschränkt steuerpflichtige) Kapitalgesellschaft erfolgt, vgl. § 15 Abs. 1 UmwStG. En détail sind hierbei jedoch durchaus Differenzierungen vonnöten (zur steuerlichen Behandlung vgl. umfänglich MünchVertragsHdb I/*Heidenhain* XI.19 Anm. 6, 12). Nicht zu unterschätzen sind die die Ausgliederung flankierenden Erfordernisse, welche das Gesamtprojekt erheblich umständlicher und langwieriger machen können. Neben dem Vertrag/Plan selbst sind insbesondere die Beschlüsse der Anteilsinhaber, die Zuleitung an die zuständigen Betriebsräte, die Anmeldungen und Eintragungen im Handelsregister sowie die notariellen Beurkundungen zu nennen, welche zudem im Regelfall erhebliche Mehrkosten verursachen können; im Einzelfall kann sich aber auch aus der umwandlungsrechtlichen Kostenkappung ein Kostenvorteil der Ausgliederung ergeben. Eine Einzelübertragung als Geschäftsführungsmaßnahme kann demgegenüber weitaus schneller und billiger durchgeführt werden (vgl. umfänglich *Aha* AG 1997, 345; *Veil* ZIP 1998, 361). Es ist zwar durchaus umstritten, ob aufgrund besagter Unterschiede und insbesondere aufgrund der facettenreichen Schutzmechanismen des Umwandlungsrechts die Vorschriften des UmwG auf die Einzelrechtsnachfolge analog anzuwenden sind (LG Karlsruhe NZG 1998, 393; LG Frankfurt a.M. NJW-RR 1997, 1464 – Altana/Milupa; *Raiser/Veil*, § 49 Rdnr. 15; *Lutter/Leinekugel* ZIP 1998, 225; *Veil* ZIP 1998, 361; a.A. LG Hamburg DB 1997, 516; *Bork* EWiR 1997, 1147; *Aha* AG 1997, 345; *Priester* ZHR 163 (1999), 187, 191 ff.; Schmitt/Hörtnagl/Stratz/*Hörtnagl* § 123 Rdnr. 24; einschränkend Widmann/Mayer/*Mayer* Anh. 5 Rdnr. 907 ff.). Letztlich wird man dies aufgrund des offensichtlichen Fehlens einer planwidrigen Regelungslücke zu verneinen haben (so LG München I NZG 2006, 874).

2. Anwendbare Vorschriften. Grundsätzlich gelten mangels abweichender Regelung die Vorschriften des Dritten Buches des UmwG für alle drei Spaltungsarten. Hinzuweisen ist allerdings auf einige Besonderheiten der Ausgliederung, die zum Teil schon in vorstehender Übersicht Erwähnung fanden. Ebenso wie bei der Abspaltung sind hier die Vorschriften über die vereinfachte Kapitalherabsetzung nach § 145 UmwG sowie die Besonderheiten der Handelsregisteranmeldung nach § 146 UmwG zu befolgen (s. Form. L.III.19 Anm. 7, 9). Von besonderer Relevanz ist schließlich, dass nach § 125 UmwG einige Vorschriften des Zweiten Buches unanwendbar sind. Dies betrifft im Einzelnen die Prüfung der Ausgliederung nach §§ 9 ff. UmwG, die Klage gegen Ausgliederungsbeschlüsse nach §§ 14 Abs. 2, 15 UmwG sowie die Übernahme der Firma des § 18 UmwG. Überdies bedarf es keines Abfindungsangebotes nach §§ 29 ff. UmwG und keiner Bestellung eines Treuhänders nach § 71 UmwG. Schließlich finden auch die Vorschriften über Verbote bzw. Entbehrlichkeit der Kapitalerhöhung nach § 68 UmwG keine Anwendung.

3. Wahl des Formulars. Dem Formular liegt folgender Sachverhalt zugrunde: Die A-AG möchte zwei ihrer Betriebe ausgliedern. Dies geschieht durch eine Ausgliederung zur Aufnahme durch die B GmbH sowie zur Neugründung durch die C-AG. Bezüglich des obligatorischen und fakultativen Inhalts der Kombination aus Spaltungsvertrag und Spaltungsplan kann umfänglich auf die Form. L.III.2, 8 und 12 inklusive deren Anmerkungen verwiesen werden, jedoch mit dem Hinweis, dass die §§ 126 Abs. 1 Nr. 3, 4 und 10 UmwG auf die Ausgliederung nicht anzuwenden sind.

4. Steuern. Die Ausgliederung eines Teilbetriebes ist unter den Voraussetzungen der §§ 20, 23 UmwStG steuerneutral möglich (vgl. hierzu ausführlich Hopt/*Volhard* II.J.9 Anm. 4. Gleiches gilt nach § 1 Abs. 1a UStG in der Regel auch für die Umsatzsteuer (im Einzelnen s. hierzu MünchVertragsHdb I/*Heidenhain* XII.19 Anm. 12).

5. Grundstücke. Im Rahmen einer Ausgliederung von Teilbetrieben wird es regelmäßig zur Übertragung von Grundstücken kommen, welche dann eine Berichtigung des Grundbuches gemäß § 22 GBO nach sich zieht. Da der Nachweis der Übertragung nach § 22 Abs. 1 GBO durch einen öffentlich beglaubigten Registerauszug, § 29 GBO und durch den Spaltungsvertrag/-plan zu führen ist, empfiehlt sich, dies bei Beurkundung des Spaltungsvertrages/-plans vornehmen zu lassen (vgl. hierzu und zu den weiteren beizubringenden Unterlagen Widmann/Mayer/*Mayer* § 126 Rdnr. 214).

6. Kosten. Für die Ausgliederung als Unterform der Spaltung gelten die kostenrechtlichen Grundsätze zur Spaltung in gleicher Weise (Korintenberg/*Bengel/Tiedtke*, § 39 KostO Rdnr. 83). Eine Ausgliederung zur Neugründung löst somit eine $^{10}/_{10}$-Gebühr aus, wie eine Spaltung zur Neugründung. Bei einer Ausgliederung zur Aufnahme fällt wie bei einer Spaltung zur Aufnahme eine $^{20}/_{10}$-Gebühr an, da in diesem Fall ein Vertrag vorliegt.

IV. Formwechsel

Formwechsel einer GmbH in eine GmbH & Co. KG

1. Umwandlungsbeschluss gemäß §§ 190 ff. UmwG[1, 2, 3]

UR-Nr. ......

Verhandelt in ......
am ......
Vor mir, dem unterzeichnenden Notar mit dem Amtssitz in ...... erschienen:
1. Herr A ...... geboren am ......
   wohnhaft in: ......
   handelnd im eigenen Namen;
2. Frau B ......, geboren am ......
   wohnhaft in: ......
   handelnd im eigenen Namen
3. Herr C ......, geboren am ......
   wohnhaft in: ......
   handelnd im eigenen Namen
4. Herr D ......, geboren am ......,
   wohnhaft in: ......
   handelnd nicht im eigenen Namen, sondern als allein vertretungsberechtigter Geschäftsführer der J-GmbH mit dem Sitz in ......, eingetragen im Handelsregister des Amtsgerichts ...... unter HRB .... Die Vertretungsberechtigung wird vom beurkundenden Notar aufgrund heutiger Einsichtnahme gemäß § 21 BNotO in das Handelsregister bestätigt.

Auf Befragen des Notars verneinten die Erschienenen eine, die Beurkundung ausschließende, Vorbefassung im Sinne von § 3 Abs. 1 Nr. 7 BeurkG.
Die Erschienenen, handelnd wie angegeben, baten um Beurkundung der nachfolgenden Erklärungen:

I. Vorbemerkungen

1. An der A-GmbH mit Sitz in ......, eingetragen im Handelsregister des Amtsgerichts ...... unter HRB ...... sind ausweislich der letzten zum Handelsregister eingereichten Gesellschafterliste vom ...... wie folgt beteiligt:
   (a) Herr A ...... hält Geschäftsanteil Nr. 1 im Nominalbetrag von ...... EUR (......%)
   (b) Frau B ...... hält Geschäftsanteil Nr. 2 im Nominalbetrag von ...... EUR (......%)
   (c) Herr C ...... hält Geschäftsanteil Nr. 3 im Nominalbetrag von ...... EUR (......%)
   Das Stammkapital der Gesellschaft ist voll einbezahlt. Je ...... EUR eines Geschäftsanteils gewähren eine Stimme.
2. Die Gesellschaft soll nach Maßgabe des Umwandlungsgesetzes („UmwG") formwechselnd umgewandelt werden in eine Kommanditgesellschaft, deren einzige persönlich haftende Gesellschafterin die J-GmbH werden soll. Zu diesem Zweck tritt die J-GmbH der Kommanditgesellschaft zum Zeitpunkt ihrer Eintragung in das Handelsregister als persönlich haftende Gesellschafterin ohne eine Beteiligung am Gesellschaftskapital bei.
   [*Alternative: Treuhandlösung*
   Da das Umwandlungsgesetz für einen Formwechsel einer Gesellschaft mit beschränkter Haftung in eine Kommanditgesellschaft die Identität der beteiligten Gesellschafter vor-

aussetzt, soll die J-GmbH noch vor Durchführung des Formwechsels an der A-GmbH beteiligt werden und zwar mit der Maßgabe, dass sie diese Beteiligung treuhänderisch für Herrn A ...... halten soll.]

Dies vorausgeschickt, vereinbaren die Parteien was folgt:

[*Alternative: Treuhandlösung*

II. Anteilsübertragung, Treuhandverhältnis[4]

1. Herr A ...... ist am Stammkapital der Gesellschaft, welches ...... EUR beträgt, mit einem Geschäftsanteil im Nennbetrag von ...... EUR (Geschäftsanteil Nr. 1) beteiligt. Dieser Geschäftsanteil wird hiermit zum Zwecke der nachfolgenden Anteilsübertragung in einen Teilgeschäftsanteil im Nennbetrag von EUR 250,– (Geschäftsanteil Nr. 4) und einen weiteren Teilgeschäftsanteil im Nennbetrag ...... EUR (Geschäftsanteil Nr. 1) geteilt.[5]
2. Herr A ...... überträgt hiermit Geschäftsanteil Nr. 4 an die J-GmbH. Die Übertragung erfolgt mit sofortiger Wirkung. Die J-GmbH nimmt die Übertragung hiermit an.
3. Die Übertragung des Geschäftsanteils Nr. 4 erfolgt ohne Gegenleistung zur Begründung eines Treuhandverhältnisses. Die J-GmbH hält den übertragenen Teilgeschäftsanteil künftig im eigenen Namen, jedoch für Rechnung des Herrn A. Sämtliche aus dem übertragenen Teilgeschäftsanteil folgenden Stimmrechte und sonstigen Rechte und Ansprüche sind ausschließlich gemäß den Weisungen des Herrn A als Treugeber auszuüben. Herr A kann jederzeit die Rückübertragung des Geschäftsanteils unter Beendigung des Treuhandverhältnisses verlangen. Die J-GmbH erhält für ihre Tätigkeit als Treuhänderin von Herrn A eine Vergütung in Höhe von ...... EUR pro Monat der Treuhandtätigkeit (für nicht vollständige Monate pro rata temporis). Die Vergütung ist zum Ende eines jeden Kalenderjahres oder, soweit das Treuhandverhältnis vor Ablauf des betreffenden Kalenderjahres beendet wird, innerhalb von 60 Tagen nach Beendigung des Treuhandverhältnisses zur Zahlung fällig.
4. Im Rahmen der im folgenden Abschnitt zu beschließenden formwechselnden Umwandlung der A-GmbH in eine GmbH & Co. KG wird die J-GmbH lediglich als persönlich haftende Gesellschafterin ohne Beteiligung am Vermögen der Kommanditgesellschaft beteiligt (vgl. Abschnitt III Ziff. 1.b (i)). Dementsprechend überträgt die J-GmbH den treuhänderisch für Herrn A ...... gehaltenen Geschäftsanteil Nr. 4 mit Eintragung des Formwechsels an Herrn A ...... zurück. Das im Verhältnis zwischen Herrn A ...... und der J-GmbH vorstehend in Ziff. 3. begründete Treuhandverhältnis wird mit der Eintragung des Formwechsels in das Handelsregister der A-GmbH beendet. Die Gesellschafter stimmen der Rückübertragung hiermit zu.[6]
5. Die Gesellschafter der A-GmbH, die J-GmbH und die Gesellschaft stimmen der in vorstehend Ziff. 2 vorgenommenen Anteilsübertragung hiermit uneingeschränkt und unter jedem rechtlichen Gesichtspunkt zu und verzichten vorsorglich auf etwaige ihnen zustehende Ankaufs-, Vorkaufsrechte oder ähnliche Rechte.]

II. Umwandlungsbeschluss

Sodann halten die Erschienenen zu 1. bis 4. eine außerordentliche Gesellschafterversammlung[8] der A-GmbH ab.

Die Erschienenen zu 1. bis 4. wählen Herrn A ...... zum Vorsitzenden der Gesellschafterversammlung.

Herr A ...... stellt Folgendes fest:
1. An der A-GmbH sind wie folgt beteiligt:
    (a) Herr A ...... hält Geschäftsanteil Nr. 1 im Nennwert von ...... EUR (......%)
    (b) Frau B ...... hält Geschäftsanteil Nr. 2 im Nennwert von ...... EUR (......%)
    (c) Herr C ...... hält Geschäftsanteil Nr. 3 im Nennwert von ...... EUR (......%)

(d) die J-GmbH ist bisher nicht an der Gesellschaft beteiligt und tritt als persönlich haftende Gesellschafterin ohne eine Beteiligung am Gesellschaftskapital neu in die Gesellschaft ein.
[*Alternative: Treuhandlösung*
die J-GmbH hält Geschäftsanteil Nr. 4 im Nominalbetrag von 250,– EUR (...... %)]
Das Stammkapital der Gesellschaft ist voll einbezahlt. Je ...... EUR eines Geschäftsanteils gewähren eine Stimme.
2. Mit der Einberufung dieser außerordentlichen Gesellschafterversammlung mit Einschreiben vom ...... wurde der Formwechsel der A-GmbH in eine GmbH & Co. KG als Gegenstand der Beschlussfassung allen Gesellschaftern schriftlich angekündigt und der Umwandlungsbericht mit der Vermögensaufstellung und dem Umwandlungsprüfungsbericht sowie dem Abfindungsangebot nach § 207 UmwG übersandt.
[*Alternative*: Mit der Einberufung dieser außerordentlichen Gesellschafterversammlung mit Einschreiben vom ...... wurde der Formwechsel der A-GmbH in eine GmbH & Co. KG als Gegenstand der Beschlussfassung allen Gesellschaftern schriftlich angekündigt. Der Umwandlungsbericht und der Umwandlungsprüfungsbericht sind seit Einberufung der Hauptversammlung auf der Internetseite der Gesellschaft zugänglich und werden den Gesellschaftern auf der Gesellschafterversammlung als Abschriften zur Verfügung gestellt.]
Zu dieser Gesellschafterversammlung wurde somit in einer dem Gesetz und dem Gesellschaftsvertrag entsprechenden Weise geladen. Die Gesellschafterversammlung ist beschlussfähig.
3. Der Umwandlungsbericht mit der Vermögensaufstellung und der Umwandlungsprüfungsbericht der ...... Wirtschaftsprüfungsgesellschaft liegen zur Einsichtnahme in dieser Versammlung aus.
Sodann stellt Herr A ...... folgenden Beschluss zur Abstimmung:
1. Die A-GmbH wird mit Wirkung zum 1.1.2011, 0.00 Uhr („Stichtag") nach den Bestimmungen der §§ 190 ff. UmwG formwechselnd in die Rechtsform der Kommanditgesellschaft[9] (nachstehend KG) umgewandelt mit folgenden Maßgaben:
1.1 Die Firma der KG lautet:

J-GmbH & Co. KG.[10]

1.2 Die Beteiligungsverhältnisse an der KG werden wie folgt geregelt:[11]
(a) Die J-GmbH wird alleinige persönlich haftende Gesellschafterin. Sie erhält keinen Kapitalanteil;
[*Alternative: Treuhandlösung*
Die J-GmbH wird alleinige persönlich haftende Gesellschafterin mit einer Einlage von 250,– EUR;][12]
(b) Als Kommanditisten werden beteiligt sein:
- Herr A ...... [Vorname, Name, Geburtsdatum, Wohnort] mit einer Kommanditeinlage (zugleich Haftsumme) von ...... EUR.
- Frau B ...... [Vorname, Name, Geburtsdatum, Wohnort] mit einer Kommanditeinlage (zugleich Haftsumme) von ...... EUR.
- Herr C ...... [Vorname, Name, Geburtsdatum, Wohnort] mit einer Kommanditeinlage (zugleich Haftsumme) von ...... EUR.
Die vorstehenden Kapital- und Kommanditeinlagen werden durch das den Gesellschaftern zuzurechnende Eigenkapital der A-GmbH gedeckt. Soweit das Eigenkapital der A-GmbH (gezeichnetes Kapital zuzüglich Kapital- und Gewinnrücklagen, Jahresüberschüsse und Gewinnvortrag abzüglich Jahresfehlbetrag und Verlustvortrag) die Summe der Kapital- und Kommanditeinlagen übersteigt, wird der überschießende Teil des Eigenkapitals Kapitalrücklagekonten der Kommanditisten bei

der A-GmbH & Co. KG gutgeschrieben. Die Summe der vorstehenden Kommanditeinlagen entspricht der im Handelsregister der Kommanditgesellschaft einzutragenden Hafteinlage im Sinne von § 172 Abs. 1 HGB.
2. Die Kommanditgesellschaft hat ihren Sitz in .... Sie ist im Handelsregister des Amtsgerichts ...... einzutragen. Im übrigen richten sich die Rechte und Pflichten der Gesellschafter der Gesellschaft nach deren Formwechsel in eine KG nach dem Gesellschaftsvertrag der A-GmbH & Co. KG, der hiermit als Bestandteil dieses Umwandlungsbeschlusses förmlich festgestellt wird.[13]
3. Einzelnen Gesellschaftern werden keine Sonderrechte oder Vorzüge gewährt. Stimmrechtslose Geschäftsanteile, Vorzugsgeschäftsanteile, Mehrstimmrechtsanteile, Schuldverschreibungen, Genussrechte oder sonstige besondere Rechte oder Vorzüge bestehen bei der Gesellschaft nicht.[14]
4. Für den Fall, dass ein Gesellschafter gegen diesen Beschluss Widerspruch zur Niederschrift erklärt, bietet die Gesellschaft hiermit an, dass der widersprechende Gesellschafter von der A-GmbH & Co. KG eine Barabfindung in Höhe von ...... % des Nennwerts seiner Geschäftsanteile an der Gesellschaft erhält, sofern er durch Kündigung aus der A-GmbH & Co. KG ausscheidet. Falls auf Antrag eines widersprechenden Gesellschafters das Gericht eine abweichende Barabfindung bestimmt, gilt diese als angeboten. Die Barabfindung ist zahlbar, nachdem der widersprechende Gesellschafter gegenüber der A-GmbH & Co. KG die Kündigung erklärt hat. Der Abfindungsbetrag ist nach Ablauf des Tages, an dem das letzte der Blätter erschienen ist, in denen das Registergericht den Formwechsel bekannt gemacht hat, mit jährlich fünf von Hundert über dem jeweiligen Basiszinssatz nach § 247 BGB zu verzinsen. Das Angebot kann nur binnen zwei Monaten nach dem Tage angenommen werden, an dem die Eintragung der neuen Rechtsform „Kommanditgesellschaft" in das Handelsregister bekannt gemacht worden ist. Ist nach § 212 UmwG ein Antrag auf Bestimmung der Barabfindung durch das Gericht gestellt worden, so kann das Angebot binnen zwei Monaten nach dem Tag angenommen werden, an dem die Entscheidung im elektronischen Bundesanzeiger bekannt gemacht worden ist.[15]
5. Auf die Arbeitnehmer und ihre Vertretungen wirkt sich der Formwechsel wie folgt aus:[16]
5.1 Die Rechte und Pflichten der Arbeitnehmer aus bestehenden Anstellungs- und Arbeitsverhältnissen bleiben unberührt. § 613a BGB ist auf den Formwechsel nicht anzuwenden. Maßnahmen sind insoweit nicht vorgesehen. Die Direktionsbefugnisse des Arbeitgebers werden nach dem Formwechsel von der Komplementärin, der J-GmbH, vertreten durch ihre Geschäftsführer, ausgeübt.
5.2 Die (etwaig) bestehenden Betriebsvereinbarungen und Tarifverträge bleiben nach Maßgabe der jeweiligen Vereinbarung bestehen; auch insoweit sind keine Maßnahmen vorgesehen.
5.3 Die Betriebsverfassung nach dem Betriebsverfassungsgesetz bleibt unberührt, der Betriebsrat sowie sonstige (etwaig) bestehende Organe bleiben bestehen. Maßnahmen sind insoweit nicht vorgesehen.
5.4 Mit Wirksamwerden des Formwechsels entfällt der Aufsichtsrat der Gesellschaft. Das Amt der Aufsichtsratsmitglieder endet mit Eintragung des Formwechsels in das Handelsregister. Die Mitbestimmung der Arbeitnehmer nach dem Drittelbeteiligungsgesetz entfällt daher mit Wirksamwerden des Formwechsels.
5.5 Dem Betriebsrat der Gesellschaft ist der Entwurf dieses Umwandlungsbeschlusses rechtzeitig zugeleitet worden (§ 194 Abs. 2 UmwG).
6. Dem Formwechsel wird für steuerliche Zwecke der Jahresabschluss der Gesellschaft zum 31.12.2010 als Übertragungsbilanz (i. S. v. § 9 UmwStG) zugrundegelegt.
7. (Ggf.: Auf die Erstellung, die Prüfung und die Auslegung eines Umwandlungsberichtes wird gemäß § 192 Abs. 2 UmwG verzichtet. Auf ein Angebot zur Barabfin-

dung und dessen Prüfung wird ebenfalls verzichtet (§§ 238, 231, 207 Abs. 1, 208, 30 UmwG).)
8. Die Kosten des Formwechsels trägt die Gesellschaft.

Für diesen Beschluss stimmen Herr A ......, Frau B ...... und die J-GmbH. Gegen diesen Beschluss stimmt Herr C .... Herr A ...... stellt sodann fest, dass der vorstehende Beschluss mit einer Mehrheit von ...... (mindestens ³/₄) der abgegebenen Stimmen gefasst wurde.[17]

Herr C ...... erklärt gegen den Umwandlungsbeschluss Widerspruch zum notariellen Protokoll.

Damit ist die Gesellschafterversammlung beendet.

III. Hinweise

Der Notar belehrte die Erschienenen über die Unwiderruflichkeit der Verzichtserklärungen und über deren Wirkungen sowie darüber, dass durch diese Erklärungen die Ausübung von Gesellschafterrechten bei dem bevorstehenden Formwechsel beeinträchtigt werden kann.

IV. Vollmachten

Die Erschienenen bevollmächtigen hiermit
Frau ...... sowie
Herr ......,
beide geschäftsansässig am Amtssitz des beurkundenden Notars, sämtliche Erklärungen und Rechtshandlungen vorzunehmen, die im Zuge des Umwandlungsbeschlusses erforderlich und zweckmäßig sind. Die Vollmacht ist jederzeit widerruflich. Jede(r) Bevollmächtigte darf jede Partei einzeln vertreten und ist von den Beschränkungen der Mehrfachvertretung gemäß § 181 Alt. 2 BGB befreit. Dem Handelsregister gegenüber ist die Vollmacht unbeschränkt.

Vorstehende Niederschrift wurde den Erschienenen vom Notar vorgelesen, von ihnen genehmigt und von ihnen sowie dem Notar wie folgt unterschrieben:[18]

......
(Unterschrift)

Schrifttum: Bärwaldt/Schabacker, Der Formwechsel als modifizierte Sachgründung, ZIP 1998, 1293; *Baßler* GmbHR 2007, 1252; *Binz/Sorg,* Die GmbH & Co. KG, 11. Aufl., 2010; *Drygala,* Die Reichweite der arbeitsrechtlichen Angaben im Verschmelzungsvertrag, ZIP 1996, 1365; *Happ,* Formwechsel von Kapitalgesellschaften, in: Lutter, Kölner Umwandlungsrechtstage, 1995; *Hennrichs,* Formwechsel und Gesamtrechtsnachfolge bei Umwandlungen, 1995; *Hesselmann/Tillmann/Mueller-Thuns,* Handbuch der GmbH & Co. KG, 20. Aufl., 2009; *von der Osten,* Die Umwandlung einer GmbH in eine GmbH & Co., GmbHR 1995, 438; *Priester,* Kapitalgrundlage beim Formwechsel, DB 1995, 911; *ders.,* Mitgliederwechsel im Umwandlungszeitpunkt – Die Identität des Gesellschafterkreises – ein zwingender Grundsatz?, DB 1997, 560; *K. Schmidt,* Formwechsel zwischen GmbH und GmbH & Co. KG, GmbHR 1995, 693; *Veil,* Der nicht-verhältniswahrende Formwechsel von Kapitalgesellschaften – Eröffnet das neue Umwandlungsgesetz den partiellen Ausschluss von Anteilsinhabern?, DB 1996, 2529; *Tiedtke,* Kostenrechtliche Behandlung von Umwandlungsvorgängen nach dem Umwandlungsgesetz (II), ZNotP 2001, 260; *Veith,* Der Gläubigerschutz beim Formwechsel nach dem Umwandlungsgesetz, 2003; *Wiedemann,* Identität beim Rechtsformwechsel, ZGR 1999, 568.

Anmerkungen

1. Überblick. Das Umwandlungsgesetz regelt den Formwechsel von Rechtsträgern mit Sitz im Inland im fünften Buch in den §§ 190–304 UmwG. Der Formwechsel unterscheidet sich von der Verschmelzung und Spaltung grundlegend dadurch, dass begriffsnotwendig nur ein einziger Rechtsträger beteiligt ist, die Identität des Rechtsträgers somit gewahrt bleibt. Da der Rechtsträger identisch bleibt, findet auch kein Vermögensübergang statt und der Abschluss eines Umwandlungsvertrags bzw. -plans entfällt. Ferner ist dem Registergericht keine Schlussbilanz bei der Anmeldung vorzulegen, mithin auch die den Verschmelzungs- und Spaltungsvorgang mitbestimmende Acht-Monats-Frist grundsätzlich nicht einzuhalten. Allerdings kann es unter steuerlichen Gesichtspunkten anzuraten sein, diese Frist trotzdem einzuhalten (siehe hierzu Sagasser/Bula/Brünger/*Plewka* T Rdnr. 4 ff.; Schmitt/Hörtnagl/Stratz/*Schmitt* § 9 UmwStG Rdnr. 8). Welche Rechtsträger ihrer Rechtsform nach formwechselfähig sind, bestimmt § 191 Abs. 1 und 2 UmwG. Die Festlegung der zugelassenen Typen des Formwechsels durch das UmwG ist abschließend (numerus clausus der Umwandlungsfälle). Eine Zulassung weiterer Fälle ist auch durch analoge Anwendung des UmwG nicht möglich (§ 1 Abs. 2 UmwG; siehe hierzu Kallmeyer/*Kallmeyer* § 1 Rdnr. 20 ff.). Bei Planung einer Änderung der Rechtsform ist stets zu prüfen, ob ein Formwechsel im Sinne des UmwG die geeignete Technik darstellt, oder ob das gewünschte Ergebnis ggf. auch durch andere rechtliche Gestaltungsvarianten, die gegenüber dem Formwechsel den Vorzug verdienen, zu erreichen ist (vgl. hierzu Kallmeyer/ *Meister/Klöcker* § 190 Rdnr. 13 ff.). Der Formwechsel erfordert grundsätzlich folgende Hauptschritte: (1) Das Vertretungsorgan des formwechselnden Rechtsträgers hat zunächst einen Umwandlungsbericht zu erstatten (§ 192 UmwG); (2) Die Anteilsinhaber des formwechselnden Rechtsträgers fassen den Umwandlungsbeschluss (§§ 193 ff. UmwG); (3) Die neue Rechtsform ist zur Eintragung in das zuständige Handelsregister anzumelden (§§ 198, 199 UmwG); (4) Mit Eintragung der neuen Rechtsform in das Handelsregister wird der Formwechsel wirksam (§ 202 UmwG). Das Gericht hat die Eintragung bekannt zu machen (§ 201 UmwG).

Die Umwandlung einer GmbH in eine GmbH & Co. KG wurde aufgrund des Identitätsgrundsatzes lange über die Hilfskonstruktion der sog. Übertragungstreuhand realisiert. Dieses Verfahren dürfte mittlerweile nicht mehr erforderlich sein (s. unten Anm. 3). Da eine endgültige Klärung noch nicht erfolgt ist, enthält das Formular als Alternativen gekennzeichnete Formulierungsvorschläge zur Treuhandlösung.

2. Die Umwandlung einer GmbH in eine GmbH & Co. KG kann nach dem UmwG einerseits durch eine Verschmelzung mit einer bereits bestehenden GmbH & Co. KG vollzogen werden, andererseits wie im vorliegenden Fall durch Formwechsel. Der Wechsel von der Kapital- zur Personengesellschaft – insbesondere in die Rechtsform der GmbH & Co. KG – wird vor allem unter steuerrechtlichen Gesichtspunkten interessant sein, aber auch unter Publizitäts- und Unternehmensmitbestimmungsgründen. Der Formwechsel erfolgt durch einen notariell zu beurkundenden Umwandlungsbeschluss, der bei der im vorliegenden Formular behandelten Mehrheitsentscheidung einer Zustimmung von mindestens drei Viertel der bei der Gesellschafterversammlung der GmbH abgegebenen Stimmen bedarf, wobei dem Formwechsel alle Gesellschafter, die in der KG die Stellung eines persönlich haftenden Komplementärs übernehmen sollen, zustimmen müssen (§ 233 Abs. 2 S. 3 UmwG). Gemäß § 192 UmwG ist ein Umwandlungsbericht aufzustellen, der den Entwurf des Umwandlungsbeschlusses enthält. Für die Gründung der GmbH & Co. KG sind über den Verweis in § 197 UmwG die allgemeinen Gründungsvorschriften zu beachten.

3. Wahl des Formulars. Der dem vorliegenden Formular zugrunde liegende Sachverhalt geht davon aus, dass eine GmbH besteht, deren Zweck auf den Betrieb eines Handelsgewerbes (§ 161 Abs. 1 HGB) bzw. auf eine vermögensverwaltende Tätigkeit (§ 161 Abs. 2 i.V.m. § 105 Abs. 2 HGB) gerichtet ist. Diese Voraussetzung muss spätestens im Zeitpunkt der Eintragung des Formwechsels in das zuständige Handelsregister und damit dem Wirksamwerden des Formwechsels erfüllt sein (§ 228 Abs. 1 UmwG). Die formzuwechselnde GmbH beschäftigt mehr als 500 Arbeitnehmer und hat daher gemäß § 1 Abs. 1 Nr. 3 DrittelbG zwingend einen drittelparitätisch besetzten Aufsichtsrat. Die J-GmbH, an der keiner der Gesellschafter der formzuwechselnden GmbH beteiligt ist, soll die persönlich haftende Komplementärin ohne Kapitalanteil an der künftigen GmbH & Co. KG werden. Die Gesellschafter der formzuwechselnden GmbH sollen entsprechend ihrer Geschäftsanteile an der GmbH Kommanditisten der KG werden. Das UmwG lässt den Formwechsel einer GmbH in eine GmbH & Co. KG ausdrücklich zu.

Es war lange Zeit umstritten, ob im Hinblick auf den Grundsatz der Identität der Anteilsinhaber (§§ 194 Abs. 1 Nr. 3, 202 Abs. 1 Nr. 2 UmwG) die zukünftige Komplementär-GmbH

1. Formwechsel einer GmbH in eine GmbH & Co. KG   L.IV.1

bereits vor dem Formwechsel an der umzuwandelnden GmbH beteiligt sein muss. Die traditionelle Meinung vertrat die Ansicht, dass die zukünftige Komplementärin zumindest eine logische Sekunde vor dem Wirksamwerden des Formwechsels als Gesellschafterin beteiligt sein muss. Da eine Umwandlung in eine echte KG mit Beitritt der Komplementär-GmbH erst nach dem Formwechsel aus Haftungsgründen regelmäßig ausschied, wurde das gewünschte Ziel einer beteiligungslosen Komplementär-GmbH in der Regel durch die sog. Übertragungstreuhand erreicht. Hierfür erwarb die zukünftige Komplementärin einen Teilgeschäftsanteil von einem der Gesellschafter der formwechselnden Gesellschaft treuhänderisch, um ihn nach der Eintragung der Umwandlung wieder zurück zu übertragen (vgl. Kallmeyer/*Meister/Klöcker* § 191 Rdnr. 10 ff.; BayObLG NZG 2000, 166 m. Anm. *Bungert*; Sagasser/Bula/Brünger/ *Sagasser/Sickinger*, R Rdnr. 106).

Mittlerweile hat der BGH in einem *obiter dictum* den Beitritt der Komplementär-GmbH im Augenblick des Wirksamwerdens der Umwandlung gebilligt (BGH ZIP 2005, 1318, 1319 f.), so dass diese aufwändige Lösung nicht mehr erforderlich sein dürfte (vgl. Lutter/*Decher* § 202 Rdnr. 12; KölnKommUmwG/*Dauner-Lieb/Tettinger* § 228 Rdnr. 25 ff.; *Baßler* GmbHR 2007, 1252 ff.). Nach anderer Ansicht (vgl. Engl/*Greve* E.3 Rdnr. 8), ergibt sich aus dem *obiter dictum* des BGH keine Abkehr vom Prinzip der Identität des Gesellschafterkreises, so dass die spätere Komplementärin unbedingt vorab Gesellschafterin werden sollte.

Angesichts des durch die Treuhandlösung stark erhöhten Aufwandes empfiehlt es sich bis zur endgültigen höchstrichterlichen Klärung in jedem Fall, das Verfahren zuvor mit dem zuständigen Registergericht abzustimmen (KölnKommUmwG/*Dauner-Lieb/Tettinger* § 228 Rdnr. 28; Lutter/*Happ/Göthel* § 228 Rdnr. 28). Das Formular sieht grundsätzlich einen Verzicht auf die Übertragungstreuhand vor, enthält jene aber auch als – jeweils gekennzeichnete – Alternativlösung.

4. Treuhandverhältnis. Die als Alternative vorgesehene Treuhandlösung sieht vor, dass die zukünftige Komplementär-GmbH einen Teilgeschäftsanteil von einem der Gesellschafter der formwechselnden Gesellschaft treuhänderisch erwirbt (Übertragungstreuhand). Häufig ist es jedoch gewünscht, dass die Komplementärin kapitalmäßig nicht an der GmbH & Co. KG beteiligt ist. Daher überträgt die Komplementär-GmbH den im Zuge des Formwechsels für den Teilgeschäftsanteil erworbenen Anteil an der KG an den Treugeber zurück. Gegenstand der Treuhand ist nur der Teilgeschäftsanteil, nicht die Komplementärstellung in der GmbH & Co. KG.

5. Im Regelfall muss der an die zukünftige Komplementär-GmbH abzutretende Teilgeschäftsanteil erst noch geschaffen werden. Dies kann entweder durch Teilung eines vorhandenen Geschäftsanteils oder durch Schaffung eines neuen Geschäftsanteils im Wege der Kapitalerhöhung geschehen (vgl. hierzu Sagasser/Bula/Brünger/*Sagasser/Sickinger*, R Rdnr. 106). Das Formular geht davon aus, dass ein vorhandener Geschäftsanteil geteilt wird. Teilung bedeutet Realteilung, mithin die Zerlegung des Geschäftsanteils in selbständige, jeweils nach einem Nennbetrag bezeichnete Stücke, deren Summe den Nennbetrag des ursprünglichen Anteils ausmacht. Seit Inkrafttreten des MoMiG (Gesetz zur Modernisierung des GmbH-Rechts und zur Bekämpfung von Missbräuchen vom 23. Oktober 2008 (BGBl. I S. 2026)) bedarf die Teilung nicht mehr der Genehmigung durch die Gesellschaft, sondern kann durch Beschlussfassung der Gesellschafterversammlung erfolgen (§ 46 Nr. 4 GmbHG).

6. Die Rückübertragung des treuhänderisch gehaltenen KG-Anteils erfolgt gemäß den §§ 413, 398 ff. BGB. Die Übertragung setzt die Zulassung im Gesellschaftsvertrag voraus oder bedarf der Zustimmung aller Gesellschafter (§§ 182 ff. BGB). Der Gesellschaftsvertrag kann jedoch vorsehen, dass Geschäftsanteile generell ohne Zustimmung übertragen werden dürfen (vgl. Baumbach/*Hopt* § 105 Rdnr. 70). Die Anteilsübertragung ist grundsätzlich formfrei möglich, bedarf jedoch der Eintragung in das Handelsregister als Austritt mit Nachfolgezusatz (§§ 161 Abs. 2, 107, 143 HGB). Ohne Eintragung eines Nachfolgevermerks lebt die Haftung des Übertragenden wieder auf (vgl. hierzu Baumbach/*Hopt* § 173 Rdnr. 13).

7. Umwandlungsbeschluss. Da der Formwechsel die Grundlagen des Rechtsträgers berührt, ist ein Beschluss der Anteilsinhaber des formwechselnden Rechtsträgers erforderlich. Der Umwandlungsbeschluss ist zwingend in einer Versammlung der Anteilsinhaber zu fassen

Seibt

(§ 193 Abs. 1 S. 2 UmwG). Der Beschluss kann frühestens nach Ablauf der Monatsfrist des § 194 Abs. 2 UmwG gefasst werden. § 194 Abs. 1 UmwG legt den Mindestinhalt des Umwandlungsbeschlusses zwingend fest. Die Regelung des § 194 Abs. 1 UmwG ist rechtsformübergreifend. Abweichende bzw. ergänzende Regelungen finden sich rechtsformspezifisch in den §§ 218 ff. UmwG. Darüber hinaus sind zusätzliche Regelungen im Umwandlungsbeschluss grundsätzlich nicht ausgeschlossen (vgl. § 1 Abs. 3 S. 2 UmwG). Im vorliegenden Fall des Formwechsels einer GmbH in eine GmbH & Co. KG findet somit ergänzend § 234 UmwG Anwendung. Seiner Funktion nach entspricht der Umwandlungsbeschluss dem Verschmelzungsvertrag bei der Verschmelzung (§ 5 UmwG), dem Spaltungs- und Übernahmevertrag bei der Spaltung durch Aufnahme (§ 126 UmwG) bzw. dem Spaltungsplan bei der Spaltung zur Neugründung (§ 136 UmwG). Der Umwandlungsbeschluss bedarf der notariellen Beurkundung (vgl. § 193 Abs. 3 UmwG).

8. Gesellschafterversammlung. Die Einberufung der Gesellschafterversammlung der GmbH erfolgt gemäß §§ 49 f. GmbHG. Die Geschäftsführer einer formwechselnden GmbH haben allen Gesellschaftern spätestens zusammen mit der Einladung zur Gesellschafterversammlung, die über den Formwechsel beschließen soll, den Formwechsel als Gegenstand der Beschlussfassung in Textform anzukündigen und den Umwandlungsbericht sowie ein Abfindungsangebot zu übersenden (§§ 230 Abs. 1, 231 S. 1 UmwG). Seit Einführung des § 230 Abs. 2 S. 3 UmwG durch das ARUG (Gesetz zur Umsetzung der Aktionärsrechterichtlinie, BGBl. I S. 2479) entfallen die Verpflichtungen aus § 230 Abs. 2 S. 1 und 2 UmwG, wenn der Umwandlungsbericht für denselben Zeitraum über die Internetseite der Gesellschaft zugänglich ist. Die Übersendung des Abfindungsangebots ist zudem gem. § 231 S. 2 UmwG entbehrlich, wenn dieses im elektronischen Bundesanzeiger und den sonst bestimmten Gesellschaftsblättern bekanntgemacht wurde.

9. Der Umwandlungsbeschluss muss die Rechtsform bestimmen, die der formzuwechselnde Rechtsträger durch den Formwechsel erlangen soll (§ 194 Abs. 1 Nr. 1 UmwG). Danach bestimmt sich, welche Gründungsvorschriften nach § 197 S. 1 UmwG im Rahmen des Formwechsels zu berücksichtigen sind.

10. Firma. Der Umwandlungsbeschluss muss die Firma oder den Namen des formgewechselten Rechtsträgers bestimmen (§ 194 Abs. 1 Nr. 2 UmwG). Zur Zulässigkeit der Beibehaltung oder Neubildung der Firma vgl. § 200 UmwG. Im Falle des Formwechsels in eine GmbH & Co. KG muss die Firma eine Bezeichnung enthalten, welche die Haftungsbeschränkung kennzeichnet (§ 19 Abs. 2 HGB). Im vorliegenden Formular wird dies durch die Verwendung der Firma der Komplementär-GmbH in Verbindung mit dem das Gesellschaftsverhältnis kennzeichnenden Zusatz „& Co." erreicht. Der Firmenbestandteil „KG" ergibt sich aus §§ 200 Abs. 2 UmwG i. V. m. § 19 Abs. 1 Nr. 3 HGB.

11. Beteiligungsverhältnisse. Gemäß § 194 Abs. 1 Nr. 3 UmwG hat der Umwandlungsbeschluss die Beteiligung der bisherigen Anteilsinhaber des formwechselnden Rechtsträgers an dem Rechtsträger neuer Rechtsform zu bestimmen, soweit ihre Beteiligung nicht entfällt. Damit ist die Mitteilung gemeint, dass die bisherigen Anteilsinhaber entsprechend dem Prinzip der Identität der Mitgliedschaft unverändert an dem Rechtsträger neuer Rechtsform beteiligt sind. Gemäß § 194 Abs. 1 Nr. 4 UmwG ist weiter die künftige Beteiligung der Anteilsinhaber am Rechtsträger neuer Rechtsform nach Zahl, Art und Umfang anzugeben. Für den Formwechsel einer Kapitalgesellschaft in eine KG erweitert § 234 Nr. 2 UmwG die nach § 194 Abs. 1 Nr. 4 UmwG erforderlichen Mindestangaben dahingehend, dass im Umwandlungsbeschluss die Kommanditisten sowie der Betrag ihrer jeweiligen Einlage anzugeben sind. Zwar verlangt § 234 Nr. 2 UmwG nur die Angabe der Kommanditisten im Umwandlungsbeschluss, doch erleichtert eine vollständige Angabe mit Name, Vorname, Geburtsdatum und Wohnort bereits im Umwandlungsbeschluss die spätere Handelsregisteranmeldung, in der die Kommanditisten eben mit diesen Angaben anzumelden sind (§§ 162 Abs. 2, 106 Abs. 2 Nr. 1 HGB) (Lutter/*Happ*/*Göthel* § 234 Rdnr. 18; Kallmeyer/*Dirksen* § 234 Rdnr. 3). Neben der Angabe der Kommanditisten verlangt § 234 Nr. 2 UmwG auch die Angabe des Betrags der jeweiligen Einlage. Das Fehlen dieser Angabe hat die Nichtigkeit des Umwandlungsbeschlusses zur Folge. Unter Einlage ist die nach § 162 Abs. 1 HGB einzutragende Haftsumme jedes

Kommanditisten zu verstehen. Im vorliegenden Formular stimmen Einlage und Haftsumme überein, dies ist jedoch nicht zwingend. Auch muss die Haftsumme nicht dem Nennbetrag der bisherigen Beteiligung an dem formwechselnden Rechtsträger entsprechen (Lutter/*Happ/ Göthel* § 234 Rdnr. 32 m.w.N.). Anerkannt ist auch die Möglichkeit eines nicht-verhältniswahrenden Formwechsels, so dass die Einlagen mit Zustimmung der Betroffenen auch in Abweichung von der bisherigen Beteiligungsquote festgesetzt werden können (Lutter/*Decher* § 194 Rdnr. 13; Kallmeyer/*Dirksen*, § 234 Rdnr. 4). Die Einlagen der Kommanditisten werden durch das Reinvermögen der formwechselnden Gesellschaft erbracht. Die Kommanditisten haften persönlich bis zur Höhe ihrer Hafteinlage. Der Kommanditist ist gemäß § 171 Abs. 1 HGB von seiner persönlichen Haftung befreit, soweit der auf ihn entfallende Teil des Vermögens des formwechselnden Rechtsträgers im Zeitpunkt der Eintragung des Formwechsels dem Wert der vereinbarten Haftsumme entspricht (BGHZ 39, 319, 329; BGHZ 85, 188, 197; Kallmeyer/*Dirksen* § 234 Rdnr. 6; Lutter/*Happ/Göthel*, § 234 Rdnr. 35). Entscheidend ist der tatsächliche Wert des anteiligen Gesellschaftsvermögens und nicht der Nennbetrag der Geschäftsanteile.

12. Treuhand-Anteil der Komplementär-GmbH. Wie bereits in Anm. 3 und 4 erwähnt, soll die Komplementär-GmbH in der Regel kapitalmäßig nicht an der GmbH & Co. KG beteiligt sein. Für die Beendigung des Treuhandverhältnisses gibt es zwei Möglichkeiten. Entweder wird wie im Formular ein Treuhandvertrag geschlossen mit der Maßgabe, dass der Geschäftsanteil der Komplementär-GmbH an der künftigen GmbH & Co. KG mit Eintragung des Formwechsels in das Handelsregister an der Treugeber zurückübertragen wird (Kallmeyer/*Meister/ Klöcker* § 191 Rdnr. 14; Semler/Stengel/*Ihrig* § 228 Rdnr. 27; *Priester* DNotZ 1995, 427, 449), oder die Gesellschafter der formwechselnden GmbH beschließen im Umwandlungsbeschluss, dass der Treugeber den Nennbetrag des Geschäftsanteils als Teil seiner Kommanditeinlage zurückerhält, für die Komplementär-GmbH jedoch kein Kapitalkonto bei der KG festgesetzt wird (*Priester* DB 1997, 560, 561; Hesselmann/Tillmann/Mueller-Thuns/*Dremel*, § 11 Rdnr. 10). Bei der Komplementär-GmbH ist weiterhin zu beachten, dass häufig die Gesellschafter der formwechselnden Gesellschaft zugleich auch Gesellschafter der zukünftigen Komplementär-GmbH sind. Hieraus ergeben sich vor allem dann Probleme, wenn der dem Umwandlungsbeschluss widersprechende Gesellschafter auch Gesellschafter der zukünftigen Komplementär-GmbH ist. In diesem Fall hat die KG bzw. haben ihre Gesellschafter dem widersprechenden Gesellschafter auch ein Angebot auf Erwerb seines Geschäftsanteils an der zukünftigen Komplementär-GmbH anzubieten. Grundlage dieses Abfindungsangebots ist zwar nicht § 207 UmwG, es ist jedoch zu empfehlen, insoweit die gleichen Maßstäbe bei der Bemessung des Abfindungsangebots zu beachten (MünchVertragsHdB I/*Schmidt-Diemitz/Moszka* XIII.44 Anm. 11). Der widersprechende Gesellschafter hat dann die Möglichkeit, das Angebot anzunehmen und auch aus der zukünftigen Komplementär-GmbH auszuscheiden, oder aber nur gegen Abfindung aus der KG auszuscheiden und seinen Anteil an der Komplementär-GmbH zu behalten. Für solche Fälle empfiehlt es sich, bereits im Vorfeld Vorsorge zu treffen. Dies kann z.B. dadurch geschehen, im Gesellschaftsvertrag der zukünftigen Komplementär-GmbH zu vereinbaren, dass die Gesellschafter die Einziehung oder Zwangsveräußerung eines Geschäftsanteils für den Fall beschließen können, dass eine andere Gesellschaft, an der die zukünftige Komplementär-GmbH beteiligt ist, in eine andere Rechtsform formgewechselt wird und der betreffende Gesellschafter gegen Abfindung aus dieser Gesellschaft ausscheidet (so MünchVertragsHdB I/*Schmidt-Diemitz/Moszka* XIII.44 Anm. 11).

13. Gesellschaftsvertrag. Nach § 234 Nr. 3 S. 1 UmwG muss der Umwandlungsbeschluss den Gesellschaftsvertrag der Personengesellschaft enthalten. Im Gegensatz zu Formwechseln in OHG oder GbR bedarf der Gesellschaftsvertrag bei Umwandlung in eine KG gem. § 234 Abs. 2 UmwG lediglich einer Mehrheit von drei Vierteln der Gesellschafter. Der Gesellschaftsvertrag darf sich darauf beschränken, die gem. §§ 194 Abs. 1 Nr. 1–5, 234 Nr. 1, 2 UmwG sowie nach dem jeweils anwendbaren Recht der Zielrechtsform auch bisher bereits zwingend erforderlichen Bestimmungen zu treffen, dies wird angesichts des oft erhöhten Regelungsbedürfnisses aber die Ausnahme sein (vgl. auch zu Inhaltskontrolle und Mehrheitserfordernissen KölnKommUmwG/*Dauner-Lieb/Tettinger* § 234 Rdnr. 4ff.; Kallmeyer/*Dirksen* § 234 Rdnr. 7ff.).

14. Sonderrechte. Gemäß § 194 Abs. 1 Nr. 5 UmwG sind im Umwandlungsbeschluss die Rechte zu bestimmen, die einzelnen Anteilsinhabern oder Inhabern besonderer Rechte wie Anteile ohne Stimmrecht, Vorzugsaktien, Mehrstimmrechtsaktien, Schuldverschreibungen und Genussrechte in der KG gewährt werden sollen, oder die Maßnahmen, die für diese Personen vorgesehen sind. Aufzunehmen sind nur Rechte und Maßnahmen für einzelne Anteilsinhaber in Abweichung vom allgemeinen Gleichheitsgrundsatz. Die Rechte und Maßnahmen, die allen Anteilsinhabern in gleicher Weise gewährt werden, brauchen nach § 194 Abs. 1 Nr. 5 UmwG nicht in den Umwandlungsbeschluss aufgenommen zu werden (Kallmeyer/*Meister*/*Klöcker* § 194 Rdnr. 40; Lutter/*Decher* § 194 Rdnr. 17; Sagasser/Bula/Brünger/*Sagasser*/*Sickinger* R Rdnr. 36). Ggf. sind diese jedoch im Rahmen der von § 194 Abs. 1 Nr. 4 UmwG geforderten Angaben zur Art der gewährten Anteile und Mitgliedschaften in den Umwandlungsbeschluss aufzunehmen. Werden, wie im vorliegenden Formular, keine Rechte gewährt oder sind keine Maßnahmen vorgesehen bzw. bestehen die genannten Rechte bei der formwechselnden Gesellschaft nicht, empfiehlt sich zur Klarstellung eine ausdrückliche Negativanzeige im Umwandlungsbeschluss (Kallmeyer/*Meister*/*Klöcker* § 194 Rdnr. 37; Lutter/*Decher* § 194 Rdnr. 16).

15. Abfindungsangebot. Im vorliegenden Fall der Mehrheitsentscheidung ist gemäß § 194 Abs. 1 Nr. 6 UmwG im Umwandlungsbeschluss den Gesellschaftern, die gegen den Umwandlungsbeschluss Widerspruch zur Niederschrift erklären, zwingend ein Abfindungsangebot i. S. v. § 207 UmwG zu unterbreiten. Das Abfindungsangebot ist entbehrlich, wenn der Umwandlungsbeschluss zu seiner Wirksamkeit der Zustimmung aller Anteilsinhaber bedarf (Formwechsel von Personengesellschaften, § 217 Abs. 1 S. 1 UmwG; Formwechsel in die GbR, OHG oder PartG, § 233 Abs. 1 UmwG; Zustimmung aller Anteilsinhaber gemäß § 193 Abs. 2 UmwG). Dies gilt nicht, wenn lediglich faktisch wegen der Mehrheitsverhältnisse die Zustimmung aller Anteilsinhaber erforderlich ist (Kallmeyer/*Meister*/*Klöcker* § 194 Rdnr. 45; Lutter/*Decher* § 194 Rdnr. 21; a. A. Sagasser/Bula/Brünger/*Sagasser*/*Sickinger* R Rdnr. 39). Ein Abfindungsangebot ist außerdem entbehrlich, wenn an dem formwechselnden Rechtsträger (bei Nutzung des Treuhandmodells: wirtschaftlich) nur ein Anteilsinhaber beteiligt ist. Ferner können alle Anteilsinhaber in notariell beurkundeter Form auf ein solches Angebot verzichten. Aus der Tatsache, dass nach den §§ 208 i. V. m. § 30 Abs. 2 S. 3 UmwG die Anteilsinhaber in notariell beurkundeter Form nur auf die Prüfung des Abfindungsangebots oder auf den Prüfungsbericht verzichten können, kann nicht geschlossen werden, dass ein Verzicht auf das Abfindungsangebot selbst ausgeschlossen sein soll. Vielmehr richtet sich der Verzicht nach den allgemeinen Regeln der §§ 311 Abs. 1, 397 BGB (Kallmeyer/*Meister*/*Klöcker* § 194 Rdnr. 46; Lutter/*Decher* § 194 Rdnr. 23; Widmann/Mayer/*Vossius* § 194 Rdnr. 45). Zur Sicherheit empfiehlt es sich jedoch, die Zulässigkeit eines Verzichts mit dem zuständigen Registergericht vorab zu klären. Das Abfindungsangebot ist als Teil des Umwandlungsbeschlusses zum Handelsregister einzureichen (§ 199 UmwG). Die formwechselnde Gesellschaft hat eine angemessene Barabfindung anzubieten. Diese bestimmt sich nach § 208 i. V. m. § 30 Abs. 1 S. 1 UmwG. Danach sind die Verhältnisse des formwechselnden Rechtsträgers im Zeitpunkt der Beschlussfassung über den Formwechsel maßgebend. Die Barabfindung ist konkret zu beziffern, mithin muss eine fester Geldbetrag angeboten werden. Die Angemessenheit der angebotenen Barabfindung ist durch externe Prüfer zu prüfen (§§ 208, 30 Abs. 2, 10 ff. UmwG, LG Heidelberg DB 1996, 1768, 1769). Da die KG keine eigenen Geschäftsanteile erwerben kann, bestimmt § 207 Abs. 1 S. 2 UmwG, dass die Barabfindung für den Fall anzubieten ist, dass der Anteilsinhaber sein Ausscheiden aus der Gesellschaft erklärt. Der widersprechende Anteilsinhaber bleibt zunächst Anteilsinhaber des formgewechselten Rechtsträgers und kann entweder die ihm angebotene Barabfindung annehmen und sein Ausscheiden aus der Gesellschaft erklären, oder das Angebot ablehnen und weiterhin an dem Rechtsträger neuer Rechtsform beteiligt bleiben. Das Ausscheiden richtet sich nach den für die neue Rechtsform der formgewechselten Gesellschaft geltenden Vorschriften. Mithin bedeutet dies bei der GbR, OHG, KG sowie der Partnerschaftsgesellschaft, dass der Anteilsinhaber aus der Gesellschaft ausscheidet, seine Beteiligung erlischt und sein Anteil am Vermögen der Gesellschaft den übrigen Anteilsinhabern anwächst (§ 738 BGB, §§ 138, 151 Abs. 2 HGB, § 9 Abs. 1 PartGG). Die durch das Ausscheiden des widersprechenden Anteilsinhabers entstehenden Kosten trägt die Gesellschaft

(§ 207 Abs. 1 S. 3 UmwG). Macht der widersprechende Anteilsinhaber geltend, dass das Abfindungsangebot zu niedrig bemessen oder die Barabfindung nicht oder nicht ordnungsgemäß angeboten worden sei, so hat das Gericht auf seinen Antrag hin nach den Vorschriften des Spruchverfahrensgesetzes eine angemessene Barabfindung zu bestimmen (§ 212 UmwG). Seit Inkrafttreten des ARUG (Gesetz zur Umsetzung der Aktionärsrechterichtlinie, BGBl. I S. 2479) ist die bare Zuzahlung ab dem Tag der Registereintragung der Verschmelzung mit fünf statt früher zwei Prozent über dem Basiszinssatz zu verzinsen (§§ 196 S. 3, 15 Abs. 2 UmwG). Eine Unwirksamkeitsklage gegen den Umwandlungsbeschluss kann nicht darauf gestützt werden, dass das Abfindungsangebot zu niedrig bemessen war oder dass die Barabfindung im Umwandlungsbeschluss nicht oder nicht angemessen angeboten worden ist (§ 210 UmwG). Will der widersprechende Anteilsinhaber das Abfindungsangebot nicht annehmen, hat er nach § 211 UmwG die Möglichkeit, seinen Anteil anderweitig zu veräußern, ggf. auch zusammen mit dem Anspruch auf Barabfindung, so dass auch der Rechtsnachfolger binnen der für das Abfindungsangebot bestimmten Frist dieses annehmen kann. Nach § 211 UmwG stehen Verfügungsbeschränkungen im Gesellschaftsvertrag dem nicht entgegen, solange der Anteilsinhaber seinen Anteil innerhalb der Annahmefrist für das Abfindungsangebot (vgl. § 209 UmwG) veräußert.

16. Folgen für die Arbeitnehmer. § 194 Abs. 1 Nr. 7 UmwG verlangt, dass die Folgen des Formwechsels für die Arbeitnehmer und ihre Vertretungen sowie insoweit vorgesehene Maßnahmen im Umwandlungsbeschluss dargelegt werden. Die Regelung entspricht § 5 Abs. 1 Nr. 9 UmwG für den Verschmelzungsvertrag. Die Auswirkungen für die Arbeitnehmer und ihre Vertretungen sind beim Formwechsel jedoch weniger weit reichend als bei der Verschmelzung und der Spaltung, da der reine Formwechsel keinen Arbeitgeberwechsel bewirkt (Prinzip der Identität). Dementsprechend findet § 613a BGB auf den Formwechsel selbst keine Anwendung. Wird der Formwechsel zum Anlass für weiterführende betriebs- oder unternehmensbezogene Umstrukturierungen genommen oder mit einer übertragenden Umwandlung (z.B. Ausgliederung) kombiniert, kann jedoch anderes gelten. Der Formwechsel ist für das Amt des (Gesamt-/Konzern-)Betriebsrats, des Wirtschaftsausschusses, des Europäischen Betriebsrats sowie des Sprecherausschusses und deren Zusammensetzung ohne jegliche Relevanz. Mit dem Formwechsel sind keine betriebsverfassungsrechtlichen Änderungen verbunden, da die betriebsverfassungsrechtliche Organisation nicht an eine bestimmte Rechtsform geknüpft ist (Kallmeyer/ *Willemsen* Vor § 322 Rdnr. 65 m.w.N.). Da weder Betriebsvereinbarungen noch Firmen- oder Verbandstarifverträge an eine bestimmte Rechtsform anknüpfen, ist der Formwechsel auch in dieser Hinsicht ohne jegliche Relevanz. Etwas anderes gilt jedoch für die Unternehmensmitbestimmung. Diese knüpft neben der Arbeitnehmerzahl an die Rechtsform der jeweiligen Gesellschaft an. Daher kann der Formwechsel im Grundsatz sowohl mitbestimmungsneutral sein als auch zum Wegfall bzw. zur erstmaligen Anwendung eines gesetzlichen Mitbestimmungsregimes führen (vgl. hierzu Willemsen/Hohenstatt/Schweibert/*Seibt* F 71 ff.). Bei dem Formwechsel einer GmbH in eine GmbH & Co. KG ist wichtig, daran zu erinnern, das die GmbH in eine KG formgewechselt wird. Die KG als Rechtsträger neuer Rechtsform ist mitbestimmungsfrei, so dass der Formwechsel zu einem Wegfall der Mitbestimmung führt. Dies führt dazu, dass in dem dem Formular zugrunde liegenden Sachverhalt der bei der formwechselnden GmbH gemäß § 1 Abs. 1 Nr. 3 DrittelbG zwingend gebildete Aufsichtsrat entfällt. Eine entsprechende Anwendung des § 203 UmwG kommt wegen dessen Charakter als eng gefasste Ausnahmevorschrift nicht in Betracht (Willemsen/Hohenstatt/Schweibert/*Seibt* F 78). Ein mitbestimmter Aufsichtsrat bei der regelmäßig arbeitnehmerlosen Komplementär-GmbH ist nur dann zu bilden, wenn ihr die bei der KG beschäftigten Arbeitnehmer zuzurechnen sind (vgl. §§ 4 Abs. 1, § 5 Abs. 1 MitbestG, § 2 Abs. 2 DrittelbG). Für die Verschmelzung und Spaltung ist umstritten, inwieweit auch auf mittelbare Folgen (z.B. Betriebsstilllegung oder Betriebsstättenverlegung) hinzuweisen ist (vgl. Form. L.II.3 Anm. 21). Solche Maßnahmen sind jedoch mit einem Formwechsel typischerweise nicht verbunden, sondern beruhen auf hiervon unabhängigen unternehmerischen Entscheidungen. Daher braucht nach zutreffender Ansicht auf solche Maßnahmen, die zwar im zeitlichen Zusammenhang mit dem Formwechsel durchgeführt werden, jedoch nicht dessen „Folgen" i.S.v. § 194 Abs. 1 Nr. 1 UmwG sind, im Umwandlungsbeschluss nicht hingewiesen werden (Lutter/*Decher* § 194 Rdnr. 28; Kallmeyer/*Willemsen* § 194 Rdnr. 58; *Drygala* ZIP 1996, 1365, 1368).

17. Mehrheitserfordernisse. § 193 UmwG lässt offen, mit welchen Mehrheiten der Umwandlungsbeschluss zu fassen ist. Die erforderliche Mehrheit bestimmt sich daher nach den auf den betreffenden Rechtsträger anzuwendenden besonderen Vorschriften des UmwG sowie etwaig strengeren Regelungen im Gesellschaftsvertrag bzw. in der Satzung. Im vorliegenden Fall des Formwechsels einer GmbH in einer GmbH & Co. KG regelt § 233 Abs. 2 UmwG, dass der Umwandlungsbeschluss grundsätzlich einer Mehrheit von mindestens drei Vierteln der abgegebenen Stimmen bedarf, soweit der Gesellschaftsvertrag bzw. die Satzung keine größere Mehrheit vorsehen. Weiterhin müssen dem Formwechsel alle Gesellschafter zustimmen, die in der KG die Stellung eines persönlich haftenden Gesellschafters übernehmen sollen (§ 233 Abs. 2 S. 3 UmwG). Stimmen abwesender Gesellschafter und Stimmenthaltungen zählen nicht mit. Stehen Gesellschaftern Minder- oder Sonderrechte zu, so bedarf der Umwandlungsbeschluss ihrer Zustimmung (§ 233 Abs. 2 S. 1 Halbs. 2 UmwG). Ferner verlangt § 50 Abs. 2 UmwG bei einer formzuwechselnden GmbH die Zustimmung, wenn der Formwechsel auf dem Gesellschaftsvertrag beruhende Minderheitenrechte und Rechte in der Geschäftsführung berührt.

18. Kosten und Gebühren. 20/10 Gebühr für die Beurkundung des Umwandlungsbeschlusses (§ 47 S. 1 KostO), jedoch Höchstgebühr von EUR 5.000,– (§ 47 S. 2 KostO). Verzichten die Anteilsinhaber ggf. auf Erstellung, die Prüfung und die Auslegung eines Umwandlungsberichtes (§ 192 Abs. 2 UmwG) sowie auf ein Angebot zur Barabfindung und dessen Prüfung (§§ 238, 231, 207 Abs. 1, 208, 30 UmwG), fällt für die notariell zu beurkundenden Verzichtserklärungen zusätzlich eine 10/10 Gebühr an (§ 36 Abs. 1 KostO). Werden die Verzichtserklärungen wie im Formular zusammen mit dem Umwandlungsbeschluss beurkundet, liegt Gegenstandsgleichheit nach § 44 Abs. 1 KostO vor (Widmann/Mayer/*Vollrath* § 193 Rdnr. 90; Engl/*Ebener*/Greve E.3 Rdnr. 65; a. A.: *Tiedtke* ZNotP 2001, 260, 261).

2. Umwandlungsbericht gemäß § 192 UmwG[1,2]

Dieser Bericht informiert gemäß § 192 des Umwandlungsgesetzes die Gesellschafter der A-GmbH über die wirtschaftlichen, rechtlichen und steuerlichen Voraussetzungen und Folgen sowie die Gründe der beabsichtigten formwechselnden Umwandlung der Gesellschaft in die Rechtsform der Kommanditgesellschaft unter der Firma J-GmbH & Co. KG.

Checkliste:
I. Die Gesellschaft
   1. Geschichte und Entwicklung
      1.1 Überblick über die Geschichte der Gesellschaft bis zum Stichtag
      1.2 Entwicklung seit dem Stichtag
   2. Geschäftsfelder und Beteiligungen
      2.1 Geschäftsfelder
      2.2 Beteiligungen
   3. Beschäftigte und Mitbestimmung
   4. Organe der Gesellschaft
   5. Kapital und Gesellschaftsstruktur
II. Rechtliche und wirtschaftliche Gründe für den Formwechsel[3]
   1. Ausgangslage
   2. Vorteile der Umwandlung in eine GmbH & Co. KG
      2.1 Begründung des Formwechsels
      2.2 Alternativen zum Formwechsel

III. Rechtliche, wirtschaftliche und steuerliche Auswirkungen des Formwechsels[4]
  1. Der Formwechsel – die wesentlichen Verfahrensschritte
  2. Erläuterungen des Umwandlungsbeschlusses
  3. Rechtliche Auswirkungen des Formwechsels
    3.1 Rechtliche Auswirkungen für die Gesellschaft
      3.1.1 Änderungen in der gesellschaftsrechtlichen Struktur
      3.1.2 Rechtsstellung, Rechte und Pflichten der Organe in der neuen Gesellschaft
    3.2 Rechtliche Wirkungen für die Anteilseigner
      3.2.1 Änderung des rechtlichen Charakters der Beteiligungen
      3.2.2 Gestaltung der Kapitalaufbringung
      3.2.3 Fortdauer der Haftung für bestehende Verbindlichkeiten
      3.2.4 Haftung als Gründer
    3.3 Rechtliche Wirkungen für die Arbeitnehmer und Pensionäre/Mitbestimmung
    3.4 Rechte Dritter an den Geschäftsanteilen[5]
  4. Wirtschaftliche Folgen des Formwechsels
  5. Handelsbilanzielle Auswirkungen des Formwechsels
  6. Steuerliche Auswirkungen des Formwechsels
    6.1 Steuerliche Auswirkungen auf Ebene der formwechselnden Gesellschaft
      6.1.1 Besteuerung des Formwechsels
      6.1.2 Ertragsbesteuerung nach dem Formwechsel
    6.2 Steuerliche Auswirkungen auf Ebene der Anteilseigner
      6.2.1 Besteuerung des Formwechsels
      6.2.2 Besteuerung nach dem Formwechsel
  7. Kosten des Formwechsels[6]
IV. Erläuterung des Abfindungsangebots[7]
  1. Angewandte Methode für die Unternehmensbewertung
  2. Stichtag der Unternehmensbewertung
  3. Ermittlung des Unternehmenswertes
    3.1 Planungsrechnung und Planungsergebnisse
    3.2 Bewertung von Beteiligungen
    3.3 Kapitalisierungszinsfuß
    3.4 Ansatz des nicht betriebsnotwendigen Vermögens
    3.5 Besondere Schwierigkeiten bei der Unternehmensbewertung[8]
    3.6 Herleitung des Abfindungsangebots

Dem Bericht sind folgende Anlagen beigefügt:
Anlage 1: Übersicht über die Tochter- und Beteiligungsgesellschaften
Anlage 2: Entwurf des Umwandlungsbeschlusses[9]
Anlage 3: Entwurf des Gesellschaftsvertrags der KG
Anlage 4: Gutachtliche Stellungnahme zur Ermittlung des Unternehmenswertes und des Abfindungsbetrages
Anlage 5: Umwandlungsprüfungsbericht[10]

Anmerkungen

1. Überblick. § 192 UmwG schreibt für den Formwechsel einen Umwandlungsbericht vor, der den Anteilsinhabern rechtzeitig vor der Beschlussfassung über die Umwandlung, spätestens mit der Einberufung der Gesellschafterversammlung wirtschaftliche und rechtliche Informationen als Beurteilungsgrundlage zur Vorbereitung ihrer Beschlussfassung an die Hand geben soll (OLG Frankfurt/M NZG 2004, 732, 733). Der Umwandlungsbericht dient ausschließlich dem Schutz der Anteilsinhaber. Dies folgt aus § 192 Abs. 2 UmwG, wonach ein Umwandlungsbericht nicht erforderlich ist, wenn nur ein Anteilsinhaber beteiligt ist oder wenn alle Anteilsinhaber auf seine Erstattung durch notariell beurkundete Erklärung verzichten. § 192 UmwG verweist teilweise auf die Bestimmungen für den Verschmelzungsbericht (§ 192 Abs. 1 S. 2 i. V. m. § 8 Abs. 1 S. 2 bis 4 und Abs. 2 UmwG). Bei der entsprechenden Anwendung dieser Vorschriften ist jedoch zu berücksichtigen, dass Gegenstand des Verschmelzungsberichts die Begründung und Erläuterung eines Vermögensübergangs ist, während der Umwandlungsbericht nach § 192 UmwG den Formwechsel betrifft, bei dem gerade kein Vermögensübergang stattfindet (Grundsatz der Identität der Rechtsträger). Gemäß § 192 Abs. 1 S. 2 i. V. m. § 8 Abs. 2 UmwG brauchen in den Umwandlungsbericht solche Tatsachen nicht aufgenommen zu werden, deren Bekanntwerden geeignet ist, dem formwechselnden Rechtsträger oder einem mit ihm verbundenen Unternehmen einen nicht unerheblichen Nachteil zuzufügen. Welche Tatsachen nicht offenlegungspflichtig sind, ist nach dem aktienrechtlichen Vorbild des § 131 Abs. 3 Nr. 1 AktG zu bestimmen. Das Erfordernis einer Vermögensaufstellung beim Formwechsel (vgl. § 192 Abs. 2 UmwG a. F.) wurde im Rahmen des Zweiten Gesetzes zur Änderung des Umwandlungsgesetzes (BGBl. I 2007 S. 542) ersatzlos gestrichen. Dies ist insofern zu begrüßen, als die Vermögensaufstellung lediglich in einer unnötigen Zusatzbelastung sowie einer in der Regel unerwünschten Aufdeckung stiller Reserven führte (vgl. *Handelsrechtsausschuss des DAV* NZG 2000, 802, 807; *IDW* WPg. 1992, 613, 621; Lutter/*Decher* § 192 Rdnr. 49), ohne dass hieraus ein Mehr an Schutz für die Anteilsinhaber resultierte.

2. Zuständigkeit. Der Bericht ist durch das Vertretungsorgan der formwechselnden Gesellschaft aufzustellen, § 192 Abs. 1 S. 1 UmwG.

3. Rechtliche und wirtschaftliche Gründe für den Formwechsel. Die rechtliche und wirtschaftliche Begründung des Formwechsels erfordert eine Darstellung und Abwägung der wirtschaftlichen Vor- und Nachteile des Formwechsels für die Gesellschaft und deren Anteilsinhaber. Insbesondere ist darzulegen, warum auf Grund der bisherigen Entwicklung und der für die Zukunft gestellten Prognosen die Änderung der Rechtsform zweckmäßig erscheint. Dabei sind auch andere Gestaltungsmöglichkeiten, die erwogen, aber verworfen wurden, zu erörtern.

4. Auswirkungen des Formwechsels. Neben den Gründen für den Formwechsel sind der Formwechsel selbst und dessen rechtliche und wirtschaftliche Folgen ausführlich zu erläutern. Insoweit ist zu empfehlen, die wesentlichen Verfahrensschritte des Formwechsels sowie dessen zeitlichen Ablauf darzustellen. Auch wenn § 192 Abs. 1 UmwG dies nicht ausdrücklich verlangt, sollte die Darstellung der rechtlichen Folgen des Formwechsels mit Hilfe einer Erläuterung des Umwandlungsbeschlusses erfolgen (Kallmeyer/*Meister*/*Klöcker* § 192 Rdnr. 16; Lutter/*Decher* § 192 Rdnr. 20, 28). Wesentliches Element des Umwandlungsberichts ist jedoch die Darstellung der künftigen Beteiligung der Anteilsinhaber an der Gesellschaft neuer Rechtsform. Da der Formwechsel in der Regel keine quantitative Änderung der Beteiligungsverhältnisse mit sich bringt, sind insbesondere die qualitativen Veränderungen der Anteile oder sonstigen Mitgliedschaftsrechte infolge der auf die formgewechselte Gesellschaft anwendbaren neuen Rechtsordnung zu erläutern (vgl. hierzu Lutter/*Decher* § 192 Rdnr. 22 m. w. N.). Weiterhin ist auf die wirtschaftlichen und steuerrechtlichen Folgen des Formwechsels hinzuweisen. Bei dem Formwechsel einer Kapitalgesellschaft in eine Personengesellschaft sind dabei vor allem die Unterschiede darzustellen, die sich aus dem Übergang von einer Besteuerung der Gesellschaft selbst nach dem KStG zu einer unmittelbaren Besteuerung der Anteilsinhaber nach dem EStG ergeben.

5. Rechte Dritter an den Geschäftsanteilen. Vgl. hierzu § 202 Abs. 1 Nr. 2 S. 2 UmwG.

6. Kosten des Formwechsels. Sofern die Kosten des Formwechsels (Notargebühren, Kosten für Rechtsberatung, Gerichtskosten etc.) nicht ohnehin in der Satzung der formgewechselten Gesellschaft offen zu legen sind, sollte den Anteilsinhabern die ungefähre Höhe dieser Kosten mitgeteilt werden.

7. Erläuterung des Abfindungsangebots. Im Gegensatz zu § 8 Abs. 1 UmwG enthält § 192 Abs. 1 UmwG keine Verpflichtung zur Erläuterungen der angebotenen Barabfindung. Dennoch bejaht die mittlerweile ganz herrschende Auffassung die Notwendigkeit einer Erläuterung und Begründung der anzubietenden Barabfindung (KG AG 1999, 126, 128 (Aqua Butzke); LG Heidelberg DB 1996, 1768, 1770; LG Mainz AG 2002, 247; *Bayer* ZIP 1997, 1613, 1622; Kallmeyer/*Meister*/*Klöcker* § 192 Rdnr. 9; Lutter/*Decher* § 192 Rdnr. 29 ff.). Siehe im Übrigen Form. L.IV.1 Anm. 15. Die angebotene Barabfindung ist durch einen Umwandlungsprüfer auf ihre Angemessenheit hin zu überprüfen (§§ 208, 30 Abs. 2 UmwG). Die Gesellschafter können jedoch auf die Prüfung oder das Prüfgutachten verzichten.

8. Schwierigkeiten bei der Unternehmensbewertung. Gemäß § 192 Abs. 1 S. 2 i. V. m. § 8 Abs. 1 S. 2 UmwG ist auf etwaige Schwierigkeiten bei der Bewertung hinzuweisen. Damit sind die Schwierigkeiten bei der Bestimmung der angebotenen Barabfindung gemeint, nicht jedoch, wie der Verweis auf den Verschmelzungsbericht (§ 8 Abs. 1 S. 2 UmwG) belegt, Schwierigkeiten bei der Feststellung der in der nach § 192 Abs. 2 UmwG a. F. beizufügenden Vermögensaufstellung anzugebenden wirklichen Werte der Aktiva und Passiva des formwechselnden Rechtsträgers (Lutter/*Decher* § 192 Rdnr. 39). Anzugeben ist auch, wie diesen Schwierigkeiten Rechnung getragen worden ist. Bei einem Formwechsel, bei dem die Identität des Rechtsträgers gewahrt bleibt und der Wert der Anteile in der Regel gleich bleibt, werden solche besonderen Schwierigkeiten jedoch eher selten vorkommen, so dass regelmäßig eine Negativaussage genügen dürfte (Lutter/*Decher* § 192 Rdnr. 36; Schmitt/Hörtnagl/Stratz/*Stratz* § 192 Rdnr. 17). Anderes gilt jedoch beim nicht verhältniswahrenden Formwechsel.

9. Entwurf des Umwandlungsbeschlusses. Vgl. § 192 Abs. 1 S. 3 UmwG.

10. Umwandlungsprüfungsbericht. Das Gesetz selbst trifft keine Aussage darüber, ob, wann und in welcher Form der Umwandlungsprüfungsbericht den Gesellschaftern der formwechselnden Gesellschaft bekannt zu machen ist. Teilweise wird die Auffassung vertreten, dass der Prüfungsbericht den Anteilsinhabern zumindest durch Wiedergabe seines wesentlichen Inhalts zusammen mit der Einladung zur Kenntnis zu bringen ist (Kallmeyer/*Meister*/*Klöcker* § 207 Rdnr. 21). Nach anderer Auffassung wird lediglich aus Praktikabilitätsgründen empfohlen, jedenfalls den Aktionären einer AG den Umwandlungsprüfungsbericht bekannt zu machen (Lutter/*Decher* § 208 Rdnr. 20). Begründet wird dies damit, dass die §§ 230 und 238 UmwG, die sich mit der Vorbereitung der Versammlung, die über den Formwechsel zu beschließen hat, befassen, die vorher zu übersendenden Unterlagen (Umwandlungsbericht, Mitteilung des Abfindungsangebots) ausdrücklich und abschließend bestimmen. Da bei einem Formwechsel die Prüfung des Abfindungsangebots, soweit dieses erforderlich ist, zwingend vorgesehen ist (§§ 208, 30 Abs. 2 UmwG) und im Umwandlungsbericht nach der ganz herrschenden Auffassung die Angemessenheit der Barabfindung zu erläutern und begründen ist (vgl. Anm. 7), erscheint es sinnvoll, dem Umwandlungsbericht den Umwandlungsprüfungsbericht als Anlage beizufügen und ihn zusammen mit dem Umwandlungsbericht den Anteilsinhabern zu übersenden. Dies entspricht auch dem Zweck des Umwandlungsberichts, den Anteilsinhabern wirtschaftliche und rechtliche Informationen als Beurteilungsgrundlage zur Vorbereitung ihrer Beschlussfassung an die Hand zu geben. Wem dies zu weitgehend erscheint, sollte zumindest dafür Sorge tragen, dass der Umwandlungsbericht dem jeweiligen Anteilsinhaber auf Verlangen übersandt wird und im Übrigen in der Versammlung, die über den Formwechsel zu beschließen hat, zur Einsicht ausliegt (so auch MünchVertragsHdB I/ *Schmidt-Diemitz*/*Moszka* XIII.44 Anm. 14 a).

3. Abfindungsangebot gemäß § 207 UmwG

Firma A-GmbH
...... [Ort, Datum]

Es ist beabsichtigt, die Gesellschaft formwechselnd nach den §§ 190 ff. des Umwandlungsgesetzes in die Rechtsform einer Kommanditgesellschaft unter der Firma J-GmbH & Co. KG umzuwandeln. Im Hinblick hierauf möchten wir auf den gleichzeitig mit diesem Abfindungsangebot übersandten Umwandlungsbericht verweisen.[1] Wir, die

Geschäftsführer der Gesellschaft, unterbreiten hiermit allen Gesellschaftern, die in der Gesellschafterversammlung, die über den Formwechsel zu beschließen hat, gegen den Umwandlungsbeschluss Widerspruch zur Niederschrift erklären, folgendes Abfindungsangebot[2]:

1. Die umgewandelte Gesellschaft bietet gemäß § 207 Umwandlungsgesetz jedem Gesellschafter, der im Zuge des Formwechsels sein Ausscheiden aus der Gesellschaft erklärt, eine Barabfindung von ...... EUR je EUR 1,– Nennwert seines Geschäftsanteils an der GmbH an. Soweit ein widersprechender Gesellschafter nach § 212 UmwG einen Antrag auf Bestimmung der Barabfindung durch Gericht stellt und dieses eine von dem vorstehenden Angebot abweichende Barabfindung festsetzt, gilt diese als angeboten.

2. Die Barabfindung ist zahlbar gegen Erklärung des Ausscheidens des Gesellschafters aus der KG und nach dem Tage, an dem das letzte der Blätter erschienen ist, in denen das Registergericht den Formwechsel bekannt gemacht hat, mit jährlich fünf von Hundert über dem jeweiligen Basiszinssatz nach § 247 des Bürgerlichen Gesetzbuchs zu verzinsen. Die Zinsen sind mit der Barabfindung zu bezahlen.

3. Das Angebot kann nur binnen zwei Monaten nach dem Tage, an dem die Eintragung der neuen Rechtsform nach § 201 UmwG bekannt gemacht worden ist, angenommen werden.[3] Ist nach § 212 UmwG ein Antrag auf Bestimmung der Abfindung durch das Gericht gestellt worden, so kann das Angebot binnen zwei Monaten nach dem Tage, an dem die Entscheidung im elektronischen Bundesanzeiger bekannt gemacht worden ist, angenommen werden.

Dieses Abfindungsangebot wird auch Bestandteil des Umwandlungsbeschlusses sein.

......

(Unterschriften der Geschäftsführer der GmbH)

Anmerkungen

1. Pflicht zur Übersendung. Das Vertretungsorgan des formwechselnden Rechtsträgers hat den Gesellschaftern spätestens zusammen mit der Einberufung der Gesellschafter- bzw. Hauptversammlung, die über den Formwechsel beschließen soll, das Abfindungsangebot zu übersenden (§ 231 S. 1 UmwG). Dadurch soll sichergestellt werden, dass die Anteilsinhaber unmittelbar und vor allem im Hinblick auf die Annahmefrist des § 209 UmwG rechtzeitig Zugang zum Abfindungsangebot erhalten. Dem Vertretungsorgan steht es dabei frei, den Gesellschaftern das Angebot individuell zu übersenden oder dieses in den Gesellschaftsblättern und im elektronischen Bundesanzeiger bekannt zu machen (§ 231 S. 2 UmwG). Die letztere Variante bietet sich vor allem für den Fall der Umwandlung einer Gesellschaft mit einer Vielzahl von Anteilsinhabern an. Das Formular geht davon aus, dass das Angebot zusammen mit der Einberufung übersandt wird. Im Hinblick auf die sehr kurze gesetzliche Ladungsfrist zur Gesellschafterversammlung einer GmbH (eine Woche, § 51 Abs. 1 S. 2 GmbHG) sollte dann, wenn der Gesellschaftsvertrag keine längere Ladungsfrist vorsieht, entweder die Gesellschafterversammlung, die über den Formwechsel zu beschließen hat, mit einer angemessenen längeren First einberufen werden, oder die Geschäftsführer sollten von der gesetzlich vorgesehenen Möglichkeit („spätestens") Gebrauch machen und das Abfindungsangebot unabhängig von der Einladung bereits vorher übersenden. Die Verletzung der Pflicht nach § 231 UmwG führt nicht zur Anfechtbarkeit oder Nichtigkeit des Umwandlungsbeschlusses. § 210 UmwG stellt ausdrücklich klar, dass eine Klage gegen die Wirksamkeit des Umwandlungsbeschlusses nicht auf die Behauptung gestützt werden kann, die Barabfindung sei nicht oder nicht ordnungsgemäß angeboten worden.

2. Inhalt. Vgl. §§ 207, 208, 30 UmwG.

3. Annahme des Angebots. Vgl. § 209 UmwG.

4. Anmeldung des Formwechsels zum Handelsregister

UR-Nr. ......

An das
Amtsgericht ......
– Handelsregister –
......[1, 2]

A-GmbH, ..., HRB ......
Formwechsel A-GmbH

I. In der Anlage[4] überreichen wir, die gemeinsam vertretungsberechtigten Mitglieder der Geschäftsführung[3] der A-GmbH:
   1. die notariell beglaubigte Abschrift der Niederschrift über die außerordentliche Gesellschafterversammlung der A-GmbH vom ...... (UR-Nr. ...... des Notars ......, ...) mit dem Beschluss über den Formwechsel in die Rechtsform der Kommanditgesellschaft;
   2. den Umwandlungsbericht;
   3. den Umwandlungsprüfungsbericht;
   4. den Nachweis über die Übersendung des Abfindungsangebots gemäß § 207 UmwG an alle Gesellschafter;
   5. den Nachweis über die rechtzeitige Zuleitung des Entwurfs des Umwandlungsbeschlusses an den Betriebsrat der Gesellschaft;
   6. beglaubigte Abschrift vom ...... aus dem Handelsregister des Amtsgerichts ......, HRB ...... betreffend die Eintragung der Firma J-GmbH.
II. Wie erklären, dass eine Klage gegen die Wirksamkeit des Umwandlungsbeschlusses nicht erhoben worden ist.[5]
III. Wir melden zur Eintragung in das Handelsregister an:
   1. Die A-GmbH wurde durch Beschluss der Gesellschafterversammlung vom ...... (UR-Nr. ...... des Notars ......, ...) in die Rechtsform einer Kommanditgesellschaft in Firma J-GmbH & Co. KG umgewandelt. Wir melden an, die Gesellschaft unter der neuen Firma als Kommanditgesellschaft in das Handelsregister einzutragen.[6]
   2. Die Kommanditgesellschaft hat ihren Sitz in .... Die Geschäftsanschrift lautet ....[7]
   3. Persönlich haftende Gesellschafterin ist die J-GmbH, eingetragen im Handelsregister des Amtsgerichts ...... unter HRB ......
   4. Als Kommanditisten beteiligt sind:[8]
      (a) Herr A ...... [Vorname, Name, Geburtsdatum, Wohnort] mit einer Kommanditeinlage von ...... EUR
      (b) Frau B ...... [Vorname, Name, Geburtsdatum, Wohnort] mit einer Kommanditeinlage von ...... EUR.
      (c) Herr C ...... [Vorname, Name, Geburtsdatum, Wohnort] mit einer Kommanditeinlage von ...... EUR.
   5. Gegenstand der Gesellschaft ist .... Die Gesellschaft darf andere Unternehmen gleicher oder ähnlicher Art im In- und Ausland erwerben, sich an solchen beteiligen und ihre Geschäfte führen. Sie ist zur Errichtung von Zweigniederlassungen befugt. Die Gesellschaft ist ferner berechtigt, Unternehmensverträge, insbesondere Gewinnabführungs- und Beherrschungsverträge abzuschließen. Die Gesellschaft kann ihren Geschäftsbetrieb ganz oder zum Teil auf Tochtergesellschaften oder

Beteiligungsgesellschaften ausgliedern. Die Gesellschaft beginnt mit Eintragung ins Handelsregister.[9, 10]

IV. Nach Vollzug bitten wir um Eintragungsnachricht und Übermittlung je eines beglaubigten Handelsregisterauszugs an die Gesellschaft und an den beglaubigenden Notar.

V. Die Herren ...... und jeder einzeln und unabhängig voneinander werden hiermit bevollmächtigt, alle Anmeldungen zum Handelsregister vorzunehmen, die im Zusammenhang mit der Eintragung der hier angemeldeten und aus den dieser Anmeldung beigefügten Unterlagen ersichtlichen Tatsachen in das Handelsregister erforderlich oder zweckmäßig sind. Die Vollmacht ist jederzeit widerruflich. Jeder Bevollmächtigte darf auch für alle Beteiligten gleichzeitig handeln. Dem Handelsregister gegenüber ist die Vollmacht unbeschränkt.

......, den ......

......

[Unterschriften der Geschäftsführer der A-GmbH in vertretungsberechtigter Zahl]

[Unterschriftsbeglaubigung][11, 12]

Schrifttum: Malzer, Elektronische Beglaubigung und Medientransfer durch den Notar nach dem Justizkommunikationsgesetz, DNotZ 2006, 9; *Priester,* Das neue Umwandlungsrecht aus notarieller Sicht, DNotZ 1995, 427, 14; *Schlotter,* Das EHUG ist in Kraft getreten: Das Recht der Unternehmenspublizität hat eine neue Grundlage, BB 2007, 1.

Anmerkungen

1. Überblick. Gemäß § 198 Abs. 1 UmwG ist die neue Rechtsform der Gesellschaft zur Eintragung in das Handelsregister, in dem der formwechselnde Rechtsträger eingetragen ist, anzumelden. § 198 ist die Grundnorm für alle anzumeldenden Formwechsel; ergänzend sind die rechtsformspezifischen Besonderheiten für die jeweilige Rechtsform zu beachten. Nach § 198 Abs. 2 S. 4 letzter Hs. UmwG kann bei taggleicher Eintragung in den Registern aller beteiligten Rechtsträger der Vorläufigkeitsvermerk nach § 198 Abs. 2 S. 4 UmwG entfallen.

2. Zuständiges Registergericht. Grundsätzlich ist das Handelsregister, in dem der formwechselnde Rechtsträger eingetragen ist, das zuständige Register. Als formwechselfähige Rechtsträger ohne Voreintragung (§ 198 Abs. 2 S. 1 UmwG) kommen lediglich der wirtschaftliche Verein und die Körperschaft/Anstalt des öffentlichen Rechts in Betracht. In diesem Fall ist das Handelsregister am (Satzungs-)Sitz der neuen Gesellschaft zuständig. Ändert sich durch den Formwechsel die Art des Registers (z. B. vom Vereinsregister ins Handelsregister, § 198 Abs. 2 S. 2 UmwG) sind zwei Anmeldungen erforderlich: zum einen ist der Formwechsel zum Handelsregister des formwechselnden Rechtsträgers anzumelden (§ 198 Abs. 2 S. 3 UmwG), zum anderen in dem für den Rechtsträger neuer Rechtsform zuständigen Handelsregister. Der bloße Wechsel von der Handelsregisterabteilung B in die Handelsregisterabteilung A bei Formwechsel einer Kapitalgesellschaft in eine Personengesellschaft ist jedoch noch nicht als Wechsel der Art des Handelsregisters anzusehen (Kallmeyer/*Zimmermann* § 198 Rdnr. 5; Lutter/*Decher* § 198 Rdnr. 5; *Priester* DNotZ 1995, 427, 449; Semler/Stengel/*Schwanna* § 198 Rdnr. 4).

3. Anmeldebefugnis. § 198 UmwG bestimmt nicht, wer den Formwechsel zum Handelsregister anzumelden hat, sondern überlässt diese den rechtsformspezifischen Vorschriften. Im vorliegenden Fall des Formwechsels einer Kapitalgesellschaft in eine Personengesellschaft bestimmt § 235 Abs. 2 UmwG, dass die Anmeldung durch das Vertretungsorgan der formwechselnden Gesellschaft vorzunehmen ist. Insofern ist der Formwechsel von den Geschäftsführern der GmbH in vertretungsberechtigter Zahl zum Handelsregister anzumelden.

4. Anlagen der Anmeldung. § 199 UmwG bestimmt die der Anmeldung beizufügenden Unterlagen. Diese sollen dem Registergericht die Prüfung der Einhaltung aller Voraussetzungen für die Eintragung des Formwechsels erleichtern.

5. Negativerklärung. Vgl. §§ 198 Abs. 3, 16 Abs. 2 UmwG.

6. Wirkungen der Eintragung. Die Wirkungen der Eintragung sind in § 202 UmwG rechtsformübergreifend für alle Formwechselfälle geregelt. Mit der Eintragung im Handelsregister wird der Formwechsel wirksam, die Rechtsform der Gesellschaft ändert sich (§ 202 Abs. 1 Nr. 1), die Rechtsnatur der Anteile ändert sich und die Anteile sowie die Rechte Dritter an den Anteilen bleiben bestehen (§ 202 Abs. 1 Nr. 2). Darüber hinaus heilt die Eintragung bestimmte Beurkundungsmängel (§ 202 Abs. 1 Nr. 3). Sind mehrere Eintragungen erforderlich, ergibt sich aus § 202 Abs. 2 i. V. m. § 202 Abs. 1 UmwG, welche dieser Eintragungen die Rechtswirkungen des Formwechsels auslöst.

7. Sitz der Gesellschaft. Vgl. § 106 Abs. 2 Nr. 2 HGB. Seit Inkrafttreten des MoMiG (Gesetz zur Modernisierung des GmbH-Rechts und zur Bekämpfung von Missbräuchen vom 23. Oktober 2008 (BGBl. I S. 2026)) wird ausdrücklich die Angabe einer inländischen Geschäftsanschrift verlangt.

8. Bezeichnung der Kommanditisten und deren Einlage. Die Anmeldung muss außer den in § 106 Abs. 2 HGB vorgesehenen Angaben auch die Bezeichnung der Kommanditisten und den Betrag der Einlage eines jeden von ihnen enthalten (vgl. § 162 Abs. 1 S. 1 HGB). Unter Einlage ist die vereinbarte Haftsumme, nicht die im Innenverhältnis versprochene Pflichteinlage zu verstehen. Die Kommanditisten sind mit Name, Vorname, Geburtsdatum und Wohnort anzugeben.

9. Gegenstand der Gesellschaft. Die Angabe des Gegenstands der Gesellschaft ist nicht erforderlich, jedoch zweckmäßig (vgl. § 24 Abs. 4 HRV).

10. Zeichnung der Namensunterschrift. Mit Inkrafttreten des EHUG am 1. 1. 2007 (Gesetz über elektronische Handelsregister und Genossenschaftsregister sowie das Unternehmensregister, BGBl. I 2006 S. 2553) ist das Erfordernis zur Zeichnung der Namensunterschrift durch die künftig vertretungsberechtigten Gesellschafter (§ 12 HBG a. F.), mithin die Geschäftsführung der Komplementär-GmbH, in der Anmeldung oder als Anlage zur Anmeldung entfallen (vgl. Art. 1 Nr. 2 EHUG; *Malzer* DNotZ 2006, 9, 14; *Schlotter* BB 2007, 1, 2).

11. Form. Die Anmeldung ist öffentlich zu beglaubigen und in elektronischer Form zum Handelsregister einzureichen (§ 12 Abs. 1 HGB).

12. Kosten und Gebühren. Beglaubigt der Notar lediglich die Unterschriften der Anmeldung, erhält er eine ¼ Gebühr gemäß § 45 KostO, höchstens jedoch EUR 130,–. Hat der Notar die Anmeldung selber entworfen, erhält er eine 5/10 Gebühr gemäß § 38 Abs. 2 Nr. 7 KostO, höchstens jedoch EUR 403,50 (§ 39 Abs. 5 KostO). Der Wert ist nach § 41 a KostO zu bestimmen. Weiterhin können Gebühren nach § 147 Abs. 2 KostO entstehen.

Formwechsel einer GmbH in eine Limited & Co. KG

5. Umwandlungsbeschluss gemäß den §§ 190 ff. UmwG[1, 2, 3]

UR-Nr. ......

Verhandelt in ......

am ......

Vor mir, dem unterzeichnenden Notar ...... mit dem Amtssitz in ...... erschien heute die mir vom Person bekannte Notariatsangestellte Frau ......, geschäftsansässig ......, hier handelnd nicht im eigenen Namen, sondern unter Ausschluss der persönlichen Haftung im Namen der

1. ...... Limited, ..., registriert in England unter der Nummer ......
2. ...... LP, eingetragen im Gesellschaftsregister für England und Wales unter der Nummer LP ......

3. ...... GmbH, eingetragen im Handelsregister des Amtsgerichts ...... unter der Registernummer HRB ......, diese wiederum handelnd als gesetzliche Vertreterin der ...... GmbH & Co. KG, ..., eingetragen im Handelsregister des Amtsgerichts ...... unter der Registernummer HRB ....
Aufgrund notarieller Vollmachten vom ......, die im Original vorliegen und von denen jeweils eine Kopie, die hiermit beglaubigt werden, dieser Niederschrift beigefügt sind.
Auf Befragen des Notars verneinte die Erschienene eine, die Beurkundung ausschließende, Vorbefassung im Sinne von § 3 Abs. 1 Nr. 7 BeurkG.
Im Hinblick darauf, dass die Anlage 1 in englischer Sprache verfasst ist, erklärt der Notar, dass er der englischen Sprache mächtig sei und versichert sich bei der Erschienenen, dass diese der englischen Sprache ebenfalls mächtig ist.
Handelnd wie angegeben, erklärte die Erschienene was folgt:

I. Beteiligungsverhältnisse

Die von mir vertretenen ...... LP und die ...... GmbH & Co. KG sind die alleinigen Gesellschafter der ...... GmbH, ..., eingetragen im Handelsregister beim Amtsgericht ...... unter der Registernummer HRB ...... (im Folgenden auch als die „Gesellschaft" bezeichnet). An dem Stammkapital in Höhe von ...... EUR ist die ...... LP mit einem Geschäftsanteil in Höhe von ...... EUR (Geschäftsanteil Nr. 1) und die ...... GmbH & Co. KG mit einem Geschäftsanteil in Höhe von ...... EUR (Geschäftsanteil Nr. 2) beteiligt. Die Gesellschafter beabsichtigen, die Gesellschaft nach den Vorschriften der §§ 190 ff. i.V.m. §§ 226 ff. UmwG in die Rechtsform einer Kommanditgesellschaft umzuwandeln. Die ...... Limited ist bisher nicht an der Gesellschaft beteiligt und tritt neu in die Gesellschaft als persönlich haftende Gesellschafterin ohne eine Beteiligung am Gesellschaftskapital ein.

II. Formwechsel der Gesellschaft in eine Kommanditgesellschaft

Unter Verzicht auf alle in Gesetz und Satzung vorgesehenen Form- und Fristerfordernisse halten die ...... LP und die ...... GmbH & Co. KG zusammen mit der ...... Limited hiermit eine Gesellschafterversammlung[4] der Gesellschaft ab und beschließen einstimmig[5] was folgt[6]:
1. Die ...... GmbH wird durch Formwechsel gemäß §§ 190 ff. Umwandlungsgesetz umgewandelt in eine Kommanditgesellschaft.[7]
2. Die Gesellschaft führt künftig die Firma[8]

...... Limited & Co. KG.

3. Der Sitz der Gesellschaft ist ....
4. Der Gesellschaftsvertrag der künftigen Kommanditgesellschaft ergibt sich aus der dieser Urkunde beigelegten und deren Bestandteil bildenden Anlage 1. Er wird hiermit als Bestandteil dieses Umwandlungsbeschlusses förmlich festgestellt.[9]
5. Komplementärin der künftigen Kommanditgesellschaft ist die ...... Limited; Kommanditisten sind die ...... LP mit einer Kommanditeinlage in Höhe von ...... EUR, die ...... GmbH & Co. KG mit einer Kommanditeinlage in Höhe von ...... EUR. Die Komplementärin erhält keinen Kapitalanteil.[10]
6. Rechte werden für einzelne Anteilsinhaber sowie Inhaber besonderer Rechte im Sinne von § 194 Abs. 1 Nr. 5 UmwG nicht gewährt und Maßnahmen für diese Personen sind nicht vorgesehen.[11]
7. Der Formwechsel erfolgt steuerlich mit Wirkung zum .... Gemäß § 25 i.V.m. § 9 UmwStG wird auf den ......, ... Uhr (steuerlicher Übertragungsstichtag) eine steuerliche Übertragungsbilanz erstellt.
8. Die Kosten des Formwechsels trägt die ...... Limited & Co. KG.
9. Es wird festgestellt, dass es eines Beschlusses gem. § 194 Abs. 1 Nr. 7 UmwG nicht bedarf. Die Gesellschaft hat keine Arbeitnehmer. Höchst vorsorglich wird festgehal-

ten, dass etwa bestehende Arbeitsverhältnisse mit Arbeitnehmern mit der Gesellschaft von ihr auch in der neuen Rechtsform fortgesetzt werden. Die Direktionsbefugnisse des Arbeitgebers werden nach dem Formwechsel von den Geschäftsführern (Directors) der persönlich haftenden Gesellschafterin ausgeübt. Auswirkungen tarifvertraglicher oder betriebsverfassungsrechtlicher Art ergeben sich nicht.[12]

Weitere Beschlüsse wurden nicht gefasst und die Gesellschafterversammlung daraufhin geschlossen.

III. Verzichtserklärungen, Zustimmungen

Handelnd wie eingangs angegeben, verzichtet die Erschienene sodann gemäß § 192 Abs. 2 S. 1, 2. Fall UmwG auf die Erstattung eines Umwandlungsberichts. Die Erschienene verzichtet ferner auf ein Abfindungsangebot gemäß § 207 UmwG sowie auf einen Widerspruch und eine Klage gegen die Wirksamkeit des Umwandlungsbeschlusses.

Die Erschienene, handelnd wie angegeben, erteilt ferner höchst vorsorglich eine etwa gemäß § 193 Abs. 2 UmwG erforderliche Zustimmung.

Diese Niederschrift nebst Anlage 1 wurde der Erschienenen von dem Notar vorgelesen, von ihr genehmigt und von ihr und dem Notar eigenhändig wie folgt unterschrieben:[13, 14]

......

Schrifttum: Baßler, Gesellschafterwechsel bei Umwandlungen, (zugleich Anm. zu BGH, U. v. 9. 5. 2005 – II ZR 29/03), GmbHR 2007, 1252; *Binz/Mayer*, Die ausländische Kapitalgesellschaft & Co. KG im Aufwind? Konsequenzen aus dem „Überseering"-Urteil des EuGH v. 5. 11. 2002 – Rs. C-208/00, GmbHR 2003, 249; *Binz/Sorg*, Die GmbH & Co. KG, 11. Aufl. 2010; *Ebenroth/Eyles*, Die Beteiligung ausländischer Gesellschaften an einer inländischen Kommanditgesellschaft, DB 1988, Beilage 2, 1; *Fleischer*, Gläubigerschutz in der kleinen Kapitalgesellschaft: Deutsche GmbH versus englische private limited company, DStR 2000, 1015; *Happ/Holler*, Limited statt GmbH? Risiken und Kosten werden gern verschwiegen, DStR 2004, 730; *Heckschen*, Deutsche GmbH vor dem Aus? Eine merkwürdige „wissenschaftliche" Diskussion. GmbHReport 2004, R 25; *Hesselmann/Tillmann/Mueller/Thuns*, Handbuch der GmbH & Co. KG, 20. Aufl. 2009; *Kallmeyer*, Vor- und Nachteile der englischen Limited im Vergleich zur GmbH und GmbH & Co. KG, DB 2004, 636; *Schmidt-Hermesdorf*, Ausländische Gesellschaften als Komplementäre deutscher Personenhandelsgesellschaften? RIW 1990, 707; *Wachter*, Auswirkungen des EuGH-Urteils in Sachen Inspire Art Ltd. auf Beratungspraxis und Gesetzgebung. Deutsche GmbH v. englische private limited company, (zugleich Anmerkung zu EuGH, U. v. 30. 9. 2003 – Rs. C-167/01 –), GmbHR 2004, 88; *Werner*, Die Ltd. & Co. KG – eine Alternative zur GmbH & Co. KG?, GmbHR 2005, 288.

Anmerkungen

1. Überblick. Spätestens nach dem „Inspire-Art" Urteil des EuGH (EuGH GmbHR 2003, 1260) ist die bis dahin umstrittene Frage, inwieweit Kapitalgesellschaften, die nach dem Recht eines anderen EU-Staats inkorporiert wurden, anstelle einer deutschen GmbH oder AG als Komplementärin einer deutschen KG eingesetzt werden können, positiv entschieden worden. Damit eine englische private limited company („Limited") sich als Komplementärin an einer deutschen KG beteiligen kann, muss die Limited nach deutschem IPR rechtsfähig sein (Baumbach/Hopt/*Hopt* § 177a HGB Rdnr. 11; *K. Schmidt* Gesellschaftsrecht § 56 VII 2 S. 1662f.). Neben der allgemeinen Rechtsfähigkeit muss die Limited nach Ansicht von Teilen der Rechtsprechung und Literatur zudem über eine sog. „besondere Rechtsfähigkeit" verfügen. Diese ist dann gegeben, wenn es der Limited sowohl nach englischem als auch nach deutschem Recht möglich ist, die Komplementärstellung in einer KG deutschen Rechts zu übernehmen (BayObLG GmbHR 1986, 305, 306; *Schmidt-Hermesdorf* RWI 1990, 707, 714f.; GroßKommHGB/*Ulmer* § 105 Rdnr. 92; GroßKommHGB/*Hüffer* § 19 Rdnr. 81; Staudinger/*Großfeld* IntGesR Rdnr. 297ff.; a. A. Baumbach/*Hopt* § 177a HGB Rdnr. 11). Während das englische Recht eine solche Beteiligung ohne weiteres zulässt, ist diese Frage im deutschen Recht bislang kontrovers diskutiert worden (bejahend z. B. BayObLG GmbHR 1986, 305; OLG Saarbrücken GmbHR 1990, 348; OLG Stuttgart ZIP 1995, 1004; Hesselmann/Tillmann/Mueller-Thuns/*Lüke* § 2 Rdnr. 417ff.; *Binz/Sorg* § 25 Rdnr. 103ff.; verneinend Staudinger/

Großfeld IntGesR, Rdnr. 536 ff; *Großfeld* IPRax 1986, 351; *Ebenroth/Eyles* DB 1988, Beil. 2, 1, 15 ff.; differenzierend MünchKommBGB/*Kindler* IntGesR Rdnr. 576 f.). Als Argument gegen die Zulässigkeit ist vor allem die Erschwerung des Rechtsverkehrs aufgrund der teilweisen Geltung ausländischen Rechts und der dadurch erschwerten Feststellbarkeit der Vertretungsberechtigten und der Kapitalausstattung angeführt worden. Nach der Rechtsprechung des EuGH in seinem Urteil „Inspire Art" dürfte diese Position zumindest insoweit europarechtlich nicht mehr haltbar sein, als die beteiligungswillige Komplementärin nach dem Recht eines EU-Mitgliedstaats inkorporiert worden ist (*Werner* GmbHR 2005, 288, 291; ausführlich zur Zulässigkeit *Binz/Sorg* § 25 Rdnr. 103 ff.).

2. Wahl des Formulars. Eine GmbH, deren Zweck auf den Betrieb eines Handelsgewerbes (§ 161 Abs. 1 HGB) bzw. auf eine vermögensverwaltende Tätigkeit (§ 161 Abs. 2 i. V. m. § 105 Abs. 2 HGB) gerichtet ist, soll in eine Limited & Co. KG formwechselnd umgewandelt werden. Gesellschafter der GmbH sind eine GmbH & Co. KG sowie eine englischem Recht unterliegende Limited Partnership (LP), die entsprechend ihrer Geschäftsanteile an der GmbH Kommanditisten der KG werden sollen. Die Stellung der persönlich haftenden Gesellschafterin soll eine Limited übernehmen, die zum Umwandlungszeitpunkt bisher nicht an der GmbH beteiligt gewesen ist und auch als Komplementärin nicht am Kapital der Limited & Co. KG beteiligt werden soll. Die GmbH ist arbeitnehmerlos. Speziell gegenüber der GmbH & Co. KG hat die Limited und & Co. KG eine Reihe von (teilweise allerdings nur vermeintlichen) Vorteilen (aber auch Nachteile). Da die Rechtsverhältnisse der Limited auch bei Ansässigkeit in Deutschland grundsätzlich nach englischem Recht zu beurteilen sind, hat dies zur Folge, dass insbesondere § 5 Abs. 1 GmbHG, wonach eine GmbH über ein Stammkapital von mindestens EUR 25.000,- verfügen muss, das zur Hälfte eingezahlt ist, keine Anwendung findet. Dem Stammkapital bei der deutschen GmbH entspricht bei der Limited das „gezeichnete Kapital" (*Fleischer* DStR 2000, 1015, 1016). Das englische Recht sieht jedoch weder einen Mindestbetrag noch eine Mindesteinzahlung vor (*Wachter* GmbHR 2004, 88, 91, zu den hiermit verbundenen Risiken vgl. *Werner* GmbHR 2005, 288, 292). Auch die Vorschriften für die Aufbringung des gezeichneten Kapitals sind weniger streng als bei der deutschen GmbH; insbesondere findet keine Prüfung der Werthaltigkeit von Sacheinlagen statt (*Wachter* GmbHR 2004, 88, 91). Zu beachten ist jedoch, dass die Vorschriften über die Vermögensbindung bei der Limited wesentlich strenger ausgestaltet sind als bei der GmbH. Können bei der GmbH Rücklagen aufgelöst und ausgeschüttet werden, solange das Stammkapital nicht durch Verlustvorträge gemindert ist und die Auszahlungssperre nach § 30 Abs. 1 S. 1 GmbHG eingreift, dürfen bei der Limited nur erwirtschaftete Gewinne nach Verrechnung mit Verlustvorträgen ausgeschüttet werden (*Fleischer* DStR 2000, 1015, 1016). Ein weiterer Vorteil der Limited ist, dass sie anders als deutsche Kapitalgesellschaften nach wohl h. M. weder der Mitbestimmung nach dem DrittelbG noch der nach dem MitbestG unterliegt (zu den Einzelheiten vgl. z. B. *Werner* GmbHR 2005, 288, 293; *Binz/Mayer* GmbHR 2003, 249, 257). Nachteile einer in Deutschland ansässigen Limited sind hingegen die laufenden Rechtsformkosten, die in jedem Fall erheblich sein dürften. Zum einen resultieren diese Kosten aus der doppelten Registerpflicht. So muss die Limited wie jede in England registrierte limited company ein registered office unterhalten. In der Regel wird dies ein durch einen Treuhänder betreuter Briefkasten sein, so dass auch die Tätigkeit des Treuhänders weitere Kosten verursacht. Ferner muss die Gesellschaft jedes Jahr einen sog. annual return zusammen mit den sog. accounts beim registrar einreichen (*Heckschen* GmbHR 2004, R 25; *Wachter* GmbHR 2004, 88, 94). Die Limited muss daneben in einem vergleichsweise aufwendigen Verfahren eine deutsche Zweigniederlassung registrieren (vgl. hierzu *Kallmeyer* DB 2004, 636, 637; Muster bei Fleischhauer/Preuß/*Fleischhauer*, Handelsregisterrecht O. Rdnr. 23). Darüber hinaus ist der Jahresabschluss der Limited sowohl in England als auch in Deutschland zum Handelsregister einzureichen (§ 325a HGB). Schließlich besteht ein problem- und infolge des erhöhten Beratungsaufwands auch kostenträchtiger Nachteil der Limited darin, dass die Gesellschafter und sog. directors bei sämtlichen Handlungen die Vorgaben der deutschen und englischen Rechtsordnung zu beachten haben.

3. Wie schon beim Formwechsel einer GmbH in eine GmbH & Co. KG (Form. L. IV.1) ergeben sich auch in dieser Konstellation vor allem im Hinblick auf den Grundsatz der Identität der Anteilsinhaber (§§ 194 Abs. 1 Nr. 3, 202 Abs. 1 Nr. 2 UmwG) Probleme. Bisher wurde meist gefordert, dass aufgrund dieses Prinzips die zukünftige Komplementärin zumindest eine logische Sekunde vor dem Wirksamwerden des Formwechsels an dem formwechselnden Rechtsträger durch den treuhänderischen Erwerb eines Geschäftsanteils als Gesellschafterin beteiligt sein muss (vgl. auch Form. L.IV.1 Anm. 4 ff., 12). Mittlerweile neigt die Rechtsprechung dazu, einen Eintritt des Komplementärs im Zeitpunkt der Umwandlung anzuerkennen (vgl. *obiter dictum* in BGH ZIP 2005, 1318, 1319 f.; auch BayObLG, NZG 2000, 166), so dass die aufwändige Treuhandlösung nicht mehr erforderlich sein dürfte (vgl. ausführlich Form. L.IV.1 Anm. 3 sowie Lutter/*Happ*/*Göthel* § 228 Rdnr. 24 ff.; KölnKommUmwG/ *Dauner-Lieb*/*Tettinger* § 228 Rdnr. 25 ff.; *Baßler* GmbHR 2007, 1252 ff.). Das Formular geht davon aus, dass die Limited anlässlich des Formwechsels der KG als Komplementärin ohne eine Beteiligung am Gesellschaftskapital beitritt. Aus Gründen der Vorsicht empfiehlt es sich in jedem Fall, sich mit dem zuständigen Registergericht vorher abzustimmen (vgl. KölnKommUmwG/*Dauner-Lieb*/*Tettinger* § 228 Rdnr. 28; Lutter/*Happ*/*Göthel* § 288 Rdnr. 28).

4. Gesellschafterversammlung. Vgl. Form. L.IV.1 Anm. 8. Das Formular geht davon aus, dass die Gesellschafterversammlung in der Form einer Vollversammlung unter Verzicht auf alle in Gesetz und Satzung vorgesehenen Form- und Fristerfordernisse abgehalten wird, vgl. hierzu Form. L.IV.7 Anm. 4.

5. Mehrheitserfordernisse. Vgl. Form. L.IV.1 Anm. 17.

6. Umwandlungsbeschluss. Vgl. Form. L.IV.1 Anm. 7.

7. Der Umwandlungsbeschluss muss die Rechtsform bestimmen, die der formzuwechselnde Rechtsträger durch den Formwechsel erlangen soll (§ 194 Abs. 1 Nr. 1 UmwG). Danach bestimmt sich, welche Gründungsvorschriften nach § 197 Abs. 1 UmwG im Rahmen des Formwechsels zu berücksichtigen sind.

8. Firma. Der Umwandlungsbeschluss muss die Firma oder den Namen des formgewechselten Rechtsträgers bestimmen (§ 194 Abs. 1 Nr. 2 UmwG). Im Falle des Formwechsels in eine Limited & Co. KG muss die Firma die Komplementäreigenschaft einer ausländischen juristischen Person durch einen entsprechenden Zusatz zum Ausdruck bringen (BayObLG GmbHR 1986, 305, 306; OLG Saarbrücken GmbHR 1990, 348; Hesselmann/Tillmann/Mueller-Thuns/*Lüke* § 2 Rdnr. 428 – X-Ltd. & Co. KG; *Binz*/*Sorg* § 25 Rdnr. 108). Im Hinblick auf die Rechtsprechung des EuGH muss allerdings – wie im Formular – auch der bloße Rechtsformzusatz genügen (so auch *Werner* GmbHR 2005, 288, 292). Der Firmenbestandteil „KG" ergibt sich aus § 200 Abs. 2 UmwG i.V.m. § 19 Abs. 1 Nr. 3 HGB.

9. Gesellschaftsvertrag. Vgl. Form. L.IV.1 Anm. 13.

10. Beteiligungsverhältnisse. Vgl. Form. L.IV.1 Anm. 11.

11. Sonderrechte. Vgl. Form. L.IV.1 Anm. 14.

12. Folgen für die Arbeitnehmer. § 194 Abs. 1 Nr. 7 UmwG verlangt, dass die Folgen des Formwechsels für die Arbeitnehmer und ihre Vertretungen sowie insoweit vorgesehene Maßnahmen im Umwandlungsbeschluss dargelegt werden (vgl. hierzu Form. L.IV.1 Anm. 16). Da die Gesellschaft keine Arbeitnehmer beschäftigt, sind Ausführungen hierzu grundsätzlich entbehrlich. Vorsichtshalber ist jedoch zu empfehlen, zumindest die im Formular enthaltenen Formulierungen als Mindestangaben in den Umwandlungsbeschluss aufzunehmen.

13. Form. Der Umwandlungsbeschluss ist notariell zu beurkunden (§ 193 Abs. 3 UmwG).

14. Kosten und Gebühren. Vgl. Form. L.IV.1 Anm. 18.

6. Anmeldung des Formwechsels einer GmbH in eine Limited & Co. KG zum Handelsregister[1]

UR-Nr. ......

An das
Amtsgericht ......
– Handelsregister –
......

......-GmbH, ..., HAB ......

Formwechsel ......-GmbH

I. Als Anlage überreiche ich[2] den Umwandlungsbeschluss vom ...... – UR-Nr. ...... des Notars ......, ... – nebst Verzicht auf die Erstattung eines Umwandlungsberichts und Abgabe eines Abfindungsangebots.

II. Ich melde zur Eintragung in das Handelsregister an:
1. Die ......-GmbH wurde durch Beschluss der Gesellschafterversammlung vom ...... (UR-Nr. ...... des Notars ......) in die Rechtsform einer Kommanditgesellschaft in Firma ...... Limited & Co. KG umgewandelt. Ich melde an, die Gesellschaft unter der neuen Firma als Kommanditgesellschaft in das Handelsregister einzutragen.
2. Die Kommanditgesellschaft hat ihren Sitz in ...... Die Geschäftsräume befinden sich in ......
3. Gegenstand der Kommanditgesellschaft ist ...... sowie das Eingehen von Beteiligungen zu diesem Zweck.
4. Persönlich haftende Gesellschafterin ist die ...... Limited[3]. Die persönlich haftende Gesellschafterin ist am Kapital der Kommanditgesellschaft nicht beteiligt. Kommanditisten sind die ...... LP mit einer Kommanditeinlage in Höhe von ...... EUR sowie die ...... GmbH & Co. KG mit einem Geschäftsanteil in Höhe von ...... EUR.

III. Ich erkläre, dass die Gesellschafter auf eine Klage gegen die Wirksamkeit des Umwandlungsbeschlusses verzichtet haben.
Bei der Gesellschaft besteht kein Betriebsrat. Die Zuleitung des Entwurfs des Umwandlungsbeschlusses an eine Arbeitnehmervertretung war daher nicht möglich.

IV. Ich erteile Herrn ...... und Frau ...... jeweils allein handelnd und unter Befreiung von den Beschränkungen des § 181 BGB sowie mit dem Recht zur Erteilung von Untervollmacht, Vollmacht, für mich weitere Handelsregisteranmeldungen bzw. Änderungen oder Ergänzungen dieser Anmeldung vorzunehmen sowie in diesem Zusammenhang mich in jeder Hinsicht zu vertreten.

......, den ......

......

[Unterschrift des Geschäftsführers]

[Unterschriftsbeglaubigung]

Anmerkungen

1. Vgl. zunächst die Anm. zu Form. L.IV.4.
2. Anmeldebefugnis. Vgl. Form. L.IV.4 Anm. 3.

3. Komplementärin. Der persönlich haftende Gesellschafter der KG ist zum Handelsregister anzumelden (vgl. §§ 106 Abs. 2, 162 Abs. 1 HGB). Ebenso wie bei der Anmeldung der Zweigniederlassung der Limited (vgl. § 13e Abs. 2 S. 2 HGB) muss auch hier die Existenz der als Komplementärin dienenden Limited als juristische Person urkundlich nachgewiesen werden (*Werner* GmbHR 2005, 288, 292). In Betracht kommt zunächst die Vorlage einer Gründungsbescheinigung (certificate of incorporation), in der der registrar of companies bescheinigt, dass die Gesellschaft ordnungsgemäß im englischen Register eingetragen ist. Ferner kann ein certificate of good standing vorgelegt werden, welches ebenfalls vom registrar of companies ausgestellt wird und als zusätzliche Angaben die Namen der directors und des secretary enthält, allerdings ohne Hinweis auf die Vertretungsbefugnis. Vereinzelt wird zusätzlich noch eine mit dem Siegel der Gesellschaft versehenen Bestätigung des secretary verlangt, dass die Gesellschaft ordnungsgemäß errichtet wurde und existent ist (*Ries* AnwBl. 2006, 53, 54). Alternativ kann das Bestehen der Limited mit einer entsprechenden Bescheinigung eines englischen Notars nachgewiesen werden, die auf Wunsch zweisprachig erstellt wird (LG Wiesbaden GmbHR 2005, 1134 f.; *Werner* GmbHR 2005, 288, 292; *Wachter* ZNotP 2005, 122, 127 f. mit englischsprachigen Mustern für ein certificate of incorporation, ein certificate of good standing sowie einem Muster für eine Bescheinigung eines englischen Notars über das Bestehen der Gesellschaft und die Vertretungsverhältnisse). Zu beachten ist, dass die ausländischen Urkunden der Legalisation bedürfen bzw. nach dem Haager Abkommen zur Befreiung ausländischer Urkunden von der Legalisation v. 5. 10. 1961 (BGBl. II 1965 S. 975; BGBl. II 1966 S. 106) mit einer Apostille versehen werden müssen (zu den Einzelheiten vgl. *Werner* GmbHR 2005, 288, 291).

4. Kosten und Gebühren. Vgl. Form. L.IV.5 Anm. 14. Zu den Gebühren für die englischen Dokumente vgl. die Gebührentabelle unter www.companieshouse.gov.uk.

Formwechsel einer GmbH in eine AG

7. Umwandlungsbeschluss gemäß §§ 190 ff. UmwG

UR-Nr. ......

Verhandelt in ......
am ......
Vor mir,
dem Notar
......
mit Amtssitz in ......, ...
erschienen heute in den Räumen der Kanzlei ......, wohin ich mich auf Ersuchen begeben hatte,

1. (a) Herr ......, geboren am ......
    wohnhaft in: ......
  (b) Frau ......, geboren am ......
    wohnhaft in: ......
  beide handelnd nicht im eigenen Namen, sondern als gemeinsam vertretungsberechtigte Geschäftsführer der J-GmbH mit dem Sitz in ......, eingetragen im Handelsregister des Amtsgerichts ...... unter HRB .... Die Vertretungsberechtigung wird vom beurkundenden Notar aufgrund heutiger Einsichtnahme gemäß § 21 BNotO in das Handelsregister bestätigt; sowie
2. Herr ......, geboren am ......
    wohnhaft in: ......

handelnd nicht im eigenen Namen, sondern als alleinvertretungsberechtigter Geschäftsführer der K-GmbH mit dem Sitz in ...., eingetragen im Handelsregister des Amtsgerichts ...... unter HRB .... Die Vertretungsberechtigung folgt aus dem beglaubigten Handelsregisterauszug vom ......, der dieser Urkunde in Abschrift beigefügt ist.
3. Herr ...., geboren am ....
wohnhaft in:
handelnd sowohl im eigenen Namen als auch zugleich als Bevollmächtigter aufgrund im Original vorgelegter und dieser Urkunde in beglaubigter Abschrift beigefügter Vollmacht für
Frau ...., geboren am ......
wohnhaft in: ......

Die Erschienenen haben sich ausgewiesen durch Vorlage ihrer jeweiligen Bundespersonalausweise. Auf Befragen des Notars verneinten die Erschienenen eine, die Beurkundung ausschließende, Vorbefassung im Sinne von § 3 Abs. 1 Nr. 7 BeurkG.

I. Umwandlungsbeschluss[2]

Die Erschienenen erklärten:

Vorbemerkung

Wir sind die sämtlichen Gesellschafter der G-GmbH mit Sitz in ...., eingetragen im Handelsregister des Amtsgerichts ...... unter HRB ...... und einem eingetragenen Stammkapital von ...... EUR, das voll eingezahlt ist.[3]
An der G-GmbH sind wir wie folgt beteiligt:
1. Die J-GmbH hält
    • Geschäftsanteil Nr. 1 im Nominalbetrag von   EUR 45.000,–
    • Geschäftsanteil Nr. 2 im Nominalbetrag von   EUR 10.000,–
2. Die K-GmbH hält Geschäftsanteil Nr. 3 im Nominalbetrag von   EUR 30.000,–
3. Herr ...... hält Geschäftsanteil Nr. 4 im Nominalbetrag von EUR 7.500,–
4. Frau ...... hält Geschäftsanteil Nr. 5 im Nominalbetrag von EUR 7.500,–

Unter Verzicht[4] auf alle durch Gesetz oder Gesellschaftsvertrag vorgeschriebenen Formen und Fristen für die Abhaltung einer Gesellschafterversammlung und die Fassung von Gesellschafterbeschlüssen halten wir hiermit eine

außerordentliche Gesellschafterversammlung

der G-GmbH ab und beschließen einstimmig[5] was folgt:
1. Die G-GmbH wird nach den Bestimmungen der §§ 190 ff. UmwG formwechselnd in die Rechtsform der Aktiengesellschaft umgewandelt.[6]
2. Die Firma der Aktiengesellschaft lautet:

G-AG.[7]

3. Die Satzung[8] der neuen Aktiengesellschaft erhält den dieser Urkunde als Anlage 1 beigefügten Wortlaut, der hiermit festgestellt wird.
4. Das Grundkapital der Aktiengesellschaft beträgt EUR 100.000,– (in Worten: ....). Das Grundkapital ist eingeteilt in EUR 100.000,– auf den Namen lautende Stückaktien mit einem rechnerischen anteiligen Betrag am Grundkapital in Höhe von jeweils EUR 1,–.
5. Die Aktien verteilen sich nach Umwandlung auf die Anteilseigner in der ihrer Beteiligung an der G-GmbH vor Umwandlung entsprechenden Zahl. Es ergibt sich damit folgende Verteilung der Aktien:[9]
    (a) Die J-GmbH hält insgesamt   55.000 Stückaktien
    (b) Die K-GmbH hält insgesamt   30.000 Stückaktien

(c) Herr ...... hält insgesamt   7.500 Stückaktien
(d) Frau ...... hält insgesamt   7.500 Stückaktien

6. Die vorstehend genannten natürlichen und juristischen Personen sind damit Gründer bzw. einem Gründer gleichgestellt im Sinne der §§ 244 Abs. 1, 245 Abs. 1 UmwG und §§ 23 ff. AktG.[10]

7. Einzelnen Gesellschaftern werden keine Sonderrechte oder Vorzüge gewährt. Stimmrechtslose Geschäftsanteile, Vorzugsgeschäftsanteile, Mehrstimmrechtsanteile, Schuldverschreibungen, Genussrechte oder sonstige besondere Rechte oder Vorzüge bestehen bei der Gesellschaft nicht.[11]

8. Der Bestand der Arbeitsverhältnisse wird durch den Formwechsel nicht betroffen, da gemäß § 202 Abs. 1 Nr. 1 UmwG die G-GmbH in der Form einer Aktiengesellschaft weiter besteht.[12]

8.1 Die Rechte und Pflichten der Arbeitnehmer aus den bestehenden Anstellungs- und Arbeitsverträgen bleiben unberührt. § 613 a BGB ist auf den Formwechsel nicht anwendbar. Die Direktionsbefugnisse des Arbeitgebers werden nach dem Formwechsel vom Vorstand der G-AG ausgeübt.

8.2 Der Formwechsel führt zu keinen Veränderungen der betrieblichen Struktur und der betrieblichen Organisation. Eine Betriebsänderung, die Verhandlungen mit dem Betriebsrat der G-GmbH erforderlich machen würde, wird durch den Formwechsel nicht bewirkt. Im Zusammenhang mit dem Formwechsel sind keine die Arbeitnehmer betreffenden Maßnahmen geplant.

8.3 Der Betriebsrat der G-GmbH im ...... Betrieb bleibt nach dem Formwechsel unverändert im Amt. Die Tarifbindung der G-GmbH ändert sich ebenfalls nicht. Bestehende Betriebsvereinbarungen bleiben unverändert in Kraft.

8.4 Da die G-GmbH bisher einschließlich der zwei Geschäftsführer 120 Mitarbeiter beschäftigt, liegen die Voraussetzungen von § 1 Abs. 1 Nr. 3 DrittelbG nicht vor, wonach ein von Arbeitnehmern mitbestimmter Aufsichtsrat erst ab einer Arbeitnehmerzahl von mehr als 500 zu bilden ist. Da die Mitarbeiterzahl vom Formwechsel unberührt bleibt, tritt auch insoweit keine Änderung ein. Auf die Akteingesellschaft findet nun § 1 Abs. 1 Nr. 1 DrittelbG Anwendung, dessen Voraussetzungen ebenfalls nicht vorliegen, da auch die AG insgesamt nicht mehr als 120 Mitarbeiter beschäftigt.

9. Zu Mitgliedern des ersten Aufsichtsrates der Aktiengesellschaft werden folgende Personen mit einer Amtszeit bis zum Ablauf der Hauptversammlung, die über die Entlastung für das zweite Geschäftsjahr nach dem Beginn ihrer Amtszeit beschließt (ohne Berücksichtigung des Geschäftsjahres, in dem die Amtszeit beginnt:[13]
   (a) Herr ......, geboren am ......, wohnhaft in: ......, ... [Beruf],
   (b) Herr ......, geboren am ......, wohnhaft in: ......, ... [Beruf],
   (c) Frau ......, geboren am ......, wohnhaft in: ......, ... [Beruf].
   Zu Ersatzmitgliedern des ersten Aufsichtsrates der Aktiengesellschaft werden folgende Personen mit der gleichen Amtszeit gewählt:
   (a) Für das Aufsichtsratsmitglied zu a):
       Herr ......, geboren am ......, wohnhaft in: ......, ... [Beruf],
   (b) Für das Aufsichtsratsmitglied zu b):
       Frau ......, geboren am ......, wohnhaft in: ......, ... [Beruf],
   (c) Für das Aufsichtsratsmitglied zu c):
       Frau ......, geboren am ......, wohnhaft in: ......, ... [Beruf].
   Jedes Mitglied des Aufsichtsrates erhält eine Vergütung in Höhe von ...... EUR p.a., soweit das Mitglied nicht zugleich Mitarbeiter oder Organ von Gesellschaften der Gesellschaft ist und auf eine Vergütung verzichtet hat. Allen Mitgliedern des Aufsichtsrates werden im Interesse der Gesellschaft getätigte Barauslagen aufgrund Einzelnachweis oder als Pauschale erstattet. Soweit ein Aufsichtsratsmitglied der Mehrwertsteuerpflicht unterliegt, ist ihm diese gesondert zu vergüten.

10. Zum Abschlussprüfer für das am 31. 12. ...... endende Geschäftsjahr wird bestellt:[14]
    ...... [WP-Gesellschaft, Anschrift]
11. Auf die Erstellung, die Prüfung und die Auslegung eines Umwandlungsberichtes wird gemäß § 192 Abs. 2 UmwG verzichtet. Auf ein Angebot zur Barabfindung und dessen Prüfung wird ebenfalls verzichtet (§§ 238, 231, 207 Abs. 1, 208, 30 UmwG).[15]
12. Es wird festgestellt, dass kein Gesellschafter gegen die Umwandlung Widerspruch zum notariellen Protokoll erklärt hat. Auf das Recht zur Klage gegen die Wirksamkeit des Umwandlungsbeschlusses wird verzichtet (§§ 198 Abs. 3, 16 Abs. 2 UmwG).

II. Zustimmungsbeschluss Vertrag über die Gründung einer stillen Gesellschaft

Nachdem unter I. die Umwandlung der Gesellschaft in eine Aktiengesellschaft beschlossen wurde, beschließen die Erschienenen und die von den Erschienenen vertretenen alleinigen Gesellschafter und – nach Eintragung der Umwandlung in das Handelsregister – künftigen alleinigen Aktionäre der G-AG unter Verzicht auf sämtliche durch Gesetz oder Satzung vorgeschriebenen Formen und Fristen für die Abhaltung einer Hauptversammlung und die Fassung von Hauptversammlungsbeschlüssen einstimmig was folgt:

1. Dem Vertrag über die Gründung einer stillen Gesellschaft zwischen der G-GmbH und der ...... [stiller Gesellschafter] vom ......, der dieser Urkunde in beglaubigter Abschrift als Anlage 2[16] beigefügt ist, wird gemäß § 293 Abs. 1 AktG zugestimmt.
2. Im Hinblick auf den in Anlage 2 beigefügten Vertrag über die Gründung einer stillen Gesellschaft zwischen G-GmbH und ...... [stiller Gesellschafter] vom ...... verzichten wir auf sämtliche Erfordernisse einer Vertragsprüfung gemäß § 293 a AktG und eines Vertragsberichtes gemäß § 293 b AktG, wobei die damit hier beschlossenen beurkundeten einstimmigen Verzichtserklärungen sämtlicher Gesellschafter an die Stelle der nach dem Gesetzestext geforderten öffentlich-beglaubigten Verzichtserklärungen der Anteilsinhaber treten sollen.

Damit ist die Gesellschafterversammlung beendet.[17]

III. Hinweise

Der Notar belehrte die Erschienenen über die Unwiderruflichkeit der Verzichtserklärungen und über deren Wirkungen sowie darüber, dass durch diese Erklärungen die Ausübung von Gesellschafterrechten bei dem bevorstehenden Formwechsel beeinträchtigt werden kann.

IV. Vollmachten

Die Erschienenen bevollmächtigen hiermit
Frau ...... sowie
Herrn ......,
beide geschäftsansässig am Amtssitz des beurkundenden Notars, sämtliche Erklärungen und Rechtshandlungen vorzunehmen, die im Zuge des Umwandlungsbeschlusses erforderlich und zweckmäßig sind. Die Vollmacht ist jederzeit widerruflich. Jede(r) Bevollmächtigte darf jede Partei einzeln vertreten und ist von den Beschränkungen der Mehrfachvertretung gemäß § 181 Alt. 2 BGB befreit. Dem Handelsregister gegenüber ist die Vollmacht unbeschränkt.

Vorstehende Niederschrift wurde den Erschienenen vom Notar vorgelesen, von ihnen genehmigt und von ihnen sowie dem Notar wie folgt unterschrieben:[18]

Schrifttum: Kallmeyer, Der Formwechsel der GmbH oder GmbH & Co. in die AG oder KGaA zur Vorbereitung des Going Public, GmbHR 1995, 888; *Martens,* Nachgründungskontrolle beim Formwechsel einer GmbH in eine AG, ZGR 1999, 548; *H. J. Mertens,* Die formwechselnde Umwandlung einer GmbH in eine Aktiengesellschaft mit Kapitalerhöhung und die Gründungsvorschriften, AG 1996, 561; *K. Mertens,* Die stille Beteiligung an der GmbH und ihre Überleitung bei Umwandlungen in die AG, AG 2000, 32; *Reichert,* Folgen der Anteilsvinkulierung für Umstrukturierungen von Gesellschaften mit beschränkter Haftung und Aktiengesellschaften nach dem Umwandlungsgesetz 1995, GmbHR 1995, 176;

K. Schmidt, Die Umwandlung einer GmbH in eine AG zu Kapitaländerungszwecken, AG 1986, 150; *ders.*, Volleinzahlungsgebot beim Formwechsel in die AG oder GmbH?, ZIP 1995, 1385; *Priester*, Kapitalgrundlage beim Formwechsel. Zwang zur Buchwertfortführung? DB 1995, 911; *Stirnberg*, Bildung und Funktion des Aufsichtsrats beim Formwechsel in eine Kapitalgesellschaft, 1996.

Anmerkungen

1. **Wahl des Formulars.** Es handelt sich um einen kurzen Umwandlungsbeschluss einer GmbH mit vier Gesellschaftern. Sämtliche Gesellschafter stimmen der Umwandlung zu und geben alle erforderlichen Verzichtserklärungen ab. Widerspruch zum Formwechsel wird nicht zu Protokoll gegeben. Die Gesellschaft hat einen Betriebsrat. Sie ist nicht mitbestimmungspflichtig (unter 500 Arbeitnehmer). Der Aufsichtsrat der künftigen Aktiengesellschaft wird aus drei Mitgliedern bestehen, die sämtlich von den Anteilseignern gewählt werden. Es gibt Ersatzmitglieder für jedes Aufsichtsratsmitglied. Weiterhin geht das Muster davon aus, dass die formzuwechselnde GmbH als Inhaberin des Geschäfts einen Vertrag über eine stille Gesellschaft abgeschlossen hat.

2. **Umwandlungsbeschluss.** Die Umwandlung einer GmbH in eine AG erfolgt durch Beschluss der Gesellschafter der GmbH. Der Umwandlungsbeschluss hat zwingend in der Gesellschafterversammlung zu erfolgen (§ 193 Abs. 1 S. 2 UmwG).

3. **Vorbemerkung.** Das Formular sieht keine Kapitalerhöhung im Zusammenhang mit dem Formwechsel vor. Oftmals geschieht dies jedoch, entweder um das Mindestgrundkapital einer Aktiengesellschaft zu erreichen (EUR 50.000,–, § 7 AktG) oder um im Vorgriff auf einen Börsengang oder die Veräußerung von Aktien das Kapital angemessen zu erhöhen. In diesem Fall sollte über die Kapitalerhöhung vor dem Formwechsel beschlossen werden; der Beschluss kann jedoch am gleichen Tag erfolgen.

4. **Vollversammlung.** Gemäß § 238 UmwG gelten die §§ 230 und 231 UmwG entsprechend. Da alle Gesellschafter der GmbH anwesend bzw. ordnungsgemäß vertreten sind, kann über den Formwechsel auch beschlossen werden, wenn die Form- und Fristvorschriften für die Einberufung der Gesellschafterversammlung nicht eingehalten worden sind und alle Gesellschafter dem Formwechsel zustimmen (vgl. § 51 Abs. 3 GmbHG). Die §§ 231, 232 UmwG dienen ausschließlich dem Schutz der Anteilsinhaber und bei Zustimmung aller Gesellschafter werden keinen schützenswerten Interessen verletzt. Gemäß § 239 Abs. 1 UmwG ist der Umwandlungsbericht in der Gesellschafterversammlung auszulegen. Seit Einführung des § 239 Abs. 1 S. 2 UmwG durch das ARUG (Gesetz zur Umsetzung der Aktionärsrechterichtlinie, BGBl. I S. 2479) kann der Umwandlungsbericht auch auf andere Weise zugänglich gemacht werden, der praktische Nutzen dieser Möglichkeit wird jedoch bezweifelt (vgl. Kallmeyer/*Dirksen* § 232 Rdnr. 1).

5. **Mehrheitserfordernisse.** Das Formular geht davon aus, dass der Umwandlungsbeschluss einstimmig gefasst wird. Grundsätzlich bedarf der Umwandlungsbeschluss einer Mehrheit von drei Viertel der abgegebenen Stimmen (§ 240 Abs. 1 UmwG). Die Stimmen abwesender Gesellschafter und Stimmenthaltungen sind nicht mitzuzählen. Mehrstimmrechte sind zu berücksichtigen. Die Dreiviertelmehrheit ist Mindestvoraussetzung, so dass der Gesellschaftsvertrag nur größere Mehrheiten bis zur Einstimmigkeit oder andere besondere Erfordernisse (Beschlussfähigkeit, Quorum, Mindestkapitalbeteiligung) vorsehen kann (§ 240 Abs. 1 S. 2 UmwG, siehe auch § 53 Abs. 2 GmbHG). Die durch den Gesellschaftsvertrag vorgesehenen Mehrheiten müssen sich nicht ausdrücklich auf die Umwandlung beziehen, vielmehr reicht es, dass der Gesellschaftsvertrag für Satzungsänderungen allgemeine größere Mehrheiten bzw. besondere Erfordernisse vorsieht. Unabhängig von diesen Mehrheitserfordernissen müssen Gesellschafter, denen Minderheiten- oder Sonderrechte i. S. v. § 50 Abs. 2 UmwG zustehen, dem Umwandlungsbeschluss zustimmen (§ 241 Abs. 2 UmwG). Dies gilt nach allgemeiner Meinung auch für andere nicht in § 50 Abs. 2 UmwG genannte Sonderrechte (Kallmeyer/*Dirksen* § 240 Rdnr. 3). Ferner müssen die Gesellschafter zustimmen, denen neben der Leistung der Kapitaleinlage noch andere Verpflichtungen gegenüber der GmbH auferlegt sind und

die wegen der einschränkenden Bestimmung des § 55 AktG gegenüber der AG nicht erbracht werden können (§ 241 Abs. 3 UmwG). Schließlich muss jeder Gesellschafter der Festsetzung des Nennbetrags der neuen Aktien zustimmen, wenn der Nennbetrag der Aktien in der Satzung der AG auf einen höheren als den Mindestbetrag nach § 8 Abs. 2 oder 3 AktG und abweichend vom Nennbetrag der Geschäftsanteile der GmbH festgesetzt wird und sich der Gesellschafter nicht dem Gesamtnennbetrag seiner Geschäftsanteile an der GmbH entsprechend beteiligen kann (§ 241 Abs. 1 UmwG).

6. Gründungsrecht. Gemäß § 197 UmwG sind auf den Formwechsel die Gründungsvorschriften anzuwenden, welche für den Rechtsträger neuer Rechtsform gelten, soweit sich aus den §§ 190 ff. UmwG nichts anderes ergibt. Zu den Gründungsvorschriften für die AG zählen die §§ 1 bis 13 und §§ 23 bis 53 AktG (zu den Einzelheiten siehe Lutter/*Decher* § 197 Rdnr. 12 ff.; Kallmeyer/*Meister*/*Klöcker* § 197 Rdnr. 29 ff.). Nach § 245 Abs. 1 S. 3 UmwG bedarf es der Anwendung der Nachgründungsvorschriften dann nicht, wenn die übertragende GmbH vor dem Wirksamwerden des Formwechsels bereits seit länger als zwei Jahren existierte. Dahinter steht die Überlegung, dass sich die Kapitalaufbringung bei der GmbH nicht wesentlich von derjenigen der AG unterscheidet. Die Anwendung der Nachgründungsvorschriften erscheint daher nur dann sinnvoll, wenn die GmbH vor Wirksamwerden des Formwechsels weniger als zwei Jahre existierte (vgl. Begr. UmwG-E, BT-Drucks. 16/2919 S. 44).

7. Firma. Vgl. § 200 Abs. 1, 2 UmwG, § 4 AktG. Die AG kann die Firma der GmbH bis auf den Rechtsformzusatz fortführen, die Firma muss aber auf jeden Fall die Bezeichnung „Aktiengesellschaft" oder eine Abkürzung dieser Bezeichnung enthalten. Häufig findet sich in Formularen in Zusammenhang mit der Firma der formgewechselten Gesellschaft auch die Angabe des Sitzes der Gesellschaft. Zwar muss dieser zwingend in der Satzung der AG angegeben werden (§ 23 Abs. 3 Nr. 1 AktG), nicht zwingend jedoch als eigener Punkt im Umwandlungsbeschluss.

8. Satzung der AG. Gemäß §§ 243 Abs. 1, 218 Abs. 1 UmwG muss die Satzung der AG im Umwandlungsbeschluss festgestellt werden. Der Gesellschaftsvertrag der GmbH muss daher entsprechend den Anforderungen des Aktiengesetzes in eine ordnungsgemäße Satzung umgeändert werden. § 23 Abs. 3 und 4 AktG bestimmt insoweit den zwingenden Mindestinhalt der Satzung. Umstritten ist, ob § 27 Abs. 1 AktG hinsichtlich der Sachübernahmen Anwendung findet (ausführlich zum Streitstand Limmer/*Limmer* Rdnr. 2357 ff. m. w. N.). Das Deutsche Notarinstitut, welches sich in seinem Gutachten Nr. 48 ausführlich mit dem Thema der Sachgründung bei einem Formwechsel einer GmbH in eine AG sowie mit den Angaben über den Sacheinlagegegenstand, dem Umwandlungsbeschluss, dem Gründungsbericht sowie dem Gründungsprüfungsbericht befasst hat, spricht sich dafür aus, dass aus der Satzung der AG ersichtlich wird, dass die Sacheinlage durch Formwechsel der bisherigen GmbH erbracht wird; eine entsprechende Auflistung sämtlicher Vermögensgegenstände der formwechselnden GmbH sei jedoch nicht erforderlich. Es ist daher aus rechtlicher Vorsicht zu empfehlen, in die Satzung den Hinweis aufzunehmen, dass die Sacheinlage durch Formwechsel der GmbH erbracht wird (vgl. DNotI Gutachten Nr. 48, Ziff. 4 g; Widmann/Mayer/*Rieger* § 197 Rdnr. 146).

Weiterhin muss die Satzung eine Regelung zum Gründungsaufwand enthalten (§ 26 Abs. 2 AktG). Dies schließt die Kosten der Rechtsberatung für den Formwechsel mit ein. Eine entsprechende Satzungsbestimmung zum Gründungsaufwand könnte wie folgt lauten:

„Die Gesellschaft trägt die Kosten des Formwechsels, insbesondere Gerichts- und Notarkosten, Kosten der Rechtsberatung, Kosten für die Gründungsprüfung und Kosten der Gesellschafterversammlung bis zu einem Höchstbetrag von ...... EUR."

9. Beteiligung der bisherigen Gesellschafter. Gemäß § 194 Abs. 1 Nr. 4 UmwG muss der Umwandlungsbeschluss Zahl, Art und Umfang der Anteile bestimmen, welche die Gesellschafter der GmbH durch den Formwechsel erlangen sollen. Gemäß § 202 Abs. 1 Nr. 2 UmwG sind die Anteilsinhaber des formwechselnden Rechtsträgers mit Eintragung des Formwechsels kraft Gesetzes an dem Rechtsträger neuer Rechtsform mit ein und derselben Beteiligung, jedoch nach den für die neue Rechtsform geltenden Vorschriften, beteiligt (Identität der Beteiligung). In der Satzung der AG kann jedoch der Nennbetrag der jeweiligen Aktien abweichend vom Nennbetrag der Geschäftsanteile bei der GmbH festgesetzt werden (§ 243 Abs. 3 UmwG).

Gemäß § 8 Abs. 1 AktG können entweder Nennbetragsaktien oder Stückaktien ausgegeben werden. Der Nennbetrag der ersteren muss dabei mindestens auf EUR 1,– lauten (§ 8 Abs. 2 AktG), der auf eine Stückaktie entfallende rechnerische anteilige Betrag des Grundkapitals muss ebenfalls mindestens EUR 1,– betragen (§ 8 Abs. 3 AktG). Die Geschäftsanteile der GmbH sind gegen Aktien umzutauschen. § 248 Abs. 1 UmwG erklärt für diesen Umtausch die §§ 73, 226 AktG für entsprechend anwendbar. Daraus folgt, dass die Gesellschaft unter den in § 73 AktG genannten Voraussetzungen die Geschäftsanteile für kraftlos erklären kann. Die Ausgabe der Aktien erfolgt an die gemäß § 16 GmbHG legitimierten Gesellschafter der GmbH oder, soweit die Geschäftsanteile nach dem Umwandlungsbeschluss vor Eintragung des Formwechsels erworben worden sind – ein in der Praxis nicht seltener Fall – durch Vorlage einer Ausfertigung bzw. beglaubigten Abschrift der Abtretungsurkunde (vgl. hierzu und zum Verfahren Kallmeyer/*Dirksen* § 248 Rdnr. 2 ff.; Lutter/*Happ/Göthel*, § 248 Rdnr. 3 ff.). Alternativ kann die Gesellschaft die Aktien hinterlegen soweit ein Recht zur Hinterlegung besteht (§ 73 Abs. 3 AktG). Können Gesellschaftern keine Aktien zugeteilt werden, die dem Gesamtnennbetrag ihrer Geschäftsanteile entsprechen, können diese nicht beteiligungsfähigen Spitzen zu neuen Aktien zusammengelegt werden, die dann den Gesellschaftern gemeinsam zustehen (Lutter/*Happ/Göthel* § 248 Rdnr. 12 ff.; Kallmeyer/*Dirksen* § 248 Rdnr. 4). In der Praxis wird eine solche Zusammenlegung jedoch allenfalls dann stattfinden, wenn mit Einverständnis aller Gesellschafter ein höherer Mindestbetrag festgesetzt werden soll.

10. Gründer. Die Personen, die nach § 245 UmwG den Gründern gleichstehen, sind in der Niederschrift über den Umwandlungsbeschluss namentlich aufzuführen (§ 244 Abs. 1 UmwG).

11. Sonderrechte. Vgl. Form. L.IV.1 Anm. 14.

12. Folgen für die Arbeitnehmer. Vgl. Form. L.IV.1 Anm. 16. Im Übrigen gilt Folgendes: Nach § 197 S. 2 UmwG ist § 30 Abs. 2 AktG auf den Formwechsel nicht anzuwenden. Der erste Aufsichtsrat der Aktiengesellschaft muss also grundsätzlich das Mitbestimmungsstatut der umgewandelten GmbH erfüllen. Um die Bestellung des zweiten Aufsichtsrates nicht zu verzögern, sollte ca. sechs Monate vor Ende der Amtszeit des ersten Aufsichtsrates das Statusverfahren gemäß §§ 30 Abs. 3 S. 2, 96 ff. AktG durchgeführt werden. Insbesondere hat der Vorstand die seiner Ansicht nach richtige Zusammensetzung des Aufsichtsrates gemäß § 97 Abs. 1 in den Gesellschaftsblättern und durch Aushang in sämtlichen Betrieben der Gesellschaft und ihrer Konzernunternehmen bekannt zu machen. Sofern die formwechselnde GmbH, anders als im dem Formular zugrunde liegenden Sachverhalt, bereits einen Aufsichtsrat nach den Vorschriften des Drittelbeteiligungsgesetzes, des Mitbestimmungsgesetzes oder des Montan-Mitbestimmungsgesetzes besitzt, bleiben die Mitglieder des Aufsichtsrates nach § 203 UmwG im Amt, sofern die Anteilsinhaber nicht im Umwandlungsbeschluss etwas anderes bestimmen (vgl. hierzu Willemsen/Hohenstatt/Schweibert/Seibt/*Seibt* F Rdnr. 64).

13. Bestellung des Aufsichtsrates. Bei der AG ist zwingend ein Aufsichtsrat zu bilden (§ 95 AktG). Es bietet sich insoweit an, zusammen mit dem Umwandlungsbeschluss den Aufsichtsrat zu bestellen. Nach § 197 S. 2 UmwG ist § 30 Abs. 3 S. 1 AktG für den ersten Aufsichtsrat der umgewandelten Aktiengesellschaft nicht anwendbar. Der erste Aufsichtsrat kann daher für eine längere Amtsperiode als bis zur Beendigung der Hauptversammlung bestellt werden, die über die Entlastung für das erste Voll- oder Rumpfgeschäftsjahr beschließt. § 102 AktG ist anwendbar. Der Aufsichtsrat hat vor der Anmeldung des Formwechsels zum Handelsregister den Vorstand der AG zu bestellen.

14. Bestellung des Abschlussprüfers. Der Abschlussprüfer für das erste Voll- oder Rumpfgeschäftsjahr ist jeweils durch die als Gründer geltenden Anteilsinhaber (§ 197 S. 1 UmwG i. V. m. § 245 Abs. 1 S. 1 UmwG) zu bestellen (§ 197 S. 1 UmwG i. V. m. § 30 Abs. 1 S. 1 AktG). Die Bestellung bedarf der notariellen Beurkundung (§ 197 S. 1 UmwG i. V. m. § 30 Abs. 1 S. 2 AktG). Daher ist es zweckmäßig, die Bestellung des Abschlussprüfers in den Umwandlungsbeschluss aufzunehmen.

15. Die Aufnahme eines Barabfindungsangebots in den Umwandlungsbeschluss ist entbehrlich, wenn alle Anteilsinhaber darauf in notariell beurkundeter Form verzichtet haben.

Gemäß § 208 i.V.m. § 30 Abs. 2 S. 3 UmwG können die Berechtigten in notariell beurkundeter Form auf die Prüfung des Abfindungsangebots oder auf den Prüfungsbericht verzichten.

16. Stille Gesellschaft. Das Formular geht davon aus, dass die formwechselnde GmbH als Inhaberin des Geschäfts einen Vertrag über eine stille Gesellschaft abgeschlossen hat. Bei einer Aktiengesellschaft gilt ein Vertrag über eine stille Gesellschaft als Teilgewinnabführungsvertrag gemäß § 293 Abs. 1 Nr. 2 AktG. Ein Teilgewinnabführungsvertrag ist ein Unternehmensvertrag und bedarf daher für seine Wirksamkeit der Formalien der §§ 293 f. AktG (Zustimmung der Aktionäre, Eintragung im Handelsregister).

17. Kapitalschutz. § 245 Abs. 1 S. 2 erklärt § 220 UmwG für entsprechend anwendbar. Daraus folgt, dass der Nennbetrag des Grundkapitals der AG das nach Abzug der Schulden verbleibende Vermögen der formwechselnden GmbH nicht übersteigen darf. Ein Formwechsel scheitert somit im Falle einer Unterbilanz. Entgegen der früher h.M. hat der Gesetzgeber ausweislich des eindeutigen Wortlauts des § 220 UmwG entschieden, dass dieses Ergebnis nicht zu korrigieren ist. Zur Feststellung des Reinvermögens siehe Kallmeyer/*Dirksen* § 245 Rdnr. 6). Fraglich ist allerdings, wie der Handelsrichter angesichts der Tatsache, dass der Anmeldung des Formwechsels weder eine Vermögensaufstellung noch eine sonstige Bilanz beizufügen ist, das Vorliegen einer Unterbilanz feststellen will. Allenfalls der von den Gründern zu erstattende Gründungsbericht nach § 197 UmwG i.V.m. § 32 AktG könnte hierüber Aufschluss geben. Aus diesem Grund wird in der Literatur das Beifügen einer Kapitalnachweisbilanz empfohlen (vgl. *Priester* DB 1995, 911; Kallmeyer/*Dirksen* § 245 Rdnr. 9).

18. Kosten und Gebühren. Vgl. Form. L.IV.1 Anm. 18.

8. Umwandlungsbericht gemäß § 192 UmwG

Vgl. hierzu Form. L.IV.2, das insoweit entsprechend mit der Maßgabe gilt, dass nicht von einer GmbH & Co. KG, sondern von einer AG als neuer Rechtsform zu sprechen ist. Weiterhin ist anstelle des Gesellschaftsvertrags der KG die Satzung der AG beizufügen (Anlage 3).

9. Abfindungsangebot gemäß § 207 UmwG

Vgl. hierzu Form. L.IV.3, das insoweit entsprechend mit der Maßgabe gilt, dass nicht von einer GmbH & Co. KG, sondern von einer AG als neuer Rechtsform zu sprechen ist.

10. Gründungsbericht gemäß § 197 UmwG i.V.m. § 32 AktG

Gründungsbericht[1]
der
G-AG

Als Gründer der G-AG berichten wir über den Hergang der Gründung wie folgt:
1. In der Gesellschafterversammlung vom ...... (UR-Nr. ...... des Notars ......, ... wurde der Formwechsel der G-GmbH mit Sitz in ......, eingetragen im Handelsregister des Amtsgerichts ...... unter HRB ......, in eine Aktiengesellschaft einstimmig beschlossen und die Satzung der Aktiengesellschaft festgestellt.

10. Gründungsbericht gemäß § 197 UmwG i. V. m. § 32 AktG　　L.IV.10

2. Die Satzung der Aktiengesellschaft wurde im Rahmen des vorgenannten formwechselnden Umwandlungsbeschlusses festgestellt.
3. Die Firma der Aktiengesellschaft lautet:

   G-AG.

   Sitz der Gesellschaft ist unverändert ....
4. Gründer im Sinne von § 245 Abs. 1 S. 1 UmwG sind sämtliche Gesellschafter der G-GmbH:
   (a) J-GmbH mit Sitz in ......, eingetragen im Handelsregister des Amtsgerichts unter HRB ......
   (b) K-GmbH mit Sitz in ......, eingetragen im Handelsregister des Amtsgerichts unter HRB ......
   (c) Herr ......, geboren am ......, wohnhaft ......,
   (d) Frau ......, geboren am ......, wohnhaft ......
   Sämtliche Vorgenannten haben für den Formwechsel der G-GmbH in eine Aktiengesellschaft gestimmt.
   Mitglieder des Aufsichtsrats sind:
   (a) Herr ......, geboren am ......, wohnhaft ......,
   (b) Herr ......, geboren am ......, wohnhaft ......,
   (c) Frau ......, geboren am ......, wohnhaft ......
   Der Aufsichtsrat hat in seiner konstituierenden Sitzung vom ...... zu Mitgliedern des Vorstands bestellt:
   (a) Frau ......, geboren am ......, wohnhaft ......,
   (b) Herr ......, geboren am ......, wohnhaft ......,
   Abschlussprüfer für das am ...... endende Rumpfgeschäftsjahr ist die ...... [WP-Gesellschaft] in ......
5. Das Stammkapital des bisherigen Rechtsträgers wurde im Verhältnis 1:1 zu Grundkapital der Aktiengesellschaft. Es ist in ...... auf den Namen lautende Stückaktien jeweils mit einem rechnerischen anteiligen Betrag am Grundkapital von EUR 1,– eingeteilt. Die bisherigen Gesellschafter erhalten Aktien in der Anzahl, wie sie der Summe ihrer Geschäftsanteile entspricht.
6. Beim Formwechsel wurden keine Aktien für Rechnung von Mitgliedern des Aufsichtsrates der Gesellschaft übernommen. Das Vorstandsmitglied Frau ...... hat entsprechend ihrem bisherigen Anteil am Stammkapital der G-GmbH ...... auf den Namen lautende Stückaktien für eigene Rechnung übernommen. Im Übrigen wurden keine Aktien für Rechnung von Mitgliedern des Vorstands übernommen.
   Kein Mitglied des Vorstandes oder des Aufsichtsrates hat sich einen besonderen Vorteil oder für den Firmenwechsel oder seine Vorbereitung einer Entschädigung oder Belohnung ausbedungen.[2]
7. Das durch Formwechsel erbrachte Grundkapital ist aus folgenden Gründen in angemessenem Umfang durch Vermögen des bisherigen Rechtsträgers gedeckt:
7.1 Der Wert der Sacheinlage erreicht mindestens die Höhe des Grundkapitals der Gesellschaft. Ausweislich des von der ...... [WP-Gesellschaft] in ...... geprüften und mit einem uneingeschränkten Bestätigungsvermerk versehenen Jahresabschlusses der G-GmbH zum 31.12. ...... betrug das Reinvermögen (bilanzielles Eigenkapital) der Gesellschaft zum Stichtag ...... EUR und überstieg damit deutlich den Gesamtnennbetrag der im Zuge der Umwandlung ausgegebenen Stückaktien in Höhe von nominal ...... EUR. Anzeichen dafür, dass sich in der Zeit nach dem Stichtag das Reinvermögen so verringert hat, dass es nicht mehr weit über der Höhe des Grundkapitals der Gesellschaft liegt, sind nicht ersichtlich.
Im Geschäftsjahr ...... wurde ein Jahresergebnis nach Steuern in Höhe von ...... EUR und im Geschäftsjahr ...... ein Jahresergebnis nach Steuern von ...... EUR erzielt. Ein

handelsrechtlicher Verlustvortrag besteht nicht. Rückstellungen sind im erforderlichen Umfang gebildet worden.³

7.2 Dem Umwandlungsbeschluss sind keine Rechtsgeschäfte der G-GmbH vorausgegangen, die auf den Übergang des Vermögens der Gesellschaft auf die durch Umwandlung zu gründende Aktiengesellschaft hingezielt haben. Die Vermögensgegenstände, die Sacheinlageleistungen darstellen, wurden im Rahmen des laufenden Geschäftsbetriebs der G-GmbH erworben oder geschaffen. Die Anschaffungs- und Herstellungskosten der Anlagenzugänge betrugen in den Geschäftsjahren ...... und .... EUR bzw. ...... EUR.⁴

8. Zum Verlauf der letzten beiden Geschäftsjahre und des laufenden Geschäftsjahres machen wir folgende ergänzende Angaben:⁵ [......]

9. Die mit der Gründung verbundenen Kosten der Eintragung und Bekanntmachung sowie die Kosten der Gründungsberatung bis zu einem Betrag von insgesamt ...... EUR und die mit der Umwandlung verbundenen Kosten der Eintragung und Bekanntmachung sowie die Kosten der Gründungsberatung bis zu einem Betrag von insgesamt ...... EUR hat die Gesellschaft gemäß § ...... ihrer Satzung übernommen.

......
......
[Namen und Unterschriften der Gründer im Sinne der §§ 244, 245 UmwG]

Anmerkungen

1. Überblick. § 197 UmwG i. V. m. § 32 Abs. 1 AktG verpflichtet die Gründer zur Erstattung eines Gründungsberichts. Der Bericht dient der Sicherung der Kapitalaufbringung und ist von den Gründern persönlich zu erstatten. Die Vertretung durch Bevollmächtigte ist ausgeschlossen (*Hüffer* § 32 Rdnr. 2). Der Gründungsbericht hat insbesondere den Hergang des Formwechsels darzustellen. Dazu gehören die Vorbereitungsmaßnahmen wie Festsetzung der Anteile, Firma und Bestellung der Organe Aufsichtsrat und Vorstand sowie vor allem Angaben zur Deckung des Reinvermögens einschließlich Hinweisen auf eine etwaige Differenzhaftung der Anteilsinhaber. Da es sich um eine Gründung durch Sacheinlage handelt, sind gemäß § 32 Abs. 2 AktG auch die Umstände darzulegen, die für die Beurteilung der Angemessenheit der Sacheinlage bzw. der Sachübernahme wesentlich sind. Erforderlich ist Schriftform (§ 126 BGB), d. h. eigenhändige Namensunterschrift. Zeitlich ist der Bericht nach Bestellung des Vorstands (vgl. § 32 Abs. 3 AktG), aber vor der Gründungsprüfung nach den §§ 33 ff. AktG zu erstellen.

2. Gemäß § 32 Abs. 3 AktG ist im Gründungsbericht anzugeben, ob Aktien für Rechnung eines Mitglieds des Vorstands oder Aufsichtsrats übernommen wurden (Strohmanngründung), oder ob und in welcher Weise ein Mitglied des Vorstands oder des Aufsichtsrats sich einen besonderen Vorteil oder für die Gründung bzw. ihre Vorbereitung eine Entschädigung oder Belohnung ausbedungen hat. In beiden Fällen ist bei Fehlen dieser Umstände eine Negativerklärung erforderlich (*Hüffer* § 32 Rdnr. 6).

3. Jahresergebnis. Die von der GmbH erzielten Betriebserträge der letzten beiden Geschäftsjahre sind anzugeben (§ 32 Abs. 2 Nr. 3 AktG). Der Begriff des Betriebsertrages ist nicht eindeutig, insofern ist bei Kapitalgesellschaften auf den Jahresüberschuss/-fehlbetrag gemäß § 275 Abs. 2 Nr. 20 oder Abs. 3 Nr. 19 HGB abzustellen (*Hüffer* § 32 Rdnr. 5). Das Formular verwendet daher zur Klarstellung den Begriff „Jahresergebnis".

4. Vorausgegangene Rechtsgeschäfte. § 32 Abs. 2 Nr. 1 AktG fordert die Angabe der vorausgegangenen Rechtsgeschäfte, die auf den Erwerb der Sacheinlage durch die AG hingezielt haben. Entscheidend ist dabei, dass Zweck des betreffenden Rechtsgeschäfts die spätere Verwendung des Leistungsgegenstands bei der Gründung ist (KölnKommAktG/*Arnold* § 32 Rdnr. 10; wohl auch MünchKommAktG/*Pentz* § 32 Rdnr. 18). Ferner sind die Anschaffungs-

und Herstellungskosten (§ 255 HGB) aus den letzten beiden Jahren anzugeben. Sind solche Rechtsgeschäfte nicht getätigt worden, ist eine Negativanzeige wie im Formular erforderlich.

5. Gemäß §§ 245 Abs. 1 S. 2, 220 Abs. 2 UmwG sind im Gründungsbericht auch der bisherige Geschäftsverlauf und die Lage der formwechselnden Gesellschaft darzulegen. Nach überwiegender Auffassung genügt die Darstellung der letzten beiden vollen Geschäftsjahre vor dem Formwechsel (Kallmeyer/*Dirksen* § 220 Rdnr. 14; Widmann/Mayer/*Vossius* § 220 Rdnr. 40). Anzugeben sind z.B. die Umsätze, Export, Personalaufwand, sonstige betriebliche Aufwendungen, Zinsaufwendungen, Cash-flow, Vorsteuerergebnis, Bilanzsumme, etwaige Rechtstreitigkeiten etc. Hinsichtlich der Angaben zur Lage der Gesellschaft kann auf die Grundsätze des § 289 HGB zurückgegriffen werden (Lutter/*Joost* § 220 Rdnr. 23). Danach ist ein den tatsächlichen Verhältnissen entsprechendes Bild zu vermitteln. Dazu gehören z.B. die voraussichtliche Produktentwicklung, Forschung und Entwicklung, Zweigniederlassungen der Gesellschaft etc.

11. Gründungsbericht des Vorstands und des Aufsichtsrats gemäß § 197 UmwG i.V.m. §§ 33, 34 AktG

**Bericht des Vorstands und Aufsichtsrats
über den Hergang der Gründung**

Wir, ... [Namen der Vorstandsmitglieder] als Mitglieder des ersten Vorstands und ...... [Namen der Aufsichtsratsmitglieder] als Mitglieder des ersten Aufsichtsrats[1] der G-AG mit Sitz in ...... erstatten den folgenden Gründungsprüfungsbericht gemäß § 197 UmwG i.V.m. § 33 Abs. 1 AktG anlässlich des Formwechsels der G-GmbH in eine Aktiengesellschaft:[2]

1. Zur Urkunde des Notars ...... in ...... vom UR-Nr. ...... haben die Gesellschafter der G-GmbH, Amtsgericht ......, HRB ...... einstimmig den Formwechsel der Gesellschaft in die Rechtsform der Aktiengesellschaft beschlossen.
2. Die Firma der Aktiengesellschaft lautet „G-AG". Als Gründer im Sinne von § 245 Abs. 1 UmwG gelten:
   (a) Die J-GmbH mit Sitz in ......, eingetragen im Handelsregister des Amtsgerichts ...... unter HRB ......,
   (b) Die K-GmbH mit Sitz in ......, eingetragen im Handelsregister des Amtsgerichts ...... unter HRB ......,
   (c) Herr ......, geboren am ......, wohnhaft in ......,
   (d) Frau ......, geboren am ......, wohnhaft in ......
   Das Grundkapital der G-AG beträgt ...... EUR. Es ist eingeteilt in ...... auf den Namen lautende nennwertlose Stückaktien. Jeder der bisherigen Gesellschafter ist am Grundkapital der Aktiengesellschaft in der Höhe beteiligt, in der er am bisherigen Stammkapital der Gesellschaft beteiligt war. Demzufolge hält
   (a) die J-GmbH ...... nennwertlose Stückaktien im Umtausch für ihre Geschäftsanteile Nrn. 1 und 2 an der G-GmbH in einem rechnerischen Nennwert von ...... EUR,
   (b) die K-GmbH ...... nennwertlose Stückaktien im Umtausch für ihren Geschäftsanteil Nr. 3 an der G-GmbH in einem rechnerischen Nennwert von ...... EUR,
   (c) Herr ...... nennwertlose Stückaktien im Umtausch für seinen Geschäftsanteil Nr. 4 an der G-GmbH in einem rechnerischen Nennwert von ...... EUR, und
   (d) Frau ...... nennwertlose Stückaktien im Umtausch für ihren Geschäftsanteil Nr. 5 an der G-GmbH in einem rechnerischen Nennwert von ...... EUR.

Durch notariellen Beschluss der Gründer vom ...... (UR-Nr. ...... des Notars ......) wurden der Aufsichtsrat und der Abschlussprüfer bestellt. Der Aufsichtsrat hat in seiner konstituierenden Sitzung am ...... die Mitglieder des Vorstandes der Gesellschaft bestellt.

3. Bei der Prüfung lagen uns der Gründungsbericht der Gründer vom ...... nebst Anlagen vor. Außerdem standen uns der vorgenannte Umwandlungsbeschluss, sämtliche Geschäftsunterlagen einschließlich der Prüfungsberichte des bisherigen Wirtschaftsprüfers, der ...... über die Jahresabschlüsse der letzten fünf Geschäftsjahre zur Verfügung. Frau ...... und Herr ...... von diesem Unternehmen erteilten uns erforderliche Auskünfte. Wir haben den Hergang der Gründung geprüft.

4. Aufgrund der Prüfung des Formwechsels wird festgestellt:
Gegenstand der Sacheinlage sind alle Aktiva und Passiva der G-GmbH, welche mit Wirksamkeit des Formwechsels in der Rechtsform der Aktiengesellschaft weiterbesteht. Aktiva und Passiva sind bei der Bildung des Grundkapitals der Aktiengesellschaft zu zutreffenden Buchwerten bewertet. Die Bewertung ist angemessen, da sich nach der auch bei Erstellung des letzten Jahresabschlusses der G-GmbH zum 31.12. ...... angewandten Bewertungsmethode, insbesondere der Einbeziehung selbstgeschaffener gewerblicher Schutzrechte und der angestellten zutreffenden Ertragsprognose stille Reserven in erheblichem Umfang ergeben.
Mit Wirksamkeit des Formwechsels treten an Stelle der bisherigen Geschäftsanteile auf den Namen lautende Stückaktien in dem durch den Umwandlungsbeschluss bestimmten Verhältnis.

5. Folgendes Prüfungsergebnis wird festgestellt:
5.1 Die im Gründungsbericht vom ...... gemachten Angaben der Gründer über die Übernahme der Aktien, die Erbringung des Grundkapitals durch Formwechsel und die Angemessenheit des aufgrund Formwechsels übergehenden Vermögens sind richtig und vollständig.[3]
5.2 Der Wert des durch Formwechsel übergehenden Vermögens abzüglich der übergehenden Verbindlichkeiten erreicht den anteiligen Betrag des Grundkapitals der hierfür gewährten Aktien in Höhe von insgesamt ...... EUR.[4]
5.3 Das Vorstandsmitglied Frau ...... hat entsprechend ihrem Anteil am Stammkapital der G-GmbH ...... nennwertlose Stückaktien auf eigene Rechnung übernommen. Im übrigen wurden für Rechnung von Mitgliedern des Vorstands oder des Aufsichtsrats keine Aktien übernommen. Die Satzung enthält keine Festsetzungen über besondere Vorteile für einzelne Aktionäre oder über Entschädigungen oder Belohnungen für die Gründung oder ihrer Vorbereitung. Einen sonstigen besonderen Vorteil oder eine Entschädigung bzw. Belohnung für den Formwechsel und seine Vorbereitung haben sich die Mitglieder des Vorstandes oder des Aufsichtsrates nicht ausbedungen.[5] Rechtsgeschäfte, die auf den Erwerb des Vermögens des bisherigen Rechtsträgers durch die Aktiengesellschaft hingezielt haben, sind nicht getätigt worden.
5.4 Die Gesellschaft hat gem. § ...... der Satzung den Gründungsaufwand (Kosten des Formwechsels) bis zum Gesamtbetrag von ...... EUR ...... übernommen. Einwendungen gegen diesen Ansatz sind nicht zu erheben.
...... [Ort, Datum]

......

[Unterschriften Vorstand und Aufsichtsrat]

Anmerkungen

1. Die Mitglieder des Vorstands und des ersten Aufsichtsrats haben den Hergang der Gründung zu prüfen (§ 33 Abs. 1 AktG) und in schriftlicher Form hierüber zu berichten (§ 34 Abs. 2 AktG).

2. Der Umfang der Prüfung richtet sich nach § 34 Abs. 1 AktG (vgl. hierzu BGH NJW 1975, 974). § 34 Abs. 1 AktG regelt den Umfang der Prüfung jedoch nicht abschließend, vielmehr hat sich die Prüfung an ihren Zwecken (Sicherstellung der ordnungsgemäßen Errichtung der AG, Information der Öffentlichkeit über die Gründungsverhältnisse, vgl. hierzu *Hüffer* § 33 Rdnr. 1) zu orientieren. Daher ist im vorliegenden Fall der gesamte Hergang des Formwechsels zu prüfen, insbesondere soweit er für die Kapitalaufbringung der AG relevant ist (Übernahme der Aktien, Feststellung der Satzung, Bestellung des Aufsichtsrats, Vorstands, Abschlussprüfer, Gründungsbericht). Diese Umstände sind auf jeden Fall zu prüfen („namentlich").
3. Vgl. § 34 Abs. 1 Nr. 1 AktG.
4. Vgl. § 34 Abs. 1 Nr. 2 AktG.
5. Vgl. § 34 Abs. 1 Nr. 1 AktG i. V. m. § 26 AktG.

12. Bericht des Gründungsprüfers über die Prüfung des Formwechsels gemäß § 197 UmwG i. V. m. §§ 33, 34 AktG[1]

1. Mit Beschluss des Amtsgerichts[2, 3] ...... – Handelsregister – vom ......, AZ ...... wurden wir[4], die ...... [WP-Gesellschaft], ..., zum Gründungsprüfer für den Formwechsel der G-GmbH (HRB ......) in eine Aktiengesellschaft bestellt.
Uns lagen vor:
(a) Umwandlungsbeschluss mit Anlagen,
(b) Gründungsbericht der Gründer, und
(c) Bericht des Vorstands und Aufsichtsrats über den Hergang der Gründung mit Anlagen.
Die Mitglieder des Vorstands, der Vorsitzende des Aufsichtsrats und Frau ...... und Herr ...... von der ...... [WP-Gesellschaft] erteilten uns die erforderlichen Auskünfte. Wir haben den Hergang der Gründung der Aktiengesellschaft durch Formwechsel pflichtgemäß geprüft.
2. Als Ergebnis der Prüfung stellen wir fest:
Gegenstand der Sacheinlage sind alle Aktiva und Passiva der G-GmbH, welche mit Wirksamkeit des Formwechsels in der Rechtsform der Aktiengesellschaft weiterbesteht. Aktiva und Passiva sind bei der Bildung des Grundkapitals der Aktiengesellschaft zu zutreffenden Buchwerten bewertet. Die Bewertung ist angemessen, da sich nach der auch bei Erstellung des letzten Jahresabschlusses der G-GmbH zum 31. 12. ...... angewandten Bewertungsmethode, insbesondere der Einbeziehung selbstgeschaffener gewerblicher Schutzrechte und der angestellten zutreffenden Ertragsprognose stille Reserven in erheblichem Umfang ergeben. Mit Wirksamkeit des Formwechsels treten an Stelle der bisherigen Geschäftsanteile auf den Namen lautende Stückaktien in dem durch den Umwandlungsbeschluss bestimmten Verhältnis.
3. Folgendes Prüfungsergebnis wird festgestellt und bestätigt:
3.1 Die Angaben der Gründer, des Vorstands und des Aufsichtsrats über die Übernahme der Aktien, die Erbringung des Grundkapitals durch Formwechsel und die Angemessenheit des aufgrund Formwechsels übergehenden Vermögens sind richtig und vollständig.[5]
3.2 Der Wert des durch Formwechsel übergehenden Vermögens abzüglich der übergehenden Verbindlichkeiten erreicht den anteiligen Betrag am Grundkapital der hierfür gewährten Aktien in Höhe von insgesamt ...... EUR.[6]

3.3 Die Gesellschaft hat gemäß § ...... der Satzung den Gründungsaufwand (Kosten des Formwechsels) bis zum Gesamtbetrag von ...... EUR übernommen. Einwendungen gegen diesen Ansatz sind nicht zu erheben.

...... [Ort, Datum]

......
[Name des Gründungsprüfers]

Schrifttum: Bärwaldt/Schabacker, Der Formwechsel als modifizierte Neugründung, ZIP 1998, 1293; *Hermanns,* Erleichterungen bei der Gründung von Aktiengesellschaften durch das Transparenz- und Publizitätsgesetz, ZIP 2002, 1785; *Ihrig/Wagner,* Die Reform geht weiter: Das Transparenz- und Publizitätsgesetz kommt, BB 2002, 789; *Noelle,* Gegenstand der Umwandlungsprüfung nach § 378 Abs. 3 AktG, AG 1990, 475; *Priester,* Kapitalerstattung und Gründungsrecht bei Umwandlung einer GmbH in eine AG, AG 1986, 29; *Zöllner,* Zur umfassenden Umstrukturierbarkeit der Gesellschaftsformen nach dem Umwandlungsgesetz, Festschrift Claussen, 1997, S. 423.

Anmerkungen

1. Bei einem Formwechsel in eine AG ist eine externe Gründungsprüfung nach § 33 Abs. 2 AktG immer erforderlich (§ 220 Abs. 3 UmwG). Im vorliegenden Fall ist die externe Gründungsprüfung zudem nach § 33 Abs. 2 Nr. 2 AktG erforderlich, da für Rechnung eines Vorstandsmitglieds Aktien übernommen worden sind. Der Gründungsprüfungsbericht ist dem Gericht und dem Vorstand einzureichen. Bei Gericht kann der Gründungsprüfungsbericht von jedem eingesehen werden (§ 34 Abs. 3 AktG). Der Umfang der Prüfung ergibt sich aus § 34 Abs. 1 AktG (vgl. hierzu BGH NJW 1975, 974; *Hüffer* § 34 Rdnr. 2 f.; MünchKommAktG/ *Pentz* § 34 Rdnr. 7 ff.; *Priester* AG 1986, 29 ff.; *Noelle* AG 1990, 475 ff.).

2. Der externe Gründungsprüfer wird auf Antrag durch das Amtsgericht am Sitz der formgewechselten Gesellschaft bestellt (§ 375 Nr. 3 FamFG). Das Gericht kann nach eigenem Ermessen die zuständige Industrie- und Handelskammer anhören (vgl. *Hüffer* § 33 Rdnr. 7).

3. Gemäß § 33 Abs. 3 S. 1 AktG kann in den Fällen des § 33 Abs. 2 Nr. 1 und 2 AktG die Gründungsprüfung auch durch den beurkundenden Notar erfolgen. Dies wirft die Frage auf, ob der den Formwechsel beurkundende Notar nicht auch die Gründungsprüfung vornehmen kann, was z.B. bei kleinen AGs nahe liegen dürfte (vgl. RegBegr BT-Drucks. 14/8769, S. 12; *Hermanns* ZIP 2002, 1785; *Ihrig/Wagner* BB 2002, 789, 792). Die Prüfung durch den Notar setzt eine Bargründung voraus, die nach § 33 Abs. 2 Nr. 1 oder 2 AktG prüfungspflichtig ist. Liegen hingegen die Voraussetzungen des §§ 33 Abs. 2 Nr. 3 oder 4 ausschließlich oder kumulativ vor, genügt eine notarielle Prüfung nicht (*Hüffer* § 33 Rdnr. 5). Daher hat insbesondere in den Fällen der Gründung mit Sacheinlagen oder Sachübernahmen die Prüfung durch einen vom Gericht bestellten Gründungsprüfer zu erfolgen (§ 33 Abs. 3 S. 2 AktG). Insofern ist diese Frage, unabhängig davon, ob man den Formwechsel als Neugründung in Form der Sachgründung ansieht (*Bärwaldt/Schabacker* ZIP 1998, 1293, 1297 („modifizierte Neugründung"); *Zöllner,* FS Claussen, S. 423, 432; a.A. OLG Frankfurt/M. NJW 1999, 2285; Kallmeyer/*Meister/Klöcker,* § 197 Rdnr. 7; Lutter/*Decher,* § 197 Rdnr. 5 ff.) zu verneinen (so auch MünchVertragsHdB I/*Schmidt-Diemitz/Moszka* XIII. 53). Es ist daher zu empfehlen, den Gründungsprüfer in jedem Fall durch das Gericht bestellen zu lassen.

4. Wirtschaftsprüfer bzw. Wirtschaftsprüfungsgesellschaften sind in jedem Fall als Gründungsprüfer geeignet. Grundsätzlich, soweit die Prüfung im konkreten Fall keine weitergehenden Kenntnisse erfordert, genügt es, wenn der Prüfer in der Buchführung ausreichend vorgebildet und erfahren ist (§ 33 Abs. 4 Nr. 1 AktG).

5. Vgl. § 34 Abs. 1 Nr. 1 AktG.

6. Vgl. § 34 Abs. 1 Nr. 2 AktG.

13. Anmeldung des Formwechsels einer GmbH in eine AG zum Handelsregister

UR-Nr. ......

An das
Amtsgericht ......
– Handelsregister –
......[1]

G-GmbH ......, HRB ......
Formwechsel G-GmbH

I. Wir, die Geschäftsführer[2] der G-GmbH als bisherigem Rechtsträger überreichen als Anlage:[3]
   1. Ausfertigung der Niederschrift über die Gesellschafterversammlung vom ...... (UR-Nr. ...... des Notars ......), die beinhaltet:
      (a) den Umwandlungsbeschluss,
      (b) die Feststellung der Satzung der Aktiengesellschaft (der Niederschrift als Anlage 1 beigefügt),
      (c) die Bestellung des Aufsichtsrats,
      (d) die Bestellung des Abschlussprüfers für das Geschäftsjahr ......,
      (e) den Verzicht auf die Erstellung, Prüfung und Auslegung eines Umwandlungsberichts, und
      (f) den Zustimmungsbeschluss bezüglich eines bestehenden Vertrages über eine stille Beteiligung (der Niederschrift als Anlage 2 beigefügt) samt Verzicht auf diesbezügliche Vertragsprüfung und Vertragsbericht;
   2. Empfangsbekenntnis des Vorsitzenden des Betriebsrats der Gesellschaft;
   3. Beschluss des Aufsichtsrats über
      (a) die Wahl des Vorsitzenden und stellvertretenden Vorsitzenden des Aufsichtsrates, und
      (b) die Bestellung des Vorstands der Gesellschaft;
   4. schriftlicher Bericht der Gründer über den Hergang der Gründung (Gründungsbericht);
   5. Bericht der Mitglieder des Vorstands und des Aufsichtsrats der Gesellschaft über die Prüfung des Hergangs der Gründung (interner Gründungsprüfungsbericht);
   6. Bericht des vom Gericht bestellten Gründungsprüfers (externer Gründungsprüfungsbericht); und
   7. Berechnung des der Gesellschaft zu Last fallenden Gründungsaufwands.
II. Wir versichern, dass eine Klage gegen die Wirksamkeit des Umwandlungsbeschlusses nicht erhoben ist bzw. sämtliche Gesellschafter auf Klagen gegen den Umwandlungsbeschluss gemäß §§ 198 Abs. 3, 16 Abs. 2 UmwG verzichtet haben[4].
III. Wir melden zur Eintragung im Handelsregister an:[5, 6]
   1. Die Gesellschaft ist durch formwechselnde Umwandlung in eine Aktiengesellschaft in Firma

      G-AG

      nach Maßgabe der beschlossenen Satzung umgewandelt.
   2. Gründer der Gesellschaft sind die im Umwandlungsbeschluss aufgeführten Personen.
   3. Mitglieder des Aufsichtsrats sind:

(a) Herr ......, geboren am ......, wohnhaft in ......, ... [Beruf], (Vorsitzender des Aufsichtsrates),
(b) Herr ......, geboren am ......, wohnhaft in ......, ... [Beruf], (stellvertretender Vorsitzender des Aufsichtsrates),
(c) Frau ......, geboren am ......, wohnhaft in ......, ... [Beruf].
4. Mitglieder des Vorstands sind:
(a) Frau ......, geboren am ......, wohnhaft in ......, ... [Beruf],
(b) Herr ......, geboren am ......, wohnhaft in ......, ... [Beruf].
5. Die Vertretungsbefugnis ist wie folgt geregelt:[7]
Ist nur ein Vorstand bestellt, so vertritt er die Gesellschaft allein. Sind mehrere Vorstände bestellt, so wird die Gesellschaft durch zwei Vorstandsmitglieder oder durch ein Vorstandsmitglied zusammen mit einem Prokuristen vertreten. Der Aufsichtsrat kann durch einstimmigen Beschluss Vorstandsmitglieder insgesamt oder für einzelne Rechtsgeschäfte von den Beschränkungen der Mehrfachvertretung gemäß § 181 2. Alt. BGB befreien.
Die bestellten Mitglieder des Vorstands vertreten die Gesellschaft jeweils gemeinsam mit einem weiteren Vorstandsmitglied oder einem Prokuristen. Sie sind von den Beschränkungen der Mehrfachvertretung gemäß § 181 2. Alt. BGB befreit.
6. Die unterzeichnenden Mitglieder des Vorstands erklären:[8, 9]
„Wir versichern, dass uns nicht durch gerichtliches Urteil oder durch vollziehbare Entscheidung einer Verwaltungsbehörde die Ausübung eines Berufs, Berufszweiges, Gewerbes oder Gewerbezweiges untersagt worden ist und dass wir während der letzten fünf Jahre nicht rechtskräftig wegen einer oder mehrerer vorsätzlich begangener Straftaten des Unterlassens der Stellung eines Antrags auf Eröffnung eines Insolvenzverfahrens (Insolvenzverschleppung), nach den §§ 283 bis 283d StGB (Insolvenzstraftaten), wegen falscher Angaben nach § 82 GmbHG oder § 399 AktG oder wegen unrichtiger Darstellung nach § 400 AktG, § 331 HGB, § 313 UmwG oder § 17 PublG verurteilt wurden. Wir versichern weiterhin, dass wir während der letzten fünf Jahre nicht rechtskräftig nach den §§ 263 bis 254a StGB oder den §§ 265b bis 266a StGB oder im Ausland wegen einer mit diesen Taten vergleichbaren Tat zu einer Freiheitsstrafe von mindestens einem Jahr verurteilt wurden. Ebenso wenig wurden wir aufgrund einer behördlichen Anordnung in einer Anstalt verwahrt.
Wir wurden über die Strafdrohung des § 399 AktG sowie unsere unbeschränkte Auskunftspflicht gegenüber dem Gericht durch den diese Anmeldung beglaubigenden Notar belehrt."
7. Das Grundkapital der Gesellschaft beträgt ...... EUR und ist eingeteilt in ...... auf den Inhaber lautende Stückaktien.
8. Die erteilten Prokuren bleiben unverändert aufrechterhalten mit der Maßgabe, dass die Prokuristen die Gesellschaft künftig zusammen mit einem Mitglied des Vorstandes oder einem weiteren Prokuristen vertreten.[10]
9. Zwischen der Gesellschaft und der ...... [stille Gesellschafterin] besteht ein am ...... abgeschlossener Vertrag über die Gründung einer stillen Beteiligung und damit ein Teilgewinnabführungsvertrag gemäß § 292 Abs. 1 Ziff. 2 AktG. Die Gesellschafterversammlung und zugleich künftige (nach Eintragung der Umwandlung der Gesellschaft in eine Aktiengesellschaft) Hauptversammlung hat am ...... diesem Vertrag zugestimmt (vgl. die unter 1. bezeichnete notarielle Urkunde, der dieser Vertrag über die Gründung einer stillen Beteiligung in notarieller Abschrift als Anlage 2 beigefügt ist).
IV. Die Herren ...... und jeder einzeln und unabhängig voneinander werden hiermit bevollmächtigt, alle Anmeldungen zum Handelsregister vorzunehmen, die im Zusammenhang mit der Eintragung der hier angemeldeten und aus den dieser Anmeldung

beigefügten Unterlagen ersichtlichen Tatsachen in das Handelsregister erforderlich oder zweckmäßig sind. Die Vollmacht ist jederzeit widerruflich. Jeder Bevollmächtigte darf auch für alle Beteiligten gleichzeitig handeln. Dem Handelsregister gegenüber ist die Vollmacht unbeschränkt.

......, den ....

......

[Unterschriften der Geschäftsführung der G-GmbH in vertretungsberechtigter Zahl]
[Unterschriften sämtlicher Mitglieder des Vorstands der G-AG]
[Unterschriftsbeglaubigung][11, 12]

Anmerkungen

1. Zuständiges Registergericht. Vgl. Form. L. IV.4 Anm. 2.

2. Anmeldebefugnis. Die Anmeldung des Formwechsels zum Handelsregister hat durch die Geschäftsführer der GmbH in vertretungsberechtigter Zahl zu erfolgen (§ 246 Abs. 1 UmwG). Nach § 246 UmwG ist das Vertretungsorgan des formwechselnden Rechtsträgers anmeldepflichtig, nicht, wie bei § 222 UmwG, das zukünftige Vertretungsorgan.

3. Anlagen der Anmeldung. Neben den nach dem Umwandlungsgesetz erforderlichen Unterlagen (vgl. §§ 199, 238 UmwG) sind der Anmeldung die sonst bei Gründung einer AG erforderlichen Unterlagen (§ 37 Abs. 4 AktG) beizufügen:
- Liste der Aufsichtsratsmitglieder
- Beschluss des Aufsichtsrats über die Bestellung der Vorstandsmitglieder
- schriftlicher Bericht der Gründer über den Hergang der Gründung (Gründungsbericht)
- interner Gründungsprüfungsbericht
- externer Gründungsprüfungsbericht.

Dem nach § 199 UmwG beizufügenden Umwandlungsbericht ist keine Vermögensaufstellung beizufügen (§ 238 S. 2 i. V. m. § 192 Abs. 2 UmwG).

4. Negativerklärung. Vgl. §§ 198 Abs. 3, 16 Abs. 2 UmwG.

5. Gegenstand der Anmeldung. Zum Handelsregister anzumelden sind die neue Rechtsform der Gesellschaft (Aktiengesellschaft) und die Vorstandsmitglieder (§ 246 Abs. 2 UmwG). Die Einlagenversicherung nach § 37 Abs. 1 AktG entfällt (§ 246 Abs. 3 UmwG). Da die Gesellschafter keine neuen Einlagen erbringen, ist die Versicherung, dass die Einlagen geleistet sind und zur freien Verfügung stehen, entbehrlich.

6. Bekanntmachung. Vgl. § 201 UmwG.

7. Vertretungsbefugnis. Vgl. § 197 UmwG i. V. m. § 37 Abs. 3 AktG.

8. Zeichnung der Namensunterschrift. Das Erfordernis zur Zeichnung der Namensunterschrift nach § 37 Abs. 5 AktG ist mit Inkrafttreten des EHUG (Gesetz über elektronische Handelsregister und Genossenschaftsregister sowie das Unternehmensregister, BGBl. I 2006 S. 2553) am 1. Januar 2007 aufgehoben worden (vgl. Art. 9 Nr. 1 lit. b) EHUG; *Malzer* DNotZ 2006, 9, 14; *Schlotter* BB 2007, 1, 2).

9. Abzugebende Versicherung. Vgl. § 197 UmwG i. V. m. § 37 Abs. 2 AktG und die Ausführungen in Form. L. II.12 Anm. 11.

10. Prokuren. Prokuren und Handlungsvollmachten bleiben bestehen, müssen aber zugleich mit der Anmeldung neu gezeichnet werden. In der Anmeldung ist auf das Fortbestehen der Prokuren hinzuweisen (OLG Köln GmbHR 1996, 773).

11. Form. Die Anmeldung ist öffentlich zu beglaubigen und in elektronischer Form zum Handelsregister einzureichen (§ 12 Abs. 1 HGB).

12. Kosten und Gebühren. Vgl. Form. L. IV.4 Anm. 12.

Formwechsel einer GmbH in eine KGaA

14. Umwandlungsbeschluss gemäß §§ 190 ff. UmwG[1, 2]

UR-Nr. ......

Verhandelt in ......
am ......
Vor mir,
dem Notar
......
mit Amtssitz in ......
erschienen heute in den Räumen der Kanzlei ......, wohin ich mich auf Ersuchen begeben hatte,
1. Herr ......, geboren am ......
   wohnhaft in: ......
   handelnd im eigenen Namen
2. Frau ......, geboren am ......
   wohnhaft in: ......
   handelnd im eigenen Namen
3. Herr ......, geboren am ......
   wohnhaft in: ......
   handelnd sowohl im eigenen Namen als auch zugleich als Bevollmächtigter aufgrund im Original vorgelegter und dieser Urkunde in beglaubigter Abschrift beigefügter Vollmacht für
   Frau ......, geboren am ......
   wohnhaft in: ......
Die Erschienenen haben sich ausgewiesen durch Vorlage ihrer jeweiligen Bundespersonalausweise. Auf Befragen des Notars verneinten die Erschienenen eine, die Beurkundung ausschließende, Vorbefassung im Sinne von § 3 Abs. 1 Nr. 7 BeurkG.

I. Umwandlungsbeschluss[3]

Die Erschienenen erklärten:

Vorbemerkung

Wir sind die sämtlichen Gesellschafter der G-GmbH mit Sitz in ......, eingetragen im Handelsregister des Amtsgerichts ...... unter HRB ...... und einem eingetragenen Stammkapital von ...... EUR, das voll eingezahlt ist.
An der G-GmbH sind wir wie folgt beteiligt:
1. Herr ...... hält Geschäftsanteil Nr. 1 im Nominalbetrag von ...... EUR
2. Frau ...... hält Geschäftsanteil Nr. 2 im Nominalbetrag von ...... EUR
3. Herr ...... hält Geschäftsanteil Nr. 3 im Nominalbetrag von ...... EUR
4. Frau ...... hält Geschäftsanteil Nr. 4 im Nominalbetrag von ...... EUR
Unter Verzicht[4] auf alle durch Gesetz oder Gesellschaftsvertrag vorgeschriebenen Formen und Fristen für die Abhaltung einer Gesellschafterversammlung und die Fassung von Gesellschafterbeschlüssen halten wir hiermit eine
                    außerordentliche Gesellschafterversammlung
der G-GmbH ab und beschließen einstimmig was folgt:

14. Beschluss über den Formwechsel einer GmbH in eine KGaA L.IV.14

1. Die G-GmbH wird nach den Bestimmungen der §§ 190 ff. UmwG[5] formwechselnd in die Rechtsform der Kommanditgesellschaft auf Aktien (nachstehend KGaA) umgewandelt.[6]
2. Die Firma[7] der KGaA lautet:
    A-Kommanditgesellschaft auf Aktien.
3. Die Satzung der neuen KGaA erhält den dieser Urkunde als Anlage (......) beigefügten Wortlaut, der hiermit festgestellt wird.
4. Das Grundkapital[8] der KGaA beträgt ...... EUR (in Worten: ......). Die bisherigen Geschäftsanteile der Gesellschafter der GmbH werden zum Grundkapital der KGaA.
5. An der KGaA sind beteiligt:[9]
    (a) als persönlich haftender Gesellschafter Herr ...... ohne Vermögenseinlage
    (b) als Kommanditaktionäre
    - Herr ...... mit ...... Aktien im Nennbetrag von ...... EUR
    - Frau ...... mit ...... Aktien im Nennbetrag von ...... EUR
    - Herr ...... mit ...... Aktien im Nennbetrag von ...... EUR
    - Frau ...... mit ...... Aktien im Nennbetrag von ...... EUR
6. Dem persönlich haftenden Gesellschafter Herr ...... wird eine Tätigkeitsvergütung nach folgender Maßgabe gewährt .... Den übrigen Gesellschaftern werden keine Sonderrechte oder Vorzüge gewährt. Stimmrechtslose Geschäftsanteile, Mehrstimmrechtsanteile, Schuldverschreibungen, Genussrechte oder sonstige besondere Rechte oder Vorzüge bestehen bei der GmbH nicht.[10]
7. Auf die Arbeitnehmer und ihre Vertretungen wirkt sich der Formwechsel wie folgt aus:[11]
    ...... (Siehe hierzu Form. L.IV.7)
8. Zu Mitgliedern des ersten Aufsichtsrats der KGaA werden folgende Personen mit einer Amtszeit bis zum Ablauf der Hauptversammlung, die über die Entlastung für das zum ...... endende Geschäftsjahr beschließt, bestellt:[12]
    (a) Herr ......, geboren am ......, wohnhaft in: ......, ... [Beruf],
    (b) Herr ......, geboren am ......, wohnhaft in: ......, ... [Beruf],
    (c) Frau ......, geboren am ......, wohnhaft in: ......, ... [Beruf].
    Zu Ersatzmitgliedern des ersten Aufsichtsrates der KGaA werden folgende Personen mit der gleichen Amtszeit gewählt:
    (a) Für das Aufsichtsratsmitglied zu (a):
        Herr ......, geboren am ......, wohnhaft in: ......, ... [Beruf],
    (b) Für das Aufsichtsratsmitglied zu (b):
        Frau ......, geboren am ......, wohnhaft in: ......, ... [Beruf],
    (c) Für das Aufsichtsratsmitglied zu (c):
        Frau ......, geboren am ......, wohnhaft in: ......, ... [Beruf].
    Jedes Mitglied des Aufsichtsrates erhält eine Vergütung in Höhe von ...... EUR p.a., soweit das Mitglied nicht zugleich Mitarbeiter oder Organ von Gesellschaftern der Gesellschaft ist und auf eine Vergütung verzichtet hat. Allen Mitgliedern des Aufsichtsrates werden im Interesse der Gesellschaft getätigte Barauslagen aufgrund Einzelnachweis oder als Pauschale erstattet. Soweit ein Aufsichtsratsmitglied der Mehrwertsteuerpflicht unterliegt, ist ihm diese gesondert zu vergüten.
9. Zum Abschlussprüfer für das am ...... endende Geschäftsjahr wird bestellt:[13]
    ...... [WP-Gesellschaft, Anschrift]
10. Auf die Erstellung, die Prüfung und die Auslegung eines Umwandlungsberichtes wird gemäß § 192 Abs. 2 UmwG verzichtet. Auf ein Angebot zur Barabfindung und dessen Prüfung wird ebenfalls verzichtet (§§ 238, 231, 207 Abs. 1, 208, 30 UmwG).[14]
11. Es wird festgestellt, dass kein Gesellschafter gegen die Umwandlung Widerspruch zum notariellen Protokoll erklärt hat. Auf das Recht zur Klage gegen die Wirksamkeit des Umwandlungsbeschlusses wird verzichtet (§§ 198 Abs. 3, 16 Abs. 2 UmwG).[15]

12. Die Kosten des Formwechsels trägt die Gesellschaft bis zum Betrag von ...... EUR. Damit ist die Gesellschafterversammlung beendet.[16]

II. Hinweise

Der Notar belehrte die Erschienenen über die Unwiderruflichkeit der Verzichtserklärungen und über deren Wirkungen sowie darüber, dass durch diese Erklärungen die Ausübung von Gesellschafterrechten bei dem bevorstehenden Formwechsel beeinträchtigt werden kann.

III. Vollmachten

Die Erschienenen bevollmächtigen hiermit
Frau ...... sowie
Herrn ......,
beide geschäftsansässig am Amtssitz des beurkundenden Notars, sämtliche Erklärungen und Rechtshandlungen vorzunehmen, die im Zuge des Umwandlungsbeschlusses erforderlich und zweckmäßig sind. Die Vollmacht ist jederzeit widerruflich. Jede(r) Bevollmächtigte darf jede Partei einzeln vertreten und ist von den Beschränkungen der Mehrfachvertretung gemäß § 181 Alt. 2 BGB befreit. Dem Handelsregister gegenüber ist die Vollmacht unbeschränkt.

Vorstehende Niederschrift wurde den Erschienenen vom Notar vorgelesen, von ihnen genehmigt und von ihnen sowie dem Notar wie folgt unterschrieben:[17]

......

Schrifttum: Kallmeyer, Der Formwechsel der GmbH oder GmbH & Co. in die AG oder KGaA zur Vorbereitung des Going Public, GmbHR 1995, 888; *Stirnberg*, Bildung und Funktion des Aufsichtsrats beim Formwechsel in eine Kapitalgesellschaft, 1996.

Anmerkungen

1. Überblick. Für den Formwechsel in eine KGaA gilt im Wesentlichen das Gleiche wie für den Formwechsel in eine AG (vgl. hierzu Form. L.IV.7). § 278 Abs. 3 AktG verweist für die Gründung der KGaA auf die für die AG geltenden Gründungsvorschriften. Der Formwechsel in die Rechtsform der Kommanditgesellschaft auf Aktien ist insbesondere für mittelständisch strukturierte Familienunternehmen interessant, die bisher die Rechtsform einer Gesellschaft mit beschränkter Haftung hatten. Die Rechtsform der KGaA erleichtert vor allem die Kapitalbeschaffung über geordnete Finanzmärkte (Börsen) und seitdem der BGH seine Rechtssprechung, dass der persönlich haftende Gesellschafter eine natürliche Person sein muss, ausdrücklich aufgegeben hat (BGH NJW 1997, 1923), ist diese Rechtsform in bestimmten Konstellationen (z.B. Sicherung des Familieneinflusses und Kapitalmarktzugang) erwägenswert geworden.

2. Wahl des Formulars. Die Gesellschafter der GmbH wollen ihre unternehmerischen Aktivitäten künftig in der Rechtsform der KGaA fortführen. Die formzuwechselnde GmbH hat vier Gesellschafter, von denen einer zugleich persönlich haftender Gesellschafter wird. Die GmbH beschäftigt weniger als 500 Arbeitnehmer und ist somit mitbestimmungsfrei. Das Formular geht davon aus, dass der Umwandlungsbeschluss einstimmig gefasst wird und die Gesellschafter auf die Erstattung eines Abfindungsangebots i.S.v. § 207 UmwG verzichten.

3. Umwandlungsbeschluss. Vgl. Form. L.IV.7 Anm. 2. Der Umwandlungsbeschluss muss mindestens einen persönlich haftenden Gesellschafter vorsehen (§§ 243 Abs. 1, 218 Abs. 2 UmwG).

4. Gesellschafterversammlung. Vgl. hierzu Form. L.IV.7 Anm. 4. Wenn der zukünftige Komplementär erst außerhalb der Gesellschafterversammlung zustimmt (§ 240 Abs. 3 S. 2 i.V.m. § 221 UmwG), ist bereits in der Niederschrift namentlich festzuhalten, wer als persön-

14. Beschluss über den Formwechsel einer GmbH in eine KGaA L.IV.14

lich haftender Gesellschafter vorgesehen ist (Kallmeyer/*Dirksen* § 244 Rdnr. 2; Semler/Stengel/*Mutter* § 244 Rdnr. 10; im Ergebnis ebenso Lutter/*Happ/Göthel* § 244 Rdnr. 5).

5. Umwandlungsfähigkeit. Vgl. §§ 190 Abs. 1, 191 Abs. 1 Nr. 2, Abs. 2 Nr. 3, 226, 238 ff. UmwG.

6. Gründungsrecht. Vgl. hierzu Form. L.IV.7 Anm. 6.

7. Firma. Die KGaA kann ihre Firma entweder neu bilden oder die bisherige Firma der GmbH fortführen. Der Rechtsformzusatz GmbH ist zu streichen und der dafür der Zusatz „Kommanditgesellschaft auf Aktien" bzw. „KGaA" anzuhängen (§ 279 Abs. 1 AktG). Andere Abkürzungen als „KGaA" (wie z. B. KGA, KommAG, KAG oder KoAG) haben sich nicht durchgesetzt und sind daher nicht zu empfehlen (vgl. *Hüffer* § 279 Rdnr. 2). Wenn der persönlich haftende Gesellschafter keine natürliche Person ist, muss in der Firma diese Haftungsbeschränkung gekennzeichnet werden (§ 279 Abs. 2 AktG).

8. Grundkapital. Durch den Formwechsel wird das Stammkapital der GmbH zum Grundkapital der KGaA (§ 247 Abs. 1 UmwG).

9. Beteiligung der bisherigen Gesellschafter. Gemäß § 194 Abs. 1 Nr. 4 UmwG muss der Umwandlungsbeschluss Zahl, Art und Umfang der Anteile bestimmen, welche die Gesellschafter der GmbH durch den Formwechsel erlangen sollen. Gemäß § 202 Abs. 1 Nr. 2 UmwG sind die Anteilsinhaber des formwechselnden Rechtsträgers mit Eintragung des Formwechsels kraft Gesetzes an dem Rechtsträger neuer Rechtsform mit ein und derselben Beteiligung, jedoch nach den für die neue Rechtsform geltenden Vorschriften, beteiligt (Identität der Beteiligung). Bei der KGaA muss auf jeden Fall ein Gesellschafter persönlich haftender Gesellschafter werden. Als Ausnahme zum Grundsatz der Identität der Anteilsinhaber (vgl. hierzu Form. L.IV.1 Anm. 3 und 4) kann ein Dritter, der die Stellung des persönlich haftenden Gesellschafters bei der KGaA übernehmen will, im Rahmen des Formwechsels der Gesellschaft beitreten (§§ 240 Abs. 2 S. 2, 221 UmwG). Die Beitrittserklärung eines neu eintretenden Gesellschafters bedarf der notariellen Beurkundung. Seit der Entscheidung des BGH vom 24. 2. 1997 (BGH NJW 1997, 1923) und der Neufassung des § 279 Abs. 2 AktG ist entschieden, dass auch eine juristische Person die Stellung des persönlich haftenden Gesellschafters übernehmen kann. Der persönlich haftende Gesellschafter muss weder am Aktienkapital der KGaA beteiligt sein, noch außerhalb des Grundkapitals eine Einlage leisten. Sein Gesellschafterbeitrag ist in diesem Fall auf die Tätigkeit als Organ der KGaA sowie die Übernahme des Haftungsrisikos beschränkt. Der persönlich haftende Gesellschafter kann jedoch auch, wie im vorliegenden Formular, zugleich Kommanditaktionär sein. Ebenso ist es zulässig, dass der persönlich haftende Gesellschafter eine Einlage in seiner Eigenschaft als Komplementär der KGaA leistet. Vermögenseinlagen des Komplementärs, die nicht auf das Grundkapital geleistet werden, müssen als Sondereinlagen nach Höhe und Art in der Satzung der KGaA festgesetzt werden (§ 281 Abs. 2 AktG). Die Einlage wird wie bei einer Personengesellschaft auf einem Kapitalkonto verbucht. § 288 AktG beschränkt jedoch das Entnahmerecht des persönlich haftenden Gesellschafters.

10. Sonderrechte. Vgl. Form. L.IV.1 Anm. 14. Die Tätigkeitsvergütung des persönlich haftenden Gesellschafters ist als besonderes Recht, das den übrigen Gesellschaftern nicht gewährt wird, im Umwandlungsbeschluss festzusetzen.

11. Folgen für die Arbeitnehmer. Vgl. Form. L.IV.7 Anm. 12.

12. Bestellung des Aufsichtsrates. Vgl. Form. L.IV.7 Anm. 13. Besteht bei der GmbH anders als im vorliegenden Formular bereits ein Aufsichtsrat, bleibt der Aufsichtsrat im Amt. Die Fortdauer des Amts des Aufsichtsrats ergibt sich aus § 203 UmwG. Insoweit entfällt die Bestellung der Mitglieder des Aufsichtsrats.

13. Bestellung des Abschlussprüfers. Vgl. Form. L.IV.7 Anm. 14.

14. Vgl. Form. L.IV.7 Anm. 15. Falls abzusehen ist, dass der Beschluss nicht einstimmig gefasst werden wird, ist ein Barabfindungsangebot i. S. v. § 207 UmwG in den Vertrag aufzunehmen. Folgende Formulierung ist zu empfehlen:

Seibt

„Gesellschaftern, die gegen den Umwandlungsbeschluss Widerspruch zum notariellen Protokoll erklären, wird hiermit eine Abfindung nach folgender Maßgabe angeboten: ......"
Ausf. zum Abfindungsangebot vgl. Form. L.IV.1 Anm. 15.

15. Mehrheitserfordernisse. Vgl. Form. L.IV.7 Anm. 5.

16. Kapitalschutz. Vgl. Form. L.IV.7 Anm. 17.

17. Kosten und Gebühren. Vgl. Form. L.IV.1 Anm. 18.

15. Umwandlungsbericht gemäß § 192 UmwG

Vgl. hierzu Form. L.IV.2, das insoweit entsprechend mit der Maßgabe gilt, dass nicht von einer GmbH & Co. KG, sondern von einer KGaA als neuer Rechtsform zu sprechen ist. Weiterhin ist anstelle des Gesellschaftsvertrags der KG die Satzung der KGaA beizufügen (Anlage 3).

16. Abfindungsangebot gemäß § 207 UmwG

Vgl. hierzu Form. L.IV.3, das insoweit entsprechend mit der Maßgabe gilt, dass nicht von einer GmbH & Co. KG, sondern von einer KGaA als neuer Rechtsform zu sprechen ist.

17. Gründungsbericht gemäß § 197 UmwG i.V.m. § 32 AktG

Vgl. hierzu Form. L.IV.10.

18. Gründungsbericht des persönlich haftenden Gesellschafters und des Aufsichtsrats gemäß § 197 UmwG i.V.m. §§ 33, 34 AktG

Vgl. hierzu Form. L.IV.11.

19. Bericht des Gründungsprüfers über die Prüfung des Formwechsels gemäß § 197 UmwG i.V.m. §§ 33, 34 AktG

Vgl. hierzu Form. L.IV.12.

20. Anmeldung des Formwechsels einer GmbH in KGaA zum Handelsregister

UR-Nr. ......

An das
Amtsgericht ......
– Handelsregister –
......
G-GmbH, ..., HRB ......
Formwechsel G-GmbH
  I. Wir, die Geschäftsführer der G-GmbH als bisherigem Rechtsträger und des persönlich haftenden Gesellschafters der A-Kommanditgesellschaft auf Aktien als neuem Rechtsträger, überreichen als Anlage:

20. Anmeldung des Formwechsels einer GmbH in KGaA　　　　L.IV.20

1. Ausfertigung der Niederschrift über die Gesellschafterversammlung vom ......
(UR-Nr. ...... des Notars ......), die beinhaltet:
   (a) den Umwandlungsbeschluss,
   (b) die Feststellung der Satzung der A-Kommanditgesellschaft auf Aktien (der Niederschrift als Anlage (......) beigefügt),
   (c) die Bestellung des Aufsichtsrats,
   (d) die Bestellung des Abschlussprüfers für das Geschäftsjahr ......,
   (e) den Verzicht auf die Erstellung, Prüfung und Auslegung eines Umwandlungsberichts, sowie den Verzicht auf ein Angebot zur Barabfindung,
   (f) die Zustimmungserklärung des persönlich haftenden Gesellschafters gemäß §§ 193 Abs. 3, 217 Abs. 3, 199 UmwG
2. Empfangsbekenntnis des Vorsitzenden des Betriebsrats der Gesellschaft;
3. schriftlicher Bericht der Gründer über den Hergang der Gründung (Gründungsbericht);
4. Bericht des persönlich haftenden Gesellschafters und des Aufsichtsrats der Gesellschaft über die Prüfung des Hergangs der Gründung (interner Gründungsprüfungsbericht);
5. Bericht des vom Gericht bestellten Gründungsprüfers (externer Gründungsprüfungsbericht); und
6. Berechnung des der Gesellschaft zu Last fallenden Gründungsaufwands.

II. Wir versichern, dass eine Klage gegen die Wirksamkeit des Umwandlungsbeschlusses nicht erhoben ist bzw. sämtliche Gesellschafter auf Klagen gegen den Umwandlungsbeschluss gemäß §§ 198 Abs. 3, 16 Abs. 2 UmwG verzichtet haben.

III. Wir melden zur Eintragung in das Handelsregister an:
1. Die Gesellschaft ist durch formwechselnde Umwandlung in eine Kommanditgesellschaft auf Aktien in Firma
   　　　A-Kommanditgesellschaft auf Aktien
nach Maßgabe der beschlossenen Satzung umgewandelt.
2. Gründer der Gesellschaft sind die im Umwandlungsbeschluss aufgeführten Personen.
3. Mitglieder des Aufsichtsrats sind:
   (a) Herr ......, geboren am ......, wohnhaft in ......, ... [Beruf], (Vorsitzender des Aufsichtsrats),
   (b) Herr ......, geboren am ......, wohnhaft in ......, ... [Beruf], (stellvertretender Vorsitzender des Aufsichtsrats),
   (c) Frau ......, geboren am ......, wohnhaft in ......, ... [Beruf].
4. Persönlich haftender Gesellschafter ist:
   Herr ......, geboren am ......, wohnhaft in ......, ... [Beruf].
5. Die Vertretungsbefugnis ist wie folgt geregelt:
Ist nur ein persönlich haftender Gesellschafter (nachstehend Komplementär) bestellt, so vertritt er die Gesellschaft allein. Sind mehrere Komplementäre bestellt, so wird die Gesellschaft durch zwei Komplementäre oder durch einen Komplementär zusammen mit einem Prokuristen vertreten. Der Aufsichtsrat kann durch einstimmigen Beschluss Komplementäre insgesamt oder für einzelne Rechtsgeschäfte von den Beschränkungen der Mehrfachvertretung gemäß § 181 2. Alt. BGB befreien.
6. Der unterzeichnende Komplementär erklärt:
„Ich versichere, dass mir nicht durch gerichtliches Urteil oder durch vollziehbare Entscheidung einer Verwaltungsbehörde die Ausübung eines Berufs, Berufszweiges, Gewerbes oder Gewerbezweiges untersagt worden ist und dass ich während der letzten fünf Jahre nicht rechtskräftig wegen einer oder mehrerer vorsätzlich begangener Straftaten des Unterlassens der Stellung eines Antrags auf Eröffnung eines Insolvenzverfahrens (Insolvenzverschleppung), nach den §§ 283 bis 283 d StGB (In-

solvenzstraftaten), wegen falscher Angaben nach § 82 GmbHG oder § 399 AktG oder wegen unrichtiger Darstellung nach § 400 AktG, § 331 HGB, § 313 UmwG oder § 17 PublG verurteilt wurde. Ich versichere weiterhin, dass ich während der letzten fünf Jahre nicht rechtskräftig nach den §§ 263 bis 254a StGB oder den §§ 265 b bis 266 a StGB oder im Ausland wegen einer mit diesen Taten vergleichbaren Tat zu einer Freiheitsstrafe von mindestens einem Jahr verurteilt wurde. Ebenso wenig wurde ich aufgrund einer behördlichen Anordnung in einer Anstalt verwahrt. Ich wurde über die Strafdrohung des § 399 AktG sowie meine unbeschränkte Auskunftspflicht gegenüber dem Gericht durch den diese Anmeldung beglaubigenden Notar belehrt."

7. Das Grundkapital der Gesellschaft beträgt ...... EUR und ist eingeteilt in ...... Stück auf den Inhaber lautende Stückaktien.
8. Die Geschäftsräume der A-Kommanditgesellschaft auf Aktien befinden sich nach wie vor in ......

IV. Die Herren ...... und jeder einzeln und unabhängig voneinander werden hiermit bevollmächtigt, alle Anmeldungen zum Handelsregister vorzunehmen, die im Zusammenhang mit der Eintragung der hier angemeldeten und aus den dieser Anmeldung beigefügten Unterlagen ersichtlichen Tatsachen in das Handelsregister erforderlich oder zweckmäßig sind. Die Vollmacht ist jederzeit widerruflich. Jeder Bevollmächtigte darf auch für alle Beteiligten gleichzeitig handeln. Dem Handelsregister gegenüber ist die Vollmacht unbeschränkt.

......, den ......

......

[Unterschriften der Geschäftsführung der G-GmbH in vertretungsberechtigter Zahl und des persönlich haftenden Gesellschafters]

[Unterschriftsbeglaubigung]

Anmerkung

Vgl. hierzu die Ausführungen zu Form. L.IV.13, die entsprechend für den Formwechsel einer GmbH in eine KGaA gelten. Gemäß § 282 AktG ist bei der Eintragung der KGaA in das Handelsregister statt der Vorstandsmitglieder der persönlich haftende Gesellschafter anzugeben. Ferner ist einzutragen, welche Vertretungsbefugnisse die persönlich haftenden Gesellschafter haben. Gemäß § 283 AktG gelten für die persönlich haftenden Gesellschafter die für den Vorstand der AG geltenden Vorschriften sinngemäß (vgl. hierzu *Hüffer* § 283 Rdnr. 1 f.).

Formwechsel einer AG in eine GmbH

21. Umwandlungsbeschluss gemäß §§ 190 ff. UmwG[1, 2]

UR-Nr. ......

vom ......

Hauptversammlungsprotokoll der X-AG

mit dem Sitz in ......

Der unterzeichnende Notar

......

mit dem Amtssitz in ......, nahm heute in ...... [genaue Angabe des Versammlungsortes], wohin er sich auf Ersuchen des Vorstands der X-AG begeben hatte, die Niederschrift über die

außerordentliche Hauptversammlung[3]
der
X-Aktiengesellschaft
auf.
I. Zu der Hauptversammlung waren erschienen:
  1. vom Aufsichtsrat, dem die nachstehend bezeichneten Mitglieder angehören:
     (a) ...... [Name, Beruf, Ort], Vorsitzender
     (b) ...... [Name, Beruf, Ort], stellvertretender Vorsitzender
     (c) ...... [Name, Beruf, Ort]
     (d) ...... [Name, Beruf, Ort]
     (e) ...... [Name, Beruf, Ort]
     (f) ...... [Name, Beruf, Ort]
                                                – die zu (a) bis (f) Genannten –
  2. vom Vorstand, dem die nachstehend bezeichneten Mitglieder angehören:
     (a) ...... [Name, Beruf, Ort], Vorsitzender
     (b) ...... [Name, Beruf, Ort], stellvertretender Vorsitzender
     (c) ...... [Name, Beruf, Ort]
                                                – die zu (a) bis (c) Genannten –
  3. Die aus dem Verzeichnis in Anlage 1 ersichtlichen Aktionäre bzw. Aktionärsvertreter, die ihre Berechtigung zur Teilnahme an der außerordentlichen Hauptversammlung und zur Ausübung des Stimmrechts ordnungsgemäß nachgewiesen haben.
II. Der Vorsitzende des Aufsichtsrats, Herr ......, übernahm den Vorsitz und eröffnete die Hauptversammlung um ...... Uhr. Er teilte mit, dass der amtierende Notar mit der Protokollierung beauftragt sei.
III. Der Vorsitzende stellte fest, dass die heutige Hauptversammlung gemäß § ...... der Satzung der Gesellschaft form- und fristgerecht einberufen wurde.[4] Dies wurde nachgewiesen durch Vorlage eines Ausdrucks des elektronischen Bundesanzeigers vom in welchem die Einberufung der heutigen außerordentlichen Hauptversammlung veröffentlicht ist. Der Ausdruck ist dieser Niederschrift als Anlage 2 beigefügt.[5] Der Vorsitzende stellte weiterhin das Teilnehmerverzeichnis, das vor der ersten Abstimmung zur Einsicht ausgelegt war, als richtig fest und unterzeichnete es.[6] Wie sich aus dem Verzeichnis, das dieser Niederschrift als Anlage 1 beigefügt ist, ergibt und wie der Vorsitzende bekannt gab, sind vom Grundkapital in Höhe von nominal insgesamt ...... EUR Aktien im Gesamtnennbetrag von ...... EUR sowie mit ...... Stimmen, mithin ......% des Grundkapitals und ......% der Stimmen anwesend bzw. vertreten.
Sodann wurde folgende Tagesordnung bekannt gemacht:
  1. Umwandlung der Gesellschaft nach den Vorschriften des Umwandlungsgesetzes durch Formwechsel in eine Gesellschaft mit beschränkter Haftung
  2. Bestellung der Geschäftsführer der formgewechselten GmbH.
Der Vorsitzende stellte fest, dass mit der Einberufung dieser außerordentlichen Hauptversammlung der Formwechsel als Gegenstand der Beschlussfassung angekündigt und jedem Anteilsinhaber zusammen mit der Einberufung ein Abfindungsangebot nach § 207 UmwG im elektronischen Bundesanzeiger sowie den Gesellschaftsblättern bekannt gemacht wurde. Weiterhin stellte er fest, dass der Umwandlungsbericht seit Einberufung in den Geschäftsräumen der Gesellschaft zur Einsicht der Aktionäre auslag und den Aktionären während der Hauptversammlung Abschriften zur Verfügung gestellt werden.
[Alternative: Weiterhin stellte er fest, dass der Umwandlungsbericht seit Einberufung auf der Internetseite der Gesellschaft zugänglich ist und den Aktionären während der Hauptversammlung Abschriften zur Verfügung gestellt werden.][7]
IV. Der Vorsitzende bestimmte für das Abstimmungsverfahren, dass die Abstimmung durch Handaufheben erfolgt und dass zunächst die Nein-Stimmen und dann die

Stimmenthaltungen aufgerufen werden; daraufhin wird nach der Differenzmethode anhand des Aktionärsverzeichnisses das Abstimmungsergebnis ermittelt. Dementsprechend zählt jede Stimme, soweit sie nicht bei Aufruf der Nein-Stimmen oder Enthaltungen durch Handaufheben abgegeben wird, als Ja-Stimme. Die Stimmen können nur im Versammlungssaal abgegeben werden, es erfolgt eine laufende Präsenzkontrolle.[8]

V. Der Vorsitzende erteilte daraufhin das Wort dem Mitglied des Vorstands, Herrn ......, der den Entwurf des Umwandlungsbeschlusses erläuterte. Über den Entwurf fand eingehende Aussprache statt.

VI. Die Tagesordnung wurde wie folgt erledigt:

TOP 1: Umwandlungsbeschluss

1. Die X-Aktiengesellschaft (nachstehend X-AG) wird formwechselnd gemäß den §§ 190 ff. UmwG in eine Gesellschaft mit beschränkter Haftung umgewandelt.[9]
2. Die Gesellschaft mit beschränkter Haftung führt die Firma[10]

   X-GmbH

   und hat ihren Sitz[11] in ....
3. Am Stammkapital der X-GmbH von ...... EUR sind die nachstehenden Gesellschafter wie folgt beteiligt:[12]

   (a) Herr ...... mit Geschäftsanteil Nr. 1 im Nennbetrag von ...... EUR
   (b) Herr ...... mit Geschäftsanteil Nr. 2 im Nennbetrag von ...... EUR
   (c) Frau ...... mit Geschäftsanteil Nr. 3 im Nennbetrag von ...... EUR
   (d) Frau ...... mit Geschäftsanteil Nr. 4 im Nennbetrag von ...... EUR

   Das bisherige Grundkapital der X-AG wird zum Stammkapital der X-GmbH.
4. Der Gesellschaftsvertrag der X-GmbH erhält den dieser Urkunde als Anlage 3 beigefügten Wortlaut, der hiermit festgestellt wird.[13]
5. Einzelnen Gesellschaftern werden keine Sonderrechte oder Vorzüge gewährt. Stimmrechtslose Aktien, Vorzugsaktien, Mehrstimmrechtsaktien, Schuldverschreibungen, Genussrechte oder sonstige besondere Rechte oder Vorzüge bestehen bei der X-AG nicht.[14]
6. Für den Fall, dass ein Gesellschafter gegen diesen Beschluss Widerspruch zur Niederschrift erklärt, bietet die X-AG, vertreten durch ihren Vorstand, hiermit an, den im Zuge des Formwechsels neugeschaffenen Geschäftsanteil des widersprechenden Gesellschafters an der GmbH gegen eine Barabfindung in Höhe von ...... EUR % des Nennwerts seines Geschäftsanteils zu erwerben. Falls auf Antrag eines widersprechenden Gesellschafters das Gericht eine abweichende Barabfindung bestimmt, gilt diese als angeboten. Die Barabfindung ist zahlbar gegen Übertragung des Geschäftsanteils auf die GmbH. Der Abfindungsbetrag ist nach Ablauf des Tages, an dem das letzte der Blätter erschienen ist, in denen das Registergericht den Formwechsel bekannt gemacht hat, mit 5% über dem jeweiligen Basiszinssatz nach § 247 BGB zu verzinsen. Das Angebot kann nur binnen zwei Monaten nach dem Tage angenommen werden, an dem die Eintragung der neuen Rechtsform „Gesellschaft mit beschränkter Haftung" in das Handelsregister bekannt gemacht worden ist. Ist nach § 212 UmwG ein Antrag auf Bestimmung der Barabfindung durch das Gericht gestellt worden, so kann das Angebot binnen zwei Monaten nach dem Tag angenommen werden, an dem die Entscheidung im elektronischen Bundesanzeiger bekannt gemacht worden ist. Im Falle der Annahme dieses Abfindungsangebots trägt die X-GmbH die Kosten für die Übertragung des Geschäftsanteils auf die GmbH.[15]
7. Auf die Arbeitnehmer und ihre Vertretungen wirkt sich der Formwechsel wie folgt aus:[16]

7.1 Die Rechte und Pflichten der Arbeitnehmer aus bestehenden Anstellungs- und Arbeitsverhältnissen bleiben unberührt. § 613a BGB ist auf den Formwechsel nicht anzuwenden. Maßnahmen sind insoweit nicht vorgesehen. Die Direktionsbefugnisse des Arbeitgebers werden nach dem Formwechsel von der X-GmbH, vertreten durch ihre Geschäftsführer, ausgeübt.

7.2 Die (etwaig) bestehenden Betriebsvereinbarungen und Tarifverträge bleiben nach Maßgabe der jeweiligen Vereinbarung bestehen; auch insoweit sind keine Maßnahmen vorgesehen.

7.3 Die Betriebsverfassung nach dem Betriebsverfassungsgesetz bleibt unberührt. Der Konzernbetriebsrat, Gesamtbetriebsrat und die Betriebsstätte sowie die übrigen Organe, Ausschüsse und sonstigen Vertretungen nach dem Betriebsverfassungsgesetz und sonstigen gesetzlichen Vorschriften bleiben bestehen.

7.4 Der Aufsichtsrat und damit das Amt der Aufsichtsratsmitglieder, auch das der Arbeitnehmervertreter, entfällt. Da die formgewechselte Gesellschaft in der Regel weniger als 500 Arbeitnehmer beschäftigt, unterliegt die Gesellschaft nicht dem Drittelbeteiligungsgesetz und es entfällt die Verpflichtung zur Bildung eines Aufsichtsrats. Es ist insoweit auch nicht beabsichtigt, einen solchen Aufsichtsrat zu bilden. Das nach § 98 Abs. 1 AktG zuständige Gericht wurde nicht angerufen.

7.5 Dem Betriebsrat der Gesellschaft ist der Entwurf dieses Umwandlungsbeschlusses rechtzeitig zugeleitet worden (§ 194 Abs. 2 UmwG).

8. Die Kosten des Formwechsels trägt die X-GmbH bis zu einem Betrag von ...... EUR.

Die Hauptversammlung beschloss
gegen ...... Nein-Stimmen
bei ...... Stimmenthaltungen
mit ...... Ja-Stimmen

bei einer Präsenz von ...... EUR oder ...... Stimmen entsprechend dem Antrag des Vorstands zum Tagesordnungspunkt 1. Der Vorsitzende stellte das Beschlussergebnis zum Tagesordnungspunkt 1 fest und verkündete, dass die Hauptversammlung in Form der Abstimmung durch Handaufheben mit ...... Ja-Stimmen bei ...... Stimmenthaltungen und ...... Nein-Stimmen dem Formwechsel der X-AG in die Rechtsform der GmbH zugestimmt hat, und dass damit die erforderliche Stimm- und Kapitalmehrheit erreicht wurde.[17]

Ein Widerspruch zum Protokoll des Notars wurde von keinem der anwesenden Aktionäre und Aktionärsvertreter eingelegt.

TOP 2: Bestellung der Geschäftsführer

Der Vorstand stellt den Antrag, Herrn ......, Frau ...... sowie Herrn ...... zu jeweils einzelvertretungsberichtigten Geschäftsführern der formgewechselten GmbH zu bestellen.[18]

Die Hauptversammlung beschloss
gegen ...... Nein-Stimmen
bei ...... Stimmenthaltungen
mit ...... Ja-Stimmen

bei einer Präsenz von ...... EUR oder ...... Stimmen entsprechend dem Antrag des Vorstands zum Tagesordnungspunkt 2. Der Vorsitzende stellte das Beschlussergebnis zum Tagesordnungspunkt 2 fest und verkündete, dass die Hauptversammlung in Form der Abstimmung durch Handaufheben mit ...... Ja-Stimmen bei ...... Stimmenthaltungen und ...... Nein-Stimmen der Bestellung des Herrn ......, Frau ...... sowie Herrn ...... zu jeweils einzelvertretungsberichtigten Geschäftsführern der formgewechselten GmbH zugestimmt hat, und dass damit die erforderliche Stimm- und Kapitalmehrheit erreicht wurde.

Ein Widerspruch zum Protokoll des Notars wurde von keinem der anwesenden Aktionäre und Aktionärsvertreter eingelegt.

Nachdem sich auf ausdrückliche Nachfrage des Vorsitzenden kein Teilnehmer mehr zu Wort meldete, schloss der Vorsitzende die Versammlung um ...... [genaue Uhrzeit] Uhr. Diese bei dem beurkundenden Notar verbleibende Niederschrift wurde von dem Notar wie folgt eigenhändig unterschrieben:

...... [Unterschrift des Notars][19]

Schrifttum: K. *Schmidt,* Volleinzahlungsgebot beim Formwechsel in die AG oder GmbH?, ZIP 1995, 1385; *Stirnberg,* Bildung und Funktion des Aufsichtsrats beim Formwechsel in eine Kapitalgesellschaft, 1996; *Veil,* Die Umwandlung einer Aktiengesellschaft in eine Gesellschaft mit beschränkter Haftung, 1996.

Anmerkungen

1. Überblick. Der Formwechsel von der Rechtsform der Aktiengesellschaft in die einer Gesellschaft mit beschränkter Haftung bietet sich vor allem für AGs mit einem überschaubaren Aktionärskreis an, bei denen insbesondere der mit der Rechtsform der Aktiengesellschaft verbundene erhöhte Aufwand nicht gerechtfertigt erscheint. Die Übertragung des Vermögens der AG im Wege der Einzelrechtsübertragung auf eine neu zu errichtende GmbH ist in der Regel viel zu umständlich und aufwendig und führt vor allem angesichts der fehlenden Gesamtrechtsnachfolge zu nicht unerheblichen Problemen. Der Formwechsel lässt die Identität des Steuersubjektes unberührt. Es ändert sich lediglich die Rechtsform. Mangels Vermögensübertragung werden beim Formwechsel die bisherigen Buchwerte fortgeführt, eine Buchwertaufstockung ist nicht zulässig. Sollen bei der GmbH jedoch nicht die Buchwerte der AG fortgeführt werden, sondern höhere Werte, ist für diesen Fall die Übertragung des Vermögens der AG im Wege der Einzelrechtsnachfolge in Betracht zu ziehen.

2. Wahl des Formulars. Die AG hat eine überschaubare Anzahl von Aktionären, ist eine sog. AG-Gesellschaft und beschäftigt regelmäßig weniger als 500 Arbeitnehmer (vgl. § 1 Abs. 1 Nr. 1 DrittelbG). Für die formgewechselte GmbH soll kein Aufsichtsrat gebildet werden. Das Formular geht davon aus, dass kein Aktionär gegen die in der außerordentlichen Hauptversammlung gefassten Beschlüsse Widerspruch zum notariellen Protokoll erklärt. Das Stammkapital der GmbH soll dem Grundkapital der AG entsprechen. Die Beteiligungsverhältnisse sollen nicht verändert werden. Die bisherigen Mitglieder des Vorstands der AG sollen zu Geschäftsführern der GmbH bestellt werden.

3. Hauptversammlung. Der Umwandlungsbeschluss ist zwingend in einer Hauptversammlung der Anteilsinhaber zu fassen (§ 193 Abs. 1 S. 2 UmwG). Zum Inhalt des Umwandlungsbeschlusses siehe §§ 194 Abs. 1, 243 UmwG.

4. Für die Einberufung der Hauptversammlung gelten die allgemeinen Vorschriften über die Einberufung (§§ 121 ff. AktG), modifiziert durch die §§ 230, 231, 238 UmwG. Im Hinblick auf die Bedeutung des Formwechsels ist gemäß § 124 Abs. 2 AktG der Einberufung der Entwurf des Umwandlungsbeschlusses sowie der Entwurf des vorgesehenen Gesellschaftsvertrages für die GmbH als Teil des Umwandlungsbeschlusses beizufügen (LG Hanau ZIP 1996, 422; Kallmeyer/*Dirksen* § 238 Rdnr. 2). Der Umwandlungsbericht einschließlich des Entwurfs des Umwandlungsbeschlusses ist ab Veröffentlichung bzw. Absendung der Einberufung der Hauptversammlung in den Geschäftsräumen der Gesellschaft zur Einsicht der Aktionäre auszulegen (§ 238 S. 1 i. V. m. § 230 Abs. 2 UmwG). In der Einberufung ist auf die Möglichkeit zur Einsichtnahme hinzuweisen. Nach dem durch das ARUG (Gesetz zur Umsetzung der Aktionärsrechterichtlinie, BGBl. I S. 2479) eingeführten § 230 Abs. 2 S. 3 UmwG entfällt die Pflicht zu Auslegung und Abschrifterteilung, wenn der Bericht für denselben Zeitraum über die Internetseite der Gesellschaft zugänglich ist. Er muss den Aktionären jedoch auch während der Hauptversammlung zur Verfügung gestellt werden. Weitere Unterlagen wie z. B. der Prüfungsbericht sind nicht auszulegen.

5. Sieht die Satzung der Gesellschaft vor, dass Veröffentlichungen der Gesellschaft nicht nur im elektronischen Bundesanzeiger, sondern z. B. in bestimmten Tageszeitungen als Veröffentlichungsblättern zu erfolgen haben, muss zum Nachweis der ordnungsgemäßen Einberufung der außerordentlichen Hauptversammlung auch jeweils ein Exemplar dieser anderen Veröffentlichungsblätter vorliegen.

6. Nach § 129 Abs. 4 AktG ist eine Unterzeichnung des Teilnehmerverzeichnisses nicht erforderlich, dient aber möglicherweise der Überprüfbarkeit der Angaben. Handelt es sich um eine große Publikumsgesellschaft, muss die Präsenz erneut vor der ersten Abstimmung festgestellt und bekannt gegeben werden. Änderungen der Präsenz werden dabei in Nachträgen zu dem Teilnehmerverzeichnis festgehalten und zur Einsicht der Aktionäre ausgelegt.

7. Ankündigung des Formwechsels, Abfindungsangebot. Der Formwechsel ist spätestens in der Einberufung als Gegenstand der Beschlussfassung anzukündigen (§ 121 Abs. 3 S. 2 AktG). Die Ankündigung kann jedoch auch früher erfolgen. Weiterhin ist spätestens zusammen mit der Einberufung der Hauptversammlung den Aktionären ein Abfindungsangebot zu machen (§ 238 S. 1 i. V. m. §§ 231, 207 UmwG). Dies gilt auch dann, wenn die Aktionäre auf einen Umwandlungsbericht durch notariell beurkundete Erklärungen verzichtet haben oder eine Ein-Personen-Gesellschaft umgewandelt wird (§ 192 Abs. 2 UmwG; vgl. hierzu Kallmeyer/*Dirksen* § 231 Rdnr. 3). Den Anteilsinhabern steht es jedoch frei, auch auf das Abfindungsangebot zu verzichten.

8. Abstimmungsverfahren. Soweit das Abstimmungsverfahren nicht bereits in der Satzung der Gesellschaft festgelegt ist, bestimmt der Vorsitzende das Abstimmungsverfahren (vgl. *Hüffer* § 130 Rdnr. 17).

9. Gründungsrecht. Gemäß § 197 UmwG sind auf den Formwechsel die Gründungsvorschriften anzuwenden, welche für den Rechtsträger neuer Rechtsform gelten, soweit sich aus den §§ 190 ff. nichts anderes ergibt. Zu den Gründungsvorschriften der GmbH zählen die §§ 1 ff. GmbHG. § 245 UmwG regelt für den Formwechsel einer AG in eine GmbH zwar nicht, wer als Gründer zu behandeln ist, daher finden mangels abweichender Regelung die Gründungsvorschriften Anwendung (§ 197 UmwG). Gemäß § 245 Abs. 4 UmwG entfällt die Pflicht, einen Sachgründungsbericht aufzustellen. Mangels Erstellung eines Sachgründungsberichts kann auch die Gründerhaftung nach § 9a GmbHG nicht eintreten, so dass sich eine Regelung, wer den Gründern gleichsteht, für den Formwechsel in die GmbH erübrigt (Schmitt/Hörtnagl/Stratz/*Stratz* § 245 Rdnr. 5; Widmann/Mayer/*Rieger* § 245 Rdnr. 39 ff.; Semler/Stengel/*Scheel* § 245 Rdnr. 33). Daher sind beim Formwechsel einer AG in eine GmbH die Gründer auch nicht im Umwandlungsbeschluss aufzuführen (vgl. § 244 Abs. 1 i. V. m. § 245 UmwG).

10. Firma. Vgl. § 200 Abs. 1, 2 UmwG, § 4 GmbHG. Die GmbH kann die Firma der AG bis auf den Rechtsformzusatz fortführen, der zwingend in „GmbH" zu ändern ist. Der GmbH steht es jedoch frei, eine neue Firma nach den §§ 17 ff. HGB, 4 GmbHG zu bilden.

11. Sitz. Soweit die Satzung der GmbH bzw. der Umwandlungsbeschluss nichts anderes bestimmt, ist Sitz der GmbH der bisherige Sitz der AG. Stets zulässig ist ein neuer Sitz der Gesellschaft. Im Falle der gleichzeitigen Sitzverlegung wird der Formwechsel jedoch erst mit Eintragung der Gesellschaft in das dann zuständige Handelsregister wirksam (§ 198 Abs. 2 S. 4 UmwG).

12. Beteiligung der bisherigen Anteilsinhaber. Die Aktionäre der formwechselnden AG sind an der GmbH nach den für diese Rechtsform geltenden Vorschriften beteiligt (vgl. § 202 Abs. 1 Nr. 2 UmwG). Das heißt, ihre Aktienrechte wandeln sich in Mitgliedschaftsrechte an der GmbH, ihre Aktien werden sozusagen in Geschäftsanteile umgetauscht, wobei ein Umtausch im wörtlichen Sinne regelmäßig nicht stattfindet, da gegen die Aktienurkunden – soweit überhaupt ausgegeben – keine Anteilsscheine für Geschäftsanteile ausgegeben werden. Vielmehr erfolgt der Umtausch durch Einreichung der Aktienurkunden bzw. der anderweitigen Legitimationsnachweise gegen die Feststellung, welche Geschäftsanteile der GmbH auf die Aktien entfallen und wer Inhaber dieser Geschäftsanteile ist. Maßgeblich sind die § 248 Abs. 2 UmwG i. V. m. §§ 73 Abs. 1 und 2, 226 Abs. 1 und 2 AktG. Für den Fall, dass Aktien an der AG nach Fassung des Umwandlungsbeschlusses aber noch vor Eintragung des Formwechsels übertragen werden, geht aus Gründen des Verkehrsschutzes ein gutgläubiger Erwerb der Aktien vor. Erfolgt die Übertragung jedoch nach Eintragung des Formwechsels, erwirbt der Erwerber den den übertragenen Aktien entsprechenden Geschäftsanteil an der GmbH.

13. Gesellschaftsvertrag der GmbH. Gemäß §§ 243 Abs. 1, 218 Abs. 1 UmwG muss der Gesellschaftsvertrag der GmbH im Umwandlungsbeschluss festgestellt werden. Die Satzung der AG muss daher entsprechend den Anforderungen des § 3 GmbHG umgeändert werden. Festsetzungen in der Satzung der AG über Sondervorteile, Gründungsaufwand, Sacheinlagen und

Sachübernahmen sind in den Gesellschaftsvertrag der GmbH zu übernehmen. § 26 Abs. 4 und 5 AktG bleiben nach § 243 Abs. 1 S. 2 UmwG unberührt. Grundsätzlich sind bei einem Formwechsel einer AG in eine GmbH die Gesellschafter nicht im Gesellschaftsvertrag anzugeben (vgl. Lutter/*Happ* § 245 Rdnr. 28 f.; Kallmeyer/*Dirksen* § 244 Rdnr. 5). Wenn die AG wie im vorliegenden Fall jedoch einen überschaubaren Aktionärskreis hat, ist zu empfehlen, die Gesellschafter sowie die Ihnen zustehenden Geschäftsanteile im Gesellschaftsvertrag anzugeben, um für eine spätere Abtretung bzw. Vererbung einen Legitimationsnachweis zu schaffen (Kallmeyer/ *Dirksen* § 243 Rdnr. 12). Jedem Gesellschafter können mehrere Geschäftsanteile zugeteilt werden. Den Anteilsinhabern steht es frei, die Beträge der Geschäftsanteile abweichend vom Nennbetrag der Aktien festzusetzen, ihr Nennbetrag muss lediglich auf volle Euro lauten (§ 243 Abs. 3 S. 2 UmwG). Der Gesellschaftsvertrag braucht von den Gesellschaftern nicht unterzeichnet zu werden (§ 244 Abs. 2 UmwG).

14. Sonderrechte. Vgl. Form. L. IV.1 Anm. 14.

15. Abfindungsangebot. Vgl. Form. L. IV.1 Anm. 15.

16. Folgen für die Arbeitnehmer und ihre Vertretungen. Vgl. Form. L.IV.1 Anm. 16. Da die GmbH regelmäßig weniger als 500 Arbeitnehmer beschäftigt, entfällt die Verpflichtung zur Bildung eines mitbestimmten Aufsichtsrats (vgl. § 1 Abs. 1 Nr. 3 DrittelbG). Würde die formwechselnde AG regelmäßig mehr als 2000 Arbeitnehmer beschäftigen, bestünde ein nach §§ 1 Abs. 1, 7 Abs. 1 Nr. 1 MitbestG zusammengesetzter Aufsichtsrat. Dieser würde im Amt bleiben und zwingend die Geschäftsführer der GmbH bestellen (§ 31 MitbestG). Die Amtskontinuität ergäbe sich aus § 203 UmwG.

17. Mehrheitserfordernisse. Der Umwandlungsbeschluss bedarf einer Mehrheit von drei Viertel des bei der Beschlussfassung vertretenen Grundkapitals (§ 240 Abs. 1 S. 1 UmwG entsprechend § 179 Abs. 1 S. 1 AktG). Stimmenthaltungen zählen nicht. Sind mehrere Gattungen stimmberechtigter Aktien vorhanden, bedarf der Beschluss zu seiner Wirksamkeit der Zustimmung der stimmberechtigten Aktionäre jeder Gattung mit der jeweils erforderlichen qualifizierten Mehrheit (§ 240 Abs. 1 S. 1 letzter Halbs. i. V. m. § 65 Abs. 2 UmwG). Dies ist zuweilen nicht ganz unproblematisch, da jede Aktiengattung – auch solche mit geringen Kapitalanteilen – mit einer Mehrheit von drei Viertel des bei der Beschlussfassung vertretenen Kapitals der jeweiligen Gattung zustimmen muss. Somit können auch Aktiengattungen mit nur sehr geringem Kapitalanteil den Formwechsel verhindern. Insofern hält *Veil* einen Sonderbeschluss nur für den Fall erforderlich, dass die betreffende Aktiengattung durch den Formwechsel beeinträchtigt wird (*Veil*, Die Umwandlung einer Aktiengesellschaft in eine Gesellschaft mit beschränkter Haftung, S. 95 ff.; a. A.: Lutter/*Grunewald* § 65 Rdnr. 8). Die Satzung der AG kann größere Mehrheiten bis hin zur Einstimmigkeit vorsehen sowie weitere Erfordernisse bestimmen (§ 240 Abs. 1 S. 2 UmwG). Wird durch den Umwandlungsbeschluss der Nennbetrag der Geschäftsanteile in dem Gesellschaftsvertrag der GmbH abweichend vom Nennbetrag der Aktien festgesetzt, so muss jeder Aktionär, der sich nicht dem Gesamtbetrag seiner Aktien entsprechende beteiligen kann, dieser Festsetzung und damit dem Umwandlungsbeschluss zustimmen (§ 242 UmwG).

18. Bestellung der Geschäftsführer. Die Bestellung der Geschäftsführer kann im Gesellschaftsvertrag (§ 6 Abs. 3 S. 2 GmbHG) oder durch Beschluss der Gesellschafterversammlung erfolgen. Da letzteres dem Regelfall entspricht, geht das Formular davon aus, dass im Vorgriff auf den Bestellungsakt ein entsprechender Beschluss schon in der Niederschrift über den Umwandlungsbeschluss gefasst worden ist. Da beim Formwechsel die Anteilsinhaber des Rechtsträgers vor und nach dem Formwechsel identisch sind (Grundsatz der Identität der Anteilsinhaber), bietet es sich an, die Bestellung der Geschäftsführer quasi durch die Noch-Aktionäre der AG und künftigen Gesellschafter der GmbH in die Niederschrift über den Umwandlungsbeschluss aufzunehmen. Die Gesellschafter können die Geschäftsführer jedoch auch in einer separaten Urkunde bestellen, die nicht der notariellen Beurkundung bedarf. Für die Bestellung genügt die einfache Mehrheit, sofern der Gesellschaftsvertrag nichts anderes vorschreibt. Handelt es sich um eine paritätisch mitbestimmte oder montanmitbestimmte Gesellschaft, liegt die Zuständigkeit für die Bestellung und Abberufung der Geschäftsführer jedoch zwingend beim Aufsichtsrat (vgl. § 31 Abs. 1 MitbestG, § 12 MontanMitbestG, § 13 MitbestErgG, vgl. hierzu z. B. Baumbach/Hueck/*Zöllner*/*Noack* § 52 Rdnr. 300 ff.). In diesem Fall entfällt die Bestellung der Geschäftsführer in der Niederschrift über den Umwandlungsbeschluss.

19. Kosten und Gebühren. Vgl. Form. L.IV.1 Anm. 18.

22. Umwandlungsbericht gemäß § 192 UmwG

Vgl. hierzu Form. L.IV.2, das insoweit entsprechend gilt mit der Maßgabe, dass nicht von einer GmbH & Co. KG, sondern von einer GmbH als neuer Rechtsform zu sprechen ist. Weiterhin ist anstelle des Gesellschaftsvertrages der KG der Gesellschaftsvertrag der GmbH beizufügen (Anlage 3). Der Umwandlungsbericht ist in der Hauptversammlung der AG zu erläutern (§ 239 Abs. 2 UmwG). Ein Sachgründungsbericht ist nicht erforderlich (§ 245 Abs. 4 UmwG). Eine Unterbilanz nach § 220 UmwG ist für den Formwechsel unerheblich (vgl. Kallmeyer/*Dirksen* § 245 Rdnr. 5).

23. Abfindungsangebot gemäß § 207 UmwG

Vgl. hierzu Form. L.IV.3, das insoweit entsprechend gilt mit der Maßgabe, dass nicht von einer GmbH & Co. KG, sondern von einer GmbH als neuer Rechtsform zu sprechen ist.

24. Anmeldung des Formwechsels einer AG in eine GmbH zum Handelsregister

UR-Nr. ......

An das
Amtsgericht ......
– Handelsregister –
......[1]
A-AG, ..., HRB ......
Formwechsel A-AG

I. Wir, die Vorstandsmitglieder[2] der X-AG überreichen als Anlage:[3]
  1. beglaubigte Abschrift der notariellen Niederschrift über die Hauptversammlung der Gesellschaft vom ...... (UR-Nr. ...... des Notars ...... mit dem Beschluss über die formwechselnde Umwandlung der Gesellschaft in die Rechtsform einer Gesellschaft mit beschränkter Haftung, die Neufassung der Satzung der umgewandelten Gesellschaft sowie der Bestellung von Herrn ......, Frau ...... und Herrn ...... zu jeweils einzelvertretungsberechtigten Geschäftsführern der A-GmbH;
  2. den Umwandlungsbericht vom ......;
  3. Empfangsbekenntnis des Vorsitzenden des Betriebsrats der Gesellschaft;
  4. eine von uns unterschriebene Gesellschafterliste der Gesellschaft.
II. Wir versichern, dass eine Klage gegen die Wirksamkeit des Umwandlungsbeschlusses nicht erhoben ist bzw. sämtliche Gesellschafter auf Klagen gegen den Umwandlungsbeschluss gemäß §§ 198 Abs. 3, 16 Abs. 2 UmwG verzichtet haben[4].
III. Wir melden zur Eintragung in das Handelsregister an:[5, 6]
  1. Die Gesellschaft ist aufgrund des Beschlusses der Hauptversammlung der Gesellschaft vom ...... im Wege der formwechselnden Umwandlung in eine Gesellschaft mit beschränkter Haftung in Firma

X-GmbH

mit dem Sitz in ...... umgewandelt.
2. Die nachstehend genannten Personen sind zu Geschäftsführern der Gesellschaft bestellt worden:[7]
Herr ...... (Vorsitzender der Geschäftsführung), ...[Beruf], ... [Adresse];
Frau ......, ... [Beruf], ... [Adresse];
Herr ......, ... [Beruf], ... [Adresse];
3. Die Vertretungsbefugnis ist wie folgt geregelt:[8]
......
4. Die unterzeichnenden Geschäftsführer erklären:[9, 10]
„Wir versichern hiermit, dass uns nicht durch gerichtliches Urteil oder durch vollziehbare Entscheidung einer Verwaltungsbehörde die Ausübung eines Berufs, Berufszweiges, Gewerbes oder Gewerbezweiges untersagt worden ist und dass wir während der letzten fünf Jahre nicht rechtskräftig wegen einer oder mehrerer vorsätzlich begangener Straftaten des Unterlassens der Stellung eines Antrags auf Eröffnung eines Insolvenzverfahrens (Insolvenzverschleppung), nach den §§ 283 bis 283d StGB (Insolvenzstraftaten), wegen falscher Angaben nach § 82 GmbHG oder § 399 AktG oder wegen unrichtiger Darstellung nach § 400 AktG, § 331 HGB, § 313 UmwG oder § 17 PublG verurteilt wurden. Wir versichern weiterhin, dass wir während der letzten fünf Jahre nicht rechtskräftig nach den §§ 263 bis 254a StGB oder den §§ 265b bis 266a StGB oder im Ausland wegen einer mit diesen Taten vergleichbaren Tat zu einer Freiheitsstrafe von mindestens einem Jahr verurteilt wurden. Ebenso wenig wurden wir aufgrund einer behördlichen Anordnung in einer Anstalt verwahrt.
Wir sind über die Strafdrohung des § 82 GmbHG, über die Verpflichtung zur Einreichung einer Gesellschafterliste gemäß § 40 GmbHG und schließlich über unsere unbeschränkte Auskunftspflicht gegenüber dem Gericht durch den diese Anmeldung beglaubigenden Notar belehrt worden."
5. Die Geschäftsräume der Gesellschaft befinden sich in ....
IV. Die Herren ...... und jeder einzeln und unabhängig voneinander werden hiermit bevollmächtigt, alle Anmeldungen zum Handelsregister vorzunehmen, die im Zusammenhang mit der Eintragung der hier angemeldeten und aus den dieser Anmeldung beigefügten Unterlagen ersichtlichen Tatsachen in das Handelsregister erforderlich oder zweckmäßig sind. Die Vollmacht ist jederzeit widerruflich. Jeder Bevollmächtigte darf auch für alle Beteiligten gleichzeitig handeln. Dem Handelsregister gegenüber ist die Vollmacht unbeschränkt.

......, den......

......

[Unterschriften des Vorstands der A-AG in vertretungsberechtigter Zahl]

[Unterschriften der Geschäftsführer der A-GmbH]

[Unterschriftsbeglaubigung][11, 12]

Anmerkungen

1. **Zuständiges Registergericht.** Vgl. Form. L.IV.4 Anm. 2.

2. **Anmeldebefugnis.** Die Anmeldung des Formwechsels zum Handelsregister hat durch den Vorstand der AG in vertretungsberechtigter Zahl zu erfolgen (§ 246 Abs. 1 UmwG). Nach § 246 UmwG ist das Vertretungsorgan des formwechselnden Rechtsträgers anmeldepflichtig, nicht, wie bei § 222 UmwG, das zukünftige Vertretungsorgan.

3. Anlagen der Anmeldung. Neben den nach dem Umwandlungsgesetz erforderlichen Unterlagen (vgl. §§ 199, 238 UmwG) sind der Anmeldung die sonst bei Gründung einer GmbH erforderlichen Unterlagen (§ 8 Abs. 1 GmbHG) beizufügen. Ein Sachgründungsbericht ist nicht erforderlich und daher auch nicht der Anmeldung beizufügen (§ 245 Abs. 4 UmwG).

4. Negativerklärung. Vgl. §§ 198 Abs. 3, 16 Abs. 2 UmwG.

5. Gegenstand der Anmeldung. Zum Handelsregister anzumelden sind die neue Rechtsform der Gesellschaft (Gesellschaft mit beschränkter Haftung) und die Geschäftsführer der GmbH (§ 246 Abs. 2 UmwG). Die Einlagenversicherung nach § 8 Abs. 2 GmbHG entfällt (§ 246 Abs. 3 UmwG). Da die Gesellschafter keine neuen Einlagen erbringen, ist die Versicherung, dass die Einlagen geleistet sind und zur freien Verfügung stehen, entbehrlich.

6. Bekanntmachung. Vgl. § 201 UmwG.

7. Bestellung der Geschäftsführer. Mit der Anmeldung der neuen Rechtsform sind zugleich die Geschäftsführer der GmbH zur Eintragung in das Handelsregister anzumelden (§ 246 Abs. 2 UmwG).

8. Vertretungsbefugnis. Vgl. § 197 UmwG i. V. m. § 8 Abs. 4 Nr. 2 GmbHG. Hier erfolgt die Wiedergabe der Regelung über die Vertretungsverhältnisse laut Gesellschafterbeschluss/Gesellschaftsvertrag.

9. Zeichnung der Namensunterschrift. Das Erfordernis zur Zeichnung der Namensunterschrift nach §§ 8 Abs. 5, 39 Abs. 4 GmbHG ist mit Inkrafttreten des EHUG (Gesetz über elektronische Handelsregister und Genossenschaftsregister sowie das Unternehmensregister, BGBl. I 2006 S. 2553) am 1. 1. 2007 aufgehoben worden (vgl. Art. 10 Nr. 4 lit. b) EHUG; *Malzer* DNotZ 2006, 9, 14; *Schlotter* BB 2007, 1, 2).

10. Abzugebende Versicherung. Vgl. § 197 UmwG i. V. m. § 8 Abs. 3 GmbHG und die Ausführungen in Form. L. II.12 Anm. 11.

11. Form. Die Anmeldung ist öffentlich zu beglaubigen und in elektronischer Form zum Handelsregister einzureichen (§ 12 Abs. 1 HGB).

12. Kosten und Gebühren. Vgl. Form. L. IV.4 Anm. 12.

Formwechsel einer AG in eine KGaA

25. Umwandlungsbeschluss gemäß §§ 190 ff. UmwG

UR-Nr. ......

Verhandelt in ......
am ......
Vor mir,
dem Notar
......
mit Amtssitz in ......
erschienen heute in den Räumen der Kanzlei ......, wohin ich mich auf Ersuchen begeben hatte,
1. vom Aufsichtsrat, dem die nachstehend bezeichneten Mitglieder angehören,
   (a) Herr ......, Aufsichtsratsvorsitzender
   (b) Herr ......, stellv. Aufsichtsratsvorsitzender
   (c) Herr ......
     ......
     die unter Ziff. ...... bis ...... genannten Mitglieder;

2. sämtliche Mitglieder des Vorstands
   (a) Herr ......, geboren am ......
       wohnhaft in: ......
   (b) Frau ......, geboren am ......
       wohnhaft in: ......
3. die in dem dieser Niederschrift als Anlage (......) beigefügten Teilnehmerverzeichnis aufgeführten Aktionäre und Aktionärsvertreter.

Die Erschienenen haben sich ausgewiesen durch Vorlage ihrer jeweiligen Bundespersonalausweise.

Alle Aktionäre der Gesellschaft sind erschienen oder ordnungsgemäß vertreten. Die Gesellschaft ist mit einem Grundkapital von ...... EUR ausgestattet. Alleinige Aktionäre sind:
   (a) Aktionär W mit Sitz in ......, mit Inhaberaktien im Nennbetrag von ...... EUR
   (b) Aktionär X mit Sitz in ......, mit Inhaberaktien im Nennbetrag von ...... EUR
   (c) Aktionär Y mit Sitz in ......, mit Inhaberaktien im Nennbetrag von ...... EUR
   (d) Aktionär Z mit Sitz in ......, mit Inhaberaktien im Nennbetrag von ...... EUR

Der Vorsitzende des Aufsichtsrates, Herr ......, übernahm den Vorsitz und eröffnete die Hauptversammlung um ...... Uhr.

[*Alternative 1:* Der Vorsitzende stellte fest, dass die Einberufung der Hauptversammlung mit Tagesordnung im elektronischen Bundesanzeiger Nr. ...... vom ...... bekanntgemacht worden ist. Ein Belegexemplar ist dieser Niederschrift als Anlage beigefügt. Der einzige Punkt der Tagesordnung lautet:]

[*Alternative 2:* Der Vorsitzende stellte das Teilnehmerverzeichnis, das vor der ersten Abstimmung zur Einsicht ausgelegt war, als richtig fest und unterzeichnete es. Der Vorsitzende stellte weiterhin fest, dass gemäß dem Teilnehmerverzeichnis in der außerordentlichen Hauptversammlung das gesamte Aktienkapital der Gesellschaft vertreten war und dass es daher für die Beschlussfähigkeit der Versammlung einer förmlichen Einberufung nicht bedurfte. Sämtliche Erschienenen verzichteten daraufhin auf die Einhaltung der gesetzlichen und satzungsmäßigen Form- und Fristvorschriften für die Einberufung und Durchführung dieser Hauptversammlung und erkannten die Beschlussfähigkeit der außerordentlichen Hauptversammlung an. Der einzige Punkt der Tagesordnung lautete:]

I. Umwandlung der Gesellschaft nach den Vorschriften des UmwG durch Formwechsel in eine Kommanditgesellschaft auf Aktien

Der Vorsitzende stellte fest, dass der Formwechsel als Gegenstand der Beschlussfassung zusammen mit der Einberufung der außerordentlichen Hauptversammlung angekündigt sowie jedem Aktionär der Umwandlungsbericht übersandt worden ist.

Der Vorsitzende stellte weiterhin fest, dass der Umwandlungsbericht von der Einberufung dieser Hauptversammlung an in den Geschäftsräumen der Gesellschaft zur Einsicht der Aktionäre auslag sowie während dieser Hauptversammlung ausliegt.

[Alternative: Weiterhin stellte er fest, dass der Umwandlungsbericht seit Einberufung auf der Internetseite der Gesellschaft zugänglich ist und den Aktionären während der Hauptversammlung Abschriften zur Verfügung gestellt werden.]

Im Anschluss daran erläuterte der Vorstand vor Beginn der Verhandlung den Entwurf des Umwandlungsbeschlusses. Über den Entwurf des Umwandlungsbeschlusses sowie die Erläuterungen des Vorstands fand eine eingehende Aussprache statt.

Der Vorsitzende bestimmte sodann, dass die Abstimmung durch Handaufheben erfolgt. Die Tagesordnung wurde wie folgt erledigt:

Vorstand und Aufsichtsrat schlugen vor, den nachstehenden Umwandlungsbeschluss gemäß den §§ 190 ff., 228 ff. UmwG zu fassen:

1. Die A-AG wird nach den Bestimmungen der §§ 190 ff. UmwG formwechselnd in die Rechtsform der Kommanditgesellschaft auf Aktien (nachstehend KGaA) umgewandelt.

25. Umwandlungsbeschluss gemäß §§ 190ff. UmwG   L.IV.25

2. Die KGaA führt die Firma

              A-Kommanditgesellschaft auf Aktien

und hat ihren Sitz in ....
3. Die Satzung der neuen KGaA erhält den dieser Urkunde als Anlage beigefügten Wortlaut, der hiermit festgestellt wird.
4. Das Grundkapital der KGaA beträgt ...... EUR (in Worten: ......).
5. An der KGaA sind beteiligt:
   (a) als persönlich haftender Gesellschafter Herr ...... (Aktionär W) ohne Vermögenseinlage
    b) als Kommanditaktionäre
   - Aktionär W mit ...... Aktien im Nennbetrag von ...... EUR
   - Aktionär X mit ...... Aktien im Nennbetrag von ...... EUR
   - Aktionär Y mit ...... Aktien im Nennbetrag von ...... EUR
   - Aktionär Z mit ...... Aktien im Nennbetrag von ...... EUR.
6. Dem persönlich haftenden Gesellschafter Herr ...... (Aktionär W) wird eine Tätigkeitsvergütung nach folgender Maßgabe gewährt ...... Den übrigen Gesellschaftern werden keine Sonderrechte oder Vorzüge gewährt. Stimmrechtslose Geschäftsanteile, Mehrstimmrechtsanteile, Schuldverschreibungen, Genussrechte oder sonstige besondere Rechte oder Vorzüge bestehen bei der A-AG nicht.
7. Eines Barabfindungsangebots nach § 207 UmwG bedarf es gemäß § 250 UmwG nicht.
8. Auf die Arbeitnehmer und ihre Vertretungen wirkt sich der Formwechsel wie folgt aus:
......
9. Zum Abschlussprüfer für das am ...... endende Geschäftsjahr wird bestellt:
...... [WP-Gesellschaft, Anschrift]
10. Die Kosten des Formwechsels trägt die Gesellschaft bis zum Betrag von ...... EUR.

Für diesen Antrag stimmten folgende Aktionäre mit dem jeweils von ihnen vertretenen Grundkapital: ......

Gegen diesen Antrag stimmten folgende Aktionäre mit dem jeweils von ihnen vertretenen Grundkapital: ......

Der Vorsitzende stellte sodann fest, dass für den Formwechsel der A-AG in die A- Kommanditgesellschaft auf Aktien ...... EUR des vertretenen Grundkapital bzw. ......% und gegen dem Formwechsel ...... EUR des vertretenen Grundkapitals bzw. ......% gestimmt haben. Der vorstehende Antrag ist somit mit einer Mehrheit von mindestens ¾ der abgegebenen Stimmen angenommen worden.

Folgende Aktionäre haben gegen den Umwandlungsbeschluss Widerspruch zur Niederschrift erklärt:
......
[*Alternative:* Es wird festgestellt, dass kein Aktionär gegen die Umwandlung Widerspruch zum notariellen Protokoll erklärt hat. Auf das Recht zur Klage gegen die Wirksamkeit des Umwandlungsbeschlusses wird verzichtet (§§ 198 Abs. 3, 16 Abs. 2 UmwG).]

Nach Erledigung der Tagesordnung beendete der Vorsitzende die außerordentliche Hauptversammlung um ...... Uhr.

Hinweise

Der Notar belehrte die Erschienenen über die Unwiderruflichkeit der Verzichtserklärungen und über deren Wirkungen sowie darüber, dass durch diese Erklärungen die Ausübung von Gesellschafterrechten bei dem bevorstehenden Formwechsel beeinträchtigt werden kann.

Vollmachten

Die Erschienenen bevollmächtigen hiermit
Frau ...... sowie
Herrn ......,
beide geschäftsansässig am Amtssitz des beurkundenden Notars, sämtliche Erklärungen und Rechtshandlungen vorzunehmen, die im Zuge des Umwandlungsbeschlusses erforderlich und zweckmäßig sind. Die Vollmacht ist jederzeit widerruflich. Jede(r) Bevollmächtigte darf jede Partei einzeln vertreten und ist von den Beschränkungen der Mehrfachvertretung gemäß § 181 Alt. 2 BGB befreit. Dem Handelsregister gegenüber ist die Vollmacht unbeschränkt.

Vorstehende Niederschrift wurde den Erschienenen vom Notar vorgelesen, von ihnen genehmigt und von ihnen sowie dem Notar wie folgt unterschrieben:

Anmerkung

Für den Formwechsel einer AG in eine KGaA gilt im Wesentlichen das Gleiche wie für den Formwechsel einer GmbH in eine KGaA oder eine AG, vgl. die Anmerkungen zu Form. L.IV.7 und Form. L.IV.14. Beispielsfälle aus der Praxis sind der Formwechsel der Fresenius Medical Care AG in eine KGaA im Jahre 2005 und der Formwechsel der Drägerwerk AG in eine KGaA im Jahre 2007. Folgendes ist beim einem Formwechsel einer AG in eine KGaA zu beachten:

- Gemäß § 240 Abs. 2 S. 1 UmwG müssen alle Aktionäre, die in der KGaA die Stellung eines persönlich haftenden Gesellschafters übernehmen sollen, dem Formwechsel zustimmen.
- Bei der KGaA muss auf jeden Fall ein Gesellschafter persönlich haftender Gesellschafter werden. Als Ausnahme zum Grundsatz der Identität der Anteilsinhaber (vgl. hierzu Form. L.IV.1 Anm. 3 und 4) kann ein Dritter, der die Stellung des persönlich haftenden Gesellschafters bei der KGaA übernehmen will, im Rahmen des Formwechsels der Gesellschaft beitreten (§§ 240 Abs. 2 S. 2, 221 UmwG).
- An die Stelle der Gründer treten die persönlich haftenden Gesellschafter der KGaA; § 220 UmwG ist entsprechend anzuwenden (§ 245 Abs. 2 UmwG).
- Sofern sich die Zusammensetzung des Aufsichtsrats nicht ändert, bleiben die Aufsichtsratsmitglieder im Amt. Die Amtskontinuität ergibt sich aus § 203 UmwG.
- Gemäß § 250 UmwG sind die §§ 207 bis 212 UmwG auf den Formwechsel einer AG in eine KGaA nicht anzuwenden. Wird eine AG in eine KGaA formgewechselt oder umgekehrt eine KGaA in eine AG, ändert sich die Rechtstellung der Aktionäre, abgesehen vom persönlich haftenden Gesellschafter, nicht wesentlich. Es ist den Aktionären daher zumutbar, auch bei einem Mehrheitsbeschluss Anteilsinhaber der Gesellschaft zu bleiben oder ihren Anteil zu veräußern. Daher entfällt auch entgegen dem Wortlaut des § 238 S. 1 i.V.m. § 231 UmwG die Notwendigkeit, den widersprechenden Aktionären ein Abfindungsangebot zu unterbreiten.

Formwechsel einer AG in eine GmbH & Co. KG

26. Umwandlungsbeschluss gemäß §§ 190 ff. UmwG[1]

Vorstand und Aufsichtsrat schlagen vor, den nachstehenden Umwandlungsbeschluss gemäß den §§ 190 ff., 228 ff. UmwG zu fassen:
1. Die A-AG wird nach den Bestimmungen der §§ 190 ff. UmwG formwechselnd in die Rechtsform der Kommanditgesellschaft (nachstehend KG) umgewandelt.
2. Die Firma der KG lautet:

A-GmbH & Co. KG.

26. Umwandlungsbeschluss gemäß §§ 190ff. UmwG   L.IV.26

3. Die A-GmbH & Co. KG hat ihren Sitz nach wie vor in ...... Sie ist im Handelsregister des Amtsgerichts ...... einzutragen. Im übrigen richten sich die Rechte und Pflichten der Gesellschafter der Gesellschaft nach deren Formwechsel in eine Kommanditgesellschaft nach dem Gesellschaftsvertrag der A-GmbH & Co.KG.

4. Der Gesellschaftsvertrag der neuen KG erhält den dieser Urkunde als Anlage [...] beigefügten Wortlaut, der hiermit festgestellt wird.[2]

5. Gesellschafter der A-GmbH & Co. KG werden diejenigen Personen, die zum Zeitpunkt der Eintragung der neuen Rechtsform im Handelsregister Aktionäre der A-AG sind. Ihr jeweiliger, bislang durch Aktien verbriefter Anteil am Grundkapital der A-AG von insgesamt ...... EUR wandelt sich in einen Kapitalanteil in gleicher Höhe an dem wiederum insgesamt ...... EUR betragenden gesamten Festkapital der A-GmbH & Co. KG um.[3]

Die A-Verwaltungs-GmbH mit Sitz in ......, eingetragen im Handelsregister des Amtsgerichtes ...... unter HRB ...... wird Komplementärin der A-GmbH & Co. KG (nachstehend die Komplementärin). Sie tritt der Gesellschaft zu diesem Zweck mit Wirksamwerden des Formwechsels bei. Die Komplementärin erhält keinen Kapitalanteil.[4]

Alle Aktionäre der A-AG, gleich ob namentlich bekannt oder nicht[5], werden Kommanditisten mit einer Kapitalanteil, der der Summe der Nennbeträge der von Ihnen im Zeitpunkt der Eintragung der KG gehaltenen Aktien entspricht. Die Kapitalanteile entsprechen dem Betrag der Einlage eines jeden Kommanditisten, die infolge des Formwechsels durch das Reinvermögen der A-AG im Zeitpunkt des Wirksamwerdens des Formwechsels in voller Höhe aufgebracht wird.

Die Hafteinlagen der Kommanditisten entsprechen jeweils ihrem Kapitalanteil. Die Summe der Kapitalanteile entspricht dem Grundkapital der A-AG (ggf. abzüglich des auf eigene Aktien der A-AG entfallenden Anteils am Grundkapital im Zeitpunkt des Wirksamwerdens des Formwechsels). Soweit das Eigenkapital der A-AG das Gesellschaftskapital der A-GmbH & Co. KG übersteigt, wird der überschießende Teil des Eigenkapitals bei der A-GmbH & Co. KG in das gesamthänderisch gebundene Rücklagenkonto eingestellt.

Der Vorstand konnte die Mehrzahl der Aktionäre namentlich feststellen. Danach sind als Kommanditisten an der A-GmbH & Co. KG unter anderem beteiligt:
......

Damit entfällt auf die nicht bekannten Aktionäre der Gesellschaft eine Kommanditeinlage in Höhe von insgesamt ...... EUR. Auf die unbekannten Aktionäre der A-AG mit dieser Kommanditeinlage entfallen folgende Aktiennummern:[5]
......

6. Sonderrechte oder Vorzüge i.S.d. § 194 Abs. 1 Nr. 5 UmwG werden nicht gewährt. Stimmrechtslose Geschäftsanteile, Mehrstimmrechtsanteile, Schuldverschreibungen, Genussrechte oder sonstige besondere Rechte oder Vorzüge bestehen bei der A-AG nicht.[6]

7. Für den Fall, dass ein Aktionär gegen diesen Beschluss Widerspruch zur Niederschrift erklärt, bietet die Gesellschaft hiermit an, dass der widersprechende Aktionär von der A-GmbH & Co. KG eine Barabfindung in Höhe von ......% des Nennwertes seiner Geschäftsanteile an der Gesellschaft erhält, sofern er durch Kündigung aus der A-GmbH & Co. KG ausscheidet. Falls auf Antrag eines widersprechenden Gesellschafters das Gericht eine abweichende Barabfindung bestimmt, gilt diese als angeboten. Die Barabfindung ist zahlbar, nachdem der widersprechende Gesellschafter gegenüber der A-GmbH & Co. KG die Kündigung erklärt hat. Der Abfindungsbetrag ist nach Ablauf des Tages, an dem das letzte der Blätter erschienen ist, in denen das Registergericht den Formwechsel bekannt gemacht hat, mit jährlich fünf von Hundert über dem jeweiligen Basiszinssatz nach § 247 BGB zu verzinsen. Das An-

Seibt

gebot kann nur binnen zwei (2) Monaten nach dem Tage angenommen werden, an dem die Eintragung der neuen Rechtsform „Kommanditgesellschaft" im Handelsregister bekannt gemacht wurde. Ist nach § 212 UmwG ein Antrag auf Bestimmung der Barabfindung durch das Gericht gestellt worden, so kann das Angebot binnen zwei (2) Monaten nach dem Tag angenommen werden, an dem die Entscheidung im elektronischen Bundesanzeiger bekannt gemacht geworden ist.[7]

8. Auf die Arbeitnehmer und ihre Vertretungen wirkt sich der Formwechsel wie folgt aus:[8]
...... (siehe hierzu Form. L.IV.1)

9. Es wird im Hinblick auf § 228 Abs. 1 UmwG festgestellt, dass die Geschäftstätigkeit der Gesellschaft im Zeitpunkt der Umwandlung nach ihrer Art und ihrem Umfang einen in kaufmännischer Weise eingerichteten Geschäftsbetrieb im Sinne von §§ 105 Abs. 1 und 2, 1 Abs. 2 HGB erfordert.

10. Die A-Verwaltungs-GmbH stimmt diesem Umwandlungsbeschluss sowie der Übernahme der persönlichen Haftung als künftige Komplementärin der A-GmbH & Co. KG ausdrücklich zu.[9]

11. Die Kosten des Formwechsels trägt die Gesellschaft bis zum Betrag von ...... EUR.

Für diesen Antrag stimmten folgende Aktionäre mit dem jeweils von ihnen vertretenen Grundkapital: ......

Gegen diesen Antrag stimmten folgende Aktionäre mit dem jeweils von ihnen vertretenen Grundkapital: ......

Der Vorsitzende stellte sodann fest, dass für den Formwechsel der A-AG in die A-GmbH & Co. KG ...... EUR des vertretenen Grundkapital bzw. ......% und gegen dem Formwechsel ...... EUR des vertretenen Grundkapitals bzw. ......% gestimmt haben. Der vorstehende Antrag ist somit mit einer Mehrheit von mindestens ¾ der abgegebenen Stimmen angenommen worden.[10]

Folgende Aktionäre haben gegen den Umwandlungsbeschluss Widerspruch zur Niederschrift erklärt:

......

[*Alternative:* Es wird festgestellt, dass kein Aktionär gegen die Umwandlung Widerspruch zum notariellen Protokoll erklärt hat. Auf das Recht zur Klage gegen die Wirksamkeit des Umwandlungsbeschlusses wird verzichtet (§§ 198 Abs. 3, 16 Abs. 2 UmwG).[11]]

Schrifttum: Bayer/Schmidt, Der Regierungsentwurf zur Änderung des Umwandlungsgesetzes. Eine kritische Stellungnahme, NZG 2006, 841.

Anmerkungen

1. Überblick. Das Formular beschränkt sich auf den Umwandlungsbeschluss und verzichtet auf die Wiedergabe der vollständigen Niederschrift über die Hauptversammlung der AG (vgl. hierzu Form. L.IV.21). Die folgenden Anmerkungen beschränken sich auf die Besonderheiten beim Formwechsel einer AG in eine GmbH & Co KG. Vgl. im Übrigen die Anm. zu Form. L.IV.1, die entsprechend gelten. Dem Formular liegt der Sachverhalt zugrunde, dass eine börsennotierte Publikumsaktiengesellschaft in die Rechtsform der GmbH & Co. KG formgewechselt werden soll („Going private"). Das Formular geht davon aus, dass die zukünftige Komplementär-GmbH der Gesellschaft erst mit Wirksamkeit des Formwechsels beitritt.

2. Gesellschaftsvertrag. Vgl. Form. L.IV.1 Anm. 13.

3. Beteiligungsverhältnisse. Vgl. Form. L.IV.1 Anm. 11.

4. Komplementär-GmbH. Das Treuhandmodell ist zur Umwandlung einer Kapitalgesellschaft in eine GmbH & Co. KG nach überwiegender Ansicht nicht mehr erforderlich. Vorsichtshalber sollte das Verfahren jedoch in jedem Fall mit dem zuständigen Registergericht abgestimmt werden. Vgl. im Übrigen Form. L.IV.1 Anm. 3.

5. Unbekannte Aktionäre. Beim Formwechsel der AG in die Rechtsform der GmbH & Co. KG sind die Kommanditisten sowie der Betrag ihrer jeweiligen Einlage im Umwandlungsbeschluss anzugeben (§ 243 Nr. 2 UmwG) und müssen außerdem als Kommanditisten der KG zum Handelsregister angemeldet und eingetragen werden (§ 197 UmwG i. V. m. §§ 106 Abs. 2 Nr. 1, 162 Abs. 1 HGB). Bei Publikumsaktiengesellschaften und der Ausgabe von Inhaberaktien sind jedoch die Streubesitzaktionäre der Verwaltung in der Regel nicht bekannt. Insoweit schafft § 213 i. V. m. § 35 S. 1 UmwG Abhilfe. Danach können unbekannte Aktionäre im Umwandlungsbeschluss, bei Anmeldung zur Eintragung in das Handelsregister oder bei Eintragung in eine Gesellschafterliste durch die Angabe ihrer Aktienurkunden durch die Angabe des auf sie insgesamt entfallenden Anteils bezeichnet werden (zu den Einzelheiten vgl. Lutter/*Happ*/*Göthel* § 234 Rdnr. 17 ff.; Kallmeyer/*Meister*/*Klöcker* § 213 Rdnr. 7 f.). Voraussetzung ist, dass ihre Aktien maximal 5 % des Grundkapitals der Gesellschaft entsprechen. Die 5 % Grenze erscheint jedoch als zu eng; vielmehr sollte in Anlehnung an §§ 71 Abs. 1 S. 1 Nr. 8, 186 Abs. 3 S. 4 AktG diese Grenze auf 10 % angehoben werden (so auch *Bayer*/*Schmidt* NZG 2006, 841, 845; zu Lösungsmöglichkeiten bei mehr als 5 % Lutter/*Happ*/*Göthel* § 234 Rdnr. 25 ff.).

6. Sonderrechte. Vgl. Form. L.IV.1 Anm. 14.

7. Abfindungsangebot. Vgl. Form. L.IV.1 Anm. 15.

8. Folgen für die Arbeitnehmer und ihre Vertretungen. Vgl. Form. L.IV.1 Anm. 16.

9. Gemäß § 233 Abs. 2 S. 3 UmwG müssen dem Formwechsel alle Gesellschafter zustimmen, die in der KG die Stellung eines persönlich haftenden Gesellschafters übernehmen sollen.

10. Mehrheitserfordernisse. Vgl. Form. L.IV.1 Anm. 17.

11. Kosten und Gebühren. Vgl. Form. L.IV.1 Anm. 18.

Formwechsel einer KGaA in eine GmbH

27. Umwandlungsbeschluss gemäß §§ 190 ff. UmwG[1]

UR-Nr. ......

Verhandelt in ......
am ......
Vor mir,
dem Notar
......
mit Amtssitz in ......,
erschienen heute in den Räumen der Kanzlei ......, wohin ich mich auf Ersuchen begeben hatte,
1. sämtliche Geschäftsführer der alleinigen persönlich haftenden Gesellschafterin A-Geschäftsführungs-GmbH:
   (a) Herr ......, geschäftsansässig ......
   (b) Herr ......, geschäftsansässig ......
2. folgende Mitglieder des Aufsichtsrats:
   (a) Herr ......
   (b) Frau ......
   (c) Herr ......
   ......

3. sämtliche Kommanditaktionäre der Gesellschaft bzw. deren Vertreter:
  (a) Herr ......, mit ...... Namensaktien im Nennwert von ...... EUR zum gesamten Nennbetrag von ...... EUR
  (b) Herr ......, mit ...... Namensaktien im Nennwert von ...... EUR zum gesamten Nennbetrag von ...... EUR
  (c) Frau ......, mit ...... Namensaktien im Nennwert von ...... EUR zum gesamten Nennbetrag von ...... EUR
  (d) Frau ......, handelnd aufgrund beglaubigter Vollmacht vom ...... im Namen von Frau ...... mit ...... Namensaktien im Nennwert von ...... EUR zum gesamten Nennbetrag von ...... EUR

Das Grundkapital der Gesellschaft beträgt insgesamt nominal ...... EUR und ist durch die vorstehend genannten Kommanditaktionäre vollständig vertreten.
Als alleinige persönlich haftende Gesellschafterin ist die

A-Geschäftsführungs-GmbH

mit Sitz in ......, eingetragen im Handelsregister des Amtsgerichts ...... unter HRB ...... mit einer Einlage in Höhe von nominal ...... EUR an der Gesellschaft beteiligt. Ein beglaubigter Auszug aus dem Handelsregister des Amtsgerichts ......, HRB ...... vom ...... zum Nachweis der Vertretungsberechtigung der oben genannten Geschäftsführer hat während der Hauptversammlung vorgelegen und wird als Anlage (......) in beglaubigter Abschrift zu diesem Hauptversammlungsprotokoll genommen.
Die Erschienenen haben sich ausgewiesen durch Vorlage ihrer jeweiligen Bundespersonalausweise.
Herr ...... übernahm nach einstimmiger Wahl durch die erschienenen bzw. vertretenen Kommanditaktionäre gemäß § ...... der Satzung der Gesellschaft den Vorsitz dieser außerordentlichen Hauptversammlung und eröffnete diese um ...... Uhr.
Der Vorsitzende stellte das Teilnehmerverzeichnis, das vor der ersten Abstimmung zur Einsicht ausgelegt war, als richtig fest und unterzeichnete es. Der Vorsitzende stellte weiterhin fest, dass gemäß dem Teilnehmerverzeichnis in der außerordentlichen Hauptversammlung das gesamte Aktienkapital der Gesellschaft vertreten war und dass es daher für die Beschlussfähigkeit der Versammlung einer förmlichen Einberufung nicht bedurfte. Sämtliche Erschienenen verzichteten daraufhin auf die Einhaltung der gesetzlichen und satzungsmäßigen Form- und Fristvorschriften für die Einberufung und Durchführung dieser Hauptversammlung und erkannten die Beschlussfähigkeit der außerordentlichen Hauptversammlung an.[2]
Gegenstand der Tagesordnung ist:
1. Die Umwandlung der Gesellschaft nach den Vorschriften des UmwG durch Formwechsel in eine Gesellschaft mit beschränkter Haftung
2. Bestellung von Herrn ...... und Frau ...... zu Geschäftsführern der formgewechselten Gesellschaft

Der Vorsitzende stellte fest, dass der Umwandlungsbericht allen Beteiligten vor der Hauptversammlung in Kopie vorgelegen hat. Er stellte weiterhin fest, dass der Umwandlungsbericht von der Einberufung dieser Hauptversammlung an in den Geschäftsräumen der Gesellschaft zur Einsicht der Aktionäre auslag sowie während dieser Hauptversammlung ausliegt.
[Alternative: Der Vorsitzende stellte fest, dass der Umwandlungsbericht seit Einberufung dieser Hauptversammlung auf der Internetseite der Gesellschaft zugänglich ist und den Aktionären während der Hauptversammlung Abschriften zur Verfügung gestellt werden.][3]
Im Anschluss daran erläuterte die Geschäftsführung vor Beginn der Verhandlung den Entwurf des Umwandlungsbeschlusses. Über den Entwurf des Umwandlungsbeschlusses sowie die Erläuterungen der Geschäftsführung fand eine eingehende Aussprache statt.

27. Umwandlungsbeschluss gemäß §§ 190ff. UmwG　　　　　　　　L.IV.27

Der Vorsitzende bestimmte sodann, dass die Abstimmung durch Handaufheben erfolgt. Die Tagesordnung wurde wie folgt erledigt:
Die Geschäftsführung der persönlich haftenden Gesellschafterin und der Aufsichtsrat stellten folgende Anträge:

TOP 1

1. Die A-GmbH & Co. KGaA wird nach den Bestimmungen der §§ 190ff. UmwG formwechselnd in die Rechtsform der Gesellschaft mit beschränkter Haftung (nachstehend GmbH) umgewandelt.[4]
2. Die Firma der GmbH lautet:

　　　　　　　　　　　　A-GmbH.[5]

3. Die GmbH hat ihren Sitz nach wie vor in ...... Sie ist im Handelsregister des Amtsgerichts ...... einzutragen. Im Übrigen richten sich die Rechte und Pflichten der Gesellschafter der Gesellschaft nach deren Formwechsel in eine GmbH nach der Satzung der GmbH.
4. Der Gesellschaftsvertrag der neuen GmbH erhält den dieser Urkunde als Anlage (......) beigefügten Wortlaut, der hiermit festgestellt wird.[6]
5. Gesellschafter der GmbH werden diejenigen Personen, die im Zeitpunkt der Eintragung der Umwandlung in das Handelsregister Kommanditaktionäre der Gesellschaft sind. Die A-Geschäftsführungs-GmbH scheidet gemäß § 247 Abs. 2 UmwG aus der Gesellschaft aus.
Die Kommanditaktionäre der A-GmbH & Co. KGaA sind an der A-GmbH nach dem Formwechsel wie folgt beteiligt:[7]
Herr ...... mit Geschäftsanteil Nr. 1 im Nennwert von ...... EUR
Herr ...... mit Geschäftsanteil Nr. 2 im Nennwert von ...... EUR
Frau ...... mit Geschäftsanteil Nr. 3 im Nennwert von ...... EUR
Frau ...... mit Geschäftsanteil Nr. 4 im Nennwert von ...... EUR
Das Stammkapital der GmbH beträgt somit insgesamt ...... EUR (in Worten: ......).
6. Rechte werden für einzelne Anteilsinhaber sowie Inhaber besonderer Rechte i.S.d. § 194 Abs. 1 Nr. 5 UmwG nicht gewährt und Maßnahmen für diese Personen sind nicht vorgesehen.[8]
7. Auf die Erstellung, die Prüfung und die Auslegung eines Umwandlungsberichts wird gemäß § 192 Abs. 2 UmwG verzichtet. Auf ein Angebot zur Barabfindung[9] und dessen Prüfung wird ebenfalls verzichtet (§§ 238, 231, 207 Abs. 1, 208, 30 UmwG).
8. Auf die Arbeitnehmer und ihre Vertretungen wirkt sich der Formwechsel wie folgt aus:[10]
8.1 Die Arbeitsverhältnisse mit den Arbeitnehmern der A-GmbH & Co. KGaA setzen sich unverändert bei der A-GmbH als Rechtsträger neuer Rechtsform fort. § 613a BGB ist auf den Formwechsel nicht anzuwenden, ein Betriebsübergang findet nicht statt. Sämtliche individualarbeitsvertraglichen Vereinbarungen sowie sämtliche Betriebsvereinbarungen und Tarifverträge bestehen ohne Änderung fort. Auch für Pensionäre der A-GmbH & Co. KGaA ergeben sich keine Änderungen. Die Direktionsbefugnisse des Arbeitgebers werden nach dem Formwechsel von der A-GmbH, vertreten durch ihre Geschäftsführer, ausgeübt. Für die betriebsverfassungsrechtlichen Organe und deren Rechte ergeben sich ebenfalls keine Änderungen. Die Einzelbetriebsräte und der Gesamtbetriebsrat der A-GmbH & Co. KGaA bestehen bei der A-GmbH unverändert fort.
8.2 Die A-GmbH beschäftigt in der Regel weniger als 500 Arbeitnehmer. Daher ist kein mitbestimmter Aufsichtrat nach dem Vorschriften des DrittelbG bei der A-GmbH zu bilden. Das Amt der Aufsichtsratsmitglieder Herrn ......, Frau ......, Herrn ......, Frau ......, Frau ......, Herrn ...... endet im Zeitpunkt des Wirksamwerdens des Formwechsels.

8.3 Die bisherige persönlich haftende Gesellschafterin haftet für Ansprüche, die im Zeitpunkt des Formwechsels bereits entstanden sind, nur nach Maßgabe der §§ 249, 224 UmwG.[11]
8.4 Sonstige Maßnahmen im Zusammenhang mit dem Formwechsel sind nicht geplant.
8.5 Dem Betriebsrat der Gesellschaft ist der Entwurf dieses Umwandlungsbeschlusses rechtzeitig zugeleitet worden (§ 194 Abs. 2 UmwG).
9. Die A-Geschäftsführungs-GmbH als alleinige persönlich haftende Gesellschafterin der A-GmbH & Co. KGaA stimmt diesem Umwandlungsbeschluss ausdrücklich zu.[12]
10. Ein Sachgründungsbericht ist nach § 245 Abs. 4 UmwG beim Formwechsel einer KGaA in eine GmbH nicht erforderlich.[13]
11. Die Kosten des Formwechsels trägt die Gesellschaft bis zum Betrag von ...... EUR.

Der Vorsitzende stellte fest, dass der vorstehende Antrag einstimmig durch Handaufheben gefasst wurde, und verkündete den Beschluss.[14]

Es wird festgestellt, dass kein Aktionär gegen die Umwandlung Widerspruch zum notariellen Protokoll erklärt hat. Auf das Recht zur Klage gegen die Wirksamkeit des Umwandlungsbeschlusses wird verzichtet (§§ 198 Abs. 3, 16 Abs. 2 UmwG).

TOP 2

Herr ...... und Frau ...... werden zu Geschäftsführern der formgewechselten GmbH bestellt, und zwar Herr ...... mit dem Recht, die Gesellschaft einzeln zu vertreten auch für den Fall, dass weitere Geschäftsführer bestellt sind, und Frau ...... mit dem Recht, die Gesellschaft in Gemeinschaft mit einem weiteren Geschäftsführer oder gemeinschaftlich mit einem Prokuristen zu vertreten.[15]

Der Vorsitzende stellte fest, dass die vorstehenden Anträge einstimmig durch Handaufheben gefasst wurden, und verkündete den Beschluss.

Ein Widerspruch zum Protokoll des Notars wurde von keinem der anwesenden Aktionäre und Aktionärsvertreter eingelegt.

Nach Erledigung der Tagesordnung beendete der Vorsitzende die außerordentliche Hauptversammlung um ...... Uhr.

Hinweise

Der Notar belehrte die Erschienenen über die Unwiderruflichkeit der Verzichtserklärungen und über deren Wirkungen sowie darüber, dass durch diese Erklärungen die Ausübung von Gesellschafterrechten bei dem bevorstehenden Formwechsel beeinträchtigt werden kann.

Vollmachten

Die Erschienenen bevollmächtigen hiermit
Frau ...... sowie
Herrn ......,
beide geschäftsansässig am Amtssitz des beurkundenden Notars, sämtliche Erklärungen und Rechtshandlungen vorzunehmen, die im Zuge des Umwandlungsbeschlusses erforderlich und zweckmäßig sind. Die Vollmacht ist jederzeit widerruflich. Jede(r) Bevollmächtigte darf jede Partei einzeln vertreten und ist von den Beschränkungen der Mehrfachvertretung gemäß § 181 Alt. 2 BGB befreit. Dem Handelsregister gegenüber ist die Vollmacht unbeschränkt.

Vorstehende Niederschrift wurde den Erschienenen vom Notar vorgelesen, von ihnen genehmigt und von ihnen sowie dem Notar wie folgt unterschrieben:[16]

......

Anmerkungen

1. Wahl des Formulars. Eine KGaA mit einer GmbH als persönlich haftendem Gesellschafter (GmbH & Co. KGaA) soll in die Rechtsform einer Gesellschaft mit beschränkter Haftung (GmbH) umgewandelt werden. Die Gesellschaft beschäftigt in der Regel weniger als 500 Arbeitnehmer und unterliegt daher nicht dem DrittelbG (§ 1 Abs. 1 Nr. 2 DrittelbG). Somit ist bei der umgewandelten Gesellschaft auch kein mitbestimmter Aufsichtsrat zu bilden. Das Formular enthält weiterhin die Bestellung der Geschäftsführer der umgewandelten GmbH. Die Hauptversammlung findet in der Form einer Vollversammlung statt. Die folgenden Anmerkungen beschränken sich auf die Besonderheiten bei einem Formwechsel einer KGaA in die Rechtsform der Gesellschaft mit beschränkter Haftung. Im übrigen vgl. Form. L.IV.21.

2. Vollversammlung. Vgl. Form. L.IV.7 Anm. 4.

3. Vgl. § 238 i.V.m. § 230 Abs. 2 UmwG. Nach § 230 Abs. 2 S. 3 UmwG n.F. kann die Zusendung des Umwandlungsberichts mit Einwilligung der Aktionäre künftig auch auf elektronischem Wege in druckbarem Format (vgl. BT-Drucks. 17/3122 S. 13) erfolgen. Seit Einführung des ARUG (Gesetz zur Umsetzung der Aktionärsrechterichtlinie, BGBl. I S. 2479) genügt es auch, wenn die Unterlagen über denselben Zeitraum über die Internetseite der Gesellschaft zugänglich ist (§ 230 Abs. 2 S. 3 UmwG), was insbesondere bei börsennotierten Gesellschaften Zeit und Kosten spart. In solchen Fällen ist sicherzustellen, dass die Aktionäre die Unterlagen auch auf der Hauptversammlung einsehen können.

4. Gründungsrecht. Vgl. Form. L.IV.21 Anm. 9.

5. Firma. Vgl. Form. L.IV.21 Anm. 10.

6. Gesellschaftsvertrag der GmbH. Vgl. Form. L.IV.21 Anm. 13.

7. Beteiligung der bisherigen Anteilsinhaber. Vgl. Form. L.IV.21 Anm. 12.

8. Sonderrechte. Vgl. Form. L.IV.1 Anm. 14.

9. Abfindungsangebot. Vgl. Form. L.IV.1 Anm. 15.

10. Folgen für die Arbeitnehmer und ihre Vertretungen. Vgl. Form. L.IV.1 Anm. 16.

11. Ausscheiden des persönlich haftenden Gesellschafters. Beim Formwechsel einer KGaA in eine GmbH scheiden die persönlich haftenden Gesellschafter mit Eintragung des Formwechsels aus der Gesellschaft aus (§ 247 Abs. 3 UmwG). § 249 UmwG stellt durch die Verweisung auf § 224 UmwG klar, dass die Komplementäre für die im Zeitpunkt ihres Ausscheidens entstandenen Verbindlichkeiten, die vor Ablauf von fünf Jahren fällig und gerichtlich gegen sie geltend gemacht werden, persönlich haften (vgl. § 278 Abs. 2 AktG i.V.m. §§ 161 Abs. 2, 128 HGB). Der gerichtlichen Geltendmachung bedarf es jedoch nicht, wenn und soweit der persönlich haftende Gesellschafter den Anspruch schriftlich anerkannt hat (§ 224 Abs. 4 UmwG). Gemäß § 224 Abs. 3 UmwG beginnt die Frist mit dem Tag, an dem die Eintragung in das Register bekannt gemacht worden ist.

12. Zustimmung des persönlich haftenden Gesellschafters. Soll eine KGaA in eine andere Rechtsform formgewechselt werden, verlangt § 240 Abs. 3 UmwG für die Wirksamkeit des Umwandlungsbeschlusses neben der in § 240 Abs. 1 UmwG vorgesehenen drei-Viertel Mehrheit die Zustimmung aller persönlich haftenden Gesellschafter. Dadurch soll verhindert werden, dass die mit der Eintragung des Formwechsels aus der Gesellschaft ausscheidenden Komplementäre (§ 247 Abs. 3 UmwG) gegen ihren Willen ihre Beteiligung an der Gesellschaft verlieren (vgl. Lutter/*Happ*/*Göthel* § 240 Rdnr. 14). Die Zustimmungserklärung bedarf der notariellen Beurkundung (§ 193 Abs. 3 S. 1 UmwG). Die Form wird durch die Aufnahme der Zustimmungserklärungen in den Umwandlungsbeschluss, in die Niederschrift über die Hauptversammlung oder in einem Anhang zu derselben (§ 285 Abs. 3 S. 2 AktG) gewahrt.

13. Sachgründungsbericht. Zur Klarstellung empfiehlt es sich, diesen Hinweis in den Umwandlungsbeschluss aufzunehmen. Im Übrigen siehe Form. L.IV.21 Anm. 9.

14. Mehrheitserfordernisse. Vgl. Form. L.IV.7 Anm. 5 sowie Anm. 12 dieses Formulars.

15. **Bestellung der Geschäftsführer.** Die Bestellung der Geschäftsführer der GmbH erfolgt entweder im Gesellschaftsvertrag oder, wie im Formular, durch gesonderten Beschluss der (noch) Aktionäre (§ 6 Abs. 3 S. 2 GmbHG bzw. § 46 Nr. 5 GmbHG).

16. **Kosten und Gebühren.** Vgl. Form. L.IV.1 Anm. 18.

Formwechsel einer KGaA in eine AG

28. Umwandlungsbeschluss gemäß §§ 190 ff. UmwG[1]

UR-Nr. ......

Verhandelt in ......
am ......
Vor mir,
dem Notar
......
mit Amtssitz in ......,
erschienen heute in den Räumen der Kanzlei ......, wohin ich mich auf Ersuchen begeben hatte,
1. sämtliche Geschäftsführer der alleinigen persönlich haftenden Gesellschafterin A-Geschäftsführungs-GmbH:
   (a) Herr ......, geschäftsansässig ......
   (b) Herr ......, geschäftsansässig ......
2. folgende Mitglieder des Aufsichtsrats:
   (a) Herr ......
   (b) Frau ......
   (c) Herr ......
   ......
3. sämtliche Kommanditaktionäre der Gesellschaft bzw. deren Vertreter:
   (a) Herr ......, mit ...... Namensaktien im Nennwert von ...... EUR zum gesamten Nennbetrag von ...... EUR
   (b) Herr ......, mit ...... Namensaktien im Nennwert von ...... EUR zum gesamten Nennbetrag von ...... EUR
   (c) Frau ......, mit ...... Namensaktien im Nennwert von ...... EUR zum gesamten Nennbetrag von ...... EUR
   (d) Frau ......, handelnd aufgrund beglaubigter Vollmacht vom ...... im Namen von Frau ...... mit ...... Namensaktien im Nennwert von ...... EUR zum gesamten Nennbetrag von ...... EUR

Das Grundkapital der Gesellschaft beträgt insgesamt nominal ...... EUR und ist durch die vorstehend genannten Kommanditaktionäre vollständig vertreten.
Als alleinige persönlich haftende Gesellschafterin ist die

A-Geschäftsführungs-GmbH

mit Sitz in ......, eingetragen im Handelsregister des Amtsgerichts ...... unter HRB ...... mit einer Einlage in Höhe von nominal ...... EUR an der Gesellschaft beteiligt. Ein beglaubigter Auszug aus dem Handelsregister des Amtsgerichts ......, HRB ...... vom ...... zum Nachweis der Vertretungsberechtigung der oben genannten Geschäftsführer hat während der Hauptversammlung vorgelegen und wird als Anlage (......) in beglaubigter Abschrift zu diesem Hauptversammlungsprotokoll genommen.
Die Erschienenen haben sich ausgewiesen durch Vorlage ihrer jeweiligen Bundespersonalausweise.

28. Umwandlungsbeschluss gemäß §§ 190ff. UmwG   L.IV.28

Herr ...... übernahm nach einstimmiger Wahl durch die erschienenen bzw. vertretenen Kommanditaktionäre gemäß § ...... der Satzung der Gesellschaft den Vorsitz dieser außerordentlichen Hauptversammlung und eröffnete diese um ...... Uhr.

Der Vorsitzende stellte das Teilnehmerverzeichnis, das vor der ersten Abstimmung zur Einsicht ausgelegt war, als richtig fest und unterzeichnete es. Der Vorsitzende stellte weiterhin fest, dass gemäß dem Teilnehmerverzeichnis in der außerordentlichen Hauptversammlung das gesamte Aktienkapital der Gesellschaft vertreten war und dass es daher für die Beschlussfähigkeit der Versammlung einer förmlichen Einberufung nicht bedurfte. Sämtliche Erschienenen verzichteten daraufhin auf die Einhaltung der gesetzlichen und satzungsmäßigen Form- und Fristvorschriften für die Einberufung und Durchführung dieser Hauptversammlung und erkannten die Beschlussfähigkeit der außerordentlichen Hauptversammlung an.[2]

Einziger Tagesordnungspunkt ist:

Die Umwandlung der Gesellschaft nach den Vorschriften des UmwG
durch Formwechsel in eine Aktiengesellschaft

Der Vorsitzende stellte fest, dass der Umwandlungsbericht allen Beteiligten vor der Hauptversammlung in Kopie vorgelegen hat. Der Vorsitzende stellte weiterhin fest, dass der Umwandlungsbericht von der Einberufung dieser Hauptversammlung an in den Geschäftsräumen der Gesellschaft zur Einsicht der Aktionäre auslag sowie während dieser Hauptversammlung ausliegt.

[Alternative: Der Vorsitzende stellte fest, dass der Umwandlungsbericht seit Einberufung dieser Hauptversammlung auf der Internetseite der Gesellschaft zugänglich ist und den Aktionären während der Hauptversammlung Abschriften zur Verfügung gestellt werden.][3]

Im Anschluss daran erläuterte die Geschäftsführung vor Beginn der Verhandlung den Entwurf des Umwandlungsbeschlusses. Über den Entwurf des Umwandlungsbeschlusses sowie die Erläuterungen der Geschäftsführung fand eine eingehende Aussprache statt.

Der Vorsitzende bestimmte sodann, dass die Abstimmung durch Handaufheben erfolgt.

Die Tagesordnung wurde wie folgt erledigt:

Die Geschäftsführung der persönlich haftenden Gesellschafterin und der Aufsichtsrat stellten folgenden Antrag:

TOP 1

1. Die A-GmbH & Co. KGaA wird nach den Bestimmungen der §§ 190 ff. UmwG formwechselnd in die Rechtsform der Aktiengesellschaft (nachstehend AG) umgewandelt.[4]
2. Die Firma der AG lautet:

A-Aktiengesellschaft.[5]

3. Die AG hat ihren Sitz nach wie vor in ...... Sie ist im Handelsregister des Amtsgerichts ...... einzutragen. Im übrigen richten sich die Rechte und Pflichten der Gesellschafter der Gesellschaft nach deren Formwechsel in eine Aktiengesellschaft nach der Satzung der AG.
4. Die Satzung der neuen AG erhält den dieser Urkunde als Anlage (......) beigefügten Wortlaut, der hiermit festgestellt wird.[6]
5. Das Grundkapital der AG beträgt ...... EUR (in Worten: ......).
6. Aktionäre der AG werden diejenigen Personen, die im Zeitpunkt der Eintragung der Umwandlung in das Handelsregister Kommanditaktionäre der Gesellschaft sind. Die A-Geschäftsführungs-GmbH scheidet gemäß § 247 Abs. 3 UmwG aus der Gesellschaft aus.

An die Stelle der bisherigen ...... auf den Namen lautenden Stückaktien der A-GmbH & Co. KGaA mit einem rechnerischen Anteil am Grundkapital von ...... EUR treten

...... auf den Namen lautende Stückaktien der AG mit einem rechnerischen Anteil am Grundkapital von ...... EUR. Jeder Aktionär der A-GmbH & Co. KGaA erhält für eine auf den Namen lautende Stückaktie mit einem rechnerischen Anteil am Grundkapital von ...... EUR, eine auf den Namen lautende Stückaktie der AG mit einem rechnerischen Anteil am Grundkapital von ...... EUR.

7. Einzelnen Anteilsinhabern werden keine Sonderrechte oder Vorzüge i.S.d. § 194 Abs. 1 Nr. 5 UmwG gewährt.[7]
8. Eines Barabfindungsangebots nach § 207 UmwG bedarf es gemäß §§ 227, 250 UmwG nicht.[8]
9. Auf die Arbeitnehmer und ihre Vertretungen wirkt sich der Formwechsel wie folgt aus:[9]
9.1 Die Arbeitsverhältnisse mit den Arbeitnehmern der A-GmbH & Co. KGaA setzen sich unverändert bei A-Aktiengesellschaft als Rechtsträger neuer Rechtsform fort. § 613 a BGB ist auf den Formwechsel nicht anzuwenden, ein Betriebsübergang findet nicht statt. Sämtliche individualarbeitsvertraglichen Vereinbarungen sowie sämtliche Betriebsvereinbarungen und Tarifverträge bestehen ohne Änderung fort. Auch für Pensionäre der A-GmbH & Co. KGaA ergeben sich keine Änderungen. Die Direktionsbefugnisse des Arbeitgebers werden nach dem Formwechsel vom Vorstand der A-Aktiengesellschaft ausgeübt. Für die betriebsverfassungsrechtlichen Organe und deren Rechte ergeben sich ebenfalls keine Änderungen. Die Einzelbetriebsräte und der Gesamtbetriebsrat der A-GmbH & Co. KGaA bestehen bei der A-Aktiengesellschaft unverändert fort.
9.2 Der Aufsichtsrat der A-Aktiengesellschaft wird sich nach dem Formwechsel gemäß § ...... der Satzung i.V. m. §§ 96 Abs. 1 AktG und § 1 Abs. 1 Nr. 1 DrittelbG unverändert aus sechs Mitgliedern der Anteilseigner und drei Vertretern der Arbeitnehmer zusammensetzen. Die Vertreter der Arbeitnehmer werden gemäß § 203 UmwG für den Rest ihrer Wahlzeit als Mitglieder des Aufsichtsrats der A-Aktiengesellschaft im Amt bleiben. Für die Mitglieder der Anteilseigner ist in diesem Umwandlungsbeschluss unter Ziff. 12 die Beendigung des Amtes bestimmt, sodass das Amt dieser Aufsichtsratsmitglieder mit Eintragung des Formwechsels in das Handelsregister endet. Die Aufsichtsratsmitglieder der Anteilseigner sind daher durch die Hauptversammlung neu zu wählen.
9.3 Die Haftung der künftigen Aktiengesellschaft ist auch hinsichtlich der Ansprüche von Arbeitnehmern auf das Gesellschaftsvermögen beschränkt. Die bisherige persönlich haftende Gesellschafterin haftet für Ansprüche, die im Zeitpunkt des Formwechsels bereits entstanden sind, nur nach Maßgabe der §§ 249, 224 UmwG.[10]
9.4 Sonstige Maßnahmen im Zusammenhang mit dem Formwechsel sind nicht geplant.
9.5 Dem Betriebsrat der Gesellschaft ist der Entwurf dieses Umwandlungsbeschlusses rechtzeitig zugeleitet worden (§ 194 Abs. 2 UmwG).
10. Die A-Geschäftsführungs-GmbH als alleinige persönlich haftende Gesellschafterin der A-GmbH & Co. KGaA stimmt diesem Umwandlungsbeschluss ausdrücklich zu.[11]
11. Ein Sachgründungsbericht ist nach § 245 Abs. 4 UmwG beim Formwechsel einer KGaA in eine GmbH nicht erforderlich.[12]
12. Das Amt der Aufsichtsratsmitglieder der Anteilseigner Herrn ......, Herrn ......, Herrn ......, Frau ......, Frau ......, Herrn ...... endet im Zeitpunkt des Wirksamwerdens des Formwechsels.[13]
13. Die Kosten des Formwechsels trägt die Gesellschaft bis zum Betrag von ...... EUR.

Der Vorsitzende stellte fest, dass der vorstehende Antrag einstimmig durch Handaufheben gefasst wurde, und verkündete den Beschluss.[14]

Es wird festgestellt, dass kein Aktionär gegen die Umwandlung Widerspruch zum notariellen Protokoll erklärt hat. Auf das Recht zur Klage gegen die Wirksamkeit des Umwandlungsbeschlusses wird verzichtet (§§ 198 Abs. 3, 16 Abs. 2 UmwG).

Nach Erledigung der Tagesordnung beendete der Vorsitzende die außerordentliche Hauptversammlung um ...... Uhr.

Hinweise

Der Notar belehrte die Erschienenen über die Unwiderruflichkeit der Verzichtserklärungen und über deren Wirkungen sowie darüber, dass durch diese Erklärungen die Ausübung von Gesellschafterrechten bei dem bevorstehenden Formwechsel beeinträchtigt werden kann.

Vollmachten

Die Erschienenen bevollmächtigen hiermit
Frau ...... sowie
Herrn ......,
beide geschäftsansässig am Amtssitz des beurkundenden Notars, sämtliche Erklärungen und Rechtshandlungen vorzunehmen, die im Zuge des Umwandlungsbeschlusses erforderlich und zweckmäßig sind. Die Vollmacht ist jederzeit widerruflich. Jede(r) Bevollmächtigte darf jede Partei einzeln vertreten und ist von den Beschränkungen der Mehrfachvertretung gemäß § 181 Alt. 2 BGB befreit. Dem Handelsregister gegenüber ist die Vollmacht unbeschränkt.

Vorstehende Niederschrift wurde den Erschienenen vom Notar vorgelesen, von ihnen genehmigt und von ihnen sowie dem Notar wie folgt unterschrieben:[15]

......

Anmerkungen

1. Wahl des Formulars. Eine KGaA mit einer GmbH als persönlich haftendem Gesellschafter (GmbH & Co. KGaA) soll in die Rechtsform einer Aktiengesellschaft umgewandelt werden. Die Gesellschaft beschäftigt regelmäßig mehr als 500 Arbeitnehmer und unterliegt daher dem DrittelbG. Der Aufsichtsrat soll im Zuge des Formwechsels durch neue Anteilseignervertreter besetzt werden (Anm. 9). Die Hauptversammlung findet in der Form einer Vollversammlung statt. Die folgenden Anmerkungen beschränken sich auf die Besonderheiten bei einem Formwechsel einer KGaA in die Rechtsform der Aktiengesellschaft. Im Übrigen vgl. Form. L.IV.7.

2. Vollversammlung. Vgl. Form. L.IV.7 Anm. 4.

3. Vgl. § 238 i.V.m. § 230 Abs. 2 UmwG. Nach § 230 Abs. 2 S. 3 UmwG n.F. kann die Zusendung des Umwandlungsberichts mit Einwilligung der Aktionäre künftig auch auf elektronischem Wege in druckbarem Format (vgl. BT-Drucks. 17/3122 S. 13) erfolgen. Seit Einführung des ARUG (Gesetz zur Umsetzung der Aktionärsrechterichtlinie, BGBl. I S. 2479) genügt es auch, wenn die Unterlagen über denselben Zeitraum über die Internetseite der Gesellschaft zugänglich ist (§ 230 Abs. 2 S. 3 UmwG). In solchen Fällen ist sicherzustellen, dass die Aktionäre die Unterlagen auch auf der Hauptversammlung einsehen können.

4. Gründungsrecht. Vgl. Form. L.IV.7 Anm. 6.

5. Firma. Vgl. Form. L.IV.7 Anm. 7.

6. Satzung der AG. Vgl. Form. L.IV.7 Anm. 8.

7. Sonderrechte. Vgl. Form. L.IV.1 Anm. 14.

8. Abfindungsangebot. Gemäß § 250 UmwG sind die §§ 207 bis 212 UmwG auf den Formwechsel einer KGaA in eine AG nicht anzuwenden. Wird eine KGaA in eine AG oder umgekehrt formgewechselt, ändert sich die Rechtsstellung der Aktionäre, abgesehen vom persönlich haftenden Gesellschafter, der gemäß § 247 Abs. 2 UmwG aus der Gesellschaft ausscheidet, nicht wesentlich. Es ist den Aktionären daher zumutbar, auch bei einem Mehrheitsbeschluss Anteilsinhaber der Gesellschaft zu bleiben oder ihren Anteil zu veräußern. Daher entfällt auch entgegen dem Wortlaut des § 238 S. 1 UmwG die Notwendigkeit, den widersprechenden Aktionären ein Abfindungsangebot anzubieten. Zur Klarstellung empfiehlt sich daher ein Hinweis im Umwandlungsbeschluss.

9. **Folgen für die Arbeitnehmer und ihre Vertretungen.** Vgl. Form. L.IV.1 Anm. 16. Im Übrigen gilt Folgendes: § 203 S. 1 UmwG bestimmt, dass die bisherigen Aufsichtsratsmitglieder für den Rest ihrer Wahlzeit im Amt bleiben, sofern der Aufsichtsrat beim Rechtsträger neuer Rechtsform in gleicher Weise wie beim Rechtsträger in seiner bisherigen Rechtsform gebildet und zusammengesetzt wird. Das ist insbesondere der Fall beim Formwechsel einer KGaA in eine AG, da die Vorschriften über die Bildung und Zusammensetzung des Aufsichtsrats bei der AG sinngemäß auch auf die KGaA anwendbar sind, mithin die §§ 30, 95 ff. AktG auch für die KGaA gelten (§ 278 Abs. 3 AktG). Das Formular geht jedoch davon aus, dass die Anteilsinhaber von ihrem Recht nach § 203 S. 2 UmwG Gebrauch machen und für die Aufsichtsratsmitglieder der Anteilsinhaber die Beendigung des Amtes im Umwandlungsbeschluss bestimmen (vgl. Ziff. 12. des Umwandlungsbeschlusses). Insofern gilt die Amtskontinuität nur für die Arbeitnehmervertreter im Aufsichtsrat, für die § 203 S. 2 UmwG ausweislich seines eindeutigen Wortlauts nicht gilt. Die Hauptversammlung der AG hat daher die Aufsichtsratsmitglieder der Anteilsinhaber neu zu bestellen. Auf die Bestellung findet § 30 AktG Anwendung.

10. Vgl. Form. L.IV.27 Anm. 11.

11. **Zustimmung des persönlich haftenden Gesellschafters.** Vgl. Form. L.IV.27 Anm. 12.

12. **Sachgründungsbericht.** Zur Klarstellung empfiehlt es sich, diesen Hinweis in den Umwandlungsbeschluss aufzunehmen. Im Übrigen siehe Form. L.IV.21 Anm. 9.

13. **Beendigung des Amts der Aufsichtsratsmitglieder der Anteilsinhaber.** Vgl. § 203 S. 2 UmwG sowie Anm. 9.

14. **Mehrheitserfordernisse.** Vgl. Form. L.IV.7 Anm. 5 sowie Form. L.IV.27 Anm. 12.

15. **Kosten und Gebühren.** Vgl. Form. L.IV.1 Anm. 18.

Formwechsel einer deutschen AG in eine Societas Europaea (SE)

29. Umwandlungsbeschluss gemäß Art. 2 Abs. 4, Art. 37 SE-VO[1,2]

UR-Nr. ......

Auf Ersuchen des Vorstands der A AG habe ich, der unterzeichnende

Notar ......

mit dem Amtssitz in ......, ...,

mich heute, am ......, in die Räumlichkeiten ......, ... [Land] begeben, um über die Verhandlung und Beschlüsse der dorthin auf heute, ... Uhr einberufenen

außerordentlichen Hauptversammlung
der
A AG

mit Sitz in ......, ... [Land]
das Protokoll aufzunehmen.

Die A AG hat seit mehr als zwei Jahren eine Tochtergesellschaft mit Sitz in ......, ... [Land], eingetragen beim zuständigen Register des Ortes ...... unter der Nummer ......[3]

I.

Ich traf dort an:
1. vom Aufsichtsrat, dem die nachstehend bezeichneten Mitglieder angehören,
    (a) Herr ......, Aufsichtsratsvorsitzender

29. Umwandlungsbeschluss gemäß Art. 2 Abs. 4, Art. 37 SE-VO   L.IV.29

(b) Herr ......, stellv. Aufsichtsratsvorsitzender
(c) Herr ......
......
die unter Ziff. ...... bis ...... genannten Mitglieder;
2. vom Vorstand, welchem angehören:
(a) Herr ......, geboren am ......
wohnhaft in: ......
(b) Frau ......, geboren am ......
wohnhaft in: ......,
sämtliche Genannte;
3. die in dem dieser Niederschrift als Anlage (......) beigefügten Teilnehmerverzeichnis[4] aufgeführten Aktionäre und Aktionärsvertreter, die ihre Berechtigung zur Teilnahme an der Hauptversammlung sowie zur Ausübung des Stimmrechts im Sinne von Satzung und Einladung ordnungsgemäß nachgewiesen haben.

Die Erschienenen haben sich ausgewiesen durch Vorlage ihrer jeweiligen Bundespersonalausweise.

II.

Der Vorsitzende des Aufsichtsrats, Herr ......, übernahm den Vorsitz und eröffnete die Hauptversammlung um ...... Uhr.

Nach Begrüßung der Anwesenden stellte der Vorsitzende die form- und fristgerechte Einberufung der Hauptversammlung durch Bekanntmachung im elektronischen Bundesanzeiger Nr. ...... vom ...... fest. Ein Auszug des Bundesanzeigers mit der darin enthaltenen Tagesordnung[5] ist diesem Protokoll als Anlage (......) beigefügt. Die Bekanntmachung enthielt folgende Tagesordnung:

[Alternative[6]: Der Vorsitzende stellte nach Prüfung der vorgelegten Vollmachten von Aktionärsvertretern zur Anfangspräsenz fest, dass ausweislich des ihm vorgelegten Teilnehmerverzeichnisses, das vor der ersten Abstimmung zur Einsicht ausgelegt war, das gesamte Grundkapital der Gesellschaft in der Versammlung ordnungsgemäß vertreten ist. Sodann erklärte der Vorsitzende, dass er die außerordentliche Hauptversammlung in der Form einer Universalversammlung unter Verzicht auf die Einhaltung der gesetzlichen und satzungsmäßigen Form- und Fristvorschriften abhalte, und zwar mit der nachstehenden hierdurch fest gelegten Tagesordnung. Widerspruch hiergegen sowie gegen die Feststellung der Tagesordnung wurde von Seiten der Aktionäre nicht erhoben. Die Tagesordnung lautete:]

TOP 1

Beschluss über die Umwandlung der A AG in die Rechtsform der Societas Europaea (SE) nach Art. 2 Abs. 4, 37 ff. der Verordnung EG Nr. 2157/2001 (ABl. EG Nr. L 294 vom 10. 11. 2001, im Folgenden SE-VO)

TOP 2

Feststellung der Satzung

TOP 3

Bestellung von Aufsichtsratsmitgliedern/Verwaltungsratsmitgliedern

TOP 4

Bestellung des Abschlussprüfers

Der Vorsitzende stellte fest, dass die Aktionäre und die Mitglieder des Aufsichtsrats durch Schreiben des Vorstands über die Tagesordnung sowie über die Beschlussvorschläge des Vorstands informiert worden sind und dass sich der Aufsichtsrat den Beschlussvorschlägen des Vorstands angeschlossen hat.[7] Der Vorsitzende stellte sodann fest, dass mit der

Einberufung dieser Hauptversammlung die Umwandlung der A-AG in eine Societas Europaea (SE) als Gegenstand der Beschlussfassung angekündigt worden ist. Der Vorsitzende stellte weiter fest, dass der Umwandlungsplan, der Umwandlungsbericht sowie der Prüfungsbericht seit der Einberufung auf der Internetseite der Gesellschaft zugänglich ist. [*Alternative:* Der Vorsitzende stellte weiter fest, dass der Umwandlungsplan, der Umwandlungsbericht sowie der Prüfungsbericht seit der in den Geschäftsräumen der Gesellschaft zur Einsicht der Aktionäre ausgelegen haben, sowie auch in der heutigen Hauptversammlung zur Einsicht der Aktionäre ausliegen.][8]
Ferner sei auf Wunsch jedem Aktionär unverzüglich und kostenlos eine Abschrift dieser Unterlagen erteilt worden. Schließlich befinde sich jeweils ein gedrucktes Exemplar der Unterlagen auf jedem Platz im Sitzungssaal, weitere Exemplare seien am Wortmeldetisch (alternativ: beim Notar) verfügbar.
Der Umwandlungsplan vom ...... (UR-Nr. ...... des Notars ......) wurde ordnungsgemäß zum Handelsregister eingereicht.[9]
Der Vorsitzende gab die Anwesenheit gemäß dem Teilnehmerverzeichnis der erschienenen bzw. vertretenen Aktionäre sowie der Aktionärsvertreter vor der ersten Abstimmung wie folgt bekannt (ggf. und unterzeichnete das Teilnehmerverzeichnis):
Das Grundkapital der Gesellschaft beträgt ...... EUR und war zum ...... eingeteilt in ...... Stück auf den Inhaber lautenden Stückaktien mit einem rechnerischen Nennbetrag am Grundkapital von je ...... EUR. Je ...... EUR Nennbetrag einer Aktie gewähren eine Stimme. Gemäß dem Teilnehmerverzeichnis sind von den Aktionären anwesend bzw. vertreten:
...... EUR auf den Inhaber lautende Stückaktien mit einem Stimmrecht von zusammen ...... Stimmen, womit ......% des stimmberechtigten Kapitals in der Hauptversammlung anwesend bzw. vertreten sind.
Das Teilnehmerverzeichnis wurde von der ersten Abstimmung für die gesamte Dauer der Hauptversammlung für alle Teilnehmer zur Einsicht ausgelegt (Art. 18 SE-VO i. V. m. § 129 Abs. 4 S. 1 AktG).
Der Vorsitzende legte sodann das Abstimmungsverfahren wie folgt fest: grundsätzlich erfolgen Abstimmungen nach dem Subtraktionsverfahren. Zunächst werde bei der Abstimmung das Handzeichen derer aufgerufen, die gegen den Vorschlag sind, sodann derer, die sich der Stimme enthalten. Nach Abzug der Enthaltungen von der vorher festgestellten Präsenz ergebe sich die Zahl der abgegebenen Stimmen; nach Abzug der Nein-Stimmen von den demnach abgegebenen Stimmen ergebe sich der Anteil der Zustimmung zu einem Vorschlag.

III.

Die Tagesordnung wurde wie folgt erledigt:
Auf Bitten des Vorsitzenden erläuterte Herr ...... für den Vorstand den Umwandlungsplan vor Beginn der Verhandlung.[10] Im Anschluss daran fand sowohl über den Umwandlungsplan als auch über den Umwandlungsbericht eine eingehende Aussprache statt.
[Alternative: Die Aktionäre bzw. deren Vertreter erklärten, dass von Seiten der Aktionäre auf die Erläuterung des Entwurfs des Umwandlungsplans und des Umwandlungsberichts durch den Vorstand der Gesellschaft verzichtet wird.]
Bei den nun folgenden Abstimmungen überzeugte sich der Notar durch eigene Wahrnehmung von der ordnungsgemäßen Abgabe der Stimmen, Nennung des Namens des Abstimmenden, der Anzahl der hierbei vertretenden Stimmen, Übereinstimmung dieser Angaben mit dem Teilnehmerverzeichnis und der korrekten Auszählung sowie insgesamt von der Übereinstimmung des Verlaufs der Abstimmung mit der vorangegangenen Bekanntgabe des Abstimmungsverfahrens durch den Vorsitzenden.

Zu TOP 1:
Vorstand und Aufsichtsrat stellten den Antrag, den Umwandlungsbeschluss wie folgt zu fassen:

29. Umwandlungsbeschluss gemäß Art. 2 Abs. 4, Art. 37 SE-VO — L.IV.29

1. Die A AG wird gemäß Art. 2 Abs. 4, 37 ff. SE-VO in eine Societas Europaea (SE) umgewandelt. Der Sitz der neuen Gesellschaft ist ......, ... [Land]. Die Firma der SE lautet ...... SE.[11]
2. Die Beteiligungsverhältnisse bei der A AG bestehen bei der neuen Gesellschaft unverändert fort.
3. Einzelnen Aktionären werden keine besonderen Rechte oder Vorteile gewährt. Stimmrechtslose Aktien, Mehrstimmrechtsaktien, Vorzugsaktien, Schuldverschreibungen, Genussrechte sowie sonstige besondere Rechte oder Vorteile bestehen bei der A AG nicht.
4. Die Umwandlung wirkt sich auf die Arbeitnehmer und ihre Vertretungen wie folgt aus:
4.1 Die Rechte und Pflichten der Arbeitnehmer aus den bestehenden Anstellungs- und Arbeitsverhältnissen bestehen unverändert fort, da § 613a BGB auf die Umwandlung keine Anwendung findet. Die Direktionsbefugnisse werden nach der Umwandlung von den Vorstandsmitgliedern/geschäftsführenden Direktoren der neuen Gesellschaft, Herr ...... und Frau ...... ausgeübt.[12]
4.2 Die bestehenden Betriebsvereinbarungen und Tarifverträge gelten nach Maßgabe der jeweiligen Vereinbarung fort.
4.3 Die nach dem Betriebsverfassungsgesetz bestehende Betriebsverfassung bleibt unberührt, der Betriebsrat sowie die übrigen Organe, Ausschüsse und sonstigen Institutionen nach dem BetrVG 1976 bleiben bestehen.
4.4 Hinsichtlich der Mitbestimmung der Arbeitnehmer gilt die zwischen dem besonderen Verhandlungsgremium der Arbeitnehmer und dem Vorstand der AG am ...... geschlossene Vereinbarung gemäß § 21 SEBG (RL 2001/86/EG (ABl. EG L 294/22 v. 10. 11. 2001)). Die durch die Arbeit des Verhandlungsgremiums sowie der beauftragten Sachverständigen verursachten Kosten trägt die neue Gesellschaft.

Die Abstimmung ergab folgendes Ergebnis:
Enthaltungen: ......
Nein-Stimmen: ......
Somit Ja-Stimmen: ......, entsprechend ......% des vertretenen Grundkapitals.
[*Alternative:* Der Antrag des Vorstands und des Aufsichtsrats wurde ohne Enthaltungen mit allen bei der Beschlussfassung vertretenen Stimmen angenommen.]
Der Vorsitzende gab das Ergebnis der Abstimmung bekannt und stellte fest, dass damit die Umwandlung der A AG in die Rechtsform der Societas Europaea (SE) mit der erforderlichen Kapitalmehrheit[12] des in dieser Hauptversammlung repräsentierten Grundkapitals beschlossen worden ist.
(Ggf. Folgende Aktionäre haben gegen den Zustimmungsbeschluss Widerspruch zum Protokoll erklärt:
......)

Zu TOP 2:

Vorstand und Aufsichtsrat stellten den Antrag, die Satzung der A-AG wie folgt neu zu fassen:
„§ ...... (Firma)
Die Firma der Gesellschaft lautet ...... SE."
„§ ...... (Leitungssystem)
Die Gesellschaft erhält ein monistisches Leitungssystem mit einem Verwaltungsrat/dualistisches Leitungssystem mit einem Vorstand und einem Aufsichtsrat.
Die Abstimmung ergab folgendes Ergebnis:
Enthaltungen: ......
Nein-Stimmen: ......
Somit Ja-Stimmen: ......, entsprechend ......% des vertretenen Grundkapitals.

[*Alternative:* Der Antrag des Vorstands und des Aufsichtsrats wurde ohne Enthaltungen mit allen bei der Beschlussfassung vertretenen Stimmen angenommen.]
Der Vorsitzende gab das Ergebnis der Abstimmung bekannt und stellte fest, dass damit die o. g. Satzungsänderungen mit einer Mehrheit von ......% der abgegebenen Stimmen angenommen worden sind.[13]
(Ggf. Folgende Aktionäre haben gegen den Beschluss Widerspruch zum Protokoll erklärt: ......)

[*Alternative:* Es wird festgestellt, dass kein Aktionär gegen den Beschluss Widerspruch zum notariellen Protokoll erklärt hat.]

Zu TOP 3:

Der Aufsichtsrat stellte den Antrag, folgende Personen zu Mitgliedern des ersten Verwaltungsrats/Aufsichtsorgans zu bestellen:[14]
......
Die Abstimmung ergab folgendes Ergebnis:
Enthaltungen: ......
Nein-Stimmen: ......
Somit Ja-Stimmen: ......, entsprechend ......% des vertretenen Grundkapitals.
[*Alternative:* Der Antrag des Aufsichtsrats wurde ohne Enthaltungen mit allen bei der Beschlussfassung vertretenen Stimmen angenommen.]
Der Vorsitzende stellte fest, dass damit die o. g. Personen mit einer Mehrheit von ......% der abgegebenen Stimmen zu Mitgliedern des ersten Verwaltungsrats/Aufsichtsorgans bestellt worden sind.
(Ggf. Folgende Aktionäre haben gegen den Beschluss Widerspruch zum Protokoll erklärt: ......)
[*Alternative:* Es wird festgestellt, dass kein Aktionär gegen den Beschluss Widerspruch zum notariellen Protokoll erklärt hat.]

Zu TOP 4:

Der Aufsichtsrat stellte den Antrag, Herrn ...... zum Abschlussprüfer für das erste (Rumpf-)Geschäftsjahr der Firma ...... SE zu bestellen.[15]
Der Antrag des Aufsichtsrats wurde ohne Enthaltungen mit allen bei der Beschlussfassung vertretenen Stimmen angenommen.
Nach Erledigung der Tagesordnung beendete der Vorsitzende die außerordentliche Hauptversammlung um ...... Uhr.

Hinweise

Der Notar wies die Erschienenen auf Folgendes hin:
1. Die Umwandlung wird erst mit Eintragung in das für die Societas Europaea (SE) zuständige Register wirksam.
2. Rechte Dritter an den Aktien der A AG bestehen an den künftigen Aktien der Societas Europaea (SE) fort.
3. Die Mitglieder des Leitungsorgans sind bei Verletzung ihrer Sorgfaltspflicht gesamtschuldnerisch verpflichtet, der Societas Europaea (SE), ihren Aktionären und Gläubigern allen Schaden zu ersetzen, den diese durch die Umwandlung erleiden.

Vollmachten

Die Erschienenen bevollmächtigen hiermit
Frau ...... sowie
Herrn ......,
beide geschäftsansässig am Amtssitz des beurkundenden Notars, sämtliche Erklärungen und Rechtshandlungen vorzunehmen, die im Zuge des Verschmelzungsbeschlusses erforderlich und zweckmäßig sind. Die Vollmacht ist jederzeit widerruflich. Jede(r) Be-

vollmächtigte darf jede Partei einzeln vertreten und ist von den Beschränkungen der Mehrfachvertretung gemäß § 181 Alt. 2 BGB befreit. Dem Handelsregister gegenüber ist die Vollmacht unbeschränkt.

Hierüber habe ich heute das vorstehende Protokoll aufgenommen und wie folgt unterschrieben und gesiegelt.

......

[Unterschrift des Notars]

[Unterschriftszeichnung sämtlicher Vorstandsmitglieder][16]

Schrifttum: *Jannot/Frodermann*, Handbuch der Europäischen Aktiengesellschaft, 2005; *Lutter/Hommelhoff*, SE-Kommentar, 2008; *Scheifele*, Die Gründung der Europäischen Aktiengesellschaft, 2005; *Seibt/Reinhard*, Umwandlung der Aktiengesellschaft in die Europäische Gesellschaft (Societas Europaea), Der Konzern 2005, 407; *Teichmann*, Die Einführung der Europäischen Aktiengesellschaft, Grundlagen der Ergänzung des europäischen Statuts durch den deutschen Gesetzgeber, ZGR 2002, 383.

Anmerkungen

1. Wahl des Formulars. Dem vorliegenden Umwandlungsbeschluss liegt der Fall zugrunde, dass sich eine deutschem Recht unterliegende Aktiengesellschaft in die Rechtsform einer Societas Europaea (SE) formwechseln möchte. Die Gesellschaft hat seit mehr als zwei Jahren eine Tochtergesellschaft in einem anderen EU-Mitgliedstaat. Die Societas Europaea (SE) wird ihren Sitz in Deutschland haben (eine Sitzverlegung im Zuge der Umwandlung ist unzulässig) und eine monistische Leitungsstruktur mit einem Verwaltungsrat erhalten.

2. Zustimmungsbeschluss. Die Hauptversammlung der formwechselnden AG muss dem Umwandlungsbeschluss zustimmen und die Satzung der Societas Europaea (SE) genehmigen (Art. 37 Abs. 7 S. 1 SE-VO). Die SE-VO enthält keine speziellen Formvorschriften im Hinblick auf den Zustimmungsbeschluss, so dass insoweit das jeweilige nationale Umwandlungsrecht Anwendung findet. Mithin ist der Zustimmungsbeschluss der Hauptversammlung gemäß § 13 Abs. 3 UmwG, § 130 Abs. 1 AktG durch eine notariell aufgenommene Niederschrift zu beurkunden.

3. Der Formwechsel einer AG in eine Societas Europaea setzt u. a. voraus, dass die formwechselnde Gesellschaft seit mindestens zwei Jahren eine dem Recht eines anderen Mitgliedstaates unterliegende Tochtergesellschaft hält (Art. 2 Abs. 4 SE-VO). Eine entsprechende Angabe dient lediglich der Erleichterung der Arbeit des Registergerichts, das diese Voraussetzung von Amts wegen zu prüfen hat.

4. Vgl. Form. F.II.1 Anm. 2.

5. Vgl. Form. F.II.1 Anm. 3.

6. Vgl. Form. F.II.1 Anm. 4.

7. Durch die Aufstellung der Beschlussvorschläge zu den jeweiligen Tagesordnungspunkten durch den Vorstand und den Aufsichtsrat (§ 124 Abs. 3 S. 1 AktG) wird im deutschen Recht die Mitwirkung des Aufsichtsrats sichergestellt. Es war daher für den deutschen Gesetzgeber nicht notwendig, einen Zustimmungsvorbehalt i. S. v. Art. 37 Abs. 8 SE-VO zu erlassen (vgl. ausführlich *Teichmann* ZGR 2002, 383, 441).

8. Der Umwandlungsbericht ist von der Einberufung der Hauptversammlung an in den Geschäftsräumen der Gesellschaft zur Einsicht der Aktionäre auszulegen und überdies jedem Aktionär auf dessen Verlangen abschriftlich zur Verfügung zu stellen (§§ 230 Abs. 2, 238 UmwG). Nach § 230 Abs. 2 S. 3 UmwG n. F. kann die Zusendung des Umwandlungsberichts mit Einwilligung der Aktionäre künftig auch auf elektronischem Wege in druckbarem Format (vgl. BT-Drucks. 17/3122 S. 13) erfolgen. Seit Einführung des ARUG (Gesetz zur Umsetzung der Aktionärsrechterichtlinie, BGBl. I S. 2479) genügt es auch, wenn die Unterlagen über denselben Zeitraum über die Internetseite der Gesellschaft zugänglich ist (§ 230 Abs. 2 S. 3 UmwG. In solchen Fällen ist sicherzustellen, dass die Aktionäre die Unterlagen auch auf der

Hauptversammlung einsehen können. Im Interesse einer umfassenden Information der Aktionäre ist diese Pflicht auch auf den Umwandlungsplan (der die Satzung der Societas Europaea enthält) und den Prüfungsbericht gemäß Art. 37 Abs. 6 SE-VO zu erstrecken (vgl. Lutter/Hommelhoff/*Seibt* SE-Kommentar Art. 37 SE-VO Rdnr. 61 m.w.N.). In der Hauptversammlung sind entsprechend § 239 Abs. 1 UmwG diejenigen Unterlagen auszulegen, die den Aktionären bereits ab der Einberufung zur Hauptversammlung zur Einsicht zur Verfügung standen.

9. Umwandlungsplan/Umwandlungsbericht. Das Leitungs- oder Verwaltungsorgan der Gesellschaft ist gemäß Art. 37 Abs. 4 SE-VO verpflichtet, einen Umwandlungsplan und einen Umwandlungsbericht zu erstellen. Der Umwandlungsplan ist gemäß Art. 37 Abs. 5 SE-VO mindestens einen Monat vor dem Tage der Hauptversammlung, die über die Umwandlung zu beschließen hat, nach dem Verfahren offen zu legen, das die nationalen Rechtsvorschriften zur Umsetzung von Art. 3 der RL 68/151/EG vom 9. 3. 1968 vorsehen. Nach dem klaren Wortlaut des Art. 37 Abs. 5 SE-VO besteht keine Verpflichtung, den Umwandlungsbericht gemeinsam mit dem Umwandlungsplan offen zu legen. Der Umwandlungsbericht hat eine reine Binnenfunktion zur Unterrichtung der Aktionäre und Arbeitnehmer (vgl. Art. 37 Abs. 4 SE-VO) (vgl. Lutter/Hommelhoff/*Seibt* SE-Kommentar Art. 37 SE-VO Rdnr. 46 m.w.N.).

10. Der Umwandlungsplan (im nationalen Recht der Entwurf des Umwandlungsbeschlusses) ist in der Hauptversammlung zu erläutern (Art. 15 SE-VO i.V.m. § 239 Abs. 2 UmwG analog).

11. Firma. Gemäß Art. 11 Abs. 1 SE-VO muss der Firma der Zusatz „SE" vor- oder nachgestellt werden.

12. Mehrheitserfordernisse. Für die Beschlussfassung verweist Art. 37 Abs. 7 S. 2 SE-VO auf Art. 7 RL 78/855 EWG v. 9. 10. 1978 (Dritte Gesellschaftsrechtliche RL) und die nationale Umsetzung in § 65 UmwG, der eine Hauptversammlungsmehrheit des bei der Beschlussfassung vertretenen Grundkapitals von mindestens 75% vorschreibt. Sind mehrere stimmberechtigte Aktiengattungen vorhanden, gilt die Zustimmungsschwelle von 75% für jede dieser Gattungen (vgl. § 65 Abs. 2 UmwG).

13. Für die Satzungsänderung richtet sich das Mehrheitserfordernis nach Art. 15 SE-VO, § 179 Abs. 2 AktG.

14. Wahl der Anteilseignervertreter im Verwaltungsrat/Aufsichtsrat. In die Kompetenz der Hauptversammlung fällt neben der Fassung des Umwandlungsbeschlusses auch die Wahl der Anteilseignervertreter im Verwaltungsrat (monistische Struktur) bzw. im Aufsichtsrat (dualistische Struktur). Eine Amtskontinuität i.S.v. § 203 UmwG kommt wohl trotz der Rechtsnormnähe von AG und SE (vgl. Art. 5 und 10 SE-VO) und Mitbestimmungsschutzklausel (Art. 4 Abs. 4 SE-RL, 21 Abs. 6 SEBG) nicht in Betracht (vgl. Lutter/Hommelhoff/*Seibt* SE-Kommentar Art. 37 SE-VO Rdnr. 71 m.w.N.; a.A. *Scheifele*, Die Gründung der Europäischen Aktiengesellschaft, S. 426; Jannot/Frodermann/*Jannot*, Handbuch der Europäischen Aktiengesellschaft, 3 Rdnr. 254; differenzierend MünchKommAktG/*Schäfer* Art. 37 SE-VO Rdnr. 31). Dies ist beim Wechsel in das monistische System augenfällig, gilt aber auch beim Fortbestehen des Aufsichtsrats bei der SE. Das SEBG geht erkennbar nicht davon aus, dass alte Mandate fortbestehen, sondern gestaltet die Mandatsverteilung. So sind den beteiligten Mitgliedstaaten gemäß § 36 Abs. 1 SEBG die Arbeitnehmer-Mandate nach der Zahl der in diesen Ländern jeweils beschäftigten Arbeitnehmer zuzuschlüsseln.

15. Nach § 197 S. 1 UmwG, § 30 Abs. 1 S. 1 AktG (analog) hat die Hauptversammlung den Abschlussprüfer für das erste (Rumpf-)Geschäftsjahr der SE zu bestellen.

16. Kosten und Gebühren. Die Kosten für die notarielle Beurkundung des Zustimmungsbeschlusses richten sich nach §§ 141, 47 S. 1 KostO. Danach ist eine $^{20}/_{10}$ Gebühr fällig. Für die Satzung als Teil des Umwandlungsplans fallen keine weiteren Gebühren an. Die Gebühren bemessen sich nach dem Geschäftswert (§ 32 KostO), der Geschäftswert richtet sich wiederum nach § 41c Abs. 2 KostO für die Beurteilung des Zustimmungsbeschlusses. Gemäß § 47 S. 2 KostO gilt eine maximale Gebührenhöhe von EUR 5.000.–. Wird der Verwaltungsrat/Aufsichtsrat gesondert bestellt, richtet sich die Gebühr nach § 47 KostO, der Geschäftswert nach § 41c Abs. 1 KostO.

30. Umwandlungsplan für die Umwandlung einer deutschen Aktiengesellschaft in eine Societas Europaea (SE)[1, 2]

UR-Nr. ......

Umwandlungsplan

Heute, den ......
erschienen vor mir,
......
Notar in ......
in meinen Amtsräumen in ......
1. Herr ...... [Name, Beruf, Geburtsdatum, Adresse],
2. Frau ...... [Name, Beruf, Geburtsdatum, Adresse],
beide nach Angabe hier handelnd nicht im eigenen Namen, sondern in ihrer Eigenschaft als gemeinsam vertretungsberechtigte Mitglieder des Vorstands der ...... Aktiengesellschaft mit Sitz in ...... [Adresse], eingetragen im Handelsregister des Amtsgerichts ...... unter HRB ......
Hierzu bescheinige ich, Notar, aufgrund Einsicht in einen beglaubigten Handelsregisterauszug des Amtsgericht ...... vom ......, HRB ......, dass der vorgenannte Rechtsträger dort eingetragen ist und von Herrn ...... und Frau ...... als gemeinsam vertretungsberechtigten Mitgliedern des Vorstands vertreten wird.
Die Erschienenen wiesen sich aus durch Vorlage ihrer amtlichen Lichtbildausweise. Die Erschienenen baten, handelnd wie angegeben, um die Beurkundung des folgenden Umwandlungsplans:

Umwandlungsplan[3]

Präambel

(1) Mit diesem Vertrag wird die ...... Aktiengesellschaft mit Sitz in ......, eingetragen in das Handelsregister des Amtsgerichts ...... unter HRB ...... (im Folgenden A AG) gemäß Art. 2 Abs. 4, 37 der Verordnung (EG) Nr. 2157/2001 des Rates über das Statut der Europäischen Gesellschaft (SE) vom 8. 10. 2001 (ABl. EG Nr. L 294 vom 10. 11. 2001) (im Folgenden SE-VO) in die Rechtsform der Societas Europaea (SE) umgewandelt (im Folgenden „die neue Gesellschaft").[4]

(2) Das Grundkapital der A AG beträgt ...... EUR (in Worten: ......) und ist eingeteilt in ...... auf den Inhaber lautende Stückaktien mit einem auf die einzelne Aktie entfallenden anteiligen Betrag des Grundkapitals von ...... EUR.

(3) Die A AG hat seit ...... (mindestens zwei Jahren) eine Tochtergesellschaft mit Sitz in ......, ... [Land] und erfüllt somit die Voraussetzungen des Art. 2 Abs. 4 SE-VO im Hinblick auf den internationalen Bezug.[5]

§ 1 Firma und Sitz der Societas Europaea[6]

Die Firma der Societas Europaea lautet ...... SE. Die Gesellschaft wird ihren Sitz in ......, Bundesrepublik Deutschland haben.

§ 2 Beteiligungsverhältnisse[7]

Das Grundkapital der neuen Gesellschaft beträgt ...... EUR und ist eingeteilt in ...... auf den Inhaber lautende Stückaktien mit einem auf die einzelne Aktie entfallenden anteiligen Betrag des Grundkapitals von ...... EUR. Dies entspricht dem unter Präambel (2) aufgeführten Grundkapital und der Stückelung bei der A AG. Die Beteiligungsverhältnisse der A AG bestehen somit bei der neuen Gesellschaft unverändert fort.

§ 3 Besondere Vorteile und Rechte

3.1 Vorbehaltlich Ziff. 3.2 werden keine besonderen Rechte für einzelne Aktionäre oder Inhaber besonderer Rechte gewährt, und es sind auch keine besonderen Maßnahmen für solche Personen vorgesehen.

3.2 Soweit Rechte Dritter an den Aktien der A AG bestehen, setzen sich diese Rechte an den Aktien der neuen Gesellschaft fort.

[§ 4 Abfindungsangebot[8]

Die Gesellschaft macht jedem Aktionär, der gegen den Umwandlungsbeschluss Widerspruch zur Niederschrift erklärt, das Angebot, seine umgewandelten Aktien gegen eine Barabfindung in Höhe von ...... EUR je Stückaktie zu erwerben. Das Angebot kann nur binnen zwei Monaten nach dem Tage, an dem die Eintragung der neuen Rechtsform bekannt gemacht worden ist, angenommen werden. Ist ein Antrag auf Bestimmung der Abfindung durch das Gericht gestellt worden, so kann das Angebot binnen zwei Monaten nach dem Tag, an dem die Entscheidung im elektronischen Bundesanzeiger bekannt gemacht worden ist, angenommen werden.]

§ 5 Satzung der neuen Gesellschaft

Die neue Gesellschaft erhält die dieser Niederschrift als Anlage (......) beigefügte Satzung.

§ 6 Leitungsorgane der neuen Gesellschaft[9]

Die neue Gesellschaft erhält ein monistisches Leitungssystem. Der Verwaltungsrat wird aus ...... Mitgliedern bestehen (oder: ein dualistisches Leitungssystem.)

§ 7 Folgen der Umwandlung für die Arbeitnehmer und ihre Vertretungen[10]

7.1 Die Rechte und Pflichten der Arbeitnehmer aus den bestehenden Anstellungs- und Arbeitsverhältnissen bestehen unverändert fort, da § 613a BGB auf die Umwandlung keine Anwendung findet. Die Direktionsbefugnisse werden nach der Umwandlung von den Vorstandsmitgliedern/geschäftsführenden Direktoren der neuen Gesellschaft, Herr ...... und Frau ...... ausgeübt.

7.2 Die bestehenden Betriebsvereinbarungen und Tarifverträge gelten nach Maßgabe der jeweiligen Vereinbarung fort.

7.3 Die nach dem Betriebsverfassungsgesetz bestehende Betriebsverfassung bleibt unberührt, der Betriebsrat sowie die übrigen Organe, Ausschüsse und sonstigen Institutionen nach dem BetrVG 1976 bleiben bestehen.

7.4 Der Vorstand der A AG hat gemäß § 4 SEBG die Arbeitnehmer(-vertretungen) zur Bildung des besonderen Verhandlungsgremiums schriftlich aufgefordert. Die Verhandlungen über die Beteiligung der Arbeitnehmer sind bereits aufgenommen worden.[11]

§ 8 Kosten[12]

Die durch den Abschluss dieses Umwandlungsplans und seine Ausführung entstehenden Kosten trägt die neue Gesellschaft.

Hinweise

Der Notar hat die Beteiligten über den weiteren Verfahrensablauf bis zum Wirksamwerden der Umwandlung, auf den Wirksamkeitszeitpunkt sowie die Rechtsfolgen der Umwandlung hingewiesen. Insbesondere wies der Notar darauf hin, dass der Umwandlungsplan zu seiner Wirksamkeit der Zustimmung der Hauptversammlung der A AG bedarf.

Vollmachten

Die Erschienenen bevollmächtigen hiermit
Frau ......, sowie
Herrn ......,
Mitarbeiter(innen) des amtierenden Notars

je einzeln –, ohne jede persönliche Haftung, sämtliche Erklärungen und Rechtshandlungen vorzunehmen, die für den Vollzug des Verschmelzungsvertrages erforderlich oder zweckdienlich sind. Die Vollmacht ist jederzeit widerruflich; sie endet mit Eintragung der Verschmelzung im Handelsregister der beteiligten Rechtsträger. Jede(r) Bevollmächtigte ist von den Beschränkungen des § 181 BGB befreit. Dem Handelsregister gegenüber ist die Vollmacht unbeschränkt. Die Wirksamkeit der vorstehenden Vollmacht ist unabhängig von der Wirksamkeit dieser Urkunde im Übrigen.

Von dieser Urkunde erhalten

beglaubigte Abschriften:
- jeder Beteiligte je ……
- das zuständige Finanzamt

Ausfertigungen:
- jeder Beteiligte je ……
- das Registergericht …… [Ort, Land, Adresse]

Vorstehende Niederschrift wurde den Erschienenen vom Notar vorgelesen, von ihnen genehmigt und wie folgt eigenhändig unterschrieben:

……
[Unterschriften der Beteiligten]

Schrifttum: Heckschen, Die Europäische AG aus notarieller Sicht, DNotZ 2003, 251; *Jannot/Frodermann,* Handbuch der Europäischen Aktiengesellschaftgesellschaft, 2005; *Kallmeyer,* Europa-AG Strategische Optionen für deutsche Unternehmen, AG 2003, 197; *Lutter/Hommelhoff,* Die Europäische Gesellschaft, 2005; *Lutter/Hommelhoff,* SE-Kommentar, 2008; *Manz/Mayer/Schröder,* Europäische Aktiengesellschaft SE, 2. Aufl. 2010; *Scheifele,* Die Gründung der Europäischen Aktiengesellschaft, 2004; *Schwarz,* Beck'scher Kommentar SE-VO, 2006; *Seibt,* Arbeitnehmerlose Societas Europaea. Zugleich Anmerkung zu AG Hamburg v. 28. 6. 2005 – 66 AR 76/05 und LG Hamburg v. 30. 9. 2005 – 417 T 15/05, ZIP 2005, 2248; *Seibt/Reinhard,* Umwandlung der Aktiengesellschaft in die Europäische Gesellschaft (Societas Europaea), Der Konzern 2005, 407; *Ulmer/Habersack/Henssler,* Mitbestimmungsrecht, 2. Aufl. 2006.

Anmerkungen

1. Wahl des Formulars. Dem Muster liegt der Fall zugrunde, dass sich eine deutschem Recht unterliegende Aktiengesellschaft in die Rechtsform einer Societas Europaea (SE) formwechseln möchte. Die Gesellschaft hat seit mehr als zwei Jahren eine Tochtergesellschaft in einem anderen EU-Mitgliedstaat. Die Societas Europaea (SE) wird ihren Sitz in Deutschland haben (eine Sitzverlegung im Zuge der Umwandlung ist unzulässig) und eine monistische Leitungsstruktur mit einem Verwaltungsrat erhalten.

2. Form. Wenngleich Art. 37 Abs. 4 SE-VO keine Vorgabe zur Form des Umwandlungsplans enthält, wird teilweise – unter Analogiebildung zur Beurkundungsbedürftigkeit eines Spaltungsplans – das Erfordernis einer notariellen Beurkundung mit der Begründung vertreten, dass hierdurch eine materielle Richtigkeitsgewähr und die Belehrung der Beteiligten erreicht werden können (vgl. *Heckschen* DNotZ 2003, 251, 264; *Scheifele,* Die Gründung der Europäischen Aktiengesellschaft, S. 408; Lutter/Hommelhoff/*Bayer,* Die Europäische Gesellschaft, S. 61; *Schwarz* Art. 37 SE-VO Rdnr. 29; Ulmer/Habersack/Henssler/*Henssler* SEBG Einl. Rdnr. 83). Diese Analogiebildung überzeugt indes nicht, da der Umwandlungsplan eine besondere Nähe zum Entwurf eines Umwandlungsbeschlusses i. S. v. § 194 Abs. 2 UmwG hat, der gerade nicht beurkundungspflichtig ist. Vor diesem Hintergrund hätte der deutsche Gesetzgeber eine Pflicht zur notariellen Beurkundung ausdrücklich für den Umwandlungsplan anordnen müssen, wenn er diese Erfordernis hätte aufstellen wollen (vgl. Lutter/Hommelhoff/*Seibt* SE-Kommentar Art. 37 SE-VO Rdnr. 36 m. w. N.). Demnach genügt es jedenfalls, wenn der Umwandlungsplan in schriftlicher Form (§ 126 BGB) aufgestellt wird. Eine vorherige Abstimmung mit dem zuständigen Handelsregister ist indes anzuraten.

3. **Inhalt des Umwandlungsplans.** Art. 37 Abs. 4 SE-VO schreibt für den Umwandlungsplan – anders als Art. 20 Abs. 1 SE-VO für den Verschmelzungsplan – keinen Mindestinhalt vor. Zweck und Funktion des Umwandlungsplans nach der Konzeption der SE-VO – die umfassende Vorab-Information der Aktionäre in Vorbereitung auf deren Beschlussfassung – gebieten jedoch, dass in diesem sämtliche Informationen enthalten sein müssen, die zur technischen Umsetzung des Formwechsels gehören (z. B. Satzung für die formgewechselte SE) und für eine informierte Beschlussfassung der Aktionäre erforderlich sind. Zur Konkretisierung dieser teleologischen Vorgaben bietet der Katalog in Art. 20 Abs. 1 SE-VO ein gewisses Leitbild (ausführlich hierzu Lutter/Hommelhoff/*Seibt* SE-Kommentar Art. 37 SE-VO Rdnr. 33 ff.).

4. Eine Aktiengesellschaft, die (i) nach dem Recht eines Mitgliedsstaates gegründet worden ist und ihren Sitz in der Gemeinschaft hat, und (ii) eine seit mindestens zwei Jahren eine dem Recht eines anderen Mitgliedstaats unterliegende Tochtergesellschaft hat, kann gemäß Art. 2 Abs. 4, 37 SE-VO in eine Societas Europaea (SE) umgewandelt werden. Ergänzend gelten nach Art. 1 Abs. 4 SE-VO die Bestimmungen der SE-RL bzw. des diese umsetzenden SEBG sowie aufgrund von Art. 15 Abs. 1 SE-VO die für den Formwechsel von Aktiengesellschaften geltenden Bestimmungen des nationalen Rechts (also in Deutschland die §§ 190 ff., 226 f., 238 ff. UmwG sowie über § 197 UmwG die §§ 23 ff. AktG) (vgl. hierzu MünchKommAktG/ *Schäfer* Art. 37 SE-VO Rdnr. 4). Bei der „Umwandlung" i. S. v. Art. 37 SE-VO handelt es sich um einen Formwechsel deutschrechtlicher Begriffsprägung, der weder die Identität des formwechselnden Rechtsträgers berührt noch zu einem Vermögensübergang führt (sog. Identitätsprinzip, vgl. § 202 Abs. 1 Nr. 1 UmwG). Er löst daher weder Ertrags- noch Verkehrssteuern aus (vgl. hierzu Lutter/Hommelhoff/*Seibt* SE-Kommentar Art. 37 SE-VO Rdnr. 3, 82 ff.). Die AG muss nicht notwendig operativ tätig sein oder Arbeitnehmer beschäftigen. Auch eine Holdinggesellschaft ohne eigene Arbeitnehmer kann sich in eine Societas Europaea umwandeln (vgl. hierzu *Seibt* ZIP 2005, 2248, 2250; *Kallmeyer* AG 2003, 197, 199; *Scheifele*, Die Gründung der Europäischen Aktiengesellschaft, S. 78). Die Möglichkeit der Rückumwandlung ist in Art. 66 SE-VO vorgesehen.

5. Gemäß Art. 2 Abs. 4 SE-VO muss die formwechselnde AG seit mindestens zwei Jahren eine dem Recht eines anderen Mitgliedstaats unterliegende Tochtergesellschaft halten (vgl. zum Begriff der Tochtergesellschaft Lutter/Hommelhoff/*Seibt* SE-Kommentar Art. 37 SE-VO Rdnr. 14 f.). Eine bloße Zweigniederlassung in einem anderen Mitgliedstaat genügt nicht, ebenso wenig der Zukauf einer seit zwei Jahren bestehenden Gesellschaft. Der Kauf kann natürlich vor der Zwei-Jahres-Frist erfolgt sein. Eine in Liquidation befindliche Gesellschaft erfüllt ebenso wenig das Erfordernis einer Tochtergesellschaft (vgl. *Scheifele*, Die Gründung der Europäischen Aktiengesellschaft, S. 106 ff.). Für den Beginn der Zwei-Jahres-Frist ist die dingliche Anteilsinhaberschaft maßgeblich. Der formwechselnden AG obliegt es, den geeigneten Nachweis zu erbringen.

6. **Sitz der Gesellschaft.** Art. 37 Abs. 3 SE-VO bestimmt, dass der Sitz der Gesellschaft „anlässlich der Umwandlung" nicht in einen anderen Mitgliedstaat verlegt werden darf. Nicht berührt vom Sitzverlegungsverbot ist die Sitzverlegung der formwechselnden AG innerhalb Deutschlands sowie die Sitzverlegung einer bereits durch Formwechsel entstandenen Societas Europaea (SE) in einen anderen Mitgliedstaat nach Art. 8 SE-VO.

7. **Grundkapital.** Das gezeichnete Kapital der Societas Europaea muss mindestens EUR 120.000,– betragen (Art. 4 Abs. 2 SE-VO). Ist das Grundkapital der formzuwechselnden AG geringer als EUR 120.000,– muss es vor dem Formwechsel entsprechend erhöht werden. Die Beschlüsse zur Kapitalerhöhung und zum Formwechsel können in derselben Hauptversammlung gefasst und gemeinsam zum Handelsregister angemeldet werden. Die Durchführung der Kapitalerhöhung muss aber vor Eintragung der Societas Europaea (SE) und damit der Entstehung derselben in das Handelsregister eingetragen und damit wirksam geworden sein (vgl. Lutter/Hommelhoff/*Seibt* SE-Kommentar Art. 37 SE-VO Rdnr. 23).

8. Der Umwandlungsplan kann über den Mindestinhalt hinausgehende, fakultative Angaben enthalten, beispielsweise ein Abfindungsangebot an widersprechende Aktionäre (vgl. § 194 Abs. 1 Nr. 6 UmwG) oder die Bestellung eines Abschlussprüfers.

9. Leitungsorgane der SE. Eine Amtskontinuität i.S. v. § 203 UmwG kommt wohl trotz der Rechtsnormnähe von AG und SE (vgl. Art. 5 und 10 SE-VO) und Mitbestimmungsschutzklausel (Art. 4 Abs. 4 SE-RL, 21 Abs. 6 SEBG) nicht in Betracht (vgl. Lutter/Hommelhoff/*Seibt* SE-Kommentar Art. 37 SE-VO Rdnr. 71 m.w.N.; a.A. *Scheifele*, Die Gründung der Europäischen Aktiengesellschaft, S. 426; Jannot/Frodermann/*Jannot* Handbuch der Europäischen Aktiengesellschaft, 3 Rdnr. 254; differenzierend MünchKommAktG/*Schäfer* Art. 37 SE-VO Rdnr. 31). Dies ist beim Wechsel in das monistische System augenfällig, gilt aber auch beim Fortbestehen des Aufsichtsrats bei der SE. Das SEBG geht erkennbar nicht davon aus, dass alte Mandate fortbestehen, sondern gestaltet die Mandatsverteilung. So sind den beteiligten Mitgliedstaaten gemäß § 36 Abs. 1 SEBG die auf die Arbeitnehmer-Mandate nach der Zahl der in diesen Ländern jeweils beschäftigten Arbeitnehmer zuzuschlüsseln. Eine Klausel mit der Aussage, dass von einer Bestellung der Vorstandsmitglieder der formwechselnden AG in das Leitungsorgan der SE anzunehmen sei, würde dementsprechend eine Vermutung ohne Bindungswirkung bleiben.

10. Folgen für die Arbeitnehmer und ihre Vertretungen. Der Umwandlungsplan muss anders als der Entwurf des Umwandlungsbeschlusses keine Angaben zu den Folgen des Formwechsels für die Arbeitnehmer enthalten. Diese Funktion erfüllt ausschließlich der Umwandlungsbericht. Zudem ist der Umwandlungsplan nach Art. 37 Abs. 5 SE-VO offenzulegen. In diesem Konzept sind die Arbeitnehmer Teil der (informierten) Öffentlichkeit. Das Informationsbedürfnis der Arbeitnehmervertreter wird durch die Mitteilungsregelung in § 4 Abs. 2 und 3 SEBG sowie einem weitergehenden Auskunftsanspruch in § 13 Abs. 2 SEBG gesichert (vgl. *Seibt/Reinhard* Der Konzern 2005, 407, 415; Lutter/Hommelhoff/*Seibt* SE-Kommentar Art. 37 SE-VO Rdnr. 40 m.w.N.; a.A. MünchKommAktG/*Schäfer* Art. 37 SE-VO Rdnr. 20, *Scheifele*, Die Gründung der Europäischen Aktiengesellschaft, S. 410f.; Manz/Mayer/Schröder/*Schröder*, Europäische Aktiengesellschaft, Art. 37 SE-VO Rdnr. 75). Ebenso sind Angaben zu dem Verfahren der Beteiligung der Arbeitnehmer gemäß SEBG, die von Art. 20 Abs. 1 lit. i) SE-VO verlangt werden, im Umwandlungsplan entbehrlich (*Seibt/Reinhard* Der Konzern 2005, 407, 414; Kallmeyer/Marsch-Barner Anhang Rdnr. 105 a.A. MünchKommAktG/*Schäfer* Art. 37 SE-VO Rdnr. 11, *Scheifele*, Die Gründung der Europäischen Aktiengesellschaft, S. 408; Manz/Mayer/Schröder/*Schröder*, Europäische Aktiengesellschaft, Art. 37 SE-VO Rdnr. 21; *Schwarz* Art. 37 SE-VO Rdnr. 27). Auf Grund der abweichenden Literaturauffassungen erscheint es dennoch ratsam, die Folgen der Umwandlung für die Arbeitnehmer mit in den Umwandlungsplan aufzunehmen.

11. Verhandlungen über die Arbeitnehmerbeteiligung. Sofern ein SE-Verhandlungsverfahren erforderlich ist, müssen die Leitungsorgane der formwechselnden AG unverzüglich nach der Offenlegung des Umwandlungsplans (Art. 37 Abs. 5 SE-VO) alle erforderlichen Schritte für die Aufnahme der Verhandlungen über die Beteiligung der Arbeitnehmer einleiten. Der Vorstand muss die Arbeitnehmer (-vertretungen) über die Absicht der Gründung einer Societas Europaea (SE) informieren. Da der Abschluss der Verhandlungen über die Beteiligung der Arbeitnehmer Eintragungsvoraussetzung ist, sollte eine zügige Information der Arbeitnehmer(-vertretungen) im Interesse der formwechselnden AG liegen. Der Vorstand muss zur Bildung des besonderen Verhandlungsgremiums schriftlich auffordern. Eine Herabsetzung des Mitbestimmungsstandards ist unzulässig (vgl. § 15 Abs. 5 SEBG).

Ein Verhandlungsverfahren ist entbehrlich, wenn die am Umwandlungsverfahren beteiligten Gesellschaften einschließlich ihrer Tochtergesellschaften Arbeitnehmer in nur einem Mitgliedstaat beschäftigen (vgl. jüngst Willemsen/Hohenstatt/Schweibert/Seibt/*Seibt* F [181]; MünchKommAktG/*Jacobs* § 3 SEBG Rdnr. 2d sowie Form. L.II.32 Anm. 10).

12. Kosten und Gebühren. Soweit der Umwandlungsplan notariell beurkundet wird, bemessen sich die Kosten nach §§ 141, 36 Abs. 1 KostO. Danach wird eine $^{10}/_{10}$ Gebühr für die Beurkundung erhoben. Da es sich beim Umwandlungsplan um eine einseitige Erklärung handelt, ist § 36 Abs. 1 KostO anwendbar. Im Übrigen vgl. Form. L.II.28 Anm. 23.

31. Einreichung des Umwandlungsplans zum Handelsregister gemäß Art. 37 Abs. 5 SE-VO

An das
Amtsgericht ......
– Handelsregister –
......

HRB ......

Es ist beabsichtigt, die ...... Aktiengesellschaft mit Sitz in ......, ... [Land], gemäß Art. 2 Abs. 4, Art. 37 der Verordnung (EG) Nr. 2157/2001 des Rates über das Statut der Europäischen Gesellschaft (SE) vom 8. 10.2001 (ABl. EG Nr. L 294 vom 10. 11. 2001) (im Folgenden SE-VO) in die Rechtsform der Societas Europaea (SE) umzuwandeln.[1]
In der Anlage überreichen wir gemäß Art. 37 Abs. 5 SE-VO die beglaubigte Abschrift/ den Entwurf des Umwandlungsplans vom ...... (UR-Nr. ...... des Notars ......) zur Gründung einer Societas Europaea (SE) durch die A AG.[2]
Wir, die Unterzeichner, erklären:
1. Die ...... Aktiengesellschaft mit Sitz in ......, ... [Land], eingetragen in das Handelsregister des Amtsgerichts ...... unter HRB ...... wird in eine Societas Europaea (SE) umgewandelt;
2. Die in Art. 3 Abs. 2 der RL 68/151/EWG vom 9.3.1968 (Publizitätsrichtlinie, ABl. EG L 65/8) genannten Urkunden sind für die vorstehend aufgeführte Gesellschaft bei dem Register ......, ... [Land], unter der Registernummer ...... hinterlegt;
3. Die Firma der Societas Europaea (SE) lautet ...... SE.[3]

...... [Ort, Datum]

......

[Unterschriften der Vorstandsmitglieder in vertretungsberechtigter Zahl[4]]

Anmerkungen

1. Gemäß Art. 37 Abs. 5 SE-VO muss der Umwandlungsplan mindestens einen Monat vor der Hauptversammlung, die über die Umwandlung zu beschließen hat, offen gelegt werden (ausführlich hierzu Lutter/Hommelhoff/*Seibt* SE-Kommentar Art. 37 SE-VO Rdnr. 38 f.). Zu beachten ist, dass alle Dokumente zwingend in elektronischer Form zum Handelsregister einzureichen sind (§ 12 HGB).

2. Nur nationale Aktiengesellschaften können in eine Societas Europaea umgewandelt werden.

3. Gemäß Art. 11 Abs. 1 SE-VO ist der Zusatz „SE" der Firma voran- oder nachzustellen.

4. Kosten und Gebühren. Zu den Notargebühren, Gerichts- und Bekanntmachungskosten siehe Form. L. II.29 Anm. 7.

32. Anmeldung der Umwandlung zum Handelsregister gemäß Art. 15 Abs. 1 SE-VO i. V. m. § 198 UmwG

UR-Nr. ......

An das
Amtsgericht ......
– Handelsregister –
......

Umwandlung der A AG mit Sitz in ......, ... [Land] in die Rechtsform einer Societas Europaea (SE) gemäß Art. 2 Abs. 3, Art. 37 SE-VO[1]

I. Die A AG hat seit dem ...... eine Tochtergesellschaft in ......, ... [Land], eingetragen beim zuständigen Register des Ortes ...... unter der Nummer ....
II. Wir, der Vorstand[2] der A AG mit Sitz in ...... und eingetragen im Handelsregister des Amtsgerichts ...... unter HRB ...... überreichen in der Anlage folgende Unterlagen[3]:
   (1. Ggf. Umwandlungsplan vom ...... (UR-Nr. ...... des Notars ......);)
   2. Ausfertigung der Niederschrift des Umwandlungsbeschlusses vom ...... (UR-Nr. ...... des Notars ......), einschließlich der Feststellung der Satzung der SE sowie der Bestellung der Personen zum Aufsichts-/Leitungsorgan und der Bestellung des Abschlussprüfers;
   3. Umwandlungsbericht (Art. 37 Abs. 4 SE-VO, § 199 UmwG);
   4. Bescheinigung der Umwandlungsprüfer (Art. 37 Abs. 6 SE-VO);
   5. Nachweis über die Zuleitung des Umwandlungsplans an den zuständigen Betriebsrat vom ......;[4]
   6. Vereinbarung zwischen dem besonderen Verhandlungsgremium der Arbeitnehmer und den Leitungsorganen der beteiligten Rechtsträger über die Beteiligung der Arbeitnehmer vom ...... gemäß § 21 SEBG und der RL 2001/86/EG, ABl. EG Nr. L 294/22 ff. v. 10. 11. 2001;[5]
   7. Nachweis über das Bestehen der Tochtergesellschaft in Form von ......[6]
   8. Berechnung der Kosten des Formwechsels (Art. 37 Abs. 4 SE-VO i. V. m. § 197 UmwG).
III. Wir versichern, dass eine Klage gegen die Wirksamkeit des Umwandlungsbeschlusses nicht erhoben worden ist, bzw. sämtliche Aktionäre auf Klagen gegen den Umwandlungsbeschluss gemäß §§ 198 Abs. 3, 16 Abs. 2 UmwG verzichtet haben.[7]
IV. Wir melden zur Eintragung in das Handelsregister an:
   1. Die A AG ist auf Grund des Zustimmungsbeschlusses ihrer Hauptversammlung vom ...... zum Umwandlungsplan vom ...... gemäß Art. 2 Abs. 4, Art. 37 SE-VO in die Rechtsform einer Societas Europaea (SE) umgewandelt worden.
   2. Sitz der neuen Gesellschaft ist ......, Bundesrepublik Deutschland. Die Geschäftsräume der neuen Gesellschaft befinden sich in ....
   3. Die Firma der neuen Gesellschaft lautet ...... SE.
   4. Zu ersten Mitgliedern des Verwaltungsrats des neuen Rechtsträgers wurden bestellt: ......
   (5. Zu geschäftsführenden Direktoren des neuen Rechtsträgers wurden bestellt: ......)
   6. Die Vertretungsbefugnis des Vorstands/der geschäftsführenden Direktoren ist wie folgt geregelt:
   Die Mitglieder des Vorstands/die geschäftsführenden Direktoren vertreten die Gesellschaft jeweils stets allein, auch wenn weitere Mitglieder/geschäftsführende Di-

rektoren bestellt sind [Alternative: gemeinsam mit einem weiteren Mitglied des Organs oder einem Prokuristen].

7. Wir, die Mitglieder des Vorstands/die geschäftsführenden Direktoren geben folgende Versicherung ab:
„Wir versichern, dass uns nicht durch gerichtliches Urteil oder durch vollziehbare Entscheidung einer Verwaltungsbehörde die Ausübung eines Berufs, Berufszweiges, Gewerbes oder Gewerbezweiges untersagt worden ist und dass wir während der letzten fünf Jahre nicht rechtskräftig wegen einer oder mehrerer vorsätzlich begangener Straftaten des Unterlassens der Stellung eines Antrags auf Eröffnung eines Insolvenzverfahrens (Insolvenzverschleppung), nach den §§ 283 bis 283d StGB (Insolvenzstraftaten), wegen falscher Angaben nach § 82 GmbHG oder § 399 AktG oder wegen unrichtiger Darstellung nach § 400 AktG, § 331 HGB, § 313 UmwG oder § 17 PublG verurteilt wurden. Wir versichern weiterhin, dass wir während der letzten fünf Jahre nicht rechtskräftig nach den §§ 263 bis 254a StGB oder den §§ 265b bis 266a StGB oder im Ausland wegen einer mit diesen Taten vergleichbaren Tat zu einer Freiheitsstrafe von mindestens einem Jahr verurteilt wurden. Ebenso wenig wurden wir aufgrund einer behördlichen Anordnung in einer Anstalt verwahrt.
Wir wurden über die Strafdrohung des § 399 AktG sowie unsere unbeschränkte Auskunftspflicht gegenüber dem Gericht durch den diese Anmeldung beglaubigenden Notar belehrt."

V. Die Herren ...... und jeder einzeln und unabhängig voneinander werden hiermit bevollmächtigt, alle Anmeldungen zum Handelsregister vorzunehmen, die im Zusammenhang mit der Eintragung der hier angemeldeten und aus den dieser Anmeldung beigefügten Unterlagen ersichtlichen Tatsachen in das Handelsregister erforderlich oder zweckmäßig sind. Die Vollmacht ist jederzeit widerruflich. Jeder Bevollmächtigte darf auch für alle Beteiligten gleichzeitig handeln. Dem Handelsregister gegenüber ist die Vollmacht unbeschränkt.

VI. Nach Vollzug bitten wir um Eintragungsnachricht und Übermittlung je eines beglaubigten Handelsregisterauszugs an die Gesellschaft[en] und an den beglaubigenden Notar.[9]

......, den ......

......

[Unterschriften des Vorstands und der geschäftsführenden Direktoren in vertretungsberechtigter Zahl][8]

[Unterschriftsbeglaubigung]

Anmerkungen

1. Überblick. Das Muster behandelt die Anmeldung einer Societas Europaea (SE), die durch eine Umwandlung gemäß Art. 2 Abs. 4, Art. 37 SE-VO entstehen soll. Die Hauptversammlung der Gesellschaft hat dem Umwandlungsplan zugestimmt. Die Anmeldung bedarf der notariellen Beglaubigung (§ 198 UmwG, § 12 Abs. 1 HGB) und ist in elektronischer Form zum Handelsregister einzureichen. Die Eintragung der Societas Europaea (SE) ist gemäß Art. 14 Abs. 1 SE-VO im Amtsblatt der Europäischen Union zu veröffentlichen.

2. Gemäß Art. 15 Abs. 1 SE-VO i.V.m. § 198 UmwG ist die Umwandlung vom Vorstand der sich umwandelnden Gesellschaft anzumelden, wobei die Anmeldung durch eine vertretungsberechtigte Zahl von Vorstandsmitgliedern genügt (Lutter/Hommelhoff/*Seibt* SE-Kommentar Art. 37 SE-VO Rdnr. 80; Lutter/*Decher* § 198 UmwG Rdnr. 10).

3. Einzureichende Unterlagen. Der Anmeldung sind in Ausfertigung oder öffentlich beglaubigter Abschrift oder, soweit sie notariell zu beurkunden sind, in Urschrift oder Abschrift die

Niederschrift des Umwandlungsbeschlusses einschließlich der Satzung sowie der Wahlen der Aufsichtsratsmitglieder und des Abschlussprüfers, der Umwandlungsbericht (Art. 37 Abs. 4 SE-VO, § 199 UmwG) und die Bescheinigung der Umwandlungsprüfer (Art. 37 Abs. 6 SE-VO), die zwischen dem Vorstand der AG und dem besonderen Verhandlungsgremium geschlossene Vereinbarung über die Beteiligung der Arbeitnehmer i. S. v. § 21 SEBG, ein Nachweis über das Bestehen einer ausländischen Tochtergesellschaft (Art. 2 Abs. 4 SE-VO), sowie die Berechnung der Kosten (§ 37 Abs. 4 SE-VO i. V. m. § 197 UmwG) beizufügen. Der Umwandlungsplan muss nicht als Anlage zur Handelsregisteranmeldung genommen werden, da er dem Gericht bereits vorliegt (Lutter/Hommelhoff/*Seibt* SE-Kommentar Art. 37 SE-VO Rdnr. 81). Um dem Registergericht die Arbeit zu erleichtern, empfiehlt es sich jedoch, den Umwandlungsplan trotzdem beizufügen. Ein Gründungsbericht ist entgegen § 197 UmwG, § 32 AktG nicht erforderlich, weil es bei der Umwandlung einer AG in eine Societas Europaea keine Personen gibt, die den Gründern der Gesellschaft gleichstünden (Lutter/Hommelhoff/ *Seibt* SE-Kommentar Art. 37 SE-VO Rdnr. 77), mithin ist ein solcher auch nicht der Anmeldung beizufügen.

4. Der Vorstand ist nicht verpflichtet, den Umwandlungsplan analog § 194 Abs. 2 UmwG dem zuständigen Betriebsrat zuzuleiten, denn anders als der Entwurf des Umwandlungsbeschlusses muss der Umwandlungsplan keine Angaben zu den Folgen des Formwechsels für die Arbeitnehmer enthalten. Diese Funktion erfüllt ausschließlich der Umwandlungsbericht (Lutter/Hommelhoff/*Seibt* SE-Kommentar Art. 37 SE-VO Rdnr. 40). Aufgrund der abweichenden Literaturauffassungen in der Praxis erscheint es dennoch ratsam, den Umwandlungsplan entsprechend § 194 Abs. 2 UmwG dem zuständigen Betriebsrat zuzuleiten und der Anmeldung einen Nachweis hierüber beizufügen (vgl. auch Form. L. IV. 30 Anm. 10).

5. Eine Eintragung der SE ohne vorherigen Abschluss einer Mitbestimmungsvereinbarung ist in drei Fällen denkbar: (i) Wenn das besondere Verhandlungsgremium beschlossen hat, keine Verhandlungen zur Mitbestimmung aufzunehmen oder bereits begonnene Verhandlungen abzubrechen, (ii) wenn die Verhandlungsfrist nach § 20 SEBG fruchtlos abgelaufen ist, oder wenn (iii) die am Umwandlungsverfahren beteiligten Gesellschaften einschließlich ihrer Tochtergesellschaften Arbeitnehmer in nur einem Mitgliedstaat beschäftigen (vgl. jüngst Willemsen/Hohenstatt/Schweibert/Seibt/*Seibt* F [181]; MünchKommAktG/*Jacobs* § 3 SEBG Rdnr. 2 d. sowie Form. L. II. 32 Anm. 10). Liegt einer dieser Fälle vor, sollte anstelle der Mitbestimmungsvereinbarung eine Negativerklärung eingereicht werden.

6. Der Nachweis über das Bestehen einer ausländischen Tochtergesellschaft gemäß Art. 2 Abs. 4 SE-VO kann beispielsweise durch Vorlage eines Registerauszugs erbracht werden.

7. Negativattest. Gemäß Art. 15 Abs. 1 SE-VO i. V. m. § 198 Abs. 3, § 16 Abs. 2 und 3 UmwG haben die Vorstände bzw. die geschäftsführenden Direktoren bei der Anmeldung entweder zu erklären, dass keine Klage gegen die Wirksamkeit des Umwandlungsbeschlusses anhängig ist, oder einen rechtskräftigen Beschluss des Prozessgerichts vorzulegen, demzufolge die Klage der Eintragung der Umwandlung nicht entgegensteht.

8. Besitzt die Societas Europaea ein monistisches Leitungssystem, muss die Anmeldung gemäß Art. 40 Abs. 2 S. 4 SEAG, § 37 Abs. 5 AktG auch von den geschäftsführenden Direktoren unterzeichnet werden. § 21 Abs. 1 SEAG ist nicht anzuwenden, da es sich bei dem Formwechsel in eine Societas Europaea nicht um die Gründung einer solchen handelt (vgl. Art. 37 Abs. 2 SE-VO) (Fleischhauer/Preuß/*Heckschen*, Handelsregisterrecht L. Rdnr. 72 Anm. 4). Bei einer Gesellschaft mit dualistischem Leitungssystem ergeben sich gegenüber dem nationalen Recht keine Abweichungen.

9. Kosten und Gebühren. Zu den Notargebühren und Bekanntmachungskosten siehe Form. L. II. 8 Anm. 13. *Gerichtskosten:* Gemäß § 79, 79a KostO i. V. m. der HRegGebV betragen die Kosten EUR 160,– (Gebührenverzeichnis Nr. 2402 zur HRegGebV).

V. Anwachsung

Umwandlung einer GmbH & Co. KG in eine GmbH (erweitertes Anwachsungsmodell)

1. Gesellschafterbeschluss über Kapitalerhöhung bei der Komplementär-GmbH und Einbringung sämtlicher Kommanditgesellschaftsanteile an der umzuwandelnden GmbH & Co. KG[1, 2]

UR-Nr. ......

Verhandelt in ......
am ......
Vor mir,
dem Notar
......
mit Amtssitz in ......
erschienen heute in den Räumen der Kanzlei ...... [Name, Adresse], wohin ich mich auf Ersuchen begeben hatte,
1. Herr ...... [Vorname, Name, Beruf, Adresse], handelnd als alleinvertretungsberechtigter Geschäftsführer der A-Geschäftsführungs-GmbH mit Sitz in ......
2. sämtliche Kommanditisten der Gesellschaft bzw. deren Vertreter:
   (a) Herr ......
   (b) Frau ......, handelnd aufgrund beglaubigter Vollmacht vom ...... im Namen von Herr ......
   (c) Frau ......,
Die Erschienenen haben sich ausgewiesen durch Vorlage ihrer jeweiligen Bundespersonalausweise.
   I. Die A-Geschäftsführungs-GmbH mit Sitz in ......, ist eingetragen im Handelsregister des Amtsgerichts ...... unter HRB .... Das Stammkapital der Gesellschaft beträgt insgesamt ...... EUR. Gesellschafter sind:
      1. Herr ...... mit Geschäftsanteil Nr. 1 im Nennwert von ...... EUR
      2. Herr ...... mit Geschäftsanteil Nr. 2 im Nennwert von ...... EUR
      3. die B-GmbH mit Geschäftsanteil Nr. 3 im Nennwert von ...... EUR
   II. Die A-Geschäftsführungs-GmbH ist die einzige persönlich haftende Gesellschafterin der A-GmbH & Co. KG mit Sitz in ......, eingetragen im Handelsregister des Amtsgerichts ...... unter HRB .... Kommanditisten dieser Gesellschaft sind:
      1. Herr ...... mit einer Kommanditeinlage von nominal ...... EUR
      2. Herr ...... mit einer Kommanditeinlage von nominal ...... EUR
      3. Frau ...... mit einer Kommanditeinlage von nominal ...... EUR
Die A-Geschäftsführungs-GmbH hat keine Einlage geleistet und ist am Vermögen der A-GmbH & Co. KG nicht beteiligt.
Die wirtschaftlichen Verhältnisse der vorstehend genannten Gesellschaften ergeben sich aus den dieser Urkunde als Anlage (......) bzw. Anlage (......) beigefügten Bilanzen der A-Geschäftsführungs-GmbH vom ...... bzw. der A-GmbH & Co. KG vom ....

1. Gesellschafterbeschluss über Kapitalerhöhung bei der Komplementär-GmbH L.V.1

III. Unter Verzicht auf alle gesetzlichen und gesellschaftsvertraglichen Form- und Fristbestimmungen für die Einberufung und Abhaltung einer Gesellschafterversammlung und die Fassung von Gesellschafterbeschlüssen halten die Erschienenen, handelnd wie angegeben, eine außerordentliche Gesellschafterversammlung der A-Geschäftsführungs-GmbH ab und beschließen einstimmig[3] was folgt:
1. Das voll eingezahlte Stammkapital der A-Geschäftsführungs-GmbH wird von nominal ...... EUR um nominal ...... EUR auf insgesamt nominal ...... EUR (in Worten: ......) erhöht.[4]
2. Zur Übernahme der neuen Geschäftsanteile werden zugelassen:[5]
2.1 Herr ...... mit einem Geschäftsanteil Nr. 4 von ...... EUR. Die Leistung auf den neuen Geschäftsanteil ist nicht durch Geld zu erbringen, sondern dadurch, dass Herr ...... seinen oben genannten Kommanditgesellschaftsanteil an der A-GmbH & Co. KG im Nennbetrag von ...... EUR einschließlich seiner Gesellschafterkonten (Kapitalkonten) in die Gesellschaft einbringt. Der erhöhte Geschäftsanteil ist ab dem ...... am Gewinn der Gesellschaft beteiligt.
2.2 Herr ...... mit einem Geschäftsanteil Nr. 5 von ...... EUR. Die Leistung auf den neuen Geschäftsanteil ist nicht durch Geld zu erbringen, sondern dadurch, dass Herr ...... seinen oben genannten Kommanditgesellschaftsanteil an der A-GmbH & Co. KG im Nennbetrag von ...... EUR einschließlich seiner Gesellschafterkonten (Kapitalkonten) in die Gesellschaft einbringt. Der erhöhte Geschäftsanteil ist ab dem ...... am Gewinn der Gesellschaft beteiligt.
2.3 Frau ...... mit einem Geschäftsanteil Nr. 6 von ...... EUR. Die Leistung auf den neuen Geschäftsanteil ist nicht durch Geld zu erbringen, sondern dadurch, dass Frau ...... ihren oben genannten Kommanditgesellschaftsanteil an der A-GmbH & Co. KG im Nennbetrag von ...... EUR einschließlich ihrer Gesellschafterkonten (Kapitalkonten) in die Gesellschaft einbringt. Der erhöhte Geschäftsanteil ist ab dem ...... am Gewinn der Gesellschaft beteiligt.
3. Die Sacheinlagen erfolgen nach Maßgabe der folgenden Bestimmungen:
3.1 Die im Wege der Sacheinlage in die Gesellschaft eingebrachten Kommanditgesellschaftsanteile stellen die gesamte Beteiligung am Vermögen sowie am Gewinn und Verlust der A-GmbH & Co. KG dar. Durch die Einbringung geht deren gesamtes Vermögen im Wege der Anwachsung auf die A-Geschäftsführungs-GmbH über.
3.2 Die Einbringung erfolgt mit schuldrechtlicher Wirkung zum ......[6] Der Einbringung werden die in der als Anlage (......) dieser Niederschrift beigefügten Bilanz der A-GmbH & Co. KG zum ...... angesetzten Werte zugrunde gelegt (Einbringungsbilanz)[7], deren Buchwerte die aufnehmende A-Geschäftsführungs-GmbH steuerlich fortführen wird.
3.3 Die in der Einbringungsbilanz zum ...... ausgewiesenen Kapitalkonten der Kommanditisten werden im Rahmen der Einbringung zunächst jeweils in Höhe ihres Nennwertes auf die von den Gesellschaftern der A-Geschäftsführungs-GmbH übernommenen neuen Geschäftsanteile angerechnet. Soweit der Wert der Sacheinlage den Nennbetrag übersteigt, erfolgt keine Vergütung an den betreffenden Gesellschafter. Der übersteigende Wert wird in die Kapitalrücklage der Gesellschaft eingestellt.[8]
4. Die §§ ...... des Gesellschaftsvertrages werden wie folgt neu gefasst:
4.1 § ...... (Firma)[9]
Die Firma der Gesellschaft lautet A-GmbH.
4.2 § ...... (Gegenstand des Unternehmens)[10]
Gegenstand des Unternehmens ist ......
4.3 § ...... (Stammkapital)
Das Stammkapital der Gesellschaft beträgt ...... EUR (in Worten: ......).
Im Übrigen bleibt der Gesellschaftsvertrag unverändert.

Seibt 1899

Die Erschienenen erklärten die außerordentliche Gesellschafterversammlung sodann für beendet.
Sämtliche Kosten und Verkehrsteuern, die durch diese Urkunde sowie deren Vollzug entstehen, trägt die A-Geschäftsführungs-GmbH.

Hinweise

Der Notar wies die Erschienenen auf Folgendes hin: Erreicht der Wert der eingebrachten Gesellschaftsanteile nicht den Betrag der dafür übernommenen Geschäftsanteile, ist die Einlage in Höhe des Fehlbetrages in Geld zu leisten (Differenzhaftung).

Vollmachten

Die Erschienenen bevollmächtigen hiermit
Frau ...... sowie
Herrn ......,
beide geschäftsansässig am Amtssitz des beurkundenden Notars, sämtliche Erklärungen und Rechtshandlungen vorzunehmen, die im Zuge des Umwandlungsbeschlusses erforderlich und zweckmäßig sind. Die Vollmacht ist jederzeit widerruflich. Jede(r) Bevollmächtigte darf jede Partei einzeln vertreten und ist von den Beschränkungen der Mehrfachvertretung gemäß § 181 Alt. 2 BGB befreit. Dem Handelsregister gegenüber ist die Vollmacht unbeschränkt.
Vorstehende Niederschrift wurde den Erschienenen vom Notar vorgelesen, von ihnen genehmigt und von ihnen sowie dem Notar wie folgt unterschrieben:[11, 12]
......

Schrifttum: Binz/Sorg, Die GmbH & Co. KG, 11. Aufl. 2010; *Hesselmann/Tillmann/Mueller-Thuns*, Handbuch der GmbH & Co. KG, 20. Aufl. 2009; *Orth*, Umwandlung durch Anwachsung (I und II), DStR 1999, 1011 und 1053; *Seibt*, Gesamtrechtsnachfolge beim gestalteten Ausscheiden von Gesellschaftern aus Personengesellschaften: Grundfragen des Gesellschafter-, Gläubiger- und Arbeitnehmerschutzes, Festschrift für Röhricht, 2005, S. 603.

Anmerkungen

1. Überblick. Zur Umwandlung einer GmbH & Co. KG in eine GmbH stehen grundsätzliche mehrere unterschiedliche rechtliche Gestaltungsmöglichkeiten zur Verfügung:
- die Umwandlung kann im Wege eines Formwechsels gemäß den §§ 190 ff. UmwG erfolgen (vgl. dazu Form. L. IV.1);
- die Umwandlung kann durch Verschmelzung einer Personengesellschaft (KG) auf eine GmbH nach den §§ 2 ff. UmwG erfolgen;
- Einbringung des Betriebs der KG als Personengesellschaft in eine GmbH im Wege der Sachkapitalerhöhung oder Sachgründung und anschließender Auflösung und Liquidation der KG (ggf. einschließlich deren Komplementärin);
- Ausscheiden sämtlicher Kommanditisten aus der Gesellschaft mit oder idR ohne Abfindung mit der Maßgabe, dass das gesamte Vermögen der GmbH & Co. KG auf die Komplementär-GmbH übergeht, soweit dies nicht ohnehin schon im Gesellschaftsvertrag in Form einer Fortsetzungsklausel geregelt ist (sog. „einfache oder klassische Anwachsung", umfassend hierzu *Seibt*, FS Röhricht, 603 ff.; *Orth* DStR 1999, 1011 ff.; *ders.* DStR 1999, 1053 ff.; Sagasser/Bula/Brünger/*Sagasser* H Rdnr. 23 ff.). Durch das Ausscheiden der Kommanditisten wird die KG unter Ausschluss der Liquidation beendet und die Anteile der ausscheidenden Kommanditisten an der GmbH & Co. KG wachsen kraft Gesetzes der Komplementär-GmbH an (§ 161 Abs. 2, § 105 Abs. 3 HGB, § 738 Abs. 1 S. 1 BGB). Hierzu bedarf es keiner Übertragungsakte, vielmehr geht das gesamte Vermögen einschließlich Grundstücken im Wege der Gesamtrechtsnachfolge auf die Komplementär-GmbH über (BGH NJW 1960, 1664; vgl. zu entsprechenden gesellschaftsvertraglichen Klauseln BGH NJW, 1966, 827;

1. Gesellschafterbeschluss über Kapitalerhöhung bei der Komplementär-GmbH L.V.1

MünchKommBGB/*Ulmer/Schäfer* § 738 Rdnr. 8 f.). Von der Finanzverwaltung wird der Verzicht auf eine angemessene Abfindung als verdeckte Einlage in die Komplementär-GmbH angesehen mit der Folge der einkommensteuer- bzw. körperschaftsteuerpflichtigen Realisation der in den übertragenen Gesellschaftsanteilen enthaltenen stillen Reserven einschließlich des anteiligen Geschäftswerts (vgl. BFH BFH/NV 1993, 525 m.w.N.; BFH BStBl. II 1987, 705 zum Ansatz eines Firmenwerts bei verdeckter Einlage; OFD Düsseldorf Verfügung vom 25. 6. 1988 DB 1988, 1524; *Orth* DStR 1999, 1053, 1056 m.w.N.). Eine ertragsteuerneutrale Übertragung nach § 20 UmwStG ist deshalb nicht möglich, weil die Komplementär-GmbH keine neuen Anteile ausgibt.

- Einbringung sämtlicher Kommanditgesellschaftsanteile in die Komplementär-GmbH als Sacheinlage im Rahmen einer Kapitalerhöhung gegen Gewährung von neuen Geschäftsanteilen an dieser GmbH an die Kommanditisten. In diesem Fall geht das gesamte Vermögen der GmbH & Co. KG auf die Komplementär-GmbH über (sog. „erweitertes Anwachsungsmodell"). Im Unterschied zur sog. „einfachen oder klassischen Anwachsung" scheiden die Kommanditisten durch rechtsgeschäftliche Übertragung ihrer Gesellschaftsanteile auf die Komplementär-GmbH als verbleibendem Gesellschafter aus der KG aus. Die Anteilsvereinigung in der Hand der Komplementär-GmbH führt zum Erlöschen der KG.

Die Vorteile des sog. „erweiterten Anwachsungsmodells" gegenüber der Umwandlung im Wege der Verschmelzung bzw. Formwechsel bestehen darin, dass Verschmelzung und Formwechsel nicht unerheblichen Formerfordernissen und Beschränkungen unterliegen, die selbst in Fällen einvernehmlichen Handelns aller Beteiligten gelten (notariell beurkundeter Verschmelzungsvertrag, notariell beurkundete Verschmelzungsbeschlüsse bzw. Beschluss über den Formwechsel, Umwandlungsprüfung und Prüfungsberichte, Information des Betriebsrats etc.). Zudem bleibt bei einer formwechselnden Umwandlung die Komplementär-GmbH ohne Funktion übrig, wohingegen beim „erweiterten Anwachsungsmodell" die Komplementär-GmbH zum eigentlich werbenden Unternehmen erstarkt. Die Vorteile einer Umwandlung nach den Vorschriften des UmwG gegenüber der Anwachsung bestehen zum einen darin, dass bei Vorhandensein von Grundstücken und grundstücksgleichen Rechten beim Formwechsel auf Grund der Wahrung der Identität des Rechtsträgers keine Grunderwerbsteuer anfällt und zum anderen, dass sich Verschmelzung und Formwechsel erforderlichenfalls auch gegen den Widerstand eines Gesellschafters durchsetzen lassen. Den entscheidenden Vorteil des „erweiterten Anwachsungsmodells" wird man wohl darin sehen müssen, dass die Anwachsung, anders als eine formwechselnde Umwandlung, die Möglichkeit der handelsbilanziellen Aufstockung der Buchwerte bietet, während beim Formwechsel aufgrund der Identität der beteiligten Rechtsträger die GmbH verpflichtet ist, die Buchwerte der GmbH & Co. KG fortzuführen. Dies wird vor allem im Rahmen von sog. sanierenden Umwandlungen, bei denen stille Reserven ausgewiesen werden sollen, relevant.

Das „erweiterte Anwachsungsmodell" stellt handelsrechtlich eine Kapitalerhöhung gegen Sacheinlage dar, mit der Besonderheit, dass das gesamte Vermögen kraft Gesetzes der GmbH als Folge der Anteilsvereinigung in einer Hand anwächst und die KG/Personengesellschaft untergeht. Daher sind im Wesentlichen die für eine Sachkapitalerhöhung bei einer GmbH notwendigen Verfahrensschritte vorzunehmen (§§ 53 ff. GmbHG):

- Kapitalerhöhungsbeschluss
- Übernahmeerklärung gemäß § 55 GmbHG (vgl. Form. L.V.2)
- Handelsregisteranmeldung der Kapitalerhöhung bei der Komplementär-GmbH mit Einbringung sämtlicher Kommanditgesellschaftsanteile an der GmbH & Co. KG (vgl. Form. L.V.3)
- Einbringungsvertrag zwischen den Kommanditisten und der aufnehmenden Komplementär-GmbH (vgl. Form. L.V.4)
- Handelsregisteranmeldung der Abtretung der Kommanditgesellschaftsanteile der GmbH & Co. KG an die Komplementär-GmbH und Auflösung der GmbH & Co. KG (vgl. Form. L.V.5).

2. Wahl des Formulars. Eine typische GmbH & Co. KG mit einer Komplementär-GmbH, die nicht am Vermögen der GmbH & Co. KG beteiligt ist und deren Funktion sich somit auf die Wahrnehmung der Komplementärstellung beschränkt, sowie drei natürlichen Personen als

Kommanditisten, soll im Wege des „erweiterten Anwachsungsmodells" in eine GmbH umgewandelt werden. Die GmbH & Co. KG beschäftigt regelmäßig weniger als 500 Arbeitnehmer, so dass bei der die Kommanditgesellschaftsanteile übernehmenden GmbH kein mitbestimmter Aufsichtsrat nach dem DrittelbG zu bilden ist (§ 1 Abs. 1 Nr. 3 DrittelbG). Die Einbringung kann sowohl auf einen in der Vergangenheit liegenden Zeitpunkt zurückbezogen, als auch auf einen zukünftigen Zeitpunkt bezogen werden. Die Gesellschafterversammlung findet in der Form einer Vollversammlung unter Verzicht auf alle gesetzlichen und gesellschaftsvertraglichen Form- und Fristbestimmungen für die Einberufung und Abhaltung einer Gesellschafterversammlung statt. Das Formular geht davon aus, dass die Kapitalerhöhung, die Übernahme der neuen Geschäftsanteile und der Einbringungsvertrag aufgrund der höheren Notargebühren nicht in einer einzigen notariellen Urkunde zusammengefasst sind. Dementsprechend werden die in Anm. 1 genannten Formulare im Folgenden (vgl. Form. L.V.2 bis 5) jeweils einzeln in der zu ihrer Wirksamkeit erforderliche Form dargestellt.

3. Vollversammlung. Vgl. Form. L.IV.7 Anm. 4.

4. Kapitalerhöhung. Wie bereits einleitend erwähnt, handelt es sich um eine Kapitalerhöhung gegen Sacheinlage (vgl. hierzu Form. F.I.1).

5. Gemäß § 56 Abs. 1 GmbHG muss der Gegenstand und der Betrag der Sacheinlage eindeutig bestimmt sein. Diese Bestimmung muss sowohl im Kapitalerhöhungsbeschluss als auch in der Übernahmeerklärung nach § 55 Abs. 1 GmbHG (vgl. Form. L.V.2) enthalten sein. Eine Festsetzung im Gesellschaftsvertrag ist hingegen nicht erforderlich (OLG Frankfurt GmbHR 1964, 248; OLG Stuttgart OLGZ 1973, 413).

6. Wirksamwerden. Die Kapitalerhöhung wird erst mit ihrer Eintragung in das zuständige Handelsregister wirksam (§ 54 Abs. 3 GmbHG). Die Abtretung der Kommanditgesellschaftsanteile an die Komplementär-GmbH wird unabhängig davon bereits mit Abschluss des Einbringungsvertrags (vgl. Form. L.V.4) wirksam. In diesem Zeitpunkt erlischt auch die GmbH & Co. KG. Den Vertragsparteien steht es frei, die Abtretung der Kommanditgesellschaftsanteile zeitlich zurück zu beziehen, allerdings betrifft dies nur die schuldrechtliche Wirkung. Insofern setzt § 20 Abs. 6 S. 3 UmwStG eine zeitliche Grenze, denn steuerrechtlich darf die Einbringung der Gesellschaftsanteile nur auf einen Tag zurückbezogen werden, der höchstens acht Monate vor Abschluss des Einbringungsvertrags sowie höchstens acht Monate vor dem Zeitpunkt liegt, an dem das Betriebsvermögen auf die Komplementär-GmbH übergeht (ausführlich hierzu Schmitt/Hörtnagl/Stratz/*Schmitt* § 20 UmwStG Rdnr. 224 ff.; *Widmann*/Mayer § 20 UmwStG Rdnr. R 238 ff.). Selbstverständlich steht es den Parteien frei, den Zeitpunkt der Abtretung auch im Hinblick auf die dingliche Wirkung auf einen zukünftigen Zeitpunkt zu beziehen.

7. Einbringungsbilanz. Die Beifügung einer Eingliederungsbilanz ist gesetzlich nicht vorgeschrieben. Die Vorschriften zur Sachkapitalerhöhung (§§ 56, 56a GmbHG) sehen weder eine Einbringungsbilanz noch allgemein die Anwendung der Sachgründungsvorschriften vor. Dennoch empfiehlt es sich die Beifügung einer Einbringungsbilanz, denn ohne eine solche wird es regelmäßig unmöglich sein, im Rahmen der Sacheinlagenprüfung dem Registergericht die Werthaltigkeit der eingebrachten Kommanditgesellschaftsanteile nachzuweisen. Ein bestimmter Stichtag der Einbringungsbilanz ist ebenfalls gesetzlich nicht vorgesehen. Im Hinblick auf die Erleichterung der Sacheinlageprüfung nach § 9c GmbHG sollte dieser jedoch nicht allzu weit zurückliegen.

8. Das Formular geht davon aus, dass auf eine Vergütung des übersteigenden Werts der Sacheinlage verzichtet und dieser in die Kapitalrücklage eingestellt wird. Eine andere Möglichkeit wäre, über den Nennwert des übernommenen neuen Geschäftsanteils hinausgehende Beträge den Gesellschaftern als Darlehen von der Komplementär-GmbH gutzuschreiben. Eventuelle Fehlbeträge sind dagegen vom betreffenden Gesellschafter auszugleichen. Dies erleichtert einerseits die Darstellung und den Nachweis des Werts des eingebrachten Kommanditgesellschaftsanteils, birgt andererseits allerdings die Gefahr des Wiederauflebens der Kommanditistenhaftung nach § 172 Abs. 4 HGB wegen Rückzahlung der Kommanditeinlagen (vgl. MünchHdbGesR II/*Piehler* § 33 Rdnr. 48 f. m. w. N.; Engl/*Fox*, D.4 Rdnr. 172). Eine entsprechende Klausel könnte wie folgt lauten:

„Darüber hinaus gehende Beträge werden der A-Geschäftsführungs-GmbH vom jeweiligen Gesellschafter als Darlehen gewährt und sind ab der Eintragung der Kapitalerhöhung ins Handelsregister mit ...... Prozentpunkten über dem Basiszinssatz zu verzinsen. Unterschreitet der tatsächliche Wert der eingebrachten Kommanditgesellschaftsanteile einschließlich der Kapitalkonten eines Gesellschafters im Zeitpunkt der Eintragung in das Handelsregister den Betrag des jeweiligen Geschäftsanteils, hat der betreffende Gesellschafter den sich ergebenden Differenzbetrag gegenüber dem übernommenen neuen Geschäftsanteil durch Barzahlung auszugleichen."

9. Firma. Firmenrechtlich kann die Firma der GmbH & Co. KG mit oder ohne einen das Nachfolgeverhältnis kennzeichnenden Zusatz unter Beachtung des richtigen Rechtsformzusatzes (§ 4 GmbHG) fortgeführt werden (§ 22 HGB). In der Regel wird die bisherige Firma der GmbH & Co. KG jedoch nicht geeignet sein, unter ihr das bisherige Unternehmen fortzuführen. In der Praxis entspricht dies häufig auch nicht dem Wunsch der Beteiligten. Daher geht das Form. davon aus, dass die Firma der Komplementär-GmbH entsprechend geändert wird (ausführlich zur Änderung der Firma Baumbach/Hueck/*Hueck*/*Fastrich* § 4 Rdnr. 25). Der frühere Inhaber ist in diesem Fall zur Anmeldung des Erlöschens der alten Firma verpflichtet (Baumbach/*Hopt* § 22 Rdnr. 20).

10. Gegenstand des Unternehmens. Ggf. ist der Gegenstand des Unternehmens an den von der GmbH & Co. KG übernommenen, tatsächlichen Geschäftsbetrieb anzupassen.

11. Form. Der Kapitalerhöhungsbeschluss bedarf der notariellen Beurkundung (§ 53 Abs. 2 GmbHG).

12. Kosten und Gebühren. $^{20}/_{10}$ Gebühr nach § 47 KostO, Geschäftswert nach § 39 KostO ist der Erhöhungsbetrag, ggf. ein höherer wirtschaftlicher Wert der auf den neuen Geschäftsanteil zu leistenden Sacheinlagen. Höchstgebühr EUR 5.000,– (§ 47 S. 2 KostO).

2. Übernahmeerklärung gemäß § 55 Abs. 1 GmbHG

1. Aufgrund des notariell beurkundeten Gesellschafterbeschlusses vom ...... (UR-Nr. ...... des Notars ......) ist das Stammkapital der

    A-Geschäftsführungs-GmbH

    mit Sitz in ...... und eingetragen im Handelsregister des Amtsgerichts ...... unter HRB ...... – nachfolgend „Gesellschaft" genannt – von ...... EUR um ...... EUR auf ...... EUR (in Worten: ......) erhöht worden.
    .... [Gesellschafter] sind zur Übernahme des neuen Geschäftsanteils zugelassen worden.

2. Die Leistung auf den neuen Geschäftsanteil ist nicht in Geld zu erbringen, sondern dadurch, dass ...... [Gesellschafter] die von ihnen gehaltenen Kommanditgesellschaftsanteile an der A-GmbH & Co. KG einschließlich der jeweiligen Gesellschafterkonten [ggf. nach Maßgabe des Einbringungsvertrags] in die Gesellschaft einbringen. Der Nennbetrag der Kommanditgesellschaftsanteile beträgt bei Herrn .... EUR, bei Herrn .... EUR und bei Frau .... EUR. Die Einbringung erfolgt unter Zugrundelegung der Einbringungsbilanz zum .... Soweit der Wert der Sacheinlage den Nennbetrag des Geschäftsanteils übersteigt, erfolgt keine Vergütung an ...... [Gesellschafter]. Der übersteigende Wert wird in die Kapitalrücklage der Gesellschaft eingestellt. Die Einbringung der Kommanditgesellschaftsanteile erfolgt mit schuldrechtlicher Wirkung zum .... Die neuen Geschäftsanteile sind ab dem ...... am Gewinn der Gesellschaft beteiligt.

3. Hiermit übernehmen ...... [Gesellschafter] zu den Bedingungen des in der zuvor genannten notariellen Urkunde enthaltenen Kapitalerhöhungsbeschlusses die Einlage im Nennbetrag von ...... EUR.

......, den ......

......

[Gesellschafter/Gesellschafterin]

[Alternative: ...... [Vorname, Name], im Namen und Auftrag von ...... [Gesellschafter] aufgrund beglaubigter und überbeglaubigter Vollmacht vom ......]

Anmerkung

Gemäß § 56 Abs. 1 S. 2 GmbHG sind die Festsetzungen im Kapitalerhöhungsbeschluss über die Leistungen der Sacheinlagen in die Übernahmeerklärung (§ 55 Abs. 1 GmbHG) aufzunehmen. Sollte die in Form. L.V.1 Anm. 8 als Alternative vorgeschlagene Klausel verwendet werden, ist die Ziffer 2 der Übernahmeerklärung entsprechend anzupassen. Die Übernahmeerklärung ist gegenüber den Geschäftsführern der Komplementär-GmbH abzugeben und wird mit Abgabe wirksam. *Notargebühren:* ¼ Gebühr nach § 45 Abs. 1 KostO. Hat der Notar die Übernahmeerklärung entworfen, fällt eine Gebühr nach §§ 145, 36 KostO an. Maßgeblich ist der Wert der neuen Geschäftsanteile, ggf. ein höherer wirtschaftlicher Wert der auf die neuen Geschäftsanteile zu leistenden Sacheinlagen.

3. Handelsregisteranmeldung der Kapitalerhöhung bei der Komplementär-GmbH mit Einbringung sämtlicher Kommanditgesellschaftsanteile an der GmbH & Co. KG[1]

UR-Nr. ......

An das
Amtsgericht ......
– Handelsregister –
......

A-Geschäftsführungs-GmbH, ..., HRB ......
Kapitalerhöhung mit Einbringung sämtlicher Kommanditgesellschaftsanteile an der GmbH & Co. KG

I. Als Geschäftsführer der vorstehend genannten Gesellschaft überreichen wir hiermit:[2]
  1. Ausfertigung der Niederschrift über den Gesellschafterbeschluss vom ...... (UR-Nr. ...... des Notars ......, die als Anlagen die Bilanz der Gesellschaft zum ...... sowie die Bilanz der A-GmbH & Co. KG zum ...... enthält;
  2. Beglaubigte Abschrift der Übernahmeerklärung der Gesellschafter vom ......;
  3. Vollständigen Wortlaut des neu gefassten Gesellschaftsvertrages nebst notarieller Bescheinigung gemäß § 54 Abs. 1 S. 2 GmbH-Gesetz;
  4. Unterschriebene Ausfertigung des Einbringungsvertrages vom ...... über die zur Ausführung der Sachkapitalerhöhung erforderliche Abtretung der Kommanditgesellschaftsanteile an der A-GmbH & Co. KG an die Gesellschaft;[3]
  5. Liste der Gesellschafter;
  6. Liste der Übernehmer der neuen Geschäftsanteile;
  7. Sachkapitalerhöhungsbericht;[4]
  8. Bestätigung der ...... [Name der Wirtschaftsprüfungsgesellschaft] vom ...... über den Bestand und die Werthaltigkeit der eingebrachten Kommanditgesellschaftsanteile.[4]

II. Zur Eintragung in das Handelsregister melden wir an:
   1. Das Stammkapitals der Gesellschaft ist von ...... EUR um ...... EUR auf insgesamt ...... EUR (in Worten: ......) erhöht worden;
   2. Die §§ ...... des Gesellschaftsvertrages wurden entsprechend neu gefasst.
III. Wir versichern, dass die Kommanditgesellschaftsanteile des Herrn ...... im Nominalbetrag von ...... EUR, des Herrn ...... im Nominalbetrag von ...... EUR sowie von Frau ...... im Nominalbetrag von ...... EUR auf die Gesellschaft übergegangen sind und sich somit das gesamte Vermögen der A-GmbH & Co. KG endgültig in unserer freien Verfügung befindet.
IV. (Ggf.: Wir die Gesellschafter der A-GmbH & Co. KG – namentlich Herr ......, Herr ...... sowie Frau ...... – erklären die Einwilligung zur Fortführung der Firma A-GmbH & Co. KG in der Firma A-Geschäftsführungs-GmbH.)[5]

......, den ......

......

[Unterschriften der sämtlichen Geschäftsführer des persönlich haftenden Gesellschafters und ggf. der Gesellschafter der aufgelösten GmbH & Co. KG]

[Unterschriftsbeglaubigung]

Schrifttum: Happ, Kapitalerhöhung mit Sacheinlagen im GmbH-Recht und „Sacherhöhungsbericht", BB 1985, 1927; *Priester,* Die GmbH-Novelle. Überblick und Schwerpunkte aus notarieller Sicht, DNotZ 1980, 515; *Timm,* Das neue GmbH-Recht in der Diskussion, GmbHR 1980, 286.

Anmerkungen

1. Zur Anmeldung einer Kapitalerhöhung durch Sacheinlagen vgl. Form. F.I.5. Die notariell beglaubigte Handelsregisteranmeldung ist in elektronischer Form zum Handelsregister einzureichen (§ 12 Abs. 1 HGB).

2. Der Anmeldung sind die in § 57 GmbHG genannten Unterlagen beizufügen.

3. Der Anmeldung ist der Einbringungsvertrag beizufügen (§ 57 Abs. 3 Nr. 3 GmbHG).

4. Sachkapitalerhöhungsbericht. Es ist umstritten, ob der Handelsregisteranmeldung auch ein dem § 5 Abs. 4 S. 2 GmbHG entsprechender Sachkapitalerhöhungsbericht beizufügen ist. Eine entsprechende Vorschrift oder eine Verweisung auf § 5 Abs. 4 S. 2 GmbHG ist in den §§ 56 ff. GmbHG nicht enthalten. Während einige Autoren einen solchen Sachkapitalerhöhungsbericht für nicht erforderlich halten (*Happ* BB 1985, 1927 ff.; *Rowedder/Zimmermann* § 56 Rdnr. 22 und § 57a Rdnr. 7, verneint die wohl überwiegende Ansicht eine generelle Pflicht zur Erstellung eines Sachkapitalerhöhungsberichts, billigt dem Registerrichter im Einzelfall jedoch das Recht zu, einen solchen Bericht bzw. vergleichbare Darlegungen zu verlangen (vgl. nur Baumbach/Hueck/Zöllner § 57a Rdnr. 10, § 56 Rdnr. 17; Lutter/Hommelhoff/ *Lutter* § 56 Rdnr. 7; Roth/Altmeppen § 56 Rdnr. 7; Karsten Schmidt Gesellschaftsrecht § 37 V 1c (S. 1177 f.)). Andere wiederum fordern die Beifügung eines Sachkapitalerhöhungsberichts in jedem Fall (Scholz/*Priester* § 56 Rdnr. 39; *Priester* DNotZ 1980, 515, 526; *Timm* GmbHR 1980, 286, 290 f.). Auch in der Rechtsprechung hat sich bisher keine einheitliche Ansicht herausgebildet. So bejaht das OLG Stuttgart (BB 1982, 397, 398) die Notwendigkeit eines Sachkapitalerhöhungsberichts, wohingegen das OLG Köln (GmbHR 1996, 682, 684) dies verneint. Das BayObLG (NJW 1995, 1971 f.) hat die Frage offen gelassen. Es empfiehlt sich, zum Nachweis der Werthaltigkeit der Sacheinlage der Handelsregisteranmeldung einen Sachkapitalerhöhungsbericht beizufügen. Gleiches gilt für das in Ziffer 8 des Formulars vorgesehene Werthaltigkeitstestat.

5. Soll die Firma der GmbH & Co. KG – anders als im Formular vorgesehen – fortgeführt werden, muss die Handelsregisteranmeldung wegen der nach § 22 HGB erforderlichen Einwilligung nicht nur von den Geschäftsführern der Komplementär-GmbH, sondern auch von den Gesellschaftern der aufgelösten GmbH & Co. KG vorgenommen werden.

6. Kosten und Gebühren. *Notargebühren:* Beglaubigung ohne Entwurf des Notars 2,5/10 Gebühr nach § 45 Abs. 1 KostO, Höchstgebühr EUR 130,–; mit Entwurf des Notars 5/10 Gebühr nach §§ 145 Abs. 1, 38 Abs. 2 Nr. 7 KostO. Geschäftswert ist der Nennbetrag der Kapitalerhöhung (§ 41a Abs. 1 Nr. 3 KostO). *Registergebühren:* EUR 100,– nach Teil II. Abschn. 4 Nr. 2401 HRegGebV. Ferner sind die Bekanntmachungskosten zu erstatten (§ 137 Nr. 5 KostO).

4. Vertrag über die Abtretung der Kommanditgesellschaftsanteile an der GmbH & Co. KG an die Komplementär-GmbH

Einbringungsvertrag[1]

zwischen der

A-Geschäftsführungs-GmbH mit Sitz in ......, vertreten durch Herrn ...... als deren alleinvertretungsberechtigter Geschäftsführer

und

1. Herr ......
2. Herr ......
3. Frau ......

§ 1 Gegenstand des Vertrages

1.1 Aufgrund der diesem Vertrag als Anlage (......) beigefügten Übernahmeerklärung vom ...... treten Herr ......, Herr ...... und Frau ...... ihre Kommanditgesellschaftsanteile an der A-GmbH & Co. KG
[Alternative 1: einschließlich ihrer Gesellschafterkonten zum Zwecke der Leistung der übernommenen Geschäftsanteile an die A-Geschäftsführungs-GmbH ab.]
[Alternative 2: zum Zwecke der Leistung der übernommenen Geschäftsanteile an die A-Geschäftsführungs-GmbH ab. Ein Guthaben oder Sollsaldo auf dem Verrechnungs-/Darlehenskonto wird nicht mitübertragen.[2]]
Der Nennwert der Kommanditgesellschaftsanteile beträgt bei Herrn .... EUR, bei Herrn .... EUR und bei Frau .... EUR.

1.2 Die A-Geschäftsführungs-GmbH nimmt die Abtretungen hiermit an.

1.3 Die Abtretungen erfolgen mit schuldrechtlicher Wirkung zum ......[3] [Alternativ: Die Abtretungen erfolgen im Innenverhältnis der Parteien mit Wirkung zum ......, 0.00 Uhr („Einbringungsstichtag").

1.4 Herr ......, Herr ...... und Frau ...... versichern, dass die Kommanditeinlagen voll einbezahlt sind.

§ 2 Zustimmungen[4]

Soweit nach dem Gesellschaftsvertrag der A-GmbH & Co. KG die Abtretung von Kommanditgesellschaftsanteilen der Zustimmung der Gesellschafter bedarf, wird diese hiermit ausdrücklich von allen Beteiligten erteilt.

[§ 3 Fortführung der Firma[5]

Die Beteiligten erklären sich damit einverstanden, dass die A-Geschäftsführungs-GmbH die Firma A-GmbH & Co. KG unter Wegfall des Zusatzes „& Co. KG" fortführt.]

§ 4 Kosten und Steuern

4.1 Die Kosten für die Vorbereitung und den Abschluss dieses Vertrags sowie seiner Durchführung tragen die Beteiligten zu gleichen Teilen.

4. Abtretung der KG-Anteile an die Komplementär-GmbH   L.V.4

4.2 Etwaige im Zusammenhang mit der Übertragung entstehende Verkehrsteuern trägt ......

§ 5 Schlussbestimmungen

5.1 Änderungen und Ergänzungen dieses Vertrags einschließlich der Abbedingung dieser Bestimmung selbst bedürfen der Schriftform, soweit nicht weitergehende Formvorschriften einzuhalten sind.

5.2 Sollten eine oder mehrere Bestimmungen dieses Vertrags ganz oder teilweise nichtig, unwirksam, oder undurchführbar sein oder werden, werden die Wirksamkeit dieses Vertrags und seine übrigen Bestimmungen hiervon nicht berührt. Anstelle der nichtigen, unwirksamen oder undurchführbaren Bestimmung werden die Parteien eine solche Bestimmung vereinbaren, die nach Form, Inhalt, Zeit, Maß und Geltungsbereich dem am nächsten kommt, was von den Parteien nach dem wirtschaftlichen Sinn und Zweck der nichtigen, unwirksamen oder undurchführbaren Bestimmung gewollt war. Entsprechendes gilt für etwaige Lücken in diesem Vertrag.

...... [Ort, Datum]

......
[Unterschriften der Beteiligten]

Anmerkungen

1. Form. Wie bereits in Form. L.V.1 Anm. 2 erwähnt, erfolgt die Trennung des Einbringungsvertrags von dem Kapitalerhöhungsbeschluss aus Kostengründen, da der Einbringungsvertrag keinen besonderen Formvorschriften unterliegt und daher insbesondere nicht der notariellen Beurkundung bedarf. Dies gilt selbst dann, wenn sich Grundbesitz im Gesellschaftsvermögen befindet. Natürlich kann der Einbringungsvertrag auch in die Urkunde über den Kapitalerhöhungsbeschluss aufgenommen werden.

2. Darlehenskonten. Da mit der Auflösung der GmbH & Co. KG auch deren Gesellschaftsvertrag, der in der Regel auch Bestimmungen über die Darlehenskonten der Gesellschafter enthält, entfällt, ist zu empfehlen, mit der übernehmenden GmbH Regelungen bezüglich der Darlehenskonten zu treffen. Die auf diesen Konten vorhandenen Guthaben begründen nunmehr Forderungen gegen die übernehmende GmbH als Rechtsnachfolgerin der GmbH & Co. KG, soweit sie nicht zur Leistung des übernommenen Geschäftsanteils an die Komplementär-GmbH abgetreten werden.

3. Rückwirkung. Gemäß § 20 Abs. 7, Abs. 8 S. 3 UmwStG darf die Einbringung auf einen Tag zurückbezogen werden, der höchstens acht Monate vor dem Tag des Abschlusses des Einbringungsvertrags und höchstens acht Monate vor dem Zeitpunkt liegt, an dem das eingebrachte Betriebsvermögen auf die GmbH übergeht. Darüber hinausgehende Regelungen gelten nur im Innenverhältnis zwischen den Beteiligten, werden jedoch steuerrechtlich nicht anerkannt.

4. Zustimmungen. Im Bezug darauf, dass alle Gesellschafter der GmbH & Co. KG Parteien des Einbringungsvertrags sind, kommt es nicht darauf an, ob der Gesellschaftsvertrag der GmbH & Co. KG überhaupt Regelungen für die Abtretung von Gesellschaftsanteilen vorsieht bzw. diese an bestimmte Voraussetzungen knüpft. Der Einbringungsvertrag stellt zugleich eine Änderung des Gesellschaftsvertrags dar.

5. Fortführung der Firma. Für den Fall, dass die Firma der GmbH & Co. KG unter Fortfall des Zusatzes „& Co. KG" fortgeführt werden sollen (zur firmenrechtlichen Zulässigkeit vgl. Form. L.V.1 Anm. 9), ist diese Klausel in den Einbringungsvertrag aufzunehmen.

5. Handelsregisteranmeldung der Abtretung der Kommanditgesellschaftsanteile an der GmbH & Co. KG an die Komplementär-GmbH und Auflösung der GmbH & Co. KG

UR-Nr. ......

An das
Amtsgericht ......
– Handelsregister –
......

A-GmbH & Co. KG, ..., HRB ......
Abtretung Kommanditgesellschaftsanteile an Komplementär-GmbH und Auflösung der GmbH & Co. KG

Wir, die sämtlichen Gesellschafter der A-GmbH & Co. KG mit Sitz in ......, eingetragen im Handelsregister des Amtsgerichts ...... unter HRB ......, melden zur Eintragung an:[1]
1. Herr ...... hat seinen Kommanditeinlage im Nennbetrag von ...... EUR auf die A-Geschäftsführungs-GmbH mit Sitz in ...... als einzige persönlich haftende Gesellschafterin übertragen und ist aus der Gesellschaft ausgeschieden.[2]
2. Herr ...... hat seinen Kommanditeinlage im Nennbetrag von ...... EUR auf die A-Geschäftsführungs-GmbH mit Sitz in ...... als einzige persönlich haftende Gesellschafterin übertragen und ist aus der Gesellschaft ausgeschieden.
3. Frau ...... hat ihre Kommanditeinlage im Nennbetrag von ...... EUR auf die A-Geschäftsführungs-GmbH mit Sitz in ...... als einzige persönlich haftende Gesellschafterin übertragen und ist aus der Gesellschaft ausgeschieden.
4. Die Gesellschaft in Firma A-GmbH & Co. KG ist damit aufgelöst und ohne Liquidation beendet. Das gesamte Vermögen ist im Wege der Gesamtrechtsnachfolge auf die A-Geschäftsführungs-GmbH übergegangen.[3]
5. Die Firma der A-GmbH & Co. KG ist zu löschen. (Ggf. Die Firma ist einschließlich des Rechts auf Fortführung derselben auf die A-Geschäftsführungs-GmbH übergegangen.)[4]

......, den ......

......
[Unterschriften sämtlicher Gesellschafter der Gesellschaft]
[Unterschriftsbeglaubigung]

Schrifttum: Böttcher/Ries, Formularpraxis des Handelsregisterrechts, 2003; *Gustavus*, Handelsregister-Anmeldungen, 7. Aufl. 2009.

Anmerkungen

1. Gemäß § 162 Abs. 3 HGB ist die Übertragung der Kommanditgesellschaftsanteile auf die Komplementär-GmbH und die Auflösung der GmbH & Co. KG in elektronischer Form zum Handelsregister anzumelden (§ 12 Abs. 1 HGB). Die Anmeldung ist von allen Gesellschaftern der GmbH & Co. KG vorzunehmen (§§ 161 Abs. 2, 108 Abs. 1 HGB).
2. Nach überwiegender Auffassung (BayObLG DB 1983, 384 f.; OLG Köln BB 1992, 1742; Heymann/*Horn* § 173 Rdnr. 14; a. A. MünchKommHGB/*K. Schmidt* § 173 Rdnr. 27) ist ein Nachfolgevermerk mit der Versicherung, dass der ausgeschiedene Kommanditist aus

dem Gesellschaftsvermögen keine Abfindung erhalten hat, nicht erforderlich, wenn der Kommanditgesellschaftsanteil auf den Komplementär übertragen wird.

3. Da es sich um eine „andere Art der Auseinandersetzung" im Sinne des § 145 Abs. 1 HGB und nicht um eine Liquidation handelt (MünchKommHGB/*K. Schmidt* § 145 Rdnr. 14 und 32 f.; Baumbach/Hopt/*Hopt* § 145 Rdnr. 1, 10), finden die §§ 145 ff. HGB keine Anwendung. Um eine hinreichende Information der Gläubiger zu gewährleisten, ist zu empfehlen, einen entsprechenden „Anwachsungsvermerk" im Handelsregister einzutragen (hierzu *Gustavus*, Handelsregister-Anmeldungen, A 33; a.A. *Böttcher/Ries*, Formularpraxis des Handelsregisterrechts, 2003, Rdnr. 234 ff.). Dies ermöglicht dem Rechtsverkehr die Information darüber, auf welchen Rechtsträger das Gesellschaftsvermögen übergegangen ist.

4. Sowohl die Löschung als auch die Fortführung der bisherigen Firma der GmbH & Co. KG unter Fortfall des Zusatzes „& Co. KG" ist zum Handelsregister anzumelden (§§ 161 Abs. 2, 107 HGB).

5. Kosten und Gebühren. *Notargebühren:* Beglaubigung ohne Entwurf des Notars $^{2,5}/_{10}$ Gebühr nach § 45 Abs. 1 KostO, Höchstgebühr EUR 130,–; mit Entwurf des Notars $^{5}/_{10}$ Gebühr nach §§ 145 Abs. 1, 38 Abs. 2 Nr. 7 KostO. Die Anmeldung der Auflösung der GmbH & Co. KG hat keinen bestimmten Geldwert, obwohl die Einlagen der Kommanditisten mitgelöscht werden (OLG Hamburg MDR 1972, 336; BayObLG Rpfleger 1981, 35). Gemäß § 41a Abs. 2 i.V.m. Abs. 4 Nr. 3 KostO ist ein Geschäftswert von EUR 25.000,– anzusetzen.

Teil M. Post-akquisitorische Maßnahmen (neben Umwandlungen)

I. Beherrschungs- und Gewinnabführungsvertrag

1. Beherrschungs- und Gewinnabführungsvertrag[1] mit einer AG

1. Domination and Profit Transfer Agreement

zwischen	between
A-GmbH[2]	A-GmbH
geschäftsansässig: ......, ...,	Address:
eingetragen im Handelsregister ......, HRB	Registered in the commercial register of ......, under HRB ......
– „A-GmbH" –	– „A-GmbH" –
und	and
B-AG[3]	B-AG
geschäftsansässig: ......, ...,	Address:
eingetragen im Handelsregister ......, HRB	Registered in the commercial register of ......, under HRB ......
– „B-AG" –	– „B-AG" –

§ 1 Leitung

1.1 B-AG unterstellt die Leitung ihrer Gesellschaft der A-GmbH.[4] A-GmbH[5] ist demgemäß berechtigt, dem Vorstand[6] der B-AG hinsichtlich der Leitung der Gesellschaft[7] Weisungen zu erteilen. A-GmbH kann dem Vorstand der B-AG nicht die Weisung erteilen, diesen Vertrag zu ändern, aufrechtzuerhalten oder zu beendigen[8].

1.2 Der Vorstand der B-AG ist nach Maßgabe von Absatz 1 verpflichtet, die Weisungen der A-GmbH zu befolgen[9]. Dem Vorstand der B-AG obliegt weiterhin die Geschäftsführung und Vertretung der B-AG[10].

1.3 Weisungen bedürfen der Schriftform[11].

§ 2 Gewinnabführung

2.1 B-AG verpflichtet sich, ihren ganzen Gewinn an A-GmbH abzuführen[12]. Abzuführen ist – vorbehaltlich einer Bildung oder Auflösung von Rückla-

Section 1 Control

1.1 B-AG submits the control of its company to A-GmbH. Accordingly, A-GmbH is authorized to issue instructions to the management board of B-AG with regard to the management of the company. A-GmbH is not entitled to issue instructions to the management board of B-AG to amend this agreement, to maintain or to terminate it.

1.2 The management board of B-AG is required pursuant to paragraph 1 to follow the instructions of A-GmbH. The management board of B-AG shall continue to be responsible for the management and the representation of B-AG.

1.3 Instructions must be issued in writing.

Section 2 Transfer of Profits

2.1 B-AG is obligated to transfer its entire profits to A-GmbH. Subject to the creation or dissolution of reserves in accordance with paragraph 2, the an-

gen nach Absatz 2 – der ohne die Gewinnabführung entstehende Jahresüberschuss, vermindert um einen etwaigen Verlustvortrag aus dem Vorjahr, um den Betrag, der in die gesetzliche Rücklage einzustellen ist,[13] und um den nach § 265 Absatz 8 HGB ausschüttungsgesperrten Betrag.

2.2 B-AG kann mit Zustimmung von A-GmbH Beträge aus dem Jahresüberschuss in andere Gewinnrücklagen (§ 272 Absatz 3 HGB) einstellen, sofern dies handelsrechtlich zulässig und bei vernünftiger kaufmännischer Beurteilung wirtschaftlich begründet ist[14]. Während der Dauer dieses Vertrags gebildete andere Gewinnrücklagen nach § 272 Absatz 3 HGB sind auf Verlangen von A-GmbH aufzulösen und zum Ausgleich eines Jahresfehlbetrags zu verwenden oder als Gewinn abzuführen[15]. Sonstige Rücklagen und ein Gewinnvortrag, der aus der Zeit vor Beginn dieses Vertrags stammt, dürfen weder als Gewinn abgeführt noch zum Ausgleich eines Jahresfehlbetrags verwendet werden.

2.3 Die Verpflichtung zur Gewinnabführung besteht erstmals für den ganzen Gewinn des Geschäftsjahrs, in dem dieser Vertrag nach § 6 Absatz 2 wirksam wird[16].

§ 3 Verlustübernahme[17]

3.1 A-GmbH ist verpflichtet, jeden während der Vertragsdauer sonst entstehenden Jahresfehlbetrag gemäß den Vorschriften des § 302 AktG auszugleichen[18], soweit dieser nicht dadurch ausgeglichen wird, dass gemäß § 2 Absatz 2 Satz 2 den anderen Gewinnrücklagen Beträge entnommen werden, die während der Vertragsdauer in sie eingestellt worden sind.[19]

3.2 Die Verpflichtung zur Verlustübernahme besteht erstmals für das Geschäftsjahr, in dem dieser Vertrag nach § 6 Absatz 2 wirksam wird.[20]

nual net income which would accrue without the profit transfer, reduced by a possible loss carried forward from the preceding year, the amount to be allocated to the statutory reserve and by the amount that must not be distributed pursuant to § 268 paragraph 8 HGB, must be transferred.

2.2 With the consent of A-GmbH, B-AG may allocate parts of the annual net income to other profit reserves (§ 272 paragraph 3 German Commercial Code [Handelsgesetzbuch, „HGB"]), insofar as this is admissible under commercial law and economically justified by a sound commercial judgment. Other profit reserves pursuant to § 272 paragraph 3 HGB created during the term of this Agreement shall be dissolved upon the demand of A-GmbH and used to compensate an annual net loss or transferred as profit. Other reserves as well as a profit carried forward from the time before the term of this Agreement may not be transferred as profit or used to compensate an annual net loss.

2.3 The obligation to transfer profits first applies to the entire profit of the financial year in which this Agreement takes effect pursuant to section 6 paragraph 2.

Section 3 Assumption of Loss

3.1 A-GmbH is obligated to compensate B-AG pursuant to the provisions in § 302 German Stock Corporation Act (Aktiengesetz, „AktG") for each annual net loss that would otherwise arise during the term of this Agreement, unless such loss is compensated for by withdrawing, in accordance with section 2 paragraph 2 sentence 2, amounts from the other profit reserves that have been allocated to them during the term of this Agreement.

3.2 The obligation to compensate B-AG for its annual net loss first applies to the net loss of the financial year in which this Agreement takes effect pursuant to section 6 paragraph 2.

1. Beherrschungs- und Gewinnabführungsvertrag mit einer AG

M.I.1

§ 4 Ausgleich[21]

4.1 A-GmbH garantiert den außenstehenden Aktionären von B-AG für die Dauer dieses Vertrags als angemessenen Ausgleich die Zahlung einer wiederkehrenden Geldleistung (Ausgleichszahlung).[22]

4.2 Die Ausgleichszahlung beträgt brutto ...... EUR (in Worten: ......) je Stückaktie[23] für jedes volle Geschäftsjahr abzüglich von B-AG hierauf zu entrichtender Körperschaftsteuer nebst Solidaritätszuschlag[24] nach dem jeweils für diese Steuern für das betreffende Geschäftsjahr geltenden Satz. Der Abzug ist nur auf den in dem Bruttobetrag enthaltenen anteiligen Ausgleich von ...... EUR (in Worten: ......) je Stückaktie aus mit deutscher Körperschaftsteuer nebst Solidaritätszuschlag belasteten Gewinnen zu berechnen.[25] Nach den Verhältnissen zum Zeitpunkt des Vertragsabschlusses gelangen auf den anteiligen Ausgleich von ...... EUR (in Worten: ......) je Stückaktie aus mit deutscher Körperschaftsteuer belasteten Gewinnen 15% Körperschaftsteuer zzgl. 5,5% Solidaritätszuschlag, das sind ...... EUR (in Worten: ......) zum Abzug. Zusammen mit dem übrigen anteiligen Ausgleich von ...... EUR (in Worten: ......) je Stückaktie aus nicht mit deutscher Körperschaftsteuer belasteten Gewinnen ergibt sich daraus nach den Verhältnissen zum Zeitpunkt des Vertragsabschlusses eine Ausgleichszahlung in Höhe von insgesamt ...... EUR (in Worten: ......) je Stückaktie für ein volles Geschäftsjahr.

4.3 Der Ausgleich wird erstmals für das Geschäftsjahr gewährt, in dem dieser Vertrag nach § 6 Absatz 2 wirksam wird.[26]

4.4 Falls dieser Vertrag während eines Geschäftsjahrs der B-AG endet oder B-AG während des Zeitraums, für den die Verpflichtung zur Gewinnabführung gemäß § 2 Absatz 3 gilt, ein

Section 4 Guaranteed Dividend

4.1 For the term of this Agreement, A-GmbH guarantees the outside shareholders of B-AG an adequate guaranteed dividend in the form of a recurring cash payment (guaranteed dividend).

4.2 The guaranteed dividend shall add up to a gross amount of EUR ...... per no-par value share for each full financial year minus German corporate income tax and solidarity surcharge in accordance with the rate applicable to each of these taxes for the financial year concerned. This deduction is to be calculated only on the basis of the pro rata guaranteed dividend of EUR ...... per no-par value share, included in the gross amount, arising from profits subject to German corporate income tax plus solidarity surcharge. According to the situation at the time of conclusion of the Agreement, the portion of the guaranteed dividend in the amount of EUR ...... per share consisting of profit burdened by German corporate income tax is subject to 15% corporate income tax plus 5.5% solidarity surcharge which constitutes a deduction of EUR ...... Together with the other portion of the guaranteed dividend in the amount of EUR ...... per share representing profits which are not subject to German corporate income tax, this results in a guaranteed dividend payment in the total amount of EUR ...... per no-par value share for a complete financial year based on the circumstances existing at the time the Agreement was concluded.

4.3 The guaranteed dividend shall be granted beginning with the financial year in which this Agreement takes effect in accordance with section 6 paragraph 2.

4.4 If this Agreement terminates during a B-AG financial year or if, during the term for which the obligation to transfer profits in accordance with section 2 paragraph 3 applies, B-AG

Seydel 1913

Rumpfgeschäftsjahr bildet, vermindert sich der Ausgleich zeitanteilig.[27]

4.5 Die Ausgleichszahlung ist jeweils am ersten Bankarbeitstag nach der ordentlichen Hauptversammlung der B-AG für das abgelaufene Geschäftsjahr fällig.[28]

4.6 Falls das Grundkapital der B-AG aus Gesellschaftsmitteln gegen Ausgabe neuer Aktien erhöht wird, vermindert sich der Ausgleich je Aktie in dem Maße, dass der Gesamtbetrag des Ausgleichs unverändert bleibt.[29] Falls das Grundkapital der B-AG durch Bar- oder Sacheinlagen erhöht wird, gelten die Rechte aus diesem § 4 auch für die von außenstehenden Aktionären bezogenen Aktien aus der Kapitalerhöhung.[30]

4.7 Falls ein Spruchverfahren nach dem Spruchverfahrensgesetz eingeleitet wird und das Gericht rechtskräftig einen höheren Ausgleich festsetzt, können die außenstehenden Aktionäre, auch wenn sie inzwischen abgefunden wurden, eine entsprechende Ergänzung des von ihnen bezogenen Ausgleichs verlangen. Ebenso werden alle übrigen außenstehenden Aktionäre gleichgestellt, wenn sich A-GmbH gegenüber einem Aktionär der B-AG in einem Vergleich zur Abwendung oder Beendigung eines Spruchverfahrens nach dem Spruchverfahrensgesetz zu einem höheren Ausgleich verpflichtet.[31]

§ 5 Abfindung[32]

5.1 A-GmbH verpflichtet sich, auf Verlangen eines außenstehenden Aktionärs der B-AG dessen Aktien gegen eine Barabfindung von …… EUR (in

4.5 The guaranteed dividend payment shall become due on the first banking day following the Annual General Meeting of B-AG for the preceding financial year.

4.6 If B-AG's share capital is increased by way of conversion of the company's funds in return for the issuance of new shares, the guaranteed dividend per share shall decrease in such a way that the total amount of the guaranteed dividend remains unchanged. If B-AG's share capital is increased by means of a contribution in cash or in kind, the rights arising from this § 4 shall also apply to the shares resulting from the capital increase subscribed to by outside shareholders.

4.7 In the case that proceedings concerning the adequacy of the guaranteed dividend („Spruchverfahren") pursuant to the German Act on Appraisal Proceedings („Spruchverfahrensgesetz") are initiated and the court determines a higher guaranteed dividend by non-appealable decision, the outside shareholders shall be entitled to request a corresponding supplement to the guaranteed dividend they have received, even if they have already tendered their shares in return for compensation. Likewise, all outside shareholders shall be treated equally if A-GmbH, in a settlement to avert or terminate proceedings concerning the adequacy of the guaranteed dividend („Spruchverfahren") pursuant to the German Act on Appraisal Proceedings („Spruchverfahrensgesetz"), agrees to a higher guaranteed dividend vis-à-vis a B-AG shareholder.

Section 5 Compensation

5.1 Upon demand of an outside shareholder of B-AG, A-GmbH shall acquire his shares in return for a cash compensation of EUR …… per share.

1. Beherrschungs- und Gewinnabführungsvertrag mit einer AG

M.I.1

Worten: ......) je Stückaktie[33] zu erwerben.

5.2 Die Verpflichtung der A-GmbH zum Erwerb der Aktien ist befristet. Die Frist endet zwei Monate nach dem Tag, an dem die Eintragung des Bestehens dieses Vertrags im Handelsregister von B-AG nach § 10 HGB bekannt gemacht worden ist. Eine Verlängerung der Frist nach § 305 Absatz 4 Satz 3 AktG wegen eines Antrags auf Bestimmung des Ausgleichs oder der Abfindung durch das in § 2 Spruchverfahrensgesetz bestimmte Gericht bleibt unberührt; in diesem Fall endet die Frist zwei Monate nach dem Tag, an dem die Entscheidung über den zuletzt beschiedenen Antrag im elektronischen Bundesanzeiger bekannt gemacht worden ist.[34]

5.3 Die Veräußerung der Aktien ist für Aktionäre der B-AG kostenfrei.[35]

5.4 Falls bis zum Ablauf der in Absatz 2 bestimmten Frist das Grundkapital der B-AG aus Gesellschaftsmitteln gegen Ausgabe neuer Aktien erhöht wird, vermindert sich die Abfindung je Aktie in dem Maße, dass der Gesamtbetrag der Abfindung gleich bleibt. Falls bis zum Ablauf dieser Frist das Grundkapital der B-AG durch Bar- oder Sacheinlagen erhöht wird, gelten die Rechte aus diesem § 5 auch für die von außenstehenden Aktionären bezogenen Aktien aus der Kapitalerhöhung.[36]

5.5 Falls ein Spruchverfahren nach dem Spruchverfahrensgesetz eingeleitet wird und das Gericht rechtskräftig eine höhere Abfindung festsetzt, können auch die bereits abgefundenen Aktionäre eine entsprechende Ergänzung der Abfindung verlangen. Ebenso werden alle übrigen außenstehenden Aktionäre gleichgestellt,

5.2 The obligation of A-GmbH to acquire shares is limited to a specific period of time. The period of time shall expire two months after the date on which the registration of this Agreement in the commercial register of B-AG has been announced in accordance with § 10 HGB. An extension of the time period under § 305 paragraph 4 sentence 3 AktG due to a motion for determination of the guaranteed dividend or the compensation by the court responsible according to § 2 of the German Act on Appraisal Proceedings („Spruchverfahrensgesetz") shall remain unaffected; in this case, the period of time expires two months after the date on which the decision on the last motion ruled on has been publicly announced in the electronic federal gazette („Bundesanzeiger").

5.3 The sale of the shares is free of cost for B-AG shareholders.

5.4 If, prior to the expiration of the time period defined in paragraph 2, B-AG's share capital is increased by way of conversion of the company's funds in return for the issuance of new shares, the compensation per share shall decrease in such a way that the total amount of the compensation remains the same. If, prior to the expiration of such time period, the share capital of B-AG is increased by means of a contribution in cash or in kind, the rights arising from this section 5 shall apply also to the shares resulting from the capital increase subscribed to by outside shareholders.

5.5 In the case that proceedings concerning the adequacy of the compensation („Spruchverfahren") pursuant to the German Act on Appraisal Proceedings („Spruchverfahrensgesetz") are initiated and the court determines an increased compensation by a non-appealable decision, the outside shareholders shall be entitled to re-

wenn sich A-GmbH gegenüber einem Aktionär der B-AG in einem Vergleich zur Abwendung oder Beendigung eines Spruchverfahrens nach dem Spruchverfahrensgesetz zu einer höheren Abfindung verpflichtet.[37]

quest a corresponding supplement to the compensation they have received, even if they have already tendered their shares in return for compensation. Likewise, all outside shareholders shall be treated equally if A-GmbH, in a settlement to avert or terminate proceedings concerning the adequacy of the compensation („Spruchverfahren") pursuant to the German Act on Appraisal Proceedings („Spruchverfahrensgesetz"), agrees to a higher compensation vis-à-vis a B-AG shareholder.

5.6 Endet dieser Vertrag aufgrund einer Kündigung der A-GmbH zu einem Zeitpunkt, zu dem die in Absatz 2 dieses § 5 bestimmte Frist zur Annahme der Abfindung nach Absatz 1 dieses § 5 bereits abgelaufen ist, ist jeder zu diesem Zeitpunkt außenstehende Aktionär der B-AG berechtigt, seine Aktien gegen Zahlung von …… EUR (in Worten: ……) je Stückaktie an die A-GmbH zu veräußern, und die A-GmbH ist verpflichtet, diese Aktien zu erwerben. Dieses Veräußerungsrecht ist befristet. Die Frist endet zwei Monate nach dem Tag, an dem die Eintragung der Beendigung des Vertrags im Handelsregister der B-AG nach § 10 des Handelsgesetzbuches bekannt gemacht worden ist. Absatz 3 und 4 dieses § 5 gelten entsprechend.[38]

5.6 If this Agreement is terminated by A-GmbH at a time in which the time period (defined in this section 5 paragraph 2) for acceptance of the compensation (defined in this section 5 paragraph 1) has expired, each outside shareholder is entitled to sell his shares for EUR …… per share to A-GmbH, and A-GmbH is in turn obligated to purchase these shares. This right of the shareholder to sell his shares is limited to a specific period of time. The period of time shall expire two months after the date on which the registration of the termination of this Agreement in the commercial register of B-AG has been announced in accordance with § 10 HGB. Paragraphs 3 and 4 of this section 5 shall apply accordingly.

§ 6 Wirksamwerden und Dauer

6.1 Der Vertrag bedarf zu seiner Wirksamkeit der Zustimmung der Hauptversammlung der B-AG[39] und der Zustimmung der Gesellschafterversammlung[40] der A-GmbH.

6.2 Der Vertrag wird mit seiner Eintragung in das Handelsregister des Sitzes der B-AG wirksam.

6.3 Der Vertrag kann schriftlich mit einer Frist von sechs Monaten zum Ende eines Geschäftsjahrs der B-AG gekündigt werden. Der Vertrag kann erstmals zum Ende des Geschäftsjahrs gekündigt werden, das mindes-

Section 6 Effectiveness and Term

6.1 To take effect, this Agreement requires the consent of the General Meeting of B-AG and the consent of the shareholders' meeting of A-GmbH.

6.2 This Agreement shall take effect upon registration in the Commercial Register at the registered office of B-AG.

6.3 This Agreement can be terminated by giving written notice subject to a notice period of six months prior to the end of a financial year of B-AG. This Agreement may be terminated for the first time as of the end of the finan-

1. Beherrschungs- und Gewinnabführungsvertrag mit einer AG — M.I.1

tens fünf Kalenderjahre nach dem Beginn des Geschäftsjahrs endet, in dem der Vertrag wirksam wird.[41]

6.4 Das Recht jeder Partei zur Kündigung des Vertrags aus wichtigem Grund ohne Einhaltung einer Kündigungsfrist bleibt unberührt. A-GmbH ist insbesondere zur Kündigung aus wichtigem Grund berechtigt, wenn sie nicht mehr die Mehrheit der Stimmrechte aus Anteilen an B-AG hält.[42]

§ 7 Patronatserklärung[43]

Alleinige Gesellschafterin der A-GmbH ist die A-Inc. Als Muttergesellschaft des A-Konzerns hat die A-Inc., ohne dem Beherrschungs- und Gewinnabführungsvertrag als Vertragspartei beizutreten, mit gesonderter Erklärung eine Patronatserklärung abgegeben. In der in der Anlage zu diesem Vertrag informationshalber beigefügten Patronatserklärung hat die A-Inc. sich uneingeschränkt und unwiderruflich verpflichtet, dafür Sorge zu tragen, dass die A-GmbH in der Weise geleitet und finanziell ausgestattet ist, dass die A-GmbH jederzeit in der Lage ist, ihre sämtlichen Verpflichtungen, die sie aufgrund des Beherrschungs- und Gewinnabführungsvertrags mit B-AG treffen, vollständig und fristgemäß zu erfüllen. Gegenüber den außenstehenden Aktionären von B-AG steht die A-Inc. uneingeschränkt und unwiderruflich dafür ein, dass die A-GmbH alle ihnen gegenüber bestehenden Verpflichtungen aus oder im Zusammenhang mit diesem Beherrschungs- und Gewinnabführungsvertrag, insbesondere zur Zahlung von Ausgleich und Abfindung, vollständig und fristgemäß erfüllt. Dies gilt auch für etwaige Erhöhungen von Ausgleich oder Abfindung aufgrund eines ggf. stattfindenden Spruchverfahrens nach dem Spruchverfahrensgesetz. Insoweit steht den außenstehenden Aktionären von B-AG ein eigener Anspruch nach § 328 Abs. 1 BGB zu.

§ 8 Salvatorische Klausel

Sollte eine Bestimmung dieses Vertrags oder eine künftig in ihn aufgenommene

cial year that expires at least five years after the beginning of the financial year in which this Agreement has taken effect.

6.4 The right to terminate this Agreement for cause (wichtiger Grund) without notice shall remain unaffected. Particularly, A-GmbH is entitled to terminate for cause if it no longer holds the majority of the voting rights of shares in B-AG.

Section 7 Comfort Letter (*Patronatserklärung*)

A-GmbH is a wholly-owned subsidiary of A-Inc. Without entering into this Agreement as a contracting party, A-Inc. as the parent company of the A-group has issued a comfort letter. In this comfort letter attached as an Annex to this Agreement for information purposes, A-Inc. has irrevocably and without any restrictions undertaken to ensure that A-GmbH will be managed and financially supported in such manner that A-GmbH will at all times be in a position to completely and timely perform all of its obligations under this Agreement with B-AG. Vis-à-vis the outside shareholders of B-AG, A-Inc. guarantees irrevocably and without any restrictions that A-GmbH will completely and timely fulfill all its obligations vis-à-vis the outside shareholders under this Agreement, especially to pay the guaranteed dividend and the compensation. This shall also apply to an increase, if any, of the guaranteed dividend or the compensation in an appraisal proceeding („Spruchverfahren") under the German Act on Appraisal Proceedings („Spruchverfahrensgesetz"). To that extent, each outside shareholder of B-AG shall have a separate legal claim (§ 328 paragraph 1 German Civil Code).

§ 8 Severability Clause

Should a present or future provision of this Agreement be or become entirely or

Bestimmung ganz oder teilweise unwirksam oder undurchführbar sein oder werden oder sollte sich in diesem Vertrag eine Lücke befinden, so soll hierdurch die Gültigkeit der übrigen Bestimmungen nicht berührt werden. Die Vertragsparteien verpflichten sich, anstelle der unwirksamen oder unanwendbaren Bestimmung oder zur Ausfüllung der Lücke eine angemessene Regelung zu vereinbaren, die im Rahmen des rechtlich Zulässigen dem am nächsten kommt, was die Vertragsparteien gewollt haben oder nach dem Sinn und Zweck dieses Vertrags gewollt hätten, sofern sie den Punkt bedacht hätten.

......
(Unterschriften der Beteiligten)[44]
Anlage: Patronatserklärung der A-Inc.

partly invalid or impracticable, or should there be an omission in this Agreement, the validity of the remaining provisions shall not be affected thereby. The parties to this Agreement, in the place of the invalid or impracticable provision or in order to fill in the omission, undertake to agree on an appropriate provision that, within the framework of what is legally permissible, comes closest to what the parties to this Agreement intended or would have intended in accordance with the purpose of this Agreement if they had considered the point.

......
(signatures of both parties)
Annex: Comfort Letter of A-Inc.
[Convenience Translation]

Patronatserklärung

Die A-GmbH, ..., eingetragen im Handelsregister des Amtsgerichts ...... unter HRB ...... beabsichtigt, einen Beherrschungs- und Gewinnabführungsvertrag mit der B-AG, ... eingetragen im Handelsregister des Amtsgericht ...... unter HRB ......, als abhängigem Unternehmen zu schließen (der „Beherrschungs- und Gewinnabführungsvertrag"). Es ist geplant, in dem Beherrschungs- und Gewinnabführungsvertrag als Abfindung im Sinne des § 305 AktG einen Betrag von ...... EUR (in Worten: ......) je Stückaktie und als Ausgleichszahlung im Sinne des § 304 AktG einen Betrag von ...... EUR (in Worten: ......) brutto (netto gegenwärtig ...... EUR (in Worten: ......)) je Stückaktie zu vereinbaren.

Die A-GmbH gehört zum A-Konzern, dessen Obergesellschaft die A-Inc. ist. Alleinige Gesellschafterin der A-GmbH ist die A-Inc.

Die A-Inc. gibt hiermit folgende Erklärung ab, ohne dabei dem Beherrschungs- und Gewinnabführungsvertrag beizutreten:

1. Die A-Inc. verpflichtet sich uneingeschränkt und unwiderruflich, dafür Sorge zu tragen, dass die A-GmbH in der

Comfort Letter

A-GmbH, ..., registered in the commercial register of the Local Court in ...... under HRB ......, intends to enter into a domination and profit and loss Transfer Agreement with B-AG, ..., registered in the commercial register of the Local Court of ...... under HRB ......, as a dependent enterprise (the „Domination and Profit Transfer Agreement"). It is intended to agree under the Domination and Profit Transfer Agreement on a compensation in terms of § 305 German Stock Corporation Act (*Aktiengesetz*) in an amount of EUR ...... per non-par value share and on a guaranteed dividend in terms of § 304 German Stock Corporation Act (*Aktiengesetz*) in a gross amount of EUR ...... (net currently EUR ......) per non-par value share.

A-GmbH belongs to the A-group whose parent company is A-Inc. A-Inc. is the sole shareholder of A-GmbH .

A-Inc. hereby issues the following declaration, without entering into the Domination and Profit Transfer Agreement as a contracting party:

1. A-Inc. undertakes, without any restriction and irrevocably, to ensure that A-GmbH is managed and financially sup-

1. Beherrschungs- und Gewinnabführungsvertrag mit einer AG — M.I.1

Weise geleitet und finanziell derart ausgestattet wird, dass die A-GmbH stets in der Lage ist, alle ihre Verbindlichkeiten aus oder im Zusammenhang mit dem Beherrschungs- und Gewinnabführungsvertrag fristgemäß zu erfüllen.

2. Die A-Inc. steht gegenüber den außenstehenden Aktionären der B-AG uneingeschränkt und unwiderruflich dafür ein, dass die A-GmbH alle ihnen gegenüber bestehenden Verpflichtungen aus oder im Zusammenhang mit dem Beherrschungs- und Gewinnabführungsvertrag, insbesondere zur Zahlung von Ausgleich und Abfindung, vollständig und fristgemäß erfüllt. Dies gilt auch für etwaige Erhöhungen von Ausgleich oder Abfindung aufgrund eines ggf. stattfindenden Spruchverfahrens nach dem Spruchverfahrensgesetz. Insoweit steht den außenstehenden Aktionären ein eigener Anspruch nach § 328 Abs. 1 BGB zu.

Diese Patronatserklärung unterliegt dem Recht der Bundesrepublik Deutschland. Nur die deutsche Fassung dieser Patronatserklärung ist rechtlich verbindlich.

......
(Ort, Datum)

......
(Unterschriften beider Parteien)

ported in such a manner that A-GmbH is at all times in a position to timely perform all of its obligations under or in connection with the Domination and Profit Transfer Agreement.

2. A-Inc. guarantees vis-à-vis the outside shareholders of B-AG irrevocably and without any restrictions that A-GmbH will completely and timely fulfill all its obligations vis-à-vis the outside shareholders under this Agreement, especially to pay the guaranteed dividend and the compensation. This shall also apply to an increase, if any, of the guaranteed dividend or the compensation in an appraisal proceeding (Spruchverfahren) under the German Act on Appraisal Procedures (Spruchverfahrensgesetz). To that extent, each outside shareholder of B-AG shall have a separate legal claim (§ 328 paragraph 1 German Civil Code).

This comfort letter shall be governed by the laws of the Federal Republic of Germany. Only the German version of this comfort letter is legally binding.

(Signatures of both parties)

Schrifttum: *Arnold*, Mitwirkungsbefugnisse der Aktionäre nach Gelatine und Macrotron, ZIP 2005, 1573 ff.; *Emmerich/Habersack*, Aktien- und GmbH-Konzernrecht, 6. Aufl. 2010; *Exner*, Beherrschungsvertrag und Vertragsfreiheit, 1984; *Ihrig/Erwin*, Zur Anwendung des Freigabeverfahrens nach § 246 a AktG auf „Altbeschlüsse" und bereits eingetragene Beschlüsse, BB 2005, 1973 ff.; Münchener Handbuch des Gesellschaftsrechts, Band IV, Aktiengesellschaft /*Krieger*, 3. Aufl. 2007, §§ 69–71; *Rubner*, Der Aktionär als Partei eines Beherrschungsvertrags, Der Konzern 2003, 735 ff.; *K. Schmidt*, Unternehmensbegriff und Vertragskonzern – zum Funktionswechsel des § 291 AktG, FS Koppensteiner 2001, S. 191 ff.; *Sieger/ Hasselbach*, Die Holzmüller-Entscheidung im Unterordnungskonzern, AG 1999, 241 ff.

Anmerkungen

1. Sachverhalt/Hintergrund. Das Muster geht vom Abschluss eines Beherrschungs- und Gewinnabführungsvertrags zwischen einer börsennotierten AG als Untergesellschaft und einer deutschen GmbH als Obergesellschaft aus, über die die ausländische Konzernspitze die Beteiligung an der deutschen AG erworben hat.

Der Abschluss seines Beherrschungsvertrags kann unterschiedliche Zwecke verfolgen: Ist das abhängige Unternehmen eine Aktiengesellschaft, kann (abgesehen vom praktisch wenig relevanten Fall der Eingliederung gemäß §§ 319 ff. AktG) nur so ein **Weisungsrecht** gegenüber dem Vorstand begründet werden. Da der Mehrheitsaktionär die Anteilseignervertreter im Aufsichtrat bestimmen kann und daher letztlich den maßgeblichen Einfluss auch auf die Bestellung bzw. Wiederbestellung des Vorstands ausüben kann, dürfte dieser Gesichtspunkt jedoch häufig nicht im Vordergrund stehen. Maßgeblich ist vielmehr, dass bei Fehlen eines Beherrschungsvertrags im faktischen Konzern gemäß §§ 311, 317 AktG nachteilige Maßnahmen nur veranlasst werden dürfen, wenn die Nachteile ausgeglichen werden. Dies setzt Ausgleichsfähigkeit und damit Quantifizierbarkeit voraus (*Hüffer* § 311 Rdnr. 25; KölnKomm-AktG/*Koppensteiner* § 311 Rdnr. 89; MünchHdBGesR IV/*Krieger* § 69 Rdnr. 80). Einer **effizienten Konzernintegration** sind damit unter Umständen Grenzen gesetzt; jedenfalls wäre eine häufig nicht einfache Prüfung zahlreicher Integrationsmaßnahmen geboten. Dieses Erfordernis entfällt bei Bestehen eines Beherrschungsvertrags, da dieser dem anderen Vertragsteil auch nachteilige Weisungen im Konzerninteresse gestattet. Ferner entfällt das Erfordernis eines Abhängigkeitsberichts (§ 312 AktG) und seiner Prüfung durch Abschlussprüfer und Aufsichtsrat (§§ 313, 314 AktG). Das Verbot der Einlagenrückgewähr (§ 57 Abs. 1, Abs. 3 AktG) ist für Leistungen bei Bestehen eines Beherrschungsvertrags oder eines Gewinnabführungsvertrags nicht anwendbar (§ 291 Abs. 3 AktG, § 30 Abs. 1 Satz 2 GmbHG). Der Beherrschungsvertrag bietet damit eine rechtssichere Grundlage für die **Gewährung von Darlehen oder Sicherheiten** an die Muttergesellschaft oder Schwestergesellschaften. Dies gilt auch für eine Einbindung in Cash-Managementsysteme sowie ferner die Gewährung von Darlehen oder Sicherheiten zum Zwecke der Bedienung und Rückführung der Finanzierung des Erwerbers, da auch das Verbot des § 71 a Abs. 1 Satz 1 AktG bei Bestehen eines Beherrschungs- oder Gewinnabführungsvertrags keine Anwendung findet (§ 71 a Abs. 1 Satz 3 AktG, *Hüffer* § 71 a Rdnr. 6 a; tendenziell einschränkend KölnKommAktG/*Lutter/Drygala* § 71 a Rdnr. 47).

Dient der Beherrschungsvertrag als Grundlage für wesentliche konzernintegrative Maßnahmen oder als Grundlage für die Bedienung oder Besicherung der Akquisitionsfinanzierung, ist die voraussichtliche **Dauer bis zum Wirksamwerden des Vertrags** von maßgeblicher Bedeutung. Der Vertrag bedarf zu seiner Wirksamkeit insbesondere der Zustimmung der Hauptversammlung der abhängigen Aktiengesellschaft (§ 293 Abs. 1 AktG) und der Eintragung in das Handelsregister (§ 294 Abs. 1 AktG). Bei börsennotierten Aktiengesellschaften besteht stets das Risiko, dass der Zustimmungsbeschluss der Hauptversammlung von Minderheitsaktionären angefochten wird. Die Anfechtung des Hauptversammlungsbeschlusses hindert die Eintragung im Handelsregister anders als bei Squeeze Out, Eingliederung und Maßnahmen nach dem Umwandlungsrecht zwar nicht. Dass wie in einzelnen Fällen in der Vergangenheit eine Eintragung unmittelbar nach Beschlussfassung erreicht werden kann, ist jedoch unwahrscheinlich, da Anfechtungskläger erfahrungsgemäß beim Registergericht intervenieren und sich unter Hinweis auf die von ihnen beabsichtigten Klagen gegen eine unmittelbare Eintragung wenden. Eine Eintragung aufgrund einer pflichtgemäßen Ermessensentscheidung des Registerrichters, der dabei die vorgetragenen Anfechtungsgründe und das Eintragungsinteresse der Gesellschaft sowie des anderen Vertragsteils prüfen wird, ist jedoch möglich. Dies gilt trotz der durch das UMAG zum 1. 11. 2005 in § 246 a AktG auch für den Beherrschungsvertrag erfolgten Einführung des besonderen Freigabeverfahrens, da dieses an der Berechtigung und Verpflichtung des Registerrichters, über die Eintragung nach pflichtgemäßem Ermessen zu entscheiden, nichts ändert (MünchHdBGesR IV/*Krieger* § 70 Rdnr. 57; KölnKommAktG/ *Koppensteiner* § 294 Rdnr. 25; restriktiver *Hüffer* § 294 Rdnr. 14; Emmerich/Habersack/ *Emmerich* § 294 Rdnr. 21). Unabhängig hiervon wird die Gesellschaft das Freigabeverfahren nach § 246 a AktG typischerweise unverzüglich einleiten, da zum einen die Entscheidung des Registerrichters nicht sicher prognostiziert werden kann und zum anderen eine Entscheidung im Freigabeverfahren, die nach § 246 a Abs. 1 Satz 3 AktG durch einen Senat des OLG erfolgt, den Bestand des Beherrschungsvertrags auch für den Fall sichert, dass später der Anfechtungsklage im Hauptsacheverfahren rechtskräftig stattgegeben wird (§ 246 a Abs. 4 AktG). Das Freigabeverfahren kann daher auch nach erfolgter Eintragung noch betrieben bzw. weiterbetrieben werden (OLG Celle AG 2008, 217 f.; OLG Düsseldorf AG 2009, 538 f.; OLG Frankfurt AG 2008, 826; KG AG 2009, 30 f.; *Hüffer* § 246 a Rdnr. 5; MünchHdBGesR IV/*Krieger* § 70 Rdnr. 57; K. Schmidt/Lutter/*Schwab* § 246 a Rdnr. 28; Spindler/Stilz/*Dörr* § 246 a Rdnr. 7; *Ihrig/Erwin* BB 2005, 1973, 1975 ff.; ablehnend LG Hannover AG 2007, 825). Eine Freigabeentscheidung zugunsten der Gesellschaft ergeht bei Unzulässigkeit (ohne

1. Beherrschungs- und Gewinnabführungsvertrag mit einer AG M.I.1

praktische Bedeutung) oder offensichtlicher Unbegründetheit der Klage (zum Begriff MünchHdBGesR IV/*Semler* § 41 Rdnr. 77; *Hüffer* § 246 a Rdnr. 17 ff.), bei überwiegendem Eintragungsinteresse (hierzu *Hüffer* § 246 a Rdnr. 21 f.) oder wenn durch den Kläger nicht fristgerecht der hinreichende Anteilsbesitz gemäß § 246a Abs. 2 Nr. 2 AktG nachgewiesen wird. Da die Anfechtungsklage angesichts der Möglichkeit der Überprüfung der Angemessenheit von Abfindung und Ausgleich im Spruchverfahren weder auf deren angebliche Unangemessenheit noch auf bewertungsrelevante Informationsmängel in der Hauptversammlung gestützt werden kann (§§ 304 Abs. 3, 305 Abs. 5, 243 Abs. 4 Satz 2 AktG), bestehen typischerweise gute Chancen, eine Eintragung jedenfalls im Freigabeverfahren zu erreichen.

Regelmäßig wird der Beherrschungsvertrag mit einem Gewinnabführungsvertrag verbunden, soweit es sich bei dem unmittelbar an der AG beteiligten Mehrheitsgesellschafter um ein deutsches Unternehmen handelt. Dieser ist Voraussetzung zur Begründung einer **körperschaftsteuerlichen Organschaft** (§ 14 Abs. 1 KStG), die die unmittelbare körperschaftsteuerliche Verrechnung von Gewinnen und Verlusten der abhängigen Gesellschaft (Organgesellschaft) auf der Ebene des herrschenden Vertragteils (Organträger) mit dessen Gewinnen und Verlusten ermöglicht. Die Voraussetzungen und Folgen der körperschaftsteuerlichen Organschaft sind im Einzelnen in den §§ 14 bis 19 KStG geregelt. Erforderlich ist neben dem Gewinnabführungsvertrag insbesondere das Bestehen einer finanziellen Eingliederung nach Maßgabe von § 14 Abs. 1 Nr. 1 KStG von Beginn des jeweiligen Wirtschaftsjahres an. Die Begründung einer Organschaft führt dazu, dass bei der Organgesellschaft bestehende Verlustvorträge für die Dauer des Bestehens der Organschaft nicht genutzt werden können („eingefroren werden"). Bei Bestehen signifikanter Verlustvorträge ist daher zu erwägen, vom Abschluss eines Gewinnabführungsvertrags zunächst abzusehen („isolierter Beherrschungsvertrag") oder jedenfalls die Verpflichtung zur Gewinnabführung erst zu einem späteren Zeitpunkt (voraussichtlicher Verbrauch der Verlustvorträge) in Kraft treten zu lassen. Während bei Fehlen eines Gewinnabführungsvertrags bei einer deutlich besseren Entwicklung der abhängigen Gesellschaft als zum maßgeblichen Bewertungszeitpunkt vorhersehbar die Minderheitsaktionäre an ausgeschütteten Gewinnen partizipieren, auch soweit sie die zu garantierende Dividende übersteigen, ist dies bei Bestehen eines Gewinnabführungsvertrags nicht der Fall.

2. Herrschendes Unternehmen eines Beherrschungs- (und Gewinnabführungsvertrags) kann nach einhelliger Auffassung grundsätzlich jedes Unternehmen im Sinne der §§ 15 ff. AktG sein (*Hüffer* § 291 Rdnr. 8; MünchHdBGesR IV/*Krieger* § 70 Rdnr. 9). Auf die Rechtsform kommt es ebenso wenig an wie auf den Sitz des Unternehmens im In- oder Ausland (*Hüffer* § 291 Rdnr. 8, MünchKommAktG/*Altmeppen* § 291 Rdnr. 24; MünchHdBGesR IV/*Krieger* § 70 Rdnr. 9; K. Schmidt/Lutter/*Langenbucher*, § 291 Rdnr. 22). Allerdings wird bei ausländischen Unternehmen regelmäßig entweder lediglich ein isolierter Beherrschungsvertrag abgeschlossen oder aber der Beherrschungs- und Gewinnabführungsvertrag mit einer deutschen Zwischenholding vereinbart, über die die Aktien der abhängigen Gesellschaft erworben wurden bzw. auf die diese übertragen wurden, da eine körperschaftsteuerliche Organschaft mit ausländischen herrschenden Unternehmen nicht möglich ist und eine Gewinnabführung deshalb als verdeckte Gewinnausschüttung qualifiziert würde. Gerade beim Erwerb über eine Akquisitionsgesellschaft und Abschluss des Beherrschungs- und Gewinnabführungsvertrags mit dieser stellt sich die Frage, ob der andere Vertragteil Unternehmen im Sinne der §§ 15 ff. AktG sein muss. Dies wurde in der Vergangenheit weitestgehend bejaht, ist aber mit der jüngeren Auffassung (*K. Schmidt,* FS Koppensteiner 2001, S. 191 ff.; *Rubner* Der Konzern 2003, 735 ff.; MünchHdBGesR IV/*Krieger* § 70 Rdnr. 9; KölnKommAktG/*Koppensteiner* § 291 Rdnr. 8; nunmehr auch *Hüffer* § 291 Rdnr. 8; a. A. aus europarechtlichen Gründen Spindler/Stilz/*Veil* § 291 Rdnr. 7; ferner K. Schmidt/Lutter/*Langenbucher* § 291 Rdnr. 22, 12, anders im Ergebnis aber u. U. i. V. m. § 15 Rdnr. 35, 55) jedenfalls für den Fall abzulehnen, dass das eigentliche herrschende Unternehmen (Konzernspitze) im Verhältnis zur abhängigen Gesellschaft Unternehmenseigenschaft aufweist (am Unternehmenserfordernis festhaltend zum Zwecke des Ausschlusses von *Privatpersonen* MünchKommAktG/*Altmeppen* § 291 Rdnr. 5 ff.; aus europarechtlichen Gründen Spindler/Stilz/*Veil* § 291 Rdnr. 7). Denn nach der Interessenlage des abhängigen Unternehmens ergeben sich keine Unterschiede, und für das herrschende Unternehmen besteht ein legitimes Interesse an der Einschaltung einer Zwischenholding. Angesichts des nicht vollständig gesicherten Meinungsstandes wäre allerdings zu überlegen, ob die betreffende Akquisitionsgesellschaft aus Gründen der Vorsorge weitere unternehmerische Beteiligungen erhält.

3. Beherrschtes Unternehmen. Über die in §§ 291 ff. AktG ausdrücklich geregelten Beherrschungs- und Gewinnabführungsverträge mit einer abhängigen AG oder KGaA hinaus ist der Beherrschungsvertrag mit einer GmbH als Untergesellschaft allgemein anerkannt (BGHZ 105, 324, 330 f. = NJW 1989, 295; *Hüffer* § 291 Rdnr. 6). Die Zulässigkeit von Beherrschungsverträgen mit Personengesellschaften ist zumindest für den Fall des Vorhandenseins natürlicher Personen als persönlich haftender Gesellschafter umstritten (MünchKommHGB/*Mülbert* KonzernR Rdnr. 165 ff.; *Hüffer* § 291 Rdnr. 7 mwN).

4. Leitung/Weisungsrecht. Die **Unterstellung** unter die Leitung des herrschenden Unternehmens ist das wesentliche Charakteristikum des Beherrschungsvertrags. Ihr entspricht ein **Weisungsrecht** des herrschenden Unternehmens. Die bloße Beschreibung einer Konzernorganisation, in der das herrschende Unternehmen als konzernleitendes Unternehmen bezeichnet wird, aber keine Unterstellung mit korrespondierendem Weisungsrecht erfolgt, begründet hingegen keinen Beherrschungsvertrag und dementsprechend auch kein Weisungsrecht. Zur Vermeidung von Zweifeln empfiehlt sich daher die Verwendung des Gesetzeswortlautes von § 291 Abs. 1 Satz 1 AktG.

5. Weisungsberechtigter. Inhaber des Weisungsrechts ist die Obergesellschaft als solche. Sie kann das Weisungsrecht vorbehaltlich abweichender (nicht zu empfehlender) Regelung im Vertrag durch sämtliche vertretungsberechtigte Personen ausüben (*Hüffer* § 308 Rdnr. 3, 5). Insbesondere ist auch eine Beauftragung und Bevollmächtigung Dritter mit der Ausübung des Weisungsrechts möglich (*Hüffer* § 308 Rdnr. 5; MünchHdBGesR IV/*Krieger* § 70 Rdnr. 152; Emmerich/Habersack/*Emmerich* § 308 Rdnr. 13 ff.; restriktiver KölnKommAktG/*Koppensteiner* § 308 Rdnr. 14; GroßKommAktG/*Hirte* § 308 Rdnr. 25). Dies ermöglicht tatsächlich die Ausübung des Weisungsrechts durch andere Konzerngesellschaften, was insbesondere bei Abschluss des Beherrschungsvertrags durch eine Akquisitionsgesellschaft für die tatsächliche Konzernintegration von wesentlicher Bedeutung ist. In diesen Fällen ist eine sorgfältige Dokumentation der Bevollmächtigung sowie der ausdrücklichen Bezugnahme auf den Beherrschungsvertrag bei Ausübung des Weisungsrechts durch den Bevollmächtigten dringend anzuraten. Eine Übertragung des Weisungsrechts auf Dritte ist hingegen nicht möglich (*Hüffer* § 308 Rdnr. 6; KölnKommAktG/*Koppensteiner* § 308 Rdnr. 15).

6. Weisungsempfänger. Das Weisungsrecht besteht ausschließlich gegenüber dem Vorstand der Untergesellschaft, nicht hingegen gegenüber Aufsichtsrat oder Hauptversammlung (*Hüffer* § 308 Rdnr. 12; KölnKommAktG/*Koppensteiner* § 308 Rdnr. 16; MünchHdBGesR IV/*Krieger* § 70 Rdnr. 145; Emmerich/Habersack/*Emmerich* § 308 Rdnr. 42). Wird eine für die Vornahme des Geschäfts gesellschaftsintern erforderliche Zustimmung des Aufsichtsrats nicht erteilt, entfällt das Zustimmungserfordernis bei Wiederholung der Weisung durch die Obergesellschaft nach entsprechender Mitteilung des Vorstands. Die Wiederholung setzt die Zustimmung des Aufsichtsrats des herrschenden Unternehmens voraus, wenn dieses einen Aufsichtsrat hat (§ 308 Abs. 3 AktG, zur Anwendung auf ausländische Obergesellschaften KölnKommAktG/ *Koppensteiner* § 308 Rdnr. 77; Emmerich/Habersack/*Emmerich* § 308 Rdnr. 72; MünchHdBGesR IV/*Krieger* § 70 Rdnr. 157; MünchKommAktG/*Altmeppen* § 308 Rdnr. 161). Die Begründung eines Weisungsrechts unmittelbar gegenüber Mitarbeitern der Untergesellschaft ist nicht zulässig. Der Vorstand kann jedoch von sich aus Mitarbeiter anweisen, direkte Weisungen des herrschenden Unternehmens zu bevollmächtigen, sofern er sicherstellt, dass er von den Weisungen so rechtzeitig Kenntnis erhält, dass er diese auf ihre Gesetzmäßigkeit überprüfen und die entsprechenden Maßnahmen ggf. verhindern kann (*Hüffer* § 308 Rdnr. 8; KölnKommAktG/*Koppensteiner* § 308 Rdnr. 18; MünchHdBGesR IV/*Krieger* § 70 Rdnr. 153; großzügiger MünchKommAktG/*Altmeppen* § 308 Rdnr. 79). Eine sorgfältige Dokumentation der entsprechenden Richtlinien bzw. Anweisungen ist in einem solchen Fall dringend zu empfehlen. Da der Vorstand für die Prüfung der Rechtmäßigkeit der Weisungen nach Maßgabe von § 308 Abs. 2 Satz 2 AktG verantwortlich bleibt, kann der Obergesellschaft keine umfassende (General-)Vollmacht zur Vertretung der Untergesellschaft erteilt werden (*Hüffer* § 308 Rdnr. 9; *Exner*, S. 117 ff.; MünchHdBGesR IV/*Krieger* § 70 Rdnr. 154; Emmerich/Habersack/ *Emmerich* § 308 Rdnr. 31 ff.).

7. Gegenstand und Reichweite des Weisungsrechts. Das Weisungsrecht erfasst grundsätzlich den gesamten Bereich der Leitung der Gesellschaft im Sinne des § 76 Abs. 1 AktG (*Hüffer* § 308 Rdnr. 12; MünchHdBGesR IV/*Krieger* § 70 Rdnr. 146). Erfasst ist mithin grundsätzlich der gesamte Bereich der Geschäftsführung und der Vertretung. Dies beinhaltet innergesellschaftliche Maßnahmen wie etwa die Einberufung einer Hauptversammlung, die Ausnutzung genehmigter Kapitalia, die Begebung von Finanzierungsinstrumenten oder die Ausübung von Wahlrechten bei der Aufstellung des Jahresabschlusses (*Hüffer* § 308 Rdnr. 12; KölnKommAktG/*Koppensteiner* § 308 Rdnr. 33; GroßKommAktG/*Hirte* § 308 Rdnr. 32; Emmerich/ Habersack/*Emmerich* § 308 Rdnr. 40; MünchHdBGesR IV/*Krieger* § 70 Rdnr. 146; a. A. Spindler/Stilz/*Veil* § 308 Rdnr. 21). Nicht erfasst sind Eingriffe in die Zuständigkeit der Hauptversammlung. Insbesondere kann daher nicht zu Geschäftsführungsmaßnahmen angewiesen werden, die eine Über- oder Unterschreitung des Unternehmensgegenstandes zur Folge haben (Emmerich/Habersack/*Emmerich* § 308 Rdnr. 56 ff.; MünchHdBGesR IV/*Krieger* § 70 Rdnr. 147. Zur umstrittenen Frage der Geltung der eine Beschlussfassung der Hauptversammlung erfordernden „Holzmüller"-Grundsätze (BGHZ 83, 122) auch bei Bestehen eines Beherrschungsvertrags vgl. MünchHdBGesR IV/*Krieger* § 70 Rdnr. 172; *Arnold* ZIP 2005, 1573, 1579; *Sieger/Hasselbach* AG 1999, 241, 244 ff. **Nachteilige Weisungen**: Gemäß § 308 Abs. 2 Satz 2 AktG können auch für die Gesellschaft nachteilige Weisungen erteilt werden, wenn sie den Belangen des herrschenden Unternehmens oder eines mit ihm und der Gesellschaft konzernverbundenen Unternehmens dienen. Zulässig sind nach dem Gesetz mithin auch Weisungen zu Gunsten von Schwester- oder Muttergesellschaft der Obergesellschaft des Beherrschungsvertrags. Dass zwischen der Obergesellschaft und der Konzernspitze bzw. Zwischengesellschaften ein Unternehmensvertrag bestehen muss, lässt sich dem Gesetz nicht entnehmen (*Hüffer* § 308 Rdnr. 18; MünchHdBGesR IV/*Krieger* § 70 Rdnr. 148; MünchKommAktG/ *Altmeppen* § 308 Rdnr. 109; GroßKommAktG/*Hirte* § 308 Rdnr. 49; a. A. KölnKommAktG/ *Koppensteiner* § 308 Rdnr. 45). Andernfalls wäre ein Beherrschungsvertrag durch ein deutsches Akquisitionsvehikel unter Umständen nicht geeignet, eine tatsächliche Konzernintegration zu gewährleisten. **Vertragliche Einschränkungen** des Weisungsrechts auf bestimmte Maßnahmen bzw. Geschäftsbereiche sind möglich (*Hüffer* § 308 Rdnr. 13; MünchHdBGesR IV/*Krieger* § 70 Rdnr. 150), aber unüblich und nicht empfehlenswert. Gleiches gilt für die Ausklammerung bestimmter Bereiche der Geschäftsführung aus dem Anwendungsbereich des Weisungsrechts. Eine Verpflichtung des Vorstands der Untergesellschaft, bei Abschluss des Vertrags auf solche Einschränkungen zu drängen, besteht nicht (a. A. KölnKommAktG/ *Koppensteiner* § 308 Rdnr. 73).

8. Grenzen des Weisungsrechts. Nicht zulässig sind Inhalt oder Bestand des Unternehmensvertrags betreffende Weisungen (vgl. § 299 AktG). Gleiches gilt für Weisungen, die gegen zwingende aktien- oder bilanzrechtliche Vorschriften oder sonstige im öffentlichen Interesse bestehende gesetzliche Regelungen verstoßen (*Hüffer* § 308 Rdnr. 14; MünchHdBGesR IV/*Krieger* § 70 Rdnr. 147; KölnKommAktG/*Koppensteiner* § 308 Rdnr. 30). Nachteilige Weisungen im Interesse von Konzernunternehmen dürfen nicht unverhältnismäßig sein (*Hüffer* § 308 Rdnr. 17; KölnKommAktG/*Koppensteiner* § 308 Rdnr. 53), was in Anbetracht der Eigeninteressen der Obergesellschaft praktisch relevant sein dürfte. Nach herrschender Auffassung unzulässig sind schließlich existenzgefährdende Weisungen (OLG Düsseldorf Beschl. v. 7. 6. 1990 – 19 W 13/86 – AG 1990, 490, 492; *Hüffer* § 308 Rdnr. 19; GroßKommAktG/*Hirte* § 308 Rdnr. 42 ff.; MünchHdBGesR IV/*Krieger* § 70 Rdnr. 148; a. A. KölnKommAktG/*Koppensteiner* § 308 Rdnr. 50 ff.; Spindler/Stilz/*Veil* § 308 Rdnr. 31; differenzierend MünchKommAktG/*Altmeppen* § 308 Rdnr. 118 ff.). Diese Einschränkung ist jedoch eng zu verstehen; unzulässig ist die Weisung nur, wenn sie im Falle ihrer Durchführung zur Auflösung, Insolvenz oder tatsächlich zum Ausscheiden aus dem Rechtsverkehr führt (*Hüffer* § 308 Rdnr. 19).

9. Folgepflicht. Der Vorstand ist grundsätzlich verpflichtet, Weisungen der Obergesellschaft zu befolgen. Er ist zur Prüfung der Rechtmäßigkeit, nicht aber der Zweckmäßigkeit der Weisung berechtigt und verpflichtet (*Hüffer* § 308 Rdnr. 20 f.; KölnKommAktG/*Koppensteiner* § 308 Rdnr. 61). Im Übrigen rechtmäßige Weisungen sind zu befolgen, auch wenn sie nachteilig sind. Anderes gilt lediglich, wenn nachteilige Weisungen offensichtlich nicht den Interessen des herrschenden Unternehmens oder konzernverbundener Unternehmen dienen (§ 308 Abs. 2 Satz 2 AktG). Im Übrigen obliegt die Prüfung des Konzerninteresses nicht dem Vorstand. Bei (nicht offensichtlich) fehlendem Konzerninteresse haften jedoch die gesetzlichen Vertreter des herrschenden Unternehmens nach Maßgabe von § 309 AktG.

10. Fehlen von Weisungen. Soweit keine Weisungen aufgrund des Beherrschungsvertrags erteilt werden, obliegt dem Vorstand nach wie vor die eigenverantwortliche Leitung der Gesellschaft (§ 76 Abs. 1 AktG); ob er dabei ausschließlich das Gesellschaftsinteresse oder auch Konzerninteressen zu beachten hat, ist umstritten (für letzteres *Hüffer* § 308 Rdnr. 20; KölnKommAktG/*Koppensteiner* § 308 Rdnr. 71 f.; a. A. Emmerich/Habersack/*Emmerich* § 308 Rdnr. 54; tendenziell auch MünchKommAktG/*Altmeppen* § 308 Rdnr. 154). Nachteilige Maßnahmen im Konzerninteresse aufgrund „vorauseilenden Gehorsams" sind deshalb bei Fehlen von Weisungen problematisch und können eine Haftung von Vorstand (und ggf. Aufsichtsrat) nach §§ 93, 116 AktG begründen. Der Vorstand hat deshalb sorgfältig zu prüfen, ob er nicht ggf. in eigenem Interesse eine Weisung „einfordert".

11. Form der Weisung. Weisungen aufgrund des Beherrschungsvertrags sind von Gesetzes wegen nicht formbedürftig, sondern können auch mündlich oder konkludent erfolgen (*Hüffer* § 308 Rdnr. 10). Jede Willensäußerung, die in der Erwartung, dass der Vorstand der Untergesellschaft sein Verhalten an ihr ausrichtet, erfolgt, stellt eine Weisung dar. Aus Rechtssicherheitsgründen ist es deshalb im Hinblick auf Folgepflicht (siehe oben Anm. 9) einerseits und fortdauernde Verpflichtung zur eigenverantwortlichen Leitung andererseits (siehe oben Anm. 10) empfehlenswert, im Vertrag für Weisungen ein Schriftformerfordernis vorzusehen.

12. Gewinnabführung. Voraussetzung für einen Gewinnabführungsvertrag im Sinne des § 291 Abs. 1 AktG und für die Begründung einer körperschaftsteuerlichen Organschaft gemäß § 14 Abs. 1 Satz 1 KStG ist die Verpflichtung der Untergesellschaft zur Abführung ihres ganzen Gewinns. Bleibt die Verpflichtung zur Gewinnabführung dahinter zurück (Beschränkung auf einen Teil), handelt es sich hingegen lediglich um einen Teilgewinnabführungsvertrag im Sinne des § 292 AktG, der keine körperschaftsteuerliche Organschaft begründen kann (*Hüffer* § 291 Rdnr. 23, 26, 29; KölnKommAktG/*Koppensteiner* § 291 Rdnr. 76; MünchHdB-GesR IV/*Krieger* § 71 Rdnr. 4).

13. Umfang der Gewinnabführung. Der Umfang der Gewinnabführung ergibt sich aus § 301 AktG. Hinsichtlich etwaiger Einstellungen in die gesetzliche Rücklage ist dabei § 300 Nr. 1 AktG zu beachten, der an die Stelle von § 150 Abs. 2 AktG tritt. Der abzuführende Gewinn wird in einem Vorabschluss ermittelt und nach § 277 Abs. 3 Satz 2 HGB in die Gewinn- und Verlustrechnung dergestalt eingestellt, dass diese in der Regel (vorbehaltlich der Einstellung von Beträgen in andere Gewinnrücklagen) keinen Jahresüberschuss mehr ausweist. Die Gewinnabführungsverpflichtung ist als Verbindlichkeit nach § 266 Abs. III Nr. C Ziffer 6 HGB zu bilanzieren (KölnKommAktG/*Koppensteiner* § 291 Rdnr. 77). Die Obergesellschaft muss den abzuführenden Gewinn phasengleich vereinnahmen, wenn sie ihren Abschluss auf den gleichen oder einen späteren Stichtag aufzustellen hat wie die Untergesellschaft (*Hüffer* § 291 Rdnr. 26a). Im Vertrag können Regelungen über die für die Ermittlung des Gewinns anzuwendenden Bilanzierungsgrundsätze getroffen werden (*Hüffer* § 291 Rdnr. 26a; Emmerich/Habersack/*Emmerich* § 291 Rdnr. 65; MünchHdBGesR IV/*Krieger* § 71 Rdnr. 4). Üblich und erforderlich ist dies jedoch nicht, da im Rahmen der gesetzlichen Vorschriften bei einem Beherrschungs- und Gewinnabführungsvertrag insoweit das Weisungsrecht nach § 308 AktG eingreift. Die Verpflichtung zur Abführung des ganzen Gewinns erfasst nach dem klaren Gesetzeswortlaut in vollem Umfang auch den während der Vertragsdauer durch die Auflösung vorvertraglich gebildeter stiller Reserven entstehenden Gewinn (BGHZ 135, 374, 378 = NJW 1997, 2514; *Hüffer* § 301 Rdnr. 4).

14. Rücklagenbildung. Aktienrechtlich könnten mit Zustimmung der Obergesellschaft grundsätzlich unbeschränkt Rücklagen gebildet werden. Steuerlich darf die Untergesellschaft jedoch nur insoweit Beträge in die Gewinnrücklagen einstellen, als dies bei vernünftiger kaufmännischer Beurteilung wirtschaftlich begründet ist (§ 14 Abs. 1 Nr. 4 KStG). Daher empfiehlt sich eine entsprechende Regelung im Beherrschungs- und Gewinnabführungsvertrag.

15. Auflösung von Rücklagen. Die Obergesellschaft kann im Rahmen des rechtlich Zulässigen die Auflösung bestimmter Rücklagen zum Ausgleich eines Jahresfehlbetrags oder zwecks Abführung als Gewinn verlangen. Voraussetzung ist nach herrschender Auffassung bei einem reinen Gewinnabführungsvertrag eine ausdrückliche vertragliche Regelung, beim Beherrschungsvertrag ist das Auflösungsverlangen vom Weisungsrecht gedeckt (MünchHdBGesR IV/*Krieger* § 71 Rdnr. 20; MünchKommAktG/*Altmeppen* § 301 Rdnr. 28). Ein entsprechendes Verlangen ist nur zulässig für während des Vertrags gebildete andere Gewinnrücklagen nach § 272 Abs. 3 HGB sowie einen während der Dauer des Vertrags gebildeten Gewinnvortrag. Die Auflösung vorvertraglicher Rücklagen oder eines vorvertraglichen Gewinnvortrags zum Zwecke des Ausgleichs eines Jahresfehlbetrags oder der Abführung als Gewinn ist nicht zulässig (MünchHdBGesR IV/*Krieger* § 71 Rdnr. 21 m. w. N.). Gleiches gilt für die Auflösung während der Vertragsdauer gebildeter Rücklagen gemäß § 272 Abs. 2 Nr. 4 HGB (BFHE 196, 485 = GmbHR 2002, 274; a. A. *Hüffer* § 302 Rdnr. 8 f.). Dies steht der Auflösung der genannten Posten zu Gunsten des Bilanzgewinns und dessen Ausschüttung aufgrund Gewinnverteilungsbeschlusses an alle Aktionäre nicht entgegen (BGHZ 155, 110, 115 = ZIP 2003, 1933; KölnKommAktG/*Koppensteiner* § 301 Rdnr. 18; Emmerich/Habersack/*Emmerich* § 301 Rdnr. 15; MünchHdBGesR IV/*Krieger* § 71 Rdnr. 21).

16. Zeitliche Komponente. Aktienrechtlich kann die Verpflichtung zur Gewinnabführung auf den Beginn des Geschäftsjahres zurückbezogen werden, in dem der Gewinnabführungsvertrag durch Eintragung im Handelsregister der Untergesellschaft wirksam wird. Dies ist zur Vermeidung eines Zwischenabschlusses auch allgemein üblich. Steuerlich erfolgt die Einkommenszurechnung an die Obergesellschaft erstmals für das Kalenderjahr, in dem das Wirtschaftsjahr der Untergesellschaft endet, in dem der Gewinnabführungsvertrag wirksam wird (§ 14 Abs. 1 Satz 2 KStG). Rechtlich entsteht die Gewinnabführungsverpflichtung zum Bilanzstichtag. Ob auch die Fälligkeit der Gewinnabführungsverpflichtung unabhängig von der Aufstellung des Jahresabschlusses bereits zu diesem Zeitpunkt eintritt, ist nicht abschließend gesichert. Eine Verzinsungsregelung ist daher jedenfalls bei Verträgen mit börsennotierten Aktiengesellschaften im Hinblick auf verbleibende Anfechtungsrisiken nicht zu empfehlen und dort unüblich.

17. Verlustübernahme. Der Berechtigung zur Erteilung nachteiliger Weisungen bzw. der Verpflichtung der Abführung des ganzen Gewinns und der Außerkraftsetzung der Vermögensbindung gemäß § 291 Abs. 3 AktG entspricht zur Gewährleistung der Kapitalerhaltung und damit zum Schutze der Gläubiger der Gesellschaft die Verpflichtung der Obergesellschaft zur Übernahme jedes während der Vertragsdauer sonst entstehenden Jahresfehlbetrags (*Hüffer* § 302 Rdnr. 3). Die Wiedergabe der gesetzlichen Bestimmung des § 302 Abs. 1 AktG entsprechend der Formulierung im Vertragsmuster empfiehlt sich für die AG; für die GmbH ist eine ausdrückliche Verweisung auf § 302 AktG und dabei insbesondere auch auf § 302 Abs. 3 und Abs. 4 AktG bzw. deren textliche Wiedergabe zu empfehlen. Insbesondere die ausdrückliche Bezugnahme auf § 302 Abs. 3 AktG ist nach der Auffassung der Finanzverwaltung zwingend erforderlich (vgl. Abschnitt 66 Abs. 3 KStR). Mischformulierungen können risikoreich sein. In jedem Fall ist eine sorgfältige Prüfung des Wortlautes anhand der bei Vertragsschluss bestehenden Praxis der Finanzverwaltung zu empfehlen. Auszugleichen ist der „sonst" entstehende Jahresfehlbetrag, d.h. der Fehlbetrag, der sich ohne den Anspruch auf Verlustübernahme gemäß § 275 Abs. 2 Ziff. 20 bzw. § 275 Abs. 3 Ziff. 19 HGB ergeben würde, wenn der nach § 277 Abs. 3 S. 2 HGB zu berücksichtigende Ertrag aus Verlustübernahme außer Betracht bliebe (*Hüffer* § 302 Rdnr. 11, MünchKommAktG/*Altmeppen* § 302 Rdnr. 16 ff.). Die isolierte Verpflichtung zur Verlustübernahme unabhängig von der Begründung eines Weisungsrechts oder der Verpflichtung zur Gewinnabführung stellt hingegen keinen der Zustimmung der Hauptversammlung der Obergesellschaft nach § 293 Abs. 2 AktG bedürfenden Unternehmensvertrag dar (KölnKommAktG/*Koppensteiner* § 291 Rdnr. 80; MünchKommAktG/*Altmeppen* § 291 Rdnr. 163).

18. Ausgestaltung des Anspruchs auf Verlustübernahme. Der Anspruch auf Verlustübernahme wird nach mittlerweile herrschender Auffassung mit dem Bilanzstichtag fällig, auch wenn die Aufstellung des Abschlusses notwendigerweise erst zu einem späteren Zeitpunkt erfolgen kann (BGHZ 142, 382 = NJW 2000, 210; *Hüffer* § 302 Rdnr. 15; Emmerich/Habersack/*Emmerich* § 302 Rdnr. 40; a. A. MünchHdBGesR IV/*Krieger* § 70 Rdnr. 74; KölnKommAktG/*Koppensteiner* § 302 Rdnr. 53). Ab diesem Zeitpunkt werden Fälligkeitszinsen geschuldet (*Hüffer* § 302 Rdnr. 16; Emmerich/Habersack/*Emmerich* § 302 Rdnr. 40 a), eine Stundung ist nicht zulässig (MünchKommAktG/*Altmeppen* § 302 Rdnr. 72; KölnKommAktG/*Koppensteiner* § 302 Rdnr. 54; MünchHdBGesR IV/*Krieger* § 75 Rdnr. 75). Der Anspruch ist grundsätzlich auf Leistung im Geld gerichtet (*Hüffer* § 302 Rdnr. 15). Eine Aufrechnung des herrschenden Unternehmens gegen einen bereits entstandenen Anspruch auf Verlustausgleich ist jedoch zulässig und wirksam, sofern die zur Aufrechnung gestellte Forderung werthaltig ist. Beweispflichtig hierfür ist das herrschende Unternehmen. Ebenso ist eine Vereinbarung zulässig, aufgrund derer die Obergesellschaft der Untergesellschaft Geld- oder Sachmittel unter Anrechnung auf einen bestehenden Anspruch auf Verlustausgleich oder zur Vorfinanzierung des Verlustausgleichs für das laufende Geschäftsjahr zur Verfügung stellt (BGH ZIP 2006, 1488; *Hüffer* § 302 Rdnr. 15; MünchHdBGesR IV/*Krieger* § 70 Rdnr. 71).

19. Anderweitiger Ausgleich. Ein anderweitiger Ausgleich ist nur durch Entnahme aus den anderen Gewinnrücklagen bzw. Verrechnung mit Gewinnvorträgen zulässig, die während der Vertragsdauer gebildet wurden, nicht hingegen mit vorvertraglichen Rücklagen oder Gewinnvorträgen oder Auflösung von Kapitalrücklagen (vgl. oben Anm. 15). Auch eine Verrechnung mit dem Buchgewinn aus einer vereinfachten Kapitalherabsetzung mit Rückwirkung scheidet aus (KölnKommAktG/*Koppensteiner* § 302 Rdnr. 26).

20. Beginn und Ende der Verpflichtung. Die Verpflichtung zur Verlustübernahme beginnt mit Wirksamwerden des Vertrags durch Eintragung in das Handelsregister (§ 294 Abs. 2 AktG), erfasst aber – soweit kein Rumpfgeschäftsjahr gebildet wird – zwingend den gesamten beim nächsten Abschlussstichtag existierenden Jahresfehlbetrag unabhängig davon, wann die Verluste verursacht wurden (*Hüffer* § 302 Rdnr. 12; MünchHdBGesR IV/*Krieger* § 70 Rdnr. 65; KölnKommAktG/*Koppensteiner* § 302 Rdnr. 28; Emmerich/Habersack/*Emmerich* § 302 Rdnr. 37). Die Verpflichtung zur Verlustübernahme umfasst den gesamten (fiktiven) Jahresfehlbetrag, der sich bis zur Beendigung des Unternehmensvertrags ergibt. Bei Beendigung während des laufenden Geschäftsjahres insbesondere durch Kündigung aus wichtigem Grund ist dieser durch eine auf den Tag der Beendigung aufzustellende Zwischenbilanz zu ermitteln (*Hüffer* § 302 Rdnr. 13; MünchHdBGesR IV/*Krieger* § 70 Rdnr. 66; Emmerich/Habersack/*Emmerich* § 302 Rdnr. 38). Eine Prüfung dieser Zwischenbilanz ist gesetzlich nicht vorgeschrieben, zumal ihre Richtigkeit inzident im Rahmen der Prüfung des folgenden Jahresabschlusses geprüft wird.

21. Erfordernis eines Ausgleichs. Gemäß § 304 AktG müssen ein Beherrschungs- oder Gewinnabführungsvertrag einen angemessenen Ausgleich für die außenstehenden Aktionäre vorsehen. Das Fehlen einer Regelung über die Festsetzung eines Ausgleichs führt nach § 304 Abs. 3 S. 1 AktG zur Nichtigkeit des Vertrags (zur Zulässigkeit der Festsetzung eines Nullausgleichs vgl. unten Anm. 23). Die Verpflichtung zur Festsetzung eines Ausgleichs entfällt bei Fehlen außenstehender Aktionäre. Ob bzw. in welchen Fällen auch verbundene Unternehmen der Obergesellschaft als außenstehende Aktionäre anzusehen sein können, ist umstritten. Richtigerweise ist die Eigenschaft als außenstehender Aktionär zu bejahen, sofern kein 100%iges Beteiligungsverhältnis und kein Beherrschungs- oder Gewinnabführungsvertrag mit der Obergesellschaft (gleich in welche Richtung) besteht (*Hüffer* § 304 Rdnr. 3; MünchHdBGesR IV/*Krieger* § 70 Rdnr. 79; MünchKommAktG/*Paulsen* § 304 Rdnr. 27 ff.; Emmerich/Habersack/*Emmerich* § 304 Rdnr. 15 ff.).

22. Form des Ausgleichs. Bei Bestehen eines Gewinnabführungsvertrags muss als Ausgleich eine auf die Anteile am Grundkapital bezogene wiederkehrende Geldleistung vorgesehen werden. Besteht lediglich ein („isolierter") Beherrschungsvertrag, ist eine Mindestdividende zu garantieren; eine Zahlungspflicht der Obergesellschaft besteht dann nur, soweit nicht die Untergesellschaft eine Dividende zahlt. Stets zulässig ist ein fester Ausgleich (feste Geldzahlung oder feste Mindestdividende). Ist die Obergesellschaft AG oder KGaA, kann stattdessen als Ausgleichszahlung bzw. Mindestdividende die Zahlung des Betrags zugesichert werden, der jeweils nach Maßgabe der sogenannten Verschmelzungswertrelation auf Aktien der Obergesellschaft als Gewinnanteil entfällt. Der Vertrag muss nach herrschender Auffassung den außenstehenden Aktionären einen unmittelbaren Zahlungsanspruch gegen die Obergesellschaft verschaffen (OLG Düsseldorf NZG 2005, 1012, 1014; *Hüffer* § 304 Rdnr. 4; KölnKommAktG/*Koppensteiner* § 304 Rdnr. 22 f.; MünchHdBGesR IV/*Krieger* § 70 Rdnr. 81). Dies schließt nicht aus, dass die Untergesellschaft als Zahlstelle für die Obergesellschaft tätig wird, die hierfür die erforderlichen Mittel zur Verfügung stellt.

23. Höhe des Ausgleichs. Nach § 304 Abs. 2 S. 1 AktG ist als Ausgleichszahlung mindestens die jährliche Zahlung des Betrags zuzusichern, der nach der bisherigen Ertragslage der Gesellschaft und ihren künftigen Ertragsaussichten unter Berücksichtigung angemessener Abschreibungen und Wertberichtigungen, jedoch ohne Bildung anderer Gewinnrücklagen voraussichtlich als Dividende hätte verteilt werden können. Maßgeblich sind mithin die zu erwartenden Dividenden, jedoch unter der Prämisse der Vollausschüttung (*Hüffer* § 304 Rdnr. 11; ausführlich GroßKommAktG/*Hirte/Hasselbach* § 304 Rdnr. 69 ff.). In der Praxis wird der Ausgleich hiervon ausgehend typischerweise durch Verrentung des für die Abfindung ermittelten Ertragswerts ermittelt. Richtigerweise ist die Verrentung dabei nicht mit dem vollen im Rahmen der Ertragswertermittlung für die Diskontierung der prognostizierten Erträge zugrunde gelegten Kapitalisierungszinssatz vorzunehmen, sondern ein niedrigerer Zinssatz zugrunde zu legen, der berücksichtigt, dass sich das Risiko des Ausgleichs auf das Insolvenzrisiko der Obergesellschaft beschränkt (OLG München Beschl. v. 30. 11. 2006 – 31 Wx 59/06 – AG 2007, 411, 414). Eine Mindestverzinsung des – vom Ertragswert begrifflich zu unterscheidenden – Unternehmenswertes ist jedoch nicht geschuldet (*Hüffer* § 304 Rdnr. 12). Vielmehr kann bei dauerhaft ertragslosen Gesellschaften (bei denen sich sehr wohl ein signifikanter Unternehmenswert als Liquidationswert ergeben kann) auch ein sogenannter „Null"-Ausgleich festgesetzt werden, ohne dass dies zur Nichtigkeit des Vertrages gemäß § 304 Abs. 3 S. 1 AktG oder zur Anfechtbarkeit des ihm zustimmenden Hauptversammlungsbeschlusses führt (BGH AG 2006, 331; MünchHdBGesR IV/*Krieger* § 70 Rdnr. 89; zur Ermittlung des Unternehmenswertes siehe unten Anm. 33). Erst recht ist keine angemessene Verzinsung der nach § 305 festzusetzenden Abfindung und damit unter Umständen des für diese zu berücksichtigenden Börsenkurses geboten (MünchHdBGesR IV/*Krieger* § 70 Rdnr. 92). Gemäß § 304 Abs. 3 S. 2 AktG kann die Anfechtung des dem Vertrag zustimmenden Hauptversammlungsbeschlusses nicht auf eine angebliche Unangemessenheit der Abfindung gestützt werden (zum Spruchverfahren siehe unten Anm. 31).

24. Berücksichtung von Steuern. Der Ausgleich ist durch Bestimmung des Bruttogewinnanteils je Aktie festzusetzen, von dem dann die Körperschaftsteuerbelastung in Höhe des für das jeweilige Jahr geltenden Tarifs abzusetzen ist (BGHZ 156, 57, 61 = NJW 2003, 3272 – Ytong; *Hüffer* § 304 Rdnr. 13; GroßKommAktG/*Hirte/Hasselbach* § 304 Rdnr. 85 m.w.N.). Der Abzug der Körperschaftsteuerbelastung in Höhe des jeweiligen Steuertarifs umfasst auch den von dem Körperschaftsteuertarif abhängigen Solidaritätszuschlag (BayObLG AG 2006, 41, 45; OLG München AG 2007, 411, 414).

25. Obwohl der Bundesgerichtshof in der Ytong-Entscheidung nicht zwischen in- und ausländischen Einkünften differenziert hat, entspricht es der Praxis und instanzgerichtlicher Rechtsprechung, den Abzug der Körperschaftsteuer nebst Solidaritätszuschlag nur auf den Anteil des Ausgleichs vorzunehmen, der den im Rahmen der Unternehmensbewertung als mit deutscher Körperschaftsteuer belastet zugrunde gelegten Gewinnen (d. h. dem im Rahmen der Unternehmensbewertung zugrunde gelegten Anteil der Inlandseinkünfte) entspricht. Die im Muster vorgesehene illustrierende Erläuterung für den Zeitpunkt der Beschlussfassung ist zweckmäßig und zur Vermeidung (im Ergebnis unbegründeter) Vorwürfe einer nicht ordnungsgemäßen Festsetzung des Ausgleichs zu empfehlen.

26. Zeitliche Dauer der Ausgleichspflicht. Beginnt der Beherrschungs- und/oder Gewinnabführungsvertrag erst während des laufenden Geschäftsjahres, ist der Ausgleich nichtsdestotrotz für das gesamte Geschäftsjahr zu zahlen (MünchHdBGesR IV/*Krieger* § 70 Rdnr. 77).

27. Bei Ende des Unternehmensvertrags während des laufenden Geschäftsjahrs (etwa aufgrund einer Kündigung aus wichtigem Grund) ist der Ausgleich zeitanteilig zu gewähren (MünchHdBGesR IV/*Krieger* § 70 Rdnr. 77, 215; MünchKommAktG/*Paulsen* § 304 Rdnr. 135; KölnKommAktG/*Koppensteiner* § 304 Rdnr. 8). Werden die Aktien während des laufenden Geschäftsjahrs rechtsgeschäftlich übertragen, führt dies ungeachtet der selbstständigen Verkehrsfähigkeit des Anspruchs auf Ausgleich zum Übergang der Ausgleichsberechtigung, ohne dass noch nicht entstandene und fällige Ansprüche mit abgetreten werden müssten (*Hüffer* § 304 Rdnr. 13). Für den Fall der zwangsweisen Übertragung auf das herrschende Unternehmen im Wege eines Squeeze-outs bestehen nach herrschender Auffassung keine zeitanteiligen Ausgleichsansprüche mehr (BGH NZG 2011, 701; OLG München ZIP 2007, 582; OLG Köln NZG 2010, 225; OLG Frankfurt NZG 2010, 389, 391; a. A. (qua Vertragsauslegung) LG München I Urt. v. 16. 3. 2006 – 5 HK O 18 005/05 – EWiR § 304 AktG 2/06).

28. Fälligkeit. Mangels ausdrücklicher Regelung im Vertrag wird der Anspruch auf Ausgleich am Tag nach der ordentlichen Hauptversammlung fällig (*Hüffer* § 304 Rdnr. 13). Klarstellende vertragliche Regelungen empfehlen sich. Das Muster stellt im Hinblick auf die praktische Abwicklung der Zahlung auf den ersten Bankarbeitstag nach der ordentlichen Hauptversammlung ab.

29. Kapitalerhöhung aus Gesellschaftsmitteln. Im Falle einer Kapitalerhöhung aus Gesellschaftsmitteln vermindert sich gemäß § 216 Abs. 3 AktG der den außenstehenden Aktionäre je Aktie zu zahlende Ausgleich kraft Gesetzes entsprechend. Die Aufnahme einer entsprechenden Bestimmung wie im Muster vermeidet eine textliche Anpassung des Vertrags in einem solchen Fall.

30. Kapitalerhöhung gegen Einlagen. Anspruch auf Ausgleich besteht nach herrschender Auffassung auch für Aktien, die im Rahmen einer nach Wirksamwerden des Vertrags durchgeführten Kapitalerhöhung gegen Bar- oder Sacheinlagen ausgegeben werden (KölnKommAktG/*Koppensteiner* § 304 Rdnr. 17; *Exner*, S. 209). Dies gilt auch, soweit diese Aktien zunächst von der Obergesellschaft bezogen und dann an außenstehende Aktionäre veräußert werden.

31. Spruchverfahren. Die Angemessenheit des Ausgleichs kann gemäß § 304 Abs. 3 S. 3 AktG durch ein Spruchverfahren nach dem Spruchverfahrensgesetz überprüft werden. Die Einleitung eines solchen Verfahrens ist bei börsennotierten Gesellschaften mit an Sicherheit grenzender Wahrscheinlichkeit zu erwarten. Wird im Spruchverfahren rechtskräftig ein höherer Ausgleich festgesetzt, wirkt diese Entscheidung nach § 13 S. 2 SpruchG für und gegen alle Aktionäre einschließlich derjenigen, die zum Zeitpunkt der Rechtskraft der Entscheidung bereits gegen die ursprünglich angebotene Barabfindung ausgeschieden sind. Diesen Aktionären steht mithin ein Ausgleichergänzungsanspruch für diejenigen Zeiträume zu, in denen sie während der Laufzeit des Unternehmensvertrags tatsächlich Ausgleich bzw. Dividende bezogen haben. Das Muster gibt insoweit klarstellend die Gesetzeslage wieder. Eine Erstreckung auf Vergleiche zur Abwendung oder Beendigung eines Spruchverfahrens ist üblich. Das Spruchverfahren kann von den antragstellenden Aktionären auch nach einer Beendigung des Unternehmensvertrags oder einem zwangsweisen Verlust der Aktionärsstellung fortgesetzt werden (BGHZ 147, 108, 111 ff. = NJW 2001, 2080; MünchHdBGesR IV/*Krieger* § 70 Rdnr. 217).

32. Abfindung. Nach § 305 Abs. 1 AktG muss ein Beherrschungs- oder Gewinnabführungsvertrag die Verpflichtung der Obergesellschaft enthalten, auf Verlangen eines außenstehenden Aktionärs dessen Aktien gegen eine angemessene Abfindung zu erwerben. Welche Art der Abfindung anzubieten ist, hängt von Rechtsform und konzernrechtlicher Stellung der Obergesellschaft ab. Handelt es sich um eine nicht abhängige und nicht in Mehrheitsbesitz stehende AG oder KGaA mit Sitz in einem EWR-Mitgliedsstaat, müssen Aktien der Obergesellschaft angeboten werden (§ 305 Abs. 2 Nr. 1 AktG). Ist der andere Vertragsteil eine abhängige oder in Mehrheitsbesitz stehende AG oder KGaA und das herrschende Unternehmen (also die Konzernspitze) eine unabhängige und nicht in Mehrheitsbesitz stehende AG oder KGaA mit Sitz in einem EWR-Mitgliedsstaat, können entweder Aktien der Konzernspitze oder eine Barabfindung angeboten werden (§ 305 Abs. 2 Nr. 2 AktG). Das Wahlrecht steht dabei nach herrschender Auffassung den Vertragsparteien zu (*Hüffer* § 305 Rdnr. 15). In allen anderen Fällen ist eine Barabfindung anzubieten, insbesondere also dann, wenn es sich bei der Obergesellschaft (wie im Muster) um eine GmbH oder um eine Personengesellschaft handelt.

33. Höhe der Barabfindung. Während nach § 305 Abs. 3 S. 1 AktG bei einer Abfindung in Aktien die Verschmelzungswertrelation maßgeblich ist, bestimmt § 305 Abs. 3 S. 2 AktG für die Barabfindung, dass diese die Verhältnisse der Gesellschaft im Zeitpunkt der Beschlussfassung ihrer Hauptversammlung über den Vertrag berücksichtigen muss. Maßgeblich ist mithin grundsätzlich der auf die einzelne Aktie entfallende Unternehmenswert der Untergesellschaft. Nach der Rechtsprechung des Bundesverfassungsgerichts darf jedoch bei börsennotierten Gesellschaften die verfassungsrechtlich geforderte volle Abfindung nicht unter dem Verkehrswert liegen und deshalb nicht ohne Rücksicht auf den Börsenkurs festgesetzt werden (*Hüffer* § 305 Rdnr. 20 a ff.). Der Börsenkurs stellt daher nicht stets, aber im Regelfall die Untergrenze der angemessenen Abfindung jedenfalls dann dar, wenn die Aktionäre tatsächlich die Möglichkeit hatten, ihre Aktien zum Börsenkurs zu veräußern (BGHZ 147, 108, 118 = NJW 2001, 2080; GroßKommAktG/*Hirte*/*Hasselbach* § 305 Rdnr. 153 f.; KölnKommAktG/*Koppensteiner* § 305 Rdnr. 100). Praktisch Einigkeit besteht dabei darüber, dass nicht ein bestimmter Stichtagskurs, sondern ein Durchschnittskurs zugrunde zu legen ist (*Hüffer* § 305 Rdnr. 24 d mwN). Umstritten war jedoch, ob ein gewichteter oder ein ungewichteter Durchschnittskurs zugrunde zu legen ist, v. a. aber der maßgebliche Referenzzeitraum (zusammenfassend *Hüffer* § 305 Rdnr. 24 d ff.; MünchKommAktG/*Paulsen* § 305 Rdnr. 85 ff.). Der BGH (ZIP 2010, 1487 ff.) hat hierzu nunmehr entschieden, dass grundsätzlich auf den nach Umsatz gewichteten Durchschnittskurs der letzten drei Monate vor der Bekanntmachung der Maßnahme abzustellen ist. Wenn zwischen Bekanntgabe und Hauptversammlung ein längerer Zeitraum verstreiche (im entschiedenen Fall 7½ Monate) und die Entwicklung der Börsenkurse eine Anpassung geboten erscheinen lasse, sei der Börsenwert aber entsprechend der allgemeinen oder branchentypischen Wertentwicklung hochzurechnen. Der auf die Aktie entfallende anteilige Unternehmenswert ist jedenfalls nach bisheriger Praxis maßgeblich, wenn er den relevanten Börsenkurs übersteigt. Für die Ermittlung des Unternehmenswertes wird in aller Regel eine Unternehmensbewertung nach Maßgabe des Standards S 1 des Instituts der Wirtschaftsprüfer zugrunde gelegt. Maßgeblich ist danach regelmäßig der Ertragswert, der durch Diskontierung der prognostizierten zukünftigen ausschüttungsfähigen Erträge mit dem risikoadäquaten Kapitalisierungszinssatz ermittelt wird. Hinzu kommen der Wert des nicht betriebsnotwendigen Vermögens sowie gegebenenfalls sonstige Sonderwerte (*Hüffer* § 305 Rdnr. 19; MünchHdBGesR IV/*Krieger* § 70 Rdnr. 131–133). Der Ansatz eines Liquidationswerts anstelle des Ertragswerts kommt hingegen lediglich in Ausnahmefällen in Betracht (insbesondere bei fehlender Fortführungsabsicht bzw. wirtschaftlicher Unzweckmäßigkeit einer Unternehmensfortführung, vgl. MünchHdBGesR IV/*Krieger* § 70 Rdnr. 133, tendenziell a. A. GroßKommAktG/*Hasselbach*/*Hirte* § 305 Rdnr. 149). Hierüber besteht in Rechtsprechung und Schrifttum grundsätzlich Einigkeit. Erhebliche Unterschiede ergeben sich in der Praxis jedoch bei der Frage, wie im Rahmen der Bestimmung des Kapitalisierungszinssatzes ein Risikozuschlag im Hinblick auf das gegenüber risikolosen Anlagen in festverzinslichen Wertpapieren höhere Unternehmensrisiko anzusetzen ist. Während die Bewertungspraxis (mithin die von den Unternehmen beauftragten Bewertungsgutachter sowie die vom Gericht gemäß § 293 c AktG ausgewählten und bestellten Vertragsprüfer) ganz überwiegend einen Risikozuschlag ansetzen, der nach dem im IDW Standard S 1 beschriebenen so genannten „Tax-Capital Asset Pricing Model" durch Multiplikation der Marktrisikoprämie mit dem das spezifische Risiko des einzelnen Unternehmens reflektierenden Beta-Faktor ermittelt wird, wird diese Vorgehensweise von den Gerichten zwar zum Teil nachvollzogen, zum Teil jedoch zu Gunsten pauschaler (teils deutlich niedrigerer) Risikozuschläge oder anderer Ermittlungsmethoden abgelehnt. Teilweise wurde jedenfalls in der Vergangenheit sogar der Ansatz eines Risikozuschlags insgesamt abgelehnt (zur Praxis der Gerichte ausführlich GroßKommAktG/*Hirte*/ *Hasselbach* § 305 Rdnr. 208 ff.). Da lediglich gemäß § 70 FamFG eine zulassungsabhängige Rechtsbeschwerde im Anschluss an eine Beschwerdeentscheidung des OLG zum BGH eröffnet ist (§ 12 Abs. 2 S. 3 SpruchG), hängt die Höhe der letztlich zu zahlenden Barabfindung unter Umständen sehr maßgeblich vom Sitz der Untergesellschaft und damit den zuständigen Gerichten ab. Vor diesem Hintergrund ist zur Abschätzung der insgesamt für die Akquisition aufzuwendenden Mittel dringend zu empfehlen, bereits zu Beginn des Erwerbsprozesses die einschlägige Rechtsprechung des für die zu erwerbende Gesellschaft örtlich zuständigen OLG sorgfältig zu analysieren.

34. Nach § 305 Abs. 4 S. 1 AktG kann die Verpflichtung zum Erwerb der Aktien **befristet** werden. Die Formulierung im Muster entspricht den gesetzlichen Bestimmungen der §§ 305 Abs. 4 S. 2 und S. 3 AktG. Da bei börsennotierten Gesellschaften ein Spruchverfahren mit an Sicherheit grenzender Wahrscheinlichkeit eingeleitet wird, ist praktisch lediglich die sich an die Bekanntmachung der rechtskräftigen Entscheidung im Spruchverfahren anschließende Zweimonatsfrist von Bedeutung.

35. Die Übernahme der **Kosten** durch die Obergesellschaft ist üblich. Typischerweise erfolgt die Abwicklung über eine Bank. Die Obergesellschaft erstattet den Depotbanken der außenstehenden Aktionäre typischerweise einen bestimmten Betrag je Depot, damit diese ihren Kunden keine Gebühren in Rechnung stellen.

36. Hinsichtlich der Auswirkungen von **Kapitalmaßnahmen** gilt gleiches wie für den Ausgleich, vgl. oben Anm. 29, 30.

37. Bei Festsetzung einer höheren Abfindung in dem sich regelmäßig anschließenden **Spruchverfahren** steht bereits abgefundenen Aktionären nach § 13 S. 2 SpruchG ein Abfindungsergänzungsanspruch zu. Dieser ist nach § 305 Abs. 3 S. 3 AktG ab Wirksamwerden des Vertrages mit jährlich 5 Prozentpunkten über dem jeweiligen Basiszinssatz zu verzinsen. Auf die Zinsen (und nur auf diese) sind empfangene Ausgleichszahlungen nach § 304 AktG anzurechnen (BGHZ 152, 29, 32 ff. = NJW 2002, 3467; *Hüffer* § 305 Rdnr. 26 b m.w.N.; KölnKommAktG/*Koppensteiner* § 305 Rdnr. 121).

38. Aktionäre, die sich bis zum Ablauf der Abfindungsfrist nicht für die Annahme der Abfindung entscheiden, sondern für einen Verbleib in der Gesellschaft und Bezug des Ausgleichs gemäß § 304 AktG, sind nach dem Wortlaut des Gesetzes nicht dagegen geschützt, dass durch nachteilige Weisungen der Unternehmenswert ausgehöhlt und der Beherrschungsvertrag später gekündigt wird, so dass die Verpflichtung zur Zahlung eines Ausgleichs entfällt. Eine gesetzliche Verpflichtung, bei Kündigung des Beherrschungsvertrags nochmals ein Ausscheiden gegen Zahlung der ursprünglichen vertraglichen Abfindung zu ermöglichen, lässt sich angesichts der klaren gesetzlichen Regelung nicht begründen. Die im Muster vorgeschlagene Regelung stellt mithin ein freiwilliges Entgegenkommen des herrschenden Unternehmens dar, das das Risiko einer Kündigung des Beherrschungsvertrags für die in der Gesellschaft verbleibenden Aktionäre signifikant reduziert. Die Regelung ist eher unüblich; ihr Fehlen dürfte die tatsächliche Anfechtungswahrscheinlichkeit daher auch nicht nennenswert erhöhen.

39. Zustimmung der Hauptversammlung. Der Vertrag bedarf eines zustimmenden Beschlusses der Hauptversammlung der Untergesellschaft mit einer Mehrheit von mindestens drei Vierteln des bei der Beschlussfassung vertretenen Grundkapitals (§ 293 Abs. 1 AktG). Von der Einberufung der Hauptversammlung an sind der Vertrag, der nach § 293 a AktG zu erstattende Vertragsbericht, der nach § 293 e AktG zu erstattende Prüfungsbericht des gerichtlich ausgewählten und bestellten Vertragsprüfers sowie die Jahresabschlüsse und Lageberichte der vertragsschließenden Unternehmen für die letzten drei Geschäftsjahre in den Geschäftsräumen der beteiligten Gesellschaften auszulegen und jedem Aktionär unverzüglich und kostenlos abschriftlich zuzusenden oder aber über die Internetseite der Gesellschaft zugänglich zu machen. Der Vorstand hat den Unternehmensvertrag gemäß § 293 g Abs. 2 AktG in der Hauptversammlung mündlich zu erläutern; dabei ist insbesondere darauf einzugehen, ob sich nach Fertigstellung des Vertragsberichts neue Erkenntnisse ergeben haben, die zu einer abweichenden Beurteilung der Angemessenheit der Abfindung und des Ausgleichs führen können (KölnKommAktG/*Koppensteiner* § 293 g Rdnr. 8; MünchHdBGesR IV/*Krieger* § 70 Rdnr. 46). Der Unternehmensvertrag ist der Niederschrift der Hauptversammlung gemäß § 293 g Abs. 2 AktG als Anlage beizufügen. Ist die Untergesellschaft eine GmbH, ist der Zustimmungsbeschluss der Gesellschafter-

1. Beherrschungs- und Gewinnabführungsvertrag mit einer AG   M.I.1

versammlung wegen seines satzungsändernden Charakters notariell zu beurkunden. Ob formal eine Zustimmung des Aufsichtsrats gerade zum Vertrag selbst bzw. seinem Abschluss erforderlich ist, hängt davon ab, ob in der Satzung oder seitens des Aufsichtsrats ein entsprechender Zustimmungsvorbehalt nach § 111 Abs. 4 S. 1 AktG angeordnet wurde (*Hüffer* § 293 Rdnr. 25). De facto wird ein Unternehmensvertrag jedoch ohnehin nicht abgeschlossen werden, ohne dass dieser vom Aufsichtsrat mitgetragen wird. Zudem hat der Aufsichtsrat wie der Vorstand der Hauptversammlung einen Beschlussvorschlag nach § 124 Abs. 3 AktG zu unterbreiten.

40. Zustimmung bei der Obergesellschaft. Die Zustimmung der Gesellschafterversammlung der Obergesellschaft ist nach § 293 Abs. 2 AktG erforderlich, wenn diese AG oder KGaA ist. Auch der Zustimmungsbeschluss der Obergesellschaft bedarf einer qualifizierten Kapitalmehrheit. Auf deutsche Obergesellschaften anderer Rechtsform wird § 293 Abs. 2 AktG nach h. M. analog angewendet (*Hüffer* § 293 Rdnr. 17).

41. Ordentliche Kündigung. Die Laufzeit des Unternehmensvertrags unterliegt der Regelungshoheit der Parteien (*Hüffer* § 297 Rdnr. 11). Eine ordentliche Kündigungsmöglichkeit bedarf einer entsprechenden vertraglichen Regelung (*Hüffer* § 297 Rdnr. 12 f.; MünchHdBGesR IV/*Krieger* § 70 Rdnr. 192; KölnKommAktG/*Koppensteiner* § 297 Rdnr. 10). Die Kündigungsfrist kann ebenfalls beliebig vereinbart werden (*Hüffer* § 297 Rdnr. 15). Gleiches gilt für den Kündigungstermin. Eine Beschränkung auf das Geschäftsjahresende analog § 296 Abs. 1 AktG ist nach herrschender Auffassung nicht geboten, aber zweckmäßig (*Hüffer* § 297 Rdnr. 16; MünchHdBGesR IV/*Krieger* § 70 Rdnr. 193; MünchKommAktG/*Altmeppen* § 297 Rdnr. 78 f.). Die im Muster vorgeschlagene vertragliche Regelung entspricht der Üblichkeit auf der Grundlage einer analogen Anwendung der §§ 132 HGB und 296 Abs. 1 S. 1 AktG (*Hüffer*, § 297 Rdnr. 16). Die ordentliche Kündigung durch den Vorstand der Untergesellschaft bedarf nach § 297 Abs. 2 AktG bei Bestehen von Ausgleichs- oder Abfindungspflichten eines zustimmenden Sonderbeschlusses der außenstehenden Aktionäre mit qualifizierter Kapitalmehrheit. Eine Kündigung durch die Obergesellschaft kann hingegen ohne Zustimmung der außenstehenden Aktionäre erfolgen. Da diese mit der Vertragsbeendigung den Anspruch auf Ausgleich verlieren, birgt eine jederzeitige Kündigungsmöglichkeit nicht unerhebliche Risiken für die außenstehenden Aktionäre, die nicht die Abfindung annehmen (siehe oben Anm. 38). Die Kündigung bedarf in jedem Fall der Schriftform (§ 297 Abs. 3 AktG). Steuerlich setzt die körperschaftsteuerliche Organschaft voraus, dass der Gewinnabführungsvertrag auf mindestens 5 Jahre abgeschlossen wird. Eine vorzeitige Beendigung des Vertrags durch Kündigung ist nur unschädlich, wenn ein wichtiger Grund die Kündigung rechtfertigt (§ 14 Nr. 3 S. 1, S. 2 KStG). Dementsprechend schränkt das Muster die Möglichkeit zur ordentlichen Kündigung ein.

42. Das Recht zur **Kündigung aus wichtigem Grund** ergibt sich aus § 297 Abs. 1 S. 1 AktG. Gemäß § 297 Abs. 1 S. 2 AktG liegt ein wichtiger Grund für die Untergesellschaft namentlich vor, wenn der andere Vertragsteil voraussichtlich nicht in der Lage sein wird, seine aufgrund des Vertrages bestehenden Verpflichtungen zu erfüllen. Darüber hinaus können die Parteien weitere Umstände vertraglich als wichtige Gründe vereinbaren. Eine hierauf gestützte Kündigung der Untergesellschaft bedarf analog § 295 Abs. 2 AktG eines zustimmenden Sonderbeschlusses der außenstehenden Aktionäre (BGHZ 122, 211, 220 = NJW 1993, 1976, *Hüffer* § 297 Rdnr. 8). Die im Muster vorgesehene Kündigungsmöglichkeit für die Obergesellschaft bei Verlust der Mehrheitsbeteiligung ist üblich und trägt der Tatsache Rechnung, dass in diesem Fall steuerlich die Voraussetzungen der körperschaftsteuerlichen Organschaft gemäß § 14 Abs. 1 Nr. 1 KStG entfallen. Sie versetzt in der dem Vertragsmuster zugrunde liegenden Situation (Abschluss des Unternehmensvertrags nicht mit der ausländischen Konzernspitze, sondern mit deutscher Akquisitionsgesellschaft) die Konzernspitze in die Lage, durch konzerninterne Übertragung der Beteiligung an der Untergesellschaft praktisch jederzeit eine Kündigung zu ermöglichen.

43. Absicherung durch Konzernmutter. Der Vorstand der Untergesellschaft ist grundsätzlich verpflichtet, vor Vertragsabschluss zu prüfen, ob Zweifel an der Fähigkeit des anderen Vertragsteils bestehen, seine Verpflichtungen aus dem Vertrag (d. h. insbesondere die Verpflichtungen zu Ausgleich und Abfindung und zur Verlustübernahme) zu erfüllen (KölnKommAktG/*Koppensteiner* § 293 Rdnr. 22). Zwar ermöglicht § 297 Abs. 2 S. 2 AktG eine Kündigung des Vertrags aus wichtigem Grund, wenn der andere Vertragsteil voraussichtlich nicht (mehr) in der Lage sein wird, seine Verpflichtungen zu erfüllen. Steht jedoch vor Vertragsschluss fest, dass eine solche Situation eintreten wird oder ist dies zumindest sehr wahrscheinlich (etwa weil mit Dividenden der Untergesellschaft nicht gerechnet werden kann und das Eigenkapital der Obergesellschaft zur Zahlung des garantierten Ausgleichs nicht oder jedenfalls nur für sehr kurze Zeit ausreicht), kann sich bereits der Abschluss des Vertrags verbieten. Darüber hinaus kann nicht ausgeschlossen werden, dass in einem solchen Fall eine Anfechtungsklage im Hinblick auf die mangelnde Bonität der Obergesellschaft erhoben wird. Vor diesem Hintergrund kann es sich insbesondere bei dem Erwerb durch eine Akquisitionsgesellschaft, hinter der ein industrielles Unternehmen als Konzernspitze steht, empfehlen, sämtliche Zweifel durch eine entsprechende Verpflichtung auch der Konzernspitze oder jedenfalls eines zweifelsfrei leistungsfähigen Konzernunternehmens auszuschließen. In Betracht kommen insoweit etwa eine Patronatserklärung (so im Muster) oder aber eine unmittelbare Mithaftung durch Übernahme einer Garantie oder Bürgschaft.

44. Der Unternehmensvertrag bedarf der Schriftform (§ 293 Abs. 3 AktG). Die AG wird dabei durch den Vorstand bzw. von diesem bevollmächtigte Vertreter vertreten (KölnKommAktG/*Koppensteiner* § 293 Rdnr. 11).

2. Anmeldung des Beherrschungs- und Gewinnabführungsvertrages nach § 294 AktG[1]

An das
Amtsgericht
– Registergericht –

......

B-AG, ..., HRB ......

I. In der Anlage[2] überreichen wir, die gemeinsam vertretungsberechtigten Mitglieder des Vorstands der B-AG:
 1. notariell beglaubigte Abschrift der Niederschrift über die (außerordentliche) Hauptversammlung der B-AG vom ...... mit
    (a) dem Beherrschungs- und Gewinnabführungsvertrag vom ......
    (b) dem Zustimmungsbeschluss der Hauptversammlung zu diesem Vertrag
 2. notariell beglaubigte Abschrift der Niederschrift über die Gesellschafterversammlung der A-GmbH vom ...... mit
    (a) dem Beherrschungs- und Gewinnabführungsvertrag vom ......
    (b) dem Zustimmungsbeschluss der Gesellschafterversammlung zu diesem Vertrag
II. Wir melden[3] zur Eintragung in das Handelsregister an:
 1. Die Gesellschaft hat am ...... einen Beherrschungs- und Gewinnabführungsvertrag mit der A-GmbH mit Sitz in ......, eingetragen im Handelsregister des Amtsgerichts ...... unter HRB ......, als herrschendem Unternehmen geschlossen. Die Hauptversammlung der Gesellschaft hat dem Abschluss dieses Beherrschungs- und Gewinnabführungsvertrags durch notariell beurkundeten Beschluss vom ...... zugestimmt. Die Gesellschafterversammlung der herrschenden A-GmbH hat dem Abschluss dieses Beherrschungs- und Gewinnabführungsvertrags durch Beschluss vom ...... zugestimmt.
III. Wir bitten um Eintragungsnachricht an die Gesellschaft und an den beglaubigenden Notar.
IV. Sämtliche Kosten dieser Anmeldung und ihrer Durchführung trägt die Gesellschaft.

2. Anmeldung des Beherrschungs- und Gewinnabführungsvertrages   M.I.2

VI. Wir erteilen hiermit den Herren ......, sämtlich geschäftsansässig in ......, und zwar jedem einzeln und unter Befreiung von den Beschränkungen des § 181 BGB und mit dem Recht, Untervollmacht zu erteilen, Vollmacht, die vorstehende Handelsregisteranmeldung zu ändern, zu ergänzen, zu wiederholen sowie neue Anmeldungen zum Handelsregister jeder Art vorzunehmen.

......, den ......

[Unterschriften von Mitgliedern des Vorstandes der B-AG in vertretungsberechtigter Zahl]

[Unterschriftsbeglaubigung][4]

Anmerkungen

1. Überblick. Gemäß § 294 Abs. 1 AktG ist der Abschluss eines Beherrschungs- und Gewinnabführungsvertrags zur Eintragung in das Handelsregister anzumelden (vgl. M.I.1 Anm. 1). Soweit eine GmbH verpflichtete Partei eines Beherrschungs- und Gewinnabführungsvertrags ist, folgt die Eintragungspflicht mit dem Inhalt des § 294 AktG aus einer analogen Anwendung des § 54 GmbHG (BGH NJW 1989, 295 – Supermarkt; BGH NJW 1992, 1452, 1453 f.). Die Anmeldung hat durch das Vertretungsorgan der durch den Beherrschungs- und Gewinnabführungsvertrag verpflichteten Gesellschaft zu erfolgen, im vorliegenden Fall somit durch den Vorstand, wobei die Anmeldung in vertretungsberechtigter Zahl genügt (vgl. *Hüffer* § 294 Rdnr. 2). Anders als bei Umwandlungen (vgl. § 16 Abs. 2 UmwG) muss die Anfechtung des Hauptversammlungsbeschlusses die Eintragung nicht hindern (vgl. § 246 a AktG, ausführlich hierzu Form M.I.1 Anm. 1).

2. Einzureichende Unterlagen. Zu den einzureichenden Unterlagen vgl. § 294 Abs. 1 Satz 2 AktG. Alle Anlagen sind in Urschrift, Ausfertigung oder einer öffentlich beglaubigten Abschrift einzureichen. Die Verpflichtung zur Einreichung der in § 294 Abs. 1 Satz 2 AktG nicht genannten Niederschrift des Zustimmungsbeschlusses der Hauptversammlung der beherrschten Gesellschaft folgt aus § 130 Abs. 5 AktG. Handelt es bei dem herrschenden Unternehmen abweichend von Form. L.I.1 um eine AG oder KGaA, bedarf der Beherrschungs- und Gewinnabführungsvertrag zu seiner Wirksamkeit auch der Zustimmung der herrschenden Gesellschaft (vgl. § 293 Abs. 2 AktG). In diesem Fall ist auch die Niederschrift ihres Zustimmungsbeschlusses in Urschrift, Ausfertigung oder öffentlich beglaubigter Abschrift beizufügen (§ 294 Abs. 1 Satz 2, 2. Fall AktG). Nach der Entscheidung des BGH NJW 1989, 295 – Supermarkt ist jedoch auch die Zustimmung der Gesellschafterversammlung der herrschenden GmbH in analoger Anwendung des § 293 Abs. 2 AktG erforderlich (vgl. Form M.I.1 Anm. 40). Mithin ist auch der Zustimmungsbeschluss der herrschenden GmbH der Anmeldung beizufügen einschließlich einer Niederschrift über den Beherrschungs- und Gewinnabführungsvertrag (BGH NJW 1992, 1452).

3. Anzumelden sind das Bestehen und die Art des Unternehmensvertrags, ferner der Name des anderen Vertragsteils unter Angabe der Firma, des Gesellschaftssitzes bzw. (bei Einzelkaufleuten) der Hauptniederlassung sowie ggf. des Wohnortes (§ 294 Abs. 1 AktG). Bei der Angabe des Vertragstyps sind die Bezeichnungen der §§ 291, 292 AktG zu verwenden.

4. Beglaubigungsvermerk. Seit dem Inkrafttreten des EHUG (Gesetz über elektronische Handelsregister und Genossenschaftsregister sowie das Unternehmensregister, BGBl. I 2006, 2553) am 1. 1. 2007 ist die notariell beglaubigte Handelsregisteranmeldung zwingend in elektronischer Form zum Handelsregister einzureichen (§ 12 Abs. 1 HGB).

II. Clearing- und Cash-Pooling-Vertrag – Clearing and Cash Pooling Agreement[1]

vom (......)

zwischen:

1. ABC GmbH
   geschäftsansässig: ......, ...,
   eingetragen im Handelsregister ......, HRB ......

   – nachfolgend auch bezeichnet als „Clearingstelle"[2] –

2. A-GmbH
   geschäftsansässig ......, ...,
   eingetragen im Handelsregister ......, HRB ......

   – nachfolgend auch bezeichnet als „A-GmbH" –

3. B-AG
   geschäftsansässig ......, ...
   eingetragen im Handelsregister ......, HRB ......

   – nachfolgend auch bezeichnet als „B-AG" –

4. [......][*fortsetzen für alle Parteien, die von Anfang an in den Vertrag einbezogen sein sollen*]

(die Parteien zu 2. bis [...] sowie die später zu diesem Vertrag hinzutretenden Parteien werden nachfolgend einzeln auch als ein *Teilnehmer* und gemeinsam als die *Teilnehmer*, und die Clearingstelle und alle Teilnehmer werden gemeinsam als die *Parteien* bezeichnet).

Präambel[3]

(V.1) Die Clearingstelle und die Teilnehmer sind Mitglieder der ABC-Gruppe.[4] Ziel dieses Clearing- und Cash-Pooling-Vertrages (der *CCP-Vertrag*) ist zum einen die Abwicklung des unbaren Zahlungsverkehrs zwischen Gesellschaften der ABC-Gruppe zur Begleichung konzerninterner Verbindlichkeiten über die

dated (......)

entered into by and between

1. ABC GmbH
   business address: ......,......,
   recorded in the Commercial Register at the Local Court of ...... under number HRB ......,

   – hereinafter also referred to as the „*Clearing Agent*" –

2. A-GmbH
   business address: ......,......,
   recorded in the Commercial Register at the Local Court of ...... under number HRB ......,

   – hereinafter also referred to as „*A-GmbH*" –

3. B-AG
   business address: ......,......,
   recorded in the Commercial Register at the Local Court of ...... under number HRB ......,

   – hereinafter also referred to as „*B-AG*" –

4. [......] [*add any additional original parties to the agreement*]

(hereinafter Parties 2 through [......] and any future parties to the agreement shall individually also be referred to as a „*Participant*" and collectively as the „*Participants*," and the Clearing Agent and all Participants shall collectively be referred to as the „*Parties*").

Recitals

(V.1) The Clearing Agent and the Participants are members of ABC Group. The purpose of this Clearing and Cash Pooling Agreement (the *CCP Agreement*) is twofold: the execution of non-cash transactions between affiliates of ABC Group to settle intragroup liabilities via the Clearing Agent without involvement of a

Clearingstelle ohne Einschaltung einer Bank. Zum anderen dient dieser Vertrag der Optimierung der Zahlungsströme innerhalb der ABC-Gruppe und der Verbesserung der Möglichkeiten der Teilnehmer (vor allem unter Einsparung der Gewinnmargen der Banken), ihre liquiden Mittel zu günstigen Bedingungen anlegen und ihren laufenden Liquiditätsbedarf jederzeit unkompliziert und in vorhersehbarer Weise decken zu können.	bank, and the optimization of payment flows within ABC Group and the improvement of possibilities for the Participants (in particular by avoiding the profit margins of banks) to invest their liquid funds at favorable terms and conditions and to cover their ongoing cash needs at any time in an uncomplicated and predictable manner.
(V.2) Die Parteien gehen davon aus, dass der Abschluss und die Durchführung dieses CCP-Vertrags zu einer Verbesserung des Finanzergebnisses der ABC-Gruppe insgesamt und jedes einzelnen Teilnehmers beitragen wird und somit im Interesse jeder einzelnen Partei liegt. Zudem ermöglicht die Abwicklung des gruppeninternen Zahlungsverkehrs über die Clearingstelle nach Überzeugung der Parteien eine Vereinfachung und bessere Kontrolle der Zahlungsströme und hilft gleichzeitig, die Kosten für den gruppeninternen Zahlungsverkehr zu minimieren.	(V.2) The Parties assume that the execution and performance of this CCP Agreement will contribute to an improvement of the financial performance of ABC Group as a whole and to an improvement of the financial performance of each individual Participant, and will therefore be in the interest of each Party. In addition, the settlement of intragroup payment transactions via the Clearing Agent will, in the view of the Parties, simplify and allow better control of payment flows and at the same time help to minimize costs of intragroup payment transactions.
(V.3) Die Parteien sind sich darüber einig, dass der Zweck dieses CCP-Vertrags nicht darin besteht, den Teilnehmern mittel- und/oder langfristiges Fremdkapital zu gewähren. Soweit ein Teilnehmer mittel- und/oder langfristiges Fremdkapital benötigt, erfolgt die Deckung des Kapitalbedarfs des Teilnehmers durch separate Darlehen, die dem Teilnehmer von der Clearingstelle oder von anderen Unternehmen der ABC-Gruppe oder von Banken auf der Grundlage von gesondert zu vereinbarenden Darlehensverträgen gewährt werden.	(V.3) The Parties agree that the purpose of this CCP Agreement shall not be to provide the Participants with debt capital in the medium and/or long term. If any Participant requires medium term and/or long-term debt capital, such Participant shall cover its capital requirements by obtaining separate loans, which shall then be made available to the Participant by the Clearing Agent or other affiliates of ABC Group or by banks on the basis of separate loan agreements.

§ 1 Parteien	**Section 1 Parties**
1.1 Sämtliche Teilnehmer bevollmächtigen die Clearingstelle (unter Befreiung von den Beschränkungen des § 181 BGB) hiermit unwiderruflich, mit anderen Gesellschaften der ABC-Gruppe deren Beitritt zu	1.1 All Participants hereby irrevocably authorize the Clearing Agent (exempting the Clearing Agent from the limitations of sec. 181 of the German Civil Code (*Bürgerliches Gesetzbuch – BGB*)) to agree with

diesem CCP-Vertrag oder mit einem oder mehreren Teilnehmer(n) dessen/deren Ausscheiden aus diesem CCP-Vertrag zu vereinbaren oder einem oder mehreren Teilnehmer(n) gegenüber die Kündigung dieses CCP-Vertrages mit der Wirkung zu erklären, dass diese(r) Teilnehmer aus diesem CCP-Vertrag ausscheiden/ausscheidet. Ferner ist die Clearingstelle unwiderruflich bevollmächtigt, Kündigungen der Teilnehmer im Hinblick auf diesen CCP-Vertrag mit Wirkung für und gegen alle Parteien entgegenzunehmen. Vereinbart die Clearingstelle mit weiteren Gesellschaften der ABC-Gruppe den Beitritt zu diesem CCP-Vertrag oder erfolgt ein solcher Beitritt auf andere Weise, so hat die Clearingstelle die in den nachfolgenden §§ 1.2 bis 1.4 genannten Verzeichnisse entsprechend fortzuschreiben und die Veränderungen (einschließlich Kopien der geänderten Verzeichnisse) allen Teilnehmern unverzüglich zu übermitteln. Entsprechendes gilt, wenn die Clearingstelle mit einem Teilnehmer dessen Ausscheiden aus diesem CCP-Vertrag vereinbart oder wenn ein Teilnehmer infolge Kündigung aus diesem CCP-Vertrag ausscheidet.

other affiliates of ABC Group on the joinder of this CCP Agreement by such affiliates or to agree with one or several Participants on their exit from this CCP Agreement, or to terminate one or several Participants with the consequence that such Participants exit this CCP Agreement. In addition, the Clearing Agent is hereby irrevocably authorized to receive notices of termination from the Participants with binding effect for and against all Parties. If the Clearing Agent agrees with any additional affiliates of ABC Group on their joinder to this CCP Agreement or such affiliates otherwise join the Agreement, the Clearing Agent shall make appropriate amendments to the lists referenced in Sections 1.2 through 1.4 below and transmit the changes to all Participants (enclosing copies of the amended lists). The same shall apply, *mutatis mutandis*, if the Clearing Agent agrees with any Participant on the exit from this CCP Agreement by such Participant, or if any Participant exits this CCP Agreement as a result of termination.

1.2 In einem durch die Clearingstelle entsprechend Anlage 1.2 zu führenden Verzeichnis sind diejenigen Teilnehmer aufzuführen, die am Clearing und am Cash-Pooling teilnehmen.

1.2 The Clearing Agent shall maintain a list of all Participants participating in Clearing and Cash Pooling as shown in Schedule 1.2.

1.3 Soweit Teilnehmer allein am Clearing, nicht jedoch zugleich am Cash-Pooling teilnehmen, sind sie Partei dieses CCP-Vertrags mit der Maßgabe, dass diejenigen Bestimmungen dieses CCP-Vertrags, die sich ausschließlich auf das Cash-Pooling beziehen (insbesondere § 3.2, § 5 und § 7.3) keine Anwendung finden. Teilnehmer, die nur am Clearing und nicht am

1.3 If Participants participate only in Clearing, but not also in Cash Pooling, they shall be deemed Parties to this CCP Agreement, subject to the proviso that those provisions of this CCP Agreement that relate exclusively to Cash Pooling (including, without limitation, Sections 3.2, 5 and 7.3) shall not apply to them. Participants that only participate in Clearing,

Cash-Pooling teilnehmen, sind in einem durch die Clearingstelle entsprechend Anlage 1.3 zu führenden Verzeichnis aufzuführen.

1.4 Soweit Teilnehmer allein am Cash-Pooling, nicht jedoch zugleich am Clearing teilnehmen, sind sie Partei dieses CCP-Vertrags mit der Maßgabe, dass diejenigen Bestimmungen dieses CCP-Vertrags, die sich ausschließlich auf das Clearing beziehen (insbesondere § 3.1 und § 4), keine Anwendung finden. Teilnehmer, die nur am Cash-Pooling und nicht am Clearing teilnehmen, sind in einem durch die Clearingstelle zu führenden Verzeichnis entsprechend Anlage 1.4 aufzuführen.

but not Cash Pooling, shall be included in a separate list maintained by the Clearing Agent as shown in Schedule 1.3.

1.4 If Participants participate only in Cash Pooling, but not also Clearing, they shall be deemed Parties to this CCP Agreement, subject to the proviso that those provisions of the CCP Agreement that relate exclusively to Clearing (including, without limitation, Sections 3.1 and 4) shall not apply to them. Participants that only participate in Cash Pooling, but not Clearing, shall be included in a separate list maintained by the Clearing Agent as shown in Schedule 1.4.

§ 2 Definitionen

Die folgenden Begriffe haben in diesem CCP-Vertrag die folgenden Bedeutungen:

ABC Gruppe meint die [ABC GmbH] und alle mit dieser Gesellschaft i. S. d. §§ 15 ff. AktG verbundenen Unternehmen.

Abrechnungsperiode ist ein Kalendermonat.

Abrechnungssaldo ist in § 6.2 definiert.

Andere Bank ist jedes Kreditinstitut mit Ausnahme eines solchen, bei dem Teilnehmerkonten geführt werden.

Ausgleichsanspruch der Clearingstelle ist in § 8 definiert.

Ausgleichsanspruch des Teilnehmers ist in § 8 definiert.

Automatic Balancing ist in § 19.1 definiert.

Cash-Pooling ist in § 3.2.1 definiert.

Cash-Pooling-Kreditrahmen der Clearingstelle ist in § 7.3.2 definiert.

Cash-Pooling-Kreditrahmen des Teilnehmers ist in § 7.3.1 definiert.

Section 2 Definitions

The following definitions shall apply to this CCP Agreement:

ABC Group shall refer to [ABC GmbH] and all of its affiliates within the meaning of sec. 15 et seq. of the German Stock Corporation Act (*Aktiengesetz – AktG*)

Settlement Period shall refer to a calendar month.

Closing Balance shall have the meaning defined in Section 6.2.

Another Bank shall mean any bank at which no Participant Account is maintained.

Settlement Claim of the Clearing Agent shall have the meaning defined in Section 8.

Settlement Claim of the Participant shall have the meaning defined in Section 8.

Automatic Balancing shall have the meaning defined in Section 19.1.

Cash Pooling shall have the meaning defined in Section 3.2.1.

Cash Pooling Credit Line of the Clearing Agent shall have the meaning defined in Section 7.3.2.

Cash Pooling Credit Line of the Participant shall have the meaning defined in Section 7.3.1.

CCP-Vertrag ist dieser Clearing- und Cash-Pooling-Vertrag mit allen Anlagen.

Clearing ist in § 3.1 definiert.

Clearingstelle ist die [ABC GmbH].

Dritter ist jede natürliche oder juristische Person, die nicht Partei dieses CCP-Vertrages ist.

Gesamtkreditrahmen des Teilnehmers ist in § 7.1 definiert.

Gesamtkreditrahmen der Clearingstelle ist in § 7.2 definiert.

Gesamttageshöchstbetrag ist in § 5.2 definiert.

Gesellschaften der ABC-Gruppe sind die Clearingstelle und jede Gesellschaft, die Partei dieses CCP-Vertrags ist, bis zur Beendigung dieses CCP-Vertrags insgesamt oder bis zur Beendigung dieses CCP-Vertrags mit dieser Gesellschaft.

Gläubigergesellschaft ist jede Gesellschaft der ABC-Gruppe, die gegenüber einer oder mehreren anderen Gesellschaft(en) der ABC-Gruppe einen Gruppeninternen Anspruch hat.

Gruppeninterne Ansprüche sind – vorbehaltlich der Bestimmungen der nachfolgenden Absätze – alle Zahlungsforderungen aus Lieferungen und Leistungen zwischen Gesellschaften der ABC-Gruppe sowie alle Ansprüche auf/aus Gewinnabführung und Verlustausgleich aus zwischen Gesellschaften der ABC-Gruppe bestehenden Unternehmensverträgen. Keine Gruppeninternen Ansprüche sind Forderungen, sofern und soweit deren Begleichung über die Clearingstelle nach Maßgabe dieses CCP-Vertrages aufgrund gesetzlicher Vorschriften oder Vereinbarung zwischen den betroffenen Gesellschaften der ABC-Gruppe unzulässig ist; dies gilt insbesondere, sofern und soweit eine Verrechnung oder Aufrechnung gemäß Vereinbarung zwischen den beteiligten Gesellschaften der ABC-Gruppe oder aufgrund gesetzlicher Vorschriften unzulässig ist (z. B. für Einlageverpflichtungen aufgrund Barkapitalerhöhungsvorschriften oder Verpflichtungen zur Erstattung von verbotenen

CCP Agreement shall mean this Clearing and Cash Pooling Agreement, including all schedules thereto.

Clearing shall have the meaning defined in in Section 3.1.

Clearing Agent shall refer to [ABC-GmbH].

Third Party shall mean any natural person or legal entity that is not a party to this CCP Agreement.

Total Credit Line of the Participant shall have the meaning defined in Section 7.1.

Total Credit Line of the Clearing Agent shall have the meaning defined in Section 7.2.

Total Daily Limit shall have the meaning defined in Section 5.2.

ABC Affiliates shall mean the Clearing Agent and any affiliate that is a party to this CCP Agreement, until this CCP Agreement is terminated as a whole or is terminated with respect to such affiliate.

Creditor Affiliate shall mean any affiliate of ABC Group that holds any Intragroup Claims against one or several other ABC Affiliates.

Intragroup Claims shall mean – subject to the provisions of the following paragraphs – any trade receivables between ABC Affiliates, as well as any claims for the transfer of profits or settlement of losses under intercompany agreements between different ABC Affiliates. Intragroup Claims shall not include claims the settlement of which by the Clearing Agent in accordance with this CCP Agreement is prohibited by applicable law or agreements between different ABC Affiliates; this applies, in particular, if and to the extent that netting or offset is prohibited under agreements between different ABC Affiliates or under applicable law (e.g., obligations to make capital contributions under provisions governing cash capital increases, or obligations to repay in accordance with sec. 31 of the German Limited Liability Company Act (*GmbH-Gesetz – GmbHG*) or sec. 62 AktG) amounts received in violation of law.

Auszahlungen nach § 31 GmbHG oder § 62 AktG).

Kein Gruppeninterner Anspruch nach diesem CCP-Vertrag ist ferner der Saldo auf einem Verrechnungskonto.

Abgesehen von den in den vorgenannten Absätzen genannten Forderungen, die keine Gruppeninternen Ansprüche sein können, können durch individuelle Vereinbarung zwischen einer oder mehreren Gläubigergesellschaft(en) und einer oder mehreren Schuldnergesellschaft(en) (weitere) einzelne oder alle bestehenden Forderungen zwischen den Parteien einer solchen Vereinbarung von den Gruppeninternen Ansprüchen ausgenommen oder als Gruppeninterne Ansprüche qualifiziert werden.

Konditionenvereinbarung ist in § 9.1 definiert.

Kontentageshöchstbetrag ist in § 5.2 definiert.

Konzernmuttergesellschaft ist in § 11.2.1 definiert.

Liquiditätsüberschuss ist der Teil des Tagessaldos auf einem Teilnehmerkonto, der den Zielsaldo übersteigt.

Parteien ist in der Präambel definiert.

Planungsstichtag ist in § 11.1.1 Buchstabe (a) definiert.

Planungszeitraum ist in § 11.1.1 Buchstabe (b) definiert.

Schuldnergesellschaft ist jede Gesellschaft der ABC-Gruppe, die gegenüber einer oder mehreren anderen Gesellschaft(en) der ABC-Gruppe Schuldner eines Gruppeninternen Anspruchs ist.

Teilnehmer sind alle Mitglieder der ABC-Gruppe (mit Ausnahme der Clearingstelle), die als Partei diesen CCP-Vertrag abgeschlossen haben oder ihm später beigetreten sind, bis das betreffende Mitglied der ABC-Gruppe aus diesem CCP-Vertrag ausscheidet oder dieser CCP-Vertrag insgesamt endet.

Teilnehmerkonto ist das in einer Konditionenvereinbarung als solches bezeichnete Bankkonto des jeweiligen Teilnehmers (wobei für einen Teilnehmer mehrere Teilnehmerkonten bestehen können).

Intragroup Claims within the meaning of this CCP Agreement also shall not include the balance in any Clearing Account.

Aside from claims that cannot be Intragroup Claims under the above paragraphs, one or several Creditor Affiliates and one or several Debtor Affiliates may individually agree that several or all existing claims between the parties to such an agreement shall or shall not qualify as Intragroup Claims.

Agreement on Terms and Conditions shall have the meaning defined in Section 9.1.

Daily Account Limit shall have the meaning defined in Section 5.2.

Group Parent Company shall have the meaning defined in Section 11.2.1.

Cash Surplus shall mean that part of the daily balance in a Participant Account that exceeds the Target Balance.

Parties shall have the meaning defined in the Recitals.

Planning Cut-Off Date shall have the meaning defined in Section 11.1.1 (a).

Planning Period shall have the meaning defined in Section 11.1.1 (b).

Debtor Affiliate shall mean any ABC Affiliate that is the debtor of any Intragroup Claim held by one or several other ABC Affiliates.

Participants shall mean all members of ABC Group (with the exception of the Clearing Agent) that are original parties to this CCP Agreement or subsequently join this CCP Agreement, until they exit this CCP Agreement or this CCP Agreement terminates entirely.

Participant Account shall mean the bank account of each Participant designated as the participant account in the Agreement on Terms and Conditions (it being agreed that each Participant may have several Participant Accounts).

Verrechnungskonto ist in § 6.1 definiert. Die Details der Verrechnungskonten sind jeweils in den Konditionenvereinbarungen aufgeführt.

Zielkonto ist in § 5.1.2 definiert.

Zielsaldo ist der Betrag, den die Clearingstelle und der jeweilige Teilnehmer in der betreffenden Konditionenvereinbarung unter dieser Bezeichnung vereinbart haben.

Clearing Account shall have the meaning defined in Section 6.1. The details of each Clearing Account are set forth in the applicable Agreement on Terms and Conditions.

Target Account shall have the meaning defined in Section 5.1.2.

Target Balance shall mean the amount to which the Clearing Agent and the Participant have agreed in the Agreement on Terms and Conditions.

§ 3 Vertragsgegenstand[5]

3.1 Vereinbarung unbarer Zahlungen und Clearing von Gruppeninternen Ansprüchen

Die Gesellschaften der ABC-Gruppe werden Gruppeninterne Ansprüche ausschließlich unbar und über die Clearingstelle abwickeln und ausgleichen (*Clearing*). Die Abwicklung und der Ausgleich erfolgen nach näherer Maßgabe dieses CCP-Vertrages über Verrechnungskonten, die bei der Clearingstelle geführt werden.

3.2 Cash-Pooling-Leistungen

3.2.1 Gegenstand dieses Vertrages ist zudem die Erbringung von Cash-Pooling-Leistungen durch die Clearingstelle für die Teilnehmer (*Cash-Pooling*). Die Abwicklung dieser Leistungen und der Ausgleich erfolgen nach näherer Maßgabe dieses CCP-Vertrages über Verrechnungskonten, die bei der Clearingstelle geführt werden und die mit den in § 3.1 genannten Verrechnungskonten identisch sind, sowie die bei Banken bestehenden Teilnehmerkonten bzw. das Zielkonto.

3.2.2 Zu den Cash-Pooling-Leistungen gehört nicht die Gewährung von mittel- und/oder langfristigem Fremdkapital an die Clearingstelle, an einen Teilnehmer oder ein sonstiges Mitglied der ABC-Gruppe. Soweit die Clearingstelle oder eine andere Gesellschaft der ABC-Gruppe mittel- und/oder

Section 3 Subject Matter

3.1 Agreement on non-cash payments and clearing of Intragroup Claims

ABC Affiliates shall settle and clear Intragroup Claims exclusively through non-cash transactions via the Clearing Agent (*Clearing*). Claims shall be settled and cleared in accordance with the provisions of this CCP Agreement, using Clearing Accounts maintained at the Clearing Agent.

3.2 Cash Pooling transactions

3.2.1 This Agreement shall also govern the provision of Cash Pooling services to the Participants by the Clearing Agent (Cash Pooling). Cash Pooling transactions shall be settled and cleared in accordance with the provisions of this CCP Agreement using Clearing Accounts that are maintained at the Clearing Agent and that are identical to the Clearing Accounts identified in Section 3.1, as well as using Participant Accounts at banks, or the Target Account, as applicable.

3.2.2 Cash Pooling transactions shall not include the extension of medium-term and/or long-term debt capital to the Clearing Agent, any Participant, or any other member of ABC Group. If the Clearing Agent or any other ABC Affiliate requires medium-term and/or long-term debt capital, such capi-

II. Clearing- und Cash-Pooling-Vertrag M.II

langfristiges Fremdkapital benötigen, erfolgt die Deckung des Kapitalbedarfs durch separat zu vereinbarende Darlehen oder auf sonstigem Wege. Im Übrigen bleibt es der Clearingstelle und jedem Teilnehmer vorbehalten, bezüglich mittel- und/oder langfristigem Fremdkapital nach näherer Maßgabe der §§ 5.5.1 und 5.5.2 Vereinbarungen mit Kreditinstituten abzuschließen und/oder zu unterhalten.

tal requirements shall be covered by procuring loans pursuant to separate loan agreements or by other means. Moreover, the Clearing Agent and each Participant shall be free to enter into and/or maintain agreements with banks with respect to medium-term and/or long-term debt capital as provided in more detail in Sections 5.5.1 and 5.5.2.

§ 4 Clearing[6]

4.1 Ausgleich

Jede Schuldnergesellschaft wird die Clearingstelle jeweils mit Überweisungsauftrag beauftragen, zu Lasten ihres Verrechnungskontos zum jeweiligen Fälligkeitstag die gegen sie bestehenden Gruppeninternen Ansprüche von Gläubigergesellschaften gemäß § 267 Abs. 1 BGB (Leistung durch einen Dritten) zu erfüllen. Sofern und soweit der Gesamtkreditrahmen einer Schuldnergesellschaft nicht ausgeschöpft ist, wird die Clearingstelle den Überweisungsauftrag dieser Schuldnergesellschaft durch entsprechende Lastschrift auf dem Verrechnungskonto der betreffenden Schuldnergesellschaft und entsprechende Gutschrift auf dem Verrechnungskonto der betreffenden Gläubigergesellschaft gemäß § 267 Abs. 1 BGB erfüllen. Sollte die Clearingstelle einen solchen Auftrag nicht ausführen, hat sie den Teilnehmer unverzüglich hierüber zu informieren.

4.2 Erfüllungsvereinbarung

Mit Gutschrift auf einem Verrechnungskonto und Absendung einer entsprechenden Mitteilung der Clearingstelle an die Gläubigergesellschaft gilt der betreffende Gruppeninterne Anspruch insoweit als erfüllt. Für das Erlöschen dieses Gruppeninternen Anspruchs

Section 4 Clearing

4.1 Settlement

Each Debtor Affiliate shall instruct the Clearing Agent by transfer order to settle for the Debtor Affiliate, in accordance with sec. 267 para. 1 BGB (performance by a third party), the Intragroup Claims held against such Debtor Affiliate by Creditor Affiliates, by debiting the Debtor Affiliate's Clearing Account on the applicable payment due dates. If and to the extent that the Total Credit Line of a Debtor Affiliate has not been used up, the Clearing Agent shall execute the transfer order of the Debtor Affiliate by debiting the Clearing Account of the Debtor Affiliate in the appropriate amount and crediting the Clearing Account of the relevant Creditor Affiliate in the appropriate amount in accordance with sec. 267 para. 1 BGB. The Clearing Agent shall provide the Participant with prompt notice if the Clearing Agent will not execute a transfer order.

4.2 Settlement clause

An Intragroup Claim shall be deemed to have been settled when the Clearing Agent has credited the Clearing Account of the Creditor Affiliate and has transmitted a notice to that effect to the Creditor Affiliate. The Intragroup Claim shall then be deemed to

findet § 364 Abs. 1 BGB (Leistung an Erfüllungs Statt) Anwendung.

have been extinguished in accordance with sec. 364 para. 1 BGB (accord and satisfaction (*Leistung an Erfüllungs Statt*)).

4.3 Erfüllung von Verlustausgleichsansprüchen[7]

Lautet der Überweisungsauftrag einer Schuldnergesellschaft nach § 4.1 auf Ausgleich eines Verlustausgleichsanspruchs einer Gläubigergesellschaft aus einem Unternehmensvertrag, so ist eine Erfüllung durch Gutschrift auf dem Verrechnungskonto der Gläubigergesellschaft nur möglich, wenn und soweit zum Zeitpunkt der Vornahme des Ausgleiches (i) das Verrechnungskonto der Gläubigergesellschaft einen Saldo zu ihren Lasten aufweist, der dem Betrag des Verlustausgleichsanspruchs entspricht oder ihn übersteigt, und (ii) die zur Verrechnung stehende Forderung der Clearingstelle gegenüber der Gläubigergesellschaft vollwertig ist.

4.3 Settlement of Loss Settlement Claims

If a transfer order made by a Debtor Affiliate in accordance with Section 4.1 calls for settlement of a Loss Settlement Claim held by a Creditor Affiliate under any intercompany agreement, settlement of the claim by crediting the Clearing Account of the Creditor Affiliate is permitted only if and to the extent that at the time of settlement (i) the Clearing Account of the Creditor Affiliate shows a balance to the debit of the Creditor Affiliate which is equal to or greater than the amount of the Loss Settlement Claim, and (ii) the claim of the Clearing Agent against the Creditor Affiliate that is subject to clearing has full commercial value.

4.4 Clearingstelle als Schuldner- bzw. Gläubigergesellschaft

Vorstehende Absätze finden auch Anwendung, wenn es sich bei der Schuldner- bzw. Gläubigergesellschaft um die Clearingstelle handelt.

4.4 Clearing Agent as Debtor Affiliate or Creditor Affiliate

The foregoing paragraphs shall also apply if the Debtor Affiliate or Creditor Affiliate is the Clearing Agent.

§ 5 Cash-Pooling

5.1 Übertragung von Liquidität[8]

5.1.1 Das Cash-Pooling erfolgt (i) durch tägliche Übertragung des Liquiditätsüberschusses, der auf dem am Cash-Pooling teilnehmenden Teilnehmerkonto besteht, auf das Zielkonto zu Gunsten des entsprechenden Verrechnungskontos des Teilnehmers gemäß § 5.4.1, ohne dass es hierzu einer gesonderten Anforderung bedarf, und (ii) auf entsprechende Anforderung des jeweiligen Teilnehmers im Rahmen einer täglichen Saldenmeldung an die Clearingstelle durch Übertragung des angeforderten Betrages seitens

Section 5 Cash Pooling

5.1 Transfer of cash

5.1.1 Cash Pooling shall involve (i) the daily transfer of any Cash Surplus from the Participant Account participating in Cash Pooling to the Target Account and crediting the Clearing Account of the Participant in accordance with Section 5.4.1, without the necessity of a separate demand, and (ii) if requested by the respective Participant as part of the daily reporting of balances to the Clearing Agent, transfer of the requested amount from the Target Account to the appropriate Participant Account

II. Clearing- und Cash-Pooling-Vertrag

der Clearingstelle vom Zielkonto auf das betreffende Teilnehmerkonto und zu Lasten des entsprechenden Verrechnungskontos des betreffenden Teilnehmers.

5.1.2 Die Übertragung des Liquiditätsüberschusses eines Teilnehmers erfolgt durch Banküberweisung auf das in Anlage 5.1 genannte Bankkonto der Clearingstelle (*Zielkonto*), und die Übertragung seitens der Clearingstelle auf das betreffende Teilnehmerkonto erfolgt durch Banküberweisung vom Zielkonto. Diese Liquiditätsübertragungen bzw. Banküberweisungen können auch im Wege eines Automatic Balancing erfolgen.

5.2 Höchstbeträge

Die Summe der Liquiditätsübertragungen nach § 5.1, die zu Lasten des Verrechnungskontos und zu Gunsten eines Teilnehmerkontos bzw. mehrerer Teilnehmerkonten eines Teilnehmers gemäß § 5.4.1 erfolgen, darf für jeden Teilnehmer den in der betreffenden Konditionenvereinbarung bestimmten Gesamttageshöchstbetrag am Ende eines Tages (bei Buchungsschluss) nicht überschreiten (*Gesamttageshöchstbetrag*). Ungeachtet des Gesamttageshöchstbetrages dürfen Liquiditätsübertragungen zu Lasten des Verrechnungskontos und zu Gunsten des Teilnehmerkontos nicht vorgenommen werden, sofern und soweit die Summe der im Verlauf eines Kalendertages zu Gunsten eines einzelnen Teilnehmerkontos zu übertragenden Beträge den in der betreffenden Konditionenvereinbarung für das entsprechende Teilnehmerkonto festgelegten Höchstbetrag (*Kontentageshöchstbetrag*) überschreitet.

5.3 Zielsaldo, Abforderung betriebsnotwendiger Liquidität[9]

Vorbehaltlich der Regelungen in §§ 5.2, 7.2.2 und 7.3.3 erfolgt eine

by the Clearing Agent and debiting the appropriate Clearing Account of the Participant.

5.1.2 The Cash Surplus of each Participant shall be transferred by wire transfer to the bank account of the Clearing Agent designated in Schedule 5.1 (Target Account), and the transfer from the Clearing Agent to the appropriate Participant Account shall be made by wire transfer from the Target Account. Cash transfers and wire transfers may also be effected by Automatic Balancing.

5.2 Maximum limits

The total amount of cash transfers within the meaning of Section 5.1 that are debited to the Clearing Account and credited to one or or several Participant Accounts of any Participant in accordance with Section 5.4.1 may for each Participant not exceed the Total Daily Limit at the end of any given day (at closing time) as provided in the applicable Agreement on Terms and Conditions (*Total Daily Limit*). Irrespective of the Total Daily Limit, cash transfers debited to the Clearing Account and credited to the Participant Account may not be effected, if and to the extent that the sum total of all amounts to be transferred and credited to any given Participant Account in the course of any given calendar day exceeds the maximum limit for such Participant Account as provided in the applicable Agreement on Terms and Conditions (*Daily Account Limit*).

5.3 Target Balance, demand for transfer of cash necessary for operations

Subject to the provisions of Sections 5.2, 7.2.2 and 7.3.3, a cash

Liquiditätsübertragung zu Lasten oder zu Gunsten des jeweiligen Verrechnungskontos auf das bzw. von dem entsprechende(n) Teilnehmerkonto, sofern und soweit der auf dem jeweiligen Teilnehmerkonto bestehende Saldo von dem in der betreffenden Konditionenvereinbarung bestimmen Zielsaldo abweicht. Unabhängig vom Zielsaldo, jedoch vorbehaltlich der Regelungen in §§ 5.2 und 7.3.3, ist ein Teilnehmer berechtigt, solche Liquiditätsübertragungen zu Lasten des Verrechnungskontos und zu Gunsten seines Teilnehmerkontos zu verlangen, die zur Aufrechterhaltung seines ordnungsgemäßen Geschäftsbetriebs erforderlich sind, sofern und soweit der Gesamtkreditrahmen des Teilnehmers nicht überschritten wird.

transfer to or from a Clearing Account shall be made to or from a Participant Account, if and to the extent that the balance in the Participant Account differs from the Target Balance as defined in the applicable Agreement on Terms and Conditions. Irrespective of the Target Balance, however subject to the provisions of Sections 5.2 and 7.3.3, each Participant shall have the right to demand that cash transfers be effected from the Clearing Account to the Participant's Participant Account in such amounts as are necessary for the maintenance of the Participant's business operations, provided that such transfers shall not exceed the Total Credit Line of the Participant.

5.4 Tilgung/Verbuchung[10] [11]

5.4.1 Sofern und soweit Beträge von einem Teilnehmerkonto auf das Zielkonto übertragen werden, sind diese Beträge auf dem Verrechnungskonto zu Gunsten des betreffenden Teilnehmers gutzuschreiben; diese Übertragungen gelten als Tilgungen (und nicht als Aufrechnungen oder Verrechnungen) von auf dem Verrechnungskonto zugunsten der Clearingstelle ausgewiesenen oder auszuweisenden Ansprüchen bzw. teilweisen Ansprüchen, sofern und soweit solche Ansprüche zu diesem Zeitpunkt bestehen. Sofern und soweit Beträge vom Zielkonto auf ein Teilnehmerkonto übertragen werden, sind diese Beträge vorbehaltlich der Regelung gemäß § 5.4.3 auf dem betreffenden Verrechnungskonto zu Gunsten der Clearingstelle gutzuschreiben; diese Übertragungen gelten als Tilgungen (und nicht als Aufrechnungen oder Verrechnungen) von auf dem Verrechnungskonto zugunsten des Teilnehmers ausgewiesenen oder auszuweisenden Ansprüchen bzw.

5.4 Discharge/posting

5.4.1 If and to the extent that amounts are transferred from the Participant Account of any Participant to the Target Account, such amounts shall be credited to the Clearing Account of that Participant; such transfers shall be deemed in discharge of (and not offset against or netted with) claims or partial claims reported or to be reported in the Clearing Account to the credit of the Clearing Agent, if and to the extent that such claims exist at that time. If and to the extent that amounts are transferred from the Target Account to a Participant Account, such amounts shall, subject to the provisions of Section 5.4.3, be posted to the appropriate Clearing Account to the credit of the Clearing Agent; such transfers shall be deemed in discharge of (and not offset against or netted with) claims or partial claims reported or to be reported in the Clearing Account to the credit of the Participant, if and to the extent that such claims exist at that time. Irrespective of the time

II. Clearing- und Cash-Pooling-Vertrag   M.II

teilweisen Ansprüchen, sofern und soweit solche Ansprüche zu diesem Zeitpunkt bestehen. Unabhängig vom Zeitpunkt ihrer Gutschrift auf dem Verrechnungskonto gelten diese Beträge aber schon zu demjenigen Zeitpunkt als in das Verrechnungskonto eingestellt bzw. gelten die Tilgungen als erfolgt, in dem die Beträge auf dem Zielkonto bzw. auf dem Teilnehmerkonto eingehen. Zur Vermeidung von Zweifeln wird klargestellt, dass die Tilgung der genannten Ansprüche bzw. der Darlehensrückzahlungsansprüche gemäß § 6.1 Satz 2 zu diesem letztgenannten Zeitpunkt als erfolgt gilt.

they are credited to the Clearing Account, such amounts shall be deemed to have been deposited, or discharge shall be deemed to have been effected, as of such time as the amounts are received in the Target Account or Participant Account, as applicable. To avoid any doubts, the Parties hereby clarify that discharge of the aforementioned claims, or of loan claims within the meaning of Section 6.1 sentence 2, shall be deemed to have been effected as of the aforementioned point in time.

5.4.2 Eine Verbuchung auf dem Verrechnungskonto zu Lasten eines Teilnehmers unterbleibt, sofern und soweit die Übertragung von Beträgen vom Zielkonto auf das Teilnehmerkonto aufgrund einseitiger Erklärung der Clearingstelle gegenüber dem Teilnehmer zur Erfüllung einer anderen als in § 5.1 genannten Verpflichtung gegenüber dem Teilnehmer erfolgt (Erfüllungsbestimmung i. S. d. § 366 Abs. 1 BGB). Leistet die Clearingstelle hierbei nicht auf eine eigene Verpflichtung, sondern auf die Verpflichtung eines anderen Teilnehmers (§ 267 Abs. 1 BGB), so erfolgt entsprechend keine Verbuchung auf dem Verrechnungskonto zu dessen Lasten; ein etwaiger Erstattungsanspruch ist, sofern nicht anderes vereinbart wird, ein Gruppeninterner Anspruch der Clearingstelle gegenüber dem anderen Teilnehmer, der entsprechend § 4 dieses CCP-Vertrags beglichen wird.[12]

5.4.2 The Clearing Account of a Participant shall not be debited, if and to the extent that the transfer of amounts from the Target Account to the Participant Account is, according to a unilateral declaration by the Clearing Agent to the Participant, intended to be in performance of an obligation to the Participant other than the one referenced in Section 5.1 (designated purpose of payment within the meaning of sec. 366 para. 1 BGB). If the Clearing Agent makes a transfer not in performance of its own obligation, but rather the obligation of another Participant (sec. 267 para. 1 BGB), no debit shall be posted to the Clearing Account; any repayment claim is, unless otherwise agreed, an Intragroup Claim held by the Clearing Agent against the other Participant, which is subject to settlement in accordance with Section 4 of this CCP Agreement.

5.4.3 Ist ein Teilnehmer als abhängiger Vertragsteil Partei eines Beherrschungs- und/oder Gewinnabführungsvertrages, so kann die Clearingstelle durch einseitige Erklärung gegenüber dem Teilneh-

5.4.3 If any Participant is a controlled company as a party to a control and/or profit transfer agreement, the Clearing Agent may determine, by unilateral declaration to the Participant, that any cash transfers

mer bestimmen, dass Liquiditätsübertragungen der Clearingstelle zu Gunsten des Teilnehmerkontos als vorab erbrachte Tilgungen des Verlustausgleichsanspruchs des Teilnehmers gegen den anderen Vertragsteil für das betreffende Geschäftsjahr gelten, sofern und soweit dem Teilnehmer ein solcher erwächst (Erfüllungsbestimmung i. S. d. § 366 Abs. 1 BGB). Soweit Liquiditätsübertragungen der Clearingstelle mit der Erfüllungsbestimmung nach Satz 1 erfolgen, erfolgt abweichend von § 5.4.1 keine entsprechende Buchung zu Lasten des Verrechnungskontos des abhängigen Vertragsteils.

made by the Clearing Agent to the credit of the Participant Account shall be deemed as advance payments in discharge of the Participant's Loss Settlement Claim against the other party to the control and/or profit transfer agreement for the relevant fiscal year, if and to the extent that such a claim accrues to the Participant (designated purpose of payment within the meaning of sec. 366 para. 1 BGB). To the extent that the Clearing Agent effects a cash transfer for the designated purpose defined in sentence 1, no debit shall, notwithstanding Section 5.4.1, be posted to the Clearing Account of the controlled party.

5.5 Saldenkonzentration[13]

5.5.1 Sofern und soweit ein Teilnehmer neben seinem Teilnehmerkonto Bankkonten bei Anderen Banken unterhält, ist er nach näherer Maßgabe dieses § 5.5 verpflichtet, die Salden der weiteren Bankkonten auf das Teilnehmerkonto zu konzentrieren. Der Teilnehmer ist verpflichtet, sofort verfügbare Guthaben bzw. fällige negative Salden, die auf solchen weiteren Bankkonten bestehen, unverzüglich in vollem Umfang durch Überträge entsprechender Beträge zu Gunsten bzw. zu Lasten seines Teilnehmerkontos auszugleichen. Der Teilnehmer darf die Saldenkonzentration unterlassen, soweit das oder die Guthaben auf Bankkonten bei Anderen Banken zur Aufrechterhaltung seines ordnungsgemäßen Geschäftsbetriebs benötigt werden.

5.5 Consolidation of balances

5.5.1 If and to the extent that any Participant maintains, in addition to its Participant Account, any bank accounts at Another Bank or Banks, such Participant shall be obligated, as provided in detail in this Section 5.5, to consolidate the balances of such other bank accounts in the Participant Account. The Participant shall promptly and fully settle immediately available positive balances or due negative balances in such other bank accounts by making transfers in the appropriate amounts to the credit or debit of the Participant's Participant Account. The Participant is permitted to refrain from consolidating balances, to the extent that the credit balances in accounts at Another Bank or Banks are needed for the maintenance of the Participant's normal business operations.

5.5.2 Zwischen den Parteien besteht Einigkeit, dass die Geldanlage durch die Teilnehmer auf Bankkonten bei Anderen Banken im Einzelfall geboten oder sogar rechtlich erforderlich sein kann. Sofern und soweit sich ein solches Erfordernis abzeichnet, werden die Parteien

5.5.2 The Parties are in agreement that in some cases it may be appropriate, or even legally required, for Participants to deposit money in bank accounts at Another Bank or Banks. If and to the extent that such necessity becomes apparent, the Parties shall take all appropri-

alle geeigneten Maßnahmen treffen, um eine Geldanlage des Teilnehmers auf einem oder mehreren weiteren Bankkonto/Bankkonten zu gewährleisten. Eine derartige Maßnahme ist auf Einzelfälle zu beschränken und findet nur in Abstimmung zwischen den Parteien statt; sie muss von der Clearingstelle in jedem Einzelfall schriftlich bestätigt werden.

ate measures to guarantee the deposit of money by the Participant in one or several bank accounts. Such course of action shall be limited to exceptional cases and shall be subject to agreement between the Parties; in any event, such course of action shall be subject to written confirmation by the Clearing Agent in each case.

5.6 Liquiditätsausstattung[14]

Die Clearingstelle ist verpflichtet, für eine ausreichende Liquiditätsausstattung der ABC-Gruppe zu sorgen, um jederzeit die entsprechend den Bestimmungen dieses CCP-Vertrages erforderlichen Liquiditätsübertragungen zugunsten der Teilnehmerkonten und zu Lasten der Verrechnungskonten zu gewährleisten. Die Clearingstelle übernimmt insoweit ein Beschaffungsrisiko im Sinne von § 276 Abs. 1 Satz 1 BGB.

5.6 Available cash

The Clearing Agent shall ensure that sufficient cash is available to ABC Group, so as to guarantee that the necessary cash transfers to the credit of Participant Accountants and to the debit of Clearing Accounts can at all times be effected in accordance with the provisions of this CCP Agreement. In this connection, the Clearing Agent assumes a procurement risk within the meaning of sec. 276 para. 1 sent. 1 BGB.

5.7 Kapitalaufbringung[15][16]

5.7.1 Sofern und soweit bei einem Teilnehmer Liquidität auf einem Teilnehmerkonto eingegangen ist, die dazu bestimmt ist, eine Verpflichtung auf Einlage in das Grundkapital, das Stammkapital bzw. das Kommanditkapital des Teilnehmers zu erfüllen, darf eine Übertragung dieser Liquidität auf das Zielkonto nur dann erfolgen, wenn (i) zum Zeitpunkt dieser Übertragung auf das Zielkonto und ihrer Einbuchung in das Verrechnungskonto dieses Teilnehmers auf diesem Verrechnungskonto ein Nullsaldo oder ein Guthaben zu Gunsten dieses Teilnehmers besteht, (ii) der Zahlungsanspruch des Teilnehmers, der durch die Übertragung der Liquidität auf das Zielkonto entsteht, zu diesem Zeitpunkt liquide und vollwertig ist und diese Liquidität und Vollwertigkeit, soweit voraussehbar, auch bestehen bleibt

5.7 Procurement of capital

5.7.1 If and to the extent that a Participant has received cash in a Participant Account which is intended in settlement of an obligation to make a capital contribution to the registered share capital (*Grundkapital*) or limited partnership capital (*Kommanditkapital*) of the Participant, a transfer of such cash to the Target Account may be made only if (i) at the time of transfer to the Target Account and posting of the transfer to the Clearing Account of the Participant, there is a zero balance or positive balance in this Clearing Account of the Participant, (ii) the payment claim of the Participant created as a result of the cash transfer to the Target Account is liquid and has full commercial value at such time and, to the extent foreseeable, will also continue to be liquid and have commercial value in the future, and (iii) any

und (iii) etwaige gesetzliche Offenlegungserfordernisse (z. B. gemäß § 19 Abs. 5 i. V. m. § 8 GmbHG bzw. § 27 Abs. 4 i. V. m. § 37 AktG) erfüllt sind. Hat ein Teilnehmer die Rechtsform einer GmbH & Co. KG, so gilt zusätzlich folgendes: Liquidität, die bei dessen Komplementär-GmbH zur Erfüllung einer Verpflichtung auf Einlage in deren Stammkapital eingegangen ist, darf auf das Zielkonto (und/oder ein anderes Konto der GmbH & Co. KG) nur übertragen werden, wenn die im vorstehenden Satz 1 Halbsatz 2 unter (i), (ii) und (iii) genannten Voraussetzungen entsprechend erfüllt sind.

5.7.2 Besteht im Falle des § 5.7.1 kein Nullsaldo oder kein Guthaben zugunsten des Teilnehmers, so gilt Folgendes:

Soweit Liquidität auf einem Teilnehmerkonto eingegangen ist, die dazu bestimmt ist, eine Verpflichtung auf Einlage in das Grundkapital, das Stammkapital bzw. das Kommanditkapital des Teilnehmers zu erfüllen, muss diese unverzüglich auf ein gesondertes Bankkonto des Teilnehmers bei einer Anderen Bank übertragen werden, das nicht Teilnehmerkonto ist. § 5.5.1 Sätze 1 und 2 dieses CCP-Vertrages finden in diesem Fall keine Anwendung. Ferner ist der Teilnehmer in diesem Fall verpflichtet, die entsprechende Liquidität von diesem Bankkonto für eigene operative Zwecke zu verwenden und hierüber eine entsprechende Dokumentation anzulegen. Auf keinen Fall darf diese Liquidität erneut Eingang in das Clearing und/oder Cash Pooling finden.

5.7.3 Ist im Falle des § 5.7.1 eine Übertragung von Liquidität auf das Zielkonto erfolgt, ohne dass alle in

legal disclosure requirements (e.g., under sec. 19 para. 5 in conjunction with sec. 8 GmbHG or sec. 27 para. 4 in conjunction with sec. 37 AktG) are satisfied. If a Participant is organized as a German limited partnership (*GmbH & Co. KG*), the following additional provisions shall apply: Cash received by the general partner GmbH of the limited partnership in settlement of an obligation to make a capital contribution to the registered share capital (*Stammkapital*) of the general partner GmbH may be transferred to the Target Account (and/or any other account of the limited partnership) only if the requirements defined in sentence 1 subclause 2 (i), (ii) and (iii) are satisfied, *mutatis mutandis*.

5.7.2 If there is no zero balance or positive balance in the Clearing Account of the Participant in the case of Section 5.7.1, the following shall apply:

If cash received in a Participant Account was intended in settlement of an obligation to make a capital contribution to the registered share capital (*Grundkapital/Stammkapital*) or limited partnership capital (*Kommanditkapital*) of the Participant, such cash shall be promptly transferred to a separate bank account of the Participant at Another Bank that is not a Participant Account. In such case Section 5.5.1 sentences 1 and 2 of this CCP Agreement shall not apply. In addition, the Participant shall in such case be obligated to use the cash received in this account for its own operational purposes and appropriately document such use. Under no circumstances shall such cash reenter the Clearing and/or Cash Pooling system.

5.7.3 In the event that a cash transfer to the Target Account is made in accordance with Section 5.7.1 when

§ 5.7.1 (ii) und (iii) genannten Voraussetzungen erfüllt waren bzw. sind und ist deshalb der zugrundeliegende Bareinlagenanspruch des Teilnehmers durch die auf diesen Anspruch erfolgte Einlagezahlung nicht erfüllt worden, so dass der Inferentin hieraus ggf. ein Bereicherungsanspruch erwachsen ist, so gilt dieser Bereicherungsanspruch im Umfang der genannten Übertragung von Liquidität auf das Zielkonto als getilgt. [17]

the conditions defined in Section 5.7.1 (ii) and (iii) were or are not satisfied and, as a result thereof, the underlying claim of the Participant for a cash capital contribution is not settled as a result of the capital contribution paid in settlement of that claim, with the consequence that an unjust enrichment claim accrued to the party making the capital contribution, such unjust enrichment claim shall be deemed to have been settled in the amount of the aforementioned cash transfer to the Target Account.

§ 6 Verrechnungskonten

6.1 Verrechnungskonto[18]

Die Clearingstelle führt für jeden Teilnehmer zur Abwicklung des Clearing bzw. des Cash-Pooling nach Maßgabe dieses CCP-Vertrages (und insbesondere des § 5.4.1) ein Konto als Staffelkontokorrent im Sinne des § 355 HGB (*Verrechnungskonto*). Positive oder negative Salden auf einem Verrechnungskonto gelten auch innerhalb einer Abrechnungsperiode jeweils als Darlehensrückzahlungsansprüche des betreffenden Teilnehmers bzw. der Clearingstelle; dabei gelten diese Darlehensrückzahlungsansprüche jeweils schon in dem in § 5.4.1 Satz 4 genannten Zeitpunkt als getilgt.

6.2 Rechnungsabschluss

Die Clearingstelle erstellt für jeden Teilnehmer zum Ende jeder Abrechnungsperiode einen Rechnungsabschluss, aus dem die Entwicklung des Verrechnungskontos (einschließlich Tagessalden) während der jeweiligen Abrechnungsperiode sowie der Stand des Saldos zum Ende der Abrechnungsperiode (*Abrechnungssaldo*) hervorgehen. Die Clearingstelle fertigt solche Rechnungsabschlüs-

Section 6 Clearing Accounts

6.1 Clearing Account

The Clearing Agent shall maintain an adjusted current account (*Staffelkonto*) within the meaning of § 355 of the German Commercial Code (*Handelsgesetzbuch – HGB*) for each Participant for the settlement of Clearing and Cash Pooling transactions in accordance with this CCP Agreement (including, without limitation, Section 5.4.1) (*Clearing Account*). Positive and negative balances in a Clearing Account shall, also within a Settlement Period, in each case be deemed loan repayment claims of the Participant or Clearing Agent, as applicable; these loan repayment claims shall be deemed discharged already as of the time stated in Section 5.4.1 sentence 4.

6.2 Closing statement

At the end of each Settlement Period, the Clearing Agent shall generate a closing statement reflecting transactions of the Clearing Account (including daily balances) during the Settlement Period as well as the balance at the end of the Settlement Period (*Closing Balance*). The Clearing Agent shall also generate closing statements for other dates, if the Clearing Agent and/or any Participant has

se auch zu anderen Terminen an, soweit hierfür ein berechtigtes Interesse der Clearingstelle und/oder eines Teilnehmers besteht. Buchungen auf den Verrechnungskonten und den Rechnungsabschluss übermittelt die Clearingstelle den betroffenen Teilnehmern zeitnah, spätestens jedoch innerhalb einer Kalenderwoche nach Ende einer Abrechnungsperiode.

6.3 Einwendungen gegen den Rechnungsabschluss

Einwendungen gegen den Rechnungsabschluss müssen unverzüglich erhoben werden und der Clearingstelle schriftlich zugehen; ein Rechnungsabschluss gilt als genehmigt, wenn ihm nicht innerhalb von zwei Wochen nach Zugang widersprochen wird. Ein genehmigter Rechnungsabschluss beschränkt Ansprüche des betroffenen Teilnehmers und der Clearingstelle ausschließlich auf den im Rechnungsabschluss ausgewiesenen Saldo (Novation).

6.4 Einwendungen gegen Belastungsbuchung

Einwendungen gegen eine Belastungsbuchung auf dem Verrechnungskonto sind durch den belasteten Teilnehmer unverzüglich schriftlich zu erheben.

6.5 Rückgängigmachung von Gutschriften

Gutschriften, die ohne einen Überweisungsauftrag gemäß § 4.1 gebucht werden (z. B. wegen Irrtums, Schreibfehlern etc.), kann die Clearingstelle unverzüglich nach Kenntnis der Umstände, spätestens innerhalb von 90 Tagen, durch Korrekturbuchung rückgängig machen. Dies gilt auch für Gutschriften auf einem Teilnehmerkonto im Rahmen des Cash-Poolings, die ohne eine Anforderung des entsprechenden Teilnehmers erfolgt sind.

a valid interest in such statements. The Clearing Agent shall transmit transactions posted to Clearing Accounts, as well as the closing statement, to the Participants as soon as possible, however not later than one week from the end of the Settlement Period.

6.3 Objections to closing statement

Any objections to a closing statement must be raised promptly and must be received by the Clearing Agent in writing; a closing statement shall be deemed to have been approved, unless an objection is raised within two weeks from receipt. Once a closing statement has been approved, any claims of the Participant or the Clearing Agent shall be limited exclusively to the balance reflected in the closing statement (novation).

6.4 Objections to debits

Any objections to a debit posted to the Clearing Account of a Participant must be made promptly and in writing by the Participant.

6.5 Reversal of credits

The Clearing Agent may promptly upon discovery of the relevant circumstances, at the latest within 90 days, reverse any credits posted without a transfer order within the meaning of Section 4.1 (e.g., as a result of a mistake, typographical error, etc.), by correcting the accounts. The same shall also apply to any credits posted to a Participant Account of a Participant for Cash Pooling purposes without a corresponding demand by the Participant.

| 6.6 | Zurückweisung von Aufträgen | 6.6 | Rejection of orders |

6.6 Zurückweisung von Aufträgen

Die Clearingstelle ist vorbehaltlich § 5.3 Satz 2 berechtigt, einen Überweisungsauftrag oder eine andere Belastung eines Verrechnungskontos abzulehnen und nicht auszuführen, wenn die Belastung nicht durch ein ausreichendes Guthaben oder einen eingeräumten Kreditrahmen gedeckt ist. Die Clearingstelle wird die Zurückweisung eines Auftrags dem betreffenden Teilnehmer unverzüglich mitteilen.

6.7 Erweiterte Erfüllungsbestimmung[19]

Ist der Gesamtkreditrahmen der Clearingstelle gegenüber einem Teilnehmer so weit ausgeschöpft worden, dass durch diese Ausschöpfung gegen die für einen Teilnehmer geltenden Kapitalerhaltungsvorschriften verstoßen wurde, so bewirkt, sofern und soweit ein Guthaben des Teilnehmers auf seinem Verrechnungskonto besteht, eine anschließende Lastschrift auf dem Verrechnungskonto dieses Teilnehmers auch die vollständige bzw. teilweise Erfüllung eines etwaigen aus der entsprechenden Ausschöpfung des Gesamtkreditrahmens der Clearingstelle herrührenden Anspruchs des Teilnehmers gemäß §§ 30, 31 GmbHG (ggf. in analoger Anwendung) bzw. §§ 57, 62 AktG bzw. §§ 57, 62 i. V. m. § 278 Abs. 3 AktG bzw. §§ 812, 134 BGB i. V. m. § 30 GmbHG/§ 57 AktG (Erfüllungsbestimmung i. S. d. § 366 Abs. 1 BGB).

§ 7 Kreditrahmen[20]

7.1 Gesamtkreditrahmen des Teilnehmers

Die Clearingstelle räumt jedem Teilnehmer einen Kreditrahmen ein, den die Summe der Verbindlichkeiten des Teilnehmers gegenüber der Clearingstelle, gleich welcher Art und unter Einbeziehung

6.6 Rejection of orders

Subject to Section 5.3 sentence 2, the Clearing Agent shall have the right to reject and refuse execution of any transfer order or other debit of a Clearing Account, if the debit is not covered by sufficient funds or a credit line. The Clearing Agent shall provide the Participant with prompt notice if an order has been rejected.

6.7 Expanded designated purpose

If the Total Credit Line extended by a Participant to the Clearing Agent has been used up to the point where capital preservation rules applicable to the Participant are being violated, any subsequent debit posted to the Clearing Account of such Participant shall, if and to the extent that there is a positive balance in the Clearing Account of the Participant, also be in full or partial settlement of any claim of the Participant arising from such use of the Total Credit Line of the Clearing Agent, in accordance with sec. 30 and 31 GmbHG (applicable by analogy) or sec. 57 and sec. 62 AktG in conjunction with sec. 278 para. 3 AktG, or sec. 812, 134 BGB in conjunction with sec. 30 GmbHG/ sec. 57 AktG (designated purpose of payment within the meaning of sec. 366 para. 1 BGB).

Section 7 Credit Lines

7.1 Total Credit Line of the Participant

The Clearing Agent shall extend a credit line to each Participant, which shall not be exceeded by the total amount of liabilities owed by the Participant to the Clearing Agent, whatever their nature and

des Saldos auf dem Verrechnungskonto, nicht übersteigen darf (*Gesamtkreditrahmen des Teilnehmers*). Die Höhe des Gesamtkreditrahmens wird in der Konditionenvereinbarung mit dem betreffenden Teilnehmer individuell festgelegt.

7.2 Gesamtkreditrahmen der Clearingstelle

7.2.1 Jeder Teilnehmer räumt der Clearingstelle einen Kreditrahmen ein, den die Summe der Verbindlichkeiten der Clearingstelle gegenüber dem betreffenden Teilnehmer, gleich welcher Art und unter Einbeziehung des Saldos auf dem Verrechnungskonto, nicht überschreiten darf (*Gesamtkreditrahmen der Clearingstelle*). Die Höhe des Gesamtkreditrahmens wird in der Konditionenvereinbarung mit dem betreffenden Teilnehmer individuell festgelegt.

7.2.2 Der Gesamtkreditrahmen der Clearingstelle darf zu keinem Zeitpunkt mittels Ausreichung aufsteigender Darlehen durch einen Teilnehmer an die Clearingstelle oder durch außerhalb des gewöhnlichen Geschäftsbetriebs erfolgende darlehensähnliche Rechtsgeschäfte (z. B. Stundung von Kaufpreis- oder Werklohnforderungen), sei es im Rahmen des Clearing, des Cash Pooling und/oder in sonstiger Weise, weiter ausgeschöpft werden, wenn zum Zeitpunkt der Ausreichung oder der Vornahme des darlehensähnlichen Rechtsgeschäfts der hierdurch entstehende Darlehensrückzahlungs- oder sonstige Anspruch des Teilnehmers gegen die Clearingstelle nicht in vollem Umfang vollwertig, d. h. rechtlich durchsetzbar und in der HGB-Einzelbilanz des Teilnehmers bilanziell in vollem Umfang werthaltig, ist und diese Vollwertigkeit nicht auch voraussichtlich bestehen bleibt. Gleiches gilt, wenn die weitere Ausschöpfung

including the balance in the Clearing Account (Total Credit Line of the Participant). The amount of the Total Credit Line shall be determined on a case-by-case basis in the Agreement on Terms and Conditions with each Participant.

7.2 Total Credit Line of the Clearing Agent

7.2.1 Each Participant shall extend a credit line to the Clearing Agent, which shall not be exceeded by the total amount of liabilities owed by the Clearing Agent to the Participant, whatever the nature and including the balance in the Clearing Account (Total Credit Line of the Clearing Agent). The amount of the Total Credit Line shall be determined on a case-by-case basis in the Agreement on Terms and Conditions with each Participant.

7.2.2 The Total Credit Line of the Clearing Agent shall at no time continue to be used, by the extension of „upstream" loans by a Participant to the Clearing Agent or through quasi-loan transactions outside the ordinary course of business (e.g., deferment of claims for payment of a purchase price or for payment of work), whether for Clearing, Cash Pooling and/or any other purposes, if at the time such loans are extended or such quasi-loan transactions are made, the resulting loan repayment claim or other claim of the Participant against the Clearing Agent does not have full commercial value, i.e., is not legally enforceable or is not reported at full commercial value in the *HGB* single-entity balance sheet of the Participant, or is not expected to have full commercial value in the future. The same shall apply if any additional use of the Total Credit Line would necessarily render the Participant unable to make payment or if the

zur Zahlungsunfähigkeit des Teilnehmers führen muss oder wenn dessen Zahlungsunfähigkeit und/oder Überschuldung im insolvenzrechtlichen Sinne bereits besteht. Sofern und sobald die Vollwertigkeit (bezüglich des infrage stehenden Darlehensrückzahlungsanspruches oder Anspruches aus darlehensähnlichen Rechtsgeschäften und/oder bezüglich Rückzahlungsansprüchen des Teilnehmers aus bereits vorher ausgereichten aufsteigenden Darlehen oder Ansprüchen aus vorher vorgenommenen darlehensähnlichen Rechtsgeschäften) nicht mehr gegeben ist, darf die Clearingstelle ihren Gesamtkreditrahmen nicht mehr weiter ausschöpfen.

7.2.3 Sofern und soweit danach der Gesamtkreditrahmen der Clearingstelle zu weit ausgeschöpft ist und/oder sofern die Vollwertigkeit (im genannten Sinne) der genannten Darlehensrückzahlungs- oder sonstigen Ansprüche des Teilnehmers nicht oder nicht mehr gegeben ist und/oder sofern und soweit der Gesamtkreditrahmen der Clearingstelle (weiter) ausgeschöpft wurde, obwohl die Voraussetzungen des § 7.2.2 Satz 2 oder eine dieser Voraussetzungen erfüllt waren oder war, hat die Clearingstelle auf Verlangen des betreffenden Teilnehmers die Ausschöpfung durch entsprechende Liquiditätsübertragung vom Zielkonto auf das Teilnehmerkonto unverzüglich auf den zulässigen Umfang zurückzuführen; die Clearingstelle ist allerdings befugt, anstelle der Rückführung dem Teilnehmer zum Ausgleich des Mangels der Vollwertigkeit eine geeignete Sicherheit zu stellen.

7.3 Kreditrahmen bezüglich Cash-Pooling

7.3.1 Die Clearingstelle räumt jedem Teilnehmer für die Teilnahme der Teilnehmerkonten am Cash-

Participant is already unable to make payment and/or overindebted within meaning of German insolvency law. If and as soon as full commercial value (with respect to the loan repayment claim involved or the claim arising from quasi-loan transactions and/or with respect to repayment claims of the Participant under previously extended „upstream" loans or with respect to claims from previous quasi-loan transactions) is no longer warranted, the Clearing Agent may no longer draw on its Total Credit Line.

7.2.3 If and to the extent that the Total Credit Line of the Clearing Agent is overdrawn and/or commercial value (as defined above) of the aforementioned loan repayment claims or other claims of the Participant is not or no longer warranted and/or if and to the extent that (additional) use was made of the Total Credit Line of the Clearing Agent, even though either or both of the conditions defined in Section 7.2.2 sentence 2 were not satisfied, the Clearing Agent shall upon demand of the Participant promptly reduce the credit balance to the permitted amount by retransferring funds in the appropriate amount from the Target Account to the Participant Account; the Clearing Agent shall however have the right to deliver appropriate security to the Participant to compensate for the lack of full commercial value, in lieu of retransferring funds.

7.3 Credit lines for Cash Pooling

7.3.1 The Clearing Agent shall extend a credit line in an amount to be defined in the applicable Agreement

Pooling den in der betreffenden Konditionenvereinbarung betragsmäßig bestimmten Kreditrahmen ein (*Cash-Pooling-Kreditrahmen des Teilnehmers*). Der Cash-Pooling-Kreditrahmen des Teilnehmers ist ein Teil des Gesamtkreditrahmens des Teilnehmers. Darlehen, die einem Teilnehmer im Wege des Cash-Pooling gewährt werden, sind daher bei der Frage, ob und zu welchem Teil der Gesamtkreditrahmen des Teilnehmers ausgeschöpft ist, zu berücksichtigen.

7.3.2 Der Teilnehmer räumt der Clearingstelle einen in der betreffenden Konditionenvereinbarung betragsmäßig bestimmten Kreditrahmen bezüglich Cash-Pooling-Leistungen (*Cash-Pooling-Kreditrahmen der Clearingstelle*) ein. Der Cash-Pooling-Kreditrahmen der Clearingstelle ist ein Teil des Gesamtkreditrahmens der Clearingstelle. Darlehen, die der Clearingstelle von einem Teilnehmer im Wege des Cash-Pooling gewährt werden, sind daher bei der Frage, ob und zu welchem Teil der Gesamtkreditrahmen der Clearingstelle ausgeschöpft ist, zu berücksichtigen.

7.3.3 Die Parteien sind nicht zur Übertragung von entsprechenden Beträgen zu Gunsten (bzw. zu Lasten) eines Teilnehmerkontos verpflichtet, sofern und soweit der jeweilige Saldo des Verrechnungskontos dieses Teilnehmers den jeweiligen Gesamtkreditrahmen dieses Teilnehmers (bzw. den Gesamtkreditrahmen der Clearingstelle) übersteigt. Entsprechendes gilt für die Leistungen im Rahmen des Cash Pooling, sofern und soweit der jeweilige Saldo des Verrechnungskontos des betreffenden Teilnehmers den jeweiligen Cash-Pooling-Kreditrahmen dieses Teilnehmers (bzw. den Cash-Pooling-Kreditrahmen der Clearingstelle) übersteigt.

on Terms and Conditions to each Participant for participation of the Participant Accounts in Cash Pooling (Cash Pooling Credit Line of the Participant). The Cash Pooling Credit Line of each Participant shall be part of the Participant's Total Credit Line. Loans extended to the Participant by means of Cash Pooling shall therefore be taken into consideration to determine whether and, if so, to what extent the Total Credit Line for the Participant has been used up.

7.3.2 Each Participant shall extend a credit line in an amount to be defined in the applicable Agreement on Terms and Conditions to the Clearing Agent for Cash Pooling transactions (Cash Pooling Credit Line of the Clearing Agent). The Cash Pooling Credit Line of the Clearing Agent shall be part of the Total Credit Line of the Clearing Agent. Loans extended to the Clearing Agent by the Participant by means of Cash Pooling shall therefore be taken into consideration to determine whether and, if so, to what extent the Total Credit Line of the Clearing Agent has been used up.

7.3.3 The Parties shall have no obligation to transfer any amounts to the credit (or to the debit, as applicable) of any Participant Account, if and to the extent that the balance in the Clearing Account of the Participant exceeds the Total Credit Line of such Participant (or the Total Credit Line of the Clearing Agent, as applicable). The same shall apply, *mutatis mutandis*, to Cash Pooling transactions, if and to the extent that the balance in the Clearing Account of the Participant exceeds the Cash Pooling Credit Line of such Participant (or the Cash Pooling Credit Line of the Clearing Agent, as applicable).

zinsung der Ausgleichsansprüche und der auf dem Verrechnungskonto auflaufenden Salden gemäß den Bestimmungen dieses § 9 zu erfolgen. Änderungen der Konditionenvereinbarung mit einzelnen Teilnehmern bedürfen nicht der Zustimmung der anderen Teilnehmer.

9.2 Die während einer Abrechnungsperiode wechselseitig entstehenden Tagessalden auf dem Verrechnungskonto sowie die Ausgleichsansprüche einer Partei werden taggenau gemäß den in der Konditionenvereinbarung festgelegten Zinssätzen verzinst.

9.3 Jede Partei ist berechtigt, eine Anpassung der vereinbarten Zinssätze bzw. Entgelte durch Änderung der Konditionenvereinbarung zu verlangen, wenn eine solche Anpassung mit Rücksicht auf die Zinsentwicklung am Kapitalmarkt, die Inflation, die entsprechende Risikoentwicklung bei einer Partei und/oder ähnliche Entwicklungen nach Treu und Glauben erforderlich erscheint. Sollten sich die Parteien in einem solchen Fall nicht einigen, so hat die Clearingstelle eine entsprechende Entscheidung gemäß § 315 BGB zu treffen.

9.4 Die während einer Abrechnungsperiode wechselseitig entstehenden Ansprüche auf Zahlung von Zinsen werden zum Ende dieser Abrechnungsperiode in das Verrechnungskonto eingestellt und bei der Berechnung des Abrechnungssaldos berücksichtigt.

§ 10 Rangrücktritt

Die Clearingstelle tritt hiermit im Wege eines echten Vertrages zu Gunsten Dritter mit ihren sich aus einem Verrechnungskonto gemäß § 6.1 ergebenden Darlehensrückzahlungsansprüchen (einschließlich etwaiger Ausgleichsansprüche) gegenüber

9.1. The Agreement on Terms and Conditions shall also specify the interest payable on Settlement Claims and on balances accruing in the Clearing Account, in accordance with the provisions of this Section 9. Any modifications to the Agreement on Terms and Conditions with a Participant shall not be subject to the consent of the other Participants.

9.2 The mutual daily balances of the Clearing Account accruing during a Settlement Period, as well as the Settlement Claims of a Party, shall carry interest on a daily basis at the interest rates set forth in the Agreement on Terms and Conditions.

9.3 Each Party shall have the right to demand an adjustment of the agreed interest rates or fees by modification of the Agreement on Terms and Conditions, if such an adjustment appears, in good faith, necessary in consideration of changes in interest rates on the capital market, inflation, the development of related risks for a party and/or similar developments. Should the Parties fail to reach an agreement in such a case, the Clearing Agent shall make a decision in accordance with sec. 315 BGB.

9.4 The mutual claims for payment of interest accruing during a Settlement Period shall be posted to the Clearing Account at the end of the Settlement Period and shall be taken into account for purposes of computing the closing balance.

Section 10 Subordination of Claims

The Clearing Agent hereby irrevocably agrees, in the form of a genuine third-party beneficiary agreement (*echter Vertrag zu Gunsten Dritter*), to subordinate its loan repayment claims reflected in a Clearing Account in accordance with Sec-

§ 8 Ausgleichsansprüche

Weist der Abrechnungssaldo seines Verrechnungskontos ein Guthaben des Teilnehmers aus, so hat dieser Teilnehmer einen sofort fälligen Anspruch gegen die Clearingstelle auf Zahlung eines diesem Saldo entsprechenden Betrages, sofern und soweit das betreffende Guthaben den Gesamtkreditrahmen der Clearingstelle übersteigt (*Ausgleichsanspruch des Teilnehmers*). Der betreffende Teilnehmer kann Zahlung des Ausgleichsanspruchs auf ein Bankkonto bei einer Anderen Bank verlangen. Weist der Abrechnungssaldo des Verrechnungskontos ein Guthaben der Clearingstelle aus, so hat die Clearingstelle einen sofort fälligen Anspruch auf Zahlung eines diesem Saldo entsprechenden Betrages gegen den Teilnehmer, sofern und soweit das betreffende Guthaben den Gesamtkreditrahmen des Teilnehmers übersteigt (*Ausgleichsanspruch der Clearingstelle*). Die Clearingstelle kann Zahlung des Ausgleichsanspruchs der Clearingstelle nur auf das Zielkonto verlangen. Sofern und soweit Zahlungsverlangen gemäß den vorstehenden Sätzen 2 oder 4 dieses § 8 nicht gestellt werden, bleiben die entsprechenden Beträge auf dem Verrechnungskonto stehen.

§ 9 Konditionen und Verzinsung[21]

9.1 Die Clearingstelle vereinbart mit jedem einzelnen Teilnehmer in einer Konditionenvereinbarung individuelle Konditionen für das Verrechnungskonto, insbesondere zu Gesamtkreditrahmen, Cash-Pooling-Kreditrahmen, Zielsaldo, Soll- und Haben-Zinsen und Entgelten. Die Soll- und Haben-Zinsen und sonstigen Entgelte müssen aus Sicht sowohl der Teilnehmer als auch der Clearingstelle vorteilhaft sein gegenüber einer entsprechende Alternativanlage bzw. Mittelaufnahme bei einem Kreditinstitut. Für die Konditionenvereinbarung ist das als Anlage 9.1 beigefügte Muster zu verwenden. Im Rahmen der Konditionenvereinbarung hat die Ver-

Section 8 Settlement Claims

If the closing balance of the Clearing Account shows a credit in favor of the Participant, this Participant shall have a claim for payment of this credit against the Clearing Agent, which shall be due immediately, if and to the extent that the credit exceeds the Total Credit Line of the Clearing Agent (*Settlement Claim of the Participant*). The Participant may demand that payment of the Settlement Claim be remitted to a bank account at Another Bank. If the closing balance of the Clearing Account shows a credit in favor of the Clearing Agent, the Clearing Agent shall have a claim for payment of this credit against the Participant, which shall be due immediately, if and to the extent that the credit exceeds the Total Credit Line of the Participant (*Settlement Claim of the Clearing Agent*). The Clearing Agent must demand that the Settlement Claim be paid to the Target Account and no other account. If and to the extent that no demands for payment are made in accordance with sentences 2 or 4 of this Section 8, the amounts involved shall remain in the Clearing Account.

Section 9 Terms and Interest

9.1 The Clearing Agent shall enter into an Agreement on Terms and Conditions with each Participant to define the terms and conditions governing the Clearing Account, including, without limitation, the terms and conditions of the Total Credit Line, Cash Pooling Credit Line, Target Balance, credit and debit interest rates, and fees. The credit and debit interest rates and other fees must, from the point of view of the Participants as well as the Clearing Agent, be favorable compared to an alternative investment with or procurement of funds from a bank, as applicable. The Agreement on Terms and Conditions shall be based on the form attached hereto as Schedule

II. Clearing- und Cash-Pooling-Vertrag　　　　　　　　　　M.II

dem betreffenden Teilnehmer unwiderruflich hinter sämtliche Forderungen derzeitiger und künftiger anderer Gläubiger dieses Teilnehmers i. S. d. § 35 Abs. 1 Ziffern 1 bis 5 InsO, die keinen Rangrücktritt erklärt haben, so lange und so weit zurück, als der Teilnehmer überschuldet (im Sinne der InsO) ist und/oder die Geltendmachung des Anspruchs zu seiner Überschuldung (im Sinne der InsO) führen würde.

§ 11 Informationspflichten der Parteien[22]

11.1 Informationspflichten der Teilnehmer

11.1.1 Laufende Informationspflichten
(a) Jeder Teilnehmer ist verpflichtet, die Clearingstelle spätestens an jedem Freitag einer Woche (*Planungsstichtag*) per E-Mail über seine aktuelle kurzfristige Finanzplanung zu informieren. Fällt der Freitag einer Woche in (......) auf einen gesetzlichen Feiertag, hat der Teilnehmer die Clearingstelle spätestens an dem letzten Tag vor diesem Freitag, der in (......) ein gesetzlicher Feiertag ist, über seine kurzfristige Finanzplanung zu informieren.
(b) Die kurzfristige Finanzplanung des Teilnehmers umfasst eine Aufstellung aller Liquiditätsabflüsse, die im Geschäftsbetrieb des Teilnehmers innerhalb eines Zeitraumes von 14 Tagen nach dem jeweiligen Planungsstichtag (*Planungszeitraum*) erforderlich sein werden, und aller Liquiditätszuflüsse, die während dieses Planungszeitraums zu erwarten sind. Voraussichtlicher Zeitpunkt und voraussichtliche Höhe der jeweiligen Liquiditätsabflüsse und Liquiditätszuflüsse sind so genau wie möglich mitzuteilen.

tion 6.1 (including any Settlement Claims) against a Participant to all claims of any present or future other creditors within the meaning of § 35 para. 1 nos. 1 through 5 of the German Insolvency Code (*InsO*) who have not subordinated their claims, as long as and to the extent that the Participant is overindebted (within the meaning of the Insolvency Code) and/or enforcement of the claim would result in overindebtedness of the Participant (within the meaning of the Insolvency Code).

Section 11 Disclosure Obligations of the Parties

11.1 Disclosure obligations of the Participants

11.1.1 Disclosure on an ongoing basis
(a) Each Participant shall inform the Clearing Agent by e-mail at the latest on each Friday of the week (*Planning Cut-Off Date*) of the Participant's current short-term financial plans. If the Friday of a week falls on a legal holiday in (......), the Participant shall inform the Clearing Agent of the short-term financial plans at the latest on the last day before this Friday that is not a legal holiday in (......).

(b) The short-term financial plans of a Participant shall include an itemized statement of all cash outflows that will be necessary for the business operations of the Participant within a time period of 14 days from the applicable Planning Cut-Off Date (*Planning Period*), and of all cash inflows that are expected during this time period. The anticipated timing and amount of each cash outflow and inflow shall be disclosed as accurately as possible.

11.1.2 Einzelfallbezogene Informationspflichten
Jeder Teilnehmer hat die Clearingstelle in jedem Fall unverzüglich zu informieren, wenn und sobald
(a) sich die kurzfristige Finanzplanung eines Teilnehmers wesentlich ändert. Eine wesentliche Änderung der kurzfristigen Finanzplanung liegt insbesondere dann vor, wenn Grund zu der Annahme besteht, dass ein Liquiditätszufluss, der im Rahmen der der Clearingstelle bereits mitgeteilten kurzfristigen Finanzplanung berücksichtigt wurde, unterbleiben oder erst zu einem späteren Zeitpunkt oder in einem geringeren Umfang erfolgen wird oder ein entsprechender Liquiditätsabfluss früher und/oder in einem spürbar höheren Umfang erfolgt; dies gilt nicht, wenn die für eine mitteilungspflichtige Änderung der kurzfristigen Finanzplanung in der betreffenden Konditionenvereinbarung bestimmten Schwellen nicht überschritten werden; oder

(b) eine wesentliche Verschlechterung in den Vermögensverhältnissen des Teilnehmers eintritt oder einzutreten droht. Eine wesentliche Verschlechterung in den Vermögensverhältnissen des Teilnehmers liegt insbesondere dann vor, wenn Umstände eintreten, die erwarten lassen, dass der Teilnehmer nicht in der Lage sein wird, fällige Zahlungsverpflichtungen zu erfüllen, oder dass die bestehenden Verbindlichkeiten des Teilnehmers nicht mehr durch das Vermögen des Teilnehmers gedeckt sind; ferner liegt eine wesentliche Verschlechterung in den Vermögensverhältnissen des

11.1.2 Disclosure in specific cases

Each Participant shall promptly inform the Clearing Agent in each case, if and as soon as
(a) there is a substantial change in the short-term financial plans of the Participant. A substantial change in the short-term financial plans shall include, without limitation, any circumstances providing reason to believe that a cash inflow previously reported to the Clearing Agent as part of the short-term financial plans will not be received, will be received only at a later date, or will be received in a lower amount, or that a cash outflow previously reported to the Clearing Agent as part of the short-term financial plans will be incurred sooner and/or in a noticeably higher amount; the foregoing shall not apply if the thresholds defined in the Agreement on Terms and Conditions for changes to the short-term financial plans that are subject to disclosure are not exceeded; or

(b) the financial condition of the Participant has substantially deteriorated or substantial deterioration is impending. A substantial deterioration of the financial condition of the Participant shall include, without limitation, any circumstances creating a reasonable likelihood that the Participant will not be able to meet payment obligations when due, or that existing liabilities of the Participant will no longer be covered by the Participant's assets; a substantial deterioration of the financial condition of the Participant shall also be deemed to have occurred, if the prognosis for the continua-

II. Clearing- und Cash-Pooling-Vertrag

Teilnehmers vor, wenn die Fortführungsprognose bezüglich dieses Teilnehmers negativ wird, d.h. wenn ein Eintritt der Zahlungsunfähigkeit des Teilnehmers i.S.d. § 17 InsO in der Zeit bis zum Ende des nächsten Geschäftsjahres überwiegend wahrscheinlich ist; oder

(c) die Eröffnung eines Insolvenzverfahrens über das Vermögen des Teilnehmers beantragt wird; oder

(d) ein Insolvenzverfahren über das Vermögen des Teilnehmers eröffnet oder die Eröffnung des Insolvenzverfahrens über das Vermögen des Teilnehmers mangels Masse abgelehnt wird; oder

(e) wesentliche Teile des Vermögens des Teilnehmers gepfändet werden; oder

(f) ein Dritter einen vollstreckbaren Titel gegen den Teilnehmer erwirkt, auf dessen Grundlage dieser Dritte berechtigt ist, vom Teilnehmer eine Leistung zu verlangen, die den in der betreffenden Konditionenvereinbarung bestimmten Wert übersteigt.

11.2 Informationspflichten der Clearingstelle

11.2.1 Laufende Informationspflichten

(a) Die Clearingstelle ist verpflichtet, allen Teilnehmern mindestens alle zwei Wochen schriftliche Informationen zur Verfügung zu stellen, aus denen sich die Liquiditätssituation und Kreditwürdigkeit der Clearingstelle und der obersten Muttergesellschaft der ABC-Gruppe (die *Konzernmuttergesellschaft*) unter Berücksichtigung der konsolidierten Bilanz-, Ergebnis- und Cash-Flow-Zahlen ergeben. Derartige Informationen hat die Clearingstelle jedem Teilnehmer

tion of the Participant's business is negative, i.e., if there is a strong likelihood that the Participant will become unable to make payment within the meaning of sec. 17 InsO by the end of the next fiscal year; or

(c) a petition for insolvency is filed with respect to the assets of the Participant; or

(d) an insolvency proceeding is instituted with respect to the assets of the Participant or institution of an insolvency proceeding with respect to the assets of the Participant is denied for insufficiency of assets; or

(e) substantial parts of the Participant's assets are subject to attachment; or

(f) a third party holds an enforceable instrument against the Participant, on the basis of which the third party has a right to demand payment from the Participant in an amount exceeding a certain threshold as defined in the applicable Agreement on Terms and Conditions.

11.2 Disclosure obligations of the Clearing Agent

11.2.1 Disclosure on an ongoing basis

(a) The Clearing Agent shall provide all Participants with written information at least every two weeks, which shall reflect the cash flow situation and credit rating of the Clearing Agent and the top parent company of ABC Group (*Group Parent Company*), taking into consideration the consolidated balance sheet, earnings and cash flow figures. The Clearing Agent shall provide this information to each Participant also at other times, if a Participant requests this in-

auch zu einer anderen Zeit zu übermitteln, wenn der Teilnehmer diese aus berechtigtem Grund verlangt. Jedem Teilnehmer sind insbesondere der jährliche HGB-Einzelabschluss der Clearingstelle und der Konzernmuttergesellschaft (sofern diese nicht mit der Clearingstelle identisch ist) sowie der Konzernabschluss der Konzernmuttergesellschaft spätestens binnen zwei Wochen nach Feststellung dieser Abschlüsse in Kopie zuzuleiten.

(b) Die Clearingstelle wird dem Teilnehmer jeweils spätestens 180 Tage nach Abschluss ihres Geschäftsjahres und Geschäftshalbjahres schriftlich bestätigen, dass die in der betreffenden Konditionenvereinbarung bestimmten Obergrenzen für bestimmte Finanzkennzahlen der ABC-Gruppe zum Ende des betreffenden Geschäftsjahres bzw. Geschäftshalbjahres eingehalten waren bzw. dass dies nicht der Fall ist.

11.2.2 Einzelfallbezogene Informationspflichten

Die Clearingstelle hat alle Teilnehmer in jedem einzelnen Fall unverzüglich zu informieren, wenn und sobald

(a) eine wesentliche Verschlechterung in den Vermögensverhältnissen der Clearingstelle und/oder der Konzernmuttergesellschaft und/oder einer anderen Gesellschaft der ABC-Gruppe eintritt oder einzutreten droht. Eine wesentliche Verschlechterung in den Vermögensverhältnissen der Clearingstelle und/oder der Konzernmuttergesellschaft und/oder einer anderen Gesellschaft der ABC-Gruppe liegt insbesondere bereits dann vor, wenn Umstände eintreten, die erwar-

formation for a valid reason. In particular, each Participant shall be provided with copies of the annual *HGB* single-entity financial statements of the Clearing Agent and the Group Parent Company (unless the same is identical to the Clearing Agent), and with copies of the consolidated financial statements of the Group Parent Company, in each case no later than two weeks from the date the financial statements are approved.

(b) The Clearing Agent shall confirm to the Participant in writing no later than 180 days from the end of each fiscal year, and from the end of the first half of each fiscal year, that the maximum limits defined for certain key financials of ABC Group in the applicable Agreement on Terms and Conditions have or have not been met by the end of the relevant fiscal year or the first half of the fiscal year, as applicable.

11.2.2 Disclosure in specific cases

The Clearing Agent shall promptly inform all Participants in each case, if and as soon as

(a) the financial condition of the Clearing Agent and/or Group Parent Company and/or another ABC Group affiliate has substantially deteriorated or substantial deterioration is impending. A substantial deterioration of the financial condition of the Clearing Agent and/or Group Parent Company and/or another ABC Group affiliate shall include, without limitation, any circumstances creating a reasonable likelihood that the Clearing Agent and/or Group

ten lassen, dass die Clearingstelle und/oder die Konzernmuttergesellschaft und/oder die andere Gesellschaft der ABC-Gruppe nicht in der Lage sein wird/werden, fällige Zahlungsverpflichtungen zu erfüllen, oder dass die bestehenden Verbindlichkeiten der Clearingstelle und/oder der Konzernmuttergesellschaft und/oder der anderen Gesellschaft der ABC-Gruppe nicht mehr durch das Vermögen der Clearingstelle bzw. der Konzernmuttergesellschaft und/oder der anderen Gesellschaft der ABC-Gruppe gedeckt sind oder sein werden; ferner liegt eine wesentliche Verschlechterung im genannten Sinne vor, wenn die Fortführungsprognose bezüglich der Clearingstelle und/oder der Konzernmuttergesellschaft und/oder der anderen Gesellschaft der ABC-Gruppe negativ wird, d. h. wenn ein Eintritt der Zahlungsunfähigkeit der Clearingstelle und/oder der Konzernmuttergesellschaft und/oder der anderen Gesellschaft der ABC-Gruppe i. S. d. § 17 InsO in der Zeit bis zum Ende des nächsten Geschäftsjahres überwiegend wahrscheinlich ist. Erfüllt die Clearingstelle ihre gemäß § 5.1 bestehenden Pflichten an zwei aufeinander folgenden Tagen nicht, so wird zu Gunsten des Teilnehmers vermutet, dass in den Vermögensverhältnissen der Clearingstelle und der Konzernmuttergesellschaft eine wesentliche Verschlechterung eingetreten ist; oder

(b) für eine oder mehrere der in der betreffenden Konditionenvereinbarung bezüglich der ABC-Gruppe aufgeführten relevanten Finanzkennzahlen die

Parent Company and/or another ABC Group affiliate will not be able to meet payment obligations when due, or that existing liabilities of the Clearing Agent and/or Group Parent Company and/or another ABC Group affiliate will no longer be covered by the assets of the Clearing Agent and/or Group Parent Company and/or another ABC Group affiliate; a substantial deterioration within the meaning of the above shall also be deemed to have occurred, if the prognosis for the continuation of the business of the Clearing Agent and/or Group Parent Company and/or another ABC Group affiliate is negative, i. e., if there is a strong likelihood that the Clearing Agent and/or Group Parent Company and/or another ABC Group affiliate will become unable to make payment within the meaning of sec. 17 InsO by the end of the next fiscal year. If the Clearing Agent fails to perform its obligations under Section 5.1 on two consecutive days, this shall give rise to a presumption in favor of the Participant that the financial condition of the Clearing Agent and the Group Parent Company has substantially deteriorated; or

(b) the threshold(s) specified for one or several key financials defined in the applicable Agreement on Terms and Conditions with respect to

dort spezifizierte(n) Schwelle(n) nicht zu mindestens 80% erreicht wird/ werden; oder
(c) ein Insolvenzverfahren über das Vermögen der Clearingstelle und/oder der Konzernmuttergesellschaft und/oder einer anderen Gesellschaft der ABC-Gruppe eröffnet oder die Eröffnung des Insolvenzverfahrens mangels Masse abgelehnt wird; oder
(d) die Eröffnung eines Insolvenzverfahrens über das Vermögen der Clearingstelle und/oder der Konzernmuttergesellschaft und/oder einer anderen Gesellschaft der ABC-Gruppe beantragt wird; oder
(e) ein Dritter einen vollstreckbaren Titel gegen die Clearingstelle und/oder die Konzernmuttergesellschaft und/oder eine anderen Gesellschaft der ABC-Gruppe erwirkt, auf dessen Grundlage dieser Dritte berechtigt ist, von der Clearingstelle und/oder der Konzernmuttergesellschaft und/oder der anderen Gesellschaft der ABC-Gruppe eine Leistung zu verlangen, die den in der Konditionenvereinbarung bestimmten Wert übersteigt; oder
(f) das Zielkonto ganz oder teilweise gepfändet wird; oder
(g) ein Dritter versucht, das Zielkonto zu pfänden, sofern damit die Gefahr einhergeht, dass die Clearingstelle ihre Verpflichtungen unter diesem CCP-Vertrag ganz oder teilweise nicht mehr erfüllen kann; oder
(h) wesentliche Teile des Vermögens der Clearingstelle und/oder der Konzernmuttergesellschaft und/oder einer anderen Gesellschaft der ABC-Gruppe gepfändet werden; oder

ABC Group has/have not been reached at least 80%; or
(c) an insolvency proceeding is instituted with respect to the assets of the Clearing Agent and/or Group Parent Company and/or another ABC Group affiliate or institution of insolvency proceeding is denied for insufficiency of assets; or
(d) a petition for insolvency is filed with respect to the assets of the Clearing Agent and/or Group Parent Company and/or another ABC Group affiliate; or
(e) a third party holds an enforceable instrument against the Clearing Agent and/or Group Parent Company and/or another ABC Group affiliate, on the basis of which the third party has a right to demand payment from the Clearing Agent and/or Group Parent Company and/or another ABC Group affiliate in an amount exceeding a certain threshold as defined in the applicable Agreement on Terms and Conditions; or
(f) the Target Account is subject to attachment in whole or in part; or
(g) a third party attempts to attach the Target Account, if this creates a risk that the Clearing Agent will no longer be able to perform its obligations under the CCP Agreement in whole or in part; or
(h) substantial parts of the assets of the Clearing Agent and/or the Group Parent Company and/or another ABC Group affiliate are subject to attachment; or

II. Clearing- und Cash-Pooling-Vertrag M.II

(i) die Vollwertigkeit gemäß § 7.2.2 Satz 1 nicht mehr gegeben ist; oder	(i) full commercial value within the meaning of Section 7.2.2 sentence 1 is no longer warranted; or
(j) die Clearingstelle Zulassungen, Erlaubnisse oder ähnliche öffentlich-rechtliche oder sonstige Genehmigungen verliert, die sie benötigt, um ihren Verpflichtungen aus diesem CCP-Vertrag nachkommen zu können.	(j) the Clearing Agent has lost any licenses, permits or similar regulatory approvals needed by the Clearing Agent to perform its obligations under this CCP Agreement.

§ 12 Vergütung der Clearingstelle

Die Clearingstelle hat, sofern keine abweichende Regelung in der Konditionenvereinbarung getroffen wird, für ihre Leistungen unter diesem CCP-Vertrag keinen Anspruch auf Zahlung einer besonderen Vergütung oder sonstiger Entgelte gegen die Teilnehmer. Alle Leistungen, die die Clearingstelle auf Grund dieses Vertrags an die Teilnehmer erbringt, werden durch die Zinserträge, die die Clearingstelle erzielt, vergütet.

Section 12 Compensation of the Clearing Agent

Unless otherwise provided in the Agreement on Terms and Conditions, the Clearing Agent shall have no claims for payment of any special compensation or any other amounts against the Participants under the CCP Agreement. All services rendered by the Clearing Agent to the Participants in accordance with this Agreement shall be compensated by interest earned by the Clearing Agent.

§ 13 Vertragsübernahme, Abtretung von Ansprüchen

13.1 Die Clearingstelle ist vorbehaltlich der §§ 13.2 bis 13.5 berechtigt, alle Rechte und Pflichten aus diesem Vertrag im Wege der Vertragsübernahme ohne Zustimmung der Teilnehmer auf ein anderes zur ABC-Gruppe gehörendes Mitglied zu übertragen.

13.2 Die Übertragung dieses Vertrages auf ein anderes Unternehmen der ABC-Gruppe im Wege der Vertragsübernahme ohne Zustimmung aller Teilnehmer ist nur zulässig, wenn die Clearingstelle allen Teilnehmern spätestens 14 Tage vor der Vertragsübernahme mitteilt, auf welches andere Mitglied der ABC-Gruppe der Vertrag übertragen werden soll.

13.3 Jeder Teilnehmer hat das Recht, der Vertragsübernahme zu widersprechen, wenn Tatsachen vorliegen, die die Annahme rechtferti-

Section 13 Assumption of Contract, Assignment of Claims

13.1 The Clearing Agent shall have the right, subject to the provisions of Sections 13.2 through 13.5, to assign all rights and obligations under this Agreement to any other member of ABC Group by assumption of contract without the consent of the Participants.

13.2 Any assignment of this Agreement to any other ABC Affiliate by assumption of contract without the consent of all Participants shall be permitted only if the Clearing Agent notifies all Participants at the latest 14 days prior to the assumption of contract to which other member of ABC Group the agreement will be assigned.

13.3 Each Participant shall have the right to object to any assumption of contract, if there are circumstances providing reason to believe that the

	gen, dass das andere Mitglied der ABC-Gruppe, auf welches die Clearingstelle ihre Rechte und Pflichten aus diesem Vertrag übertragen will, eine wesentlich schlechtere Bonität als die Clearingstelle hat. Die Darlegungs- und Beweislast hinsichtlich der Bonität trifft die Clearingstelle.		other member of ABC Group to which the Clearing Agent intends to assign its rights and obligations under this Agreement has a credit rating substantially worse than that of the Clearing Agent. The Clearing Agent shall bear the burden of substantiation and proof with respect to the credit rating.
13.4	Eine Übertragung dieses CCP-Vertrags auf ein anderes Mitglied der ABC-Gruppe im Wege der Vertragsübernahme ist unzulässig, wenn ein Teilnehmer ein Recht zum Widerspruch gemäß dem vorstehenden § 13.3 hat und dieser Teilnehmer der Vertragsübernahme innerhalb von sieben Tagen nach Zugang der Mitteilung gemäß § 13.2 dieses Artikels widerspricht.	13.4	Any assignment of this CCP Agreement to another member of ABC Group by assumption of contract shall be prohibited, if any Participant has a right to object in accordance with Section 13.3 above and such Participant objects to the assumption of contract within seven days from receiving notice of the intended assignment in accordance with Section 13.2 of this Agreement.
13.5	Die Abtretung, Verpfändung und/oder anderweitige Belastung von Ansprüchen aus und/oder im Zusammenhang mit diesem CCP-Vertrag an bzw. zu Gunsten von Rechtsträger(n), die nicht zur ABC-Gruppe gehören, ist ausgeschlossen.	13.5	Any assignment, pledge and/or other encumbrances of claims arising from and/or in connection with this CCP Agreement to or in favor of any legal entities not part of ABC Group is hereby excluded.

§ 14 Verfügung über Konten

Die Teilnehmer sind verpflichtet, die Teilnehmerkonten nicht abzutreten, zu verpfänden und/oder anderweitig zu belasten.

Section 14 Dispositions with Respect to Bank Accounts

The Participants shall not assign, pledge and/or otherwise encumber their Participant Accounts.

§ 15 Inkrafttreten, Laufzeit und Kündigung

Section 15 Effective Date, Term and Termination

15.1	Inkrafttreten, Laufzeit Dieser CCP-Vertrag tritt nach Unterzeichnung durch die Clearingstelle und alle auf dem Deckblatt aufgeführten Teilnehmer zum (......) in Kraft. Bezüglich anderer Teilnehmer tritt er mit deren ordnungsgemäßem Beitritt in Kraft.	15.1	Effective date, term This CCP Agreement shall take effect on (......) after it has been signed by the Clearing Agent and by all Participants named on the title page. For any other Participants, the Agreement shall take effect when they have duly joined this Agreement.
15.2	Ordentliche Kündigung[23] Jeder Teilnehmer kann diesen CCP-Vertrag jederzeit ordentlich ohne Einhaltung einer Frist kündigen. Die Clearingstelle kann diesen	15.2	Termination without cause Each Participant may terminate this CCP Agreement at any time without cause (*ordentliche Kündigung*) and without notice.

CCP-Vertrag ordentlich nur unter Einhaltung einer Frist von zwei Monaten zum Quartalsende und insgesamt oder bezüglich eines Teilnehmers oder mehrerer Teilnehmer kündigen. Kündigt ein Teilnehmer diesen CCP-Vertrag ordentlich oder kündigt die Clearingstelle diesen CCP-Vertrag bezüglich eines Teilnehmers oder mehrerer Teilnehmer ordentlich, so scheidet/scheiden diese(r) Teilnehmer aus diesem CCP-Vertrag aus, und dieser CCP-Vertrag gilt im Verhältnis zwischen den übrigen Parteien fort. Kündigt die Clearingstelle diesen CCP-Vertrag insgesamt ordentlich, so endet dieser CCP-Vertrag insgesamt.

The Clearing Agent may terminate this CCP Agreement without cause only at the end of each calendar quarter upon two months' prior notice, either as a whole or with respect to one or several Participants. If any Participant terminates this CCP Agreement without cause or the Clearing Agent terminates this CCP Agreement without cause with respect to one or several Participants, such Participant(s) shall exit this Agreement and the CCP Agreement shall continue in effect as between the remaining parties. If the Clearing Agent terminates this CCP Agreement as a whole without cause, the CCP Agreement shall terminate in its entirety.

15.3 Kündigung aus wichtigem Grund

15.3.1 Unbeschadet § 15.2 Satz 1 ist jede Partei berechtigt, diesen CCP-Vertrag bei Vorliegen eines wichtigen Grundes mit sofortiger Wirkung zu kündigen. Erklärt die Clearingstelle in einem solchen Fall die fristlose Kündigung dieses CCP-Vertrags insgesamt, so endet dieser CCP-Vertrag insgesamt. Erklärt die Clearingstelle bei Vorliegen eines wichtigen Grundes, der das weitere Verbleiben eines Teilnehmers oder mehrerer Teilnehmer als Partei(en) dieses CCP-Vertrags für alle übrigen Teilnehmer und/oder die Clearingstelle nach Treu und Glauben unzumutbar macht, gegenüber diesem Teilnehmer/diesen Teilnehmern fristlos die Kündigung aus wichtigem Grund bezüglich dieses Teilnehmers/dieser Teilnehmer, so scheidet/scheiden diese(r) Teilnehmer aus diesem CCP-Vertrag aus, und dieser CCP-Vertrag gilt im Verhältnis zwischen den übrigen Parteien fort. Kündigt ein Teilnehmer aus wichtigem Grund, so scheidet er aus diesem CCP-Vertrag aus, und dieser CCP-Vertrag gilt im Verhältnis zwischen den

15.3 Termination for good cause

15.3.1 Notwithstanding Section 15.2 sentence 1, each Party shall have the right to terminate this CCP Agreement for good cause with immediate effect. If the Clearing Agent terminates the CCP Agreement for good cause without notice, the CCP Agreement shall terminate in its entirety. If there is a good cause which in good faith would make it unduly burdensome for one or several Participants to remain parties to the CCP Agreement and the Clearing Agent on this basis terminates the CCP Agreement with respect to such Participant(s) for good cause without notice, such Participant(s) shall exit this CCP Agreement, and this CCP Agreement shall continue in effect as between the remaining parties. If the CCP Agreement is terminated for good cause by any Participant, such Participant shall exit this Agreement and the CCP Agreement shall continue in effect as between the remaining parties. If there is good cause for termination, the terminating party shall be under no obligation to set any deadline or

übrigen Parteien fort. Einer Fristsetzung oder Abmahnung gemäß § 314 Abs. 2 BGB bedarf es bei Vorliegen eines wichtigen Grundes nicht.

15.3.2 Der Eintritt von Umständen, die eine Informationspflicht eines Teilnehmers gemäß § 11.1.2 Buchstaben (a) bis (f) auslösen, gilt in jedem einzelnen Fall als Vorliegen eines wichtigen Grundes, der die Clearingstelle zur außerordentlichen Kündigung dieses CCP-Vertrags gegenüber dem betreffenden Teilnehmer mit der Wirkung, dass dieser aus diesem CCP-Vertrag ausscheidet, berechtigt. Im Fall eines Ereignisses gemäß § 11.1.2 Buchstaben (c), (e) und (f) gilt dies jedoch nur, wenn die Eröffnung des Insolvenzverfahrens nicht innerhalb von 4 Wochen abgelehnt (es sei denn, die Ablehnung erfolgt mangels Masse) bzw. die Pfändung in diesem Zeitraum nicht aufgehoben worden ist.

15.3.3 Der Eintritt von Umständen, die eine Informationspflicht eines Teilnehmers gemäß § 11.1.2 Buchstaben (a) bis (f) auslösen, ist in jedem einzelnen Fall als Vorliegen eines wichtigen Grundes zu behandeln, der auch den Teilnehmer zur außerordentlichen Kündigung dieses CCP-Vertrages mit der Wirkung, dass dieser Teilnehmer aus diesem CCP-Vertrag ausscheidet, berechtigt. Im Fall eines Ereignisses nach § 11.1.2 Buchstaben (c), (e) und (f) gilt dies jedoch nur, wenn die Eröffnung des Insolvenzverfahrens nicht innerhalb von 4 Wochen abgelehnt (es sei denn, die Ablehnung erfolgt mangels Masse) bzw. die Pfändung in diesem Zeitraum nicht aufgehoben worden ist.

15.3.4 Der Eintritt von Umständen, die eine Informationspflicht der Clearingstelle gemäß § 11.2.2 auslösen, gilt in jedem einzelnen Fall als

send any demand letter in accordance with sec. 314 para. 2 BGB.

15.3.2 The occurrence of any circumstances triggering a disclosure obligation of a Participant under Section 11.1.2 (a) through (f) shall in each case provide good cause for termination entitling the Clearing Agent to terminate this CCP Agreement for good cause with respect to such Participant, with the consequence that such Participant shall exit this CCP Agreement. If any of the events defined in Section 11.1.2 (c), (e) or (f) occur, the foregoing shall however apply only if institution of an insolvency proceeding is not denied within four weeks (unless institution of an insolvency proceeding is denied for insufficiency of assets) or the attachment proceeding is not terminated within the same time period.

15.3.3 The occurrence of any circumstances triggering a disclosure obligation of a Participant under Section 11.1.2 (a) through (f) shall in each case provide good cause for termination, which shall also entitle the Participant to terminate this CCP Agreement for good cause, with the consequence that such Participant shall exit this CCP Agreement. If any of the events defined in Section 11.1.2 (c), (e) or (f) occur, the foregoing shall however apply only if institution of an insolvency proceeding is not denied within four weeks (unless institution of an insolvency proceeding is denied for insufficiency of assets) or the attachment proceeding is not terminated within the same time period.

15.3.4 The occurrence of any circumstances triggering a disclosure obligation of the Clearing Agent under Section 11.1.2 shall in each

II. Clearing- und Cash-Pooling-Vertrag M.II

Vorliegen eines wichtigen Grundes, der jeden Teilnehmer zur außerordentlichen Kündigung dieses CCP-Vertrages mit der Wirkung, dass dieser Teilnehmer aus diesem CCP-Vertrag ausscheidet, berechtigt. Bei einem Ereignis gemäß § 11.2.2 Buchstaben (d), (f) und (h) gilt dies jedoch nur, wenn die Eröffnung des Insolvenzverfahrens nicht innerhalb von 4 Wochen abgelehnt (es sei denn, die Ablehnung erfolgt mangels Masse) bzw. die Pfändung in diesem Zeitraum nicht wieder aufgehoben worden ist. Im Falle des § 15.3.4 Satz 1 hat die Clearingstelle dem Teilnehmer auf dessen schriftliche Anforderung hin binnen 10 Kalendertagen eine ausreichende und vollwertige Sicherheit für denjenigen positiven Saldo einzuräumen, der zum Zeitpunkt der genannten schriftlichen Anforderung auf dem Verrechnungskonto zugunsten des Teilnehmers besteht; dies gilt unabhängig davon, ob der Teilnehmer die Kündigung dieses CCP-Vertrages gemäß § 15.3.4 Satz 1 erklärt oder nicht erklärt.

15.3.5 Erfüllt die Clearingstelle ihre Informationspflichten gemäß § 11.2 ganz oder teilweise nicht, so ist jeder Teilnehmer, dem gegenüber der Pflichtenverstoß erfolgte, zur außerordentlichen Kündigung dieses CCP-Vertrages mit der Folge, dass dieser Teilnehmer aus diesem CCP-Vertrag ausscheidet, berechtigt.

15.3.6 Gegenüber einem Teilnehmer, der seine Informationspflichten gemäß § 11.1 nicht erfüllt, ist die Clearingstelle zur außerordentlichen Kündigung mit der Folge, dass dieser Teilnehmer aus diesem CCP-Vertrag ausscheidet, berechtigt.

15.3.7 Falls ein Mitglied der ABC-Gruppe, das zugleich Teilnehmer

case provide good cause for termination entitling each Participant to terminate this CCP Agreement for good cause, with the consequence that such Participant shall exit this CCP Agreement. If any of the events defined in Section 11.1.2 (d), (f) or (h) occur, the foregoing shall however apply only if institution of an insolvency proceeding is not denied within four weeks (unless institution of an insolvency proceeding is denied for insufficiency of assets) or the attachment proceeding is not terminated within the same time period. In the event of Section 15.3.4 sentence 1, the Clearing Agent shall within 10 calendar days from a written demand by the Participant furnish adequate and full security for such positive balance as is reflected in the Settlement Account of the Participant at the time of the aforementioned written demand; the foregoing shall apply regardless of whether the Participant has given notice to terminate this CCP Agreement in accordance with Section 15.3.4 sentence 1.

15.3.5 If the Clearing Agent fails to comply with its disclosure obligations under Section 11.2 in whole or in part, each Participant with respect to whom the Clearing Agent has failed to comply with a disclosure obligation shall have the right to terminate the CCP Agreement for good cause, with the consequence that such Participant shall exit this CCP Agreement.

15.3.6 If any Participant fails to comply with its disclosure obligations under Section 11.1, the Clearing Agent shall have the right to terminate this CCP Agreement for good cause, with the consequence that such Participant shall exit this CCP Agreement.

15.3.7 If any member of ABC Group that is also a Participant exits ABC

Seibt 1967

ist, aus der ABC-Gruppe ausscheidet, ist dies als wichtiger Grund anzusehen, der sowohl die Clearingstelle als auch diesen Teilnehmer berechtigt, diesen CCP-Vertrag fristlos mit der Folge zu kündigen, dass dieser Teilnehmer aus diesem CCP-Vertrag ausscheidet.

15.4 Schriftform für Kündigungen, Bekanntgabe

Kündigungen sind nur wirksam, wenn sie schriftlich erfolgen. Kündigt die Clearingstelle diesen CCP-Vertrag insgesamt, so hat sie dies allen Teilnehmern gegenüber zu erklären. Schließt die Clearingstelle lediglich einzelne Teilnehmer durch Kündigung aus, so hat sie diese Kündigung nur gegenüber den betroffenen Teilnehmern zu erklären. Kündigt ein Teilnehmer, so ist diese Kündigung nur der Clearingstelle gegenüber zu erklären. Die Clearingstelle wird unverzüglich nach Ausscheiden eines Teilnehmers die übrigen Teilnehmer hierüber unterrichten.

15.5 Rechtsfolgen bei Kündigung

Mit Wirksamwerden der Kündigung werden die gemäß dem betroffenen Verrechnungskonto bzw. den betroffenen Verrechnungskonten geschuldeten Beträge sofort fällig. Die Clearingstelle ist berechtigt, bis zum Wirksamwerden der Kündigung noch nicht durchgeführte Überweisungsaufträge zurückzugeben.

§ 16 Aussetzung des CCP-Vertrags[24]

16.1 Anstatt diesen CCP-Vertrag aus wichtigem Grund zu kündigen, kann jeder kündigungsberechtigte Teilnehmer bei Vorliegen eines solchen wichtigen Grundes die Begleichung der ihm als Gläubigergesellschaft zustehenden Gruppeninternen Ansprüche im Wege

Group, this shall provide good cause for termination of the CCP Agreement without notice by the Clearing Agent as well as by the Participant, with the consequence that such Participant shall exit this CCP Agreement.

15.4 Written notice of termination, notification

Notices of termination shall be valid only if in written form. If the Clearing Agent terminates this CCP Agreement in its entirety, the Clearing Agent shall provide notice of termination to all Participants. If the Clearing Agent terminates this CCP Agreement only with respect to one or several Participants, the Clearing Agent shall provide notice of termination only to such Participant(s). If any Participant terminates this CCP Agreement, such Participant shall provide notice of termination only to the Clearing Agent. The Clearing Agent shall promptly notify the remaining Participants if a Participant has exited the CCP Agreement.

15.5 Legal consequences of termination

All amounts payable according to the Clearing Account or accounts affected by termination shall be due immediately upon the effective date of termination. The Clearing Agent shall have the right to return any transfer orders that have not been executed by the effective date of termination.

Section 16 Suspension of CCP Agreement

16.1 Instead of terminating this CCP Agreement for good cause, any Participant with the right to terminate for good cause may also suspend the settlement of the Intragroup Claims held by such Participant as a Creditor Affiliate, by discontinuing intragroup Clearing

des gruppeninternen Clearings und/oder die Übertragung von Liquidität vom Teilnehmerkonto auf das Zielkonto im Rahmen des Cash-Poolings aussetzen; Gleiches gilt, wenn bei einer Schwestergesellschaft eines Teilnehmers eine wesentliche Verschlechterung in deren Vermögensverhältnissen im Sinne des § 11.2.2(a) eintritt. Umgekehrt kann die Clearingstelle, anstatt aus wichtigem Grund zu kündigen, bei Vorliegen eines solchen wichtigen Grundes die Begleichung von gegen einen Teilnehmer als Schuldnergesellschaft bestehenden Gruppeninternen Ansprüchen im Wege des gruppeninternen Clearings und/oder die Übertragung von angeforderten Beträgen vom Zielkonto auf das betreffende Teilnehmerkonto im Rahmen des Cash-Poolings aussetzen. Eine Aussetzung soll jedoch nur dann und nur so lange an die Stelle einer Kündigung aus wichtigem Grund treten, wenn/als der wichtige Grund nach gewissenhafter Einschätzung des Kündigungsberechtigten nur vorübergehend vorliegt oder zumindest noch nicht aufklärbar ist, wie lange der wichtige Grund voraussichtlich bestehen bleiben wird.

and/or the transfer of cash from the Participant Account to the Target Account in the course of Cash Pooling; the same shall apply if the financial condition of a sister company of a Participant substantially deteriorates within the meaning of Section 11.2.2 (a). Conversely, if the Clearing Agent has good cause to terminate this CCP Agreement for good cause, the Clearing Agent may, instead of terminating this CCP Agreement for good cause, suspend the settlement of Intragroup Claims held against any Participant as a Creditor Affiliate, by discontinuing intragroup Clearing and/or the transfer of requested cash from the Target Account to the Participant Account of the Participant in the course of Cash Pooling. However, any suspension shall take the place of termination for good cause only if and as long as the good cause is, in the reasonable and good faith estimate of the party with the right to terminate, only temporary or it can at least not yet be determined how long the circumstances providing good cause for termination will persist.

16.2 Werden wesentliche Teile des Vermögens der Clearingstelle gepfändet oder die Eröffnung des Insolvenzverfahrens bezüglich der Clearingstelle beantragt, so kann jeder kündigungsberechtigte Teilnehmer die Begleichung ihm als Gläubigergesellschaft zustehender Gruppeninterner Ansprüche im Wege des gruppeninternen Clearings und/oder die Übertragung von Liquidität vom Teilnehmerkonto auf das Zielkonto im Rahmen des Cash-Poolings aussetzen, bis feststeht, ob die Maßnahme innerhalb von vier Wochen aufgehoben wird bzw. die Eröffnung des Insolvenzverfahrens (außer

16.2 If substantial assets of the Clearing Agent are subject to attachment or a petition for institution of an insolvency proceeding is filed with respect to the Clearing Agent, each Participant with the right to terminate may suspend the settlement of Intragroup Claims held by such Participant as a Creditor Affiliate, by discontinuing intragroup Clearing and/or the transfer of cash from the Participant Account to the Target Account in the course of Cash Pooling, until it has been determined whether the proceeding will be terminated within four weeks or institution of an insol-

mangels Masse) abgelehnt wird. Dies gilt entsprechend für die Clearingstelle in Bezug auf eine Pfändung wesentlicher Teile des Vermögens eines Teilnehmers bzw. die Beantragung der Eröffnung des Insolvenzverfahrens über einen Teilnehmer.

16.3 Auf die Erklärung der Aussetzung findet § 15.4 entsprechende Anwendung, jedoch mit der Maßgabe, dass die Aussetzung bereits mit der mündlichen Mitteilung wirksam wird. Eine schriftliche Erklärung ist unverzüglich nachzuholen.

16.4 Die Aussetzung kann jederzeit mit Wirkung für die Zukunft widerrufen werden, wenn kein wichtiger Grund mehr vorliegt. Auf den Widerruf der Aussetzung findet § 15.4 entsprechende Anwendung, jedoch mit der Maßgabe, dass der Widerruf bereits mit der mündlichen Mitteilung des Widerrufs wirksam wird. Eine schriftliche Erklärung ist unverzüglich nachzuholen.

16.5 Im Falle einer Aussetzung gilt die Abrechnungsperiode mit dem Ablauf des Tages der Aussetzung als beendet. § 6.2 gilt entsprechend. Im Fall der Aussetzung durch einen Teilnehmer kann dieser von der Clearingstelle die unverzügliche Auszahlung eines positiven Saldos auf seinem Verrechnungskonto verlangen. Im Fall der Aussetzung durch die Clearingstelle kann diese von dem betroffenen Teilnehmer den unverzüglichen Ausgleich eines negativen Saldos auf seinem Verrechnungskonto verlangen.

§ 17 Mitteilungen und Erklärungen

17.1 Soweit in diesem CCP-Vertrag nicht anderes bestimmt ist, sind Mitteilungen und/oder Erklärungen der Parteien, die gemäß diesem CCP-Vertrag erfolgen bzw.

vency proceeding will be denied (except for insufficiency of assets). The same shall apply, *mutatis mutandis*, to the Clearing Agent, if substantial assets of any Participant are subject to attachment or a petition for institution of insolvency proceeding is filed with respect to any Participant.

16.3 The provisions of Section 15.4 shall apply, *mutatis mutandis*, to any notice of suspension, provided however that suspension shall take effect already at the time it is orally communicated to the other Party. Written notice shall be effected promptly thereafter.

16.4 Any suspension may be revoked at any time with effect for the future, if there is no longer any good cause for termination. The provisions of Section 15.4 shall apply, *mutatis mutandis*, to any revocation of suspension, provided however that suspension shall take effect already at the time it is orally communicated to the other Party. Written notice shall be effected promptly thereafter.

16.5 In the event of any suspension, the Settlement Period shall end upon expiration of the day of suspension. In the event of suspension by any Participant, such Participant may demand that the Clearing Agent promptly disburse any positive balance in the Participant's Clearing Account. In the event of suspension by the Clearing Agent, the Clearing Agent may demand that the respective Participant promptly settle any negative balances in the Participant's account.

Section 17 Notices and Declarations

17.1 Unless otherwise provided in this CCP Agreement, all notices and/or declarations effected or made to the Parties in accordance with this CCP Agreement shall be valid only

	abgegeben werden, nur wirksam, wenn sie schriftlich i. S. d. § 127 Abs. 1 BGB erfolgen.		if made in written form in accordance with sec. 127 para. 1 BGB.
17.2	Erklärungen der Parteien, die gemäß diesem CCP-Vertrag erfolgen bzw. abgegeben werden, werden nur wirksam, wenn sie wie folgt zugehen: Mitteilungen und/oder Erklärungen an die Clearingstelle: (Angabe von postalischer Adresse; Fax-Nr.; E-Mail-Adresse). Mitteilungen und/oder Erklärungen an den Teilnehmer: entsprechend der Spezifizierung in der betreffenden Konditionenvereinbarung.	17.2	Declarations effected or made by the Parties in accordance with this CCP Agreement shall be valid only if received as follows: Notices and/or declarations to the Clearing Agent: (postal address; fax number, e-mail address). Notices and/or declarations to the Participants: as specified in the applicable Agreement on Terms and Conditions.

§ 18 Kostentragung

Section 18 Costs

18.1	Jede Partei trägt selbst diejenigen Kosten, die ihr im Zusammenhang mit Abschluss, Erfüllung und/oder Beendigung dieses CCP-Vertrags und/oder der Konditionenvereinbarung entstehen. Dies gilt insbesondere auch für Kosten, die einer Partei im Zusammenhang mit Abschluss, Erfüllung und/oder Beendigung der nach diesem CCP-Vertrag mit Banken abzuschließenden Vereinbarungen erwachsen, sowie für Kosten, die einer Partei im Zusammenhang mit diesem CCP-Vertrag durch die Hinzuziehung von Rechts-, Steuer- oder anderen Beratern entstehen. Die vorstehende Regelung gilt auch für die einem Teilnehmer durch die Erfüllung der Verpflichtungen gemäß § 5.5 entstehenden Kosten.	18.1	Each Party shall be responsible for its own costs incurred in connection with the execution, performance and/or termination of this CCP Agreement and/or the Agreement on Terms and Conditions, including, without limitation, the costs incurred by a party in connection with the execution, performance and/or termination of agreements to be signed with banks in accordance with this CCP Agreement, as well as the costs incurred by a party in connection with this CCP Agreement as a result of the association of any legal, tax or other advisors. The foregoing provisions also apply to all costs incurred by a Participant in the performance of its obligations under Section 5.5.
18.2	Steuern oder andere Abgaben trägt diejenige Partei, die das Gesetz als primären Steuerschuldner bestimmt.	18.2	All taxes or other charges, fees and dues shall be paid by the Party defined as the primary tax debtor by applicable law.

§ 19 Verschiedenes und Schlussvorschriften

Section 19 Miscellaneous and Final Provisions

19.1	Technische Abwicklung Die Clearingstelle ist berechtigt, für die Durchführung und/oder Abwicklung dieses CCP-Vertrags,	19.1	Technical details The Clearing Agent shall have the right, for purposes of the performance and/or implementation of

insbesondere bezüglich des Clearing-Verfahrens, des Cash-Pooling-Verfahrens oder der Erfüllung der Informationspflichten, Formulare einzuführen und/oder zu ändern, die von ihr selbst und den Teilnehmern zu benutzen sind. Die Clearingstelle ist weiter berechtigt, technische Vorgaben für die Abwicklung zu bestimmen, beispielsweise für die Durchführung und/oder Abwicklung von Überweisungen und/oder den Informationsaustausch auf elektronischem Wege (Datenaustausch) mit der Vorgabe von elektronischen Formularen und Datenformaten, ferner Termine für die Erteilung von Übertragungsaufträgen bzw. die Vornahme von Überweisungen vorzugeben und/oder Sicherheitsanforderungen zu regeln.

Die Clearingstelle ist berechtigt und wird hiermit von den Teilnehmern entsprechend bevollmächtigt, zur Durchführung des Cash-Pooling mit Wirkung für und gegen jeden einzelnen Teilnehmer mit einem oder mehreren Kreditinstituten Vereinbarungen zu schließen, aufgrund derer die Übertragung von Liquidität in der gemäß diesem CCP-Vertrag vereinbarten Weise und in dem in diesem CCP-Vertrag bestimmten Umfang von den bzw. auf die Teilnehmerkonten erfolgt, ohne dass es für die einzelnen Banküberweisungsvorgänge einer gesonderten Einzelweisung gegenüber dem kontoführenden Kreditinstitut bedarf (*Automatic Balancing*). Diese Vereinbarungen müssen marktüblichen Inhalt aufweisen, und sie dürfen die in diesem CCP-Vertrag bestimmten Möglichkeiten eines Teilnehmers zu einer ordentlichen Kündigung dieses CCP-Vertrags und/oder Kündigung aus wichtigem Grund nicht beeinträchtigen; ferner müssen die betreffenden Teilnehmer

this CCP Agreement, including, without limitation, with respect to the Clearing process, Cash Pooling process or compliance with disclosure obligations, to introduce or change preprinted forms to be used by the Clearing Agent and the Participants. The Clearing Agent further shall have the right to specify technical requirements for settlement, e.g., for the execution and/or settlement of transfers and/or the use of electronic forms or data formats for the exchange of information by electronic means (data exchange), and to specify deadlines for the placement of transfer orders or the execution of transfers, and/or to define security requirements.

The Clearing Agent shall have the right, and is hereby authorized by the Participants, to enter into agreements with one or several banks for Cash Pooling purposes with binding effect for and against each Participant, on the basis of which agreements cash shall be transferred to and from Participant Accounts in the manner and to the extent provided for in this CCP Agreement, without the necessity of transmitting a separate order for each bank transfer to the bank at which the account is maintained (*Automatic Balancing*). Such agreements shall have terms and conditions that are standard on the market and shall not interfere with the right of any Participant under this CCP Agreement to terminate this CCP Agreement without or without cause; moreover, affected Participants must have the right to exit from the agreements with such banks (without continued joint and several liability) at the same time they exit this CCP Agreement. If expressly required by a

das Recht haben, bei ihrem Ausscheiden aus diesem CCP-Vertrag zum selben Zeitpunkt auch aus der Vereinbarung mit den Kreditinstituten (ohne Fortgeltung einer gesamtschuldnerischen Haftung) ausscheiden zu können.[25] Sofern von den Kreditinstituten ausdrücklich als Voraussetzung für den Abschluss einer solchen Vereinbarung verlangt, darf die Clearingstelle mit Wirkung für und gegen alle Teilnehmer vereinbaren, dass die Clearingstelle und die Teilnehmer gesamtschuldnerisch für Sollsalden auf den Teilnehmerkonten bzw. auf dem Zielkonto haften, sofern und soweit damit nicht die Gefahr eines Verstoßes gegen zwingendes Recht, insbesondere die gesetzlichen Kapitalaufbringungsvorschriften bzw. Kapitalerhaltungsvorschriften bzw. die Regeln über die Existenzvernichtungshaftung, begründet wird und die Abwicklung des Cash Pooling über ein Automatic Balancing auch unter Berücksichtigung der übernommenen Haftung im Interesse der Parteien liegt. Bei Vorliegen eines Umstandes, welcher den Teilnehmer oder die Clearingstelle berechtigt, diesen CCP-Vertrag aus wichtigem Grund zu kündigen oder auszusetzen, muss der Teilnehmer bzw. die Clearingstelle in den Verträgen mit den Kreditinstituten berechtigt sein, die unverzügliche Aussetzung des Automatic Balancing zu verlangen und herbeizuführen.

bank for such an agreement, the Clearing Agent may agree, with binding effect for and against all Participants, that the Clearing Agent and the Participants are subject to joint and several liabilities for all debit balances in Participant Accounts and the Target Account, provided that this shall create no risk of a violation of applicable law, including, without limitation, laws regulating the procurement or preservation of capital or the rules governing liability for acts by the shareholders resulting in insolvency of the company (*Existenzvernichtungshaftung*), and provided that the settlement of Cash Pooling transactions via the Automatic Balancing system is in the interests of the Parties despite the assumption of such liability. In the event of any circumstances providing a Participant or the Clearing Agent with the right to terminate this CCP Agreement for good cause or to suspend the CCP Agreement, such Participant or the Clearing Agent must have the right under the agreements with the banks to demand the prompt suspension of Automatic Balancing.

19.2 Schriftform

19.2.1 Änderungen und/oder Ergänzungen dieses CCP-Vertrags bedürfen zu ihrer Wirksamkeit der Schriftform, soweit nicht gesetzlich die Wahrung einer anderen Form vorgeschrieben ist. Dies gilt auch für Änderungen und/oder Ergänzungen dieser Schriftformklausel selbst.

19.2 Written form

19.2.1 Any modifications and/or amendments to this CCP Agreement shall be in written form unless a different form is required by applicable law. The same shall also apply to any modifications and/or amendments to this clause.

19.2.2	Für Änderungen und/oder Ergänzungen von Konditionenvereinbarungen ist lediglich eine Vereinbarung in schriftlicher Form zwischen der Clearingstelle und dem betreffenden Teilnehmer erforderlich.
19.3	**Änderungen der rechtlichen Rahmenbedingungen**
	Sofern durch Änderung der rechtlichen Rahmenbedingungen (insbesondere Änderungen der Gesetzeslage oder Änderungen der Rechtsprechung zur Kapitalaufbringung und/oder Kapitalerhaltung) Art und Weise oder Umfang der nach diesem CCP-Vertrag vorgesehenen Leistungen erleichtert oder einer flexibleren Gestaltung zugänglich oder aber umgekehrt höheren Anforderungen unterworfen werden, sind die Parteien verpflichtet, unter gebotener Berücksichtigung ihrer jeweiligen Interessen eine entsprechende Anpassung dieses CCP-Vertrags an die geänderten rechtlichen Rahmenbedingungen vornehmen.
19.4	**Salvatorische Klausel**
	Sollte(n) eine oder mehrere Bestimmung(en) dieses CCP-Vertrags ganz oder teilweise unwirksam oder undurchführbar sein oder werden, so bleibt die Wirksamkeit der übrigen Bestimmungen dieses CCP-Vertrags hiervon unberührt. Anstelle der unwirksamen oder undurchführbaren Bestimmung(en) gilt diejenige wirksame Bestimmung als vereinbart, die dem von den Parteien Gewollten am nächsten kommt. Entsprechendes gilt im Falle einer vertraglichen Lücke.
19.5	**Gerichtsstand**
	Für alle Streitigkeiten aus und/oder im Zusammenhang mit diesem CCP-Vertrag ist das Landgericht in (......) nicht-ausschließlicher Gerichtsstand.

19.2.2	Any modifications and/or amendments to Agreements on Terms and Conditions shall require a written agreement merely between the Clearing Agent and the Participant who is a party to the Agreement on Terms and Conditions.
19.3	**Changes in applicable law**
	In the event that as a result of any changes in applicable law (including, without limitation, any changes in codified law or case law governing the procurement and/or preservation of capital) the manner in which or the extent to which performances are to be rendered in accordance with this CCP Agreement should become easier or can be structured more flexibly, or conversely, becomes subject to stricter requirements, the Parties shall in due consideration of the interests of all Parties make appropriate amendments to this CCP Agreement to reflect the new law.
19.4	**Severability**
	If any provisions of this CCP Agreement are or become invalid or impracticable in whole or in part, the validity of the remaining provisions of this CCP Agreement shall remain unaffected thereby. Any invalid or impracticable provisions shall automatically be replaced by such valid provision as most closely reflect the intent and purpose of the original provisions. The foregoing shall apply, *mutatis mutandis*, if any provisions have been inadvertently omitted from this Agreement.
19.5	**Jurisdiction**
	The Parties hereby submit to the non-exclusive jurisdiction of the Regional Court of (......) for the determination of any disputes arising from and/or in connection with this CCP Agreement.

II. Clearing- und Cash-Pooling-Vertrag

19.6 Anwendbares Recht Dieser CCP-Vertrag unterliegt dem deutschen Recht.	19.6 Governing law This CCP Agreement shall be subject to German law.

Für die Clearingstelle
(......), den (......)
......
(Name, Funktion)

For the Clearing Agent
Executed at (......) on (......).
......
(name, title)

Für den Teilnehmer A-GmbH
(......), den (......)
......
(Name, Funktion)

For Participant A-GmbH
Executed at (......) on (......).
......
(name, title)

Für den Teilnehmer B-AG
(......), den (......)
......
(Name, Funktion)

For Participant B-AG
Executed at (......) on (......).
......
(name, title)

Für den Teilnehmer (......)
(......), den (......)
......
(Name, Funktion)

For Participant (......)
Executed at (......) on (......).
......
(name, title)

Anlage 1.2 Teilnehmerverzeichnis Clearing und Cash-Pooling[26]

Firmenbezeichnung	Sitz	Buchungskreis

Schedule 1.2 List of Clearing and Cash Pooling Participants

Company name	Registered office	Company code

Anlage 1.3 Teilnehmerverzeichnis *nur* Clearing

Firmenbezeichnung	Sitz	Buchungskreis

Schedule 1.3 List of Clearing Participants *Only*

Company name	Registered office	Company code

Anlage 1.4 Teilnehmerverzeichnis *nur* Cash-Pooling

Firmenbezeichnung	Sitz	Buchungskreis

Schedule 1.4 List of Cash Pooling Participants *Only*

Company name	Registered office	Company code

Anlage 5.1 Zielkonto[27]

Zielkonto im Sinne von § 5.1 des CCP-Vertrags ist folgendes Bankkonto/sind folgende Bankkonten der ABC GmbH:

(......)

Schedule 5.1 Target Account

The Target Account within the meaning of Section 5.1 of the CCP Agreement shall refer to the following bank account/accounts of ABC GmbH:

(......)

Ist mehr als ein Bankkonto gemäß § 5.1.2 des CCP-Vertrages in das Clearing und/oder Cash-Pooling einbezogen, so gilt jedes dieser Bankkonten als Zielkonto i. S. d. § 5.1.2 des CCP-Vertrages.

Anlage 9.1 Konditionenvereinbarung[28]

Konditionenvereinbarung

zum

Clearing- und Cash-Pooling-Vertrag vom ......

zwischen

1. A-GmbH
2. B-AG
3. (......)
    – nachfolgend auch als *Teilnehmer* bezeichnet –

und

4. ABC GmbH
    – nachfolgend auch als *Clearingstelle* bezeichnet –

Präambel

Die Parteien haben am ...... einen Clearing- und Cash-Pooling-Vertrag (der *CCP-Vertrag*) zur Optimierung der Zahlungsströme in der ABC-Gruppe abgeschlossen. Zur Ausführung des CCP-Vertrags enthält diese Konditionenvereinbarung (die *Konditionenvereinbarung*) Regelungen, die die individuelle Situation des Teilnehmers im Zusammenhang mit dem CCP-Vertrag betreffen.

§ 1 Verrechnungskonto

Das Verrechnungskonto im Sinne von § 6.1 des CCP-Vertrags ist das folgende von der Clearingstelle geführte interne Kontokorrentkonto:

(......)

§ 2 Teilnehmerkonten und Zielsaldo

2.1 Teilnehmerkonten

Folgendes Bankkonto/folgende Bankkonten des Teilnehmers nehmen am Cash-Pooling teil:

If more than one bank account is used for Clearing and/or Cash pooling purposes in accordance with Section 5.1.2 of the CCP Agreement, each of these accounts shall be a Target Account within the meaning of Section 5.1.2 of the CCP Agreement.

Schedule 9.1 Agreement on Terms and Conditions

Agreement on Terms and Conditions

to

Clearing and Cash Pooling Agreement. dated ......

entered into by and between

1. A-GmbH
2. B-AG
3. (......)
    – hereinafter also referred to as the „*Participants*" –

and

4. ABC GmbH
    – hereinafter also referred to as the „*Clearing Agent*" –

Recitals

On ...... the Parties entered into a Clearing and Cash Pooling Agreement (the „*CCP Agreement*") to optimize payment flows within ABC Group. To implement the CCP Agreement, this Agreement on Terms and Conditions (the *Agreement on Terms and Conditions*) shall govern the individual situation of each Participant in connection with the CCP Agreement.

Section 1 Clearing Account

The Clearing Account within the meaning of Section 6.1 of the CCP Agreement shall refer to the following internal current account (*Kontokorrentkonto*) maintained by the Clearing Agent:

(......)

Section 2 Participant Accounts and Target Balance

2.1 Participant Accounts

The following bank account/accounts of the Participant shall participate in Cash Pooling:

...... (das *Teilnehmerkonto* bzw. die *Teilnehmerkonten*)

2.2 Zielsaldo

Der Saldo auf dem Teilnehmerkonto bzw. den Teilnehmerkonten soll durch die Übertragungen im Rahmen des Cash Pooling bei EUR (......) gehalten werden (*Zielsaldo*). Ist es nicht möglich, diesen Zielsaldo zu erreichen, so werden die Parteien die größtmögliche Annäherung an den Zielsaldo anstreben. Die Parteien werden die Teilnehmerkonten bzw. das Teilnehmerkonto auf den Zielsaldo stellen, sobald das Hindernis beseitigt ist, das dem Erreichen des Zielsaldos im Wege stand.

§ 3 Gesamttageshöchstbeträge und Kontentageshöchstbeträge

Der Gesamttageshöchstbetrag im Sinne von § 5.2 des CCP-Vertrags beträgt:

EUR ...... (in Worten: ......).

Der Kontentageshöchstbetrag im Sinne von § 5.2 des CCP-Vertrags beträgt:

EUR ...... (in Worten: ......).

§ 4 Kreditrahmen

4.1 Gesamtkreditrahmen des Teilnehmers

Der Gesamtkreditrahmen des Teilnehmers im Sinne von § 7.1 des CCP-Vertrages beträgt:
EUR ...... (in Worten: ......).

4.2 Gesamtkreditrahmen der Clearingstelle

Der Gesamtkreditrahmen der Clearingstelle im Sinne von § 7.2 des CCP-Vertrages beträgt:

EUR ...... (in Worten: ......).

4.3 Cash-Pooling-Kreditrahmen des Teilnehmers

Der Cash-Pooling-Kreditrahmen des Teilnehmers im Sinne des § 7.3.1 des CCP-Vertrags beträgt:

EUR ...... (in Worten: ......).

...... (the *Participant Account* or *Participant Accounts*)

2.2 Target Balance

Cash Pooling transfers shall maintain a balance in the amount of EUR (......) in the Participant Account or Participant Accounts (*Target Balance*). If it is impossible to achieve this Target Balance, the Parties shall strive to approximate the Target Balance as closely as possible. The Parties shall establish the Target Balance in the Participant Account or Participant Accounts as soon as the obstacle to achievement of the Target Balance has been eliminated.

Section 3 Total Daily Limits and Daily Account Limits

The Total Daily Limit within the meaning of Section 5.2 of the CCP Agreement is:

EUR...... (...... euros).

The Daily Account Limit within the meaning of Section 5.2 of the CCP Agreement is:

EUR...... (...... euros).

Section 4 Credit Lines

4.1 Total Credit Line of the Participant

The Total Credit Line of the Participant within the meaning of Section 7.1 of the CCP Agreement is:
EUR...... (...... euros).

4.2 Total Credit Line of the Clearing Agent

The Total Credit Line of the Clearing Agent within the meaning of Section 7.2 of the CCP Agreement is:

EUR...... (...... euros).

4.3 Cash Pooling Credit Line of the Participant

The Cash Pooling Credit Line of the Participant within the meaning of Section 7.3.1 of the CCP Agreement is:

EUR...... (...... euros).

4.4 Cash-Pooling-Kreditrahmen der Clearingstelle

Der Cash-Pooling-Kreditrahmen der Clearingstelle im Sinne des § 7.3.2 des CCP-Vertrags beträgt:

EUR ...... (in Worten: ......).

§ 5 Zinsen, Wertstellung

5.1 Verzinsung von Sollbeträgen für die jeweilige Abrechnungsperiode:

5.1.1 Die Verzinsung von zu Lasten des Teilnehmers auf dem Verrechnungskonto bestehenden Sollsalden entspricht demjenigen Zinssatz, den die Clearingstelle für Tagesgeld in entsprechender Höhe, das sie bei einer Bank anlegen würde, eingeräumt erhielte, zuzüglich (......) Prozentpunkten. Dies sind bis auf weiteres (......) p. a.

5.1.2 Die Verzinsung von zu Lasten der Clearingstelle auf dem Verrechnungskonto bestehenden Sollsalden entspricht demjenigen Zinssatz, den der Teilnehmer für Tagesgeld in entsprechender Höhe, das er bei einer Bank anlegen würde, erhalten würde, zuzüglich (......) Prozentpunkten, [ggf.: zuzüglich eines Aufschlags von ...... Prozentpunkten im Hinblick auf die im Vergleich zu einer Bank geringere Bonität der Clearingstelle]. Als Zinssatz ergibt sich damit bis auf weiteres (......) p. a.

5.2 Verzinsung von Sollbeträgen, welche die eingeräumten Kreditlinien übersteigen

Für Beträge, die den Gesamtkreditrahmen des Teilnehmers bzw. der Clearingstelle oder den dem Teilnehmer bzw. der Clearingstelle eingeräumten Cash-Pooling-Kreditrahmen überschreiten, wird ein Zinssatz von (......) in Anrechnung gebracht.

5.3 Zinsberechnung

Alle Zinsberechnungen erfolgen nach der Methode act/360.

4.4 Cash Pooling Credit Line of the Clearing Agent

The Cash Pooling Credit Line of the Clearing Agent within the meaning of Section 7.3.2 of the CCP Agreement is:

EUR ...... (...... euros).

Section 5 Interest, Value Date

5.1 Interest on debit balances for the applicable Settlement Period:

5.1.1 Debit balances of the Participant in the Clearing Account shall bear interest at the rate which the Clearing Agent would earn, if it deposited overnight money in the same amount with a bank, plus (......) percentage points. Until further notice, this rate shall be (......) p. a.

5.1.2 Debit balances of the Clearing Agent in the Clearing Account shall bear interest at the rate which the Participant would earn, if it deposited overnight money in the same amount with a bank, plus (......) percentage points. [if applicable: plus a markup of ...... percentage points if the credit rating of the Clearing Agent is lower than that of a bank]. Until further notice the interest rate shall therefore be (......) p. a.

5.2 Interest on debit balances exceeding the credit lines

Any balances exceeding the Total Credit Line of the Participant or Clearing Agent or the Cash Pooling Credit Line of the Participant or Clearing Agent shall bear interest at the rate of (......).

5.3 Computation of interest

All interest shall be computed in accordance with the actual/360 method.

II. Clearing- und Cash-Pooling-Vertrag

5.4 Anpassung der Zinssätze	**5.4 Adjustment of interest rates**
Die Zinssätze werden unter Beachtung von § 9 des CCP-Vertrags regelmäßig überprüft und entsprechend den Entwicklungen am Geld- und Kapitalmarkt angepasst.	The interest rates shall be reviewed on a regular basis in consideration of Section 9 of the CCP Agreement and shall be adjusted to reflect changes in the money and capital market.
5.5 Entgelte	**5.5 Fees**
Der Clearingstelle stehen ferner folgende Entgelte zu: (......)	In addition, the Clearing Agent shall be paid the following fees: (......)

§ 6 Änderung der Finanzplanung

Eine wesentliche und damit mitteilungspflichtige Änderung in der kurzfristigen Finanzplanung eines Teilnehmers (§ 11.1.2 Buchstabe (a) des CCP-Vertrags) liegt insbesondere in den folgenden Fällen vor:

(a) Wenn der Saldo aus den zu erwartenden Liquiditätszuflüssen und -abflüssen hinter der ursprünglichen Planung um 10% oder mehr zurückbleibt.

(b) (......)

§ 7 Meldepflichtige Vollstreckungstitel

Der Wert einer Leistung gemäß einem Vollstreckungstitel gegen einen Teilnehmer, aufgrund dessen den Teilnehmer eine Informationspflicht gegenüber der Clearingstelle gemäß § 11.1.2 Buchstabe (f) des CCP-Vertrags trifft, beträgt:

EUR ...... (in Worten: ......).

Der Wert einer Leistung gemäß einem Vollstreckungstitel gegen die Clearingstelle und/oder die Konzernmuttergesellschaft, aufgrund dessen die Clearingstelle eine Informationspflicht gegenüber dem Teilnehmer gemäß § 11.2.2 Buchstabe (e) des CCP-Vertrages trifft, beträgt:

EUR ...... (in Worten: ......).

§ 8 Relevante Finanzkennzahlen für die ABC-Gruppe

Die folgenden Finanzkennzahlen bzw. Obergrenzen entstammen dem (syndizierten Kredit) vom (......), welcher der ABC-

Section 6 Changes in Financial Plans

Circumstances involving a substantial change in the short-term financial plans of the Participant which triggers an obligation to disclose the change (in accordance with Section 11.1.2 (a) of the CCP Agreement) shall include, without limitation, the following:

(a) the balance of anticipated cash inflows and outflows falls short of the original plans by more than 10%.

(b) (......)

Section 7 Enforceable Instruments Triggering Disclosure Obligation

The Participant shall disclose to the Clearing Agent, in accordance with Section 11.1.2 (f) of the CCP Agreement, any payment made pursuant to an enforceable instrument against the Participant, if the payment amount is equal to or greater than:

EUR ...... (...... euros).

The Clearing Agent shall disclose to the Participant, in accordance with Section 11.2.2 (e) of the CCP Agreement, any payment made pursuant to an enforceable instrument against the Clearing Agent and/or Group Parent Company, if the payment amount is equal to or greater than:

EUR ...... (...... euros).

Section 8 Relevant Key Financials for ABC Group

The following key financials or upper limits originate from the (syndicated loan) dated (......), which was extended to ABC

Gruppe von einem Bankenkonsortium unter Führung der (......-Bank) eingeräumt wurde. Diese Finanzkennzahlen repräsentieren nach näherer Maßgabe des CCP-Vertrags auch die Kriterien für die Mitteilungspflicht der Clearingstelle gemäß § 11.2.1 Buchstabe (b) des CCP-Vertrags wie folgt:

(a) Eigenkapital:
Der Betrag des Eigenkapitals darf bis zum (......) nicht weniger als EUR ...... (in Worten: ......) betragen. Danach darf der Betrag des Eigenkapitals nicht weniger als EUR ...... (in Worten: ......) betragen.

(b) Bereinigte Nettoverschuldung im Verhältnis zu EBITDAR
Das Verhältnis der bereinigten Nettoverschuldung am betreffenden Prüfungszeitpunkt zum EBITDAR für den betreffenden Zeitraum, der an diesem Prüfungszeitpunkt endet, darf folgendes Verhältnis nicht übersteigen:
[...... : 1,0]

(c) Nettoverschuldung zum EBITDA
Das Verhältnis der Nettoverschuldung am betreffenden Prüfungszeitpunkt zum EBITDA für den betreffenden Zeitraum, der an diesem Prüfungszeitpunkt endet, darf folgendes Verhältnis nicht übersteigen:
[...... : 1,0]

(d) Die Kennzahlen gemäß den Buchstaben Absätzen (a) bis (c) ermitteln sich auf der Grundlage der Angaben im zusammengefassten konsolidierten (IFRS-)Jahres- bzw. Halbjahresabschlusses der ABC-Gruppe.

§ 9 Zugang von Erklärungen

Erklärungen gegenüber dem Teilnehmer, die gemäß dem CCP-Vertrag erfolgen bzw. abgegeben werden, sind nur wirksam, wenn sie wie folgt zugehen:
(Angabe von postalischer Adresse; Fax-Nr.; E-Mail-Adresse; ggf. Empfangsbevollmächtigten)

§ 10 Inkrafttreten [ggf. Übergangsregelung; Aufhebung bestehender Verträge]

Group led by (...... Bank). As provided in more detail in the CCP Agreement, these key financials also are the criteria for the disclosure obligation of the Clearing Agent under Section 11.2.1 (b) of the CCP Agreement as follows:

(a) Equity capital:
The amount of equity capital shall not be less than EUR ...... (...... euros) on or before (......). Thereafter the amount of equity capital shall not be less than EUR ...... (...... euros).

(b) Adjusted net debt/EBITDAR ratio

The ratio between the adjusted net debt on a given audit date and the EBITDAR for the time period ending on such audit date shall not exceed:

[...... : 1.0]

(c) Net debt/EBITDA ratio
The ratio between the net debt on a given audit date and the EBITDA for the time period ending on such audit date shall not exceed:

[...... : 1.0]

(d) The key financials defined in paragraphs (a) through (c) above shall be calculated on the basis of the information provided in the summarized consolidated (IFRS) year-end or semi-annual financial statements of ABC Group.

Section 9 Receipt of Declarations

Declarations made to the Participant in accordance with the CCP Agreement shall be valid only if received as follows:
(postal address, fax number, e-mail address; name of authorized recipient, if applicable)

Section 10 Effective Date [if applicable, Transitional Provisions; Termination of Prior Agreements]

II. Clearing- und Cash-Pooling-Vertrag   M.II

10.1 Inkrafttreten Diese Konditionenvereinbarung tritt am (......) in Kraft.	10.1 Effective date This Agreement on Terms and Conditions shall take effect on (......).
[ggf.: 10.2 Übergangsregelung Positive oder negative Salden, die zu diesem Zeitpunkt auf dem Verrechnungskonto Nr. ...... zugunsten oder zulasten der Clearingstelle bzw. des Teilnehmers bestehen, gelten ab diesem Zeitpunkt auch als positive bzw. negative Salden auf dem Verrechnungskonto unter dem CCP-Vertrag.]	[If applicable, 10.2 Transitional provisions Any positive or negative balances which at that time exist in Clearing Account no. ...... to the credit or debit of the Clearing Agent or Participant shall, from said date, also be considered positive or negative balances in the Clearing Account under the CCP Agreement.]
10.3 Definitionen Sofern und soweit Begriffe dieser Konditionenvereinbarung nicht definiert sind, gelten die Definitionen gemäß dem CCP-Vertrag	10.3 Definitions If and to the extent that terms used in this Clearing and Cash Pooling Agreement are not defined, the definitions of the CCP Agreement shall apply.
[ggf.: 10.4 Aufhebung bestehender Verträge Zu dem in § 10.1 dieser Konditionenvereinbarung genannten Zeitpunkt gelten folgende zwischen den Parteien dieser Konditionenvereinbarung bestehende Verträge als aufgehoben und beendet: a) (......) b) (......) c) (......)	[If applicable: 10.4 Termination of prior agreements On the date defined in Section 10.1 of this Agreement on Terms and Conditions, the following agreements between the Parties to this Agreement on Terms and Conditions shall terminate: a) (......) b) (......) c) (......)
Für die Clearingstelle: (......), den (......) ...... (Name, Funktion)	For the Clearing Agent: Executed at (......) on (......). ...... (name, title)
Für den Teilnehmer: (......), den (......) ...... (Name, Funktion)	For the Participant: Executed at (......) on (......). ...... (name, title)

Schrifttum: Altmeppen, Cash Pooling und Kapitalerhaltung bei bestehendem Beherrschungs- und Gewinnabführungsvertrag, NZG 2010, 361; *Altmeppen*, Cash Pooling und Kapitalerhaltung im faktischen Konzern, NZG 2010, 401; *Altmeppen/Roth*, Gesetz betreffend die Gesellschafter mit beschränkter Haftung (GmbHG): Kommentar, 2009; *Arens*, Untreue des Gesellschafters bei Errichtung eines Cash Pools, GmbHR 2010, 905; *Boos/Fischer/Schulte-Mattler*, Kreditwesengesetz, 3. Aufl 2008; *Bormann*, Anmerkung zu BGH, U. v. 20. 7. 2009 – II ZR 273/07, GmbHR 2009, 926; *Bormann/Urlichs*, Kapitalerhöhungen im Cash Pooling – welche Erleichterungen bringt das MoMiG tatsächlich?, DStR 2009, 641; *Eilers/Rödding/Schmalenbach*, Unternehmensfinanzierung, 2008; *Ekkenga*, Kapitalaufbringung im konzernweiten Cash-Pool: ungelöste Probleme und verbleibende Gestaltungsspielräume, ZIP 2010, 2469; *Erne*, Praxisleitfaden für GmbH-Geschäftsführer zur Haftungsvermeidung bei Cash Pooling-Systemen, GWR 2010,

Seibt   1981

292.565; *Goette*, Anmerkung zu BGH, U. v. 16. 1. 2006 – II ZR 76/04, DStR 2006, 767; *Habersack*, Verdeckte Sacheinlage und Hin- und Herzahlen nach dem ARUG – gemeinschaftsrechtlich betrachtet, AG 2009, 557; *Habersack*, Neues zur verdeckten Sacheinlage und zum Hin- und Herzahlen, das „Qivive"-Urteil des BGH, GWR 2009, 129; *Habersack*, Aufsteigende Kredite im Lichte des MoMiG und des „Dezember"-Urteils des BGH, ZGR 2009, 347; *Hamann*, Aufsteigende Darlehen im Cash Pool im System des § 135 InsO, NZI 2008, 667; *Hasselbach/Nawroth/Rödding*, Beck'sches Holding Handbuch, 2011; *Henkel*, Das Bargeschäftsprivileg gilt nicht im Rahmen von § 135 Abs. 1 InsO, ZInsO 2009, 1577; *Hiort*, Kapitalerhöhungen und Cash-Pooling – rechtliche und praktische Aspekte, CFL 2010, 379; *Klinck/Gärtner*, Versetzt das MoMiG dem Cash-Pooling den Todesstoß? NZI 2008, 457; *Komo*, Vermeidung von Haftungsrisiken für Geschäftsführer bei Gewährung von Upstream Securities, GmbHR 2010, 230; *Kollmorgen/Santelmann/Weiß*, Upstream-Besicherung und Limitation Language nach Inkrafttreten des MoMiG, BB 2009, 1818; *Lieder*, Kapitalaufbringung im Cash Pool nach neuem Recht, GmbHR 2009, 1177; *Meyer-Landrut*, Formularbuch GmbH-Recht, 2011; *Mülbert/Leuschner*, Aufsteigende Darlehen im Kapitalerhaltungs- und Konzernrecht, NZG 2009, 281; *Pentz*, Verdeckte Sacheinlagen nach dem MoMiG und prozessuale Folgen des Übergangsrechts, GmbHR 2009, 126; *Rittscher*, Cash-Management-Systeme in der Insolvenz, 2007; *Rönnau/Krezer*, Darlehensverrechnungen im Cash-Pool – nach Inkrafttreten des MoMiG auch ein Untreuerisiko (§ 266 StGB), ZIP 2010, 2269; *Rönnau*, Untreuerisiken durch Cash Pool – Teilnahme für Geschäftsführer einer faktisch abhängigen GmbH – ein Ritt auf der Rasierklinge? Festschrift für Samson, 2010, 423; *Rothley/Weinberger*, Die Anforderungen an Vollwertigkeit und Deckung nach § 30 Abs. 1 Satz 2 GmbHG und § 57 Abs. 1 Satz 3 AktG, NZG 2010, 1001; *Schall*, Kapitalaufbringung nach dem MoMiG, ZGR 2009, 126; *Seeger/Thier*, Cash Pooling – Ein sinnvolles Finanzinstrument zur Nutzung von Kostensenkungspotenzialen auch im gemeinnützigen Konzern, DStR 2011, 184; *Seibt/Schwarz*, Aktienrechtsuntreue: Analyse und aktienrechtsspezifische Konturierung der Untreuestrafbarkeit von Geschäftsleitern bei Pflichtverletzungen, AG 2010, 301; *Seidel*, Cash Pooling nur noch im Vertragskonzern?, DStR 2004, 1130; *Strohn/Simon*, Haftungsfallen für Gesellschafter und Geschäftsführer im Recht der GmbH, GmbHR 2010, 1181; *Theusinger*, Barkapitalerhöhung im Cash-Pool nach MoMiG, NZG 2009, 1017; *Uhlenbruck*, Insolvenzordnung, 13. Aufl. 2010; *Vetter/Stadler*, Haftungsrisiken beim konzernweiten Cash Pooling, 2003; *Wachter*, Leitlinien der Kapitalaufbringung in der neuen Rechtsprechung des Bundesgerichtshofs, DStR 2010, 1240; *Weitzel/Socher*, Cash-Pooling-Risiken für die GmbH-Geschäftsführung und ihre Vermeidung, ZIP 2010, 1069; *Willemsen/Rechel*, Erweiterte Geschäftsführerpflichten beim Cash Pooling, GmbHR 2010, 349; *Willemsen/Rechel*, Cash-Pooling und die insolvenzrechtliche Anfechtbarkeit absteigender Darlehen, BB 2009, 2215; *Zahrte*, Die insolvenzrechtliche Anfechtung im Cash Pool, NZI 2010, 596.

Anmerkungen

1. Überblick. Ziel konzerninterner Cash-Management-Systeme ist die möglichst effiziente Allokation von Liquidität innerhalb der Unternehmensgruppe zur Senkung von Kreditkosten gegenüber Dritten (Lutter/*Theisen* § 11 Rdnr. 32 ff.). Das Formular behandelt zwei zentrale Gestaltungsinstrumente der Konzerninnenfinanzierung, nämlich das „Clearing" (auch: „Netting") und das „Cash-Pooling". Das Clearing betrifft die gegenseitige Verrechnung und Erfüllung gruppeninterner (nicht: konzernexterner) Zahlungsforderungen (Anm. 6); mit Cash-Pooling ist die automatische Übertragung von Liquidität zwischen den einzelnen Geldkonten der Teilnehmer und einem zentralen Geldkonto der Cash-Pool-Führerin gemeint (Anm. 8), „physisches" Cash-Pooling (Hasselbach/Nawroth/Rödding/*Mentz* Rdnr. 149 ff.; Eilers/Rödding/Schmalenbach/*von Rosenberg* F Rdnr. 1 ff.; *Vetter/Stadler* Rdnr. 4 ff.; *Rittscher* S. 22 ff.). Beide Techniken der Konzerninnenfinanzierung können grundsätzlich unabhängig von einander eingesetzt und in separaten Vereinbarungen niedergelegt werden. In der Unternehmenspraxis besteht allerdings vielfach ein Bedürfnis für ein umfassendes Cash-Management, das sowohl auf das Clearing- als auch das Cash-Pooling zurückgreift. Zur Realisierung von Synergieeffekten schlägt das Formular daher die Regelung in einem einheitlichen Clearing- und Cash-Pooling-Vertrag vor. Hierdurch können z. B. sämtliche Transaktionsabläufe zur Liquiditätssteuerung jeweils auf demselben Verrechnungskonto erfasst werden. Dies vereinfacht Buchführung und Vertragsmanagement. Zudem stellen sich die typischen gesellschafts- und insolvenzrechtlichen Rechtsprobleme von Clearing und Cash-Pooling sowie die zur Risikosteuerung erforderlichen Vorkehrungen als weitgehend deckungsgleich dar. Die Struktur des Formulars ermöglicht den Konzerngesellschaften sowohl die gleichzeitige Teilnahme am Clea-

II. Clearing- und Cash-Pooling-Vertrag

ring und Cash-Pooling als auch eine Beschränkung nur auf das Clearing oder nur auf das Cash-Pooling. Insbesondere die Rechtsprobleme des Cash-Pooling wurden in den letzten Jahren intensiv in Rechtsprechung und Literatur diskutiert. Zentrale, in der Vertragsgestaltung zu beachtende Themen sind: (i) Kapitalerhöhungen bei teilnehmenden Gesellschaften (verdeckte Sacheinlage, Hin- und Herzahlen), (ii) Aufsteigende Darlehen und Verbot der Einlagenrückgewähr, (iii) Absteigende Darlehen und Insolvenz der Empfängerin, (iv) Verbot existenzgefährdender Eingriffe sowie (v) Sorgfalts- und Überwachungspflichten der Organe teilnehmender Unternehmen (Meyer-Landrut/*Hingst/Kiefner* F Rdnr. 50). Dabei war es erklärtes Ziel des MoMiG-Gesetzgebers, das als wirtschaftlich sinnvoll erkannte Cash-Pooling zu erleichtern und dessen Rahmenbedingungen rechtsicherer zu gestalten (BT-Drs. 16/6140, 41).

Das Formular erfasst ausschließlich das physische Cash-Pooling, das zu tatsächlichen Zahlungsströmen zwischen den Teilnehmerkonten führt. Eine in der Praxis bedeutsame Alternativgestaltung ist das sog. „virtuelle" (auch: „unechte" oder „notional") Cash-Pooling. Hierbei finden tatsächlich keine Liquiditätstransfers statt. Vielmehr wird im Vertrag mit der den Cash-Pool betreuenden und die Unternehmensgruppe mit Liquidität versorgenden Bank vereinbart, dass die teilnehmenden Konten (virtuell) so zu behandeln sind, als ob zwischen ihnen die jeweiligen Salden ausgeglichen wurden, so dass im Verhältnis zur Bank nur ein einziger Saldo besteht. Zur Minimierung der Kreditkosten und zur Zinsoptimierung wird mithin ein gruppenweites Cash-Management fingiert, so dass im Verhältnis zur Bank allein die Cash-Pool-Führerin Sollzinsen zahlen muss bzw. Habenzinsen erlangt. Vorteil dieser Gestaltung ist, dass das virtuelle Cash-Pooling leichter zu handhaben ist und weniger rechtliche Fallstricke beinhaltet. Dafür ermöglicht es keine konzerninterne Liquiditätssteuerung. Gleichwohl spielen die Kapitalerhaltungsvorschriften auch beim virtuellen Cash-Pooling eine entscheidende Rolle. Die Cash-Pool Bank lässt sich nämlich regelmäßig von allen Teilnehmern Sicherheiten für die gegen die Unternehmensgruppe bestehenden Darlehensansprüche einräumen (z.B. gesamtschuldnerische Haftung; Pfandrecht an den Teilnehmerkonten). Sicherungsrechte, die für Ansprüche einer Ober- und/oder Schwestergesellschaften bestellt werden (sog. aufsteigende Sicherheiten), können als „Auszahlung" bzw. „Rückgewähr" i.S.v. §§ 30 Abs. 1 S. 1, 64 S. 3 GmbHG bzw. §§ 57 Abs. 1 S. 1, 92 Abs. 2 S. 3 AktG zu qualifizieren sein (Anm. 16) (*Kollmorgen/Santelmann/Weiß* BB 2009, 1818ff.; *Komo* GmbHR 2010, 230 ff). Dies ist in der Vertragsgestaltung zu beachten, so dass z.B. ein dem physischen Cash-Pooling ähnliches Informations-, Frühwarn- und Reaktionssystem (Anm. 22) mit entsprechenden Kündigungsmöglichkeiten (Anm. 23) eingerichtet werden sollte (zum virtuellen Cash-Pooling Hasselbach/Nawroth/Rödding/*Mentz* Rdnr. 155 ff., 209 ff.; Eilers/Rödding/Schmalenbach/*von Rosenberg* F Rdnr. 9 f.; *Seidel* DStR 2004, 1130, 1134 f.; *Willemsen/Rechel* BB 2009, 2215, 2216, 2219 f.; *Rittscher* S. 26 ff.).

Des Weiteren betrifft das Formular lediglich inländische Cash-Pooling-Systeme, an denen nur deutsche Unternehmen beteiligt sind, wobei die Zahlungsströme und Verrechnungen in Euro abgewickelt werden. Im Falle des grenzüberschreitenden Cash-Pooling kann sich daher Anpassungsbedarf ergeben. Schließlich wird wegen ihrer starken Einzelfallabhängigkeit nicht auf steuerrechtliche Fragen das Cash-Management eingegangen (überblickshaft Eilers/Rödding/Schmalenbach/*von Rosenberg* F Rdnr. 50 ff.).

2. Clearingstelle. Als eine Hauptpartei des Clearing- und Cash-Pooling-Vertrags ist zunächst eine sog. „Clearingstelle" oder „Cash-Pool-Führerin" festzulegen. Hierbei handelt es sich um diejenige Konzerngesellschaft, die das Cash-Management buchhalterisch organisiert, also insbesondere das zentrale Liquiditätskonto (Zielkonto, § 5.1.2) unterhält und die einzelnen Verrechnungskonten (§ 6) der Teilnehmer führt, auf denen sämtliche Liquiditätstransfers und Verrechnungen nachvollzogen und nach Teilnehmern aufgeschlüsselt werden. In der Praxis fungiert vielfach (aber nicht notwendigerweise) die Konzernmuttergesellschaft als Clearingstelle bzw. Cash-Pool-Führerin.

3. Offenlegung der Zielsetzung. Die Teilnahme am Cash-Pooling führt dazu, dass positive Salden auf den Konten der teilnehmenden Gesellschaften täglich auf das von der Clearingstelle unterhaltene Zentralkonto der Unternehmensgruppe (Zielkonto, § 5.1.2) übertragen werden. Damit wird den teilnehmenden Gesellschaften überschüssige Liquidität entzogen, was

Seibt

sich aus der Sicht der Einzelgesellschaft als potentiell nachteilig darstellt. Da die Geschäftsleiter verpflichtet sind, stets zum Wohle der Gesellschaft zu handeln (§ 43 Abs. 1 GmbHG; § 93 Abs. 1 S. 1 AktG), sollte in der Präambel kurz die wirtschaftliche Zielsetzung des Clearing- und Cash-Pool-Vertrags dargestellt werden (vgl. auch Anm. 21). Hierdurch wird dokumentiert, dass sich die Teilnahme auch aus der Sicht der einzelnen Konzerngesellschaften als (potentiell) wirtschaftlich vorteilhaft erweist (*Vetter/Stadler* Rdnr. 226).

4. Beschränkung auf Konzerngesellschaften. Die Teilnahme am Clearing- und Cash-Pooling-Vertrag sollte auf Konzerngesellschaften, d.h. Mutter-, Tochter- und Schwesterunternehmen i.S.v. § 290 HGB (i.V.m. § 1 Abs. 6, 7 KWG), beschränkt werden, worauf in der Präambel ausdrücklich hingewiesen werden sollte. Hintergrund ist der Umstand, dass die Unterhaltung eines physischen Cash-Pools (wohl) als Einlagen- und/oder als Kreditgeschäft i.S.v. § 1 Abs. 1 S. 2 Nr. 1, 2 KWG zu qualifizieren ist. Es bedarf daher nach § 32 KWG grundsätzlich einer Bankerlaubnis (Hasselbach/Nawroth/Rödding/*Mentz* Rdnr. 255). Auf ausschließlich konzerninterne Cash-Pooling-Leistungen ist jedoch das Konzernprivileg des § 2 Abs. 1 Nr. 7 KWG anwendbar, wonach für Bankgeschäfte mit Mutter- und Schwesterunternehmen keine Erlaubnis erforderlich ist (Boos/Fischer/Schulte-Mattler/*Schäfer* § 2 Rdnr. 27). Verstöße gegen die Erlaubnispflicht sind straf- (§ 54 Abs. 1 Nr. 2 KWG) sowie bußgeldbewehrt (§ 59 KWG i.V.m.§ 30 OWiG). Zudem kommt eine Schadensersatzpflicht nach § 823 Abs. 2 BGB i.V.m. § 32 KWG in Betracht (BGH ZIP 2006, 1764 Tz. 10; *Bormann* GmbHR 2009, 930, 931). Verfügt die Cash-Pool-Führerin über keine Bankerlaubnis, ist daher auf eine präzise Einhaltung des Konzernprivilegs zu achten.

5. Vertragsgegenstand. Vgl. zunächst Anm. 1. Ausdrücklich ausgenommen wird die Vergabe mittel- und langfristiger Kredite an die und zwischen den Konzerngesellschaften (§ 3.2.2). Denn das Liquiditätssteuerungsinstrument Cash-Pooling ist nicht auf die mittel- und langfristige Versorgung mit Fremdkapital ausgerichtet. Es geht vielmehr allein um die effiziente Allokation kurzfristig verfügbarer Liquidität und gerade nicht darum, etwaige dauerhaft bestehenden Finanzierungslücken teilnehmender Gesellschaften zu füllen. Letzteres würde erhebliche Bonitätsrisiken in das Cash-Pool-System tragen und dessen Funktionsweise gefährden. Mittel- und langfristiger Kredite sollten daher stets in separaten Verträgen mit eigenen Konditionen geregelt werden (Lutter/*Theisen* § 8 Rdnr. 44 f.).

6. Funktionsweise des Clearing. Nach der Regelungstechnik des Vertragsformulars erfolgt die Erfüllung Gruppeninterner Ansprüche (§ 2) wie folgt: Verfügt ein Teilnehmer (Gläubigergesellschaft, G) über einen Gruppeninternen Anspruch gegen einen anderen Teilnehmer (Schuldnergesellschaft, S), erfolgt keine effektive Zahlung von S an G. Vielmehr wird auf Weisung der S eine unbare Abwicklung über die von der Clearingstelle (C) geführten Verrechnungskonten (§ 6) vorgenommen, indem das Verrechnungskonto der S in Höhe des Zahlungsanspruchs belastet und das Konto der G in gleicher Höhe erkannt wird (§ 4.1). Durch die Belastungsbuchung bei S entsteht ein Darlehensrückzahlungsanspruch (§ 488 Abs. 1 S. 2 BGB) der C gegen S (§ 6.1 S. 2) und durch die korrespondierende Gutschriftbuchung bei G entsteht ein Darlehensrückzahlungsanspruch der G gegen C. Letzterer bringt als Leistung an Erfüllungs statt (§ 364 Abs. 1 BGB) durch C als Drittem (§ 267 Abs. 1 BGB) den Gruppeninternen Anspruch zum erlöschen (§ 4.2). Aus der Sicht der Teilnehmer findet also jeweils ein Austausch von Gläubiger und Schuldner statt: Der Gruppeninterne Anspruch G-S wird in zwei spiegelbildliche Ansprüche G-C und C-S umgewandelt. Hierdurch wird eine gruppeninternes Netting aller Zahlungsansprüche über die Clearingstelle ermöglicht.

7. Erfüllung von Verlustausgleichsansprüchen. Ein Verlustausgleichsanspruch aus § 302 Abs. 1 AktG ist grundsätzlich auf Geldzahlung gerichtet (*Hüffer* § 302 Rdnr. 15). Allerdings kann das herrschende Unternehmen die Aufrechnung (§ 387 BGB) erklären, sofern und soweit das herrschende Unternehmen über werthaltige Forderungen gegen das beherrschte Unternehmen verfügt. Außerdem ist eine Leistung an Erfüllungs statt (§ 364 Abs. 1 BGB) zulässig, sofern und soweit die gewährte Leistung vollwertig ist (BGH NJW 2006, 3279 Tz. 7 ff.). Unzulässig ist demgegenüber nach h.M. eine Stundung des Verlustausgleichsanspruchs oder dessen Ersetzung durch einen anderen Zahlungsanspruch gegen das herrschende Unternehmen (*arg e* § 302 Abs. 3 AktG; vgl. Schmidt/Lutter/*Stephan* § 302 Rdnr. 53 ff.). Vor diesem Hintergrund soll die Regelung in § 4.3 sicherstellen, dass (i) die Clearingstelle über einen betragsmäßig ausreichenden Darlehensanspruch (§ 6.1 S. 2) gegen den (beherrschten) Teilnehmer verfügt und gerade keine unzulässige Umwandlung des Verlustausgleichsanspruchs in ein Darlehen gegen die Clearingstelle (Anm. 6) eintritt, und dass (ii) eine Verrechnung nur zugelassen wird, wenn diese Darlehensforderung tatsächlich vollwertig ist. Dann ist nämlich den Rechtsprechungsanforderungen (BGH NJW 2006, 3279 Tz. 7 ff.) genügt. Sind Clearingstelle und herrschendes Unternehmen nicht identisch, stellt die Erfüllung des Verlustausgleichsanspruches über das Verrechnungskonto eine Leistung an Erfüllungs statt dar (Anm. 6). Zur Erfüllung von Verlustausgleichsausprüchen vgl. auch § 5.4.3 mit Anm. 12.

8. Übertragung von Liquidität. Das Formular sieht einen physischen Cash-Pool vor (Anm. 1). Wirtschaftlicher Hintergrund ist der Umstand, dass eine zentrale Liquiditätssteuerung innerhalb eine Konzerns zu Einsparungen bei den Finanzierungskosten führt: Verfügt eine Konzerngesellschaft (G) über ein Haben in Höhe von 80, während eine andere Konzerngesellschaft (S) Liquidität in Höhe von 100 benötigt, ist es in der Regel für den Konzern insgesamt günstiger, wenn G die 80 auf die Clearingstelle überträgt, diese sich in Höhe von 20 bei einem Dritten finanziert und dann 100 an S überweist, als wenn G die 80 bei einem Dritten anlegt und S sich in Höhe von 100 bei einem Dritten finanziert (vgl. auch *Seeger/Thier* DStR 2011, 184, 186 ff.). Dementsprechend sieht § 5.1 vor, dass (i) die Habensalden auf den Bankkonten der Teilnehmer, die das in der Konditionenvereinbarung (Anlage 9.1) niedergelegte Zielsaldo (Anm. 10) übersteigen (Liquiditätsüberschuss, § 2), auf das von der Clearingstelle unterhaltene zentrale Bankkonto (Zielkonto) übertragen werden, und dass (ii) die Teilnehmer (innerhalb ihres Kreditrahmens) Liquidität von dem Zielkonto anfordern können. Dies geschieht jeweils durch normale Banküberweisung, die in der Regel auf Grundlage eines Rahmenvertrages zwischen der Clearingstelle und den Banken mittels antizipierte Anweisung erfolgt (Automatic Balancing, § 5.1.2, § 19.1 S. 3). Die Liquiditätsströme werden auf den Verrechnungskonten bei der Clearingstelle nachvollzogen (§ 5.1.1, § 5.4.1) und rechtlich als gruppeninterne Darlehen abgebildet (§ 6.1 S. 2).

9. Zielsaldo und betriebsnotwendige Liquidität. In der Praxis wird vielfach ein Zielsaldo von „Null" festgesetzt (sog. „Zero-Balancing"). Vielfach wird allerdings empfohlen, stets einen bestimmte Sockelbetrag auf den Teilnehmerkonten zu belassen (sog. „Conditional-" oder „Target-Balancing") und damit ein Liquiditätspolster für den laufenden Betrieb der teilnehmenden Gesellschaften vorzuhalten (*Willemsen/Rechel* BB 2009, 2215, 2220; *Strohn/Simon* GmbHR 2010, 1181, 1183; Hasselbach/Nawroth/Rödding/*Mentz* Rdnr. 151). Da dem Cash-Pool auf diese Weise Liquidität vorenthalten wird, schmälert das Target-Balancing potentiell dessen Effektivität. Umgekehrt werden die mit dem Cash-Pooling verbundenen Rechtsrisiken (Anm. 15, 16) graduell verringert. Solange ein funktionierendes Frühwarn- und Überwachungssystem (§ 11) innerhalb der Gruppe installiert ist und keine Zweifel an der Bonität der Clearingstelle bestehen, dürfte die Vereinbarung einer Sockelliquidität auf dem Teilnehmerkonto indes nicht unbedingt erforderlich sein (Meyer-Landrut/*Hingst/Kiefner* F Rdnr. 57 ff.). Denn die Regelungen in § 5.1.1(i), § 5.3 S. 2, § 5.6, § 7.2.2 S. 2 stellen grundsätzlich sicher, dass die Teilnehmer (vorbehaltlich ihres Kreditrahmens) jederzeit die betriebsnotwendige Liquidität von der Clearingstelle anfordern können.

10. Tilgungsvereinbarung. Nach überwiegendem Verständnis werden die Darlehensansprüche, die durch Liquiditätsübertragungen von den Teilnehmerkonten auf das Zielkonto und umgekehrt entstehen, in die Verrechnungskonten „eingestellt" und dann mittels antizipierter Aufrechnung verrechnet (*Klinck/Gärtner* NZI 2008, 457, 459; *Hamann* NZI 2008, 667, 668; *Rittscher* S. 183 ff.). Bei dieser Konstruktion könnte § 96 Abs. 1 Nr. 3 InsO mit der Folge anwendbar sein, dass sämtliche im Jahr vor der Insolvenz durchgeführten Verrechnungen im Hinblick auf § 135 Abs. 1 Nr. 2 InsO (dazu Anm. 11) unwirksam sind. Ein Insolvenzverwalter könnte also versuchen, alle während des Jahreszeitraums zwischenzeitlich vorhandenen Verrechnungskontoguthaben des insolventen Teilnehmers gegen die Cash-Pool-Führerin geltend zu machen (*Rönnau/Krezer* ZIP 2010, 2669, 2270; Hasselbach/Nawroth/Rödding/*Mentz* Rdnr. 239 f.). Vor diesem Hintergrund zielt die in § 5.4.1 niedergelegte Tilgungsvereinbarung (anstelle einer Aufrechnungs- oder Verrechnungsabrede) darauf ab, die Anwendbarkeit von § 96

Abs. 1 Nr. 3 InsO zu verhindern (Hasselbach/Nawroth/Rödding/*Mentz* Rdnr. 240). Rechtsgrund für die Liquiditätsübertragungen vom Zielkonto auf das Teilnehmerkonto und umgekehrt ist dabei nicht ein Darlehensverhältnis, sondern § 5.1 des Vertragsformulars.

11. Anfechtbarkeit von Tilgungen. Die Liquiditätsabflüsse von den Teilnehmerkonten könnten der Insolvenzanfechtung nach § 135 Abs. 1 InsO oder der Gläubigeranfechtung nach § 6 Abs. 1 S. 1 AnfG unterliegen. Danach sind Rechtshandlungen anfechtbar, die für eine Forderung auf Rückgewähr eines Gesellschafterdarlehens i. S. d. § 39 Abs. 1 Nr. 5 InsO entweder „Sicherung" gewährt hat (Nr. 1), wenn die Handlung in den letzten zehn Jahren vor dem Antrag auf Eröffnung des Insolvenzverfahrens oder nach diesem Antrag vorgenommen worden ist, oder „Befriedigung" gewährt hat (Nr. 2), wenn die Handlung im letzten Jahr vor dem Eröffnungsantrag oder nach diesem Antrag vorgenommen worden ist. Nach einer (vereinzelten) Ansicht stellt die Verrechnungsabrede beim Cash-Pooling einer Sicherungsgewährung in Form der Schaffung einer Verrechnungslage dar, weil mit dem Liquiditätsabfluss (i) ein aufsteigendes Darlehen gewährt werde, gegen das (ii) ein absteigendes Darlehen aufgerechnet werden könne. Damit wären sämtliche Zahlungen von einem ursprünglich negativen Teilnehmerkonto auf das Zielkonto für einen Zeitraum von zehn Jahren anfechtbar (*Klinck/Gärtner* NZI 2008, 457, 459 f.). Die (vom BGH noch nicht bestätigte) überwiegende Literatur hält diese Auslegung nicht für zutreffend (*Hamann* NZI 2008, 667, 668; *Schall*, ZGR 2009, 126, 144; *Willemsen/Rechel* BB 2009, 2215, 2219; Uhlenbruck/*Hirte* § 135 Rdnr. 11; Hasselbach/Nawroth/ Rödding/*Mentz* Rdnr. 234 f.).

Ungeklärt ist indes, ob die Darlehenstilgungen aufgrund der Liquiditätstransfers als „Befriedigung" zu qualifizieren sind. Dann bestünde ein einjähriger Anfechtungszeitraum. Zum Teil wird zwar eine vorrangige Anwendung des Bargeschäftsprivilegs (§ 142 InsO) befürwortet (*Willemsen/Rechel* BB 2009, 2215, 2217 ff.; Uhlenbruck/*Hirte* § 135 Rn. 10), wohl überwiegend wird jedoch von einer grundsätzlichen Anfechtbarkeit ausgegangen (vgl. *Hamann* NZI 2008, 667, 669; *Zahrte* NZI 2010, 596, 597 ff.; *Henkel* ZInsO 2009, 1577 ff.; *Rönnau/Krezer* ZIP 2010, 2269, 2270 f.; *Altmeppen* NZG 2010, 401, 404). Allerdings ist nach zutreffender Ansicht die Rechtsprechung zur Kontokorrentverrechnung (BGH NZI 2008, 184 Tz. 15) entsprechend anwendbar. Damit unterliegt nicht jede einzelne Liquiditätsübertragung auf das Zielkonto der Anfechtung. Vielmehr ist der Gesamtsaldo aus den binnen der Jahresfrist erfolgten Zahlungsströme zu bilden. Nur wenn mehr Liquidität vom dem Teilnehmerkonto auf das Zielkonto geflossen ist als umgekehrt, liegt ein Anfechtungstatbestand in Höhe des Differenzbetrags vor (*Schall* ZGR 2009, 126, 145; *Altmeppen* NZG 2010, 401, 404; Hasselbach/Nawroth/Rödding/*Mentz* Rdnr. 237). In praktischer Hinsicht dürften die Anfechtungsrisiken in Konzernsachverhalten ohnehin nur selten relevant werden. Solange die Obergesellschaft nicht selbst insolvent ist, wird diese ihre Tochtergesellschaften nämlich nicht insolvent gehen lassen. Schließlich hätte dies typischerweise empfindliche Auswirkungen auf den Gesamtkonzern (z. B. aufgrund von Cross-Default-Klauseln).

12. Zahlungen außerhalb des Cash-Pooling. Die Regelungen in § 5.4.2 und § 5.4.3 ermöglichen konzerninterne Liquiditätsübertragungen vom Zielkonto auf ein Teilnehmerkonto als „echte" Barzahlungen außerhalb des Cash-Pooling durchzuführen, bei denen keine Rückzahlungsverpflichtung des begünstigten Teilnehmers aus absteigendem Darlehen entsteht (§ 5.4.2 S. 1, § 5.4.3 S. 2 jeweils i. V. m. § 6.1 S. 2). Dient ein solcher Liquiditätstransfer der Erfüllung der Schuld eines anderen Teilnehmers, so erfolgt auch keine Lastschrift (absteigendes Darlehen) auf dessen Verrechnungskonto (§ 5.4.2 S. 2 Hs. 1). Die Zahlung wird also vollständig außerhalb des Cash-Pool-Mechanismus abgewickelt. Etwaige Rückgriffsansprüche der Clearingstelle können indes grundsätzlich mittels Clearing beglichen werden (§ 5.4.2 S. 2 Hs. 2). Speziell zur Erfüllung von Verlustausgleichsansprüchen vgl. auch § 4.3 mit Anm. 8.

13. Saldenkonzentration und Liquiditätsausstattung. Die Regelungen in § 5.5 und § 5.6 sollen sicherstellen, dass die mit der zentralen Liquiditätssteuerung verbundenen Effizienzvorteile des Cash-Pooling (Anm. 8) bestmöglich realisiert werden können. Hierzu sind die Teilnehmer grundsätzlich gehalten, sämtliche von ihnen unterhalten Bankkonten unverzüglich glattzustellen, d. h. überschüssige Liquidität auf das Teilnehmerkonto zu überweisen und debitorische Konten (notfalls mit vom Zielkonto angeforderter Liquidität) auszugleichen (§ 5.5.1),

II. Clearing- und Cash-Pooling-Vertrag M.II

so dass keine eigene Zinsverpflichtung oder -berechtigung der Teilnehmer gegenüber Anderen Banken (§ 2) entsteht. Begründete Ausnahmen von der Saldenkonzentration sind möglich (§ 3.2.2, § 5.5.1 S. 3, § 5.5.2, § 5.7.2 S. 3). Umgekehrt hat die Clearingstelle sicherzustellen, dass über das Zielkonto hinreichende Liquidität zur Verfügung steht, um den Bedarf an (kurzfristiger) Liquidität innerhalb der Unternehmensgruppe in dem vereinbarten Umfang zu decken (§ 5.6). Hierzu wird die Clearingstelle entsprechende (zentrale) Finanzierungsvereinbarungen mit der Cash-Pool-Bank treffen.

14. Vgl. Anm. 13.

15. Kapitalaufbringung innerhalb des Cash-Pooling. Ein besonderes Rechtsproblem des Cash-Pooling besteht in der Beachtung der Kapitalaufbringungsvorschriften bei der Erfüllung von Einlageverpflichtungen aus Neugründung oder Kapitalerhöhung gegenüber teilnehmenden Gesellschaften (zur Kapitalerhaltung Anm. 16). Das liegt an dem Umstand, dass auf die Einlageverpflichtung geleistete „physische" Zahlungen des Inferenten an die Gesellschaft aufgrund der Cash-Pooling-Vereinbarung typischerweise wieder vom Konto der Gesellschaft abgezogen und dem Zielkonto zugeführt werden. Ob die Zahlung den Inferenten von seiner Einlageverpflichtung befreit, hängt davon ab, ob der Vorgang als „verdeckte Sacheinlage" (§ 19 Abs. 4 [i. V.m. § 56a] GmbH; § 27 Abs. 3 [i. V.m. §§ 183 Abs. 2, 194 Abs. 2] AktG) oder als „Hin- und Herzahlen" (§ 19 Abs. 5 [i. V.m. § 56a] GmbH; § 27 Abs. 4 [i. V.m. §§ 183 Abs. 2, 194 Abs. 2] AktG) zu qualifizieren ist. Diesbezüglich sind zwei Konstellationen zu unterscheiden, nämlich (i) die Situation, dass im Zahlungszeitpunkt der Bareinlage ein negativer Saldo auf dem Verrechnungskonto der begünstigten Gesellschaft vorgelegen hat (die Clearingstelle also über einen Anspruch aus absteigendem Darlehen gegen die Gesellschaft verfügte), und (ii) die Situation, dass der Saldo auf dem Verrechnungskonto der Gesellschaft im Zahlungszeitpunkt ausgeglichen oder positiv war (die Clearingstelle also keinen Darlehensanspruch gegen die Gesellschaft hatte) (BGHZ 182, 103 Tz. 10 ff. – Cash Pool II; *Hiort* CFL 2010, 379, 381 ff.; Hasselbach/Nawroth/Rödding/*Mentz* Rdnr. 171 ff.).

In der ersten Konstellation (negativer Saldo der Gesellschaft) liegt ein Fall der verdeckten Sacheinlage vor, sofern die geleisteten Beträge vereinbarungsgemäß (zeitnah) in den Cash-Pool eingestellt werden und an die Clearingstelle zurückfließen (BGHZ 166, 8 Tz. 11 ff. – Cash Pool I). Infolge der Weiterleitung der Bareinlage auf das Zentralkonto fließt der Gesellschaft wirtschaftlich nämlich nicht der Barbetrag, sondern die Befreiung von einer Verbindlichkeit aus der Cash-Pool-Verbindung, mithin ein Sachwert zu (hypothetischer Debt-to-Equity-Swap). Zudem nimmt es der Inferent bei der Vereinbarung eines Cash-Pools in Kauf, dass es zu einer verbotenen (§ 19 Abs. 2 S. 2; § 66 Abs. 1 S. 2 AktG) Verrechnung kommt (so BGHZ 182, 103 Tz. 10 – Cash Pool II). Dementsprechend wird der Inferent von seiner Einlageverpflichtung nicht befreit. Bei Eintragung ins Handelsregister kann er sich jedoch den Wert des verdeckt eingelegten Sachwertes (des Darlehensrückzahlungsanspruchs) anrechnen lassen (§ 19 Abs. 4 S. 1, 3 GmbH; § 27 Abs. 3 S. 1, 3 AktG) (BGHZ 182, 103 Tz. 13 – Cash Pool II; kritisch *Ekkenga* ZIP 2010, 2469, 2470 ff.). Ist hiernach eine Sacheinlage gegeben, darf der Geschäftsleiter bei Androhung von Strafe mit fünfjährigem Berufsverbot (§ 82 Abs. 1 Nr. 3 i. V.m. § 6 Abs. 2 Nr. 3 c) GmbHG; § 399 Abs. 1 Nr. 4 i. V.m. § 76 Abs. 3 Nr. 3 c) AktG) nicht versichern, dass die Gesellschaft den Einlagebetrag zur freien Verfügung ordnungsgemäß erhalten hat (*Pentz* GmbHR 2009, 126, 127; *Hiort* CFL 2010, 379, 382; Schmidt/Lutter/*Bayer* § 27 Rdnr. 112, 77; a. A. *Altmeppen* NZG 2010, 441, 442). Vor diesem Hintergrund sollen die Regelungen in § 5.7.1 und § 5.7.2 sicherstellen, dass es nicht zu einer verdeckten Sacheinlage kommen kann. Hierzu müssen Beträge, die zur Erfüllung einer Bareinlageverpflichtung auf ein Teilnehmerkonto fließen, dem Cash-Pool-System unverzüglich entzogen und auf ein außenstehendes Konto fließen (siehe unten), wenn das Verrechnungskonto der Gesellschaft einen negativen Saldo ausweist (diese also Netto-Schuldnerin ist). Stammt der Einlagebetrag vom Zielkonto, muss die Zahlung zudem als Transfer außerhalb des Cash-Pooling (Anm. 12) erfolgen.

Die zweite Konstellation, d. h. Bestehen eines ausgeglichenen bzw. positiven Saldos der Gesellschaft, wird demgegenüber als ein Fall des sog. „Hin- und Herzahlens" angesehen, so dass die Regelungen in § 19 Abs. 5 GmbH bzw. § 27 Abs. 4 AktG anwendbar sind (BGHZ 182, 103 Tz. 11 f., 24 ff. – Cash Pool II): Die Rückführung der Liquidität auf das Zielkonto begründet einen Rückzahlungsanspruch der Gesellschaft gegenüber der Clearingstelle aus aufsteigendem Darlehen. Der Inferent wird von seiner Bareinlagepflicht frei, wenn (i) eine die Einlageverpflichtung substituierende Vorabsprache zwischen Gesellschaft und Inferent getroffen wurde, wonach der Barbetrag (zeitnah) zurückzuführen ist, (ii) dies keine verdeckte Sacheinlage darstellt, (iii) der in Erfüllung der Abrede entstehende Rückzahlungsanspruch der Gesellschaft vollwertig und jederzeit fällig bzw. fälligstellbar ist und (iv) der Geschäftsleiter den Sachverhalt des „Hin- und Herzahlens" bei der Handelsregisteranmeldung offenlegt (§ 19 Abs. 5 GmbH; § 27 Abs. 4 AktG) (BGHZ 182, 103 Tz. 14, 24f. – Cash Pool II). Diese Vorgaben soll § 5.7.1 abbilden: Eine Vorabsprache über das „Hin- und Herzahlen" liegt (wohl) vor, wenn sich der Inferent und die Gesellschaft darauf verständigen, dass die Einlageleistung auf ein am Cash-Pool teilnehmendes zunächst Konto physisch gezahlt (§ 5.4.2 S. 1) und dann (alsbald) auf das zentrale Zielkonto übertragen werden soll (Hasselbach/Nawroth/Rödding/ Mentz Rdnr. 174f.). Maßstab für die Vollwertigkeit des Rückzahlungsanspruchs ist eine vernünftige kaufmännische Beurteilung, wie sie bei der Bewertung von Forderungen aus Drittgeschäften im Rahmen der Bilanzierung (§ 253 HGB) zu Grunde zu legen wäre (BGHZ 179, 71 Tz. 13 – MPS; *Wachter* DStR 2010, 1240, 1242; *Rothley/Weinberger* NZG 2010, 1001, 1003). Eine Besicherung des Darlehens ist nicht (unbedingt) erforderlich (BGH a.a.O. Tz. 11– 14). Maßgeblicher Zeitpunkt ist grundsätzlich die Zahlung vom Teilnehmerkonto auf das Zielkonto (BGHZ 182, 103 Tz. 28 – Cash Pool II). Wegen der laufenden Überwachungspflicht der Geschäftsleiter aus § 43 Abs. 1 GmbHG bzw. § 93 Abs. 1 AktG (BGHZ 179, 71 Tz. 14 – MPS) empfiehlt es sich jedoch, eine Liquiditätsübertragung auf das Zielkonto nur dann zuzulassen, wenn die Bonität der Clearingstelle auch zukünftig voraussichtlich bestehen bleibt (§ 5.7.1(ii) a.E.). Den Rechtsprechungsvorgaben folgend, sieht das Formular in § 15.2 S. 1 die Möglichkeit einer jederzeitigen, nicht fristgebundenen ordentlichen Kündigung vor (Anm. 23) (BGHZ 182, 103 Tz. 28 f. – Cash Pool II). Die Kündigung führt zur sofortigen Fälligkeit der auf dem Verrechnungskonto ausgewiesenen Darlehensbeträge (§ 15.5). Damit ist die Voraussetzung der „jederzeitigen Fälligstellbarkeit" des Rückzahlungsanspruchs erfüllt. Grundsätzlich möglich ist (wohl) auch ein sog. „Her- und Hinzahlen", auf das die in § 19 Abs. 5 GmbH bzw. § 27 Abs. 4 AktG niedergelegten Grundsätze wegen der wirtschaftlichen vergleichbaren Sachlage entsprechend Anwendbar wären (BGH NJW 2010, 1747 Tz. 24 – Eurobike). Eine solche Situation ist beim Cash-Pooling gegeben, wenn die Gesellschaft unmittelbar vor der Einlage Liquidität auf das Zielkonto überweist (also ein aufsteigendes Darlehen gewährt) und der Betrag dann in sachlichem und zeitlichem Zusammenhang als Einlageleistung an die Gesellschaft zurückfließt (Hasselbach/Nawroth/Rödding/*Mentz* Rdnr. 183).

Allerdings ist auf ein nicht unerbliches Rechtsrisiko speziell in Bezug auf Teilnehmer in der Rechtsform der Aktiengesellschaft hinzuweisen, wenn dort eine Kapitalerhöhung unter Ausnutzungen des Cash-Pooling durchgeführt werden soll: Nach einer beachtlichen Ansicht in der Literatur verstößt die Regelung in § 27 Abs. 4 AktG nämlich gegen zwingende Vorgaben der europäischen Kapitalrichtlinie (Verbot der *financial asistance*, § 71 a AktG). Deshalb sei der durch das Hin- und Herzahlen (vermeintlich) entstehende Darlehensrückzahlungsanspruch nichtig, so dass sich der Inferent nicht auf die Befreiung von seiner Einlageschuld berufen könne. Es wird deshalb empfohlen, bis zur Klärung durch den EuGH nicht von § 27 Abs. 4 AktG Gebrauch zu machen (*Habersack* AG 2009, 557, 563; *Ekkenga* ZIP 2010, 2469, 2470; *Hüffer* § 27 Rn. 45; Schmidt/Lutter/*Bayer* § 27 Rdnr. 93 ff.; Hasselbach/Nawroth/ Rödding/*Mentz* Rdnr. 186 ff.). Aus diesem Grund sollten Kapitalmaßnahmen bei einer Aktiengesellschaft (derzeit) ausschließlich außerhalb des Cash-Pooling erfolgen (dazu sogleich).

Nach zutreffender Ansicht kann den verbleibenden Rechtsrisiken mit folgender Vorgehensweise begegnet werden (zu weiteren Gestaltungsoptionen *Ekkenga* ZIP 2010, 2469, 2472 ff.; *Hiort* CFL 2010, 379, 384 ff.): Im Einklang mit § 5.7.2 ist sicherzustellen, dass (i) die Einlagen außerhalb des Cash-Pooling geleistet werden (Anm. 12), (ii) die geleisteten Einlagebeträge direkt auf ein nicht in das Cash-Pooling einbezogenes Sonderkonto fließen oder umgehend dahin transferiert werden und (iii) diese Beträge ausschließlich für die eigene operative Tätigkeit der Gesellschaft verwendet werden und nicht in den Cash-Pool zurückfließen, was jeweils sorgfältig dokumentiert werden sollte (*Goette* DStR 2006, 764, 767; *Habersack* GWR 2009, 283395; *Theusinger* NZG 2009, 1017, 1019 f.; Hasselbach/Nawroth/Rödding/*Mentz*

II. Clearing- und Cash-Pooling-Vertrag   M.II

Rdnr. 185; Meyer-Landrut/*Hingst*/*Kiefner* F Rdnr. 70, 72). Allerdings wurden selbst insoweit Bedenken an der Erfüllungswirkung der Zahlungen geäußert (*Bormann*/*Urlichs*, DStR 2009.641, 645; Spindler/Stilz/*Heidinger*/*Benz* § 27 Rdnr. 284 f.; unter Verweis auf BGHZ 175, 265 Tz. 13 – Rheinmöve), die jedoch nicht überzeugen. Denn die Einlagebeträge werden über das Sonderkonto dauerhaft dem operativen Geldkreislauf der Gesellschaft zugeführt (hierzu BGHZ 180, 38 Tz. 17 – Qivive) und es liegt gerade keine Vereinbarung über deren (mittelbare) Rückführung an den Inferenten (hierzu BGHZ 175, 265 Tz. 13 – Rheinmöve) vor (*Theusinger* NZG 2009, 1017, 1020). Soll auch dieses (geringe) Restrisiko bei Kapitalmaßnahmen vermieden werden, müsste der (beschwerliche) Weg über eine Sachkapitalerhöhung oder eine (längerfristige) Herausnahme der betreffenden Gesellschaft aus dem Cash-Pooling gewählt werden (*Lieder* GmbHR 2009, 1177, 1180).

16. Kapitalerhaltung innerhalb des Cash-Pooling und Haftungsrisiken. Ein weiteres zentrales Rechtsproblem der Gestaltung von Cash-Pool-Verträgen ist die Beachtung der Kapitalerhaltungsvorschriften (§ 30 GmbHG; § 57 AktG) (zur Kapitalaufbringung Anm. 15) und die möglichst weitgehende Vermeidung der hierauf bezogenen Haftungsrisiken für die Obergesellschaft und deren Organe sowie die Organe teilnehmender Tochtergesellschaften. Die Liquiditätsübertragungen von den Teilnehmerkonten auf das Zielkonto könnten nämlich als verbotene „Auszahlungen" i. S. v. § 30 Abs. 1 S. 1 GmbHG bzw. als „Einlagenrückgewähr" i. S. v. § 57 Abs. 1 S. 1 AktG qualifizieren, sofern die ausgereichten Darlehen einem Drittvergleich nicht standhalten. Während das aktienrechtliche Rückgewährverbot jede Leistung *causa societatis* außerhalb eines Bilanzgewinns erfasst (§ 57 Abs. 3 AktG; *Hüffer* § 57 Rn. 2), greift das GmbH-rechtliche Auszahlungsverbot nur bei einer Unterbilanz, also wenn das Reinvermögen der Gesellschaft unter die Stammkapitalziffer sinkt (Baumbach/Hueck/*Hueck*/*Fastrich* § 30 Rn. 13 ff.). Mangels Bilanzgewinn bzw. bei Unterbilanz sind Liquiditätsübertragungen auf das Zielkonto gemäß § 57 Abs. 1 S. 3 AktG bzw. § 30 Abs. 1 S. 2 GmbHG und nur insoweit zulässig als entweder (i) ein Beherrschungs- oder Gewinnabführungsvertrag (§ 291 AktG) besteht oder (ii) der Darlehensrückzahlungsanspruch der Gesellschaft „vollwertig" ist. Letzteres ist anhand einer vernünftigen kaufmännischen Beurteilung zu bestimmen, wie sie auch an der bilanziellen Bewertung von Forderungen aus Drittgeschäften (§ 253 HGB) zu Grunde zulegen ist. Eine Besicherung der Darlehen ist nicht unbedingt erforderlich (BGHZ 179, 71 Tz. 11–14 – MPS; *Habersack* ZGR 2009, 347, 353 f.; *Rothley*/*Weinberger* NZG 2010, 1001, 1003, 1005).

Als Teil seiner Leitungsverantwortung aus § 93 Abs. 2 AktG bzw. § 43 Abs. 2 GmbHG muss der Geschäftsleiter der Untergesellschaft durch Einrichtung eines geeigneten Frühwarnsystems laufend überwachen, ob der Rückzahlungsanspruch noch vollwertig ist oder ob sich die Bonität der Clearingstelle negativ entwickelt hat (BGHZ 179, 71 Tz. 14 – MPS). Im letzteren Falle muss der Geschäftsleiter weitere Zahlungen stoppen, für ausgereichte Darlehen ggf. Sicherheiten einfordern oder diese kündigen (Anm. 20, 22, 23). Anderenfalls haftet er auf Schadensersatz (BGHZ 179, 71 Tz. 17 – MPS). Wurden Liquiditätsübertragungen unter Verletzung der Kapitalerhaltungsvorschriften erbracht, sind die entsprechenden Beträge zudem vom begünstigten Gesellschafter zurückzugewähren (§ 62 Abs. 1 S. 2 AktG; § 31 Abs. 1 GmbHG). Das Vollwertigkeitsgebot nebst Überwachungspflicht gilt nach (wohl) herrschender Ansicht auch bei Bestehens eines Beherrschungs- oder Gewinnabführungsvertrags (Baumbach/Hueck/*Hueck*/*Fastrich* § 30 Rn. 45; Altmeppen/Roth/*Altmeppen* § 30 Rn. 123; *Mülbert*/*Leuschner*, NZG 2009, 281, 287; a. A. MünchKommGmbHG/*Ekkenga* § 30 Rn. 270). Es bezieht sich dann jedoch auf die Einbringlichkeit des jährlichen Verlustausgleichsanspruchs aus § 302 AktG (analog) und nicht auf jedes einzelne aufsteigende Darlehen. Aus Gründen der rechtlichen Vorsicht sollte daher ebenfalls ein Frühwarnsystem mit entsprechenden Reaktionsmöglichkeiten der Geschäftsleiter eingerichtet werden (*Willemsen*/*Rechel* GmbHR 2010, 349, 353; Hasselbach/Nawroth/Rödding/*Mentz* Rdnr. 201). Ähnliches gilt im Falle der Gewährung sog. aufsteigender Sicherheiten, also der Besicherung von Forderungen gegen die Obergesellschaft (oder eine Schwestergesellschaft) durch die Tochtergesellschaft (vgl. Anm. 1, 23), hinsichtlich der präventiven Überwachung der Vollwertigkeit des Rückgriffsanspruchs der Tochter- gegen die Obergesellschaft (oder Schwestergesellschaft) im Fall der Inanspruchnahme (dazu *Kollmorgen/Santelmann/Weiß*, BB 2009, 1818 ff.; *Komo* GmbHR 2010, 230 ff.; Hasselbach/Nawroth/Rödding/*Mentz* Rdnr. 211 ff.).

Schließlich kann das Verbot bestandsgefährdender Eingriffe im Rahmen des Cash-Pooling Bedeutung erlangen. Dieses richtet sich zum einen an den Geschäftsleiter der Untergesellschaft, der für Zahlungen an Gesellschafter persönlich haftet, soweit diese zur Zahlungsunfähigkeit der Gesellschaft führen mussten, wobei das Verschulden vermutet wird (§ 92 Abs. 2 S. 3, 2 AktG bzw. § 64 S. 3, 2 GmbHG). Das Zahlungsverbot betrifft auch Liquiditätsabflüsse zur Tilgung von absteigenden Darlehen, die von der Clearingstelle gewährter wurden (*Hüffer* § 92 Rn. 14c; Baumbach/Hueck/*Hueck/Fastrich* § 64 Rn. 99). Erfolgt die Zahlung auf Veranlassung der Obergesellschaft, kommt daneben eine Haftung der Obergesellschaft aus § 826 BGB wegen existenzvernichtenden Eingriffs in Betracht (vgl. BGHZ 173, 246 Tz. 24 ff. – Trihotel; Palandt/*Sprau* § 826 Rn. 35). Darüber hinaus können existenzbedrohende Eingriffe bzw. deren Nichtverhinderung eine Untreuestrafbarkeit (§ 266 StGB) sowohl des Geschäftsleiters der schädigenden Obergesellschaft als auch des Geschäftsleiters der geschädigten Tochtergesellschaft auslösen (vgl. BGHSt 54, 52 Rn. 25; *Seibt/Schwarz*, AG 2010, 301, 303; *Rönnau*, FS Samson, 423, 433 ff.; *Rönnau/Krezer*, ZIP 2010, 2269, 2271 ff.; *Arens* GmbHR 2010, 905, 906 ff.).

17. Bereicherungsanspruch. Zwar entsteht laut BGH beim Hin- und Herzahlen (und Her- und Hinzahlen) trotz Nichterfüllung der Bareinlageverpflichtung kein Bereicherungsanspruch des Inferenten (BGHZ 165, 352 Tz. 11). Diese Meinung des BGH erscheint aber als nicht ganz zweifelsfrei, vor allem, wenn die „Rückzahlung" der Einlageliquidität an eine vom Inferenten verschiedene Tochtergesellschaft erfolgt, die von der Konzernobergesellschaft mit den Aufgaben der Clearingstelle beauftragt wurde (*Ekkenga* ZIP 2010, 2469, 2475 f.). Aus Gründen der rechtlichen Vorsicht wird daher empfohlen, eine Tilgungsbestimmung bezüglich des möglicherweise entstehenden Bereicherungsanspruchs in den Cash-Pool-Vertrag aufzunehmen (*Ekkenga* ZIP 2010, 2469, 2477).

18. Qualifikation als Darlehen. Nach herrschender Ansicht, sind die Liquiditätstransfers vom Zielkonto auf die Teilnehmerkonten als absteigende Darlehen und die Liquiditätstransfers von den Teilnehmerkonten auf das Zielkonto als aufsteigende Darlehen anzusehen (BGHZ 166, 8 Tz. 12 – Cash Pool I; BGHZ 182, 103 Tz. 11 – Cash Pool II). Die korrespondierenden Rückzahlungsansprüche gelten wegen der in Anm. 10 und 11 erläuterten Anfechtungsproblematik bereits im Zeitpunkt des effektiven Rückflusses der Liquidität zur Gläubigergesellschaft als getilgt (§ 5.4.1 S. 3, 4; § 6.1 S. 2 Hs. 2). Die Regelung in § 6.1 S. 2 Hs. 2 stellt zudem klar, dass auch die täglichen Salden auf den als Kontokorrent (§ 355 HGB) geführten Verrechnungskonten rechtlich (weiterhin) als Darlehen zu qualifizieren sind (Meyer-Landrut/*Hingst/Kiefner* F Rdnr. 77).

19. Erweiterte Tilgungsbestimmung. Die Klausel in § 6.7 bezieht sich auf die Rechtsfolgen von Liquiditätsübertragungen auf das Zielkonto, die in Verletzung der Kapitalerhaltungsvorschriften der übertragenden Gesellschaft vorgenommen wurden (zur Kapitalerhaltung Anm. 16; zur Kapitalaufbringung Anm. 15). In diesem Fall ist die Clearingstelle gemäß § 31 Abs. 1 GmbHG bzw. § 62 Abs. 1 S. 2 AktG zur Rückzahlung verpflichtet. Ist sie nicht zugleich die Konzernobergesellschaft, folgt die Rückzahlungsverpflichtung möglicherweise auch aus §§ 812, 134 BGB i. V. m. § 30 GmbHG bzw. § 57 AktG (vgl. Baumbach/Hueck/*Hueck/Fastrich* § 31 Rn. 13; *Hüffer* § 62 Rn. 5). Zur Erfüllung derartiger Rückzahlungsverpflichtungen ist es nach der Rechtsprechung erforderlich, dass eine hierauf erbrachte Zahlung vom Zielkonto auf das Teilnehmerkonto gerade dieser Einlage- oder Rückzahlungsverpflichtung zugeordnet werden kann (und nicht aus anderen Gründen erfolgt). Dies ist nach dem BGH bei automatisierten Cash-Pool-Gestaltungen (wohl wegen des Fehlens einer *ausdrücklichen* Tilgungsbestimmung) in der Regel jedoch nicht der Fall (BGHZ 166, 8 Tz. 24 ff. – Cash Pool I; BGHZ 182, 103 Tz. 22 – Cash Pool II). Vor diesem Hintergrund soll die in § 6.7 niedergelegte erweiterte Tilgungsbestimmung klarstellen, dass der zeitlich nächste, auf eine Verletzung von Kapitalerhaltungsvorschriften folgende absteigende Liquiditätstransfer ausdrücklich (auch) der Erfüllung der Rückerstattungsverpflichtung der Clearingstelle dient (Meyer-Landrut/*Hingst/Kiefner* F Rdnr. 81 f.). Allerdings wurde die Tilgungswirkung einer solchen Gestaltung von der Rechtsprechung bisher weder bestätigt noch verworfen.

20. Beschränkung des Kreditrahmens; Zahlungsverbot; Rückforderungsanspruch. Durch die Beschränkung des Kreditrahmens der einzelnen Teilnehmer im Verhältnis zur Clearingstelle für absteigende Darlehen und sonstige Verbindlichkeiten (§ 7.1, § 7.3.1) bzw. des Kreditrahmens der Clearingstelle gegenüber den Teilnehmern hinsichtlich aufsteigender Darlehen und sonstiger Verbindlichkeiten (§ 7.2., § 7.3.2) lässt sich das Bonitätsrisiko, welches jeder einzelne Teilnehmer und die Clearingstelle jeweils eingehen, quantitativ begrenzen (Hasselbach/Nawroth/Rödding/*Mentz* Rdnr. 262; Meyer-Landrut/*Hingst*/*Kiefner* F Rdnr. 81 f.). Dies ist insbesondere für solche Gesellschaften von Bedeutung, die regelmäßig als Netto-Zahler auftreten. Eine quantitative Begrenzung empfiehlt sich insbesondere vor dem Hintergrund der Sorgfaltspflichten der Geschäftsleiter dieser Gesellschaften (§ 43 Abs. 1 GmbHG; § 93 Abs. 1 S. 1 AktG). Wird der Kreditrahmen der Clearingstelle überschritten, hat der betreffende Teilnehmer einen sofort fälligen Rückzahlungsanspruch in Höhe des Differenzbetrags (§ 7.2.3 Hs. 1 Var. 1, § 8 S. 1, 2). Unabhängig vom Kreditrahmen der Clearingstelle kann ein Teilnehmer zudem sofortige Rückzahlung verlangen, falls die Vollwertigkeit des Darlehensanspruchs gegen die Clearingstelle nicht mehr geben ist (§ 7.2.3 Hs. 1 Var. 2, 3). Diese Regelungen sollen die Anforderungen der Kapitalerhaltungsvorschriften (Anm. 16) umsetzen. Diesem Zweck dient auch § 7.2.2. Danach dürfen Liquiditätsübertragungen nicht durchgeführt werden (Leistungsverweigerungsrecht), (i) sofern und soweit die Bonität der Clearingstelle und damit die Vollwertigkeit des Rückzahlungsanspruchs nicht gesichert sind (§ 7.2.2 S. 1, 3) (vgl. § 30 Abs. 1 S. 2 GmbHG; § 57 Abs. 1 S. 3 AktG) oder (ii) die Liquiditätsübertragung zur Zahlungsunfähigkeit des Teilnehmers führt bzw. bereits eine Zahlungsunfähigkeit oder Überschuldung bereits besteht (§ 7.2.2 S. 2) (vgl. § 64 S. 1, 3 GmbHG; § 92 Abs. 2 S. 1, 3 AktG). Dabei berücksichtigt das Vertragsformular nicht etwaige absteigende Darlehen einer Tochtergesellschaft an eine Enkelgesellschaft. Derartige Zahlungen sind nach zutreffender (aber zum Teil bestrittener) Auffassung nämlich nicht als Auszahlung (§ 30 Abs. 1 S. 1 GmbHG) bzw. Einlagenrückgewähr (§ 57 Abs. 1 S. 1 AktG) anzusehen (vgl. Hasselbach/Nawroth/Rödding/ *Mentz* Rdnr. 203; Meyer-Landrut/*Hingst*/*Kiefner* F Rdnr. 83 ff.).

21. Konditionen und Verzinsung. Die Regelung in § 9.1, wonach die Konditionen der Darlehensgewährung im Rahmen des Cash-Pooling im Verhältnis zu einer Finanzierung bzw. Vermögensanlage bei einer Drittbank für die Teilnehmer „vorteilhaft" sein müssen, dient dem Schutz der Geschäftsleiter der beteiligten Gesellschaften (vgl. auch Anm. 3). Gemäß § 43 Abs. 1 GmbHG bzw. § 93 Abs. 1 AktG müssen die Geschäftsleiter beim Abschluss des Cash-Management-Vertrags im Interesse des von ihnen jeweils geleiteten Unternehmens handeln. Von besonderer Bedeutung ist dabei neben den Klauseln zum Liquiditäts- und Bonitätsmonitoring (§ 11) einschließlich Zahlungsverweigerungs-, Rückforderungs- (§ 7, § 8) und Kündigungs- (§ 15) bzw. Aussetzungsrechten (§ 16) eine Vereinbarung über die Verzinsung der Darlehen (*Vetter*/*Stadler* Rdnr. 112, 125; Meyer-Landrut/*Hingst*/*Kiefner* F Rdnr. 87), zumal das Unterlassen einer angemessenen Verzinsung als Auszahlung (§ 30 Abs. 1 S. 1 GmbHG) bzw. Einlagenrückgewähr (§ 57 Abs. 1 S. 1 AktG) qualifizieren kann (Hasselbach/Nawroth/Rödding/*Mentz* Rdnr. 200; Baumbach/Hueck/*Hueck*/*Fastrich* § 31 Rn. 34, 56; *Hüffer* § 57 Rn. 20; *Mülbert*/ *Leuschner* NZG 2009, 281, 282 f.; *Rönnau*, FS Samson, 423, 432 f.). Zum Teil wird aber auch vertreten, dass eine Verzinsung für kurzfristige Darlehen nicht erforderlich ist (*Altmeppen* NZG 2010, 401, 404; Schmidt/Lutter/*Fleischer* § 57 Rn. 58). Die Regelung in § 9.1 ermöglicht es den involvierten Geschäftsleitern, in jedem Einzelfall die Vorteile des Clearing und Cash-Pooling gegen die damit verbunden (Rechts-)Risiken abzuwägen und eine der jeweiligen Situation angemessene Vereinbarung über die Konditionen der Teilnahme zu treffen.

22. Informations-, Frühwarn- und Reaktionssystem. Um den Anforderungen an die Kapitalaufbringung (Anm. 15) und Kapitalerhaltung (Anm. 16) genügen zu können, verlangt die Rechtsprechung von den Geschäftsleitern der beteiligten Gesellschaften die Einrichtung eines geeigneten Informations-, Frühwarn- und Reaktionssystems zwischen Mutter- und Tochtergesellschaft (BGHZ 179, 71 Tz. 14 – MPS; vgl. auch § 91 Abs. 2 AktG) (zur vertraglichen Ausgestaltung *Vetter*/*Stadler* Rdnr. 194 ff.; Hasselbach/Nawroth/Rödding/*Mentz* Rdnr. 265 ff.; Meyer-Landrut/*Hingst*/*Kiefner* F Rdnr. 90 ff.; Lutter/Hommelhoff/*Hommelhoff* § 30 Rn. 41; *Weitzel*/*Socher* ZIP 2010, 1069, 1070; *Hiort*, CFL 2010, 379, 380 f.; *Erne* GWR 2010,

305571). Dieses Frühwarnsystem erfordert erstens einen laufenden Informationsfluss von den Tochtergesellschaften zur Clearingstelle über deren aktuelle Finanzplanung und Liquiditätsbedarf (§ 11.1.1), damit die konzernintern verfügbaren Mittel möglichst effizient disponiert und Liquiditätsengpässe bei einzelnen Teilnehmern einschließlich der daraus folgenden Haftungsgefahren (z. B. § 64 S. 3 GmbHG, § 826 BGB, § 266 StGB) vermieden werden können. Als Teil der konzernweiten Bedarfs- und Bonitätsüberwachung muss der Teilnehmer zweitens *ad hoc* über spontan eingetrennte Sachverhalte informieren, die entweder dessen Liquiditätsplanung oder Kreditwürdigkeit betreffen (§ 11.1.2). Drittens muss umgekehrt die Clearingstelle die Teilnehmer laufend über ihre Finanzkennzahlen und Bontitätsparameter (sowie, falls verschiedenen, diejenigen der Konzernobergesellschaft) unterrichten (§ 11.2.1). Hierdurch werden die Organe der teilnehmenden (netto-zahlenden) Gesellschaften in die Lage versetzt, eigenständig zu prüfen, ob dem Erfordernis der „Vollwertigkeit" von Darlehensrückzahlungsansprüchen kontinuierlich entsprochen wird. Viertens schließlich trifft die Clearingstelle eine *ad hoc* Berichtspflicht betreffend bei der Clearingstelle oder innerhalb des Konzernverbunds eintretender Ereignisse, die für die finanzielle Lage der Clearingstelle bzw. des Konzerns von Bedeutung sind (§ 11.2.2). Aufgrund der gegenseitigen Interdependenz der Teilnehmer eines Cash-Pools ist nicht nur über besondere Vorkommnisse bei der Muttergesellschaft, sondern auch über solche bei Schwestergesellschaften zu informieren (*Vetter/Stadler* Rdnr. 196; *Lutter/Vetter* § 8 Rdnr. 38). Entsprechend den allgemeinen Dokumentationsanforderungen bei unternehmerischen Entscheidungen (*Seibt/Schwarz* AG 2010, 301, 306 f.) sollten die Geschäftsleiter die erhaltenen Informationen und deren Auswertung sorgfältig dokumentieren (*Vetter/Stadler* Rdnr. 192 f.; *Willemsen/Rechel* GmbHR 2010, 349, 354 f.). Als Reaktion auf erkannte Bonitäts- und/oder Liquiditätsrisiken können die Geschäftsleiter Zahlungen einfrieren (§ 7.2.2 mit Anm. 20), die Teilnahme am Cashpool kündigen (§ 15.2, § 15.3), die Begleichung von Ansprüchen aussetzen (§ 16) oder eine hinreichende Sicherheit für die aktuell ausgereichten aufsteigenden Darlehen verlangen (§ 15.3.4 S. 3) (*Lutter/Hommelhoff/Hommelhoff* § 30 Rn. 41). Gerade in Krisensituationen werden insoweit konsequente und ggf. unbequeme Entscheidungen notwendig sein (*Vetter/Stadler* Rdnr. 236 ff.; *Lutter/Vetter* § 8 Rdnr. 51 f.; *Rönnau*, FS Samson, 423, 441).

23. Kündigung und Aussetzung. Neben der Einrichtung eines Frühwarnsystems (§ 11 mit Anm. 16, 22) ist die Regelung kurzfristiger Kündigungsmöglichkeiten der Teilnehmer zumindest für den Fall der wesentlichen Verschlechterung der finanziellen Situation bei Mutter- oder Tochtergesellschaft (§§ 15.3.1, 15.3.3 f.) sowie der Nichterfüllung der Informationspflichten (§ 15.3.5) unabdingbar (vgl. BGHZ 179, 71 Tz. 14, 18 – MPS). Dieses Recht zur kurzfristigen (außerordentlichen) Kündigung ist eine Konsequenz der Kapitalaufbringungs- (Anm. 15) und Kapitalerhaltungsvorschriften (Anm. 16) sowie des Verbots existenzgefährdender Eingriffe (vgl. auch Hasselbach/Nawroth/Rödding/*Mentz* Rdnr. 271). Mit dem Wirksamwerden der Kündigung werden automatisch sämtliche auf den kündigenden (oder gekündigten) Teilnehmer bezogenen Darlehensansprüche fällig gestellt (§ 15.5). Dieser Teilnehmer scheidet zudem automatisch aus dem Clearing- und Cash-Pooling-Vertrag aus, während der Vertrag mit den übrigen Teilnehmern fortgesetzt wird (§ 15.2 S. 3, § 15.3.1 S. 3). Des Weiteren ist in dem Vertrag mit der Cash-Pool-Bank sicherzustellen, dass diese mit Ausscheiden des Teilnehmers auf etwaige ihr gewährten aufsteigende Sicherheiten (Anm. 1, 16) freigibt (§ 19.1 S. 4 Hs. 2) (Meyer-Landrut/*Hingst/Kiefner* F Rdnr. 99; Hasselbach/Nawroth/Rödding/*Mentz* Rdnr. 273). Alternativ zur Kündigung, kann der Teilnehmer von der Clearingstelle auch die Gewährung ausreichender Sicherheiten verlangen (§ 15.3.4 S. 3) (BGHZ 179, 71 Tz. 14 – MPS; Lutter/Hommelhoff/*Hommelhoff* § 30 Rn. 41). Des Weiteren kann der Teilnehmer bei Vorliegen eines wichtigen Grundes die (vorübergehende) Aussetzung des Clearing und/oder Cash-Pooling verlangen und dadurch weitere Anspruchsverrechnungen seiner Gruppeninternen Ansprüche bzw. weitere Liquiditätsübertragungen von seinem Teilnehmerkonto stoppen (§ 16.1 S. 1). Im Falle der Aussetzung kann der Teilnehmer von der Clearingstelle die sofortige (physische) Auszahlung eines auf seinem Verrechnungskonto bestehenden positiven Saldos verlangen (§ 16.5 S. 3). Zudem bestehen die allgemeinen Leistungsverweigerungs- und Rückforderungsrechte nach § 7.2.3 und § 7.2.3 (Anm. 20). Bei der Auswahl der konkreten Reaktionsmöglichkeit sollte der Geschäftsleiter im Rahmen seiner pflichtgemäßen Ermessensausübung (§ 43

Abs. 1 GmbHG; § 93 Abs. 1 S. 1 AktG) auch berücksichtigen, dass eine sofortige und vollständige Fälligstellung der ausgereichten aufsteigenden Darlehen (auch unter Berücksichtigung etwaiger Cross-Default-Klauseln) die angespannte Finanzsituation des Konzerns noch verschärften und der Anspruch auch des Kündigungsberechtigten dadurch wertlos werden kann. Je nach Abwägungslage kann es daher geboten sein, zunächst nur eine Aussetzung vorzunehmen und/oder Sicherheiten zu verlangen, bevor der Vertrag gekündigt und die Darlehen fällig gestellt werden (vgl. *Vetter/Stadler* Rdnr. 238 f.; *Rönnau*, FS Samson, 423, 441). Die ordentliche Kündigung durch die Clearingstelle ist nur unter Einhaltung einer Frist von zwei Monaten möglich (§ 15.2 S. 2), damit die Teilnehmer sich auf eine neue Finanzierungssituation einstellen können. Zum Schutze der Integrität des Cash-Management-Systems ist die Clearingstelle auch ihrerseits zur fristlosen Kündigung eines Teilnehmers aus wichtigem Grund berechtigt (§§ 15.3.1 f., 15.3.6). In diesen Fällen ist ebenso eine Vertragsaussetzung durch die Clearingstelle möglich (§ 16.1 S. 2).

24. Aussetzung. Vgl. Anm. 23.

25. Freigabe aufsteigender Sicherheiten. Vgl. Anm. 23.

26. Teilnehmerverzeichnisse (Anlagen 1.2 bis 1.4). Das Vertragsmuster gibt den Teilnehmern ein Wahlrecht, ob die teilnehmenden Gesellschaften entweder gleichzeitig sowohl am Clearing als auch am Cash-Pooling teilnehmen möchten, oder ob sie ihre Teilnahme auf eine der beiden Techniken der Konzerninnenfinanzierung beschränken wollen (§ 1, § 3 mit Anm. 1). In den gemäß § 1.2 bis § 1.4 von der Clearingstelle zu führenden Verzeichnissen ist aufzuschlüsseln, welche Gesellschaften aktuell an dem Clearing- und Cash-Pooling-Vertrag teilnehmen und welche Vertragsleistungen (§ 3) von diesen Teilnehmern aktuell gewählt wurden.

27. Zielkonto (Anlage 5.1). In Anlage 5.1 wird das zentrale Bankkonto der Clearingstelle (Zielkonto) definiert, auf das und von dem die täglichen Liquiditätsübertragungen im Rahmen des Cash-Pooling (Anm. 8) durchgeführt werden.

28. Konditionenvereinbarung (Anlage 9.1). Grundsätzlich können sämtliche (deutsche; vgl. Anm. 1 a. E.) Mitglieder einer Unternehmensgruppe an dem Clearing- und Cash-Pooling-Vertrag (CCP-Vertrag) teilnehmen (V.1; § 1.1). Die einzelnen Vertragsparteien können also ganz unterschiedliche Unternehmen mit einem jeweils eigenen Liquiditätsbedarf sowie Risiko- und Bonitätsprofil sein. Vor diesem Hintergrund dient die Konditionenvereinbarung (KondV) der Feinsteuerung der Vertragsdurchführung im Verhältnis zwischen der Clearingstelle und dem jeweiligen Teilnehmer. Insbesondere ist die Clearingstelle gemäß § 9.1 S. 1 CCP-Vertrag verpflichtet, in der KondV mit jedem einzelnen Teilnehmer individuell adäquate (§ 9.1 S. 2 CCP-Vertrag) Konditionen für die Vertragsteilnahme zu vereinbaren. Die KondV teilt sich in administrative und materielle Regelungen auf. In die erste Kategorie fallen die Benennung des von der Clearingstelle zu führenden Verrechnungskontos (§ 1 KondV), der einbezogenen Bankkonten der Teilnehmer (Teilnehmerkonten) (§ 2.1 KondV; § 5.6 CCP-Vertrag mit Anm. 13) und Zugang von Erklärungen (§ 9). Besondere Beachtung ist den materiellrechtlichen Regelungen zu schenken, die das jeweilige Bedarfs- und Risikoprofil des Teilnehmers abbilden. Denn der Abschluss des CCP-Vertrags muss insgesamt im Unternehmensinteresse sowohl des Teilnehmers als auch der Clearingstelle liegen; andernfalls drohte eine Haftung der beteiligten Geschäftsleiter aus § 43 GmbHG bzw. § 93 AktG (vgl. Anm. 3 und 21). Zu den materiellrechtlichen Regelungen zählen insbesondere die Festlegung des teilnehmerspezifischen Zielsaldos (§ 2.2 KondV; § 5.3 mit Anm. 9), der zulässigen Tageshöchstbeträge (§ 3 KondV; § 5.2 CCP-Vertrag), der Kreditrahmen des Teilnehmers und der Clearingstelle (§ 4 KondV; § 7 CCP-Vertrag mit Anm. 20) sowie einer angemessenen Verzinsungsregelung (§ 5 KondV; § 9 mit Anm. 21). Die Regelungen in § 6 bis § 8 KondV haben sowohl einen administrativen als auch einen materiellen Gehalt. Sie konkretisieren nämlich die teilnehmer- und konzernspezifischen Informationspflichten (§ 11 CCP-Vertrag) der Vertragsparteien, auf denen das Informations-, Frühwarn- und Reaktionssystem des CCP-Vertrags (Anm. 22) aufbaut. Die effektive Funktionsweise dieses Systems ist zentral für die Einhaltung der Kapitalaufbringungs- (Anm. 15) und Kapitalerhaltungsvorschriften (Anm. 16) und zur Vermeidung von Haftungsrisiken sowohl für die Teilnehmer als auch deren Geschäftsleiter, weshalb bei der Präzisierung der Informationspflichten innerhalb der KondV besondere Sorgfalt geboten ist.

III. Verbandsrechtlicher Ausschluss von Minderheitsgesellschaftern (Squeeze out)

1. Einleitung

Schrifttum: Angerer, Der Squeeze-out, BKR 2002, 260; *Arnold,* Übernahmerichtlinie-Umsetzungsgesetz: Squeeze-Out künftig ohne HV möglich, AG Report 2006, R 224; *Baums,* Der Ausschluss von Minderheitsakionären nach §§ 327a ff. AktG n. F. – Einzelfragen –, WM 2001, 1843; *P. Baums,* Ausschluss von Minderheitsaktionären, 2001; *Bolte,* Squeeze-out: Eröffnung neuer Umgehungstatbestände durch die §§ 327a ff. AktG?, DB, 2587; *Bayer/J. Schmidt,* Der Referentenentwurf zum 3. UmwÄndG, ZIP 2010, 953; *Buchta/Ott,* Problembereiche des Squeeze-out, DB 2005, 990; *Bungert,* Der BGH und der Squeeze Out: Höchstrichterliche Beurteilung der Standardrügen bei Anfechtungsklagen, Anm. zu BGH Urt. v. 18. 9. 2006 – II ZR 225/04 – BB 2006, 2761; *DAV-Handelsrechtsausschuss,* Stellungnahme zum Referentenentwurf für ein Drittes Gesetz zur Änderung des Umwandlungsgesetzes, NZG 2010, 614; *Dreier,* Anmerkungen zu BVerfG, Beschl. v. 20. 9. 2002 – 1 BvR 1691/02 – EWiR 2003, 141; *Ehricke/Roth,* Squeeze-out im geplanten deutschen Übernahmerecht, DStR 2001, 1120; *Fleischer/Schoppe,* Squeeze out und Eigentumsgarantie der Europäischen Menschenrechtskonvention, Der Konzern 2006, 329; *Freytag,* Neues zum Recht der Konzernverschmelzung und des Squeeze out, BB 2010, 1611; *Fröde,* Missbräuchlicher Squeeze-out gem. §§ 327a ff. AktG, NZG 2007, 729; *Fuhrmann/Simon,* Der Ausschluss von Minderheitsaktionären und Gestaltungsüberlegungen zur neuen Squeeze-out-Gesetzgebung, WM 2002, 1211; *Grunewald,* Die neue Squeeze-out-Regelung, ZIP 2002, 18; *dies.,* Verfassungswidrigkeit der Squeeze-out-Regelungen der umzusetzenden EU-Übernahmerichtlinie. Unzulässige Einschränkung der gerichtlichen Überprüfung der angebotenen Barabfindung durch gesetzliche Fiktion der Angemessenheit, DB 2005, 2564; *Heckschen,* Das Dritte Gesetz zur Änderung des Umwandlungsgesetzes in der Fassung des Regierungsentwurfs, NZG 2010, 1041, 1044; *Henze,* Erscheinungsformen des squeeze-out von Minderheitsaktionären, Festschrift für Wiedemann, 2002, S. 935; *Horbach/Koch,* How to manage squeeze-outs in Germany, IFLR 2005, 34; *Kort,* Squeeze-out-Beschlüsse: Kein Erfordernis sachlicher Rechtfertigung und bloß eingeschränkte Rechtsmissbrauchskontrolle, ZIP 2006, 1519; *ders.,* Hauptaktionär nach § 327a Abs. 1 S. 1 AktG mittels Wertpapierdarlehen, AG 2006, 557; *Kossmann,* Ausschluss („Freeze-out") von Aktionären gegen Barabfindung, NZG 1999, 1198; *Land/Hasselbach,* „Going Private" und „Squeeze-out" nach deutschem Aktien- Börsen- und Übernahmerecht, DB 2000, 557; *Leuering/Rubner,* Die Absenkung des Schwellenwerts für den Squeeze-out auf 90%, NJW-Spezial 2010, 271; *Markwardt,* Squeeze-out: Anfechtungsrisiken in „Missbrauchsfällen", BB 2004, 277; *Priester,* „Squeeze-out" durch Herabsetzung des Stammkapitals auf Null?, DNotZ 2003, 592; *Püttmann,* Squeeze out, Der Zwangsausschluss von Minderheiten nach deutschem Aktienrecht in Theorie und Praxis, 2006; *Raiser/Veil,* Recht der Kapitalgesellschaften, 5. Aufl. 2010; *Rathausky,* Empirische Untersuchung zur Frage der ökonomischen Vorteilhaftigkeit des Squeeze-out in Deutschland, FB 2004, 107; *Reinisch,* Der Ausschluss von Aktionären aus der Aktiengesellschaft, 1991; *Schlitt,* Strafrechtliche Risiken bei Squeeze-out und Delisting, NZG 2006, 925; *Seibt/Heiser,* Analyse des Übernahmerichtlinie-Umsetzungsgesetzes (Regierungsentwurf), AG 2006, 301; *dies.,* Analyse der EU-Übernahmerichtlinie und Hinweise für eine Reform des deutschen Übernahmerechts, ZGR 2005, 200; *dies.,* Der neue Vorschlag einer EU-Übernahmerichtlinie und das deutsche Übernahmerecht, ZIP 2002, 2193; *Sellmann,* Ausgleichs- und Verfahrensregelungen des Squeeze-out auf dem Prüfstand des Verfassungsrechts, WM 2003, 1545; *Sieger/Hasselbach,* Der Ausschluss von Minderheitsaktionären nach den neuen §§ 327aff. AktG, ZGR 2002, 120; *dies.,* Ausschluss von Minderheitsaktionären („Squeeze-out") im ausländischen Recht, NZG 2001, 926; *Simon/Merkelbach,* Das Dritte Gesetz zur Änderung des UmwG, DB 2011, 1317; *Steinmeyer/Häger,* Wertpapiererwerbs- und Übernahmegesetz Kommentar, 2. Aufl. 2007; *Than,* Zwangsweises Ausscheiden von Minderheitsaktionären nach Übernahmeangebot, Festschrift Claussen, 1997, 405; *Tretzmüller-Szauer,* Squeeze-out Regelungen im Entwurf zum Übernahmerichtlinie-Umsetzungsgesetz, RuW 2006, R 83; *Vetter,* Squeeze-out – Der Ausschluss der Minderheitsaktionäre aus der Aktiengesellschaft nach den §§ 327a–327f. AktG, AG 2002, 176; *Vossius,* Squeeze-out – Checklisten für Beschlussfassung und Durchführung, ZIP 2002; *Wilhelm/Dreier,* Beseitigung von Minderheitsbeteiligungen auch durch übertragende Auflösung einer AG?, ZIP 2003, 1369; *Wilsing/Siebmann,* Anm. zu BGH Urt. v. 18. 9. 2006 – II ZR 225/04 –, DB 2006, 2509; *Wittuhn/Giermann,* Herausdrängen von Minderheitsaktionären einer Aktiengesellschaft – Gestaltungsmöglichkeiten beim Squeeze-out, MDR 2003, 372; *Wolf,* Der Minderheitenausschluß qua „übertragender Auflösung" nach Einführung des Squeeze-Out gemäß §§ 327a–f. AktG, ZIP 2002, 153.

1. Einleitung

1. Überblick

Die §§ 327 a bis 327 f. AktG regeln den Ausschluss von Minderheitsaktionären, den sogenannten Squeeze out (im amerikanischen Rechtskreis z. T. auch „Freeze out" genannt; zur Terminologie vgl. Geibel/Süßmann/*Grzimek* § 327 a AktG Rdnr. 1), mit Hilfe dessen ein Hauptaktionär, der mindestens 95% des Grundkapitals auf sich vereint, die verbleibenden Minderheitsaktionäre mittels eines Hauptversammlungsbeschlusses gegen eine Barabfindung aus der Gesellschaft ausschließen kann. Eingeführt wurde dieses Institut im Rahmen der Einführung des WpÜG im Jahre 2002 (vgl. BT-Drucks. 14/7034). Sonderfall: Für Ausschlussverfahren, die durch den Finanzmarktstabilisierungsfonds (SoFFin) durchgeführt werden, genügt gem. § 12 Abs. 4 S. 1 FMStBG bereits eine Beteiligung von 90% der Anteile (vgl. hierzu Emmerich/Habersack/*Habersack* § 327 a Rn. 18 a; zur Verfassungsmäßigkeit der Vorschrift im Zusammenhang mit dem Fall Hypo Real Estate jüngst LG München I GWR 2011, 114 m. Anm. *Rieder,* nicht rechtskräftig).

2. Sinn und Zweck

Sinn dieses Institutes (s. ausführlich BT-Drucks. 14/7034 S. 31 ff.) ist es, dem Hauptaktionär die Entfaltung seines unternehmerischen Potentials uneingeschränkt zu ermöglichen, ohne dass er auf eine maximal 5%-ige Minderheit Rücksicht nehmen müsste. Durch den Ausschluss kann sich der Hauptaktionär insbesondere des finanziellen und zeitlichen Aufwandes entledigen, der mit der Existenz von Minderheitsaktionären einher geht. So wird etwa eine aufwendig vorzubereitende Hauptversammlung durch den Ausschluss zur vereinfacht zu handhabenden Vollversammlung. Ferner muss der Alleinaktionär keinen kostenintensiven Minderheitenschutz oder zeit- und kostenintensive Anfechtungsklagen mehr fürchten. Er sieht sich bei Konzernierungssachverhalten keiner Behinderung bei der Unternehmensführung mehr ausgesetzt. Mit Bedacht wurde die Ausschlussmöglichkeit im Rahmen des Erlasses des WpÜG eingeführt, soll es doch demjenigen, der beim Pflichtangebot verpflichtet ist, ein Angebot auf Übernahme aller Anteile abzugeben, auch möglich sein, die ggf. wenigen verbleibenden Aktionäre auszuschließen und sich somit tatsächlich die Position als alleiniger Aktionär zu verschaffen; ein Anliegen, welches über den herkömmlichen Aktienerwerb in praxi schlicht daran scheitert, dass Minderheitsaktionäre nicht bekannt sind (Geibel/Süßmann/*Grzimek* § 327 a AktG Rdnr. 2; zu weiteren Anlässen eines Squeeze out s. *Kossmann* NZG 1999, 1198, 1199). Indem der Gesetzgeber folglich dem unternehmerischen Interesse an Konzernierungs- und Strukturmaßnahmen den Vorzug gegenüber dem Interesse einer Minderheit an dem Erhalt ihrer Vermögenssubstanz einräumt, zieht er in der Entwicklung des Unternehmensrechts mit anderen (europäischen) Ländern gleich (einen rechtsvergleichenden Überblick geben *Sieger/Hasselbach* NZG 2001, 926 ff.). Der Squeeze out dient daher letztlich auch der Förderung der Attraktivität des Unternehmensstandortes Deutschland.

3. Verfassungsmäßigkeit

Der Gesetzgeber war sich hierbei durchaus bewusst, welch scharfes Schwert er aus Sicht der Minderheitsaktionäre durch Etablierung des Squeeze out dem Hauptaktionär an die Hand gab: Schon in der Gesetzesbegründung finden sich ausführliche Erläuterungen zur Vereinbarkeit der Maßnahme mit Art. 14 GG (BT-Drucks. 14/7034 S. 32). Tatsächlich stellt sich der Squeeze out mangels staatlichen Zugriffs nicht als Enteignung im verfassungsrechtlichen Sinne, sondern als Inhalts- und Schrankenbestimmung der dem grundgesetzlichen Eigentumsschutz unterfallenden Mitgliedschaft in Kapitalgesellschaften (vgl. nur BVerfGE 14, 263, 267, NJW 1962, 1667 – Feldmühle) dar. Gibt der Gesetzgeber im Rahmen seines Gestaltungsspielraumes den Interessen eines Hauptaktionärs aus oben benannten Gründen den Vorzug vor den Interessen der Minderheitsaktionäre an der Erhaltung ihrer Vermögenssubstanz, so kann dies nur dann als verfassungsgemäß angesehen werden, wenn dieser Ausschluss in einem transparenten, mit Rechtsschutzmöglichkeiten gegen Missbrauch versehenen Verfahren geschieht, die Ausgeschlossenen eine volle wirtschaftliche Entschädigung für den Verlust ihrer

Rechtsposition erhalten und letztlich die dem Squeeze out zugrundeliegende Prämisse zutrifft, dass Aktionäre mit insgesamt nicht mehr als 5% des Grundkapitals tatsächlich keinen relevanten Einfluss nehmen können und sich somit ihr Engagement lediglich als Vermögensanlage darstellt.

Auch wenn der Ausgleich der vermögensrechtlichen Komponente der Mitgliedschaft gewährleistet ist, so sei darauf hingewiesen, dass sich die gesetzlichen Grundlagen für die Prämisse, Aktionäre mit nicht mehr als 5% des Grundkapitals verfolgten ausschließlich vermögensanlagebezogene Interessen und seien an aktiver mitgliedschaftlicher Teilnahme nicht interessiert, insbesondere durch das UMAG teilweise verschoben haben. Immerhin wurden die Schwellenwerte für die Ausübung mitgliedschaftlicher Mitverwaltungsrechte wie die Anstrengung einer Sonderprüfung (§ 142 Abs. 1 AktG) und eines Klagezulassungsverfahrens (§ 148 Abs. 1 AktG) auf grds. 1% des Grundkapitals herabgesetzt. Ungeachtet dessen besteht selbst bei einer Minderheit von 5% des Grundkapitals – ein Quorum, welches einen Squeeze out noch erlaubt – nach § 122 AktG die Möglichkeit eine Einberufung einer Hauptversammlung zu veranlassen bzw. zu veranlassen, dass Gegenstände zur Beschlussfassung bekannt gemacht werden. Dennoch ergibt sich hieraus keine die Verfassungsmäßigkeit der §§ 327a ff. AktG in Frage stellende Beurteilung, denn es ändert sich nichts an der lediglich begrenzten Leitungs- und Herrschaftskomponente des Mitgliedschaftsrechts dieser Minderheitsaktionäre (vgl. zu dieser Argumentation eine „übertragende Auflösung" betreffend BVerfG NJW 2001, 279, 280 – MotoMeter). Folglich ist auch der BGH der „Standardrüge" der Verfassungswidrigkeit des Squeeze out zutreffend entgegengetreten (BGH BB 2006, 2543; hierzu *Bungert* BB 2006, 2761 m. w. N.; zur Verfassungsmäßigkeit s. auch *Dreier* EWiR 2003, 141).

4. Abgrenzung zu anderen Rechtsinstituten

Der Squeeze out fügt sich ein in ein Gesetzessystem, welches durchaus schon Instrumente zur Erreichung ähnlicher rechtlicher bzw. wirtschaftlicher Ziele enthält, ohne dass diese dessen spezifische Vorteile zu ersetzen geeignet wären. Von diesen benachbarten Instituten unterscheidet sich der Squeeze out letztlich deutlich.

Grundlegender Unterschied, dies sei vorangestellt, ist hierbei, dass es sich beim Squeeze out um eine Maßnahme auf Ebene der Gesellschafter und nicht der Gesellschaft selbst handelt. Folglich stellt der Squeeze out auch keinen Akt der Konzernierung dar (vgl. Geibel/Süßmann/ *Grzimek* § 327a Rdnr. 6), wird von ihm aber auch vielfach im Zuge von Konzernierungsmaßnahmen Gebrauch gemacht.

Mit der Möglichkeit der Mehrheitseingliederung nach § 320 Abs. 1 S. 1 AktG hat der Squeeze out das Quorum von 95% des Grundkapitals gemeinsam. Im Übrigen sind die Unterschiede beachtlich, auch wenn sich die Regelungen des Squeeze out diejenigen der Eingliederung zum Vorbild genommen haben (BT-Drucks. 14/7034 S. 32). Da die Minderheitsaktionäre als Gegenleistung Anteile an der Hauptgesellschaft erhalten, kann diese faktisch die unmittelbare Beteiligung derselben an der eingegliederten Gesellschaft zu einer mittelbaren Beteiligung wandeln, sich ihrer jedoch nicht ganz entledigen. Darüber hinaus kommt als Hauptaktionär beim Squeeze out jede (natürliche/juristische, inländische/ausländische) Person in Betracht, wohingegen eine Mehrheitseingliederung lediglich von einer inländischen Aktiengesellschaft angestrengt werden kann.

Auch im Wege der sogenannten „übertragenden Auflösung" nach §§ 179a, 262 Abs. 1 Nr. 2 AktG besteht für einen Mehrheitsaktionär die Möglichkeit, sich unter Übertragung des (nahezu) gesamten Vermögens auf etwa sich oder eine von ihm zu 100% gehaltenen Tochtergesellschaft von unbequemen Minderheitsaktionären zu trennen, ohne dass diesen im Gegenzug Anteile gewährt werden müssten. Vorteilhafterweise bedarf es hierfür nach §§ 179a, 179 Abs. 2 S. 1 AktG lediglich eines satzungsändernden Beschlusses mit einem Zustimmungsquorum von 75% des vertretenen Grundkapitals. Wirtschaftlich bestehen bei diesem Verfahren allerdings erhebliche Risiken gegenüber dem Squeeze out: Zunächst birgt die notwendige Liquidation der übertragenden Gesellschaft verfahrenstechnische und zeitliche Schwierigkeiten. Weiterhin sind im Verlaufe der Übertragung u. U. stille Reserven aufzudecken, sodass diese Variante steuerrechtlich unvorteilhaft sein kann (vgl. Geibel/Süßmann/*Grzimek* § 327a AktG Rdnr. 10).

1. Einleitung

Ferner ist der Squeeze out zum Rechtsinstitut des Ausschlusses von Aktionären aus wichtigem Grunde abzugrenzen, sofern man dieses Institut bei der AG anerkennen will (vgl. *K. Schmidt* § 28 I 5; *Raiser/Veil* § 11 Rdnr. 77). Liegen die Voraussetzungen eines Squeeze out vor, so wird in praxi aus Rechtssicherheitsgründen das Squeeze out-Verfahren gewählt werden (s. MünchKommAktG/*Grunewald* Vor § 327a Rdnr. 13), trägt doch dieses bei vorliegenden Voraussetzungen gleichsam das Äquivalent eines wichtigen Grundes in sich selbst.

Der im AktG normierte Squeeze out hängt nicht davon ab, ob die betreffende AG börsennotiert ist. Daher stellt sich auch die Konkurrenzfrage zum durch Umsetzung der Übernahmerichtlinie in den §§ 39a, 39b WpÜG n. F. mit Wirkung seit dem 14. 7. 2006 (Übernahmerichtlinie-Umsetzungsgesetz, BGBl. I 2006 S. 1426) eingeführten übernahmerechtlichen Squeeze out (s. sogleich; zu dessen Verfassungsmäßigkeit vgl. *Heidel/Lochner* DB 2005, 2564).

5. Übernahmerechtlicher Squeeze out

Können die Regelungen des übernahmerechtlichen Squeeze out hier auch nicht in extenso sondern nur kursorisch dargelegt werden (vgl. aber Form. M. IV ausführlich hierzu sowie zum hiermit im Zusammenhang stehenden Andienungsrecht der Minderheitsaktionäre („Sell out") umfänglich etwa *Seibt/Heiser* AG 2006, 301), so ist er doch vom hier interessierenden verbandsrechtlichen Ausschlussrecht der §§ 327a ff. AktG abzugrenzen.

Der übernahmerechtliche Squeeze out wird allein von kapitalmarktrechtlichen Erwägungen getragen und dient insbesondere der Kompensation des Bieters für die mit der Übernahme verbundenen Kosten und Risiken, bildet also gleichsam das Gegenstück zum Pflichtangebot (*Seibt/Heiser* ZGR 2005, 200, 239f.; vgl. ferner *Ehricke/Roth* DStR 2001, 1120, 1123). Im Gegensatz zum verbandsrechtlichen Squeeze out verlangt der übernahmerechtliche, dass der Bieter durch ein vorausgehendes Pflicht- oder Übernahmeangebot mindestens 95% des stimmberechtigten Grundkapitals erwirbt; wenn ihm zugleich 95% des Grundkapitals gehören, so sind ihm auf Antrag auch die übrigen Vorzugsaktien ohne Stimmrecht zu übertragen, § 39a Abs. 1 WpÜG. Die übernahmerechtlichen Regelungen gelten also nicht unabhängig von einer Börsennotierung oder davon, auf welchem Wege die erforderliche Mehrheit akquiriert wurde. Ferner ist anders als beim verbandsrechtlichen Institut maßgebliche Bezugsgröße nicht der Beteiligungsumfang am Grundkapital sondern das stimmberechtigte Grundkapital und die Stimmrechte (hierzu *Seibt/Heiser* AG 2006, 301, 317f.). Darüber hinaus findet sich in § 39a Abs. 4 eine zeitliche Beschränkung für die Ausübung des Squeeze out von drei Monaten nach Ablauf der Annahmefrist, wohingegen der verbandsrechtliche Ausschluss zeitunabhängig initiiert werden kann. Die angemessene Gegenleistung für die ausscheidenden Aktionäre hat grundsätzlich derjenigen des Übernahme- oder Pflichtangebots zu entsprechen, jedenfalls ist stets wahlweise eine Geldleistung anzubieten, § 39a Abs. 3 WpÜG. Schließlich ist verfahrensrechtlich zu bemerken, dass der übernahmerechtliche Squeeze out durch einen Antrag beim LG Frankfurt a. M. eingeleitet wird und die Aktien letztlich mit Eintreten der Rechtskraft der daraufhin getroffenen gerichtlichen Entscheidung übergehen, §§ 39a Abs. 5, 39b Abs. 5 WpÜG. Das Gericht prüft neben den Voraussetzungen für den Squeeze out auch die Angemessenheit der Barabfindung, ein Spruchverfahren wie im AktG ist hierfür nicht vorgesehen. In § 39a Abs. 3 S. 2 WpÜG ist die (unwiderlegliche) Vermutung vorgesehen, dass die Abfindung als angemessen anzusehen ist, wenn der Bieter aufgrund des Angebots Aktien in Höhe von 90% des vom Angebot betroffenen Grundkapitals erworben hat (vgl. hierzu *Seibt/Heiser* AG 2006, 301, 317f.). Ob dieser Umstand bzw. die Regelung insgesamt – in Anbetracht eines fehlenden Spruchverfahrens – zu einer zeitlichen Straffung des Ausschlussverfahrens führt, wird in der Literatur teilweise kritisch beurteilt (etwa *Heidel/Lochner* Der Konzern 2006, 653, 660; *Seiler* Börsen-Zeitung v. 17. 1. 2007 S. 2).

Europarechtlich bleibt ein Nebeneinander des verbandsrechtlichen Squeeze out des AktG und des nun im WpÜG implementierten Systems zulässig (Erwägungsgrund 24 S. 4 ÜbernahmeRL). § 39a Abs. 6 WpÜG sichert hierbei jedoch einen Vorrang des übernahmerechtlichen Ausschlussverfahrens. So kann der Bieter ein Übertragungsverlangen nach § 327a Abs. 1 AktG nicht stellen, wenn er bereits einen Antrag nach § 39a Abs. 1 gestellt hat. Ferner wird das verbandsrechtliche Verfahren von Gesetzes wegen beendet, wenn der Bieter fristgerecht das Verfahren nach § 39a WpÜG anstrengt (vgl. *Seibt/Heiser* AG 2006, 301, 317).

6. Verschmelzungsrechtlicher Squeeze out

Das Dritte Gesetz zur Änderung des Umwandlungsgesetzes zur Umsetzung der Änderungsrichtlinie 2009/109/EG (BGBl. I 2011, S. 1338 vom 14. 7. 2011) sieht vor, dass zur Durchführung eines Squeeze out im Vorfeld einer Konzernverschmelzung bereits eine 90%ige Beteiligung ausreichen soll (§ 62 Abs. 5 UmwG n. F.; „Pre-Merger Squeeze out"). Demnach kann die Hauptversammlung einer übertragenden Aktiengesellschaft innerhalb von drei Monaten nach Abschluss des Verschmelzungsvertrages einen Beschluss nach § 327a Abs. 1 S. 1 AktG fassen, wenn der übernehmenden Aktiengesellschaft (AG, KGaA oder SE) Aktien in Höhe von neun Zehnteln des Grundkapitals gehören. Im Übrigen gelten gem. § 62 Abs. 5 S. 8 UmwG n. F. die §§ 327a–327f AktG. Auf diese Weise soll die Konzernmutter in die Lage versetzt werden, die geplante Verschmelzung dann unter den vereinfachten Bedingungen durchzuführen, die im Falle einer alleinigen Beteiligung gelten (vgl. *Freytag* BB 2010, 1611, 1615; *Leuering/Rubner* NJW-Spezial 2010, 271). In der Gestaltungspraxis eröffnet diese Neuerung die Möglichkeit, Minderheitsaktionäre durch das Herbeiführen einer Verschmelzungssituation im Aktienkonzern auch dann auszuschließen, wenn ihre Beteiligung zwischen 5 und 10% beträgt (vgl. auch zur Verfassungsmäßigkeit *Bayer/J. Schmidt* ZIP 2010, 953 ff.; *Heckschen* NZG 2010, 1041, 1044). Da der verschmelzungsrechtliche Squeeze out der Verschmelzung vorangeht, wäre es grundsätzlich denkbar, den Anschluss unter Verweis auf den Entwurf eines Verschmelzungsvertrages durchzuführen, aber – planmäßig – auf die Umwandlung zu verzichten (hierzu nach *DAV-Handelsrechtsausschuss*, NZG 2010, 614, 615). Um einen solchen Missbrauch des Rechtsinstituts zu verhindern, hat der Rechtsausschuss in seiner Beschlussempfehlung (BT-Drucks. 17/5930 S. 11 f.) dafür gesorgt, dass die Übertragung der Aktien der Minderheitsaktionäre auf den Hauptaktionär erst mit der Eintragung der Verschmelzung im Register des Sitzes der übernehmenden Aktiengesellschaft wirksam wird (§ 62 Abs. 5 S. 7 UmwG n. F.; zu weiteren diskutierten Missbrauchskonstellationen *Simon/Merkelbach* DB 2011, 1317, 1321).

7. Missbrauch des Squeeze out

Auch wenn der Gesetzgeber unter den Voraussetzungen der §§ 327 a ff. AktG den Interessen des Hauptaktionärs zulasten derer der Minderheitsaktionäre den Vorzug gibt, sind Fälle denkbar, in denen das Squeeze out-Verfahren rechtsmissbräuchlich angestrengt wird. Allerdings setzt dies eine Zweckentfremdung des Institutes „Squeeze out" voraus, mit deren Hilfe ein anderes gesetzliches Verbot unterlaufen wird oder die beabsichtigte Maßnahme in ihrer die Minderheit beeinträchtigenden Wirkung über das gesetzlich vorgesehene Maß hinausgeht (vgl. hierzu umfassend MünchKommAktG/*Grunewald* § 327a Rdnr. 18 ff.; Santelmann/Hoppe/Suerbaum/Bukowski/*Santelmann/Hoppe* Rdnr. 87 ff.; ferner *Markwardt* BB 2004, 277). Die bisher hierzu ergangene Rechtsprechung macht deutlich, dass sie in Anbetracht der soeben benannten gesetzgeberischen Erwägung nur eine eingeschränkte Missbrauchskontrolle vornimmt (*Kort* ZIP 2006, 1519, 1521 m. w. N. zur Rechtsprechung). Die Frage des Rechtsmissbrauchs wurde in letzter Zeit verstärkt im Zusammenhang mit dem Wertpapierdarlehen gem. § 607 BGB (ugs. „Wertpapierleihe") diskutiert. Dabei erwirbt der Darlehensnehmer das Eigentum an einem Aktienpaket mit der Verpflichtung, dem Darlehensgeber nach Ablauf der Darlehensfrist Aktien gleicher Art und Menge zurück zu übertragen. Nutzt der Darlehensnehmer die geliehenen Aktien zum zwischenzeitlichen Squeeze out verbleibender Minderheitsaktionäre, wird er dennoch nicht dauerhaft Alleinaktionär der Gesellschaft. Entgegen verbreiteter Ansicht in Literatur und Instanzgerichten (OLG München AG 2007, 173; MünchKommAktG/*Grunewald* § 327a Rdnr. 21; Heidel/Lochner/*Heidel/Lochner* § 327a Rdnr 5, 8; *Grunewald* EWiR 2009, 327) hat der BGH entschieden, dass die Beschaffung der zum Squeeze out erforderlichen Mehrheit auf dem Wege eines Wertpapierdarlehens grundsätzlich nicht rechtsmissbräuchlich ist. Dies gilt selbst dann, wenn der Darlehensnehmer eine Veräußerung der ihm zu Eigentum überlassenen Aktien nicht beabsichtigt und wenn einzelne Vermögensrechte aus ihnen (wie Dividende und Bezugsrechte) schuldrechtlich dem Darlehensgeber gebühren sollen (BGH NJW-RR 2009, 828 – Lindner KGaA).

Die Rechtsmissbräuchlichkeit ist also stets anhand einer Mehrzahl von Indizien bzw. konkreten Anhaltspunkten im Einzelfall zu überprüfen. Der BGH hielt auch den pauschalen Vorwurf der Rechtsmissbräuchlichkeit aufgrund der Durchführung eines Squeeze out im Liquidationsstadium für zu unsubstantiiert (BGH DStR 2006, 2090, 2091 m. Anm. *Wilsing/Siebmann* DB 2006, 2509). Die Rechtsfolgen eines Rechtsmissbrauchs werden unterschiedlich beurteilt; gehen einige von einer Anfechtbarkeit des Beschlusses aus (vgl. MünchKommAktG/*Grunewald* § 327a Rdnr. 18), so spricht sich die Rechtsprechung aufgrund des massiven Eingriffs eines Squeeze out in die Mitgliederrechte, deren Voraussetzungen auch im öffentlichen Interesse zu beachten sind, für eine Nichtigkeit nach § 241 S. 1 Nr. 3 AktG aus (vgl. OLG München ZIP 2006, 2370, 2371).

2. Maßnahmen- und Zeitplan eines Squeeze out

Nr.	Maßnahme	Zeitpunkt/Zeitraum
1.	Verlangen des Hauptaktionärs an die betreffende AG, einen Squeeze out durchzuführen	Ca. fünf Monate vor der Hauptversammlung
2.	Ad hoc-Meldung	Unverzüglichkeit, § 15 Abs. 1 S. 1 WpHG i. V. m. § 121 Abs. 1 S. 1 BGB
3.	Antrag des Hauptaktionärs auf gerichtliche Bestellung des Squeeze out Prüfers	So rechtzeitig, dass der Prüfer den Bericht bis zur Einberufung der Hauptversammlung erstatten kann, vgl. § 327c Abs. 3 Nr. 4 AktG, ca. drei bis vier Monate vor der Hauptversammlung (vgl. auch 7.)
4.	Beauftragung eines Kreditinstituts mit der Abwicklung des Squeeze out und der Gewährleistungserklärung	Vor Einberufung der Hauptversammlung, § 327b Abs. 3 AktG
5.	Durchführung der Bewertungsarbeiten für den Squeeze out Bericht durch Wirtschaftsprüfer/Wirtschaftsprüfungsgesellschaft	
6.	Erstellung des Squeeze out Berichts durch den Hauptaktionär	Spätestens bis zur Einberufung der Hauptversammlung, vgl. § 327c Abs. 3 Nr. 2 AktG
7.	Bestellung des Squeeze out Prüfers	Ca. zwei bis drei Monate vor der Hauptversammlung
8.	Abschließende Ermittlung/Festlegung der Barabfindung	
9.	Ggf. Corporate News Mitteilung über Festlegung der Barabfindung	Mit Blick auf das Recht der Insiderüberwachung nach §§ 12 ff. WpHG unmittelbar nach Festlegung der Barabfindung empfehlenswert
10.	Finale Entwurfsfassungen von: • Bewertungsgutachten • Squeeze out Bericht • Einladung zur Hauptversammlung mit Beschlussvorschlägen • Bankgewährleistung • Prüfungsbericht des Squeeze out Prüfers	Spätestens bis zur Einberufung der Hauptversammlung, vgl. § 327c Abs. 2 AktG

Nr.	Maßnahme	Zeitpunkt/Zeitraum
11.	Übermittlung der Bankgewährleistung durch das Kreditinstitut an den Hauptaktionär und Weiterleitung an den Vorstand der betroffenen AG	Vor Einberufung der Hauptversammlung, § 327b Abs. 3 AktG
12.	Vorstandssitzung der betroffenen AG mit Beschlussfassung über Beschlussvorschläge für die Hauptversammlung	
13.	Aufsichtsratssitzung der betroffenen AG mit Beschlussfassung über Beschlussvorschläge für die Hauptversammlung	
14.	Ausfertigung der Berichte und Prüfungsberichte zum Squeeze out	
15.	Übermittlung des Textes zur Bekanntmachung der Einberufung der Hauptversammlung und zur Bekanntmachung der Tagesordnung zum elektronischen Bundesanzeiger	Es empfiehlt sich ein Zeitpuffer von drei Tagen bis zur Veröffentlichung
16.	Bekanntmachung der Einberufung der Hauptversammlung und der Tagesordnung im elektronischen Bundesanzeiger	Mindestens dreißig Tage vor dem Tag der Hauptversammlung, §§ 123 Abs. 1, 4, 124 Abs. 1 S. 1 AktG (ggf. § 123 Abs. 2 S. 2 AktG zu beachten)
17.	Auslegung von Unterlagen, Einstellung ins Internet • Entwurf Übertragungsbeschluss • Jahresabschlüsse und Lageberichte für die letzten drei Geschäftsjahre • Squeeze out-Bericht • Prüfungsbericht des Squeeze out Prüfers	Von der Einberufung der Hauptversammlung an, § 327c Abs. 2 AktG
18.	Unmittelbare Hauptversammlungsvorbereitung: • Leitfäden und Sonderleitfäden für den Versammlungsleiter • Questions & Answers-Listen • Vorbereitung der mündlichen Erläuterung des Squeeze out Beschlusses durch den Vorstand der betroffenen AG • Vorbereitung notarielles Sitzungsprotokoll • Probe-Hauptversammlung	
19.	Anmeldung des Hauptaktionärs zur Hauptversammlung, Hinterlegung der Aktien	
20.	Hauptversammlung	Mindestens dreißig Tage nach dem Tag der Einberufung, § 123 Abs. 1 AktG (ggf. § 123 Abs. 2 S. 2 AktG zu beachten)
21.	Anmeldung des Squeeze out (vorbehaltlich der Bestätigung nach §§ 327e Abs. 2, 319 Abs. 5 AktG) zur Eintragung ins Handelsregister	Unmittelbar nach der Hauptversammlung
22.	Ablauf der Anfechtungsfrist für Klagen gegen den Squeeze out Beschluss	Ein Monat nach Beschlussfassung, § 246 Abs. 1 AktG
23.	Sofern keine Klagen gegen den Squeeze out Beschluss eingehen: Negativerklärung nach §§ 327e Abs. 2, 319 Abs. 5 AktG und Eintragung des Squeeze out im Handelsregister	Nach Ablauf der Anfechtungsfrist von einem Monat nach Beschlussfassung
	Sofern Anfechtungsklagen erhoben wurden:	Innerhalb eines Monats nach Beschlussfassung in der Hauptversammlung, § 246 Abs. 1 AktG
24.	Mitteilung der Klageerhebung im elektronischen Bundesanzeiger	Unverzüglich (§ 121 Abs. 1 S. 1 BGB) nach Klagezustellung, § 246 Abs. 4 S. 1 AktG

3. Verlangen des Hauptaktionärs nach Beschlussfassung — M.III.3

Nr.	Maßnahme	Zeitpunkt/Zeitraum
25.	• Freigabeverfahren • reguläres Anfechtungsverfahren gemäß § 246 AktG	Antragstellung so schnell wie möglich nach Zustellung der Anfechtungsklagen Dauer des Freigabeverfahrens je nach Prozessverlauf (und Instanzen) ca. 6–9 Monate. Verzögerung der Wirksamkeit des Squeeze out evtl. um mehrere Jahre (Bestätigungsbeschluss und Neubeschluss möglich)
26.	Spruchverfahren • Die Durchführung eines Spruchverfahrens wird voraussichtlich mehrere Jahre in Anspruch nehmen, hindert aber die Wirksamkeit der Maßnahme nicht	Ablauf der Antragsfrist jeweils 3 Monate nach Bekanntmachung der Eintragung des Squeeze out im Handelsregister, § 4 Abs. 1 S. 1 Nr. 3 SpruchG

Anmerkung

Der Maßnahmen- und Zeitplan versteht sich als grobe Übersicht über die bei einem Squeeze out zu bedenkenden Maßnahmen und Schritte sowie deren zeitliche Abfolge, welche sich aus den gesetzlichen Regelungen mit prägnanter, praktikabler Übersichtlichkeit für den Anwender nicht unmittelbar ergeben (können). Soweit zwingend gesetzliche Fristen und Zeiträume zu beachten sind, so wird hierauf in der Spalte „Zeitpunkt/Zeitraum" hingewiesen. Die Reihenfolge der laut der Übersicht zu treffenden Maßnahmen ist vorbehaltlich dieser besonderen Termine und Fristen nicht zwingend; sie hat sich jedoch in praxi bewährt und bietet dem Anwender ein handhabbares zeitliches Grundgerüst (vgl. auch *Vossius* ZIP 2002, 511). Erläuterungen zu den wichtigsten Verfahrensschritten finden sich en détail bei den einzelnen Formularen des Teils M.

3. Verlangen des Hauptaktionärs nach Beschlussfassung zum Squeeze out[1, 8]

......, den ......

An die
X-AG
Vorstand
...... [Adresse]

Einleitung des Verfahrens zum Ausschluss von Minderheitsaktionären gemäß §§ 327 a ff. AktG (Squeeze out)

Sehr geehrte Damen/Herren,

gemäß der in Anlage beigefügten Depotbestätigung der ...... [Bank] vom ...... ist die Y-AG mit ...... auf den Inhaber lautenden Stückaktien am ...... betragenden und in ...... Stückaktien eingeteilten Grundkapital Ihrer Gesellschaft beteiligt. Demzufolge halten wir ......% am Grundkapital Ihrer Gesellschaft und sind daher Hauptaktionärin im Sinne des § 327a Abs. 1 AktG[3].

Namens der Y-AG richten wir hiermit an Sie als Vorstand der X-AG das Verlangen[2], folgenden Tagesordnungspunkt auf die Tagesordnung der nächsten ordentlichen Haupt-

Seibt

versammlung zu setzen [Alternative: unverzüglich eine außerordentliche Hauptversammlung mit folgendem einzigen Tagesordnungspunkt einzuberufen]:
Beschlussfassung über die Übertragung der Aktien der Minderheitsaktionäre der X-AG auf die Y-AG gegen Gewährung einer angemessenen Barabfindung[4–5].
Ferner bittet die Y-AG darum, dass Vorstand und Aufsichtsrat der X-AG der Hauptversammlung der X-AG vorschlagen[6], folgenden Beschluss zu fassen:
„Die Aktien der übrigen Aktionäre der X-AG (Minderheitsaktionäre) werden dem Verfahren zum Ausschluss von Minderheitsaktionären nach §§ 327a ff. AktG gegen Gewährung einer angemessenen Barabfindung auf die Y-AG (Hauptaktionär) übertragen."
Die nach § 327b Abs. 3 AktG erforderliche Gewährleistungserklärung eines Kreditinstituts[7] werden wir Ihnen entsprechend der gesetzlichen Bestimmung vor Einberufung der Hauptversammlung zukommen lassen.

Mit freundlichen Grüßen
Y-AG
Vorstand

Schrifttum: Vgl. bereits das Schrifttum zu L.II.1; *Busse von Colbe,* Der Vernunft eine Gasse: Abfindung von Minderheitsaktionären nicht unter dem Börsenkurs ihrer Aktien, Festschrift Lutter, 2000, 1053; *Fuhrmann/Simon,* Der Ausschluss von Minderheitsaktionären, Gestaltungsüberlegungen zur neuen Squeeze-out-Gesetzgebung, WM 2002, 1211; *Gesmann-Nuissl,* Die neuen Squeeze-out-Regeln im Aktiengesetz, WM 2002, 1205; *Gleißner,* Gründe für zu niedrige Wertansätze in Bewertungsgutachten bei Squeeze-out, AG-Report 2006, 256; *Mattes/Graf von Maldeghem,* Unternehmensbewertung beim Squeeze Out, BKR 2003, 531; *Maslo,* Zurechnungstatbestände und Gestaltungsmöglichkeiten zur Bildung eines Hauptaktionärs beim Ausschluss von Minderheitsaktionären („Squeeze-out"), NZG 2004, 163; *Ritzer-Angerer,* Angemessenheit von Barabfindungen beim Squeeze-out, FB 2004, 285.

Anmerkungen

1. Formular. Nach der Vorstellung des Gesetzgebers wird das Verfahren durch das Verlangen des Hauptaktionärs nach § 327a Abs. 1 AktG eingeleitet. Rechtstatsächlich werden dem schon Schritte wie Unternehmensbewertungen für die Barabfindung sowie die Bestellung des Angemessenheitsprüfers voran gehen (vgl. MünchVertragsHdb I/*Hölters* V.153 Rdnr. 3).

2. Verlangen des Hauptaktionärs. Damit die Hauptversammlung über die Übertragung der Aktien beschließen kann, bedarf es nach § 327a Abs. 1 AktG eines entsprechenden Verlangens des Hauptaktionärs. Hierin ist ein korporationsrechtliches Rechtsgeschäft gegenüber der durch den Vorstand vertretenden AG zu sehen (s. *Hüffer* § 327a Rdnr. 8), welches diesen entgegen seiner sonstigen Weisungsfreiheit verpflichtet, unverzüglich die ordentliche oder eine außerordentliche Hauptversammlung mit dem Verlangen des Hauptaktionärs als Beschlussgegenstand nach § 124 Abs. 1 AktG einzuberufen, § 121 Abs. 1, 2 AktG. Kommt der Vorstand dieser Pflicht nicht nach, steht dem Hauptaktionär der Weg des § 122 AktG offen, nach dessen Abs. 3 in analoger Anwendung der Hauptaktionär die Hauptversammlung aufgrund gerichtlicher Ermächtigung selbst einberufen kann (s. MünchVertragsHdb I/*Hölters* V.153 Rdnr. 3). Das Verlangen kann formfrei kundgetan werden; es empfiehlt sich aber aus Beweiszwecken eine Verschriftlichung.

3. Beteiligungshöhe. Es ist nur ein Aktionär legitimiert, besagtes Verlangen zu stellen, der gemäß § 327a Abs. 1 S. 1 AktG mindestens 95% des Grundkapitals der Gesellschaft hält. Da es ausweislich des klaren Wortlautes auf die Höhe des Stimmrechtsanteils nicht ankommt, zählen hierzu auch Vorzugsaktien nach § 139 Abs. 1 AktG. Dem Grunde nach ist allein maßgeblich, ob Aktien in besagter Höhe in seinem Eigentum stehen (vgl. MünchKommAktG/*Grunewald* § 327a Rdnr. 6).

Nach § 327a Abs. 2 AktG gelten die Berechnungs- und Zurechnungsvorschriften des § 16 Abs. 2 und 4 AktG (hierzu *Maslo* NZG 2004, 163). Demzufolge kann nach § 16 Abs. 4 AktG sogar ein Nichtaktionär das Verlangen nach § 327a AktG stellen, wenn diesem mindestens 95% des Grundkapitals zugerechnet werden. Nach gesetzgeberischer Intention, dass ein wirtschaftlich unsinniges Umhängen von Beteiligungen zur Schaffung der formalen Squeeze out-Voraussetzungen vermieden werden sollte, ist nämlich auf das rein formale Erfordernis des Eigentums jedenfalls einer Aktie zu verzichten (so etwa OLG Köln AG 2004, 39, 41; MünchVertragsHdb I/*Hölters* V. 153 Rdnr. 4; KölnKommWpÜG/*Hasselbach* § 327a Rdnr. 28; *Steinmeyer/Häger* § 327a AktG Rdnr. 26; a. A. MünchKommAktG/*Grunewald* § 327a Rdnr. 7).

Unerheblich ist, wie diese Mehrheit zustande gekommen ist. Dies kann etwa durch ein vorangegangenes freiwilliges Übernahmeangebot nach den Vorschriften des WpÜG (vgl. Konkurrenzverhältnis zu übernahmerechtlichem Squeeze out, Form. M.III.1) oder auch durch eine Kapitalerhöhung unter Bezugsrechtsausschluss geschehen sein. Führt ein zur Satzungsänderung befugter Mehrheitsaktionär allerdings besagte Kapitalerhöhung mit Bezugsrechtsausschluss allein zu dem Zwecke durch, aufgrund der nunmehr verringerten Beteiligungsquote und erreichten Schwelle von 95% einen Squeeze out folgen zu lassen, so wird dies teilweise als rechtsmissbräuchlich und daher unzulässig angesehen (so *Gesmann-Nuissl* WM 2002, 1205, 1207). Zur generellen Frage des Missbrauchs des Squeeze out sowie zur Frage, ob die Schwelle mittels Wertpapierdarlehen erreicht werden kann vgl. bereits Form. M.III.1. Umstritten ist ferner die Behandlung von Wandelschuldverschreibungen und Optionen in diesem Zusammenhang (vgl. hierzu MünchKommAktG/*Grunewald* § 327a Rdnr. 6 m.w.N.).

Die entsprechende Mehrheit muss jedenfalls zum Zeitpunkt der Beschlussfassung vorliegen, ist dies doch der entscheidende Moment für den Eingriff in die Rechtsstellung der Minderheit (MünchKommAktG/*Grunewald* § 327a Rdnr. 9); auch wenn der Beschluss selbst nicht mit entsprechender Mehrheit gefasst werden muss, sondern die einfache Mehrheit nach § 133 Abs. 1 AktG ausreicht (vgl. *Hüffer* § 327a Rdnr. 11). Umstritten ist, ob die 95%-Schwelle auch für den Zeitpunkt des Verlangens des Hauptaktionärs gilt. Mit Blick auf den Wortlaut ließe sich dies bejahen (so etwa KölnKommWpÜG/*Hasselbach* § 327a Rdnr. 58). Nach anderer Ansicht ist es jedoch für die Wirksamkeit des Beschlusses irrelevant, ob der Hauptaktionär auch schon vor Beschlussfassung die erforderliche Beteiligungshöhe erreichte. In diesem Falle ist der Vorstand jedoch nur dann verpflichtet, dem Verlangen nachzukommen, wenn die entsprechende Beteiligungshöhe tatsächlich vorliegt oder deren Erreichen jedenfalls sicher bis zur Hauptversammlung erwartet werden kann (so MünchKommAktG/*Grunewald* § 327a Rdnr. 10). Ganz überwiegend wird ein Absinken der Beteiligungsquote nach Beschlussfassung, sei es auch vor Eintragung und somit Wirksamkeit des Squeeze out oder ungeachtet eines anhängigen Spruchverfahrens, für unschädlich gehalten (s. KölnKommWpÜG/*Hasselbach* § 327a Rdnr. 58; MünchKommAktG/*Grunewald* § 327a Rdnr. 9; a. A. *Fuhrmann/Simon* WM 2002, 1211).

4. Barabfindung. Die Barabfindung wird nach § 327b Abs. 1 S. 1 AktG (vorbehaltlich einer Prüfung im Spruchverfahren, § 327f AktG) durch den Hauptaktionär als Schuldner derselben festgelegt werden. Der Abfindungsanspruch entsteht hierbei ex lege mit Eintragung, der Hauptaktionär konkretisiert diesen Anspruch lediglich (vgl. *Fuhrmann/Simon* WM 2002, 1211, 1217). Mit Bekanntmachung der Tagesordnung nach §§ 121, 124 AktG ist das Angebot bindend (MünchKommAktG/*Grunewald* § 327b Rdnr. 6). Zur Ermittlung der Angemessenheit ist eine Unternehmensbewertung unabdingbar. Die anzuwendenden Bewertungsmethoden legt das Gesetz hierbei nicht fest (vgl. hierzu Geibel/Süßmann/*Grzimek* § 327b AktG Rdnr. 13 ff.; zur ergänzenden Heranziehung geänderter Bewertungsgrundsätze des IDW durch ein Gericht s. OLG Stuttgart Urt. v. 26.10.2006 – 20 W 14/05 – n.v.); allerdings wird der maßgebliche Bewertungszeitpunkt benannt. Problematisch ist hierbei, dass dies ausweislich des Wortlautes der Vorschrift der Zeitpunkt der Beschlussfassung sein soll, der Hauptaktionär in praxi die Abfindung aber in der Regel schon mehrere Wochen vor dieser festgelegt haben wird. Unklar ist daher, wie Wertveränderungen in diesem Zeitraum berücksichtigt werden können. Weithin wird angenommen, dass Veränderungen zugunsten der Minderheitsaktionäre unschädlich sind und auch eine von der Bekanntmachung nach § 124 Abs. 4 S. 1 AktG abweichende Beschlussfassung möglich ist, ohne dass das Risiko einer Anfechtung nach § 243 Abs. 1 AktG aufgrund einer mangelhaften Einberufung droht (MünchKommAktG/*Grunewald* § 327b Rdnr. 7). Die Summe muss jedoch von dem Zahlungsversprechen der Bank nach § 327b Abs. 3 AktG gedeckt sein. Im Falle einer Verringerung der Barabfindung soll der Hauptaktionär indes nur die Möglichkeit haben, die Beschlussfassung scheitern zu lassen, um ein neues Squeeze out-Verfahren anstrengen zu können, wäre doch eine Reduzierung mit den Informationspflichten der §§ 327a ff. AktG nicht vereinbar, ein entsprechender Beschluss nach § 243 Abs. 1 AktG anfechtbar (KölnKommWpÜG/*Hasselbach* § 327b Rdnr. 8; Geibel/Süßmann/*Grzimek* § 327b Rdnr. 6f.). Etwas anderes ergibt sich auch nicht aus dem durch das UMAG für abfindungsbezogene Informationsmängel eingeführten § 243 Abs. 4 S. 2 AktG. Dieser schließt eine Anfechtung aufgrund von abfindungsbezogenen Informationsmängeln wegen eines bestehenden Spruchverfahrens nur dann aus, wenn diese in der Hauptversammlung erfolgen (s. *Hüffer* § 243 Rdnr. 47c). Zum Zeitpunkt des Verlangens an den Vorstand der AG wird die Höhe der Barabfindung regelmäßig noch nicht ermittelt worden sein und ist deshalb auch nicht zu benennen.

5. Bei der Höhe der Abfindung besteht der maßgebliche, verfassungsrechtlich fundierte Grundsatz darin, dass die Abfindung eine volle wirtschaftliche Kompensation für den Verlust der Mitgliedschaft darstellen muss (zur Verfassungsmäßigkeit des Squeeze out s. Form. M. III.1). Mithin darf die Abfindung nicht unter dem Verkehrswert der Aktie liegen, wobei bei börsennotierten Gesellschaften der durchschnittliche Börsenkurs der letzten drei Monate die Untergrenze darstellen soll (BVerfGE 100, 289, 308 – NJW 1999, 3769 – DAT/Altana; zur Maßgeblichkeit des Börsenkurses vgl. auch OLG Frankfurt a. M. Der Konzern 2006, 223ff.). Anerkannt ist aber, dass der Börsenkurs unterschritten werden darf, wenn dieser nicht den Verkehrswert der Aktie widerspiegelt. Dies kann insbesondere beim Squeeze out der Fall sein, kann doch aufgrund eines aus einer 95%-igen Beteiligung resultierenden mangelnden Streubesitzes der Börsenkurs das maßgebliche quotale Unternehmenseigentum zu teuer abbilden (vgl. *Hüffer* § 327b Rdnr. 5; anders hingegen OLG München ZIP 2006, 1722). Weiterhin wurde entschieden, dass der Börsenkurs auch dann nicht maßgeblich sei, wenn er noch durch ein Abfindungsangebot aus einem früheren Unternehmensvertrag geprägt war (OLG Düsseldorf WM 2006, 2219; vgl. hierzu auch NJW-Spezial 2006, 560). Die Abfindung ist ungeachtet etwaiger Vorerwerbs- oder Paketpreise durch eine Unternehmensbewertung eines sachverständigen Unternehmensbewerters/Wirtschaftsprüfers anhand hergebrachter Bewertungsmethoden und Grundsätze zu ermitteln (s. MünchVertragsHdb I/*Hölters* V.153 Rdnr. 8). Zu diesem Zwecke gewährt § 327b Abs. 1 S. 2 AktG dem Hauptaktionär ein besonderes Informationsrecht zur vollständigen Bewertung der Gesellschaft, welches insbesondere auch als Geschäftsgeheimnisse zu qualifizierende Informationen beinhaltet; § 131 Abs. 3, 4 AktG gelten nicht (MünchKommAktG/*Grunewald* § 327b Rdnr. 5).

6. Vorschlag der Verwaltungsorgane. Nach überwiegender Meinung haben Vorstand und Aufsichtsrat auch zu dem den Squeeze out betreffenden Tagesordnungspunkt einen Vorschlag nach § 124 Abs. 3 S. 1 AktG zu unterbreiten (so *Hüffer* § 327a Rdnr. 8; Happ/*Groß* 17.01 Rdnr. 4; *Vetter* AG 2002, 176, 186; a. A. KölnKommWpÜG/*Hasselbach* § 327c Rdnr. 9; *Angerer* BKR 2002, 260, 265). Ob sie eine Zustimmung zum verlangten Beschluss des Hauptaktionärs vorschlagen, steht jedoch in ihrem unternehmerischen Ermessen eigenverantwortlicher Leitung nach § 76 I AktG und hat sich am Gesellschaftsinteresse zu orientieren. Da des Vorstandes Empfehlungen durchaus Gewicht haben, empfiehlt sich seitens des Hauptaktionärs jedenfalls eine Bitte um unterstützende Empfehlung mit dem Verlangen zu verbinden.

7. Gewährleistungserklärung. Gemäß § 327b Abs. 3 AktG ist dem Vorstand vor Einberufung der Hauptversammlung eine Gewährleistungserklärung einer Bank für die vom Hauptaktionär zu zahlenden Barabfindungen zu übermitteln (s. ausführlich Form. M.III.6).

8. Ad hoc-Publizität. Zur Frage, ob die AG, die der Squeeze out betrifft, und/oder der Hauptaktionär selbst aufgrund eines eingeleiteten Verfahrens nach §§ 327a ff. AktG zur Ad hoc-Publizität verpflichtet sind vgl. ausführlich Form. M.III.4.

4. Ad-hoc-Meldung nach § 15 Abs. 1 WpHG

Ad-Hoc-Meldung nach § 15 WpHG:[1, 2]

Betreff: Y-AG übermittelt Squeeze out-Verlangen an X-AG

......, ...[4]

Die Y-AG hat am ...... an die X-AG gemäß § 327a Abs. 1 AktG das Verlangen übermittelt, dass die Hauptversammlung der X-AG in ihrer nächsten ordentlichen [Alternative: außerordentlichen] Hauptversammlung Beschluss über die Übertragung der Aktien der übrigen Aktionäre der Gesellschaft (Minderheitsaktionäre) auf die Y-AG gegen Gewährung einer angemessenen Barabfindung (sog. „Squeeze-out")[3] fassen soll. Die Y-AG verfügt unmittelbar und mittelbar über eine Beteiligung von ......% an der X-AG. Sie ist damit Hauptaktionärin im Sinne des § 327a Abs. 1 Satz 1 AktG.

Die X-AG wird den verlangten Beschluss auf die Tagesordnung der nächsten ordentlichen [Alternative: außerordentlichen] Hauptversammlung setzen.

Zur Überprüfung der Angemessenheit der festzulegenden Barabfindung hat das Landgericht ...... auf Antrag der Y-AG heute die ...... [Firma, Adresse] zum sachverständigen Prüfer nach § 327c Abs. 2 S. 3 AktG bestellt.

Das initiierte Vorhaben betrifft die X-AG als Emittenten aus folgenden Gründen unmittelbar[3]: ......

Zudem birgt das eingeleitete Verfahren das Potential, den Börsenkurs der X-AG erheblich zu beeinflussen[3]. Dies resultiert insbesondere daraus, dass ......

Sprache: Deutsch
Emittent, Anschrift:
Telefon/Fax:
E-Mail & www:
ISIN:
WKN:
Indizes:
Börsen:

Ende der Mitteilung

Schrifttum: Allgemein zur Ad-hoc-Publizität vgl. bereits das Schrifttum zu Form. C. III.4.2.

Anmerkungen

1. Allgemeines. Sobald die AG durch das Verlangen des Hauptaktionärs (vgl. Form. M. III.3) erstmals Kenntnis von dem Squeeze out-Vorhaben erhält, stellt sich – eine Börsennotierung der AG vorausgesetzt – die Frage, ob dies eine ad hoc nach § 15 Abs. 1 WpHG zu veröffentlichende Insiderinformation darstellt. Bis zur Neufassung des § 15 Abs. 1 WpHG durch das AnSVG vom 28. 10. 2004 (BGBl. I S. 2630) wurde dies für § 15 Abs. 1 WpHG a. F. mit dem Argument abgelehnt, diese Information trete nicht „im Tätigkeitsbereich dieser Gesellschaft" ein, weil im vom Squeeze out betroffenen Unternehmen keine unternehmerische Entscheidung getroffen werde und sich ferner keine Auswirkung auf dessen Vermögens- und Ertragslage bzw. den allgemeinen Geschäftsverlauf ergebe (so trotz der Neufassung des § 15 Abs. 1 WpHG noch immer MünchVertragsHdb I/*Hölters* V. 154 Rdnr. 13). Mittlerweile sind neben („insbesondere") den in seinem Tätigkeitsbereich eingetretenen Umständen auch sämtliche von außen kommende, den Emittenten „unmittelbar betreffenden" Insiderinformationen zu publizieren. Demzufolge kommt es nur noch auf eine unmittelbare Betroffenheit der AG an, welche jedenfalls dann gegeben ist, wenn der Umstand die AG ausschließlich oder doch maßgeblich betrifft. Das ist aber bei der Ausübung des mitgliedschaftlichen Rechts, das Squeeze out-Verlangen zu stellen, welches die Anteilseignerstruktur der AG grundlegend betrifft, gegeben (s. Assmann/Uwe H. Schneider/*Assmann* § 15 Rdnr. 69, 83 f.). Da dieses Verlangen regelmäßig den Börsenkurs der AG erheblich zu beeinflussen geeignet sein dürfte, handelt es sich zudem um eine Insiderinformation im Sinne des § 13 Abs. 1 WpHG und ist somit durch die emittierende AG nach § 15 WpHG zu publizieren (ebenso Assmann/Uwe H. Schneider/*Assmann* § 15 Rdnr. 84; vgl. auch *BaFin* Emittentenleitfaden v. 20. 7. 2005, S. 53).

Ungeachtet des soeben Ausgeführten, kann ein auch nur avisiertes Squeeze out-Vorhaben ebenfalls den Hauptaktionär selbst zu einer Ad hoc-Meldung verpflichten, sodenn er Adressat des § 15 Abs. 1 WpHG ist. Solange das Verlangen der Aktiengesellschaft gegenüber aber noch nicht nach § 327a Abs. 1 AktG zum Ausdruck gebracht wurde, kommt eine Ad hoc-Publizitätspflicht hinsichtlich der Absicht diesbezüglich als Insidertatsache § 13 Abs. 1 S. 3 nur dann in Betracht, wenn mit hinreichender Wahrscheinlichkeit von ihrer Realisierung ausgegangen werden kann (vgl. hierzu insbes. bei gestaffelten Entscheidungsprozessen Assmann/Uwe H. Schneider/*Assmann* § 13 Rdnr. 23 ff., 30; Möllers/Rotter/*Braun* S. 164 ff.). Indes nimmt die BaFin – wenn auch rechtlich unverbindlich, so doch in praxi relevant – nur in Ausnahmefällen eine Eignung der Entscheidung über die Durchführung eines Squeeze out zur Beeinflussung des Börsenkurses des Hauptaktionärs an (Schreiben der *BaFin* vom 26. 4. 2002, Ad-hoc-Publizität und neues Übernahmerecht, zu I. S. 2).

2. Überblick. Das System der Ad hoc-Publizität ist grundsätzlich dreigeteilt (vgl. Möllers/Rotter/*Wilga* S. 216). Eine ad hoc nach § 15 Abs. 1 S. 1 WpHG zu veröffentlichende Information muss zunächst schon vorher im Wege der Vorabmitteilung gemäß § 15 Abs. 4 WpHG an die benannten Stellen übermittelt werden. Im Nachgang zur eigentlichen Veröffentlichung als zweitem Schritt ist diese schließlich namentlich der BaFin nach § 15 Abs. 5 S. 2 WpHG durch Übersendung der Veröffentlichung zu belegen (vgl. hierzu im Einzelnen Assmann/Uwe H. Schneider/*Assmann* § 15 Rdnr. 254, 281). Befreiungstatbestände von der Ad hoc-Publizitätspflicht finden sich in § 15 Abs. 3 WpHG, wobei jedoch auf die Pflicht zur Nachholung der Veröffentlichung nach Abs. 3 S. 2 hinzuweisen ist.

3. Inhalt. § 15 Abs. 1 und 2 WpHG enthalten allgemeine Angaben bezüglich des Inhalts einer Veröffentlichung, welche in der aufgrund der Ermächtigung des § 15 Abs. 7 WpHG erlassenen WpAIV konkretisiert und näher bestimmt werden. Hingewiesen sei hier insbesondere auf folgende Einzelregelungen: Nach § 4 Abs. 1 S. 1 Nr. 1 WpAIV ist die Ad hoc-Meldung als solche zu kennzeichnen, d.h. sie ist mit „Ad hoc-Meldung nach § 15 WpHG" zu überschreiben und hat ein als Betreff erkennbares Schlagwort zu enthalten, das den wesentlichen Inhalt der Veröffentlichung zusammenfasst. Ferner ist sie grundsätzlich in deutscher Sprache abzufassen, § 5 Abs. 1 S. 1, Abs. 2 WpAIV. Darüber hinaus soll sie kurz gefasst werden (§ 4 Abs. 1 S. 2 WpAIV; lt. *BaFin* nicht mehr als zehn bis 20 Zeilen, vgl. Emittentenleitfaden, S. 59) und die zu veröffentlichende Information sowie das Datum des Eintritts der dieser zugrunde liegenden Umstände enthalten (§ 4 Abs. 1 S. 1 Nr. 4, 5 WpAIV). Gerade bei von außen kommenden, nicht im Tätigkeitsbereich des Emittenten eingetretenen Umständen wie sie auch beim Squeeze out vorliegen, sind kurze Erklärungen erforderlich um darzutun, weshalb die Information den Emittenten unmittelbar betrifft und warum ein erhebliches Kursbeeinflussungspotential besteht (vgl. Assmann/Uwe H. Schneider/*Assmann* § 15 Rdnr. 223 ff.).

4. Zeitpunkt. Nach § 15 Abs. 1 S. 1 ist die Information unverzüglich, also ohne schuldhaftes Zögern (§ 121 Abs. 1 S. 1 BGB) zu veröffentlichen. Dem Emittenten wird hierbei jedoch ein angemessener Zeitraum zur Prüfung des Vorliegens der Voraussetzungen der Veröffentlichungspflicht (ggf. unter Hinzuziehung externer Berater) zugestanden (Assmann/Uwe H. Schneider/*Assmann* § 15 Rdnr. 249; Schwark/Zimmer/*Zimmer/Kruse* § 15 WpHG Rdnr. 49 f.). Dies empfiehlt sich insbesondere bei nicht im Tätigkeitsbereich des Emittenten eingetretenen Umständen. Beim Squeeze out ist hier zudem insbesondere das Potential zur erheblichen Beeinflussung des Börsenkurses zu prüfen.

5. Art der Veröffentlichung. § 5 Abs. 1 WpAIV sieht vor, dass die Information über ein elektronisch betriebenes Informationsverbreitungssystem zu erfolgen hat und – wenn vorhanden – zusätzlich auf der Website des Emittenten zu veröffentlichen ist, Abs. 1 S. 1 Nr. 2. Die technische Abwicklung der Ad hoc-Veröffentlichung wird zumeist von speziellen Dienstleistungsunternehmen wahrgenommen (vgl. im Einzelnen hierzu Assmann/Uwe H. Schneider/*Assmann* § 15 Rdnr. 277 ff.).

6. Rechtsfolgen bei Pflichtverletzung. Als Sanktionen bei Pflichtverletzungen im Zusammenhang mit der Ad hoc-Publizitätspflicht kommen bußgeldbewehrte Ordnungswidrigkeitstatbestände sowie zivilrechtliche Ansprüche in Betracht (umfänglich hierzu Assmann/Uwe H. Schneider/*Assmann* § 15 Rdnr. 284 ff.; *Möllers/Rotter* Kap. 4. und 5.). Ein fahrlässiger Umgang mit möglicherweise veröffentlichungspflichtigen Tatbeständen ist daher zu vermeiden, eine gewissenhafte Prüfung gerade beim Squeeze out also anzuraten.

5. Antrag auf gerichtliche Bestellung eines Angemessenheitsprüfers[1, 9, 10]

......, den ......

An das
Landgericht ......

Antrag auf gerichtliche Bestellung eines sachverständigen Prüfers

In dem Verfahren nach § 327 c Abs. 2 S. 3 i. V. m. § 293 c Abs. 1 S. 3 und 4 AktG beantragen wir[2] als vertretungsberechtigte Mitglieder des Vorstandes der Y-AG eine der folgenden Wirtschaftsprüfungsgesellschaften
a) ...... [Firma, Adresse]
b) ...... [Firma, Adresse]
c) ...... [Firma, Adresse]
zum sachverständigen Prüfer der Angemessenheit[5–7] der von der Y-AG als Hauptaktionärin der X-AG festzulegenden Barabfindung für die Übertragung der Aktien der übrigen Aktionäre (Minderheitsaktionäre) der X-AG auf die Y-AG als Hauptaktionärin gemäß § 327 a Abs. 1 AktG auszuwählen und zu bestellen.[3]

Begründung:

1. Die Y-AG hält ......% des Grundkapitals der X-AG. Die X-AG hat ihren Sitz in ...... Ein aktueller Handelsregisterauszug ist als Anlage beigefügt. Das Grundkapital der X-AG beträgt insgesamt ...... und ist eingeteilt in ...... auf den Inhaber lautende Stückaktien. Hiervon hält die Y-AG ...... Aktien. Eine von der Y-AG gegengezeichnete Bestandsbestätigung der Wertpapierverwahrstelle ist als Anlage ...... beigefügt. Die Y-AG ist folglich Hauptaktionärin im Sinne des § 327 a Abs. 1 AktG.
2. Auf Grundlage von § 327 a Abs. 1 AktG hat die Y-AG als Hauptaktionär gegenüber dem Vorstand der X-AG mit Schreiben vom ...... verlangt, alle notwendigen Maßnahmen zu treffen, damit die Hauptversammlung der X-AG die Übertragung der Aktien der Minderheitsaktionäre der X-AG auf die Y-AG als Hauptaktionärin gegen Gewähr einer angemessenen Barabfindung beschließt.
3. Nach § 327 c Abs. 2 AktG ist die Angemessenheit der von dem Hauptaktionär festzulegenden Barabfindung durch einen gerichtlich zu bestellenden sachverständigen Prüfer zu prüfen.
4. Wir schlagen vor, eine der oben genannten Wirtschaftsprüfungsgesellschaften als sachverständigen Prüfer zu bestellen.
   Jede der genannten Gesellschaften verfügt über die notwendigen Erfahrungen auf dem Gebiet der Bewertung von Unternehmen sowie über die fachlichen Kenntnisse und personellen Ressourcen, um die Prüfung in angemessenem Zeitrahmen durchzu-

führen. Gründe, die ihrer Bestellung zum sachverständigen Prüfer entgegen stehen, liegen nicht vor. Die Gesellschaften haben dies uns gegenüber mit Schreiben vom ......, welches in Anlage beiliegt, erklärt und zugleich ihre Bereitschaft zur Durchführung der Prüfung signalisiert[4]. Entsprechende Erklärungen der genannten Wirtschaftsprüfungsgesellschaften fügen wir in Anlage ...... bei.
5. Die Antragstellerin ist bereit, dem sachverständigen Prüfer eine höhere Entschädigung[8] für seine Tätigkeit als Angemessenheitsprüfer zu zahlen, als nach dem Gesetz über die Entschädigung von Zeugen und Sachverständigen (ZSEG) vorgesehen ist.
6. Die Zuständigkeit[1] der Kammer für ...... ergibt sich aus § 327c Abs. 2 S. 4 i.V.m. § 293c Abs. 1 S. 3 und 4 AktG.

Mit freundlichen Grüßen
Y-AG
Vorstand

Schrifttum: Vgl. auch bereits das Schrifttum zu Form. M.III.1 und M.III.3. *Bungert,* Der BGH und der Squeeze Out: Höchstrichterliche Beurteilung der Standardrügen bei Anfechtungsklagen, Anm. zu BGH Urt. v. 18. 9. 2006 – II ZR 225/04, BB 2006, 2761; *Leuering,* Die parallele Angemessenheitsprüfung durch den gerichtlich bestellten Prüfer, NZG 2004, 606; *Mattes/Graf von Maldeghem,* Unternehmensbewertung beim Squeeze Out, BKR 2003, 531; *Ott,* Die Reichweite der Angemessenheitsprüfung beim Squeeze-out, DB 2003, 1615; *Veit,* Die Prüfung von Squeeze outs, DB 2005, 1697–1702.

Anmerkungen

1. Überblick. Sinn der gerichtlichen Auswahl eines oder mehrerer Angemessenheitsprüfer ist, dessen Unabhängigkeit vom Hauptaktionär zu gewährleisten und somit zu einer erhöhten Akzeptanz des Prüfungsergebnisses seitens der Minderheitsaktionäre beizutragen, sodass eine gerichtliche Überprüfung im Rahmen des Spruchverfahrens obsolet wird (vgl. BT-Drucks. 14/7034 S. 72). Nach §§ 327c Abs. 2 S. 4, 293c Abs. 1 S. 3 und 4 AktG ist für die Bestellung das Landgericht am Sitz der Gesellschaft zuständig.

2. Antragsteller. Nach § 327c Abs. 3 S. 3 AktG ist nur der Hauptaktionär, nicht aber die Gesellschaft antragsberechtigt.

3. Entscheidung des Gerichts. Der Hauptaktionär kann dem Gericht Prüfungsgesellschaften zur Auswahl vorschlagen, an die das Gericht im Rahmen seines Auswahlermessens natürlich nicht gebunden ist (vgl. BGH BB 2006, 2543, 2544). Da gesetzlich auch die Möglichkeit zur Bestellung mehrerer sachverständiger Prüfer vorgesehen ist, und um bereits den Verdacht einer Verflechtung eines Prüfers mit dem Antragsteller oder der Gesellschaft entgegenzuwirken, empfiehlt es sich, dem Gericht mehrere Prüfer zur Auswahl vorzuschlagen. Als sachverständige Prüfer für die Angemessenheit kommen allerdings nur Wirtschaftprüfer und Wirtschaftsprüfungsgesellschaften in Betracht. Die Ausschlusstatbestände des § 319 Abs. 2 und 3 HGB sind nach §§ 327c Abs. 2 S. 4, 293d AktG entsprechend anwendbar und vom Gericht zu beachten. Darüber hinaus hat eine Bestellung auch dann nicht zu erfolgen, wenn eine Abhängigkeit des Prüfers vom Antragsteller vorliegt, die nicht im gesetzlichen Katalog aufgeführt ist (vgl. § 319 Abs. 2 und 3 HGB, „insbesondere"). Weitere Ausschlussgründe bestehen nicht, weshalb auch Prüfer, die bereits in der Vergangenheit entweder für die Gesellschaft oder den Hauptaktionär tätig geworden sind, als sachverständige Prüfer bestellt werden können (s. MünchKommAktG/*Grunewald* § 327c Rdnr. 13).

4. Erklärung der Prüfungsgesellschaften. Es ist sinnvoll, dem Antrag eine Erklärung der vorgeschlagenen Prüfungsgesellschaften beizufügen, in denen diese ihre Bereitschaft zur Durchführung der Prüfung artikulieren sowie das Fehlen von ihrer Bestellung entgegenstehenden Umständen bestätigen (ebenso MünchVertragsHdb I/*Hölters* V.154 Rdnr. 6).

5. Angemessenheitsprüfung. Die vom sachverständigen Prüfer vorzunehmende Prüfung bezieht sich lediglich auf die Angemessenheit der Barabfindung, nicht etwa auch auf die Rechtmäßigkeit des Squeeze out insgesamt (zur Prüfung von Squeeze outs s. *Veit* DB 2005, 1697). Sein Ergebnis bringt der Prüfer in einem Prüfbericht zum Ausdruck, der Art und Umfang der vorgenommenen Prüfung sowie die angewandten Bewertungsmethoden aufzeigt und mit einem Testat nach § 293e Abs. 1 S. 2 AktG endet. Mit Letzterem bestätigt der Prüfer die Angemessenheit der Barabfindung. Damit der Prüfer seinem Prüfauftrag nachkommen kann, steht ihm ein umfassendes Auskunftsrecht gegenüber der Gesellschaft nach §§ 327c Abs. 2 S. 4, 293d Abs. 1 AktG zur Seite. Fehlt ein Prüfbericht, so führt dies zur Anfechtbarkeit des Beschlusses, wenn nicht sämtliche Aktionäre durch öffentlich beglaubigte Erklärung auf die Prüfung sowie den Bericht (vgl. MünchKommAktG/*Grunewald* § 327c Rdnr. 15; missverständlich MünchVertragsHdb I/*Hölters* V. 154 Rdnr. 4) verzichtet haben, §§ 327c Abs. 2 S. 4, 293a Abs. 3 AktG.

6. Sollte der Prüfer zu einem anderen Ergebnis für die Höhe der angemessenen Barabfindung kommen, so ist der Übertragungsbeschluss nach richtiger Ansicht gleichwohl wirksam, wobei den Minderheitsaktionären allerdings – wie in sämtlichen Bewertungsfragen – eine Überprüfung im Rahmen des Spruchverfahrens offen steht (nach a.A. wird hierdurch die Anfechtbarkeit des Beschlusses begründet; wie hier und m.w.N. zum Streitstand *Ott* DB 2003, 1615; MünchKommAktG/*Grunewald* § 327c Rdnr. 15). Um jedoch das mit der abweichenden Ansicht einhergehende Anfechtungsrisiko zu umgehen, empfiehlt sich, dass der Hauptaktionär im Rahmen der Auskunftserteilung auf eine umfassende und frühzeitige Klärung aller bewertungsrelevanten Sachverhalte mit dem Angemessenheitsprüfer hinwirkt (so *Ott* DB 2003, 1615, 1517). Fehlt eine sachverständige Prüfung hingegen ganz, so begründet dies ein von Amts wegen zu berücksichtigendes Eintragungshindernis für den Übertragungsbeschluss, welcher aufgrund dessen zudem anfechtbar ist (vgl. MünchKommAktG/*Grunewald* § 327c Rdnr. 15).

7. Es findet sich keine gesetzliche Regelung darüber, wann die Angemessenheitsprüfung durchzuführen ist. In praxi findet häufig eine sogenannte Parallelprüfung statt, bei der die Prüfung der Angemessenheitsprüfer zeitgleich mit der Ermittlung der Barabfindung durch den Hauptaktionär stattfindet und so Bewertungen und Prüfungsergebnisse miteinander abgestimmt werden. Dieses Verfahren ist in Anbetracht der gesetzlich intendierten Unabhängigkeit der Angemessenheitsprüfer nicht unproblematisch (vgl. *Puszkajler* ZIP 2003, 518, 520ff.), jedoch von der Rechtsprechung dem Grunde nach anerkannt und für sinnvoll erachtet (vgl. BGH BB 2006, 2543; OLG Stuttgart (nicht rechtskräftig) NZG 2004, 146, 148) und zudem in der Literatur befürwortet (vgl. umfassend hierzu *Leuering* NZG 2004, 606, 608; *Bungert* BB 2006, 2761, 2762 m.w.N.). Der Prüfbericht muss jedenfalls bis zur Einberufung der Hauptversammlung erstellt sein, ist er doch ab diesem Zeitpunkt nach § 327c Abs. 3 Nr. 4 AktG auszulegen bzw. nach Abs. 5 auf der Internetseite der Gesellschaft zugänglich zu machen. Nicht erforderlich ist allerdings, dass das Ergebnis der Prüfung bereits im Verlangen des Hauptaktionärs angegeben wird (MünchVertragsHdb I/*Hölters* V. 154 Rdnr. 5).

8. Vergütung der Prüfer. Für die vom Hauptaktionär zu zahlende Vergütung gilt § 293c Abs. 1 S. 5 AktG i.V.m. § 318 Abs. 5 HGB (s. MünchKommAktG/*Grunewald* § 327c Rdnr. 12). Üblicherweise wird das Gericht die Erklärung des Hauptaktionärs verlangen, mit einer Vergütung nach den ortsüblichen Stundensätzen von Wirtschaftsprüfern und Wirtschaftsprüfungsgesellschaften in Abweichung von den geltenden gesetzlichen Regelungen im Gesetz über die Entschädigung von Zeugen und Sachverständigen (ZSEG) einverstanden zu sein, weshalb auch das Formular eine solche Erklärung enthält. Auch vertragliche Vereinbarungen zwischen Hauptaktionär und Prüfer werden durch die Gerichte üblicherweise akzeptiert (MünchVertragsHdb I/*Hölters* V. 154 Rdnr. 8; *Sieger/Hasselbach* ZGR 2002, 120, 154).

9. Rechtsbehelf. Gegen die Bestellung des Angemessenheitsprüfers ist lediglich die Beschwerde nach § 58 FamFG als Rechtsmittel statthaft, unterliegt der Antrag auf Bestellung doch den Regeln der freien Gerichtsbarkeit des FGG. Beschwerdeberechtigt ist allein der Hauptaktionär (s. Geibel/Süßmann/*Grzimek* § 327c AktG Rdnr. 20). Eine Anfechtungsklage aufgrund nicht ordnungsgemäßer Bestellung ist nicht statthaft (vgl. MünchVertragsHdb I/*Hölters* V.154 Rdnr. 9).

10. Kosten. Eine Kostenentscheidung bemisst sich nach §§ 121, 30 KostO.

6. Gewährleistungserklärung eines Kreditinstituts für die Barabfindungsverpflichtung des Hauptaktionärs[1, 7]

......, den ......

An die
Y-AG
Vorstand
...... [Adresse]

Erklärung der Z-Bank nach § 327 b Abs. 3 AktG

Sehr geehrte Damen/Herren,

Die Y-AG hat uns mitgeteilt, dass sie an dem ...... betragenden und in ...... auf den Inhaber lautende Stückaktien eingeteilten Grundkapital der X-AG ...... Aktien hält. Dies entspricht einem Anteil von ...... des Grundkapitals der X-AG. Folglich ist die Y-AG nach ihren Angaben Hauptaktionär der X-AG im Sinne des § 327 a Abs. 1 S. 1 AktG.
Die Y-AG hat gemäß § 327 a Abs. 1 S. 1 AktG das Verlangen an den Vorstand der X-AG gerichtet, einen Beschluss der Hauptversammlung über die Übertragung der Aktien der Minderheitsaktionäre auf die Y-AG gegen Gewährung einer angemessenen Barabfindung herbeizuführen. Als Barabfindung hat die Y-AG den Betrag von ...... je Aktie festgelegt.
Mit Eintragung des Übertragungsbeschlusses in das Handelsregister der X-AG gehen kraft Gesetzes alle Aktien der Minderheitsaktionäre der X-AG auf die Y-AG über und steht den Inhabern der übergegangenen Aktien gegen die Y-AG ein Anspruch auf unverzügliche Zahlung der festgelegten Barabfindung zu.
Dies vorausgeschickt erklären wir, die ...... Bank[2], [Adresse], als im Geltungsbereich des Aktiengesetzes zum Geschäftsbetrieb befugtes Kreditinstitut gemäß § 327 b Abs. 3 AktG in Form einer

Bankgarantie[3]

unwiderruflich[3] die Gewährleistung für die Erfüllung der Verpflichtung der Y-AG als Hauptaktionärin der X-AG, den Minderheitsaktionären der X-AG nach Eintragung des Übertragungsbeschlusses in das Handelsregister unverzüglich die festgelegte Barabfindung für die übergegangenen Aktien zu bezahlen.
Aus dieser Garantie erwirbt jeder Minderheitsaktionär im Wege eines echten Vertrages zugunsten Dritter (§ 328 BGB) einen unmittelbaren Zahlungsanspruch gegen uns[4]. Wir können aus dieser Garantie nur insoweit in Anspruch genommen werden, als der Anspruch auf Barabfindung jeweils besteht und nicht verjährt ist[5]. Im Verhältnis zu jedem Minderheitsaktionär sind indes Einwendungen und Einreden aus unserem Verhältnis zur Y-AG ausgeschlossen[3].
Die Erklärung dieser Gewährleistung im Sinne von § 327 b Abs. 3 AktG unterliegt deutschem Recht.

Mit freundlichen Grüßen

......, den ......[6]
......

(Unterschriften)

Schrifttum: Vgl. auch bereits das Schrifttum zu Form. M. III.1 bis 5; *Dißars/Koch,* Der Deckungsumfang der Banksicherheiten im Squeeze-out-Verfahren, NZG 2004, 856.

Anmerkungen

1. Überblick. § 327 b Abs. 3 AktG erfordert, dass der Hauptaktionär eine Gewährleistungserklärung einer Bank vorlegt, durch welche diese die Erfüllung der Verpflichtungen des Hauptaktionärs gegenüber den Minderheitsgesellschaftern zur Zahlung der Barabfindung gewährleistet. Diese ist vor Einberufung der Hauptversammlung vorzulegen. Dieses Erfordernis begegnet dem Umstand, dass die Minderheitsaktionäre zwar qua Gesetz mit Eintragung des Beschlusses ihre Aktien an den Hauptaktionär verlieren, jedoch lediglich einen schuldrechtlichen Anspruch gegen diesen auf Zahlung der Barabfindung haben. Ein solches Sicherungserfordernis ist umso dringlicher, als dass Hauptaktionär jede beliebige (natürliche oder juristische, in- oder ausländische) Person sein kann, über deren Solvenz nicht in jedem Falle Kenntnis besteht (vgl. MünchKommAktG/*Grunewald* § 327 b Rdnr. 15). Ein Formerfordernis besteht nicht, indes ist zum Zwecke der Übermittlung und des Beweises zur Schriftform zu raten.

2. Sicherungsgeber. Der Sicherungsgeber muss den Anforderungen eines Kreditinstitutes im Sinne des § 1 Abs. 1 KWG mit Geschäftserlaubnis für das Inland nach § 32 KWG entsprechen (*Hüffer* § 327 b Rdnr. 10).

3. Inhalt der Erklärung. Ausweislich des Wortlautes von § 327 b Abs. 3 AktG muss das Kreditinstitut die Erfüllung der Verpflichtung des Hauptaktionärs übernehmen, ohne dies zu spezifizieren. Zwar findet sich in den Gesetzesmaterialien der Hinweis auf eine Bankgarantie (BT-Drucks. 14/7034 S. 72). Um dem Telos des Instituts zu entsprechen ist indes jedes Sicherungsmittel tauglich, welches dazu führt, dass die Minderheitsaktionäre eigene Ansprüche erhalten, welche von der Haltung des Hauptschuldners unabhängig sind und keinen Bedingungen oder Befristungen unterliegen (vgl. MünchKommAktG/*Grunewald* § 327 b Rdnr. 17 f.; *Hüffer* § 327 b Rdnr. 10). Dementsprechend kommt neben einer Garantie auch eine Bürgschaft, ein Schuldbeitritt oder ein abstraktes Schuldanerkenntnis in Betracht. Da jedoch von „Gewährleistung" für die Barzahlung gesprochen wird, sind allein Sicherungsmittel tauglich, die mit einem Zahlungsanspruch einhergehen (vgl. *Hüffer* § 327 b Rdnr. 10; a. A. MünchKommAktG/*Grunewald* § 327 b Rdnr. 17). Sämtliche Realsicherheiten scheiden mithin aus. Eine Subsidiarität der Inanspruchnahme des Kreditinstituts, also etwa erst nach erfolgloser Zwangsvollstreckung gegen den Hauptaktionär, ist für das zu wählende Sicherungsmittel nicht erforderlich aber ausreichend (s. MünchKommAktG/*Grunewald* § 327 b Rdnr. 17; a. A. offenbar *Fuhrmann/Simon* WM 2002, 1211, 1216).

4. Vertragspartner. Da die Minderheitsaktionäre einen unmittelbaren Zahlungsanspruch gegen das Kreditinstitut erwerben sollen, sie aber zumeist für das Kreditinstitut nicht erreichbar sind, wird es sich in der Regel um einen echten Vertrag zugunsten Dritter nach § 328 BGB handeln. Vertragspartner der Gewährleistungserklärung ist daher nicht etwa jeder Minderheitsaktionär sondern allein der Hauptaktionär (MünchKommAktG/*Grunewald* § 327 b Rdnr. 19).

5. Gewährleistungshöhe. Die vom Hauptaktionär festgelegte Abfindung ist maßgeblicher Bezugspunkt für die Höhe der Gewährleistung (vgl. zum Deckungsumfang insgesamt *Dißars/Koch* NZG 2004, 856). Sollte sich diese Abfindung etwa im Rahmen eines Spruchverfahrens noch ändern, so muss die Gewährleistung diese Erhöhung mit umfassen, wobei Abweichendes auch nicht aufgrund einer verfassungskonformen Auslegung des § 327 b AktG geboten ist (vgl. BGH ZIP 2005, 2107, 2108; OLG Düsseldorf WM 2005, 1948, 1951; OLG Hamm ZIP 2005, 1457, 1462). Zeitlich muss die Gewährleistung bis zum Ablauf der Verjährungsfrist des Abfindungsanspruches (§ 195 BGB) reichen (MünchKommAktG/*Grunewald* § 327 b Rdnr. 21).

6. Zeitpunkt des Vorliegens der Erklärung. Dem Wortlaut des § 327 b Abs. 3 AktG ist zu entnehmen, dass die Erklärung vor Einberufung der Hauptversammlung übermittelt werden muss. Zwar wird teilweise für zulässig erachtet, die Erklärung vor Eintragung des Beschlusses (MünchKommAktG/*Grunewald* § 327 b Rdnr. 22) bzw. im Zeitpunkt der Beschlussfassung der Hauptversammlung (KölnKommWpÜG/*Hasselbach* § 327 b Rdnr. 56) nachzureichen. Allerdings empfiehlt sich eine Orientierung am Gesetzeswortlaut, um vor Anfechtungsrisiken gefeit zu sein.

7. Rechtsfolgen bei Verletzung der Vorschriften. Ist eine Erklärung dem Vorstand nicht übermittelt worden, darf er eine Hauptversammlung nicht einberufen. Tut er dies gleichwohl, so setzt er sich nicht nur der Gefahr eines Schadensersatzanspruches nach § 93 Abs. 2 AktG aus, sondern ferner ist der auf dieser Versammlung gefasste Beschluss zum Squeeze out nach § 243 Abs. 1 AktG anfechtbar (vgl. *Hüffer* § 327b Rdnr. 9). Anfechtbarkeit aufgrund einer Gesetzesverletzung nach § 243 Abs. 1 AktG ist ebenfalls in den Fällen gegeben, in denen die Gewährleistungserklärung von einem unzulässigen Kreditinstitut ausgestellt wurde oder inhaltlich unzulässig ist (s. *Fuhrmann/Simon* WM 2002, 1211, 1216). Auch für den Fall des Fehlens einer Gewährleistungserklärung wird nicht von einer Nichtigkeit nach § 241 AktG ausgegangen (s. OLG Frankfurt a. M. AG 2005, 657).

7. Übertragungsbericht des Hauptaktionärs (Gliederung)[1–3, 6]

Bericht der Y-AG
über die
Voraussetzungen der Übertragung der Aktien der Minderheitsaktionäre der X-AG auf
die Y-AG
sowie die
Angemessenheit der Barabfindung
gemäß § 327c Abs. 2 S. 1 AktG

Inhaltsverzeichnis

I. Einleitung
II. Beschreibung der X-AG[5]
III. Beschreibung des Hauptaktionärs Y-AG[5]
IV. Mehrheitserwerb und Übernahmeangebot[4, 5]
  1. Aktienerwerb durch Y-AG
  2. Übernahmeangebot durch Y-AG
  3. Erwerb weiterer Aktien
V. Hintergründe des Ausschlusses der Minderheitsaktionäre[5]
  1. Erhöhte Flexibilität
  2. Einsparung von Kosten
  3. Erhöhte Transaktionssicherheit
  4. Wegfall der Börsenzulassung
VI. Voraussetzungen für den Ausschluss der Minderheitsaktionäre[4]
  1. Beteiligungshöhe
  2. Verlangen nach § 327a Abs. 1 S. 1 AktG
  3. Festlegung und Prüfung der Barabfindung
  4. Gewährleistung eines Kreditinstituts
  5. Übertragungsbeschluss der Hauptversammlung
  6. Eintragung im Handelsregister
VII. Ablauf des Ausschlusses der Minderheitsaktionäre[5]
  1. Festlegung der Barabfindung
  2. Angemessenheitsprüfung und Bestätigung der Barabfindung durch sachverständige Prüfer
  3. Einberufung der ordentlichen [Alternative: außerordentlichen] Hauptversammlung

    4. Fassung des Übertragungsbeschlusses
    5. Anmeldung des Beschlusses zur Eintragung ins Handelsregister der X-AG
    6. Übertragung der Aktien auf den Hauptaktionär mittels Eintragung des Beschlusses
    7. Zahlung der Barabfindung
    8. Rechtsschutz
VIII. Auswirkungen des Ausschlusses der Minderheitsaktionäre[5]
    1. Gesellschaftsrechtliche Auswirkungen
    2. Steuerliche Auswirkungen für die Aktionäre in Deutschland
 IX. Erläuterung und Begründung der Angemessenheit der Barabfindung[4]
    1. Wirtschaftliche Grundlagen
    2. Bewertungsgrundsätze und -methoden
    3. Ermittlung des Unternehmenswertes der X-AG
    4. Zusammengefasstes Ergebnis

Anlagenverzeichnis[5]

Anlage I: Gewährleistungserklärung der ...... [Bank] gemäß § 327b Abs. 3 AktG

Schrifttum: Vgl. bereits auch das Schrifttum zu Form. M. III.1 bis 6. *DAV-Handelsrechtsausschuss*, Stellungnahme zu dem Regierungsentwurf eines Gesetzes zur Unternehmensintegrität und Modernisierung des Anfechtungsrechts (UMAG), NZG 2005, 388; *Krieger*, Squeeze-out nach neuem Recht: Überblick und Zweifelsfragen, BB 2002, 53; *Vetter*, Abfindungswertbezogene Informationsmängel und Rechtsschutz, Festschrift Wiedemann, 2002, 1323; *Wilsing/Kruse*, Anfechtbarkeit von Squeeze-out- und Eingliederungsbeschlüssen wegen abfindungswertbezogener Informationsmängel?, DB 2002, 1539.

Anmerkungen

1. Überblick. § 327c Abs. 2 S. 1 AktG fordert, dass der Hauptaktionär einen schriftlichen Bericht zum Squeeze out-Verfahren erstattet. Lediglich eine öffentlich beglaubigte Erklärung sämtlicher Minderheitsaktionäre nach §§ 327c Abs. 2 S. 4, 293a Abs. 3 AktG dispensiert von dem Berichtserfordernis. Diese Berichtpflicht lehnt sich an diejenige bei Unternehmensverträgen, Umwandlungsmaßnahmen und Eingliederungen an (BT-Drucks. 14/7034 S. 73; *Krieger* BB 2002, 53, 59). Der Übertragungsbericht hat jedoch nicht wie Letztere ein „ausführlicher" Bericht zu sein (vgl. Anm. 4). Ist eine Kapitalgesellschaft Hauptaktionär, so bedarf es bei Berichterstattung ihrer ordnungsgemäßen Vertretung. Adressat des Berichts ist die Hauptversammlung der AG, intendiert dieser doch, den vom Ausschluss Betroffenen eine umfassende Informationsgrundlage zuteil werden zu lassen, was sich allerdings lediglich auf die Voraussetzungen des Squeeze out und die Angemessenheit der Barabfindung bezieht (vgl. Geibel/Süßmann/*Grzimek* § 327c AktG Rdnr. 4).

In Anbetracht der Abhängigkeit des Inhalts des Berichts von den Spezifika eines jeden Einzelfalls kann und soll das Formular mit seiner Gliederung lediglich einen Überblick über den Mindestinhalt und fakultative weitere Inhalte geben.

2. Zeitpunkt und Auslegungspflicht. Der Bericht hat nach § 327c Abs. 3 Nr. 3 AktG vom Zeitpunkt der Einberufung der Hauptversammlung in den Geschäftsräumen der Gesellschaft auszuliegen bzw. auf der Internetseite der Gesellschaft zugänglich zu sein, sodass er spätestens zu diesem Zeitpunkt vollständig erstattet werden muss. Nicht erforderlich ist hingegen bereits eine Bekanntmachung des wesentlichen Inhalts in der Einberufung der Hauptversammlung (s. MünchVertragsHdb I/*Hölters* V. 156. Rdnr. 8), zumal diese vom Vorstand vorzunehmen ist (vgl. Form. M. III.8). Nach § 327c Abs. 4 AktG kann zudem jeder Aktionär eine kostenlose Abschrift des Berichtes verlangen.

3. Form. Der Bericht bedarf der Schriftform nach § 126 BGB.

4. Mindestinhalt des Berichts. Den obligatorischen Inhalt des Berichtes stellen nach § 327c Abs. 2 S. 1 AktG Ausführungen zu den Voraussetzungen für die Übertragung sowie Erläuterungen und Begründungen zur Angemessenheit der Barabfindung dar. Ein „ausführlicher" Bericht ist nicht gefordert (vgl. Anm. 1). Dennoch müssen die Ausführungen über die Voraussetzungen der Übertragung insbesondere schlüssig darlegen, dass die erforderliche Mehrheit von § 95% des Grundkapitals erreicht wurde. Hierzu gehören für die Aktionäre nachvollziehbare (vgl. BT-Drucks. 14/7034 S. 73) Erläuterungen über die Berechnung des Grundkapitals sowie ggf. die Zurechnung von Beteiligungen nach § 16 Abs. 4 AktG (s. bereits Form. M. III.3 Anm. 3). Hinsichtlich der Angemessenheit der Barabfindung bedarf es detaillierter Angaben über die angewandten Bewertungsgrundsätze und -methoden. Ferner muss deren Anwendung im konkreten Fall rechnerisch nachvollziehbar und verständlich geschildert werden. Als Maßstab gilt insoweit, dass sich die Aktionäre ein Plausibilitätsurteil bilden können (KölnKommWpÜG/*Hasselbach* § 327c Rdnr. 23). Lediglich ein Verweis auf eine nähere Erläuterung in der Hauptversammlung ist nicht ausreichend (Geibel/Süßmann/*Grzimek* § 327c AktG Rdnr. 8). Eine Erleichterung bezüglich der Angaben erlaubt §§ 327c Abs. 2 S. 4, 293a Abs. 2 AktG dadurch, dass Tatsachen nicht aufgenommen werden müssen, die geeignet sind, einem der Beteiligten einen nicht unerheblichen Nachteil zuzufügen. Dies betrifft sowohl den Hauptaktionär als auch die Gesellschaft; die Lückenhaftigkeit des Berichts ist allerdings aufzudecken und zu begründen (Geibel/Süßmann/*Grzimek* § 327c AktG Rdnr. 9ff.).

5. Fakultativer Inhalt des Berichts. Zwar soll der Squeeze out-Bericht – anders als etwa der Eingliederungsbericht nach § 319 Abs. 3 Nr. 3 AktG – den Minderheitsaktionären nicht auch ermöglichen, den Squeeze out selbst auf seine Gründe oder gar wirtschaftliche Notwendigkeit hin zu überprüfen (Geibel/Süßmann/*Grzimek* § 327c AktG Rdnr. 4; MünchKommAktG/ *Grunewald* § 327c Rdnr. 7 m.w.N.; vgl. auch bereits Anm. 1). Allerdings kann es einem schnell und unkomplizierten Verfahren durchaus dienlich sein, über das gesetzlich erforderliche Maß an Information hinauszugehen und durch eine offene Informationspolitik eine Opposition – sei es durch Anfechtungsklagen oder das Spruchverfahren – zu vermeiden. Es empfehlen sich einleitende, kurze Bemerkungen über Struktur, rechtliche und wirtschaftliche Eckdaten der AG (II.) und des Hauptaktionärs (III.). Um die einen Squeeze out wirtschaftlich rechtfertigende zunehmende Integration der AG in eine Unternehmensgruppe darzulegen und das Erreichen des Quorums von 95% des Grundkapitals weiter zu veranschaulichen, kann es im Einzelfall zielführend sein, einen historischen Abriss darüber zu geben, wann und auf welchem rechtlichen und wirtschaftlichen Wege sich einzelne Anteilserwerbe vollzogen haben. Eine derartige Erläuterung geht dann bewusst über diejenige im Rahmen der Darlegung der Anteilsvoraussetzungen hinaus und ist zweckmäßigerweise unter einen eigenen Gliederungspunkt (IV.) zu fassen. An obigem umfassenden Informationsansatz orientieren sich insbesondere auch die Gliederungspunkte bezüglich der (wirtschaftlichen) Hintergründe (V.) des Ausschlusses und der Auswirkungen auf die Minderheitsgesellschafter (VIII.). Da sie die schuldrechtlichen Ansprüche der Minderheitsaktionäre sichern soll, sollte aus denselben Gründen die Garantieerklärung eines Kreditinstituts (vgl. Form. M. III.6) in Kopie dem Bericht beigefügt werden. Auch eine in der Gliederung unter VII. enthaltene Übersicht über den Verfahrensablauf ist aus informativen Gründen sinnvoll (vgl. auch *Krieger* BB 2002, 53, 59).

6. Pflichtverletzungen. Fehlt der Bericht, so ist der Hauptversammlungsbeschluss anfechtbar (MünchKommAktG/*Grunewald* § 327c Rdnr. 10). Ist der Bericht hingegen unrichtig bzw. fehlerhaft, so führt dies nur unter den Voraussetzungen des § 243 Abs. 1 S. 1 AktG zur Anfechtbarkeit. Eine Differenzierung nach Fehlerhaftigkeit des Berichts hinsichtlich Informationen die Angemessenheit der Barabfindung betreffend und solchen, welche sich auf das Vorliegen der Voraussetzungen für den Squeeze out beziehen, ist mit Blick auf die Neuregelung des § 243 Abs. 4 S. 2 AktG i.d.F. des UMAG vom 22. 9. 2005 (BGBl. I S. 2802) nicht angezeigt. Zwar ist auch beim Squeeze out für abfindungswertbezogene Informationsmängel das Spruchverfahren anwendbar. Jedoch gilt die Regelung des § 243 Abs. 4 S. 2 AktG ihrem klaren Wortlaut und gesetzgeberischen Willen nach nur für in der Hauptversammlung aufgetretene Informationsmängel (vgl. BT-Drucks. 15/5092 S. 26; kritisch hierzu *DAV-Handelsrechtsausschuss* NZG 2005, 388, 392). Der Übertragungsbericht ist aber, wie § 327c Abs. 3

Nr. 3 AktG zeigt, bereits bei Einberufung derselben zu erstatten. Dies entspricht der Rechtslage bei fehlerhaften Umwandlungsberichten (vgl. etwa Kallmeyer/*Marsch-Barner* § 14 Rdnr. 14), welche der Gesetzgeber dem Übertragungsbericht offenbar generell als ähnlich ansieht (s. Anm. 1).

8. Bekanntmachung der Einladung zur Hauptversammlung und der Tagesordnung[1, 2]

X-AG
......
WKN ...... und ......
ISIN ......

Wir laden die Aktionärinnen und Aktionäre unserer Gesellschaft zu der am ...... [Datum, Uhrzeit] am Sitz der Hauptverwaltung der Gesellschaft, ..., stattfindenden außerordentlichen Hauptversammlung[1, 5-13] ein.

Einziger Tagesordnungspunkt ist:

Übertragung der Aktien der Minderheitsaktionäre auf den Hauptaktionär gegen Gewährung einer angemessenen Barabfindung (Ausschluss von Minderheitsaktionären bzw. Squeeze out).

Die Y-AG mit Sitz in ......[2] ist gegenwärtig mit ......% unmittelbar am Grundkapital der X-AG beteiligt. Gemäß § 327 a AktG kann die Hauptversammlung einer Aktiengesellschaft auf Verlangen eines Aktionärs, dem Aktien der Gesellschaft in Höhe von mindestens 95% des Grundkapitals gehören (Hauptaktionär), die Übertragung der Aktien der übrigen Aktionäre (Minderheitsaktionäre) auf den Hauptaktionär gegen Gewährung einer angemessenen Barabfindung beschließen (Ausschluss von Minderheitsaktionären).

Für die Y-AG und die X-AG stellt der Squeeze out den konsequenten Abschluss der gerade in den letzten Jahren zunehmend verstärkten Einbindung der X-AG in die Y-Gruppe dar: ......

Insbesondere hat die Y-AG ihre Beteiligung – im Wesentlichen aufgrund eines freiwilligen öffentlichen Kaufangebots vom ...... – auf über ......% erhöht. Aus Sicht der Y-AG ist es daher konsequent, die X-AG zukünftig als 100%ige Tochtergesellschaft innerhalb der Y-Gruppe zu führen.

Für die Y-AG war es dabei wesentlich, von der Möglichkeit eines Squeeze out zum jetzigen Zeitpunkt Gebrauch zu machen.

......

Über den Ausschluss der Minderheitsaktionäre soll daher nicht erst in der ordentlichen Hauptversammlung der X-AG, sondern in einer außerordentlichen Hauptversammlung am ...... beschlossen werden. Der Ausschluss der Minderheitsaktionäre erfolgt aufgrund des Beschlusses der Hauptversammlung und wird mit Eintragung dieses Beschlusses in das Handelsregister der X-AG wirksam. Die Y-AG hat mit Schreiben vom ...... gegenüber dem Vorstand der X-AG verlangt, alle Maßnahmen durchzuführen, damit die Hauptversammlung der X-AG die Übertragung der Aktien der Minderheitsaktionäre auf sie gegen Gewährung einer angemessenen Barabfindung gemäß §§ 327 a ff. AktG beschließt.

Die Minderheitsaktionäre erhalten eine angemessene Barabfindung in Höhe von ......[2]. Diese wurde von der Y-AG auf der Grundlage einer durch die Wirtschaftsprüfungsgesellschaft ...... [Firma, Anschrift] durchgeführten Unternehmensbewertung festgelegt. Die Angemessenheit der Barabfindung wurde durch die Wirtschaftsprüfungsgesellschaft ...... [Firma, Anschrift] als sachverständiger Prüfer geprüft, die auf Antrag der Y-AG vom

Landgericht ...... ausgewählt und durch Beschluss vom ...... bestellt wurde. Die ...... Wirtschaftsprüfungsgesellschaft hat die Angemessenheit der Barabfindung bestätigt.
Die Y-AG hat dem Vorstand der X-AG am ...... eine Erklärung der ...... [Firma, Anschrift] übermittelt, durch die diese in Form einer ...... [Benennung Gewährleistungsinstrument] die Gewährleistung für die Erfüllung der Verpflichtung der Y-AG übernimmt, den Minderheitsaktionären nach Eintragung des Übertragungsbeschlusses unverzüglich die festgelegte Barabfindung für die übergegangenen Aktien zu zahlen.
Vorstand und Aufsichtsrat schlagen vor, folgenden Beschluss zu fassen[3]:
„Die Aktien der übrigen Aktionäre (Minderheitsaktionäre) werden gemäß §§ 327 a ff. AktG auf den Hauptaktionär, die Y-AG, ... [Sitz, Anschrift] übertragen. Die Übertragung erfolgt gegen Gewährung einer Barabfindung durch die Y-AG. Die Barabfindung beträgt ...... je auf den Namen lautende Stückaktie der X-AG.
Erfolgt die Eintragung des Übertragungsbeschlusses in das Handelsregister der X-AG erst nach Fassung des Gewinnverwendungsbeschlusses für das ...... beendete Rumpfgeschäftsjahr der X-AG, vermindert sich dieser Betrag für alle Minderheitsaktionäre um die Dividende sowie die darauf entfallenden Steueranrechnungsbeträge. Die Barabfindung ist von der Bekanntmachung der Eintragung des Übertragungsbeschlusses in das Handelsregister der X-AG an mit jährlich fünf % über dem jeweiligen Basiszinssatz zu verzinsen."
Von der Einberufung der Hauptversammlung an liegen in den Geschäftsräumen der X-AG, ... [Adresse] folgende Unterlagen zur Einsicht der Aktionäre aus[4]:
[Alternative: Seit der Einberufung der Hauptversammlung sind auf der Internetseite der X-AG, ... folgende Unterlage zugänglich:]
- Der Entwurf des Übertragungsbeschlusses,
- die Jahresabschlüsse und die Lageberichte der X-AG für die letzten drei Geschäftsjahre,
- der Übertragungsbericht der Y-AG gemäß § 327 c Abs. 2 Satz 1 AktG,
- der Prüfungsbericht des gerichtlich bestellten sachverständigen Prüfers der Wirtschaftsprüfungsgesellschaft ...... [Firma, Adresse], gemäß § 327 c Abs. 2 Satz 2 AktG.
Die vorgenannten Unterlagen werden auch in der Hauptversammlung ausliegen[5]. Jeder Aktionär erhält auf Verlangen unverzüglich und kostenlos eine Abschrift dieser Unterlagen zugesandt.

Teilnahme an der Hauptversammlung[14]

Zur Teilnahme an der Hauptversammlung und zur Ausübung des Stimmrechts in der Hauptversammlung sind nach § ...... der Satzung nur diejenigen Aktionäre berechtigt, die sich nach näherer Maßgabe der folgenden Bestimmungen bei der Gesellschaft angemeldet und der Gesellschaft ihre Berechtigung zur Teilnahme an der Hauptversammlung und zur Ausübung des Stimmrechts nachgewiesen haben.
Die Anmeldung hat in Textform (§ 126 b BGB) in deutscher oder englischer Sprache unter Angabe der Stückzahl der Aktien zu erfolgen, auf welche sich die Anmeldung bezieht.
Für den Nachweis der Berechtigung zur Teilnahme an der Hauptversammlung und zur Ausübung des Stimmrechts ist ein in Textform (§ 126 b BGB) in deutscher oder englischer Sprache erstellter Nachweis des Anteilsbesitzes durch das depotführende Institut ausreichend und erforderlich. Der Nachweis hat sich auf den Beginn des einundzwanzigsten Tages vor der Hauptversammlung, d. h. auf den Beginn des ......, zu beziehen.
Die Anmeldung und der Nachweis des Aktienbesitzes müssen der Gesellschaft bis zum Ablauf des siebten Tages vor der Hauptversammlung, d. h. spätestens am ......, unter der nachfolgend genannten Anschrift zugehen:
......
Nach Erfüllung der vorstehend genannten Voraussetzungen werden den teilnahmeberechtigten Aktionären über ihr depotführendes Institut Eintrittskarten für die Hauptversammlung übersandt.

8. Bekanntmachung der Einladung zur HV und der Tagesordnung **M.III.8**

Stimmkarten werden den teilnahmeberechtigten Aktionären bzw. ihren Vertretern am Tag der Hauptversammlung am Versammlungsort ausgehändigt.

Stimmrechtsvertretung

Teilnahmeberechtigte Aktionäre können ihr Stimmrecht in der Hauptversammlung auch durch einen Bevollmächtigten, insbesondere ein Kreditinstitut oder eine Vereinigung von Aktionären oder einen anderen Bevollmächtigten ihrer Wahl ausüben lassen.
Die Vollmacht ist nach der Regelung in § …… der Satzung grundsätzlich schriftlich, per Telefax oder elektronisch auf eine in der Einladung zur Hauptversammlung näher zu bestimmende Weise zu erteilen; für die elektronische Vollmachtserteilung wird auf Grundlage dieser Satzungsbestimmung die Übermittlung einer in Textform (§ 126 b BGB) erteilten Vollmacht per E-mail zugelassen.
Auf die gesetzlichen Sonderregelungen des § 135 AktG zu Stimmrechtsvollmachten, die einem Kreditinstitut, einer Vereinigung von Aktionären oder sonstigen, einem Kreditinstitut nach dieser Vorschrift im Hinblick auf die Stimmrechtsausübung gleichgestellten Personen oder Personenvereinigungen erteilt werden, wird hingewiesen.
Für die in § …… der Satzung gesondert geregelte Stimmrechtsvertretung durch von der Gesellschaft benannte Stimmrechtsvertreter gelten die nachstehend näher erläuterten Bestimmungen.
Ein Formular für die Erteilung einer Vollmacht wird den teilnahmeberechtigten Aktionären zusammen mit der Eintrittskarte für die Hauptversammlung über ihr depotführendes Institut übersandt.
Als besonderen Service bieten wir unseren Aktionären an, bereits vor der Hauptversammlung von der Gesellschaft benannte, weisungsgebundene Stimmrechtsvertreter mit der Ausübung ihres Stimmrechts zu bevollmächtigen. Die Gesellschaft hat als jeweils einzelvertretungsberechtigte Stimmrechtsvertreter ihre Mitarbeiter Herrn ……, ……, und Herrn ……, ……, benannt. Die Vollmacht ist nur gültig, wenn sie verbindliche Weisungen für die Ausübung des Stimmrechts enthält; die von der Gesellschaft benannten Stimmrechtsvertreter sind verpflichtet, weisungsgemäß abzustimmen. Aktionäre, die diesen Service nutzen möchten, benötigen hierzu eine Eintrittskarte zur Hauptversammlung, die ihnen nach Erfüllung der weiter oben genannten Teilnahmevoraussetzungen über ihr depotführendes Institut zugesandt wird. Um den rechtzeitigen Erhalt der Eintrittskarte sicherzustellen, wird empfohlen, sich möglichst frühzeitig zur Hauptversammlung anzumelden. Die Vollmachts- und Weisungserteilung an die von der Gesellschaft benannten Stimmrechtsvertreter kann schriftlich, per Telefax oder elektronisch per E-Mail unter Verwendung des hierfür rückseitig auf der Eintrittskarte aufgedruckten Formulars erfolgen. In allen Fällen ist das auf der Rückseite der Eintrittskarte aufgedruckte Formular zur Vollmachts- und Weisungserteilung an die Stimmrechtsvertreter der Gesellschaft auszufüllen und zu unterzeichnen. Die Eintrittskarte mit dem rückseitig ausgefüllten und unterzeichneten Vollmachts- und Weisungsformular, d.h. Vorder- und Rückseite der Eintrittskarte, ist der Gesellschaft sodann im Original, per Telefax oder per E-Mail in Form einer digitalen Kopie (eingescannt) im nicht veränderbaren pdf-Format unter der nachfolgenden Adresse zuzusenden:
……
Nur ein ordnungsgemäß ausgefülltes und unterschriebenes Vollmachts-/Weisungsformular, das der Gesellschaft zusammen mit der Vorderseite der Eintrittskarte spätestens am …… unter der vorstehenden Adresse zugeht, verpflichtet die Stimmrechtsvertreter zur Stimmausübung.
Auch nach Erteilung einer Vollmacht an die Stimmrechtsvertreter der Gesellschaft bleiben teilnahmeberechtigte Aktionäre persönlich oder über einen bevollmächtigten Dritten zur Teilnahme und Stimmrechtsausübung auf der Hauptversammlung berechtigt. Die persönliche Anmeldung durch den Aktionär oder einen ordnungsgemäß bevollmächtigten

Dritten an den Eingangsschaltern zur Hauptversammlung gilt als Widerruf der an die Stimmrechtsvertreter der Gesellschaft erteilten Vollmacht und Weisung.

Darüber hinaus bieten wir teilnahmeberechtigten und in der Hauptversammlung erschienenen bzw. ordnungsgemäß vertretenen Aktionären an, die von der Gesellschaft benannten Stimmrechtsvertreter auch noch in der Hauptversammlung zu bevollmächtigen. Hierfür bitten wir, das Vollmachts- und Weisungsformular auf den Stimmkarten zu verwenden, die den Aktionären bzw. ihren Vertretern am Versammlungsort ausgehändigt werden.

Bitte beachten Sie, dass die von der Gesellschaft benannten Stimmrechtsvertreter keine Aufträge zu Wortmeldungen oder zum Stellen von Fragen oder von Anträgen entgegennehmen.

Anträge und Wahlvorschläge von Aktionären

Aktionäre, die Anfragen oder Anträge zur Hauptversammlung haben, bitten wir, diese ausschließlich an folgende Anschrift zu richten:

......

Ordnungsgemäße Gegenanträge gemäß § 126 AktG gegen die Vorschläge der Verwaltung zu den einzelnen Punkten der Tagesordnung mit Begründung sowie Wahlvorschläge von Aktionären gemäß § 127 AktG, die der Gesellschaft spätestens am ...... unter der vorstehend genannten Anschrift zugehen, werden im Internet unter ...... unverzüglich zugänglich gemacht; § 126 Abs. 2 AktG bleibt unberührt. Dort werden gegebenenfalls auch Stellungnahmen der Verwaltung zu den Gegenanträgen und Wahlvorschlägen veröffentlicht.

Gesamtzahl der Aktien und Stimmrechte

Zum Zeitpunkt der Einberufung der Hauptversammlung beträgt die Gesamtzahl der von der Gesellschaft ausgegebenen Aktien und Stimmrechte je ...... Die Gesellschaft hält zum Zeitpunkt der Einberufung der Hauptversammlung keine eigenen Aktien.

Der Vorstand

Schrifttum: Vgl. auch bereits das Schrifttum zu Form. M. III.1 bis 7; *Aubel/Weber,* Ausgewählte Probleme bei Eingliederung und Squeeze Out während eines laufenden Spruchverfahrens, WM 2004, 857; *Bilda,* Zur Dauer des Spruchstellenverfahren, NZG 2000, 296; *DAV-Handelsrechtsausschuss,* Stellungnahme zu dem Regierungsentwurf eines Gesetzes zur Unternehmensintegrität und Modernisierung des Anfechtungsrechts (UMAG), NZG 2005, 388; *Dißars,* Anfechtungsrisiken beim Squeeze-out – zugleich eine Analyse der bisherigen Rechtsprechung, BKR 2004, 389; *Fritzsche/Dreier/Verfürth,* Kommentar zum Spruchverfahrensgesetz, 2004; *Grunewald,* Die neue Squeeze-out-Regelung, ZIP 2002, 18; *Hamann,* Minderheitenschutz beim Squeeze-out-Beschluss: materielle Rechtmäßigkeitskontrolle des gemäß 327a Abs. 1 S. 1 AktG zu fassenden Hauptversammlungsbeschlusses, 2003; *Hirte,* Informationsmängel und Spruchverfahren, ZHR 167 (2003), 8; *Noack/Zetzsche,* Die Legitimation der Aktionäre bei Globalaktien und Depotverbuchung. Der Frankfurter Vorschlag für eine Reform des § 123 AktG, AG 2002, 651; *Puszkajler,* Diagnose und Therapie von aktienrechtlichen Spruchverfahren. Einige Anmerkungen aus der richterlichen Praxis zum geplanten Spruchverfahrensneuordnungsgesetz, ZIP 2003, 518; *Rathausky,* Squeeze-out in Deutschland: Eine empirische Untersuchung zu Anfechtungsklagen und Spruchverfahren, AG 2004, R 24; *Riegger/Wasmann,* Kölner Kommentar zum Spruchverfahrensgesetz, 2005; *Simon/Zetzsche,* Aktionärslegitimation und Satzungsgestaltung. Überlegungen zu § 123 AktG i.d.F. des UMAG, NZG 2005, 369.

Anmerkungen

1. Überblick. Die Beschlussfassung über das Verlangen des Hauptaktionärs kann sowohl als Teil einer ordentlichen als auch in einer außerordentlichen Hauptversammlung erfolgen. Das Formular stellt eine Bekanntmachung der Einberufung einer außerordentlichen Hauptversammlung verbunden mit der Bekanntmachung der Tagesordnung dar.

2. Einberufung der Hauptversammlung. Der Vorstand hat jedenfalls unverzüglich, nachdem der Hauptaktionär sein Verlangen nach § 327a Abs. 1 AktG gestellt hat, zu handeln und dieses zum Gegenstand einer Beschlussfassung machen. Hierbei sind neben den Interessen der Gesellschaft und des Hauptaktionärs die für die Einberufung notwendigen, ggf. zeitaufwändigen Formalia zu beachten (allgemein zur Einberufung der Hauptversammlung vgl. nur *Hüffer* § 121 Rdnr. 1 ff.). Zu den Mindestangaben gehören neben der Tagesordnung nach § 121 Abs. 3 AktG Angaben über die Bedingungen zur Teilnahme und zur Stimmrechtsausübung (vgl. *Hüffer* § 121 Rdnr. 10). Seit der Änderung des § 121 AktG durch das ARUG (Gesetz zur Umsetzung der Aktionärsrechterichtlinie, BGBl. I S. 2479) muss die Tagesordnung nunmehr zwingend in der Einberufung enthalten sein (vgl. *Hüffer* § 121 Rdnr. 2). Darüber hinaus hat die Einberufung den Anforderungen des § 327c Abs. 1 AktG zu genügen: Firma und Sitz (bzw. Name und Adresse) des Hauptaktionärs und die festgelegte Barabfindung sind zu nennen.

3. Für die Bekanntmachung der Tagesordnung sind die Voraussetzungen des § 124 AktG zu wahren. Insbesondere ist auch beim Squeeze out ein Vorschlag zu Beschlussfassung erforderlich (s. bereits Form. M.III.3 Anm. 6). Des Weiteren ist zwar nicht gefordert, dass die einzelnen Beschlussvorschläge besonders begründet/erläutert werden (s. MünchKommAktG/*Kubis* § 124 Rdnr. 54). Gerade im Falle des Squeeze out, der sich nach gesetzgeberischer Intention nur unter umfassender Information der Minderheitsaktionäre vollziehen kann, ist eine dem Vorschlag vorangestellte oder nachfolgende Begründung bzw. Erläuterung durchaus förderlich, kann sie doch insbesondere einer effizienten Ausübung der Informationsrechte in der Hauptversammlung zuträglich sein und potenzielles Konfliktpotenzial mit opponierenden Minderheitsaktionären mindern. Daher deutet das Formular eine entsprechende Erläuterung betreffend den Hintergrund der in Aussicht genommenen Maßnahme an.

4. Auszulegende Unterlagen. § 327c Abs. 3 AktG fordert, dass ab Einberufung der Hauptversammlung die dort genannten Unterlagen in den Geschäftsräumen der Gesellschaft auszulegen sind. Es ist jedem Aktionär nach § 327 Abs. 4 AktG auf sein Verlangen hin unverzüglich (§ 121 Abs. 1 S. 2 BGB) eine kostenlose Abschrift der Unterlagen zu erteilen. Seit Einführung des § 327c Abs. 5 AktG durch das ARUG (Gesetz zur Umsetzung der Aktionärsrechterichtlinie, BGBl. I S. 2479), entfallen diese Verpflichtungen, wenn die Unterlagen für denselben Zeitraum hinweg auf der Internetseite der Gesellschaft zugänglich sind. Wird den Auslegungserfordernissen oder der Pflicht nach Abs. 4 nicht entsprochen, so ist der Beschluss – bei Relevanz – anfechtbar (vgl. MünchKommAktG/*Grunewald* § 327c Rdnr. 18).

5. Durchführung der Hauptversammlung. Die Durchführung der Hauptversammlung richtet sich grundsätzlich nach den allgemeinen Regeln. Besonderheiten hält § 327d AktG parat. Es sind die in § 327c Abs. 3 AktG genannten Unterlagen auch während der Hauptversammlung zugänglich zu machen (s. Anm. 4). Ferner kann dem Hauptaktionär vom Vorstand Gelegenheit zur mündlichen Erörterung betreffend den Beschlussvorschlag sowie die Höhe der Barabfindung gegeben werden. Die Norm soll die Information der Aktionäre über wesentliche Aspekte des Ausschlussvorhabens sicherstellen (*Hüffer* § 327d Rdnr. 1). Der Vorstand hat daher nach pflichtgemäßem Ermessen darüber zu entscheiden, ob dem Hauptaktionär die Gelegenheit zur Erörterung gegeben wird (vgl. MünchVertragsHdb I/*Hölters* V. 157 Rdnr. 10). Dies wird i.d.R. zweckmäßig sein, ist doch letzterer an dem Beschluss maßgeblich interessiert. Allerdings besteht keine Erörterungspflicht des Hauptaktionärs (vgl. OLG Stuttgart NZG 2004, 146, 147). Verweigert dieser eine Stellungnahme, wird der Vorstand jedenfalls soweit er dazu in der Lage ist zu einer gewissen mündlichen Darstellung (etwa Zusammenfassung des Berichts des Hauptaktionärs) verpflichtet sein (s. *Hüffer* § 327d Rdnr. 4; MünchKommAktG/ *Grunewald* § 327d Rdnr. 3).

6. Information der Minderheitsaktionäre. Im Zusammenhang mit dem gesetzgeberischen Anliegen nach umfassender Information der Minderheitsaktionäre hinsichtlich des Ausschlussverlangens ist auch das Auskunftsrecht des § 131 AktG zu sehen, welches sich indes allein gegen die Gesellschaft, somit den Vorstand und nicht etwa den Hauptaktionär richtet. Allerdings kann sich in Einzelfällen unter Umständen sogar die Pflicht ergeben, dem Hauptaktionär anlässlich von Fragen der Minderheitsaktionäre die Gelegenheit zur Ergänzung seines Informationen zu gewähren (s. MünchVertragsHdb I/*Hölters* V.157 Rdnr. 12). Dieser ist aber nur in Ausnahmefällen unter dem Gesichtspunkt der Treuepflicht zur AG oder zu den Mitgesellschaftern zu weitergehender Auskunft verpflichtet (so auch MünchKommAktG/*Grunewald* § 327d Rdnr. 6). Hingewiesen sei ferner auf die Auskunftspflicht des Vorstandes insbesondere auch mit Blick auf verbundene Unternehmen und somit ggf. über den den Squeeze out betreibenden Hauptaktionär nach § 131 Abs. 1 S. 2 AktG, freilich unter der Verweigerungsmöglichkeit nach Abs. 3 Nr. 1. Im Übrigen hat der Vorstand Auskunft über sämtliche Bewertungsgrundlagen der Barabfindung zu erteilen (MünchVertragsHdb I/*Hölters* V.157 Rdnr. 12).

7. Beteiligungshöhe. Der Versammlungsleiter muss die Beteiligungshöhe des Hauptaktionärs im Zeitpunkt der Beschlussfassung (vgl. Form. M.III.3 Anm. 3) ausweislich des Gesetzeswortlauts nicht kontrollieren (vgl. OLG Stuttgart AG 2009, 204, 210f.; MünchKommAktG/*Grunewald* § 327d Rdnr. 4 m.w.N.; a.A.: *Sieger/Hasselbach* ZGR 2002, 120, 139). Will man das aus einer nicht ausreichenden Beteiligungshöhe resultierende Anfechtungspotential (s. Anm. 9ff.) indes minimieren, so sollten dem Versammlungsleiter durch den Hauptaktionär alle hierfür erforderlichen Unterlagen vorgelegt werden (etwa Erklärungen von Depotbanken, Aktienregisterauszüge etc.; vgl. *Sieger/Hasselbach* ZGR 2002, 120, 139; zustimmend MünchKomm/*Grunewald* § 327d Rdnr. 4).

8. Beschlussfassung. Das Zustimmungsquorum für den Beschluss über das Verlangen des Hauptaktionärs nach § 327a Abs. 1 AktG richtet sich nach § 133 AktG, wonach die einfache Mehrheit der abgegebenen Stimmen ausreichend ist. Eine qualifizierte Mehrheit oder gar 95% der Stimmen wie etwa für das Verlangen selbst ist nicht erforderlich (statt vieler *Hüffer* § 327a Rdnr. 15; jedenfalls missverständlich aber *Grunewald* ZIP 2002, 18). Relevant wird eine geringere Stimmenmehrheit insbesondere dann, wenn etwa bei der Ausgabe von Vorzugsaktien oder aufgrund der Tatsache, dass die Hürde von 95% lediglich aufgrund der Zurechnung von Aktien Dritter genommen wurde (MünchKommAktG/*Grunewald* 327a Rdnr. 15).

9. Fehlerhafte Beschlüsse und Beschlussanfechtung. E contrario ergibt sich aus § 327f S. 1 AktG, dass der Beschluss einer Anfechtung – insbesondere wegen Verfahrensmängeln (vgl. Übersicht bei *Dißars* BKR 2004, 389, 391; zu „Standardrügen" ferner *Bungert* BB 2006, 2761 (zugl. Bespr. v. BGH BB 2006, 2543), vgl. zudem Anm. 4) – zugänglich ist. Liegt bei Beschlussfassung die erforderliche 95%-Mehrheit nicht vor, so ist der Beschluss nach zutreffender, aber sehr streitiger Auffassung anfechtbar, nicht aber nichtig (MünchKommAktG/ *Grunewald* § 327a Rdnr. 16; a.A.: OLG München AG 2004, 355; Emmerich/Habersack/ *Habersack* § 327f Rdnr. 3; GroßkommAktG/*Fleischer* § 327f Rdnr. 6; anders ggf. für Missbrauchsfälle s. OLG München ZIP 2006, 2370, 2371; vgl. auch Form. M.III.1 sowie insges. Geibel/Süßmann/*Grzimek* § 327f AktG Rdnr. 7). Der Beschluss bedarf auch keiner weitergehenden sachlichen Rechtfertigung im Sinne einer materiellen Beschlusskontrolle, ist ihm doch aufgrund der gesetzlichen Regeln und Verfahrensvorschriften seine Rechtfertigung quasi schon immanent (vgl. BGH BB 2006, 2543, 2544; MünchKommAktG/*Grunewald* § 327a Rdnr. 17 m.w.N.; hierzu umfassend *Hamann* S. 1ff.). Eine wesentliche Einschränkung des Anfechtungsrechts resultiert aus § 327f AktG, wonach sich eine solche nicht auf die Verfolgung von Sondervorteilen und die im Spruchverfahren zu prüfende Unangemessenheit der Barabfindung stützen lässt. Indes ist bei einer nicht (ordnungsgemäß) angebotenen Barabfindung das Spruchverfahren nach § 327f S. 3 AktG subsidiär zu einer Anfechtungsklage.

10. Abfindungswertbezogene Informationsmängel berechtigen gem. (§ 243 Abs. 4 S. 2 AktG i.d.F. des UMAG vom 22.9.2005 (BGBl. I S. 2802) jedenfalls insoweit nicht zur Anfechtung, als diese Informationsmängel in der Hauptversammlung auftreten (vgl. zur früheren Rechtslage *Hüffer* § 327f Rdnr. 2). Zur Anfechtungsmöglichkeit aufgrund eines fehlerhaften Übertragungsberichts vgl. Form. M.III.7 Anm. 6.

11. Denkbar sind freilich Fälle einer Fehlerhaftigkeit wegen Rechtsmissbrauches. Allerdings werden hieran seitens der Rechtsprechung hohe Hürden gestellt (hierzu und zu den Rechtsfolgen vgl. Form. M.III.1).

12. Sollte jedoch gegen einen (vermeintlich) fehlerhaften Beschluss Klage erhoben worden sein, so besteht die Möglichkeit nichtsdestotrotz im Wege des Freigabeverfahrens nach

§§ 327e Abs. 2, 319 Abs. 5, 6 AktG zu einer Eintragung zu gelangen (vgl. hierzu Form. M.III.9 Anm. 4).

13. Spruchverfahren. Gemäß § 327f S. 1 und 2 AktG sind Streitigkeiten über eine unangemessene Barabfindung im Spruchverfahren zu prüfen. S. 3 regelt die Fälle, in denen das Spruchverfahren gegenüber einer Anfechtungsklage subsidiär ist, s. Anm. 9. Antragsbefugt ist nach § 3 Nr. 2 SpruchG jeder Aktionär und jeder Inhaber eines Options- und Wandelungsrechts (s. MünchKommAktG/*Grunewald* § 327f Rdnr. 4). Antragsgegner ist nicht etwa die AG sondern nach § 5 Nr. 3 SpruchG der Hauptaktionär, welcher gemäß § 15 Abs. 2 S. 1 SpruchG grundsätzlich auch die Verfahrenskosten zu tragen hat. Nach § 4 Nr. 3 SpruchG kann der Antrag nur binnen drei Monaten seit dem Tag gestellt werden, an dem die Eintragung des Beschlusses nach § 19 HGB als bekannt gemacht gilt. Er ist zudem nach § 4 Abs. 2 SpruchG zu begründen (zu Anforderungen an die Begründungspflicht vgl. OLG Frankfurt a. M. DB 2006, 660). Das zuständige Gericht entscheidet per Beschluss, § 11 Abs. 1 SpruchG; wenn es die Abfindung nach seiner freien Überzeugung für angemessen hält, wird der Antrag abgewiesen. Andernfalls wird die Höhe der Barabfindung zuzüglich Verzinsung selbst festgesetzt (vgl. KölnKommSpruchG/*Puszkajler* § 11 Rdnr. 5). Die Entscheidung des Gerichts hat Wirkung inter omnes, d.h. die festgesetzte Barabfindung gilt nicht nur für die Antragsteller, sondern zugleich auch für diejenigen, die bereits gegen die ursprünglich angebotene Summe aus der Gesellschaft ausgeschieden sind, § 13 SpruchG (s. KölnKommSpruchG/*Wilske* § 13 Rdnr. 8 ff.). Wichtig ist zudem, dass die feststellende Entscheidung des Gerichts kein vollstreckbarer Titel ist; es ist also ggf. Leistungsklage zu erheben (und anschließend zu vollstrecken) wenn der Verpflichtete nicht von sich aus leistet (vgl. MünchKommAktG/*Kubis* § 13 SpruchG Rdnr. 4). § 16 SpruchG legt hierzu im Sinne einer optimalen Verfahrensökonomie fest, dass der gleiche Spruchkörper des gleichen Gerichts im ersten Rechtszug zuständig ist, welcher mit dem betreffenden Spruchverfahren zuletzt inhaltlich befasst war (*Fritzsche/Dreier/Verfürth* § 16 Rdnr. 7 ff.).

14. Teilnahmebedingungen, Legitimation der Aktionäre. Wie bereits unter Anm. 2 dargelegt, hat die Einberufung der Hauptversammlung auch Ausführungen über die Bedingungen zur Teilnahme an der Hauptversammlung zu enthalten. Regelungen hierzu enthält § 123 AktG, welcher in Abs. 2 S. 1 die Modalitäten im Einzelnen aber grundsätzlich in das Ermessen des Satzungsgebers bei der AG stellt (hierzu allgemein *Hüffer* § 123 Rdnr. 3 ff.). Grundlegend ist zwischen nur der Vorbereitung der Hauptversammlung dienender Anmeldung (§ 123 Abs. 2 S. 1 Alt. 1 AktG) und Legitimation der Aktionäre für die Hauptversammlung (§ 123 Abs. 2 S. 1 Alt. 2, Abs. 3 AktG) zu unterscheiden, wobei letztere die erstere regelmäßig umfassen wird (*Simon/Zetzsche* NZG 2005, 369, 372 f.). Im Folgenden geht es daher um die Legitimation.

Der vorliegende Fall betrifft die Hauptversammlung einer börsennotierten AG mit Inhaberaktien (für Namensaktien gilt § 67 Abs. 2 AktG). Für diese ist, auch wenn die Satzung keine Regelungen trifft, eine besondere Bescheinigung i. S. d. § 123 Abs. 3 S. 2 AktG ausreichend; der Satzungsgeber kann aber andere Formen der Legitimation zulassen, so etwa auch ein Hinterlegungserfordernis (vgl. *DAV-Handelsrechtsausschuss* NZG 2005, 388, 389; hierzu auch *Noack/Zetzsche* AG 2002, 651, 653 ff.). Die Textform ist für den besonderen Nachweis ausreichend.

Hinzuweisen ist noch auf das record date als Legitimationsstichtag für börsennotierte Aktiengesellschaften nach § 123 Abs. 3 S. 3 AktG (21 Tage), welches unabhängig von der Art der Legitimation gilt. Wer zu Beginn dieses Stichtages (vgl. *Hüffer* § 123 Rdnr. 12) Aktionär war und sich entsprechend legitimieren kann, dem stehen die aktionärbezogenen Rechte auch noch dann zu, wenn er seine Anteile noch vor der Hauptversammlung veräußert, wohingegen der Erwerber zwar Aktionär wird, jedoch ohne die Aktionärsrechte für diese Hauptversammlung ausüben zu können. Das record date dient lediglich dazu, die Vorbereitung auf die Hauptversammlung auf eine sichere Basis zu stellen; für die Dividende kommt es hingegen auf die materielle Berechtigung an (BR-Drucks. 3/05 S. 24, 26).

Der Nachweis der Aktionärseigenschaft muss der Gesellschaft – vorbehaltlich abweichender Satzungsregelungen – spätestens sechs Tage vor der Hauptversammlung zugehen, § 123

Abs. 3 S. 3 AktG. Sind mehrere Legitimationsmöglichkeiten vorgesehen, so gilt es, Doppellegitimationen zu verhindern; diesem Zwecke dient die Pflicht zum Widerruf einer bereits erfolgten Hinterlegung.

9. Anmeldung des Übertragungsbeschlusses zum Handelsregister[1, 5]

......, den ......

An das
Amtsgericht ......
Handelsregister[2]
X-AG
HRB ......

Wir, die unterzeichneten zur gemeinschaftlichen Vertretung berechtigten Vorstände der X-AG überreichen in Anlage[3]

- eine beglaubigte Abschrift des Protokolls der Hauptversammlung der X-AG vom ...... nebst Anlagen, UR-B-Nr. ...... des Notars ......,
- den Bericht der Y-AG nach § 327c Abs. 2 S. 1 AktG vom ...... sowie
- den Prüfungsbericht der Wirtschaftsprüfungsgesellschaft ...... gemäß § 327c Abs. 2 S. 2–4 AktG

und melden zur Handelsregistereintragung an:

Die Hauptversammlung der X-AG hat die Übertragung der Aktien der übrigen Aktionäre (Minderheitsaktionäre) entsprechend dem Verfahren zum Ausschluss von Minderheitsaktionären nach §§ 327a ff. AktG gegen Gewährung einer Barabfindung in Höhe von ...... auf den Hauptaktionär Y-AG beschlossen.

Ferner erklären wir hiermit gemäß § 327e Abs. 2 i. V. m. § 319 Abs. 5 AktG, dass eine Klage gegen die Wirksamkeit des von der Hauptversammlung der X-AG am ...... unter Tagesordnungspunkt ...... beschlossenen Ausschlusses der Minderheitsaktionäre gegen Barabfindung bis zum heutigen Tage nicht erhoben wurde[4].

......, ...
Vorstand
[Unterschriftsbeglaubigung]

Schrifttum: Vgl. auch bereits das Schrifttum zu Form. M.III.1 bis 8; *Arnold*, Wegfall der Klagebefugnis für laufende Anfechtungsklagen nach Eintragung eines Squeeze-out, AG-Report 2006, R 192; *Beck/Hedtmann*, Ausgewählte Rechtsfragen des börsenrechtlichen Delistings – Zugleich Anmerkung zum Urteil des VG Frankfurt a. M., NJOZ 2002, 1907, BKR 2003, 190; *Buchta/Sasse*, Freigabeverfahren bei Anfechtungsklagen gegen Squeeze-out-Beschlüsse, DStR 2004, 958; *Bungert*, Fortbestehen der Anfechtungsbefugnis nach wirksam gewordenem Squeeze out, BB 2007, 53; *Fuhrmann*, Das Freigabeverfahren bei Squeeze-out-Beschlüssen, Der Konzern 2004, 1; *Land/Hasselbach*, „Going Private" und „Squeeze-out" nach deutschem Aktien- Börsen- und Übernahmerecht, DB 2000, 557; *Schmidt*, Schadensersatz nach § 327e Abs. 2 i. V. m. § 319 Abs. 6 Satz 6 AktG im Wege der Naturalrestitution beim fehlerhaften Squeezeout?, AG 2004, 299; *von Schnurbein*, Die Anfechtung von Squeeze-out-Beschlüssen und Registersperre, AG 2005, 725–734.

Anmerkungen

1. Überblick. Gemäß § 327e Abs. 1 S. 1 AktG hat der Vorstand den Übertragungsbeschluss zur Eintragung ins Handelsregister am Sitz der Gesellschaft (§ 14 AktG) anzumelden. Die Anmeldung ist ebenso wie die ihr beizufügenden Unterlagen in Ausfertigung oder öffentlich beglaubigter Abschrift einzureichen (§ 12 HGB).

9. Anmeldung des Übertragungsbeschlusses zum Handelsregister   M.III.9

2. Prüfungsumfang. Das Handelsregister prüft sowohl die formelle als auch die materielle Rechtmäßigkeit des Squeeze out (*Hüffer* § 327e Rdnr. 2). Ausgenommen hiervon ist lediglich die Angemessenheit der Barabfindung, steht doch hierfür mit dem Spruchverfahren eine spezielle Kontrollmöglichkeit zur Verfügung, § 327f AktG.

3. Unterlagen. Welche Unterlagen beizubringen sind, orientiert sich am Prüfungsumfang des Registergerichtes. Daher sind nach § 327e Abs. 1 S. 2 AktG die Niederschrift des Übertragungsbeschlusses und seine Anlagen in Ausfertigung oder öffentlich beglaubigter Abschrift beizufügen. Als Anlage zählt insbesondere der Beleg über die Einberufung nach § 130 Abs. 3 AktG. Da das Gericht auch die materielle Rechtmäßigkeit prüft, ist es empfehlenswert, wenn auch nicht gesetzlich vorgeschrieben, den Bericht des Hauptaktionärs sowie den Prüfbericht einzureichen (MünchKommAktG/*Grunewald* § 327e Rdnr. 2). Die Angemessenheitsprüfung der Barabfindung zählt nicht zu den registergerichtlichen Aufgaben, weshalb auch nicht etwa Jahresabschlüsse und Lageberichte der letzten drei Jahre einzureichen sind (ebenso MünchVertragsHdb I/*Hölters* V. 158 Rdnr. 4).

4. Negativattest, Freigabeverfahren. Der Vorstand muss nach §§ 327e Abs. 2, 319 Abs. 5 AktG erklären, dass eine Klage gegen den Beschluss nicht (fristgerecht) erhoben, abgewiesen oder zurückgenommen wurde (Negativattest). Das Fehlen einer solchen Erklärung ist ein Eintragungshindernis, wenn nicht eine notariell beurkundete Verzichtserklärung der berechtigten Aktionäre vorliegt. Darüber hinaus kann diese sog. Registersperre nur durch das Freigabeverfahren nach §§ 327e Abs. 2, 319 Abs. 6 AktG überwunden werden. Auf Antrag der Gesellschaft kann das Gericht feststellen, dass eine Klage dem Beschluss der Eintragung nicht entgegensteht. Diese Regelung ist als Kompromiss zwischen legitimen Anfechtungsklagen einerseits und dem Interesse an der Vermeidung von missbräuchlichen und das Verfahren verzögernden Klagen andererseits zu sehen (zum Vergleich der aktienrechtlichen und übernahmerechtlichen Freigabeverfahren s. umfassend *Paschos/Johannsen-Roth* NZG 2006, 327; vgl. auch *Buchta/Sasse* DStR 2004, 958). Eine solche Entscheidung wird ergehen, wenn die Klage unzulässig oder offensichtlich unbegründet ist sowie dann, wenn das Interesse am Vollzug des Squeeze out-Beschlusses gegenüber den dargelegten wesentlichen Nachteilen für Gesellschaft und Aktionäre im Übrigen vorrangig erscheint. Im Rahmen des Squeeze out ist hier (auch) auf die Interessen des Mehrheitsaktionärs abzustellen (MünchKommAktG/*Grunewald* § 327e Rdnr. 7; zur Interessenabwägung auch *von Schnurbein* AG 2005, 725, 733). Mit dieser Entscheidung wird jedoch nicht etwa über die materielle Rechtmäßigkeit des Beschlusses und somit die Begründetheit der Klage entschieden. Den außenstehenden Aktionären wird daher bei Begründetheit der Klage ein Schadensersatzanspruch nach § 319 Abs. 6 S. 6 AktG zugestanden, in dessen Rahmen zwar Naturalrestitution, also Rückabwicklung des Squeeze out, nicht ausgeschlossen (anders etwa bei § 246a Abs. 4 S. 2 Halbs. 2 AktG) aber regelmäßig unmöglich ist und sich der Anspruch nach § 251 Abs. 1 BGB richtet; das Freigabeverfahren führt demnach zu einem faktischen Bestandsschutz für den Squeeze out (ebenso *Paschos/Johannsen-Roth* NZG 2006, 327, 331; vgl. auch *Hüffer* § 327e Rdnr. 3a). Ferner ist zu beachten, dass dieses Verfahren nur vom Vorstand der AG, nicht aber vom Hauptaktionär selbst initiiert werden kann, obschon letzterer aufgrund der Wirkungen der Eintragungen (Anm. 5) regelmäßig ein vitales Interesse daran haben wird, dass dieses Verfahren durchgeführt wird.

5. Rechtsfolgen. Die Eintragung ist konstitutiv; durch sie gehen die Aktien der Minderheitsaktionäre kraft Gesetzes auf den Mehrheitsaktionär über, § 327e Abs. 3 S. 1 AktG. Ab demselben Zeitpunkt tritt bezüglich des Anspruchs auf Barabfindung Fälligkeit ein (MünchKommAktG/*Grunewald* § 327e Rdnr. 13). Bei börsennotierten AGs kann mit dem Squeeze out auch ein Delisting einher gehen. Ob indes eine Einstellung der Notierung nach § 38 Abs. 1 S. 1 Nr. 2 BörsG und darauf folgend ein Widerruf der Zulassung zur amtlichen Notierung nach § 38 Abs. 3 BörsG erfolgt, ist jeweils eine Ermessensentscheidung und tatbestandlich davon abhängig, ob ein Squeeze out dazu führt, dass ein ordnungsgemäßer Börsenhandel nicht mehr gewährleistet erscheint. Dies kann beim Squeeze out insbesondere aufgrund der daraus ggf. resultierenden Illiquidität des Wertpapiers der Fall sein (vgl. Schäfer/Hamann/*Gebhardt* § 38 BörsG Rdnr. 10f., 29).

Seibt

10. Bekanntmachung bezüglich des Ausschlusses der Minderheitsaktionäre im Gesellschaftsblatt[1]

Bekanntmachung über den Ausschluss der Minderheitsaktionäre der X-AG
– WKN: ...... –
– ISIN: DE. ...... –

Die Hauptversammlung der X-AG vom ...... hat die Übertragung der Aktien der Minderheitsaktionäre auf die Y-AG als Hauptaktionär, welche mit ......% unmittelbar an der X-AG beteiligt ist, gegen Gewährung einer angemessenen Barabfindung gemäß §§ 327a ff. AktG beschlossen. Der Übertragungsbeschluss wurde am ...... in das Handelsregister der X-AG beim Amtsgericht ...... (HRB ......) eingetragen. Mit dieser Eintragung sind kraft Gesetzes alle Aktien der Minderheitsaktionäre an der X-AG in das Eigentum der Y-AG übergegangen.

Entsprechend dem Übertragungsbeschluss ist den ausgeschiedenen Aktionären der X-AG seitens der Y-AG gemäß § 327b AktG

> eine Barabfindung in Höhe von ...... pro Stückaktie

zu zahlen.

Diese ist vom Zeitpunkt der gerichtlichen Bekanntmachung gemäß § 10 HGB der Eintragung des Übertragungsbeschlusses in das Handelsregister der X-AG an mit jährlich fünf % über dem jeweiligen Basiszinssatz gemäß § 247 BGB zu verzinsen[3].

Die Angemessenheit der Barabfindung wurde vom gerichtlich bestellten sachverständigen Prüfer ...... geprüft und bestätigt.

Ausgeschiedene Minderheitsaktionäre, die ihre Aktien selbst verwahren[2], werden hiermit gebeten, ihre Aktienurkunden mit Gewinnanteilsscheinen und Erneuerungsschein bis zum ...... bei einer inländischen Geschäftsstelle der ...... [Firma der Bank] einzureichen und gleichzeitig ihre Bankverbindung für die Barabfindung mitzuteilen. Die Barabfindung wird diesen Aktionären unverzüglich nach der Abwicklung der mit der Einreichung der effektiven Urkunden verbundenen Maßnahmen vergütet; ein gegenüber girosammelverwahrten Aktien eigenständiger Zinslauf wird durch die Einreichung der effektiven Aktienurkunden nicht begründet.

Für den Fall, dass ausgeschiedene Aktionäre ihre Aktien bei einem Kreditinstitut in Girosammelverwahrung[2] halten, ist ihrerseits bezüglich der Entgegennahme der Barabfindung nichts zu veranlassen. Die Auszahlung der Barabfindung an diese Aktionäre gegen Ausbuchung ihrer Aktien ist unverzüglich nach der Eintragung des Übertragungsbeschlusses ins Handelsregister in die Wege geleitet worden.

Barabfindungsbeträge, die nicht bis zum ...... von den ausgeschiedenen Aktionären entgegengenommen worden sind, werden anschließend zugunsten der Berechtigten bei folgender Hinterlegungsstelle unter Verzicht auf das Recht zur Rücknahme hinterlegt: ...... [Ort d. Amtsgerichtes][2].

Die Entgegennahme der Barabfindung ist für die ausgeschiedenen Aktionäre der X-AG provisions- und spesenfrei.

Für den Fall, dass im Rahmen einer gerichtlichen Nachprüfung der Barabfindung gemäß § 327f AktG für die im Rahmen der Übertragung ausgeschiedenen Aktionäre der X-AG rechtskräftig eine höhere als die festgelegte Barabfindung bestimmt wird, wird diese höhere Barabfindung allen Aktionären der X-AG gewährt werden, deren Aktien infolge der Eintragung des Übertragungsbeschlusses auf die Y-AG übergegangen sind.

Schrifttum: Vgl. auch bereits das Schrifttum zu Form. M.III.1 bis 9; *König*, Kraftloserklärung nicht eingereichter Aktien von Minderheitsaktionären nach einem Squeeze-out, AG 2006, 606; *Schlotter*, Das

10. Bekanntmachung bzgl. des Ausschlusses der Minderheitsaktionäre M.III.10

ENUG ist in Kraft getreten: Das Recht der Unternehmenspublizität hat eine neue Grundlage, BB 2007, 1; *Weißhaupt/Özdemir*, Gutglaubenserwerb von (Inhaber-)Aktien nach Squeeze out?, ZIP 2007, 2110.

Anmerkungen

1. Überblick. Bezüglich der Eintragung des Squeeze out-Beschlusses in das Handelsregister hat gemäß § 10 HGB eine Bekanntmachung durch das zuständige Gericht zu erfolgen. Ist die entsprechenden Gesellschaft börsennotiert, so besteht ferner eine Bekanntmachungspflicht nach § 30e Abs. 1 Nr. 1 WpHG. Da der Hauptaktionär regelmäßig ein Interesse daran hat, die Minderheitsaktionäre über die Abwicklungsmodalitäten zur Zahlung der Barabfindung in Kenntnis zu setzen, ist dazu zu raten, die Bekanntmachung – wie im Formular – etwas ausführlicher zu gestalten als die gerichtliche Bekanntmachung nach § 10 HBG (s. MünchVertragsHdb I/*Hölters* V.159 Rdnr. 2).

Seit Inkrafttreten des EHUG (Gesetz über elektronische Handelsregister und Genossenschaftsregister sowie das Unternehmensregister, BGBl. I 2006 S. 2553) am 1. 1. 2007 erfolgen die Bekanntmachungen der Handelsregistereintragungen nach § 10 HGB nur noch elektronisch.

2. Abwicklung. Zunächst ist auf die Sonderregelung des § 327e Abs. 3 S. 2 AktG hinzuweisen. Sind Aktienurkunden ausgegeben, würden diese mit dem gesetzlichen Rechtsübergang kraft Eintragung ebenfalls auf den Hauptaktionär übergehen, § 952 Abs. 2 BGB. Dies wird durch benannte Sondervorschrift verhindert, welche die grundsätzlich durch die Urkunde verbrieften Mitgliedschaftsrechte zeitweilig durch den Barabfindungsanspruch als verbrieftes Recht ersetzt (vgl. KölnKommWpÜG/*Hasselbach* § 327e Rdnr. 24ff.). Die Aktionäre bleiben Eigentümer der Urkunden und sind nur Zug um Zug gegen Barabfindung zu deren Aushändigung verpflichtet. § 952 Abs. 2 BGB gilt entsprechend für Globalurkunden bzw. den Miteigentumsanteil daran bei sich in Girosammelverwahrung befindlichen Globalaktien (Happ/*Groß* 17.01 Rdnr. 14). Sind also die Aktienurkunden verbrieft und werden von den Aktionären selbst verwahren oder befinden sich in Streifbandverwahrung, müssen die Urkunden bei der abwickelnden Bank eingereicht werden, um sodann die Barabfindung zu erhalten (vgl. auch Happ/*Groß* 17.01 Rdnr. 15). Hierfür darf den Aktionären eine angemessene Frist von etwa drei bis sechs Monaten beginnend ab Eintragung des Übertragungsbeschlusses gesetzt werden. Im Anschluss daran kann sich der Hauptaktionär von seiner Zahlungspflicht durch Hinterlegung befreien, wenn er gleichzeitig die auf die Rücknahme verzichtet, § 378 BGB (vgl. hierzu *Vossius* ZIP 2002, 511, 514). Werden die Aktien hingegen girosammelverwahrt, erfolgt die Auszahlung der Abfindung über das Abwicklungsverfahren der Clearstream Banking AG, sodass die Aktionäre selbst nichts zu veranlassen haben. Hierbei werden dann Zug um Zug gegen Buchung der Barabfindung die Miteigentumsanteile an der Globalurkunde auf den Hauptaktionär übertragen (vgl. Happ/*Groß* 17.01 Rdnr. 15).

3. Wirkung. Nach § 327b Abs. 2 AktG ist die Barabfindung ab dem Zeitpunkt der Bekanntmachung an mit fünf % über dem Basiszinssatz nach § 247 BGB zu verzinsen.

IV. Übernahmerechtlicher Ausschluss von Minderheitsgesellschaftern

Antrag auf Übertragung der verbleibenden stimmberechtigten Aktien gegen Gewährung einer angemessenen Barabfindung durch Beschluss

......, den ......

An[6] das
Landgericht Frankfurt am Main
– Kammer für Handelssachen –

Antrag auf Übertragung verbleibender stimmberechtigter Aktien gegen Gewährung einer angemessenen Barabfindung durch Beschluss, § 39a Abs. 1 WpÜG[1, 10]

Als vertretungsberechtigte Mitglieder des Vorstandes der Y-AG („Bieterin")[2] beantragen wir, der Bieterin die verbleibenden stimmberechtigten Aktien an der X-AG durch Beschluss[7-9] gemäß §§ 39a Abs. 1 S. 1, 39b Abs. 5 S. 3 WpÜG gegen Gewährung einer angemessenen Barabfindung zu übertragen.

Begründung:

1. Das Grundkapital der X-AG beträgt insgesamt ...... und ist eingeteilt in ...... auf den Inhaber lautende, stimmberechtigte Stückaktien. Die Y-AG hielt zum ...... [Datum] insgesamt ......% des stimmberechtigten Grundkapitals der X-AG. Die Bieterin hat nach Billigung der entsprechenden Angebotsunterlage durch die Bundesanstalt für Finanzdienstleistungsaufsicht vom ...... am ...... ein Übernahmeangebot zum Erwerb sämtlicher Aktien der X-AG unterbreitet („Übernahmeangebot"). In der Folgezeit nahmen die Aktionäre bis zum Ablauf der weiteren Angebotsfrist i.S.v. § 16 Abs. 2 S. 1 WpÜG zum ...... [Datum, Uhrzeit] für insgesamt weitere ...... [Anzahl] stimmberechtigte Aktien der X-AG das Übernahmeangebot an. Insgesamt wird die Bieterin bei Vollzug des Übernahmeangebots somit ab diesem Zeitpunkt ...... der stimmberechtigten Aktien der X-AG halten; dies entspricht einem Anteil von ......% des stimmberechtigten Grundkapitals[4]. Eine von der Y-AG gegengezeichnete Bestandsbestätigung der Wertpapierverwahrstelle werden wir unmittelbar nach Vollzug des Übernahmeangebots zur Glaubhaftmachung[4] beibringen. Die Bieterin ist folglich berechtigt, einen Antrag gemäß § 39a Abs. 1 WpÜG zu stellen.

2. Als angemessene Abfindung bieten wir eine Geldleistung in Höhe von ...... EUR für jede auf den Inhaber lautende, stimmberechtigte Stückaktie an. Dieser Betrag entspricht der durch das Übernahmeangebot gewährten Gegenleistung. Aufgrund dieses Übernahmeangebots haben die übrigen Aktionäre für insgesamt ...... Aktien das Übernahmeangebot der Bieterin angenommen. Dies entspricht ......% des vom Übernahmeangebot betroffenen Grundkapitals der X-AG. Daher ist die nunmehr angebotene Abfindung entsprechend der gesetzlichen Vermutung nach § 39a Abs. 3 S. 2 WpÜG unwiderleglich als angemessen anzusehen[5].

4. Die weitere Annahmefrist für das Übernahmeangebot der Y-AG lief am ...... [Datum, Uhrzeit] ab. Nach Ziffer 1. ist das Übernahmeangebot in einem Umfang angenommen worden, dass die Bieterin bei dessen Vollzug die nach § 39a Abs. 1 WpÜG erforderliche Beteiligungshöhe erreicht. Die durch die Zustimmung der zuständigen Kartellbehörden bedingte Wirksamkeit des Vollzugs des Übernahmeangebots steht der Antragstellung zum jetzigen Zeitpunkt nach § 39a Abs. 4 S. 2 WpÜG nicht entgegen. Der mit heutigem Tage eingereichte Antrag nach § 39a Abs. 1 WpÜG ist also

gemäß § 39a Abs. 4 S. 1 WpÜG binnen dreimonatiger Frist³ nach Ablauf der Angebotsfrist gestellt.
5. Die Zuständigkeit des Landgerichts Frankfurt am Main ergibt sich aus § 39a Abs. 5 S. 1 WpÜG.

Y-AG

Vorstand

Schrifttum: Vgl. auch bereits das Schrifttum zu M.III.1; *Austmann/Mennicke,* Übernahmerechtlicher Squeeze-out und Sell-out, NZG 2004, 846; *Handelsrechtsausschuss des DAV,* Stellungnahme zum Diskussionsentwurf eines Gesetzes zur Umsetzung der Übernahmerichtlinie, NZG 2006, 177; *Hasselbach,* Verfahrensfragen des übernahmerechtlichen Squeeze out, BB 2010, 2842; *Heidel/Lochner,* Der übernahmerechtliche Squeeze- und Sell-out gem. §§ 39a ff. WpÜG, Der Konzern 2006, 653; *Johannsen-Roth/Illert,* Paketerwerbe und öffentliche Übernahmeangebote im Lichte des neuen übernahmerechtlichen Squeeze out nach § 39a WpÜG, ZIP 2006, 2157; *van Kann/Just,* Der Regierungsentwurf zur Umsetzung der europäischen Übernahmerichtlinie, DStR 2006, 328; *Seibt,* Übernahmerecht: Update 2010/2011, CFL 2011, 213; *Seibt/Heiser,* Analyse des Übernahmerichtlinie-Umsetzungsgesetzes (Regierungsentwurf), AG 2006, 301; *dies.,* Analyse der EU-Übernahmerichtlinie und Hinweise für eine Reform des deutschen Übernahmerechts, ZGR 2005, 200; *Seiler,* Squeeze-out-Neuregelung wirft Fragen auf, Börsen-Zeitung v. 17. 1. 2007, S. 2; *Simon,* Entwicklungen im WpÜG, Der Konzern 2006, 12; *Santelmann/Hoppe/Suerbaum/Bukowski,* Squeeze out, 2010; *Steinmeyer/Santelmann,* Zur Widerleglichkeit der Angemessenheitsvermutung beim übernahmerechtlichen Squeeze out. zugl. Anm. zu OLG Frankfurt, B. v. 9. 12. 2008 – WpÜG 2/08, BB 2009, 674; *Weiser/Brodbeck,* Aktienrechtlicher vs. übernahmerechtlicher Squeeze-out, FB 2007, 12.

Anmerkungen

1. Überblick. Zum Überblick über den übernahmerechtlichen Squeeze out sowie dessen Konkurrenzverhältnis zu seinem verbandsrechtlichen Pendant vgl. bereits Form. M.III.1; zur Praxis(bedeutung) *Seibt,* CFL 2011, 213, 238f. Das Verfahren beginnt mit einem bieterseitigen Antrag an das LG Frankfurt am Main. Gemäß § 39b Abs. 1 WpÜG richtet sich das Verfahren grundsätzlich nach den Vorschriften des FamFG und nach allgemeinen Verfahrensgrundsätzen trägt der Bieter die Darlegungslast für die Voraussetzungen des Squeeze out (vgl. Heidel/*Heidel/Lochner* § 39b WpÜG Rdnr. 7 f.). Einen besonderen Mindestinhalt schreibt die gesetzliche Regelung für den Antrag nicht vor (vgl. zum Antragsinhalt ferner Steinmeyer/*Häger/Santelmann* § 39a Rdnr. 42). Weder im erstinstanzlichen Verfahren noch in der Beschwerdeinstanz besteht Anwaltszwang. Der Antrag ist durch das LG in den Gesellschaftsblättern bekannt zu machen, § 39b Abs. 2 WpÜG. Hierdurch sollen die betroffenen Aktionäre nicht nur informiert, sondern ihnen auch die Möglichkeit gegeben werden, sich am Verfahren zu beteiligen. Die gesetzlich vorgesehene Beteiligung betroffener Aktionäre erfolgt im Wege einer Anhörung, vgl. § 39b Abs. 4 S. 1 WpÜG. Grafisch lässt sich der Verfahrensablauf für den übernahmerechtlichen Squeeze out wie folgt darstellen (*Seibt/Heiser* AG 2006, 301, 319):

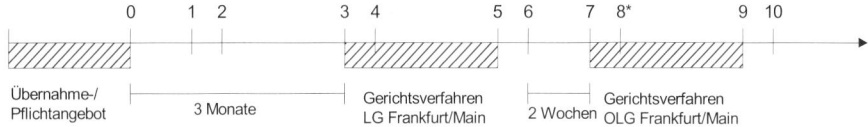

0 Ende der Annahmefrist (§ 16 Abs. 1 WpÜG)
1 Ende der weiteren Annahmefrist (§ 16 Abs. 2 S. 1 WpÜG)
2 Bekanntmachung der Squeeze out-Beteiligungshöhe (§ 23 Abs. 1 S. 1 Nr. 4 WpÜG: unverzüglich nach Erreichen der Beteiligungshöhe)
3 Ende der Antragsfrist (§ 39a Abs. 4 WpÜG); Antrag beim LG Frankfurt/Main
4 Bekanntmachung des Antrags in den Gesellschaftsblättern durch LG Frankfurt/Main (§ 39b Abs. 2 WpÜG)
5 Beschluss LG Frankfurt/Main (§ 39b Abs. 3 S. 1 WpÜG)

6 Zustellung Beschluss an Antragsteller, Zielgesellschaft und angehörte Aktionäre, Bekanntmachung (ohne Gründe) in Gesellschaftsblättern durch LG Frankfurt/Main (§ 39 b Abs. 4 S. 1 und 2 WpÜG)
7 Rechtsmittelfrist für sofortige Beschwerde an OLG Frankfurt/Main (§ 39 b Abs. 4 WpÜG, § 63 FamFG)
8* bei Rechtskraft der Entscheidung: Einreichung des Beschlusses durch Vorstand der Zielgesellschaft beim Handelsregister (§ 39 b Abs. 5 S. 4 WpÜG)
9 Beschluss OLG Frankfurt/Main (mit Gründen, § 69 FamFG)
10 wie Ziff. 8*

2. Antragsberechtigung. Antragsberechtigt ist nur ein Bieter (§ 2 Abs. 4 WpÜG), der im Rahmen eines vorausgegangenen Übernahme- oder Pflichtangebots mindestens 95% des stimmberechtigten Grundkapitals an der Zielgesellschaft erworben hat, welche nach §§ 2 Abs. 3 Nr. 1, 1 Abs. 2 WpÜG nur eine AG oder KGaA sein kann, die nach §§ 1 Abs. 1, 2 Abs. 7 WpÜG zum Handel an einem organisierten Markt zugelassen ist. Für den Fall, dass im Rahmen eines vorangegangenen Übernahmeangebots etwa, aufgrund eines Acting in concert nach § 30 Abs. 2 WpÜG, mehrere ein Übernahmeangebot abgeben, so ist nur derjenige unter ihnen zur Antragstellung berechtigt, der tatsächlich formal als Bieter aufgetreten ist (*Seibt/Heiser* AG 2006, 301, 317). Sollte der Bieter zudem über 95% des Grundkapitals verfügen, sind ihm auf gesondert kenntlich zu machenden Antrag hin auch sämtliche nicht stimmberechtigten Aktien zu übertragen (vgl. *Seibt/Heiser* AG 2006, 301, 318).

3. Antragsfrist. Der Antrag ist nach § 39 a Abs. 4 S. 1 WpÜG binnen drei Monaten nach Ablauf der Annahmefrist des Übernahme- oder Pflichtangebots zu stellen. Dass dem Bieter nach S. 2 dieser Vorschrift die Einleitung auch bereits dann gewährt wird, wenn das Angebot in einem für den Ausschluss letztlich ausreichenden Umfange angenommen aber lediglich noch nicht vollzogen wurde, trägt dem Umstand Rechnung dass Übernahmeangebote nicht selten unter einer Bedingung nach § 18 WpÜG stehen werden, deren Eintritt innerhalb des dreimonatigen Zeitfensters des Squeeze out nicht stets gewährleistet sein kann. So weist das Formular etwa auf Zustimmungserfordernisse der Kartellbehörden hin. Eine Einleitung des Verfahrens ist also dennoch möglich, eine Entscheidung steht nach § 39 b Abs. 4 S. 1 WpÜG jedoch unter dem Vorbehalt, dass der Bieter glaubhaft macht, dass ihm die Aktien in erforderlicher Anzahl tatsächlich gehören.

4. Erforderliche Mehrheit. Dem Bieter müssen 95% des stimmberechtigten Grundkapitals „gehören" (vgl. bereits Anm. 3). Hierfür ist grundsätzlich das Eigentum an den Aktien maßgeblich, nach § 39 a Abs. 2 WpÜG sind die (vom verbandsrechtlichen Squeeze out nach § 327a Abs. 2 AktG bekannten) Be- und Zurechnungsvorschriften des § 16 Abs. 2 und 4 AktG anwendbar. Anders als beim verbandsrechtlichen Squeeze out ist hier allerdings nicht das Grundkapital, sondern das stimmberechtigte Grundkapital maßgeblicher Bezugspunkt. Dem Wortlaut des § 39 a Abs. 1 WpÜG ist nicht zu entnehmen, dass der Bieter die erforderliche Mehrheit gerade im Zuge des durchgeführten Übernahme- oder Pflichtangebots erreicht haben muss. Aus der Gesetzesbegründung ergibt sich, dass insofern auch ein Erwerb zum Erreichen der Mehrheit ausreicht, der sich außerhalb des Angebotes vollzieht, sofern dieser in engem zeitlichen Zusammenhang mit dem Angebot steht (BT-Drucks. 16/1003 S. 21). Daher kommt auch ein Paketerwerb als Mittel zum Erreichen der 95%-Schwelle in Betracht (beachte aber die Auswirkungen auf die Angemessenheitsvermutung unter Anm. 5). Aufgrund der Konzeption der EU-Übernahmerichtlinie findet sich im deutschen Recht keine Regelung, die einen Squeeze out auch im Anschluss an ein öffentliches Angebot zur Erhöhung einer bestehenden Kontrollmehrheit (Aufstockungsangebot) zulässt. Jedoch ist nicht ersichtlich, weshalb diese Erleichterung des übernahmerechtlichen Squeeze out einem Bieter verwehrt bleiben soll, der von einer bestehenden Mehrheitsbasis ausgehend sämtliche Anteile an dem Zielunternehmen erwerben will (vgl. *Seibt/Heiser* AG 2006, 301, 318; ebenso *Handelsrechtsausschuss des DAV* NZG 2006, 177, 182; a. A. Heidel/*Heidel/Lochner* § 39 a WpÜG Rdnr. 21; Geibel/Süßmann/*Süßmann* § 39 a Rdnr. 12).

Aus § 39 b Abs. 3 S. 1 WpÜG ergibt sich, dass der Bieter das Bestehen der entsprechenden Höhe glaubhaft (§ 31 FamFG) zu machen hat. Hierzu kann eine vom Bieter gegengezeichnete Bestandserklärung der Wertpapierverwahrstelle dienen (vgl. Geibel/Süßmann/*Süßmann* § 39 a

Rdnr. 20). Zu beachten ist allerdings, dass diese zur Glaubhaftmachung erst in Betracht kommt, wenn das vorausgehende Übernahme- oder Pflichtangebot bereits vollzogen ist (also – für Übernahmeangebote relevant – nicht noch von einer Bedingung abhängig ist). Im Formular ist daher vermerkt, dass eine derartige Bescheinigung – sobald erhältlich – eingereicht wird.

5. Angemessene Abfindung. Die angemessene Abfindung für den Ausschluss richtet sich nach § 39a Abs. 3 WpÜG und muss bereits im einleitenden Antrag enthalten sein (ebenso *Weiser/Brodbeck* FB 2007, 12, 17). Sie hat der Gegenleistung des Übernahme- oder Pflichtangebots zu entsprechen, wobei eine Geldleistung in jedem Fall wahlweise anzubieten ist. Im Formular ist der Fall abgebildet, in dem für das Übernahmeangebot eine Barabfindung angeboten und demzufolge für den Squeeze out übernommen wird. Gem. § 31 Abs. 1 S. 2 WpÜG bemisst sich die Höhe der Gegenleistung einerseits nach dem durchschnittlichen Börsenkurs der Aktien der Zielgesellschaft, andererseits nach dem Preis, den der Bieter im Rahmen von Vorerwerben entrichtet hat. Wichtig ist diesbezüglich zunächst die Vermutung des § 39a Abs. 3 S. 2 WpÜG, derzufolge die im Rahmen des vorangegangenen Angebots offerierte Abfindung als angemessen gilt, wenn der Bieter auf Grund des Angebots Aktien in Höhe von mindestens 90% des vom Angebot betroffenen Grundkapitals erworben hat. Diese Vermutung der Angemessenheit ist entsprechend dem Wortlaut der Vorschrift sowie des erklärten gesetzgeberischen Willen unwiderleglich, wenn das genannte Beteiligungsquorum erreicht wurde (BT-Drucks. 16/1003, S. 22; zustimmend *Seibt/Heiser* ZGR 2005, 200, 245 f.; abweichend *Heidel/Lochner* Der Konzern 2006, 653, 656). Sie beruht auf der Annahme, dass anderweitige Bewertungsmethoden zur Ermittlung der Angemessenheit entbehrlich sind, wenn der sehr hohe Markterfolg die Gegenleistung legitimiert (vgl. OLG Frankfurt a.M. NJW 2009, 375). Gegen die Unwiderleglichkeit der Vermutung in § 39 Abs. 3 S. 3 WpÜG werden zwar gemeinschafts- und verfassungsrechtlich basierte Bedenken erhoben (vgl. Heidel/*Heidel/Lochner* § 39a WpÜG Rdnr. 43 f. m.w.N.; zuletzt offen gelassen von OLG Frankfurt a.M. NJW 2009, 375, 377). In Anbetracht des eindeutigen gesetzgeberischen Willens und aus praktischen Erwägungen ist der Unwiderleglichkeit der Angemessenheitsvermutung jedoch zuzustimmen. Eine Missbrauchskontrolle in atypischen Einzelfällen kann nötigenfalls durch Anwendung des § 242 BGB vorgenommen werden (vgl. *Steinmeyer/Santelmann* BB 2009, 674, 675 f.). Aufgrund der Unwiderleglichkeit der Vermutung ist auch nicht vonnöten, dass der Bieter – gar in einer dem Übertragungs- und Prüfungsbericht nach § 327c Abs. 2 AktG vergleichbaren Weise – die Angemessenheit darlegt und beweist (a.A. *Heidel/Lochner* Der Konzern 2006, 653, 658). Lediglich in Sonderfällen, in denen die gesetzliche unwiderlegliche Vermutung ihrem Telos nach nicht ohne weiteres greifen kann, mag sich ein erhöhter Begründungsaufwand anbieten (ausführlich *Seibt/Heiser* ZGR 2005, 200, 245 ff.).

Die im Vorfeld von Übernahmeangeboten durch Paketerwerb erworbenen Aktien sind nicht für das die Angemessenheitsvermutung auslösende Quorum von 90% zu berücksichtigen, bezieht sich diese doch lediglich auf 90% des „vom Angebot betroffenen Grundkapitals". Im Hinblick auf parallel zu Übernahmeangeboten erfolgende Paketerwerbe herrscht in der Literatur Uneinigkeit: Zum Teil wird angenommen, dass sie zur Ermittlung der Erfolgsquote jedenfalls dann heranzuziehen seien, wenn der Paketerwerb erst nach Veröffentlichung der Angebotsunterlage zum Angebots- oder einem geringeren Preis erfolgt; ein Bezug zum Angebot des Bieters sei dann gewährleistet (vgl. Santelmann/Hoppe/Suerbaum/Bukowski/*Santelmann/Hoppe* Rdnr. 357 m.w.N.). Allerdings erfolgen auch solche Parallelerwerbe gerade nicht innerhalb des Angebotsverfahrens, sondern bewusst außerhalb desselben. Für im Paket erworbene Aktien besteht zudem häufig eine preislich und bezüglich weiterer Konditionen abweichende Gestaltung, sodass dieser Erwerb insofern keine Aussage über eine Angemessenheit der im Rahmen des Übernahmeangebots getätigten Abfindung enthalten (vgl. auch *Johannsen-Roth/Illert* ZIP 2006, 2157, 2160; Geibel/Süßmann/*Süßmann* § 39a Rdnr. 9; offen lassend OLG Frankfurt a.M. BB 2009, 122, 123). Demgegenüber zählen die aufgrund von *irrevocable undertakings* (hierzu ausführlich Form. E.I. samt Anmerkungen) erworbenen Wertpapiere zum 90%-Quorum (vgl. OLG Frankfurt a.M. BB 2009, 122; *Johannsen-Roth/Illert* ZIP 2006, 2157, 2161).

Wird die Annahmequote von 90% verfehlt, hat der Bieter die angemessene Abfindung selbst festzusetzen. Auf welche Weise dies zu erfolgen hat und wie Minderheitsaktionäre gegen die Festsetzung vorgehen können, wurde vom Gesetzgeber bedauerlicherweise offen gelassen (vgl. ausführlich *Seibt/Heiser* ZGR 2005, 200, 243 ff.). Aufgrund bisher fehlender Regelungen (denkbar wäre die Überprüfung in einem abgekoppelten Fragen nach dem Vorbild des Spruchverfahrens oder entsprechend dem Musterfeststellungsverfahren des KapMuG) ist zu befürchten, dass die Angemessenheit regelmäßig im Rahmen der Beschwerde zum OLG angegriffen werden wird. Da dieses Vorgehen die Wirksamkeit einer Entscheidung suspendiert (vgl. Anm. 9), ist in der Praxis das Erreichen der Schwelle der Angemessenheitsvermutung wohl der einzige praktikable Weg für einen übernahmerechtlichen Squeeze out (*Simon* Der Konzern 2006, 12, 17; vgl. auch die verschiedenen Szenarien bei *Weiser/Brodbeck* FB 2007, 12, 20 f.; zuversichtlicher *Hasselbach,* BB 2010, 2842, 2847).

6. Zuständigkeit. Zuständig ist gemäß § 39 a Abs. 5 S. 1 WpÜG ausschließlich das Landgericht Frankfurt am Main. Für die örtliche Zuständigkeit war der Sitz der BaFin ausschlaggebend (vgl. BT-Drucks. 16/1003 S. 22).

7. Entscheidung des Gerichts. Der Beschluss darf frühestens einen Monat nach Bekanntmachung des Antrags im elektronischen Bundesanzeiger sowie erst dann ergehen, wenn der Antragsteller glaubhaft gemacht hat, dass ihm Aktien in der für den Antrag erforderlichen Höhe zustehen, § 39 b Abs. 3 S. 2 WpÜG. Diese Entscheidung muss dem Bieter und den sich am Verfahren beteiligenden Aktionären zugestellt werden, ferner ist die Entscheidung jedoch ohne Begründung in den Gesellschaftsblättern bekannt zu geben, § 39 b Abs. 4 S. 1 und 2 WpÜG.

8. Wirkung der Entscheidung. Mit Eintritt der Rechtskraft der Entscheidung (vgl. Anm. 9) geht nach § 39 b Abs. 5 S. 2 WpÜG das Eigentum aller Aktien der übrigen Aktionäre auf den antragstellenden Bieter über. Die Entscheidung wirkt also *inter omnes.* Vereinzelt wird § 39 a Abs. 1 S. 1 WpÜG im Falle einer stattgebenden Entscheidung für den Rechtsübergang aufgrund angeblich europarechtskonformer Auslegung von Art. 15 Abs. 2 EU-Übernahmerichtlinie entnommen, dass die Aktien aufgrund gerichtlicher Entscheidung nur Zug-um-Zug gegen tatsächliche Gewährung der angemessenen Abfindung zu übertragen seien (Heidel/ *Heidel/Lochner* § 39 a WpÜG Rdnr. 26 ff.; *dies.* Der Konzern 2006, 653, 655). Eine solche Auffassung widerspricht zum einen dem Willen des deutschen Gesetzgebers, der explizit den Rechtsübergang qua gerichtlicher Entscheidung, nicht aber lediglich eine hieraus resultierende Übertragungsverpflichtung anordnet (BT-Drucks. 16/1003 S. 22 f.) und ist auch europarechtlich nicht gefordert. Die EU-Übernahmerichtlinie gibt das Verfahren, im Rahmen dessen sich der Ausschluss der Minderheitsaktionäre vollzieht, gerade nicht vor (OLG Frankfurt a. M. DB 2009, 54 ff.).

Nach § 39 b Abs. 5 S. 5 WpÜG hat der Vorstand der Zielgesellschaft eine rechtskräftige Entscheidung zum Handelsregister einzureichen. Es daraufhin folgende deklaratorische Eintragung soll der Publizität und Rechtssicherheit dienen (BT-Drucks. 16/1003, S. 23; zur fehlenden Anordnung des Eintragungserfordernisses *Heidel/Lochner* Der Konzern 2006, 653, 658).

9. Rechtsmittel. Gegen die Entscheidung des LG ist nach § 39 b Abs. 3 S. 3 WpÜG binnen einmonatiger Frist (§ 63 Abs. 1 FamFG) ab Bekanntmachung derselben im elektronischen Bundesanzeiger, jedoch nicht vor ihrer Zustellung (sofern erforderlich, § 39 b Abs. 4 S. 4 WpÜG), die sofortige Beschwerde statthaft. Die Beschwerde hat nach § 39 b Abs. 3 S. 3 WpÜG die Rechtskraft suspendierende Wirkung. Beschwerdeberechtigt sind neben dem Antragsteller alle Aktionäre der Zielgesellschaft, mithin nicht lediglich diejenigen, die sich am Verfahren bisher beteiligt haben, § 39 b Abs. 4 S. 3 WpÜG.

10. Kostentragung. Der Antragsteller hat nach § 39 b Abs. 6 S. 6 und S. 8 WpÜG die Gerichtskosten sowie die zur zweckentsprechenden Erledigung der Angelegenheit notwendige Kosten der übrigen Aktionäre zu tragen, soweit dies der Billigkeit entspricht.

Sachverzeichnis

Die **fett** gesetzten Buchstaben, römischen und arabischen Zahlen beziehen sich auf die Systematik des Formularbuchs; die nachfolgenden mageren Zahlen kennzeichnen die betreffende Anmerkung.

Abfallentsorgung
- Anforderungsliste Due Diligence **B.VI.3**
- Anforderungsliste Environmental Due Diligence **B.VI.6**

Abfindung
- außenstehender Aktionär bei Beherrschungs- und Gewinnabführungsvertrag **M.I.1** 32
- Höhe der Barabfindung **M.I.1** 33
- Nichtannahme **M.I.1** 38
- Spruchverfahren **M.I.1** 37

Abfindungsangebot
- Barabfindung **L.IV.1** 15
- Einreichung mit Umwandlungsbeschluss zum Handelsregister **L.IV.1** 15
- Erläuterung im Umwandlungsbericht **L.IV.2** 7
- Formwechsel **L.IV.3** 1
- Formwechsel AG in GmbH **L.IV.23**
- Formwechsel GmbH in AG **L.IV.9**
- bei Formwechsel GmbH in GmbH & Co. KG **L.IV.3** 1 f.
- Formwechsel GmbH in KGaA **L.IV.16**
- bei Formwechsel KGaA in AG **L.IV.28** 8
- bei Mischverschmelzung **L.II.20** 19
- bei Spaltung **L.III.12** 3
- Spaltungs- und Übernahmevertrag **L.III.2** 13
- des übernehmenden Rechtsträgers bei Spaltung **L.III.12** 3
- Übersendungspflicht **L.IV.3** 1
- Umwandlungsbeschluss **L.IV.1** 15
- Umwandlungsplan **L.IV.30** 8
- Verschmelzungsplan **L.II.27** 16
- Verzicht **L.IV.1** 15

Abfindungsergänzungsanspruch M.I.1 37

Abgabestatus
- Prüfung bei Due Diligence **J.II** 3 d

Abschlussprüfer
- Bestellung bei Verschmelzung zur Neugründung **L.II.10** 29
- Bestellung im Umwandlungsbeschluss **L.IV.7** 14

Absenkungsanzeige
- bedeutende Beteiligung **J.I** 4.1 b, 4.2 b

Absichtserklärung B.VII
- Abgrenzung zu Irrevocable Undertaking **E.I** 9
- Abgrenzungen **B.VII** 1
- Arbeitsplatzklausel **H.II.6**
- Exklusivität **B.VII** 4
- Form **B.VII** 7
- Haftung **B.VII** 7
- rechtliche Wirkung **B.VII** 2
- unverbindliche Regelungen **B.VII** 3
- verbindliche Regelungen **B.VII** 4
- Zweck **B.VII** 1

Abspaltung
- Abgrenzung **L.III.19** 1
- zur Aufnahme **L.III.2** 1
- fortbestehender übertragender Rechtsträger **L.III.19** 3
- Gesamtrechtsfolge **L.III.19** 4
- Geschäftswert **L.III.19** 10
- Haftung, gesamtschuldnerische **L.III.19** 8
- Kapitalherabsetzung, vereinfachte **L.III.19** 7
- Kombination mit Ausgliederung **L.III.20** 1
- Kosten **L.II.3** 33; **L.III.19** 10
- zur Neugründung **L.III.2** 1
- Rechnungslegung, getrennte **L.III.19** 6
- Solidaritätserklärung **L.III.19** 9
- Spaltungs- und Übernahmevertrag **L.III.19** 1 f.
- Spaltungsplan **L.III.19** 1 f.
- Übertragung, rechtsgeschäftliche **L.III.19** 5
- Zweckänderung bei **L.III.19** 3

Abstimmungsverfahren
- Ausgangskontrolle **F.III.1** 9
- Beschlussfassung Hauptversammlung **F.II.1** 10; **F.III.1** 5
- Hauptversammlung **L.IV.21** 8
- Substraktionsverfahren **L.II.30** 6
- Zustimmungsbeschluss **L.II.30** 6

Abtretung
- an finanzierendes Kreditinstitut **C.II.1** 124; **C.II.2** 138; **C.II.3** 61
- Forderung **C.II.1** 17, 43, 73
- Genehmigung Anteilsabtretung durch GmbH **C.II.6** 1, 4
- Geschäftsanteil Joint Venture **G.II** 43
- Kommanditgesellschaftsanteile GmbH & Co. KG an Komplementär-GmbH **L.V.4** 1 f.
- Rückwirkung Einbringung Kommanditanteil GmbH & Co. KG in Komplementär-GmbH **L.V.4** 3

Abtretung, gesonderte
- Anteilskaufvertrag **C.II.1** 10

Abtretungsvereinbarung
- Beurkundung **C.IV.3** 2; **C.IV.4** 2
- Kommanditanteil **C.IV.4**
- Komplementär-GmbH-Geschäftsanteile **C.IV.3**

Abverkauf
- Warenbestand **J.II** 6

Abwägungsklausel
- Fusionskontrollverfahren **K.I.1** 24

Sachverzeichnis

fette Buchstaben und Zahlen = Systematik

Abwasser
- Anforderungsliste Environmental Due Diligence **B.VI.**6

Abwasserentsorgung
- Anforderungsliste Due Diligence **B.VI.**3

Abwehrmaßnahmen
- Break Fee-Vereinbarung **L.II.**2 19

Abwerbeverbot
- Aktienkaufvertrag **C.III.**2 56
- Anteilskaufvertrag **C.II.**1 117; **C.II.**2 133
- Veräußerungszusage **K.I.**5 7
- Vertraulichkeitsvereinbarung **B.I.**1 12

Abwicklung
- Aktienurkunden bei Squeeze out **M.III.**10 2

Abzinsung
- Steuervorteil **C.II.**2 124

Ad-Hoc-Mitteilung
- Art der Veröffentlichung **M.III.**4 5
- Inhalt **M.III.**4 3
- Kennzeichnung **M.III.**4 3
- Verlangen des Hauptaktionärs nach Beschlussfassung zum Squeeze out **M.III.**4 1 f.
- Vorstandsbeschluss **B.VIII.**1 6; **B.VIII.**2 4
- Zeitpunkt **M.III.**4 4

Ad-Hoc-Publizität
- BaFin **C.III.4.**2 2
- Befreiung **C.III.4.**2 5
- Inhalt **C.III.4.**2 4
- Insiderinformation **C.III.4.**2 3
- Kennzeichnung **C.III.4.**2
- Kursbeeinflussungspotential **C.III.4.**2 3, 4
- Meldung nach § 15 Abs. 1 WpHG **C.III.4.**2
- Pflichtverletzung **M.III.**4 6
- Sprache **C.III.4.**2 4
- System **M.III.**4 2
- Überblick **C.III.4.**2 2
- Übernahmeangebot **E.I** 2
- Verhältnis zu Veröffentlichungspflicht nach § 26 WpHG **C.III.3.**6 10
- Verletzung **C.III.4.**2 7
- Veröffentlichung **C.III.4.**2 5, 6
- Vorstandsbeschluss zur vorsorglichen Befreiung **B.VIII.**1 1, 6
- Zeitpunkt **C.III.4.**2 5

Agio, Einstellung in Kapitalrücklage F.I.1 3, 5

Agreement on Bidding Process B.IV

Akteneinsicht Fusionskontrollverfahren K.I.7 1 f.
- Anspruchsinhaber **K.I.**7 2
- Beigeladener **K.I.**7 5
- Betriebs-/Geschäftsgeheimnisse **K.I.**7 5
- Erforderlichkeit **K.I.**7 8
- Interesse, rechtliches **K.I.**7 4
- Kopien **K.I.**7 6
- rechtliche Grundlage **K.I.**7 3
- Umfang **K.I.**7 5
- Verfahrensakte **K.I.**7 7

Aktie
- Eigenverwahrung **C.III.**2 64, 66
- Identifikation **C.III.**2 6
- Inhaberaktie **C.III.**2 64
- Namensaktie **C.III.**2 66

- Sammelverwahrung **C.III.**2 63
- Sonderverwahrung **C.III.**2 63
- Streifbandverwahrung **C.III.**2 63
- Umwandlung in Geschäftsanteil **L.IV.**21 12
- Verbriefung **C.III.**2 63
- Verwahrung **C.III.**2 63

Aktienerwerb
- von außenstehendem Aktionär bei Beherrschungs- und Gewinnabführungsvertrag **M.I.**1 32 f.
- Befristung bei Beherrschungs- und Gewinnabführungsvertrag **M.I.**1 34
- Kosten **M.I.**1 35

Aktiengesellschaft
- Abspaltung AG auf andere AG und neue GmbH **L.III.**19 1 f.
- Abstimmungsverfahren Hauptversammlung **L.IV.**21 8
- Aktienkaufvertrag **C.III.**2
- Angebotsunterlage Übernahmeangebot **E.III.**4
- Anmeldung der Spaltung zum HR der übertragenden AG **L.III.**18
- Aufspaltung auf andere AG und neue AG bzw. GmbH & Co. KG **L.III.**12 1 f.
- Ausgliederung aus AG zur Aufnahme in GmbH und zur Neugründung AG **L.III.**20 1 f.
- Checkliste Angebotsunterlage **E.III.**1
- Checkliste Maßnahmen-/Zeitplan Bar-Übernahmegebot **E.III.**2
- Einberufung Hauptversammlung **F.III.**1 4
- Einbringungsvertrag **F.III.**10 2
- Firma **L.IV.**7 7
- durch Formwechsel GmbH **L.IV.**7 1 f.
- Formwechsel in GmbH **L.IV.**21 1 f.
- Formwechsel in GmbH & Co. KG **L.IV.**26 1 f.
- Formwechsel in KGaA **L.IV.**25 1
- Formwechsel in SE **L.IV.**29 1 f.
- durch Formwechsel KGaA **L.IV.**28 1 f.
- Gegenleistung bei Verschmelzung AG mit GmbH durch Aufnahme **L.II.**20 11
- Geschäftswert Umwandlung in SE **L.IV.**29 16
- gesellschaftsrechtliche Zustimmungserfordernisse/Beschränkungen **A.III**
- Handelsregisteranmeldung bei Verschmelzung durch Neugründung **L.II.**11
- Handelsregisteranmeldung bei Verschmelzung GmbH mit AG durch Aufnahme **L.II.**14 1 f.
- Handelsregisteranmeldung der Gründung der übernehmenden AG bei Spaltung zur Neugründung **L.III.**16 1 f.
- Handelsregisteranmeldung Kapitalerhöhung aus Genehmigtem Kapital **F.III.**9 1 f.
- Handelsregisteranmeldung Kapitalerhöhung und Spaltung zum HR der übernehmenden AG **L.III.**15 1 f.
- Handelsregisteranmeldung Umwandlung in SE **L.IV.**32 1 f.
- Handelsregisteranmeldung Verschmelzung **L.II.**8; **L.II.**9
- Handelsregisteranmeldung Verschmelzung mit GmbH durch Aufnahme **L.II.**24

magere Zahlen = Anmerkung

Sachverzeichnis

- Investorenvereinbarung **E.II** 1 f.
- Irrevocable Undertaking **E.I** 1
- Kosten/Gebühren Umwandlung in SE **L.IV.29** 16
- Mehrheitserfordernisse bei Umwandlung in SE **L.IV.29** 12
- Mehrheitserfordernisse Umwandlungsbeschluss bei Formwechsel in GmbH **L.IV.21** 17
- Mitteilung qualifizierter Beteiligung nach § 21 Abs. 1 AktG **C.III.4.1**
- Mitteilungspflicht bei Stimmrechtserwerb nach § 27 a Abs. 1 WpHG **C.III.3.4** 1 f.
- Mitteilungspflicht bei Unterschreitung der Schwellenwerte nach §§ 20, 21 AktG **C.III.3.1** 16
- Mitteilungspflicht qualifizierter Beteiligung nach §§ 20, 21 AktG **C.III.3.1** 1 f., 7
- Nachweis Tochtergesellschaft bei Umwandlung in SE **L.IV.30** 5; **L.IV.32** 6
- Neugründung übernehmende AG **L.III.12** 6
- Sachkapitalerhöhung **F.II.1**
- Sachkapitalerhöhung aus genehmigtem Kapital **F.III.1**
- Sitzverlegung bei Formwechsel **L.IV.30** 6
- Soliditätserklärung bei Abspaltung **L.III.19** 9
- Spaltungsbericht **L.III.12** 8; **L.III.13** 6
- Spaltungsbeschluss der übernehmenden AG **L.III.14**
- Spaltungsbeschluss der übertragenden AG **L.III.13** 2
- Spaltungsprüfung **L.III.12** 8; **L.III.13** 6
- Stimmrechtsmitteilung nach § 21 Abs. 1 WpHG **C.III.3.3**
- Stimmrechtsmitteilung nach § 25 Abs. 1 WpHG **C.III.3.5** 1 f.
- Teilnehmerverzeichnung Hauptversammlung **F.II.1** 2
- Übernahmeangebot **E.I** 1
- übernehmender Rechtsträger bei Spaltung **L.III.12** 4
- Umwandlung in SE **L.IV.30** 4
- Umwandlungsplan in SE **L.IV.30** 1 f.
- Veröffentlichung Abgabe Übernahmeangebot **E.II.3** 1 f.
- Verschmelzung auf GmbH zur Aufnahme **L.II.20** 1 f.
- Verschmelzung ausländischer AG mit deutscher AG zur Societas Europaea (SE) **L.II.27** 1 f.
- Verschmelzung mit anderer AG durch Aufnahme **L.II.3** 1 f.
- Verschmelzung mit anderer AG durch Neugründung **L.II.10** 1 f.
- Verschmelzungsvertrag **L.II.3**
- Vorstandsbericht zu Bezugsrechtsausschluss bei Genehmigtem Kapital **F.III.3**; **F.III.4**
- Vorstandsbeschluss Sachkapitalerhöhung **F.III.2**
- Zusammenschlussvereinbarung **L.II.2** 1 f.
- Zustimmung der Hauptversammlung der übernehmenden AG zur Verschmelzung **L.II.7**
- Zustimmung der Hauptversammlung der übertragenden AG zur Verschmelzung **L.II.6**
- Zustimmungsbeschluss der HV bei Verschmelzung mit GmbH durch Aufnahme **L.II.21** 1 f.
- Zustimmungsbeschluss der HV der übernehmenden AG zur Verschmelzung zur SE **L.II.30** 1 f.
- Zustimmungsbeschluss des Aufsichtsrats zur Kapitalerhöhung aus genehmigtem Kapital **F.III.5**

Aktiengesellschaft, ausländische
- Verschmelzung mit deutscher AG zur SE **L.II.27** 1 f.

Aktienkauf
- Begleitdokumente **C.III.4**
- Begleitdokumente bei AG als Zielunternehmen **C.III.3**

Aktienkaufvertrag C.III.2
- Abgrenzung zu GmbH-Anteilskaufvertrag **C.III.1**
- Abwerbeverbot **C.III.2** 56
- Außenwirtschaftsrechtliche Unbedenklichkeit **C.II.1** 68 a; **C.III.2** 19 a
- Clearstream-Banking AG **C.III.2** 14 a
- Form **C.III.2** 2
- Garantien **C.III.2** 22 f.
- Gewinnberechtigung **C.III.2** 11
- locked-box **C.III.2** 1
- Wettbewerbsverbot **C.III.2** 56

Aktienrecht
- Umwandlung in Mitgliedschaftsrecht **L.IV.21** 12

Aktienurkunde
- Abwicklung bei Squeeze out **M.III.10** 2

Aktionär
- Auskunftsanspruch Squeeze out **M.III.8** 6
- Auskunftsrecht zu Verschmelzung **L.II.6** 8
- Legitimation für Hauptversammlung bei Squeeze out **M.III.8** 14
- Squeeze out **M.III.1** 1 f.

Aktionär, außenstehender
- Ausgleich bei Beherrschungs- und Gewinnabführungsvertrag **M.I.1** 21 f.
- Barabfindung bei Beherrschungs- und Gewinnabführungsvertrag **M.I.1** 32
- Nichtannahme der Abfindung **M.I.1** 38
- Spruchverfahren **M.I.1** 31, 37

Aktionär, unbekannter
- bei Formwechsel AG in GmbH & Co. KG **L.IV.26** 5

Aktionärsausschluss
- Abgrenzung zu Squeeze out **M.III.1** 4

Altersversorgung, betriebliche
- Arbeitsrechtliche Due Diligence **B.VI.7**
- Transaktionsstruktur **A.II.2**

Altersvorsorgezusagen
- Asset Deal **D.I** 16

Altlasten
- Anforderungsliste Due Diligence **B.VI.3**
- Anforderungsliste Environmental Due Diligence **B.VI.6**
- Beweislastumkehr **C.II.2** 111
- GbR-Anteilskaufvertrag **C.VI** 13
- Haftung **C.II.2** 108 f.

2033

Sachverzeichnis

fette Buchstaben und Zahlen = Systematik

Amortisation
– Einziehung Geschäftsanteil Joint Venture **G.III** 14
Amtskontinuität
– Leitungsorgane bei Formwechsel AG in SE **L.IV.**30 9
Amtsniederlegung
– Organmitglied **C.II.**1 70
Analogwirkstoff J.II 2
Anbieterkennzeichnung
– Telemedien **J.IV** 3.2 b
Änderung
– Mitbestimmungsstatut bei Verschmelzung **L.II.**16 17
Änderung Kapitalstruktur
– Stimmrechtserwerb **C.III.**3.4 9
Änderungen, nachteilige
– Share Deal **C.I**
Andienungsrecht
– Anforderungsliste Due Diligence **B.VI.**3
– Teilprivatisierung **H.III.**7 5
Anfechtung
– Beschlussfassung Squeeze out **M.III.**8 9
– Übertragungsbericht, fehlerhafter **M.III.**7 6
– Verschmelzungsbeschluss **L.II.**8 8
Anfechtungsklage
– Spaltungsbeschluss **L.III.**4 10
Anfechtungsrisiko
– Sachkapitalerhöhung AG **F.II.**1 1
Anforderungsliste
– Arbeitsrechtliche Due Diligence **B.VI.**7
– Due Diligence **B.VI.**3
– Environmental Due Diligence **B.VI.**6
– Financial Due Diligence **B.VI.**4
– Legal Due Diligence **B.VI.**3 3
– Tax Due Diligence **B.VI.**5
Angebot
– Gegenüberstellung **B.V.**1
– untersagungsabwendender Veräußerungszusage **K.I.**5
– Vergleich bei Auktionsverfahren **B.V.**2
Angebot, verbindliches
– Verfahrensvereinbarung **B.IV**
Angebotsabgabe
– Veröffentlichung **B.VIII.**2 5
Angebotsbedingungen
– Angebotsunterlage **E.III.**4 26; **E.III.**5 21
Angebotsunterlage
– Angebots-/Vollzugsbedingungen **E.III.**4 26; **E.III.**5 21
– Annahme **E.III.**4 22
– Annahmefrist **E.III.**4 8; **E.III.**5 7
– anwendbares Recht **E.III.**4 33
– Arbeitnehmerschutz **E.III.**4 15
– Außenwirtschaftsrecht **E.III.**4 25
– Auswirkungen auf Bieterin **E.III.**4 29; **E.III.**5 24
– Barangebot, freiwilliges **E.III.**4 1 f.
– Beteiligungsverhältnisse an Zielgesellschaft **E.III.**4 11
– Bieterabsicht **E.III.**4 14
– Bieterin **E.III.**4 9

– depositary receipts **E.III.**4 17
– Distributionsbeschränkung **E.III.**4 3
– Entschädigung für Verlust bestimmter Rechte **E.III.**4 21
– Finanzierung **E.III.**4 27
– Finanzierungsbestätigung **E.III.**4 28
– Fusionskontrolle **E.III.**4 24
– Gegenleistung **E.III.**4 17
– Gegenstand **E.III.**4 7; **E.III.**5 6
– gemeinsam handelnde Personen **E.III.**4 10
– Genehmigungen, behördliche **E.III.**4 24
– Gerichtsstand **E.III.**4 33
– Inhalt **E.III.**4 5; **E.III.**5 5
– Leistungen an Organmitglieder der Zielgesellschaft **E.III.**4 31
– MAC-Klausel **E.III.**4 26
– Management-Beteiligungsvertrag **E.III.**4 31
– Mindestangebotspreis **E.III.**4 18
– Pflichtangebot (Barangebot) **E.III.**5 1 f.
– Rechtsnatur **E.III.**4 4
– Rücktrittsrecht **E.III.**4 30
– Squeeze out, verschmelzungsspezifischer **E.III.**4 16
– Stimmrechtsanteile an Zielgesellschaft **E.III.**4 11
– Veröffentlichung **E.III.**4 32
– Verpflichtung zur Nachzahlung des Differenzbetrages bei Nacherwerb **E.III.**4 19
– Vorerwerbe **E.III.**4 12
– Zielgesellschaft **E.III.**4 13
Angemessenheitsprüfer
– Antrag auf gerichtliche Bestellung **M.III.**5 1 f.
– Beschwerde gegen Bestellung **M.III.**5 9
– Bestellung, gerichtliche **M.III.**5 3
– Bestellungsantrag Hauptaktionär **M.III.**5 2
– Kosten gerichtlicher Bestellung **M.III.**5 10
– Vergütung **M.III.**5 8
Angemessenheitsprüfung
– Parallelprüfung **M.III.**5 7
– Squezze out **M.III.**5 5 f.
Angestellte, leitende
– Anforderungsliste Due Diligence **B.VI.**3
Ankaufsrecht
– Veräußerungsprivatisierung **H.II.**3 8
Anlagenspiegel
– Anforderungsliste Due Diligence **B.VI.**3
Anleihen
– Anforderungsliste Due Diligence **B.VI.**3
Anmeldepflicht
– Fusionskontrollverfahren **K.I.**1 3; **K.III** 3.4
Anmeldung
– *sa Handelsregisteranmeldung*
– Zusammenschluss gemäß Formblatt CO **K.II.**2 1
Anmeldung Fusionskontrolle K.III 5
– Anlagen **K.III** 5
– Auslandszusammenschluss **K.I.**3
– Beteiligte **K.III** 5.2
– Beweggründe **K.III** 5.5
– Frist **K.III** 5
– Gemeinschaftsunternehmen **K.I.**2
– hilfsweise **K.I.**4 4

magere Zahlen = Anmerkung

Sachverzeichnis

- Kontaktaufnahme **K.III** 6
- Marktangaben **K.III** 5.4
- Marktdefinition **K.III** 5.3
- Zusammenschluss **K.I.**1
- Zusammenschluss (Bagatellmarkt) **K.I.**4
- Zusammenschlussvorhaben **K.III** 5.1

Annahme
- Angebotsunterlage **E.III.**4 22
- Übernahmeangebot **E.III.**4 1

Annahmeabsicht
- Stellungnahme Vorstand/Aufsichtsrat zum Übernahmeangebot **E.IV** 15

Annahmefrist
- Barangebot, freiwilliges **E.III.**4 8; **E.III.**5 7

Annahmeschwelle
- Irrevocable Undertaking **E.I** 2, 7

Anschleichen, unbemerktes
- Irrevocable Undertaking **E.I** 2

Anschlussschreiben
- Fusionskontrollverfahren **K.I.**1 5

Anspruchsinhaber
- Vertraulichkeitsvereinbarung **B.I.**1 16

Anstaltslast J.I 6.1 i

Anstellungsverhältnis Geschäftsführer
- Spaltungs- und Übernahmevertrag **L.III.**2 22

Anstellungsvertrag
- Geschäftsführer Joint Venture **G.III** 4

Anteilsabtretung
- Anteilskaufvertrag **C.II.**1 73 a
- Genehmigung durch GmbH **C.II.**6 1, 4

Anteilsaufteilung
- Spaltungsbericht **L.III.**3 5

Anteilseignerkontrolle
- Rückversicherungsunternehmen **J.I** 4.2 e

Anteilseignerschutz
- Verschmelzung, grenzüberschreitende **L.II.**25

Anteilserwerb
- Angaben zu beteiligten Unternehmen **K.I.**1 12
- Fusionskontrollverfahren **K.I.**1 8

Anteilsgewährung
- Aufspaltung zur Neugründung **L.III.**8 5
- Ausstattung bei Spaltung **L.III.**2 10
- Spaltungs- und Übernahmevertrag **L.III.**2 8

Anteilsgewährungsverbot
- Verschmelzungsvertrag **L.II.**3 3

Anteilskauf
- gutgläubiger Erwerb **C.II.**1 84 a

Anteilskaufvertrag
- *sa GmbH-Anteilskaufvertrag*
- GbR **C.VI** 1 f.
- GmbH & Co. KG **C.IV.**1; **C.IV.**2
- GmbH-Anteil **C.II.**1; **C.II.**2; **C.II.**3
- Komplementär-GmbH **C.IV.**1; **C.IV.**2
- OHG **C.V.**1 1 f.

Anteilsübergang
- Nachweis **C.II.**3 18

Anteilsverpfändung
- Anforderungsliste Due Diligence **B.VI.**3

Anti-Assetstripping-Klausel
- Veräußerungsprivatisierung **H.II.**9 1

Anwachsung
- Abtretung Kommanditanteile GmbH & Co. KG an Komplementär-GmbH **L.V.**4 1 f.
- einfache/klassische **L.V.**1 1
- Handelsregisteranmeldung **L.V.**3 1 f.; **L.V.**5 1 f.
- Transaktionsstruktur **A.II**
- Übernahmeerklärung **L.V.**2
- Umwandlung GmbH & Co. KG in GmbH **L.V.**1 1 f.

Anwachsungsmodell, erweitertes L.V.1 1, 2
- Abgrenzung/Vergleich mit einfacher/klassischer Anwachsung **L.V.**1 1
- Sachkapitalerhöhung **L.V.**1 1

Anwachsungsvermerk
- Handelsregister **L.V.**5 3

Anzeigepflicht
- Nachunternehmer **H.IV.**6 4

Arbeitnehmer
- Empfangsbestätigung Unterrichtungsschreiben bei Betriebsübergang **D.III** 16
- Formwechsel-/Umwandlungsfolgen **L.IV.**1 16; **L.IV.**7 12
- Kündigung bei Veräußerungsprivatisierung **H.II.**5 2
- Nachfragen zu Betriebsübergang **D.III** 15
- Umwandlung AG in SE **L.IV.**30 10
- Unterrichtung über Sekundärfolgen bei Betriebsübergang **D.III** 14
- Verschmelzungsplan **L.II.**27 12, 13
- Verschmelzungsvertrag **L.II.**3 21; **L.II.**13 12
- Widerspruchsrecht bei Betriebsübergang **D.III** 13
- Widerspruchsrecht bei Verschmelzung **L.II.**3 22

Arbeitnehmerbeteiligung
- Mitbestimmungsvereinbarung bei Societas Europaea **L.II.**28 1 f.
- Umwandlungsplan **L.IV.**30 11

Arbeitnehmerliste
- Anforderungsliste Due Diligence **B.VI.**3
- Arbeitsrechtliche Due Diligence **B.VI.**7

Arbeitnehmermitbestimmung
- Verschmelzung, grenzüberschreitende **L.II.**25
- Verschmelzungsplan, gemeinsamer **L.II.**33 12, 13

Arbeitnehmerschutz
- Angebotsunterlage **E.III.**4 15

Arbeitnehmervertreter
- Amtszeit **L.II.**28 14
- Aufsichtsrat Societas Europaea **L.II.**28 13 f.
- Rechte **L.II.**28 15

Arbeitnehmervertretung
- Spaltungs- und Übernahmevertrag **L.III.**2 28
- Verschmelzung **L.II.**2 12
- Verschmelzungsplan **L.II.**27 12, 13
- Verschmelzungsvertrag **L.II.**3 21; **L.II.**13 12

Arbeitsbedingungen
- Unterrichtungsschreiben bei wesentlicher Änderung **D.III** 7
- Veräußerungsprivatisierung **H.II.**7 1

Arbeitsgruppe
- Privatisierung **H.I** 4

Sachverzeichnis

fette Buchstaben und Zahlen = Systematik

Arbeitskampf
– Anforderungsliste Due Diligence **B.VI.3**
Arbeitsplatzklausel
– Absichtserklärung **H.II.6**
– harte **H.II.5**
– Veräußerungsprivatisierung **H.II.5; H.II.6**
– weiche **H.II.6**
Arbeitsrecht
– Transaktionsstruktur **A.II.2; A.III**
– Verschmelzungsvertrag **L.II.3** 23
Arbeitsrechtliche Due Diligence B.VI.7
– Anforderungsliste **B.VI.7**
Arbeitsschutz
– Anforderungsliste Environmental Due Diligence **B.VI.6**
Arbeitsverhältnisse
– Asset Deal **D.I** 15
– Spaltungs- und Übernahmevertrag **L.III.2** 21, 28
Arzneimittel
– Begriff **J.II** 3 a
– Inverkehrbringen **J.II** 4
– klinische Prüfung **J.II** 3 c
– Prüfung Abgabestatus **J.II** 3 d
– Prüfung produktbezogener Risiken **J.II** 3 d
– Prüfung regulatorischer Aspekte bei Due Diligence **J.II** 3 a
– Zulassungsübertragung **J.II** 5
Arzneimitteldossier
– Unterlagenschutz **J.II** 3 a
Arzneimittelentwicklung J.II 2
– Prüfung bei Due Diligence **J.II** 3 c
Arzneimittelherstellung
– Prüfung bei Due Diligence **J.II** 3 b
Arzneimittelindustrie
– Freiwillige Selbstkontrolle **J.II** 3 c
Arzneimittelunternehmen
– Abverkauf von Warenbeständen **J.II** 6
– branchenspezifische Vorgaben **J.II**
– Compliance **J.II** 3 f
– Due Diligence gewerbliche Schutzrechte **J.II** 2
– Prüfung regulatorischer Aspekte bei Due Diligence **J.II** 3
– Schutzrechte, gewerbliche **J.II** 2
– Service Level Agreements **J.II** 7
– Transaktionsplanung **J.II**
– Versicherungsschutz **J.II** 10, 11
– Zulassungen/Genehmigungen bei Asset Deal **J.II** 5
– Zulassungen/Genehmigungen bei Share Deal **J.II** 4
Arzneimittelvertrieb
– Prüfung bei Due Diligence **J.II** 3 b
Arzneimittelzulassung
– Asset Deal **J.II** 5
– Prüfung bei Due Diligence **J.II** 3 c
– Share Deal **J.II** 4
Asset Backed Securities
– Anforderungsliste Due Diligence **B.VI.3**
Asset Deal
– Altersvorsorgezusagen **D.I** 16
– Arbeitsverhältnisse **D.I** 15

– außenwirtschaftliche Prüfung **D.I** 47
– Barmittel **D.I** 33
– Bedingung, auflösende **D.I** 48
– Bedingung, aufschiebende **D.II** 3
– Besitzeinräumung **D.II** 12
– Betriebsänderung **D.I** 41
– Betriebsvereinbarung **D.I** 15
– Beurkundung **D.I** 3
– Bill of Sale **D.II** 1
– Closing Dokument **D.II** 1
– condition precedent **D.I** 23
– Dienstleistungsverträge für Übergangszeit **D.I** 45
– Dienstverhältnisse **D.I** 17
– dingliche Übertragung einzelner Wirtschaftsgüter **D.I** 20
– Erbbaurecht **D.I** 3
– Erlaubnisse **D.I** 22
– Erwerbsverbot/-anordnung BMWi **D.I** 25, 48
– Finanzverbindlichkeiten **D.I** 33
– Firmenfortführung **D.I** 14
– Fusionskontrollverfahren **K.III** 3.1
– Garantie des Käufers **D.I** 4
– Garantie-/Haftungsregelung **J.II** 11
– Genehmigungsübertragung **J.II** 5
– Geschäftsbereich **D.I** 2
– Geschäftsführer **D.I** 17, 27
– Grundstück **D.I** 3, 6, 40
– Grundstücksbezeichnung **D.I** 43
– Grundstückskaufvertrag **D.I** 6, 30
– Informierung Arbeitnehmer von Betriebsübergang **D.I** 19
– IT-Arbeiten/System **D.I** 26
– Kaufvertrag **D.I**
– künftige Sachen **D.I** 5
– Liefer- und Leistungsverträge **D.I** 13
– MAC-Klausel **D.I** 28
– Mehrheitsbeteiligung **D.I** 31
– Mietvertrag **D.I** 7
– net present value **D.I** 32
– Nutzungsrechte **D.I** 10
– pro-forma-Abschluss **D.I** 35
– Rechnungslegungsgrundsätze **D.I** 36
– Rücktrittsrecht **D.I** 30
– Schiedsordnung **D.I** 50
– Schriftformklausel **D.I** 51
– Schutzrechte **D.I** 9
– steuerliche Haftung **D.I** 44
– Tarifverträge **D.I** 15
– Transaktionsstruktur **A.II**
– Übernahmevertrag **D.II**
– Übertragung Gesellschaftsanteil **D.I** 21
– Übertragung Herstellungs-/Gewerbeerlaubnis **J.II** 5
– Übertragungsvertrag **D.II**
– Umsatzsteuer **D.I** 34
– Umwelthaftung bei Grundstücksverkauf **D.I** 43
– Unterrichtungsschreiben bei Betriebsübergang **D.III**
– Urheberrechte **D.I** 10
– Verhältnis zu Ausgliederung **L.III.20** 1
– Vertragsbeziehungen mit Dritten **D.I** 12

magere Zahlen = Anmerkung

- Verwertungsrechte D.I 10
- Vollzugstag D.I 24
- Vollzugsvertrag D.II
- Vollzugsvoraussetzungen D.I 23
- Zulassungen/Genehmigungen bei Arzneimittelunternehmen J.II 5
- Zulassungen/Genehmigungen bei Lebensmittelunternehmen J.II 5
- Zulassungen/Genehmigungen bei Medizinprodukteunternehmen J.II 5
- Zulassungen/Genehmigungen bei Pharmaunternehmen J.II 5
- Zulassungsübertragung J.II 5
- Zustimmungserfordernisse D.I 37

Aufgabeanzeige
- bedeutende Beteiligung J.I 4.1 b, 4.2 b

Aufgabenprivatisierung H.I 3

Aufgeld
- Einstellung in Kapitalrücklage F.I.1 3, 5

Aufgreifkriterien
- Fusionskontrollverfahren K.III 3.3

Aufgreifschwellen
- Fusionskontrollverfahren K.III 3.3, 3.4

Auflagen, behördliche
- Anforderungsliste Due Diligence B.VI.3

Auflösung
- Rücklagen C.II.2 94

Auflösung, übertragende
- Abgrenzung zu Squeeze out M.III.1 4

Aufrechnung
- mit Ansprüchen aus Ergebnisabführungsvertrag C.II.1 18

Aufsichtsrat
- Änderungen bei Übergang der Anteilsmehrheit H.III.2 16
- Anforderungsliste Due Diligence B.VI.3
- Bericht des Vorstandsvorsitzenden B.VIII.3 5, 6
- Berichtpflicht des Vorstands B.VIII.1 7
- Beschlussfassung B.VIII.3 1, 8
- Beschussgegenstände bei Teilprivatisierung H.III.2 8, 9, 10
- Besetzung bei Investorenvereinbarung E.II 9
- Bestellung bei Verschmelzung durch Neugründung L.II.10 7, 9
- Bestellung bei Verschmelzung zur Neugründung L.II.10 28
- Bestellung im Umwandlungsbeschluss L.IV.7 13
- erster bei Formwechsel L.IV.7 12
- Geschäftsordnung H.III.2 4, 15
- Gründungsbericht L.IV.11 1
- Teilprivatisierung H.III.2 2 f.
- Vorschlag zu Squeeze out M.III.3 6
- Wahl Anteilseignervertreter bei Formwechsel AG in SE L.IV.29 14
- Zusammensetzung bei Verschmelzung L.II.2 16
- Zustimmung zu Abgabe Übernahmeangebot B.VIII.3 11
- Zustimmung zu Memorandum of Understanding B.VIII.3 1 f., 9
- Zustimmungsbeschluss zur Kapitalerhöhung aus genehmigtem Kapital F.III.5

Aufsichtsrat, erster
- Bestellung bei Spaltung zur Neugründung L.III.13 4

Aufsichtsrat Societas Europaea
- Arbeitnehmervertreter L.II.28 13 f.
- Unterrichtung L.II.28 16
- Vorsitzender/Stellvertreter L.II.28 17

Aufsichtsrat (Zielgesellschaft)
- Aktualisierungspflicht der Stellungnahme bei Übernahmeangebot E.IV 6
- Empfehlung zum Übernahmeangebot E.IV 16
- Ermittlungspflicht bei Stellungnahme zum Übernahmeangebot E.IV 5
- Stellungnahme zum Übernahmeangebot E.IV 1 f., 3, 4, 8
- Veröffentlichung Stellungnahme zum Übernahmeangebot E.IV 7

Aufsichtsratsausschuss
- Teilprivatisierung H.III.2 6

Aufsichtsratsmitglied
- Vorteil bei Gesellschaftsgründung L.IV.10 2

Aufsichtsratsmitglied (Zielgesellschaft)
- eigene Interessenlage bei Übernahmeangebot E.IV 14

Aufsichtsratssitzung
- Ladung B.VIII.3 3
- Niederschrift B.VIII.3 2
- Teilnahme Vorstandsvorsitzender B.VIII.3 4

Aufsichtsratsvorsitzender
- Aufsichtsrat Societas Europaea L.II.28 17
- Teilprivatisierung H.III.2 3

Aufsichtsrecht
- Due Diligence J.I 5.2

Aufspaltung
- AG auf andere AG und neue AG bzw. GmbH & Co. KG L.III.12 1 f.
- zur Aufnahme L.III.2 1 f.
- GmbH auf mehrere GmbH L.III.2 1 f.
- GmbH auf mehrere neue GmbHs L.III.8 1 f.
- Haftung/-sfreistellung L.III.2 27
- Handelsregisteranmeldung der Gründung der übernehmenden GmbH bei A. zur Neugründung L.III.10 1 f.
- Handelsregisteranmeldung zum HR der übernehmenden AG L.III.15 1 f.
- Handelsregisteranmeldung zum HR der übertragenden AG L.III.18
- Hauptversammlungsbeschluss der übernehmenden AG L.III.14
- Hauptversammlungsbeschluss der übertragenden AG L.III.13 1 f.
- zur Neugründung L.III.2 1; L.III.8 1 f.
- Zustimmungsbeschluss der übertragenden Gesellschaft zur A. zur Neugründung L.III.9 1 f.

Aufstockungsabsicht
- Stimmrechtserwerb C.III.3.4 7

Auftragsdatenverarbeitung
- Telekommunikation J.IV 2.3 c

Auktion
- Privatisierung H.I 6

Sachverzeichnis

fette Buchstaben und Zahlen = Systematik

Auktionsverfahren
- Verfahrensvereinbarung **B.IV**
- Vergleich Bieter-Angebote **B.V.2**
- Vertraulichkeitsvereinbarung **B.I.1** 1

Ausfallhaftung
- für nicht voll eingezahlte Einlagen bei GmbH **L.II.16** 5; **L.II.20** 3
- Spaltungs- und Übernahmevertrag **L.III.2** 33

Ausgabebetrag
- Sacheinlage **F.II.1** 7

Ausgangskontrolle
- Abstimmungsverfahren **F.III.1** 9

Ausgleich
- Angemessenheit **M.I.1** 31
- außenstehender Aktionäre bei Beherrschungs- und Gewinnabführungsvertrag **M.I.1** 21 f.
- Berücksichtigung von Steuern **M.I.1** 24, 25
- Dauer der Ausgleichspflicht **M.I.1** 26
- Fälligkeit **M.I.1** 28
- Form des Ausgleichs **M.I.1** 22
- Höhe der Ausgleichszahlung **M.I.1** 23
- bei Kapitalerhöhung **M.I.1** 29, 30
- Mindestdividende **M.I.1** 22
- Null-Ausgleich **M.I.1** 23
- Spruchverfahren **M.I.1** 31
- zeitanteiliger **M.I.1** 27

Ausgleichsanspruch
- Ergebnisabführungsvertrag **C.II.1** 16

Ausgleichsleistung
- Verschmelzungsplan **L.II.27** 9

Ausgliederung L.III.20 1
- zur Aufnahme **L.III.2** 1; **L.III.20** 1
- Gesamtrechtsnachfolge, partielle **L.III.20** 1, 2
- Grundvermögen **L.III.20** 5
- Kombination mit Abspaltung **L.III.20** 1
- Kosten **L.III.20** 6
- zur Neugründung **L.III.2** 1; **L.III.20** 1
- privatisierende Umwandlung **H.I** 3
- steuerliche Behandlung **L.III.20** 4
- Unternehmensteil bei Zusammenschluss **L.II.2** 3
- Verhältnis zu asset deal **L.III.20** 1
- Verhältnis zu Aufspaltung **L.III.20** 1

Ausgliederungs- und Übernahmevertrag L.III.20 1 f.

Ausgliederungsplan L.III.20 1 f.

Auskunft, verbindliche
- Antrag an Finanzbehörde **B.IX**
- besonderes Interesse **B.IX** 7
- Bindungswirkung **B.IX** 4
- Erklärung **B.IX** 9
- Kosten **B.IX** 10
- Sachverhalt **B.IX** 5
- Zuständigkeit **B.IX** 2

Auskunftsrecht
- Aktionär zu Verschmelzung **L.II.6** 8
- Squeeze out **M.III.8** 6

Ausländisches Recht
- Übernahmeangebot **E.III.4** 3

Auslandsberührung
- steuerliche Behandlung **C.II.2** 97, 120

Auslandsumsatz
- Umsatzberechnung Fusionskontrollverfahren **K.I.1** 18

Auslandszusammenschluss
- Anmeldung Fusionskontrollverfahren **K.I.3**
- Umsatzberechnung **K.I.3** 4

Ausschließlichkeitsrecht
- Energiewirtschaft **J.III** 2.2b(aa)

Ausschluss
- Abgrenzung zu Squeeze out **M.III.1** 4

Ausschluss Minderheitsaktionär M.III.1 1
- Bekanntmachung **M.III.10** 1 f.

Ausschluss, übernahmerechtlicher
- Abfindung Minderheitsaktionär **M.IV** 5
- Antragsberechtigung **M.IV** 2
- Antragsfrist **M.IV** 3
- Beschwerde, sofortige **M.IV** 9
- Darlegungslast **M.IV** 1
- Entscheidung des Gerichts **M.IV** 7
- Entscheidungswirkung **M.IV** 8
- Kosten **M.IV** 10
- Mehrheitserfordernis **M.IV** 4
- Minderheitsaktionär **M.IV** 1 f.
- Rechtsmittel **M.IV** 9
- Verfahrensablauf **M.IV** 1
- Zuständigkeit **M.IV** 6

Ausschlusstatbestand
- Organmitglied Societas Europaea (SE) **L.II.32** 13

Ausschreibung
- Privatisierung **H.I** 6

Ausschreibung, öffentliche
- offenes Bieterverfahren **A.IV**

Ausschreibungswettbewerb
- Privatisierung **H.I** 10

Ausschüttungen
- Zusammenschlussvereinbarung **L.II.2** 14

Ausschüttungspolitik
- Konsortialvertrag **H.III.5**; **H.III.6**

Außendarstellung
- Privatisierungsverfahren **H.I** 12

Außenwirtschaft
- Aktienkaufvertrag **C.II.1** 68 a; **C.III.2** 19 a

Außenwirtschaftliche Unbedenklichkeit
- Anteilskaufvertrag **C.II.1** 68 a

Außenwirtschaftsrecht
- Angebotsunterlage **E.III.4** 25; **E.III.5** 20
- Asset Deal **D.I** 47
- Bedingung, auflösende **C.II.1** 120 b
- Garantie zur Unanwendbarkeit der AWG-Kontrolle **C.II.1** 114 a
- Umfang Meldepflicht **C.II.3** 15 b

Aussetzung
- Cash-Pooling-Vertrag **M.II** 23

Ausstiegsklausel
- Joint Venture **G.II** 38

Austauschvertrag
- Anforderungsliste Due Diligence **B.VI.3**

Australien
- Fusionskontrolle bei Erwerb Minderheitsbeteiligung **K.III** 3.1 b

magere Zahlen = Anmerkung

Sachverzeichnis

- Investitionskontrolle **K.III** 3.4 e
- Konsultation lokaler Anwälte bei Fusionskontrolle **K.III** 4.12

Auswirkungsprinzip
- Fusionskontrollverfahren **K.III** 3.3

AWG-Kontrolle
- Garantie zur Unanwendbarkeit der **C.II.1** 114 a

Backstop-Garantie
- Entschädigung für Übernahme **E.II** 5

Bagatellmarkt K.I.4 1
- Auswirkung auf weitere Märkte **K.I.4** 5
- benachbarte Märkte **K.I.4** 3
- Marktabgrenzung **K.I.4** 3
- Presse-/Rundfunkunternehmen **K.I.4** 3
- Teilmarkt **K.I.4** 3
- Volumenberechnung **K.I.4** 3
- Wettbewerbsbedingungen **K.I.4** 6

Bagatellmarktklausel
- Fusionskontrollverfahren **K.I.1** 9; **K.I.4** 1
- junge Märkte **K.I.4** 2

Bankbürgschaft
- für Kaufpreiszahlung **C.II.1** 49

Banken
- branchenspezifische Vorgaben **J.I**

Bankgeheimnis
- Due Diligence **J.I** 5.1 a

Bankkonten
- Anforderungsliste Due Diligence **B.VI.3**

Barabfindung
- Abfindungsangebot **L.IV.1** 15
- Anfechtung Squeeze out bei Informationsmangel **M.III.8** 10
- Angemessenheitsprüfung bei Squezze out **M.III.5** 5 f.
- außenstehender Aktionär bei Beherrschungs- und Gewinnabführungsvertrag **M.I.1** 32
- Ergänzungsanspruch **M.I.1** 37
- Höhe **M.I.1** 33
- Höhe bei Squeeze out **M.III.3** 5
- Spruchverfahren **L.IV.1** 15; **M.I.1** 37; **M.III.8** 13
- Squeeze out **M.III.3** 4
- übernahmerechtlicher Ausschluss Minderheitsaktionär **M.IV** 5
- Verzinsung ab Bekanntmachung Squeeze out **M.III.10** 3

Barabfindungsverpflichtung
- Gewährleistungserklärung bei Squezze out **M.III.6** 1 f.

Barangebot
- Pflichtangebot **E.III.5** 1 f.

Barangebot, freiwilliges
- öffentliches Übernahmeangebot **E.III.4** 1 f.

Barmittel
- Anteilskaufvertrag **C.II.1** 36; **C.II.2** 34
- Asset Deal **D.I** 33
- Share Deal **C.I**

Basket C.II.1 110
- Haftung bei Share Deal **C.I**

Baugenehmigung
- Anforderungsliste Due Diligence **B.VI.3**

Baulasten
- Anforderungsliste Due Diligence **B.VI.3**

Bauplanung
- Anforderungsliste Due Diligence **B.VI.3**

Bedarfsmarktkonzept
- Marktabgrenzung **K.I.1** 19

Bedeutung, gemeinschaftsweite
- Fusionskontrolle **K.I.1** 10

Bedingung, auflösende
- Asset Deal **D.I** 48
- Außenwirtschaftsrecht **C.II.1** 120 b

Bedingung, aufschiebende
- Anteilskaufvertrag **C.II.1** 126
- Verschmelzungsvertrag **L.II.3** 6
- Vollzugsvertrag Asset Deal **D.II** 3

Beendigung
- Joint Venture **G.II** 45

Befreiungsantrag
- Checkliste gemäß § 36 WpÜG **E.V.1**
- Checkliste gemäß § 37 WpÜG **E.V.2**
- Checkliste Sanierungsbefreiung nach § 37 WpÜG/§ 9 S. 1 Nr. 3 WpÜG-AngebVO **E.V.3**

Befristung
- Aktienerwerb von außenstehendem Aktionären bei Beherrschungs- und Gewinnabführungsvertrag **M.I.1** 34

Beglaubigung
- Übernahmeerklärung **F.I.2** 2

Beglaubigungsvermerk
- Handelsregisteranmeldung **M.I.2** 4

Beherrschungs- und Gewinnabführungsvertrag M.I.1 1 f.
- Abfindung außenstehender Aktionär bei Kapitalerhöhung **M.I.1** 36
- Absicherung im Konzern **M.I.1** 43
- Aktienerwerb von außenstehendem Aktionär **M.I.1** 32 f.
- Anforderungsliste Due Diligence **B.VI.3**
- Ausgleich außenstehender Aktionäre **M.I.1** 21 f.
- Ausgleich Jahresfehlbetrag durch Entnahme aus Gewinnrücklage **M.I.1** 19
- Ausgleichsanspruch bei Kapitalerhöhung **M.I.1** 29, 30
- Ausgleichsdauer **M.I.1** 26
- Ausgleichshöhe **M.I.1** 23
- Barabfindung außenstehender Aktionär **M.I.1** 32
- Beendigung vor Einbringung in Joint Venture **G.II** 4
- Befristung Aktienerwerb **M.I.1** 34
- Fälligkeit Ausgleichszahlung **M.I.1** 28
- fehlende Weisung **M.I.1** 10
- Folgepflicht Weisungsrecht **M.I.1** 9
- Form **M.I.1** 44
- Gegenstand Weisungsrecht **M.I.1** 7
- Gewinnabführung **M.I.1** 12
- Grenzen Weisungsrecht **M.I.1** 8
- Handelsregisteranmeldung **M.I.2** 1 f.
- Handelsregistereintragung **M.I.1** 1
- körperschaftsteuerliche Organschaft **M.I.1** 1
- Kosten Aktienerwerb **M.I.1** 35

Sachverzeichnis

fette Buchstaben und Zahlen = Systematik

- Kündigung, außerordentliche **M.I.1** 42
- Kündigung, ordentliche **M.I.1** 41
- Leitungsrecht **M.I.1** 4
- Null-Ausgleich **M.I.1** 23
- Patronatserklärung **M.I.1** 43
- Rückbeziehung **M.I.1** 16
- Rücklagenauflösung **M.I.1** 15
- Rücklagenbildung **M.I.1** 14
- Sicherheitsleistung **C.II.1** 20
- Spruchverfahren bei Ausgleich **M.I.1** 31
- Unternehmen, beherrschtes **M.I.1** 3
- Unternehmen, herrschendes **M.I.1** 2
- Verlustübernahme **M.I.1** 17 f.
- Weisungsberechtigter **M.I.1** 5
- Weisungsempfänger **M.I.1** 6
- Weisungsrecht **M.I.1** 1, 4
- Zustimmung Hauptversammlung **M.I.1** 1
- Zustimmung HV beherrschtes Unternehmen **M.I.1** 39
- Zustimmung HV herrschendes Unternehmen **M.I.1** 40
- Zweck **M.I.1** 1

Beherrschungsverhältnis
- Umsatzberechnung Fusionskontrollverfahren **K.I.1** 16

Beherrschungsvertrag, isolierter
- Ausgleich für außenstehende Aktionäre **M.I.1** 22

Beihilfen
- Rückforderung rechtswidriger **H.I** 12

Beihilferecht
- Privatisierungsverfahren **H.I** 9, 10, 11
- Prüfung Privatisierungsverfahren **H.I** 12

Beiladung
- Akteneinsicht Fusionskontrollverfahren **K.I.7** 5
- Fusionskontrollverfahren **K.I.6** 1
- notwendige **K.I.6** 6
- Vorprüfungsverfahren Fusionskontrolle **K.I.6** 3

Beiladungsantrag
- Antragsberechtigung **K.I.6** 1
- Beteiligungsfähigkeit **K.I.6** 4
- Entscheidung BKartA **K.I.6** 7
- Fusionskontrollverfahren **K.I.6**
- Interessenberührung, erhebliche **K.I.6** 6
- notwendige Beiladung **K.I.6** 5
- Statthaftigkeit **K.I.6** 3
- Zeitpunkt **K.I.6** 3
- Zuständigkeit **K.I.6** 2

Beirat
- Befugnisse bei Joint Venture **G.III** 8
- Geschäftsordnung bei Joint Venture **G.III** 9
- Gesellschaftervereinbarung **F.V.2** 3
- Joint Venture **G.II** 35; **G.III** 7
- Public Private Partnership **H.IV.10** 2
- Venture Capital **F.V.2** 3

Bekanntmachung
- Ausschluss Minderheitsaktionäre **M.III.10** 1 f.
- Handelsregistereintragung Squeeze out **M.III.10** 1
- nach § 20 Abs. 6 AktG **C.III.3.2**

- Privatisierungsverfahren **H.I** 8
- Veröffentlichung Wasserstandsmeldung nach § 23 WpÜG **E.VI.2** 1 f.
- Verschmelzungsplan **L.II.29** 1, 3

Belarus
- Fusionskontrolle bei Erwerb Minderheitsbeteiligung **K.III** 3.1 b

Belastungsverbot
- Geschäftsanteil bei Veräußerungsprivatisierung **H.II.8** 2
- Veräußerungsprivatisierung **H.II.3** 6

Belgien
- Aufgreifschwellen Fusionskontrollverfahren **K.III** 3.4

Benachteiligungsverbot
- Betriebsrat Societas Europaea (SE) **L.II.28** 9

Benutzungsregeln
- Datenraum, physischer **B.VI.1** 1 f.
- Online- Datenraum **B.VI.2** 1 f.

Berater
- Arbeitsrechtliche Due Diligence **B.VI.7**
- Herausgabepflicht bei Vertraulichkeitsvereinbarung **B.I.1** 10
- Hinzuziehung bei Erstellung/Vorbereitung einer Stellungnahme **E.IV** 10

Beraterauswahl
- Privatisierung **H.I** 5

Beraterhaftung
- Mandatsvereinbarung **B.II** 5

Beraterliste
- Anforderungsliste Due Diligence **B.VI.3**

Beratervertrag
- Venture Capital **F.V.2** 4

Beratungspraxis
- Due Diligence **J.I** 5.3

Beratungsteam
- Transaktionsplanung **A.I.1**

Bereicherungsanspruch
- Cash-Pooling-Vertrag **M.II** 17

Berichtspflicht
- Vermögensveränderung **L.II.6** 9

Beschäftigungszusage
- Privatisierung **H.I** 11
- Veräußerungsprivatisierung **H.II.5** 2

Beschlussfassung
- Abstimmungsverfahren Hauptversammlung **L.IV.21** 8
- Aufsichtsrat **B.VIII.3** 1, 8
- Ausgangskontrolle **F.III.1** 9
- Ergebnisfeststellung **F.III.1** 16
- Hauptversammlung **F.II.1** 10; **F.III.1** 5
- Ladung **B.VIII.1** 2; **B.VIII.2** 2
- notarielle Überwachung der B. der Hauptversammlung **L.II.30** 14
- Spaltungsbeschluss **L.III.4** 2
- Squeeze out **M.III.8** 8
- Subtraktionsverfahren **F.III.1** 5
- Universal-/Vollversammlung **F.II.1** 4
- Verschmelzungsbeschluss **L.II.6** 1

Beschlussinhalt
- Sachkapitalerhöhung **F.II.1** 5

magere Zahlen = Anmerkung

Sachverzeichnis

Beschränkung
- Beteiligungserwerb/-serhöhung J.I 4.1 d, 4.2 d

Beschränkung, erbrechtliche
- Transaktionsstruktur A.III

Beschränkung, familienrechtliche
- Transaktionsstruktur A.III

Beschränkung, gesellschaftsrechtliche
- Transaktionsstruktur A.III.

Beschränkung, öffentlich-rechtliche
- Transaktionsstruktur A.III

Beschränkung, sachenrechtliche
- Transaktionsstruktur A.III

Beschränkung, schuldrechtliche
- Transaktionsstruktur A.III

Beschussgegenstände
- Aufsichtsrat bei Teilprivatisierung H.III.2 8, 9, 10

Beschwerde
- Fusionskontrollverfahren K.I.9
- Privatisierungsverfahren H.I 12

Beschwerdefrist
- Fusionskontrollverfahren K.I.9 3

Beschwerdeschrift
- Unterzeichnung K.I.9 5

Besitzeinräumung
- Asset Deal D.II 12

Besonderheiten, branchenspezifische s Branchenspezifische Besonderheiten

Best practice Richtlinien
- EU-Kommission K.II.2 1

Bestandsschutz
- Veräußerungsprivatisierung H.II.2 1; H.II.3 1 f.
- Vertragsstrafeklausel H.II.2 5; H.II.10

Bestandsübertragung
- Genehmigung BaFin bei Versicherungsunternehmen J.I 7.2
- grenzüberschreitende außerhalb EWR J.I 7.5 b
- grenzüberschreitende innerhalb EWR J.I 7.5 a
- Rückversicherungsunternehmen J.I 7.6
- Versicherungsunternehmen J.I 7

Bestechung C.II.2 100

Bestellung
- Angemessenheitsprüfer Squeeze out M.III.5 3
- Gründungsprüfer L.IV.12 2
- Sacherhöhungsprüfer F.III.7.3

Beteiligte
- Fusionskontrollverfahren K.III 3.2

Beteiligung, bedeutende
- Einfluss, maßgeblicher J.I 2.1 b, 2.2 b
- Erhöhungsanzeige J.I 4.1 a, 4.2 a
- Erwerbanzeige J.I 4.1 a, 4.2 a
- Erwerbs-/Erhöhungsabsicht (Formulärmuster) J.I 8
- Finanzdienstleistungsunternehmen J.I 2.1
- Formulierungsmuster Erwerbs-/Erhöhungsabsicht J.I 8
- Kapitalanteil J.I 2.1 a, 2.2 a
- Kreditinstitut J.I 2.1
- Nichtuntersagung BaFin J.I 6.1 a, 6.2
- Stimmrecht J.I 2.1 a, 2.2 a
- Versicherungsunternehmen J.I 2.2

Beteiligung, gegenseitige
- Verschmelzungsvertrag L.II.3 3; L.II.20 4

Beteiligung, paritätische
- Wiederherstellung bei Joint Venture G.II 31

Beteiligung, qualifizierte
- Bekanntmachung der Mitteilung nach § 20 Abs. 6 AktG C.III.3.2
- Mitteilung nach §§ 20, 21 AktG C.III.3.1 1 f.
- Mitteilung nach § 21 Abs. 1 AktG C.III.4.1
- Mitteilungspflicht bei Unterschreiten der Schwellenwerte nach §§ 20, 21 AktG C.III.3.1 16
- Zurechnung nach §§ 20, 21 AktG C.III.3.1 9, 14

Beteiligungen
- Transaktionsstruktur A.II.1

Beteiligungserhöhung
- Beschränkung durch BaFin J.I 4.1 d, 4.2 d
- Untersagungsverfügung BaFin J.I 4.1 d, 4.2 d

Beteiligungserwerb
- Beschränkung durch BaFin J.I 4.1 d, 4.2 d
- Gewährleistung C.II.1 80
- Untersagungsverfügung BaFin J.I 4.1 d, 4.2 d

Beteiligungsfähigkeit
- Fusionskontrollverfahren K.I.6 4

Beteiligungspublizität
- kapitalmarktrechtliche C.III.3.3 1

Beteiligungsstruktur
- Anforderungsliste Due Diligence B.VI.3

Beteiligungsverhältnisse
- Angebotsunterlage E.III.4 11
- Umwandlungsbeschluss L.IV.1 11; L.IV.7 9; L.IV.14 9
- Umwandlungsbeschluss bei Formwechsel AG in GmbH L.IV.21 12

Beteiligungsvertrag F.V.1 1 f.
- Bezugsrechtsausschluss F.V.1 4
- Einreichungspflicht F.I.4 1
- Form F.V.1 8
- Garantien F.V.1 7
- Gestaltung F.V.1 2
- Haftung F.V.1 7
- Kapitalerhöhung F.V.1 3
- Leistungsanreiz-Klausel F.V.1 6
- Mezzanine Finanzierung F.V.1 5
- Sonderrechte F.V.1 3
- Stimmbindungsvereinbarung F.V.1 8
- Unternehmensbewertung F.V.1 3
- Verhältnis zu Gesellschaftervereinbarung F.V.1 1; F.V.2 1
- Verhältnis zu Gesellschaftsvertrag F.V.1 2
- Wandeldarlehen F.V.1 5

Betriebliche Altersversorgung s Altersversorgung, betriebliche

Betriebsänderung
- Asset Deal D.I 41

Betriebsanlagen
- Anforderungsliste Due Diligence B.VI.3

Betriebsaufspaltung
- Haftung L.III.2 27

2041

Sachverzeichnis

fette Buchstaben und Zahlen = Systematik

Betriebsbeauftragte
– Anforderungsliste Environmental Due Diligence **B.VI.**6

Betriebsgeheimnis
– bei Akteneinsicht im Fusionskontrollverfahren **K.I.**7 5
– Formblatt CO **K.II.**2 2

Betriebsorganisation
– Negativerklärung bez. Änderung bei Spaltung **L.III.**2 30

Betriebsprüfung
– Anforderungsliste Due Diligence **B.VI.**3

Betriebsrat
– Anforderungsliste Due Diligence **B.VI.**3
– Formwechsel **L.IV.**1 16
– bei Spaltung **L.III.**2 28, 29
– Spaltungs- und Übernahmevertrag **L.III.**2 28, 29
– Stellungnahme zum Übernahmeangebot **E.IV** 1
– Verschmelzungsvertrag **L.II.**16 16

Betriebsrat Societas Europaea (SE) L.II.28 3 f.
– Anhörung **L.II.**28 7
– Arbeitsbedingungen **L.II.**28 8
– Benachteiligungsverbot **L.II.**28 9
– Compliance **L.II.**28 11
– Geheimhaltung **L.II.**28 11
– geschäftsführender Ausschuss **L.II.**28 6
– Kündigungsschutz **L.II.**28 10
– Sitzung **L.II.**28 5
– Unterrichtung **L.II.**28 7
– Zusammensetzung **L.II.**28 4
– Zuständigkeit **L.II.**28 3

Betriebsratsbestätigung
– Handelsregisteranmeldung **L.III.**6 9

Betriebsstätten
– Anforderungsliste Due Diligence **B.VI.**3

Betriebsübergang
– Änderung betriebsverfassungsrechtlicher Strukturen **D.III** 10
– Änderung wesentlicher Arbeitsbedingungen **D.III** 7
– in Aussicht genommene Maßnahmen **D.III** 12
– Detaillierungsgrundsätze Unterrichtung **D.III** 5
– Empfangsbestätigung Unterrichtungsschreiben **D.III** 16
– Haftung **D.III** 8
– Informierung Arbeitnehmer bei Asset Deal **D.I** 19
– Kündigungen **D.III** 11
– Nachfragen Arbeitnehmer **D.III** 15
– Sekundärfolgen für Arbeitnehmer **D.III** 14
– Tarifvertragliche Regelungen **D.III** 9
– Übergangszeitpunkt **D.III** 6
– Unterrichtung über Erwerber **D.III** 3
– Unterrichtungsberechtigter **D.III** 3
– Unterrichtungspflicht **D.III** 1
– Unterrichtungsschreiben bei **D.III**
– Unterrichtungsverpflichteter **D.III** 2
– Widerspruchsrecht des Arbeitnehmers **D.III** 13

Betriebsvereinbarung
– Anforderungsliste Due Diligence **B.VI.**3
– Arbeitsrechtliche Due Diligence **B.VI.**7

– Asset Deal **D.I** 15
– Formwechsel **L.IV.**1 16
– Transaktionsstruktur **A.II.**2
– Unterrichtungsschreiben **D.III** 10
– Verschmelzungsvertrag **L.II.**3 23

Betriebsverfassungsrecht
– Unterrichtungsschreiben **D.III** 10

Betriebszusammenlegung
– Verschmelzungsvertrag **L.II.**16 16

Beurkundung
– Abtretungsvereinbarung **C.IV.**3 2; **C.IV.**4 2
– Anteilskaufvertrag **C.II.**1 2
– Asset Deal **D.I** 3
– ausländische **C.II.**1 2
– GmbH & Co. KG-Anteilskaufvertrag **C.IV.**2 2
– Spaltungs- und Übernahmevertrag **L.III.**2 5
– Übernahmeerklärung **F.I.**2 2
– Verschmelzungsplan **L.II.**27 3

Beurkundung, ausländische
– Spaltungs- und Übernahmevertrag **L.III.**2 5

Beweislast
– Vertraulichkeitsvereinbarung **B.I.**1 5, 17

Beweislastumkehr
– Altlast **C.II.**2 111

Bewertung
– Einbringungsgegenstände Joint Venture **G.II** 12
– Zielunternehmen bei Sacheinlage **F.I.**1 5

Bezugsrecht
– Anforderungsliste Due Diligence **B.VI.**3

Bezugsrechtsausschluss
– 10%-Kapitalgrenze **F.III.**1 15
– Beteiligungsvertrag **F.V.**1 4
– Ergebnisfeststellung Beschlussfassung **F.III.**1 16
– Genehmigtes Kapital **F.III.**1 2; **F.III.**3; **F.III.**4
– spaltungsbedingte Kapitalerhöhung **L.III.**5 3
– Spitzenbeträge **F.III.**1 13
– Vorstandsbericht **F.III.**3; **F.III.**4
– Vorstandsermächtigung zum B. bei genehmigtem Kapital **F.III.**1 2; **F.III.**3; **F.III.**4

Bezugsrechtsausübung
– bei Kapitalerhöhung während Übernahme **E.I** 11

Bieter
– Auswirkungen Angebotsunterlage **E.III.**4 29; **E.III.**5 24

Bieterabsicht
– Angebotsunterlage **E.III.**4 14

Bieterkreis
– Einschränkung bei Privatisierung **H.I** 11

Bieterverfahren
– beschränktes/kontrolliertes **A.IV**
– offenes **A.IV**
– Privatisierung **H.I** 6
– Transaktionsverfahren **A.IV**

Bilanzen
– Anforderungsliste Financial Due Diligence **B.VI.**4

Bilanzierung
– Anforderungsliste Financial Due Diligence **B.VI.**4
– Schadensersatzzahlung **C.II.**1 87

2042

magere Zahlen = Anmerkung

Sachverzeichnis

Bilanzierungsgrundsätze
- Anteilskaufvertrag C.II.1 29
- Hierarchie C.II.1 77
- Stichtagsabschluss C.II.1 76, 77

Bill of Sale
- Asset Deal D.II 1

Billigkeitskontrolle
- Energiewirtschaft J.III 2.2b(cc)

Bindungswirkung
- Übernahmeangebot E.I 9
- verbindliche Auskunft der Finanzbehörde B.IX 4

Borderline-Produkte J.II 3 a

Börse
- Bekanntmachung Handelsregistereintragung Squeeze out M.III.10 1

Börsengang
- Gesellschaftervereinbarung F.V.2 10
- Legal Due Diligence B.VI.3 1
- Privatisierung H.I 3

Börsenpreis
- Privatisierung H.I 10

Börsenzulassung
- Verschmelzung durch Neugründung L.II.10 1

Boxing-In Warranties C.II.1 86 a

Branchenspezifische Besonderheiten
- Arzneimittelunternehmen J.II
- Banken J.I
- Energieunternehmen J.III
- Lebensmittelunternehmen J.II
- Medienunternehmen J.IV 3
- Medizinprodukteunternehmen J.II
- Telekommunikationsunternehmen J.IV 2
- Versicherungsunternehmen J.I

Brandschutz
- Anforderungsliste Environmental Due Diligence B.VI.6

Break Fee-Vereinbarung
- Abgrenzung zu Vertragsstrafe L.II.2 19
- Abschlusskompetenz L.II.2 19
- Abwehrmaßnahmen L.II.2 19
- culpa in contrahendo L.II.2 19
- Einlagenrückgewähr L.II.2 19
- financial assistance-Regel L.II.2 19
- Höhe L.II.2 19
- Publizität/Offenlegungspflicht L.II.2 19
- trigger events L.II.2 19
- Unternehmensinteresse L.II.2 19
- Verhinderungsverbot § 33 Abs. 1 WpÜG L.II.2 19
- Zusammenschlussvereinbarung L.II.2 19

Bundesanstalt für Finanzdienstleistungsaufsicht (BaFin)
- Ad-hoc-Publizität C.III.4.2 2
- Beschränkung Beteiligungserwerb/-erhöhung J.I 4.1 d, 4.2 d
- Form der Anzeige bedeutender Beteiligung J.I 4.1 e, 4.2 f
- Genehmigung Bestandsübertragung Versicherungsunternehmen J.I 7.2
- Genehmigung Umwandlung Versicherungsunternehmen J.I 6.2 e
- Nichtuntersagung Erwerb bedeutender Beteiligung J.I 6.1 a, 6.2
- Prüfungsverfahren J.I 1
- Stimmrechtsmitteilung an C.III.3.6 6
- Überwachung Übernahmeangebot E.III.4 1
- Untersagungsverfügung Beteiligungserwerb/-erhöhung J.I 4.1 d, 4.2 d

Bundeskartellamt
- Anmeldung Auslandszusammenschluss K.I.3 1
- Anmeldung Gemeinschaftsunternehmen K.I.2
- Anmeldung Zusammenschluss K.I.1
- Anmeldung Zusammenschluss (Bagatellmarkt) K.I.4
- Entscheidung über Beiladungsantrag K.I.6 7
- Entscheidungen zur Marktabgrenzung/Fusionskontrolle K.I.1 20
- Kartellklausel C.II.1 56
- Markttest K.I.5 3
- Prüfungsmaßstab Fusionskontrolle K.I.1 24
- Zuständigkeit/-sbereiche K.I.3 1

Bundesministerium für Wirtschaft und Technologie (BMWi)
- Erwerbsverbot/-anordnung bei Asset Deal D.I 25, 48

Bundesnetzagentur
- Energiebelieferungsanzeige von Haushaltskunden nach § 5 EnWG J.III 2.4 b

Bürgschaften
- Anforderungsliste Due Diligence B.VI.3

Business Combination Agreement (BCA) B.VIII.2 3; L.II.2 1 f.
- sa Zusammenschlussvereinbarung
- Übersicht, exemplarische L.II.2 1
- Verhältnis zu Übernahmeangebot E.I 1
- Verschmelzungsvertrag L.II.3 4
- Vorstandsbeschluss B.VIII.2
- Zweck L.II.2 1

Bußgeldrisiko
- Kartellrechtswidriges Verhalten K.I.10 2

Call Option
- Gesellschaftervereinbarung F.V.2 6
- Joint Venture G.II 38

cap
- Haftung bei Share Deal C.I
- Haftungshöchstbetrag C.II.1 111; C.II.2 105

Carve out L.II.2 3
Carve out-Vertrag D.I 7, 46

Case Team
- EU-Fusionskontrolle K.II.1 1

Cash Pool- Vereinbarung
- Anforderungsliste Due Diligence B.VI.3

Cash-Flow
- Anforderungsliste Financial Due Diligence B.VI.4

Cash-Pooling
- Funktionsweise M.II 6
- Kapitalerhöhung bei M.II 15
- Konzerninnenfinanzierung M.II 1
- virtuelles M.II 1

2043

Sachverzeichnis

fette Buchstaben und Zahlen = Systematik

Cash-Pooling-Vertrag **M.II** 1 f.
- Aussetzung **M.II** 23
- Bereicherungsanspruch **M.II** 17
- Beschränkung Kreditrahmen **M.II** 20
- Clearingstelle **M.II** 2
- Erfüllung Verlustausgleichsansprüche **M.II** 7
- Frühwarnsystem **M.II** 16, 22
- Funktionsweise des Clearings **M.II** 6
- Gegenstand **M.II** 5
- Haftungsrisiken **M.II** 16
- Hin- und Herzahlen **M.II** 15
- Informationssystem **M.II** 22
- Kapitalaufbringung **M.II** 15
- Kapitalerhaltung **M.II** 16
- Konditionen **M.II** 21
- Konditionenvereinbarung **M.II** 28
- Kündigung **M.II** 23
- Liquidität, betriebsnotwendige **M.II** 9
- Liquiditätsausstattung **M.II** 13
- Liquiditätsübertragung **M.II** 8
- Offenlegung Zielsetzung **M.II** 3
- Qualifikation als Darlehen **M.II** 18
- Reaktionssystem **M.II** 22
- Rückforderungsanspruch **M.II** 20
- Sacheinlage, verdeckte **M.II** 15
- Saldenkonzentration **M.II** 13
- Sicherheiten, aufsteigende **M.II** 16
- Teilnahmebeschränkung **M.II** 4
- Teilnehmerverzeichnis **M.II** 26
- Tilgungsanfechtung **M.II** 11
- Tilgungsbestimmung, erweiterte **M.II** 19
- Tilgungsvereinbarung **M.II** 10
- Verbot bestandsgefährdender Eingriffe **M.II** 16
- Verzinsung **M.II** 21
- Zahlungen außerhalb **M.II** 12
- Zahlungsverbot **M.II** 20
- Zielkonto **M.II** 27
- Zielsaldo **M.II** 9

Cash-Pool-Vereinbarung
- Anteilskaufvertrag **C.II.3** 8

CE-Kennzeichnung **J.II** 3 c

certificate of good standing
- Limited **L.IV.6** 3

certificate of incorporation
- Limited **L.IV.6** 3

Change of control-Klausel
- Anforderungsliste Due Diligence **B.VI.3**
- Joint Venture **G.II** 47
- Kreditinstitut/Finanzdienstleistungsunternehmen **J.I** 6.1 g
- share deal **B.VI.3** 2

China
- Investitionskontrolle **K.III** 3.4 e

Chinese Walls
- Veräußerungszusage **K.I.5** 10

c. i. c.
- Haftung bei letter of intend **B.VII** 7

Clearing
- Konzerninnenfinanzierung **M.II** 1

Clearing- und Cash-Pooling-Vertrag **M.II** 1 f.

Clearingstelle **M.II** 2

Clearstream-Banking AG
- AGB **C.III.2** 14 a
- Übertragung Inhaberaktie **C.III.2** 64

Closing
- Anteilskaufvertrag **C.II.1** 10; **C.II.2** 10
- Verhaltenspflichten zwischen Signing und Closing **C.II.1** 113; **C.II.2** 128

Closing Dokument
- Asset Deal **D.II** 1

Code of Ethics
- Mitbestimmungsvereinbarung **L.II.28** 2

Commercial Paper
- Anforderungsliste Due Diligence **B.VI.3**

Completion
- Anteilskaufvertrag **C.II.1** 10

Compliance
- Arzneimittelunternehmen **J.II** 3 f
- Lebensmittelunternehmen **J.II** 3 f
- Medien-/Telekommunikationsunternehmen **J.IV** 1
- Medizinprodukteunternehmen **J.II** 3 f
- Pharmaunternehmen **J.II** 3 f
- Risiken, strafrechtliche **J.II** 3 f

Condition precedent
- Asset Deal **D.I** 23

Confidential Guidance Memorandum **K.II.1** 1

contracting out
- Privatisierung **H.I** 3

Convertible Bond
- Beteiligungsvertrag **F.V.1** 5

Corporate Governance
- Teilprivatisierung **H.III.2** 1
- Verschmelzung, grenzüberschreitende **L.II.25**
- Zusammenschlussvereinbarung **L.II.2** 16

Corporate Identity
- Verschmelzung, grenzüberschreitende **L.II.25**

Covenants
- Joint Venture-Vertrag **G.II** 20
- Share Deal **C.I**

Darlehensgewährung
- Anforderungsliste Due Diligence **B.VI.3**
- Beherrschungs- und Gewinnabführungsvertrag **M.I.1** 1

Darlehenskonten
- bei Einbringung GmbH & Co. KG in Komplementär-GmbH **L.V.4** 2

Datenraum
- Aufsicht **B.VI.1** 10
- Beauftragter **B.VI.1** 4
- Benutzungsregeln in Online-Datenraum **B.VI.2** 1 f.
- Benutzungsregeln in physischem D. **B.VI** 1 f.
- Dokumente, zusätzliche **B.VI.1** 7
- Fotokopien **B.VI.1** 8
- Fragen **B.VI.1** 9
- Gegenzeichnung **B.VI.1** 12
- Index **B.VI.1** 6
- Öffnungszeiten **B.VI.1** 3
- Örtlichkeit **B.VI.1** 2
- Regelungszweck **B.VI.1** 1

magere Zahlen = Anmerkung

Sachverzeichnis

- roter J.I 5.1 a
- Teilnehmer B.VI.1 5
- Verfahrensvereinbarung B.IV
- Vertraulichkeit B.VI.1 11; B.VI.2 3

Datenraumaufsicht B.VI.1 10
Datenraumbeauftragter B.VI.1 4
Datenraumindex B.VI.1 6
Datenschutz
- Anforderungsliste Due Diligence B.VI.3
- Due Diligence J.I 5.1 c
- Telekommunikation J.IV 2.3
- Telemedien J.IV 3.2 c

Datenschutzbeauftragter
- Telekommunikation J.IV 2.3 a

Datensicherheit
- Telekommunikation J.IV 2.3 e

Datenverwendung/-übermittlung
- Telekommunikation J.IV 2.3 b, d

Dauerglobalurkunde C.III.2 63
- Übertragung C.III.2 65

de minimis C.II.1 110
- Haftung bei Share Deal C.I

de minimis-Klausel
- Fusionskontrolle Printmedien J.IV 3.3 b
- Fusionskontrollverfahren K.I.1 9

Deadlock
- Joint Venture G.II 36

Deal Protection Measures L.II.2 19
Deal Protection Vereinbarung
- Investorenvereinbarung E.II 6, 7

Dekontaminierung
- Anforderungsliste Due Diligence B.VI.3
- Anforderungsliste Environmental Due Diligence B.VI.6

Delisting, kaltes L.II.3 10; L.III.12 3
Denkmalschutz
- Transaktionsstruktur A.II.3

depositary receipts E.III.4 17
Derivate
- Anforderungsliste Due Diligence B.VI.3

Derivatevereinbarung
- Kreditinstitut/Finanzdienstleistungsunternehmen J.I 6 g

Dienstbarkeiten
- Anforderungsliste Due Diligence B.VI.3

Dienstleistungsfreiheit
- Privatisierung H.I 8

Dienstleistungsvertrag
- Anforderungsliste Due Diligence B.VI.3
- für Übergangszeit bei Asset Deal D.I 45

Dienstverhältnisse
- Asset Deal D.I 17

Differenzhaftung
- Sachkapitalerhöhung F.II.1 7
- Spaltungs- und Übernahmevertrag L.III.2 33

director
- Limited L.IV.6 3

Direktverkauf
- Privatisierung H.I 10

Discounted Cash-Flow
- Anteilskaufvertrag C.II.1 25

- Joint Venture G.II 32
- Stellungnahme Vorstand/Aufsichtsrat zum Übernahmeangebot E.IV 9
- Unternehmensbewertung L.II.2 8

Diskriminierungsverbot
- Privatisierungsverfahren H.I 8

Distributionsbeschränkung
- Übernahmeangebot E.III.4 3

Dokumente
- zusätzliche B.VI.1 7

Domain
- Anforderungsliste Due Diligence B.VI.3

Domination and Profit Transfer Agreement M.I.1 1 f.

Drag alone-Recht
- Gesellschaftervereinbarung F.V.2 8

Drittanspruch
- Freistellung von C.II.1 115
- Informationspflicht bei C.II.2 106

Drittrechte
- Spaltungs- und Übernahmevertrag L.III.2 14

Drittwiderspruch
- Vollzugshindernis C.II.1 68 d

Due Diligence
- Anforderungsliste B.VI.3
- Arbeitsrecht B.VI.7
- Arten B.VI.3 1
- Aufsichtsrechtliche Fragestellungen J.I 5.2
- Bankgeheimnis J.I 5.1 a
- Benutzungsregeln Online-Datenraum B.VI.2 1 f.
- Benutzungsregeln physischer Datenraum B.VI.1 1 f.
- Beratungspraxis J.I 5.3
- Beteiligungsstruktur B.VI.3
- Betriebsanlagen B.VI.3
- Betriebsstätten B.VI.3
- Bilanz B.VI.4
- Bilanzierung B.VI.4
- change of control-Klausel B.VI.3 2
- Datenraum, roter J.I 5.1 a
- Datenschutz B.VI.3; J.I 5.1 c
- Dokumente, zusätzliche B.VI.1 7
- Einkauf B.VI.3
- Einsichtnahme B.VI.3 4
- Environmental Due Diligence B.VI.6
- Erlaubnis B.VI.3 4
- Eventualverbindlichkeiten B.VI.3
- Financial Due Diligence B.VI.4
- Finanzangelegenheiten B.VI.3
- Finanzdaten B.VI.4
- Finanzdienstleistungsunternehmen J.I 5
- Garantie-/Haftungsregelung J.II 11
- Gegenzeichnung Datenraumregelung B.VI.1 12
- Genehmigungsfortbestand J.II; J.II 5
- Geschäftsbetrieb B.VI.3
- gewerbliche Schutzrechte J.II 2
- Gewinn- und Verlustrechnung B.VI.4
- Grundstücke B.VI.3
- Haftung B.VI.3 5
- Immobiliendarlehen J.I 5.3

2045

Sachverzeichnis   fette Buchstaben und Zahlen = Systematik

- Immobilienfonds **J.I** 5.3
- Jahresabschluss **B.VI.**4
- Joint Venture-Vertrag **G.II** 16
- Kreditinstitut **J.I** 5
- Kurz-Berichterstattung **B.VI.**8
- Lebensmittelunternehmen **J.II**
- Legal Due Diligence **B.VI.**3 1, 2
- Medizinprodukteunternehmen **J.II**
- öffentliche Förderungen/Zuschüsse **B.VI.**3
- Personalangelegenheiten **B.VI.**3
- Pharmaunternehmen **J.II**
- Prüfung produktbezogener Risiken **J.II** 3 d
- Prüfung regulatorischer Aspekte **J.II** 3
- Rechtsstreitigkeiten **B.VI.**3
- Risikomanagement **J.I** 5.2
- Rückkaufwerte bei Versicherungen **J.I** 5.2
- Schutzrechte, gewerbliche **B.VI.**3
- Steuern **B.VI.**3
- Tax Due Diligence **B.VI.**5
- Umweltschutz **B.VI.**3
- Urheberrecht **B.VI.**3
- Verfahrensvereinbarung **B.IV**
- Verfassung der Gesellschaft **B.VI.**3
- Verkauf **B.VI.**3
- Vermittlerrecht bei Versicherungsunternehmen **J.I** 5.2
- Verschmelzung **L.II.**2 10
- Versicherungen **B.VI.**3
- Versicherungsgeheimnis **J.I** 5.1 b
- Versicherungsschutz **J.II** 10
- Versicherungsunternehmen **J.I** 5.1 b
- Verstoß bei Informationsaustausch **K.I.**10 2, 4
- Vertragsprüfung bei Medienunternehmen **J.IV** 3.1 h
- Vollmachten **B.VI.**3
- Vorbereitung **B.VI.**3 3
- Vorstandsbeschluss **B.VIII.**1 1, 4; **B.VIII.**2
- Wettbewerb **B.VI.**3
- Zielsetzung **A.I.**3
- Zulassungsfortbestand **J.II** 4, 5
- Zulassungsübertragung **J.II** 5
- Zweck **B.VI.**3 1

Durchführbarkeit **A.I.**1
Durchsetzbarkeit
- Vertraulichkeitsvereinbarung **B.I.**1 15

Effizienzgewinn
- EU-Fusionskontrolle **K.II.**2 20

EFTA-Staaten
- Umsatz Formblatt CO **K.II.**2 10

EG-Kommission
- Prüfung Privatisierungsverfahren **H.I** 12

EG-Recht
- Privatisierungsverfahren **H.I** 8

Eigenhandel
- Kreditinstitut/Finanzdienstleistungsunternehmen **J.I** 6.1 d

Eigenkapital
- Joint Venture **G.II** 21 f.
- Kreditinstitut/Finanzdienstleistungsunternehmen **J.I** 6.1 c

Eigenverwahrung
- Übertragung Inhaberaktie **C.III.**2 64
- Übertragung Namensaktie **C.III.**2 66

Eignungsanforderungen
- Banken **J.I** 3.1
- Versicherungsunternehmen **J.I** 3.2

Einbehalt
- Share Deal **C.I**

Einberufung
- Hauptversammlung AG **F.III.**1 4

Einberufung Gesellschafterversammlung
- bei Spaltungsvorhaben **L.III.**4 2
- Verzicht auf Form-/Fristerfordernisse **L.III.**4 4

Einberufung Hauptversammlung
- bei Formwechsel AG **L.IV.**21 4, 5, 7

Einbringung
- GmbH als Sachkapitalerhöhung bei AG **F.II.**1
- GmbH & Co. KG als Sachkapitalerhöhung bei GmbH **F.I.**1
- Kommanditanteil bei Umwandlung GmbH & Co. KG in GmbH **L.V.**1
- Rückwirkung der Abtretung Kommanditanteil GmbH & Co. KG an Komplementär-GmbH **L.V.**4 3

Einbringungsbilanz
- Sachkapitalerhöhung **L.V.**1 7

Einbringungsgegenstand
- Bewertung bei Joint Venture **G.II** 12
- Joint Venture-Vertrag **G.II** 3

Einbringungsvertrag
- AG **F.III.**10 2
- Einbringung GmbH & Co. KG **F.III.**10 3
- Einreichungspflicht Handelsregister **F.I.**4 1
- Form **F.III.**10 3
- Kommanditanteile GmbH & Co. KG an Komplementär-GmbH **L.V.**4 1 f
- Kosten **F.I.**4 4
- Nachgründung **F.III.**10 2
- Sacheinlage **F.I.**4
- Vertretungseinschränkung **F.III.**10 2
- Zeitpunkt **F.III.**10 2

Einfluss, maßgeblicher
- Beteiligung, bedeutende **J.I** 2.1 b, 2.2 b

Einflusserwerb, wettbewerblich erheblicher
- Angaben zu beteiligten Unternehmen **K.I.**1 12
- Fusionskontrollverfahren **K.I.**1 8

Einflussmöglichkeiten
- Investor bei Venture Capital **F.V.**2 4

Einflussnahme, personelle
- Stimmrechtserwerb **C.III.**3.4 8

Einkauf
- Anforderungsliste Due Diligence **B.VI.**3
- Anforderungsliste Financial Due Diligence **B.VI.**4

Einladung Gesellschafterversammlung
- Verzicht auf Vorschriften **L.II.**17 2

Einladung Hauptversammlung
- Squeeze out **M.III.**8 2

Einlagen
- Haftung für nicht voll eingezahlte **L.II.**16 5; **L.II.**20 3

magere Zahlen = Anmerkung

Einlagen, gemischte
– Abgrenzung zu gemischter Sacheinlage **F.I.1** 1
Einlagenerbringung
– Handelsregisteranmeldung **F.I.5** 4
– Kapitalerhöhung **F.II.6** 7
– Sacheinlage **F.I.1** 4
Einlagenleistung
– aufschiebend bedingte **F.I.1** 4; **F.I.5** 4
Einlagenrückgewähr
– Break Fee-Vereinbarung **L.II.2** 19
Einlagensicherungsfonds
– Kreditinstitut/Finanzdienstleistungsunternehmen **J.I** 6.1 h
Einlagevereinbarung
– Spaltungs- und Übernahmevertrag **L.III.2** 33
– Vorlage bei Handelsregisteranmeldung **L.III.6** 5
Einlagevertrag
– Vorlage bei Handelsregisteranmeldung **L.III.6** 5
Einlieferungszeitpunkt
– Übernahmeangebot **E.I** 8
Einreichungspflicht
– Einbringungsvertrag zum Handelsregister **F.I.4** 1
Einsichtrecht
– Verschmelzungsplan **L.II.30** 7
Einstellungsverbot
– Vertraulichkeitsvereinbarung **B.I.1** 12
Eintragung
sa Handelsregistereintragung
– im Refinanzierungsregister **C.II.2** 87
Eintrittsrecht
– Nachunternehmervertrag **H.IV.7**
Einzelrechtsnachfolge
– Asset Deal **D.I** 1
Einzelverwertungsklausel
– Veräußerungsprivatisierung **H.II.9** 1
Einziehung
– Geschäftsanteil Joint Venture **G.III** 14
– Gesellschaftervereinbarung **F.V.2** 6
Einziehung von Aktien
– Anforderungsliste Due Diligence **B.VI.3**
Emissionen
– Anforderungsliste Environmental Due Diligence **B.VI.6**
Empfangsbestätigung
– Unterrichtungsschreiben bei Betriebsübergang **D.III** 16
Energiebelieferungsanzeige
– Haushaltskunden nach § 5 EnWG **J.III** 2.4 b
Energieunternehmen
– branchenspezifische Vorgaben **J.III**
– Transaktionsplanung **J.III**
Energieversorgungsnetz
– Merkblatt zur Genehmigung der Betriebsaufnahme **J.III** 2 d
Energiewirtschaft
– Anzeigepflicht **J.III** 2.2 a
– Ausschließlichkeitsrechte **J.III** 2.2b(aa)
– Ausschluss aus Energieversorgungsnetz **J.III** 2.1 b
– Billigkeit Netzentgelt **J.III** 2.3 e

– Billigkeitskontrolle **J.III** 2.2b(cc)
– Energiebelieferungsanzeige von Haushaltskunden nach § 5 EnWG **J.III** 2.4 b
– Entflechtung **J.III** 1.2
– Entflechtung, künftige **J.III** 1.2 b
– Entflechtungsvorgaben, aktuelle **J.III** 1.2 a
– Entflechtungsvorgaben, künftige **J.III** 1.2 b
– Entgeltbildung **J.III** 2.3 d
– Erzeugung **J.III** 2.1
– European Energy Exchange (EEX) – Zulassungsmerkblatt **J.III** 2 c
– Fernleitungsnetzebene **J.III** 1.2 b
– Formblätter **J.III** 2.4
– Genehmigung/-verfahren **J.III** 1, 2.1 a
– Gewinnung **J.III** 2.1
– Investitionsverpflichtung **J.III** 2.3 c
– Konzessionsabgaben **J.III** 2.3b(bb)
– Kraftwerksbetrieb **J.III** 2.1 c
– Liefervertrag, langfristiger **J.III** 2.2b(aa)
– marktbeherrschende Stellung **J.III** 2.2b(aa)
– Merkblatt zur Genehmigung für Betriebsaufnahme eines Energieversorgungsnetzes **J.III** 2 d
– Netzbetreiber, unabhängiger (ISO) **J.III** 1.2 b
– Netzbetrieb **J.III** 2.3
– Netzentgelt **J.III** 2.3 d
– Netzgenehmigung **J.III** 2.3 a
– Organisation, strukturelle **J.III** 1
– Ownership-Unbundling-Modell **J.III** 1.2 b
– Preisanpassungsklausel **J.III** 2.2b(ee)
– Preismissbrauchskontrolle **J.III** 2.2b(bb)
– Refinanzierung **J.III** 2.3 d
– Straßenbenutzungsvertrag **J.III** 2.4 a
– strategic underinvestment **J.III** 2.3 c
– Take-or-pay-Klausel **J.III** 2.2b(dd)
– Übertragungsebene **J.III** 1.2 b
– Übertragungsnetzbetreiber (ITO) **J.III** 1.2 b
– Verteilernetzebene **J.III** 1.2 b
– Vertrieb **J.III** 2.2
– Wegenutzung **J.III** 2.3b(aa)
– Weiterveräußerungsverbot **J.III** 2.2b(dd)
– Wertschöpfungsstufen **J.III** 1.1
Enterprise Value
– Anteilskaufvertrag **C.II.1** 25, 28
Entflechtung
– Energiewirtschaft **J.III** 1.2
Entgeltregulierung
– Telekommunikation **J.IV** 2.2 e
Entlastung
– Organmitglieder **C.II.1** 70; **C.II.2** 74
Entschädigung
– für Verlust bestimmter Rechte **E.III.4** 21
Entschädigung für Übernahme
– Investorenvereinbarung **E.II** 5
Entwicklungsvereinbarungen
– Anforderungsliste Due Diligence **B.VI.3**
Environmental Due Diligence
– Anforderungsliste **B.VI.6**
– Informationsquellen **B.VI.6** 3
– Prüfungspunkte **B.VI.6** 4
– Standortabhängigkeit **B.VI.6** 3

Sachverzeichnis

fette Buchstaben und Zahlen = Systematik

- Verfahren **B.VI.6** 2
- Zweck **B.VI.6** 1

Equity Kicker F.V.1 5

Erbbaurecht
- Asset Deal **D.I** 3

Erbrecht
- Transaktionsstruktur **A.III**

Ergebnisabführungsvertrag
- Ablösung künftiger Forderungen **C.II.1** 17, 43
- Abtretung **C.II.1** 17, 43
- Anteilskaufvertrag **C.II.1** 11 f.; **C.II.2** 11 f.
- Aufrechnung **C.II.1** 18
- Ausgleichsansprüche **C.II.1** 16
- Beendigung **C.II.1** 13
- Beendigung vor Einbringung in Joint Venture **G.II** 4
- Behandlung gegenseitiger Ansprüche **C.II.1** 15; **C.II.2** 15
- Bezeichnung **C.II.1** 12
- Freistellung von Ausgleichsansprüchen aus vergangenen Jahren **C.II.1** 19
- Kaufpreisanpassung **C.II.1** 17, 43
- Kündigung **C.II.1** 14
- Schuldübernahme **C.II.1** 18

Ergebnisfeststellung
- Beschlussfassung **F.III.1** 16

Erhöhungsanzeige
- Beteiligung, bedeutende **J.I** 4.1 a, 4.2 a
- Formulierungsmuster Erhöhungsabsicht **J.I** 8
- Zielunternehmen **J.I** 4.1 c, 4.2 c

Erlaubnisse
- Asset Deal **D.I** 22
- Kreditinstitut/Finanzdienstleistungsunternehmen **J.I** 6.1 c

Erlöschen OHG
- Handelsregisteranmeldung **C.V.2** 2

ERP-Darlehen
- Anforderungsliste Due Diligence **B.VI.3**

Erschließungsbeitrag
- Anforderungsliste Due Diligence **B.VI.3**

Ertragswertverfahren
- Unternehmensbewertung **L.II.2** 8

Erwerb, gutgläubiger
- Geschäftsanteil **C.II.1** 84 a

Erwerbsanordnung
- Asset Deal **D.I** 25, 48

Erwerbsanzeige
- Beteiligung, bedeutende **J.I** 4.1 a, 4.2 a
- Formulierungsmuster Erwerbsabsicht **J.I** 8
- Zielunternehmen **J.I** 4.1 c, 4.2 c

Erwerbsmitteilung
- GmbH-Anteil **C.II.5** 1
- Komplementär-GmbH **C.II.5; C.IV.6**
- Mitteilungsbefugnis **C.II.5** 3
- Nachweis **C.II.5** 4
- Rechtsnatur **C.II.5** 2
- Stellvertretung **C.II.5** 3

Erwerbsrecht
- Teilprivatisierung **H.III.7** 5

Erwerbsverbot
- Asset Deal **D.I** 25, 48

Estland
- Aufgreifschwellen Fusionskontrollverfahren **K.III** 3.4

EU-Fusionskontrolle
- Anmeldpflichtiger **K.II.2** 8
- Anmeldung gemäß Formblatt CO **K.II.2** 1
- Case Team **K.II.1** 1
- Effizienzgewinn **K.II.2** 20
- erläuternde Unterlagen Zusammenschlussvorhaben **K.II.2** 11
- Form der Anmeldung **K.II.2** 21
- Fusion **K.II.2** 3
- Gemeinschaftsunternehmen **K.II.2** 3
- Geschäftsgeheimnisschutz **K.II.2** 2
- Greffe **K.II.2** 1
- Informal Guidance Memorandum **K.II.1**
- Kontaktadressen **K.II.2** 17
- Kontaktaufnahme mit **K.II.1** 1, 2
- Kontrollerwerb **K.II.2** 3, 4
- Marktbeherrschungstest **K.II.2** 20
- nichttarifäre Handelshemmnisse **K.II.2** 18
- Produktmarkt, geografischer **K.II.2** 7
- Produktmarkt, relevanter **K.II.2** 6
- Schwellenwerte **K.II.2** 9
- Signifcant Impediment of Effective Competition (SIEC) **K.II.2** 20
- Substantial Lessening of Competition Test (SLC) **K.II.2** 20
- Umsatz EFTA **K.II.2** 10
- Umsatz EWR **K.II.2** 14
- Umsatzberechnung **K.II.2** 9
- Umsatzzuordnung **K.II.2** 9
- Unterlagen Zusammenschlussvorhaben **K.II.1** 4
- Unternehmen, beteiligte **K.II.2** 5
- Unternehmensbegriff **K.II.2** 5
- Verfahrenssprache **K.II.2** 1
- Vollständigkeit der Anmeldung **K.II.2** 21
- Vorbereitung für Treffen mit EU-Kommission **K.II.1** 3
- Vorrang **K.I.1** 10
- Wettbewerbsbeeinträchtigungen **K.II.2** 20
- Zusammenschluss **K.II.2** 3

EU-Kommission
- best practice Richtlinien **K.II.2** 1
- Entscheidungen zur Marktabgrenzung/Fusionskontrolle **K.I.1** 20
- Kartellklausel **C.II.1** 53
- Kontaktaufnahme mit **K.II.1** 1, 2; **K.II.2** 1

Europäische Union (EU)
- Aufgreifschwellen Fusionskontrollverfahren **K.III** 3.4
- grenzüberschreitende Bestandübertragung Versicherungsunternehmen **J.I** 7.5 a

Europäischer Wirtschaftsraum (EWR)
- Umsatz Formblatt CO **K.II.2** 14

European Energy Exchange (EEX)
- Zulassungsmerkblatt **J.III** 2 c

EU-Übernahmerichtlinie E.III.4 1

Eventualverbindlichkeiten
- Anforderungsliste Due Diligence **B.VI.3**

magere Zahlen = Anmerkung

– Anforderungsliste Financial Due Diligence **B.VI.4**
Exit-Regelung
– Joint Venture **G.II** 38
Exit-Route
– Gesellschaftervereinbarung **F.V.2** 1, 7
Exklusivitätsabrede
– letter of intend **B.VII** 4
Exklusivitätsvereinbarung
– Verschmelzung **L.II.2** 18
Exklusivverhandlung
– Transaktionsverfahren **A.IV**

Factoring-Vertrag
– Anforderungsliste Due Diligence **B.VI.3**
Fairness Opinion
– Begriff **E.IV** 10
– Unternehmenstransaktion **E.IV** 10
Feasibility Study A.I.1
Fernabsatzrecht
– Telemedien **J.IV** 3.2 d
Fernmeldegeheimnis
– Telekommunikationsunternehmen **J.IV** 2.1 f
financial assistance-Regel
– Break Fee-Vereinbarung **L.II.2** 19
Financial Closing
– Anteilskaufvertrag **C.II.1** 10
Financial Due Diligence
– Abgrenzung **B.VI.4** 2
– Anforderungsliste **B.VI.4**
– Ausrichtung **B.VI.4** 3
– Chancen **B.VI.4** 5
– Informationsquellen **B.VI.4** 3
– Risiken **B.VI.4** 5
– Schwerpunkte **B.VI.4** 4
– Zweck **B.VI.4** 1
Finanzangelegenheiten
– Anforderungsliste Due Diligence **B.VI.3**
Finanzbehörde
– Antrag auf verbindliche Auskunft **B.IX**
Finanzberater
– Mandatsvereinbarung **B.II**
Finanzdaten
– Anforderungsliste Financial Due Diligence **B.VI.4**
Finanzdienstleistungsunternehmen
– Aufgabe-/Absenkungsanzeige bedeutender Beteiligung **J.I** 4.1 b
– aufsichtsrechtliche Vorgaben bei Due Diligence **J.I** 5.2
– BaFin **J.I** 1
– bedeutende Beteiligung an **J.I** 2.1
– Beschränkung Beteiligungserwerb/-erhöhung **J.I** 4.1 d
– branchenspezifische Vorgaben **J.I**
– Change-of-Control-Klausel **J.I** 6.1 g
– Datenschutz bei Due Diligence **J.I** 5.1 c
– Derivatevereinbarung **J.I** 6 g
– Due Diligence **J.I** 5
– Due Diligence Beratungspraxis **J.I** 5.3
– Eigenkapital, haftendes **J.I** 6.1 c

– Einlagensicherungsfonds **J.I** 6.1 h
– Erlaubnisse **J.I** 6.1 c
– Erwerbs-/Erhöhungsabsicht bedeutender Beteiligung (Formularmuster) **J.I** 8
– Erwerbs-/Erhöhungsanzeige bedeutender Beteiligung **J.I** 4.1 a
– Informationstechnologie **J.I** 6.1 f
– Kaufpreisanpassungsklausel **J.I** 6, 6.1 b
– Kreditrisiken **J.I** 6.1 f
– Nichtuntersagung Erwerb bedeutender Beteiligung durch BaFin **J.I** 6.1 a
– Prospekthaftungsrisiko **J.I** 6.1 e
– Risiko bei Eigenhandel **J.I** 6.1 d
– Risiko bei Wertpapierdienstleistung **J.I** 6.1 e
– Untersagungsverfügung Beteiligungserwerb/-erhöhung **J.I** 4.1 d
– Zuverlässigkeits-/Eignungsanforderungen **J.I** 3.1
Finanzierung
– Anforderungsliste Due Diligence **B.VI.3**
– Beschreibung der Finanzierungsströme **C.II.1** 22
– Public Private Partnership **H.IV.8**
– Übernahmeangebot **E.III.4** 27
Finanzierungsablösung
– Anteilskaufvertrag **C.II.1** 21 f., 24
– Anteilskaufvertrag GmbH & Co. KG **C.IV.2** 12
Finanzierungsbestätigung
– Angebotsunterlage **E.III.4** 28
Finanzierungsinstrumente
– Equity Kicker **F.V.1** 5
– Venture Capital **F.V.1** 5
Finanzierungskonzept
– Public Private Partnership **H.IV.1**
Finanzierungspolitik
– Konsortialvertrag **H.III.5; H.III.6**
Finanzierungssaldo
– Bestimmbarkeit **C.II.1** 72
Finanzierungsvereinbarung
– Anteilskaufvertrag **C.II.1** 23, 44
– Beendigungsnachweis **C.II.1** 71; **C.II.2** 72
Finanzierungsvertrag
– MAC-Klausel **C.II.2** 68
Finanzinstitut
– Umsatzberechnung FKVO **K.II.2** 9
– Umsatzberechnung Fusionskontrolle **K.I.1** 13; **K.III** 3.3 e
Finanzinstrument
– Frist Stimmrechtsmitteilung nach § 25 Abs. 1 WpHG **C.III.3.5** 8
– Stimmrechtsmitteilung nach § 25 Abs. 1 WpHG **C.III.3.5** 1 f.
– Zurechnung **C.III.3.5** 4, 5
Finanzinvestition
– Mitteilungspflicht Stimmrechtserwerb nach § 27 a Abs. 1 WpHG **C.III.3.4** 1
Finanzinvestor
– Beteiligungsvertrag **F.V.1** 1 f.
– Checkliste **A.I.3**
– Gesellschaftervereinbarung **F.V.2** 1 f.
Finanzverbindlichkeiten
– Anteilskaufvertrag **C.II.1** 30 f.

Sachverzeichnis fette Buchstaben und Zahlen = Systematik

- Asset Deal **D.I** 33
- aus Leasinggeschäften **C.II.1** 32; **C.II.2** 30
- bei Mehrheits-/Minderheitsbeteiligungen **C.II.1** 45
- Share Deal **C.I**
- verbundene Unternehmen **C.II.1** 31
- weitere **C.II.1** 35; **C.II.2** 33

Firma
- AG **L.IV.7** 7
- KGaA **L.IV.14** 7
- Limited & Co. KG **L.IV.5** 8
- Societas Europaea (SE) **L.II.27** 14
- Spaltungs- und Übernahmevertrag **L.III.2** 23
- Umwandlung GmbH & Co. KG in GmbH **L.V.1** 9
- Umwandlungsbeschluss **L.IV.1** 10; **L.IV.5** 3; **L.IV.7** 7; **L.IV.14** 7

Firmenfortführung
- Asset Deal **D.I** 14

Firmentarifvertrag
- Spaltungs- und Übernahmevertrag **L.III.2** 31

Folgepflicht
- Weisungsrecht **M.I.1** 9

Förderbank
- M & A Transaktionen bei **J.I** 6.1 i

Forderung
- Abtretung **C.II.1** 17, 43, 73
- Verhältnis zu Standardized Working Capital **C.II.2** 89

Förderungen, öffentliche
- Anforderungsliste Due Diligence **B.VI.3**
- Transaktionsstruktur **A.II.3**

Förderungspflicht
- Zusammenschlussvereinbarung **L.II.2** 6

Forfaitierung
- Public Private Partnership **H.IV.8** 2

Form
- Aktienkaufvertrag **C.III.2** 2
- Anteilskaufvertrag **C.II.1** 128
- GbR-Anteilskaufvertrag **C.VI** 3
- Mitteilungspflicht nach §§ 20, 21 AktG **C.III.3.1** 3
- OHG-Anteilskaufvertrag **C.V.1** 3
- Stimmrechtsmitteilung nach § 21 WpHG **C.III.3.3** 7
- Veröffentlichung gem. § 26 Abs. 1 WpHG **C.III.3.6** 5
- Vertraulichkeitsvereinbarung **B.I.1** 2

Form, elektronische
- Handelsregisteranmeldung **C.V.2** 3

Formblatt CO
- *sa EU-Fusionskontrolle*
- Adressen **K.II.2** 17
- nichttarifäre Handelshemmnisse **K.II.2** 18
- Sprachregelung **K.II.2** 1
- Unterschrift **K.II.2** 22
- Vertraulichkeit **K.II.2**
- Vollständigkeit **K.II.2** 21

Formerfordernis
- Verzicht bei Einberufung Gesellschafterversammlung **L.III.4** 4

Formwechsel L.IV.1 1
- Abgrenzung zu Verschmelzung/Spaltung **L.IV.1** 1
- AG in GmbH **L.IV.21** 1 f.
- AG in GmbH & Co. KG **L.IV.26** 1 f.
- AG in KGaA **L.IV.25** 1
- AG in SE **L.IV.29** 1 f.
- Amtskontinuität Leitungsorgane **L.IV.30** 9
- Beitritt eines Dritten als Komplementär bei KGaA **L.IV.14** 9
- Bericht des Gründungsprüfers **L.IV.12** 1 f.
- Beschlussfassung Vollversammlung **L.IV.7** 4
- Bestellung Abschlussprüfer **L.IV.7** 14
- Betriebsrat **L.IV.1** 16
- Betriebsvereinbarung **L.IV.1** 16
- Einberufung Hauptversammlung AG **L.IV.21** 4, 5, 7
- erster Aufsichtsrat **L.IV.7** 12
- Folgen für Arbeitnehmer **L.IV.1** 16; **L.IV.7** 12
- Frist **L.IV.1** 1
- Gesellschafterversammlung **L.IV.1** 8
- GmbH in AG **L.IV.7** 1
- GmbH in GmbH & Co. KG **L.IV.1** 1 f.
- GmbH in KGaA **L.IV.14** 1 f.
- GmbH in Limited & Co. KG **L.IV.5** 1 f.
- Gründungsaufwand **L.IV.21** 13
- Gründungsbericht **L.IV.10** 1
- Gründungsrecht **L.IV.7** 6; **L.IV.21** 9
- Handelsregisteranmeldung **L.IV.1** 1; **L.IV.4** 1 f.; **L.IV.13** 1 f.; **L.IV.20**; **L.IV.24**
- Handelsregistereintragung **L.IV.4** 6
- Handelsregistereintragung der neuen Rechtsform **L.IV.1** 1
- Hinweis „Sacheinlage durch Formwechsel" **L.IV.7** 8
- Identität der Anteilseigner **L.IV.1** 3; **L.IV.5** 3; **L.IV.14** 9
- Kapitalerhöhung bei **L.IV.7** 3
- Kapitalnachweisbilanz **L.IV.7** 17
- Kapitalschutz **L.IV.7** 17
- KGaA in AG **L.IV.28** 1 f.
- KGaA in GmbH **L.IV.27** 1 f.
- Nachgründungsvorschriften **L.IV.7** 6
- numerus clausus **L.IV.1**
- privatisierende Umwandlung **H.I** 3
- Sondervorteile **L.IV.21** 13
- Stille Gesellschaft **L.IV.7** 16
- Tarifvertrag **L.IV.1** 16
- Treuhandlösung **L.IV.1** 3, 4
- Übersendung Abfindungsangebot **L.IV.3** 1
- Übertragungstreuhand **L.IV.1** 3
- Umwandlungsbericht **L.IV.1** 1; **L.IV.2** 1
- Umwandlungsbeschluss **L.IV.1** 1 f., 1, 7
- Unterbilanz **L.IV.7** 17
- Unternehmensmitbestimmung **L.IV.1** 16
- Verfahrensschritte **L.IV.1** 1
- Zulassungsfortbestand bei **J.II** 4
- zuständiges Handelsregister **L.IV.4** 2
- Zustimmung Komplementär **L.IV.27** 12

Forschung & Entwicklung
- Gruppenfreistellungsverordnung **K.I.2** 8

magere Zahlen = Anmerkung

Sachverzeichnis

- horizontale Vereinbarung Gemeinschaftsunternehmen **K.I.2** 7
Fotokopien
- Datenraum **B.VI.1** 8
Fragen
- Datenraum **B.VI.1** 9
Franchisevertrag
- Alternative zu Joint Venture **G.I**
Frankreich
- Investitionskontrolle **K.III** 3.4 e
Freelancer
- Anforderungsliste Due Diligence **B.VI.3**
- Arbeitsrechtliche Due Diligence **B.VI.7**
Freibetrag
- Haftung bei GmbH-Anteilskaufvertrag **C.II.1** 110; **C.II.2** 104
Freie Mitarbeiter
- Anforderungsliste Due Diligence **B.VI.3**
Freigabe, behördliche
- Vollzug GmbH-Anteilskaufvertrag trotz fehlender **C.II.1** 119
Freigabeerklärung, fusionskontrollrechtliche
- Verhaltensmaßregeln bis zur **K.I.10** 1
Freigabeschreiben
- Fusionskontrollverfahren **K.I.5** 1
Freigabeverfahren
- Handelsregisteranmeldung Squeeze out **M.III.9** 4
- bei Klage gegen Squeeze out **M.III.8** 12
Freigrenze
- Haftung bei GmbH-Anteilskaufvertrag **C.II.1** 110; **C.II.2** 104
Freistellung
- von Ansprüchen Dritter **C.II.1** 115
- nach Art. 101 Abs. 3 AEUV **K.I.2** 9
- Mandatsvereinbarung **B.II** 5
- steuerliche **C.II.1** 91 f.
Freistellungsvereinbarung
- Anteilskaufvertrag **C.II.1** 88; **C.II.2** 107 f.
- Umweltrecht **C.II.1** 88; **C.II.2** 107 f.
Freiwillige Selbstkontrolle (FSF)
- Medienunternehmen **J.IV** 3.1 b
Frequenznutzungsrecht
- Sicherungsübereignung **J.IV** 2.1 g
- Telekommunikationsunternehmen **J.IV** 2.1 b
Frischwasserversorgung
- Anforderungsliste Due Diligence **B.VI.3**
- Anforderungsliste Environmental Due Diligence **B.VI.6**
Fristerfordernis
- Verzicht bei Einberufung Gesellschafterversammlung **L.III.4** 4
Frühwarnsystem
- Cash-Pooling-Vertrag **M.II** 16, 22
Fusion
- EU-Fusionskontrolle **K.II.2** 3
Fusionsbehörde
- Kartellklausel **C.II.1** 59
Fusionskontrolle
- Angebotsunterlage **E.III.4** 24
- Bedeutung, gemeinschaftsweite **K.I.1** 10

- Joint Venture-Vertrag **G.II** 5, 43
- Märkte, sonstige **K.I.1** 23
- Medienunternehmen **J.IV** 3.1 g
- Printmedien **J.IV** 3.3 b
- Vorrang der Europäischen Fusionskontrolle **K.I.1** 10
Fusionskontrolle EU
- Anmeldung gemäß Formblatt CO **K.II.2** 1
- Informal Guidance Memorandum **K.II.1**
- Verfahrensschritte Anmeldung **K.II.2** 1
Fusionskontrollverfahren
- Abwägungsklausel **K.I.1** 24
- Akteneinsicht Verfahrensakte **K.I.7** 7
- Angebot untersagungsabwendender Veräußerungszusage **K.I.5**
- Anmeldefristen **K.III** 5
- Anmeldepflicht **K.I.1** 3; **K.III** 3.4, 4.5
- Anmeldepflichtiger **K.III** 3
- Anmeldung **K.I.1** 1
- Anmeldung Auslandszusammenschluss **K.I.3**
- Anmeldung Gemeinschaftsunternehmen **K.I.2**
- Anmeldung Zusammenschluss **K.I.1**
- Anmeldung Zusammenschluss (Bagatellmarkt) **K.I.4**
- Anschlussschreiben **K.I.1** 5
- Anteilserwerb **K.I.1** 8
- Antrag auf Akteneinsicht **K.I.7**
- Aufgreifkriterien **K.III** 3.3
- Aufgreifschwellen **K.III** 3.3, 3.4
- Auswirkungsprinzip **K.III** 3.3
- Bagatellmarktklausel **K.I.1** 9; **K.I.4** 1
- Befreiung von Vollzugsverbot **K.III** 3.4 c
- Beiladung **K.I.6** 1
- Beiladung, einfache **K.I.6** 7
- Beiladung im Vorprüfungsverfahren **K.I.6** 3
- Beiladung, notwendige **K.I.6** 6
- Beiladungsantrag **K.I.6**
- Beschwerde **K.I.9**
- Beschwerdeform **K.I.9** 4
- Beschwerdefrist **K.I.9** 3
- Beteiligte **K.III** 3.2
- Beteiligungsfähigkeit **K.I.6** 4
- Betriebs-/Geschäftsgeheimnisse bei Akteneinsicht **K.I.7** 5
- Bußgeldrisiko **K.I.10** 2
- Chinese Walls bei Veräußerungszusage **K.I.5** 10
- de minimis-Klausel **K.I.1** 9
- in Drittstaaten **K.III** 1 f.
- Entscheidungen BKartA/EU Kommission **K.I.1** 20
- Erwerb wesentlicher Vermögenswerte **K.III** 3.1 c
- Erwerber **K.III** 3.2 a, c
- EU **K.II**
- Festlegung der Verantwortlichkeiten **K.III** 2
- Finanzabschluss **K.III** 3.3 a
- Freigabeschreiben **K.I.5** 1
- Freistellung nach Art. 101 Abs. 3 AEUV **K.I.2** 9
- freiwillige Anmeldung **K.III** 3.4 b
- Frist **K.I.1** 1
- Gemeinschaftsunternehmen **K.I.2** 1
- Gruppeneffekt **K.I.2** 3, 11

2051

Sachverzeichnis

fette Buchstaben und Zahlen = Systematik

- Gruppenfreistellungsverordnung **K.I.2** 8
- hilfsweise Anmeldung **K.I.4** 4
- horizontale Vereinbarung Gemeinschaftsunternehmen **K.I.2** 7
- Inlandsvertreter **K.I.2** 2
- Instruktion lokaler Anwälte **K.III** 4
- Interessenberührung, erhebliche **K.I.6** 6
- Joint Venture **G.II** 48
- Konsolidierung Umsatz **K.III 3.3** b
- Konsolidierungskreis **K.I.1** 9
- Kontrollerwerb **K.I.1** 8; **K.III 3.1** a
- Kontrollrecht, anwendbares **K.III 3.4** a
- Konzernbetrachtung **K.III 3.2**
- konzerninterne Neugründung/Restrukturierung **K.I.1** 8
- Kosten bei Joint Venture **G.II** 51
- Mandat **K.III** 4
- Marktabgrenzung **K.I.1** 19
- Marktanteile **K.I.1** 21
- marktbeherrschende Stellung **K.I.1** 24
- Markttest Zusageangebot **K.I.5** 3
- Minderheitsbeteiligungserwerb **K.III 3.1** b
- nachträgliche Anmeldung **K.III 3.4** c
- Öffentlichkeit **K.I.1** 7
- Prüfungsmaßstab BKartA **K.I.1** 24
- Prüfungsmaßstab Gemeinschaftsunternehmen **K.I.2** 11
- Publizität **K.III 4.12**
- Referenzzeitraum Umsatzberechnung **K.I.1** 17
- Restrukturierung, interne **K.III 3.1** e
- Schwellenwerte, internationale **K.III 3.3**
- Sonderregelungen **K.III 3.4** d
- sukzessive Transaktionen **K.I.1** 8
- Tochterunternehmen, inländische **K.I.1** 14
- Überwachungstreuhänder Veräußerungszusage **K.I.5** 11
- Umsatzberechnung **K.I.1** 13, 18; **K.III 3.3**
- Umsatzberechnung Auslandszusammenschluss **K.I.3** 4
- Umsatzberechnung bei Beherrschungsverhältnis **K.I.1** 16
- Umsatzberechnung Gemeinschaftsunternehmen **K.I.1** 15; **K.I.2** 5
- Umsatz-Schwellenwerte **K.I.1** 9
- Umsetzungsfrist Veräußerungszusage **K.I.5** 8
- Unternehmen, beteiligte **K.I.1** 12
- Unternehmen, erwerbendes **K.I.1** 2
- Unternehmensangaben **K.I.1** 1
- Veräußerer **K.III 3.2** b
- Veräußerungstreuhänder **K.I.5** 9
- Veräußerungszusage **K.I.5** 4
- Vergütung lokaler Anwälte **K.III 4.2**
- Verhaltensrichtlinien bis zum Vollzug der Transaktion **K.I.10**
- Vermögenserwerb **K.I.1** 8
- Verweis auf frühere Anmeldungen **K.I.1** 11
- Vollfunktions-Gemeinschaftsunternehmen **K.I.2** 4
- Vollmacht **K.I.1** 4
- Vollzugsanzeige **K.I.8**
- Vollzugsanzeige als Anmeldung im **K.I.8** 4
- Vollzugsbedingungen **K.III 4.8**
- Vollzugsverbot **K.III 4.6**
- Vorbereitung Anmeldung **K.III** 5
- Wahrung Geschäftsgeheimnis **K.I.1** 6
- wettbewerblich erhebliche Einflussausübung **K.I.1** 8
- Wettbewerbsbedingungen **K.I.1** 22
- Zielunternehmen **K.III 3.2** b, c
- Zusammenfassung mehrerer Erwerbsakte **K.III 3.1** d
- Zusammenschluss **K.III 3.1**
- Zuständigkeit Beschwerdeverfahren **K.I.9** 2
- Zuständigkeit/-sbereiche **K.I.3** 1
- Zuwiderhandlung **K.I.10** 1
- Zweischrankentheorie **K.I.2** 6

Fusionskontrollverfahren EU
- Vorrang **K.I.1** 10

Fusionskontrollverordnung
- Verhaltensmaßregeln vor Freigabe **K.I.10** 1

Fusionskontrollverordnung Nr. 139/2004 (FKVO) K.I.1 10

Garantie
- Aktienkaufvertrag **C.III.2** 22 f.
- Anteilskaufvertrag **C.II.1** 81 f.; **C.II.2** 81; **C.II.3** 25
- Bestechung/Vorteilnahme **C.II.2** 100
- Beteiligungsvertrag **F.V.1** 7
- Fortführung der Geschäfte **C.II.3** 30
- GbR-Anteilskaufvertrag **C.VI** 10
- Käufer bei Asset Deal **D.I** 4
- für Kaufpreiszahlung **C.II.1** 49
- Kein Wertabfluss/Ringfencing **C.II.3** 32
- Private Equity- Gesellschaft bei Verkauf Portfolio-Gesellschaft **C.II.3** 25
- Verhältnis Forderungen/Standardized Working Capital **C.II.2** 89
- Verhältnis Vorräte/Standardized Working Capital **C.II.2** 88
- Verlustvortrag **C.II.2** 93

Garantieregelung
- Arzneimittel-/Medizinprodukte-/Pharma-/Lebensmittelunternehmen **J.II** 11

Garantieverletzung
- Haftung bei Share Deal **C.I**
- Rechtsfolgen **C.II.2** 103

Garantieverpflichtung
- Anforderungsliste Due Diligence **B.VI.3**

Garantieversprechen
- Kenntnis des Verkäufers **C.II.1** 86; **C.II.2** 102
- Übernahmeangebot **E.I** 15, 16

Garantieversprechen, selbständiges
- Verkäufergarantie **C.II.1** 82

Gas-Liefervertrag
- marktbeherrschende Stellung **J.III 2.2**b(aa)

GbR
- Grundbuchfähigkeit **C.VI** 8
- Immobilienbesitz **C.VI** 1

GbR-Anteilskaufvertrag C.VI 1 f.
- Altlasten **C.VI** 13
- Erwerbsgegenstand **C.VI** 4

magere Zahlen = Anmerkung

- Finanzierung **C.VI** 11
- Form **C.VI** 3
- Garantien **C.VI** 10
- Gesellschaftsanteil **C.VI** 2
- Grundbuchberichtigung **C.VI** 8
- Kapitalanteil **C.VI** 2
- Rent-Roll-Garantie **C.VI** 12
- Treuhand **C.VI** 7
- Übersicht **C.VI** 1
- Zusammenschlusskontrolle **C.VI** 22

Gebühren
- Handelsregisteranmeldung Anteilsvereinigung/Erlöschen OHG **C.V.2** 4
- Handelsregisteranmeldung Kapitalerhöhung **F.I.5** 5
- Sacheinlage **F.I.1** 7
- Umwandlungsbeschluss **L.IV.1** 18

Gefahrstoffe
- Anforderungsliste Due Diligence **B.VI.3**
- Anforderungsliste Environmental Due Diligence **B.VI.6**

Gegenleistung
- Fairness Opinion **E.IV** 10
- Spaltungs- und Übernahmevertrag **L.III.2** 8
- Stellungnahme Vorstand/Aufsichtsrat zum Übernahmeangebot **E.IV** 9
- Verschmelzung **L.II.3** 10 f.; **L.II.16** 8; **L.II.20** 9
- Verschmelzung AG mit GmbH durch Aufnahme **L.II.20** 11
- Verschmelzungsvertrag **L.II.13** 8

Gegenstände, nicht zugeteilte
- Spaltungs- und Übernahmevertrag **L.III.2** 24, 25, 26

Gegenüberstellung
- Bieterangebote im Auktionsverfahren **B.V.2**
- Vertragsentwurf/Angebot **B.V.1**

Geltungsdauer
- Übernahmeangebot **E.I** 18

Gemeinschaftsunternehmen G.I
- *sa Joint Venture*
- Alternativen **G.I**
- Anmeldung Fusionskontrollverfahren **K.I.2**
- Ausgestaltung Mehrheitsverhältnisse **G.I**
- EU-Fusionskontrolle **K.II.2** 3
- Fiktion des Zusammenschlusses **K.I.2** 3
- FKVO **K.I.2** 4
- Fusionskontrollverfahren **K.I.2** 1
- gemeinsame Kontrolle **K.I.2** 3
- Gesellschaftsvertrag **G.III**
- Gruppenfreistellungsverordnung **K.I.2** 8
- horizontale Vereinbarung **K.I.2** 7
- Leitungsmacht **K.I.2** 11
- Prüfungsmaßstab bei Fusionskontrolle **K.I.2** 11
- Rechtsform **G.I**
- Umsatzberechnung Fusionskontrollverfahren **K.I.1** 15; **K.I.2** 5
- Vereinbarung **G.II** 1
- Vollfunktionsunternehmen **K.I.2** 4
- Zweischrankentheorie **K.I.2** 6

Genehmigtes Kapital
- Bezugsrechtsausschluss **F.III.1** 2; **F.III.3**; **F.III.4**

Sachverzeichnis

- gemischte Sacheinlage **F.III.2** 1
- Handelsregisteranmeldung Kapitalerhöhung **F.III.9** 1 f.
- Hauptversammlungsprotokoll **F.III.1**
- Höchstbetrag **F.III.1** 11
- Laufzeit der Ermächtigung **F.III.1** 10
- Prüfbericht Sachkapitalerhöhung **F.III.7.4** 1, 2
- Sachkapitalerhöhung **F.III.1**
- Sachkapitalerhöhung bei GmbH **F.I.8**
- Satzungsänderung **F.III.1** 12
- Untergliederung **F.III.1** 2
- Verfallsdatum **F.III.2** 7
- Vorstandsbericht zum Bezugsrechtsausschluss **F.III.3**; **F.III.4**
- Vorstandsbericht zur Ausnutzung **F.III.2** 6
- Vorstandsbeschluss Sachkapitalerhöhung **F.III.2**
- Zeichnungsfrist **F.III.2** 8
- Zeichnungsschein Kapitalerhöhung **F.III.6**
- Zustimmungsbeschluss des Aufsichtsrats zur Kapitalerhöhung aus g. L. **F.III.5**

Genehmigung
- Abtretung GmbH-Anteil **C.II.6** 1, 4
- Energiewirtschaft **J.III** 2.1 a

Genehmigung, produktbezogene J.II 3 c

Genehmigungen, behördliche
- Angebotsunterlage **E.III.4** 24

Genehmigungserfordernisse
- Privatisierung **H.I** 13
- Transaktionsstruktur **A.II.3**; **A.III**

Genehmigungserfordernisse, personenbezogene
- Transaktionsstruktur **A.III**.

Genehmigungsfortbestand
- bei share deal **J.II** 4

Genehmigungsübertragung
- Asset deal **J.II** 5

Genehmigungsvorbehalt
- Verschmelzungsplan **L.II.27** 21
- Zustimmungsbeschluss **L.II.30** 9

Generaldebatte
- Hauptversammlung **F.III.1** 6

Genussrechte
- Anforderungsliste Due Diligence **B.VI.3**

Gerichtsstand
- Angebotsunterlage **E.III.4** 33
- Übernahmeangebot **E.I** 20
- Vertraulichkeitsvereinbarung **B.I.1** 18

Gerichtsstandsvereinbarung
- Anteilskaufvertrag **C.II.1** 129

Gesamtfreibetrag
- Haftung bei GmbH-Anteilskaufvertrag **C.II.1** 110

Gesamtrechtsfolge
- Abspaltung **L.III.19** 4

Gesamtrechtsnachfolge, partielle
- Ausgliederung **L.III.20** 1, 2
- Spaltung **L.III.2** 20

Gesamtrentabilitätsüberlegungen
- Privatisierung **H.I** 11

Geschäfte, zustimmungsbedürftige
- Joint Venture **G.III** 6

2053

Sachverzeichnis

fette Buchstaben und Zahlen = Systematik

Geschäftsanteil
- Abtretung/Verkauf bei Joint Venture **G.II** 43
- Bindung Rechtsnachfolger **H.III.7** 2
- dingliches Sicherungsrecht bei Spaltung **L.III.7** 3
- Einlage **F.I.1** 2
- Einziehung bei Joint Venture **G.III** 14
- Genehmigung der Anteilsabtretung **C.II.6** 1
- gutgläubiger Erwerb **C.II.1** 84 a
- Haltefristklausel **H.II.8**
- mehrere an denselben Übernehmer **F.I.1** 2
- Nummerierung **C.II.1** 5 a; **C.II.4** 3; **F.I.1** 2; **F.I.6** 1
- Stückelungs-/Teilbarkeitserleichterung **L.II.20** 11
- Übernahmeerklärung bei Sacheinlage **F.I.2**
- Übernehmerliste **F.I.3**
- Veräußerungs-/Belastungsverbot **H.II.8** 2
- Verschmelzungsvertrag AG mit GmbH **L.II.20** 11
- Vinkulierung **C.II.3** 17
- Vinkulierung bei Joint Venture **G.II** 37; **G.III** 11
- Vinkulierung bei Teilprivatisierung **H.III.7** 3

Geschäftsbereich
- Asset Deal **D.I** 2

Geschäftsbetrieb
- Anforderungsliste Due Diligence **B.VI.3**
- Fortführung zwischen signing und closing **J.II** 9

Geschäftsfortführung
- Garantie **C.II.3** 30

Geschäftsführer
- Anstellungsverhältnis bei Spaltung **L.III.2** 22
- Anstellungsvertrag bei Joint Venture **G.III** 4
- Asset Deal **D.I.** 17, 27
- Bestellung bei Aufspaltung zur Neugründung **L.III.8** 12
- Erklärung des prospektiven nach § 8 Abs. 3 GmbHG **L.III.10** 5
- Joint Venture **G.III** 3
- Negativerklärungen bei Handelsregisteranmeldung **L.III.6** 10
- Vorschlagsrecht bei Teilprivatisierung **H.III.2** 12

Geschäftsführerbestellung
- im Zustimmungsbeschluss der GmbH zur Verschmelzung **L.II.17** 3

Geschäftsführung
- Änderungen bei Übergang der Anteilsmehrheit **H.III.2** 16
- Joint Venture **G.II** 34

Geschäftsführungskompetenz
- Abschluss Break Fee-Vereinbarung **L.II.2** 19

Geschäftsführungsmaßnahmen, außergewöhnliche
- Zusammenschlussvereinbarung **L.II.2** 13

Geschäftsgeheimnis
- bei Akteneinsicht im Fusionskontrollverfahren **K.I.7** 5
- Formblatt CO **K.II.2** 2
- Wahrung bei Fusionskontrollverfahren **K.I.1** 6

Geschäftsgrundlage
- Zielklausel **H.II.1** 4

Geschäftsordnung
- Anforderungsliste Due Diligence **B.VI.3**

- Aufsichtsrat **H.III.2** 4, 15
- Konsortialausschuss **H.III.2** 15

Geschäftsplan
- Anforderungsliste Financial Due Diligence **B.VI.4**

Geschäftsverlauf
- Gründungsbericht **L.IV.10** 5

Geschäftswert
- Abspaltung zur Neugründung **L.III.19** 10
- Auflösung GmbH & Co. KG **L.V.5** 5
- Bestellung Verwaltungsrat/Aufsichtsrat **L.IV.29** 16
- Rechtmäßigkeitsbescheinigung **L.II.31** 15
- Sach-/Kapitalerhöhung **L.V.3** 6
- Spaltungs- und Übernahmevertrag **L.II.3** 33
- Spaltungsbeschluss **L.II.6** 11
- Umwandlung AG in SE **L.IV.29** 16
- Umwandlungsbeschluss **L.IV.1** 18
- Verschmelzung **L.II.3** 33
- Verschmelzungsbeschluss **L.II.6** 11
- Verschmelzungsplan **L.II.27** 23

Geschmacksmuster
- Anforderungsliste Due Diligence **B.VI.3**

Gesellschafter
- Sonderrechte bei Verschmelzung **L.II.16** 13
- Spaltungsprüfungsverlangen **L.III.4** 9

Gesellschafterausschluss
- Anforderungsliste Due Diligence **B.VI.3**

Gesellschafterbeschluss
- Sachkapitalerhöhung GmbH **F.I.1**

Gesellschafterdarlehen
- Anteilskaufvertrag **C.II.3** 8

Gesellschafterliste
- Einreichung zum Handelsregister **C.II.4** 1 f.
- Einreichungsanlässe **C.II.4** 2
- Einreichungszeitpunkt **C.II.4** 5; **F.I.6** 2
- GmbH **C.II.4** 1 f.
- GmbH nach Kapitalerhöhung **F.I.6**
- Haftung **C.II.4** 7
- Handelsregisteranmeldung **L.III.6** 8
- Komplementär-GmbH **C.II.4**; **C.IV.7**
- Kosten **F.I.6** 1
- Nachweis Anteilsübergang **C.II.3** 18
- Notarbescheinigung **C.II.4** 8
- Nummerierung Geschäftsanteile **C.II.4** 3
- Unterzeichnung durch Notar **F.I.6** 3
- Widerspruchszuordnung **C.II.2** 66 a; **C.II.3** 16 a
- Zuständigkeit **C.II.4** 6

Gesellschafterrecht
- Ausübung während Mediationsverfahren **H.III.2** 13

Gesellschaftervereinbarung **F.V.2** 1 f.
- Anforderungsliste Due Diligence **B.VI.3**
- Beirat **F.V.2** 3
- Call Option **F.V.2** 6
- Drag alone-Recht **F.V.2** 8
- Drag along-Recht **F.V.2** 8
- Einziehung **F.V.2** 6
- Exit-Route **F.V.2** 1, 7
- Form **F.V.2** 14
- Gestaltung **F.V.2** 2

- Informationsrechte F.V.2 5
- IPO F.V.2 10
- Liquidation Preference F.V.2 12
- Management Retention F.V.2 6
- Mitverkaufsrecht F.V.2 9
- Mitverkaufsverpflichtung F.V.2 8
- Put Option F.V.2 11
- Stimmverhalten F.V.2 4
- Tag along-Recht F.V.2 9
- Verhältnis zu Beteiligungsvertrag F.V.1 1; F.V.2 1
- Verhältnis zu Gesellschaftsvertrag F.V.2 2
- Verwässerungsschutz F.V.2 13
- Vinkulierung F.V.2 7
- Weisungen an Geschäftsführung F.V.2 4

Gesellschafterversammlung
- Beschlussfassung Zustimmungsbeschluss zur Verschmelzung L.II.22 1 f.
- Einberufung bei Spaltungsvorhaben L.III.4 2
- Formwechsel L.IV.1 8
- Verschmelzung AG mit GmbH durch Aufnahme L.II.22 1 f.
- Verzicht auf Einladungsvorschriften L.II.17 2
- Zustimmungsbeschluss der übernehmenden GmbH L.II.17 1 f.
- Zustimmungsbeschluss zum Spaltungs- und Übernahmevertrag L.III.4 1 f.; L.III.5 1 f.

Gesellschafterversammlung Joint Venture
- Stimmrechte G.III 10

Gesellschaftsangelegenheiten
- Anforderungsliste Due Diligence B.VI.3

Gesellschaftsanteil
- GbR-Anteilskaufvertrag C.VI 2
- OHG-Anteilskaufvertrag C.V.1 2
- Übertragung bei Asset Deal D.I 21

Gesellschaftsrecht
- Transaktionsstruktur A.II

Gesellschaftsvertrag
- Abstimmung bei Joint Venture G.I; G.II 52
- Joint Venture G.III
- Umwandlungsbeschluss L.IV.1 13
- Verhältnis zu Beteiligungsvertrag F.V.1 2
- Verhältnis zu Gesellschaftervereinbarung F.V.2 2

Gewährleistung
- Anteilskaufvertrag C.II.1 80
- Zusammenschlussvereinbarung L.II.2 17

Gewährleistung, arbeitsrechtliche
- Share Deal C.I

Gewährleistung IP/IT
- Share Deal C.I

Gewährleistung, öffentlich-rechtliche
- Share Deal C.I

Gewährleistung, umweltrechtliche
- Share Deal C.I

Gewährleistungsansprüche
- Anforderungsliste Due Diligence B.VI.3
- Share Deal C.I

Gewährleistungserklärung M.III.6 1
- Höhe M.III.6 5
- Inhalt M.III.6 3
- Kreditinstitut, unzulässiges M.III.6 7
- Sicherungsgeber M.III.6 2

- Squezze out M.III.6 1 f.
- Verletzung M.III.6 7
- Vertragspartner M.III.6 4
- Zeitpunkt des Vorliegens M.III.6 6

Gewährleistungsumfang
- Share Deal C.I

Gewährleistungszeitpunkt
- Share Deal C.I

Gewährträgerhaftung J.I 6.1 i

Gewerbeanmeldung
- Anforderungsliste Due Diligence B.VI.3
- Anforderungsliste Environmental Due Diligence B.VI.6

Gewerbeerlaubnis
- Anforderungsliste Due Diligence B.VI.3
- Anforderungsliste Environmental Due Diligence B.VI.6
- Übertragung J.II 5

Gewinn- und Verlustrechnung
- Anforderungsliste Financial Due Diligence B.VI.4

Gewinnabführung
- Beherrschungs- und Gewinnabführungsvertrag M.I.1 12
- Rückbeziehung M.I.1 16
- Rücklagenauflösung M.I.1 15
- Umfang M.I.1 13
- Verhältnis zu Rücklagenbildung M.I.1 14

Gewinnabführungsvertrag M.I.1 1 f.
- Anforderungsliste Due Diligence B.VI.3
- Ausgleich für außenstehende Aktionäre M.I.1 22
- Rücklagenauflösung M.I.1 15
- Zweck M.I.1 1

Gewinnberechtigung
- Aktienkaufvertrag C.III.2 11
- Anteilskaufvertrag C.II.1 8
- GmbH & Co. KG-Anteilskaufvertrag C.IV.2 9
- OHG-Anteilskaufvertrag C.V.1 7

Gewinnrücklage
- Ausgleich Jahresfehlbetrag M.I.1 19

Gewinnverwendung
- Joint Venture G.II 33

Gewinnvortrag
- Ausgleich Jahresfehlbetrag M.I.1 19

Girosammelverwahrung C.III.2 63

Gläubigerschutz
- Verschmelzung, grenzüberschreitende L.II.25
- Verschmelzungsplan L.II.27 17; L.II.29 5

Gleichbehandlung
- Privatisierungsverfahren H.I 8

Gleichbehandlungsgebot
- Übernahmeangebot E.I 2

Globalzession
- Anforderungsliste Due Diligence B.VI.3

GmbH
- Abfindungsangebot L.IV.9
- Abfindungsangebot bei Formwechsel in GmbH & Co. KG L.IV.3 1 f.
- Abgrenzung/Vergleich zu Limited L.IV.5 2
- Abspaltung AG auf andere AG und neue GmbH L.III.19 1 f.

2055

Sachverzeichnis

fette Buchstaben und Zahlen = Systematik

- Aufspaltung auf mehrere GmbH **L.III.2** 1 f.
- Aufspaltung auf mehrere neue GmbHs **L.III.8** 1 f.
- Aufspaltung zur Aufnahme **L.III.2** 1 f.
- Beteiligungsvertrag **F.V.1** 1 f.
- Darlehenskonten der GmbH & Co. KG bei Einbringung in Komplementär-GmbH **L.V.4** 2
- Einbringung mittels Sacheinlage in AG **F.II.1**
- Einbringungsvertrag Sacheinlage **F.I.4**
- durch Formwechsel AG **L.IV.21** 1 f.
- Formwechsel in AG **L.IV.7** 1 f.
- Formwechsel in GmbH & Co. KG **L.IV.1** 1 f.
- Formwechsel in KGaA **L.IV.14** 1 f.
- Formwechsel in Limited & Co. KG **L.IV.5** 1 f.
- durch Formwechsel KGaA **L.IV.27** 1 f.
- Gegenleistung bei Verschmelzung AG mit GmbH durch Aufnahme **L.II.20** 11
- Genehmigung Anteilsabtretung **C.II.6** 1
- Geschäftsanteile bei Verschmelzung **L.II.20** 11
- Gesellschafterbeschluss Kapitalerhöhung mittels gemischter Sacheinlage **F.I.1**
- Gesellschafterliste **C.II.4** f.
- Gesellschafterliste bei Handelsregisteranmeldung **L.II.18** 1
- Gesellschafterliste nach Kapitalerhöhung **F.I.6**
- Gesellschaftervereinbarung Wagniskapital **F.V.2** 1 f.
- gesellschaftsrechtliche Zustimmungserfordernisse/Beschränkungen **A.III**
- Gründungsbericht bei Formwechsel in AG **L.IV.10** 1 f.
- Handelsregisteranmeldung bei Verschmelzung GmbH mit AG durch Aufnahme **L.II.15** 1 f.
- Handelsregisteranmeldung der Gründung der übernehmenden GmbH bei Aufspaltung zur Neugründung **L.III.10** 1 f.
- Handelsregisteranmeldung Formwechsel in GmbH & Co. KG **L.IV.4** 1 f.
- Handelsregisteranmeldung Kapitalerhöhung **F.I.5**
- Handelsregisteranmeldung Spaltung durch übernehmende GmbH **L.III.6** 1 f.
- Handelsregisteranmeldung Spaltung durch übertragende GmbH **L.III.7** 1 f.; **L.III.11** 1 f.
- Handelsregisteranmeldung Verschmelzung AG mit GmbH durch Aufnahme **L.II.23**
- Handelsregisteranmeldung Verschmelzung GmbH auf GmbH **L.II.18**; **L.II.19**
- Kosten Gesellschafterliste **F.I.6** 1
- Mehrheitserfordernisse Umwandlungsbeschluss **L.IV.1** 17; **L.IV.7** 5
- Nummerierung Geschäftsanteil **F.I.1** 2; **F.I.6** 1
- Personalentscheidung im Zustimmungsbeschluss zur Verschmelzung **L.II.17** 3
- Rückwirkung Einbringung Kommanditanteile GmbH & Co. KG in Komplementär-GmbH **L.V.4** 3
- Sachkapitalerhöhung **F.I.1**
- Sachkapitalerhöhung aus genehmigtem Kapital **F.I.8**
- Schaffung an zukünftige Komplementär-GmbH abzutretenden Teilgeschäftsanteil **L.IV.1** 5
- Übernahmeerklärung bei Sacheinlage **F.I.2**
- Übernehmerliste Sacheinlage **F.I.3**
- durch Umwandlung GmbH & Co. KG **L.V.1** 1
- Umwandlungsbericht **L.IV.2** 1 f.; **L.IV.8**
- Verschmelzung AG mit GmbH durch Aufnahme **L.II.20** 1 f.
- Verschmelzung mit AG durch Aufnahme **L.II.13** 1 f.
- Verschmelzung mit GmbH durch Aufnahme **L.II.16** 1 f.
- Vollversammlung **L.IV.7** 4
- Zustimmung zum Spaltungsbeschluss **L.III.4** 1 f.; **L.III.5** 1 f.
- Zustimmungsbeschluss der Gesellschafterversammlung bei Verschmelzung AG mit GmbH durch Aufnahme **L.II.22** 1 f.
- Zustimmungsbeschluss der Gesellschafterversammlung zu Spaltungs- und Übernahmevertrag **L.III.4** 1 f.; **L.III.5** 1 f.
- Zustimmungsbeschluss der übernehmenden GmbH **L.II.17** 1 f.
- Zustimmungsbeschluss der übertragenden Gesellschaft zur Aufspaltung zur Neugründung **L.III.9** 1 f.

GmbH & Co. KG
- Abtretung Kommanditanteil an Komplementär-GmbH **L.V.4** 1 f.
- Anteilskaufvertrag aller Anteile und deren Komplementärin **C.IV.1**; **C.IV.2**
- Darlehenskonten bei Einbringung in Komplementär-GmbH **L.V.4** 2
- Einbringung mittels Sacheinlage in GmbH **F.I.1**
- Einbringungsvertrag **F.III.10** 3
- durch Formwechsel AG **L.IV.26** 1 f.
- durch Formwechsel GmbH **L.IV.1** 1 f.
- Geschäftswert bei Auflösung **L.V.5** 5
- Handelsregisteranmeldung Abtretung Kommanditanteile an Komplementär-GmbH **L.V.5** 1 f.
- Handelsregisteranmeldung Auflösung **L.V.5** 1 f.
- Handelsregisteranmeldung der erworbenen **F.I.7**
- Handelsregisteranmeldung der Gründung der übernehmenden GmbH & Co. KG bei Spaltung zur Neugründung **L.III.17** 1 f.
- Handelsregisteranmeldung Kapitalerhöhung **F.IV**
- Umwandlung in GmbH (Gestaltungsmöglichkeiten) **L.V.1** 1

GmbH & Co. KG-Anteilskaufvertrag
- Beurkundung **C.IV.2** 2
- Beurkundung separater Abtretung **C.IV.3** 2; **C.IV.4** 2
- Finanzierungsablösung **C.IV.2** 12
- gesellschaftsrechtlicher Status **C.IV.2** 5
- Gewinnberechtigung **C.IV.2** 9
- Handelsregisteranmeldung Kommanditistenwechsel **C.IV.5**
- käuferfreundlicher **C.IV.1** 1 f.
- konsolidierter Jahresabschluss **C.IV.2** 67
- Nummerierung der Anteile **C.IV.2** 6

magere Zahlen = Anmerkung

Sachverzeichnis

- Präambel **C.IV.2** 4
- separate Abtretung Kommanditanteile **C.IV.4**
- separate Abtretung Komplementär-GmbH-Geschäftsanteile **C.IV.3**
- Überblick **C.IV.1** 1; **C.IV.2** 1
- Verjährung **C.IV.1** 110
- verkäuferfreundlicher **C.IV.2** 1 f.
- Verkäufergarantien **C.IV.1** 57; **C.IV.2** 66
- Wettbewerbsverbot **C.IV.1** 120

GmbH-Anteil
- Erwerbsmitteilung **C.II.5** 1

GmbH-Anteilskaufvertrag
- Abgrenzung zu Aktienkaufvertrag **C.III.1**
- Abtretung an finanzierendes Kreditinstitut **C.II.1** 124; **C.II.2** 138; **C.II.3** 61
- Abtretung, gesonderte **C.II.1** 10
- Abwerbeverbot **C.II.1** 117; **C.II.2** 133
- Aktualisierung Kaufpreisschätzung **C.II.1** 46
- Amtsniederlegung Organmitglied **C.II.1** 70
- Anteilsabtretung **C.II.1** 73 a
- Außenwirtschaftliche Unbedenklichkeit **C.II.1** 68 a
- Barmittel **C.II.1** 36; **C.II.2** 34
- Bedingung, aufschiebende **C.II.1** 126
- Beendigung konzerninterner Verträge **C.II.2** 130
- Beendigungsnachweis Finanzierungsvereinbarung **C.II.1** 71; **C.II.2** 72
- Bestechung/Vorteilnahme **C.II.2** 100
- Beurkundung **C.II.1** 2
- Bilanzierung Schadensersatzzahlung **C.II.1** 87
- Bilanzierungsgrundsätze **C.II.1** 29; **C.Ii.1** 76, 77
- Cash-Pool-Vereinbarung **C.II.3** 8
- Closing **C.II.1** 10; **C.II.2** 10
- Completion **C.II.1** 10
- Discounted Cash-Flow-Methode **C.II.1** 25
- Eintragung im Refinanzierungsregister **C.II.2** 87
- Enterprise Value **C.II.1** 25, 28
- Ergebnisabführungsvertrag **C.II.1** 11 f.; **C.II.2** 11 f.
- Financial Closing **C.II.1** 10
- Finanzierungsablösung **C.II.1** 21 f., 24
- Finanzierungssaldo **C.II.1** 72
- Finanzierungsvereinbarung **C.II.1** 23, 44
- Finanzverbindlichkeiten **C.II.1** 30 f.
- Finanzverbindlichkeiten bei Mehrheits-/Minderheitsbeteiligungen **C.II.1** 45
- Forderungen/Verbindlichkeiten aus Lieferungen und Leistungen gegenüber verbundenen Unternehmen **C.II.1** 41
- Form **C.II.1** 128
- Freistellung von Ansprüchen Dritter **C.II.1** 115
- Freistellung von Sicherheitsleistung **C.II.1** 20
- Freistellungen **C.II.1** 88; **C.II.2** 107 f.
- Garantie zur Unanwendbarkeit der AWG-Kontrolle **C.II.1** 114 a
- Garantien **C.II.1** 81 f.; **C.II.2** 81; **C.II.3** 25
- Garantien, steuerliche **C.II.1** 90 f.
- Genehmigung der Abtretung **C.II.6** 1
- Gerichtsstandsvereinbarung **C.II.1** 129
- gesamte Vereinbarung **C.II.1** 131
- Gesamtfreibetrag, haftungsrechtlicher **C.II.1** 110
- Gesellschafterdarlehen **C.II.3** 8
- gesellschaftsrechtlicher Status **C.II.1** 5
- Gewährleistung **C.II.1** 80
- Gewinnabführungsforderung **C.II.1** 27
- Gewinnberechtigung **C.II.1** 8
- going concern **C.II.1** 113; **C.II.2** 128
- Gremienvorbehalt **C.II.1** 68, 127; **C.II.2** 66
- gutgläubiger Erwerb **C.II.1** 84 a
- Haftungsfreibetrag **C.II.1** 110; **C.II.2** 104
- Haftungsfreigrenze **C.II.1** 110; **C.II.2** 104
- Haftungshöchstbetrag **C.II.1** 111; **C.II.2** 105
- Informationspflicht bei Ansprüchen Dritter **C.II.2** 106
- Informationsweitergabe zur Wahrung berechtigter Interessen **C.II.1** 122; **C.II.2** 135
- Kartellklausel **C.II.1** 52 f.
- käuferfreundlicher **C.II.2**
- Käufergarantie **C.II.1** 125
- Käufergarantie Kaufpreiszahlung **C.II.2** 3
- Kaufpreis **C.II.1** 25 f.
- Kaufpreis, negativer **C.II.1** 25 a
- Kaufpreisanpassung **C.II.1** 25 f.
- Konto für Kaufpreiszahlung **C.II.1** 47
- Kosten **C.II.1** 123; **C.II.2** 137
- locked-box **C.II.3** 20, 32
- long form (käuferfreundliche) **C.II.2**
- long form (verkäuferfreundliche) **C.II.1**
- Markennutzung **C.II.1** 116
- Material Advers Change (MAC)-Klausel **C.II.2** 68
- Mehrheitsbeteiligung **C.II.1** 6; **C.II.2** 6
- Minderheitsbeteiligung **C.II.1** 6; **C.II.2** 6
- Namensnutzung **C.II.1** 116
- Nebenabreden **C.II.1** 131
- Netting **C.II.1** 24; **C.II.2** 22
- Nettoumlaufvermögen **C.II.1** 41
- Notargebühren **C.II.1** 123; **C.II.2** 137
- Nummerierung Geschäftsanteil **C.II.1** 5 a
- One Step-Modell **C.II.3** 1 f., 9
- Organschaft, steuerliche **C.II.1** 102
- Präambel **C.II.1** 4
- Proper Information Clause **C.II.2** 101
- Rechtsfolgen Garantieverletzung **C.II.2** 103
- Rechtsstreitigkeiten **C.II.2** 99
- Ringfencing **C.II.3** 32
- Rücktrittsrecht **C.II.1** 69
- Schiedsgutachterverfahren **C.II.1** 78
- Schiedsklausel **C.II.1** 129, 130
- selbständiges Garantieversprechen **C.II.1** 82
- Separation Issues **C.II.2** 129
- Share Deal **C.II.1**; **C.II.2**; **C.II.3**
- Sicherheit für Kaufpreiszahlung **C.II.1** 49
- Sicherstellung Handlungsfähigkeit **C.II.2** 75 a
- Signing **C.II.1** 10; **C.II.2** 10
- Signing Conditions **C.II.1** 126
- Sliding Scales-Klausel **C.II.2** 116
- Standardized Working Capital **C.II.1** 40
- Steuerfreistellung **C.II.1** 91 f., 108
- Steuern **C.II.1** 89 f.; **C.II.2** 90 f.
- Stichtag **C.II.1** 9; **C.II.2** 9

2057

Sachverzeichnis
fette Buchstaben und Zahlen = Systematik

- Stichtagsabschluss **C.II.1** 75
- Stichtagsregelung **C.II.1** 7
- Tochtergesellschaften **C.II.1** 6; **C.II.2** 6
- Treasury-Gesellschaft **C.II.1** 22
- Trigger Conditions **C.II.2** 115
- Two Step- Modell **C.II.1** 10; **C.II.2** 10
- Übernahme künftiger Forderung/Verbindlichkeit **C.II.1** 73
- umsatzsteuerliche Behandlung **C.II.1** 48
- Umweltbelastung/-freistellung **C.II.2** 107 f.
- Unternehmensvertrag **C.II.1** 11 f.; **C.II.2** 11 f.
- Unternehmenswert **C.II.1** 28
- Verbindlichkeiten gegenüber Unternehmen mit dem ein Beteiligungsverhältnis besteht **C.II.1** 31 a
- Verbindlichkeiten, sonstige **C.II.1** 31 b
- verbundene Unternehmen **C.II.1** 31
- Verhaltenspflichten **C.II.1** 113; **C.II.2** 128
- Verhältnis Forderungen/Standardized Working Capital **C.II.2** 89
- Verhältnis Vorräte/Standardized Working Capital **C.II.2** 88
- Verjährung **C.II.1** 112; **C.II.2** 125
- verkäuferfreundlicher **C.II.1**; **C.II.3**
- Verkäufergarantie **C.II.1** 81 f.
- Verkehrsteuern **C.II.1** 123; **C.II.2** 137
- Verlustausgleichsverbindlichkeit **C.II.1** 27
- Verrechnung **C.II.1** 18
- Versicherungen **C.II.1** 118
- Vertragsstrafeversprechen **C.II.2** 132
- Vertraulichkeitsverpflichtung **C.II.1** 121; **C.II.2** 134
- Vinkulierung Geschäftsanteil **C.II.3** 17
- Vollzug trotz fehlender behördlicher Freigabe **C.II.1** 119
- Vollzugshindernis **C.II.1** 68 d
- Vollzugstag **C.II.1** 50
- Vollzugsvoraussetzung **C.II.1** 68 c; **C.II.2** 66 a; **C.II.3** 16 a
- Vorteilsgegenrechnung bei Steuern **C.II.1** 96
- Wettbewerbsverbot **C.II.1** 114; **C.II.2** 132
- Zahlungsnachweis **C.II.3** 12
- Zahlungspflichten aus Leasinggeschäften **C.II.1** 32
- Zahlungsverpflichtungen aus Leasinggeschäften **C.II.1** 32; **C.II.2** 30

Going Concern
- Verhaltenspflichten zwischen Signing und Closing **C.II.1** 113; **C.II.2** 128

golden parachutes **E.III.4** 31

Golden Share
- Minderheitsschutzrecht bei Teilprivatisierung **H.III.2** 1

Good Manufactoring Practice (GMP) **J.II** 3 b

Greffe **K.II.2** 1

Gremienvorbehalt
- Anteilskaufvertrag **C.II.1** 68, 127; **C.II.2** 66

Gremienvorsitzendenkonferenz (GVK) **J.IV** 3.1 b

Großaktionär
- Beteiligung an Zusammenschlussvereinbarung **L.II.2** 2

Großbritannien s *Vereinigtes Königreich*

Großhandelserlaubnis
- Übertragung **J.II** 5

Grundbesitzgesellschaft
- GbR-Anteilskaufvertrag **C.VI** 1

Grundbuchauszug
- Anforderungsliste Due Diligence **B.VI.3**

Grundbuchberichtigung
- GbR-Anteilskaufvertrag **C.VI** 8
- Rechtsformänderung **L.II.27** 19
- Verschmelzung **L.II.13** 3

Grundbuchfähigkeit
- GbR **C.VI** 8

Grunderwerbsteuer
- Verschmelzung **L.II.3** 32; **L.II.13** 4
- Verschmelzung durch Neugründung **L.II.10** 1

Grundlagenbeschluss
- Konkretisierung **B.VIII.2** 1

Grundsatz der Identität der Anteilseigner
- Beitritt eines Dritten als persönlich haftender Gesellschafter **L.IV.14** 9

Grundsatzbeschluss
- Vorstand **B.VIII.1** 3

Grundstücke
- Anforderungsliste Due Diligence **B.VI.3**
- Asset Deal **D.I** 3, 6, 40

Grundstückskaufvertrag
- bei Asset Deal **D.I** 6, 30

Grundstücksverkauf
- Transaktionsstruktur **A.II.3**
- Umwelthaftung **D.I** 43

Gründung
- Handelsregisteranmeldung der übernehmenden AG bei Spaltung zur Neugründung **L.III.16** 1 f.
- Handelsregisteranmeldung der übernehmenden GmbH & Co. KG bei Spaltung zur Neugründung **L.III.17** 1 f.

Gründungsaufwand
- Formwechsel AG in GmbH **L.IV.21** 13

Gründungsbericht
- Angemessenheit der Sacheinlage **L.IV.10** 1
- Darlegung Geschäftsverlauf/Lage **L.IV.10** 5
- Formwechsel GmbH in AG **L.IV.10** 1 f.
- Formwechsel GmbH in KGaA **L.IV.17**
- Jahresergebnis **L.IV.10** 3
- des persönlich haftenden Gesellschafters und Aufsichtsrats **L.IV.18**
- Strohmanngründung **L.IV.10** 2
- vorausgegangene Rechtsgeschäfte **L.IV.10** 4
- des Vorstands und Aufsichtsrats **L.IV.11** 1 f.
- Vorteile für Vorstands-/Aufsichtsratsmitglied **L.IV.10** 2

Gründungsprüfer
- Bericht über Formwechsel GmbH in AG **L.IV.12** 1 f.
- Bericht über Formwechsel GmbH in KGaA **L.IV.19**
- Bestellung **L.IV.12** 2
- Sachgründung **L.IV.12** 3
- Wirtschaftsprüfer **L.IV.12** 4

magere Zahlen = Anmerkung

Sachverzeichnis

Gründungsprüfung
- durch beurkundenden Notar L.IV.12 3
- Formwechsel GmbH in AG L.IV.12 1

Gründungsprüfungsbericht L.IV.12 1 f.

Gründungsrecht
- Formwechsel L.IV.7 6; L.IV.21 9

Gründungsverfahren Societas Europaea
- Rechtmäßigkeitskontrolle L.II.31 1

Gründungsvertrag
- Anforderungsliste Due Diligence B.VI.3

Grundvermögen
- Behandlung bei Ausgliederung L.III.20 5
- Spaltungs- und Übernahmevertrag L.III.2 19
- Verschmelzungsvertrag L.II.3 28

Gruppeneffekt
- Fusionskontrollverfahren K.I.2 3, 11

Gruppenfreistellungsverordnung
- Fusionskontrollverfahren K.I.2 8
- Kernbeschränkungen K.I.2 10

Haftung
- Abspaltung L.III.19 8
- Altlasten C.II.2 108 f.
- Beteiligungsvertrag F.V.1 7
- Betriebsaufspaltung L.III.2 27
- Durchsuchung B.VI.3 5
- Freibetrag C.II.1 110; C.II.2 104
- Gesellschafterliste C.II.4 7
- Kampfmittel C.II.2 109
- letter of intend B.VII 7
- Mandatsvereinbarung B.II 5
- No Look-Klausel C.II.2 117
- Online-Datenraum B.VI.2 2, 6
- Organschaft C.II.2 123
- Proper Information Clause C.II.2 101
- Sliding Scales-Klausel C.II.2 116
- Spaltungs- und Übernahmevertrag L.III.2 27
- Spaltungsplan L.III.8 6
- Transaktionsstruktur A.II.1
- Trigger Conditions C.II.2 115
- umweltrechtliche C.II.2 108 f.

Haftung Betriebsübergang
- Unterrichtungsschreiben D.III 8

Haftung, steuerliche
- Asset Deal D.I 44

Haftungsausschluss
- Joint Venture-Vertrag G.II 17

Haftungsfreibetrag
- Share Deal C.I

Haftungsfreistellung
- Spaltungs- und Übernahmevertrag L.III.2 27

Haftungshöchstbetrag
- Share Deal C.I

Haftungshöchstgrenze C.II.1 111; C.II.2 105

Haftungsregelung
- Arzneimittel-/Medizinprodukte-/Pharma-/Lebensmittelunternehmen J.II 11

Haftungsrisiken
- Cash-Pooling-Vertrag M.II 16
- Spaltungsbericht L.III.3 7

Haftungsumfang
- Share Deal C.I

Haftungsverhältnisse
- Anforderungsliste Financial Due Diligence B.VI.4

Haltefrist
- Tochtergesellschaft bei Umwandlung AG in SE L.IV.29 3; L.IV.30 5

Haltefristklausel
- Beweislastregelung H.II.8 4
- innerhalb verbundener Unternehmen H.II.8 6
- Kettenveräußerung H.II.8 5
- Teilprivatisierung H.II.8 1
- Veräußerungs-/Belastungsverbot Geschäftsanteil H.II.8 2
- Veräußerungsprivatisierung H.II.8 6; H.II.8
- Weitergabe an künftigen Erwerber H.II.8 5
- Zustimmungsmodell H.II.8 3

Handelgesellschaft
- als persönlich haftender Gesellschafter L.IV.14 9

Handelsbilanz
- Abweichungen zur Steuerbilanz C.II.2 96

Handelshemmnisse, nichttarifäre K.II.2 18

Handelsregister
- Antrag auf Bestellung Sacherhöhungsprüfer F.III.7.3
- Anwachsungsvermerk L.V.5 3
- Einreichung Einbringungsvertrag F.I.4 1
- Einreichung Umwandlungsplan L.IV.31 1 f.
- Einreichung Verschmelzungsplan L.II.29 1 f.
- GmbH-Gesellschafterliste C.II.4 1 f.
- Kosten Rechtmäßigkeitsbescheinigung L.II.31 15
- Kosten Sachkapitalerhöhung F.I.1 7
- Nachfolgevermerk Abfindung ausgeschiedener Kommanditist L.V.5 2
- Registergebühren Sach-/Kapitalerhöhung L.V.3 6
- Zeichnungsschein Sachkapitalerhöhung F.II.3 1

Handelsregisteranmeldung
- Abtretung Kommanditanteile an GmbH & Co. KG L.V.5 1 f.
- der neuen AG bei Verschmelzung durch Neugründung L.II.12 1 f.
- Anmeldebefugnis L.IV.4 3
- Auflösung GmbH & Co. KG L.V.5 1 f.
- Aus-/Eintritt OHG-Gesellschafter C.V.1 8
- Beherrschungs- und Gewinnabführungsvertrag M.I.2 1 f.
- beizufügende Unterlagen bei Spaltung L.III.6 3, 7
- Betriebsratsbestätigung L.III.6 9
- Ein-/Austritt Kommanditist C.IV.5
- Einlagenerbringung F.I.5 4
- elektronische L.II.32 1; M.I.2 4
- Erklärung der prospektiven Geschäftsführer nach § 8 Abs. 3 GmbHG L.III.10 5
- Erlöschen OHG C.V.2 2
- bei erworbener GmbH & Co. KG F.I.7
- Form L.II.32 17; L.IV.4 11
- Form, elektronische C.V.2 3

2059

Sachverzeichnis

fette Buchstaben und Zahlen = Systematik

- Formwechsel **L.IV.1** 1
- Formwechsel AG in GmbH **L.IV.**24
- Formwechsel GmbH in AG **L.IV.13** 1 f.
- Formwechsel GmbH in GmbH & Co. KG **L.IV.4** 1 f.
- Formwechsel GmbH in KGaA **L.IV.**20
- Formwechsel GmbH in Limited & Co. KG **L.IV.6** 1 f.
- Gesellschafterliste **L.III.6** 8
- Gründung der übernehmenden AG bei Spaltung zur Neugründung **L.III.16** 1 f.
- Gründung der übernehmenden GmbH & Co. KG bei Spaltung zur Neugründung **L.III.17** 1 f.
- Gründung übernehmende GmbH bei Aufspaltung zur Neugründung **L.III.10** 1 f.
- Handlungsvollmacht/Prokura bei Formwechsel **L.IV.13** 10
- Kapitalerhöhung aus Genehmigtem Kapital **F.III.9** 1 f.
- Kapitalerhöhung bei erwerbender GmbH & Co. KG **F.IV**
- Kapitalerhöhung bei GmbH **F.I.5**
- Kapitalerhöhung bei Komplementär-GmbH mit Einbringung sämtlicher Kommanditanteile an GmbH & Co. KG **L.V.3** 1 f.
- Kapitalerhöhung bei Spaltung **L.III.6** 2
- Kapitalerhöhung bei Verschmelzung **L.II.8** 4
- Kapitalerhöhung und Spaltung zum HR der übernehmenden AG **L.III.15** 1 f.
- Kapitalerhöhungsbeschluss **F.II.6** 1
- Kosten Auflösung GmbH & Co. KG **L.V.5** 5
- Kosten bei Abtretung Kommanditanteile GmbH & Co. KG an Komplementär-GmbH **L.V.5** 5
- Kosten bei Formwechsel **L.IV.4** 12
- Kosten Sach-/Kapitalerhöhung **L.V.3** 6
- Kosten/Gebühren Anteilsvereinigung/Erlöschen OHG **C.V.2** 4
- Negativerklärungen der Geschäftsführer **L.III.6** 10
- Reihenfolge bei Spaltung **L.III.6** 1
- Sachgründungsbericht **L.III.6** 4
- Sachkapitalerhöhung **F.II.6** 1 f.
- Sachkapitalerhöhungsbericht **L.V.3** 4
- Spaltung durch übernehmende GmbH **L.III.6** 1 f.
- Spaltung durch übertragende GmbH **L.III.7** 1 f.; **L.III.11** 1 f.
- Spaltung übertragende AG **L.III.**18
- übernehmende AG bei Verschmelzung **L.II.**8
- übertragende AG bei Verschmelzung **L.II.**9
- Übertragung aller OHG-Anteile auf einen Käufer **C.V.**2
- Übertragungsbeschluss Squeeze out **M.III.9** 1 f.
- Umwandlung AG in SE **L.IV.32** 1 f.
- Unterlagen bei Formwechsel in AG **L.IV.13** 3
- Verschmelzung AG mit GmbH durch Aufnahme **L.II.**23; **L.II.**24
- Verschmelzung durch Neugründung **L.II.11** 1 f.
- Verschmelzung GmbH auf GmbH **L.II.**18; **L.II.**19
- Verschmelzung GmbH mit AG durch Aufnahme **L.II.14** 1 f.; **L.II.15** 1 f.
- Verschmelzung zur Societas Europaea (SE) **L.II.32** 1 f.
- Vorlage Einlagevertrag/-vereinbarung **L.III.6** 5
- Zeichnung der Namensunterschrift **L.IV.4** 10
- Zuständigkeit bei Formwechsel **L.IV.4** 2
- Zuständigkeit bei Societas Europaea (SE) **L.II.32** 2

Handelsregisterauszug
- Anforderungsliste Due Diligence **B.VI.**3

Handelsregistereintragung
- Beherrschungs- und Gewinnabführungsvertrag **M.I.1** 1
- Formwechsel **L.IV.4** 6
- Mängel bei Spaltung **L.III.7** 3
- neue Rechtsform bei Formwechsel **L.IV.1** 1
- Notariatsvollmacht **C.V.2** 5
- Sachkapitalerhöhung **L.V.1** 6
- Societas Europaea (SE) **L.II.32** 18; **L.IV.32** 5
- Squeeze out **M.III.9** 5
- Verschmelzung **L.II.8** 11; **L.II.9** 5
- Verschmelzung durch Neugründung **L.II.11** 6
- Vorstandsermächtigung Kapitalerhöhung mittels Genehmigtem Kapital **F.III.2** 2
- Wirkung bei übertragender Gesellschaft **L.III.7** 3

Handelsunternehmen
- Umsatzberechnung Fusionskontrollverfahren **K.I.1** 18

Handlungsfähigkeit
- Sicherstellung bei Anteilskauf **C.II.2** 75 a

Handlungsvollmacht
- Handelsregisteranmeldung bei Formwechsel **L.IV.13** 10

Hardware
- Anforderungsliste Due Diligence **B.VI.**3

Hart-Scott-Rodino Antitrust Improvements Act K.III 3.1 b

Hauptaktionär
- ad-hoc-Meldung nach § 15 WpHG **M.III.4** 1 f.
- Bestellungsantrag Angemessenheitsprüfer **M.III.5** 2
- Beteiligungshöhe bei Beschlussfassung Squeeze out **M.III.8** 7
- Gewährleistungserklärung bei Squezze out **M.III.6** 1
- Übertragungsbericht zum Squezze out **M.III.7** 1 f.
- Verlangen nach Beschlussfassung zum Squeeze out **M.III.3** 1 f.

Hauptversammlung
- Abstimmungsverfahren **F.II.1** 10
- Auskunftsrecht des Aktionärs zu Verschmelzung **L.II.6** 8
- Auslegung/Einsicht Verschmelzungsplan **L.II.**30 7
- Bericht zur Vermögensveränderung bei Spaltung **L.II.6** 9; **L.III.13** 3
- Bericht zur Vermögensveränderung bei Verschmelzung **L.II.6** 9
- Beschlussfassung **F.II.1** 10; **F.III.1** 5; **L.IV.21** 8

magere Zahlen = Anmerkung

- Beschlussfassung Squeeze out **M.III.8** 8
- Beschlussfassung zur Schaffung genehmigten Kapitals **F.III.1**
- Beschlussfassung Zustimmungsbeschluss zur Verschmelzung **L.II.21** 11
- Bestellung erster Aufsichtsrat bei Neugründung AG bei Aufspaltung **L.III.13** 4
- Einberufung **F.III.1** 4
- Einberufung bei Formwechsel **L.IV.21** 4, 5, 7
- Erläuterung Verschmelzungsvertrag **L.II.6** 7; **L.II.21** 8
- Generaldebatte **F.III.1** 6
- notarielle Überwachung der Beschlussfassung **L.II.30** 14
- Präsenz **L.II.6** 4, 10
- Spaltungsbeschluss Aufspaltung AG auf andere AG und neue AG bzw. GmbH & Co. KG **L.III.13** 1 f.
- Spaltungsbeschluss der übernehmenden AG **L.III.14**
- Squeeze out **M.III.8** 5
- Teilnahmebedingungen bei Squeeze out **M.III.8** 14
- Teilnehmerverzeichnis **L.II.6** 4, 10; **L.II.21** 5
- Umwandlungsbeschluss Formwechsel AG in GmbH **L.IV.21** 3
- Universalversammlung **F.II.1** 4
- Verschmelzung AG mit GmbH durch Aufnahme **L.II.21** 1 f.
- Vollversammlung **F.II.1** 4
- Vorstandsbericht zum Bezugsrechtsausschluss bei Genehmigtem Kapital **F.III.3**; **F.III.4**
- Vorstandsbericht zur Ausnutzung Genehmigten Kapitals **F.III.2** 6
- Zustimmung Beherrschungs- und Gewinnabführungsvertrag **M.I.1** 1, 39, 40
- Zustimmung der übernehmenden AG zur Verschmelzung **L.II.7**
- Zustimmung der übertragenden AG zur Verschmelzung **L.II.6**
- Zustimmungsbeschluss der übernehmenden AG zur Verschmelzung zur Societas Europaea **L.II.30** 1 f.

Hauptversammlung, außerordentliche
- Beschlussfassung Sachkapitalerhöhung AG **F.II.1**

Hauptversammlungsbeschlüsse
- Anforderungsliste Due Diligence **B.VI.3**

Hauptversammlungsprotokoll
- Anforderungsliste Due Diligence **B.VI.3**
- Beschlussfassung Sachkapitalerhöhung AG **F.II.1**
- Schaffung genehmigtes Kapital mit Bezugsrechtsausschluss **F.III.1**
- Tagesordnung **F.II.1** 3
- Teilnehmerverzeichnis **F.II.1** 2
- Universal-/Vollversammlung **F.II.1** 4
- Unterzeichnung **F.II.1** 11
- Verschmelzung AG mit GmbH durch Aufnahme **L.II.21** 1 f.
- Zustimmung der übernehmenden AG zur Verschmelzung **L.II.7**

- Zustimmung der übertragenden AG zur Verschmelzung **L.II.6**
- Zustimmungsbeschluss der übernehmenden AG zur Verschmelzung zur Societas Europaea **L.II.30** 1 f.

Haushaltsordnung
- Privatisierung **H.I** 13

Haussammelverwahrung **C.III.2** 63

Health-Claims-VO **J.II** 2

Heilmittel
- Compliance **J.II** 3 f

Herausgabepflicht
- Berater bei Vertraulichkeitsvereinbarung **B.I.1** 10

Herausverschmelzung
- Gläubigerschutz **L.II.27** 17

Hereinverschmelzung **L.II.27** 1

Herstellungserlaubnis
- Übertragung **J.II** 5

Hin- und Herzahlen
- Cash-Pooling-Vertrag **M.II** 15

Hirschmann-Herfindahl-Index **K.II.2** 16

Holding
- Umwandlung in SE **L.IV.30** 4

Identität der Anteilseigner
- Formwechsel **L.IV.1** 3; **L.IV.5** 3; **L.IV.14** 9

Identitätsprinzip **L.IV.30** 4

Immissionen
- Anforderungsliste Environmental Due Diligence **B.VI.6**

Immissionsschutz
- Anforderungsliste Due Diligence **B.VI.3**
- Anforderungsliste Environmental Due Diligence **B.VI.6**

Immobilien
- Anforderungsliste Due Diligence **B.VI.3**
- Asset Deal **D.I** 3, 6, 40

Immobilienbank
- M & A Transaktionen bei **J.I** 6.1 i

Immobilienbesitz
- GbR **C.VI** 1

Immobiliendarlehen
- Due Diligence **J.I** 5.3

Immobilienfonds
- Due Diligence **J.I** 5.3

Inadequacy Opinion **E.IV** 10

incorporated joint venture **G.I**

Indien
- Investitionskontrolle **K.III** 3.4 e

Inferent
- Vorstandsmitglied **F.III.10** 2

Informal Guidance Memorandum **K.II.1**
- Zweck **K.II.1** 1

Informationsaustausch
- Verhaltensrichtlinien bis zum Vollzug des Zusammenschlusses **K.I.10** 4
- Verstoß bei Due Diligence **K.I.10** 2, 4

Informationsdienst, elektronischer
- Zulassung **J.IV** 3.1 c

Sachverzeichnis

fette Buchstaben und Zahlen = Systematik

Informationsmemorandum B.III
- Checkliste B.III

Informationspflicht
- bei Ansprüchen Dritter C.II.2 106
- Arbeitnehmer bei Betriebsübergang D.I 19
- Transaktionsstruktur A.II.2

Informationspflichten, arbeitsrechtliche
- Transaktionsstruktur A.III

Informationsrechte
- Gesellschaftervereinbarung F.V.2 5
- Public Private Partnership H.IV.9 3

Informationssystem
- Cash-Pooling-Vertrag M.II 22

Informationstechnologie
- Kreditinstitut/Finanzdienstleistungsunternehmen J.I 6.1 f

Informationsverbreitungssystem, elektronisches
- Veröffentlichung der Entscheidung zur Abgabe eines Übernahmeangebots E.III.3 1

Informationsweitergabe
- Vertraulichkeitsvereinbarung B.I.1 8
- zur Wahrung berechtigter Interessen C.II.1 122; C.II.2 135

Inhaberaktie
- Übertragung C.III.2 64

Inhaltskontrolle
- Spaltungsbeschluss L.III.4 1

Inlandsvertreter
- Fusionskontrollverfahren K.I.2 2

Insiderhandelsverbot
- Vertraulichkeitsvereinbarung B.I.1 7

Insiderinformation
- Ad-hoc-Publizität C.III.4.2 3
- Share Deal C.III.4.2 3
- Squeeze out M.III.4 1
- Übernahmeangebot E.I 2
- Vertraulichkeitsvereinbarung B.I.1 1
- Zusammenschlussabsicht L.II.2 2
- Zusammenschlussvereinbarung L.II.2 20

Insolvenz
- Kündigung Joint Venture-Vertrag G.II 47

Insolvenzeröffnung
- Anforderungsliste Due Diligence B.VI.3

Integrationsausschuss
- Verschmelzung L.II.2 11

Integrationsfahrplan
- Verschmelzung L.II.2 11

Interessen, berechtigte
- Informationsweitergabe zur Wahrung C.II.1 122; C.II.2 135

Interessenausgleichsvereinbarung
- Arbeitsrechtliche Due Diligence B.VI.7

Interessenberührung
- Beiladungsantrag K.I.6 6

Interessensausgleichsverfahren
- Verschmelzung L.II.2 12

International Securities Identification Number (ISIN) C.III.2 6

Internet
- Veröffentlichung der Entscheidung zur Abgabe eines Übernahmeangebots E.III.3 1

Internet Service Provider (ISP) J.IV 3.2

Internetadressen
- Anforderungsliste Due Diligence B.VI.3

Internetshopping J.IV 3.2 d

Inverkehrbringen
- regulatorische Voraussetzungen J.II 4

Investitionskontrolle K.III 3.4 e

Investitionsprojekte
- Konsortialvertrag H.III.4

Investitionsverpflichtung
- Begriff H.II.4 2
- Durchsetzung Vertragsstrafe H.II.4 6
- Energiewirtschaft J.III 2.3 c
- Finanzierung H.II.4 3
- Nachweis H.II.4 4
- Veräußerungsprivatisierung H.II.4
- Vertragsstrafe H.II.4 5

Investitionszulagen
- Anforderungsliste Due Diligence B.VI.3

Investment Agreement E.II 1 f.; F.V.1 1 f.
- sa Beteiligungsvertrag; sa Investorenvereinbarung
- Begriff E.II 1

Investor
- Aufsichtsratsbesetzung E.II 9
- Beratervertrag F.V.2 4
- Einflussmöglichkeiten bei Venture Capital F.V.2 4
- Informationsrechte F.V.2 5
- Stimmrecht bei Investorenvereinbarung E.II 8

Investor, strategischer
- Checkliste A.I.3

Investorauswahl
- Privatisierung H.I 6

Investorenvereinbarung E.II 1 f.
- Begriff E.II 1
- Besetzung Aufsichtsrat E.II 9
- Deal Protection Vereinbarung E.II 6, 7
- Entschädigung für Übernahme E.II 5
- Kapitalerhöhung aus genehmigtem Kapital E.II 4
- Kapitalmarktrecht E.II 2
- Lock up-Verpflichtung E.II 10
- Parteien E.II 3
- Pflichten, transaktionssichernde E.II 6, 7
- Stimmrecht des Investors E.II 8
- Zulässigkeit E.II 2
- Zuständigkeit E.II 3
- Zweck E.II 1

IPO
- Gesellschaftervereinbarung F.V.2 10

Irrevocable Undertaking
- sa Übernahmeangebot
- Abgrenzung zu Absichtserklärung E.I 9
- AG E.I 1
- Annahmeschwelle E.I 2, 7
- Anschleichen, unbemerktes E.I 2
- Begriff E.I 1
- Bezugsrechtsausübung bei Kapitalerhöhung E.I 11
- Bindungswirkung E.I 9

magere Zahlen = Anmerkung

Sachverzeichnis

- Checkliste Maßnahmen-/Zeitplan E.III.2
- Checkliste Mindestinhalt E.III.1
- Eckpunkte E.I 5
- Einlieferungszeitpunkt E.I 8
- Garantieversprechen E.I 15, 16
- Geltungsdauer E.I 18
- Gerichtsstand E.I 20
- hard irrevocable E.I 9
- Mindest-Annahmeschwelle E.I 7
- Mindestpreis E.I 6
- Offenlegung E.I 2
- Parteien E.I 3
- Referenzpreis E.I 9
- soft irrevocable E.I 9
- Statusangaben E.I 4
- Stillhalteabkommen E.I 14
- Stimmbindungen E.I 10
- Stimmrechtszurechnung E.I 10
- Unterstützung Übernahmeangebot E.I 10
- Veröffentlichung der Entscheidung zur Abgabe eines E.III.3 1 f.
- Vertragsstrafe E.I 14
- Vertraulichkeitsvereinbarung E.I 17
- Vorerwerbe E.I 1, 2
- Zusatzleistungen E.I 2

Israel
- Fusionskontrolle bei Erwerb Minderheitsbeteiligung K.III 3.1 b

IT-System
- Asset Deal D.I 26

Jahresabschluss
- Abweichungen zwischen Handels- und Steuerbilanz C.II.2 96
- Anforderungsliste Due Diligence B.VI.3
- Financial Due Diligence B.VI.4
- konsolidierter C.II.1 85
- Share Deal C.I

Jahresfehlbetrag
- Ausgleich durch Entnahme aus Gewinnrücklage M.I.1 19
- Ausgleich durch Rücklagenauflösung M.I.1 15
- Verlustübernahme M.I.1 17

Japan
- Fusionskontrolle bei Erwerb Minderheitsbeteiligung K.III 3.1 b
- Investitionskontrolle K.III 3.4 e

Joint Venture G.I
- Abstimmung mit Gesellschaftsvertrag G.I; G.II 52
- Alternativen G.I
- Anforderungsliste Due Diligence B.VI.3
- Anstellungsvertrag Geschäftsführer G.III 4
- Ausgestaltung Mehrheitsverhältnisse G.I
- Beendigung G.II 45
- Beirat G.III 7
- Beiratsbefugnisse G.III 8
- Dauer G.II 45; G.III 1
- Doppelstufigkeit G.II 45
- Einziehung Geschäftsanteil G.III 14
- Geschäftsführer G.III 3
- Geschäftsordnung Beirat G.III 9
- Gesellschaftsvertrag G.III
- Kündigung G.III 12, 13
- Legal Due Diligence B.VI.3 1
- letter of intend G.I
- Memorandum of Understanding G.I
- Minderheitenschutz G.I
- Niederlassungsfreiheit G.I
- paritätisches G.I
- Rechtsform G.I
- Rechtsform, ausländische G.I
- Schiedsklausel G.III 17
- Stammkapital G.II 9; G.III 2
- Stimmrechte in Gesellschaftsversammlung G.III 10
- Vereinbarung G.II 1
- Vertretung der Gesellschaft G.III 5
- Zugang schriftlicher Erklärungen G.III 15
- zustimmungsbedürftige Geschäfte G.III 6

Joint Venture-Vertrag G.II
- Abtretung Geschäftsanteil G.II 43
- Ausstiegsklausel G.II 38
- Beendigung Beherrschungs-/Ergebnisabführungsvertrag G.II 4
- Beendigung der Rechtsbeziehung zur ausscheidenden Partei G.II 44
- Beirat G.II 35
- Betriebsübergang G.II 15
- Bewertung Einbringungsgegenstände G.II 12
- change-of-controll-Klausel G.II 47
- Covenants G.II 20
- Deadlock G.II 36
- Due Diligence G.II 16
- Eigenkapital G.II 21 f.
- Einbringungsgegenstand G.II 3
- Exit-Regelung G.II 38
- Form G.II 8
- Fusionskontrolle G.II 5, 43
- Fusionskontrollverfahren G.II 48
- Gewinnverwendung G.II 33
- Haftungsausschluss G.II 17
- Kapitalbedarf G.II 27 f.
- Kapitalerhöhung G.II 23 f.
- Kapitalerhöhung, einseitige G.II 23, 24
- Kartellrecht G.II 5, 43, 48
- Konfliktlösung G.II 13, 36
- Kooperationsvertrag G.II 19
- Kosten Fusionskontrollverfahren G.II 51
- Kündigung G.II 45
- Kündigung, außerordentliche G.II 46, 47
- Kündigung bei Insolvenz G.II 47
- Laufzeit G.II 45; G.III 1
- Leistungstransfer G.II 19
- Leitung/Geschäftsführung G.II 34
- Liquiditätsausstattung G.II 21, 22
- MAC-Klausel G.II 7
- Nachschusspflicht G.II 23
- Nachweis Vollzugsvoraussetzungen G.II 6
- Nennbetrag der Anteile G.II 10
- Präambel G.II 2
- Preisfindung bei Kaufbereitschaft G.II 40

Sachverzeichnis

fette Buchstaben und Zahlen = Systematik

- Preisfindung bei Verkaufsbereitschaft G.II 39
- Preisfindung durch Schiedsgutachter G.II 42
- Put-/Call-Option G.II 38
- Rangordnung der Verträge G.II 52
- Rechtswahlklausel G.II 54
- Relation bei einseitiger Kapitalerhöhung G.II 30
- Russian Roulette G.II 38
- Salvatorische Klausel G.II 53
- Schiedsgutachterverfahren G.II 13
- Schiedsklausel G.II 55
- Shoot out G.II 38
- Stammkapital G.II 9
- Steuerfreistellung/-garantie G.II 14
- Unternehmenswertberechnung G.II 32
- Verhältnis zu Gesellschaftsvertrag G.II 52
- Verjährung G.II 18
- Veröffentlichungspflichten G.II 50
- Vertraulichkeitsverpflichtung G.II 49
- Vinkulierung Geschäftsanteil G.II 37; G.III 11
- Vorkaufsrecht G.II 38
- Vorschlagsrecht Geschäftsführung G.II 34
- Wiederherstellung paritätischer Beteiligung G.II 31

Kampfmittel
- Haftung C.II.2 109

Kanada
- Fusionskontrolle bei Erwerb Minderheitsbeteiligung K.III 3.1 b
- Investitionskontrolle K.III 3.4 e

Kapital, genehmigtes
- *s Genehmigtes Kapital*
- Prüfbericht Sachkapitalerhöhung F.III.7.4 1, 2

Kapitalanlage
- Versicherungsunternehmen J.I 6.2 b

Kapitalanteil
- Beteiligung, bedeutende J.I 2.1 a, 2.2 a
- GbR-Anteilskaufvertrag C.VI 2
- OHG-Anteilskaufvertrag C.V.1 2

Kapitalaufbringung
- Cash-Pooling-Vertrag M.II 15
- Kapitalerhöhung F.II.6 6

Kapitalbedarf
- Joint Venture G.II 27 f.

Kapitalerhaltung
- Cash-Pooling-Vertrag M.II 16

Kapitalerhöhung
- Abfindung außenstehender Aktionär bei M.I.1 36
- Beteiligungsvertrag F.V.1 3
- Bezugsrechtsausübung während Übernahmeangebot E.I 11
- bei Cash-Pooling M.II 15
- Einlagenerbringung F.II.6 7
- einseitige bei Joint Venture G.II 23, 24
- bei Formwechsel L.IV.7 3
- Geschäftswert L.V.3 6
- Gesellschafterliste GmbH nach L. F.I.6
- Handelsregisteranmeldung F.I.5
- Handelsregisteranmeldung bei erwerbender GmbH & Co. KG F.IV
- Handelsregisteranmeldung bei Genehmigtem Kapital F.III.9 1 f.
- Handelsregisteranmeldung bei Spaltung L.III.6 2
- Handelsregisteranmeldung bei Verschmelzung L.II.8 4
- Handelsregisteranmeldung der L. und Spaltung zum HR der übernehmenden AG L.III.15 2
- Handelsregistereintragung bei Verschmelzung L.II.8 11
- Joint Venture G.II 23 f.
- Kapitalaufbringung F.II.6 6
- Kosten Handelsregisteranmeldung F.I.5 5; L.V.3 6
- Kostenaufstellung F.II.5
- Sacheinlage, gemischte F.I.1 1
- Sachkapitalerhöhung aus genehmigtem Kapital F.I.8
- Sachkapitalerhöhung bei AG F.II.1
- Sachkapitalerhöhung bei GmbH F.I.1
- Spaltungs- und Übernahmevertrag L.III.2 9
- spaltungsbedingte L.III.5 3
- zur Spaltungsdurchführung bei übernehmender AG L.III.12 5
- Verschmelzung zur Aufnahme L.II.30 11
- Verschmelzungsplan L.II.27 10
- Verschmelzungsplan, gemeinsamer L.II.33 9
- Verschmelzungsvertrag L.II.3 16; L.II.16 9
- Vorstandsbeschluss Sachkapitalerhöhung F.III.2
- Wirksamwerden L.V.1 6
- Zeichnungsschein F.III.6
- Zustimmungsbeschluss L.II.30 11
- Zustimmungsbeschluss des Aufsichtsrats zur L. aus genehmigtem Kapital F.III. 5

Kapitalerhöhung aus genehmigtem Kapital
- Investorenvereinbarung E.II 4

Kapitalerhöhung aus Gesellschaftsmitteln
- Ausgleichsanspruch bei M.I.1 29

Kapitalerhöhung gegen Einlage
- Ausgleichsanspruch bei M.I.1 30

Kapitalerhöhungsbeschluss
- Form L.V.1 11
- Handelsregisteranmeldung F.II.6 1
- Kosten L.V.1 12
- Mehrheitserfordernisse L.II.30 12

Kapitalgesellschaft
- als Komplementär L.IV.14 9

Kapitalherabsetzung, vereinfachte
- Abspaltung L.III.19 7

Kapitalmarktrecht
- Investorenvereinbarung E.II 2

Kapitalnachschusspflicht
- Konsortialvertrag H.III.6

Kapitalnachweisbilanz
- Formwechsel L.IV.7 17

Kapitalrücklage
- Einstellung Aufgeld/Agio in F.I.1 3, 5
- bei Sachkapitalerhöhung L.V.1 8

Kapitalschutz
- Formwechsel L.IV.7 17

Kartellbehörde, drittstaatliche
- Kartellklausel C.II.1 63

magere Zahlen = Anmerkung

Sachverzeichnis

Kartellklausel
- Anteilskaufvertrag C.II.1 52 f.

Kartellrecht
- Anforderungsliste Due Diligence B.VI.3
- Fusionskontrollverfahren, deutsches K.I
- Fusionskontrollverfahren, europäisches K.II
- Informationsaustausch vor Vollzug des Zusammenschlusses K.I.10 1, 4
- Joint Venture-Vertrag G.II 5, 43, 48
- marktbeherrschende Stellung K.I.1 24
- Medienunternehmen J.IV 3.1 g
- Printmedien J.IV 3.3 b
- Privatisierung H.I 13
- Spaltungs- und Übernahmevertrag L.III.2 36
- Vorrang der Europäischen Fusionskontrolle K.I.1 10
- Wettbewerbsverbot C.II.1 114

Kartellrechtswidriges Verhalten
- Bußgeldrisiko K.I.10 2

Kaufbereitschaft
- Preisfindung bei Joint Venture G.II 40
- Preisfindung durch Schiedsgutachter bei Joint Venture G.II 42

Käufer
- Anteilskaufvertrag (käuferfreundlicher) C.II.2
- Checkliste Transaktionsplanung A.I.1
- Checkliste Transaktionsziele A.I.3
- haftungsrelevante Kenntnis bei Share Deal C.I

Käufergarantie
- Anteilskaufvertrag C.II.1 125
- Asset Deal D.I 4
- Kaufpreiszahlung C.II.2 3

Kaufpreis
- Anteilskaufvertrag C.II.1 25 f.
- locked box C.II.3 20, 32
- Zahlungstag C.II.3 22

Kaufpreis, negativer
- Anteilskaufvertrag C.II.1 25 a

Kaufpreisanpassung
- Ablösung Forderung/Verbindlichkeit C.II.1 17
- Anteilskaufvertrag C.II.1 25 f.
- Ausgleichsansprüche, künftige C.II.1 16
- Forderungsablösung, künftige C.II.1 17
- Share Deal C.I
- Verhältnis Forderungen/Standardized Working Capital C.II.2 89
- Verhältnis Vorräte/Standardized Working Capital C.II.2 88

Kaufpreisanpassungsklausel
- Kreditinstitut/Finanzdienstleistungsunternehmen J.I 6, 6.1 b
- Unternehmenskauf J.I 6, 6.1 b, 6.2 a
- Versicherungsunternehmen J.I 6.2 a

Kaufpreiseinbehalt
- Share Deal C.I

Kaufpreisschätzung
- Aktualisierung C.II.1 46

Kaufpreissicherung
- Share Deal C.I

Kaufpreiszahlung
- Bankbürgschaft C.II.1 49
- Käufergarantie C.II.2 3
- Konto für C.II.1 47
- Nachweis C.II.3 12
- via Notaranderkonto C.II.2 45
- Sicherheit für C.II.1 49
- via Treuhandkonto C.II.2 45

Kennzeichen
- Anforderungsliste Due Diligence B.VI.3

Kernbeschränkung
- GVO K.I.2 10
- horizontale Vereinbarung Gemeinschaftsunternehmen K.I.2 7

Kettenveräußerung
- Weitergabe Haltefristklausel H.II.8 5

KfW-Darlehen
- Anforderungsliste Due Diligence B.VI.3

KGaA
- Abfindungsangebot bei Formwechsel in AG L.IV.28 8
- Angebotsunterlage Übernahmeangebot E.III.4 4
- Ausscheiden Komplementär bei Formwechsel in Kapitalgesellschaft L.IV.27 11
- Beitritt eines Dritten als Komplementär bei Formwechsel in L.IV.14 9
- Firma L.IV.14 7
- durch Formwechsel AG L.IV.25 1
- durch Formwechsel GmbH L.IV.14 1 f.
- Formwechsel in AG L.IV.28 1 f.
- Formwechsel in GmbH L.IV.27 1 f.
- gesellschaftsrechtliche Zustimmungserfordernisse/Beschränkungen A.III
- persönlich haftender Gesellschafter L.IV.14 9
- Solidaritätserklärung bei Abspaltung L.III.19 9
- Zustimmung Komplementär bei Formwechsel in GmbH L.IV.27 12

Klage
- gegen Spaltungsbeschluss L.III.4 10

know-how
- Anforderungsliste Due Diligence B.VI.3
- Prüfungsschwerpunkte bei Due Diligence J.II 2

Kommanditanteil
- Abtretungsvereinbarung, separate C.IV.4
- Beurkundung Abtretungsvereinbarung C.IV.4 2

Kommanditgesellschaft
- sa GmbH & Co. KG, KGaA
- Share Deal GmbH & Co. KG C.IV.1; C.IV.2

Kommanditgesellschaftsanteil
- Abtretung an Komplementär-GmbH bei GmbH & Co. KG L.V.4 1 f.
- Einbringung bei Umwandlung GmbH & Co. KG in GmbH L.V.1 1 f.
- Übernahmeerklärung L.V.2

Kommanditist
- Handelsregisteranmeldung Ein-/Austritt C.IV.5

Kommission für Jugendmedienschutz (KJM) J.IV 3.1 b

Kommission für Zulassung und Aufsicht (ZAK) J.IV 3.1 b

Kommission zur Ermittlung der Konzentration im Medienbereich (KEK) J.IV 3.1 b

2065

Sachverzeichnis fette Buchstaben und Zahlen = Systematik

Kommunikationsdienst, elektronischer
- Zulassung **J.IV** 3.1 c

Komplementär
- Ausscheiden bei Formwechsel in Kapitalgesellschaft **L.IV.27** 11
- KGaA **L.IV.14** 9
- Limited **L.IV.5** 1
- Zustimmung zu Formwechsel **L.IV.27** 12

Komplementär-GmbH
- Abtretung Kommanditanteile GmbH & Co. KG an Komplementär-GmbH **L.V.4** 1 f.
- Abtretungsvereinbarung, separate **C.IV.3**
- Anteilskaufvertrag (käuferfreundlich) **C.IV.1** 1 f.
- Anteilskaufvertrag (verkäuferfreundlich) **C.IV.2** 1 f.
- Beurkundung separate Abtretung **C.IV.3** 2
- Erwerbsmitteilung **C.II.5; C.IV.6**
- Gesellschafterliste **C.II.4; C.IV.7**
- Schaffung abzutretender Teilgeschäftsanteil **L.IV.1** 5
- Treuhand **L.IV.1** 12

Konditionenvereinbarung
- Cash-Pooling-Vertrag **M.II** 28

Konfliktlösung
- Joint Venture-Vertrag **G.II** 13, 36
- Teilprivatisierung **H.III.3**

Konfliktlösungsverfahren H.III.3 2
- Konsortialausschuss **H.III.2** 8, 9, 10

Konsolidierung
- Umsatzberechnung Fusionskontrolle **K.III** 3.3 b

Konsolidierungskreis
- Fusionskontrollverfahren **K.I.1** 9
- Umsatzberechnung Fusionskontrollverfahren **K.I.1** 13

Konsortialausschuss
- Abstimmungsgremium **H.III.2** 14
- Änderungen bei Übergang der Anteilsmehrheit **H.III.2** 16
- Beschussgegenstände bei Teilprivatisierung **H.III.2** 8, 9, 10
- Geschäftsordnung **H.III.2** 15
- Konfliktlösungsverfahren **H.III.2** 8, 9, 10
- Mediationsverfahren **H.III.2** 8, 9, 10
- Teilprivatisierung **H.III.2** 7, 14

Konsortialvertrag
- Aufsichtsrat **H.III.2** 2 f.
- Aufsichtsratsausschuss **H.III.2** 6
- Aufsichtsratsvorsitzender **H.III.2** 3
- Ausschüttungspolitik **H.III.5; H.III.6**
- Beschränkung Muttergesellschaft **H.III.7** 4
- Bindung Rechtsnachfolger **H.III.7** 2
- Corporate Governance **H.III.2** 1
- Finanzierungspolitik **H.III.5; H.III.6**
- Investitionsprojekte **H.III.4**
- Kapitalnachschusspflicht **H.III.6**
- Konfliktlösungsverfahren **H.III.3** 2
- Mediationsverfahren **H.III.3** 4
- Optionsrechte **H.III.7** 5
- Pressemitteilungen **H.III.8**
- Privatisierungsklauseln **H.III**
- Stimmbindung **H.III.2** 11
- Unternehmensführung **H.III.4**
- Veräußerungsbeschränkungen/-bedingungen **H.III.7**
- Vertraulichkeit **H.III.8**
- Veto-Recht **H.III.2** 8, 10
- Vorschlagsrecht Geschäftsführer **H.III.2** 12

Kontaktadressen
- EU-Fusionskontrolle (Formblatt CO) **K.II.2** 17

Kontaktaufnahme
- mit EU-Fusionskontrolle **K.II.1** 1, 2
- mit EU-Kommission **K.II.1** 1, 2; **K.II.2** 1
- Fusionskontrollverfahren **K.III** 6

Kontrolle
- Begriff **E.III.5** 1

Kontrollerwerb
- Angaben zu beteiligten Unternehmen **K.I.1** 12
- Checkliste Befreiungsantrag nach § 36 WpÜG **E.V.1**
- Checkliste Befreiungsantrag nach § 37 WpÜG **E.V.2**
- EU-Fusionskontrolle **K.II.2** 3, 4
- Fusionskontrollverfahren **K.I.1** 8; **K.III** 3.1 a
- Minderheitenschutz bei **E.III.5** 1
- Pflichtangebot bei **E.III.5** 1
- Sanierungsbefreiungsantrag nach § 37 WpÜG/§ 9 S. 1 Nr. 3 WpÜG-AngebVO **E.V.3**
- Veröffentlichung nach §§ 35 Abs. 1, 10 Abs. 3 WpÜG **E.VI.1** 1 f.

Konzentrationskontrolle, medienrechtliche **J.IV** 3.1 f

Konzern
- Absicherung Zahlungsverpflichtung aus Beherrschungs- und Gewinnabführungsvertrag **M.I.1** 43
- Beendigung konzerninterner Verträge **C.II.2** 130
- Zulassungsübertragung **J.II** 5

Konzernabschluss
- Verkäufergarantie **C.II.1** 85

Konzernbetrachtung
- Fusionskontrollverfahren **K.III** 3.2

Konzernbetriebsrat
- Formwechsel **L.IV.1** 16

Konzerninnenfinanzierung M.II 1
- Cash-Management-Systeme **M.II** 1

Konzernumlage
- Anforderungsliste Due Diligence **B.VI.3**

Konzernverschmelzung L.II.3 1

Konzessionsabgabe
- Energiewirtschaft **J.III** 2.3b(bb)

Konzessionsvertrag
- Privatisierung **H.I** 3

Kooperationsvereinbarungen
- Anforderungsliste Due Diligence **B.VI.3**

Kooperationsvertrag
- Alternative zu Joint Venture **G.I**
- Anforderungsliste Due Diligence **B.VI.3**
- Joint Venture-Vertrag **G.II** 19

Kopien
- Akteneinsicht Fusionskontrollverfahren **K.I.7** 6
- Vertraulichkeitsvereinbarung **B.I.1** 9

2066

magere Zahlen = Anmerkung

Sachverzeichnis

Kopierwunsch
- Datenraum **B.VI.1** 8

Korea, Republik
- Fusionskontrolle bei Erwerb Minderheitsbeteiligung **K.III** 3.1 b

Kosten
- Abspaltung zur Neugründung **L.III.19** 10
- Anteilskaufvertrag **C.II.1** 123; **C.II.2** 137
- Auflösung GmbH & Co. KG **L.V.5** 5
- Ausgliederung **L.III.20** 6
- Ausschluss, übernahmerechtlicher **M.IV** 10
- Einbringungsvertrag **F.I.4** 4
- Einreichung Verschmelzungsplan **L.II.29** 7
- Fusionskontrollverfahren bei Joint Venture **G.II** 51
- Gesellschafterliste GmbH **F.I.6** 1
- Handelsregisteranmeldung Abtretung Kommanditanteile GmbH & Co. KG an Komplementär-GmbH **L.V.5** 5
- Handelsregisteranmeldung Anteilsvereinigung/Erlöschen OHG **C.V.2** 4
- Handelsregisteranmeldung Formwechsel **L.IV.4** 12
- Handelsregisteranmeldung Kapitalerhöhung **F.I.5** 5
- Handelsregisteranmeldung Sach-/Kapitalerhöhung **L.V.3** 6
- Handelsregisteranmeldung Verschmelzung **L.II.8** 13
- Rechtmäßigkeitsbescheinigung **L.II.31** 15
- Sacheinlage **F.I.1** 7
- Sacherhöhungsprüfer **F.II.5** 2
- Sachkapitalerhöhung **F.II.5** 1
- bei Scheitern Verschmelzung **L.II.13** 14
- Share Deal **C.I**
- Spaltungs- und Übernahmevertrag **L.II.3** 33
- Spaltungsbeschluss **L.II.6** 11
- Übernahmeerklärung **F.I.2** 2
- Umwandlung AG in SE **L.IV.29** 16
- Umwandlungsbeschluss **L.IV.1** 18
- Umwandlungsplan **L.IV.30** 12
- Verschmelzungsbeschluss **L.II.6** 11
- Verschmelzungsplan **L.II.27** 23
- Verschmelzungsvertrag **L.II.3** 33

Kostenaufstellung
- Sachkapitalerhöhung **F.II.5**
- Unterzeichnung **F.II.5** 4

Kredite
- Anforderungsliste Due Diligence **B.VI.3**

Kreditinstitut
- Abtretung von Rechten an finanzierendes **C.II.1** 124; **C.II.2** 138; **C.II.3** 61
- Aufgabe-/Absenkungsanzeige bedeutender Beteiligung **J.I** 4.1 b
- aufsichtsrechtliche Vorgaben bei Due Diligence **J.I** 5.2
- BaFin **J.I** 1
- bedeutende Beteiligung an **J.I** 2.1
- Beschränkung Beteiligungserwerb/-erhöhung **J.I** 4.1 d
- branchenspezifische Vorgaben **J.I**
- Change-of -Control-Klausel **J.I** 6.1 g
- Datenschutz bei Due Diligence **J.I** 5.1 c
- Derivatevereinbarung **J.I** 6 g
- Due Diligence **J.I** 5
- Due Diligence Beratungspraxis **J.I** 5.3
- Due Diligence Risikomanagement **J.I** 5.2
- Eigenkapital, haftendes **J.I** 6.1 c
- Einlagensicherungsfonds **J.I** 6.1 h
- Erlaubnisse **J.I** 6.1 c
- Erwerbs-/Erhöhungsabsicht bedeutender Beteiligung (Formularmuster) **J.I** 8
- Erwerbs-/Erhöhungsanzeige bedeutender Beteiligung **J.I** 4.1 a
- Gewährleistungserklärung bei Squeeze out **M.III.6** 1 f.
- Informationstechnologie **J.I** 6.1 f
- Kaufpreisanpassungsklausel **J.I** 6, 6.1 b
- Kreditrisiken **J.I** 6.1 d
- Nichtuntersagung Erwerb bedeutender Beteiligung durch BaFin **J.I** 6.1 a
- Prospekthaftungsrisiko **J.I** 6.1 e
- Risiko bei Eigenhandel **J.I** 6.1 d
- Risiko bei Wertpapierdienstleistung **J.I** 6.1 e
- Sorgfaltsstandards bei M & A **J.I** 6.1 j
- Umsatzberechnung FKVO **K.II.2** 9
- Umsatzberechnung Fusionskontrolle **K.III** 3.3 e
- Umsatzberechnung Fusionskontrollverfahren **K.I.1** 13
- Untersagungsverfügung Beteiligungserwerb/-erhöhung **J.I** 4.1 d
- Zuverlässigkeits-/Eignungsanforderungen **J.I** 3.1

Kreditlinien
- Anforderungsliste Due Diligence **B.VI.3**

Kreditrisiken
- Kreditinstitut/Finanzdienstleistungsunternehmen **J.I** 6.1 d

Kreditsicherung
- Telekommunikationsunternehmen **J.IV** 2.1 g

Kundenschutz
- Vertraulichkeitsvereinbarung **B.I.1** 13

Kündigung
- Betriebsübergang **D.III** 11
- Cash-Pooling-Vertrag **M.II** 23
- Ergebnisabführungsvertrag **C.II.1** 14
- Joint Venture **G.III** 12, 13
- Joint Venture-Vertrag **G.II** 45
- Mandatsvereinbarung **B.II** 6
- Public Private Partnership **H.IV.1** 1, 5

Kündigung, außerordentliche
- Beherrschungs- und Gewinnabführungsvertrag **M.I.1** 42
- Joint Venture-Vertrag **G.II** 46, 47

Kündigung, betriebsbedingte
- Veräußerungsprivatisierung **H.II.5** 2

Kündigung, ordentliche
- Beherrschungs- und Gewinnabführungsvertrag **M.I.1** 41

Kündigung, personenbedingte
- Veräußerungsprivatisierung **H.II.5** 2

Sachverzeichnis

fette Buchstaben und Zahlen = Systematik

Kündigung, verhaltensbedingte
- Veräußerungsprivatisierung **H.II.5** 2
Kursbeeinflussungspotential
- Ad-hoc-Publizität **C.III.4.2** 3, 4

Ladung
- Aufsichtsratssitzung **B.VIII.3** 3
- Beschlussfassung Vorstand **B.VIII.1** 2; **B.VIII.2** 2
Lage der Gesellschaft
- Gründungsbericht **L.IV.10** 5
Landesbank
- M & A Transaktionen bei **J.I** 6.1 i
Landesbausparkasse
- M & A Transaktionen bei **J.I** 6.1 i
Landesmedienanstalt
- Rundfunkaufsicht **J.IV** 3.1 b
Landespressgesetz J.IV 3.3 a
Lasten, öffentliche
- Anforderungsliste Due Diligence **B.VI.3**
Leakage-Strategie
- Zusammenschlussvereinbarung **L.II.2** 20
Leasing
- Zahlungsverpflichtung bei GmbH-Anteilskaufvertrag **C.II.1** 32; **C.II.2** 30
Leasinggeschäft
- Zahlungspflichten **C.II.1** 32
Leasingvertrag
- Anforderungsliste Due Diligence **B.VI.3**
Lebensmittel
- Begriff **J.II** 3 a
- Inverkehrbringen **J.II** 4
- Prüfung produktbezogener Risiken **J.II** 3 d
- Prüfung regulatorischer Aspekte bei Due Diligence **J.II** 3 a
- Zulassungsübertragung **J.II** 5
Lebensmittelherstellung
- Prüfung bei Due Diligence **J.II** 3 b
Lebensmittelmarkt
- Bagatellmarktklausel **K.I.4** 3
Lebensmittelunternehmen
- Abverkauf von Waren **J.II** 6
- branchenspezifische Vorgaben **J.II**
- Compliance **J.II** 3 f
- Due Diligence **J.II**
- Due Diligence gewerbliche Schutzrechte **J.II** 2
- Garantie-/Haftungsregelung **J.II** 11
- Prüfung regulatorischer Aspekte bei Due Diligence **J.II** 3
- Schutzrechte, gewerbliche **J.II** 2
- Service Level Agreements **J.II** 7
- Transaktionsplanung **J.II**
- Versicherungsschutz **J.II** 10
- Zulassungen/Genehmigungen bei Asset Deal **J.II** 5
- Zulassungen/Genehmigungen bei Share Deal **J.II** 4
Lebensmittelzulassung
- Asset Deal **J.II** 5
- Prüfung bei Due Diligence **J.II** 3 c

Legal Due Diligence B.VI.3 2
- Anforderungsliste **B.VI.3** 3
Legitimation
- Aktionär für Hauptversammlung bei Squeeze out **M.III.8** 14
Leiharbeitnehmer
- Anforderungsliste Due Diligence **B.VI.3**
- Arbeitsrechtliche Due Diligence **B.VI.7**
Leistungen
- der Bieterin an Organmitglieder der Zielgesellschaft **E.III.4** 31
Leistungsanreiz-Klausel
- Beteiligungsvertrag **F.V.1** 6
Leistungstransfer
- Joint Venture-Vertrag **G.II** 19
Leistungsverträge
- Asset Deal **D.I** 13
Leitungsorgane
- Amtskontinuität bei Formwechsel AG in SE **L.IV.30** 9
Leitungsrecht
- Beherrschungs- und Gewinnabführungsvertrag **M.I.1** 4
Lenkungsausschuss
- Privatisierung **H.I** 4
letter of intend B.VII
- Abgrenzungen **B.VII** 1
- Exklusivität **B.VII** 4
- Form **B.VII** 7
- Haftung **B.VII** 7
- Joint Venture **G.I**
- rechtliche Wirkung **B.VII** 2
- unverbindliche Regelungen **B.VII** 3
- verbindliche Regelungen **B.VII** 4
- Zweck **B.VII** 1
Liefervertrag
- Anforderungsliste Due Diligence **B.VI.3**
- Asset Deal **D.I** 13
Limited L.IV.5 2
- Abgrenzung/Vergleich zu GmbH **L.IV.5** 2
- certificate of good standing **L.IV.6** 3
- certificate of incorporation **L.IV.6** 3
- director **L.IV.6** 3
- Handelsregisteranmeldung bei Formwechsel **L.IV.6** 1 f.
- Kosten Handelsregisteranmeldung **L.IV.6** 4
- Mitbestimmungsrecht **L.IV.5** 2
- Rechtsfähigkeit **L.IV.5** 1
- registered office **L.IV.5** 2
- secretary **L.IV.6** 3
- Treuhand **L.IV.5** 3
Limited Auction
- Bieterverfahren **A.IV**
limited auction process
- Vertraulichkeitsvereinbarung **B.I.1** 1
Limited & Co. KG
- Firma **L.IV.5** 8
- durch Formwechsel GmbH **L.IV.5** 1 f.
Liquidation Preference
- Gesellschaftervereinbarung **F.V.2** 12

Sachverzeichnis

magere Zahlen = Anmerkung

Liquidität, betriebsnotwendige
– Cash-Pooling-Vertrag **M.II** 9
Liquiditätsausstattung
– Cash-Pooling-Vertrag **M.II** 13
– Joint Venture-Vertrag **G.II** 21, 22
Liquiditätsübertragung
– Cash-Pooling-Vertrag **M.II** 8
Litauen
– Fusionskontrolle bei Erwerb Minderheitsbeteiligung **K.III** 3.1 b
Lizenzierung
– Anforderungsliste Due Diligence **B.VI.**3
Lizenzvertrag
– Alternative zu Joint Venture **G.I**
Lock up-Verpflichtung
– Investorenvereinbarung **E.II** 10
Locked-Box
– Aktienkaufvertrag **C.III.**2 1
– Anteilskaufvertrag **C.II.**3 20, 32
– Geschäftsfortführung **C.II.**3 30
– Ringfencing **C.II.**3 32
Lösungsrecht
– Spaltungs- und Übernahmevertrag **L.III.**2 20

M & A Berater
– Mandatsvereinbarung **B.II**
MAC-Klausel
– Angebotsunterlage **E.III.**4 26
– Anteilskaufvertrag (käuferfreundlicher) **C.II.**2 68
– Asset Deal **D.I** 28
– Joint Venture-Vertrag **G.II** 7
– Share Deal **C.I**
– Zusammenschlussvereinbarung **L.II.**2 17
Management Retention
– Gesellschaftervereinbarung **F.V.**2 6
Management-Beteiligungsvertrag
– mit Management der Zielgesellschaft **E.III.**4 31
Management-Präsentation
– Verfahrensvereinbarung **B.IV**
Mandat
– Fusionskontrollverfahren **K.III** 4
Mandatsvereinbarung **B.II**
– mit Finanz-/M & A-Berater **B.II** 1
– Gegenstand **B.II** 3
– Haftung **B.II** 5
– Haftungsfreistellung **B.II** 5
– Kündigung **B.II** 6
– Pressemitteilung **B.II** 7
– Tombstone **B.II** 7
– Transaktionsstruktur **B.II** 2
– Vergütung **B.II** 4
Mängel
– bei Handelsregistereintragung Spaltung **L.III.**7 3
Marken
– Anforderungsliste Due Diligence **B.VI.**3
– Prüfungsschwerpunkte bei Due Diligence **J.II** 2
Markenanmeldung
– Anforderungsliste Due Diligence **B.VI.**3
Markennutzung
– Anteilskaufvertrag **C.II.**1 116

Markt
– EU-Fusionskontrolle **K.II.**2 6, 7
– Gesamtgröße EU-Fusionskontrolle **K.II.**2 15
Marktabgrenzung
– Bagatellmarkt **K.I.**4 3
– Entscheidungen BKartA/EU Kommission **K.I.**1 20
– EU-Fusionskontrolle **K.II.**2 6, 7
– Fusionskontrollverfahren **K.I.**1 19
– Teilmarkt **K.I.**4 3
Marktanalyse
– Telekommunikation **J.IV** 2.2 c
Marktanteil
– Fusionskontrollverfahren **K.I.**1 21
– Hirschmann-Herfindahl-Index **K.II.**2 16
– Schätzung **K.I.**1 23
Marktbeherrschende Stellung
– Energiewirtschaft **J.III** 2.2b(aa)
– Fusionskontrollverfahren **K.I.**1 24
– Medienunternehmen **J.IV** 3.1 f
Marktbeherrschungstest
– EU-Fusionskontrolle **K.II.**2 20
Marktdaten
– Bagatellmarkt **K.I.**4 1, 3
– benachbarte Märkte **K.I.**4 3
– Darstellungstiefe **K.I.**1 23
– EU-Fusionskontrolle **K.II.**2 6, 7, 13, 15
– Gesamtgröße EU-Fusionskontrolle **K.II.**2 15
– Marktabgrenzung **K.I.**1 19, 20
– Marktanteile **K.I.**1 21
– sonstige **K.I.**1 23
– Wettbewerbsbedingungen **K.I.**1 22
Märkte, junge
– Bagatellmarktklausel **K.I.**4 2
Marktpreis
– Privatisierung **H.I** 10
Marktregulierung
– Telekommunikationsunternehmen **J.IV** 2.2
Marktsegmente
– Telekommunikation **J.IV** 2.2 a
Markttest
– Zusageangebot **K.I.**5 3
Marktvolumenberechnung
– Bagatellmarkt **K.I.**4 3
Maßnahmenplan
– Checkliste Bar-Übernahmeangebot **E.III.**2
Material Adverse Change s *MAC-Klausel*
Mediation
– Teilprivatisierung **H.III.**3
Mediationsverfahren **H.III.**3 4
– Ausübung Gesellschafterrechte während **H.III.**2 13
– Konsortialausschuss **H.III.**3 8, 9, 10
Medienkonzentration **J.IV** 3.1 b
Medienunternehmen
– Anbieterkennzeichnung **J.IV** 3.2 b
– branchenspezifische Vorgaben **J.IV** 3
– Freiwillige Selbstkontrolle (FSF) **J.IV** 3.1 b
– Fusionskontrolle **J.IV** 3.1 g
– Gremienvorsitzendenkonferenz (GVK) **J.IV** 3.1 b
– Internet Service Provider (ISP) **J.IV** 3.2

Sachverzeichnis

fette Buchstaben und Zahlen = Systematik

- Kommission für Jugendmedienschutz (KJM) **J.IV** 3.1 b
- Kommission für Zulassung und Aufsicht (ZAK) **J.IV** 3.1 b
- Konzentrationskontrolle **J.IV** 3.1 f
- marktbeherrschende Stellung **J.IV** 3.1 f
- Medienkonzentration **J.IV** 3.1 b
- Plattform-Anbieter **J.IV** 3.1 i
- Printmedien **J.IV** 3.3
- Programminhalte **J.IV** 3.1 e
- Rundfunk **J.IV** 3.1
- Rundfunkaufsicht/-regulierung **J.IV** 3.1 b
- Telemedien **J.IV** 3.2
- Transaktionsplanung **J.IV** 3
- Übertragungskapazitäten **J.IV** 3.1 d
- Vertragsprüfung bei due diligence **J.IV** 3.1 h
- Zulassung **J.IV** 3.1 c
- Zulassungsverfahren, vereinfachtes **J.IV** 3.1 c
- Zulassungsversagung **J.IV** 3.1 c

Medizinprodukt
- Begriff **J.II** 3 a
- Inverkehrbringen **J.II** 4
- Prüfung Abgabestatus **J.II** 3 d
- Prüfung produktbezogener Risiken **J.II** 3 d
- Prüfung regulatorischer Aspekte bei Due Diligence **J.II** 3 a
- Zulassungsübertragung **J.II** 5

Medizinprodukteherstellung
- Prüfung bei Due Diligence **J.II** 3 b

Medizinprodukteunternehmen
- Abverkauf von Warenbeständen **J.II** 6
- branchenspezifische Vorgaben **J.II**
- Compliance **J.II** 3 f
- Due Diligence **J.II**
- Due Diligence gewerbliche Schutzrechte **J.II** 2
- Garantie-/Haftungsregelung **J.II** 11
- Prüfung regulatorischer Aspekte bei Due Diligence **J.II** 3
- Schutzrechte, gewerbliche **J.II** 2
- Service Level Agreements **J.II** 7
- Transaktionsplanung **J.II**
- Versicherungsschutz **J.II** 10
- Zulassungen/Genehmigungen bei Asset Deal **J.II** 5
- Zulassungen/Genehmigungen bei Share Deal **J.II** 4

Medizinproduktezulassung
- Asset Deal **J.II** 5
- Prüfung bei Due Diligence **J.II** 3 c
- Share Deal **J.II** 4

Mehrerlösabführungsklausel
- Mehrerlösermittlung **H.II.**9 6
- Staffelung **H.II.**9 2
- unentgeltliche Veräußerung **H.II.**9 3
- Unternehmenswertbestimmung **H.II.**9 7
- Veräußerungsbegriff **H.II.**9 4, 5
- Veräußerungsprivatisierung **H.II.**9
- Verkehrswert **H.II.**9 3

Mehrheitsbeteiligung
- Anteilskaufvertrag **C.II.**1 6; **C.II.**2 6
- Asset Deal **D.I** 31

- Bekanntmachung der Mitteilung nach § 20 Abs. 6 AktG **C.III.**3.2
- Finanzverbindlichkeiten bei **C.II.**1 45
- Mitteilungspflicht bei Zurechnung **C.III.**3.1 14
- Mitteilungspflicht nach §§ 20, 21 AktG **C.III.**3.1 12

Mehrheitseingliederung
- Abgrenzung zu Squeeze out **M.III.**1 4

Mehrheitserfordernisse
- Umwandlung AG in SE **L.IV.**29 12
- Umwandlungsbeschluss Formwechsel AG in GmbH **L.IV.**21 17
- Umwandlungsbeschluss GmbH **L.IV.**1 17; **L.IV.**7 5

Mehrmütterklausel
- Umsatzberechnung **K.I.**1 15

Memorandum of Understanding B.VIII.1
- Aufsichtsratsbeschluss **B.VIII.**3 1 f., 9
- Joint Venture **G.I**
- Vorstandsbeschluss **B.VIII.**1 5

Merger
- Verschmelzungsplan, gemeinsamer **L.II.**33 1 f., 5
- Verschmelzungsplan nach Art. 20 Abs. 1 SE-VO **L.II.**27 1 f.

merger among equals **L.II.**2 1

Mexiko
- Fusionskontrolle bei Erwerb Minderheitsbeteiligung **K.III** 3.1 b
- Konsultation lokaler Anwälte bei Fusionskontrolle **K.III** 4.12

Mezzanine-Finanzierung
- Anforderungsliste Due Diligence **B.VI.**3
- Beteiligungsvertrag **F.V.**1 5

Mietvertrag
- Anforderungsliste Due Diligence **B.VI.**3
- Asset Deal **D.I** 7

Minderheitenrechte
- Zustimmung zu Umwandlungsbeschluss **L.IV.**7 5

Minderheitenschutz
- bei Kontrollerwerb **E.III.**5 1
- Verschmelzungsplan **L.II.**29 4

Minderheitsaktionär
- Ausschluss **M.III.**1 1
- Ausschluss, übernahmerechtlicher **M.IV** 1 f.
- Bekanntmachung Ausschluss **M.III.**10
- Squeeze out **M.III.**1 1 f.

Minderheitsbeteiligung
- Anteilskaufvertrag **C.II.**1 6; **C.II.**2 6
- Finanzverbindlichkeiten bei **C.II.**1 45

Minderheitsbeteiligungserwerb
- Fusionskontrollverfahren **K.III** 3.1 b

Minderheitsgesellschafter
- Ausschluss, übernahmerechtlicher **M.IV** 1 f.
- Squeeze out **M.III.**1 1 f.

Minderheitsrechte
- Teilprivatisierung **H.III.**2 1

Mindestangebotspreis
- Angebotsunterlage **E.III.**4 18
- Referenzzeitraum **E.III.**4 18

magere Zahlen = Anmerkung

Sachverzeichnis

Mindest-Annahmeschwelle
- Squeeze-out E.I 7
- Übernahmeangebot E.I 7

Mindestdividende
- Ausgleich M.I.1 22

Mindestpreis
- Übernahmeangebot E.I 6

Mischeinlage
- Abgrenzung zu gemischter Sacheinlage F.I.1 1

Mischverschmelzung
- Abfindungsangebot bei L.II.20 19

Missbrauch
- Anfechtung Squeeze out M.III.8 11
- Squeeze out M.III.1 7

Mitarbeiter, freie
- Arbeitsrechtliche Due Diligence B.VI.7

Mitarbeiterbeteiligung
- Leistungsanreiz-Klausel F.V.1 6

Mitbestimmung
- Arbeitsrechtliche Due Diligence B.VI.7

Mitbestimmung, betriebliche
- Anforderungsliste Due Diligence B.VI.3

Mitbestimmungsrecht
- Formwechsel L.IV.1 16; L.IV.7 12
- Limited L.IV.5 2
- Spaltung L.III.2 29
- Transaktionsstruktur A.II.2
- Verschmelzung, grenzüberschreitende L.II.25
- Verschmelzungsplan, gemeinsamer L.II.33 12, 13

Mitbestimmungsstatut
- Änderung bei Verschmelzung L.II.16 17

Mitbestimmungsvereinbarung
- anwendbares Recht L.II.28 21
- Arbeitnehmerbeteiligung bei Societas Europaea L.II.28 1 f.
- Code of Ethics L.II.28 2
- Geltungsdauer L.II.28 19
- Gerichtsstand L.II.28 21
- Neuaufnahme L.II.28 20
- SE-Betriebsrat L.II.28 3 f.
- Unternehmensmitbestimmung SE L.II.28 12 f.
- Vorbemerkung L.II.28 1, 2

Mitgliedschaft
- Sonderrecht Gesellschafter bei Verschmelzung L.II.16 13

Mitgliedschaftsrecht
- durch Umwandlung Aktienrecht L.IV.21 12

Mitteilung
- qualifizierte Beteiligung nach § 21 Abs. 1 AktG C.III.4.1

Mitteilungspflicht
- Bekanntmachung der Mitteilung nach § 20 Abs. 6 AktG C.III.3.2
- Bekanntmachung nach § 23 WpÜG E.VI.2 1 f.
- Erreichung/Über-/Unterschreiten Stimmrechtsschwelle C.III.3.3 3
- Form/Frist C.III.3.1 3
- Mehrheitsbeteiligung nach §§ 20, 21 AktG C.III.3.1 12

- qualifizierte Beteiligung nach §§ 20, 21 AktG C.III.3.1 1 f.
- Stimmrechtserwerb nach § 27a Abs. 1 WpHG C.III.3.4 1 f.
- Stimmrechtsmitteilung nach § 21 Abs. 1 WpHG C.III.3.3
- Stimmrechtsmitteilung nach § 25 Abs. 1 WpHG C.III.3.5 1 f.
- Stimmrechtszurechnung bei Zusammenschlussvereinbarung L.II.2 2
- Unterlassung/Verletzung C.III.3.1 1
- Unterschreitung der Schwellenwerte nach §§ 20, 21 AktG C.III.3.1 16
- Zurechnung qualifizierter Beteiligung nach §§ 20, 21 AktG C.III.3.1 9, 14
- Zurechnung Stimmrechte C.III.3.3 5

Mittelherkunft
- Stimmrechtserwerb C.III.3.4 10

Mitverkaufsrecht
- Gesellschaftervereinbarung F.V.2 9

Mitverkaufsverpflichtung
- Gesellschaftervereinbarung F.V.2 8

Muttergesellschaft
- Beschränkung im Konsortialvertrag H.III.7 4

Nachangebotsphase
- Übernahmeangebot E.III.4 1

Nachbewertungsklausel
- Veräußerungsprivatisierung H.II.9 1

Nacherwerb
- Übernahmeangebot E.I 1
- Verpflichtung zur Nachzahlung des Differenzbetrages bei E.III.4 19

Nachfolgevermerk
- Abfindung ausgeschiedener Kommanditist L.V.5 2

Nachgründungsvertrag
- Einbringung F.III.10 2

Nachgründungsvorschriften
- Formwechsel L.IV.7 6

Nachschusspflicht
- Joint Venture G.II 23
- Konsortialvertrag H.III.6

Nachunternehmervertrag
- Ablösung Nachunternehmer H.IV.6 6
- Anzeigepflicht H.IV.6 4
- Eintrittsrecht H.IV.7
- Mängelrechte H.IV.6 5
- Public Private Partnership H.IV.6
- Schadensersatz H.IV.6 5

Nachweis
- Anteilsübergang C.II.3 18

Nachzahlungspflicht
- Differenzbetrag bei Nacherwerb E.III.4 19

Namensaktie
- Übertragung C.III.2 66

Namensnutzung
- Anteilskaufvertrag C.II.1 116

Nebenabreden
- Anteilskaufvertrag C.II.1 131

2071

Sachverzeichnis

fette Buchstaben und Zahlen = Systematik

Negativattest
- Handelsregisteranmeldung Squeeze out **M.III.9** 4

Negativerklärung
- Änderung der Betriebsorganisation bei Spaltung **L.III.2** 30
- bei Gründung Societas Europaea (SE) **L.II.32** 14
- Gründungsbericht **L.IV.10** 2
- Handelsregisteranmeldung **L.III.6** 10

Net Debt
- Kaufpreisanpassung GmbH-Anteilskaufvertrag **C.II.1** 25 f.

Net Debt-Kaufpreisanpassung
- Share Deal **C.I**

net present value
- Asset Deal **D.I** 32

Netting
- Anteilskaufvertrag **C.II.1** 24; **C.II.2** 22
- Konzerninnenfinanzierung **M.II** 1

Nettoumlaufvermögen
- Anteilskaufvertrag **C.II.1** 41
- Share Deal **C.I**

Netzentgelt
- Anreizbildung **J.III** 2.3d(bb)
- Billigkeit **J.III** 2.3 e
- Energiewirtschaft **J.III** 2.3 d
- kostenorientiertes **J.III** 2.3d(aa)

Neuarbeitsplatzgarantie
- Veräußerungsprivatisierung **H.II.5** 4

Neugründung
- Aufspaltung zur **L.III.8** 1 f.
- Handelsregisteranmeldung der übernehmenden GmbH **L.III.10** 1 f.
- übernehmende AG **L.III.12** 6
- Verschmelzung AG mit anderer AG durch N. **L.II.10** 1 f.
- Zustimmungsbeschluss **L.III.9** 1 f.

Neugründung, konzerninterne
- Fusionskontrollverfahren **K.I.1** 8

Neuseeland
- Fusionskontrolle bei Erwerb Minderheitsbeteiligung **K.III** 3.1 b

Neutralitätserklärung
- Sacherhöhungsprüfer **F.III.7.1**

NewCo merger **L.II.2** 4

Nichtigkeitsklage
- Spaltungsbeschluss **L.III.4** 10

Nichtuntersagung
- BaFin **J.I** 6.1 a, 6.2

Niederlassungsfreiheit
- Joint Venture **G.I**
- Privatisierung **H.I** 8

Niederlegungserklärung
- Organmitglied **C.II.1** 70; **C.II.2** 74

Niederschrift
- Aufsichtsratssitzung **B.VIII.3** 2

No Look-Klausel **C.II.2** 117

Norwegen
- Fusionskontrolle bei Erwerb Minderheitsbeteiligung **K.III** 3.1 b

Notar
- Gründungsprüfung **L.IV.12** 3
- Unterzeichnung Hauptversammlungsprotokoll **F.II.1** 11

Notaranderkonto
- Kaufpreiszahlung **C.II.2** 45

Notargebühren
- Anteilskaufvertrag **C.II.1** 123; **C.II.2** 137
- Handelsregisteranmeldung Abtretung Kommanditanteile GmbH & Co. KG an Komplementär-GmbH **L.V.5** 5
- Handelsregisteranmeldung Auflösung GmbH & Co. KG **L.V.5** 5
- Handelsregisteranmeldung Kapitalerhöhung bei Verschmelzung **L.II.8** 13
- Handelsregisteranmeldung Sach-/Kapitalerhöhung **L.V.3** 6
- Rechtmäßigkeitsbescheinigung **L.II.31** 15
- Spaltungs- und Übernahmevertrag **L.II.3** 33
- Spaltungsbeschluss **L.II.6** 11
- Verbindung Spaltungsbeschluss/-vertrag **L.III.2** 6
- Verschmelzung durch Neugründung **L.II.10** 1
- Verschmelzungsbeschluss **L.II.6** 11
- Verschmelzungsvertrag **L.II.3** 33

Notariatsvollmacht
- Handelsregistereintragung **C.V.2** 5

Notarielle Überwachung
- Beschlussfassung Hauptversammlung **L.II.30** 14

No-Teaming-Klausel
- Vertraulichkeitsvereinbarung **B.I.1** 14

Null-Ausgleich **M.I.1** 23

Nummerierung
- Geschäftsanteil **C.II.1** 5 a
- Geschäftsanteil GmbH **F.I.1** 2; **F.I.6** 1

Nummernzuteilung
- Sicherungsübereignung **J.IV** 2.1 g
- Telekommunikationsunternehmen **J.IV** 2.1 c

Nutzungseinschränkung
- Vertraulichkeitsvereinbarung **B.I.1** 6

Nutzungsrechte
- Anforderungsliste Due Diligence **B.VI.3**
- Asset Deal **D.I** 10

Offenlegung
- Irrevocable Undertaking **E.I** 2

Offenlegungspflicht
- Break Fee-Vereinbarung **L.II.2** 19

Öffentliche Förderungen
- Anforderungsliste Due Diligence **B.VI.3**

Öffentliches Recht
- Transaktionsstruktur **A.II.3**

Öffentlichkeit
- Fusionskontrollverfahren **K.I.1** 7

Öffnungszeiten
- Datenraum **B.VI.1** 3

OHG
- Handelsregisteranmeldung des Erlöschens **C.V.2** 2
- Handelsregisteranmeldung des Erwerbs aller Anteile durch einen Käufer **C.V.2**

2072

magere Zahlen = Anmerkung

Sachverzeichnis

OHG-Anteilskaufvertrag C.V.1 1 f.
- Erwerbsgegenstand C.V.1 4
- Form C.V.1 3
- Gesellschaftsanteil C.V.1 2
- Gewinnberechtigung C.V.1 7
- Handelsregisteranmeldung C.V.1 8
- Kapitalanteil C.V.1 2
- Übertragungszeitpunkt C.V.1 5
- Zustimmungserfordernis C.V.1 6

One Step-Modell
- Anteilskaufvertrag C.II.3 1 f., 9
- Nachweis Kaufpreiszahlung C.II.3 12

One-on-One
- Bieterverfahren A.IV

Online-Datenraum
- Benutzungsregeln B.VI.2 1 f.
- Druckbeschränkung B.VI.2 5
- Haftung B.VI.2 2, 6
- Zugangsregelung B.VI.2 4

Optionsrecht
- Anforderungsliste Due Diligence B.VI.3
- Teilprivatisierung H.III.7 5

Optionsvereinbarung
- Verhältnis zu Übernahmeangebot E.I 1, 2

Organe
- Niederlegungserklärung C.II.1 70
- Personalentscheidung im Verschmelzungsvertrag L.II.3 18
- Teilprivatisierung H.III.2
- Zusammensetzung bei Verschmelzung L.II.2 16

Organigramm
- Anforderungsliste Due Diligence B.VI.3

Organisation, künftige
- Zusammenschlussvereinbarung L.II.2 15

Organisationsprivatisierung H.I 3

Organmitglied
- Amtsniederlegung bei GmbH-Anteilskaufvertrag C.II.1 70
- Ausschlustatbestand bei Societas Europaea (SE) L.II.32 13
- Entlastung bei GmbH-Anteilskaufvertrag C.II.1 70; C.II.2 74

Organmitglied der Zielgesellschaft
- Management-Beteiligungsvertrag mit E.III.4 31

Organschaft
- Haftung C.II.2 123

Organschaft, steuerliche C.II.1 102
- Beherrschungs- und Gewinnabführungsvertrag M.I.1 1

Österreich
- Fusionskontrolle bei Erwerb Minderheitsbeteiligung K.III 3.1 b

Ownership-Unbundling-Modell J.III 1.2 b

Pachtvertrag
- Anforderungsliste Due Diligence B.VI.3

Paketerwerb
- Verhältnis zu Übernahmeangebot E.I 1, 2

Parallelerwerbe
- Übernahmeangebot E.I 1

Parallelimporte J.II 3 a

Parallelprüfung
- Angemessenheitsprüfung bei Squeeze out M.III.5 7

Patentanmeldung
- Anforderungsliste Due Diligence B.VI.3

Patente
- Anforderungsliste Due Diligence B.VI.3
- Prüfungsschwerpunkte bei Due Diligence J.II 2

Patentpflege
- Anforderungsliste Due Diligence B.VI.3

Patronatserklärung
- Anforderungsliste Due Diligence B.VI.3
- Beherrschungs- und Gewinnabführungsvertrag M.I.1 43

Pensionsrückstellung
- Share Deal C.I

Pensionszusagen
- Anforderungsliste Due Diligence B.VI.3
- Arbeitsrechtliche Due Diligence B.VI.7

Personalangelegenheiten
- Anforderungsliste Due Diligence B.VI.3

Personalentscheidung
- Verschmelzungsvertrag L.II.3 18
- im Zustimmungsbeschluss zur Verschmelzung L.II.17 3

Personalvertretung
- Privatisierung H.I 4

Personengesellschaft
- gesellschaftsrechtliche A.III
- übernehmender Rechtsträger bei Spaltung L.III.12 7

Pflichtangebot
- Angebotsbedingungen E.III.5 21
- Annahmefrist E.III.5 7
- Außenwirtschaftsrecht E.III.5 20
- Auswirkungen auf Bieterin E.III.5 24
- Barangebot E.III.5 1 f.
- Gegenstand Angebotsunterlage E.III.5 6
- Kontrollerwerb E.III.5 1
- öffentliches Übernahmeangebot (Barangebot) E.III.5 1 f.
- Stimmrechtszurechnung bei Zusammenschlussvereinbarung L.II.2 2

Pflichtverletzung
- Ad-Hoc-Publizität M.III.4 6
- Übertragungsbericht M.III.7 6

Pflichtveröffentlichung
- Angebotsunterlage freiwilliges Barangebot E.III.4 1 f.
- Angebotsunterlage Pflichtangebot (Barangebot) E.III.5 1 f.
- Stellungnahme von Vorstand/Aufsichtsrat der Zielgesellschaft zum Übernahmeangebot E.IV 1 f.

Pharmaunternehmen
- Abverkauf von Warenbeständen J.II 6
- branchenspezifische Vorgaben J.II
- Compliance J.II 3 f
- Due Diligence J.II
- Due Diligence gewerbliche Schutzrechte J.II 2

2073

Sachverzeichnis

fette Buchstaben und Zahlen = Systematik

- Garantie-/Haftungsregelung **J.II 11**
- Prüfung regulatorischer Aspekte bei Due Diligence **J.II 3**
- Schutzrechte, gewerbliche **J.II 2**
- Service Level Agreements **J.II 7**
- Transaktionsplanung **J.II**
- Versicherungsschutz **J.II 10**
- Zulassungen/Genehmigungen bei Asset Deal **J.II 5**
- Zulassungen/Genehmigungen bei Share Deal **J.II 4**

Pipeline-Stuffing J.II 9
Plattform-Anbieter
- Medienunternehmen **J.IV 3.1 i**

Polen
- Konsultation lokaler Anwälte bei Fusionskontrolle **K.III 4.12**

Portfolio-Gesellschaft
- Garantie der Private Equity- Gesellschaft bei Verkauf der **C.II.3 25**

Präambel
- Anteilskaufvertrag **C.II.1 4**
- Anteilskaufvertrag GmbH & Co. KG **C.IV.2 4**
- Joint Venture-Vertrag **G.II 2**
- Verschmelzungsvertrag **L.II.3 3, 4, 5; L.II.13 5; L.II.16 5**

Präsenz
- Hauptversammlung **L.II.6 4, 10**

Preisanpassungsklausel
- Energiewirtschaft **J.III 2.2b(ee)**

Preisfindung
- Kaufbereitschaft bei Joint Venture **G.II 40**
- durch Schiedsgutachter bei Joint Venture **G.II 42**
- Verkaufsbereitschaft bei Joint Venture **G.II 39**

Preisgefahr
- MAC-Klausel **C.II.2 68**

Preismissbrauchskontrolle
- Energiewirtschaft **J.III 2.2b(bb)**

Pressemitteilung
- Mandatsvereinbarung **B.II 7**
- Privatisierungsverfahren **H.I 12**
- Teilprivatisierung **H.III.8**
- Übernahme **B.VIII.2 5**
- Vertraulichkeitsvereinbarung **B.I.1 11**

Presseunternehmen
- Bagatellmarktklausel **K.I.4 3**
- Umsatzberechnung Fusionskontrollverfahren **K.I.1 18**

Printmedien J.IV 3.3
- Fusionskontrolle **J.IV 3.3 b**
- Landespressegesetz **J.IV 3.3 a**

Prisoners' dilemma E.VI.2 1
Private Equity-Gesellschaft
- Garantie bei Verkauf Portfolio-Gesellschaft **C.II.3 25**
- Management-Beteiligungsvertrag mit Organmitglied der Zielgesellschaft **E.III.4 31**

Privatisierung
- Arbeitsebene/-gruppen **H.I 4**
- Arten **H.I 3**
- Aufgaben- **H.I 3**
- Auktion **H.I 6**
- Ausschreibung **H.I 6**
- Ausschreibungswettbewerb **H.I 10**
- Bedarf **H.I 2**
- Beihilferecht **H.I 9, 10, 11**
- Bekanntmachung, europaweite **H.I 8**
- Beraterauswahl **H.I 5**
- Beschäftigungszusagen **H.I 11**
- Bietungsverfahren **H.I 6**
- börsliche Veräußerung **H.I 10**
- Checkliste **H.I 1**
- Dienstleistungsfreiheit **H.I 8**
- Direktverkauf **H.I 10**
- Diskriminierungsverbot **H.I 8**
- Einschränkung Bieterkreis **H.I 11**
- Entscheidungsgremien **H.I 4, 7, 13**
- formale/formelle **H.I 3**
- funktionale **H.I 3**
- Genehmigungserfordernisse **H.I 13**
- Gesamtrentabilitätsüberlegungen **H.I 11**
- Gleichbehandlung **H.I 8**
- Haushaltsordnung **H.I 13**
- Investorauswahl **H.I 6**
- Kartellrecht **H.I 13**
- kommunale Rechtsaufsicht **H.I 13**
- Lenkungsausschuss **H.I 4**
- Marktwert durch unabhängiges Wertgutachten **H.I 10, 12**
- marktwirtschaftlicher Preis **H.I 10**
- materielle **H.I 3**
- Niederlassungsfreiheit **H.I 8**
- offenes Bieterverfahren **A.IV**
- Organisations- **H.I 3**
- Personalvertretung **H.I 4**
- privatisierende Umwandlung **H.I 3**
- Projektorganisation **H.I 4**
- Prüfung der EG-Kommission **H.I 12**
- Public Private Partnership **H.IV**
- Publizität **H.I 8**
- Rückabwicklung **H.I 12**
- Rückzugs- **H.I 3**
- standortpolitische Interesse **H.I 11**
- Teil- **H.I 3**
- Transparenz **H.I 8**
- Veräußerungs- **H.I 3; H.II**
- Vergaberecht **H.I 7**
- Wertgutachten **H.I 10, 12**
- Zusagen **H.I 11**
- Zustimmungserfordernisse **H.I 13**

Privatisierungsklausel
- Ankaufrecht **H.II.3 8**
- Anti-Assetstripping-Klausel **H.II.9 1**
- Arbeitsbedingungen **H.II.7 1**
- Arbeitsplatzklausel **H.II.5; H.II.6**
- Aufsichtsrat **H.III.2 2 f.**
- Ausschüttungspolitik **H.III.5; H.III.6**
- Beschäftigungszusage **H.II.5 2**
- Bestandsgarantie **H.II.2 1; H.II.3 1 f.**
- Corporate Governance **H.III.2 1**
- einklagbare Rechte/Pflichten **H.II.1 3**
- Einzelverwertungsklausel **H.II.9 1**

2074

magere Zahlen = Anmerkung **Sachverzeichnis**

- Erhaltung Versorgungs-/Servicestandard H.II.4
- Finanzierungspolitik H.III.5; H.III.6
- Geschäftsgrundlage H.II.1 4
- Golden Share H.III.2 1
- Haltefristklausel H.II.3 6; H.II.8
- Investitionsprojekte H.III.4
- Investitionsverpflichtung H.II.4
- Kapitalnachschusspflicht H.III.6
- Konfliktlösung H.III.3
- Konsortialvertrag H.III
- Mediation H.III.3
- Mehrerlösabführungsklausel H.II.9
- Minderheitsrechte H.III.2 1
- Nachbewertungsklausel H.II.9 1
- Neuarbeitsplatzgarantie H.II.5 4
- Optionsrechte H.III.7 5
- Organe H.III.2
- Pressemitteilungen H.III.8
- Sozialcharta H.II.7
- Spekulationsklausel H.II.9 1
- Standortgarantie H.II.2 1; H.II.3 1
- Tarifvertrag H.II.7 1
- Teilprivatisierung H.III
- Unternehmensführung H.III.4
- Veräußerungs-/Belastungsverbot H.II.3 6
- Veräußerungsbeschränkungen/-bedingungen H.III.7
- Veräußerungsprivatisierung H.II
- Vertragsstrafeklausel H.II.2 5; H.II.10
- Vertraulichkeit H.III.8
- Weitergabeklausel H.II.8 5
- Zielklausel H.II.1
- Zusammenarbeit H.III.1

Privatisierungsverfahren
- Angriffsflächen H.I 12
- Außendarstellung H.I 12
- Beschwerden H.I 12
- Leitlinien der Kommission zur Anwendbarkeit von Gemeinschaftsrecht H.I 8
- Presseerklärungen H.I 12
- taktische Grundüberlegungen H.I 12

Procedure letters
- Verfahrensvereinbarung B.IV

Produktentwicklung
- Prüfung regulatorischer Aspekte bei Due Diligence J.II 3 a

Produkthaftpflichtansprüche
- Anforderungsliste Due Diligence B.VI.3

Produkthaftung
- Prüfung bei Due Diligence J.II 3 d

Produkthaftungsklage
- Prüfung regulatorischer Aspekte bei Due Diligence J.II 3 a

Produktherstellung
- Prüfung bei Due Diligence J.II 3 b

Produktmarkt, geografischer
- EU-Fusionskontrolle K.II.2 7

Produktmarkt, sachlicher
- EU-Fusionskontrolle K.II.2 6

Produktrisiko
- Prüfung produktbezogener Risiken J.II 3 d

Produktrückruf
- Prüfung regulatorischer Aspekte bei Due Diligence J.II 3 a

Produktstatus
- Prüfung regulatorischer Aspekte bei Due Diligence J.II 3 a

Produktvertrieb
- Prüfung bei Due Diligence J.II 3 b

Produktzertifizierung J.II 3 c

Produktzulassung
- Prüfung bei Due Diligence J.II 3 c

Profit Transfer Agreement M.I.1 1 f.

Pro-forma-Abschluss
- Asset Deal D.I 35

Programminhalte
- Medienunternehmen J.IV 3.1 e

Projektbeschreibung
- Public Private Partnership H.IV.3

Projektgesellschaft
- Nachunternehmervertrag H.IV.6

Projektorganisation
- Privatisierung H.I 4

Projektvertrag
- Public Private Partnership H.IV.2
- Vergütung H.IV.4
- Vergütungsanpassung/-fortschreibung H.IV.5

Prokura
- Handelsregisteranmeldung bei Formwechsel L.IV.13 10

Proper Information Clause
- Anteilskaufvertrag C.II.2 101

Prospekthaftung
- Kreditinstitut/Finanzdienstleistungsunternehmen J.I 6.1 e

Protokoll
- Aufsichtsratssitzung B.VIII.3 2

Prüfbericht
- Anforderungsliste Financial Due Diligence B.VI.4
- Sacherhöhungsprüfung F.III.7.4 1, 2

Prüferbestellung
- Verschmelzung L.II.3 16

Prüfung
- Privatisierungsverfahren H.I 12

Prüfung, fusionskontrollrechtliche
- Verhaltensmaßregeln bis zur K.I.10 1

Prüfungsbericht
- Auslegung vor Umwandlung AG in SE L.IV.29 8

Prüfungsmaßstab
- Fusionskontrollverfahren K.I.1 24
- Gemeinschaftsunternehmen bei Fusionskontrolle K.I.2 11

Prüfungsverfahren
- BaFin J.I 1

Public Private Partnership H.IV
- Begriff H.IV.1
- Beirat H.IV.10 2
- Eintrittsrecht Nachunternehmervertrag H.IV.7
- Finanzierung H.IV.8

2075

Sachverzeichnis

fette Buchstaben und Zahlen = Systematik

- Finanzierungsverträge **H.IV.**1
- Forfaitierung **H.IV.**8 2
- Gesellschaftsmodell **H.IV.**1
- Gestaltung **H.IV.**1
- Informationsrechte **H.IV.**9 3
- Kontrollrecht **H.IV.**9
- Kündigung **H.IV.**1 1, 5
- Nachunternehmer **H.IV.**1
- Nachunternehmervertrag **H.IV.**6
- Projektbeschreibung **H.IV.**3
- Projektgesellschaft **H.IV.**1
- Projektvertrag **H.IV.**2
- Schiedsgerichtsklausel **H.IV.**10 5
- Schlichtung **H.IV.**10 5
- Service-Level-Agreement (SLA) **H.IV.**4 4
- Umsatzsteuer **H.IV.**4 5
- Vergütung **H.IV.**4
- Vergütungsanpassung/-fortschreibung **H.IV.**5
- Verkehrsinfrastrukturprojekt **H.IV.**1
- Vertragsbeauftragter **H.IV.**9 2
- Vertragsbeendigung, vorzeitige **H.IV.**11
- Vertragslaufzeit **H.IV.**1
- Vertragsmodell **H.IV.**1
- Vertragsstrukturen **H.I.**1
- Weisungsrecht **H.IV.**9
- Zielsetzung **H.IV.**3 4

Publizität
- Break Fee-Vereinbarung **L.II.**2 19
- Fusionskontrollverfahren **K.III** 4.12
- Privatisierungsverfahren **H.I** 8

Put Option
- Gesellschaftervereinbarung **F.V.**2 11
- Joint Venture **G.II** 38

Reaktionssystem
- Cash-Pooling-Vertrag **M.II** 22

Rechnungslegung
- Verschmelzungsvertrag **L.II.**3 7, 9

Rechnungslegungsgrundsätze
- Asset Deal **D.I** 36

Rechtmäßigkeitsbescheinigung L.II.31 1 f., 3
- einzureichende Unterlagen **L.II.**31 6
- Form **L.II.**31 14
- Geschäftswert **L.II.**31 15
- Gründung Societas Europaea (SE) **L.II.**31 1
- Kosten/Gebühren **L.II.**31 15
- Spruchverfahren **L.II.**31 8
- Zuständigkeit **L.II.**31 4

Rechtmäßigkeitskontrolle
- Gründungsverfahren Societas Europaea (SE) **L.II.**31 1

Rechtsaufsicht, kommunale
- Privatisierung **H.I** 13

Rechtsformänderung
- Grundbuchberichtigung **L.II.**27 19

Rechtsmissbrauch
- Anfechtung Squeeze out **M.III.**8 11
- squeeze out **M.III.**1 7

Rechtsmittel
- übernahmerechtlicher Ausschluss Minderheitsaktionär **M.IV** 9

Rechtsnachfolger
- Bindung bei Übertragung Geschäftsanteil **H.III.**7 2

Rechtsschutz
- Spaltungsbeschluss **L.III.**4 10

Rechtsstreitigkeiten
- Anforderungsliste Due Diligence **B.VI.**3
- Anforderungsliste Financial Due Diligence **B.VI.**4
- Anteilskaufvertrag **C.II.**2 99

Rechtsträger, übernehmender anderer Rechtsform
- Abfindungsangebot bei Spaltung **L.III.**12 3

Rechtsverlust
- Entschädigung für **E.III.**4 21

Rechtswahlklausel
- Joint Venture-Vertrag **G.II** 54

Referenzpreis
- Irrevocable Undertaking **E.I** 9

Referenzzeitraum
- Mindestangebotspreis **E.III.**4 18
- Umsatzberechnung Fusionskontrollverfahren **K.I.**1 17

Refinanzierung
- Energiewirtschaft **J.III** 2.3 d

Refinanzierungsregister
- Eintragung im **C.II.**2 87

Registersperre
- bei Klage gegen Spaltungsbeschluss **L.III.**4 10

Registerverfahren
- Verschmelzungsplan, gemeinsamer **L.II.**33 18

registrar of companies L.IV.6 3

Rent-Roll-Garantie
- GbR-Anteilskaufvertrag **C.VI** 12

Reservierung
- von Schadensreserven bei Versicherungsunternehmen **J.I** 6.2 d

Restrukturierung, interne
- Fusionskontrolle **K.III** 3.1 e

Restrukturierung, konzerninterne
- Fusionskontrollverfahren **K.I.**1 8

Ringfencing C.II.3 32

Risikobegrenzungsgesetz
- Stimmrechtsmitteilung **C.III.**3.4 1

Risikomanagement
- Due Diligence **J.I** 5.2

Rückabwicklung
- Privatisierung **H.I** 12

Rückbaupflicht
- Beendigung konzerninterner Verträge **C.II.**2 130

Rückforderung
- rechtswidrige Beihilfen **H.I** 12

Rückforderungsanspruch
- Cash-Pooling-Vertrag **M.II** 20

Rückkaufwert Versicherung
- Due Diligence **J.I** 5.2

Rücklagen
- Auflösung **C.II.**2 94

Rücklagenauflösung
- Ausgleich Jahresfehlbetrag **M.I.**1 15
- Gewinnabführung **M.I.**1 15

magere Zahlen = Anmerkung

Sachverzeichnis

Rücklagenbildung
– Verhältnis zu Gewinnabführung **M.I.1** 14
Rücktrittsrecht
– Angebotsunterlage **E.III.4** 30
– Anteilskaufvertrag **C.II.1** 69
– Asset Deal **D.I** 30
– Nichtvorliegen der Vollzugsvoraussetzungen bei Share Deal **C.I**
– Verschmelzungsvertrag **L.II.13** 11; **L.II.16** 12
– Zusammenschlussvereinbarung **L.II.2** 17
Rücktrittsvorbehalt
– Verschmelzungsvertrag **L.II.3** 27; **L.II.10** 26
Rückübertragung
– treuhänderisch gehaltener Geschäftsanteil **L.IV.1** 6, 12
Rückversicherung
– Versicherungsunternehmen **J.I** 6.2 b
Rückversicherungsunternehmen
– Anteilseignerkontrolle **J.I** 4.2 e
– Bestandsübertragung **J.I** 7.6
Rückwirkung
– Einbringung Kommanditanteil GmbH & Co. KG in Komplementär-GmbH **L.V.4** 3
Rückzugsprivatisierung **H.I** 3
Rundfunk
– s Medienunternehmen
– Aufsicht **J.IV** 3.1 b
Rundfunkunternehmen
– Bagatellmarktklausel **K.I.4** 3
– Umsatzberechnung Fusionskontrollverfahren **K.I.1** 18
Russian Roulette
– Joint Venture **G.II** 38
Russische Föderation
– Fusionskontrolle bei Erwerb Minderheitsbeteiligung **K.III** 3.1 b
– Investitionskontrolle **K.III** 3.4 e
– Konsultation lokaler Anwälte bei Fusionskontrolle **K.III** 4.12

Sacheinlage
– aufschiebend bedingte Einlagenleistung **F.I.1** 4; **F.I.5** 4
– Bestimmtheit **L.V.1** 5
– Bewertung Zielunternehmen **F.I.1** 5
– Einbringungsvertrag **F.I.4**
– Einlagenerbringung **F.I.1** 4
– Gebühren **F.I.1** 7
– Kosten **F.I.1** 7
– Sacheinlagebericht **F.I.1** 6
– Übernahmeerklärung **F.I.2** 1
– Übernehmerliste **F.I.3**
– Unterbewertung **F.I.1** 5
Sacheinlage, gemischte
– Abgrenzung zu gemischter Einlage **F.I.1** 1
– Ausgabebetrag **F.II.1** 7
– Genehmigtes Kapital **F.III.2** 1
– Gesellschafterbeschluss GmbH **F.I.1** 1
– Überpariemission **F.I.1** 3
Sacheinlage, verdeckte
– Cash-Pooling-Vertrag **M.II** 15

Sacheinlagebericht **F.I.1** 6
Sacherhöhungsbericht
– Werthaltigkeitsnachweis **F.I.5** 2
Sacherhöhungsprüfer
– Bestellungsantrag **F.III.7.3**
– Kosten **F.III.5** 2
– Neutralitätserklärung **F.III.7.1**
– Prüfbericht **F.III.7.4** 1, 2
Sacherhöhungsprüfung
– Antrag auf Prüferbestellung zum Handelsregister **F.III.7.3**
– Bestellung Sacherhöhungsprüfer **F.III.7**
– Ersuchen an IHK um Unbedenklichkeitsbescheinigung zur Prüferbestellung **F.III.7.2**
– Prüfbericht **F.III.7.4** 1, 2
Sachgründung
– Formwechsel GmbH in AG **L.IV.7** 8; **L.IV.10** 1
– Gründungsprüfer/-prüfung **L.IV.12** 3
– Spaltungsplan **L.III.8** 8, 9
Sachgründungsbericht
– Spaltung **L.III.6** 4
Sachkapitalerhöhung
– AG **F.II.1**
– Anfechtungsrisiko **F.II.1** 1
– Anwachsungsmodell, erweitertes **L.V.1** 1
– Ausgabebetrag **F.II.1** 7
– Beschlussinhalt **F.II.1** 5
– Bestellung Sacherhöhungsprüfer **F.III.7**
– Differenzhaftung **F.II.1** 7
– Druckkosten **F.II.5** 3
– Einbringungsbilanz **L.V.1** 7
– Einlagenerbringung **F.II.6** 7
– Erhöhungsbetrag, fester **F.II.1** 6
– aus genehmigtem Kapital **F.III.1**
– aus genehmigtem Kapital bei GmbH **F.I.8**
– Geschäftswert **L.V.3** 6
– GmbH **F.I.1**
– Handelsregisteranmeldung **F.II.6** 1 f.
– Handelsregistereintragung **L.V.1** 6
– Kapitalaufbringung **F.II.6** 6
– Kosten Handelsregisteranmeldung **L.V.3** 6
– Kostenaufstellung **F.II.5**
– Prüferkosten **F.II.5** 2
– Verzicht auf Vorstandsbericht **F.II.1** 9
– Vorstandsbericht **F.II.1** 8
– Vorstandsbeschluss **F.III.2**
– Wirksamwerden **L.V.1** 6
– Zeichnerverzeichnis **F.II.4**
– Zeichnungsschein **F.II.3**
Sachkapitalerhöhungsbericht
– bei Handelsregisteranmeldung **L.V.3** 4
Saldenkonzentration
– Cash-Pooling-Vertrag **M.II** 13
Salvatorische Klausel
– Joint Venture-Vertrag **G.II** 53
Sammelverwahrung **C.III.2** 63
– Übertragung Inhaberaktie **C.III.2** 64
– Übertragung Namensaktie **C.III.2** 66
Sanierung
– Checkliste Befreiungsantrag gemäß § 37 WpÜG/§ 9 S. 1 Nr. 3 WpÜG-AngebVO **E.V.3**

2077

Sachverzeichnis

fette Buchstaben und Zahlen = Systematik

Sanierungsaufwand
- Freistellungsvereinbarung **C.II.1** 88; **C.II.2** 107 f.
Satzung
- Anforderungsliste Due Diligence **B.VI.3**
Satzungsänderung
- Genehmigtes Kapital **F.III.1** 12
Schadensersatzzahlung
- Bilanzierung **C.II.1** 87
Schadensreserven
- Über-/Reservierung bei Versicherungsunternehmen **J.I** 6.2 d
Schiedsgerichtsklausel
- Public Private Partnership **H.IV.10** 5
Schiedsgutachter **C.II.1** 79
- Preisfindung bei Joint Venture **G.II** 42
Schiedsgutachterverfahren
- Anteilskaufvertrag **C.II.1** 78
- Joint Venture-Vertrag **G.II** 13
Schiedsklausel
- Anteilskaufvertrag **C.II.1** 129, 130
- Joint Venture **G.III** 17
- Joint Venture-Vertrag **G.II** 55
Schiedsordnung
- Asset Deal **D.I** 50
Schiedsverfahren
- Anforderungsliste Due Diligence **B.VI.3**
Schlichtung
- Public Private Partnership **H.IV.10** 5
Schriftform
- Anteilskaufvertrag **C.II.1** 128
Schriftformklausel
- Asset Deal **D.I** 51
Schuldübernahme
- Ergebnisabführungsvertrag **C.II.1** 18
Schuldübernahme, befreiende
- GmbH-Anteilskaufvertrag **C.II.1** 18
Schutzrechte
- Anforderungsliste Environmental Due Diligence **B.VI.6**
- Asset Deal **D.I** 9
- Übertragung **D.II** 10
Schutzrechte, gewerbliche
- Anforderungsliste Due Diligence **B.VI.3**
- Due Diligence **J.II** 2
Schweiz
- Beurkundung GmbH-Anteilskaufvertrag **C.II.1** 2
Schwellenwert
- Bekanntmachung der Unterschreitensmitteilung gem. § 20 Abs. 5 AktG **C.III.3.2**
- EU-Fusionskontrolle **K.II.2** 9
- Fusionskontrollverfahren **K.III** 3.3
- Mitteilungspflicht bei Unterschreiten nach §§ 20, 21 AktG **C.III.3.1** 16
- Mitteilungspflicht nach § 25 Abs. 1 WpHG **C.III.3.5** 3
- Stimmrechtsmitteilung **C.III.3.3** 4
secretary
- Limited **L.IV.6** 3
Sektorenspezifische Vorgaben
- Arzneimittelunternehmen **J.II**

- Banken **J.I**
- Energieunternehmen **J.III**
- Lebensmittelunternehmen **J.II**
- Medienunternehmen **J.IV** 3
- Medizinprodukteunternehmen **J.II**
- Telekommunikationsunternehmen **J.IV** 2
- Versicherungsunternehmen **J.I**
Separation Issues
- Anteilskaufvertrag **C.II.2** 129
Service Level Agreement (SLA) **J.II** 7
- Public Private Partnership **H.IV.4** 4
Servicestandard
- Investitionsverpflichtung Privatisierungsklausel **H.II.4**
Share Deal
- Aktienkaufvertrag **C.III.2**
- Änderungen, nachteilige **C.I**
- Argumentationslinien **C.I**
- Barmittel **C.I**
- Change of control-Klausel **B.VI.3** 2
- Covenants **C.I**
- Einbehalt **C.I**
- Finanzverbindlichkeiten **C.I**
- Fusionskontrollverfahren **K.III** 3.1
- Garantie-/Haftungsregelung **J.II** 11
- Garantieverletzung **C.I**
- GbR-Anteilskaufvertrag **C.VI** 1 f.
- Genehmigungsfortbestand **J.II** 4
- Gewährleistung, arbeitsrechtliche **C.I**
- Gewährleistung IP/IT **C.I**
- Gewährleistung, öffentlich-rechtliche **C.I**
- Gewährleistung, umweltrechtliche **C.I**
- Gewährleistungsansprüche **C.I**
- Gewährleistungsumfang **C.I**
- Gewährleistungszeitpunkt **C.I**
- GmbH & Co. KG-Anteilskaufvertrag **C.IV.1; C.IV.2**
- GmbH-Anteilskaufvertrag GmbH **C.II.1; C.II.2; C.II.3**
- Haftungsfreibetrag **C.I**
- Haftungsumfang **C.I**
- Höchstbetrag der Haftung **C.I**
- Insiderinformation **C.III.4.2** 3
- Jahresabschluss **C.I**
- Kaufpreisanpassung **C.I**
- Kaufpreissicherung **C.I**
- Kenntnis, gewährleistungsrelevante der Verkäuferin **C.I**
- Kenntnis, haftungsrelevante der Käuferin **C.I**
- Kosten **C.I**
- Material Adverse Change (MAC) **C.I**
- Net Debt-Kaufpreisanpassung **C.I**
- Nettoumlaufvermögen **C.I**
- OHG-Anteilskaufvertrag **C.V.1** 1 f.
- Pensionsrückstellung **C.I**
- Pharmaunternehmen **J.II** 4
- Rücktrittsrecht **C.I**
- Steuergarantieklausel **C.I**
- Transaktionsstruktur **A.II**
- Übersicht **C.I**
- Verjährungsregelung **C.I**

magere Zahlen = Anmerkung

- Verkehrsteuern C.I
- Verpflichtungen, zukunftsgerichtete C.I
- Working Capital-Kaufpreisanpassung C.I
- Zulassungen/Genehmigungen bei Arzneimittelunternehmen J.II 4
- Zulassungen/Genehmigungen bei Lebensmittelunternehmen J.II 4
- Zulassungen/Genehmigungen bei Medizinprodukteunternehmen J.II 4

Shareholder Agreement F.V.2 1 f.
- sa Gesellschaftervereinbarung

Shoot out
- Joint Venture G.II 38

Sicherheit
- für Kaufpreiszahlung C.II.1 49

Sicherheit, öffentliche
- Telekommunikationsunternehmen J.IV 2.1 f

Sicherheiten, aufsteigende
- Cash-Pooling-Vertrag M.II 16

Sicherheitenbestellung
- Anforderungsliste Due Diligence B.VI.3

Sicherheitengewährung
- Beherrschungs- und Gewinnabführungsvertrag M.I.1 1

Sicherheitsleistung
- Anforderungsliste Due Diligence B.VI.3
- Beherrschungsvertrag C.II.1 20

Sicherstellung
- Handlungsfähigkeit nach Vollzug GmbH-Anteilskaufvertrag C.II.2 75 a

Sicherungsrecht, dingliches
- an Geschäftsanteil bei Spaltung L.III.7 3

Sicherungsübereignung
- Anforderungsliste Due Diligence B.VI.3
- Frequenz/Nummernzuteilung/Wegerecht Telekommunikationsunternehmen J.IV 2.1 g

Signifcant Impediment of Effective Competition (SIEC)
- EU-Fusionskontrolle K.II.2 20

Signing
- Anteilskaufvertrag C.II.1 10; C.II.2 10
- Verhaltenspflichten zwischen Signing und Closing C.II.1 113; C.II.2 128

Signing Conditions
- Anteilskaufvertrag C.II.1 126

Sitz
- Societas Europaea (SE) L.II.27 14

Sitzverlegung
- formwechselnde AG L.IV.30 6

Sliding Scales-Klausel C.II.2 116

Societas Europaea (SE)
- Alter der Anmeldeunterlagen L.II.32 8
- Ausschlusstatbestand Organmitglied L.II.32 13
- Bescheinigung nach Art. 25 Abs. 2 SE-VO L.II.31
- Bestellung erster Verwaltungsrat L.II.32 11
- Bestellung geschäftsführender Direktoren L.II.32 12
- Beteiligung der Arbeitnehmer L.II.32 9
- Betriebsrat L.II.28 3 f.
- Firma L.II.27 14

Sachverzeichnis

- durch Formwechsel AG L.IV.29 1 f.
- Gründung bei dualistischer Leitungsstruktur L.II.32 4
- Gründung bei monistischer Leitungsstruktur L.II.32 5
- Gründung ohne Beteiligung der Arbeitnehmer L.II.32 10
- Handelsregisteranmeldung Umwandlung AG in SE L.IV.32 1 f.
- Handelsregistereintragung L.II.32 18; L.IV.32 5
- Kosten Handelsregisteranmeldung L.IV.32 9
- Mindestkapital L.IV.30 7
- Mitbestimmungsvereinbarung über Beteiligung der Arbeitnehmer L.II.28 1 f.
- Negativerklärung bei Gründung L.II.32 14
- Prüfungspflicht Handelsregister L.II.32 6
- Rechtmäßigkeitskontrolle Gründungsverfahren L.II.31 1
- Sitz L.II.27 14
- Unterlagen Handelsregisteranmeldung L.IV.32 3
- Unternehmensmitbestimmung L.II.28 12 f.
- Verschmelzung ausländischer AG mit deutscher AG zur SE L.II.27 1 f.
- Vorstand für Arbeit und Soziales L.II.28 18
- Wahl der Anteilsvertreter im Verwaltungs-/Aufsichtsrat L.IV.29 14
- Zustimmungsbeschluss der HV zur Verschmelzung zur Societas Europaea L.II.30 1 f.

Software
- Anforderungsliste Due Diligence B.VI.3

Solidaritätserklärung
- Abspaltung L.III.19 9

Sonderrechte
- Beteiligungsvertrag F.V.1 3
- Gesellschafter bei Verschmelzung L.II.16 13
- Umwandlungsbeschluss L.IV.1 14
- Zustimmung zu Umwandlungsbeschluss L.IV.7 5

Sonderrechtsnachfolge
- Handelsregisteranmeldung Aus-/Eintritt Kommanditist C.IV.5

Sonderverwahrung C.III.2 63
- Übertragung Inhaberaktie C.III.2 64
- Übertragung Namensaktie C.III.2 66

Sondervorteile
- Formwechsel AG in GmbH L.IV.21 13

Sorgfaltsstandards
- bei M & A von Banken/Versicherungsunternehmen J.I 6.1 j

Sortenschutzrecht
- Anforderungsliste Due Diligence B.VI.3

Sozialcharta
- Veräußerungsprivatisierung H.II.7

Sozialleistungen
- Anforderungsliste Due Diligence B.VI.3
- Arbeitsrechtliche Due Diligence B.VI.7

Sozialplan
- Anforderungsliste Due Diligence B.VI.3
- Arbeitsrechtliche Due Diligence B.VI.7

Sozialplanverfahren
- Verschmelzung L.II.2 12

2079

Sachverzeichnis

fette Buchstaben und Zahlen = Systematik

Sozialversicherung
– Anforderungsliste Due Diligence **B.VI.3**

Spaltung L.III
– Abfindungsangebot **L.III.12** 3
– Abfindungsangebot des übernehmenden Rechtsträgers anderer Rechtsform **L.III.12** 3
– AG als übernehmender Rechtsträger **L.III.12** 4
– Anmeldung zum HR der übertragenden AG **L.III.18**
– Arten **L.III.2** 1
– Ausfallhaftung **L.III.2** 33
– Bericht über Vermögensänderungen zwischen Planaufstellung und Beschlussfassung **L.III.4** 3
– Betriebsrat **L.III.2** 28, 29
– Betriebsratsbestätigung bei Handelsregisteranmeldung **L.III.6** 9
– Checkliste **L.III.1**
– Differenzhaftung **L.III.2** 33
– Einlagevereinbarung **L.III.2** 33
– Firmentarifvertrag **L.III.2** 31
– Handelsregisteranmeldung der übernehmenden GmbH **L.III.6** 1 f.
– Handelsregisteranmeldung der übertragenden GmbH **L.III.7** 1 f.; **L.III.11** 1 f.
– Handelsregisteranmeldung Kapitalerhöhung **L.III.6** 2
– Handelsregistereintragung bei übertragender Gesellschaft **L.III.7** 3
– Kapitalerhöhung **L.III.5** 3
– Kapitalerhöhung bei übernehmender AG zur Spaltungsdurchführung **L.III.12** 5
– Kartellrecht **L.III.2** 36
– Mängel bei Handelsregistereintragung **L.III.7** 3
– Mischform **L.III.12** 1
– Mitbestimmungsrecht **L.III.2** 29
– Negativerklärung bez. Änderung der Betriebsorganisation **L.III.2** 30
– Negativerklärungen Geschäftsführer bei Handelsregisteranmeldung **L.III.6** 10
– nichtverhältniswahrende **L.III.2** 2, 8
– zu Null **L.III.2** 8
– Personengesellschaft als übernehmender Rechtsträger **L.III.12** 7
– Reihenfolge Handelsregisteranmeldung **L.III.6** 1
– Sachgründungsbericht **L.III.6** 4
– Sicherungsrecht, dingliches an Geschäftsanteil **L.III.7** 3
– Spaltungsbericht **L.III.3** 1 f.
– Spaltungsrecht **L.III.2** 1
– steuerliche Behandlung **L.III.2** 18
– Steuerneutralität **L.III.2** 18
– Transaktionsstruktur **A.II**
– Übergang Arbeitsverhältnisse **L.III.2** 21, 28
– Unterlagen für Handelsregisteranmeldung **L.III.6** 3, 7
– verhältniswahrende **L.III.2** 8
– Verlustvortrag **L.III.2** 18
– Vermögensveränderung **L.II.6** 9; **L.III.13** 3
– Verzicht auf Spaltungsbericht **L.III.2** 34
– Verzicht auf Spaltungsprüfung **L.III.2** 34
– Wettbewerbsverbot **L.III.2** 32
– Zulassungsfortbestand bei **J.II** 4
– Zustimmungsbeschluss der übernehmenden Anteilsinhaber zum Spaltungs- und Übernahmevertrag **L.III.5** 1 f.
– Zustimmungsbeschluss der übertragenden Anteilsinhaber zum Spaltungs- und Übernahmevertrag **L.III.4** 1 f.

Spaltungs- und Übernahmevertrag L.III.2 1 f.
– Abfindungsangebot **L.III.2** 13
– Abspaltung AG auf andere AG und neue GmbH **L.III.19** 1 f.
– Anstellungsverhältnis Geschäftsführer **L.III.2** 22
– Anteilsgewährung **L.III.2** 8
– Arbeitnehmervertretung **L.III.2** 28
– Arbeitsverhältnisse **L.III.2** 21, 28
– Aufspaltung AG auf andere AG und neue AG bzw. GmbH & Co. KG **L.III.12** 1 f.
– Ausgestaltung **L.III.2** 16
– Ausstattung der gewährten Anteile **L.III.2** 10
– Bedingungen **L.III.2** 35
– Beurkundung **L.III.2** 5
– Differenzhaftung **L.III.2** 33
– Einlagevereinbarung **L.III.2** 33
– Firma **L.III.2** 23
– Firmentarifvertrag **L.III.2** 31
– Form **L.III.2** 4, 5
– Form Zustimmungsbeschluss **L.III.4** 7
– Gegenleistung **L.III.2** 8
– Gesamtrechtsnachfolge, partielle **L.III.2** 20
– Geschäftswert **L.II.3** 33
– Gestaltungsfreiheit **L.III.2** 16
– Gewinnbeteiligung **L.III.2** 12
– GmbH auf mehrere GmbH **L.III.2** 1 f.
– Haftung **L.III.2** 27
– Haftungsfreistellung **L.III.2** 27
– Kapitalerhöhung **L.III.2** 9
– Kartellrecht **L.III.2** 36
– Klagemöglichkeiten **L.III.4** 10
– Kombination mit Spaltungsplan **L.III.12** 2
– Kosten **L.II.3** 33
– Lösungsrechte **L.III.2** 20
– Mindestinhalt **L.III.2** 16
– Negativerklärung bez. Änderung der Betriebsorganisation **L.III.2** 30
– nicht zugeteilte Gegenstände/Verbindlichkeiten **L.III.2** 24, 25, 26
– Rechte Dritter **L.III.2** 14
– Schlussbilanz **L.III.2** 7
– Spaltungsbericht **L.III.2** 34
– Spaltungsprüfung **L.III.2** 34
– steuerliche Behandlung **L.III.2** 18
– steuerliche Zuordnung **L.III.2** 17
– Stichtag **L.III.2** 15
– Übertragung Grundvermögen **L.III.2** 19
– Umtauschverhältnis **L.III.2** 8
– Verbindung mit Spaltungsbeschluss **L.III.2** 6
– Vermögensübertragung **L.III.2** 19
– Vermögensveränderung **L.II.6** 9; **L.III.13** 3
– Vertragsschluss **L.III.2** 3

2080

- Verzicht auf Kapitalerhöhung **L.III.3** 9
- Verzicht auf Spaltungsbericht/-prüfung **L.III.12** 8
- Verzichtserklärung **L.III.2** 13
- Wertansätze **L.III.2** 7
- Wertausgleich/Zuzahlung **L.III.2** 11
- Wettbewerbsverbot **L.III.2** 32
- Wirksamwerden **L.III.2** 35
- Zeitpunkt Vertragsschluss **L.III.2** 4
- Zustimmung der Anteilsinhaber der übertragenden AG **L.III.13** 1
- Zustimmungsbeschluss der übernehmenden Anteilsinhaber **L.III.5** 1 f.
- Zustimmungsbeschluss der übertragenden Anteilsinhaber **L.III.4** 1 f.
- Zustimmungsquorum **L.III.4** 5
- Zustimmungsvorbehalt **L.III.2** 4
- Zwischenbilanz **L.III.2** 7

Spaltungsbericht L.III.3
- Anteilsaufteilung **L.III.3** 5
- Arbeitnehmer/-vertretung **L.III.3** 6
- Aufspaltung zur Neugründung **L.III.8** 13
- Begründung **L.III.3** 2
- bei Beteiligung börsennotierter AG **L.III.12** 8; **L.III.13** 6
- Haftungsrisiken **L.III.3** 7
- notarieller Verzicht **L.III.12** 8
- Rechtsgrundlage **L.III.3** 1
- steuerliche Risiken **L.III.3** 8
- Umtauschverhältnis **L.III.3** 4
- Vertraulichkeit **L.III.3** 9
- Verzichtserklärung **L.III.2** 34

Spaltungsbeschluss
- Aufspaltung AG auf andere AG und neue AG bzw. GmbH & Co. KG **L.III.13** 1 f.
- Beschlussfassung **L.III.4** 2
- Geschäftswert **L.II.6** 11
- Hauptversammlung der übernehmenden AG **L.III.14**
- Hauptversammlung der übertragenden AG **L.III.13** 2
- Inhaltskontrolle **L.III.4** 1
- Klagemöglichkeiten **L.III.4** 10
- Kosten **L.II.6** 11
- Rechtsschutz **L.III.4** 10
- Registersperre bei Klage gegen **L.III.4** 10
- Spruchverfahren **L.III.4** 10
- Umlaufverfahren **L.III.4** 2
- Verbindung mit Spaltungs- und Übernahmevertrag **L.III.2** 6
- Verzicht auf Form-/Fristerfordernisse bei Einberufung Gesellschafterversammlung **L.III.4** 4
- Widerspruch gegen **L.III.4** 11
- Zustimmungsbeschluss der übernehmenden Anteilsinhaber **L.III.5** 1 f.
- Zustimmungsbeschluss der übertragenden Anteilsinhaber **L.III.4** 1 f.

Spaltungsplan L.III.8 3
- Abspaltung AG auf andere AG und neue GmbH **L.III.19** 1 f.
- Anteilsgewährung **L.III.8** 5
- Aufspaltung AG auf andere AG und neue AG bzw. GmbH & Co. KG **L.III.12** 1 f.
- Form **L.III.8** 4
- Geschäftsführerbestellung **L.III.8** 12
- GmbH auf mehrere neue GmbHs **L.III.8** 1 f.
- Gründerhaftung **L.III.8** 10
- Gründung der übernehmenden Gesellschaften **L.III.8** 7
- Haftung **L.III.8** 6
- Kombination mit Spaltungs- und Übernahmevertrag **L.III.12** 2
- Sachgründung **L.III.8** 8, 9
- Spaltungsbericht **L.III.8** 13
- Spaltungsprüfung **L.III.8** 13
- Stammkapital der neuen Gesellschaften **L.III.8** 11
- Zustimmungsbeschluss der übertragenden Gesellschaft **L.III.9** 1 f.

Spaltungsprüfung L.III.4 9
- Aufspaltung zur Neugründung **L.III.8** 13
- bei Beteiligung börsennotierter AG **L.III.12** 8; **L.III.13** 6
- notarieller Verzicht **L.III.12** 8
- Verzichtserklärung **L.III.2** 34

Spaltungsstichtag L.III.2 15

Spanien
- Aufgreifschwellen Fusionskontrollverfahren **K.III** 3.4

Sparkasse
- M & A Transaktionen bei **J.I** 6.1 i

Spekulationsklausel
- Veräußerungsprivatisierung **H.II.9** 1

Spitzenbeträge
- Bezugsrechtsausschluss **F.III.1** 13
- Verschmelzung **L.II.3** 20

Spruchstellenverfahren
- Zuzahlung bei Verschmelzung **L.II.4** 14; **L.II.10** 14

Spruchverfahren
- Ausgleich außenstehender Aktionäre **M.I.1** 31
- Barabfindung **L.IV.1** 15; **M.I.1** 37; **M.III.8** 13
- Barabfindung Squeeze out **M.III.3** 4; **M.III.5** 6
- Spaltungsbeschluss **L.III.4** 10

Squeeze out E.I 7; **M.III.1** 1 f.
- Abgrenzungen **M.III.1** 2
- Abwicklung Aktienurkunden der ausgeschlossenen Minderheitsaktionäre **M.III.10** 2
- ad-hoc-Meldung nach § 15 WpHG **M.III.4** 1 f.
- Anfechtung bei abfindungsbezogenem Informationsmangel **M.III.8** 10
- Anfechtung wegen Rechtsmissbrauch **M.III.8** 11
- Angemessenheitsprüfung **M.III.5** 5 f.
- Antrag auf gerichtliche Bestellung Angemessenheitsprüfer **M.III.5** 1 f.
- Auskunftsrecht **M.III.8** 6
- Auslegung Unterlagen **M.III.8** 4
- Barabfindung **M.III.3** 4
- Barabfindung übernahmerechtlicher **M.IV** 5
- Barabfindungshöhe **M.III.3** 5
- Bekanntmachung der Einladung zur Hauptversammlung/Tagesordnung **M.III.8** 1 f.

Sachverzeichnis

fette Buchstaben und Zahlen = Systematik

- Bekanntmachung Handelsregistereintragung **M.III.10** 1
- Beschlussanfechtung **M.III.8** 9
- Beschlussfassung **M.III.8** 8
- Beschlussfassung, fehlerhafte **M.III.8** 9
- Beteiligungshöhe **M.III.3** 3
- Beteiligungshöhe Hauptaktionär bei Beschlussfassung **M.III.8** 7
- Darlegungslast übernahmerechtlicher **M.IV** 1
- Einberufung Hauptversammlung **M.III.8** 2
- Freigabeverfahren **M.III.9** 4
- Freigabeverfahren bei Klage **M.III.8** 12
- Gewährleistungserklärung **M.III.6** 1 f.
- Handelsregisteranmeldung Übertragungsbeschluss **M.III.9** 1 f.
- Handelsregistereintragung **M.III.9** 5
- Hauptversammlung **M.III.8** 5
- Insiderinformation **M.III.4** 1
- Legitimation Aktionär für Hauptversammlung **M.III.8** 14
- Maßnahmenplan **M.III.2**
- Missbrauch **M.III.1** 7
- Negativattest **M.III.9** 4
- Parallelprüfung , – Angemessenheit Barabfindung **M.III.5** 7
- Spruchverfahren Barabfindung **M.III.3** 4; **M.III.5** 6
- Tagesordnung Hauptversammlung **M.III.8** 3
- Teilnahmebedingungen Hauptversammlung **M.III.8** 14
- übernahmerechtlicher **M.III.1** 5; **M.IV** 1 f.
- Übertragungsbericht des Hauptaktionärs **M.III.7** 1 f.
- umwandlungsrechtlicher **M.III.1** 6
- verbandsrechtlicher **M.III.1** 5
- Verfahrensablauf übernahmerechtlicher **M.IV** 1
- Verfahrenseinleitung **M.III.3** 1
- Verfassungsmäßigkeit **M.III.1** 3
- Verlangen des Hauptaktionärs nach Beschlussfassung **M.III.3** 1 f.
- verschmelzungsspezifischer **E.III.4** 16
- Verzinsung Barabfindung **M.III.10** 3
- Vorschlag der Organe **M.III.3** 6
- Zeitplan **M.III.2**
- Zurechnung **M.III.3** 3
- Zweck **M.III.1** 2

Städtebaurecht
- Transaktionsstruktur **A.II.3**

Stammeinlage
- Begriff **F.I.1** 2

Stammkapital
- Joint Venture **G.II** 9; **G.III** 2

Standardized Working Capital
- Festlegung **C.II.1** 40
- Verhältnis zu Forderungen **C.II.2** 89
- Verhältnis zu Vorräten **C.II.2** 88

Standortgarantie
- Veräußerungsprivatisierung **H.II.2** 1; **H.II.3** 1

Standortpolitik
- Privatisierung **H.I** 11

Standortverunreinigungen
- Anforderungsliste Environmental Due Diligence **B.VI.6**

Status, gesellschaftsrechtlicher
- Anteilskaufvertrag **C.II.1** 5

Stellung, marktbeherrschende
- Fusionskontrollverfahren **K.I.1** 24

Stellungnahme
- Aktualisierungspflicht **E.IV** 6
- Angebotspreis **E.IV** 10
- Annahmeabsichten **E.IV** 15
- Auswirkungen/Folgen auf Aktionäre **E.IV** 13
- Auswirkungen/Folgen des Angebots für Zielgesellschaft **E.IV** 12
- Betriebsrat zum Übernahmeangebot **E.IV** 1
- Bieterziele **E.IV** 11
- Empfehlung des Vorstandes/Aufsichtsrats der Zielgesellschaft **E.IV** 16
- Ermittlungspflicht Vorstand/Aufsichtsrat **E.IV** 5
- Fairness Opinion **E.IV** 10
- Gegenleistung **E.IV** 9
- Hinzuziehung von Beratern **E.IV** 10
- Inadequacy Opinion **E.IV** 10
- Inhalt **E.IV** 8
- Interessenlage einzelner Vorstands-/Aufsichtsratsmitglieder der Zielgesellschaft zum Übernahmeangebot **E.IV** 14
- Unternehmensbewertung/discounted cash flow **E.IV** 9
- Veröffentlichung **E.IV** 7
- Vorstand/Aufsichtsrat der Zielgesellschaft zum Übernahmeangebot **E.IV** 1 f., 3, 4, 8

Steuerbescheide
- Anforderungsliste Due Diligence **B.VI.3**

Steuerfreistellung C.II.1 91 f., 108
- Joint Venture-Vertrag **G.II** 14
- Vorteilsgegenrechnung **C.II.1** 96

Steuergarantieklausel
- Share Deal **C.I**

Steuern
- Abweichungen zwischen Handels- und Steuerbilanz **C.II.2** 96
- Anforderungsliste Due Diligence **B.VI.3**
- Anforderungsliste Tax Due Diligence **B.VI.5**
- Anteilskaufvertrag **C.II.1** 89 f.; **C.II.2** 90 f.
- Auslandsberührung **C.II.2** 97, 120
- Behandlung Schadensersatzzahlung **C.II.1** 87
- Garantie **C.II.1** 90 a
- Organschaft **C.II.1** 102
- Steuerbegriff **C.II.1** 89
- Stichtagsbegrenzung **C.II.1** 92
- Verschmelzungsplan, gemeinsamer **L.II.33** 19
- Verschmelzungsvertrag **L.II.3** 32

Steuerneutralität
- Spaltung **L.III.2** 18

Steuerrecht
- Spaltungsbericht **L.III.3** 8
- Transaktionsstruktur **A.II.1**

Steuerungsgruppe
- Privatisierung **H.I** 4

Steuervorteil
- Abzinsung C.II.2 124

Stichtag
- Anteilskaufvertrag C.II.1 9; C.II.2 9

Stichtagsabschluss
- Anteilskaufvertrag C.II.1 75
- Bilanzierungsmethoden C.II.1 76, 77

Stichtagsbegrenzung
- Steuer C.II.1 92

Stichtagsregelung
- Anteilskaufvertrag C.II.1 7

Stille Gesellschaft
- Anforderungsliste Due Diligence B.VI.3
- bei Formwechsel GmbH in AG L.IV.7 16

Stille Reserven
- steuerliche Behandlung bei Verschmelzung L.II.3 32

Stillhalteabkommen
- Übernahmeangebot E.I 14
- Vertraulichkeitsvereinbarung B.I.1 14

Stimmbindung
- Teilprivatisierung H.III.2 11
- Übernahmeangebot E.I 10
- bei Zusammenschlussvereinbarung L.II.2 2, 16

Stimmbindungsvereinbarung
- Beteiligungsvertrag F.V.1 8

Stimmrecht
- Beteiligung, bedeutende J.I 2.1 a, 2.2 a
- Checkliste Befreiungsantrag nach § 36 WpÜG E.V.1
- Checkliste Befreiungsantrag nach § 37 WpÜG E.V.2
- Gesellschafterversammlung Joint Venture G.III 10
- Investorenvereinbarung E.II 8
- Veröffentlichung nach §§ 35 Abs. 1, 10 Abs. 3 WpÜG E.VI.1 2

Stimmrechtsanteile
- Angebotsunterlage E.III.4 11

Stimmrechtserwerb
- Änderung Kapitalstruktur C.III.3.4 9
- Aufstockungsabsicht C.III.3.4 7
- Einflussnahme, personelle C.III.3.4 8
- Form C.III.3.4 12
- Frist C.III.3.4 11
- Miteilung gem. § 27 a WpHG C.III.3.4 1 f.
- Mittelherkunft C.III.3.4 10
- Zielsetzung C.III.3.4 6

Stimmrechtsmitteilung C.III.3.3
- BaFin C.III.3.6 6
- Form C.III.3.3 7
- Frist C.III.3.3 6
- nach § 25 Abs. 1 WpHG C.III.3.5 1 f.
- Schwellenwerte C.III.3.3 4
- Stimmrechtserwerb C.III.3.4 1 f.
- Übermittlung an Unternehmensregister C.III.3.6 7
- Verletzung C.III.3.3 8
- Verletzung Veröffentlichungspflicht C.III.3.6 9
- Veröffentlichung der Gesamtzahl der Stimmrechte C.III.3.6 8

- Veröffentlichung gem. § 26 Abs. 1 WpHG C.III.3.6
- Zurechnung C.III.3.3 5

Stimmrechtsschwelle
- Mitteilungspflicht bei Erreichung/Über-/Unterschreiten C.III.3.3 3
- Veröffentlichung bei Erreichung/Über-/Unterschreiten C.III.3.6 3

Stimmrechtszurechnung
- Mitteilungspflicht L.II.2 2
- Stimmbindung Zusammenschlussvereinbarung L.II.2 2
- Übernahmeangebot E.I 2, 10

Stimmverhalten
- Gesellschaftervereinbarung F.V.2 4

Strafrecht
- Compliance J.II 3 f

Straßenbenutzungsvertrag
- Formulierungsmuster J.III 2.4 a

strategic underinvestment
- Energiewirtschaft J.III 2.3 c

Streifbandverwahrung C.III.2 63

Strohmanngründung
- Gründungsbericht L.IV.10 2

Stückelungserleichterung
- Geschäftsanteil L.II.20 11

Substantial Lessening of Competition Test (SLC)
- EU-Fusionskontrolle K.II.2 20

Substraktionsverfahren
- Abstimmungsverfahren L.II.30 6
- Beschlussfassung F.III.1 5

Südafrika
- Fusionskontrolle bei Erwerb Minderheitsbeteiligung K.III 3.1 b

Südkorea
- Fusionskontrolle bei Erwerb Minderheitsbeteiligung K.III 3.1 b

Swap-Geschäft
- Verhältnis zu Übernahmeangebot E.I 1

Tag along-Recht
- Gesellschaftervereinbarung F.V.2 9

Tagesordnung
- Hauptversammlung Squeeze-out M.III.8 3
- Hauptversammlungsprotokoll F.II.1 3

Taiwan
- Fusionskontrolle bei Erwerb Minderheitsbeteiligung K.III 3.1 b

Take-or-pay-Klausel
- Energiewirtschaft J.III 2.2b(dd)

Tankanlagen
- Anforderungsliste Due Diligence B.VI.3
- Anforderungsliste Environmental Due Diligence B.VI.6

Tarifvertrag
- Anforderungsliste Due Diligence B.VI.3
- Asset Deal D.I 15
- Formwechsel L.IV.1 16
- Veräußerungsprivatisierung H.II.7 1

Tarifvertragliche Regelungen
- Unterrichtsschreiben D.III 9

Sachverzeichnis fette Buchstaben und Zahlen = Systematik

Tax Due Diligence
- Anforderungsliste **B.VI.5**
- Informationsquellen **B.VI.5** 2
- Umfang **B.VI.5** 2
- Zweck **B.VI.5** 1

Tax-Capital Asset Pricing Model M.I.1 33

Teilbarkeitserleichterung
- Geschäftsanteil **L.II.20** 11

Teilgewinnabführungsvertrag
- Stille Gesellschaft **L.IV.7** 16

Teilmarkt
- Marktabgrenzung **K.I.4** 3

Teilnahmebedingungen
- Hauptversammlung Squeeze out **M.III.8** 14

Teilnehmer
- Datenraum **B.VI.1** 5

Teilnehmerverzeichnis
- Cash-Pooling-Vertrag **M.II** 26
- Hauptversammlung **L.II.6** 4, 10; **L.II.21** 5
- Hauptversammlungsprotokoll **F.II.1** 2

Teilprivatisierung H.I 3
- Änderungen bei Übergang der Anteilsmehrheit **H.III.2** 16
- Aufsichtsrat **H.III.2** 2 f.
- Aufsichtsratsausschuss **H.III.2** 6
- Aufsichtsratsvorsitzender **H.III.2** 3
- Ausschüttungspolitik **H.III.5**; **H.III.6**
- Beschussgegenstände Aufsichtsrat **H.III.2** 8, 9, 10
- Corporate Governance **H.III.2** 1
- Finanzierungspolitik **H.III.5**; **H.III.6**
- Golden Share **H.III.2** 1
- Haltfristklausel **H.II.8** 1
- Investitionsprojekte **H.III.4**
- Kapitalnachschusspflicht **H.III.6**
- Konfliktlösung **H.III.3**
- Konsortialausschuss **H.III.2** 7, 14
- Konsortialausschuss als Abstimmungsgremium **H.III.2** 14
- Mediation **H.III.3**
- Minderheitsrechte **H.III.2** 1
- Optionsrechte **H.III.7** 5
- Organe **H.III.2**
- Pressemitteilungen **H.III.8**
- Privatisierungsklauseln **H.III**
- Stimmbindung **H.III.2** 11
- Unternehmensführung **H.III.4**
- Veräußerungsbeschränkungen/-bedingungen **H.III.7**
- Vertraulichkeit **H.III.8**
- Vinkulierung Geschäftsanteil **H.III.7** 3
- Vorschlagsrecht Geschäftsführer **H.III.2** 12
- Zielstellung **H.III.1** 3
- Zusammenarbeit **H.III.1**

Teilwertabschreibung
- Wegfall **C.II.2** 95

Telefonkonferenz
- Vorstandsbeschluss **B.VIII.2** 2

Telekommunikation
- Auftragsdatenverarbeitung **J.IV** 2.3 c
- Begriff **J.IV** 2

- Datenschutz **J.IV** 2.3
- Datenschutzbeauftragter **J.IV** 2.3 a
- Datensicherheit **J.IV** 2.3 e
- Datenübermittlung ins Ausland **J.IV** 2.3 d
- Datenverwendung **J.IV** 2.3 b, d
- Entgelte **J.IV** 2.2 e
- Marktregulierung **J.IV** 2.2
- Marktsegmente **J.IV** 2.2 a
- Regulierungsbedürftigkeit **J.IV** 2.2 b
- Zugangsentgelte **J.IV** 2.2 e
- Zwangsregulierung **J.IV** 2.2 d
- Zweckbindungsgrundsatz **J.IV** 2.3 b

Telekommunikationsunternehmen
- Anmeldung **J.IV** 2.1 a
- branchenspezifische Vorgaben **J.IV** 2
- Fernmeldegeheimnis **J.IV** 2.1 f
- Frequenznutzungsrecht **J.IV** 2.1 b
- Kreditsicherung **J.IV** 2.1 g
- Lizenzen **J.IV** 2.1 a
- Marktanalyse **J.IV** 2.2 c
- Nummernzuteilung **J.IV** 2.1 c
- Regulierung, nicht-ökonomische **J.IV** 2.1
- Sicherheit, öffentliche **J.IV** 2.1 f
- Transaktionsplanung **J.IV** 2
- Wegerecht **J.IV** 2.1 d
- Zuteilungskosten **J.IV** 2.1 e

Telemedien
- sa Medienunternehmen
- Anbieterkennzeichnung **J.IV** 3.2 b
- Aufsicht **J.IV** 3.2 c
- Begriff **J.IV** 3.2
- Datenschutz **J.IV** 3.2 c
- Fernabsatzrecht **J.IV** 3.2 d

Telemediengesetz (TMG) J.IV 3.2

Threshold C.II.1 110

Tilgungsanfechtung
- Cash-Pooling-Vertrag **M.II** 11

Tilgungsbestimmung, erweiterte
- Cash-Pooling-Vertrag **M.II** 19

Tilgungsvereinbarung
- Cash-Pooling-Vertrag **M.II** 10

Tochtergesellschaft
- Anteilskaufvertrag **C.II.1** 6; **C.II.2** 6
- Haltefrist bei Umwandlung AG in SE **L.IV.29** 3; **L.IV.30** 5

Tochterunternehmen, inländische
- Fusionskontrollverfahren **K.I.1** 14

Tombstone
- Mandatsvereinbarung **B.II** 7

Topographien
- Anforderungsliste Due Diligence **B.VI.3**

Transaktionen, sukzessive
- Fusionskontrollverfahren **K.I.1** 8

Transaktionskosten
- Transaktionsstruktur **A.II.1**

Transaktionsplanung A.I
- Beratungsteam **A.I.1**
- Checkliste **A.I.1**
- Durchführbarkeit **A.I.1**
- Energieunternehmen **J.III**
- feasibility study **A.I.1**

magere Zahlen = Anmerkung

Sachverzeichnis

- Garantie-/Haftungsregelung J.II 11
- Geschäftsfortführung zwischen signing und closing J.II 9
- Investor (Checkliste) A.I.3
- Kreditinstitute/Finanzdienstleistungsunternehmen J.I
- Lebensmittelunternehmen J.II
- Medienunternehmen J.IV 3
- Medizinprodukteunternehmen J.II
- Pharmaunternehmen J.II
- Service Level Agreements J.II 7
- Strategische Ziele (Checkliste) A.I.2
- Telekommunikationsunternehmen J.IV 2
- Transaktionsziele A.I.1
- Verhandlungstaktik A.I.1
- Versicherungsschutz J.II 10
- Versicherungsunternehmen J.I
- Vertragsübernahme I.II 8
- Warenabverkauf J.II 6
- Zulassungen/Genehmigungen J.II 4, 5

Transaktionsstruktur
- Altersversorgung, betriebliche A.II.2
- Arbeitsrecht A.II.2
- asset deal A.II
- Auswahl A.II
- Auswahl Transaktionsverfahren A.IV
- Auswahlparameter A.II.1
- Beschränkungen, erbrechtliche A.III
- Beschränkungen, familienrechtliche A.III
- Beschränkungen, öffentlich-rechtliche A.III
- Beschränkungen, sachenrechtliche A.III
- Beschränkungen, schuldrechtliche A.III
- Beteiligungen A.II.1
- Betriebsvereinbarung A.II.2
- Denkmalschutz A.II.3
- Einbeziehung von Partnern zur Umsetzung A.III
- Förderungen, öffentliche A.II.3
- Genehmigungserfordernisse A.II.3; A.III
- Genehmigungserfordernisse, personenbezogene A.III
- gesellschaftsrechtliche A.II
- Grundstücksveräußerung A.II.3
- Haftung A.II.1
- Informationspflichten A.II.2
- Informationspflichten, arbeitsrechtliche A.III
- Mandatsvereinbarung B.II 2
- Mitbestimmungsrecht A.II.2
- öffentlich-rechtliche Positionen A.II.3
- share deal A.II
- Städtebaurecht A.II.3
- steuerrechtliche Auswirkung A.II.1
- Transaktionskosten A.II.1
- Umwelthaftung A.II.3
- Veräußerungsverbot A.III
- Verfügungsverbot A.III
- Vertragsstruktur A.II.1
- Vertragsverhältnisse A.II.1
- Vorkaufsrecht A.II.3
- Zuschüsse, öffentliche A.II.3

- Zustimmungserfordernisse A.II.1
- Zustimmungserfordernisse, gesellschaftsrechtliche A.III

Transaktionsverfahren
- Auswahl A.IV
- Bieterverfahren A.IV
- Exklusivverhandlung A.IV

Transaktionsziele
- feasibility study A.I.1
- strategische (Checkliste) A.I.2

Transitional Service Agreement D.I 45
Transitional Service Level Agreements J.II 7
Transparenz
- Privatisierungsverfahren H.I 8

Treasury-Gesellschaft
- Anteilskaufvertrag C.II.1 22

Treuhand
- Formwechsel GmbH in GmbH & Co. KG L.IV.1 3, 4
- GbR-Anteilskaufvertrag C.VI 7
- Komplementär-GmbH L.IV.1 12
- Limited L.IV.5 3
- Rückübertragung L.IV.1 6, 12
- Übertragungstreuhand bei Formwechsel GmbH in GmbH & Co. KG L.IV.1 4, 12

Treuhänder
- Anzeige Zuzahlungen L.II.3 30
- Verschmelzungsplan L.II.27 11
- Verschmelzungsvertrag L.II.3 19; L.II.10 18

Treuhänderbestellung
- bei Spaltung mit AG als übernehmendem Rechtsträger L.III.12 4

Treuhandkonto
- Bankeigenkonto C.II.2 46
- Kaufpreiszahlung C.II.2 45

Trigger Conditions
- Haftung C.II.2 115

trigger events
- Break Fee-Vereinbarung L.II.2 19

Two Step-Modell
- Anteilskaufvertrag C.II.1 10; C.II.2 10

Übernahme
- Business Combination Agreement B.VIII.2 3
- Grundsatzbeschluss Vorstand B.VIII.1 3
- Pressemitteilung B.VIII.2 5
- Verbindlichkeit C.II.1 17, 73
- Veröffentlichung B.VIII.2 5
- Vorstandsbericht an Aufsichtsrat B.VIII.1 7

Übernahmeangebot
- Ad-hoc-Publizität E.I 2
- AG E.I 1
- Angebotsunterlage freiwilliges Barangebot E.III.4 1 f.
- Angebotsunterlage Pflichtangebot (Barangebot) E.III.5 1 f.
- Angebots-/Vollzugsbedingungen E.III.4 26; E.III.5 21
- Annahme E.III.4 1
- Annahmefrist Angebotsunterlage E.III.4 8; E.III.5 7

2085

# Sachverzeichnis

fette Buchstaben und Zahlen = Systematik

- Annahmeschwelle E.I 2, 7
- Anschleichen, unbemerktes E.I 2
- Aufsichtsratsbeschluss zur Abgabe B.VIII.3 11
- Barangebot, freiwilliges E.III.4 1 f.
- Berücksichtigung ausländischer Vorschriften E.III.4 3
- Bezugsrechtsausübung bei Kapitalerhöhung E.I 11
- Bindungswirkung E.I 9
- Checkliste Maßnahmen-/Zeitplan E.III.2
- Checkliste Mindestinhalt E.III.1
- Distributionsbeschränkung E.III.4 3
- Eckpunkte E.I 5
- Einlieferungszeitpunkt E.I 8
- Empfehlung des Vorstandes/Aufsichtsrats der Zielgesellschaft E.IV 16
- EU-Übernahmerichtlinie E.III.4 1
- Finanzierung E.III.4 27
- Finanzierungsbestätigung E.III.4 28
- Garantieversprechen E.I 15, 16
- Gegenstand Angebotsunterlage E.III.4 7; E.III.5 6
- Geltungsdauer E.I 18
- Gerichtsstand E.I 20
- Gleichbehandlungsgebot E.I 2
- hartes E.I 9
- Inhalt Angebotsunterlage E.III.4 5; E.III.5 5
- Insiderinformation E.I 2
- Leistungen an Organmitglieder der Zielgesellschaft E.III.4 31
- Management-Beteiligungsvertrag mit Organmitglied der Zielgesellschaft E.III.4 31
- Mindest-Annahmeschwelle E.I 7
- Mindestpreis E.I 6
- Nachangebotsphase E.III.4 1
- Nacherwerbe E.I 1
- Parallelerwerbe E.I 1
- Parteien E.I 3
- Rechtsnatur Angebotsunterlage E.III.4 4
- Referenzpreis E.I 9
- Statusangaben E.I 4
- Stellungnahme des Betriebsrats E.IV 1
- Stellungnahme von Vorstand/Aufsichtsrat der Zielgesellschaft zum E.IV 1 f.
- Stillhalteabkommen E.I 14
- Stimmbindungen E.I 10
- Stimmrechtszurechnung E.I 2, 10
- Unterstützung E.I 10
- unwiderrufliche Verpflichtung zur Annahme E.I 1 f.
- Verfahrensabschnitte E.III.4 1
- Verhältnis zu Business Combination Agreement E.I 1
- Verhältnis zu Optionsvereinbarung E.I 1, 2
- Verhältnis zu Paketerwerb E.I 1, 2
- Verhältnis zu Swap-Geschäft E.I 1
- Veröffentlichung Angebotsunterlage E.III.4 1, 32
- Veröffentlichung Bekanntmachung nach § 23 WpÜG E.VI.2 1 f.
- Veröffentlichung der Entscheidung zur Abgabe eines E.III.3 1 f.
- Veröffentlichung Kontrollerwerb nach §§ 35 Abs. 1, 10 Abs. 3 WpÜG E.VI.1 1 f.
- Verpflichtung, zweiseitige E.I 1, 12
- Vertragsstrafe E.I 14
- Vertraulichkeitsvereinbarung E.I 17
- Vorangebotsphase E.III.4 1
- Vorerwerbe E.I 1, 2
- Vorvertrag E.I 1, 12
- Wasserstandsmeldung E.III.4 1
- weiches E.I 9
- WpÜG E.III.4 1
- Zusatzleistungen E.I 2

Übernahmeerklärung
- Beglaubigung, notarielle F.I.2 2
- Form F.I.2 2
- Geschäftswert F.I.2 2
- Kommanditgesellschaftsanteil L.V.2
- Kosten F.I.2 2
- Sacheinlage F.I.2 1
- Vollmacht F.I.2 2

Übernahmerecht
- Squeeze out M.III.1 5; M.IV 1 f.

Übernahmevertrag
- Asset Deal D.II

Übernehmerliste
- Sacheinlage F.I.3
- Unterzeichnung F.I.3 2

Überpariemission
- Sacheinlage F.I.1 3

Übertragung
- Dauerglobalurkunde C.III.2 65
- Gesellschaftsanteil bei Asset Deal D.I 21
- Inhaberaktie C.III.2 64
- Namensaktie C.III.2 66
- Schutzanlei D.II 10

Übertragung, dingliche
- Wirtschaftsgut bei Asset Deal D.I 20

Übertragung, rechtsgeschäftliche
- bei Abspaltung L.III.19 5

Übertragungsbericht
- Anfechtung fehlerhafter M.III.7 6
- Auslegung M.III.7 2
- Form M.III.7 3
- Inhalt M.III.7 4, 5
- Pflichtverletzung M.III.7 6
- bei Squeeze out M.III.7 1 f.
- Zeitpunkt M.III.7 2

Übertragungsbeschluss
- Handelsregisteranmeldung M.III.9 1 f.

Übertragungsgewinn
- steuerliche Behandlung bei Verschmelzung L.II.3 32

Übertragungskapazitäten
- Medienunternehmen J.IV 3.1 d

Übertragungstreuhand
- Formwechsel GmbH in GmbH & Co. KG L.IV.1 1, 3

Übertragungsvertrag
- Asset Deal D.II
- Versicherungsunternehmen J.I 7.1

2086

Überwachungstreuhänder
– Veräußerungszusage **K.I.5** 11

Ukraine
– Fusionskontrolle bei Erwerb Minderheitsbeteiligung **K.III** 3.1 b

Umlaufverfahren
– Spaltungsbeschluss **L.III.4** 2

Umsatzberechnung
– ausländische Umsätze **K.I.1** 18
– Auslandszusammenschluss **K.I.3** 4
– Beherrschungsverhältnis **K.I.1** 16
– EU-Fusionskontrolle **K.II.2** 9
– Finanzabschluss **K.III** 3.3 a
– Fusionskontrollverfahren **K.I.1** 13, 18; **K.III** 3.3
– Gemeinschaftsunternehmen **K.I.1** 15; **K.I.2** 5
– Geschäftsjahr **K.III** 3.3 c
– Handelsumsätze **K.I.1** 18
– Konsolidierung **K.III** 3.3 b
– Kredit-/Finanzinstitute **K.III** 3.3 e
– Mehrmütterklausel **K.I.1** 15
– Referenzzeitraum **K.I.1** 17
– Zuordnung, geografische **K.III** 3.3 d

Umsatz-Schwellenwerte
– Fusionskontrollverfahren **K.I.1** 9

Umsatzsteuer
– Anteilskaufvertrag **C.II.1** 48
– Asset Deal **D.I** 34
– Public Private Partnership **H.IV.4** 5

Umsatzzuordnung
– EU-Fusionskontrolle **K.II.2** 9

Umsetzung
– Transaktionsstruktur **A.III**

Umsetzungsfrist
– Veräußerungszusage **K.I.5** 8

Umstrukturierung
– Anforderungsliste Due Diligence **B.VI.3**
– Zulassungsfortbestand bei **J.II** 4

Umstrukturierungsbeihilfen
– Anforderungsliste Due Diligence **B.VI.3**

Umstrukturierungsmaßnahmen
– Verschmelzungsvertrag **L.II.3** 5

Umtauschverhältnis
– Spaltungs- und Übernahmevertrag **L.III.2** 8
– Spitzenbeträge bei Verschmelzung **L.II.3** 20
– Verschmelzung **L.II.2** 7
– Verschmelzungsprüfungsbericht **L.II.5** 4
– Verschmelzungsvertrag **L.II.3** 11; **L.II.16** 8

Umwandlung L.IV.1 1
– AG in GmbH **L.IV.21** 1 f.
– AG in GmbH & Co. KG **L.IV.26** 1 f.
– AG in KGaA **L.IV.25** 1
– AG in SE **L.IV.29** 1 f.
– Anwachsungsmodell, erweitertes **L.V**
– delisting **L.III.12** 3
– Folgen für Arbeitnehmer **L.IV.1** 16; **L.IV.7** 12
– GmbH & Co. KG in GmbH (Gestaltungsmöglichkeiten) **L.V.1** 1
– GmbH in AG **L.IV.7** 1 f.
– GmbH in GmbH & Co. KG **L.IV.1** 1 f., 2
– GmbH in KGaA **L.IV.14** 1 f.
– GmbH in Limited & Co. KG **L.IV.5** 1 f.

– Identität der Anteilseigner **L.IV.1** 3; **L.IV.5** 3; **L.IV.14** 9
– Identitätsprinzip **L.IV.30** 4
– KGaA in AG **L.IV.28** 1 f.
– KGaA in GmbH **L.IV.27** 1 f.
– privatisierende **H.I** 3
– Schaffung abzutretender Teilgeschäftsanteil **L.IV.1** 5
– Spaltung **L.III.**
– Transaktionsstruktur **A.II**
– Unternehmen **L.I**
– Verschmelzung **L.II**

Umwandlungsbericht L.IV.1 1; **L.IV.2** 1
– Auslegung vor Umwandlung AG in SE **L.IV.29** 8
– Auswirkungen Formwechsel **L.IV.2** 4
– elektronische Form **L.IV.27** 3; **L.IV.28** 3; **L.IV.29** 8
– Erläuterung Abfindungsangebot **L.IV.2** 7
– Formwechsel **L.IV.2** 1
– Formwechsel AG in GmbH **L.IV.22**
– Formwechsel GmbH in AG **L.IV.8**
– Formwechsel GmbH in KGaA **L.IV.15**
– GmbH in GmbH & Co. KG **L.IV.2** 1 f.
– Gründe für Formwechsel **L.IV.2** 3
– Kosten Formwechsel **L.IV.2** 6
– Offenlegung vor Umwandlung AG in SE **L.IV.29** 9
– Umwandlungsprüfungsbericht **L.IV.2** 10
– Unternehmensbewertung **L.IV.2** 8
– Zuständigkeit **L.IV.2** 2

Umwandlungsbeschluss L.IV.1 1
– Abfindungsangebot **L.IV.1** 15
– Bestellung Abschlussprüfer **L.IV.7** 14
– Bestellung Aufsichtsrat **L.IV.7** 13
– Bestimmung Rechtsform **L.IV.1** 9
– Beteiligungsverhältnisse **L.IV.1** 11; **L.IV.7** 9; **L.IV.14** 9
– Beteiligungsverhältnisse bei Formwechsel AG in GmbH **L.IV.21** 12
– Firma **L.IV.1** 10; **L.IV.5** 3; **L.IV.7** 7; **L.IV.14** 7
– Folgen für Arbeitnehmer **L.IV.1** 16; **L.IV.7** 12
– Formwechsel AG in GmbH **L.IV.21** 3
– Formwechsel AG in GmbH & Co. KG **L.IV.26** 1 f.
– Formwechsel AG in KGaA **L.IV.25** 1
– Formwechsel AG in SE **L.IV.29** 1 f.
– Formwechsel GmbH in GmbH & Co. KG **L.IV.1** 1 f., 7
– Formwechsel KGaA in AG **L.IV.28** 1 f.
– Formwechsel KGaA in GmbH **L.IV.27** 1 f.
– Geschäftswert **L.IV.1** 18
– Gesellschaftsvertrag **L.IV.1** 13
– Gesellschaftsvertrag der GmbH **L.IV.21** 13
– GmbH in AG **L.IV.7** 2
– GmbH in KGaA **L.IV.14** 3
– GmbH in Limited & Co. KG **L.IV.5** 1 f.
– Gründer AG **L.IV.7** 10
– Kosten/Gebühren **L.IV.1** 18
– Mehrheitserfordernisse bei Formwechsel AG in GmbH **L.IV.21** 17

Sachverzeichnis

fette Buchstaben und Zahlen = Systematik

- Mehrheitserfordernisse bei GmbH **L.IV.1** 17; **L.IV.7** 5
- Satzung der AG **L.IV.7** 8
- Sonderrechte **L.IV.1** 14
- Widerspruch **L.IV.1** 15
- Zustimmung Gesellschafter mit Minderheitenrechten **L.IV.7** 5
- Zustimmung Gesellschafter mit Sonderrechten **L.IV.7** 5

Umwandlungsgenehmigung
- Versicherungsunternehmen **J.I** 6.2 e

Umwandlungsplan
- Abfindungsangebot **L.IV.30** 8
- Arbeitnehmerbeteiligung **L.IV.30** 11
- Auslegung vor Umwandlung AG in SE **L.IV.29** 8
- Einreichung zum Handelsregister **L.IV.31** 1 f.
- Folgen für Arbeitnehmer **L.IV.30** 10
- Form **L.IV.30** 2
- Inhalt **L.IV.30** 3
- Kosten **L.IV.30** 12
- Offenlegung vor Umwandlung AG in SE **L.IV.29** 9; **L.IV.31** 1, 11
- Sitzverlegung formwechselnde AG **L.IV.30** 6
- Umwandlung AG in SE **L.IV.30** 1 f.

Umwandlungsprüfungsbericht L.IV.2 10

Umwandlungsrecht
- Squeeze out **M.III.1** 6

Umweltbelastung
- Anforderungsliste Due Diligence **B.VI.3**
- Freistellungsvereinbarung **C.II.1** 88; **C.II.2** 107 f.
- Haftung **C.II.2** 108 f.

Umweltfreistellung C.II.2 107 f.
- Verjährung **C.II.2** 118

Umwelthaftung
- Anforderungsliste Environmental Due Diligence **B.VI.6**
- Grundstücksverkauf bei Asset Deal **D.I** 43
- Transaktionsstruktur **A.II.3**

Umweltorganigramm
- Anforderungsliste Due Diligence **B.VI.3**
- Anforderungsliste Environmental Due Diligence **B.VI.6**

Umweltrecht C.II.2 107 f.
- Freistellungsvereinbarung **C.II.1** 88; **C.II.2** 107 f.
- Haftungsregelungen **C.II.2** 107 f.
- Sliding Scales-Klausel **C.II.2** 116
- Trigger Conditions **C.II.2** 115

Umweltschädigung
- Anforderungsliste Due Diligence **B.VI.3**

Umweltschutz
- Anforderungsliste Due Diligence **B.VI.3**
- Anforderungsliste Environmental Due Diligence **B.VI.6**

Umweltverträglichkeit
- Anforderungsliste Environmental Due Diligence **B.VI.6**

Umweltvorschriften
- Anforderungsliste Environmental Due Diligence **B.VI.6**

Unbedenklichkeit
- Außenwirtschaftliche **C.II.1** 68 a

Unbedenklichkeitsbescheinigung
- Sachkapitalerhöhungsprüfer **F.III.7.2**

Ungarn
- Konsultation lokaler Anwälte bei Fusionskontrolle **K.III** 4.12

unincorporated joint venture G.I

Universalversammlung
- Hauptversammlung **F.II.1** 4

Unterbilanz
- Formwechsel **L.IV.7** 17

Unternehmen
- Anteilserwerb **K.I.1** 8
- Kontrollerwerb **K.I.1** 8
- konzerninterne Neugründung/Restrukturierung **K.I.1** 8
- Mitteilung qualifizierter Beteiligung nach §§ 20, 21 AktG **C.III.3.1** 1 f., 5
- Umwandlung **L.I**
- Vermögenserwerb **K.I.1** 8
- wettbewerblich erhebliche Einflussausübung **K.I.1** 8

Unternehmen, beherrschtes
- Beherrschungs- und Gewinnabführungsvertrag **M.I.1** 3
- Zustimmung HV zu Beherrschungs- und Gewinnabführungsvertrag **M.I.1** 39

Unternehmen, beteiligte
- EU-Fusionskontrolle **K.II.2** 5
- Fusionskontrollverfahren **K.I.1** 12

Unternehmen, erwerbendes
- Fusionskontrollverfahren **K.I.1** 2

Unternehmen, herrschendes
- Beherrschungs- und Gewinnabführungsvertrag **M.I.1** 2
- Verlustübernahme **M.I.1** 17
- Zustimmung HV zu Beherrschungs- und Gewinnabführungsvertrag **M.I.1** 40

Unternehmen, verbundene s Verbundene Unternehmen

Unternehmensangaben
- bei Anmeldung Fusionskontrollverfahren **K.I.1** 1

Unternehmensbegriff
- EU-Fusionskontrolle **K.II.2** 5

Unternehmensbewertung
- Beteiligungsvertrag **F.V.1** 3
- Discounted-Cash-Flow-Methode **L.II.2** 8
- Ertragswertverfahren **L.II.2** 8
- Sacheinlage **F.I.1** 5
- Stellungnahme Vorstand/Aufsichtsrat zum Übernahmeangebot **E.IV** 9
- Umwandlungsbericht **L.IV.2** 8
- Verschmelzung **L.II.2** 8, 9

Unternehmensfortbestand
- Veräußerungsprivatisierung **H.II.1** 2

Unternehmensführung
- Konsortialvertrag **H.III.4**

Unternehmensinformationen
- Vorstandsbeschluss zur Weitergabe sensibler **B.VIII.1** 4

Unternehmensinhaber
- Wechsel **D.I** 41

magere Zahlen = Anmerkung

Sachverzeichnis

Unternehmensinteresse
- Break Fee-Vereinbarung **L.II.2** 19

Unternehmenskauf
- Aktienkaufvertrag **C.III.2**
- Asset Deal **D.I**
- GbR **C.VI** 1 f.
- GmbH & Co. KG **C.IV.1; C.IV.2**
- GmbH-Anteil **C.II.1; C.II.2; C.II.3**
- Kaufpreisanpassungsklausel **J.I** 6, 6.1 b, 6.2 a
- OHG **C.V.1** 1 f.
- Vollzugsvertrag **D.II**

Unternehmenskaufvertrag
- Einreichungspflicht **F.I.4** 1
- Wettbewerbsverbot **C.II.1** 114

Unternehmensmitbestimmung
- Formwechsel **L.IV.1** 16
- Societas Europaea (SE) **L.II.28** 12 f.

Unternehmensregister
- Übermittlung Stimmrechtsmitteilung an **C.III.3.6** 7

Unternehmensteil
- Ausgliederung bei Zusammenschluss **L.II.2** 3

Unternehmenstransaktion
- Fairness Opinion **E.IV** 10
- Inadequacy Opinion **E.IV** 10

Unternehmensverfassung
- Anforderungsliste Due Diligence **B.VI.3**

Unternehmensverkauf
- Asset Deal **D.I**
- Übersicht Share Deal **C.I**

Unternehmensvertrag
- Anteilskaufvertrag **C.II.1** 11 f.; **C.II.2** 11 f.

Unternehmenswert
- Anteilskaufvertrag **C.II.1** 28

Unternehmenswertberechnung
- Joint Venture **G.II** 32

Unternehmenszusammenschluss **L.II.2** 1
- sa Zusammenschlussvereinbarung
- Arbeitnehmervertretung **L.II.2** 12
- Übersicht, exemplarische **L.II.2** 1
- Verschmelzung **L.II.2** 4

Unternehmenszusammenschluss unter Gleichen **L.II.2** 1

Unterrichtungpflicht
- Betriebsübergang **D.III** 1

Unterrichtungsschreiben
- Änderung betriebsverfassungsrechtlicher Strukturen **D.III** 10
- Änderung wesentlicher Arbeitsbedingungen **D.III** 7
- in Aussicht genommene Maßnahmen **D.III** 12
- Beschreibung des Erwerbers **D.III** 4
- Betriebsübergang **D.III**
- Betriebsvereinbarung **D.III** 10
- Detaillierungsgrundsätze **D.III** 5
- Empfangsbestätigung bei Betriebsübergang **D.III** 16
- Haftung bei Betriebsübergang **D.III** 8
- Sekundärfolgen für Arbeitnehmer **D.III** 14
- Tarifvertragliche Regelungen **D.III** 9

- Übergangszeitpunkt **D.III** 6

Untersagung
- Asset Deal **D.I** 25, 48

Untersagungsverfügung
- Beteiligungserwerb/-serhöhung **J.I** 4.1 d, 4.2 d

Unterstützung
- Übernahmeangebot **E.I** 10

Unterzeichnung
- Hauptversammlungsprotokoll **F.II.1** 11

Urheberrecht
- Anforderungsliste Due Diligence **B.VI.3**
- Asset Deal **D.I** 10

USA
- Fusionskontrolle bei Erwerb Minderheitsbeteiligung **K.III** 3.1 b
- Investitionskontrolle **K.III** 3.4 e

Venture Capital
- Beirat **F.V.2** 3
- Beratervertrag Investor **F.V.2** 4
- Beteiligungsvertrag **F.V.1** 1 f.
- Drag along-Recht **F.V.2** 8
- Einflussmöglichkeiten des Investors **F.V.2** 4
- Exit-Route **F.V.2** 1, 7
- Finanzierungsinstrumente **F.V.1** 5
- Gesellschaftervereinbarung **F.V.2** 1 f.
- Informationsrechte Investor **F.V.2** 5
- IPO **F.V.2** 10
- Liquidation Preference **F.V.2** 12
- Management Retention **F.V.2** 6
- Put Option **F.V.2** 11
- Tag along-Recht **F.V.2** 9
- Verwässerungsschutz **F.V.2** 13

Veräußerungsbedingungen
- Konsortialvertrag **H.III.7**

Veräußerungsbeschränkungen
- Konsortialvertrag **H.III.7**

Veräußerungsprivatisierung **H.I** 3; **H.II**
- Ankaufsrecht **H.II.3** 8
- Arbeitsbedingungen **H.II.7** 1
- Arbeitsplatzklausel **H.II.5; H.II.6**
- Beschäftigungszusage **H.II.5** 2
- Bestandsgarantie **H.II.2** 1; **H.II.3** 1 f.
- Geschäftsgrundlage **H.II.1** 4
- Haltefristklausel **H.II.3** 6; **H.II.8**
- Investitionsverpflichtung **H.II.4**
- Kündigung Arbeitnehmer **H.II.5** 2
- Mehrerlösabführungsklausel **H.II.9**
- Neuarbeitsplatzgarantie **H.II.5** 4
- Privatisierungsklauseln **H.II**
- Sozialcharta **H.II.7**
- Spekulationsklausel **H.II.9** 1
- Standortgarantie **H.II.2** 1; **H.II.3** 1
- Tarifvertrag **H.II.7** 1
- Unternehmensfortbestand **H.II.1** 2
- Veräußerungs-/Belastungsverbot **H.II.3** 6
- Vertragsstrafeklausel **H.II.2** 5; **H.II.10**
- Weitergabeklausel **H.II.8** 5
- Zielklausel **H.II.1**

Veräußerungstreuhänder **K.I.5** 9

2089

Sachverzeichnis

fette Buchstaben und Zahlen = Systematik

Veräußerungsverbot
- Geschäftsanteil bei Veräußerungsprivatisierung **H.II.8** 2
- Transaktionsstruktur **A.III**
- Veräußerungsprivatisierung **H.II.3** 6

Veräußerungszusage
- Abwerbeverbot **K.I.5** 7
- Angebot untersagungsabwendender **K.I.5**
- Chinese Walls **K.I.5** 10
- Fusionskontrollverfahren **K.I.5** 4
- gemeinsame Beteiligungen an Drittunternehmen **K.I.5** 6
- potentieller Erwerber **K.I.5** 5
- Trennung des zu übertragenden Geschäfts **K.I.5** 10
- Überwachungstreuhänder **K.I.5** 11
- Umsetzungsfrist **K.I.5** 8
- Veräußerungstreuhänder **K.I.5** 9
- Wettbewerbsverbot **K.I.5** 7

Verbandsrecht
- Squeeze out **M.III.1** 5

Verbindliche Auskunft
- Antrag an Finanzbehörde **B.IX**
- besonderes Interesse **B.IX** 7
- Bindungswirkung **B.IX** 4
- Erklärung **B.IX** 9
- Kosten **B.IX** 10
- Sachverhalt **B.IX** 5
- Zuständigkeit **B.IX** 2

Verbindliches Angebot
- Verfahrensvereinbarung **B.IV**

Verbindlichkeiten
- Übernahme **C.II.1** 17, 73
- gegenüber Unternehmen mit dem ein Beteiligungsverhältnis besteht **C.II.1** 31 a

Verbindlichkeiten, nicht zugeteilte
- Spaltungs- und Übernahmevertrag **L.III.2** 24, 25, 26

Verbindlichkeiten, sonstige
- Anteilskaufvertrag **C.II.1** 31 b

Verbot bestandsgefährdender Eingriffe
- Cash-Pooling-Vertrag **M.II** 16

Verbriefung
- Aktienurkunde **C.III.2** 63
- Ausschluss Einzelverbriefung **C.III.2** 65

Verbundene Unternehmen
- Anteilskaufvertrag **C.II.1** 31
- Forderungen aus Lieferungen und Leistungen gegenüber **C.II.1** 41
- Haltefristklausel **H.II.8** 6

Vereinbarung, horizontale
- Freistellung nach Art. 101 Abs. 3 AEUV **K.I.2** 9
- Gemeinschaftsunternehmen **K.I.2** 7

Vereinigtes Königreich
- Fusionskontrolle bei Erwerb Minderheitsbeteiligung **K.III** 3.1 b

Verfahrenshinweise
- Verfahrensvereinbarung **B.IV**

Verfahrensschritte
- Verfahrensvereinbarung **B.IV**

Verfahrenssprache
- EU-Fusionskontrolle **K.II.2** 1

Verfahrensvereinbarung B.IV
- Angebot, verbindliches **B.IV**
- Datenraum **B.IV**
- due diligence **B.IV**
- Management-Präsentation **B.IV**
- Verfahrenshinweise **B.IV**
- Verfahrensschritte **B.IV**

Verfügungsverbot
- Transaktionsstruktur **A.III**

Vergaberecht
- Privatisierung **H.I** 7

Vergütung
- Anpassung/Fortschreibung bei Projektvertrag **H.IV.5**
- Mandatsvereinbarung **B.II** 4
- Public Private Partnership **H.IV.4**

Verhaltenspflichten
- going concern bei GmbH-Anteilskaufvertrag **C.II.1** 113; **C.II.2** 128
- zwischen Signing und Closing **C.II.1** 113; **C.II.2** 128

Verhaltensrichtlinien
- bis zum Vollzug des Zusammenschlusses **K.I.10**

Verhandlungstaktik A.I.1

Verhinderungsverbot
- Break Fee-Vereinbarung **L.II.2** 19

Verjährung
- Anteilskaufvertrag **C.II.1** 112; **C.II.2** 125
- GmbH & Co. KG-Anteilskaufvertrag **C.IV.1** 110
- Joint Venture-Vertrag **G.II** 18
- Umweltfreistellung **C.II.2** 118

Verjährungsregelung
- Share Deal **C.I**

Verkauf
- Geschäftsanteil Joint Venture **G.II** 43

Verkäufer
- Aktienkaufvertrag **C.III.2**
- Checkliste Transaktionsplanung **A.I.1**
- Checkliste Transaktionsziele **A.I.3**
- gewährleistungsrelevante Kenntnis bei Share Deal **C.I**
- Kenntnis bei Garantieversprechen **C.II.1** 86; **C.II.2** 102

Verkäufergarantie
- Anteilskaufvertrag **C.II.1** 81 f.; **C.II.3** 25
- Boxing-In Warranties **C.II.1** 86 a
- gesellschaftliche Verhältnisse der Verkäuferin **C.II.1** 84 a
- GmbH & Co. KG-Anteilskaufvertrag **C.IV.1** 57; **C.IV.2** 66
- Kenntnis der Verkäuferin **C.II.1** 86; **C.II.2** 102
- Konzernabschluss **C.II.1** 85
- selbständiges Garantieversprechen **C.II.1** 82
- steuerrechtliche **C.II.1** 90 a
- Umfang **C.II.1** 84; **C.II.3** 28
- Umfang bei Aktienkaufvertrag **C.III.2** 25
- Zeitpunkt **C.II.1** 83; **C.II.2** 82; **C.II.3** 26

Verkaufsbereitschaft
- Preisfindung bei Joint Venture **G.II** 39

- Preisfindung durch Schiedsgutachter bei Joint Venture **G.II** 42

Verkaufsoption
- Gesellschaftervereinbarung **F.V.2** 11

Verkaufsverfahren
- Verfahrensvereinbarung **B.IV**

Verkehrsinfrastrukturprojekt
- Public Private Partnership **H.IV.1**

Verkehrsteuern
- Anteilskaufvertrag **C.II.1** 123; **C.II.2** 137
- Share Deal **C.I**

Verlustübernahme
- anderweitiger Ausgleich **M.I.1** 19
- Ausgestaltung des Anspruchs **M.I.1** 18
- Beginn/Ende **M.I.1** 20
- Beherrschungs- und Gewinnabführungsvertrag **M.I.1** 17 f.
- Fälligkeit **M.I.1** 18

Verlustvortrag
- Garantie **C.II.2** 93
- bei Spaltung **L.III.2** 18
- bei Verschmelzung durch Neugründung **L.II.10** 1

Vermittlerrecht
- Due Diligence **J.I** 5.2

Vermögenserwerb
- Angaben zu beteiligten Unternehmen **K.I.1** 12
- Fusionskontrollverfahren **K.I.1** 8

Vermögensübernahme
- Alternative zu Joint Venture **G.I**

Vermögensübertragung
- Spaltungs- und Übernahmevertrag **L.III.2** 19
- Verschmelzungsvertrag **L.II.3** 6; **L.II.13** 6

Vermögensveränderung
- Berichtspflicht **L.II.6** 9
- Spaltung **L.II.6** 9; **L.III.13** 3
- Verschmelzung **L.II.6** 9

Vermögenswerteerwerb
- Fusionskontrollverfahren **K.III** 3.1 c

Veröffentlichung
- Ad-Hoc-Meldung Squeeze-out **M.III.4** 5
- Ad-hoc-Publizität **C.III.4.2** 5, 6
- Angebotsabgabe **B.VIII.2** 5
- Angebotsunterlage **E.III.4** 32
- Angebotsunterlage freiwilliges Barangebot **E.III.4** 1 f.
- Angebotsunterlage Pflichtangebot (Barangebot) **E.III.5** 1 f.
- Angebotsunterlage Übernahmeangebot **E.III.4** 1
- Entscheidung zur Abgabe eines Übernahmeangebots **E.III.3** 1 f.
- Fairness Opinion **E.IV** 10
- Kontrollerwerb nach §§ 35 Abs. 1, 10 Abs. 3 WpÜG **E.VI.1** 1 f.
- Stellungnahme von Vorstand/Aufsichtsrat der Zielgesellschaft zum Übernahmeangebot **E.IV** 1 f.
- Stellungnahme Vorstand/Aufsichtsrat zum Übernahmeangebot **E.IV** 7
- Übernahme **B.VIII.2** 5
- Verschmelzungsplan **L.II.29** 7

- Wasserstandsmeldung nach § 23 WpÜG **E.VI.2** 1 f.

Veröffentlichungspflicht
- Break Fee-Vereinbarung **L.II.2** 19
- Erreichung/Über-/Unterschreiten Stimmrechtsschwelle **C.III.3.6** 3
- Form **C.III.3.6** 5
- Frist **C.III.3.6** 4
- Gesamtzahl der Stimmrechte **C.III.3.6** 8
- Joint Venture **G.II** 50
- Konkurrenzen **C.III.3.6** 10
- Stimmrechtsmitteilung **C.III.3.6**
- Verletzung **C.III.3.6** 9
- Zusammenschlussvereinbarung **L.II.2** 20

Verpflichtung
- zur Nachzahlung des Differenzbetrages bei Nacherwerb **E.III.4** 19

Verpflichtungen, zukunftsgerichtete
- Share Deal **C.I**

Verrechnung
- GmbH-Anteilskaufvertrag **C.II.1** 18

Verschmelzung L.II; L.II.2
- AG mit anderer AG durch Aufnahme **L.II.3** 1 f.
- AG mit GmbH zur Aufnahme **L.II.20** 1 f.
- Änderung Mitbestimmungsstatut **L.II.16** 17
- Anmeldung der Verschmelzung GmbH mit AG durch Aufnahme **L.II.14** 1 f.; **L.II.15** 1 f.
- Anmeldung zum Handelsregister der übernehmenden AG **L.II.8**
- Anmeldung zum Handelsregister der übertragenden AG **L.II.9**
- Arbeitnehmervertretung **L.II.2** 12
- Arbeitnehmer/-vertretung **L.II.3** 21
- durch Aufnahme **L.II.2** 1 f., 4; **L.II.3** 1 f.
- Auskunftsrecht Aktionär **L.II.6** 8
- ausländische AG mit deutscher AG zur Societas Europaea (SE) **L.II.27** 1 f.
- Ausschüttungen **L.II.2** 14
- außergewöhnliche Geschäftsführungsmaßnahmen **L.II.2** 13
- Betriebsvereinbarung **L.II.3** 23
- Break Fee-Vereinbarung **L.II.2** 19
- Checkliste **L.II**
- Corporate Governance **L.II.2** 16
- Due Diligence **L.II.2** 10
- Ertragsteuer **L.II.3** 32
- Exklusivitätsvereinbarung **L.II.2** 18
- Gegenleistung **L.II.3** 10 f.; **L.II.16** 8; **L.II.20** 9
- Gegenleistung bei V. AG mit GmbH durch Aufnahme **L.II.20** 11
- Geschäftswert **L.II.3** 33
- Gewährleistung **L.II.2** 17
- GmbH mit AG durch Aufnahme **L.II.13** 1 f.
- GmbH mit GmbH durch Aufnahme **L.II.16** 1 f.
- grenzüberschreitende **L.II.25**
- Grundbuchberichtigung **L.II.13** 3
- Grunderwerbsteuer **L.II.3** 32; **L.II.13** 4
- Grundsatzvereinbarung über Zusammenschluss zweier Aktiengesellschaften **L.II.2** 1 f.
- Handelsregisteranmeldung GmbH auf GmbH **L.II.18**; **L.II.19**

2091

Sachverzeichnis

fette Buchstaben und Zahlen = Systematik

- Handelsregisteranmeldung Kapitalerhöhung L.II.8 4
- Handelsregisteranmeldung Verschmelzung AG mit GmbH durch Aufnahme L.II.23; L.II.24
- Handelsregistereintragung L.II.8 11; L.II.9 5
- Hereinverschmelzung L.II.27 1
- Integrationsausschuss L.II.2 11
- Integrationsfahrplan L.II.2 11
- Interessensausgleichsverfahren L.II.2 12
- Kapitalerhöhung L.II.3 16; L.II.16 9
- konzerninterne L.II.3 1
- Kosten Handelsregisteranmeldung L.II.8 13
- Kostenregelung bei Scheitern L.II.3 24
- Leakage-Strategie L.II.2 20
- MAC-Klausel L.II.2 17
- zur Neugründung L.II.2 4; L.II.10 1 f.
- Organisation, künftige L.II.2 15
- Personalentscheidung im Verschmelzungsvertrag L.II.3 18
- Personalentscheidung im Zustimmungsbeschluss zur L.II.17 3
- privatisierende Umwandlung H.I 3
- Prüferbestellung L.II.3 16
- Rücktrittsrecht L.II.2 17
- Rücktrittsvorbehalt L.II.3 27; L.II.10 26
- Sozialplanverfahren L.II.2 12
- steuerliche Behandlung Übertragungsgewinn L.II.3 32
- steuerliche Wertansätze L.II.2 5
- Stille Reserven L.II.3 32
- Transaktionsstruktur A.II
- Treuhänder L.II.3 19; L.II.10 18
- Umtauschverhältnis L.II.2 7; L.II.3 11; L.II.16 8
- Unternehmensbewertung L.II.2 8, 9
- Verhältnis Zusammenschlussvereinbarung/Verschmelzungsvertrag L.II.2 4
- Vermögensveränderung L.II.6 9
- Verschmelzungsbericht L.II.4 1 f.
- Verschmelzungsplan L.II.27 1 f.
- Verschmelzungsplan, gemeinsamer L.II.33 1 f., 5
- Verschmelzungsprüfung L.II.5 1 f.
- Verschmelzungsprüfungsbericht L.II.5 1 f., 3
- Verschmelzungsvertrag (Aufnahme) L.II.3 1 f.
- Widerspruchsrecht Arbeitnehmer L.II.3 22
- Ziele L.II.2 15
- Zulassungsfortbestand bei J.II 4
- Zusammenschlussvereinbarung L.II.2 1 f.
- Zusammensetzung Aufsichtsrat L.II.2 16
- Zusammensetzung Vorstand L.II.2 16
- Zustimmung der Hauptversammlung der übernehmenden AG L.II.7
- Zustimmung der Hauptversammlung der übertragenden AG L.II.6
- Zustimmungsbeschluss der übernehmenden GmbH L.II.17 1 f.
- Zuzahlung L.II.3 13, 14; L.II.10 13, 14

Verschmelzung durch Neugründung L.II.10 1
- AG mit anderer AG L.II.10 1 f.
- ausländische AG mit deutscher AG zur Societas Europaea (SE) L.II.27 8
- Bestellung Abschlussprüfer L.II.10 29
- Bestellung Aufsichtsrat L.II.10 7, 9, 28
- Bestellung des Vorstands der neuen AG L.II.12 7 f.
- Börsenzulassung L.II.10 1
- Feststellung der Satzung L.II.10 16
- Grunderwerbsteuer L.II.10 1
- Handelsregisteranmeldung L.II.11 1 f.
- Handelsregisteranmeldung der neuen AG L.II.12 1 f.
- Handelsregistereintragung L.II.11 6
- Notargebühren L.II.10 1
- Verlustvortrag L.II.10 1
- Verschmelzungsvertrag L.II.10 1 f.

Verschmelzung, grenzüberschreitende
- Ablaufplan L.II.26
- Anteilseignerschutz L.II.25
- Antrag auf Bescheinigung nach Art. 25 Abs. 2 SE-VO L.II.31 1 f.
- Arbeitnehmermitbestimmung L.II.25
- Checkliste L.II.26
- Corporate Governance L.II.25
- Corporate Identity L.II.25
- Gläubigerschutz L.II.25
- Mitbestimmungsvereinbarung über Beteiligung der Arbeitnehmer in der Societas Europaea L.II.28 1 f.
- steuerliche Behandlung L.II.25
- Strukturierungsvarianten L.II.25
- Transaktionssicherheit L.II.25
- Unternehmensmobilität L.II.25
- Verschmelzungsplan L.II.27 1 f.
- Verschmelzungsplan, gemeinsamer L.II.33 1 f., 5

Verschmelzung zur Societas Europaea (SE)
- Handelsregisteranmeldung L.II.32 1 f.

Verschmelzungsbericht L.II.4 1 f.
- Einsicht L.II.4 2
- Form/Verfahren L.II.4 2
- Verschmelzung GmbH mit AG durch Aufnahme L.II.13 1 f., 6
- Verzicht L.II.4 2
- Verzichtserklärung L.II.30 8

Verschmelzungsbeschluss
- Abstimmungsverfahren L.II.6 5
- Anfechtung L.II.8 8
- Beschlussfassung L.II.6 1
- Geschäftswert L.II.6 11
- Hauptversammlung der übernehmenden AG L.II.7
- Hauptversammlung der übertragenden AG L.II.6 1
- Kosten L.II.6 11
- Präsenz/Teilnehmerverzeichnis L.II.6 4, 10
- Verfahrensfeststellungen L.II.6 3
- Verschmelzung GmbH mit AG durch Aufnahme L.II.13 1 f.
- Verschmelzungsplan, gemeinsamer L.II.33 2

Verschmelzungsplan L.II.27 1 f., 2
- Abfindungsangebot L.II.27 16
- Arbeitnehmer/-vertretung L.II.27 12, 13
- Ausgleichsleistung L.II.27 9
- Bedingung L.II.27 18

magere Zahlen = Anmerkung

- Bekanntmachung L.II.29 1, 3
- Einreichung zum Handelsregister L.II.29 1 f.
- Einsichtrecht L.II.30 7
- Firma/Sitz Societas Europaea (SE) L.II.27 14
- Form L.II.27 3
- Gebühren L.II.27 23
- Genehmigungsvorbehalt L.II.27 21
- Geschäftswert L.II.27 23
- Gläubigerschutz L.II.27 17; L.II.29 5
- Kapitalerhöhung L.II.27 10
- Kosten L.II.27 23
- Kosten der Einreichung zum Handelsregister L.II.29 7
- Minderheitenschutz L.II.29 4
- Satzung SE L.II.27 15
- Stichtagsänderung L.II.27 18
- Treuhänder L.II.27 11
- Unterzeichnung L.II.27 22
- Veröffentlichung L.II.29 7
- Verschmelzung ausländischer AG mit deutscher AG zur SE L.II.27 1 f.
- Zustimmungsbeschluss der HV zur Verschmelzung zur Societas Europaea L.II.30 1 f.
- Zuzahlung L.II.27 9

Verschmelzungsplan, gemeinsamer L.II.33 1 f., 5
- Arbeitnehmermitbestimmung L.II.33 12, 13
- Bekanntmachung L.II.33 4
- Form L.II.33 4
- Gegenleistung L.II.33 10
- Kapitalerhöhung L.II.33 9
- Parteien L.II.33 6
- Präambel L.II.33 7
- Rechte für Gesellschafter/Wertpapierinhaber L.II.33 14
- Registerverfahren L.II.33 18
- Schlussbilanz L.II.33 11
- Sonderrechte L.II.33 14, 15
- Sprache L.II.33 3
- steuerliche Behandlung L.II.33 19
- Stichtag L.II.33 11
- Vermögensübertragung L.II.33 8
- Verschmelzungsbeschluss L.II.33 2

Verschmelzungsprüfer L.II.3 16
- Bestellung L.II.5 2

Verschmelzungsprüfung L.II.5 1 f., 3
- Verschmelzung GmbH mit AG durch Aufnahme L.II.13 1 f., 6
- Verzichtserklärung L.II.30 8

Verschmelzungsprüfungsbericht L.II.5 1 f., 3
- Umtauschverhältnis L.II.5 4

Verschmelzungsstichtag L.II.3 8
- Abweichung zu Bilanzstichtag L.II.13 9
- Änderung L.II.3 25

Verschmelzungsvertrag L.II.3
- Abfindungsangebot bei Mischverschmelzung L.II.20 19
- Anzeige Zuzahlungen L.II.3 30
- Arbeitnehmer/-vertretung L.II.3 21; L.II.13 12
- Bedingung, aufschiebende L.II.3 6
- Bestellung Abschlussprüfer bei Verschmelzung zur Neugründung L.II.10 29

Sachverzeichnis

- Bestellung Aufsichtsrat bei Verschmelzung zur Neugründung L.II.10 28
- Beteiligung, gegenseitige L.II.3 3; L.II.20 4
- Betriebsrat L.II.16 16
- Betriebsvereinbarung L.II.3 23
- Betriebszusammenlegung L.II.16 16
- Business Combination Agreement L.II.3 4
- Delisting, kaltes L.II.3 10
- Erläuterung in Hauptversammlung L.II.21 8
- Erläuterung während Hauptversammlung L.II.6 7
- Feststellung der Satzung der NewCo L.II.10 16
- Gegenleistung L.II.3 10 f.; L.II.13 8; L.II.16 8; L.II.20 9
- Geschäftsanteil GmbH L.II.20 11
- Grundvermögen L.II.3 28
- Kapitalerhöhung L.II.3 16; L.II.16 9
- Kosten L.II.3 33
- Kostenregelung bei Scheitern L.II.3 24; L.II.13 14
- Personalentscheidung für Organe L.II.3 18
- Präambel L.II.3 3, 4, 5; L.II.13 5; L.II.16 5
- Rechnungslegung L.II.3 7, 9
- Rücktrittsrecht L.II.13 11; L.II.16 12
- Rücktrittsvorbehalt L.II.3 27; L.II.10 26
- Schlussbilanz L.II.3 7, 9; L.II.13 7; L.II.20 7
- Sonderrechte Gesellschafter L.II.16 13
- Spitzenbeträge L.II.3 20
- steuerliche Behandlung L.II.3 32
- Stichtag L.II.3 8
- Stichtage, abweichende L.II.13 9
- Stichtagsänderung L.II.3 25
- Treuhänder L.II.3 19; L.II.10 18
- Umstrukturierungsmaßnahmen L.II.3 5
- Umtauschverhältnis L.II.3 11; L.II.16 8
- Verhältnis zu Zusammenschlussvereinbarung L.II.2 4
- Vermögensübertragung L.II.3 6; L.II.13 6
- Vermögensveränderung L.II.6 9
- Verschmelzung AG mit anderer AG durch Aufnahme L.II.3 1 f.
- Verschmelzung AG mit anderer AG durch Neugründung L.II.10 1 f.
- Verschmelzung AG mit GmbH zur Aufnahme L.II.20 1 f.
- Verschmelzung GmbH mit AG durch Aufnahme L.II.13 1 f.
- Verschmelzung GmbH mit GmbH durch Aufnahme L.II.16 1 f.
- Vollmachten L.II.3 29
- Vorbemerkung L.II.13 5; L.II.16 5
- Zuzahlung L.II.3 13; L.II.10 13
- Zuzahlung infolge Spruchstellenverfahren L.II.3 14; L.II.10 14

Versicherungen
- Anforderungsliste Due Diligence B.VI.3
- Anteilskaufvertrag C.II.1 118
- Umsatzberechnung FKVO K.II.2 9

Versicherungsbedingungen
- Versicherungsunternehmen J.I 6.2 c

Sachverzeichnis

fette Buchstaben und Zahlen = Systematik

Versicherungsgeheimnis
- Due Diligence **J.I** 5.1 b

Versicherungsnehmer
- Information bei Bestandsübertragung Versicherungsunternehmen **J.I** 7.3

Versicherungsschutz J.II 10

Versicherungsunternehmen
- Aufgabe-/Absenkungsanzeige bedeutender Beteiligung **J.I** 4.2 b
- aufsichtsrechtliche Vorgaben bei Due Diligence **J.I** 5.2
- BaFin **J.I** 1
- bedeutende Beteiligung an **J.I** 2.2
- Beschränkung Beteiligungserwerb/-erhöhung **J.I** 4.2 d
- Bestandsübertragung **J.I** 7
- Bestandsübertragung, grenzüberschreitende **J.I** 7.5
- Bestandsübertragung Rückversicherungsunternehmen **J.I** 7.6
- branchenspezifische Vorgaben **J.I**
- Datenschutz bei Due Diligence **J.I** 5.1 c
- Due Diligence **J.I** 5.1 b
- Due Diligence Risikomanagement **J.I** 5.2
- Due Diligence Rückkaufwerte **J.I** 5.2
- Due Diligence Vermittlerrecht **J.I** 5.2
- Erwerbs-/Erhöhungsabsicht bedeutender Beteiligung (Formularmuster) **J.I** 8
- Erwerbs-/Erhöhungsanzeige bedeutender Beteiligung **J.I** 4.2 a
- Genehmigung Bestandsübertragung durch BaFin **J.I** 7.2
- Informationspflicht Versicherungsnehmer bei Bestandsübertragung **J.I** 7.3
- Kapitalanlage **J.I** 6.2 b
- Kaufpreisanpassungsklausel **J.I** 6, 6.2 a
- Nichtuntersagung Erwerb bedeutender Beteiligung durch BaFin **J.I** 6.2
- Rechtsfolgen Bestandsübertragung **J.I** 7.4
- Reservierung von Schadensreserven **J.I** 6.2 d
- Rückversicherung **J.I** 6.2 b
- Sorgfaltsstandards bei M & A **J.I** 6.1 j
- Übertragungsvertrag **J.I** 7.1
- Umsatzberechnung Fusionskontrollverfahren **K.I.1** 13
- Umwandlungsgenehmigung durch BaFin **J.I** 6.2 e
- Untersagungsverfügung Beteiligungserwerb/-erhöhung **J.I** 4.2 d
- Versicherungsbedingungen **J.I** 6.2 c
- Versicherungsvertrag **J.I** 6.2 c
- Zuverlässigkeits-/Eignungsanforderungen **J.I** 3.2

Versicherungsvertrag
- Versicherungsunternehmen **J.I** 6.2 c

Versorgungsleitung
- Straßenbenutzungsvertrag **J.III** 2.4 a

Versorgungsstandard
- Investitionsverpflichtung Privatisierungsklausel **H.II.4**

Versorgungsvertrag
- Anforderungsliste Due Diligence **B.VI.3**

Vertragsangelegenheiten
- Anforderungsliste Due Diligence **B.VI.3**

Vertragsbeendigung, vorzeitige
- Public Private Partnership **H.IV.11**

Vertragsbeziehungen mit Dritten
- Asset Deal **D.I** 12

Vertragsentwurf
- Gegenüberstellung **B.V.1**

Vertragsprüfung
- Medienunternehmen bei Due Diligence **J.IV** 3.1 h

Vertragsstrafe
- Abgrenzung zu Break Fee-Vereinbarung **L.II.2** 19
- Durchsetzung bei Investitionsverpflichtung **H.II.4** 6
- Investitionsverpflichtung **H.II.4** 5
- Übernahmeangebot **E.I** 14
- Vertraulichkeitsvereinbarung **B.I.1** 15

Vertragsstrafeklausel
- Veräußerungsprivatisierung **H.II.2** 5; **H.II.10**

Vertragsstrafeversprechen C.II.2 132

Vertragsstruktur A.II.1

Vertragsübernahme J.II 8

Vertragsverhältnisse
- Transaktionsstruktur **A.II.1**

Vertraulichkeit
- Datenraum **B.VI.1** 11; **B.VI.2** 3
- Formblatt CO **K.II.2**
- Spaltungsbericht **L.III.3** 9
- Teilprivatisierung **H.III.8**
- Zusammenschlussvereinbarung **L.II.2** 21

Vertraulichkeitsvereinbarung B.I.1; B.I.2
- Abwerbungsverbot **B.I.1** 12
- Anspruchsinhaber **B.I.1** 16
- ausgewogene **B.I.2**
- Begriffe **B.I.1** 4
- Beweislast für Vertraulichkeit **B.I.1** 5, 17
- Beweislastregelung **B.I.1** 17
- Briefform **B.I.1** 2; **B.I.2** 1
- Definitionen **B.I.1** 4
- Durchsetzbarkeit **B.I.1** 15
- einseitige **B.I.1** 1
- Einstellungsverbot **B.I.1** 12
- Form **B.I.1** 2
- gegenseitige **B.I.1** 1
- Gerichtsstand **B.I.1** 18
- Herausgabepflicht von Beratern **B.I.1** 10
- Insiderhandelsverbot **B.I.1** 7
- Insiderinformation **B.I.1** 1
- Kundenschutz **B.I.1** 13
- limited auction process **B.I.1** 1
- No-Teaming-Klausel **B.I.1** 14
- Nutzungseinschränkung **B.I.1** 6
- Parteien **B.I.1** 3
- Pressemitteilungen **B.I.1** 11
- Stillhaltevereinbarung **B.I.1** 14
- Übernahmeangebot **E.I** 17
- Vertragsform **B.I.1** 2
- Vertragsstrafe **B.I.1** 15
- Vervielfältigungen **B.I.1** 9

magere Zahlen = Anmerkung

Sachverzeichnis

- Weitergabe von Informationen B.I.1 8
- Weitergabeklausel B.I.1 8
- zielgesellschaftsfreundliche B.I.1
- Zweck B.I.1 1; B.I.2 1
- zweiseitige B.I.1 1

Vertraulichkeitsverpflichtung
- Anteilskaufvertrag C.II.1 121; C.II.2 134
- Joint Venture-Vertrag G.II 49

Vertretung
- Joint Venture G.III 5
- Zustimmungsbeschluss zu Spaltungs- und Übernahmevertrag L.III.4 6

Vertretungseinschränkung
- Einbringungsvertrag F.III.10 2

Vertrieb
- Anforderungsliste Due Diligence B.VI.3

Vertriebsvertrag
- Alternative zu Joint Venture G.I

Vervielfältigungen
- Vertraulichkeitsvereinbarung B.I.1 9

Verwahrung
- Aktienurkunde C.III.2 63

Verwaltungsrat
- Wahl Anteilseignervertreter bei Formwechsel AG in SE L.IV.29 14

Verwässerungsschutz
- Gesellschaftervereinbarung F.V.2 13

Verwertungsrecht
- Asset Deal D.I 10

Verzicht
- Abfindungsangebot L.IV.1 15
- auf Form-/Fristerfordernisse bei Einberufung Gesellschafterversammlung L.III.4 4
- Vorstandsbericht bei Sachkapitalerhöhung F.II.1 9

Verzichtserklärung
- Spaltungsbericht L.III.2 34
- Spaltungsprüfung L.III.2 34
- Verschmelzungsbericht/-prüfung L.II.30 8

Verzinsung
- Cash-Pooling-Vertrag M.II 21

Veto-Recht
- Konsortialvertrag H.III.2 8, 10

Vinkulierung
- Geschäftsanteil H.III.7 3
- Geschäftsanteil bei Anteilsverkauf C.II.3 17
- Geschäftsanteil Joint Venture G.II 37; G.III 11
- Gesellschaftervereinbarung F.V.2 7

Virtual Data Room
- Benutzungsregeln B.VI.2 1 f.

Vollfunktionsunternehmen
- Fusionskontrolle Gemeinschaftsunternehmen K.I.2 4

Vollmacht
- Anforderungsliste Due Diligence B.VI.3
- Fusionskontrollverfahren K.I.1 4
- Übernahmeerklärung F.I.2 2
- Verschmelzungsvertrag L.II.3 29

Vollversammlung
- Beschlussfassung Formwechsel L.IV.7 4
- Hauptversammlung F.II.1 4

Vollzugsanzeige
- Inhalt K.I.8 4
- Zusammenschluss K.I.8

Vollzugsbedingungen
- Angebotsunterlage E.III.4 26; E.III.5 21
- Fusionskontrollverfahren K.III 4.8

Vollzugshindernis
- Anteilskaufvertrag C.II.1 68 d

Vollzugstag
- Anteilskaufvertrag C.II.1 9, 50; C.II.2 9
- Asset Deal D.I 24

Vollzugsverbot
- Bußgeldrisiko K.I.10 2
- Fusionskontrollverfahren K.III 4.6
- Verstoß gegen K.I.10 1, 2

Vollzugsvertrag
- Asset Deal D.II
- Besitzeinräumung D.II 12
- Übertrag Schutzrechte D.II 10

Vollzugsvoraussetzung
- Anteilskaufvertrag C.II.1 68 c; C.II.2 66 a; C.II.3 16 a
- Asset Deal D.I 23
- Rücktrittsrecht bei Nichtvorliegen der C.I
- Widerspruch zur Gesellschafterliste C.II.2 66 a; C.II.3 16 a

Vorangebotsphase
- Übernahmeangebot E.III.4 1

Vorbemerkung
- Mitbestimmungsvereinbarung L.II.28 1, 2
- Verschmelzungsvertrag L.II.13 5; L.II.16 5

Vorbereitung
- Due Diligence B.VI.3 3

Vorerwerbe
- Angebotsunterlage E.III.4 12
- Irrevocable Undertaking E.I 1, 2
- Übernahmeangebot E.I 1, 2

Vorfälligkeitsentschädigung
- Beendigung konzerninterner Verträge C.II.2 130

Vorkaufsrecht
- Anforderungsliste Due Diligence B.VI.3
- Joint Venture G.II 38
- Transaktionsstruktur A.II.3

Vormundschaftsgericht
- Transaktionsstruktur A.III

Vorprüfungsverfahren Fusionskontrolle
- Beiladung K.I.6 3

Vorräte
- Verhältnis zu Standardized Working Capital C.II.2 88

Vorschlagsrecht
- Geschäftsführer bei Teilprivatisierung H.III.2 12

Vorstand
- Auskunft zu Verschmelzung L.II.6 8
- Gründungsbericht L.IV.11 1
- Vorschlag zu Squeeze out M.III.3 6
- Zusammensetzung bei Verschmelzung L.II.2 16

Vorstand für Arbeit und Soziales
- Societas Europaea (SE) L.II.28 18

2095

Sachverzeichnis

fette Buchstaben und Zahlen = Systematik

Vorstand (Zielgesellschaft)
- Aktualisierungspflicht der Stellungnahme bei Übernahmeangebot **E.IV** 6
- Empfehlung zum Übernahmeangebot **E.IV** 16
- Ermittlungspflicht bei Stellungnahme zum Übernahmeangebot **E.IV** 5
- Stellungnahme zum Übernahmeangebot **E.IV** 1 f., 3, 4, 8
- Veröffentlichung Stellungnahme zum Übernahmeangebot **E.IV** 7

Vorstandsbericht
- an Aufsichtsrat **B.VIII.1** 7
- Ausnutzung Genehmigtes Kapital **F.III.2** 6
- Bezugsrechtsausschluss bei Genehmigtem Kapital **F.III.3; F.III.4**
- Sachkapitalerhöhung **F.II.1** 8
- Verzicht bei Sachkapitalerhöhung **F.II.1** 9

Vorstandsbeschluss
- Ad-Hoc-Mitteilung **B.VIII.1** 6; **B.VIII.2** 4
- Bericht an Aufsichtsrat **B.VIII.1** 7
- Business Combination Agreement **B.VIII.2**
- Due Diligence **B.VIII.1** 1, 4; **B.VIII.2**
- formelle Voraussetzungen **B.VIII.1** 2; **B.VIII.2** 2
- Grundsatzbeschluss **B.VIII.1** 3
- Ladung **B.VIII.1** 2; **B.VIII.2** 2
- Memorandum of Understanding **B.VIII.1** 5
- Sachkapitalerhöhung **F.III.2**
- Telefonkonferenz **B.VIII.2** 2
- vorsorgliche Befreiung von Ad-Hoc-Publizitätspflicht **B.VIII.1** 1, 6
- Weitergabe sensibler Unternehmensinformationen **B.VIII.1** 4

Vorstandsbestellung
- neue AG bei Verschmelzung durch Neugründung **L.II.12** 7 f.

Vorstandsermächtigung
- zum Bezugsrechtsausschluss bei genehmigtem Kapital **F.III.1** 2; **F.III.3; F.III.4**
- Handelsregistereintragung **F.III.2** 2

Vorstandsmitglied
- Anforderungsliste Due Diligence **B.VI.3**
- Arbeitsrechtliche Due Diligence **B.VI.7**
- Inferent **F.III.10** 2
- Vorteil bei Gesellschaftsgründung **L.IV.10** 2

Vorstandsmitglied (Zielgesellschaft)
- eigene Interessenlage bei Übernahmeangebot **E.IV** 14

Vorstandsvorsitzender
- Bericht an Aufsichtsrat **B.VIII.3** 5, 6
- Teilnahme an Aufsichtsratssitzung **B.VIII.3** 4

Vorteilsgegenrechnung
- Steuerfreistellung **C.II.1** 96

Vorteilsnahme C.II.2 100

Wagniskapital
- Beteiligungsvertrag **F.V.1** 1 f.
- Drag along-Recht **F.V.2** 8
- Exit Route **F.V.2** 1, 7
- Gesellschaftervereinbarung **F.V.2** 1 f.
- IPO **F.V.2** 10
- Liquidation Preference **F.V.2** 12
- Put Option **F.V.2** 11
- Tag along-Recht **F.V.2** 9

Wandeldarlehen
- Beteiligungsvertrag **F.V.1** 5

Warenabverkauf
- Transaktionsplanung **J.II** 6

Wartungsvertrag
- Anforderungsliste Due Diligence **B.VI.3**

Wassergefährdung
- Anforderungsliste Due Diligence **B.VI.3**
- Anforderungsliste Environmental Due Diligence **B.VI.6**

Wasserstandsmeldung
- Art der Veröffentlichung **E.VI.2** 5
- Bekanntmachung nach § 23 WpÜG **E.VI.2** 1 f.
- Erwerb außerhalb des Angebotsverfahren **E.VI.2** 3
- Inhalt **E.VI.2** 2
- Übernahmeangebot **E.III.4** 1
- Verletzung der Veröffentlichungspflicht **E.VI.2** 6
- Veröffentlichungszeitpunkt **E.VI.2** 4
- Wertpapierbestand der Bieterin **E.VI.2** 2
- zugegangene Annahmeerklärungen **E.VI.2** 2

Wegenutzung
- Energiewirtschaft **J.III** 2.3b(aa)

Wegerecht
- Sicherungsübereignung **J.IV** 2.1 g
- Telekommunikationsunternehmen **J.IV** 2.1 d

Wegfall
- Teilwertabschreibung **C.II.2** 95

Weißer Ritter
- Break Fee-Vereinbarung **L.II.2** 19

Weißrussland
- Fusionskontrolle bei Erwerb Minderheitsbeteiligung **K.III** 3.1 b

Weisungsrecht
- Beherrschungs- und Gewinnabführungsvertrag **M.I.1** 4
- Fehlen von Weisungen **M.I.1** 10
- Folgepflicht **M.I.1** 9
- Form **M.I.1** 11
- Gegenstand **M.I.1** 7
- Grenzen **M.I.1** 8

Weitergabeklausel
- harte **B.I.1** 8
- Veräußerungsprivatisierung **H.II.8** 5
- Vertraulichkeitsvereinbarung **B.I.1** 8
- weiche **B.I.1** 8

Weiterveräußerungsverbot
- Energiewirtschaft **J.III** 2.2b(dd)

Wertabfluss
- Ringfencing **C.II.3** 32

Wertansätze, steuerliche
- Verschmelzung **L.II.2** 5

Wertausgleich
- Anteilsgewährung bei Spaltung **L.III.2** 11

Wertgutachten
- Privatisierung **H.I** 10, 12

Werthaltigkeitsnachweis
- Sacherhöhungsbericht **F.I.5** 2

Wertpapierdarlehen M.III.1 7

2096

magere Zahlen = Anmerkung

Sachverzeichnis

Wertpapierdienstleistung
- Kreditinstitut/Finanzdienstleistungsunternehmen J.I 6.1 e

Wertpapiererwerbs- und Übernahmegesetz (WpÜG)
- Bekanntmachung nach § 23 WpÜG E.VI.2 1 f.
- Berücksichtigung ausländischer Vorschriften E.III.4 3
- Checkliste Befreiungsantrag nach § 36 WpÜG E.V.1
- Checkliste Befreiungsantrag nach § 37 WpÜG E.V.2
- Checkliste Sanierungsbefreiungsantrag nach § 37 WpÜG/§ 9 S. 1 Nr. 3 WpÜG-AngebVO E.V.3
- Inhalt Angebotsunterlage E.III.4 5; E.III.5 5
- Kontrolle (Begriff) E.III.5 1
- Stellungnahme von Vorstand/Aufsichtsrat der Zielgesellschaft zum Übernahmeangebot E.IV 1 f.
- (Teil-)Angebot, freiwilliges E.III.4 1
- Übernahmeangebot E.III.4 1
- Veröffentlichung Angebotsunterlage freiwilliges Barangebot E.III.4 1 f.
- Veröffentlichung Angebotsunterlage Pflichtangebot E.III.5 1 f.
- Veröffentlichung Entscheidung zur Abgabe Übernahmeangebot E.III.3 1 f.
- Veröffentlichung Kontrollerwerb nach §§ 35 Abs. 1, 10 Abs. 3 WpÜG E.VI.1 1 f.

Wertpapier-Kenn-Nummer (WKN) C.III.2 6

Wertpapierleihe M.III.1 7

Wertpapierübertrag C.III.2 64

Wettbewerber
- Anforderungsliste Due Diligence B.VI.3
- Beschwerde zu Privatisierungsverfahren H.I 12

Wettbewerbsbedingungen
- Bagatellmarkt K.I.4 6
- Fusionskontrollverfahren K.I.1 22

Wettbewerbsbeeinträchtigungen
- EU-Fusionskontrolle K.II.2 20

Wettbewerbsbeschränkungen
- Anforderungsliste Due Diligence B.VI.3
- überschießende K.I.2 11

Wettbewerbsrecht
- Verhaltensrichtlinien bis zum Vollzug des Zusammenschlusses K.I.10 3

Wettbewerbsverbot
- Aktienkaufvertrag C.III.2 56
- Anforderungsliste Due Diligence B.VI.3
- Anteilskaufvertrag C.II.1 114; C.II.2 132
- GmbH & Co. KG-Anteilskaufvertrag C.IV.1 120
- Spaltungs- und Übernahmevertrag L.III.2 32
- Veräußerungszusage K.I.5 7

Wettbewerbsverletzung
- Anforderungsliste Due Diligence B.VI.3

White Knight/White Squires
- Break Fee-Vereinbarung L.II.2 19

Widerspruch
- gegen Spaltungsbeschluss L.III.4 11
- Umwandlungsbeschluss L.IV.1 15

Widerspruch zur Gesellschafterliste
- Vollzugsvoraussetzung C.II.2 66 a; C.II.3 16 a

Widerspruchsrecht
- Arbeitnehmer bei Betriebsübergang D.III 13
- Arbeitnehmer bei Verschmelzung L.II.3 22

Wiederherstellung
- paritätischer Beteiligung bei Joint Venture G.II 31

Wirtschaftsgut
- Übertragung bei Asset Deal D.I 20

Wirtschaftsprüfer
- Gründungsprüfer L.IV.12 4

Working Capital
- Berechnung C.II.1 41
- Festlegung Standardized Working Capital C.II.1 40
- Kaufpreisanpassung GmbH-Anteilskaufvertrag C.II.1 25 f.
- Kaufpreisanpassung Share Deal C.I

Zahlungsverbot
- Cash-Pooling-Vertrag M.II 20

Zahlungsziele
- Anforderungsliste Due Diligence B.VI.3

Zeichnerverzeichnis
- Sachkapitalerhöhung F.II.4

Zeichnungsberechtigung
- Anforderungsliste Due Diligence B.VI.3

Zeichnungsfrist
- Genehmigtes Kapital F.III.2 8

Zeichnungsschein
- Ausgabebetrag F.II.3 3
- Inhalt F.II.3 2
- Kapitalerhöhung aus Genehmigtem Kapital F.III.6
- Sachkapitalerhöhung F.II.3
- Unterschriftsberechtigung F.II.3 5
- Verfalldatum F.II.3 4

Zeitplan
- Checkliste Bar-Übernahmeangebot E.III.2

Zertifizierung
- Prüfung regulatorischer Aspekte bei Due Diligence J.II 3 c

Zielgesellschaft
- Beschreibung in Angebotsunterlage E.III.4 13
- Stellungnahme von Vorstand/Aufsichtsrat zum Übernahmeangebot E.IV 1 f.

Zielklausel
- Veräußerungsprivatisierung H.II.1

Zielsetzung
- Public Private Partnership H.IV.3 4

Zielunternehmen
- Anzeigepflicht bei bedeutender Beteiligung Kredit-/Versicherungsunternehmen J.I 4.1 c, 4.2 c
- Bewertung bei Sacheinlage F.I.1 5

Zugangsregelung
- Online-Datenraum B.VI.2 4

Zulassung
- Medienunternehmen J.IV 3.1 c

Zulassung, produktbezogene J.II 3 c

2097

Sachverzeichnis
fette Buchstaben und Zahlen = Systematik

Zulassungsmerkblatt
- European Energy Exchange (EEX) **J.III** 2 c

Zulassungsübertragung
- Asset deal **J.II** 5

Zurechnung
- Bekanntmachung der Mitteilung nach § 20 Abs. 6 AktG **C.III.3.2**
- Finanzinstrument **C.III.3.5** 4, 5
- qualifizierte Beteiligung nach §§ 20, 21 AktG **C.III.3.1** 9, 14
- Stimmrechtsmitteilung **C.III.3.3** 5

Zusage, untersagungsabwendende
- Fusionskontrollverfahren **K.I.5** 1
- Gegenstand **K.I.5** 2
- Markttest Zusageangebot **K.I.5** 3
- Veräußerungszusage **K.I.5** 4

Zusagen
- Privatisierung **H.I** 11

Zusammenarbeit
- Teilprivatisierung **H.III.1**

Zusammenarbeit, horizontale
- Forschung & Entwicklung **K.I.2** 7
- Freistellung nach Art. 101 Abs. 3 AEUV **K.I.2** 9
- Gemeinschaftsunternehmen **K.I.2** 7

Zusammenarbeitsvereinbarungen
- Anforderungsliste Due Diligence **B.VI.3**

Zusammenschluss
- Abwägungsklausel **K.I.1** 24
- Angebot untersagungsabwendender Veräußerungszusage **K.I.5**
- Anmeldung Fusionskontrollverfahren **K.I.1**
- Anmeldung Fusionskontrollverfahren bei Bagatellmarkt **K.I.4**
- Anmeldung gemäß Formblatt CO **K.II.2** 1
- Anteilserwerb **K.I.1** 8
- Auslandszusammenschluss **K.I.3** 1
- Auswirkung auf weitere Märkte **K.I.4** 5
- Bagatellmarktklausel **K.I.1** 9; **K.I.4** 1
- Beschwerde **K.I.9**
- de minimis-Klausel **K.I.1** 9
- EU-Fusionskontrolle **K.II.2** 3
- Fiktion **K.I.2** 3
- FKVO **K.I.1** 10
- Fusionskontrollverfahren **K.III** 3.1
- Gemeinschaftsunternehmen **K.I.2** 1
- gemeinschaftsweite Bedeutung **K.I.1** 10
- Grundsatzvereinbarung zur Verschmelzung zweier Aktiengesellschaften **L.II.2** 1 f.
- Gruppeneffekt **K.I.2** 3, 11
- Gruppenfreistellungsverordnung **K.I.2** 8
- hilfsweise Anmeldung **K.I.4** 4
- Informal Guidance Memorandum **K.II.1** 1
- Inlandsvertreter **K.I.2** 2
- Konsolidierungskreis **K.I.1** 9
- Kontrollerwerb eines Unternehmens **K.I.1** 8
- konzerninterne Neugründung/Restrukturierung **K.I.1** 8
- Marktabgrenzung **K.I.1** 19
- Marktanteile **K.I.1** 21
- marktbeherrschende Stellung **K.I.1** 24
- Märkte, sonstige **K.I.1** 23
- merger among equals **L.II.2** 1
- Prüfungsmaßstab BKartA **K.I.1** 24
- Schwellenwerte FKVO **K.II.2** 9
- sukzessive Transaktionen **K.I.1** 8
- Umsatzberechnung **K.I.1** 13, 18
- Umsatzberechnung Auslandszusammenschluss **K.I.3** 4
- Umsatz-Schwellenwerte für Fusionskontrolle **K.I.1** 9
- Verhaltensrichtlinien bis zum Vollzug **K.I.10**
- Vermögenserwerb eines Unternehmens **K.I.1** 8
- Vollzugsanzeige **K.I.8**
- Vorlagepflicht von Dokumenten **K.II.2** 11
- wettbewerblich erhebliche Einflussausübung **K.I.1** 8
- Wettbewerbsbedingungen **K.I.1** 22
- Zeitspanne **K.I.2** 3
- Zusammenfassung mehrerer Erwerbsakte **K.III** 3.1 d

Zusammenschlussabsicht
- Insiderinformation **L.II.2** 2

Zusammenschlussanzeige **K.I.8**
- Adressat **K.I.8** 2
- als Anmeldung Fusionskontrolle **K.I.8** 4
- Anzeigepflicht **K.I.8** 1
- Inhalt **K.I.8** 4
- Zeitpunkt **K.I.8** 3

Zusammenschlusskontrolle
- Anteilskaufvertrag **C.II.1** 52 f.
- GbR-Anteilskaufvertrag **C.VI** 22

Zusammenschlussvereinbarung **L.II.2** 1 f.
- Arbeitnehmervertretung **L.II.2** 12
- Ausgliederung Unternehmensteil **L.II.2** 3
- Ausschüttungen **L.II.2** 14
- außergewöhnliche Geschäftsführungsmaßnahmen **L.II.2** 13
- Beteiligung Großaktionär **L.II.2** 2
- Break Fee-Vereinbarung **L.II.2** 19
- Corporate Governance **L.II.2** 16
- Due Diligence **L.II.2** 10
- Exklusivität **L.II.2** 18
- Förderungspflicht **L.II.2** 6
- Gewährleistung **L.II.2** 17
- Gründung neuer Obergesellschaft **L.II.2** 2
- Insiderinformation **L.II.2** 20
- Integrationsfahrplan **L.II.2** 11
- Leakage-Strategie **L.II.2** 20
- MAC-Klausel **L.II.2** 17
- Organisation, künftige **L.II.2** 15
- Parteien **L.II.2** 2
- Pflichtangebot **L.II.2** 2
- Rücktrittsrecht **L.II.2** 17
- Stimmbindung **L.II.2** 2, 16
- Umtauschverhältnis **L.II.2** 7
- Unternehmensbewertung **L.II.2** 8, 9
- Verhältnis zu letter of intend/Memorandum of Understanding **L.II.2** 4
- Verhältnis zu Verschmelzungsvertrag **L.II.2** 4
- Veröffentlichung Zusammenschlussvorhaben **L.II.2** 20
- Verschmelzungsvertrag **L.II.3** 4

magere Zahlen = Anmerkung

Sachverzeichnis

- Vertraulichkeit **L.II.2** 21
- Ziele **L.II.2** 15
- Zusammensetzung Aufsichtsrat **L.II.2** 16
- Zusammensetzung Vorstand **L.II.2** 16
- Zweck **L.II.2** 1

Zusammenschlussvorhaben
- Insiderinformation **L.II.2** 20
- Leakage-Strategie **L.II.2** 20
- Veröffentlichung **L.II.2** 20

Zusatzvergütungen
- Anforderungsliste Due Diligence **B.VI.3**
- Arbeitsrechtliche Due Diligence **B.VI.7**

Zuschüsse, öffentliche
- Anforderungsliste Due Diligence **B.VI.3**
- Transaktionsstruktur **A.II.3**

Zustimmung
- GmbH-Anteilsabtretung **C.II.6** 1 f., 4

Zustimmungsbeschluss
- Abstimmungsverfahren **L.II.30** 6
- Beurkundung **L.II.30** 2
- Form **L.III.4** 7
- Genehmigungsvorbehalt **L.II.30** 9
- Gesellschafterversammlung bei Verschmelzung AG mit GmbH durch Aufnahme **L.II.22** 1 f.
- HV bei Verschmelzung AG mit GmbH durch Aufnahme **L.II.21** 1 f.
- der HV der übernehmenden AG zur Verschmelzung zur Societas Europaea (SE) **L.II.30** 1 f.
- Kapitalerhöhung **L.II.30** 11
- Mehrheitserfordernisse bei Verschmelzungsbeschluss zur SE **L.II.30** 10
- Quorum bei ausstehenden Einlagen **L.III.5** 2
- Quorum bei Spaltungs- und Übernahmevertrag **L.III.4** 5
- übernehmende Anteilsinhaber zu Spaltungs- und Übernahmevertrag **L.III.5** 1 f.
- übernehmende GmbH zu Verschmelzung **L.II.17** 1 f.
- übertragende Anteilsinhaber zu Spaltungs- und Übernahmevertrag **L.III.4** 1 f.
- der übertragenden Gesellschaft zur Aufspaltung zur Neugründung **L.III.9** 1 f.
- Vertretung **L.III.4** 6

Zustimmungserfordernisse
- Asset Deal **D.I** 37
- Beschränkungen **A.III**
- OHG-Anteilskaufvertrag **C.V.1** 6
- Privatisierung **H.I** 13
- Transaktionsstruktur **A.II.1**

Zustimmungserfordernisse, gesellschaftsrechtliche
- Transaktionsstruktur **A.III**

Zuverlässigkeitsanforderungen
- Finanzdienstleistungsunternehmen **J.I** 3.1
- Kreditinstitut **J.I** 3.1
- Versicherungsunternehmen **J.I** 3.2

Zuwiderhandlung
- bei Zusammenschlussvorhaben **K.I.10** 1

Zuzahlung
- Anteilsgewährung bei Spaltung **L.III.2** 11
- Anzeige **L.II.3** 30
- steuerliche Behandlung bei Verschmelzung **L.II.3** 32
- Verschmelzung **L.II.3** 13, 14; **L.II.10** 13, 14
- Verschmelzungsplan **L.II.27** 9

Zwangsregulierung
- Telekommunikation **J.IV** 2.2 d

Zweck
- Vertraulichkeitsvereinbarung **B.I.1** 1; **B.I.2** 1

Zweckänderung
- bei Abspaltung **L.III.19** 3

Zweckbindungsgrundsatz
- Telekommunikation **J.IV** 2.3 b

Zweigniederlassungen
- Anforderungsliste Due Diligence **B.VI.3**

Zweischrankentheorie
- Fusionskontrolle Gemeinschaftsunternehmen **K.I.2** 6

Zwischenverfügung
- Risikoausschluss einer **C.II.2** 66 a; **C.II.3** 16 a